KB115420

세계 최초

風水地理 自然科學 大辭典

국법자격인정 정교수
朴寅泰 編著

明文堂

박인태

〈약력〉

- 경북 지리교육연구회 강사
- 대구 향교 명륜대학 풍수지리 교수
- 신라오능보존회 대구광역시 본부 부회장
- 영남대학교 평생교육원 교수
- 대구대학교 사회교육원 초빙강사
- 매일행정신문사 편집위원
- 대한민국 국민화합연합운동 종교부위원장
- 계명대학교 평생교육원 풍수지리학 교수
- 주산풍수지리학연구원 원장
- 국법자격인정 정교수

〈저서〉

- 자연과 풍수지리 – 양택요결(넥센미디어)
- 자연과 풍수지리 – 음택요결(넥센미디어)
- 생활속 풍수이야기(넥센미디어)
- 풍수지리실기해설(넥센미디어)
- 성공한 사람들의 생활상(넥센미디어)

風水地理 自然科學 大辭典

초판 발행일	2015년 11월 30일
2판 수정 발행일	2018년 08월 31일
펴낸이	박인태
발행인	김동구
발행처	명문당(1923. 10.1 창립)
주소	서울시 종로구 윤보선길 61(안국동)
우체국	010579-01-000682
전화	(영업) 02-733-3039, 734-4798 (편집) 02-733-4748,
팩스	02- 734-9209
홈페이지	www.myungmundang.net
이메일	mmdbook1@hanmail.net
등록	1977.11. 19. 제 1-148호
ISBN	979-11-88020-62-1-11150

값 150,000원

머리말

풍수는 미신(迷信)이 아니라 과학이다. 풍수는 길흉예언, 미래준비학문이다.

십년지계(十年之計)로 풍수지리자연과학을 연구한 것이 언 60여 년간 내 청춘의 심혈을 쏟고 평생의 기구한 역정이 담긴 본서가 우리나라 수 천년 동안 세계 최초로 발행되는 「풍수지리자연과학대사전」이 햇빛을 보게 되니 감회가 복받친다.

저자도 이미 백발이 성성되도록 그 공든 탑을 이룩함에 어찌 그 간의 사연과 회포가 없으랴. 무모한 생각에 풍수지리학 사전이란 본서에 손을 댄 것이 어제 같건만 어느 듯 내 나이 노경(老境)에 이르니 지난날의 가지가지 곡절들이 그저 아련하게 안전(眼前)에 아물거린다. 풍수지리학이란 말은 우리들에게 너무도 뿌리 깊은 말이다. 신라시대, 고려시대, 조선시대를 막론하고 풍수지리 사상(思想)이 맥을 이어온 것은 조상에게 효도하는 상생의 숭조사상(崇祖思想)이며 자손만대의 번영을 기약하는 회생적인 뿌리 사상이다.

우리 조상들은 살아 있을 제 온갖 노력을 기울여 자손에게 음덕(蔭德)을 다 하다가 마지막 죽은 뒤까지도 육신의 체백(體魄)이 명당 길지에 묻혀 땅의 생기(生氣)를 받아 후손에게 동기감응(同氣感應)으로 자손이 복되게 함을 바라는 것은 후손에게 음덕(蔭德)을 내려 번영을 기원함이다.

사람이 태어나 세상에 왔다가 하직하며 혼령은 영계(靈界)로 떠나가고 체백(體魄)만이 귀토(歸土)하여 오래도록 가장 안전하게 보본(報本)함이 자손으로서는 부모와 조상에게 효도함이라 믿어 왔다. 그러나 풍수란 수 천년의 역사를 타고 내려오면서도 우리 조상들이나 지금 풍수학도(風水學徒)에게 연구하는데 도움이 될 만한 사전이나 참고할만한 지침서도 없었다. 그래서 본 저자가 17세 때부터 관심을 갖고 원고를 수집 오직 한길만 정진한지 육십여성상(六十餘星霜)각종 고금(古今)의 산서(山書)와 현장실무 답사로 길흉예언을 정확히 알게 되었다. 또한 오랜 세월 동안 구전과 필사본으로도 손에 손을 거쳐 전해온 고금의 산서중(山書中)에서 용어해설이 제대로 된 것을 두루 모아 ㉠㉡㉢순으로 배열하였으나 부족한 본 저자가 엮은 전통 학문인 풍수지리는 서구의 문명과 과학의 세력에 뒷전으로 밀려나 미신이나 천덕꾸러기로 취급받아 겨우 명맥만 유지해 왔다 뒤늦게나마 세간의 관심 속에 화제로 등장하고 있고 풍수지리 관련 서적이 출간되어 다행이다 생각이 든다. 그러나 풍수지리를 신비화시키거나 무책임한 내용으로 오히려 후학들에게 혼란을 일으키게 될까 염려스러워 필자가 현장을 직접 답사한 경험을 중점으로 하고 글을 썼으며 될 수 있으면 쉽고 현대 감각에 맞게 쓰려고 노력하였다.

본서로 풍수지리학을 연구하는 강호제현에게 다소나마 도움이 된다면 하는 간절하나 마음과 앞으로 지도 편달해 주시길 바란다.

끝으로 본 대사전을 맡아 수정하여 출판을 해주신 넥센미디어 배용구 대표님과 주위에서 도움을 주신 여러분께 깊은 감사를 드립니다. 그리고 본 저자 곁에서 격려와 내조를 아낌없이 한 내자 김용자(金容子)씨에게 감사드립니다.

2018년 7월 수정보완판을 내면서
朴寅泰 씀

지난날을 뒤돌아보며

우리 민족은 옛날부터 일상생활의 문화 속에서 풍수지리학자연과학이 다방면으로 스며들어 면면이 이어져 내려오고 있습니다. 우리가 익히 알고 있는 풍수지리학의 이론과 실제를 제대로 알고자 새롭게 풍수지리학을 연구하는 초보자로부터 전문가와 일반인들에게 이르기 까지 쉽게 접근하고 이해될 수 있도록 본서를 집필하였습니다.

본인은 가난한 선비 집에서 출생하였습니다. 선고(先妣; 아버지)께서는 시골 농촌에 살면서 마당 덕석에 곡식을 말리려고 널어놓았는데 비가 내려도 모르고 공부만 하시었고 선비(先妣; 어머니)는 전주 이 씨 양반집에서 시집오시어 일상생활을 산에 가서 나무와 풀을 베어 와서 농사를 짓고 자식들을 키워왔습니다.

본인도 어린 시절 선고(아버지)께서 어느 누구 집은 집터가 좋아서 3대를 저렇게 부자로 잘 살고 있고 누구 집은 조상 산소가 명당이라 훌륭한 인물이 나고 부자로 잘 살고, 누구 집은 집터가 기울려져서 일찍 상처(喪妻)를 했다. 저 집은 도로가 집 뒤로 도로가 있어 근심걱정이 많고 가난하게 살고 있으며, 또 다른 집은 조상 산소의 주변 환경이 어두워 비천한 자손이 태어난다고 풍수에 관한 말씀을 자주 하시는 것을 들었으며, 또한 본인의 고모부님께서는 우리 고을 풍수지관이었습니다.

본인은 어린 시절 고모부님이 남의 묘 자리를 보아주시면서, 거리가 멀지 않으면 찾아가서 좋은 음식도 먹고 풍수 공부도 했습니다. 어린 시절부터 풍수 공부를 해서 명당에서 잘 살아보겠다고 공부를 하다 보니 묘지 터의 경우 산세와 주변 환경이 밝고, 맑고, 깨끗하고 잔디가 잘 사는 마사토였습니다. 이러한 곳에 조상 산소를 모신 가문들은 군수 급 이하 지방의원, 공무원들이었고 일상생활도 넉넉하게 잘 사는 것을 많이 보았습니다.

본인은 처음 공부를 할 때 풍수지리학 책이 한문으로 된 책이었고 모르는 단어를 찾아보려고 해도 풍수에 관한 참고서나 사전이 없어 옥편(한한사전)과 씨름하여 공부를 하다 보니 어렵고 이해가 안 되는 부분이 많아서 애를 먹었습니다.
본인은 글을 쓰면서 한글로 알기 쉽게 책을 8권 출간을 했습니다. 그래서 누구나 풍수공부를 하고자 하는 모든 이를 위해 쉽게 이해할 수 있도록 하였습니다.

본인은 22년 동안 잡지사 및 신문사에 국민들에게 도움을 드리고자 길흉(吉凶)을 위주로 글을 연재하였으며 풍수 이야기도 함께 기고(寄稿)하였습니다. 풍수지리학을 공부하는 동호 후학들에게 다소나마 도움이 되었으면 하는 마음이 간절합니다.
앞으로 더욱 더 많은 교시와 지도편달을 바랍니다.

2018년 7월
朴寅泰 씀

축간사

예로부터 우리나라를 일러 동방예의지국(東方禮義之國)이라고 불리어지는 것은 동방(東方)에서 가장 예의를 중요시하는 나라라는 뜻으로 지금까지도 우리 민족의 일상생활 속에는 많은 미풍양속들이 면면히 이어져 오고 있으며 각계 각층에서 계승 발전시켜야 한다는 주장이 재기되고 있습니다.

따라서 우리민족의 정신적 철학의 일종인 풍수지리설(風水地理說)인 집터의 선정(選定)양택(陽宅)에서 묘지 선정(選定) 음택(陰宅) 및 조묘(造墓) 초종(初終)에 이르기까지 많은 관심을 갖고 연구에 연구를 거듭하고 있습니다. 양택(陽宅) 음택(陰宅)의 선정(選定) 역시 결국은 살아가는 데 있어 발복(發福)을 받아 보다 행복한 삶을 기대하는 사람들의 염원임에는 부정할 수가 없습니다. 그러나 지금의 우리 사회풍조는 일제 강점기를 거쳐 광복이후에 급속한 서양물질문명의 유입으로 인하여 선현(先賢)들의 고유한 전통윤리와 미풍양속은 여지없이 퇴폐되고 인의예지(仁義禮智)의 경시로 인하여 자기 개인 말을 중요시하는 골이 깊은 사회병리현상(社會病理現象)이 도처에 만연되고 이는 실정입니다.

이러한 초현대적인 물질문명인 위력이 인간의 존엄성을 압도하고 인본적(人本的)인 가치마저 상실되어 가고 있는 즈음에 풍수지리 분야의 연구에 꼭 필요한 전문적인 용어에 따른 설득력 있는 해설을 담은 「**풍수지리자연과학대사전**」을 발간하게 된 것은 실로 그 의미가 심대(甚大)하며 나아가 풍수지리를 연구하는 동호인은 물론 이 분야에 관심을 갖고 있으면서도 사용하는 용어가 너무 어려워 가까이 하지 못했던 많은 독자들에게도 큰 보탬이 될 지침서라는 점에서 크게 환영할 일이라 생각합니다. 주산풍수지리연구원(周山風水地理研究院) 박인태(朴寅泰) 교수께서 각고의 노력 끝에 집필한 「**풍수지리자연과학대사전**」은 우리 선조들에게서 끊임없이 추구해왔고 지금도 계속 연구되고 있는 이 풍수지리의 전문용어 해석에 어려움을 깊이 인식하고 수년간에 걸쳐 관련 자료수집과 연구를 거듭하며 어구(語句)를 역해(譯解)하여 집대성한 것은 참으로 소중하고 값진 업적임을 진심으로 반기며, 해당 분야의 발전에 큰 도움이 되기를 기원합니다. 본인이 알고 있는 박인태(朴寅泰) 교수께서 풍수지리연구에 뜻을 두게 된 것을 새삼 살핀다면 경남 거창군 가북면 몽석리의 한미(寒微)한 농가에서 태어나 유년시절을 선대인(先大人)의 산서역학(山書易學)을 배후견문(背後見聞)한 것이 지금에 이르게 된 동기가 되었다고 하겠습니다. 청·장년기에 접어들어 병역을 마친 후 고향에 돌아가 박 교수는 농사의 역군(役軍)으로 투신(投身)했으나 가세(家勢) 부득(不得)으로 1974년 대구로 우거(寓居)하여 공직(公職)에 몸담아 주어진 업무수행에 만전을 기하면서도 늘 시간을 쪼개어 항시 마음에 두고 있던 풍수지리(風水地理)와 음(陰)·양오행설(陽五行說) 등의 요결서적(要訣書籍) 탐구에 게을리 하지 않아 현재는 상당한 경지(境地)에 까지 이르렀다고 오랫동안 가까이서 같이 근무한 동료들의 이야기를 들은 적이 있었습니다. 박 교수는 공직에서 정년퇴임을 하면서 본격적으로 풍수지리에 관련된 서적을 구입하여 탐독(耽讀)하는 한편 전국 방방곡곡을 누비며 관련

자료를 수집하는데 전념하여 수집한 자료를 검토 분석한 풍수지리 전문용어의 해석에 보다 많은 문제점이 있음을 알았고 본 연구가 제대로 이루어지려면 관련 전문용어의 정확하고 충실한 내용의 해설이 담긴 대사전(大辭典)의 필요성을 절감하게 되었으며 이에 따른 작업을 하기에 이르렀던 것입니다. 박 교수는 이에 앞서 매주 1회씩 동호인들의 모임에서 강의하는 교재용으로 「풍수지리(風水地理) 실기해설(實技解說)」, 「풍수지리(風水地理) 양택요결(陽宅要訣)」, 「풍수지리(風水地理) 실기개론(實技槪論)」 등의 많은 저서를 발간하기도 하였으며 매월 1회씩 동호인들을 대동(帶同) 명당(明堂)과 명가(名家)를 찾는 현장답사를 통하여 실제에 적용하는 산교육으로 실기교육(實技敎育)에 충분한 뒷받침을 해주고 있습니다. 이제 풍수지리 연구가와 동호인 및 사계(斯界)에 관심을 갖고 있는 여러분들이 본 대사전의 출간을 계기로 보다 더 정확히 활용하여 이 분야에서 더욱 정진하여 우리 민족의 전통(傳統) 상(喪) · 장례(葬禮)를 밝힘으로써 도덕성 함양에 큰 보탬이 되리라 믿어 의심치 않습니다. 끝으로 본 사전 출판에 각고의 헌신을 한 주산풍수지리연구원(周山風水地理硏究院) 박인태(朴寅泰) 교수의 이 귀중한 대사전이 풍수지리 연구 동호인 제위(諸位)께서 일상생활에서 소중하게 활용하시길 기대하면서, 발간에 정성을 모아 준 명문당과 관계 인사 제위(諸位)께 감사를 드리고 아울러 대사전 출간을 진심으로 축하합니다.

2018년 7월

崇德殿 典禮委員

崇德殿 五陵參奉 朴濟植

周山 朴寅泰 교수의 「풍수지리자연과학대사전」 發刊을 祝賀하며

우리는 과학과 기술이 발달한 21세기에 살고 있다. 인공위성을 화성, 목성에 보내고 생명복제가 현실로 가능한 시대이다. 그러나 100여 년 전 일본의 강제정권이 시작되면서 풍수지리학은 미신으로 치부되고 뒤떨어진 문화의 한 분야로 사람들의 관심 밖에 밀려난 것이 오늘의 현실이다. 이러한 풍수지리학이 남긴 역사의 잔재를 붙들고 그 진가를 증명하기 위해 고서와 씨름하고 현장답사를 통하여 더욱 발전시켜야 할 보배임을 증명한 한분이 현 주산풍수지리학 연구원을 운영 중인 박인태 선생이시다. 우리나라에 전래되는 정통 풍수지리 이론을 익혔을 뿐만 아니라 평생 현장답사를 통하여 이론의 허와 실을 우리 후학들에게 강조하신다. 선생의 탁월한 능력과 혜안(慧眼)으로 평생을 연구하신 분야를 알기 쉽게 풍수지리학을 저술하기에 60여 년간 쌓은 실무와 경험으로 상세한 내용을 담은 이 대사전은 저자가 우리 고유문화와 풍수지리에 남다른 애정으로 정확한 전문적 지식과 명석한 분석을 바탕으로 현대적 의의까지 밝히고 있다.

선생의 今番 연구와 노력은 그 자체가 바로 풍수학의 새로운 신문화창조라 평가할만하다. 그리하여 지사 등 풍수지리학 연구인이라면 감동과 놀라움 속에 때로는 자신의 무지에 대한 부끄러움과 함께 전통의 가치를 새삼 깨닫게 해준다.

1. 만인을 위한 풍수원리론의 궁금한 모든 내용
2. 만인을 위한 나경의 궁금한 모든 내용
3. 만인을 위한 음택의 궁금한 모든 내용
4. 만인을 위한 양택의 궁금한 모든 내용 등을 수록하여

너무나 알기 쉽고 기억하기 쉽도록 설명이 되어 있으므로 본 대사전이 한국의 고유문화 인식과 풍수지리학 연구에 결정적인 도움이 되고 우리의 삶 속에 생활풍수가 살아 숨 쉬는 계기가 되었으면 좋겠다.

2018년 7월
法師 海空
明倫 風水地理學會 會長 金浩涇

「풍수지리자연과학대사전」 發刊을 祝賀하며

풍수선생님의 가르침에서 가정적인 생활 속에서 풍수지리학 연구를 하고 있습니다. 우리 민족은 옛날부터 일상생활의 문화 속에서 풍수지리학이 면면이 이어져 내려오면서 우리가 익히고 알고 있는 풍수지리학의 이론과 실제 더욱 알고자 새롭게 풍수지리학을 연구하는 초보자로부터 전문가와 일반인들에게 쉽게 접근하고 이해될 수 있도록 60여 년간에 고심진력(苦心盡力)한 문헌연구와 실사(實査)로 검증된 바를 집대성하여 이 「풍수지리자연과학대사전」에 수록함으로써 사계(斯界)에 신선한 충격을 주리라 생각합니다. 우리 속담에 좋은 땅에서 훌륭한 인물이 출생한다 하였으며 풍수지리 이론에서는 인걸(人傑)은 지령(地靈)이요 지령(地靈)은 회천명(回天命) 개조화(改造化)라고 하였다. 선생은 전국에 이름난 종가(宗家)와 명묘(名墓)가 모두 빼어난 곳에 위치해 있고 한 시대를 풍미한 인물들이 이러한 곳에서 태어나고 자랐던 것이니 어찌 인걸(人傑)은 지령(地靈)이라 아니 할 수 있겠는가 강조하신다. 풍수지리는 오랜 세월 우리 생활 속에 깊이 뿌리를 내리며 이어져 왔다. 박인태 선생은 음양오행(陰陽五行) 원리는 만고불변(萬古不變)의 원리임을 항상 강조하면서 전국 곳곳에 자리한 명당을 찾아 그 이치를 주산풍수리지학연구원 후학들에게 이치를 터득하는데 남다른 심혈을 쏟아왔다.

선생은 고집스러운 의지를 겪지 않고 계시며 현지답사를 함에 있어서도 평범함을 초월한 남다른 혜안을 가지고 있음을 항상 느끼게 한다.

현대판 주경야독으로 풍수지리학을 일구어 이제 사계(斯界)에 독보적 경지에 이르렀고 오늘 그간의 문헌연구와 실사(實査), 그리고 몸소 검증한 바를 집대성한 「풍수지리자연과학대사전」의 출간은 풍수학계의 새로운 좌표를 제시하여 많은 발전적인 논의를 불러일으키게 될 것입니다. 그러나 선생은 해야 할 일에는 망설임이 없고 아무리 여건이 어려워도 그 여건을 밀어붙여 해내고야마는 뚝심의 사나이 박인태 선생은 항상 남의 어려움을 외면하지 않으며 궂은일을 남에게 미룸이 없이 앞장서 헌신하시는 분입니다. 맡은바 직분에 오늘만을 보지 않고 내일 아니 먼 훗날에 주어질 평가를 생각하며 지난 숱한 정변(政變)과 함께 가난의 밑바탕에서 오늘이 왔기까지 오직 험난한 세월 속에서도 풍수학에 빈틈없이 이론과 실무, 吉凶에 그 동안의 경험에서 얻은 이 大事典을 동호 후학들에게 좋은 길잡이가 될 것이라 믿으며 경하(敬賀) 드립니다.

2018년 7월

後學 石智慧

풍수지리역사(風水地理歷史)

처음 중국 대륙에서 발상한 風水地理가 우리나라에서 약 1,200 ~1300년 전에 風水地理가 들어왔다고 하나 미상(未詳)이다. 그러나 신라시대의 김유신(金庾信) 장군 묘(墓)를 보면(경상북도 경주시 충효동에 있음) 원형토분(圓形土墳)이며 호석(護石)으로는 十二方位 柱石에 十二支神像을 새겨 놓은 것을 보나 우리의 고대 국가인 三國의 국토와 현존하는 여러 사찰(고찰)의 지형지세(地形地勢) 등으로 보아 대개 삼국초기(三國初期)부터 풍수지리가 국가경영과 국민의 생활편리에 실용공헌(實用功獻)한 것으로 추정된다. 그러나 역사적 기록은 신라 말(新羅末) 고려 초(高麗初)에 선승 도선국사(禪僧道詵國師)께서 당나라에 들어가서 유명한 장일행선사(張一行禪師)로부터 천문지리(天文地理)를 사사(師事) 받고 돌아와 일찍이 왕건의 탄생과 그의 건국을 예언하였으며 그가 지었다는 도선비기(道詵秘記)는 고려의 정치 사회에 많은 영향을 끼쳤으며 또한 우리나라 절터는 그가 정한 것이 많다고 한다. 도선국사(道詵國師)는 태조 왕건 (太祖 王建)의 역성혁명(易姓革命)을 도와서 고려 왕조를 세우고 훈요십조(訓要十條)를 제정 반포한 이후가 된다. 또한 신라 효공왕(孝共王)으로부터 예공국사라는 시효를 받았는데 고려의 국왕도 그를 숭배하여 현종(顯宗)을 대선사(大禪師) 숙종(肅宗)은 왕사(王師)로 추증하였으며 인종(仁宗)은 선각국사(先覺國師) 시효를 내렸다. 도선국사(道詵國師)께서는 우리나라에 풍수지리학을 전수(傳受)하였다. 이 분은 전남 영암 땅 月出山下 왕인박사(王人博士) 출생지인 곳에서 태어나셨다. 그 후 고려조(高麗朝)는 국운(國運)의 성쇄와 왕실의 번창은 오직 부처님의 원력(願力)과 山川地力에 전적으로 의존하였으며 백성 또한 모든 가세 존망과 길흉화복을 여기에 의존할 정도로 풍수지리의 사상(思想)을 믿어왔다. 고려왕조 때의 이름 있는 명사(名師)로는 불가(佛家)에서는 도선국사 유가(儒家)에서는 라학천(羅鶴天) 등이 있으며 조선조오백년간(朝鮮朝五百年間)에도 풍수지리는 궁가(宮家)와 반상가(班常家) 구별 없이 성행하였으며 이에 대한 폐단도 또한 적지 않았다 한다. 당시 송사(訟事)의 절반은 묘지(墓地)에 대한 송사였다고 하는 것을 보아 짐작이 갈 것이다. 유가(儒家)에서는 천하명사(天下名師) 남사고선생(南師古先生)을 비롯하여 박상희(朴相熙), 이토정(李土亭), 하륜(河崙), 맹사성(孟思誠), 서거정(徐居正), 윤참의(尹參議), 이의신(李懿信), 정북창(鄭北窓) 등 風水地理를 깊이 연구하여 전해오고 근래에 와서 전 서울대학교 교수이신 최창조 선생께서 풍수지리를 전하고 있다.

「풍수지리학대사전」은 이렇게 기술하였다.

1. 이 사전은 고금의 서책을 통하여 이론, 실무, 길흉에 관계된 문헌을 되도록 빠짐없이 참고로 하여 기술하였다.
2. 이 사전의 목차는 ㉠㉡㉢… 순으로 하여 소항목 주의를 취하되 종합적 체계적인 해설이 필요한 것은 대항목의 형식을 빌려 편집을 하였으며 누구나 보기 쉽게 상세목차를 구성하였다.
3. 이 사전에 수록된 부분별 주요 항목은 다음과 같다.
   ① 양택(주택) ②음택(묘지) ③ 이론 ④ 실무 ⑤ 길흉
   ⑥ 택일 ⑦ 일상생활 풍수 ⑧ 비문작성요약 ⑨ 족보편집 개요 ⑩ 본명 기좌
   ⑪ 인테리어 풍수
4. 이 사전에 나오는 용어들은 대부분 한글 전용을 취하였고, 천간지지(天干地支)와 포태법, 도표, 속견표, 축문 등은 한자를 그대로 두었다.
5. 풍수용어로서 이해하기 힘들거나 어려운 낱말은 괄호 안에 한자를 넣었으며, 이해를 돕기 위해 적절한 설명과 예문을 들었다.

남연군묘

2대에 걸쳐서 왕이 나올 수 있는 명당 중 명당

상세목차

ㄱ

ㄱ

ㄱ

ㄷ

ㅁ

ㅈ

ㅈ

ㅈ

ㅈ

ㅊ

ㅍ

ㅎ

추록 상세목차

ㅂ

ㅅ

ㅈ

ㅊ

“인생은 한 순간도
풍수 없이는
살아갈 수 없다.
”

❖ **가구와 천장 사이에 공간이 있으면** : 안방의 장롱과 같은 가구와 천장 사이에 공간이 있는 경우 그곳에 짐을 올려놓거나 하여 지저분하게 하지 않는 것이 좋다. 이러한 곳은 기(氣)를 정체시키고 탁하게 만든다. 침실의 벽면은 가능한 여백을 두는 것이 좋고 벽의 장식은 적당한 크기의 원형이나 또는 육각형 시계나 풍경화 한 점 정도가 적당하다.

❖ **가대**(家垈) : 가옥의 부지(敷地).

❖ **가룡**(假龍) : 진룡(眞龍)과 흡사하면서 진룡이 아닌 것. 일반적인 이치로 볼 때 가(假)란 진(眞)과 비교해서 판이하게 구분되는 것이지만 이는 작용이 천양지차가 있을 뿐 그 외형적으로 가(假)이면서도 진(眞)인 것처럼 범속한 안목을 기만하고 있는 것이 가의 특징이다. 지리법에서는 가장 중요한 것이 먼저 진룡(眞龍)인가 가룡(假龍)인가를 알아야 한다. 요는 가룡에는 진혈(眞穴)이 맺지 않고 진룡(眞龍)이라야 그 용에 진혈이 맺기 때문이다. 가룡이란 현저하게 나쁜 용이라고 판단되는 용이 아니라 그 생김새가 진룡과 거의 비슷하면서도 실질적으로 용법상으로 진룡이 아닌 용맥을 말한다. 때문에 가룡도 조종산(祖宗山)과 개장천심(開帳穿心)이 있고 지각(枝脚)과 요도(橈棹)와 청룡·백호와 안산(案山) 등을 갖추고 있어 모르는 사람은 이러한 것들에 속아 진룡인 줄 알기 쉬우나 세밀히 살피면 모든 것이 격에 맞지 않는다. 가룡은 비록 조종산이 있어도 용맥 뻗어나간 것이 아름답지 못하다. 굳고 딱딱하며 위이(逶迤 : 비실비실하고 꿈틀대며 기어가는 모양)한 형상이 없이 밋밋하고 뭉툭하게 뻗은 용맥이다. 또는 장막을 열었어도[開帳] 중심을 뚫고 나오지[穿心] 않았으며, 혹 중심을 뚫고 나왔더라도 맞고 보내는 형상을 이루지 못하고, 성봉(星峰)이 아름답지 못하거나 아름답더라도 지엽이 이리 저리 가지쳐 나간 맥이 외롭고 한가닥으로만 내려오다가 가지쳐 나간 것이 있더라도 좌우의 모양과 형세가 고르지 못한 것이다. 혈성(穴星)이 단정하지 않고 명당이 있더라도 한편으로 기울거나 부서지거나 무너져 볼품이 나쁘고, 안산이 있으나 무정하고, 수성(水城)이 있으나 실은 혈을 에워싸지 못하고, 와(窩)·겸(鉗)·유(乳)·돌(突)등 혈성(穴星) 형체를 비슷하게 갖추었으나 세밀히 살피면 짜임새가 없이 정격(正格)을 이루지 못한 것 등을 모두 진룡(眞龍)이 아닌 가룡(假龍)으로서 진혈(眞穴)을 맺지 못한다.

❖ **가마솥을 엎어놓은 것 같이 약간 소복한 땅** : 묘(墓)터나 집터에 지기(地氣)가 있는 곳은 가마솥을 엎어놓은 것 같이 약간 소복하게 땅이 올라오는 것 같이 보인다. 그 곳을 자세히 살펴보면 다른 곳보다 적게 자라고 있다. 그 곳은 겨울에는 눈이 내리면 눈이 일찍 녹는다. 그 곳은 겨울에 따뜻한 기(氣)가 땅에서 올라오기 때문이다.

❖ **가매장**(假埋葬) : 시체를 임시로 묻음.

❖ **가묘**(假墓) : 광중(壙中)에 시체를 넣지 않고 빈 무덤(空墓)을 만들어 놓은 것.

❖ **가묘(假墓)는 어떻게 하는가** : 신후지지(身後之地)을 만들 때 사발에 전기(傳記) 사항을 간략하게 기록(記錄)을 하고 타고난 재를 채워서 엎어 묻는다.

❖ **가변성**(可變性) : 인간의 건강 운, 가정 운, 직업 운의 세 가지는 주택생활과 불가분의 관계가 있다. 사주와 관상은 불변성이지만 주택상인 가상(家相)은 가변성이다. 즉 사주는 사람이 출생한 연월일시를 말하는 것이므로 자기의 생년월일을 고칠 수 없으며 관상도 생긴 그대로 봐야지 고칠 수 없는 것이다. 그러나 주택상은 나쁘면 주택을 다른 곳으로 이사가면 되므로 가변성이 있다.

❖ **가보**(家譜) : 한 집안의 계보(系譜). 조상 때부터 내려 오는 혈통과

ㄱ

집안 역사를 적은 책.

❖ **가보**(家寶) : 한 집안의 보물. 한 집안의 대대로 전해 내려오는 보물.

❖ **가사주**(家四柱) : 주택에도 집의 사주(四柱)가 있음. 첫째 대문, 둘째 큰방, 셋째 주방, 넷째 화장실이다. 이 네 가지의 위치가 24방위별로 길방의 정 위치에 있으면 길방(吉方)이고 정위치에서 벗어나면 흉방(凶方)이다. 그러나 건물의 구조를 바꾸면(내부시설, 울타리, 담장, 대문 등) 길가(吉家)로 될 수 있다. 또한 길가가 흉가로 변하는 것도 유념해야 한다.

❖ **가산**(家山) : 고향산천의 한집안 묘지.

❖ **가상**(家相) : 지세(地勢), 가옥의 방향이나 위치, 구조 등에 의하여 길흉을 판단하는 풍수(風水) 지술(地術)을 말하며, 가옥의 방향, 위치, 구조 등에 의하여 길흉을 판단한다.

❖ **가상과 건축의 중요성** : 아무리 명당택지일지라도 불배합 사택이나 가상이 처한 상이나 빈상이 되면 불길하다. 또 가족수에 비해 가정이 너무 커도 불길하다. 5인 가족에 25평이 알맞은 평수이다(아파트는 40평이어야 25평과 비교된다). 세계 건축학자들의 통일된 평가에도 5인 가족에 25평으로 발표되었다. 특히 명심할 것은 문주조(門主竈)가 동서사택간에 사택일기(四宅一氣)로 구성되어야 배합사택이 되는 것이니, 가상에 가장 중요한 법이 동서배합 사택이다.

- 가옥이 구성되는 데는 문주조측(門主竈厠) 정원이 기본요소가 된다. 그 중 가장 중요한 곳이 문주조이다.
- 문은 대문 또는 건물의 출입구를 대문으로 볼 경우도 있다.
- 주(主)는 건물의 주위치로서 높고 넓은 왕(旺)한 곳을 기두(起頭)로 정한다. 건축은 주위치로서 동서사택의 구별이 된다.
- 조(竈) 즉 주방은 음식을 만들어서 가족의 건강이 매여 있는 중요한 곳이라 문(門)·주(主)·조(竈) 동효소(同爻所)로 하는 것이 좋다.
- 측(厠)은 측간으로서 가옥에서 멀리 할수록 길하다 하였다. 구식 측간은 독가스를 풍기니 8세 이하의 아동에게는 해가 된다. 의서경(醫書經)에 이르기를, "소변을 다소 참는 것은 방광과 요도의 괄약근이 강해지고, 대변을 참는 것은 자살행위" 라 하니 측간을 집에서 멀리 하라는 것이다. 문·주·조가 동효소(同爻所)로 구성되면 측간, 욕실, 헛간, 창고 등은 반대 방위로 배치되어야 길택이다.(신식 가옥의 욕실은 별로 해가 없다) 팔괘 혈육관계는 배합·불배합에 따라 화복이 다르며 오행에 의한 질병도 생긴다.

❖ **가상금분**(架上金盆) : 화분이 시렁 위에 놓인 형국. 혈은 화분의 중앙에 있고, 안산은 꽃이다.

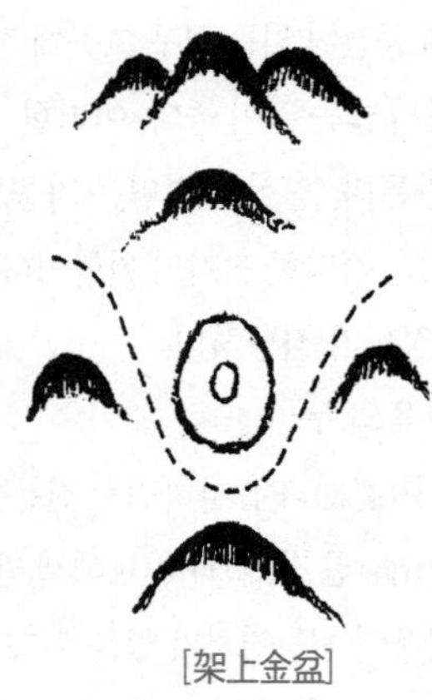

[架上金盆]

❖ **가상(家相)의 3대요소**

① **배산임수**(背山臨水) : 산을 등지고 물 있는 곳을 택할 것이며 이는 살풍(殺風)을 피하고 보국(保局)된 택지로 조화된 정기(精氣)·양기(陽氣)를 받게 된 길지 선택(吉地選擇)의 방법이다. 장수(長壽)한다.

② **전저후고**(前低後高) : 주건물은 높게 정원과 부속건물은 낮게 배치하는 가옥이어야 한다. 인정흥왕(人丁興旺 : 자손과 재물이 많아진다).

③ **전착후관**(前窄後寬) : 출입하는 곳이 좁으면서 안으로 들어가면 정원이 넓어 집안이 안정감이 있는 가옥으로 대지형태는 직사각형으로 정원이 넓은 가옥이다. 전착후관(前窄後寬)에는 부귀여산(富貴如山)이요, 전광후착(前廣後窄)에는 실인도주야(失印逃走也)라 한다.

❖ **가오자**(可惡者) : 보기 싫은 것. 미운 것.

❖ **가옥**(家屋) : 사람이 들어 살기 위해 지은 집.

❖ **가옥**(假屋) : 임시로 지은 오두막집.

❖ 가옥의 길흉원리 분석

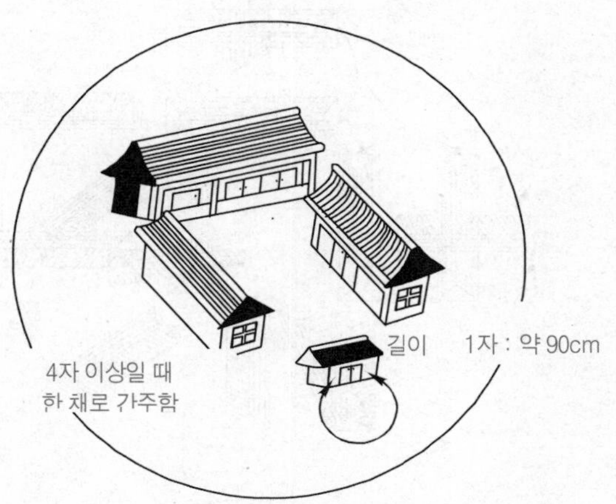

• 변소는 구조가 작더라도 길이가 4자 이상일 때는 한 채의 독립적인 역할을 하는 것으로 따진다. 그러나 4자 미만 길이의 것은 하나의 작은 점으로 간주하여 재산상이나 연수(年數) 측정에 절반으로 계산하는 것이 상례이다.

• 겹집으로 지어져서 보통 한 칸 형태의 구조보다 폭이 넓어 곱절에 가까운 경우는 재산상의 계산도 배로 늘려서 산출한다.

• 안채와의 길이가 엇비슷한 좌우 옆채는 3곱수 계산(예를 들어 디귿형으로 좌우채 길이가 안채와 비슷한 것은 3×8 : 24 또는 30으로도 본다.)할 때가 많으며 보통은 안채를 10, 좌우를 여덟 팔(八) 등으로 간주해 판단한다.

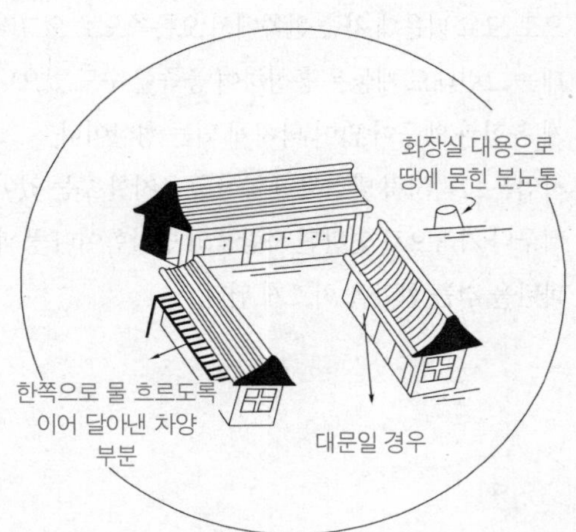

• 호주를 상징하는 안채 아래 옆채인 왼쪽 건물 장자손채가 대문 아래의 하단 부분에 지어졌을 경우는 모친 내지 부인의 의사를 어기지 못하고 여자에게 억눌리는 형상으로 본다.

• 원채나 옆채에다 이어 달아내어 한쪽으로 물이 흐르는 차양 부분은 짐승을 먹이거나 다른 용도 및 사업에 이용하여도 별다른 이윤이나 재미를 보지 못하고 산란하고 번거로운 살림을 조장하는 형국으로 간주한다.

• 화장실 대용으로 분뇨통을 땅에 파묻은 것도 파괴 역할과 나누기 역할을 해서 재난 액화 작용을 한다.

• 원채의 용마루보다 위쪽으로 올라가서 짓는 변소나 오물 저장소는 우환, 신병, 흉험과 재난 등 변고를 불러일으킨다.

• 변소가 구조물의 머리 부분의 안쪽으로 위치할 경우는 나머지 아래쪽 하단 부위는 남의 재산을 관리해 주는 격이라 소작으로 간주하여 절반 타작의 실수입을 계산하면 된다.

ㄱ

- 집의 담장이 용마루가 있어서 양쪽으로 물이 흐르는 경우는 가옥 계산에 한 칸의 역할을 하는 것으로 친다. 비록 큰 닭장 같은 것이라도 물이 양쪽으로 흐르도록 만들어졌으면 한 칸 구조로 따진다. 그러나 반드시 4자 이상을 넘어야 하며, 그 미만은 그냥 버린다. 다만 변소의 경우는 작더라도 한 칸으로 계산한다.
- 주로 도회지 가옥에 많은데 변소가 안방보다 뒤쪽에 위치할 경우는 출입 대문을 윗쪽으로 돌려 내어 쓰면 바꿔 놓는 격이 되어 흉액이 감소되고 재난을 피하는 비방이 된다.
- 도회지의 재산상 계산에는 시골의 3배 역할을 하는 것으로 간주하며 평야나 곡창지대의 들녘은 곱절 이상으로 친다.

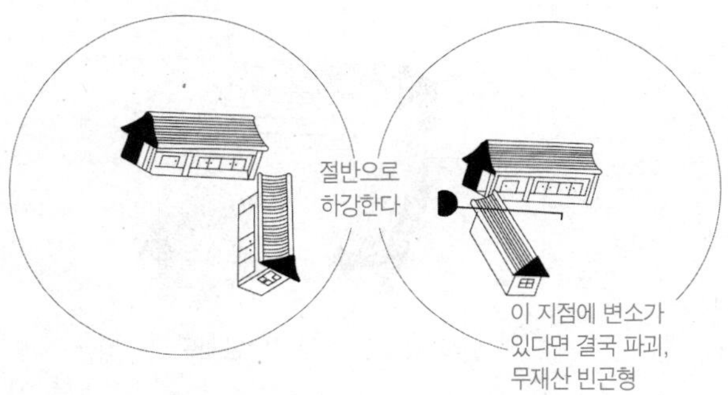

❖ **가옥의 배치 길흉 분할도**

- 가옥은 안채와 나란한 형태로 짓는 것은 괜찮으나 어느 경우라도 본채를 치고 들어오는 공격 형상이 되면 흉험과 재난, 파괴 등의 액운이 발생한다.
- 옆채와 아래채는 방을 2칸 이상 만들면 안 된다. 집 한 채에 1, 2칸은 길하나, 3칸이나 4칸 방은 파괴·분산·액화가 닿는다. 5, 6, 7칸은 길(吉)이고 8칸은 흉(凶)이고 9칸은 길(吉)이다.
- 안방은 언제나 자오묘유(子午卯酉)좌가 되도록 배치되어야 한다.

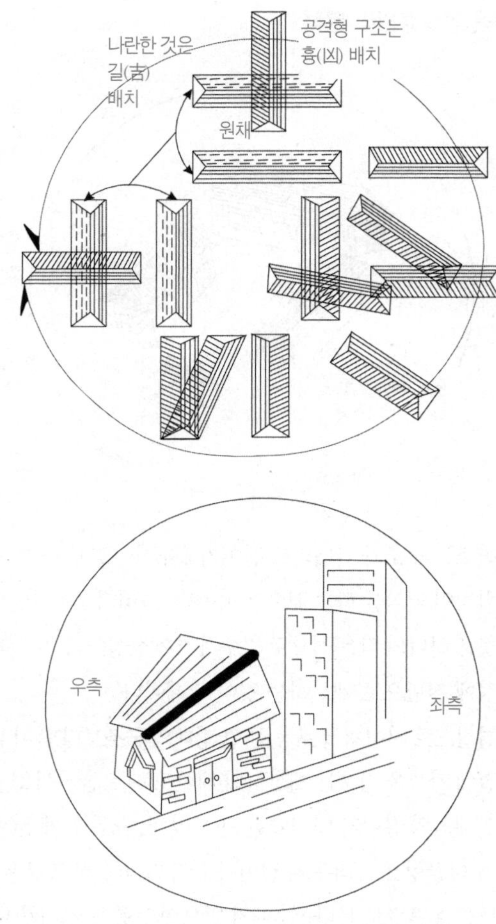

- 대문을 열고 나오면서 가옥의 왼쪽 폭이 오른쪽보다 상대적으로 크고 넓은데 차츰 왼쪽에서 오른쪽으로 오그라드는 형태는 그런대로 재물은 흥성하여 풍족할 수도 있으나 사람에게 흉험과 액운이 많이 닥치게 되는 형상이다.
- 사업은 그럭저럭 발전적인 향상을 유지할 수는 있어도 집안 식구나 가족으로 연관된 사람들의 병약함이나 풍파 때문에 파탄을 겪는 환란을 치르게 된다.

앞에서 뒤편까지 한꺼번에 관통되는 대문형

• 앞에서 대문을 열어 놓으면 뒤에까지 직통으로 훤히 들여다 보이는 형태는 재물이 한꺼번에 들어왔다 한꺼번에 나가버리는 형국으로서 재물이 오래 머물러 있지 않게 되고, 외관상의 겉모양에 비해 실제 내적인 성취가 쌓여지지 않으며, 남보다 앞서는 노력을 기울인다 하더라도 뜻하는 바 목적을 달성하기가 힘들다.

• 현관문을 열고 들어섰을 경우에도 곧바로 대형 창문이나 뒤편이 훤히 들여다보이는 형태나 대청이라 할지라도 뒷문이 있는 형태는 마찬가지이다.

한쪽 방향을 막다르게 가로막아 지어진 건축물

• 진로의 한쪽 방향을 막다른 형태가 되도록 앞을 가로막아 지어진 건축물에서는 성공과 향상, 발전이 어렵고 산란하고 번거로운 살림살이를 영위하게 된다.

• 거주하는 사람들의 제반 경영사나 소망하는 일들이 제대로 이루어지지 않고, 재물의 낭패 및 내외적으로 재난 우환이 많이 발생하여 발전이 더디며, 잦은 시비와 우여곡절을 겪게 된다.

근거리 사찰 및 교회나 신당

• 가옥의 대문 앞이나 바로 옆 건물에 사찰 및 교회, 사당 등의 건축물이 있으면 불길, 산란 형국의 장해가 조장(助長)된다.

• 집안의 살림살이가 지지부진하고, 성취를 향한 발전 및 향상이 느리며, 가정사가 어수선해지고, 부녀자들이 신병을 앓거나 우환을 겪게 되는 등 좋지 않은 일들이 발생하게 된다. 때때로 집안에 장애와 낭패스러운 일들이 닥쳐서 고난을 겪는 재액이 따른다.

기타 다른 구조물과 같이 판단함

• 대문을 열면 바로 마주 보이는 곳에 큰 바위라든가 기타의 돌출형 구조물이 있으면 집안의 자손들에게 해로운 일이 많이 발생하게 된다.

• 대문이 안방 또는 대청과 일직선상에 있으면 호주 및 장자손에게도 해로우며, 특히 어린아이들에게 좋지 못한 액화나 변고가 생기게 된다. 오른쪽으로 치우쳐 있으면 주로 여자아이들에게 흉하고, 왼쪽으로 치우쳐 있으면 남자아이들에게 흉한데, 가능한 한 큰 대문은 평평하고 널찍한 바깥마당이 형성되도록 축조하는 것이 대길이다.

• 대문 앞이 비탈지거나 비좁은 것도 답답하거나 복잡한 일들이 많고 성취가 더딘 형국이다.

• 인근 주변에 있는 다른 건축물에 비해 상대적으로 왜소하다든가 작은 구조물은 성공이 더디고 발전이 안 되는 불길한 형태다. 매사에 진보가 더디며, 주인은 신병지격이고 집안에 우환과 걱정거리가 자주 생긴다.

• 특히 집 모퉁이를 주변의 다른 큰 건축물이 치고 들어오는 형국이면 의외의 돌발 사고라든가 흉험한 재난이 가정이나 식구들에게 닿게 된다. 늘 우울하고 일이 순탄하게 풀리지 않아 어려운 살림 형태를 탈피하기가 어려운 형상의 가옥구조이다.

• 가옥의 서북쪽과 서남쪽으로 흐르는 물길이 있으면 불길, 재난 형국이다. 지상 밖에서 육안으로 볼 수 있게 흐르면 그 강도(强度)가 더하고, 지하에 묻힌 하수관이나 배설 수로(水路), 또는 복개천의 경우는 다소 약하게 작용하지만 대체로 호주나 식솔 중에 주관 없는 생활 내지 방탕으로 기울어지는 사람이 생길 우려가 높다. 이중 살림을 하거나 바람을 피우게 되는 등 심하면 이별 또는 재혼 등의 풍파나 재물의 파탄 및 신병·우환 같은 액화가 닿을 수도 있다. 부녀자들에게도 좋지 못한 일이 생기는 불길한 형태이다.

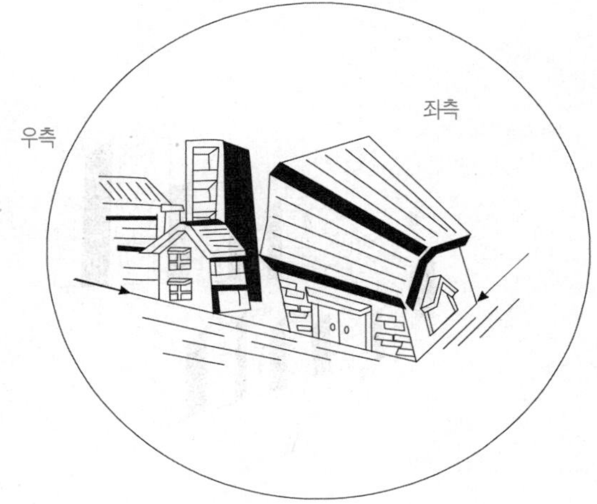

• 대문을 열고 나올 때 가옥의 오른쪽에서부터 왼쪽으로 점차 좁아져서 오그라드는 형태는 집안에 손재와 우환 등 재난이

들어 재물의 손실과 고난을 치르게 된다. 심할 경우는 사람에게까지 신상의 낭패나 불미한 변고가 따르게 되고, 많은 노력을 기울인다 하더라도 재물이 분산될 번거로운 사정이나 문제점들이 속속 발생되어서 파란과 흉험을 겪게 되는 액화지상이다.

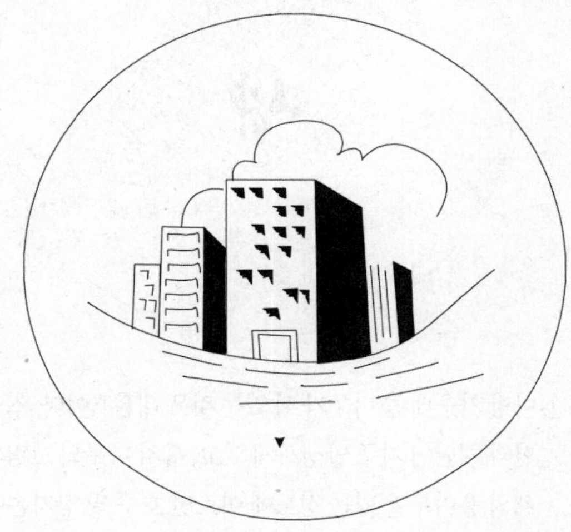

- 주변의 지형에 비해서 깊숙히 가라앉은 형태 및 움푹 패인 부분에 위치한 건물이나 가옥에서는 우환이나 재난이 자주 발생하고, 우울하고 번거로운 다사다난함과 복잡하고 암담한 재난에 빠지는 경우가 많이 생긴다.
- 주거용 가옥이 아닌 사업 장소나 사무실 등의 구조라면 시간이 흐를수록 전도(前途)가 불리해지고 순탄하게 진전되어가던 제반 사항들이 힘들고 침체에 빠지게 되는 장해를 겪을 우려가 높다.

집터가 높아 계단이 너무 많거나
지하실 건물에 거주할 때

- 주택용 건물이든 상가용 건물이든 지하층에 자리잡은 것은 본래 하등급형으로 분류한다. 반대로 집터가 높아 계단이 너무 많은 것도 풍파와 장해가 발생하는 흉험지격이다.
- 마구살이 형국이기 때문에 만인접대격으로 시끄럽고 번거로워도 분주하게 출입하며 움직이는 형태의 업종이 이로우며, 일정 기간 돈벌기 위해 노력하는 사람에게 좋다. 큰 재물이나 많은 복록은 잘 붙지 않으며 이런 집에 오래 살면 흉액과 재난을 치르게 된다. 낮에도 컴컴하거나 우중충한 집은 우환이 자주 들고 속 썩을 일이 많이 생기며, 식구들이 시키지 않은 엉뚱한 짓이나 음험한 행동을 잘하게 된다.

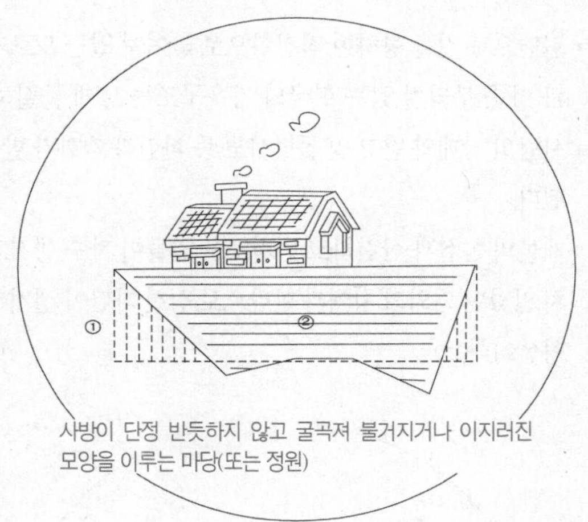

사방이 단정 반듯하지 않고 굴곡져 불거지거나 이지러진 모양을 이루는 마당(또는 정원)

- 점선 형태처럼 마당의 전체적 구도가 단정하지 않고 모서리가 일그러지거나 현격하게 불거진다든지 비뚤어진 모양새로 어긋나 있어서 사방이 반듯하지 않은 것도 신병 및 풍파가 발생하는 재난 형국으로 간주한다.
- 제반사에 기복과 애로가 많이 생기고 산란하고 번거로워 실속이 별로 없다. 불구자나 횡액이 닿고 산재수(散財數)가 흔히 생기게 되는 가옥구조이다.

ㄱ

• 전면으로 집을 향하여 직진형으로 놓여져 있는 도로가 대문과 마주 부딪쳐 있는 형국의 가옥구조는 크게 불길하다.
• 사람의 낭패와 변고 및 돌발사고 등 환란과 액화가 발생하게 된다.
• 재물의 손실과 산란하고 번거로운 일들이 자주 생기고 예기치 않았던 의외의 횡액과 환란으로 심한 파탄이 생기게 되는 형상이다.

• 앞쪽은 넓은데 뒤쪽이 상대적으로 협소하게 오그라든 구조물은 내부적인 집안일이나 외부적인 활동 역량, 경영 사항이 안전성과 평온을 획득, 유지하기가 매우 힘들다.
• 번거로운 일이나 손실, 또는 우환이나 억울하고 갑갑한 사정 등의 액운을 만나게 되는 불길한 형태의 가옥 구조이다.

① 마당 가운데 큰 나무가 서 있는 것은 대흉격이다. 집안에 우환과 재난이 자주 발생하게 되고, 특히 나무의 그림자가 안채의 용마루를 덮는 정도에 이르면 호주 및 장자손에게 흉화가 닥치게 되고, 부엌쪽으로 치우쳐 있을 때는 부인이나 모친, 아녀자들에게 해로움이 더해진다.
② 번형처럼 마당 가운데에다 빙 둘러 야트막하게 담을 쌓듯이 벽돌을 쌓아 올려서 정원을 조성하는 것도 역시 가정에 우환이나 재물의 파손 및 변고사 등 흉사가 발생하게 되는 재난 파괴의 흉액격이다.

- 가옥의 서남방에 연못 내지 물탱크(우물 및 자가 수도 포함)가 있는 것은 호랑이가 입을 벌린 형상으로 간주하기 때문에 불길 흉험지격이다. 집안에 우환과 재난이 들고 뜻밖의 사고나 돌발적인 변고 등이 발생하는 형국이다.
- 가능한 한 서남쪽 방위에는 우물을 파거나 수도를 놓는다든지 큰 물동이 및 물탱크 따위를 설치하지 않는 것이 이롭다. 때때로 잊을 만하면 재물의 손실이나 사람으로 연관된 낭패가 닥치게 된다.

- 집 주위에 울창한 수림(樹林)이 있고, 전면이나 좌우측에 묘지라든가 휴폐물 적재장, 연못, 오물 폐기 장소가 있으면 집안에 뜻하지 않은 불상사나 우환, 재물의 파손 등 액화와 변고가 자주 발생한다.
- 모든 경영사나 내외적인 제반 사물에 있어 기복과 부침이 자주 생기고, 대체로 가정이 정상적 평안 상태를 유지하기 어려운 불길한 형국이다. 액운 형체(形體)들이 가옥의 앞면에 위치해 있는 경우는 더욱 좋지 않다.

- 가옥의 방위 개념상 일반적으로 남향을 하면 좋은 것으로 생각하지만, 남향한 건물이라도 구조물의 앞쪽을 차단하는 산과 마주치게 된다든지 남쪽을 다른 큰 건물이 가로막아서는 형태가 되면 흉해가 발생하게 된다.
- 우환이나 질병, 뜻밖의 재난 등 불안한 일들이 빈번히 생겨서 자주 환란을 겪게 된다. 재물의 증식이 더디고, 결정적 성취점에 도달될 무렵이면 상황이 불리해져서 난관에 놓여지는 액운이 따르는 형국이다.

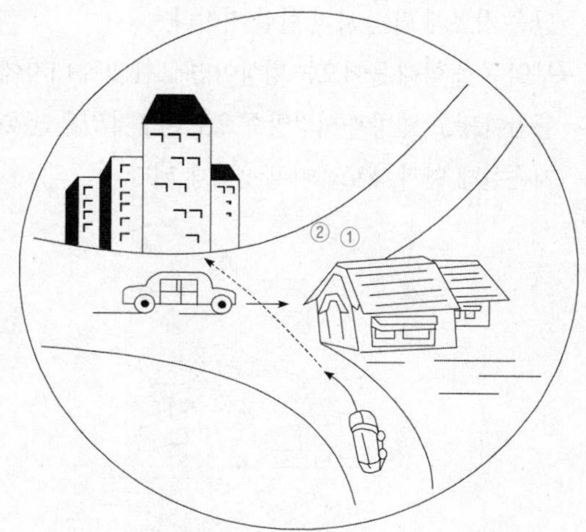

- ①형처럼 교차되는 지점 내지 양쪽으로 길이 갈라지며 맞부딪치는 곳에 축조되는 가옥은 어수선한 살림살이 형국으로 때때로 재물의 풍파와 사람으로 인한 재난 내지 우환이 발생

하여 고난을 치르게 되는 흉험지격이다.

- 가정의 안정과 단합이 이루어지기 어렵고, 식구들의 각자이심 및 변고나 환란 등이 생기는 액운을 면하기 어렵다. ②번 형의 구조 역시 길흉의 작용이 비슷하지만 ①번 형의 구조에 비해서는 다소 그 강도가 약한 편이다.

- 가옥의 서북방 쪽에 놓여진 교량이나 외부의 구조물이 집을 향하여 치고 들어오면 대단히 불길한 형국이다. 가운과 살림살이가 기울어지고 사람에게도 낭패가 발생하여 우환과 재난을 치르게 되는 파괴 환란 격이다.
- 부엌 쪽을 향해 들어오는 형상이면 모친 및 부녀자에게 먼저 흉험이 닿고, 안방과 사랑방 쪽으로 치우쳐 있으면 호주 및 장자손한테 먼저 해로움이 발생하게 된다.

일반 구조물이나 주택일 경우도
길흉작용은 동일함

- 가옥의 정문이나 집의 중심 부위를 향하여 다른 구조물이나 가옥 등의 모서리가 치고 들어오는 배치는 아주 불길하다.
- 신병 및 사람의 낭패, 재물의 손실, 경영사업의 쇠퇴 등 우환과 파란이 닥쳐서 고난을 치르게 된다. 십중팔구는 급작스런 변고나 돌발사고로 흉험과 환란 등의 액운을 겪게 된다.

- 가옥의 동쪽을 큰 산줄기가 잇닿아 가로막고 있으면, 청룡이 승천을 못하고 드러누워 있는 형상으로 간주하여 흉험을 조장(助長)하는 격이 된다.
- 가정적·사회적 불운과 풍파가 일어서 경영하는 사물간의 발전이 어렵고 순조롭지 못하며, 식구들에게 우환과 재난이 닿게 된다. 대체로 사람으로 연관된 낭패수가 흔하며, 구설과 시비 등 관재·액운 및 재물 손실의 풍파·난관이 자주 생긴다.

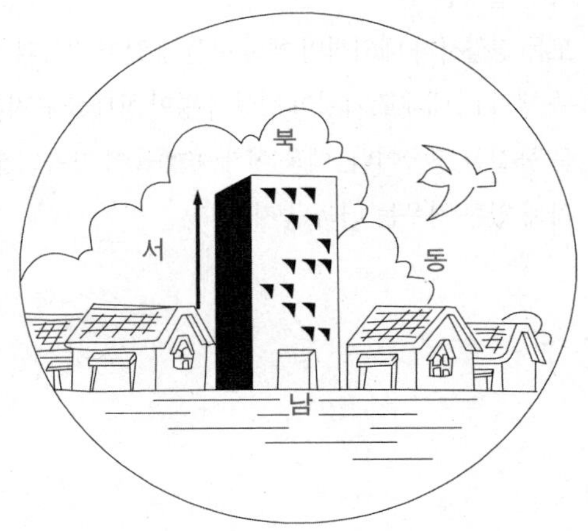

- 인근 주변의 가옥이나 건축물들은 대개 보통 구조인 데 비하

여 유독 높이나 크기가 장대(壯大)하다든지 구조물의 모양새가 유별나게 색다른 건물은 여러 가지로 이롭지 못하다.

- 입주자 및 소유자의 가정에 유별난 일들이 식구들의 남다른 행동 및 색다른 일들과 변고·파탄·우환 같은 어수선함이 발생하게 된다.
- 주로 흥망성쇠의 기복이 심하고, 자주 내부적인 갈등을 겪게 되거나 혼란스러운 일들이 생겨서 액운을 겪게 되는 구조이다.

- 전주(電柱) 기둥이나 철탑 또는 아주 큰 나무 등이 대문의 정면에 마주서 있거나 집의 중심 부위에 위치하는 것은 나뉘먹기 형국이다.
- 산란한 살림살이, 각자이심(各者異心)의 풍파, 가옥 구조로서 손재나 고난 등의 액운이 많이 발생하고 우환과 재난으로 번거로움과 액화를 자주 겪게 된다.

- 가옥의 동남 방향으로 흐르는 하천이나 연못 내지 여울 등이 있으면(도회지의 수도관 및 하수도·하천을 복개한 것은 흉험의 정도가 다소 약하게 작용하지만 아주 소멸되지는 않는다) 거주하는 사람들에게 재난과 낭패 등의 액운이 닿게 된다. 미관상으로는 경치가 좋아 보일지 모르나 재물과 복운(福運)이 계속 흘러나가는 형국이다.
- 아무리 노력을 기울여도 뜻한 바 목적이 제대로 이루어지지 않고 고난과 장해가 많이 닥친다.

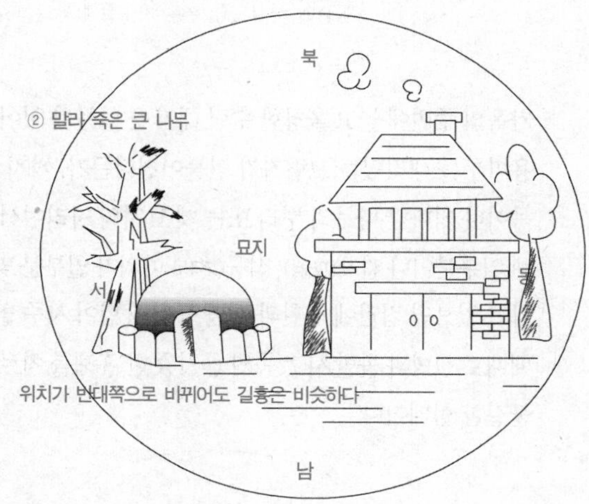

- 가옥의 좌우측으로 분묘가 있거나 큰 나무가 말라 죽어 있으면 크게 흉험하다. 그곳에 거주하는 사람들의 신변에 재난과 파탄이 발생하게 되는 불길한 형국이다.
- 신체의 병약 및 우환 등으로 인해 손실과 낭패가 자주 생기며 살림살이가 어수선해지는 재난을 치르게 된다. 이런 구조물에 들어가 살게 되면 건강하던 사람이 환자가 된다든지 신체적인 결함이 생기게 되는 환란이 생긴다.

• 가옥의 주변에 높고 울창한 수림 내지 큰 나무가 있어서 지붕 용마루를 내리덮는 그림자가 만들어진다든가, 썩지 않은 괴목이나 커다란 나무의 뿌리 또는 옛 묘지의 자리여서 시신의 뼈 일부분이나 관재(管財), 석물(石物) 따위가 일부분 밑바닥에 남아 있으면 집안에 우환과 재난 등의 흉험이 자주 발생하고 때때로 신병과 돌발 사고 등의 좋지 못한 흉해를 치르게 되는 불길한 형태이다.

• 마당에 석재나 큰 돌무더기 따위로 울룩불룩하게 단장하면 미관상 좋을지는 모르나 집안이나 제반 경영사 등에 기복(起伏)과 장애 등 좋지 않은 일들과 우환이 발생하게 되는 해로움을 겪게 된다. 그리고 특히 동쪽 방향에 위치하는 것은 아주 불길하다.

• 대문 앞자락이나 마당이 너무 가파르게 경사를 이루거나 지나치게 협착하든지 복잡한 형태 역시 풍파형 빈곤, 분주의 구조로 재난지격이다.

• 집은 자기의 소유이면서(세들어 살더라도 마찬가지임) 남의 화장실을 쓰거나 자기 집 밖에 있는 남의 화장실(공중화장실 등)을 사용하게 되면(자기 집이라도 한길에서 문열고 들어가는 식의 구조는 동일 작용함) 두서 없는 산란한 살림살이를 영위하게 되고, 무질서하고 엉뚱한 일들이 생겨서 재물의 유출과 소모가 발생하게 되고, 남보다 애써 노력을 많이 기울인다 하더라도 자잘한 푼돈일지라도 들어오자마자 금세 빠져나가고 목돈이나 큰 재물이 따르지 않는다.

• 늘 바닥이 보이는 살림을 한다든지 쓸데없는 지출이 많고 재난과 액운 및 말썽과 구설이 자주 발생하게 된다. 화장실이 가옥의 전면에 위치하면 주로 남자 편에 액화와 재난이 닿고, 후면에 위치하면 주로 여자 편에 액화와 재난이 닿는다.

• 아래채나 옆채 구조물이 본채보다도 더 높다거나 길이가 월등하게 긴 것은 대체로 불효 내지 산란한 살림살이 형국으로서 수하 사람들이 존장(尊丈)을 깔보고 덤비거나 윗사람을 애먹이거나 업신여기는 구조로 간주한다.

• 손아랫사람들이 속썩이거나 정상 궤도에서 이탈하는 비뚤어진 짓을 자주 하게 된다. 존장의 지도에 순응하여 따르지 않고 자기 주관대로 행동하게 되며 각자이심과 불화·반목 등

이 조장되는 형태이다.

- 안채보다 바깥채가 너무 높거나 크면 부녀자나 자식들이 말을 잘 듣지 않아 가장(호주, 어른)의 비위에 거슬리거나 빗나가는 행실을 하게 된다.
- 농수산 물품 계통을 취급하는 사람은 양지가 대길하고, 공산물품 취급이나 사업을 하는 사람에게는 주로 음지가 이롭다.
- 대체로 양지는 동북의 시작에서부터 정남의 끝까지이고, 음지는 서남의 시작에서부터 정북의 끝까지로 계산한다.
- 고층 내지 높은 지대에 사는 사람은 사업이든 영업하는 장소이든 주로 신선하고 단아하며 화려하고 깨끗한 것을 취급하여야 속히 성공하고 발전하는 길이 트인다.

유별나거나 특별한 구조와 형태의 가옥일 경우

- 일반적으로 보편적인 가옥 구조를 벗어나 유별나게 지어진 구조나 형태 및 모양새가 색다르게 축조된 가택에 사는 사람들은 대체로 별스런 행동이나 괴팍스런 짓을 잘 하게 된다.
- 대지의 형태나 외장 처리 및 내부 구조를 이색적으로 꾸민 집도 작용은 역시 비슷하다.
- 지형(地形)이나 토지상의 여건 때문에 삐뚤어지게 지어진 집이나 모양이나 구조가 별다르게 축조된 집도 역시 보편적인 일반 가정들에 비해 엉뚱한 일이 자주 생기고 재난이 드는 등, 빗나가거나 어그러진 행실이라든지 유별난 일들이 생겨서 손실과 재난을 치르게 된다.

- 마당의 사방이 반듯하지 않으면 주인이 어그러진 행동을 하거나 상식을 벗어난 행동을 자주 하게 되며, 십중팔구는 장자손이 그 집에서 떠나게 되고, 사람이 부실하다든지 제구실을 못하게 된다. 집안에 우환이나 변고 내지 좋지 못한 일들이 발생하고 식구들 중에 신병을 가진 사람이 생기게 되며, 심할 경우 불구자가 나오기도 한다.
- 집터는 가급적 사방이 반듯하고 네 모서리가 단정한 것이 길상(吉相)이고, 오랫동안 거주한 가택일수록 집의 구조나 형체를 표시가 날 정도로 뜯어고치거나 다른 모양으로 개량하는 것은 대체로 결과가 좋지 않다. 외부가 아닌 내부일 경우도 좋지 못하기는 마찬가지다.
- 부자(父子)간 한 집에서 같이 살 때 만일 아들이 안채에 살고 아버지가 아랫채나 옆채에 산다면 호주가 주도권을 상실하게 되고 가정사에 대한 실권을 잃어버린 형국으로 간주한다.
- 호주가 사랑방을 사용할 경우는 아들이 쓰는 안방보다 면적이 아주 월등하게(최소한 곱절 이상) 넓어야 주도권를 유지하고 어른 구실을 제대로 할 수 있는 것으로 판단한다.
- 안방을 아들이 쓰고 사랑방이나 윗방(작은 방)을 호주나 아버지가 사용할 때도 역시 동일하게 간주한다. 자식들이 부모나 존장의 지도에 순응하여 잘 따르지 않고 제멋대로 섣부른 행동이나 어그러진 짓을 해서 속을 썩이거나 낭패수가 생기는 재난이 들게 된다. 이처럼 아랫사람들이 어른들의 비위에 거슬리는 일들을 자주하게 된다.

- 화장실 위에 장독대가 위치하게 되면 부인이나 집안 식구에게 우환이 들어 속을 썩이게 되고, 집안에 산란한 재난이나 음험한 일이 생기게 되어 구설수가 많을 형국이다.
- 대문이나 현관 상부에 장독대가 있는 것도 역시 좋지 못하다.
- 본채에 차양을 달아내든가 본채에 잇대서 집을 늘리는 것은 금기사항으로서 흉험하고, 아래채도 안채 쪽의 상단 부위에 오물을 저장하거나 화장실 위치로 쓰면 불길하다. 가급적 오물을 저장하는 곳이나 화장실은 원채(좌우 옆채 포함)와는 별도로 짓는 것이 길하다.
- 화장실 문은 항시 원채 쪽을 향하여 나 있어야 좋고, 될 수 있는 한 4자 길이(한 자는 90cm) 이상이 되지 않도록 하는 것이 길하다. 그 이상이 될 경우 변고나 횡액 등의 재난이 발생하게 된다.

- 안채에 앉아서 앞을 내다봤을 때 왼쪽 구조물이 없는 경우 필경 장손이 그 집을 떠나게 되거나 재산이 있더라도 유지하지 못하게 된다.
- 왼쪽 건물이 오른쪽 건물보다 너무 왜소한 경우에도 마찬가지로 장자손과 인연이 박하고 제구실을 못하게 된다.
- 도회지의 신식 건물이나 아파트일 때는 큰방에서 방문을 열고 현관 쪽을 바라보아서 왼쪽과 오른쪽을 판단하며, 안방에서 문을 열고 나서면 현관문으로 직통형태가 되는 것이 길격(吉格)이다. 그리고 현관문을 열고 들어서서 큰방 문이 마주 바라다보이지 않고 가로막힌 형태이거나 큰방이 다른 쪽에 있어서 벽면이 보이는 것은 경영하는 일들이 막혀 순조롭지 못하여 곤란이나 애로를 겪게 되는 형태이다.
- 작은집에 살면서 사업을 크게 차리는 것은 여유 있는 살림이라 하더라도 좋지 못하다. 반대로 큰집에서 살면서 사업을 작게 하는 것 역시 마찬가지이다. 발전이 더디고 번번이 장애가 발생하여 피해가 생긴다.
- 집을 지을 때 성조운(成造運)을 받지 말고 상량문(上樑文)을 쓰지 않으면 살액(殺厄)이 가지 않는다. 고천(告天 : 기도나 고사 포함)만 하지 않으면 길흉간 화복이 생기지 않는다. 찬물이라도 떠 놓고 의식(儀式)을 갖추는 데서 좋고 나쁜 문제가 발단되는 것이다. 이사하는 것도 거의 비슷하다.
- 안채를 단칸방으로 짓는 것은 금물이다. 빈궁, 고난 형국을 면하기가 어렵다.

• 화장실이 부엌 뒤에 있으면 여자가 신병을 앓거나 재물이 파괴되는 형국이며, 사랑방(안방) 뒤에 붙어 있으면 비슷한 작용을 하기 때문에 좋지 못하다.
• 화장실은 대문(현관)을 열고 들어섰을 때 손쉽게 눈에 띄는 곳에 있는 것이 좋고, 화장실 문을 열어 놓았을 때 대문과 마주하여 안이 들여다 보이는 것은 이롭지 않다. 식구들이 산란한 일로 말썽이 생기게 되거나 재물이 모여지지 않고 산재수(散財數)가 자주 닿는다.
• 화장실이 멀리 떨어져 있으면 그만큼 재산 증식의 속도도 느려지고 큰 재물을 모으기까지 오랜 시간이 걸린다.

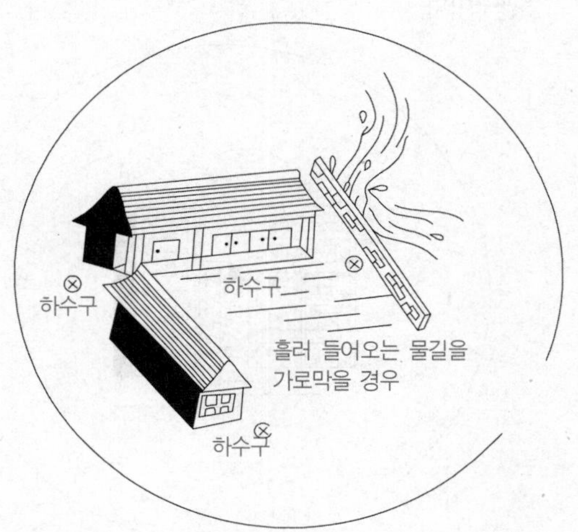

• 자연적으로 집 쪽을 향하여 흘러 들어오는 물길을 차단하면 집안 일이 자주 꼬이고 장애가 생긴다.
• 지붕에서 흘러내린 물이 양쪽으로 나뉘어 빠져나가거나 여러 군데로 갈라져 빠져나가면 나눠먹기 살림살이 형태로 재물에 분산수가 자주 생기며 많은 재물이 붙지 않는다. 물 빠지는 하수구는 한 집에 하나만 있는 것이 길격(吉格)이다.
• 물(하수구 포함)도 부엌 쪽으로 흘러야 이롭고 화장실도 항상 부엌쪽에 위치하는 것이 길하다.
• 하수도가 마당의 가운데를 관통하여 지나가는 것은 집안에 재난과 우환, 실패 등 낭패가 많을 흉상(凶相)의 구조이다.
• 안채와 옆채, 아래채가 분리되지 않고 용마루에 잇대서 지은 집은(대체로 도회지 양옥 구조가 그렇다) 가정 상황이나 식구들의 질서에 두서가 없고 산란한 형국이다. 각자이심으로 인해 불평이 많으며 일반적으로 직업도 천업격(賤業格)으로 하락하게 되는 구조이다.
• 아파트, 연립주택, 단독주택을 막론하고 공중변소일지라도 집 안에 들어 있는 것은 말할 것도 없고, 집의 후면(집 안에서는 안방보다 뒤쪽 부위)에 화장실이 위치하면 비밀 누설과 구설·잡음 등이 많이 생기고, 액운과 재난이 닿아 산란한 살림살이를 하게 되며, 우환과 신병, 식구들의 각자이심과 재물의 파괴가 유발, 조장되는 흉험지격이다.

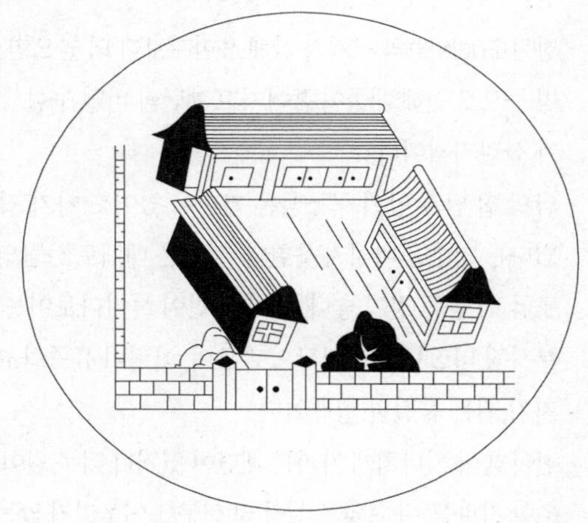

• 막다른 골목에 축조된 가택은 갑갑한 일이나 돌발적인 재난 등의 낭패를 만나게 되며, 자손들에게도 흉하고 제반 사물간의 경영 내지 진로에 있어 그 끝이 좋지 못하다.
• 집터의 사방 구조가 반듯하지 못하면 전면이 다소 좁더라도 뒤쪽이 넓게 퍼진 형상이어야 재물이 붙고 발복이 쉽게 이루어진다.
• 집은 대문과 현관 등 출입구 쪽이 밝고 평탄하게 만들어져야 우환이나 실패가 적고 빨리 발복하여 오래 부귀를 유지할 수 있다.
• 안채의 한가운데에 대청마루가 있는 구조는 나눠먹기 형상으로 분주다사하고 식구들이 각자 이심하여 집안 일이 어수선하고 정돈이 잘 되지 않는 산란한 형국이다.
• 아래채보다 원채가 너무 높으면 부모가 극성스럽거나 자식들을 쫓아내는 형국이기 때문에 자손들이 부모 모시기를 꺼려하게 되고 집에 들어와 살지 않게 된다.

- 대문은 항상 앞마당 쪽 공터가 넓은 곳을 향해서 내야 재산이 늘어나는 형태가 된다.
- 집터의 사방 구조가 전체적으로 반듯하지만 어느 한쪽에 이 빠진 것처럼 패이거나 볼록 튀어나오면 재난이나 급작스런 사고 등의 위험이 따르게 된다. 제반사 유두무미, 산란지격으로 신병의 액화와 재난이 발생하며 자손에게도 좋지 못한 일이 생긴다.
- 이웃집 출입문과 마주 보는 대문이나 창문은 상대보다 많이 닫아두는 것이 이롭다. 특히 화장실의 위치가 그러면 재물 분산·우환·파탄 조장형 구조이다.
- 정원수(庭園樹)의 크기가 안채 용마루보다 더 높으면 우환, 신병 등으로 인해 재물이 흩어지고 재난과 비밀 누설, 살림살이가 산란지격이다.
- 남의 집 담장 안의 구조물은 가까이 있어도 자기 집 운세에 별다른 영향을 미치지 못한다. 담장은 대체로 사람의 키보다 조금 더 높은 것이 좋다. 밖에서 안이 들여다보이는 것은 내부사정 비밀누설의 형국으로 보며, 살림이 유족하고 풍성해지기 힘든 불길한 형태이다.
- 집이 높아 지나치게 가파른 계단이 있거나 너무 깊이 파서 축조한 지하실, 아주 낮은 천장 및 신분에 어울리지 않는 지나친 절약형 건물이나 호화사치형 건물은 어느 쪽도 운세의 호전 향상에 도움이 되지 않고 침체와 장해를 불러 어려움을 초래하게 된다.

- 가택에 창문 같은 개방 부위가 적당하지 않고 너무 많은 집에서 살면 재물이 자주 흩어지고 남의 구설이나 말썽이 생기는 장애를 겪게 된다.
- 이사는 멀리 할수록 길흉간 화복(禍福)의 정도가 강력하게 영향을 미쳐서 확실한 결과로 나타난다.
- 정부 소유의 땅이나 공공기관 토지에 건축물을 지으면 액살(厄殺)이나 재난은 별로 작용하지 않으나 발전이 더디고, 일단 완성된 가옥을 매입한 경우라면 입주한 후에 가옥 구조를 다시 뜯어 고치고 개량하는 일은 하지 않는 편이 이롭다. 그럴 경우엔 재난이나 우환, 변고 등이 발생하여 피해를 보는 경우가 십중팔구이다.

- 아파트나 연립주택같이 여러 가구가 함께 들어 사는 가택에서 살거나 공동으로 사용하는 경우에는 제반 생활상의 변화와 유동, 굴곡 등이 자주 발생하며, 장기간의 지속적인 상황 유지가 어렵고 식구들의 각자이심과 동요가 자주 생긴다.
- 특별히 주의해야 할 것은, 공동으로 사용하는 구조물은 그 건물로 처음 들어서는 공동 출입문이 독채의 경우와 동일하다는 점이다. 개별적으로 사용하는 문도 참고하여 안방에서 현관 쪽을 향해 좌우의 구별과 전체적인 대소 및 앞 뒤 등의 판별을 하도록 해야 한다.
- 가옥은 본래 길방위(吉方位)는 막아 주고 흉방위(凶方位)는 터놓는 것이 정상이다. 단, 화장실의 위치는 불길 방위에다 짓는다.

• 어느 집이든 안채의 안방 중심에 앉아서 출입문 쪽을 향했을 때 왼쪽에 옆채가 있도록 건축하는 게 재물을 오래 두고 풍성하게 유지하는 비결이며, 왼쪽으로 빈터 및 바깥마당이 있도록 만들어야 윤택함이 증대되는 길상(吉相)의 형통 구조이다.

• 동성동본간에 결혼한 부부일 경우엔 특히 거주하는 집을 잘 선택하여 장자손채가 확실한 데서 살아야 한다. 운명상 대체로 장남이나 장녀에게는 액운이나 재난이 닿아서 속썩게 되기가 십중팔구이기 때문이다.

• 4와 5가 들어가는 나이에는 가능한 한 집을 건축하지 않는 것이 좋고(특히 자기 운으로 성조(成造)받아 상량하는 것은 4~5년 내 변고와 재난 등 흉험 불길하다), 만일 어쩔 수 없이 짓는 경우라면 방문 위 상단에 작은 공기 구멍을 뚫어야 하며, 최소한 3~4년 동안은 직접 입주해 살지 말아야 된다.

• 안채의 사방 네 기둥의 안쪽으로 좌우 옆채가 들어와 건축되는 경우는 아랫사람들이 어른에게 감히 거역하지 못하며, 싫더라도 지도를 어기지 못하고 순종하게 되는 형태로 간주한다. 안채는 호주(가장)를 상징하며 존장(尊長)의 영향 반경인데 이를 벗어나지 못하고 수중에 놓여진 상태와 동일하기 때문이다.

• 안채의 부엌에서 밥을 퍼낼 때 식기에 떠담는 밥주걱이 뒤쪽을 향하지 않고 현관쪽(앞문 방향과 마당)을 향하여 움직이게 만들어지면 복록과 부귀를 바깥으로 퍼내는 형국으로서 이롭지 못하다.

• 부엌에 대해 특히 주의할 점은 아궁이가 아닌 가스레인지 등의 화기기구(火器機具)를 사용하게 되는 경우라도 바깥 허공쪽을 향하여 놓여지는 것은 이롭지 못하며, 항시 방안쪽을 향하여 배치되어야 길상(吉相)인 것을 잊지 말아야 한다.

• 제당(祭堂), 사당, 사찰과 교회, 공회관이나 관공서의 사택 및 공공건물 등에서 사는 것은 하류인생살이 격이며, 주인이 자주 바뀌고 번거로운 살림 형태, 굴곡과 변화가 많으며 발전이 더딘 불리한 가상(家相)으로 판단한다.

• 기역자로 꺾어진 용마루가 한 채에 두 곳 이상이 있거나 한 집에 두 채 이상 있는 것은 오래 살면 흉험한 재난이 닿는다. 신병이나 불구자가 생기게 되고 3대 안에 허리를 못 쓰거나 곱추, 또는 식물인간 등의 횡액이 미치게 된다. 단, 원채 길이의 3배 이상 떨어진 위치에 있는 것은 괜찮다.

• 대체로 가옥구조의 화복은 그 가옥에 거주하면서 살고 있는 당사자에게 작용하며, 자기 집이라도 직접 살지 않는 주인과는 상관없고 길흉 작용을 하지 않는다.

ㄱ

• 단독주택이든 아파트나 연립 등 공동 사용형 건물이든 화장실이 집 안에 위치할 경우는 대략 3년 6개월 정도부터는 재난과 액운이 들고 8년 정도면 주인이 바뀌게 되는 격으로 변화하고 분주하여도 산란한 살림살이 형국으로 간주한다.
• 화장실이 집 안에 들어있는 것은 주인이 자주 바뀌게 되고 번거로운 살림형태, 재물분산 형태로 따진다.
• 도시형 양옥건물에 화장실이 독채로 분리되어 있는 것과 집 바깥에 공용할 수 있게 위치한 것은 접대지격으로서 분주 활달하게 움직여야 이롭다.
• 부엌이 어느 한쪽으로 치우치지 않고 한가운데를 점유하고 화기를 양쪽에 놓고 불을 양쪽으로 갈라질 때는 영업장소든 가정주방이든 구설수가 많고 산란한 살림살이를 하게 되며, 부담이 많고 번거로운 상황에서 벗어나기 힘들다.

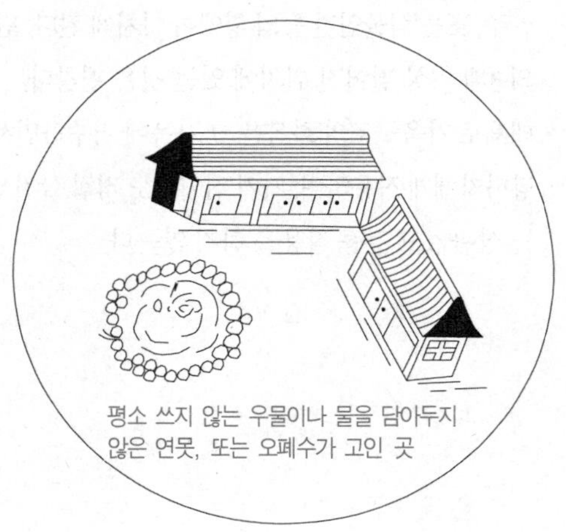

평소 쓰지 않는 우물이나 물을 담아두지 않은 연못, 또는 오폐수가 고인 곳

• 평소에 쓰지 않는 우물이나 물을 담아 두지 않은 연못 등은 대체로 흉험하다. 식구들의 신병이나 우환 및 급작스런 사고 등으로 인해 낭패를 보는 수가 많다.
• 일반적인 구조물일 경우 한 채에 방이 3칸 이상이면 후처를 두거나 재취를 맞이하게 될 재난과 액운이 따르게 된다.
• 요철(凹凸)이나 일그러진 형태의 가옥에는 발복이 어려우며 재물과 경영상의 파괴형으로서 불길한 흉험사나 우환 등과 같은 재난이 자주 발생하고 고질병이나 불구가 나오게 되는 형국이다.
• 화장실 냄새가 방 안에까지 퍼져 들어오는 구조물은 재물이 불어나지 않아 늘 어려운 상태의 살림을 면할 수 없게 되고 신병이나 손재 등의 낭패수가 자주 닿는다.

• 부엌과 화장실 문이 서로 정면으로 마주 보고 있는 구조물은 반드시 모친이나 부인이 중병을 앓게 되고 우환과 재난이 발생하게 된다.
• 대문에 들어서서 부엌문(주방)이 정통으로 마주 보이면 장남이 제 도리를 다 못하게 되든가 대(代)를 이을 자식과 인연이 없게 된다. 결국 3대쯤 가서는 파괴되어 그 집을 떠나게 된다.
• 현대식 건물이든 구식 건물이든 가옥 내에 들어 있는 화장실은 그곳에서 오래 눌러 살지 못하고 자주 옮기게 되며, 대체로 3년이면 떠나고 싶어지고 6년 이상 살면 완연히 정이 멀어져서 결국 10년 안쪽에 집을 이사하게 된다.

• 화장실의 구조가 공동 사용으로 되어 있다든가 밖에 설치된 것은 비밀 누설, 어수선한 살림살이 조장 및 의절(義絶), 불화 등과 이성문제, 산란 지상이며 구설과 부정한 행동·재난·창피수와 망신살이 닿게 된다.

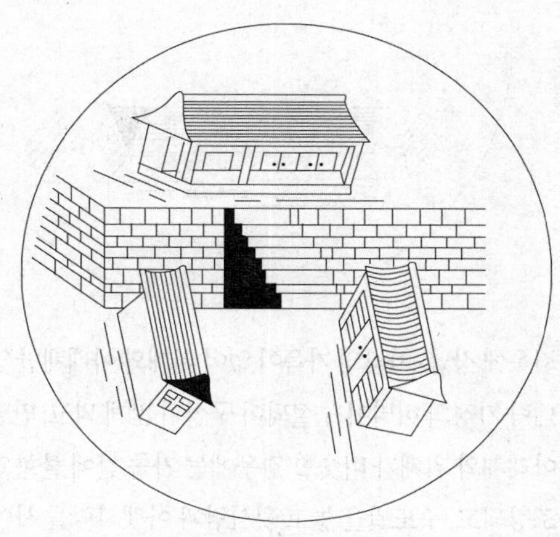

• 마당에 서 있을 때 안방 마루의 높이가 가슴을 넘으면 부모의 뜻을 자식들이 거역하지 못하고, 머리를 넘을 경우 대체로 자식들이 그 집에 눌러 살지 않게 된다.

• 안채의 사방 네 기둥이 놓여진 주춧돌 높이가 마당에 서서 한 길 반이 훨씬 넘을 때, 또는 아래채나 옆채의 용마루 높이보다 높을 때는 자손과의 인연이 희박해져 3대째부터는 양자나 데릴사위가 들어오게 된다.

• 본래 안채와 별채의 거리는 주춧돌의 거리가 약 3m 정도 되어서 양쪽 두 채의 처마 끝 모서리 부분이 거의 서로 마주 닿을 만큼 가까운 것이 정상형이다.

• 담장의 경우도 양쪽으로 물이 흘러내리도록 용마루가 있는 것은 3m 60cm 이상 되면 하나의 구조물로 따진다.

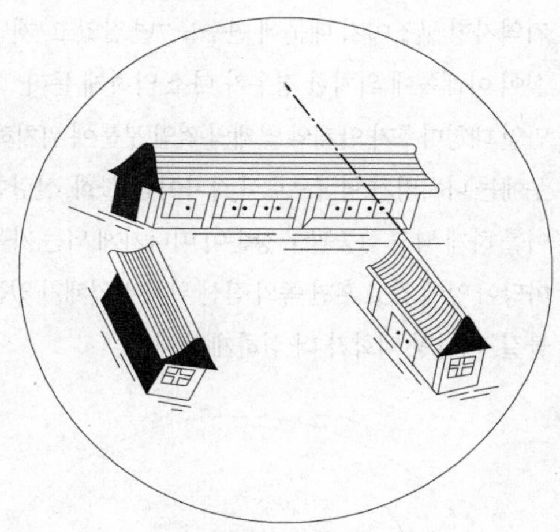

• 자손이 어그러진 행동이나 엉뚱한 짓을 하여 속을 썩이거나 액화를 당하게 된다. 주로 장손이 신병을 앓게 되는데, 이는 우측 아래채가 안채에 비해 현격하게 작으면서 비뚤어져 안채의 후미 쪽을 치기 때문이다.

• 가장 내지 장자손이 투기 형태나 위험성이 많은 쪽으로 흐르게 되고, 무슨 일이고 한 가지 일에 전념하여 끝을 보는 일이 드물고 중도에서 유두무미가 되는 수가 많으며, 이것저것 손대는 등 실패수와 산재수(散財數)가 자주 있다.

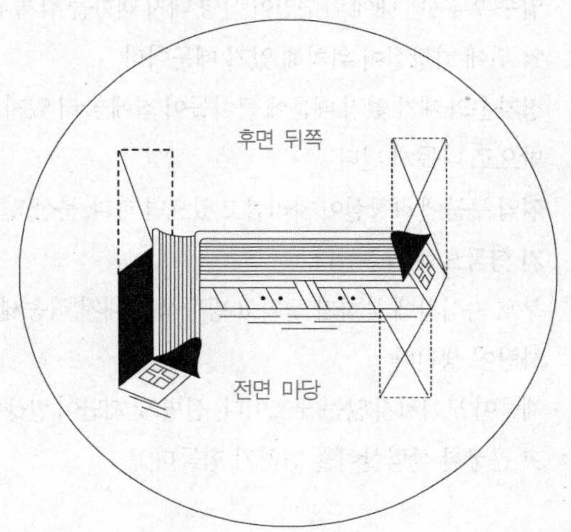

• 대개 7~8년이면 부인이나 딸들이 바람나서 속을 썩이게 된다. 최소한 12년 정도면 살림에 파괴수가 들어서 재물이 흩어지고 산란해진다.

• 기역자형 구조이기 때문에 연수를 7년 잡았고, 재난은 화장실이 아래쪽에 위치한 경우가 다소 약하게 든다.

• 만일 대청마루가 안채와 옆채의 꺾임 부분에 위치해 있을 경우에는 나눠먹기 형국으로서 각자이심, 불화, 산란한 살림살이를 하게 되고 십중팔구 장손이 떠나가게 되는 가옥형이다. 마당이 앞에 있고 후면 쪽의 점선 위치에 옆채가 있는 경우엔 불길, 재난형 액화가 더 심하게 든다.

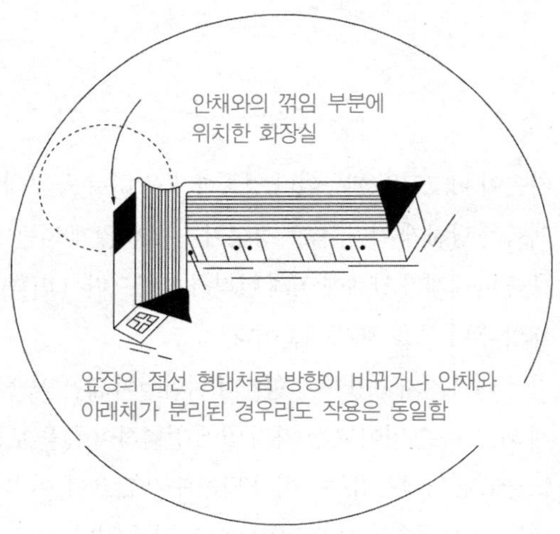

• 입주 후 4~5년 내에 안주인이 신병 내지 액화를 겪게 된다. 부엌 뒤에 화장실이 위치해 있기 때문이다.

• 장자손의 채가 없기 때문에 큰아들이 집에 눌러 있지 못하고 밖으로 나돌게 된다.

• 꺾임 부분에 화장실이 자리잡고 있으면 파괴, 분산 및 나눠먹기 형국으로 간주한다.

• 부모 자식간에 불화가 생기고 방탕생활 내지 허송세월하는 사람이 생긴다.

• 재물이 모여지지 않는 구조이다. 신병 및 재난이 발생하게 되고 곤궁한 살림살이를 면하기 힘들다.

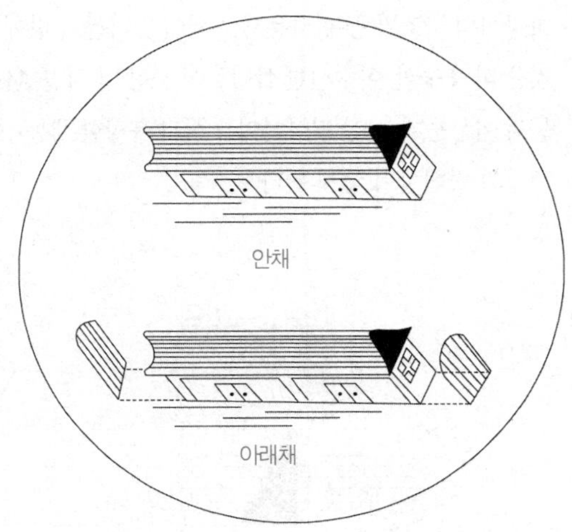

• 좌우에 장남·차남의 가옥이 없이 위채와 아래채만 있는 것은 대략 가정의 비밀이 누설되어 구설이 많게 되고, 만일 크기가 아래채와 위채가 비슷할 경우에는 가족 간에 불화와 갈등이 조장되고, 주도권을 놓고 윗사람과 아랫사람들 사이에 반목이 발생하는 가옥 구조이다.

• 상하채의 구조가 비슷한 크기여서 대략 20년 정도는 유지(방이 없으면 11년)한다. 만일 아래채의 구조가 점선만큼 월등히 더 클 때는 부인이 자기 주장을 하게 되거나 수하 사람들 때문에 가장이 물심양면으로 많은 고난을 치르게 된다.

• 화장실이 화살표 위치 정도로 안채 용마루보다 월등히 상단으로 치켜 올라가면 호주나 장자손에게 흉험, 중병, 사망 등의 액화가 닿고, 자기 재물이나 소유권 등의 증대가 힘들고,

남 좋은 일만 자주 하게 된다. 집안에 남들이 알아주지 않는 일을 하거나 방탕생활을 하는 자가 생기고, 식구끼리 갈등과 불화, 충돌 및 실패수가 많이 닿는다. 자손들이 외부로 나돌게 되고 집에 머물지 못하게 된다.

- 화장실이 담 밖에 있을 경우엔 더욱 좋지 못하다.

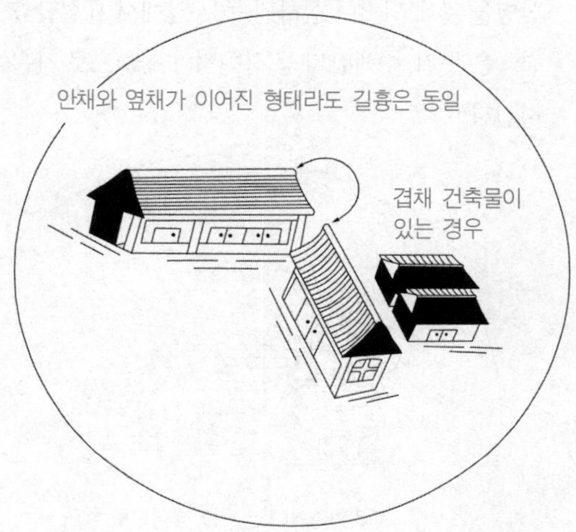

- 안채의 용마루로 가상 판단의 기준점을 설정하기 때문에 주로 장남에게 액화 및 파괴 등 재난이 들게 되고 낭패가 발생하게 된다. 결국은 나가서 살게 되거나 신병 내지 우환격으로 장손과는 인연이 희박한 가옥형 구조이다.
- 옆채를 치고 들어오는 겹침형 구조물의 용마루 두 개를 합한 길이가 옆채와 비슷하거나 그 이상일 경우, 심하면 불구 내지 사망 등의 흉험이 닿기도 한다.

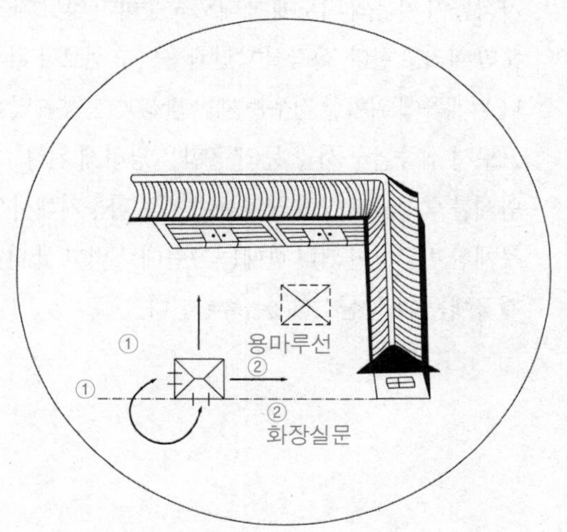

- 점선 위치처럼 화장실이 집 안쪽으로 바짝 당겨져 있으면 가정분란, 각자이심 및 재난 등의 파괴 운이 작용한다.
- 화장실의 용마루선이 ①번처럼 안채 쪽 방향이면 호주 및 가장 쪽에 액화가 더 빨리 닿고, 부엌 부분에 맞닿으면 모친 및 부인에게 흉하며, 용마루선이 ②번처럼 옆채 쪽 방향이면 장자손(혹 부인)에게 더 심하게 영향을 미친다.
- 대체로 화장실 문이 ①번이나 ②번처럼 외부 쪽을 향하는 경우는 자손들로 인해 부모가 속을 썩이게 되거나 액화 형국으로 간주한다. 담장 밖이면 더욱 좋지 않다.

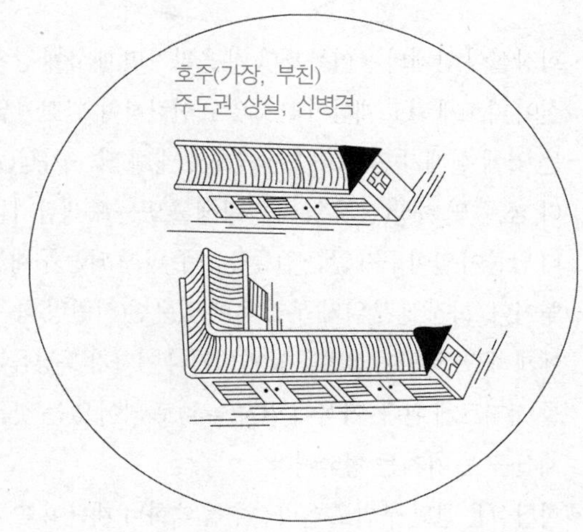

- 아래채가 안채에 비하여 월등하게 길면 호주나 가장이 가정의 주도권을 상실하게 된다.
- 아래채(모친)가 치는 형상으로 부인이 득세하여 살림의 주도권을 부인 쪽에서 행사하게 되고 남자는 제구실을 못하게 되며, 호주 내지(장남도 영향을 받는다.) 가장이 신병을 앓게 되거나 몸이 좋지 못할 가옥형이다. 안채의 부엌 쪽이 아래채의 공격형 부위에 해당할 경우는 부인에게도 여러 측면으로 액운이 함께 작용하게 된다.

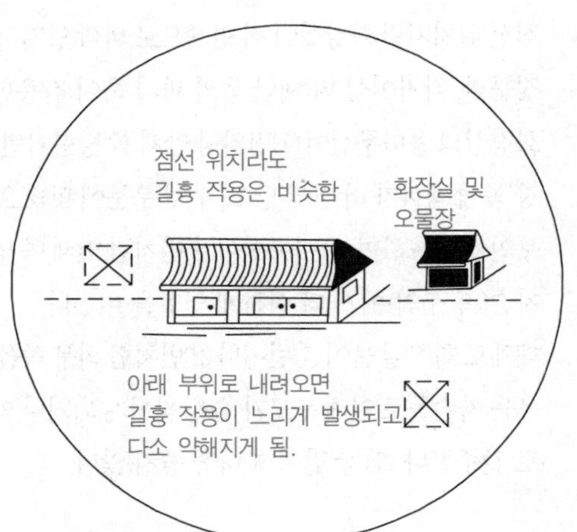

- 화장실이 안채의 용마루보다 더 올라가면 매사에 장애와 손실이 따르게 되고 재산이 붇지 않고 산란하며, 발전이 없고 하는 일에 실패가 많은 허송세월을 보내게 되는 가상(家相)이다. 호주 및 가장(장자손)이 방탕생활 또는 주색잡기를 하거나 남들이 알아주지 않는 일들을 자주 하게 되는 무재산 빈궁형이다. 화장실 부위가 부엌 쪽에 있으면(사랑방 쪽은 남자에게 해당) 부인이 신병을 앓게 되거나 여자가 부정음란 행위를 저지르게 된다. 가옥이 일자(一字)로 되어 있는 것은 자기 재산을 못 가지는 형국이다.
- 화장실은 상단 부위로 올라갈수록 액화나 재난이 속히 발생하고 파괴의 강도가 더하다.
- 집안에 위치한 화장실도 부엌 및 안방 부위보다 위쪽이나 뒤쪽에 있는 것은 역시 불길한 재난형으로 기준한다.

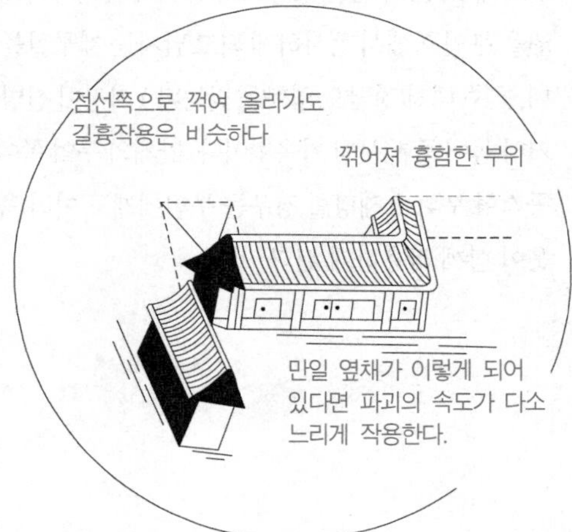

- 인심(人心)을 얻지 못하는 가옥형이다. 식구들은 각자이심하게 되고, 남들이 알아주지 않는 어긋난 짓을 하게 된다.
- 안채의 위쪽으로 꺾여 올라간 부분 때문에 부모자식 간에 불목(不睦) 내지 어른의 극성지해패(極盛之害敗)가 생긴다. 장자 채가 불확실하고 오히려 상단 쪽으로 튀어나갔기 때문에 자손이 신병을 앓게 되거나 심하면 부모 앞에서 요절할 수도 있다.
- 결국은 투기, 주색잡기 등 하천격(下賤格)으로 자손들을 파괴시킨다.

- 가장과 자손들의 의사불합 및 산란형국으로서 제반 경영하는 일에 장애가 많고 재난과 우환 등의 액화가 닿는다.
- 안채보다 위쪽에 있는 구조물 때문에 상하가 불화하게 되고, 자식들이 어른의 지도에 제대로 순종하지 않고 자기 주장대로만 살려고 한다. 화장실이 안채 용마루 선보다 위쪽에 있거나 뒤채쪽에 위치할 경우는 재난 발생과 신병수 및 파괴형국으로서 십중팔구 사망 등의 흉험을 당하게 된다.
- 안채를 중심으로 상하 구조물이 서로 나누기해서 없어지면 무재산 빈궁형이 되니 한때는 그런대로 먹고 살 만하다가도 결국에는 다 분산소실(分散消失)된다.

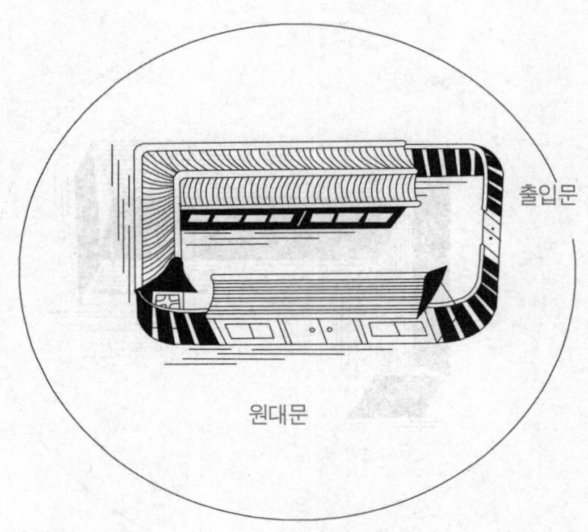

• 대문을 양쪽으로 2, 3개씩 낸다거나 양쪽 중간을 끊어내듯 파괴 형국으로 가옥의 가운데로 내는 것은 둘 다 이롭지 못하다.

• 낭패와 우환이 들고 마음이 들뜨는 형국으로서 불필요한 주색잡기나 바람나는 형국으로 간주한다.

• 매사에 유두무미로 병란(病亂)이나 액화 등의 재난이 따르며, 집안 살림살이가 내분과 갈등으로 인해 산란해지게 되고, 의처증이나 의부증으로 배우자를 구박하게 되는 가옥형으로서 식구들의 방탕, 투기를 조장하는 구조이다. 환란이 주로 차자손에게 심하게 작용한다.

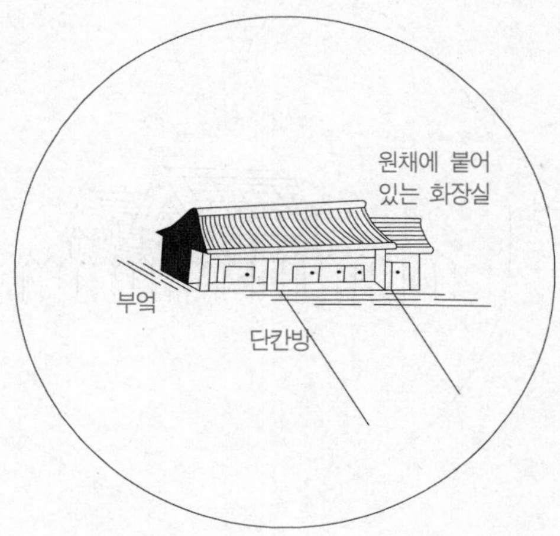

• 신병, 재난 등의 액화가 발생한다. 어느 경우라도 안채를 단칸방으로 짓는 것은 흉험과 빈궁을 조장하는 형국으로서 아무리 노력을 많이 한다 하더라도 소득이 신통치 않은 가옥형이다.

• 화장실의 위치도 흉격이여서 결국 파괴되어 빈손으로 털게 되고 퇴패(退敗)되어 이산(離散)하게 된다. 안채의 한쪽에다 물이 흐르게 물받이 차양을 달아 내는 것도 불길하며, 오물도 고정배치나 저장상태로 나눠서는 안 된다.

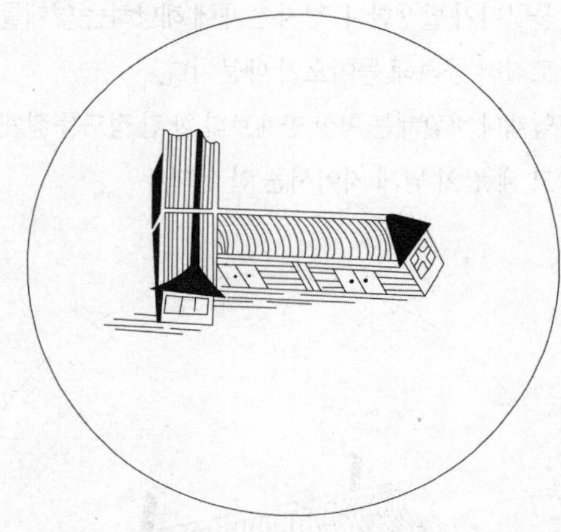

• 주인이 4, 5년 내에 파괴되어 쇠망하게 될 환란 가옥형이다. 안채의 긴 것을 10년으로 계산하고, 상하채 양쪽을 서로 나누기해 들어와 절반 격이라 4, 5년을 잡는 것이다.

• 옆채의 위치가 우측으로 바뀌어도 길흉작용은 비슷하게 이뤄진다. 고정된 중간 안채를 중심으로 상하채가 분리되어 떨어져도 속도만 좀 느리게 작용할 뿐 동일하다.

• 외화를 벌게 되든가 타국과 관련된 업종에 종사하게 되는 가옥 구조이다.

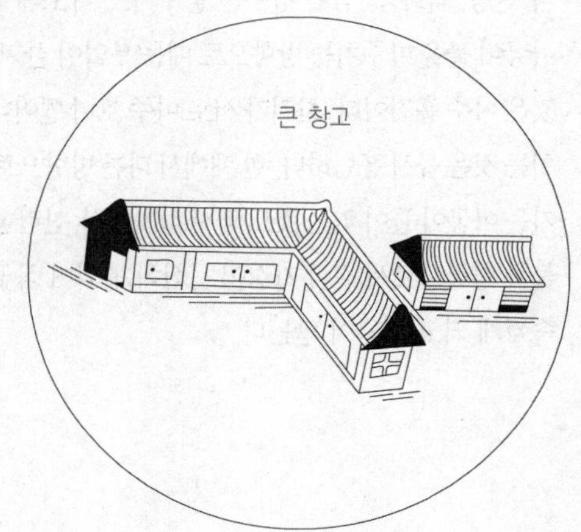

- 여러 사람이 함께 하는 동업체 형국일 때 이로운 가옥형이다. 그렇지 않으면 소문만 무성할 뿐 실속이 없다. 단독가옥이라면 장자 및 모친이 중병이나 재난 등으로 인해 가정이 파괴되는 가옥형이다.
- 대개의 경우 7, 8년 이내에 변고나 액화가 발생하고 사망 내지 불구자가 발생한다. 장자손 채에 해당하는 옆채를 창고가 가로질러 공격해 들어오기 때문이다.
- 옆채나 바깥채는 항상 안채보다 한 칸 정도를 짧게 지어야 하고 세 칸이 넘게 지어서는 안 된다.

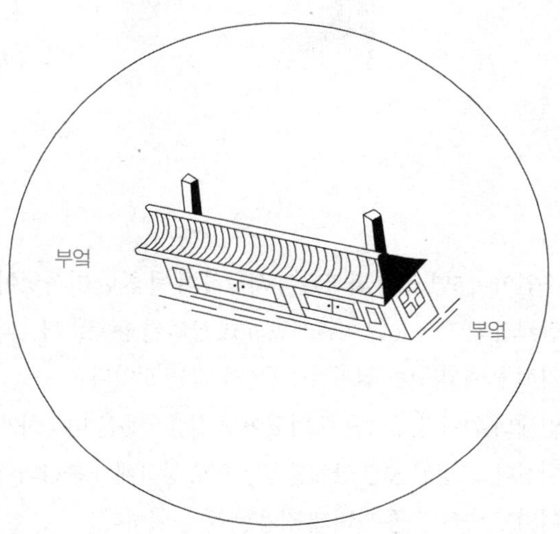

- 오래 지나지 않아 재난이 들어 이산형(離散形)으로 돌발 사고나 신병, 액화 및 심할 경우는 불구자도 나오게 된다.
- 아궁이 불을 마주치는 방향으로 때는 부엌이 한 채에 둘 있는 것은 아주 흉격이다. 화기가 서로 마주 보며 뻗어나가다 마주치는 것은 몹시 흉험하다. 한 채에서 다른 방향으로 불길이 나가는 아궁이 둘이 있는 것도 역시 각자이심, 산란한 살림살이, 불목 형국으로서 결국 가정이 분산하게 되며 식구들 때문에 속썩게 되고 재난이 닿는다.

- 도회지에서 흔히 볼 수 있는 가옥 구조로서 대체로 문화생활을 영위하는 형태이며, 큰 재물은 불어나지 않는다. 자손들은 밖으로 나가서 움직여야 이로우며 집안에 눌러 있으면 별반 성취하지 못하게 된다.
- 식구들 중에 신병(혹 우환)을 가진 사람이 있게 되기가 쉽다. 만일 농촌이라면 파괴 불길형으로서 재난, 변고, 신병 등의 액화가 발생하게 된다.

- 대문과 안방문을 함께 열었을 때 밖에서 보아 방안이 직선 형태로 훤히 들여다보이도록 건축한 것은 파괴산란 형국으로 간주한다.

• 집안에 산란한 일이 생기거나 아랫사람들이 어른의 비위에 거슬리는 행동을 하는 등의 산란한 일들이 자주 생기는 가옥형이다.

• 화장실 문이 바깥쪽을 향하여 난 것은 원래 바람이 나거나 허망한 생활 및 투기나 방탕지격으로 어그러진 짓을 하는 형국으로 간주한다.

• 담 안에 있는 화장실이라도 문이 허공을 보게 짓지 않아야 이롭다.

• 한 가옥 내에 살면서 양쪽 집의 문과 문이 서로 마주 보는 것은 발전이 더디고, 이성 문제로 어그러진 일이나 복잡한 경우 등 변화와 굴곡이 자주 따르며, 재난이 자주 닿기 때문에 하류형 살림살이를 모면하기 어렵다.

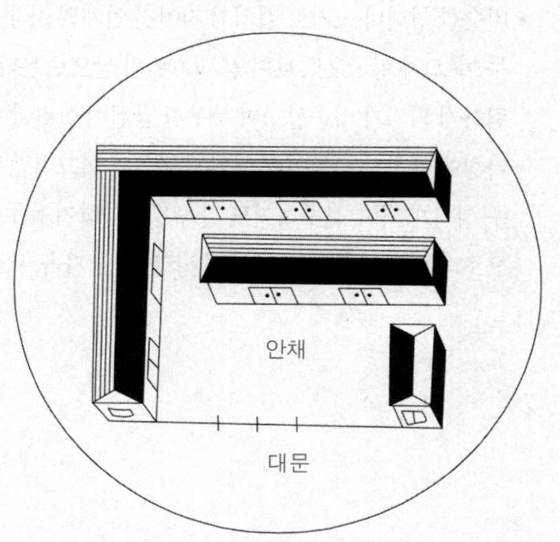

• 집안의 어른을 상징하는 안채보다 바깥채가 월등히 더 길고 여러 칸이 될 때는 환란과 흉험이 생기게 된다.

• 살림에 두서가 없고 우환과 신병 등의 액운이 끊이지 않는다. 경영하는 일들에 유두무미(有頭無尾) 형국이 잦고, 재난과 파괴 등이 발생하며, 재물은 넉넉할 듯싶어도 실상 모여지지 않는다.

• 부모에게 불효하는 자손이 나오고 손아랫사람이 비뚤어진 행동이나 어그러진 짓을 하여 속썩게 되며 방탕 생활 내지 허망한 세월을 보내게 된다.

• 본래 안채가 아닌 옆채나 아래채가 3칸(안채가 아닌 것은 2칸이 정상) 이상이 되면 호주(가장)가 불길한 상부지격(喪夫之格)이다. 지하실에 들어 있는 것도 마찬가지이다.

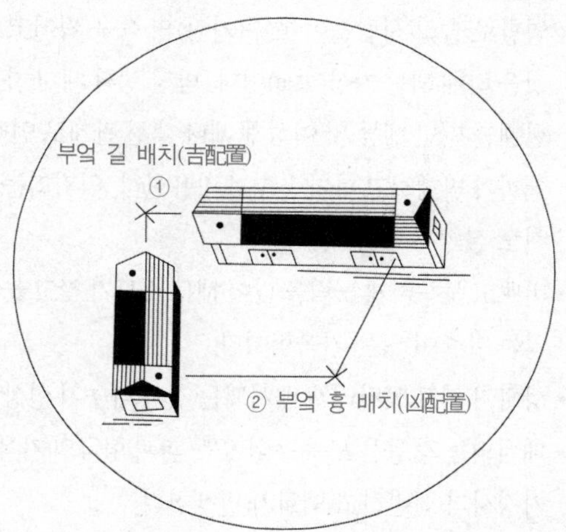

• 부엌은 항상 ①번 형식으로 집의 안쪽에 위치해야 길하다. 그리고 솥에서 밥을 퍼낼 때 주걱의 밥을 퍼 담는 주걱의 방향이 대문쪽을 향하도록 만들어서는 안 된다.

• 시골에서의 아궁이나 도회지의 가스레인지는 방 안쪽으로 붙여져 놓여 있어야 이로우며, 허공인 벽쪽을 향하여 배치되는 것은 좋지 못하다.

• ①번 형태는 정상 구조가 아니고 ②번 형태로 만들어진 것은 산란한 살림살이에 분주다사하나 실속이 빈약하고 유두무미하며 재난을 겪게 되는 가옥형이라 풍파와 어그러진 일들이 많이 생기게 된다.

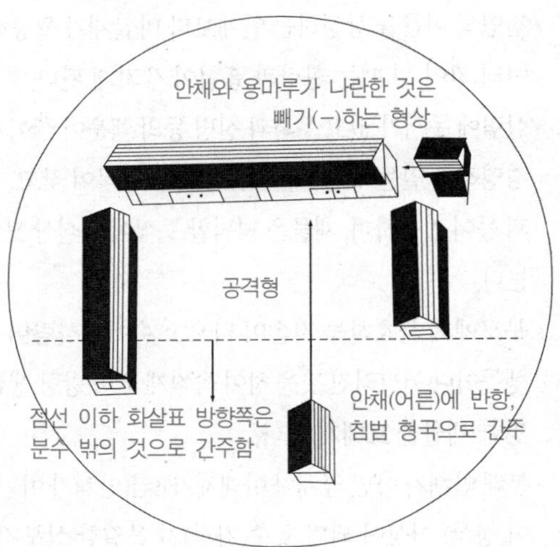

- 안채를 치고 들어오는 형태의 구조물들 때문에 생기는 파괴 역할로 슬하 사람들이 호주(가장)의 속을 썩이고 어그러진 짓을 하게 되는 가상(家相)이다. 방탕 생활 내지 자기 분수의 한계를 떠난 행동 및 이성 문제나 색정 관계로 인해 재난 및 액화가 발생하고 파괴 운수가 작용한다. 일거리는 사나우면서도 실속이 박하다.
- 바쁘고 분주하게 노력을 많이 해도 소모가 많고 눈에 보이지 않는 유출이 많은 가옥형이다.
- 상하가 서로 엇갈리게 배치되는 것과 나누기 형상으로 분열 배치되는 것 등은 모두 우환 또는 파괴 형국의 가옥형으로서 가정사가 산란하고 액화가 발생한다.

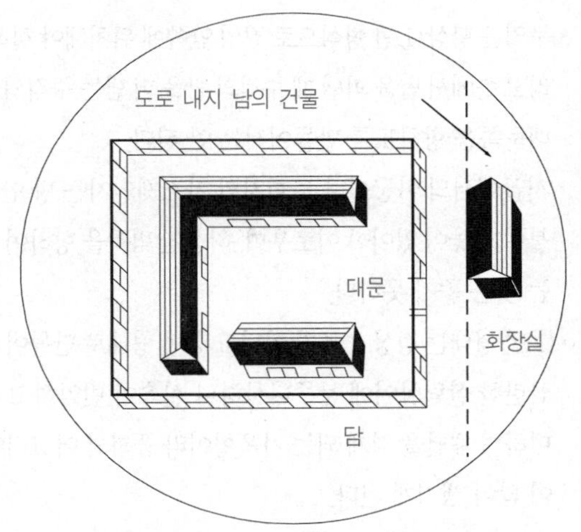

- 본래 담장 바깥쪽의 화장실은 큰 역할을 하지 못한다. 담 안에는 화장실이 없고 대문 바깥에 있는 화장실을 사용하거나 남의 화장실을 빌려서 쓰게 되면 목돈을 모으기가 힘들고 늘 바닥이 보이는 살림살이를 하게 되며, 남의 구설수에 오르고 안팎으로 말썽이나 산란한 일들이 자꾸 발생하게 된다.
- 전세나 월세를 살아도 자기 화장실이 있어야 좋고, 설령 여럿이 함께 쓰는 것이라 해도 담장 내에 있어야 한다.
- 자기 건물의 자기 화장실이라도 화장실 문이 바깥쪽으로 나 있어서 통행로에서 바로 문을 열고 들어가도록 된 구조는 재난이 들고 비뚤어진 일, 신병, 이성 문제, 색정 관계 등의 풍파가 일게 되는 파괴 형국이다.

- 비슷한 형태나 크기로 겹쳐서 지어진 안채와 아래채 구조는 두 이(二)자 형국으로 보며 양처(兩妻)의 상으로 본다. 두 집 살림하게 되기가 십중팔구며 부부간 금실이 산란할 형국이다.
- 가정에 불화와 반목이 조성되고 구설과 어그러진 일들이 자주 생기게 되며, 분주하여도 실속이 빈약하여 유두무미 형국으로 제반사에 풍파와 재난이 닿게 되는 가옥 구조이다.

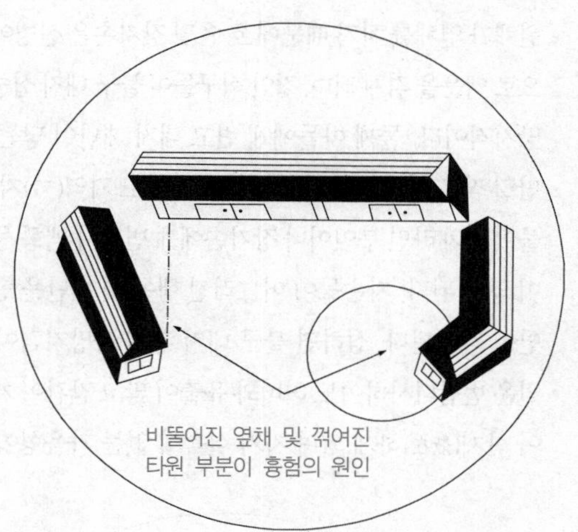

- 돌발적인 변고나 재난, 액화 등의 흉험이 따르게 되며 산란한 살림살이 격이다. 집안에 어그러진 일들이 자주 발생하고 변화와 굴곡 및 신병 내지 우환이 닿는다. 재물 파괴, 또는 심하면 중병자나 불구자 등이 생기는 흉험이 따른다.
- 비뚤어진 생활이나 투기 및 방탕 등으로 인해 발전이 더디고, 복잡한 일들이나 부모의 속을 썩이는 짓을 하는 자손이 생긴다. 자손들은 밖으로 나가서 움직여야 이롭다.
- 호주 및 장자손도 물론 이롭지 못한 불길형 구조이고, 분주다사하여도 실속이 빈약하고, 유두무미격의 풍파가 자주 있게 되는 재난형의 가상이다.
- 비뚤어진 마당과 옆채 및 꺾어져서 이지러진 타원 부분이 흉험 발생의 주요 원인이다.

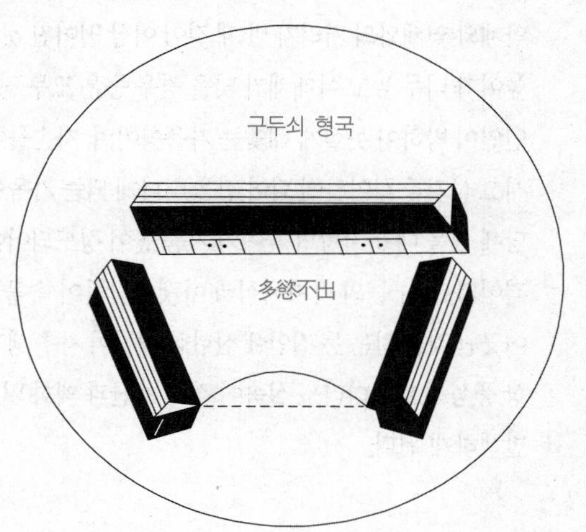

- 이런 가옥 구조에서 살면 어그러진 일이 많이 생기고, 인색하여 주변의 인심을 얻지 못하며, 재난과 액운이 든다.
- 결국에는 식구들에게 흉화(凶禍)가 발생하게 되는 신병 혹은 신체장애(불구자, 폐인 등 포함) 및 십중팔구 사망 변고 격이다. 매사에 실패와 장애 운수로 인해 재물은 있어도 파괴 분산되어 이를 유지하지 못한다.
- 식구들은 각자이심으로 허망 내지 방탕생활을 하는 사람이 생기고 호주와 장자손간에 불화반목할 가옥형이다.
- 좌우 옆채의 용마루가 안채를 치고 들어가는 공격형일 때는 가장과 부인에게 흉험이 닿게 된다.

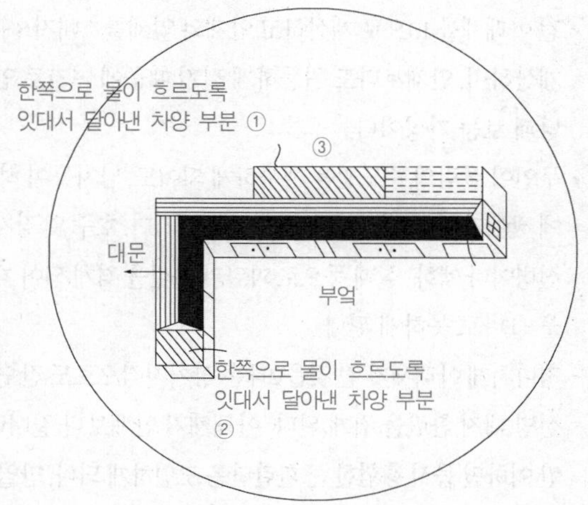

- 호주(가장)는 불구자가 되든가 심하면 사망하고, 장자손은 재난과 액화로 환란을 겪게 되며, 매사에 불성·파괴·액화격이다.
- 한쪽으로 물이 흐르는 차양도 안채 및 안채와 붙어서 이어진 데(기역자와 디근자 형과 같은 맞붙어 꺾인 곱패 건물)는 모두 불길 흉험지상이다. 앞쪽보다 뒤쪽은 더욱 좋지 못하고, 안채와 분리되어 떨어진 곳에는 차양을 달아도 상관없으나 오물 저장만은 하지 못한다.
- 만일 차양을 달아낸 곳이 점선 부분이라면 부엌 뒤편이어서 여자에게 신병 내지 우환이 닿아 해롭다.
- 부엌은 역수(逆數) 형국이라 잘못되어서 산란한 살림살이, 유명무실, 재난 액화 형태이다(대문 쪽의 반대쪽으로 와야 정상이다.).

- 긴 아래채를 10으로 계산하고 안채와 옆채를 7 내지 8수로도 계산하며, 안채보다도 월등하게 길기 때문에 여자로 인하여 낭패 보는 가상이다.
- 부인이 살림의 주도권을 행사하게 되어도, 남자들이 하는 일에 장애가 많고 재난과 손실이 자주 생기며, 호주 및 장자손이 신병이나 액화·실패 등으로 파탄과 환란을 겪게 되어 제구실을 올바로 못하게 된다.
- 지나치게 아래채가 긴 것은 2대손 상처지격으로도 간주한다. 신병 내지 환란을 겪게 된다. 아래채가 안채보다 길더라도 3칸 이하면 몹시 흉험한 큰 환란만은 모면하게 되나, 만일 안채보다 긴 아래채에 화장실이 들어가면 지극히 불길하다.

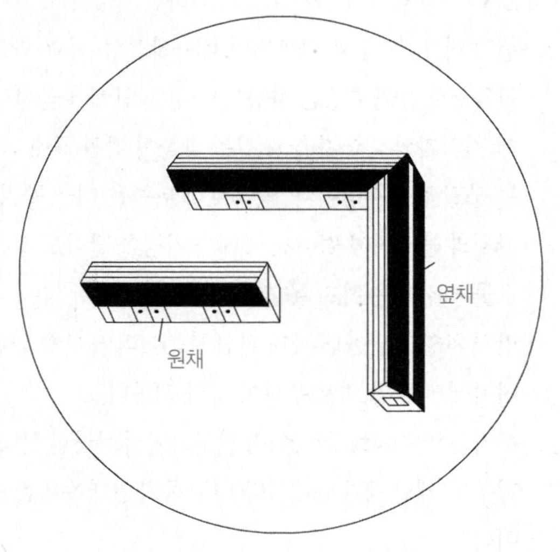

- 원채가 옆채를 치기 때문에 호주 및 장자손은 신병이나 우환으로 액운을 겪게 되며, 집안 식구들이 불구 내지 십중팔구 사망지격이다. 둘째 아들에게 변고 내지 재난이 닿는다.
- 만일 작은 구조물이 바깥채나 옆채이고 기역(ㄱ)자의 긴 건물이 안채라면 부인이나 장자손에게 변고나 액화 등의 환란이 닿게 된다. 자손들이 어그러진 행동 및 재난을 만들어 집안이 파괴된다. 심하면 불구 내지 횡액 사망지격이다.
- 일은 번잡다사하여도 허비와 유출이 많고 간간이 재난이 들어 산재(散在)하게 되며 자기 실속이 없는 가옥형이다.

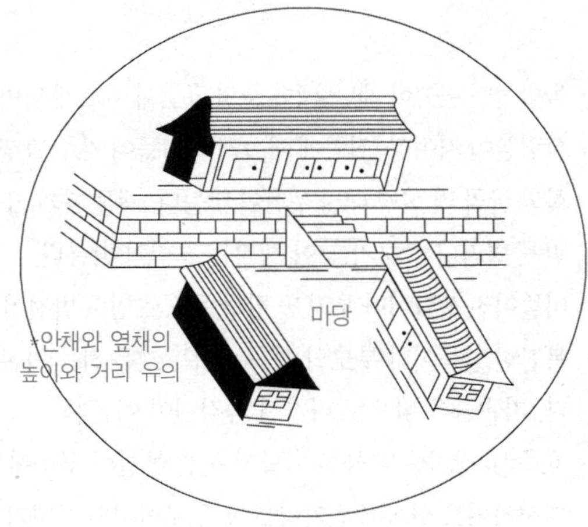

- 정상 형태의 가옥 구조라 하더라도 마당에 섰을 때 안방 문지방의 높이가 한 길 반 이상이 되면 자손이 귀해지고, 불구, 신병, 무자 등 불길한 액화·재난 형국이다.
- 안채와 옆채와의 거리가 반 채 길이 이상 떨어진 것과 안채의 높이가 너무 높고 아래채가 낮을 경우 등은 모두 장자손과의 인연이 박하여 못살게 내쫓는 가옥형이며, 자손들이 어른 모시고 살기를 싫어하게 되어 집을 떠나게 되는 가옥형이다. 마당에 섰을 때 문지방의 높이가 가슴 높이 정도되어야 정상 길격이다. 식구들의 각자이심과 아랫사람들이 속을 썩이거나 어긋난 짓을 하는 등 집안에 산란한 일들이 자주 생긴다. 외관상 풍성해 보이더라도 실속이 적고 재난과 액화 및 실패수가 발생하게 된다.

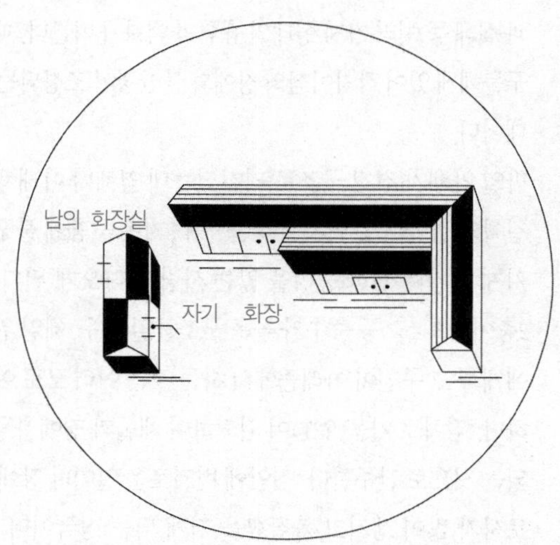

• 한 채로 지어진 화장실에 문을 양쪽으로 내서 한쪽은 다른 집이나 남들이 사용하고 다른 한쪽은 자기 집에서 사용하는 경우는 신경을 많이 쓰면서 산란한 살림살이를 하게 된다.

• 소득도 절반 이상이 허비 삭감되며 소득의 태반이 자취없이 소모된다. 차라리 남의 화장실 문도 자기 집의 안채 쪽으로 나 있는 편이 이롭다.

• 화장실을 남과 같이 사용하게 될 경우는 재물을 남과 나눠먹는 형국으로 간주, 재물이 표적 없이 소모되어 분산되는 파괴형으로 따진다.

• 화장실 문을 안팎 양쪽으로 내어 가운데를 벽으로 쌓아 칸막이를 한다 하더라고 흉액이 발생하는 것은 마찬가지이다.

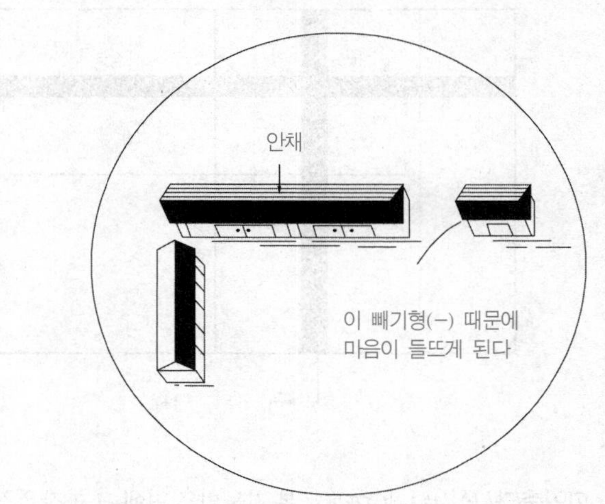

• 호주나 장자손의 마음이 들뜨게 되고 산란한 살림살이를 하게 되는 가옥형이다. 속성속패격이며 자기 재물을 모두 손실하고 실패수와 재난이 들어 고비를 자주 겪게 된다.

• 식구들 중에 주색이나 투기 내지 방탕생활을 하는 사람이 생기게 되고, 결국 변고나 재난·신병·우환 등이 발생해 패가분산하게 되며, 호주(가장)가 중도 좌절하게 되거나 제구실을 못하게 되는 구조이다.

• 결국 무재산 빈궁형으로서 오래 살면 매사불성격이다. 일단 환란이 들면 급속도로 집안이 허물어진다(빼기형 구조가 화장실일 때는 더욱 흉험하다).

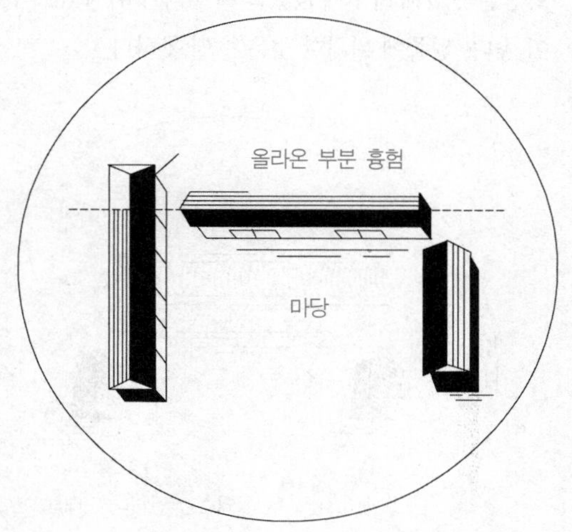

• 원채(용마루선 기준)의 지붕 위로 아래채가 타고넘어 올라갔을 경우는 자손들이 말을 잘 안 듣고 어그러진 짓을 하여 속을 썩이게 되며, 부모자식간 불화 반목하게 되고, 재난과 액화 등의 흉험이 발생하게 된다.

• 화장실이 올라간 부분에 들어가면 극흉파괴(極凶破壞) 형상이다. 많이 올라갈수록 그 올라간 만큼 액운이며 환란도 그 강도(强度)가 심하게 작용한다.

• 마당에 서서 봤을 때 안방 위치보다 작은방이나 주방(부엌), 화장실 등이 더 위쪽으로 올라가 있는 경우도 작용은 역시 비슷하다.

• 어느 화장실이라도 문이 허공을 보거나 안채쪽을 향하지 않고

바깥쪽으로 나면 불길하여 집안에 우환 및 재난이 발생하게 된다.

- 안채와 따로 떨어진 바깥 화장실을 사용할 경우는 불구자나 신병질환을 앓는 사람이 생기게 된다. 그리고 십중팔구는 이성문제나 남녀 관계로 인한 장해와 말썽 및 환란 등으로 파괴운수가 작용하고, 부녀자와 자손들이 어그러진 행동을 하여 속을 썩이며 구설수가 생긴다.
- 집안에 있는 화장실이라도 화장실 문이 담 너머에서 훤히 바라다 보이는 형태도 이와 비슷한 액운 작용을 한다. 물론 도로와 마주 닿아 있는 화장실도 불길 액화 형국이다.
- 화장실은 안채 마루에 앉았을 때 우측에 위치되도록 하는 것이 좋다. 왼쪽에 위치한 것은 좋지 못하다.

안채에 비해 너무 왜소한 옆채나 아래채

- 안채의 절반에도 못 미치는 좌우의 옆채나 아래채의 경우, 부모의 극성스러움으로 인해 가정사에 폐단이 발생하게 되고 자식들이 집안에서 오래 눌러 살지 못하게 된다. 어른의 기운이 내리누르는 격으로 낭패가 생기는 가옥 구조이다.
- 자손들이 제구실을 올바로 하지 못하게 되어 심할 경우 모자라는 자손이 생기거나 불구자가 나오게 된다. 신병, 우환, 산재수가 닿는다.
- 아래채는 언제든 안채의 3분의 2정도는 되도록 지어야 한다. 만일 아래채의 길이가 원채보다 3분의 2미만으로 작으면 재난과 실패 등 여러 가지 형태의 흉험과 액화가 따른다. 때때로 식구들에게 있어 각자이심의 장애와 불안정이 조장되는 불길 형태이다.
- 만일 안채가 겹집 구조로 지어졌는데 옆채나 아래채가 안채 길이의 절반도 못 미치게 작을 경우, 자손들 중에 불구자가 생기게 되거나 심한 중병을 앓는 사람이 나오게 된다.
- 2층이나 3, 4층 등 층수가 높은 구조물일 경우, 제일 위층을 남에게 주고 주인이 아래층에서 사는 것은 여러 모로 이롭지 못하다. 점차로 가운(家運)이 쇠퇴하여 재물과 명예가 줄어들게 되는 것으로 간주한다. 집안에 번거로운 일이나 장애 등의 애로사가 많이 생기고 복잡함을 겪게 되는 형국이다.
- 도회지에서의 완연한 길흉화복의 표출시기는 대략 3년 6개월 정도로 잡는다.

❖ 가옥형태 길흉 분별도식

협지상만축옥파패(狹地上滿築屋破敗) : 비좁은 터를 다 차지하게 지은 집은 파괴와 실패의 요인이다.

▌인손재산낭패애통(人損財散浪敗哀痛) : 사람의 손실, 재물의 분산 및 낭패와 불상사가 발생된다.

- 내당(內堂)과 외청(外廳)의 사이 또는 안방 내실과 사랑 대청의 사이 및 침실과 응빈접객실(應賓接客室)의 사이를 연결지어 대들보가 뚫고 이어지는 것은 파괴, 불행의 재난이 닥치게 된다.

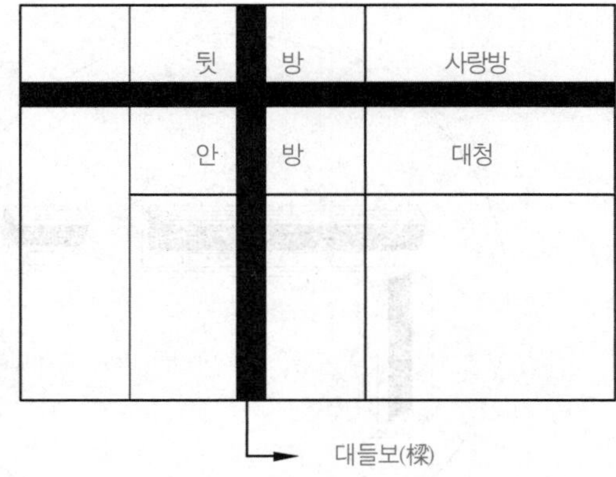

▌피인충타사상(被人沖打死傷) : 본 건물의 정면에 크고 작은 산자

락이나 비탈진 모퉁이 및 다른 건물의 골조 암석 또는 통행 도로의 직선포장 노면(路面) 등이 가옥의 중심 부위를 정면으로 치고 들어오는 직사정당(直射正堂)의 경우 흉험한 죽음, 타향객사, 돌발사고, 고질신병, 방탕, 재산파탄 등 인명 손실과 집안에 불행과 풍파가 발생하게 된다. 본채를 공격해 오는 상대 물체의 원근과 대소의 비례에 따라 경중(輕重)과 지속(遲速)을 감안하도록 한다.(만일 본채 중심부가 부속건물이나 담장으로 차단되지 않아서 내외부가 분리되지 않을 때는 흉액의 속도가 더 빠르고 무섭게 닥친다.)

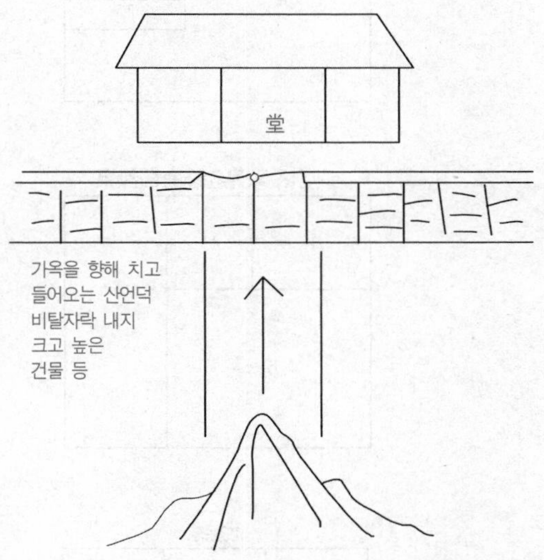

* 본채 중심 대청을 치고 들어오는 흉험의 액화를 차단할 수 있도록 담장이나 기타 부속 건물로서 충돌부를 가려 본채의 정면 앞을 막아 주어야 하고 부속 건물이나 옆채가 본채를 치고 들어오는 형태는 절대 금물이다.

▌문전양당애곡파(門前兩塘哀哭破)

- **기수담청평안길(其水淡淸平安吉)** : 대문 앞쪽에 방죽이나 연못(썩은 물이 항시 고이든지 모여드는 수렁 포함)이 좌우로 놓여지면 애통, 사망, 파재, 불행사고 등 흉험이 닥치고, 왼쪽에 있으면 주로 남자 측에, 오른쪽에 있으면 주로 여자 측에 우환, 질병과 파괴, 재난의 액화가 닿는다. 대문 앞이거나 본채의 정면 부위에 놓여진다든지 연못이나 방죽이 마당 안쪽에까지 파고 든 것 또는 경사지고 뾰족하게 튀어나온 첨각(尖角) 부위가 안채를 공격해 들어오는 형상, 안채와 안채의 후면부(後面部)에 방죽이나 수렁이 있는 것 등은 모두 우환, 파재, 신병, 불상사 등 흉험과 궂은 일이 발생하게 된다.

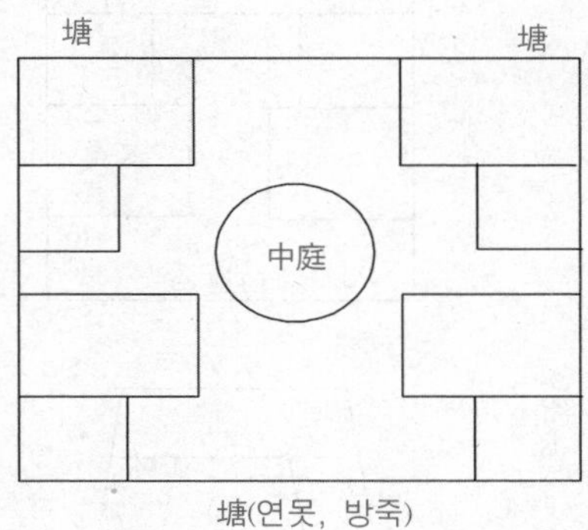

塘(연못, 방죽)

- **범옥후유곡패가인질병(凡屋後有曲佩家人疾病)**
- **전유소옥고본옥태산란(全乳小屋高本屋台産亂)** : 가옥은 대체로 원채의 뒤쪽에 잇대어 직각으로 꺾인 부속 건물이 있을 경우 집안에 우환과 신병 등 재난이 생기고 원채의 앞쪽에 독립되어 떨어진 부속 건물이 본 건물보다 높이 치솟을 경우 잉태 및 출산에 따른 장해와 액화가 발생한다.

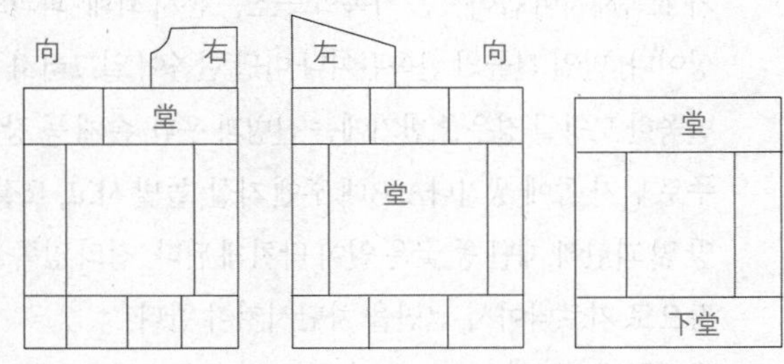

집터나 가옥 자체의 구조가 요철(凹凸)의 형태를 띠고 어느 한쪽 부위가 튀어 불거지거나 오그라든 것은 재물 손실, 우환, 신병, 타향 객사, 돌발사고, 요절사망, 과부가 되는 불상사와 부녀자들의 음행불량(淫行不良)과 말썽, 구설 등 제반 장해와 낭패가 발생하게 된다.

- **옥후측변우가장옥주측축사음인질병난산산재손인(屋後側邊又加長屋廚厠畜舍陰人疾病難産散財損人)** : 집의 후미에 다시 길다란 건물을 이어 짓거나 주방, 변소, 축사 등 더 추가해

지으면 부녀자들의 질병, 난산 및 재물의 분산, 식솔들의 손상과 불화, 말썽, 장해 등 집안에 궂은 일이 방생된다.

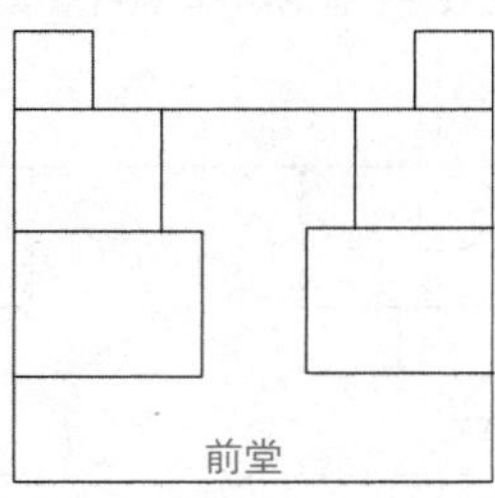

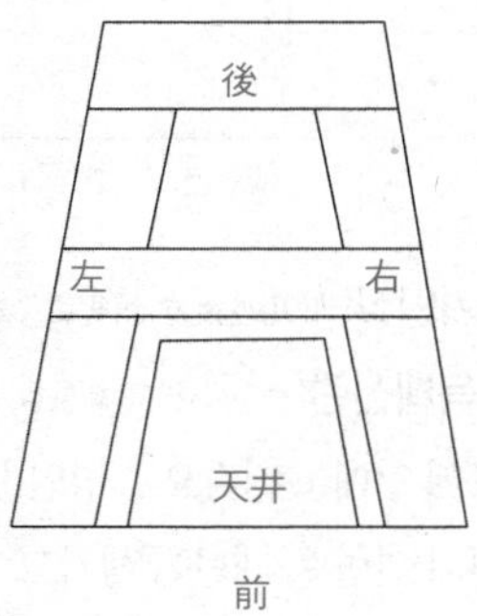

- **병액패손일사상**(病厄敗損溢死傷) : 전면부가 넓고 후면부가 점차 뾰족해지며 좁아드는 가옥의 구조는 본시 쇠패·파괴의 형상이다. 만일 건물의 왼쪽편이나 마당 한쪽이 일그러져 들쭉날쭉한 모양일 경우 초반기에는 신병과 우환, 손재 등 장해가 주로 남자 쪽에 생기나, 2~3대 후엔 자살, 돌발 사고, 요절·사망 및 파탄과 재난 등 궂은 일이 닥치게 된다. 집의 앞쪽을 담장으로 가로막아서 전면을 차단시켜야 한다.
- **공자형체손인재**(工字形體損人財) : 공(工)자의 형국을 띠는 구도로 지어진 가옥은 초반기에는 대락 평안하나 시간이 흐를수록 장해와 파괴의 불운이 작용, 재물이 흩어지고 인명이 손상되는 궂은 일이 발생된다.

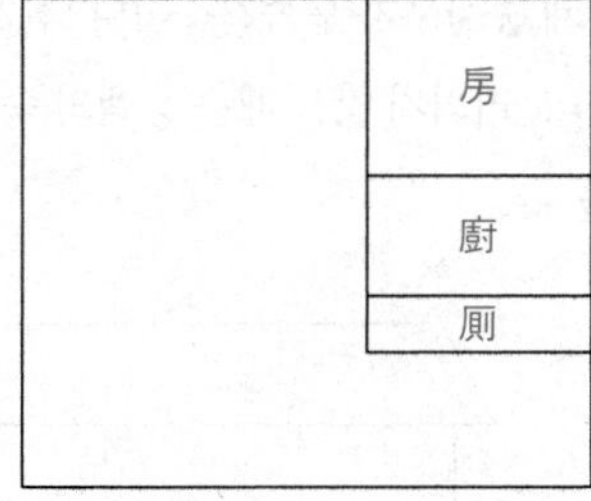

孤陽格 家無老翁有西無東

廚
厠
房

敗絶格

* 가령 3칸의 가옥에 주로 동쪽 부위에 치우쳐 거주하면 아들 하나를 겨우 보전하며 재물이 불어나지 않고 궁색과 곤고를 면하기 힘들고, 주로 서쪽 부위에 치우쳐 거주할 때는 사람과 재물 양쪽에 모두 파괴·분산 및 손실·공허의 재난이 닥치며, 주로 중간 부위에 머물러 살 경우는 딸이 많고 부녀자와 연관된 낭패, 손실, 질병, 우환 등 궂은 일이 생긴다.

ㄱ

• **출고과손인재병**(出孤寡損人財病) : 건물 앞쪽 부위는 높고 뒤쪽 부위가 낮아진 터는 과부나 홀아비가 생기고 재물 실패 및 인명 손상과 불행한 사고, 풍파, 혼란 등 재난과 장해가 닥친다.(건물 뒤쪽이 너무 낮고 앞쪽이 너무 높은 경우도 흉험이 생긴다.)

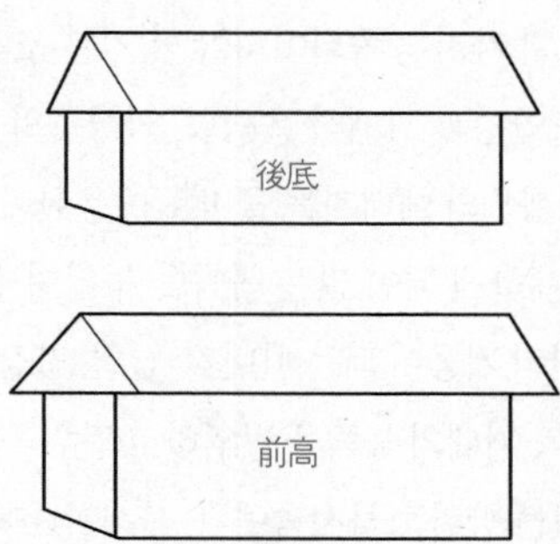

• **산재인손풍파흉**(散財人損風破凶) : 본채보다 양측 옆채가 월등히 길거나 높아서 주인이 거느리는 하인에게 눌리는 형국이 된 것도 재물이 흩어지고 우환, 신병, 말썽, 파탄 등 풍파와 재난이 발생되며 심할 경우 돌발 사고나 인명의 손상을 치르게 되는 풍파가 닥친다.

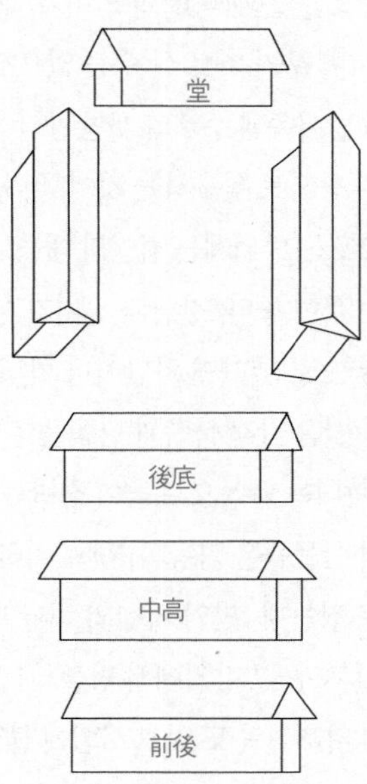

• **타성동거기공소**(他姓同居起工所) : 건물의 앞쪽 부위와 뒤쪽 부위는 낮으나 중간 부위가 높이 솟은 경우 신병, 우환 및 재물 낭패와 인명 손상의 불행이나 돌발 사고 등 흉험이 닿는데 여러 사람이 함께 기술사업을 하는 공장용도나 예술성을 띤 일을 하는 데나 사용하는 것이 좋을 것이다.

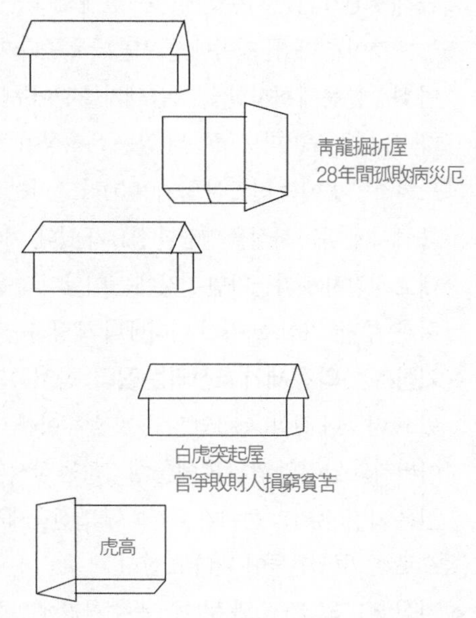

• **산재병쟁살**(散財病爭殺) : 대문 위에 누대형태(樓臺形態)의 장식을 만들어 올리거나 기둥을 세우고 지붕을 얹어 다락이나 창고 등으로 사용하는 것은 재물이 흩어지고 질병과 손실, 투쟁, 말썽, 불행, 상고 등의 흉험이 생긴다.

* 원채는 낮고 문루(門樓) 및 부속 건물이 높은 것도 동일함.

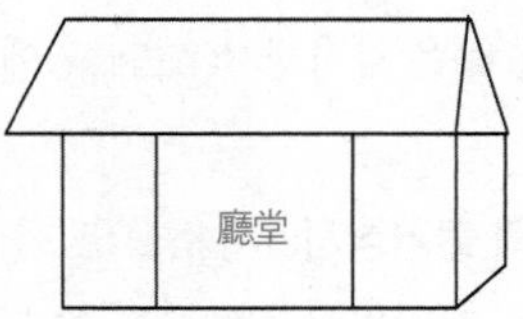

❖ 가을에 먼저 잔디의 색이 노랗게 변하는 곳이 명당이 생긴다

: 가을에는 먼저 잔디의 색이 노랗게 변하는 곳이 명당의 생기이고 겨울에 잔디의 색이 노랗게 밝게 보이는 곳이 황금빛을 띈다. 다른 곳보다 습기가 적기 때문이다.

ㄱ

❖ **가장**(假葬) : 임시로 장사 지냄 또는 그 장사. 어린아이의 시체를 묻음.

❖ **가장 신경을 써야 할 곳이 화장실이다** : 욕실이 어둡침침하고 불결한 냄새가 강하면 가족 중 건강을 잃을 우려가 있다. 건강뿐만 아니라 가족 간의 화목은 물론 사업도 실패하기 쉽다. 이처럼 음기(陰氣)가 많은 화장실에는 문 앞에 꽃 화분이나 식물 화분을 놓는 것이 좋다. 문 양쪽에 놓으면 더욱 좋다. 만약 여의치 않다면 화장실 문에 화사한 꽃 그림 액자를 걸어두는 것도 한 방법이다. 욕실용 슬리퍼도 꽃무늬 있는 은색상이 좋다. 음침하다고 느껴지는 곳에는 반드시 양기(陽氣)라고 하는 밝음을 대신하도록 해야 한다는 사실을 명심할 필요가 있다. 이처럼 음기를 몰아내고 청결하게 가꾼다면 건강에는 이상이 없을 것이다. 이것은 현관, 주방, 거실, 화장실 어디에나 해당하는 것이다.

❖ **가장**(家長)**의 운세가 호전되는 집터** : 북서쪽의 집터가 튀어나왔고 더구나 길상(吉相)인 땅은 멋쟁이 아빠가 나온다고 하며, 아버지와 남편의 권위 명예를 상징하는 북서쪽이 알맞게 나온 집은 가장(家長)의 운세가 호전되어 입신출세하게 되고 사회적으로 존귀한 인물이 된다고 한다.

❖ **가장**(家長)**의 좌**(坐)**와 문**(門) : 풍수지리에 의한 양택의 길흉화복은 음택에 비하여 매우 빠르다고 한다. 가상(家相), 즉 지세와 가옥의 방향이나 구조 등에 의하여 길흉화복의 결정적 요소가 된다는 것은 그 집의 가장의 생년좌택이 음양배합에 잘 맞는 문이다. 가장의 상중하원갑자(上中下元甲子)의 생년에 따라 길격좌향(吉格坐向)과 문방(門房)을 맞추어 집을 지으면 대길하며, 부귀공명이 대발하고 가장과 자손들이 크게 귀해지고, 영달(榮達)한다. 가상(家相)은 자기생기(自己生氣)에 맞는 좌와 문을 놓아야 길하다.

❖ **가장지**(可葬地)**와 불가장지**(不可葬地) : 묘를 쓸 수 있는 곳은 양기와혈(陽氣窩穴), 합기겸혈(合氣鉗穴), 순기유혈(順氣乳穴), 취기돌혈(聚氣突穴), 윤기잉혈(潤氣孕穴), 돌맥요혈(突脈凹穴), 양맥합혈(兩脈合穴), 은맥원혈(隱脈圓穴), 왕맥은혈(旺脈隱穴), 동맥괴혈(童脈怪穴) 등이다. 그리고 묘를 쓸 수 없는 곳은 악기흉산(惡氣凶山), 쇠기산산(衰氣散山), 고봉첨산(高峰尖山), 음습심산(陰濕深山), 고룡배산(孤龍背山), 급기광산(急氣狂山), 설기주산(洩氣主山), 무연독산(無連獨山), 무토석산(無土石山), 무맥평지(無脈平地) 등이다.

❖ **가제**(家祭) : 집에서 지내는 제사.

❖ **가족구성원들에게 행운을 주는 방위** : 가정생활을 영위하기 위해서는 몇 가지 충족되어져야 할 기본 조건들이 있다. 가족들의 무사 안녕과 경제적 윤택함, 의식주의 해결들이 그것이다. 방위적 행운의 에너지를 올바로 이용한다면 보다 건강해지고 입신출세하게 되어 많은 복록을 누리며 살아갈 수 있을 것이다. 집안의 기둥이 되는 아버지, 남편, 가장(家長)에게 이로워서 아버지가 최대의 능력을 발휘하고 권위를 가지며 건강을 유지할 수 있는 방위는 북서쪽이다. 북서쪽 8괘(八卦) 방위상으로는 건괘(乾卦)에 해당되는데 건괘는 아버지, 황제, 남편, 권위 등을 상징한다. 북서쪽을 사회적으로 살펴보면 사무실에서는 사장실을, 기업체에서는 총수의 집무실 등을 배치하는 것이 유리하다. 어머니의 방위는 남서쪽이다. 8괘상의 의미가 어머니, 아내, 모성애, 인내, 절약을 상징하므로 주부이자 조력자로서 여성의 힘을 가장 강력하게 발휘할 수 있는 방위이다. 왜냐하면 남서쪽을 뜻하는 곤괘(坤卦)의 의미가 대지 즉 땅이기 때문이다. 집안에서 부부가 따로 살 수는 없으므로 북서쪽에 안방을 오게 했다면 남서쪽엔 주부의 개인 공간이나 주부가 오래 머물 수 있는 공간 등으로 활용하는 것이 좋다. 싱싱한 동쪽의 기운 즉 해가 떠오르는 방위에는 집안의 대들보가 되어줄 장남의 방을 배치하는 것이 좋다. 장남과 장녀가 동쪽과 남동쪽의 방위를 길방(吉方)으로 했다면 차남이나 차녀 혹은 중간의 위치에 있는 아들과 딸은 각각 북쪽과 남쪽을 길한 방위로 여긴다. 차남은 북쪽, 차녀는 남쪽으로 둘이 정반대의 의미를 갖고 있다. 셋째 이하의 아들들은 북동쪽, 셋째 이하의 딸들은 서쪽을 길방(吉方)으로 잡는다. 만약 자신의 해당 방위가 가상학적으로 흉상(凶相)일 경우 그 방위에서 방출되는 흉기(凶氣)의 영향을 받아 건강이 나빠질 수도 있고 시험에 불합격되거나 직장에서 승진 운이 불리해지는 등으로 해악이 미칠 수도 있다.

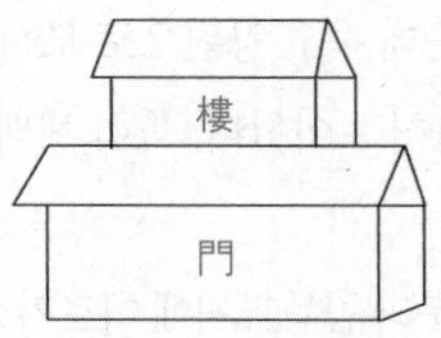

❖ **가족구성원의 방** : 어느 집이든 방이 2~3개는 있기 마련인데, 그러나 보편적으로 큰방은 부모가 사용하고 나머지 방은 자녀들이 사용한다. 2층일 경우 어른이 아래층, 아이들이 2층을 통상 사용한다. 어느 집이든 방에서 동서남북을 가리킬 때 방향이 맞는다면 부모는 서북쪽을, 아이들은 동쪽, 딸은 동남쪽이 가장 이상적이다. 방의 방향도 중요하지만 지금 현대인들의 방은 벽속의 철근, 전선, 수도관, 벽돌과 화공벽지, 장판 이 모두가 자연과 함께 할 수 없는 재료이다. 무지한 인간들은 과학문명을 앞세워 수명연장, 고통, 고뇌, 번민에 예리해져 있으므로 가능한 살고 있는 방만큼은 흙을 많이 사용하고 소재를 나무와 자연소재를 사용해 우리의 건강을 우리가 지키도록 해야 한다. 콘크리트 속에서 살고 있는 우리 인간들은 문명의 혜택을 입어 수명은 연장될지 모르나 실질적인 정신고통, 육신고통은 더하다고 본다. 우리 건축문화도 이제는 풍수학적으로 설계해서 활용을 해야 되리라고 본다.

❖ **가족끼리 서로 어울리고 부대끼면서 생활해야** : 가족 구성원 개인의 사생활이나 취미를 충분히 보장 받을 수 있는 공간에서 생활해보면 처음에는 넓고 부유한 집으로서 환상적이지만 시간이 지날수록 심리적으로 느슨하게 이완되어 가족 간에 결속도 약해지고 유대감도 상실되어 삶의 의욕이나 희망이 상실되며 나중에는 우울증 권태감 무기력 증에 빠지게 되기도 한다. 바쁘게 살아가는 현대인들은 가족 간에도 생활 시간대가 서로 다르므로 각자의 기호에 맞게 실내구조가 배치된 넓은 집에서 살면 어떤 경우에는 서로 얼굴조차도 보지 못한 채로 2~3일이 지날 때도 있게 되므로 가족의 감정적 교류나 안부를 염려할 틈도 생기지 않게 되고 따라서 가족공동체로서의 소속감도 느끼지 못하게 된다. 집안에 생기가 흘러 다니게 하려면 가상학적으로 길상(吉相)도 중요 하지만 그 안에서 생활하는 가족들 간의 교류도 중요하다. 사람과 사람은 서로의 기(氣)를 주고받아야만 길흉(吉凶)이 적절히 상쇄되어 해악에 대한 방어능력도 길어지고 운세상의 에너지도 강화된다. 가족끼리 서로 어울리고 부대끼면서 생활을 해야만 집안에 생기와 활기가 넘치고 화목한 분위기도 생긴다.

❖ **가족묘지**

① 가족 묘지를 조성함에 있어서도 흔히 내실보다는 외관상 보기 좋게 조성해야 한다는 그릇된 생각으로 장지(葬地)를 사전에 정리하면서 가장 중요한 혈처(穴處)를 파괴하는 사례가 너무나 많다. 먼저 지관(地官)으로 하여금 혈처를 찾아 이를 중심으로 벌안을 정리해야 하고 한 벌안 내에서도 토질이 좋은 곳을 잘 가려서 안장한 후에 이 묘지에 알맞은 경관을 조성함이 타당하다.

② 용법(龍法)에 의한 용상팔살(龍上八殺)이나 수법에 의한 황천살(黃泉殺)은 반드시 면해야 되지만, 최소한 체백(體魄)의 상극인 건수(乾水)를 피해서 무해지지(無害之地)에 용사(用事)하여 액운을 사전에 방지해야 할 것이다.

③ 풍수이론에 입각하여 맥(脈)을 찾아 좋은 장소를 모색하는 것도 어렵지만 혈처(穴處)를 제대로 찾아 안장(安葬)하는 것은 아무나 다 할 수 있는 일이 아니다.

④ 부모님을 이장하는데 지관도 마찬가지이지만 남의 손을 빌려 부모님을 이장한다는 것은 보통의 어려움이 아니다. 때문에 양식있는 명지관(名地官)을 찾아 용사해야 한다는 것을 명심해야 할 것이다. 근래에 풍수지리학을 제대로 연구하지도 않은 사람들이 어쩌다가 한번 자기 부모를 모셔본 후에 패철(佩鐵)하나 구해 가지고 지관행세를 하는 분이 부지기수다. 이분들이 지리의 원리를 알지도 못하면서 말 못하는 체백(體魄)에게 죄를 지음은 곧 큰 죄인이 되는 것이니 크게 깨달음이 있어야 할 것이다.

⑤ 조상의 체백(體魄)을 명당에 모시게 되면 지기(地氣)를 받아 안장(安葬)이 되므로 이것이 효행의 최상이요, 이로 인하여 자손들이 자연히 복을 받는다면 금상첨화격(錦上添花格)으로 그 이상의 다행이 없을 것이다. 인걸(人傑)은 지령(地靈)이

ㄱ

라 하듯 조상을 길지(吉地)에 용사함으로써 자손에게도 영향이 미침은 주지하는 사실인데도 성묘하기에 편한 곳만 치중하여 길지(吉地)도 아닌 흉지(凶地)에 모신다는 것은 효행과는 엄청난 괴리가 있음을 숙지해야 할 것이다. 또한 조상의 이장 여부를 놓고 형제간에 타협을 많이 하게 되는데 그 중에서도 근면과 성실로 좀 생활이 넉넉한 자손이 반대하는 예가 거의 많은 것은 현재 그 자리의 위치로 봐서 자기에게 해가 없으니 나쁘지 않다고 생각하기 때문이다. 그러나 명당에 용사하면 더욱 생활이 나아지는 정도가 아니라 가문에 재벌가나 인물이 나오는 등 인정(人丁)이 흥왕해지는 것을 모르는 소치이다.

⑥ 또한 명당을 구해 놓고도 용사 일자(日字)를 정함에 있어 삼재가 들었느니 회갑이니 결혼이니 자녀들의 출산이니 또는 점(占)을 치니 어떤 재앙이 닥친다는 등의 이유로 왕왕 용사일(用事日)을 미루는 집안을 많이 보는데 이러한 사항들은 하나의 미신에 불과한 것이다. 이장이란 체백을 새로운 장소에 편안하게 모셔드리는 데에 그 목적이 있으되 후손에게 어떠한 복택(福澤)을 기대하는 것은 큰 잘못으로 길일(吉日)을 택하여 안장(安葬)해야 하면 자손에게 복이 자연히 돌아오게 되어있다. 효를 행함에 자신의 희생을 감수하는 미덕(美德) 없이는 효를 행할 수 없는 것이다. 조상을 편하게 모시는데 자손들이 조금 고초를 받는 것은 자손으로서 감수해야 하는 것이 당연한 도리이며 또한 이것이 효행인 것임을 명심해야 할 것이다.

⑦ 명당인 큰 땅을 얻으려면 첫째 망인의 덕망과 적선이 있어야 하고, 둘째는 그 자손이 덕을 쌓아야 하며, 셋째는 명지관(名地官)을 만나야 한다. 대지에 용사하는 것은 위에서 밝힌 삼위일체(三位一體)가 전제조건이지만 그 중에서 지관만이라도 잘 선택하여 용사하면 최소한의 길지에 안장(安葬)할 수 있을 것이다.

⑧ 한 개의 용에는 한자리(3척×6척)이니 합장(合葬)함이 타당하다. 외형상 남에게 좋게 보이기 위하여 또는 후손들도 보기 좋게 해야 한다는 구실하에 쌍봉(雙封)을 함으로써 본 혈처(穴處)를 가운데 두고 양편으로 모시는 엄청난 오류를 범하는 예를 허다히 보아왔다. 특히 체백의 안장에 신경을 써야 할 것이다.

⑨ 호화분묘에서부터 공동묘지에 이르기까지 묘지문제를 둘러싼 사회적 논쟁이 일다보니 풍수이론까지 죄없이 지탄을 받고 있다. 그것이 시대적 한계이며 또 그동안 잘못된 풍수이론으로 인해 기친 사회적 해독 역시 적지 않은 것도 사실이다.

⑩ 성묘길의 편리함만 생각하고 조상의 체백은 황천살(黃泉殺)에 모셔있는지 물속에 잠겨있는지 등은 생각지도 않는 불효된 행위는 참으로 개탄할 일이다. 자기 위주의 생각이나 겉치레한 행위인 호화판 묘소의 장식 등이 누구를 위함이며 누구에게 보이기 위한 묘소인가 말이다. 오로지 조상(祖上)을 안장(安葬)해 드림이 효행이거늘 자기 편의주의적 그릇된 생각으로 흉지(凶地)에 모셔놓고 편한 성묘길만 모색하는 잘못은 빨리 시정되어야 한다.

❖ **가족이 건강하기를 바란다면** : 아무리 돈이 좋다지만 건강을 잃으면 모두 소용없는 것이 된다. 나는 물론 내 가족을 위해서도 건강만은 지켜야한다. 그렇게 하기 위해서는 주택도 동쪽과 동남방위에 있는 것이 좋다. 자연이 많은 녹지 공간의 동쪽과 동남(東南)쪽이 가족의 건강을 지켜줄 수가 있다. 여기에 강(江)이 있다면 풍수상 더욱 좋다. 이방위에 휘감아 도는 강이 있으면 신선한 햇볕과 맑은 산소가 넘실거리기 때문이다. 이처럼 공기가 맑고 햇볕이 있는 아늑한 곳에서는 건강이 나빠질 수가 없을 것이다. 또 심신의 활기도 용솟음 칠 것이다. 건축한지 오래된 집보다는 갓 지은 집이 좋고 아파트 보다는 단독 주택이 건강상 좋다. 도시에 살다보면 아파트를 선호하게 되지만 가능한 공기가 맑고 햇볕이 잘 들며 친환경적인 목재(木材)와 흙으로 지어진 주택이 좋다. 심신의 건강과 활력을 지켜줄 수 있기 때문이다.

❖ **가좌**(家座) : 집터의 위치와 경계.

❖ **가집**(家集) : 한집안 가족이나 조상들의 시문을 모아 만든 책. 한 가문의 문집.

❖ **가천**(嘉泉) : 좋은 우물. 가천은 물맛이 달며 빛깔이 옥(玉)처럼 맑으며 은은한 향기가 감돌고 수량이 아주 풍부하여 언제나 철

철 흘러 넘치며 사시사철 마르지 않는다. 그리고 추울 때는 물이 따뜻해지고, 더울 때는 얼음장처럼 차가워진다. 가천이 묘지 근처에 있으면 자손들이 큰 부귀를 누리며 건강하게 오래 산다. 집 근처에 있으면 그 집에서 부귀 장수하는 인물이 나온다.

❖ **가천심**(假穿心) : 조종(祖宗)이 불길(不吉)하고 태식(胎息)이 편벽되게 상(傷)한 가운데에 개장 천심이 되고 천심된 곳에서 나뉜 가지가 끊어지거나 흩어진 것을 말함. 이런 것은 가룡(假龍)에 가천심이니 혈을 맺지 못한다. 또 가천심에는 그 증거가 있는데 조종 이후로 추악하고 기울어진 것이 하나의 증거요, 천심된 뒤에 지저분하고 산란한 것이 두 번째의 증거요, 입혈(入穴)할 무렵에 내당국내(內堂局內)가 부서지고 무너지며 거둬들인 것이 고르지 못하고 경중(輕重)이 같지 아니하고 안산(案山)이 무정한 것이 세 번째의 증거다. 이 세 가지는 모두 가천심의 증거인 바 취할 것이 못되는 것으로 비록 천심이 이루어져 있을지라도 가천심이니 소용이 없는 것이다.

❖ **가첩**(家牒) : 한 집안의 혈통적 계통을 적은 보첩.

❖ **가취장**(嫁娶章)

① 청룡의 머리가 크면 처자(妻子)가 봉사한다. 술건풍(戌乾風)이 몰아치면 홀아비와 과부가 잇달아 난다.

② 본매국(本媒局)은 본처손이 발복하고, 가매국(假媒局)은 후처손이 발복하고, 무매국(無媒局)은 후손이 늦게 과부와 결혼한다. 본국은 축간(亥丑)간에 자(子), 인간(寅艮)간에 묘(卯), 사미(巳未)간에 오(午), 신성(申戌)간에 유(酉)이다.

③ 4정맥(正脈)이 중입(重入)하면 상처(喪妻)가 끊이지 않는다. 자룡(子龍)에 경유(庚酉)하고 미좌(未坐)면 자(子)와 유룡(酉龍)이 중입(重入)이다.

④ 4장(藏)국에 축미(丑未)가 부입(浮入)하면 뒤늦게 늙은 여자를 얻어 아들을 낳는다. 진술축미국(辰戌丑未局)에 축미(丑未)방의 산이 기어들면 젊은 아내가 망한다.

❖ **가택간법**(家宅看法) : 신자진(申子辰)에 난 사람은 묘유인신진술간곤갑경을신좌(卯酉寅申辰戌艮坤甲庚乙辛坐)가 길택(吉宅)이다. 사유축(巳酉丑)에 난 사람은 축미병임을신좌(丑未丙壬乙辛坐)가 길택(吉宅)이다. 인오술(寅午戌)에 난 사람은 묘유인신간곤진술갑경좌(卯酉寅申艮坤辰戌甲庚坐)가 길택(吉宅)이다. 해묘미(亥卯未)에 난 사람은 자오축미사해건손병임을신좌(子午丑未巳亥乾巽丙壬乙辛坐)가 길택(吉宅)이다. 이상은 태양태음(太陽太陰)의 주마육임법(走馬六壬法)으로 인한 좌향(坐向)과 가택간법(家宅看法)으로 길택(吉宅)의 좌향이며, 여기서 우선적으로 출입하는 대문이 문제이며 그 중요성은 을해(乙亥)에 난 사람이 서사명(西四命)의 건좌(乾坐)의 집에 태(兌)의 생기방대문(生氣方大門)과 곤(坤)의 연년방대문(延年方大門)의 차이를 말하였다. 양택에서 감이진손(坎離震巽)을 동사택(東四宅) 또는 동사명(東四命)이라 하고, 건곤간태(乾坤艮兌)를 서사택(西四宅) 또는 서사명(西四命)이라고 하며, 양자를 한 마디로 동서사택(東西四宅)이라고도 한다. 따라서 동사명(東四命)은 동사명(東四命)으로, 서사명(西四命)서사명(西四命)으로 상생(相生) 또는 비화(比和)하는 것이 중요하며, 동사명(東四命)과 서사명(西四命)의 상혼(相混)은 불가라는 것이다.

❖ **가택구성**(家宅九星)**의 배치요령** : 가택구성은 가장(집주인)의 좌(坐)가 도출되면 상대적으로 문(門)이 결정되므로 양택삼요(陽宅三要) 즉, 가장방(안방)과 대문, 그리고 부엌이 구성의 길방(吉方)이 되고, 가족들의 방과 수도(우물) 등은 생기(生氣), 연년(延年), 천을(天乙), 복위(伏位) 등의 길성(吉星)에 배치하여 득기발복케 하고, 변소, 창고, 축사 등은 오귀, 육살, 화해, 절명 등의 흉성(凶星)에 배치하여 악기(惡氣)같은 것을 배출토록 하면 가운(家運)이 융성하고 복수쌍전(福壽雙全)한다. 가장의 좌택에 문을 맞출 때는 같은 사택내에서 삼원[上中下] 중에 상원(上元)은 상원끼리, 중원(中元)은 중원끼리, 하원(下元)은 하원끼리, 다시 말해서 장남은 장녀와, 중남은 중녀와, 소남은 소녀와, 노부(老父)는 노모(老母)와 배합하면 길하며 건강 장수한다.

❖ **가택의 방위별 요함돌출론**(凹陷突出論) : 택지 및 건물의 방위별 요함돌출(凹陷突出)에 의한 길흉화복은 대략 다음과 같다.

坎(正北方) 艮(東北方) 震(正東方) 巽(東南方)

離(正南方) 坤(西南方) 兌(正西方) 乾(西北方)

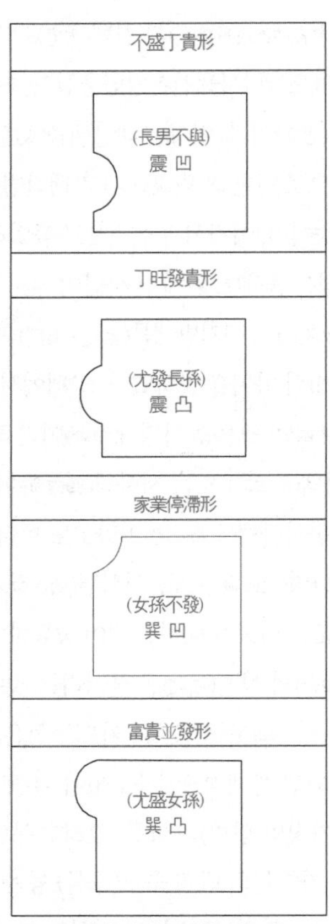

[방위별 요철길흉도]

- **감방**(坎方) : 택지 또는 건물의 감방이 적당하게 돌출하면 길격(吉格)으로 성가치부(盛家致富)한다. 그러나 그곳의 과돌심요(過突甚凹)는 정재불발(丁財不發)에 중남(中男)이 유고불성(有故不盛)이다.
- **간방**(艮方) : 택지 또는 건물의 간방이 적당하게 돌출하면 이 역시 길격(吉格)으로 부귀왕정(富貴旺丁)한다. 단 우성차남(尤盛次男)이다. 그러나 그곳의 과돌심요(過突甚凹)는 도리어 불구아손(不具兒孫)에 가빈(家貧)과 관재가 염려된다.
- **진방**(震方) : 택지 또는 건물의 진방이 적당하게 돌출하면 가부(家富)에 승급(昇給)하고 우성장손(尤盛長孫)이다. 그러나 그곳의 심한 요철(凹凸)은 가업부진에 장남의 쇠퇴가 염려된다.
- **손방**(巽方) : 택지 또는 건물의 손방이 적당하게 돌출하면 부귀병발(富貴並發)에 우성여손(尤盛女孫)이라 한다. 그러나 과돌심요(過突甚凹)는 매사정체에 여손(女孫)이 불발(不發)이다.
- **이방**(離方) : 택지 또는 건물의 이방이 적당하게 돌출하면 귀인이 도와 등제승급(登第昇給)하게 된다. 그러나 과돌심결(過突甚缺)은 관재송사(官災訟事)에 여인의 부정이 염려된다.
- **곤방**(坤方) : 택지 또는 건물의 곤방이 적당하게 돌출하면 내주당권(內主當權)에 치산가부(治産家富)이나 그곳이 과돌(過突) 혹은 요함(凹陷)하면 가부병약(家不病弱)에 남녀음란(男女淫亂)이다.
- **태방**(兌方) : 택지 또는 건물의 태방이 적당하게 돌출하면 부귀병발(富貴並發)에 소녀우성(少女尤盛)이나 그곳의 과돌심결(過突甚缺)은 전상객사(戰傷客死)에 여손(女孫)이 불성(不成)이다.
- **건방**(乾方) : 택지 및 건물의 건방이 적당하게 돌출하면 가주당권(家主當權)에 무병장수이나 그곳의 과돌요함(過突凹陷)은 화와 손재를 부르며 단명가주(短命家主)이다.

❖ 가택의 올바른 좌향과 구조배치 분별법

- 어느 집이나 건물을 막론하고 전체 건물의 사방 네 기둥을 중심으로 열십자 또는 ×표를 그은 다음 정중앙선이 교차되어 겹치는 부위에다 나경과 나침반을 올려놓은 다음 대문과 주방(부엌)과 안방(主室)이 어느 궁(宮)에 위치하는가를 분별하여 상생과 상극을 판정하면 착오가 없다.(양택에는 그 건물만을 따질 때가 있고 건물 터만을 가지고 따질 때가 있으며 터와 건물을 동시에 판단할 경우가 있다는 점을 유의할 것.)
- **좌향에 의한 문과 부엌(주방), 안방의 배치 길흉론**: 기본의 24좌향이 모두 팔괘(八卦)에 소속되어 있으니 매 3궁(三宮)마다 같은 오행의 범위 안에 묶여 있다. 술건해(戌乾亥)는 건금궁(乾金宮), 임자계(壬子癸)는 감수궁(坎水宮), 축간인(丑艮寅)은 간임궁(艮壬宮), 갑묘을(甲卯乙)은 진목궁(震木宮), 간손사(艮巽巳)는 손목궁(巽木宮), 병오정(丙午丁)은 이화궁(離火宮), 미곤신(未坤申)은 곤토궁(坤土宮), 경유신(庚酉辛)은 태금궁(兌金宮)이 원궁(原宮)이다. 그러므로 건물이 몇 채이든 방이 몇 칸이든 전후좌우를 막론하고 가장 크고 높은 원채의 중심 큰방(가장이 거처하는 본 건물의 안방)을 기준점으로 삼아 상생과 상극 및 출입문과 부엌, 화장실의 소속궁성(所屬宮星)을 밝힌다. 원채에 달린 부속건물에서도 나름대로 그 전체 구도 속에서의 독립된

방과 부엌, 화장실, 대문 등에 이어지는 개별적 자체 길흉이 형성될 수 있으므로 원채와 부속건물과의 배치에 의한 상관성 및 부속 건물 자체적인 길흉의 독자 전개성에 대한 포괄적 추단(推斷)의 각별한 신중을 요한다.

• **정택(靜宅), 동택(動宅), 변택(變宅), 화택(化宅)의 4대(四大) 구분 판별법** : 양택에는 동정 변화의 네 가지 집구도가 있으나 세상사람들은 그다지 마음에 두지 않는다. 한 채의 집을 기본 정택(靜宅)으로 출입문과 주위 제반 조건을 겸하여 분별하고 두 채, 세 채, 네 채, 다섯 채까지는 동택(動宅)으로 분별하는데, 동택이 5층(五層)에 그치는 이유는 금목수화토(金木水火土) 오행이 다섯 가지 뿐이기 때문이다. 여섯 채, 일곱 채, 여덟 채, 아홉 채, 열 채까지는 변택(變宅)으로 분별하는데 11층, 12층, 13층, 14층, 15층 또는 열 다섯 채까지는 화택(火宅)으로 분별한다. 열과 다섯은 만물귀근(萬物歸根)의 정점인 토(土)에 해당되기 때문인데, 이 15에 금(4, 9), 수(1, 6), 목(3, 8), 화(2, 7)의 합수를 더 보태어 화생만물(化生萬物)의 이치를 취할 수도 있다.

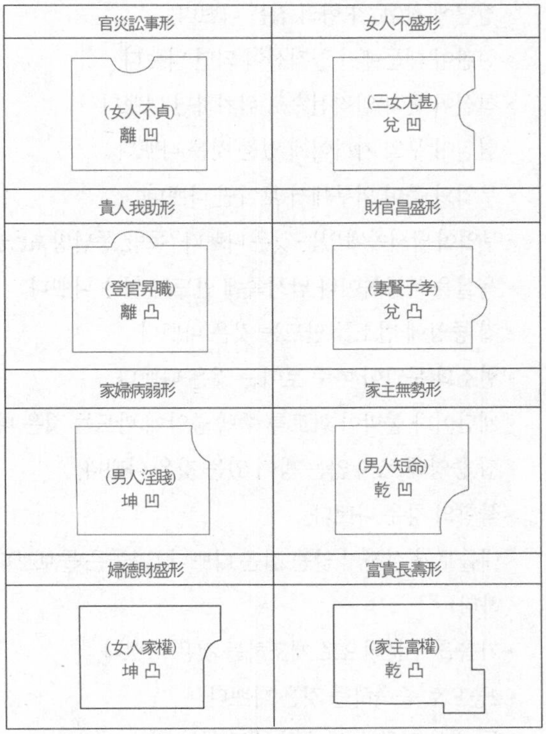

官災訟事形	女人不盛形
(女人不貞) 離 凹	(三女尤甚) 兌 凹
貴人我助形	財官昌盛形
(登官昇職) 離 凸	(妻賢子孝) 兌 凸
家婦病弱形	家主無勢形
(男人淫賤) 坤 凹	(男人短命) 乾 凹
婦德財盛形	富貴長壽形
(女人家權) 坤 凸	(家主富權) 乾 凸

[방위별 요철길흉도]

• **부엌(주방)의 길흉분별론** : 부엌이란 한 집안의 길흉화복에 대해 매우 신속한 반응을 보이는 곳으로서 부엌은 생명을 기르는 근원이고 만병이 모두 음식의 섭취에 연유한다. 그래서 부엌은 반드시 생기(生氣), 천의(天醫), 연년(延年)의 세 길방위에 배치되어야 하며, 만일 오귀(五鬼), 육살(六殺)의 방위를 잘못 침범하게 될 경우는 식구들에게 낭패와 장해가 생기고 집안에 질병과 파탄, 사고 등 불상사가 발생하게 된다. 만일 신속하게 발전과 번영의 풍요를 누리고 싶을 때는 부엌을 청소, 단장해서 부귀를 취하는 방법이 있다.(요즈음은 아궁이를 사용하는 집이 별로 없다.) 먼저 부엌 주변을 쓸고 닦아 정갈히 한 다음 부엌 아궁이의 재(灰)를 쓸어내고 그 밑바닥 흙을 긁어내어 적당히 물에 개어 그 흙물로 부뚜막과 아궁이 주위를 칠하고 남은 부엌바닥 흙물을 5일 뒤에 교외(郊外)의 하천에다 갖다 붓는다. 만일 하천이 없을 경우 십자로(十字路) 입구에 가져다 나누어 붓는다. 그 다음은 새 벽돌을 사서 새 흙과 새 돌을 구해서 문과 방의 길처인 천의방(天醫方)에다 안치하면 능히 모든 흉액과 험난 및 귀살(鬼殺)을 제거, 해소시키면 그 효험이 나타나게 된다. 목국(木局)에 해당하는 부엌은 30일 후, 토국(土局)에 해당하는 부엌에서는 50일 후, 금국(金局)에 해당하는 부엌에서는 40일 후, 화국(火局)에 해당하는 부엌에서는 20일 후, 수국(水局)에 해당하는 부엌에서는 60일 후에 즉발(卽發)하는 호응이 있으니 질병이 쾌차되고 혹은 재물이 불어나며 자식의 영화와 공명성취를 이루게 된다. 단 3년 이내에는 흉액이 따를 수 있으니 부엌의 철제기물[鐵器]이라든지 강경(剛硬)한 물건 때문에 흉액이 다 흩어지지 않기 때문인즉 100일 이내에 빈방으로 닷새 이상 출입을 정지했다가 그 물건을 밖으로 내놓은 뒤에 다시 사용하면 꺼릴 것이 없으며, 5일에 내보내는 것은 오귀(五鬼)를 혁파하는 뜻이 숨어 있으므로 향촉 및 간소한 주과포를 갖추어 고사하며 액운을 물리치면 즉시 길상(吉祥)의 기쁨이 얻어질 것이다. 청장년층(靑壯年層)의 한창 때 식솔들에게 장해가 많고 어린 아이들을 양육하는 데 곤란을 겪는다. 또한 아예 자식을 두지 못하거나 늙은 말년에는 자식들이 온전히 유지되지 않으며, 오랜 우환,

질병이 떠나지 않고 고통과 피해를 겪을 때 또는 혼인에 연관된 애로 및 불성, 지체 등으로 재액을 치르는 경우는 천의(天醫)에 해당하는 부엌을 배치토록 하고 집 주인의 명궁(命宮 : 생년궁을 뜻함)과도 천의(天醫)에 해당이 되도록 하면 집안 식솔이 융성하고 가업이 번창한다.

- 공부를 열심히 해도 목적의 성취가 힘이 들고, 성심을 기울여 분발해도 공명을 이루기 어렵고, 집안 살림은 궁색하며 여러 가지 고통과 난관이 따를 경우는 마땅히 생기방(生氣方)의 부엌(주방)과 대문을 설치함으로써 안팎으로 이어지는 발전과 풍성을 획득할 수 있으며, 만약 재물의 안정·융성을 구하려 한다면 100일 이내에 호전, 향상의 기운이 드러나고 3년 이내에 신속하게 성공적 풍요와 복록을 획득할 수 있을 것이다.
- 남녀 간에 수명이 짧고 불행지사가 많은 집에서는 연년(延年)의 부엌(주방)을 배치함으로써 수명의 장수와 집안 살림의 풍요를 얻을 수가 있으며, 아울러 대문도 생기나 연년·천의 방위에 설치하면 발전, 향상과 안정, 번창을 누릴 수 있다. 이렇듯 생기, 천의, 연년 등의 부엌 배치가 본명(本命)과 제반 문, 방 등 가택의 형상(形相)과 더불어 화합 호응될 때에만 부귀영달의 문턱에 들어 설 수 있는 것이다.

❖ **기택의 주영향력 분할도** : 사방의 주추 기둥 및 지붕 처마를 기준한다.

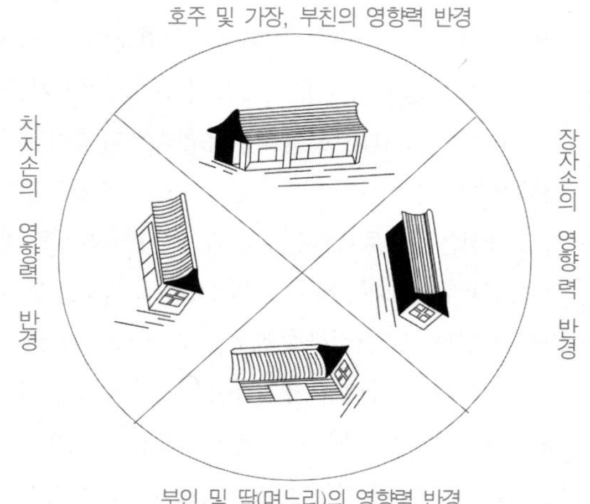

❖ **가택풍수**(家宅風水) **금기사항**(禁忌事項) : 가택풍수에 얽힌 금기사항을 분야에 구분 없이 살펴보면 다음과 같다.

- 산등성이나 산골짜기의 입구에 집을 지으면 흉하다.
- 정자(丁字) 길의 꼭대기 부분에 집을 지어도 흉하다.
- 막다른(막힌) 골목의 끝에 집을 지으면 나쁘다.
- 대문 앞에 큰 나무나 고목(枯木)이 있으면 나쁘다.
- 주택 주위에 높은 건물이 있으면 나쁘다.
- 용마루가 정면으로 보이면 아주 나쁘다.
- 자녀 주택과 부모 주택 또는 형제 주택이 붙어 있으면 나쁘다.
- 삼각형의 대지나 주택은 나쁘다.
- 대지의 사방에 결(缺)이 있으면 나쁘다.
- 끈기가 없는 토질의 대지는 나쁘다.
- 수목이 무성했던 땅에 뿌리를 제거하지 않고 집을 지으면 나쁘다.
- 북동쪽, 남서쪽에 요철(凹凸)이 있는 집은 나쁘다.
- 고저가 있는 바닥의 집은 나쁘다.
- 정면에 철(凸)자 형의 집은 나쁘다.
- 현관이 대문에서 일직선이 되면 나쁘다.
- 침실이 문과 일직선으로 위치하면 나쁘다.
- 침실이 부엌 가까이에 있는 것은 나쁘다.
- 부엌의 불이 외부에서 보이면 나쁘다.
- 부엌이 남서쪽에 있는 것은 나쁘다.(동방, 동남방 辰巳方이 길)
- 욕실을 북동쪽이나 남서쪽에 만드는 것은 나쁘다.
- 집 중앙에 변소를 만드는 것은 나쁘다.
- 변소와 문간이 마주 보이는 것은 나쁘다.
- 계단이나 붙박이 화로를 주택 중앙에 만드는 것은 나쁘다.
- 집 중앙에 쓰지 않는 방이 있는 것은 나쁘다.
- 북향의 창은 나쁘다.
- 대들보가 실하지 않는 집은 나쁘다.(기둥은 들보보다 중요하다)
- 가옥을 부분적으로 개조하는 것은 나쁘다.
- 2층으로 증축하는 것은 나쁘다.
- 두 채의 집을 합쳐서 한 채로 하는 것은 나쁘다.

- 재목을 거꾸로 쓰는 것은 나쁘다.
- 창고 위에 주거 공간을 만드는 것은 나쁘다.
- 정원에 크게 자라는 나무를 심은 것은 나쁘다.
- 나무가 처마나 차양을 뚫고 뻗어나 있는 것은 나쁘다.
- 정원에 돌을 많이 까는 것은 나쁘다.
- 우물과 부뚜막이 나란히 있는 것은 나쁘다.
- 안 쓰는 우물을 함부로 메우는 것은 나쁘다.
- 대지의 남서쪽으로 배수하는 것은 나쁘다.
- 장식이 많은 집은 나쁘다.
- 외풍이 심한 집은 나쁘다.
- 검고 푸른빛을 띠고 찰기가 있는 지질에서 살면 건강을 해칠 뿐만 아니라 번영은 전혀 기대할 수 없다.
- 나무가 타고 난 재와 같이 먼지가 일어나는 토지는 사업에 가장 마이너스가 된다.
- 돌이 많아 흙을 보기 어려운 토지는 주거지로서도 사업장으로서도 부적당하다.
- 흙이 그냥 무너지는 땅이 단단하지 못한 지질은 모든 것이 불안정하게 된다.
- 검붉은 색깔을 띠고 마치 초토(焦土 : 불에 타서 검은 땅)와 같은 지질은 뜻밖의 재난을 당하는 쇠퇴의 땅이다.
- 지질에 전혀 습기가 없고 하얗게 보이는 토지는 정신적 안정이 없어지게 된다.

❖ **가파른 낭떠러지 밑에 주택은 불길** : 가파른 낭떠러지 밑이나 가까운 급격한 경사가 있거나 협착한 위치에 바짝 붙어졌거나 너무 안쪽으로 들어가서 축조된 가옥은 재난파괴격의 불길 구조이다.

❖ **가포**(假抱) : 가포지(假抱地)는 청룡·백호가 가짜로 싸주었다는 뜻이다. 보기에는 잘 감싸준 것처럼 보이나 사실은 배반을 하고 있다. 사격이 혈을 감싸줄 때는 항상 유정한 면(面)을 안쪽으로 해야 하는데 배(背)를 하고 있다. 면은 부드럽고 순한 반면에 배는 거칠고 험하다. 면은 완만한 반면에 배는 깎아 지른듯 가파르다. 이러한 곳에서는 무기력하고 용렬한 자손이 나오며, 외로움과 가난을 면치 못한다.

❖ **가품**(家品) : 한 집안 가족들에게 공통하는 품성.

❖ **가풍**(家風) : 한 집안에서 전해 내려오는 풍습이나 범절 또는 그 가정의 특유한 생활 형식.

❖ **가혈**(假穴) : 진혈(眞穴)이 아닌 곳. 즉, 지리법에 맞는 묘 자리가 아닌 땅.

❖ **가형**(假形) : 혈을 보호한 듯하나 거짓된 모양.

❖ **가화혈**(假花穴) : 가화혈(假花穴)은 열매가 맺히지 않는 헛꽃 즉 조화(造化)나 석녀(石女)와 같은데 진혈(眞穴) 후 입수절(入首節)이나 측면 도처에 형성되어 진혈(眞穴)보다 수미(秀美)하게 보여 사람들의 마음을 끌기 때문에 진가를 명확히 판단하기가 어렵고 이러한 가화혈(假花穴)에 묘를 쓰게 되면 그 자손은 점차 패망하게 된다. 이 가화허혈(假花虛穴)을 세밀히 관찰해 보면, 용맥(龍脈)의 근본원리나 점혈(點穴)의 각종 증거에 어긋나는 점을 발견하게 되므로 잘 살펴야 한다.

❖ **가훈**(家訓) : 가정교훈, 집안 어른들이 그 자녀나 제매(弟妹)에게 주는 교훈.

❖ **가희자**(可喜者) : 기쁘기만 한 것.

❖ **각**(角) : 고(鼓)와 같은 형상에서 중간 봉우리가 뾰족한 모양을 말함. 여기에서의 고각(鼓角)은 매화(梅花)를 말하는 것으로 오봉(五峰)이 서로 잇닿아 있음은 매화(梅花)와 같다는 것이다.

❖ **각**(殼) : 거북혈의 상부 측면의 끝부분.

❖ **각근혈**(脚跟穴) : 사람 몸으로 치면 허벅지에 해당되는 혈. 주산(主山)에서 떨어져 나온 용맥에 깃들이며, 또 청룡·백호가 겹겹으로 뻗어 있는 형상.

❖ **각두**(脚頭) : 산봉우리에서 내려지는 등줄기.

❖ **각사론**(各砂論) : "장서(葬書)는 천경만론(千經萬論)이요 지리(地理)는 천형만장(千形萬狀)인데, 인언불능진(人言不能盡)이요 형상불능변(形象不能辨)이라."하였다.

- **진술축미(辰戌丑未) 방에 호로사(胡盧砂)면 간질 또는 고질병이 생김.** : 호로병과 같은 모양의 산이 보인다.
- **유안산지무(有案山之舞)면 자손이 음란.** : 안산에 가서 속곳만을 걸치고 춤을 추는 형상 즉 난의상(亂衣象)이 보인다.
- **진술축미(辰戌丑未) 산에 봉수(峰秀)하면 자손이 부귀함.** : 뾰

ㄱ

족하면서도 수려함을 말함.

- **권렴풍(捲簾風)이 전풍(剪風)하면 소골(消骨)됨.** : 발이 말려 올라갈 정도의 강풍이 전지할 듯이 사정없이 부는 바람.
- **손산봉지중(巽山峰之中)에 아미사(蛾眉砂)면 경국지색(傾國之色)의 미인이 반드시 나온다.** : 손산봉속에 눈썹달 형태가 보일 때
- **건손결즉(乾巽缺則) 단명하고 간곤허즉(艮坤虛則) 빈한함.** : 건손방이 비어 있으면 단명(絶孫)하고 간곤방이 허하면(부실) 가난하고 인물이 나지 않는다. : 그 이유로서는 건곤간손봉이 사태봉(四胎峰(사포(四胞))이기 때문이다.
- **경태지손절(庚兌之損絶)하면 자손이 반드시 단명(短命)하다.** : 경태방의 산이 손상을 입었거나 끊어져 있는 상태로 있으면 자손이 단명하다.
- **관대방수파(冠帶方水破)하면 장손이 개사(皆死)한다.** : 수파가 관대방이면 장손이 끊어짐.
- **유안산(有案山) 원봉(圓峰)하면 자손이 봉군(封君)한다.** : 안산이 금산일 때는 군(君)의 명을 받음(현 대통령 훈장수상)
- **수구외(水口外)에 원봉(圓峰)하면 자손이 패인(佩印)한다.** : 수구 밖에서 둥그런 산이 보이면 자손이 인장을 찬다는 뜻으로 결재할 수 있는 군수이상 벼슬이 난다. : 수구(水口)와 파(破)는 구별하지 않고 쓰는 경우가 많으나 파는 물이 흘러가다가도 보이지 않는 지점을 말함이고, 수구는 물이 마지막으로 나가는 출구로써 보일 수도 있고 보이지 않을 수도 있다는 점이 다르다.
- **청룡(青龍)외에 상봉(上峰)하면 자손이 횡재한다.** : 청룡밖에 높은 봉이 솟아있는 것을 말하는데, 이는 상봉이 십점도와 맞거나 상봉(첨수봉) 길방(吉方 : 간, 병, 손, 신, 태, 정방)에 맞아야 한다.
- **건감풍(乾坎風)은 남천(男賤)하고 감태풍(坎兌風)은 여과(女寡)한다.** : 건감방에서 오는 바람은 남자가 천하게 되고, 곤태방에서 오는 바람은 여자가 홀로 되는 것인데 남녀를 막론하고 건감곤태방풍은 나쁘다.
- **백호두(白虎頭)가 허리가 끊어지면 자손이 흉사한다.** : 백호가 시작되는 곳이 패이거나 하여 흠절이 보일 때를 말함.
- 곤허개(坤虛開) 곤월견(坤越見)이면 악질로 열려져 있어 곤궁한 것(좋지 않는 것)이 보임.
- **건곤간손(乾困艮巽) 봉수(峰秀)하면 자손이 봉군(封君)한다.** : 건곤간손 사태방(四胎方)이 첨수봉(尖秀峰)이면 자손이 벼슬함.
- **백호내(白虎內)에 암석(岩石)하면 자손 불성(不盛)** : 백호내의 흉방에 암석이 보이거나 암석이 흉사로 보이게 되면 자손 불성.
- **안산유목탁사(案山有木鐸砂)면 자손이 걸식(乞食)** : 앞이든지 뒤에서든지 혈처에서 목탁채쪽이 정면으로 보일 때를 말하는 것으로 목탁이 앞쪽으로 길게 늘어져 보이는 것은 하등 상관 없음.
- **백호(白虎)외에 상봉(上峰)하면 문무(文武)가 부절(不絶)한다.** : 백호밖의 상봉이 십전도에 맞거나 길방에 보이면 문무가 끊어지지 않음.
- **경신봉수고(庚申峰秀高)하면 지무사(知武士) 발기(發起)한다.** : 경갑봉이 수려하고 높으면 지장(智將)이 난다.
- **건봉수려(乾峰秀麗)하면 제후왕가(諸侯王家)한다.** : 건봉이 뾰족하면서도 수려하면 제후나 왕가로 된다.
- **건곤중첩(乾坤重疊)하면 곡만창고(穀滿倉庫)한다.** : 곤봉이 계속 겹쳐져 있으면 곡식이 창고에 꽉참.
- **인신사해(寅申巳亥) 입수(入首) 우형(牛形)(와우(臥牛)형)하면 배곡동자(背曲童子)한다.** : 인신사해산에 입수가 곧게 들어오지 않고 구부러져 들어오면 곱사등이가 난다라는 말로 이때에는 곧게 오도록 채워주는 보비가 필요하다.
- **황천방(黃泉方)에 와석(臥石)하면 소년횡사(少年橫死)한다.** : 황천방인 진술축미방(震戌丑未方)에 가까이에 길게 누워 있는 바위가 있으면 어렸을 때 횡사한다.
- **자오묘유봉수(子午卯酉峰秀)하면 자손이 패인(佩印)한다.** : 사정봉(四正峰)인 자오묘유방에 첨수봉이 있으면 자손이 벼슬함.
- **안산(案山)에 발우사(鉢盂砂)면 승도부절(僧道不絶)한다.** : 안산에 바리대와 같은 사(砂)가 있으면 중이 끊이지 않는다. 안산에 가서 밥그릇이 있으면 중이 된다.

- **안산(案山)이 기사(氣砂)면 요사부절(夭死不絶)한다.** : 축 처진 모습의 동물상을 말함.
- **청룡(靑龍)은 세룡(細龍)한데 두대(頭大)면 중자손(重子孫)이 봉사한다.** : 청룡이 가늘게 왔는데 처음 생긴 곳이 크면 본처 소생 아닌 후취(後娶) 소생이 남.
- **득가전정수(得家前精水)하면 일국중부귀(一國中富貴)한다.** : 무덤 앞에 진응수(眞應水)중 양수(陽水)가 있으면 대부(大富)
- **청룡지내(靑龍之內)에 입석(立石)이면 소년횡사(少年橫死)가 많다.** : 진술축미방(辰戌丑未方)에 서있는 돌이 있으면 횡사.

❖ **각성**(角星) : 각성은 건(乾)방에 자리한다. 건(乾)방에 2개의 봉이 있으면 정승이 나고, 몹시 높으면 병권(兵權)을 잡고, 허하면 도적떼의 우두머리가 되어 집안이 망하게 된다. 신진년(辛辰年)에 응험한다.

❖ **각일가골육격**(各一家骨肉格) : 간경정묘사축수(艮庚丁卯巳丑水)는 자삼룡(子三龍)으로 역시 장자(長子)다. 곤신파칙병신화(坤申破則丙辛火)는 수(水)의 해(亥)로 삼자(三子)가 죽는다. 손갑계유해미화(巽甲癸酉亥未火)는 손사룡(孫四龍)으로 말자(末子)에 속한다. 인간파칙술계(寅艮破則戌癸)는 불(火)의 해로 장자(長子)가 일찍 죽는다.

❖ **각장**(各葬) : 부부를 합장하지 않고 각각 다른 자리에 매장함.

❖ **각쟁혈**(脚掙穴) : 사람의 종아리에 해당되는 혈. 주산(主山)에서 벗어나 뻗어 나온 용맥이 두툼하게 살찐 곳에 혈이 깃들이며, 팔에 해당되는 청룡과 백호가 너무 짧아서 혈처를 감싸주지 못한 대신에 외산(外山)이나 물이 휘감아 준다.

❖ **각종 오행** : 여러 학파의 오행 중 정오행(正五行), 쌍산오행(雙山五行), 삼합오행(三合五行), 팔괘오행(八卦五行), 홍범오행(洪範五行), 납음오행(納音五行)등을 말함.

❖ **각종(各種) 염(廉)은 이러하다** : 목렴(木廉)이 돌면 각종 질병(疾病)이 돌고 충렴(蟲廉)은 내장병(內臟病) 질환(疾患)이 있고 풍렴(風廉)에는 바람이 들어가면 정신병(精神病) 관재(官災) 구설(口舌)이 있다. 화렴(火廉)에는 질병과 그의 자손이 빈한(貧寒)하게 살고 수렴(水廉)이 들면 그의 자손 가정이 패가망신(敗家亡身)한다.

❖ **각종(各種) 흉사(凶砂)는 이러한 곳이다** : 무기력(無氣力)하고 음습(陰濕)한 산은 요수(夭壽) · 질병(疾病) · 재패(財敗) · 비천자(卑賤者)가 출생하고 산이 험준(險峻)하면 관재(官災) · 구설(口舌) · 파산(破産) · 오사(誤死)가 있다. 산이 추악(醜惡)하면 음란(淫亂) · 질병 불구자(不具者) · 처궁(妻宮)이 불리하다. 묘(墓) 좌우(左右)가 험난하면 본외손(本外孫)이 방탕(放蕩)하고 교통사고가 많다. 묘 주위에 잡석이 많으면 가정이 불화하고 일조파산(一朝破産) 한다. 묘지 주위에 사태(沙汰) 자국은 정신질환자(精神疾患者) 교통사고, 칼 든 도적(盜賊) 자손이 출생하고 묘지 전(墓地前)에 강수(江水)가 적게 보이면 길사(吉砂)요, 많이 보이면 흉사(凶砂)이다. 묘전(墓前)에 망망(茫茫) 대해(大海)가 보이면 일조파산(一朝破産) 불가장지(不可葬地)이다. 묘전에 연지수(蓮池水 : 작은 연못)가 보이면 유아부터 내장병(內臟病) 요수(夭壽) 빈한(貧寒)하게 산다. 묘전좌우(墓前左右)에 차돌이 서 있으면 청상과부(靑孀寡婦)가 난다. 묘좌(墓左)측에 입석(立石)이 사람같이 서 있으면 남자자손(男子子孫)이 죽고 우측에 서 있으면 여자자손이 죽는다.

❖ **각좌별**(各坐別) **흉방위 대문 범례도**

① **건좌**(乾坐 : 戌乾亥)**에 해당하는 가옥**

- **귀입뢰문**(鬼入雷門) = 건좌진문(乾坐震門) · 건좌이문(乾坐離門). 귀입뢰문(鬼入雷門)이라 부르는데 주로 호주 및 장자손에게 흉험과 풍파가 있게 되며, 재난, 장해, 낭패, 우환 등이 도래하여 불운을 겪는다.

[주의] 딸은 며느리로도 바꿔서 판정하는 것이 원칙이다. 길일 때의 발복과 흉할 때의 재앙이 대체로 닿는다. 언제든지 좌(坐)는 안쪽[內]이 되고 향(向)은 바라보이는 앞쪽 바깥[外]이 되어 무슨 좌 무슨 향이라고 말한다. 변동 없이 항상 자(子)는 정북방, 오(午)는 정남방.

ㄱ

- **건좌손문**(乾坐巽門) = **좌문상극**(坐門相克). 이것을 화해(禍害)라 부른다. 집안이 어수선하거나 산란한 일들이 많이 생기고, 주로 부녀자들 쪽에 좋지 못한 낭패나 풍파가 생기는 경우가 많다.

- **건좌태문**(乾坐兌門) = **탐랑목**(貪狼木)**과 좌문공극입태**(坐門共克入兌) : 이것을 탐랑입태(貪狼入兌)라고 부른다. 며느리나 딸들 중에서 아버지 및 가장과 서로 맞지 않아서 불화 내지 충돌, 반항 등의 갈등이나 풍파를 치르게 되며, 심할 경우 도전적인 반항이나 불량한 행동을 하는 경우가 많다.

② **곤좌**(坤坐 ; 未坤申)**에 해당하는 가옥**

- **재침화봉**(災侵禍逢) = **곤좌진문**(坤坐震門). 이것을 재침화봉(災侵禍逢)이라고도 부른다. 대체로 장남·장손·장녀와 부인·모친 등에 연관되어 재난과 흉험 등의 액운이 닿게 되고 가업이 퇴락하고 불화와 풍파가 발생하여 고난을 치르게 된다.

- **복위난투**(伏位亂鬪) = **곤좌감문**(坤坐坎門). 이것을 복위난투(伏位亂鬪)라고 부른다. 대체로 모친이나 부인·차자손들과 연관되어 액운과 재난이 발생하게 된다. 집안이나 식솔들간에 반목과 불화로 인하여 풍파와 장해를 치르게 되고 흉험과 낭패가 생기게 된다.

- **곤좌이문**(坤坐離門) = **문곡수**(文曲水)**와 문좌공극**(門坐共克). 이것을 문곡입리(文曲入離)라고 부른다. 대체로 재물이 잘 늘어나지 않고, 고난과 실패 등 장해가 많이 따르며, 특히 임신한 부인네들에게 액화가 많이 발생한다.

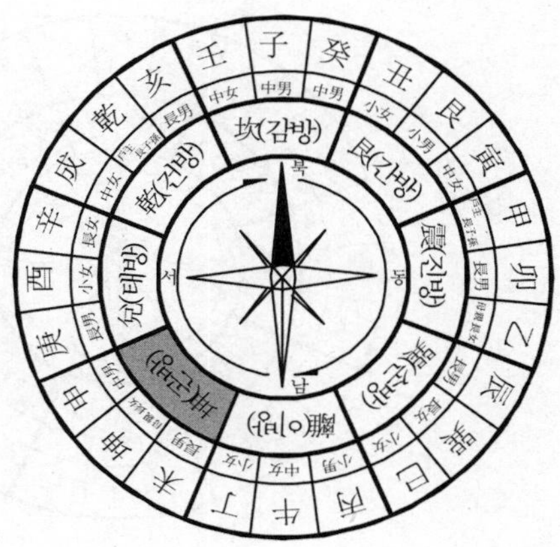

③ 간좌(艮坐 ; 丑艮寅)에 해당하는 가옥

- **간좌감문**(艮坐坎門) = **염정화**(廉貞火)**와 문극**(門克) : 이것을 염정입감(廉貞入坎)이라고 부른다. 집안 살림이 퇴락하게 되거나 풍파·빈곤함을 겪게 된다. 집안 식구들 가운데 방탕하여 제구실을 올바로 못한다든지 정신상태가 불량한 자가 나오게 되거나 물과 연관된 액화가 생기고 정신질환자 내지 모자라는 식솔들이 나오게 된다.

- **간좌곤문**(艮坐坤門) = **탐랑목**(貪狼木)**과 좌문공극**(坐門共克) : 이것을 탐랑입곤(貪狼入坤)이라 부른다. 주로 부인이나 모친 등으로 인한 재난과 흉험 등의 액화가 닿게 된다. 질병과 우환, 재물의 손실, 가정 내의 불화나 풍파 등과 같은 산란함이 많이 생기게 된다.

- **간좌손문**(艮坐巽門) = **파군금**(破軍金)**과 문극**(門克) : 이것을 파군입손(破軍入巽)이라 부른다. 대체로 장손 며느리나 큰딸에게 흉험과 액화가 발생하게 되는데, 재난, 풍파 외에도 심하면 후대가 끊어진다든가 요절하는 경우도 흔하다.

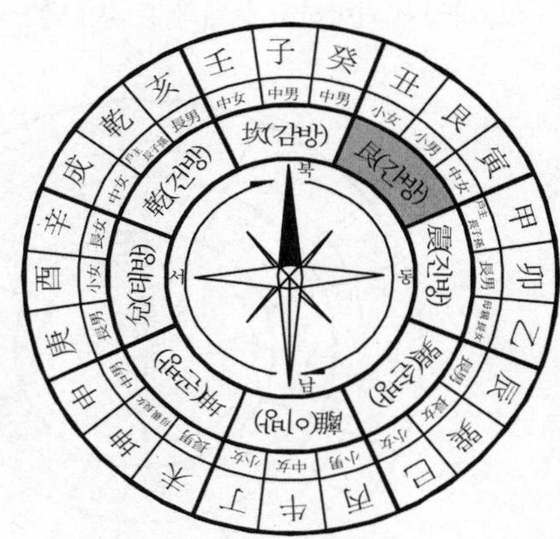

④ 손좌(巽坐 ; 辰巽巳)에 해당하는 가옥

- **파입절처**(破入絶處) = **간좌손문**(艮坐巽門). 이것을 파입절처(破入絶處)라고 부른다. 주로 부녀자들(딸들도 포함)로 인하여 낭패와 액화가 발생된다. 형제가 불화·반목하고 집안에 재난과 흉험이 자주 생겨서 장애와 우환 등을 치르게 된다.

• **재살입관**(災殺入關) **손좌이문**(巽坐離門) = **손좌극문**(巽坐克門) : 이것을 재살입관(災殺入關)이라고 부른다. 대체로 집안에 어수선한 풍파나 불화, 반목 등이 자주 발생하고, 재물의 손실이나 낭패며 우환 등이 생겨서 곤란을 치르게 되고, 가업이 퇴락하고 장애와 흉험이 닥는다.

• **손좌진문**(巽坐震門) = **무곡금**(武曲金)**과 문좌공극**(門坐共克) : 이것을 무곡입진(武曲入震)이라 부른다. 대체로 장자와 장손의 앞길이 잘 풀리지 않고 재난과 풍파가 자주 발생하는 좋지 못한 형태이다. 심할 경우는 우환, 신병이나 불구 내지 요절하는 경우도 흔하다.

⑤ **감좌**(坎坐 ; 壬子癸)**에 해당하는 가옥**

• **구절등수**(鬼絶登囚) = **감좌간문**(坎坐艮門) : 이것을 귀절등수(鬼絶登囚)라고 부른다. 주로 차자손들 및 모친·부인들에게 흉액과 장해가 닥는다. 집안 살림이 어수선해지고 산란한 풍파와 낭패가 발생하게 되며, 부모·자식·형제들이 불화·반목하게 되는 재난이 발생하게 된다.

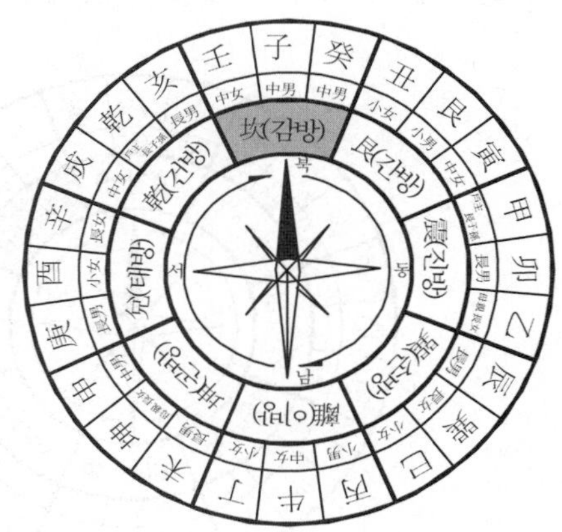

• **성궁교전**(星宮交戰) = **감좌태문**(坎坐兌門) : 이것을 성궁교전(星宮交戰)이라고 부른다. 주로 작은아들 및 차손들에게 낭패와 흉험이 닥는다. 때때로 재난이 들어서 곤란과 우환을 겪게 되고, 자손들에게 손실이나 풍파가 많이 발생되고, 심하면 후대가 끊어지기도 한다.

• **파군득세**(破軍得勢) = **감좌곤문**(坎坐坤門) : 이것을 파군득세(破軍得勢)라고 부른다. 대체로 형제간이나 식솔들이 불화·반목하게 되고 우애를 지키지 못하게 된다. 자손들에게 손실이나 낭패가 발생하게 되고, 우환과 풍파 등과 같은 장해가 발생하게 된다.

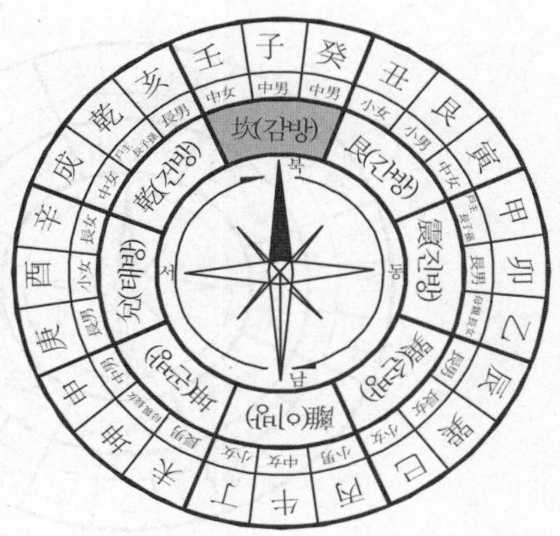

• **감좌진문**(坎坐震門) = **거문토**(巨門土)**와 좌문공극**(坐門共克) : 이것을 거문입진(巨門入震)이라고 부른다. 주로 장자, 장손 등에게 이롭지 못하다. 가업의 파탄 및 실패, 재물의 탕진 등이 따르게 되며, 사람이 제 구실을 못하게 되는 낭패가 따르는 수가 많다.

• **감좌이문**(坎坐離門) = **좌문공극**(坐門共克). 이것을 무곡입리(武曲入離)라고 부른다. 주로 집안의 부녀자들(딸들도 포함)에게 연관되어서 우환이나 낭패가 생기고, 부부간에도 서로가 반목·불화하여 원망하고 산란스러운 장애를 치르는 수가 많다.

⑥ 이좌(離坐 ; 丙午丁)**에 해당하는 가옥**

• **녹살병쟁**(祿殺竝爭) = **이좌손문**(離坐巽門) : 이것을 녹살병쟁(祿殺竝爭)이라 부른다. 대체로 부녀자들(딸들도 포함)과 연관되어 풍파며 낭패가 발생하고, 형제가 불화·반목하며, 살림살이에 재난과 흉험이 많이 생겨서 장애와 곤란을 치르게 된다.

• **동산절장**(棟散折墻)=**이좌태문**(離坐兌門). 이것을 동산절장(棟散折墻)이라고 부른다. 대체로 부녀자들과 자손들로 인하여 흉험과 액운이 많이 발생하게 된다. 형제간 또는 식구들 사이에 불화와 반목 등의 풍파가 생기고 낭패와 장해를 치르게 된다.

• **이좌건문**(離坐乾門)=**좌문상극**(坐門相克) : 이것을 파군입리(破軍入離)라고 부른다. 집안에 재난과 풍파가 자주 들게 되고, 거마(車馬) 기계에 의한 사고와 우환 및 죄수들이 나온다. 군병(軍兵)에 관련된 액운과 여자손들이 속을 썩이거나 불효하는 사례가 많다.

• **염거천부**(廉居天府)=**진좌건문**(震坐乾門) : 이것을 염거천부(廉居天府)라고 부른다. 주로 호주 및 장자·장손 등에게 흉험과 액화가 먼저 닿게 된다. 가업이 퇴락하고, 매사가 불운과 장해에 부딪치게 되며, 낭패와 풍파가 도래하여 고난을 겪는다.

• **진좌감문**(震坐坎門)=**거문토**(巨門土)**와 좌문공극**(坐門共克) : 이것을 거문입감(巨門入坎)이라 부른다. 자손들이 제구실을 잘 못하게 되어 살림을 파괴시키는 동시에 재난과 풍파가 일어 가업이 퇴락하게 된다. 과부가 자주 생기며 산란하고 어수선한 불운이 많이 생긴다.

- **진좌손문**(震坐巽門) = **무곡금**(武曲金)**과 문좌공극**(門坐共克) : 이것을 무곡입손(武曲入巽)이라 부른다. 주로 과부나 홀아비 등 상부나 상처를 하여 혼자되는 사람들이 자주 생기고, 환란과 풍파 외에도 자식을 두고 부인이 일찍 세상을 떠나버리는 액화가 따른다.

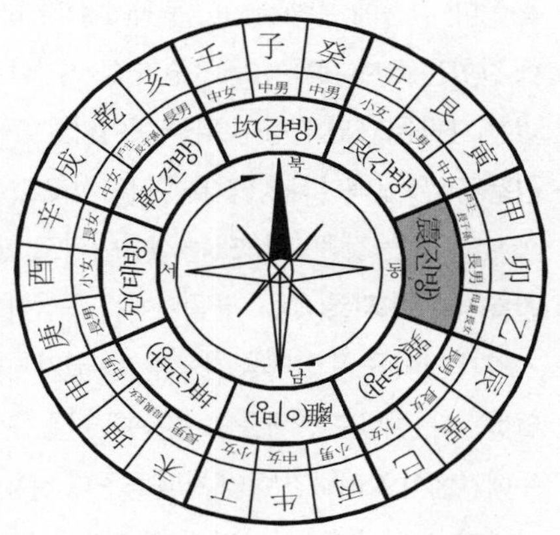

- **진좌간문**(震坐艮門) = **문곡수**(文曲水)**와 문극**(門克) : 이것을 문곡입간(文曲入艮)이라 부른다. 부모 형제가 불화·반목하고 서로 원망하고 증오하는 재난과 풍파가 생겨 가업이 쇠퇴한다. 신병·우환 및 차자손들에게 후대가 끊어질 우려가 높다.

⑦ **태좌**(兌坐 ; 庚酉辛)**에 해당하는 가옥**

- **오귀부화**(五鬼負火) = **태좌이문**(兌坐離門) : 이것을 오귀부화(五鬼負火)라 부른다. 주로 차자·차녀 등에 연관하여 흉험과 풍파가 발생하게 된다. 가내의 식솔들간에 불화 내지 반목하게 되고 재난과 액운이 닿게 된다. 산란하고 어수선한 고난을 치르게 된다.

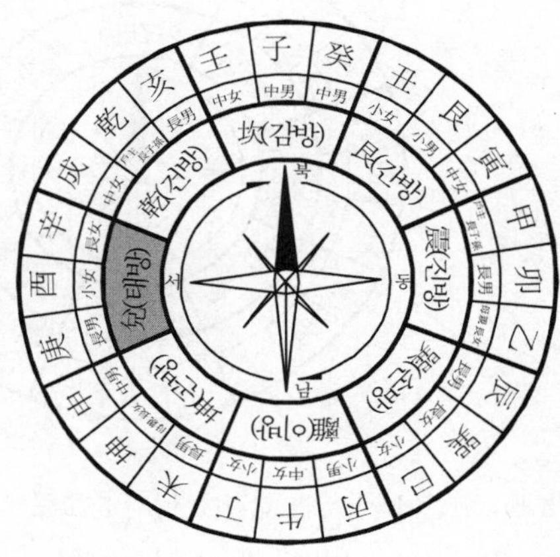

- **태좌감문**(兌坐坎門) = **녹존토**(祿存土)**와 문극**(門克) : 이것을 녹존입감(祿存入坎)이라 부른다. 주로 차자손들에게 불리하고 좋지 못한 재난이나 풍파가 들어와서 액화를 자주 겪게 되며, 심할 경우는 후대가 끊어지거나 중도에 자식 낭패가 따르는 수가 흔하다.

• **태좌진문**(兌坐震門) = **문좌공극**(門坐共克) : 이것을 파군입진(破軍入震)이라 부른다. 주로 장남과 장손들에게 흉험과 풍파 등 재난이 닿는다. 가업이 쇠퇴하고 빈곤과 낭패가 많이 생기고 심하면 후대가 끊어질 수도 있다.

❖ **간**(干) : 십간(十干) 또는 천간(天干)의 준말로 갑(甲), 을(乙), 병(丙), 정(丁), 무(戊), 기(己), 경(庚), 신(辛), 임(壬), 계(癸)를 그냥 간(干)이라 부른다. ① 산 ② 간괘(艮卦☶)의 준말.

❖ **간각**(間閣) : 건물의 명칭. 간(間)은 평옥(平屋), 각(閣)은 고층을 말함. 공조(工曹)의 당하관 2원이 건조물 관리를 분장하며 해유장(解由狀)에 기재되는 대상임.

❖ **간괘**(艮卦) : ① 숫자에 의하여 이루어지는 괘. 즉 칠간산(七艮山)이요 간상련(艮上連)이니 괘의 모양은 ☶가 된다. ② 七七의 중간산(重艮山) 또는 간위산(艮爲山)의 준말.

❖ **간궁**(艮宮) : 간괘(艮卦)에 속하는 위치.

❖ **간극지**(干克支) : 천간오행이 지지오행을 극하는 것으로 이를 제(制)라 하는데 60갑자 가운데 다음의 12가지가 있다. 을축(乙丑), 갑술(甲戌), 임오(壬午), 무자(戊子), 경인(庚寅), 신묘(辛卯), 손사(癸巳), 을미(乙未), 병신(丙申), 정유(丁酉), 을해(乙亥), 갑진(甲辰).

❖ **간룡**(幹龍) : 동물의 등줄기가 되는 큰 산맥을 말함. 우리 나라의 경우는 백두대간이라 하여 백두산으로부터 뻗어 내려온 태백산맥 같은 것이 대간룡(大幹龍)이라 하며, 대간룡에서 다시 뻗어 내려오는 산맥을 소간룡(小干龍)이라 하며, 소간룡에서 다시 다른 가지로 나누어진 것을 대지룡(大枝龍)이라 하고, 더욱 작은 가지로 갈라지는 지룡(枝龍)을 방룡(傍龍)이라 한다. 주맥(主脈)에서 뻗어온 용맥(龍脈). 조종산(조종산)에서 주맥(主脈)이 될만큼 크게 가지쳐 나간 용맥.

❖ **간룡**(幹龍)**이란** : 바른 용(龍)이 간룡이며 곁에 붙은 즉 지룡(支龍)이다. 간룡에 결혈(結穴)은 부귀(富貴)가 유원(悠遠)하고 지룡에 결혈은 소지(小地)이다. 부귀가 쉽게 지나가다 지룡에 수 십리를 가지를 내면 간룡이 되는 것이다.

❖ **간룡**(看龍) : 산맥의 내왕(來往)을 답사하고 그 진위(眞僞)와 생사(生死)를 보는 것을 관룡 또는 심룡이라고 한다.

❖ **간룡**(幹龍)**과 지룡**(枝龍) : 산줄기에는 중심이 되는 산줄기와 곁가지가 있어 중심 산맥을 간룡(幹龍), 곁가지를 지룡(支龍)이라 일컫는다. 한반도 전체를 놓고 볼 때, 간룡은 백두대간이다. 백두대간에서 갈려나간 여러 지맥들은 다 지룡이다. 장백정간과 청남정맥, 임진북예성남정맥, 한북정맥, 한남정맥 등 모든 정맥들로서 한반도의 지룡에 속하며, 지룡은 또 그 안에서 다시 간룡과 지룡으로 나뉜다. 예를 들면, 한북정맥의 중심 줄기는 한북정맥만을 놓고 볼 때 간룡이다. 금북정맥의 중심 줄기는 한북정맥만을 놓고 볼 때 간룡이다. 금북정맥의 중심 줄기는 금북정맥의 간룡이다. 장백정간과 여러 정맥에서 갈라져 나간 지맥들도 마찬가지다. 그 지맥만을 놓고 볼 때, 지맥의 중심 줄기는 간룡이며, 곁가지는 지룡이다.

❖ **간룡심혈론**(看龍尋穴論) : 태극(太極)은 생기(生氣)이며 음양(陰

陽)의 본체(本體)이다. 음양은 양의(兩儀)이며 분(分)의 시작이요 요철(凹凸)의 본체(本體)이다. 사상(四象)은 양의(兩儀)의 분(分)이요 와겸유돌(窩鉗乳突)의 본원(本源)이다. 그러므로 태극과 양의 사상은 세상만물의 본원이며 고금에 전무후무한 본전(本典)으로 전해지고 있다. 태극에서 분(分)이 시작되고 음과 양에는 음중양(陰中陽)이 있고 양중음(陽中陰)이 있어 음에는 태음(太陰)과 소양(少陽)이 있고 양에는 태양(太陽)과 소음(少陰)이 있어 사상(四象)이 이루어지고, 사상이 형상으로 이어지는 와겸유돌(窩鉗乳突)의 지리법은 음혈(陰穴)과 양혈(陽穴)의 조화로 혈을 이루니 높게 일어난 용맥을 음맥(陰脈)이라 하고 낮게 엎드린 용맥을 양맥(陽脈)이라 하며, 솟은 곳을 음(陰)이라 하고 오목한 곳을 양(陽)이라 하여 양래음수(陽來陰受)요 음래양수(陰來陽受)의 천지조화의 배합으로 혈은 이루어지니 음맥(陰脈)으로 오는 아래에는 양혈(陽穴)이 되는 와혈(窩穴)이나 겸혈(鉗穴)이 응결(凝結)되니 음래양수(陰來陽受)의 이치가 되고, 양맥(陽脈)으로 오는 아래에 음혈(陰穴)이 되는 유혈(乳穴)이나 응결(凝結)되니 음래음수(陽來陰受)의 이치가 이와 같은 것이다. 완룡(緩龍)으로 행한 용에 돌(突)한 머리가 있으면 재혈(裁穴)은 머리 중앙에 정하니 평양지(平洋地)의 완룡(緩龍)에 입수처에서 홀연히 돌(突)한 것은 양래음수(陽來陰受)니 마땅히 돌처(突處)에 재혈(裁穴)함이 정격(正格)이니 완래급수(緩來急受)라고도 한다. 용이 낭떨어지듯 엎드린 급래(急來)한 용에는 재혈(裁穴)은 평평하게 완만한 곳에 정하니 산지(山地)의 내룡(來龍)이 입수처(入首處)에서 돌연 급하게 낭떨어진 곳은 음래양수(陰來陽受)니 마땅히 완만한 곳에 재혈(裁穴)함이 정격(正格)이니 급래완수(急來緩受)라고도 한다. 양공(楊公)이 이서(異書)를 얻어 수법의 뜻이 깊고 그 내용 고원(高遠)한 비결이라 풍수지리에서의 수법은 양공(楊公)의 수(水)의 법수(法數)를 달리할 수법이 없음으로 오로지 이 수법만을 풍수에서 활용되어 전해지고 있다.

❖ **간맥**(幹脈) : 간맥은 정맥(正脈)과 가지로 된 방맥(旁脈)으로서, 정맥은 나무의 본신인 줄기이며 방맥은 나무의 가지이다. 간룡(幹龍)은 태조산(太祖山)에서 내려오는 맥이 달리는가 하면 멈추고, 과협을 지나서 머리를 조아려 다시 일어나고, 여러 성체(星體)가 주위에 늘어서 병풍과 장막을 두른 듯하고, 맥이 달려 내려오는 형세가 중심으로 똑바로 내려오면 간(幹) 중에서도 간룡(幹龍)에 속한다. 간중지룡(幹中支龍)은 용신(龍身)이 조산을 배후로 삼고 간룡(幹龍)에서 가지로 굴러 내려와서 용호(龍虎)가 호위하면 조산(祖山)을 만나지 못하고, 간룡을 따라 호위사(護衛沙)로 내려오다가 조산을 만들고, 일어난 맥이 바로 나오면 지중간룡(支中幹龍)이라 한다. 지중지룡(支中支龍)은 간룡(幹龍)을 따라 가지로만 출맥(出脈) 한다. 즉 용호(龍虎)에서 나누어져 나간 맥이 지(支)중에서도 지(支)가 된다.

❖ **간문**(間門) : 도성(都城)의 정문(正門)인 동서남북의 4대문 사이에 있는 작은 문.

❖ **간방**(艮方)

① 간괘(艮卦)에 속하는 방위. 즉 축인방(丑寅方)으로 동북방(東北方)이다. 축간인 삼방의 합칭.

② 간방은 추운 겨울이 지나고 따뜻한 봄으로 향하는 입춘의 계절이고, 하루 중에서는 새벽의 시간대이다. 아직은 차가운 기가 남아 있고 따뜻한 기운을 느낄 수 없는 음양변환의 계절로 위험을 수반하는 귀문(鬼門) 방위이다. 24방위로는 축(丑), 간(艮), 인(寅)에 해당하며 45도 정중에서 ±22.5도의 45도를 관장하는 궁이다. 간궁(艮宮)을 제외한 나머지 7개의 궁은 모두가 이웃한 2개의 궁과 상비(相比) 하거나 상생하고 있는데 반해 유독 간궁(艮宮)만은 감궁(坎宮)과는 토극수, 진궁(震宮)과는 목극토의 관계에 놓여 있다. 길궁이면 변화·개혁·개조 등을 위한 사업에서 성공하고 좋은 후계자를 얻게 되고, 흉궁이면 시기적으로 너무 빨리 움직여 실패한다. 인체에는 신경계통·관절계통·혈액계통의 암이 발생하기 쉽다.

❖ **간방산**(艮方山) : 혈장(穴場)에서 보아 간방(艮方) 또는 축간방(丑艮方)에 있는 산.

❖ **간방수**(艮方水) : 혈장(穴場)을 중심하여 간방(艮方)에 물이 보이거나 물이 있는 것. 간방이 득(得) 또는 파(破)가 되는 것.

❖ **간방**(艮方)**의 산** : 간방에 붓처럼 생긴 봉우리 셋이 하늘 높이 우뚝 솟아 있으면, 과거에 급제하는 사람이 나와 한 집단의 지도자가 된다. 만약 작고 나지막한 봉우리가 있으면, 재물이 많이

생긴다.

❖ **간방풍**(艮方風) : 간방이 막힌데가 없이 훤하게 트이면 간방풍은 청소년이 나쁜 병에 걸려 무녀(巫女), 무당이 나온다고 여긴다. 간방에서 혈장(穴場)으로 불어오는 바람, 간방의 바람이 혈에 닿는다고 한다.

❖ **간산**(看山) : 묘자리를 구할 목적으로 실지로 산을 돌아 봄.

❖ **간상련**(艮上連) : 간괘(艮卦) ☶의 모양을 나타내는 말.

❖ **간생지**(干生支) : 60갑자 가운데 천간오행이 지지오행을 생하는 것이니 이를 보(寶)라 한다. 다음의 12가지가 있다.

정축(丁丑) 병술(丙戌) 갑오(甲午) 경자(庚子)

임인(壬寅) 계묘(癸卯) 을사(乙巳) 정미(丁未)

무신(戊申) 기유(己酉) 신해(辛亥) 병진(丙辰)

❖ **간소남**(艮少男) : 간괘(艮卦) ☶는 사람에 비유하면 소년(少年)이다. 가정에서는 막내아들이 된다.

❖ **간소지법**(看小地法) : 보통발복지를 보는 법으로서 모든 길흉이 사(砂)와 수(水)에 있으니, 혈장에 이르러서 용의 생왕(生旺)이나 생왕(生旺)아님을 논하지 말고, 또한 혈의 음양(陰陽)과 사(沙)의 귀천을 논하지 말고, 곧 평탄한 곳에 기맥(氣脈)이 없더라도, 단지 중요한 것은 본 지리오결(地理五訣)의 24도 중에 하나의 향을 세워 사절(死絶)을 범하지 말고, 황천충생파왕(黃泉沖生破旺)의 대살(大殺)을 범하지 않는다면, 흉한 일이 일어나지 않을 것이며 손이 끊어지지 않을 것이니, 부귀는 크게 일어나지 않는다 할지라도 만약, 기맥(氣脈)이 조금이라도 있다면 오히려 평화롭고 식족(食足)한 집안을 잃지 않는다.

❖ **간수법** : 풍수지리적으로 득수 및 수구와 물 전체의 수세를 보는 방법.

- 물의 발원지는 장원해야 좋고 거수처(水口)는 혈처에서 가까워야 길하다.
- 물은 여러 곳에서 득수하여 한 군데로 흘러가야 길하다. 합수하지 않고 여러 갈래로 나뉘어서 거하는 것은 흉격이다.
- 내거수 및 종횡수는 다 같이 지(之)자나 현(玄)자 모양의 구곡수(九曲水)로 흘러야 길격이며 직수(한 줄로 곧게 흐르는 물)는 흉격이다.
- 수심은 깊고 수량은 많은 것이 길격이요, 얕고 적은 것은 흉격이다. 그러나 수량은 산의 규모와 서로 조화를 이루어야 좋다.
- 맑은 청명수는 길격이요, 탁하고 악취가 나는 오폐수는 흉하다.
- 물은 완만하게 유유히 흘러야 길격이요, 격한 소리를 내며 급류로 흘러감은 흉격이다.
- 혈을 감싸고 도는 회류수는 길격이요, 혈을 등지고 배반하면서 급류로 흘러감은 흉격이다.
- 정답게 혈을 포옹함은 길격이요, 혈을 향해 화살처럼 직사하면 흉격이다.
- 물이 합쳐서 한 군데로 거수해야 길격이요, 여러 방향으로 나누어져 할각수(割脚水)가 되어 흩어져 흐르면 흉격이다.
- 혈 앞에 논에 고여 있는 물은 평전수 또는 창판수(倉板水)라 하여 길격이요, 경사가 심해 급하게 흐르면 흉격이다.

❖ **간순**(干順) : 천간의 차례. 즉 갑을병정무기경신임계(甲乙丙丁戊己庚辛壬癸)가 그 순서이다.

❖ **간양토**(艮陽土) : 간괘(艮卦)는 일양(一陽) 이음(二陰)인데 일양(一陽)을 취하면 양(陽)으로 오행은 토(土)가 되어 간괘는 양토(陽土)라 한다. 제일 아래 하획(下劃)은 장(長) 가운데가 중(中) 제일 위가 소(少)요, 일(一)은 양으로서 남자로 본다.

❖ **간오행**(干五行) : 천간오행(天干五行). 즉 갑을(甲乙) 목(木), 병정(丙丁)은 화(火), 무기(戊己)는 토(土), 경신(庚辛)은 금(金), 임계(壬癸)는 수(水)다.

❖ **간위산**(艮爲山) : 64괘(卦) 가운데 하나로 칠칠(七七) 즉 위 아래가 모두 간괘(艮卦)로 구성된 것을 간위산(艮爲山) 또는 중간산(重艮山)이라 하는데 괘의 오행은 간토궁(艮土宮)에 속한다.

❖ **간유**(干維) **정신**(正紳) : 간유(干維 : 乾坤艮巽甲乙丙丁戊己庚辛壬癸)로서 영신(零神)을 삼고 지(支)로서 정신(正神 : 子丑寅卯辰巳午未申酉戌亥)을 삼아 정신(正神)은 행룡(行龍)에 따르고 영신(零神)은 행수(行水)에 따른다. 만약 행룡(行龍)이 영신(零神)이거나 영신(零神)이 작향(作向)을 하면 재록(財祿)은 발하여 포양(抱養)을 하지만 반대로 정신(正神)이 작향(作向)이면 주로 집안에 간사(奸邪)가 일어난다. 즉 행룡(行龍)이 간유(干維) 영신(零神)이 되거나 향을 이루면 재록(財祿)은 발할 수가 있으나 행룡(行龍)이

지(支 : 正神)가 되거나 또 지지(地支)로서 향을 삼으면 집안에 호사(好邪)가 일어난다. 즉 행룡(行龍)이나 작향(作向)에는 영신(零神)보다 정신(正神)에 따르고 행수(行水)에는 정신(正神)인 지지(地支)보다는 천간(天干) 영신(零神)인 간유(干維)를 취해야 한다는 것이다. 정신(正神)은 인정(人丁)을 관장하고 영신(零神)은 재록(財祿)을 관장한다.

❖ **간(干)의 음양**(陰陽) : 천간 또는 10간으로 음양의 구분이 있는데 아래와 같다.

甲 : 陽　乙 : 陰　丙 : 陽　丁 : 陰　戊 : 陽

己 : 陰　庚 : 陽　辛 : 陰　壬 : 陽　癸 : 陰

갑병무경임(甲丙戊庚壬)은 양(陽)에 속하니 양간(陽干)이라 하고, 을정기신계(乙丁己辛癸)는 음(陰)에 속하니 음간(陰干)이라 한다.

❖ **간(干)의 음양오행**(陰陽五行) : 천간에는 각각 그에 속하는 음양오행의 구분이 있으니 아래와 같다.

甲 : 陽木　乙 : 陰木　丙 : 陽火　丁 : 陰火

戊 : 陽土　己 : 陰土　庚 : 陽金　辛 : 陰金

壬 : 陽水　癸 : 陰水

❖ **간입수**(艮入首) : 혈 바로 뒤의 용맥(龍脈)을 입수라 하는데 간입수(艮入首)란 혈 뒤의 용맥이 간방(艮方)에서 내려온 것을 말한다.

❖ **간좌**(艮坐) : 건물 또는 묘의 좌(坐) 뒤를 간방(艮方)으로 놓은 것.

❖ **간좌곤향**(艮坐坤向) : 건물이나 묘를 간좌(艮坐)로 놓으면 반드시 곤향(坤向)이 된다. 그러므로 간좌를 간좌곤향이라 좌와 향을 합칭하기도 한다. 오행으로는 토에 속하며 생토(生土)에 속한다. 축(丑) 입수에 간좌(艮坐)는 대귀좌(大貴坐)이며 이 역시 토(土)의 근원이자 판국이 없을수록 좋으나 순전(脣氈)이 넓은 것은 크게 꺼린다. 간좌(艮坐)에는 석물(石物)을 하면 크게 흉하며 자손이 불구자 또는 정신이상의 자손이 출생하게 되며, 산모가 죽는 예도 있다. 석관을 쓰지 말며 비석도 불가하다. 더욱 앞에 축대를 쌓으면 그 흉이 측량키 어렵다. 간좌(艮坐)는 해(蟹)로써 주변이 습한 것을 좋아하며 좌(坐)가 너무 높으면 쓰지 못한다. 혈은 깊지 말아야 하며 묘 앞에 거목이 있으면 크게 귀(貴)하다.

❖ **간지**(干支) : 천간(天干)과 지지(地支)를 합칭한 말. 간(干)에는 갑을병정무기경신임계(甲乙丙丁戊己庚辛壬癸)의 10간이 있다. 지(支)에는 자축인묘진사오미신유술해(子丑寅卯辰巳午未申酉戌亥)의 12지가 있다.

❖ **간지동**(干支同) : 60갑자 가운데 천간과 지지의 오행이 같은 것. 이를 전(專)이라 하며 아래의 12가지가 있다.

무진(戊辰), 기축(己丑), 무술(戊戌), 병오(丙午), 임자(壬子), 갑인(甲寅), 을묘(乙卯), 정사(丁巳), 기미(己未), 경신(庚申), 신유(辛酉), 계해(癸亥)

❖ **간지방위**(干支方位) : 천간(天干) 지지(地支)에 속한 방위.

갑을인묘진(甲乙寅卯辰)은 동방(東方)

병정사오미(丙丁巳午未)는 남방(南方)

무(戊) 기(己)는 중앙(中央)

경신신유술(庚辛申酉戌)은 서방((西方)

임계해자축(壬癸亥子丑)은 북방(北方)이다.

❖ **간지배합**(干支配合)**과 불배합법**(不配合法)

• **간지정배합**(干支正配合)(**동궁법**(同宮法)) : 임자(壬子) 계축(癸丑) 간인(艮寅) 갑묘(甲卯) 을진(乙辰) 손사(巽巳) 병오(丙午) 정미(丁未) 곤신(坤申) 경유(庚酉) 신술(辛戌) 건해(乾亥)로서, 간지(干支) 정배합(正配合)이란 천간(天干)의 양(陽)과 지지(地支)의 음(陰)이 배합되어 한 궁(宮)을 이룸을 일컬음인데, 입수투지(入首透地)되는 용이 배합된 궁(宮)을 중심하여 들어와야 만이 생룡(生龍)이란 의미가 있는 것이다.

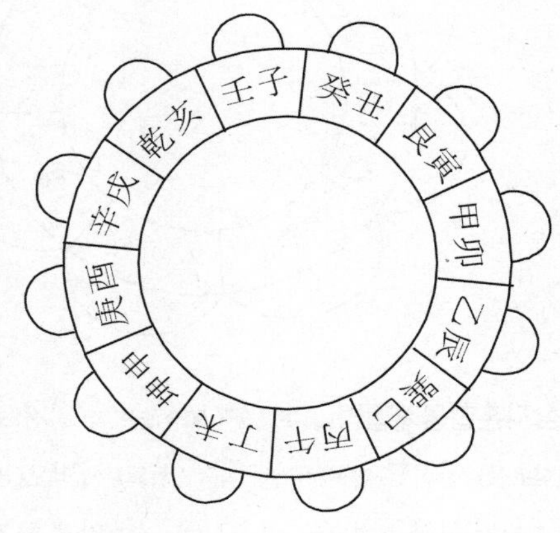

• **간지불배합법**(干支不配合法) : 해임(亥壬) 자계(子癸) 축간(丑艮) 인갑(寅甲) 묘을(卯乙) 진손(辰巽) 사병(巳丙) 오정(午丁) 미곤(未坤) 유신(酉辛) 술건(戌乾)으로서, 간지불배합(干支不配合)은 정배합(正配合)의 반대인 바 불배합(不配合)을 중심으로 입수투지(入首透地)되면 사룡(死龍)이 됨을 의미한다.

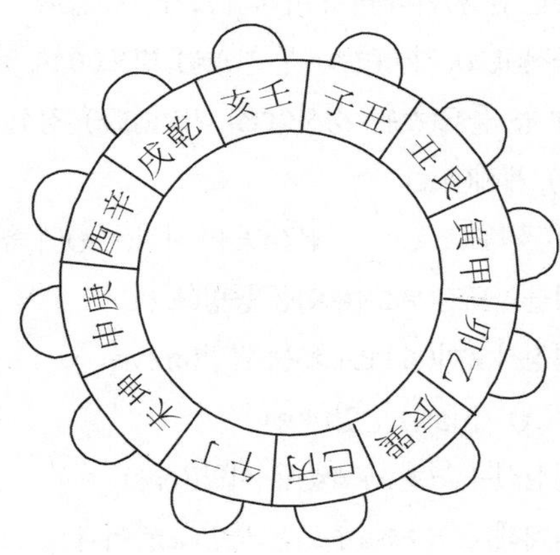

• **삼자혼합정배합법**(三字混合正配合法) : 임자계(壬子癸) 축간인(丑艮寅) 갑묘을(甲卯乙) 진손사(辰巽巳) 병오정(丙午丁) 미곤신(未坤申) 경유신(庚酉辛) 술건해(戌乾亥)로서, 삼자혼합정배합법(三字混合正配合法)은 음택에서 보다는 양택에서 사용이 많다. 그 이유는 양택에서는 팔방위(八方位)만을 쓰기 때문이다.

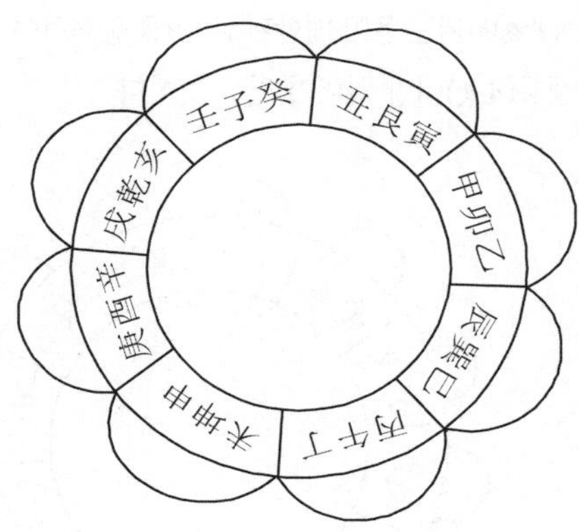

• **삼자혼합불배합법**(三字混合不配合法) : 해임자(亥壬子) 계축간(癸丑艮) 인갑묘(寅甲卯) 을진손(乙辰巽) 사병오(巳丙午) 정미곤(丁未坤) 신경유(申庚酉) 신술건(辛戌乾) 자계축(子癸丑) 간인갑(艮寅甲) 묘을진(卯乙辰) 손사병(巽巳丙) 오정미(午丁未) 곤신경(坤申庚) 유신술(酉辛戌) 건해임(乾亥壬)으로서, 삼자혼합불배합(三字混合不配合)은 삼자혼합정배합법(三字混合正配合法)의 반대되는 의미이다.

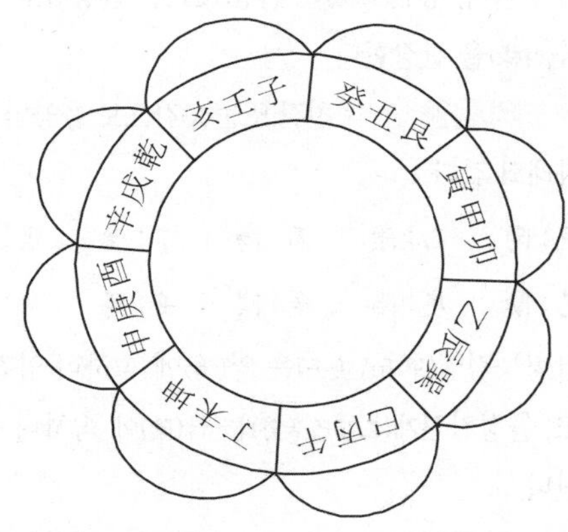

• **사자천하지지좌향법**(四字天下地支坐向法)

• **천간**(天干) : 갑경(甲庚) 병임(丙壬) 을신(乙辛) 정계(丁癸) 건손(乾巽) 간곤(艮坤)

• **지지**(地支) : 자오(子午) 묘유(卯酉) 진술(辰戌) 축미(丑未) 인신(寅申) 사해(巳亥)

사자천우지지좌향법(四字天于地支坐向法)은 24좌와 24향이 있으며, 향(向)과 좌(坐)가 서로 대칭되어 같은 선상에 놓여 있으며, 한편이 좌(坐)가 되면 한편이 향(向)이 되어 좌(坐)와 향(向)이 설정된다.

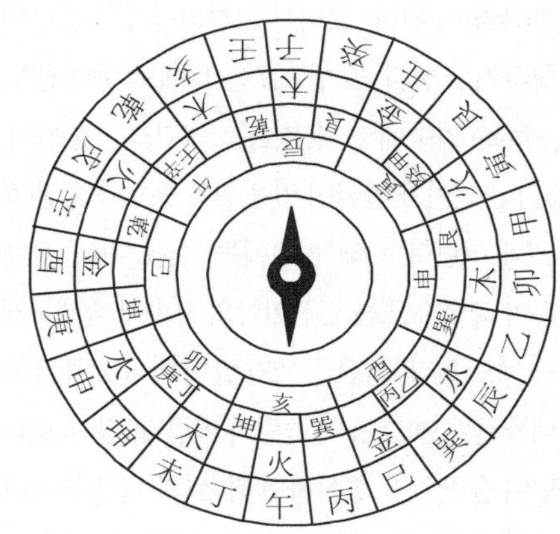

여기서 24좌와 24향을 자세히 살펴보면 천간(天干)은 천간과 대칭이 되어 좌(坐)와 향(向)이 설정이 되어 있음을 볼 수 있다. 즉 양(陽)은 양과 음(陰)은 음과의 만남이라 음양배합법(陰陽配合法)에 순리가 아니기 때문에 사자천간지지좌향(四字天干地支坐向)법이 되며 음양의 순리에 부합되게 하는 것이다. 즉 간지배합법 임자(壬子), 계축(癸丑), 간인(艮寅), 갑묘(甲卯), 을진(乙辰), 손사(巽巳), 병오(丙午), 정미(丁未), 곤신(坤申), 경유(庚酉), 신술(辛戌), 건해(乾亥)의 간지향궁법(干支同宮法)으로 동궁좌(同宮坐)에 동궁향(同宮向)이 되니 사자(四字) 천간지지(天干地支) 좌향법(坐向法)이 형성되는 것이다. 그리하여 많은 곳에서 동궁배합법(同宮配合法)이 쓰여지며 산강(山崗)의 내룡(來龍)도 동궁배합(同宮配合)된 방위로 입수(入首)되어야만이 생룡(生龍)이 되는 것으로 활용이 되고 있다.

❖ **간지불배합법**(干支不配合法)

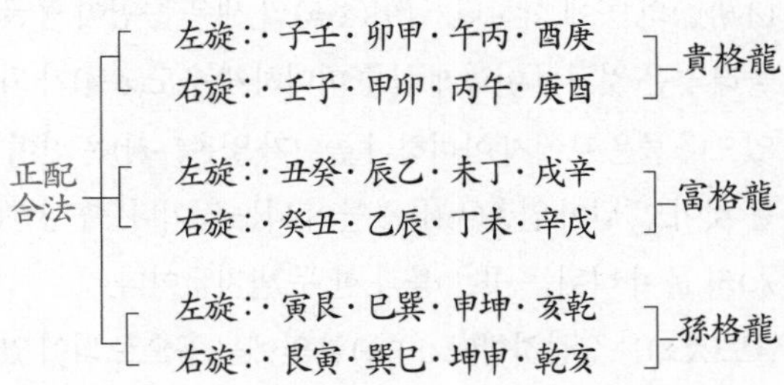

❖ **간지순**(干支順) : 천간(天干)과 지지(地支)의 순서.

天干順 : 甲 乙 丙 丁 戊 己 庚 辛 壬 癸

地支順 : 子 丑 寅 卯 辰 巳 午 未 申 酉 戌 亥

❖ **간지음양**(干支陰陽) : 천간(天干)과 지지(地支)의 순서는 아래와 같다.

天干陽 : 甲 丙 戊 庚 壬

天干陰 : 乙 丁 己 辛 癸

地支陽 : 子 寅 辰 午 申 戌

地支陰 : 丑 卯 巳 未 酉 亥

天干陰陽 : 甲乙丙丁戊己庚辛壬癸
○●○●○●○●○●

地支陰陽 : 子丑寅卯辰巳午未申酉戌亥
○●○●○●○●○●○●

이를 쉽게 이해하는 방법이니 ○는 양의 표시●는 음의 표시이다.

천간 一三五七九번은 양

천간 二四六八十은 음.

지지 一三五七九十一은 양

지지 二四六八十二는 음. 홀수는 양이 되고 짝수는 음이 된다.

❖ **간지**(干支)**의 색**(色) : 천간과 지지에 소속된 색으로서 갑을(甲乙)과 인묘(寅卯)는 목(木) 청색, 병정(丙丁)과 사오(巳午)는 화(火) 적색, 무기(戊己)와 진술축미(辰戌丑未)는 토(土) 황색, 경신(庚辛)과 신유(辛酉)는 금(金) 백색, 임계(壬癸)와 해자(亥子)는 수(水) 흑색.

❖ **간지**(干支)**의 수**(數) : 천간 지지에 소속된 수. 갑(甲)과 인(寅), 삼을(三乙)과 묘(卯)는 1, 병(丙)과 오(午)는 7, 정(丁)과 사(巳)는 2, 무(戊)와 진술(辰戌)은 5, 사(巳)는 100 또는 10, 축미(丑未)는 10, 경(庚)과 신(申)은 9, 신(辛)과 유(酉)는 4, 임(壬)과 자(子)는 일계(一癸)와 해(亥)는 혈이다.

❖ **간지정배합법**(干支正配合法)

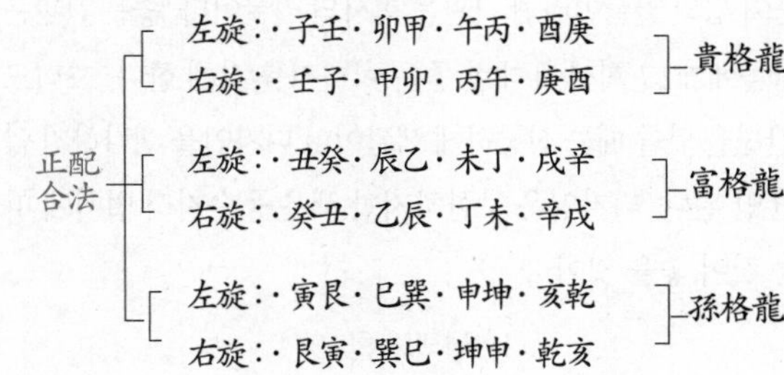

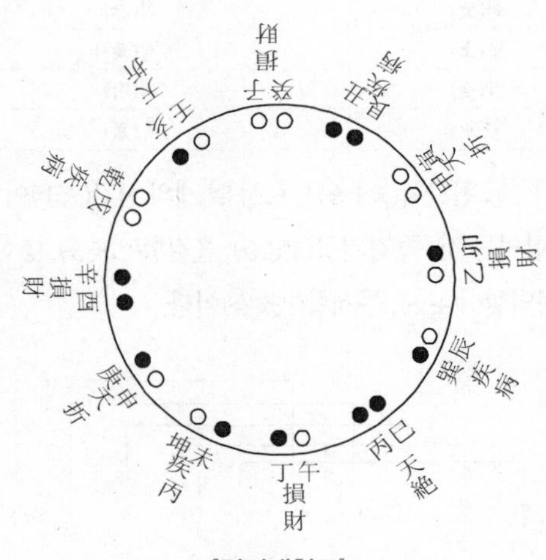

[간지배합도]

· 요절절(夭折節)은 사망의 뜻.

· 손해절(損害節)은 파산우려.

· 질병절(疾病節)은 백병(百病)이 온다.

❖ **간충**(干沖) : 천간끼리 충하는 것. 즉 갑경(甲庚)이 충(沖), 을신(乙辛)이 충(沖), 병임(丙壬)이 충(沖), 정계(丁癸)가 충(沖), 무기(戊己)가 충(沖)이다.

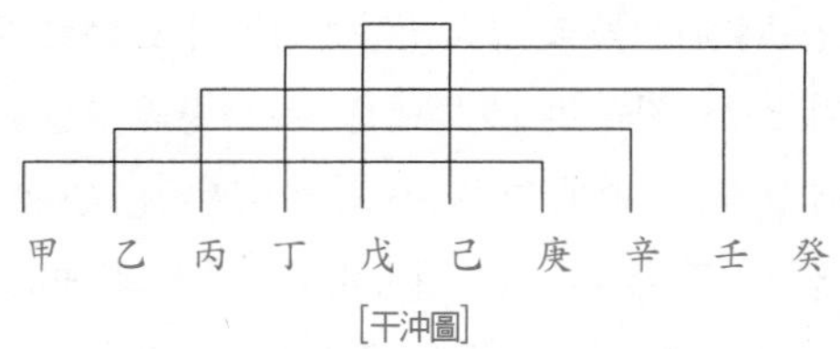

[干沖圖]

❖ **간판은 회사의 얼굴** : 전통적으로 풍수지관은 회사나 상점이 위치한 주변의 환경 방향 등을 보고 여러 가지 충고를 하는 일 이외에 간판의 색에도 주목한다. 간판은 길가는 사람들에게 자신의 회사가 어떤 회사인가를 알리기 위한 중요한 역할을 한다. 대문이 집의 얼굴이라면 간판은 회사의 얼굴이다. 좋은 간판은 사람들에게 그 회사에 대한 좋은 이미지를 갖게 한다. 그러므로 간판을 만들 때는 신중하게 색깔이나 디자인을 생각하지 않으면 안 된다. 디자인은 무한하지만 색은 풍수지리 법칙에 따르는 것이 좋을 것이다.

[오행색채 참고]

목(木)	청(靑)
화(火)	적(赤)
토(土)	황(黃)
금(金)	백(白)
수(水)	흑(黑)

❖ **간합**(干合) : 천간합(天干合)으로서 열 개의 천간(天干)이 서로 만나면 합하는 것. 즉 갑기합(甲己合), 을경합(乙庚合), 병신합(丙辛合), 정임합(丁壬合), 무계합(戊癸合)이다.

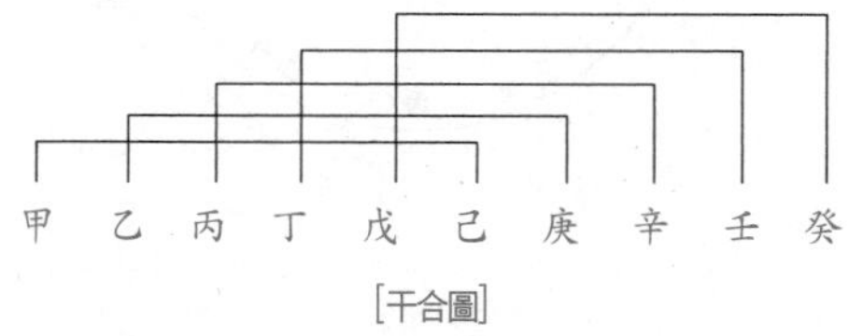

[干合圖]

❖ **간합오행**(干合五行) : 천간끼리 서로 합을 이루면 합화(合化)되는 오행이 있다. 즉 갑기(甲己)가 합하면 토(土), 을경(乙庚)이 합하면 금(金), 병신(丙辛)이 합하면 수(水), 정임(丁壬)이 합하면 목(木), 무계(戊癸)가 합하면 화(火)가 된다. 갑기합화토(甲己合化土), 을경합화금(乙庚合化金), 병신합화수(丙辛合化水), 정임합화목(丁壬合化木), 무계합화화(戊癸合化火) 이다.

❖ **간향**(艮向) : 건물 및 묘가 간방(艮方)으로 앞을 둔 것. 즉 간방을 향한 것.

❖ **간혈**(看穴)**의 4과**(四科)

① 승금자(乘金者)는 태극(太極)의 달무리처럼 멍애하고 둥근 봉우리의 금체(金體) 뒤에 있으나 미미하여 보기 어려운 것이다.

② 상수(相水)는 둥근 달무리의 수도(水道)가 적게 팔자형(八字形)으로 나뉘어 혈의 양변을 보필하는 듯 싸고 돌아 소명당(小明堂)의 곳에 합하니, 금어(金魚)의 새우 수염이 둥글게 둘러 놓은 것처럼 이렇게 아주 미미하게 수도(水道)가 되어 있으나 물은 보이지 아니하나 높이가 일촌(一村)은 산이 되는 것이오, 밑이 일촌(一村)은 물이 되는 것이다. 즉 상수(相水)의 물이 나눠는 곳은 불과 한 두 발자국이다.

③ 혈토(穴土)는 상분하합(上分下合)한 안에는 흙으로 되어 있어서 한 곳에 기울지도 아니하고 의지하지도 않는다.

④ 인목(寅木)은 혈상(穴象) 앞에 순(脣)이 있고 전(氈)이 있어서 뾰족한 순형(脣形)이나 둥그스럼한 원형(圓形)같은 모양을 토하는 듯 나온 것이 있어야 혈상(穴象)에 정기(精氣)가 통하였다는 것으로 결혈에 증거가 된다.

❖ **간혈**(看穴)**의 3증**(三證) : 간혈을 하는데 필수로 보는 세 가지 요지. ① 그 용에 기(氣)가 멈추는 것이 하나의 증거로 볼 것이오.(看其氣止者一證), ② 멈춘 곳에 다시 맥(脈)이 머리에 뇌를 지은 것이 있어야 둘째 증거가 되고(止處庚有脈作腦者二證), ③ 혈장 밑에 5보 밑에 다시 남은 기가 순(脣)을 만든 것이 있어야 세 번째 증거가 되고(腦下五步下更有餘氣作唇者三證), 가장 관계할 바는 혈 뒤에 일절(一節)이니 마땅히 오는 맥(脈)에 길고 짧음을 보아 찾아야 하고, 소중한 것은 혈좌(穴坐)밑에 모든 사격(砂格)이니 마

땅히 운기(暈氣)가 긴요하게 되었는지 살펴야 한다. 혈 뒤에 온전한 맥이 없으면 성자(姓字)가 그쳐저 오래 가지 못한다. 좌하(坐下)의 갈산(揭山)은 양자(養子)하여 대를 잇는다.

❖ **간혈**(看穴)**의 12길흉론**(十二吉凶龍論)

• **혈길룡**(穴吉龍)

① 용신(龍身)은 일어나고 엎드리는 변화가 있어야 한다(龍身起伏).

② 주산(主山)은 머리를 구부린 듯 응기(應氣)되어야 한다(主山垂頭).

③ 청룡·백호는 싸고 돌아 작국(作局)되어야 한다(龍虎灣回).

④ 외수(外水)들은 당판(當坂) 앞을 가로 둘러 싸주어야 한다(外水橫抱).

⑤ 혈 앞에 모든 사격(砂格)은 밝은 얼굴을 열어야 한다(前砂開顔).

⑥ 당판(當坂)은 평정하여 하여야 한다(明當平正).

• **육흉룡**(六凶龍) : ① 용신(龍身)이 나약하고(龍身來弱), ② 주산(主山)은 시체 같다(主山如屍). ③ 청룡백호(青龍白虎)는 협착(龍虎竄). ④ 앞에 사격(砂格)은 서로 배면하고(前砂相背). ⑤ 당판(堂坂)은 기울어진 것이니라(明堂傾洒). ⑥ 내명당(內明堂) 돌너더랑 같으니라(明堂石礀).

❖ **갈기분지**(渴驥奔池) : 말이 못으로 달려가는 형국. 혈은 말의 이마에 있고, 안산은 말구유와 마구간, 풀더미, 채찍 등이다.

❖ **갈록분애**(渴鹿奔崖) : 목마른 사슴이 언덕 위로 치달려 올라가는 형국. 앞에 시냇물이 있고, 혈은 사슴의 이마에 자리잡고, 안산은 깎아지른 듯한 절벽이다.

❖ **갈록음수형**(渴鹿飲水形) : 목마른 사슴이 물을 마시려는 형국. 혈 뒤에는 사슴을 상징하는 사격이 있고 앞에는 냇가나 샘물 같은 물이 있다. 혈은 사슴의 이마나 코 부분에 있고 안산은 풀더미다. 사슴형국의 명당은 성품이 고고하고 깨끗한 인물을 배출하며, 용모가 수려하고 학문을 좋아하여 부귀쌍전(富貴雙全)한다.

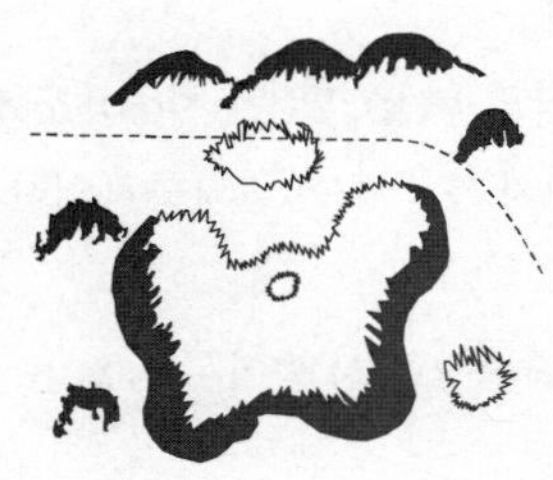

❖ **갈마음수**(渴馬飲水) : 목마른 말이 물을 마시는 형국. 앞에 큰 물이 있고, 혈은 입 위에 자리 잡으며, 안산은 말구유, 마구간, 풀더미, 채찍, 도장 등이다.

❖ **갈우음수**(渴牛飲水) : 목마른 소가 물을 마시는 형국. 앞에 냇물이나 못, 호수 등이 있고, 혈은 머리 위에 자리 잡고 있으며, 안산은 소가 먹는 풀 더미이다.

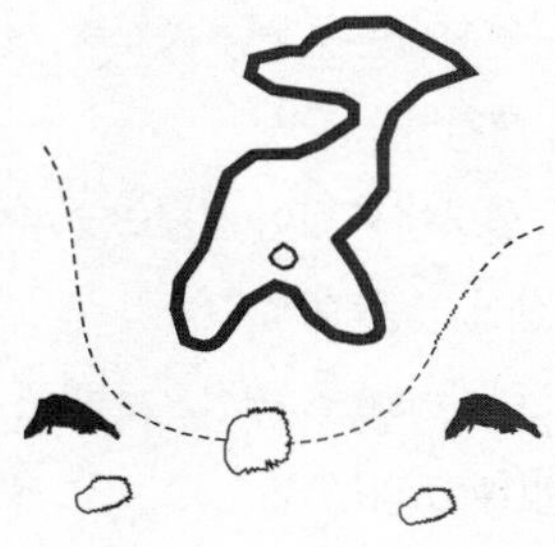

❖ **갈장**(渴葬) : 예월(禮月)을 기다리지 않고 급히 지내는 서인(庶人)의 장례를 일컫는 말. 천자(天子)는 일곱달, 제후(諸侯)는 다섯

ㄱ

달, 대부(大夫)는 석달, 선비는 한달 만에 지낸다.

❖ **갈호음수**(渴虎飮水) : 목마른 호랑이가 물을 마시는 형국. 앞에 샘이나 못(池), 개울물 등이 있으며, 혈은 호랑이의 코에 있고, 안산은 호랑이가 즐겨 잡아먹는 짐승이다.

❖ **감**(坎) : 북방(北方) 자궁(子宮).

❖ **감**(鑒, 鑑) : 보다.

❖ **감결**(監訣) : 현장의 용(龍), 혈(穴), 사(砂), 수(水)가 풍수 이론에 맞추어 길(吉)한지 혹은 흉(凶)한지를 세심하게 관찰하는 것을 말함.

❖ **감룡**(坎龍) : 감방(坎方)에서 뻗어온 맥(脈).

❖ **감방**(坎方)

① 자방(子方) 또는 북방(北方)

② 임자계 삼방(壬子癸 三房)을 합칭한 것.

③ 계절로는 한 겨울이요 하루의 시간으로는 자시. 대기는 심히 차갑고 음기만이 가득하니 만물이 잠드는 시기이다. 24방위로는 임자계(壬子癸)에 해당하며 영(零)도에서 ±22.5도의 45도를 관장하는 궁이다. 길궁이면 연구, 학문 등이 점진적인 발전을 가져온다. 흉궁이면 번뇌, 빈곤, 도적, 고독, 혼미하게 된다. 인체에는 우울증, 중독증, 신장계통병, 이비인후과의 병이 생긴다.

❖ **감방산**(坎方山) : 혈장에서 보아 감방(坎方), 자방(子方), 임자계방(壬子癸方)에 산이 있는 것.

❖ **감방수**(坎方水) : 혈장(穴場)을 중심으로 하여 감방에 물이 있는 것. 감방이 득파(得破) 되는 것.

❖ **감방풍**(坎方風) : 감방(坎方)에서 혈장으로 불어오는 바람. 감방에 산이나 등성이 동이 없어 트이며 그곳[坎方]의 바람이 혈에 와 닿는다.

❖ **감실**(龕室) : 조상의 위패를 넣어 사당에 두는 상자. 이것은 여덟 짝의 문으로 4대를 따로 모시도록 만들어졌다.

❖ **감여**(堪輿) : 집터나 묘지를 선정하는 업. 풍수지리.

❖ **감여설**(堪輿說) : 풍수설(風水說)로 산세의 길흉을 택하여 길지(吉地)에 묘를 쓰고 자손의 발복을 기원한다는 설.

❖ **감여학원리**(堪輿學原理) : 감여(堪輿)에 와혈(窩穴) 속에는 또 대와(大窩), 소와(小窩), 천와(淺窩), 활와(闊窩), 협와(狹窩), 변와(邊窩) 등이 있다.

• 겸혈(鉗穴) 중에는 또 직겸(直鉗), 곡겸(曲鉗), 장겸(長鉗), 단겸(短鉗), 쌍겸(雙鉗)등이 있다.

• 유혈(乳穴) 중에는 또 장유(長乳), 단유(短乳), 대유(大乳), 소유(小乳), 쌍수유(雙垂乳), 삼수유(三垂乳) 등이 있다.

• 돌혈(突穴)중에는 또 대돌(大突), 소돌(小突), 쌍돌(雙突), 삼돌(三突) 등이 있다. 여러 가지 혈성(穴星)의 형상을 관찰해가고 있는 동안에 와(窩), 겸(鉗), 유(乳), 돌(突)의 구별도 알 수 있고 음혈(陰穴), 양혈(陽穴)의 차이도 알 수 있게 될 것이다.

❖ **감입수**(坎入首) : 혈 바로 뒤의 용맥(龍脈)을 입수(入首)라 하는데 감입수(堪入首)란 혈 뒤의 용맥이 감(坎)에서 내려 왔다는 뜻.

❖ **감좌**(坎坐) : 건물 또는 묘의 좌(坐)를 감방(坎方 : 子方) 혹은 임자계방(壬子癸方)으로 놓은 것. 자좌(子坐)라고도 한다.

❖ **감창**(感愴) : 느껴 오는 슬픔. 갑좌(甲坐) 감파구(坎破口), 둘째 셋째 아들이 흥왕한다.

❖ **감천**(甘泉) : 물맛이 식혜와 같이 달고, 혈 근처에 있으면 대부, 대귀와 무병장수가 기약된다.

❖ **감호**(減虎) : 무리 좌편으로부터 우편으로 좇아가는 것을 요라 한다.

❖ **갑**(甲)

① 10간의 첫번째 갑방(甲方), 갑시(甲時)의 준말. 2개 이상의 사물이 있을 때 그 하나의 이름 대신 쓰이는 말. 갑(甲)으로 구성되는 60갑자는 갑자(甲子), 갑술(甲戌), 갑신(甲申), 갑오(甲午), 갑진(甲辰), 갑인(甲寅)의 6가지가 있다. 갑(甲)은 간(干)의 순서로는 첫번째다. 선천수(先天數)는 9, 후천수(後天數)는 3이다. 갑(甲)은 기(己)를 만나 만나면 합이 된다. 즉 갑기

(甲己)가 합화(合化)하여 오행의 토(土)가 된다. 갑(甲)이 경(庚)을 만나면 서로 충(沖)한다.

② 양(陽)에 속하므로 양간(陽干)이라 한다. 오행의 목(木)이며 절기로는 봄이다. 빛깔은 청색이고 방위로는 동(東)에 해당된다.

❖ **갑내금차**(甲內金釵) : 상자 안에 금비녀가 들어 있는 형국. 여러 가지 물건이 함께 들어 있어, 혈은 비녀의 머리 부분에 있고, 안산은 빗, 거울 등이다.

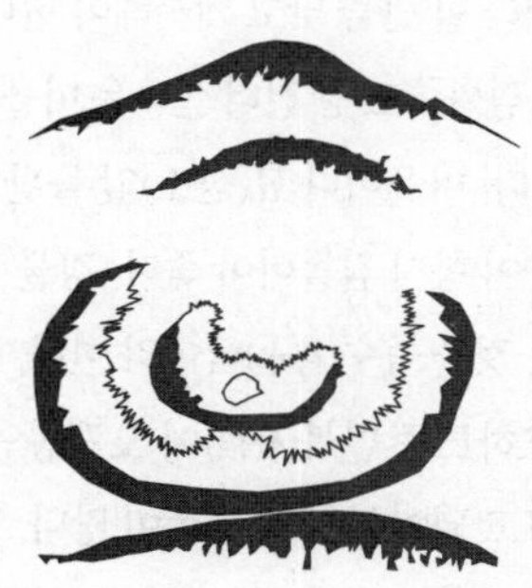

❖ **갑득**(甲得) : 지리법에 물이 들어오는 것을 득(得)이라 한다. 갑득(甲得)이란 물이 갑방(甲方)에서 들어온다는 것으로 갑득수(甲得水)라 한다.

❖ **갑록인**(甲祿寅) : 갑록재인(甲祿在寅)과 같은 뜻. 갑(甲)의 건록은 인(寅)이란 문구로 나타낸 것.

❖ **갑룡**(甲龍) : 용 : 산맥(龍 : 山脈 : 산등성이) 갑방(甲方)에서 뻗어 온 것.

❖ **갑목**(甲木) : 오행상(五行上)으로 목(木)에 속함.

❖ **갑목장생해**(甲木長生亥) : 갑(甲) 포태법(胞胎法) 및 12장생법(長生法)을 따질 때 쓰는 법식의 하나. 갑목(甲木)은 해(亥)에 장생을 일으켜 12지를 순행(順行)하는데, 자(子)에 목욕(沐浴), 축(丑)에 관대(冠帶), 인(寅)에 임관(臨官), 묘(卯)에 제왕(帝旺), 진(辰)에 쇠(衰), 사(巳)에 병(病), 오(午)에 사(死), 미(未)에 묘(墓), 신(申)에 절(絶), 유(酉)에 태(胎), 술(戌)에 양(養)이 된다.

❖ **갑방**(甲方) : 24방위 가운데 하나. 갑방(甲方)은 정동(定東)에서 북으로 15° 가량 치우친 방위.

❖ **갑방산**(甲方山)

① 혈을 중심으로 갑방(甲方)에 있는 산 또는 그냥 갑방(甲方)에 있는 산을 통칭함.

② 갑봉(甲峯)이 빼어나면 부귀를 얻는다. 게다가 건봉(乾峯)까지 수려하고 드높이 솟았으면 더할 나위 없이 좋다. 여기에 더하여 곤봉(坤峯)이 붓처럼 생기면 장원급제하는 사람이 나온다. 갑봉이 훌륭하고 손방(巽方)에 쌍으로 된 두 봉우리가 보이면 재상(宰相)이 나온다. 인갑봉(寅甲峯)이 도장[印]처럼 둥글면, 귀인이 배출된다.

❖ **갑방수**(甲方水) : 갑방(甲方)에 물이 있는 것. 즉 혈에서 보아 갑방에 물이 있는 것을 갑방수(甲方水)라 한다.

❖ **갑방풍**(甲方風) : 갑방(甲方)에서 불어오는 바람.

❖ **갑산**(甲山) : 갑좌(甲坐)를 일컫는 말.

❖ **갑술경우양**(甲戌庚牛羊) : 갑술경(甲戌庚)은 모두 천을귀인(天乙貴人)이 우양(牛羊) 즉 축미(丑未)에 든다. 천을귀인(天乙貴人).

❖ **갑술순**(甲戌旬) : 갑술(甲戌)이란 10개의 간지(干支). 즉 갑술(甲戌), 을해(乙亥), 병자(丙子), 정축(丁丑), 무인(戊寅), 기묘(己卯), 경진(庚辰), 신사(辛巳), 임오(壬午), 계미(癸未)까지를 말함.

❖ **갑술순중신유공**(甲戌旬中申酉空) : 갑순중공망(甲旬中空亡)의 하나. 즉 갑술(甲戌), 을해(乙亥), 병자(丙子), 정축(丁丑), 무인(戊寅), 기묘(己卯), 경진(庚辰), 신사(辛巳), 임오(壬午)계미일(癸未日) 까지를 갑술순중(甲戌旬中)이라 하는데, 이 가운데 지지(地支) 신유(申酉)가 없으므로 이 신유를 공망(空亡)이라 한다.

❖ **갑신순중오미공**(甲申旬中午未空) : 갑순중공망의 하나. 즉 갑신(甲申), 을유(乙酉), 병술(丙戌), 정해(丁亥), 무자(戊子), 기축(己丑), 경인(庚寅), 신묘(辛卯), 임진(壬辰), 계사일(癸巳日)까지를 갑신순중이라 하는데, 이 가운데 지지(地支) 오미(午未)가 없으므로 이 오미를 공망(空亡)이라 한다.

❖ **갑신시**(甲申時) : 시간의 간지가 갑신(甲申)으로 된 것. 즉 일진의 천간이 을일(乙日)이나 경일(庚日)이면 갑신시(甲申時)가 된다.

❖ **갑좌**(甲坐) : 갑(甲)은 목(木)에 해당하며 위로 치솟는 나무에 비유된다. 역시 양동(梁棟)의 목이며 장목(長木)이다. 갑좌(甲坐)의 앞으로 청룡수(靑龍水)가 돌고 돌아 물길이 보이지 않으며 바

람소리도 없으면 대길지(大吉地)이고 현애(懸崖)한 곳은 불길이다. 동물의 비유는 여우(狐)이니, 여우는 의심이 많은 동물로 혈판이 거무소거(去無所去)이며 내무소래(來無所來)하고 쭉 뻗어 나간 듯 하면서도 뻗지 않았고 말려들어 올 듯 하면서도 온 자취가 불명한 것이 제격이니, 좀 음숙하고 약간 와(窩)하여야 하며, 혈은 좀 깊은 듯 하여야 격(格)에 맞는다. 갑좌(甲坐)에 갑파구(甲破口)로 맏이는 망하고 부인은 간통한다.

❖ **갑좌경향**(甲坐庚向) : 가옥 및 묘의 좌를 갑좌(甲坐)로 놓으면 자연 경향(庚向)이 된다. 경좌갑향(庚坐甲向).

❖ **강**(降) : 내려져 깔리다.

❖ **강**(强) : 딱딱하게 굳어진 모양.

❖ **강교간요**(强交看凹) : 강필요(降必凹)하니 강이불요자(降而不凹者)는 쌍행뇌탄고(雙行賴坦故)로 반드시 그 요(凹)를 살펴야 한다. 강(强)은 을신정계(乙辛丁癸)면서 능히 개장(開帳)을 하며 요(凹)하는 것이니, 요(凹)하지 않으면 진술축미(辰戌丑未)의 장(藏)이 쌍행(雙行)하면 장(藏)의 살(殺)이 있으므로 모두가 피한다.

❖ **강돈용랑**(江豚涌悢) : 돌고래가 파도치는 물에서 펄쩍펄쩍 뛰며 노는 형국. 혈은 고래의 머리에 있고, 안(案)은 물이다.

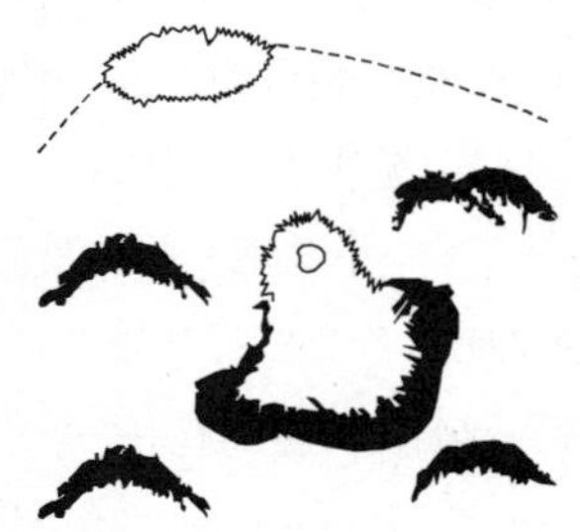

❖ **강룡**(强龍) : 형세가 웅장하고 기운이 왕성한 용. 이 용은 모든 산들이 웅위(雄偉)하고 펼쳐 나간 가지가 활발하며 그 모습이 억센 듯 보인다. 비유하건대 맹호가 수풀에서 나오고 용이 바다로 달려 나가는 듯 그 기세가 당당하고도 강인하게 보이므로 역량도 매우 강하여 이러한 용을 점유하면 공업이 일세를 떨치고 부귀 창성하게 된다. 길격룡으로서 기세의 변화가 크고 힘이 있으며 웅장하여 기개가 넘치는 모습을 말하며, 아주 길한 격으로 본다.

❖ **강물이 휘감고 돌아 보국을 이루는 곳은** : 강물이 돌고 머무르고 넓은 곳으로 감싸주는 안쪽이 길한 곳이다. 주산에서 내려온 능선은 들이라 할 만큼 낮고 깨끗해야 한다. 좌우로 청룡백호가 다정하게 감싸주고 강 건너 산들은 마을이나 묘를 활처럼 감싸주어야 한다. 마을이나 묘(산소)앞 들판은 평탄하고 원만해서 밝은 기운이 항시 감돌아야 좋다. 강물 명당을 휘감고 돌아 보국을 이룬 것을 득수(得水)국이라 한다. 물이 명당의 기운을 감싸서 보호하므로 발복(發福)이 오랫동안 유지된다. 득수국의 기상은 크고 넓어서 대개 명촌이 많다. 강물은 급하지 않고 천천히 조용하게 흘러야 한다.

❖ **강복**(降伏) : 청룡·백호가 유순하게 몸을 낮추고 엎드려 있는 형국. 청룡·백호가 강복인 혈에 조상의 묘를 쓴 자손들은 일가 형제간에 아주 화목하게 지내며, 사람들의 성품이 의롭고, 효자와 현모양처가 나온다. 또 자손들은 오복을 두루 누린다.

❖ **강수**(江水) : 여러 개울물이 모인 곳은 세가 호탕하니 만포굴곡(감싸고 구불구불한 모양)을 길로 친다. 사방에서 흘러온 수많은 물줄기가 모여서 생겨난 것이 강수(江水)이다. 물이 깊고 큰 만큼 강물에도 웅대한 기운이 서린다. 그래서 대도시들이 강을 끼고 형성된다. 강물은 감싸 안으며 휘돌아야 좋다. 곧게 흐르거나 등을 돌리고 흐르면 정기가 모이질 않는다. 강물이 휘감아 주는 명당혈에 조상의 묘를 써도 자손들이 대부(大富)·대귀

(大貴)를 얻는다. 대룡(大龍; 큰 산줄기)은 바다와 함께 강을 만나서 멈춘다. 큰 산줄기와 강물이 만나는 곳에는 엄청난 기운이 서리므로 이곳에 한 나라의 도읍터나 왕후를 배출하는 명당이 생긴다.

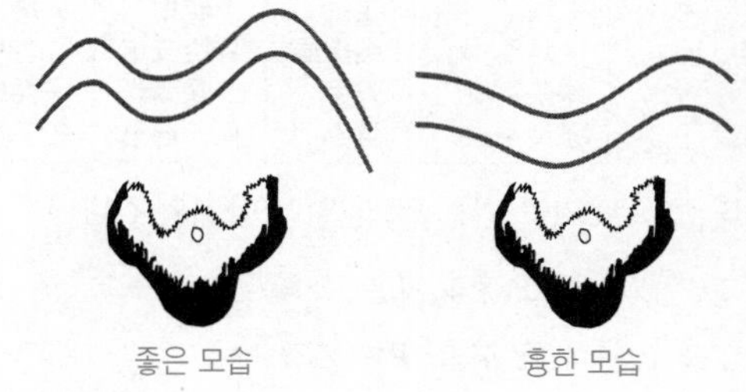

❖ **강시**(僵屍) : 굶고 얼어서 죽은 시체.

❖ **강신**(降神) : 제사지낼 때에 초헌하기 전에 먼저 신을 내리게 하는 뜻으로 향을 피우고 술을 잔에 따라 토지 또는 모래 위에 그 술잔으로 세 번 붓는 의식.

❖ **강일**(剛日) : 일진(日辰)의 천간(天干)인 갑병무경임(甲丙戊庚壬)의 날. 양(陽)에 해당하는 날이므로 바깥일은 이 날에 하는 것이 좋다고 함.

❖ **강하수**(江河水) : 강물 혹은 하천물을 말함. 이 강하수는 풍수지리상 대표적 수세(水勢)의 하나로서 강하(江河)는 천곡백천(川谷百千)이 한데 모여 장장원류(長長遠流)하는 물줄기이다. 그러므로 이 물에는 기(氣)가 살아 있다. 그 형세는 맑고 깊고 가득해야 길격(吉格)이다. 더욱이 이 강하수는 용혈(龍穴)을 호탕하게 굴곡회포(屈曲廻抱)하면 부귀병발(富貴並發)이 기약된다.

❖ **강협**(扛峽) : 과협을 양쪽에서 호위해 주는 산봉우리나 바위를 가리킴. 태양, 달, 상(箱), 구슬, 도장, 북, 깃발 등의 형상이면 아주 좋다. 왼쪽 오른쪽에 두 봉우리가 쌍으로 솟아 오른 경우도 있는데, 이것 역시 극히 길하다.

❖ **같은 음식이라도 담는 그릇에 따라 맛이 달라진다** : 옥구슬 같은 쟁반이나 접시에 음식을 담아서 주변의 맛있는 음식과 멋진 식탁에 놓인다면 고급스럽고 비싼 음식과 분류되며 높은 점수를 받을 것이다. 만약에 깡통이나 찌그러진 그릇에 음식이 담겨져 있다면 맛도 없고 아무도 먹지 않을 것이다. 음식의 판단 변화 하듯이 이 주택도 이와 같은 변화가 생긴다.

❖ **개**(蓋) : 엎드려 있는 꼭대기를 말함. 맥이 흘러와 성신(星辰)의 꼭대기에서 평평하고 완만한 혈운(穴暈)을 이루었을 때에는 개법(蓋法)을 취용한다. 높은 곳에서 작지(作地)하여 정혈(定穴)하려면 혈장이 완만하여야 함은 필수적이라 할 수 있으며, 또한 정뇌(頂腦)가 있어서 고요(靠樂)가 되어 주어야만이 혈장이 외롭지 않게 된다. 이런 곳에서는 너무 깊이 천광(穿鑛)하거나 돌로(突露)하여 풍취(風吹)하지 않아야 한다. 만약 풍취한다면 생기는 흩어지게 되므로 패절을 면할 수 없게 된다. 화개(華蓋), 운개(雲蓋), 보개(寶蓋)라고도 하는 말들은 여기에 해당하는 말이 아니다. 이러한 말들은 괴상한 말들만 골라 모은 것들이므로 믿기 어려운 것들이다. 용·호산(龍虎山)이 감돌아 꼭대기를 가로막으면 개법(蓋法)이라 할 수 없다.

❖ **개구**(開口) : 묘의 계절을 만드는데 있어서 좌선좌(左旋坐)인 경우는 묘의 좌를 기준으로 명당 오른쪽을 약간 높혀서 비가 내리면 오른쪽의 물이 서서히 왼쪽으로 흘러갈 정도로 만들고, 묘가 우선좌(右旋坐)이면 왼쪽 명당을 약간 높혀서 빗물이 왼쪽에서 오른쪽으로 서서히 내려갈 정도로 만드는 것이다.

❖ **개금정**(開金井) : 금정 작업을 시작하는 시간.

❖ **개두**(蓋頭)

① 옛날 상복(喪服)을 입을 때에 쓰던 쓰개의 일종. 국상(國喪) 때에 왕비 이하 내인(內人)이 머리에 씀. 여립모(女笠帽).

② 너울.

③ 다리 꼭지를 많이 넣어서 튼 부인의 머리.

❖ **개문**(蓋聞) : 저자인 복씨가 이 책을 쓰려 할 때 들었던 말을 하기 위해서 하는 말.

❖ **개미와 땅벌은 지기(地氣)를 감지한다** : 개미와 땅벌은 가마솥 엎어 놓은 것같이 약간 소복하게 땅이 올라온 것이다. 그 곳을 자세히 살펴보면 초목이 다른 곳보다 적게 자라고 있다. 여름

에는 시원한 지기(땅 기운)가 올라오기 때문이다. 그 곳은 겨울에는 눈이 내리면 눈이 일찍 녹는다. 그 곳은 겨울에는 따뜻한 기(氣)가 땅에서 올라오기 때문이다.

❖ **개법**(蓋法) : 작혈법(作穴法)의 하나로 혈을 산마루(山頂) 및 산마루 바로 밑에 놓음.

❖ **개봉축**(改封築) : 무덤의 봉분을 고치어이 정하는 것.

❖ **개사초**(改莎草) **고사**(告祀)

維歲次 ◯◯年 月◯◯朔 ◯◯日 ◯◯ 孝子某敢昭告于

顯考 ◯官府君之墓 歲月滋久 草衰土圮 今以吉辰

益封改莎伏惟

尊靈不震不驚 謹以酒果 用信虔告 謹告

[해설] ◯◯해 ◯◯달 ◯◯날 효자 ◯◯는 감히 밝게 아버님의 묘소에 아뢰옵니다. 세월이 흘러 묘에 풀이 없어지고 흙도 무너졌습니다. 오늘이 길한 날이라 봉분을 더하고 떼를 다시 입히겠습니다. 엎드려 생각하건대 존령께서는 진동하거나 놀라지 마소서. 삼가 술과 과일을 펴놓고 경건히 아뢰옵니다.

❖ **개사초**(改莎草) **토지신**(土地神) **축문**(祝文)

維歲次 ◯◯月 ◯◯朔 ◯◯日 ◯◯ 某官某敢昭告于

土地之神 今爲◯官◯公塚宅崩頹 將加修治 神其保佑 俾無後艱 謹

以 酒果 祗薦于神 尙 饗

[해설] ◯◯해 ◯◯달 ◯◯날 ◯◯벼슬한 ◯◯는 감히 밝게 토지신에게 아뢰옵니다. ◯◯벼슬한 ◯◯공(公)의 무덤이 허물어져 장차 수리하겠습니다. 토지신께서는 삼가 술과 과일을 천신하오니 신께서는 흠향하소서.

❖ **개장**(改葬) : 개장이란 묘를 고치는 것을 말한다. 혹 개장하여 고칠수록 더욱 어긋나는 것이다. 이는 땅 욕심이 그릇되게 하는 것이다. 정자(程子)는 땅이란 것은 완벽히 좋을 수만은 없는 것이다고 말하였다.

❖ **개산황도**(蓋山黃道) : 음택, 양택에 있어 좌(坐)·년·월·일·시를 정하는 데 참고하는 길신(吉神)이다. 다른 길성과 합국(合局)하면 발복한다고 한다. 가령 자년(子年), 자월(子月), 자일(子日), 자시(子時)는 묘경해미(卯庚亥未), 황라(黃羅), 유정사축(酉丁巳丑), 천황(天皇), 곤을(坤乙), 자단(紫壇), 손신(巽辛), 지황(地皇)의 12좌가 모두 개산황도(蓋山黃道)의 길성이 임하게 된다. 조견표는 다음과 같다.

구분 / 년월일시	黃羅	天皇	紫檀	地皇
子(年月日時)	寅卯亥未	酉丁巳丑	坤乙	巽辛
丑寅(〃)	艮丙	巽辛	午壬寅戌	酉丁巳丑
卯 (〃)	乾甲	午壬寅戌	巽辛	坤乙
辰巳(〃)	酉丁巳丑	卯庚亥未	子癸申辰	艮丙
午 (〃)	巽辛	艮丙	乾甲	卯庚亥未
未申(〃)	坤乙	子癸申辰	卯庚亥未	乾甲
酉 (〃)	午壬寅戌	乾甲	艮丙	子癸申辰
戌亥(〃)	子癸甲辰	坤乙	酉丁巳丑	午壬寅戌

❖ **개옥일**(蓋屋日) : 지붕 덮는 날. 길일은 아래와 같다.

甲子 丁卯 戊辰 己巳 辛未 壬申 癸酉

丙子 丁丑 己卯 庚辰 癸未 甲申 乙酉

丙戌 戊子 庚寅 癸巳 乙未 丁酉 己亥

辛丑 壬寅 癸卯 甲辰 乙巳 戊申 己酉

庚戌 辛亥 癸丑 乙卯 丙辰 庚申 辛酉

정(定) 성(成) 개일(開日) 및 상량일(上樑日)의 길신

❖ **개산 조산**(蓋山 照山) : 혈장 뒤의 주산(主山) 너머에서 혈장을 덮어 보호하듯이 솟아 있는 성봉(星峰)을 말함. 즉 안산(案山)너머에서 조산(朝山)이 혈장을 아름답게 조배(朝拜)해주는 것과 같이 주산(主山) 너머에서 혈장)이나 명당을 덮어 보호하듯 조응(照應)하는 산봉(山峰)이 개산(蓋山)이다. 개산(蓋山)은 혈장 뒤의 공허함을 보호함이 아니요, 해무정(亥武頂)이나 주산(主山)이 있어도 그 뒤에서 명혈(明穴) 명당의 국세(局勢)를 더욱 아름답게 가중(加重)하는 역할을 한다. 개산(蓋山)은 본신룡(本身龍)에서 이루어질 수도 있고 객산(客山)이 개산(蓋山)이 되는 수도 있어 낙산(樂山) 형성과정이 같다.

[應照]

❖ **개안**(開眼)**이란** : 풍수는 개안(開眼)이 되기 어렵다. 풍수지리는 자연과 무언(無言)의 대화(對話)라고 하였다. 그 대화를 하려면 마음을 비우면 눈이 밝게 열려서 그냥 알 수가 있다고 하였다. 이는 선인(仙人)이나 할 수가 있는 생이지지(生而之知)이다. 또한 성현(聖賢)의 학문에 참 뜻을 터득하기를 위하여 산을 오르는 노고를 아끼지 않으면 마음이 밝게 열려서 자연조화를 읽을 수 있는 지혜에 이르는 것이 학이지지(學而之知) 이다.

❖ **개운**(開運) : 새로운 행운이 열림.

❖ **개장**(蓋匠) : 건물에 기와를 덮는 사람.

❖ **개장**(改葬) : 이장(移葬)이라고도 하는데 묘를 옮겨 장사를 다시 지내는 것을 말함. 의식은 초상 때와 같으며 개장을 하려면 먼저 새 묘지를 선정한 다음 옛묘지에 가서 토지신에게 제사를 드려야 한다.

❖ **개장**(開帳) : 산줄기가 마치 새가 날개를 편 듯이 혹은 병풍을 펼친 듯이 좌우로 겹겹이 뻗어 내린 형세를 가리킴. 혈 뒤 주산(主山) 또는 소조산(小祖山)이 양쪽으로 장막(병풍)을 치듯이 벌려 놓은 산을 말한다. 용맥 뻗어 나가는 모습이 장막을 열고 그 안에 귀인이 앉은 것 같이 좌우로 활짝 펼쳐지고, 중심맥은 그 가운데로 뻗어 내려온 것.

❖ **개장**(開杖) : 개라고 함은 용세(龍勢)가 직충(直沖)으로 들어와서 꼭대기에 살(殺)이 등등하게 되면 정중앙을 피하여 양쪽으로 나누어진 맥을 의지해서 혈장을 이룬다. 맥의 중앙은 살이 되고 맥을 너무 벗어나면 기가 없어지니, 맥의 웅장한 곳의 옆으로 기세가 조금 약해지는 곳을 택해 고산(靠山)과 낙산(樂山)이 호응하고 당기(堂氣)가 모여드는 곳이면 혈을 만들 수 있다. 이럴 때는 개장(開杖)을 쓰게 된다.

❖ **개장**(改葬) **대묘년**(大廟年) : 차(此) 연월일시(年月日時)에 개장(改葬)하면 대패(大敗)한다. 금산(金山)에 신축(辛丑),신미(辛未), 일(日)목산(木山)에 을미(乙未), 을축(乙丑), 일(日),화산(火山)에 병술(丙戌),병진(丙辰), 일(日), 수토산(水土山)에 임진(壬辰), 임술(壬戌), 일(日)

❖ **개장**(改葬)**할 때의 예절** : 초상 때와 같으며 금(衾), 의(衣), 설면자(雪綿子), 교(絞)를 갖추고 구관(舊棺)이 썩어서 하관(下棺)할 때에 지탱하기가 어려울 것 같으면 관을 다시 만든다. 이어 택일을 하여 면례(緬禮)할 산소 지경을 열고 토지신에게 제사하는 천광을 하며, 회(灰)를 다지고 지석(誌石)을 묻는데 이것은 모두 초상 때의 치장(治葬)의 예절과 같이 행한다.

❖ **개장우제축**(改葬虞祭祝)

維歲次 ◯◯年 ◯◯月 ◯◯朔 ◯◯日 ◯◯

孝子 ◯◯ 敢昭告于

顯妣(孺人)(本貫姓)氏之墓 新改幽宅 事畢封塋 伏惟尊靈 永安體魄

[해설] 아들◯◯는 어머니 묘소에 삼가 아뢰옵니다. 새로 유택을 마련하여 봉분일을 끝내었사옵니다. 엎드려 바라옵건대 존영께서는 영원토록 체백이 편안하소서.

❖ **개장천심**(開帳穿心)

① 산이 거대한 장막을 펼쳐놓은 것 같은 형상. 힘차게 내려오는 용맥이 생기있는 용으로 모여 있는 정기가 흩어지지 않게 양팔을 펼쳐서 감싸준 보호 장치이고, 천심은 혈심(맥근) 토층의 중심을 뚫고 나오는 것을 말함인데, 용맥이 중심을 뚫지 못하고 좌우로 흩어지면 혈심에 진기가 모이지 않는다. 내룡이 설사 개장천심을 갖추지 못하여도 행도가 지(之)자, 현(玄)자로 달리고 봉요학슬(蜂腰鶴膝) 등 물형으로 변화가 좋으면 결혈지가 있는 증거이다.

② 개장천심(開帳穿心)이란 장막을 연다는 말이다. 다시 말하면 하나의 용맥이 두 개 세 개 그 이상의 용맥으로 지각변동이 됨을 개장(開帳)이라 말하고, 개장(開帳)의 변동으로 지각(枝脚)된 용맥의 분산 중에 기맥(氣脈)의 힘을 정중(正中)으로 받아 중출(中出)되는 원룡(元龍)이 생성됨을 천심(穿心)이라 말할 수 있다. 모든 용신(龍身)은 감싸 보호함이 없으면 용의 생기는 흐트러지는 법이니 개장(開帳)으로 지각(枝脚)된 분

맥(分脈)이 천심(穿心)으로 중출(中出)된 원룡(元龍)을 감싸 보호하여 용맥을 따라 흐르는 정기가 많은 과정을 겪으며, 혈장에 이르러 응결(凝結)되는 것이다. 한 용이 행룡(行龍)을 함에 있어 그 개장천심(開帳穿心)을 겪지 않고 단룡(單龍)으로 행룡(行龍)이 된다 하여도 지자(之字)나 현자(玄字)의 형상으로 내룡(來龍)이 굴곡을 이루고 봉요학슬(峰腰鶴膝)과 같이 기복을 이루었다면 구태여 개장천심(開帳穿心)된 용만을 탐할 필요는 없다.

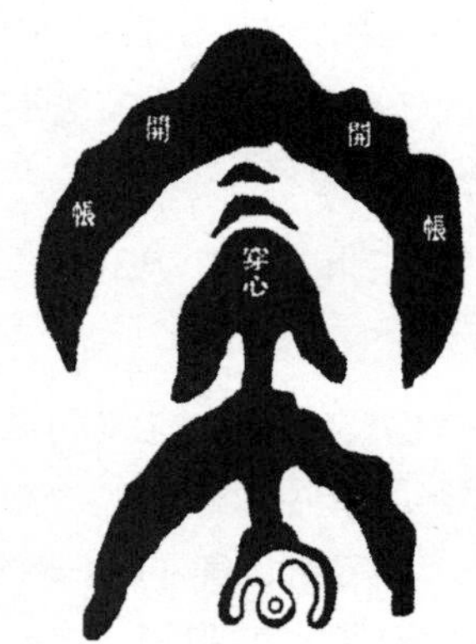

[開帳穿心圖]

③ 개장(開帳)은 거대한 영산(嶺山)장막에 산이 줄을 이은 형세이다. 천심(穿心)은 개장(開帳)의 중심을 꿰뚫듯이 통하는 용의 형세이다. 태조산(太祖山)의 용맥이 이렇게 산을 이루고 그 정기로 진혈(眞穴)이 이루어진다. 높고 크고 웅대한 용의 왕성한 형세가 멀리 태조산의 안개와 구름에 쌓인 큰 산의 자태는 그곳 도성의 주산봉(主山峯)이 된 초락룡(初落龍)의 성신(星辰)이 결혈(結穴)하는 산이 된다. 태조산(太祖山)은 용의 근원이며 원산(遠山)으로 사락(四落) 가운데 초락룡(初落龍)이 성신결혈(星辰結穴)한다. 종조산(宗祖山)은 태조산(太祖山) 다음으로 높은 큰 산으로 중락지(中落地)이며 입혈(入穴)하는 주산(主山)으로 성신결혈지(星辰結穴地)이다. 소조산(少祖山)은 가깝게 있는 높은 산으로 주산(主山)이며 기복(起伏)과 절(節)의 변화가 많아 결혈(結穴)이 많고 진산(鎭山) 동(洞: 마을)의 주산으로 입혈하는 큰 산이다. 따라서 사락(四落) 중에 말락(末落)으로 주봉성신(主峰星辰)이다. 부모산(父母山)은 소조산(少祖山) 아래에서 일어나는 성신(星辰)으로 두둑한 산이다. 아래에 태식잉육(胎息孕育)의 기복변화(起伏變化)를 이루며 용이 혈장에 입수하는 개장천심(開帳穿心)에서 여러 행룡(行龍)을 일으키고 기복, 절(節), 취기(聚氣)의 행룡 혈장에 결혈된 혈을 탐구하는 것이다. 따라서 개장천심이 이루어진 형세와 소조산, 부모산 아래에 여러 분맥이 형성되어 결혈처(結穴處)가 있는 곳에서 속기(束氣)된 혈을 구한다.

❖ **개장택일**(改葬擇日) : 개장운(改葬運)이 맞아야 함이 첫째요 택일(擇日)하는 방법은 신장택일(新葬擇日) 방법에 준하되 구묘(舊墓)의 개장(改葬)될 좌(坐)와 행사할 해의 태세(太歲)를 태조하여 정한다. 다만 중상운(重喪運)은 피해서 이장(移葬), 사초(莎草), 입석(立石)의 운(運)을 동총운법(動塚運法)으로 길흉을 알아보는 것이다.

❖ **개전**(開前) : 용호의 두 어깨가 앞으로 굽은 것.

❖ **개전복** : 개전복은 청룡·백호가 팔꿈치를 세우고 엎드린 형상이다. 매우 위엄이 있게 보인다. 여기에다 조상의 묘를 쓰면 자손들이 부귀를 얻게 되고, 많은 사람을 거느리는 자손이 나온다. 그리고 그 자손은 재물을 탐하지 않는다.

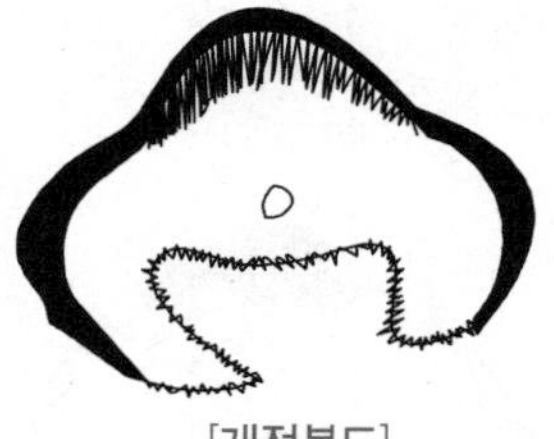

[개전복도]

❖ **개점개업일**(택일) : 점포를 새로 열거나 사업을 새로 시작하거나 물건이 들어오고 나감에 좋은 날로서 아래와 같다.

甲子 乙丑 丙寅 己巳 庚午 辛未 甲戌
乙亥 丙子 己卯 壬午 癸未 甲申 庚寅
辛卯 乙未 己亥 庚子 癸卯 丙午 壬子
甲寅 乙卯 己未 庚申 辛酉 月財 滿成
忌日 大空亡日 旬中空亡 大耗小耗
太虛日 虛宿 天賊日

❖ **개점의당혈**(蓋粘依撞穴)

• **개혈**(蓋穴) : 정기(精氣)가 상정(上停)에 모인 혈로 천혈(天穴)에

해당.

- **점혈**(粘穴) : 정기(精氣)가 하정(下停)에 처져 혈을 맺는 혈로 지혈(地穴)에 해당.
- **의혈**(依穴) : 정기(精氣)가 용맥(龍脈)의 중앙선을 비켜서 옆으로 나가 맺은 혈.
- **당혈**(撞穴) : 정기(精氣)가 중정(中停)에 모인 혈이니 인혈(人穴)에 해당.

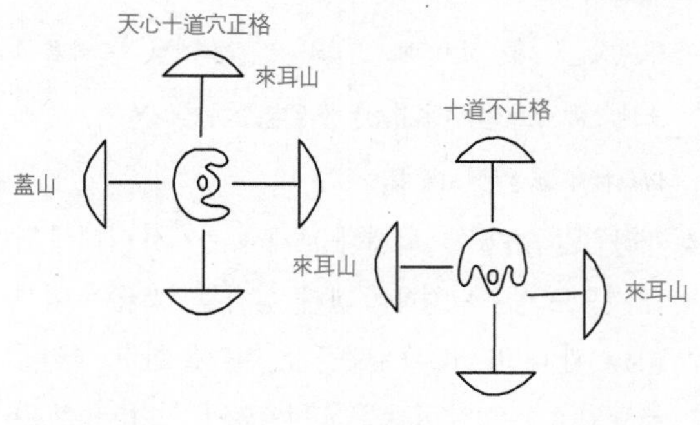

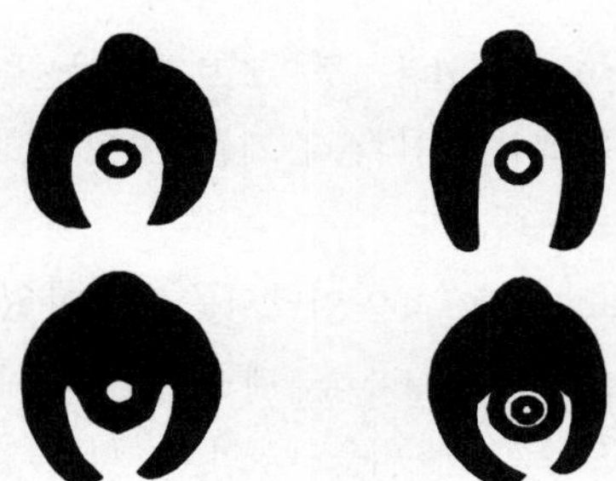

[四象穴圖]

❖ **개지당**(開池塘)**(택일)** : 연못 구덩이, 양어장 등을 파는데 적당한 날은 아래와 같다.

甲子 乙丑 壬午 甲申 癸巳 戊戌 庚子

辛丑 乙巳 辛亥 癸丑 丁巳 辛酉 癸亥

天德 月德 天月德合 生氣 成 開日

忌日 : 천적(天賊) 수사(受死) 토온(土瘟)
토기(土忌) 토금(土禁) 토부(土府)
지당(地塘) 전살(轉殺) 복단(伏斷)

土旺用事後 : 삼살방(三殺方) 대장군방(大將軍方)

❖ **개점의당법**(盖粘依撞法)

①**개혈**(盖穴) : 가장 꼭대기에 있는 혈. 양수(兩手)가 내려감이 희미하여 줄기가 없고 꼭대기 마루가 운(暈)을 이루었으니 개혈(盖穴)이다. 압살혈(壓殺穴)이라고도 하며 반드시 팔풍(八風)을 받지 않아야 진혈(眞穴)이다.

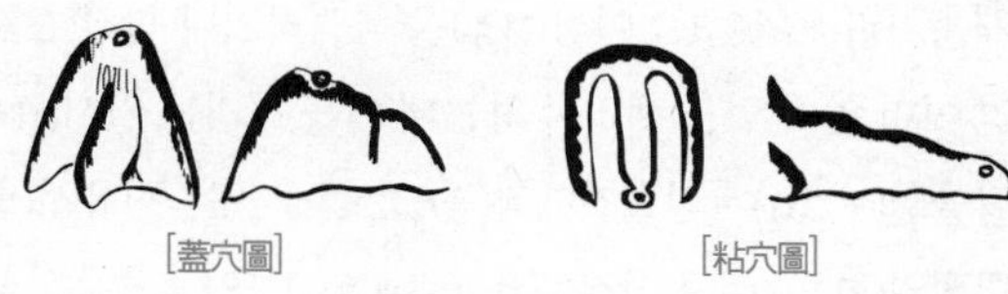

[蓋穴圖] [粘穴圖]

②**점혈**(粘穴) : 아래에 있는 혈. 유(乳)로 내려온 혈의 끝이 점혈(粘穴)이니 유(乳)로 내려오는 과정이 살기가 있으면 불가하다. 실점(實粘)과 허점(虛粘), 탈점(脫粘)과 포점(抛粘)의 구분이 서로 다르다.

③**의혈**(依穴) : 중간에서 옆으로 나간 혈. 유(乳)로 내려온 맥이 살(殺)이 있어 쓰지 못하면 맥의 중간에서 옆[旁]으로 의지하여 의혈(依穴)을 정한다.

④**당혈**(撞穴) : 중간의 중심에 있는 혈. 다른 혈은 모두 살(殺)이 있으나 이 혈은 사세(四勢)가 균등하니 혈이 중심에 있어 당혈(撞穴)이라 하며, 장살혈(藏殺穴)이라고도 한다. 이상의 혈형(穴形)은 비록 많다고 하나 와겸유돌(窩鉗乳突)의 네 가지 형태에 불과하다. 또한 실상은 음양(陰陽)의 두 가지에 있는 것이다. 양혈(陽穴)로서 둥글면 와(窩)가 되고, 와혈(窩穴)이 길어지면 겸(鉗)이 되고, 음혈(陰穴)로서 길면 유(乳)가 되고 짧으면 돌혈(突穴)이 된다. 혈을 정하는 묘법(妙法)은 탄토요감(呑吐饒減[浮深])과 개점의당(盖粘依撞)의 여덟 가지 법에 있다. 이것은 결국 음양(陰陽)의 두 가지로 나누어지는 것에 속한다. 탄토요감(呑吐饒減)은 양혈(陽穴)의 장법(葬法)이며, 개점의당(盖粘依撞)은 음혈(陰穴)의 장법(葬法)이다. 그러나 실로 이 여덟 가지의 법을 쓰는 것이 번잡하여 그리 쉽지 않다. 그러나 만약 본 지리오결(地理五訣)의 이치를 깨달아 먼저 수구(水口)를 보아 국(局)을 정하고 영생취왕(迎生就旺)하는 법을 훌륭히 응용한다면 어디를 간 해도 만에 하나라도 잃음이 없다.

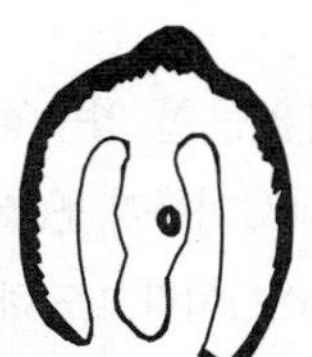
[依穴圖]

[撞穴圖]

❖ **개총기일**(開塚忌日) : 이장(移葬)을 목적하거나 합장(合葬)하려면 이미 쓴 무덤을 헤쳐야 하는데 이를 꺼리는 일시(日時).

갑을일(甲乙日) = 신술건해좌(辛戌乾亥坐) 또는 신유시(申酉時), 병정일(丙丁日) = 곤신경유좌(坤申庚酉坐) 또는 축오신술시(丑午申戌時), 무기일(戊己日) = 진술유좌(辰戌酉坐) 또는 진술유시(辰戌酉時), 경신일(庚辛日) = 간인갑묘좌(艮寅甲卯坐) 또는 축진사시(丑辰巳時), 임계일(壬癸日) = 을진손사좌(乙辰巽巳坐) 또는 축미시(丑未時)

예를 들어 이장(移葬)·합장(合葬)하려는 무덤이 신술건해좌(辛戌乾亥坐)에 해당하면 갑을일(甲乙日)이나 신유시(申酉時)에 무덤을 헐지 못한다.

❖ **개총흉시**(開塚凶時)(**택일**) : 이장(移葬)할 목적이나 합장(合葬)할 목적으로 무덤을 열게 될 경우에 있어 꺼리는 시간.

갑을일(甲乙日) : 신유시(申酉時), 병정일(丙丁日) : 축오신술시(丑午申戌時), 무기일(戊己日) : 진유술시(辰酉戌時) , 경신일(庚辛日) : 축진사시(丑辰巳時), 임계일(壬癸日) : 축미시(丑未時)

가령 갑일(甲日)과 을일(乙日)에는 신시(申時)나 유시(酉時)에 무덤을 헐지 아니한다.

❖ **개토제**(開土祭) **오방기**(五方旗) **오방제**(五方祭) : 오제(五帝) : 옛날 중국에 있던 전설상의 다섯 황제. 황제(黃帝), 전욱(顓頊), 제곡(帝嚳), 요(堯), 순(舜).

사기(史記) **오제기**(五帝記) : ① 태호(太皞), ② 염제(炎帝), ③ 황제(黃帝), ④ 소호(少昊), ⑤ 전욱(顓頊). 또는 ① 복희(伏義), ② 신농(神農), ③ 황제(黃帝), ④ 요(堯), ⑤ 순(舜). 하늘에 있으면서 사방 및 중앙을 주제(主帝)한다고 하는 오신(五神);청제(青帝)동방(東方), 적제(赤帝)남방(南方), 황제(黃帝)중앙(中央), 백제(白帝)서방(西方), 흑제(黑帝)북방(北方)에 싸리꼬지나 작은 곧은 나뭇가지에 동서남북 기를 꽂고 중앙에는 황제기를 꽂아 놓고 개토제를 지낸 다음, 다섯 기는 치우지 않고 그대로 두고 동쪽부터 괭이로 쪼으면서 '개토여 개토야' 하면서 동서남북 4방위를 파면 개토제가 다 끝난 것인데, 이것은 오방신(五方神)에게 고하는 것이다. 요즈음은 오방제를 잘 하지 않는다. 오방기(五方旗)에는 한문으로 동방청제장군(東方青帝將軍), 남방적제장군(南方赤帝將軍), 서방백제장군(西方白帝將軍), 북방흑제장군(北方黑帝將軍), 중앙황제장군(中央黃帝將軍)이라 붓으로 글씨를 쓴다.

❖ **개토축**(開土祝)

維歲次◯◯年◯月◯朔◯◯日◯◯ 維學◯◯◯姓名 敢昭告于

土地之神 今爲學生(本貫姓) 營建宅兆 神其保佑

俾無後艱 薦于神 尙 饗

❖ **개하귀인**(蓋下貴人) : 화개사, 보개사, 관개사 아래에 귀인이 있는 것으로 청수 단정해야 한다. 상격룡(上格龍)은 상서시종(上書侍從)과 대간(大諫)과 같은 높은 벼슬을 한다. 중격룡(中格龍)은 대번(大番 : 지방 장관)으로 벼슬한다. 천격룡(賤格龍)은 승도가 난다.

❖ **개혈**(開穴) : 혈을 연다는 뜻으로 보통은 시신을 안장하기 위해 땅을 파는 행위를 가리킨다. 개혈하면 땅 속으로 바람이 들어가 생기가 흩어진다.

❖ **객산**(客山) : 주산(主山)이 아닌 다른 산. 혈이 있는 용은 본룡(本龍) 또는 주룡(主龍)이라 하는데 주룡이 아닌 다른 용이 내려와 이룩한 모든 산과 용맥을 객산이라 한다.

❖ **객수**(客水) : 본룡(本龍)이 아닌 엉뚱한 곳에서 뻗어온 다른 용을 따라온 물이 명당 안으로 흘러오면 이를 객수(客水)라 한다. 이 객수가 유순하게 들어오면 장사지낸 뒤 외재(外財)가 날로 들어온다고 한다. 객수가 넓고 급하게 몰아닥치는 듯하거나 좁더라도 폭포처럼 쏘아 들어오면 크게 흉하여 재물이 없어지고 사람이 망한다고 한다. 객수란 본신룡 이외의 용산(龍山)에서 명당으로 흘러 들어오는 물을 말하고, 이같이 흘러 들어오는 객수가 혈을 향하여 흘러들어올지라도 굽이쳐서 순하고 부드럽게 조공(朝拱)하면 외부의 재물이 들어온다. 만일 객수가 거칠고 폭포처럼 충사(沖射)하거나 혈심을 직사(直射)하게 되면 인패, 재패의 흉액을 받게 된다. 또한 혈에서 객수가 바라보이면 흉

격으로 본다. 그러나 안산과 용호가 충사를 가로막아서 수세(水勢)를 순화하면 국세는 도리어 길하게 된다. 혈 앞의 호수, 저수지, 연못의 물은 사수(死水)로 보지만 혈에서 전체가 보이지 않고 일부분만 보이거나 혈의 정면에서 부분을 가리워 주면 길사로 본다. 혈 앞의 만강수(萬江水)나 대해수(大海水)도 가리워 주는 사(砂)가 있으면 길수(吉水)요, 계곡수(溪谷水)는 길게 보이면 흉이요, 적게 보이면 길사로 본다.

❖ **객토(客土)는 기(氣)가 없다**

이야기 : 옛날 당나라 명풍수 홍사(泓師) 연국공(燕國公) 장열(張說)의 집터를 보고 경계하여 말하기를 동북간 모퉁이를 파지 마세요. 이곳은 기(氣)가 왕성한 곳입니다. 라고 하였다. 훗날 홍사가 장공을 보고 말했다. 집의 기운(氣運)이 모두 흩어져 버렸습니다. 어찌된 일입니까? 홍사가 장공과 함께 집 동북쪽 간방(艮方) 모퉁이를 가보니 구덩이가 3개나 파여 있었다. 홍사가 놀라서 말했다. 그대의 부귀(富貴)는 한 세대에 끝날 것이요. 자제들은 모두 제명대로 살지 못할 것이요.

장열공(張說公)이 겁이 나서 구덩이를 메우려고 하자 홍사가 말했다. 객토(客土)는 기(氣)가 없습니다. 객토를 메운다해도 지맥(地脈)이 연결되지 않습니다. 비유컨대 몸에 등창이 나있는데 남의 살로 메워 보았자 도움이 안 되는 것과 같습니다. 그 후 장열공의 자식들은 모두 뇌물을 받은 죄로 죽임을 당하여 홍사의 말처럼 되었다. 좋은 기는 조금만이라도 헤쳐서는 안 되는 것이다.

❖ **거**(擧) : 들추어내다.

❖ **거묘**(去廟) : 종묘(宗廟)에 봉안한 신주(神主)를 영녕전(永寧殿)으로 옮기는 일. 왕실은 5대를 봉사(奉祀) 하는 예법이 있으며 5대가 지나면 대진(代盡)이라 하여 거묘함. 일반 백성은 문무관 6품 이상은 3대, 7품 이하는 2대, 서민은 고(考) 비(妣) 만을 봉사하고, 대진하면 매안(埋安)이라 하여 신주를 땅에 묻었음. 속절(俗節).

❖ **거문겸차혈**(巨門鉗叉穴) : 거문성(巨門星)은 주산의 정상이 일자(一字)모양으로 평평하고 지각이 없는 깨끗하고 반듯한 형태다. 일자 모양의 양끝으로 뻗은 능선은 청룡과 백호가 되어 가운데로 뻗어 내려온 주룡을 보호한다. 거문성의 오행은 토(土)다. 일자 중심에서 나온 용은 멀리 가지 못한다. 보통 5리에서 10리 정도 행룡(行龍)한다고 하지만 그 이하일 때도 있다. 행룡할 때는 3~4개의 작은 소원봉(小圓峰)을 만드는데 그 거리가 매우 가깝다.

❖ **거문성**(巨門星) : 거문성은 토성이다. 토성 중에서도 맑은 것인 존성(尊星)이라 할 수 있다. 형상이 단아하고 깨끗하다. 거문성에 묘를 쓰거나 집을 짓고 살면, 오복(五福)을 두루 누리게 된다. 부귀(富貴)를 얻고, 건강하게 장수하며, 창고 재물이 떨어지지 않는다. 또 그 재물을 어려운 사람들에게 많이 나눠 주니, 시기나 질투를 받지도 않는다. 거문성의 정기(精氣)를 받는 사람은 성품이 착하고 어질며 자비롭다. 그 때문에 많은 사람들로부터 칭송을 받게 된다. 또 탐랑성처럼 자손이 번창한다.

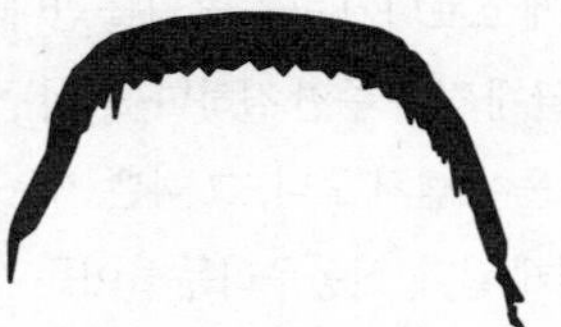

[巨門星圖]

❖ **거수**(去水) : 거수(去水)란 혈 앞으로 쭈욱 빠져나가는 물을 말하는데 대단히 흉수(凶水). 요금정은 "제일막하거수지(第一莫下去水地)이니 입견퇴가계(立見退家計)" 니라(첫째로 당부할 것은 거수지(去水地)에 묘쓰지 말아라, 발돌릴 새도 없이 가계(家計)가 기울어지리라 하였다. 그러나 대혈(大穴)일수록 혈 앞에서는 잠시 거수(去水)하더라도 대수(大水)가 거꾸로 크게 융결(融結)되는 수가 있으니 주의하지 않으면 안 된다. 만약 소세(小勢)도 가는데 대세(大勢)도 함께 간다면 결코 결작(結作)이 없는 것이다. 또 혈 앞의 소세(小勢)는 가는데 멀리 대세(大勢)가 역하면 장사 후 초패(初敗)를 당한 후에 크게 발복(發福)하여 오래 간다.

❖ **거수국**(去水局) : 혈 앞 묘 앞의 모든 물이 사방에서 모여 못이 되는 것을 말함. 용이 결혈(結穴 : 묘)하여 고요함으로 주(住:물이 멈추다)라고 하는데, 만일 깊은 못이 맑은 물로서 득수(得水)로 얻은 것이라면 대귀대부(大貴大富)하고 자손이 번창한다.

① 일명 순수국(順水局)이라고도 하는데 물이 혈전에서 흘러가는 것이니 반드시 뒷산이 먼데서 힘있게 광대하게 내려와

좌청룡·우백호가 주밀하고 수구(水口)가 사귀어 빗장지른 듯 해야 길하다. 인자수지(人子須知)에서 말하기를, 산이 서로 사귀어 돌아오지 않고 혈장에 보이는 물이 탕연(蕩然: 큰 물)히 흘러가면 이른 수국에는 단연코 융결됨이 있으리라 하였으나 대개 순수국(順水局)의 땅은 비록 융결됨이 있으나 재산이 늘지 않고 초년에는 흉하나 청룡이 화려하고 안산이 있으면 뒤에 비로소 벼슬하는 자손이 있으니 이러한 곳에 함부로 점혈하지 말아야 한다.

② 혈 쪽에서 앞으로 곧게 빠져 나가는 물을 거수(去水)라 한다. 앞에 산봉우리들이 솟아올라서 물이 나가는 모습이 안 보여야 좋다. 물이 빠져 나가는 모습이 훤히 드러나면 혈의 정기가 흩어져 버려 그로 인해 많은 흉화(凶禍)가 닥쳐온다. 그런데 조금 곧게 흐르다가 큰 물줄기를 만나고, 그 큰 물줄기가 혈처를 둥글게 감싸 주면 길하다. 물이 곧게 흐르는 곳에서만 나쁜 기운이 뻗쳐 오니, 그 나쁜 기운을 받을 때 약간의 화(禍)를 입게 된다. 산봉우리든 물이든 가까운 것일수록 빨리 영향을 미치므로, 처음엔 좀 안 좋았다가 나중에 복을 받게 된다. 또 곧게 흐르는 길이가 길면 긴 만큼 오랫동안 화를 입고, 짧은 만큼 화를 잠깐 입는다.

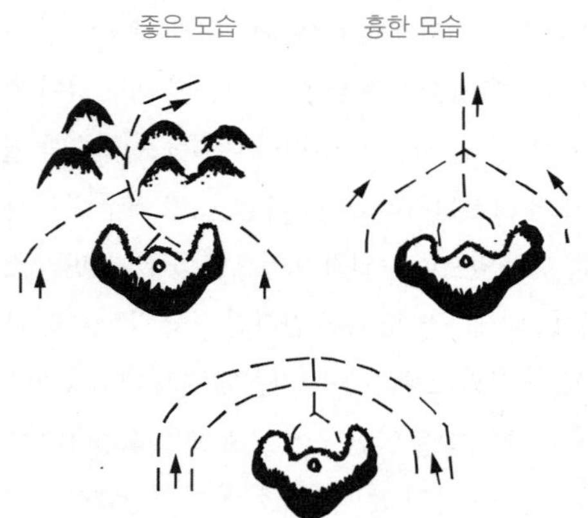

❖ **거실** : 거실은 식사가 끝난 후 온 가족이 모여 신문이나 잡지도 보고 이야기도 나누는 휴식의 장소이다. 거실은 주택 중에서 가정의 분위기를 가장 잘 표현해 주는 곳이다. 가족 한 사람 한 사람마다 각자 자신의 방이 따로 있고 또 공동으로 사용하는 거실이 있는 주택이 가장 이상적인 모습이다. 비교적 좋은 거실의 방위는 햇빛이 잘 드는 동쪽과 남쪽이 좋다. 거실은 한국 전통의 기와집 구조에서 대청은 건물의 가장 중심에 위치하여 마당을 정면으로 내려다보고 있다. 대청 좌우에는 안방과 건너방이 있어 균형을 이루고 있으며 대청의 천장은 중심 부분이 높고 좌우가 낮은 형태로 안정감이 있다. 그러나 대청의 평면 형태를 살펴보면 좌우가 긴 반면 깊이가 좁아 기운이 크게 모이지 못하는 단점도 있다. 대청은 현대에 들어서면서 거실로 변했다. 그러므로 거실을 집의 중심 공간에 있는 것이 일반적인데 안방보다 중심에 있어 집의 기운이 가장 많이 모이는 곳이다. 이상적인 거실은 집안의 중심축에 넓게 자리 잡고 천장도 높은 것이 좋다. 이런 거실에서 생기는 좋은 기는 그 집에 살고 있는 사람들의 건강이나 사회적인 활동을 크게 촉진시켜 행운을 가져다준다. 이와 같이 강한 생기가 모여 있는 공간은 낮에는 거실로 사용하고 밤에는 침실로 사용하는 것이 좋다. 거실이 중신(中心)에 있지 않고 왼쪽이나 오른쪽으로 치우쳐 있으면 집안의 기운이 중심을 잡지 못해 불안한 집이 된다. 또한 거실이나 안방과 같은 큰방이 집의 왼쪽과 오른쪽에 분산돼 있고 중심에는 작은 방들만 있으면 집안의 기운이 분산된다. 이렇게 되면 불안정하고 혼란스러워져서 식구들끼리 서로 화합하지 못하거나 건강을 잃으며 경적으로 손실을 보게 된다.

❖ **거실 배치** : 한국 전통 기와집 구조에서 대청은 가장 중심에 위치해서 마당을 정면으로 내려다보고 있다. 대청 좌우에는 안방과 건넌방이 있어 균형을 이루고 있으며, 대청 천장은 중심 부분이 높고 좌우가 낮은 피라미드 형태를 이루어 안정감을 준다. 이런 구조는 집 내부 기운이 중심에 모이도록 하는 매우 좋은 형태다. 그러나 대칭의 평면 형태를 살펴보면, 좌우가 긴 반면 깊이가 좁아 기운이 크게 모이지 못하는 단점을 안고 있다. 대청에는 바람이 시원하게 통과하는데, 이처럼 바람이 관통하는 공간은 취침 공간으로는 적당하지 않다. 대청에서 잠을 자지 않는 것도 바람 때문에 병이 생길 수 있기 때문이다. 대청의 장점을 유지하고 단점을 보완하기 위해서는 대청 평면을 정사각형으로 하고 창문 면적을 줄이는 것이 좋다. 이상적인 거실은 집 안의 중심축에 넓게 자리잡고, 천장도 높은 것이 좋다. 천

장이 높으면 겨울철 난방비가 많이 드는 단점이 있지만 천장이나 층계실 출입문 등을 설치해서 기운이 밖으로 빠져 나가는 것을 예방할 수 있다. 이런 거실에서 생기는 좋은 기는 그 집에 살고 있는 사람들의 건강이나 사회적인 활동을 크게 촉진시켜 행운을 가져다준다. 이처럼 강한 생기가 모여 있는 공간은 낮에는 거실로 사용하고 밤에도 침실로 사용하는 것이 좋다. 거실이 중심에 있지 않고 왼쪽이나 오른쪽으로 치우쳐 있으면 집 안의 기운이 중심을 잡지 못해 불안한 집이 된다. 거실이나 안방과 같은 큰방이 집의 왼쪽과 오른쪽에 분산되어 있고 중심에는 작은 방들만 있으면 집 안 기운이 분산된다. 이렇게 되면 불안정하고 혼란스러워져서 식구들끼리 서로 화합하지 못하고 건강을 잃으며 경제적으로도 손실을 본다.

❖ **거실은 문과 정면으로 마주 보는 곳 피해야** : 거실은 문과 정면으로 마주 보는 곳을 피해 주인과 손님 모두 문 쪽을 면(面)하고 있는 것이 좋다. 그리고 가능한 밝게 하고 소파의 배열은 손님이나 주인 모두 현관문 쪽으로 면해 앉도록 하는 게 바람직하다. 소파는 마주 보는 형태보다는 ㄱ자나 ㄴ자 형태로 놓는 것이 좋다. 서로 마주 보는 형태로 배열하면 서로의 기가 충돌하여 잠재의식으로 서로 경쟁을 낳게 하기 때문이다. 이는 상담이나 비즈니스에도 적용된다. 국가 원수들의 정상회담 좌석이 보통 이러한 형태인 점을 감안할 필요가 있다. 참고로 항상 충돌로 일삼는 남북 회담장의 책상배치는 언제나 마주 보는 형태다.

❖ **거실은 어떻게 꾸미면 좋은가** : 양택 풍수에서는 집안의 주요 공동 공간으로 사용되는 거실을 매우 중요시 한다. 주택이란 인간 생존의 구체적 공간이다. 그 가운데서도 거실의 중요성이 날로 높아지는 것은 거실이야말로 그 집안의 가족들과 함께 모여 생활하는 공간이기도 하며 그 집안의 문화수준과 생활수준도 보여주기도 한다. 직업, 취미, 교양, 재산, 사회적 신분, 가족사적인 이력(집안내력) 등은 바로 이 거실을 통해서 드러난다. 특히 외부의 공기가 현관 출입문을 통해 들어와서는 거실을 거치는 동안에 그 집의 가족들에게 알맞은 기(氣)가 순화되고 다듬어진 기로 바뀌게 된다. 이런 중요한 기능을 담당하고 있기 때문에 거실이 풍수 인테리어상으로 길상(吉相)인지 흉상(凶相)인지에 따라서 집안이 속히 번창하기도 하고 횡액을 만나서 패가망신하기도 한다. 어쨌든 거실은 현대인들에게 있어서 가족 구성원들이 공동체 의식을 확인하거나 서로를 확인하는 가족 교류의 장(場)이기 때문에 거실에는 늘 맑고 밝은 기운이 가득 차 있어서 가족들에게 생기를 공급할 수 있어야 제 기능을 다한다고 하겠다. 거실의 기가 혼탁하고 흉기(凶氣)가 가득 차서 기의 소통이 막히게 되면 가족간의 대화와 이해가 단절되고 주장이 각기 달라서 뿔뿔이 흩어져 살게 되므로 결과적으로 거실의 풍수상 흉 작용이 집안의 몰락을 재촉했다고 해석할 수 있다. 거실의 쇼파나 장식물, 책장, 커튼, 오디오나 텔레비전 등의 가전제품류는 거실 규모에 비해서 너무 크거나 빽빽하게 채워져 있어서는 안 된다. 기의 흐름을 막아서 답답한 느낌을 준다. 물론 거실은 큰 데도 불구하고 간단하게 좋다고 장식물을 거의 놓지 않는다면 이 또한 좋지 않다. 외풍이 들어와서 장식한 가구들을 통과하면서 순화되는데 이런 장식물이 없다면 실내의 기가 순화되지 못한 채 가족들의 호흡을 통해 신체로 흡수되므로 부정적인 영향을 받게 된다. 거실의 풍수적인 원칙은 생기가 충만하여 집안이 번창할 수 있도록 자리배치, 즉 공간 배정이 이루어져야 하며, 내부 장식도 알맞게 이루어져야 한다. 따라서 거실 풍수를 살필 때에는 크게 쇼파, 현관문, 부엌, 창문과의 위치 등 4가지를 고려하게 된다. 그 중에서도 쇼파의 위치가 어느 쪽으로 배정되는가에 따라서 길흉의 작용력이 큰 폭으로 달라진다. 쇼파는 집안 전체의 분위기에 어울리는 색상과 재질을 선택해야 한다. 집안 분위기에 따라서 천 종류의 쇼파가 좋을지를 결정하며 색깔이나 디자인 또한 밝고 깨끗한 것이 좋은지, 다소 중후한 느낌을 주는 무겁고 전통적인 색상이나 디자인의 것이 좋은지를 결정한다. 그런 다음 가장 중요한 것은 쇼파를 놓는 위치이다. 쇼파의 배치가 중요한 것은 거실의 기를 원활히 유통시킬 수 있는지의 여부가 가장 많이 좌우되는 것이 바로 쇼파이기 때문이다. 거실에 머무를 때에는 쇼파를 타고 흐르는 기(氣)의 영향을 받게 된다. 구체적인 내용은 그림을 통해서 살펴보면 이해하기 쉽다. ①, ④와 같이 쇼파와 벽면과의 사이가 너무 넓은 경우에는 기의 순화가 제대로 이루어지지 않

아서 흉상(凶相)이다. 또한 쇼파의 바로 뒤쪽이나 바로 옆에 출입문(현관문)이 있는 경우 그림 ②와 그림 ⑤도 좋지 않다. 손님이 오자마자 숨돌릴 겨를도 없이 가구에 직면하게 되면 손님으로서는 심리적으로 불안감과 당황스러움을 느낄 수 밖에 없을 것이다. 또한 외풍(外風)이 바로 쇼파에 닿기 때문에 불리하다. 그리고 그림 ③과 같이 쇼파가 현관의 출입문과 마주보고 있는 경우도 흉상(凶相)이다. 원활한 기의 흐름을 방해하거나 기의 흐름에 역행하기 때문에 정서적·심리적으로 불안정해지고 운세면에서도 피해를 입게 된다.

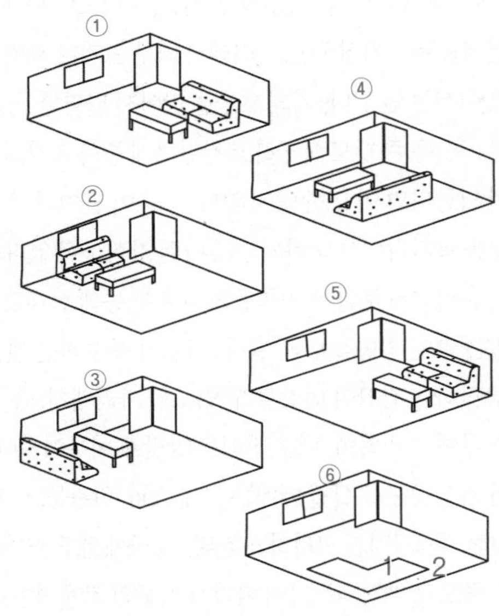

[거실을 올바르게 꾸미는 방법]

가장 바람직한 쇼파의 위치는 그림 ⑥처럼 주인, 즉 가장(家長)이 앉는 쇼파를 들여놓을 경우에 쇼파와 현관문의 위치가 대각선으로 마주보고 있기 때문에 기의 흐름이 원활해져서 정제되고 순화된 생기가 거실에 넘치게 된다. 아울러 그와 같은 배치는 거실을 더욱 넓고 안정된 느낌으로 조망하게 하므로 외부에서 손님이 오더라도 마음이 차분하게 가라앉아서 소기의 방문 목적을 사심없이 털어놓게 되고 그로 인해 이웃과의 교류, 대인관계의 확장에도 적지 않은 기여를 하게 된다.

❖ **거실 인테리어** : 거실은 가정운의 주축이 되는 장소로 가족의 화합을 이루어 주는 공간이기도 하지만 하루의 피로를 풀고 새로운 에너지를 보충해 주는 곳이기도 하다. 그러므로 거실이 지저분하고 정돈되어 있지 않으면 밖의 생활 속에서 잃은 활력을 회복하기 힘들어지고 가족 사이에 의견이 서로 다르기도 쉽다. 따라서 거실은 밝고 깨끗하고 따뜻한 분위기로 꾸미는 것을 최우선으로 해야 한다. 실내가 어두우면 그곳에서 생활하는 사람의 마음까지도 어두워지게 된다. 그러므로 부분적으로 어두운 곳이 있을 때는 기본 조명 외에 보조조명을 설치하는 것이 좋다. 소파는 앉을 때 편안한 느낌을 주는 것이 최고인데 소재는 천을 사용한 것이 가장 좋으며 거실의 커튼에 무늬가 있으면 그 중 한 가지 색을 선택하는 것이 좋다. 가죽 소파나 검은색, 회색, 진한 빨강 등 강렬한 색상의 소파는 가족간의 불화를 만드는 원인이 될 수 있으므로 가능하면 부드러운 색상의 소파를 사용하도록 한다.

❖ **거실은 가족 간의 화목을 조성하는 공간이다** : 가족구성원 모두가 가장 자주 얼굴을 맞대고 대화나 토론을 할 수도 있고 텔레비전을 보거나 음악을 들으면서 즐거움을 가질 수 있는 그런 공간이므로 가족구성원의 화목을 도모 할 수도 있는 분위기를 연출한다. 또한 벽지도 단순하면서 온화한 색상으로 하고 너무 튀는 색상으로 하는 것은 좋지 않다. 그리고 가전제품은 동쪽으로 배치하여 가전제품에서 뿜어져 나오는 전자파와 같은 탁한 기운을 조금은 여과 할 수 있으며 적당한 화분도 필요하다. 이때 나무 화분을 둘 경우에는 앉아 있는 상태에서 눈에 거슬리지 않는 크기의 화분을 두는 것이 좋다. 거실은 잠을 자는 공간이 아니기 때문에 나무에서 뿜어져 나오는 산소를 마실 수 있다. 또 거실 바닥에 카펫을 까는 집들이 많은데 임산부나 어린이와 같이 민감한 사람이 거주할 경우에는 삼가 하는 것이 좋다. 카펫을 밟고 다니면서 발생하는 먼지가 호흡기를 자극하여 호흡기 질환에 걸리기 쉽다. 거실에는 유리나 대리석으로 만들어진 테이블은 좋지 않다. 음기(陰氣)를 발산한다.

❖ **거실을 중심하여 분산 배치하면 길하다** : 거실을 중심하여 각 대소의 방을 분산 배치하는 것이 이상적이고 가장(家長)이 거처하는 주실(主室 : 안방)의 위치가 주택의 주요 부위에 놓이는 것이 길상(吉相)이다. 그래서 부엌, 안방, 뒷방의 구조로 집을 짓는

것이다.

❖ **거실이 갖추어야 할 조건** : 첫 째 밝아야 하고, 둘 째 어느 정도 넓어야 하고, 셋 째 가족이나 손님이 가볍게 대화할 수 있는 분위기이면 어느 방위이든 괜찮다. 또한 동쪽의 기를 듬뿍 받아들이면 좋다.

❖ **거실 풍수를 살필 때는 기(氣)를 원활히 유통시켜야 한다** : 거실 풍수를 살필 때는 크게 소파, 현관문, 부엌, 창문과의 위치 등 네 가지를 고려하게 된다. 그중에서도 소파의 위치가 어느 쪽으로 배정 되는가에 따라 길흉(吉凶)의 작용력이 큰 폭으로 달라진다. 소파는 집안 전체의 분위기에 어울리는 색상과 재질을 선택해야 한다. 집안 분위기에 따라 천 종류의 소파가 좋은가, 가죽 소재로 한 소파가 좋은지를 결정하여 색깔이나 디자인 또한 밝고 깨끗한 것이 좋은지 다소 중후한 느낌을 주는 무겁고 전통적인 색상이나 디자인의 것이 좋은지를 결정한다. 그런 다음 가정 중요한 소파를 놓을 위치이다. 소파의 배치가 중요한 것은 거실의 기를 원활히 유통시킬 수 있는지의 여부가 가장 많이 좌우되는 것이 소파이기 때문이다. 거실에 머물 때는 소파를 타고 흐르는 기의 영향을 받게 된다. 또한 소파의 바로 뒤쪽이나 바로 옆에 출입문이 있으면 좋지 않다. 소파가 현관문을 마주보고 있는 경우도 흉하다. 원활한 기의 흐름을 방해하거나 기의 흐름에 역행(逆行)하기 때문에 정서적으로 불안정 해지고 운세 면에서도 피해를 입게 된다. 가장 바람직한 위치는 가장(家長)이 앉는 소파는 벽을 등지고 있도록 배치하는 것이다. 특별히 가장의 소파를 생각하지 않아도 소파들이 가급적이면 벽을 등지고 있도록 공간을 배정 하는 것이 좋다.

❖ **거울** : 거울은 가정에서 주로 사용하는 장식품이다. 그러나 풍수학 상으로 살펴 볼 때 거울은 그 길흉(吉凶)이 같지 않으므로 잘 구별하여 사용해야 한다. 그러나 거울은 함부로 사용해서는 안 된다. 거울을 배치할 때는 두 개의 거울이 서로 마주보게 해서는 안 되며 또 길(吉)한 방위(조상제사, 침대 등)로 향(向)하게 해서도 안 된다. 그 이유를 살펴보기 위해서는 먼저 거울의 작용부터 알아야 한다. 풍수학에서 사용하는 거울은 그 종류가 매우 많다. 오목 거울, 볼록 거울, 팔괘 거울, 평면거울 등이 있다. 풍수에서는 거울들은 주로 악귀(惡鬼)를 비추는데 사용한다. 여기에서 악귀를 비춘다는 뜻은 거울을 사용하여 그 맞은편에 다가오는 악귀와 흉신(凶身)들을 반사해 물리침으로써 손상당하는 일을 피한다. 그러므로 상식적으로 생각해 보더라도 거울이 흉신을 비추는데 쓰인 다면 그것은 다시 사람에 향하도록 하는 것은 매우 불길한 일로 여겨질 것이다. 그래서 거울이 침대 머리를 향해 있는 것은 매우 좋지 않다. 잠을 편히 잘 수 없을뿐더러 병에 시달리게 된다. 거울이 침대 머리를 마주보는 것도 나쁘고 부엌의 화기(火氣)와 마주보는 것도 역시 불길 하다. 때문에 거울을 배치하기 전에 부엌의 가스레인지를 향하는지 살펴보아야 한다. 만약 정면으로 향했다면 가족이 편치 않을 것이다. 또한 거울이 대문이나 방문을 향하면 좋지 않다.

❖ **거울을 놓아서 방향을 바꾼다** : 방향이 좋다, 혹은 이 방향은 좋지 않다 라는 것을 조목조목 따져서 이미 세워져 있는 집의 방향을 바꾸는 것도 쉬운 일이 아니다. 따라서 그 해결책으로써 집의 현관의 바깥쪽에 커다란 원형거울을 걸어두면 좋다. 거울의 반사작용으로 집의 방향이 거꾸로 되고 더욱이 기의 흐름이 거울에 부딪쳐 변화되기 때문이다. 거실이나 침실 등 각각의 방의 방향이 또한 좋지 않을 때는 그 입주에 걸어 두면 좋을 것이다. 예부터 거울은 이상한 힘을 지니고 있다고 전해져오고 있다. 그 힘을 자신 속으로 잡아두기 위함이다.

❖ **거주 기옥 및 대문의 일반적 길흉방** : 자기 띠에서 아래의 길방과 흉방을 찾아 가급적이면 흉방의 좌향과 대문을 피하도록 한다.

神殺 / 띠별	길 三合	길 六合	흉 怨嗔	흉 墓絶	흉 劫殺	흉 六害	흉 相沖	흉 破殺	흉 刑殺	평 驛馬	길 福德	평 天馬	길 天德	길 天乙貴人	흉 空亡	길 祿	흉 破殺	평 比和	흉 鬼
子	申辰	丑	未	卯辰	巳	未	午	酉	卯	寅	巳	寅	巳壬	乙巳	戌亥	壬	酉	子	辰戌
丑	巳酉	子	午	子丑	寅	午	未	辰	戌	亥	午	辰	庚	甲戊庚	亥子		辰	丑	卯
寅	午戌	亥	酉	酉戌	亥	巳	申	亥	巳	申	未	午	丁丙	辛	子丑	甲	亥	寅	申
卯	亥未	戌	申	午未	申	辰	酉	午	子	巳	申	申	申申	壬癸	丑寅	乙	午	卯	酉
辰	子申	酉	亥	卯辰	巳	卯	戌	丑	戌	寅	酉	戌	壬		寅卯		丑	辰	寅
巳	酉丑	申	戌	子丑	寅	寅	亥	申	申	亥	戌	子	辛庚	壬癸	卯辰	丙戊	申	巳	亥
午	寅戌	未	丑	酉戌	亥	丑	子	卯	午	申	亥	寅	亥丙	辛	辰巳	丁己	卯	午	子
未	卯亥	午	子	午未	申	子	丑	戌	丑	巳	子	辰	甲	甲戊庚	巳午		戌	未	卯
申	子辰	巳	卯	卯辰	巳	亥	寅	巳	寅	寅	丑	午	癸壬	乙巳	午未	庚	巳	申	午
酉	巳丑	辰	寅	子丑	寅	戌	卯	子	酉	亥	寅	申	寅	丙丁	未申	辛	子	酉	巳
戌	寅午	卯	巳	酉戌	亥	酉	辰	未	未	申	卯	戌	丙		申酉		未	戌	寅
亥	寅未	寅	辰	午未	申	申	巳	寅	亥	巳	辰	子	乙甲	丙丁	酉戌	癸	寅	亥	丑未

❖ 거주 가옥의 좌(坐) 및 대문의 길흉방위와 화복

① **가택의 좌(坐)나 대문의 향(向)이 자기 띠의 상충(相沖)에 해당될 때** : 동요(動搖)와 분산(分散)에 연관된 사항들이 자주 발생한다. 타인으로부터 침해를 받게 되거나 번민, 구설, 시비 등의 우울한 일들이 많이 생기며, 재물의 낭비와 손실이 있고, 식구들 사이에 불화며 반목의 조성이 자주 성립되어 애로를 겪게 된다. 가옥은 항시 안채의 사방 기둥을 주축으로 ×자를 그은 다음 그 교차 지점을 중심으로 앞을 보아 방향을 판단한다.

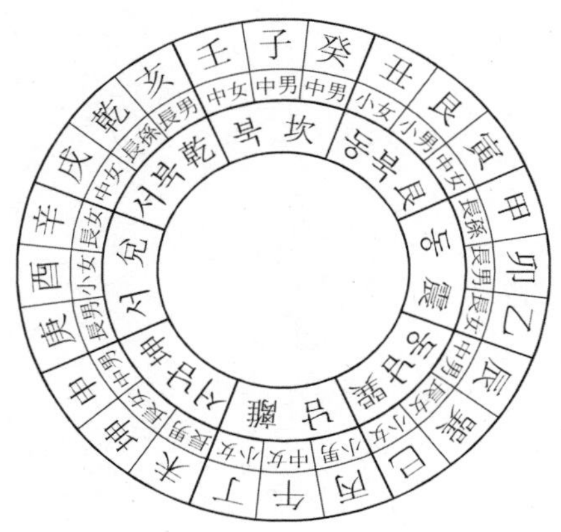

[상충 속견표]

자기 출생띠	子(쥐)	丑(소)	寅(범)	卯(토끼)	辰(용)	巳(뱀)	午(말)	未(양)	申(원숭이)	酉(닭)	戌(개)	亥(돼지)
집좌향 및 대문	午	未	申	酉	戌	亥	子	丑	寅	卯	辰	巳

② **가택의 좌(坐)나 대문의 향(向)이 자기 띠의 비화(比和)에 해당될 때** : 제반 내외적(內外的) 경영 사물에 있어서 성취가 늦어지고 장애와 애로가 자주 발생한다. 타인과 연관되어 금전이며 명예 등 출처가 확연치 않은 손실이나 낭비가 많으며 보이지 않는 유출이 많이 생긴다. 가족 관계나 경영 사업에 있어서 이동이나 변화가 자주 있게 된다. 가옥은 항시 안채의 사방 기둥을 주축으로 ×자를 그은 다음 그 교차 지점을 중심으로 앞을 보아 방향을 판단한다.

[비화 속견표]

자기 출생띠	子(쥐)	丑(소)	寅(범)	卯(토끼)	辰(용)	巳(뱀)	午(말)	未(양)	申(원숭이)	酉(닭)	戌(개)	亥(돼지)
집좌향 및 대문	子壬	丑艮	寅申	卯乙	辰戌	巳丁	午丙	未坤	申辰	酉辛	戌乾	亥癸

③ **가택의 좌(坐)나 대문의 향(向)이 자기 띠의 역마(驛馬)에 해당될 때** : 이동이나 변화 또는 전환 등 움직임(사업장 및 식구들의 직장 및 직업 포함)에 따르는 소득이나 이윤이 증가되고, 승진이나 영전 및 명예나 신분의 향상·발전이 점진적으로 증대되는 길운을 만나게 된다. 가옥은 항시 안채의 사방 기둥을 주축으로 ×자를 그은 다음 그 교차 지점을 중심으로 앞을 보아 방향을 판단한다.

[역마 속견표]

자기 출생띠	子(쥐)	丑(소)	寅(범)	卯(토끼)	辰(용)	巳(뱀)	午(말)	未(양)	申(원숭이)	酉(닭)	戌(개)	亥(돼지)
집좌향 및 대문	寅	亥	申	巳	寅	亥	申	巳	寅	亥	申	巳

④ **가택의 좌(坐)나 대문의 향(向)이 자기 띠의 천록(天祿)에 해당될 때** : 직장이나 사업상의 신분과 명예의 상승과 발전을 획득하게 된다. 승진·영전 등의 이로움이 찾아들게 되고, 따라서 재물 운과 복록이 증대되는 행운을 만나게 된다. 가옥은 항시 안채의 사방 기둥을 주축으로 ×자를 그은 다음 그 교차 지점을 중심으로 앞을 보아 방향을 판단한다.

[천록 속견표]

자 기 출생띠	子 (쥐)	丑 (소)	寅 (범)	卯 (토끼)	辰 (용)	巳 (뱀)	午 (말)	未 (양)	申 (원숭이)	酉 (닭)	戌 (개)	亥 (돼지)
집좌향 및 대문	壬		申	乙		丙戊	丁己		庚	申		癸

⑤ **가택의 좌(坐)나 대문의 향(向)이 자기 띠의 귀인(貴人)에 해당될 때** : 귀인이 생겨서 도움을 얻게 되고, 상사나 존장 등의 관계 개선 및 협력을 획득하게 된다. 배후의 후원이 두터워지고 금전면의 향상과 신분상의 발전이 따르게 된다. 가옥은 항시 안채의 사방 기둥을 주축으로 ×자를 그은 다음 교차 지점을 중심으로 앞을 보아 방향을 판단한다.

[귀인 속견표]

자 기 출생띠	子 (쥐)	丑 (소)	寅 (범)	卯 (토끼)	辰 (용)	巳 (뱀)	午 (말)	未 (양)	申 (원숭이)	酉 (닭)	戌 (개)	亥 (돼지)
집좌향 및 대문	乙己	甲戊 庚	辛	壬癸		壬癸	辛	甲戊 庚	乙己	丙丁		丙丁

⑥ **가택의 좌(坐)나 대문의 향(向)이 자기 띠의 파살(破殺)에 해당될 때** : 사물의 성취 부진과 재물의 허비·손실 등이 따르고, 식구의 분산, 파탄 등 액운이 자주 발생한다. 우환과 번민, 도난 등 복잡하고 번거로운 애로와 장애가 심각해지고, 가정사의 파탄이며 불의의 횡액이나 재난이 많이 생긴다. 가옥은 항시 안채의 사방 기둥을 주축으로 ×자를 그은 다음 그 교차 지점을 중심으로 앞을 보아 방향을 판단한다.

[파살 속견표]

자 기 출생띠	子 (쥐)	丑 (소)	寅 (범)	卯 (토끼)	辰 (용)	巳 (뱀)	午 (말)	未 (양)	申 (원숭이)	酉 (닭)	戌 (개)	亥 (돼지)
집좌향 및 대문	酉	辰	亥	午	丑	申	卯	戌	巳	子	未	寅

⑦ **가택의 좌(坐)나 대문의 향(向)이 자기 띠의 공망(空亡)에 해당될 때** : 아무리 애써 노력해도 공들인 일들이 제대로 성취를 이루지 못한다. 소리만 크고 실속이 없는 경우가 대부분이며, 재물의 낭비와 모든 노력이 수포로 돌아가는 심신의 고달픔과 낭패가 자주 발생한다. 가옥은 항시 안채의 사방 기둥을 주축으로 ×자를 그은 다음 그 교차 지점을 중심으로 앞을 보아 방향을 판단한다.

[공망살 속견표]

자 기 출생띠	子 (쥐)	丑 (소)	寅 (범)	卯 (토끼)	辰 (용)	巳 (뱀)	午 (말)	未 (양)	申 (원숭이)	酉 (닭)	戌 (개)	亥 (돼지)
집좌향 및 대문	戌亥	亥子	子丑	丑寅	寅卯	卯辰	辰巳	巳午	午未	未申	申酉	酉戌

⑧ **가택의 좌(坐)나 대문의 향(向)이 자기 띠의 겁살(劫殺)에 해당될 때** : 급작스런 돌발사고나 뜻하지 않았던 우환, 횡액 등이 자주 발생한다. 재물의 손실, 경영하는 일의 실수며 실패, 도난, 질병, 구설, 시비로 낭패스러운 상황에 처하는 장애를 많이 치르게 된다. 가옥은 항시 안채의 사방 기둥을 주축으로 ×자를 그은 다음 그 교차 지점을 중심으로 앞을 보아 방향을 판단한다.

[겁살 속견표]

자 기 출생띠	子 (쥐)	丑 (소)	寅 (범)	卯 (토끼)	辰 (용)	巳 (뱀)	午 (말)	未 (양)	申 (원숭이)	酉 (닭)	戌 (개)	亥 (돼지)
집좌향 및 대문	巳	寅	申	巳	寅	寅	亥	申	巳	寅	亥	申

⑨ **가택의 좌(坐)나 대문의 향(向)이 자기 띠의 형살(刑殺)에 해당될 때** : 관청에 연관된 문제가 생겨 어려움을 겪게 되고, 관재·구설과 시비·불화 및 우환과 손실 등의 액운이 자주 생겨 낭패를 보게 된다. 직장이나 직업 및 신분·명예상의 해로움이 따르며, 출입왕래에 장해와 번거로움으로 피해가 생긴다. 가옥은 항시 안채의 사방 기둥을 주축으로 ×자를 그은 다음 그 교차 지점을 중심으로 앞을 보아 방향을 판단한다.

[형살 속견표]

자 기 출생띠	子 (쥐)	丑 (소)	寅 (범)	卯 (토끼)	辰 (용)	巳 (뱀)	午 (말)	未 (양)	申 (원숭이)	酉 (닭)	戌 (개)	亥 (돼지)
집좌향 및 대문	卯	戌	巳	子	辰	申	午	丑	寅	酉	未	亥

⑩ **가택의 좌(坐)나 대문의 향(向)이 자기 띠의 육해(六亥)에 해당될 때** : 매사에 진척 부진, 손실, 분산, 허비 등 재물의 손실과 심심의 애로가 따른다. 안팎으로 어려운 상황이나 난관이 발생하여 곤란을 겪게 되고, 우환과 구설 및 각종 피해가 자주 생겨서 장애를 치른다. 가옥은 항시 안채의 사방 기둥을 주축으로 ×자를 그은 다음 그 교차 지점을 중심으로 앞을 보아 방향을 판단한다.

[육해살 속견표]

자기 출생띠	子(쥐)	丑(소)	寅(범)	卯(토끼)	辰(용)	巳(뱀)	午(말)	未(양)	申(원숭이)	酉(닭)	戌(개)	亥(돼지)
집좌향 및 대문	未	午	巳	辰	卯	寅	丑	子	亥	戌	酉	申

⑪ **가택의 좌(坐)나 대문의 향(向)이 자기 띠의 귀살(鬼殺)에 해당될 때** : 타인으로부터의 침해와 손실, 분산 등 외부와 연관되어 어려움을 많이 겪게 된다. 우환과 질병, 불의의 재난 및 관재·구설 등의 액화가 따르게 된다. 가옥은 항시 안채의 사방 기둥을 주축으로 ×자를 그은 다음 그 교차 지점을 중심으로 앞을 보아 방향을 판단한다.

[귀살 속견표]

자기 출생띠	子(쥐)	丑(소)	寅(범)	卯(토끼)	辰(용)	巳(뱀)	午(말)	未(양)	申(원숭이)	酉(닭)	戌(개)	亥(돼지)
집좌향 및 대문	辰戌	卯	申	酉	寅	亥	子	卯	午	巳	寅	丑未

⑫ **가택의 좌(坐)나 대문의 향(向)이 자기 띠의 묘절(墓絶)에 해당될 때** : 제반 사물의 쇠퇴와 불화, 손실, 낭패 등의 피해가 따르고, 관재·구설과 우환이 자주 발생하여 장애를 치르게 된다. 파탄, 분산, 훼방, 중단의 액운을 만나게 된다. 가옥은 항시 안채의 사방 기둥을 주축으로 ×자를 그은 다음 그 교차 지점을 중심으로 앞을 보아 방향을 판단한다.

[묘절 속견표]

자기 출생띠	子(쥐)	丑(소)	寅(범)	卯(토끼)	辰(용)	巳(뱀)	午(말)	未(양)	申(원숭이)	酉(닭)	戌(개)	亥(돼지)
집좌향 및 대문	卯辰	子丑	酉戌	午未	卯辰	子丑	酉戌	午未	卯辰	子丑	酉戌	午未

⑬ **가택의 좌(坐)나 대문의 향(向)이 자기 띠의 삼·육합(三合·六合)에 해당될 때** : 순조로운 발전과 번창을 이루게 된다. 재물의 흥왕과 신분, 명예 등의 상승·발전이 따르고, 여러 모로 내외적인 향상과 진취를 달성하게 된다. 가옥은 항시 안채의 사방 기둥을 주축으로 ×자를 그은 다음 그 교차 지점을 중심으로 앞을 보아 방향을 판단한다.

[삼합·육합 속견표]

자기 출생띠	子(쥐)	丑(소)	寅(범)	卯(토끼)	辰(용)	巳(뱀)	午(말)	未(양)	申(원숭이)	酉(닭)	戌(개)	亥(돼지)
집좌향 및 대문	申乾丑	巳酉子	午戌亥	亥未戌	子申酉	酉丑申	寅戌未	卯亥午	子辰巳	巳丑辰	寅午卯	寅未寅

⑭ **가택의 좌(坐)나 대문의 향(向)이 자기 띠의 원진(怨嗔)에 해당될 때** : 불화·반목·분산 및 재물의 손실과 구설, 시비 등의 액운이 따른다. 사물의 성취 부진, 우환, 장애 등이 발생하여 어려움을 겪게 된다. 식구들간에 불목과 알력이 조장되고 원망과 갈등이 조장되어 결국에는 파탄지경을 맞이하게 되는 흉격이다. 가옥은 항시 안채의 사방 기둥을 주축으로 ×자를 그은 다음 그 교차 지점을 중심으로 앞을 보아 방향을 판단한다.

[원진 속견표]

자기 출생띠	子(쥐)	丑(소)	寅(범)	卯(토끼)	辰(용)	巳(뱀)	午(말)	未(양)	申(원숭이)	酉(닭)	戌(개)	亥(돼지)
집좌향 및 대문	未	午	酉	申	亥	戌	丑	子	卯	寅	巳	辰

❖ **거주지가 좋아야 건강하고 돈도 벌고 출세한다** : 거주지는 본인이 마음대로 선택할 수도 고칠 수도 있다. 좋은 집터로 이사(移徙)를 해보라. 한 달 안에 변화가 있을 것이다. 그러나 그 자리를 떠나면 더 이상 발복(發福)은 없다. 그러므로 현재 거주하는 집에 살면서 일이 잘되고 있다면 그만한 자리가 없다고 생각하고 이사할 생각을 말아야 한다. 이는 가게나 사무실 공장 등도 마찬가지다. 이사를 하고부터 잘 풀리는 집이 있는가 하면 이사를 하고부터 안 풀리는 경우가 있다. 그러므로 이사는 현재 자리보다 더 좋은 곳으로 해야 한다.

❖ **거택(居宅)** : 가택(家宅)·주택(住宅).

❖ **건강은 집안의 청결이 최우선** : 행운의 기는 청결을 최우선으로 할 때 깃든다. 건강에 있어서도 예외는 아니다. 어떤 집은 현관부터 깨끗하고 정리정돈이 잘 되어 있는 반면 어떤 집은 먼지와 함께 신발이 여기저기 함부로 나뒹굴고 있는 모습을 흔히 볼 수 있다. 이런 집에 흉기(凶氣)가 있는 것은 당연한 이치이다. 환자가 병원에 가서 진단을 받아 보아도 이렇다 할 병명은 없는데 왠지 기운이 없고 곧 스러질 것 같아서 자주 눕는 사람의 집을 보면 사용하지 않는 가구와 생활 용품들이 먼지가 쌓인 채 집안 구석

구석에 놓여있다. 여기저기 쌓여있는 가구들을 모두 내다 버리면 아팠던 것이 싹없어 진다. 쓰지 않는 가구는 내다 버리고 가급적 사람의 손길이 닿지 않은 물건들이 없도록 가제 도구는 정리해야 한다. 또한 구석은 습기나 곰팡이가 피게 됨으로 환풍에 신경을 써야 한다. 방이나 거실의 귀퉁이에 작은 스탠드나 화사한 화분을 놓아두면 집안의 음기(陰氣)를 몰아 낼 수 있다. 어두운 그늘이 있는 곳은 밝게 해야 한다는 뜻이다. 가족 중 건강이 좋지 않거나 무슨 일을 해도 실패를 거듭하는 사람은 대개 집안이 청결하지 못한 것이 그 원인으로 작용할 수 있다. 그런 집은 음기가 서려 있으므로 양기(陽氣)로 밝게 하는 것이다.

❖ **건고근고**(虔告謹告) : 정성들여 아뢰고 삼가 아룀.

❖ **건곤**(乾坤) : 주역(周易)의 두 가지 괘명(卦名). 하늘과 땅을 상징적으로 달리 일컫는 말. 천지(天地) 음양(陰陽)을 달리 일컫는 말.

❖ **건궁팔신속견표**(乾宮八神速見表)

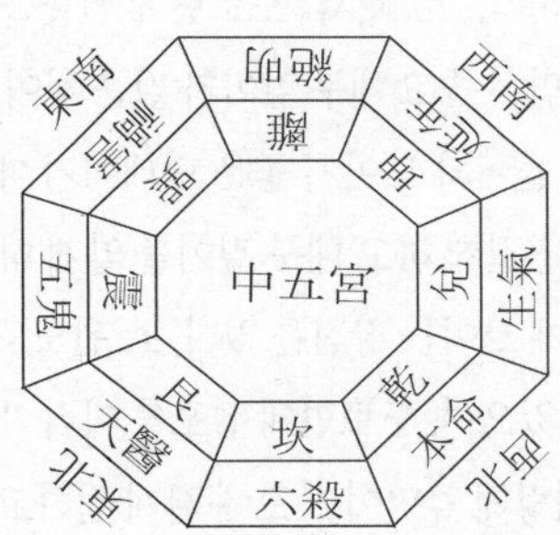

❖ **곤궁팔신속견표**(坤宮八神速見表)

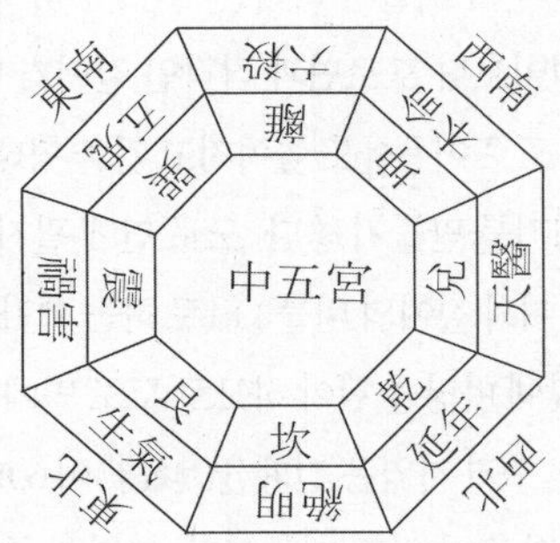

❖ **건대**(巾帶) : 상복(喪服)에 쓰는 삼베 두건과 삼 띠.

❖ **건류수**(乾流水) : 풍수지리에서는 물이 내려가는 개천만을 개천이라 하지 아니하고 비오는 날에만 물이 내려가도 이를 개천이라 한다. 이와 같이 평시에는 물이 없다가도 우천시에만 물이 내려가는 개천을 건류수라 한다. 그러므로 모든 수세수법(水勢水法)의 운용에도 이를 참작 이용해야 한다.

❖ **건물 개구부**(開口部) : 건물에는 출입문이나 창문 등 여러 종류의 개구부가 있게 마련이다. 이들은 건물 형태에 많은 영향을 준다. 특히 최근에는 창문을 조금씩 크게 하는 경향이 있고 심지어는 벽면 전체가 유리로 되는 건물도 많이 볼 수 있다. 유리는 채광이 좋고 보기에 단순하고 깨끗하다는 장점을 갖고 있지만 유리창이 많아지면 실내 기운이 외부로 분산되어 생기를 이루지 못한다. 개구부는 면적이 작을수록, 벽면은 두껍고 넓을수록 좋다. 개구부 형태는 수평적인 것보다 수직적인 것이 좋다. 수평적인 형태는 안정감을 주는 맛이 있으나 처지는 기운인데 비해, 수직 창문은 서 있는 형태를 이루어 기운이 위아래로 회전하는 것을 쉽게 한다.

❖ **건물**(建物) **공간**(空間) : 재료가 같아도 내부의 분위기가 다른 것은 공간의 형태에 따른 울림이나 기운(氣運)의 순환형태(循環形態)가 서로 다르기 때문인데 건축공간에 의해 발생하는 기운은 공간의 울림소리나 공기의 회전 등에 따라 다르다. 공간에서 소리가 생기는 과정을 자동차를 타고 갈 때 바람이 가로수 등을 스치는 소리를 생각하면 쉽게 알 수 있다. 우리가 길을 갈 때도 주위에서는 미약하지만 소리가 발생한다. 마찬가지로 건물 안에서도 사람이 기둥이나 벽 옆을 통과하거나 그 앞에서 움직일 때 소리가 생긴다. 사람은 아름다운 소리가 나면 즐거워지고 나쁜 소리가 나면 불쾌해진다. 일정한 공간내의 공기도 온도차이 등 자연조건의 영향을 받아 계속 회전하는데 바람이 회전하는 조건은 공간의 형태에 따라 달라진다. 즉 원형이나 정사각형 공간에서는 바람이 회전하기 쉽고 면적이 같은 평면에서는 원형(圓形)이 회전할 수 있는 바람의 크기가 가장 크다. 정사각형 평면에서도 바람의 회전이 용이하지만 직사각형의 건물에서는 바람이 순조롭게 회전하지 못하고 크기도 작은데 큰 회전을 일으키는 공간의 생기(生氣)가 크다.

❖ **건물과 명당구조와 형태** : 명당은 생기가 많이 모여 있는 공간

으로서, 자연적 명당과 건축적 명당으로 구분된다. 자연적 명당은 산이나 강, 토질 등의 자연적 조건에 의해 발생된 명당을 말하고, 건축적 명당이란 땅의 조건 이외에 사람의 손에 의해 만들어진 여러 가지의 건축 조건, 곧 건축물의 형태, 방위, 배치 방법, 대문·마당·도로의 형태 등의 결합에 의해 이루어진 명당을 말한다. 자연적 명당이라고 해도 건축을 잘못하면 지세의 명당 효능은 반감된다. 반면, 비록 자연적 명당이 아닌 장소라고 해도 건축적 명당을 만들면 불행한 일을 면하게 되고 어느 정도 편안하게 살 수 있게 된다. 생기 있는 건물 형태를 만들기 위해서는 명당을 이루는 산의 형태를 기준으로 해야 한다. 즉 건물 평면은 명당을 이루는 산의 등고선을 적용하고, 지붕 형태 역시 산 형태를 적용하여 만든다. 평면과 지붕 형태는 집 기운을 이루는 가장 중요한 요소로서 이들의 형태에 따라 건물 내부의 분위기가 달라진다. 명당 건물에서는 건물 중심에 기운이 모여 중심 집중형 공간이 되며, 이곳에 사는 사람들은 조화와 화합을 이룬다. 또 안정된 진동과 소리가 발생하여 사람의 마음을 평화롭게 하므로 육체적·정신적으로 건강하게 되며, 사랑하는 마음이 크고 단결력이 있게 된다.

❖ **건물과 남향배치** : 남향 건물은 태양빛을 가장 많이 받을 수 있어서 많은 사람에게 널리 알려진 배치 방법이다. 남향으로 배치하면 태양빛이 집안 깊은 곳까지 들어와 건강하고 따뜻한 집을 만들 수 있다. 흔히 남향집에 살려면 3대를 적선(積善)해야 한다고 이야기한다. 남향배치는 평탄하거나 남쪽으로 경사진 지역에 가장 적합하며, 남쪽에 건물이 없어야 한다. 남쪽에 산이 있거나 건물이 있으면 태양빛을 충분히 받아들일 수 없어 오히려 불리하다. 이런 때는 다른 쪽을 향하게 짓는 것이 더 유리하다. 특히 도심에서는 좁은 땅에 집을 짓는 경우가 많기 때문에 남향보다 생기를 더 많이 받을 수 있는 배치 방법을 적용해야 한다.

❖ **건물과 도로의 접근 각도** : 건물 앞면 벽은 도로와 평행이 되게 하는 것이 가장 이상적이다. 그래야 바람의 진행이 순조롭고, 주변 건물과 아름답게 균형을 이룰 수 있기 때문이다. 도로와 어긋나게 건물을 배치하거나 도로 쪽으로 돌출되면, 바람에 직접 부딪힐 수도 있고 주변 건물과 어울리지 못해 보기에도 좋지 않다.

❖ **건물 높이·개구부·재료** : 풍수로 볼 때 이상적인 건물 높이는 정면 전체가 기준이 된다. 건물 평면 길이와 비슷한 높이를 이상적으로 보는 것인데, 이는 정면 전체가 앞과 가장 비슷한 형태이기 때문이다. 이런 형태가 기운이 회전하기에 가장 용이하다. 건물 높이가 너무 낮으면 기운이 위아래로 회전하기가 어렵다. 반대로 건물이 너무 높으면 위쪽으로 확산되는 기운이 많아서 역시 회전하기는 어렵다. 건물 평면의 가로와 세로 길이가 서로 다르면 가로와 세로 중간 정도 높이가 가장 이상적인 것으로 본다. 정육면체 건물의 대표적인 예로는 유명한 이탈리아 건축가 팔라디오(A. Palladio)가 지은 건물들을 들 수 있다. 가장 훌륭하다고 꼽히는 서양 건축물들이 대부분 정육면체 공간을 이루고 있는 것도 풍수이론과 일치하는 것이다.

❖ **건물 도로에 직각으로 배치** : 도로변에 건물을 짓는 경우, 도로에 면하는 벽면이 좁고 내부 깊이가 깊은 것이 좋다. 도로의 기운이 집 안에 들어와 모이기 좋은 형태이기 때문이다. 도로에 면하는 길이를 길게 하고 내부 깊이를 얕게 하면, 도로에서 볼 때 건물이 크게 보이는 장점은 있다. 쇼 윈도도 넓어져 선전 효과를 높일 수 있으며, 도로면에 점포를 여러 개 구획할 수도 있다. 그러나 이렇게 앞면이 도로에 길게 접하고 있는 건물은 내부에 밖에서 들어온 기운이 모일 공간이 없어서 생기가 부족해진다. 이러한 건물들은 겉에서 보기에는 사업이 잘 될 것 같으나 실속이 없다. 토지를 구획하는 경우, 주택지든 상업지든 도로에 면한 길이보다 도로면과 직각인 길이가 더 길어야 한다. 이렇게 하면 도로 이용률도 높아지고 건물 형태도 도로에서 바람을 받아 생기를 만들기 좋다. 도로 면에 필지를 구획하는 경우 도로면 길이와 깊이의 비를 1 : 1로 하는 예가 많았는데, 이렇게 되면 집 앞에 마당을 둬야 하므로 도로 면에 따라 길게 지을 수밖에 없다. 주거 지역은 건폐율(建蔽率)이 60%인 만큼 40%를 마당으로 남겨 둬야 하기 때문이다. 따라서 주거지는 앞면 길이와 깊이의 비율이 1 : 2정도가 적당하며, 상업지는 1 : 3이상이 적당하다. 건물의 동서남북에 도로가 있으면 좋은 건물이

되지 못한다. 도로 때문에 건물 내부 기운이 빠져 나가기 때문이다. 도로에 면한 벽면은 두꺼워야 좋다. 벽이 얇으면 도로를 통과하는 바람에 내부 기운을 빼앗기기 때문이다. 유리로 되어 있어도 마찬가지이다. 벽면을 두껍게 하고 유리창 면적을 줄이는 것이 생기를 이루는 데 도움이 된다.

❖ **건물 동사택과 서사택** : 지표면에는 언제나 보이지 않는 힘이 흐르고 있다. 바다에서는 이 보이지 않는 힘이 난류와 한류를 일으킨다. 바닷물은 언제나 일정한 방위를 따라 흐른다. 보이지 않는 힘이 바다에만 작용하는 것은 아니다. 육지에서도 보이지 않는 힘이 흐르고 있다. 곧 땅 위에도 난류와 한류의 기운이 흐른다. 인체에도 동맥과 정맥에 서로 다른 피가 흐른다. 만약 동맥과 정맥의 피가 서로 부딪치면 건강에 치명적인 영향을 줄 것이다. 사람에게 동맥과 정맥이 있는 것은 자연에서 난류와 한류가 있는 것과 같은 맥락이다. 지표면에 흐르는 기운은 동기(東氣)와 서기(西氣)로 구분된다. 동기는 지표면에서 상승하는 기운이고 서기는 하강하는 기운이다. 동사택(東四宅)은 동기가 통과하는 방위 위에, 서사택(西四宅)은 서기가 통과하는 방위 위에 자리잡은 집이다. 동기는 같은 동기와는 서로 잘 어울리지만 서기와는 어울리지 못하고, 서기도 같은 서기와는 잘 어울리지만 동기와는 조화를 이루지 못한다. 집이나 건물의 동사택과 서사택의 구분은 방위를 기준으로 삼는다. 360도를 45도씩 나눈 8방위 가운데 4방위는 동사택에 해당하고, 나머지 4방위는 서사택에 해당한다. 북쪽·동쪽·남동쪽·남쪽 방위 180도는 동기가 흐르는 방위며, 북동쪽·북서쪽·서쪽·남서쪽 방위는 서기가 흐르는 방위다. 집 중심부에서는 동기든 서기든 한 기운만 모여 있는 것이 좋다. 동기와 서기가 혼합되어 있으면 기운이 탁해져 흉가가 된다. 마당에서 봤을 때 집이 북쪽에 위치해서 남쪽을 향하고 있으면, 건물 중심은 임자계(壬子癸) 방위로 동사택이다. 이 경우에는 건물 중심 기운이 순수한 동기 건물이다. 대문의 방위도 집이 자리한 방위만큼 중요하다. 대문은 단순히 사람이 출입하는 공간이 아니라, 바람을 집 안으로 들여보내는 중요한 역할을 한다. 대문으로 좋은 바람이 들어오면 그 집에 좋은 기운이 흐르게 되고, 나쁜 바람이 들어오면 좋지 않은 기운이 흐르게 된다. 대문 방위도 집 방위를 볼 때와 같이 마당 중심에서 대문 있는 곳을 패철로 측정하는데, 대문 위치가 동기에 있으면 동사택, 서기에 있으면 서사택이다. 건물이 동사택이면 대문도 동사택인 것이 좋고, 건물이 서사택이면 대문도 서사택이 좋다. 건물과 대문이 서로 다른 기운이면 좋지 않다. 집 안에서 중심 공간의 위치를 찾는 방법은 집 안 중심점에서 패철을 사용해서 기운이 모이는 방위를 찾는 것이다. 집이 정남쪽을 향하고 있으면 남쪽에서 들어오는 바람은 집의 북쪽 중심에 모인다. 그러므로 이 경우 중심 기운은 북쪽이 된다. 북쪽은 8방위로 보아 동기를 띤다. 이런 집 안에 출입구와 창문이 남쪽에 있으면 출입구는 방위 중심에서 보아 남쪽에 있는 것으로 구분된다. 남쪽 방위도 동사택에 해당된다. 이처럼 남향인 건물에서 중심이 북쪽에 있고 손님 기운에 해당하는 문은 남쪽으로 같은 동기면 주인 기운과 손님 기운이 어울려서 발전하는 공간이 된다.

❖ **건물 명당 주택의 지붕** : 이상적인 지붕 형태는 생기를 발생하고 한국의 산 형태 및 전통 사상과 조화를 이루는 것이어야 한다. 집에서 지붕은 가장 높은 곳에 위치하게 되어 외형상 사람의 얼굴처럼 중요한 부분일 뿐만 아니라, 땅의 기운과 하늘의 기운이 만나는 공간이며, 집 내부에서는 양의 기운이 모이는 공간이다. 따라서 지붕에서 발생되는 기운은 사람에게 전달되고, 사람은 그 영향을 받게 된다. 한국의 산 형태는 목산, 금산, 수산 형태가 대부분이며, 화산과 토산은 그리 많지 않다. 전통적인 기와 지붕은 수산에 속한다. 수산은 중심부분이 낮고 왼쪽과 오른쪽이 넓게 벌어져 있으므로, 중심기운이 부족하여 다른 산 형태에 비해 기운이 아주 빈약하다. 생기 있는 산 형태로는 목산과 금산이 가장 이상적이다. 목산 중에서 생기가 많은 산으로는 북악산을 꼽을 수 있고, 금산 중에서 생기가 많은 산은 인왕산을 꼽을 수 있다. 북악산은 경복궁의 주산이며, 인왕산은 경복궁의 백호로 서쪽에 위치하고 있다. 이 두 산은 모두 주인격이면서 강체의 산이어서 강한 생기와 단결력을 갖고 있다. 이러한 북악산과 인왕산 형태를 본받아 지붕이 가장 이상적인 지붕이라고 할 수 있다. 북악산은 좌우 균형을 이루면서

중심 부분이 반듯하게 솟아 있어 마치 갓 피어나는 꽃봉오리와 같다. 또한 상부는 피라미드 같이 안정감을 이루면서 높이 솟아 있다. 이러한 산의 형태는 강력한 상승 기운을 나타낸다. 산의 경사면은 수평면으로부터 약50도를 이루고 있으며, 전체적으로 곡선을 이루고 있어 직선보다 부드러우면서도 강한 탄력을 갖고 있다. 이러한 북악산 형태를 지붕에 적용하면, 지붕 면은 전체적으로 모임 지붕으로 하고 경사면은 각도는 50도로 만들면 된다. 또 북악산 하부는 넓게 퍼져 있어서 산 정상부를 안정감 있게 받쳐 주는 형태를 이루고 있으므로, 지붕 하부는 상부를 넓게 받쳐 주는 받침 형태를 이루게 한다. 이런 형태의 지붕을 목산형 명당 지붕이라고 말한다. 인왕산은 전체적으로 큰 바가지 형태의 바위 덩어리로 이루어져 있는 대표적 금산이다. 인왕산은 강력한 기운을 갖고 있어서 예로부터 왕기를 갖고 있다고 전해지며, 이러한 왕기에 의해 조선 초 무학 대사는 인왕산을 주산으로 하여 경복궁을 배치할 것을 강력하게 주장하기도 했다. 인왕산 형태를 상부와 하부로 구분하여 분석하면 상부는 원형의 돔 구조에 해당된다. 돔 구조는 석굴암의 천장과 같은 형태이며, 궁궐이나 종교 건물 등에서 많이 사용된다. 인왕산 하부는 돔을 아래에서 받쳐주는 형태다. 이러한 형태의 지붕을 금산형 명당 지붕이라고 말한다. 이렇게 볼 때, 명당 지붕은 초가 지붕과 기와 지붕을 결합한 형태이다. 즉 기와 지붕의 상부에 초가 지붕 형태를 올려 놓으면 인왕산이나 북악산 형태의 지붕 모양이 이루어지는 것이다. 초가 지붕과 기와 지붕이 결합한 형태의 지붕을 '초기 지붕'이라고 하는데, 이러한 초기 지붕의 특징은 S자 형태의 곡선을 이루고 있다는 점이다. 즉 지붕 상부는 초가와 같은 돔의곡선으로 이루어져 있으며, 지붕 하부는 기와 지붕 곡선과 같이 처지는 곡선으로 이루어져 있다. 이러한 S자 곡선은 갓 피어나는 꽃봉오리와 동일한 형태를 이루고 있어 강한 생기를 이룬다.

[북악산 형태에 의한 지붕 형태 왕산 형태에 의한 지붕 형태]

❖ **건물 명당 주택의 평면**: 명당 주택이란 내부에 생기가 모이는 집을 말한다. 명당 주택의 평면은 생기 있는 산의 등고선에 비교할 수 있다. 등고선은 원형과 수직선형, 정사각형이 대부분인데, 명당형 등고선 형태는 정사각형이거나 건물 깊이에 대한 앞면 길이 비율이 1 : 2미만의 직사각형이다. 반대로 건물 깊이에 대한 앞면 길이의 비율이 1 : 2이상이거나 ㄱ자, ㄷ자인 평면은 흉가로 분류된다. 또한 원형이나 팔각형 평면의 공간에서는 비록 내부에 생기는 많이 모이지만, 칸막이가 있는 경우에는 사용상 불리한 점이 많아 일반적인 집 평면 형태로는 부적합하다.

❖ **건물의 모양은 원통형이나 8괘 모양이 좋다**: 날로 높아만 가는 고층 아파트나 고층 빌딩들은 외형적으로 사람들에게 위압감을 주고 딱딱하며 살벌한 느낌을 주는 게 사실이다. 그러나 건물을 짓기에 편하다는 것과 최대 면적을 활용한다는 측면에서 사각형상의 건축물이 선호되고 있는 실정이다. 물론 삼각형 사다리꼴의 건물이나 빌딩보다는 사각형상의 건물이 명당(明堂)발복(發福)을 하는데 있어서 유리하다. 하지만 그 발복의 크기가 원형(圓形)보다는 못하다. 또 원형건물은 8괘모양의 건물보다 못하다. 물론 원형의 건물이 길하다고는 해도 속이 비어 있는 구조라면 사각형상의 건물보다 흉상이다. 그러나 원형 건물은 설계 건축면에서 어려움이 많기에 그런 건물을 구경하기는 쉽지 않다. 다행히도 원형 건물보다 더 복록이 크고 길하여 풍수가들이 선호하는 모양이 있으니 바로 8괘 방위를 그릴 때 나타나는 8각형 즉 8괘 모양의 건물이다. 8괘 방위란 우주적인 모든 힘과 의미를 구현하고 있는 8괘의 작용력을 인간의 생활과 밀접하게

연결시켜 해석한 역리학 이론이다. 우리나라의 건축가들이 풍수지리에 대해 조금만이라도 안다면 특히 8괘가 나타내는 무한한 우주의 힘을 터득하고 인정한다면 앞으로 도심에서 보게 되는 건물들은 아마 팔각형상이 가장 많게 될 것이다.

❖ **건물 배치는 지세가 생긴 대로**: 건물 배치는 지세가 생긴 대로 배산임수와 전저후고 원칙에 맞도록 배치하되, 대지의 모양에 따라 정원의 상(정원의 모양은 될 수 있으면 네모반듯하게 할 것)을 고려하여 배합가상(配合家相)으로 해야 한다. 또 좋은 대지에 길상의 건물을 독채로 세우는 것보다는 본체건물보다 조금 낮은 부속건물을 세우는 것이 더욱 좋다. 대문(大門)은 귀(貴)로 본다. 그러므로 대문 주위는 항상 청결을 유지하도록 해야 하며, 건물에 비해서 너무 작거나 크면 흉상(凶相)이니 건물의 크기에 어울리도록 세워야 한다. 그리고 대문 옆에 화장실이 있다면 오늘밤 안에라도 철거해야 하며, 부속건물이 있다면 내외문(內外門)을 설치하는 것이 바람직하다. 본 건물을 부속건물이 □자형으로 둘러싼 배치는 전착후관의 뜻이 있으며, 네모반듯한 정원에서 기의 조화를 이용한 조상의 슬기가 깃들어 있는 좋은 배치방법이다.

❖ **건물 방위에 대한 종합 평가**: 방위를 분석하는 기준은 동사택과 서사택, 음양·오행 세 가지지만, 가장 비중을 많이 차지하는 것은 동사택과 서사택이다. 세 요소의 비중을 따져보면 동사택과 서사택이 60%, 음양에 의한 방위가 20%, 오행 방위는 20%의 영향을 미친다고 본다. 평점을 100으로 볼 때, 동사택과 서사택 방위가 맞으면 60이 좋은 것이다. 음양의 경우 음기와 양기가 서로 어울리면 좋은 기운이 20이고, 같은 기운끼리 모이면 0이다. 오행의 경우 상생 관계는 20의 기운을 더하고, 상극이면 0이다. 그리고 오행에서 같은 기운끼리 있으면(물과 물, 나무와 나무 등) 10으로 본다. 가장 이상적인 관계는 물론 도합 100점인 방위이다. 이런 방위의 예로 남향 건물에 남동 출입구를 갖춘 경우를 들 수 있다. 남향 건물은 북쪽이 중심점이다. 이 중심 기운은 동사택 기운이며, 출입구가 남동에 있으면 방위상으로 같은 동사택 방위이다. 그러므로 손님 가운데 주인 기운이 어울린다. 여기서 60점의 생기를 확보한다. 음양으로 분석하면 북쪽에 모이는 중심 기운은 남성 기운에 해당하고 남동쪽 출입구는 장녀 방위에 해당한다. 곧 여성 기운이 들어와 남성 기운과 어우러져 20점에 해당하는 생기를 얻는다. 오행상으로도 주인 기운은 물, 손님 기운은 나무가 되어 수생목의 상생 관계를 이룬다. 이렇게 해서 실내 기운이 100을 이루는 것이다. 남향 건물에 서쪽 출입구를 예로 들어 보자. 방 중심에서 기운이 모이는 쪽을 바라보면, 주인 기운은 동사택에 해당한다. 중심에서 출입구가 있는 서쪽은 서사택 방위에 해당한다. 주인의 동사택 기운과 손님의 서사택 기운은 서로 좋지 않은 기운이라 0점에 해당한다. 음양으로 분석하면, 주인 기운은 중남 기운에 해당하고, 출입구인 서쪽은 소녀 기운에 해당한다. 이 경우 음과 양은 서로 조화를 이뤄 20점의 점수를 받는다. 오행으로 구분하면, 중심 기운은 물에 해당하고 출입구 기운은 쇠에 해당해서, 금생수의 상생 관계를 이뤄 20점을 받게 된다. 총 합계는 40점으로 그다지 좋은 집이 아니다. 출입구 방위는 건물 중심이 어느 쪽에 있느냐를 기준으로 좋은 방위를 선택해야 한다. 8방위마다 각각 100점에서 0점까지 출입문이 있기 때문에 언제나 동쪽 대문이 좋은 것은 아니다. 중심 기운 방위에 따라서 동쪽이 좋지 않은 경우도 있다.

❖ **건물 방위와 음양**: 8방위는 음과 양 두 가지 성질로 구분되는데, 음은 여성적인 기운을 가진 방위고, 양은 남성적인 기운을 가졌다. 음 방위와 양 방위의 기운은 음양의 이치에 따라, 서로 다른 기운과 만나는 것을 좋게 보고, 같은 기운과 만나는 것을 좋지 않게 본다. 음 방위는 패철상 남동(震巽巳)·정남(丙午丁)·남서(未坤申)·정서(庚酉辛)로 여성의 기운을 의미하고, 양 방위는 북서(戌乾亥)·정북(壬子癸)·북동(丑艮寅)·정동(甲卯乙)으로 남성의 기운을 의미한다. 음양의 4개 방위는 기운의 젊음과 노쇠함에 따라 남동은 장녀(長女), 정남은 중녀(中女), 남서는 노모(老母), 정서는 소녀(少女) 방위로 구분되고, 북서는 노부(老父), 정북은 중남(中男), 북동은 소남(小男), 정동은 가장 왕성한 남자 기운이 흐르는 장남(長男)으로 구분된다. 집 마당 중심점에서 보아 건물의 방위가 남성 방위인 북서·정북·북동·정동에 있을 때는 집 내부에 남성 기운을 갖게 되고, 남서·정남·정서·남동

이면 여성 기운을 갖게 된다. 대문도 마찬가지이다. 집에서 건물과 대문의 의미를 구분하면, 건물은 주인이고 대문은 손님과 같은 관계로 구분된다. 일반적으로 음양은 서로 결합하기를 좋아한다. 마찬가지로 집의 기운이 남성일 경우 대문으로 여성 기운이 들어오면 행운이 따르고, 같은 남성 기운이면 서로 배척해서 좋지 못한다. 건물 중심이 정북, 곧 임자계 방위에 있고 대문이 정남, 곧 병오정 방위에 있는 경우를 예로 들어 보자. 건물이 중남으로 남성 기운이며, 대문은 중녀로 여성 기운이다. 이 경우에는 남성과 여성이 서로 좋아하는 관계이므로 생기를 만들어 좋은 집이 된다. 그러나 같은 임자계에 건물에 있어서 대문 방위가 북서, 곧 술건해(戌乾亥) 방위에 있으면 대문은 노부(老父) 기운이며, 건물은 중남의 남성 기운이어서 건물과 대문이 서로 배척하는 관계이다. 건물과 대문이 각각 남성과 여성 기운을 갖고 서로 어울려 생기를 이룰 때, 이것이 어울리는 과정에서 늙고 젊음은 전혀 상관이 없다.

❖ **건물 방위 측정** : 건물 출입구나 창문 같은 개구부는 외부 공기와 빛을 받아들이는 통로 역할을 한다. 남쪽에 바다가 있는 지세에서 남쪽으로 난 창문은 뜨거운 태양빛과 바다의 기운을 동시에 받아들이며, 서쪽에 산이 있는 지세에서 서향하고 있는 개구부는 산의 기운과 서풍을 동시에 받아들인다. 이처럼 개구부가 면하고 있는 방위에 따라 건물 안 공기가 달라지므로, 면적이 같은 건물이라도 배치된 방위의 기운에 의해 실내 분위기가 달라지며, 그 안에 사는 사람들에게 마치는 정신적·육체적 영향도 달라진다. 집을 비롯한 건물 방위의 길흉 분석은 8방위로 해석한다. 8방위는 주역의 팔괘와 그 의미가 같은데, 360도 원주를 8등분해서 동서남북 4방위와 그 사이 4방위로 이루어져야 있다. 8방위는 정북(正北)·정남(正南)·정동(正東)·정서(正西)·북동(北東)·남동(南東)·남서(南西)·북서(北西)로서 각각 45도씩 구분하고 있다. 45도인 8방위를 다시 3등분하면 24방위가 된다. 따라서 24방위의 한 방위는 15도가 된다. 24방위는 북쪽에 있는 자(子)에서 시계 방향으로 계(癸)·축(丑)·간(艮)·인(寅)·갑(甲)·묘(卯)·을(乙)·진(辰)·손(巽)·사(巳)·병(丙)·오(午)·정(丁)·미(未)·곤(坤)·신(申)·경(庚)·유(酉)·신(辛)·술(戌)·건(乾)·해(亥)·임(壬) 24자로 표시한다. 24방위는 천기(天氣) 12방위와 지기(地氣) 12방위로 구성되어 있다. 천기는 갑·을·병·정·무·기·경·신·임·계 중에서 오행상 토의 기운을 갖고 있는 무·기를 제외하고, 대신 건·곤·간·손을 포함시켰다. 땅에 흐르는 기운, 곧 지지(地支)는 자·축·인·묘·진·사·오·미·신·유·술·해다. 방위를 측정할 때는 패철을 사용하는데, 패철 방위는 자석이 가리키는 북쪽을 '자(子)'로 표시하고, 남쪽은 '오(午)'로 표시해서 자오를 연결하는 선을 중심선으로 한다. 24방위는 자오선을 중심으로 천기와 지기가 각각 한 방위씩 섞여 마치 남자와 여자가 짝을 이루며 둘러앉아 있는 모습과 같다. 또 24방위는 1년 24절후와도 그 맥을 같이 하고 있어, 패철의 한 방위는 한 절후가 변화하는 과정과 일치한다. 패철을 사용해 집이나 묏자리의 방위를 좌향으로 나타낸다. 집의 좌향을 측정하는 방법도 이에 따른다.

❖ **건물 방위를 측정할 때**

① 건물 중심점(한옥일 경우에는 대청 마루 중앙)에 패철을 수평이 되도록 놓는다.

② 패철 자석이 남북을 향해 멈추도록 잠시 기다린다.

③ 패철 자석이 남북을 향해 멈추면 패철을 가만히 돌려 패철의 자오선이 자석의 남쪽을 가리키는 선과 일치하게 된다. 이렇게 되면 자석 북쪽이 자에 일치하고, 남쪽은 오에 일치된다.

④ 건물 뒷면 중심점을 정한다.

⑤ 패철 24방위 글자 가운데 건물 뒷면 중심점에 가장 가까운 방위 글자가 건물의 좌(坐)가 된다.

⑥ 패철에서 좌의 반대편, 곧 마주 보는 글자가 이 건물의 향(向)이 된다. 좌와 향은 180도를 이루어 반대 방향을 나타낸다. 건물 방위가 정남향인 경우에는 자좌오향(子坐午向)이 되며, 정북향이면 오좌자향(午坐子向)이 된다. 또 건물이 정동향이면 유좌묘향(酉坐卯向)이 되고, 정서향이면 묘좌유향(卯坐酉向)이 된다. 건물이 동서남북의 중간 방위면 패철에 나타난 글자에 의해 좌와 향을 구분한다. 집의 방위를 보는 것은 좌향을 구분하기 위해서기도 하지만, 좌향에 의한 기운을 구분함으로써 집의 길흉을 분석하기 위한 이유가 더 크다.

집은 외부 방위를 측정하기도 하고, 내부 방위를 측정하기도 한다. 일반적으로 집의 방위라고 하면 외부 방위를 말하는데, 마당의 중심점에서 건물과 대문 등의 방위를 측정한다. 내부 방위는 안방·화장실·현관·부엌 등이 배치된 방위에 의한 기운을 해석하는 것으로, 집안 중심점에서 각 방의 방위를 측정한다. 방위에 의한 기운을 정확하게 분석하기 위해서는 집 외부와 내부의 방위를 함께 봐야 한다.

❖ **건물 배산임수 배치가 우선** : 풍수지리로 볼 때에 남향 배치보다 더 좋은 배치가 있다. 바로 배산임수 배치이다. 배산임수 배치란 문자 그대로 산을 등지고 물이 있는 쪽을 향해 건물을 짓고, 지대가 낮은 쪽에 마당을 둬 내려다보게 하는 배치이다. 지면의 높낮이가 확실하게 구분되지 않거나 강이나 바다가 직접 보이지 않는 지세에서는 빗물이 흘러가는 방향을 낮은 쪽으로 해서 마당을 만들어, 건물에서 빗물이 내려가는 쪽을 바라보게 설치한다. 일반적으로 생기는 강물과 육지가 음과 양으로 조화를 이루는 낮은 지역에서 생겨나 바람을 타고 지상으로 옮겨진다. 생기 있는 바람을 받아들이기 위해서는 집이 생기가 불어오는 쪽을 향해야 한다. 생기 있는 바람은 물에서 일어나 산의 능선을 따라 위로 올라가는 바람이다. 그러므로 집을 배치할 때는 물이 있는 쪽에서 불어오는 바람을 집 안에 받아들이도록 하는 것이 원칙이다. 바람이 불어오는 쪽으로 건물을 배치하는 것이다. 바람은 낮에는 대류현상에 따라 지대가 낮은 물가에서 시작해서 지대가 높은 산 쪽으로 불고, 밤에는 산에서 낮은 곳으로 내려온다. 주로 낮에 활동하는 사람에게 필요한 바람은 물가에서 올라오는 바람이다. 이 배치는 또한 집의 전망을 넓어 보이게 한다. 일반적으로 물이 있는 쪽은 전망이 트여 있는 곳을 말한다. 물을 등지고 산이 있는 쪽을 바라본다면, 산이 앞을 가로막는 형상이 되어 전망이 넓어질 수가 없다. 배산임수 배치는 물가에서 불어오는 바람으로 실내 공기 압력을 높이는 방법이다. 바람이 집 안에 불어오는 쪽으로 건물을 배치하면, 집안 기압이 바람으로 인해 조금씩 높아진다. 기압이 높아지면 그 안에 사는 사람도 기운을 받아 건강해진다. 바람을 등지고 건물을 배치하면, 뒤에서 불어오는 바람이 집 앞 부분에서 회오리바람이 되어 집 안 기운을 훑어 나간다. 그러므로 집 안 압력은 오히려 떨어지고, 여기 사는 사람은 떨어진 압력으로 인해 기운을 잃기 마련이다. 기운을 읽게 되면, 제일 먼저 건강을 읽게 될 것은 당연한 결론이다. 건강을 잃으면 다른 일들도 잘 풀리지 않을 것 역시 당연하다. 반대로 남쪽 지면이 높고 북쪽 지면이 낮은 대지에 집을 배치할 때는 지면이 높은 남쪽이 건물 뒷면이 되고, 지면이 낮은 북쪽이 건물 앞면이 되는, 북향 배치가 배산임수에 따른 배치 방법이다. 그래야 북쪽에서 불어오는 생기를 받아들일 수 있기 때문이다. 이런 지세에 남향집을 지으면 햇빛을 많이 받아들이는 장점은 있지만, 지대가 낮은 건물 뒷면을 돌이나 콘크리트로 받치고 집을 짓기 때문에 집이 뒤로 자빠지는 모습을 하게 된다. 더구나 건물 정면을 높은 산이 가로막고 있어 중압감을 느끼게 되고, 산이 하늘을 가로막아 넓은 하늘을 바라볼 수 없다. 하늘에서 마당을 통해 들어오는 생기의 양도 부족해 집 안에 불행한 기운이 가득 찬다. 또 북쪽에서 불어오는 생기를 막고 반대쪽을 바라보고 있는 형상이기 때문에 오히려 생기를 빼앗길 뿐만 아니라, 산으로 올라가는 바람이 집터에 회오리바람을 일으켜 집안의 기운을 빼앗아 간다. 이런 집에서 살면 우선 건강을 잃고, 직업을 잃거나 손해를 보는 등 여러 불행을 겪는다. 배산임수 배치 방법은 가장 대표적인 한국 전통 건축법이다. 궁궐과 사찰은 물론 개인 주택에 이르기까지 대부분 이 방법을 적용했으며, 오늘날까지도 가장 이상적인 배치 방법으로 이용되고 있다. 주거용 건물일 경우 햇빛보다 기압이 더 중요하다는 것이 풍수지리 이론이다. 북향 집이라도 햇빛은 반사되어 들어온다. 그러나 인체에 직접 영향을 주는 기압은 다른 방법으로 대치할 수 없다. 그러므로 바람이 잘 통하는 배산임수 배치가 남향 배치보다 더 좋은 방법이다. 가장 이상적인 건물 배치 방법은 배산임수와 남향을 동시에 이루는 방법이다. 남쪽에서 불어오는 바람과 햇빛을 모두 많이 받을 수 있는 지세, 곧 남쪽으로 경사진 땅이 가장 이상적인 땅이다. 배산임수 배치와 반대되는 개념은 배수임산 배치, 곧 물을 등지고 산을 바라보는 배치이다. 물을 등진다는 말은 바로 군대에서 말하는 배수진이다. 배수진이란 가장 불리한 진

지, 곧 가장 흉한 진법이다. 이와 마찬가지로 물을 뒤에 두고 집을 짓는다는 것은 불행을 불러들이는 것과 같다. 따라서 남향 배치보다는 언제나 물을 바라보는 배치가 우선한다.

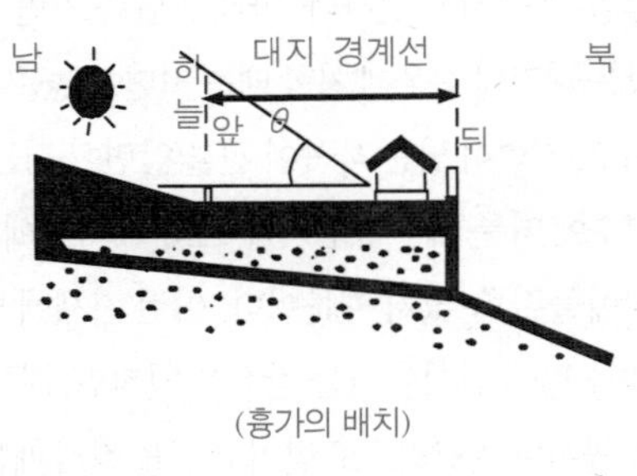

(흉가의 배치)

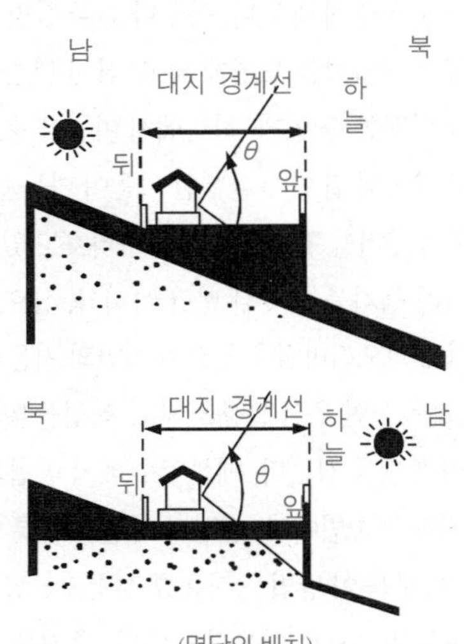

(명당의 배치)

[배산임수에 따른 흉가와 명당의 배치 방법]

❖ **건물 배반격 평면**: 건물이 마당을 등지고 뒷면으로 꺾어져 ㄴ자·ㄷ자 형태를 이루고 있는 형세. 이러한 건물은 밑빠진 독이라고 말한다.

❖ **건물 배치에 따른 길흉**: 좋은 터가 선정되면 건물을 어느 방향으로 배치하는 것이 가장 좋은 방법인지를 생각해야 한다. 땅이 모두 남쪽으로만 경사질 수는 없기 때문이다. 북쪽으로 경사진 땅, 또는 동이나 서로 경사진 땅도 많다. 대지에 연결된 도로도 남쪽으로만 있지 않고 동서남북 여러 면으로 있게 마련이다. 집이나 점포 같은 건물을 지을 경우에 가장 중요한 사항은 건물이 자연의 기운을 많이 받아들이도록 배치해야 한다는 점이다. 자연의 기운을 많이 받아들이면 건물 안에 좋은 기운이 쌓여 그 안에서 생활하는 사람이 건강해지고 사업이 발전한다. 그러나 건물 배치를 잘못해서 좋은 기운을 받아들이지 못하면, 그곳에 사는 사람은 건강이 나빠지거나 심지어는 불행한 일을 당하기도 한다. 건물을 배치하는 방법은 각 지세를 따라 여러 가지로 구분된다. 일반적으로 남향이나 배산임수 등 방위를 고려해야 하며, 도로·마당·주변 건물·내룡과의 관계 등 여러 가지 요소를 살펴야 한다. 이들 조건을 모두 고려해서 건물을 배치하는 것이 가장 좋다.

❖ **건물복도**: 사무용 빌딩은 층 중앙마다 복도가 있고 그 양 옆으로 사무실이 있다. 이런 경우 사무실 면적을 넓히기 위해, 복도 폭이 좁은 게 대부분이다. 통로는 사람들이 지나다닐 수 있을 정도 폭만 유지하면 된다고 생각하기 때문이다. 물론 기능을 우선으로 하는 현대 건축의 공간 개념으로는 통행에 필요한 폭만 유지하는 복도가 이상적이다. 풍수지리로 보면, 중앙 통로는 지금보다 훨씬 넓어야 한다. 통로는 기운이 모이는 중요한 기능을 갖고 있기 때문이다. 통로 폭이 넓으면 건물 중앙에 기운이 모여 생기를 이루는 반면, 폭이 좁으면 기운이 모이지 않는다. 따라서 건물 통로를 넓게 하되, 그 공간을 전시나 휴식공간으로 이용하는 것이 바람직하다.

❖ **건물 삼각형 평면은 흉가**: 삼각형 평면은 오행산 중 화산(火山) 평면으로 구분된다. 삼각형 평면은 지나치게 뾰족해서 안정감이 부족하다. 또 기운의 균형 감각이 없고 폭발성이 강하므로, 집 평면에 적용하는 것은 좋지 않다. 삼각형 집에서는 칼부림 같은 일이 빈번하게 일어나는데, 이럴 때는 뾰족한 부분을 잘라내 부드럽게 만들어 줘야 한다. 평면이 삼각형 또는 한쪽이 뾰족한 건물은 싸움이나 분쟁 같은 불행한 기운을 갖고 있어 흉가에 속한다.

❖ **건물 수직선형 평면**: 높은 산봉우리에서 용이 연결되며 수직을 이루는 산은 목산으로 구분된다. 목산의 등고선은 一자 형태를 이루고 있으므로, 건물 수직선형이 一자형 평면인 경우에는 목산형 평면으로 구분한다. 교회·성당 같은 기독교 건물, 태국의

사찰이 목산형에 속하는데, 이런 건물은 폭이 좁고 길이가 깊은 것이 특징이다. 수직선형 건물은 내부 중심에 기운이 강하게 모여 명당을 이룬다.

❖ **건물에 햇볕을 많이 받게 하려면** : 네모난 건물이라도 정남북(正南北) 선상이나 동서(東西)의 선상(線上)에 놓여있는 건물보다는 약간 엇비슷하게 놓인 건물이 햇볕을 받는데 유리하다. 햇볕을 잘 받기위해 지그재그 식으로 지은 아파트를 자주 본다. 이러한 건물은 전체적으로 안정감을 잃게 되고 길흉(吉凶) 차이가 많이 나므로 가급적 피하는 것이 좋다. 아무리 좋은 아파트 단지라도 모든 아파트가 A급은 될 수 없다. 동 하나 하나를 보면서 근린 시설과 운동시설, 편의시설 등의 공간 배치를 보아야 한다.

❖ **건물의 기운**: 건물은 자연 공간 속에 흙이나 나무 같은 자연 재료를 사용해서 세운다. 어느 건물이나 건물이 세워진 지역의 자연에서 기운을 받아들인다. 지역에 따라 인종이나 문화가 다른 이유는 자연이 사람에게 전하는 기운이 다르기 때문이다. 서구식 문화는 넓은 평지에서 생겨나 수평적인 사고방식을 갖는다면, 산이 많은 한국에서는 수직 문화가 생기고 발전해 왔다. 이처럼 지세에 따라 체질이나 문화가 서로 다르다. 같은 지역에서도 건물 형태나 배치 방법·규모·형태 등이 서로 다르다. 건물은 여러 재료가 합해져 공간을 이루고 있는데, 재료에 따라 재료에서 발생되는 기운이 다르다. 따라서 자연 조건이 비슷해도 건물 종류에 따라 분위기나 기운이 달라진다. 재료가 같아도 내부 분위기가 다른 것은 공간 형태에 따라 울림이나 기운이 순화하는 형태가 서로 다르기 때문이다. 건축 공간에 의해 발생하는 기운은 공간의 울림·소리, 공기의 회전 등에 따라 구분된다. 공간의 울림 : 자연에서 생기는 울림은 지역에 따라 다르다. 이는 지역의 위도와 경도가 다르고 토질이나 산·강 같은 주변 조건이 모두 다르기 때문이다. 이러한 자연의 차이는 사람에게 주는 감동도 달리한다. 건물이 갖고 있는 울림도 사람에게 일정한 영향을 준다. 이 영향이 오래 계속되면 사람 성격을 결정한다. 공간의 형태에 따라 공간에서 생기는 울림이 달라진다. 나무에서 생기는 울림과 돌에서 생기는 울림은 서로 다르다. 같은 쇠라도 둥근 쇠에서 생기는 것과 뾰족한 쇠에서 생기는 울림은 서로 다르다. 이런 울림은 오감으로도 느낄 수 없지만 영적으로 전달된다.

❖ **건물 자체가 길상이라도 주위 환경이 지배를 한다**: 건물 자체로는 모든 요건이 잘 갖추어져 있어서 길상(吉相) 건물이 되더라도 주위환경 여건에 따라 본의 아니게 흉한 건물로 운명이 뒤바뀌는 경우가 있다. 제일 먼저 길상의 건물을 세웠더라도 이후에 세워진 건물들에 의해 막다른 골목 끝에 위치한 신세가 된 모습을 보여준다. 좁고 긴 막다른 골목 끝에 있는 주택은 재물운도 없을 뿐더러 건강에도 문제가 많이 발생한다. 골목으로 불어오는 바람이 살풍(煞風)으로 변하기 때문이다. 이처럼 살풍을 정면으로 받는 건물은 비록 건물의 가상(家相)이 길상이라도 좋지 않다고 보며, 그 건물에서는 사업도 재미를 보지 못하고 사업자가 자주 바뀌는 현상을 볼 수 있다.

❖ **건물 재료**: 건물을 지을 때 벽돌·나무·돌·흙 등 여러 가지 재료가 사용된다. 재료들은 각각 고유한 기를 갖고 있는 만큼 건물의 재료는 그 건물의 기를 형성하는데 중요한 요소로 작용한다. 풍수로 보아 좋은 재료는 사람에게 따뜻한 감을 주는 목재나 흙이다. 물론 안전을 위해 석재가 들어가는 것은 어쩔 수 없다. 그러나 철재나 유리 등은 그 기운이 지나치게 차가운 만큼 바람직한 재료라고는 할 수 없다. 특히 최근에 나오는 조립식 건물은 재료가 차가울 뿐 아니라 완전 접합이 되지 않고 조립되어 있는 상태여서 건물에서 발생하는 소리가 좋지 않다. 또한 목재·흙·벽돌 등 여러 재료가 균형 있게 섞인 것이 한 가지 재료로 된 것보다 이상적이다.

❖ **건물의 재료는 그 지방에서 생산된 재료가 좋다**: 건물은 자연 공간 속에 흙이나 나무 같은 자연재료를 사용해서 세운다. 그러므로 어느 건물이나 그 건물이 세워진 지역의 자연에서 기운을 받아들인다. 지역에 따라 언어나 문화가 다른 것은 자연이 사람에게 전하는 기운이 다르기 때문인데 같은 지역에서도 건물의 형태나 배치방법 규모 형태 등이 서로 다르고 건물의 재료에 따라 그 기운이 다르므로 자연 조건이 비슷해도 건물의 종류에 따라 분위기나 기운이 달라진다.

❖ **건물의 재료에 따라 기운이 달라진다** : 건물은 자연 공간 속에 흙이나 나무 같은 자연재료를 사용해서 세운다. 그러므로 어느 건물이나 그 건물이 세워진 지역의 자연에서 기운을 받아들인다. 지역에 따라 언어나 문화가 다른 것은 자연이 사람에게 전하는 기운이 다르기 때문인데 같은 지역에서도 건물의 형태나 배치방법 규모 형태 등이 서로 다르고 건물의 재료에 따라 그 기운이 다르므로 자연 조건이 비슷해도 건물의 종류에 따라 분위기나 기운이 달라진다.

❖ **건물 주인격 평면** : 주인격 산은 중심에 기운이 모이는 산이다. 이처럼 건물 중심에서 기운이 모이는 평면은 주인격 평면으로 구분된다. 원형·수직선형·정사각형 평면이 주인격 평면에 속한다. 또한 기운이 분산되어 생기가 부족한 산이 보조격 산으로 구분되듯, 건물도 기운이 분산되는 건물은 보조격 건물로 구분된다. 직사각형·ㄱ자·ㄷ자 평면이 보조격 평면이다.

❖ **건물 직사각형 평면** : 굽이굽이 흐르는 물처럼 좌우로 길게 늘어선 산을 수산 형태로 보고, 가로로 길게 一자를 이루고 있는 직사각형 평면은 수산 평면으로 구분한다. 전통 한옥·학교 건물 등이 직사각형 평면의 대표적인 예이다. 이들 직사각형 건물은 외관상 커 보이면서 채광과 환기가 잘 되고, 외부 마당과 연결이 쉽다는 장점이 있다. 직사각형 평면에서 발생하는 생기는 평면의 가로(건물 깊이 길이)와 세로(건물 앞면의 길이) 비율에 따라 달라진다. 비율이 1 : 1에 가까운 정사각형을 이루고 있으면 생기가 많이 생기고, 깊이에 비해 가로가 길면 길수록 기운이 좌우로 분산되어 생기가 이루어지지 않는다. 따라서 같은 직사각형이라도 가로 세로 비율이 1 : 2미만을 명당 평면으로 본다. 특히 가로 세로 비율이 1 : 1.7 (:3 : 5)까지인 평면은 기운의 회전이 원할한 대표적인 명당으로 구분된다. 경복궁 근정전과 창덕궁 인정전 등 궁궐 중심 건물과, 해인사 등 유명 사찰의 대웅전이 직사각형 명당의 대표적인 예다. 직사각형 평면 가운데 아(亞)자 평면 역시 명당 형태로, 송광사 대웅전이 그 예이다. 학익진(鶴翼陣) 평면도 중심에 기운을 모으는 힘이 강해 명당을 이루는데, 철거된 옛 조선총독부 건물이 이 평면에 속한다.

❖ **건물 직사각형 평면 흉가** : 기운이 중심에 모이지 않고 흩어져 명당을 이루지 못한다. 등고선이 ㄱ자·ㄴ자·ㄷ자인 직사각형 산과 같다. 가로와 세로 비율이 1 : 2이상인 직사각형 평면은 기운이 좌우로 분산되어 생기가 빈약한 흉가로 구분한다. 건물 평면이 ㄱ자·ㄴ자·ㄷ자형태인 한옥·학교·아파트가 이런 경우다. 초등 학교 건물은 대개 운동장을 바라보며 길다랗게 직선을 이루고 있다. 이런 건물은 가로에 비해 세로가 극히 짧아, 교실에서 운동장을 바라보기 좋고 태양 광선을 많이 받을 수 있고 통풍이 좋은 장점이 있으나, 가로 세로 비율이 10 : 1정도로 기운이 건물 중심에 모이지 않고 분산된다. 한옥의 형태는 세 칸으로 된 초가에서 시작하는 것이 일반적이다. 세 칸짜리 집인 경우 앞면 길이는 세 칸이나 깊이는 한 칸으로 된 홑집인 경우가 많다. 이러한 홑집의 가로 세로 비율은 3 : 1이다. 이런 직사각형 평면 건물은 기운이 모이지 않아 흉가로 본다. 그러나 같은 세 칸이라도 겹집 구조에서는 가로 세로 비율이 3 : 2=1.5 : 1이 되어 명당형이다. ㄱ자형 한옥 또한 앞면 길이는 길다. 전통 한옥은 태양 광선이 마당을 통해 들어오고, 통풍이 잘 되는 등 자연과 어울리기 좋은 형태를 이루는 장점이 많다. 그러나 가로 세로 비율로 봐서는 흉가형이다. 이에 비해 일본 사람이 지은 집 평면이 거의 정사각형에 가깝다. 지진이 일어나도 건물이 쓰러지지 않도록 이런 구조가 발달한 것이다. 그 결과 실내가 복도를 중심을 해서 앞뒤로 구분되고 약간 어두운 단점이 있다. 그러나 이런 평면 건물은 실내에 기운이 모여 명당 형태를 갖추고 있다.

❖ **건물 평면의 3품격** : 건물이 갖고 있는 기운을 분석할 때는 건물 형태와 비슷한 산의 기운을 적용시키면 된다. 산의 생기 유무가 형태에 따라 결정되듯이 집이나 건물도 그 형태에 따라 생기 유무를 판단할 수 있다. 땅에 닿는 1층의 평면 형태는 건물 전체 형태의 기본 요소가 된다. 산 형태는 지도상에 등고선으로 나타나며, 등고선은 건물 평면도 윤곽과 비슷한 형태를 이룬다. 산의 3품격처럼 건물 평면도 주인격·보조격·배반격으로 구분된다. 산에서 명당이 주인격 산에 의해 이루어지듯 건물의 명당도 주인격 평면에서 이루어진다.

❖ **건물 평면 형태 개조** : 흉가는 집이나 건물 평면 형태에 의해 발생하는 경우가 많다. 건물 조건에 따라 다음과 같은 방법으로

증축하면 명당이 된다.

① 정사각형 평면으로 증축한다. 건물 평면 형태가 직사각형이거나 ㄱ자인 경우에는 중심부분 앞면이나 뒷면을 증축해서 정사각형에 가까운, 깊이와 길이 비율이 1 : 1.7(: 3 : 5)인 평면이 되도록 한다. 이런 공간에서는 중심 부분에 기운이 모여 흉한 기운이 사라지고 밝은 기운이 모여 명당이 된다. 건물 뒷면에 빈터가 있을 경우에는 뒷면으로 붙여서 증축하는 것이 좋다.

② ㅁ자 한옥은 집 중심 상부에 지붕을 높게 덮어서 건물 전체가 정사각형 평면이 되게 한다.

③ 삼각형을 이루고 있는 부분은 철거하거나 정사각형으로 만든다. 한 변의 길이가 너무 길어서 정사각형으로 만들기 어려운 건물은 중심 부분은 깊이를 학익진 평면 형태로 증축한다.

④ 집이나 점포 등을 왼쪽이나 오른쪽으로 증축해서 직사각형이나 ㄱ자 같은 형태가 되면 기운이 좌우로 분산되어 흉가로 변하는 경우가 많다. 또 기존 직선 건물에 ㄷ자 형태로 다른 건물을 증축할 때는 정사각형 내부에 우물 정(井)자 모양으로 증축하는 것이 가장 이상적이다.

❖ **건물 표준 명당 주택 설계도** : 명당 주택은 명당형 평면과 지붕으로 이루어지는데, 이를 6평 · 12평 · 18평 · 24평 · 30평 등으로 구분하면 아래와 같다. 집안에서 방배치는 대지 방위에 따라 다르게 되나 본 설계에서는 정남향을 기준으로 했다.

① 6평형은 한 사람이 혼자 살기에 가장 적당한 면적을 6평이라고 할 때, 6평짜리 단독 주택을 설계하면 평면은 정사각형(4.5m×4.5m)으로 하고, 현관 · 주방 · 화장실 · 보일러실 등을 모두 한쪽에 배치한다. 주방 · 화장실 등의 천장 위에는 다락방을 만들어 수납공간으로 사용하도록 한다. 거실 평면은 ㅡ자형으로 하고, 천장은 다른 방보다 높게 해서 집의 생기가 이곳으로 모이도록 한다. 거실 창문은 앞면에만 설치하고 다른 벽에는 되도록 창문을 두지 않는다. 수납공간 출입문은 거실 윗벽에 설치한다. 보일러실에는 경유 또는 가스를 사용하는 보일러를 설치해 난방과 취사에 이용한다. 보일러실 출입구는 밖으로 향하게 설치해 난방과 취사에 이용한다. 보일러실 출입구는 밖으로 향하게 설치해서 유독가스가 실내에 들어오지 않도록 하고, 바닥은 다른 방보다 낮게 해서 온수가 잘 순환되게 하는 한편, 보일러실에서 발생하는 진동과 소음의 영향을 최소화한다. 화장실에는 수세식 변기 · 세면대 · 샤워기 · 세탁기 등을 설치한다. 현관은 마당과 출입문이 있는 앞면에 둔다. 정남향 건물에서는 남동쪽 대문이 가장 좋은 방위며, 출입문은 안으로 열게 한다. 현관 안쪽에는 신발장을 배치한다. 지붕은 돔 지붕이나 모임지붕 또는 이 두 가지의 절충형이 바람직하다. 정사각형 평면 위에 명당 지붕을 만들어야 명당 주택이 된다.

② 12평형은 신혼 부부처럼 두 사람이 살기에 적당한 평적을 12평으로 보고, 12평형 단독 주택을 명당형으로 설계한다.

③ 18평형은 부부와 자녀 한 명으로 구성된 3인 가족이 살기에 가장 적합한 평형이다. 평면 형태는 정사각형과 철(凸)자형 두 가지가 있으며, 설계도는 다음과 같다. 정사각형 길이는 7.8m×7.8m로 한다. 철(凸)자형 평면의 깊이는 6.3m이며 앞면 길이는 9.0m로, 깊이에 대한 길이의 비율이 1 : 1.4다. 비록 정사각형은 아니지만 비율이 1 : 2미만으로 명당 형태를 이루고 있다. 집 앞면에는 거실이나 주방처럼 주로 낮에 활동하는 공간을 배치하고, 화장실은 그 사이 또는 앞면에 둔다. 집에서 가장 중요한 공간은 안방이므로, 안방은 집 중심 뒷면에 생기가 가장 많은 곳에 배치한다. 주방은 주부가 많은 시간 작업하는 공간이므로 거실과 가까우면서 밝은 쪽에 배치한다. 이제까지는 햇빛이 쪼이는 남쪽에 안방을 두고, 주방은 북쪽에 두는 것이 일반적이었다. 옛날에는 안방이 가족이 모두 모여 대화를 나누는 기능과 주부의 작업 공간 기능을 갖고 있었으나 요즘에는 가족이 모이는 공간이 거실로 바뀌었고, 주방은 단순히 식사를 준비하는 공간에서 주부의 공간으로 바뀌었다. 따라서 주부가 주방에 있는 동안에도 거실에 있는 사람과 대화를 나눌 수 있게 주방을 배치하는 것이 바람직하다. 주방을 앞면에 배치하게 되면 주방에서 마당을 내다볼 수 있고, 대문으로 출입하는 사람과도 쉽게 접할 수 있다는 장점이 있다.

④ 24평형은 부부와 자녀 두 명으로 구성된 4인 가족이 살기에 적당하다. 24평 주택 설계도는 정사각형(9m×9m)과 중자형(7.6m×10.2m) 두 가지로 구분된다. 안방을 비롯해 방이 3개 있다.

⑤ 30평형은 부부와 자녀 두 명이 살면서 약간 여유가 있는 면적이다. 30평형 주택 설계도는 정사각형(10m×10m)과 중자형(8.0m×11.4m) 두 가지로 구분된다. 방은 안방을 비롯해서 3개다.

❖ **건방**(乾方, 서북쪽) : 깊은 가을부터 초겨울의 절후이고 하루에서는 술(戌) 해(亥)시의 시간때이다. 해는 지고 찬 기운이 점점 다가오므로 잠자리에 들 준비를 해야 하며 만물은 겨우살이를 위한 정기(精氣)를 축척하는 계절이다. 24방위도는 술(戌), 건(乾), 해(亥)에 해당하며 315도에서 ±22.5도의 45도를 관장하는 궁이다. 길궁이면 정의감, 통솔력, 후원자, 사회사업, 결단력 등에서 좋은 일이 생긴다. 흉궁이면 투기, 과분, 교통사고 등이 있게 된다. 인체에는 두통, 고혈압, 신경과민, 열병, 골절암 등의 질병이 생긴다.

❖ **건방(乾方)의 산** : 건봉(乾峯)이 수려한 모습으로 하늘 높이 솟아 올라 있으면 아주 고귀한 인물이 배출된다. 낮고 둥글며 단정하면 과거에 급제하는 사람들이 나온다. 건방에 낮고 건봉(乾峯)이 홀로 드높이 우뚝 서 있으면 경륜지사가 나와서 나라를 위해 큰 공을 세우고, 대업을 이뤄 이름을 널리 떨친다. 삼군(三軍)을 통솔하는 인물도 배출되고, 벼슬이 삼공(三公)에 이르는 인물도 나오게 된다.

❖ **건수(乾水)와 음수(陰水)** : 건수(乾水)는 혈 앞 저함(底陷)한 곳을 뜻하니 비가 올 때 혈 앞 좌우의 물이 흘러 들어와서 어느 곳으로 흘러가는 득파수(得破水)이며, 음수(陰水)는 지하로 스며들어 흐르는 암수(暗水)로서 황천수(黃泉水)라 한다.

❖ **건위(乾位)** : 남자의 신주(神主).

❖ **곤위(坤位)** : 여자의 신주(神主).

❖ **건과절(乾寡絶)** : 생기(生氣)가 지나가 버린 용맥으로 청룡·백호와 전순(氈脣)이 없다.

❖ **건제성생리(乾除星牲理)**

- **건(乾)** : 길한 것은 흐르는 물처럼 서로 돕고 흉한 것은 불꺼진 탄 위에 있는 것과 같다(坐는 가하나 向은 불가).
- **제(除)** : 길한 것은 지혜로운 성품을 뜻하고 흉한 것은 약탕관의 불을 끄는 것과 같다.
- **만(滿)** : 길한 것은 음양의 시작이 없는 것과 같고 흉한 것은 고기가 수레에 치이는 것과 같다.
- **평(平)** : 길한 것은 사계절이 항상 같고 흉한 것은 보름달 후의 달빛과 같다.
- **정(定)** : 길한 것은 샘이 근원이 있는 것과 같고 흉한 것은 등잔에 기름이 없는 것과 같다.
- **집(執)** : 길한 것은 대궐을 출입함과 같고 흉한 것은 서리 내린 후 만물이 황색이 되는 것과 같다.
- **파(破)** : 길한 것은 북을 한번 침으로써 병사들이 움직이는 것과 같고 흉한 것은 높은 산에서 돌이 떨어지는 것과 같다.
- **위(危)** : 길한 것은 나는 용이 하늘에 있는 것과 같고 흉한 것은 푸른 잎이 연해져 붉은 잎으로 변하는 것과 같다.
- **성(成)** : 길한 것은 단서가 없이 움직이는 것과 같고 흉한 것은 세력이 약화되어 풀 위의 이슬과 같다.
- **수(收)** : 길한 것은 긍지를 가지고 동료와 함께 함과 같고 흉한 것은 평생 남을 모방하는 것과 같다.
- **개(開)** : 길한 것은 봄이 되어 고기가 뛰노는 것과 같고 흉한 것은 가을의 낙엽과 같다.
- **폐(閉)** : 길한 것은 서쪽 산에 걸린 반달과 같고 흉한 것은 등잔에 기름이 다한 것과 같다.

❖ **건좌(乾坐)** : 묏자리나 집터 같은 것이 건방(乾方) 곧 서북방을 등진 좌향(坐向). 건(乾)은 오행중 금(金)에 해당하며, 금 중에서 미연금(未鍊金)에 해당한다. 성품이 차며 둥근 형태를 이루어서 좌(坐)가 되면 진국이며, 쌍행(雙行)된 용·아래서 좌를 놓는 것이 불길하다. 건(乾)의 동물 비유에는 늑대[狼]에 해당하며 개[狗]와 비슷하고 영리하다. 늑대는 높은 봉우리를 좋아하며 내려다보기를 또한 좋아하기 때문에 건좌(乾坐)는 좀 높은 곳이 정혈(正穴)이며 혈심은 좀 깊은 듯 한 것이 좋다.

❖ **건좌손향**(乾坐巽向) : 집터나 묘자리 같은 것이 건방(乾方) 곧 서북방을 등지고 손방(巽方)을 바라 보는 좌향(坐向). 동남향방을 바라보는 좌향.

❖ **건천분기법**(乾天分氣法) : 정혈분기법(定穴分氣法)은 내거룡(來去龍)과 득파수(得破水)의 좌향 모두를 보았지만 건천분기법(乾天分氣法)에서는 득수(得水) 득파(得破)만 보는데 구성(九星)의 좌도 다르다. 정혈분기법에서는 일상문곡(一上文曲), 이중녹존(二中祿存), 삼하거문(三下巨門) 식으로 순서가 되었지만 건천분기법에서는 일상탐랑(一上貪狼)·이중거문(二中巨門)·삼하녹존(三下祿存)·사중문곡(四中文曲)·오상염정(五上廉貞)·육중무곡(六中武曲)·칠하파군(七下破軍)·팔중보필(八中補弼)의 차례로 된다. 보는 법도 정혈분기법에서는 감계신진(坎癸申辰)하면 같은 감(坎)의 동궁(同宮)이기 때문에 감중련(坎中連☵)부터 시작하여 일상문곡하였으며, 득룡(得龍) 득파(得破)가 진경해미(震庚亥未)면 진(震)의 동궁(東宮)이기 때문에 진하련(震下連☳)부터 시작하여 일상문곡 하였다. 그러나 건천분기법에서는 무조건 어느 득파수(得破水)이든지 건삼련(☰)부터 시작하여 일상탐랑(一上貪狼)하며 짚어나간다. 만약 득파수가 진경해미라면 건삼련(☰)에서 시작하니 일상탐랑하여 시지(示指)를 모지에서 떼어내어 태상절 괘(卦)가 되니 태정사축(兌丁巳丑)이 탐랑이 되며, 태상절(兌上絶☱) 상태에서 다시 이중거문(二中去門)하여 모지(母指)에서 중지(中指)를 떼어내면 나머지 약지(藥指)만 모지와 붙어 진하련(震下連☳)괘가 되니 진경해미(震庚亥未)가 거문(巨門)이 되는 것이다. 다음은 진하련(震下連☳) 상태에서 삼하녹존(三下祿存)하면 나머지 약지마져 모지에서 떼면 시지·중지·약지가 모두 모지에서 떨어져 곤삼절(坤三絶☷) 괘가 되니 곤(坤)·을(乙)·동궁(同宮)이니 곤을(坤乙)이 녹존인 것이다. 다른 것도 이와 같이 준하여 하면 된다.

❖ **건축**(建築) : 건물 따위 각종 구조물을 그 목적에 따라 설계하여 세우거나 쌓아 만듦.

❖ **건축물 낭떠러지를 앞둔 주택은 흉가이다** : 낭떠러지를 앞둔 주택은 불길 파괴 형국이지만 급경사 내지 더 높은 절벽이나 축대가 전후좌우에 인접하였든지 계곡의 출입구 주위를 가로 막는 형태일 경우 낭패, 파탄, 흉험 등 불행사가 발생 한다.

❖ **건축물이 인격에 미치는 영향** : 사람이 살고 있는 공간은 모두 영혼으로 가득 차 있다. 삼라만상에 영혼이 없는 곳은 하나도 없다. 하늘에는 하느님이 있고, 땅에는 지신이 있으며, 집이나 건물에는 공간의 영혼이 있다. 대형 건축 공사를 착공할 때 하늘에 고사를 지내는 일을 제일 먼저 하는 것은 이런 이유이다. 공사장에 영혼이 있다는 믿음에서 시작된 일로 상량식·준공식 등 공사 진행 과정에 맞춰 고사를 지낸다. 공사가 끝나 건물에 사람이 살아도 건물의 영혼은 항상 건물과 함께 있다. 그래서 옛날부터 고사를 지낼 때는 집을 구성하고 있는 대청·안방·마당 등에 있는 영혼을 위해 막걸리와 시루떡 등을 장만해서 일년에도 몇 번이나 고사를 지냈다. 집의 영혼은 공간에 따라 변화한다. 큰 공간에는 큰 영혼이, 작은 공간에는 작은 영혼이, 아름다운 공간에는 아름다운 영혼이, 흉한 공간에는 흉한 영혼이 깃들이는 것이다. 공간의 영혼은 사람의 영혼과 교감한다. 고사는 물론 종교 행사에서 가장 중요하게 생각하는 기도 또한 사람의 영혼이 다른 영혼과 서로 교감되기 때문에 이루어지는 것이다. 건물 안에서 발생하는 진동이나 소리는 그 안에서 회전하는 바람과 함께 건물 안에 사람의 영혼에 전해진다. 사람은 공간에서 발생되는 기운을 흡수해서 생명력을 얻고 공간에서 발생하는 소리와 진동, 곧 리듬에 따라 생각하고 움직이게 된다. 사람이 한 공간에서 머무는 동안에는 그 지역과 공간의 기운에 의해 양육되고 있는 것이다. 어머니 몸과 마음 상태가 태반 속 자녀의 건강과 직결되듯, 건물의 기운은 그곳에 사는 사람의 인격과 직결된다. 건물의 기운이 그 집에 사는 사람의 인격과 성격을 만든다. 기운이 좋은 집에서는 아름다운 인격을 가진 사람이, 기운이 불안한 집에서는 불안한 인격을 가진 사람이 배출되는 것이 집이 사람의 태반과 같기 때문이다. '맹모삼천지교(孟母三遷之敎)'라는 고사도 거주 공간의 기운이 인격을 형성한다는 이론을 말해 준다. 사람은 누구나 죽는다. 죽은 뒤에 영혼이 하늘 나라로 간다고 믿는 것은 동서양이 같다. 이러한 관점에서 보면 사람이 살아 있는 동안은 영혼의 나라로 가기 위한 준비 과정이다. 곧 살아 있는 동안은 하늘나라에 태어

나기 위한 태반 속 생활인 것이다. 하늘 나라에 새롭게 잘 태어나기 위해서도 이승에 사는 동안에 좋은 태반, 곧 명당에 사는 것이 필요하다.

❖ **걸개수**(乞丐水) : 진술수(辰戌水)가 파국(破局)이 되면서 일직선으로 곧게 앞으로 빠져나가면 자손들이 거지가 된다.

❖ **걸식자**(乞食者)**가 나는 곳은** : 기룡(騎龍)이란 썩 청석으로 되어 있는 산인데 돌대추 나무나 송아지딸 덩굴이 있으며 장비로 땅을 파도 잘 파이지 않는 곳이다. 이러한 곳에 억지로 장사를 하게 되면 자손이 문전 걸식하게 된다.

❖ **걸출**(傑出) **호험한 인재**(人財)**가 배출 된다** : 동남(東南)쪽은 평평(平平)하고 서남(西南)쪽은 산자락에 붙어 이어지고 정북(正北)과 서북(西北), 동북(東北)이 높은 집터는 집안사람과 식솔이 번성하고 자손(子孫)들 중에 걸출(傑出) 호험한 인재(人財)가 나온다.

❖ **검**(劍) : 도지목성(倒地木星)으로 곧게 나온 몸체.

❖ **검사형**(劍砂形) : 검사형은 비혈일 때 용호가 겹산으로 마치 칼날이나 작두와 같은 형의 협곡이 되어 질풍, 살풍으로 이금치사를 당하게 된다.

❖ **검살사**(劍殺砂) : 용호(龍虎)가 칼끝처럼 되어 질풍이 협곡으로 몰아치니 그 바람이 살풍(殺風)이 되어 교통사고가 잦은 사격이다. 명당 중에 뾰족한 산이 혹 물을 따라 가거나 혹은 혈을 향해 쏘듯이 달려드는 것.

❖ **검극**(劍戟) : 칼과 창모양의 산을 말하는데 그 끝이 혈을 향하는 것을 흉사(凶砂)라 한다.

❖ **겁룡**(劫龍) : 본신(本身)이 나뉘어 쪼개지고 방정(傍正)을 구분하기 어렵고 꺾어지거나 마르거나 사방으로 순서없이 갈라지는 모습을 말한다. 겁룡(劫龍)은 흉격룡의 하나 생기가 없어 혈이 맺지 않는 용이다. 조산(祖山)에서 맥이 나오면서 바른 용맥이 하나도 없고 애매모호하게 이리저리 흩어져 주종(主從)이 분명치 않아 정맥(正脈) 인지 방맥인지 가릴 수 없고 혈장 비슷한 곳이 있더라도 이어진 증거가 애매한 용을 말한다. 그리고 겁룡(劫龍)이란 맥이 갈라져 나간 가지가 많고 혹 반대되고 혹 달아나고 꺾어지고 기울어지고 뾰족하고 마르고 약한 것 등의 용을 말한다.

❖ **겁산**(劫山) : 높은 암석으로 되어서 여러 갈래로 찢어진 산.

❖ **겁살**(劫殺) : 12살의 첫번째 또는 삼살(三殺)의 하나로 겁살이 되는 정국은 아래와 같다.

年月日	甲子辰水	巳酉丑金	寅午戌火	亥卯未木
劫殺	巳	寅	亥	申

가령 신자진년(申子辰年)이나 월일이 겁살이요, 사방(巳方)이 겁살방(劫殺方)이라 한다(포태법 참고).

❖ **겁살반**(劫殺盤) : 내층 : 겁살반(劫殺盤), 외층 : 지반정침(地盤正針)

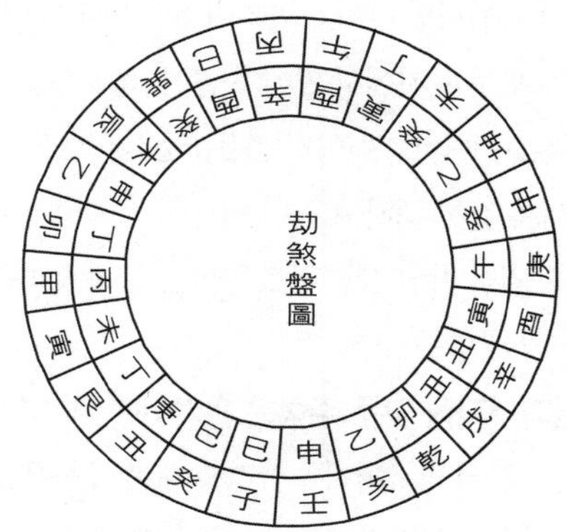

시일(時日)

손미신산계겁장(巽未申山癸劫藏).

신술거축경마향(辛戌居丑庚馬鄕).

진간봉정갑견내(震艮逢丁甲見內).

임후건귀내신방(壬猴乾鬼內辛方).

감계봉사사오계(坎癸逢蛇巳午癸).

정유봉인곤해을(丁酉逢寅坤亥乙).

용호우양을후겁(龍虎遇羊乙猴劫).

서우용위영불립(犀牛龍位永不立).

손미신산(巽未申山)에는 계(癸)가 겁살(劫殺)이 되고, 신술(申戌)은 축방·경(丑方·庚)은 오향(午鄕)이 겁살방(劫殺方)이며, 진간룡(震艮龍)은 정방(丁方)이, 갑룡(甲龍)은 병방(丙方)이 되고, 임(壬)은 신(申), 건(乾)은 묘(卯), 병(丙)은 신방(辛方)이다. 감계(坎癸)는 사방(巳方)이 겁살(劫殺)이고, 사오룡(巳午龍)은 유방(酉方)이 겁살방(劫殺方)이다. 정유룡(丁酉龍)은 인방(寅方)이 겁살방(劫殺方)이 되고, 곤해룡(坤亥龍)은 을방(乙方)이며, 축룡(丑龍)은 진방(辰方)이 겁살방(劫殺方)이니, 언제까지나 향(向)으로 쓰지 말아야 한다.

여좌손산(如坐巽山) 지반정침(地盤正針) 계방유사고용(癸方酉砂高聳) 파쇄왜사(破碎歪斜) 악석참암(惡石巉巖)은 겁살(劫殺)

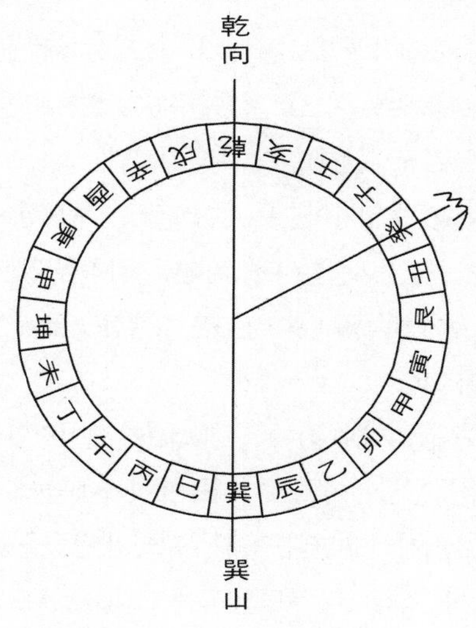

❖ **겁살방위**(劫殺方位) : 겁살(劫殺)은 지리의 사법(砂法)중에서 가장 흉하고 두려운 것으로서 이 방위에서 흉한 암석이 있거나 파열충사(破裂沖射) 등의 흉사(凶砂)가 혈장을 비추고 있으면 사람이 상하거나 관재의 재앙이 우려되는 악살(惡殺)이다. 이 겁살도 진룡의 혈지에서는 작용력이 없으나 사절룡혈지(死絶龍穴地)에는 작용력이 크다.

- 임(壬)좌…신(申)방
- 계(癸)좌…사(巳)방
- 간(艮)좌…정(丁)방
- 갑(甲)좌…병(丙)방
- 손(巽)좌…계(癸)방
- 병(丙)좌…신(辛)방
- 정(丁)좌…인(寅)방
- 곤(坤)좌…을(乙)방
- 경(庚)좌…오(午)방
- 신(辛)좌…축(丑)방
- 건(乾)좌…묘(卯)방
- 을(乙)좌…신(申)방
- 자(子)좌…사(巳)방
- 축(丑)좌…진(辰)방
- 인(寅)좌…미(未)방
- 묘(卯)좌…정(丁)방
- 사(巳)좌…유(酉)방
- 오(午)좌…유(酉)방
- 미(未)좌…계(癸)방
- 신(申)좌…계(癸)방
- 유(酉)좌…인(寅)방
- 술(戌)좌…축(丑)방
- 해(亥)좌…을(乙)방
- 진(辰)좌…미(未)방

❖ **겁살법**(劫殺法) : 겁살(劫殺)은 지극히 흉한 살(煞)이다. 겁살법(劫殺法)은 좌산(坐山)에서 파산흉석(破山凶石) 등 흉살(凶煞)의 위치방위를 가늠하는데 쓰는 법이다.

❖ **겁살명당**(劫殺明堂) : 칼끝처럼 뾰족한 산줄기들이 물을 따라서 날카롭게 뻗어 있는 형국. 혈에서 바깥쪽을 향해 뻗은 것도 있고 바깥쪽에서 혈쪽으로 뻗은 것도 있는데, 모두 극히 흉(凶)하다. 무서운 살기(殺氣)를 품고 있으니 그로 인한 재앙이 막심하다. 칼끝 같은 산줄기가 물을 따라 바깥쪽으로 뻗쳐 있으면 자손들이 고향을 떠나 뿔뿔이 흩어지며, 재산을 모두 잃는다. 전쟁터에 나가서 전사하는 사람들과 살인자가 나온다. 그 뾰족한 산줄기가 혈을 향해 뻗어 있는 것은 더할 나위 없이 나쁘다. 이런 혈에 조상의 묘를 쓰거나 집을 짓고 살면 자손들이 참혹하게 죽는다. 형(刑)을 받아 죽기도 하고 전쟁터에서 죽거나 남의 손에 목숨을 잃는다. 왼쪽과 오른쪽의 산줄기가 날카롭게 마주 달려드는 형상이면 형제간에 칼부림하고 서로 죽이는 흉사(凶事)까지 생겨난다.

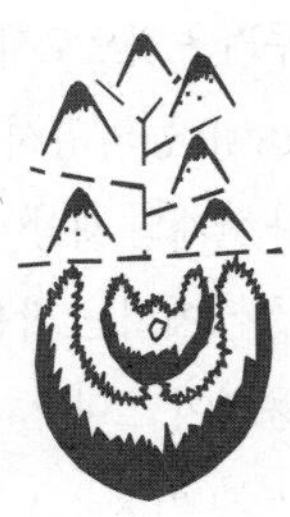

❖ **겁살룡**(劫殺龍) : 행룡의 변화가 심하게 있어서 오행을 분별치 못하게 상생상극하여 가다가 정맥(正脈)을 이탈하여 산만 불쑥 하며 겁맥탈기(劫脈奪氣)한 용신으로 대흉대패의 땅이다.

❖ **겁살용**(劫殺龍)**이란** : 용(龍)이 겁살(劫殺)을 범하면 발복(發福)을 받지 못하고 반역(返逆)의 용세(龍勢)는 오역자(忤逆者)를 낳는다. 오역자란 불충(不忠) · 불효하고 가문이나 조국에 대하여 반역하는 모반자(謀反者)를 말하는데 옛 부터 나라에서는 역적(逆賊)이 나면 반드시 국사지관(國師地官)을 명(命)하여 역적자(逆賊者)의 조상 묘를 엄밀히 조사하여 파묘(破墓)를 하던가, 용맥(龍脈)을 절단(切斷)하여 앞으로 화(禍)를 막았다.

❖ **겁해**(劫害) : 찔러오고 해롭게 생긴 사의 모양.

❖ **겨울철에 파란풀이 있는 곳 습기가 있다** : 겨울철에 묘 자리에 파란풀이 있는 곳은 광중(壙中)에 물이 들어 있다. 겨울철에 묘 자리를 볼 때 한 곳이 눈이 녹아 땅이 드러난 곳이 있으면 명당자리로 생각하기 쉽다. 또 겨울에 풀이 파랗게 자라 있으면 수맥이 있는 곳이다. 또 만약 그 곳이 지하수(地下水)가 흘러 눈이 빨리 녹은 곳이라면 큰 일이 날 대흉지(大凶地)이다. 불치병이 생긴다.

❖ **격단지세**(激湍之勢) : 물이 서로 부딪치며 소용돌이치듯 급하게 흐르는 형세. 비교적 얕은 여울물이 졸졸졸 소리를 내며 빠르게 흐르는 것을 말한다. 사람과 재산이 모두 망한다. 특히 집이나 묘에서 여울물 소리가 울부짖듯 들리면 줄초상이 난다고 한다.

❖ **격룡법**(格龍法)

① 지반정침중(地盤正針中) 매쌍산지하(每雙山之下)에 있는 오자룡(五子龍)은 60갑자로 이어진 투지룡(透地龍)이다.

② 천산(穿山)은 지맥(地脈)을 뚫고 들어오는 내룡(來龍)이 60갑자 중의 어떠한 글자 위에 임하는지를 알기 위한 것이므로 이름 그대로 지기(地紀)라 한다.

③ 투지(透地)는 내룡(來龍)의 기가 혈중(穴中)의 관 속으로 도입함에 있어서 어떠한 글자 위로 들어오는가를 알기 위한 것으로서 이름하여 천기(天紀)라 한다.

④ 천산룡(穿山龍)을 격룡(格龍)함에는 강두(崗頭)의 과협중(過峽中)에 나경반(羅經盤)을 놓되 만약 과협(過峽)이 없을 시에는 입수한 주성후(主星後)의 내룡(來龍)이 기복(起伏)한 속인 지처(束咽之處)를 좇아 그 분수척상(分水脊上)에 나경(羅經)을 놓고 어떠한 글자 위의 내룡(來龍)인지를 보아서 격정(格定)한다.

⑤ 투지룡(透地龍)을 격정(格定)함에는 혈성강맥(穴星降脈)의 분수처(分水處)에 나경반(羅經盤)을 놓아 어떤 용이 입수(入首)인지를 먼저 가려내고 다음에는 내룡(來龍)이 입수한 후성(後星)의 기복속인처(起伏束咽處)의 분수척상(分水脊上)에다 갱차(更次) 나경반(羅經盤)을 놓고 오는 맥의 입수가 60룡(龍)의 어떠한 글자 위인가를 보는 것이다.

⑥ 과협지처(過峽之處)의 내맥(來脈)이 어떤 방향, 어떠한 간지(干支)위의 내룡(來龍)인가를 알아서 60룡상(龍上)의 길흉을 분변한다.

⑦ 내룡(來龍)이 60룡(龍)가운데 고허(孤虛), 살요(煞曜), 차착공망(差錯空亡) 등지에 떨어지면 흉하니 이를 피해야 한다.

⑧ 내룡(來龍)이 필요로 하는 자리는 왕상생기처(旺相生氣處)인 주보선(珠寶線)이므로 일맥관주(一脈貫注)로 혈 내의 관중(棺中)으로 직결(直結)되면 가장 길하다.

⑨ 60룡(龍) 중 경자이순룡(庚子二旬龍)은 주보선(珠寶線)이 갑자(甲子), 임자이순룡(壬子二旬龍)은 차착공망선(差錯空亡線)이며, 무자일순룡(戊子一旬龍)은 화갱선(火抗線)으로서 살요(煞曜)가 된다.

⑩ 입수내룡(入首來龍)이 화갱(火抗)에 떨어지면 혈 중에 물이 스며듦은 물론이고 개미떼들이 관속에 들어가서 시신을 소골(消骨)시키고 만다. 또 나무뿌리가 관속을 뚫고 들어가서 시신을 휘감으니 무덤의 흙은 고건(枯乾)하고 초색(草色)은 마치 소똥색으로 변화기도 하며, 음란(淫亂)과 소망(少亡),

고과(孤寡), 그리고 오역지자(忤逆之子)가 태어나며, 진광(顚狂)과 흉질(凶疾), 인재모산(人財耗散), 관송(官訟)이 끊이지 않는 등의 불상사가 일어나기도 한다. 그러나 내룡(來龍)이 주보선상(珠寶線上)에 입수하면 혈 중에 생기(生氣)가 넘치고 홍황광윤(紅黃光潤)에 오색나문(五色羅紋)이 관을 뒤덮고 무덤의 흙에는 초목이 무성해진다.

❖ **격수**(隔水) : 혈장에서 청룡이나 백호가 가로 막은 너머에서 흐르는 물. 격수(隔水)는 호종(護從)이 만드는 것이니 어찌 병풍처럼 열림을 싫어하랴. 몸에서 안(案)을 만든 자는 모름지기 돌아서 팔꿈치와 팔뚝같음을 요한다. 격수(隔水)는 호종사(護從沙)가 있기 때문에 만들어진다. 외면에 호종사가 병풍처럼 둘러쳐지면 공결(空缺)이 없게 되므로 아름다운 곳이 된다. 본신(本身)에서 용호(龍虎)가 나와 안산(案山)이 된다면 향이 둥글게 만들어져야 한다. 팔뚝을 굽혀서 팔꿈치를 밖으로 두르면 그 안에는 기(氣)를 싸안아 감추게 되니 길한 곳이 된다. 물은 한겹 한겹 산을 격하여 병풍처럼 둘러지고 안산은 청룡본신에서 하수사(下手沙)로 내려지고 백호의 하수사로 다시 이어져 훌륭히 호종하여 내당의 기운은 크게 응결한다.

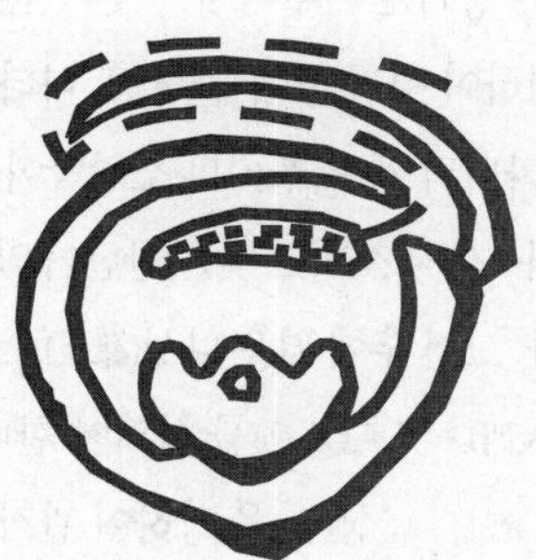

[隔水爲護屛風 就身生案肘臂]

❖ **격정**(格定) : 내룡이 어느 방위에서 오고 또 물의 파(破)는 어느 방위로 빠졌는가를 나경을 이용해 재는 행위.

❖ **격정법**(格定法) **귀천**(貴賤) : 투지룡(透地龍)의 또 하나의 소용(所用)은 격룡(格龍)의 승기(乘氣)에 있다. 즉 입수룡(入首龍)이 어떤 성(星)의 기(氣)를 승(乘)했으며 또한 협승(狹乘)인지 활승(濶乘)인지를 이로서 변별한다. 가령 입수내룡(入首來龍)이 투지룡(透地龍)으로서 신해룡(辛亥龍)을 승(乘)했다면 이는 천황성(天皇星)의 정기(正氣)이니 정침(正針)의 향(向)을 병(丙), 정(丁), 손(巽) 사(巳)로 정하면 순정(純淨)하여 길하고, 따라서 천황성기(天皇星氣)를 승(乘)한 용이라 귀룡(貴龍)이기도 한 것이다. 그러나 다시 본룡(本龍)의 괘(卦)로서 오친(五親) 삼기(三奇) 사길(四吉) 등을 찾아야 한다. 여기서의 본괘(本卦)라 하는 것은 중침(中針)의 좌산(坐山)을 주산(主山)으로 삼으므로 이를 말한다. 즉 태룡이 정침상(正針上)의 핵심에 앉았다면 이는 중침(中針)으로서도 중침 해위(亥位)가 되며 동시에 투지룡(透地龍)으로서는 신해위(辛亥位)가 되므로 천황성기(天皇星氣)를 탔다고 한다. 그러므로 재혈시(裁穴時)에는 정침(正針)의 해위(亥位), 그리고 천산룡(穿山龍)의 정해위(丁亥位), 투지룡(透地龍)의 신해(辛亥:天皇星位)에다 다시금 정침분금선(正針分金線)의 신해(辛亥)를 동시에 관중(串中)시켜야 비로소 완벽한 재혈(裁穴)이 될 수 있는 것이다.

❖ **격팔상생수**(隔八相生水) : 향의 양쪽 사이를 두고 물이 들어오고 나가는 것. 이는 물이 있는 길방(吉方)의 하나이니, 다른 수법과 합국해서 묘를 쓰면 더욱 길하다.

임좌(壬坐) : 손정방수(巽丁方水)
자좌(子坐) : 사미방수(巳未方水)
계좌(癸坐) : 곤병방수(坤丙方水)
축좌(丑坐) : 신오방수(申午方水)
간좌(艮坐) : 정경방수(丁庚方水)
인좌(寅坐) : 미유방수(未酉方水)
갑좌(甲坐) : 곤신방수(坤辛方水)
묘좌(卯坐) : 술신방수(戌申方水)
을좌(乙坐) : 건경방수(乾庚方水)
진좌(辰坐) : 해유방수(亥酉方水)
손좌(巽坐) : 임신방수(壬辛方水)
사좌(巳坐) : 자술방수(子戌方水)
병좌(丙坐) : 계건방수(癸乾方水)
오좌(午坐) : 축해방수(丑亥方水)
정좌(丁坐) : 간임방수(艮壬方水)
미좌(未坐) : 자인방수(子寅方水)
곤좌(坤坐) : 묘축방수(卯丑方水)

ㄱ

신좌(申坐) : 묘축방수(卯丑方水)
경좌(庚坐) : 을간방수(乙艮方水)
유좌(酉坐) : 진인방수(辰寅方水)
신좌(辛坐) : 갑손방수(甲巽方水)
술좌(戌坐) : 사묘방수(巳卯方水)
건좌(乾坐) : 을병방수(乙丙方水)
해좌(亥坐) : 오진방수(午辰方水)

❖ **견**(牽) : 끌어서 당겨내다.

❖ **견동토우**(牽動土牛) : 이루어질 수 없는 일을 억지로 무리하게 진행시켜 이루는 행위.

❖ **견련**(牽連) : 용맥의 형세가 끊어지지 않고 활발하게 이끌고 나가는 것을 말함. 즉 용의 형세가 웅장하여 달리는 말과 같으며, 큰 물결과도 같아 큰 용은 한 지방과 고을을 연접하고 작은 용은 촌락(村落)을 연결해 나간다. 산의 생기는 이 용맥을 타고 이어져 나가면서 군데군데 혈을 맺게 된다.

❖ **견비수**(牽鼻水) : 혈 앞 수구(水口 : 물이 나가는 곳)를 막아 주는 산이 없어 원진수(元進水; 혈의 양 옆에서 흘러나온 물)가 앞으로 쭉 곧게 흘러 나가는 것. 혈에서 견비수가 보이면 자손들이 재물을 없애고 고향을 떠나 뿔뿔이 흩어진다. 또 젊어서 일찍 죽는 사람들이 나온다. 그로 인해 고아·과부들이 많이 생긴다. 어버이나 남편을 잃고 온갖 고초를 겪게 된다. 또 재물이 모여도 금방 흩어져 버린다.

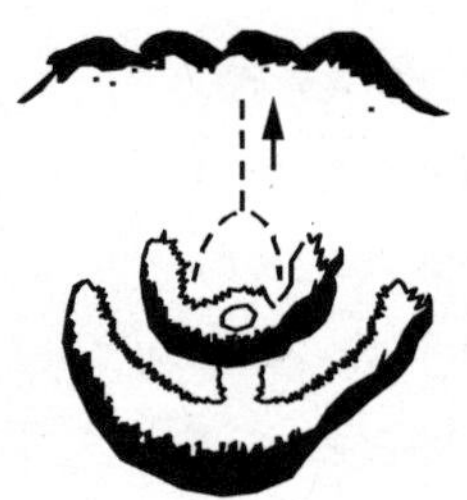

❖ **견성**(牽城) : 물이 한쪽으로 비스듬히 이끌어 나가는 곳.

❖ **견전**(遣奠) : 발인할 때에 문 앞에서 지내는 제례(祭禮).

❖ **견정혈**(肩井穴) : 사람 몸의 어깨에 해당되는 혈. 어깨 중에서도 팔과 붙은 부분(오목하게 들어간 견정)이다. 견정혈의 뒤쪽에는 낙산(樂山)이 솟아 있다. 또 견정혈은 청룡·백호의 양쪽에 두 개 있는 경우가 있다.

❖ **결**(結) : 여러 물이 흘러와서 한곳에 모임. 결승(結繩)의 결(結). 천할전사(穿割箭射)의 형세는 이것이 수(水)의 사흉자(四凶者)로서 당연히 피하여야 할 것들이다.

❖ **결국삼취**(結局三聚) : 결혈 5국이 국의 형태임에 비해 이것은 국의 규모를 말한다. 대취국은 천리의 산수가 모인 곳으로 국이 대단하게 넓어 대도시를 형성할 수 있어야 좋다. 중취국은 수백 리 내지 70~80리 정도의 산과 물이 모여 국을 만드는 것으로 적절하게 넓어야 좋다. 소취국은 30~40리 내지는 50~60리 정도의 산수가 모인 곳으로 국이 긴밀하여야 좋다. 삼취국 중에서 대·중취국은 양기로 이루어지는 것이 보통이다. 결혈처는 긴밀하게 수렴하여 평지 중에 돌(突)로 나타나거나 높은 곳에서 와(窩)로 나타나되 계수(界水)와 소명당이 분명하고 가까이 있는 산들이 좌우에서 쪼이고 낮은 안산이 있어서 안의 기를 모아 주어야 한다. 그런 후에 넓은 나성(羅城)으로 감싸야 진혈이다. 특히 천문(天門)·지호(地戶)를 살펴야 한다.

❖ **결복서용**(闋服敍用) : 상(喪)을 당하여 관직에서 물러났던 자를 탈상(脫喪) 후 다시 기용하는 것. 결복은 3년 상의 복제를 마치는 것.

❖ **결수납신**(決水納新) : 비록 불합수(不合水)일지라도 용진혈(龍眞穴)이면 법도에 맞도록 방수(方水;물의 방위를 바꿈)하여 흉을 피하면 길하게 되는 것을 납신(納新)이라 한다. 이는 88향법 등에서 규정하고 있는 모(某)방에서 왔기에 모(某)방으로 가야한다고 고정적인 입장인 반면 결수납신법에서는 물이 잘못되어 있다면 법도에 맞게 방수하면 되는 것이라고 유동적인 입장을

보이고 있다.

❖ **결수법**(決水法)**과 6상 6체**(6相 6替)

- 포태법(胞胎法)에서의 방위법.
- 물, 산을 보는데는 정오행(正五行)법에 포태법을 가미해서 보아야 되므로 이는 득수득파(得水得破)에서 다루는 문제이다. 즉 왕(旺)방에서 왔으면 쇄방(衰破)으로 가야 한다는 것 등을 규정하고 있다. 육상(六相:胎), 양(養), 생(生), 태(帶), 관(官), 왕(旺))에서 오면 좋고, 육체(六替:쇄(衰), 병(病), 사(死), 장(葬))으로 흘러가야 되나 태(胎), 욕(浴)을 장생으로 흘러오는 것도 흘러가는 것도 싫어한다. 결국 쇄(衰), 병(病), 사(死), 장(葬)에 태(胎), 욕(浴)을 합쳐 육체(六替)이나 계산을 할 때에는 태(胎)와 욕(浴)의 둘을 빼고 계산함.

❖ **결인**(結咽) : 용맥이 뻗어오면서 가늘게 잘록 목지었다가 뭉친 모양. 즉 생기가 이어진 흔적이 있고, 내룡의 기운이 혈 앞에서 뭉쳐 톡 튀어나오기 직전의 낮은 곳을 가리킨다. 쉽게 목이라 부른다.

① 결인(結咽)이란 세(勢)가 모여지면 당국(當局)의 세(勢)가 좁고 빽빽할 것은 당연한 일이요 용맥(龍脈)이 혈처(穴處)까지 도달하여 혈을 지으려면 반드시 사람의 머리와 몸 사이의 목이 짧게 죄어지듯 산도 목처럼 졸라진 다음 혈이 되니 이것을 결인(結咽)이라 하고 이 결인이 목을 죄듯 긴요하므로 혈처(穴處)가 작고 야무지게 짜이니 기력이 전일(全一)하고 발응(發應)이 크다. 한마디로 말하면 혈은 바닥이 크다고 혈의 역량이 큰게 아니고 관(棺)하나 용납할 수 있으면 그만이다. 이와 반대로 혈처가 허랑하게 널찍하고 우둔하게 생기면 보기에는 좋으나 발응이 늦고 완만하니 혹은 허망한 가혈(假穴)일 수가 많은 것이다.

② 경락(經絡)은 경맥(經脈)과 낙맥(洛脈)으로 나뉘어지며 사람의 몸에 거미줄처럼 얽혀져 기(氣)가 순행하는 통로이다. 보통 침을 놓은 자리로 경맥은 기가 흘러 다니는 주요 통로고, 낙맥은 경맥을 상호 연결시키는 통로이다. 풍수에서는 간룡(幹龍)과 지룡(枝龍)의 관계로 설명된다.

❖ **결초보은**(結草報恩) : 이 말은 아버지의 젊은 첩이 있었는데 유언을 하기를 내가 죽고 없거든 개가(改嫁)시켜 주어라 하여 놓고, 죽을 때가 되어서는 나와 같이 순장(殉葬)을 하라 하였다. 그러자 그의 아들은 정신이 맑을 때 유언대로 개가(改嫁)를 시켜 주었다. 어느 날 전쟁터에 나가 이 아들은 역부족이었다. 이때 그의 은해로 풀을 묶어 적장을 넘어지게 한 것은 젊은 첩의 아버지였다. 너는 내 딸을 개가시켜 주었기에 잘 살고 있다고 하였다.

❖ **결항사**(結項砂) : 안산(案山)이 잘록한 곳, 절맥(絶脈)된 곳(도로 광산)으로 향(向)을 정하면 사고(事故)와 재패(財敗)가 생긴다. 결항사를 보면 잘속하게 속기(束氣)된 곳이 있다. 충(冲)을 당하면 사룡(死龍)이 된다. 사룡에서 잘속한 것은 모두 절맥(絶脈)으로 본다. 안산에 결항사가 있으면 목매어 자살하는 일이 있다.

❖ **결항형**(結項形) : 혈장의 내룡맥이 자루를 묶어 동여맨 모습의 용맥이 있으면 결항형이다. 결항형이 있으면 목을 매 죽거나 교수형을 받는 자손이 나게 된다.

❖ **결혈**(結穴) **주위**(周圍)**에 귀석**(貴石)**과 귀암**(貴岩)**이 있으면** : 고서(古書)에 이르기를 혈상(穴相)의 토질이 강하고 결혈 주위에 귀석이나 귀암이 누런색을 띄면서 몽골몽골 마모된 암석(岩石)이 가끔 있어야 속발(速發)한다.

❖ **결혈 5국** : 물의 오고 감을 기준으로 혈의 국을 구분한 방법. 혈국(穴局)은 비록 같지 않다 하더라도 용이 진짜고 혈 또한 적실하면 국의 유형에 관계없이 발복한다. 조수국(朝水局)은 일명 역수국(逆水局)이라고도 하며 명당에 오는 조래수를 받는 형국을 이른다. 반드시 혈성이 높고 크며 여기 또는 낮은 산들이 물을 가로막아 물의 직충을 막아주는 것이 진짜다. 물은 이리저리 굴곡하거나 평전양조(平田洋朝)함이 좋고 만약 급하게 물이 쏟아져 들어와 충격을 가하면 오히려 화가 된다. 천혈(天穴)이나 앙고혈(仰高穴)에서는 조래수(朝來水)가 길하지만 혈장이 약하거나 성신이 낮은 산약수강(山弱水强)의 형세에서는 조래수가 흉이 된다. 조수국은 일반적으로 수구처에 있고 반드시 혈장이 잘 짜여져 바람을 막는 전호가 있어야 진짜다. 횡수국(横水局)은 글자의 뜻과 같이 물이 좌측으로부터 오거나 또는 우측으로부터 와서 활처럼 혈장을 감싸는 국인데 하수 관란이 유력

하여야 진짜다. 거수국(據水局)은 혈장 앞에 큰 호수 또는 연못이 있는 국으로서 일반적으로 길한 국이다. 다만 물이 깊고 맑으며 머물지 않고 흐르는 것이 참이다. 순수국(順水局)은 일명 거수국(去水局)이라고도 하며 내룡이 장대하여 역량이 광대하고 주위가 주밀하여 수구가 견고해야 한다. 비록 물은 흘러가더라도 반드시 산은 돌아봐야 진짜다. 또한 순수국은 혈을 맺어도 귀는 얻지만 재산은 없으며 초년에는 불리하니 경솔히 취하지 못한다. 무수국(無水局)은 일명 건국(乾局)이라고도 하는데 산세가 잘 모이되 명당수가 없는 국이다. 매우 높은 산에서 혈을 맺는 경우이다. 산곡에서는 바람을 가두는 것이 먼저이므로 혈장이 잘 짜여져 있으면 물이 없어도 흠이 아니다. 발복이 빠르고 재운은 창고 모양의 산이 있는가 없는가로 판단한다. 일반적으로 고관대작은 가능하나 부자는 얻기 어렵다.

❖ **결혈(結穴)의 비결(秘訣)**

① 대개 용의 과협(過峽)은 사람의 목이 가늘어진 것과 같은 것이니 용신(龍身)의 생사가 과협(過峽)에 달렸으나 이에 산(山)에 질단(跌斷 : 잘속하여 끊어질 듯한 것)된 듯 세눈(細嫩 : 가늘고 예쁘게 보이는 것)하여 탈태하고 환골(換骨)된 것이다. 산의 발서(發敍)하는 기(氣)가 이와 같이 거두어 모이고 정기가 이와 같이 생기(生氣)를 묶어 수검(收斂)한 것이 귀한 용(龍)이 아니고서는 이런 것이 있을 수 없다. 비록 이 격이 있을지라도 만약 바람이 불고 물을 겁내는 것을 당한 즉 기(氣)를 받아 모인 것이 이미 흩어질 것이다. 문무귀천빈부(文武貴賤貧富)가 모두 이 협(峽)에 매였으니 협(峽)의 양변에 문성(文星)이나 필봉(筆峯)이 있는 것은 문(文)을 주장하고, 창검(槍劍)이나 기폭(旗幅)같은 사격(砂格)은 무(武)를 주장하고, 천을태을(天乙太乙;높이 솟은 봉(峯))이나 옥인금상사(玉印金箱砂)가 구비된 것은 극귀(極貴)한 사격(砂格)이고, 대창대고(帶創帶鼓), 문필부봉(文筆富峯)는 부(富)를 주장함이다. 혹 해로운 바람이 과협(過峽)을 쏘는 것은 살풍(殺風)이 되고 화살과 같은 흉사(凶砂)가 좌우에서 충하는 것은 빈(貧)하지 않으면 요수(夭壽)하게 되는 것이다.

② 용을 찾는 데 묘(妙)한 법은 과협(過峽)을 보지 않고서는 능히 자세하지 않은 것이요, 협(峽)을 찾는 묘법(妙法)은 장(帳)이 없으면 능히 자세하지 못하니 협(峽)이 없으면 용이 없고 장(帳)이 없으면 능히 자세하지 못하다. 개장(開帳)이 없고 타인을 위하여 창을 들고 호위하는 자에 속하는 것이다. 개장(開帳)된 곳으로부터 처음 떨어지는 맥으로서 용에 맺은 혈에 진가를 밝히고 용신(龍身)에 떨어진 기이하고 정미(精微)한 묘리(妙理)가 있으니 경쾌하고 맑은 것은 참다움이 되는 것이고, 후중(厚重)하고 탁한 것은 거짓이 되는 것이다. 결혈(結穴)에는 정락(正落) 편락(篇落)은 혈사처(穴斜處)요, 또 진맥(眞脈)으로 떨어진 곳인 즉 반드시 은은하고 미미하게 따라서 호위하여 모시는 사(砂)가 있으니 호위함이 없으면 그릇된 것이다.

③ 혹 좌우(青龍·白虎) 양쪽으로 모시어 작국됨이 있고 혹은 좌측(青龍)만으로 모시는 작국(作局)으로 우측(白虎)은 없는 것도 있고 혹은 우측(白虎)만으로 호위되어 좌측(青龍)이 없는 것도 있다. 그러므로 좌로 모시게 된 것은 혈에 들어오는 정기도 역시 좌로 모시고 결혈(結穴)하게 되고 우로 작국(作局)된 것은 혈입역우(穴入亦右)로 모시고 결혈하니 〈이상은 횡룡(橫龍)에 결혈하는 이치의 형상을 말한 것이다.〉 이것은 더 없이 중요하고 지극히 묘하게 맺어진 곳이다. 그러므로 용은 개장(開帳)으로써 귀함이 되고 맥은 천심(穿心)으로써 존귀(存貴)함이 되는 것이다. 법서(法書)에 이르되, 택지(擇地)는 어려운 것이 아니라 심혈(尋穴)이 어려운 것이라 하니 대개 혈처(穴處)라는 것은 그 산수(山水)가 모이고 흩어지는 것으로써 결정하는 것이오, 혈을 선별하는 것은 그 기(氣)와 맥(脈)이 있고 없는 것으로써 결정하되 산수에는 형이 있으므로 그 모이고 흩어지는 형세는 보기 쉽되, 기맥(氣脈)은 체(體)가 없는 데 숨어 있으므로 있고 없는 정(情)을 구하기 어려운 것이다. 그 기(氣)가 있는 즉 맥(脈)이 있고 그 기가 없은 즉 맥이 없는 것이다. 맥(脈)이란 것은 비록 체(體)가 없는 데 숨어서 약간 흙밖에 나타나기도 하나 기(氣)는 무체(無體)하고 무형(無形)하여 맥중(脈中)에 숨어 있는 것이다. 그러므로 기(氣)는 스스로 그치지 못하는 것으로 반드시 맥(脈)을 의지

하여 일어나는 것이오 맥(脈)은 스스로 되지 못하니 반드시 기(氣)로 인하여 이를 것이니, 대개 맥(脈)이 있고 기(氣)가 없는 것이 있으나 맥(脈)이 없고 기(氣)가 있는 것은 있을 수 없는 것이다. 그러므로 바람을 타서 흩어지고 맥(脈)은 물을 만나면 정지하니 혈이란 것은 기맥(氣脈)을 탄 것이라 바람이 흩어지게 함이 없고 수(水)로써 경계가 된 연후에 이에 능히 혈로써 결정할 수 있으니 능히 기(氣)에 없고 있음을 살피지 못한즉 혈에 참됨과 거짓됨을 알 수 없다.

❖ **결혈지**(結穴地) : 결혈지(結穴地)는 입수(入首)의 취기(聚氣)를 완전히 받아서 맺히는 것이므로 마치 식물의 꽃송이가 맺히는 것과 같은 이치이다. 따라서 산천의 꽃송이인 혈판(穴坂)의 생김은 ① 꽃꼭지(入首)의 속기(束氣), ② 꽃심(穴心 : 씨방)의 응결(凝結), ③ 꽃받침(左右蟬翼)의 포옹(抱擁)과 ④ 꽃술(氈脣)의 보기(保氣)를 갖추고 있는가를 살펴 혈심(穴心)에 정확히 입혈(立穴)하여야 한다. 점혈(點穴)은 반드시 정심성의(正心誠意)에 있는 것이니 몇 차례를 반복하여 점검하면 알 수 있을 것이다. 그러나 오늘날에는 현대 과학문명의 발달로 인하여 도구의 도움을 빌어서도 정확하게 점혈(點穴)할 수가 있게 되었다. 즉 지하수맥 탐사봉(地下水脈探査棒)으로 혈장의 지하수맥을 탐사하여 상하분합지점(上下分合地點)과 좌우반원지점(左右半圓地點)을 찾게 되면 원심점(圓心點)이 혈심이 되기 때문이다. 물론 혈판(穴坂)이 클 경우에는 기맥선(氣脈線)도 종횡(縱橫)으로 여러 가닥이 흐르고 있으므로 기맥감지척(氣脈感知尺 : 일명 심룡척(尋龍尺) 또는 측령척(測靈尺)을 활용하여도 어느 정도 정확한 혈심을 측정할 수 있을 것이다. 기맥종선(氣脈縱線)과 기맥횡선(氣脈橫線)이 만나는 교차지점이 혈심이 된다. 특히 기맥종선(氣脈縱線 : 上下)이 여러 가닥으로 넓게 나온다면 좌우쌍분(左右雙墳)을 쓸 수도 있을 것이고 한 가닥으로 좁게 나오면 합폄(合窆)을 하든가 윗자리와 아랫자리에 상하로 내리 써야 할 것이다.

❖ **결혈지**(結穴地)**를 보면** : ① 혈성(穴星) 즉 구첨(毬簷)을 보면 하나의 평탄한 와(窩)가 있으니 이를 ② 장구(葬口) 즉 혈이라 한다. 태음혈(太陰穴)이면 혈처(穴處), 반드시 미와처(微窩處), 태양혈(太陽穴)이면 와중미돌처(窩中微突處)가 있게 마련이다. 장구하(葬口下)를 세밀히 살피면 ③ 소명당(小明堂) 즉 박구(薄口)가 있다. 그리고 혈을 싸고 돌아 은은하게 흐르는 ④ 금어계수(金魚界水)가 있어 소명당하(小明堂下)에서 합금(合襟)한다. 이 구첨(毬簷), 장구(葬口), 박구(薄口), 합금(合襟)을 사과(四科)라 하며 혈을 증명하는 것이다.

❖ **결혈지사과론**(結穴之四科論)

① 승금(乘金), 상수(相水), 혈토(穴吐), 인목(印木)이라 하니 이것은 혈(穴)을 정하는데 묘한 정법(正法)으로서 이 사과(四科) 이외에 더 중요한 법이 있는 것은 아니다. 승금(乘金)의 승(乘)은 가(駕;蟬翼)의 뜻이며, 금(金)은 단원(團圓)의 체(體)이니 둥근 체형(體形)인 금(金)이 「정상」 목 위에 멍에하였다는 뜻, 두 선익(蟬翼)이 정돌취기(正突聚氣)한 입수(入首)에서 퍼져나와 상수(相水)의 상(相)은 도(導)이니 승금선(乘金線)인 원운(圓暈)에서 상수선(相水線)으로 인도한다는 뜻(穴相의 둥근 윤곽이 분명하다는 뜻). 혈토(穴土)의 혈은 혈 중에 있는 진토(眞土)를 말함. 인목(印木)의 목(木)은 첨원형(尖圓形)으로 전순(氈脣)을 뜻하며 인(印)은 혈을 보는데 순(脣) 마지막으로 보아 정혈(正穴)로 증명한다는 뜻이다.

② 오행(五行) 가운데 승금(乘金), 상수(相水), 혈토(穴土), 묘목(卯木)은 사과(四科)라 하고 화(火)를 말하지 아니한 것은 화(火)는 날카롭고 뾰족하여 살(殺)을 띤 것이고 혈이 없기 때문이다. 혈을 소점(所占)하는데 태극(太極)의 운(暈)의 유무를 살펴야 하며 다시 상수선(相水線)의 분합(分合)을 생각하고 혈의 소점시 선익(蟬翼)의 유무를 살필 때 혈상(穴相)을 생각하여야 한다. 다음은 혈토(穴土)의 결응(結凝)에 바른가 기울어졌는가를 살피고 〈또 천광(穿壙)이 될 수 있나가 중요하다〉, 끝으로 전순(氈脣)이 뾰족하고 둥글게 되어 있어야 전순(氈脣) 위의 혈체(穴體)를 정기(精氣)가 통하였다는 증거로서 인정하는 것이다. 사과(四科)인 즉 진혈(眞穴)을 갖춘 것이며, 만약 사과(四科) 중에 하나라도 없으면 그 혈이 온전치 못하다. 이와 같으므로 밑 미망(微茫)한 팔자형(八字形)의 윤관이 합해져 있고 위에 미망(微茫)한 선익사(蟬翼砂)가 팔자형(八字形)으로 나눈 것이 있게 되어 결혈(結穴)의 과정이 이와

같은 것이다. 혈 위에 올라가서 돌아보면 입수(入首)가 정돌취기(正突聚氣)한 봉의 모습은 단정하고 곱게 빠져 나오고 앞에는 안산(案山)이 특이하게 대하여 보이며 국내의 명당 평정하고 청룡·백호가 유정(有情)하게 보이며, 물이 둘러서 돌아와 밑에 수세(水勢)를 거두고, 사면(四面)에는 사세(四勢)가 평화하게 보이고 허공이 없고 이그러진 곳도 없어야 팔요풍(八要風)이 들지 못하고, 조산(朝山)으로 대하는 사(砂)가 면면이 유정(有情)해서 일산일수(一山一水)라도 배반하는 뜻이 없어야 하며, 이와 같은 것이 반대로 된 즉 진혈(眞穴)이 아닌 것이다.

③ 횡룡(橫龍)의 결혈(結穴)이 이루어졌다면 혈 뒤에서 보호하는 귀성(鬼星)도 있고 병풍 같이 둘러준 낙산(樂山)도 있어야 한다. 혹 낙산(樂山)은 있고 귀사(鬼砂)가 없더라도 가하며 혹 귀사(鬼砂)가 있은즉 비록 낙산(樂山)이 없더라도 혈이 되는데 무방한 것이다. 진혈(眞穴)인즉 하늘에서 감추고 땅에서 비밀이 천장지비(天藏地秘)한 것으로서 덕(德)이 있는 사람이어야 기대할 수 있는 것이다. 대개 혈상(穴相)이 허(虛)한즉 가까운 사(砂)는 모두 몸에서 취하고 멀리는 제산제수(諸山諸水)의 사격(砂格)을 취함에 있어서 모두 유정(有情)한 것 같으 되 자세히 살펴보면 혹은 반대하고 혹은 가버려서다 무정(無情)한 것이다.

④ 혈을 찾는데 만약 증좌(證佐)가 없은즉 혈이 참되지 못하니 앞에서 구하는 증좌(證佐)인즉 안산(案山)과 조산(朝山)들이 아름다워야 하고 명당이 평정하고 수세(水勢)가 모여야 하는 것이요, 뒤를 구한즉 낙산(樂山)이 뚜렷하고 귀성(鬼星) 후장(後掌)의 뜻 받쳐야 하고, 좌우를 구한즉 청룡·백호가 얽어서 보호되어야 하고, 혈 밑에서 구한즉 순전(脣氈)이 바른 것이어야 하고, 사방에서 구한즉 십도(十道)가 안전하고, 계수(界水)에서 구한즉 나누어지고 합쳐짐이 분명한 것이어야 이와 같은 것이 이 혈이 되는데 증거가 되는 것이다. 이 여러 가지에 혹 한 두 가지가 없어도 될 수 있지만 그 중에 가히 없어서는 아니 될 것은 순(脣)과 구와 첨의 분합인 것이다. 〈즉 입수선익당판(入首蟬翼當板) 전순은 빠짐 없이 있어야 한다는 뜻〉

⑤ 그러므로 고서에 이르되 내룡(來龍)의 미(美)와 악(惡)을 자랑하지 말고 다만 혈내 분합을 보라 하니 이 분합에 증좌(證佐)가 명백히 있은즉 기타 증좌(證佐)는 자연히 와서 대하게 되는 것이니, 한가지가 부족하더라도 가히 사용할 수 있는 것이다.

❖ **겸가엽**(箝葭葉) : 기졸지(杞梓枝)처럼 마디가 뚜렷하지 않고 산줄기가 양쪽으로 엇갈려 뻗은 것으로 양쪽의 산줄기는 또 작약지처럼 고르게 균형이 잡혀 있다. 지각이 이렇게 생긴 용도 범상치 않은 기운을 품는다.

❖ **겸기**(鉗記) : 옛날에 명사(明師)가 땅을 잡아 기록해 둔 것.

❖ **겸출여수**(兼出女秀) : 혈 앞 안산(案山)이 층층이 높은 향(向)이라야 법에 합당하다 하여 이 땅이야말로 평양지리학설(平洋地理學說)에도 해당 되는 대명당지(大明堂地)로 본다.

❖ **겸혈**(鉗穴) : 겸혈은 그 모양이 삼태기와 흡사하고 또는 사람이 두 다리를 벌리고 뻗은 형상과도 같아 개각혈(開脚穴)이라 한다. 겸혈도 높은 산과 평지에 다 있는 바 직겸, 곡겸, 단겸, 쌍겸의 오격이 있다.

- **직겸**(直鉗) : 양쪽 다리를 곧게 뻗은 것으로 너무 길거나 딱딱하면 좋지 않고 부드럽고 짧은 것이 아름답다. 그리고 이마 위가 단정하게 둥글고 혈을 감추어 모인 듯 한 것이라야 내당(內堂)의 기운이 새어나가지 않으므로 길(吉)하다.
- **곡겸**(曲鉗) : 겸을 이루는 양쪽 다리가 구부러져 내당을 안은 것을 말함이다. 두 다리가 소뿔 모양으로 되어 혈장을 싸안되 좌우가 사귀어야 묘하다. 그리고 이마는 단정하게 둥글고 겸

(鉗) 중앙이 감추어 모여야만 길격(吉格)이니 만일 두 다리가 싸안아도 이마가 비뚤어지거나 물이 혈장에 쏘면 가혈이다.

- **장겸**(長鉗) : 양쪽 벌린 다리가 긴 겸혈인데 곧고 단단하고 너무 길면 나쁘다. 길더라도 안산이 가로로 싸안으면 무방하다. 요는 이마가 단정하고 겸 가운데의 기운을 막아 보호함이 좋고 두 다리가 긴데다 원진수(元辰水)가 빗겨나가 내당의 기운을 거둬들이지 못하면 흉격이다.
- **단겸**(短鉗) : 이는 겸을 이룬 양쪽 다리가 모두 짧은 것이다. 너무 길어도 나쁘지만 너무 짧으면 혈을 보호하지 못하므로 나쁘다. 짧더라도 밖의 성신(星辰)의 보호만 있으면 무방하다. 이 겸도 혈 뒤의 성신이 둥글거나 단정해야 길격이다.
- **쌍겸**(雙鉗) : 쌍겸은 혈 좌우의 다리가 모두 쌍으로 뻗은 것을 말한다. 혹은 3겸 4겸(三鉗四鉗)으로 이루어진 예도 있으나 겸의 다리가 많을수록 균형있게 사귀면 진기한 것이지만 엉클어진 듯 혼란스럽게 모인 것은 나쁘다.

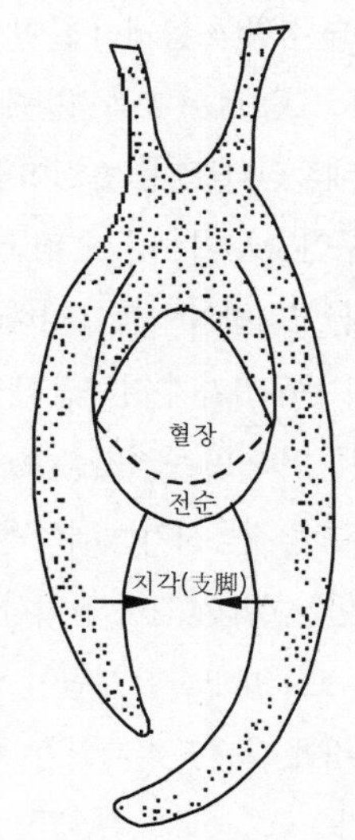

[겸혈(鉗穴)의 전형적인 모습]

❖ **겸형**(鉗形) : 부젓가락과 같은 형이다. 9성 9변에서는 개각혈(開脚穴 : 와형보다 두 다리가 길다)이 되고 사상에서는 소양이 된다. 채겸·호구·합곡·협혈·선궁·단고·궁각·쌍비 등의 형은 전부 겸형에 속한다. 높은 산이나 평지에서 혈을 맺는다. 겸형은 8격이 있다. 직겸·곡겸·장겸·단겸·쌍겸은 정격이 되고 변직변곡은 선궁, 변장변단(邊長邊短)을 단고(單股), 변단변쌍을 첩지(疊指)라고 하여 변격이 된다. 각 격에는 또한 두가지가 있는데 하나는 겸 중에 미유(微乳)가 있는 것인데 유형(乳形)이 변하여 된 것으로 혈거유두(穴居乳頭)하여 계수(界水)가 분명하고 승금자리가 원정(圓正)하여야 진짜이며 원진수가 곧장 나가는 것을 꺼린다. 다른 하나는 겸 중에 미와(微窩)가 있는 것으로 와형이 변한 것이니 혈거와간(穴居窩間)하고 현릉이 분명할 것과 승금자리가 원정할 것을 요구한다. 관정(貫頂)이거나 임두(淋頭)는 혈이 아니다. 겸형에서 주의할 점은 진짜 맥은 숨고 남은 기운이 몸에 붙어 보호하는 사(砂)가 되므로 혈로 들어오는 기맥이 분명하고 순전히 원형(圓形)이어야 한다는 것과 지엽 사이에서 직겸(直鉗)처럼 보이는 것은 모두 가화(假花)라는 점이다. 포만(飽滿)이 증거이다.

❖ **경**(傾) : 기울어지다.

❖ **경**(經) : 어떤 것에 대한 전문적인 이론.

❖ **경**(庚) : 10간의 7번째. 천간 경(庚)으로 구성되는 60갑자는 경오(庚午), 경진(庚辰), 경인(庚寅), 경자(庚子), 경술(庚戌), 경신(庚申)의 6가지가 있다. 경(庚)은 양금(陽金)인데 색은 백색, 방위는 서방, 절기는 가을이다. 경(庚)은 선천수(先天數)가 8, 후천수(後天數)가 9이다. 경(庚)은 을(乙)을 만나면 을경합화(乙庚合化)하여 오행의 금(金)이 된다. 경(庚)은 갑(甲)을 만나면 갑경충(甲庚沖)이다.

❖ **경권**(驚券) : 용호가 주먹을 쥔 모양으로 팔 부위보다 손 부분이 높고 크다.

❖ **경년**(庚年) : 태세(太歲)의 천간이 경(庚)으로 구성된 해. 즉 경오(庚午), 경진(庚辰), 경인(庚寅), 경자(庚子), 경술(庚戌), 경갑년의 합칭.

❖ **경득**(庚得) : 혈장에서 보아 물이 맨 처음 경방(庚方)에서부터 흘러옴.

❖ **경도명당**(傾倒明堂) : 물을 내달리고 산을 물 따라 곧장 나가듯 앞으로 곧게 빠져 나가거나 사선으로 비껴 흐르는 것.

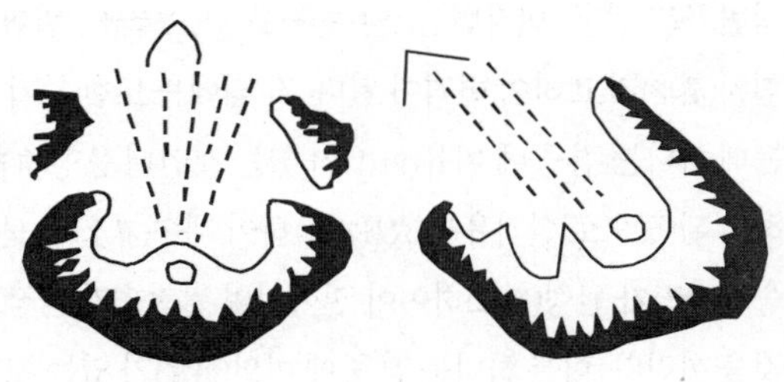

경도명당은 청룡이나 백호 혹은 둘 모두가 물을 따라 뻗어 갔기 때문에 생긴다. 물줄기를 막아 주면 물이 쓸려 가듯 흐를 수가 없다.

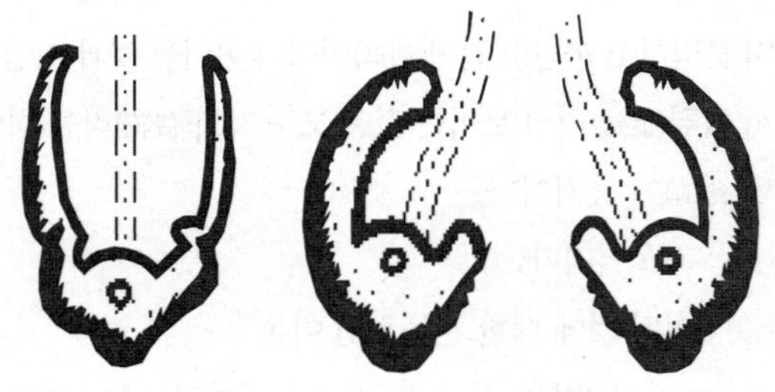

혈 앞에 경도명당이 있으면 자손들이 재산을 탕진한다. 아무리 많은 재산이 있어도 모두 잃게 되고 고향을 떠난다. 타향에 가서도 재산을 모으지 못하고 늘 곤란하여 고생하고 불안하게 산다. 또, 자손들의 수명이 짧아 요절하는 사람들이 많다. 사고를 당해 비명횡사하는 자손도 있다.

❖ **경래연하**(硬來軟下) **연래경하**(軟來硬下): 단단하고 딱딱하게 오는 용은 부드러운 곳에 정혈하고, 부드럽게 오는 용은 단단한 곳에 혈을 정한다.

❖ **경류**(傾流): 기울어지게 흐르는 물.

❖ **경리 담당자의 책상 위치가 중요하다**: 총무부 경리 직원은 입구에서 먼 곳에 앉는다. 회사의 이익을 향상시키기 위해서는 경리담당자의 책상위치가 중요하다. 경리 담당자(또는 해당 부서)는 회사의 자금을 쥐고 있는 매우 중요한 사람으로 가능하면 입구에서 멀리 떨어진 곳에 앉는 것이 좋다. 풍수에서는 먼 쪽에 있는 기(氣)가 재물 운을 불러들이기 쉽다고 여기기 때문이다. 이것은 풍수뿐만 아니라 범죄예방 측면에서도 당연하다고 할 수 있다. 또한 사장의 책상 자리도 경리와 같이 입구에서 먼 장소에 배치하는 것이 좋다.

❖ **경사**(驚蛇): 뱀의 형상이 한쪽은 준급(峻急)하고 한쪽은 낮은 언덕으로 불균형을 이룬 상태. 놀라 사나운 뱀.

❖ **경사가 심한 아파트 단지는 흉하다**: 경사가 심한 아파트 단지나 주택은 물이 급하게 흘러나가게 된다. 물은 지기를 멈추어 모이게 하는 특성이 있다. 물이 급하게 흘러 내려가면 지기는 멈추지 않고 계속 빠져나간다. 지기가 모이지 않는 곳은 사람 살기에 적합한 곳이 아니라 더구나 물은 재물을 관장하므로 재산도 곧장 흩어지고 만다.

❖ **경사가 옆으로 진 주택지**: 경사도가 좌측으로 지면 남자에게 우측으로 지면 여자에게 우환이 있게 되며 점차로 빈한하게 살게 된다.

❖ **경방산**(庚方山): 경방(庚方)에 보이는 산. 혈을 기준하여 경방(庚方)에 있는 산을 칭함.

❖ **경방풍**(庚方風): 경방(庚方)에서 산이 트여 그곳의 바람이 혈장에 와 닿는 것. 즉 경방(庚方)에서 불어오는 바람.

❖ **경방(庚方)의 산**: 묘방(卯方)처럼 경방에 높고 수려한 봉우리가 있으면 영웅이 배출된다. 경봉(庚峯)이 둥글거나 칼·방패처럼 생기면 뛰어난 무인(武人)이 나온다. 장군이 되어 변방에 나가 오랑캐를 무찌른다. 그리하여 이름이 사해(四海)에 알려진다. 경유신방(庚酉辛方)의 봉우리가 수려하면 대적할 자가 없는 영걸(英傑)이 나온다. 장군이 되면 무적지장(無敵之將)으로 위세를 떨친다. 그 위엄이 하늘을 진동시키는 뇌성벽력과 같다. 그런데 경봉이 높기는 하나 험상궂게 생기면, 흉악한 인물이 나와 나쁜 무리의 괴수가 된다. 그로 인해 숱한 사람이 상(傷)한다. 크게 되면 나라의 역적이요, 작게 되면 도적떼의 두목으로 만행을 저지르다 비참하게 죽는다.

❖ **경사가 심한 비탈**: 경사가 심한 비탈 부위를 깎아서 집터를 조성하는 것과 마당 끝머리 아래쪽 부위가 내리막져 비탈 형태를 이루어 앞이 끊어진 터에서는 재난, 구설, 손실 및 불행사가 발생하게 된다.

❖ **경사도가 가파른 곳**: 집 주변이나 묘지에 급한 경사도가 있어 바람을 정면으로 받아 계곡이나 폭포의 물소리가 사람이 우는

듯하게 들리는 곳은 가세를 기울게 하고 총명한 자식도 태어나지 않고 상(喪)을 치르게 한다고 하여 꺼린다.

❖ **경사지세**(傾斜之勢) : 물이 쏟아지듯 매우 급하게 흐르는 형세. 산세와 명당이 그만큼 가파르기 때문에 사람과 재산이 급속도로 패한다.

❖ **경안일**(敬安日) : 길일(吉日)로서 상사 또는 존장(尊長)을 초빙하여 접대하는 일에 길한 날이다. 경안일은 아래와 같다.

正月 : 未日　　二月 : 丑日　　三月 : 申日

四月 : 寅日　　五月 : 酉日　　六月 : 卯日

七日 : 戌日　　八日 : 辰日　　九月 : 亥日

十月 : 巳日　　十一月 : 子日　　十二月 : 午日

❖ **경야**(經夜) : 죽은 사람을 장사지내기 전에 근친지기(近親知己)들이 그 관 옆에서 밤새도록 시신을 지키는 일을 말하는데 본래 근친자만이 하는 상옥(喪屋)의 생활이다. 또한 부(처)는 처(부)의, 아들은 어버이의 시신과 같은 침상에서 하룻밤을 지낸 다음 장례하는 습관도 있다.

❖ **경조**(慶弔)

① 경사스러운 일과 궂은 일. 경사(慶事)와 흉사(凶事).

② 경사를 축하하고 흉사를 조문함.

❖ **경조상문**(慶弔相問) : 경사에 서로 축하하고 궂은일에 서로 위문함.

❖ **경입수**(庚入首) : 혈 바로 뒤의 용이 경방(庚方)에서 뻗어온 것.

❖ **경좌**(庚坐)

① 24좌(坐)의 하나. 집이나 묘가 경방(庚方) 정유(正酉)에서 남(南)으로 15˚ 당긴 방위를 등진 것을 말한다.

② 경좌(庚坐)는 내룡(來龍)이 오정맥(午丁脈) 아래에 있는 것이 정좌(正坐)이며, 높지 않은 산 아래에는 이 좌를 놓지 않는다. 동물로는 까마귀(烏鳥)에 비유되며 까마귀는 무리를 짓고 등비(登飛)하기를 좋아하며 높은 봉에 무리봉이 많이 보이는 곳이 정국(定局)이다. 만약 산미(山尾)에 이 좌를 놓게 되면 오정맥(午丁脈)을 피하여 금수맥(金水脈)이면 무방하다. 소명당(小明堂)이 너무 넓으면 안 되며 길옆은 무방하며 음혈(陰穴)이어야 한다. 혈성은 3척 정도가 좋다.

③ 갑파구(甲破口)로서 만아들이 패륜하고 가산을 없애고 큰 종기를 앓는다.

❖ **경조토**(輕操土) : 푸석푸석하여 갈기에 힘이 들지 않는 흙.

❖ **경좌 갑향**(庚坐甲向) : 집터나 묏자리 따위가 경방(庚方)을 등지고 갑방(甲方)을 향하고 앉은 좌향(坐向).

❖ **경직**(硬直) : 기복(起伏)이나 좌우로 활동함이 없이 곧고 굳은 산맥으로 흉룡(凶龍, 死龍)하다.

❖ **계간수**(溪澗水) : 산골짜기에 흐르는 계곡물. 산골짜기는 경사가 심하여 물이 급하게 흐르기 쉽다. 너무 급하게 흐르면 안 좋으며 물소리가 너무 시끄러워도 불길하다. 또 이리저리 구불거리며 빠져나가야 좋은 기운이 감돈다. 물줄기가 앞으로 곧게 나가면 혈의 정기가 흩어진다. 깊은 산중(山中)의 작은 개울물에는 평야지대의 강물에 버금가는 기운이 서린다. 비록 물줄기가 가늘고 수량이 적어도 사시사철 마르지 않으면 매우 큰 기운을 뿜는다. 그 기운으로 부귀를 가져다준다.

혈지(穴地)는 주로 산지에 있으므로 이 계간수는 용혈과 근접한 중요한 물이다. 그리하여 계간수 그 흐름이 굴곡완류(屈曲緩流)하고 불격무성(不激無聲)에 심주청담(深注清潭)해야 왕정부귀(旺丁富貴) 한다. 만약 계간수가 직류충사(直流衝射) 혹은 격단비성(激湍悲聲)이면 인상손재(人傷損財)가 우려되는 흉한 물이 된다. 한편 계수(溪水)에 소리가 나면 반드시 귀머거리가 난다는 글도 있다.

❖ **계군**(鷄群) : 여러 마리의 닭 무리들.

❖ **계단실은 독립된 공간이 좋다** : 계단은 주택 외부계단이 아니고 내부에 설치된 계단이다. 외부계단은 외기(外氣)에 항상 노출되어 있으므로 주택의 내부 환경에 직접적으로나 간접적으로 아무런 영향을 미치지 못한다. 위층과 아래층을 이어주는 통로

역할을 하는 것이 계단이다. 집안 내부의 기운도 계단이 어떻게 설치되어 있는가에 따라 기의 순환이 순조롭게 되거나 불순하게 되므로 설계 당시 위치 설정과 구조에 만전을 기해야 한다. 계단은 따로 계단실을 만들어 독립된 하나의 공간으로 만들 필요가 있다. 이것은 아래층과 위층의 서로 다른 기운의 공기가 마구잡이로 뒤섞이는 것을 방지하게 위해서이다. 계단실이 따로 구획되어 있지 않고 아래층과 위층이 계단을 통해 하나의 공간으로 되어 있으면 더운 공기는 위층으로만 올라가고 찬 공기는 아래층으로만 몰리는 대류현상이 발생하여 위 아래층의 온도 차이가 많이 나게 되므로 신체의 건강에 이상이 자주 발생하게 된다. 또한 기의 흐름이 위 아래층 사이에 뚫린 계단의 좁은 공간에서 이루어지다 보니 원만한 기의 흐름이 되지 못하고 불순한 기운이 되어 온 거실에 퍼진다. 이를 방지하기 위해서는 아래층 거실과 위층의 거실에서 계단실로 출입하는 문을 설치한 구조로서 완충공간의 성격을 가진 계단실이 필요하다. 계단실은 될 수 있으면 현관과 같이 묶어 하나의 공간으로 하는 것이 유리하다. 현관은 집 가운데에 위치한 경우를 제외하면 대개 한쪽으로 치우쳐 설치되기 마련이다. 이렇게 현관을 통하여 집 내부로 들어와 위층으로 올라가는 계단실이 하나의 공간으로 구획된다면 위아래 층 거실의 공간은 모습이 반듯하게 되어 각실의 분할이 수월해지고 안정감도 든다. 반면에, 계단의 위치 설정에서 가장 좋지 못한 배치는 집 중앙에 설치되어 거실을 양분하는 형상을 띤 계단이다. 이것은 계단이 있는 곳의 기의 흐름도 불순하거니와 내부 거실이 양분되어 집안식구들의 의견이 합치되지 못하고 항상 분란이 잦아지는 결과를 초래한다.

❖ **계단은 집에서 대기의 이동 통로이다** : 집에 설치된 계단은 사람의 통행로일 뿐만 아니라 외부에서 유입되는 공기와 내부의 실내 공기가 혼합되면서 대기의 이동을 원활하게 하는 공기의 통로라고 할 수 있다. 집에서 계단은 설치된 그 위치에 따라서 다음과 같이 길흉의 작용력이 달라진다.

- 계단이 집의 중앙에 있으면 가정주부(아내, 어머니)에게 우환이 따르고 질병에 걸릴 확률이 높아진다. 또한 집안 식구들이 화합하기 어려워서 서로가 다른 생각을 하며 살게 된다.
- 계단이 집의 서쪽에 있으면 구설수와 소송, 불협화음이 잇따른다.
- 계단이 집의 북서쪽에 있으면 가장이나 남편, 아버지에게 변고가 생기고 특히 두통으로 고생하게 된다.
- 집(실내)의 외부에 있는 계단은 계단 위에 지붕(눈이나 비를 막는 덮개 구실의 구조물)이 얹혀져야 길상(吉相)이다. 실용적으로도 지붕이 없는 계단이라면 눈이나 비에 무방비로 노출되어 쉽게 훼손되고 겨울철에는 눈 때문에 미끄러져 큰 부상을 당할 수 있으니 지붕이 있어야 한다.
- 계단은 동쪽에서부터 시작하여 서쪽으로 오르도록 되어 있으면 길하다.
- 계단은 남쪽에서부터 시작하여 북쪽으로 오르도록 되어 있으면 길하다.
- 계단은 서쪽에서부터 시작하여 동쪽을 향해 오르도록 되어 있으면 흉하다.
- 계단은 북쪽에서부터 시작하여 남쪽을 향해 오르도록 되어 있으면 흉하다.

❖ **계단의 중앙 부위 설치는 불길** : 아래층에서 위층으로 올라가는 계단은 안쪽이나 바깥쪽을 막론하고 중앙 부위에 설치하지 말아야 된다. 재산증식이 안 되며 식구들과 살림살이에 풍파와 액운이 자주 닿는다.

❖ **계득파**(癸得破) : 혈장에서 보아 물이 맨 처음 계방(癸方)에서 들어오는 것을 득수(得水)라 하고, 계방위(癸方位)로 물이 마지막 빠져나가는 물을 파구(破口)라 한다. 들어오는 물은 보여야 하고, 빠져나가는 물은 보이지 않아야 한다.

❖ **계명축시**(丑時) : 첫닭이 울 무렵인 축시(丑時). 곧 새벽 한 시에서 세 시까지 사이. 계명시.

❖ **계묘**(癸卯) : 60갑자의 마흔번째.

❖ **계방풍**(季方風) : 계방(癸方)에서 혈장(穴場)으로 불어오는 바람. 즉 혈장에서 보아 계방(癸方)에 막힌 것이 없어 허(虛)하면 그 곳에 부는 바람이 혈에 와 닿는다고 한다.

❖ **계방**(癸方)**의 산** : 계방에 높고 수려한 산이 있고, 그 산에 응(應)

하여 자오묘유방(子午卯酉方)에도 좋은 산이 서 있으면 훌륭한 인물이 나와 고귀하게 된다.

❖ **계빈축**(啓殯祝) : 발인날 새벽에는 빈소에서 읽는 축. 금이길 천추감고(今以吉 遷柩敢告)라 읽는다.

❖ **계수**(界水) : 혈 좌우로 흐르는 물(여기에서 물이란 실제의 물이 아니라 평면보다 약간 낮은 골을 가리킨다.). 경계한 물.

❖ **계수**(溪水)**와 대강수**(大江水) : 대천(大川)이 여러 무리와 더불어 같이 있는 것과 홀로 단독으로 있는 것. 먼 산이나 먼 강물은 여럿이 같이 연계하여 있는 것이 가까운 산과 가까운 물을 혈처(穴處)와 독대(獨對)로 연관하고 있는 산이요 물이니 먼저 묘지나 집터에서 가장 가까운 도랑물, 개울물이 급선무이다. 화(禍)와 복(福)의 재빠른 발응은 가까운 도랑 개울물에 달려 있는 것이 가장 가깝고 친하기 때문이다. 그렇지만 먼 장래의 큰 일들은 천연대강수(天然大江水)가 중하니 계수(溪水)나 대강수(大江水)나 한쪽에 치우쳐서 버릴 수 없으나, 오는 물이 길(吉)하고 가는 물이 흉(凶)하면 처음은 길하고 끝에 가서 흉(凶)할 것이며, 오는 물이 흉하고 가는 물이 길(吉)하면, 처음은 흉하고 끝에 가서는 길(吉)할 것이며, 오고 가는 물이 다 순하면 주인이 순하고 물이 거칠면 그의 자손도 거친 자손이 나온다.

❖ **계입수**(癸入首) : 혈 바로 뒤의 용맥(龍脈)이 계방(癸方)에서 정방(丁方)을 향하여 혈로 들어온 것.

❖ **계장**(繼葬) : 조상의 무덤 아래에 잇대어 자손의 묘를 씀.

❖ **계좌**(癸坐) : 24좌의 하나. 건물 및 묘가 계방(癸方)을 등지고 정방(丁方)을 향한 것. 정북 자방(子方)에서 동쪽으로 15° 당긴 방위의 좌. 계좌(癸坐) 감파구(坎破口)로서 장손이 먼저 전택(田宅)을 소모하고 물에 빠져 죽는다. 오행으로 물에 정중수(井中水) 또는 소계(小溪)이다. 계(癸)는 아직 해동(解凍)이 안 된 물로써 화산(火山) 맥 아래는 좌를 정하지 말아야 한다. 반대로 앞에 안산(案山)에 화산(火山)이 있거나 각 골에서 내려오는 물이 한데 어울리면 두령급의 자손이 나온다. 동물로는 빨쥐(박쥐)라 하여 어두운 것을 좋아하며 낮과 밤을 다 이용하여 장구(長久)한 골을 좋아한다. 안산(案山)이 놓은 것이 귀격(貴格)이며 혈을 향하여 고개(項)를 숙인 듯 하여야 한다.

❖ **계좌정향**(癸坐丁向) : 집터나 묏자리나 계방(癸方)을 등지고 정방(丁方)을 바라보는 좌향(坐向).

❖ **계체석물**(階砌石物) : 무덤 앞의 층계 돌(階). 체(砌)라고도 씀.

❖ **고**(鼓) : 지리법에서 보는 길사(吉砂)의 하나. 산의 모양이 북 같이 생긴 것. 부봉(富峰) 또는 일자문성(一字文星)도 된다. 산이 둥글고 평평한 모양. 둥그런 모양으로 북과도 같은 모양. 오봉(五峰)이 이어져서 솟아나고 가운데의 봉우리가 둥근 모양을 말함.

❖ **고**(固) : 확실함, 확고함.

❖ **고**(古) : 옛 격식을 이름.

❖ **고**(庫) : 산이 비만하여 통통하고 꼭대기는 평평히 둥글게 보이는 산.

❖ **고각**(鼓角) : 높이 솟아나고 뾰족한 산. 일설에는 나성(羅城) 위에서 연이어져 3·5봉(峰)이 나타나서 가장 높이 뾰족한 봉이 누(樓)이고, 높고 평평한 봉이 대(臺)이고, 높고 둥글어서 종을 엎어놓은 것 같은 봉이 고(鼓)가 되고, 높고 민둥하게 댓순 같으면 각(角)이라고 풀이하였다.

❖ **고결**(古訣) : 옛 진결. 고결(古訣)로서 발명하니 나의 마음을 깨끗이 닦아서 지리의 정(精)과 조(粗)를 자못 다 포괄하였다. 간절히 기록하여 보배로 간직하며, 그릇된 사람에게는 보여주지 말고, 삼가 후세의 학자에게 전하여 영세무궁(永世無窮)토록 하여라. 고인의 진결(眞訣)로써 부(賦 : 문서)를 지어 발명하였으니 눈(雪)처럼 하얗고 깨끗한 나의 마음을 다해 지리의 정교함과 조악(粗惡)함을 포괄적으로 자못 모두 실어 세인에 고하게 되었다. 천고(千古)에 엎드려 살피건대, 음양(陰陽)의 범위를 정성을 다하여 남겨야 한다는 뜻이었으니 꼭 필요한 비결이 될 것이다. 간절히 기록하여 보배로 간직하여야 한다. 함부로 가벼이 세인을 속이는 무리들에게는 보여주지 말고, 진실하게 배울 수 있는 사람이 얻게 하여 만세(萬世)토록 무궁하게 후세의 학자에게 전하도록 되기를 간절히 당부한다.

❖ **고골살**(枯骨殺) : 정월 사인(死人)을 자오묘년(子午卯年)에 개장(改葬)하면 가장이 죽는다. 2월 사인(死人)을 진년(辰年)에 개장하면 5명이 죽는다. 3월 사인(死人)을 오년(午年)에 개장하면 3명이 죽는다. 4월 사인(死人)을 신년(申年)에 개장하면 소부(小婦)가 죽

는다. 5월 사인(死人)을 신유축년(申酉丑年)에 개장하면 5명이 죽는다. 6월 사인(死人)을 인해년(寅亥年)에 개장하면 가운데 아들(中男)이 죽는다. 7월 사인(死人)을 묘술년(卯戌年)에 개장하면 아동이 죽는다. 8월 사인(死人)을 자술년(子戌年)에 개장하면 큰딸이 죽는다. 9월 사인(死人)을 축술년(丑戌年)에 개장하면 아동이 죽는다. 10월 사인(死人)을 인년(寅年)에 개장하면 6명이 죽는다. 11월 사인(死人)을 축년(丑年)에 개장하면 자손이 죽는다. 12월 사인(死人)을 사년(巳年)에 개장하면 아동이 죽는다.

❖ **고과**(孤寡) : 홀아비와 과부.

❖ **고궤사**(庫櫃砂)

① 고(庫)와 궤(櫃), 두 성(星)은 부를 주장하는 사(砂). 이 사(砂)가 수구(水口)에 있으면 부가 발한다. 왜냐하면, 수구(水口)는, 즉 사국(四局)의 묘고(墓庫)에 비유하는 곳이므로 고(庫)·궤사(櫃砂)가 이곳에 있으면 제격이고 또 진술축미(辰戌丑未)는 토(土)이므로 성궁(星宮)이 비화(比和)인 까닭이다. 그 가운데 가장 묘한 곳은 간방사(艮方砂)다. 간(艮)은 천시원(天市垣)이라 복록(福祿)을 주관하는 곳이요, 간(艮)은 토(土)에 속하며 비화가 된다. 가령, 경룡입수(庚龍入首)에 경좌갑향(庚坐甲向) 및 유좌묘향(酉坐卯向)의 경우 수(水)가 정(丁)이나 을방(乙方)으로 나가고 간방(艮方)에 경궤사(庚櫃砂)가 있으면 이를 임관고궤(臨官庫櫃)라 하는 바, 위로 천성(天星)을 응하니 거부가 된다. 간(艮)이 또 병봉(丙峯)과 교영되면 글에 「간병(艮丙)이 교영(交映)하면 부는 국부다」 하였다. 곤신사(坤申砂)에 갑좌경향(甲坐庚向)을 놓고 신술방(辛戌方)이 수구(水口)가 되어도 마찬가지로 부귀를 주장한다. 간방(艮方)에 고궤(庫櫃)가 있고, 병봉(丙峯)이 병오(丙午)의 왕향(旺向)을 놓으면 병오(丙午)의 남방화(南方火)와 간토(艮土)가 화토상생(火土相生)이 되어 또한 부귀를 크게 발하며 향(向)의 녹방(祿方)이 되어도 횡재한다.

② 고궤사(庫櫃沙)는 대개 수구(水口)에 있으니 수구(水口)는 곧 진술축미(辰戌丑未)를 말한다. 진술축미(辰戌丑未)는 사국(四局)의 묘고(墓庫)이며 또 오행(五行)의 토(土)에 속한다. 그러니 토(土)는 결국에는 간토(艮土)에 불과하다. 간(艮)은 토(土)에 속하며 천시(天市)라고 하니 간(艮)의 고궤(庫櫃)는 그 입향(立向)의 복록(福祿)이 무궁하다고 한다. 입경산갑향(立庚山甲向) 또는 입유산묘향(立酉山卯向)을 하면 갑묘왕향(甲卯旺向)에는 간인(艮寅)이 향상임관위(向上臨官位)며 간(艮)은 천시(天市)요 또 상응천성(上應天星)하였으니 간(艮)의 고궤(庫櫃)는 부궤에 또 부를 더한다. 만약 간(艮)이 병봉(丙峰)을 득(得)하고 간병(艮丙)이 교영(交映) 하면은 부감적국(富堪敵國)이라 하였으며 간곤(艮坤)이 정5행(正五行)에서 속토(屬土)하니 간(艮)의 다음은 곤(坤)이라고 한다. 그러니 입갑산경향(立甲山庚向) 묘산유향(卯山酉向)을 하고 곤방(坤方)에 고궤사(庫櫃砂)가 있으면 이 역시 득지(得地)라고 하며, 또 화생토(火生土)하니 병오왕향(丙午旺向)을 하고 곤상(坤上)에 고궤사(庫櫃砂)가 있으면 손록귀사(巽祿貴砂)의 다음 가는 귀사(貴砂)라고 한다. 곤(坤) 역시 향상임관록위(向上臨官祿位)에 있는 것이 대단히 중요하며 주로 횡재(橫財)의 상징이 된다.

❖ **고기**(告期) : 혼례의 하나. 납채(納采), 납징(納徵) 후에 신랑 측에서 신부 측에 혼인 기일을 청하는 것을 청기(請期)라고 하며, 신부 측에서 혼인을 정하여 신랑측에 알리는 것을 고기(告期)라고 한다.

❖ **고대**(高擡) : 전체적인 산세의 큰 흐름세를 보다 크게 보다.

❖ **고독**(孤獨), **이별**(離別), **신병**(身病)**이 발생하는 집터** : 집의 후면(後面) 부위(部位)는 높다랗게 돌기 하였으나, 좌우로 내려오면서 양 측면이 낮아지며 내리막이 되는 곳은 고독, 이별, 신병 및 재물의 파탄과 풍파 장해 등 불상사가 발생한다.

❖ **고로혈**(孤露穴) : 천풍혈(天風穴)이라 한다. 얼핏 보기에 사면팔방의 바람이 몰아칠 듯하나 혈에 오르면 양어깨가 바람을 막아주어 장풍취기(藏風聚氣)가 되어 있는 곳.

❖ **고리살**(藁裡殺) : 신자진생(申子辰生) 갑묘좌(甲卯坐)
인오술생(寅午戌生) 경유좌(庚酉坐)
해묘미생(亥卯未生) 병오좌(丙午坐)
사유축생(巳酉丑生) 임자좌(壬子坐)
만약 이를 범하게 되면 살(殺)이 되므로 크게 흉하다.

❖ **고맥**(高脈) : 높은 맥은 이마와 같은 모습이 많고 또 성신(星辰)이 천박하기 쉬우니 구슬같은 모양이어야 길하다.

❖ **고목**(古木) : 오래된 나무로 제단의 마당에 서 있는 것을 말함.

❖ **골목 끝에 집을 지을 경우** : 주위에 있는 다른 집들보다 약간 높은 지대에 짓고, 살이 낄 경우는 액막이(造形物)로 커다란 돌이나 나무를 깎아 대문 앞에 세우기도 한다. 그러나 좋은 집은 아니다.

❖ **고목(古木)이 서 있던 땅은 병명이 없는 병에 걸리기 쉽다** : 오래된 고목이나 큰 나무가 서 있던 땅은 나무뿌리가 땅속으로 뻗어 지기(地氣)를 다 파헤쳐버렸을 가능성이 크다. 비록 나무는 잘랐다 하더라도 뿌리가 남아 있을 수도 있지만 나무의 신(神)이 있다. 이러한 곳에는 인상 사고나 병원에 가도 병명이 없는 병이 걸린다.

❖ **골목 막창집(막다른 골목집)** : 예부터 골목 막창집은 흉가라 했다. 이곳은 바람이 불면 모든 쓰레기는 막창집 대문 앞에 모여들고 흉한 기는 막창집에 모여든다. 예를 들면 도적이 경찰에 쫓겨 갈 때 막창 골목에 이르면 붙잡히는 것과 같은 이치로 생각하면 된다.

❖ **고묘**(告廟) : 나라 왕실에 큰 일이 있을 때에 그 일을 종묘에 고함. 사가에서는 사당에 고함. 경사를 만나면 고묘, 반교, 친상, 치사, 전문, 표리 등은 차례로 품주하여 정한다.

❖ **고묘숙살**(故墓宿殺) : 선영(先塋) 가까운 곳에 무덤을 쓸 경우 살(殺)이 닿는지 아닌지를 참고하는 법. 물론 생왕방(生旺方), 3살방(三殺方) 등도 닿는가 살펴본 후의 일이다.

春三月 : 未方　夏三月 : 戌方

秋三月 : 丑方　冬三月 : 辰方

고묘숙살(故墓宿殺)은 선영(先塋)의 묘가 있는 곳에 장사(葬事)를 할 때에만 피하고 다른 곳에서는 피하지 않는다.

春木墓在未 夏火墓在戌

秋金墓在丑 冬水墓在辰

촌수를 헤아려 복내(腹內)에 해당하는 선조의 기존 묘영(墓榮)으로 이장할 때 보는 법으로서 주로 사람이 죽을 때 봄에는 목(木) 묘궁(墓宮)이 미(未)라 오방(午方)이고, 여름에는 화(火) 묘궁(墓宮)이 술(戌)이라 유방(酉方)이고, 가을에는 금(金) 묘궁(墓宮)이 축(丑)이라 자방(子方)이요, 겨울에는 수(水) 묘궁(墓宮)이 진(辰)이라 묘방(卯方)이다. 다음과 같은 다른 방식도 있다. 정월에는 을방(乙方)과 해방(亥方)이 숙살(宿殺), 2월에는 병방(丙方)과 경방(庚方)이 숙살(宿殺), 3월에는 정방(丁方)과 경방(庚方)이 숙살(宿殺), 4월에는 정방(丁方)과 계방(癸方)이 숙살(宿殺). 5월에는 임방(壬方)과 계방(癸方)이 숙살(宿殺), 6월에는 계방(癸方)과 을방(乙方)이 숙살, 7, 8월에는 병방(丙方)과 경방(庚方)과 을방(乙方)이 숙살이다. 9월 이후에는 임방(壬方)과 을방(乙方)이 숙살(宿殺)이다.

❖ **고복**(皐復) : 복(復)이라고도 하며 초혼(招魂)이라고도 하는데, 죽은 사람의 흐트러진 혼을 불러 돌아오게 한다는 뜻으로 남상(男喪)일 때는 남자가 여상일 때는 여자가 죽은 사람의 웃옷(평상시에 입던 옷)을 벗겨 가지고 지붕으로 올라가, 홑두루마기나 적삼의 옷깃을 왼손으로 잡고 오른손으로는 옷의 허리 부분을 잡아 북쪽을 향해 옷을 휘두르면서 크고 길게 고인의 이름을 부르는 것을 말한다. 고(皐) 학생모공(學生某公) 복, 복, 복, 관작이 있으면 모관모공(某官某公) 복, 복, 복한다. 안상(內喪)에는 고(皐) 유인모관모씨(孺人某貫某氏) 복, 복, 복하고, 만약 남편의 직품이 있으면 직품을 좇아 고(皐) 모부인모관모씨(某婦人某貫某公) 복, 복, 복이라고 한다. 그리고 복(復)을 부를 때에는 효자는 잠시 울음(哭)을 멈추고 혼이 돌아오기를 바라면서 정성을 다하는 것이 이 고복의 예에 맞으므로, 복을 부를 때 효자들은 마땅히 울음(哭)을 그쳐야 한다. 그 다음 복의(復衣)를 가지고 내려와서 시체에 덮고 남녀가 모두 곡한다.

❖ **고부**(告訃) : 사람의 죽음을 통지함. 통부(通訃)·흉문(凶問)이라고도 하며, 부고(訃告)는 그 통지서를 말함.

❖ **고사**(告祀) : 액운(厄運)이 없어지고 집안이 잘 되기를 신령에게 비는 제사.

維歲次干支 某月干支朔 某日干支 某官 某敢昭告于

顯某官府君 體魄托非其地恐有意 外之患驚動 先靈 不勝憂懼 將卜

以是月某日 改葬于某所 謹以酒果用伸 虔告謹告

[해석] 아무해 아무달 아무날 아무 벼슬한 아무개는 감히 밝게 고하옵니다. 아무 벼슬관 아무개씨 그 땅은 체백이 의탁하실 곳이 못되어서 선령이 놀라실까 걱정하고 두려움을 이기지 못하여 이번달 아무날을 기해서 개장하

려 하옵기에 아뢰옵니다.

[개장시의 복제] 축관이 토지에 제사지내는데 장사의 기구는 처음 장사 할 때의 의식과 같게 하되 복제(服制)는 시마복(緦麻復)으로 한다. 그러나 3년 안에 묘를 옮겨 개장할 때에는 시마(緦麻)로 하지 않고 원복(原服)으로 행한다.

❖ **고산고처 속기입수**(高山高處 束氣入首) : 고산에 속기입수는 연소혈(燕巢穴)인데 유혈(乳穴) · 돌혈(突穴)에 결혈(結穴)된다.

❖ **고산괴혈의 명혈** : 괴혈(怪穴)은 높은 정상에 많이 있다. 큰 땅은 산 정상에 제비집모양(즉 아파트 옥상과도 비슷)과도 같고 괘등혈(掛燈穴)로서 북향인데 아침부터 해가 뜨면 하루 종일 햇빛이 있고 혈토(穴土)는 대개 단색이며 맑고 깨끗하다.

❖ **고산결**(高山結) : 높은 산에 맺는 것. 간룡의 왕성한 기가 산발하여 산머리나 산허리에 토작(吐作)하여 된 것. 당처가 높아도 평탄하고 주위의 산들이 바람을 막아주며 혈 아래에 살이 되는 뾰족한 첨사(尖砂)가 보이지 아니하면 명당과 물은 논하지 않는다.

❖ **고산만두돌혈**(高山巒頭突穴)**에는** : 고산 정상에 풍부하게 생긴 혈(穴) 이외에도 고산에 결혈대지(結穴大地)는 많이 있다. 혈체형(穴體形)은 둥그러워야 하고, 양명(陽明)한 흙이 밝은 산에 산천정기(山川精氣)가 충만해야 한다.

❖ **고산에는 어떤 명당이 있는가** : 고산(高山)에는 대개 명당이 드물다. 고산의 몸체에는 혈이 없으므로 그 산 밑에 용사(用事)하면 물을 털 곳이 없어 거의 건수(乾水)가 스며들기 때문이다. 그러므로 몇 번이고 기봉(起峰)으로 내룡(來龍)한 후 사상(四象 : 窩鉗乳突)이 형성된 곳에 대개 명당이 작혈(作穴)되어 있다. 그러나 고산이라고 해서 전연 명당이 없는 것은 아니다. 고산에는 명당이 높이 형성된다. 그 장소에 올라가면 오히려 높다는 감을 느낄 수 없는 곳에, 큰 땅일수록 높은 곳에 작혈되는 경우가 많다.

❖ **고산평지**(高山平地) : 옛 말에 만길의 산이 취기(聚氣)한 한 덩어리만 못하고 고산(高山)이 평지만 같지 못하다 하니, 음(陰)은 양(陽)을 보아야 시생(始生)하고 양(陽)은 음(陰)을 얻어서 발육하여 은은하고 뚜렷하여, 기이한 맥(脈)이나 이상한 자취가 그쳐지고 이어져서 연행(連行)함에 혹 숨고 혹 나타나서 회마한 혈의 윤곽을 합쳤으니, 낮은 틀에는 당(堂)의 국(局)을 짓고 높은 곳에는 작사(作砂: 砂格이 되어서)하여 자세히 보면 미사(微砂)까지도 4면이 모두 막혔으니, 대지냐 소지냐 하는 것은 모름지기 조종산(祖宗山)의 역량을 보고 귀천은 본신(本身, 穴坂)의 맺은 곳에 있다. 맑고 교묘한 것은 귀(貴)를 주장하고 완만하고 후부(厚富)한 것은 부(富)를 주장하는 것이다. 평지의 용은 기(氣)를 얻는 것이 참되게 되는 것이오, 신(身, 富坂)을 얽매고 물이 돌아주면 아름다움이 되는 것이다.

❖ **고산**(高山)**에 결혈**(結穴)**한 곳은 이러하다** : 높은 산에 맺은 혈은 높은 산에 맺는 돌(突)이다. 대간룡(大幹龍)이 횡(橫)으로 달려 산의 이마에 그치거나 산허리에 그쳐 좌국(坐局)이 준고(峻高)하지만 급하지 않고 기울어지지 않고 평평한 곳에 작혈(作穴)되니 전후좌우(前後左右) 사산(四山)이 가지런히 옹위하고 긴요(緊要)하게 막고 서서 바람을 꺼리지 않고 혈하(穴下)의 날카로운 사격(沙格)들이 보이지 않으면 혈전(穴前)에 평평하게 물이 모여드는 내명당(內明堂)이 없고 흐르는 물(水)이 없어도 대귀(大貴)가 나나니 그래서 산중(山中)에서 물을 논(論)하지 않는다.

❖ **고산**(高山) **회룡고조혈**(回龍顧祖穴) : 고산의 회룡고조혈이라면 윗대 조상(祖上)이 도와주는 한편 모든 인사들이 도와주는 명혈대지(名穴大地)로서 자손이 관직(官職)에 나가고 부귀겸전(富貴兼全)하게 된다.

❖ **고서**(古書)**에 풍수**(風水)**의 법**(法)**은 물을 얻어야** : 풍수의 법은 물을 얻어야 최상으로 친다 라고 했듯이 옛날부터 강하류(江下流)나 바닷가가 가장 먼저 번성한 것도 여기에 기인한다. 용혈(龍穴)의 전면(前面)에 수(水)의 기(氣)가 모여 있고 열려 있으면 명당(明堂)이라고 하여 중시하고 있으므로 길혈(吉穴)에는 물이 불가결(不可結)한 조건이 된다. 만일 물이 없으면 정룡진혈(正龍眞穴)이 되기 어렵고 그 외의 생기(生氣)를 살필 수가 없다. 바꿔 말하면 정룡이나 진룡이라면 반드시 용혈결(結)에 물을 수반하고 있다. 수(川)은 용의 혈맥(穴脈)이다. 기(氣)가 물에 부딪쳐서 정지할 수 있다. 그러므로 대부분의 풍수사들은 언제나 산을 보기 전에 물(水)을 본다. 산강(山江)에 들락날락 되는 물이 분류되면 기가 약해진다. 또한 물은 소리가 나면 흉(凶)하고 소리가 나지 않으면 길(吉)하지만 졸졸 흐르는 소리는 좋다고 되어있다. 물은 인공적인 것이 아니고 자연수(自然水)가 좋은 것이다.

❖ **고속도로 산맥 끊어 졌으면** : 고속도로를 만드느라 산맥의 능선을 끊고 30m이상 파헤쳐 고속도로를 내는 수도 있으나 끊어진 곳으로부터 약 200m를 지나면 다시 맥이 통하게 된다. 명당의 맥이 끊겨서 자손들이 해를 보았다는 것은 아직까지 보지 못했다.

❖ **고신**(孤辰) : 남자에게만 해당한다

亥子丑生 : 寅, 寅卯辰生 : 巳,

巳午未生 : 申, 申酉戌生 : 亥

❖ **고안등운**(孤雁騰雲) : 기러기 한 마리가 구름위로 올라가 훨훨 날아가는 형국. 시아가 훤히 트여서 전망이 매우 아름답고, 혈은 가슴에 있다. 안산(案山)은 구름, 혹은 안개나 새장이다.

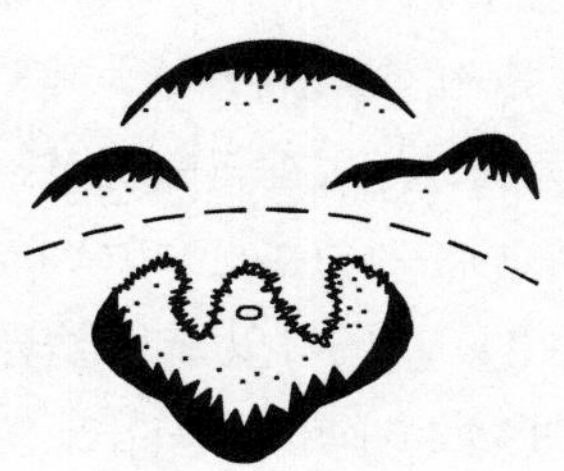

❖ **고안투호**(孤雁投湖) : 한 마리 기러기가 호수에 몸을 던지는 형국. 앞에 못(池)이나 호수가 있다. 혈은 머리 위에 있고 안산은 거북, 혹은 물고기이다.

❖ **고압선 근처의 전원주택은 위험** : 고압전류는 인체에 유해한 전자파를 많이 발생한다. 그래서 고압선 철탑을 세울 경우에는 될 수 있는 한 민가나 건물이 모여 있는 마을을 피하여 인적이 드문 하천 옆이나 산을 택한다. 고압전류로 인하여 발생될지도 모르는 위험을 미연에 방지하자는 의도인 것이다. 그러나 택지난의 여파가 이제는 야산으로까지 확대되고 여기에 전원주택단지의 개발도 점차 많아지는 추세가 되다 보니, 고압선 철탑 부근까지 택지가 잠식되어 들어가는 현상을 보이고 있다. 도시의 번잡함과 공해로부터 벗어나고픈 전원주택이 환경의 고려는 철저하게 무시된 채 무분별한 전원주택단지 개발로 인하여 이렇게 부적당한 장소에 세워지고 있어 건강한 삶의 공간이 되어야 할 전원주택이 병마에 시달리는 고통스러운 흉한 집으로 전락하는 결과를 가져오게 된다. 약 70,000볼트의 고압선이 지나는 장소는 전자파의 영향이 심각하기에, 원인을 모르는 두통이 하루가 멀다 하고 찾아오고, 심하면 백혈병과 급성 임파선 백혈병에 걸릴 확률이 일반인보다 월등하게 높다. 또한 그 지역이 심한 안개가 자주 발생하는 곳이라면 전기의 방전현상으로 인한 감전사고의 위험도 함께 도사리고 있다. 고압선 부근에 사는 농가의 가축들이 안개가 발생한 날에 많이 죽는 원인이 바로 감전에 의한 것이다. 가축이 전기의 자극에 약하다고는 하지만, 그렇다고 인간에게도 절대로 유익하다고 할 수 없으니 혹시나 발행될지도 모르는 불상사는 미연에 방지해야 하는 것이 옳다 하겠다. 연구에 의하면 고압선 50m이내에 거주하는 것이 위험하다 하니 그 두 배 이상의 거리를 두고 집을 세우는 것이 현명한 방법이다.

❖ **고위**(考位) : 돌아간 아버지로부터 그 이상 각 대(代) 할아버지의 위(位).

❖ **고요성** : 정체 ① 뇌는 원이방(圓而方)하고 몸은 높으며 면은 돌(突)하다. 즉 금두목각(金頭木脚)이다. 혈을 맺지 않는다. 개구 ② 뇌는 원이방하고 몸은 곧은 면은 평평하며 양쪽으로 다리를 벌린 것을 말한다. 외관은 비록 다리를 갖추어도 안으로 감싸고 있어야 혈을 맺는다. 형국은 금채형(金釵形) 또는 장검형(藏劍形)이 많다. 현유 ③ 형국은 호승예불형(胡僧禮佛形), 반드시 혈이 높고 광활해야 한다. 궁각 ④ 형국은 횡룡치미형(橫龍緻尾形) 또는 노원포자형(老猿泡子形). 쌍비 ⑤ 형국은 오엽연화형(五葉蓮花形 ; 좌우가 갖추어진 경우), 면견형(眠犬形 ; 어깨가 짧은 경우).

❖ **고월침강**(孤月沈江) : 달이 강물에 가라앉은 것처럼 생긴 형국. 앞에 강이 있으며 주산(主山)은 둥글고, 혈은 주산의 중앙에 있으며, 구름 또는 광물이 안산 역할을 한다.

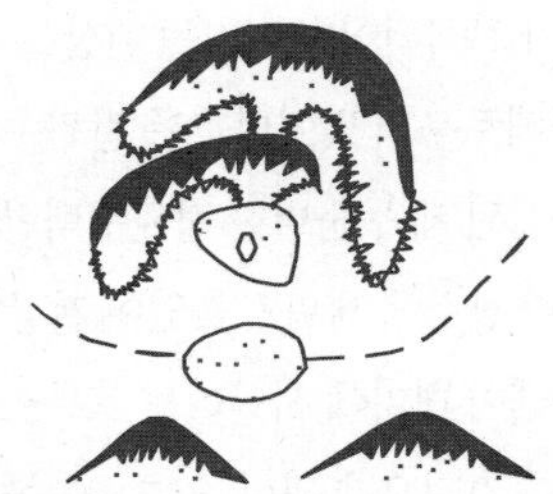

❖ **고유**(告由) : 일이 있을 때에 사당이나 신명(神明)에게 아뢰는 일.

❖ **고유제**(告由祭) : 신명(神明)에게 사유(事由)를 고하는 제사.

❖ **고입수**(高入首) : 비룡입수(飛龍入首)와 똑같은 형태. 대개 용은 산 위에서 산 아래로 내려오는 것이 보통인데 고입수는 아래에서 위로 비룡승천(飛龍昇天)하듯 올라가 혈을 맺는다. 주위의 산들도 같이 높아서 바람으로부터 용과 혈을 보호해 주어야 한다. 용이 구슬을 뀁 것 같은 형상으로 매우 귀한 혈이다.

❖ **고자**(孤子) : 아버지는 돌아가고 어머니는 계신 상중(喪中)에 있는 사람이 자칭하는 말.

❖ **고장수**(庫藏水) : 일명 묘고수(墓庫水)라 하며 흉수(凶水)이다. 묘고수의 내도입당(來到入堂) 혹은 묘고위(墓庫位) 위에 못이나 호수의 물이 비추면 가업이 기울어져 파산된다. 한편 파군류거반위길(破軍流去反爲吉) 진상양명문무귀(陳上揚名文武貴)라 하여 묘고 위의 유거수구(流去水口)는 도리어 길격(吉格)으로 출장입상(出將入相)하는 큰 인물이 연출된다.

❖ **고조혈**(顧組穴) : 혈의 앞쪽에 조산(祖山)이 있는 괴혈의 형국. 조산의 높이가 적당해야 진혈(眞穴)이 된다. 너무 높으면 혈처를 억누르고, 낮으면 생기가 흩어진다.

❖ **고저**(高低) : 혈의 상하를 가리킴. 혈장외의 고저를 말하는 것은 아니다.

❖ **고제**(告祭) : 고신제(告神祭), 고유제(告由祭).

❖ **고지대(高地帶)에 있는 아파트 단지는 흉하다** : 옛날에 산중턱이나 산꼭대기에 사람이 집을 짓고 살지는 않았다. 고행을 통하여 도를 닦는 사람이 아니면 일반인이 살기 어려운 땅이다. 최근에 땅값이 싸다는 이유로 또는 전망이 좋다는 이유로 이러한 곳에 택지를 조성하여 고층 아파트를 짓는다. 산 위는 지기도 탈살되지 않아 험할 뿐만 아니라 바람이 세차게 분다. 바람을 타면 지기는 흩어지므로 발전할 수 없다. 또한 물이 급하게 흘러나가기 때문에 재산도 곧장 빠져나가고 만다. 예로부터 산동네는 달동네라 하여 가난한 동네로 인식된 것은 이 때문이다.

❖ **고진**(孤辰) : 해자축(亥子丑)에 인(寅) 인묘진(寅卯辰)에 사(巳) 사오미(巳午未)에 신(申) 신유술(申酉戌)에 해(亥)

❖ **고질수**(痼疾水) : 인수(寅水), 갑수(甲水), 진수(辰水), 술수(戌水), 건수(乾水), 자수(子水), 계수(癸水), 오수(午水)가 파국이 된 것이 고질수(痼疾水)이다. 고질수가 있으면 자손들이 고질병으로 고생한다. 인갑수(寅甲水)가 파국(破局)이면 정신이상자, 편두통 환자, 맹인, 곱추, 절름발이 등이 나온다. 진수(辰水)가 파국이면 언청이, 뻐드렁니, 귀머거리, 벙어리 등이 생긴다. 자계수(子癸水) 파국이면 부스럼을 앓는 사람, 하혈(下血)하는 사람, 악성 종양을 앓는 사람 등이 나온다. 술건수(戌乾水)가 파국이면 벙어리, 귀머거리, 맹인, 절름발이, 정신이상자가 나온다. 오수(午水)가 파국이면 애꾸눈이 생긴다. 진술축미(辰戌丑未) 사수(四水) 파국이면 고질병으로 고생하고 불순한 행동을 한다.

❖ **고총(古冢) 사이 묘를 쓰는 것은 흉하다** : 이는 요사(妖邪)한 것을 말함이니 혹 혈이 고총(古冢)의 사이 무너진 단(壇)의 아래(성터 전장터 고목 아래) 또는 벼락 맞은 자리 등에 있으면 흉하다는 것이다.

❖ **고총식별법**(古塚識別法) : 삽을 갖고 봉분(封墳)과 주위를 찔러 무르게 쑥 들어가면 고총이다. 자연적인 볼록한 부분(태극운)은 주위와 같이 토질이 여물다. 고총을 무시하는 행위는 강도 행위와 다르지 않다. 고총은 그대로 두어야 하며 석축(石築)을 쌓아도 해(害)가 미친다. 실수로 파헤쳐 유골을 발견하면 새로 정성껏 묻어 주어야 하며 만약 명당이라고 해서 묘를 쓰게 되면

그 해는 이루 말할 수 없다.

❖ **고총(古塚)을 무시하는 행위는 강도 행각과 다를 바 없다** : 고총을 후손들이 돌보지 않는다고 마구다루어서는 안 되는 것이다. 만약에 실수로 고총인줄 모르고 땅을 파다가 유골이 발견되면 그 자리에 도로 묻어주어야 하며 유골을 버리고 새로운 시신(屍身)이 들어갈 수 있도록 하는 것은 풍수의 윤리상 있을 수 없는 만행이라 하겠다. 그런데 고총이 있는 곳을 명당이라고 알선하면서 많은 돈을 받아 챙기는 불미스러운 일이 비일비재 한 것은 오늘의 현실이다. 말장난만 잘하는 이러한 저질 풍수를 따라 다닌다면 과연 무엇을 배우겠는가 그 고약한 독소가 풍수지리 학계를 얼마나 더럽히게 될 것이며 또한 후학들에게 미치게 될 폐해가 얼마나 큰 것인가 생각해본다면 전율을 느끼지 않을 수 없다.

❖ **고축(誥軸)** : 산이 가로 놓이고 양쪽 끝이 약간 솟아난 모양을 말한다.

❖ **고축(告祝)** : 이장(移葬)할 무덤을 열기 하루 전에 자손이 사당에 들어가 이장을 해야 할 신주에 주과(酒果)를 베풀고 분향한 후 다음과 같은 고사를 읽는다.

維歲次 ◯◯月 ◯◯朔 ◯◯日 ◯◯ ◯◯孫◯某 敢昭告于

顯◯◯某考 府君 體魄托非 基地 恐有意外之患 驚動 先靈 不勝憂懼

將卜以某(是)月日 改葬于某所 謹以 酒果 用伸 虔告謹告

[해석] 아무년월에 자손 아무가(관작) 감히 밝혀 현◯◯조에 아뢰옵니다. 체백이 그 적지가 아닌 곳에 의탁해 계시며 뜻밖의 우환으로 선령을 놀라실까 싶어 근심과 두려움을 이길 수 없는지라, 이제 아무달(月) 아무일(日)을 잡아 아무곳으로 이장을 하고자 삼가 술과 과실로써 정성껏 펼쳐 고하고 아뢰옵니다.

❖ **고축사(誥軸砂)** : 일명 전고(展誥)라고도 하며 토성의 양단에 황성의 예각이 부각된 기이한 귀사이다. 이 사가 조안을 비추거나 귀인 임관방에 있으면 재상이나 부마가 나온다.

❖ **고층(高層)아파트 사이에 저층(底層)아파트가 끼어 있으면 흉(凶)하다** : 누르는 형국이다. 고층에 가려서 시야(視野)가 어렵고 아침저녁으로 태양(太陽)을 보기가 어려워지기도 한다. 또 공기의 흐름도 좋지 않아서 탁한 공기가 유입되기 쉽다. 심리적으로 답답함을 느낀다.

❖ **고층건물과 고층 건물사이에 있는 주택 천참살(天斬殺)** : 고층빌딩이나 아파트 사이의 벌어진 공간을 천참살(天斬殺)이라고 한다. 두 아파트가 좁으면 좁을수록 흉한 기운이 강해지고 높으면 높을수록 안 좋은 기운(氣運)은 더욱 강해진다. 이런 곳에 주택을 건축하여 살게 되면 집안에는 안 좋은 일들만 발생하고 좋은 일은 없다고 보아도 될 정도로 흉의 기운이 넘치는 주택이다. 직장에 다니는 사람은 승진이라는 것은 바라지 않는 것이 좋고 사업을 하는 사람은 안 좋은 사건(事件), 사고(事故), 송사(訟事)에 휘말리어 많은 재산을 날리게 된다. 가족들은 신경성(神經性)이나 감기(感氣)로 고생하게 되고 일년내내 감기를 달고 살게 된다. 오랜 시간을 그렇게 살다가 보면 병이 악화되어 큰 병이되고 말 것이다. 이러한 곳은 장사하는 상가(商家)로도 좋지 않으므로 절대로 주택이나 상가를 건축하지 말아야 한다. 천참살이라도 뒤쪽을 건물 막아 주었으면 무방하다. 양쪽 다 막히면 해가 없다.

❖ **고침(稿枕)이란 샛기로 크게 뭉친 것은 어떻게 사용하는가** : 무릎 밑에 고침(稿枕)은 의자의 팔거리 대신 사용하기도 하고 크면 클수록 좋다. 상주(喪主)가 피로할 때 기대는 것이다.

❖ **고타(顧他)** : 혈을 향하지 않고 다른 곳을 바라보는 모양.

❖ **고허왕상구갑공망(孤虛旺相龜甲空亡)** : 혼천지법(渾天之法)에, 갑임납(甲壬納)은 건(乾), 을계납(乙癸納)은 곤(坤), 을납(乙納)은 이(離), 무납(戊納)은 감(坎), 경납(庚納)은 진(震), 신납(辛納)은 손(巽), 정납(丁納)은 태(兌), 병납(丙納)은 간(艮), 이상 10간(十干)의 팔괘납갑(八卦納甲)이다. 고허왕상(孤虛旺相)과 귀갑(龜甲) 및 공망(空亡)을 납갑(納甲)의 괘상(卦象)을 통해서 알아보면, 건괘(乾卦)는 3효(三爻)가 순양(純陽)이고 곤괘(坤卦)는 3효(三爻)가 순음(純陰)이며, 이괘(離卦)는 상하효(上下爻)가 개양(皆陽)이요, 감괘(感卦)는 상하효(上下爻)가 개음(皆陰)이니, 이상 4괘(四卦)는

모두가 순양순음(純陽純陰)에 혹은 양다음다(陽多陰多)로서 생육지기(生育之氣)가 없는 한 이 4괘의 소납지간(所納之干)은 취용(取用)이 불가하다. 그러므로 갑임(甲壬)은 납괘(納卦)가 건(乾)으로서 순양(純陽)이므로 고(孤)라 하고, 을계(乙癸)는 납괘(納卦)가 곤(坤)으로서 순음(純陰)이므로 허(虛)라 하며, 무사(戊巳)는 지리가(地理家)에게는 살요(煞曜)가 되므로 이를 「귀갑공망(龜甲空亡)」이라고도 한다. 진괘(震卦)와 태괘(兌卦)는 다같이 상음하양(上陰下陽)으로서 대상지괘(大象之卦)요, 손괘(巽卦)도 다같이 상양하음(上陽下陰)으로 역시 대상지괘(大象之卦)를 형성하고 있다. 그러므로 이 4괘는 모두가 생육지기(生育之氣)가 있으므로 이 4괘의 소납지간(所納之干)은 모두 취용(取用)한다. 병경(丙庚)은 납괘(納卦)가 간진괘(艮震卦)로서 상하에 음양을 구존(俱存)하니 왕(旺)이라 하고, 정신(丁辛)은 납갑(納甲)이 손태양괘(巽兌兩卦)로서 역시 상하효(上下爻)에 음양(陰陽)을 구존(俱存)하니 이를 상(相)이라 한다. 고허(孤虛)와 귀갑공망(龜甲空亡) 등은 음양(陰陽)이 불충화지상(不沖和之象)으로서 이들을 취용(取用)했을 경우 주인 재모(財耗)와 산패(散敗)등의 흉화(凶禍)가 따른다. 양공(楊公)의 5기론(五氣論)에 대해 살펴보면, 갑자(甲子) 임자순(壬子旬)은 고허(孤虛:冷氣脈)로, 갑자(甲子), 을축(乙丑), 병인(丙寅), 정묘(丁卯), 병진(丙辰), 기사(己巳), 경오(庚午), 신미(辛未), 임신(壬申), 계유(癸酉), 갑술(甲戌), 기해(己亥). 임자(壬子), 계축(癸丑), 갑인(甲寅), 을묘(乙卯), 병진(丙辰), 정사(丁巳), 무오(戊午), 사미(巳未), 경신(庚申), 신유(辛酉), 임술(壬戌), 계해(癸亥)는 고허(孤虛)로서 쓰지 아니한다. 병자(丙子), 경자순(庚子旬)은 왕상(旺相:五氣脈)으로서 병자(丙子), 정축(丁丑), 무인(戊寅), 사묘(巳卯), 경진(庚辰), 신사(辛巳), 임오(壬午), 계미(癸未), 갑신(甲申), 을유(乙酉), 병술(丙戌), 정해(丁亥). 경자(庚子), 신축(辛丑), 임인(壬寅), 계묘(癸卯), 갑진(甲辰), 을사(乙巳), 병오(丙午), 정미(丁未), 무신(戊申), 사유(巳酉), 경술(庚戌), 신해(申亥)인데 살요(煞曜)로서 취용(取用)이 불가하다. 경험에 의하면 천산룡(穿山龍)의 좌도(坐度)가 갑자(甲子), 무자(戊子), 임자(壬子), 한순간에 떨어진 사람들의 집안은 백분의 팔십 이상이 모두 파모(破耗), 손재(損財) 등의 불길한 일이 발생함을 알 수가 있고, 반면 좌도(坐度)가 병자(丙子), 경자(庚子)의 한순간에 떨어진 사람들은 그 집이 편안하고 부유를 누린 사실 심히 정확한 임상경험이라 하겠다.

❖ **고현분묘**(高玄墳墓) : 먼 윗대 조상의 분묘. 다만 먼 윗대 조상의 분묘에 자손이 제사를 폐해서 혹은 타인이 침장하더라도 금지하지 아니한다.

❖ **고혈압이 있는 사람은 붉은 색상을 피하는 것이 좋다** : 혈압이란 피의 유통이므로 이것이 승하면 뇌경색이나 심장질환을 일으킬 수 있다. 그러므로 붉은 피 색깔은 좋지 않다. 그러나 반대로 저혈압 환자에게는 오히려 좋다고 할 수 있다. 꽃병이나 꽃을 장식할 때 붉은 꽃은 좋다.

❖ **고협**(高峽) : 고산준령(高山峻領)의 과협. 고협 역시 원협처럼 양옆에서 호위해 주는 산이 있어야 길하다.

❖ **고후**(高厚) : 높이 솟아나고 튼실한 산.

❖ **곡담** : 궁궐의 담장을 모방하여 능상 주위를 동, 서, 북쪽의 3면에 담장을 두르는데 둥글게 쌓아서 곡담이라고 한다.

❖ **곡맥**(曲脈) : 구불구불한 맥이므로 가장 좋은 맥으로서 길하다.

❖ **곡비**(哭婢) : 장례 때에 상복하여 애곡(哀哭)하면서 행렬 앞에 서는 계집종으로 과거에는 상가에서 곡성이 끊이지 않게 하기 위하여 직업적으로 우는 사람을 사서 울게 하였다. 곡비는 보통 두 사람이며 상여 앞에서 울 때는 복인(服人)들과 같이 울고, 복인들이 울음을 쉴 때는 곡비가 대신 울어 곡성이 끊이지 않게 하였다.

❖ **곡살**(谷殺) : 물이 없는 빈 골짜기 바람이 차다. 재물(財物)이 다 빠져나간다.

① 곡살은 곧고 예리하며 험한 계곡이 혈장을 향해 직사 충격하는

살로서 원근과 방향에 따라서 그 피해가 발생하는 양상이 다르다.

② 일직선으로 예리한 계곡이 혈을 향해 직사(直射)하는 무서운 흉살을 말한다. 이 곡살도 혈에 대한 위치와 원근에 따라 피해자손과 재화의 경중이 각기 다르게 나타난다. 즉 좌충은 장손이 망하고, 우충은 지손(支孫)이 망하며, 전사(前射)는 이·사방(二·四房) 자손이 망한다 했다. 또한 근격(近擊)은 피해가 중하고, 원사(遠射)는 그 피해가 경하다(여기서 射란 혈을 향해 화살처럼 견주는 것을 말한다).

❖ **곡입수**(曲入首) : 곡선으로 입수하는 용맥이라 굴곡 활동이 활발하여 가장 귀한 것이다. 그러나 지나치게 굴곡이 심하면 힘이 분산되어 길함이 감소한다.

❖ **곡장**(曲墻) : 능(陵)과 원(園)과 예장(禮葬)한 무덤에 둘러 쌓은 나즈막한 토담.

❖ **곡지혈**(曲指穴)

① 곡지혈(曲指穴)은 대개 회룡고조(回龍顧祖)가 되고 부(富)가 속발(束發)하나 낙산(樂山)이 좋으면 귀(貴)도 크게 난다.

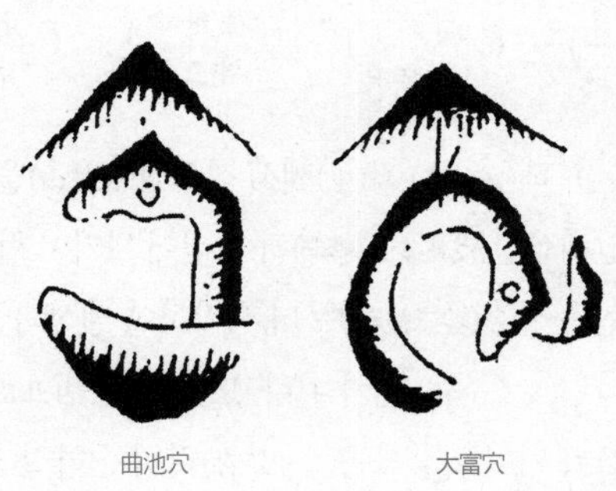

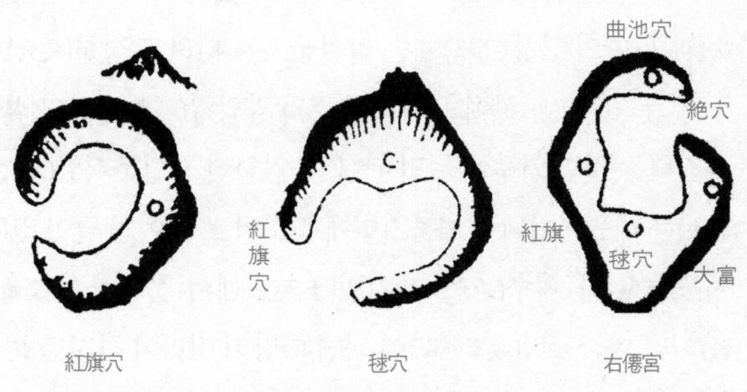

② 곡지혈은 팔꿈치 안쪽에 해당되는 혈. 주산(主山)은 머리와 몸통이고, 청룡, 백호는 팔이다. 팔이 양쪽에 있으니, 혈도 양쪽에 깃들인다. 둘 다 모두 진혈이다.

❖ **곡협**(曲峽) : 굽이쳐 휘어지며 뻗어간 과협. 살아 있는 뱀이 헤엄치며 물을 건너는 모습과 흡사하고 생기가 넘치니 아주 귀한 형상이다.

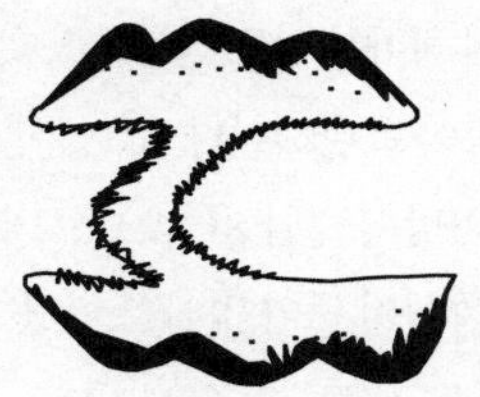

❖ **곤득**(坤得) : 지리법(地理法)에서 흘러오는 물이 처음 보이는 곳을 득(得)이라 한다. 곤득이란 곤방(坤方)에서 오는 물이 보이기 시작한다는 뜻. 물이 마지막 빠져 나가는 물(坤破口). 곤룡(坤龍) 곤방(坤方)에서 뻗어온 곤맥(坤脈).

❖ **곤룡수주**(困龍守珠) : 피곤한 용이 구슬을 지키고 앉아 있는 형국. 혈은 용의 이마나 코에 있고, 안산은 구슬이며, 산봉우리가 구슬처럼 동그랗게 생겼다.

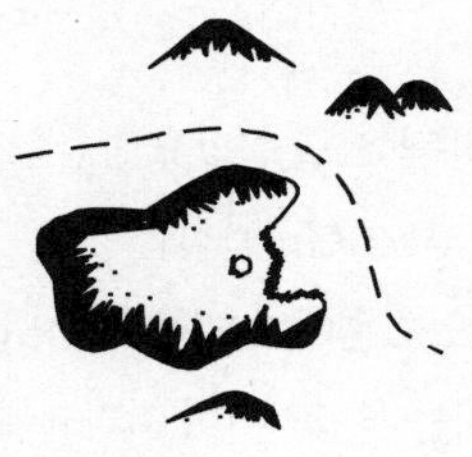

❖ **곤방**(困方(남서쪽)) : 늦은 여름부터 이른 가을에 해당하는 계절이며 하루 중에서는 미(未), 신(申) 시이다. 24방위로는 미(未), 곤(坤), 신(申)이다. 대기의 작용은 토기(土氣)가 왕성하여 모든 면

ㄱ

에서 좋지 않은 일들이 많다. 열기(熱氣)는 연중 최고이고, 음과 양의 기식(氣息)이 변화하는 시기이므로 체력이 빠르게 쇠잔해 지고 위험한 상태로 빠지는 시기이다. 길궁이면 순종, 관용, 근면, 부동산으로 인한 이익이 있고, 흉궁이면 미혹, 심란, 자기비하, 과용, 충돌, 과부 등의 재앙이 따른다. 인체에는 소화기계통병, 정력계통병, 황달 등으로 인한 질병의 위험이 있으며 특히 바보가 생길 수 있다.

❖ **곤방(坤方)의 산** : 곤봉(坤峯)이 높고 단정하며 뭇사람의 우두머리가 되는 자손이 나온다. 산의 생김새가 빼어나게 수려하면, 남자 중에 장군이 배출되고, 여자 중에 여걸(女傑)이 생긴다. 곤방에 작은 봉우리들이 어지럽게 솟아 있으면 하급관리가 배출된다. 동그란 봉우리, 발우처럼 생긴 봉우리가 있으면, 스님이 나온다. 또 곤방에 치마를 위로 걷어올린 것처럼 보이는 봉우리가 있으면 여자들이 음란해진다.

❖ **곤방풍(坤方風)** : 곤방에서 혈장(穴場)으로 불어오는 바람. 곤방(坤方)에 산이나 등성이 등이 없어 트이면 그곳(坤方)의 바람이 혈에 닿는다. 관재 구설이 자주 생긴다.

❖ **곤산(坤山)** : 곤좌(坤坐) 또는 미곤신(未坤申)의 세 방위로 좌(坐)를 포함하여 칭함.

❖ **곤신지(坤申池)** : 궁궐의 연못을 모방하여 석축으로 축조한 연못을 말함.

❖ **곤신풍(坤申風)** : 나무뿌리가 바람에 흙이 날려 드러난 경우가 있으며, 이런 바람을 풍수지리로 곤신풍(坤申風)이라 한다.

❖ **곤입수(坤入首)** : 혈 바로 뒤에 붙은 용으로 곤방(坤方)에서 혈로 이어진 것을 말함.

❖ **곤좌(坤坐)**

① 건물 또는 묘의 좌(坐)를 곤방으로 놓은 것으로 좌향(坐向)의 반대 곤좌간향(坤坐艮向) 간좌곤향(艮坐坤向)이라 한다.

② 곤(坤)은 오행으로 흙이며 대지토(大地土)이다. 곤좌(坤坐)는 고원(高原)에서는 불합격이며 저지대에 있는 것이 좋다. 곤(坤)은 동물로는 자라(鼈主簿)이며, 자라는 습(濕)한 곳과 좁은 곳이 상좌(上坐)이며, 비습한 곳이 진혈이다. 혈은 너무 깊지 않아야 한다.

❖ **곤지분기법(坤地分氣法)** : 건천분기법(乾天分氣法)은 득파수(得破水)만 보았지만 곤지분기법은 안산(案山)과 조산(朝山)등 신(臣), 복(僕) 산을 위주로 하여 좌(坐)에서 살피는 것이다. 보는 법은 건천분기법과는 반대로 곤삼절(坤三絶☷)부터 시작한다. 정혈분기법(定穴分氣法)에서는 일상문곡(一上文曲)하였고, 건천분기법(乾天分氣法)에서는 일상탐랑(一上貪狼)하였으나 곤지분기법에서는 구성배열(九星排列)이 또 다르다. 곤지분기법에서는 일상파군(一上破軍)서부터 시작하여 이중녹존(二中綠存)·삼하거문(三下巨門)·사중탐랑(四中貪狼)·오상염정(五上廉貞)·육중문곡(六中文曲)하여 짚어나가며, 팔괘분열(八卦分列)도 좀 다르다. 정혈분기법과 건천분기법에서는 건갑삼련(乾甲三連☰)하였다. 예를 들어 진경해미(震庚亥未)라면 같은 궁(宮)으로 진하련(震下蓮☳)이 되었지만 곤지분기법에서는 전연 다르다.

❖ **곤파구(坤破口)** : 자손이 흥왕한다.

삼태동궁(三台同宮)

(戌乾亥 乾三連)	(壬子癸 坎中連)	(丑艮寅 艮上連)	(甲卯乙 震下連)
(辰巽巳 巽下絶)	(丙午丁 离虛中)	(未坤申 坤三絶)	(庚酉辛 兌上絶)

만약 술·건·해(戌乾亥) 좌(坐)에서 신복산(臣僕山)을 짚어 나간다면 술건해삼련(戌乾亥三連☰)하여 짚어 나가야 할 것 같으나 정 반대인 곤삼절(坤三絶☷)부터 시작하여 일상파군(一上破軍)하니 간상련(艮上連☶) 괘가 된다. 또한 축간인(丑艮寅)이 파군성(破軍星)이 되며 이중록존(二中錄存)하니 손하절(巽下絶☴)괘가 되어 진손사(辰巽巳)가 녹존성군(錄存星軍)이 된다. 안산(案山)과 사방의 산봉(山峰)에는 일파군(一破軍)하고 정혈(定穴)에는 일문곡(一文曲)하여 득파수(得破水) 일탐랑(一貪狼)하며 짚어 나간다는 것만 염두에 두면 된다. 부언하면 정혈분기법(定穴分氣法)은 대표격이니 정혈분기법에 맞추어 쓰면 아무 탈이 없다. 치묘(治墓)나 치수(治水) 생기법(生氣法)에서 문곡육살(文曲六殺)이나 파군절명(破軍絶命)이 되면 마땅히 버려야 하지만 문곡·파군·녹존·염정 등 흉성(凶星)이 조림하여도, 산봉이 오행상생(五行相生)하거나 산미수생(山美水生)하였으면 팔괘배열은

무시하여도 되지만 팔괘 배열로 구성이 좋다 하여 사산(死山)이나 흉수(凶水)를 쓰면 천해만해(千害萬害)가 백출천출(百出千出)한다. 구성(九星)에는 모두 음덕(蔭德)이 갖추어 있는 것이니 배열에 심사숙고하여야 한다. 배열상 거문(巨文), 탐랑(貪狼), 무곡(武曲)이 되었더라도 삼길성(三吉星)을 위주로 하여 고집하지 말고 내룡·거룡(來龍去龍)이 생룡(生龍)인가 사룡(死龍)인가를 먼저 보아야 하며, 혈을 누르거나 위압하며 상극(相克) 되었나를 자세히 살펴야 한다.

❖ **곧은 골짜기에 샘물이 보이면**: 샘물이 보이면 도둑놈이 나고, 선익(蟬翼)밑에 샘물이 나면 안질병(眼疾病)이 연속하게 되고 재패(財敗), 인패(人敗), 병패(病敗)가 많이 난다.

❖ **골돌**(鶻突): 골돌은 돌혈(突穴)의 변체다. 불룩하게 솟아오른 것이 별로 높지 않고 넓으며, 은은하게 펼쳐진 모양이 흡사 달무리와 같아 얇은 중에도 생기가 한데 모인 곳이 있으니 여기가 아주 좋고 귀한 혈이다.

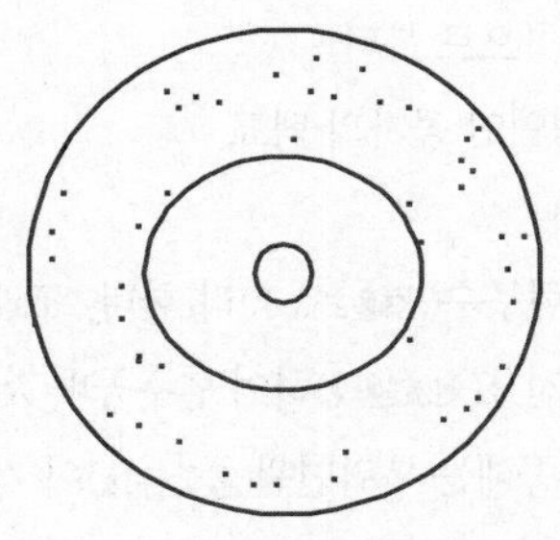

❖ **골두수**(骨頭水): 혈 바로 위에 있는 물을 말함.

❖ **골맥**(骨脈): 용맥이 암석으로 내려오는 맥. 돌뿌리 뼈대로 내려오는 맥.

❖ **골바람을 받는 곳은 이러하다**: 골짜기에 위치하여 밤낮없이 골바람을 받는 곳은 흉하다. 이때 불어오는 바람을 풍살 또는 곡풍살 음곡자생풍이라 한다. 골바람을 받는 묘지나 집터는 부지불식간에 사람이 다치거나 건강을 잃는다. 재물 또한 하루아침에 잃는 등 재앙이 끊임없이 일어난다. 더욱이 서북풍을 받는 곳은 그 피해가 극심하다. 반드시 피하든가 이를 방비해야 한다.

❖ **골짜기를 보토한 땅은 수맥과 바람의 피해를 입는다**: 골짜기에 옹벽을 쌓고 흙을 메워 택지를 개발한 곳은 지반이 약할 뿐만 아니라, 엄청난 수맥을 받는다. 골짜기는 본래 물이 흐르는 곳이다. 보토(補土)를 했다 하더라도 지하로 스며든 물들은 본래 물길인 골짜기로 모여들어 흐르게 된다. 토사 유출로 지반의 침하가 우려되고 심한 즉 건물 붕괴의 위험이 있다. 골짜기는 바람도 유통 되었던 곳이다. 바람이 옹벽에 부딪혀 회오리나 광풍으로 변할 수 있다. 이러한 곳은 사람이 오래 살 곳이 못 된다. 오래 산즉 요통과 두통 등 병에 시달리고 건강 부진과 의욕 상실로 일의 성과가 없다. 결국 파산하는 흉한 택지다.

❖ **골짜기 밑에 양택과 음택은**: 사람이 흔히 "골" 로 갔다고 말하는데 이것은 사람이 사는 집이든 돌아가신 조상의 묘를 쓰든지 하면 집안이 풍비박산이 나서 몇 년 안에 그 집안은 몰락한다. 풍수지리학을 터득 한 후 살고 있는 집을 보면 그 집에사는 사람의 인생이 보인다.

❖ **공**(貢): 진공(進貢) 한다는 말.

❖ **공**(空): 텅 비어 허함.

❖ **공**(拱): 싸안고 서 있음.

❖ **공간**(空間): 만약 공간을 세 칸으로 나누는 경우에는 가운데 칸을 가장 넓게 하고 좌우의 칸은 약간 작게 하는 것이 생기(生氣)를 만드는 방법이며 실내 공간을 다섯 칸으로 나누는 경우에는 중심 부분에 큰 공간을 두고 좌우에 작은 공간을 만들어야 한다. 그러나 실내 공간을 네 칸이나 여섯 칸 등 짝수로 나누는 것은 좋지 않다.

❖ **공간 소리**: 공간에서는 소리가 생긴다. 소리가 생기는 과정은 자동차를 타고 가로수 옆을 달려갈 때 바람이 스치는 소리를 연상하면 쉽게 알 수 있다. 소리는 자동차 속도에 따라, 가로수 크기나 수, 간격 등에 따라 달라진다. 가로수 곁을 사람이 걸어서 지나갈 때도 미약해 잘 들리지 않지만 소리가 발생하고 있다. 건물 안에서도 마찬가지이다. 사람이 기둥이나 벽 앞을 통과하거나 그 앞에서 움직일 때 소리가 생긴다. 사람은 아름다운 소리가 나면 즐거워지고 나쁜 소리가 나면 괴로워진다.

❖ **공간에 따라 달라지는 기**(氣): 좋은 기를 불러들이려면 어떻게 해야 할까 우선 자신이 살고 있는 주택의 풍수를 좋게 하기위해 기의 흐름에 영향을 받는 공간을 알아두어야 한다. 사무실이나 어떤 형태의 주거 공간이든 반드시 갖추고 있어야 할 공간으로

현관, 주방, 화장실, 침실, 거실이 있다. 이 다섯 개의 공간은 주택안의 공간 배치를 결정하게 되는 중요한 요소인데 이 공간의 배치에 따라서 생기가 들어오는지 새 나가는지 결정된다.

❖ **공결**(空缺) : 텅 비어서 결함되어 바람이 불어오는 상태.

❖ **공경대부**(公卿大夫) : 공경(公卿). 즉 삼공(三公) 구경(九卿)이나 대부(大夫)의 지위에 있는 사람. 고관(高官)과 대작(大爵)을 말함.

❖ **공기**(空氣)**와 양택법**(陽宅法) : 귀한 인물의 출생은 공기조화에 이치가 있다. 사람이 살아가는 데는 가장 중요한 곳이 주택이다. 하루 일과의 피로를 회복하고 휴식하는 곳이 주택이고 잠을 자는 고방(高房)인 것이다. 가옥내는 기(氣)의 조화된 정기(精氣)라야 건강과 정신이 안정되는 것이다. 사람은 건강에 따라 활동시에는 냉풍, 질풍(疾風), 온갖 불순한 공기도 이겨내는 자체력이 생기는 것이다. 잠을 잘 때는 불순한 공기침입의 장해를 다 받게 된다. 소음, 진동, 살풍(殺風), 장해(障害)는 심장을 극(克)하니 해는 신장(腎臟)과 정신이 당하게 된다. 적은 소음의 진동공해도 인체에 누적되면 훗날에 발병이 되고 정음정풍(靜音靜風)에서 정신의 안정이 이루어진다. 가상(家相)에 흉풍이 되는 것은 골목 바람이다. 골목에 막다른 대문이 난 가옥이 흉풍으로 흉가가 되는 것이다. 그 외에도 건물배치에 내외 건물을 가까이 하여 정원이 좁아도 공기가 흉한 공기로 변한다. 또 경사(頃斜)진 바람이 불순하니, 가옥내도 정기로 조화되지 못한다. 만물이 생성하는 정령(精靈)을 역(易)에서는 천기지기(天氣地氣)의 변화를 이루는 것은 지상정령(地上精靈)이라 하였다. 지면 가까운 곳에서 보국(保局)에 따라 기(氣)의 조화되는 정기로서 만물의 생멸소장(生滅消長)이 있는 것이다. 변화를 이루는 것은 지상정령(地上精靈)이라 하였다.

❖ **공기의 회전** : 일정 공간 내에서 공기(바람)는 온도 차이 같은 자연 조건의 영향을 받아 계속 회전한다. 바람이 회전하는 조건은 공간 형태에 따라 달라진다. 원형이나 정사각형 공간에서는 바람이 회전하기 쉽다. 면적이 같은 평면에서는 원형이 회전할 수 있는 바람 크기가 가장 크다. 정사각형 평면에서도 바람의 회전이 용이하다. 직사각형이거나 ㄱ자 건물에서는 바람이 순조롭게 회전하지 못하고 크기도 작다. 바람의 회전 조건은 실내 공간의 형태에 따라 달라진다. 큰 회전을 일으키는 공간이 생기가 큰 것으로 본다.

❖ **공동묘지 터 이거나 파묘지 근처는 흉하다** : 묘지 근처나 파묘지에는 단독 주택이나 신설 아파트를 구입하지 말라.

❖ **공망일**(空亡日) : 을축(乙丑), 갑술(甲戌), 을해(乙亥), 계미(癸未), 갑신(甲申), 을유(乙酉), 임진(壬辰), 계사(癸巳), 갑오(甲午), 임인(壬寅), 계묘(癸卯), 임자(壬子) 일(日) 이장(移葬) 하려할 때, 구묘(舊墓) 좌(坐)을 모르거나 망인(亡人)의 연령(年齡)을 모르거나 또는 시일(時日)이 급박(急迫)할 때 또 올바른 택일(擇日)할 여유가 없을 때 이 공망일(空亡日)을 사용한다.

❖ **공원묘지정혈**(公園墓地定穴) : 공원(公園) 전체(全體)가 사신사(四神砂)가 환포(環抱)하고 있는 곳일 것, 묘(墓)자리를 생지(生地)가 아닌 돈운 자리는 피할 것, 좌우(左右)가 경사(傾斜)진 곳을 필할 것, 빈 계곡 골진 곳 도로(道路)가 충(沖)하는 곳을 피할 것, 도로 아래 묘를 쓰게 되면 딸만 둔다. ※ 대구 주위에는 청구공원이 가장 좋은 곳으로 본다.

❖ **공림**(空林) : 성인인 공자의 택묘.

❖ **공배수**(拱背水)

① 일명 수전현무수(水纏玄武水)라 한다. 조래명당수(朝來明堂水)가 회류전요(廻流纏繞)하여 혈후공배(穴後拱背)하는 길수이다. 혈후공배는 부귀면원(富貴綿遠)이 기약된다. 한편 수전현무(水纏玄武)하는 공배수 역시 징청유수(澄清悠綏)해야 함은 당연한 수세(水勢)의 원칙이다.

② 혈의 뒤쪽의 산이 구불구불 흘러 혈 앞에서 다시 굴곡을 끝없이 반복하다가 우회해서 사라져 버리는 하천의 흐름을 말한다. 흘러 들어온 하천 흐름의 수원(水原)이 혈의 후방, 즉 태조산(太祖山), 소조산(小祖山) 부근이지만 그 길만의 용맥을 따라 흐르고 있거나 그 거리가 길면 길수로 복운(福運)도 따르고 길다고 말한다. 이상은 권련유정수(眷戀有情水)라고 해서 길(吉)하다.

③ 공배수란 혈의 뒤쪽(산너머 쪽)을 감싸 주며 흐르는 물이다. 이렇게 혈이 깃들인 주산(主山)을 뒤에서 물이 감싸 주면 큰 부귀를 얻으며, 그 부귀가 아주 오래 유지된다. 물은 용맥(龍

脈; 산줄기)에 서린 정기를 흩어지지 않게 보호해 준다. 다른 산줄기보다 물줄기가 감싸 줄 때 산의 정기가 더욱 잘 갈무리된다. 그래서 물이 주산(主山)을 둘러싼 것을 다른 산줄기가 둘러싼 것보다 훨씬 더 귀하게 여긴다.

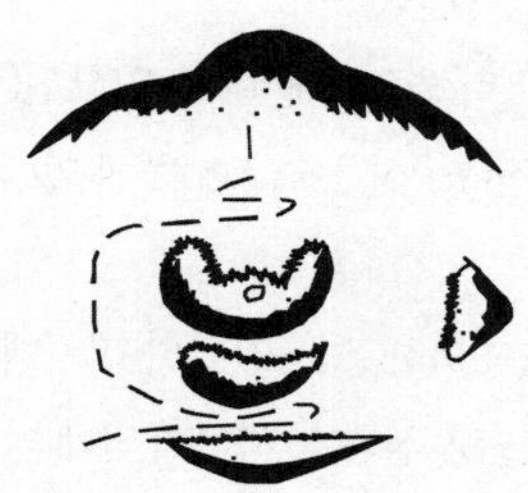

❖ **공장을 세워서는 안 되는 장소** : 여러 가지 주택이든 다른 용도의 건물이든 간에 사람이나 가축에게도 똑같이 적용되는 사항으로 계곡풍(溪谷風)을 받는 장소는 피해야 한다. 계곡풍을 정면으로 받는 곳은 사람이나 동물에게는 치명적이다. 자연히 사람이 병들면 사업도 곤두박질하기 마련이고, 가축도 병들고 죽어가니 모든 것이 황폐화되는 결과가 된다. 산간 계곡풍을 받는 장소는 절대로 주택을 짓고 살거나 축사를 만든다거나 공장을 세워 사업을 하지 말아야 한다. 현재 건물은 오간 데 없고 사찰터만 남아 있어 ◯◯사지(寺址)라는 사찰명을 달고 있는 현장을 답사해 보면 예외 없이 계곡풍을 받는 장소에 절을 지었다는 것을 볼 수가 있다.

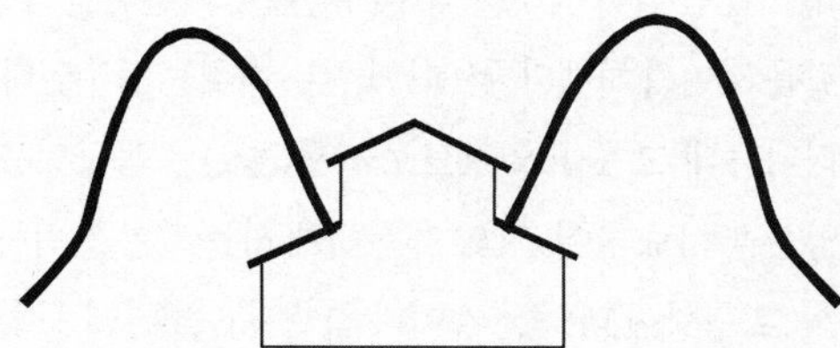

❖ **공부방 책상배치** : 학생들에게 가장 중요한 것은 책상의 위치이다. 아이들 공부방 책상은 문과 대각선 상에 위치하는 것이 좋다. 반면에 문을 등지고 앉도록 하면 안 된다. 문을 통해 들어오는 기(氣)가 아이에게 직접적으로 영향을 미치기 때문이다. 그리고 누군가가 갑자기 방문을 열고 안으로 들어서게 되면 몸 전체를 급히 돌리다가 허리 디스크나 목디스크가 올 수 있고, 또 항시 뒤통수에 신경이 공부에 집중할 수 없기 때문이다. 이것은 자신도 모르는 사이에 잠재의식으로 남게 되고 이것이 쌓이다 보면 육체와 정신에 지장을 초래하기도 한다. 따라서 아이들의 책상은 항상 문과 대각선상 등에 배치해 주어 넓은 시야를 확보해 주는 것이 좋다.

❖ **공포**(功布) : 관을 묻을 때 관을 닦는 삼베, 헝겊. 발인할 때에 명정(銘旌)과 함께 앞에 세우고 감.

❖ **공후장상지지**(公侯將相之地) : 용이 은은하면서도 씩씩하고 살아 등천(登天)하는 용이 날 듯 하고, 봉황(鳳凰)이 노닐 듯 하고, 구름이 층층으로 옹위하듯 파도가 겹겹 물결치듯 기이하고, 신령스런 자취가 있는 형국. 이러한 진룡(眞龍)은 은은히 숨어 비상하고 괴이한 형상이 변환하여 극히 아름다우며, 좌로 굴렀다가 우로 언뜻 가고, 새로 신성한 기(氣)가 넘치고, 음(陰)으로 와서 양(陽)으로 이어가고 양으로 왔으면 음으로 이어져 정밀한 맥(脈)이 더욱 장대(長大)하여 천지인(天地人) 삼혈법(三穴法)으로 맺으나 상중하(上中下) 삼정혈(三停穴)이 있으니 혼돈치 말고 정성껏 검토하여야 한다. 천길 만길 되는 언덕룡(壟龍)이나 둔덕 위에 멀리 조회(朝會)하는 산과 물이 공수하고 읍하듯 내조(來朝)하면 반드시 더할 수 없이 높고 큰 혈이 생기는 것이니, 이는 4~5절이 넘는 기복(起伏)이 있고 삼태성(三台星)과 금목수화토(金木水火土) 오행 형태를 바로 갖춘 산이면 이는 공후(公侯) 날 수 있는 귀(貴)한 땅이다. 진룡(眞龍)과 대지(大地)는 내세(來勢) 장원하게 이어진 줄기가 끊이지 않고 천병만마(千兵萬馬)가 하늘에서 내려오듯 하며, 장차 혈을 지을 입수(入首)목에 와서는 봉만(峰巒)을 특별히 일으키고 높직한 언덕 위에 상취혈(上聚穴)로 혈장이 가장 넓어 평탄하고, 그곳에서 본신(本身)에 붙어 청룡·백호가 생기거나 달무리나 만월(滿月)같은 월운(月暈)이 생겨 생기(生氣)를 모으고, 앞으로도 감싸 돌고 뒤로도 옹위하여 월운(月暈)이 두르고 좌로 공수(拱手)하고 우로 읍(揖)하는 것이다. 또 앞에 날카로운 사격(砂格)과 깊은 구렁이 보이지 않으며 안온하여 평탄한 것 같아 가까운 근안(近案)이 낮고 멀리 조응(朝應)하는 산이 첩첩 떼를 짓고, 천리산천(千里山川)이 모두 정을 보내니, 가까우면 수십리, 멀면 수 백리 된 후에 제왕지지(帝

王之地)가 맺는 것이다. 공후지지(公侯之地)도 내룡(來龍) 과협(過峽)이 장원(長遠)하고 소조산(小祖山)이하로 4~5절이 넘게 마디가 층층으로 기복(起伏)하여 달리는 마체(馬體)가 삼태(三台)로 서거나, 품자(品字) 같이 삼태봉(三台峯)이 되고, 금목수화토(金木水火土) 오기(五氣)가 서로 부조(扶助)하여 국(局)을 맺음에 이르러 중중겹겹 장막을 펴고 층층으로 호위하는 것이다. 그리고 밖에 수십겹이 내명당, 중명당, 외명당이 군주에게 녹을 바치듯 조응(朝應)하는 산이 있어야 한다.

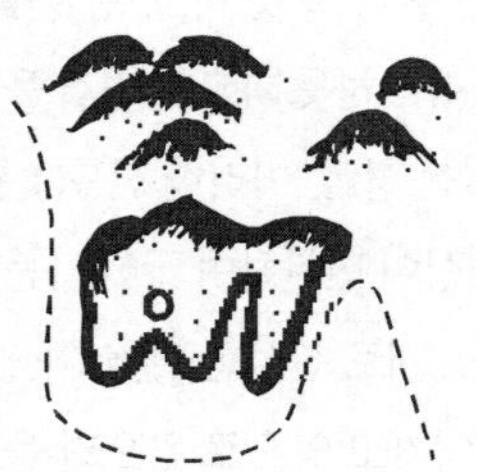

❖ **과갑**(科甲) : 인재등용시험(조선시대의 과거).

❖ **과강호**(過江虎) : 호랑이가 강을 건너는 형국. 앞에 큰 냇물이나 강물이 감돌아 흘러가고, 혈은 호랑이의 이마에 있으며, 안산은 개, 양, 돼지 등 호랑이가 즐겨 먹는 짐승이다.

❖ **과궁**(過宮) : 과산으로서 기운이 지나가 딴 곳에 융결되므로 혈이 아니다.

❖ **과교**(過交) : 때가 지나버린 것을 말함. 서리는 8~9월에 와야 곡식이 잘 익는데 10~11월에 와 곡식이 제때에 결실을 맺지 못하는 상태이다. 이기론상으로 물이 제 방위를 지나서 소수하니 자연이 올바로 순환되지 못한 상태이다.

❖ **과나**(蜾蠃) : 토종의 벌. 그 모양이 벌과 같으며 그 색깔이 청취색(青翠色)이다.

❖ **과당**(過當) : 혈장 앞을 지나가는 것.

❖ **과두**(裹肚) : 염습할 때에 시신의 배를 싸는 베. 수의(壽衣)의 한 가지.

❖ **과등**(瓜藤) : 참외줄기.

❖ **과산**(過山) : 산세가 머무르지 않고 곧장 달아나는 산. 기복과 굴곡이 없이 밋밋하고 편편하게 맥이 뻗어간 산.

❖ **과산에 장사하지 말라**(過山不葬) : 지나가는 산에는 장사를 하지 않는다. 용이 멈추어 그치는 곳에서 혈을 맺는다. 과산은 다른 혈이 되는 곳으로 끌고 나간 산인데, 혹 요도(橈棹 : 다시 맥이 생기기 위하여 출맥하는 듯한 산)가 있으니 용호로 잘못 알지 말아야 한다.

❖ **과성**(裹城) : 물이 혈 앞을 가깝게 폭 싸서 남은 기운이 없는 곳으로 온역이 발생한다고 한다.

❖ **과숙**(寡宿) : 해자축(亥子丑)에 술(戌) 인묘진(寅卯辰)에 축(丑) 사오미(巳午未)에 진(辰) 신유술(申酉戌)에 미(未)

❖ **과협**(過狹)

① 형세가 단소(短小)하고 또 긴밀하고 지맥(地脈)을 양쪽에서 호위하고 있는 것. 산과 산 사이의 낮게 된 장소. 과협도 또한 산맥의 일부분이며 지맥을 통하는 곳이다.

② 과협이란 용이 위로 올라갔다 내려갔다 기복을 달려가는 과정에서 밑으로 내려감에 따라 평지가 되거나 낮은 언덕으로 된 부분.

③ 지나는 재. 즉 이쪽 등성이에서 저쪽 등성이로 주맥(主脈)이 건너감을 말함.

④ 보통 고개를 말하며 그 모양은 벌의 허리처럼 잘록하거나 학의 무릎처럼 동그랗고 볼록한 것이 좋다고 한다. 봉요학슬(蜂腰鶴膝).

⑤ 양쪽 산을 서로 이어서 산맥이 양쪽 산의 중심을 통하게 하는 목구멍과 같은 것을 말한다. 용법(龍法)에 있어서는 먼저 성봉(星峰 : 산봉우리)을 본 연후에 반드시 협(峽)을 살피지 않으면 안 되니 이것을 다시 사람에게 비한다면 목구멍과도 같은 것이라 하겠다. 용(龍)의 참된 자취는 감추었다 다시 나타나는데 그 뜻이 있으므로 과협(過峽)은 목구멍을 통해서 양산을 서로 묶어 기(氣)가 통하게 하는 작용을 하는 것으로서 그 형상이 다양한 것이나 학 무릎, 벌 허리 등의 모양을 귀하게 여긴다.

⑥ 뒤에 있는 산맥의 봉과 앞으로 행룡(行龍)되는 산봉을 이어주는 잘룩한 부분의 산맥을 말함. 모든 용은 많은 기복으로 과협을 형성해서 생룡(生龍)의 활동으로 중앙으로 출맥하여 끊어질 듯이 과협을 연출하고 생동력을 발산하며 솟아오르는 형상이 진정한 생룡(生龍)의 표본이 되는 것이니 이와

같이 아름답게 이루어진 협(峽)은 활동적인 생룡(生龍)이 일어나고 이러한 왕성한 용맥(龍脈)이 활동하는 곳에 국세(局勢)기 형성되면 활기찬 명혈(明穴)이 이루어진다. 명당대지(明堂大地)가 이루어지기 위해서는 용신(龍身)이 있어야 하고 생기(生氣) 넘치는 용신(龍身)은 아름다운 과협(過峽)으로 만이 이루어진다.

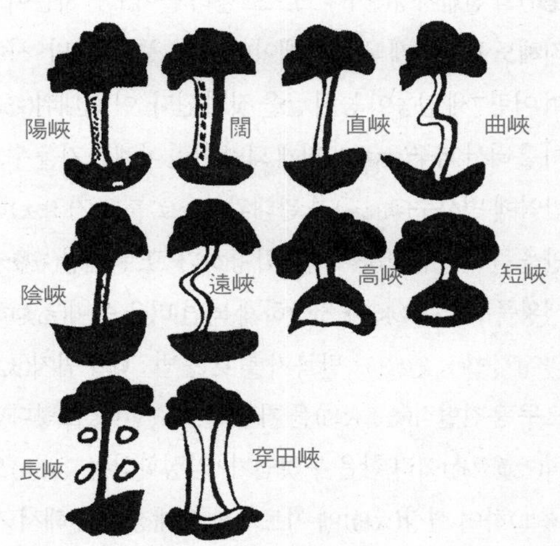

❖ **과협(過峽)가는 용(龍)이 급히 크고 높게 일어나면**: 불과 수삼절(數三節)에 혈(穴)이 맺고 가는 용(龍)이 몸이 작고 서서히 일어나면 반드시 멀리서 결혈 결국 한다. 과협이 똑바르게 되었으면 앞으로 가서 혈이 맺고 측과(側過)되면 혈도 기울어져 맺는다.

❖ **곽박**(郭璞) : 진(晉)나라 사람으로 성(姓)은 곽(郭)씨이며 이름은 박(璞), 자(字)는 경순(景純). 장서(葬書)를 저작하였다.

❖ **곽선생의 오불가장지**(五不可葬地)

① 기가 생함으로써 혈이 융결되기 때문에 초목이 살지 못하여 무기박토(無氣薄土)의 벌거숭이산에는 장사할 수 없다.

② 기로 인하여 용혈의 형체가 나타나는 것이므로 용맥이 끊어진 산에는 장사할 수 없다.

③ 기는 흙으로 인하여 나타나고 또한 흙 속에서 융결되는 것이기 때문에 흙이 없는 석산(石山)에서는 장사할 수 없다.

④ 기는 그 용이 멈추는 곳에 뭉쳐지므로 용맥이 머물지 않고 달아나는 산에서는 장사할 수 없다.

⑤ 기는 여러 용이 모여 장풍(藏風: 바람을 가둔 곳)된 곳에 융결되므로 연속되지 않는 독산(獨山)에서는 장사할 수 없다.

❖ **관**(寬) : 넓은 모양.

❖ **관**(管) : 대나무의 구멍. 줄기의 맥.

❖ **관**(觀) : 살피다. 찾아보다.

❖ **관**(關) : 관은 수구(水口) 양측에 있는 작은 산의 사이로 흐르는 물을 말함.

❖ **관**(官) : 존귀(尊貴)함을 나타내는 이름으로서 관성(官星)이라 함은 두 가지의 격이 있다. 주산(主山)의 앞에 산이 있고 그 뒤로 또 하나의 산이 있으면 관성(官星)이 되는데 이 때 두 가지로 구분할 수 있다. 하나는 혈장의 기운이 넘쳐 여기(餘氣)가 뻗어 앞으로 달려나가 산봉우리를 만들어 너머에서 보이는 산봉(山峰)이 관성(官星)이 되고, 또 하나는 용호(龍虎)의 기운이 감싸고 돌다가 남은 기운으로 안산(案山)을 만들고, 안산 너머로 보이는 산봉(山峰)이 관성(官星)이 된다. 외곽에서 온 안산(案山) 뒤의 관성도 여기에 해당한다. 이렇게 나타난 관성을 현세관(現世官)이라고도 한다. 사씨(謝氏)는 「안산(案山)은 혈 앞을 비춰져야 한다」 라고 하였다. 안산 너머의 조산(朝山)이 뛰어나면 역시 이것은 관성(官星)이다. 혹 안산과 조산이 없을 수도 있다. 안산과 조산이 없게 되면 수(水)로서 조안(朝案)을 삼게 된다.

❖ **관견**(管見) : 대나무 구멍으로 들여다보는 것이니 작게 보인다는 말. 비유하는 말로 우물안 개구리.

❖ **관귀금요**(官鬼禽曜)

① 진혈의 전후좌우에 있는 작은 산들이 있는 형국. 앞에 있으면 관성이라 하고 뒤에 있으면 귀성, 청룡 백호 밖의 좌우에 있으면 요성이라 하며 명당의 좌우나 수구 사이에 있으면 금성이라 한다. 모두 용혈의 증거가 되는 산들이다.

② 관귀금요는 혈의 전후좌우에 있는 사(砂)로서, 역량이 청룡·백호, 조안산에 미치지는 못하나 매우 중요한 역할을 한다.

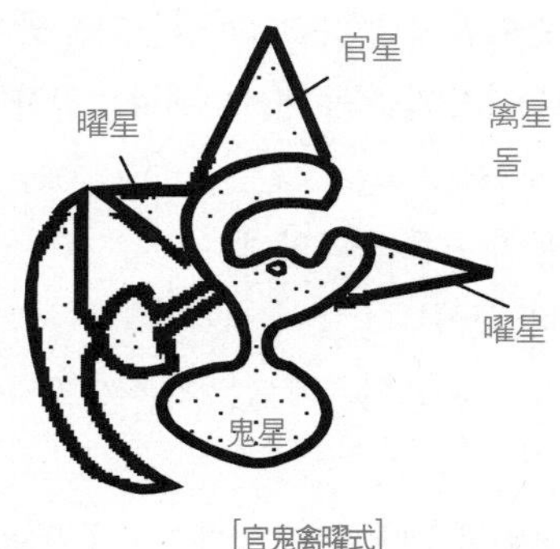

[官鬼禽曜式]

③ 안산 뒤에 바싹 붙어 솟은 봉우리가 관성(官星), 혈성(穴星) 뒤에 바싹 붙어 툭 불려져 나온 봉우리가 귀성(鬼星), 혈(穴) 앞에 물가에 작고 둥그스름한 섬처럼 있는 것이 금성(禽星), 용호(龍虎) 끝부분에 기이한 모습으로 불쑥 돋아난 것을 요성(曜星)이라 한다. 이 관귀금요 가운데 관성, 귀성, 요성은 모두 귀룡(貴龍)에게만 나타나는 수기(秀氣)라 한다. 용국(龍局)이 다 좋으나 관귀요가 없으면 대부대귀(大富大貴)의 땅은 못되고 중간 정도의 부귀를 누릴 수 있는 땅이라고 한다.

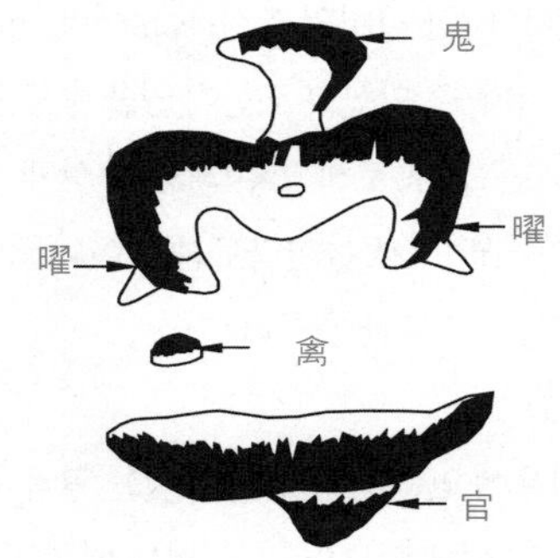

❖ **관기**(管氣) : 장풍취기(藏風聚氣)를 말함.

❖ **관란**(關欄) : 지리법 술어로 쓰이는 말. 잠근 듯이 폭 싸는 것.

❖ **관대**(冠帶) : 12운성의 3번째 오행이 관대 중에 놓이면 그 세력이 더해진다. 관대의 정국은 다음과 같다.

五行	木		火		土		金		水	
冠帶	丑		辰		辰		未		戌	
日干	甲	乙	丙	丁	戊	巳	庚	辛	壬	癸
冠帶	丑	辰	辰	未	辰	未	未	戌	戌	丑

❖ **관대수**(冠帶水) : 관대수(冠帶水)의 득수도당(得水到堂)은 칠세아동 능작시(七歲兒童 能作詩) 문장명필 만인과(文章名筆 萬人誇)한다. 반드시 총명한 자손이 나와 그 이름과 그 가문을 빛낼 것이다. 그러나 관대류파(冠帶流破)는 가장 흉하다. 총명아손(聰明兒孫) 종안회(從顔回)라 하여 앞으로 촉망되는 소년의 병약단명(病弱短命)이 염려된다.

❖ **관대수 즉 문창**(冠帶水卽文昌) : 관대수(冠帶水)가 외반봉침(外盤逢針)의 천간자상(天干字上)으로 흘러 들어오면 자손이 총명하며 지혜도 겸비하게 되며 멋쟁이다. 주로 풍류·도박·사치를 즐기며 어린 7세 신동이 능히 글을 짓게 된다. 이 관대위(冠帶位)로 물이 흘러서 파구(破口)가 되게 되면 어린 아해를 기를 수가 없으며 만약에 병사수(病死水)가 관대위(冠帶位)를 충거(沖去)하면 주색만을 즐기며 음탕하니 지극히 흉하다. 또 관대방(冠帶方)에 모든 생왕록수(生旺祿水)가 저축하게 되면 더욱 우미(尤美)하다.

❖ **관대지법**(冠大地法) : 발복지를 보는 법 : 대부귀지(大富貴地)는 모두 용진혈적(龍眞穴的)을 가장 필요로 한다. 그렇다면 용진혈적(龍眞穴的)이라 함은 무엇인가? 염정화산(廉貞火山)으로 발조(發祖)하여 혈장(穴場)에 이르기까지 개장(開帳)해서 기복(起伏)하고 커졌다가 작아지고 천장과협(穿帳過峽)이 곡곡활동(曲曲活動)해서 중심으로 출맥(出脈)하고 도두일절(到頭一節)에 이르러 첨원방정(尖圓方正)하고, 혈성(穴星)이 불쑥 솟아 청룡백호가 중중(重重)으로 환포(環抱)하고, 외산(外山)과 외수(外水)는 층층으로 호위해서 안(案)앞에 면궁(眠弓)이 만포(灣抱)하고, 물은 옥대(玉帶)처럼 금성(金星)으로 돌고, 금성(禽星)으로 수구(水口)를 막아서서 나가는 곳이 유정(有情)하고, 전후좌우의 일사일수(一沙一水)도 반배(反背)함이 없으면 천리내룡(千里來龍)은 십리결작(十里結作)하리니, 물형(物形)과 형상을 취해 이름을 짓는 것은 그 류(類)가 만단(萬端)하니 다 일관성이 없는 것이다.

❖ **관례축문**(冠禮祝文)

維歲次 某月某朔 孝玄孫 ◯◯敢昭告于

顯高祖考學生府君 顯高祖妣孺人 某氏某之子

某年漸長成 將以 某月某日

加冠於其首 謹以 酒果用伸 虔告謹告

[해석] ◯◯년 ◯월 ◯일에 현손◯◯는 삼가 묘위(廟位)에 감히 아뢰옵니다.

○○의 아들 ○○나이 점차 장성하여 이제 곧 관례를 드리옵기 삼가 주과를 펴오며 이를 경건히 아뢰옵니다.

❖ **관모사**(冠帽砂) : 산의 모양이 마치 관모와 흡사한 귀사의 형국. 단정하고 아름다운 관모사가 조안을 바로 비추거나 귀인임관방 또는 관대방에 있으면 주로 소년등과에 지방장관이 나온다. 또한 산의 형태가 마치 옛날 벼슬하는 사람이 머리에 쓰던 사모(紗帽)와 흡사하다. 토산(土山)으로 되어 있으면 문신(文臣)이 나오고 석산(石山)으로 되어 있으면 무신(武臣)이 나온다.

❖ **관방귀인**(觀榜貴人) : 수성체 옆에 목성귀인이 서 있는 형국. 단정하고 수려하며, 목성귀인이 문곡(文曲)인 수성을 관찰하는 형상이다. 수성체가 귀인봉보다 높든지 낮든지 모두 길하다. 상격룡(上格龍)에는 장원급제하고 한림(翰林)에 올라 영귀(榮貴)한다.

❖ **관부**(官符) : 신(辰) 자리에 자(子)를 붙여 순행으로 생년지에 닿는 곳이 관부살이다.

子生 : 辰 丑生 : 巳 寅生 : 午 卯生 : 未 辰生 : 申 巳生 : 酉

午生 : 戌 未生 : 亥 申生 : 子 酉生 : 丑 戌生 : 寅 亥生 : 卯

생년 / 구분	子年	丑年	寅年	卯年	辰年	巳年	午年	未年	申年	酉年	戌年	亥年
天馬	寅	亥	申	巳	寅	亥	申	巳	寅	亥	申	巳
紅鸞	卯	寅	丑	子	亥	戌	酉	申	未	午	巳	辰
龍池	辰	巳	午	未	申	酉	戌	亥	子	丑	寅	卯
鳳閣	戌	酉	申	未	午	巳	辰	卯	寅	丑	子	亥
天喜	酉	申	未	午	巳	辰	卯	寅	丑	子	亥	戌
天哭	午	巳	辰	卯	寅	丑	子	亥	戌	酉	申	未
天虛	午	未	申	酉	戌	亥	子	丑	寅	卯	辰	巳
官符	辰	巳	午	未	申	酉	戌	亥	子	丑	寅	卯
咸池	酉	午	卯	子	酉	午	卯	子	酉	午	卯	子
孤辰	寅	寅	巳	巳	巳	申	申	申	亥	亥	亥	寅
寡宿	戌	戌	丑	丑	丑	辰	辰	辰	未	未	未	戌

❖ **관성**(官星)

① 안산(案山)의 너머에서 솟아나 있는 산들. ※ 감룡경(撼龍經)에서는 요(曜)란 양주(兩肘)의 뒤에 있는 여기(餘氣)를 말하고 관(官)이란 안산(案山)의 뒤에서 나타난 산이라고 하였다.

② 조산(朝山)의 배후(背後)에서 역(逆)으로 끌고 나온 산이며 조산(朝山)과는 다르다. 관성(官星)이 보이면 당대(當代) 발복한다.

③ 관성은 청룡이나 백호의 뒤에서 바깥쪽으로 뻗어 간 산줄기이다. 이것은 청룡·백호의 남은 기운이 빚어 놓은 것이다. 관성은 길이와 크기가 적당해야 좋다. 너무 크거나 길면 청룡·백호의 기운을 뺏아 간다. 너무 짧고 작으면 청룡·백호의 기운이 그만큼 약한 것이다.

④ 청룡과 백호가 혈장을 감싸고 그 배후에서 앞으로 나간 산을 말한다. 이를 두고 "본명산전갱유산(本命山前更有山)" 이라고 하였다. 이 관성은 형상에 관계없이 있으면 길하다. 용의 기가 왕성하면 혈장을 만들고도 남은 기가 있어 관성산이 된다. 청룡·백호 밖에 있으므로 혈장에서는 보이지 않는 것이 보통이나 혹 보이는 것도 있어 보이는 관성을 특히 현세관(現世官) 또는 현면관(現面官)이라 하여 당대에 귀인을 배출하는 것으로 본다. 요즘 풍수사 중에는 이 관성을 잘못 이해하여 조산(朝山)의 후면에 있는 산으로 말하는 사람도 있으나 이것은 이치에 맞지 않는다. 양균송이 "문군하자위지관(問君何者謂之官)이고 조산배후역타산(朝山背後逆拖山)이라" 고 하는 데에서 조산이란 문구는 조안(朝案)의 조산이 아니라 조응(朝應)의 뜻으로 풀이해야 마땅하다.

⑤ 관성(官星)이란 혈전(穴前) 혈 앞에 있는 바위 안산 너머에 있는 바위나 산을 말한다.

❖ **관성**(官星) : 관성은 안산 뒤에 바짝 붙어 솟은 산봉우리

❖ **관세**(盥洗) : 관세 제사나 혼사 때에 행사자(行事者)가 손을 씻는 의식.

❖ **관쇄**(關鎖)

① 관(關)은 문호(門戶)요 쇄(鎖)는 자물쇄가 된다. 수구(水口)의 양쪽으로 물이 나가는 목을 좁히는 등성이 즉 한문(捍門) 혹은 화표(華表)를 관이라 한다. 수구(水口) 가운데 섬 같은 것(나성(羅城) : 금성(禽城))이 있으면 이를 쇄라 한다. 그러므로 수구(水口)에 이와 같은 것이 있으면 관쇄(關鎖)가 잘 되어 물

이 급하게 흐르지 못하므로 대길하다. 큰땅이라야 이러한 관쇄가 있다고 한다.

② 관쇄란 출입문에 빗장을 걸어 잠근다는 뜻으로 청룡과 백호가 유정하게 껴안은 듯이 혈장을 감쌈으로서 혈심에 생기가 빠져나감을 보호한다. 또 합수되어 혈장을 빠져나가는 수기를 축적시키면서 유정하게 굽이쳐 흘러나갈 뿐 아니라, 전면에서 불어오는 바람이 혈장을 직사풍으로 들어오지 못하고 관쇄된 용호 사이로 거슬러서 돌아들어 옴으로써, 바람도 순풍이 되어 공기에너지를 축적시켜 준다. 따라서 혈장의 기를 보호해 주는 관쇄는 여러 겹으로 많을수록 길격이다.

❖ **관요수**(官曜水) : 간향(艮向)의 유수(酉水), 유향(酉向)의 간수(艮水), 손향(巽向)의 묘경해수(卯庚亥水), 해향(亥向)의 손수(巽水), 자향(子向)의 오수(午水), 오향(午向)의 임수(壬水)를 관요수(官曜水)라 한다. 관요수가 있으면 속히 부귀를 얻으며, 자손들의 승진이 빠르다.

❖ **관음좌해**(觀音坐海) : 관세음보살이 바닷가에 조용히 앉아 있는 형국. 앞에 큰 호수나 강물, 바다가 있다. 혈은 관음보살의 배꼽에 자리잡는다. 안산은 보살에게 가르침을 받는 수행자들이다.

❖ **관일**(官日)(택일) : 사시길신(四時吉神)의 하나. 이날은 관공서(官公署)의 모든 행사에 길하다고 한다. 관일은 아래와 같다.

春三月 : 卯日　　夏三月 : 午日

秋三月 : 酉日　　冬三月 : 子日

가령 춘삼월(寅卯辰月) 즉 입춘일부터 입하전일까지이며 정묘(丁卯), 기묘(己卯), 신묘(辛卯), 계묘(癸卯), 을묘(乙卯) 등 묘일(卯日)이 관일이다.

❖ **관장**(關藏) : 산들이 가로막아서 그 안에 감춰놓다.

❖ **관절염이 심한 노인이 신경통가지 고생한다면** : 관절염과 신경통으로 고생 하시는 부모님을 모셨다면 고층 아파트는 생각해 볼일이다. 또한 습관적으로 유산이 되거나 임신이 어려운 주부 우울증이 있는 주부들이라면 가급적 땅과 맞닿아 있는 주택에 살도록 하는 것이 좋다.

❖ **관정맥**(串頂脈) : 용이 곧게 직래(直來)하여 내려와서 결혈(結穴)이 되는 것을 관정맥(串頂脈)이라고 한다.

❖ **관주**(貫珠)

① 사격(砂格)의 하나. 꿴 구슬로 미사(美砂)에 속한다.

② 구슬을 꿰어 놓은 형국. 혈은 구슬의 위에 있다. 안산은 아리따운 여인이다.

③ 모든 용의 끝머리에 뭇 물이 모여드는 것을 말한다. 앞의 광취(廣聚 : 대회명당)는 다만 산과 물이 단취중첩할 따름인데, 이 관창은 여러 개의 용의 끝머리여야 가한 것이다. 관창명당은 협착하지 아니하되 낮은 곳에 있는 사(砂)가 서로 결부되거나, 낮은 곳에 있는 가까운 안산이 안의 기를 막아 주거나 또는 물이 이골 저골에서 모여 와야 합격이고 공활(空闊)함을 꺼린다.

❖ **관주협**(貫珠峽) : 과협의 형태가 마치 구슬을 실에 꿰어 놓은 모양같이 생긴 형국. 매우 길한 과협이다.

❖ **관창명당**(寬暢明堂) : 관창명당은 내명당이 청룡·백호, 안산으로 아늑하게 둘러싸여 있다. 내명당 위의 외명당은 널따란 들판이다. 또 이 들판을 산들이 둘러싸고 있다. 들판이 매우 넓지만 산들에 둘러싸여 공허한 느낌이 안 든다. 앞을 바라보면 시야가 탁 트여 가슴이 환히 열리면서도 아늑한 느낌을 받는다.

내명당이 잘 짜였으니 발복이 빠르고 외명당이 드넓으니 그 복이 오래간다. 관창명당이 있는 혈에 조상의 묘를 쓰거나 집을 짓고 살면, 자손들이 대대로 부귀를 누리게 되고, 명당에 장엄한 기운이 감도니 큰 인물이 나오며, 많은 사람들에게 공덕(功德)을 베푸는 형국.

❖ **관출맥**(觀出脈) : 관출맥이란 무릇 용(龍)의 맥(脈)이 나온 것을 보면 개자(介字)에 중심을 요할 것이니, 용(龍)이 나뉘는 데서 떨어지는 머리는 모두 가히 개자(介字)가 없지 않으며, 겨우 분수(分水)가 있은 즉 스스로 맥(脈)이 맑으니 산언덕이나 평지를 불구하고 속기(束氣)가 있으면 겨우 결혈(結穴)은 능히 할 수 있는 것이다.

❖ **관평**(寬平) : 넓고 부드럽고 평평한 곳.

❖ **관포(棺布)와 명정(銘旌)으로 관(棺)을 덮는다** : 관상(棺上)에 공포(功布) 삼배로 닦고, 명정(銘旌)으로 관을 덮고, 운아삽(雲亞翣)과 패백을 청(靑)은 가슴 부위에 넣고, 홍(紅)은 장갱이 부위에 넣는다. 옛날에는 동천개(同天蓋) 횡대(橫帶)나무를 (1, 3, 5, 7, 9) 대신 지금은 한지(韓紙) 종이로 3장을 덮고 그 중앙에 한지 한 장을 들고 동관성(動棺聲)을 한다. 동관성 소리는 이렇게 한다. 어 · 어 · 어 관이 움직이는지 아닌지 확인하는 것이었다.

❖ **관혼상제**(冠婚喪祭) : 관례(冠禮), 혼례(婚禮), 상례(喪禮), 제례(祭禮).

❖ **광**(曠) : 탁 트이어 넓고 큰 모양.

❖ **광룡**(狂龍) : 역룡과 같은 형태를 이루고 있는데, 용이 안정되지 못하고 미쳐 날뛰는 것 같은 모양을 하고 있다. 험한 바위들이 불규칙하게 솟아 있는 것이 특징이다.

❖ **광야명당**(曠野明堂) : 혈 앞이 텅비어 지평선만 보이는 형국. 앞에 보이는 것이라곤 망망한 벌판뿐이며, 벌판을 둘러싼 산이 없다. 그래서 한없이 공허한 느낌을 준다. 명당이 허허벌판이면 혈이 바람을 심하게 타므로 바람이 혈의 정기를 쓸어가 버린다. 혈에 생기가 모이기 어려우니 매우 불길하다. 광야명당의 혈에 조상의 묘를 쓰거나 집을 짓고 살면, 크고 작은 재앙이 자꾸 닥쳐와 집안이 평안할 날이 없다. 용혈(龍穴)의 기가 강하여 혹 큰 인물이 나와도 많은 풍파를 겪게 된다. 그런데 큰 강물이 들판 가운데에 있어 혈을 감싸주면 길(吉)하다. 이 강물이 산을 대신해서 혈의 정기를 보호해준다.

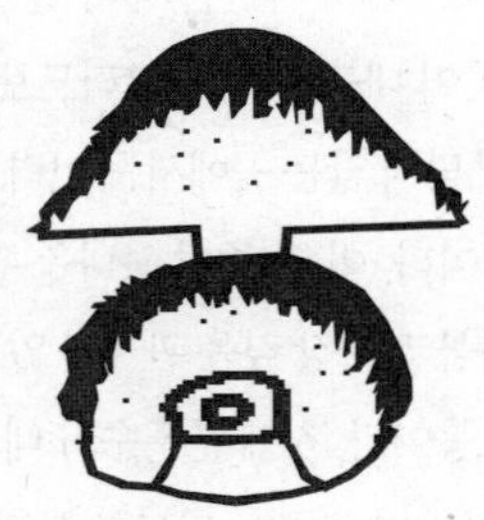

❖ **광중건수법**(壙中乾水法) : 시신을 모신 곳이 산색(山色)이 수려하고 이기법(理氣法)에도 손색이 없는데 광중(壙中)에 물이 찬 것 같으면 이장(移葬)은 하지말고 물을 뽑아야 한다. 왜냐하면 묘는 을지(乙地)에서 갑지(甲地)로 이장(移葬)하는 것보다는 그냥 을지(乙地)에 모셔두는 것이 오히려 좋기 때문이다. 구묘(舊墓)에 물이 드는 것은 육충(六沖)으로 알아냈지만 차있는 물을 뽑아 내는데는 충(沖)과 반대로 육합(六合)의 합을 찾아야 한다.

❖ **광중(壙中)에 샘물이 나면 패가 절손하고** : 광중(壙中)에 샘물이 나면 패가 절손하고, 질병(疾病)이 나는 것은 광중에 물이 들어가는 것이다. 재패(財敗) 병패(病敗) 인패(人敗)로도 본다.

❖ **광중(壙中)을 팔 때 혈토(穴土)가 한 가지 색상이 가장 좋다** : 광중(壙中)을 팔 때 혈토(穴土)가 한 가지 색상으로 되어 있으면 장사 후(葬事後) 광중에 물이 날 염려가 없다. 천광의 오색토(五色土)가 부드러우면 물이 고인다. 오색토가 부드러우면 물이 생기지 않는다. 천광을 하는데 부서진 차돌이 줄을 이어 있으면 이것이 수맥이다.

❖ **광중입수지법**(壙中入水之法) : 묘를 모시고 나서 얼마 후 묘 주변에 이끼가 생기고 분봉 아래가 습하면 묘에 물이 드는 것일지 모르니 곧 육충방(六沖方)을 살펴야 한다. 만약 육충방(六沖方)에서 물이 정면으로 쫓아오면 이 묘는 틀림없이 물이 찬 것이니 진룡(眞龍) 간좌(艮坐)가 아니면 곧 이장(移葬)을 하여 시신을 편안히 모셔야 한다. 대부분 좌(坐)에서 향(向)을 바르게하면 모두가 충이니 진술(辰戌)·축미(丑未)·자오(子午)·묘유(卯酉)·인신(寅申)·사해(巳亥)이다. 인좌라면 신향에, 사좌는 해향에, 이런 식으로 치묘하면 물이 차고 안찬 것을 알 수 있을 것이다. 이 충좌를 똑바로 물이 쏘아오면 광중(壙中)에 물이 고이는 것이다.

❖ **광전절수**(壙前折水) : 천지 자연은 용과 물이 합법한 곳은 적고 서로 맞지 않는 곳이 대부분이다. 그러므로 용진혈적(龍眞穴的)한데 물이 법도에 맞지 않는 곳에서는 인력으로 재성(裁成)하여 추길피흉하는 법이다. 이 법 중의 하나를 광전절수라 한다. 원훈수(圓暈水)가 화복과 가장 깊은 관계가 있으므로 절수법은 원훈수에 한함이 보통이다. 첫째 운훈수가 내달리면 이를 막도록 보완하고, 곧장 나가면 굴곡이 되도록 물길을 고쳐야 한다. 또 원훈수가 흉방(凶方)으로 나가면 길방(吉方)으로 흐르도록 고쳐야 한다. 둘째 양수는 건(乾), 갑(甲), 곤(坤), 을(乙), 임(壬), 계(癸)의 6방위, 음수는 간(艮), 병(丙), 손(巽), 신(辛), 정(丁), 경(庚)의 6방위만을 택하는 것이 좋다. 셋째 수수법상(收水法上)의 길방위를 택한다. 넷째 2도(二道)가 상합하여야 길(吉)이다. 2도란 명당대수(明堂大水)인 누도(漏道)를 말하며 2도가 상합하여야 길하다. 2도는 서로 물이 왼쪽으로 오면 절수구(折水口)가 향좌(向左)이여야 한다. 다섯째 매절처(每折處)는 기어가는 뱀처럼 완만하게 구부러져야 길하다. 목수들이 쓰는 곡척처럼 각이 뚜렷하면 흉이다.

❖ **광천**(礦泉)

① 광천은 광석(礦石)에서 분출하는 샘이다. 광천수는 사람을 건강하게 만드는 약수이므로 매우 귀한 물이다. 앞에 광천이 있는 혈에 조상의 묘를 쓰면 자손들이 부귀(富貴)를 얻는다.

② 광천이란 밑에 광(礦)이 있으므로 물빛이 붉다하여 홍천(紅泉)이라고도 한다. 용기(龍氣)가 광(礦)에 모였기 때문에 어느 날 광(礦)을 캐내면 상패(傷敗)한다고 한다.

❖ **광취명당**(廣聚明堂) : 혈 앞에 많은 산들이 있고, 그 산들에서 흘러나온 물이 혈 쪽으로 모여드는 형국. 산과 물의 경치가 아름다우면 지극히 귀하여 갖가지 보배를 품고 있는 것과 같다. 또 온갖 진귀한 음식으로 잘 차려진 잔칫상을 앞에 놓고 있는 것과 마찬가지다. 산수(山水)가 빼어나게 아름다우니 광취명당이 있는 혈은 훌륭한 인물들을 많이 배출하며, 귀(貴)한 인물들이 쏟아져 나와서 큰일을 하게 된다. 또 여러 줄기의 물이 혈 앞에서 크게 모이니 부(富)도 함께 얻는다. 오랫동안 부귀가 사라지지 않는다.

❖ **광탕명당**(廣蕩明堂) : 혈 앞에 넓고 넓은 광야가 펼쳐져 있는 하천으로 에워싸여 있지 않은 땅을 말한다. 혈의 전면에 이 정도의 넓이가 있고 혈의 좌우에 청룡·백호가 두 날개를 뻗치고 있는 것만으로는 장풍(藏風)이 불가능하고 하천 흐름의 지원도 없기 때문에 생기는 산만해져 버린다. 태조(太祖), 소조(小祖), 부모(父母) 등의 용맥으로부터 초래된 생기는 여기에 이르러 헛되이 소모되어 당연히 탕진되게 된다.

❖ **광형**(匡衡) : 한(漢)나라 사람으로 학문을 좋아한 사람. 벽안에서 공부에만 열중하고 부귀하지 못한 사람.

❖ **괘기입향법**(卦氣立向法) : 선·후천괘위에 의하여 향을 정하는 법으로서 입향법 중 최상의 방법이다. 간괘(干卦)가 상납(相納)하고 자웅(雌雄)이 상견한 것이다. 괘기가 상납하면 오행의 생극은 작용하지 못한다. 혈정을 살피고 기맥의 입수(=입수룡)를 보아서 향을 정한다.

❖ **괘등**(掛燈) : 등잔처럼 생긴 형국. 괘등형의 명당은 발복(發福)이 불길같이 빠르다. 또 여자 자손들이 특히 귀하게 된다. 혈은 낭떠러지 위, 등잔을 올려놓는 곳에 있으며, 앞에 흐르는 물이 안

(案)으로써 이 물은 등잔의 기름이다.

❖ **괘등혈**(掛燈穴) : 괘등혈은 매우 가파른 산중턱에 있는 혈로 마치 등잔대에 걸린 등잔불과 같다하여 붙여진 이름이다. 높은 산에서 용맥에 급하게 내려오다 갑자기 평탄해진 곳에 있다. 주로 와혈(窩穴)을 맺는다. 양균송은 이를 가리켜 고산에서 낙맥하여 있는 괘등혈은 급한 중에 완한 하는 곳에 있다고 하였다. 가파른 곳에서 혈을 찾고자 하면 홀연히 평탄해지는 곳을 찾아야 한다.

❖ **괘등혈**(掛燈穴) : 괘등혈(掛燈穴)은 높은 곳 음지(陰地) 북향(北向)인데도 아침부터 하루 종일 햇빛이 드는 곳이라야 괘등혈이다. 돌이 없고 흙이 부드럽고 물이 나지 않는다. 어둡기 때문에 등잔 밑에 있어야 한다.

❖ **괘등혈(掛燈穴)의 발복**(發福) : 괘등혈의 발복은 속발(速發)과 속패(速敗)가 특징인데 이는 동안 불이 빨리 붙기도 하지만 기름이 소진되면 금방 꺼지는 원리와 같다. 그러나 용의 역량이 매우 큰 형은 옥촉조천혈(玉燭照天穴)이라고 한다. 옥촛대에 있는 촛불이 하늘을 비추어 밝힌다는 뜻이다. 천년을 비추어도 끊임이 없으니 큰 발복이 오랫동안 지속된다.

❖ **괘벽금차**(掛壁金釵) : 이 형국은 금비녀가 벽에 걸려 있는 것이다. 비녀의 머리 부분에 혈이 있다. 안산은 빗이나 경대, 화장대이다.

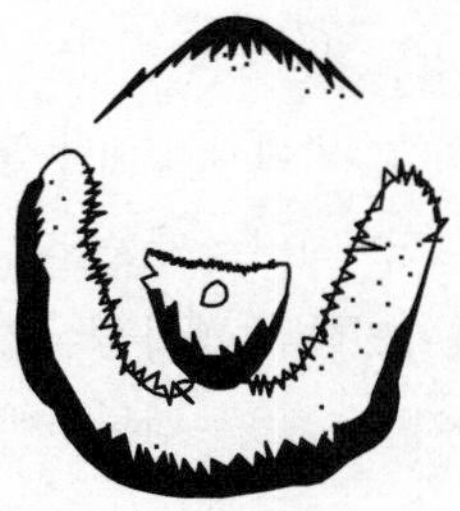

❖ **괘사**(掛蛇) : 나뭇가지에 뱀이 걸려 있는 형국. 혈은 뱀의 머리 위에 있고, 안산은 뱀이 잡아먹는 새, 나무 등이다.

❖ **괘예**(卦例) : 사신(四神), 팔장(八將), 삼길(三吉), 육수(六秀), 녹마(祿馬), 재백(財帛)과 천부(天父), 천모(天母), 보성(輔星), 생기(生氣)와 같은 유형들을 말함.

❖ **괴**(怪) : 사(沙)의 추한 모습.

❖ **괴강웅**(魁罡雄) : 진술축미방(辰戌丑未方)을 괴강이라 한다. 이 네 방향에 우악스런 봉우리가 너무 높이 솟아올라 혈을 누르는 게 괴강웅이다. 괴강웅이 있으면, 집을 나가 도적이 되는 자손이 생긴다.

❖ **괴교혈(怪巧穴)의 종류** : 천교혈(天巧穴), 천풍혈(天風穴), 기룡혈(騎龍穴), 회룡고조혈(回龍顧祖穴), 수중혈(水中穴), 양룡합기혈(兩龍合氣穴), 배토혈(培土穴), 무룡무안산혈(無龍無案山穴), 괘등혈(掛燈穴), 몰리혈(沒泥穴), 수충사협혈(水沖射協穴) 등이 있다. 이러한 곳에도 괴혈(怪穴)이 있다. 당처(當處)가 추졸(醜拙)하여 보기에 흉(凶)하다. 괴혈은 전미(全美)하지 못하여 혹 한쪽이 파(破)하고 깨어져 불가(不可)한 듯하나 그 중에 일석지지(一席之地)가 있는 것이다. 괴혈에 한쪽 백호(白虎)가 없으면 물이 대신해주고 청룡(青龍)이 없으면 수(水)가 대신해 주어야 한다. 또 안산(案山)이 없으면 물 대신 해주고 이것이 괴혈이다.

❖ **괴석**(怪石) : 괴석이 전안(前案)에 있다면 반드시 흉재(凶災)가 있고, 길성(吉星)이 후룡(後龍)에 앉아 있다면 후복(厚福)이 있다. 깎아지른 듯이 높은 추악한 암석이 앞의 안(案)에 있다면 겁살(劫殺)의 성신(星辰)이 되어 흉험(凶險)의 재앙이 생길 것이나, 석골(石骨)이 방정(方正)하게 모나서 옥인(玉印)이나 열흘(牙笏)과 같으면 도리어 길하다. 첨원(尖圓)한 삼길(三吉)의 성신이 후룡(後龍)에 앉아 있으면 용신(龍身)이 귀중하여 자연 풍후한 복이

이어질 것이다.

❖ **괴석전안**(怪石前案) : 괴석이 안(案)을 이루면 흉재(凶災)이지만 후룡은 삼합길성(三合吉星)이 위치하여 인재가 많이 나온다.

[怪石前案]

❖ **괴혈**(怪穴)

① 괴혈이라면 얼핏 혈성이 정상이 아닌 것처럼 생각하기 쉬우나 다만 갖추어야 할 제반 요건들이 아무 눈에나 쉽게 보이지 않도록 숨어 있다는 것을 말한다. 신중하게 살펴보면 합법인 것을 알 수 있으며 용이 진자여야 한다.

② 괴혈은 천지조화(天地造化) 속에 숨겨져 있다가 후덕(厚德)한 사람을 기다리는 것이므로 대지(大地)는 이러한 괴혈(怪穴)에 많이 있다. 대지길혈(大地吉穴)은 천지(天地)의 가호(加護)가 있어서 후덕한 사람에게 점지하여 주는 것이지 아무에게나 가볍게 주는 것이 아니다. 지사(地師)가 만약 이를 어기면 진실로 천지신명이 노하여 지사(地師)가 도리어 재앙을 받는 것이다. 그러므로 명사(明師)들이 혹 진룡대지(眞龍大地)를 만나더라도 함부로 발설치 말 것이며 덕인(德人)을 기다려야 할 것이다.

③ 괴혈(怪穴)은 겉으로는 흉룡(凶龍)으로 보이지만 응결된 형세의 국(局)으로 귀혈(貴穴)이다. 장유괴혈(長乳怪穴)은 중간지세에서 발생한 혈(穴)로 청룡(青龍)과 백호(白虎)가 있어야 된다. 홀로 나온 괴혈(怪穴)은 국세(局勢)가 왕성하고, 본룡(本龍)에서 시작되어 생성되는 혈이다. 본신룡(本身龍)에서 와겸혈(窩鉗穴)을 이루고, 청룡과 백호는 없으나 대치할 수 있는 국(局)이 있는 것을 말한다. 급완앙고혈(急緩仰高穴)은 급한 곳에서 완만하고, 평행평양지에서 돌양극음(突陽極陰)이 생기는 묘한 결혈지(結穴地)로 반드시 조산(朝山)과 안산(案山)이 있어야 한다. 만일 조산(朝山)과 안산(案山)이 없으면 명당에 모인 수류(水流) 주위에 환포(環抱)가 이루어졌으면 취기(聚氣)가 합국(合局)되어 결혈(結穴)한다. 편뇌혈(偏腦穴)은 한쪽 머리가 얕은 곳으로 쏠려 기(氣)가 결속되어 생기는 혈이다. 반드시 악산(樂山)이나 귀산(鬼山)이 있어야 취기(聚氣)가 합국(合局)을 이루어 결혈(結穴)된다.

④ 유혈(乳穴)의 체(體)가 곧고 긴 곳에 정혈(定穴)하는 경우가 있다. 장유(長乳)는 한 유형이 길게 중출(中出)되고 양변의 용호(龍虎)가 호위(護衛)된 것인데 시속지사(時俗地師 : 배움이 부족한 지관)는 외롭게 노출되었다 하여 버리고 있으나 맥이 중출하여 기력이 왕성하므로 길게 나가고 혈을 맺는 곳에 와서는 와혈(窩穴) 혹 겸혈(鉗穴)을 정하고 또는 본신용호(本身龍虎 : 청룡·백호)가 호위하고 외산맥(外山脈) 혈을 보호한 것이다. 혹은 刀는 창 같은 괴혈이 있는데 이는 전호하는 산의 긴 것을 요한다.

⑤ 진룡(眞龍)에 이상한 혈의 형태를 잘 분간하기 어려운 것을 괴혈이라 하는데, 실상은 천지조화의 숨겨진 것으로써 평범한 사람은 발견하기도 어려우며 얻기도 어렵고 오직 유덕한 사람만이 이를 쓸 수 있는 것이다. 보통혈은 보통 지사(地師)라도 알 수 있으나 괴혈은 도안(道眼)과 법안(法眼)이 아니면 분별할 수 없는 혈이니 만일 괴혈을 잘못 보면 그 해(害)가 적지 않는 것이다. 그러므로 괴혈에 대하여는 논하지 말아야 옳겠다.

⑥ 혈이 혹 얕게 심산(深山) 속에 몰니혈(沒泥穴)이 있으니 이는 땅이 평하여 와(窩)한 곳에 있는 혈이다.

⑦ 원칙적인 상식과 거리가 멀면서도 이모저모 살펴보면 아름다운 혈이 될 수 있는 이상한 혈이다. 천지조화의 비밀이 감추어져 있어 범상한 안목으로는 도저히 혈이라 칭할 수 없는 명혈(名穴)이다.

⑧ 어떠한 것이 괴혈인가에 대해 대략 살펴본다.

- 유(乳)가 곧고 딱딱하면 쓰지 못한다. 그러나 이러한 곳에도 쓰는 괴혈이 있다. 즉 맥이 중심으로 나오고 양변에 청룡·백호가 보호하고, 또는 다른 산에서 뻗어온 맥이 머리

를 틀어 보호해 주면 혈을 맺는다.

- 끄는 창 같이 날카로우면 원칙상 꺼리는 혈이다. 그러나 좌우로 보호산이 있으면 이러한 곳에도 혈을 정한다.
- 청룡·백호가 없는 땅도 취하는 수가 있다. 이는 용이 진(眞)이고 외곽으로 멀리 쌓인 산이 있으며 물이 안아 보호하면 혈을 정해도 무방하다.
- 얼핏보아 혈장(穴場)이 거칠고 완만하여도 태극(太極) 및 와(窩)·돌(突)의 형(形)이 바르게 이루어지고 새우수염(蝦鬚 : 은미한 물길)과 게눈(蟹眼 : 은미하게 分水된 것)이 있어 계수(界水)의 나뉘고 합한 자취가 분명하면 귀혈(貴穴)을 맺는다.
- 또는 담요(擔凹)라 하는 혈이 있는데 이는 혈 뒤가 요(凹)한 것이나 낙산(樂山)이나 귀성(鬼星)이 받쳐주면 무방하다.
- 뇌두(腦頭)가 기울면 불가하나 이러한 땅에도 혈이 맺는 경우가 있다. 뒤에 낙산 및 귀산이 기울어져 허한 곳을 받쳐 주면 무방하다.
- 한쪽 팔이 없는 땅에도 혈을 정하는 경우가 있다. 청룡이 없으면 물이 왼쪽으로 두르고 백호가 없으면 물이 오른쪽으로 들러 용호 대신 물이 막아주면 진룡인 경우 혈이 맺는다.
- 안산(案山)이 없어도 물이 안(案)이 되어주면 무방하다.
- 비아형(飛蛾形)과 괘등형(掛燈形)은 모두 괘혈이다.
- 용이 가파르게 내려오다가 문득 판판한 곳이 생기거나 늘어져 판판한 용이 문득 두두룩하게 솟은 곳이 있으면 이곳에 혈을 정하는 수도 있다. 기혈(奇穴)이든 괴혈이든 용이 진격(眞格)이라야지 가룡(假龍)에는 어떠한 괴혈도 맺을 수 없다는 것을 명심해 두어야 한다. 그러므로 요는 용의 진가를 먼저 구별해야 한다.

❖ **괴혈**(怪穴) : 청룡, 백호, 안산, 주산도 없는 혈 바람도 없다. 위험하다. 큰 자리는 발복(發福)이 성하다. 급히 끝난다. 안산이 멀면 자손이 가난하다.

❖ **괴혈**(怪穴)**은 이러하다** : 괴혈(怪穴)은 한쪽 백호가 없으면 수(水)가 대신해주고 청룡이 없으면 물이 대신해주며 또 안산(案山)이 없어도 물이 대신해 주어야 이것이 괴혈이다. 혈은 대개 큰 산에 대기(大氣)가 있다. 높은 산에 대기가 있다. 높은 산에는 연소혈(燕巢穴)의 제비집 모양이 있고 등잔걸이와 모양이 비슷하다.

❖ **괴혈**(怪穴)**이라도 작국**(作局)**은 없어도 순**(脣)**은 있어야 한다** : 괴혈(怪穴)은 높은 곳 음지북향(陰地北向)인데도 아침부터 하루 종일 햇볕이 있는 곳이 괘등혈(掛燈穴)이다. 어둡기 때문에 등잔불이 있어야 하는 것이다. 이것이 괴혈이다.

❖ **괴혈**(怪穴)**이란 특이한 곳에 특이한 형태로 결혈**(結穴)**된다** : 괴혈(怪穴)은 사상혈(四象穴) 와겸유돌(窩鉗乳突)을 벗어나서는 진혈(眞穴)이 될 수 없다. 괴혈은 거의 명혈대지(明穴大地)가 되는 것이다. 괴혈은 발복혈(發福穴)의 성정(性情)대로 속발(速發)하고 시효(時效)가 끝날 때 까지 좋지 않는 곳도 있다.

❖ **괴혈**(怪穴)**은 심산**(深山)**속에 몰니혈**(沒泥穴)**이 있다** : 땅이 평평(平平)하고 와(窩)한 곳에 있는 혈(穴)이다. 천풍혈(天風穴)에 팔풍(八風)이 닿아도 혈(穴)자리에 오르면 따뜻한 곳이다. 멀리서 바라보면 노출(露出)된 곳이다.

❖ **괴혈**(怪穴)**은 언덕바지에도 있다. 흙은 홍황색**(紅黃色) **혈토**(穴土)**가 있다** : 산이라면 소나무 색깔이 노란색을 띄고 있다. 모든 산이 와서 모이고 모든 물이 와서 모인다. 또 땅이 깨끗한 산위에 이마에 결작(結作)하여 천교(天巧)의 혈(穴)이 있는 경우가 있다. 이러한 혈장(穴場)에 오르면 활연(豁然)이 명랑하고 국세(局勢)가 너그럽고 평평하여 평지(平地)에 있는 듯하다. 산이 높아도 높은 줄 모른다. 이러한 형태를 잘 분간하기 어려운 것을 괴혈(怪穴)이라 한다. 인덕적선(仁德積善)해야 길지(吉地)을 얻는다. 천복(淺福)하고 박덕(薄德)한 사람은 수용할 바가 못하니 덕(德)의 유무(有無)를 보고 가르쳐 주어야 한다.

❖ **괴형**(怪形) : 원정수려한 모양을 벗어나 형용할 수 없이 괴상한 모양.

❖ **교**(交) : 양수(兩水)가 양쪽에서 흘러와 함께 만나 교류함.

❖ **교**(膠) : 아교를 말하며 주공(柱工)을 붙여서 움직이지 않는다는 말.

❖ **교각**(交角) : 톱니가 맞물려 있는 것과 같은 형상. 이가 촘촘히 늘어선 것 같기도 하다.

ㄱ

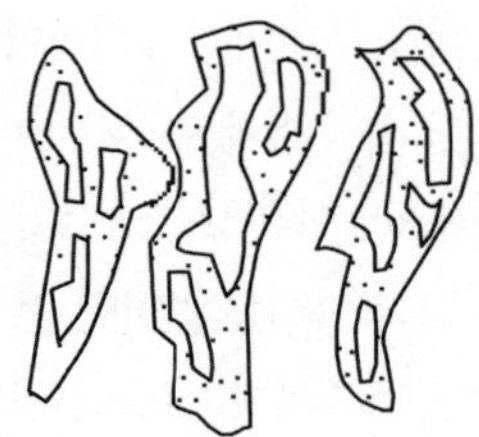

❖ **교검**(交劍)

① 양쪽의 사(沙)가 교포(交抱)한 모양. 여기에서의 아도와 교검은 아도가 서로 환포하면 교검과 같다.

② 산이 사귀인 것이 뾰족하고 날카로와 마치 칼로 서로 찌르는 것 같거나 물이 사귀어 흐르는 모양이 이와 같으면 주로 살상(殺傷)이 일어나고 귀양가는 자손이 생기는 흉격이다. ③ 칼끝처럼 날카롭고 뾰족한 산이 양쪽에서 서로 찌르거나 물이 칼 모양으로 되어 서로 사귀면 크게 불길하니 주로 살상이 있고 귀양하고 형벌을 받는 흉혈이다.

❖ **교검수**(交劍水)

① 묘지 좌우에서 일직선으로 급하게 내려온 외수(外水)가 당(堂) 앞에서 직동상교(直憧相交)하는 흉수이다. 그 흉화는 주로 인패전상(人敗戰傷)과 호투관재(好鬪官災)가 빈발한다. 교검수는 용혈의 양협호종수(兩夾護從水)가 혈전교합(穴前交合)하여 유거명당(流去明堂)하는 길수(吉水)와는 그 화복(禍福)과 내용이 전연 다르다. 혈 앞에 두 물이 서로 만나는 것이 칼끝 모양인 용진맥궁처(龍盡脈窮處)가 된다. 대개는 양수교합(兩水交合)이라 하여 혈을 잘못 잡기 쉽다.

② 일직선으로 곧게 뻗어 온 두 물이 혈 앞에서 합류한 다음, 또다시 일직선으로 빠져나가는 것을 교검수라 한다. 교검수는 급변(急變), 불의의 사고, 횡액(橫厄) 등을 불러온다. 순식간에 재산을 날리는 변고도 생긴다. 물은 모름지기 곡선을 그리며 흘러야 좋다. 어떤 물이든 직선으로 흐르면 나쁘다. 그런데 요즘에는 곳곳에서 경지정리를 하여 굽이굽이 휘돌아 흐르는 물줄기를 곧게 만든다. 그로 인해 화(禍)를 입는 사람들이 많다. 교검수도 새롭게 많이 생겨난다. 웬만한 들판은 경지정리로 인해서 물줄기가 아주 나쁘게 바뀐 상황이다.

❖ **교고**(交固) : 서로 만나서 완전한 상태.

❖ **교구론**(交媾論) : 지리법의 일종으로 교(交)란 음양이 사귐이요, 구(媾)란 음양이 사귀도록 중매함을 말한다. 교구의 의는 용(龍)을 음양이 사귀도록 잘 중매함으로써 혈이 맺게 된다는 것을 취해 쓰는 데 있다. 건해임자계축(乾亥壬子癸丑)은 하선(下旋)의 육양(六陽)이다. 손사병오정미곤신(巽巳丙午丁未坤申)은 상선(上旋)의 육양(六陽)이다. 간인갑묘을진손(艮寅甲卯乙辰巽)은 좌선(左旋)의 육양(六陽)이다. 곤신경유신(坤申庚酉辛)은 우선(右旋)의 육양(六陽)이다. 그리고 4정(四正)이란 자오묘유(子午卯酉)이니 자오(子午)를 양매(陽媒)라 하고 묘유(卯酉)를 음매(陰媒)라 한다. 그러므로 건간(乾艮)의 합을 자(子)가 중매하고 간손(艮巽)의 합(合)을 묘(卯)가 중매하고 손곤(巽坤)의 합(合)을 오(午)가 중매하고 곤건(坤乾)의 합(合)을 유(酉)가 중매하여 교구(交媾)가 성립된다.

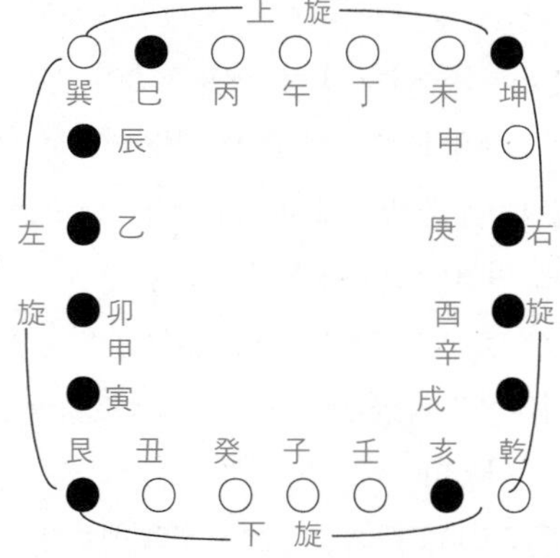

❖ **교로**(交路) : 용호의 능선 위로 큰 길이 교차한 것〈자익사(自縊死)〉.

❖ **교번팔괘지설**(巧番八卦之說) : 교번(巧番)은 8괘(八卦)의 변효법(變爻法)을 말한다. 변괘(變卦)는 변효로서 비롯되는 것이니 8괘 중에서 건(乾), 진(震 : 長男), 감(坎 : 中男), 간(艮 : 少男)의 4괘는 양괘(陽卦)가 되고 곤(坤), 손(巽 : 長女), 이(離 : 中女), 태(兌 : 少女)의 4괘는 음괘(陰卦)가 된다. 건위부(乾爲父)하고 곤위모(坤爲母)하니 건괘(乾卦)를 쫓아 괘를 번기(翻起)시켜서 변괘(變卦)된 괘를 가리켜서 천부괘(天符卦)라 하고, 곤괘(坤卦)를 쫓아 괘를 번기(翻起)시켜 변괘된 괘를 가리켜 지모괘(地母卦)라 한다.

① **천부괘**(天父卦) : 건괘(乾卦)를 쫓아 번괘(翻卦)를 하니 상효(上爻)가 변하면 태괘(兌卦) 일상변효(一上變爻)가 되고, 태괘(兌卦)가 다시 그 중효(中爻)가 변하면 진괘(震卦)가 되고, 다시 진괘(震卦)의 하효(下爻)가 변하면 손괘(巽卦)가 되고, 손괘(巽卦)의 중효(中爻)가 변하면 간괘(艮卦)가 되고, 간괘(艮卦)의 하효(下爻)가 변하면 이괘(離卦)되고 이괘(離卦)의 중효(中爻)가 변하면 다시금 건괘(乾卦)로 되돌아간다. 이상의 건부괘(乾父卦)의 번괘(翻卦)와 순서를 괘상(卦象)으로 표현하면 다음과 같다. ☰乾 ☱兌 ☳震 ☷坤 ☵坎 ☴巽 ☲離 이것을 또 9성변화(九星變化)로 연결시키면 건부괘(乾父卦)는

일상탐랑(一上貪狼) 생기(生氣)
이중거문(二中巨文) 천을(天乙)
삼하녹존(三下祿存) 화해(禍害)
사중문곡(四中文曲) 육살(六煞)
오상염정(五上廉貞) 오귀(五鬼)
육중무곡(六中武曲) 연년(延年)
칠하파군(七下破軍) 절명(絶命)
팔중보필(八中輔弼) 복위(伏位) 등의 순서가 된다.

② **지모괘**(地母卦) : 곤괘(坤卦)를 쫓아 번괘(翻卦)를 하니 그 상효(上爻)가 변하면 간괘(艮卦)가 되고, 간괘(艮卦)의 중효(中爻)가 변하니 손괘(巽卦)가 되고, 손괘의 그 하효(下爻)가 변하니 이괘(離卦)가 되고 이괘(離卦)의 상효(上爻)가 변하니 진괘(震卦)가 되고, 진괘(震卦)의 중효(中爻)가 변하니 태괘(兌卦)가 되고, 태괘(兌卦)의 하효(下爻)가 변하니 감괘(坎卦)가 되고, 감괘(坎卦)의 중효(中爻)가 변하니 다시금 곤괘(坤卦)로 돌아온다. 이상의 곤모괘(坤母卦)와 순서를 괘상(卦象)으로 표현하면 다음과 같다.

☷坤 ☶艮 ☴巽 ☰乾 ☲離 ☳震 ☱兌 ☵坎

이것을 다시 구성변화(九星變化)로 연결시키면 곤모괘(坤母卦)는

일상탐랑(一上貪狼) 생기(生氣)
이중거문(二中巨文) 천을(天乙)
삼하녹존(三下祿存) 화해(禍害)
사중문곡(四中門曲) 육살(六殺)
오상염정(五上廉貞) 오귀(五鬼)
육중무곡(六中武曲) 연년(延年)
칠하파군(七下破軍) 절명(絶命)
팔중보필(八中輔弼) 복위(伏位)등의 순서가 된다.

[천부번괘법(天父翻卦法)]

來龍九星	乾甲	來龍九星	辰庚亥未	來龍九星	坎癸申辰	來龍九星	艮丙
貪狼	兌丁	貪狼	離壬	離壬	巽辛	貪狼	坤乙
巨門	震庚	巨門	乾甲	巨門	艮丙	巨門	坎癸
祿存	坤乙	祿存	巽辛	祿存	離壬	祿存	兌丁
文曲	坎癸	文曲	艮丙	文曲	乾申	文曲	震庚
廉貞	巽辛	廉貞	坤乙	廉貞	兌丁	廉貞	離壬
武曲	艮丙	武曲	坎癸	武曲	辰庚	武曲	乾甲
破軍	離壬	破軍	兌丁	破軍	坤을乙	破軍	巽辛
轉弼	乾甲	轉弼	震庚	轉弼	坎癸	轉弼	艮丙

來龍九星	坤乙	來龍九星	巽辛	來龍九星	離壬寅戌	來龍九星	兌丁巳丑
貪狼	艮丙	貪狼	坎壬	貪狼	震庚	貪狼	乾辛
巨門	巽辛	巨門	坤乙	巨門	兌貞	巨門	離壬
祿存	乾甲	祿存	辰庚	祿存	坎癸	祿存	艮丙
文曲	離壬	文曲	兌丁	文曲	坤乙	文曲	巽辛
廉貞	震庚	廉貞	乾甲	廉貞	艮丙	廉貞	坎癸
武曲	兌丁	武曲	離壬	武曲	巽辛	武曲	坤乙
破軍	坎癸	破軍	艮丙	破軍	乾甲	破軍	震庚
轉弼	坤乙	轉弼	巽辛	轉弼	壬	轉弼	兌丁

❖ **교통사고가 잦은 묘소(墓所)는 이런 곳이다** : 백호상(白虎上)에 흑석(黑石) 입석(立石)이 있거나 묘소(墓所) 안산에 자갈 광산이나 고속도로가 나면서 안산을 잘라 놓은 것이 앞산이 되거나 산 양봉사이에 작두같이 산이 조금보이면 이것을 이금치사(以金致死)라 하는데 이러한 곳에 교통사고가 자주 있게 된다.

❖ **교통이 편리해야 된다** : 교통이 좋아야 모든 것이 편리하고 복도 들어온다. 그래야 집의 효용 가치가 올라간다.

❖ **교빙**(巧憑) : 형상으로 기세와 정신을 볼 수 있도록 숙련된 정교한 힘.

❖ **교쇄**(交鎖) : 혈지(穴地)의 부근의 사(砂)가 여러 겹으로 교차해서 마치 용이나 호랑이의 앞니처럼 명당에 모아진 생기가 바람을 맞아 흩어져 버리지 않도록 지키고 있으므로 거의 완벽하게 장풍(藏風)의 역할을 수행하고 있는 형상. 본신교쇄(本身交鎖)와 외사교쇄(外砂交鎖)의 2종이 있다.

❖ **교쇄명당**(交鎖明堂) : 양변의 사(砂)가 교쇄하여 진기가 새지 않는 것.

❖ **교아**(交牙) : 수구(水口)의 양쪽 산이 서로 버티어 서서 개의 어금니와도 같은 상태.

❖ **교여불급**(交如不及) : 수구(水口)가 포태법상 묘방(墓方)까지 가지 못하니 열매가 제철이 되기 전에 익어버리는 상태이다. 후손이 각종 질병에 시달리며 남자의 목숨이 짧아 과부가 한집안에 세 명꼴은 되고 세월이 흐르면 먼저 셋째 아들이, 다음은 둘째가 ,그 다음은 장남의 후손이 끊어진다.

❖ **교의**(交椅) : 교의, 신주(神主) 모시는 의자.

❖ **교차되는 도로 사이의 집** : 교차되는 도로사이에 끼여져 놓인 형태의 대문은 집안에 인명의 손상 및 불행 사고가 자주 발생한다.

❖ **교장주전**(巧匠鑄錢) : 장인(匠人)이 동전을 만드는 것처럼 생긴 형국. 혈은 장인의 가슴에 깃들이며, 안산은 쌓여 있는 동전더미이다.

❖ **교회**(交會) : 청룡과 백호에서 여러 개의 잔가지가 뻗어 나와 서로 엇갈려 있는 형국. 마치 손가락으로 깍지를 낀 것처럼 보인다. 여기에 조상의 묘를 쓰면 자손들이 부귀를 누리며, 그 부귀는 오래도록 유지된다.

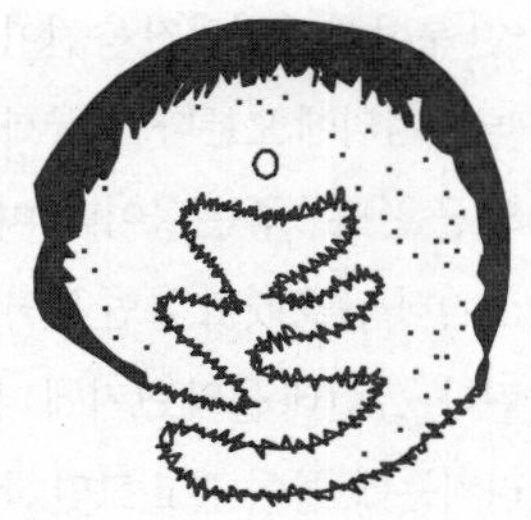

❖ **교회, 사찰, 사당, 집과 맞부딪치면** : 사찰, 교회, 사당 등이 대문과 주택을 맞부딪치는 정면에 놓여지면 질병과 재난, 우환 등 흉험이 발생한다.

❖ **구**(毬) : 태극원훈(太極圓暈)의 상단(上端)으로 분수(分水)하는 곳을 말한다.

❖ **구**(苟) : 진실로.

❖ **구**(鷗) : 물새.

❖ **구**(龜) : 거북 지리법에 거북모양으로 생긴 산을 가리킴.

❖ **구곡수**(九曲水) : 구곡수(九曲水)는 길수(吉水)로서 명당(明堂)이면 마땅히 재상이 나온다 하였다. 그러므로 귀한 벼슬을 구하는 데는 우선 굽이굽이 지현구곡수(之玄九曲水)가 명당으로 흘러 들어오는 곳을 힘써 찾아라 하였다.

❖ **구곡길수(九曲吉水)가 명당(明堂)으로 유입하면 재상(宰相)난다** : 물이 굽이굽이 감고 돌면서 명당(明堂)을 감싸주는 곳을 찾아 정혈 해야 한다. 육곡수(六曲水)가 모여서 취회(聚會) 하면 큰 부자(富者)가 난다고 했다. 즉 부를 얻으려면 우선 여러 골짜기 물이 명당 앞에 모여 합하고 한 군데로 합쳐 흘러나가는 곳을 찾아야 한다.

❖ **구궁의 길흉(九宮吉凶) 양택**

• 보필(輔弼)·천의(天醫)는 재앙이 발생치 않으며 연년(延年)·생기(生氣)는 번창과 융성의 영화를 누리고 오귀(五鬼)는 사람이 다치거나 병들고 환란과 파탄의 재앙이 따르며, 육살(六殺)은 풍파와 손실 및 불상사와 경영사·우마육축의 낭패와 장해가 따르고, 절명(絶命)과 화해(禍害)는 사람의 손상과 실패 및 절박하고 불행한 상황에 놓이게 되는 사고와 파탄이 따르게 된다. 좀 더 상세히 분류해 보면 생기는 가관진록(加官進祿: 벼슬이 높아지고 명예를 추가하며 복록이 풍부해지는 것)하고, 무곡은 장명평안(長命平安: 수명이 길어지고 집안이 화평한 것)하며, 보필은 만사화순(萬事和順: 매사의 순탄·안정을 누리는 것)하고, 천의는 진재번영(進財繁榮: 재물과 명예가 융성해지는 것)하며, 오귀는 다고질환(多故疾患: 사고나 말썽, 질병, 우환이 발생하는 것)하고, 절명은 파란애상(破亂哀傷: 풍파와 환란, 사고 및 불상사가 생기는 것)하며, 녹존은 인상재패(人傷財敗: 사람의 사고나 손상, 재물의 낭패 및 장해가 생기는 것)하고, 육살은 산재인험(散財人險: 재물이 흩어지고 사람의 행실이 불량, 음험한 것)함이 따르는 것이 대별된다.

• 천의토(天醫土)가 건태간곤이궁(乾兌艮坤離宮)에 들어 있으면 득위(得位), 발복(發福), 번영하고, 진손궁(震巽宮)에 들어 있으면 내전상극(內戰相克)하고, 감궁(坎宮)에 들어 있으면 외전상극(外戰相克)하여 흉험을 치르게 된다.

• 연년금(延年金)이 건태궁(乾兌宮)에 들어 있으면 득위(得位), 융성, 부귀(富貴)하고, 곤간궁(坤艮宮)에 들어 있으면 생기를 받아 안정(安定), 발전하며, 이궁(離宮)에 들어 있으면 내전상극(內戰相克)이고, 진손궁(震巽宮)에 들어 있으면 외전상극(外戰相克)하여 흉험을 치르게 된다.

❖ **구대악향**(九大惡向) : 태룡(兌龍)하여 병오향(丙午向), 묘룡(卯龍)하여 곤신유향(坤申酉向), 간룡(艮龍)하여 오곤향(午坤向), 해룡(亥龍)하여 오향(午向), 손룡(巽龍)하여 유향(酉向), 이룡(離龍)하여 건향(乾向), 곤룡(坤龍)하여 묘향(卯向), 임자계룡(壬子癸龍)하여 사향(巳向), 태룡(兌龍)하여 사향(巳向), 고골경(枯骨經)하여 이는 장사(葬事)하고자 할 때 망명(亡命)으로 월(月)을 보는 법이다.

자생인(子生人)이 정월 개장하면 살가장(殺家長)
축생인(丑生人)이 3월 개장하면 대흉(大凶)
인생인(寅生人)이 6월 개장하면 대흉(大凶)
묘생인(卯生人)이 7월 개장하면 살가모(殺家母)
진생인(辰生人)이 3월 개장하면 살가모(殺家母)
사생인(巳生人)이 9, 11월 개장하면 살구인(殺九人)
오생인(午生人)이 10월 개장하면 육축망(六畜亡)
미생인(未生人)이 7월 개장하면 장녀망(長女亡)
신생인(申生人)이 4월 개장하면 사인망(四人亡)

유생인(酉生人)이 5월 개장하면 사인망(四人亡)

술생인(戌生人)이 8월 개장하면 사인망(四人亡)

해인망(亥人亡)이 8월 개장하면 사인망(四人亡)

❖ **구묘무기방**(舊墓戊己方) : 구묘(舊墓)에서 신장지(新葬地)를 보는 것으로서 역시 신장자(新葬者)가 선망(先亡)하고 다음은 구묘자(舊墓者)가 망한다고 한다. 술건해임자계좌(戌乾亥壬子癸坐)는 기갑어축(起甲於丑)이니 사(巳)가 무방(戊方)이요 오(午)가 기방(己方)이다. 축간인갑묘을좌(丑艮寅甲卯乙坐)는 기갑어진(起甲於辰)이니 신(申)이 무방(戊方) 유(酉)가 기방(己方)이다. 진손사병오정좌(辰巽巳丙午丁坐)는 기갑어미(起甲於未)이니 해(亥)가 무방(戊方)이요, 자(子)가 기방(己方)이다. 미곤신경유신좌(未坤申庚酉辛坐)는 기갑어술(起甲於戌)이니 인(寅)이 술방(戌方)이요 묘(卯)가 기방(己方)이다.

❖ **구묘생왕방**(舊墓生旺方) : 구묘(舊墓)의 좌(坐)로 생왕(生旺)이 닿는 방위에서는 동토(動土), 파토(破土), 파총(破塚), 개묘(開墓), 안장(安葬), 입석(立石) 등의 용사(用事) 대흉(大凶)한데 구묘(舊墓)란 작사(作事)하는 혈처(穴處)에서 백보이내에 선장(先葬)된 모든 묘를 칭한다.

乾甲丁巽庚癸坐(金) : 巳方生 酉方旺

艮丙辛坤壬乙坐(木) : 亥方生 卯方旺

亥卯未巳酉丑坐(水) : 申方生 子方旺

申子辰寅午戌坐(火) : 寅方生 午方旺

❖ **구견**(口肩) : 거북혈의 상부측면.

❖ **구곡구만**(九曲九彎) : 물의 굽음을 극대(極大)하여 한 말.

❖ **구곡수**(九曲水)

① 지자(之字) 또는 현자(玄字)처럼 굽이굽이 오는 물. 꼭 아홉굽이를 말하는 것은 아니다.(대부호가 기약된다.)

② 묘 옆에서 앞으로 구불구불 옆으로 흐르는 물로서 극히 좋은 물이다. 큰 부자가 기약된다.

③ 구곡수란 검을 현(玄)자 모양으로 이리저리 굽이치며 흐르는 물로서 지극히 좋은 물로 어가수(御街水)라 부르기도 한다. 혈 앞에 구곡수가 있으면 대부귀(大富貴)를 얻으며, 구곡수가 바깥에서 혈 앞쪽으로 흘러 들어오면 재상(宰相)이 배출된다. 또 어떤 분야에서 일하건 승진이 빠르며, 남들보다 훨씬 앞서서 높은 지위에 오른다. 지금까지 언급한 여러 가지 격식(格式)의 물은 모두 좋은 물이다. 이런 물이 있는 곳에 조상의 묘를 쓰거나 집을 짓고 살면 부귀를 얻으며, 건강하게 장수를 누린다. 그런데 물의 크기에 따라 얻어지는 부귀의 크기도 달라지는데, 물이 깊고 크면 클수록 그만큼 더 큰 부귀를 얻게 된다.

④ 혈 앞에 흐르는 물이 마치 반룡(蟠龍:굴곡된 용)처럼 몇 번이나 우회(迂回)·곡절(曲折)해서 혈을 회고하는 것 같은 물을 말한다. 혈은 구슬 주곡수를 용으로 비교하여 구슬을 몇 번이나 돌보고는 항상 그것을 가슴에 숨긴 용이라고도 표현할 수 있다. 구곡수는 그 구불구불한 곡선 부분이 3~4개 밖에 안 되어도 좋은 것으로 본다. 만일 8~9개가 있으면 매우 귀한 형상으로 신하로서 가장 높은 지위에 오른다고까지 말할 수 있다.

❖ **구궁**(九宮)**의 길흉**

• 보필(輔弼)·천의(天醫)는 재앙이 발생치 않으며, 연년(延年)·생기(生氣)는 번창과 융성의 영화를 누리고, 오귀(五鬼)는 사람이 다치거나 병들고 환난과 파탄의 재앙이 따르며, 육살(六殺)은 풍파와 손실 및 불상사와 경영사·우마육축의 낭패와 장해가 따르고, 절명(絶命)과 화해(禍害)는 사람의 손상과 실패 및 절박하고 불행한 상황에 놓이게 되는 사고와 파탄이 따르게 된다. 좀 더 상세히 분류해 보면 생기는 가관진록(加官進祿 : 벼슬이 높아지고 명예를 추가하며 복록이 풍부해지는 것)하고, 무곡은 장명평안(長命平安 : 수명이 길어지고 집안이 화평한 것)

하며, 보필은 만사화순(萬事和順: 매사의 순탄·안정을 누리는 것)하고, 천의는 진재번영(進財繁榮: 재물과 명예가 융성해지는 것)하며, 오귀는 다고질환(多故疾患: 사고나 말썽, 질병, 우환이 발생하는 것)하고, 절명은 파란애상(破亂哀傷: 풍파와 환란, 사고 및 불상사가 생기는 것)하며, 녹존은 인상재패(人傷財敗: 사람의 사고나 손상, 재물의 낭패 및 장해가 생기는 것)하고, 육살은 산재인험(散財人險: 재물이 흩어지는 사람의 행실이 불량, 음험한 것)함이 따르는 것으로 대별한다.

- 천의토(天醫土)가 건태간곤이궁(乾兌艮坤離宮)에 들어 있으면 득위(得位), 발복(發福), 번영(繁榮)하고, 진손궁(震巽宮)에 들어 있으면 내전상극(內戰相克)하고, 감궁(坎宮)에 들어 있으면 외전상극(外戰相克)으로 흉험을 치르게 된다.
- 연년금(延年金)이 건태궁(乾兌宮)에 들어 있으면 득위(得位), 융성(隆盛), 부귀(富貴)하고, 곤간궁(坤艮宮)에 들어 있으면 생기를 받아 안정(安定), 발전(發展)하며, 이궁(離宮)에 들어 있으면 내전상극(內戰相克)이고, 진손궁(震巽宮)에 들어 있으면 외전상극(外戰相克)으로 흉험을 치르게 된다.

❖ **구규**(九竅) : 귀, 눈, 입, 코, 항문, 요도를 가리킴. 이것은 땅을 사람에 비유하여 말하였음.

[舊墓動塚吉凶年運]

舊墓坐山				大利年	小利年	重喪 年
壬子	癸丑	丙午	丁未坐	辰戌丑未年	子午卯酉年	寅申巳亥年
艮寅	甲卯	坤申	庚酉坐	子午卯酉年	寅申巳亥年	辰戌丑未年
乙辰	巽巳	辛亥	乾亥坐	寅申巳亥年	辰戌丑未年	子午卯酉年

❖ **구묘생왕방**(舊墓生旺方)**과 삼살방**(三殺方)

① **구묘생왕방간법**(舊墓生旺方看法)

- 건갑정(乾甲丁) 손경계좌(巽庚癸坐)는 금국(金局) 인기포순(寅起胞順) … 생방(生方) : 손사(巽巳), 왕방(旺方) : 경태(庚兌)
- 곤임을(坤壬乙) 간병신좌(艮丙辛坐)는 목국(木局) 신기포순(申起胞順) … 생방(生方) : 건해(乾亥), 왕방(旺方) : 갑묘(甲卯)
- 해묘미(亥卯未) 사유축좌(巳酉丑坐)는 수국(水局) 사기포순(巳起胞順) … 생방(生方) : 곤신(坤申), 왕방(旺方) : 임자(壬子)
- 신자진(申子辰) 인오술좌(寅午戌坐)는 화국(火局) 해기포순(亥起胞順) … 생방(生方) : 간인(艮寅), 왕방(旺方) : 병오(丙午)

② **구묘삼살방간법**(舊墓三殺方看法)

- 건갑정(乾甲丁) 해묘미좌(亥卯未坐)는 신자진방(申子辰方)
- 간병정(艮丙丁) 인오술좌(寅午戌坐)는 해묘미방(亥卯未方)
- 손경계(巽庚癸) 사유축좌(巳酉丑坐)는 인오술방(寅午戌方)
- 곤임을(坤壬乙) 신자진좌(申子辰坐)는 사유축방(巳酉丑方)

[해설] 건갑정손경계좌(乾甲丁巽庚癸坐)는 금국(金局)으로 인기포(寅起胞)하면 손기방(巽起方)이 생방(生方)이며 경태방(庚兌方)이 왕방(旺方)이니 만약 범즉(犯則)하면 대흉(大凶)이다. 이는 구묘오행법(舊墓五行法)에 의거함이다. 한 벌안에서 기묘(旣墓)의 생왕방(生旺方)에 사용하면 구묘(舊墓)가 흉(凶(천살(天殺) : 인살(人殺)))하고, 삼살방(三煞方)에 용사(用事)하면 신묘흉(新墓凶(재산대패(財産大敗)) 한다.

※ 포(胞(절(絶)), 태(胎), 양(養), 생(生), 욕(浴), 대(帶), 관(官), 왕(旺), 쇠(衰), 병(病), 사(死), 장(葬(묘(墓)).

❖ **구묘5행**(舊墓五行)

- 건갑을손경계좌(乾甲乙巽庚癸坐) : 금(金)
- 간병신곤임을좌(艮丙辛坤壬乙坐) : 목(木)
- 해묘미사유축좌(亥卯未巳酉丑坐) : 수(水)
- 갑자진인오술좌(甲子辰寅午戌坐) : 화(火)

❖ **구묘개총흉일시**(舊墓開塚凶日時) : 이장(移葬), 합폄(合窆), 개장(改葬), 화장(火葬)을 위한 파묘일시(破墓日時)가 흉하면 화(禍)를 당한다.

《개총흉일(開塚凶日)**》**

- 임자(壬子) 계축좌산(癸丑坐山) = 무기일(戊己日)
- 간인(艮寅) 갑묘좌산(甲卯坐山) = 경신일(庚辛日)
- 을진(乙辰) 손사좌산(巽巳坐山) = 임계일(壬癸日)
- 병오(丙午) 정미좌산(丁未坐山) = 임계일(壬癸日)
- 곤신(坤申) 경유좌산(庚酉坐山) = 병정일(丙丁日)
- 신술(辛戌) 건해좌산(乾亥坐山) = 갑을일(甲乙日)

《개총흉시(開塚凶時)**》**

- 갑을일(甲乙日) = 신유시(申酉時)
- 병정일(丙丁日) = 축오신술시(丑午申戌時)
- 무기일(戊己日) = 진술유시(辰戌酉時)

ㄱ

• 경신일(庚辛日)＝축진사시(丑辰巳時)
• 임계일(壬癸日)＝축묘사시(丑卯巳時)

❖ **구묘생왕방**(舊墓生旺方)

① 기존 선조 묘의 부근에 묘를 쓰고자 할 때에는 기존의 묘와 새로 쓰려고 하는 묘가 서로 마주보며 거리가 7보(약 5m) 이내일 경우에 기존 묘의 입수(入首)를 기준하여 새로 쓰고자 하는 묘가 12운성(12隕星)으로 생방(生方)이나 왕방(旺方)이 되면 해를 입는다고 한다.

② 구묘란 이미 쓴 묘를 말하는데 좌(坐)의 오행(五行)으로 생방(生方)과 왕방(旺方)이 어느 방위에 닿는가를 보는 법이다. 만약 오십보 이내로 생방(生方)을 범하면 〈다른 묘를 새로 쓰는 것〉 사람이 죽고 왕방을 범하면 장손이 망한다고 한다. 그런데 이 생왕방을 보는 방법은 3가지가 있어 어느 것이 정확한 가는 판별하기 어렵다.

《제1법》

• 건갑정좌(乾甲丁坐) : 양금(陽金)
• 손경계좌(巽庚癸坐) : 음금(陰金)
• 간병신좌(艮丙辛坐) : 음목(陰木)
• 곤임을좌(坤壬乙坐) : 음목(陰木)
• 신자진좌(申子辰坐) : 양수(陽水)
• 인오술좌(寅午戌坐) : 양화(陽火)
• 사유축해묘미좌(巳酉丑亥卯未坐) : 양토(陽土)

《제2법》

• 건갑정(乾甲丁) 손경계좌(巽庚癸坐) : 양금(陽金)
• 간병신(艮丙辛) 곤임을좌(坤壬乙坐) : 음수(陰水)
• 신자진(申子辰) 인오술좌(寅午戌坐) : 양수(陽水)
• 해묘미(亥卯未) 사유축좌(巳酉丑坐) : 음수(陰水)

이상 양금(陽金)—인(寅) 양목(陽木)—신(申) 양화(陽火)—해(亥) 양수일사(陽水—巳)에 포(胞)를 붙여 포태법으로 12지(十二支)를 순행한다. 양금일묘(陽金—卯) 음목일유(陰木—酉) 음화일자(陰火—字) 음수(陰水) 및 음토(陰土)는 오(午)에 포(胞)를 붙여 포태법으로 12지를 역행한다.

《제3법》

• 건갑정손경계좌(乾甲丁巽庚癸坐) : 금(金)
• 해묘미사유축좌(亥卯未巳酉丑坐) : 수(水)
• 간병신곤임을좌(艮丙辛坤壬乙坐) : 목(木)
• 신자진인오술좌(申子辰寅午戌坐) : 화(火)

제3법은, 금(金)은 경(庚), 목(木)은 신(申), 수(水)는 사(巳), 화(火)는 해궁(亥宮)에 포(胞)를 붙여 포태법(胞胎法)으로 순행(順行)한다.

이상 제1법, 2법, 3법에 의한 생왕방(生旺方)을 아래와 같이 조건표로 작성한다.

생왕방 / 구묘의 좌	제1법		제2법		제3법	
	생방	왕방	생방	왕방	생방	왕방
乾甲丁坐	巳	酉	巳	酉	巳	酉
巽庚癸坐	子	申	巳	酉	巳	酉
艮丙辛坐	午	寅	午	寅	亥	卯
坤壬乙坐	亥	卯	午	寅	亥	卯
申子辰坐	申	子	寅	午	寅	午
寅午戌坐	寅	午	寅	午	寅	午
巳酉丑坐	卯	亥	卯	亥	申	子
亥卯未坐	卯	亥	卯	亥	申	子

❖ **구묘축**(舊墓祝)

維歲次 ○○○月 ○○朔 ○○日 ○○○孫某 ○○○敢昭告于 顯 ○○考 處士 府君之墓 今爲 ○○○孺人 某封氏合葬于 ○孫處士之墓 謹以酒果用伸虔考謹考

❖ **구배**(口背) : 지리법(地理法)에서 사격(砂格)의 하나.

• **구사일**(求嗣日) : 대를 이을 자식이 없는 사람이 양자를 구할 때 쓰는 날. 익후(益後) 속세(續世) 주인공의 건록(建祿) 역마(驛馬) 천을귀인(天乙貴人)이 되는 날 천덕(天德) 월덕(月德) 천은(天恩) 월은(月恩) 태세(太歲) 및 주인공 본명(本名)의 천간장생(天干長生) 및 납음장생일(納音長生日). 기(忌—꺼리는 날) 귀기(龜忌) 왕망(往亡) 수사(受死) 치사(致死) 월해(月害) 인동일(人動日) 인격일(人隔日) 건파평개일(建破平開日).

❖ **구산중상**(舊山重喪)

• **춘**(春) : 병진일(丙辰日), **하**(夏) : 경진일(庚辰日)
• **추**(秋) : 임진일(壬辰日), **동**(冬) : 갑진일(甲辰日)

• **구발**(俱發) : 같이 발복(發福)함을 말한다.

❖ **구빈산결**(救貧山訣) : 당나라 시대의 인물인 구빈(救貧) 양균송(楊筠松)의 산결(山訣)로 전해지는 내용이다. 산의 형세에 따라 사람의 인격, 품성, 길흉화복 등이 정해진다.

• 산이 살찌면 사람은 배부르다. 즉 부자가 된다. (산비즉인포 山肥則人飽)

• 산이 야위고 마르면 사람은 배 주린다. 즉 가난하다. (산수즉인기 山瘦則人飢)

• 산이 아름다우면 사람이 빼어나다. 즉 준수하다. (산초즉인수 山俏則人秀)

• 산이 탁하면 사람이 더러워진다. 즉 옹렬하다. (산탁즉인치 山濁則人媸)

• 산이 완벽하게 보국을 이루면 사람에게 기쁜 일만 있다. (산완즉인희 山完則人喜)

• 산이 깨지고 파손되면 사람에게 슬픈 일만 있다. (산파즉인비 山破則人悲)

• 산이 모이면 사람이 모여든다. (산귀즉인취 山歸則人聚)

• 산이 달아나면 사람이 흩어진다. (산주즉인리 山走則人離)

• 산이 넓게 펴서 감아주면 사람이 장수한다. (산신즉인수 山伸則人壽)

• 산이 좁게 쪼그라들어 감아주지 못하면 요절한다. (산축즉인요 山縮則人夭)

• 산이 밝으면 사람이 현달한다. 즉 재주가 뛰어나다. (산명즉인달 山明則人達)

• 산이 어두우면 사람이 미혹하다. 즉 어리석다. (산암즉인미 山暗則人迷)

• 산이 앞을 향해 있으면 사람이 순하다. 즉 정직하다. (산향즉인순 山向則人順)

• 산이 등을 돌리고 있으면 기만한다. 즉 정직하지 못하다. (산배즉인기 山背則人欺)

❖ **구빈황천**(救貧黃泉) : 가난을 구(救)한다는 뜻으로 물의 득수와 파구에 따라서 이루어지는 이법(理法). 구빈황천은 갑병경임(甲丙庚壬)의 왕향을 정했을 때 건곤간손(乾坤艮巽)의 관록방수(官祿方水)가 들어와서 사국(四局)의 묘로서 나가면 부귀(富貴)를 누리는 구빈황천수법(救貧黃泉水法)이다.

❖ **구빈황천**(救貧黃泉)**과 살인황천**(殺人黃泉) : 구빈황천(救貧黃泉)이라 함은 가난을 구한다는 황천(黃泉)이요, 살인황천(殺人黃泉)은 사람을 죽인다는 황천(黃泉)이란 뜻으로 의미부터가 큰 차이가 난다. 즉 구빈황천(救貧黃泉)은 갑경병임(甲庚丙壬)의 명국(名局)의 왕향(旺向)을 했을 때 건곤간손(乾坤艮巽)의 명국(名局)의 임관수(臨官水)가 들어와서 명국(名局)의 묘고(墓庫)로 나가면 가난이 구해져서 부귀쌍전(富貴雙全)한다는 이치이다. 그 반대로 갑경병임(甲庚丙壬)의 각국(各局)의 왕향(旺向)에 간손곤건(艮巽坤乾)의 각국(各局)의 임관방위(臨官方位)로 물이 흘러 나가면 임관방(臨官方)을 충(沖)을 하게 되어 사람을 죽이는 황천살(黃泉殺)이 되어 인정(人丁)이 패(敗)하고 특히 탄생된 아이도 자라지 못하고 생산도 못한다는 이치이다. 또 을신정계(乙辛丁癸)의 양향(養向)을 하고 건곤간손(乾坤艮巽)의 생방위(生方位)로 물이 들어와 각국(各局)의 묘고(墓庫)로 물이 나가면 생(生)을 맞는다는 구빈황천(救貧黃泉)이 되고, 반대로 각국(各局)의 생방위(生方位)로 흘러가게 되면 충파생위(沖破生位)가 되어 살인황천(殺人黃泉)이 된다는 이치이다. 또 을신정계(乙辛丁癸)의 각국(各局)의 황향(黃向)을 하고 좌변수(左邊水)가 우측으로 흘러 건곤간손(乾坤간巽)의 각국(各局)의 절방위(絶方位)로 물이 나가면 구빈황천(救貧黃泉)이요, 반대로 을신정계(乙辛丁癸)의 각국(各局)의 향(向)을 하고 우측의 절방수(絶方水)가 좌측으로 흘러 각국(各局)의 묘고(墓庫)로 나가면 절방수(絶方水)가 묘고(墓庫)를 충(沖)하므로 살인황천(殺人黃泉)이 되는 이치이다. 여기서 특히 알아둘 것은 생방수(生方水)는 들어오면 길(吉)이 되고 나가면 충(沖)이 되는데 비하면 절방수(絶方水)는 반대로 나가면 길(吉)이 되고 들어와서 묘고(墓庫)로 나가면 충(沖)이 된다.

❖ **구산**(舊山) **생왕방견법**(生旺方見法) : 새 묘(墓)를 쓸 때 먼저 쓴 묘가 있으면 포태법(胞胎法)으로 생왕방(生旺方)을 보고 먼저 쓴 묘에서 생왕(生旺)이 되는 새로 쓰는 묘을 피(避)하는 법이다. 포태(胞胎)를 가지고 양순(陽順) 음역(陰逆)으로 생방(生方)과 왕방(旺方)을 보면 된다. 이 법 역시 책마다 기록한 것이 달라 청오경

의 내용이 잘못되어 옥룡자(玉龍子)가 수정을 한 것이 아닌가 생각된다.

❖ **구산심룡봉법**(求山尋龍峯法) : 중춘(仲春)이나 늦은 가을에 일기 화창하여 명랑하고 기(氣)가 맑은 때에 특별히 빼어난 봉(峯)에 올라가 전후좌우 사통(四通)한 지맥(枝脈)을 살펴 마음을 잠심(潛心)하고 맥락(脈絡)이 끌려 내린 상황을 깊이 살피면서 연구하여 보는 것. 진룡(眞龍)이 행(行)할 때는 반드시 마디마디 첩첩 영기(靈氣)있는 변동이 있고 올바른 국(局)이 지어질 때에는 산과 물이 모여 돌아와 양쪽에 귀한 봉(峯)이 솟아 국(局)을 끼고 보호하니 이를 천태열(天太列)이라 하고, 옆으로 장막(帳幕)이 비껴 위 아래로 늘어서면 이는 복태(伏胎)라 하고, 용(龍)이 발족할 때 뾰족하고 둥근 두 봉우리가 좌우로 끼고 있으면 천을(天乙) 태을(太乙)이라고 부르며 과협(過峽)의 좌우에 있는 두 봉우리를 천호지각(天弧地角)이라 하고 혈장(穴場)의 좌우에 있는 산을 일월부명(日月扶明)이라 하며, 명당의 좌우에 있는 봉(峯)을 천관지인(天關地靭)이라 하며, 앞에 비쳐 조응(朝應)하는 산은 금오집오(金吾執吾)라 하고, 수구(水口)의 좌우에 있는 봉(峯)을 화표사(華表砂)라 하는데 높고 낮음과 크고 작은 것이 상등(相等)하여야 격(格)에 맞는 것이며, 소조봉(小祖峯)에서 세(勢)가 밀려 내려와서 장차 작혈처(作穴處)에 도달할 즈음에 한 가닥 산이 횡(橫)으로 비껴나와 아래를 굽어보면 복(伏)이라 부르고, 한 가닥 산이 비껴서 위를 우러러 보면 태(胎)라고 하며, 이것은 음(陰)과 양(陽)의 배합격(配合格)으로 이런 귀격사(貴格砂)가 있으며, 자연 생생(生生)의 조화로 대귀(大貴)가 날 것이다.

❖ **구성**(九星)

① 탐랑, 거문, 녹존, 문곡, 염정, 무곡, 파군, 좌보, 우필을 말함.

② 일백(一白), 이흑(二黑), 삼벽(三碧), 사록(四綠), 오황(五黃), 육백(六白), 칠적(七赤), 팔백(八白), 구자(九紫)의 9가지를 말함. 원리는 낙서(落書)에서 나왔는데, 일백(一白)은 자(子)의 감궁(坎宮)이니 오행은 수(水)다. 이흑(二黑)은 미신(未申)의 곤궁(坤宮)이니 오행은 토(土)이다. 삼벽(三碧)은 묘(卯)의 진궁(辰宮)이니 오행은 木이다. 사록(四綠)은 진사(辰巳)의 손궁(巽宮)이니 오행은 목(木)이다. 오황(五黃)은 중궁(中宮)이니 오행은 토(土)이다. 육백(六白)은 술해(戌亥)의 건궁(乾宮)이니 오행은 금(金)이다. 칠적(七赤)은 유(酉)의 태궁(兌宮)이니 오행은 금(金)이다. 팔백(八白)은 축인(丑寅)의 간궁(艮宮)이니 오행은 토(土)이다. 구자(九紫)는 오(午)의 이궁(離宮)이니 오행은 화(火)가 된다. 이 구성의 원리로 일천록(一天綠), 이안손(二眼損), 삼식신(三食神), 4증파(四甑破), 5귀(五鬼), 6합식(六合食), 7진귀(七進鬼), 8관인(八官印), 구퇴식(九退食)의 이사 방위보는 법을 정하였다.

❖ **구성길흉**(九星吉凶)

- 생기(生氣)는 즉 탐랑목성(貪狼木星)의 길성이다. 그러므로 집안이 융창하고 오자(五子)가 영웅격이요, 문예가 뛰어나고 용모 단정하여 백사에 모두 통달한다.
- 천을(天乙)은 천의(天宜)라고도 하며 거문토성(巨門土星)이다. 인정(人丁)과 재산이 왕하고 가도(家道)가 창성하며 공명을 크게 얻으며, 의술(醫術), 복술(卜術)에 이름이 자자할 것이다.
- 연년(延年)은 무곡금성(武曲金星)이다. 둘째 자손에게 호걸이나 준재(俊才)가 나와 이름을 떨치며 만사에 대길하다.
- 화해(禍害)는 녹존토성(祿存土星)인데 재물과 인정(人丁)이 쇠약하여 마침내는 파산하고 대가 끊어질 우려가 있는 흉신이다. 그러나 둘째 자손(二房)과 소실(小室)의 자손만은 영화가 이른다.
- 육살(六殺)은 문곡수성(文曲水星)으로, 부모 조상의 토지 가옥을 탕진하고 고향을 떠나게 되며 심한 경우 미치광이가 아니면 반역하는 무리가 나온다.
- 오귀(五鬼)는 염정화성(廉貞火星)으로 조급하고 포악한 인물이 나오며 둘째 자손이 가문(家門)을 망친다.
- 절명(絶命)은 파군수성(破軍水星)으로 황종병(黃腫病)이 있고 또는 몸을 크게 다쳐 불구가 되기 쉽다. 그리고 자녀를 낳아 온전히 기르기가 어렵다.
- 복위(伏位)는 복음(伏吟)이라고도 하며 즉 좌보(左輔) 우필(右弼)의 토성(土星)이다. 적절한 기회를 잘 타서 재산도 모으고 출세도 하는데 길함을 보면 따라서 더욱 길하고 흉함을 보면 따라서 더욱 흉해진다.

❖ **구성득수·득파법**(九星得水·得破法) : 득수·득파법(得水·得破法)의 구성명 : 1. 파군(破軍) 2. 녹존(祿存) 3. 탐낭(貪狼) 4. 거문(巨文) 5. 문곡(文曲) 6. 염정(廉貞) 7. 무곡(武曲) 8. 복음(伏吟)

①**후천수법**(後天水法) : 구성방위(九星方位)는 묘의 좌(坐)에 따른 구성소재방(九星所在方)이다. 가령 건산좌(乾山坐)나 갑산좌(甲山坐)라면 태정사축방(兌丁巳丑方)에 파군(破軍)이 닿고 진경해미방(震庚亥未方)에 녹존(祿存)이 닿는다. 또 곤산(坤山)이나 을산(乙山)은 간병방(艮丙方)에 파군(破軍)이요, 손신방(巽辛方)에 녹존(祿存)이 닿는다. 이하도 같은 예로 본다. 만일 탐랑(貪狼)·거문(巨文)·무곡방(武曲方)이 닿으면 길(吉)하고, 그 외의 방(方)은 흉하다. 가령 건좌(乾坐)나 갑좌(甲坐)는 곤을(坤乙(貪狼)) 감(坎(子)) 계신진(癸申辰(巨文)) 이임인술방(離壬寅戌方(武曲))이 탐랑 거문 무곡방(貪狼 巨文 武曲方)이 모두 길(吉)하니 이 방위에 모두 득수(得水)나 득파(得破)가 되면 길(吉)하다.

[後天水法 조견표]

坐山 / 九星	巳兌丑丁山	巽辛山	亥震未庚山	艮丙山	寅離戌壬山	申次辰癸山	坤乙山	乾甲山
破軍	乾甲	申坎辰癸	寅戌壬	坤乙	亥震未庚	巽辛	艮丙	巳兌丑丁
祿存	寅戌壬	坤乙	乾甲	申坎辰癸	巳兌丑丁	艮丙	巽辛	亥震未庚
食狼	艮丙	亥辰未庚	巽辛	巳兌丑丁	申坎辰癸	寅離戌壬	乾甲	坤乙
巨文	巽辛	巳兌丑丁	艮丙	亥辰未庚	坤乙	乾甲	寅離戌壬	申坎辰癸
文曲	申坎辰癸	乾甲	坤乙	寅戌壬	艮丙	巳兌丑丁	亥震未庚	巽辛
廉貞	坤乙	寅戌壬	申坎辰癸	乾甲	巽辛	亥辰未庚	兌丁	艮丙
武曲	亥震未庚	艮丙	巳兌丑丁	巽辛	乾甲	坤乙	申坎辰癸	寅離戌壬
伏吟	巳兌	巽辛	亥震未庚	艮丙	寅離戌壬	申坎辰癸	坤乙	乾甲

②**선천산법**(先天山法) : 건좌(乾坐)나 갑좌(甲坐)는 입수(入首)나 용(龍)이 태정사축(兌丁巳丑)의 어느 방이 되거나 문곡(文曲)이요, 또 입수(入首)나 용(龍)이 진경해미방(震庚亥未方)에 닿으면 녹존(祿存)이요, 곤을(坤乙)에 닿으면 거문(巨文)이니, 모두 이 같은 방법에 의하여 본다. 입수(入首)나 용(龍)도 역시 탐랑(貪狼)·거문(巨文)·무곡방(武曲方)에 임하면 길(吉)하니, 가령 건좌(乾坐)나 갑좌(甲坐)는 자계신진(子癸申辰)이 입수(入首)와 용(龍)이 되면 탐랑(貪狼)이요, 곤을방(坤乙方)이면 거문(巨文)이요, 이임인술궁(離壬寅戌宮)에 입수(入首)나 용(龍)이 되면 무곡(武曲)이니 길(吉)하고, 그 밖은 성은 흉하다.

❖ **구성득파길흉론**(九星得破吉凶論)

①**파군득**(破軍得) : 파군득(破軍得)에 파군파(破軍破)는 누런 안개가 있고, 벌레와 물과 누런 버섯이 있으므로 흉하다. 탐랑파(貪狼破)는 물은 있으나 먼저는 흉하고 뒤에는 길하다. 녹존파(祿存破)는 누렇고 흰 안개와 벌레와 누렇고 흰 버섯이 있으며, 흉하다. 거문파(巨文破)는 누런 안개와 버섯이 있다. 고향을 떠나면 길하다. 문곡파(文曲破)는 먼저는 흉하고 뒤에는 길하며, 출장입상(出將入相)한다. 염정파(廉貞破)는 목근(木根)과 벌레와 수화(水火)가 들었다. 불효하고, 타향에서 고생한다. 무곡파(武曲破)는 누런 안개 벌레 버섯이 있으며 고향을 떠난다. 복음파(伏吟破)는 불이 들어 화재수가 있고 패망한다.

②**녹존득**(祿存得) : 녹존득(祿存得)에 녹존파(祿存破)는 무관하다. 탐랑파(貪狼破)는 흰 벌레와 물이 있으며, 부귀하나 불의의 질병으로 복약중 사망한다. 파군파(破軍破)는 백(白)·황(黃) 벌레와 버섯이 있어 흉하다. 거문파(巨文破)는 벌레와 물이 있으며 일찍 죽고 망한다. 문곡파(文曲破)는 부귀영화, 남자는 부마요, 여자는 왕비다. 염정파(廉貞破)는 흰 벌레와 목근(木根)과 수화(水火), 개미, 뱀이 들어 있는데 횡사(橫死)하고 투옥된다. 무곡파(武曲破)는 흰 벌레가 있는데 패망한다. 복음파(伏吟破)는 벌레, 화염이 있으며 화재가 있고, 패망하고, 육축(六畜)도 망한다.

③**탐랑득**(貪狼得) : 탐랑파(貪狼破)는 붉은 등넝쿨이 있으며, 당대 발복하여 크게 번창한다. 파군파(破軍破)는 누런 벌레가 있는데 먼저는 부(富)하고 뒤에 가난하다. 녹존파(祿存破)는 흰 벌레와 버섯이 있는데 흉하다. 거문파(巨文破)는 의식이 풍족하며, 일품재상(一品宰相)이 된다. 문곡파(文曲破)는 부귀영화에 일품관직이며, 남자는 부마, 여자는 왕비가 된다. 염정파(廉貞破)는 나무 뿌리와 토재(土災)·화재가 있으니 면

저 길하고 뒤에 흉하다. 무곡파(武曲破)는 재백이 풍부하고, 일품귀인(一品貴人) 및 장군이 많이 나온다. 복음파(伏吟破)는 화재가 있으며, 먼저 길하고 뒤에 흉한다.

④ **거문득**(巨文得) : 거문파(巨文破)는 출장입상(出將入相)한다. 파군파(破軍破)는 황충(黃虫)과 버섯이 들었으니, 패가한다. 녹존파(祿存破)는 백충(白虫)·버섯·목근(木根)·개미가 들었으니, 빈궁하고 일찍 죽는다. 탐랑파(貪狼破)는 부귀영화하고 출장입상(出將入相)한다. 문곡파(文曲破)는 관록(官祿)이 장구(長久)하다. 염정파(廉貞破)는 나무 뿌리·개미·쥐가 들었고 뱀에 물리고 사망한다. 무곡파(武曲破)는 무장(武將)이 많이 나오며, 부귀 영화를 누린다. 복음파(伏吟破)는 화재가 있고 패망한다.

⑤ **문곡득**(文曲得) : 문곡파(文曲破)는 문사(文士)와 재사(才士)가 많이 나오나, 재승박덕(才勝薄德)하여 큰 벼슬은 없다. 파군파(破軍破)는 문장은 출중하나 재(財)가 없으며, 3대 후에 부귀한다. 녹존파(祿存破)는 옥당(玉堂)의 귀인으로 부(富)로는 사해(四海)를 얻고, 귀(貴)는 억조창생을 다스린다. 탐랑파(貪狼破)는 장원급제와 고관이 나온다. 거문파(巨文破)는 출장입상(出將入相)하며, 부귀등명한다. 염정파(廉貞破)는 나무 뿌리가 뼈를 얽으니, 농아자(聾啞者)가 나오고 옥사한다. 무곡파(武曲破)는 무관(武官)·무장(武將)이 나오고 공훈을 세우며, 대대로 중신이 나온다. 복음파(伏吟破)는 화염(火炎)이 들어 있어 문사(文士)가 출생하나, 성공 지경에 이르러 화재로 망한다.

⑥ **염정득**(廉貞得) : 염정파(廉貞破)는 목근(木根)이 얽어졌는데, 옥사(獄死)한다. 파군파(破軍破)는 목근(木根)·황충(黃虫)이 있으며, 친척이 배반하고 사망한다. 녹존파(祿存破)는 회충과 목근(木根)이 있으며, 맹인이 나오고, 종기가 심하다. 탐랑파(貪狼破)는 목근(木根)·개미·화수재(火水災)가 있고 가산이 탕패한다. 거문파(巨文破)는 목근(木根)이 있는데, 음란한 사람이 많이 생긴다. 문곡파(文曲破)는 목근(木根)과 토(土)·수염(水炎)과 개미가 있는데 사납고 간사한 사람이 생긴다. 복음파(伏吟破)는 목근과 화염이 들었으니, 화재로 망한다. 무곡파(武曲破)는 목근(木根)이 가득하니, 크게 흉하다.

⑦ **무곡득**(武曲得) : 무곡파(武曲破)는 무장(武將)이 많이 나오고 출장입상(出將入相)한다. 파군파(破軍破)는 누런 안개와 벌레가 있으니, 성공치 못하고 객사(客死)한다. 녹존파(祿存破)는 흰 안개·벌레·물·목근(木根)이 있으니, 빈궁하고 일찍 죽는다. 거문파(巨文破)는 무인(武人)이 많고 벼슬은 일품(一品)이다. 문곡파(文曲破)는 문관(文官)·무장(武將)이 나란히 나오며, 대대로 공경(公卿)이 난다. 염정파(廉貞破)는 목근(木根)이 들어 선부후빈(先富後貧)한다. 복음파(伏吟破)는 화염(火炎)이 들어 화재로 망한다. 탐랑파(貪狼破)는 자손이 창성하고 대대로 장상(將相)이 나온다.

⑧ **복음득**(伏吟得) : 복음파(伏吟破)는 화염(火炎)이니, 길 위에서 굶어 죽는다. 파군파(破軍破)는 수화(水火)가 들었으니, 객사한다. 탐랑파(貪狼破)는 수부다남(壽富多男)한다. 거문파(巨文破)는 부귀쌍전(富貴雙全)하고 자손이 크게 창성한다. 문곡파(文曲破)는 장원이 나오고 일품관직(一品官職)을 얻는다. 염정파(廉貞破)는 화염(火炎)과 목근(木根)이 들었으니, 굶어 죽는다. 녹존파(祿存破)는 수화(水火)가 들었으니, 집안이 망한다. 무곡파(武曲破)는 무사가 많이 나오며, 공경(公卿)과 봉후(封侯)가 생긴다.

❖ **구성변효법**(九星變爻法) : 용이 양래(陽來)하였으면 천간좌(天干坐)로 정할 경우에는 음좌(陰坐)로 하고, 지지좌(地支坐)로 정할 경우에는 양좌(陽坐)로 한다. 혹 용이 음래(陰來)하였으면 천간좌는 양좌로 하고, 지지좌는 음좌(陰坐)로 함이 합법이다. 천간좌는 음래양좌, 양래음좌로서 용(龍)의 향(向)이 상배하고, 지지좌는 음래음좌, 양래양좌로서 용의 향이 순청하다. 변효법은 좌의 납갑괘(納甲卦)가 본괘(本卦)가 되며, 일상탐랑(一上貪狼), 이중거문(二中巨門), 삼하녹존(三下祿存), 사중문곡(四中文曲), 오상염정(五上廉貞), 육중무곡(六中武曲), 칠하파군(七下破軍), 팔중복음(八中伏吟)의 순서로 정한다. 천간 간좌(艮坐)일 경우 본괘는 간(艮)이고, 일상 탐랑하면 곤괘(坤卦), 이중 거문하면 감(坎), 삼하 녹존하면 태(兌), 태(兌)에서 사중 무곡하면 진(震)이 되고, 계속하여 오상 염정하면 이괘(離卦), 육중 무곡하면 건(乾), 칠하 파군하면 손(巽), 다시 팔중 복음하면 간(艮)이 된다.

즉 천간좌는 본괘가 음이면 양괘궁(陽卦宮)이 길방위(吉方位)이고 음괘궁(陰卦宮)은 흉방위(凶方位)이다. 이것은 바로 용의 향이 정음정양(淨陰淨陽)으로 순청(純淸)해야 함을 뜻한다. 지지인좌(寅坐)일 경우 지지좌(地支坐)는 천간좌(天干坐)보다 복잡하다. 즉 변효과정에서 선동하지법(先動下指法). 지지에서 선동하는 이유는 천간은 천(天)이니 본동(本動)이고, 지지는 지(地)이니 본정(本靜)이기 때문이다. 그런데 이 선동하지법이 각가각법(各家各法)으로 구구한데, 1, 5, 6, 8(一五六八)에서 선동하는 법을 말한다. 인좌(寅坐)의 본괘는 이임인술(離壬寅戌)이므로 인(寅)은 이궁(離宮)에 괘납한다. 먼저 이(離)에 선동하자면 간(艮)이 되고, 간(艮)으로부터 일상탐랑(一上貪狼)하면 곤(坤)이 되고 곤(坤)에서 이중거문(二中巨門)하면 감(坎), 감(坎)에서 삼하녹존(三下祿存)하면 태(兌), 사중문곡(四中文曲)하면 진(震)이 된다. 여기서 즉 다섯 번째에서 다시 선동하지를 하여 곤(坤)으로 작괘한 다음에 오상 염정(五上廉貞)하면 간(艮), 여섯 번째에서 다시 선동하지하면 이괘(離卦)가 된다. 이(離)에서 육중무곡(六中武曲)하면 건(乾), 칠하 파군(七下破軍)하면 손(巽), 여덟 번째에서 다시 선동하지를 하여 건(乾)을 만든 뒤에 팔중 복음(八中伏吟)하면 이(離)가 된다. 특별하게 기억할 점은 지지좌는 본괘가 양이면 양괘궁이 길방이 되고, 음괘궁이 흉방이 되는 법으로 이도 역시 용의 향이 순청해야 함을 보여준다. 구성변효법을 자세히 고찰하면 바로 용과 향이 정음정양으로 순청하여야 길(吉)이 되는 방술이다.

❖ **구성배괘 및 납수와 소수지법**(九星配卦 및 納水와 消水之法)

• **정음정양설**(淨陰淨陽說)

㉠ **선천 8괘 및 낙서상배도**(先天八卦 및 洛書相配圖)

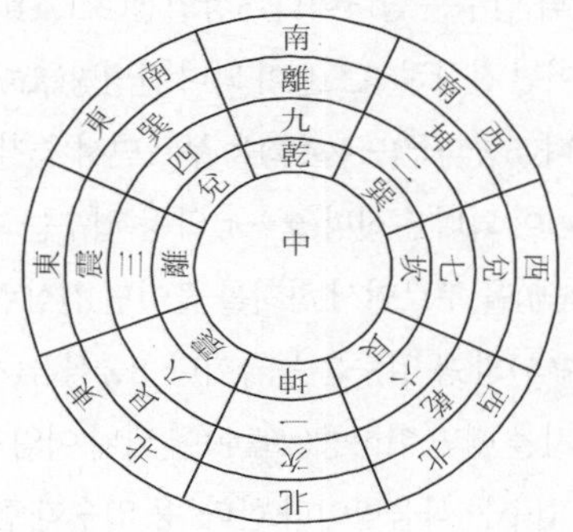

㉡ 뇌공(賴公)의 최관경(催官經)에 이르기를 "기요배기우요배우(奇要配奇偶要配偶), 낙서선천(落書先天)"이라 했는데 그 실상을 보면, ① 재구리일(戴九履一)은 선천(先天)의 건남곤북(乾南坤北)이니, 건구(乾九)는 기수(奇數)요 양수(陽數)며, 그리고 건납(乾納)은 갑(甲)이다. 곤일(坤一)도 역시 기수(奇數)요 양(陽)이며, 그리고 곤납(坤納)은 을(乙)이다. 그러므로 건곤(乾坤)이 모두 다 양(陽)이다. ② 선천(先天)의 이동감서(離東坎西)는 이삼(離三)과 감칠(坎七)이 모두 다 기수(奇數)로서 역시 양(陽)이 된다. 이납(離納)은 임(壬)이며, 이(離)는 오(午)가 되므로, 인오술국(寅午戌局)이 되며, 감납(坎納)은 계(癸)며, 감(坎)은 자(子)가 되기도 하므로, 신자진(申子辰) 수국(水局)이 된다. 그러므로 이임인오술(離壬寅午戌)과 감계신자진(坎癸申子辰)은 모두다 양(陽)이 된다.

❖ **구성분방흥패**(九星分房興敗) : 탐랑은 장남이 흥하고 무곡은 끝자손이 창성하며, 거문은 가운데 자손이 영화로우며, 문곡은 가운데가 실패하고, 녹존은 끝자손의 액이요, 파군·염정은 장자가 빈궁하고 또는 관재를 당한다.

❖ **구성배괘수산출살지설**(九星配卦出煞之說) : 구성(九星)은 본래 북두(北斗)에서 비롯된 것이다.

제1성(第一星)은 천추(天樞), 제2성(第二星)은 천시(天施), 제3성(第三星)은 천기(天璣), 제4성(第四星)은 천권(天權)이니 이 4성(四星)은 방형(方形)으로 연성(連成)되어 그 형상이 마치 북두(北斗)의 두(斗)와 같아서 통칭 괴(魁)라 한다. 제 5성(第五星)은 옥형(玉衡), 제 6성(第六星)은 개양(開陽), 제7성(第七星)은 요광(瑤光), 제8성(第八星)은 좌보(左輔), 제9성(第九星)은 우필(右弼)로서 이 삼성(三星)은 일직선상으로 연성되어 통칭 표(杓)라 한다. 그리고 개양(開陽)과 요광(瑤光)의 방(旁 : 두루)에 소성(小星 : 작은 산봉우리) 있으니 좌(左)는 보(輔)라 하고, 우(右)는 필(弼)이라 한다. 이 모두를 합하면 아홉개의 성(星)이 되므로 북두9성(北斗九星)이라 한다. 황석공(黃石公)은 이구성의 명칭을 다르게 불렀다. 즉 제1천추(第一天樞)는 탐랑성(貪狼星)으로 오행속(五行屬)은 목(木)이 되고, 제2천시(第二天施)는 거문성(巨門星)으로 그 오행속은 토(土)가 되고, 제3천기(第三天璣)는 녹존성(祿存星)으로 오행속은 수(水)가 되고, 제5천형(第五天衡)은 염정성(廉貞星)으로 오행속은 화(火)가 된다. 제6개양(第六開陽)은 무곡성(武曲星)으로 오행속은 금(金)이 되고, 제7요광(第七瑤光)은 파군성(破軍星)으로 오행속은 역시 금(金)이 되고, 제8좌측태양(第八左側太陽)은 좌보(左輔)로서 오행속은 목(木)이 되고, 제9우측태양(第九右側太陽)은 우필(右弼)로서 오행속은 금(金)이 된다.

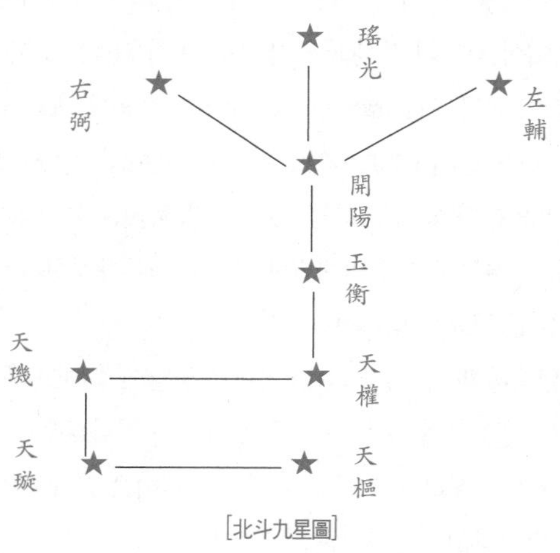

[北斗九星圖]

❖ **구성선천산법**(九星先天山法) : 구성법으로 따져 입수(入首)나 용(龍)의 길흉을 보는 지리법의 하나. 1상문곡(一上文曲), 2중녹존(二中祿存), 3하거문(三下巨門), 4중탐랑(四中貪狼), 5상염정(五上廉貞), 6중파군(六中破軍), 7하무곡(七下武曲), 8중복음(八中伏吟), 건갑 동궁(乾甲 同宮), 감계 신진 동궁(坎癸 申辰 同宮), 곤을 동궁(坤乙 同宮), 이임 인술 동궁(離壬 寅戌 同宮)으로 이상은 정양(淨陽). 간병 동궁(艮丙 同宮), 진경 해미 동궁(震庚 亥未 同宮), 손신 동궁(巽辛 同宮), 태정 사축 동궁(兌丁 巳丑 同宮)으로 이상은 정음(淨陰). 이 법은 좌(坐)를 기준으로 입수나 용의 방위를 보고 도는 입수나 용으로 좌를 보기도 한다. 자좌 오향(子坐 午向)에 미룡(未龍)이라면 자(子)는 감(坎), 감계신진(坎癸申辰)은 감괘이다. 감(坎)은 ☵로 감중련(坎中連)이므로 손가락으로 감중련을 만들어 1상문곡(一上文曲)부터 붙이는 요령과 똑같이 진하련(震下連)[미(未)는 진경해미(震庚亥未) 동궁(同宮)이므로 미룡(未龍)은 진괘(震卦)로 본다.]이 나올 때까지 손가락을 폈다 오므렸다 한다. 그리하면 6중파군(六中破軍)을 부를 때 진하련의 모양이 되므로 자좌 감괘(子坐 坎卦) 오향(午向)의 미룡 진괘(未龍 震卦)는 파군(破軍)이라 한다. 또 임좌(任坐) 병향(丙向)이라면 임(壬)은 이허중괘(離虛中卦), 이임인술 동궁(離壬寅戌 同宮)이다. 손가락으로 이허중(離虛中) 모양을 만들어 1상문곡(一上文曲)부터 시작하면 1상문곡을 부를 때 상지를 떼니 진하련이 되어 진경해미방(震庚亥未方)이 문곡(文曲)이 된다.

[先天山法 조견표]

坐山 / 九星	乾甲山	申次辰癸山	坤乙山	寅離戌壬山	艮丙山	亥震未庚山	巽辛山	巳兌丑丁山
文曲	巳兌丑丁	巽辛	艮丙	亥震未庚	坤乙	寅離戌壬	申坎辰癸	乾甲
祿存	亥震未庚	艮丙	巽辛	巳兌丑丁	申坎辰癸	乾甲	坤乙	寅離戌壬
巨文	坤乙	寅離戌壬	乾甲	申坎辰癸	巳兌丑丁	巽辛	亥震未庚	艮丙
貪狼	申坎辰癸	乾甲	寅離戌壬	坤乙	亥震未庚	艮丙	巳兌丑丁	巽辛
廉貞	巽辛	巳兌丑丁	亥震未庚	艮丙	寅離戌壬	坤乙	乾甲	申坎辰癸
破軍	艮丙	亥震未庚	巳兌丑丁	巽辛	乾甲	申坎辰癸	寅離戌壬	坤乙
武曲	寅離戌壬	坤乙	申坎辰癸	乾甲	巽辛	巳兌丁丑	艮丙	亥震未庚
伏吟	乾甲	申坎辰癸	坤乙	寅離戌壬	艮丙	亥震未庚	巽辛	巳兌丑丁

2중녹존(二中祿存)을 부르면서 중지를 붙이면 태상절(兌上絶)이 되니 태정사축방(兌丁巳丑方)은 녹존방이다. 3하거문(三下巨門)을 부르면서 하지를 떼면 감중련(坎中連)이 되니 감계신진방(坎癸申辰方)의 용이나 입수는 거문이다. 4중탐랑(四中貪狼)을 부르면서 중지(中指)를 떼면 곤삼절(坤三絶)이 되니 곤을방(坤乙方)의 용이나 입수는 탐랑이다. 5상염정(五上廉貞)을 부르면서 상지를 붙이면 간상련(艮上連)이 되니 간병방(艮丙方)의 용 입수는 염정이다. 6중파군(六中破軍)을 부르면서 중지를 붙이면 손하절(巽下絶)이 되니 손신방(巽辛方)의 용 입수는 파군이다. 7하무곡(七下武曲)을 부르면서 하지를 붙이면 건삼련(乾三連)되니 건갑방(乾甲方)의 용 입수는 무곡이다. 8중복음(八中伏吟)을 부르면서 중지를 떼면 이허중(離虛中)이 되니 이임인술방(離壬寅戌方)의 용 입수는 복음방이라 한다. 용 입수가 탐랑거문 무곡

방이 되면 대길하고, 녹존 문곡방이 되면 평평하며, 염정·파군·복음이 되면 흉격이라 한다.

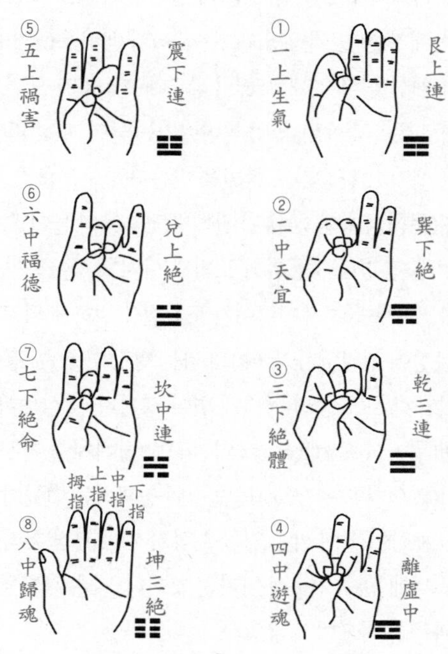

[생기법(生氣法) 붙이는 요령]

• **생기 붙이는 연습**

자에 감중련 축인간에 상련 묘에진하련 진사에손하절
오에 이허중 미신에 곤삼절 유에 태상절 술해에 건삼련

子坎中運 丑寅艮上連 卯震下連 辰巳巽下絶

午離虛中 未申坤三絶 酉兌上絶 戌亥乾三運

1상생기(一上生氣), 2중천의(二中天醫), 3하절체(三下絶體), 4중유혼(四中遊魂), 5상화해(五上禍害), 6중복덕(六中福德), 7하절명(七下絶命), 8중복위(八中伏位)는 생기 붙이는 법의 기본으로서 풍수지리에서는 꼭 필요한 것이다. 연습하는 요령은 1상생기(一上生氣)를 부르고 무지(拇指)와 상지(上指)를 구부려 그림 ①과 같이 만들고, 2중천의(二中天醫)를 부르고 무지에 중지(中指)[상지포함] 마저 구부려 그림 ②와 같이 만들고, 3하절체(三下絶體)를 마저 구부려 그림 ③과 같이 만들고, 4중유혼(四中遊魂)을 불러서는 중지만을 떼어 그림 ④의 모양을 만들고, 5상화해(五上禍害)를 불러 상지도 떼어 그림 ⑤의 모양을 만들고, 6중복덕(六中福德)을 불러 중지를 다시 구부려 그림 ⑥과 같이 만들고, 7하절명(七下絶命)을 불러 하지 무명지(無名指)를 떼어 그림 ⑦과 같이 만들고, 8중귀혼(八中歸魂)을 불러 중지도 떼어 그림 ⑧의 모양이 되도록 한다. 즉 상중하, 상중하중의 순으로 무지(拇指)에다 이하3개의 손가락을 구부려 붙였다 폈다 하는 연습인데, 붙은 것은 펴고 펴있는 것은 붙이는 것이다.

❖ **구성수법**(九星水法) : 파군, 녹존, 탐랑, 거문, 문곡, 염정, 무곡, 복음의 8가지 길흉신에 복음(伏吟 : 伏位라고도 함)은 좌보(左輔)와 우필(右弼)의 두 성신을 합칭한 것으로 구성(九星)이 된다. 이 구성수법은 좌(坐)로 물의 득파(得破)가 길방인지 흉방인지를 알아보는 방법이다. 득파를 막론하고 탐랑, 거문, 무곡은 대길하며, 문곡, 녹존, 복음은 약간 흉하고, 염정, 파군은 대흉하다. 구성수법 정국(定局)을 따지는 요령은 다음과 같다. 건갑동궁(乾甲同宮), 감계신진동궁(坎癸申辰同宮), 곤을동궁(坤乙同宮), 이임인술동궁(離壬寅戌同宮)으로 정양(淨陽)이다. 간병동궁(艮丙同宮), 진경해미동궁(震庚亥未同宮), 손신동궁(巽辛同宮), 태정사축동궁(兌丁巳丑同宮)은 정음(淨陰) 건갑(乾甲) : 건괘(乾卦), 감계신진(坎癸申辰) : 감괘(坎卦), 곤을(坤乙) : 곤괘(坤卦), 이임인술(離壬寅戌) : 이괘(離卦), 곤을(坤乙) : 곤괘(坤卦), 진경해미(震庚亥未) : 진괘(震卦), 손신(巽辛) : 손괘(巽卦), 태정사축(兌丁巳丑) : 태괘(兌卦), 건삼련(乾三連)(☰) 태상절(兌上絶)(☱) 이허중(離虛中)(☲) 진하련(震下連)(☳) 손하절(巽下絶)(☴) 감중련(坎中連)(☵) 간상련(艮上連)(☶) 곤삼절(坤三絶)(☷), 일상파군(一上破軍), 이중녹존(二中祿存), 삼하거문(三下巨門), 사중탐랑(四中貪狼), 오상문곡(五上文曲), 육중염정(六中廉貞), 칠하무곡(七下武曲), 팔중복음(八中伏吟). 가령 신좌인향(申坐寅向)을 놓았다면 정음 정양법으로 신(申)은 감계신진동궁(坎癸申辰同宮)으로 감괘(坎卦)에 속한다. 감(坎)은 감중련(坎中連)이다. 감중련(坎中連)을 손가락으로 만들어 일상파군(一上破軍) 이중녹존(二中祿存) 삼하거문(三下巨門)의 순서로 생기복덕(生氣福德) 붙이는 요령과 같이 한다. 즉 감중련의 모양에서 일상파군을 부르면서 중지(中指)를 떼면 곤삼절(坤三絶)이 되니 곤방(坤方)의 득파는 파군수다. 이중녹

존을 부르면서 상지(上指)를 붙이면서 간상련(艮上連)이 되니 간병방(艮丙方)의 득파는 녹존수, 삼하거문을 부르면서 중지(中指)를 붙이면 손하절(巽下絶)이 되니 손신방(巽辛方)의 득파는 거문수, 사중탐랑을 부르면서 하지(下指)를 붙이면 건삼련(乾三連)이 되니 건갑방(乾甲方)의 득파는 탐랑수, 오상문곡을 부르면서 중지(中指)를 떼면 이허중(離虛中)이 되니 이임인술방(離壬寅戌方)의 득파는 문곡수, 육중염정을 부르면서 상지(上指)를 떼면 진하련(震下連)이 되니 진경해미방(震庚亥未方)의 득파는 염정수, 칠하무곡을 부르면서 중지(中指)를 붙이면 태상절(兌上絶)이 되니 태정사축방(兌丁巳丑方)의 득파는 무곡수, 팔중복음을 부르면서 하지(下指)를 떼면 감중련(坎中連)의 모양이 되니 감계신진방(坎癸申辰方)의 득파는 복음수가 된다. 이를 조견표로 나타내면 아래와 같다.

[九星水法 조견표]

得破方 ＼ 坐	乾甲水	坎癸申辰水	坤乙水	離壬寅戌水	艮丙水	震庚亥未水	巽辛水	兌丁巳丑水
乾甲	복음	탐랑	거문	무곡	염정	녹존	문곡	파군
坎癸申辰	탐랑	복음	무곡	거문	녹존	염정	파군	문곡
坤乙	거문	무곡	복음	탐랑	파군	문곡	녹존	염정
離壬寅戌	무곡	거문	탐랑	복음	문곡	파군	염정	녹존
艮丙	염정	녹존	파군	문곡	복음	탐랑	무곡	거문
震庚亥未	녹존	염정	문곡	파군	탐랑	복음	거문	무곡
巽辛	문곡	파군	녹존	염정	무곡	거문	복음	탐랑
兌丁巳丑	파군	문곡	염정	녹존	거문	무곡	탐랑	복음

❖ 구궁수법 기일(九宮水法 其一)

① **양생**(탐랑생)養生(貪狼星) : 양생방(養生方)의 수(水)가 명당에 이르면 탐랑성(貪狼星)이 조임(照臨)함이니 문장이 나온다. 그리고 장위(長位)(長子·長孫)의 자손이 부귀하고 인정(人丁)이 창성하며 충량(忠良)한 성격의 자손들이 많이 나온다. 양생방(養生方)의 물이 굽이굽이 흐르며 혈을 조(朝)하면 관직이 높고 물이 고리[環]처럼 둘러 있으면 수복(壽福)이 장구하다. 양생수(養生水)가 파(破)되면 소년 과부가 생겨 독수공방하게 될 것이다.

② **목욕**(문곡성)沐浴(文曲星) : 목욕은 즉 도화수(桃花水)라 한다. 이 도화수를 범하면 여자가 음란하거나 물에 자살하는 사람이 생기거나 간부(奸夫)를 따라 달아나게 되고 또는 혈유병으로 패가한다. 자오방수(子午方水)가 목욕수(沐浴水)면 토지와 재산을 다 없애고, 묘유방수(卯酉方水)가 오면 도박과 사치로 돈을 없애며, 만약 돌아나가는 물이 파(破)가 되면 낙태가 생기고 간통죄로 형벌을 받는다.

③ **관대**(문창성)冠帶(文昌星) : 관대방(冠帶方)의 물이 오면 인정(人丁)은 총명하나 풍류와 도박과 사치를 좋아하여 낭비가 심하고 자손 중 7세 어린이가 도둑질을 범하게 되지만 뛰어난 문장이 생겨난다. 수(水)의 가는 방향 파(破)이 흉하면 어린이가 죽고 규중의 처녀에 변이 생기니 잘 살펴야 한다.

④ **임관**(무곡성)臨官(武曲星) : 임관(臨官)방위에 물이 모여들고 녹마(祿馬)가 항에 조(朝)하면 소년 등과하는 인물이 나오며 어진 재상이 되어 밝은 임금을 섬기지만, 가장 꺼리는 것은 이 방위에 산수가 흘러 나가는 것이니, 자손이 방탕음란하고 과부가 나오며 빈궁하다.

⑤ **제왕**(무곡성)帝旺(武曲星) : 제왕수(帝旺水)가 명당 앞에 모이면 전장(田庄)을 얻고 고관이 되며 재물과 곡식이 풍족하다. 그러나 휴수방(休囚方)의 물이 와서 충파(沖破)하면 석숭(石崇)의 부로도 몇 해 못 가서 없어지고, 왕방(旺方)으로 물이 흘러 나가면 빈함함이 지극하다.

⑥ **쇠**(거문성)衰(巨門星) : 쇠방(衰方)의 거문(巨門)은 학당수(學堂水)가 흘러오면 자손이 총명하여 소년 등과하고, 장수부귀하며 왕방(旺方)에서 물이 오는 것이 길하니 구불구불하면 더욱 유정하다.

⑦ **병·사**(염정성)丙·死(廉貞星) : 병·사방(丙·死方)의 물이 들어오지 않고 건[천문]·손방(乾[天門]·巽方)이 바람을 타지 않으면 과거에 급제하여 벼슬이 높게 오르지만, 만일 흘러 오는 물이 사비(斜飛: 대각선으로 곧게 가로지른 것)하면 큰 재앙이 생기는데, 아내를 사별하거나 음독 자살하는 가족이 생기며 또는 칼 따위 무기로 살상을 당하고, 수전증·중풍·낙태 등의 액이 연달아 생긴다.

⑧ **묘(파군성)**墓(破軍星) : 물이 묘고방(墓庫方)에서 들어오는 것은 꺼리지만 파군방(破軍方)으로 흘러 나가는 것은 상서로운 일이 생긴다. 즉, 귀(貴)는 무관인데 호수나 연못의 물이 마르지 않고 있으면 부귀하고, 묘방(墓方)으로 곧게 흘러가면 재운이 없다. 물이 만일 천리 밖에서 흘러와 파군방을 충(冲)하면 3남 2녀가 모두 빈천하게 산다.

⑨ **절·태(녹존성)**絶·胎(祿存星) : 절·태방(絶·胎方)의 물이 혈을 향해 들어오거나 득이 되면 자식을 낳지 못하고 임신하더라도 태사(胎死)하여 대가 끊기게 되며, 혹 자식을 낳더라도 기르기 어렵다. 또는 부자간이나 부부가 이별하며 물줄기가 크면 여인이 음란하여 달아나고, 물줄기가 작으면 여인이 사통(간통)한다. 절·태방(絶·胎方)이 수구(水口)가 되면 이를 녹존류진패금살(祿存流盡佩金殺)이라 한다.

❖ **구궁수법 기이**(九宮水法 其二)

① **양생수**(養生水) : 이 물은 본시 길수(吉水)이나 조래(朝來)하여도 지지(地支)를 파(怕)하나니 소년 남자가 요절되며 장자 장손이 끊긴다.

② **목욕수**(沐浴水) : 이 물은 느릿느릿 흘러야 하고 녹존수(祿存水)는 흘러나가야 하지만 지지방(地支方)을 범해서 오면 바람을 피우다 수치를 당한다.

③ **관대수**(冠帶水) : 이는 길수다. 단, 병·사방(丙·死方)이 충(冲)되면 주색으로 방탕하고 종신토록 근심으로 산다.

④ **임관수**(臨官水) : 길수, 그러나 병·사가 이 물을 충(冲)하면 실혈(失血)되어 가래를 토하고, 수재가 성공을 못하는데 차손(次孫)이 먼저 화를 받는다.

⑤ **제왕수**(帝旺水) : 이에 갑경병임방(甲庚丙壬方)의 물이 흘러오면 모든 자손이 창성하고, 만일 지지(地支)를 범해 오면 끝 자손이 좋지 않다.

⑥ **쇠수**(衰水) : 이 물이 비스듬히 흘러오면 사치와 바람피우는 일이 끊이지 않고 벼슬아치에 임명되어도 횡령죄나 절도죄를 짓는다. 이 방위에 소로(小路)가 있어도 또한 그러하다.

⑦ **병사수**(病死水) : 이 물은 본시 흉수로서 이 방위에서 물이 들어와 묘고방(墓庫方)으로 향하면 무방하여 부귀는 누리지만 풍담증(風痰症) 환자가 생긴다. 까닭인 즉 병사방수(病死方水) 뒤에 학당수(學堂水)와 제왕수(帝旺水)가 가지런히 이르기 때문이다.

⑧ **묘수**(墓水) : 이 방위에 물이 있으면 횡재하고 부귀하며 인물이 성한다. 단, 지지(地支)가 충사(冲射 : 곧게 穴로 들어오는 것)하면 둘째 자손에게 흉하다.

⑨ **절태수**(絶胎水) : 이 물은 흘러 나가는 것은 좋으나 혈로 흘러들어오는 것은 불길하고 또 지지(地支)를 범하면 첫째와 둘째 자손이 재앙을 받는다.

❖ **구성수법길흉**(九星水法吉凶)

① **거문수합국**(巨門水合局) : 건갑수래입곤을향(乾甲水來立坤乙向), 곤을수래입건갑향(坤乙水來立乾甲向), 해미수래입신향(亥未水來立辛向), 손신수래입해미향(巽辛水來立亥未向), 신진수래입인술향(申辰水來立寅戌向), 인술수래입신진향(寅戌水來立申辰向), 간병수래입사축향(艮丙水來立巳丑向), 사축수래입간병향(巳丑水來立艮丙向)으로 이는 모두 거문수 합국(巨門水 合局)이다.

② **거문수소주**(巨門水所住) : 거문(巨門)은 탐랑(貪狼)의 중효(中爻)가 변하여 괘(卦)를 이룬 것으로서 양공(楊公)은 이를 가리켜 거문(巨門)이라 했고, 요공(廖公)은 천재(天財)라 칭했다. 거문(巨門)은 충직하고 장수하며 총명하고 효우(孝友)하여 신동을 배출하기도 한다. 군자가 거문수(巨門水)를 만나면 관록(官祿)을 얻어 귀하게 되고 소인이 이 수(水)를 얻으면 진재(進財)라 하니, 부(富)를 이룩할 수요, 수복(壽福) 또한 겸유하므로 이 성(星)은 천의(天醫)라고도 이르니 무병소질(無病小疾)에 신체건강하므로 길성(吉星)이다.

③ **탐랑수합국**(貪狼水合局) : 건갑수래입신진향(乾甲水來立申辰向), 신진수래입건갑향(申辰水來立乾甲向), 곤을수래입인술향(坤乙水來立寅戌向), 인술수래입곤을향(寅戌水來立坤乙向), 해미수래입간병향(亥未水來立艮丙向), 간병수래입해미향(艮丙水來立亥未向), 손신수래입사축향(巽辛水來立巳丑向), 사축수래입손신향(巳丑水來立巽辛向)은 내수입향(來水立向) 하므로 모두 탐랑합국(貪狼合局)이 된다.

④ **탐랑소주**(貪狼所住) : 탐랑(貪狼)은 염정(廉貞)의 상효(上爻)가 변함으로써 양공(楊公)은 이를 탐랑(貪狼)이라 했고, 요공(廖公)은 이를 자기(紫氣)라 했다. 탐랑수(貪狼水)를 얻으면 주로 인정(人丁)이 대왕(大旺)하고 또한 총명하여 효우(孝友)하는 인물을 배출하며 재물도 또한 왕성하다. 이 성(星)의 또 다른 이름은 생기(生氣)이니 주로 생재(生財)가 따르는 대길성수(大吉星水)다.

⑤ **무곡수합국**(武曲水合局) : 건갑수래입인술향(乾甲水來立寅戌向), 인술수래입건갑향(寅戌水來立乾甲向), 곤을수래입신진향(坤乙水來立申辰向), 신진수래입곤을향(申辰水來立坤乙向), 해미수래입사축향(亥未水來立巳丑向), 사축수래입해미향(巳丑水來立亥未向), 손신수래입간병향(巽辛水來立艮丙向), 간병수래입손신향(艮丙水來立巽辛向)은 모두 무곡수(武曲水)의 합국(合局)이다.

⑥ **무곡수소주**(武曲水所住) : 무곡(武曲)은 보필괘(輔弼卦)의 중효(中爻) 번괘(翻卦)로서 비롯되니 양공(楊公)은 이를 가리켜 무곡(武曲)이라 칭했고, 요공(廖公)은 금수(金水)라 불렀다. 무곡(武曲)은 주로 과갑(科甲)이라 부귀가 쌍전(雙全)하고 이 성(星)의 또 다른 이름은 연년(延年)이라 한다.

⑦ **보필수합국**(輔弼水合局) : 건갑수래입건갑향(乾甲水來立乾甲向), 곤을수래입곤을향(坤乙水來立坤乙向), 해미수래입해미향(亥未水來立亥未向), 손신수래입손신향(巽辛水來立巽辛向), 신진수래입신진향(申辰水來立申辰向), 인술수래입인술향(寅戌水來立寅戌向), 간병수래입간병향(艮丙水來立艮丙向), 사축수래입사축향(巳丑水來立巳丑向)은 보필수(輔弼水)의 합국(合局)이다.

⑧ **보필수소주**(輔弼水所住) : 보필2성(輔弼二星)은 연이어 일위(一位)로서 괘의 본체가 되니, 이를 양공(楊公)은 좌보우필(左輔右弼)이라 칭했고, 요공(廖公)은 이를 태양태음(太陽太陰)이라 칭했다. 주로 관귀(官貴)와 녹위(祿位)를 얻고 자상(慈祥)효우(孝友)하여 남아를 얻으면 부마(駙馬)가 되고, 여아를 낳으면 관비(官妃)로 나가며 혹은 명부(命婦)라고도 하니 이 성(星)의 또 다른 이름은 복위(伏位)라 하며 주로 귀발(貴發)이므로 귀성(貴星)이다.

⑨ **파군수파국**(破軍水破局) : 건갑수래입간병향(乾甲水來立艮丙向), 간병수래입건갑향(艮丙水來立乾甲向), 곤을수래입사축향(坤乙水來立巳丑向), 사축수래입곤을향(巳丑水來立坤乙向), 해미수래입신진향(亥未水來立申辰向), 신진수래입해미향(申辰水來立亥未向), 손신수래입인술향(巽辛水來立寅戌向), 인술수래입손신향(寅戌水來立巽辛向)은 파군수(破軍水)의 파국(破局)이다.

⑩ **파군수소주**(破軍水所住) : 파군(破軍)은 무곡(武曲)의 하효(下爻)가 변하여 괘(卦)를 이루니, 양공(楊公)은 이를 가리켜서 파군(破軍)이라 명명했고, 요공(廖公)은 이를 천강(天罡)이라 칭했다. 이때에는 주로 흉폭한 무리가 태어나서 겁략호송(刦掠好訟)을 주로 하며 농아자나 휴체(虧體)한 불구자가 태어나니, 이 성(星)의 또 하나의 이름은 절명(絶命)이라 하고, 소인정(小人丁)에 연고(緣故)가 생긴다. 만약 파군수(破軍水)를 범하면 절사지환(絶嗣之患)이 따른다.

⑪ **염정수파국**(廉貞水破局) : 건갑수래입손신향(乾甲水來立巽辛向), 손신수래입건갑향(巽辛水來立乾甲向), 곤을수래입해미향(坤乙水來立亥未向), 해미수래입곤을향(亥未水來立坤乙向), 신진수래입사축향(申辰水來立巳丑向), 사축수래입신진향(巳丑水來立申辰向), 인술수래입간병향(寅戌水來立艮丙向), 간병수래입인술향(艮丙水來立寅戌向)은 염정수(廉貞水)의 파국(破局)이다.

⑫ **염정수소주**(廉貞水所住) : 염정(廉貞)은 파군(破軍)의 중효(中爻)가 변하여 이뤄지니 양공(楊公)은 이를 염정(廉貞)이라 칭했고, 요공(廖公)은 조화(燥火)라 했다. 만약 이 수(水)를 범하게 되면 주로 패역무체(悖逆無體)는 한 사람이 나오고 광태자(狂戾者)가 나오기도 하며, 또 집요하고 기사(欺詐)에 능한 인물이 나오기도 한다. 아니면 자손을 많이 겁략(刦掠) 당하고 혹은 낙뢰상(落雷傷)이나 감전사를 당하기도 한다. 울부짓는 호랑이를 만나기도 하고 교통사고를 당하기도 하며 온역(瘟疫)과 토혈지질(吐血之疾)로 신고(辛苦)가 끊이지 않는다.

⑬ **녹존수파국**(祿存水破局) : 건갑수래입해미향(乾甲水來立亥未

向), 해미수래입건갑향(亥未水來立乾甲向). 곤을수래입손신향(坤乙水來立巽辛向), 손신수래입곤을향(巽辛水來立坤乙向) 신진수래입간병향(申辰水來立艮丙向), 간병수래입신진향(艮丙水來立申辰向), 인술수래입사축향(寅戌水來立巳丑向), 사축수래입인술향(巳丑水來立寅戌向)은 녹존수 파국(祿存水 破局)이다.

⑭ **녹존수소주**(祿存水所住) : 녹존(祿存)은 거문(巨門)의 하효(下爻)가 변한 형국으로 비롯되니 양공(楊公)은 이를 가리켜 녹존(祿存)이라 칭했고, 요공(廖公)은 이를 고요(孤曜)라 불렀다. 녹존(祿存)은 심성이 어리석고 완고하고 행사가 광망(狂妄)한 사람을 배출하며 이조과방(離祖過房)에 절사무후(絶嗣無後)하고, 남환여과(男鰥女寡)에 음란하며 산사액망(產死縊亡) 형체잔폐(形體殘廢) 등의 흉사가 반드시 이르게 된다.

⑮ **문곡수파국**(文曲水破局) : 건갑수래입사축향(乾甲水來立巳丑向), 사축수래입건갑향(巳丑水來立乾甲向), 곤을수래입간병향(坤乙水來立艮丙向), 간병수래입곤을향(艮丙水來立坤乙向), 해미수래입인술향(亥未水來立寅戌向), 인술수래입해미향(寅戌水來立亥未向), 신진수래입손신향(申辰水來立巽辛向), 손신수래입신진향(巽辛水來立辛辰向)은 문곡수(文曲水)의 파국(破局)이다.

⑯ **문곡수소주**(文曲水所住) : 문곡(文曲)은 녹존(祿存)의 중효(中爻)가 변하므로 괘(卦)를 이루니 이를 양공(楊公)은 문곡(文曲)이라 하고, 요공(廖公)은 소탕(掃蕩)이라 했다. 이 성(星)은 주로 음란하여 허사와 기교를 잘 부리며 주색잡기에 노채전광(癆瘵顚狂)하고, 면질(眠疾), 파족(跛足), 중풍(中風)에 수액(水厄)과 화재 등의 창변에 속출하며 이향(離鄕), 퇴재(退財), 부채(負債), 유탕(遊蕩)과 호한등사(好閑等事)를 주관하는 흉성(凶星)이며 이 성(星)의 또 다른 이름은 육살(六煞)이니 범하지 말아야 한다.

❖ 구성수법 길흉도례

① **거문수도례**(巨門水圖例) : 감계신진입이임인술향(坎癸申辰立離壬寅戌向), 병산임향(丙山壬向). : 정침(正針)은 병산임향(丙山壬向)에 계수(癸水)가 와서 묘앞을 지나 건술방(乾戌方)을 향해 출거한다. 계수(癸水)의 상당이 거문수(巨門水)가 된다. 이때에는 주로 재정(財丁:財物과 壯丁)이 모두 왕(旺)하여 부귀가 유구하다. 단 계수(癸水)가 조래(朝來)해도 축간수(丑艮水)와 개잡(措雜)하면 불가하고 또한 수(水)가 신유방(辛酉方)으로 나오면 대살(帶煞)이 되어 이 또한 불의하다. 더구나 계수(癸水)가 조래(朝來)하자면 묘앞을 지나지 않고 인방(寅方)이나 갑방(甲方)으로 흘러버리면 이를 계수불상당(癸水不上堂)이라 하여 무용지수(無用之水)로서 버려야 한다.

② **탐랑수도례**(貪狼水圖例) : 건갑수래입감계신진향(乾甲水來立坎癸申辰向), 오산자향(午山子向). : 정침(正針)은 오산자향(午山子向)인데 봉침(縫針)은 건수(乾水)가 조래(朝來)하여 갑방(甲方)을 거쳐 지나고 혹 갑수(甲水)가 조래(朝來)하여 건방(乾方)을 거쳐 흘러나가니 이름하여 탐랑수(貪狼水)라 이른다. 탐랑수(貪狼水)가 흐르면 주로 부귀가 쌍전(雙全)한다. 무릇 자향(子向)에 건수조래(乾水朝來)면 해(亥)와 개잡(措雜)해지므로 불가하다. 또 갑수조래(甲水朝來)에 묘수(卯水)가 개잡(措雜)해져도 역시 불가하니 이른바 대살(帶煞)이 되기 때문이다.

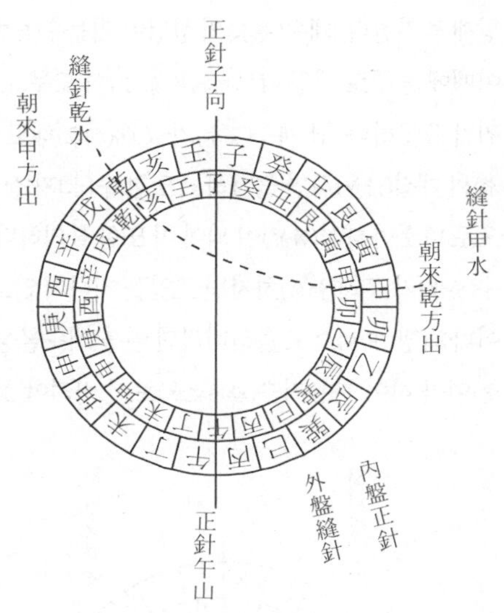

③ **무곡수도례**(武曲水圖例) : 진경해미입태정사축향(震庚亥未立兌丁巳丑向), 해산사향(亥山巳向). : 정침(正針)은 해산사향(亥山巳向)인데 봉침(縫針)은 미수조래(未水朝來)하여 묘방(卯方)을 거쳐 출거(出去)했다. 혹 묘수(卯水)가 조래(朝來)하여 미방(未方)을 거쳐나가면 이를 무곡수(武曲水)라 한다. 이때에는 주로 정재(丁財)가 대진(大進)하고 백사(百事)가 흥륭(興隆)한다. 단 묘수(卯水)가 조래(朝來)시에 갑을수(甲乙水)와 개잡(涽雜)하면 이는 불가하고 또한 미수(未水)가 조래(朝來)시에 곤수(坤水)와 개잡(涽雜)해도 역시 불가하니 이를 가리켜 대살(帶煞)이라 한다.

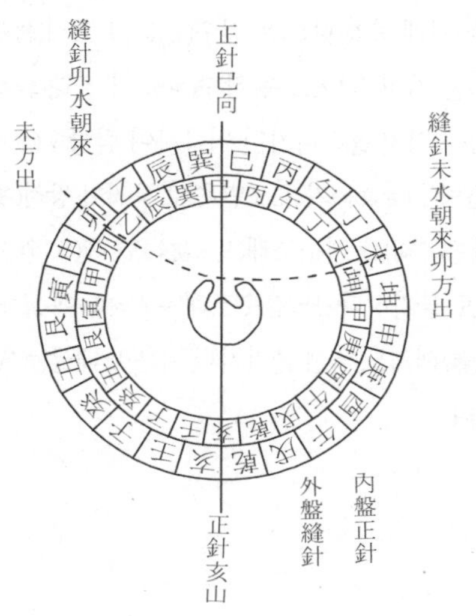

④ **보필수도례**(輔弼水圖例) : 진경해미입진경해미향(震庚亥未立震庚亥未向), 갑산경향(甲山庚向). : 정침(正針)은 갑산경향(甲山庚向)인데 봉침(縫針)은 해수조래(亥水朝來)에 미방출(未方出)하거나 혹 미수조래(未水朝來)에 해방출(亥方出)이면 이를 보필귀원수(輔弼歸元水)라 한다. 보필수(輔弼水)에는 주로 문무(文武)가 겸자(兼資)한 인재가 나서 출장입상(出將入相)의 부귀를 누린다. 단 해수조래(亥水朝來)면 임수(壬水)와 개잡(涽雜)이 불가하고 미수(未水)가 조래(朝來)시에는 곤수(坤水)와 개잡(涽雜)이 불가하니 위지대살(謂之帶煞)이다.

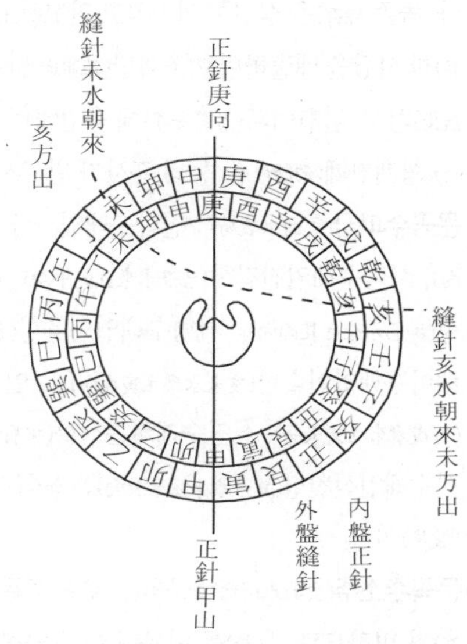

⑤ **파군수도례**(破軍水到例) : 진경해미입감계신진향(震庚亥未立坎癸申辰向), 오산자향(午山子向). : 정침(正針)은 오산자향(午山子向)인데 봉침(縫針)은 해수(亥水)가 조래(朝來)하여 묘방(卯方)으로 나오거나 혹은 묘수(卯水)가 조래(朝來)하여 해방(亥方)을 경유하여 출거(出去)하면 이를 파군수(破軍水)라 이르니 이때에는 주로 흉폭지한(凶暴之漢)이 출(出)하여 겁탈과 관재(官災) 송사(訟事)를 일삼는다.

⑥ **염정수도례**(廉貞水圖例) : 이임인술입간병향(離壬寅戌立艮丙向), 임산병향(壬山丙向). 설명 : 정침(正針)은 임산병향(壬山丙向)인데 봉침(縫針)은 오수래거(午水來去)면 이를 염정수(廉貞水)이라 이른다. 이때에는 주로 이향(離向) 퇴재(退財) 음란(淫亂) 가적(家賊) 회록(回祿) 혈질(血疾) 등이 생기고 3방(三

房)이 패한다.

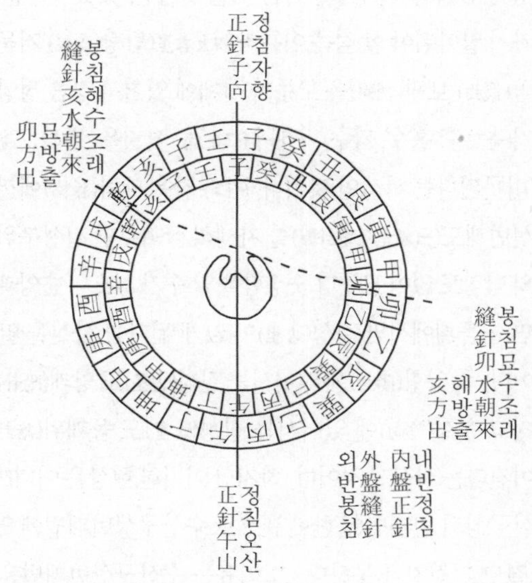

⑦ **녹존수도례**(祿存水圖例) : 진경해미입건갑향(震庚亥未立乾甲向), 손산건향(巽山乾向). 설명 : 정침(正針)은 손산건향(巽山乾向)인데 봉침(縫針)은 해수조래경유출(亥水朝來庚由出)이거나 또는 경수조래 해방출(庚水朝來 亥方出)이면 이를 가리켜 녹존수(祿存水)라 하니 이때에는 주로 정재양패(丁財兩敗)라 한다. 허로(虛癆)에 절사(絶嗣)이니 장정(壯丁)을 손(損)하고 패절(敗絶)한다.

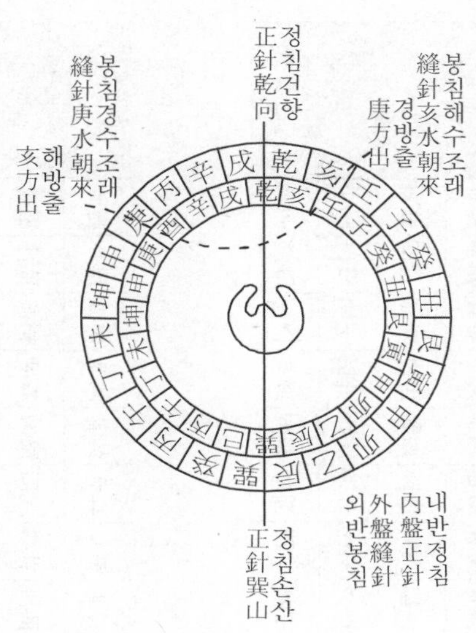

⑧ **문곡수도례**(文曲水圖例) : 손신입감계신진향(巽辛立坎癸申辰向), 술산진향(戌山辰向). 설명 : 정침(正針)은 술산진향(戌山辰向)인데 봉침(縫針)의 손수(巽水)가 내(來)하거나 거(去)하면 이를 문곡수(文曲水)라 하니 이때에는 주로 출유탕자(出遊蕩子)라 하며 패진가재(敗盡家財)하고 연조화란(連曹禍亂)하며 3방(三房)의 패(敗)를 가져온다.

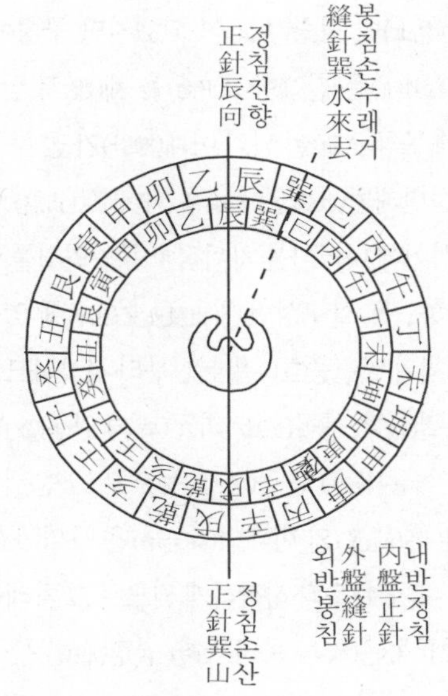

ㄱ

❖ 구성수법배괘지법(九星水法配卦之法)

[收山九星翻卦法]

來龍 / 九星			乾甲
☱ 兌	貪狼	一上	兌丁
☳ 辰	巨門	二中	震庚
☷ 坤	祿存	三下	坤乙
☵ 坎	文曲	四中	坎癸
☴ 巽	廉貞	五上	巽辛
☶ 艮	武貞	六中	艮丙
☲ 離	破軍	七下	離壬
☰ 乾	輔弼	八中	乾甲

[出煞翻卦法]

立向正以針 / 看水縫以針			乾甲
☰ 乾	輔弼	伏位	乾甲
☲ 離	武曲	延午	壬午寅戌
☶ 艮	破軍	絶命	艮丙
☴ 巽	廉貞	五鬼	巽辛
☵ 坎	貪狼	生氣	癸子申辰
☷ 坤	巨門	天乙	坤乙
☳ 辰	祿存	禍害	庚卯亥未
☱ 兌	文曲	六殺	丁丑巳午

구성수법(九星水法)의 배번괘지법(配翻卦之法)은 수산구성(收山九星)의 배괘지법(配卦之法)과는 다르다. 즉 수산구성의 번괘지법이 일변상효(一變上爻)인데 반해 구성수법(九星水法)의 번괘지법(翻卦之法)은 일변중효(一變中爻)부터 비롯되는 점이 다르다고 하겠다. 가령 건갑(乾甲)을 체를 삼을적에 수산구성(收山九星)이라면 일상변효(一上變爻)가 당연하게 탐랑(貪狼)이 되므로 태상(兌上)이 탐랑(貪狼)이 되겠지만 구성수법(九星水法)의 번괘법(翻卦法)은 건갑향(乾甲向)을 체(體)로 삼아 이중변효(二中變爻)에 무곡(武曲)이 되니 이괘(離卦)가 곧 무곡(武曲)이 된다. 수산구성번괘법(收山九星翻卦法)과 출살(出煞) 9성번괘법(九星翻卦法) 사이에 나타나는 차이점이 무엇인지를 알 수가 있겠다. 다시 말하면 출살구성번괘(出殺九星翻卦)에 있어서는 보필(輔弼)을 앞세워 일변중효(一變中爻)부터 시작하므로 그 다음 차례는 곧 보필(輔弼) 무곡(武曲) 파군(破軍) 염정(廉貞) 탐랑(貪狼) 거문(巨門) 녹존(祿存) 문곡(文曲) 등으로 그 순서가 진행되지만, 수산9성(收山九星)의 번괘법(翻卦法)은 복위(伏位) 앞세워서 일변상효(一變上爻)부터 시작하게 되므로 그 차례는 곧 탐랑(貪狼) 거문(巨門) 녹존(祿存) 문곡(文曲) 염정(廉貞) 무곡(武曲) 파군(破軍) 보필(輔弼) 등의 순서로 진행하게 되므로 양자(兩者)의 변효과정은 현저하게 차이가 나는 것을 알 수가 있겠다. 여기에서 한가지 알아둬야 할 점은 이른바 四大吉星(탐랑(貪狼) 거문(巨門) 무곡(武曲) 보필(輔弼)은 모두가 실제에 있어서 정음 정양과 기배기(奇配奇 : 홀수, 짝수) 우배우(偶配偶 : 짝지은 것)하는 위치에서 비롯된다는 사실인 것이다. 이와 같은 맥락(脈絡)에서 출살구성변괘도(出殺九星變卦圖)를 자세히 살펴보면 길성부위는 한 점의 박잡도 없이 모두다 순정함을 알 수가 있으니 순양괘가 아니면 순음괘에서만 길성(吉星)이 앉게 된다는 사실을 알게 될 것이다. 즉 양향(陽向)에 있어서는 길성(吉星)도 양괘(陽卦)에 떨어지고 음향(陰向)에 있어서는 길성(吉星)도 음괘위(陰卦位)에 떨어진다는 사실인 것이다. 하지만 이러한 현상은 어디까지나 출살구성의 번괘법에 한할 뿐으로 수산구성번괘법에 있어서는 결코 그렇지가 못하다. 그 이유는 수산구성번괘법은 내룡이 길흉간에 어느 방위에서 입혈(入穴) 했음인지를 알고는 연후에 삼길육수방(三吉六秀方)을 가려내는 법인 고로 출살구성번괘법이 순정함을 강조하는 것과는 자못 입장이 다르다고 하겠다. 다시 말하면 수산출살(收山出殺)의 번괘에 있어서는 삼길육수방위로만 내룡(來龍)이 낙재(落在 : 내려온 것) 하면 순정도 박잡도 가리지 않고 이를 최길(最吉)로 보아서 이를 취용(取用)하면 그만이지만 출살구성의 번괘법에 있어서는 향(向)과 내수(內水)와의 관계를 구성(九星)을 통해서 판별하는 것이므로 아무리 길성방(吉星方)의 내수라 할지라도 그것이 순정(純淨)을 벗어나면 쓰지 못하는 것이기 때문에 출살구성번괘법(出殺九星翻卦法)을 일종의 규격화를 시켜놓으므로서 만약 수(水)가 향(向)과 더불어 순정을 이루고 나면 구성(九星)도 역시 길성이 되겠금 돼있는 것이 곧 출살구성번괘법인 것이다. 그런데 만일 길성(形狀九星)이 흉성(凶星) 〈方位九星〉 부위(部位)의 향(向)이나 내수(來水)에 떨어지면 이는 단순하게 성(星)만이 흉한 것이 아니라, 복잡하게 되어 더욱 흉(凶)하게 되는 것이다.

❖ **구성의 길흉** : 영(英) : 탐랑(貪狼)이 기이하면 문장과 귀(貴)를 얻는다. 험하면 목염(木炎)이 든다. 개 휴 생 경문이 도림하면 흉(凶)을 구한다. 임(任) : 거문, 기이하면 부를 얻는다. 험하면 수

염(水炎)이 든다. 삼기(乙丙丁)가 도림하면 흉을 구(救)한다. 주(柱) : 녹존, 기이하면 녹을 얻는다. 험하면 수염(水炎)이 든다. 戊己가 구한다. 심(心) : 문곡, 기이하면 문과에 오른다. 험하면 물로 환란을 겪는다. 무기(戊己)가 구한다. 금(禽) : 염정, 기이하면 청렴한 선비를 배출한다. 보(甫) : 무곡 모두가 길하다. 충(沖) : 파군, 높고 위압적이면 모두 흉하다. 예(芮) : 좌보, 길흉이 따로 없다. 봉(蓬) : 우필, 길한 것은 있어도 흉은 없다. 여기서 유념할 것은 팔문은 주로 생명(生命 : 살아 있는 후손)에 작용하고 구성은 주로 화명(化命 : 죽은 사람)에 작용한다는 점이다.

❖ **구성오행**(九星五行)

① **재천구성**(在天九星) : 탐랑(貪狼)＝목(木), 거문(巨門)＝토(土), 록존(祿存)＝금목(金木), 문곡(文曲)＝수(水), 염정(廉貞)＝화(火), 무곡(武曲)＝금수(金水), 파군(破軍)＝금화(金火), 좌보(左輔)＝금(金, 좌필(左弼)＝금토(金土) 위에서 탐랑(貪狼), 거문(巨門), 무곡(武曲), 보필(輔弼)은 길성(吉星)이거 나머지는 흉성(凶星)이다.

② **재지구성**(在地九星) : 태양성(太陽星)＝금(金), 태음성(太陰星)＝금토(金土), 금수성(金水星)＝금수(金水), 자기성(紫氣星)＝목(木), 천재성(天財星)＝토(土), 천강성(天罡星)＝금화(金火), 조화성(燥火星)＝화(火), 고요성(孤曜星)＝금목(金木), 소탕성(掃蕩星)＝숙(水), 이상 재지구성(在地九星)은 금동규(金東奎)의 풍수지리(風水地理) 구성학(九星學)을 보면 가장 세밀하게 설명되어 있다.

❖ **구성운행의 공간정위** : 구성의 운행은 천상(天上)의 특정한 방위의 공간으로 진행되는데 이 천상의공간 방위는 북극성(北極星)을 중심으로 확정된다. 북극성은 일명 북신(北辰)이라고도 하는데 지구의 정북장향에 위치해 있으면서 영원히 움직이지 않는 항성(恒星)으로 천상에서 운행되는 모든 행성의 표준점이 된다. 그러므로 옛사람들은 이 북극성을 기점으로 지구상의 모든 방위를 설정하였다. 북극성과 북두칠성은 일정한 거리를 오차없이 유지하고 있는데 북극성의 첫머리별인 괴성(魁星) 즉 천추(天樞)와 둘째별인 작성(鬼勺星) 즉 천선(天璇)의 선상을 곧게 그어 천선에서 천추 사이의 거리보다 약 다섯배 정도 먼 거리위에 부동(不動)하고 있는 별이 북극성이다. 북두칠성은 북극성을 중심으로 시계바늘 방향으로 일년간에 걸쳐 한바퀴를 돌게 되는 데 이를 일년주기라고 한다.

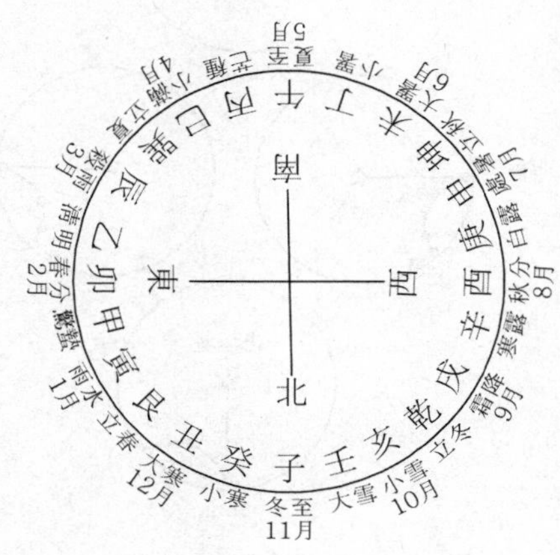

이렇게 일년주기를 선회하는 동안 두병(斗柄:북두칠성의 자루)이 가리키는 방향이 매달(每月)에 해당된다. 그림에서 보듯 12방위 중 정북쪽인 자방(子方)을 가리킬 때는 동지달이고, 정남인 오방(午方)을 가리킬 때는 오월달이며, 유방(酉方)을 가리키면 팔월이 된다는 뜻이다. 양력은 두병소지(斗柄所指)하는 원리로 볼 때 한달을 빠르게 설정했다. 그러므로 절기와 정확하게 문합(吻合)되지 못한다. 동양역법(東洋曆法)에서는 오늘의 양력같은 산법이 없는 것이 아니라 15일 간격으로 24절기를 두었기 때문에 양력보다 더 세분되고 정확한 역법(曆法)이 오래전부터 있었다.

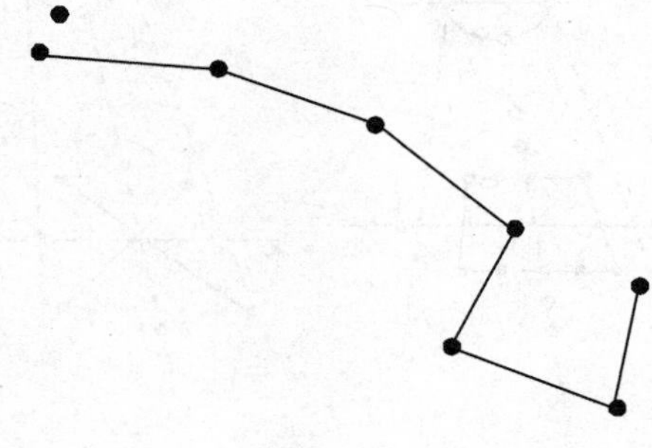

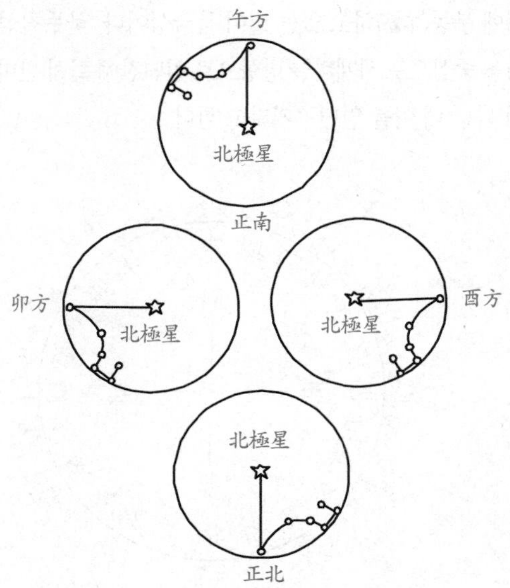

북두칠성이 북극성을 도는 확정된 방위를 낙서구수(洛書九數)와 팔괘구궁(八卦九宮)으로 표시한 것이다.

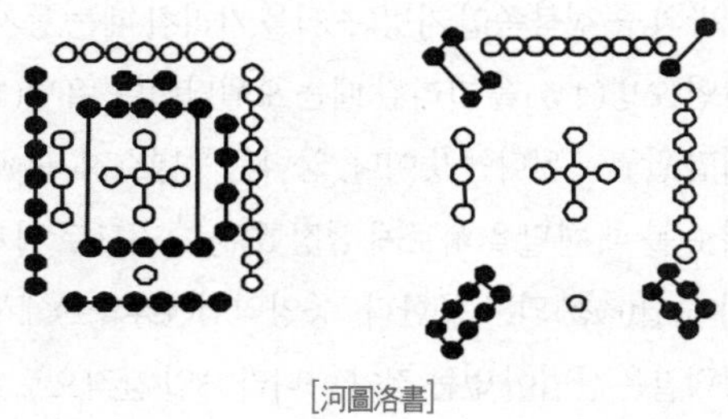

[河圖洛書]

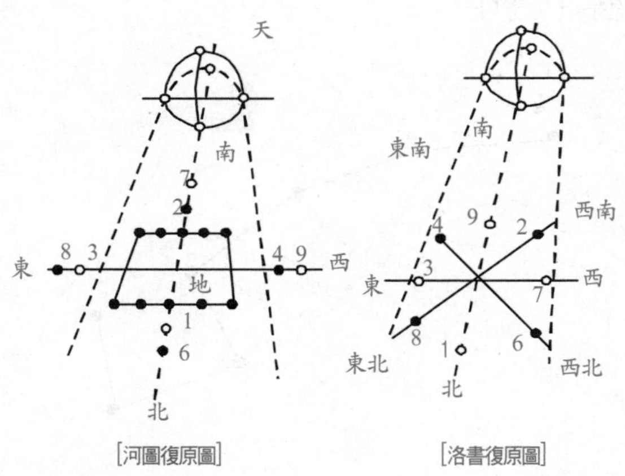

[河圖復原圖] [洛書復原圖]

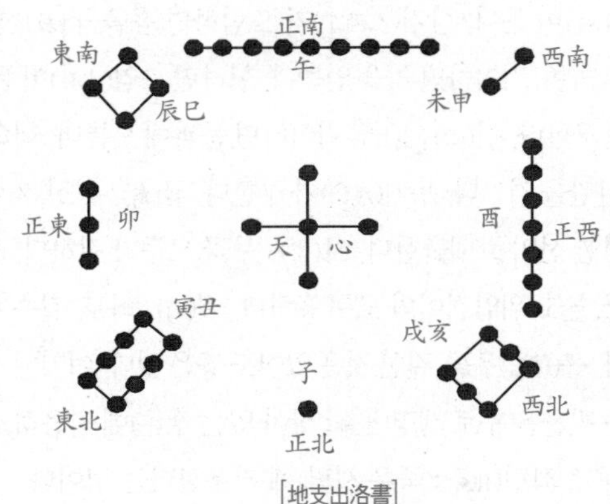

[地支出洛書]

낙서(洛書)의 3과 팔괘의 진궁(震宮)은 정동방(正東方)이 된다.
낙서(洛書)의 4와 팔괘의 손궁(巽宮)은 동남방(東南方)이 된다.
낙서(洛書)의 9와 팔괘의 이궁(離宮)은 정남방(正南方)이 된다.
낙서(洛書)의 2와 팔괘의 곤궁(坤宮)은 서남방(西南方)이 된다.
낙서(洛書)의 7과 팔괘의 태궁(兌宮)은 정서방(正西方)이 된다.
낙서(洛書)의 6과 팔괘의 건궁(乾宮)은 서북방(西北方)이 된다.
낙서(洛書)의 1과 팔괘의 감궁(坎宮)은 정북방(正北方)이 된다.
낙서(洛書)의 8과 팔괘의 간궁(艮宮)은 동북방(東北方)이 된다.
낙서(洛書)의 5와 팔괘의 중궁(中宮)은 천심(天心)이 된다. 낙서구수(洛書九數)에는 팔괘구궁(八卦九宮) 팔괘방위(八卦方位 : 12지 포함) 칠색구기(七色九氣) 등은 물론 천심(天心)수에 의해 양순음역(陽順陰逆)하는 이치까지 다 포함되어 있는데, 일반 낙서도(洛書圖)에는 이를 밝히지 않고 있으나 현공학에서는 이를 완전하게 밝혀 놓았다. 원래 천체 은하계는 우선(右旋 : 시계침의 반대방향)하지만 사람이 지구에서 바라 볼 때는 시계바늘 방향(順時針)으로 도는 것같이 보인다. 지구 역시 서에서 남으로, 남에서 동으로, 동에서 북으로, 북에서 서로 역회전(逆回轉)하고 있으므로 우리가 시계를 만들 때 사실 시계바늘은 고정시켜 놓고 시계의 몸체를 지구가 돌 듯 역회전시켜야 되는 것이지만, 그것은 대단히 불편한 일이므로 바늘이 순침으로 시간을 쫓아돌게 한 것과 같은 이치이다. 아이들의 둥근 장난감 벽시계를 가지고 실험을 해보면 이해가 갈 것이다. 수천년을 통해 인류는 지구상에서 우주를 관찰하는 습관을 가져 드디어 우주의 기선(氣旋)은 영원히 좌선(左旋)한다는 이치를 알아냈다. 이러한 천지의 기선을 표시한 것이 낙서구궁의 구성인데 이 구성의 운행은 ∽형의 궤적(軌跡)을 따라 순역을 반복한다. 우주는 천상(天上)에 있어 양(陽)에 속하고 지구는 천하(天下)에 있어 음(陰)에 속한다. 양은 원래 앞으로 나가는 본성이 있고(陽主進) 음은 원래 뒤로 물러서는 본성이 있어(陰主退), 존지의 기운을 표시한 것이 낙서이므로 낙서에는 양수는 순비(順飛)하고 음수는 역비(逆飛)한다. 이같이 양수는 우주상에서도 양에 속하여 순행하고 음수는 우주상에서 있어서도 음에 속하여 역행하는데, 양이 순비(順飛)하는 것은 우주의 기장(氣場)이 지구에 대해 작용하는 기운을 나타내는 것이고, 음이 역비(逆飛)하는 것은 지구자체의 기장(氣場)이 변화하는 작용을 나타낸 것이다. 이로 볼 때 지면에는 우주의 기장과 지구자체의 기장이 서로 어우러져 상호 통일하고 있는데 현공학은 이를 알아내어 순역을 가려 실생활에 적용하는 실용 학문이다.

❖ **구성운행의 시간구분**(九星運行의 時間區分) : 낙서구궁(洛書九宮) 안에는 시간의 인소(因素)까지도 모두 포함되어 있으니 이러한 시간적 인소를 삼원구운(三元九運)이라 한다. 낙서에는 아홉 개의 궁수(宮數)가 있고 지운(地運)은 한 궁에서 20년을 작용하므로 낙서구궁을 일주(一週)하려면 180년이 걸린다. 그러므로 삼원구운(三元九運)이란 일원(一元)은 60년, 즉 육십화갑자년(六十花甲子年)이란 뜻이니 삼원(三元)은 곧 180년이 되고 구운(九運)은 180년이 지나가는 아홉 번의 운수(運數)란 뜻이다. 육십갑자(六十甲子)의 간지기년(干支紀年)의 원년(元年)은 기원전 2697년 갑자년(甲子年)을 황제원년(黃帝元年)으로 삼고 있으므로 지난 서기 1983년 계해(癸亥)년까지 78년번의 일원갑자(一元甲子)가 지나갔고, 현재와 앞으로 2043년까지는 79번째의 갑자기년(甲子紀年)속에 들어 있게 된다. 근대(近代)의 삼원구운년한표는 다음과 같다.

上元	一運	二運	三運
	朝鮮肅宗10년~숙종29년 (서기 1684~1703)	肅宗30년~景宗3년 (1704~1723)	景宗4년~英祖19년 (1724~1743)
	高宗1년~高宗20년 (1864~1883)	고종21년~大韓帝國7년 (1884~1903)	大韓高宗8년~日帝侵略時代 (1904~1923)
中元	四運	五運	六運
	英祖20년~英祖39년 (1744~1763)	英祖40년~正祖7년 (1764~1783)	正祖8년~純祖3년 (1784~1803)
	서기 1924년~1943년	서기 1944년~1963년	서기 1964년~1983년
下元	七運	八運	九運
	純祖4년~純祖23년 (1804~1823)	純祖24년~憲宗9년 (1824~1843)	憲宗10년~哲宗14년 (1844~1863)
	서기 1984년~2003년	서기 2004년~2023년	서기 2024년~2043년

❖ **구성의 음덕**(九星의 陰德)

1. 탐랑성(貪狼星) 자손창성(子孫昌盛)
2. 거문성(巨門星) 장애소멸(障碍消滅)
3. 녹존성(祿存星) 업장소제(業障消除)
4. 문곡성(文曲星) 소구개득(所求皆得)
5. 염정성(廉貞星) 사사부장(事事不障)
6. 무곡성(武曲星) 발복여의(發福如意)
7. 파군성(破軍星) 불리호연(不離好緣)
8. 좌일성(左日星) 소재식열(消災息熱)
9. 우월성(右月星) 반고열락(返苦悅樂)

구성(九星)은 구진(九辰)이라고도 하는데 하늘의 금문(金門)에서 아래로는 곤륜(崑崙)을 통제하며 능히 세간의 고통을 구한다 하니 너무 삼길성(三吉星)만 찾지 말 것이다. 화성(火星), 금성(金星)으로만 되어 병(丙), 경(庚), 정(丁), 신(辛)으로 지지(地支)를 따라 하는데 어느 곳을 좇을 것인가는 망자의 납음오행(納音五行) 또는 쌍산오행(雙山五行)에 맞추고, 십이운성(十二運星) 중에서 장생(長生), 관대(冠帶), 건록(建祿), 제왕(帝旺)을 살펴서 분금하여야 되며, 조산(朝山)이나 안산(案山)에 흉이 되지 않도록 한다.

① **이십사좌 분금**(二十四坐分金)

- 자계좌(子癸坐)에는 병자 : 경자에서 향(向)
- 축간좌(丑艮坐)에는 정축 : 신축에서 향(向)
- 인갑좌(寅甲坐)에는 병인 : 경인에서 향(向)
- 묘을좌(卯乙坐)에는 정묘 : 신묘에서 향(向)

ㄱ

- 진손좌(辰巽坐)에는 병진 : 경진에서 향(向)
- 사병좌(巳丙坐)에는 정사 : 신사에서 향(向)
- 오정좌(午丁坐)에는 병오 : 경오에서 향(向)
- 미곤좌(未坤坐)에는 정미 : 신미에서 향(向)
- 신경좌(申庚坐)에는 병신 : 경신에서 향(向)
- 유신좌(酉辛坐)에는 정유 : 신유에서 향(向)
- 술건좌(戌乾坐)에는 병술 : 경술에서 향(向)
- 해임좌(亥壬坐)에는 정해 : 신해에서 향(向)

❖ **구성지리이기법**(九星地理理氣法) : 형상(形象) 구성(九星) 및 방위(方位) 구성지설(九星之說)로서 형상구성(形象九星)이란 것은 탐랑(貪狼), 거문(巨門), 녹존(祿存), 문곡(文曲), 염정(廉貞), 무곡(武曲), 파군(破軍), 좌보(左輔), 우필(右弼) 등을 말한다. 선현(先賢)이 이르기를, 재천성상(在天成象) 재지성형(在地成形) 이천상관지(以天象觀之) 이형체판지(以形體辦之)라 하였으니 즉 하늘은 상(象)을 이루고 땅은 형(形)을 이루었으니 상(象)으로서 천(天)을 관찰하고 형으로서 지(地)의 성체를 판별하게 하였다 라는 뜻이 된다. 용이 비록 결지(結地)에 입수(入首)했을지라도 먼저 용의 기점(起點)을 살펴 과협의 호부(好否)를 알아야 하고 만두(巒頭)의 기세가 어느 성체에 해당한지도 인지할 줄 알아야 한다. 이를 알아내는 방법은 오로지 나경(羅經)의 지반정침(地盤正針)으로서 방향을 정한 다음에 면력(眠力)으로서 성체를 판지(辦知)해야 한다. 내룡(來龍)이 입수결혈함에 이르러서 용의 형상구성오행(形象九星五行)이 납갑소속(納甲所屬)의 5행(五行)과의 배치된 상황을 살피고 다시금 성체행도(星體行度)가 방위구성에 이르러 성체오행과 방위오행의 생극관계를 살펴본 연후에 결지여부를 다시 살펴야 한다. 구성(九星)의 서차(序次)는 곤괘(坤卦)로부터 시작이니 즉 곤괘상효(坤卦上爻)에서 번변(翻變)해 내려오는 것이다. 그 연유는 곤괘(坤卦)는 지(地)가 되며 지(地)는 능재만물(能載萬物)하기 때문이다. 그러므로 구성(九星)의 형태는 모두 땅 위에서 생성된 것이다. 구성(九星)의 서차(序次) 및 5행(五行)은 모두 똑같이 괘에서 형성된다.

① 탐랑성(貪狼星)의 형상과 방위 그리고 결지(結地)와 부결지(不結地)

變卦	九星	五行	坤卦
艮卦	貪狼	木體	艮丙
巽卦	巨門	土體	乾甲
乾卦	祿存	土體	乾甲
離卦	文曲	水體	離寅 壬戌
震卦	廉貞	火體	亥震 未庚
兌卦	武曲	金體	兌巳 丁丑
坎卦	破軍	金體	坎申 癸震
坤卦	輔弼	木體	乾乙

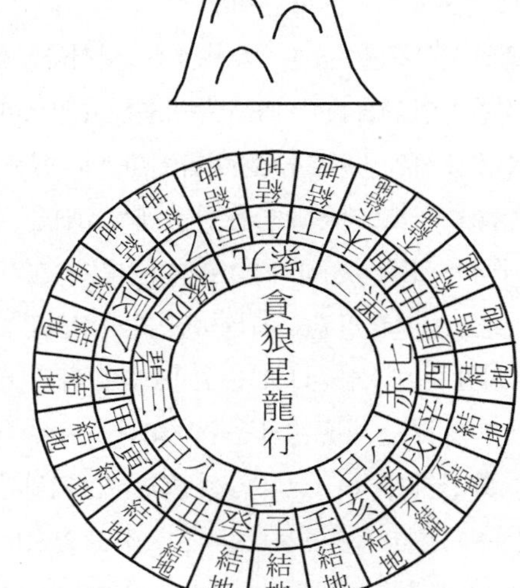

[해설] 탐랑성(貪狼星)은 목(木)에 속하고 산봉(山峰)은 마치 봄날의 죽순 같아서 몸은 곧고 길며 뾰족하면서도 둥글고 평평한 것을 상격(上格)으로 치고, 만일 산우리의 이마가 한쪽으로 기울고 치우쳐져 있으면 이는 하관(下棺)에 속한다.

② 거문성(巨門星)의 형상과 방위 및 결지(結地)와 부결지(不結地)

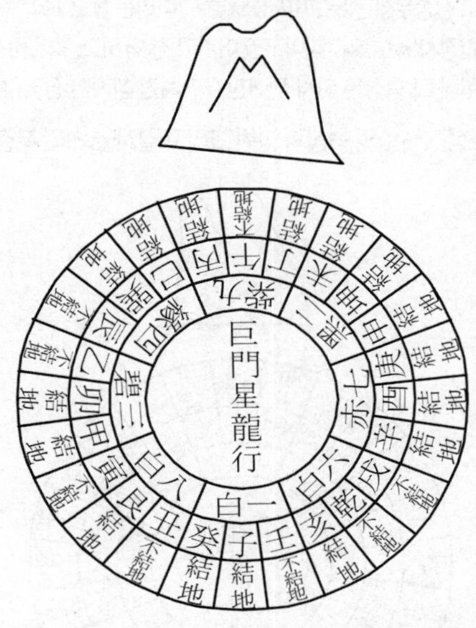

[해설] 거문성(巨門星)은 토(土)에 속하며 산봉우리는 뾰족하지도 둥글지도 않고 방정(方正)하여 마치 괴짝처럼 보이는게 흡사 긴 과대(科帶)를 늘어뜨린 것 같기도 한 것이 앞면에는 소성(小星)이 다대(多大)한데 봉(峰)이 신(身)을 보호하고 감은 듯 하면 상격(上格)에 속한다.

③ 녹존성(祿存星)의 형상과 방위 그리고 결지(結地)와 부결지(不結地)

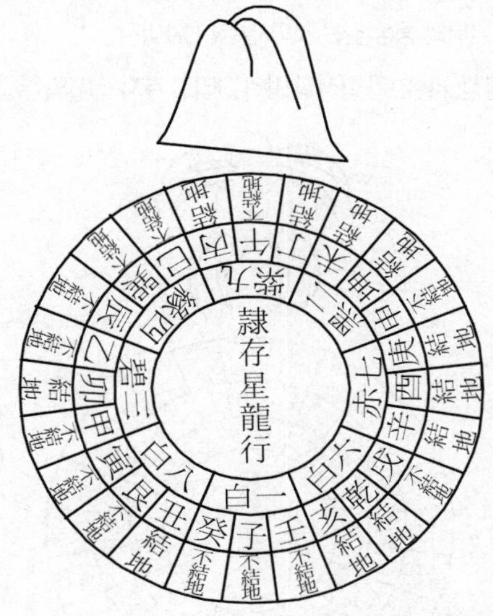

[해설] 녹존(祿存)은 토성(土星)이며 산봉우리는 마치 가지런하게 놓여져 있는 북(鼓)가 같으며 몸은 둥글고 이마는 평평한데 다리는 마치 표주박 같고 앞머리에는 소산(小山)이 있으며, 또 녹존(祿存)의 대(帶)가 있는 것이 상격이고, 봉(峰)이 마치 쇠시랑의 이빨처럼 버드렁하게 기울면 변체(變體)로서 흉하다.

④ 문곡성(文曲星)의 형상과 방위 그리고 결지(結地)와 부결지(不結地)

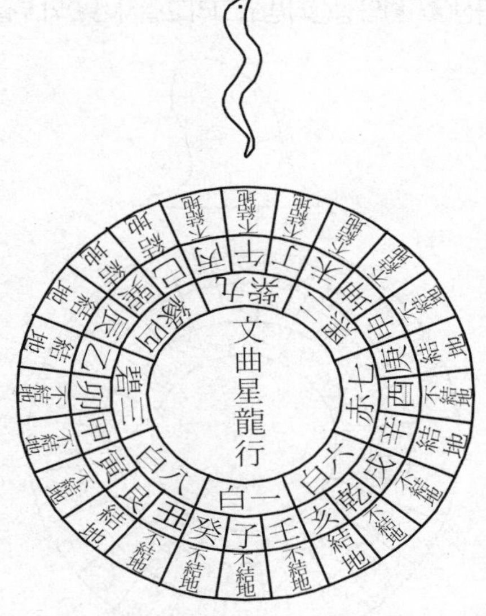

[해설] 문곡성(文曲星)은 수성(水星)이며 산봉우리는 높지 않으며 그 모양은 흡사 뱀이 걸어가는 듯 마치 산자라 같이 생긴 것이 정격(正格)이다. 그러나 만약 측면에만 성봉(成峰)을 하고 몸이 곧으면 마치 사선(絲線) 같으므로 이는 편격(編格)이다.

⑤ 염정성(廉貞星)의 형상과 방위 그리고 결지(結地)와 부결지(不結地)

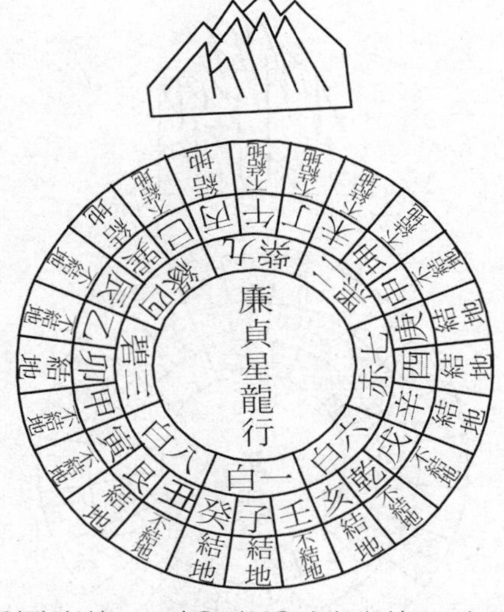

[해설] 염정화성(廉貞火星)은 산봉우리가 외외(巍巍 : 높고 크게 높은 산)하게 쭉 뻗어 나가고 산정(山頂)은 돌을 쌓은 듯 높은 것이

양산을 접어놓은 듯 해야 하며, 또 얼룩소의 머리 같거나, 아니면 홍기(紅旗)가 펄럭이듯 해야 하고, 산정(山頂)에 높게 되어 있어서 역맹(力猛 : 맹수 같은 것)이라 상격(上格)이지만 산이 낮고 작으면 하격(下格)이다.

⑥ 무곡성(武曲星)의 형상과 방위 그리고 결지(結地)와 부결지(不結地)

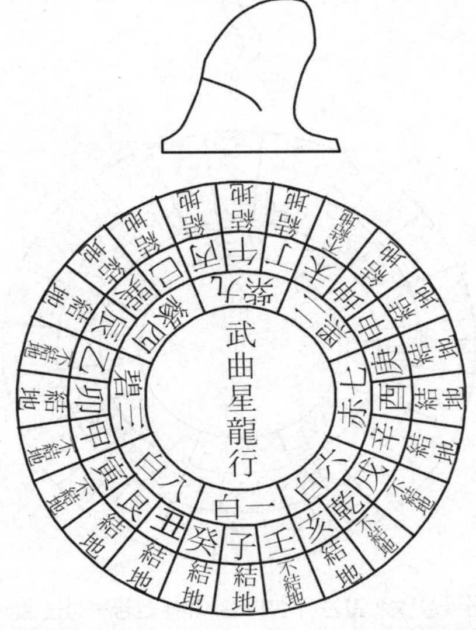

[해설] 무곡금성(武曲金星)은 산봉우리와 산머리의 정상이 모두 둥글고 높아 그 모양이 마치 종(鐘)이나 쇠북을 엎어놓은 듯 하면 합격이지만 반대로 낮고 왜소(矮小)하면 좌보성(左輔星)으로 취변(就變)하므로 주의 깊게 살펴보아 오판이 없도록 해야 하겠다.

⑦ 파군성(破軍星)의 형상과 방위 그리고 결지(結地)와 부결지(不結地)

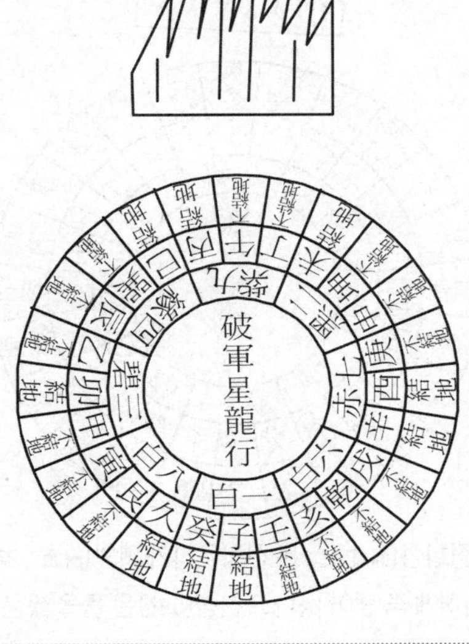

[해설] 파군성(破軍星)은 5행(五行)이 금(金)으로서 금성(金星)이라 이르고 산봉우리는 두고미저(頭高尾低 : 머리는 높고 꼬리는 낮고)에 파렬경사(破裂傾斜 : 파이고 찢어지고 경사)하고, 각유비산(脚乳飛散)한데 그 형상은 마치 찢어진 우산처럼 생겨야 정격(正格)이다.

⑧ 좌보성(左輔星)의 형상과 방위 그리고 결지(結地)와 부결지(不結地)

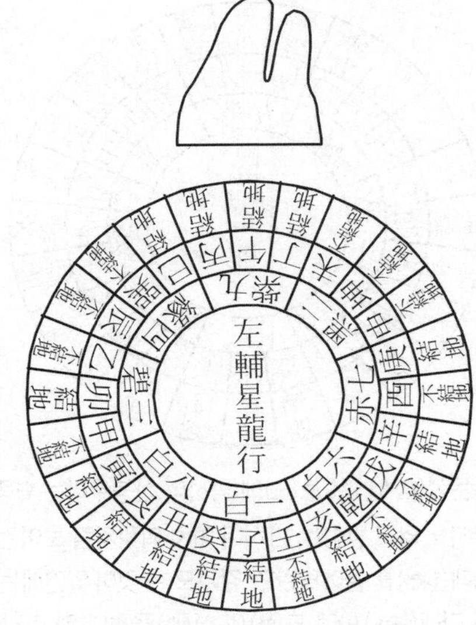

[해설] 보필성(輔弼星)은 금(金)이며 산봉우리는 두려워서 뒷걸음치듯 위태롭게 보이고 두전(頭前 : 머리 앞)은 높은데 뒤는 낮으며 요부(腰部 : 허리부분)가 길어서 북 같기도 하고, 또 한편으로는 낙타의 등봉 같은 것이 정격(正格)이다.

⑨ 우필성(右弼星)의 형상과 방위 그리고 결지(結地)와 부결지(不結地)

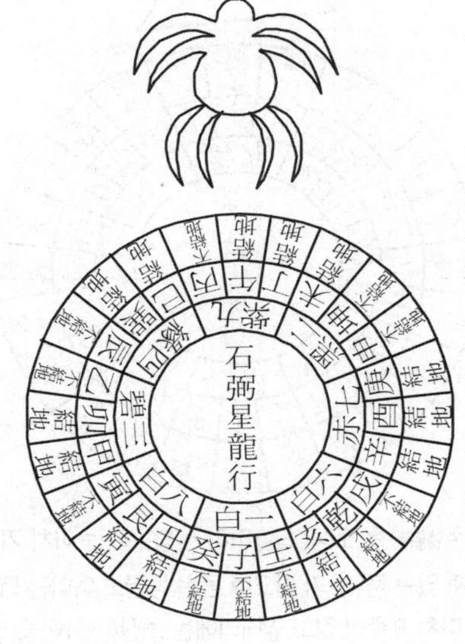

[해설] 우필성(右弼星)은 산봉우리의 형태가 감추어진 것처럼 마치 말발자국 같기도 하고, 또한 거미가 물을 건너듯하며, 때로는 고기가 여울을 기어오르듯 하기도 하고 그런가하면, 또 무엇에 놀란 뱀이 총총히 기어간 발자국 같기도 하다. 끊어진 듯 잇는 듯 짧은 듯하여 흔적을 찾을 수 없으나 정격(正格)이고, 5행(五行)은 수성(水星)이다.

❖ **구성혈**(九星穴) : 탐랑(貪狼), 거문(巨門), 녹존(祿存), 문곡(文曲), 염정(廉貞), 무곡(武曲), 파군(破軍) ,좌보(左輔), 우필(右弼)이다. 탐랑(貪狼)은 정목성(正木星), 거문은 정토성(正土星), 녹존은 토금(土金)을 겸한 것. 문곡은 정수성(正水星), 염정은 2개의 화형(火形)이 연결된 것. 무곡은 금형(金形), 파군은 금화(金火), 겸체(머리는 금형(金形) 다리는 화형(火形)), 좌보는 성신의 왼쪽으로 정토형(正土形), 우필은 오른쪽으로 정토형(正土形)으로 되어 있다. 따지고 보면 5성형(五星形)의 정체(正體)와 변체(變體)가 모두 구성혈(九星穴)이다.

❖ **구옥입택길일**(舊屋入宅吉日) : 새로 짓지 않은 묵은 집으로 들어가 사는데 좋은 날.

춘삼월 – 갑인일(春三月 – 甲寅日)

하삼월 – 병인일(夏三月 – 丙寅日)

추삼월 – 경인일(秋三月 – 庚寅日)

동삼월 – 임인일(冬三月 – 壬寅日)

❖ **구요**(九曜) : 오성(五星)의 변체(變體)로서 양공(楊公)은 산봉우리들을 오성으로 분류하지 않고 구요로 분류했다. 구요 중에서 탐랑성(貪狼星), 거문성(巨門星), 무곡성(武曲星), 좌보성(左輔星), 우필성(右弼星)은 좋은 것이고, 문곡성(文曲星), 염정성(廉貞星), 파군성(破軍星), 녹존성(祿存星)은 흉한 것이다.

❖ **구운이십사산음양속견표**(九運二十四山陰陽速見表)

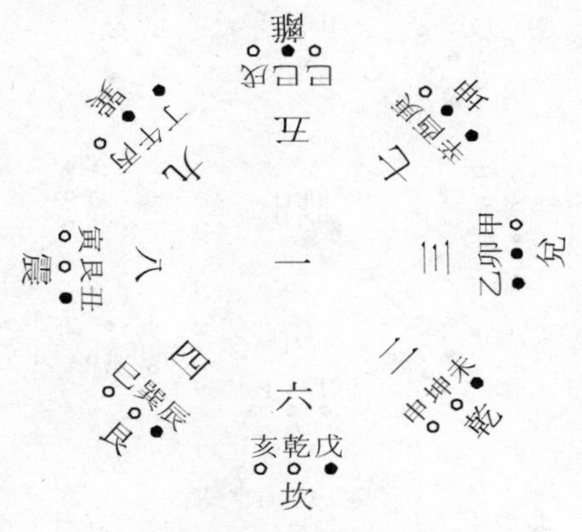

[一運二十四山陰陽圖 (○陽●陰)]

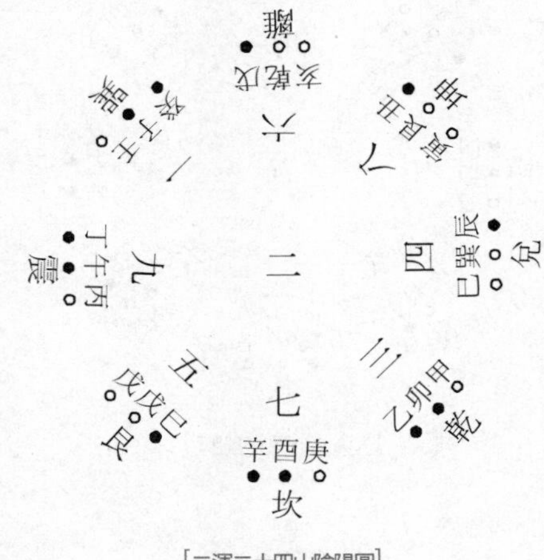

[二運二十四山陰陽圖]

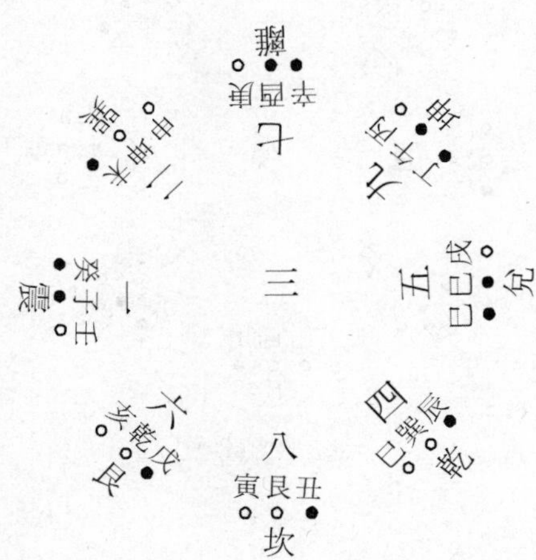

[三運二十四山陰陽圖]

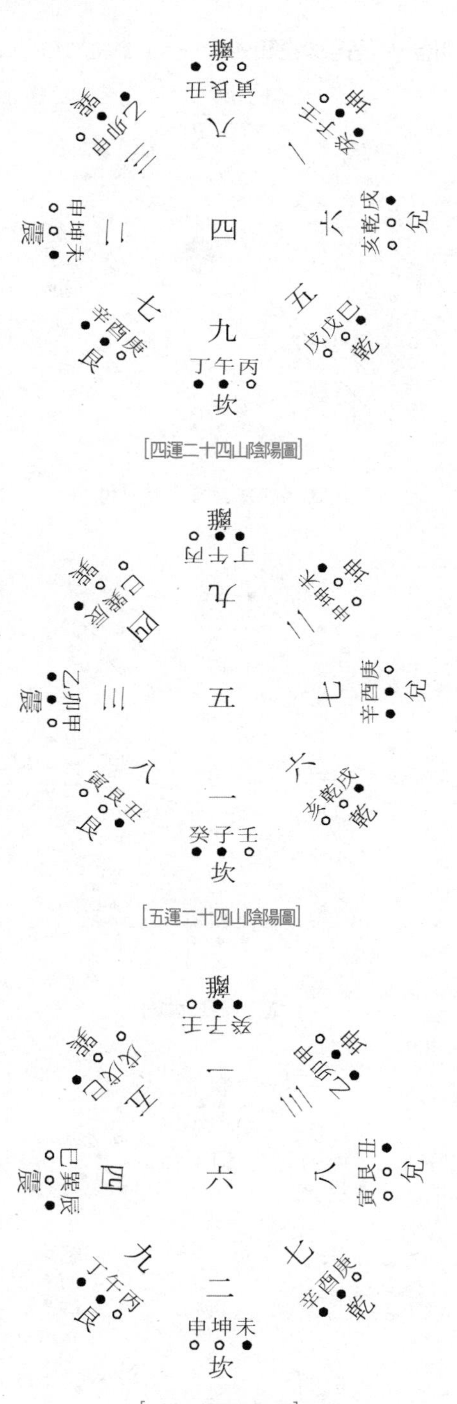

[四運二十四山陰陽圖]

[五運二十四山陰陽圖]

[六運二十四山陰陽圖]

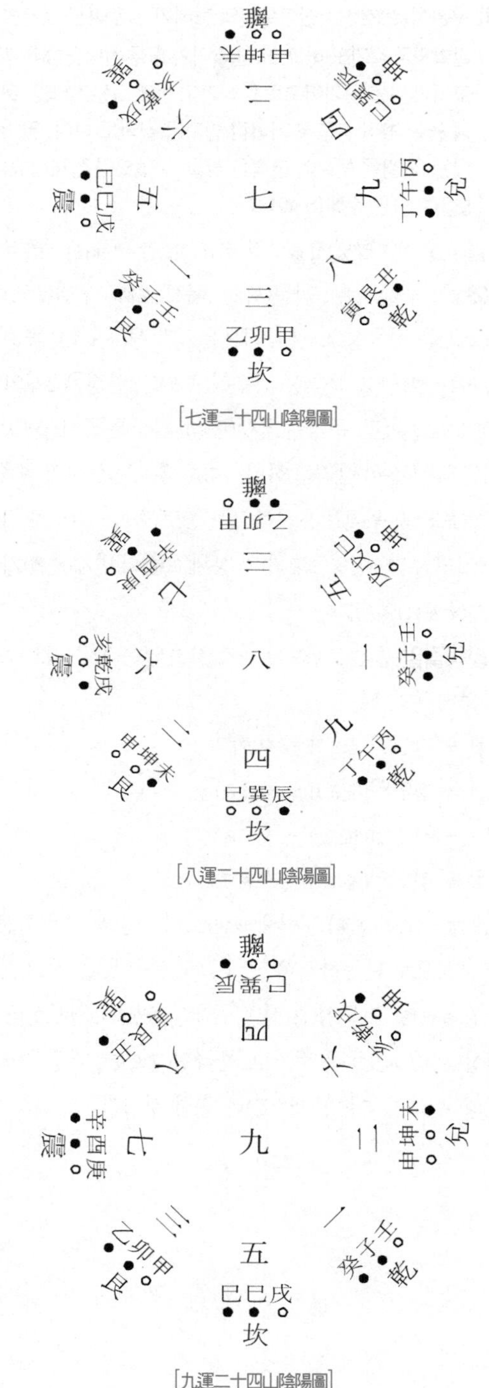

[七運二十四山陰陽圖]

[八運二十四山陰陽圖]

[九運二十四山陰陽圖]

❖ **구인**(蚯蚓) : 지렁이와 같이 생긴 형국. 평탄한 땅에 있으며, 산줄기가 길면서 밋밋하다. 혈은 지렁이의 머리 쪽에 있다.

❖ **구전심술**(口傳心術) : 입으로 전하는 것을 마음으로 느끼는 것.

❖ **구진흑도**(句陳黑道) : 흑도 흉신의 하나로서 안장(安葬)을 꺼리는 날.

正七月 – 亥日, 二八月 – 丑日, 三九月 – 卯日,

四十月 – 巳日, 五十一月 – 未日, 六十二月 – 酉日

子午日 – 未時, 丑未日 – 酉時, 寅申日 – 亥時,

卯酉日 – 丑時, 辰戌日 – 卯時, 巳亥日 – 巳時

❖ **구조배치길흉분별도**: 도회지 가옥(아파트, 맨션, 연립 포함)은 집터와 더불어 주택의 방과 내부의 실내구조를 집의 형태로 미루어 비례·추리하며 천정(天井)은 마당을 의미하는 경우도 있으므로 특별히 유의하여야 한다.

• **안기분산격**(安氣分散格) : 외관은 그런대로 짜임새와 규모가 있는 것 같으나 내부 골격이 어긋나고 치고 받으며 모양새가 일그러진 것은 오역(忤逆)과 방탕, 흉폭 및 실패와 파탄이 따른다.

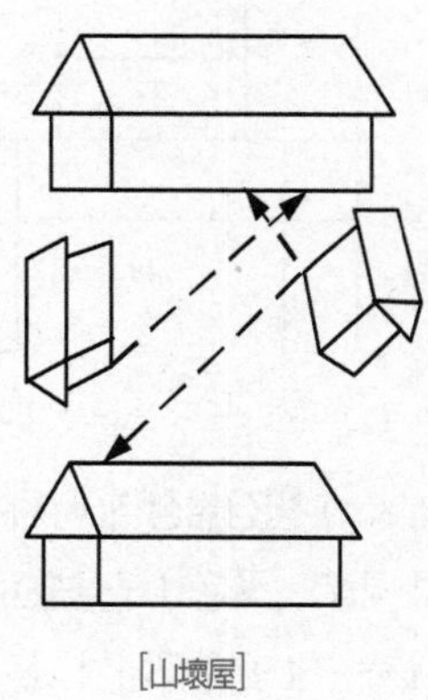

[山壞屋]

• **우병손패격**(憂病損敗格) : 우환과 질병으로 손실과 낭패를 치르게 되며 처첩과 자녀의 손상과 불상사 및 담화(痰火), 토혈(吐血), 응적(凝寂)의 질환, 육축(六畜 ; 온갖 짐승)과 인정(人丁 ; 식구들 및 젊은 청장년)의 실패와 장해 등의 궂은 일, 시비며 말썽과 고난을 치르게 된다. 점선 표 부위로 작은 건물들의 위치가 옮겨진다면 오히려 길상(吉祥)의 형국으로 전환된다.

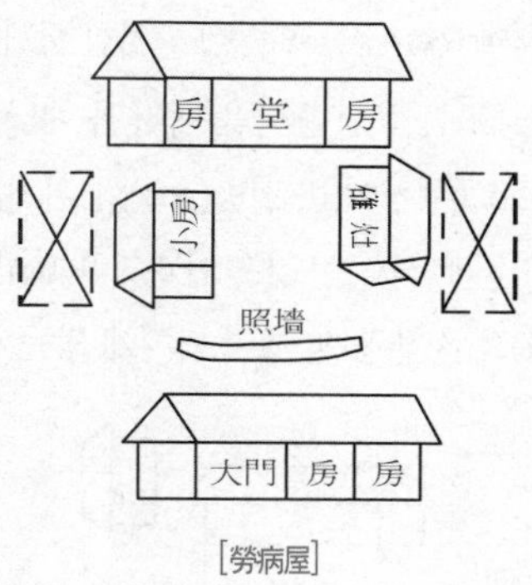

[勞病屋]

조장(照墻) : 안담장 또는 내외부 차폐물 등속

소옥(小屋) : 안사랑 또는 광, 창고, 보관실

대조(碓灶) : 부엌과 거기 딸린 작은 보관실, 헛청

• **병열좌사협**(竝列左射脇), **흉파병패격**(凶破病敗格) : 수족과 허리에 관련된 질병과 사고, 손상과 주로 장자손에게 불상사나 파탄 및 궂은 일이 닥치고 좌안(左眼) 쪽의 흉험이 발생하게 된다.

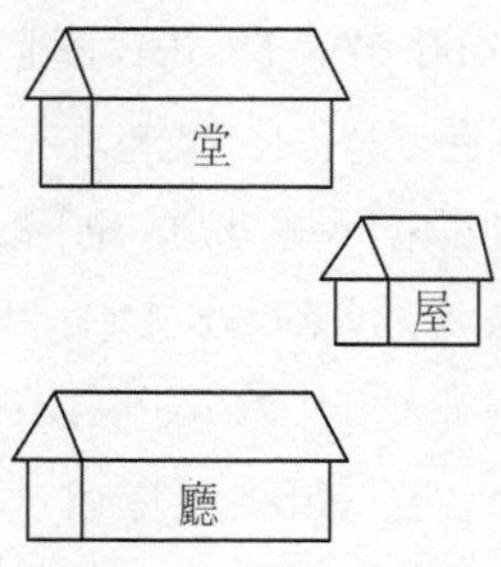

• **병열우사협**(竝列右射脇), **파괴고병격**(破壞苦病格) : 질병과 실패, 불행, 사고, 신체 및 재물의 손상, 불구자가 생기며 처자식과의 분산, 이별, 집안 풍파와 재혼 외에도 우환과 형처극자(刑妻克子)하는 파탄이 발생하게 된다.

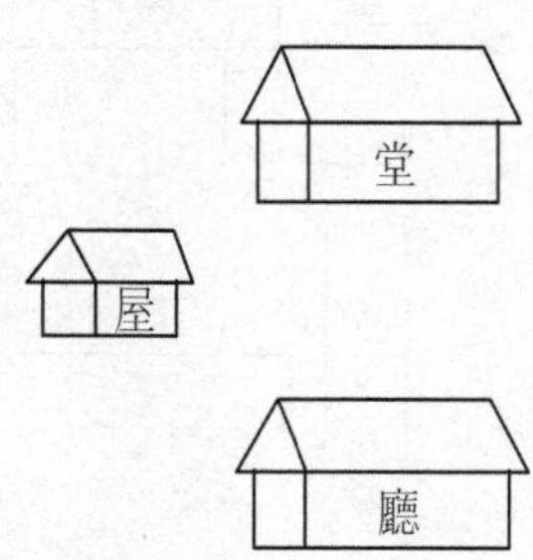

• **목질일상격**(目疾縊喪格) : 후방에 위치한 사각이 엇비슷한 작은 건물의 구도는 흉험한 죽음 내지 목 매달아 자살해 죽는 사람이 나오는 형상이고, 전방(前方)에 위치한 길이가 높고 곧은 작은 건물의 구도는 잦은 안과질환(眼目疾) 내지 실명사고(失明事故)의 장해 및 불행이 닥치게 되는 형상이다.

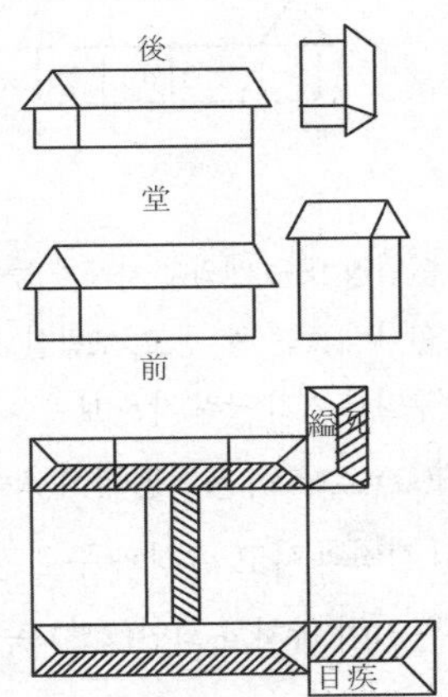

• **자상일사투하격**(自喪縊死投河格) : 본채 가옥의 머리 쪽에다 붙여서 지은 작은 건물은 본시 사망파괴의 흉험지사이다. 본 건물과 접속되었거나 분리되었다거나 흉험작용은 거의 비슷하고 왼쪽으로 치솟아 올라간 형체는 가족들 중에 자살, 불행, 사고(대개 목을 매달아 죽거나 돌발 사망한다)가 발생하게 되며, 하단부 쪽으로 놓여지는 건물이 한쪽 끝 부위가 튀어나온 것, 특히 그 일그러진 말미 부분에 변소나 정화조가 설치되는 것은 투신 자살 및 물에 관련된 사고, 불상사 등 흉액과 재난이 발생되는 구도이다.

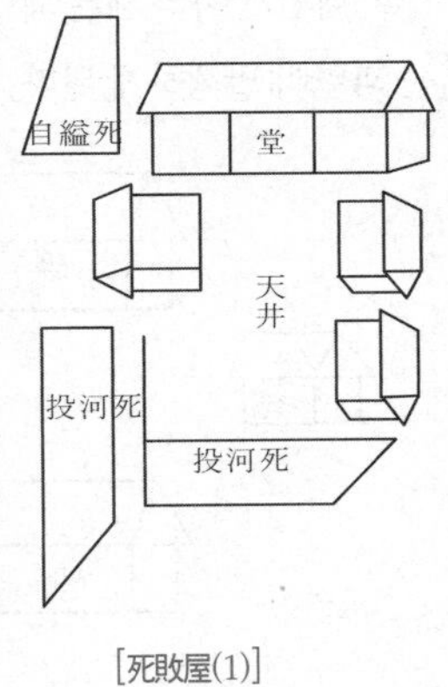

[死敗屋(1)]

※ **자액사**(自縊死) : 자살 또는 목매달아 죽음
※ **투하사**(投河死) : 물에 빠져 죽음

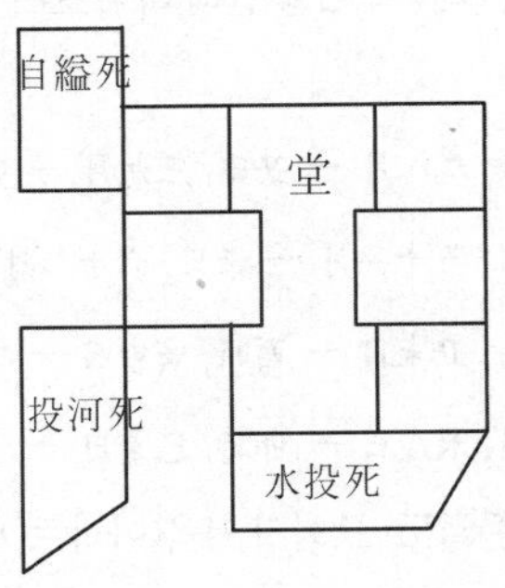

[死敗屋(2)]

• **인사재산파괴격**(人死財散破壞格) : 전면부의 옆채가 원채보다도 상당히 장대(長大)할 경우 마굿간이나 헛간을 불문하고 재물이 흩어지고 식솔들이 불행한 사고와 질병, 재물의 파탄 등 흉험을 겪게 되며, 말썽, 구설, 투쟁의 제반 낭패와 궂은 일을 치르게 된다.

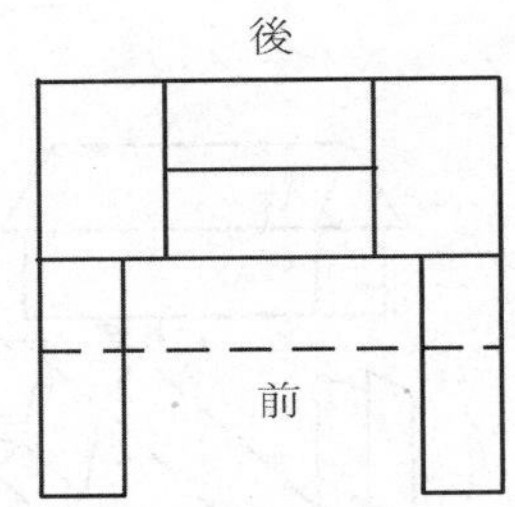

※ 점선 이하 하단부는 모두 없애야 한다.

• **괴파손인절**(乖破損人折), **병상불상격**(病傷不祥格) : 집안에 고질적인 신병을 앓거나 제대로 정상인 구실을 하기 힘든 사람이 생기며 젊어서 요절해 죽는자 및 불구자가 나오고 오역(忤逆)과 우환과 손상, 고난 등의 불행과 풍파를 치르게 되는 흉험이 닿는다.

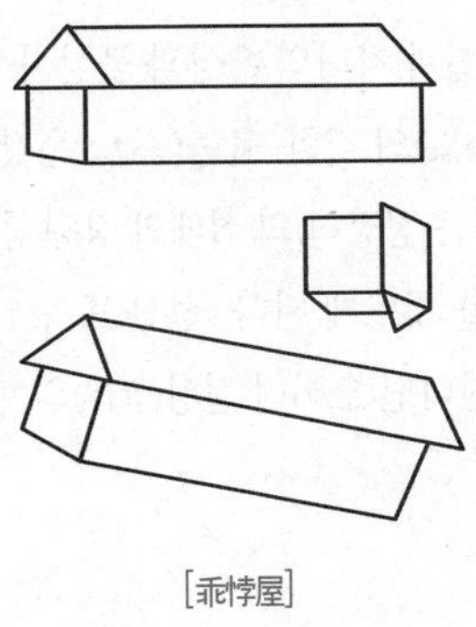

[乖悖屋]

• **원처파란격**(怨妻破亂格) : 살림살이가 어수선하고 투쟁, 말썽과 가정의 반목, 불화, 손실 및 이성관계의 문란이나 이성동주(二姓同住), 색정에 관련된 풍파, 혼란이 야기되며 험괴질병(險怪疾病), 돌연한 사고나 불행 또는 환란이 발생되며 배우자를 바꾸거나 원망이 씻어지지 않는 환처원배(換妻怨配)에 따른 액화를 치르게 되며, 재물은 풍족, 안정되어도 젊은 사람에게 험악지망(險惡之亡)이 따른다.

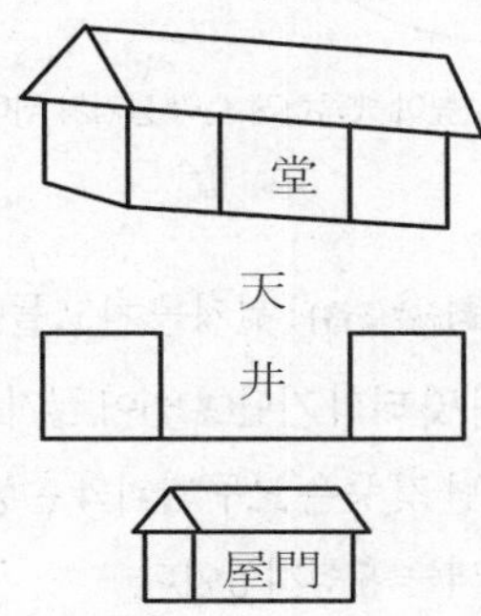

• **손부일경격**(損婦縊頸格) : 부녀자들의 출산, 액화 및 고아, 과부, 홀아비 등 불행한 식솔이 생기고 목을 매달거나 자살해서 죽는 사람이 발생하게 된다.

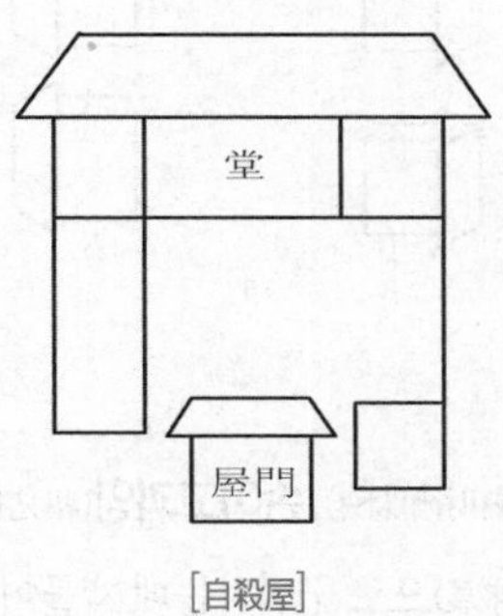

[自殺屋]

• **곤궁다병패**(困窮多病敗), **난산낙태격**(難産落胎格) : 궁색하고 어수선한 살림살이에 재물이 잘 불어나지 않고 구설, 말썽 및 질병과 장해를 겪으며 안과계통 질환과 난산, 낙태 등 출산에 연관된 낭패와 젊은이와 아이들에게 궂은 일이 생긴다. 오른쪽 건물(右宅)에 결손이 있으며 남편 쪽에 불행·파탄이 따르고, 왼쪽 건물(左宅)에 결손이 있으면 부녀자 쪽에 불행·파탄이 따른다.

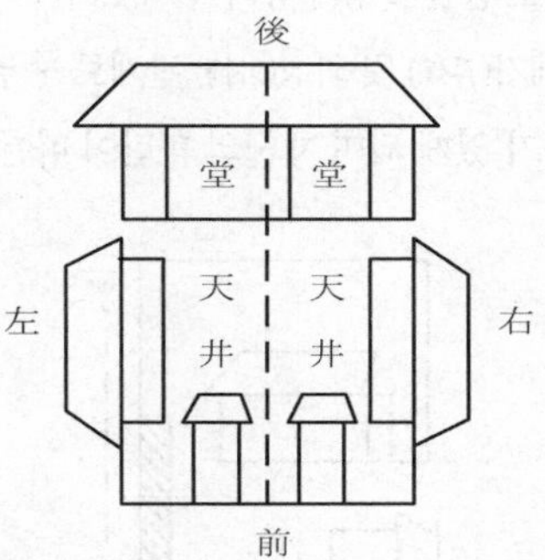

• **해손인오역**(害損人忤逆), **산재방탕격**(散財放蕩格) : 집안 살림이 어수선하고 우환, 사고 및 질병, 인명의 손상, 재물의 파탄 등 불행이 따르고 고난과 장해를 벗어나기 힘들다. 불량오역(不良忤逆)한 그릇된 행실과 구설, 말썽 및 난폭, 흉험 또는 허랑 방탕하는 사람이 생기게 된다. 작은 건물 면적이 넓거나 위치가 이동되거나 건물의 뒤편에 있더라도 구애받지 않는다.

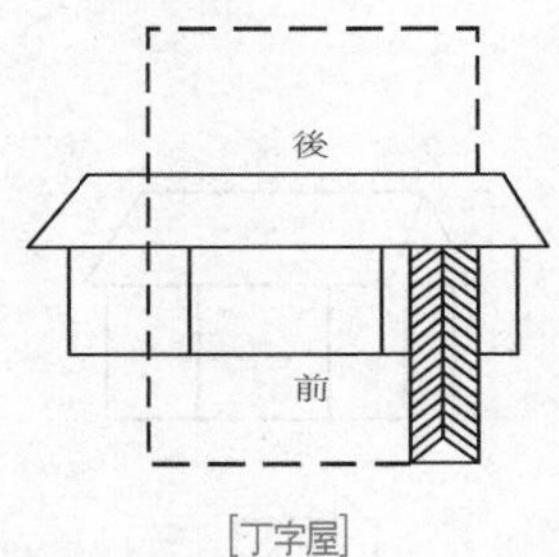

[丁字屋]

• **공자문곡빈궁격**(工字聞哭貧窮格) : 공자형(工字形) 구도는 간간이 산란스런 말썽이나 우환, 질병 및 사고 또는 불상사가 생겨 풍파와 손실을 치르게 되고 곤고(困苦)와 빈궁을 겪으며 슬픔의 곡성(哭聲)이 자주 들리게 된다.

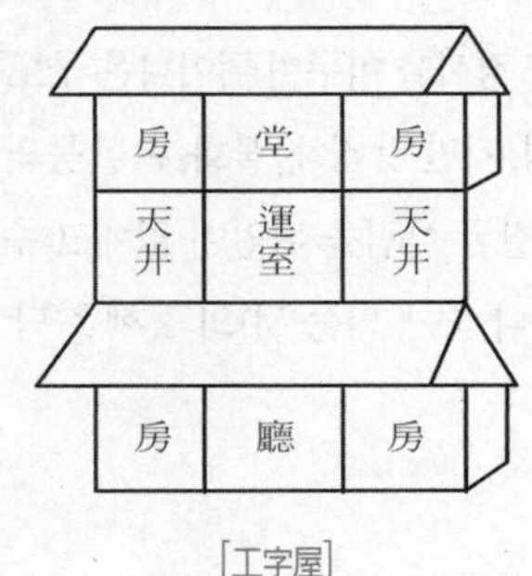

[工字屋]

• **과녀양부격**(寡女兩不格) : 남편을 잃고 과부가 되든지 생사간의 분산으로 인한 불행과 풍파를 치르거나 독신녀 등이 생기고 재혼, 재가(再嫁) 및 외정(外情) 관계로 두 남자와 관계를 맺는 부녀자가 있게 되며 재물의 파탄이 따른다.

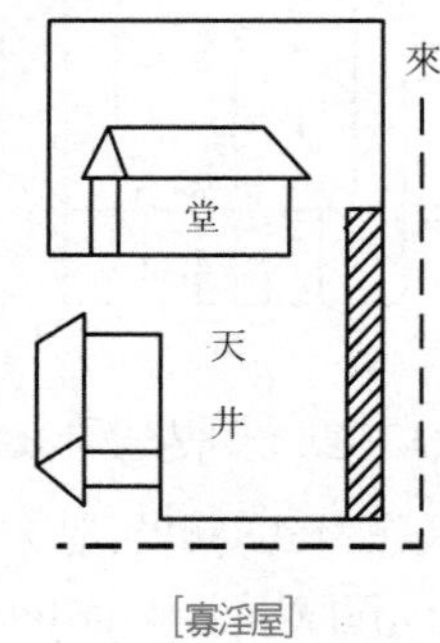

[寡淫屋]

• **파패인재격**(破敗人財格) : 작은 건물이 원채를 향해 치고 들어오는 형국으로 지어진 경우 그 위치가 전후를 막론하고 재물의 파탄 및 사람의 손상 등 불행과 낭패가 발생되어 흉험을 겪는다.

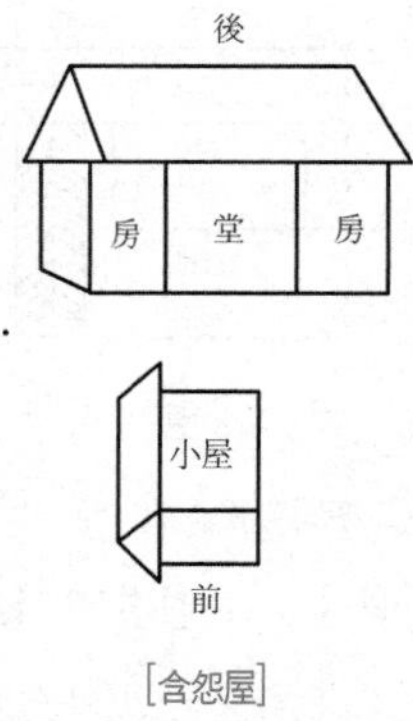

[含怨屋]

• **파괴음란격**(破壞淫亂格) : 집터의 왼쪽(左邊)이 뾰족하게 첨각(尖角)이 되고 경사를 이루며 튀어나온 구도는 부녀자와 연관된 음란, 부정, 기만 및 장해, 불화, 손실 등의 파괴가 발생되고 2대 후에는 결국 살림을 뒤엎어 없애고 주사타향(走死他鄕 : 객지로 달아나 죽게 되는 것)의 불행을 닥치게 된다.

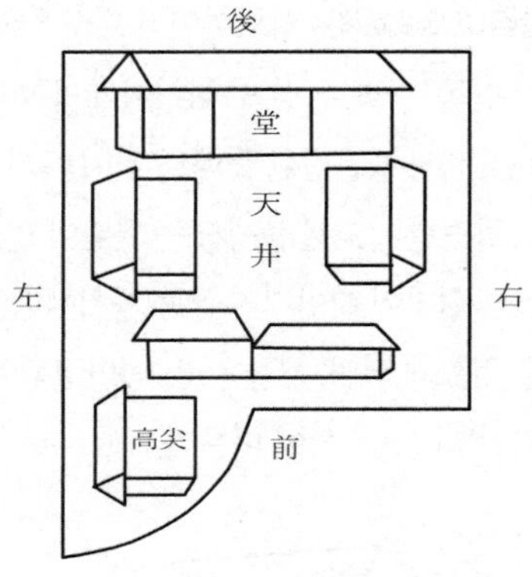

* 고첨(高尖) : 높이 뾰족하게 솟아 불거져 튀어나옴

[破挑屋]

• **요절파상격**(腰折破傷格) : 원채를 치고 들어오는 아래채와 담장, 물길, 축대 및 터의 기단(基壇)이 끊기거나 경사지고 가로막힌 것, 어긋난 것 등은 모두 파괴와 손상, 장해의 풍파와 불행이 닥치게 되는 흉험지상이다.

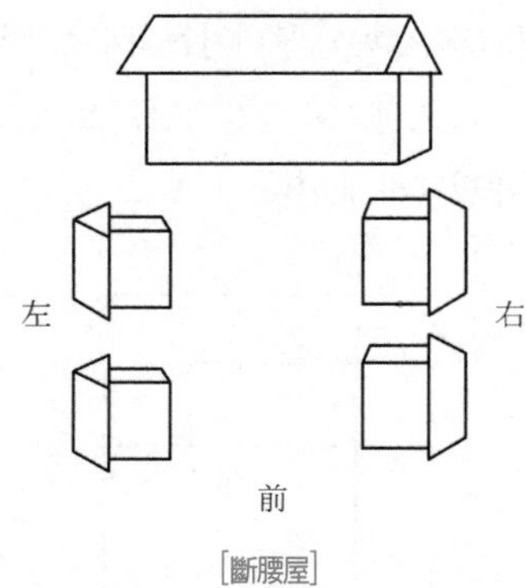

[斷腰屋]

• **무재수태험**(無財隋胎險), **손아고과앙**(損兒孤寡殃) : 내 천(川)자 형태의 집(川字屋)으로 구별하는데 재물이 늘지 않고 낙태, 유산에 따른 위험이 따르며 아이들의 손실사상(損失死傷) 및 과부와 홀아비가 되는 불상사가 발생하게 된다.

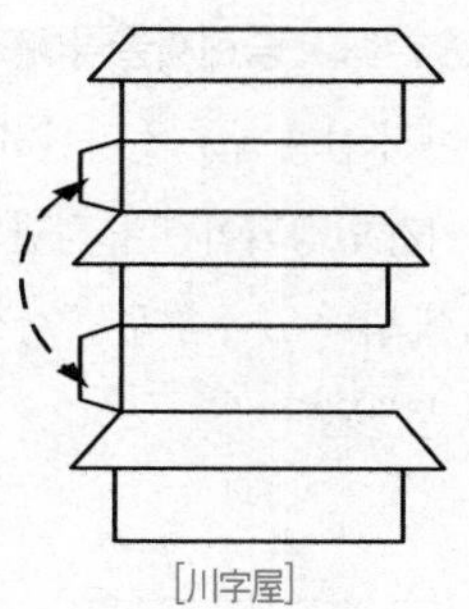

[川字屋]

• **모재인허약**(耗財人虛弱), **산란불녕격**(散亂不寧格) : 재물이 흩어지고 불필요한 소모와 손실이 자주 생기며 식구들이 허약, 질병, 우환 및 장해와 가정의 불화, 산란 내지 집안 살림살이가 어수선하고 시끄러운 말썽, 사고 내지 파탄과 피폐가 따르게 된다.

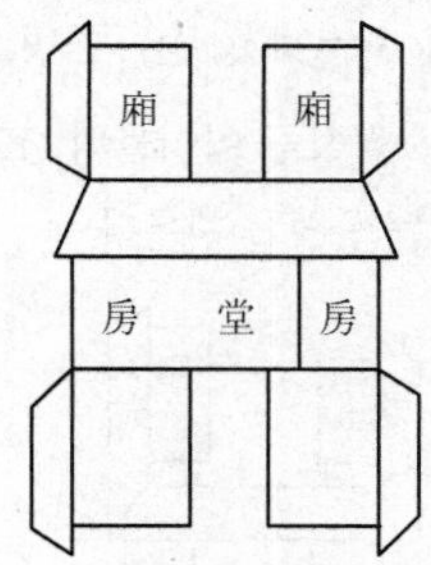

* 상(廂) : 옆채, 곁채(안방에 달린 뒷방 및 골방 포함).

[擧轎屋]

• **분리파괴격**(分離破壞格) : 가정불화, 말썽, 구설, 부부이별, 형제 분산 및 불량·난폭한 행실, 투쟁 사고, 관청 재앙, 손실, 장해와 재물의 파탄, 유실과 빈궁·곤고의 액운이 따르고 과부, 홀아비, 고아 등이 생기는 불행을 치르게 된다.

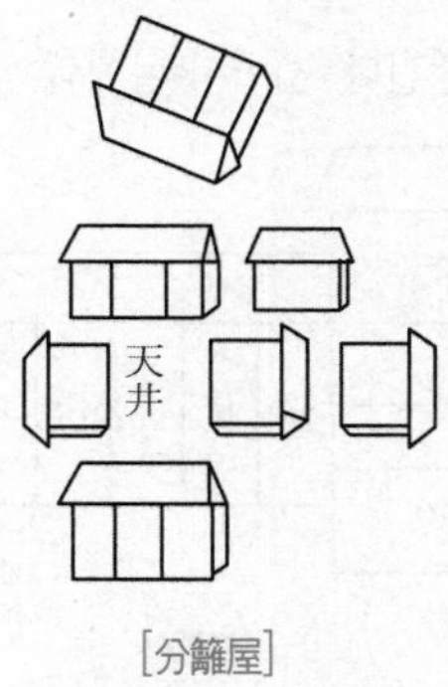

[分籬屋]

• **재파곤고빈**(財破困苦貧), **철처외도격**(撤妻外逃格) : 재물이 파탄나고 곤고와 빈궁을 겪데 되며 종래에 처자식을 거두어 외처로 도피하는 풍비박산의 낭패와 풍파를 당하게 된다.

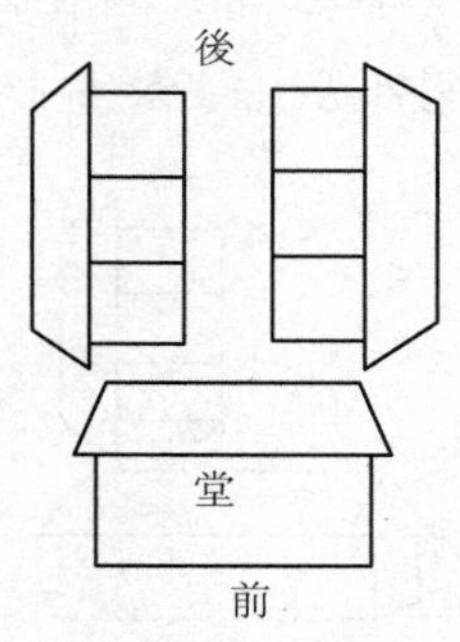

[推車屋]

• **고독부고격**(孤獨婦姑格) : 집안에는 남자가 줄어들고 파탄 및 흉험과 장애가 고독해지며 과부가 생기는 불행 및 풍파와 고난이 발생된다.

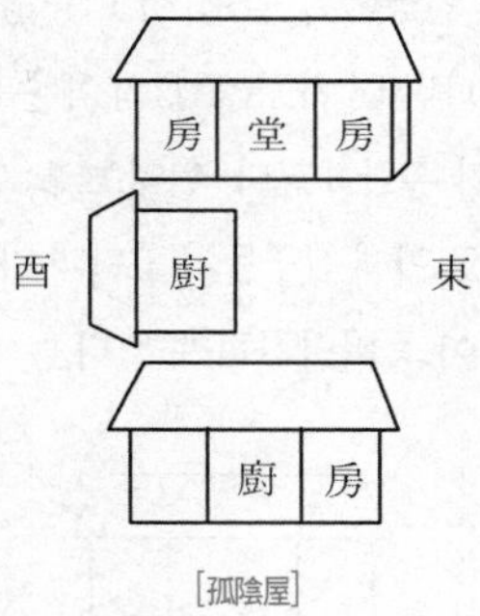

[孤陰屋]

• **고독부옹격**(孤獨夫翁格) : 집안에 부녀자가 줄어들고 질병, 우환, 사고, 말썽 등으로 풍파와 장해가 따르며 홀아비나 독신 남자가 힘들게 살림을 꾸리며 고난을 치르게 된다.

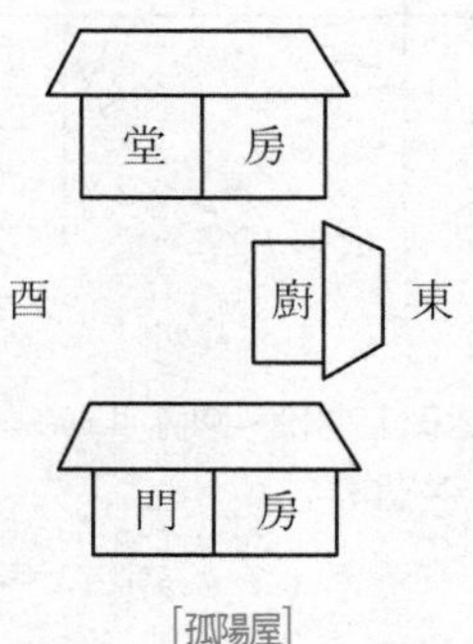

[孤陽屋]

ㄱ

• **병손재축모피격**(病損財畜耗破格), **난산족질일익사**(難産足疾縊溺死) : 제반 우환과 질병으로 인한 손실, 고난 및 재물과 가축의 실패, 장해와 파탄이 생기며 출산에 연관된 애로, 팔다리의 병액 또는 손상과 목을 매달거나 물에 빠져 사망하든지 자살해서 죽는 사람이 생기는 불상사 내지 흉험을 겪게 된다.

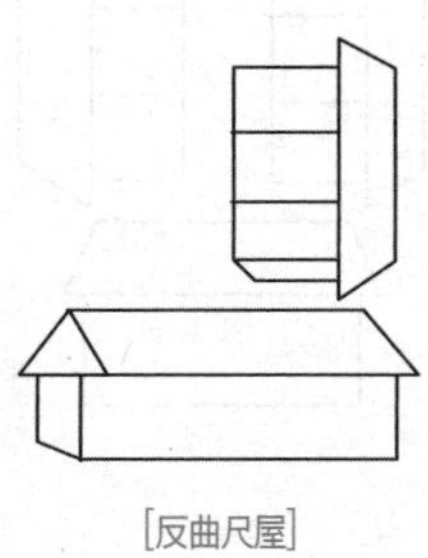

[反曲尺屋]

• **옥지부정첨각휴**(屋地不整尖角虧), **파재인손병완험**(破財人損病頑險) : 집터의 모양이 단정·반듯하지 않고 어느 한쪽이 신병, 우환, 불구자, 인명손실, 불행, 사고 등 흉액이 발생되고 종래에는 재물의 파탄 및 가도(家道)의 훼손 내지 기강 문란이 오고 살림살이가 혼란해진다. 완악(頑惡 ; 완고하고 음험·불량함)한 사람으로 인해 식구들이 고난과 가정 풍파를 치르게 되며 종래 살림이 풍비박산하게 된다.

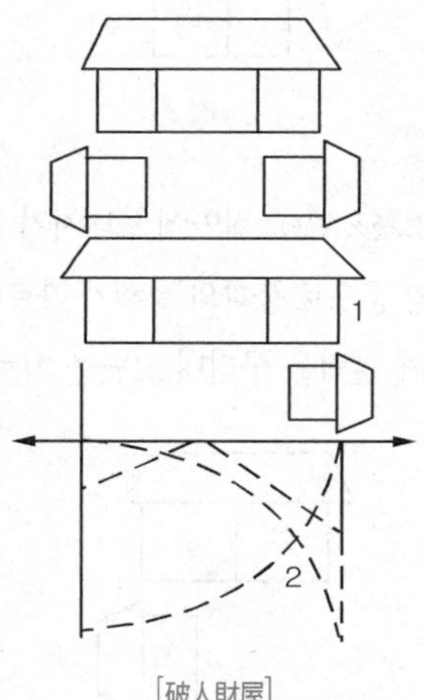

[破人財屋]

※ 하단부의 화살표선 이하를 깎아내거나 메워서 첨각(尖角)을 제거해야 흉액을 면할 수 있다.

• **시급축전장**(時急築前墻), **증진재물곡**(增進財物穀) : 시급히 앞쪽에 담장을 막아서 전방(前方)을 차단하여야 재물이 불어나고 집안 살림살이가 안정되어진다. 하단의 양 옆채 기둥이 원채의 처마 안쪽에 박혀 있을 경우는 심각한 장해와 낭패 및 불행과 파탄이 발생된다.

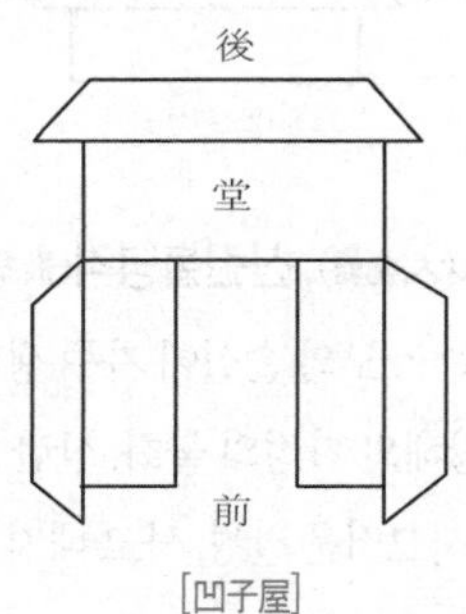

[凹子屋]

• **병빈고난요절격**(病貧苦難夭折格) : 질병, 우환 및 빈궁과 고난을 겪으며 젊은 사람 또는 아이들의 사고, 요절 등 불행과 파탄, 장해가 따르는 풍상을 치른다.

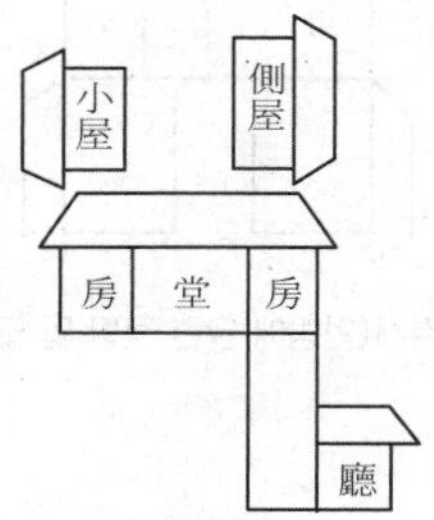

＊ 측옥(側屋) : 옆채 / 소옥(小屋) : 작은 건물

[風車屋]

• **산재방탕격**(散財放蕩格) : 집안의 재물이 흩어지고 식구들 가운데 방탕, 잡기, 사치, 투기 등 어긋난 행실이나 불량한 짓을 하는 사람이 생긴다. 제반사 실패와 장해의 액화가 따른다.

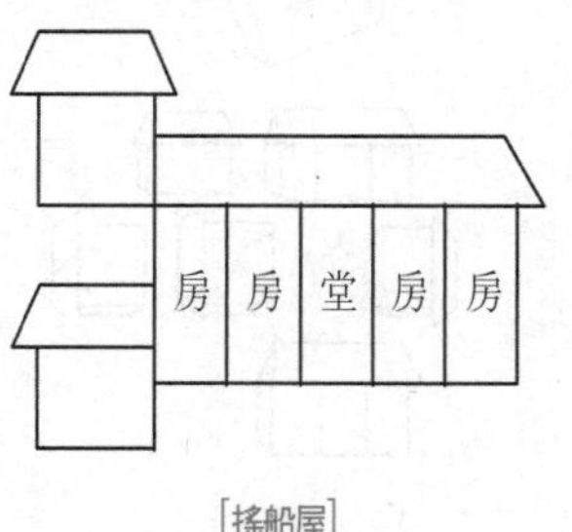

[搖船屋]

ㄱ

• **전소옥독고정옥**(前小屋獨高正屋), 주난산우신액형(主難散又身厄形) : 앞쪽에 있는 작은 건물들은 왜소한데 원채가 아주 커다랗거나 본 건물보다 앞쪽의 소옥(小屋)이 더 높이 치솟아 올라갈 경우 부녀자의 유산, 낙태, 난산 등 잉태, 출산과 연관된 장해와 고난 및 집안 식구들에게 신병, 우환 또는 사고, 신체의 손상 등 불행이 닥친다.

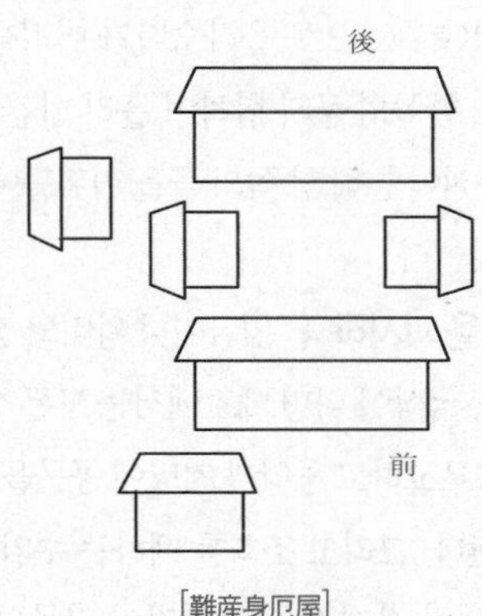

[難産身厄屋]

❖ **구천주작**(九天朱雀) : 연신방 흉살의 하나. 이 방위로 건물의 향을 놓지 아니하며, 이 방위로 동토(動土)나 가옥 수리를 아니한다. 아래와 같다.

子年 ― 卯　丑年 ― 戌　寅年 ― 巳　卯年 ― 子

辰年 ― 未　巳年 ― 寅　午年 ― 酉　未年 ― 辰

申年 ― 亥　酉年 ― 午　戌年 ― 丑　亥年 ― 申

가령 자년(子年)이면 묘방(卯方), 축년(丑年)이면 술방(戌方)이 구천주작방이다.

❖ **구첨**(球簷) : 구첨(毬簷)이라고도 한다. 진룡(眞龍)아래 혈이 있음직한 곳 위에 뇌두(腦頭—두두룩한 부분이 단단하게 뭉친것)가 생기고 이 뇌두 위에 미미한 무늬가 원형(圓形) 혹은 반달 모양을 이루고 있는 것을 구(球)라 한다(이를 옥륜(玉輪)이라 한다). 혈 아래 건물의 처마처럼 가늘고 긴 형상이 약간 두두룩하게 솟은 것을 첨(簷)이라 하는데, 이 구첨은 명혈(名穴)의 증거가 되므로 구첨이 있으면 틀림없이 그 사이에 혈을 맺는 것이다. 뿐만 아니라 구첨이 있는 곳은 자연적으로 게눈, 가재수염(蝦鬚)과 금어수(金魚水)가 있게 되어 물이 위에서(球 : 가 있는곳) 팔자(八字)로 나뉘었다가 혈 밑에서 첨(簷)이 있는 곳에 합수(合水)된다.

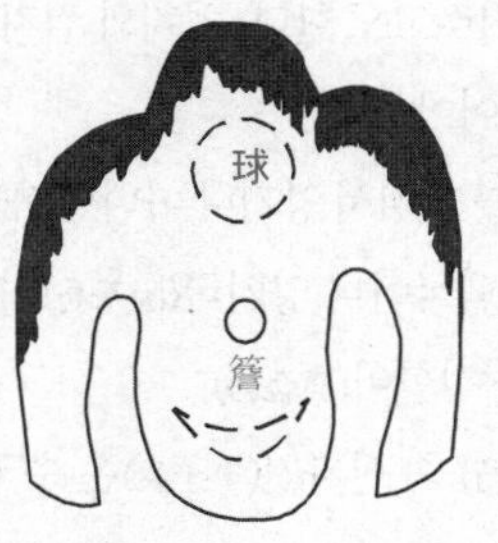

❖ **구첨에 대한 견해차** : 구첨에 대한 해설이 구구하다. 즉 구는 승금이요 첨은 전순이라는 설과 단순히 승금도두를 구첨이라 한다는 설이 있다. 이토록 해설이 구구한 원인은 구와 첨을 묶어서 하나로 해석한 연유이다. 옥편을 보면 구의 뜻은 제기 구, 공구, 띠이름 구(帶名 = 대명)이며, 첨은 처마 첨이다. 그러고 보면 앞에서 설명한 것처럼 구는 승금(腦頭)과 혈의 사이에서 뇌두에 뭉친 기를 혈로 이어주는 띠(帶)의 역할을 해주는 기맥을 말하며, 첨은 혈전에 이루어지는 상수의 교합처안에 나타나는 처마와 같은 것이다. 그럼에도 이토록 사람에 따라 구첨이라한 데서 해석의 차이가 생긴 것 같다. 옛날부터 '구첨지간 필거혈토(毬簷之間必居穴土)'라는 말처럼 혈의 바로 위는 구요, 혈의 바로 아래는 첨이기에 구와 첨의 사이가 바로 혈이란 뜻이지 결코 구첨이 혈이란 뜻은 아니다. 따라서 승금이 곧 구첨이란 더욱 말이 안 된다.

❖ **구퇴**(灸退) : 황천구퇴(皇天灸退). 장매(葬理)에는 무방하나 건축에 있어 향(向)을 꺼린다. 이 방위에서 동토(動土) 수리(修理) 등을 아니한다. 만일 이 살(殺)을 범하면 재물의 손실이 많다고 한다.

❖ **구혁수**(溝洫水) : 논밭 사이로 흐르는 도랑물. 구혁수 역시 굽이굽이 휘돌며 흘러야 좋은 기운이 서린다. 무정(無情)한 모습으로 곧게 흐르면 갖가지 화를 불러온다. ① 평야지(平野地)의 봇도랑물이다. 평양혈지(平洋穴地)를 구혁수가 굴곡유회(屈曲悠匯) 즉 구불구불 천천히 흐르는 봇도랑물이 혈지(穴地 : 묘 앞)를 휘감아 돌아주면 호농치부(豪農致富)한다. 이에 반해 이 봇도랑물도 직류격지(直流激地)하거나 충사천할(冲射穿割)하면 정상패가(丁傷敗家)하는 흉수로 변한다.

ㄱ

❖ **구혈**(毬穴) : 엄지와 검지가 갈라지는 중간 부분에 맺는 혈인데 호구혈(虎口穴)이라고도 한다. 엄지와 검지가 청룡백호가 되어 혈을 잘 감싸주어야 한다.

❖ **국**(局) : 혈과 사를 합쳐서 양기냐 아니면 음택이냐 하는 것을 국이라고 하며 음택국이니 양기국(陽基局)이니 하는 것이다.

① 어떤 형태의 집합어(集合語).

② 삼합국(三合局) 즉 신자진(申子辰)은 수국(水局), 사유축(巳酉丑)은 금국(金局), 인오술(寅午戌)은 화국(火局), 해묘미(亥卯未)는 목국(木局) 이 삼합이 되는 세 개의 지(支)가운데 두 개만 있어도 국(局)이라 칭한다. 예를 들면 신자진(申子辰)이 삼합(三合)이오, 수국(水局) 인데 신자진(申子辰) 가운데 신자신진(申子申辰) 자진(子辰)만으로 되어도 신자수국(申子水局) 자진수국(子辰水局)이라 한다.

❖ **국국**(局局) : 둥글게 당중(堂中)을 만든 국세(局勢). 모든 국(局)을 총칭.

❖ **국궁**(鞠躬) : 존경하는 뜻으로 몸을 굽힘.

❖ **국법**(局法) : 용(龍)과 혈(穴) 사(砂) 수(水)를 같이 논하는 것이 국(局)이다. 산수(山水)는 즉 자웅(雌雄)인데 맨 처음 용이 발하는 곳으로부터 양변의 물이 용을 끼고 같이 내려와 혈이 맺는 지점에서 반드시 서로 교회(交會) 한다. 용이 만일 좌선(左旋 : 시계바늘 도는 방향)하면 물은 자연 우선(右旋 : 시계바늘 도는 반대방향)하고, 용이 우선하면 물은 자연 좌선하게 된다. 이와 같이 용과 물이 서로 사귀어 안으면 혈을 맺는 것이나 서로 등져 떠나면 산수가 사귀지 못함(不交)이니 혈도 맺지 않는다. 용의 행도(行度)에는 순(順) · 사(斜) · 횡(橫) · 회(回)의 4가지가 있다.

- 순국(順局)은 혈성이 청룡· 백호의 중간과 좌우 두 물이 중간에서 합하는 곳으로 혈의 머리를 향한다. 이렇게 되면 양수(兩水)가 합한 뒤에 물이 혈 앞에서 갈지(之) 검을 현(玄) 모양으로 구불거리며 흘러가게 된다.
- 사국(斜局)이란 혈이 청룡· 백호와 양쪽으로 흐르는 물의 중간으로 향하지 않고, 머리를 좌나 우로 비스듬히 틀어 혹은 청룡 쪽으로 향하거나 혹은 백호 쪽으로 향하는데 한쪽의 물이 혈 앞을 거쳐 한 쪽(左나 右)에서 두 군데 물이 흘러가게 된다.
- 횡국(橫局)은 혈이 오직 한쪽의 사(砂) 즉 청룡만을 향하거나 백호만을 향하고, 한쪽의 물이 명당을 지나 한편에서 두 물이 합쳐서 옆으로 흘러나가게 된다.
- 회국(回局)은 용신(龍身)이 거슬러 올라가고 혈은 조산(朝山)을 마주보는 것인데, 용수(龍水)를 따라 순히 오고 혈은 오는 물을 향하여 그 물을 거둬들이게 된다. 이렇게 되면 자연 한 쪽의 물이 당(堂一穴)으로 올라오다가 머리를 돌려 용(龍) 뒤를 안고 어느 한쪽의 물과 합하여 흘러 나간다. 그러나 오직 큰 줄기의 용신이 능히 양 쪽의 물을 거둬들여 순국(順局)으로 혈을 맺는 것이다.

❖ **국장으로 왕권을 과시하다** : 임금이나 왕비의 장례를 국상 또는 국장이라 한다. 국상이 나면 예조에서는 모든 상사에 관계되는 일을 의정부에 보고하고 중앙과 지방에 공문을 보내 각각 그 직책을 다하게 된다. 그리고 조회를 폐하는 수일 동안 시장을 닫는다. 뿐만 아니라 장례가 끝날 때가지 가무와 도살을 금지하고 심지어 혼인도 금한다. 이조에서는 상사에 필요한 세 개의 임시 관청인 빈전도감, 국장도감, 산릉도감을 설치한다. 즉 빈전도감은 염습(시신을 향물로 목욕시키고 옷을 입혀 관에 넣는 일)을 비롯해서 혼전(왕이나 왕비의 국장 이후 삼 년 동안 신위를 모시던 전각)에 소용되는 물품을 준비하는 일을 맡는다. 예조판서와 여섯 명의 당상관이 동원된다. 국장도감은 시신을 넣는 관을 준비하는데 호조판서와 예조판서가 책임을 맡는다. 산릉도감은 무덤 조성에 관한 일을 맡는다.

❖ **국탑혈**(掬搭穴) : 곡지혈처럼 사람의 팔뚝에 해당되는 혈의 형국. 팔뚝 중에서도 어깨와 붙어 있는 부분이라 할 수 있으며, 팔에 해당되는 산줄기가 소의 뿔처럼 길고 둥글게 휘어졌다.

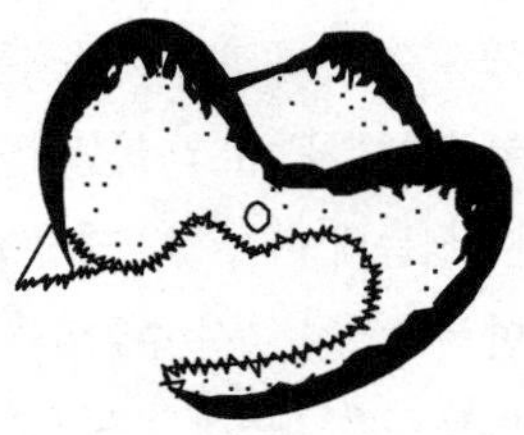

❖ **국혈**(局穴) : 혈(穴)과 사(砂)가 합한 곳. 양기(陽氣)이든 음택(陰

宅)이든 하나의 취합 규모를 이룬 것을 국(局)이라고 한다.

❖ **군**(郡) : 군부(郡府)이다.

❖ **군록출유**(群鹿出遊) : 사슴이 떼지어 노니는 형국. 혈은 사슴의 이마에 있으며, 안산은 엎드려 있는 호랑이 형국.

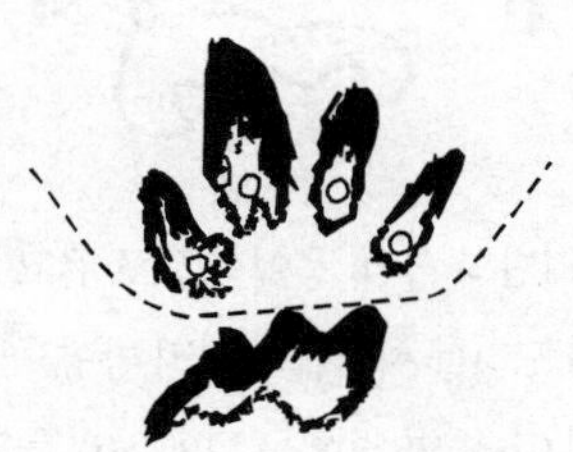

❖ **군수사**(郡守砂) : 봉(峰)에 일자(一字)로 되어있는 산 군수가 난다. 일자문성(一字文星) 귀인(貴人)이 난다.

❖ **군아**(群鴉) : 여러 마리의 까마귀떼들.

❖ **군아조시**(群鴉噪屍) : 까마귀 여러 마리가 시체를 향해 달려드는 형국. 크기와 생김새가 비슷한 산봉우리들이 모여 있으며, 그 가운데에 시체가 있고 혈은 부리 위에 자리잡는다. 시체가 안산이다.

❖ **군조취회**(群鳥聚會) : 새들이 떼지어 모여 있는 형국. 크고 작은 새들이 사방에 있으며, 혈은 한 새의 부리 위에 자리잡는다. 아산은 구슬이다.

❖ **군양출잔**(群羊出棧) : 양떼가 울타리 밖으로 나오는 형국. 양처럼 생긴 작은 봉우리들이 모여 있으며, 혈은 양의 이마에 자리잡는다. 안산은 풀더미다.

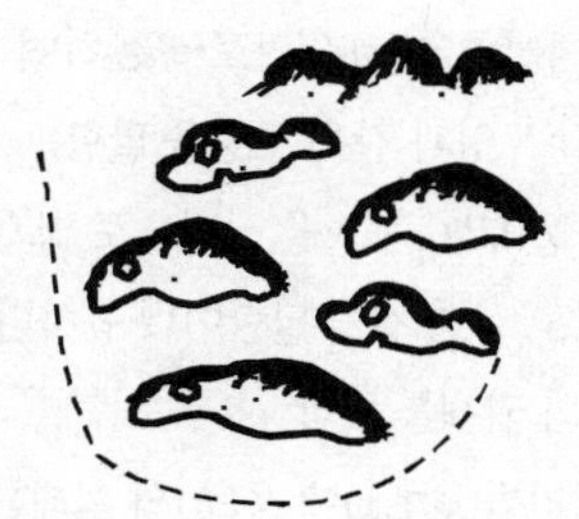

❖ **굴**(屈)

① 굽어서 기어 들어옴.

② 돌출된 중간 부분에 우묵한 곳.

❖ **굴건**(屈巾) : 상제가 쓰는 두건 위에 덧쓰는 것이다. 폭이 세손가락 넓이 만한 베오리를 세솔기가 지게 하고 종이로 배접해서 뻣뻣하게 만든 것으로 두 끝을 휘어 끈을 꿰어서 쓰고 그 위에 수질(首絰)을 눌러 쓰게 되어 있다.

❖ **굴곡**(屈曲)

① 물(水)의 오고가는 모양이 이리저리 굽어져서 지현(之玄)의 글자 모양을 한 상태.

② 굴곡(屈曲)하고 활동하는 것은 용(龍)이 생(生)하는 이치요, 추하고 성글하고 뻣뻣하고 곧은 것은 용(龍)이 사(死)하는 것이다. 용(龍)이 끊어진 듯하되 끊어지지 아니한 것은 용(龍)이 살기(殺氣)를 벗음이요 평전(平田)을 뚫고 물을 건넌 것은 용(龍)의 과협(過峽)이다.

❖ **굴이납초**(掘移納招) : 분묘(墳墓)를 파 옮겨가는 취지를 관청에 신고함→산송견굴(山訟見屈)

❖ **굴지**(掘地) : 우묵히 깊게 된 모양.

❖ **궁**(弓) : 양 쪽으로 내려뜨린 형국으로 흉격이다.

❖ **궁가**(弓家) : 돌담의 지붕 성벽 위를 덮은 기와 등을 말하기도 함. → 복사(覆莎).

❖ **궁묘**(宮廟) : 궁호(宮號) 또는 묘호(廟號)가 붙은 왕실의 사당(祠堂).

❖ **궁묘제**(宮廟祭) : 경묘궁(景墓宮)과 저경궁(儲慶宮) 종묘(宗廟) 이외의 각 궁(宮) 묘(廟)에 지내는 제사. → 궁묘(宮廟)

❖ **궁원**(窮源) : 물의 근원이 궁진한 곳으로 용맥이 머루지 않고 큰 산이 처음 발족된 곳으로 이러한 곳은 반드시 산세가 너무 웅장하여 혈을 핍박하므로 취하지 못한다.

❖ **궁원노만**(弓圓努灣) : 수(水)가 만포(彎抱)하여 활등처럼 굽어서 상현(上弦)의 달 모양과 같은 모양을 말함.

❖ **궁포**(弓抱) : 환포(環抱 : 무엇을 사방으로 빙 둘러쌈)의 반대말

❖ **궁현**(弓弦) : 곧고 급한 것을 말함이니 흉하다.

❖ **권**(權) : 성(城)의 권세를 뜻함.

❖ **권렴**(捲簾) : 지리법(地理法)에 용(龍)의 형태를 설명하는 술어, 즉 용이 곧게 뻗어 나간 것.

❖ **권렴수**(捲簾水)

① 혈전수(穴前水)가 일보(一步)씩 낮아지고 일보씩 경사지게 흘러가는 모양.

② 저일층우저일층(低一層又低一層)으로 빠져나가는 것. 규방이 부정하다.

③ 권렴수는 혈 앞의 명당(明堂; 혈 앞의 평탄한 곳)이 층층으로 되어 있어 그곳으로 물이 급하게 쏟아져 내려가는 것. 혈의 바로 앞쪽은 지대가 높고 바깥쪽으로 갈수록 얕아지므로 경사가 져서 물이 급하게 빠져 나간다. 급히 흐르는 물은 혈의 정기를 흩어 버리니 불길하고, 혈 앞에 권렴수가 있으면 자손들이 가산(家産)을 모두 잃게 된다. 또 남자들이 일찍 죽어 과부와 고아가 많이 생겨나고, 홀로 된 과부가 다른 남자와 불미스런 관계를 갖기도 한다. 이런 재앙이 거듭하여 닥쳐오니 결국 자손이 끊기고 집안이 망한다.

명당이 기울어짐

❖ **권렴전시**(捲簾殿試) : 한쪽은 산줄기 하나가 길게 뻗었고, 반대편은 짤막한 줄기가 마디마디에서 뻗어 나간 형국. 이 권렴전시는 한쪽 줄기들이 비록 짤막하지만, 힘이 매우 강하므로 좋은 지각이며, 과거에 급제하는 사람들을 배출한다.

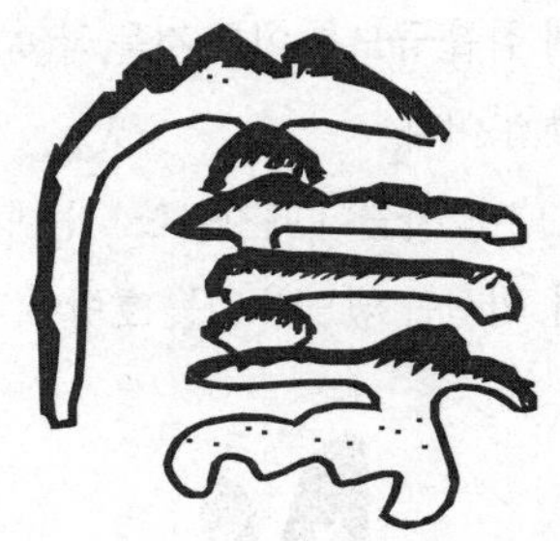

❖ **권미**(捲尾) : 지리법의 술어. 용이 역으로 뛰고 몸을 뒤집는 형세가 마치 짐승이 꼬리를 치켜올려 머리 방향으로 향하는 것과 같다고 하여 붙인 이름. 안산(案山) 뒤에 꼬리를 거두어 성신(星神)을 일으키면 이것이 관성(官星)이고, 주산(主山)너머로 뻗어나간 용맥이 꼬리를 거두어 성신을 일으키면 이것이 바로 귀성(鬼星)이니 이 모두 진혈(眞穴)이 맺는 증거가 된다.

❖ **권아**(卷阿) : 반(盤)처럼 둥글면서 굽은 곳을 가리키는 말로써 낚시를 드리우게 되는 곳은, 향기로운 미끼와 물이 굽이쳐 감돌아서 모인 곳을 찾게 되는데 결혈(結穴)한 곳을 이에 비유한 말.

❖ **권자**(圈子) : 망건의 뒤쪽 양편에 달아 망건끈을 걸어 매는 고리.

❖ **권지법**(權枝法)

• 임자용(壬子龍)이 건해(乾亥) 혹은 건술맥(乾戌脈)으로 나뉘고 그 아래 계축지(癸丑枝)가 있으면 이를 권지(權枝)라 하는데 해좌(亥坐)를 놓는다.

• 자계용(子癸龍)이 간인(艮寅) 혹은 축간(丑艮)으로 나간 아래에 해지(亥枝)가 있으면 이를 권지(權枝)라 하는데 해좌(亥坐)를 놓는다.

• 갑묘용(甲卯龍)이 인간(寅艮)으로 나간 아래에 을진지(乙辰枝)가 있으면 이를 권지(權枝)라 하는 바 을좌(乙坐)나 진좌(辰坐)를 놓는다.

• 묘을용(卯乙龍)이 진손맥(辰巽脈)으로 나간 아래에 정미지(丁未枝)가 있으면 이를 권지(權枝)라 하는바 정좌(丁坐)나 미좌(未坐)를 놓는다.

• 오정룡(午丁龍)에 미곤맥(未坤脈)으로 나오고 그 밑에 사지(巳枝)가 있으면 이를 권지(權枝)라 하니 사좌(巳坐)를 놓는다.

• 경유룡(庚酉龍)이 곤미맥(坤未脈)으로 나간 아래에 신술지(辛

戌枝)가 있으면 이를 권지(權枝)라 하니 신좌(辛坐)나 술좌(戌座)를 놓는다.

• 신유룡(辛酉龍)이 건술맥(乾戌脈)으로 나간 아래에 신지(申枝)가 있으면 이를 권지(權枝)라 하니 신좌(申坐)라 한다. 이상의 권지(權枝)는 모두 명혈(名穴)이니 포항(抱項)의 맥을 기다리지 않는 자로서 정권(正權)이 오로지 포장(包藏)의 지(枝)로 돌아가게 되는 까닭이다.

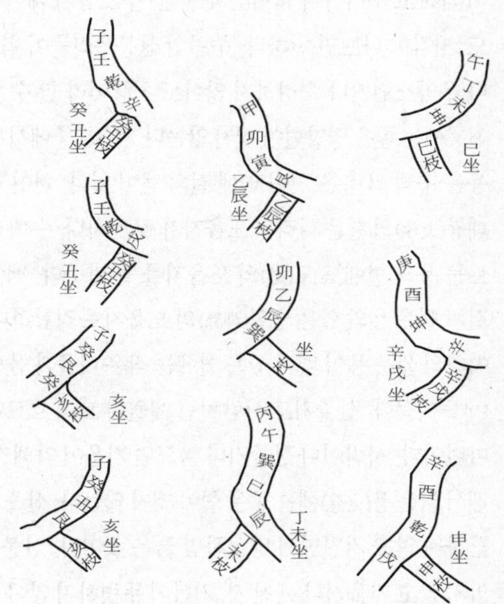

❖ **귀**(貴) : 주산(主山)을 말함.

❖ **귀겁**(鬼劫) : 맥의 기운을 빼앗는 형상을 귀라 하고 맥의 기운을 겁탈한 상태를 겁이라 한다. 귀(鬼)와 겁(劫)을 구분하기가 쉽지 않으나, 짧고 작은 것은 귀(鬼)에 속하고, 길고 큰 것은 겁(劫)에 속한다. 옥수경(玉髓經)에서 "짧으면 귀(鬼)가 되고 길면 겁(劫)이 된다" 고 했으며, 나의 본신(本身)의 기운을 탈취하는 것이니 혈장(穴場)의 뒤에 있는 것은 귀(鬼)이며, 협맥(峽脈)을 침공(侵功)하는 것이 겁(劫)이다.

❖ **귀기일**(歸忌日) : 월가흉신(月家凶神)의 하나. 이날에는 먼 타향에서의 귀가(歸家) 먼 길의 여행 입택(入宅), 이사, 신행(新行) 혹은 사람 들이는 일 등을 꺼리는데 그 날은 아래와 같다.

正四七十月 : 丑日　二五八十一月 : 寅日　三六九十二月: 子日

❖ **귀**(鬼) **두뇌** : 두뇌(頭腦)의 뒤에서 버티어 서 있는 산으로 길게 되면 본신(本身)의 왕기(旺氣)를 누기(漏氣)시키고 도적질한다. 귀(鬼)가 결실(結實)하면 혈이 참되고 귀(鬼)가 허화(虛花)가 되면 혈이 거짓이 된다.

❖ **귀룡**(貴龍)

① 거듭거듭으로 장막을 에워싸고 기고와 문필과 호사(護沙)가 나열하여 조배(朝拜)하며, 문성(文星)이 안(案)을 하고 염정(廉貞)으로 발조(發祖)하여 과협(過峽)이 귀하고 송영(送迎)이 다정한 것이다.

貴龍重重帳幕多旗鼓文筆護沙羅朝排文案廉貞祖峽中貴氣迎送過

② 거듭거듭 장막을 뚫고 나오고 천한 용(龍)은 장막이 없어 공연히 강하여 웅장하기만 하다. 귀한 용은 스스로 많이 중심을 뚫고 나오는 것이요. 부룡(富龍)은 다만 곁을 좇아 높이 나온다.

③ 지리법에 귀격으로 놓을 수 있는 용으로 이 귀룡이라야 귀혈(貴穴)이 맺는다. 귀룡은 산과 맥이 특이하게 수려하여 닭의 무리 가운데에 있는 학(鶴)과 같고 모래 가운데에 섞인 금(金)과 같다. 그리고 귀룡은 모든 용맥과 산봉우리 가운데 중심으로 뻗어나오면서 혈 가까이 이르는 지점에는 앞에서 맞이하고 영(迎) 뒤에서 옹호하며 좌우에서 시위하는 산들이 있다. 좋은 물이 명당으로 모이고 기이한 봉우리들이 하늘 높이 벌려 있다. 혹 거북, 뱀, 인(印), 칼, 기(旗), 북(鼓) 같은 길사(吉砂)가 주위에 벌려 있어 마치 고귀한 신분이 자리잡고 있으면 시위하는 근위병들이 창, 칼, 기, 북 등을 들고 전후좌우에 나열해 있는 것과 같다.

❖ **귀룡4방위**(貴龍四方位) : 귀룡은 4정방위인 자(子), 오(午), 묘(卯), 유(酉)에 천간(天干)이 배합된 임자(壬子), 병오(丙午), 갑묘(甲卯), 경유(庚酉)의 4절방위(四節方位)를 가리킨다. 특히 위의 4방위 각각의 중심선상으로 내룡이 뻗어가야 귀룡이 되는 것은 물론 귀룡의 중앙으로 흐르는 용맥(龍脈)의 수가 많고 뚜렷할수록 자손들의 관운(官運)이 드높아지고 이름을 사회에 떨칠 수 있다. 중심으로 흐르는 용맥이란 내룡 측정 방법에서 그림으로 설명한 것처럼 내룡(來龍)이 귀룡(貴龍) 4방위들인 임(壬)·자(子)의

중앙 경계선, 병(丙)·오(午)의 중앙 경계선 갑(甲)·묘(卯)의 중앙 경계선 경(庚)·유(酉)의 중앙경계선을 관통하여 흐르는 것을 말한다.

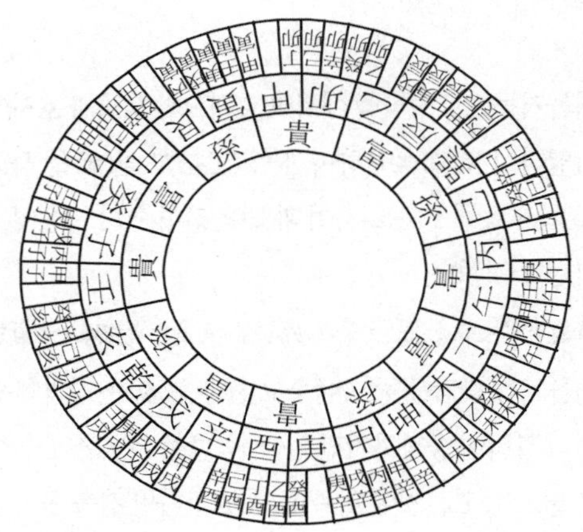

❖ **귀룡**(貴龍)**과 천룡**(賤龍)

① 귀룡과 천룡은 행(行)하여 가는 용(龍)이 꾸불꾸불 꺾어 방향을 전환할 때에 갈지(之)자나 검을 현(玄)자로 굴고 활동하는 것을 가장 귀(貴)하게 보는 것이다. 굴곡 기복할 때에 귀천맥(貴賤脈)이 서로 섞이는 것은 당연히 있을 수 있으며, 꿈틀거리는 생동(生動)의 형세 속에 만들어진 필연적 상황이다. 이런 경우는 천(賤)한 용(龍)이라 탓하지 말고 수용할 줄 알아야 하며 귀룡(貴龍)만 찾을 수는 없는 것이다. 모든 용(龍)이 기복(起伏) 굴곡할 때에 그 마디에 싸고 도는 기세(起勢)가 느린지 급한지, 생(生)한지 사(死)한지 잘 살펴서 길흉을 분별하는 것이다.

② 귀한 용은 먼저 조종산(祖宗山)과 부모산(父母山)부터 빼어나게 생겼다. 조종산이 웅장하고 장엄하여 그 기세가 사방으로 널리 미치고, 또 생김새가 수려하여 깨끗하고 아름다운 기운이 가득 감돌며, 본신룡에서 갈라져 나간 지각들이 쭉쭉 뻗어 본신룡을 호위해 주는데 만약 지각이 없으면, 좌우로 크게 굽이치며 치달려 생동감이 넘치는 모습을 해야 귀룡이다. 그리고 귀룡에는 아름답게 생긴 산봉우리들의 불쑥불쑥 솟아 있어서 사방에서 본신룡을 호위에 주는 여러 산줄기 꽃처럼 생긴 봉우리, 새처럼 생긴 봉우리, 짐승처럼 생긴 봉우리, 구슬처럼 생긴 봉우리 등 갖가지 물형(物形)의 산봉우리들의 본신룡을 둘러싸고 있다. 주변의 산봉우리가 아무리 아름다워도 본신룡의 힘이 약하면 그 아름다운 기운을 받기 어렵다. 본신룡의 용맥이 튼튼하고 생기가 충만하며, 주산의 기상이 헌걸차야 그 기운을 받는 다. 이러한 조건을 두루 갖춘 용이 귀룡이다. 천룡(賤龍)은 조종산과 부모산이 약하고 수려하지 않지만 조종산·부모산이 빼어나다 해도, 지각이 나쁘면 천하다. 주변의 산봉우리들이 험악하거나 우악스럽거나 수려하지 않아도 천룡이라 할 수 있으며, 천룡에는 좋은 명당혈이 맺지 않는다. 용(龍) 중에서 아주 긴 용은 수백 리 혹은 천여 리에 걸쳐 뻗어 있다. 천여 리 넘는 대룡(大龍)의 혈은 나라의 도읍지가 될 만하다. 수백 리에 이르는 용의 혈에도 도(道)의 도읍지를 둘 만하다. 백여 리에 걸쳐 뻗은 용의 혈은 군현(郡縣)의 도읍지로 적합하다. 30리 이하의 짧은 용이 맺어 놓은 혈에는 작은 마을과 음택(陰宅)이 들어선다. 산줄기도 사람처럼 세월이 오래 흐르면 늙게 마련이다. 사람이나 산줄기나 늙으면 기운이 약해진다. 그래서 늙은 용(老龍)에는 좋은 혈이 맺지 않는다. 산줄기가 매끈하지 않고 거칠면서 엉성하면 늙은 것이다. 산봉우리가 맑지 않고 기울거나 깨진 것, 기복이 뚜렷하지 않아 밋밋한 것, 산사태로 허물어지고 찢겨진 것, 이는 모두 용이 늙었음을 나타내 주는 현상들이다. 늙은 용을 노룡(老龍), 젊은 용을 눈룡(嫩龍)이라 한다. 눈룡은 기복이 뚜렷하여 생동감을 물씬 풍긴다. 산줄기가 매끈하고 꿈틀꿈틀 살아서 움직인다. 또 산봉우리들이 단정하고 깨끗하다. 이렇게 생기가 넘치는 젊은 용(嫩龍)에 좋은 혈이 맺게 된다.

❖ **귀문**(鬼門)**과 이귀문**(裏鬼門) : 귀문(鬼門)이란 귀신이 드나드는 방위를 말한다. 귀관(鬼關) 혹은 귀성(鬼星)이라고도 하는데 풍수의 8방위에서 가장 꺼리고 조심하는 방위이다. 귀문에는 표귀문(表鬼門)과 이귀문(裏鬼門)의 두 귀문이 있다. 표귀문은 북동방위를 말하고, 이귀문은 그 반대 방향인 남서방위를 말한다. 북동방위인 표귀문은 축인(丑寅)방위에 속한다. 시간으로 말하

ㄱ

면 한밤의 이른 새벽 3시경이다. 즉 삼라만상이 깊이 잠들어 있다. 북동은 지구상의 모든 생명의 활동 출발점이다. 또 돈이 굴러 들어오는 금운(金運)이 있는 방위이다. 남서 방위인 이귀문은 미신(未申)에 속하는 방위이다. 양과 잔나비의 시간인 오후 3시경이다. 이 시간은 하루 중 열심히 일하다가 일손을 잠시 놓고 쉬어 가는 휴식의 시간으로 정신적으로는 침착성을 느끼는 방위이다. 그러나 이 방위들은 모두 귀신이 드나드는 방위이므로 언제나 경건하고 조심해야 한다. 특히 이 방위에 있는 곳에는 각별한 신경을 써야 한다. 만약 이 방위에 화장실이나 욕실 또는 연못 등이 있다면 풍수학적으로 가장 좋지 않다고 한다.

❖ **귀봉사**(貴峰砂) : 수구(水口)나 용호내(龍虎內)에 달걀처럼 귀하게 생긴 독봉(獨峰) 인물(人物)이 난다.

❖ **귀봉**(貴峯)**이 안산**(案山)**이라면** : 귀봉(貴峯)이 안산으로 보이면 특진대과(特進大科)하고 부판혈(富坂穴)이라면 일확천금(一攫千金) 격(格)이다.

❖ **귀사**(貴砂) : 모양이 아름답고 유정하여야 하나 또한 있어야 할 방위에 있어야만 위력을 발휘하는 방위이다.(得位得地). 예를 들자면 귀인봉은 귀인방위, 문필사는 문창(文昌)방위, 천마사는 역마방위, 창고사는 고장(庫藏) 방위에 자리해야 한다. 아름다운 모양의 산, 깨끗하고 하늘로 솟은 방위를 일컫는다.

❖ **귀산**(鬼山) : 귀산은 혈(穴)이 횡결(橫結)할 때 생기는 것으로 혈의 뒤를 받쳐주며 호위하사(砂)이다. 종류로는 복표(覆杓) 복기(覆箕) 복장(覆掌) 단귀(單鬼) 쌍귀(雙鬼) 왕자귀(王字鬼) 천제귀(天梯鬼) 과호귀(瓜瓠鬼) 등 다양하다.

❖ **귀삼천주**(貴參天柱) : 건봉(乾峯)을 삼천주(參天柱)라 한다. 건봉이 귀인봉(貴人峯 ; 타원형의 봉우리)이고 드높이 솟아올랐으면 대귀(大貴)를 얻는다.

① 축간(丑艮) 방 사이에 있다. 축간(丑艮)봉이 아름다우면 뛰어난 의사나 명안의 지사(地師)가 나고, 지나치게 높으면 변사하나 허하면 무방하다. 미년(未年)에 응험한다.

② 혈(穴)의 뒤쪽에서 혈이 맺기 위해 존재하는 용맥(龍脈)을 보호하는 역할을 하는 사(砂)가 된다. 횡룡결혈(橫龍結穴)에서는 꼭 필요한 사(砂)이며 혈(穴) 뒤의 공허(空虛)한 곳을 채워주는 역할을 하는 것이니 지나치게 높거나 크면 불길(不吉)하다.

③ 혈 뒤에 있는 탱조사(撑助砂)로서 혈장의 베개가 되는 것이다. 직래(直來)결혈에는 필요치 않으나 오직 횡룡결혈에서만은 필수 인 것이다. 그러나 귀성 자체가 혈의 등급에는 전연 무관한 것이고 다만 맥기의 진행방향을 전환시켜 주며 혈장의 뒤가 공허한 것을 막아주는 것이 임무다. 따라서 지나치게 높거나 커서는 흉이 되며 형상에는 상관없다.

④ 혈성(穴星) 뒤에 바싹 붙어 봉우리를 일으키거나 특별히 용맥이 돋아난 것으로 혈에서 보이는 것을 명귀(明鬼)라 하고 혈에서 보이지 않는 것을 암귀(暗鬼)라 한다. 대개 이 귀성은 횡룡(橫龍)이라야 더욱 요구되는 바 혈뒤의 허한 것을 받쳐주면 대길하다. 그러므로 횡룡에 좌우가 넓어 어디에 혈을 정해야 할지 모를 경우 귀성이 있으면 귀성으로 증거 삼아 귀성 바로 앞 부분에 재혈(裁穴)하는 것이다.

⑤ 입수(入首)나 혈장부위(穴場部位)에 정기충만(精氣充滿)의 부기지성(附氣之星)으로 결응(結凝)됨을 말한다. 귀성(鬼星)에는 당귀(撞鬼), 직귀(直鬼), 암석(岩石)으로 된 귀(貴)가 있다. 귀(鬼)는 강하게 뭉쳐야 역량이 큰 것이오, 산만하거나 길게 빠져 끝이 뭉치면 본신(本身)이 설기(泄氣)를 당(堂)하는 것이다. 귀(鬼)가 입수변화(入首變化)에서 생(生)하여 혹일변(或一邊)이나 양변(兩邊)으로 삼태성(三台星)을 이루면 왕후지지(王侯之地)가 결혈(結穴)되고 혈장양변(穴場兩邊)에 부기(附氣)하면 국부지지(國富之地)요, 암석귀(岩石鬼)는 세도지지(勢道之地)가 된다. 혹혈장 전후(前後)에 직귀사(直鬼沙)는 지각(枝脚)이라 하여 차격(次格)으로 간주한다. 측히 횡락(橫落) 좌에는 후신(後身)으로 귀사가 된 것은 결혈(結穴)에 증거로 보는 것이다.

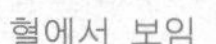
혈에서 보임

혈에서 보이지 않음

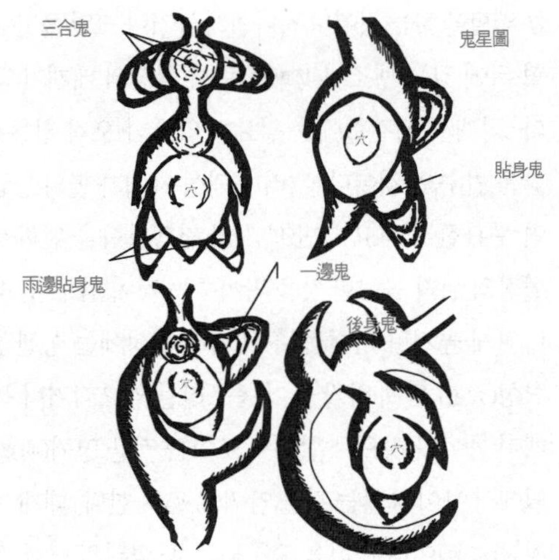

⑥ 귀성(鬼星)이란 산이 가로놓인 듯 한 산 뒤에 소뿔처럼 받쳐 준 산을 말하고 뒤쪽에 귀성(鬼星)이 많아도 좋아한다.

❖ **귀성**(鬼星) : 귀성(鬼星)은 묘(墓) 뒤에 다른 산이 솟은 봉우리를 말한다.

❖ **귀성**(鬼星) : 귀성은 입수룡의 반대측면에 붙어 있는 작은 지각이다. 주로 바위나 단단한 흙으로 되어 있는데 용과 혈을 지탱해주고 주룡의 기운을 혈로 밀어주는 역할을 한다. 횡룡입수(橫龍入首)하여 결지하는 혈에는 반드시 귀성이 있어야 한다.

❖ **귀성 귀산**(鬼星 鬼山) : 귀성(鬼星)이란 혈(穴)의 본용신(本龍身)에 연결되어 뒤에서 뻗은 용맥(龍脈)이 산봉(山峰)을 일으키거나 지각(枝脚)으로 인하여 용맥(龍脈)이 발생되어 허(虛)한 혈판(穴坂)의 뒤를 막아서 보호하는 것을 귀성(鬼星)이라 한다. 낙산(樂山)과 귀성(鬼星)은 비슷한 위치에서 비슷한 역할을 하고 있다. 그러나 구별짓는 차이는 낙산(樂山)은 본신용(本身龍)이거나 객산용(客山龍)이거나 산봉(山峰)을 이루어야 낙산(樂山)이 될 수 있고, 귀성(鬼星)은 본신용(本身龍)에 반드시 연결되어야 하고 객산용(客山龍)은 귀성(鬼星)이 될 수 없고 산봉(山峰)을 이루지 않은 용(龍)도 귀성(鬼星)은 된다. 횡룡(橫龍)에는 낙산(樂山)과 같이 반드시 귀성(鬼星)도 필요하며 재혈(裁穴)하는 방법도 낙산(樂山)의 재혈법(裁穴法)과 같다. 서(書)에 말하기를, 귀성(鬼星)과 낙산(樂山)이 상등(相等)된 곳은 대지결혈지(大地結穴地)라 했다. 귀불가태장(鬼不可太長)이니 태장즉구본신지기(太長則舊本身之氣)라 했다. 귀성(鬼星)은 크고 길면 불가(不可)하다. 크고 긴 즉 본신용혈(本身龍穴)의 정기(精氣)를 빼앗기게 되니 불길한 것이다. 관(官), 귀(鬼), 금(禽), 요(曜)는 용호사(龍虎砂)안에 있으면 불길(不吉)하다.

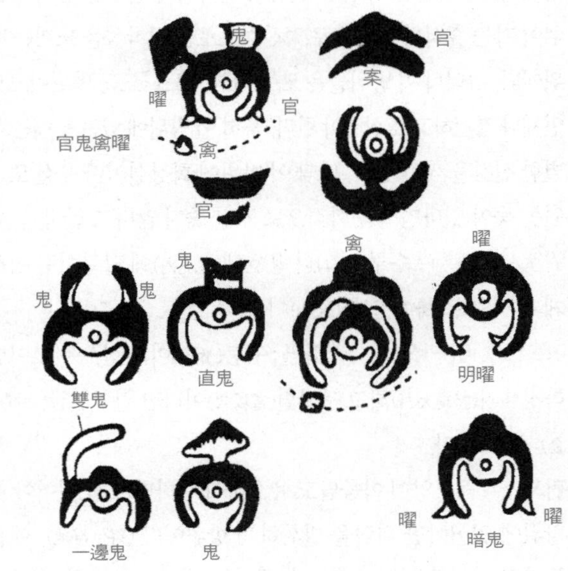

❖ **귀성**(鬼星)**과 낙산**(樂山) : 귀성과 낙산은 혈 뒤를 받쳐주고 있는 산이다. 직룡입수하는 혈은 주산과 현무봉이 뒤를 받쳐주므로 귀성과 낙산이 필요하지 않으므로 횡룡입수하는 혈은 혈뒤가 허약하고 비어 있다. 반드시 뒤를 지탱해주고 바람을 막아주는 산이 필요하다.

❖ **귀성론**(鬼星論) : 귀성이란 것은 횡(橫)으로 떨어져 비뜰어된 혈후(穴後)에 있어서 증거가 되는 것이다. 편혈(偏穴)에 만일 귀성(鬼星)이 없으면 혈이 참되지 못하니라. 귀성은 가히 너무 길면 안 되는 것이다. 너무 길은 즉 본신(혈장)에 기(氣)를 빼앗기는 것이다. 귀(鬼)는 일변(一邊)에 귀성과 양변에 귀와 곶은 귀와 뭉친 귀와 묘에 붙은 귀사가 있는 것이다. 혈성(穴星; 혈이 있는 봉우리(의 뒤편(혈과 반대편)에서 뻗어 나간 산줄기 혹은 바위다. 낙산(落山)과 더불어 혈을 받쳐 주는 역할을 하며, 혈성의 왕성한 기운이 밖으로 뻗쳐서 생겨난 것이다.

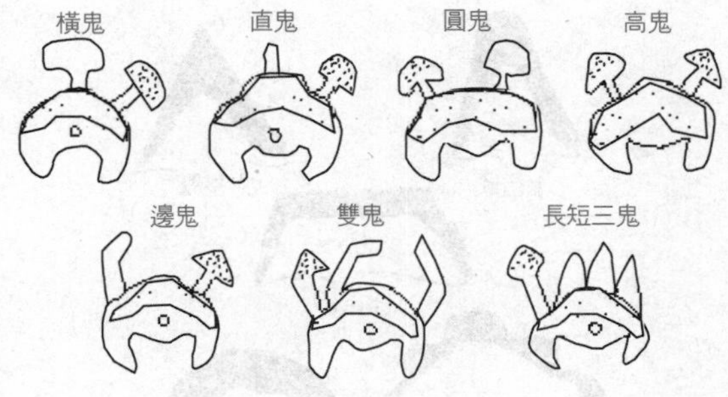

❖ **귀성룡**(鬼星龍)**이 정혈**(定穴)**에 미치는 영향** : 귀성(鬼星)은 혈의 뒤에 바로 접해 있는 산으로 다시 지각(持脚)이 일어나 생긴 산맥에서 생긴 산이고 옆으로 떨어지는 횡룡(橫龍)으로서 취기(聚氣)가 되어 기(氣)를 맺은 곳에 정혈(定穴)한다. 본룡(本龍)이 바로 내려오는 산맥에는 귀산(鬼山)이 필요하지 않으며 횡룡(橫龍)은 귀산(鬼山)이 없으면 기(氣)가 흩어지는 것을 막지 못하니 허혈(虛穴)이다. 귀산(鬼山)의 세가 높으면 높은 곳에 결혈(結穴) 되고 귀산(鬼山)의 세가 얕으면 얕은 곳에 결혈(結穴)된다. 귀산(鬼山)이 왼쪽에 있으면 왼쪽에 결혈(結穴)되고 귀산(鬼山)이 오른쪽에 있으면 오른쪽에 결혈(結穴)된다. 귀산(鬼山)이 바르지 못하면 기(氣)가 허약하고 실기(失氣)되어 혈이 없고 귀산(鬼山)이 지나치게 높거나 크거나 길면 누르는 힘이 지나쳐 혈을 정할 수 없다.

❖ **귀성증혈**(鬼星證穴)

① 귀성이라고 하는 것은 일종의 탱조사(後撐)으로서 혈 뒤의 빈 곳을 받쳐 주는 산이다. 옆으로 떨어져 혈을 맺거나 기울어진 혈 뒤에는 귀성이 있어야 하지만 직래(直來)하여 탱배결혈(撐背結穴)에는 귀성이 없어도 된다. 귀성이 높으면 혈은 위에 있고 귀성이 낮으면 혈 또한 낮게 진다. 또 귀성이 왼쪽에 있으면 혈도 왼쪽, 오른쪽이면 혈도 오른쪽에 진다. 만약 귀성이 없어서 혈의 뒷면이 빈 것(오목하게 파인 것) 같으면 이것을 앙와(仰瓦)라고 하는데 반드시 양변에 효순사(孝順砂)를 갖춰야 한다.

② 귀(鬼; 혈 뒤에 뻗은 산줄기)를 보고 혈의 위치를 찾는 것을 귀성증혈(鬼星證穴)이라 한다. 진혈의 뒤에는 대개 귀가 있다. 귀는 뒤에서 혈을 튼튼히 받쳐 주는 역할을 한다. 귀가 없는 혈은 주춧돌 없이 세운 집과 마찬가지이다. 특히, 횡룡(橫龍)의 경우에 그렇다. 귀가 가운데 있으면 혈도 중앙에 생긴다. 귀가 왼쪽에 있으면 혈은 왼쪽에, 귀가 오른쪽에 있으면 혈도 오른쪽에 맺는다. 귀가 양쪽에 뻗었으면 혈은 중앙에 깃들인다. 또 한쪽에서 뻗었으나 혈 뒤를 길게 감싸 줄 때도 혈이 중앙에 생긴다.

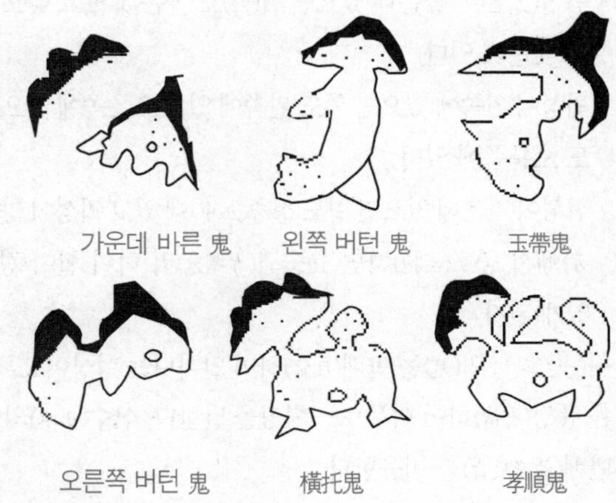

③ 혈성(穴星)이 기울거나 옆으로 떨어지는 것을 버텨주는 산을 귀성(鬼星) 또는 귀산(鬼山)이라 하는데 낙산(樂山)과 유사하나 낙산(樂山)과는 달리 직접 혈 뒤에 붙여진 산으로 특히 횡룡(橫龍)은 귀성(鬼星)이 없으면 그곳에 빈틈이 생겨서 생기(生氣)의 융취(融聚)를 초래할 수 없다. 귀(鬼)로서 증혈(證穴)하는 법은 귀성(鬼星)의 고저좌우(高低左右)에 따라 혈의 고저좌우(高低左右)가 정해지지만 귀성(鬼星)이 너무 길면 본신(本身 : 穴)의 기운을 빼앗아 가기 때문에 좋지 못하다.

❖ **귀성**(鬼星)**에는 당귀**(當鬼) **직귀**(直鬼) **암석귀**(岩石鬼) **삼태귀**(三台鬼) **등이 있다** : 귀성은 유방(乳房)과 같은 형태로써 강하게 결응(結凝)되어야 하고 색상(色相)이 밝으면서 부위가 매끈하게 고와야 정기(精氣)의 역량(力量)이 많은 것이며 참된 귀성으로 본다. 귀성이라 하는 것은 횡(橫)으로 떨어져서 비뚤어 향(向)이 된 것은 혈(穴)뒤에 있어서 결혈(結穴)의 증거(證據)가 되는 것이다. 삼태귀성(三台鬼星)이 입수취기(入首聚氣)에 붙어 있으면 후장(後鐘) 역할이 되어 첫 째 혈이 더 커지고 둘째 금시발복(今時發

福)하고 발복시효(發福時效)는 약 500년을 추산(推算)할 수 있다. 국반상급(國班上級)이 될 수 있다. 암석(岩石)의 귀(鬼)는 금시발복에 세도지지(勢道之地)라 한다. 일변귀성(一邊鬼鬼)은 괴혈(怪穴)에 선익(蟬翼)으로 생겼다. 암석이 선익 역할이 되어 주는 귀성이다.

❖ **귀성혈**(鬼星穴)

- 귀성(鬼星)이 높은데 있으면 혈(穴)도 높은데 있고 낮으면 혈도 낮은데 있다.
- 귀성이 왼쪽에 있으면 혈도 왼쪽에 있고 오른쪽에 있으면 혈도 오른쪽에 있다.
- 귀성이 가운데 있으면 혈도 정중(正中)에 있고 귀성이 양방(兩方)에서 공포(共抱)하면 효순귀(孝順鬼)라 하여 혈이 정중에 있게 된다.

❖ **귀신**(鬼神) : 귀(鬼)는 반배(反背)하여 달아나는 형상이요, 신(神)은 유정(有情)하여 머무르는 형상을 말한다. 산수(山水)의 곡직반배(曲直反背)를 비유한다.

❖ **귀암석**(貴岩石) : 암석에도 길흉(吉凶)의 기(氣)가 있다. 귀암은 꺼풀이 벗어지며 석비래로 변하여 가는 암석이며 지면으로 적게 부서지며 노출되기도 하고 마모된 암석으로 노출되면 황색빛이 섞어야 귀암석이다.

❖ **귀원수**(歸元水) : 해간향(亥艮向)에 병정사수(丙丁巳水), 병정향(丙丁向)에 해수(亥水), 묘손향(卯巽向)에 경수(庚水), 경유신향(庚酉辛向)에 묘수(卯水), 오향(午向)에 임계수(壬癸水)를 귀원수(歸元水)라 한다. 귀원수가 합국이면 발복(發福)이 빠르고 부귀(富貴)를 얻는다.

❖ **귀인**(貴人)

① 갑무경오양(甲戊庚牛羊), 을기서저향(乙己鼠猪鄕) 병정저계위(丙丁猪鷄位), 육신봉마호(六辛逢馬虎), 임계이토장(壬癸蛇兎藏). 갑(甲)과 무(戊)와 경(庚)은 모두 축·미(丑·未)가 귀인이요, 을(乙)과 기(己)는 자·신(子·申)이 귀인이요, 병(丙)과 정(丁)은 해·유(亥·酉)가 귀인이요, 신(辛)은 인·오(寅·午)가 귀인이요, 임(壬)과 계(癸)는 사·묘(巳·卯)가 귀인이다.

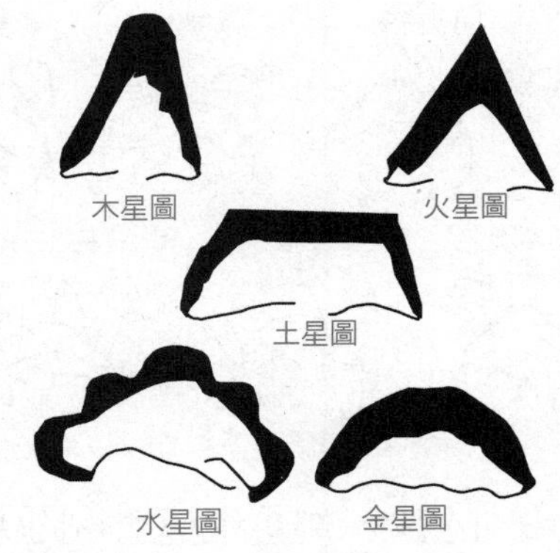

② 갑무겸오양(甲戊兼午羊), 을기서후향(乙己鼠候向), 병정저계위(丙丁猪鷄位), 임계토사장(壬癸兎蛇藏), 경신봉마호(庚辛逢馬虎). 즉 갑(甲)과 무(戊)는 모두 축(丑), 미(未)가 귀인(貴人)이고, 을(乙)과 기(己)는 자(子)·신(申)이 귀인이며, 병(丙)과 정(丁)은 해(亥)와 유위(酉位)가 귀인이고, 임(壬)과 계(癸)는 사(巳)와 묘(卯)가 귀인이며, 경(庚)과 신(辛)은 인(寅)과 오(午)가 귀인이다. 귀인은 입향을 기준으로 하여 귀인위(貴人位)가 정해지며 등과출사(登科出仕)가 특징이다. ① 건갑인해(乾甲寅亥)의 입향(立向)은 축미(丑未)가 귀인위(貴人位)가 된다. ② 곤을묘진미(坤乙卯辰未)의 입향(立向)은 자신(子申)이 귀인위(貴人位)가 된다. ③ 간병오정술(艮丙午丁戌)의 입향(立向)은 유해(酉亥)가 구인위(貴人位)가 된다. ④ 손신경축사유(巽辛庚丑巳酉)의 입향(立向)은 인오(寅午)가 귀인위(貴人位)가 된다. ⑤ 임자계신(壬子癸申)의 입향(立向)은 사묘(巳卯)가 귀인위(貴人位)가 된다.

❖ **귀인단좌**(貴人端坐)**형** : 귀인이 단정하게 앉아 있는 형국을 말하며 귀인(貴人)은 탐랑(貪狼) 목성체 중에서도 귀인봉을 말한다. 주산(主山)이나 현무봉(玄武峯)이 귀인봉으로서 깨끗하고 단정하다. 혈은 귀인의 배꼽 또는 단전 부분에 있다. 주변 국세도 깨끗해야 하며 안산 또는 주변 사격에 귀인의 심부름꾼인 동자(童子)와 같은 사격이 있어야 한다. 동자에 해당되는 산 역시 작은 귀인봉이다. 귀인형 명당들은 지혜롭고 총명하며 성품이 고상하고 깨끗한 인물들을 배출한다. 특히 학문과 문장이 뛰어나 과거에 급제하여 높은 벼슬에 오른다.

❖ 귀인득위(貴人得位)

① **목성귀인** : 목성(木星)은 생(生)함이 마땅하고 극(克)함은 마땅하지 않다. 진손방(震巽方)에 있거나 감궁(坎宮)에 있어 득지득위(得地得位)를 하여도 내가 쓸 수 없으면 있어도 없는 것과 마찬가지다. 반드시 향상(向上)의 임관귀(臨官貴)나 용상귀(龍上貴)와 합(合)하고 좌산귀(坐山貴), 옥당귀(玉堂貴), 일마귀(馹馬貴), 삼길육수(三吉六秀)에다 입향(立向)이 합법하다면 부귀영창 한다. 만약 극(克)하거나 설기(泄氣)되는 방향에 있거나 또는 입향(立向)이 약간의 잘못이라도 있으면 발달은 평탄치 못하다. 가령, 을목(乙木)이 입수(入首)하여 결혈(結穴)하면 을좌신향(乙坐辛向)을 하게 되고, 정양향(正養向)으로 수구(水口)가 곤방(坤方)으로 나가면 자방(子方)이 목성귀인(木星貴人)이 되고(乙의 貴人), 고대(高大)하여 용상의 옥당귀인(玉堂貴人)과 합(合)하고 또 다시 좌산귀인(坐山貴人)과 합(合)하면 발복(發福)하여 벼슬하고 장원(壯元)한다. 귀인이 득지(得地)하게 되면 수옥이 상생(相生)하고 최귀최속(催貴催速)한다(가운을기서후[歌云乙己鼠猴] 향(鄕)이니 자방(子方)이귀인봉(貴人峰)이 후(猴)다.)

② **화성귀인** : 화성(火星)은 생(生)함이 마땅하고 극(克)함은 마땅치 않다. 이위(離位)에 있거나 진손방(震巽方)에 있으면 득위득지(得位得地)를 한 셈이지만 내가 쓸 수 없으면 있다한들 소용이 없다. 향상(向上)의 임관귀(臨官貴)와 합하고 용상귀(龍上貴)와 옥당귀(玉堂貴), 일마귀(馹馬貴), 3길6수(三吉六秀)와 입향(立向)이 합법하다면 크게 부귀가 발원하게 된다. 만약 극(克)하거나 설기(泄氣)하는 방위에 있고 다시 향법(向法)이 차질이 있으면 발복은 평탄치 못하다. 화성(火星)이 손사(巽巳)에 있으면 득위(得位)함이니 임좌병향(壬坐丙向)을 하고 수구(水口)는 정방(丁方)으로 나가면 향상(向上)의 임관귀(臨官貴)가 되니 임룡(壬龍)의 입수(入首)가 용상(龍上)의 옥당귀(玉堂貴)로 합하고, 좌산귀(坐山貴)가 병록(丙祿)이 사(巳)에 있어서 향사(向上)의 녹마귀(綠馬貴)에 합하여 귀인(貴人)이 되니 좌록(坐綠)이 되고, 손(巽)에 문봉(文峰)이 있어 귀인(貴人)이 필(筆)을 잡고 있는 형상이다. 손(巽)은 태을귀인(太乙貴人)의 방위(方位)요 육수(六秀)의 으뜸되는 곳이다. 손(巽)과 거듭 신방(辛方)에서 천을(天乙)을 얻으면 신봉(辛峰)이 마주 빛나니 장원(壯元)하여 정승에 오를 것이니 극품(極品)의 가장 아름다운 사(沙)가 되는 것이다. 아래의 도형(圖形)과 같다.

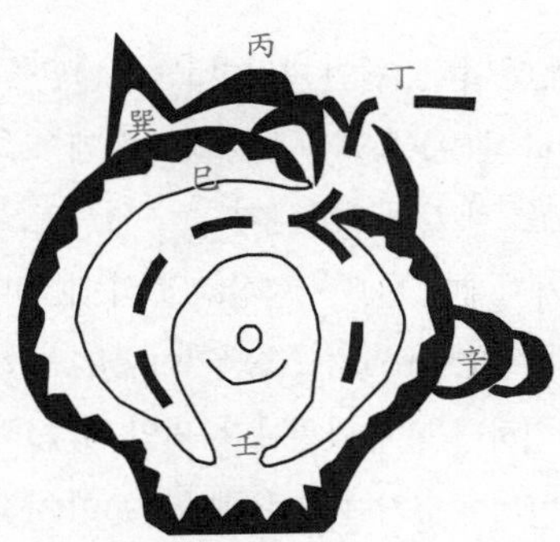

[火星貴人得位圖]

③ **토성귀인** : 토성(土星)은 곤간(坤艮)이 마땅하며 이궁(離宮)도 득위득지(得位得地)를 하는 곳이다. 그러나 나에게 소용이 되지 못하면 없는 것과 같다. 만약 향상귀(向上貴), 좌산귀(坐山貴), 용상귀(龍上貴), 3길6수귀(三吉六秀貴), 옥당귀(玉堂貴), 일마귀(馹馬貴)와 합하고 입향(立向)도 합법하다면 크게 부귀가 발원하게 된다. 입향(立向)에서 조금이라도 오차가 생기면 발복(發福)은 견줄 수 없다. 토성(土星)이 간(艮)과 이(離)에 있어 득위(得位)를 하면 가령, 경룡(庚龍)으로 입수(入首)하여 결혈(結穴)하면 경좌갑향(庚坐甲向)을 하고, 물이 을방(乙方)으로 나가면 간방(艮方)은 향상(向上)의 관록방(官祿方)이요 일마귀(馹馬貴)이다. 향상(向上)의 임관귀, 용상귀(臨官

貴, 龍上貴), 옥당귀(玉堂貴), 좌산귀(坐山貴)와 간(艮)은 천시원(天市垣)이니 복록과 권세를 장악할 수 있다. 6수최관(六秀催官)의 길(吉)함이 간(艮)에서 병방(丙方)이 거듭 솟아 병봉(丙峰)이 함께 빛나면 부귀가 크게 발원하게 된다.

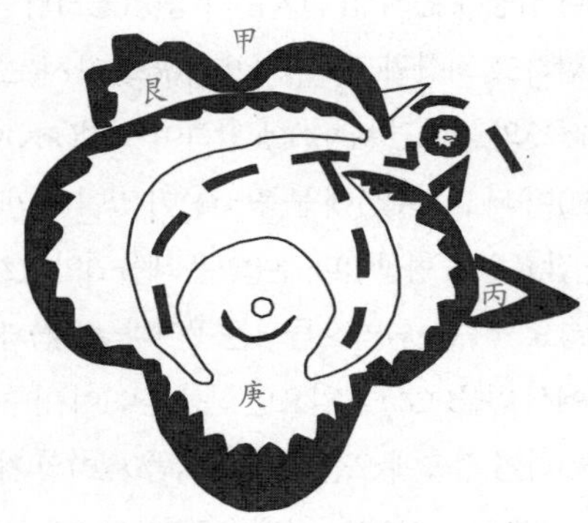

[土星貴人得位圖]

④ 금성(金星)은 생(生)함이 마땅하고 극(克)함은 마땅히 않다. 건(乾)이나 태(兌)에 있거나 곤간(坤艮)에 있으면 득위득지(得位得地)를 한 것이 되나 내가 쓸 수 없으면 있어도 없는 것과 마찬가지이다. 반드시 향상(向上)의 귀(貴)나 용상귀(龍上貴), 3길6수귀(三吉六秀貴), 옥당귀(玉堂貴)와 합하고 입향(立向)이 합법하면 크게 발원한다. 만약 극(克)하거나 설기(泄氣)하는 방위에 있거나 또는 향법(向法)이 차질이 있다면 평탄하게 발복하지 못한다. 금성(金星)이 건해방(乾亥方)에 있으면 득위(得位)를 한 것이니 가령 정룡(丁龍)이 입수(入首)하여 결혈(結穴)하고 수(水)가 신방(辛方)으로 나가면 손좌건향(巽坐乾向)을 하게 되면 용상옥당귀해(龍上玉堂貴亥)와 합하는 것이다. 또한 3길귀(三吉貴)와 합하며 곤방(坤方)의 위(位)에 마산(馬山)이 있으면 인오술마거신(寅午戌馬居申)로서 본국(本局)의 진마(眞馬)가 출현하는 것이다. 부귀가 발원하는 것이 가장 빠르다. 모든 국(局)도 이와 같이 추정한다.

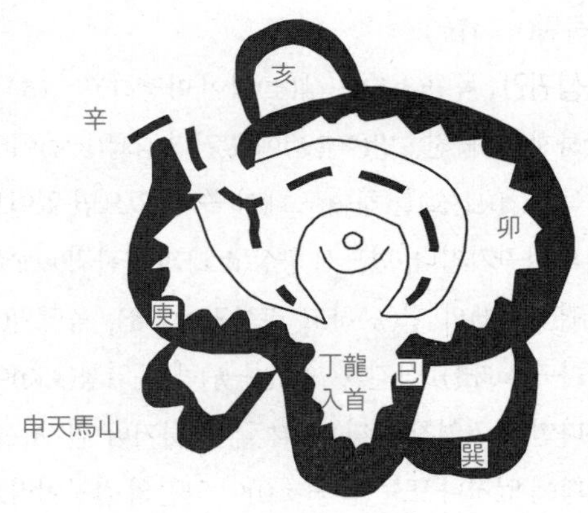

[金星貴人得位圖]

⑤ **수성귀인** : 수성(水星)은 생(生)함이 마땅하고 극(克)함은 불의하다. 감궁(坎宮)이나 건태궁(乾太宮)에 있으면 득지득위(得地得位)함이다. 그러나 나에게 소용(所用)이 되지 않으면 있어도 없는 것과 같다. 그러므로 반드시 합(合)이 이루어져야 하는 것이다. 향상(向上)의 임관귀(臨官貴)와 용상귀(龍上貴), 좌산귀(坐山貴), 일마귀(馹馬貴), 3길6수귀(三吉六秀貴), 옥당귀(玉堂貴)와 더불어 입향법(立向法)이 합법하다면 대발(大發)한다. 만약 극(克)하거나 설기(泄氣)하는 방위(方位)에 있거나 입향(立向)이 차질을 가져 온다면 발복(發福)은 평탄치 못하리라. 가령 삼태수성(三台水星)이 건해방(乾亥方)에 있으면 득위(得位)를 하였으니 정룡(丁龍)으로 입수(入首)하여 결혈(結穴)이 되면 병좌임향(丙坐壬向)을 한다. 3길최관귀인(三吉催官貴人)과 또 향상임관귀(向上臨官貴)와 녹산귀(祿山貴)와 합한다. 수(水)가 계방(癸方)으로 나가면 사유축마재해(巳酉丑馬在亥)라 일마귀(馹馬貴)가 된다. 묘방(卯方)에 목성(木星)이 솟아나면 임계토사장(壬癸兎巳藏)이라 향상귀인(向上貴人)이 된다. 정룡(丁龍)이 입수(入首)하면 건갑정탐랑일로행(乾甲丁貪狼一路行)으로 귀인격으로 합하였다. 부귀가 크게 발원하게 된다.

[水星貴人得位圖]

⑥ **복성귀인가** : 무릇 귀(貴)를 취함이 여러 가지이나, 귀인이 한봉우리에 모여 있으면 복성(福星)이다. 이러한 법으로 대지를 보면 스스로 그 강령(綱領)을 깊이 얻게 되며 한원(翰苑)의 집이 됨을 겪어보면 이 귀(貴)가 균합하여 발복(發福)하지 않음이 없음을 알 수 있고 음귀양귀(陰貴陽貴)가 모두 복성(福星)이다. 복성(福星)이 모두 참되면 사람이 공경을 받고 그 중에 진가를 분변해서 다 시사(時師)가 밝게 얻어야 한다. 향상(向上)의 임관(臨官)을 용상(龍上)에서 보고, 용상(龍上)의 귀인을 향상(向上)에서 찾아야 된다. 3길6수(三吉六秀)와 아울러 역마(驛馬), 최관(催官), 최귀(催貴)가 귀신같이 묘하니 문필(文筆), 검인(檢印)과 기고(旗鼓), 석모(席帽), 3태(三台)와 어병(御屛)이 고루 수려하여 정답고 친절하면 대대로 등과 하여 면면(綿綿)하리라.

⑦ **임관귀인가** : 대소(大小) 귀인(貴人)이 모두 이 귀인봉(貴人峰)이다. 건(乾)에서 생(生)을 얻으면 갑(甲)에서 왕(旺)하니 귀(貴)는 인(寅)에 있다. 곤임(坤壬)의 수국(水局)은 건(乾)에 있으며 손사(巽巳)의 금국(金局)은 곤신(坤申)에 있다. 이 이름은 임관귀인(臨官貴人)의 곳으로 이곳의 봉(峰)이 우뚝 솟아나 광채가 있고, 다시 입향(立向)에서 생왕(生旺)을 만난다면 그 집은 대대로 공경(公卿)이 난다.

⑧ **좌록귀인가**(坐祿貴人歌) : 혈에서 용산록(龍山祿), 향상록(向上祿), 좌산록(坐山祿)의 녹봉(綠峰)이 높이 솟으면 횡재하고 귀하며 또한 부(富)하여진다. 좌록귀인(坐祿貴人)은 가장 길(吉)하며 용상(龍上)의 녹(祿)과 향상(向上)의 귀봉(貴峰)이 높으면 빛이 난다. 비유하건대 임룡(壬龍)에 병향(丙向)을 하면 임좌(壬坐)의 녹(祿)에 있으니 병향(丙向)의 귀(貴)는 해방(亥方)에 있게 된다. 귀인좌록(貴人坐祿)이 심히 길하므로 향상(向上)의 녹(祿)과 용상(龍上)의 귀(貴)가 피차 일반으로 함께 빛난다.

⑨ **목욕관대임관귀인가**(沐浴冠帶臨官貴人歌) : 귀인이 목욕방(沐浴方)에는 임하지 말아야 한다. 여색(女色)을 탐하여 미친 듯 음란하고 관대(冠帶)에 있어 봉(峰)이 솟으면 신동의 아이가 장원을 하고 풍류를 좋아하고 도박과 사치를 즐기며 불륜의 밀회를 즐긴다. 귀인이 만약 임관위(臨官位)에 있으면 일등을 독점하며 충효의 정신과 엄한 교육상을 세우고 성현이 아니라 이것이 귀(貴)를 취하는 묘결(妙訣)이니 어지러이 된 여러 가지 귀인결(貴人訣)을 손대지 말아야 한다. 이름은 최관일마귀인(催官馹馬貴人) 또는 최관국(催官局)이라 한다.

[飛天貴人騎馬格竝馬局得位圖]

[天馬催貴赤蛇繞印臨官貴人祿峰貴人馹馬貴人圖]

그림은 용(龍)과 더불어 좌산귀인(坐山貴人)이 함께 사(砂)에 있으니 오자(午子)에 마산(馬山)이 있다. 서(書)에 이르기를, 천마(天馬)가 남방(南方)에 솟으면 공후(公侯)가 나며 관복(官服)을 입고 벼슬이 극품(極品)에 이른다 하였다.

❖ **귀인등천문시방**(貴人登天門時方) : 이는 발미통서(發微通書)에 있는 내용을 소개한다고 천기대요에 기록되어 있다. 귀인이란 천을귀인(天乙貴人)으로서, 그날 그날의 어느 시간에 천을귀인이 임하는가를 알아 취용하면 대길하다는 것이다. 먼저 일전(日纏)·월장(月將)·음양귀인(陰陽貴人)의 정국부터 알아야 설명에 이해가 쉬울 것이다.

[日纏]

雨水後(正)	春分後(二)	穀雨後(三)	小滿後(四)	夏至後(五)	大署後(六)	處暑後(七)	秋分後(八)	霜降後(九)	小雪後(十)	冬至後(十一)	大寒後(十二)
亥	戌	酉	申	未	午	巳	辰	卯	寅	丑	子

[月將]

天罡	太乙	勝光	小吉	傳送	從魁	何魁	登明	神后	大吉	功曹	太冲
辰	巳	午	未	申	酉	戌	亥	子	丑	寅	卯

[陰陽貴人]

日干	甲	乙	丙	丁	戊	己	庚	辛	壬	癸
陽貴	未	申	酉	亥	丑	子	丑	寅	卯	巳
陰貴	丑	子	亥	酉	未	申	未	午	巳	卯

가령 날짜가 정월(正月) 우수(雨水) 뒤 갑자일(甲子日)이라면 일전은 해궁(亥宮)이다. 해(亥) 등명(登明)은 정월(正月)의 월장(月將)이다. 그리고 갑일(甲日)의 양귀(陽貴)는 미(未)요, 음귀(陰貴)는 축(丑)인데, 월장 해(亥)와 갑일(甲日)의 귀인 미(未)와 축(丑)으로 귀인이 임하는 시간을 알아보게 된다. 즉 양귀미(陽貴未)를 건궁(乾宮)에 붙여 순행(順行)으로 월장해(月將亥)까지 짚어나가면 갑(甲)이 닿는다. 갑(甲)은 시간이요, 갑시(甲時)는 임묘간시(寅卯間時[인정삼각~묘초이각(寅正三刻~卯初二刻)])로서 우수 뒤 갑일(甲日)의 양귀(陽貴)는 이 시간에 임하는 것이다.

壬時 : 亥正三刻~子初二刻　　癸時 : 子正三刻~丑初二刻

艮時 : 丑正三刻~寅初二刻　　甲時 : 寅正三刻~寅初二刻

乙時 : 卯正三刻~辰初二刻　　巽時 : 辰正三刻~巳初二刻

丙時 : 巳正三刻~五初二刻　　丁時 : 午丁三刻~未初二刻

坤時 : 未丁三刻~申初二刻　　庚時 : 申丁三刻~酉初二刻

辛時 : 酉丁三刻~戌初二刻　　乾時 : 戌丁三刻~亥初二刻

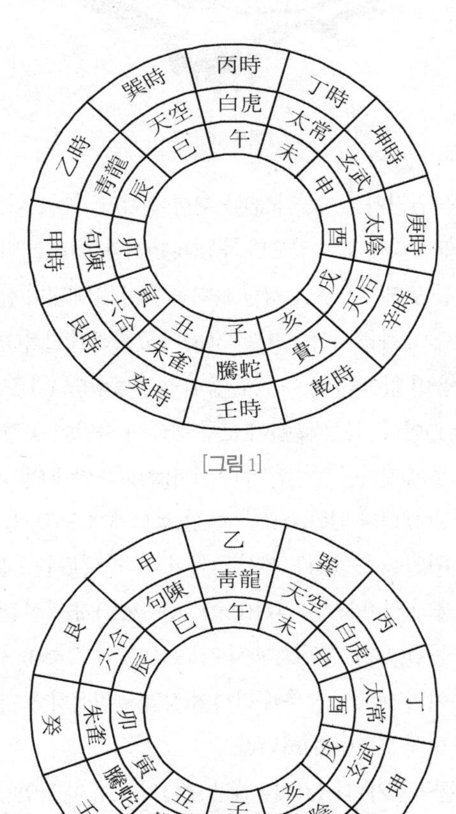

[그림 1]

[그림 2]

다음 陰貴(甲日)는 축(丑)이므로 건(乾)에 축(丑)을 붙여 월장(月將)인 해(亥)가지 순행(順行)하면 경(庚)에 닿는다. 경시(庚時)는 바로 신유간시(申酉間時)(申正三刻~酉初二刻)가 되니 우수 후 갑일(甲日)의 음귀는 신유간시(申酉間時)에 임한다. 또 한 예로 8월 추분(秋分)후 정일(丁日)이라 할 때 8월의 월장(月將)은 진(辰) 천강(天罡)이다. 정일(丁日)은 양귀(陽貴)가 해(亥)요, 음귀(陰貴)가 유(酉)다. 역시 건궁(乾宮)에 양귀(陽貴) 해(亥)를 붙여 월장(月將(辰))까지 순행(順行)하니 을(乙)에 닿는다. 을시(乙時)는 묘진간시(卯辰間時)다. 즉 추분후(秋分後(八月))는 월장(月將)이 진천강(辰天罡)이요, 정일(丁日)은 양귀(陽貴)가 축인간시(丑寅間時), 음귀(陰貴)가 묘진간시(卯辰間時)에 임하는 것을 알게 된다.

[참고] 「그림 ②」는 천기대요(天機大要)에 그려진 그대로인데 법식에 의하여 맞춰보면 맞지 않으므로 잘못 그려진 게 확실하여 「그림 ①」과 같이 이를 바로 잡았다. 왜냐하면 천기대요 본문예의 설명대로 맞춰 볼 때 우수 후(正月) 갑자일(甲子日) 양귀(陽貴) 미(未)를 건(乾)에 붙여 순행(順行), 정월(正月)의 월장(月將)인 해(亥)까지 짚어 보면 갑(甲)에 이르는데 갑시(甲時)는 인묘간시(寅卯間時)에 해당하는 것이지 진사간시(辰巳間時)가 아니기 때문이다. 또는 귀인(貴人) 건(乾)을 축(丑)에 달고 등사(螣蛇) 임(壬)을 인(寅)에 달았는데, 팔간사유(八干四維)의 원칙에 의한 위치도 틀렸다. 원래 건(乾)은 술해(戌亥) 중간이며, 임(壬)의 위치는 해자(亥子) 중간에 있어야 한다. 따라서 모든 위치가 어긋나게 된 것이다.

❖ **귀인례**(貴人例) : 갑무겸우양 을기서후향 병정저위 임계토사장 경신봉마호 차시귀인방(甲戊兼牛羊 乙己鼠猴鄉 丙丁猪位 壬癸兎蛇藏 庚辛逢馬虎 此是貴人方)이다. 즉 갑산은 축미(丑未), 을산(乙山)은 자신(子申), 병정산(丙丁山)은 유해(酉亥), 임계산(壬癸山)은 묘사(卯巳), 경신산(庚辛山)은 인오(寅午), 건산(乾山)은 축미묘사(丑未卯巳), 곤산(坤山)은 자신묘사(子申卯巳), 간산(艮山)은 유해(酉亥), 손산(巽山)은 인오(寅午), 자산(子山)은 묘기(卯己), 축산(丑山)은 인오묘사(寅午卯巳), 인산(寅山)은 축미유해(丑未酉亥), 묘산(卯山)은 자신진산(子申辰山)은 자신묘사(子申卯巳), 사산(巳山)은 인오유해(寅午酉亥), 오산(午山)은 유해(酉亥), 미산(未山)은 자신유해(子申酉亥), 신산(申山)은 인오묘사(寅午卯巳), 유산(酉山)은 인오(寅午), 술산(戌山)은 인오유해(寅午酉亥), 해산(亥山)은 축미묘사(丑未卯巳)가 귀인방위(貴人方位)라 한다. 최관귀인록마산(催官貴人祿馬山)이 기봉(起峰)하면 여뢰발복(如雷發福)하는 법이다. 비여(譬如)하면 입임산병향(立壬山丙向)을 하면 병록(丙祿)이 재사(在巳)하며, 임관(臨官)이 역시 재사(在巳)하며, 병왕향(丙旺向)으로 인오무화국(寅午戌火局)이니 화국(火局)의 마(馬)가 신(申)에 있으며, 병정(丙丁)은 저계위(猪鷄位)라니 저계(猪鷄)는 유해(酉亥)이니 병정향(丙丁向)에는 유해(酉亥)가 귀인방(貴人方)이 된다. 그러니 입임산병향(立壬山丙向)을 하여서 사신유해(巳申酉亥)의 4산(四山)이 기봉(起峰)하는 것을 귀인록마산(貴人祿馬山)이 나타났다고 하고 최관귀(催官貴)이라고 하며, 그 용(龍)이 임계룡입수(壬癸龍入首)라고 하면 임계(壬癸)는 토사장(兎蛇藏)이라고 하니 토사(兎蛇)는 묘사(卯巳)라 임계용묘(壬癸龍墓)에 묘사(卯巳)가 귀인(貴人)이니 묘사봉(卯巳峯)이 유조(有昭)하면 이르기를 진복성귀인(眞福星貴人)이라고 한다. 그러나 묘사(卯巳)까지 재합(再合)하면 속발과갑(速發科甲)하며 또 간병봉(艮丙峰)이 교응(交應)하면 천록귀인(天祿貴人)이라고 하며, 또 생왕관록문필방(生旺官祿文筆方)이라고 하며, 6수천원지봉(六秀薦元之峰)이라 하니 발복(發福)이 구의하다. 나머지 23향을 임산병향(壬山丙向)의 이치와 같이 유추하면 된다.

❖ **귀인반안**(貴人攀鞍) : 귀인이 말안장을 잡고 있는 형국으로 귀인처럼 생긴 봉우리 옆에 말잔등처럼 생긴 봉우리가 있고 혈은 귀인의 무릎이나 팔뚝에 자리잡는다. 안산은 말안장이다.

❖ **귀인방위**(貴人方位) : 갑산(甲山)에 축미방(丑未方), 을산(乙山)에 자신방(子申方), 병정간산(丙丁艮山)에 유해방(酉亥方), 경신산(庚辛山)에 오인방(午寅方), 임계자산(壬癸子山)에 묘사방(卯巳方), 건산(乾山)에 축미묘사방(丑未卯巳方), 곤산(坤山)에 자신묘사방(子申卯巳方), 간산(艮山)에 유해방(酉亥方), 손산(巽山)에 인오방(寅午方), 축산(丑山)에 오인묘사방(午寅卯巳方), 인산(寅山)에 축미유해방(丑未酉亥方), 묘산(卯山)에 자신방(子申方), 진산(辰山)에 자신해유방(子申亥酉方), 신산(申山)에 오인사묘방(午寅巳卯方), 유산(酉山)에 오인방(午寅方), 술산(戌山)에 오인해유방(午寅亥酉方), 해산(亥山)에 축미묘사방(丑未卯巳方)이 모두 귀인방(貴人方)이다. 만일 귀인(貴人)·녹(祿)·마산(馬山)이 모두 솟아 있으면 복이 우뢰와 같이 발하는데, 가령 임좌병향(壬坐丙向)이라면 병술록재사(丙戌祿在巳)로 사방봉(巳方峯)이 녹봉(祿峯)(또

ㄱ

는 臨官峯)이요, 인오술(寅午戌)은 마거신(馬居申)(丙午同으로 午를 취함)은 마거신(馬居申)으로 신방봉(申方峯)이 마봉(馬峯)이며 丙丁猪鷄位)로 해유방봉(亥酉方峯)이 귀인봉(貴人峯)이다. 다시 말하여 임좌병향(壬坐丙向)에 해·유·사·신(亥·酉·巳·申) 네 곳의 산이 솟아 있으면 바로 귀인(貴人)·녹(祿)·마산(馬山)이니 최관귀인(催官貴人)이라 한다. 또는 용(龍)이나 입수(入首) 및 망명으로 보는바, 가령 임계룡(壬癸龍)이나 임계입수(壬癸入首)라면 묘사방(卯巳方)의 봉이 귀인봉(貴人峯)이며, 망명(화합)을 기준하여 귀인·녹·마방(貴人·祿·馬方)에 봉이 있어 좌(坐)와 입수(入首(혹은 龍))가 모두 갖추고 있으면 이를 진복성귀인(眞福星貴人)이라 하여 장후(葬後)에 즉시 발복하여 과갑(科甲)이 나온다. 또는 간병(艮丙)의 6수봉(六秀峯)이 교응(交應)하고 이에 천록·귀인봉(天祿·貴人峯)과 생왕(生旺), 관록(官祿), 문필봉(文筆峯)과 6수천원봉(六秀薦元峯)이 있으면 능히 향향조차(向向照此)가 되어 귀격을 이룸으로써 발복됨이 확실하다.

❖ **귀사상회**(龜蛇相會) : 거북과 뱀이 서로 마주 보고 있는 형국으로 그 사이에 물이 흐르는데 거북의 등이나 눈에 혈이 있다. 뱀이 안산이다.

❖ **귀인사**(貴人砂) : 귀인사에는 여러 가지가 있지만 단정수려한 목성형의 산봉이면 가장 좋다. 이러한 귀인사가 조안(朝案)을 비추거나 귀인 관록방위나 길방에 있으면 주로 자손이 등과하게 된다.

[貴人砂]

❖ **귀인사은**(貴人謝恩) : 귀인이 자기보다 더 높은 사람이 자신에게 베푼 은덕에 감사하는 형국으로 홀과 도포의 띠 등이 있다. 혈은 홀의 위쪽에 자리잡으며, 안산은 도포의 띠, 혹은 향을 피우는 대다.

❖ **귀인입마**(貴人立馬) : 귀인이 말을 타려고 그 옆에 서 있는 형국으로 귀인처럼 생긴 봉우리 옆에 말잔등처럼 생긴 봉우리가 있다. 혈은 말안장 밑에 자리잡는다. 안산은 양산(陽傘)이다.

❖ **귀인장궁**(貴人張弓) : 귀인이 활시위를 당기고 있는 형국으로 귀인처럼 생긴 봉우리 앞에 활처럼 생긴 봉우리가 있다. 혈은 귀인의 배꼽이나 활에 자리 잡는다.

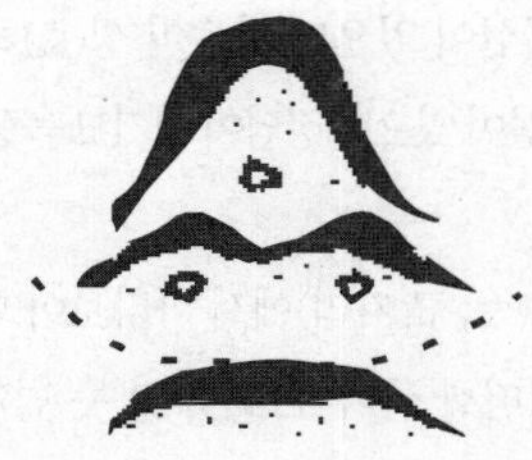

❖ **귀인전고**(貴人展誥) : 귀인이 자리에 앉아 뭇 사람에게 가르침을 펴는 형국으로 혈은 귀인의 배꼽에 있고, 안산은 서대(書臺 ; 책을 올려 놓은 대)다.

❖ **귀인좌아**(貴人坐衙) : 귀인(貴人)이 관아(官衙)에 있는 형국. 주산(主山)은 타원형에 가까우며, 혈(穴)은 귀인의 배꼽 위에 있고 안산(案山)은 도장(印 ; 동그란 봉우리)이다.

❖ **귀인주홀**(貴人拄笏) : 귀인이 손가락으로 홀을 튕기는 형국. 혈은 홀에 있고, 안산은 향을 피우는 대다.

❖ **귀인진홀**(貴人搢笏) : 귀인이 홀을 통에다 꽂는 형국. 홀은 귀인의 손에 있으며 혈은 귀인의 배꼽에 자리잡고, 안산은 향을 피우는 대다.

❖ **귀인집홀**(貴人執笏) : 귀인이 홀(笏)을 잡고 있는 형국. 홀이란 임금이 의식(儀式)을 치를 때 쓰던 물건으로 생김새는 세워 놓은 직각형이다. 혈은 홀의 위쪽에 있고, 두건(頭巾 ; 귀인이 쓰는 모자)이 안산이다.

❖ **귀인패검상전**(貴人珮劍上殿) : 귀인이 칼을 차고 궁전으로 올라가는 형국. 귀인의 옆에 칼처럼 생긴 산이 있으며 혈은 귀인의 배꼽에 자리잡는 고 안산은 궁전이다.

❖ **귀참천주**(貴参天柱) **건봉**(乾峰)**을 참천주**(参天柱)**라 한다** : 봉(乾峰)이 귀인봉(貴人峰-타원형봉)이고 드높이 솟아올랐으면 대귀(大貴)를 얻는다.

❖ **귀향수**(鬼鄕水) : 묘방(卯方)이나 경방(庚方)에서 흘러 들어온 물이 혈 앞을 빙 돌아 흐른 다음, 다시 원래 왔던 방향으로 빠져 나가는 것을 귀향수(鬼鄕水)라 한다. 귀향수는 매우 보기 드문 물로서, 극히 귀(貴)하다. 영웅이 배출되어 대업(大業)을 이루고, 뭇 사람의 존경과 신망(信望)을 받는다.

ㄱ

❖ **귀혈**(貴穴) : 구하기 힘든 명혈(名穴). 묘 쓰면 귀(貴)가 발하는 묘자리.

❖ **귀혈(貴穴)에는 높은 사(砂)가 모두 아름답다** : 귀혈에는 높은 사(砂)가 많아 모두 수려(秀麗)하고 아름답다. 빈혈(貧穴)에는 반궁(反弓) 사가 많아 무정하다.

❖ **규**(窺) : 작게 보는 것.

❖ **규규**(赳赳) : 무사(武士)의 날랜 모양.

❖ **규봉**(窺峰)

① 묘 안을 숨어서 엿보는 듯한 작은 산봉우리. 규봉이 보이면 재물 손재를 보거나 재물을 탐내는 자가 생긴다고 한다. 큰 명당에는 규봉이 있어도 무방하다.

② 귀형(貴形), 미형(尾形), 화형(火刑)이 있다. 귀형이면 관재구설이 잦아 재산의 손해를 입는다. 귀는 관을 의미하기 때문에 관에 의한 화(禍)가 미친다. 미형 규봉이 보이면 그 후손이 도둑을 맞거나 남에게 사기를 당하는 일이 많다. 재산을 날리는 경우도 있다. 화형 규봉은 화재가 자주 발생하여 그로 말미암아 사람이 상하는 일이 많다고 한다. 사격이 끊어져 산의 양가닥이 끊어져 갈라지고 달아나는 모양을 지는 사격에 그 후손이 불효자가 나며 집안에 우환이 생기고, 끝내 패가한다.

❖ **규산**(窺山) : 안산(案山) 너머의 산(山)이 서(立) 보이고, 앉으면 안 보이는 산을 말한다.

① 형상(形象)에 따라 미형(眉形)봉이 보이면 도둑 사기로 재해(財害)를 당하게 된다.

② 귀형(귀形) 규봉이면 관재구설(官災口舌)이 잦아 재패(財敗)를 당하게 된다.

③ 화형(火形) 규봉이면 화재가 자주 나고 사람이 상(傷)하게 된다.

④ 안산 뒤의 부봉형(富峰形) 규산은 재물이 따른다.

⑤ 청룡 뒤의 규산이 있으면 자손이 성(盛)하지 못하다.

⑥ 백호 뒤에 규산이 있으면 장님이 생기고 음탕한 사람이 나온다.

❖ **규산**(窺山)

① 엿보는 산 혈(穴; 묘 자리)에서 바라보아 현무정 청룡, 백호, 안산 뒤에 어떠한 산이 보일 듯 말 듯 넘겨다보고 있는 산. 마치 사람이 담장 너머로 얼굴만 반쯤 내밀고 넘겨다보는 형상과 같으므로 규산(窺山; 엿보는 산)이라 한다. 이 규산은 방위에 따라 길흉이 작용하는데, 현무정(玄武頂)이나 주산(主山) 뒤에 엿보는 산이 있으면 도적이 자주 들거나 자손이 도적이 되거나 재산이 없어지고 자손이 멸한다. 안산(案山 : 朱雀) 뒤의 규산은 재물이 따른다. 청룡 뒤의 규산은 자손이 성하지 못하다. 백호 뒤의 규산(窺山)은 소경이 생기거나 음탕(淫蕩)한 사람이 나온다. 자축방(子丑方)에 규산이 있으면 도둑이 자주 든다. 인방(寅方)에 규산이 있으면 형옥 신세를 지는 자손이 많이 생긴다. 간방(艮方)의 규산은 우환질고가 떠나지 않고 묘방손방(卯方巽方)의 규산은 부녀자가 어린이에게 악질이 침입한다. 손방(巽方)에 쌍봉으로 솟은 규산이 있으면 자손이 소경이 되고 사오미방(巳午未方)의 규산은 자손이 옥에서 사망한다. 정방(丁方)의 규산은 문장이 많이 나오고 신방(申方)에 세 봉우리의 규산이 있으면 장사지낸 뒤 5년 이내에 부귀한다. 유방(酉方)의 규산은 가모주부(家母主婦)가 크게 흉하고 또는 집안에 화란이 연달아 일어난다. 신방(辛方)에 엿보는 산이 있으면 도적이 자주 든다. 술방(戌方)에 규산이 있어 혈을 넘겨다보면 장님이 사망하고 흉악한 강도가 침입한다. 해방(亥方)에 규산이 있으면 이는 길격으로 부귀한다. 건방(乾方)에 엿보는 산이 있으면 집안에 고약한 질병이 떠나지 아니한다. 진술축미방(辰戌丑未方)에 규산이 있으면 이는 도적이 남의 금고를 훔쳐보는 형상이니 도적에게 해를 입거나 집안사람 가운데 도적이 생겨난다.

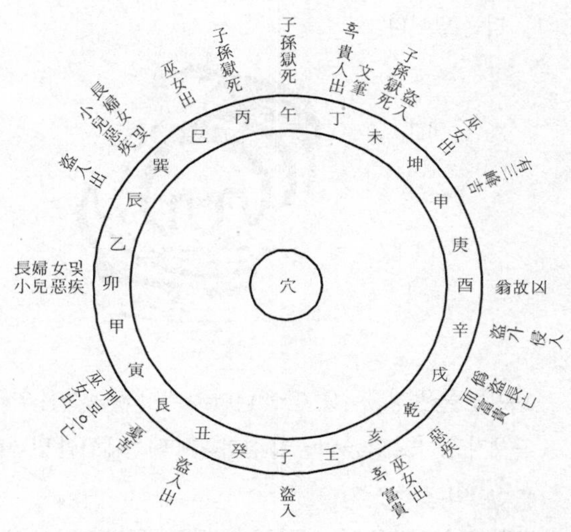

② 규산(窺山)이란 엿보는 산이란 뜻으로 높은 산 뒤에는 산봉(山峰)의 형체는 보이지 않고 봉우리 끝 부분만 살짝 들어내어 혈장(穴場)을 넘겨다보는 산을 말한다. 마치 사람이 담장 밖에서 몸은 감추고 얼굴만 살짝 내밀어서 울안을 넘겨다보는 것과 같은 이치를 말한다. 규산(窺山)이 혈장(穴場)을 넘겨다본다 하여 무조건 흉상(凶相)이 되는 것이 아니고, 넘겨다보는 방위에 따라 길흉(吉凶)이 달라진다. 규산(窺山)은 정산방(丁山方), 신산방(申山方), 술해방(戌亥方)에서 넘겨다보는 규산(窺山)은 길조가 되는 것이다. 나머지 24방위 중에서 혈장(穴場)을 넘겨다보는 것은 흉조가 되나 혈전(穴前)의 안산방위(案山方位)와 정신술해방(丁申戌亥方)을 제한 나머지 방위를 흉조방위(凶兆方位)로 보면 될 것이다.

❖ **규산**(窺山) **길방**(吉方) : 규산(窺山)은 혈(穴)의 앞이나 좌우에 가깝게 있거나 멀리 보이는 산봉우리 사이에 뾰족이 보이는 작은 산이다. 규산(窺山)에는 좋은 방위의 규산(窺山)과 나쁜 방위의 규산(窺山)이 있다. 오미방(午未方) 규산은 가문에 어질고 바른 사람이 태어나고, 정방(丁方) 규산은 학문을 하는 문장가가 많고, 신방삼봉(申方三峰) 규산(窺山)은 5년 내에 대귀해지고, 해방(亥方) 규산은 부귀해진다.

❖ **규산론**(竅山論) : 규산은 엿보는 산을 말하는 것으로, 마치 사람이 담장 밖에서 몸을 감추고 얼굴만 살짝 내밀어 울 안을 넘겨다보는 것과 같이, 산봉이 형체는 보이지 않고 봉우리 끝만 살짝 드러내어 혈장을 넘겨다보는 산을 말한다.

- 주산의 뒤에서 규봉이 혈을 넘겨다보면 소년백발이 생긴다.
- 주산 뒤의 측면에서 규봉이 혈을 엿보면 무녀 또는 바람둥이가 나온다.
- 안산의 너머에서 보이는 규산은 천록(天祿)이 이른다.
- 청룡의 밖에서 규산이 엿보면 자손이 불성(不盛)한다.
- 백호의 밖에서 규산이 엿보면 소경 또는 음탕한 사람이 나온다.
- 자축산(子丑山)이 엿보면 도적이 자주 침입한다.
- 간산(艮山)이 엿보면 우환이 끊이지 않는다.
- 인산(寅山)이 엿보면 옥중사(獄中死)한다.
- 묘손산(卯巽山)이 엿보면 장부(長婦)·장녀(長女)와 어린이에게 악질이 따른다.
- 손산(巽山)의 쌍봉이 엿보면 자손이 소경이 된다.
- 사오미산(巳午未山)이 엿보면 자손이 옥사한다. 정산(丁山)이 엿보면 문장이 많이 나온다.
- 신산(申山)의 3봉이 엿보면 5년 안에 크게 부귀한다.
- 유산(酉山)이 엿보면 옹모(翁母)가 대흉하고 집안에 어려운 일이 많이 따른다.
- 신산(辛山)이 엿보면 도적이 자주 들어온다.
- 술산(戌山)이 엿보면 장남이 망하고 악적(惡賊)이 침입한다.
- 술해산(戌亥山)이 혈을 넘겨다보면 부귀한다.
- 건산(乾山)이 넘겨다보면 악질(惡疾)이 떠나지 않는다.
- 진술축미산(辰戌丑未山)이 엿보면 집안에 도적이 나온다.

❖ **규산**(窺山) **흉방**(凶方) : 유방(酉方) 규산은 가정에 불화가 생기고, 술방(戌方) 규산은 장손이 도둑질을 하거나 도적의 침입으로 큰 해를 입고, 인사오미(寅巳午未) 규산은 형벌을 받아 옥사하고, 묘손방(卯巽方) 규산은 장녀가 사망한다. 신방(辛方) 규산은 집안에 도적이 생기고, 건방(乾方) 규산은 질병이 따르고, 자축방(子丑方) 규산은 도둑질하는 자손이 있거나 크게 도적을 당한다. 길방(吉方)으로 분명하지 않은 방향의 규산은 취하지 말아야 한다.

❖ **규성**(奎星) : 손방(巽方)에 있는데 손봉(巽峰)이 아름다우면 어사

가 나지만 지나치게 높으면 압사하거나 목을 매고 죽는 화가 있다. 또 허하면 맹수의 화가 있으며 낭사(狼砂)면 악한 자손을 두게 된다. 대개 술년(戌年)에 응험한다.

❖ **규수**(窺水)

① 규수는 안산(案山) 또는 조산(朝山) 등 근처에서 보일 듯 말듯하여 도두(到頭 : 묘등성이)에서는 보이고 좌혈에서는 안 보이는 것이며, 또한 물소리 들리고 수체(水體)는 보이지 않는 것이 규수이다. 규수가 있으면 손재(損財)는 물론 수시로 도적이 들며 반면에 자손에 흑수(黑手 ; 검은손)가 생긴다.

② 그 혹물소리가 금가락지처럼 울리면 진록진재(進祿進財)하고, 물방울이 구리 항아리에 모이는 것 같으면 주(州)나 군(郡)을 맡게 되고, 동동 동동하게 울리면 밝은 자가 귀히 되고, 처절하게 슬피 울어대면 재앙이 된다. 물의 울음소리는 불길하지만 물소리가 흡사 금가락지와 옥패가 서로 부딪쳐서 나는 소리처럼 울려 퍼지면 자손의 녹(祿)을 받고 재물을 모을 수 있다. 구리 항아리에 물방울이 떨어져 모이는 소리와 같으면 군(郡)이나 주(州)를 맡아 다스릴 목민관이 태어나게 된다. 물소리가 동동 동동하고 북소리처럼 울리면 밝은 사람이 귀하게 된다. 급류로 흐르는 소리가 처량하고 절절히 슬프게 들리면 곡소리로 울부짖는 재앙이 있게 된다. 이렇게 물의 소리는 길할 수도 있고 흉할 수도 있으니 잘 듣고 판단하여야 한다. 그러나 소리가 있으면 소리가 없는 것만은 못하고, 명공(明拱)은 암공(暗拱)만 못하니라. 물의 소리가 길하다고는 하였으나 소리가 있다는 것은 물이 급히 흐른다는 뜻이니 물이 맑게 고여서 흐르지 않는 것만은 못하다. 흐름이 평평하고 유유히 그윽하게 모이면 소리는 나지 않게 된다. 물은 본성이 움직이므로 고요하여야 묘함이 있다. 즉 물이 보이게 조당(朝堂)에 끼어드는 것보다 안산(案山)의 밖에서 암공(暗拱)한 것만은 못한 것이다. 사(沙)가 있어서 막아주면 내당(內堂)의 기운을 설기시키지 못하게 하므로 참으로 묘하다 할 것이다. 의룡경(疑龍經)에서는 「조당수(朝堂水)가 안산(案山) 밖에서 순환(循環)하면 혈은 반드시 보통땅이 아니다」 라고 하였으니 암공(暗拱)이 가장 길하다는 말이다.

보이는 물은 명공이요, 안산 너머 보이지 않는 물은 암공이다. 용세가 힘차고 명공 암공이 정취하니 대부대귀할 만년대지(萬年大地)이다.

❖ **그림이나 사진을 어느 곳에 걸어두면 좋은가** : 침실 안에서는 사고하게 보이는 그림이나 사진 한 가지라도 어느 곳에 어떤 내용의 그림(사진)을 걸어 두느냐에 따라서 풍수상(風水相)의 에너지가 달라지고 금전 운 건강운도 달라진다. 황색의 꽃 그림을 서쪽 벽에 걸어두면 금전 운이 좋아지고 새의 그림이나 사진을 벽에 걸어두면 자녀들이 총명하고 출세한다. 동물의 사진이나 그림을 걸어 두는 것은 좋지 않다.

❖ **극**(戟) : 병기(兵器)를 말함.

❖ **극훈수**(極暈水)

① 진짜 혈에는 반드시 태극훈이 있어야 한다. 태극훈은 주위보다 조금 높은 곳(낮을 경우도 있기는 하다)을 말한다. 극훈수는 주위의 낮은 곳에 흐르는 물을 말한다.(그러나 실제로 물이 있는 것은 아니다.)

② 혈은 반드시 태극훈(太極暈)이 있어 혈의 주위를 둘러싸며 은은미미(隱隱微微)한 형이 잘하면 보이고 숙시(熟視)하면 안 보인다. 멀리에서 보면 보이고 가까이에서 보면 보이지 않는 모호한 지맥(支脈)의 기복(起伏)된 곳에 있는 물을 극훈수(極暈水)라 한다. 이는 혈중에 충의(虫蟻)의 침입을 막아주는 물로 극히 길한 물이다.

③ 태극진혈(太極眞穴)을 외환회포(外環回抱)한 미저회선(微低回線)이다. 이 선(線)이 마치 물자국 같다 하여 이를 극훈수라 한다. 무릇 진혈(眞穴)은 반드시 태극훈(太極暈)이 있어 요

철원훈(凹凸圓暈)이 분명해야 한다. 그러나 이 원훈(圓暈)은 망은현(茫隱顯)하여 분간하기 매우 어려운 흔적이다. 즉 이 극훈수가 분명해야 산수음양(山水陰陽)의 유별배합(有別配合)과 용기취결(龍氣聚結)이 확연한 진결혈장(陳結穴場)이다. 한편 조장시(造葬時) 이 극훈수선(極暈水線)을 실수파열(失手破裂)하면 수침의범(水浸蟻犯)이 염려되는 바 각별히 조심해야 한다.

❖ **근**(僅) : 겨우. 근근히.

❖ **근**(巹) : 혼례때에 술바가지 즉 표주박을 똑같게 잘라서 똑같이 둘로 만든 술 바가지.

❖ **근대**(根大) : 산맥의 근본이 크게 이루어진 것.

❖ **근본**(根本) : 물의 원류.

❖ **근봉**(謹封) : 폐백보는 잡아 매지 않고 빳빳한 종이를 아래위 없이 둥글게 말아서 5cm 정도 되도록 자른다. 다음에는 길이로 근봉(謹封)써서 보자기의 네 귀퉁이를 잡아 모아 근봉으로 끼운다. 근봉 위로 나온 술이 달린 네 귀를 각각 젖혀서 늘어지게 하면 위가 연꽃 모양처럼 되어 아름답다.

❖ **근취제신정혈**(近取諸身定穴) : 사람의 뼈와 마디의 움직임을 혈장에 비유한 법. 정문(頂門) · 백회(百會) · 인후(咽喉) · 견정(肩井) · 심흉(心胸) · 제중(臍中) · 단전(丹田) · 음낭(陰囊) · 곡지(曲池) · 수두(垂頭) · 헌화혈(獻花穴) 등이 있다. 혈성이 기정수유(起頂垂乳)를 하고 두 팔로 용호가 되었을 경우에만 인신(人身) 정혈을 하고 만약 두 팔이 없거나 두 팔이 있을지라도 이것이 용호가 되지 못할 경우에는 지장정혈법을 쓴다.

❖ **금**(今) : 지금, 현재에 만들어지는 인물들.

❖ **금견혈**(金梘穴) : 혈 앞쪽에 깊은 도랑이 있고, 혈성이 말구유처럼 생긴 괴혈.

❖ **금계평**(金階平) : 건유방(乾酉方)으로써 이 두 방향이 움푹 들어가도 귀(貴)를 얻지 못한다.

❖ **금계포란형국**(金鷄抱卵形局) : 금계포란형국은 주란(珠卵)안산 회원사(回圍砂) 계사사(鷄舍砂) 밝은 별 같은 사(砂) 있어야 명당으로 제격이다.

❖ **금고화개**(金誥花開) : 전고(展誥)라고 한다. 산이 오화관(五花官) 같음이 고(誥)요, 전(展)은 열림을 뜻한다. 양쪽 머리가 약간 높아서 금성(金星)의 이마를 만들므로 금고화개(金誥花開)라 부른다.

❖ **금고형**(金鼓形) : 금고형국에 피리가 있으면 선인부수(仙人浮水) 형국(形局)이다.

❖ **금괴**(金塊) **옥당**(玉堂) **대덕**(大德) **방위**(方位)**란** : 금괴방위(金塊方位)는 미방위(未方位)이고 옥당(玉堂) 방위는 술방위(戌方位)이며 대덕방위(大德方位)는 신방위(申方位)이다. 이 방위에 창문을 내면 자손이 총명하고 학문에 통달하여 명성을 떨치는 인재가 탄생한다. 또 창고를 만들면 재물이 풍족해 진다.

❖ **금국룡의 생왕사절도**(斗牛納丁庚之氣金局丁龍生旺死絶圖) : 무릇 간지(看地)함이 도두결혈처(到頭結穴處)에 이르러서 나경외반(羅經外盤)을 사용하여 수구(水口)를 보아 만약 계축(癸丑), 간인(艮寅), 갑묘(甲卯)의 6개의 글자 중 어느 것에 교회(交會)하면 두우납정경지기(斗牛納丁庚之氣)라고 하며, 이것은 금국정룡(金局丁龍)이 된다. 다음으로 나경내반(羅庚內盤)으로 격룡(格龍)을 한다. 정(丁)의 장생(長生)이 경유(庚酉)에 있으니 12운성(十二運星)을 역행으로 짚으면 왕(旺)이 손사(巽巳)에 있고, 묘(墓)는 계축(癸丑)에 있다. 경유(庚酉) 두 글자 위로 입수(入首)가 되면 이것은 생룡(生龍)이요, 정미(丁未) 두 글자 위로 입수(入首)가 되면 이것은 관대룡(冠帶龍)이요, 병오(丙午) 두 글자 위로 입수(入首)가 되면 이것은 임관룡(臨官龍)이 되고, 손사(巽巳) 두 글자 위로 입수(入首)가 되면 이것은 왕룡(旺龍)이 된다. 쌍산(雙山)으로 8개의 글자를 논함이니, 이것은 모두 이기성으로 생왕(生旺)을 얻음이다. 다시 용(龍)의 형상이 위와 같이 생왕속기청진(生旺束氣清眞)하면 반드시 크게 발복한다. 만약 갑묘(甲卯)의 두 자, 위로 입수(入首)하면 이것은 병룡(病龍)이요, 간인(艮寅)으로 입수(入首)하면 사룡(死龍)이 되고, 임자(壬子)로 입수(入首)하면

ㄱ

절룡(絶龍)이 되니, 쌍산(雙山)으로 그 6개자를 논함이다. 이것은 모두 이기상(理氣上)으로 사절(死絶)을 범하는 것이니, 비록 용(龍)의 형상이 생왕(生旺)하다고 해도 또한 못한다.

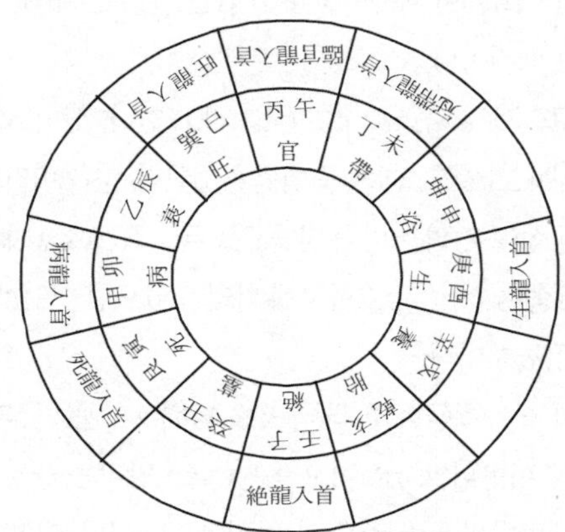

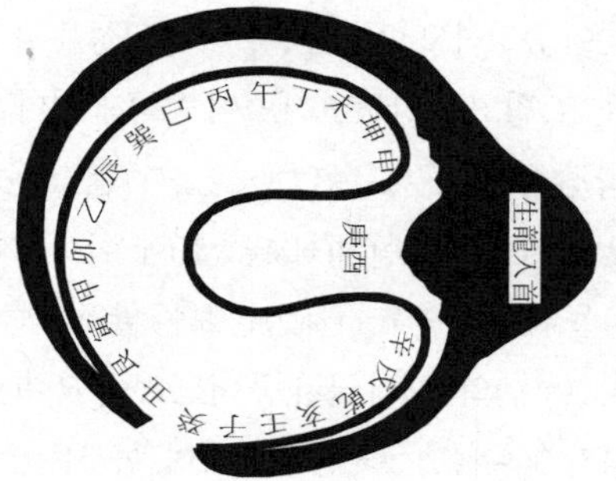

❖ **금국생룡입수도**(金局生龍入首圖) : 용(龍)은 경유방(庚酉方)에서 오고 수(水)는 계방(癸方)으로 나간다.

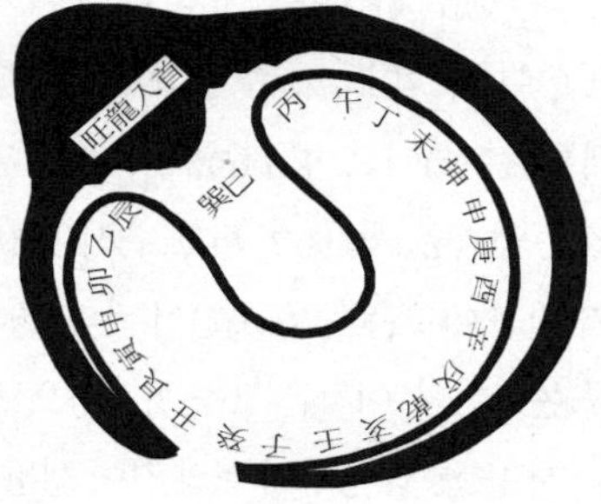

금국왕룡입수도(金局旺龍入首圖) : 용(龍)은 손사방(巽巳方)에서 오고 수(水)는 계방(癸方)으로 나간다.

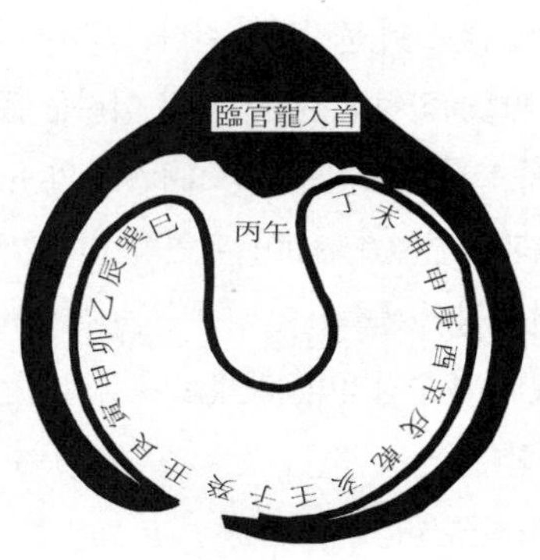

❖ **금국임관룡입수도**(金局臨官龍入首圖) : 용(龍)은 병오방(丙午方)에서 오고 수(水)는 계방(癸方)으로 나간다. 이상의 3개 그림은 이것이 금국(金局)의 생(生), 왕(旺), 임관룡(臨官龍)의 입수(入首)이다. 용(龍)이 수구(水口)와 통하였으니 향법(向法)만 합법하다면 대지(大地)는 크게 피어나게 되고 소지(小地)는 작게 피어나게 되며, 단정코 불발(不發)하는 사람은 없게 된다. 향법(向法)이 차질이 있다면 또한 2~30년은 발복하나 30년이 지나면 외당(外堂)의 수운(水運)으로 행하므로 패절(敗絶)하게 된다.

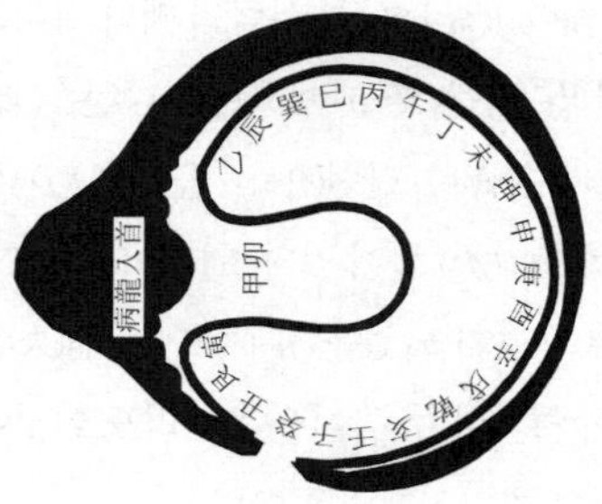

❖ **금국병룡입수도**(金局病龍入首圖) : 용(龍)은 갑묘방(甲卯方)에서 오고 수(水)는 계축방(癸丑方)으로 나간다.

❖ **금국사룡입수도**(金局死龍入首圖) : 용(龍)은 간인방(艮寅方)에서 오고 수(水)는 계축방(癸丑方)으로 나간다.

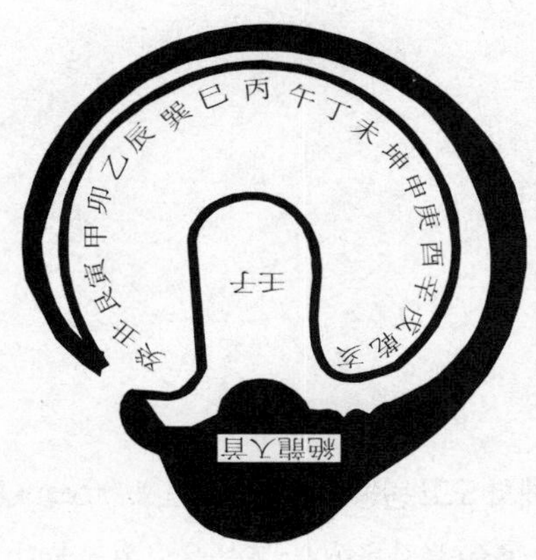

❖ **금국절용입수도**(金局絶龍入首圖) : 용(龍)은 임자방(壬子方)에서 오고 수(水)는 계축방(癸丑方)으로 나간다. 이상의 3개 그림은 이것이 금국(金局)의 병(病), 사(死), 절룡(絶龍)의 입수(入首)이니 용(龍)이 비록 형상으로 좋다고 해도 불발(不發)한다. 이는 용(龍)이 생왕(生旺)의 기(氣)를 얻지 못했기 때문이다. 입향법(立向法)에서 또한 차질이 있다면 한 집도 없이 불발(不發)하여 흉하게 된다. 용(龍)이 사절(死絶)인데다가 향(向) 또한 불합(不合)하면 흉상가흉(凶上加凶)이 되는 것이다.

❖ **금국생향당면출수지도**(金局生向堂面出水之圖) : 곤좌간향(坤坐艮向) 신좌인향(申坐寅向)으로 우수(右水)가 좌로 흐른다. 정간자(正艮字)로 흘러나가야 한다. 만수진종천상거(萬水盡從天上去)로서 반드시 천간자(天干字)로 나가야 한다. 발부발귀한다. 만약 좌변수(左邊水)가 흘러 오면 생신위(生神位)를 충파하거니 패절한다. 나머지 3국(三局)도 이와 같이 추정한다. 손사향(巽巳向)을 하고 물이 손방(巽方)으로 흘러 나간다. 곤신향(坤申向)을 하고 물이 곤방(坤方)으로 흘러 나간다. 건해향(乾亥向)을 하고 물이 건방(乾方)으로 흘러 나간다. 좌변(左邊)의 물이 오지 말아야 하고, 백보전란(百步轉欄)하여야 한다.

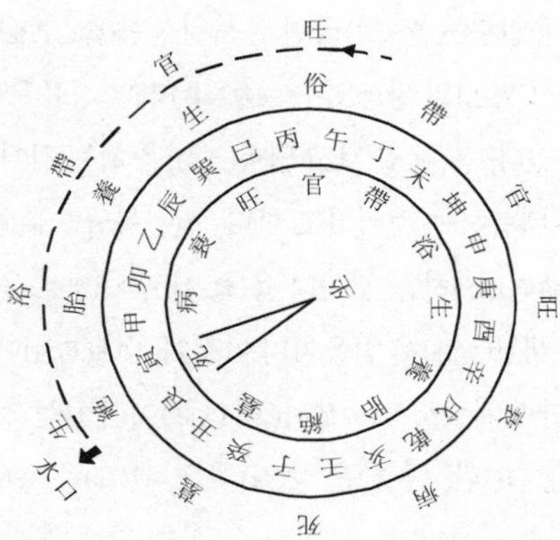

❖ **금국자왕향목욕소수지도**(金局自旺向沐浴消水之圖) : 임좌병향(壬坐丙向) 자좌오향(子坐午向)으로 우변(右邊)의 거문수(巨門水)가 과당(過當)하여 좌변(左邊)의 갑(甲)자로 나간다. 조금이라도 지지(地支)를 범하지 아니하면 녹존류진패금어(祿存流盡佩金魚)라고 하니 발부발귀한다. 다른 국(局)도 이와 같이 추정한다. 경유향(庚酉向)을 하고 물이 병방(丙方)으로 나가고 (水局自旺向沐浴消水), 임자향(壬子向)을 하고 경방(庚方)으로 나가고(木局自旺向沐浴消水), 갑묘향(甲卯向)을 하고 물이 임방(壬方)으로 나간다(火局自旺向沐浴消水). 만약 지지(地支)를 범하면 패절하고 용혈(龍穴)이 참되지 못하면 이 향을 함부로 하지 못한다.

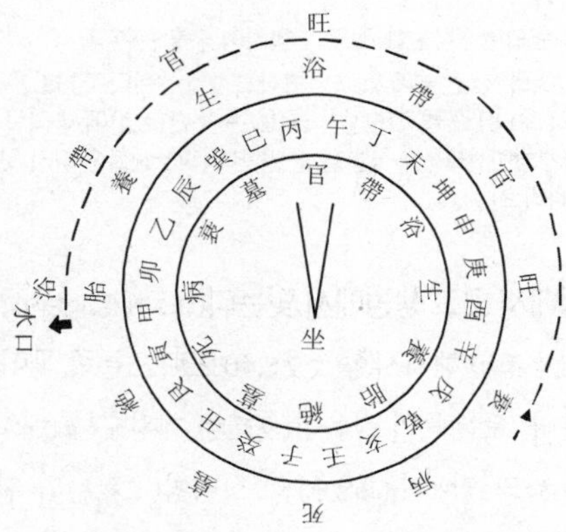

❖ **금국용수배합입향론**(金局龍水配合立向論) : 경(庚)은 부(父)요, 정(丁)은 부(婦)이다. 경(庚)은 양(陽)이요, 정(丁)은 음(陰)이다. 경(庚)은 수(水)요, 정(丁)은 용(龍)이다. 용(龍)의 생(生)이 수(水)의 왕(旺)이 되고 수(水)의 왕(旺)이 용(龍)의 생(生)이 된다. 경유(庚

酉)의 생용입수(生龍入首)라면 손사장생향(巽巳長生向)을 할 수 있다. 손사(巽巳)의 왕용입수(旺龍入首)라면 경유왕향(庚酉旺向)을 할 수 있다. 용(龍)을 보고 입향(立向)을 하는 것이니 용(龍)의 수(水)가 배합하는 것이라고 한다. 원관통규(元關通竅)하고 만국생왕(滿局生旺)하는 것이니 용(龍)이 생왕(生旺)을 얻고 또한 수(水)가 생왕(生旺)을 얻음이니 이것이 국내(局內)에 생왕(生旺)이 가득한 이치로서 만국생왕(滿局生旺)이라 하는 것이다. 원관통규(元關通竅)란, 원(元)은 향(向)이요, 관(關)은 용(龍)이요, 규(竅)는 수구(水口)이다. 용(龍)과 수(水)가 함께 한 것인 고(庫)로 나가면 남녀가 사귀어서 이렇게 생남생녀(生男生女)하고 만물이 화생하는 이치이니 이것이 음양의 대도(大盜)라 할 수 있다.

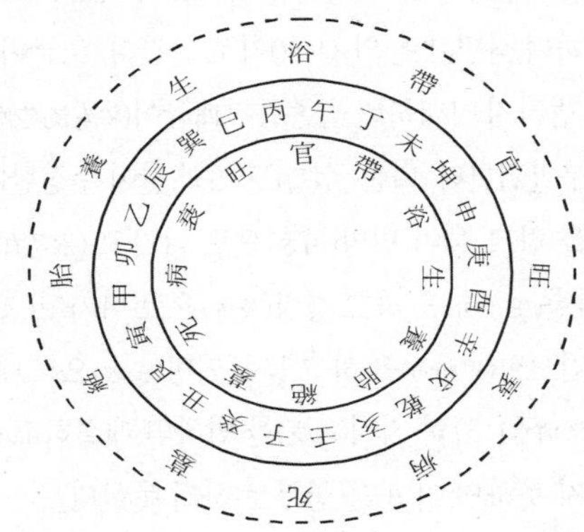

* 바깥 : 庚金의 長生은 巳에 있고 수행하며 水를 논한다.
* 안쪽 : 丁火의 長生은 酉에 있고 역행하고 龍을 논한다. 양(陽)은 좌변(左邊)에서 우(右)로 돌고(순행), 음(陰)은 우변(右邊)에서 좌로 돈다(역행). (사람이 陰陽局을 식별할 줄 알 면 어찌 大地를 만나지 못할까를 근심하리오)

① **왕방에서 오고 생방에서 맞는다**(旺去迎生正生向圖) : 건좌손향(乾坐巽向) 해좌사향(亥坐巳向)으로 오른쪽 물이 왼쪽으로 흐른다. 오른쪽의 경유방(庚酉方) 제왕수(帝旺水)와 곤신방(坤申方)의 임관수(臨官水)와 정미방(丁未方)의 관대수(冠帶水)와 병오(丙午)의 천록귀인수(天祿貴人水)와 아울러 본위(本位)의 향(向)앞 장생수(長生水)가 계축(癸丑)의 정고(正庫)로 돌아나가면 정생향(正生向)이 된다.

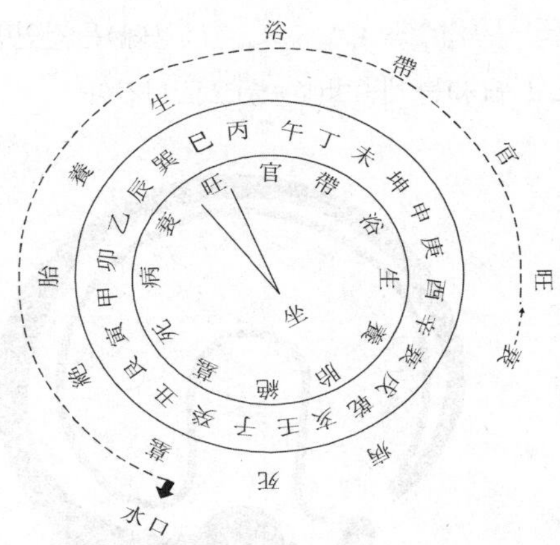

② **생방에서 오고 왕방에서 모인다**(生來會旺正旺向圖) : 갑좌경향(甲坐庚向) 묘좌유향(卯坐酉向)으로 왼쪽 물이 오른쪽으로 흐른다. 국내(局內)의 왼쪽 손사방(巽巳方)의 장생수(長生水)와 병오방의 천록귀인수(天祿貴人水)와 정미방(丁未方)의 관대수(冠帶水)와 곤신방(坤申方)의 임관수(臨官水)와 아울러 본위(本位)의 제왕수(帝旺水)가 함께 계축(癸丑)의 정고(正庫)로 나가면 정왕향(正旺向)이 된다.

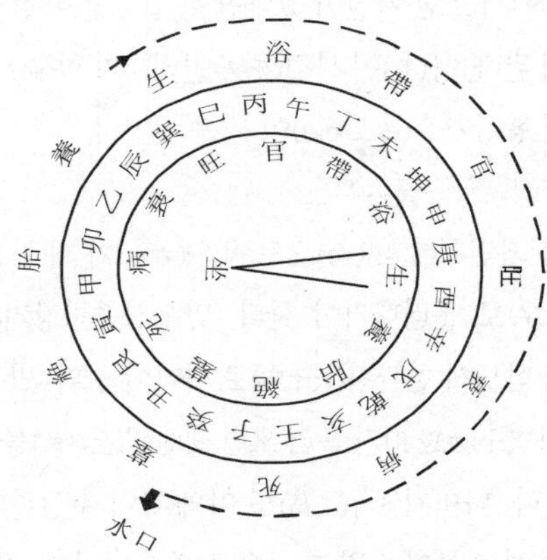

③ **양수가 함께 만나는 정묘향**(兩水來出正墓向圖). : 정좌계향(丁坐癸向) 미좌축향(未坐丑向)으로 왼쪽 물이 오른쪽으로 흐른다. 먼저 왼쪽의 곤신방(坤申方)의 임관수(臨官水)와 경유방(庚酉方)의 제왕수(帝旺水)가 당을 지나고 오른쪽의 손사장생수(巽巳長生水)가 흘러와 합금(合襟)하여 간인절방(艮寅絶方)으로 나가면 정묘향(正墓向)이 된다.

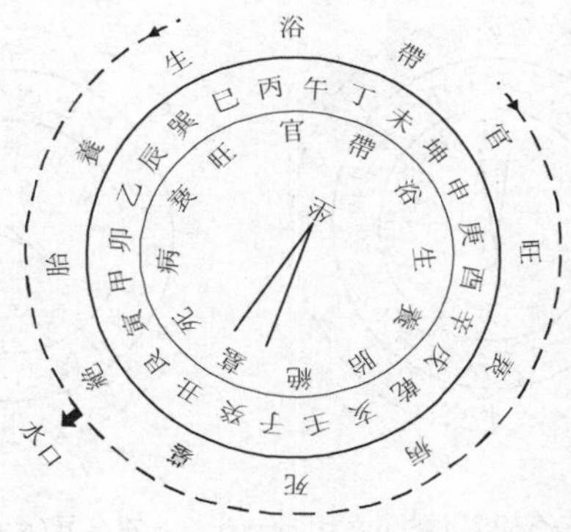

④ **귀인녹마가 어가에 오르는 정양향**(貴人祿馬上御街正養向圖) : 신좌을향(辛坐乙向) 술좌진향(戌坐辰向)으로 우수(右水)가 왼쪽으로 흐른다. 국내(局內)의 오른쪽 손사방(巽巳方)의 장생수(長生水)와 병오방(丙午方)의 천록귀인수(天祿貴人水)와 丁未方의 관대수(冠帶水)와 곤신방(坤申方)의 임관수(臨官水)가 함께 간인방(艮寅方)의 절위(絶位)로 나가면 정방향(正養向)을 한다.

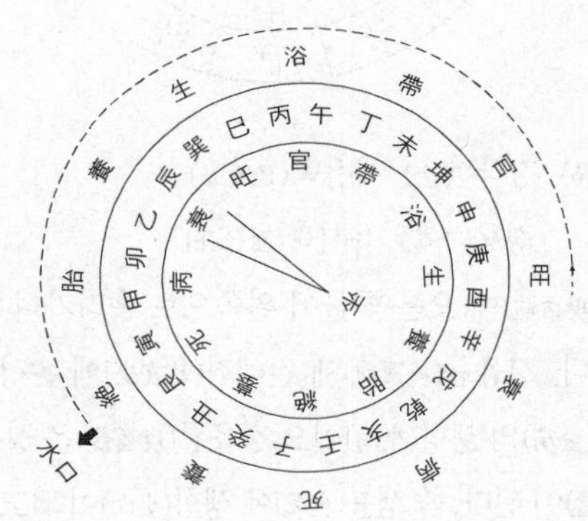

⑤ **고를 빌려 소수하는 자생향**(借庫消水自生向圖) : 곤좌간향(坤坐艮向) 신좌인향(申坐寅向)으로 오른쪽 물이 왼쪽으로 흐른다. 오른쪽의 병오방(丙午方)의 제왕수(帝旺水)와 손사방(巽巳方)의 임관수(臨官水)와 을진방(乙辰方)의 관대수(冠帶水)와 갑묘귀인수(甲卯貴人水)와 향(向) 앞으로 장생수(長生水)가 왼쪽의 계축금국(癸丑金局)의 고(庫)를 빌려서 소납(消納)하니 자생향(自生向)이라 한다. 양위(養位)를 충파한다고 논하지 않는다.

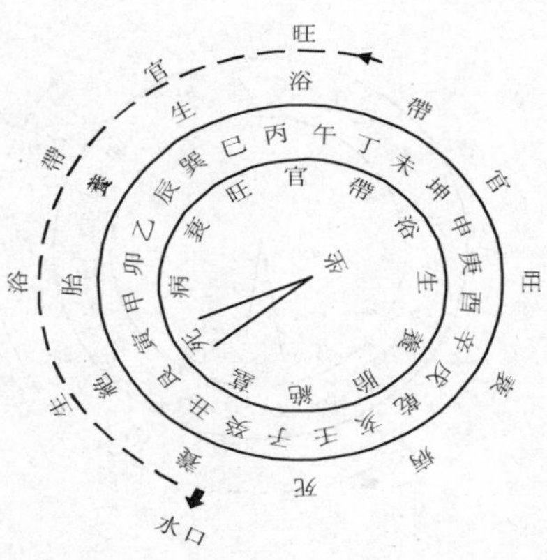

⑥ **고를 빌려 소수하는 자왕향**(借庫消水自旺向圖) : 병좌임향(丙坐壬向) 오좌자향(午坐子向)으로 왼쪽 물이 오른쪽으로 흐른다. 왼쪽의 곤신방(坤申方) 장생수(長生水)와 경유방(庚酉方)의 귀인수(貴人水)와 신술방(辛戌方)의 관대수(冠帶水)와 건해방(乾亥方)의 임관수(臨官水)가 본위(本位)인 향(向)의 제왕수(帝旺水)와 계축금국(癸丑金局)의 고(庫)를 빌려서 소납(消納)하니 향상(向上)의 쇠방출수(衰方出水)하는 자왕향(自旺向)이다. 이상의 6도 12향은 양공(楊公)의 구빈수법(救貧水法)에 합하는 14진신(進神)이니 이 그림과 같이 장사(葬事)한다면 상격의 용은 부귀극품하고, 중격의 용은 소부소귀하고, 하격의 용은 3교9류(三敎九流)와 병정술사(兵丁術士)로서 의식은 풍족하게 된다. 말하자면 무지(無地)라도 또한 인정(人丁)은 있을 것이니 단연코 절사(絶嗣)는 하지 않는다. 이는 향(向)의 생왕(生旺)이 능히 용의 사절(死絶)을 구제하는 이치이기 때문이다. 금국내(金局內)에서 이 6도 12향은 한 향(向)도 불발(不發)하는 것이 없을 것이니 조금의 잘못이 있다고 치더라도 또한 큰 해는 없을 것이니 인정(人丁)은 반드시 있을 것이다. 나머지의 향(向)은 비록 간혹 발부발귀하나 가벼이 사용할 수 없으므로 대개 약간만 차질이 생기더라도 패절하며 재화(災禍)가 있게 된다.

ㄱ

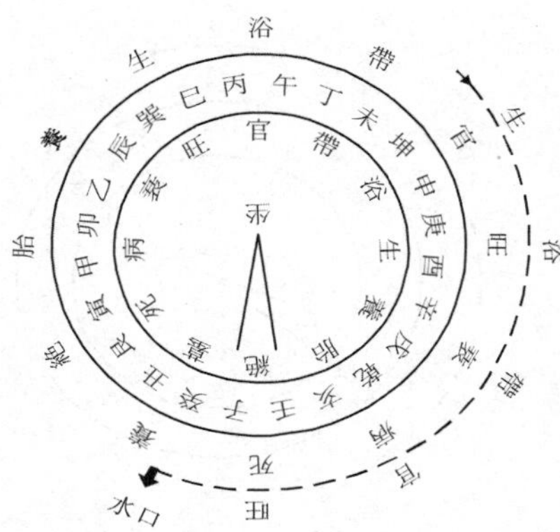

⑦ **발복하지 못하는 향**(不發之向) : 쇠향은 발복하지 못한다(衰向不發之圖), 병향은 발복하지 못한다(病向不發之圖). 태향은 발복하지 못한다(胎向不發之圖). 관대향은 발복하지 못한다(冠帶向不發之圖). 목욕향은 발복하지 못한다(沐浴向不發之圖). 임관향은 발복하지 못한다(臨官向不發之圖). 이상의 금국(金局) 12향은 모두 생·왕·묘·양향(生·旺·墓·養向)인 양공(楊公)의 구빈수법(救貧水法)에 합하지 않는다. 모두 향상(向上)으로 12개퇴신(退神)이며 패절하게 된다. 용과 수(水)가 통하지 않고 수구(水口)가 통하지 않으니 살(殺)이 되어 향(向)을 할 수 있다.

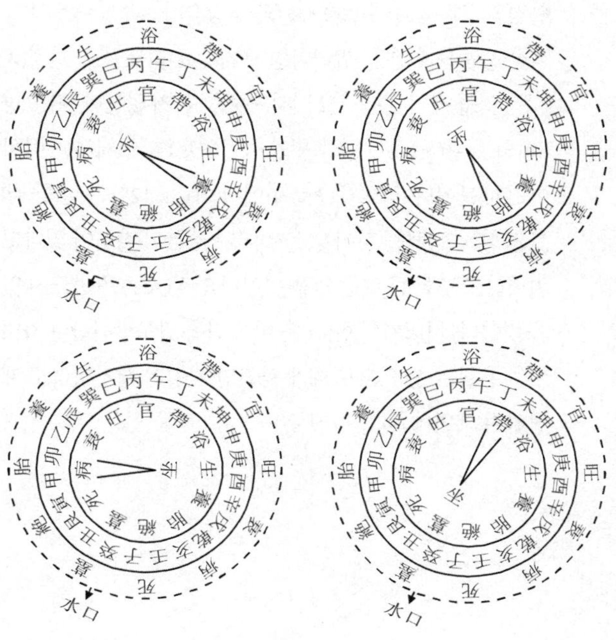

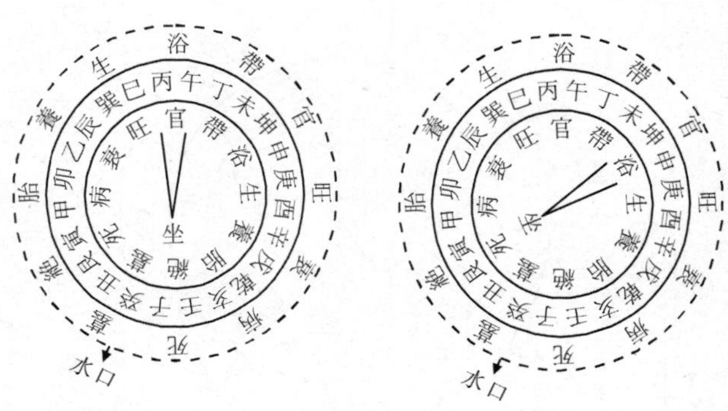

❖ **금국용수생왕4혈**(金局龍水生旺四穴) : 경유룡(庚酉龍)에 계축방(癸丑方)으로 물이 나가고 건해좌(乾亥坐)에 손사향(巽巳向)을 하고 곤신방산(坤申方山)이 높이 솟으면 재상(宰相)이 나온다.

금국(金局) 경금(庚金) 사유축(巳酉丑)

정룡(丁龍) 유사축(酉巳丑)

경유룡(庚酉龍)에 오른쪽 물이 왼쪽으로 흘러가니 금국(金局)에 속한다. 경유룡(庚酉龍)에 건해좌(乾亥坐)에 손사향(巽巳向)은 금국(金局)의 생향(生向)이요 경유룡(庚酉龍)은 정룡(丁龍)의 생룡(生龍)이 된다. 즉 생룡(生龍)에 생향(生向)이 되고 곤신임관방(坤申臨官方)이 높이 솟으니 더더욱 금상첨화이며 경유(庚酉)의 왕방수(旺方水)를 본위(本位)의 장생수(長生水)가 맞이하여 금국(金局)의 묘고(墓庫)인 계축방(癸丑方)으로 유법(流法)하니 왕거영생(旺去迎生)하는 정생향(正生向)이 된다.

- **용손봉곤경향위계방방수복무궁**(龍巽峰坤庚向位癸方放水福無窮) : 손사룡(巽巳龍)에 곤신방산(坤申方山)이 솟고 갑묘좌(甲卯坐)에 경유향(庚酉向)을 하고 계축방(癸丑方)으로 물이 나가면 복이 무궁하다.

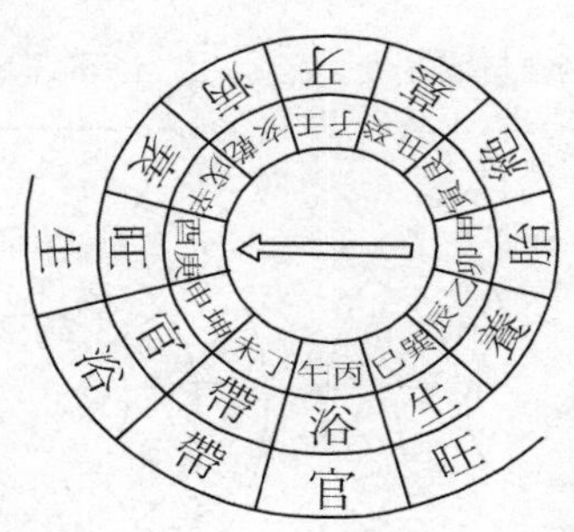

금국(金局) 경금(庚金) 사유축(巳酉丑)
정룡(丁龍) 유사축(酉巳丑)

손사룡(巽巳龍)에 왼쪽 물이 오른쪽으로 흘러 계축방(癸丑方)으로 나가니 금국(金局)에 속한다. 갑묘좌(甲卯坐)에 경유향(庚酉向)은 금국(金局)의 왕향(旺向)이 되고 손사룡(巽巳龍)은 정룡(丁龍)의 왕룡(旺龍)이 된다. 즉 왕룡(旺龍)에 왕향(旺向)이 되며 손사(巽巳)의 생방수(生方水)가 본위(本位)의 왕수(旺水)와 만나 금국(金局)의 묘고(墓庫)인 계축방(癸丑方)으로 나가니 생래회왕(生來會旺)하는 정왕향(正旺向)이 된다.

- **정용간고종경도계향입영육경**(丁龍艮庫宗庚到癸向立榮六卿) : 정미룡(丁未龍)에 계축향(癸丑向)을 하여 무덤을 세우고 경유방(庚酉方)에서 득수(得水)하여 간인방(艮寅方)으로 물이 나가면 육(六)경에 오를 것이다.

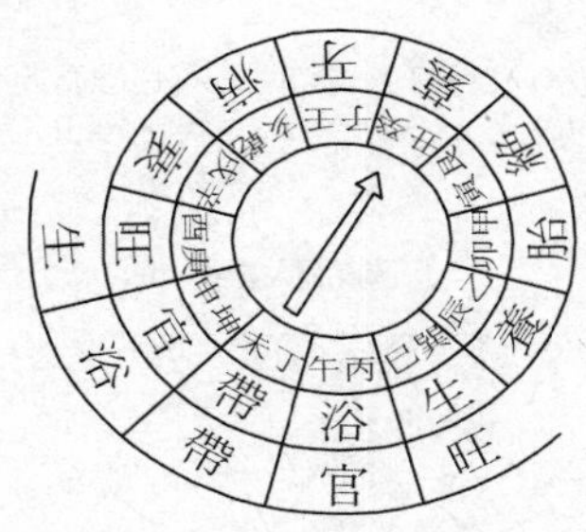

금국(金局) 경금(庚金) 사유축(巳酉丑)
정룡(丁龍) 유사축(酉巳丑)

정미룡(丁未龍)에 왼쪽 물이 오른쪽으로 흘러 금국(金局)의 묘고(墓庫)인 계축방(癸丑方)을 지나 간인절방(艮寅絶方)으로 나가니 금국(金局)에 속한다. 정미좌(丁未坐)에 계축향(癸丑向)이 되니 정미좌(丁未坐)는 금국정룡(金局丁龍)의 관대좌(冠帶坐)가 되며 경유(庚酉)의 왕방수(旺方水)가 금국(金局)의 묘향(墓向)을 지나 간인방(艮寅方)의 절방(絶方)으로 나가니 계귀간위발문장(癸歸艮位發文章)의 정묘향(正墓向)이 된다.

- **경룡을향곤산수귀간유래복수증**(庚龍乙向坤山水歸艮由來福壽增) : 경유룡(庚酉龍)에 을진향(乙辰向)을 하고 곤신방(坤申方)의 산 봉우리가 높이 솟고 간인방(艮寅方)으로 물이 나가면 수복(壽福)이 유래하여 더욱 쌓일 것이다.

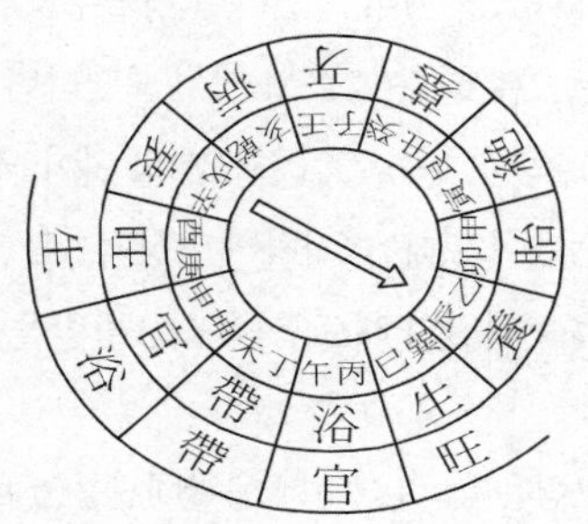

금국(金局) 경금(庚金) 사유축(巳酉丑)
정룡(丁龍) 유사축(酉巳丑)

경유룡(庚酉龍)에 오른쪽 물이 왼쪽으로 흘러 금국(金局)의 절방(絶方)으로 나가니 금국(金局)에 속한다. 신술좌(辛戌坐)에 을진향(乙辰向)으로 경유룡(庚酉龍)은 금국정룡(金局丁龍)의 생룡(生龍)이 되고 을진방(乙辰方)은 금국(金局)의 양향((養向)이 되며 곤신방(坤申方)의 산이 솟고 손사방(巽巳方)의 생수(生水)가 본위(本位)의 양향(養向)을 지나 절방(絶方)으로 유법(流法)하니 삼절록마상어가(三折祿馬上御街)의 정양향(正養向)이 된다.

❖ **금국정룡생왕사절도**(金局丁龍生旺死絶圖) : 산지에서 정혈(定穴)을 함에 있어 취기(聚氣) 결혈처(結穴處)에 이르면 패철외반(佩鐵外盤)을 사용하여 수구(水口)를 먼저 보고 만약 계축(癸丑), 간인(艮寅), 갑묘(甲卯)의 여섯 글자상(上)으로 수구(水口)가 나갔다면 금국(金局)이니 축파거수(丑破去水)에는 두우납정경지기(斗牛納定庚之氣)란 수법의 원칙이 있으니 정포태(丁胞胎)와 계포태(癸胞胎)의 활용법을 알아야 한다. 다음에는 패철내반(佩鐵內盤)을 써서 격룡(格龍)을 하면 정포태(丁胞胎)의 장생(長生)이 경유

(庚酉)에 있으니 입수(入首)와 혈이 경유(庚酉)라면 생입수생혈(生入首生穴)이 되고, 입수(入首)와 혈이 손사(巽巳)에 있으면 왕입수왕혈(旺入首旺穴)이 되고, 입수(入首)와 혈이 정미(丁未)에 있으면 대입수대혈(帶入首帶穴)이요, 입수(入首)와 혈이 병오(丙午)에 있으면 관입수관혈(官入首官穴)이 된다. 이는 모두 이기상(理氣上)으로 생왕(生旺)이나 대관(帶官)의 좋은 입수(入首)와 혈을 얻은 것이다. 그리하여 용이 형상적으로 생왕청진(生旺淸眞)하였다면 대음덕(大蔭德)을 받는 이치이다. 만약 갑묘이자(甲卯二字)로 입수(入首)와 혈이 되었다면 병입수병혈(病入首病穴)이요, 간인(艮寅)으로 입수(入首)와 혈이 되었다면 사입수사혈(死入首死穴)이요, 임자(壬子)로 입수(入首)와 혈이 되었다면 절입수절혈(絶入首絶穴)이 된다. 그리하여 형상적으로 그 용이 비록 생왕청진(生旺淸眞)하였다 해도 음덕(蔭德)을 받을 수가 없다는 이치이다.

다음의 네 그림은 금국(金局)의 생왕대관룡(生旺帶官龍)의 입수도(入首圖)이다. 용과 수구(水口)는 합법이니 좌향법(坐向法)만 합법하다면 그 명당(明堂)에 상응되는 발복이 있을 것이다.

[金局生龍入首圖] [金局旺龍入首圖]

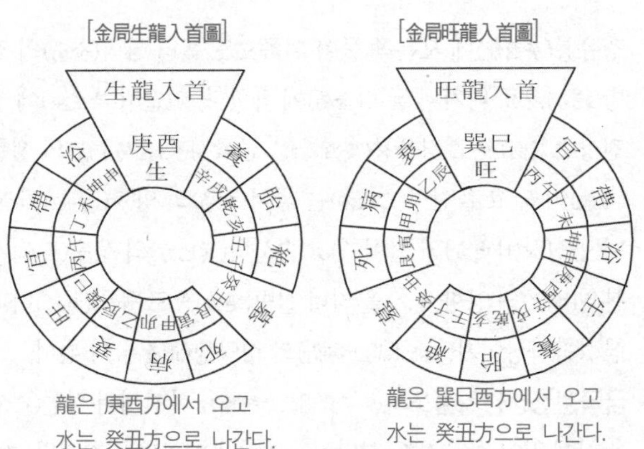

龍은 庚酉方에서 오고 水는 癸丑方으로 나간다.

龍은 巽巳酉方에서 오고 水는 癸丑方으로 나간다.

[金局冠帶龍入首圖] [金局官祿龍入首圖]

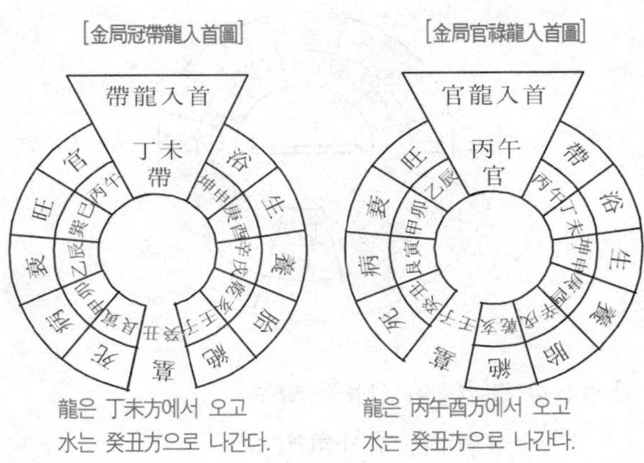

龍은 丁未方에서 오고 水는 癸丑方으로 나간다.

龍은 丙午酉方에서 오고 水는 癸丑方으로 나간다.

아래의 세 그림은 금국(金局)의 병사절룡입수도(病死絶龍入首圖)이다. 용의 형상이 비록 좋다 해도 입수(入首)가 생왕(生旺)을 얻지 못하면 음덕을 받을 수가 없는 이치이다.

[金局病龍入首圖] [金局死龍入首圖]

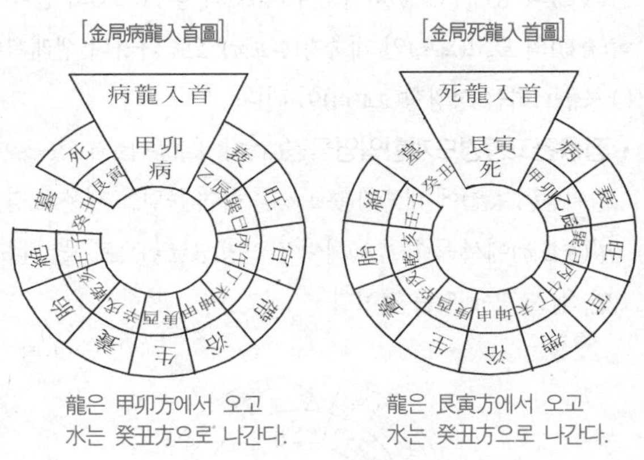

龍은 甲卯方에서 오고 水는 癸丑方으로 나간다.

龍은 艮寅方에서 오고 水는 癸丑方으로 나간다.

[金局絶龍入首圖]

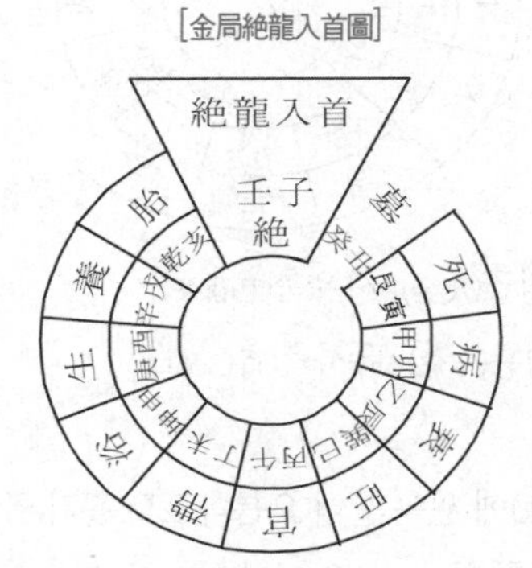

龍은 壬子方에서 오고 水는 癸丑方으로 나간다.

ㄱ

❖ **금국태향태방출수도**(金局胎向胎方出水圖) : 경좌갑향(庚坐甲向) 유좌묘향(酉坐卯向)으로 오른쪽 물이 왼쪽으로 흐르며, 당면(當面)인 정 갑자(正甲子)로 나간다. 백보전란(白步轉欄)하여 수구(水口)가 보이지 않게 나간다. 녹존류진패금어(祿存流盡佩金漁)라 하며 발부발귀한다. 나머지 세(局)도 이와 같이 추정한다. 경유향(庚酉向)을 하고 물이 경방(庚方)으로 나간다. 임자향(壬子向)을 하고 물이 임방(壬方)으로 나간다. 병오향(丙午向)을 하고 물이 병방(丙方)으로 나간다. 만약 지지(地支)를 범하고 혹 흘러나감이 보이면 재물을 패한다. 이상의 다섯 그림의 4향(四向)은 함께 같이 추정한다. 첫째로 지지(地支)를 충범하면 불가하다. 둘째로 백보전란(百步轉欄)해야 한다. 탕연하게 보이지 말아야 하며 만약 직출(直出)하여 조금이라도 착오가 되면 해를 보게 된다. 용진혈적(龍眞穴的)하지 못하면 함부로 사용할 수 없으니 조심하여야 한다.

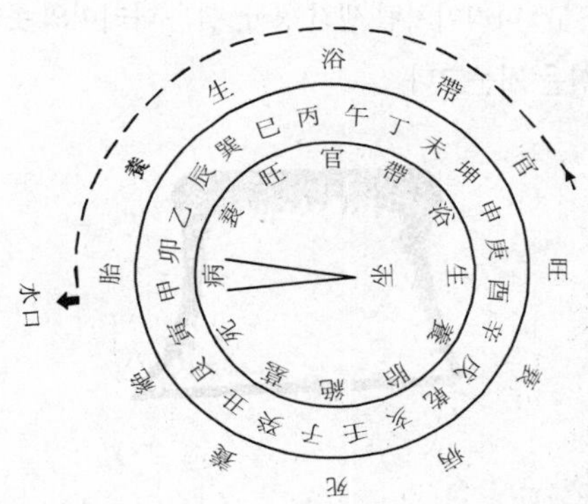

❖ **금계보효**(金鷄報曉) : 금계가 홰를 치며 새벽이 되었음을 알리는 형국. 날개인 청룡·백호에 생동감이 넘치고, 혈은 닭의 부리에 있으며, 안산은 새벽달이다. 달은 둥그스름하게 생겼다.

금계형의 명당에 조상의 묘를 쓰면, 자손들이 번창하며, 많은 자손을 두게 된다. 닭은 번식력이 강하기 때문이다. 한번에 새끼를 이삼십 마리까지 부화할 수 있다. 그래서 자손이 적었던 집안도 금계형의 명당을 얻어서 쓰면, 금방 자손이 많아지며, 자손들은 또 부귀를 함께 누리고, 총명하며 학문에 뛰어나다. 그리고 금계형의 산 근처에는 닭을 노리는 매봉(매처럼 생긴 봉우리)이 있다. 혈은 이 매봉이 보이지 않는 곳에 자리잡는다.

❖ **금계상투**(金鷄相鬪) : 금계 두 마리가 마주 보고 겨루는 형국. 머리의 벼슬, 혹은 부리 위에 혈이 있으며, 안산은 상대방 금계가 된다. 두 산봉우리 사이로 밖에서 흘러 들어오는 냇물이 있으면 더욱 좋다.

❖ **금교간돌**(金交看突) : 진술축미(辰戌丑未)는 호와(好臥)하여서 넓어지는 것이며 5행의 기를 수장(收藏)하기에 주로 와(臥)하고 불기(不起)하며 위와(爲窩)하니 돌(突)한 곳은 즉 와중(窩中)에서 돌(突)은 양중(陽中)의 음(陰)이다. 와(窩)만 있고 돌(突)이 없으면 공(空)한 와(窩)가 되는 것이니 꼭 음양배합으로서도 와중(窩中)의 돌(突)이 있음으로 취기(聚氣)를 알 수 있는데, 돌(突)이 없으면 잘 때에 깔고 자는 요에서 올록볼록한 취기처(聚氣處)가 있기도 하다. 인욕(茵褥 ; 요)은 소와(小窩)에는 없는 것이며, 대와중(大窩中)에서 무돌(無突) 또는 무유(無乳)인 때 등등(騰騰)함이 보는 사람으로부터 깨달아야 하는 것이니 난중난(難中難)이다.

❖ **금귀**(金龜) : 거북처럼 생긴 형국. 금귀형은 거의 다 물가에 있으며, 섬처럼 홀로 떨어진 산으로서 금귀형의 명당은 빼어난 인물들을 배출한다. 성현군자, 대학자, 대귀인(大貴人), 대사업가 등이 금귀형의 정기를 입고 태어난다. 자손들은 또 건강하게 장수한다. 금귀형의 혈은 대부분 거북의 등 위에 있다. 안산은 소라, 개구리, 뱀 등이다. 또 큰 강, 호수, 못 등이 안(案)이 되기도

한다.

❖ **금귀몰니**(金龜沒泥) : 거북이 진흙 속에 빠진 형국. 혈은 거북의 등 위에 있으며, 안산은 소라와 개구리다.

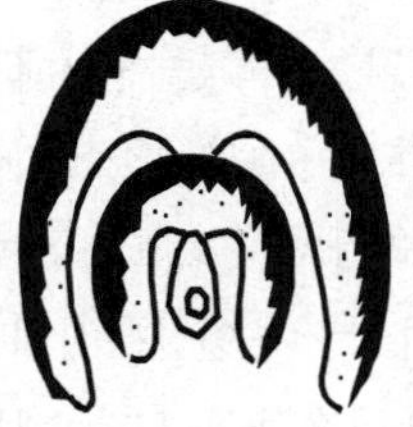

❖ **금귀음수**(金龜飮水) : 거북이 물을 마시는 형국. 거북형의 산 바로 앞에 물이 있고, 혈은 거북의 등에 있으며, 안산은 개구리, 뱀, 조개 등이다.

❖ **금귀조북두**(金龜朝北斗) : 거북이 하늘의 북두칠성을 바라보고 있는 형국. 앞에 있는 산들이 매우 아름다우며, 혈은 거북의 눈에 있고, 안산은 북두칠성이다. 동글동글한 산봉우리나 바위 일곱 개가 있다.

❖ **금귀출수**(金龜出水) : 거북이 물에서 밖으로 나오는 형국. 꼬리가 물을 향하고 있고, 혈은 거북의 등에 있으며, 안산은 조산(朝山)이다.

❖ **금귀출협**(金龜出峽) : 거북이 좁은 골짜기에서 밖으로 나오는 형국. 청룡과 백호가 길고 거북의 등이나 눈에 혈이 있으며, 개구리, 조개, 뱀 등이 안산이 된다. 또 물이 안(案)이다.

❖ **금두**(金斗) : 다리미처럼 생긴 형국. 혈은 다리미의 못리에 있으며, 안산은 거문고다.

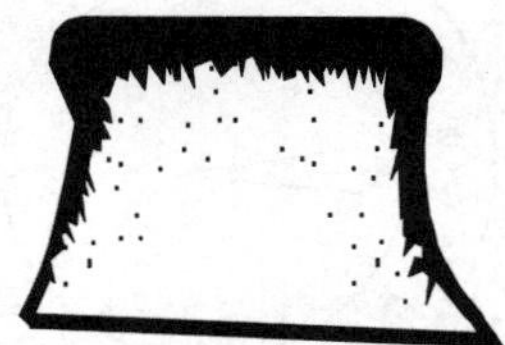

❖ **금마상계**(金馬上階)

① 건방(乾方)에 솟아오른 말 형상의 산을 금마(金馬)라 하며, 또 오방(午方)에 솟아오른 말 형상의 산을 천마(天馬)라 부른다. 금마나 천마가 있고, 유봉(酉峯)이 높게 서 있으면 대귀(大貴)를 누린다.

② 건방(乾方)과 이방(離方)에 말형(馬形)이 있든가 수구(水口)가 말(馬)이 우는 모양이나 말형(馬形)이 있으면 왕정(王廷)에 출입하는 인사가 나온다.

❖ **금문상마수**(金門上馬水) : 병방(丙方)에서 흘러 들어온 물이 유방(酉方)으로 갔다가 다시 손방(巽方)으로 되돌아와서, 마지막엔 묘방(卯方)으로 빠져 나가는 것을 금문상마수(金門上馬水)로서

아주 귀(貴)한 물을 일컫는다. 금문상마수가 합국(合局)이면, 큰 인물이 나오며, 나라를 위해 훌륭한 일을 하여 이름을 널리 떨치며, 또 영웅이 나와서 대업을 이룬다.

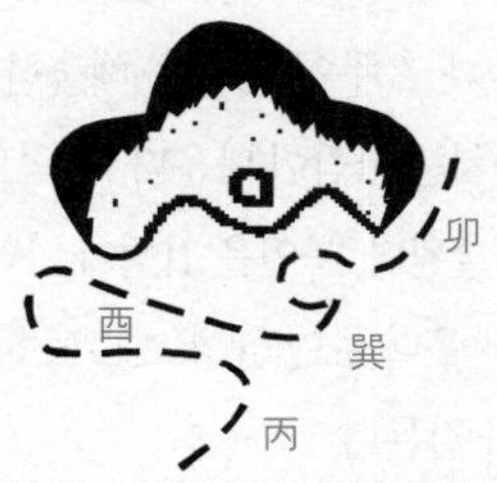

❖ **금마옥당수**(金馬玉堂水) : 손방(巽方)에서 흘러온 물이 유방(酉方)이나 신방(辛方)으로 빠져 나가는 것을 금마옥당수(金馬玉堂水)라고 하며, 이 물이 합국(合局)이면 학문과 문장에 뛰어난 자손들이 나오며, 학문·문장으로 귀하게 되어 명성을 날리고, 또 많은 사람들의 존경을 받게 된다.

❖ **금문화표수**(金門華表水) : 손방(巽方)에서 흘러 들어온 물이 간방(艮方)으로 빠져 나가는 것을 금문화표수(金門華表水)라 하며, 이 물이 합국(合局)이면, 여자 자손이 매우 귀(貴)하게 되고 훌륭한 집안으로 출가한다. 왕비도 나온다.

❖ **금반**(金盤) : 금으로 만든 쟁반처럼 생긴 형국. 산봉우리가 야트막하고 둥굴며 넓적하다. 혈은 그 중앙에 있고, 안산은 과일이다.

❖ **금반욕합**(金盤浴鴿) : 비둘기가 금으로 만든 소반에 앉아서 목욕을 하는 형국. 앞에 좋은 물이 흐르고, 혈은 비둘기의 무릎 위에 있으며, 안산은 금으로 만든 새장이다. 이 새장이 비둘기집이다. 비둘기 형국의 명당은 온화한 성품을 지닌 자손들을 배출한다. 자손들의 용모도 양순(良順)하게 보이며 아름답다. 자손들은 어느 곳에 있든 누구와도 화목하게 지내고자 한다. 그것이 복(福)이 되어 부귀를 얻게 된다.

❖ **금사**(金梭) : 베를 짤 때 쓰는 북처럼 생긴 형국. 혈은 북의 한가운데 있으며, 안산은 아름다운 여인, 혹은 화장대다.

❖ **금산**(金山) : 맑고 부드러워서 산형 역시 밝고 바르므로 금성(金星)의 형체를 태양(太陽)이라 하며, 나지막이 솟은 형체를 일컬어 태음(太陰)이라 한다. 금성(金星)의 행룡낙맥(行龍落脈)이 많이 모이는 혈처(穴處)는 대개 봉(鳳)이 춤을 추듯 새가 나는 듯한 봉무비오(鳳舞飛烏)의 형국이다. 옛 글에 금성형체(金星形體)에 결혈처(結穴處)가 다생고형(多生高形) 혹은 아미지형(峨眉之形) 혹은 괴철지형(傀凸之形)으로 결혈(結穴)되는 것도 금성(金星)만

이 갖는 자연의 이(理)라 하였다.

❖ **금상**(金象) : 잘 생긴 코끼리처럼 생긴 형국. 코끼리 형국의 명당은 후덕하고 고아(高雅)한 인물들을 배출하며, 자손들이 학문과 문장에 뛰어나고 지혜로서 부귀를 얻으며, 성품이 자비로워 어려운 사람들을 잘 보살피고, 많은 덕을 베풀어 다른 사람들의 존경과 사랑을 받는 형국. 혈은 코끼리의 코에 있고, 혹은 젖가슴에도 있다. 안산은 코끼리가 먹는 풀더미다.

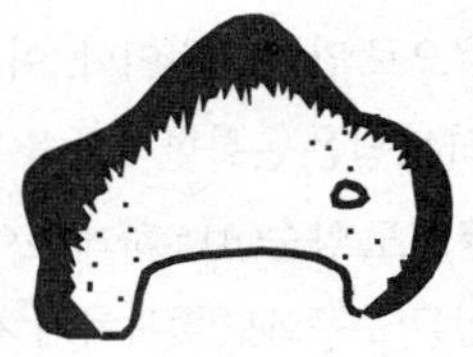

❖ **금상사**(金箱砂) : 금으로 만든 상자라는 뜻으로 토성(土星)이나 작은 산이나 바위가 낮은 곳에 평평하게 있는 것을 말한다. 반듯하고 평평한 것이 좋다. 주룡에 붙어 있거나 안산 또는 조산이 되거나 수구에 있으면 길하다.

❖ **금선**(金船) : 금으로 만든 배처럼 생긴 형국. 혈은 배의 창고 중앙에 있으며, 안산은 비단으로 만든 장막이다.

❖ **금성**(禽星)

① 명당의 좌우 또는 수구에 있는 암석을 말한다. 단 그것이 그 산의 모암(母巖)과 연결되어야 함을 요하며 떠있는 암석은 해당 안 된다.

② 양택에서나 음택에서나 모두 같이 보는 금성은 혈 앞에서 보아 물이 나가는 수구까지 사이에 있는 작은 바위산이나 낮고 둥그런 흙무더기 또는 작은 섬의 모양을 말한다. 그 생김은 거북(如龜), 물고기(遊魚), 자라떼(聚鼈) 또는 모래벌판에 내려 앉는 기러기떼의 모양과도 같다.

• **맑은 것**(清) : 금성의 맑은 것을 관성(官星)이라고 한다. 주산이 관성이면 관직에 몸담는 사람이 많이 나온다. 관직에 올라 충의(忠義)로 이름을 떨치는 사람도 배출된다.

• **흐린 것**(濁) : 탁한 금성을 무성(武星)이라고 부르기도 한다. 무성은 이름 그대로 무인(武人)을 배출한다. 무관(武官)이 되어 명성을 떨치는 사람이 나온다. 무력으로 권세를 장악하는 사람도 배출된다. 무인은 전쟁이 나면 적과 맞서 싸워야 한다. 적과 싸우다 보면 살생(殺生)도 하게 된다. 무성에 그 살기(殺氣)가 감돈다.

• **흉한 것**(凶) : 금성 중에서 흉한 것을 여성(厲星)이라 부른다. 여성은 흉흉한 살기를 뿜는다. 이 살기가 살상(殺傷)의 화(禍)를 불러온다. 여성(厲星)은 군적(軍賊)을 배출한다. 흉악한 군적이 나타나 마을을 죽이고 만행을 저지르다 자신도 목숨을 잃게 된다. 혹은 젊어서 요절하는 이도 많이 나온다. 그리하여 결국엔 자손이 끊기고 만다.

• 명당 좌우 또는 수구 중에 있는 암석을 말한다. 일명 낙하대성(落下大星)이라고도 한다. 암석의 뿌리는 산봉우리와 연속되어야 진짜다. 깊이 박히지 않고 떠 있는 암석은 가짜다. 형상의 아름다움이나 추한 것은 길흉과 밀접한 관련이 있다.

• 금성은 매우 강하고 단단하므로 개와처(開窩處)에서 혈을 맺는다. 산 모양은 원형이고 혈장도 둥글다. 정와(頂窩)는 입목(立木)의 신문혈과 같은 형인데, 다만 목성은 높고 정와는 낮다는 차이가 있다. 지각이 없고 사방이 둘러싸야 진짜다. 와중혈(窩中穴)은 인혈(人穴)이고, 저와(低窩)는 지혈(地穴)이며, 고와혈(股窩穴)은 변고변저(邊高邊低)하니 몰골에 해당한다. 또한 애금방목혈(埃金傍木穴)은 위는 금성이고 아래는 목성으로 금성과 목성의 접점에 혈이 진다.

• 수구의 사이에서 산이나 암석으로 되어 거북이나 물고기, 또 봉황새나 봉새같은 모양의 유형으로 된 작은 산.

• 명당 안이나 물가에 흙이나 돌 바위 등이 둥그렇게 뭉친 작은 무더기가 있으면 이를 금성(禽星)이라 한다. 이 금성이 수구(水口 : 破口)에 있으면 나성(羅城)이라 하고, 명당 안에

있으면 환안산(患眼山)이라 한다. 혈 바로 앞에 있으면 타태산(墮胎山)이라 하고, 청룡·백호 안에 있으면 포양산(抱養山)이라 한다. 수구에 있는 나성만이 물이 빠르게 나가는 것을 멈춰주므로 길격이 된다. 명당 안에 있는 환안산은 눈병이 생겨 나쁘다. 혈 앞에 있는 타태산(墮胎山)은 낙태를 의미하므로 나쁘다. 용호 안에 있는 포용산은 양자(養子)를 안고 있다는 뜻이 되어 불길하다. 오직 수구에 있는 경우만을 취하고 그 나머지는 취하지 못하는 땅이다.

❖ **금성(禽星) 귀성(鬼星) 관성(官星) 요성(曜星) 음성(陰星)은 무엇을 말하는가**: 명당 좌우에나 파구(破口)에 서 있는 암석(岩石)을 금성(禽星)이라 말하고 혈후(穴後)에 받쳐 주는 산을 귀성(鬼星)이라 하고 안산후(案山後)에 받쳐주는 산을 관성(官星)이라 하고 청룡백호(青龍白虎) 양변에서 받쳐 주는 산을 요성(曜星)이라 하고 보이지 않으면 음성(陰星)이라 한다.

❖ **금성사격**(金星砂格): 산 정상이 원형으로 마치 종이나 가마솥을 엎어놓은 것 같은 모습이다. 산신에는 지각이 없다. 구성으로는 무곡성(武曲星)이며 복덕(福德)을 가져다주는 기운이 가득하다. 산이 높고 크면 태양금성(太陽金星)이라 하고 낮고 작으면 태음금성(太陰金星)이라 한다. 복과 덕으로 주로 부를 관장하고, 무장(武將) 여귀(女貴)를 관장한다.

❖ **금성수**(金城水): 물줄기가 활처럼 둥글게 휘돌아가는 형국. 혈을 감싸안는 형상이면 아주 좋다. 금성에는 바른 금성, 오른쪽 금성, 왼쪽 금성이 있는데, 바른 금성은 혈처 전체를 휘감고 돌며, 왼쪽과 오른쪽이 기울지 않고 똑 고르게 생겼다. 왼쪽 금성은 청룡 쪽을 둥글게 감싸 준다. 오른쪽 금성은 물줄기가 백호 쪽을 휘감으면서 흐른다.

❖ **금성체(金星體)가 남방위(南方位) 자리하면**: 금성체가 남방위에 자리하면 방위(方位)가 체(體)를 극(剋)해서 큰 재물이나 인물이 나는 것이 아니라 의업(醫業)으로 대성(大成)하는 것인데 그것은 금은 불로 인(因)해 변체(變體)가 되어 기물(器物)이 되는 이치로 그것만이라도 득을 보는 것이다.

❖ **금수성**: 정체의 형국은 뇌는 원이곡(圓而曲)하고 몸은 넓으며 면은 평평하다. 이에는 보개형(寶蓋形), 석모형(席帽形), 비금형(飛禽形)이 많다. 개구의 금아포란형(金鵝抱卵形), 봉황하전형(鳳凰下田形), 비금류(飛禽類)가 많다. 궁각의 형국은 노원포자형(老猿抱子形), 쌍비의 형국은 보황형, 단고의 형국은 와룡포자형(臥龍抱子形), 측뇌의 형국은 갈룡음수형(渴龍飲水形), 몰골의 형국은 봉황하전형(鳳凰下田形), 평면의 형국은 평지나 작은 언덕 또는 얕은 시내를 끼고 있는 산마루 등에 혈이 진다. 형국은 화형(花形)이 많다.

❖ **금시발복지(今時發福地)는 이러하다**: 혈상(穴相)이 밝고 광채(光彩)가 나거나 용세(龍勢)나 입수(入首)의 혈상 부위가 황색(黃色)의 귀암(貴岩)이 노출(露出)된 곳이라야 속발(速發)한다. 자시하관(子時下棺)에 축시발복(丑時發福)이라는 말이 있다. 계목혈에 있는 것이다. 또한 광중의 흙이 미세하고 단색으로 밝은 곳이다.

❖ **금시발복지(今時發福地)는 혈상(穴相)이 밝아야 한다**: 혈상(穴相)이 서기(瑞氣)하고 광채(光彩)나는 곳이다. 또는 용세(龍勢) 입수(入首) 혈상부위(穴相部位)에 황색(黃色)의 귀암(貴岩)이 노출(露出)된 곳이라야 속발(速發)한다. 광중(壙中)의 흙이 미세(微細)하고 단색(單色)으로 밝은 곳에서도 금시발복 한다.

❖ **금아부수**(金鵝浮水): 거위가 물에 떠 있는 형국. 호숫가에 있으며, 논이 많은 들판 한가운데에 솟아 올랐고, 혈은 부리 위에 있으며, 안산은 여우이다.

❖ **금아포란**(金鵝抱卵): 금아(金鵝; 금거위)가 알을 품고 있는 형국. 두 날개인 청룡·백호가 아주 깨끗하고 수려하게 생겼다. 혈은 거위의 가슴에 있으며 안산은 알이다. 혈 앞에 알처럼 생긴 동그란 봉우리가 솟아 올라 있다. 금아형의 명당도 귀한 자손들을 배출한다. 자손들의 인품이 훌륭하고 지혜로우며 학문을 잘하여 그로 인해 부귀를 얻는다.

❖ **금양수계갑지령**(金羊收癸甲之靈) : 지리법에 수구의 방위를 넷으로 나누어 사대수국(四大水局)이라 한다. 이 사대수국에 의한 오행으로 용과 입수의 생왕사절(生旺死絶)을 논하고 향법(向法)을 논하는데 수구가 정미(丁未), 곤신(坤申), 경유(庚酉) 여섯 글자 방위에 해당하면 이를 금양수계갑지령(金羊收癸甲之靈)이라는 문구로 나타내며, 목국계룡(木局癸龍)이라 한다. 즉 양(洋)은 정미(丁未)의 미(未)를 뜻한다. 갑(甲)은 미(未)가 목고(木庫)다. 목(木)을 갑목(甲木)으로 하여 갑목(甲木)과 교(交 : 合)가 되는 계(癸)를 취하여 계갑지령(癸甲之靈)이라 한 것이며, 갑(甲)을 목국(木局) 계(癸)를 계룡(癸龍)이라 한다.

❖ **금어**(金魚) : 금성수(金星水)가 작고 교묘하게 만들어진 모양을 말함. 금어사(金魚沙)는 용혈(龍穴)의 곁에 있다. 귀인이 옥대의 곁에 금어(金魚)를 차는 것과 같은 것을 말하며, 혈 앞에 있어야 한다.

❖ **금어사**(金魚砂) : 어대사(魚袋砂)라고도 하며 물고기 모양의 작은 산이나 바위를 말함. 길한 방위에 있거나 수구를 관쇄(關鎖)해 주고 있으면 매우 길하다.

❖ **금어수**(金魚水) : 일반적으로 입으로 마시고 아가미로 내뿜는데 금어(金魚)는 아가미로 들이키고 입으로 내뿜는 것을 말하니 좌우 양시(兩腮)로 들이마신 물이 순전(脣前)의 소명당(小明堂)에 모이는 것이 바로 금어(金魚)의 입에서 내뿜는 것 같기에 이름하였으며, 아주 희한(稀罕)한 수법이기도 하다. 혈 뒤에서 미미한 물길이 8자 모양으로 나뉘어져 흐르다가 혈 아래에서 두 갈래 물이 다시 합쳐지면 이를 합금(合衾) 또는 금어수라 하며 이 금어수가 있는 혈은 명혈(名穴)이다.

❖ **금어어가수**(金魚御街水) : 병방(丙方)에서 흘러 들어온 물이 손방(巽方)으로 갔다가, 다시 신방(辛方)이나 정방(丁方)으로 빠져 나가는 것을 금어어가수(金魚御街水)라 부름. 금어어가수는 길(吉)한 물로서 합국(合局)이 되면 뛰어난 학자와 고관(高官)이 배출되고, 부와 귀 모두 얻는다. 또 묘방(卯方)에서도 물이 흘러들어 오면 더욱 좋다.

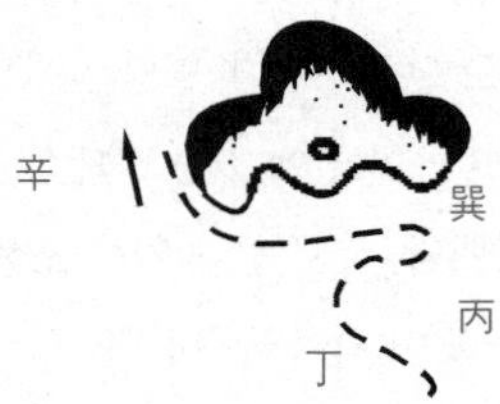

❖ **금오집법**(金吾執法) : 조산의 오른쪽과 왼쪽에 두 산이 마주 솟아 있는 형국.

❖ **금오탁시**(金烏啄屍) : 금까마귀가 시체를 쪼고 있는 형국. 이 형국에 조상의 묘를 써도 자손들이 부귀를 얻는다. 혈은 부리 위에 있으며, 안산은 시체처럼 생긴 산이다.

❖ **금오포란형**(金鰲抱卵形) : 신령스러운 자라가 알을 품고 있는 형상. 혈은 자라의 배 부분에 있고, 앞에는 모래사장과 같은 들판이나 냇가가 있어야 한다. 안산은 지렁이나 물고기 같은 사격으로 다산하여 부귀쌍전(富貴雙全)한다.

❖ **금오입수형**(金鰲入水形) : 신령스러운 자라가 물 속으로 들어가는 모습을 연상시킨다. 혈은 자라 등에 있고 앞에는 논, 냇가가 있다. 안산은 지렁이, 물고기, 조개 같은 사격이다.

❖ **금(金)의 형상인 산** : 금의 형상인 산은 맑은 느낌을 주며 둥글고 주위가 정결하며 가지가 많이 펴져 있는 용의 형국. 동물형상으로는 학, 봉황, 꿩, 닭, 백조, 새의 종류가 여기에 속하며, 혈의 위치는 날개, 등, 머리, 배 쪽이다.

❖ **금전 운과 깊은 연관이 있는 꽃은** : 해바라기 그림과 사진은 금전운과 깊은 연관이 있다. 돈을 만지고 싶은 사람에게 유효할 것이다. 해바라기 꽃모양이 그려진 천이나 그림을 서쪽에 집중

적으로 배치하면 된다. 바탕은 흰색이 가장 좋지만 중간색 계통의 색깔도 괜찮다. 검은색은 피해야 한다.

❖ **금전 운을 드려오게 하려면** : 주방은 기본적으로 가족의 건강을 좌우하는 공간이자 재물 운을 지배하는 장소이다. 또한 주부가 많은 시간을 보내는 곳이므로 누구보다도 주부가 행복한 마음으로 일할 수 있는 분위기를 가져야 한다. 꼭 주방이 아니더라도 청결은 풍수 원칙의 전부라고 해도 과언이 아닐 만큼 중요한 원칙이므로 어떤 장소든 물건이 무질서하게 널려 있지 않도록 주의하고 먼지가 쌓이는 사각지대가 없도록 청결과 정리정돈에 신경을 써야 한다.

❖ **금전 운이 막혀 있는 통로를 뚫어주어야 한다** : 온종일 쉴 틈도 없이 바쁘게 일하는데도 도무지 돈을 만져볼 수 없는 사람이라면 동쪽에 빨간색의 옷이나 문구류를 놓아서 금전 운을 상승시켜야 한다. 서쪽방위에 황금색의 장식장을 놓거나 노란색의 커튼 노란 꽃 화분 등으로 장식하며 금전 운을 배가 시키는 색깔(노란색은 금전운의 색상)을 활용하도록 한다. 또한 통상적으로 집문서나 패물 통장 등의 귀중품을 보관해 두는 장롱은 비밀을 감춘 저축 안전의 상징 의미를 파생하는 북쪽 방위에 놓도록 한다. 그리고 인감도장이나 신용카드 통장 귀금속의 패물 등을 초록색 천으로 잘 싸서 보관해야 금전 운이 절대로 외부로 빠져나가지 않게 되어 통장에 잔고를 늘리고 부자가 되게 할 것이다. 또한 서쪽을 살펴보아야 한다. 서쪽에 집 벽에 금이 가 있다든지 비기 샌다든지 하면 아무리 황금 노란색을 부착하고 알맞은 치장을 하였더라도 오히려 좋지 못한 일만 발생하니 잘 살펴보기 바란다.

❖ **금전이 모이지 않거든** : 금전을 모으려면 화장실이나 욕실을 항상 깨끗하게 하고 기쁜 마음으로 오래도록 머물도록 해야 한다. 황색인 노란 꽃은 금운을 한층 더 높여 준다. 또한 성격을 한층 밝게 해주는 힘이 있다. 황금 운이나 재운은 황금색이므로 이 꽃은 방 중심에서 서쪽에 장식하면 금전 운이 높아진다. 재물을 원한다면 서쪽 내외 쪽으로 노란 꽃나무를 심어라. 새 한 쌍이 높이 날아가고 있는 사진이나 그림을 남쪽 벽에 걸어두면 재능이 향상되고 능력을 발휘할 기회가 많아지며 기획과 관련된 일에서 두각을 나타낸다. 또한 사업상 아이디어도 뛰어나서 그간 금전 문제로 고민이 많았다면 앞으로 차차 형편이 나아질 것이다.

❖ **금전 운(金錢運)을 높여주는 꽃은 어떤 꽃이 인가** : 금전 운을 높여주는 꽃은 황색인 노란 꽃은 금전 운을 한층 더 높여 준다. 그뿐만 아니라 성격을 한층 밝게 해주는 힘이 있다. 황금 운이나 재운(財運)은 방향이 서쪽이다. 또 돈의 색상은 노랗게 황금색이므로 이 꽃을 방의 중심에서 서쪽에 장식하면 금운이 높아진다. 해바라기 국화(황국) 노란 장미 철쭉들은 황금 운을 좋게 해준다. 만약 재물을 소망한다면 서쪽 방위에 노란 꽃으로 곱게 장식 하도록 하자. 작은 화분에 열매도 귤이나 오렌지 같은 노란 색상의 열매도 역시 황금색과 관계가 있다.

❖ **금전(金錢)운을 좋게 하려면** : 집의 서쪽 방향에 노란색 종류의 장식물을 걸어 놓고 결함이 없도록 해야 하고 환경이 일상생활을 좌우한다.

❖ **금정**(金井) : 무덤을 팔 때에 굿의 길이와 넓이를 정하는데 쓰는 것으로 묘혈(墓穴)을 팔 때 쓰는 제구(祭具)의 하나, 굵은 나무를 정(井)자 모양으로 만들어 땅바닥에 뉘어 놓고 그 안으로 파서 굿을 만든다.

❖ **금정명암기도혈정국**(金精明暗氣到穴定局) : 명기(明氣)는 선천영기(先天盈氣)요, 암기(暗氣)는 후천산기(後天散氣)로서 조장(造裝)에서 좌(坐)에 의한 연월일시의 길운(吉運)을 가릴 때 보는 방법이다. 명기(明氣)가 혈좌(穴坐)에 닿으면 길(吉)하고 암기(暗氣)가 혈좌(穴坐)에 닿으면 불길(不吉)하다. 명암기(明暗氣)의 연국(年局)과 일국(日局)은 다음과 같다.

[年局]

年 / 穴坐	子年	丑未	寅申	卯酉	辰戌	巳亥
寅甲辰丁未酉坐	甲暗	辛暗	丙暗	乙明	庚明	丁明
子丑乙坐	辛暗	丙暗	乙明	庚明	丁明	甲暗
午乾坐	丙暗	乙明	庚明	丁明	甲暗	辛暗
卯巽坤庚坐	乙明	庚明	丁明	甲暗	辛暗	丙暗
辛亥壬艮坐	庚暗	丁明	甲明	辛暗	丙暗	乙明
癸巳丙申戌坐	丁明	甲暗	辛暗	丙暗	乙明	庚明

가령 자오년(子午年)은 묘손곤경(卯巽坤庚[을(乙)]), 신해임간

(辛亥壬艮[경(庚)]), 계사병신술좌(癸巳丙申戌坐[정(丁)])가 명기(明氣)이니 길하다. 기타의 좌(坐)는 모두 갑(甲) 신(辛) 병(丙)의 암기(暗氣)이므로 불길하다. 다음 일국(日局)에 있어 자오년(子午年)에는 인갑진정미유산(寅甲辰丁未酉山)이 초1일(初一日)부터 초5일(初五日)까지 경명(庚明)이다. 초6일(初六日)부터 초10일(初十日)까지 경명(庚明)암이다. 초6일(初六日)부터 초10일 정명(丁明)이다. 초11일부터 15일 갑암(甲暗)이다. 그 아래로 이와 같은 요령으로 먼저 연지(年支)를 찾아 좌(坐)와 날짜를 짚되 명기(明氣)가 닿으면 길일이고 암기가 닿으면 흉일이라 한다.

[日局]

年	子午年	寅甲辰丁未酉	癸巳丙申戌山	辛亥壬艮山	卯巽坤庚山	午乾山	子丑乙山
	丑未年	癸巳丙申戌山	辛亥壬艮山	卯巽坤庚山	午乾山	子丑乙山	寅甲辰丁未酉
	寅申年	辛亥壬艮山	卯巽坤庚山	午乾山	子丑乙山	寅甲辰丁未酉	癸巳丙申戌山
	卯酉年	卯巽坤庚山	午乾山	子丑乙山	寅甲辰丁未酉	癸巳丙甲戌山	辛亥壬艮山
	辰戌年	午乾乙山	子丑乙山	寅甲辰丁未酉	癸巳丙甲戌山	辛亥壬艮山	卯巽坤庚山
	巳亥年	子丑乙山	寅甲辰丁未酉	癸巳丙甲戌山	辛亥壬艮山	卯巽坤庚山	午乾山
日	自初一日至初五日	庚明	丁明	甲明	辛暗	丙暗	乙明
	自初六日至初十日	丁明	甲暗	辛暗	丙暗	乙明	庚明
	自十一日至十五日	甲暗	辛暗	丙暗	乙明	庚明	丁明
	自十六日至初五日	辛暗	丙暗	乙明	庚明	丁明	甲暗
	自二十一日至二十五日	丙暗	乙明	庚明	丁明	甲暗	辛暗
	自二十六日至三十日	乙明	庚明	丁明	甲暗	辛暗	丙暗

❖ **금정오극주산정국**(金精鰲極主山定局) : 천기대요(天氣大要)에 수록되어 있는 것으로 풀이 소개하자면 연(年)과 좌(坐)에 의하여 육기(六氣)의 청탁(清濁)과 각 효(爻)의 오행이 사령(司令)된 것을 밝힌 것이다. 조장(造葬)에 있어 길흉년(吉凶年)을 참고하는 방법의 하나라 하겠다. 다음 도표를 참고하여 가령 임자계산(壬子癸山)은 감산(坎山)의 감괘(坎卦)이니 감수무인인진오신술자(坎水戊寅寅辰午申戌子)로 초효(初爻)에 무인(戊寅), 2효에 무진(戊辰), 3효에 무년(戊午), 4효에 무신(戊申), 5효에 무술(戊戌), 6효에 무자(戊子)이다. 5행 4령(五行司令)은 지지암간(地支暗干)으로 寅은 인중갑목(寅中甲木)이 사령(司令)이요, 진(辰)은 진중무토(辰中戊土)가 사령(司令)이요, 오(午)는 오중정화(午中丁火)가 사령(司令)이다. 신(申)은 신중경금(申中庚金)이 사령(司令)이요, 술(戌)은 술중무토(戌中戊土)가 사령(司令)이다. 자(子)는 자중계수(子中癸水)가 사령(司令)이다. 축미(丑未)는 축중기토(丑中己土), 미중기토(未中己土)가 사령(司令), 묘(卯)는 묘중을목(卯中乙木), 사(巳)는 사중병화(巳中丙火), 유(酉)는 유중신금(酉中辛金), 해(亥)는 해중임수(亥中壬水)가 사령(司令)이다. 또, 기(氣)에 있어 임계수(壬癸水)는 흑색이니 검은 하늘(玄天)이다. 갑을목(甲乙木)은 청색이니 푸른 하늘(蒼天)이다. 병화(丙火)는 적색이니 붉은 하늘(丹天)이다. 정화(丁火)도 적색이니 붉은 하늘(赤天)이다. 무기토(戊己土)는 황색이니 누른하늘(黃天)이다. 경신금(庚辛金)은 백색이니 흰 하늘(素天)이라 한다. 그러므로 임자계산(壬子癸山)의 자오년(子午年)은 초효에 해당한다. 혈(穴)은 천혈청(天穴清)이요 효신(爻神)은 무자(戊子)로 자중계수(子中癸水)가 사령(司令)하고, 자(子)는 흑색으로 현천수기(玄天收氣)라 한다. 이하도 같은 요령으로 참고하면 된다.

- **창천**(蒼天) : 창천생기(蒼天生氣[초춘(初春)])
- **단천**(丹天) : 단천생기(丹天生氣[춘말하초(春末夏初)])
- **적천**(赤天) : 적천장기(赤天長氣[성하(盛夏)])
- **황천**(黃天) : 황천장기(黃天長氣[하말추초(夏末秋初)])
- **소천**(素天) : 소천수기(素天收氣[추(秋)])
- **현천**(玄天) : 현천장기(玄天藏氣[동(冬)])

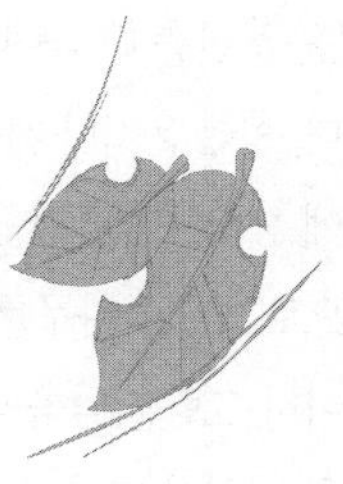

爻 穴		初爻 地穴濁	二爻 地穴淸	三爻 人穴濁	四爻 人穴淸	五爻 天穴濁	六爻 天穴淸
壬子癸 (坎山)	爻	戊寅	戊辰	戊午	戊申	戊戌	戊子
	令	甲木司令	戊土司令	丁火司令	庚金司令	戊土司令	癸水司令
	氣	蒼天	黃天	赤天	素天	黃天	玄天
	歲	丑未	寅申	卯酉	辰戌	巳亥	子午
丑艮寅 (艮山)	爻	丙辰	丙午	丙申	丙戌	丙子	丙寅
	令	戊土司令	丁火司令	庚金司令	戊土司令	癸水司令	甲木司令
	氣	黃天	赤天	素天	黃天	玄天	蒼天
	歲	卯酉	辰戌	巳亥	子午	丑未	寅申
甲卯乙 (震山)	爻	庚子	庚寅	庚辰	庚午	庚申	庚戌
	令	癸水司令	甲木司令	戊土司令	丁火司令	庚金司令	戊土司令
	氣	玄天	蒼天	黃天	赤天	素天	黃天
	歲	巳亥	子午	丑未	寅申	卯酉	辰戌
辰巽巳 (巽山)	爻	辛丑	辛亥	辛酉	辛未	辛巳	辛卯
	令	己土司令	壬水司令	辛金司令	己土司令	丙火司令	乙木司令
	氣	黃天	玄天	素天	黃天	丹天	蒼天
	歲	辰戌	巳亥	子午	丑未	寅申	卯酉
丙午丁 (離山)	爻	己卯	己丑	己亥	己酉	己未	己巳
	令	乙木司令	己土司令	壬水司令	辛金司令	己土司令	丙火司令
	氣	蒼天	黃天	玄天	素天	黃天	丹天
	歲	子午	丑未	寅申	卯酉	辰戌	巳亥
未坤申 (坤山)	爻	癸未	癸巳	癸卯	癸丑	癸亥	癸酉
	令	己土司令	丙火司令	乙木司令	巳土司令	壬水司令	辛金司令
	氣	黃天	丹天	蒼天	黃天	玄天	素天
	歲	辰戌	巳亥	子午	丑未	寅申	卯酉
庚酉辛 (兌山)	爻	丁巳	丁卯	丁丑	丁亥	丁酉	丁未
	令	丙火司令	乙木司令	己土司令	壬水司令	辛金司令	己土司令
	氣	丹天	蒼天	黃天	玄天	素天	黃天
	歲	寅申	卯酉	辰戌	巳亥	子午	丑未
戌乾亥 (乾山)	爻	壬子	壬寅	壬辰	壬午	壬申	壬戌
	令	癸水司令	甲木司令	戊土司令	丁火巳令	申金司令	戊土司令
	氣	玄天	蒼天	黃天	赤天	素天	黃天
	歲	司亥	子午	丑未	寅申	卯酉	辰戌

❖ **금차형**(金釵形) : 산세가 금비녀와 같은 모습을 하고 있는 형국. 혈장은 길쭉하고 혈은 비녀의 머리 부분에 있고, 주변에 옥녀봉, 참빛, 경대(거울)같은 사격이 있으며, 귀인과 부자가 나오나 주로 여자가 잘 된다.

❖ **금천교**(禁川橋) : 궁궐의 금천교를 모방하여 석축으로 축조한 다리로써 내금천교와 외금천교가 있다.

❖ **금추하어**(金鰍下漁) : 미꾸라지가 물을 따라 내려가는 형국. 혈은 입의 위쪽에 있으며, 안산은 못이나 호수다.

❖ **금침천주**(金針穿珠) : 바늘로 구슬을 꿰는 것처럼 생긴 형국. 혈은 바늘에 있으며, 안산(案山)은 실, 구슬, 목걸이 등이다.

❖ **금해포어**(金蟹捕魚) : 게가 물고기를 잡은 형국. 혈은 물고기의 끝에 있으며, 안산은 거품이나 그물이다.

게 형국은 매우 좋은 형국으로써 조상의 묘를 이 형국의 명당에 쓰면 성현군자, 대학자, 대귀인(大貴人), 대사업가 등이 배출되고 자손도 아주 크게 번창한다. 게가 번식력이 강한 동물이기 때문이다. 또 많은 자손들이 골고루 복(福)을 받으며, 훌륭한 인물들이 무수히 쏟아져 나온다.

❖ **금형**(禽形) : 산의 형상이 새의 모양으로 머리와 날개와 꼬리를 갖춘 모양.

❖ **금형산**(金形山)**이란** : 금형산의 모양은 둥근 모습이며 가마솥 엎어 놓은 것 같기도 하고 철모를 엎어 놓고 보는 형상과도 같다. 특히 산천정기(山川精氣)로 둥글게 결응(結凝) 되는 것이다. 모습이 양명(陽明: 흙색이 밝음)하게 되어 있다. 결혈처(結穴處)는 산 중간쯤 결혈됨이 많다.

❖ **급래완수**(急來緩受) **완래급수**(緩來急受) : 급히 오는 용은 평탄한 곳에 혈을 정하고, 완만하게 오는 용은 급한 곳에 정혈한다.

❖ **급류충수**(急流沖水) : 급류사는 산소 앞이나 좌우에서 물이 직충하여 쏘는 것을 말하는데 계곡수나 하천 또는 강물 등이 당판으로 곧게 충하여 들어오는 물 또는 쏟아지는 폭포수 등을 말한

다. 급류수는 안면불구나 질병 재산패 한다.

❖ **급류형국**(急流形局)**이 택지를 직사직충**(直射直沖)**하면** : 물 없는 빈 계곡이나 큰 도로가 주택을 향해 곧게 들어오는 형국이면 사람도 상하고 재물이 한꺼번에 손실 되므로 집주인은 가난하게 살게 된다.

❖ **급세**(急勢) : 급하게 흐르는 물의 형세.

❖ **급조수**(及朝水) : 혈을 향하여 밀려오는 물을 말함.

❖ **금환락지혈**(金環落地穴) : 금환락지혈 금시발복(今時發福)이라는 특징이 있다. 외운(外暈)과 내운(內暈) 혈상(穴像)이 생겨서 해목형(蟹目形)의 결혈(結穴)과 같다. 속발(速發)에 부귀겸전(富貴兼全)의 대지(大地)이다. 또한 금반지처럼 노란 돌 줄이 황색(黃色)이며 광채 삼색(三色)이 섞여있는 밝은 것이 금환락지혈이다. 저지대에서 결혈(結穴)이 되어도 고지대의 결혈과 같다. 또 조금 나쁜 곳의 금환락지형이라도 주택지로 사용하면 대(代)를 물려가면서 발복하게 된다.

❖ **금환락지혈형**(金環落地穴形) : 금시발복(今時發福)지라는 특징이 있다. 외운내운(外暈內暈)의 혈상(穴相)이 생겨서 해목형(蟹目形)의 결혈(結穴)과 같아 속발(速發)에 부귀겸전의 대지(大地)이다. 또한 금가락지 같은 노란 돌 줄이 황색이 있어서 금시발복지라 하는 것이다. 또한 특징은 토질의 색깔이 황금색이며 광채가 3색이 섞여 있는 밝은 것이 금환락지혈이라 저지대에서 결혈된 금환락지도 고처(高處) 결혈과 같다. 조금 나쁜 곳에 금환락지혈(金環落地穴)에 택지로 사용하면 대(代)을 물여서라도 발복(發福)한다.

❖ **기**(氣, 地氣) : 용과 맥이 흐르다가 용이 멈추고, 멈춘 용을 물이 감아준 곳을 말한다. 그 멈춘 자리가 곧 지기(地氣)가 모여 있는 곳이다. 기에는 숨 쉬듯 활발하게 살아있는 생기(生氣)와 늙고 병든 죽은 기가 있다. 양택(陽宅)이나 음택(陰宅)은 바로 이 생기처(生氣處) 혈(穴)에 자리를 잡아야 한다. 풍수란 이 기를 찾아내고 이를 올바르게 활용하는 학문이다.

❖ **기**(氣) : 바람을 타서 흩어지고 맥(脈)같은 물을 만나서 그치는 것이니 혈이란 것은 기(氣)와 맥(脈)을 탄 것이다.

❖ **기**(驥) : 준마(駿馬), 천리마(千里馬)를 뜻함.

❖ **기**(奇) : 사(沙)의 기이한 모습.

❖ **기**(忌) : 싫어하다. 겁나다.

❖ **기**(旗) : 혈성(穴星) 부근에 기(旗)를 꽂은 것 같은 형상의 산을 가리킴. 길사(吉砂).

❖ **기**(氣)**가 있는 맥**(脈)**은 이렇게 찾는다**

① 기(氣)가 있는 맥(脈)이란 산의 형세(形勢)와 형체(形體)는 사람에 비유하면 암석은 뼈와 같고 맥은 힘줄과 같은 것이다.

② 맥 속에 기가 숨어 있어 맥은 기의 근본이며 기는 맥의 정(精)이 되어 기와 맥이 융화(融化)된 것이 혈 자리이다. 또한 맥이란 형체가 없어 흙 속에 숨어 있어 적게 흙 밖에 나타나기도 하고 기는 형도 없고 체도 없어 맥 중에 숨어 있는 것이다.

③ 혈 자리는 산중에서 밝게 나타나는 것이 진혈(眞穴)이 되고 땅에서 살이 쪄 움직이는 것이 기가 된다. 맥은 토질이 밝고 강하고 윤기가 있는 생토질(生土質)로써 밝고 고와야 하며 조산(組山)에서 맥이 나오는데 이리저리 굴곡하고 활동하여 가늘고 엷은 곳이 맥이 되고 육질(肉質)이 많아 통통하고 둥그런 당판이 되는 곳이 기 되며 기맥이 융결된 곳이 혈이 된다.

❖ **기갑**(棄甲) : 도망가는 병사가 갑옷을 버림.

❖ **기개방실**(起蓋房室) : 가옥을 건축함. 기개(起蓋)는 집을 짓고 지붕을 덮는 것, 방실(房室)은 가옥의 뜻.

❖ **기고사**(旗鼓砂) : 기(旗)와 고(鼓)는 군중(軍中)의 병기(兵器)로 왼쪽에 기(旗)가 있고 오른쪽에 고(鼓)가 있으니 무사병권(武射兵權)하니 기(旗)는 군(軍)의 표징이며 고(鼓)는 진출의 신호이다. 기고(旗鼓)가 천지를 진동하니 대군(大軍)의 세(勢)로서 기고사(旗鼓砂)가 용상 과협처, 용상(龍上), 과협(過峽), 혈장(穴場) 등에 있으니 발과갑(發科甲)에 최리(最利)하고도 묘하다. 기사(旗砂)가 경방(庚方)에 있고 고사(鼓砂)가 진방(震方)에 있을 때에 병룡입수(丙龍入首)하면 문무겸전지재(文武兼全之才)가 나오고 출장입상(出將入相)하는 것이니 귀거극품(貴居極品)하다. 기고(旗鼓)란 병기(兵器)인데 왼쪽에 있는 것이 기(旗)가 되고 오른쪽에 있는 것이 고(鼓)가 된다. 무장이 병권을 지휘할 때는 북을 울리고 출진(出陣)할 때는 기가 앞에서 장군을 영도한다. 혹 용이나 과

협(過峽)이나 혈장에 이 사(砂)가 있으면 무장이 나오고 과갑(科甲)이 나오는데 속히 발한다. 이 사(砂)가 묘한 것은 기는 경방(庚方)에 있고 고(鼓)는 진방(震方)에 있으며 또는 양룡(兩龍)이 입수(入首)된 가운데 성봉(星峰)이 수려하면 문무지재(文武之才)가 나와 출장입상(出將入相)의 극품귀(極品貴)를 발한다.

❖ **기관**(機關) : 지리의 진리가 담겨진 기틀.

❖ **기는 창문에서도 들어온다** : 창문은 문이나 현관과 같이 집의 안팎을 연결하는 입구이다. 올바른 위치에 창문을 만들지 않으면 기의 흐름이 사행(蛇行)해서 나쁜 영향을 미친다.

❖ **기두자**(起頭字) : 기두자란 좌우로 읽어 나갈 때 가장 앞자(字)를 말한다. 예를 들어 측정된 묘지가 우선(右旋) 임자계(壬子癸)라면 임자(壬字)가 기두자(起頭字)가 된다. 또 계자임(癸子壬)으로 좌선(左旋)이 되었다면 계자(癸字)가 기두자(起頭字)가 되는 것이다. 좌선은 나경 보는 순위가 역순으로 읽게 되기 때문이다.

❖ **기둥** : 집을 지을 때 방의 수나 기둥의 수, 간사리는 홀수라야 길하다.

❖ **기룡**(騎龍) : 용이 급하게 달려가는 형태를 말함. 주로 높은 산맥의 정상 부분에 많이 있으며, 산의 기운은 강하나 음향의 조화가 부족해서 생기는 이뤄지지 않는다.

❖ **기룡결**(騎龍訣) : 옛날 사람 때부터 기룡결(騎龍訣)은 있었으나 10개혈(穴)에 9개혈(穴)은 헛된 것이라고 하였으나 잘못된 집이 많아 하나하나 합법한 24룡을 낱낱이 밝혀 둔다. 임자기룡에 병오향은, 오른쪽의 물이 정방으로 나가면 향상의 쇠방으로 나가니 자왕향이요, 왼쪽의 물은 갑방으로 나가면 녹존소수이니 자왕향이다. 계축기룡에 정미향은, 오른쪽의 물이 곤방으로 나가면 묘향이 되고, 왼쪽의 물은 손방으로 나가면 정양향이 된다. 간인기룡에 곤신향은, 오른쪽의 물이 경방으로 나가면 목욕소수 자생향이요, 왼쪽의 물이 정방으로 나가면 차고소수 자생향이다. 갑묘기룡에 경유향은, 오른쪽의 물은 신방으로 나가면 향상의 쇠방으로 소수하니 자왕향이요, 왼쪽물은 병방으로 나가면 녹존소수 자왕향이다. 을진기룡에 신술향은, 오른쪽의 물은 건방으로 나가면 묘향이 되고, 왼쪽의 물은 곤방으로 나가면 절방이니 정양향이 된다. 손사기룡에 건해향은, 오른쪽의 물이 임방으로 나가면 목욕소수하는 자생향이요, 왼쪽의 물은 신방으로 나가면 차고소수하는 자생향이 된다. 병오기룡에 임자향은, 오른쪽의 물은 계방으로 나가면 향상의 쇠방이니 자왕향이 되고, 왼쪽의 물은 경방으로 나가면 문고소수하는 자왕향이다. 정미기룡에 계축향은, 오른쪽의 물은 간방으로 나가면 절방이니 묘향이 되고, 왼쪽의 물은 건방으로 나가면 정양향이 된다. 곤신기룡에 간인향은, 오른쪽의 물이 갑방으로 나가면 목욕소수하는 자생향이요, 왼쪽의 물은 계방으로 나가면 차고소수하는 자생향이다. 경유기룡에 갑묘향은, 오른쪽의 물이 을방으로 나가면 쇠방출수하는 자왕향이요, 왼쪽의 물이 임방으로 나가면 문고소수하는 자왕향이다. 신술기룡에 을진향은, 오른쪽의 물이 손방으로 나가면 묘향이 되고, 왼쪽의 물이 간방으로 나가면 정양향이 된다. 건해기룡에 손사향은, 오른쪽의 물이 병방으로 나가면 목욕소수하는 자생향이요, 왼쪽의 물이 을방으로 나가면 차고소수하는 자생향이다. 기룡혈(騎龍穴)을 고인(古人)이 또한 자세하게 밝혔으니, 그 내용을 보면, 전면에는 관성(官星)이 있어야 하고 뒤에는 환포(環抱)가 있어야 한다. 꺼리는 것은 공결(空缺)과 풍취(風吹)이니 노선(老仙)이 항상 말한 것이다. 결지(結地)의 진가가 장후의 화복(禍福)으로 연결된다는 것은 처음부터 간단한 진결(眞訣)이 아니다. 수(水)가 흉(凶)하면 촌보(寸步)라도 가히 살인을 하니 이기(理氣)의 법수에 맞지 않은 탓이다. 좌우수(左右水)를 잘 취용한다면 만무일실(萬無一失)하니 양변의 수법(水法)이 모두 합법하다면 이곳은 진결(眞結)된 곳으로 전길(全吉)한 땅이다. 만약 왼쪽으로 합(合)하고 오른쪽으로 불합(不合)하면 장방(長房)이 발달하고 소방(小房)이 불발(不發)하며, 오른쪽이 합(合)하고 왼쪽이 불합(不合)하면 소방(小房)이 발(發)하고 장방(長房)이 불발(不發)할 것이요, 좌우가 모두 불합(不合)하면 화가(花假)라 하여 형상이 비록 좋다고 하나 또한 장사(葬事)할 수 없는 곳이다. 무릇 건해(乾亥), 간인(艮寅), 손사(巽巳), 곤신(坤申)은 4우(四隅)로서 4생향(四生向)이요, 오른쪽은 반드시 문고소수(文庫消水)이니 대소문고(大小文庫)로 득위(得位)하여 합법(合法)할 것이요, 왼쪽은 절처봉생(絕處逢生)의 차고소수(借庫消水)에 합법할 것이다. 임자(壬

子), 갑묘(甲卯), 병오(丙午), 경유(庚酉)는 4정(四正)으로 왕향(旺向)이 된다. 오른쪽은 유유쇠방가거래(唯有衰方可去來)의 법수에 합당하니 녹존방출수(祿存方出水)이다. 을진(乙辰), 정미(丁未), 신술(辛戌), 계축(癸丑)의 4묘향(四墓向)은 오른쪽은 소신(小神)이 대신위(大神位)로 유입하는 법수이니 관취영화가부귀(官取榮華家富貴)라 벼슬하여 영화롭고 부귀하는 법수요, 왼쪽은 3절록마상어가(三折祿馬上御街)의 법수이다. 청양경(靑襄經)에 이르기를, 부귀빈천(富貴貧賤)은 수신(水神)에 있고 수(水)는 산의 혈맥(血脈)이라고 하였으니, 능히 하나하나 이기(理氣)의 법수에 합법하게 하면 불발(不發)하는 집이 한 집도 없게 된다.

❖ **기룡혈**(騎龍穴)

① 험준하고 높은 산등성이에 있는 혈이니 교혈(巧穴)에 속한다.

② 산이 다한 곳에서 앞으로 나간 한 마디의 산봉우리가 날개를 편 새와 같은 모양이이고, 혈 뒤의 좌우 각이 우각(牛角)과 같은 모양새로서 혈장을 감쌀(來八) 경우, 앞과 뒤의 거리가 멀지 아니하여야만 혈을 맺는다.

③ 기룡혈은 용맥의 등성이, 말안장처럼 생긴 곳에 맺힌 괴혈이다. 바로 앞에 안산(案山)이 있고, 달리는 말 위에 몸을 실은 격이니 생기가 매우 왕성한 혈이다.

④ 용척에 혈을 맺은 것으로 조산과 안산이 단정하고 사정팔방(四正八方)이 감싸주기만 하면 기의 지나감과 멈춤을 깊이 살펴 결정해야 한다. 이 밖에도 여러 종류의 괴혈과 추혈(醜穴)이 있으나 어느 것을 막론하고 반드시 용이 진짜여야 하고 혈을 맺으면 모든 것이 격에 맞아야 한다. 괴혈이란 다만 혈의 조건이 숨어 있어 쉽게 찾아보기 어렵다는 뜻이지 결코 아무 법도 없이 편의대로 판단하는 것이 아니라는 점을 깊이 새겨야 한다.

⑤ 기룡혈(騎龍穴)은 대룡(大龍)의 기(氣)가 왕성하여 행룡(行龍)의 등에 올라탄 듯한 형세로 결혈(結穴)된 괴혈(怪穴)이다. 청룡과 백호와 대소명당(大小明堂)이 없어도 주변에 수계(水界)가 분명하고, 조응(朝應)과 환포(環抱)가 이루어졌으며 천심십도(天心十導)가 있으면 정혈(定穴)한다. 높은 산과 높은 산 위의 평지에 결혈(結穴)한다. 기룡혈(騎龍穴)에는 구배형(龜背形), 우배형(牛背形) 등이 있다. 즉 거북이나 소의 등마루에 올라탄 듯한 형상의 교혈(巧穴)이며, 기맥(氣脈)의 맺고 끊어진 곳에 결혈(結穴)된다. 즉 용맥(龍脈)이 진행하다 멈춰 끊어진 곳이다.

❖ **기린**(麒麟) : 기린처럼 생긴 형국. 기린형은 고매한 인물들을 배출하며 아주 지혜롭고 덕이 높은 인물들이 배출되고 성현군자가 나오며 자손들이 많은 사람들에게 덕을 베푼다. 혈은 기린의 머리에 있고 안산은 풀더미다.

❖ **기맥**(奇脈) : 기이한 맥.

❖ **기맥**(氣脈) : 맥으로 흐르는 산의 정기(精氣).

❖ **기맥**(氣脈)**의 간법**(看法)

① 산이 맥(脈)을 얻지 못하면 개미가 그 관(棺)을 뜯어먹고 평평한 가운데 기(氣)를 붙들지 못하면 물에 그 백골이 잠길 것이니 장사(葬事)에 음(陰)은 모름지기 벗어나고 양(陽)은 간직함을 요한다. 태(胎)란 것은 그 껍질이 상함을 두려워 함이고, 장(藏)이란 것은 그 바람을 피하는 것이 된다. 산맥(山脈)을 보는 것을 분명하게 밝히기는 어려운 것이고 땅의 기(氣)를 보는 것도 쉽지 않은 것이니, 산의 맥(脈)은 묘한 이치로서 볼 것이며, 땅의 기(氣)를 알아내는 것은 지리에 도통한 면목에서 알아낼 수 있다. 산중에 밝게 나타나는 것이 맥(脈)이 되는 것이고, 지중에서 살찐 것과 동(動)하는 것이 기(氣)가

되는 것이다. 높은 곳에 나타난 것이 맥(脈)이 되고 둥글고 활동한 것이 기(氣)가 되니 맥(脈)이 높이 솟은 뒤쪽이 높고 낮은 것은 기(氣)가 물을 의지하여 나오게 된 것이다.

② 용신(龍身)이 나온 곳에는 용의 지각(枝脚)이 많이 붙을수록 이익한 것이고, 결혈처(結穴處)에는 혈 앞을 물이 돌아주어 얕은 들에 당(堂)을 짓고 높은 곳에 사(砂)를 지어 의연하게 둘러 안으니 보국(保局)된 나성(羅城)에서 혈장이 벗어나지 말아야 하고, 혈을 여는데는 선익(蟬翼)의 우각모양을 묻지 말아야 한다. 혈을 구하는데 증명되는 것이 참다움이 되는 것이다. 용이나 사격(砂格)의 세(勢)를 구하는 것은 청교(清巧)한 것이 귀격(貴格)이 되고, 원형의 부봉세(富峯勢)는 산이 활동하는 데에서 구해야 하고, 일자문성사격(一字文星砂格)의 세(勢)는 고요한 데서 구해야 한다. 부귀의 대소는 용에 따라 분별하고, 하관(下棺)할 곳은 모름지기 기(氣)를 붙들어야 하고, 혈은 모름지기 보국(保局) 깊이 감추어서 바람의 침투를 걱정하지 말고 물이 없으면 혈을 이루지 못하는 것이니, 한갓 평야에 이르러서는 물로써 맥(脈)이 되고 물로써 한 문(門)이 되는 것이니 물로써 호위함을 삼아야 한다. 물은 본래 맥(脈)은 없고 맥(脈)은 물을 따라 나타나고, 용은 물을 따라 가니 사격(砂格)은 물을 따라 안기고 기맥(氣脈)은 물을 쫓아 정지하니, 곧으면 사(死)하고 굽으면 생(生)하는 것이다.

③ 큰 물은 맑은 것이요, 물이 적게 되면 흐린 것이다. 물이 구불구불 흐르는 것은 귀(貴)하고 직류수(直流水)는 귀(貴)하지 못함이고, 물이 모인즉 귀하나 흐트러진 것은 귀하지 못한 것이다. 이와 같은 연고로 물은 어지럽게 돌지 않을 것이니 물이 돌은 즉 기(氣)가 온전한 것이다. 물이 어지럽게 모이지 아니할 것이니 모인 즉 용이 모이는 것이오 물이 모인 즉 고요하고 구불구불한 즉 동(動)하니 동(動)하는 것은 마땅히 급류가 아니어야 하고, 취수는 모름지기 맑고 맑음을 요하는 것이다. 한 물이 흐르는 곳이 있으면 굴곡처(屈曲處)를 가히 찾아야 할 것이고, 두 물이 흐르는 곳에는 합처(合處)를 가히 구할 수 있다. 만약 4수(四水)가 모인 곳이라면 정승서열(政丞序列)의 인물이 나고, 모든 물이 모인 곳은 군(郡) 고을을 세우고 주(州)를 옮기는 것이니, 대왕(大旺)한 즉 여러 갈래로 흐르는 것이고, 적게 발한 즉 홀로 흐르는 것이니 귀한 것은 용의 기(氣)가 맑은 것이고, 부(富)한 것은 물의 맑은 정신에 후한 것이라고 하였다.

④ 대개 천도(天道 : 天地自然의 道)가 가득하고 허(虛)하고 소멸하고 성장하는 이치를 알고자 하면 성신(星辰)의 방위를 궁구(窮求)하고 연구하여야 하고, 지리의 길흉화복의 이치를 살피고자 하면 지극히 산천의 변화 동정(動靜)의 음양오행을 살펴야 하는 것이니, 대개 동(動)하는 것은 양(陽)이 되고 정(靜)한 것은 음(陰)이 되니 산체가 우뚝하여 정(靜)하니 음(陰)이라 일컫고, 수체(水體)는 유동(流動)하니 양(陽)이라 일컫는다. 비교해 말하자면 사람의 부부의 음양이 배합하여 부인이 잉태하면 아기를 낳아 기르는 이치와 같은 것이다. 그러나 부부가 서로 떨어지면 어찌 자식의 육성(育成)의 이치가 있으며 산천도 서로 떨어지면 어찌 기맥(氣脈)에 온전한 맺음이 있으리오. 산도 산의 음양이 있는 것이고, 물도 물의 음양이 있는 것이다.

⑤ 대개 산수의 음양으로 음(陰)에서 음(陰)이 떠나지 않고 양(陽)에서 양(陽)이 떠나지 않은 즉 결코 결혈(結穴)한 곳이 아니니 양중유음(陽中有陰)하고 음중유양(陰中有陽)이라, 풍수지리가의 이른바 산은 근본이 고요한 것이나 신묘(神妙)한 이치는 동(動)하는 곳에 있고, 물은 근본이 동(動)하나 묘(妙)한 것은 고요한 곳에 있으니 바로 이와 같은 것이라 할 수 있다. 산으로서 보면 결인(結咽)하고 과협(過峽)된 곳에 이르러서 실 같고 짧고 급한 것은 음(陰)이 됨이고, 지붕에 기와를 바라보는 것 같아서 길고 완만한 것은 양(陽)이 되는 것이니, 결혈(結穴)된 입수(入首)는 또한 과협(過峽)으로 응해 이루어지는 까닭으로 음(陰)과 양(陽)에 형상은 이에서 분별하게 되므로 최후로 관계되는 것은 입수일절(入首一節)인 것이다.

❖ **기복**(忌伏) : 기복이란 당년의 3살방(三殺方) 및 당일의 3살방.(음식상을 차려서는 안 된다)

❖ **기복**(起伏)

① 용이 위로 솟은 것을 기(起)라 하고, 아래로 잠긴 것을 복(伏)

이라 한다. 즉 용맥(龍脈)이 일어나고(起) 엎드린(伏) 것이다.

② 기복이란 달려가는 용이 올라갔다 내려갔다 하며 이어가는 것을 기복이라 이른다. 기복을 하는 경우는 용이 태조, 중조, 소조를 이루며 행룡을 함에 있어서 기복으로 이루어질 때는 필연적으로 과협이 생기게 마련이다.

❖ **기복일**(祈福日) : 모든 신(神)에게 기도(祈禱) 및 고사(告祀) 드릴 때 보는 날.

❖ **길일**(吉日) : 임신(壬申), 을해(乙亥), 병자(丙子), 정축(丁丑), 임오(壬午), 계미(癸未), 정해(丁亥), 사축(己丑), 신묘(辛卯), 임진(壬辰), 갑오(甲午), 을미(乙未), 정유(丁酉), 임자(壬子), 갑진(甲辰), 무신(戊申), 을묘(乙卯), 병진(丙辰), 무오(戊午), 임술(壬戌), 계해일(癸亥日).

또는 천덕(天德: 월덕(月德)) 천월덕합(天月德合) : 생기(生氣), 복덕(福德), 천의(天宜), 천은(天恩), 천사(天赦), 모창(母倉), 정(定), 성(成), 개일(開日), 기일(忌日), 인일(寅日), 천적(天賊), 수사(受死), 천구일(天拘日) 및 천구하식시(天拘下食時) 건(建), 파(破), 평(平), 수일(收日).

❖ **기본 24방위** : 나경 제 4층으로 기본 24방위를 나타낸 것인데 용의 배합 여부를 측정한다. 예를 들어 설명한 용맥측정도는 임자귀룡(壬子貴龍)의 배합룡이 되었는데, 하관의 방향은 임자의 중앙을 관통하는 혈 중심 종선에서 2.5의 차이를 보인다. 이것은 시신을 앉히는 방향은 나경 제 5층의 72분금에 따르기 때문인데 하관을 정하는 방향은 다음의 기준에 따른다. 하관할 때 시신의 복부 중심(배꼽)은 혈 중심 종선상에 고정시키고 시신의 머리쪽은 나경 제 5층의 분금을 기준으로 어느 한 분금룡을 선택하여 분금의 중앙과 일치시킨다. 즉 체백의 상부는 72룡 중의 한 용과 일치시킨다는 것이다. 이때 체백의 하부 즉 다리쪽은 자동적으로 체백 상부의 방향과 일직선상으로 있는 나경 제 5층의 앞쪽 분금으로 놓게 되는 것이다. 용맥(龍脈) 측정도를 보면 알겠지만 체백의 상부가 나경(패철) 5층의 한 분금인 병자(丙子)의 중앙으로 놓여 있으면 그 하부의 방향은 병자의 방향과 일직선상에 있는 임오(壬午)의 중심으로 놓아야 한다는 것이다. 용맥 측정도는 패철 5층을 기준으로 하여 하관의 방향이 병자순(丙子旬)이지만 풍수지리에서 중시하는 좌향으로 따진다면 혈로 흐르는 내룡(來龍)이 임자입수(壬子入首)의 배합룡이 되면서 자좌오향(子坐午向)이 되었다. 좌향(坐向)은 나경 4층의 기본 24방위를 기준으로 하므로 병자(丙子: 나경 5층)가 속한 나경 제4층이 자(子)가 묘(墓)의 좌(坐)가 된다. 또 병자(丙子)와 직선상으로 연결되는 임오(壬午: 나경 5층)가 오(午: 나경 4층)에 속하므로 자좌(子坐의 정반대 편에 있는 직선상 연결) 오(午)가 향(向)이 된다. 즉 시신의 하관 방향에 있어서 기준이 되는 나경 5층의 72룡(72분금)의 길흉 조건은 무엇인가? 72룡을 보면 모두 천간(天干) 지지(地支)로 구성되어 있는데 여기로 흐르는 배합룡과의 관계를 추정하여 보아서 음양이 배합되는지의 여부에 따라서 왕기맥(旺氣脈), 생기맥(生氣脈), 퇴기맥(退氣脈), 냉기맥(冷氣脈), 패기맥(敗氣脈)으로 구분한다. 이 가운데서 왕기맥과 생기맥 방향에 체백(體魄)의 하관 방향을 정해야 길하다고 하며, 그 외의 용맥 분금 방향은 좋지 않다고 본다. 72개의 용맥들의 길흉을 구체적으로 설명하면 갑자순(甲子旬)이니 병자순(丙子旬)이니 할 때 쓰게 되는 순(旬)은 가령 갑자순이라고 할 경우 첫째 칸에 있는 갑자(甲子), 을축(乙丑), 병인(丙寅) 등을 가리키는 말이며, 병자순일 때는 병자가 두 번째 칸에 있으므로 이때의 순은 병자(丙子), 정축(丁丑), 무인(戊寅) 등을 가리킨다. 그러므로 용맥(龍脈)에서 순(旬)이란, 방향이 돌아가는 순서를 나타낸다. 그리고 나경 5층의 용맥분금(龍脈分金)을 보면 12지 중에서 하나의 지지(地支)가 갑(甲)에서 시작되는 각각 다른 천간(天干) 5개와 짝을 이루고 있는데, 그 가운데 지지에서 가장 먼저 오는 자(子)의 5쌍이 정북(正北) 즉 맨 윗쪽에 있다. 지지 천간(地支天干)이 5:1로 묶인 5쌍의 용맥(분금)은 사이사이에 있는 빈칸을 경계로 구분되어졌는데 이렇게 자(子)의 방향을 기준으로 하여 갑자순(甲子旬)이니 병자순(丙子旬)이니 하는 것이다. 다시 말해 갑자순이라고 한다면 간지 5쌍으로 묶인 나경 5층의 각 방향에서 첫 번째 분금들을 가리키는 것이고, 무자순이라고 한다면 세 번째 분금들을 가리키는 것으로 무자(戊子), 기축(己丑), 경인(庚寅), 신묘(辛卯), 임진(壬辰) 등을 말한다.

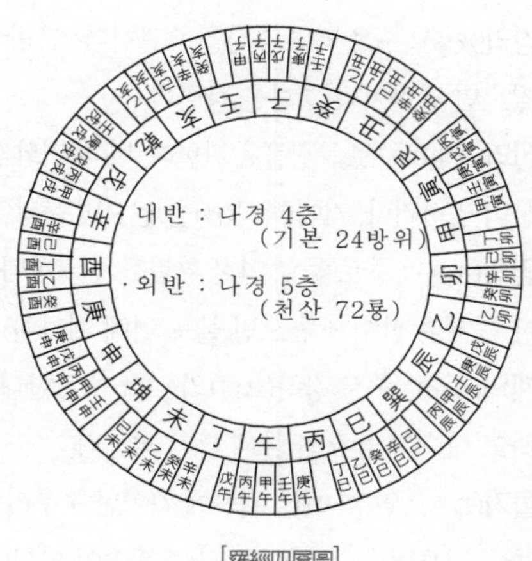

[羅經四層圖]

❖ **기성**(箕星) : 신방(申方)에 있으며, 신봉(申峯)이 작대(作臺)를 이루면 시립교향악단 지휘자 급이 나고 몹시 높으면 송사가 자주 있다. 허하면 수재(水災)를 만난다. 때는 인년(寅年)에 응한다.

❖ **기성과도격 양국향**(奇星過渡格 陽局向)

- 기성과도격(奇星過渡格) 양국향(陽局向)에서 나와 묘방(墓方)으로 방수(放水)된 것. 건계곤신(乾癸坤辛)은 정기(正奇)요, 간을손정(艮乙巽丁)은 과도(過渡)인데, 이것이 만일 상봉하여 순전 혹은 역전하면 일찍 월규(月桂)를 꺾고 벼슬한다. 사유향(四維向)은 선순후역(先順後逆)이니 순(順)이면 을신정계(乙辛丁癸) 사위목욕(四位沐浴)의 곁으로 방수되고, 역(逆)이면 진술축미(辰戌丑未) 사묘방(四墓方)으로 방수된다. 대개 해자형(亥字形)으로 굽이굽이 흘러서 한 곳으로 가는 것을 순전역전이라 한다.
- **녹마예**(祿馬例) : 양곡향(陽曲向)이니 녹마방(祿馬方)의 내수(來水)를 논한 것. 건방(乾方)이 정마(正馬)요, 갑방(甲方)은 구차마(求借馬)이니 원래 병(丙)에 건궁(乾宮)이 진정록(眞正祿)이다. 이 삼방(三方)에 함께 모이면 복이 쉬지 않는다. 손신(巽辛)이 정마(正馬)요 갑(甲)은 정록(正祿)이며, 간병(艮丙)이 마(馬)인데 녹을(祿乙)이 파하며, 곤(坤)에는 을방(乙方)이 정마(正馬)요, 병(丙)이 정록(正祿)이며 또 온유하다.
- **정인록마격**(正印祿馬格) : 양국방(陽局方)에 원진수(元辰水)가 묘에 나와서 쇠병(衰病) 사유(四維)로 흩어지니, 이 가운데 곤신정계(坤辛丁癸)는 살(殺)이 된다. 을향(乙向)에 을방수(乙方水)가 길게 흘러 간방(艮方)으로 돌아가면 부귀하고, 신향(辛向)에 신방수(辛方水)가 곤방(坤方)으로 백보 정도 길게 흘러가면 공경이 나오고, 정향(丁向)에 정방수(丁方水)가 손방(巽方)으로 길게 흘러 나가면 벼슬이 짧고 아내를 바꾸게 되며, 계향(癸向)에 계방수(癸方水)가 건방(乾方)으로 길게 흘러 나가면 영웅과 현사(賢士)가 나온다.

❖ **기(氣) : 양택의 기는 사람이 잠을 잘 때 많이 받는다**: 예로부터 내려오는 양택의 삼요(三要)나 사주(四柱) 등에서 가장 중요하게 생각하는 것은 역시 방이다. 방이 많아진 현대주택에서는 그 집의 주인되는 사람이 안방에서 잠을 자므로 안방을 그 첫째로 친다. 이처럼 풍수에서 〈자는 방〉을 제일 중요시하는 이유는 잘 때 그 집터의 생기를 받는다고 믿기 때문이다. 기의 원동력은 음식물을 통해 직접 받기도 하지만 활동할 때는 하늘, 태양(太陽)과 공기(風)에서 받고, 쉬거나 잘 때는 땅에서 받는다. 그리하여 하루 중 가장 많은 시간을 보내는 집, 그 중에서도 잠자는 방은 땅의 기를 받는 가장 중요한 장소로 보는 것이다. 인간이 잠을 잘 때 땅의 기를 받는다고 믿는 원리는 사람이 잘 때는 가사 상태이며 이때 의식은 쉬고 무의식만이 있기 때문에 어떤 기든지 침투가 가능하다는 것이다. 왕성한 청년들은 병원에 문병을 가도 아무 일이 없지만, 약한 어린이나 노인들은 병원에서 병을 옮아올 수도 있는 이치와 같으며, 잠잘 때 영어 단어가 녹음된 테이프를 틀고 자면 자기도 모르는 사이에 단어가 암기되는 현대 정신분석학의 이치와도 같다고 주장한다. 이것을 소응(所應)이라고 말하기도 하며, 묘를 잘 쓰면 자손에게 영향이 미치는 것을 동기감응(同氣感應)이라고 하고, 집에서 즉 장소에서 어떤 감응을 얻는 것을 소응이라고 풀이한다.

❖ **기왕망일**(氣往亡日) : 절기에 의한 왕망일이라는 뜻이다. 왕망일과 같이 여행, 교통과 관계되는 일을 꺼리며, 백사에 흉(凶)이라 한다. 입춘(立春) 후 7일, 경칩(驚蟄) 후 14일, 청명(清明) 후 21일, 입하(立夏) 후 8일, 망종(亡種) 후 16일, 소서(小暑) 후 24일, 입추(立秋) 후 9일, 백로(白露) 후 18일, 한로(寒露) 후 27일, 입동(立冬) 후 10일, 대설(大雪) 후 20일, 소한(小寒) 후 30일. 가령 입춘(立春)에서 7일째 되는 날이 기왕망(氣往亡)이라 한다.

ㄱ

❖ 기의구성(奇儀九星)

① **구성포법** : 육의삼기(六儀三奇)는 절후 해당 궁에서 무(戊)를 시작하여 기경신임계을병정(己庚辛壬癸乙丙丁)의 순서로 돌아간다. 양국은 의순기역(儀順奇逆)으로 포국하고 음국은 의역기순(儀逆奇順)으로 포국한다. 구성포법(九星布法)은 분금이 소속한 부두에 해당하는 궁의 정위성(正位星)을 분금 천간이 비박(飛泊)하는 궁에 옮겨서 좌선 순행한다. 이때 음·양국은 가리지 않는다. 예를 들어 무자(戊子)천간 병자(丙子)분금의 경우, 무자(戊子)는 동지양일국이니 1무(戊) 2기(己) 3경(庚) 4신(辛) 5임(壬) 6계(癸) 7정(丁) 8병(丙) 9을(乙)이 육의삼기의 비도궁(飛到宮)이다. 병자(丙子)분금은 갑술(甲戌)순중에 속하니 부두는 갑술(甲戌)이 되고 2궁 기(己)에 자리한다. 그런데 2궁의 정위 구성은 예성(芮星)이다. 예성을 분금 천간 병(丙)이 소박(所泊)한 8궁으로 옮겨 놓으면 구성이 자연 옮기게 된다.

② **구성정위도**(九星正位圖)

㊃ 甫	㊈ 英	㊁ 芮
㊂ 沖	㊄	㊆ 任
㊇ 任	㊀ 蓬	㊅ 心

③ **무자천산 병자분금 육의삼기구성도**

㊃ 心 ㊡癸 辛	㊈ 蓬 戊 乙	㊁ 任 丙 己
㊂ 柱 ㊦丁 庚	㊄ 壬	㊆ 沖 庚 丁
㊇ 芮 ㊢己 丙	㊀ 英 ㊥乙 戊	㊅ 甫 辛 癸

④ **육의·삼기의 길흉**

- **무의**(戊儀) : 주로 전토(田土)를 주관. 길문(吉門)에 들면 길하다.
- **기의**(己儀) : 주로 산천을 주관한다. 그 방위에 산수가 있으면 좋은 땅이 많다.
- **경의**(庚儀) : 주로 백호 흉신을 주관한다. 그 방위에 흉사가 있으면 병란이나 호환을 당한다.
- **신의**(辛儀) : 주로 문장을 주관한다. 병(丙)기와 합하거나, 길문이 임하거나, 기이한 사(砂)를 얻으면 문장이 배출된다.
- **임의**(壬儀) : 주로 물로 인한 환란을 주관한다. 흉문(凶門)에 들거나 산수가 높으면 물로 인해 패가한다.
- **계의**(癸儀) : 주로 강하(江河)의 일을 주장한다. 흉문을 범하고 산수가 높으면 물에 빠져 죽는다.
- **을기**(乙奇) : 일정(日精). 길문에 기이한 봉우리나 아름다운 물이 있으면 높은 벼슬을 하는 후손이 난다.
- **병기**(丙奇) : 월정(月精). 길문에 아름다운 봉우리나 좋은 사(砂)가 있으면 반드시 왕비를 낳는다.
- **정기**(丁奇) : 일정(日精). 길문에 기이한 사(砂)가 있으면 장수(長壽)하고 문과급제자가 난다.
- **부두**(符頭) : 좋은 봉우리가 있으면 큰 부자가 나고 벼슬에 오른다.

⑤ **구성의 길흉**

- **영**(英) : 탐랑. 기이하면 문장과 귀(貴)를 얻는다. 험하면 목염(木炎)이 든다. 개·휴·생·경문이 도림하면 흉(凶)을 구한다.
- **임**(任) : 거문. 기이하면 부를 얻는다. 험하면 수염(水炎)이 든다. 삼기(乙·丙·丁)가 도림하면 휴응을 구한다.
- **주**(柱) : 녹존. 기이하면 녹을 얻는다. 험하면 수염(水炎)이 든다. 무기(戊己)가 구한다.
- **심**(心) : 문곡. 기이하면 문과에 오른다. 험하면 물로 환란을 겪는다. 무기(戊己)가 구한다.
- **금**(禽) : 염정. 기이하면 청렴한 선비를 배출한다.
- **보**(甫) : 무곡. 모두가 길하다.
- **충**(沖) : 파군. 높고 위압적이면 모두 흉하다.
- **예**(芮) : 좌보. 길흉이 따로 없다.
- **봉**(蓬) : 우필. 길한 것은 있어도 흉은 없다. 여기서 유념할 것은 팔문은 주로 생명(生命: 살아 있는 후손)에 작용하고, 구성은 주로 화명(化命: 죽은 사람)에 작용한다는 점이다.

❖ **기울어진 도로는 흉한 주택이다** : 기울어진 도로는 기(氣)를 머물게 할 수 없다. 수관재물(水管財物)이라 했으니 도로가 옆으로 기울면 재산을 관장하는 물도 급히 흘러가게 되며 이러한 곳은 재물이 패하는 곳이며 우측으로 기울면 여자가 질병이 있게 되고 좌측으로 기울면 남자가 질병을 앓게 된다.

❖ **기(氣) 승생기법**(乘生氣法) : 기(氣)를 타는 법은 당연히 맥이 있어도 도두일절(到頭一節)이 되어야 한다. 의룡경(疑龍經)에서는 후룡(後龍)의 생봉(生峰)은 뿌리가 되고 도두결혈(到頭結穴)은 꽃이 된다라고 하였으니 꽃이 피고 뿌리가 있어야 진혈(眞穴)이 되는 것이니 이런 곳에서는 교묘한 생기가 피어나게 된다. 설심부에 이르기를 두면(頭面)이 좋은가를 보라고 했으니 가혈(假穴)은 진유(眞乳)인 듯하여도 유혈(乳穴)이 아닌 가지로 뻗어 내려가게 된다. 모름지기 조산(祖山)에서 내려온 산세의 낙맥(落脈)을 보고 그 진가를 분변하여야 한다. 만약 행룡(行龍)에서 맥이 나누어지면 분맥(分脈)이니 진가룡맥(眞假龍脈)을 분변하여서 용맥이 참되면 그 행도(行度)와 절맥(節脈)을 찾아본다. 입수결혈(入首結穴)의 맥이 중심으로 들어와서 벗어나지 않으면 기(氣)를 얻게 된다. 기(氣)를 얻은 곳은 맥을 맺은 곳이므로 맥이 그친 곳에서 기를 타게 된다. 생기란 맥이 그친 지처(止處)에서 뭉치게 되며, 천리내룡(千里來龍)이 도두일절(到頭一節)이란 말은 용맥(龍脈)이 먼 데만 구애받을 필요는 없다는 말이다. 도두(到頭)의 일선상(一線上)에서 맥이 어느 방위로 입혈(入穴)되어 왔는가를 음양오행을 분변해서 정음정양(淨陰淨陽)으로 도두일절을 가려서 진(眞)을 찾아내고 먼 곳에서 오는 내룡(來龍)에만 치중할 필요는 없다.

❖ **기제사축**(忌祭祀祝)

維歲次 ◯◯ ◯月◯◯朔 ◯◯日◯◯

孝子◯◯ 敢昭告子

顯考學生府君

顯妣孺人密陽朴氏 歲序遷易

顯考處士府君 諱日復臨追遠感時

昊天罔極 謹以淸酌 庶羞恭伸 奠獻 尙饗

[해설] 무신년 ◯월 ◯일 신해에 효자◯◯는 아버님 어버님께 아뢰옵니다. 해가 바뀌어 아버님이 돌아가옵신 날이 이르러 부모님을 생각하고 시절을 느끼어 하늘같으신 은혜 측량할 길이 없습니다. 삼가 맑은 술과 모든 제찬을 올리오니 흠향하시옵소서.

❖ **기조길년**(起造吉年)(택일) : 기조길년은 다음과 같다.

子生 : 甲丁戊己壬癸年　丑生 : 丙丁戊辛壬癸年

寅生 : 丙丁戊辛壬癸年　卯生 : 乙丙丁庚辛壬年

辰生 : 乙丙丁庚辛壬年　巳生 : 甲乙丙己庚辛年

午生 : 甲乙丙己庚辛年　未生 : 甲乙戊己庚癸年

申生 : 甲乙戊己庚癸年　酉生 : 甲乙戊己庚癸年

戌生 : 甲乙戊己庚癸年　亥生 : 甲乙戊己壬癸年

가령 자년생(子年生:甲子 丙子生 등) 태세의 천간(天干)이 갑정무기(甲丁戊己) 등으로 된 해에 집을 지으면 좋다는 것이다. 을축(乙丑), 무진(戊辰), 경오(庚午), 을유(乙酉), 병술(丙戌), 기축(己丑), 경인(庚寅), 신묘(辛卯), 계사(癸巳), 을미(乙未), 무술(戊戌), 경자(庚子), 을묘(乙卯), 병진(丙辰), 기미(己未), 경신(庚申), 신유(辛酉), 계해년(癸亥年). 일반적으로 집짓는 사람의 나이나 집짓는 좌(坐)를 막론하고 60년(六十甲子年) 가운데 좋다는 해이니 위 모든 법 등에 맞추어 사용하면 된다.

❖ **기조길흉년**(起造吉凶年)(택일) : 어느 해 어느 달에 집을 지어야 좋은가를 보는 법. 주인공의 생(生 : 年支)과 유년태세(流年太歲 : 歲支)와 달(月支)을 참고하되 생(生)으로 년(年)과 월(月)을 참고해야 한다.

❖ **기조길흉년**(起造吉凶年)(택일) : 어느 해 어느 달에 집을 지어야 좋은가를 보는 법. 주인공의 생(生 : 年支)과 유년태세(流年太歲 : 歲支)와 달(月支)을 참고하되 생(生)으로 년(年)을 월(月)을 참고해야 한다.

[三盤吉凶運分列]

구분 / 생년	例田年月	建田年月	六壬生運	六壬死運
申子辰生	亥子丑	寅卯	申酉戌亥子	丑寅卯辰巳午未
巳酉丑生	申酉戌	亥子	巳午未申酉	戌亥子丑寅卯辰
寅午戌生	巳午未	申酉	寅卯辰巳午	未申酉戌亥子丑
亥卯未生	寅卯辰	巳午	亥子丑寅卯	辰巳午未申酉戌

[十二命竪造凶年]

생년＼구분	三災	太歲入宅	命破	墓破	三殺			地殺
					검살	재살	천살	
申子辰生	寅卯辰	巳酉丑	戌	辰	巳	午	未	申
巳酉丑生	亥子丑	寅午戌	未	丑	寅	卯	辰	巳
寅午戌生	申酉戌	亥卯未	辰	戌	亥	子	丑	寅
亥卯未生	巳午未	申子辰	丑	未	申	酉	戌	亥

예전년월(例田年月)과 건전년월(建田年月), 육임생운(六壬生運)은 길하다. 육임사운(六壬死運), 삼재(三災), 삼살(三殺), 태세입택(太歲入宅), 명파(命破), 묘파(墓破)는 흉(凶)하다. 가령 신자진생(申子辰生)은 해자축인묘년(亥子丑寅卯年)이 예전, 건전의 길년과 길월이니 해자축인묘년월(亥子丑寅卯年月)에 집을 지으면 길(吉)하다. 그런데 건전(建田)의 길운인 인묘(寅卯) 2년은 삼재(三災) 및 육임사운(六壬死運)을 범하여 불리하지만 부득히 인묘년(寅卯年)에 집을 짓게 될 경우는 반드시 육임생운(六壬生運)인 신유술해자월(申酉戌亥子月) 가운데서 가려 집을 지어야 한다. 또한 사유축생인(巳酉丑生人)은 신유술해자년(申酉戌亥子年)이 예전, 건전의 길년이다. 신유술년(申酉戌年)에 집을 짓는다면 무방하나, 해자년(亥子年)에 집을 짓게 될 경우 역시 삼재(三災)와 육임사운(六壬死運)을 범하여 불리하다. 이런 경우는 반드시 육임생운인 신유술해자월(申酉戌亥子月) 가운데 집을 지어야 한다.

❖ **기조운**(起造運)(택일) : 성조운(成造運)이라고도 한다. 집이나 기타 건물을 짓기 위해 나이, 해(年), 건물의 좌향(坐向) 등으로 운이 좋고 나쁨을 알아보는 것 또한 좋은 운을 가리는 방법이다.

- **사각법**(四角法) : 나이(年齡)가 건(乾), 곤(坤), 간(艮), 손(巽)에 닿는 것을 사각법(四角法)이라 한다. 사각에 닿으면 성조(成造)에 불리한 운이라 한다.
- **금루사각**(金樓四角) : 연령 1세를 태궁(兌宮)에 붙여 2세 건(乾), 3세 감(坎), 4·5세 중궁(中宮 : 14 五 24.5등 매 4.5세 中宮에 든다), 6세 간(艮), 7세 진(震), 8세 손(巽), 9세 이(離), 10세 곤(坤), 11세에 다시 태(兌), 12세 건(乾), 13세 감(坎), 14.5세 중(中) 16세에 간궁(艮宮)이다. 이렇게 계속 나이를 붙여 8방(八方)에 돌려 배치하면 결국 1, 11, 21, 31, 41, 51세 등 1세에 태궁(兌宮)이고 2세(12, 22, 32, 42)등에 건궁(乾宮)이 된다. 나이가 감(坎), 이(離), 진(震), 태(兌)의 사정(四正)에 닿으면 성조(成造)에 길(吉)이라 한다. 건곤간손(乾坤艮巽)의 사각궁(四角宮) 및 중궁(中宮)에 들면 불길(不吉)이라 한다. 결국 1, 3, 5, 7, 9의 나이는 길한 운이 되고 2, 4, 6, 8, 10세는 성조(成造)에 불길한 운이다.

[금루사각 배치도]

<table>
<tr><td>巽
48
8 58
18 68
28 78
38 88</td><td>離
49
9 59
19 69
29 79
39 89</td><td>坤
10 50
20 60
30 70
40 80 90</td></tr>
<tr><td>震
7 57
17 67
27 77
37 87
47</td><td>中
4 5 64
24 15 65
24 25 74
34 35 75
44 45 84
54 55 85</td><td>兌
1 51
11 61
21 71
31 81
41 91</td></tr>
<tr><td>艮
6 56
14
16 66
26 76
36
46 86</td><td>坎
3 53
13 63
23 73
33 83
43</td><td>乾
2 52
12 62
22 72
32 82
42 92</td></tr>
</table>

- **성조사각**(成造四角) : 연령 1세를 곤궁(坤宮)에 넣고 8방(八方)을 순행(順行)하되 단 5세(5, 15, 25, 35, 45)와 50세는 중궁에 넣는다. 즉 1세 곤(坤), 2세 태(兌), 3세 건(乾), 4세 감(坎), 5세 중(中), 6세 간(艮), 7세 진(震)에 이른다. 이렇게 하여 49세 감(坎), 50세 중(中), 51세 간(艮)으로 나온다.

[성조사각 배치도]

<table>
<tr><td>8 牛 53
17 馬 62
26 四 71
34 角 80
43 89</td><td>9 54
18 63
27 吉 72
36 81
44 90</td><td>1 妻 46
10 子 56
19 四 64
28 角 73
37 82</td></tr>
<tr><td>7 52
16 61
24 吉 70
33 79
42 88</td><td>5 50
15 蠶 55
25 四 65
35 角 75
45 85</td><td>2 47
11 57
20 吉 66
29 74
38 83</td></tr>
<tr><td>6 自 51
14 己 60
23 四 69
32 角 78
41 87</td><td>4 49
13 59
22 吉 68
31 77
40 86</td><td>3 父 48
12 母 58
21 四 67
30 角 76
39 84</td></tr>
</table>

나이가 만일 중궁(中宮)의 잠사각(蠶四角)이나 간궁(艮宮)의 자기사각(自己四角)에 닿으면 성조 대흉하다. 부모사각(父母四角)은 부모가 안 계시면 집을 지어도 무방하다. 처자사각(妻子四角)은 처자에게 흉하다. 우마사각(牛馬四角)은 외양간(畜)을 짓는데 불리하고 또는 육축(六畜)의 손(損)이 있다. 그러므로 연령이 자오묘유(子午卯酉 : 坎離震兌)의 사정방(四正方)에 닿으면 성조기조(成造起造)에 대길이라 한다.

[五十歲以前]

女四角	吉	妻四角
吉		吉
子四角	吉	自四角

[五十歲以後無父母時]

妻四角	吉	母四角
吉	蠶四角	吉
自四角	吉	父四角

금루사각(金樓四角)과 성조사각(成造四角) 두 가지 법중 대체로 성조사각법을 많이 적용하고 있다. 그러나 금루사각법도 같이 맞추면 더욱 좋을 것이며 부득이한 경우 두 가지 법 가운데 한가지 법만 맞추어도 무방하다. 또한 성조사각에는 사각배치법(四角配置法)이 위와 같지 않고 50세 전과 50세 후로 나누어 보는 방법이 있다. 사람에 따라서는 이 방법을 적용하는 이가 혹 있으며 연령 붙이는 요령은 마찬가지이나 다만 자기사각(自己四角) 및 부모 처자에 해당되는 사각의 위치가 앞서 소개한 사각법과 다를 뿐이다.

❖ **기조일**(起造日)(택조) : 모든 건물을 세우는데 보는 날로서, 다음과 같이 본다.

- **기조전길일**(起造全吉日) : 금당(金堂), 옥우(玉宇), 통천규(通天竅), 주마육임(走馬六壬), 성마귀인(星馬貴人), 진태양(眞太陽), 진태음(眞太陰), 자백(紫白), 대공망(大空亡), 천덕(天德), 월덕(月德), 천은(天恩), 대명(大明), 모창(母倉), 천사상길일(天赦上吉日), 생갑순(生甲旬), 황도(黃道), 월은(月恩), 월재(月財), 생기(生氣), 상일(相日), 오부(五富), 천룡(天龍), 지아(地啞), 금궤(金匱), 정(定), 성일(成日), 투수일(偸修日) 중(中) 1, 2위를 합치면 대길함.
- **기조전기일**(起造全忌日) : 흑도(黑道), 사갑(死甲), 천적(天賊), 수사(受死), 천강(天罡), 하괴(河魁), 대장군(大將軍), 관부(官符), 정음부(正陰符), 구퇴(灸退), 산가혈인(山家血刃), 나후(羅候一巡山 坐山), 산가곤룡(山家困龍), 천관부(天官符), 지관부(地官符), 주작(朱雀), 향살(向殺), 삼살(三殺), 세파(歲破), 태세(太歲), 빙소와해(氷消瓦解), 지랑(地襄), 지격(支隔), 모든 토신(土神).

❖ **기조전길일**(起造全吉日)(택일) : 가옥 및 모든 건물을 짓거나 수리 하는데 좋다는 일진으로 아래와 같다. 갑자(甲子), 을축(乙丑), 병인(丙寅), 기사(己巳), 경오(庚午), 신미(辛未), 계유(癸酉), 갑술(甲戌), 을해(乙亥), 병자(丙子), 정축(丁丑), 계미(癸未), 갑신(甲申), 병술(丙戌), 경인(庚寅), 임인(壬寅), 임진(壬辰), 을미(乙未), 정유(丁酉), 경자(庚子), 계묘(癸卯), 병오(丙午), 정미(丁未), 계축(癸丑), 갑인(甲寅), 병진(丙辰), 을미일(乙未日). 이상의 날은 황제(黃帝)의 물음에 구천현녀(九天玄女)가 대답한 길일(吉日)이라 한다.

❖ **기절**(氣絶) : 기가 끊어짐.

❖ **기조길년법**(起造吉年法) : 가령 자생(子生)이나 해생(亥生)은 신축당년(新築當年)의 천간(天干)이 갑기(甲己) 정임(丁壬) 무계(戊癸)가 되면 기조길년(起造吉年)이라 하여 이 해에 집을 지으면 대길형통(大吉亨通)한다.

未酉生	巳午生	卯辰生	丑寅生	亥子生	申戌	本命生年
甲己乙庚 戊癸年 大吉	甲己乙庚 丙辛年 大吉	乙庚丙辛 丁壬年 大吉	丙辛丁壬 戊癸年 大吉	甲己丁壬 戊癸年 大吉		起造吉年

❖ **기조길일**(起造吉日) : 길일(吉日)은 기조택일(起造擇日)에 가장 좋은 날이다. 이 날에 개기(開基) 정초(定礎) 상량(上樑)하면 매사가

ㄱ

안정되고 형통한다. 갑자일(甲子日), 을축(乙丑), 병인(丙寅), 기사(己巳), 경오(庚午), 신미(辛未), 계유(癸酉), 갑술(甲戌), 을해(乙亥), 병자(丙子), 정축(丁丑), 계미(癸未), 갑신(甲申), 병술(丙戌), 경인(庚寅), 임진(壬辰), 을미(乙未), 정유(丁酉), 경자(庚子), 임인(壬寅), 계묘(癸卯), 정미(丁未), 계축(癸丑), 갑인(甲寅), 병진(丙辰), 기미일(己未日). 여기에 황도일(黃道日), 통천규(通天竅), 주마육임(走馬六壬) 등 길국(吉局)과 가옥의 생기복덕길궁(生氣福德吉宮)이 합궁(合宮)되면 더욱 대길 형통한다.

❖ **기존 살던 주택(住宅)에 증축(增築) 개축(改築)은 금물(禁物)이다** : 외형(外形)을 수리하는 것은 조금 낮고, 내부(內部) 수리(修理)는 흉(凶)이 더 크다. 또 대문을 고치면 큰 탈이 잘 난다. 오래 살던 집에 지하를 만들면 대흉하다. 단층집을 2층으로 증축하는 것도 대흉하다.

❖ **기졸지**(杞梓枝) : 뚜렷한 마디가 없고, 오른쪽 지각과 왼쪽 지각이 서로 어긋나게 뻗은 형국. 지각의 생김새가 옆으로 벋어져 달아나는 형상이면 안 좋고, 안으로 감싸 안는 형상이라야 길(吉)하다. 기졸지는 오동지에 비해 힘이 훨씬 약하지만 모양이 아름다우면 귀한 인물을 배출한다.

❖ **기종이적**(奇蹤異跡) : 기이한 행적이라서 알기 어려운 모양새.

❖ **기지일**(基地日)(**택일**) : 건물을 세우기 위해 땅을 평평하게 고르고 단단하게 다지는 일. 갑자(甲子), 을축(乙丑), 정묘(丁卯), 무진(戊辰), 경오(庚午), 신미(辛未), 기묘(己卯), 신사(辛巳), 갑신(甲申), 을미(乙未), 정유(丁酉), 기해(己亥), 병오(丙午), 정미(丁未), 임자(壬子), 계축(癸丑), 갑인(甲寅), 을묘(乙卯), 경신(庚申), 신유(辛酉) 및 황도(黃道), 금당(金堂), 천월덕(天月德) 및 천월덕합일(天月德合日), 평일(平日), 모든 길신일(吉神日). 忌 : 현무흑도(玄武黑道), 천적(天賊), 수사(受死), 토온(土瘟), 토금(土禁), 토기(土忌), 토부(土府 : 土符), 정사폐(正四廢), 천지전살(天地轉殺), 천전지전(天轉地轉), 지파(地破), 지랑(地囊), 토왕용사후(土旺用事後), 건(建), 파(破), 수일(收日).

❖ **기(氣) : 해로운 기(氣)가 모여드는 나쁜 집** : 도로변이나 길이 교차되는 곳은 좋지 않다. 온 가족이 하루 일과를 끝내고 돌아와 휴식을 취해야 할 집이 큰길 옆이나 길이 교차되는 지점의 부근에 있으면 아침 저녁으로 오가는 차량 및 행인들의 소음과 먼지 등을 주택으로서의 제 기능을 발휘할 수 없게 된다.

❖ **기혈**(奇穴) : 혈성(穴城)의 모양 등이 기이하게 이루어져 보통의 혈에 비하여 특이한 것. 얼핏보면 아무 것도 아닌 것 같으나 자세히 살펴 볼수록 조화의 신비가 감춰진 명혈(名穴)이다.

❖ **기지(基地 : 터자리)의 형태 길흉 분별도식**

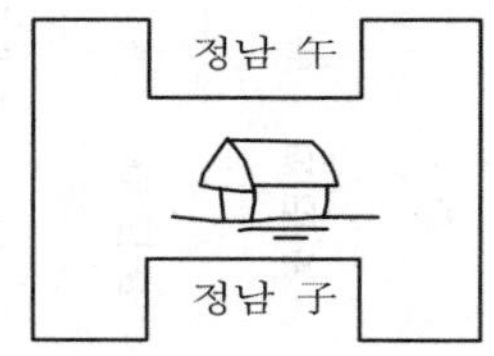

• 남과 북이 패어지거나 비뚤어진 터는 예기치 못한 투쟁과 말썽 시비가 자주 발생되며, 관천, 연관, 소란, 구설, 부정 및 그릇된 행실, 불상사 등이 거듭하여 닥치고 오래 살면 식구들에게 질병, 손실, 사고, 낭패 등 궂은 일이 많이 생긴다.

◦子午地不足 不時鬪爭起 官非累年生 人居多疾殃

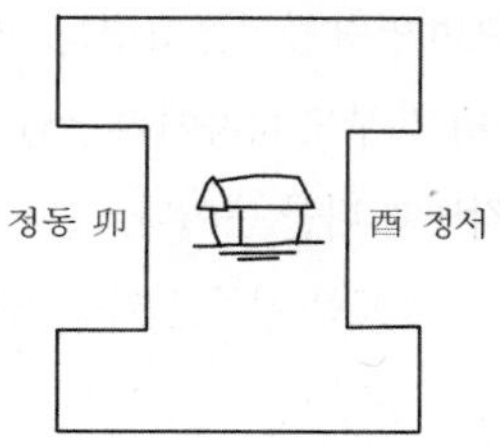

• 동쪽과 서쪽의 땅 모양이 고르지 못하거나 패어지는 결손이 있을 경우는 그런대로 무탈 평안한 흐름을 유지한다.

◦ 東西地不 人住平常安

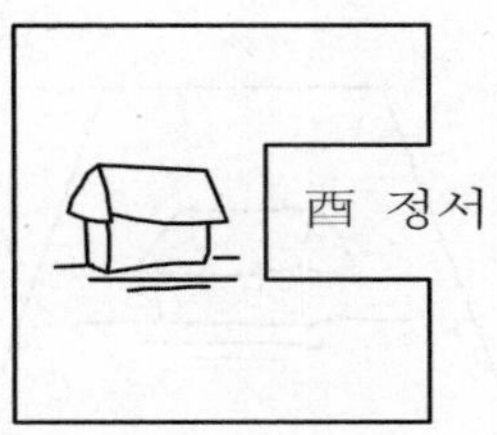

• 정서방에 결손이나 부족이 있는 터에서 살면 흉험과 재난이 닥치고 풍파와 곤란 및 재물의 파탄과 우환, 손실, 사고 등 불행이 생긴다.

◦ 酉地不足居凶災 破困財散禍患失

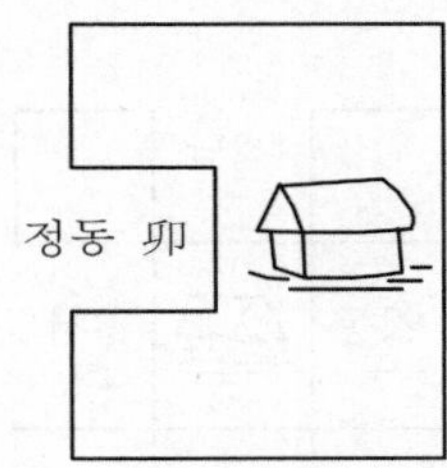

• 정동방이 일그러지거나 결손이 있는 터에서 살면 고난과 궁색 및 장해가 많이 생겨서 살림살이와 의식주에 애로가 끊이지 않는 풍파가 닥는다.

◦ 東方卯位地不均 困苦窮迫多障害 食不充飢衣不煖

• 정남방이 비뚤어지거나 결손이 있는 터에서 살면 재물은 여유가 있어 설혹 풍부한 살림을 할 수 있더라도 구설과 말썽, 풍파 등 재난과 피해를 자주 치르게 된다.

◦ 午地不足富口舌

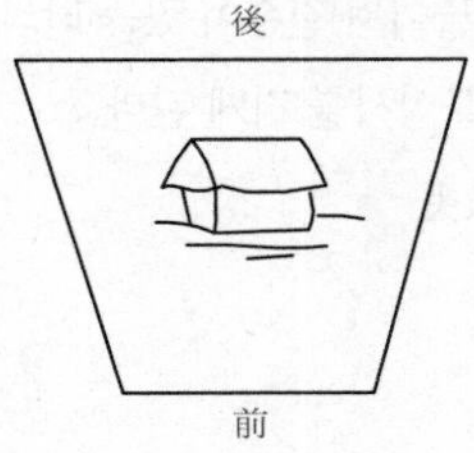

• 앞쪽보다 뒤쪽이 크고 넓은 터는 대개 살림이 풍족하고 부귀와 번성을 누리며 안정과 발전을 향유한다.

◦ 前狹後濶富貴隆

• 뒤쪽은 뾰족하게 좁아지고 앞쪽이 넓은 터는 목을 매달거나 음독, 투신 등 자살하는 사람이 나오고 지병이나 사고로 죽는 자가 생긴다.

◦ 後尖前廣縊痨亡

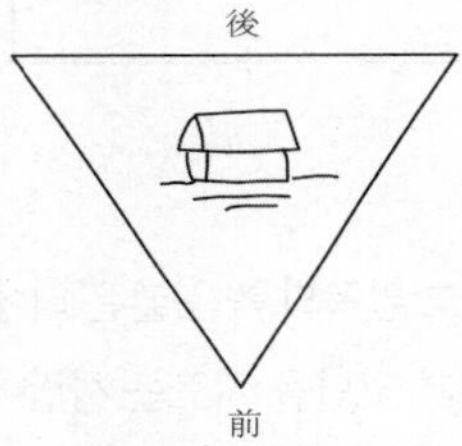

• 앞쪽은 뾰족하니 좁은데 뒤쪽이 넓은 터는 사람과 재물이 흩어지고 여자와 연관된 낭패와 손실 및 풍파와 고난을 치르게 된다.

◦ 前尖後廣人財散 女因失敗風破苦

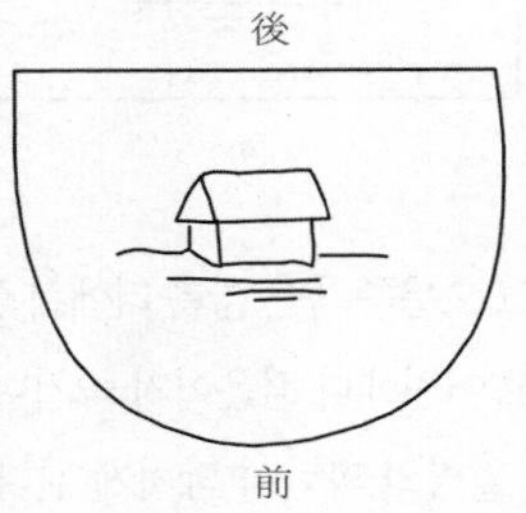

• 앞쪽은 둥글고 뒤쪽이 반듯한 터는 대개 풍부한 재물과 명예를 갖추어 부귀를 누리며 평안을 향유한다.

◦ 前圓後方富貴興

ㄱ

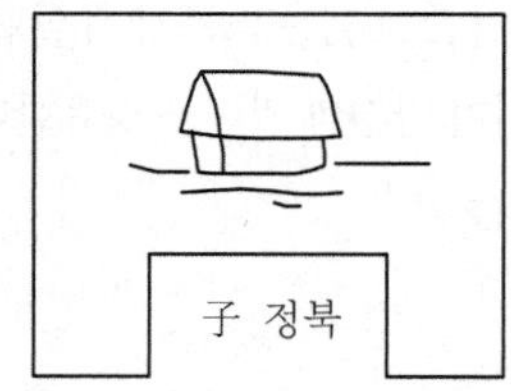

• 정북방이 결함이나 훼손이 있는 터에서 살면 식구들에게 불상사나 질병, 우환, 손실 등 액화와 말썽이 닥치게 된다.

◦ 子方缺毁人凶災

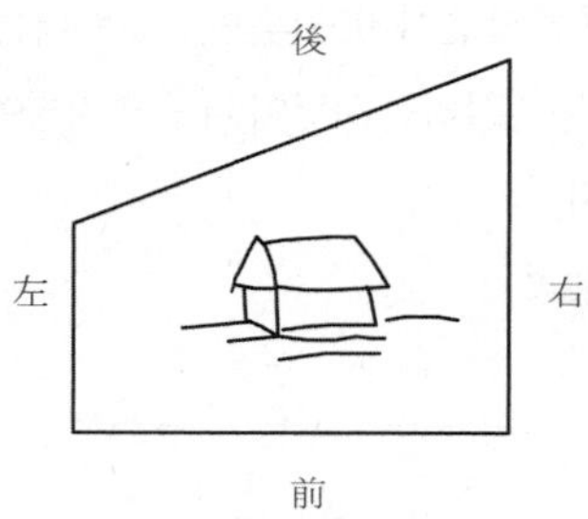

• 오른쪽 폭은 길고 왼쪽의 폭은 짧은 터에서 살면 과부, 고아, 홀아비 등 불행과 고난을 치르는 사람이 생기게 된다.

◦ 右長左短出孤寡

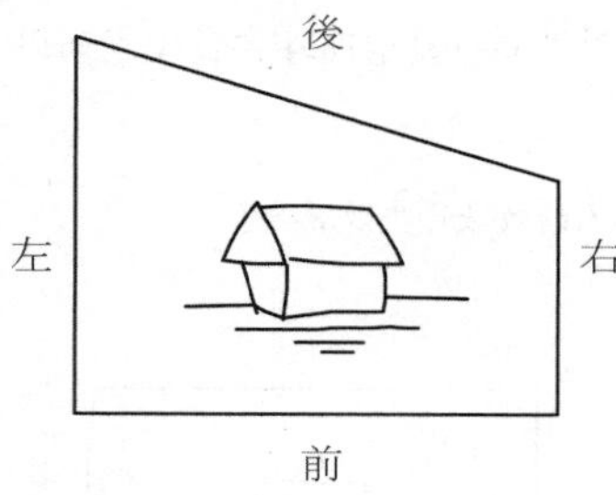

• 왼쪽 폭은 길고 오른쪽 폭은 짧은 터에서 살면 재물과 처첩의 손상이 생기고 어린애나 젊은이가 죽거나 불구자가 되는 실패 및 우환과 질병의 파탄이 닥치게 된다.

◦ 左長右短損妻財 兒郎失敗憂疾破

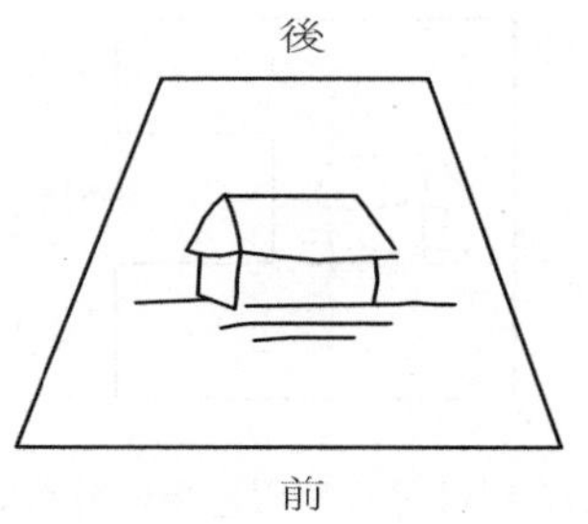

• 뒤쪽은 협소하고 앞쪽이 넓은 집터에서 살면 재물이 궁색하고 식구가 줄어들며 장해와 고난을 많이 겪게 된다.

◦ 後狹前濶人財窮

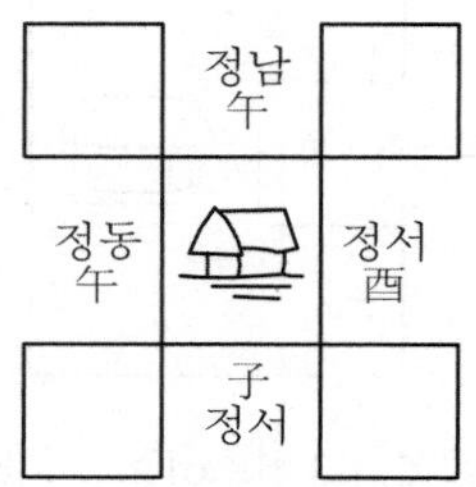

• 자오묘유의 동서남북이 동시에 비뚤어지든지 일그러지거나 결손이 있는 터의 경우는 오히려 가업의 풍성과 안정, 번영이 따른다.

◦ 子午卯酉不足豊

• 동남, 서남, 동북, 서북의 인신사해(寅申巳亥) 방이 동시에 일그러지거나 비뚤어져 결손이 있는 터의 경우는 실패, 사고, 파탄, 질병 등 불상사를 겪게 된다.

◦ 四角不足破敗失

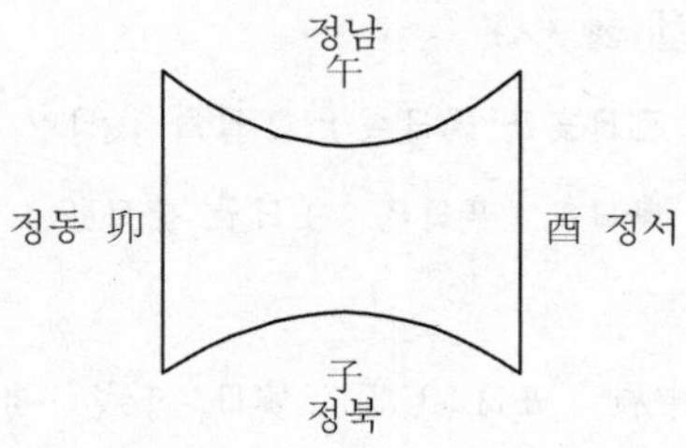

• 남쪽과 북쪽이 오그라들거나 결손이 생긴 터에 살면 우환과 풍파, 환란 및 실패, 고난 등 흉험과 재액을 치르게 된다.

◦ 南北具狹患難敗

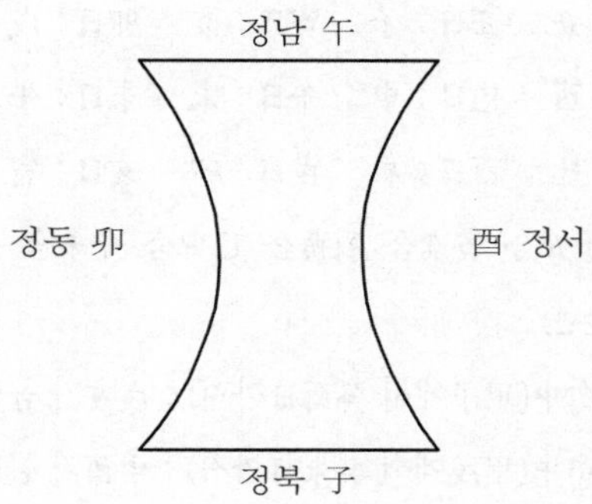

• 정남에서 정북간의 사이는 길면서 동쪽과 서쪽이 일그러지거나 오그라들어 결손이 생긴 터는 살림이 안정되고 풍성한 부귀와 번창을 누리며 슬하에 많은 자손이 생긴다.

◦ 南北長遠東西狹 富貴安定多子孫

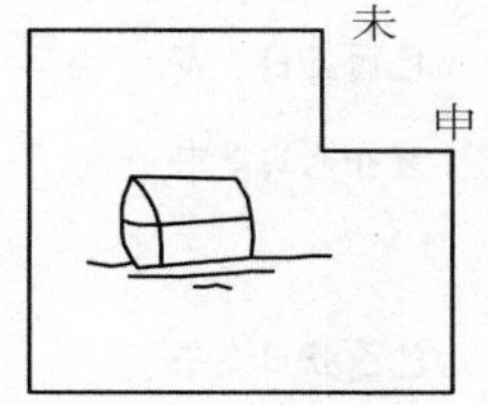

• 서남 미신 방위가 일그러지거나 결손이 있는 터에서는 관록(官祿)과 명예, 지위 등에 따른 번영과 발전, 성취가 빨리 얻어진다.

◦ 未申不足官祿榮

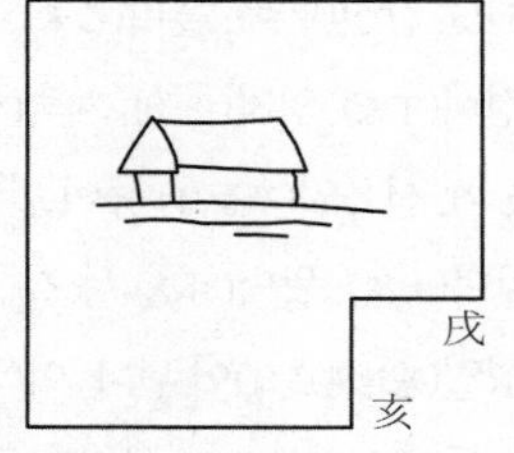

• 동북 술해 방위가 일그러지거나 결손이 있는 터에서는 지위나 명예에 따른 귀함을 성취하나 식구들 중에 젊은 청·장년의 수가 점차 감소되는 애로가 있다.

◦ 戌亥不足有貴少丁

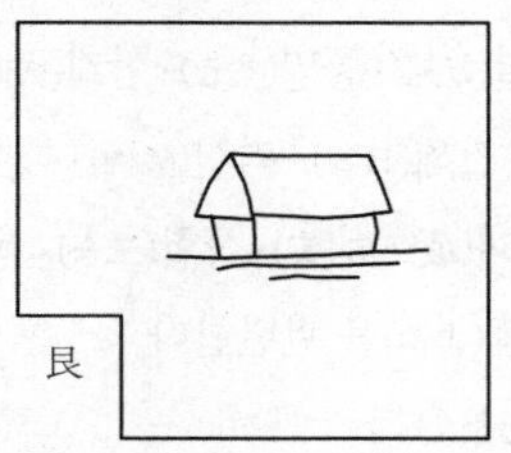

• 동북 간 방위가 일그러지거나 결손이 있는 터에서는 그다지 큰 파탄이나 낭패 또는 불상사 등은 만나지 않는다.

◦ 艮不足居別無大害

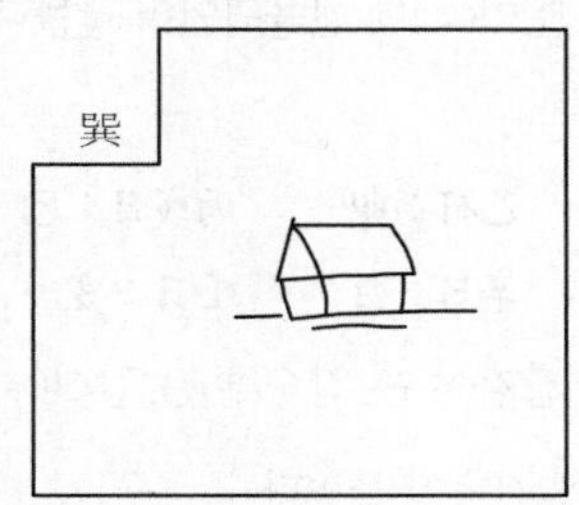

• 동남 손 방위가 일그러지거나 결손이 있는 터에서는 초반기에는 젊은 청·장년의 수가 차츰 감소되다가 뒤에는 재물도 풍부해지고 식솔들도 번성, 흥왕하게 된다.

◦ 巽缺少丁後富旺丁

❖ **기지조성일**(基地造成日) : 택지조성에도 길일(吉日)을 가려 토공정지(土工整地)해야 한다. 기지조성일(基地造成日)에는 갑자(甲子), 을축(乙丑), 정묘(丁卯), 무진(戊辰), 경오(庚午), 신미(辛未), 기

묘(己卯), 신사(辛巳), 갑신(甲申), 을미(乙未), 정유(丁酉), 기해(己亥), 병오(丙午), 정미(丁未), 임자(壬子), 계축(癸丑), 갑인(甲寅), 을묘(乙卯), 경신(庚申), 신유일(辛酉日) 등이 길일(吉日)이다. 이 날이 황도(黃道), 천덕(天德), 월덕(月德) 등 길신일(吉神日)이면 더욱 좋은 기지조성일(基地造成日)이 된다. 이에 반해 당일이 현무(玄武), 흑도(黑道) 등 흉신일(凶神日)이면 가급적 터닦는 일은 삼가해야 한다.

❖ **기타 신살**(神殺) : 역괘(易卦)에도 모든 신살(神殺)을 참고하는 것이지만 수백 종이나 되는 신살을 다 붙일 수도 없고, 또 그럴 필요도 없다. 그러므로 술객(術客)들이 통례적으로 활용하고 있는 신살 몇 가지. 즉 천을귀인(天乙貴人)·건록(建祿)·천희(天喜)·역마(驛馬)·겁살(劫煞)·공망(空亡)·함지(咸池)·복성귀인(福星貴人)·월해(月害)·일해(日害)·격신(隔神)·대살(大殺)·천적(天賊)·형(刑)·충(沖)·파(破)·해(害)·삼합(三合)·육합(六合) 등을 주로 참고하면서 길흉(吉凶)을 판단한다.

• **천을귀인**(天乙貴人)

甲戊庚日 : 丑未爻　　乙己日 : 子申爻
丙丁日 : 亥酉爻　　辛日 : 寅午爻　　壬癸日 : 巳卯爻

가령 일간(日干)이 갑(甲)이나 무(戊)나 경일(庚日)이면 비신(飛神) 축(丑)과 미(未)에 천을귀인이 닿는다.

• **건록**(建祿)

甲日 : 寅　　乙日 : 卯　　丙戊日 : 巳　　丁己日 : 午
庚日 : 申　　辛日 : 酉　　壬日 : 亥　　癸日 : 子

가령 일간이 갑자(甲子), 갑술(甲戌), 갑신(甲申) 등 갑일(甲日)이면 인(寅)에 건록이 붙는다.

• **천희**(天喜)

春三月 : 戍　夏三月 : 丑　秋三月 : 辰　冬三月 : 未
正月戌　二月亥　三月子　四月丑　五月寅
六月卯　七月辰　八月巳　九月午　十月未
十日月申　十二月酉

• **역마**(驛馬)

申子辰日 : 寅　巳酉丑日 : 亥
寅午戌日 : 申　亥卯未日 : 巳

• **복성귀인**(福星貴人)

甲日寅　乙日亥丑　丙日戌子　丁日酉　戊日申
己日未　庚日午　辛日巳　壬日辰　癸日卯

• **삼합**(三合)

子日 : 申辰　丑日 : 巳酉　寅日 : 午戌　卯日 : 亥未
辰日 : 申子　巳日 : 酉丑　午日 : 寅戌　未日 : 亥卯
申日 : 子辰　酉日 : 巳丑　戌日 : 寅午　亥日 : 卯未
또는 申子辰合　巳酉丑合　寅午戌合　亥卯未合

• **육합**(六合)

子日 : 丑　丑日 : 子　寅日 : 亥　卯日 : 戌
辰日 : 酉　巳日 : 申　午日 : 未　未日 : 午
申日 : 巳　酉日 : 辰　戌日 : 卯　亥日 : 寅
또는 子丑合　寅亥合　辰酉合　巳申合　午未合

• **공망**(空亡)

· 甲子旬中(甲子에서 癸酉日까지) : 戌亥가 공망
· 甲戌旬中(甲戌에서 癸未日까지) : 申酉가 공망
· 甲申旬中(甲申에서 癸巳日까지) : 午未가 공망
· 甲午旬中(甲午에서 癸卯日까지) : 辰巳가 공망
· 甲辰旬中(甲辰에서 癸丑日까지) : 寅卯가 공망
· 甲寅旬中(甲寅에서 癸亥日까지) : 子丑이 공망

• **겁살**(劫殺)

申子辰日 : 巳　巳酉丑日 : 寅
寅午戌日 : 亥　亥卯未日 : 申

• **함지살**(咸池殺)

申子辰日 : 酉　巳酉丑日 : 午
寅午戌日 : 卯　亥卯未日 : 子

• **상문**(喪門)·**조객**(吊客)

子年 : 寅戌　丑年 : 卯亥　寅年 : 辰子　卯年 : 巳丑
辰年 : 午寅　巳年 : 未卯　午年 : 申辰　未年 : 酉巳
申年 : 戌午　酉年 : 亥未　戌年 : 子申　亥年 : 丑酉

가령 태세가 자년(子年)이면 인(寅)이 상문이요 술(戌)이 조객이다. 축년(丑年)이면 묘(卯)가 상문이요 해(亥)가 조객살이다.

• **천적**(天賊)

正月辰 二月酉 三月寅 四月未

五月子 六月巳 七月戌 八月卯

九月申 十月丑 十日月午 十二月亥

• **월해**(月害)

正二月 : 申 三四月 : 酉 五六月 : 戌

七八月 : 亥 九十月 : 午 十一十二月 : 未

• **일해**(日害)

甲己日 : 巳 乙庚日 : 申 丙辛日 : 寅

丁壬日 : 丑 戊癸日 : 酉

• **격신**(隔神)

正七月亥 二八月酉 三九月未

四十月巳 五十一月卯 六十二月午

• **대살**(大殺)

正月戌 二月辰 三月卯 四月酉

五月寅 六月申 七月丑 八月未

九月子 十月午 十一月亥 十二月巳

• **형**(刑)

寅巳申 丑戌未 子卯 辰午酉亥(自刑)

• **충**(沖)

子午沖 丑未沖 寅申沖 卯酉沖 辰戌沖 巳亥沖

• **파**(破)

寅 : 亥 丑 : 辰 子 : 酉 卯 : 午 巳 : 申 戌 : 未

• **해**(害)

子 : 未 丑 : 午 寅 : 巳 卯 : 辰 申 : 亥 酉 : 戌

❖ **기합**(氣合) : 기합은 양간(陽干)의 기(氣)의 생(生)을 받아 더욱 돈독하게 하기 때문에 사생(四生) 즉 인·신·사·해(寅申巳亥)를 음간(陰干)으로 바꾸어 배(配)하여 주는 것인데, 역시 알아두면 편법을 쓸 수가 있다. 을병(乙丙), 정경(丁庚), 신임(辛壬), 계갑(癸甲)이다.

❖ **기혈**(奇穴) : 기혈이란 왼쪽이나 오른쪽에 있는 혈을 말함. 기혈(忌穴)이란 꺼리는 혈로서 즉 불길(不吉)한 혈을 말하는데 일명 비혈(非穴) 또는 천혈(賤穴)이라 한다. 망지(亡地)란 일명 흉지(凶地) 또는 천지(賤地)라고도 하는데, 주산봉(主山峰)이 추조저약(醜粗低弱)하며 위엄이 없고 주룡(主龍)이 무변무기(無變無氣)하여 사룡천맥(死龍賤脈)이며, 청룡과 백호가 단절파상(斷絶破傷)·배역도주(背逆逃走)하며, 안산(案山)은 추루험상(醜陋險相)에 무정배좌(無精背座)하고, 내외명당(內外明堂)은 기울고 헤바라져 수세풍광(水勢風光)을 거두어들이지 못하고, 수세(水勢)는 직사역류(直射逆流)하며 주변보국(周邊保局)은 음습유랭(陰濕幽冷)하고 각종 살충렴(殺沖廉)이 괴롭히는 살국(殺局)을 말한다. 기혈(忌穴)의 종류로는, 조악(粗惡), 단한(單寒), 옹종(臃腫), 허모(虛耗 : 龍氣가 허약하여 뱀이나 쥐 등이 혈을 헤집고 다녀 상한 곳), 요결(凹缺·空缺 : 혈처가 치밀하지 못하고 움푹 패여 이지러진 곳), 수삭(瘦削 : 혈처가 여위고 깎인 것으로 마치 사람이 혈기부족으로 앙상하게 마르고 약한 것과 같은 것), 돌로(突露 : 혈이 보호되지 못해 솟고 드러나 바람을 받는 것), 파면(破面 : 穴星의 頭面을 굴착하거나 토석을 채취하여 星辰頭面이 패이고 부서진 것), 흘두(疙頭 : 머리 위에 툭툭 불거진 부스럼처럼 자갈과 돌이 섞이 거친 땅), 산만(散漫 : 혈장이 평탄하게 푹퍼져서 흩어진 것), 유랭(幽冷 : 깊고 찬곳), 첨세(尖細 : 당혈처가 첨예미세한 것), 탕연(蕩軟 : 혈장이 휘영청하게 넓고 지나치게 연약한 것), 완경(頑硬 : 산형이 완강하게 억세고 단단하며 급하고 곧게 뻗어 활동성이 없는 것), 참암(巉巖 : 당혈처에 험악한 돌이 나오거나 높고 무거운 형상의 가파른 바위가 있는 것) 등이 있다.

❖ **기혈괴혈론**(奇穴怪穴論) : 옛사람이 말하기를, 진룡(眞龍)은 하나의 온전한 괴혈(怪穴)을 맺는다고 하였으니, 괴혈(怪穴)이란, 추졸(醜拙)하여 보기에 흉하다. 괴혈은 전미(全美)하지 못하여 혹 한쪽이 파하여 깨어져 불가한 듯하나, 그 중에 일석지지(一席之地)가 있는 것이다. 혈장의 앞에 여기(餘氣)의 순전(脣氈)도 없고, 한쪽으로 삐뚫어져 깎이어서 혹 왼쪽으로 맺으면 오른쪽의 백호사(白虎沙)가 없고 있다 해도 무정하고, 혹 오른쪽이 충실히 맺으면 왼쪽의 청룡사(青龍沙)가 없거나 있다 해도 무정하다. 혹 도두결혈(到頭結穴 : 혈장에 이르러서 도두룩히 맺어진 곳)하였으나 큰강과 큰하천에 임하여 앞으로 조금의 여지도 없고, 또

한 안산(案山)도 없으며, 혹은 산 정상부근에 개혈(蓋穴)로 결혈(結穴)하여 사방이 내려다 보이나 사수(沙水)를 분간하기 어렵고, 혹 혈이 높은 곳에 위치하여 풍취(風吹)를 받거나 혹 악석(惡石)이 혈장 부근에 깔리어 주위가 모두 석벽(石壁)으로 흙이 없으나, 단지 결혈(結穴)을 하여 혈장을 이룬 곳만은 흙이 있어서 비석비토(非石非土)일 수도 있고, 흙 같으면서도 흙이 아닌 것 같기도 하다. 한마디로 말하자면 이런 곳이 바로 괴혈(怪穴)의 진혈(眞穴)인 곳이다. 혈중(穴中)이 반드시 5색토(五色土)를 겸비하고, 혹은 홍황자윤(紅黃滋潤)하여야 한다. 만약 개금정(開金井)하여 석벽(石壁)이 나오거나, 혹은 말라빠진 파실파실한 흙이나 진황토나 돌멩이, 자갈 등은 모두 가혈(假穴)인 것이다. 미미한 집안에서 훌륭한 자손이 나오는 것은, 진정한 괴혈(怪穴)에 반드시 진룡(眞龍)이 있으며 진안(眞案)이 있고 참답게 조대(朝對)한다. 진귀인(眞貴人)과 역수역사(逆水逆沙)와 나가는 물이 으뜸이다. 서(書)에 이르기를, '사증명당수증혈(沙證明堂水證穴)이요 진룡진안진괴혈(眞龍眞案眞怪穴)이라' 고 했으니, 사(沙)는 명당을 증명하고 수(水)는 진혈(眞穴)을 증명함이요, 진룡(眞龍)과 진안(眞案)에 진짜 괴혈이 있다고 했다. 지리를 연구하는 것이 진혈(眞穴)을 알기 위함이다. 어느 한곳에 이르렀을 때, 먼저 혈성(穴星)이 있느냐 혈성(穴星)이 없느냐 하는 것은 첨원방정(尖圓方正)을 가리는 것이다. 양혈(陽穴)로 맺기도 하고 혹은 음혈(陰穴)로 맺기도 하지만, 음양(陰陽)을 논하지 말고 혈의 진기(眞氣)를 가리면 된다. 입수(入首)하여 관목(棺木)을 내려놓을 만한 곳은, 사방이 허하지 않아 어두운 듯하면서도 거북등을 이루어 평퍼짐히 두드러져 비윤(肥潤)하고, 풍만하여 광채가 나고, 보기 좋으면 발부발귀(發富發貴)하는 곳이다. 이러한 혈형(穴形)은, 모든 구영(舊塋)을 시험해보면 그 발복(發福)함이 이런 산지라는 것을 알 수 있을 것이다. 대소관원(大小官員)을 막론하고 혈 뒤가 이러한 형을 갖추면 횡재도 발(發)하고 또한, 이러한 형의 열 개에 아홉 개는 진혈(眞穴)로 단정할 수 있는 묘결(妙訣)이기도 하다. 혈 앞에 전순(前脣)의 여기(餘氣)가 있고 혹 수구(水口)에 큰 암석이 있어 나가는 물을 관란(關欄)하고, 하사(下沙)와 역수(逆水)가 혈장을 호종하여 명당의 기운을 융취(融聚)하고, 수구(水口)가 흩어지지 않으면 이러한 곳은 진혈(眞穴)의 증거가 확실한 곳이다. 부혈(富穴)은 혈장의 위치가 낮은 곳에 많으며 거의가 비만(肥滿)하고, 귀혈(貴穴)은 높은 곳에 많이 위치하고 사수(沙水)가 수려하여 아름답다. 궁혈(窮穴)은 누풍(漏風)하여 풍취(風吹)를 받고 거수(去水)가 곧게 흐른다. 천혈(賤穴)은 사수(沙水)가 반궁(反弓)하여 무정하다. 만약 평탄한 곳이라면 굳이 혈 뒤의 진기(眞氣)에 구애받을 필요가 없다. 평탄한 곳이라면 기복(起伏)이 거의 없으므로 단지, 혈토(穴土)가 후비(厚肥)한 것이 중요하고 혈 앞 물이 만포(灣抱)하여 유정하고 중중 거듭으로 환포(環抱)하면 대지의 진혈(眞穴)이다. 혈에 올라가 명당을 보는 것이 바로, 청룡·백호와 사(沙)가 환포하여 유정하고 안산(案山)이 면궁(眠弓)이면 곧 이것이 진혈(眞穴)이다.

❖ **기혈조악**(忌穴祖惡) : 조악(粗惡 : 거칠고 험한 것)이란 산세가 거칠고 웅대하고 추악하고 혹 돌이 많고 봉만(峰巒 : 산봉우리)이 너무 커서 아름답지 못하고 연(軟)하지 못한 것이다. 혈이 맺는 곳은 그 혈성(穴星)이 연(軟)하고 아름답고 빛이 나고 가늘고 교(巧 : 예쁜 것)한 것이 귀(貴)하고 거칠고 조악(粗惡)한 것을 꺼린다. 산형을 보는 법은 산형도 청수하면 그의 자손도 똑똑한 사람이 태어나고, 산형이 추악하면 추악한 자손이 출생하는 것이니 단지 혈이 맺는 산뿐만이 아니라 어떠한 골이든지 그 산세의 영향에 따라 사람이 출생한다고 여긴다.

❖ **기형괴혈**(奇形怪穴)

① 기형괴혈(奇形怪穴)에는 천교혈(天巧穴 : 아주 높은 산꼭대기에 있는 穴), 몰니혈(沒泥穴 : 낮은 밭 속 깊은 곳에 있는 穴), 천풍혈(天風穴 : 八風이 닿아도 따뜻한 곳이 있는 穴), 수변혈(水邊穴), 수사혈(水射穴 : 沖水穴), 수중혈(水中穴), 용루혈(龍漏穴 : 泉中穴), 기룡혈(騎龍穴 : 龍穴), 참관혈(斬關穴 : 絶脈穴), 토피혈(土皮穴 : 培土穴), 석산혈(石山(土)穴), 석중혈(石中穴), 거수혈(去水穴), 사비혈(砂飛穴), 합기혈(合氣穴), 탈룡혈(脫龍穴), 고조혈(顧祖穴), 무포혈(無包穴 : 得水穴), 급중평완혈(急中平緩穴), 직장유혈(直長乳穴), 학조혈(鶴爪穴), 일비혈(一臂穴), 무안혈(無案穴), 벽상부아혈(壁上附蛾穴), 괘등혈(掛燈穴), 앙고혈(仰高穴) 등이 있다. 진룡(眞龍)에 감춰진 괴혈(怪穴)은 천

지의 기밀로서 그 누추한 형상을 보면 가히 버릴 것이나 그 복응(福應)은 참으로 현묘(玄妙)하다. 비유컨대 여자가 외모는 비록 추해도 덕(德)이 있으면 내면은 현숙(賢淑)한 것이니 군자(君子)가 취하지 않을 수 없는 것과 같은 것이다.

② 옛글에 이르기를 "진룡(眞龍)에는 전혀 괴혈(怪穴)로 맺는다" 하였으니, 혈이 괴(怪)하면 보기에는 추졸(醜拙)하므로 괴혈(怪穴)이란 형이 아름답지 않은 혈을 말한다. 괴혈(怪穴)은 혹 결혈(結穴)이 반은 산이나 언덕에 있어 일석의 땅이다. 앞에는 순전(唇氈)이 없어 경각하고 할인(割印)과 같은 것이 있고 혹은 왼쪽에 결해도 오른쪽에 백호가 없거나 백호사(白虎砂)가 무정하여 혹 오른쪽에 결해도 왼쪽에 용사가 없거나 있더라도 무정하며, 혹은 용이 끝나는 머리에 혈을 맺어도 큰강 및 큰 바다가 있어 여지가 없는 경우도 있고, 또 안산(案山)도 없고, 혹은 산정에 맺어 개혈(蓋穴)이 4방 아래에 사수(砂水)가 보이지 않는 것 등이다. 혹은 혈이 높아 바람이 세며, 혹은 악석(惡石)이 혈에 임하고, 혹은 혈 주위가 모두 돌로 되어 흙이 없다가 결지(結地)된 곳만 흙이며, 혹은 돌 같아도 돌이 아니요, 흙 같아도 흙이 아닌 혈 등이다. 총언하면 과연 진혈(眞穴)은 혈토(穴土)가 반드시 5색토(五色土)로 되었거나 혹 홍황자윤(紅黃滋潤)한 흙으로 되어 있다. 만일 금정(金井)을 열 때 모두 돌이거나 혹 흙일지라도 건(乾)하고 살찌지 않았거나 혹은 황토에 자갈이 섞이면 이는 가혈(假穴)이다. 천한 집안에서 호걸이 나오는 것 같이 참된 괴혈(怪穴)은 반드시 진룡(眞龍)에 있다. 안(案)이 진(眞)이요, 조대(朝對)가 진(眞)이요, 귀인이 진(眞)이며, 역수(逆水)가 사(砂)를 돌아나가면 수(水)의 원(元)이니, 글에 이르되, "사(砂)는 명당을 증명하고, 수(水)는 혈을 증명한다" 하였으니 진룡(眞龍)에 진괴혈(眞怪穴)이다. 매양 한 곳에만 가서 먼저 혈성(穴星)의 유무를 살피되 용은 첨원방정(尖圓方正)함이 중요하다. 혹 양혈(陽穴)로도 맺고 음혈(陰穴)로도 맺는데, 음양혈(陰陽穴)을 막론하고 진기(眞氣)가 있어야 진양혈(眞陽穴)·진음혈(眞陰穴)이 된다. 진기(眞氣)란 그 입수(入首)에 관목(棺木)을 애(挨)함이니 혈의 뒤가 거북등 같고 형상이 비윤풍만(肥潤豐滿)하여 광채가 있어 보이면 부귀를 발하는 곳이다. 모두 이러한 혈형(穴形)은 이미 부귀를 발한 구묘(舊墓)에서 경험한 것인데, 산지는 대소의 관(官) 작(爵)을 막론하고 혈 뒤에 모두 위에 말한 것 같은 형으로 되었고, 혹 부를 발하는 자리도 역시 이러한 형이 있으니, 열 개의 무덤 가운데 아홉은 혈의 진가를 알 수 있는 묘결이 된다. 혈 앞에 순전(唇氈)과 여기(餘氣)가 있고, 혹 물 가운데는 석관(石關)이 있으며, 혹 하사(下砂)에 역수(逆水)가 있는 것은 당기(堂氣)의 원(元)을 거두어 관장함이요, 흘러가는 물이 흩어지지 않는 것은 이 모두 진기(眞氣)를 맺는 증거가 된다. 부혈(富穴)에는 나즈막한 사(砂)가 많은 법이니 모두 비만(肥滿)함을 요하고, 귀혈(貴穴)에는 높은 사(砂)가 많아 모두 수려하고 아름답다. 궁혈(窮穴)은 바람과 물이 곧게 쓰고, 천혈(賤穴)은 반궁사(反弓砂)가 무정하며, 평탄지 같은 것은 반드시 혈 뒤의 진기(眞氣)를 구정(拘定)치 않는다. 평탄한 땅은 거의 기복이 없고 다만 토비(土肥)와 토후(土厚)를 요하나 혈 앞의 물이 활처럼 둘러 유정하고 산수가 겹겹으로 보호함이 대지와 진혈(眞穴)이 된다. 왜냐하면 사(砂)는 명당을 증거하고, 수(水)는 혈을 증거하는 까닭이다. 혈에 올라 명당을 보고 용호사(龍虎砂)가 환포(環抱)하여 유정하며 안산(案山)이 면궁(眠弓) 같으면 이는 곧 진혈(眞穴)이다. 단연코 법대로 알아 점혈(點穴)한다면 절대 불발이 없음을 배우는 이는 알아야 한다.

③ 혈의 모양이 괴이하여 상식적인 원칙에 벗어나고 정형정상(正形正象)으로는 혈이 아닌 것 같으면서도 진혈(眞穴)이 맺는 기괴한 혈이다. 그러므로 이 혈들은 물이 달아나고 사(砂)가 나는 곳에도 있다. 형국이 추하고 졸한 곳에도 결혈되고 혹은 의심스럽고 험한 곳에 있기도 하다. 혹은 바람이 닿을 듯한 높은 산마루에도 결혈된다. 혹은 물 밑에도 결혈되고 완악한 땅에도 결혈되니 천강(天罡)과 고요(孤曜) 같은 것도 있다.

④ 혈의 모양이 괴이하여 상식적인 원칙 벗어나고 정형정상(正形正象)으로 혈이 아닌 것 같으면서 진혈(眞穴)이 맺는 기괴한 혈이다. 물이 달아나고 사(砂)가 나는 곳에도 있다. 형국이 추하고 졸한 곳에도 결혈되고 혹은 의심스럽고 험한 곳에도 있

기도 하다. 당법(撞法) : 혈 자리에서 약간 위로 올려 붙이는 것. 인혈(人穴) : 혈이 되는 자리에서 약간 올려쓰는 것.

⑤ 기형혈(奇形穴)은 교혈(巧穴)과 괴혈(怪穴)에 비장(秘藏)한 명혈(名穴)이며, 정법국세(正法局勢)가 아닌 충형지대(沖形地帶)에 진룡(眞龍)이 결혈된 것을 말한다. 이 혈은 기묘하여 도안(道眼)이나 신안(神眼)만이 볼 수 있으며, 선행선덕을 행한 사람만이 얻을 수 있다. 만일 악하고 선을 행하지 않은 사람이 혈을 얻게 되면 천지가 대노하여 자손에게까지 무서운 재앙을 받게 된다는 혈로, 혈법(穴法)을 논할 수 없다. 다만 지형지세(地形地勢)에 따라 결혈하는 진기한 혈로, 천교혈(天巧穴)과 천풍교혈(天風巧穴)이 있다. 천교혈(天巧穴)은 만인산(萬仞山) 위의 고산봉(高山峰) 장맥(長脈)에 결혈한다. 높은 곳에 있어도 높다고 느끼지 못하는 평지와 같은 혈장이다. 청룡과 백호가 분명하고 조산(祖山)과 안산(案山)의 전호(纏護)와 환포(環抱)가 이루어지고, 유정(有情)하면 최고의 귀혈(貴穴)이다. 천풍교혈(天風巧穴)은 멀리서 보면 흉한 팔풍충(八風沖)을 받은 지대로 보이나 가까이서 보면 지형지세가 변한 것 같아 팔풍충(八風沖)이 범하지 못하는 곳이라는 것을 알 수 있다. 만일 높은 정상인데도 평지로 느껴지면 전호유정(纏護有情)이 되어 있는가, 온난순풍(順風) 지대인가, 천심십도(天心十導)가 이루어졌는가를 살펴 이에 해당하면 천풍교혈(天風巧穴)로 보면 틀림없다.

❖ **길격명당**(吉格明堂)

- **대회명당**(大會明堂) : 대회란 여러 용들이 멈추고 여러 물들이 당으로 모이는 것이니 국세가 광대하여 천산만수가 거듭거듭 감싸주며 육곡구수(六谷九水)가 모여 과당(過堂 : 혈 앞을 지나는 것)하는 그 형세는 마치 여러 나라 공신들이 헌납하는 것과 같다 하여 대회명당이라고 한다. 여기에 진룡진혈(眞龍眞穴)이면 대부대귀할 명당이다.
- **조진명당**(朝進明堂) : 혈 앞에 바닷물이나 호숫가 혈을 향해 조입(朝入)하는 것을 말하며 방향이 적중하면 재록(財祿)이 속발(速發)하며 귀현(貴顯 : 높은 벼슬)과 왕정(旺丁 : 자손이 성하는 것)의 대혈이 진결되는 명당이다. 한편 혈 앞의 전원수(田園水)가 혈전내당(穴前內堂)에 유입하면 이 또한 치부(致富)하는 물이다.
- **주밀명당**(周密明堂) : 명당 외곽이 낮고 험한 곳이 없어 명당이 주밀하여 생기가 빠져나감이 없이 혈이 맺어지는 명당을 말한다.
- **교쇄명당**(交鎖明堂) : 교쇄명당은 명당 중에서 최상격이며 많은 물이 혈 앞에 모여 양쪽 산들이 사진과 같이 거듭거듭 감싸주는 것을 말한다. 극히 부자와 높은 벼슬이 난다.
- **광창명당**(廣暢明堂) : 혈 앞 명당이 트여서 좁거나 옹색하지 않고 광활하여 생기가 가득 찬 길격 명당이다. 그러나 주밀하지 않고 중수(衆水)의 모임이 없는 엉성한 넓은 들은 광창명당(廣暢明堂)이 아니다. 한편 낮은 산이나 길수(吉水)가 혈을 궁포(弓抱 : 둥글게 둘러싸면)하면 더욱 길하다. 그리하면 물과 기가 가득 차 부와 귀를 겸하는 대지가 된다.
- **광취명당**(廣聚明堂) : 많은 산에서 여러 줄기의 물이 널리 모여드는 것을 말한다. 이 명당 역시 지극히 귀하다. 산이 밝고 물이 청수(淸秀)해야 귀격이다.

[대회명당] [조진명당]

[주밀명당] [교쇄명당]

[광취명당]

[광창명당]

❖ **길룡**(吉龍) : 길룡은 여러 겹으로 장막을 열고 맥(脈)이 거의 중출(中出)하여 내려오며 기복(起伏)되고 전호(纏護)가 있고, 순룡(順龍) 아래에 횡으로 혈이 맺었다. 구비구비 활발하게 내려와 혈장까지 이르렀으니 바로 생룡혈(生龍穴)이다. 길룡(吉龍)의 형상은 변화가 막측하니 다 그림으로 그려 표시하기 어려우므로 말로 설명하면 횡룡(橫龍)·순룡(順龍)·회룡(廻龍)을 막론하고 반드시 기가 묶여지고 진절(眞切)한 입수(入首)된 것이 이 기의 생왕이니 정연코 크게 발복된다.

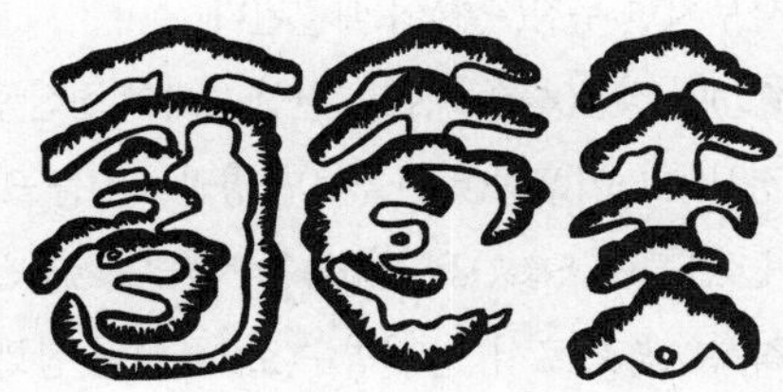

❖ **길사**(吉砂)

- **삼공사**(三公砂) : 주산에 천갑(天甲)이 있고 안산에 삼태(三台)가 있고 청룡에 삼태가 있으면 3공(좌상·우상·영상)이 배출된다.
- **충신사**(忠臣砂) : 앞에 절하는 산이 있고 오미정봉(午未丁峰)이 북향하여 상양(相讓)하면 충신이 배출된다.
- **봉군사**(封君砂) : 주산에 봉산(封山)이 있고 앞에 옥인(玉印)이 있으면 봉군(封君)함을 받게 된다.
- **왕비사**(王妃砂) : 태음성(甲庚丙壬峰)이 높고 물과 산봉이 병조(幷照)하고 손방(巽方)에 아미사(蛾眉砂)가 있으면 왕비가 배출된다. 만약 아미사가 면전(面前)이나 임관위(臨官位)나 육수위(六秀位)에 있으면 천하미녀가 태어난다.
- **부마사**(駙馬砂) : 혈처에서 보아 오른쪽의 한 봉우리가 특립(特立)하고, 손방(巽方)에 아미형(蛾眉形)이 있거나 또는 손방에 높이 솟은 봉이 있고, 손신방(巽辛方)의 물이 내조(來朝)하면 부마(駙馬)가 나온다.
- **효자사**(孝子砂) : 간곤봉(艮坤峰)이 절하는 듯 대하고 간방수(艮方水)가 맑고 일월이 비추면 효자가 나온다.
- **형제현사**(兄弟賢師) : 현무의 수삼절(數三節) 뒤에 쌍봉(雙峰)이 있거나 안산에 쌍봉이 있으면 형제가 모두 현귀(顯貴)하다.
- **현부사**(賢婦砂) : 안산에 경대(鏡臺)가 있으면 현부(賢婦)가 나온다.
- **열녀사**(烈女砂) : 오정방(午丁方)의 물이 합하여 검을 현 자(玄字) 모양으로 흐르고 수구(水口)에 살도(殺刀)가 있으면 열녀가 나온다.
- **신동사**(神童砂) : 미곤방(未坤方)에 읍(揖)하고 사양하는 봉우리가 있으면 장원급제자와 신동이 나온다.
- **광학사**(廣學砂) : 축손방(丑巽方)의 긴 강물이 흘러 오면 박학다재(博學多才)한 인물이 나온다.
- **술사사**(術士砂) : 수구(水口)에 중사(衆砂)가 모여 있고 술사봉(戌巳峰)이 높으면 술사(術士)가 나온다.
- 간방(艮方)에 있는 산이 녹산(祿山)이고, 건방(乾方)에 있는 산형이 마형(馬形)이면 천마(天馬)라 한다.
- 손방(巽方)에 둘려진 띠는 옥대(玉帶)라 하고, 경유방(庚酉方)에 둘려진 띠는 금대(金帶)라 한다.
- 사신방(巳辛方)의 수구(水口)에 인(印)이 있으면 금인(金印)이라 하고, 경유신방(庚酉辛方)에 있는 산이 높거나 눕거나 서 있으면 판서사(判書砂)라 한다.
- 토성(土星)이 결혈된 가운데 금성·목성·수성·화성이 각각 정위치에 있으면 오기조원(五氣朝垣)의 격국이니 대지(大地)이다.
- 청룡이나 안산에 붓끝처럼 뾰족한 봉우리가 솟아 있으면 문필봉(文筆峰)이요, 간병손신태정진경(艮丙巽辛兌丁震庚)방에 모두 산이 갖춰져 있으면 이른바 팔장비(八將備)라 하는데 대귀(大貴)하다.
- 진경해방(辰庚亥方)을 삼길방(三吉方)이라 하고, 간병손신태

ㄱ

정방(艮丙巽辛兌丁方)을 육수방(六秀方)이라 하는데, 이 곳이 풍만수려하면 발부발귀(發富發貴)하며, 겸하여 역마를 띠면 최관귀인(催官貴人)이라 한다.

- 신병정경방(辛丙丁庚方)의 4산이 수려하면 양최관귀인(陽催官貴人)이요, 손태간진(巽兌艮震)의 4산이 수려하면 음최관귀인(陰催官貴人)이라 하는데, 만약 용이 이 곳에서 오면 삼길육수최관룡이라 한다.
- 인신사해봉(寅申巳亥峰)이 높으면 사세고(四勢高)라 하는데 권세를 주장한다.
- 자오묘유봉(子午卯酉峰)을 태양승전(太陽升殿)이라 하는데, 태양금성(太陽金星)이 사면에서 서로 비추면 품계가 극히 귀한 지위를 누린다.
- 건곤간손(乾坤艮巽)방에 모두 산이 있으면 사신전(四神全)이라 하여 귀하게 되나, 한 방위라도 빠지면 그 만큼 복력(福力)이 감해진다.
- 갑경병임(甲庚丙壬)의 위(位)에 태음금성(太陰金星)이 있어 사면이 서로 비추면 주로 남자는 부마(駙馬)가 되고 여자는 궁비(宮妃)가 된다.
- 오(午)는 일(日)이요 자(子)는 월(月)로서 자오봉(子午峰)이 솟아 서로 대치되면 일월명(日月明)이라 하여 주로 귀하게 되며, 만약 오봉(午峰)은 있으나 자봉(子峰)이 없어서 자수(子水)가 내조(來朝)하면 마찬가지로 길하다.
- 갑경병임을신정계(甲庚丙壬乙申丁癸)의 위(位)에 모두 산이 있으면 팔국주(八國周)라 하며 극히 귀하다.
- 간방(艮方)은 재화지부(財貨之府)요 천록(天祿)이니, 간산(艮山)이 고대비만(高大肥滿)하면 재물이 풍족하다.
- 묘유간손(卯酉艮巽)은 양고(陽鼓)요, 병정경신(丙丁庚辛)은 음고(陰鼓)인데, 이 방위에 산이 있어 둥글고 맑으면 주로 귀히 된다.
- 정위(正位)는 남극노인(南極老人)인데, 만약 유산(酉山)이 정봉(丁峰)의 높고 큼을 보면 주로 장수한다.
- 금성(金星)이 유방(酉方)에 있으면 금어대(金魚袋)라 하는데 가히 경상(卿相)을 기약한다.
- 경유신방(庚酉辛方)에 어대사(魚袋砂)가 있으면 어대색(魚袋塞)이라 하는데, 이 사(砂)가 수구에 있으면 좋고, 만약 인갑방(寅甲方)에 있으면 목어대(木魚袋)이니 승도(僧道)가 나온다.
- 손신방(巽辛方)의 띠는 옥대(玉帶)요, 경유방(庚酉方)의 띠는 금대(金帶)요, 간방(艮方)의 띠는 은대(銀帶)인데, 모두 정안(定案)을 만들면 좋다.
- 경유손사건방(庚酉巽巳乾方)에 인(印)이 있으면 금인(金印)인데, 반드시 수중(水中)에 있으면 진인(眞印)으로, 글에서 말하기를, 인부수면(印浮水面)이면 환호기유문장(煥乎其有文章)이라 하였다. 또, 경방(庚方)은 금상(金箱)이요 유방(酉方)이나, 제왕방(帝旺方)은 옥인(玉印) 또는 만곡금상인(萬斛金箱印)이요, 신방(辛方)은 은인(銀印)이요, 장생위(長生位)는 금인(金印)이요 인갑(寅甲)이나, 목욕방(沐浴方)은 목인(木印)이요, 손방(巽方)은 관인(官印)이요, 오방(午方)은 주천사인(珠天師印)이요, 곤위(坤位)는 전토인(田土印)이요, 감(坎)은 승인(僧印)이요, 진(震)은 귀인(鬼印)이다.
- 경유신(庚酉辛)의 세 봉우리가 모두 수려하고 높이 솟아 구름 속에 사무치면 무장(武將)이 배출된다.
- 진산(震山)이 경봉(庚峰)을 보고, 간산(艮山)이 정신봉(丁辛峰)을 보고, 경산(庚山)이 묘봉(卯峰)을 보면 병권(兵權)을 크게 잡는다.
- 오(午)는 천록화(天祿火)요, 병(丙)은 지록화(地祿火)요, 정(丁)은 인작화(人爵火)로서, 삼위병수(三位幷秀)면 삼화공조(三火拱照)라 하여 극히 귀하다. 그러나 반드시 건임(乾壬) 두 봉우리를 얻어서 설제(泄制)하여야 한다. 혹 면전(面前)에 못이 있으면 좋으나 그렇지 않으면 화재(火災)를 면하기 어렵다.
- 건방(乾方)에 귀인봉이 높이 솟아 있으면 귀참천주(貴參天柱)라 하는데 주로 대귀(大貴)하다.
- 손방(巽方)에 마산(馬山)이 있고 손수내조(巽水來朝)하면 마상어계(馬上御階)라 하는데 그 귀함이 제왕(帝王)에 가까울 정도이다.
- 병(丙)은 존성(尊星)이고 정(丁)은 제성(帝星)이요, 해(亥)는 제좌(帝座)인데, 병정(丙丁)의 두 봉우리가 쌍치(雙峙)하면 존제당전(尊帝堂前)이라 하여 주로 귀하게 된다.
- 주산의 뒤에 삼태(三台)가 있으면 정승이 나온다.

- 명당의 왼쪽에 아름다운 사(砂)가 많으면 인물이 흥성한다.
- 혈처의 백보 안에 장장정암(長長正岩)이 있으면 무장(武將)이 배출된다.
- 쌍청룡(雙靑龍)이 가늘게 들려서 있으면 자손이 영귀(榮貴)한다.
- 쌍청룡의 안에 있거나 쌍우물이 있으면 부귀를 천하에 떨친다.
- 청룡이 유기(有氣)하고 끝에 큰 암석이 있으면 큰 인물이 배출된다.
- 백호에 기사(旗砂)가 중중하거나 세 봉우리가 솟아 있으면 장군이 배출된다. 백호내(白虎內)에 넓고 평평한 돌이 있으면 군수가 나온다.
- 백호가 붓끝처럼 뾰족하면 명필과 급제하는 인물이 배출된다.

❖ **길사도**

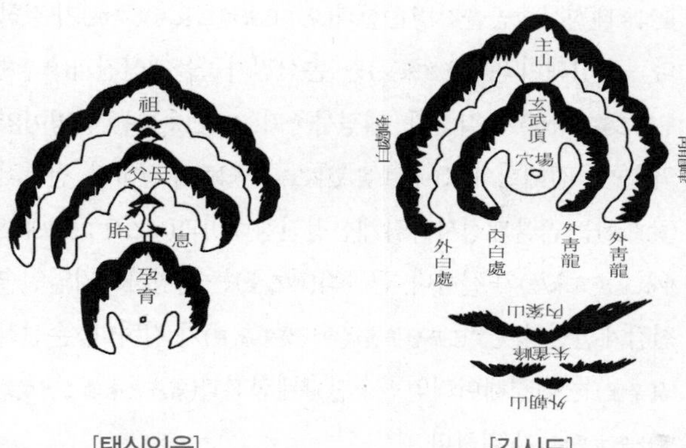

[택식잉육]　　　[길사도]

❖ **길사방위**(吉砂方位) : 혈장을 중심으로 전후좌우 각 방위에 해당되는 길사가 조안(朝案)을 비춰주면 대길속발한다는 방위. 여기에는 귀인(貴人), 정록(正祿), 팔산천마(八山天馬), 사국마(四局馬), 삼길육수(三吉六秀)가 있다.

① **귀인**(貴人)·**8대 귀인방** : 귀인은 귀인을 만난다는 뜻으로서 이 방위에 길봉이 있으면 후손은 물론 당대 발복한다는 방위(여기서는 좌를 중심을 측정한다).

- **갑좌**(甲坐) : 축미봉(丑未峯)
- **을좌**(乙坐) : 자신봉(子申峯)
- **병정좌**(丙丁坐) : 해유봉(亥酉峯)
- **임계좌**(壬癸坐) : 묘사봉(卯巳峯)
- **경신좌**(庚申坐) : 오인봉(午寅峯)

② **귀인방위**(貴人方位) : 이 방위는 좋은 일이 생긴다는 방위로서 24좌의 각 방위마다 해당되는 방위에 귀인봉이 있거나 묘지에 관한 어떤 일을 할 때도 길하다는 방위(용의 좌를 기준으로 측정한다).

- **갑산**(甲山) : 축미봉(丑未峯)
- **을산**(乙山) : 자신봉(子申峯)
- **병정산**(丙丁山) : 해유봉(亥酉峯)
- **임계산**(壬癸山) : 묘사봉(卯巳峯)
- **경신산**(庚申山) : 오인봉(午寅峯)
- **건산**(乾山) : 축미묘봉(丑未卯峯)
- **곤산**(坤山) : 자신묘사봉(子申卯巳峯)
- **간산**(艮山) : 유해봉(酉亥峯)
- **손산**(巽山) : 인오봉(寅午峯)
- **자산**(子山) : 묘사봉(卯巳峯)
- **축산**(丑山) : 오인묘사봉(午寅卯巳峯)
- **인산**(寅山) : 축미유해봉(丑未酉亥峯)
- **묘산**(卯山) : 자신봉(子申峯)
- **진산**(辰山) : 자묘사봉(子卯巳峯)
- **사산**(巳山) : 오인해봉(午寅亥峯)
- **오산**(午山) : 해유봉(亥酉峯)
- **미산**(未山) : 자신해봉(子申亥峯)
- **신산**(申山) : 오인사묘봉(午寅巳卯峯)
- **유산**(酉山) : 오인진봉(午寅辰峯)
- **술산**(戌山) : 해유오인봉(亥酉午寅峯)
- **해산**(亥山) : 축미묘사봉(丑未卯巳峯)

③ **정록방**(正祿方) : 이 방위는 대길방으로서 관록이나 재록으로 출세하거나 부자가 된다는 방위. 이 방위를 찾을 때는 용맥의 최고봉이나 중앙에서 나경(羅經)을 놓고 방위를 살펴서 해당되는 방위를 가려내는 것이지만 용맥의 길함과 국에 합당해야만 발음한다.

[정록방위표]

산명	甲	乙	丙	丁	庚	申	壬	癸
정록	寅	卯	巳	午	申	酉	亥	子

※ 무기(戊己)는 토이므로 중앙에 위치한다.

④ **4국마**(四局馬) : 4국마는 각 국별 해당방위에 산이 높고 아름다우면 속발하는 것인데, 이 마는 역마(驛馬), 귀인마(貴人馬)라 하여 후손이 외교관이 되거나 무역상으로 크게 발복한다.

[4국마표]

국명	申子辰:水	亥卯未:木	寅午戌:火	巳酉丑:金
馬	寅方	巳方	申方	亥方

⑤ **8산천마방**(八山天馬方) : 8산천마방은 해당되는 8개의 해당방위에 수려하고 풍요로운 산이 있으면 장성이나 장관이 배출된다는 귀산.

[8산천마방위표]

방위	卯	午	酉	子	乾	坤	艮	巽
馬名	青驄馬	赤兎馬	白龍馬	烏錐馬	御史馬	宰相馬	壯元馬	按舞馬

❖ **길**(도로) **아파트 사이에 공용으로 사용하는 길** : 여러 개의 동(棟)이 몰려 있는 아파트의 경우에도 공용으로 동 사이의 길이 자신이 살고 있는 동을 향해 직접 오는 경우 흉상(凶相)으로 간주한다.

❖ **길사 흉사**(吉砂 凶砂) : 혈 주위에서 아름답게 보이는 산과 바위 등을 길사라 말하고, 흉사란 험악한 산이나 보기흉한 암석 등을 말한다.

❖ **길성**(吉星) : 첨수한 봉우리.

❖ **길제**(吉祭) : 죽은지 27개월 만에 담제를 지낸 다음 달이 길제이므로 삼순(三旬)중에 하루를 택하여 거행하는데 정일(丁日)이나 해일(亥日)로 한다.

❖ **길**(吉) **명당**(明堂)**은 많지가 않으니 삼흉**(三凶) **사길**(四吉)**이면 가용**(可用)**하라** : 옛날부터 길(吉)한 명당(明堂)은 많지가 않은 것이니 흉(凶)한 것보다 길(吉 좋은 것)한 것이 많으면 점혈(占穴)을 해도 무방하다. 자고길지희유(自古吉地稀有)하니 삼흉(三凶) 사길(四吉)이면 가용(可用)이라 했다. 만약에 바른 명혈(明穴)을 찾지를 못했을 때에는 햇볕이 따뜻하게 잘 비치고 사방이 아늑하여 바람이 잘 닿지 않는 곳에 장사(葬事)하면 된다.

❖ **길지**(吉地) : 누가 보아도 보기가 좋아 보이는 곳을 말한다. 또 모양새를 갖춘 곳이며 소나무가 무성하고 연두색이다. 그 곳은 느낌이 편안하다.

❖ **길지**(吉地)**와 흉지**(凶地) : 길지는 용혈의 기세가 생동하여 지중(地中)에 생기가 모여 있고 국세가 안정되어 있으며 따뜻하고 아름다우며 편안한 땅을 말하고 흉지는 용혈(龍穴)의 기세(氣勢)가 나약하여 사기(死氣)가 많고 국세는 흐트러져 있으며 광풍(狂風)만이 왕래하여 주위가 음산하고 춥고 어둡고 불안한 땅을 말한다. 그러므로 명당길지(明堂吉地)를 득지(得地)하여 생하면 생전에 부귀겸전(富貴兼全) 하고 명당진혈(明堂眞穴)을 득지안장(得志案葬)하면 죽은 후에도 무탈 안녕하며 그 후손 또한 부귀창성(富貴昌盛)하게 된다.

❖ **길천**(吉遷) : 지리의 이치에 맞는 길지에 장사하다.

❖ **길파수구론**(吉破水口論) : 감계신진좌(坎癸申辰坐)는 건갑간손진경해미파(乾甲艮巽震庚亥未破)가 길하다. 이임인술좌(離壬寅戌坐)는 태정사축곤을간병손신파(兌丁巳丑坤乙艮丙巽辛破)가 길하다. 진경해미좌(震庚亥未坐)는 손신건가곤을계신진파(巽辛乾甲坤乙癸申辰破)가 길하다. 태정사축좌(兌丁巳丑坐)는 간병이임인술곤을진해미파(艮丙離壬寅戌坤乙辰亥未破)가 길하다. 건갑좌(乾甲坐)는 곤을태정사축갑계신진진경해미파(坤乙兌丁巳丑甲癸申辰震庚亥未破)가 길하다. 곤을좌(坤乙坐)는 태정사축리임인술신감계신진파(兌丁巳丑離壬寅戌申坎癸申辰破)가 길하다. 손신좌(巽辛坐)는 진경해미리임인술건갑계신진파(震庚亥未離壬寅戌乾甲坎癸申辰破)가 길하다.

❖ **길한 가상**(家相) **흉한 지역** : 음양택(陰陽宅)을 숭상하던 시절에는 혹 소아가 병이 나면 명문가의 집을 찾아가 피병(避病)을 하여 건강을 회복하는 사례가 많았다. 그러나 지리자연의 뜻을 생각하지 않는 현대에는 깊은 산골이 조용하고 공기가 맑다 하여 피병(避病)을 가니 죽음을 자초하는 격(格)이 된다. 두메산골은 경치가 좋으니 음곡자생살풍(陰谷自生殺風)을 맑은 공기로 생각한다. 오래 살다보면 영리한 머리를 가진 귀족도 천골(賤骨)을 출생하게 되니 그제서야 흉한 지역임을 깨닫게 된다.

❖ **길**(吉)**한 주택지 선별 요령**

• 배산임수(背山臨水)를 살핀다. 산의 모양이 유정(有情)하고 깨

ㄱ

끗한가를 살핀다.
- 보국을 살핀다. 청룡 백호 안산 주산 전후좌우의 짐들을 살핀다. 높고 낮은 집
- 산의 면배(面背)를 살펴 앞쪽 인가를 살핀다. 뒤는 음기(陰氣)
- 기(氣)을 받는 땅 인가를 살핀다.
- 물이나 도로가 안으로 감싸주고 있는 가를 살핀다.
- 전저후고(前低後高) 뒤는 높고 앞이 낮은 땅인가 살핀다.
- 집의 앞이 평평한 곳인가를 살핀다.
- 통풍이 잘 되고 햇볕이 잘 드는 곳. 남향(南向)인가를 살핀다.
- 땅이 밝고 단단하며 배수가 잘 되는 지형 인가를 살핀다.
- 나무 초목이 잘 자라는 지형인가를 살핀다.

❖ **길(吉)한 아파트 동을 찾는다**
- 아파트 동이 지기(地氣)을 받고 있는지를 살핀다.
- 아파트에서 보이는 산들의 단정하고 깨끗한지를 살핀다.
- 본래 생 땅위에 건립한 아파트 인지를 살핀다.
- 아파트가 햇볕을 잘 받는 곳인지를 살핀다.
- 도로가 아파트를 곡선으로 감싸 주고 있는지를 살핀다.
- 담장이 있는 아파트가 좋다.

❖ **길혈삼증**(吉穴三證)

① 산천정기(山川精氣)가 멈추는 것이 첫 번째 혈(穴)의 증거(證據)이고 맥(脈)이 멈추고 통통하게 살찐 것이 두 번째 증거이고 또 통통하게 살찐 다섯 발자국 아래 남은 여기(餘氣)가 전순(氈脣)을 이루는 것이 세 번째 혈의 증거이다.

② 가장 관계할 것은 혈후(穴後)의 한마디가 오는 맥이 길고 짧음을 관찰하고 혈 아래 모든 사격(砂格)은 당연히 순기(脣氣)가 단단한 자리인지 단단하지 못한 자리인가를 살펴야 하고 혈후에 온전(溫全)한 맥이 없으면 가문을 오래 이어 갈 수 없다. 혈(穴) 하(下)에 독산(獨山)이 있으면 다름 사람의 자식으로 대를 잇게 된다.

❖ **길흉수법**(吉凶水法) : 수법(水法)은 좌향(坐向) 또는 득파(得破)와 12신살(神殺) 등을 보아 이기법(理氣法)에 맞추어 생왕사절(生旺死絶)을 보아야 하지만 육안으로 보아 우선 길흉을 알아야 한다. 수법도 천산투지(穿山透地)와 같이 이기법을 따지기 전에 지명부터 알아두는 것이 간수(看水)법에 크게 이익이 된다. 즉 주산(主山) 주변에 흐르는 물의 명칭을 알면 왜 이러한 명칭이 있게 되었나 부터 살핀 다음에 육안으로 볼 수 있는 길흉수(吉凶水)를 살펴야 한다. 물이 좌혈(坐穴)을 곧게 쏘거나 쫓아오듯이 급히 내려오면 대흉(大凶)하며, 좌혈에서 화살(箭)과 같이 곧게 달아나도 또한 흉하며, 물이 은빛(銀光)이 되어 반짝여도 흉하고 좌혈 앞을 일직선으로 가로질러도 흉하다.

❖ **길흉(吉凶) 12봉(峯)**
- **자봉**(子峯) : 아름다우면 멀리까지 이름을 날린다.
- **축봉**(丑峯) : 사봉(巳峯)과 서로 비슷하면 군왕이 난다.
- **인봉**(寅峯) : 진봉(辰峯)과 비슷하면 부귀명을 갖춘다.
- **묘봉**(卯峯) : 자손들이 명예를 보존한다.
- **진봉**(辰峯) : 대발처럼 우거지면 장군이 난다.
- **사봉**(巳峯) : 쇠뿔처럼 생겼으면 점차 부자가 된다.
- **오봉**(午峯) : 높고 기울어지면 연연 초상이요 불로 인한 재앙이 난다.
- **미신봉**(未申峯) : 멀리서부터 첩첩이 오면 부자가 된다.
- **유봉**(酉峯) : 높고 크고 후덕하면 먹고살기가 넉넉하다.
- **술해봉**(戌亥峯) : 높고 높으면 명예를 이룬다.

❖ **꼭 피해야 할 흉한 집터**
- 뒤가 낮고 앞이 높으면 항시 불안한 곳
- 경사가 급한 곳은 재물을 잃는 곳
- 홀로 돌출된 곳은 흉하다
- 도로 아래는 재앙이 끊어지지 않는다.
- 절벽이나 낭떠러지 주위는 재난과 불행이 닥친다.
- 골짜기는 건강과 재물을 잃는다.
- 주변에 폭포소리가 들리면 줄 초상을 당한다.
- 자갈 모래 황토 땅은 지기(地氣)를 얻을 수 없는 곳이다.
- 매립지는 악취와 유독가스 수맥 등으로 건강을 해친다.
- 신전 제단 사당 성황당 공동묘지 전쟁터 등은 양택지로 좋지 않다.
- 군부대 교도소 법원 사찰 교회 등이 주변에 있는 택지는 좋지 않다.
- 암석(岩石)이나 자갈이 많은 땅은 살기가 있어 흉하다.

- 점토가 많아 질퍽거리는 땅은 질병에 걸리기 쉽다.
- 먼지가 자주 일어나고 부석부석한 땅은 발전이 없다.
- 대로변이나 교차로가 있는 곳은 주택지로 좋지 않다. 상가는 좋다.
- 큰 나무 밑의 택지는 좋지 않다.
- 고압 전류가 흐르는 철탑 근처의 택지는 위험하다.
- 늪지 계천 연못 호수를 매립한 곳은 건강을 앗아 간다.
- 산을 절개한 땅은 재물이 흩어지고 정신병에 걸리기 쉽다.
- 골짜기를 보토한 땅은 수맥과 바람의 피해를 입는다.
- 큰 공장이 서 있던 땅은 지기 손상으로 흉하다.
- 재래식 화장실 축사 두엄 쓰레기 매립지였던 땅은 건강을 해친다.
- 고목(枯木)이 서 있던 땅은 원인모를 병에 걸리기 쉽다.

❖ **꽃을 집안에 장식하면 행운과 건강을 얻을 수 있다** : 꽃이나 식물이 있는 집은 늘 즐겁고 명랑하며 화목하다. 싱싱한 향기와 푸르름을 좋아한다고 하는 것은 행운을 가져다 줄 뿐만 아니라 건강상에 좋다고 하는 것은 두말할 여지가 없다. 모르면 몰라도 꽃을 좋아하고 사랑하지 않는 사람은 별반 없을 것이다. 그러나 하루하루 바쁜 생활에 쫓기어 감상할 여유가 없는 것이 오늘날 서민들의 고달픈 삶이라고 할 수가 있다. 그런데 실제로 꽃을 장식하면 꽃을 보는 가족들은 대부분 행복하다는 것이다. 이는 흉상을 막기 때문이라 할 수 있다. 어쩌다 책상 위에 작은 꽃병이나 식물이라 할 난(蘭) 한 그루를 보고 있노라면 마음이 순화되고 하루 종일 즐거운 기분으로 활기차게 일할 수 있을 것이다. 그래서 만약 길상을 바라고자 한다면 꽃이나 식물을 가까이에서 볼 수 있도록 장식하는 것이 좋다. 꽃은 사람에게는 생기를 부여해 준다. 그리고 날라다 준다고 하는 힘이 있다고 보고 있다.

❖ **꽃의 약효와 효능** : 신농본초경에는 국화에 대해 연명 장수하는 꽃이라는 기록이 있다. 이는 국화를 오랫동안 마시면 혈기(血氣)를 돕고 몸이 가벼워져서 늙음이 사라져 오래 살게 되고 수명이 연장 된다는 것이다. 또 국화는 색상에 따라 약효가 다르다. 황국은 해독작용 홍국은 짜증을 진정시킨다. 백국은 눈의 피로를 씻어준다. 자국은 천식과 폐를 보호하는데 효능이 있다. 도라지 꽃은 기침에 좋다. 열이 있는 감기에는 카네이션이 좋다. 신경쇠약에는 분홍색 카네이션이 좋다. 불면증에는 안개꽃 하얀색이 좋으며 흥분을 진정시키는데는 카네이션이 좋다.

❖ **꿈에 조상(祖上)이 나타나 선몽하면** : 조상(祖上)의 무덤자리가 나쁜데 묻힌 경우 수맥이 흐르거나 음침하거나 바람이 닿는 경우 다른 좋은 곳으로 묻어 달라고 꿈에 선몽을 한다. 대개 묘에 물이 있을 경우 물에 젖은 옷을 입고 있거나 춥다고 하고, 바람이 닿는 경우라면 남루한 옷을 입고 있고, 배가 고프다고 하고, 음침한 음지 무덤이 있으면 무섭다고 할 것이다. 위와 비슷한 조상에 대한 꿈을 꾸게 되면 조상의 산소를 감정해 보는 것이 좋을 듯하다. 또한 그 후손 누군가에게 우환을 가져다주기도 하는데 이를 자손이 감지하지 못하기 때문에 우환을 당하기도 한다. 우리는 이러한 것을 미신으로 여긴다. 어떻게 죽은 사람이 산 사람에게 그러한 영향을 미칠 수 있느냐는 것이다. 그러나 기(氣)의 세계는 죽은 사람의 유전자 또는 텔레파시가 가장 가까운 후손에게 직접적인 영향을 미친다고 본다. 이런 경우에는 병원에 가더라도 뚜렷한 병명이 나오지 않고 단지 신경성○○○병이라고 할 뿐이다. 이러한 외적인 병은 병원도 약도 소용이 없다. 이러한 묘지는 감정을 해보고 대책이 있을 경우 이장(移葬)을 하고 대책이 없을 경우 파묘해서 화장을 하는 것이 좋을 듯하다.

❖ **꿈 조상 꿈 이장(移葬)** : 꿈에 조상을 보는 것은 자손이 그리워해서도 하지만, 후손에게 자신의 뜻을 전달하기 위해 나타나는 경우도 많다. 산소를 쓰거나 이장하는 때를 전후해서 조상이 꿈에 많이 나타난다. 이 때 돌아가신 분이 좋은 모습으로 나타나면 그 산소 자리가 좋다는 뜻으로 해석되고, 새로운 모습으로 나타나면 산소 자리가 좋지 않은 것을 호소하기 위해 나타나는 것으로 해석된다. 산소에 물이 들면 특히 초라한 모습으로 꿈에 나타나 어려움을 호소한다. 좋은 자리로 이장할 경우에는 길몽을 꾸게 되는데, 이는 조상이 자신이 이장될 장소를 미리 알고 있다는 뜻으로 해석된다. 유골에는 생명력이 있다. 그 힘은 후손에게 자신의 뜻을 전달할 뿐 아니라, 그 외 사람에게도 꿈을 통해 전달된다.

❖ **나경**(羅經) : 나경이란 360° 를 24개 방향으로 구분하여 측정하는 귀중한 방향 측정 기구로써 풍수에서는 나경을 모르면 한치 앞을 측정할 수가 없다.

❖ **나경(羅經)의 사용법** : 음택(陰宅)이나 양택(陽宅)의 길흉화복을 논하고 인간의 장사나 백골의 유택을 맡아 정혈에 종사하는 것만이 옳을 것이며 그렇지 못하여 자연의 섭리로 이루어진 명당의 국세를 훼손하고 혈판의 명기를 파손해서는 아니 될 것이다. 나경(羅經)이 처음 만들었을 당시는 남과 북을 가리키는 자석(磁石)에 의하여 4방위만을 분별하다가 20방(方)을 분별하였고, 후대에 이르러 360도의 원(圓)을 15씩 나누는 24방위의 나침반이 만들어졌다. 그 후 후현(後賢)들의 부단한 연구노력에 의하여 36층의 나경반(羅經盤)이 설명되어 사용해왔다. 그러나 여기서는 음택(陰宅)이나 양택(陽宅)에서 꼭 필요로 하는 9선(九線)까지만을 설명하고자 한다. 나경(羅經)의 정중앙에 천지침(天地針)이 있으니 흑두침(黑頭針)과 홍두침(紅頭針)이 있다. 그러나 요즈음의 나경반(羅經盤)은 한편 침(針)만을 흑(黑)이나 홍(紅)으로 표시하고 한편은 자연색으로 그대로 되어 있는 나경반도 있다. 흑두침이나 홍두침에서는 흑침이 북방의 자방(子方)이요 홍두침이 남방의 오방(午方)으로 놓여지는 것이 바른 법이 된다. 그리하여 나경반 사용의 기본은 여하한 경우도 360도의 정자(正子)와 180도의 정오선상(正午線上)에 정확히 맞추어 일직선으로 함이 원칙이 된다. 하나의 원은 360도이며 360도는 0도 되는 것이다. 360도는 정침의 정자(正子)가 되며 180도는 정침의 정오(正午)가 된다. 자(子)와 오(午)는 반드시 정침의 자오(子午)를 즉 정북(正北)과 정남(正南)을 가리키는 것만이 원칙이다. 책에서 보면 음택(陰宅)에서 입향수수(立向收水)에는 외반봉침(外盤縫針)만을 사용하여야만이 합법으로 되어 있다. 이 구절을 잘못 이해하여 외반봉침의 자오(子午)로 남과 북을 맞추어 사용한다면 큰 착오를 범하는 것이다. 그러니 정침과 봉침을 정확히 분별하여 사용하여야 할 것이다. 정침의 정자(正子)는 360도이면서 0도이며 봉침의 정자(正子)는 7.5도이다. 정침의 정오(正午)는 180도이며 봉침의 정오(正午)는 187.5도이다.

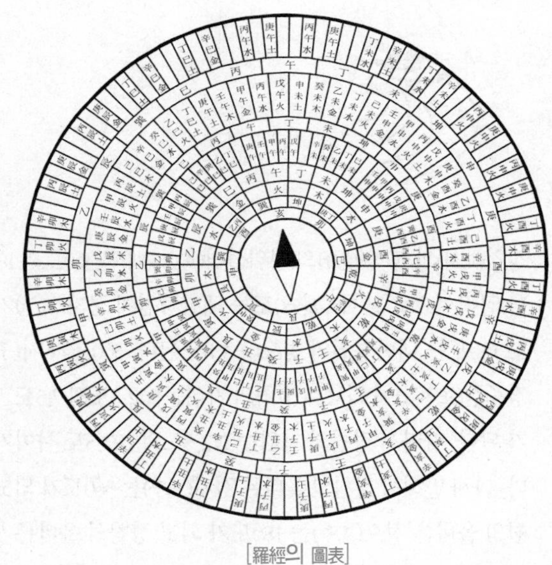

[羅經의 圖表]

1線 팔요황천살(八曜黃泉殺: 龍上八殺)
2線 황천살(黃泉殺)
3線 삼합오행(三合五行)
4線 지반정침(地盤正針)
5線 천산72룡(穿山七十二龍)
6線 인반중침(人盤中針)
7線 투지60룡(透地六十龍)
8線 천반봉침(天盤縫針)
9線 분금120룡(分金百二十龍)

ㄴ

• **내반정침(內盤正針)과 외반정침(外盤正針)의 도표해설** — 내반정침(內盤正針)은 복희선천(伏羲先天)에 해당하며 정적(靜的)이므로 용맥(龍脈)과 입수(入首)를 격정(格定)하고 외반정침(外盤正針)은 동적(動的)이므로 입향수수(立向收水)를 격정(格定)한다.

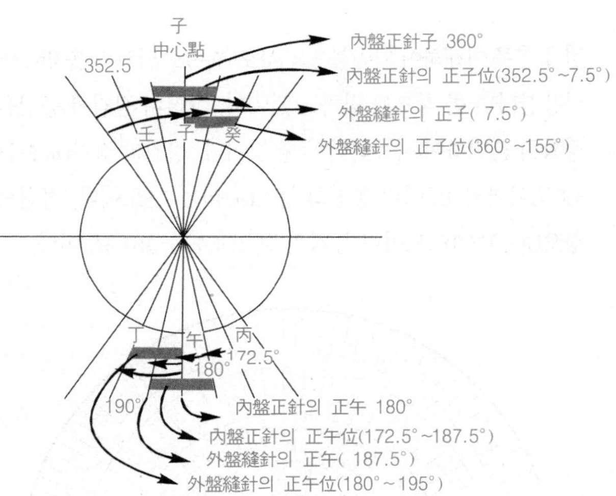

정침(正針)과 봉침(縫針)의 정위설명(正位說明)은 360도와 180도를 일직선으로 할 때 그 360도는 내반정침의 정자(正子)가 되고 180도는 내반정침의 정오(正午)가 된다. 360도가 자(子)의 정중심(正中心)이 되므로 정침의 자위는 352.5도와 7.5도 사이가 된다. 따라서 정침의 자위는 172.5도와 187.5도 사이가 된다. 다시 말해서 정침의 올바른 정자(正子)는 360도가 되고 정침의 올바른 정오(正午)는 180도가 되고 정침의 올바른 오위(午位)는 180도에서 195가 된다. 나침반(羅針盤), 패철(佩鐵), 윤도(輪圖)등으로도 불리어지며 사용되어왔다.

❖ **나경(羅經)으로 파구(破口)와 사격(砂格)의 방위 등을 측정하는 데는 거리에 제한이 없다** : 음택(陰宅)과 양택(陽宅)도 가상(家相) 측정에 거리의 제한이 없다. 기존(旣存)의 묘소(墓所)일 때는 상석(床石) 중심(中心)에 고정하고 묘(墓)의 용미(龍尾)를 향하여 그 묘지가 정배합(正配合) 또는 불배합(不配合)을 보아 명혈(明穴)인가 망지(亡地) 인가를 판정한다. 혈상(穴相)을 측정(測定)할 때는 ① 혈상 중심에서 ② 입수(入首) 정상의 중심점에서 전순(氈脣) 중앙 점에다가 가는다란 실을 띠우고 일직(一直)된 선(線) 밑에다 나경(羅經)을 고정한다. ③ 나경 제4선을 보면 일직된 실이 모자(某字) 또는 어느 자(字) 사이로 통과하나 것을 보면 정배합인가, 불배합인가를 알게 된다. 정배합에는 부귀손(富貴孫)이 많이 배출 된다.

❖ **나경(羅經)은 우주의 축소판이다** : 나경은 우주순환 척도 이십사방위(二十四方位)의 배열은 1년 365일에 일회전하는 지구의 공전도수와 춘하추동(사계절 등 이십사절후(二十四節候) 상배(相配) 되도록 평분배열(平分配列)되어 있으며 일절후(一節候)는 각기 15도에 15일씩이다. 즉 0도(0度)는 정북자위(正北子位) 중간(中間)이며 동지(冬至)가 되고 일양(一陽)의 시생처(始生處)이다. 계(癸)는 소한(小寒) 축(丑)은 대한(大寒) 간위(艮位)는 45도 입춘절이 되고 천지자연(天地自然)의 순환작용이며 일촌(一寸) 오차도 없는 자연변화(自然變化)의 기준 척도인 나경반인 것이다. 이로써 시간과 계절 365도 이십사절후(二十四節候) 1년 365일을 일회전(一回轉)하고 나경은 현미경으로도 볼수 없는 음양오행의 이치이고 나경반상 24위 120분금 360도 한 바퀴 돈다는 것이 만고불변의 우주법칙이다.

❖ **나경1선(羅經一線)** : 팔요황천살(八曜黃泉殺) 용상팔살(龍上八殺) 나경1선(羅經一線)은 이기(理氣)의 관문(關門)이라 표시될 수 있을 만큼 풍수지리학에 중요한 부분을 간직하고 있다. 패철을 대표할 수 있는 4선(四線)의 지반정침의 광범위한 활용의 기능도 일선의 기능과 합법이 될 때만이 풍수에서의 4선(四線)의 기능을 다한다 할 수 있을 것이다. 이와 같이 1선의 팔요황천살(八曜黃泉殺)은 중요한 만큼이나 또한 정확히 알아야 한다. 8살(八殺)은 혈판(穴坂)을 극(剋)하는 방으로 대단히 흉하다.

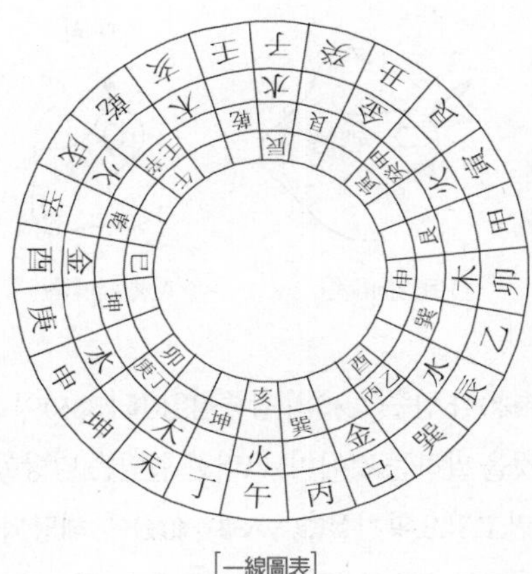

[一線圖表]

자좌(子坐:坎)에는 진방(辰方:龍)의 물, 곤좌(坤坐)에는 묘방(卯方:兎)의 물, 묘좌(卯坐:震)에는 신방(申方:山猴)의 물, 손좌(巽坐)에는 유방(酉方:鷄)의 물, 곤좌(乾坐)에는 오방(午方:馬)의 물, 유좌(酉坐:兌)에는 사방(巳方:蛇)의 물, 간좌(艮坐)에는 인방(寅方:虎)의 물, 오좌(午坐:離)에는 해방(亥方:猪)의 물은 살(殺)이 되니 음택이나 양택을 정함에 있어 위와 같은 경우를 만나게 되면 정혈정택(定穴定宅)을 하지 말아야 한다.

① 감룡(坎龍)에는 진향(辰向)을 하지 말라. 오행상 감(坎)은 수(水)요 진(辰)은 토(土)이니 토극수(土剋水)로서 상극한다. 향(向)이 용을 극(剋)하니 살(殺:官鬼)이 된다.

② 곤룡(坤龍)에는 묘향(卯向)을 하지 말라. 오행상 진(坤)은 토(土) 묘(卯)는 목(木)이니 목극상(木剋上) 상극한다. 향(向)이 용을 극(剋)하니 살(殺:官鬼)이 된다.

③ 진룡(震龍:卯)에는 신향(申向)을 하지 말라. 오행상 진(震)은 목(木)이요 신금(申金)이니 금극목(金剋木)으로 상극한다. 향(向)이 용을 극(剋)하니 살(殺:官鬼)이 된다.

④ 손룡(巽龍)에는 유향(酉向)을 하지 말라. 오행상 손(巽)은 목(木)이요 유(酉)는 금(金)이니 금극목(金剋木)으로 상극한다. 향(向)이 용을 극(剋)하니 살(殺:官鬼)이 된다.

⑤ 건룡(乾龍)에는 오향(午向)을 하지 말라. 오행상 건(乾)은 금(金)이요 사(巳)는 화(火)이니 화극금(火剋金)으로 상극한다. 향(向)이 용을 극(剋)하니 살(殺:官鬼)이 된다.

⑥ 태룡(兌龍:酉)에는 사향(巳向)을 하지 말라. 오행상 태(兌)는 금(金)이요 사(巳)는 화(火)이니 화극금(火剋金)으로 상극한다. 향(向)이 용을 극(剋)하니 살(殺:官鬼)이 된다.

⑦ 간룡(艮龍)에는 인향(寅向)을 하지 말라. 오행상 간(艮)은 토(土)요 인(寅)은 목(木)이니 목극토(木剋土)로서 상극한다. 향(向)이 용을 극(剋)하니 살(殺:官鬼)이 된다.

⑧ 이룡(離龍:午)에는 해향(亥向)을 하지 말라. 오행상 이(離)는 화(火)요 해(亥)는 수(水)이니 수극화(水剋火)로서 상극한다. 향(向)이 용을 극(剋)하니 살(殺:官鬼)이 된다. 용상팔살(龍上八殺)을 이론적으로 정확히 파악하고 왜 살(殺)이 되는가를 자세히 알아야 한다. 팔요황천살은 좌(坐)(壙中)에 수(水)의 침입이 극(剋)하는 살(殺)이요, 용상팔살(龍上八殺)은 입수룡(入首龍)을 향(向)이 극(剋)하는 살(殺)이니 극(剋)하는 자리는 서로 다르나 의미가 일치하니 같은 팔살(八殺)에 해당되는 것으로 알고보면 당연하다. 예컨대, 건룡(乾龍)에는 자좌(子坐)를 하면 용상팔살(龍上八殺)로 이어진다. 그러면 건(乾)과 자(子)와의 관계에서 오행상으로 살펴볼 때 아무런 하자가 없는데 살을 받는다 하였으니 좀 진일보(進一步)하여 살펴보면 자좌(子坐)에는 오향(午向)이 됨은 피할 수 없는 원칙이 있음을 발견할 수 있다. 그러면 건룡(乾龍)과 오향과의 관계를 살펴 볼 필요가 있으니 이 관계를 살펴보면 팔요황천살(八曜黃泉殺)이 떠오르게 된다. 그 관계를 오행상으로 살펴보면 건(乾)의 금(金)을 오(午)의 화(火)가 극(剋)을 하니 화극금(火剋金)하여 향(向)이 용을 극(剋)하니 건룡에 자좌는 오향이 있음으로 해서 용상팔살(龍上八殺)이 됨을 알 수 있다. 감룡(坎龍)에 술좌(戌坐)를 하면 술좌(戌坐)에는 진향(辰向)이 되니 감룡(坎龍)은 수룡(水龍)이요 진향(辰向)은 토향(土向)이니 토극수(土剋水)가 된다. 간룡(艮龍)에 신좌(申坐)를 하면 신좌(申坐)에는 인향(寅向)이 되니 간룡(艮龍)은 토룡(土龍)이요 인향(寅向)은 목향(木向)이니 목극토(木剋土)가 된다. 진룡(震龍)에 묘좌(卯坐)를 하면 인좌(寅坐)에는 신향(申向)이 되니 진룡(震龍)은 목룡(木龍)이요 신향(申向)은 금향(金向)이니 금극목(金剋木)이 된다. 손룡(巽龍)에 묘좌(卯坐)를 하면 묘좌(卯坐)에는 유향(酉向)이

되니 손룡(巽龍)은 목룡(木龍)이요 유향(酉向)은 금향(金向)이니 금극목(金剋木)이 된다. 이룡(離龍)에 사좌(巳坐)를 하면 사좌(巳坐)에는 해향(亥向)이 되니 이룡(離龍)은 화룡(火龍)이요 해향(亥向)은 수향(水向)이니 수극화(水剋火)가 된다. 곤룡(坤龍)에 유좌(酉坐)를 하면 유좌(酉坐)에는 묘향(卯向)이 되니 곤룡(坤龍)은 토룡(土龍)이요 묘향(卯向)은 목향(木向)이니 목극토(木剋土)가 된다. 태룡(兌龍)에 해좌(亥坐)를 하면 해좌(亥坐)에는 사향(巳坐)이 되니 태룡(兌龍)은 금룡(金龍)이요 사향(巳向)은 화향(火向)이니 화극금(火剋金)이 된다. 건룡(乾龍)에 자좌(子坐)를 하면 자좌(子坐)에는 오향(午向)은 화향(火向)이니 화극금(火剋金)이 된다. 이상은 용상팔살(龍上八殺)의 원리이치다. 패철일선(佩鐵一線) 황천살(黃泉殺)을 설명하면 황천살(黃泉殺) 진인신유해묘사오팔방(辰寅申酉亥卯巳午八方)은 혈판(穴坂)의 좌(坐)를 극(剋)하여 살(殺)을 받는다는 것이다.

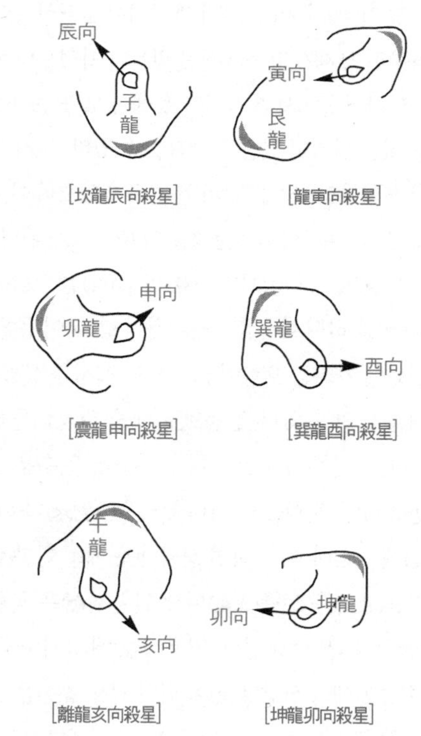

[坎龍辰向殺星] [艮龍寅向殺星]
[震龍申向殺星] [巽龍酉向殺星]
[離龍亥向殺星] [坤龍卯向殺星]

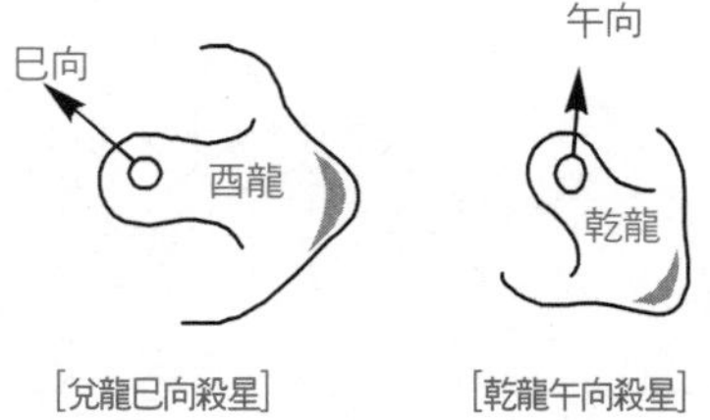

[兌龍巳向殺星] [乾龍午向殺星]

우수(雨水)나 천수(泉水)의 광중침입(壙中侵入)이 그 방위에서 오는 것을 말하는 것이며, 그러한 혈판은 명당이 될 수도 없으며 만고팔요황천살(萬苦八曜黃泉殺)에 해당되는 좌(坐)에 장사가 되었다면 인패(人敗), 재패(財敗), 귀(貴)의 패(敗)를 받는다는 설명이다. 즉 혈을 향하여 들어오는 들어오는 물이 그 방위에서 들어오나를 보고 혈 주위의 5m이내의 꺼진 곳도 살피라고 되어 있다. 이는 들어오는 물이 혈을 극(剋)하면 백골(白骨)의 안식(安息)을 해하니 그 후손에 재패(財敗), 인패(人敗), 병패(病敗)를 입는다는 뜻이다. 어떤 고서에 이르기를, 진(辰)과 술(戌)은 같은 일체양토(一體陽土)가 되므로 술방(戌方)이 가중되어 팔요황천살이 구요황천살이라는 설도 있다.

[팔요황천살이 24방위에 극하는 오행관계표]

24方位	陰陽	八殺	陰陽	五行	相剋
乾 : 戌乾亥	陽	午	陽	乾 金 午 火	火剋金
坎 : 壬子癸	陽	辰	陽	坎 水 辰 土	土剋水
艮 : 丑艮寅	陽	寅	陽	艮 土 寅 木	木剋土
震 : 甲卯乙	陽	申	陽	震 木 申 金	金剋木
巽 : 辰巽巳	陰	酉	陰	巽 木 酉 金	金剋木
離 : 丙午丁	陰	亥	陰	離 火 亥 水	水剋火
坤 : 未坤申	陰	卯	陰	坤 土 卯 木	木剋土
兌 : 庚酉辛	陰	巳	陰	兌 金 巳 火	火剋金

위의 도표를 보면 오행의 상극에다 가중하여 음양배합마저 합이 되지 않는 상극관계임을 알 수 있고 용상팔살(龍上八殺)은 다음과 같다.

乾龍不立午向, 坤向不立卯向, 艮龍不立寅向,

巽龍不立酉向, 坎龍不立辰向, 離龍不立亥向,

震龍不立申向, 兌龍不立巳向.

• **고서문헌해설**(古書文獻解說) : 황천살(黃泉殺)이란 지하에 천

수(泉水)나 우수(雨水)가 광중내에 침입한 것이다. 황이란 자는 하늘은 검고 땅은 누렇다는 것으로 지리에 음양의 수를 일컬음이니 지상의 모든 물은 양수요 지하의 모든 물은 음수다. 음 가운데 양이 있고 양 가운데 음이 있는 이치가 바로 이것이다. 지상에서 흘러 움직이는 물은 양이요 또 지하에 침입한 빗물은 양수요 샘나는 물은 음수다. 지하의 음양수를 막론하고 광중침입한 물은 살(殺)이 되니 자손에게 손재가 되고 요절하고 백가지 병을 면하기가 어렵다. 즉 우수나 천수가 광중(壙內)에 들어옴을 황천살(黃泉殺)이라 한다.

① 戌乾亥(午) ② 壬子癸(辰) ③ 丑艮寅(寅)

④ 甲卯乙(申) ⑤ 辰巽巳(酉) ⑥ 丙午丁(亥)

⑦ 未坤申(卯) ⑧ 庚酉辛(巳)

위의 황천살(黃泉殺)을 도표로 정리하면 다음과 같다.

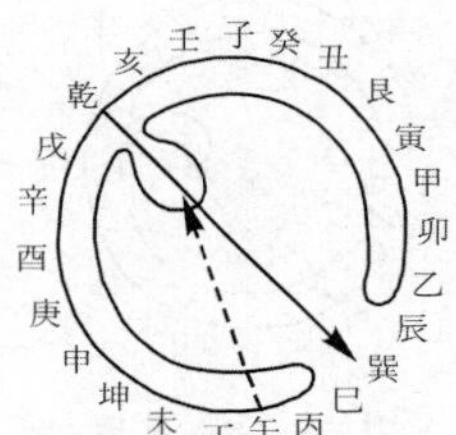

①번 乾坐 : 巽向에 午方殺 ②번 子坐 : 午向에 辰方殺

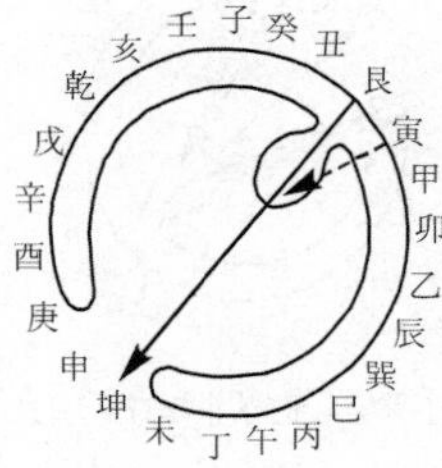

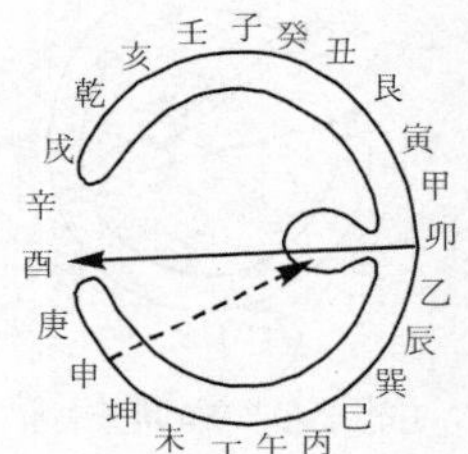

③번 艮坐 : 坤向에 寅方殺 ④번 卯坐 : 酉向에 申方殺

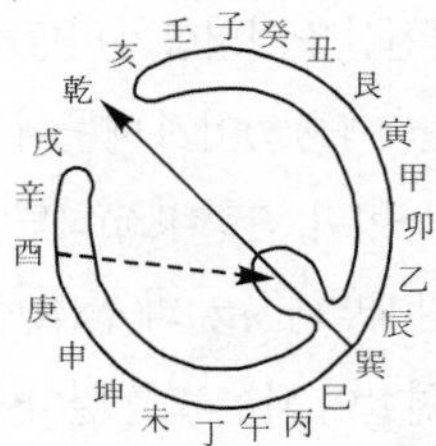

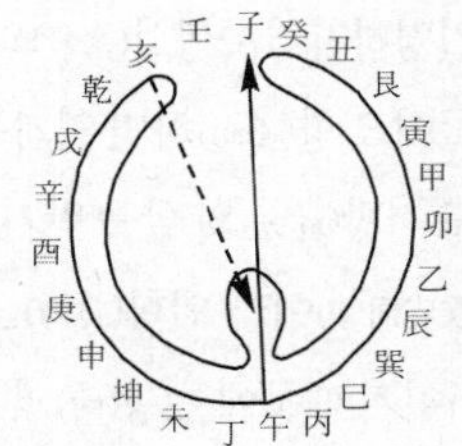

⑤번 巽坐 : 乾向에 酉方殺 ⑥번 午坐 : 子向에 亥方殺

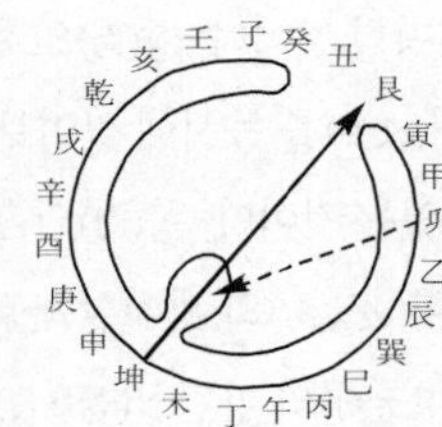

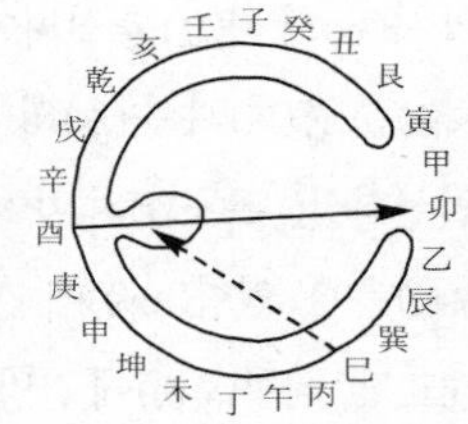

⑦번 坤坐 : 艮向에 卯方殺 ⑧번 酉坐 : 卯向에 巳方殺

이상의 여덟 도표로 총 24좌 황천살(黃泉殺)을 미루어 익힐 수 있을 것이다. 24좌에 같은 살(殺)을 받는 이치는 삼자혼합정배합법(三者混合正配合法)에 의하여 24개좌를 3개좌씩 하나로 묶어 4정방(四正方)과 4유방(四維方)을 기간으로 하여 한 관(官)을 형성하여 한 좌(坐)로 활용하니 8좌로 본다. 또한 자좌(子坐)를 보면 자(子)는 4정방(四正方)의 하나요 임자계(壬子癸)는 정배합법(正配合法)에 해당하니 자좌(子坐)가 진방(辰方)의 살(殺)을 받는 것과 같이 임좌(壬坐)나 계좌(癸坐)도 자좌(子坐)와 똑같이 살(殺)을 받는 이치를 말하는 것이니, 24좌에 통용되는 것이다.

❖ 나경2선(羅經二線)

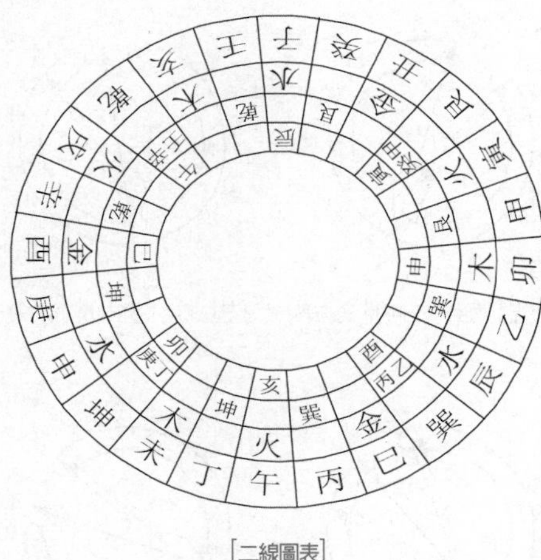

[二線圖表]

2선(二線)의 황천살(黃泉殺)은 향살(向殺)로서 향(向)을 볼 때의 황천살로 그 방향으로 수(水)나 풍(風)이 들어오거나 나가면 황천살을 받는 것을 말한다. 풍(風)의 살(殺)을 받는다 함은 혈판(穴坂)을 풍(風)으로부터 막아야 할 주위의 사(砂)가 허(虛)하여 장풍(藏風)을 할 수 없다 함을 말하는 것과 같으니 향살방(向殺

方)의 사(砂)의 허(虛)를 살펴야 마땅할 것이다. 향(向)의 황천살(黃泉殺)은 풍(風)과 수(水)의 내거(來去)를 동시에 살펴보는 것이 일선좌살(一線坐殺)과 차이가 있는 것이다. 향(向)의 황천살(黃泉殺)은 ① 임향(壬向)에 건방향(乾方向)의 황천살(黃泉殺)을 살피고, ② 계향(癸向)에 간방향(艮方向)의 황천살(黃泉殺)을 살피고, ③ 간향(艮向)에 갑방향(甲方向) 계방향(癸方向)의 황천살(黃泉殺)을 살피고, ④ 갑향(甲向)에 간방향(艮方向)의 황천살(黃泉殺)을 살피고, ⑤ 을향(乙向)에 손방향(巽方向)의 황천살(黃泉殺)을 살피고, ⑥ 손향(巽向)에 을방향(乙方向), 병방향(丙方向)의 황천살(黃泉殺)을 살피고, ⑦ 병향(丙向)에 손방향(巽方向)의 황천살(黃泉殺)을 살피고, ⑧ 정향(丁向)에 손방향(坤方向)의 황천살(黃泉殺)을 살피고, ⑨ 곤향(坤向)에 정방향(丁方向), 병방향(庚方向)의 황천살(黃泉殺)을 살피고, ⑩ 경향(庚向)에 곤방향(坤方向)의 황천살(黃泉殺)을 살피고, ⑪ 신향(辛向)에 건방향(乾方向)의 황산살(黃泉殺)을 살피고, ⑫ 건향(乾向)에 신방향(辛方向)과 임방향(壬方向)의 황천살(黃泉殺)을 살핀다. 위의 황천살(黃泉殺)을 도표로 정리하면 다음과 같다.

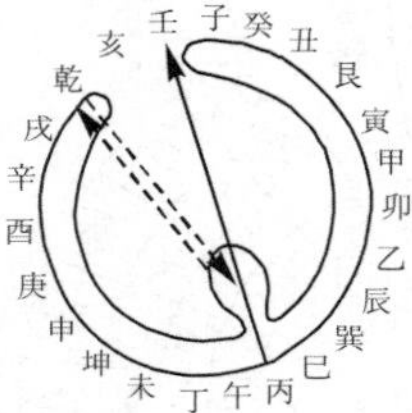

①번 丙坐 : 壬向에 乾方殺 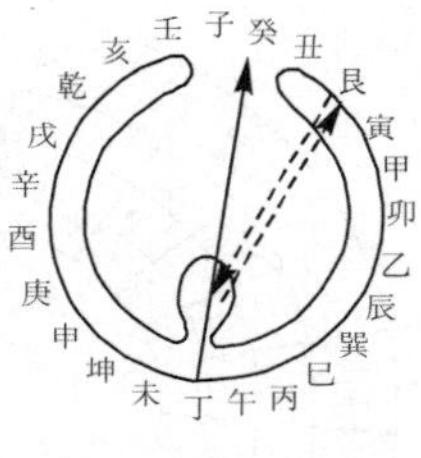 ②번 丁坐 : 癸向에 艮方殺

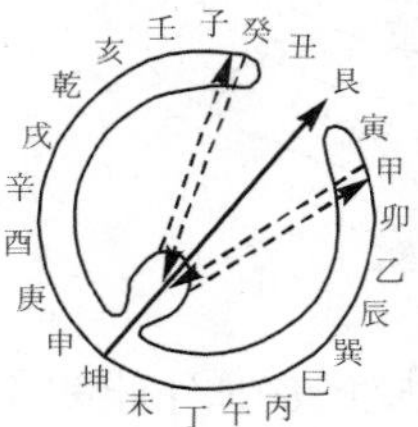

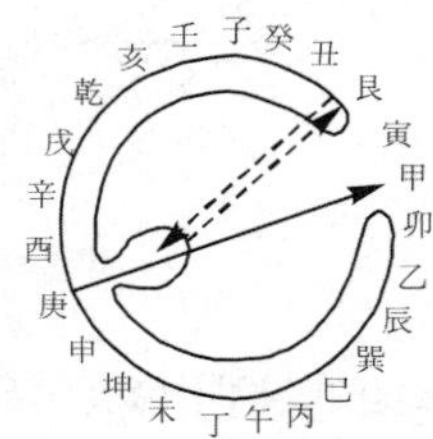

③번 坤坐 : 艮向에 甲方殺 ④번 庚坐 : 甲向에 艮方殺

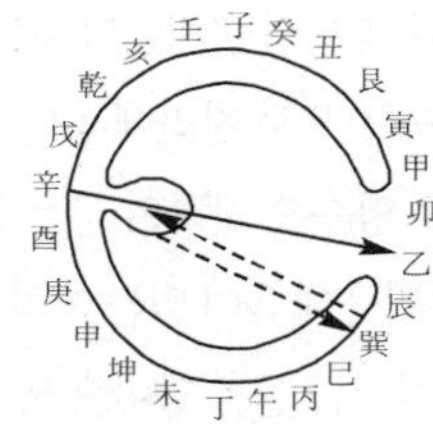

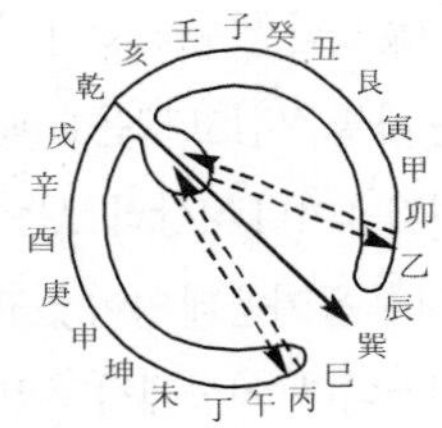

⑤번 辛坐 : 乙向에 巽方殺 ⑥번 乾坐 : 巽向에 乙方丙方殺

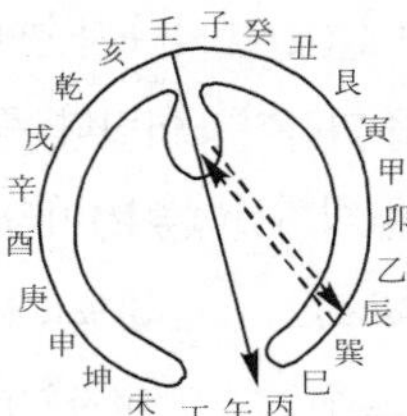

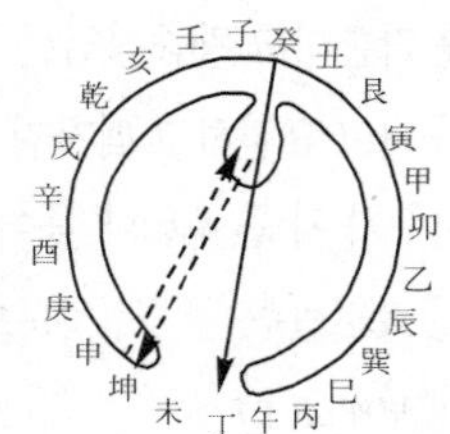

⑦번 壬坐 : 丙向에 巽方殺 ⑧번 癸坐 : 丁向에 坤方殺

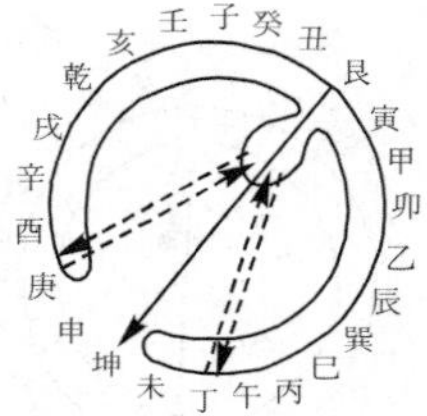

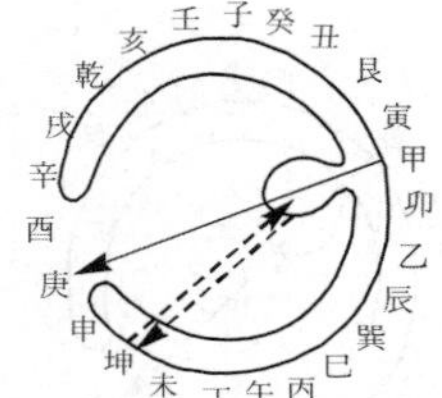

⑨번 艮坐 : 坤向에 丁方庚方殺 ⑩번 甲坐 : 庚向에 坤方殺

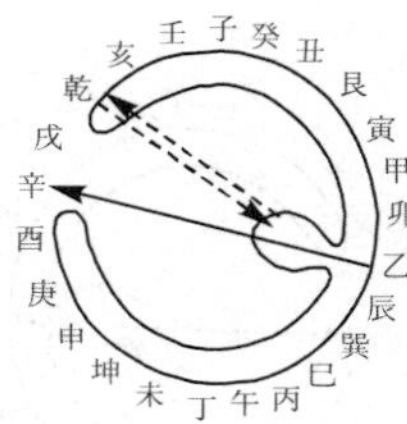

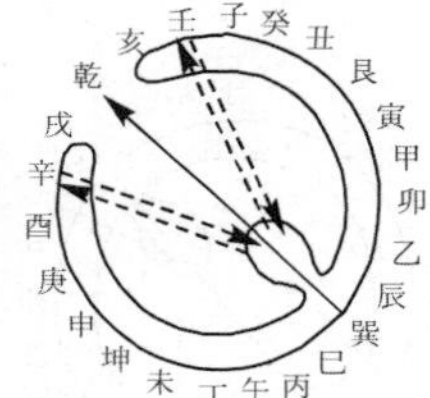

⑪번 乙坐 : 辛向에 乾方殺 ⑫번 巽坐 : 乾向에 辛方壬方殺

이상의 12도표로 향(向)의 황천살(黃泉殺)을 설명하였으나 정확히 설명하자면 32향살(向殺)의 황천살을 설명함이 마땅하다. 예를 들어 임향(壬向)하면 임자동관(壬子同官)이기 때문에 자향(子向)도 건방(乾方)의 살을 받기 때문이며, 간향(艮向)하면 간임동관(艮寅同官)이라 인향(寅向)도 갑계방(甲癸方)의 살(殺)을 받는 이치이기 때문에 32향(向)의 황천살이 되는 것을 알아야 한다.

• **고서문헌해설**(古書文獻解說) : 고서에 이르되, 팔요풍살(八曜風

殺)을 간파해서 아는 법은 가장 중요한 것이니 산의 이치라 함은 명당 국판의 형성됨이 끊겨진 곳이라도 완전한 명당판이 있는 법이 있고, 보국의 형세가 비록 수려한 곳이라도 명당판이 풍살을 받아서 비어진 곳 즉 명당이 될 수 없는 곳이 있으니, 보국의 형세를 정확히 간파할 수 있는 자는 도사의 경지에 이르지 못한 자의 눈에는 능히 찾지 못할 것이다. 보국형세(保局形勢)가 부족하고 용세(龍勢)가 다소 끊긴 것 같이 힘차게 유연하지 못한 것 같아도 요풍살(曜風殺)을 받을 수 없이 명당국세가 정교하면 온전한 혈장이 결혈될 수 있으나, 보국형세가 비록 수려하고 정교하게 형성되고 용세가 아름다워도 혈판에 풍살을 받을 수 있는 공허한 틈이 있다면 혈장이 절혈될 수 없는 것이니 도안(道眼)이 아니면 분별취혈(分別取穴)이 어렵다는 말이다. 즉 최선의 공부와 최선의 노력으로 이치를 깨달은 자만이 완벽한 명혈(明穴)을 가릴 수 있다는 말이다. 이상에서 본 2선(二線)의 향(向)의 황천살(黃泉殺)은 천간(天干) 12자와 관계되어있음을 볼 수 있고, 1선좌(線坐)의 황천살은 지지팔자(地支八字)에 관계되어 있음을 볼 수 있다. 그리하여 좌(坐)의 살(殺)은 지지(地支)와의 관계이니 음에 속하며 동적인 것임을 생각할 수 있다.

❖ **나경3선**(羅經三線) : **삼합오행**(三合五行) : 3선(三線)의 삼합오행(三合五行)은 4선(四線)의 20방위에 배속되어 있음을 볼 수 있다. 또한 24방위는 12동관(同官)으로 이루어졌으며 오행의 목화토금수중토(木火土金水中土)는 중앙토(中央土)로 빠지고 목화금수(木火金水)가 24방위에서 천간이 아닌 지지자(地支字)에만 배속되어 있다. 이는 천간지지(天干地支)는 음양배합(陰陽配合)으로 동관(同官)이기 때문에 두 자가 같은 의미를 갖는 것이다. 여기서 자축인묘진사오미신유술해(子丑寅卯辰巳午未申酉戌亥) 12지가 삼합으로 분리가 되니 4국(四局)은 목국(木局), 화국(火局), 금국(金局), 수국(水局)으로 목국(木局)은 해묘미(亥卯未) 건갑정(乾甲丁) 생왕묘(生旺墓), 화국(火局)은 인오술(寅午戌) 간병신(艮丙辛) 생왕묘(生旺墓), 금국(金局)은 사유축(巳酉丑) 손경계(巽庚稽) 생왕묘(生旺墓), 수국(水局)은 신자진(申子辰) 곤임을(坤壬乙) 생왕묘(生旺卯)이다. 산지(山地)에서 3합(三合)을 이룬다는 것은 좌(坐)와 수(水)와 사(砂)가 4국(局) 도표와 같이 정삼각형을 이루며, 명당의 국형(局形)이 이어졌을 때에 대길함을 말하는 것이다. 또는 좌(坐)와 득수(得水)와 파구(破口)의 3합(三合)을 이루는 국형이 이루어졌을 때도 대길함을 말하며, 묘지의 비석의 위치도 삼합의 방위로 입석(立石)하기도 한다.

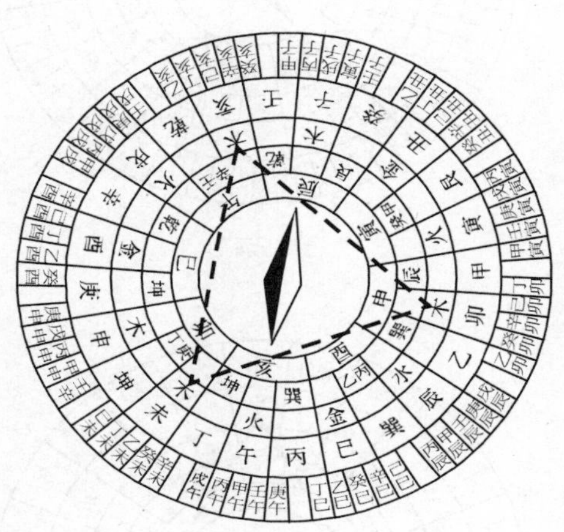

[木局 亥卯未]

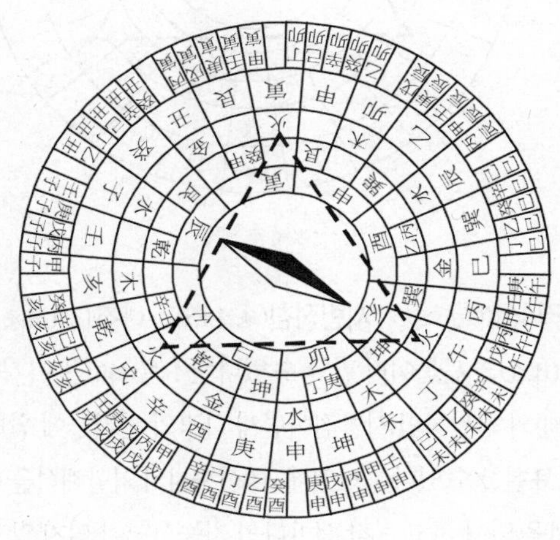

[火局 寅午戌]

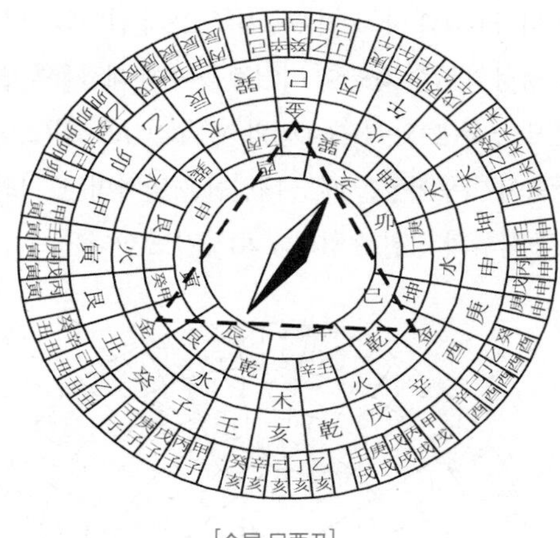

[金局 巳酉丑]

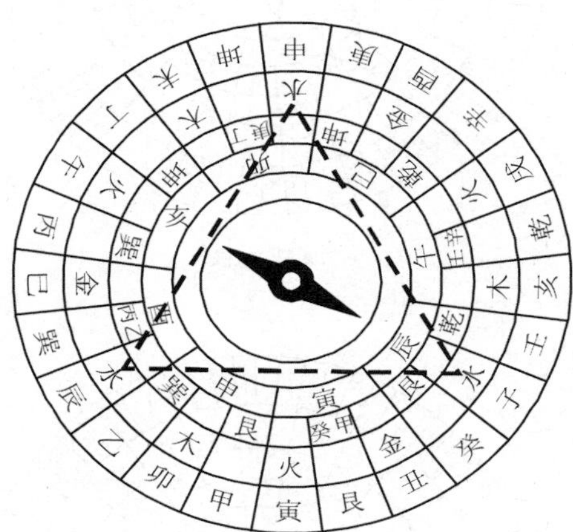

[水局 申子辰]

❖ **나경4선**(羅經四線) : **지반정침**(地盤正針) : 나경1선(羅經一線)을 이기(理氣)의 관문이라 말할 수 있다면 4선(四線)은 이기학문(理氣學問)의 근원적인 시발점이면서 나경의 전기능에 원천이 된다고 표현할 수 있다. 즉 1선에서 9선까지의 역할해석을 함에 있어 4선을 없이 하고는 각 선마다의 기능설명이 되지 않기 때문이다. 지반정침인 4선은 문왕후천팔괘(文王后天八卦)에 근본되었으며 후천팔괘(后天八卦)는 태극(太極)으로부터의 발상인 것이다. 지반정침을 내반정침(內盤正針) 또는 내지반정침(內地盤正針)이라고도 하며 4선(四線)의 가장 큰 대표적인 역할은 24산격룡(山格龍)과 입수(入首)를 격정(格定)함에 있다. 지반정침의 24방위는 천간(天干) 10간(干)중 무기(戊己)는 중앙토(中央土)이기에 빠지고 갑을병정경신임계(甲乙丙丁庚辛壬癸)와 건곤간손(乾坤艮巽)의 4선(四線)을 합하여 천간(天干) 12간(干)이 정하여졌고, 지지(地支) 12지는 자축인묘진사오미신유술해(子丑寅卯辰巳午未申酉戌亥)로 12지가 있으니 정침의 24방위가 이루어진 것이다. 천간은 양(陽)으로 남(男)에 속하고, 지지(地支)는 음(陰)으로 여(女)에 속하게 되는 것이다. 포라만상(包羅萬象)의 이치는 음양오행의 밖으로 벗어날 수가 없으며 음과 양의 상합이 있어야만 이 생(生)과 사(死), 왕(旺)과 쇠(衰), 시(始)와 말(末)이 존재할 수 있는 것이다. 풍수지리자연의 법칙도 오행의 상생상극과 음양배합의 순환순리로 12간 12지인 24방위가 12동관(同官)으로 배합이 발상하여 배합순서가 시작되니 임자, 계축, 간인, 갑묘, 을진, 손사, 병오, 정미, 곤신, 경유, 신술, 건해의 12동관이 이루어진 것이다. 용의 맥(脈)은 동관배합이 이루어진 선상으로 입수투지(入首透地)되어야 만이 생룡(生龍)이 되는 것이며, 결혈(結穴)된 혈장이 되기에 정혈(定穴)이 가하게 된다. 동관배합선상에서 벗어나 부배합선상에 입수투지된 용이라면 사룡(死龍)이 되는 것이니, 비록 결혈(結穴)되었다 해도 정혈(定穴)할 수 없음이 동관배합법이다. 원(圓)은 360도이기에 24등분하면 2등분은 15도가 된다. 한 원(圓)을 24등분한 15도마다 24방위인 천간자(天干字)와 지지자(地支字)를 배속한 것이 지반정침4선(地盤正針四線)의 구성이다. 따라서 자(子)는 북방에, 오(午)는 남방에, 묘(卯)는 동방에, 유(酉)는 서방에, 간(艮)은 북동간방에, 손(巽)은 남동간방에, 곤(坤)은 남서간방에, 건(乾)은 북서간방에 위치하게 하니, 이것이 곧 8괘(八卦)의 8방위가 되는 것이다. 8방위는 천간의 4유방위(四維方位)와 지지(地支)의 4정방위가 기둥이 되어 구성되고, 천간자(天干字)기둥에는 지지자(地支字)가 좌우에 놓여지고, 지지자(地支字)기둥에는 천간자(天干字)가 좌우에 놓여지니, 임자계(壬子癸), 축간인(丑艮寅), 갑묘을(甲卯乙), 진손사(辰巽巳), 병오정(丙午丁), 미곤신(未坤申), 경유신(庚酉辛), 술건해(戌乾亥)로 배열되었으니 이는 주역(周易)의 후천팔괘(後天八卦)를 그대로 응용하여 만들었기에 1괘(一卦)가 3방위씩 관리가 되는 것이다. 그리하여 8방위에서는 임자계방(壬子癸方)을 자방(子方)으로 읽으며, 축간인방(丑艮寅方)을 간방(艮方)으로 읽으

며, 갑묘을방(甲卯乙方)을 묘방(卯方)으로 읽으며, 진손사방(辰巽巳方)을 손방(巽方)으로 읽으며, 병오정방(丙午丁方)을 오방(午方)으로 읽으며, 미곤신방(未坤申方)을 손방(坤方)으로 읽으며, 경유신방(庚酉辛方)을 유방(酉方)으로 읽으며, 술건해방(戌乾亥方)을 건방(乾方)으로 읽는 것이며, 그리하여 음택(陰宅)과 양택(陽宅)에서 다같이 활용되고 있다. 4선(四線)에 24방위를 4국(四局)으로 관리하는 목화금수국(木火金水局)이 있다.

- **목국**(木局) : 정미곤신경유(丁未坤申庚酉)
- **화국**(火局) : 신술건해임자(辛戌乾亥壬子)
- **금국**(金局) : 계축간인갑묘(癸丑艮寅甲卯)
- **수국**(水局) : 을진손사병오(乙辰巽巳丙午)

이상이 4대국 오행으로 파구(破口)에 의하여 좌향(坐向)을 정하는 포태법(胞胎法)의 시초가 되기도 한다. 이상의 내용은 24방위의 좌향을 격정(格定)하는데 기초적인 바 완전히 이해하고 암기하여야만 할 것이다. 따라서 4선 24방위를 활용유형대로 요약해서 기술하면 다음과 같다.

- **24방위**(方位) : 壬子癸, 丑艮寅, 甲卯乙, 辰巽巳,
  丙午丁, 未坤申, 庚酉辛, 戌乾亥

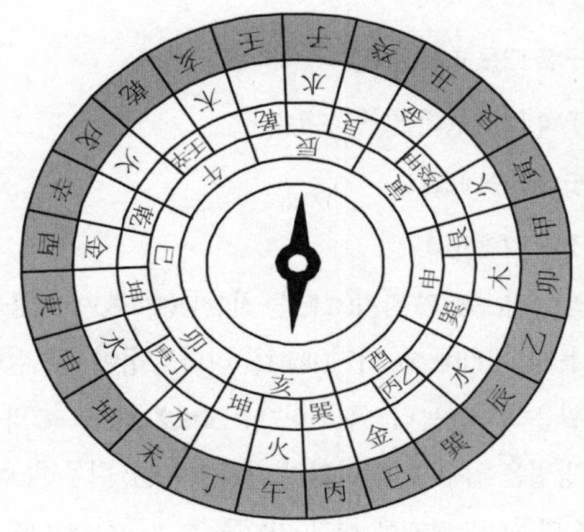

- **12동관방위**(同官方位) : 壬子, 癸丑, 艮寅, 甲卯,
  乙辰, 巽巳, 丙午, 丁未,
  坤申, 庚酉, 辛戌, 乾亥

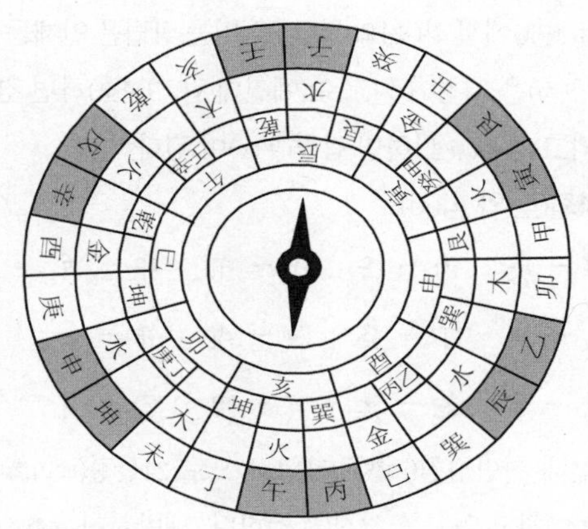

- **8방위**(方位) : 壬子癸, 丑艮寅, 甲卯乙, 辰巽巳,
  丙午丁, 未坤申, 庚酉辛, 戌乾亥

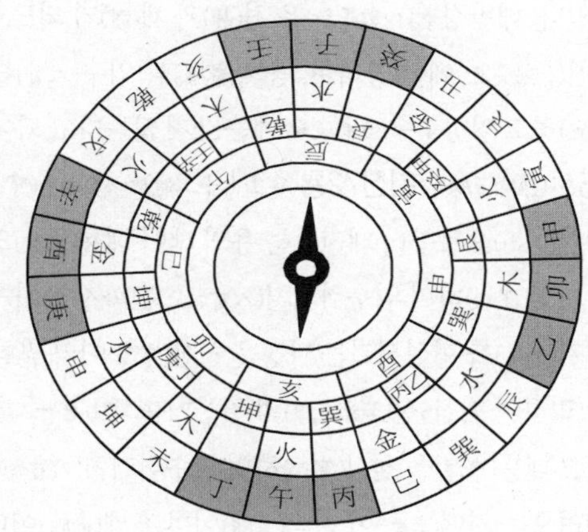

- **4대국위**(四大局位) : 丁未坤申庚酉, 辛戌乾亥壬子
  癸丑艮寅甲卯, 乙辰巽巳丙午

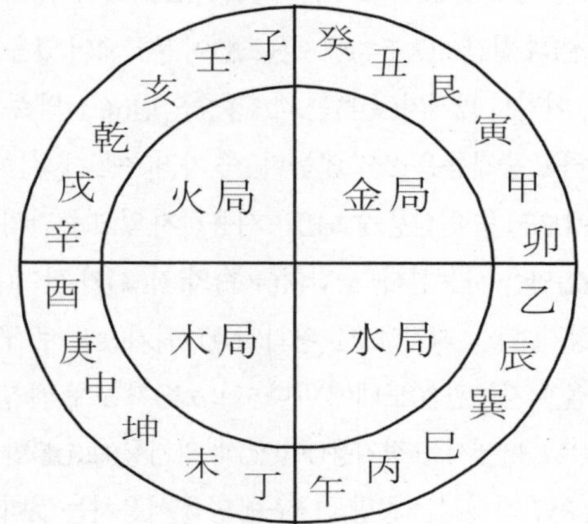

ㄴ

패철(佩鐵)에서 좌(坐)와 향(向)을 읽는 방법은 언제든지 좌(坐)와 향(向)은 대칭이 되므로, 예컨대 갑좌(甲坐)하면 경향(庚向)이 되고 경좌(庚坐)하면 갑향(甲向)이 된다.

- **24좌(坐)와 향(向)**

甲－庚　丙－壬　子－午　卯－酉,

乙－辛　丁－癸　辰－戌　丑－未,

艮－坤　乾－巽　寅－申　巳－亥

4선내 지반정침(四線內地盤正針)으로 24산강(四山崗)을 격룡(格龍)하고 입수를 격정(格定)한다. 내반정침(內盤正針)은 본래 12지지(地支)만이 있었으나 외반정침(外盤正針)이 만들어지면서 4유8간(四維八干)을 더 설정하여 24좌(坐)와 향(向)이 되었다. 내반정침(內盤正針)은 정(靜)과 체(體)가 되므로 복희선천(伏犧先天)에 상응하며, 용맥(龍脈)과 입수(入首)를 격정(格定)하고 입향수수(立向收水)에는 쓰지 않는다고 되어 있다.

❖ **나경5선**(羅經五線) : **천산72룡**(穿山七十二龍) : 천산룡(穿山龍)이란 주산(主山)으로부터 내려오는 용의 맥이 내룡(來龍)의 중심으로 천심(穿心)하며 입수취기처(入首聚氣處)까지 힘차게 내려와 취기(聚氣)를 형성시키는 과정을 천산(穿山)이라 말할 수 있다. 그리하여 패철5선(佩鐵五線)의 천산72룡(穿山七十二龍)의 의미는 그 내룡(來龍)을 천심(穿心)하며 입수취기처(入首聚氣處)까지 내려오는 기맥(氣脈)이 길맥(吉脈)이냐 흉맥(凶脈)이냐를 72룡으로 간별하는데 의미가 있다. 천산72룡은 25도씩 나누어 24방위가 되었고 한 방위의 15를 5도씩 다시 나눈 것이 천산72룡이 되는 것이다. 그리하여 5선을 살펴보면 지지자(地支字)에 3룡(三龍)과 천간자(天干字)에 3룡(三龍)이 분금되어 있음을 볼 수 있다. 여기서 12지자(支字)는 각 3룡중 양변(兩邊)의 두 용만을 사용하고 중간룡은 쓰지 않는다. 즉 자좌(子坐)에서는 계해갑자(癸亥甲子) 두 천산룡(穿山龍)은 사용하지 않고 중간의 공망룡(空亡龍)만을 사용한다. 60갑자(甲子)의 기(氣)가 산기(散氣 : 氣殺), 정기(正氣), 패기(敗氣), 왕기(旺氣), 퇴기(退氣)로 구분되어 있음을 이자동관 30도내에 마다 5기(五氣)가 고루 배속되고 지지좌(地支坐)에서는 정기룡(正氣龍)과 왕기룡(旺氣龍)만을 사용하고, 천간좌에서는 공망룡(空亡龍)만을 사용하는 것이 천산룡(穿山龍)의 활용이다.

- **60갑자(六十甲子)에 기(氣)의 배속표(配屬表)** : 갑자(甲子), 을축(乙丑), 정묘(丁卯), 무진(戊辰), 기사(己巳), 경오(庚午), 신미(辛未), 임신(壬申), 계유(癸酉), 갑술(甲戌), 을해(乙亥)와 같이 갑자순(甲子順) 12룡(龍)은 산기(散氣) 또는 냉기살(冷氣殺)이라 한다. 병자(丙子), 정축(丁丑), 무인(戊寅), 기묘(己卯), 경진(庚辰), 신사(辛巳), 임오(壬午), 계미(癸未), 갑신(甲申), 을유(乙酉), 병술(丙戌), 정해(丁亥)와 같이 병자순(丙子順) 12룡은 정기(正氣)가 되고, 무자(戊子), 기축(己丑), 경인(庚寅), 신묘(辛卯), 임진(壬辰), 계사(癸巳). 갑오(甲午), 을미(乙未), 병신(丙申), 정유(丁酉), 무술(戊戌), 기해(己亥)와 같이 무자순(戊子順) 12룡은 패기(敗氣) 또는 무기살(戊氣殺)이 된다. 경자(庚子), 신축(辛丑), 임인(壬寅), 계묘(癸卯), 갑진(甲辰), 을사(乙巳), 병오(丙午), 정미(丁未), 무신(戊申), 기유(己酉), 경술(庚戌), 신해(辛亥)와 같이 경자순(庚子順) 12룡은 왕기(旺氣)가 되고 임자(壬子), 계축(癸丑), 갑인(甲寅), 을묘(乙卯), 병진(丙辰), 정사(丁巳), 무오(戊午), 기미(己未), 경신(庚申), 신유(辛酉), 임술(壬戌), 계해(癸亥)와 같이 임자순(壬子順) 12룡은 퇴기(退氣)가 된다.

甲子順 12龍 散氣

丙子順 12龍 正氣(生氣)

戊子順 12龍 敗氣 또는 戊氣殺

庚子順 12龍 旺氣

壬子順 12龍 退氣

위의 정기(正氣)와 왕기(旺氣)는 천산룡(穿山龍)에 활용되고 산기(散氣), 패기(敗氣), 퇴기(退氣)를 하나로 묶어 무기살이라 하여 활용하지 않는다. 5선천산72룡(五線穿山七十二龍)의 간별하는 방법은 입수(入首) 전의 취기처(聚氣處), 현무정(玄武頂)의 분수만두(分水巒頭)에 패철(佩鐵)을 놓고 주산(主山)으로부터 현무정(玄武頂)까지 들어오는 내룡(來龍)의 기맥(氣脈)이 어느 천산룡(穿山龍)으로 들어오느냐에 따라서 생룡(生龍)이냐 사룡(死龍)이냐가 결정되고, 혈의 흥왕성쇠(興旺盛衰)를 가늠하는 것이다. 또한 내룡(來龍)이 본래 사룡(死龍)이라 해도 입수전일절(入首前一節)이 정기룡(正氣龍)이나 왕기룡(旺氣龍)으로 천심(穿心)되었다면 이는 회생되는 생룡으로 보아 생기를 받는 명당으로 정혈이 가하다는 사용법으로도 활용되고 있다. 그러나 이 천산72룡(穿山七十二龍)을 활용한다 함은 참으로 쉬운 격룡법(格龍法)이 아니다. 그렇기 때문에 그에 상응되는 노력이 필요함을 깨달아야 할 것이니 이는 많은 구묘(舊墓)의 관산(觀山) 경험을 바탕으로 하여 감정하는 맥목(脈目)을 넓히고 행사현장의 직접 실습만이 참된 교육의 지름길이 될 것이다.

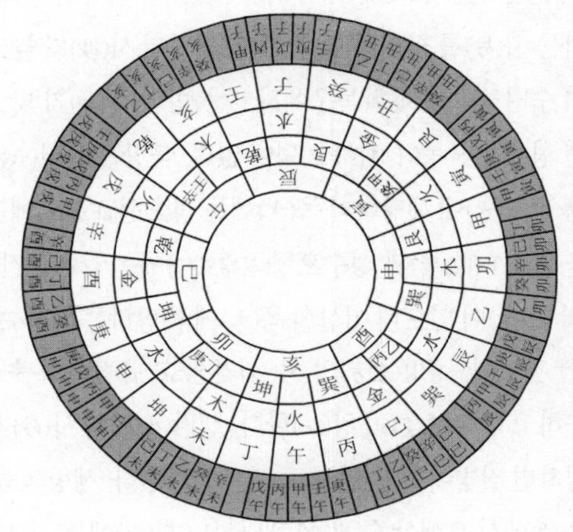

❖ **나경6선**(羅經六線) : **인반중침**(人盤中針) : 인반중침(人盤中針)은 모든 사(砂)가 당판(堂板)의 좌(坐)를 기점으로 하여 명당을 아름답게 취회(聚會)할 수 있게 도와줄 수 있는 방위에 있나 없나를 살펴보는데 활용된다. 사(砂)라 함은 혈판 부근에 보이는 모든 산, 물, 돌, 길, 건물을 일괄하여 사(砂)라 칭한다. 그리고 중침은 4선(四線)의 지반정침(地盤正針)과는 7.5도가 역행(시계바늘 방향을 순행으로 볼 때 반대방향으로 행하는 것)되어 6선(六線)에 위치하고 있다. 이 이유는 사(砂)는 산이요 산은 음(陰)이기 때문에 역행된 것이다. 중침으로 사(砂)를 볼 때 반드시 좌(坐)도 사(砂)도 성수오행(星宿五行)에 대입시켜 오행의 상생상극을 육친관계를 살펴서 길흉을 간별하는 것이다. 예를 들면 손좌(巽坐)라면 목좌(木坐)가 되므로 성수오행(星宿五行)상 수사(水砂)가 되는 인신사해방(寅申巳亥方)의 사(砂)가 있다면 수생목(水生木)이 되고 수(水)가 목(木)을 생(生)하니 혈인 목(木)을 사(砂)가 되는 수(水)가 생(生)해오니 관료(官僚)의 귀(貴)나 재복(財福)의 부(富)와 인정(人丁)이 대발한다는 이치이다. 성수오행을 살펴보면

木 : 艮巽坤乾, 火 : 甲庚丙壬 子午卯酉

土 : 乙辛丁癸, 金 : 辰戌丑未

水 : 寅申巳亥

곤좌(坤坐)라면 성수오행(星宿五行)으로 목좌(木坐)이니 손간건방(巽艮乾方)의 사(砂)는 목좌(木坐)에 목사(木砂)가 되기 때문에 육룡상(六龍上) 오행이 같기 때문에 비화자형제(比和者兄弟)가 되는 비견(比肩)이 되어 인정(人丁)과 재산에 득이 있고 갑경병임자오묘유방(甲庚丙壬子午卯酉方)의 사(砂)는 성수오행상화(星宿五行上火)가 되니 목생화(木生火)가 되어 좌(坐)의 목(木)이 사(砂)의 화(火)를 생(生)해 주니 육친상(六親上) 아생자손(我生者孫)인 곧 내가 생(生)해주는 오행으로 식신(食神)이 되어 재산의 손실이 된다. 목(木)과 화(火)는 극(剋)이 아니고 생(生)이 되는데 생(生)이 되는데 손실에 속하는 이유는 혈은 생(生)을 받아야지 생(生)을 해주는 것은 풍수학에서 재혈법(裁穴法)에 합당하지 않기 때문이다. 즉 주기 때문에 손실로 보는 것이다. 을신정계방(乙辛丁癸方)의 사(砂)는 성수오행상(星宿五行上) 토(土)가 되는 목극토(木剋土)가 되어 좌(坐)의 목(木)이 사(砂)의 토(土)를 극(剋)하니 육친상(六親上) 아극자처재(我剋者妻財)로 재산을 쓸 수 있게 되며, 진술축미방(辰戌丑未方)의 사(砂)는 성수오행상(星宿五行上) 금(金)이 되니 금극목(金剋木)이 되어 좌(坐)의 목(木)을 사(砂)인 금(金)이 극(剋)하니 육친상(六親上) 극아자(剋我者) 관귀(官鬼)가 되어 인정(人丁)이 상(傷)하고 재산의 손해를 받게 되며, 인신사해방(寅申巳亥方)의 사(砂)는 성수오행상(星宿五行上) 수(水)가 되니 수생목(水生木)이 되어 좌(坐)의 목(木)을 사(砂)인 수(水)가 생(生)해주니 육친상(六親上) 생아자부모(生我者父母)가 되어 관록(官祿)의 귀(貴)나 재복(財福)의 부(富)와 인정(人丁)이 왕(旺)하게 됨을 의미하는 것이다. 이유는 사(砂)가 좌(坐)를 생(生)해주는 혈법(穴法)에 합당하기 때문이다.

陰陽配合　正

陰陽否配合　偏

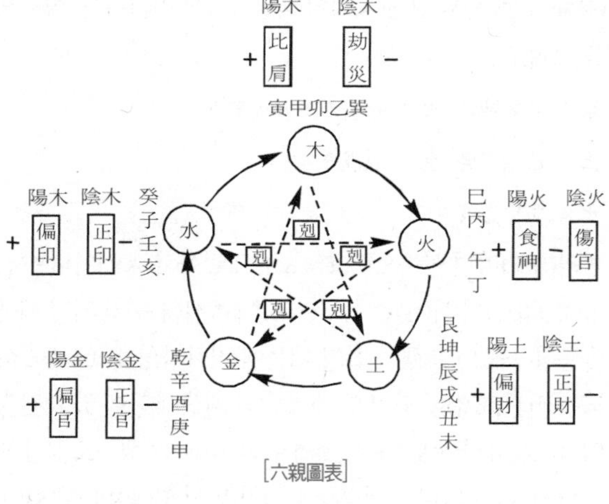

[六親圖表]

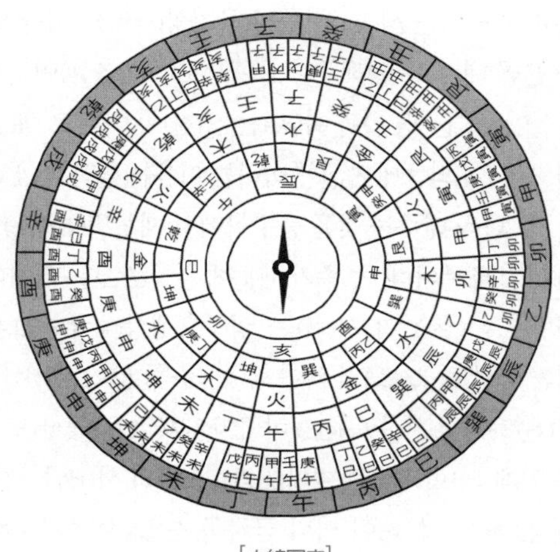

[六線圖表]

관방(官方)의 사(砂)가 높고 유정(有情)하며 수려하면 부(富)와 귀(貴)가 같이 하고 관방(官方)의 사(砂)가 낮고 무정(無情)하면 가난하고 인정(人丁)의 출세가 없다. 육신관계(六神關係)에서 갑목(甲木)을 기본으로 하여 해설한 것이니 관방(官方)은 오행상 금(金)에 해당하니 금(金)에는 정오행(正五行)에는 신경유신건(申庚酉辛乾)과 성수오행(星宿五行)에는 진술축미(辰戌丑未)의 금(金)이 있으니 이상의 금(金)에 해당하는 사(砂)를 살펴야 할 것이다. 재방(財方)의 사(砂)가 높고 유정하며 수려하면 처덕(妻德)이나 재(財)를 이루고, 재방(財方)의 사(砂)가 낮고 무정(無情)하면 재(財)도 못이루고 처덕(妻德)도 없다. 재방(財方)은 육신(六神)에서 오행상 토(土)에 해당하니 토(土)에는 정오행(正五行)에는 간곤진술축미(艮坤辰戌丑未)와 성수오행(星宿五行)의 을신정계(乙辛丁癸)의 토(土)가 있으니 이상의 토(土)에 해당하는 사(砂)를 살펴야 할 것이다. 인방(寅方)의 사(砂)가 높고 유정하며 수려하면 부자 화목하고 재가 왕(旺)하고 인방(寅方)의 사(砂)가 낮고 무정하면 가족이 불화목하고 재(財)도 패(敗)한다. 인방(印方)은 육신(六神)에서 오행상 수(水)에 해당하니 수(水)에는 정오행(正五行)에는 해임자계(亥壬子癸)와 성수오행(星宿五行)에는 인신사해(寅申巳亥)의 수(水)가 있으니 이상의 수(水)에 해당하는 사(砂)를 살펴야 할 것이다. 북방의 사(砂)가 높고 유정하며 수려하면 형제 화목우애하고, 북방의 사(砂)가 낮고 무정하면 형제가 불목(不睦)하고 덕이 없다. 북방은 육신(六神)에서 오행상 수(水)에 해당하니 목(木)에는 정오행(正五行)에는 인갑묘을손(寅甲卯乙巽)과 성수오행(星宿五行)에는 간손곤건(艮巽坤乾)의 목(木)이 있으니 이상의 목(木)에 해당하는 사(砂)를 살펴야 할 것이다. 생방(生方)의 사(砂)가 높고 유정하며 수려하면 장수하고 인정(人丁)이 왕(旺)한다. 생방(生方)의 사(砂)가 낮고 무정하면 질병이 많고 인정(人丁)이 쇠해진다. 생방(生方)은 육신(六神)에서 오행상 수(水)에 해당하니 화(火)에는 정오행(正五行)에는 사병오정(巳丙午丁)과 성수오행(星宿五行)에는 갑경병임(甲庚丙壬) 자오묘유(子午卯酉)의 화(火)가 있으니 이상의 화(火)에 해당하는 사(砂)를 살펴야 할 것이다.

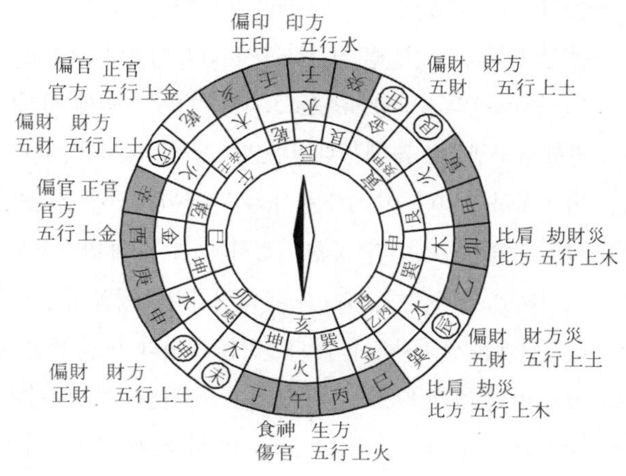

❖ **나경7선**(羅經七線) : **투지60룡**(透地六十龍) : 투지(透地)란 투지맥(透地脈)의 줄인 말로 천산(穿山 : 5線 설명참조)의 과정을 거치며 현무(玄武)에 이르러 힘을 주어 취기(聚氣)되는데, 입수(入首)가 시작되는 그곳에서 당판(堂坂)을 향하며 점점 가늘어지면서 서서히 땅 속으로 들어간 듯하며 자취를 감추기 때문에 투지(透地)라 하는 것이다. 투지60룡은 4선 24방위 360도를 6도씩 세분하여 60분금으로 만든 것이다. 다시 말하면 쌍산(雙山) 30도를 5등분하여 6도씩 만들어 놓은 것이나 같은 말이 된다. 예를 들면 임자쌍산30도(壬子雙山三十度)가 6도씩 세분되어 오룡(五龍)이 형성되고 그 5룡(五龍)이 갑자룡(甲子龍), 병자룡(丙子龍), 무자룡(戊子龍), 경자룡(庚子龍), 임자룡(壬子龍)이 되어 있고, 계축쌍산(癸丑雙山) 30도가 6도씩 세분되어 5룡(五龍)이 형성되고 그 5룡(五龍)이 을축룡(乙丑龍), 정축룡(丁丑龍), 기축룡(己丑龍), 신축룡(辛丑龍), 계축룡(癸丑龍)으로 나누어진 것이 투지룡(透地龍)이 되는 것이다. 투지60룡(透地六十龍)은 오직 병자순(丙子順)으로 병자(丙子), 정축(丁丑), 무인(戊寅), 기묘(己卯), 경진(庚辰), 신사(辛巳), 임오(壬午), 계미(癸未), 갑신(甲申), 을유(乙酉), 병술(丙戌), 정해(丁亥) 20룡과 경자순(庚子順)으로 경자(庚子), 신축(辛丑), 임인(壬寅), 계묘(癸卯), 갑진(甲辰), 을사(乙巳), 병오(丙午), 정미(丁未), 무신(戊申), 기유(己酉), 경술(庚戌), 신해(辛亥) 12룡을 합하면 24룡이 되고 투지60룡(透地60龍)에서는 이 24룡만을 사용할 수 있으며 각좌(各坐)마다 한 개의 주보혈(珠實穴)이 있어 24좌(坐)에 24룡만을 사용할 수 있으며 각 좌마다 한 개의 주보혈(株實穴)이 있어 24좌(坐)에 24주보혈(珠實穴)이 있는 것이다. 이 병자순(丙子順) 12룡과 경자순(庚子順) 12룡을 합한 24룡을 패철7선(佩鐵七線)에서 주보혈(珠實穴)이라 하고 24좌(坐)의 각 좌마다 하나씩의 주보혈이 있으며, 따라서 각 좌의 투지룡은 그 주보혈의 생(生)을 받는 용으로 입수(入首)되어야 만이 되는 것이다. 투지60룡(透地六十龍)을 정하는 데는 입수(入首)의 분수만두(分水巒頭)에 패철(佩鐵)을 놓고 입수룡에 해당하는 그 주보혈을 확인하고 오른쪽이면 주보룡(株實龍)의 우선편(右旋便)에서 주보룡이 생(生)해주는 투지룡을 찾아 그 찾은 투지룡에 해당되는 4선(四線)의 좌(坐)를 정하고, 좌선(左旋)이면 주보룡의 좌선편(左旋便)에서 주보룡이 생(生)해주는 투지룡을 찾아 그 찾은 투지에 해당되는 4선(四線)의 좌(坐)를 정하는 것이다. 예컨대, 오른쪽일 경우 혈하는 방법은 분수봉만(分水峰巒)에 패철(佩鐵)을 놓고 혈판까지의 투지룡을 볼 때 기묘주보룡(己卯珠寶龍)이 되었다면 이 때 기묘(己卯)의 납음오행(納音五行)이 토(土)이니 토(土)가 생(生)해주는 오행은 금(金)이 되므로 금(金)이 되는 투지룡을 기묘주보룡(己卯珠寶龍)의 우선편(右旋便)에서 찾아야 한다. 금(金)이 되는 투지룡은 계묘금(癸卯金)이니 4선(四線)에서 묘좌유향(卯坐酉向)을 정할 수 있다. 병자주보룡(丙子珠寶龍)이 되었다면 이 때 병자(丙子)의 납음오행(納音五行)이 수(水)이니 수(水)가 생(生)해주는 오행은 목(木)이 되므로 목(木)이 되는 투지용을 주보룡병자(珠寶龍丙子)의 우선편(右旋便)에서 찾아야 한다. 금(金)이 되는 투지룡은 신해금(辛亥金)이니 4선(四線)에서 해좌사향(亥坐巳向)을 정할 수 있다. 오른쪽일 경우 재혈(裁穴)하는 방법은 분수봉만(分水峰巒)에 패철(佩鐵)을 놓고 혈판까지 투지룡을 볼 때 경자주보룡(庚子珠寶龍)이 되었다면 경자주보룡(庚子珠寶龍)의 납음오행(納音五行)은 토(土)이니 토(土)가 생(生)해주는 오행은 금(金)이 되므로 금(金)이 되는 투지룡을 경자주보룡(庚子珠寶龍)의 좌선편(左旋便)에서 찾아야 한다. 금(金)이 되는 투지룡은 갑자금(甲子金)이니 4선(四線)에서 임좌병향(壬坐丙向)을 정할 수 있다. 무신주보룡(戊申珠寶龍)이 되었다면 이 때 무신주보룡(戊申珠寶龍)의 납음오행(納音五行)은 토(土)이니 토(土)가 생(生)해주는 오행은 금(金)이 되므로 금(金)이 되는 투지룡을 무신주보룡(戊申珠寶龍)의 좌선편(左旋便)에서 찾아야 한다. 금(金)이 되는 투지룡은 임신금(壬申金)이니 4선(四線)에서 곤좌간향(坤坐艮向)이 되는 것이다. 기유주보룡(己酉珠寶龍)이 되었다면 이 때 기유주보룡(己酉珠寶龍)의 납음오행(納音五行)은 토(土)이니 토(土)가 생(生)해 주는 오행은 금(金)이 되므로 금(金)이 되는 투지룡을 기유주보룡(己酉珠寶龍)의 좌선편(左旋便)에서 찾아야 한다. 금(金)이 되는 투지룡은 계유금(癸酉金)이니 4선(四線)에서 경좌갑향(庚坐甲向)이 되는 것이다.

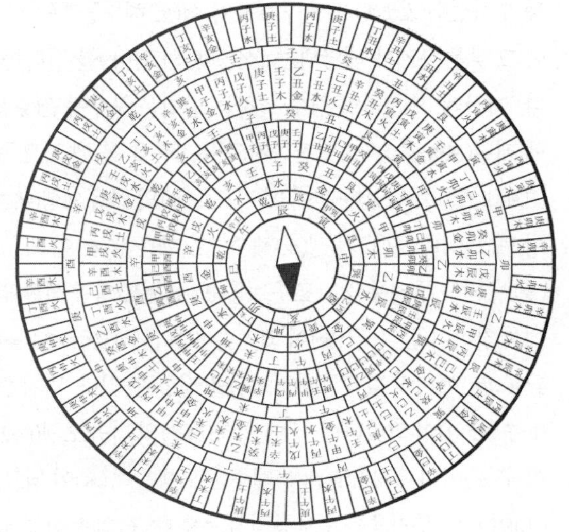

❖ **나경8선**(羅經八線) : **천반봉침**(天盤縫針) : 천반봉침(天盤縫針)은 지반정침(地盤正針)보다 시계방향으로 7.5도 순행된 위치에 24방위가 자리했으며 지반정침(地盤正針)은 정적인 산강(山崗)을 격정(格定)하고 천반봉침(天盤縫針)은 동적인 입향수수(立向收水)와 득수(得水) 파구(破口)를 격정(格定)하는 역할 분담의 차이가 있으며, 지반정침(地盤正針)을 중간으로 하고 6선인반중침(六線 人盤中針)은 7.5도가 역행되었음은 음(陰)에 속하는 용사(龍砂)를 격정함에 원인이 있고, 8선 천반봉침(八線 天盤縫針)은 7.5도가 순행되었음은 음(陰)은 순행하는 원리이다. 여기서 모든 수(水)라 통함은 패철 1선좌(佩鐵 一線坐)의 황천살 2선(黃泉殺 二線)의 향의 황천살(黃泉殺)이 포함되며, 내거수(來去水), 득수(得水), 파구(破口)의 모든 수(水)는 팔선(八線)으로 격정(格定)함이 합법이 된다.

- **좌살**(坐殺)**과 향살**(向殺)**의 도표설명**

子坐 午向 : 坐殺 辰方, 向殺 巽方

艮坐 坤向 : 坐殺 寅方

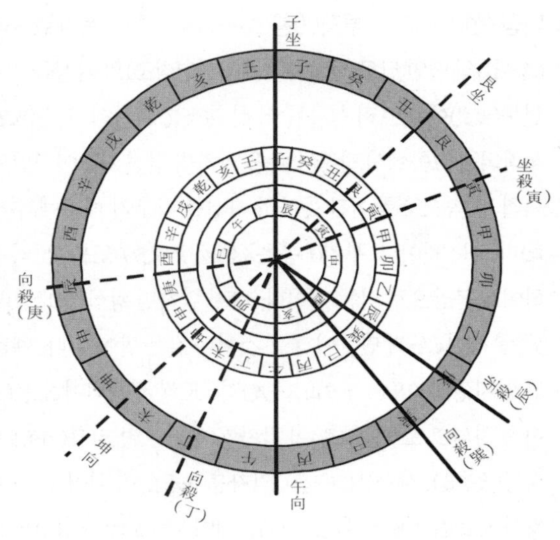

[向殺 丁庚方]

❖ **나경9선**(羅經九線) : **분금**(分金) : 분금(分金)이란 나누었다는 말로 360도를 120룡으로 나누었기 때문에 분금(分金)이라 했고 장법(葬法)에만 전용(專用)하는 것이다.

坐	分金	透地	度	坐	分金	透地	度
子坐	丙子	庚子	子二分女十九度	午坐	丙午	丙午	午二分柳十二度
	庚子	壬子	丑二分女 二度		庚午	戊午	未二分柳十二度
癸坐	丙子	乙丑	丑二分牛 二度	丁坐	丙午	辛未	丁二分井二十八度
	庚子	丁丑	艮二分斗十八度		庚午	癸未	坤二分井二十二度
丑坐	丁丑	辛丑	丑二分斗八九度	未坐	丁未	丁未	未二分井十三度
	辛丑	癸丑	寅二分斗二三度		辛未	己未	申二分井十九度
艮坐	丁丑	丙寅	艮二分巽三四度	坤坐	丁未	壬申	坤二分三六九度
	辛丑	戊寅	甲二分尾十八度		辛未	甲申	庚二分三二三度
寅坐	丙寅	壬寅	甲二分心十一度	申坐	丙辛	戊辛	辛二分畢十一度
	庚寅	戊寅	卯二分心 八度		庚辛	戊辛	酉二分畢二三度
甲坐	丙寅	丁卯	甲二分房二三度	庚坐	丙辛	癸酉	庚二分 六度
	庚寅	乙卯	乙二分低十三度		庚辛	乙酉	戌二分 十二度
卯坐	丁卯	癸卯	卯二分低十一度	酉坐	丁酉	乙酉	酉二分 六度
	辛卯	乙卯	乙二分穴十九		辛酉	辛酉	乾二分水十三度
乙坐	丁卯	戊辰	乙二分穴十二度	辛坐	丁酉	甲戌	辛二分 二度
	辛卯	庚辰	癸二分角十一度		辛酉	丙戌	乾二分 十三度
辰坐	丙辰	甲辰	辰二分辰十巳度	戌坐	丙戌	庚戌	戌二分 三四度
	庚辰	丙辰	巳二分辰七八度		庚戌	壬戌	亥二分 八九度
巽坐	丙辰	甲辰	巽二分辰十度	乾坐	丙戌	乙亥	乾二分室十二度
	庚辰	丙辰	丙二分巽十度		庚戌	丁亥	壬二分室九度
巳坐	丁巳	乙巳	巳二分巽七度	亥坐	丁亥	辛亥	亥二分室三度
	辛巳	丁巳	午二分張九度		辛亥	癸亥	子二分 十二度
丙坐	丁巳	丙午	午二分張五七度	壬坐	丁亥	甲子	壬二分處十度
	辛巳	壬午	丁二分星七度		辛亥	丙子	亥二分女三度

❖ **나경 해설**(羅經 解說) : 나경(羅經)의 층수는 무려 오50여층에 달한다. 뿐만 아니라 괘열오행(卦列五行)만도 10여종에 이른다. 간추려서 말하자면 8괘(八卦) 12지에 천성24성(天星二十四星)을 합해 고작 세 종류에 불과한 것을 이를 풀어서 보면 50여종이 되고 다시 줄이면 세 종류에 불과하다. 그러나 이것을 일일이 다 풀어 쓸 수는 없다. 비록 삼자(三者) 8괘(八卦) 12지 24천성(天星)등을 제외한 여타의 층수들이 보좌하는데 불과하다. 나경반(羅經盤)을 옛날에는 명칭을 패철(佩鐵), 윤도(輪圖), 지남침(指南針), 쇠(鐵)라고 했다. 나경반(羅經盤) 둥근 원 안에 가로놓인 검은 선을 자오(子午)선이라 하고, 남과 북을 가리키는 침을 부침(浮針)이라 하고, 둥근 점 8개가 8괘도를 표시하였으며, 나경반상(羅經盤上)에 둥근 금선과 세로로 그어진 금선을 일경선(一景線)이라 하고, 빈 공란을 공망(空亡)이라 한다. 제1층 제1선은 용상팔살(龍上八殺)과 황천수(黃泉水)를 측정한다.

① 용상팔살(龍上八殺)이란 임자계(壬子癸)의 3산은 감괘(坎卦)가 되는데 이 감괘(坎卦)로 내려온 용맥의 아래 혈장에서는 진술(辰戌)의 향을 할 수가 없고 감(坎)은 수(水)이고 진술(辰戌)은 토(土)이니 토극수(土剋水)하여 살성(殺星)이 되고, 미곤신(未坤申)의 3산으로 내려온 용맥(龍脈)에서는 묘향(卯向)을 할 수가 없다. 곤(坤)은 토(土)이고 묘(卯)는 수(水)이니 목극토(木剋土)하여 살성(殺星)이며, 갑묘을(甲卯乙)로 내려온 내맥(來脈)에서는 신향(申向)을 하게 되면 살성(殺星)이 된다. 묘(卯)는 목(木)이고 신(申)은 금(金)이니 금극목(金剋木)하여 살성이다. 진손사(辰巽巳)의 3산으로 내맥입수(來脈入首)된 곳에서는 유향(酉向)을 할 수가 없고 손(巽)은 목(木)이고 유(酉)는 금(金)이니 금극목(金剋木)하여 살성(殺星)이 되고, 술건해(戌乾亥)의 내룡입수(來龍入首)에서는 오향(五向)을 하게 되면 건(乾)은 금(金)이요 오(午)는 화(火)이니 화극금(火剋金)하여 살성(殺星)이다. 경유신(庚酉辛)의 3산은 내룡입수처(來龍入首處)에서는 사향(巳向)을 하게 되면 살성(殺星)이 된다. 태궁(兌宮)은 금(金)이고 사(巳)는 화(火)이니 화극금(火剋金)으로 살성(殺星)이다. 축간인(丑艮寅)의 내룡입수처(來龍入首處)에서는 인향(寅向)을 할 수가 없고 간(艮)은 토궁(土宮)이고 인(寅)은 목(木)이니 목극토(木剋土)하여 살성(殺星)이다. 병오정(丙午丁)의 내룡입수(來龍入首)한 아래의 혈장에서는 해향(亥向)을 하게 되면 살성(殺星)을 침범하게 되는 것이다. 오(午)는 화(火)이고 해(亥)는 수(水)이니 수극화(水剋火)로 살성(殺星)이 된다. 팔요황천수(八曜黃泉水)란 묘의 유골이 묻힌 구덩이인 광중(壙中)에 스며드는 물을 가리킨다. 그 중에서도 지하로 흐르고 있는 수맥을 통해 광중으로 스며든 물은 황천음수(黃泉陰水)라 하고, 땅 위의 빗물 등이 스며든 물은 황천양수(黃泉陽水)라 한다. 나경 제1층에 표기된 진(辰), 인(寅), 신(申), 유(酉), 해(亥), 묘(卯), 사(巳), 오(午)의 8개 방위는 위에서 설명한 황천수(黃泉水)가 스며드는 방위이다. 따라서 황천수는 광중에 물이 차는 수염(水炎) 혹은 수렴(水廉)에 해당되어 체백에 좋지 않으므로 일반인들은 황천살(黃泉殺)이라고 한다. 이 황천수를 살펴보는 방법은 우선 나경의 4번째 칸인 제4층의 방위를 묘의 좌(坐)로 보고 그 좌에서 제1층 즉 첫 번째 칸을 보았을 때 해당되는 8방위들 중의 어느 한 방위에 스며드는 물이 황천수(혹은 팔요황천살)가 된다는 것이다. 예컨대 나경 제4층 좌(坐)를 기준으로 하므로 북쪽에 있는 임(壬), 자(子), 계(癸), 좌(坐)의 경우 제1층의 해당 방위는 진(辰)이므로 24방위 소속표에 표기된 진(辰) 방향 즉 동남쪽에 황천수가 들면 그 후손들이 암이나 당뇨, 신장 등 물과 관련된 각종 질환으로 재난을 당할 수 있다는 것이다. 어쨌든 나경 제1층에 표기된 진(辰), 인(寅), 신(申), 유(酉), 해(亥), 묘(卯), 사(巳), 오(午)의 8방위는 황천수가 스며 들 수 있는 나경상으로 지정된 방위이다.

② 나경 제2층은 팔요풍(八曜風)이라는 바람이 묘의 광중(壙中)에 침입하는 방위로 쓰는 나경 제4층을 기준으로 하는데, 제2층을 기준으로 나경 제4층이 좌(坐) 향(向)이 된다고 보며, 팔요풍에도 음풍(陰風)과 양풍(陽風)이 있다. 음풍이란 음곡자생풍(陰谷自生風)이라고도 하는데 산세가 험준하고 산골짜기가 매우 깊어서 자연발생적으로 생기는 냉기와 비슷한 차가운 바람을 말하며, 양풍(陽風)은 땅 위의 모든 바람을 지칭한다. 팔요음풍은 묘지 뒤쪽의 입수(入首)나 앞쪽의 전순

(氈脣), 청룡이나 백호의 사이를 가리지 않고 골짜기가 깊고 깊어서 차가운 바람이 생겨나면 혈 주변의 국세(局勢)들이나 입수, 전순 등을 손상시키고 허약하게 만듦으로써, 마침내 묘지의 광중(壙中)까지 드나들게 되는 것이다. 따라서 혈 주변의 국세나 주변 산세들의 특성을 파악하여 음곡자생풍(陰谷自生風)이 발생하여 묘의 광중까지 드나들지 않도록 묘지 선정시에 주의를 기울여야 한다. 우리들이 흔히 바람이라 부르는 지상의 팔요양풍은 나경상으로 표기된 다음과 같은 방위를 조심해야 한다. 이 때도 역시 기준이 되는 것은 제1층의 경우처럼 4층의 24방위이다. 이 4층의 방위가 묘지의 좌향(坐向)을 논할 때 거론되는 향(向)이 되면서 향방(向方)에 있는 제2층의 방위가 팔요풍(八曜風)이 오는 방위이다. 예컨대 나경 제4층의 향이 임자향(壬子向)의 입수(入首) 혈장인 경우에는 팔요풍이 들 수 있는 방향이 나경 제2층에 표기된 건(乾) 방향이다. 이 때 제2층에 표기된 건(乾) 옆에는 빈 칸이 하나 있다. 그 빈 칸은 건 방향에서 한 칸 더 오른쪽(시계방향)으로 진행된 방위까지를 포함한다는 뜻이다. 따라서 임자향(壬子向)의 팔요풍(八曜風) 방위는 나경(羅經) 제2층에 표기된 건(乾)이지만 방위상으로 나타나는 실제 팔요풍은 건해풍(乾亥風)이 된다. 팔요풍 가운데 건해풍은 24기본 방위상으로 북서쪽이므로 입수 오른쪽에서 약간 위쪽(북서)의 방향으로 드나드는 좋지 않은 바람이다.

③ 팔요지하황천음수(八曜地下黃泉陰水)는 곧 묘좌(墓座)에서 황천방위(黃泉方位)로 바람이 불어오거나 지하로 스며 흐르는 음수(陰水)의 물길을 말한다. 가령 경정좌(庚丁坐)에서 곤(坤) 방풍이나 지하로 스며 흐르는 물길을 크게 꺼린다. 곤좌(坤坐)에 경정방(庚丁方)의 바람이나 지하로 스며드는 음수를 크게 꺼린다. 또 신좌(辛坐)에 건방위(乾方位)이나 건좌(乾坐)에 신임방위(辛壬方位)의 바람과 지하로(땅 속의 지표수) 스며드는 음수(陰水)를, 임좌(壬坐)에 건방위(乾方位)의 바람과 지하에 스며드는 음수와, 계좌(癸坐)에 간방위(艮方位)의 바람과 지하의 스며드는 음수(陰水)와, 간좌(艮坐)에 갑계방위(甲癸方位)의 바람과 지하의 지표수와, 갑좌(甲坐)에 간방위(艮方位)의 바람과 지하의 음수와, 을좌(乙坐)에 손방위(巽方位)의 바람과 지하의 음수를, 또 손좌(巽坐)에 을병방위(乙丙方位)의 바람과 지하의 스며드는 음수와, 병좌(丙坐)의 손방위(巽方位)의 바람과 지하의 스며드는 물을 크게 꺼리며, 임자좌(壬子坐)와 병오향(丙午向)에 손방위(巽方位)의 득수(得水 : 來水)는 살인황천수(殺人黃泉水)이며, 파구수(破口水)는 구빈황천수(救貧黃泉水)이다. 계축좌(癸丑坐) → 정미향(丁未向) → 곤방위수(坤方位水)의 득수는 살인황천, 파구수는 구빈황수이다. 아래도 이와 같다. 간인좌(艮寅坐) → 곤신향(坤申向) → 경정방위(庚丁方位)의 득수 파구수, 을진좌(乙辰坐) → 신술향(辛戌向) → 건방위(乾方位)의 득수 → 하구수, 손사좌(巽巳坐) → 건해향(乾亥向) → 신임방위(辛壬方位)에 득파수, 병오좌(丙午坐) → 임자향(壬子向) → 건방위(乾方位) 득수 파구수, 곤신좌(坤申坐) 간인향(艮寅向) 계방위(癸方位) 득수(得水)는 살인황천수(殺人黃泉水) 파구수(破口水)는 구빈황천수, 갑묘좌경유향(甲卯坐庚酉向) 곤방수(坤方水) 득래(得來)수는 살인황천수(殺人黃泉水) 파구수(破口水) 구빈황천수, 정미좌(丁未坐) → 계축향(癸丑向) → 갑계방위(甲癸方位) 득수 파구수, 경유좌(庚酉坐)→ 갑묘향(甲卯向) → 간방위(艮方位) 득수 파구수, 신술좌(辛戌坐) → 을진향(乙辰向) → 손방위(巽方位) 득수 파구수, 건해좌(乾亥坐) → 손사향(巽巳向) → 을병방위(乙丙方位) 득수 파구수, 임자좌(壬子坐) → 병오향(丙午向) → 손방위(巽方位)의 득수(得水)는 살인황천수(殺人黃泉水)이고, 파구수(破口水)는 구빈황천수(救貧黃泉水)이다.

④ **제3층 제3선 사경오행**(四經五行) : 나경(羅經) 제3층 제3선의 삼합오행(三合五行)으로 엮어진 오행국(五行局)에 의하여 선악이 구체적인 인간사에 현현되는 시기를 수리적으로 나타내는 기능을 담당한다. 24개 방위 중 12지에 천간(天干)을 하나씩 짝지워서 측정하므로 쌍산(雙山)이라고도 부른다. 또 오행중 토(土)는 중앙 혈심(穴心)의 방위를 상징하므로 목(木), 화(火), 금(金), 수(水)의 4행으로 삼합을 이루게 한다.

- **목국**(木局) : 해묘미(亥卯未), 건해(乾亥), 갑묘(甲卯), 정미(丁未)는 3, 8의 수리

• **화국**(火局) : 인오술(寅午戌), 간인(艮寅), 병오(丙午), 신술(辛戌)은 2, 7의 수리

• **금국**(金局) : 사유축(巳酉丑), 손사(巽巳), 경유(庚酉) 계축(癸丑)은 4, 9의 수리

• **수국**(水局) : 신자진(申子辰), 곤신(坤申), 임자(壬子), 을진(乙辰)은 1·6의 수리

• **토국**(土局) : 중앙의 혈심(穴心)은 5, 10의 수리.

이와 같은 삼합오행은 배합절(配合節) 해당 방위로 미루어 그 좋고 나쁨이 나타나는 시기를 추정하는데 사용되지만 그것들의 선악을 추정하는 데는 미적(美的)인 조화 등에 의하여 차이가 크므로 나경에 의한 선악 추정에 굳이 얽매일 필요는 없다.

⑤ **제4층 제4선 24방위의 좌향**(坐向) : 나경 제4층은 보통 지반정침(地盤正針)이라고도 하는데 남북을 가리키는 기준으로 만든 24방위가 세분화되어 표기되어 있다. 24방위는 풍수지리에서 가장 많이 사용되는 방위이자 풍수에서 방위를 측정할 때 반드시 인지해야 할 공식과 같은 기본 방위이다. 천간(天干) 12방위와 지지(地支) 12방위로 나누어 배속시킬 수 있는데 원래의 지지 12개는 그대로 12방위에 배속되었지만 천간 12방위는 중앙 토(土)를 의미하는 무(戊)와 기(己)를 제외하고 그 대신 건(乾), 곤(坤), 간(艮), 손(巽)의 4자를 넣어 구성하였다.

• **천간 12방위** : 임(壬), 계(癸), 간(艮), 갑(甲), 을(乙), 손(巽), 병(丙), 정(丁), 곤(坤), 경(庚), 신(辛), 건(乾).

• **지지 12방위** : 자(子), 축(丑), 인(寅), 묘(卯), 진(辰), 사(巳), 오(午), 미(未), 신(申), 유(酉), 술(戌), 해(亥). 지반정침(地盤正針)은 격룡정향(格龍定向)하고 승기(乘氣)의 입혈(入穴)을 보며 집짓고 묘자리 정하는데 정음(淨陰) 정양(淨陽)으로 선택을 한다. 또한 모든 층을 통솔한다 할 수 있으며 전층이 모두 이 지반정침의 운용에 따르지 않을 수 없다.

⑥ 제5층 제5선 천산72룡(穿山七十二龍)은 지반정침(地盤正針)의 바로 아래층에 있다. 60갑자를 12지지 위에 5개씩 분배하고 4유(四維)와 8간과 공란 12란을 모두 합하여 72룡을 이룬다. 이 천산72룡(穿山七十二龍)으로서 용의 이기(理氣)와 입수(入首)를 보고 투지(透地)에 접승(接承)시키어 승기입혈(承氣入穴)케 하며 일맥관주(一脈貫注)케 한다. 또 매년의 72절후와 합하여 보기도 한다. 이 천산72룡은 양공(楊公)이 설반(設盤)한 것을 구공(邱公)이 전포(傳布)한 것으로 전해지고 있다.

⑦ 제6층 제6선 인반중침(人盤中針)이란 천반(天盤) 지반(地盤)과 삼합(三合)되므로 천지인(天地人) 삼재라 하였다. 뇌공(賴公)이 이 반(盤)으로 소사(消砂 : 청룡, 백호, 안산 등)와 아울러 천성(天星) 28과 삼합(參合)시키어 표리(表裏)가 되게 하였다. 또 태장(太張)이 도산(到山)하는 12전사(纏舍)를 논하였으며, 성차(星次) 12궁의 분야와 24위의 천성(天星)과 투지(透地) 기문(奇門) 등이 두 이 중반(中盤)으로 통용된다. 인반중침오행(人盤中針五行)은 아래와 같다.

• 건곤간손(乾坤艮巽)은 일목(一木),

• 자오묘유(子午卯酉) 갑경병임(甲庚丙壬)은 일화(一火),

• 을신정계(乙辛丁癸)는 일토(一土),

• 진술축미(辰戌丑未)는 일금(一金),

• 인신사해(寅申巳亥)는 일수(一水).

⑧ 제7층 제7선 천기영축60룡(天紀盈縮六十龍)은 뇌공(賴公)에 의해 전해졌다고 하나 혹 일설에는 구공(邱公)의 소작(所作)이라는 말도 있다. 이는 위로 천성의 활협(闊狹)에 응하므로 영축(盈縮)이라 한다. 그 사용법은 격룡(格龍) 승기(乘氣)에 있다. 즉 내룡(來龍)이 어느 천성(天星)의 기(氣)를 탔으며, 또한 협기(狹氣)를 탔는지, 활기를 탔는지를 이나 경반으로 정한다. 가령 신해룡(辛亥龍)이라면 천황정기(天皇正氣)를 탐이니 이 때에는 정침(正針)의 향(向)을 병정손사(丙丁巽巳)로 하면 순정(純淨)하므로 길(吉)하다. 다시 내룡(來龍)의 괘(卦)로서 오친(五親) 삼기(三奇) 사길귀(四吉貴) 녹(祿)등을 찾아야 한다. 본룡(本龍)의 괘(卦)란 중침(中針)의 좌산(坐山)을 주산(主山)으로 삼으니 이것이 곧 본룡이 된다. 국(局) 중의 오친지사(五親之砂)와 삼기지수래(三奇之水來)와 사길회간(四吉會干)등의 수사수수지향(秀砂秀水之鄕)을 찾아야 한다. 혈좌(穴坐)에서 귀인과 녹마지궁(祿馬之宮)을 만남은 천조(天

助)와 지조(志助) 중에서 상지상의 귀국인 것이다. 만약에 합당하지 못하면 좌룡(坐龍) 72룡의 본괘로 잡아야 한다.

⑨ 제8층 제8선 24산 천반봉침(天盈縫針)은 득수(得水) 파구(破口)가 내거(來去)하는 물을 본다. 천반봉침(天盈縫針)은 쌍산(雙山)에 상합(相合)되는 것으로 전인(前人)들은 용향(龍向)으로 내거(來去)하는 물을 논하고 휴수왕상(休囚旺相)의 방위를 변명(辨明: 밝게 판단)하였다. 봉침(縫針)과 정침(正針)은 반 방위(즉 7.5도)의 간격이 있다. 정침은 자오(子午)에 정침하며 지반(地盤)이라 한다. 봉침(縫針)은 양공(楊公)이 제지(制之)하였으며, 납룡입향(納龍立向)에서 곧 봉침(縫針)으로도 임자용궁(壬子同宮), 병오동궁(丙午同宮)이 되며, 천반(天盤)인 봉침(縫針)은 수수(收水)작용(수수(收水) : 득수(得水), 파구(破口))에 쓰인다.

⑩ 제9층 제9선 분금(分金) 정침(正針) 24산에다 120분금을 적용한다. 매산(每山)마다 5등분하면 24방위는 120등분으로 나누어지게 된다. 지지(地支)를 기준하여 매지(每支)마다 고루 5등분하고 오운갑순(五運甲旬)을 적용시킨다. 이렇게 나누어진 120등분을 정침(正針) 120분침(分針)이라고 한다. 분금설(分金說)은 매우 여러 가지의 설론(說論)이 있으며 대다수 사람들은 분금을 지정지미(至精至微)하다 하여 모든 길흉화복이 분금(分金)에 있는 것으로 생각하기도 한다. 분금(分金)은 장사(葬事)를 지내는데 사람이 인위적으로 취할 수 있는 피흉추길(避凶趨吉)의 공법(工法)이라 할 수 있다. 따져 본다면 분금은 입수맥(入首脈)의 연장선이라 할 수 있다. 입수맥은 인위적이 아니라 천조지설(天造地設)이므로 사람의 안목(眼目)으로 훌륭한 입수맥을 가려내야 하는 것이지만 분금(分金)은 장사(葬事)의 공법(工法)에서 인위적으로 행할 수 있음이 사실이다. 그러므로 분금은 입수맥의 연장선인 천산(穿山)과 천산의 연장선인 태골(胎骨)과 나성사수(羅城沙水)를 망라하여 연결된 최종의 일인만큼 소홀히 다룰 수 있는 것은 아니다. 그렇다고 해서 분금에 모든 화복이 달려 있다고 하기에는 또한 억설일 수밖에 없다. 혈판이 벌써 선과 악을 내재(內在)하고 있는 데야 인위적인 분금(分金) 하나가 어찌 기존 혈판의 선악을 능히 바꾸어낼 수가 있는 것인가. 분금은 훌륭한 혈판(穴板)일 때는 훌륭한 분금(分金)을 응용함이 그 혈판의 길흉(吉凶)을 온전하게 하는 것이고, 조금 사악(邪惡)한 혈장에서도 풍수학의 소감법과 도장법과 24장법(葬法)과 36혈법(穴法) 등 추길피흉할 수 있는 재혈법을 응용하고 거기에다 사수(沙水)에 응대할 있는 분금법을 음양(陰陽) 이기학(理氣學)에 맞추어 낸다면 혈장에서의 부족한 부분들을 충분히 보완할 수 있다. 분금(分金)을 쓰는 궁극의 목적은 영생피살(永生被殺)과 생육지의(生育之義)에 있는 것이다. 따라서 분금(分金)은 천산(穿山) 투지(透之) 및 용향(龍向)과 수향(水向)에도 다같이 쓰이는 바, 특히 고처(孤處)와 살요차착(煞曜差錯)과 공망(空亡) 등은 피해야 하며, 왕기(旺氣)와 생기(生氣) 그리고 주보선(珠寶線) 만을 일맥관주(一脈貫珠)하여 혈중관내(穴中棺內)에 도달하게 하는 것이 최대의 목적이라 하겠다. 병정경 분금(丙丁庚 分金)은 생육지기(生育之氣)이니 맨 바깥쪽 9층 48분금만 사용한다.

❖ **나경(羅經)에 전한 글만 보지 말라**: 때로는 드러 누워 나경(羅經)에 전한 글만 보고 있다면 사상(四象)의 수법이 천 사람을 그르친다. 용세(龍勢)의 변화는 정배합(正配合)과 부배합(否配合)을 측정하여 생사룡(生死龍)을 알도록 나경4선(羅經四線)에 전하였으므로 사상수법(四象水法) 즉 글의 이치로 산리(山理)를 알 수 없으므로 잘못하면 많은 사람을 그르친다.

❖ **나경총론해설**(羅經總論解說)

• **제1항**: 나경(羅經)은 일명 패철(佩鐵)이라고도 한다. 나경이란 어떠한 곳에서라도 남과 북을 가리키는 특징을 갖고 있다. 옛말에 상주(喪主)는 풍수지관(風水地官)한테 속고 풍수는 나경에 속는다 라는 말도 있는데 정확하게 말하자면 나경반(羅經盤)이라 불러야 옳지만 보통 나경이라고 말한다. 나경의 층수는 무려 50여층에 달한다. 뿐만 아니라 괘열오행(卦列五行)만도 10여종에 이르지만 학자는 이 망양(望洋)한 이치를 다 좇을 수가 없다. 하지만 간추려서 말하자면 8괘 12지에 천성24성(天星二十四星)을 합해 고작 세 종류에 불과한 것을 이를 풀어헤치자면 50여종이 되고, 다시 줄이면 단지 세

종류에 불과하다. 그러나 비록 3자(三者) 8괘 12지 24천성(天星) 등을 제외한 여타의 층수들이 삼자의 보좌에 불과하다. 고금(古今)을 통하여 나경반은 모두 다 그 조(祖)가 구천현녀(九天玄女)라고 말한다. 이 말은 나경반은 신책(紳策: 천신의 꾀책)이며 또한 천작(天爵)임을 뜻하는 것으로서 결코 사람의 두뇌를 빌어서 제작된 인작(人作)이 아니라는 뜻이 된다. 그러나 정확히 말하자면 이 모두가 중국 황제 헌원씨가 구천현녀(九天玄女)로부터 나경반의 제작법을 전수했다는 이야기는 기문(奇問) 연파작수가에서도 나오는 인용된 말이지만, 나경(羅經)의 유래와 역사는 중국의 황제 때부터 비롯된 것이라고 생각하지 않을 수가 없다. 그 뒤에 적송자(赤松子)와 황석공(黃石公)등 양대 선사(先師)에 의해 나경이 제작되어 그 최초의 형체를 갖추게 되었다는 기록이 청낭경에 전해 내려오고 있다. 또한 나경의 법수는 성인(聖人)이나 선인(仙人)이 아니고서는 제작되기가 불가능하고 그 이법(理法)도 해득이 불가능하다고 한다. 청낭경(靑囊經)은 주대(周代)를 지나서 진대(秦代)의 후반에 이르러 만들어진 책으로서 문제의 나경반이 상기(上記)한 3대 성인 황제(皇帝), 황석공(黃石公), 적송자(赤松子)에 의해 이룩된 성물(聖物)이라는 기록이 있다고 한다. 그 제작기법은 주(周)나라에서 시작되어 진(秦), 한(漢), 육조(六朝)에 걸쳐서 은밀한 가운데 그 제작기법이 비밀에 가려진 채 만들어져 왔다고 하고, 그 사용법은 세상에 널리 통용되지 못했다고 한다. 그러던 가운데 당나라 대에 와서는 구공(邱公)에 의해서야 비로소 공인되기 시작하여 24산의 정음(淨陰), 정양(淨陽)과 9성 그리고 영축(盈縮), 60룡 등에 이르렀다. 24산이란 8괘에다 12지를 합하고 다시 4유(四維)를 섞어서 만든 것이고, 천기영축60룡(天紀盈縮六十龍)은 상응(上應)한 천성(天星)의 귀천(貴賤)을 분변(分辯)하기 위해 만들어졌으니 이로서 승기입향(乘氣立向: 좌향에 기를 받도록)이며 소사납수(消砂納水: 得水 破口) 등의 제법(諸法)을 빠짐없이 갖추게 되어 사람들로 하여금 경반(經盤)의 이치를 명료히 깨칠 수도 있게 되었다. 그럼에도 불구하고 뒷날에 와서 양공(楊公)은 이를 다시 매 괘마다 3산(三山)으로서 세분하여 8괘(八卦)의 지경(地境: 땅의 환경)을 분명하게 첨가함으로써 나경(羅經)의 이치를 더욱 명료하게 밝혀 놓았다. 다만 한 가지 문제점이 있다면 12지 계선(界線)에 이르러 반드시 간유(干維: 천간)를 반분(半分)해 놓은 점이라 하겠는데, 이 점이 다소 난해하여 지혜가 부족한 사람에게는 심히 어려워서 그 묘리를 통하기가 지난(至難) 지경(地境)이라 하겠으므로 이를 세밀하게 깨달아 해석하자면 다음과 같다. 자(子)는 곧 12지인데 매위(每位)를 양분하여 앞은 간유(干維: 천간)가 되고 뒤는 지지(地支)되어 24산이 쌍쌍으로 일어나게 된 것이니, 곧 12지의 각위(各位)가 되게 한 것이다. 이로서 24산의 간유(干維: 천간)와 지지(地支) 사이의 경계가 명료해진 것이다. 다시 9성을 일으켜 왕생(旺生)에 따라 전첨후혜(前瞻後蹊: 앞에서 쳐다보고 뒤에서 밟아 봄)한 뒤 생왕(生旺)한 곳에 혈을 치우치게 잡음으로써 폐단이 없게 하기 위해서이다. 정침(正針) 24산은 양공이 만든 것인 바 이미 서로가 상응한 천(天)의 24기로서는 24산의 응함이 미흡하므로 다시 72산을 지어서 72기가 묘 좌혈(坐穴)에 응하게 함으로써 이를 전용(專用)하게 하니, 일기(一氣: 二十四山)는 삼후(三候: 세 번 곱하면)가 있음으로써 72기가 된다. 이 때의 응용방법은 간유(干維)방의 정선부위(正線部位: 바른 선 빈칸이 2개)는 공망(空亡: 빈 칸)이라 하여 피해야 하고 12지 정선(正線)은 음양차착(陰陽差錯)이라 하여 역시 피하게 하니, 이를 가리켜 천산72룡(穿山七十二龍)이라고도 하고 또는 지기72룡(地氣七十二龍)이라고도 한다. 72산은 소위 72분금도 되지만 그러나 매산삼위(每山三位)의 24산을 72분금만으로서는 길흉을 판단하기가 미세하므로 다시금 매산지하(每山之下)에 각설오위(各設五位)하여 다같이 120분금을 두게 된 것이니, 왕생(旺生)을 취하여 사용하고 고허와 차착(差錯)을 피해야 하므로 10간 중에 유독 병경정신(丙庚丁辛)의 4간(四干)으로서만 분금을 사용하게 하니, 자계(子癸) 2룡에 있어서 갑자(甲子), 임자(壬子) 분금은 고허(孤虛)가 되고, 무자(戊子) 분금은 차착(差錯)이 되며, 병자(丙子), 경자(庚子) 분금만이 왕생(旺生)이 되므로, 임(壬)의 2분금만을 전용(專用)하니 병경정신(丙庚丁辛)의 4간만이 분금을 전사(專司) 하게 된다. 중침(中針) 24산은 뇌공(賴公)이 만듦으로써 이는 영축60룡(盈縮六十龍)을 밝힌 것이다. 영축(盈縮) 갑자(甲子)는 정침(正針)의 해각(亥刻)에서 일어나게 되니 이는 천반(天盤)을 쫓음이라 하겠다. 천(天)의 자오(子午)는 대개 삼반(三盤)의 자오(子午)에서 반위(半位)의 차(7.5도)가 생기게 되어 있으므로 결코 대충위(對沖位)에는 놓이지 않는다. 예를 들면 정침자(正針子)와 중침자(中針子)는 중침자(中針子)가 정침자(正針子)의 우편반위(右便半位)에 위치하고 봉침자(縫針子)는 정침자(正針子)의 좌반위(左半位)에 위치하기 때문이다. 정침(正針)의 자오(子午)를 정침(正針)의 지반(地盤)이라 하고, 중침(中針)의 자오(子午)를 북극(北極)의 천반(天盤)이라 하니, 그 이름을 가리켜 중침(中針)이라 한다. 또 중침(中針)의 자오(子午)는 정침(正針)의 병정2화(丙丁二火)의 중앙에 위치하므로 중침1설(中針一設)은 곧 천성지위(天星之位)가 되는 것이니 곧 천반봉침(天盤縫針) 임(壬)의 중앙이 된다. 3반침(三盤針)을 갖춘 연후에야 8괘(八卦), 지지(地支), 24천성(天星)의 분계(分界)가 획연해진다. 또 자오(子午)는 정확하게 중침의 자위(子位)가 되는 이것은 중심의 용(用)인 것이다. 천산72룡(穿山七十二龍)은 8괘(八卦)를 쫓아 일어나니 정침(正針)의 임위(壬位) 좌편(左便)이 곧 갑자(甲子)가 된다. 이렇게 자오(子午)가 정침의 정확한 자위(子位)가 되는 것이므로 정침을 사용함이 옳다. 120분금은 지지(地支)를 쫓아 일어나니 정침(正針)의 자초(子初)는 봉침(逢針)의 자위(子位)가 되고, 따라서 120분금은 분금의 세법이 된다. 정침은 주로 용향(龍向)을 격정(格定)함에 있고, 중침은 내룡(來龍)과 천성(天星)과의 관계를 변증(辨證)하고 8괘와 음양(陰陽)을 주관하며 사(砂)의 길흉을 구별한다. 봉침(逢針)은 지지(地支)의 생왕(生旺)으로서 수(水)의 소납(逍納 : 득수 파구수)을 관장하게 되므로 삼반삼침(三盤三針) 영축60룡(盈縮六十龍)은 용향(龍向)을 변증하는 세법이 되고, 천산72룡(穿山七十二龍)은 좌혈(坐穴)의 격정(格定)하는 세법이된다. 이와 같이 삼반삼침(三盤三針)은 천작(扦作) 필수요건이라 하겠으므로 만일 일결(一缺 : 하나라도 깨어진 것)이라도 사용하지 못함이라 하겠다.

• **제2항** : 나경 층수해설(羅經層數解說) 나경층수(羅經層數)가 도합 50여층이라고 전해오고 있지만 실제로 전적상(典籍上)에 기록된 것은 40층 미만에 불과하다. 엽구승(葉九升)의 나경발무집(羅經發霧集)에는 34층만이 기재되어 있고, 또 같은 흠정판(欽定版)인데도 나경투해(羅經透解)에서는 38층이 수록되어 있다. 그러나 이 모두가 다 이기법수(理氣法數)를 밝히는 데는 하나라도 도움이 되겠지만 그러나 사용에 있어서는 너무 복잡하여 불편을 줌으로 다소 생략하여 9층으로만 해설하고자 한다.

• **태극**(太極) : 태극이란 시작도 끝도 없이 하늘과 땅이 한덩이로써 정말 아무 것도 없던 시절을 말함이다. 태(太)는 가장이란 뜻이고 극(極)은 지극하다는 뜻이므로, 하늘과 땅이 나눠기 이전의 상태를 말하며 시작도 끝도 없는 둥그런 공간이고, 지(池 : 못)란 땅의 움푹한 곳에 고여 있는 물을 일음이다. 나침반의 중앙에 둥글고 움푹 패인 곳이 지(池 : 못)와 흡사하다. 옛 사람들은 이곳에 물을 채우고 자침(磁針)을 띄우면 자침(磁針 : 浮針)이 물 위에 떠서 남북을 가리키므로 천지(天池)라는 이름을 붙였으나 지금은 다만 둥근 모양의 구덩이는 예전과 다름이 없으나 자침(부침)을 뾰족한 바늘 위에 얹어 놓아 물에 띄운 것과 같은 이치로 만들어져 사용하기에 매우 편리하도록 되어 있다. 나경 제1층은 황천수(黃泉水)를 측정한다. 여기에서 팔요황천수(八曜皇天水)란 묘의 유골이 묻힌 구덩이인 광중(壙中)에 스며드는 물을 가리킨다. 그 중에서도 지하로 흐르고 있는 수맥을 통해 광중으로 스며든 물은 황천음수(黃泉陰水)라 하고, 땅위의 빗물 등이 스며든 물은 황천양수(黃泉陽水)라 한다. 나경 제1층에 표기된 진(辰), 인(寅), 신(申), 유(酉), 해(亥), 묘(卯), 사(巳), 오(午)의 8개 방위는 위에서 설명한 황천수(黃泉水)가 스며드는 방위이다. 따라서 황천수는 광중에 물이 차는 수염(水炎) 혹은 수렴(水廉)에 해당되어 체백에 좋지 않으므로 일반인들은 황천살(黃泉殺)이라고 한다. 이 황천수를 살펴보는 방법은 우선 나경의 네 번째 칸인 제4층의 방위를 묘(墓)의 좌(坐)로 보고, 그 좌에서 제1층 즉

첫 번째 칸을 보았을 때 해당되는 8방위들 중의 어느 한 방위에 스며드는 물이 황천수(혹은 팔요풍 또는 황천살)가 된다는 것이다. 예를 들어 나경반 제4층(坐를 기준으로 하므로)의 북쪽에 있는 임(壬), 자(子), 계좌(癸坐)의 경우 제1층의 해당 방위는 진(辰) 방향 즉 동남쪽에 황천수가 들면 그 후손들이 암이나 당뇨, 신장 등 물과 관련된 각종 질환으로 재난을 당할 수 있다는 것이다. 어쨌든 나경 제1층에 표기된 진(辰), 인(寅), 신(申), 유(酉), 해(亥), 묘(卯), 사(巳), 오(午)의 8방위는 황천수가 스며 들 수 있는 나경 상으로 지정된 방위이다. 따라서 8방위의 황천수 지정 방위와 나경 4층의 좌(坐)의 관계를 요약하여 보면 아래의 도표와 같다.

[黃泉水 방향]

나경 제4층으로 보는 坐		해당 坐를 기준으로 하여 나경 제1층으로 살피는 황선수 방향	
坐	위치(방향)	나경 제1층	24방위 소속표 상의 방향(황천수)
壬·子·癸	北	辰	동남쪽
丑·艮·寅	北東	寅	북동쪽
甲·卯·乙	東	申	남서쪽
辰·巽·巳	南東	酉	서쪽
丙·午·丁	南	亥	북서쪽
未·坤·申	南西	卯	동쪽
庚·酉·辛	西	巳	남동쪽
戌·乾·亥	北西	午	남쪽

아울러 24방위 소속표 등의 나경을 볼 때는 시계방향으로 돌아간다는 것을 기억해 두기 바란다. 이렇게 지정된 황천수의 방위 뿐만 아니라 유골이 묻힌 혈장의 주변은 24방위의 어느 방향이든지 물이 스며 들게 되면 소골(消骨)되어 좋지 않으므로 늘 조상의 묘지를 둘러보고 그럴 여지가 있다면 적절한 조치를 취해야 한다.

• **제3항의 기능** : 나경 제2층은 팔요풍(八曜風)이라는 바람이 묘의 광중(壙中)에 침입하는 방위를 측정하는 칸이다. 이 팔요풍 측정 역시 풍수에서 기본 방위로 쓰는 나경 제4층을 기준으로 하는데 제2층을 기준으로 나경 제4층이 좌향(坐向)이 된다고 보며, 팔요풍에도 음풍(陰風)과 양풍(陽風)이 있다. 음풍이란 음곡자생풍(陰谷自生風)이라고도 하는데 산세가 험준하고 산골짜기가 매우 깊어서 자연발생적으로 생기는 냉기와 비슷한 차가운 바람을 말하며, 양풍(陽風)은 땅 위의 모든 바람을 지칭한다. 팔요음풍은 묘지 뒤쪽의 입수(入首)나 앞쪽의 전순(氈脣), 청룡이나 백호의 사이를 가리지 않고 골짜기가 깊고 깊어서 차가운 바람이 생겨나면 혈 주변의 국세(局勢)들이나 입수, 전순 등을 손상시키고 허약하게 만듦으로써 마침내 묘지의 광중(壙中)까지 드나들게 된다. 따라서 혈 주변의 국세나 주변 산세들의 특성을 파악하여 음곡자생풍(陰谷自生風)이 발생하여 묘의 광중까지 드나들지 않도록 묘지 선정시에 주의를 기울여야 한다. 우리들이 흔히 바람이라 부르는 지상의 팔요양풍은 나경상으로 표기된 다음과 같은 방위를 조심해야 한다. 이 때도 역시 기준이 되는 것은 제1층의 경우처럼 4층의 24방위이다. 이 4층의 방위가 묘지의 좌향(坐向)을 논할 때 거론되는 향(向)이 되면서 향방(向方)에 있는 제2층의 방위가 팔요풍(八曜風)이 오는 방위이다. 예를 들어 나경 제4층의 향이 임자(壬子)의 경우 다시 말해 임자향(壬子向)의 입수(入首) 혈장인 경우에는 팔요풍이 들 수 있는 방향이 나경 제2층에 표기된 건(乾) 방향이다. 이 때 제층에 표기된 건(乾) 옆에는 빈칸이 하나 있다. 그 빈칸은 건 방향에서 한 칸 더 오른쪽(시계방향)으로 진행된 방위까지를 포함한다는 뜻이다. 따라서 임자향(壬子向)의 팔요풍 방위는 나경 제2층에 표기된 건(乾)이지만 방위상으로 나타나는 실제 팔요풍은 건해풍(乾亥風)이 된다. 팔요풍 가운데 건해풍은 24기본 방위상으로 북서쪽이므로 입수 오른쪽에서 약간 위쪽(북서)의 방향으로 드나드는 좋지 않은 바람이다. 건해풍을 보기로 하여 설명하면 다음과 같은 그림으로 나타낼 수 있으며 나경 제2층에 표기된 팔요풍의 지정 방위를 살펴보면 도표와 같이 12방위로 측정되지만 실제로 부는 방향은 약간 더 세분화되었음을 알 수 있다.

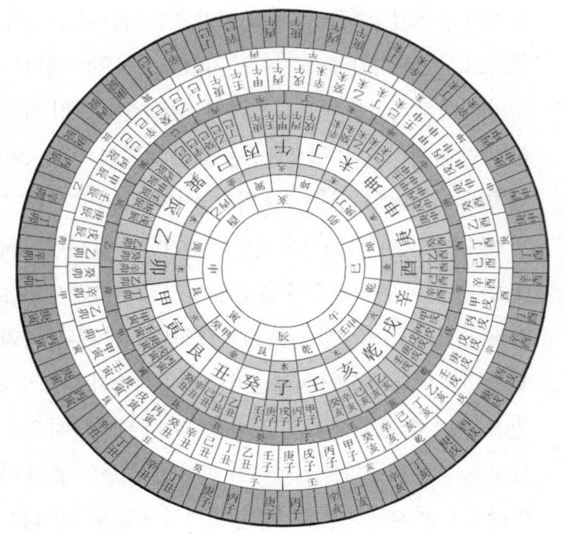

1층 : 황천팔살　2층 : 팔요풍살　3층 : 쌍산오행
4층 : 지반정침　5층 : 천산 72룡　6층 : 인반중침
7층 : 투지 60룡　8층 : 천반봉침　9층 : 지반정침분금

[9층형 나경의 모양과 명칭]

구분	쏘나경 제1층 표기	나경 제2층에 표기된 팔요풍 방위	실제 방위로 나타내는 팔요풍 명칭	팔요풍과 입수의 위치 관계
①	壬子	乾	乾亥風	입수의 오른쪽
②	癸丑	艮	寅風	입수의 왼쪽
③	甲卯	艮	艮寅風	입수의 오른쪽
④	乙辰	巽	巽巳風	입수의 왼쪽
⑤	丙午	巽	巽巳風	입수의 오른쪽
⑥	丁未	坤	坤申風	입수의 왼쪽
⑦	庚酉	坤	坤申風	입수의 오른쪽
⑧	辛戌	乾	乾亥風	입수의 왼쪽
⑨	艮寅	癸 甲	癸丑風 甲卯風	입수의 오른쪽 · 왼쪽
⑩	巽巳	乙 丙	乙辰風 丙午風	입수의 오른쪽 · 왼쪽
⑪	坤申	丁 庚	丁未風 庚酉風	입수의 오른쪽 · 왼쪽
⑫	乾亥	辛 壬	辛戌風 壬子風	입수의 오른쪽 · 왼쪽

이상에서 나타난 팔요풍의 12개 방위에서 ①~⑧까지의 방위는 입수(入首)의 오른쪽이나 왼쪽에서 가장 가까운 곳 즉 좌청룡, 우백호의 국세가 시작되는 부분으로서 여기에 팔요풍이 드나들게 되면 풍수지리에서는 보통 자손이 끊어지거나 그 후손이 엄청난 화를 당한다고 하는 손절방위(孫絶方位)로 부르고 있다. 그러므로 혈(무덤)의 향(向)과 팔요풍의 방향을 살펴서 묘지를 잡아야 한다. ⑨~⑫까지의 방위는 입수(入首)의 오른쪽과 왼쪽에서 동시에 가장 가까운 곳(청룡 선익과 백호 선익의 시작 부분)으로서 손절방위는 아니지만 풍수지리에서는 묘지 뒤쪽의 입수가 자손의 번창과 발전에 관계가 있다고 보므로 여기에 팔요풍이 드나들게 되면 자손대에 이르러 서서히 가문이 쇠퇴해지면서 마침내 자손까지 끊어질 염려가 있다고 본다. 결과적으로 ①에서 ⑫항까지의 향(向)을 기준으로 나경 제2층에 표기된 방위에 팔요풍(八曜風)이 드나들게 되면 그 풍살(風殺)에 의해 묘지 뒤쪽의 입수는 응결된 기가 흩어지고 형세가 손상되는 등으로 좋지 않은 영향을 받게 되는데, 그 좋지 않은 영향력은 입수뿐만 아니라 혈을 감싸고 있는 주변 국세(局勢)인 청룡·백호에도 미친다는 것을 알 수 있다. 주변 국세가 흐트러지고 손상되면 그 곳을 통하여 혈장의 광중(壙中)까지 바람이 드나들게 됨으로써 그런 묘지에 체백(유골)을 안장한 자손들은 요절하게 되거나 대가 끊기는 재난을 겪게 된다. 그러므로 입수 청룡·백호가 어딘가에서 끊어졌거나 파헤쳐지는 일이 있는지 늘 살펴야 하고 묘지 자체에도 바람이 통하는 곳이 생겼는지도 잘 관찰해서 팔요풍(八曜風)의 풍살(風殺)을 방지해야 한다.

• **제4항의 기능** : 나경 제3층은 삼합오행(三合五行)으로 엮어진 오행국(五行局)에 의하여 선악이 구체적인 인간사에 현현되는 시기를 수리적으로 나타내는 기능을 담당한다. 24개 방위중 12지에 천간(天干)을 하나씩 짝지워서 측정하므로 쌍산(雙山)이라고도 부른다. 또 오행중 토(土)는 중앙 혈심(血心)의 방위를 상징하므로 목(木), 화(火), 금(金), 수(水)의 4행으로 삼합을 이루게 한다.

① **목국**(木局) : 해묘미(亥卯未), 건해(乾亥), 갑묘(甲卯), 정미(丁未)는 3.8의 수리

② **화국**(火局) : 인오술(寅午戌), 간인(艮寅), 병오(丙午), 신

술(辛戌)은 2.7의 수리

③ **금국**(金局) : 사유축(巳酉丑), 손사(巽巳), 경유(庚酉), 계축(癸丑)은 4.9의 수리

④ **수국**(水局) : 신자진(申子辰), 곤신(坤申), 임자(壬子), 을진(乙辰)은 1.6의 수리

⑤ **토국**(土局) : 중앙의 혈심(穴心)은 5.10의 수리.

이와 같은 삼합오행은 배합절(配合節) 해당 방위로 미루어 그 좋고 나쁨이 나타나는 시기를 추정하는데 사용되지만 그것들의 선악을 추정하는 데는 미적인 조화 등에 의하여 차이가 크므로 나경반에 의한 선악 추정에 굳이 얽매일 필요는 없다.

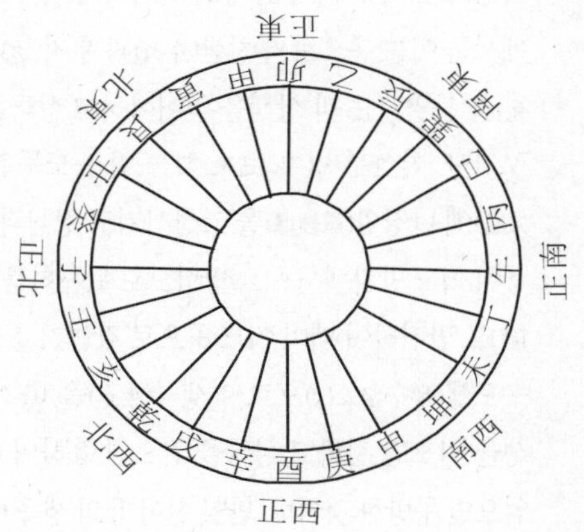

• **제5항 지반정침**(地盤正針) : 나경은 8괘 12지 24성(星)으로 구성되었다. 천간(天干) 10위(位)에서 무기(戊己)를 빼고 건곤간손(乾坤艮巽)을 합치고, 12지를 합쳐 24위(位)를 만든 것이다. 8괘가 나누면 4정(四正)인 자오묘유(子午卯酉)와 4우(四隅)던 건곤간손(乾坤艮巽)이 중심이 되어 8괘가 이루어졌으며, 세분하게 나누면 50여층까지도 나눌 수가 있다. 이것을 다시 줄이면 8괘 12지 24성(星)이다. 나경 제4층에 위치한 지반정침(地盤正針) 24방위는 나경의 전반을 지휘한다. 다른 많은 층들은 지반정침(地盤正針)에 보좌하는 것이다. 지반정침(地盤正針)은 풍수지리에서 가장 많이 사용되는 방위이자 풍수에서 방위를 측정할 때 반드시 인지해야 할 공식과 같은 기본 방위이다. 24방위를 나경반 상에 표기된 순서(시계방향)로 살펴보면 다음과 같다.

[나경 제4층에 표기된 기본 24방위]

壬	子	癸	丑	艮	寅
甲	卯	乙	辰	巽	巳
丙	午	丁	未	坤	申
庚	酉	辛	戌	乾	亥

이 24방위는 천간(天干) 12방위와 지지(地支) 12방위로 나누어 배속시킬 수 있는데, 원래의 지지 12개는 그대로 12방위에 배속되었지만 천간(天干) 12방위는 중앙 토(土)를 의미하는 무(戊)와 기(己)를 제외하고 그 대신 건(乾), 곤(坤), 간(艮), 손(巽)의 4자를 넣어 구성하였다.

• **천간 12방위** : 임(壬), 계(癸), 간(艮), 갑(甲), 을(乙), 손(巽), 병(丙), 정(丁), 곤(坤), 경(庚), 신(辛), 건(乾)

• **지지 12방위** : 자(子), 축(丑), 인(寅), 묘(卯), 진(辰), 사(巳), 오(午), 미(未), 신(申), 유(酉), 술(戌), 해(亥)

아울러 24방위는 나경반(羅經盤)을 설명한 첫 부분에서 소개한 24방위 소속표와 같이 동서남북의 정위치에 있는 4정방위(四正方位 : 子午卯酉)와 4정방위들의 중간에 있는 북서, 남서, 남동, 북동에 위치하는 4우방위(四隅方位 : 乾坤艮巽)로도 분류한다.

四正方位		四隅方位	
子	正北	乾	西北
午	正南	坤	西南
卯	正東	艮	東北
酉	正西	巽	東南

풍수지리에서의 기본 24방위(나경 제4층) 또 24방위 하나하나가 8괘 중의 어느 괘에 속하는지를 따져서 음양(陰陽)으로 구분하기도 한다. 이를 정음정양법(淨陰淨陽法)이라고도 하여 음(陰) 방위의 용들은 정음룡(淨陰龍), 양(陽) 방위의 용들은 정양룡(淨陽龍)이라고 지칭한다. 최초로 나경을 놓을 곳은 속기지처(束氣之處)라 하는 곳은 내룡(來龍)의 입수지처(入首之處)를 말하는데, 곧 산이 서로 이어지는 잘룩진(結咽) 곳을 말한다. 이곳에 나경반을 놓는 이

유는 많은 24룡 가운데서 어느 용이 입수(入首)하는가를 보기 위함이다. 두 번째로 나경반 놓는 곳은 도두팔척(到頭八尺)의 입수지처(入首之處)이니 이곳에 나경반을 놓는 이유로는 어느 용이 어느 방으로 입수했는가를 알기 위함이니 이렇게 하여 격룡(格龍)부터 하게 되는 것이다.

• **제5층 천산투지72룡**(穿山透地七十二龍) — 천산(穿山)이라 함은 천좌산(穿坐山)이오, 투지(透地)란 투지룡(透地龍)으로서 옛 풍수지서에 산룡이란 구절은 있어도 지룡(地龍)이란 말은 없다. 산룡(山龍)의 형세가 왼쪽으로 날고 오른쪽으로 뛰어 일어나고 엎드려 비실거리듯하는 형세가 마치 용의 조화와도 같다 하여 산을 가리켜 용이라 하는 것이며, 또 용의 형세가 잠겼다 드러났다 하며 가는 듯 하다가 멈추고, 멈추는 듯 하다가 다시 가고 있는 듯하나 없고, 없는 듯하나 있는 등의 자취가 불명(不明)하므로 그 맥을 살피어 용맥(龍脈)의 오고감을 아는 것이다. 맥이란 은미하여 노출하지 않은 것으로 흡사 용의 꼬리와도 같은 것이다. 천산(穿山)이란 천산룡(穿山龍)은 투지맥(透地脈)으로써 소조산(少祖山)으로부터 입수(入首)하여 들어오는 용이 어느 좌형으로 중심을 하여 된 것을 천산룡(穿山龍)이라 하고, 다시 혈장에 이르러서는 점점 가늘어져 땅 속으로 들어간 듯 하여 자취를 감추기 때문에 투지맥(透地脈)이라 한 것이다. 나경(羅經)의 천산72룡(穿山七十二龍)은 본래 천산이 아니라 두건법(斗建法 : 月建)을 표시한 것이니, 예컨대 갑자년지월(甲子年至月:12월)의 월건은 병자(丙子)이고, 병자년(丙子年)의 동지달의 월건은 무자(戊子)이며, 무자년(戊子年)의 11월의 월건은 경자(庚子)이며, 경자년(庚子年)의 동지달의 월건은 임자(壬子)이며, 임자년(壬子年)의 동지달은 갑자(甲子)가 되어, 양(陽)은 양(陽)을 쫓고 음(陰)은 음(陰)을 쫓아 60갑자(甲子)가 12지를 쫓으니 매지(每支)마다 5룡씩(五龍式)을 거느리고 있기 때문에 4유(四維)와 8간(八干)에는 대공망(大空亡)으로 남게 되어, 이것과 합하면 모두 72룡이 되는 것이다. 어찌하여 대공망(大空亡)이 있는가 하면 역법(歷法)은 본래 지지(地支)만으로 월(月)을 삼기 때문에 10간(干)에 음양(陰陽)이 각각 다섯씩 있어서 양간(陽干)은 양지(陽支)를 따르고 음간(陰干)은 음지(陰支)를 따르도록 되어 있어서 매룡(每龍)마다 각각 5도씩으로 72룡이면 모두 360도가 되는 것이며, 매지(每支)마다 5룡(五龍)이 있으니 모두 25도로써 1월이 30일이므로 5도가 부족하여 매간유(每干維)마다 5도씩의 공망(空亡)이 형성되어 있는 것이다. 역법(歷法)에 연두법(年頭法)이 있으니 갑기년(甲己年)의 정월 두건(斗建)은 병인(丙寅)이고, 을경년(乙庚年)의 정월은 무인(戊寅)이며, 병신년(丙辛年)의 정월은 경인(庚寅)이요, 정임년(丁壬年)의 정월은 임인(壬寅)이며, 무계년(戊癸年)의 정월 갑인(甲寅)이니, 나경(羅經)의 인궁(寅宮)에 잘 나타나 있다. 그러나 지리가에서는 이 72룡으로써 천산(穿山)과 투지(透地)의 생극(生克)을 분별하는 바 상생을 얻어야하고 상극은 좋지 않은 것이다. 천산투지(穿山透地)하는 법은 도두결혈처(到頭結穴處)에 나경반(羅經盤)을 고정시키고 정침과 72룡으로써 용이 어느 방향에서 어느 방향으로 왔는지를 살피고 몸을 180도 반전하여 맥이 어느 곳으로 갔는지를 살핀 뒤에 성수오행(星수宿五行)으로써 생극(生克)을 따져 보는데, 상생을 얻으면 길하고 상극을 얻으면 흉하며 비화(比和)를 얻으면 무방한 것이니, 만일 혈이 용의 생을 받으면 순(順)하게 천리(天理)를 얻음이니 길하고, 만약 혈이 용을 생하면 천리를 거슬러 상생을 얻었으니 이러한 곳에 장사하면 역적이 출생한다 하는 것이며 만약 상극을 얻었다면 그 해가 클 것이다.

• **제6층 인반중침**(人盤中針) : **인반중침오행**(人盤中針五行)

목(木) : 건곤간손(乾坤艮巽)

화(火) : 자오묘유(子午卯酉), 갑경병임(甲庚丙壬)

토(土) : 을신정계(乙辛丁癸)

금(金) : 진술축미(辰戌丑未)

수(水) : 인신사해(寅申巳亥)

위의 오행으로 용사(龍砂)의 길흉을 보는 오행이다. 인반중침으로서의 사(砂)를 보는 법은 먼저 사(砂)의 형상(形象 : 산의 모양)과 방위로서 용의 귀천미악(貴賤美惡 : 산봉우리가 보기 좋고 험하고 악한 산과 봉)을 분간하니 사(砂)는 손님이요 용은 주인이 된다. 그러므로 마땅히 산의 원맥과 가지맥을 살펴야 하고, 이로서 산의 맥(脈)이 크고 작음을 가려내고 국(局)을 살펴서 명랑하고 수려함을 보아 결정하여야 한다. 만약 용(龍 : 산)의 미악(美惡)을 판단하지 못한 채 사법(砂法)을 고집한다면 이것도 또한 헛수고에 불과한 것이니 억지로 묘와 봉을 맞추지 말아야 하고, 언제나 사(砂)의 향(向)과 배(背)로서 유무정(有無情)을 가려내는 법이니 소상하게 살펴보아야 한다. 사(砂)가 혈을 향해 면(面)을 접해 있으면 유정(有情)하고, 사(砂)가 혈을 등지면 무정(無情)이니 사향측진혈(砂向則眞穴 : 砂가 穴을 향해 있으면 眞穴을 융결(融結)한다는 뜻)이고 사배측혈불진(砂背則穴不眞 : 砂가 혈을 등지면 진실한 혈을 융결하지 않는다는 뜻)이라 하니 사가 혈을 향함을 이래서 좋은 것이다. 사(砂 : 奉)가 수곡간(垂曲間 : 구부린 듯) 혈을 안아주고 유정지세(有情之勢)를 나타내면 혈이 진(眞)하고, 여기에 또한 생왕지력(生旺之力 : 생하고 왕한 것)을 얻으면 더욱 길하다. 생왕지력이란 방위로서 생왕사(生旺砂)를 얻는 것을 말하니 사(砂 : 산봉우리)묘를 생(生)해주면 그의 자손이 부귀를 얻게 되고 묘가 사(砂 : 山奉)를 생해 주면 화가 미친다고 한다. 묘와 사(砂)가 서로가 비견은 되어야 한다. 길사(吉砂)는 고대할수록 대길하고 흉사(凶砂)는 고대할수록 더욱 흉하다. 그러므로 산을 볼 때 지나치게 형기(形氣)에만 치중하여 뾰족하고 산이 깨지고 끊어지고 험악하면 흉한 것이니 아무리 최선을 다하고 득수파구를 거두고 최대한의 성의를 다하여도 흉사가 사방에 높이 솟았을 때는 이를 수사(收砂)할 법이 없으면 반드시 재화가 따르게 된다. 그러므로 용향(龍向)과 소수(消水)에 최선책을 썼다고 할지라도 사법(砂法)을 소홀히 하면 발복을 받지 못한다. 이래서 인반중침의 오행에 최선을 다하여야 한다.

• **제7층 투지**60룡(透地六十龍) : 나경반 7층에는 60룡으로 평분(平分)해 놓은 것을 투지(透地)라 하며 천기(天紀)가 되는 것이다. 정침으로 갑자(甲子)를 일으키며 해미(亥未)는 건수(乾宿)에 속한다. 후천(後天)의 건(乾)은 선천(先天)으로 간위(艮位)가 되며 간(艮)은 산이므로 천산(穿山)이라 한다. 평분(平分) 60룡에서는 정침의 임(壬)에서 갑자(甲子)를 일어나니 초속감(初屬坎)이 된다. 이는 후천(後天)의 감(坎)이니 즉 선천(先天)으로는 곤(坤)이 되고 곤(坤)은 지(地)이므로 투지(透地)라 이름하였다. 천(穿)이라 하지 않고 투(透)라 한 것은 투(透)는 통한다는 뜻의 투(透)인 연고이다. 가령 대통으로 재를 불 듯이 기(氣)는 구멍을 따라 출행(出行)하는 것이라면 투(透)에 대한 설득이 될 것이다. 또 산이라 하지 않고 용이라 하였음은 5기(五氣)는 용중(龍中 : 산 땅속)으로 행하므로 만물이 발할 수 있다는데서 연유되었다. 용에는 길기(吉氣)가 있어서 토(土)는 이에 의하여 일어나게 되는데 용상(龍上)에서는 형(形 : 땅의 모양)으로서 알아볼 수 있는 것이다. 이 모두 5기는 지중(地中)으로 투과(透過)함을 말한 것이다. 따라서 기(氣)가 응하면 용은 높이 솟게 되고 기(氣)가 약하면 용은 졸복(卒伏 : 기복이 없음)하게 되며, 기(氣)가 맑으면 용은 이를 따라 빼어나게 아름답게 되고, 기(氣)가 탁하면 용은 이를 따라 흉악하게 되는 것이다. 이상은 득룡설(得龍說)의 한 부분이다. 또 호(虎)라 하지 않고 용맥(龍脈)이라 한 것은 용기(龍氣 : 기는 용맥 중심을 따라 흐름)는 혈중(穴中)으로 투과(透過)하지 않는 게 없고 변화도 무단(無端)이니 60룡(龍) 투지(透地)의 묘(妙)함과 작용의 공(功)을 가히 알 수 있다. 장승생기(葬乘生氣)이니 반드시 먼저 내룡(來龍)을 정해야 한다. 그 법은 내맥(來脈)으로부터 입수(入首)하는 혈성(穴星) 후 분수척상(分水脊上)에 나경반을 놓고 내맥입수(來脈入首)를 정하는 것이다. 가령 60룡(六十龍)이 신해(辛亥)라면 납음(納音)은 금(金)인데 오른쪽으로 따라와서 좌위(左位)로 승기(承氣)한다면 혈은 마땅히 건좌손향(乾坐巽向)을 하여서 정해토기(丁亥土氣)를 투득(透得)하여야 정건룡(正乾龍)의 생혈(生穴)이 될 것이다. 이때 정해토(丁亥土)로 신해금(辛亥金)을 생(生)하게 하면 혈생내룡(穴生來龍)이 되어 어김없이 발복하게 된다. 그러나 만약 정해토기(丁亥土氣)가 아니고 을해화기(乙亥火氣)를 투득(透得)한다면 해칠건삼(亥七乾三)인 을해화혈(乙亥火穴)은 신

해금(辛亥金) 내룡(來龍)을 극(剋)하여 주(主)는 소록(少祿)이 있을 뿐 해가 된다. 또 만약 기해목기(己亥木氣)를 투득(透得)한다면 해오건오(亥五乾五)로 살요(殺曜)가 되니 이른바 화갱살(火坑殺 : 빠지고 묻힘)을 범하게 되어 자손은 노질토혈등질(癆疾吐血等疾 : 피를 토하는 병자 근심)과 처자(妻子)를 극(剋)하는 일이 많이 나고 수의(水蟻 : 물개미)가 식관(食棺)하는 응(應)이 있을 것이다. 천산(穿山)과 투지(透地)는 쓰임이 따로 있으나 천산 60룡은 다만 내룡(來龍)을 논함에 있어서 산등성을 정하는 것이니 즉 분수척상(分水脊上 : 혈뒤 界水入首)에 나경반을 놓고 혈후(穴後) 입척만두(入尺巒頭)의 길흉을 보는 것에 불과하다. 60룡 투지반(透地盤)을 쓸 때는 사실상 불필요하다. 60룡은 기(氣)가 입혈(入穴)함을 실피는 것이다. 즉 일룡(一龍)에 오자기(五字氣)가 있는데 왕상기(旺相氣)인 병자경자(丙子庚子) 2순(二旬)에 해당되는 24개의 용을 찾는 것인데 이것이 곧 24위 구슬같은 보배를 가진 것으로서 전길(全吉)한 것이다. 다시 말하면 혈허 살요 차착공망(穴虛 殺曜 差錯空亡 : 甲戊壬은 살이 되고 어긋지고 공망은 썪이고)을 피하는 것이기도 하니, 가령 갑자(甲子), 임자(壬子), 무자(戊子)등 3순(三旬)에 해당되는 용은 나머지 36위의 혈이 될 것이니 차착관살(差錯關殺)이 되어 전흉(全凶)하다는 것이다. 또 중요한 것은 혼천도(渾天度)가 분금을 극(剋)하는 것과, 분금이 좌혈(坐穴)을 극(剋)하는 것과, 좌혈(坐穴)이 투지(透地)를 극하는 것과, 투지가 내룡(來龍)을 극하는 것 등이 모두 불가하다. 그러나 극이라도 하극상(下剋上)은 순극(順剋)이라 하여 길하고, 같은 생(生)이라도 하생상(下生上)은 역생(逆生)이라 하여 길하다. 이와 같이 투지작용(透地作用)이 복잡하므로 세심한 주의를 요하여 절대로 경솔하게 판단하지 말아야 한다. 경반(經盤)을 보면 정자(正字)가 24개가 있는데 이것이 24산의 정기맥(正氣脈)인 입수주보(入首珠寶)이고, 5자가 12개 있는데 이것이 화갱(火坑)이며, 37자가 24개가 있는데 이것이 차착공망(差錯空亡)인 것이다.

- **제8층 천반봉침**(天盤逢針)**과 내거수**(來去水) : 천반봉침(天盤逢針)은 쌍산(雙山)에 상합(相合)되는 것으로 옛 사람들은 용향(龍向)으로 내거(來去)하는 물을 논하고 휴수왕상(休囚旺相)의 방위를 판단하였다. 봉침과 정침은 반방위(즉 7.5도)의 간격이 있다. 정침(正針) 자오(子午)에 정대(正對)하며 지반(地盤)이라 한다. 봉침(縫針)은 양공(楊公)이 만들었으며 납룡입향(納龍立向)에서 곧 봉침(縫針)으로도 임자동궁(壬子同宮) 병오동궁(丙午同宮)이 되며, 천반(天盤)인 봉침(縫針)은 수수작용(收水作用 : 得水破口)에 쓰인다. 또 뇌공(賴公)의 중침(中針)은 자계봉중(子癸縫中)한 것으로 오정(午丁)에 동궁(同宮)이다. 이를 인반(人盤)이라 하며 예 사람이 전하는 바에 의하면 소사(消砂)를 하는 것이며 또한 성법(星法)이라고도 한다. 선택적으로 논하면 태양(太陽)의 도방(到方)과 도향 12궁(到向 十二宮)의 분야와 12차 전도(纏度)를 맡고 있다. 이리하여 천지인(天地人) 삼침(三針)이 이루어지니 각자 쓰임에 무궁함이 있다. 수수법(收水法)에 있어서는 그 이치가 다문하여 착란(錯亂)하기 쉽고 증거를 대기조차 어려운 경우도 있다. 그 중에 세밀한 이치가 있는 것을 참고하여 보면 정음정양법(淨陰淨陽法)을 들 수 있는데 이는 복희씨(伏羲氏)의 선천팔괘(先天八卦)인 낙서(洛書)에서 근원된 것이다. 가령 건남(乾南) 곤북(坤北)은 낙서(洛書)의 대구리일(戴九履一 : 南離方)이며, 선천(先天)의 이동감서(離東坎西)는 낙서(洛書)의 좌삼우칠(左三右七)이니, 이 모두 홀수로서 정양(淨陽)이 된 것이다. 또 선천(先天)으로 태거동남(兌居東南)하고 손거서남(巽居西南)도 낙서(洛書)의 24위인 견(肩)이 되고, 선천의 진거동북(震居東北)과 간거서북(艮居西北)은 낙서(洛書)의 68위로서 족(足)이 되니, 이는 모두 짝수가 되는 정음(淨陰)이 되었다. 뇌공(賴公)이 말하기를, 만물지생(萬物之生)은 반드시 양쪽에서 하나(홀수)가 만나면 짝이 되고 짝이 하나를 만나면 또 홀수가 되는 것으로 방미(方美 : 아름다운 방위)하며, 우뚝하고 어그러지고 배반하고 하는 것이 자연인 것이니 안능생육(安能生育)에는 반드시 입양향(立陽向) 양수(陽水)가 와야 하며 음수(陰水)가 잡래(雜來)하면 흉하다. 또 음수로 오면 음향(陰向)을 세워야 하며 양(陽)이 혼잡되면 흉하다. 뇌공의 정음정양법(淨陰淨陽法)은 이와 같으며 뇌공의 성괘(星卦)를 전용

(轉用)하여 내수(來水)와 공위(公位)를 변명하는 법은 깊게 큰 것이 있으면 주로 뜻이 있다 함이니 위로 향하는 것을 주로 한다. 이는 취향(就向 : 향으로 좇음)하고 보성(輔星 : 성을 도움)을 일으키고 거래(去來 : 득수 득파)하는 물을 보는데에 생왕묘(生旺墓 : 포태법)등의 법에로 불구하고 오로지 파구수는 천간방위로 하면 길하고 득수는 지지(地支)로 흐르면 길수로 보지 않는다. 또 양공(楊公)의 구성(九星)은 물의 내거(來去)를 논하는 것으로 천상(天上)에서 오는 것이므로 천반(天盤)으로 수지(收之)하며, 재천구성(在天九星)이라고도 하며, 양공구성(楊公九星)이라고도 한다. 또한 뇌공의 구성(九星)은 사(砂)를 논하고 심룡(尋龍)에 주로 사용하며, 논사(論砂)에는 인반중침(人盤中針)으로 격지(格地)한다. 이를 재지구성(在地九星)이라고도 하며, 태양성(太陽星), 태음성(太陰星), 금수성(金水星), 자기성(紫氣星), 천재성(天財星), 천강성(天罡星), 고요성(孤曜星), 조화성(燥火星)이 그것이다.

• **제9층 분금**(分金) : 분금이란 장법(葬法)에만 전용(專用)하는 것으로써 360도를 120룡으로 나누었기 때문에 분금이라 한 것이다. 그러나 120분금에 취용(取用)하는 것은 다만 48룡이고 나머지는 오히려 번거로우므로 공망상태(空亡狀態)로 남겨놓았다. 무릇 흙이란 화(火)의 소생이요 금(金)이란 토(土)의 소생이므로 화(火)는 토(土)의 모체(母體)이고 금(金)은 토(土)의 자식이다. 그러나 수(水)와 목(木)은 토(土)와 상극관계에 놓여 있기 때문에 생기(生氣)를 타지 못하므로 다만 화(火)와 금(金)의 2기로써 분금을 정하였으니 병정경신(丙丁庚辛)이 자위(子位)에는 자(子)를 좇아 병자(丙子), 경자(庚子)가 되고, 축(丑)에는 축(丑)을 좇아 정축(丁丑), 신축(辛丑)이 되었다. 사람도 살아 있을 때는 목(木)에 속하고 죽으면 토(土)에 속하기 때문에, 분금과 망명(亡命)은 상생을 얻어야 하고 상극을 만나면 불길한 것이 천리(天理)인 것이다. 분금을 배열함에 있어서 5행의 속성에 따라 정하였으니 가령 계수(癸水)는 북방자수(北方子水)에 속하므로 자계동궁(子癸同宮) 30도중 병자(丙子)와 경자(庚子)가 중복하여 배열되어 있고, 축(丑)과 간(艮)은 본래 중앙토기(中央土氣)이므로 동궁(同宮)에 30도중 정축(丁丑)과 신축(辛丑)이 배열하였으며, 인(寅)은 갑목(甲木)과 동궁(同宮)으로 병인(丙寅)과 경인(庚寅)이 배열되었고, 묘(卯)는 을목(乙木)과 동궁(同宮)이므로 정묘(丁卯)와 신묘(辛卯)로 배열하였으니, 나머지도 모두 같은 이치로 구성되어 있다.

❖ **나경용법 정해**(羅經用法 正解) : 나경(羅經)이라는 말에는 포라만상(抱羅萬象)에 경위천지(經緯天地)라는 뜻을 지니고 있으니 천지(天地)를 가늠하는 척도라고 할 수가 있겠다. 풍수학에 있어서 나경(羅經)의 용도만 이해한다면 이미 공부는 다 한거나 다름 없다고 해도 지나친 말은 아닐 것이다. 그만큼 지리가한테는 나경이 필수적이면서도 난해한 것이어서 나경학(羅經學)에 대한 진수를 전수받는 이전에는 터득이 거의 불가능하다고도 할 수 있으므로, 나경(羅經)의 법수(法手)를 깨치지 못한 이들이 눈대중만으로 한정을 하고서 형기론자(形氣論者)들의 설은 불확실하다는 표현보다는 오히려 황당하다는 느낌마저도 든다. 왜냐하면 그 흔하고도 흔한 형기서(形氣書) 가운데서는 나경용도(羅經用度)에 관한 주석(註釋)이나 재혈(裁穴)에 관한 해설이 단 한 곳에도 나와 있지 않는 것만 보아도 이를 형기론자들이 얼마만큼 나경에 대해 무관심 또는 무지한가 하는 것을 알고도 남음이 있겠기 때문이지만, 형기론(形氣論) 그 자체를 부정한다거나 무시해 버리려는 입장은 결코 아니다. 그러기 보다는 오히려 양자(兩者)를 대립적 관계로 볼 것이 아니라 상호보완적입장에서 「보는 법」과 「쓰는 법」으로 병립(兩立)시켜 나가야 할 과제라고 생각한다. 처음 어느 지점에다 나경을 놓는가 하는 문제도 그리 간단하지만은 않다. 최초로 나경을 놓을 곳은 속기지처(束氣之處)라 하겠는데 속기지처(束氣之處)란 내룡(來龍)의 입수지처(入首之處)를 말하니 곧 산과 산이 서로 이어지는 잘룩진 곳을 말한다. 속기지처(束氣之處)에 나경을 놓는 이유는 24룡 가운데서 어느 용이 입수(入首)를 하는가를 보기 위함이고, 두 번째로 나경을 놓는 곳은 도두팔척(到頭八尺)이내의 입수지처(入首之處)이니, 이곳에 나경을 놓는 이유로는 어느 용이 어느 방(方)으로 입수(入首)했는가를 알기 위함이니, 이렇게 하여 격룡(格龍)부터 하게 되는 것이다.

❖ **나경**(羅經) **용배향**(龍配向) **해설**: 나경에 용배향이란 곧 정향(定向)을 함에 있어서 내룡(來龍)은 입수(入首: 入路)를 위주로 해야 한다는 뜻이다. 나경(羅經)을 입로(入路)지처에 놓고 정침(正針) 24방위로 놓아 어느 글자상의 내룡(來龍)인가를 알고 또 음양룡(陰陽龍)을 가려 양룡(陽龍)이라면

• **이십사룡 구성도**

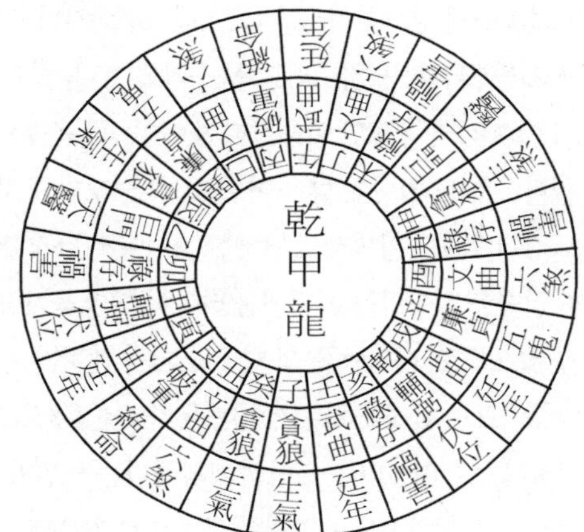

[第1圖 乾甲龍]

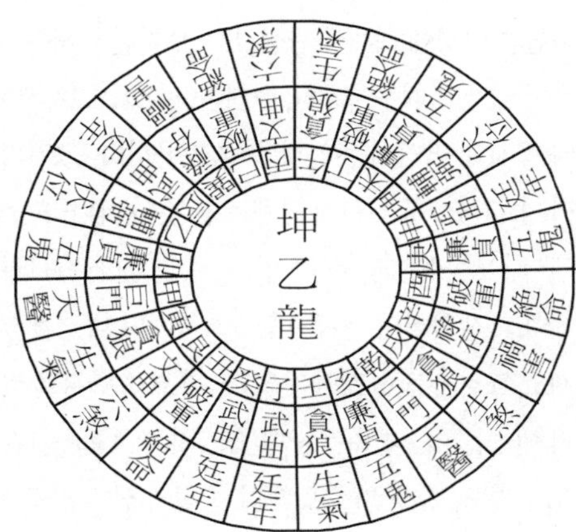

[第2圖 坤乙龍]

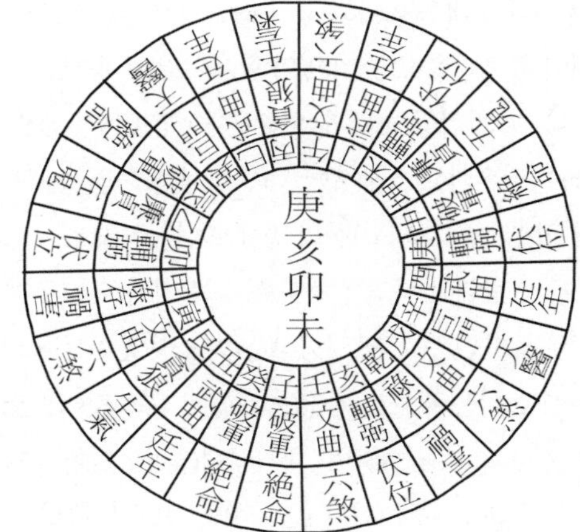

[第3圖 震庚亥未龍]

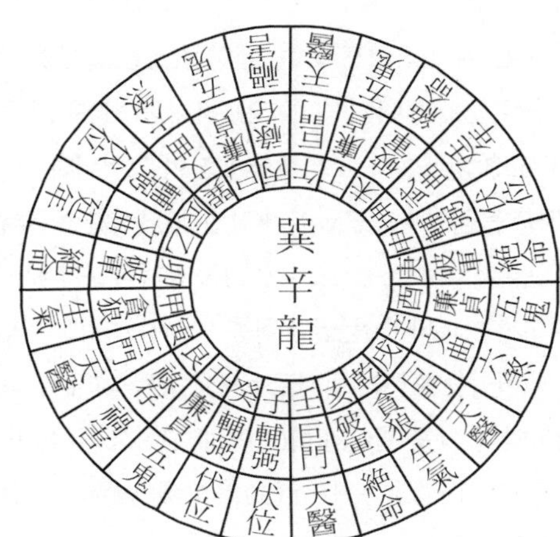

[第4圖 巽辛圖]

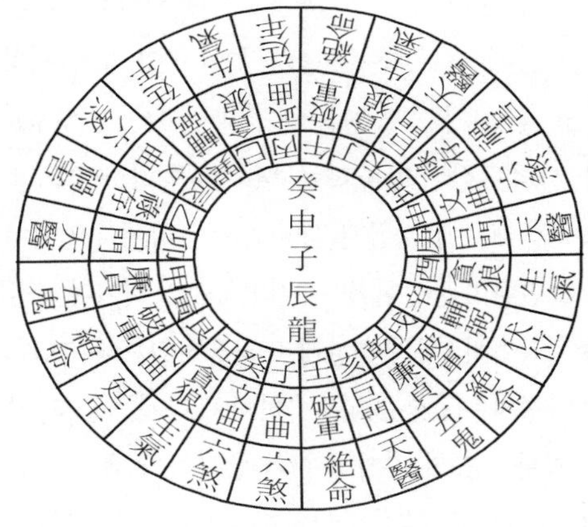

[第5圖 癸申子辰龍]

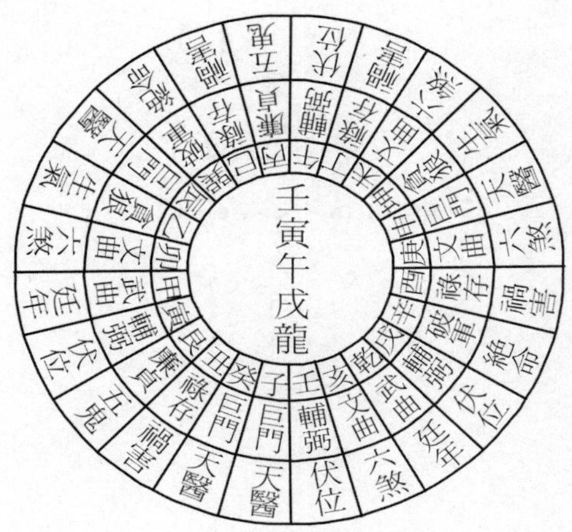

[第6圖 壬寅午戌龍]

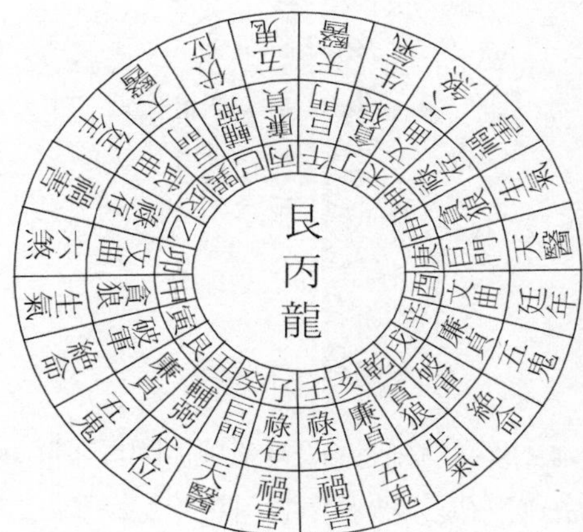

[第7圖 艮丙龍]

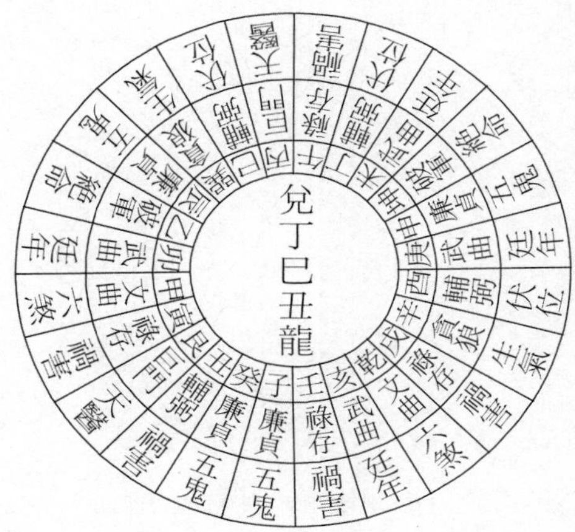

[第8圖 兌丁巳丑龍]

입양향(立陽向)하고, 음룡(陰龍)이라면 입음향(立陰向)하니, 이는 용향상배(龍向相配)의 법인 것이다. 또 내룡(來龍)의 입수지처(入首之處)가 길성방(吉星方)이면 길하고 흉성방(凶星方)이면 흉한데 향도 마찬가지이다. 순정(純淨 ; 깨끗하고 바르게)하기는 해도 흉성(凶星)이 떨어지는 곳에 있으면 흉향(凶向)이니 이러한 이치는 비단 구성뿐만이 아니라 24천성위도 이와 같다. 9성 가운데 탐랑(貪狼), 거문(巨門), 무곡(武曲), 보필(輔弼) 등의 4성(四星)은 길성(吉星)이고, 파군(破軍), 염정(廉貞), 녹존(祿存), 문곡(文曲) 등의 한 곳으로 용의 배향(配向)을 하면 흉향(凶向)이 되고, 길성(吉星)이 떨어진 곳에 배향(配向)을 하면 길향(吉向)이다.

❖ **나경**(羅經) **처음 놓는 곳**: 최초로 나경을 놓을 곳은 속기지처(束氣之處)라고 하며, 내룡(來龍)의 입수지처(入首之處)를 말하는데, 곧 산과 산이 서로 이어지는 잘룩진 곳을 말한다. 이곳에 나경을 놓는 이유는 많은 용 24룡 가운데서 어느 용이 입수(入首)를 하는 가를 보기 위함이요, 두 번째로 나경(羅經)을 놓는 곳은 도두팔척(到頭八尺)이내의 입수지처(入首之處)로서 이곳에 나경(羅經)을 놓는 이유로는 어느 용이 어느 방위로 입수(入首)했는가를 알기 위함으로 이렇게 하여 격룡(格龍)부터 하게 된다.

❖ **나경총론**(羅經總論)

① **나경지처**(羅經之處) : 첫 번째 나경(羅經)은 소조산(小祖山)과 현무정(玄武頂 : 혈 뒤쪽 산 첫 내룡)의 과협지처(過峽之處)에 놓아 청침(正針 : 나경 제4층)으로서 어느 자상의 내룡(來龍)인가 알아야 하고, 두 번째 나경은 입로(入路 : 입수지처)에 놓아 정침으로서 보아 어느 자상의 내룡인가를 알아야 하고, 또 순정입향(純淨入向 : 바르게)이 되게 해야 한다.

② **나경27층수**(羅經層數) : 나경층수(羅經層數)가 도합(都合) 50여층이라고 전해오고 있지만 실제로 기록된 것은 40층미만에 불과하다. 엽구승(葉九升)의 나경(羅經)의 흠정판(欽定版)에는 24층만이 기록되 있고, 나경투해(羅經透解)에서는 36층이 기록되 있으며, 오천홍평정(吳天洪評定)의 나경해(羅經解)에서는 38층이 수록되어 있다. 그러나 이 모두가 다 이기법수(理氣法數)를 밝히는데는 일조가 되겠지만 실제로 재혈상 필요한 27층만은 골라서 해설을 붙였다. 27층의 내용은 다

음과 같다.

제1층 : 태극양의도(太極兩儀圖)

제2층 : 후천팔괘도(後天八卦圖)

제3층 : 팔요풍(八曜風)

제4층 : 황천살방(黃泉殺方)

제5층 : 좌산9성(坐山九星)

제6층 : 24천성(二十四天星)

제7층 : 지반정침24산(地盤正針 二十四山)

제8층 : 인반중침24산(人盤中針二十四山)

제9층 : 천반봉침24산(天盤縫針二十四山)

제10층 : 천산(지기)72룡(穿山(地紀)七十二龍)

제11층 : 천산수(穿山宿)

제12층 : 기갑자법(起甲子法)

제13층 : 정침120분금(正針百二十分金)

제14층 : 순배(順排) 60룡선천괘(又名60分金)

제16층 : 봉침 120분(縫針百二十分金)

제17층 : 뇌공(賴公) 중침 24산(中針 24山)

제18층 : 영축(盈縮) 천기(天紀) 60룡

제19층 : 수도오행(宿度五行)

제20층 : 투지60룡(透地六十龍) 배(拜) 60괘

제21층 : 투지기문(透地奇門) 취부자(取父子) 재관 녹마귀인 (財官錄馬貴人) 음양(陰陽) 이둔기례(二遁起例)

제22층 : 홍란(紅鸞) 수법오행(水法五行)

제23층 : 정침분금(正針分金)의 납음오행(納音五行)

제24층 : 대현공 오행(大玄空 五行)

제25층 : 소현공 오행(小玄空 五行)

제26층 : 홍문어가(鴻門御街) 수법오행(水法五行)

제27층 : 홍범오행(洪範五行)

③ **나경해설**(羅經解說) : 역(易)에 이르기를, 건(乾)은 군(君)이요, 곤(坤)은 장(藏)이며, 뇌(雷)는 동(動)하고, 풍(風)은 산(散)하며, 우(雨)는 윤(潤)하고, 일(日)은 선(喧)하며, 간(艮)은 지(止)하고, 태(兌)는 태(悅)하니, 이는 곧 4시(四時)의 운(運)이다. 뇌즉진(雷卽震)이요 풍즉손(風卽巽)이며 우즉감(雨卽坎)이며 일즉이(日卽離)다.

[第1層 先天八卦]

[第2層 後天八卦圖]

팔괘오행(八卦五行)은 다음과 같다. 이화비감수(離火比坎水), 건금태흥금(乾金兌興金), 진손개속목(辰巽皆屬木), 곤간토위종(坤艮土爲宗). 이(離)는 불(火), 감(坎)은 물, 건태(乾兌)는 금(金), 진손(震巽)은 나무(木), 곤간(坤艮)은 흙의 종(宗)이 된다.

1층 : 八曜殺 **2층** : 正針二十四山

[第3層 八曜殺]

④ **팔요결**(八曜訣)

坎龍(辰) 坤兎(卯) 震猴(申) 巽鷄(酉)

乾馬(午) 兌蛇(巳) 艮虎(寅) 離猪(亥)

팔요살(八曜殺)은 팔요풍(八曜風)이라고도 하니 바람을 막는 법은 이 팔요살(八要殺)을 피하는 것이 방책이 된다. 무릇 이 팔요풍살(八要風殺)은 내룡입수(來龍入首)나 좌산(坐山) 또는 용향에 모두 일어난다. 만약에 팔요살(八要殺)을 범하게 되면 형륙(刑戮)을 당하게 된다고 하니 가히 위력을 알 수가 있겠다. 가령 감룡(坎龍)이라면 진향(辰向)을 피하고, 곤룡(坤龍)이라면 묘향(卯向)을, 이룡(離龍)이라면 해향(亥向)을, 손룡(巽龍)이라면 유향(酉向)을, 간룡(艮龍)이라면 인향(寅向)을, 건룡(乾龍)이라면 오향(午向)을 각각 피해야 한다.

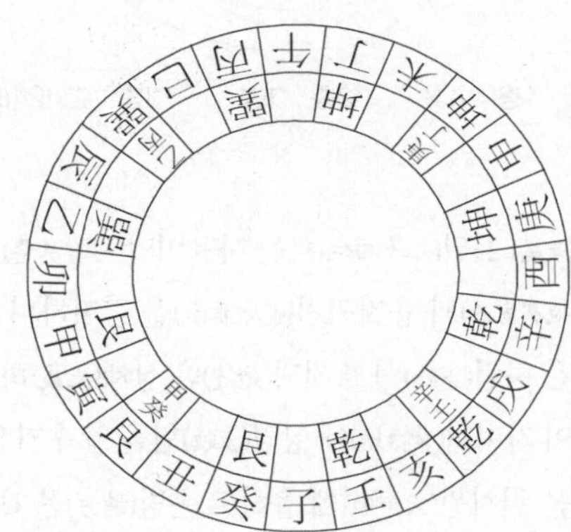

1층 : 黃泉水　2층 : 正針二十四山

[第4層 黃泉水]

황천수방(黃泉水方)은 지하로 스며 흐르는 음수(陰水)의 물길을 말하는데, 이는 곧 묘좌(墓坐)에서 겨누어 묘방(墓方)이 된다.

⑤ **황천결**(黃泉訣)

庚丁坤上是黃泉 乙丙須防巽水先

甲癸向中憂見艮 辛壬水路怕當乾

즉 경정향(庚丁向)에는 곤방(坤方)이 황천수로(黃泉水路)가 되고, 을병향(乙丙向)에는 손상이 황천수로(黃泉水路)가 된다. 황천(黃泉)이란 12운성(運星)의 묘방(墓方)을 말하며, 묘는 곧 망자의 만년유택(萬年幽宅)이 되고, 생자(生者)와 망자는 유명(幽明)을 달리 하기에 저승이라는 뜻에서 황천(黃泉)이라 부른다. 그러나 여기서 말하는 황천(黃泉)이란 실제에 있어서 묘의 향(向)과는 무관하다는 데서 문제가 된다. 즉 경정향(庚丁向)에는 곤상(坤上)이 황천(黃泉)이라고 되어 있지만 실제로 겨누어보면 경(庚)의 묘방(卯方)은 축방(丑方)이며 정(丁)의 묘방(墓方)도 동시에 축방(丑方)이 되므로 오히려 8방(八方)으로 말하자면 간방(艮方)이 황천방(黃泉方)이 되어야 한다. 따라서 황천방(黃泉方)이라 말하는 곤방(坤方)은 실제로 경정(庚丁) 양간(丙壬)에게는 모두가 관대방(冠帶方)이 됨을 알 수 있다. 그렇다면 관대방(冠帶方)을 황천방(黃泉方)이라 할 이유는 없다. 아무리 죽음을 인생의 삼대길사로 꼽는 사(死)의 찬미자(讚美者)가 있다고손 치더라도 황천방(黃泉方)과 관대방(冠帶方)을 혼동할 리는 없다. 결국 묘방(墓方)의 측정기준은 향이 아니라 좌(坐)라는 사실이다. 가령 용향(龍向)이 경(庚)이라면 혈은 인방(寅方)이 되므로 인방(寅方)은 곧 좌(坐)가 되고, 인(寅)의 묘는 미(未)가 되므로 곤방(坤方)이 묘가 된다. 이렇게 하여 모든 황천수방(黃泉水方)은 용향(龍向)이 아닌 혈좌(穴坐)에서 측정하여 이루어졌다는 사실을 알 수가 있다.

[八干 黃泉圖]

向 / 龍	壬子	癸丑	艮寅	甲卯	乙震	巽巳
干甲	沐浴	冠帶	臨官	帝旺	衰	病
干乙	病	衰	帝旺	臨官	冠帶	沐浴
干丙	胎	養	長生	沐浴	冠帶	臨官
干丁	絶	墓	死	病	衰	冠帶
干庚	死	墓	絶	胎	養	長生
干辛	長生	養	胎	絶	墓	死
干壬	帝旺	衰	病	死	墓	絶
干癸	臨官	冠帶	沐浴	長生	養	胎

위의 표에서와 같이 소위 황천방(黃泉方)이라고 지정된 자리는 해당 향간(向干)의 관대(冠帶) 방위가 된다. 그러나 정작 묘가 되는 곳은 향간(向干)이 아닌 좌간(坐干)이 되는 것임을 알 수가 있다. 즉 경정룡(庚丁龍)은 곤상에서 황천이 되는 것이 아니라 그 대충좌간(對沖坐干)인 계축방(癸丑方)이 묘

가 됨을 알 수가 있다. 이로 미루어 볼 때에 용의 좌(坐)는 체(體)가 되고 향(向)은 용이 되니 12운성(運星)의 기준은 향에 있지 않고 좌(坐)에 있음을 알 수가 있다. 옥척경(玉尺經)에 이르기를 「만약 입향납수(立向納水)를 잘못하여 황천내수를 보게 되면 소년(少年) 죽음이 나거나 비명횡사자가 나게 되므로 이를 가리켜 살인황천(殺寅黃泉)이라 하니 수로의 가장 꺼리는 일이라 한다.」라고 되어 있다.

丙午	丁未	坤申	庚酉	辛戌	乾亥
死	墓	絶	胎	養	長生
長生	養	胎	絶	墓	死
帝旺	衰	病	死	墓	絶
臨官	冠帶	沐浴	長生	養	胎
沐浴	冠帶	臨官	帝旺	衰	病
病	衰	帝旺	臨官	冠帶	沐浴
胎	養	長生	沐浴	冠帶	臨官
絶	墓	死	病	衰	帝旺

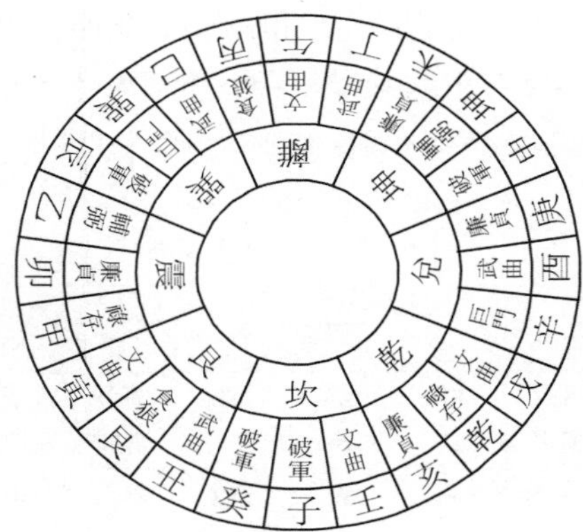

[第5層 坐山九星]

좌산구성(坐山九星)은 곤괘(坤卦)의 대충궁(對沖宮)에서 탐랑성(貪狼星)을 일으켜 탐랑(貪狼), 거문(巨門), 녹존(祿存), 문곡(文曲), 염정(廉貞), 무곡(武曲), 파군(破軍), 전필(轉弼)등의 순으로 붙여나간다. 즉 곤상(坤上)에서 전필(轉弼)을 일으키면 간방(艮方)이 탐랑(貪狼), 손방(巽方)이 거문(巨門), 건방(乾方)이 녹존(祿存), 이방(離方)이 문곡(文曲), 진방(震方)이 염정(廉貞), 태방(兌方)이 무곡(武曲), 감방(坎方)이 파군(破軍), 곤방(坤方)이 다시 보필위(輔弼位)가 된다. 그리고 4유(四維)와 8간(八干)의 구성은 납갑으로 정한다. 예를 들면 간상(艮上)이 탐랑(貪狼)이므로 간납(艮納)은 병이니 간병신오술봉(艮丙辛午戌峯)은 모두 탐랑(貪狼)이 되고, 또 진봉(震峯)이 염정(廉貞)이므로 진경해미봉(震庚亥未峯)은 모두가 염정(廉貞)이 된다.

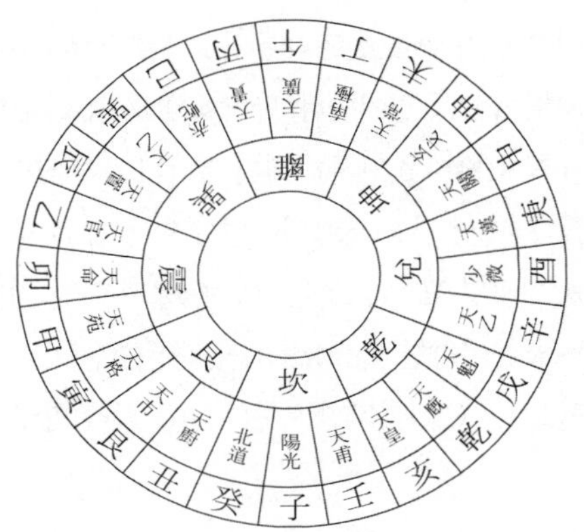

1층 : 八卦 2층 : 天星 3층 : 正針24山

[第六層 二十四天星]

천성(天星) 24위(二十四位)로는 사유미악(砂有美惡)이며 지유길흉(地有吉凶)과 용지귀천(龍之貴賤)을 감지하니 소위 천광(天光)은 하림(下臨)하고 지덕(地德)은 상재(上載)하므로 천성(天星)이 자미원(紫微垣)에 상영(上映)함을 알 수가 있다. 간방(艮方)은 천시원(天市垣)에 응하고 손방(巽方)은 태미원(太微垣)에 응하며 태방(兌方)은 소미원(少微垣)에 응하니, 차사원(此四垣)은 천성(天星)중에서 최귀성(最貴星)이요 천귀(天貴)는 병방(丙方)에, 천을(天乙)은 신방(辛方)에, 남극(南極)은 정방(丁方)에 각각 비치니, 간납(艮納)은 병(丙)이요 손납(巽納)은 신(辛)이며, 태납(兌納)은 정(丁)이므로 이를 합치면 간손태(艮巽兌)와 병신정(丙辛丁)이 육수가 되어 차귀성(次貴星)이며, 또한 천병(天屛)이 사궁(巳宮)을 비치니 이는 자미원(紫微垣)의 대궁(對宮)으로 이를 자미대제(紫微大帝)의 도읍으로서 명당이라고 칭한다. 그러므로 해궁(亥宮)과 사궁(巳宮)을 합하여도 육수궁(六秀宮)이 된다고 할 수 있으며 또한 팔귀(八貴)라고도 한다. 사귀방(四鬼方)의 천성은 최하위(最下位)니 사귀(四鬼)란 축방(丑方)의 두우성(斗牛星), 진방(辰方)의 천강성(天罡星), 미방(未方)의 금양성(金羊星), 술방(戌方)의 하괴성(河魁星)등을 말한다. 따라서 용맥(龍脈)이 귀성(貴星)을 타면 귀길(貴吉)하고 천성(賤星)을 타면 천흉(賤凶)하다.

1층 : 八卦　　2층 : 地盤正針二十四山

[第七層 地盤正針24山]

24산(二十四山)이란 8괘(八卦) 12지(二十支)를 쫓아 나온 것이니 대개 괘(卦)에는 24효(二十四爻)가 있으며 매괘(每卦)마다 3효(三爻)가 있고 땅에는 24기(二十四氣)가 있으므로 경반(經盤)에는 반드시 24산(二十四山)을 그린 연후에 라야 쓸 수 있다. 8괘(八卦)는 4정(四正)과 4우(四隅)로 나누어지니, 4정괴(四正卦)는 정당(正當)하여 자오묘유(子午卯酉)의 위(位)를 차지 함으로써 거괘(去卦)하여도 존지(存支)하니 그 지(支)가 곧 괘(卦)라 하겠다. 즉 사정방(四正方)의 괘(卦)는 괘(卦)로서 존재하지 않고 지(支)로서 존재하므로, 지(支)가 곧 그 괘(卦)라는 뜻이니, 자(子)는 즉 감(坎)이요, 오(午)는 이(離)며, 묘(卯)는 진(震)이요, 유(酉)는 태(兌)가 된다. 그러므로 24산(二十四山)에서는 감(坎), 이(離), 진(震), 태(兌)의 사정괘(四正卦)는 빼고, 감궁(坎宮)은 임자계(壬子癸), 갑묘을(甲卯乙)로, 이궁(離宮)은 병오정(丙午丁), 태궁(兌宮)은 경유신(庚酉辛)으로 각각 표시했을 뿐 괘(卦)는 나타내지 않은 것이다. 또한 비슷한 사정위(四正位) 팔간(八干)의 보(輔)를 받으니 동가갑을(東加甲乙)하고 서가경신(西加庚辛)하며 남가병정(南加丙丁)에 북가임계(北加壬癸)하니 곧 사정위(四正位)가 된다. 지지(地支)는 또한 사유괘(四有卦)를 협(夾)하였으니 축인(丑寅)은 간(艮)을 나오고, 진사(辰巳)는 손(巽)을 나오고, 미신(未申)은 곤(坤)을 나오고, 술해(戌亥) 건(乾)을 나오니 사우위(四隅位)가 된다. 이렇게 하여 4유(四維), 8간(八干), 12지(十二支)가 합하여 24위(二十四位)가 되는 것이니 이 모두는 천(天)이 조(造)하고 지(地)가 설(設)한 위(局)이라 그 용도는 가장 많다.

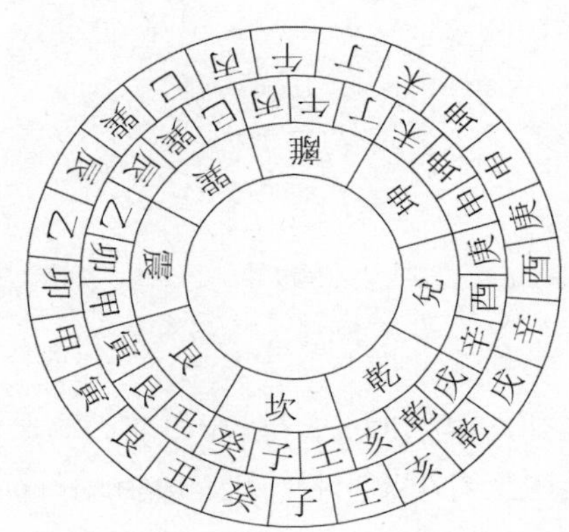

1층 : 八卦　　2층 : 地盤定針二十四山　　3층 : 人盤中針二十四山

[第八層 人盤中針24山]

중침(中針) 24위(二十四位)는 뇌공(賴公)이 영축(盈縮) 60룡을 밝히기 위해 설한 것이다. 이의 전용(專龍)은 용(龍)의 귀천(貴賤)과 사(砂)의 길흉(吉凶)을 평단함에 있다. 용(龍)의 귀천(貴賤)은 천성(天星)의 귀천(貴賤)을 쫓아 격변(格辨)하게 되니 가령 용(龍)이 정침 해위(亥位)에 입수(入首)하고 우편(右遍)으로 바짝 치우쳐 있으면 이때는 중침(中針)도 해위(亥位)이니 이는 대길(大吉)하다. 그러나 만약 좌변(左邊)으로 치우치게 되면 이때에는 중침(中針)은 임위(壬位)가 되므로 이때에는 천황정기(天皇精氣)를 벗어나게 되어 불귀불길(不貴不吉)하다. 대체로 행산용반(行山用盤)에서는 불편하다는 이유로 영축60룡(盈縮六十龍)과 함께 중침(中針)을 설(設)하지 않은 소형(小型)의 경반(經盤)을 휴대하고 다니는 경향이 있지만 이는 커다란 오류를 범하기가 쉬우므로 마땅히 중침은 물론이려니와 봉침까지 합쳐 천인지(天人地) 삼반(三反)과 천산투지룡(穿山透地龍)까지 갖추어진 크고 정밀한 경반(經盤)을 휴대 사용함이 마땅할 것이다.

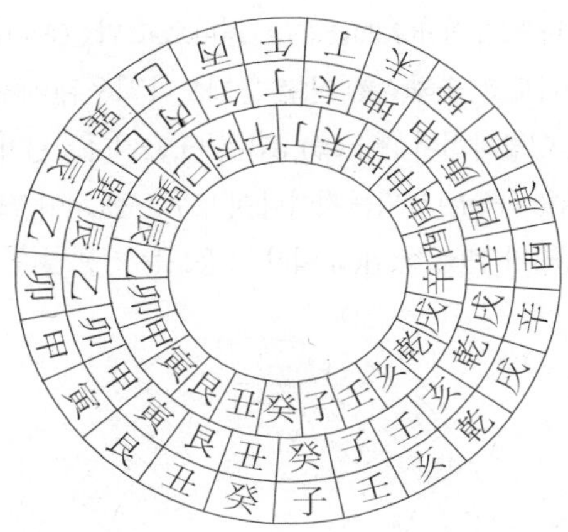

1층 : 正針二十四山　2층 : 中針二十四山　3층 : 縫針二十四山

[第九層 天盤縫針24山]

정침(正針)의 임(壬), 중침(中針)은 자(子)로, 봉침(縫針)은 임(壬)으로 각각 봉한다. 봉침24산(縫針二十四山)은 중분일지(中分一支)로서 쌍산(雙山)을 이룸을 말하니 즉 자지(子支) 일위 중에서 임(壬), 자이산(子二山)을 설(設)한다. 8간4유(八干四維)를 12지(十二支)에 종속시켜 24산(二十四山)을 쌍산(雙山)으로 일어나니 위지생왕(位支生旺)과 입향(立向), 납수(納水)를 전용(專用)한다. 또한 사수(砂水)의 생왕사절을 보고 입향(立向)의 음양순박(陰陽純駁)등도 가려낸다.

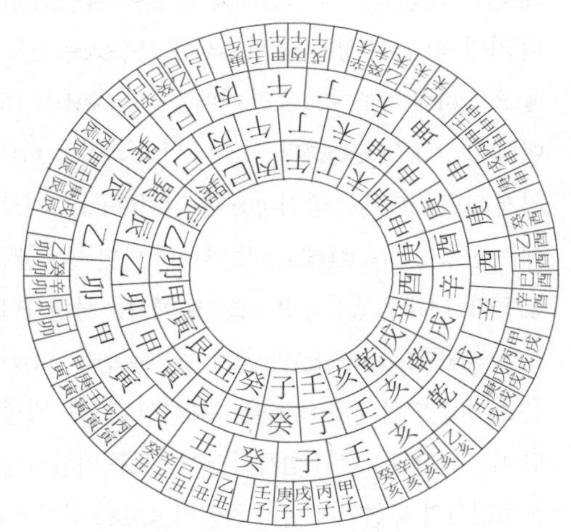

1층 : 縫針二十四山　2층 : 中針二十四山

3층 : 正針二十四山　4층 : 穿山七十二龍

[第十層 穿山72層]

간유정선(干維正線)은 공망(空亡)이며 지중정선(支中正線)은 음양차착(陰陽差錯)이다. 천산72룡(穿山七十二龍)은 양공(楊公)이 설반(說盤)한 것을 구공(邱空)이 전포(傳布)한 것으로 전해지고 있다. 이것은 정침24산(定針二十四山)을 상중하 삼원(三元)으로 나누어 이루어진 것이다. 이는 천유(天有) 24기(二十四氣)가 해기(每氣)마다 상중하 삼후(三候)가 있으므로 도합 72룡(七十二龍), 즉 72후(七十二候)가 된다. 매월마다 일벽(一壁)의 괘(卦)가 있고, 매괘(每卦)마다 6효(六爻)가 있어 12괘 승 6효(六爻)하면 72효(七十二爻)가 된다. 그러나 이는 어디까지나 영축60룡(楹縮六十龍)의 범위 안에서의 72룡(七十二龍)인 것이며 24산향(二十四山向) 가운데서도 매 산마다 72룡(七十二龍)이 있고 4유8간(四維八干)은 정(正)에 해당하므로 이는 선현이 정한 바라 하겠다. 이상의 72룡(七十二龍)을 천산(穿山) 또는 지기(地紀)라 하여 그 작용은 투지(透地)와 서로 표리관계에 있는 것이며, 투지(透地)는 천기(天氣)에 응하므로 좌혈(坐穴)을 격정한다. 좌혈(坐穴)에는 마땅히 1도, 대공망(大空亡), 대차착(大差錯), 음양차착(陰陽差錯), 관살(關殺)을 피해야 하니 이를 천산72룡(穿山七十二龍)에다 준거하여 살(殺)을 피함에 활용한다. 정침(正針)의 팔간사유(八干四維) 정중일도(正中一度)가 대공망(大空亡)이요, 72룡봉(七十二龍縫)중 1도, 갑자병자(甲子丙子)의 중간일선(中間一線), 병자무자(丙子戊子)의 중간일선(中間一線), 무자경자(戊子庚子)의 중간일선(中間一線), 대차착(大差錯)이 되고, 24산(二十四山) 봉중일선(縫中一線), 갑자(甲子), 임자(壬子)의 중문선(中間線)이 음양차착(陰陽差錯)이 되며, 숙도오행(宿度五行), 상극자(相剋者)(영축(盈縮)의 납음오행(納音五行))를 관살(關殺)이라 한다. 다시 말하면 천산수(穿山宿)의 오행과 영축축룡(盈縮縮龍)의 납음오행(納音五行)이 상극하는 것을 관계라 한다.

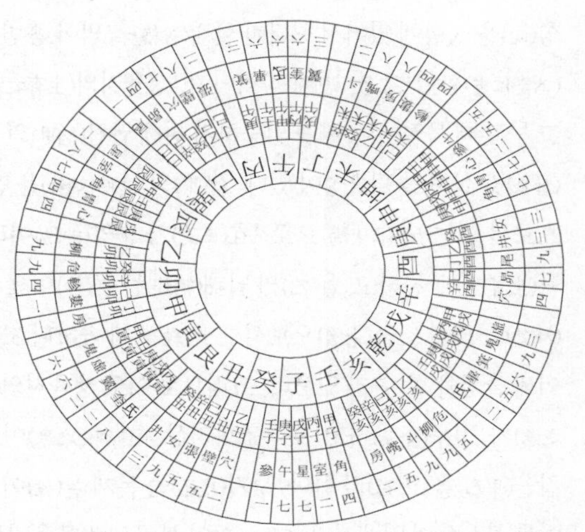

1층 : 針盤　2층 : 七十二龍　3층 : 穿山宿　4층 : 起甲子法

[第十一層 天山宿]

일명 관산수(管山宿)라고도 한다. 천산72룡(穿山七十二龍)중 갑자에서 각성(角星)을 일으켜 을축(乙丑)은 혈이 되고 병인(丙寅)은 저(低)가 되며, 정묘(丁卯)는 방(房), 무진(戊辰)은 심(心), 기사(己巳)는 미(尾), 경오(庚午), 기신미(箕辛未)는 과(斗), 임신(壬申)은 오(牛), 계유(癸酉)는 여(女), 갑술(甲戌)은 허(虛), 을해(乙亥)는 위(危), 병자(丙子)는 실(室), 정축(丁丑)은 벽(壁), 무인(戊寅), 규기묘(奎己卯)는 루(婁), 경진(庚辰)은 위(胃), 신사(辛巳)는 앙(昴), 임오(壬午)는 필(畢), 계미(癸未), 자갑신(嘴甲申)은 참(參), 을유(乙酉)는 정(井), 병술(丙戌)은 귀(鬼), 정해(丁亥)는 유(柳), 무자성(戊子星), 을축(己丑)은 장(張), 경인(庚寅)은 익(翼), 신묘(辛卯)는 진(軫) 등으로 붙여 나가며, 좌산지수(坐山地宿)는 갑자궁(甲子宮)에서 일으켜 4길궁(四吉宮)을 찾되 사살은 피해야 한다. 목성(木星)이 있는 괘(卦), 각성재갑자(角星在甲子)를 지세(指世)를 삼아 지세궁(持世宮)의 수(宿)를 7요별(七曜別)로 나누면 4길성(四吉星)을 찾을 수 있다. 각두규정(角斗奎井) 4성(四星)은 목성(木星)이며, 항우루귀(亢牛婁鬼) 4성(四星)은 금성(金星)이며, 저여위류(低女胃柳) 4성(四星)은 토성(土星)이며, 방허묘성(房虛昴星) 4성(四星)은 일성(日星)이며, 심필위장(心畢危張) 4성(四星)은 월성(月星)이며, 미실자익(尾室觜翼) 4성(四星)은 화성(火星)이며, 기벽참진(箕壁參軫) 4성(四星)은 수성(水星)이다. 목성(木星)이 지세궁(持世宮)이 되므로 수궁(水星)은 인수궁(印綬宮)이 되고, 각성(角星)을 제외한 여타의 목성은 비화궁(比和宮)이 되며, 화성은 식상(食傷)으로서 인수(印綬)와 비화(比和)와 함께 길성(吉星)이 되고, 토성은 오행상으로는 재성(財星)이나 살성(殺星)이므로 길성(凶星)이며, 금성은 관살(官殺)이라서 흉성(凶星)이 되고, 월일은 모두 화성으로서 식상(食傷)이 되니 길성이다. 이 경우는 좌(坐)가 임좌(壬坐)나 자좌(子坐)일 때의 예로서 목이 지나는 경우이다. 만약 계축좌(癸丑坐)라면 을축(乙丑)이 되므로 혈성(亢星)이 되어 금성(金星)이 지세가 된다.

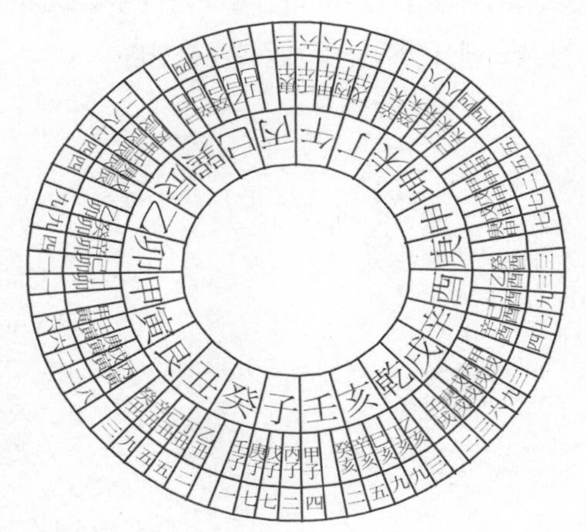

1층 : 地盤正針二十四山　2층 : 穿山宿　3층 : 七十二元局數

[第十二層 起甲子法]

24산(山)별 24절후(節候)는 다음과 같이 정한다.

坎上 壬은 大雪, 子는 冬至, 癸는 小寒

艮上 丑은 大寒, 艮은 立春, 寅은 雨水

震上 甲은 驚蟄, 卯는 春分, 乙은 清明

巽上 辰은 穀雨, 巽은 立夏, 巳는 小滿

離上 丙은 芒種, 午는 夏至, 丁은 小暑

坤上 未는 大暑, 坤은 立秋, 申은 處暑

兌上 庚은 白露, 酉는 秋分, 辛은 寒露

乾上 戌은 霜降, 乾은 立冬, 亥는 小雪

감궁(坎宮)의 자위(子位)는 정침(定針)의 임(壬), 자(子) 2위(二位)의 30도위에서 오자(五子)를 먹으니 갑자(甲子)는 대설상원(大雪上元) 사궁(四宮)이 되고, 병자(丙子)는 대설하원(大雪下元) 일국(一局)이 되며, 무자(戊子)는 대운중원(大雪中元) 칠국(七局), 경자(庚子)는 동지중원(冬至中元) 칠국(七局), 임자(壬子)는 동지상원(冬至上元) 일국(一局)등이 된다. 만약 입수내룡(入首來龍)이 갑자(甲子)라면 이는 대운상원(大雪上元) 사국(四局)이 되어 손상(巽上)에서 일어나 갑자무(甲子戊) 하면 운상(震上)이 기(己), 곤상(坤上)이 경(庚), 감상(坎上)이 신(辛), 이상(離上)이 임(壬), 간상(艮上)이 계(癸), 태상(兌上)이 정(丁), 건상(乾上)이 병(丙), 중궁(中宮)이 을(乙)이 각각 된다. 또 내룡(來龍)이 을축(乙丑)이라면 소한상원(小寒上元)이 되니 곤상(坤上)에서 일어나 갑자무(甲子戊)한다.

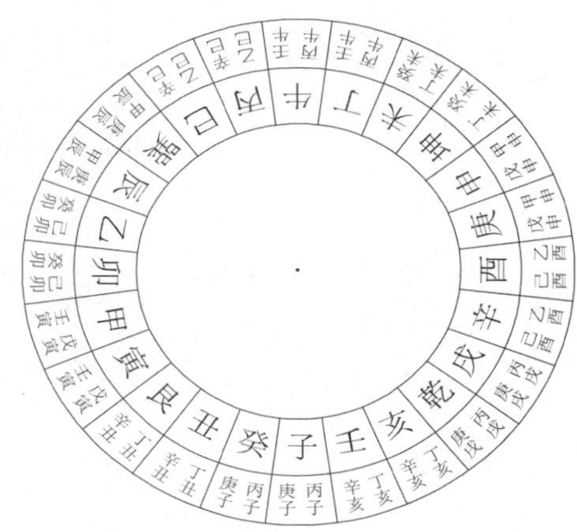

1층 : 正針二十四山　　2층 : 正針百二十分金

[第十三層 正針120分金]

이 분금법은 양공(楊公)이 창시했다는 설과 구공(邱公)이 설반(說盤)했다는 설이 있으나 양공의 저서에는 이 법이 보이지 않고 구공의 저서에만 나타나 있는 점으로 미루어 볼 때 이는 구공의 설일 가능성이 훨씬 크다고 여겨진다. 정침24산(正針二十四山)과 영축60룡(盈縮六十龍) 및 천산72룡(穿山七十二龍), 그리고 정침120분금(正針百二十分金)등이 모두다 구공(邱公)의 소작(小作)이다. 분금의 용도는 한마디로 말해서 영생피살(避殺)함에 그 목적이 있는 것이니, 우선 좌(坐)와 향(向)을 정함에 있어서 허다한 살격(殺格)을 막아 흉변위길(凶變位吉)함이 그 첫 번째 목적이고, 생육지의(生育之意)가 그 두 번째 목적이니, 이를 입증하기 위해 납갑(納甲)의 괘상(卦象)을 살펴 볼 필요성이 있다. 갑(甲)의 납괘(納卦)은 건(乾)으로서 이는 노양(老陽)으로 3효(三爻)가 순양(純陽)이라 생육(生育)이 불능하고, 을(乙)의 납괘(納卦)는 곤(坤)이요 손괘(坤卦)는 또한 노음(老陰)으로서 순음(純音)에 속하니 노파가 어찌 출산을 할 수 가 있으랴. 그러므로 이도 생육지의(生育之意)가 전무(全無)하고 부작조화지상(不作調化之象)이므로 갑을(甲乙)을 고(孤)라 한다. 무기(戊己)는 본재 살(殺)이므로 이를 불용하며 임계이간(壬癸二干)이 분금으로 불용되는 연유는 임(壬)의 납괘(納卦)는 이로서 이괘(離卦)는 이양(二陽)이 상하(上下)를 감싼 가운데 일음(一陰)이 있어 어찌 음양의 조화를 이룰 수가 있겠으며 음양의 조화를 이루지 못한 가운데서 어찌 생육지의(生育之意)가 나타날 수 있겠는가. 또 계수(癸水)의 납괘(納卦)는 감괘(坎卦) 인데 이는 중간일양효(中間一陽爻)가 상하이음효(上下二陰爻)에 위요(圍繞)를 당하고 있어 이 또한 음양부교(陰陽不交)로서 생육지의(生育之意)를 바랄 수가 없다. 그러므로 임계(壬癸)를 허(虛)라고 하니 갑을(甲乙), 임계(壬癸)가 고허(孤虛)에 떨어짐은 이로써 알 수 있다. 결국 남은 것은 병정(丙丁), 경신(庚辛) 4간(四干)인데, 이들의 납괘(納卦)를 살펴보면 병(丙)의 납괘(納卦)는 간(艮)인데, 간괘(艮卦)는 비록 일양이음(一陽二陰)으로서 이루어졌으나 중상(中下)의 이음효(二陰爻) 위에 일양효(一陽爻)가 있어 음기(陰記)의 속박에서 벗어나 상하가 상교(相交)하므로 이는 곧 생육지의(生育之意)를 나타냄이며, 정화(丁火)의 납괘(納卦)는 태괘(兌卦)인데 이는 이양일음(二陽一陰)으로 중하양효중상효(中下陽爻中上爻)가 음(陰)이라 상하의 소통이 가능하므로 음양의 편중을 막을 수가 있어 병정이화(丙丁二火)를 임(旺)이라 한다. 또 한 가지 이유로서 병화(丙火)는 간(艮)에서 장생(長生)을 먹고 정화(丁火)는 방(方)에서 역시 장생을 먹으므로 왕이라 한다. 경금(庚金)은 진괘(震卦)가 납괘(納卦)인데, 운괘(震卦) 상중효(上中爻)가 음효(陰爻)

인데 하효(下爻)가 양효(陽爻)이며, 신금(辛金)은 상중효(上中爻)가 양효(陽爻)인데 하효(下爻)가 음효(陰爻)로서, 이들 이간(二干)은 비록 이음일양(二陰一陽)과 이양일음(二陽一陰)으로서 수효(數爻)는 불균(不均)할지라도 서로를 속박하지 않음으로써 음양(陰陽)이 상교(相校)하게 하니 이를 상(相)이라 하여 십간중(十干中) 고허사간(孤虛四干)과 무기살간(戊己殺干) 이간(二干)을 피한 나머지 왕상(旺相)에 해당하는 병정(丙丁), 경신(庚辛) 사간(四干)만을 분금으로 취용(取用)하니 이는 모두가 피살(避殺)내지는 조화지정(調和之情)과 생육지의(生六之意)를 나타낸다.

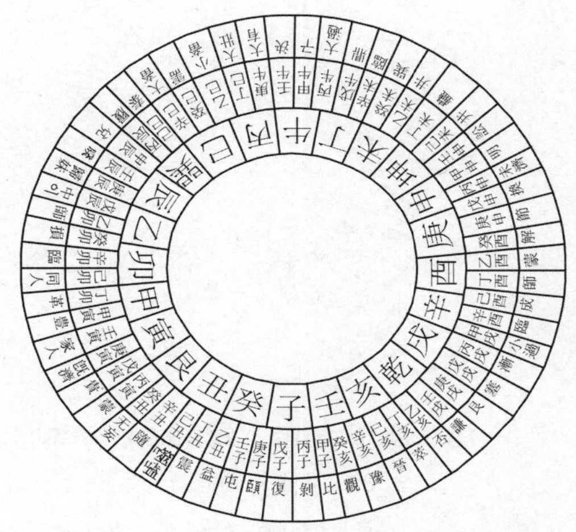

1층 : 地盤正針　2층 : 順排六十龍　3층 : 六十書卦

[第十四層 順排60龍先天卦]

이것은 12지지밑에 각각 배오자위(排五子位)이니 갑병무경임자(甲丙戊庚壬子)하고 을정사신계축(乙丁巳辛癸丑)의 순(順)으로 배괘(排卦)한 것이다. 이것을 일명 태골룡(胎骨龍)이라고도 하고 또 60분금이라고도 하는데 이는 5자(五子)를 비롯한 60룡직하(六十龍直下)에 60괘(六十卦)를 설(設)했으니 이것은 소자(昭子)의 선천60괘원도(先天六十卦員圖)에서 기인한 것이다. 즉 갑자(甲子)는 북괘(北卦), 병자(丙子)는 녹괘(剝卦), 무자(戊子)는 부괘(復卦)등으로 해서 60괘(六十卦)가 설반(設盤)되었다. 북괘(比卦)의 작용은 오직 9(九), 6(六) 양9음6(陽九陰六)의 충화(沖和)를 봄에 목적이 있다. 충화(沖和)란 용괘상하(龍卦上下)(순배60룡 : 順排六十龍)의 생극(生剋)을 말하니 곧 내외괘(內外卦)의 생극을 말한다. 가령 용(龍)이 뇌지예괘(雷地豫卦)를 얻었다면 곧 진하운(震下運) 목괘(木卦)가 곤삼절토괘(坤三絶土卦)를 극하니 이는 곧 외괘(外卦)가 내괘(內卦)를 극하니 충화(沖和)가 되고 만약 산화(山火) 괘(卦)를 얻었다면 이때는 하괘화(下卦火)가 상괘목(上卦木)에 생조(生助)를 얻으므로 부충화(不沖和)라고 한다. 이 반(盤)의 갑자(甲子)는 천산72룡(穿山七十二龍)의 갑자(甲子)와 비교해 봐도 결함이 없고 영축룡(盈縮龍)과 비교해 봐도 정제(整齊)하고 또한 120분금의 정중(正中)이 되므로 이 층(層)의 순배60룡(順排六十龍)은 천지자연(天地自然)의 정리라 하겠다. 이 반(盤)의 또 다른 이름이 태골(胎骨)이니 격룡(格龍)을 함에는 부지불결지사(不知不缺之事)라 하겠다.

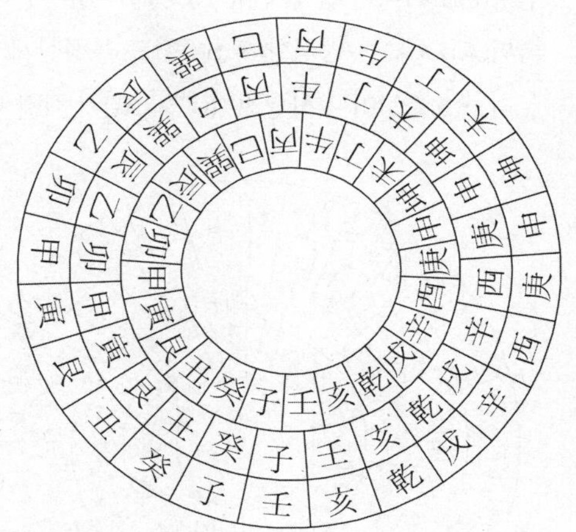

1층 : 地盤正針　2층 : 人盤中針　3층 : 天盤峰針

[第十五層 陽公峰針24山]

봉침24산(峰針二十四山)은 중분일지(中分一支)로서 쌍산(雙山)을 이룸을 말한다. 즉 자지일위중(子支一位中)에 임자이산(壬子二山)을 설(設)한다. 간유(干維)는 지(支)에 따르며 24산(二十四山)을 쌍산(雙山)으로 일으키고 용도는 소수(消水)에 있다. 5행에 있어서는 3합5행이 된다. 즉 본침(本針)의 간인(艮寅), 병오(丙午), 신술(辛戌)의 6항(六向)은 모두 화향(火向)이 되지만 을병(乙丙)이간(二干)이 생사길흉을 차지한다.

곤신(坤申), 임자(壬子), 을진(乙辰)의 6향(六向)은 속수(屬水)이나 임신(壬辛)이간(二干)이 용사(用司)한다. 손사(巽巳), 경유(庚酉), 계축(癸丑)의 6향(六向)은 속금(屬金)이나 경정(庚丁)이간(二干)이 전사(專司)한다. 건해(乾亥), 갑묘(甲卯) 정미(丁未)의 6향(六向)은 속목(屬木)이나 갑계(甲癸)이간(二干)이 길흉을 전관(專管)한다. 즉 간인향(艮寅向)이면 음임향(陰旺向)이니 을미지기(乙未之氣)가 사령(司令)하고, 병오향(丙午向)이면 양임향(陽旺向)이니 병화지기(丙火之己)가 사령(司令)한다. 곤신향(坤辛向)이면 음임향(陰旺向)이니 신금지기(辛金之氣)가 사령하고, 임자향(壬子向)이면 양임향(陽旺向)이니 임수지기(壬水之氣)가 사령하고, 손사향(巽巳向)이면 음임향(陰旺向)이니 정화지기(丁火之氣)가 사령한다. 건해향(乾亥向)은 계수지기(癸水之氣)가 사령하고, 갑묘향(甲卯向)은 양임향(陽旺向)이니 갑목지기(甲木之氣)가 사령한다. 단, 진술축미(辰戌丑未)는 양쇠향(陽衰向)이요 을정신계(乙丁辛癸)는 음쇠향(陰衰向)이니 사령지기(司令之氣)가 각각 다르다.

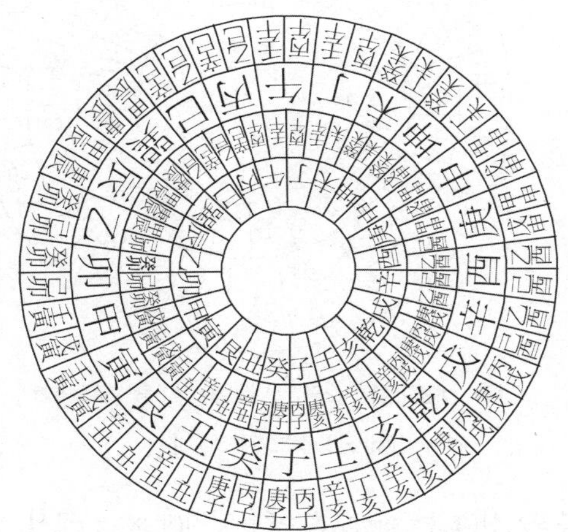

1층 : 正針二十四山　2층 : 正針百二十分金線
3층 : 峰針二十四山　4층 : 峰針百二十分金線
[第十六層 縫針120分金]

정침에서와 같이 봉침(峰針)에서도 120분금이 있다. 그 전용용도(專用用途)는 역시 추길피흉(吉避凶趨)함에 있다 함은 두말할 나위가 없다. 이를 단적으로 말하면 수납지수(收納之水)에 있어서 관중용(串中用)으로 쓰인다. 즉 정침분금선(正針分金線)의 납음오행(納音五行)과 봉침분금선(峰針分金線)의 납음오행(納陰五行)이 상생비화(相生比和)함을 좇는 법이다. 가령 본도의 정침(正針) 신좌(辛坐)에 신유분금(辛酉分金)이면 봉침(峰針)도 관신(串辛)하여 정유분금(丁酉分金)이 되니, 신유(辛酉)는 납음(納音)이 목(木)이 되고 정유(丁酉)는 납음이 화(火)이므로 상생관계가 됨을 알 수가 있다. 그러므로 공망(空亡)이나 차착(差錯)등이 한다.

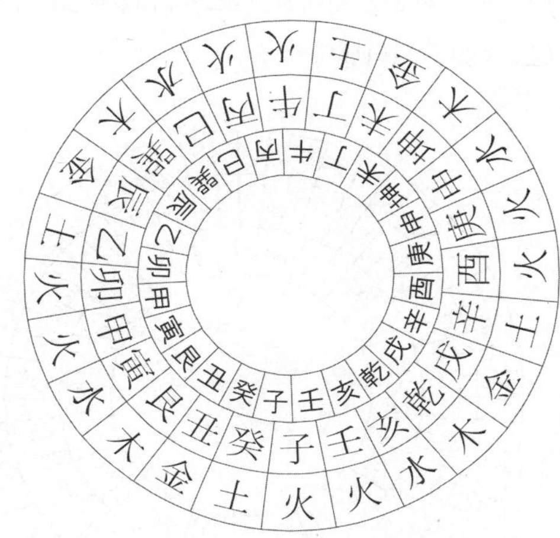

1층 : 地盤正針二十四山　2층 : 寅盤中針二十四山
3층 : 中針二十四山五行
[第十七層 賴公中針24山]

중침24산(中針二十四山)은 영축60룡(零縮六十龍)과 함께 뇌공(賴公)이 설(設)한 것이고, 중침(中針)의 전용(專用)은 용격(龍格) 갑자병자(甲子丙子) 투지60룡(透地六十龍)으로 정함을 변별하고 천성(天星)의 귀천(貴賤)과 사세(砂勢)를 판정한다. 가령 용의 입수(入首)가 정침(正針)의 해상(亥上)이라고 하고 오른쪽에 다계(多係)하면 중침(中針)도 역시 해가 되므로 이때에는 지반(地盤)과 인반(人盤)이 모두 대길(大吉)하지만, 약 왼쪽에 다계(多係)라면 중침(中針)은 임(壬)이 되니 비천황정기(非天皇正氣)가 되어 천룡(賤龍)이 되고 만다. 그러므로 행산용(行山用) 나경羅經)에다 다소 불편하더라도 투지룡(透地龍)과 천산룡(穿山龍) 그리고 중침(中針)이 반드시 수록된 것으로 휴대해야 될 줄 안다. 만약 영축룡(盈縮龍)이 설(設)하지 못할 경우에는 용지귀천(龍之貴賤)과 사세(砂勢)의 길흉을 가늠할 길이 없다.

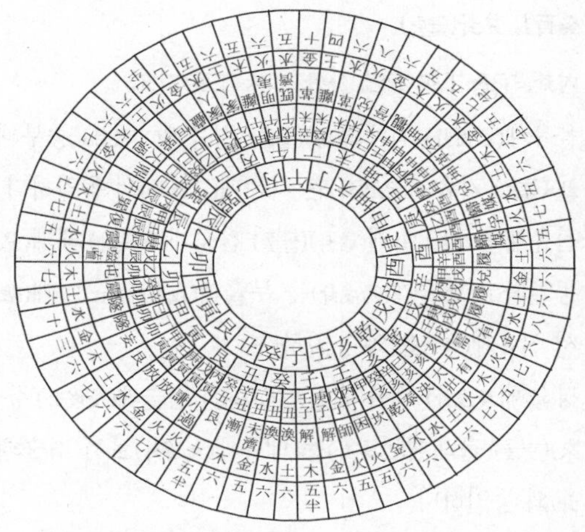

1층 : 地盤正針　2층 : 人盤中針　3층 : 透地六十龍
4층 : 天紀龍六十卦　5층 : 宿度五行　6층 : 盈縮六十層數

[第十八層 天起盈縮60龍]

천기(天紀) 60룡(六十龍)은 뇌공(賴公)에 의해 전해졌다고 하나 혹 일설에는 구공(邱公)에 지었다는 말도 있다. 이는 위로 천성(天星)의 활협(濶狹)에 응하므로 영축(盈縮)이라 한다. 그 사용하는 법은 격룡(格龍)의 승기(乘氣)에 있다. 즉 내룡(來龍)이 어느 천성(天星)의 기(氣)를 탔으며 또한 협기를 탔는지 활기(濶氣)를 탔는지를 이 반으로 정한다. 가령 신해룡(辛亥龍)이라면 천황정기를 탐이니 이때에는 정침의 향을 병정손사(丙丁巽巳)로 하면 순정(純淨)하므로 길하다. 다시 본룡의 괘(卦)로서 5친(五親) 3기(三寄) 4길귀(四吉貴) 녹(祿)등을 찾아야 한다. 본룡(本龍)의 괘(卦)란 중침(中針)의 좌산(坐山)을 주산(主山)으로 삼으니 이것이 곧 본룡(本龍)이 된다. 국중(局中)의 5친지사(五親之砂)와 3기지수내(三寄之水來)와 4길회간(四吉會干)등의 수사수수지향(秀砂秀水之鄕)을 찾아야 한다. 좌혈(座穴)에서 귀인(貴人)과 녹마지궁(祿馬之宮)을 만남은 천조(天助)와 지조(志助)중에서 상지상(上之上)의 귀국(貴局)이다. 만약에 합당하지 못하면 좌룡72룡(坐龍七十二龍)의 본괘(本卦)로 수지(收之)해야 한다.

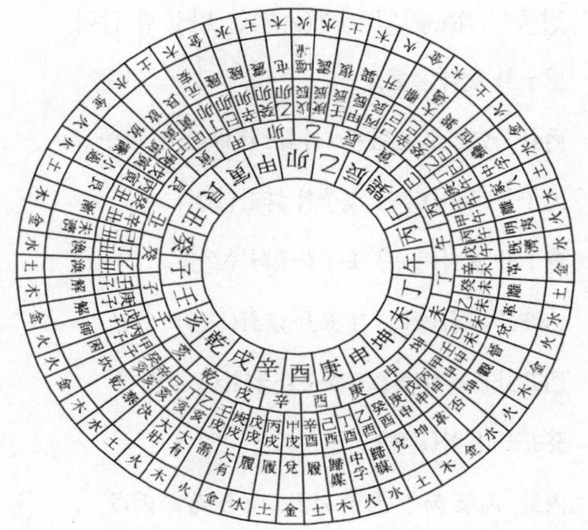

1층 : 地盤正針　2층 : 中針　3층 : 六十龍　4층 : 宿度五行

[第十九層 宿度五行]

숙도오행(宿度五行)은 삼원경(三元經)에서 나온 말로서 예를 들면 갑자룡(甲子龍)은 금도(金度), 병자룡(丙子龍)은 수도(水度)등이다. 이것은 곧 영축60룡(盈縮六十龍)의 18숙오행(十八宿五行)을 말하는 것이다. 이의 용도는 내수(來水)의 도(度)를 정하고 그의 오행을 분별함에 있다. 좌(坐)가 하(下)의 숙도(宿度)를 극하면 안 되고 내수(來水)가 용을 극(剋)해도 안 된다.

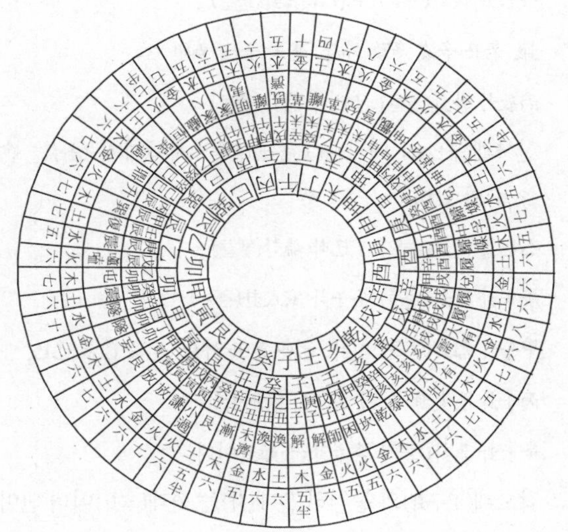

1층 : 地盤正針　2층 : 人盤中針　3층 : 透地龍
4층 : 內卦　5층 : 宿度五行　6층 : 六十龍의 層數

[第二十層 透地龍排60卦(丙外卦)]

영축룡(盈縮龍)의 내괘(內卦)는 다음과 같다.

甲子卦 坎卦(☵),

內卦, 戊寅 戊辰 戊午, 外卦, 戊申 戊戌 戊子.

丙子卦 坤卦(☷) 戊子卦 師卦(☷)

庚子卦 亥卦(☷) 壬子卦 解卦(☷)

乙丑卦 渙卦(☷) 丁丑卦 煥卦(☷)

己丑卦未濟卦(☷) 辛丑卦 漸卦(☷)

癸丑卦 艮卦(☷)

內卦, 丙辰 丙午 丙申 外卦, 丙子 丙寅 丙戌.

丙寅卦 小過卦(☷) 戊寅卦 謙卦(☷)

庚寅卦 旅卦(☷) 壬寅卦 艮卦(☷)

甲寅卦 艮卦(☷) 丁卯卦 无妄卦(☷)

己卯卦 頤卦(☷) 辛卯卦 隨卦(☷)

癸卯卦 震卦(☷) 內卦,

庚子 庚寅 庚辰 外卦 庚午 庚申 庚戌

을묘괘(乙卯卦) 둔괘(屯卦)(☷) 무진괘(戊辰卦) 합괘(嗑卦)(☷) 경진괘(庚辰卦)는 계묘괘(癸卯卦)와 같다.

壬辰卦 復卦(☷) 甲辰卦 巽卦(☷)

卦, 辛丑 辛亥 辛酉 外卦, 辛未 辛巳 辛卯

丙辰卦 升卦(☷) 己巳卦 鼎卦(☷)

신사괘(辛巳卦) 대과괘(大過卦)(☷) 계사괘(癸巳卦)는 손괘(巽卦)와 같다.

乙巳卦 恒卦(☷) 丁巳卦 蠱卦(☷)

庚午卦 豊卦(☷) 壬午卦 家人卦(☷)

甲午卦 離卦(☷) 內卦, 己卯 己丑 外卦, 己酉 己未 己巳.

丙午卦 明夷卦(☷) 戊午卦 旣濟卦(☷)

辛未卦 革卦(☷) 癸未卦는 離卦이니

갑오괘(甲午卦)와 동일하고 괘(卦)는 혁괘(革卦)이니 신미괘(辛未卦)와 동일하다.

己未卦 辰卦(☷) 丁未卦 豫卦(☷)

壬申卦 觀卦(☷) 甲申卦 坤卦(☷)

內卦, 乙卯 乙巳 乙未 外卦, 乙丑 乙酉 乙亥

병신괘(丙辛卦) 부괘(否卦)(☷) 무신괘(戊申卦) 합괘(嗑卦)(☷) 경신괘(庚申卦)는 갑오괘(甲午卦)와 동일하다.

癸酉卦 兌卦(☷)

內卦, 丁丑 丁卯 丁巳, 外卦, 丁未 丁酉 丁亥

을유괘(乙酉卦) 귀매(歸媒)(☷) 정유괘(丁酉卦) 중부괘(中孚卦)(☷) 기유괘(己酉卦)는 기유괘(己酉卦)와 동일하다.

신유괘(辛酉卦) 이괘(履卦)(☷) 갑술괘(甲戌卦) 태괘(兌卦)와 동일하고 병술괘(丙戌卦)는 무술괘(戊戌卦)도 이괘(離卦)로서 신유괘(辛酉卦)와 동일하다.

경술괘(庚戌卦) 대유괘(大有卦)(☷) 임술괘(壬戌卦) 수래(需來)(☷) 을해괘(乙亥卦)는 대유괘(大酉卦)로서 경술괘(庚戌卦)와 동일하다.

丁亥卦 大壯)(☷) 己亥卦 夬卦(☷) 辛酉卦 泰卦(☷)

癸亥卦 乾卦)(☷)

가령 투지룡(透地龍)이 계미(癸未)라면 계미룡(癸未龍)의 내괘(內卦)는 이괘(離卦)다. (모든 용(龍)은 내괘(內卦)로서 지세(持世)를 삼는다) 또 이괘(離卦)는 5행이 화(火)가 되고, 이괘(離卦) 납갑(納甲)은 기(己)다. 또한 이괘(離卦)의 내괘(內卦)는 기사(己巳), 기묘(己卯), 기해(己亥)가 되고 외괘(外卦)는 기축(己丑), 기묘(己卯), 기해(己亥)가 된다. 계미(癸未)는 소서상원(小暑上元) 팔국(八局)이니 간상(艮上)에서 기갑자(起甲子)하면 지반육의(地盤六儀) 3기(三寄)가 차례로 9궁(九宮)을 역행(逆行)하여 9궁(九宮)위에 앉게 된다. 다음은 지반육의(地盤六儀) 가운데서 내외괘(內外卦)의 순수(旬首)를 찾아 역(逆)으로 음둔(陰遁)이므로 짚어나가면 명(名) 내외괘(內外卦)의 낙재처(落在處)가 나오게 된다. 그 다음에는 지세(持世)인 화(火)를 기준하여 6친(六親)을 붙여나가면 기묘(己卯)는 부(父)지세(持世)가 화(火)이니 기묘(己卯)의 목(木)은 부모가 되고, 기축(己丑), 기미(己未)는 자(子)가 되고, 기유(己酉)는 재(財)가 되고, 기해(己亥)는 관살(官殺)이 된다. 이것을 기문국(己門局)으로 설국(設局)하면 다음 도표와 같다. 설명부터 하자면 계미(癸未)는 소서상원(小暑上元) 음둔팔국(陰遁八局)이 되므로 간상(艮上)에서 기갑자무(起甲子戊)하면 태상(兌上)이 기(己), 건상(乾上)이 경중궁(庚中宮)이 신(辛), 천상(賤上)이 임(壬), 진상(震上)이 계(癸), 곤상(坤上)이 정(丁), 감상(坎上)이 병(丙), 이상(離上)이 을(乙)이 된다. 다음에는 지세(持世)인 계미(癸未)의 순수(旬首)를 찾으면 갑술(甲戌)이 되고 갑술기(甲戌己)를 계상(癸上)에 올리면 천반(天盤)의 육의(六儀)가 성입되어 구성(九星)과 입문(八門)을 일으키는 방법이 되기도 한다. 계미(癸未)가 지세(持世)가 되고, 계미(癸未)는 갑술순(甲戌旬)이므로 순수(旬首)가 사(巳)가 된다. 또 내괘(內卦)가 이괘(離卦)이니 지세(持世)의 5행은 화(火)가 된다.

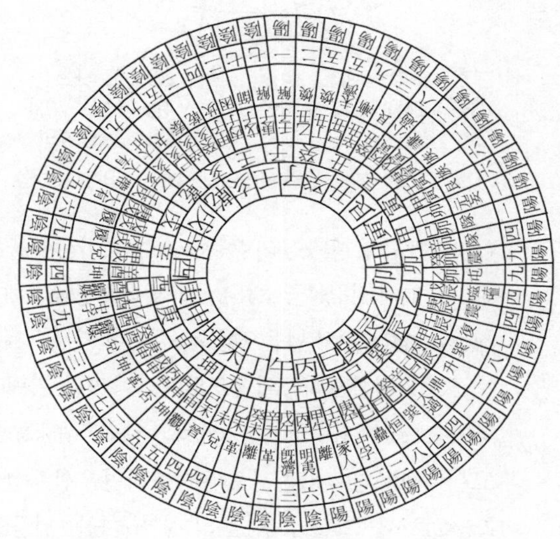

1층 : 地盤正針　2층 : 人盤中針　3층 : 盈縮六十龍
4층 : 六十卦　5층 : 七十二候　6층 : 二十四節氣

[第二十一層　六親起法(求子父財官法)]

癸未透地, 小暑上元
任死, 戊丁, 巳卯父, 蓬景, (世)(丙乙), 巳亥官, 心杜, 庚壬
沖驚, 癸己, 己未孫, 辛
柱傷, 己癸, 己巳兄
甫開, 壬庚
英休, 乙丙, 己丑孫, 芮生, 丁戊, 己酉財

이로써 육친관(六親官) 및 삼기낙재처(三寄落財處)가 어디며, 길문(吉門)과 길성(吉星)이 낙재(樂在)한 곳이 어딘지도 알 수가 있다. 그런데 이의 해설방법은 자산(子山)(손산(孫山))이 고용(高聳)하면 인정이 발(發)하고, 부산(父山)이 임(旺)하면 전장(田莊)이 광활하고, 재전(財田) 재효(財爻)가 방원(方圓)하면 주로 부(富)가 발(發)하며 관산(官山)이 첨수(尖秀)하면 귀(貴)가 발(發)하게 된다. 무릇 기(氣)가 우주에 충만함을 가리켜 고인은 의혈(義穴)가운데에도 생기가 있다고 만산편야(滿山遍野)에 무기지처(無氣之處)란 있을 수가 없다라고 했다. 더구나 이 기(氣)가 부단히 흘러서 그칠 줄 모르고 바뀌어서 엉키지 않으므로 모든 곳이 다 기(氣)를 타지 않으면 안 되므로 상취지처(聚之處)를 구하여 뒤에 기(氣)를 승득(乘得)할 수 있는 곳에 작혈(作穴)을 해야 한다. 오기행호지중자(五氣行乎地中者)는 종천항이인어지(從天降而人於地)하니 발자(發者)는 복종지어상승(復從之於上升)하고 상승칙 만물(上升則 萬物)이 복생(復生)하니 청양경(青襄經)에 사(土)의 형기(形氣)가 행한다는 것은 토(土)는 불시(不是) 무기(無氣)이지만 기(氣)를 통해서 기(氣)의 유형은 토(土)이므로 행함을 나타내므로 토(土)의 형상을 보고 곧 기가 있음을 알 수가 있다. 이로 인하여 만물이 생(生)하고 손사(坤土)가 유기(有氣)하면 능히 만물을 자생(自生) 시킬 수가 있다.

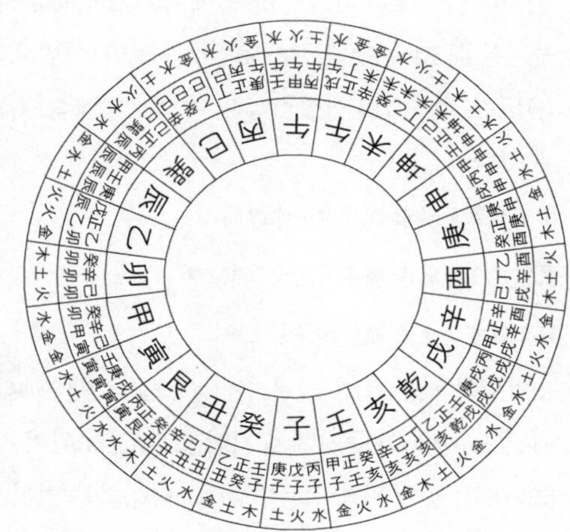

1층 : 正針二十四山　2층 : 紅鸞七十二龍　3층 : 紅鸞水法五行

[第二十二層　紅鸞水法五行]

홍란72룡(紅欒七十二龍)은 그 기법이나 궁위(宮位) 또는 72룡이 천산룡(穿山龍)과 꼭 같다. 이 반(盤)은 오직 소수(消水)에 만 쓰인다. 그 납음(納音)을 위주로 하여 24산(二十四山)의 홍범오행(洪範五行)을 쓴다. 만약 용이 간유(干維)의 정위(正位)인 무룡지처(無龍之處)에 떨어진다면 묘 산의 홍범오행(洪範五行)을 위주로 한다. 가령 갑자룡(甲子龍)은 금산(金山)이 되니 이때에는 갑자(甲子)의 납음(納音)인 금(金)을 위주로 하여 인방(寅方)에서 기포(起胞)하면 을진(乙辰), 손사(巽巳)는 양(養), 생수(生水)가 되고 정미(丁未), 손신(坤申)은 관대(冠帶), 임관(臨冠), 제왕(帝旺)수가 되니 이상의 수(水)가 들어온즉 길하고, 여타(餘他)의 들어오면 흉하다. 또한 본음납음(本音納音)이 아닌 본음오행(本音五行)을 위주하여 홍범오행(洪範五行)으로 5룡(五龍)을 논하면 좌(坐)가 금혈(金穴)이라 하고 간진사(艮震巳)는 처재(妻財)가 되는데, 길(吉) 하면 처(妻)가 현량(賢良)하고 재물이 풍족하지만 흉하면 재(財)로 인하여 화가 일어나고 처첩(妻妾)이 불현(不賢)하다. 길흉(吉凶)을 보면, 본음(本音)이 사수(砂水)와 합하여 생왕(生旺)하고 용향(龍向)과 순정(純淨)하면 길(吉)이라 하고, 그렇지 않으면 흉이라 한다. 만약 본음(本音)과 사수(砂水)가 불합(不合)이면 마땅히 좌(坐)를 바꾸어 1룡(一龍)의 관장지역(管掌地域)을 변화시켜야 한다. 세사(世師)가 난전홍범오행(亂傳洪範五行)이라 좌산(坐山)과 소수(消水)에 홍란72국(紅欒七十二局)을 부지불용(不知不用)하므로 24산(二十四山) 홍범오행(洪範五行)도 쓰지 못하니 한심스럽다. 홍범오행(洪範五行)은 다음과 같다.

甲寅辰巽大洪水 戌坎申辛水亦同

艮震巳上原屬木 離壬丙乙火爲宗

兌丁乾亥金生處 丑癸坤庚未土中

홍범오행(洪範五行)은 선천지기(先天之氣)로서 지(地)의 대소귀천(大小貴賤)과 동시에 승기입향(乘氣立向)이며 소납무사(消納無砂) 등에 관해 전용변별(傳用辯別)하는 법이다.

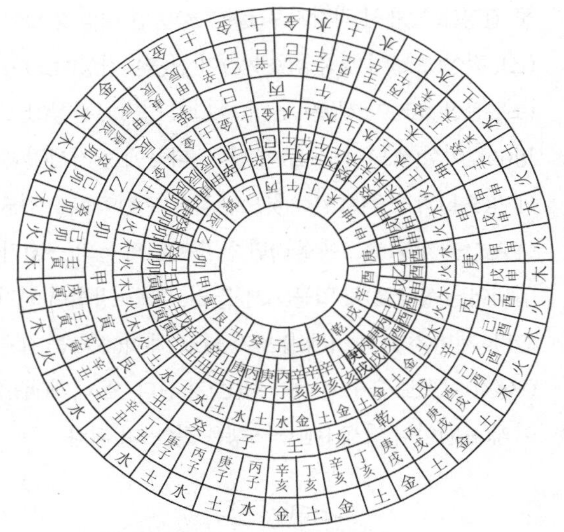

1층 : 正針二十四山　2층 : 正針分金
3층 : 正針分金의 納音五行　4층 : 縫針二十四山
5층 : 縫針分金　6층 : 縫針分金의 納音五行

[第二十三層 正針分金의 納音五行과 縫針分金의 納音五行]

이의 용도는 용향(龍向)과 수향(水向)에 있어서 분금을 사용하기에 앞서 정침분금(正針分金)의 납음오행(納音五行)과 봉침분금(縫針分金)의 납음오행(納音五行)이 서로 극(剋)을 이루는 것을 피하게 하는데 용도의 목적이 있다. 가령 계좌정향(癸坐丁向)에 좌수도우(左水到右)의 양수국(陽水局)이라 치고 이때에 봉침(縫針)은 관오(串午)를 하면 우선 수산출살(收山出煞)로서는 합분금(合分金)의 경자(庚子)는 납음(納音)이 되므로 토극수(土剋水)하니 결국은 토수상극(土水相剋)관계가 된다. 이를 바로잡기 위해서는 정침(正針)의 좌(坐)를 경자(庚子)에 놓고 향(向)을 경오(庚午)에다 놓은 다음 봉침(縫針)은 관오(串午)하여 역시 경오분금(庚午分金)을 놓게 되면 정침분금(正針分金)과 봉침분금(縫針分金)이 같이 되므로 결국 길국이 되는 것이다.

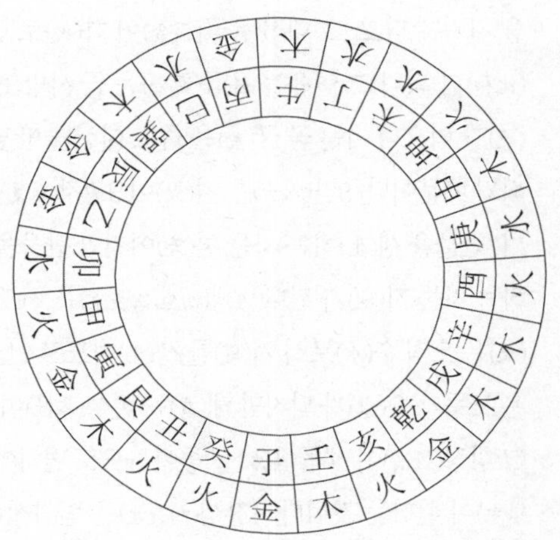

1층 : 正針二十四山　2층 : 大玄空五行

[第二十四層 大玄空五行]

대현공오행(大玄空五行)을 4경5행(四經五行)이라고도 한다. 건병을자인진(乾丙乙子寅辰) 육산(六山)은 1룡(一龍)이니 대현공오행(大玄空五行)으로는 금(金)에 속하고, 간경정묘사축(艮庚丁卯巳丑) 육산(六山)은 2룡(二龍)이니 대현공오행(大玄空五行)으로는 수(水)에 속한다. 곤신임오신술(坤辛壬午申戌) 6룡(六龍)은 3룡(三龍)이니 대현공오행(大玄空五行)으로는 목(木)에 속하고, 손갑계유해미(巽甲癸酉亥未) 6룡(六龍)은 4룡(四龍)이니 대현공오행(大玄空五行)으로는 화(火)에 속한다. 무릇 용향(龍向)이나 육위중(六位中) 동위오행방(同位五行方)에 내왕(來往)하면 이는 청순(淸純)하므로 대귀(大貴)라 한다. 즉 좌족진룡(左族辰龍)이 건향(乾向)을 지으면 동일금속(同一金屬)이므로 대현공으로 5행(五行)이 금금(金金)이니 이때에 내수(來水)가 자인을진(子寅乙辰)이면 청순대귀(淸純大貴)하다고 한다. 이의 용법은 여섯 종류가 있다. 즉 첫째, 간유(干維)로서 영신을 삼고 지(支)로서 정신(正神)을 삼으니 영신(零神)은 행수(行水)에, 정신은 행룡(行龍)에 각각 의한다. 영신(零神)이 행룡(行龍)이거나 작향(作向)이면 재록(財祿)은 발(發)하여 포양(抱養)하지만 정신이 작향(作向)이면 주로 집안에 간사한 일이 일어난다. 즉 간유(干維)로서 작향(作向)을 하면 재록(財祿)이 발(發)하여 포양(抱養)하지만 정신이 작향(作向)이면 주로 집안에 간사한 일이 일어난다. 즉, 간유로서 작향을 하면 재록이 발할 수 있으나 지(支)로서 작향을 하면 집안에 간사가 일어난다는 뜻이다. 다시 말하면 행룡(行龍)에는 간유룡(干維龍:零神) 보다 지룡(支龍) 정신(正神)이 의하고 작향(作向)에는 정신인 지(支)보다는 영신(零神)인 간유(干維)를 취해야 한다는 뜻이다. 둘째, 정신(正神)은 인정을 관(管)하고 영신(零神)은 재록(財祿)을 관(管)한다. 가령 자인진(子寅辰)이 무산(無山)이면 정신(丁神)이 없으므로 장정(長丁)이 거무(居無)하여 인정이 발하지 아니하고, 건병을(乾丙乙)이 무수(無水)면 영신(零神)이 없으므로 장방(長房)이 재(財)가 없게 된다. 셋째, 산향(山向)과 수로(水路)는 순서를 요하니 가령 1룡(一龍)(거병을자인진(乾丙乙子寅辰))은 용이요, 2룡(二龍)(간경정묘사미(艮庚丁卯己未))은 향(向)이므로 1룡(一龍)은 2룡(二龍)으로 행할 수 있으나 만약 3룡(三龍)(손신임오갑술(巽辛壬午申戌))의 행룡(行龍)이 이룡수(二龍水) 행하면 이때에는 역행(逆行)이라 재화지(災禍至)라 한다. 넷째, 용향(龍向)과 수로(水路)에 관해서 얘기하자면, 용향과 수로가 1룡(一龍)내에 있고 괘(卦)를 벗어나지 않으면 주로 귀발(貴發)이라 하고, 타룡(他龍)과 박잡하면 불귀(不貴)하다. 용향(龍向)과 수로(水路)가 1룡(一龍)안에 있다는 것은 동일괘중(同一卦中)의 용이 동일괘중(同一卦中)의 향과 수로(水路)를 만남을 말한다. 다섯째, 방수(放水)는 회두(回頭)함을 요한다. 1룡(一龍) (건병을자인진(乾丙乙子寅辰))의 5행(五行)이 그 방수위(放水位)를 넘어섰다가 다시 방전(放轉)한 1룡(一龍)이 회두(回頭)하는 것을 말하니, 그 방(方)에서 정재(丁財)를 얻으면 유구(遊久)하다. 여섯째, 기수(忌水)를 말하자면, 파수(破水)가 장생방(長生方)으로 나가는 것이니, 가령 일금룡(一金龍)이 기수방(忌水方)으로 흘러 손방(巽方)으로 나간다면 금(金)은 사(巳)에서 장생(長生)을 얻으므로 만약 금수파(金水破)가 손방(巽方)으로 나가면 을경합화(乙庚合化) 금(金)인 고로 을경지년(乙庚之年)에 반드시 소구(小口)에 손재가 있으니 4경5행(四經五行)의 사경주의(四經主義)가 이와 같다.

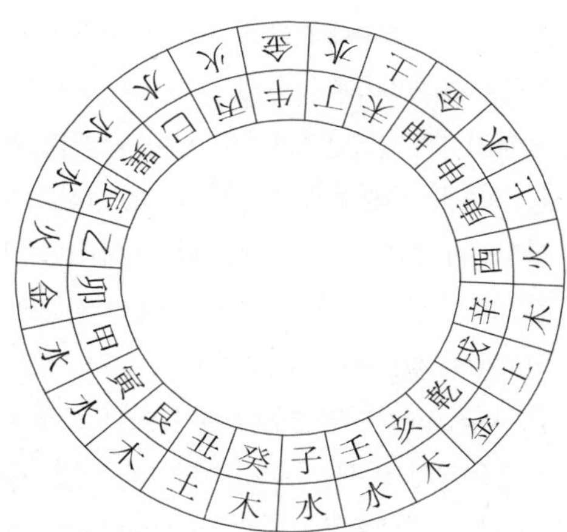

1층 : 正針二十四山　　2층 : 小玄空五行

[第二十五層 小玄空五行]

訣曰, 丙丁乙酉屬原火, 乾坤卯午金同坐.

亥癸艮甲是木神, 戊庚己未土爲眞, 子寅辰巽兼辛巳, 申興壬方俱水神

戌庚丑未 土

이상의 글 뜻은 24방위의 5행(五行)이 되는 것으로서 이것이 변하여 24방위의 성정(性情)을 말하는 것으로서 이것이 변하여 24방위의 5행(五行)이 되는 것이다. 8간(八干)을 말할진데 4양간(四陽干:갑병경임(甲丙庚壬))은 수생(受生)함을 탐하니 임수(壬水)는 서방금(西方金)에서 생(生)을 받고 갑수(甲水)는 북방수(北方水)에서 생을 받으며 병화(丙火)는 동방목(東方木)에서 생을 받지만 유독 경금(庚金)만은 남방화(南方火)에서 극(剋)을 받으므로 그 자신이 토(土)로 변하여 남화(南火) 의 생(生)을 받는다. 다시 말하면 임수(壬水) 갑목(甲木) 병화는 변하지 않고 본성의 5행(五行)을 유지하고 있는데 유독 경금(庚金)만이 변하지 않으면 안 되는 그 이유를 설명하고 있는 것이다. 4음금(四陰金 : 을정신계(乙丁辛癸))은 그 성정(性情)이 생자(生子)함을 즐기므로 신금(辛金)은 북방수(北方水)를 생(生)하니 그 5행이 수(水)가 되고, 을목(乙木)은 남화(南火)를 생(生)하므로 목변화(木變火)하고 계수(癸水)는 동목(東木)을 생(生)하므로 수변목(水變木)하고, 오직 정화(丁火)만은 불능생금(不能生金)이므로 정화(丁火)의 본성(本性)을 지키게 되고, 그 대신 유금(酉金)이 화(火)로 변하여 비화(比和)가 되니 그 연유는 유금(酉金)은 곧 사방(巳方)에서 사(死)를 먹으니 이는 곧 금(金)은 죽고 대신 불만 남는 결과가 되기 때문이다. 8간(八干)은 천(天)이요 8지(八支)는 지(地)이며, 만물을 생(生)하는 자는 천(天)이지만 만물을 귀장(歸葬)하는 자는 지(地)가 된다. 4생(四生:四長生)은 천도(天道)요 천(天)은 오직 수(水)로서 기(氣)를 생(生)하므로 인사신(寅巳申)은 모두가 수(水)가 되지만 해(亥)는 본성(本性)이 수(水)인데 그 성정(性情)이 생목(生木)을 좋아하므로 변하여 수변목(水變木)이 된다는 것이다. 4장생(四長生)은 인사신해(寅巳申亥)인데 만물의 생기(生氣)는 수(水)요 수(水)가 생(生)하는 자는 목(木)이니 그러므로 인사신(寅巳申)이 수(水)로 변하지만 다만 해수(亥水)만은 그의 생자(生子)로 변하는 것이다. 4묘(四墓)는 지도(地道)이니 지도(地道)는 그 체(體)가 토(土)이다. 그러므로 축술미(丑戌未)가 모두 토(土)에 속하나 오직 진(辰)은 수중(水中)의 습토(濕土)로서 그 성정(性情)은 수(水)의 본성을 버리지 못하므로 수(水)를 쫓아 변신하는 것이다. 이의 해설들은 모두 소현공오행(小玄空五行)에 있어서 5행(五行)이 그 본성을 벗어나 어떻게 변모할 수 있는 가를 설명한 것이다. 팔간(八干)을 설명하건대 부괘(父卦)인 건(乾)과 중남괘(中男卦)인 감(坎)은 양괘(陽卦)로서 그 중효(中爻)가 모두 양효(陽爻)라 그 성정(性情)은 강험(剛險)하여 좀처럼 정(情)을 나타내지 않으므로 금수(金水)의 본성을 지켜야 하고, 간진(艮震)은 비록 양괘(陽卦)이나 중효(中爻)가 모두 음(陰)이니 그 중심은 정(情)을 쫓으므로 간토(艮土)는 목(木)을 위해 자신을 희생하여 목(木)으로 변신하고, 진목(震木)은 장남(長男)의 위(位)로서 태방(兌方)의 소녀를 귀애(貴愛)함으로써 태금(兌金)으로 변모하는 것이다. 손괘(巽卦)는 비록 중효(中爻)가 양(陽)일지라도 약목(弱木)으로서 목(水)의 생조(生助)가 필요하므로 수(水)로 변신해 버렸고, 곤토(坤土)는 자토(慈土)로서 생금지의(生金之意)가 간절하므로 종치종금(終致從金)하게 되고, 이화(離火)는 염화(炎火)로서 그 성(性)이 금(金)에 속하게 됨은 이화(離火)는 본시 중토(中土)를 통해서

서금(西金)을 생(生)하는 것이 정로(正路)이기 때문이다. 끝으로 태금(兌金)은 정금(精金)이기에 정재득화(情在得火)이므로 화(火)로 변하는 것이다. 이 오행 작용은 쌍산이 체가 되고 현공은 용(用)으로서 쌍산의 용이 현공(玄空)의 향좌(向坐)를 내수(來水)와 거수(去水) 사이에 극하고 세기하는 것을 꺼린다. 이 가운데 막룡(莫龍)은 쌍산지향(雙山之向)에 수현공지수(收玄空之水)함에 있으니 가령 쌍산(雙山)의 용(龍)은 병오화국(丙五火局)으로 향(向)을 만들었는데 현공(玄空)은 자인진손(子寅辰巽)으로 수국(水局)을 형성하면 이때에는 오고가는 사이에 극(剋)이 되는 것이다. 해계간갑지지수(亥癸艮甲之之水)는 내거왈(來去曰) 생입(生入)이니 내수(來水)가 생입(生入)하거나 극(剋)해도 그 연내(年內)에 재록(財祿)이 발(發)하고 거수(去水)도 생입하거나 극입(剋入)해도 그 연내에 인정이 발하게 된다. 생입(生入)과 극입(剋入)은 거개(擧皆)가 다 그 정(情)이 가고자 하는 마음과 머물고자 하는 마음이 함께 함을 뜻하므로 대개 소현공오행(小玄空五行)은 본시 성정(性情)의 생극지의(生剋之意)를 좇아 정하는 바라 그 작용은 단지 그 성정(性情)을 좇아 사용할 따름이니 결코 쌍산오행(雙山五行)이 아니다. 가히 논하건데 생왕지기(生旺之氣)를 좇음이라 하겠다.

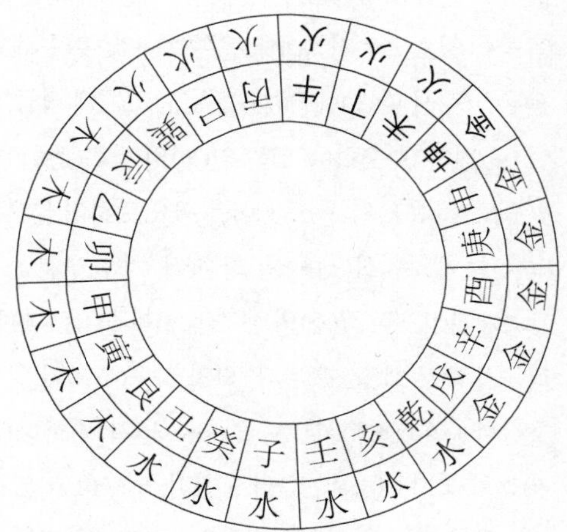

1층 : 地盤二十四山 2층 : 鴻門御街妨水五行

[第二十六層 鴻門御街方水法五行]

무릇 양향(陽向)은 본오행(五行:壬子水 癸丑土 艮寅木)의 장생위(長生位)에서 기청룡(起青龍)하여 순행육신(順行六神)하면 현무전일위(玄武前一位)가 곧 어가방수위(御街放水位)가 되고, 음향(陰向)은 본오행(五行) 묘위(墓位)에서 기청룡(起青龍)하여 역행(逆行)으로 6신(六神)을 세어가면 현무전일위(玄武前一位)가 방수위가 된다. 가령 양목향(陽木向)이라면 해상(亥上)에서 기청룡(起青龍)하여 순행(順行)으로 육신(六神)을 짚어나가면 자상(子上)이 주작(朱雀), 축상(丑上)이 구진(勾陳), 인상(寅上)이 사(蛇), 묘상방(卯上方)이 백호(白虎), 장상(長上)이 현무(玄武)가 되므로 현무전일위(玄武前一位) 손사방(巽己方)이므로 손기방(巽己方)이 어가방수위(御街放水位)가 된다. 음목향(陰木向)이라면 술상(戌上)에서 기청룡(起青龍)하여 역으로 짚어나가면 유상(酉上)이 주작(朱作), 신상(申上)이 구진(勾陳), 미상(未上)이 사(蛇), 오상(午上)이 백호(白虎), 사상(巳上)이 현무(玄武)가 되므로 진상(辰上)이 곧 어가방수방위(御街放水方位)가 된다. 어가방수방(御街放水方)이란 묘정수(卯庭水)의 방류처(放流處)로서 홍문어가(鴻門御街)를 좇아 방수(放水)하면 귀(貴)가 발한다고 한다.

• **양향(陽向)의 어가수방위(御街水放位)**

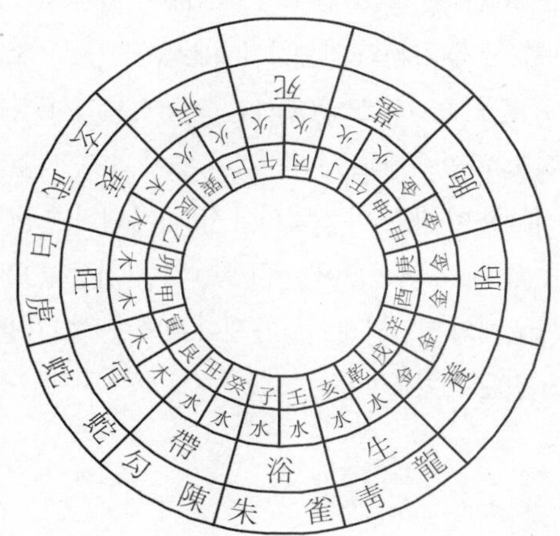

• 음향(陰向)의 어가수방위(御街水放位)

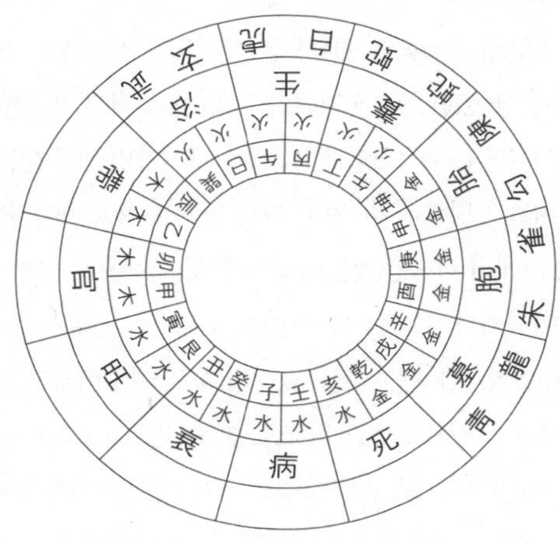

양목(陽木)은 갑(甲)인데 용향(龍向)이 갑목방(甲木方)이 될 경우에는 본오행(本五行)인 대기로서 교양을 하게 되므로 양목(陽木)은 해방(亥方)에서 장생(長生)을 먹으니 고로 해상(亥上)에서 청룡(靑龍)을 기(起)하면 자상(子上)이 주작(珠雀), 축상(丑上)이 구진(勾陳), 인상(寅上)이 사(蛇), 묘상(卯上)이 백호(白虎), 진상(辰上)이 현무전일위(玄武前一位)가 손사(巽巳)가 되므로 이곳이 곧 홍문어가방수위(鴻門御街放水位)가 된다.

음목(陰木)은 을(乙)인데 용향(龍向)이 을목방(乙木方)이 될 때는 을목(乙木)의 청룡기처(靑龍起處)는 묘궁(墓宮)이 되므로 을목(乙木)의 묘궁(墓宮)인 술방(戌方)에서 청룡(靑龍)을 기(起)하면 유상(酉上)이 주작(朱雀)이 되고, 신상(申上)이 구진(勾陳)이 되고, 미상(未上)이 사(蛇)가 되며 오상(午上)이 백호(白虎), 사상(巳上)이 현무(玄武) 하여 진상(辰上)이 현무방(玄武方)의 전일위(前一位)가 되어 결국 홍문어가방수위(鴻門御街放水位)가 된다.

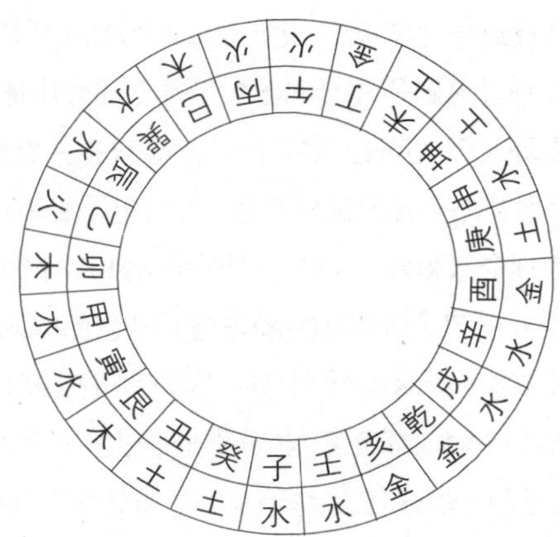

1층 : 二十四山　2층 : 洪範五行

[第二十七層 洪範五行]

홍범오행(洪範五行)은 선천지기(先天之氣)로서 그 용도는 지(地)의 대소귀천(大小貴賤)과 용(龍)의 승기입향(乘氣立向), 그리고 수로(水路)의 소납(消納)등을 판별하는데 쓰인다.

甲寅辰巽大江水 戌坎申辛水亦同

艮辰巳上原屬木 離壬丙乙火爲宗

兌丁乾亥金生處 丑癸坤庚未土中

홍범오행(洪範五行)은 그 본초(本初)의 기(氣)를 말한다. 즉, 자오묘유(子午卯酉)는 5행(五行)의 정위(正位)이므로 변함이 없이 불변지위(不變地位)를 지킨다. 묘목(卯木)은 필시 그 적이 물에 있으므로 갑목(甲木)은 수종(水從) 변수하고, 유금(酉金)은 반드시 토(土)에 적(籍)을 두고 있기에 경금(庚金)은 토(土)로 변하고, 오화(午火)는 일(日)의 광휘(光輝)에 생(生)을 받으므로 목(木)의 생조(生助)를 필요로 하지 않으므로 병화(丙火)는 태양지화(太陽之火)라 한다. 자수(子水)는 본거수궁(本居水宮)이므로 금(金)의 생조(生助)를 불요(不要)하니 그 뿌리는 반대로 화(火)가 된다. 만약 자수(子水)가 얻지 못하면 불감한동(不敢寒凍)이므로 임수(壬水)가 변화하니 임수(壬水)는 수중지화(水中之火)라고 한다. 임수(壬水)의 뿌리는 화(火), 묘목(卯木)은 왕칙희생화(旺則喜生火)하므로 을목(乙木)이 되고, 유금(酉金)은 왕칙희생수(旺則喜生水)하므로 신금(辛金)은 수(水)로 변하고, 오화(午火)는 왕칙희용금(旺則喜鎔

金)하므로 정화(丁火)가 금(金)이 되었으며, 자수(子水)는 왕칙수산(旺則水散)이다. 계수(癸水)는 토(土)로 변하니 22위는 모두가 8간의 보로서 생목(生木)이나 무토칙(無土則) 수(水)가 모두 정(正)의 기(氣)를 이루나 수화(水火)와 금목(金木)은 그 작용이 다르다. 금목(金木)은 생(生)을 쓰니 그 이치가 역직(易直)하나 수화(水火)는 그 신(神)을 쓰므로 묘오(妙奧)함이 난곡(難曲)하다. 4금(四金)은 4정(四正)의 시기(始氣)로서 수지시본(水之始本)은 금(金)이므로 해수(亥水)가 곧 금(金)으로 변하고, 목지시본(木之始本)은 수(水)이므로 인목(寅木)은 수(水)로 변하고, 화지시본(火之始本)은 목(木)이므로 사화(巳火)는 목(木)으로 변하고, 금지시본(金之始本)은 토(土)이나 신금(申金)이 토(土)로 변하지 않은 채 수(水)로 변함은 곧 조토(燥土)는 금(金)을 생(生)하지 못하므로 토(土)는 반드시 수득(水得)한 후에 능히 금(金)을 생(生)할 수가 있기 때문에 수(水)가 진실로 금(金)의 시기(始氣)라 할 수 있다. 그러므로 도가(道家)의 말에 수중구금(水中求金)이라 했다. 이와 같은 이치로서 신금(申金)이 수(水)로 변하는 까닭을 알 수가 있다. 4묘(四墓)는 4정(四正)의 귀기(歸氣)로서 만물이 생하면 향상하고 만물이 귀(歸)하면 하향하니 물(物)밑에 있는 물은 수토(水土)라 한다. 화(火)가 귀토(歸土)면 성회(成灰)하고 귀(歸)하면 물자즐학 하므로 축미(丑未)는 불변토(不變土)가 된다. 금(金)은 토(土)에서 나왔으나 한번 나온 금(金)은 다시 토(土)로 되돌아갈 수가 없고, 목(木)은 토(土)에서 나왔으나 한번 나온 목(木)은 다시는 토(土)로 되돌아 갈 수가 없으므로 금목(金木)이 함께 수(水)로 돌아 갈 수 밖에 없다. 금(金)은 입수칙침(入水則沈)하고 목(木)은 입수칙후(入水則朽)하므로 진술(辰戌)은 수(水)가 된 것이다. 4유(四維)는 4방(四方)과 교유(交遊)하니 건(乾)은 본시 북방지수(北方之水)를 생(生)하고 신(坤)의 본성은 유금지토(酉金之土)이나 건신(乾坤)은 노양노음(老陽老陰)이므로 출산(出産) 불능(不能)이므로 그 본질을 변하지 않고, 간(艮)은 수목교유지처(水木交遊之處)에 거(居)하여 수수칙생목(受水則生木)이나, 토(土)는 불능생목(不能生木)이라 변수하고 손괘(巽卦)는 수화(水火)가 교유(交遊)하여 수능생화(水能生火)라 하니 그 연유칙 화는 본시 근본이므로 수화는 서로가 그 뿌리가 되어 손변수(巽變水)는 화(火)가 뿌리가 되는 것이다. 홍범오행(洪範五行)은 4정(四正)의 5행(五行)이 주가 되니 그 4정(四正)의 전후초말(前後初末)의 소속오행(所屬五行)을 추출하였으므로 후천의 정오행을 쓰지 아니하고 정오행(正五行)의 선천의 기(氣)를 쓰며, 후천의 팔생(八生)을 쓰지 아니하고 선천의 4생(四生)을 쓰니 불불험(不不險)이라 하겠다.

❖ **나경(羅經)고정처(固定處)의 선택방법(選擇方法)** : 일반독립가옥(一般獨立家屋)에서는 나경의 고정처(固定處)를 선택하는 방법은 건물의 평면 평수와 안마당의 평수가 반반일 때는 패철(佩鐵)의 고정처(固定處)는 안마당의 대각선 중심정에 고정하고 격정(格定)한다.

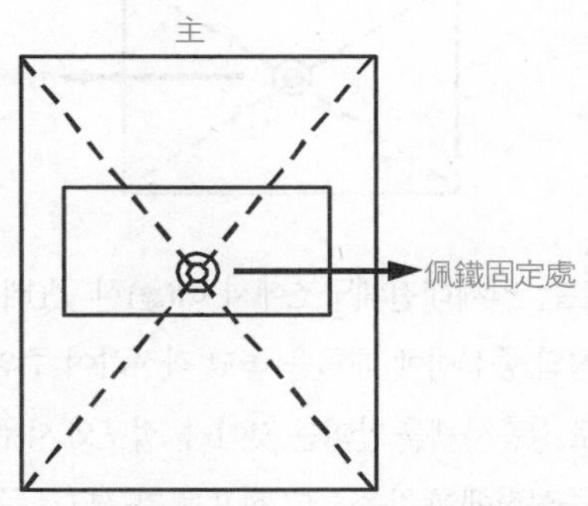

안마당이 건물보다 적을 때는 대지 전체의 중심점에 패철을 놓고 격정한다.

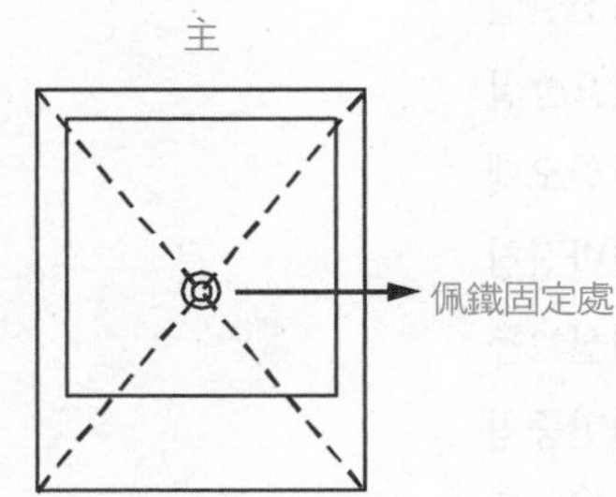

안마당이 건물보다 아주 적거나 혹은 몇 배로 클 적에는 건물의 중심점에서 패철을 놓고 격정한다.

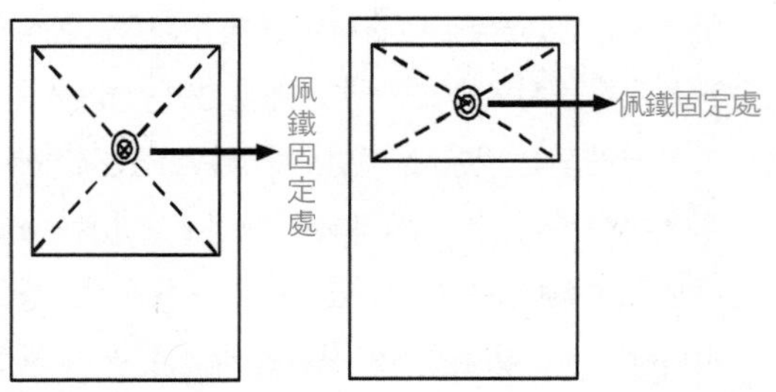

안마당이 격에 맞게 있고도 뒤뜰마당이 건물평수와 비슷한 마당이 있으면 대지 전체의 중심점에 패철을 놓고 격정함이 원칙이다.

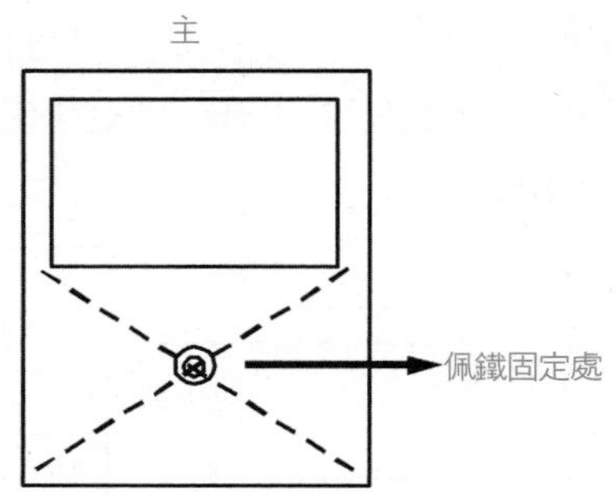

아파트는 일세대전체구조에서 허(虛)한 곳(베란다)을 제외한 실면적의 중심점에 패철을 놓고 격정하여 주위치와 출입구를 상대로 길흉사택을 살피는 것이다. 점포와 사무실은 점포나 사무실 중심점에 패철을 놓고 점포는 카운터로 주로 하고 사무실을 주로 하며 식당은 주방을 주로 하여 길흉화복을 가늠한다.

❖ **나경 9층 형도**

1층 : 황천팔살

2층 : 팔요풍살

3층 : 쌍산오행

4층 : 지반정침

5층 : 천산72룡

6층 : 인반중침

7층 : 투지60룡

8층 : 천반봉침

9층 : 지반정침분금

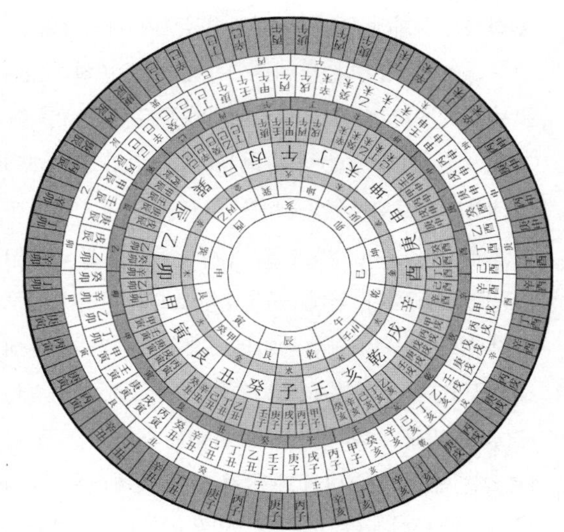

[9층형 나경의 모양의 명칭]

❖ **나경반(羅經盤)을 보고 터잡는 것은 잘못이다** : 산세를 보고 그 혈장을 살펴서 기감으로 묘자리를 선택해야 한다. 또한 천광(穿壙)을 내릴 때는 흙의 빛깔을 보고 기름진 진토가 나오면 중지해야 한다.

❖ **나경의 유래** : 나경(羅經)의 유래는 자침(磁針)에 의하여 남과 북을 정하니 사방을 분별하게 된 것이 나경 사용에 시초가 되었다고 기록되었으며 그 후 주공(周公)이 주역(周易)의 후천8괘를 응용발전시켜 12방위가 구성이 되었으며, 요공(寥公)의 봉침(縫針)과 양공(楊公)의 봉침이 설정되면서 오늘의 나경반이 탄생된 것으로 기록이 되어 있다. 끊임없는 후현(後賢)들의 부단한 연구노력에 힘입어 30여층의 나침반이 제작되어 여러 분야에서 사용되어왔다. 그러나 풍수지리학에서는 이기법(理氣法)에 합당한 1선(一線)에서 9선(九線)까지 만을 사용하고 있다. 나경(羅經)이라 명명된 연유는 포라만상(包羅萬象)에 경륜천지(經倫天地)의 글에서 나자(羅字)와 경자(經字)로 줄여서 나경이라 이름되었으며 또한 인간생활에 귀중히 쓰여지니 선사들이 항시 차고 다녔다 하여 찰 패자(佩字)를 붙여서 패철로 부르게 된 것이 오늘에 이르러 패철로 이름되었다 한다.

❖ **나경측정(羅經測定)에 의한 길흉(吉凶)이 그 묘지(墓地)에 적중(適中)한다** : 길흉(吉凶)을 논하는데 반드시 기두자(起頭字)를 위

주(爲主)로 추리해야 그 묘지에 적중될 수 있다. 기두자란 좌우로 읽어 나갈 때 가장 앞 (字)를 말하는데 예를 들어 측정된 묘지가 우선임자계(右旋壬子癸)라면 임자(壬子)가 기두자가 되고 좌선(左旋)이 되었다면 계자(癸字)가 기두자가 되는 것이다. 좌선은 나경(羅經)보는 순위가 역순(逆順)으로 읽게 되기 때문이다.

❖ **나경(羅經) 측정법 주택** : 건물은 주 위치로서 동·서사택을 구별하고 문주만을 상대로 하여 길사택과 흉사택으로 판별한다.

- 정확한 패철위치를 찾아 고정한다.
- 건물의 주위치를 정확히 찾아 기두(起頭)를 정한다.
- 패철의 8방위를 내다보아 대문과 주의 기점이 모궁 모자(某宮 某字)에 닿는가를 점고(點考)한다.

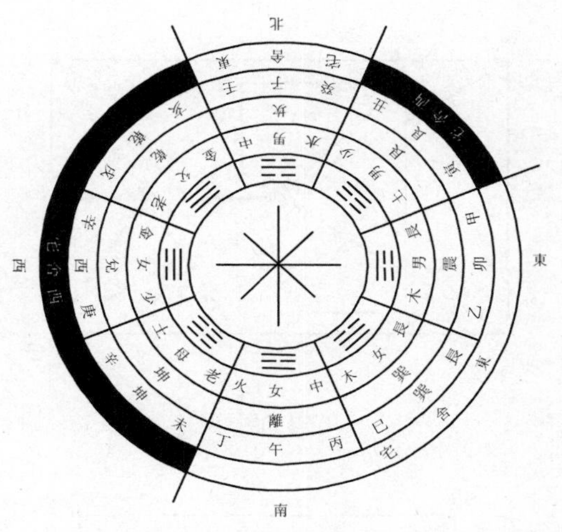

[양택법 나경도]

- 문과 주위치가 동궁에 위치했으면 길사택, 동·서사택 방위로 되었으면 길사택이 된다(길사택은 배합사택이라고도 하고, 흉사 택은 불배합사택이라고도 한다).
- 길사택이나 흉사택으로 판단되었으면 길흉 징조는 음양오행으로 추리한다. 음택삼요에 이르되 문(門)·주(主)·부엌(竈) 삼자가 4택1기(四宅一氣)로 구성되어야 동택으로 길한 사택이라 했다. 부엌까지 동택으로 구성됨을 주장한 것은 동·서주택 구별에 관계없이 부엌은 가족 건강에 중요한 곳이라 길흉화복이 따르니 길방위에 배치되어야 한다는 것이 주장된 뜻이다. 길방위란 동사택이 구성되면 그 자(子)·오(午)·묘(卯)·손(巽) 방위를 말하며, 서사택이 길사택으로 구성되면 건곤간유(乾坤艮酉) 방위내가 또 길방위가 된다.

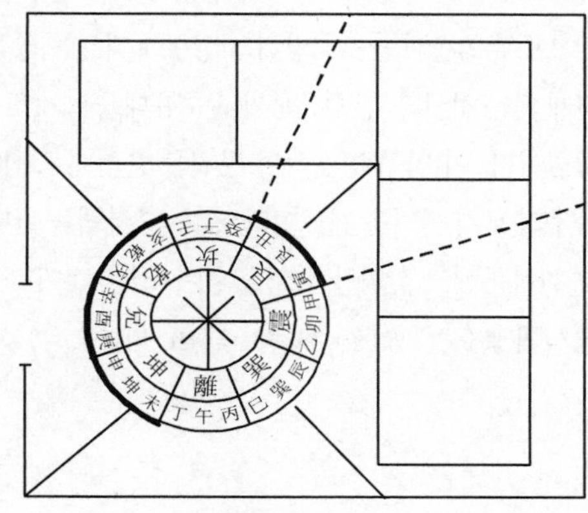

[측정예시도]

① **간주유문**(艮主酉門) : 동서사택 구별에 8괘8방위의 자(子)·오(午)·묘(卯)·손(巽)과 유(酉)·자(字) 중심점이 기두나 대문의 중심점이 닿아야 그 방위선정에 화복의 개성이 뚜렷하게 나타나는 것이다. 이 도형과 같이 간 중심점에 주가 위치했다고 유중심점(酉中心點)에 대문이 정위치하니 음양배합사택으로 길사택이 된다.

② **손주유대문**(巽主酉大門) : 이는 주위치가 동사택 손방위에 위치했고 대문 위치가 서사택 서방위이다. 이와 같이 주와 대문이 동사택으로 갈리는 것을 흉사택이라 한다.

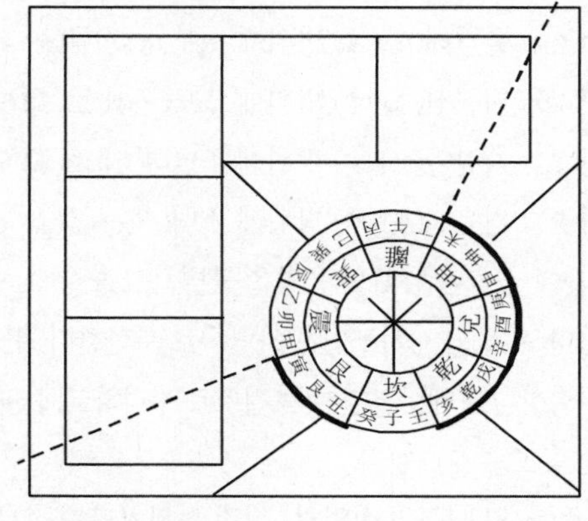

[측정예시도]

• 동사택 자·오·묘·손 방위내에 문·주가 일기구성되어야 길사택이 되고, 서사택 건·곤·간·유 방위 내에 문·주가 되어야 길사택이 된다. 혹은 자·오·묘·손에 주가 되고 건·곤·간·유에 대문이 되는 것이 흉사택이 되는 것이 간주를 동·서사택으로 혼합한다면 8괘8방위의 성정에 따르는 많은 화를 당하게 되는 것이다. 간주유문과 손주유대문 예시도는 기본측정법이다. 이 법에 명심하여 방위를 순서대로 점고한다면 아무리 보기 어려운 건물이라도 길·흉사택을 판단할 수 있고 화복론에도 신비한 해설을 할 수 있을 것이다.

• **동사택**(東舍宅) : 坎(子), 離(午), 震(卯), 巽(巽)

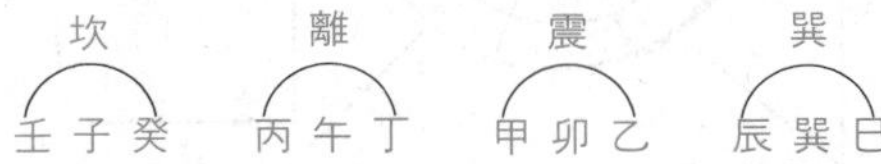

• **서사택**(西舍宅) — 乾(乾), 坤(坤), 艮(坤), 兌(酉)

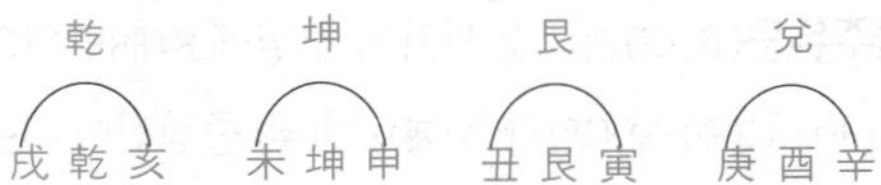

③ **혈육소속**(血肉所屬)

• **시택**(東舍宅)

· **감**(坎) : 임자계(壬子癸) 방위에 중남(中男) 수(水) 1·6수(數)

· **리**(離) : 갑묘을(甲卯乙) 방위에 장남(長男) 목(木) 3·8수(數)

· **진**(震) : 병오정(丙午丁) 방위에 중녀(中女) 화(火) 2·7수(數)

· **손**(巽) : 진손사(辰巽巳) 방위에 장녀(長女) 목 (木) 3·8수(數)

• **서사택**(西舍宅)

· **건**(乾) : 술건해(戌乾亥) 방위에 노부(老父) 금(金) 4·9수(數)

· **곤**(坤) : 미곤신(未坤申) 방위에 노모(老母) 토(土) 5·0수(數)

· **간**(艮) : 축간인(丑艮寅) 방위에 소남(少男) 토(土) 5·0수(數)

· **태**(兌) : 경유신(庚酉辛) 방위에 소녀(少女) 금(金) 4·9수(數)

8괘에 소속된 남녀도 음양을 분별하고 오행으로 화복론을 한다. 화복의 시기조면은 하락수로 추산한다. 단, 동사택에 수화상극은 배합사일 때는 길조로 추리하고, 불배합사일 때는 흉조로 추리한다.

④ **주**(主)**와 나경의 정위치** : 나경 정위치도는 정원의 네모가 반듯하여 정원 중심에서 측정하니 건주 손문의 불배합 사택이 된다. 후원이 있을 때에는 대지 중심을 찾아 측정한다. 패철 위치를 바로 찾으니 자기두 손문(子起頭巽門)으로 길사택이 된다. 길·흉사택 구별에 정확한 나경 고정위치를 찾는 것이 중요하다. 건물의 주위치와 대문위치는 고정되어 있다. 나경의 고정할 위치를 바로 찾아야 가상의 길흉이 바로 판단된다. 정원은 재(財)와 처궁(妻宮)으로 본다. 앞의 정원으로 본다면 현처로 부자될 가상이라, 초년은 음양정배(陰陽正配)의 배합길사(配合吉舍)라 속발(速發)할 것이나 오래되면 정원이 앞뒤로 있어서 처궁이 불길하고 주인의 음난으로 산재(散在)하게 된다.

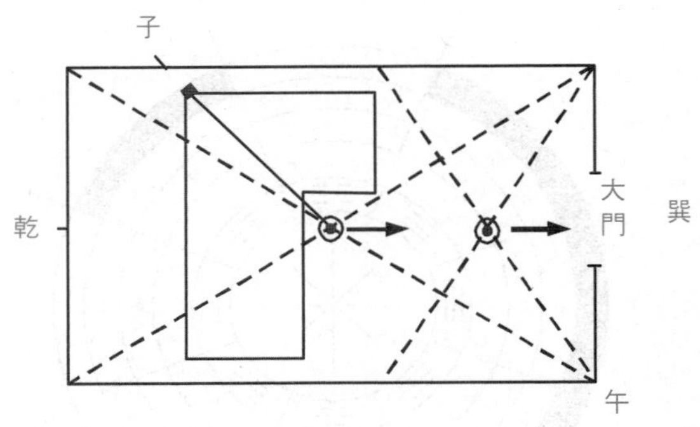

[나경 정위치도]

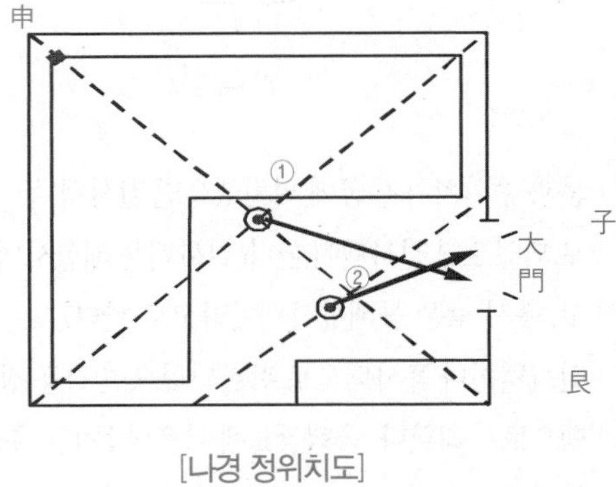

[나경 정위치도]

이 도형도 ①번 지점에서 측정하면 신주간문(申主艮門)으로 배합사택이나, ②번 지점에서 측정한다면 신주자대문(申主子大門)으로 불배합 사택이 된다. 위 도형의 나경의 정위치는 ①번 지점이다.

⑤ **주위치(主位置) 간택법(看擇法)** : 주위치 간택도와 같이 정원의 상이 불균형 되었을 때는 정원 하부위 점선에 기준하여 대각선 교착점에 패철을 고정한다. 이 도형은 ㄱ자 지점에다 고방(高房)도 배치되어 기두판별에 착각하기 쉬운 가상이다. 기두를 보는 데는 건물의 고·저·허·실을 살핀 후 기점을 정한다. 도형의 주방은 동서로 맞문이 낮으니 허하여 없는 것으로 간고한다. 허한 주방을 점선과 같이 단절하고 보면 자방위가 왕하니 자주 묘문으로 배합가상이 된다.

- 자중남(子中男)에다 묘장남(卯長男)으로 순양(純陽)이 되었으니 부귀속발의 상가로서 구빈(救貧)하는데 제1의 사택이다.

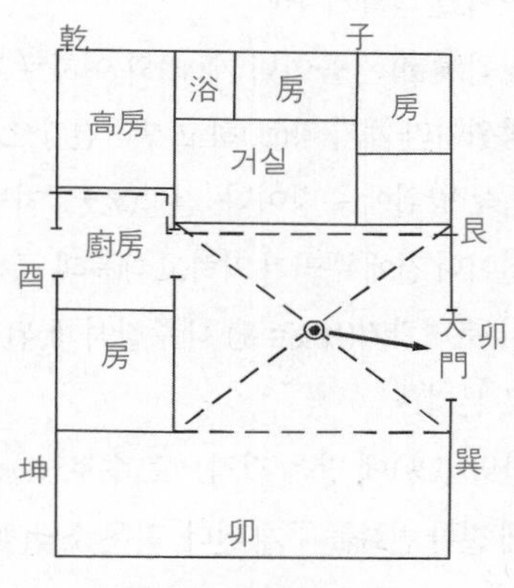

[주위치의 看擇圖]

- 자(子)에 부발운(富發運)이 6년이오, 대문은 귀이니 묘목으로 8년은 능히 부실발복할 것이나, 오래 살게 되면 발복이 없고, 순양불화(純陽不和)로 자손이 없으며 고빈장가(孤賓掌家)하게 된다.
- 건(乾)에 고방(高房)이니 초년은 인격에 위세가 있으나, 순장으로 훗날에는 고독한 괘상(卦象)이다.
- 유방위(酉方位)에 금은 허한 주방이라 금극목(金克木)하나, 강한 양목에 금결(金缺)이라 소녀·부녀가 상한다.

⑥ **나경위치와 기두법(起頭法)**

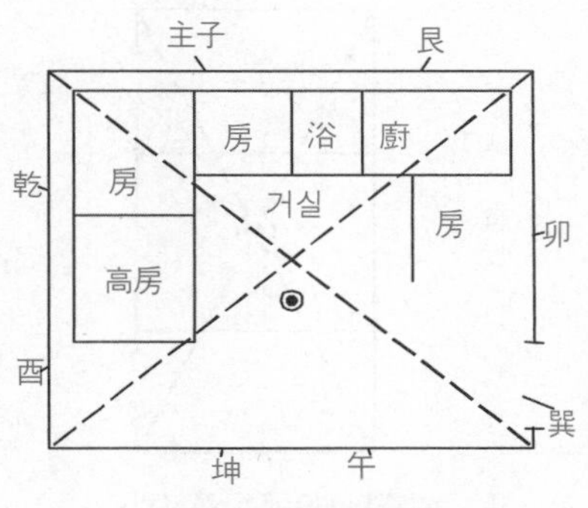

[起頭와 나경위치도]

도형과 같이 건물보다 정원이 작을 때는 총대지의 대각교착점이 패철 고정위치이나 『삼요결(三要訣)』에 천정하나반(天井 下羅盤)이라 하였고, 패철이란 건물 가까운 정원에서 측정하는 것이 옳은 방법이다.

- 자주(子主) 손문(巽門)으로 배합길사택(配合吉舍宅)이다. 음양정배(陰陽正配)이니 부부화락하고 자효손현(子孝孫賢)이나, 부는 적다. 건물이 모두 양방위이니 양실음허(陽實陰虛)로 오래 되면 부녀가 허약해진다.
- 건간(乾艮) 서사택방위도 배합사택일 때는 주위치에 뿌리하여 길한 징조가 내포되니 길조로 해석한다.
- 건에 고방이라 노부가 소귀를 만나는 기쁜 괘상이라 가내영화(家內榮華)가 금목상극(金木相剋)의 변화로 거듭된다. 노부(老父)가 소귀(少歸)를 만났으니 금전의 손실이 많게 된다.
- 간방(艮方)에 주방이다. 주방은 음이니 부녀(婦女)로 간고한다. 수토상극(水土相剋)에 의한 간토(艮土)를 강목(强木)이 극하니, 부녀가 위(胃)에, 극으로 폐(肺)·대장(大腸)에 발병하니, 이는 간방(艮方)과 자방(子方)사이에 욕실로 허한데 이치가 있다.
- 묘(卯)는 손(巽)과 정배(正配)로 비화(比和)이니 장남·장녀가 건강과 만사대길할 것이다. 주(主)·대문(大門)·패철위치(佩鐵位置) 도형의 삼간집은 건물중심에다 패철을 고정한다. 고방을 기두로 하여 출입문을 대상으로 동서사택을

판별하는 것이다.

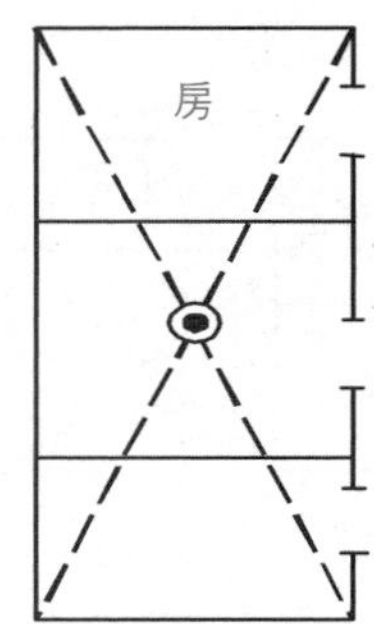

[주와 대문 · 나경위치도]

⑦ **주와 나경위치** : 주와 나경위치도형에 표시된 위치에 나경을 고정하고 기두방위를 간택한다면 ㄱ자형 건물이라 간방위를 기두로 착각할 우려가 있다. 구조를 자세히 살피면 허한 주방을 볼 수 있다. 허한 방위를 점선으로 그리고 보면 왕(旺)한 주위치가 분명해진다. 자기두가 되어 손문(巽門)으로 배합 길사택이 된다.

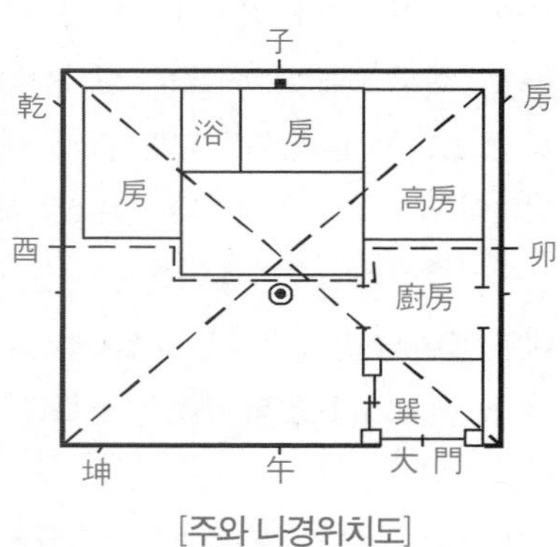

[주와 나경위치도]

- 자주(子主) 손문(巽門)은 음양정배이니 장구히 부귀발복할 길한 가상이다. 대문은 귀로 본다. 내외문으로 길하니 귀한 발복이 우선이다.
- 내외대문을 한 것은 전착후관(前窄後寬)이 된다. 『삼요결(三要訣)』에 이르기를 "전착후관(前窄後寬)에 부귀여산(富貴如山)"이라 했다.
- 간(艮)의 고방이라 토목상극의 변화로서 부귀속발하게 된다.
- 건(乾)방위에 방(房)이 있으니 노부는 건의 위세는 있으나 자방 사이에 욕실이 막혀 강한 목에 금결(金缺)이라 폐·대장의 허증(虛症)이니 신장에 질병이라 중풍이 두렵다.
- 장남 묘(卯)방위가 허하여 매사불성이나, 대문과 비화(比和)이니 건강에는 해가 없다.
- 전착후관(前窄後寬)의 정원이 되면 현모양처하게 된다. 정원의 사면이 반듯하여 중심이 패철의 고정위치이다. 건물은 ㄱ자형이나 양폭의 차이가 많아 기점을 정하기 어렵다. 『삼요결』 총강론에 이르기를 「신사백성이고방작주(紳士百姓以高房作主)」라 했으니, ㄱ자형이 왕(旺)한 위치에 고방을 기두로 하는 것이 바른 방법이다.
- 자주(子主) 손문(巽門)의 음양정배는 부귀화락하며 부귀장구하고 주가 문을 생하니 귀(貴)의 발복에다 인재·미인이 출생하게 된다.
- 정원(庭園)은 음이니 재(財)와 여자로 간고한다. 길상의 정원이라 재가 왕(旺)하고 부녀건강으로 현처하게 된다.
- 건(乾)방위에 주방이다. 건방(乾方), 자방(子方) 사이에 욕실이니 건에 뿌리가 약하고 대문과 금목상극(金木相克)이니 부녀광기(婦女狂氣) 내주장하게 된다.(주(廚)는 부녀로 본다)
- 간방(艮方)에 방은 길격으로 수토극(水土克)은 주인사업에 길한 변화를 주게 된다. 간은 소남(少男)이니 자효손현(子孝孫賢)하게 된다.
- 배합사택이 되었을 때는 동서사택방위의 혼입된 것도 길한 징조로 보는 것이다.

도형의 건물은 길상이나 정원의 상이 불길하니 전체가 흉한가상이다. ㄱ자형 건물이면 모두 길한 가상이 될 수 있다.

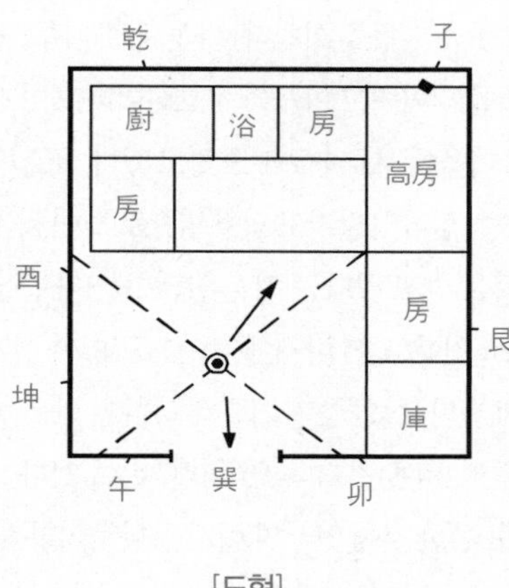

[도형]

❖ **나경(羅經)의 활용은 이렇게 한다** : 용맥(龍脈)의 입수(入首)가 어느 방위(方位)에 격정(格定)되고 있나를 지반정침(地盤正針)으로 알아두고 외반봉침(外盤縫針)으로 24방위를 살피어 교회(交會)된 물이 을신정계(乙辛丁癸)의 사대수국(四大水局) 어느 국(局)으로 수구(水口)되어 유거(流去) 하나를 알아서 해당(該當)된 국으로 용(龍)의 생왕사절(生旺死絶)을 확인하고 생왕된 용을 선택하는 것이 나경의 활용이라 할 수 있다.

❖ **나무가 대문에 바짝 붙어 있으면** : 큰 나무가 문간에 바짝 붙어 있으면 질병과 우환의 재앙과 장해를 겪으며 재물 손실이 많아진다.

❖ **나무가 안 자라는 땅** : 나무가 자라지 않는 땅이나 나무가 죽는 땅은 흉하다고 보아 좋지 않다. 나무가 자라지 않는다든지 죽은 땅은 겉에서 보기에는 모르지만 땅속 어딘가에서 안 좋은 기운이 흘러서 방출되기 때문일 것이다. 땅 속으로 수맥이 흘러다니는 장소에도 나무는 자라지 못하고 죽는다. 잘 자라던 나무가 어느 해부터 죽기 시작해도 그 땅은 좋은 땅이 되지 못한다. 잘 자라던 나무가 죽는다는 것은 지기(志氣)의 변화가 생겼다고 볼 수 있기 때문이다. 땅 속은 눈으로 볼 수가 없으므로 밖으로 노출되어 나타난 부분을 가지고 판단하여야 하기 때문이다. 나무가 살지 못하는 땅, 동물(짐승)이 살지 못하는 땅, 그런 땅은 사람도 살수가 없다고 보면 된다.

❖ **나무들끼리도 서로 상극이 있다** : 나무들끼리도 서로 상극인 것들이 있다. 예를 들면 아카시아 나무가 무성하면 소나무들이 말라 죽어가며, 향나무 곁에서는 배나무가 타격을 받는다. 이는 향나무에서 성장한 해충이 배나무에 옮으면 보다 강력한 해충이 되기 때문이다. 이처럼 나무의 종류에 따라 같이 심어도 잘 자라는 것이 있는가 하면 서로 나쁜 영향을 주어 그렇지 못한 것들도 있다. 동물세계에서도 마찬가지이다. 서로 천적이 있는가 하면 서로 보완되는 종류가 있어 번성하는 경우가 있다. 또 사람에게 이로운 동물이 있는가 하면 해로운 동물이 있듯이 식물도 인삼 따위와 같이 먹으면 보약이 되는 것이 있는가 하면 잘못 먹으면 죽게 되는 독버섯도 있다. 식물과 인간과의 관계도 반드시 좋은 것만은 아니다. 「정원의 나라」라고 불릴 만큼 자연을 축소하여 집 가까이 즉 정원에 옮겨놓기를 좋아하는 일본인들은 나무와 화초를 사랑해 키우다 보니 사람과의 길흉관계도 비교적 상세히 경험한 듯 그 이론도 발전해 있다. 환경과 생활습관에 따라 의견이 있을 수도 있겠지만 집의 중심에서 보았을 때 북동쪽과 남서쪽에 있는 거목은 좋지 않은 것으로 본다. 하지만 관목은 무방하다. 가상에서는 뜰 안에 큰 나무를 심는 것을 삼가며, 특히 북동쪽이나 남서쪽에 있는 것은 아주 싫어한다. 주택의 조건이 자연상태에 있었던 옛날에는 채광이나 통풍을 가로막고 낙엽이 주택에 해를 입힌다고 생각하여 경계한 듯하다. 우리나라에서는 실학의 거두 정다산(丁茶山)이 그의 『산림경제』에서 집안의 큰 나무를 금기로 생각한 기록이 있다. 과수나무가 무성하여 가옥의 좌우를 덮으면 질병의 원인이 될 우려가 있으므로 꺼려했고 또 큰 나무가 처마에 닿거나 대문 가까이 있음도 꺼렸다. 지붕 위의 마른 나뭇가지에는 귀신이 모여든다고 집안에 장수목을 심는 것은 불가하다는 등 민간신앙을 그대로 얘기하고 있다.

❖ **나무를 아무데나 심지 않는다** : 집 주위와 앞마당에는 키 큰 나무를 심지 않는다. 비록 과일나무라도 수목이 무성해져서 그림자 지붕을 뒤덮거나 대문을 가리는 것 등은 우환, 불길, 파괴격이다. 나무를 심을 경우라면 서북쪽으로 심되 아주 멀리 떨어지게 배치하여 구조물이 나무 그늘의 영향권 밖에 놓이게 한다.

❖ **나무뿌리가 유골에 들어가면 불치병이나 관재와 손재 패산이 따른다** : 나무뿌리가 택지 밑에까지 뻗치어 건물을 위협하거나

묘지의 광중에 침입하여 유골을 칭칭 감거나 뼛속에 파고드는 것을 목렴(木廉)이라고 한다. 나무는 양분이 있는 곳에 뿌리를 뻗치는데 시신은 나무에게는 좋은 양분이 될 수 있다. 특히 뼛속 양분을 찾아 구멍으로 들어가는 특성을 가지고 있다. 나무뿌리가 눈에 들어가면 자손이 눈병이 생긴다. 머리에 들어가면 뇌에 이상이 있는 자손이 나온다. 뼈에 들어가면 척추 등 뼈에 병이 생긴다. 목렴은 광중 밖에서 뻗어 들어오는 목근(木根)도 있지만 광중 안에서 스스로 자생하는 목근도 있다. 이러한 목근의 침범은 주로 생기가 없는 푸석푸석한 무기력한 땅에서 많이 있게 된다. 목근이 들어 유골을 괴롭히면 불구자손이 자주 나오는 것은 물론 관재(官災) 재물(財物) 손재(損財) 패산(敗産)이 따른다.

❖ **나무 오래된 고목이 있는 곳은 명당길지**: 나무는 줄기를 양이라 하고 뿌리를 음이라 한다. 오래된 고목이 있는 곳은 태풍을 피하고 수맥파의 영향을 피하였으며 탁기의 기운을 피한 좋은 자리이기 때문에 천연기념물로 지정되는데 수령이 한참 지난 나무가 있는 자리는 매우 좋은 길지이다.

❖ **나무 홰나무는 잡귀를 막아주는 수호목**: 첫째, 대대로 전해 내려오는 집안의 금기에는 큰 나무가 집안에 있으면 땅이 말라서 기가 없고 스스로 영기를 머금어 사람에게 해를 준다는 내용도 있다. 나무를 숭상하고 나무의 기가 강하면 사람의 기를 나무에게 빼앗긴다고 생각한 탓이다. 둘째, 향나무는 담장을 따라서 심는 것이 좋으며, 파초, 소철 따위의 음성식물은 한 두 그루 정도는 무방하나 많으면 좋지 않다. 우물가에 구기자 나무가 있으면 장수하고, 향나무가 있는 것은 좋다. 집안에는 대추나무, 무화과나무, 석류나무, 앵두나무 등은 어디에 심어도 좋으며 특히 엄나무, 지피나무 등은 잡기를 막아준다고 여기고 복숭아 나무는 잡귀를 불러들인다고 꺼려왔다. 셋째, 서북방에 있는 거목은 일단 수십년간 그 자리에서 자라온 것이라면 비록 집 가까이 있다 할지라도 베어서는 안 된다. 이는 주인에게 변괴가 생긴다고 여기기 때문이다. 옛날부터 집에 큰 나무가 구들 밑에까지 파고 들어가면 집이 제수가 없다고 여겨왔다. 넷째, 장미, 목단, 주목, 라일락 등 화초목, 약초목은 어디에 심든 상관없이 좋은 영향을 끼친다. 다섯째, 홰나무(느티나무)는 마을에 잡귀를 막아주고 마을의 수호신이라고 여겨 수백년 수천년이라도 마을에 보호수로 보호하고 있다. 또 집안에 집주인이 어린 묘목을 심어 유달리도 담장 밖으로 뻗어 나가는 나무는 조상의 음덕을 받고 있다는 것을 알려주는 나무이다.

❖ **나문**(羅紋): 진룡(眞龍) 아래에는 어느 곳인가 생기가 융결되어 혈이 맺게 된다. 혈의 증거 가운데 하나인 원운(圓暈: 둥그스름한 모양으로 철(凸)하거나 요(凹)한 것)이 있다. 요(凹)한 원운 가운데 돌(突)한 것이 있으면 이것을 나문이라 하여 명혈(名穴)의 진기한 증거로 삼는다.

❖ **나성**(羅城)**과 수구**(水口): 나성에는 2가지가 있다. 하나는 방원(方圓) 한 큰 암석이 수구(水口)를 막는 것을 말한다. 또 하나는 주위의 먼 산들이 성처럼 둘러싼 것을 말하는데 모두 대지(大地)라야 이러한 나성이 있다고 한다.

① 수구에 금성(禽星), 수성(獸星), 기(旗), 고(鼓), 문필(文筆), 일월(日月), 오성(五星), 천을(天乙), 태을(太乙), 금상(金箱), 옥인(玉印), 창고(倉庫), 유어(游魚), 비봉(飛鳳), 화표(華表), 한문(捍門) 등의 모든 물형(物形)을 갖춘 사(砂)가 수구에 나열하여 물이 곧게 빠져나가지 못하고 이리저리 피하면서 구불 구불 돌아나가면 매우 길격이다.

② 나성은 수구에 있는 둔덕이나 언덕, 돌무더기, 흙무더기다. 돌로 이뤄진 것이 제일이다. 또 나성에는 머리와 꼬리가 있는데, 머리는 혈 쪽으로 향하고, 꼬리는 물이 나가는 쪽으로 뻗어야 좋다. 또 물이 나성을 휘감고 돌아가는 형상이어야 더욱 길하다. 수구에 나성이 있으면, 자손들이 부귀를 얻는다.

③ 나성(羅城)의 여기(餘氣)로써 수중(水中)에 솟아난다. 양쪽 산의 뿌리로 맥이 연결되어 수구(水口)에 머물게 되는 성봉(星峰)을 말한다. 이 성(星)은 물이 나가지 못하도록 저지한다. 만약 곧게 나가면 내수(內水)는 이 성(星)으로 인하여 자연 그 안에 머물게 되어 마르지 않는다. 북진성(北辰星)도 여기에 해당하는데, 북진(北辰)이란, 나성의 별명이다. 나성이 중수(衆水)를 조당(朝堂)으로 돌아가게 하면 북진(北辰)은 여러 성(星)에 연결되어 더욱 감싸게 만드는 것이다. 북진이 둥그렇게 만들어지면 한쪽에 물이 있고 한쪽은 산이나 언덕이 있게 된다. 나성이 사소한 암석으로 깔려서 수중에 서 있게 되면 낙하화성(落河火星)이라고 한다. 나성은 혈장을 두르고 있는 전체적인 사(沙)를 말하고 나성(羅星)은 수구사(水口沙)를 말한다.

④ 나(羅)는 나열되어 있음이요, 성(星)은 성상(星象)을 말한다. 서(書)에 말하기를, 금성(禽星)이 수구(水口)에 막아 서 있으면 한림(翰林)의 벼슬을 하고, 금성(獸星)이 수구(水口)를 막으면 호위하여 높이 모시는 대우를 받는다고 한다. 금성(禽星)은 문인(文人)이 나고 수성은 무관(武官)이 나니 입는 관복이 각기 다르다. 또 귀(龜), 학(鶴), 엽(葉), 검(劍) 같거나 일월(日月), 오성(五星), 천을(天乙), 태을(太乙), 금상(金箱), 기고(旗鼓), 창고(倉庫), 유어(流魚), 비봉(飛鳳), 화표(華表), 문(門)등의 물형 상(象)이 수구(水口)에 나열되어 물로 하여 금 곧게 나가지 못하도록 하여 지현(之玄)으로 구곡수(九曲水)가 되게 하고, 환포(環抱)하여 얽히어서 연모(戀慕)의 정으로 돌아보고 돌아 보듯하면 대부대귀(大富大貴)의 대지(大地)이다.

⑤ 성(星)은 상(象)을 말하며 나(羅)는 수려하고 다정하게 서 있는 것을 말한다. 금성(禽星)이 수구(水口)를 새(塞)하면 신(身)이 한림(翰林)의 관직에 있고 수성(獸星)이 수구(水口)를 새(塞)하면 신(身)의 존귀(尊貴)를 대위(待衛)하는 격이며, 금성(禽星)은 문이라 하고 수성(獸星)은 무(武)를 말하며, 또는 기고사(旗鼓砂)는 무(武), 문필사(文筆砂)는 문(文)등으로 구분한다. 그러면 또는 금수성(禽獸星)외에 월일오성(月日五星), 천을태을(天乙太乙), 금상목인(金箱玉印), 기고창고(旗鼓倉庫), 우어비봉(遊魚飛鳳), 화표한문(華表捍門) 등의 제반물상(諸般物象)이 수구(水口)에 나열하여서 직거(直去)하지 못하고 구곡(九曲)을 이루어서 환요고연(環繞顧戀)하며, 정을 두고 가기가 안쓰러워서 가는 것과 같이 거수하는 것이 가장 절요한 거수법(去水法)이며, 대지(大地)는 제물상(諸物象)이 수구에 있다. 길사(吉砂)는 원정(圓淨)하며 영향(迎向)하였으니 혈을 위하고 흉사(凶砂)는 추악하며 배치하니 혈을 위하지 않으며 무정(無情)하다.

❖ **나성**(羅星) : 수구사(水口砂)의 하나 사면에 물이 흐르는 곳에 위치한 작은 섬 또는 봉우리를 뜻한다. 흙이나 돌이 쌓여서 이루어진다. 서울의 경우 여의도가 곧 나성이다. 귀지(大貴地)에서 볼 수 있다. 본신산(本身山)이 아닌 객산(客山)에도 가(可)하다. 나성(羅星)은 파구(破口)의 수중(水中)이나 밖에 동떨어져 석봉(石峯)이나 견토(堅土 강한 흙으로 된 산)로써 봉우리가 있으면 이를 나성이라고 한다. 나성은 순수(順水)로 앉지 않고 역수(逆水)로 앉는 것이 상격(上格)이다. 또한 나성은 필히 청룡 백호의 밖에 있어야 하는데 청룡 백호 안에 있으면 포양(抱養)이라 하여 안질(眼疾) 타태산(墮胎山)이 되어 불리하며 청룡 백호 입구에 있으면 옥순반(玉筍班)이라 하고 수구(파구)에 생성되면 금성(禽星)이라 하여 길형산(吉形山)이다.

❖ **나성**(羅城 = **수성**水城) : 모든 산이 벌어져 성(城)처럼 싸인 것 안산(案山)밖의 산들과 부모산 뒤의 산들이 혈장(穴場)을 중심에 두고 마치 성처럼 빙 둘러싸고 있는 모습을 나성 또는 원국이라 한다.

❖ **나성사**(羅星砂) : 나(羅)는 사(砂)가 땅에 나열되어 있음이요, 성(星)은 사(砂)의 무리를 칭함이다. 글에 말하기를 「금성(禽星)이 수구(水口)를 막으면 한림이 나오고, 수성(獸星)이 수구(水口)를 막으면 홀로 시위를 받는 존귀에 오르니 문금무수(文禽武獸)는 각각 그 문무복제(文武官服)가 다르다」 하였다. 사(砂)에는 또 구학엽검(龜鶴葉劍), 일월(日月), 오성(五星), 태을(太乙), 천을(天乙), 금상(金箱), 옥인(玉印), 기고(旗鼓), 창고(倉庫), 유어(遊魚), 비봉(飛鳳) 등의 길사(吉砂)가 있다. 한문(捍門)이 화표(華表)함은 여

러 가지 물건의 형상을 갖춘 사(砂)가 수구(水口)에 나열하여 있음이다. 수(水)가 곧게 나가지 않고 구곡으로 굽이굽이 둘러 나가면 크게 부귀한다.

[羅星砂]

이상의 길흉사(吉凶砂)는 모두 60도(六十圖)에 가까운데 흉사(凶砂) 가운데 하나만 있어도 만병이 생긴다. 이와 같이 그 모양이 다른 것이 많으나 그 실상은 5성(五星)에 불과하므로 천태만상이 모두 5성(五星)의 정(正)과 변체(變體)로 의첩(倚貼)된 것이다. 오른쪽 그림은 오성귀원(五星歸垣)과 나헌서(羅獻書)와 삼길·육수(三吉·六秀)와 천성사조(天星巳兆)의 정상(禎祥)과 옥당(玉堂)·임관(臨官)이며 녹명(祿命)으로 다시 그 귀중함을 징험한다. 구사(龜蛇)로 좋고 나쁜 것을 보고, 천마(天馬)의 신속함과 금상(金箱)·옥인(玉印)·석모(席帽)·관성(官星)·문안(文案)·필안(筆案)의 시위(侍衛) 종횡함이며, 기고(旗鼓)·창고(倉庫)와 일월(日月)·아도(牙刀)·상홀(象笏)과 요기(曜氣)의 인순(嶙峋)함이며, 선전(旋轉)의 굴곡과 수(水)가 천심(天心)으로 모임과 문구(問口)·개수(開水)된 것과 팔자합분(八字合分)이며, 자웅의 교도(交度)와 용혈(龍穴)의 생성과 득위득지와 녹마귀인(祿馬貴人)등이 만국(滿局)하여 모두 아름답고 측안에 정령(精靈)하면 대성대현(大聖大賢)의 품위와 봉후왕상(封侯王相)과 충신효자와 장원과 사림(詞林)의 도주(陶朱)의 부가 적지 않고 배도(裵度)의 귀(貴)를 얻을 것이요, 문(文)은 후(候)의 훈업(勳業)이요, 무는 분양(汾陽)의 공명에 미치리니 이는 실로 귀신의 가호와 천지의 감춘 기틀이 진리함이다. 다만 이 작용됨이 1사(一砂)의 출색함과 1성(一星)의 수기(秀氣)가 소실하는 법과 발복됨이 마땅함을 얻어 땅에 따른 대소를 발하기도 하고 발하지 않기도 한다.

❖ **나쁜 집에서 생활하게 되면** : 지치고 피곤한 몸에 계속 나쁜 기운이 더해진다. 한 곳에 오래 산 사람과 오래 된 건물 일수록 이사와 변동에 의한 길흉반응이 신속하게 나타난다. 나쁜 집에 나쁜 운기의 사람이 살게 되면 집안이 망하고 가족이 뿔뿔이 흩어져 살게 되고 재앙이 온다. 뾰족한 첨각 웅덩이 기울어진 집터 우측 기울면 여자가 좌측 기울면 남자가 만성질환이 있게 된다.

❖ **낙맥**(落脈) : 높은 산에서 맥이 급히 하강(下降)하여 뻗어간 맥을 말한다.

❖ **낙산**(樂山) : 낙산(樂山)이란 혈장후면(穴場後面)이 공허한 곳을 막아서 보호해주는 산을 말한다. 낙산은 용의 본신에 연결된 산이거나 따로 떨어진 산이거나 용신을 호종(護從)하는 어떠한 산이거나 공허한 혈장의 뒤를 보호하면 낙산이 되는 것이다. 특히 횡룡(橫龍)의 어느 한 곳에 결혈(結穴)이 되게 되면 반드시 혈판(穴坂)의 뒤는 허하게 마련이고 그럴 경우 그 혈장에는 반드시 낙산이 있어야 길지(吉地)가 된다. 혈장의 후룡(後龍)이 허한 국세에 낙산이 혈의 뒤를 보호하였다면 재혈(裁穴)은 낙산세력에 의하여 혈이 결정된다. 말하자면 낙산이 외쪽에 있으면 혈도 왼쪽에 있고 오른쪽에 있으면 혈의 재혈(裁穴)도 오른쪽에 하고 중앙에 있으면 재혈도 중앙에 하는 것이 정석이다. 낙산은 혈장후면에 가까이 있어야 하고 멀면 낙산으로 볼 수 없고 혈에서 낙산이 보이면 더욱 좋고 명당에서만 보여도 낙산은 되는 것이다. 서(書)에 낙산이 어병사(御屛砂)로 된 것은 왕비나 장상지지(將相之地)라 했다. 혈판을 억압하는 기운으로 변하는 것이니 불길함을 말하는 것이다. 낙산(樂山)은 혈 뒤가 공허한 것을 보완하고 보호하는 산으로 결혈(結穴)을 도와주는 침낙산(枕樂山)이다. 횡룡(橫龍)의 머리가 허(虛)하고 요(凹)하면 반드시 낙산(樂山)이 있어야 진혈(眞穴)이다. 그렇지 못하면 허혈(虛穴)이다. 낙산(樂山)은 본신룡(本身龍), 주산(主山)의 머리에 접한 산으로 객산(客山)의 호종산(護從山)등 여러 형태의 산이 있는 것을 말한다. 낙산(樂山)은 혈에서 볼 때 뚜렷하게 보이는 것이 가장 좋고 그 다음 명당에서 보이는 것은 그 다음이다. 낙산

이 왼쪽에 있으면 혈도 왼쪽에 있고 낙산이 오른쪽에 있으면 혈도 오른쪽에 있고 낙산이 중앙에 있으면 혈도 중앙에 있고 낙산이 쌍산(雙山)이면 혈도 쌍혈(雙穴)이나 1혈(一穴)이다. 낙산이 가깝고 길며 유정(有情)하면 좋고 너무 높고 크면 혈을 억압하여 좋지 않으니 조정해서 정혈(定穴)한다. 낙산에는 병풍을 쳐서 바람을 막는 듯한 형세인 병풍형(屛風形), 끌어 모아 덮은 듯한 형세인 화개형(華蓋形), 봉우리 세 개가 나란히 있는 형세인 삼태(三台), 배게 모양으로 생긴 형세인 옥침(玉枕), 종처럼 생긴 산이 덮은 듯한 형세인 복종(覆鐘), 북을 모아 세운 듯한 형세인 돈고(頓鼓), 대나무를 엮어 세운 듯한 형세인 겸막(慊幕)이 있다. 낙산(樂山)의 역할은 매우 중요하므로 형태를 세심하게 잘 살펴야 한다.

❖ **낙산**(樂山)**심혈법**(尋穴法) : 횡룡입수(橫龍入首)하여 결지하는 경우 낙산을 보고 혈을 찾는 것을 낙산심혈법이라고 한다. 낙산이란 혈 뒤를 받쳐주고 있는 산이다. 특히 횡룡입수하여 결지하는 혈에는 반드시 낙산이 있어야 한다.

❖ **낙산**(樂山)**의 종류**(種類) : 래용(來龍)에서 분지되어 낙산(樂山)되는 수도 있다. 특히 횡룡결혈(橫龍結穴)에는 없어서는 아니된다. 또한 객산(客山)이 와서 낙산이 되는 것도 있다. 특히 돌혈(突穴)과 와혈(窩穴)에는 없어서는 아니된다. 낙산에는 괴혈(怪穴)에 혹 혈상자체(穴相自體)에서 낙산이 된 것을 제일 아름답게 보는 것이다. 낙산 횡룡결혈에는 후면(後面)이 허하여 낙산이 가까이서 응기(應氣)해야 풍수조화(風水調和)로 결혈이 되는 것이다. 낙산의 형태는 혈상을 포옹(抱擁)하는 자세(姿勢)가 회포유정(回抱有情)해야 하고 형상과 가까울수록 길(吉)한 것이다. 낙산이 멀어지면 기(氣)가 산만(散漫)하여 경혈이 불가(不可)하게 되는 것이다.

- 래용에서 생긴 낙산에서 낙이 되어 주는 것도 있고 주봉(主峯)에 장막(長幕)이된 낙(樂)도 있다.
- 유혈(乳穴)에 주산(主山)이 낙이 되면 효자충신(孝子忠臣)이 나며 대단히 길하게 본다.
- 외청룡백호(外青龍 白虎)가 아름답게 둘러준 것도 있다.
- 대개 유혈겸혈(乳穴鉗穴)이 많이 있다.
- 귀낙(鬼樂)을 갖추면서 결혈되어야 명혈대지가 된다.
- 낙산이 험(險)하면 관재(官災) 구설(口舌)에 불구자손(不具子孫)이 난다.
- 낙산에 산사태(山沙汰) 자국이 많으면 처궁(妻宮)이 나쁘고 교통사고가 많다.

❖ **낙조**(落槽) : 혈 앞에 홈통처럼 죽 패어나간 형태로 된 구덩이를 말한다.

❖ **낙산증혈**(樂山證穴)

- 혈후(穴後)의 일절(一節)이 묶여 있으면 기(氣)가 왕성(旺盛)하고 묶여있지 않으면 기가 약(弱)하다. 또한 맥(脈)의 굴곡(屈曲)은 속기(速氣)와 서로 같다.
- 혈 뒤에 솟아있는 산을 말한다. 산룡(山龍)이 혈(穴)을 맺을 때는 반드시 의지할 베게 삼는 산이 있어야 하며 이를 낙산(樂山)이라 한다.
- 낙산은 산형(山形)k이 어떠하던지 혈 위에서 보이는 것이 최상(最上)이요. 명당가운데서 보이는 것은 그 다음이다.
- 횡용결혈은 반드시 낙산을 베게 삼는 것을 요(要)하며 낙산이 없으면 진혈(眞穴)이 아니다.
- 낙산이 왼쪽에 있으면 혈도 왼쪽에 있고 중앙에 있으면 혈도 가운데 있고 오른쪽에 있으면 혈도 오른쪽에 있다.
- 낙산이 좌우 쌍으로 있으면 혈도 쌍혈을 맺거나 또는 중앙에 혈을 맺는다.
- 낙산은 멀리 있는 것보다 가까운 것을 잡고 긴 것이면 긴 것을 적고 많은 낙산이 있으면 많은 곳을 의지하여 혈을 정함이 옳다.
- 낙산이 너무 고대웅장(高大雄壯)하면 혈을 앙압하여 누른다. 그러므로 왼쪽 산이 고대하면 혈은 오른쪽에 오른쪽 산이 웅장하면 혈은 왼쪽에 앞의 산이 누르면 혈은 뒤쪽으로 빼고 뒷산이 누르면 혈은 앞으로 빼서 세워야 한다. 사산(四山)이 모두 균평(均平)을 이루면 혈은 그 중앙에 세워야 한다. 낙산이 등(背) 뒤로 온 것은 역량이 매우 크고 아름답다. 혹 병풍(屛風)화개(華蓋) 삼태(三台) 옥침(玉枕) 염막(簾幕) 복종(覆鍾) 둔고(屯鼓) 등의 형(形)을 갖춘 낙산은 지극히 귀격(貴格)이다.

❖ **낙산증혈** : 혈 뒤에 기대어 응락(應樂)하는 산을 낙산(樂山)이라

ㄴ

하며 원근을 막론하고 혈상(穴上) 또는 명당 가운데서 뒷부분으로 솟아 바라보이는 산인데, 혈상(穴上)에서 보이는 것이 가장 좋고 명당에서 보이는 것이 그 다음이다. 무릇 요뇌(凹腦), 측뇌(側腦) 등의 혈성(穴星) 즉 횡룡(橫龍)으로 결혈(結穴)될 때에는 반드시 침락(枕樂)이 있어야 진혈(眞穴)이라 할 수 있다. 침락증혈법(枕樂證穴法)은 낙산(樂山)이 좌우 양변, 사방에 있으면 혈도 혈장의 좌, 우, 쌍혈 또는 중, 중에서 맺는다. 그러나 낙산이 너무나 강하고 웅장하게 억누르면 그 반대쪽에 입혈해야 한다. 또 낙산이 가까운 것과 먼 것이 아울러 있으면 가까운 산으로 낙산을 삼고, 길고 짧은 것이 있으면 긴 것을 취하며, 많고 적은 것이 있으면 많은 곳으로 의지하여 혈을 정해야 한다.

❖ **낙산**(樂山)**은 횡락**(橫落)**한 혈**(穴)**에서 응락**(應樂)**하는 산이다** : 동쪽에서 직래(直來)하는 것이 특락(特樂)이고 횡(橫)으로 와서 용신(龍身)에 붙은 것이 차락(借樂)이다. 조산(祖山)을 뒤로 가려주는 것이 조락이고 혹 둥글고 혹 모나고 혹은 길고 혹은 높은데 모두 뒤쪽을 보호하여 날개를 만들면 귀(貴)하다.

❖ **낙서**(洛書) : 낙서(洛書)는 하(夏)의 우임금 때에 신구(神龜)가 낙수(洛水)에서 등에 지고 나왔다는 그림을 말한다. 이에서 9성(九星)의 배치가 나왔고 인간이 정하여졌다. 자(子)는 이에서 홍절구(洪節九)를 작성하였고, 특히 풍수지리에서는 조장(造葬)과 시기(時機)의 길흉을 보는데 대단히 중요하게 사용되고 있다.

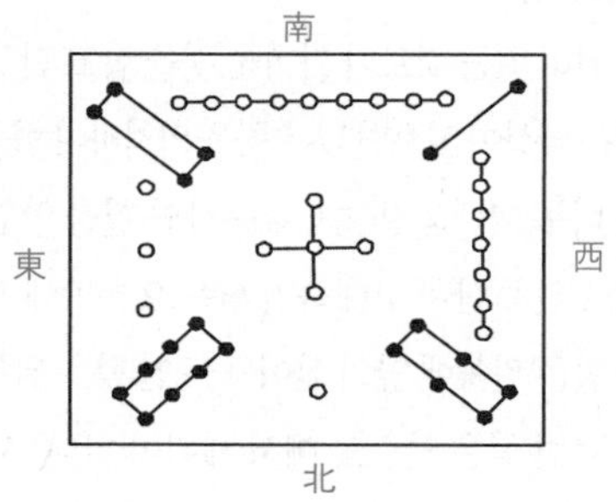

이화(離火)에 9하고 감수(坎水)에 1하고 진목(震木)이 좌3(左三)이요 태금(兌金)은 우7(右七)이며, 곤토 2(坤土二)와 손목 4(巽木四)는 편(扁)이 되며 건금 6(乾金六)과 간토 8(艮土八)은 양족(兩足)이 되고, 중앙토는 5(五)가 되니 양천수(陽天數)는 사오방(四五方)에 거(居)하고 음(陰)인 지수(地數)는 4유(四維)에 거(居)한다. 이것이 또 9궁(九宮)으로는 1백(一百)이 감궁(坎宮)인 자위(子位)에 있고 2흑(二黑)은 곤궁(坤宮)인 미신(未申)에 있고, 3벽(三碧)은 진궁(震宮)인 묘(卯)에 붙고, 4록(四綠)은 손궁(巽宮), 진사(辰巳)에 붙으며, 오황(五黃)은 중앙토위가 되며, 6백은 건궁(乾宮)인 술해(戌亥)에 붙으며, 7(七)은 태궁(兌宮)인 유(酉)에 닿고, 8백은 간궁(艮宮)인 축인(丑寅)에 붙으며, 9(九)는 이궁(離宮)인 오화(午火)에 붙는다. 이 9궁(九宮)은 양둔(陽遁)은 순행하고 음둔(陰遁)은 역행하니 성인은 이 법으로서 수토(水土)를 평정하고 행정을 교화(敎化)하도록 하였다.

[洛書의 數(九宮數)]

四	九	二
三	五	七
八	一	六

① 성극수오(星極數五)를 중심으로 종횡(從橫)의 합수(合數)가 15수이다. 이것을 중성수(中性數)라 한다.

② 천수(天數)인 양수(陽數)의 합이 25
지수(地數)인 음수(陰數)의 합이 20
합이 45수가 된다.
하도(河圖)와 낙서(洛書)는 선천(先天)과 후천(從天)이므로 용(龍)과 용(用)의 관계가 됨을 잊어서는 안 된다.

❖ **나성원국**(羅成垣局) : 나성원국이란 전조(前朝)와 후탁(後托)이 주위에 서로 연결된 형국. 이는 중중첩첩으로 되어 혈처를 싸고 돌아가는 과정에서 결(缺)한 곳은 보충하여 주게 되고 공(空)한 곳은 막아 주게 되어 성(城)과 같고 울타리와 같은 역할을 하게 되는 것이니, 이 나성원국은 둘러싼 형태가 넓으므로 물이 어느 곳에서 오고 어느 곳으로 나가는지 알 수 없게 되어야 참으로 귀한 것이라 할 수 있다.

❖ **나성정설**(羅城定說) : 나성(羅城)이란 동서남북 주위에 솟아 있는 산을 말한다. 옛날 도시에 비하면 성곽과 같은 것이다. 부족함이 없이 사방의 산이 높고 혹은 얕게 둘러져 있음을 말하며, 성곽은 곳에 따라 문이 있듯이 나성에는 물이 들어오고 물이 나가는 수구(水口)가 있다.

❖ **나승**(螺蠅) : 나승은 돌의 형태가 소라고동이나 조개와 흡사한 것으로 물 속에 흩어져 있는 형국.

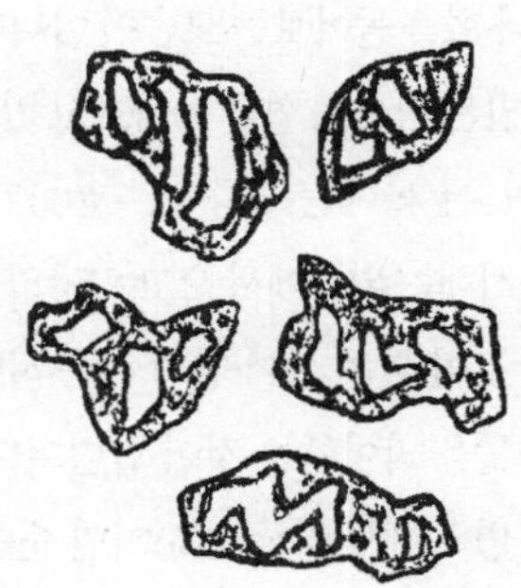

❖ **나침반**(羅針盤) : 나침반이란 자침(磁針)이 남북을 가리키는 특성을 이용하여 만든 것으로 정확한 방위를 알아보는 데 사용하는 기구. 지리법(地理法)에 나경(羅經 : 佩鐵)을 그냥 패철, 나침반, 윤도, 지남철이라고도 한다.

❖ **나침반(羅針盤)없이 동서남북 알아내는 법** : 지구가 태양의 둘레를 공전하다가 지축(地軸)이 태양을 향해 직각을 이루는 날이 바로 춘분(春分) 날과 추분(秋分)날 두 날 뿐이다. 춘분은 양(陽) 3월 21일, 추분은 양(陽) 9월 23일 경이다. 춘분, 추분날의 일출 일몰(日出日沒) 방위를 보면 바로 정동(正東) 정서(正西)가 된다. 또 한가지 방법은 사계절을 가릴 것 없이 아무 때고 해가 떠 있는 날이면 가능하다. 정오에 태양이 떠 있는 방위가 대체로 남쪽의 그림자가 뻗친 쪽이 북쪽이란 것은 누구나 알고 있지만 우리나라 표준시가 일본의 표준시를 준용하고 있기 때문에 12시 30분 경의 태양의 방위가 가장 정남에 가깝다고 알아두면 더욱 정확하겠다. 그런데 태양(그림자)을 기준으로 방위를 가늠해 보는 시각이 마침 정오이기가 드물다. 그러면 상오나 하오의 어느 시각에 正남북을 나침반 없이 판별하려면 어떻게 하면 될까? 측정하는 바로 그 시각의 팔목시계의 시침을 해를 향해 맞추고 12시와 시침 사이의 2등분선이 뻗친 방향을 대체로 정남(正南)이라고 보면 된다.

❖ **나천대퇴**(羅天大退) : 세지흉신(歲支凶神)의 하나로 양택에 꺼리는 날.

子年 : 初四日, 丑年 : 初七日, 寅卯辰巳年 : 初一日
午未年 : 初六日, 申酉年 : 初二日, 戌亥年 : 初一日

❖ **나한출동**(羅漢出洞) : 성자인 아라한이 골짜기 밖으로 나오는 형국. 주변에 목탁이나 염주, 지팡이처럼 생긴 봉우리들이 있고, 혈은 아라한의 배꼽에 있다. 안산은 향(香)을 피우는 향대(香臺)다.

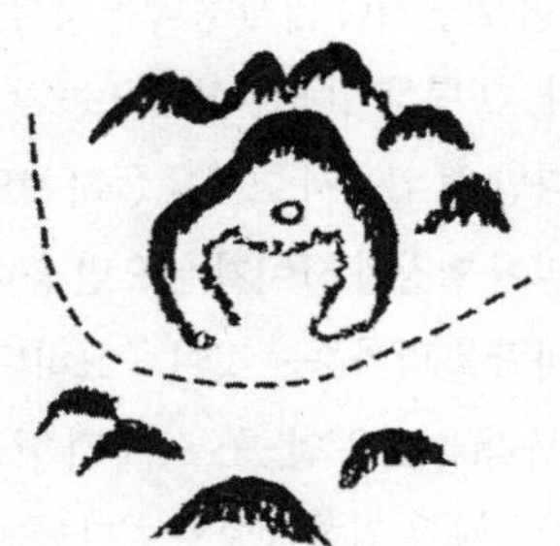

❖ **낙**(樂) : 혈 뒤의 허한 곳을 본룡(本龍)에서 봉우리가 솟거나 객산(客山)이 솟아 받쳐주면 이를 낙(樂) 또는 낙산(樂山)이라 한다. 특히 횡룡(橫龍)에 혈이 있으면 대게 혈 뒤가 공허해지므로 뒤에서 낙산이 받쳐주면 대길하다. 그러므로 낙산이 왼쪽에 있으면 혈도 왼쪽에 정하고 낙산이 오른편에 있으면 혈도 오른편에 정한다. 낙산이 가운데 있으면 혈도 가운데 정하며 낙산이 좌우 두 군데에 있으면 혈은 그 중앙에 정하는데 정혈(定穴)하는 것이 원칙이다.

❖ **낙봉사**(落峰砂) : 높은 곳에서 떨어지는 추락사가 많이 발생한다. 따로 떨어져 있는 산. 혈이 썩 좋은 명당일 경우 전화위복이 될 수도 있다. 그만큼 혈이 명당이면 파워가 있으며 횡재(橫財)도 있다.

❖ **낙산**(樂山) : 산룡(山龍)이 혈을 맺을 때는 반드시 이에 의지할 침락(枕樂)이 필요하다. 이 침락을 낙산이라고 하며 혈의 뒤에 있다. 낙산의 역할은 뒤에서 혈을 받쳐 주는 것이다. 낙산이 있음으로써 혈의 정기가 더욱 왕성해진다. 낙산에는 특락(特落), 차락(借樂), 허락(虛樂)의 세 종류가 있다. 용이 곧바로 밀고 내려와서 결혈(結穴)된 혈성은 낙산이 필요치 않으나 횡룡혈(橫龍

穴), 측뇌혈(側腦穴), 요뇌혈(凹腦穴), 몰골혈(沒骨穴) 등에서는 반드시 낙산에 의지해야 융결이 되는 것이다. 반면에 횡룡결혈하였다가 또는 혈성이 요내·측내·몰골 등이면 낙산을 필수로 한다. 또 낙산은 홀로 높거나 넓게 장막을 쳐서 혈장의 빈곳을 막아주면 족하다. 그 형상이나 본 신산 또는 객산 등의 차이에는 관계가 없고 다만 혈 위에서 고개를 돌려 보일 정도의 것이 좋으며 거리가 멀어 혈장과 사이가 넓으면 흉하다. 요컨대 뒤에 가깝게 붙어 바람을 막아주는 것이 중요하다. 낙산에는 세 종류가 있는데, 특락(特樂)은 먼 곳으로부터 혈을 향해 곧장 와서 혈의 베개와 같은 매우 귀한 것으로 친다. 특히 낙산과 혈성 사이에서 물이 흘러 혈 앞을 싸면 가장 좋다.

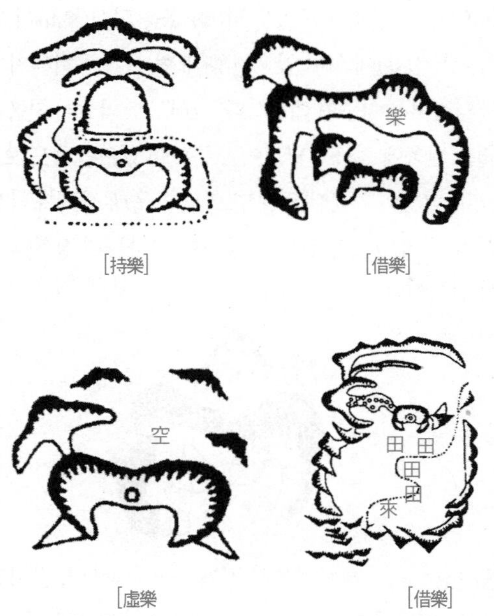

[持樂] [借樂]

[虛樂] [借樂]

❖ **낙산의 형국**: 차락(借樂)은 장막처럼 옆으로 퍼져 혈의 베개가 된 것으로 빈곳이 없어야 하며 역시 귀한 것으로 친다. 허락(虛樂)은 비록 뒤에 산이 있으나 혈의 베개도 아니고 휘장도 아닌 상태로 바람을 막지 못하는 것을 말하며, 취할 바가 못된다. 방위와 관계없이 물이 나가는 한쪽을 하수라고 한다. 일명 하비(下臂) 또는 하관(下關)이라고도 하며 결혈 여부에 중요한 관건이 된다. 하수사는 상수사(上手砂)보다 길어서 흐르는 물을 역으로 막아야 한다. 따라서 하수사가 여러 겹으로 혈을 돌아보며 감싸야 좋다. 반대로 낮고 작거나 짧아서 그대로 물을 따라가는 모양이거나 혈을 돌아보는 모습이 아니면 불길한 것이다. 하수사를 보는 법은 역으로 혈을 돌아보고 있느냐 아니냐가 관건이다. 일중수(一重水)에는 일중사(一重砂)가 필요하다. 예컨대 내당의 작은 시내는 왼쪽에서 오고 외당의 큰 물이 오른쪽에서 오면 혈에서 보아 왼쪽 산이 먼저 작은 시내를 막아준 뒤에 오른쪽 산이 큰물을 막아주는 것이 합법이다. 그러나 대세는 순역(順逆)을 구별하여서 역국(逆局)이면 순수(順水)하고 순국이면 역수(逆水)하는 것이 음양교합의 이치이다. 선사는 하수사의 중요성에 대해 "미간후룡래불래(未看後龍來不來)하고 단간하관긴불긴(但看下關緊不緊)하라" 고 강조했다.

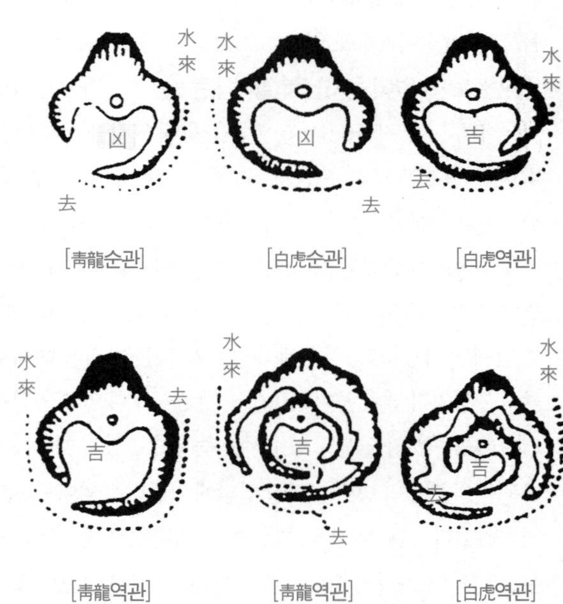

[靑龍순관] [白虎순관] [白虎역관]

[靑龍역관] [靑龍역관] [白虎역관]

[上手高下手低凶]

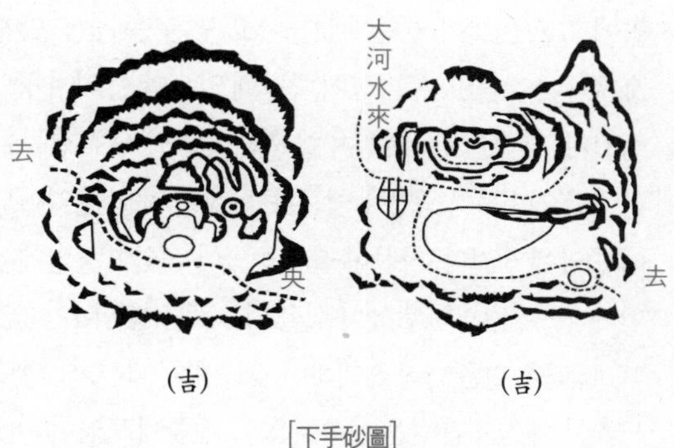

(吉) (吉)

[下手砂圖]

수구사는 물이 흘러 나가는 곳의 양쪽 언덕에 자리한 산을 말한다. 물이 곧게 나아가는 곳을 막는 것이 임무다. 그러므로 짜임새 있게 막아주는 것을 필요로 한다. 매우 좁게 막거나 혹은 높게 절하듯 막거나 또는 물 양쪽에서 톱니바퀴가 맞물리듯이 교차하는 것이 좋다. 때로는 괴이한 돌과 바위가 있어서 인홀(印笏)·금수(禽獸)·구사(龜蛇)와 같은 모양을 이루기도 하고 혹은 좌우에 높은 산이 대치하여 사자모양이나 깃발, 북 모양을 이루기도 한다. 요컨대 수구사는 겹겹으로 감싸고 톱의 이빨이 서로 물리듯 좁아서 물의 속도를 완만하게 하고 왕성한 기운의 누설을 막는 것이 최상이다. 따라서 수구 사이에 있는 교량, 큰 나무들, 사찰, 가옥 등도 수구사와 같다. 비유하자면 원국(垣局)이 병영이라면 수구사는 위병의 초소에 해당한다.

❖ **낙산론**(樂山論) : 낙산이란 혈판(穴坂)의 뒷면에 응기(應氣)된 산을 말한다. 낙산의 형태는 수미(秀美)해야 하고 혈체(穴體) 후면에 가까이 대한 것은 낙산이 되어 응기된 것이나 멀리 대한 것은 기(氣)가 산만하여 결혈하는데 응기가 불가한 것이다. 낙산의 응기로써 결혈되는 혈상(穴象)들은 몰골혈형(沒骨穴形)이나 요뇌혈형(凹腦穴形)이나 측골혈형(側骨穴形) 횡낙좌향(橫落坐向)이니 낙산은 혈증으로 볼 것이다. 귀락(鬼樂)이 상부(相符)된 것은 대지결혈(大地結穴)이오, 낙산(樂山)이 어병사(御屛砂)로 된 것은 왕비(王妣)나 장상지지(將相之地)이다.

❖ **낙산도**

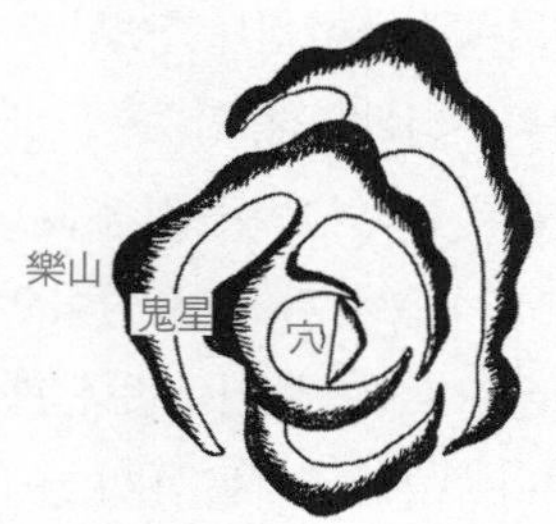

[鬼星圖(橫龍結穴)]

횡용결혈(橫龍結穴)에 유귀유락(有鬼有樂)한다고 했다. 위의 도형은 귀성도 있고 낙산도 있다.

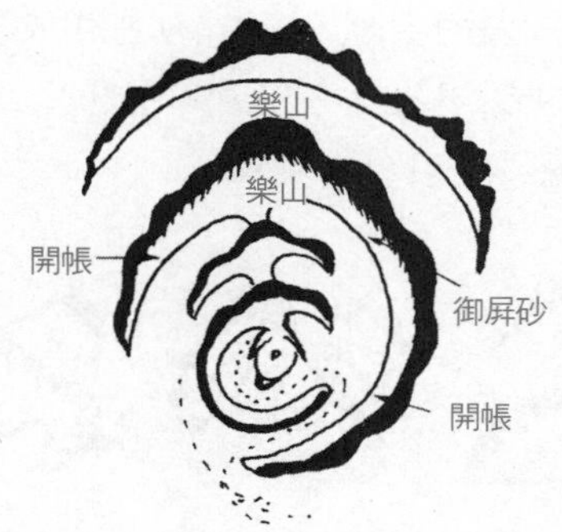

[樂山圖(御屛樂山砂)]

중조봉(中祖峯)이 장막(帳幕)을 이루어 어병사(御屛砂)로 낙(樂)이 된 것은 제왕비(帝王妣)가 날 대지(大地)이다.

낙산이라 하는 것은 혈 뒤에 응기(應氣)된 산이니 횡룡선(橫龍穴)의 혈증(穴證)으로 긴요한 것이다. 낙산은 가히 너무 높지 않아야 하는 것이나 너무 높은 즉 기(氣)를 누르는 형세가 있다. 혹 자신의 성체에 성체 된 것도 또한 좋으니 본신(本身)의 낙이 있고 개산의 낙도 있고 조종산(祖宗山)의 낙도 있는 것이다. 낙산이 만일 수백보 밖에 있은 즉 그 역량이 적은 것이다. 횡룡에서 결혈하는 데는 귀(鬼)가 있고 낙이 있고 혹 낙만 있고 귀는 없어도 가하고 귀가 있은 즉 비록 낙은 없어도 가하다고 하였다.

❖ **낙산(樂山)귀성증혈(鬼星證穴)** : 횡룡입수 하는 용에 낙산과 귀성이 있는지 살핀다. 행룡하는 주룡의 측면에서 맥이 나와 혈을 결지하는 횡룡입수의 경우는 혈 뒤쪽이 비어 있어 허약하다. 때문에 이곳을 보완해 주는 귀성(鬼星)과 낙산이 반드시 있어야 한다. 귀성은 입수룡(入首龍) 반대 측면의 주룡에 붙어 있는 작은 능선이나 바위로 되어 있다. 입수룡을 반대쪽에서 다른 산봉이 입수와 연결된 것처럼 보이는 산봉(山峰)은 명달 결혈지에만 있다. 낙산과 귀성은 혈 뒤쪽에서 불어오는 바람을 막아주기도 하고 귀성은 짧고 단단한 것이 좋다. 귀성이 너무 길게 뻗쳐 있으면 오히려 주룡의 생기를 설기(洩氣)시킨다.

❖ **낙산증혈**(樂山證穴)

① 낙산이라고 하는 것은 혈장의 뒤쪽에 있는 응락(應樂)의 산을 말한다. 본신에서 생겼거나 또는 객산(客山)이나 호종산(護從山)에서 출발했거나를 가리지 않는다. 그 형상도 다양하여 기봉(起峰)한 것, 불기봉(不起峰) 한 것, 뾰족한 것, 둥근 것, 네모진 것, 긴 것, 높은 것, 여러 겹인 것, 그리고 현(顯) 또는 암(暗) 등등이 있다.

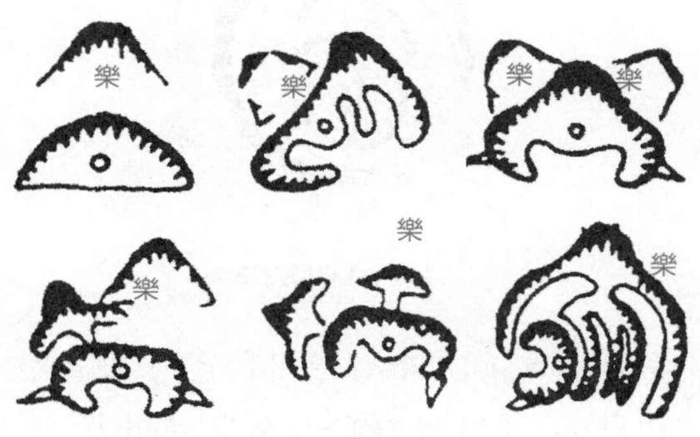

[낙산증혈도]

어느 형상이든지 혈장에서만 보이는 것이 가장 좋고 명당 중에서도 보이는 것은 그 다음으로 좋다. 바꿔 말하자면 낙산이 크고 높아 혈을 능압함이 좋지 않다. 모든 횡룡결혈자(橫龍結穴者), 곧 측뇌·몰골·요뇌 등의 혈성에서는 반드시 뒤를 가려주어야 진짜 혈이다. 만약 낙산이 없다면 가짜다. 또한 낙산이 좌측에 있으면 혈 역시 좌측에 있고 오른편에 있으면 혈 또한 오른편에 맺게 된다. 낙산이 중앙에 있으면 혈 역시 중앙에 있고 좌우에 낙산을 갖추었다면 쌍혈이거나 거중혈(居中穴)이다. 반면에 낙산이 크고 높아 능압하여 살이 되는 경우에는 살을 피하여 혈을 맺는다.

② 낙산 증혈은 낙산을 보고 혈을 찾는 것이다. 횡룡(橫龍)의 경우 낙산과 귀(鬼)가 없으면 진혈이 안 생긴다. 또 낙산과 귀의 위치와 생김새에 따라 혈의 위치가 달라진다. 낙산이 왼쪽에 있으면 혈이 왼쪽에 깃들이고 오른쪽에 있으면 혈도 오른쪽에 깃들인다. 낙산이 중앙에 있으면 혈 역시 중앙에 생긴다. 낙산에 응(應)하여 양 옆과 앞쪽에서도 산들이 솟아올랐으면 혈이 중앙에 맺는다. 낙산이 양 옆에 있어도 혈이 중앙에 생긴다. 낙산이 길게 뻗었어도 혈이 중앙에 깃들인다. 또 낙산이 너무 높아 혈을 억누르는 형상이면 불길하다. 이 경우 혈은 낙산을 피하여 깃들인다. 낙산이 오른쪽에 드높이 서 있으면 혈은 왼쪽에 있고, 왼쪽에 드높이 서 있으면 혈은 반대로 오른쪽에 있다.

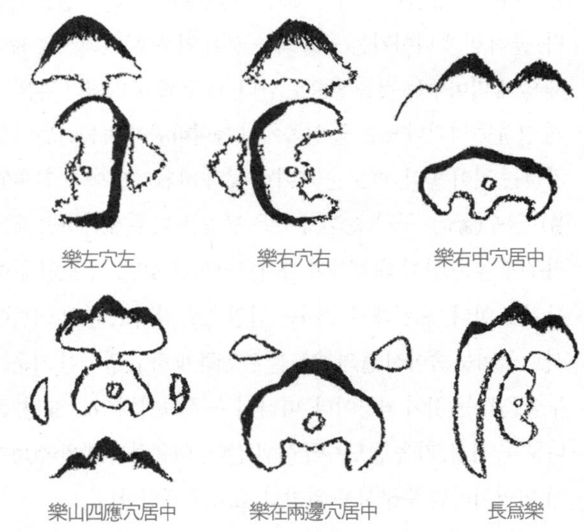

❖ **낙산(樂山)정혈법**(定穴法) : 낙산(樂山)이란 혈을 뒤에 솟아 있는 산으로 멀고 가까운 것을 막론하고 혈상(穴上) 또는 명당 가운데서 뒷 부분으로 솟아 바라보이는 산을 말한다. 낙산(樂山)은 본(本) 용신(龍身)에 붙었거나, 객산(客山) 혹은 호종산(護從山)

을 포함해서 그 모양이 어떠하던 간에 혈상(穴上)에서 보이는 것이 그 으뜸이요, 명당에서 보이는 것이 다음이다. 특히 횡룡하(橫龍下)에 정혈(定穴)하는데는 반드시 낙산(樂山)으로 벼개 삼아야 하는 바 낙(樂)이 없으면 진혈(眞穴)이 아닐 가능성이 많다. 낙산(樂山)이 왼쪽에 있으면 혈도 왼쪽에 있고, 낙산(樂山)이 오른쪽에 있으면 혈도 오른쪽에 있고, 낙산(樂山)이 가운데 있으면 혈도 가운데 있고, 낙산(樂山)이 좌우(左右)에 쌍(雙)으로 있으면 좌우(左右) 쌍혈(雙穴)을 맺거나 혹은 중앙에 1혈(一穴)을 맺게 된다. 또는 낙산(樂山)이 가까운 것과 먼 것이 아울러 있으면 가까운 산으로 의지하고, 하나는 길고 하나는 짧으면 긴 낙산을 취하고, 적고 많은 낙산(樂山)이 있으며 많은 곳으로 의지하여 혈을 정해야 한다. 그런데 낙산(樂山)이 있으면 비록 좋으나 너무 고대하거나 웅장·참암하면 혈을 억압하므로 불길하니 이러한 낙산은 도리어 피하여야 한다. 즉 왼쪽 낙산(樂山)이 고대(高大)하여 혈을 누르면 오른쪽으로 입혈(立穴)하고, 오른쪽 산이 혈을 누르면 왼쪽으로 정혈(定穴)하고, 뒷 산이 혈을 누르면 앞으로 빼어 입혈(立穴)한다.

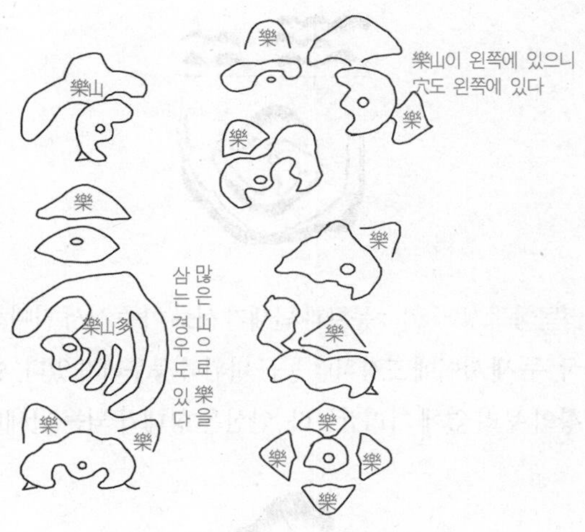

❖ **낙서지도**(洛書之圖) : 계사(繫辭)에 이르기를 복희(伏義)황제 때 용마(龍馬)가 황하(黃河)에서 나온 그 문채(文彩)를 보고서 8괘를 그었으니 이것이 16水 38木 27火 49金 50土며 기수(奇數)인 1 3 5 7 9는 25수며 우수(偶數)인 2 4 6 8 10은 30수로 기수(奇偶)의 총수는 55가 된다. 이 음수(陰數)와 양수(陽數)로 변화를 이루고 귀신(鬼神)을 행한다고 하였으니 귀신은 즉 음양(陰陽)의 조화로 변하는 것을 말하는 것이니, 시(時)며 춘하추동 사계(四季)의 순환과도 같다. 우왕(禹王)의 치수시(治水時)에 신구(神龜)가 낙수(洛水)에서 나오면서 등(背)에 9개수(九個數)의 문채(文彩)가 열립한 것을 보니 전9 후1 좌3 우7 4(前九 後一 左三 右七 四)는 전좌2는 전우 8(前左二는 前右 八)은 후좌 6(後左 六)은 후우(後右)에 있으니 하도(河圖)는 대체로 둥굴고 낙서(洛書)는 대체로 모가 났다. 도자(圖者)의 성(星)으로는 일월년(日月年)의 역기(曆紀)의 수와 같은 마세력이 여기서 비롯되었으며, 낙서(洛書)의 방(方)으로는 정전법(井田法)과 같은 정지(井地)의 법과 모든 법을 만들었다. 하도(河圖)의 선천도(先天圖)는 음양의 체(體)이며 낙서(洛書)의 후천도(後天圖)는 음양의 용(用)으로 상용한다.

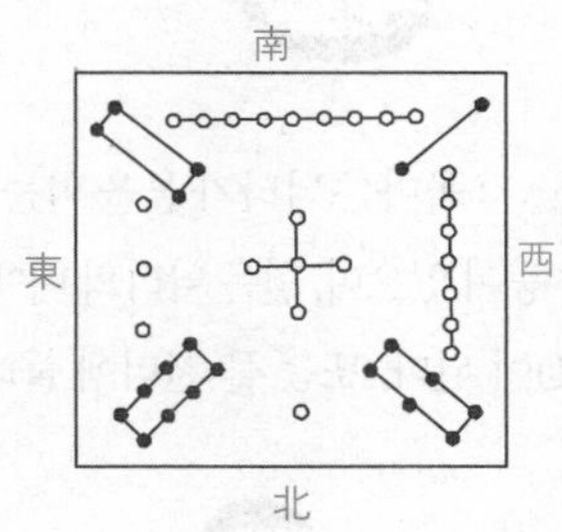

[洛書之圖]

❖ **낙안**(落雁) : 내려앉는 기러기 모양.

❖ **낙지금차**(落地金釵) : 금비녀가 땅에 떨어진 형국. 혈은 비녀의 머리 부분에 있으며, 안산은 빗이나 경대다.

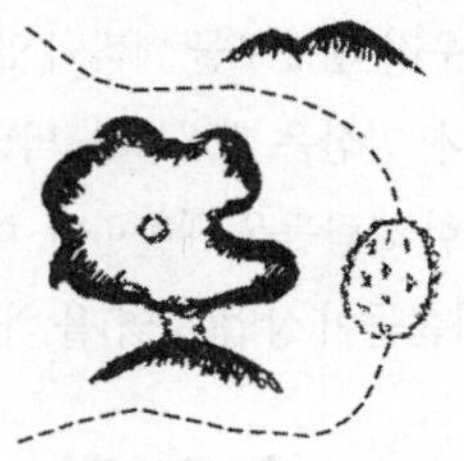

❖ **낙창형**(落蒼形) : 창포꽃이 땅에 떨어진 것처럼 생긴 형국. 청룡과 백호가 잎으로 길쭉길쭉 뻗었으며, 혈은 꽃술에 깃들이고, 안산(案山)은 화병, 화분, 나비, 벌 등이다.

❖ **낙타사보**(駱駝卸寶) : 낙타가 길에다 보물을 떨어뜨린 형국. 혈은 낙타의 목젖에 있다. 안산은 떨어뜨린 보물이다.

❖ **낙타음수**(駱駝飮水) : 목마른 낙타가 물을 먹는 형국. 앞에 냇물이나 강물, 호수 등이 있으며, 혈은 낙타의 배에 자리잡는다. 그리고 물이 안(案)이 된다. 또는 물 건너에 풀더미가 있다.

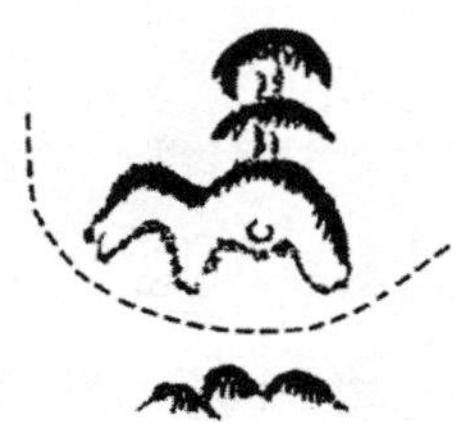

❖ **낙타진보**(駱駝進寶) : 낙타가 보물을 싣고 와서 바치는 형국. 낙타처럼 생긴 봉우리 앞에 보물 궤짝이 있으며, 혈은 보물 궤짝 위에 자리잡는다. 안산은 채찍이다. 낙타형의 명당은 꿋꿋하고 인내심이 강한 사람들을 배출한다. 어떤 고난도 당당하게 극복한다. 또 자손들이 상업(무역)을 하여 큰 재산을 모은다.

❖ **낙포**(洛浦) : 진(陳)나라 사왕(思王)이 낙포(洛浦)에서 신녀(神女)를 만났다는 데서 온 말로 풍류를 비유하였음.

❖ **난**(亂) : 어지러이 산란한 모양.

❖ **난**(闌) : 막혀서 횡관(橫關)됨.

❖ **난간주택 건축흉** : 경사가 급한 난간에 집을 지어 살게 되면 정신적으로 항상 불안하여 안정을 찾지 못하고 산만한 사람들이 되기 쉽다. 금전적으로도 재물이 좀 모였다 싶으면 생각지도 못했던 사건 사고로 인하여 모아 놓았던 돈을 모두 잃어버리거나 흩어지게 된다. 이런 집터에 주택을 건축하여 살게 되면 한마디로 바람 잘 날 없는 풍파가 많은 주택이 되고만다. 밖이 잘 보여서 좋을지는 모르지만 양택풍수상으로는 좋지 않은 흉한 주택이므로 참고하여 건축하여야 할 것이다.

❖ **난만**(亂灣) : 이리저리 어지러이 어기어서 굽이 흐르는 모양.

❖ **난명**(難明) : 조화의 이치가 너무 어려워 밝히기 힘들다는 말.

❖ **난봉가연**(鸞鳳駕輦) : 임금이 봉황새가 끄는 수레를 타고 궁중으로 들어가는 형국. 혈은 아래쪽에 있고 안산은 연(輦)이다. 자손들이 큰 부귀를 얻는다. 임금의 총애를 받는다.

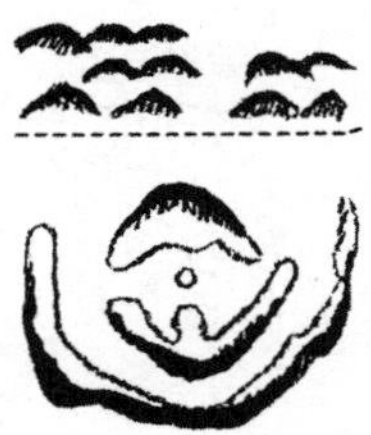

❖ **난봉상대**(鸞鳳相對) : 봉황과 난새가 서로 마주 서서 기뻐하는 형국. 두 새 사이에 도장처럼 둥근 바위나 봉우리가 있다. 혈은 봉황의 무리 옆에 자리잡는다. 안산은 상대가 되는 난새다.

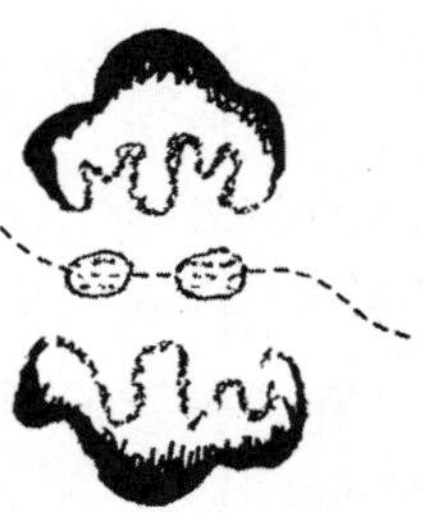

❖ **난운이월**(亂雲裏月) : 달이 구름에 둘러싸인 것처럼 생긴 형국. 주산(主山)은 둥글다. 혈은 주산(主山)의 중앙에 자리잡았다. 안산(案山)은 구름이다.

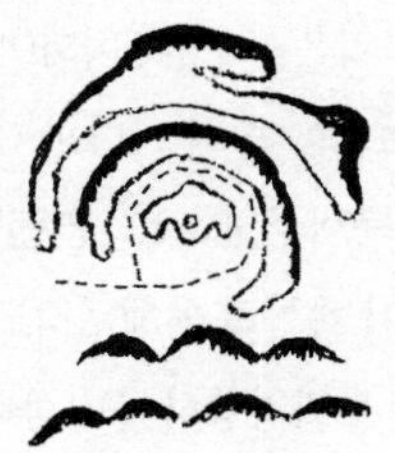

❖ **난의**(亂衣) : 옷가지를 마구 늘어뜨려 놓은 모양.

❖ **난잡**(亂雜) : 어지러이 흩어러짐. 정안(正案)이 반듯하고 수려하게 배대(配對)하지 않음.

❖ **난취**(亂聚) : 이쪽을 향하고 또는 저쪽을 향하여 모였으나 안정되지 못하고 난잡된 모양.

❖ **난화**(煖火) : 혈장(穴場) 낸의 땅속에 생기가 있다는 증표로 떠오른 태극운을 중심으로 위쪽의 승금에서 들어온 진기가 모이고, 소명당(小明堂)에서 상수(미망수)가 서로 만나 그 진기를 머물게 하고, 좌우의 인목이 진기를 감추어줌으로써 태극운 내에 어린 생기는 더욱 왕성하게 되어 온 기로 화(化)하여 위로 오르게 됨을 말한다. 혈장 내에는 같은 것을 여러 가지로 표현하기도 하지만 오행상으로는 승금·상수·인목·난화·혈토를 구비하게 되어 금생수(金生水)·수생목(水生木)·목생화(木生火)·화생토(火生土)의 오행이 서로 상생 순환하여 생기를 돋게 하는 이치이다.

❖ **남고북저지**(南高北低地)**는 다재다난**(多災多難)**에 다출안**(多出眼)**이라 한다** : 집터가 남쪽이 높고 북쪽이 낮아 남북이 기울면 매사에 어려운 일이 많아지고 패가 빈곤(貧困)하고 종종 맹인이 출생한다. 집터는 남북이 평탄해야 편안하게 살며 부자가 되는 것이다.

❖ **남동향 건물 남동 대문** : 불배합(不配合) 상극이니 건강하지 못하며 모든 일이 불안하다.

① **천풍구**(天風姤) : 건방(乾方) 부엌을 손문(巽門)에 배정하면 금목상극(金木相剋)하니 큰며느리에게 산망이 따른다. 여자가 단명하며 두통이나 풍병이 발생한다. 사람이나 가축 모두에게 불리하다. 9괘(九卦)는 음인(陰人)이 죽게 되며 노인이 첩을 들인다.

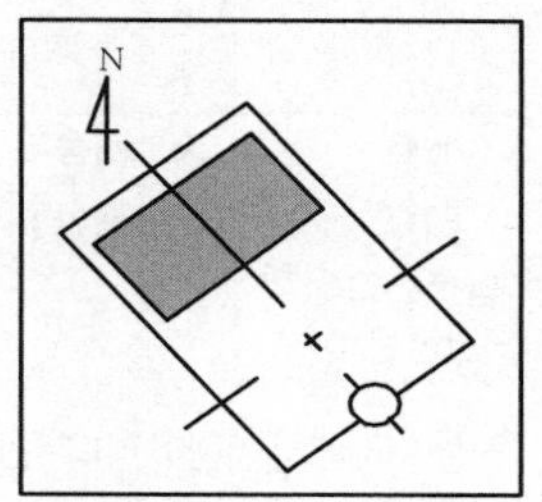

② **손문**(巽門) **건주**(乾主) : 풍천(風天)이니 통증이 따르며 큰며느리가 죽는다. 화해택(禍害宅)으로 양금(陽金)이 음목(陰木)을 극하여 양승음쇠(陽勝陰衰)하니 여자에게 단명, 산망, 심장통이 따른다. 간혹 초기에는 다소 재물이나 공명이 발복하는 경우도 있으나 이런 집은 주의해야 한다. 만일 건손(乾巽) 방향에 있는 4층 주택이 높고 크다면 20~30년간은 크게 발복한다.

- **이방**(離方) : 부엌은 문(門)과 상생(相生)하니 길하고, 주(主)와 상극하니 흉하다.
- **곤방**(坤方) : 부엌은 문(門)과 오귀(五鬼)이니 여자가 요절한다. 황달, 피부·비장·위장질환이 따른다.
- **태방**(兌方) : 부엌은 금목극(金木剋)하여 불길하다.
- **건방**(乾方) : 부엌은 금목(金木)이 서로 상하니 여자에게 불리하다.
- **감방**(坎方) 부엌은 문(門)과 생기(生氣)이니 발전하나 재물은 발전하지 못한다.
- **간방**(艮方) : 부엌은 목토상극(木土相剋)하니 아들이 없으며 고독하고, 풍병이 따른다.
- **진방**(震方) : 부엌은 주(主)와 오귀(五鬼)를 범하니 만사불리하다.
- **손방**(巽方) : 부엌은 문(門)과 비화(比和)하고 주(主)와 상극하니 음인(陰人)이 단명하며 심장통이 따른다.

③ **남동문**(南東門) **북서주**(北西主) : 화해택(禍害宅) 여자에게 단명이나 산망이 따른다. 눈, 허리, 다리, 창자 등에 질병이 발

생한다. 그러나 간혹 초기에는 건강하며 재산을 모으고 약간의 명예를 얻는 경우도 있다.

분류 / 구성	위치	괘	명칭	방위	남녀	음양	오행	수리
건물	北西	☰ ☴	天	西舍宅	老父	陽	金	4, 9
대문	南東		風	東舍宅	長女	陰	木	3, 8
작용	남동향집 남동문		姤	不利	男女	調和	相剋	3, 8

※ 姤(구) : 하늘 아래에서 바람이 부니 그 혜택이 두루 베풀어진다.

❖ **남동향 건물 남서 대문** : 서사택(西舍宅) 배합(配合)이 상생하니 부귀하며 건강이 좋아진다.

① **천지부**(天地否) : 건방(乾方) 부엌을 곤문(坤門)에 배정하면 토금상생(土金相生)하여 음양정배(陰陽正配)이니 가정이 화목하다. 가축에게도 유리하며 4~5년에 사업이 발전한다. 사유축년(巳酉丑年)에는 금국합(金局合)으로 응서(應瑞)된다. 연년(延年)은 건곤정위(乾坤正位)하니 아들 4형제가 모두 발전하며 여자는 총명하다. 공부를 잘하며 급제하니 부귀를 누린다.

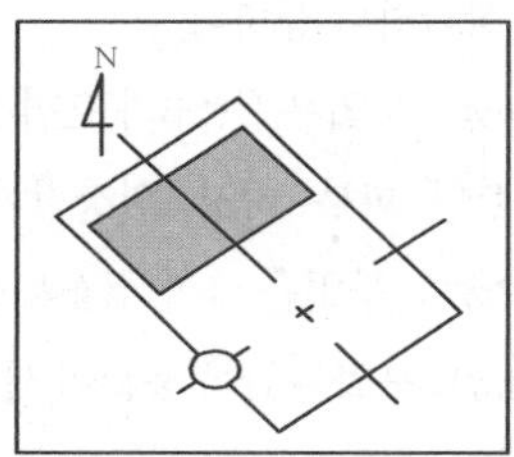

② **곤문**(坤門) **건주**(乾主) : 땅에서 천문(天門)이 일어나니 부귀가 번창한다. 연년택(延年宅)으로 성궁(星宮)이 상생하고 외토(外土)가 내금(內金)을 생하니 남녀 모두 장수하며 부부금실이 좋고, 자식은 효도하며 손자는 총명하다.

- **태방**(兌方) : 부엌은 생기천을(生氣天乙)이니 삼길택(三吉宅) 중의 하나로 대길하다.
- **건방**(乾方) : 부엌은 문(門)과 상생하고 주(主)와 비화(比和)하니 대길하다.
- **간방**(艮方) : 부엌은 문(門)과 토수상극(土水相剋)하니 흉하다.
- **간방**(艮方) : 부엌은 천을생기(天乙生氣)이니 길하다.
- **진방**(震方) : 부엌은 문주(門主)와 상극하니 대흉하다.
- **손방**(巽方) : 부엌은 문(門)의 오귀(五鬼)를 범하니 대흉하다.
- **곤방**(坤方) : 부엌은 문(門)과 비화(比和)하고 주(主)와 상생하니 3길택(三吉宅) 중의 하나로 대길하다.

③ **남서문**(南西門) **북서주**(北西主) : **연년택**(延年宅) : 남녀 모두 장수하며 부부가 화목하게 해로하고, 자식은 효도하며 손자는 총명하다. 부귀영창하니 아름다움이 이보다 더할 수 없다.

분류 / 구성	위치	괘	명칭	방위	남녀	음양	오행	수리
건물	北西	☰ ☷	天	西舍宅	老父	陽	金	4, 9
대문	正西		地	西舍宅	老母	陰	火	5, 10
작용	남동향집 남서문		否	不利	男女	調和	相生	5, 10

※ 否(부) : 하늘은 위에 있고 땅은 아래에 있으니 그 기운이 서로 교화하지 못하면 사람의 길이 아니다.

❖ **남동향 건물 남향 대문** : 불배합(不配合) 상극(相剋)이니 재물이 흩어지며 건강을 잃는다.

① **천화동인**(天火同人) : 건방(乾方) 부엌을 이문(離門)에 배정하면 화극금(火剋金)으로 노인이 해소로 죽고, 가운데 딸이 산망하며 장손에게 풍병이 따른다. 관재, 화재, 도난 등이 따른다. 어린 아이와 홀어머니만 남게 되며 어린아이가 상한다. 동인괘(同人卦)는 노인이 죽고 어린아이가 상하며, 유산이나 흉사가 따른다.

② **이문**(離門) **건주**(乾主) : 남문과 서북방 집의 노인은 오래 살지 못한다. 절명주(絶命主)이니 재산이 흩어지고, 아들이 없으며 여자가 난폭하다. 음승양쇠(陰勝陽衰)하니 딸은 많으나 아들이 귀하다. 요절, 안질, 두통, 피부병 등이 따른다.

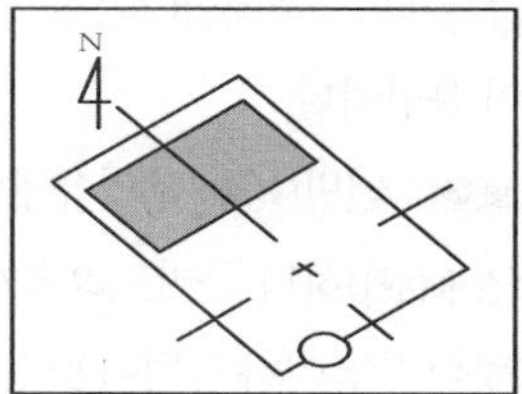

- **곤방**(坤方) : 부엌은 문주(門主)와 상생하니 평안하다.
- **태방**(兌方) : 부엌은 문(門)과 상극하고 주(主)와 비화(比和)하니 재물을 크게 잃는다.
- **감방**(坎方) : 부엌은 문(門)과 상배(相配)하나 주(主)와 불배합(不配合)하니 불길하다.
- **건방**(乾方) : 부엌은 이화건금(二火乾金)이니 불길하다.
- **간방**(艮方) : 부엌은 문(門)과 상생하나 불배합(不配合)하니 불길하다.
- **진방**(震方) : 부엌은 주(主)의 오귀(五鬼)를 범하니 남자에게 단명이 따른다.
- **손방**(巽方) : 부엌은 건금(乾金)이 손목(巽木)을 극하고 이화(二火)가 건금(乾金)을 극하니 남녀 모두 요절한다.
- **이방**(離方) : 부엌은 주(主)와 상극하니 만사가 불리하다.

③ **남문**(南門) **북서주**(北西主) : 절명택(絶命宅) 파재하며 대가 끊기고, 여자가 난폭하다. 딸은 많으나 아들이 귀하다. 요절, 안질, 두통, 피부병, 소화불량, 염증, 열병 등이 따른다.

구성 \ 분류	위치	괘	명칭	방위	남녀	음양	오행	수리
건물	北西	☰ ☲	天	西舍宅	老父	陽	金	4, 9
대문	正南		火	東舍宅	中女	陰	火	2, 7
작용	남동향집 남문		同人	不利	男女	調和	相剋	2, 7

※ 同人(동인): 하늘과 불은 모두 위로 올라가는 성질이 있으니 사람들이 모여 함께 일한다.

❖ **남동향 건물 동향 대문**: 불배합(不配合) 상극이니 가정이 화목하지 못하고, 건강과 재산을 모두 잃는다.

① **천뢰무망**(天雷无妄) : 건방(乾方) 부엌을 진문(震門)에 배정하면 금극목(金剋木)하여 부자간에 불화한다. 장자손과 음인(陰人)이 상하고, 자녀가 없으며 노인이 죽는다. 종양, 인후, 관절통, 화재, 도난, 관재가 따르며 가축에게도 해롭다. 사마입택(邪魔入宅)이니 4~5년 안에 망한다. 무망(无妄)은 순양(純陽)으로 음(陰)이 상하니 장자가 극을 받고, 사마(邪魔)가 침입하니 재물이 흩어지며 가족이 줄어든다.

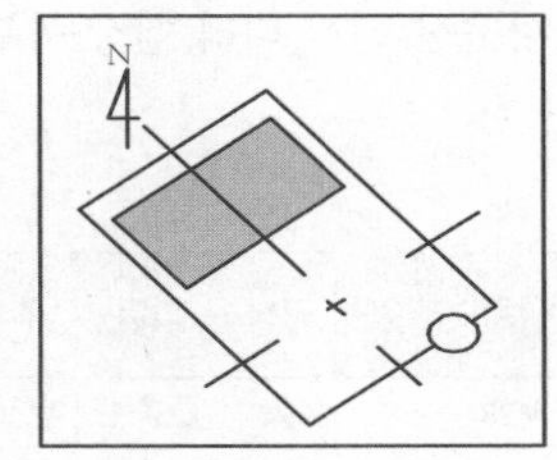

② **진문**(震門) **건주**(乾主) : 용이 하늘 위로 날으니 노인에게 재난이 따른다. 오귀택(五鬼宅)으로 화(火)가 천문(天門)을 범하니 노인이 죽는다. 흉사, 관재구설, 도난, 화재, 파재 등이 따른다. 아내가 상하며 아들을 극하고, 처첩을 많이 두며 음란하고 도박을 즐긴다. 안질, 피부질화, 심장, 복통 등이 따르며 대흉한다.

- **손방**(巽方) : 부엌은 문(門)과 비화(比和)하고 주(主)와 상생하니 부귀영창하며 만사형통한다.
- **이방**(離方) : 부엌은 주(主)가 문(門)을 생(生)하고 문(門)이 주(灶)를 생(生)하니 3길택(三吉宅) 중의 하나이다.
- **곤방**(坤方) : 부엌은 목토(木土)와 토수(土水)가 상극하니 흉하다.
- **태방**(兌方) : 부엌은 금목상극(金木相剋)하고 수(水)가 금(金)을 설기(洩氣)하니 남녀모두 일찍 죽는다.
- **건방**(乾方) : 부엌은 오귀(五鬼)이니 대흉하다.
- **감방**(坎方) : 부엌은 문(門)과 상생하고 주(主)와 비화(比和)하여 순양무음(純陽無陰)이니 길하다. 그러나 오래 살면 아내를 극하며 아들이 상한다.
- **간방**(艮方) : 부엌은 목토상극(木土相剋)하니 아들이 없고, 수토상극(水土相剋)하니 남녀 모두 단명하며 어린아이에게 불리하다.
- **진방**(震方) : 부엌은 문(門)과 비화(比和)하고 주(主)와 상생하나 순양무음(純陽無陰)이라 오래 살면 아들이 없다.

③ **동문**(東門) **북서주**(北西主) : 오귀택(五鬼宅) 수명이 짧으며 노인에게 해롭고, 사업이 쇠퇴한다. 흉사, 살인, 관재, 도난, 구설, 시비 등이 따른다. 아내가 상하며 아들과 상극이다. 여러 번 결혼하며 음란하고 도박에 빠진다. 눈병이나 피부병

을 잃게 되며 유산, 허리, 다리, 심장, 복부질환이 따르며 대흉하다.

분류 / 구성	위치	괘	명칭	방위	남녀	음양	오행	수리
건물	北西	☰ ☳	天	西舍宅	老父	陽	金	4, 9
대문	北東		震	東舍宅	長男	陽	木	3, 8
작용	남동향집 동문		无妄	不利	男	不和	相剋	3, 8

※ 无妄(무망) : 천둥이 하늘 아래에서 움직이니 형통한다.

❖ **남동향 건물 북동 대문** : 서사택(西舍宅) 배합(配合)이 상생(相生)하니 가정이 화목하며 재물이 풍부하다.

① **천산둔**(天山遯) : 건방(乾方) 부엌을 간문(艮門)에 배정하면 토금상생(土金相生)하니 재물이 왕성하며 공명현달한다. 아버지는 자애로우며 아들은 효도한다. 자손이 흥왕하며 남녀 모두 선행을 쌓는다. 그러나 양승음쇠(陽勝陰衰)하여 여자가 요절하고, 오래 살면 아들이 없다. 둔괘(遯卦)는 자손이 착하며, 효도하고, 재산과 가축이 늘어나 대부대귀를 누린다. 그러나 오래 살면 고독을 면하기 어렵다.

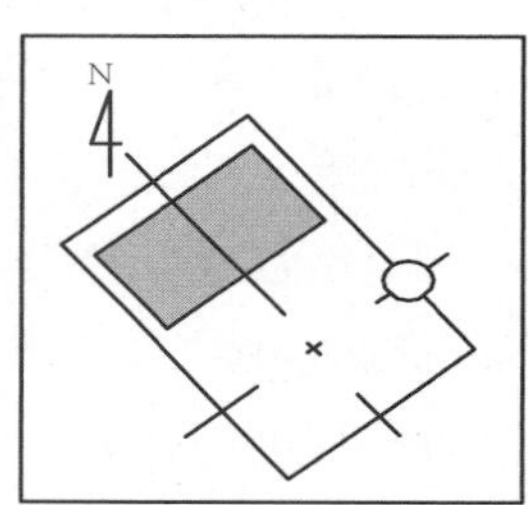

② **간문**(艮門) **건주**(乾主) : 산이 하늘 가운데에서 일어나니 아들이 고귀하며 총명하다. 천을택(天乙宅)으로 외토(外土)가 내금(內金)을 생하니 발복한다. 아들 3형제를 두며 가족이 선행하고, 남자는 고귀하며 수려하다. 그러나 오래 살면 순양(純陽)이라 아내를 극하며 아들이 상한다. 양자로 대를 이으며 고독하다.

- **진방**(震方) : 부엌은 금극목(金剋木)하여 오귀(五鬼)와 육살(六殺)을 범하니 대흉하다.
- **손방**(巽方) : 부엌은 목토금(木土金)이 상극하니 남녀 모두 요절한다.
- **이방**(離方) : 부엌은 화(火)가 건금(乾金)을 극하니 재물이 흩어지고, 대가 끊기며 안과, 피부질환 등이 따른다.
- **곤방**(坤方) : 부엌은 문(門)과 비화(比和)하고 주(主)와 상생하니 대길하다.
- **태방**(兌方) : 부엌은 토금상생(土金相生)하니 길하다.
- **건방**(乾方) : 부엌은 주(主)와 비화(比和)하고 문(門)과 상생하나 3양(三陽)이 모두 있으니 아내를 극하며 대가 끊긴다.
- **감방**(坎方) : 부엌은 문(門)과 오귀(五鬼)를 범하니 어린아이가 일찍 죽는다.
- **간방**(艮方) : 부엌은 문주(門主)와 상생비화(相生比和)로 길하다.

③ **북동문**(北東門) **북서주**(北西主) : 천을택(天乙宅) 부귀를 누리며 가정이 화목하다. 아들 3형제를 두며 남자는 장수하나 아내와 상극이다. 아들이 상하며 고독하다.

분류 / 구성	위치	괘	명칭	방위	남녀	음양	오행	수리
건물	北西	☰ ☶	天	西舍宅	老父	陽	金	4, 9
대문	北東		山	西舍宅	少男	陽	土	5, 10
작용	남동향집 북동문		遯	有利	男	不和	相剋	5, 10

※ 遯(둔) : 하늘 아래 산이 있으니 음(陰)이 점점 커져 양(陽)을 물리친다. 소인(小人)이 득세하며 대인(大人)은 숨는다.

❖ **남동향 건물 북서 대문** : 서사택(西舍宅) 배합(配合)이 상비(相比)하니 재물이 많다.

① **천천순건**(天天純乾) : 건방(乾方) 부엌을 건문(乾門)에 배정하면 2금(二金)이 비화(比和)하니 재산이 일어난다. 그러나 순양무음(純陽無陰)이라 아내를 잃게 되며 자식을 극한다. 처첩을 거듭 두며 큰 아들 자손이 불리하다. 순양(純陽)이라 처음에는 길하나 나중에 흉하여 아내와 딸을 잃고, 유양무음(有陽無陰)이니 대가 끊기며 혼자 된 형제가 모여 산다.

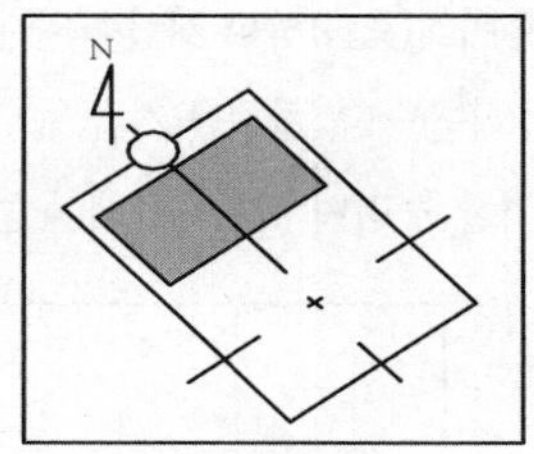

② **건문**(乾門) **건주**(乾主) : 건건순양(乾乾純陽)은 여자가 상한다. 복위택(伏位宅)이니 초기에는 발복하나 순금(純金)이 불화하여 양승음쇠(陽勝陰衰)하니 오래 살면 여자가 요절한다. 대가 끊기며 고독하다.

- **감방**(坎方) : 부엌은 수(水)가 금(金)을 설기(洩氣)하니 초기에는 상생하여 길하다. 그러나 오래 살면 궁핍하고 음란하며 도박을 즐긴다. 질병이 많으며 아내와 자식이 상하니 양자를 들인다.
- **간방**(艮方) : 부엌은 천을(天乙)이니 토금상생(土金相生)하여 초기에는 부귀쌍전하며 아들3형제를 둔다. 그러나 오래 살면 순양무음(純陽無陰)이라 처첩이 많아도 아들이 없고, 양자가 대를 잇는다.
- **진방**(震方) : 부엌은 오귀(五鬼)를 범하니 장자에게 불리하다. 4, 5수에 관재구설, 파재, 흉사 도난 등이 발생한다.
- **손방**(巽方) : 부엌은 문(門)과 상생하나 궁(宮)이 문(門)과 상극한다. 초기에는 작은 복이 따르나 오래 살면 여자가 단명하며 통증이 따른다.
- **이방**(離方) : 부엌은 화금상극(火金相剋)으로 음승양쇠(陰勝陽衰)하니 딸은 많으나 아들이 귀하다. 오래 살면 두통, 안질, 피부질환 등이 따른다. 여자가 강하며 대가 끊기고 고독하다.
- **곤방**(坤方) : 부엌은 연년(延年)으로 토금상생(土金相生)하니 부부 정배(正配)하여 아들4형제를 두며 복록수(福祿壽)를 누린다.
- **태방**(兌方) : 부엌은 생기(生氣)이니 문주(門主)와 비화(比和)하여 초기에는 발복하나 오래 살면 처첩을 거듭 두며 고독하다.
- **건방**(乾方) : 부엌은 문주(門主)가 비화(比和)하고 3양(三陽)이 모두 있어 초기에는 발복하나 오래 살면 아내를 극하며 아들이 없다.

③ **북서문**(北西門) **북서주**(北西主) : 복위택(伏位宅) 양기(陽氣)가 성하여 초기에는 부귀를 누리나 아내를 일찍 잃어 대가 끊기며 고독하다.

구성 \ 분류	위치	괘	명칭	방위	남녀	음양	오행	수리
건물	北西		天	西舍宅	老父	陽	金	4, 9
대문	北西	☰	天	西舍宅	老父	陽	金	4, 9
작용	남동향집 북서문	☰	乾	有利	男	不和	相剋	4, 9

※ 乾(건) : 하늘의 운행이 건실하고, 그 성정이 커서 만물을 키우니 크게 형통한다.

❖ **남동향 건물 북향 대문** : 불배합(不配合) 상생하니 재산이 흩어진다.

① **천수송**(天水訟) : 건방(乾方) 부엌을 감문(坎門)에 배정하면 순양(純陽)이 불화하니 노부와 여자가 죽고, 설기(洩氣)되어 재산이 흩어지며 가운데 아들에게 불리하다. 어린아이를 키우기 어려우며 가축에게도 나쁘다. 송괘(訟卦)는 음(陰)이 상하니 질병이 많고, 부자간에 불화로 분리가 따른다. 그러나 집을 빨리 보수하면 길하다.

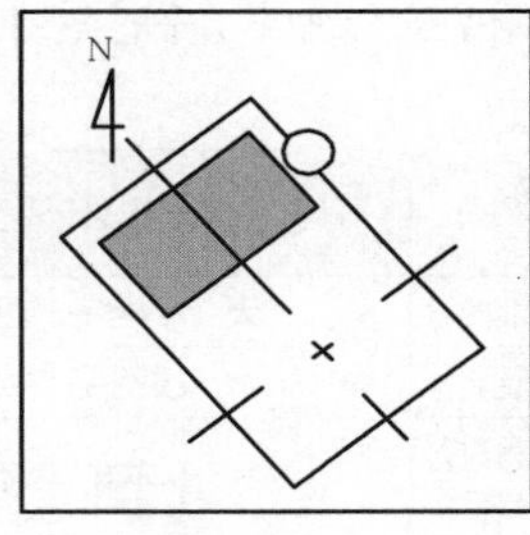

② **감문**(坎門) **건주**(乾主) : 수(水)가 건(乾)을 설기(洩氣)하니 음란하며 정신질환으로 망한다. 육살택(六殺宅)으로 천문낙수(天門落水)를 범하니 재산이 흩어지며 아들이 없다. 아내를 극하며 아들이 상한다. 간혹 초기에는 발전하는 경우도

있으나 순양무음(純陽無陰)이라 십수년 만에 다시 패한다.

- **간방**(艮方) : 부엌은 주(主)와 천을(天乙)이고 문(門)과 오귀(五鬼)이니 반길반흉이다.
- **진방**(震方) : 부엌은 문(門)과 천을(天乙)이고 주(主)와 오귀(五鬼)이니 반길반흉이다.
- **손방**(巽方) : 부엌은 문(門)과 생기(生氣)이고 주(主)와 화해(禍害)이니 총명한 여자가 상한다. 가족이 모두 왕성하나 재물손실로 고생한다.
- **이방**(離方) : 부엌은 문(門)과 연년(延年)이고 주(主)와 절명(絶命)이니 아내를 극하며 노인이 죽는다.
- **곤방**(坤方) : 부엌은 문(門)과 토수상극(土水相剋)하니 가운데 아들에게 해로우나, 주(主)와 토금상생(土金相生)하니 반길반흉하다.
- **태방**(兌方) : 부엌은 문(門)과 설기(洩氣)하고 주(主)와 생기(生氣)이니 반길반흉이다.
- **건방**(乾方) : 부엌은 문(門)과 육살(六殺)이고 주(主)와 비화(比和)하니 순양무음(純陽無陰)으로 가족이 줄어든다.
- **간방**(艮方) : 부엌은 수(水)가 주(主)의 금기(金氣)를 설하니 불길하여 재산이 흩어지며 아들이 없고, 아내를 극하며 아들이 상한다.

③ **북문**(北門) **북서주**(北西主) : 육살택(六殺宅) 재산이 흩어지며 대가 끊기고, 아내를 극하며 아들이 상한다. 간혹 초기에는 발전하는 경우도 있으나 십수년 만에 다시 패한다.

분류 구성	위치	괘	명칭	방위	남녀	음양	오행	수리
건물	北西	☰	天	西舍宅	老父	陽	金	4, 9
대문	正北	☵	水	東舍宅	中男	陽	水	1, 6
작용	남동향집 북문		訟	不利	男	不和	相生	1, 6

※ 訟(송) : 위는 강하고 아래는 험하니 하늘과 물이 서로 어긋난다.

❖ **남동향 건물 서향 대문** : 서사택(西舍宅) 배합(配合)이 상비(相比)하니 만사형통한다.

① **천택리**(天澤履) : 건방(乾方) 부엌을 태문(兌門)에 배정하면 이금(二金)이 비화(比和)하니 재산이 풍부하고, 자손이 총명하며 여자가 아름답다. 처첩을 거듭 두니 서자가 많다. 천택(天澤)은 부귀를 누리며 아들 5형제를 둔다.

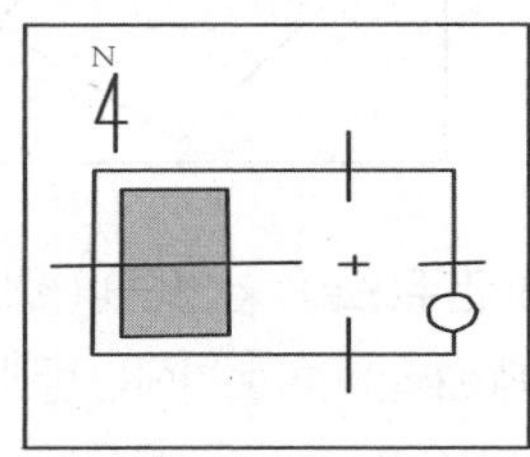

② **천택**(天澤)은 홀어머니가 재산을 관리한다. 생기택(生氣宅)으로 2금(二金)이 비화(比和)하니 재물이 증진하나 여자가 단명하며 첩을 둔다. 오래 살면 과부가 많이 생긴다.

- **건방**(乾方) : 부엌은 비화(比和)하니 길하다.
- **간방**(艮方) : 부엌은 설기(洩氣)되니 재물이 흩어지며, 남녀 모두 요절이 따른다.
- **간방**(艮方) : 부엌은 문주(門主)와 상생하니 대길하다.
- **진방**(震方) : 부엌은 오귀(五鬼)를 범하고 금목극(金木剋)하니 요절이 따르며 고독하다.
- **손방**(巽方) : 부엌은 금목상극(金木相剋)하니 여자가 단명하고, 장남과 큰며느리에게 불리하다.
- **이방**(離方) : 부엌은 문(門)과 주(主)를 극하니 대흉하다.
- **곤방**(坤方) : 부엌은 문주(門主)와 천을연년(天乙延年)이므로 대길하다.
- **태방**(兌方) : 부엌은 문주(門主)와 비화(比和)하니 길하다.

③ **서문**(西門) **북서주**(北西主) : 생기택(生氣宅) 젊어서 재산이 늘어나며 흥왕하나 여자가 단념하여 처첩을 거듭 둔다. 오래 살면 고독하다.

분류 구성	위치	괘	명칭	방위	남녀	음양	오행	수리
건물	北西	☰	天	西舍宅	老父	陽	金	4, 9
대문	北西	☱	澤	西舍宅	少女	陰	金	4, 9
작용	남동향집 서문		履	有利	男女	調和	相北	4, 9

※ 履(리) : 못이 하늘 아래 있으니 아래 위가 분명하다. 근본을 따르는 것이 정도이다.

❖ **남동에 창문을 만들어서는 안 된다**: 남동쪽에는 가급적 창문을 만들지 않도록 한다. 기의 흐름이 흩어지기 때문이다.

❖ **남서간 북동간 대문은 흉이다**: 집의 기는 대문을 통해 출입한다. 남문(南門)은 영원히 번창하고, 서북문(西北門)은 장수(長壽)와 복(福)을 누리며, 동남문(東南門)은 좋으며, 북문(北門)은 병과 실패의 연속이 오고, 서문(西門)은 여자의 목소리가 커진다. 그리고 남서간문(南西間文)은 여자의 귀신이 드나드는 문이라 하고, 북동간(北東間) 대문은 남자 귀신이 드나드는 대문(大門)이라 흉하다 한다.

❖ **남서에 연못 북동에 언덕이 있는 집**: 남서방향에 연못이 있고 북동에 언덕이 있으면 대부호가 되며 지위도 높은 사람이 된다. 자기대에서 자손까지 영화를 누리는 생활을 하게 된다. 이 조건에다가 서쪽에 도로까지 있다면 자손 중에 대통령의 길에 오를 자가 나온다.

❖ **남서향 건물 남동향 대문**: 동서(東西) 불배합(不配合)으로 상극이니 관재와 질명으로 가정이 화목하지 못하다.

① **산풍고**(山風蠱): 간방(艮方) 부엌을 손문(巽門)에 배정하면 목극토(木剋土)하고 음승양쇠(陰勝陽衰)하여 아들을 극하며 아내가 상한다. 풍병, 황달, 비장질환이 따른다. 오래 살면 다섯 과부가 나오며 세 가문이 끊긴다. 고괘(蠱卦)는 어린아이와 화합하지 못하여 여자가 악하다. 하늘의 재앙으로 자식이 없으며 가문이 망한다.

② **손문**(巽門) **간주**(艮主): 풍산(風山)은 홀어머니로 아들이 없는 경우가 많다. 절명택(絶命宅)으로 손간상주(巽艮償主)를 범하니 세 과부가 나오고, 어린아이를 상하며 양자를 들인다. 외괘(外卦)가 내괘(內卦)를 극하니 관재, 도난, 황달, 비장, 위장 질환이 따른다. 손위풍(巽爲風)이며 간위기성(艮爲箕星)이니 기풍이 당당하다. 갑목임관(甲木臨官)이 손문(巽門)으로 달리니 풍병이 따른다. 사내아이가 극을 받으니 대가 끊긴다.

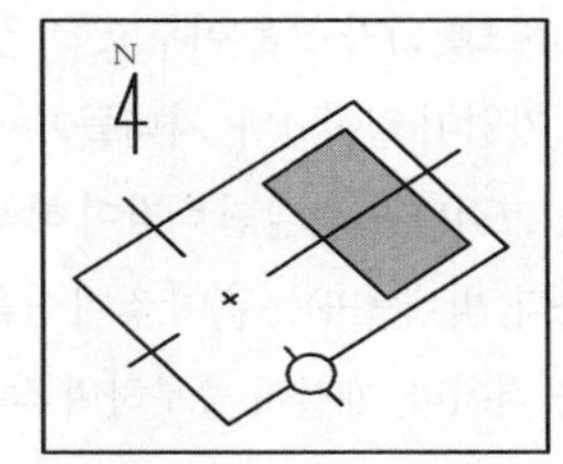

- **이방**(離方): 부엌은 문주(門主)와 상생(相生)하나 여자가 강하여 남자의 권리를 빼앗고, 자녀에게 어려움이 많으며 경맥(經脈)이 고르지 못하다.
- **곤방**(坤方): 부엌은 문(門)과 오귀(五鬼)를 범하니 대흉하다.
- **태방**(兌方): 부엌은 문(門)과 상극하니 불길하다.
- **건방**(乾方): 부엌은 문(門)과 금목상극(金木相剋)하고 주(主)와 상극하니 어린아이에게 불리하다.
- **진방**(震方): 부엌은 목토상극(木土相剋)이니 수명이 짧으며 아들이 없다. 유산과 산고가 따른다.
- **손방**(巽方): 부엌은 문(門)과 비화(比和)하고 주(主)와 상극하니 자식이 없으며 고독하다.
- **간방**(艮方): 부엌은 문(門)과 상극하니 아들이 없고, 풍병이 따르며 어린아이에게 불리하다.

③ **남동문**(南東門) **북동주**(北東主): 절명택(絶命宅) 어린아이가 상하며 양자가 대를 잇는다. 송사, 도난, 입병, 간장, 비장, 위장질환 등이 따르는 등 재난이 겹친다.

구성＼분류	위치	괘	명칭	방위	남녀	음양	오행	수리
건물	北東		山	西舍宅	少男	陽	土	5, 10
대문	南東	☶ ☴	風	東舍宅	長女	陰	木	3, 8
작용	남서향집 남동문		蠱	不利	男女	調和	相剋	3, 8

※ 蠱(고): 바람이 산 아래에서 부니 어지러운 상태를 말한다. 그러나 회복되는 이치가 있으니 형통한다.

❖ **남서향 건물 남서향 대문**: 서사택(西舍宅) 배합(配合)으로 가정이 화목하며 발전한다.

① **산지박**(山地剝): 간방(艮方) 부엌을 곤문(坤門)에 배정하면 양

토음토(陽土陰土)가 산을 이루고, 작은 아들이 노모의 품에 안기니 가업이 일어난다. 자녀들이 예의가 바르고 불교를 따른다. 그러나 오래 살면 비장이 허약하고, 음식을 좋아하지 않는다. 박괘(剝卦)는 흙이 쌓여 산을 이루니 어미가 자식을 품는 격이다. 재물이 풍부하며 작은 아들을 편애한다.

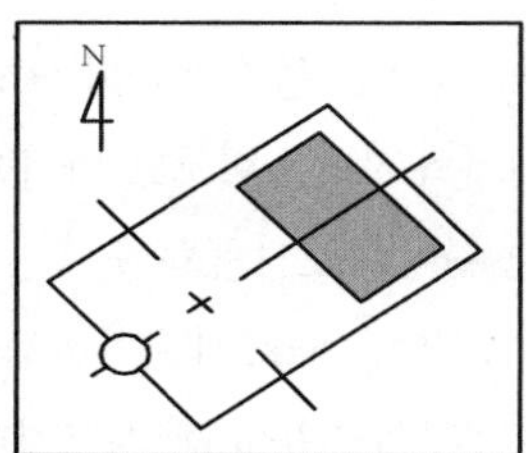

② **곤문**(坤門) **간주**(艮主) : 지산(地山)으로 토(土)가 거듭하니 재물이 풍부하고, 생기택(生氣宅)으로 이토비화(二土比和)하니 재물이 늘어난다. 남녀 모두 장수하며 자손은 효도하고, 가축에게도 길하다. 그러나 오래 살면 재앙이 많이 따른다.

- **감방**(坎方) : 부엌은 문주(門主)와 상극하니 대흉하다.
- **간방**(艮方) : 부엌은 문주(門主)와 비화(比和)하니 길하다.
- **진방**(震方) : 부엌은 목토상극(木土相剋)하니 황달, 비장, 위장, 심장질환이 따른다. 남녀 모두 천수를 누리나 대가 끊긴다.
- **손방**(巽方) : 부엌은 오귀(五鬼)를 범하니 노모에게 재앙이 많고, 황달과 산망이 따른다. 음승양쇠(陰勝陽衰)하니 여자가 가권을 잡는다.
- **이방**(離方) : 부엌은 동서(東西)가 상생하지 못하는 것을 범하니 화열토조(火熱土燥)하다. 여자가 난폭하며 경맥(經脈)이 고르지 못하고, 어린아이를 키우기 어렵다.
- **곤방**(坤方) : 부엌은 문주(門主)가 비화(比和)하니 대길하다.
- **태방**(兌方) : 부엌은 문(門)과 상생하고 주(主)와 정배(正配)하니 대길하다.
- **건방**(乾方) : 부엌은 연년(延年)이니 2토(二土)가 1금(一金)을 생한다. 장수하며 대길하다.

③ **남서문**(南西門) **북동주**(北東主) : 생기택(生氣宅) 가업이 일어나며 남녀 모두 장수하고, 자손을 많이 두는데 효도하며 어질다. 그러나 오래 살면 재난이 겹친다.

분류 구성	위치	괘	명칭	방위	남녀	음양	오행	수리
건물	北東	☶ ☷	山	西舍宅	少男	陽	土	5, 10
대문	南西		地	西舍宅	老母	陰	土	2, 7
작용	남서향집 남서문		剝	有利	男女	調和	相北	2, 7

※ 剝(박) : 산이 땅에 붙어있으나 음(陰)이 강하여 양(陽)을 긁어낸다. 대인(大人)이 소인(小人)에게 박해를 받는다.

❖ **남서향 건물 남향 대문** : 동서(東西) 불배합(不配合)이 상생하니 초기에는 발복하나 오래 가지 못한다.

① **산화분**(山火賁) : 간방(艮方) 부엌을 이문(離門)에 배정하면 화열토조(火熱土燥)하여 여자가 강하니 남자가 겁이 많다. 먼저 작은 아들을 잃은 후 가운데 딸이 상한다. 음인(陰人)이 희롱하며 자손이 음란하고, 어린아이에게 이비인후과 질병이 발생한다. 비록 재산은 있으나 부부가 화목하지 못하다. 분괘(賁卦)는 여자에게 재난이 많다.

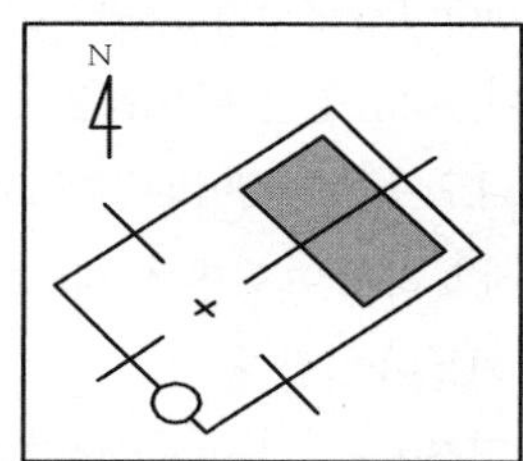

② **이문**(離門) **간주**(艮主) : 화산(火山)은 여자가 강하며 경맥(經脈)이 고르지 않다. 화해주(禍害主)로 성궁(星宮)이 상생되고 궁성(宮星)이 비화(比和)하여, 간혹 초기에는 발복하는 경우가 있으나 여자가 남자의 자리를 빼앗는다. 오래 살면 양자를 들이며 경맥(經脈)이 고르지 못하고, 화열토조(火熱土燥)하여 가정이 흔들린다.

- **곤방**(坤方) : 부엌은 문(門)과 상생하고 주(主)와 비화(比和)하니 길하다.
- **태방**(兌方) : 부엌은 여자가 단명하며, 오귀(五鬼)가 침범하니 가정이 화목하지 못하다.

- **건방**(乾方) : 부엌은 노인이 상하거나 죽고, 자식이 없으며 재산이 흩어진다.
- **감방**(坎方) : 부엌은 주(主)와 오귀(五鬼)를 범하니 어린아이에게 불리하고, 남녀 모두 일찍 죽는다.
- **간방**(艮方) : 부엌은 주(主)와 비화(比和)하니 길하다.
- **진방**(震方) : 부엌은 문(門)과 상생하니 발복한다. 그러나 진목(震木)이 극간토(剋艮土)하니 어린아이에게 불리하다.
- **손방**(巽方) : 부엌은 목화통명(木火通明)하니 대길하나 주(主)와 상극하니 작은 아들에게 불리하다. 아들이 없으며 고독하고 풍병, 황달 등이 따른다.
- **이방**(離方) : 부엌은 문(門)과 비화(比和)하고 주(主)와 상생하니 길하다.

③ **남문**(南門) **북동주**(北東主) : 화해택(禍害宅) 초기에는 간혹 부귀를 누리는 경우도 있으나 여자가 강하여 남편의 권리를 빼앗는다. 오래 살면 건강이 나쁘며 경맥(經脈)이 고르지 못하다. 특히 여자가 집안을 시끄럽게 한다.

분류 구성	위치	괘	명칭	방위	남녀	음양	오행	수리
건물	北東	☶ ☲	山	西舍宅	少男	陽	土	5, 10
대문	正南		火	西舍宅	中女	陰	火	2, 7
작용	남서향집 남문		鼻	有利	男女	調和	相生	2, 7

※ 鼻(비) : 불이 산 밑으로 일어나 산과 초목을 밝게 비추니 만사형통한다.

❖ **남서향 건물 동향 대문** : 동서(東西) 불배합(不配合)으로 상극이니 관재와 사고 등으로 가정이 화목하지 못하다.

① **산뢰이**(山雷頤) : 간방(艮方) 부엌을 진문(震門)에 배정하면 왕한 수(水)가 약한 토(土)를 극하니 어린아이에게 불리하다. 냉증, 비장, 위장질환 등이 따르며 태아에게 불리하다. 오래 살면 순양불음(純陽不陰)으로 아들이 없다. 이괘(頤卦)는 가정이 화목하지 못하고, 비장질환으로 사망한다. 아들을 두지 못하며 재산을 잃는다.

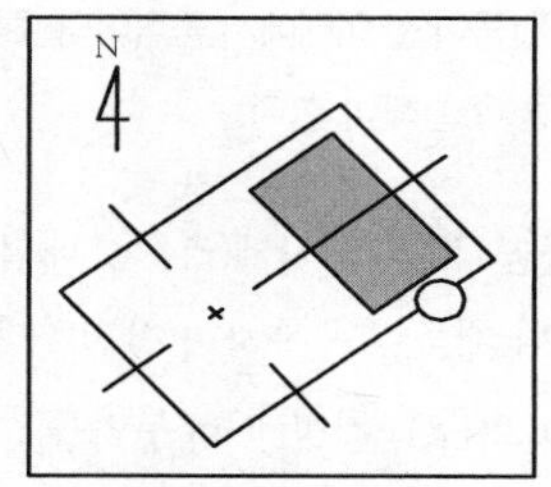

② **진문**(震門) **간주**(艮主) : 용이 산 속으로 들어가는 격이니 자식이 귀하다. 육살택(六殺宅)으로 진간(震艮)이 상극하니 남녀 모두 요절한다. 재산이 흩어지며 자식이 없으니 양자가 집안을 장악한다. 토(土)가 목(木)의 극을 받으니 중풍, 황달, 비장, 위장, 피부질환, 관재, 도난 등이 따른다.

- **손방**(巽方) : 부엌은 목토상극(木土相剋)하니 흉하다.
- **곤방**(坤方) : 부엌은 목토상극(木土相剋)하니 자식을 키우기 어렵고, 남녀 모두 수명이 짧으며 노모를 잃는다.
- **태방**(兌方) : 부엌은 금목상극(金木相剋)이니 딸이 많고 아들은 귀하다.
- **건방**(乾方) : 부엌은 문(門)과 오귀(五鬼)이니 대흉하다.
- **감방**(坎方) : 부엌은 문(門)과 상생하니 반길반흉이다.
- **간방**(艮方) : 부엌은 목극토(木剋土)하니 어린아이에게 불리하다.
- **진방**(震方) : 부엌은 문(門)과 비화(比和)하고 주(主)와 상극하니 불길하다.
- **이방**(離方) : 부엌은 화열토조(火熱土燥)하니 여자가 난폭하며 아들이 없다.

③ **동문**(東門) **북동주**(北東主) : 육살택(六殺宅) 어린아이에게 해롭고 남녀가 모두 젊어서 죽는다. 비장, 위장, 간장이 나쁘고 신경질환이 따른다. 양자가 집안을 장악하며 관재와 도난이 따른다.

분류 구성	위치	괘	명칭	방위	남녀	음양	오행	수리
건물	北東	☶ ☳	山	西舍宅	少男	陽	土	5, 10
대문	正東		震	東舍宅	長女	陰	木	3, 8
작용	서남향집 동문		頤	不利	男女	調和	相剋	3, 8

※ 頤(기를 이) : 천둥이 산 아래에서 움직이니 초목을 양육한다. 말을 삼가고 음식을 조절해야 한다.

❖ **남서향 건물 북동 대문** : 서사택(西舍宅) 배합(配合)으로 순양무음(純陽無陰)이니 재물이 풍부하며 발전한다.

① **산산순간**(山山純艮) : 간방(艮方) 부엌을 간문(艮門)에 배정하면 2토(二土)가 겹쳐 초기에는 순조롭다. 그러나 순양무음(純陽無陰)이라 질병이 많으며 어린아이가 살기 어렵고, 여자가 단명하며 황달, 복통 등이 따른다. 순간(純艮)은 재물을 많이 모으나 성이 다른 자식을 두게 되고, 양승음쇠(陽勝陰衰)하니 음인(陰人)에게 질병이 따른다.

② **간문**(艮門) **간주**(艮主) : 산이 첩첩하니 아내와 자식에게 해롭다. 복위택(伏位宅)으로 2토(二土)가 어울리니 초기에는 발전하여 큰 재물을 모으나 순양무음(純陽無陰)이라 오래 살면 불화하니 아내를 극하며 아들이 상한다.

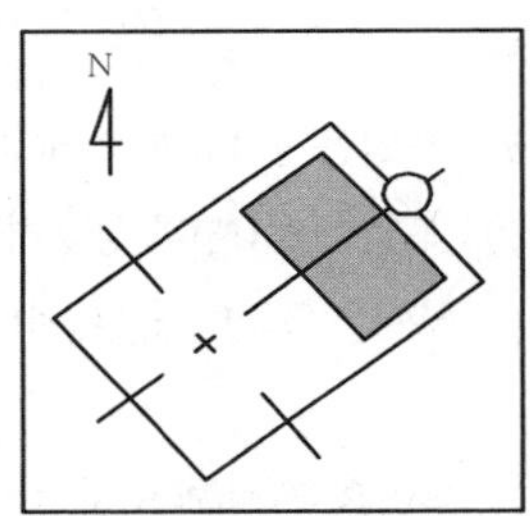

- **감방**(坎方) 부엌은 오귀(五鬼)를 범하니 만사가 불리하다.
- **간방**(艮方) : 부엌은 문주(門主)와 비화(比和)하니 재물은 있으나 건강하지 못하다.
- **진방**(震方) : 부엌은 목토상극(木土相剋)하여 순양무음(純陽無陰)이니 아내가 상하며 대가 끊긴다.
- **손방**(巽方) : 부엌은 여자가 가문을 지탱하며 어린아이에게 황달, 폐질환 등이 따른다. 양자가 대를 잇는다.
- **이방**(離方) : 부엌은 초기에는 발복하나 오래 살면 사나운 여자가 집안을 흔든다.
- **곤방**(坤方) : 부엌은 문주(門主)와 비화(比和)하니 길하다.
- **태방**(兌方) : 부엌은 정배(正配)이며 연년(延年)이니 토금상생(土金相生)되어 대길하다.
- **건방**(乾方) : 부엌은 천을(天乙)이니 아버지와 아들이 모두 선행을 쌓는다. 그러나 순양무음(純陽無陰)이라 아내를 극하며 어린아이에게 불리하고, 초기에는 발복하나 오래 살면 대가 끊긴다.

③ **북동문**(北東門) **북동주**(北東主) : 복위택(伏位宅) 초기에는 순조롭게 발전하여 재물을 모은다. 그러나 오래 살면 아내와 자식에게 해롭고, 집안에 병환이 그치지 않는다.

분류 / 구성	위치	괘	명칭	방위	남녀	음양	오행	수리
건물	北東	☶	山	西舍宅	少男	陽	土	5, 10
대문	北東	☶	山	東舍宅	少男	陽	土	5, 10
작용	남서향집 북동문		艮	有利	男	不和	相比	5, 10

※ 艮(간) : 산이 중첩되어 있으니 멈추게 된다는 뜻이다. 생각이 넘지 않으니 사욕을 물리치게 된다.

❖ **남서향 건물 북서 대문** : 서사택(西舍宅) 배합(配合)이 상생(相生)하니 출세하며 재산이 늘어난다.

① **산천대축**(山天大畜) : 간방(艮方) 부엌을 건문(乾門)에 배정하면 토금상생(土金相生)하니 아버지는 인자하며 아들은 효도한다. 예의가 바르며 불교를 따른다. 그러나 순양무음(純陽無陰)이라 질병이 많고, 오래 살면 아내를 잃게 되며 자식을 극한다. 대축(大畜)은 양승음쇠(陽勝陰衰)하니 복록이 후하며 자손이 발전하나, 음인(陰人)과 어린아이에게 질병이 따른다.

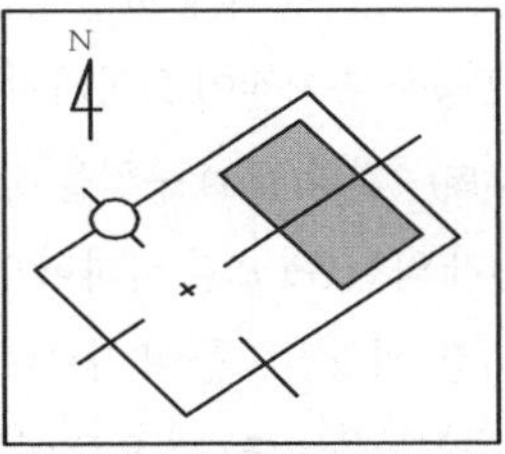

② 하늘이 산 위에 임하니 부귀하다. 천을택(天乙宅)이니 아들 3형제를 두고, 재물이 많으며 불경을 좋아한다. 초기에는 복록수(福祿壽)가 따르며 남자는 인자하고 여자는 의롭다.

그러나 순양(純陽)이라 오래 살면 아내를 잃거나 아들이 상하고, 양자로 대를 이으며 고독하다.

- **감방**(坎方) : 부엌은 토극수(土剋水)하며 수(水)가 금기(金氣)를 설기(洩氣)하니 심장이나 복부질환이 따르고, 어린 아이를 키우기 어렵다. 처첩이 많으며 남녀 모두 일찍 죽는다.
- **간방**(艮方) : 부엌은 문(門)과 상생하고 주(主)와 비화(比和)하니, 재산은 많으나 상해가 많이 따른다.
- **진방**(震方) : 부엌은 오귀(五鬼)를 범하며 문주(門主)와 상극이니 대가 끊긴다. 황달, 비장질환 등이 따른다.
- **손방**(巽方) : 부엌은 금목토(金木土)가 상극(相剋)하니 아내를 극하며 아들이 상한다. 관절통, 산고, 황달, 풍병 등이 따른다.
- **이방**(離方) : 부엌은 여자가 강하며 아들이 없다. 정신질환과 안과 질환이 따른다.
- **곤방**(坤方) : 부엌은 연년생기(延年生氣)이니 대길하다.
- **태방**(兌方) : 부엌은 문(門)과 비화(比和)하고 주(主)와 상생(相生)하니 길하다.
- **건방**(乾方) : 부엌은 문(門)과 비화(比和)하고 주(主)와 상생하니 초기에는 발복하나 오래 살면 아내를 극하며 아들이 상한다.

③ **북서문**(北西門) **북동주**(北東主) : 천을택(天乙宅) 초기에는 부귀를 누리며 건강하게 장수하고, 남자는 어질며 여자는 의롭다. 그러나 오래 살면 아내와 화합하지 못하고, 자식들은 병을 얻으니 외롭다.

분류/구성	위치	괘	명칭	방위	남녀	음양	오행	수리
건물	北東	☶ ☰	山	西舍宅	少男	陽	土	5, 10
대문	正西		天	西舍宅	老父	陰	金	4, 9
작용	남서향집 서북문		大畜	有利	男	調和	相剋	4, 9

※ 大畜(대축) : 산이 태양을 기르니 덕을 크게 쌓으며 마음이 바르게 하면 이롭다.

❖ **남서향 건물 북향 대문** : 동서(東西) 불배합(不配合)으로 상극이며 순양무음(純陽無陰)이다. 가정이 화목하지 못하며 질병이 끊이지 않는다.

① **산수몽**(山水蒙) : 간방(艮方) 부엌을 감문(坎門)에 배정하면 토극수(土剋水)하니 가운데 아들에게 해로우며 어린 아이에게 불리하고, 음인(陰人)이 단명하며 자손이 거역한다. 오래 살면 관재, 화재, 도난 등이 따르니 흉하다. 몽괘(蒙卦)는 어린 아이와 가운데 아들이 상하며 가정이 화목하지 못하다.

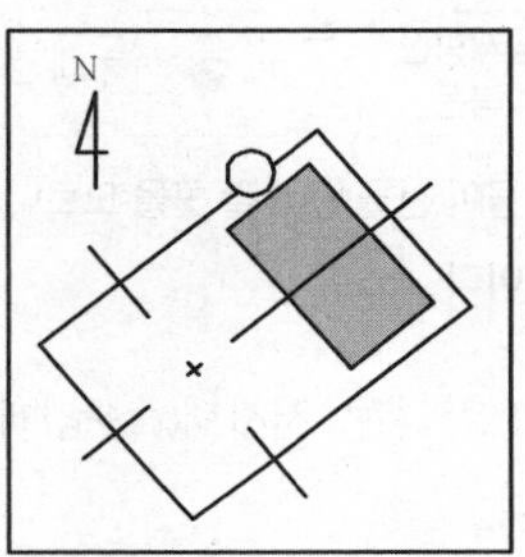

② 수(水)가 산극(山剋)을 만나니 아들이 없다. 오귀택(五鬼宅)으로 감간(坎艮)을 범하여 어린아이에게 불리하다. 만사가 불리하니 익사, 자살, 관재구설, 시비, 도난 등 질병과 재앙이 많이 따른다.

- **진방**(震方) : 부엌은 천을(天乙)이니 문(門)과 상생하나 주(主)와 상극하므로 반길반흉이다.
- **간방**(艮方) : 부엌은 문(門)과 생기(生氣)이니 대길하나 주(主)와 절명(絶命)이니 어린아이에게 불리하다.
- **이방**(離方) : 부엌은 문(門)과 연년(延年)이니 길하고, 주(主)와 상생하니 역시 길하다. 그러나 화열토조(火熱土燥)하니 여자가 강하며 어린아이에게 불리하다.
- **곤방**(坤方) : 부엌은 문(門)과 토수상극(土水相剋)하니 가운데 아들과 어린아이에게 불리하다. 황달, 심장통, 복통 등이 따른다. 그러나 주(主)와 비화(比和)하니 길하다.
- **태방**(兌方) : 부엌은 길하나 여자에게 불리하다.
- **건방**(乾方) : 부엌은 길하나 순양무음(純陽無陰)이라 오래 살면 아내를 극하며 아들이 없다.
- **감방**(坎方) : 부엌은 주(主)와 오귀(五鬼)이고 문(門)과 비화

(比和)하니 사람이 상하며 재물이 흩어진다. 단명하며 아들이 없다.

③ **북문**(北門) **북동주**(北東主) : 오귀택(五鬼宅) 젊은 사람에게 크게 불리하며 자살이 따른다. 관재구설, 시비, 도난 등 재난과 질병이 끊이질 않는다. 만사가 불리하며 집안이 망한다.

구성＼분류	위치	괘	명칭	방위	남녀	음양	오행	수리
건물	北東	☶ ☵	山	西舍宅	少男	陽	土	5, 10
대문	正北		水	東舍宅	中男	陰	水	1, 6
작용	남서향집 북문		蒙	不利	男	調和	相剋	1, 6

※ 蒙(몽) : 물이 산을 만나 갈 곳을 모르니 옳은 것을 가르쳐야 한다는 뜻이다.

❖ **남서향 건물 서향 대문** : 서사택(西舍宅) 배합(配合)이 상생하니 부귀를 누린다.

① **산택손**(山澤損) : 간방(艮方) 부엌 태문(兌門) 간방(艮方) 부엌을 태문(兌門)에 배정하면 토금상생(土金相生)하며 음양정배(陰陽正配)이다. 재물이 늘어나며 명성이 높아지고, 여자가 총명하며 어질다. 아들 4형제를 두며 자손이 발전한다. 소남소녀(少男少女)가 배합하니 가정이 화목하며 부모가 장수한다. 자손과 문무과로 나가며 충효심이 강하고, 곡식이 창고에 가득하다.

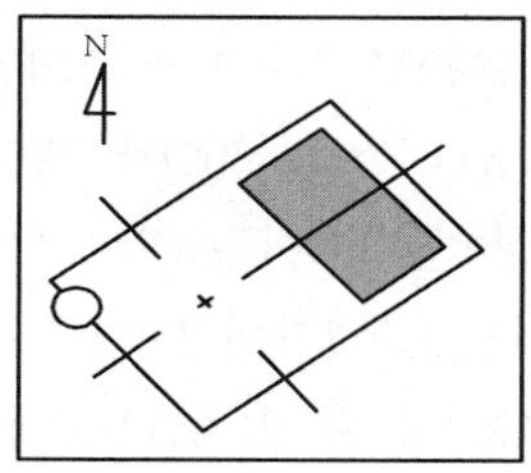

② **태문**(兌門) **간주**(艮主) : 택산(澤山)은 복을 더하여 영화가 가득하니 가정이 화목하며 부귀영화를 누린다. 연년택(延年宅)이니 성관(星官)이 상생하여 충효심이 깊고, 남자는 총명하며 여자는 수려하다. 오래 살면 작은 집이 발전하며 남녀 모두 장수한다. 4, 9년에 발복하며 사유축년(巳酉丑年)에 길하다. 서사택(西舍宅) 중에서도 가장 길한 자리이다.

- **건방**(乾方) : 부엌은 천을생기(天乙生氣)이니 대길하다.
- **감방**(坎方) : 부엌은 오귀(五鬼)를 범하니 대흉하다.
- **진방**(震方) : 부엌은 문주(門主)와 상극하니 흉하다.
- **손방**(巽方) : 부엌은 목토금(木土金)이 형극(刑剋)하니 흉하다.
- **이방**(離方) : 부엌은 문(門)과 오귀(五鬼)를 범하니 대흉하다.
- **곤방**(坤方) : 부엌은 천을생기(天乙生氣)이니 대길하다.
- **태방**(兌方) : 부엌은 문(門)과 비화(比和)하고 주(主)와 상생하니 길하다.
- **간방**(艮方) : 부엌은 토금상생(土金相生), 비화(比和)하니 길하다.

③ **서문**(西門) **북동주**(北東主) : 연년택(延年宅) 남자는 총명하며 여자는 수려하다. 충효심이 깊고 어질며 훌륭하니 가정이 편안하고, 남녀 모두 장수한다. 장원급제가 계속 나오며 특히 작은 아들들이 크게 발전한다. 4, 9년에 발복하며 사유축년(巳酉丑年)에 길하다. 서사택(西舍宅) 중에서도 가장 길한 자리이다.

구성＼분류	위치	괘	명칭	방위	남녀	음양	오행	수리
건물	北東	☱ ☶	山	西舍宅	少男	陽	土	5, 10
대문	正西		澤	西舍宅	少女	陰	金	4, 9
작용	남서향집 서문		損	有利	男女	調和	相生	4, 9

※ 損(손) : 못(澤)이 산 아래에 있어 못의 상진(上震)을 덜어 위로 보태니 성실하다. 군자는 욕심을 부리지 않는다.

❖ **남아 여아를 원하면 이렇게 하라** : 여자는 초저녁에 기(氣)가 강하기 때문에 새벽 1시전에 임신이 되면 여자가 되고 새벽 3시 이후 임신이 되면 총명한 남자가 임신이 된다. 입춘으로부터 24절기일 명절 이름 있는 날, 비오는 날, 구름이 많은 날, 바람이 많이 부는 날, 몹시 추운 날, 남자 여자가 술을 먹은 날, 불순한 음식을 먹은 날, 제사 드는 날, 설 추석 등 성관계를 하지 말라. 그리하면 총명한 남자 아이를 얻을 수 있다. 임신 중에는 모서

리에 앉지 말고, 불순한 음식 먹지 말고, 과일을 먹어도 반듯한 과일을 먹을 것을 늘 생각하라. 임신 중에는 침대와 가구를 바꾸거나 위치도 바꾸지 말라. 침대 시트도 털지 말라

❖ **남자와 여자로 보는 풍수**: 풍수에서 남녀를 구분하는 것은 청룡과 백호뿐만 아니라 선익에서도 좌선익과 우선익으로 구분한다. 청룡과 좌선익(左蟬翼) 그리고 우백호(右白虎)와 우선익(右蟬翼)은 서로 비슷하다. 자연 상태에서 산은 남자로 보고 들은 여자로 보듯 양택(陽宅)의 집 구조에서는 집 본체는 남자로 보고 마당은 여자로 본다. 그래서 마당에 연못을 잘못 만들면 여자에게 해당하는 부분이 깨지게 되므로 병이 오거나 죽음까지 올 수 있다. 또한 건물과 마당의 관계에서 우리 전통 한옥같이 서로 규모가 비슷한 마당이 장독대나 빨래터 등의 앞과 뒤에 있으면 남자는 여자를 공식적으로 둘을 거느리게 된다. 일본식처럼 마당 한가운데 건물을 지으면 사면이 잘린 마당이 생기는데 이러한 경우는 남자의 권위에 여자가 매이는 입장이 된다. 그래서 가능한 뒷마당은 보이지 않도록 건물 크기를 조절하는 것이 좋다.

❖ **남장(男葬 남자 묘 자리)과 여장(女葬) 옛날 이렇게 했었다**: 남자 사망(男子死亡)하면 높은 곳에 묘 자리를 찾았고 여자가 죽으면 산이 막아 주는 곳을 찾아 묘지를 정하였다.

❖ **남좌여우설**(男左女右說)

① 남좌여우설(男左女右說)은 유교의 서열사상(序列思想)에서 발상되었으며 망자를 위주로 하느냐, 집사자(執事者)를 위주로 하느냐에 따라 다르다. 그러나 신을 위주로 함이 타당할 것이므로 남자는 양(陽=동쪽), 여자는 음(陰=서쪽)이고, 사후(死後)는 반대이므로 남우여좌(男右女左)가 된다.

② 합장(合葬)할 때도 이를 준수할 일이로되 기묘(旣墓)에 따라서 요사시에는 부인(婦人)은 번식이므로 길지(吉地)에 용사(用事)하는 것이 집안 번창에 큰 역할을 하게 되니, 모계(母系)를 우선하여 길지(吉地)를 택하여 용사할 것이며, 여기서 남좌여우(男左女右)의 관념에 구애받지 말아야 한다.

❖ **남편의 재능이 빛을 발휘하게 하려면**: 자녀의 성적이 부진해서 성적을 올리게 하거나 남편의 재능이 빛을 발휘하게 하려면 창조와 발명 창의력의 에너지를 주는 남쪽 방위에 침실의 남쪽에 녹색이나 오렌지 색 계열의 스탠드를 두면 좋다.

❖ **남향 건물 남동 대문**: 동사택(東舍宅) 배합(配合)으로 음양오행(陰陽五行)이 모두 좋다. 가장 이상적인 방위로 대부대귀를 누린다.

① **수풍정**(水風井) : 감방(坎方) 부엌을 손문(巽門)에 배정하면 수목상생(水木相生)하니 대길하다. 재물이 풍성하며 아들 5형제가 모두 영화를 누리고, 연달아 장원급제하며 남녀가 모두 수려하다. 자손이 효도하며 번창하고, 가축에게도 유리하다. 감수(坎水)가 손궁(巽宮)에 이르니 자손이 번성하며 큰 부귀를 누린다.

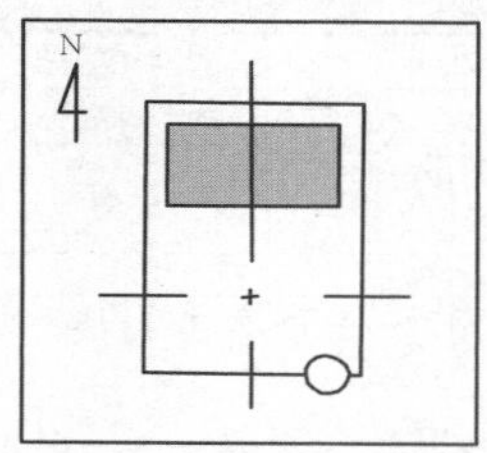

② **손문**(巽門) **감주**(坎主) : 생기택(生氣宅)으로 남녀 모두 수려하고, 현명하며 효도하는 자손을 둔다. 부부금실이 좋으며 대대로 영화를 누리는 제일 좋은 자리이다.

- **이방**(離方) : 부엌은 천을(天乙)이며 궁성(宮星)이 모두 상생하여 대길하다. 복록수(福祿壽)를 완전하게 누린다.
- **곤방**(坤方) : 부엌은 오귀(五鬼)이니 문주(門主)가 상극한다. 가운데 아들에게 대흉하며 만사가 불리하다.
- **태방**(兌方) : 부엌은 문(門)과 금목상극(金木相剋)하니 아내를 일찍 잃는다.
- **건방**(乾方) : 부엌은 건금(乾金)이 손목(巽木)을 극하니 아내를 극하며 아들이 상하고, 관절통이나 산망이 따른다. 그러나 간혹 발복하여 큰 재물을 모으기도 한다.
- **감방**(坎方) : 부엌은 생기(生氣)이니 대길하다. 현명한 아내를 얻어 복록수(福祿壽)를 누린다.
- **간방**(艮方) : 부엌은 목토수(木土水)가 모두 상극하니 자식을 키우기 어렵다. 아들 5형제를 두나 선후삼인(先後三人)이다.

• **진방**(震方) : 부엌은 동주사명(東廚司命)을 합하여 득위(得位)이니 대길하다.
• **손방**(巽方) : 부엌은 문(門)과 비화(比和)하고 주(主)와 상생하니 부귀쌍전한다.

③ **남동문**(南東門) **북주**(北主) : 생기택(生氣宅) 남녀 모두 준수하며 아들 5형제가 모두 과거에 급제한다. 자손이 어질고 착하며 집안이 번성하니 큰 부귀를 누린다. 가족이 모두 건강하며 여자는 현숙하다. 가장 좋은 자리로 부부가 해로하며 영예로운 일이 많으니 대대로 영화를 누린다.

구성 \ 분류	위치	괘	명칭	방위	남녀	음양	오행	수리
건물	正北	☵	水	東舍宅	中男	陽	水	1, 6
대문	南東	☴	風	東舍宅	長女	陰	木	3, 8
작용	남향집 남동문		井	有利	男女	調和	相生	3, 8

※ 井(정) : 두레박으로 물을 길러 올린다는 뜻으로 궁함이 없다.

❖ **남향 건물 남서 대문** : 동서택(東西宅) 불배합(不配合)으로 상극하니 질병이 끊이지 않는다.

① **수지비**(水地比) : 감방(坎方) 부엌을 곤문(坤門)에 배정하면 토극수(土剋水)하니 흉하다. 가운데 아들이 단명하며 정신질환, 벙어리, 피부질환 등이 따르니 흉하다. 비괘(比卦)는 재물이 파하며 화가 많다. 자식이 어렵게 가문을 일으킨다.

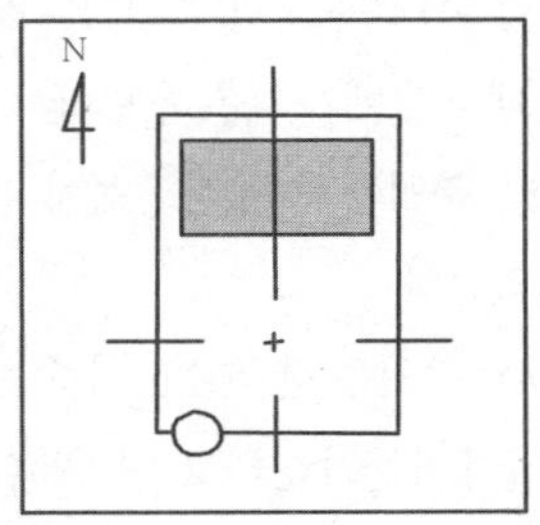

② **곤문**(坤門) **감주**(坎門) : 절명택(絶命宅)으로 토(土)가 수(水)를 극하여 재물손실, 도난, 정신이상, 관재구설, 황달, 심장, 복부질환 등이 따른다. 고독하며 양자를 들인다. 가운데 아들이 수명이 짧으며 양자를 들인다.

• **감방**(坎方) : 부엌은 문(門)과 상극하니 흉하다.
• **간방**(艮方) : 부엌은 주(主)를 극하니 가족이 줄어든다.
• **진방**(震方) : 부엌은 목토상극(木土相剋)하니 불길하다.
• **손방**(巽方) : 부엌은 문(門)과 오귀(五鬼)를 범하니 흉하다.
• **이방**(離方) : 부엌은 주(主)와 정배(正配)하고, 문(門)과 생(生)이나 생(生)하지 못하니 반길반흉이다.
• **곤방**(坤方) : 부엌은 문(門)과 비화(比和)하고, 주(主)와 상극하니 불길하다.
• **태방**(兌方) : 부엌은 남녀 모두 단명한다.
• **건방**(乾方) : 부엌은 초기에는 길하나 오래 살면 음란하며 망한다.

③ **남서문**(南西門) **북주**(北主) : 절명택(絶命宅) 가운데 아들이 단명하며 대가 끊긴다. 사기, 재물손실, 송사, 구설, 심장질환, 체증, 황달 등이 따른다.

구성 \ 분류	위치	괘	명칭	방위	남녀	음양	오행	수리
건물	正北	☵	水	東舍宅	中男	陽	水	1, 6
대문	南西	☷	地	西舍宅	老母	陰	木	5, 10
작용	남향집 남서문		比	有利	男女	調和	相剋	5, 10

※ 比(비) : 땅 위에 물이 고이듯이 그릇에 물이 차니 길하다.

❖ **남향 건물 남향 대문** : 동사택(東舍宅) 배합(配合)이 상극하니 일찍 발전하나 유아독존격이다.

① **수화기제**(水火旣濟) : 감방(坎方) 부엌을 이문(離門)에 배정하면 음양정배(陰陽正配)이니 부귀쌍전한다. 그러나 오래 살면 가운데 딸이 일찍 죽고, 심장이나 안과질환이 따른다. 기제(旣濟)는 성공만 있고 실패는 없으나 재난이 염려된다. 재물이 풍부하며 천생연분을 만나고, 남녀 모두 복록을 누리며 장수한다.

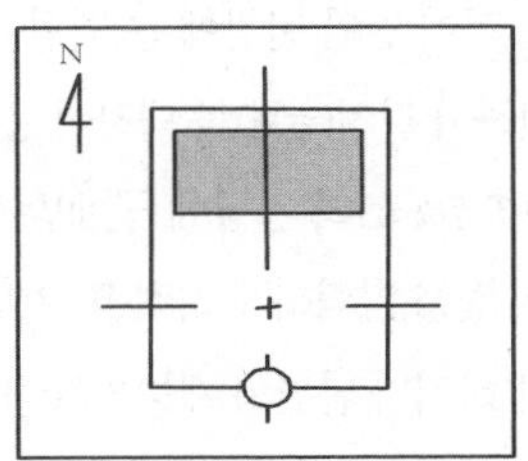

② 음양정배(陰陽正配)이니 부귀를 누리고, 연년주(延年主)이니 복록수(福祿壽)가 두텁다. 아들 4형제가 모두 효도하며 손자는 총명하다. 그러나 오래 살면 아내를 극하며 심장, 복부, 안과질환이 많이 따르나 진손방(震巽方) 부엌이 안정되면 길하다.

- **곤방**(坤方) : 부엌은 감수(坎水)를 극하니 가운데 아들이 일찍 죽는다. 남녀 모두 재물손실과 단명이 따른다.
- **태방**(兌方) : 부엌은 첩으로 인하여 문제가 많이 생기며 흉사, 부부불화, 송사 등이 따른다.
- **건방**(乾方) : 부엌은 단명, 고독, 안과질환, 정신이상, 가슴앓이, 해수병 등 재난이 많이 따른다.
- **감방**(坎方) : 부엌은 문(門)과 정배(正配)하고 주(主)와 비화(比和)하니 대길하다. 그러나 수(水)는 강한데 화(火)가 약하므로 여자는 일찍 죽는다.
- **간방**(艮方) : 부엌은 문(門)과 상생하고 주(主)와는 상극하니 어린아이에게 불리하고, 여자의 성격이 강하다.
- **손방**(巽方) : 부엌은 수목상생(水木相生)하고 목화통명(木火通明)하니 대길하다.
- **이방**(離方) : 부엌은 문(門)과 비화(比和)하니 대길하다.

③ **남문**(南門) **북주**(北主) : 연년택(延年宅) 복록수(福祿壽)를 고루 갖춘다. 아들 4형제를 두며 손자가 가득하다. 아들은 효도하며 손자는 슬기롭고, 충위와 덕행과 학식이 깊다. 그러나 오래 살면 아내에게 흉하여 속병과 안과질환이 자주 따르나 부엌을 동쪽이나 남동쪽으로 정하면 길하다.

분류 구성	위치	괘	명칭	방위	남녀	음양	오행	수리
건물	正北		水	東舍宅	中男	陽	水	1, 6
대문	正南	☵ ☲	火	東舍宅	中女	陰	火	2, 7
작용	남향집 남문		旣濟	有利	男女	調和	相剋	2, 7

※ 旣濟(기제) : 물과 불이 서로 합하니 만사형통 한다. 그러나 처음에는 길하나 나중에는 어려움이 따른다.

❖ **남향 건물 동향 대문** : 동서택(東西宅) 배합(配合)으로 상생하니 집안이 발전한다. 그러나 순양무음(純陽無陰)이라 별거하는 경우가 많다.

① **수뢰둔**(水雷屯) : 감방(坎方) 부엌을 진문(震門)에 배정하면 수목상생(水木相生)하니 대부대귀하다. 초기에는 복록이 두터워 가정이 화목하며 아들 3형제를 둔다. 그러나 순양무음(純陽無陰)이라 오래 살면 아내가 일찍 죽는다. 둔괘(屯卦)는 아들 3형제를 두고, 자손이 모두 준수하며 장원급제하니 부귀를 누린다.

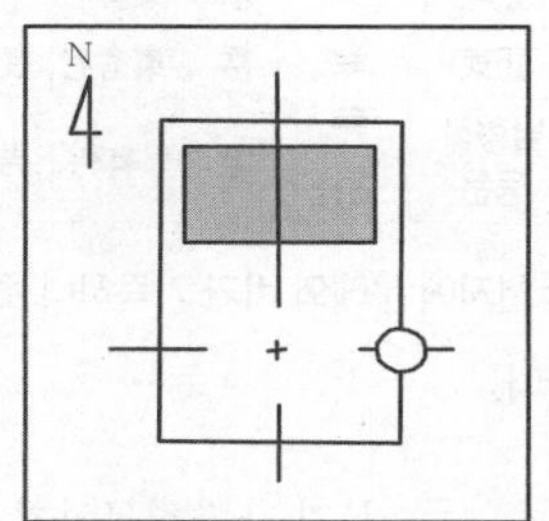

② **진문**(震門) **감주**(坎主) : 뇌수(雷水)는 선행을 많이 쌓으나 아들이 없다. 천의택(天醫宅)이니 문주상생(門主相生)하여 초기에는 대길하다. 그러나 순양무음(純陽無陰)이라 오래 살면 아들을 극하며 아내가 상한다. 남녀 모두 의롭고 인자하여 선행을 좋아한다.

- **손방**(巽方) : 부엌은 금목극(金木剋)하니 아내를 일찍 잃는다.
- **이방**(離方) : 부엌은 화극금(火剋金)하니 아내나 어린아이가 흉사한다.
- **곤방**(坤方) : 부엌은 목토상극(木土相剋)하니 노모에게 해롭다.
- **태방**(兌方) : 부엌은 금극목(金剋木)하니 남자가 상하며 아들을 두지 못한다.
- **건방**(乾方) : 부엌은 금목상극(金木相剋)하니 대흉하다.
- **감방**(坎方) : 부엌은 문(門)과 상생하니 편안하나 오래 살면 단명한다.
- **간방**(艮方) : 부엌은 목토상극(木土相剋)하니 어린아이가 일찍 죽는다.
- **진방**(震方) : 부엌은 문(門)과 비화(比和)하고 주(主)와 상극

하니 불길하다.

③ **동문**(東門) **북주**(北主) : 천의택(天醫宅) 초기에는 크게 발복하나 오래 살면 아내에게 상해가 따르며 자식과 상극하고, 가족이 모두 건강이 나빠진다. 그러나 남녀 모두 어질고 의로우니 선행을 많이 쌓는다.

구성＼분류	위치	괘	명칭	방위	남녀	음양	오행	수리
건물	正北	☵ ☳	水	東舍宅	中男	陽	水	1, 6
대문	正東		雷	東舍宅	長男	陽	水	3, 8
작용	남향집 동문		屯	有利	男男	不和	相生	3, 8

※ 屯(둔) : 천지에 우레와 비가 가득하니 초목이 잘 자란다. 만사 형통한다.

❖ **남향 건물 북동 대문** : 부자 간에 화목하지 못하며 자손에게 해롭다. 상극되어 흉하며 관재가 따른다.

① **수산건**(水山蹇) : 감방(坎方) 부엌을 간문(艮門)에 배정하면 수토상극(水土相剋)이라 가운데 아들이 병으로 죽고, 어린 아이에게 상해가 따른다. 형제나 부부와 이별하며 산액, 익사, 화재, 도난, 관재 등이 따르며 패가한다.

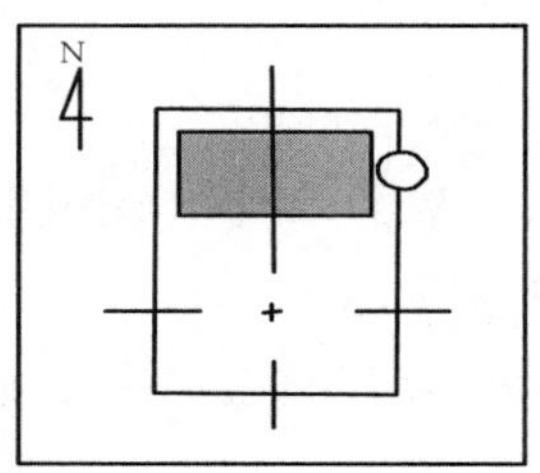

② 오귀(五鬼)가 큰 물을 만나니 익사한다. 오귀택(五鬼宅)이라 익사, 자해, 관재구설, 도난, 화재 등으로 망한다. 부자 간이나 형제 간에 불화하고, 아내를 극하며 아들이 상하고, 자손이 불효하며 복부질환으로 고생한다.

- **진방**(震方) : 부엌은 문(門)과 목토상극(木土相剋)하니 불길하다.
- **손방**(巽方) : 부엌은 황달, 피부병, 풍병이 따르며 고독하다.
- **이방**(離方) : 부엌은 부부가 함께 살지 못한다.
- **곤방**(坤方) : 부엌은 가운데 아들이 단명한다.
- **태방**(兌方) : 부엌은 편안하다.
- **건방**(乾方) : 부엌은 아내를 극하며 아들이 상한다. 재물이 흩어지며 도박을 즐기고 음란하다.
- **간방**(艮方) : 부엌은 문(門)과 비화(比和)하고, 주(主)와 상극하니 흉하다.

③ **북동문**(北東門) **북주**(北主) : 오귀택(五鬼宅) 목을 매거나 강물에 빠져 자살한다. 송사, 도난, 화재 등으로 재산을 잃으며 집안이 망한다. 부자간이나 형제간에 불화하고, 아내와 상극이며 아들에게는 상해가 따르고, 부모에게 불효하며 체증으로 고생한다.

구성＼분류	위치	괘	명칭	방위	남녀	음양	오행	수리
건물	正北	☵ ☶	水	東舍宅	中男	陽	水	1, 6
대문	北東		山	西舍宅	少男	陽	土	5, 10
작용	남향집 북동문		蹇	不利	男男	不和	相剋	5, 10

※ 蹇(건) : 험한 산 위에 험한 물이 있다는 뜻이다. 두려움으로 앞으로 나가지 못하니 도움을 청하게 된다.

❖ **남향 건물 북서 대문** : 동서(東西) 불배합(不配合)이 상생하며 순양무음(純陽無陰)이니 발전하지 못한다. 늙어서 아내를 잃는다.

① **수천수**(水天需) : 감방(坎方) 부엌을 건문(乾門)에 배정하면 수성(水星)이 호음(護淫)하고 금성(金星)이 넘치니 노인이 죽고, 가운데 아들이 음란하며 여자가 일찍 죽는다. 유산, 낙태, 음란, 몽유병 등이 따르니 흉하다. 수괘(水卦)는 자식을 키우기 어려우며 자손이 거역하고, 남자가 먼저 죽으니 고독하고, 음(陰)이 상하니 질병이 많이 따른다.

② **건문**(乾門) **감주**(坎主) : 천문(天門)이 낙수(落水)하니 음란하며 정신질환이 많이 따르고, 주(主)가 육살(六殺)을 범하면 음인(陰人)이 죽는다. 간혹 초기에는 발복하는 경우가 있으나 오래 살면 아내를 극하며 아들이 상하여 대가 끊긴다. 재산이 탕진되며 집안이 망한다.

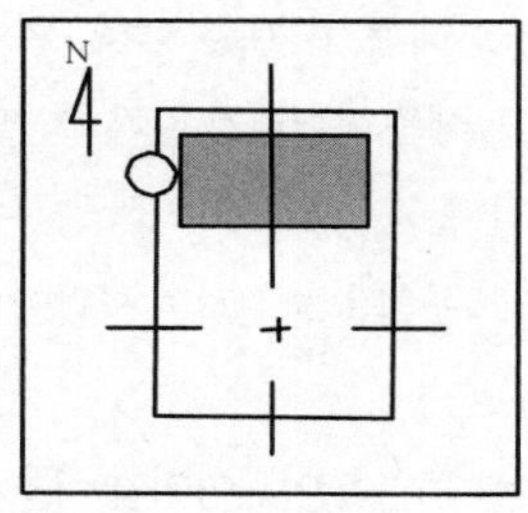

• **감방**(坎方) : 부엌은 수(水)가 국(局)을 이루고, 수(水)가 금기(金氣)를 설기(洩氣)하니 재물이 흩어지며 대가 끊긴다.

• **간방**(艮方) : 부엌은 문(門)과 상생하여 천의(天醫)에 해당한다. 아들 3형제를 두나 문(門)과 상극되어 오귀(五鬼)이며 순양무음(純陽無陰)이니 초기에는 발복하나 오래 살면 대흉하다.

• **진방**(震方) : 부엌은 주(主)와 천의(天醫), 문(門)과 오귀(五鬼)이며 순양무음(純陽無陰)이니 초기에는 발복하나 오래 살면 대흉하다.

• **손방**(巽方) : 부엌은 문(門)과 화해(禍害)이나 주(主)와 생기(生氣)이다. 초기에는 발복하나 오래 살면 관절통이 따르며 음인(陰人)이 단명한다. 아내가 현숙하나 상해가 많이 따른다.

• **이방**(離方) : 부엌은 화금상극(火金相剋)하니 남녀 모두 수명이 짧으나 반길반흉이다.

• **곤방**(坤方) : 부엌은 사람과 재물이 모두 왕(旺)하나 감주(坎主)가 극(剋)을 받으니 가운데 아들이 상한다. 고독하며 차손에게 자손이 없다.

• **태방**(兌方) : 부엌은 가족이 늘어나나 여자가 단명하고, 오래 살면 고독하며 음란하다.

• **건방**(乾方) : 부엌은 문(門)과 비화(比和)하고 주(主)와 육살(六殺)이니 천문(天門)이 낙수(落水)하는 것과 같다.

③ **북서문**(北西門) **북주**(北主) : 초기에는 재물을 모으는 경우도 있으나 오래 살면 아내와 상극하며 자식에게 질병이 따르고, 재산을 탕진하며 집안이 망한다.

구성＼분류	위치	괘	명칭	방위	남녀	음양	오행	수리
건물	正北	☵☰	水	東舍宅	中男	陽	水	1, 6
대문	北西		天	西舍宅	少男	陽	金	4, 9
작용	남향집 서북문		需	不利	男男	不和	相生	4, 9

※ 水(수) : 구름(雲)이 하늘 위에 있으니 만사형통한다. 군자는 음식을 먹어 즐겁다.

❖ **남향 건물 북향 대문** : 자손과 재물이 발전하며 가정이 화목하다.

① **수수순감**(水水純坎) : 감방(坎方) 부엌을 감문(坎門)에 배정하면 이수비화(二水比和)하니 재물이 풍부하며 사업이 번창한다. 초기에는 순조로우나 순양무음(純陽無陰)이라 오래 살면 아내를 일찍 잃게 되며 가족이 줄어들고, 피부병이나 낙태가 따른다. 순감(純坎)은 9년에는 순조로우나 교만하며 음란하고, 아내를 잃고 자식을 극한다.

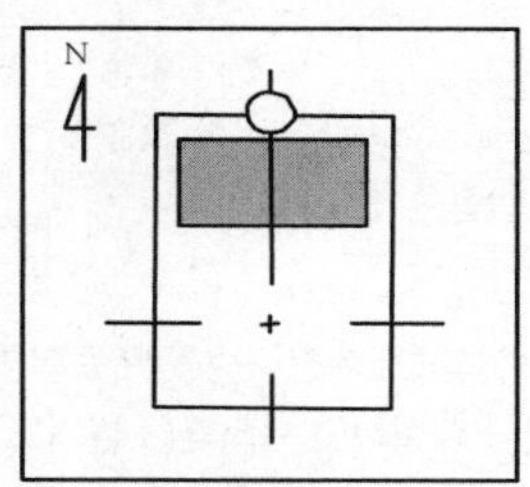

② **감문**(坎門) **감주**(坎主) : 물이 거듭 만나면 아내와 자식에게 흉하다. 복위주(伏位主)로 순양무음(純陽無陰)이라 초기에는 크게 발복하나, 오래 살면 아내를 극하고 아들이 상하니 과부가 생기고 아들이 없다. 중감(重坎)은 처첩이 없으니 남자끼리 산다.

• **간방**(艮方) : 부엌은 오귀(五鬼)를 범하며 수토상극(水土相剋)이니 대흉하다. 가운데 아들에게 불리하며 어린아이가 죽는다.

• **진방**(震方) : 부엌은 천을(天乙)이니 초기에는 발복하나 순양무음(純陽無陰)이라 오래 살면 아내를 극하며 아들이 상한다.

• **손방**(巽方) : 부엌은 생기(生氣)이니 복록수(福祿壽)가 완전하고, 오자등과(五子登科)라 대길하다.

• **이방**(離方) : 부엌은 연년(延年)이니 아들 4형제를 둔다.

- **곤방**(坤方) : 부엌은 절명(絶命)이니 토수상극(土水相剋)하여 가운데 아들에게 불리하다.
- **태방**(兌方) : 부엌은 화해(禍害)이니 금수상생(金水相生)하여 설기(洩氣)라고도 한다. 첩이 일찍 죽는다.
- **건방**(乾方) : 부엌은 육살(六殺)이며 순양무음(純陽無陰)이니 아내를 극하며 아들이 상한다. 천문낙수(天門落水)를 범하여 음란하며 정신질환이 따른다.
- **감방**(坎方) : 부엌은 복위(伏位)이니 삼양(三陽)이 모두 있어 초기에는 크게 발복한다. 그러나 순양무음(純陽無陰)이라 오래 살면 아내를 극하며 아들이 상한다.

③ **북문**(北門) **북주**(北主) : 복위주순양택(伏位主純陽宅) 초기에는 크게 발복하나 오래가지 못한다. 부부가 서로 극하며 자식에게 상해가 따른다.

분류 구성	위치	괘	명칭	방위	남녀	음양	오행	수리
건물	正北	☵ ☵	水	東舍宅	中男	陽	水	1, 6
대문	正北		水	東舍宅	中男	陽	水	1, 6
작용	남향집 북문		純坎	有利	男男	不和	相剋	1, 6

※ 坎(감) : 웅덩이에 빠진다는 뜻으로 험한 일이 거듭해서 생긴다. 그러나 성실하면 우러름을 받기도 한다.

❖ **남향 건물 서향 대문** : 동서(東西) 불배합(不配合)으로 상극이니 발전하지 못하고, 금생수(金生水)하니 첩을 얻는다.

① **수택절**(水澤節) : 감방(坎方) 부엌을 태문(兌門)에 배정하면 토극수(土剋水)하며 수(水)가 금기(金氣)를 설(洩)하니 가운데 자식과 어린아이에게 상해가 따른다. 대가 끊기고 유산, 낙태, 피부질환, 토혈 등이 따른다. 절괘(節卦)는 요도가 생기니 관재, 도난, 음란 등으로 재물이 패하고 사람이 상한다.

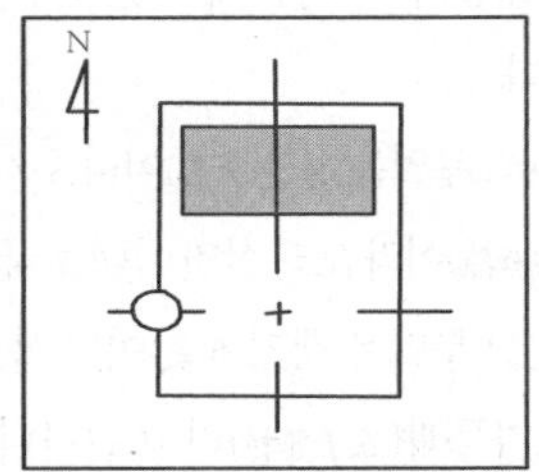

② **태문**(兌門) **감주**(坎主) : 백호를 강에 던지는 격이니 가축에게 해롭다. 화해설기택(禍害洩氣宅)으로 사업이 부진하거나 실패하고, 작은 며느리가 일찍 죽는다. 음탕하고 도박을 즐기니 망한다.

- **건방**(乾方) : 부엌은 불길하여 사람이 상하고 재물이 흩어진다.
- **감방**(坎方) : 부엌은 어린아이를 키우기 어려우니 대가 끊긴다.
- **진방**(震方) : 부엌은 문(門)과 금목(金木)이 상극하니 불기하여 흉하다.
- **손방**(巽方) : 부엌은 금(金)이 목(木)을 극하니 여자에게 해롭다.
- **이방**(離方) : 부엌은 문(門)과 오귀(五鬼)를 범하니 대흉하다.
- **곤방**(坤方) : 부엌은 주(主)와 상극하니 가운데 아들이 단명하고, 고독하며 대가 끊긴다.
- **태방**(兌方) : 부엌은 여자가 단명한다.

③ **서문**(西門) **북주**(北主) : 화해설기택(禍害洩氣宅) 아내를 일찍 잃게 되며, 음탕하고 도박을 즐기니 집안이 망한다.

분류 구성	위치	괘	명칭	방위	남녀	음양	오행	수리
건물	正北	☵ ☱	水	東舍宅	中男	陽	水	1, 6
대문	正西		澤	西舍宅	少女	陰	金	4, 9
작용	남향집 서문		節	不利	男女	調和	相生	4, 9

※ 節(절) : 못(兌) 위에 물(坎)이 있으니 만사형통한다. 그러나 그릇에 담기는 물은 한계가 있으니 절제할 줄 알아야 한다.

❖ **남쪽 좋으면 권위 영전으로 풀이** : 해가 정남에 오면 뜨겁다. 그래서 오행으로는 화(火)에 속하고 빨간색과 쓴맛(苦味)을 나타내며 12지간으로는 오(午 : 말)에 해당한다. 물론 계절로는 한여름이며 양력 6월에 해당한다. 시간으로는 오전 11시부터 오후 1시까지를 가리키며 숫자로는 2와 7을 상징하고, 8괘의 아름다운 려(麗)에 해당한다. 인물로는 지자(知者)·미인·둘째딸·학자·화장품업자·미용사·경찰관·신문기자·교사 등을 상징하고, 인체상으로는 심장과 소장·눈·머리·유방 등을 상징한다. 남쪽의 상징이 불(火)이기 때문에 화재·열·휘황찬란·광명 발견·

노출·권위·이별·사퇴·제명·수술·절단·예술·찢어짐·싸움·영전 등등의 뜻으로 풀이되며, 둘째 발가락과 깊은 관계가 있다. 둘째 발가락이 엄지보다 긴 사람치고 지능이 낮은 사람은 없으며, 소장에 병이 났을 때 둘째 발가락에 침을 놓는 이유도 여기에 있다.

• **납음오행운극 망명용 불용**(納音五行運克 亡命用 不用) : 망인(亡人) 생년(生年) 납음오행(納音五行)이 연월일시(年月日時) 납음오행(納音五行)의 극(克)을 받으면 불리라한다. 그 극을 받더라도 꺼리는 경우와 꺼리지 않는 경우가 있으니 아래와 같다. 갑자(甲子) 을축생(乙丑生)을 해중금(海中金)으로 불의 극을 받으나 모든 화(火)를 두려워하지 아니한다. 다만 무오(戊午)·기미(己未) 천상화(天上火), 무자(戊子) 기축(己丑) 벽력화(霹靂火)를 두려워한다. 병인(丙寅) 정묘생(丁卯生)은 노중화(爐中火)로 모든 수(水)의 극을 두려워하지 아니한다. 오직 병오(丙午)·정미(丁未) 천하수(天下水)와 임술(壬戌)·발해(癸亥) 대해수(大海水)를 두려워한다. 무진(戊辰)·기사생(己巳生) 대림목(大林木)은 모든 금(金)을 두려워 아니하고 다만 기사(己巳)·임신(壬申)·발유(癸酉) 검봉금(劍鋒金)의 극만을 두려워한다. 경오(庚午)·신미생(辛未生) 노방토(路傍土)는 오직 임오(壬午)·계미(癸未) 양류목(陽柳木), 경인(庚寅)·신묘(辛卯) 송백목(松栢木)을 두려워한다. 임신(壬申)·계유생(癸酉生) 검봉금(劍鋒金)은 다만 병인(丙寅)·정묘(丁卯) 노중화(爐中火)와 무자(戊子)·기축(己丑) 벽력화(霹靂火)와 무오(戊午)·기미(己未) 천상화(天上火)의 극을 두려워한다. 갑술(甲戌)·을해생(乙亥生) 산두화(山頭火)는 오직 병오(丙午)·정미(丁未) 천하수(天河水)만을 두려워한다. 병자(丙子)·정축생(丁丑生) 간하수(澗下水)는 경오(庚午)·신미(辛未) 노방토(路傍土)와 무신(戊申)·기유(己酉) 대역토(大驛土) 무인(戊寅)·기묘(己卯) 성두토(城頭土)를 두려워한다. 무인(戊寅)·기묘생(己卯生) 성두토(城頭土)는 임오(壬午)·계미(癸未) 양류목(陽柳木)과 무진(戊辰)·기사(己巳) 대림목(大林木), 경인(庚寅)·신묘(辛卯) 송백목(松柏木)의 극을 두려워한다. 경진(庚辰)·신사생(辛巳生) 백납금(伯納金)은 다만 무자(戊子)·기축(己丑) 벽력화(霹靂火)와 무오(戊午)·기미(己未) 천상화(天上火)를 두려워한다. 임오(壬午)·계미(癸未) 양류목(陽柳木)은 모든 금(金)의 극을 두려워 아니하나 오직 임신(壬申)·계유(癸酉) 검봉금(劍鋒金)만을 두려워한다. 갑신(甲申)·을유생(乙酉生) 천중수(泉中水)는 다만 무인(戊寅)·기묘(己卯) 성두토(城頭土)와 무신(戊申)·기유(己酉) 대역토(大驛土)의 극을 두려워한다. 병술(丙戌)·정해생(丁亥生) 옥상토(屋上土)는 모든 나무를 두려워 아니하나 오직 경신(庚申)·신유(辛酉)의 석류목(石榴木)만을 두려워한다. 무자(戊子)·기축생(己丑生) 벽력화(霹靂火)는 모든 물을 두려워 아니하나 오직 병오(丙午)·정미(丁未) 천하수(天河水)를 두려워한다. 경인(庚寅)·신묘생(辛卯生) 송백목(松柏木)은 모든 금(金)을 두려워 아니하나 다만 임신(壬申)·계유(癸酉)의 검봉금(劍鋒金)의 극을 두려워한다. 임진(壬辰)·계사생(癸巳生) 장류수(長流水)는 다만 경오(庚午)·신미(辛未) 노방토(路傍土)와 무인(戊寅)·기묘(己卯)·성두토(城頭土), 무신(戊申)·기유(己酉) 대역토(大驛土)를 두려워한다. 갑오(甲午)·을미생(乙未生) 사중금(沙中金)은 모든 불을 두려워 아니하고 오히려 병인(丙寅)·정묘(丁卯) 노중화(爐中火)를 만나면 단련되어 그릇을 이룬다. 그러나 길신(吉神)을 만나면 좋은 그릇이 되나 흉신(凶神)을 만나면 흉기(凶器)가 된다. 병신(丙申)·정유생(丁酉生) 산하화(山下火)는 다만 임진(壬辰)·계사(癸巳) 장류수(長流水)와 병오(丙午)·정미(丁未) 천하수(天河水), 갑인(甲寅)·을묘(乙卯) 대계수(大溪水), 임술(壬戌)·계해(癸亥) 대해수(大海水)를 두려워한다. 무술(戊戌)·기해생(己亥生) 평지목(平地木)은 모든 금(金)을 두려워 아니하고 오직 임신(壬申)·계유(癸酉) 검봉금(劍鋒金)을 두려워한다. 경자(庚子)·신축생(辛丑生) 벽상토(壁上土)는 다만 임오(壬午)·계미(癸未) 양류목(楊流木)과 경인(庚寅)·신묘(辛卯) 송백목(松柏木), 경신(庚申)·신유(辛酉) 석류목(石榴木)을 두려워한다. 임인(壬寅)·계묘생(癸卯生) 금박금(金箔金)은 다만 병인(丙寅)·정묘(丁卯) 노중화(爐中火)는 무자(戊子)·기축(己丑) 벽력화(霹靂火), 무오(戊午)·기미(己未) 천상화(天上火)를 두려워한다. 갑진(甲辰)·을사생(乙巳生) 복등화(覆燈火)는 다만 임진(壬辰)·계사(癸巳) 장류수(長流水)와 병오(丙

午)·정미(丁未) 천하수(天河水), 갑인(甲寅)·을묘(乙卯) 대계수(大溪水), 임술(壬戌)·계해(癸亥) 대해수(大海水)를 두려워한다. 병오(丙午)·정미생(丁未生) 천하수(天下水)는 모든 토(土)를 두려워 아니하나 오직 무신(戊申)·기유(己酉) 대역토(大驛土)만을 두려워한다. 무신(戊申)·기유생(己酉生) 대역토(大驛土)는 다만 무진(戊辰)·기사(己巳) 대림목(大林木)과 경인(庚寅)·신묘(辛卯) 송백목(松柏木), 경신(庚申)·신유(辛酉) 석류목(石榴木)을 두려워한다. 경술(庚戌)·신해생(辛亥生) 차천금(釵釧金)은 다만 병인(丙寅)·정묘(丁卯) 노중화(爐中火)와 갑술(甲戌)·을해(乙亥) 산두화(山頭火), 병신(丙申)·정유(丁酉) 산화화(山下火)를 두려워한다. 임자(壬子)·계축생(癸丑生) 상자목(桑柘木)은 모든 금(金)을 두려워 아니하나 오직 임신(壬申)·계유(癸酉) 검봉금(劍鋒金)을 두려워한다. 갑인(甲寅)·을묘(乙卯) 대계수(大溪水)는 모든 토(土)를 두려워 아니하고 오직 무신(戊申)·기유(己酉) 대역토(大驛土)를 두려워한다. 병진(丙辰)·정사생(丁巳生) 사중토(沙中土)는 다만 무진(戊辰)·기사(己巳) 대림목(大林木)과 임오(壬午)·계미(癸未) 양류목(楊柳木), 경인(庚寅)·신묘(辛卯) 송백목(松柏木), 경신(庚申)·신유(辛酉) 석류목(石榴木)을 두려워한다. 무오(戊午)·기미생(己未生) 천상화(天上火)는 모든 수(水)를 두려워 아니하나 오직 병오(丙午)·정미(丁未) 천하수(天河水)를 두려워한다. 경신(庚申)·신유생(辛酉生) 석류목(石榴木)은 모든 금(金)의 극을 두려워 아니하나 오직 임신(壬申)·계유(癸酉) 검봉금(劍鋒金)의 극만을 두려워한다. 임술(壬戌)·계해생(癸亥生) 대해수(大海水)는 모든 흙토(土)를 두려워 아니하고 오직 무신(戊申)·기유(己酉) 대역토(大驛土)의 극을 받는 것은 두려워한다.

❖ **납음오행**(納音五行)

甲子 乙丑	海中金	丙寅 丁卯	盧中火	戊辰 己巳	大林木	庚午 辛未	路傍土	壬申 癸酉	釰鋒金
甲戌 乙亥	山頭火	丙子 丁丑	澗下水	戊寅 己卯	城頭土	庚辰 辛巳	白鑞金	壬午 癸未	楊柳木
甲申 乙酉	泉中水	丙戌 丁亥	屋上土	戊子 己丑	霹靂火	庚寅 辛卯	私栢木	壬辰 癸巳	長流水
甲午 乙未	沙中金	丙申 丁酉	山下火	戊戌 己亥	平地木	庚子 辛丑	辟上土	壬寅 癸卯	金箔金
甲辰 乙巳	覆燈火	丙午 丁未	天河水	戊申 己酉	大驛土	庚戌 辛亥	釵釧金	壬子 癸丑	桑杓木
甲寅 乙卯	大溪水	丙辰 丁巳	沙中土	戊午 己未	天上火	庚申 辛酉	石榴木	壬戌 癸亥	大海水

❖ **남향**(南向)**이나 동향**(東向)**을 좋아하지만 그렇지 않다** : 사람들은 남향이나 동향 양지 편을 향한 자리를 선호 하지만 사실은 그런 것이 아니고 서향(西向)이나 북향(北向)도 산수(山水)가 잘 맺으면 발복(發福)에 아무상관 없는 것이다.

❖ **남향 주택이 좋다** : 주택은 주로 남쪽을 바라보는 구조가 이로우며 거실과 방도 약간 속이 깊어 보이도록 직사각형이 되는 것이 길하고 반대로 좌우의 볼이 넓고 안으로의 깊이가 짧은 형태는 불리하다.

❖ **남향집** : 남향집에 서편방을 들이면 길하다.

❖ **남향**(南向) **집보다 더 좋은 주택은 배산임수**(背山臨水) **배치가 최우선이다** : 배산임수하면 건강하게 장수(長壽)하고 전저후고(前低後高)이면 출세영웅(出世英雄)이라 했다. 전착후관(前窄後寬)에 부귀여산(富貴如山)이요. 전광후착(前廣後窄)에 재물이 모이지 않는다고 했다.

❖ **남향**(南向)**집에 대문이 서**(西)**쪽에 있으면**

- 여자가 가정을 주도하게 되며 상속인의 남자 아들을 얻을 수 없다.
- 남향집에 동사택(東舍宅) 방위에 있으면 자손대대(子孫代代)로 창성(昌盛)한다.
- 서향집에 대문이 북쪽에 있으면 질병(疾病)에 걸려 크고 작은 실패가 많아서 가운(家運)이 쇠퇴된다.
- 남향집에 대문이 동북쪽에 있으면 변화가 많고 길흉(吉凶)이 서로 교차가 엇갈린다.
- 서사택(西舍宅)에 대문이 북서쪽에 있으면 무병장수 하는 행운을 누린다.
- 대문은 큰대 집이 작으면 가운이 점차 기울어진다.
- 대문이 흘러가는 시냇물 성문(城門) 절(사찰)과 직접 마주보면 집안에 병자가 생기고 흉한 일이 생긴다. 대문이 앞집과 마주보는 위치에 있으면 두 집 중의 한 집이 패가망신 한다.
- 대문이 현관보다 높아야 하지만 너무 높으면 자만하여 교만에 빠진다.
- 관공서 건물은 대개 현관이 높아야 권위적이다.

❖ **남향집을 선호하는 이유** : 우리나라에서는 전통적으로 남향집

을 선호해 왔다. 겨울의 한랭한 북서 계절풍을 효과적으로 막고 보온을 유지하기 위하여 집 앞쪽이 남쪽을 향하는 구조이다. 남쪽 방에는 젊음과 활기가 넘치고 이동과 변화 원만한 대인관계 등의 기운을 품고 있는 남동쪽 방위에 대문과 현관을 오게 함으로써 기의 출구인 현관에서부터 강력한 생기가 실내로 들어올 수 있도록 해야 한다. 남향집 동대문(東大門)을 낸다면 매사에 왕성한 활기와 추진력이 생긴다. 자손 대대로 부귀영화를 누리고 건강과 대인관계가 좋고 사업운도 왕성하다고 하여 최상의 길택(吉宅)으로 꼽는다.

❖ **남향집에 좌측이 낮고 우측이 높은 집은 유복(有福)한 인생을 불러온다**

- 특히 장남이 출세하고 장래는 부모의 노고에 대한 보답을 할 것이다.
- 청룡백호(靑龍白虎)의 이야기가 여기에 관계된다.
- 청룡이 힘이 세고 백호는 약한 것의 상징이다. 청룡이 믿음직스럽게 자기를 고수하는 것이 보기에도 자연스럽다. 그것에 맞춰 세우도록 한다.

❖ **납음오행(納音五行)으로 망명(亡命)을 생년(生年)과 좌(坐)와의 관계** : 이 때 좌(坐)가 망명(亡命)을 상생(相生)하면 좋고 비화(比和)가 되도 무난하다. 투지육십룡(透地六十龍)도 각 좌마다 납음오행 병자순(丙子旬) 왕기맥(旺氣脈) 경자순(庚子旬) 생기맥(生氣脈)만을 주보(主寶)로 하나씩 쓰도록 되어 있다. 좌를 투지납음오행으로 가려서 상생하거나 또 제화(制化)할 수 있어야 좋으며 납음오행과 좌 정오행와의 관계를 살펴 투지룡이 좌을 상극(相剋)하여 관살 극이 되거나 좌가 투지를 상생하면 기가 혈에서 새게 되므로 이런 경우에 좌을 못 쓰는게 원칙이다. 투지가 좌를 극하거나 망인의 생년납음을 극(剋) 하는 것은 쓰지 않는다.

❖ **낭떠러지 같은 곳에 위치한 집은 좋지 않다** : 시골에서는 이런 집이 거의 없지만 주택난이 심각한 도시에서는 산비탈까지 파고 들어가 집을 짓는 관계로 좋지 못한 집들이 많다. 어떤 집을 보면 집 지하의 1~2개의 면이 개방된 주차장으로 되어 있는 집들이 대표적인 경우로서, 주택의 1~2개 기둥이 난간을 떠받치고 있듯이 집을 떠받치고 있어서 아래의 공간이 휑하게 비어 있다. 이런 집은 너무나도 상식 밖의 얘기지만 집에 흐르는 기가 허기(虛氣), 냉기(冷氣)가 되어 집의 바닥을 흘러 다니므로 건강상에 특히 좋지 않다. 바닥이 보온되기가 힘들어 여름에는 시원하고 좋을지 모르나 겨울에는 난방이 고르지 못하고 보온도 잘 안 될 것이다. 그러므로 부득이하게 이런 구조의 주택을 주거지로 삼아야 한다면 단열과 방음에 각별히 신경을 써야 한다.

❖ **낭떠러지를 앞에 둔 건축물은 불길** : 건축물이 낭떠러지를 앞에 둔 것도 불길·파괴 형국이지만 급경사 내지 드높은 절벽이나 축대가 전후·좌우에 인접하였던지 계곡의 출입구 주위를 가로막는 형태일 경우 낭패·파탄·흉험 등 불행한 사태가 닥치게 된다.

❖ **낭아**(狼牙) : 뾰족하게 들어난 땅으로 흉격이다.

❖ **낭용**(浪湧) : 물결이 솟아나는 모양.

❖ **내**(來) : 맥이 일어나 내려옴.

❖ **내**(內) : 기가 모인 곳.

❖ **내거수**(來去水) : 다 같이 지자(之字) 현자(玄字)로의 구곡수(九曲水)는 길(吉)하나 직거수(直去水)는 흉(凶)하다.

❖ **내단거장**(內短去長) : 오는 곳은 짧고 가는 곳은 길다.

❖ **내대**(內臺) : 내무벼슬.

❖ **내반정침**(內盤正針) : 일명 지반정침(地盤正針)이라 부르며 나경 4층을 가리킨다. 음택론에서 내룡의 이기를 격정하고 양택론에서 주택의 방향까지 격정한다.

❖ **내룡**(來龍) : 산줄기의 형세. 성정(性情)이 모여져서 볼 수 있는 곳. 용이란 산의 흘러가는 곳으로 일어나고 엎드리고 구르고 꺾어지고 하는 변화가 다단(多端)하여 용과 같은 형상이므로 용이라 한다. 인내룡(認來龍)이란, 조산(祖山)과 종산(宗山)의 흐름세와 배면(背面), 호종사(護從沙), 강세(强勢)와 낙맥(落脈), 정출맥(正出脈)을 찾고, 행도(行度)와 과협(過峽)을 보고, 도두성체(到頭星體)가 낙맥(落脈)하여 입혈(入穴)하기까지의 지점을 마디마다 자세히 살피는 것이다. 만약 특별히 맺어진 곳이면 내룡(來龍)이 마땅히 조산(祖山)에서 낙맥(落脈)할 것이요, 낙맥이 가지에서 맺어지면 내룡(來龍)도 당연히 분리된 맥이다. 기룡(騎龍)으로 붙어서 맺어진 곳이면 내룡(來龍)도 당연히 과협(過峽)에

서 따라온 것이다.

❖ **내룡산세**(來龍山勢) : 내룡맥(內龍脈)이 왕성하면 기세가 좋은 자손을 두고, 후부(厚富)하면 부자 자손을 두고, 가지가 많으면 자손이 만당(滿堂)하고, 광체가 나면 귀한 자손을 두고, 보룡(保龍)하면 후원자가 있다. 내룡맥(內龍脈)이 순룡(順龍)이면 자손이 충효하고, 장룡(長龍)이면 자손이 오래오래 복을 받고, 우뚝하면 독선적인 자손을 두고, 주왕(主旺)하면 주손집이 왕성하고, 지왕(枝旺)하면 지손집이 잘 되고, 미약하면 세력이 없는 자손을 두고, 빈약하면 자손들이 곤궁하다. 내룡맥(內龍脈)이 무기(無氣)하면 자손들이 빈천하고, 흩어지면 자손들이 거지가 되고, 산만하면 축첩하는 자손이 있고, 험난하면 방탕한 자손을 두고, 병합(併合)하면 자손들이 골육상쟁을 벌이고 편룡(片龍)이면 불구 자손을 두고, 끊어지면 자손이 없다.

❖ **내룡**(來龍) **입수**(入首)**에 주름이 잡히면** : 묘 자리 바로 뒤에 주름이 잡히듯 여러 골이 생겨 소의 갈비 같으면 법을 범하여 징역의 형벌을 받게 된다. 또 머리가 두 손가락 같이 갈라져 양의 발 같으면 오역하는 사람이 나온다.

❖ **내룡의 형태와 영향** : 내룡(來龍)이란 산의 주봉에서 혈까지 연결된 능선을 말한다. 혈의 기운은 주봉의 기운이 용을 통해 모이는 과정에서 이루어지는 만큼 용의 기운이 좋으면 혈도 따라서 좋은 기운을 받게 된다. 반대로 용의 기운이 좋지 않을 경우에는 혈에도 좋은 기운이 모일 수 없다. 용의 기운은 혈 기운에 중요한 요소가 된다. 내룡의 기운이 왕성하면 기운이 좋은 자손이 태어난다. 내룡의 후부(厚富)하면 자손이 부유하다. 내룡맥(來龍脈)에 가지가 많은 경우에는 자손이 많이 태어난다. 내룡맥이 광채를 갖고 있으면 귀한 아들이 태어난다. 내룡이 순룡이면 충신과 효자가 태어난다. 내룡이 길게 연결되어 있으면 발복 기간이 연장된다. 내룡맥이 우뚝하면 기세 좋은 자손을 둔다. 내룡의 중심 부분이 강하면 장손이 잘 되고, 가지 부분이 강하면 자손이 잘 된다. 내룡맥의 힘이 약하면 힘없는 자식이 태어난다. 내룡의 기운이 약하면 빈한한 자손이 태어난다. 내룡맥이 고룡(孤龍)이면 자손들이 외롭다. 내룡맥이 흩어지면 자손이 건강을 잃는다. 내룡맥이 분산되어 있으면 축첩하는 자손이 나온다. 내룡맥이 편룡(偏龍)이면 과부·홀아비가 나온다. 내룡맥이 끊어지면 자손이 끊어진다.

❖ **내룡천정**(來龍穿定) : 72룡으로 천산(穿山)하고 60룡으로 투지(透地)하니 천산은 본괘가 되고 투지는 내괘가 되어 서로 표리(表裏)의 관계가 된다. 천산은 천원연산역(天元連山易)에서 도출하였으며 정침 임좌반(壬左半) 즉 봉침 임우반(壬右半)에서 갑자(甲子)를 시작하니 정침과 봉침의 상위교중 일선(相位交中一線)이다. 천산이라고 부르는 이유는 갑자(甲子)를 시작한 곳이 12지의 해(亥) 끝에 해당하는데, 해(亥)는 건에 속하고 건의 위치는 선천 팔괘배위의 간궁(艮宮)이 되기 때문으로 천산이라 하며, 또한 내룡을 천정(穿定)하는데 쓰인다는 뜻이 있기 때문에 천산이라고도 한다. 내룡을 천장하는 방법은 혈성 뒤 기복 속 인처의 분수척상에서 나경을 놓고 내룡입수가 72룡 중 어느 용인가를 잰다. 그리고 그 용의 납음(納音)오행을 12지와 비교하여 생극관계를 판단한다. 예를 들면, 다음과 같다. 자용수(子龍水:12지)에는 갑자(甲子), 병자(丙子), 무자(戊子), 경자(庚子), 임자(壬子)의 5개가 있는데 병자수룡(丙子水龍)이나 경자토룡(庚子土龍)이라면 왕기(旺氣)이고, 갑자금룡(甲子金龍)이면 패기(敗氣)요, 무자화룡(戊子火龍)이면 사기(死氣)이고, 임자목룡(壬子木龍)은 퇴기(退氣)가 된다. 각 12지에는 각각 5룡이 있으니 60룡이 되고 4유8간(四維八干) 12위치(지반정침) 아래의 정중앙은 빈 칸으로 남아 있으니 이를 합하면 모두 72룡이 된다. 천산72룡으로 발음(發蔭)하는 해도(年度)와 사람을 가리는 방법이 있다. 이는 입수 1절룡(24산)으로 본괘를 삼아 초효부터 2, 3, 4, 5 네효를 차례로 변출(變出)시키고 주위의 생왕사(生旺砂)를 참작하여 결정한다.

내명당(內明堂) : 소명당(小明堂) 밖으로 청룡, 백호 안쪽으로 둥그스름하고 넓은 땅.

❖ **내명당조성법**(內明當造成法)

- 봉분(封墳) 내에 물이 스며들지 않도록 묘 봉분은 크게 주위를 경사(傾斜)지게 할 것
- 묘 봉분 뒤의 물이 묘봉분 좌우로 흘러내리게 뒷부분을 약간 볼록하게 올릴 것

• 봉분 앞(절하는 곳)은 물이 내려가도록 경사를 지우되 중앙을 약간 높이고 좌우로 앞은 낮게 하고 맨 끝 부분은 약간 올려 물이 바로 흘러내리지 않고 좌우로 빠지게 할 것
• 바로 내리면 재물복(財物福)이 빠져 나간다.
• 봉분 뒤에는 절대로 담장처럼 바로 깎으면 안 된다.
• 비스듬히 긁어내야 한다.
• 깎으면 기가 끊어진 것과 같다.

❖ **내백호**(內白虎) : 지리법에 혈이나 묘의 왼편으로 둘러진 산 또는 맥(脈)을 청룡이라 한다. 오른편으로 둘러진 산 또는 맥(脈)을 백호라 한다. 백호가 2중(二重)이상으로 되어 있으면 맨 안쪽 혈 가까운 것을 내백호라 한다. 내백호 뒤를 외백호(外白虎)라 한다.

❖ **내부 공간의 형태와 기**(氣) : 농경시대에는 밖에서 활동하는 시간이 많았지만, 산업이 발달하면서 사무실이나 공장, 점포처럼 건물 내부에서 생활이 이루어지게 되므로 실내 기운은 그곳에 거주하는 사람들에게 공기·바람·분위기를 제공하고, 사람은 이 기운을 받아서 활동력을 얻는다. 실내 공간의 기운이 전달되듯이, 실내에서도 하늘·땅·바람의 기운이 사람에게 전달된다. 실내 공간은 그 기운에 따라서 달라진다. 가장 이상적인 실내 공간은 활동력이 강한 기운으로 가득찬 공간이다. 모든 공간은 저마다의 기운을 만들어 낸다. 공간의 기가 좋아서 사람에게 좋은 기감을 주면 편안하고 아늑한 느낌을 받게 되고, 기운이 좋지 않으면 사람들은 불편하고 불안하다. 이것은 언제나 움직이고 살아 숨쉬는 기가 사람이 인위적으로 만든 여러 구조물에 의해 변하기 때문이다. 그것은 집안 내부에서도 마찬가지다. 실내 기운은 공간 형태와 배치에 따라 달라진다. 좋은 기, 곧 생기가 가득한 공간을 만드는 것은 사람의 몸과 마음을 건강하고 활동력 있게 만드는 일이다. 실내 공간의 기는 자연에서 유입되는 기 외에도 건물을 구성한 건축 재료나 벽과 천장 등의 비례와 형태, 색깔 같은 여러 요소에 따라 달라지게 마련이다. 풍수에서 요구하는 좋은 공간이란 생기가 가득 차 있는 공간으로서 평면 형태, 개구부, 방위 등으로 나누어 살펴볼 수 있는데 집이 건강하고 생기가 넘쳐야 그 속에 사는 사람들 역시 건강하고 활기차게 생활해 나갈 수가 있다. 같은 집이어도 새 가구를 들여 놓거나, 가구 배치를 달리 했을 때, 또는 집을 개축하거나 구조를 변경했을 때는 전혀 새로운 기분을 느끼게 된다. 같은 공간에서 느끼는 새로운 기분, 보이지도 잡히지도 뚜렷이 설명할 수도 없지만 첫 느낌으로 받게 되는 새로운 기분, 그것이 바로 공간이 만들어 내는 기(氣)다. 이처럼 기(氣)는 땅에서 뿐 아니라 우리가 살고 있는 집, 건물, 아파트, 빌딩에서도 살아 움직이며 사람들에게 영향을 준다. 좋은 기가 흐르는 공간에서 생활하면 삶도 활기가 넘치지만, 나쁜 기가 흐르는 공간에 오래 있으면 왠지 피곤하고 불안할 뿐 아니라 건강도 잃게 된다. 자기 집을 생기가 흐르는 좋은 공간으로 만들기 위해서는 집 내부 배치뿐 아니라 크기나 모양도 중요하다. 많은 사람이 넓은 집을 선호하지만 풍수로 볼 때 넓이는 아무 의미가 없다. 집을 꾸미고 가꿀 때는 우선 필요 없는 물건들은 쌓아 두지 말고 과감히 처분하고, 빈 공간이 없게 집을 최대한 활용해서 생기로 가득찬 느낌을 주도록 해야 한다. 새로운 에너지를 충전하고 휴식과 안정을 얻기 위해서는 무조건 넓다고 좋은 게 아니다. 자신이 생활하는 데 꼭 필요한 공간만 있으면 된다. 실내 공간은 기능에 따라서 면적을 크게 차지하는 부분도 있고 작게 차지하는 부분도 있다. 집에서는 거실이 사람들이 함께 모이는 공간인 만큼 가장 큰 면적을 차지한다. 화장실이나 창고는 면적이 작아도 된다. 침실도 거실에 비해서는 그 면적이 작다. 실내를 배치할 때 중요한 것은 넓은 공간을 중심에 두고, 작은 공간들을 그 둘레에 두는 것이다. 이렇게 하면 중심에 기운이 모여서 전체적으로 좋은 기운을 이룬다. 반대로 배치하면 기운의 흐름이 좋지 못하다. 큰 실내 공간이 좌우로 나뉘는 형태는 가장 좋지 않은 형태다. 내부 공간에서 중심 부분은 면적도 넓고 천장도 높아야 하며, 중심 공간의 천장 높이는 정육면체를 이루는 것이 이상적이다. 거실 길이가 중심에서 좌우 5m인 경우에는 천장 높이도 5m로 해서 정육면체 모양을 만드는 것이 좋다.

❖ **내상**(內象) : 용혈(龍穴)의 형상.

❖ **내상**(內喪) : 내간(內艱) 즉 아낙네의 초상. 국상(國喪)에서의 내상은 임금의 생전에 그 왕비의 상사(喪事)를 말함.

❖ **내수**(來水) : 내수란 혈을 향해 들어오는 물을 구곡지현(九曲之玄) 모양으로 구불구불 굴곡하고 느릿하게 유유히 들어와야 길격 형세다. 주로 등과귀인(登科貴人)이 기약된다.

❖ **내수**(來水) : 지리법의 술어. 용이나 물이 혈성(穴星)을 향하여 들어오는 것을 내수(來水), 내맥(來脈), 내조(來朝), 내득(來得)이라 한다.

❖ **내룡맥**(來龍脈)**에 결항형**(結項形)**은** : 혈장(穴場)의 내룡(來龍)이 자루를 묶어 동여맨 모습의 용맥이 있으면 목을 매 죽거나 교수형을 받는 자손이 나게 된다.

❖ **내룡**(來龍)**의 기세**(氣勢) : 용(龍)의 형태(形態)는 천태만상(千態萬象)으로 크고(大), 적고(小), 일어나고(起), 엎드리고(伏), 거슬리고(逆), 순하며 혹은 숨고 나타나고(現) 등 그 변화 형태가 다양하다. 태조 중조 소조를 거쳐 소조산(주산)에서 혈처에까지 뻗어내려온 산맥을 내룡이라 한다.

- 혈을 만드는 산을 소조산(小祖山) 또는 주산(主山)이라고 부르며 혈(穴)을 만들지 못하면 주산이라고 부르지 않는다. 내룡이 후부하여 강하면 대지(大地)가 결혈 되지만 내룡이 미약하고 힘이 없으면 겨우 소지가 결혈이 되기도 한다. 하지만 대개는 혈을 이루지 못한다. 그래서 혈의 부귀빈천(富貴貧賤)이 내룡에 의하여 좌우된다.
- 혈을 찾을 때에는 제일 먼저 혈후일절(穴後一節)의 입수를 찾아야 한다. 내룡의 변화는 기복변화(起伏變化)가 일어나고 엎드린 것으로 불룩불룩한 변화가 2~3차례 또는 1번으로도 혈이 된다.

❖ **내룡**(來龍)**의 길흉화복**(吉凶禍福)**은 이러하다**

- 내룡이 길면 발복이 유구(悠久)하다.
- 내룡이 주왕(主旺)하면 장손(長孫)집이 잘 된다.
- 내룡이 흩어지면 첩의 자식이 난다.
- 내룡이 편룡이면 불구자손 난다.
- 내룡이 생룡이면 대대로 귀한 자손이 난다.
- 내룡이 순하면 충신 효자 자손 난다.
- 내룡이 우뚝 솟으면 독손자가 난다.
- 내룡이 지왕(枝旺)하면 차손(次孫)집이 왕성(旺盛)한다.
- 내룡이 미약하면 세력없는 자손난다.
- 내룡이 빈약하면 자손들이 곤궁하다.
- 내룡이 깨져 산만하면 자손들이 거지가 된다.
- 내룡이 험난하면 자식들이 방탕 한다.
- 내룡이 편용이면 불구 자손 난다.
- 내룡이 단절(斷絶)되면 자식이 없다.
- 내룡이 지용이면 백자천손 난다.
- 내룡이 후부하면 후덕 자손 난다.
- 내룡이 사룡(死龍)이면 무후자손 난다.
- 내룡이 회룡이면 조상을 받들어 섬기는 자손이 난다.
- 내룡이 비룡이면 용맹 자손 난다.
- 내룡이 잠용(潛龍)이면 이치에 밝은 자손이 난다.
- 내룡이 직룡이면 정직한 자손이 난다.
- 내룡이 천룡이면 비천한 자손이 난다.
- 내룡이 약룡(弱龍)이면 무세 자손 난다.
- 내룡이 와룡(臥龍_이면 무용자손 난다.
- 내룡이 산룡(散龍)이면 파산 자손 난다.

❖ **내룡**(來龍)**이 훌륭하면 형국**(形局)**이 작아도 묘나 주택을 세울 수 있다** : 형국이 작아도 묘나 집을 지을 수 있다. 단지 국(局)이 작으면 맥(脈)의 기운(氣運)도 작게 되므로 마구 파내서 상(傷)하게 하지 않아야 된다.

❖ **내룡**(來龍) **살 피는 법** : 배합(配合) 용과 불배합(不配合)산의 용맥이 천간(天干)용이면 묘(墓)는 지지좌향(地支坐向)으로 좌(坐)를 놓고 지지용이면 천간좌향(天干坐向)을 놓아야 한다. 배합용은 생룡(生龍)으로 산세(山勢)가 수려(秀麗)하며 대개 배합룡이다.

❖ **내룡맥**(來龍脈)**이 왕성**(旺盛)**하면 기세**(氣勢)**좋은 자손이 생**(生)**한다**

- 래룡이 후부(厚富)하면 부자(富者)를 두고 가지가 많으면 자손이 많고 광채가 나면 귀(貴)한 자손을 두고 보룡(保龍)하면 후원자가 있다.
- 래룡이 순룡(順龍)이면 자손이 충효(忠孝)하고 장룡(長龍 길고)자손이 오래오래 복을 받고 우뚝하면 독선(獨善: 자기만이 옳다고)인 자손을 두고 주왕(主旺)하면 주손(主孫)집이 왕

성하고 지왕(枝旺)하면 지손(枝孫)집이 잘되고 미약하면 세력이 없는 자손을 두고 빈약하면 자손들이 곤궁하다.

- 래룡맥 무기(無氣)하면 자손들이 빈천(貧賤)하고 흩어지면 자손들이 거지가 되고 산만(散漫)하면 축첩하는 자손이 있고 험난하면 방탕한 자손을 두고 병합하면 자손이 골육상쟁을 편룡(片龍)이면 불구 자손을 두고 끊어지면 자손이 없다.

❖ **내룡호**(內龍虎)**와 외룡호**(外龍虎) : 혈에서 가장 가깝게 있는 청룡·백호를 내청룡·내백호라 한다. 그 다음부터 있는 청룡·백호는 외청룡·외백호라 한다. 내청룡·내백호는 하나다. 그렇지만 외백호는 이중삼중으로 여러 개가 있을 수 있다. 청룡·백호가 겹겹으로 감싸주면 혈의 생기는 잘 보전되며, 발복을 크게 할 수 있다.

❖ **내성적인 성격의 사람은 큰 방을 사용하라** : 평소에 편협(偏狹)하고 내성적인 성격에 우울증의 성향이 있는 사람에게 비교적 큰 방이나 넓은 공간에 거주하게 되면 그런 기질들이 어느 정도 완화되고 개선된다고 한다. 그러나 방이 지나치게 넓으면 마음을 차분하게 라라 앉히기 힘들고 과대망상이 되기 쉽고 다소 수선하고 경솔한 인격을 형성시킨다. 따라서 어린자녀가 주위가 산만하고 집중력이 결여되는 특징을 보인다면 방의 크기를 다소 작은 듯한 곳에 배정하고 반대로 밖에 나가지 않고 집안에만 틀어박혀 있는 아이에게는 햇볕이 잘 들어오고 방의 크기도 비교적 큰 방에 공부방을 배정한다면 쾌활한 기질을 갖게 되어 성격적인 결함을 어느 정도는 해소할 수 있을 것이다. 심리학자들의 지적도 이와 유사하다.

❖ **내용**(來龍)**정상**(頂上)**에서 샘물이 나면 자손에게 중풍병**(中風病)**이 있다** : 묘(墓)머리 위에서 샘물이 나면 과부(寡婦)가 나며 기형아의 출산도 있다.

❖ **내유혈**(奶乳穴) : 풍만한 두 유방에 비유되는 곳. 주로 유혈을 맺으며 두 개가 나란히 있는 것이 특징이다. 평지나 높은 산 모두에 있으면 혈지는 약간 볼록하게 돌출되어 있다. 그러므로 혈주변의 청룡·백호를 비롯하여 안산·조산 등이 조밀하게 감싸주어야 한다.

❖ **내청룡**(內青龍) : 혈, 묘 왼편의 산 또는 능선을 청룡이라 하는데, 청룡이 2중(二重) 이상으로 있으면 혈 가까운 안쪽 능선을 내청룡이라 하고, 바깥쪽 산맥(山脈)을 외청룡(外青龍)이라 한다.

* 외(外) : 기가 발로(發露)한 곳.

❖ **내조**(來朝) : 조당으로 들어옴. 조당을 차지함.(혈 앞쪽에서 물이 보이는 것)

❖ **내파**(內破) : 골육수(骨肉水)의 파구(破口)를 말한다.

❖ **내폄**(乃窆) : 내폄 광중(壙中)에 관(棺)을 내리고 묻는 일.

❖ **내핍**(內逼) : 혈에서 가까운 곳인 내사, 안사가 조악하여 좁고 협박함.

❖ **내하사**(內下砂) : 물이 용맥을 따라 오다가 머리를 돌려 용맥보다 먼저 혈 앞에 이른 것을 내하사(內下砂)라 한다.

❖ **내회**(來會) : 산줄기가 뻗어오다가 모여서 그치는 모양.

❖ **냄새가 나는 곳은 이렇게 제거한다** : 방(房)에 담배 냄새가 나는 곳은 원두커피 찌꺼기를 재떨이에 담아두든지 방구석에 두었다가 청소기로 싹 빨아 치우면 냄새가 나지 않는다.

- 녹차 잎은 곰팡이 냄새를 제거한다.
- 밥이 타서 냄새가 날 때는 밥솥 안에 숯 몇 개를 넣어두면 밥에 윤기가 있고 밥이 탄 냄새가 제거 된다.
- 땀에 젖은 운동화 속에 십 원짜리 동전 두 개 넣어두거나 숯을 놓아두면 냄새가 없어지고 숯은 냄새를 없애주는 것은 물론이고 자연 정화 작용으로 맑고 건강한 생활을 도와준다.
- 곰팡이 예방에 탁월한 효과도 있다.
- 냉장고 속에 숯 몇 조각을 넣어두면 냄새가 제거 된다.
- 방에 냄새가 나면 촛불을 피워두면 냄새가 나지 않는다.
- 비린내 나는 생선이나 소고기 비린내가 나는 고기에는 식초를 물에 몇 방울 떨어뜨리고 그물에 잠시 담가 두었다가 건져서 굽든지 삶든지 하여도 비린내가 나지 않는다.

❖ **냉기맥**(冷氣脈) : 냉기맥을 형성하는 갑자순 나경 5층 72룡 가운데 빈칸을 경계로 하여 짝지워진 5쌍의 분금들 가운데 각각 첫번째 칸에 있는 갑자(甲子), 을축(乙丑), 병인(丙寅), 정묘(丁卯), 무진(戊辰), 기사(己巳), 경오(庚午), 신미(辛未), 임신(壬申), 계유(癸酉), 갑술(甲戌), 을해(乙亥)의 12개 방위는 용맥이 있다 해도 찬 기운이 서리는 것이므로 이 12개의 냉기맥 방위는 하관의 자

리로 정함에 있어 흉이 많고 길성(吉性)은 적다. 그 중에서도 갑자(甲子), 기사(己巳), 갑술(甲戌), 을해(乙亥)의 4방위로 흐르는 기맥은 흉격으로 여기며 나머지 8개 기맥은 길흉(吉凶) 상반격(相半格)으로 여긴다.

❖ **냉장천**(冷將泉) : 물맛이 싱겁고 색은 혼탁하고 비린내가 나는 물로서 이수천(泥水泉)이라고도 한다. 양치나 세수도 할 수 없으며, 여름에는 넘치고 겨울에는 마르기도 한다. 이 물은 용기(龍氣)가 위축되어 지맥(地脈)에서 소루(疏漏)하는 것이라 하며 음양택간(陰陽宅間)에 대흉한 물이고 가난, 장병(長病), 단명(短命)을 주(主)하는 물이다.

❖ **냉지공망일**(冷地空亡日) : 냉지공망일에 해당되는 날 장사지내면 영혼이 냉지(冷地 : 꽁꽁 얼어붙는 지옥)에 들어가 대흉하다는 것이다. 갑일생(甲日生)은 무자일(戊子日), 을일생(乙日生)은 무인일(戊寅日), 병일생(丙日生)은 신유일(辛酉日), 정일생(丁日生)은 계축일(癸丑日), 무일생(戊日生)은 병진일(丙辰日), 기일생(己日生)은 임오일(壬午日), 경일생(庚日生)은 갑신일(甲申日), 신일생(辛日生)은 을묘일(乙卯日), 임일생(壬日生)은 신미일(辛未日), 계일생(癸日生)은 병술일(丙戌日)로서 망명(죽은 사람의 생년)과 일진으로 본다.

❖ **냉천**(冷泉) : 냉천(冷泉)이란 소류냉열(消流冷洌)한 물을 말함. 천천(濺泉)처럼 음극(陰極)의 기(氣)가 냉천(冷泉)이 되었으므로 융결(融結)이 없다. 이러한 곳엔 시신이 썩지 않고 냉장(冷藏)되는 곳으로 음양택간(陰陽宅間)에 장병(長病)이 발생하고 단명한다. 물이 사시사철 언제나 얼음장처럼 차가운 샘을 냉천이라 한다. 음(陰)한 기운만 왕성하고 따뜻한 기운인 양기(陽氣)가 없으니, 주변에 좋은 혈이 안 맺힌다. 냉천 근처에 조상의 묘를 쓰면 자손들이 재물을 탕진하며, 질병에 시달린다.

❖ **냉혈**(冷穴)**과 오행렴**(五行廉) : 냉혈에 대한 예는 세종대왕 임금이 19년 동안이나 냉혈이 계셨으며, 그 동안 임금이 4번이나 바뀌었으나 이장 후 성종은 25년이나 집권하였다. 청오경(靑烏經)에 보면, 묘지 봉분이 까닭 없이 가라앉거나 밑으로 꺼질 때 묘위에 풀, 잔디가 말라 죽는 곳, 집안에 자손이 관청에 불려가서 형죄(刑罪)를 받고 일상생활 속에서 사고를 자주 당할 때 이장을 해야 한다고 하였다. 염(廉)이란 묘지 속에 뱀, 쥐, 나무, 뿌리 등이 다섯 가지로 분류한다. 수렴(水廉)이란 광중(壙中)에 물이 드나들거나 물이 고여 있는 것을 말한다. 목렴(木廉)이란 단단한 땅에 천광을 내리어 묘를 쓰면 주위 나무들이 뿌리 박힐 곳을 찾아 광중에 들게 되므로 묘 주위에 나무를 제거해야 한다. 화렴(火廉)이란 시신이 불에 탄 듯 한 것이며, 풍렴(風廉)이란 곡풍이나 살풍을 받는 곳이고, 충렴(蟲廉)이란 뱀, 쥐, 개구리 등을 말한다. 옛 부터 묘를 쓴지 몇 해가 지나면 묘를 열어보는 것을 면례(緬禮)라 한다. 그것은 시신의 육탈 여부를 확인함으로써 그 묘자리가 명당인지 아닌지 확인하는 것이다.

① **수렴**(水廉) : 수렴이란 묘지에 물이 든 것을 말하며, 묘속에 물이 들면 그 후손들은 손재(損財)와 요절하며, 집안에 우환이 오래 계속되고 양수(陽水)는 비가 오면 산에서 흘러내리는 물이다. 묘지에 스며들지 않게 하여야 한다. 고전에 전순공견렴(氈脣空見廉) 일당지허측목렴(一堂地虛側木廉)이라 하였다.

② **목렴**(木廉) : 목렴이 들면 가족 중에 심한 병을 앓게 되며, 자갈 같이 뒤섞인 땅에 많다. 명당에는 시신을 완벽하게 보존하는 능력이 있다는 것이다. 몇 백년 오래 된 무덤에서 완벽한 유골이 발견되는 것은 그 자리가 명당이기 때문이다.

③ **충렴**(蟲廉) : 충렴이 생기는 원인은 청룡·백호가 비었거나 4방위가 비었을 때 주변 잡석(雜石)이 널려 있으면 충렴의 우려가 있다. 식구가 요절하거나 파산하는 원인 중에는 벌레가 든 경우가 많고, 뱀 떼가 득실되는 무덤의 후손 중에는 정신이상이 된 자손이 많다고 여긴다.

④ **화렴**(火廉) : 화렴은 백골(白骨)이 흡사 불에 탄듯하고 풍렴은 무덤 속에 바람이 들어 유골이 까맣게 변하는 현상이다. 둘 다 확인이 되면 이장을 서둘러야 한다. 원인을 들자면 묘 자리가 돌밭이거나 선익이 허전하면 화렴이 들고, 묘 좌우가 어느 한쪽의 산세가 끊어지거나 끊어졌을 경우 풍렴이 생긴다.

❖ **넓은 마당에 담이 낮은 집** : 넓은 마당에 담이 낮은 집에는 각종 수목을 심어 무성하게 가꾸는 것은 좋지만 안방 대청마루에 섰을 때 보통 사람의 눈높이 이하에 그치도록 하고 키가 큰 것이

라도 마당이나 정원에 심은 수목이 장대(長大)해져서 지붕의 처마보다 나무가 더 자라 오르는 것은 우환과 파재 등 불행사가 닿는 흉상이다.

❖ **넓은 집터에 자식들 분가(分家)는 흉** : 집터가 넓은 경우라 하더라도 한울타리 안에 새로이 자식들을 분가시키는 가옥을 짓지 않는다. 그것은 집안 식구들이 각자 이심으로 불화와 반목으로 말썽이 자주 생기는 형국이다.

❖ **넓은 부지에 여러 동의 건물이 있는 경우** : 공장에서 기계를 이용하여 물건을 만드는 주체는 사람이다. 개개의 건물의 성격은 다를지라도 공장의 종사자가 주로 이용하는 건물이나 주력상품을 만드는 건물을 중요한 방향에 배치하여야 한다. 곧 사무동, 기숙사동, 주력상품을 만드는 건물 등이 여기에 해당된다. 배산임수가 잘 되어있는 부지가 전저후고의 법칙에 부합되려면 도로는 낮은 곳에 있어야 하면 주 출입문(정문) 또한 도로와 면한 곳에 있어야 한다. 정문을 들어섰을 때 모든 건물이 눈높이 이상으로 올려다 보여야 좋으며 이는 공장에만 국한되는 것이 아니라 모든 건물 배치에 공통적으로 적용되는 중요한 요소로서 공장을 비롯하여 병원, 학교, 빌딩, 아파트, 주택 등 모든 방면에 적용된다.

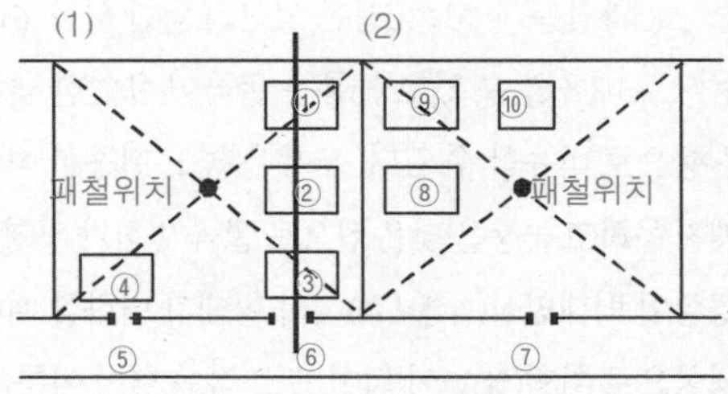

그림 (1)과 (2)의 부지는 모양도 크기도 같은 조건이다. 그러니 (1)의 부지로는 맥(脈 : 굵은 선)이 지나갔으나 (2)의 부지에는 지나가지 않았다고 가정할 경우에 공장건물 배치가 어떻게 달라지는지 보자. (1)의 부지를 보면, 경사진 부지에는 맥이 잡히는 경우가 있다. 평평하게 부지를 조성해 놓아도 지면 아래로 흐르는 맥은 변하지 않는다. 이렇게 맥이 흐르는 지점이 있으면 맥이 흐르는 방향으로 건물 방향을 정하고 맥 바로 위에 건물을 앉혀야 한다. 높은 곳에서 낮은 곳을 향하는 맥의 방향이 북향이다. 건물의 방향도 북향으로 잡고 맥 바로 위에 건물을 배치하면 ①, ②, ③번이 건물이 세워질 지점이 된다. 그리고 건물이 어느 방향에 위치하고 있는지 부지의 중앙에서 방위를 보면, ①번 건물은 남서쪽이고, ②번 건물은 서쪽이며 ③번 건물은 북서쪽이다. 세 건물 전부가 서사택(西舍宅) 범위에 들어 있으므로 정문(正門)도 서사택 범위내에 만들어야 한다. 북동쪽의 ⑤번과 북서쪽의 ⑥번이 여기에 해당된다. 공장은 대형 차량이 출입하기 때문에 정문 공간이 넓어야 한다. ③번 위치에 건물을 세운다면 정문은 ⑤번 방향으로 정하면 될 것이고, ④번 위치에 건물을 세운다면(북동쪽이므로 서사택 방향이다.) 정문은 ⑥번 방향으로 정하면 된다. 건물이 ①, ②, ③번과 같이 배치되든지 아니면 ①, ②, ④번과 같이 배치되었다면 경사가 있는 곳에서는 가장 높은 쪽에서부터 낮은 쪽으로 그 순서가 정해진다. ①번 방향에 가장 위상이 높은 건물을 세우면 되고, 그 다음이 ②번 순으로 밑으로 내려오면서 순서대로 정하면 된다. 공장마다 성격을 달리 하므로 어느 것이 중요한 위상을 갖느냐 하는 것은 저마다의 특성에 의해 정해지기 마련이다. 또한 ⑤번 방향은 북동쪽으로 소남(少男)을 나타내므로, 이런 공장은 중소기업의 규모로써 작은 부품을 생산하기에 적합한 가상(家相)이며, 괜한 욕심을 부려 덩치 큰 기계류에 손을 댔다가는 낭패를 보게 되는 결과를 가져온다. 반면에, ⑥번 방향은 북서쪽이니 노부(老父)를 나타낸다. 중소기업에서 사업을 일으켜 대기업으로 성장할 힘을 축적한 대기만성(大器晩成)의 가상을 보이고 있다. 다음은 (2)의 부지에 건물을 배치해 보면, 맥이 없다 하더라도 서사택(西舍宅)의 배치요령은 (1)의 부지에 건물을 배치하는 방법으로 하면 된다. 그러나 이때는 정문 방향을 먼저 정하고 난 다음에 건물을 배치하는 것이 올바른 순서로서 정문이 양옆으로 치우친감이 있는데 정문은 가운데에 있어야 균형도 잡히고 보기에도 좋다고 생각한다면, 정북 방향인 ⑦번 위치에 정하면 된다. 정문은 북쪽이므로 동사택(東舍宅)으로서 이의 범위는 북쪽을 포함하여 동쪽, 남동쪽 그리고 남쪽 방향이니 ⑧, ⑨, ⑩번 위치에 건물을 세우면 되며, 가장 중요하다고 생각되는 건물은 ⑨번이나 ⑩번 위치에 정하면 되고, 부지가 높낮음 없이 평탄한 경우에도 바로 앞의 방법으로 건물 위치를 정하면 된다.

❖ **네 가지 흉성**(凶星)**의 응감징험**(應感徵驗)

- 문곡(文曲)은 간사·음란 및 사상(死傷)에 따른 흉험이 생긴다.
- 염정(廉貞)은 말썽·손실 및 우환, 파탄 등의 액화가 따른다.
- 녹존(祿存)은 과부나 홀아비가 되는 불행 또는 신병(주는 눈과 간)·우환·고난·손재와 풍파가 닥친다.
- 파군(破軍)은 투쟁과 말썽·피해 및 사고·군병관청(軍兵官廳)에 연결된 장해와 낭패를 치른다.

❖ **년극**(年克) : 산운(山運 : 坐運)이 태세납음(太歲納陰)의 극(克)을 받음으로 장매(葬埋)에 꺼림.

❖ **노** : 산이 높고 험악하며 웅장한 모양. 큰 산으로 표면이 험악한 모양

❖ **노공**(路空) : 노공은 공망(空亡)과 같은 작용을 하는데 아래와 같다.

甲己生 : 申酉宮 乙庚生 : 午未宮 丙辛生 : 辰巳宮

丁壬生 : 寅卯宮 戊癸生 : 子丑宮

❖ **노궁**(弩弓) : 도로가 활 모양으로 휘어져 있는 형상. 휘어져 있는 부분에 주택이 있을 경우 좋지 않으며 활 모양의 도로 옆에 주택을 건축하여 살게 되면 갑자기 생각지도 못했던 각종 사건사고가 발생하여 집안에 우환을 만들어 내고, 가족들은 항상 외로움을 많이 느끼게 되며 음란해 지기도 한다.

❖ **노눈정조**(老嫩精粗) : 산수(山水)의 길흉은 산으로 보아 노눈과 정조의 구분을 따지고, 물은 당연히 그 생황휴폐의 차이를 찾아야 하는데 대개 산은 수기(秀氣)를 받아 정교하고 예뻐야 하고, 수기가 있으면 정(精)과 눈(嫩)이 되고 조로(粗老)는 수기(秀氣)가 없는 것으로서 물은 외기(外氣)가 되므로 외기가 모이게 되면 내기(內氣)는 그치어 살아나며, 외기가 흘러 흩어지면 내기는 따라서 새어나게 됨을 말함.

❖ **노두절**(驚頭絶) : 좇아오면서 보호하는 산이 싸이지 않고 모두 뾰족하고 날카로운 형국으로 사룡이니 흉격이다.

❖ **노력에 비해서 돈이 적게 들어온다면** : 북쪽에 장롱배치, 서쪽에 황금(黃金)색 장식장이나 노란 꽃, 동쪽에 빨간색 옷이나 문구류 꽃, 서쪽에 노란색 커튼, 노란 꽃 화분 등 장식 인감도장 신용카드 귀금속의 패물 등은 초록색 천으로 잘 싸서 보관해야 금전 운이 나가지 않는다.

❖ **노룡**(老龍) : 늙은 용은 나무에 비유하자면 열매가 맺지 않는 고목이나 밑 둥지와 같은 용으로서 사람이 늙으면 정력이 쇠하여 자식을 낳을 수 없는 것같이 산도 늙으면 혈이 맺지 않는다. 노룡은 산의 생긴 모습이 둔탁하고 암석으로 뭉쳤으며 지각(枝脚)이 짧고 등마루가 크게 노출되고 변화가 없고 거칠고 울퉁불퉁하고 가파르고 험준하고 추루(醜陋)하여 수려한 모양이 없고, 이와 같은 노룡에는 혈이 맺지 않는다.

❖ **노룡고자**(老龍顧子) : 늙은 용이 새끼용을 돌아보는 형국. 이 형국 역시 두 용이 한 산맥으로 이어져 있으며 혈은 노룡(老龍)의 이마나 코에 있고 안산은 새끼용이다.

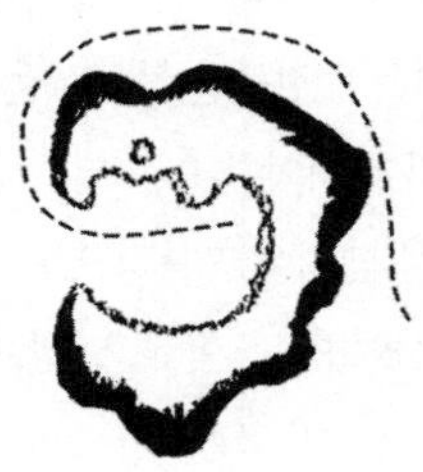

❖ **노룡**(老龍)**과 눈룡**(嫩龍) : 노룡은 고산의 험한 석산(石山)으로 늙은 용으로 배유할 수 있고 눈룡은 굴곡이 유연한 낮은 산으로 젊은 용으로 비유할 수 있다. 노룡은 높고 험준한 석산이니 혈을 맺지 못하고 눈룡은 낮은 산으로 굴곡 변화가 왕성하고 유연한 형상이 백태만상(百態萬象)이라 형태가 변화할 때마다 다양한 형국으로 취혈(聚穴)이 되어 크고 작은 혈이 이루어지고, 노룡은 험준한 능선으로 고목의 뿌리나 굵은 줄기에 해당되니 고목에 꽃이 못피는 것과 같이 결혈이 될 수가 없고, 눈룡은 다양한 변화가 가능한 나무의 지엽과 같으니 열매가 맺기에 합당하니 조화롭고 아름다운 젊은 용으로 보아 결혈이 가능함은 당연한 이치다. 그러나 정혈(定穴)을 함에 있어 가장 이상적인 취혈 방법은 노룡에서 눈룡으로 변환되는 과정의 지점을 찾아 정혈을 하는 것이 가장 이상적인 방법이라 볼 수 있다.

❖ **노룡부주형**(老龍附舟形) : 부주형(附舟形)은 늙은 용이 배에 기대

어 한가하게 노니는 형상이고 부주형은 배를 등에 받치고 노는 형상으로 서로 비슷하다. 주변에 강물이나 냇물이 있어야 하고 물가에는 배와 같은 사격이 있어야 한다. 안산과 주변에는 여의주 같은 산이나 방위가 있어야 제대로 발복이 된다. 혈은 용의 입, 이마, 코 등에 해당되는 곳에 있다.

❖ **노양**(老陽) : 건괘(乾卦) ☰를 노양(老陽) 또는 노부(老父)라 한다. 양(陽)이란 하나가 양(陽)인 까닭이요 노(老)란 노부의 뜻을 취함이다. 왜냐하면 진(震) ☳은 장남(長男), 감(坎) ☵은 중남(中男), 간(艮) ☶은 소남(小男)이다. 남자를 상징하고 ⚋는 여자를 상징하며 ☰는 남자가 오래 묵은 형상이므로 노양 또는 노부라 한다.

❖ **노음**(老陰) : 곤괘(坤卦) ☷를 노음 또는 노모라 한다. ⚋은 음이다. 음은 여자를 상징하여 ☴를 장녀, ☲를 중녀, ☱를 소녀라 칭한다. 따라서 ☷는 삼음(三陰)이니 음이 오래 묵은 형상으로 이를 취하여 노음 또는 노모라 한다.

❖ **노방농월**(老蚌弄月) : 늙은 조개가 달을 구경하며 즐기는 형국. 혈은 조개의 중앙에 있고 안산은 달이나 구슬이다.

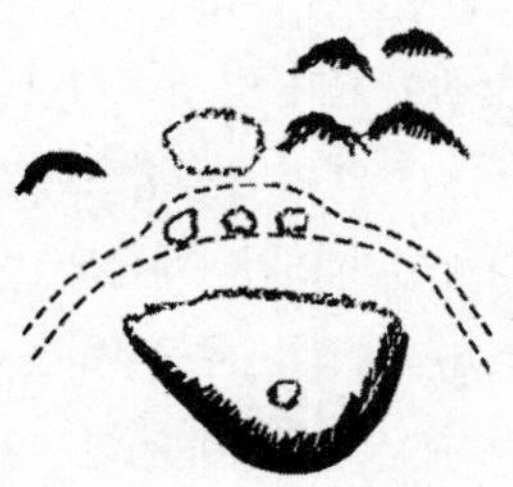

❖ **노방희주**(老蚌戲珠) : 늙은 조개가 구슬을 가지고 노는 형국. 혈은 입 속에 있고 안산은 구슬이 된다.

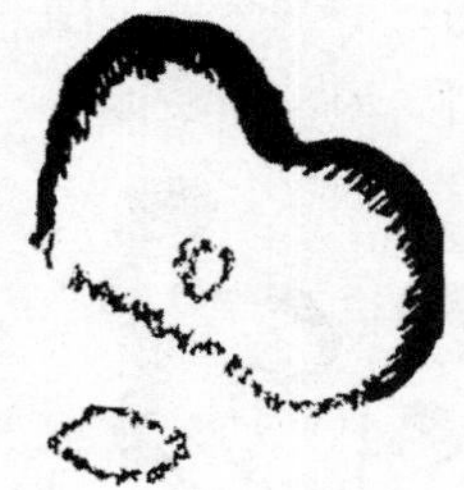

❖ **노서하전**(老鼠下田) : 늙은 쥐가 먹을 것을 구하려고 밭에 내려온 형국. 쥐 형국의 명당은 꾀가 많고 부지런한 사람들을 배출한다. 지모(智謀)가 뛰어나 그로 인해 부귀를 얻으며, 자손 중에 큰 부자가 나온다. 혈은 쥐의 배에 있고, 안산은 쌓여 있는 노적가리, 창고, 혹은 쌓아 놓은 나뭇더미다.

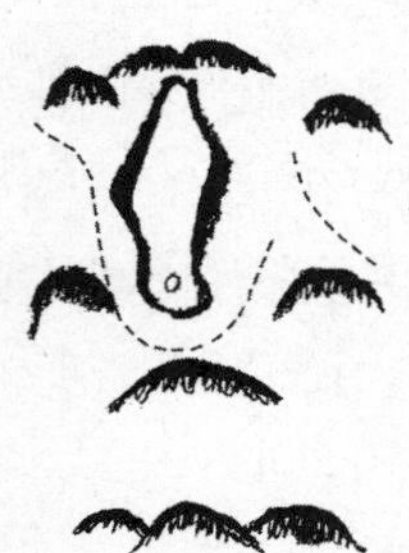

❖ **노신**(勞神) : 정신을 쓰다.

❖ **노자쇄시**(鷺-晒翅) : 백로(가마우지)가 해를 향하여 하늘 높이 날아오르는 형국. 앞에 냇물이 흐르며 혈은 머리에 있고 안산은 해다. 안산이 해처럼 둥글게 생겼는데, 백로 형국에 조상의 묘를 써도 자손들이 부귀를 누린다.

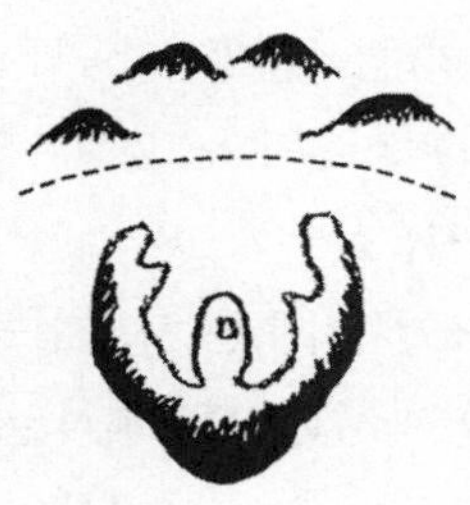

❖ **노원포자**(老猿抱子) : 늙은 어미원숭이가 새끼원숭이를 품어 안고 있는 형국. 양팔인 청룡·백호가 아이를 안고 있는 모습으로, 혈은 원숭이의 머리와 이마에 있고 안산은 새끼원숭이다.

❖ **노자하탄**(鷺-下灘) : 백로가 물가에 서 있는 형국. 앞에 냇물이

감돌아 흐르며 혈은 무릎 위에 있고 안산은 백로가 노리고 있는 물고기다.

❖ **노장**(路葬) : 길 복판이나 길가에 매장하는 장사로서 정상적인 장사법이 아니다. 처녀나 청춘 과부가 사망했을 때 남성들에게 채 풀지 못한 소원을 가지고 죽었으므로 혼령이 악귀가 되어 산 사람들에게 여러 가지 해를 끼친다는 원시적 관념 때문에 많은 남성들이 왕래하는 길가에 묻어 간접적으로나마 남성과 접촉을 갖게 하여 죽은 혼을 달래어 마치 총각과 처녀의 시체를 합장(合葬)하는 것과 같은 뜻을 갖는데, 이 매장방법은 망령(亡靈)을 위한다는 민속적 의의가 있는 것으로 미신과 결부되어 예부터 전해오고 있다.

❖ **노제**(路祭) : 노제란 글자 그대로 길에서 지내는 제로써 동구밖이나 추억어린 곳을 그냥 떠나보낼 수 없어 친척 또는 친구가 마지막 가는 길의 섭섭함을 표하여 제물을 올리는 제사.

❖ **노제축**(路祭祝) : 노제 때 지내는 축문

① 維歲次庚辰年九月己丑朔初二日庚寅 幼學〇〇〇敢昭告于顯密陽朴公之靈 平素厚德永世不忘 謹以清酌脯果 敬奠于神尚 饗

유학〇〇〇(성명) 참사관 밀양박공의 영전에 삼가 아뢰옵니다. 공께서의 평소 후덕함을 영원히 잊지 못하여 상을 차렸으니 흠향하시옵소서.

② 유학〇〇〇(조전자이름)는 사회지도자〇〇〇님 영전에 삼가 고하나이다. 사회도덕을 다시 일으키고자 타의 모범을 보이시며 노력하시던 그 공로를 잊지 못하여 간소하나마 제수를 마련하여 전을 올리오니 흠향하옵소서.

병원 또는 타지에서 발인하여 영구차가 집 앞을 경유할 때도 노제에 속한다고 하여야 할 것이다. 이 때에는 영구(靈柩)는 움직이지 말고 신의(혼백)와 사진은 집안을 한바퀴 돌고 나와도 무방하며 또는 본인의 회사, 직장을 돌고 나와도 되며 노제에 임한다.

❖ **노족살**(露足煞) **동분서주**(東奔西走)**의 입지** : 주택지에 하나만 높은 빌딩이 서고 주위는 낮은 독립가옥 한 채가 있을 뿐인 지세(地勢). 상점가의 한 귀퉁이에 7~8층의 아파트가 서 있어서 그것이 한 눈으로 알 수 있는 케이스가 이 노족살이다. 사방의 낮은 가옥이 마치 네 마리의 거북이처럼 천천히 걸어가는 모양을 연상시키는데서 그렇게 불린다. 이러한 지상(地相)에 살면 발전성이 없는 것은 아니지만 시간이 길어지고, 협력자가 나타나지 않으므로 자력으로 꾸준히 힘 쓸 수밖에 없다. 결국 항상 애쓰며 동분서주의 나날을 보내야만 한다. 대담한 일이나 마음먹은 투자 등은 생각만큼 잘 되지 않는다. 다만 무역업이나 여행업 사교업 판매업 등의 움직이는 직업이 좋다.

❖ **노채수**(癆瘵水) : 을수(乙水), 진수(辰水), 미수(未水), 곤수(坤水), 술수(戌水), 건수(乾水)가 파국(破局)이 된 것을 노채수(癆瘵水)라 한다. 노채수가 있으면 자손들이 폐결핵 같은 악병에 시달리고, 병으로 일찍 죽는 사람들이 자꾸 생기므로 결국엔 자손이 끊긴다.

❖ **노태**(露胎) : 노태지는 돌로지(突露地)와 같은 말이다. 주변 산들은 모두 얕은데 오직 혈지만 높아 사방팔방에서 불어오는 바람을 받아 팔풍이 취혈(吹穴)하는 땅이다. 노태한 곳을 택지(宅地)나 묘지로 사용하면 재물이 망하고 과부나 고아가 생긴다.

❖ **노풍살**(露風煞) **고립무원**(孤立無援)**의 지상** : 하나만 높은 빌딩의 주위에 그보다 낮은 건물이 인접하여 둘러싸는 형국으로 이 높은 한 빌딩이 노풍살이 된다. 이 경우 하나의 빌딩만 주위보다 너무 높게 나와 서 있는 것이 큰 결함으로 높은 만큼 모조리 바람에 흔들려 버리게 된다. 인간관계에서 고립되기 쉽고 사람과의 원만한 교제는 바랄 수 없으며 아무리 노력해도 주위와 협조하는 일이 어렵다. 모두 이 지상(地相)이 원인이다. 사람을 내려보지 않고 사람의 입장을 잘 이해해주지 않으면 날이 갈수록 가운(家運)이 몰락의 길을 걷게 되고 잘 살 수 있다는 자신감이 낭비벽을 불러서 돈을 저축하기 어렵다.

❖ **노학수어**(老鶴守魚) : 늙은 학이 물고기를 지키는 형국. 학의 가슴 쪽에 혈이 있다. 안산은 물고기다.

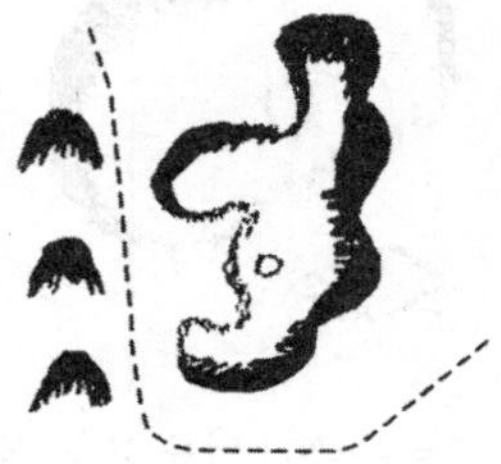

❖ **노호예미형**(老虎曳尾形) : 늙은 호랑이가 꼬리를 끌면서 어슬렁 어슬렁 걸어다니는 모습과 흡사한 형국. 늙은 호랑이는 기세가 약해 크고 빠른 짐승은 잡지 못한다. 주로 힘이 약한 짐승을 잡아 먹기 위해 민가로 내려오므로 개나 닭 등과 같은 사격이 있어야 한다. 대개 집 뒤에 혈이 있다.

❖ **노호유아**(老虎乳兒) : 늙은 호랑이가 젖먹이 새끼를 데리고 있는 형국. 혈은 어미호랑이의 젖가슴에 있고 안산은 새끼호랑이다.

❖ **녹**(鹿) : 사슴처럼 생긴 형국. 사슴 형국의 명당은 성품이 고고하고 깨끗한 인물들을 배출하고 자손들의 용모가 수려하며, 자손들이 학문에 힘써 부귀를 얻는다. 혈은 사슴의 이마에 있고 안산은 풀더미이다.

❖ **녹**(祿)

① 녹은 혈 뒤의 여러 봉을 녹이라 한다. 주산(主山), 낙산(樂山)이 모두 포함된다. 흘러오는 물이 있으면 물은 맑아야 한다. 물이 앞에 있어서 관(官)으로 삼으면 환포해야 하고 물이 뒤에 있으면 녹(祿)으로 삼는다.

② 녹(祿)은 삼대 길신 가운데 하나로서 관록(官祿)과 부귀(富貴)가 따르며 자손의 차마(車馬)가 문(門)을 출입한다는 것이다.

㉠ **정록**(正祿)

天干	甲	乙	丙	丁	戊	己	庚	辛	壬	癸
祿	寅	卯	巳	午	巳	午	申	酉	亥	子

㉡ **지지 비천록**(地支 飛天祿)

子午卯酉＝乾, 辰午丑未＝巽, 寅申巳亥＝坤

㉢ **팔괘록**(八卦祿)

乾甲＝庚, 坤乙＝卯, 艮丙＝巳, 巽辛＝酉,

震庚亥未＝申, 兌丁巳丑＝午, 坎癸申辰＝子,

離壬寅戌＝亥

㉣ 乾兌＝坎, 震巽＝乾, 坤離＝巽, 坎艮＝坤

❖ **녹마공후**(祿馬拱後) : 간방(艮方)과 건방(乾方) 두 방향에 드높고 수려한 봉우리가 서 있는 것을 녹마공후라 한다. 녹마공후가 있으면 자손들이 귀(貴)를 얻는다.

❖ **녹마귀인정국**(祿馬貴人定局) : 정록(正祿 : 建祿 : 天祿), 역마(驛馬), 천을귀인(天乙貴人)을 합칭함. 당년 태세와 가주(家主)와 망인(亡人)의 생년을 기준 녹마귀인(祿馬貴人)이 어떻게 닿는가를 보는 방법이다. 녹마귀인(祿馬貴人)이 좌향(坐向)에 임하면 집 짓고 묘 쓰는데 대길하다.

① **태세로 보는 법** : 집을 짓거나 묘를 쓰려는 달을 9궁(九宮)의 궁중(宮中)에 넣고 갑병무경임(甲丙戊庚壬) 양년(陽年)에 난 9궁(九宮)을 순행(順行)하고 그 정기신계(丁己辛癸) 음년(陰年)에는 9궁(九宮)을 거꾸로 돌려 짚되 계해(癸亥)까지만 돌리고 월건 이전의 간지는 붙이지 않는다. 그리하여 세록(勢祿), 세마(歲馬), 세귀(歲貴)가 좌향(坐向) 및 3합궁(三合宮) 또는 중궁(中宮)에 임하면 대길하다고 한다. 갑자년(甲子年) 2월이니 정묘(丁卯)를 중궁(中宮)에 넣고 9궁(九宮)을 순행((陽年)이므로)한다. 그리하면 세록, 세마(갑록(甲祿)은 인(寅), 신자진(申子辰)은 마거인(馬居寅))가 태(兌:戊寅, 甲寅), 간(坎:庚寅), 손(巽:壬寅)이다. 세귀(갑무경(甲戊庚)은 丑未(축미))는 건(乾:丁丑, 癸丑, 乙未), 이(離:辛未, 丁未, 己丑), 손(震:辛丑, 癸未, 己未)에 닿는데 자좌 오향이므로 좌(坐)에 세록(歲祿) 세마(歲馬)이다. 그리고 향(向)에 세귀(歲貴)요 삼합(三合:巽宮)에 세마가 닿는다.

• 甲子年 二月 子坐午向의 예

乙亥 甲申 癸巳 壬寅(세) 辛亥 庚申 (歲馬) (巽)	辛未(貴) 庚辰 己丑(貴) 戊戌 丁未(貴) 丙辰 (離)(向)	癸酉 壬午 辛卯 庚子 己酉 戊午 (坤)
甲戌 癸未(貴) 壬辰 辛丑(貴) 庚戌 己未(貴) (震)	丁卯(月乾) 丙子 乙酉 甲午 癸卯 壬子 辛酉 (中)	己巳 戊寅(祿馬) 丁亥 丙申 乙巳 甲寅(歲馬) 癸亥 (兌)
庚午 己卯 戊子 丁酉 丙午 乙卯 (艮)	壬申 辛巳 庚寅(祿馬) 己亥 戊申 丁巳 (坎)(坐)	戊辰 丁丑(貴) 丙戌 乙未(貴) 甲辰 癸丑(貴) 壬戌 (乾)

그러므로 갑자년(甲子年) 2월 자좌오향(子坐午向)은 녹마귀인(祿馬貴人)이 좌(坐), 향(向), 삼합(三合)에 모두 닿게 된다. 단 진(震) 태(兌) 건(乾)은 녹마귀인(祿馬貴人)이 있어도 자좌오향의 좌향(坐向) 및 삼합(三合:巽坤)이 아니므로 해당되지 않는다.

• 乙丑年 十月의 子坐午向의 예

戊子(貴) 丁酉 丙午 乙卯 (巽)(三合)	壬寅 辛丑 庚戌 己未 (離)(向)	庚寅 己亥(馬) 戊申(貴) 丁巳 (坤)(三合)
乙丑 戊戌 丁未 丙辰 (震)	丁亥(馬) 丙申(貴) 乙巳 甲寅 癸亥(馬) (中)	甲午 癸卯 壬子 辛酉 (兌)
癸巳 壬寅 辛亥(馬) 庚申 (艮)	辛卯(祿) 庚子(貴) 己酉 戊午 (坤)(坐)	乙未 甲辰 癸丑 壬戌 (乾)

을축년은 음년(陰年)이요 10월의 월건(月建)은 을해월(乙亥月)이다. 그러므로 을해(乙亥)를 중궁(中宮)에 넣고 계해(癸亥)까지 9궁(九宮)을 거꾸로 배치하니 을년(乙年)의 세록은 간(坎:辛卯), 태(兌:癸卯), 손(巽:乙卯)이다. 세귀는 간(坎:庚子), 곤(坤:戊申), 손(巽:戊子), 중(中:丙申)이다. 세마는 중(中:丁亥), 신(坤:己亥), 간(艮:辛亥)이다. 좌(坐:子坐)에 세록(卯)과 세귀(子)가 임하고, 향(向:午向)에는 녹마귀가 없으며, 중궁(中宮)에 세귀(申)와 세마(亥)요 삼합(三合)인 손궁(巽宮)에 세귀(子) 손(坤)에 세귀(申), 세마(亥)가 있는 셈이다. ② 호주 및 망인(亡人)의 生으로 붙이는 법 : 태세(유년(流年))를 중궁(中宮)에 넣고 양년(陽年)이면 9궁(九宮)을 순행(順行)한다. 음년(陰年)이면 9궁(九宮)을 역행하여 계해(癸亥)까지 붙이되 녹마(祿馬) 귀인의 기준은 태세로 하지 않고 집짓는 호주나 묘 쓰는 망인(亡人)의 생년으로 한다. 그리하여 본명에 의한 녹마 귀인이 좌, 향, 중궁(坐, 向, 中宮) 및 삼합방(三合方)에 있으면 대길하다.

❖ **녹방**(祿方) : 향(向)을 기준으로 녹방(祿方)에 네모지거나 둥그렇게 살이 붙은 산이 있으면 치부왕정(致富旺丁)한다. 즉 재산을 모우고 자손이 번창한다. 녹방은 재산을 관장하는 방위로 향의 바로 왼쪽에 있다.

❖ **녹수**(祿水) : 향(向) 기준하여 다음 방위로 물이 득수(得水)하거나 못이나 호수가 있으면 득재치부(得財致富)한다. 즉 재물을 많이 모아 큰 부자가 된다.

甲向寅方位 乙向卯方位 丙向巳方位

丁向午方位 庚向申方位 辛向酉方位

壬向亥方位 癸向子方位

❖ **녹무정위**(祿無正位) : 각 좌(坐 : 묘지의 좌)에 해당하는 정록(正祿)의 자리(방위)에 수려한 봉우리가 없는 것을 녹무정이라 한다. 제자리에 정록이 없으면 귀(貴)를 누리기 어렵다. 갑좌(甲坐)의 정록은 인방(寅方)에 있다. 을좌(乙坐)의 정록은 묘방(卯方)에 있고, 병술좌(丙戌坐)의 정록은 사방(巳方)에 있고, 정사좌(丁巳坐)의 정록은 오방(午方)에 있고, 경좌(庚坐)의 정록은 신방(申方)에 있다. 신좌(辛坐)의 정록은 유방(酉方)에 있고, 임좌(壬坐)의 정록은 해방(亥方)에 있고, 계좌(癸坐)의 정록은 자방(子方)에 있다.

❖ **녹위결**(祿位缺) : 녹위(祿位)는 사오간해축방(巳午艮亥丑方)이다. 이 방향에 높은 산이 없으면 귀(貴)를 누리기 어렵고 학문·문장이 빼어나도 높은 지위에 오르지 못한다.

❖ **녹마취**(祿馬聚) : 묘의 좌향(방향)에 따라 녹(祿)과 마(馬)가 있다. 이 녹마가 있으면 자손들이 귀(貴)를 누린다.

❖ **녹존·경양·타라**(祿存·擎羊·陀羅) : 녹존은 건록(建祿)이요, 경양은 양인(羊刃)으로 녹전일위(祿前一位:가령 인(寅)이 녹존이면 묘(卯)가 경양)요, 타라는 녹후일위(祿後一位:가령 인(寅)이 녹존이면 축(丑)이 타라)다.

생년 구분	甲	乙	丙	丁	戊	己	庚	辛	壬	癸
祿存	寅	卯	巳	午	巳	午	申	酉	亥	子
擎羊	卯	辰	午	未	午	未	酉	戌	子	丑
陀羅	丑	寅	辰	巳	辰	巳	未	申	戌	亥

❖ **녹저수**(祿儲水) : 녹저수는 혈지(穴地)의 전후좌우 혹은 수구간에 제수(諸水)가 취회융주(聚會融注)한 늪의 물이다. 이 녹저수가 심대만수(深大滿水)하고 불학불갈(不涸不渴)해야 길격 녹저수이다. 한편 녹저수가 호혈(護穴)하면 득재치부(得財致富), 복록유장(福祿悠長) 한다. 물웅덩이 즉 소(沼)인 담(潭)을 녹저라고 한다. 혈의 전후좌우 물길에 혹은 수구에 담(연못 또는 소)이 군대군대 있어 맑은 물이 가득차 있어 항상 일정한 수량을 유지하므로 길하다. 담수는 물이 깊고 수량이 풍부하여 사시사철 고갈되지 않아야 한다. 용진혈적에 녹저수가 있으면 득재치부(得財致富)한다. 또 복록이 오랫동안 유지한다.

❖ **녹존성**(祿存星) : 녹존성도 거문성과 같이 토성의 변체(變體)다. 형상은 깨끗하지 않으며 기울고 비뚤어져 있는데 토성 중에서 흉한 것인 체성(滯星)과 가깝다. 녹존성의 혈에 묘를 쓰거나 집을 지으면, 자손 중에 우매한 사람, 고집쟁이 등이 나오고, 그들이 도박에 빠져 패가망신한다. 음란하여 부끄러운 이를 당하는 사람도 많이 생기고 아기를 낳다 죽는 사람도 나온다. 어떤 자손은 목매달아 자결하며, 광적이고 맹신적인 종교인, 타락한 종교인도 생겨난다.

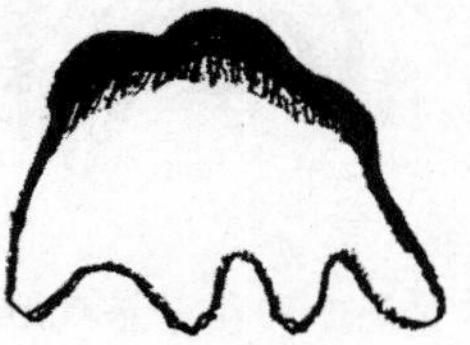

❖ **논사법**(論砂法)

① **귀인**(貴人)

- **갑무좌**(甲戊坐) : 축미봉(丑未峯)이 귀인.
- **을기좌**(乙己坐) : 자신봉(子申峯)이 귀인.
- **병정좌**(丙丁坐) : 해유봉(亥酉峯)이 귀인.
- **임계좌**(壬癸坐) : 묘사봉(卯巳峯)이 귀인.
- **경신좌**(庚申坐) : 오인봉(午寅峯)이 귀인.

이 방위에 귀인봉(貴人峯)이 있으면 후손은 물론 당대에 발복(發福)한다.

② **귀인**(貴人) **방위**(方位)

- **갑산**(甲山) : 축미방(丑未方)이 귀인방.
- **을산**(乙山) : 자신방(子申方)이 귀인방.
- **병정산**(丙丁山) : 해유방(亥酉方)이 귀인방.
- **임계산**(壬癸山) : 묘사방(卯巳方)이 귀인방.
- **경신산**(庚申山) : 오인방(午寅方)이 귀인방
- **건산**(乾山) : 축미묘봉(丑未卯峯)이 귀인방.
- **간산**(艮山) : 유해봉(酉亥峯)이 귀인방.
- **손산**(巽山) : 인오봉(寅午峯)이 귀인방.
- **자산**(子山) : 묘사봉(卯巳峯)이 귀인방.
- **축산**(丑山) : 오인묘사봉(午寅卯巳峯)이 귀인방.
- **인산**(寅山) : 축미유해봉(丑未酉亥峯)이 귀인방.
- **묘산**(卯山) : 자신봉(子申峯)이 귀인방.
- **진산**(辰山) : 자묘사봉(子卯巳峯)이 귀인방.
- **사산**(巳山) : 오인해봉(午寅亥峯)이 귀인방.
- **오산**(午山) : 해유봉(亥酉峯)이 귀인방.
- **미산**(未山) : 자신해봉(子申亥峯)이 귀인방.
- **신산**(申山) : 오인사묘봉(午寅巳卯峯)이 귀인방.
- **유산**(酉山) : 오인진봉(午寅辰峯)이 귀인방.
- **술산**(戌山) : 해유오인봉(亥酉午寅峯)이 귀인방.
- **해산**(亥山) : 축미묘사봉(丑未卯巳峯)이 귀인방.

③ **정록방**(正祿方) : 정록방은 대길방을 말함. 갑산(甲山)에 정록은 재인(在寅)이요, 을산(乙山)에 정록은 재묘(在卯)요, 병산(丙山)에 정록은 재사(在巳)요, 정산(丁山)에 정록은 재오(在午)요, 경산(庚山)에 정록은 재신(在申)이요, 신산(辛山)에 정록은 재유(在酉)요, 임산(壬山)에 정록은 재해(在亥)요, 계산(癸山)에 정록은 재자(在子)이다.

④ **사국마**(四局馬)

- 신자진 마(馬)는 인방(寅方)에 있는 것이며, 해묘미 마(馬)는

사방(巳方)에 있는 것이며, 인오술 마(馬)는 신방(申方)에 있는 것이요, 사유축 마(馬)는 해방(亥方)에 있는 것이다.

- 사국마(四局馬) 방에 산이 높고 아름다우면 속발(速發)하는 운세가 있으며, 주인은 조장(造葬)후 속히 부귀(富貴)발복한다. 이 마(馬)는 역마(驛馬)·귀인마(貴人馬)라 하여 후손이 외교관 또는 무역상이 되어 크게 발복한다.

⑤ **팔산 천마방**(八山天馬方)

- 묘방(卯方)은 청총마(靑聰馬)가 되고 오방(午方)은 적토마(赤兎馬), 유방(酉方)은 백용마(白龍馬), 자방(子方)은 오추마(烏騅馬), 건방(乾方)은 어사마(御史馬), 곤방(坤方)은 재상마(宰相馬), 손방(巽方)은 안무마(按撫馬)가 된다.
- 이 팔산천마방이 수려하고 풍요로우면 장성·장관 등이 배출된다.

❖ **논오성정형**(論五星正形) : 산은 금(金), 목(木), 수(水), 화(火), 토(土)의 다섯 종류가 있으며, 그 형국이 청아하고 둥글게 생긴 형체를 금산체(金山體)라 하며, 머리(山頭)가 약간 둥글고 그 형체가 헌출하게 솟은 체국을 목산(木山)이라 이르며, 줄기차게 봉우리마다 파도처럼 나가다가 머무는 듯한 곡형(曲形)을 한 산을 수산(水山)이라 하며, 산머리가 뾰족히 솟아서 충천(冲天)하는 듯한 산은 화산(火山)이라 하며, 전후 사면이 후중(厚重)하고 평평한 형체를 한 산을 토산(土山)이라 한다. 행룡낙맥(行龍落脈)에 있어서 오성(五星)의 천변만화하는 양산이 혹은 상생으로 혹은 상극으로 결혈(結穴)되어 있으므로 자세히 관찰하지 않으면 잘못 판단하기 쉬우므로 재삼 재고(再考)하여 오성(五星)을 바르게 판단하여야 한다.

❖ **높은 건물 밑을 피한다** : 일조에 장애가 되고 부딪쳐 오는 바람이 살풍이 되므로, 남향집이라도 앞산이 너무 높은 곳은 피하고, 음풍(陰風)이 발생하여 건강을 해치는데 이는 일조시간이 너무 높은 곳은 피하며, 음풍(陰風)이 발생하여 건강을 해치는데 이는 일조시간이 너무 짧기 때문으로서 집터보다 집 뒤가 낮은 곳은 피한다.

❖ **높은 산 급한 물 험한 계곡 놀라운 여울물이 있는 곳에는** : 사당(祠堂)터, 절터(寺刹 사찰), 수도원(修道院) 등은 좋은 터이다.

❖ **높은 산에는** : 높은 산에는 평평한 곳에 길지(吉地)가 있으면 혈(穴)을 정하고 (부귀겸전) 낮은 산에는 높은 곳에 곧은 산에는 굽은 곳에 곡산에는 곧은 곳에 급한 산에는 완만하고 평평한 곳에 평탄한 산에는 경사진 곳에 정혈(定穴) 하여야 한다.

❖ **뇌**(腦) : 뇌(腦)란 사람의 뇌에 비유한 말로 뇌두(腦頭)라고도 하며 입수(入首)와 비슷한 말이다.

❖ **뇌경수**(雷驚水) : 해수(亥水), 묘수(卯水), 미수(未水) 이 세 방향의 물이 함께 보이면 자손들이 벼락을 맞거나 전기에 감전된다. 향(向)과 파국이 되면 벼락을 맞고 전기에 감전되어 죽는 사람도 있다. 합국이면 부상을 당한다.

❖ **뇌두**(腦頭) : 혈 바로 뒤에 머리골(頭骨) 모양과 같이 도두룩하게 솟은 형국. 다만 현무정은 혈 뒤로 뇌두보다 멀리 떨어져 있는데 뇌두보다 높고 커서 조그마한 봉우리라 할 수 있지만 뇌두는 지형의 돌(突)한 것이라 칭할 수 있고 봉우리로 볼 수 없다. 묘(墓)용미(龍尾) 뒤에 인작(人作)으로 작은 봉우리를 만드는데 이 봉우리로 인해 산에 물이 묘지로 들어오지 못하게 만든 것도 일명 뇌두라고 말한다.

❖ **뇌락**(磊落) : 돌무더기(너덜)가 여기저기 우뚝 우뚝 높여 있는 것.

❖ **뇌생수습**(惱生數摺) : 정뇌(頂腦)의 산이 여러 겹으로 갈라져서 양의 갈비뼈 모양 같은 형국.(범법, 조난, 형옥)

❖ **뇌옥수**(牢獄水) : 오수(午水)와 진술수(辰戌水)가 파국이 된 것을 뇌옥수(牢獄水)라고 한다. 뇌옥수가 있으면 자손들이 감옥에 간다. 죄를 짓지 않았는데도 누명을 쓰고 억울하게 감옥살이를 하는 수도 있다. 뇌옥수가 있는데다 길이 혈을 빙 둘러싼 모습이 흡사 자물쇠와 같고 죄인의 목에 씌우는 칼처럼 생긴 산봉우리나 산줄기가 있으면, 감옥에서 죽는 사람도 생긴다.

❖ **누**(漏) : 누설되어 샌다는 말.

ㄴ

❖ **누대**(樓臺) : 높이 솟고 둥그렇게 벌려진 산. 누각과 같은 대. 누대란 산 모양이 같은 여러 봉우리가 높이 솟아 둥근 모양을 한 것이 누대산이요 첨수(尖秀)한 것이 고각(鼓角)산이니 이것들이 나성에 벌려 있으면 반드시 대지(大地)를 이룬다.

❖ **누선출해**(樓船出海) : 망루가 있는 배가 바다로 출항하는 형국. 혈은 뱃머리에 있고 안산은 엎드려 있는 용이다.

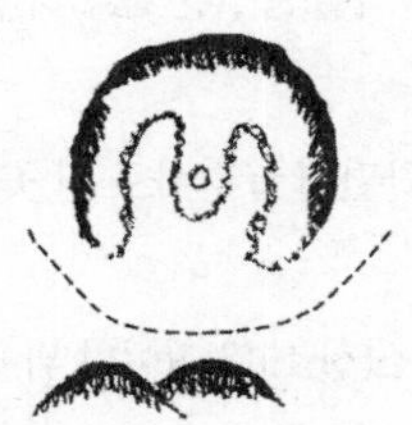

❖ **누성**(婁星) : 진손간(辰巽間)방에 있는 성의 형국. 진손(辰巽)간에 3봉이면 장상이 나고 몹시 높은 것은 화가 없으나 허하면 미친 개에게 물려 미치는 자손이 있게 된다. 술년(戌年)에 응험한다.

❖ **누시수**(漏腮水) : 혈의 앞쪽에 샘이 있으며, 거기서 솟아 나온 물이 앞으로 길고 곧게 빠져 나가는 형국. 혈 앞의 샘은 원래 귀한 것으로 용혈(龍穴 : 산줄기와 혈)의 정기가 충만하여 샘물이 솟아나는데 앞에서 막아주는 산이 없어 쭉 곧게 빠져 나가는 것이 흉하므로 용혈의 정기가 그대로 새나가 버린다. 혈 앞에 누시수가 있으면 가산(家産)이 흩어지고 재산을 탕진하며 남의 재물은 약탈하는 무뢰함이 나온다. 또 잔인하게 사람을 죽이는 자도 생겨난다. 자손들이 치질로 심한 고생을 하기도 한다.

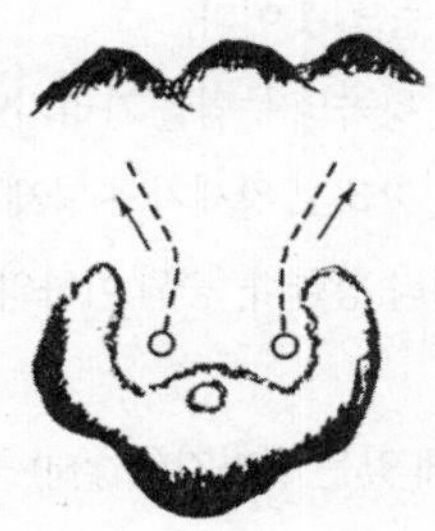

❖ **누에 혈** : 묘(墓) 자리는 또는 안산(案山)이 누에형 있으면 총명한 자손이 난다.

❖ **누의천관수**(螻蟻穿棺水) : 개미나 벌레가 관을 뚫고 떼지어 들어오는 것으로 극히 흉하다. 을진수(乙辰水), 인갑수(寅甲水), 곤신수(坤申水), 갑묘수(甲卯水), 간인수(艮寅水), 신경수(申庚水)가 파국이 된 경우에 그렇다. 또 계축쌍행(癸丑雙行), 미곤쌍행(未坤雙行), 신술쌍행(辛戌雙行), 진손쌍행(辰巽雙行), 건해쌍행(乾亥雙行)이어도 개미·벌레 등이 관 속으로 침범하며, 용혈(龍穴)이 참되지 않고 힘이 없을 때 특히 그런 일이 생긴다.

❖ **누전**(樓展) : 용이 조산(祖山)이 일어나 성봉(星峰)이 고대한 기상(氣像)이 되면 누각이나 궁전을 쳐다 보는 듯한 장엄한 형태. 높고 뾰족한 상태는 누(樓)라 하고 높고 평평하면 전(展)이라 한다. 고산(高山)으로 높이 일어나서 용(龍)으로 나누어지면 조산(祖山)이 되니 태조산(太祖山)이라 부르고, 산룡(山龍)이 중간에서 다시 성봉(星峰)이 일어나서 줄기로 나누어지면 종산(宗山)이 소조산(少祖山)이라 부른다.

❖ **누조수**(漏槽水) : 누조수(漏槽水 : 냄새나는 도랑물)는 분하심갱수(墳下深坑水)로서 묘혈(墓穴) 앞이 파열여조(破裂如槽)하여 용혈의 수기(水氣)가 누설되는 곳이다. 상시누수(常時漏水)함이 없어도 혈묘 깊은 구덩이나 도랑이 있으면 가세가 기울고 재산이 흘러나가고 젊은 때 고아와 과부가 난다. 누조수는 청룡과 백호가 유니수(流泥水)처럼 곧게 뻗었으며, 혈 앞의 명당이 깊게 파이고 경사진 것으로 그 형상이 말구유와 흡사하다. 누조수가 있는 곳에 조상의 묘를 쓰거나 집을 짓고 살면 금세 가세(家勢)가 기울고 재물이 모일 새 없이 자꾸 흩어지며 젊은 사람들이 죽으며, 온갖 화(禍)를 입게 된다. 그런데 겸혈(鉗穴) 중에는 명당이 말구유처럼 생긴게 많지만 언뜻 보기엔 누조수와 비슷하나 참된 겸혈은 바로 앞에 물이 나가는 것을 막아 주는 산봉우리가 있으며, 물이 너무 길데 일직선으로 흐르질 않는다.

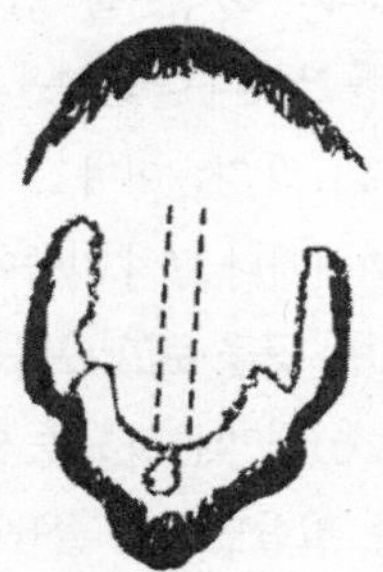

❖ **눈**(嫩) : 산이 낮고 연하게 광택과 윤기가 나서 예쁜 모양. 표면이

ㄴ

윤택한 모양.

❖ **눈룡**(嫩龍) : 눈룡은 기복(起伏)과 대소 고저가 있고 혹은 멈춘 듯하고 수그렸다 미끄러지듯하고 좌우로 깃드렸다가 돌이켜 뛰는 듯하고 동으로 달리는 듯하고 서로 가는 듯 살이 변화함이 백단(百端)이요 기교함이 만상(萬像)이다. 또한 끊어졌다가 이어져 일어나고 거친 것이 가늘어지고 흉한 것으로부터 길한 것으로 바꾸어져 나무가 새로이 싹이 나와 가지가 자연 번성해서 꽃이 피고 열매가 맺는 듯이 상의(生意)가 쉬지 않는 것과 같으므로 이 눈룡(嫩龍)에 가히 혈을 구하는 것이 좋다. 눈룡은 의복이 선명하며 용모가 아름답고 후복(厚福)하여 명가의 여자를 취하여 귀한 자손을 두는 것과 같으므로 자룡이 그대로 있어 가늘고 연한 것으로 변하지 않는 것이면, 생성(生成)하는 이치가 없으니 노룡에서 혈을 찾음이 불가하다.

❖ **눈썹 같은 돌이 거뭇거뭇 있으면** : 눈썹 모양의 산에 눈썹 같은 돌이 거뭇거뭇 하게 있으면 묘(墓)를 쓰고 파산(破産)하게 된다. 좌(左)가 낮으면 홀아비가 많이 나고 우(右)가 낮으면 과부가 많이 난다. 동(東)이 높고 서(西)가 낮으면 집에 노인이 없다.

❖ **눈에 보이지 않는다고 없다는 것은 진리**(眞理)**가 아니다** : 철새는 자력선을 따라서 이동한다. 잠수함 비행기 텔레비전 라디오 역시 전파를 이용한 것이다.

❖ **늑장**(勒葬) : 타인의 묘기(墓基) 또는 산림에 강제로 장사 매장함.

❖ **능격살**(稜擊殺) : 곧고 예리하게 생긴 산줄기가 혈장을 향해서 쏘는 듯 찌르는 듯 하는 흉한 살의 형국으로서 왼쪽을 쏘면 장손, 오른쪽을 쏘면 지손이 망한다.

❖ **능상**(陵上) : 능(陵) 즉 임금이나 왕비의 분묘(墳墓) 능침(陵寢)

❖ **능선 옆구리 뚫은 집터나 묘지는 흉** : 집이나 묘를 능선 옆구리 즉 산, 능선 옆에 묘를 쓰거나 능선 옆을 파고 평탄하게 만들어 집을 짓거나 하면 그 묘의 자손이나 그 집터네 사는 사람은 하루 아침에 재산을 파하거나 그의 가족이 단명이 염려된다.

❖ **능선**(稜線)**이 올라가는 곳을 보고 묘를 쓰지 마라**

- 생룡(生龍) 사룡(死龍)을 막론하고 능선 정상을 타고는 장사(葬事)를 아니한다. 결혈도 없다 골육상쟁(骨肉相爭) 이혼(離婚) 파혼(破産) 하게 된다.
- 능선이 올라가는 곳을 보고 묘를 쓰면 재물이 나가게 된다. 묘는 능선이 내려가는 것을 보고 묘를 쓰야 한다.

❖ **능선 중앙맥에 묘를 쓰면 안된다**

- 자손이 소년죽음(短命) 하게 된다.
- 능선이 좁은 곳에 묘를 쓰면 자손에 해가 된다.
- 능선이 넓은 곳은 여러 기의 묘를 쓰도 문제가 없다.
- 능선이 칼날같이 가늘면 절손(絶孫)하기 쉽고 비천(卑賤)하게 살게 된다.
- 편용(片龍)산은 한편이 급경사로 된 곳으로 불구자손(不具者孫)이 난다.

❖ **능압산**(凌壓山) : 묘소(산소)나 집이나 뒤에서 받쳐 주는 후산(後山) 없이 언덕바지 위에 볼품없이 묘(墓)를 쓰거나 집을 짓고 앞으로 바라보이는 곳에 하늘을 찌를 듯 높은 산이 막아서고 있으면 안 되며, 가까울수록 나쁘다. 독불산이라 하고 능압(凌壓)이라 한다. 산소나 집 앞으로 이 능압산이 있으면 두 말할 나위도 없이 패가절손(敗家絶孫)가 되든지 아니면 집안에 두 늙은이만 남아 팔자 타령과 함께 조석으로 한을 품고 살아간다. 능압(凌壓)은 집이나 묘소나 건물을 지을 때 앞에 높이 솟아 있는 산을 말한다. 이 산이 건물이나 집 혹은 산소보다 높은 곳에서 노려보거나 업신 여기는 듯이 내려다보는 것으로서 풍수에서는 절대 피하는 사항이다. 그런데 이런 산들을 풍수에 미숙한 지관들이 잘못 보아 선인봉(仙人奉)이니 문필봉(文筆奉)이니 투구봉이니 옥녀봉(玉女奉)이니 하고 안산(案山)으로 삼아 산소를 쓸 때가 있는데 이는 큰 잘못이다.

❖ **능원**(陵園) : 능원은 왕족의 무덤을 가리키며, 그 중 왕과 왕비의 무덤은 능(陵)으로 그리고 왕세자와 왕세자비 왕의 사친(私親)의 무덤을 원(園)이라 칭한다. 능원 이하의 무덤들은 모두 묘가 된다.

❖ **능침**(陵寢) : 능 안에 있는 정자각(丁字閣)을 침(寢)이라 이름 능상(陵上).

❖ **능침살**(稜針殺) : 뾰족하고 날카로운 산 모서리 능선이 혈장을 직선으로 찌르는 형국. 능선이 혈을 직격(直擊)하면 재산은 물론 인명 피해가 우려되는 무서운 살이라 능침살이 가까이 있으

면 있을수록 피해가 크다.

❖ **늙어서 편안하게 자연속에 묻혀 살겠다면** : 자연과 함께 즐기며 살겠다고 강이나 호수가 또는 산속에 거쳐하는 것은 갑작스러운 환경변화이므로 반드시 주위의 모든 환경적 영향과 본인과의 관계를 잘 살펴보아야 할 것이다. 별장지(別莊地)를 구하고자 하거든 금호장강(錦湖長江)의 군자지지(君子之地)를 구하라

❖ **니장수**(泥漿水) : 비가 오면 생겨나고, 비가 개면 말라 버리는 물. 이것은 아름다운 물이 아니며 생기가 없는 물이다. 니장수는 진흙 진탕 속의 물이다. 마치 풀이나 미음같이 곤죽이 되어 있는 진수렁을 말한다. 비만 오면 물이 차 수렁으로 변하여 정강이까지 푹푹빠지고 날이 개면 물이 말라 먼지가 휘날리는 땅이다. 이와 같은 것은 지맥이 허약하여 생긴 것으로 물을 저축하지 못한다. 주로 패산과 질병, 객사의 화를 당한다.

ㄷ

❖ **다목지지**(多木之地) : 나무가 많은 숲이나 큰 나무 아래는 묘 터가 아니다. 목근(木根)이 혈지(穴地)로 침입하면 가산(家産)이 파산되는 것은 물론 질고(疾苦)를 면치 못하며 불치난치병(不治難治病)이 생긴다. 묘지 주변에는 나무뿌리가 접근하지 못하게 해야 한다. 특히 아카시아 나무 같은 것을 제거해야 한다.

❖ **다세대주택**(多世帶住宅) **대문 방위는 어떻게 보는가** : 개인 단독주택의 경우 대지가 직사각형의 대지에 주택은 마당 중심에서 대문 방위를 정하고, 정사각형의 대지에 주택은 대지 전체의 중심에서 대문 방위를 보고, 다세대 주택에서는 개인 주택의 중심에서 현관문이나 출입문을 대문으로 보아야 한다.

❖ **단**(斷) : 산의 뇌 아래에 가로금이 생긴 것.(참수당하여도 장사지내 줄 사람이 없다.)

❖ **단경전두**(斷頸纏頭) : 단경전두란 혈 바로 뒤가 잘린 것을 말하는데 생기(生氣)를 전달하는 용맥이 잘리었으면 기가 단절된다. 특히 목에 해당되는 결인속기처(結咽束氣處)나 이마에 해당되는 입수도두(入首倒頭)가 잘리면 그 피해는 더욱 크다. 이 밖에도 청룡·백호·안산 등이 잘린 것도 이에 해당되며, 주변 산들이 요함(凹陷)하여 골바람이 불어오면 혈의 생기를 흩어지게 하므로 흉하다. 도로나 터널을 내기 위해서 산을 뚫고 자르는 경우도 위와 같은 흉을 받는다.

❖ **단롱**(單壟) : 흙으로 쌓여 있는 언덕으로서 작은 토산(土山)과 같은 것을 말한다.

❖ **단맥**(短脈) : 맥이 아주 짧으면서 크며 불길하고 가는 형국으로 꽃봉오리 같은 모양이면 길하다.

❖ **단맥**(斷脈) : 용맥이 끊어진 것으로 높은 산이 제껴져 끊어지거나 칼로 베어 뚝 갈라진 모습이면 불길하고 또 맥을 공사관계로 끊어도 흉한 것이다. 실날같은 맥이 이어져 있으면 길하다고 본다.

❖ **단명과숙수**(短命過宿水) : 물이 항상으로 내궁(內宮)을 치고 나가니 명이 짧고 과부가 난다 하여 단명과숙수라 한다. 남자가 수를 다하지 못하니 반드시 과부가 2~3인씩이나 집안에 거주하며, 사업이 패하고 자손이 절손된다. 아울러 해수(기침), 토담(가래·천식), 노질(근심병·우울증) 등과 같은 병이 침범한다. 먼저 셋째 아들의 집이 패하고 다음으로 다른 자식들이 망한다.

❖ **단묘**(壇廟) : 단묘(壇廟)는 반드시 수구(水口)에 있어야 하고, 나성(羅星)은 당(堂)에 당(當)하여 보이면 꺼린다.

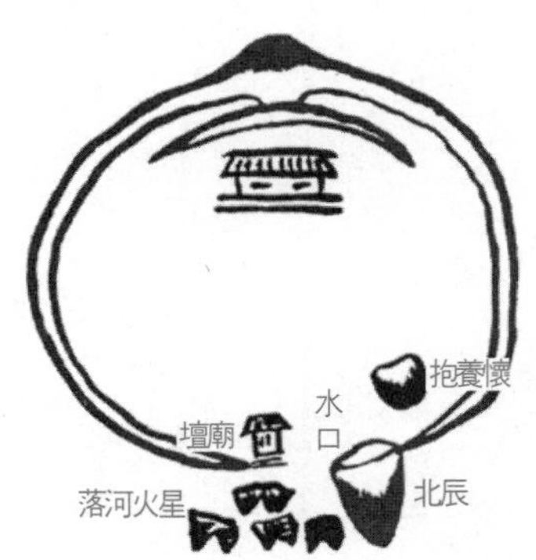

[壇廟去水口 羅星忌見堂]

① 단묘(壇廟)는 수구(水口)에 있고 북신사(北辰沙)가 나성(羅城)에 이어져 수구를 지키고 또한 낙하화성(落河火星)이 깔리고 당중(堂中)은 관형하여 내기(內氣)는 충분하다. 포양회(抱養懷)가 있으니 눈병과 타태(墮胎)의 근심이 있으며 양자(養子)가 생긴다.

② 신단(神壇)이나 불당(佛堂)은 수구(水口)에 있어야 마땅하다. 지호(地戶)가 막혀지면 관쇄(關鎖)하여 내기(內氣)는 묘하게 모인다. 성봉(星峰) 또한 수구(水口)에 있어야 좋다. 수구(水

ㅁ)의 안에 작은 성봉(星峰)이 있으면 당(堂) 앞에 놓이게 된다. 이것은 대단히 걱정되는 것으로 타태(墮胎)하거나 눈을 상할 병이 생긴다. 감룡경(撼龍經)에서는「나성(羅星)은 나성(羅城)의 밖에 있음을 요한다. 만약 나성(羅星)이 안에 있지 말아야 하는데도 안에 있다면 포양회(抱養懷)가 되어 눈이나 타태(墮胎)의 근심을 하게 된다」고 하였다.

❖ **단봉어서**(丹鳳御書) : 봉황이 책을 받는 형국. 봉황의 앞에 책이 놓여 있고 혈은 봉황의 가슴 위에 자리잡는데 책이 안산이다.

❖ **단봉전서**(丹鳳傳書) : 봉황이 책을 물고 와 전해 주는 형국. 봉황처럼 생긴 봉우리 앞에 책이 있고 혈은 책 위에 자리잡는다. 안산은 책을 올려놓는 서대(書臺), 혹은 책을 받는 선인(仙人)이다.

❖ **단산**(單山) : 홀로 오뚝히 만들어진 산의 형국. 이어진 맥(脈)이 끊기고 무너지고 움푹 패인 산.

❖ **단산(斷山)에 장사(葬事)하지 말라** : 단산이란 무너지거나 끊어진 산이니 자연스럽게 결합없이 끊어진 것과는 다르다. 비록 끊어졌어도 실같은 맥이 연결된 것은 무관하다.

❖ **단성**(斷城) : 오는 물이 끊어지니 재물이 없어지고 물이 찔려 깨지는 것, 돌들이 끊어졌다가 다시 이어지듯 띄엄띄엄 있는 형국.

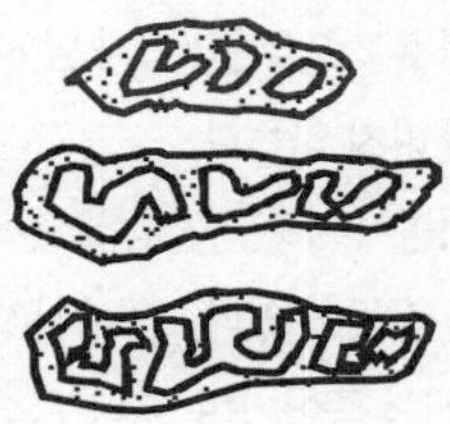

❖ **단속**(斷續) : 용맥(龍脈)의 생기(生氣)가 끊긴 듯이 이어진 형국. 즉 용의 형세가 물러나 몸을 벗고(두두룩한 자취가 없으므로) 밭 속을 뚫고(穿田峽) 물을 건너(渡水峽) 그 모습을 잃어버리지만 자세히 살펴보면 거미줄(蛛絲), 말발굽(馬蹟) 같은 미미한 선(線)으로 연결된다. 행도(行度)가 비록 형체가 뚜렷하게 용맥을 이끌어 연결해 나가는 것과 다르나 널리 바꾸는 것이 순수하여 곧게 끝에 가서 혈이 맺는다. 그러므로 남은 기운(餘氣)이 없다.

❖ **단영단송**(單迎單送) : 뻗어 나온 팔이 양쪽에 하나씩인 것.

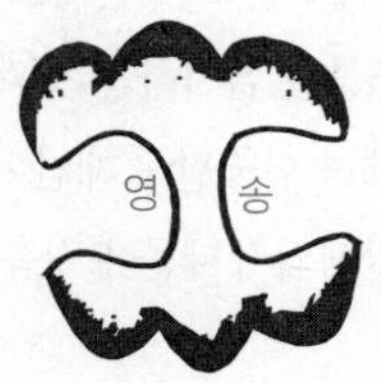

❖ **단입수**(短入首) : 입수맥이 짧은 것으로 결인속기(結咽束氣)후 바로 입수한다. 입수룡이 가늘면 길하고 넓으면 흉하다.

❖ **단장**(壇場) : 묘의 앞뜰.

❖ **단전혈**(丹田穴) : 사람에 따라 조금씩 차이가 있으나 대개 배꼽에서 한두 치 아래쪽에 있다. 그래서 단전혈은 배꼽혈보다 더 아래쪽 산기슭에 깃들인다. 사람 몸으로 치면 아랫배의 중심이다.

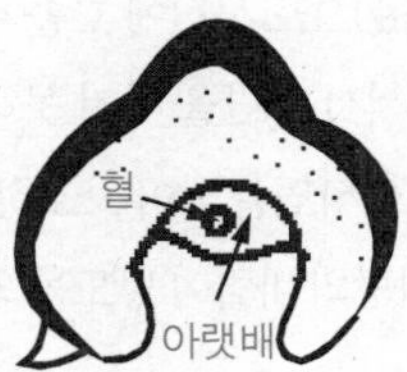

❖ **단제**(單提) : 단제란 청룡만 있고 백호가 없는 것은 좌(左)단제라 하고 백호(白虎)만 있고 청룡이 없는 것은 우(右)단제라 한다.

❖ **단중취속 약차지류 개위기취**(斷中取續 若此之類 皆爲氣聚) : 끊어진 듯 하면서 이어지는 땅을 만나면 모두 기(氣)를 모은다.

❖ **단청룡**(單青龍) : 좌우로 산이 뻗지 않고 오로지 한줄기 산이 그대로 뻗은 형국으로 못쓰는 땅이다.

❖ **단축**(短縮) : 용호가 혈장보다 짧은 것(孤貧).

❖ **단축결**(短縮結) : 짧게 맺는 것. 내맥이 아무리 길어도 작혈처에

이르러서 대통(竹筒)을 잘라놓은 것과 같거나 또는 사람이 두 발을 개고 앉은 것처럼 남은 기가 없으면 대를 이어갈 자식을 두지 못하는 것이 보통이다. 혹 가까운 사(砂)가 혈장을 긴밀하게 감싸안고, 좌하(坐下)에 합기(合氣)의 훈이 있으며 국세가 기를 새어나가지 못하도록 한다면 이것이 절처봉생(絶處逢生 : 죽었다가 다시 살아나는 것)의 혈이니 자손을 보존할 수 있다.

❖ **단층 건물을 이층으로 개조하면** : 원래 단층의 건물이나 2층을 지어야 하나 예산 부족으로 단층으로 지어놓은 주택을 개조·증축한다든지 집안 내부를 크게 뜯어고치거나 건물 상부의 평평한 부위에다 구조물을 설치하는 것과 대문 및 화장실, 부엌 등을 수리 개조할 때는 십중팔구 재난이나 우환, 말썽과 파괴, 손실 등 궂은 일이 발생되기 때문에 길흉 분별에 각별히 신중해야 된다.

❖ **단층을 이층으로 개축하면 흉상**(凶相) : 단층을 수리하여 2층으로 개축하는 경우 대단히 흉상으로 취급하고 금기시하고 있다. 이는 애초에 단층이었던 집을 몇 년 후에 변경하여 2층으로 개축하는 경우도 마찬가지이다. 가상학적으로도 좋지 않은 작용을 미치게 되며 안전면에서도 문제가 많이 있다. 자칫하다가는 붕괴의 변을 당하는 수가 있다.

❖ **단한**(單寒)

① 고산독룡(孤山獨龍)으로 사면에 호종이 없는 것과 또 혈장이 대통처럼 홀로 서서 바람을 막지 못하는 것 등이다.

② 혈성(穴星)의 흉격 사면을 막아 보호하는 산이나 용 등성(능선 맥)이 없고 사방의 바람이 닿도록 외롭게 드러나 있는 용과 산을 말한다.

③ 단한(單寒)이란 외로운 산과 단룡(單龍 : 용은 산, 비슷한 큰 언덕)이 사면에 보호하여 좇는 호종(護從) 산이 없고 혹은 혈장에 들어가 외롭게 노출되어서 감추지 않은 것이다. 양공(楊公)이 말하기를, 용은 고단한 것이 두렵고, 혈은 찬(寒) 것이 두려우므로 정혈(定穴)되는 곳은 주밀함이 귀(貴)하고 외롭고 찬 것을 꺼린다 하였으니 무릇 고한(孤寒)한 혈은 주로 빈궁하고 고독하고 단신과부(單身寡婦)가 많아 절사(絶嗣)지경에 이르기 쉬운 가장 흉한 격이다. 그러나 큰 용이 홀로 떨어져 높게 입수되고 혈장이 넓어 와겸(窩鉗)으로 벌려 자연혈(自然穴)을 보호하여 바람을 받지 않으면 이른바 혈에 오르고 장막이 모인 것이 되어 길하다.

④ 고립된 산으로써 사면에 따르는 산이 없거나 혈이 외로이 노출되어 포근히 감싸지지 않은 것을 단한(單寒)하다고 하는데 빈궁하고 고아와 과부를 만들어 마침내 절멸하게 만들게 되므로 이런 혈은 피해야 한다.

❖ **단향쌍향**(單向雙向) : 24방위의 하나를 단향(單向)이라고 하며, 쌍향(雙向)은 두 글자를 가리킴. 병자(丙子)가 단향(單向)이라면 병사(丙巳)를 겸하면 쌍향(雙向)이 된다.

❖ **단헌**(單獻) : 제사지낼 때에 세 번 잔 드리는 것을 한 번만 드리고 그침.

❖ **단협**(短峽) : 짤막한 과협의 형국. 짧으면 바람을 타지 않아서 좋지만 기복이 분명해야 한다. 엎드리고 일어섬이 애매모호하면 좋은 과협이 아니다.

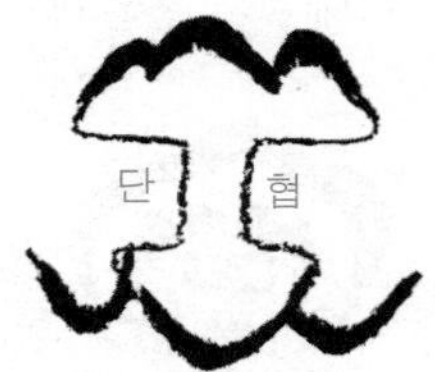

❖ **달상결**(達上結) : 거꾸로 흘러서 맺은 것. 용의 기가 위로부터 아래로 흐르는 것(達下)이 원칙이나 경우에 따라서는 아래로부터 거꾸로 위로 흘러서 혈을 맺는 경우가 있다. 뒤에 큰 산이 없이 자그마한 소조산이 있고 지현굴곡하여 혈을 만든 연후에 앞으로 가고 남은 기가 우뚝한 산이 되어서 많은 지각이 생겨 본신을 역으로 감싸면 그 용의 힘이 아래로부터 위로 흘러온(上達) 경우이다. 그러므로 간산할 때, 내룡만이 아니라 남은 기의 고저장단도 주의 깊게 살펴야 한다.

❖ **담과 집 사이가 너무 가까우면** : 집과 담 사이가 너무 가까우면 집안 형편이 잘 풀리지 않는다.

❖ **담 높고 정원의 북동쪽에 거목을 심으면 좋지 않아** : 나무들끼리도 서로 상극인 것들이 있다. 즉 아카시아나무가 무성하면 소나무들이 시들시들 죽어가며, 향나무 곁에서는 배나무가 타

격을 받는다. 이는 향나무에서 성장한 해충이 배나무에 옮으면 보다 강력한 해충이 되기 때문이다. 이처럼 나무의 종류에 따라 같이 심어도 잘 자라는 것이 있는가 하면 서로 나쁜 영향을 주어 그렇지 못한 것들이 있다. 동물세계에서도 마찬가지다. 서로 천적이 있는가 하면 서로 보완되는 종류가 있어 번성하는 경우가 있다. 또 사람에게 이로운 동물이 있는가 하면 해로운 동물이 있듯이 식물도 인삼 따위와 같이 먹으면 보약이 되는 것이 있는가 하면 잘못 먹으면 죽게 되는 독버섯도 있다. 식물과 인간과의 관계도 반드시 좋은 것만은 아니라는 것을 말해 준다. 그러므로 첫째, 집의 중심에서 보았을 때 북동쪽과 남서쪽에 있는 거목은 좋지 않는 것으로 보지만 관목은 무방하다. 가상에서는 뜰안에 큰 나무를 심는 것을 삼가며 특히 북동쪽이나 남서쪽에 있는 것은 아주 싫어한다. 주택의 조건이 자연상태에 있었던 옛날에는 채광이나 통풍을 가로막고, 낙엽이 주택에 해를 입힌다고 생각하여 경계한 듯하다. 우리나라에서는 정다산(丁茶山)이 그의 『산림경제』에서 집안의 큰 나무를 금기로 생각한 기록이 있다. 과수가 무성하여 가옥의 좌우를 덮으면 질병의 원인이 될 우려가 있으므로 꺼려했고, 또 큰 나무가 처마에 닿거나 대문 가까이 있음도 꺼렸다. '지붕 위의 마른 나뭇가지에는 귀신이 모여든다' '집안에 장수목을 심는 것은 불가하다'는 등 민간신앙을 그대로 반영하고 있다.

❖ **담복**(禫服) : 남자복은 삼포삼(黲布衫), 백포대(白布帶) 등이고 부인복은 대상 때와 같다.

❖ **담장**

① 담장을 고쳐서 수리하거나 울타리를 둘러치거나 도랑을 팔 때는, 모두 회포만환(回抱彎環)하게 하고, 지당(池塘)을 파서 모든 물이 고이게 하여 향면(向面)이 모두 공읍(拱揖)하게 한다. 철로(鐵爐) 기름틀, 물레방아 수레 등은 그 방위를 분변하여 의법(依法)하게 두어야 하며, 생활에 장애를 받지 않게 두어야 한다. 대체로 철로, 기름틀, 물레방아, 달구지는 움직이는 물건들이니 수구(水口)에 두는 것이 마땅하다. 후룡(後龍)이나 당(堂)앞이나 득수처(得水處)의 주변에는 마땅치 못한 곳이다. 이렇게 분변하는 설(說)은 청룡의 주변에, 또는 백호의 주변에 두는 것이라고 하는 데에는 구애받지 않는다.

② 담장은 도둑이나 짐승을 막기 위한 것이지만, 풍수로 봤을 때 더 큰 용도는 바람을 막는 것이다. 지세에서 사신사가 바람막이·반사경·볼록 렌즈 역할을 하듯 담장도 이와 비슷한 역할을 한다. 담장은 특히 바람막이 역할이 크다. 사람들은 누구나 집에서는 편히 쉬고 싶어한다. 그런 집 안으로 강한 바람이 불어온다면 많은 사람이 건강을 잃게 될 것이다. 담장을 설치하면 갑작스런 강한 바람을 피할 수 있다. 또한 담장이 반사경과 볼록 렌즈 역할을 하기 때문에 집 안이 바깥보다 따뜻하다. 담장 일부가 파손되면 그 집에 살고 있는 사람이 건강을 잃거나, 집안에 도둑이 들어 재물 손실을 본다. 담장 위치는 건물 위치와 일정한 간격을 유지하는 것이 좋다. 담장이 건물에서 지나치게 멀리 떨어져 있으면 바람막이 역할을 할 수 없기 때문이다. 담장이 너무 높으면 새로운 바람이 들어오지 못하기 때문에 좋지 않다.

❖ **담장** : 양택(陽宅)의 담장은 음택(陰宅)의 청룡(青龍), 백호(白虎), 나성(羅星)과 같은 것이다. 즉 담장은 이웃집과의 경계선을 밝히고 맹수의 침입도 방지하며 외부인의 출입제한과 방풍방범에 필요한 방책일 뿐만 아니라 음양의 기운을 조화시켜 온 집안을 양명화기(陽明和氣)로 가득 채워 가족의 건강 장수 가세번창을 꾀하는 방법이기도 하다. 그러므로 튼튼한 담장은 발재치부(發財致富)에 크게 도움이 되고 허술한 울타리에는 재산이 흩어지고 빈궁하게 되는 원인이기도 하다. 또한 담장이 날카롭게 돌출되어 집을 찔러오면 전상(戰傷)과 관재(官災)가 있다. 그러나 음향 조화를 이루면 화기충만(和氣充滿)하여 가족의 신체적 건강과 심리적 안정은 물론 가세번창(家勢繁昌)에도 크게 도움이 된다. 그러나 담장은 도둑이나 짐승을 막기 위한 것이지만 더 큰 용도는 바람을 막는 것이다. 집에서 누구나 편히 쉬고자 한다. 그런 집안으로 강한 바람이 불어온다면 건강을 잃게 한다. 또한 담장이 건물에서 지나치게 멀리 떨어져 있으면 바람막이 역할을 할 수가 없다. 담장이 너무 높으면 새로운 바람이 들어오지 못하기 때문에 불리하다.

❖ **담장과 도로**(道路) : 담장의 기능으로는 경계(境界)기능, 폐쇄기

능, 은폐기능, 안도기능, 방어기능, 보호기능, 상징기능, 풍수기능, 지식기능, 미화기능 등이 있다. 그 중에서도 서구의 주택이 개실(個室) 위주로 되어 있어 식당, 거실 등과 같은 공동의 장(場)과 담이나 문 같은 것은 그다지 중요하지 않은데 비하여, 한국 전통가옥에서는 개실이라는 것이 없으므로 모든 곳이 공유의 장(場)이기에 담이 높고 두텁고 견고하다. 한국 전통가옥의 담은 서구형 가옥에 있어서 개실의 역할을 한다. 서양 사람들은 일단 집안에 들어와도 집 밖이면 집 밖에 있는 것과 같은 옷차림이나 매너를 취하는데 비해 한국인은 일단 담안에 들어오면 예의나 에티켓을 지키지 않아도 되는 가족적 인간관계로 변한다. 요즈음 주택 구조가 대부분 서구형으로 개조되었는 데도 담만은 여전히 높고 견고하기만 한 것은 아직도 변하지 않은 민족집단의 의식구조 때문이라고 본다. 전통적인 담장이 나름대로의 순기능을 갖고 있는 것은 사실이지만, 이제 우리들이 모든 면에서 높이 두른 담장도 낮추거나 투명 담장으로 고쳐서 아름답게 가꾼 정원을 이웃과 함께 관상(觀賞)하면서 마음의 문을 활짝 열고 지역사회 차원의 공동체 의식을 함양해 나가야 할 것이다. 한편 도로나 하천은 가상학(家相學)에서 같은 개념으로 보고 있으며 음택에서의 수법(水法)과 같다. 즉 하천이나 도로가 주택의 왼쪽에서 오른쪽으로 감도는 형태, 왼쪽에도 도로가 있고 오른쪽에도 도로가 있으며 앞으로 도로가 가로지르면 길한 형국이지만, 물이나 도로가 주택을 향하여 공격하듯 정면으로 들어오는 것(直冲)은 흉으로 본다. 그리고 막힌 도로 또는 아주 큰 도로나 하천과 인접하는 것도 흉하다. 물은 재록(財祿)을 주관(主管)하므로 맑은 물이 완만한 곡선으로 감싸듯 흐르거나 물이 모이는 곳에는 예부터 부호(富豪)가 나오고 유명한 고을이 형성된다고 했다. 그러므로 집터는 산소자리와 달라서 물이 있어야 재산이 생기고 대를 이어 오래 살 터가 될 수 있다.

❖ **담장 모서리가 집을 치거나 대문을 치면** : 담장 모서리가 대문을 들이치는 형태는 사람이 손상되는 불상사 및 재물파괴의 액화가 닿는다.

❖ **담장으로는 어떻게 보는가** : 자기 땅과 남의 땅의 구분은 지적법에서 필지(筆地)와 획지(劃地)의 경계로 하고 있지만 사실상 무형의 공간이기 때문에 그 경계를 나타내기 위해서는 울타리나 담을 만듦으로써 경계를 나타내기도 하고 울타리나 담은 타인으로부터의 사생활을 보호하거나 짐승들의 난입을 막기도 하고 바람을 막는 등의 여러 가지 구실도 하게 된다. 담장이 주거에 비치는 영향은 주변의 외기(外氣)가 주택으로 들어올 때 그 힘을 약화시켜 주는 방풍(放風)의 역할을 하기도 하고 주택 내부의 기류(氣流)와 적절하게 상호교류시켜 순환되게 하는 역할이 가장 큰 비중을 차지한다. 즉 우리 인체가 숨을 쉬면서 산소를 흡입하고 탄산가스를 배출하는 것과 같이 생활하면서 발생되는 여러 가지의 오염된 공기를 신속하게 교환할 수 있도록 해주어야 하는데, 지나치게 높게 설치되게 된다거나 아예 없는 경우에서는 마치 살을 에일 듯이 차가운 바람이 몰아치게 될 때 담장이 없는 경우는 외기의 영향을 너무 민감하게 받아들이므로 나쁘게 되어, 외기와의 환기에 초점을 맞추어 설치되어야 한다.

- 담은 가능한 외부인의 시선을 차단할 수 있는 정도여야지 너무 높거나 너무 낮은 경우 불필요한 관심을 집중시키는 결과가 된다. 특히 담이 높은 경우는 낮은 경우보다 도둑맞는 율이 더 높게 된다.
- 돌이나 시멘트의 재료로 된 담보다는 나무 울타리가 더 좋은 영향을 미치게 된다.
- 터가 좁은 집일수록 담이 높으면 불리하게 되는데 이는 외기가 집으로 들어오지 못하고 담 가까이에서 외류되는 기류가 발생되어 비중이 있는 먼지 등만 잔뜩 이동시켜 놓게 된다.
- 금이 가거나 기운 담을 가능한 빨리 개축해야 하는데 이는 붕괴의 위험요소도 따르고 실제 사례에서 많은 흉한 일이 일어나게 되는 집으로 나타났으며 이러한 담은 5허(五虛)의 주택에 속하게 된다.
- 생목(生木)의 울타리가 아닌 경우는 가능한 낮게 하고 통기성이 있게 하며, 구멍이 나있는 재료를 쓰게 되면 좋은 효과를 가져온다.
- 요철이 심한 대지는 담이 높을수록 나쁜 영향이 배가 되므로 가능한 낮게 하고, 통기성이 있는 재료를 써야 한다.
- 정원이 좁은 경우와 정원에 연못이나 우물 등이 있는 경우는

반드시 담이 낮거나 통기성 울타리로 해야 한다.

- 담과 집 사이가 가까운 경우에는 차양을 담 가까이까지 설치하게 되면 크게 불리하게 된다.
- 매립지에서는 담장의 높이가 반드시 낮아야 하며 가능한 통풍형의 울타리로 하여야 땅으로부터 나오는 나쁜 가스를 쉽게 순환시킬 수 있어서 유리하게 된다.
- 처마보다 높은 담은 음상(陰相)이 되는데 낮은 대지에서 음상의 담은 흉함이 더욱 배가 되고 대지가 넓은 경우에는 담이 높아도 중화(中和)가 되며 높은 대지에서의 높은 담도, 낮은 대지보다는 흉함이 적게 미치게 된다.

❖ **담장은 높지 않아야 길하다** : 담을 둘러칠 때는 직사광선을 막지 않도록 배려해서 남쪽 담은 낮게 해서 햇볕을 많이 받아들이고 이와는 반대로 북쪽은 높게 해서 태양광선과 태양열을 담장 안에 많이 저장하는 것이 좋다. 담은 대지의 안팎을 구분할 뿐 아니라 대지 안에 태양광선과 태양열 보존하여 양기를 충만하게 하는 큰 역할을 하기 때문이다. 즉 태양광선이 실내로 직사되어 들어오는 것은 바람직하지 않지만 음기 아닌 양의 기가 충만한 외부의 공기가 실내로 들어오는 것은 인간의 운기를 향상시키는 데 없어서는 안 될 중요한 요소이다. 가상을 보는 방법에서도 집에 비해 담이 높을 경우 가난해질 상으로 보고 있다. 햇볕을 충분히 받아 집안에 양기가 충만해졌다 해도 바람이 통하지 않게 담을 높이 쌓으면 양기로 고인물처럼 썩어 음기로 변하고 만다. 필요에 따라 꼭 담을 높이 하려면 통풍형 담을 고려해야 할 것이다.

❖ **담장은 외부인의 시선을 차단할 수 있는 정도길** : 담장은 외부의 사람들의 시선을 차단할 수 있는 정도의 높이가 가장 이상적이다. 성인이 담장을 지나갈 때 그 안이 들여다보이지 않는 정도가 적당하며 뒷발을 들어 올려서 들여다보았을 때야 간신히 집안의 풍경이 대충 보여지는 높이라면 안성맞춤이다.

❖ **담장이 기울어져 있으면 흉** : 담장이 기울어져 있거나 금이 가 있다면 흉격이니 가능한 빨리 개축해야 한다. 집안에 좋지 않은 일이 생길 조짐이 있다.

❖ **담장이 무조건 높은게 좋은 것이 아니다** : 자신의 집과 이웃집 혹은 도로(골목)와의 경계를 나타내고자하는 담장은 경계를 나타내려는 목적만 있는 것이 아니라, 자기 집을 지나가는 타인들의 시선을 차단하여 사생활을 보호하며 외부인의 무단 침입을 방지하고 거친 바람을 막아 주는 등 다목적의 역할을 하고 있다. 예전에는 맹수들의 침입을 막는 역할까지도 하고 있지만 최근에는 점점 더 높아지고 견고해지며 그 끝은 철책이나 유리조각으로 무장되어 있고 심지어 최첨단의 방범, 경비시스템을 담장에 부착하여 얼핏 보기에는 무시무시한 느낌까지 주고 있다. 그러나 무조건 높고 튼튼하다고 해서 그것이 가상학적인 논리로도 좋은 것이라고 할 수는 없다. 담장은 집의 생김새와 크기, 장식, 위치 등을 골고루 따져서 여러 조건들과 서로 부합되어야 한다.

❖ **담제**(禫祭) : 초상으로부터 27개월만에 곧 대상을 치른 다음 다음달 하순의 정(丁)일이나 해(亥)일에 지내는 제사. 부(父)가 생존한 모상(母喪)이나 처상(妻喪)의 경우에는 초상후 15개월만에 지낸다(단사라고도 한다). 이 담제를 마침으로서 상기가 완전히 끝나는 것이다.

- **고사**(告辭)**쓰는 법**

孝子某將祗薦禫事敢請先考神主出就靈座

[해설] 효자 ○○는 담사를 행하기 위해서 돌아가신 아버지 신주를 제사지낼 곳으로 내오기를 청하옵니다.

고(告)하기를 마치고 축관이 신주를 받들고 나오면 상주 이하가 뒤따른다. 이 제사가 끝나면 비로소 술을 마시는데 술 마시기에 앞서 식혜를 마시고 고기 먹기에 앞서 건육(乾肉)을 먹는다. 강신에서 사신까지의 의식은 대상 때와 같으면 축문(祝文)은 아래와 같다.

維歲次 ○○月 ○○朔 ○○ 孝子 ○敢昭告于 顯考某官 府君 日月不居 奄及禫祭夙興夜處 哀慕不寧 謹以清酌庶羞哀薦 尚 饗

[해설] ○○는 감히 고하옵니다. 어언간 세월이 흘러 ○○벼슬한 아버님 돌아가신 담제가 돌아오니 밤낮으로 슬프게 애모하는 마음을 이기지 못하여 삼가 맑은 술과 여러 가지 음식을 갖추고 올리니 흠향하소서.

❖ **답산심혈**(踏山尋穴) : 우선 용맥의 생사(生死)를 구별하여 생룡

(生龍)의 밝은 곳을 찾아 답사하여야 한다. 혈상(穴象)의 5악(五嶽)을 잊지 말고 거수사(去水砂)의 수세(水勢)를 보아 혈을 정하되 결혈(結穴)이 되었다 싶으면 제일 먼저 입수(入首)를 찾아보아야 한다. 입수(入首)는 과일로 보면 꼭지와 같은 것으로서 입수일절(入首一節)의 생사(生死)로써 결혈의 가부가 결정된다. 옛말에도 천리(千里)에 내룡(來龍)을 논하지 말고 다만 머리에 정기가 이르러 화하여 맺어진 것을 보라 하였듯이 입수맥(入首脈)이 살아서 취기(聚氣)되었거나 산천정기(山川精氣)를 혈판(穴坂)으로 보급시킬 수 있는 자세가 되어 있나를 살펴야 한다. 혈장(穴場)의 결응이 되었나를 살피고 그 당판의 토질은 색상이 밝아야 하며, 또 토질의 강유(强柔)는 강하면 골고루 강해야 하며, 유(柔)하면 고루고루 부드러워야 하나, 강하면 귀(貴)의 혈판으로 보고 부드러우면 부(富)의 당판(當坂)으로 보아야 한다. 두 선익은 분명하며 소뿔의 모양이 되어야 하고 팔요풍해(八曜風害)를 입지 않았나를 살피며, 전(氈)이나 순(唇)이 밝게 나타나야 결혈 여부의 마지막 증거로 보게 된다. 그 결혈된 혈지(묘지)의 대소격차(大小隔差)와 문무부귀(文武富貴)의 발복은 그 근본이 혈체에 자취가 다 나타나게 된다. 결혈에 따른 주위의 모든 사격과 보국형세는 그 혈이 생긴 만큼의 형성이 되어 있으므로 혈의 발복추리는 혈상과 사격과 보국형세를 종합하여 추리하여야 한다.

❖ **당**(撞) : 중앙을 두드린다는 뜻으로 맥이 평평하고 연하게 내려와서 중심에 기(氣)가 모여 있음을 말하니 기울어지거나 곁가지의 운(暈)이 없이 중심에 맺어지는 곳에서는 당법(撞法)을 취용하게 된다. 당(撞)에는 경당(輕撞)과 중당(重撞)이 있는데 맥의 기운의 후박(厚薄)으로 표준을 삼는다. 개(蓋)는 천혈(天穴)이요, 점(粘)은 지혈(地穴)이요, 의(倚)와 당(撞)은 인혈(人穴)이라고도 하지만 이렇게 맥을 말하고 저렇게 형상을 말하여서는 안된다. 즉 토복장금(土腹藏金) 혈의 경우 형세로 논하자면 인혈(人穴)이 되나, 맥이 평평하고 완만하면 개법(蓋法)을 취용함이 마땅하다. 고산(高山)에서 유혈(乳穴)로 혈장을 만들면 형세로는 천혈(天穴)이 되나, 맥이 급직(急直)하게 내려오면 점법(粘法)을 취용함이 마땅하다. 고산(高山)에서 낙맥(落脈)하여 결혈(結穴)하면 형세로는 지혈(地穴)이 되지만 맥이 곧게 오면 의법(倚法)을 허용함이 마땅하고, 맥이 횡(橫)으로 오면 당법(撞法)을 취용함이 당연한 것이니 개당의점과 천인지혈은 함께 통용될 수 없다.

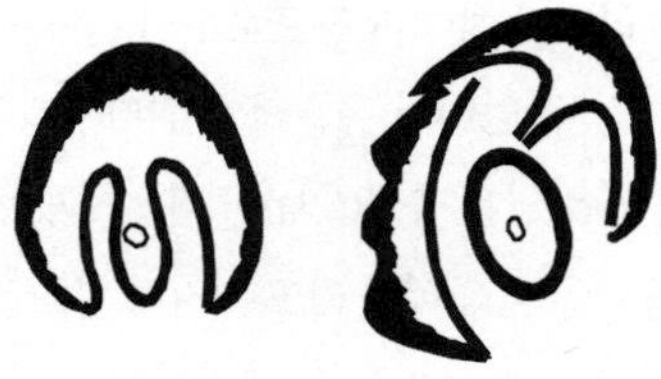

가장 중시되는 곳에 혈을 열었다.

❖ **당국**(堂局) : 혈장이 자리한 주변.

❖ **당대(當代)에 해(害)가 있는 곳은** : 청룡백호(青龍白虎)가 본신(本身)에 너무 가까이 붙어 있으면 당대에 자손에게 해(害)가 있게 된다.

❖ **당면**(堂面) : 혈장의 앞으로 보이는 곳.

❖ **당미**(螳尾) : 긴 용맥이 뾰족하고 작은 형국으로 맥의 기운이 다하여 끊어진 곳이므로 흉격이다. 뾰족하고 작고 또 길어 맥이 다하고 기운이 끊어진 곳이다.

❖ **당법**(撞法) : 작혈법(作穴法)의 하나. 혈되는 자리에서 약간 위로 올려 붙이는 것, 또는 인혈(人穴)을 정하는 것. 지리법(地理法)에 혈을 개혈(蓋穴), 점혈(粘穴), 의혈(倚穴), 당혈(撞穴)로 구분하고 있다. 그리고 혈에는 삼정(三停)이 있으니 높은 곳의 혈을 상정(上停) 또는 천혈(天穴)이라 하고 높지도 낮지도 않은 중간의 혈을 중정(中停) 또는 인혈(人穴)이라 하고, 가장 낮은 곳에 있는 혈을 하정(下停) 또는 지혈(地穴)이라 한다. 즉 천혈을 정하는 것을 개법(蓋法) 또는 개혈(蓋穴)이라 하고, 인혈(人穴)의 중간에 점혈하는 것을 당혈(撞穴) 또는 당법이라 하고, 중정(中停)의 왼쪽이나 오른쪽에 붙이는 혈을 의법(依法) 또는 의혈(倚穴)이라 하고, 하정(下停)인 지혈(地穴)에 정하는 혈을 점법(粘法) 또는 점혈(粘穴)이라 한다.

❖ **당배**(撞背) : 지리법(地理法)의 술어. 등을 칠 듯이 대어 붙인다는 뜻.

❖ **당상**(堂上) : 당상관 정3품 통정대부(通政大夫) 이상의 관직을 지

칭함. 또 당의 위 이속(吏屬)이 상관을 호칭하는 칭호.

❖ **당상관**(堂上官) : 정3품 상계(上階)인 통정대부(通政大夫), 종친의 명선대부(明善大夫), 의빈의 봉순대부(奉順大夫), 서반의 절충장군(折衝將軍) 이상의 관직.

❖ **당성**(撞城) : 물이 곧게 흘러 혈을 쏘는 것.

❖ **당심혈**(當心穴) : 명치(양쪽 갈비뼈 사이 오목한 곳)에 해당되는 형국. 청룡·백호의 높이와 크기, 길이가 비슷하며, 조안산(朝案山)도 다정하다. 사방의 산세(山勢)와 수세(水勢)가 덜함도 더함도 없이 똑 고르니 아주 귀한 혈로서 발복(發福)이 매우 빠르다. 또한 인체의 앞가슴 중심의 명칭의 오목하게 들어간 부분의 혈로서 산의 한가운데 있으며 와혈(窩穴)이 정격으로 보국의 중심에 주로 맺는다. 주변의 산세가 단정하고 유정하여 요감(饒減)의 필요가 없다. 이른바 인시하관(寅時下棺)에 묘시발복(卯時發福)한다는 속발지지다.

❖ **당조재상사**(當朝宰相砂) : 당대에 재상이 나온다는 뜻. 우선 용진혈적한 곳에 문필봉, 귀인봉, 일자문성 등의 귀한 여러 사격돌이 나열되어 있는 곳으로, 물은 여러 골짜기에서 흘러나와 모두 혈 앞 명당에 모여든다. 특히 안산이나 조산에서 나오는 물이 구불구불하게 명당으로 흘러 들어오면 이를 조입당전(朝入堂前)이라 하여 당대에 재상이 나온다고 한다.

❖ **당중**(當中) : 승금(乘金)과 순전(脣氈)을 이어서 척상에 종선을 긋고 다시 인목의 하단을 이어서 횡선을 그은 후에 종선과 횡선의 교차지점에 관의 하단이 닿도록 하는 것이 기준이다. 맥이 급하면 조금 내리고 맥이 평탄하면 조금 올린다. 돌불장정(突不葬頂)하고 와불장심(窩不葬心)하라는 말이 있다. 고불투살(高不鬪殺)하고 저불범냉(低不犯冷)하며 섬불이맥(閃不離脈)하면 당중이 된다. 그러나 혈토에서 차라리 아래위로는 어긋날지언정(寧違上下) 좌우로는 안 된다.

❖ **당판**(當坂) : 토질은 대체로 윤기가 나야하고 색상이 밝아야 한다. 때로는 비석비토(非石非土)가 토출(吐出: 정기를 게운다) 되는 곳도 있다. 당판에 가장 중요한 것은 혈상(穴象)의 오악(五嶽)이다. 입수(入首) 양선익(兩蟬翼) 당판(當坂) 전순(氈脣)에서 하나라도 미비되거나 거짓된다면 절대 진혈(眞穴)이 될 수 없다. 진혈의 기상(氣象)은 태 정 순 강 고 저(胎 正 强 高 低)로서 6가(六可) 공식에 맞아야 진혈이 될 수 있다.

❖ **당판론**(當坂論) : 당판(當坂)이라 함은 결응(結凝)된 평면의 혈상(穴相)을 말한다. 그 모양은 달걀의 좁은 쪽을 위로 하여 뉘여 놓은 것을 내려다보는 형상이니 이 도형과 함께 혈상(穴相)의 5악(五嶽)이 다시 설명된다. 입수(入首)는 산천정기(山川精氣)가 취기(聚氣)된 곳이다. 취기(聚氣)에서 양쪽으로 퍼져 나온 것이 선익(蟬翼)이며 그 선익(蟬翼) 밑의 둥근 것이 당판(當坂)이며 당판(當坂) 밑의 받쳐준 것이 전순(氈脣)이 되어서 이와 같이 5악(五嶽)을 갖춘 것이 혈의 당판(當坂)이 된다. 당판(當坂)은 윤확(輪廓)이 분명한 것으로 이를 고서에는 게눈(蟹目)이라 표현했고, 또 상분하합(上分下合)이라고도 하였다. 당판(當坂)의 결응(結凝)은 과일과 같이 둥근 형체로 되어 있다. 토질은 비석비토(非石非土)로서 윤기가 나는 생토(生土)이며 색상이 밝은 것으로 윤기가 없거나 건조하여 무력한 것은 색상을 불문하고 모두 사토(死土)이다. 당판(當坂)은 달걀형의 윤확(輪廓)이 균형을 이루어야 하고 좌정(坐定)한 것이 똑 발라야 한다. 당판(當坂)이 기운 듯 매달린 듯 하거나 이그러졌거나 토질이 무력한 것은 결혈(結穴)된 당판(當坂)이 아니며 또 사태(沙汰) 자국과 같은 굴곡(屈曲)은 황천수(黃泉水)의 침입(侵入)이요, 유(柔)하여 무력한 것은 팔요풍살(八曜風殺)을 맞은 것이다. 종합해 말하면 태(胎), 정(正), 순(順), 강(强), 고(高), 저(低)의 기상(氣象)으로 되어야 한다.

- 양 언덕의 소뿔 모양의 은은한 선익사(蟬翼砂)는 끼고 떨어지는 게눈(蟹目) 같은 윤확(輪廓)은 명혈(明穴)의 중심에서 나오더라.
- 나눔이 있고 합(合)함의 없은즉 재혈(裁穴)하기 어렵고 합(合)함이 있고 나눔이 없은즉 의거(依據)하기 어려우니 겹치고 겹쳐서 용절(龍節)을 싸준 곳에는 박(薄)한 곳에 가히 재혈(裁穴)을 할 것이요, 은은한 구첨(毬簷)[蟬翼 및 堂板]에 첨하(簷下) 밑이 적당하다.
- 고서에 이르기를, 내룡(來龍)이 곱고 미운 것을 말하지 말고 다만 혈내(穴內)에 나누고 합한 것을 보라 하였다.
- 혈처(穴處)는 음양(陰陽)을 나누어 받고 굴(窟 : 凹深而明曰窟)과 돌(突 : 凸高而顯曰突)이 명백하고 상분하합(上分下合)하고 문필봉(文筆峯)과 모든 봉(峯)은 첨원(尖圓)하게 대하고 사방이 평정해야 한다.
- 조산(朝山)과 안산(案山)이 아름답고 명당이 평정하고 수세(水勢)가 모이고 귀사(鬼砂)와 낙산(樂山)이 구비(具備)하고 용호(龍虎)가 전호하고 전순(氈唇)이 바르고 상분하합(上分下合)이 밝은즉 이 혈에 증거한다.
- 지룡(枝龍)이 강하면 귀(貴)함이 되고 강하지 못하면 귀(貴)하지 못하고 농룡(隴龍)이 잘숙한 즉 혈을 맺는 것이요 속기(束氣)를 못하면 결혈(結穴)하지 못한다.
- 예전에 말하기를, 만길 산이 한 덩어리의 사(砂)만 못하고 높은 산이 평지만 같지 못하다 하였으니 음(陰)은 양(陽)이 나타나서 시생(始生)되고 양(陽)은 음(陰)을 얻어야 발육(發育)한다.
- 세(勢)만 있고 성(星:덩어리)이 없는 것은 능히 귀함이 되지 못하고 성(星)만 있고 세(勢)가 없는 것은 대지가 되는 것을 얻을 수 없다.
- 산이 맑고 공교한 것은 귀(貴)를 주장하게 되고 완박(頑朴)하고 후(厚)한 것은 부(富)를 주장하게 된다. 평양룡(平洋龍)에는 기(氣)를 얻는 것이 참됨이 되고 몸(當坂)에는 물이 둘러 있는 것이 아름다움이 된다.

❖ **당판**(當坂)**의 길흉**(吉凶) **화복**(禍福)**은 이러하다**

- 당판이 단단하면 귀(貴)의 발복(發福)이 있다.
- 당판 밑에 암석이 깔리면 무장이 난다.
- 당판에 삼곡풍(三谷風)이 충하면 벙어리 자손이 난다.
- 당판이 무르면 부(富)의 발복이다.
- 당판이 위로 올라 갈수록 좁아야 귀함이 된다.
- 당판에 귀석(貴石)이 있으면 30년을 더 추가하여 화복을 논한다.
- 당판 앞에 길게 토하는 듯 설기되면 자손 중에 걸식자가 나온다.
- 당판이 크고 풍만하면 자손이 부자가 난다.
- 당판 주위를 암석으로 두르면 장군이 난다.
- 당판이 작아도 암석으로 단란하게 뭉치면 귀한 자손이 난다.
- 당판이 계목으로 되어 있으면 금시발복으로 속발한다.
- 당판이 급경사 되면 파산이 있다.
- 당판에 귀석이 있으면 세도할 자손이 나온다.
- 당판이 낮고 험하여 높은 산이 안산이 되면 비천자가 나고 관재구설이 있다.
- 작은 당판이라도 밝고 맑으면 고을의 군수가 연하여 나온다.
- 당판이 높고 밝으면 장원급제 한다.
- 당판이 음습하여 사토면 목염과 수염이 가득하다.
- 당판 뒤가 허하여 호수가 넘겨다보이면 간질 환자가 난다.
- 당판이 깨지거나 함하면 입이 일그러지거나 이가 드러나는 자손이 나온다.
- 당판 양변에 음침한 암석이 있으면 광중에 거미가 가득하다.
- 당판이 공허하면 관이 뒤집힌다.
- 당판이 둥글고 바르면 대귀 자손난다.
- 당판이 후덕하고 크고 넓으면 자손이 많이 난다.
- 당판이 무맥 평지면 비천한 자손이 난다.
- 당판에 암석이 산란하고 험하면 음탕 자손난다.

❖ **당판**(當坂)**이 밝은 것은 귀**(貴)**와 속발**(速發)**로 보는 것이다**

- 당판위의 팔방위에 나타난 봉(峯)이 없으면 흉지로 본다.
- 당판 좌우에 긴 골짜기가 되었다면 자손이 흩어져 산다.

❖ **당하관**(堂下官) : 문관은 정3품인 통정대부이하 종9품인 장사랑(將仕郞)까지, 무관은 정3품인 어모장군(禦侮將軍)이하 종9품인 전력부위(展力副尉)까지를 통칭한다.

❖ **대각귀인**(臺閣貴人) : 화상체 아래에 통성인 일자문성이 있고 토

성 아래에 귀인봉이 있는 형국으로 토성과 목성이 수려하고 단정해야 한다.

❖ **대간**(臺諫) : 누대(樓臺)나 성(省)에서 간(諫)하는 벼슬. 대부(大夫)의 벼슬.

❖ **대간룡**(大幹龍) : 흔히 신령(神靈)한 기(氣)를 지닌 높은 산에서 시작된 용을 뜻한다. 산줄기의 중심 용맥으로 백두대간이나 13정맥 등이 이에 해당된다.

❖ **대검**(帶劍) : 청룡·백호의 끝에서 칼처럼 생긴 산줄기가 뻗어 나간 형국. 대아도는 휘어진 칼과 같이 생겼고, 대검은 곧게 생겼다. 여기에 조상의 묘를 써도 자손 중에 장군이 나온다.

❖ **대공**(大功) : 5복(五服)의 하나 대공친(大功親)의 상사에 9개월 동안 입는 복제로서 삶아 익힌 거칠은 베로 지었음. 『경국대전』 예전(禮典)에 의하면 중차처, 중손질처, 당형제, 당자매, 부의 조부모, 부의 중자처, 부의 적손, 부의 중손, 부의 백숙부로, 부의 질처, 자의 장상, 적손의 장상, 출가녀가 본종의 형제 자매, 백숙부모, 고·질 및 질녀의 상(喪) 등에 입는 복입.

❖ **대공망일**(大空亡日) : 천지개공일(天地皆空日)로서 하늘과 땅에 있는 모든 신(神)이 일진(日辰)에는 쉬는 날이므로 길흉간에 있어 아무런 작용을 아니한다는 것이다. 무슨 일을 행하거나 허물이 없다고 하는 날로서 을축(乙丑), 갑술(甲戌), 을해(乙亥), 계미(癸未), 갑신(甲申), 을유(乙酉), 임진(壬辰), 계사(癸巳), 갑오(甲午), 임인(壬寅), 계묘(癸卯), 임자일(壬子日)이 이에 속한다. 위 공망일에는 주로 흙 다루는 일, 즉 건축 및 수리·이장(移葬)·사초(莎草) 등에 사용되고, 매매·계약 등 경제성이 있는 일은 공(空)이란 의의가 있어 꺼리게 된다.

❖ **대공복**(大功服) : 대공복은 종형제와 종자매를 위한 복으로 중손(衆孫) 남녀에게도 같이 한다. 의복으로는 중자부(衆子婦)를 위해서, 형제의 며느리를 위해서, 여자로서 남편의 조부모와 백숙부모 형제의 자부를 위해서도 같다. 대공의 공(功)은 삼베를 짠다는 뜻으로 거칠고 가는베를 말한다.

❖ **대공이상친**(大功以上親) : 9개월 이상 복상(服喪)하는 근친백숙부모.

❖ **대과사**(大科砂) : 용진혈적(龍眞穴的) 한 곳에 문필봉이 안산 또는 조산이 되면 문장재사(文章才士)가 나오는 형국. 여기에 청룡이 수려하고 귀인방에 길한 사격이 비추면 대과급제(大科及第)한다.

❖ **대구**(大口) : 대구란 와혈(窩穴)겸혈(鉗穴)과 같으나 지나치게 넓어 과대구형(過大口形)이라고도 한다. 기(氣)가 속결(束結)되지 않는 땅으로 불길한 땅이다.

❖ **대궁진호**(大窮盡虎) : 내룡(來龍)의 행도에 용호의 기운이 쇠잔하여 끊기어 있는 형국.

❖ **대나무와 소나무는 집에 재산을 이루어 주고** : 옛말에 울안에 창송(倉松) 청죽(靑竹)은 늘 푸른 소나무나 대나무는 집에 재산(財産)을 이루어 주고 그 가문을 번창하게 해준다 했으나 너무 울창하면 도리어 가세를 쇠퇴시킨다고 하였다. 큰 과일 나무는 집안에 사는 가족에게 지령과 근심을 준다고 하고 지붕을 덮는 큰 나무가 일백년이 넘으면 함부로 나무는 빼지 말라 하였다.

❖ **대도**(帶刀) : 험준하고 단단하고 경사가 급하면 혈을 세울 곳이 없다. 용이 험준하고 단단하고 가파르게 경사되어 칼등처럼 생긴 것.

❖ **대돈소질**(大頓小跌) : 용맥(龍脈)이 크게 머리를 수그리며 내려오다가 작게 미끄러져 나가 엎드린 형국.

❖ **대들보 아래에 가스렌즈나 조리대가 있으면 흉하다** : 대들보 아래에 조리대가 있으면 온 가족에게 병이 많을 수가 있다. 특히 여자에게 부엌이 서쪽에 있으면 질병에 걸리기 쉽다.

❖ **대렴**(大殮) : 대렴은 시신을 입관하는 의식이다. 이 의식은 소렴을 한 이튿날 즉 죽은 지 3일 만에 한다. 이날 날이 밝으면 집사는 탁자를 방 동쪽 벽 밑에 놓고 옷과 대렴포 둘을 준비한다. 그 다음 시신을 죄어 맬 베는 얇은 베를 쓴다. 세로 한 폭에다 양쪽 끝을 셋으로 쪼개어 소렴 때와 같이 하고 가로는 두 폭을 쓰는데, 각 폭마다 끝을 셋으로 쪼개어 여섯쪽을 만들어서 묶는다. 시중꾼이 관을 들어다가 시상 서쪽에 들여 놓으면 집사는 관 밑

바닥에 칠성판(七星板)을 깔고 그 위에 지금(地金)을 깐다. 이때 시자는 자손이나 부녀와 함께 손을 씻고 시신을 대렴상 위로 옮긴 뒤 베개를 치우고 이불을 걷는다. 이불을 걷은 다음 발을 여미는데, 왼쪽부터 먼저 하고 오른쪽을 나중에 여미고, 장포로 세로 매를 묶고 가로 매를 매는데 양쪽으로 다섯 쪽만 묶고, 한 쪽을 젖혀 놓은 뒤 시신을 들어서 관속에 넣는다. 이때 시신이 기울지 않도록 조심해야 한다. 생시에 빠진 이나 머리털 또는 목욕시킬 때 빠진 머리털이나 깎은 손톱, 발톱을 넣었던 다섯 개의 주머니를 관 귀퉁이에 넣는다. 관속에 빈곳은 죽은 사람의 옷을 말아서 채우고 천금(天衾 : 이불)을 덮으면 상주와 주부가 슬픔을 다해 곡한다.

❖ **대로변(大路邊)쪽으로 머리를 두고 잠을 자면 흉하다** : 대로변 쪽에 큰 방을 두지 않으며 머리를 두고 잠을 자지 않는다. 내실 방은 가급적 너무 밝게 채광이 들어오지 않도록 아담한 창문을 내어 적당한 선에서 그치는 것이 길상(吉相)이다. 침실의 장판은 금전 운과 상서로운 기운을 품고 있는 황토색 계열을 깔아야 하고 침대머리 맡에는 꽃병이나 꽃 관상수를 두지 말아야 한다. 침실은 항상 환기를 잘하여 맑은 기(氣)가 흐르도록 한다.

❖ **대리(大利)** : 장매(葬埋) 기조(起造)를 불문하고 대길하다.

❖ **대맥(大脈)** : 용맥이 곧고 큰 것이 만맥(蠻脈), 즉 윤맥(潤脈)으로서 맥 중간에 가는 초사회선(草蛇灰線 : 풀 속의 뱀과 같고 밀가루 그릇에 담아놓은 실) 같은 맥이 있어야 길하다.

❖ **대명당(大明堂)** : 대명당은 안산(案山)안에 입혈(立穴)하되 융결하여 모인 곳이 진혈이요 그렇지 않으면 실형하게 된다.

① 땅의 역량이 매우 커서 발복이 크고 장구히 훌륭한 묘자리 또는 집터.

② 명당이 크고 넓음.

③ 안산(案山) 너머에 있는 넓고 편편한 땅.

❖ **대명당(大明當)에는 심지오요(尋地五要)가 있다**

① 관수구(觀水口) 물이 들어오고 나가는 것을 먼저보라 하였다.

② 간명당야세(看明堂野勢) 당처에 명당과 산의 형세와 들판의 형세를 보라

③ 주산의 모양과 형상분석(形相分析)하고 혈을 정할 때는 흙의 토색을 보아야 한다.

④ 심룡맥(尋龍脈)산의 형세를 살피고 양택(陽宅)은 자연적으로 평탄한 곳인가를 보아야 한다.

⑤ 사(砂)들의 차례차례로 되어 있는지 격(格)을 세밀히 둘러보아야 한다.

❖ **대명당(大明堂)터는 알기가 어려운 것이다** : 작은 명당터는 얼마든지 있다. 명당은 자기 소견만 고집하여 혈(穴)을 이동(移動)시키고 좌향(坐向)을 바꾸고 지관(地官)은 줏대없이 상주에게 맹종한 까닭에 법술(法術)을 집행치 못하고 그르치게 되는 것이다. 이런 경우를 흔히 볼 수 있다. 적덕(積德)하지 아니한 데서 유래되는 것이다.

❖ **대명당(大明堂)은 개미가 없다** : 천하명당 대명당의 경우 이곳은 겨울되면 눈이 와서 딴 곳은 눈이 하얗게 덮혀 있는데 이곳은 눈이 오는 대로 녹아서 눈이 없는 것을 다 볼 수 있다. 그러나 소명당의 경우는 예외일 수도 있다. 이는 땅 밑에서 따스한 땅 기운이 올라오기 때문에 눈이 와도 녹기 때문이다. 또한 여름에는 그 자리에는 개미가 한 마리도 없는 것을 보게 되는데 땅 밑에서 시원한 땅기운이 올라오기 때문이다.

❖ **대명당(大明堂)은 천장지비(天藏地秘)**

① 큰 자리는 하늘을 감추고 땅이 숨기기 때문에 누구에게나 주어지는 것이 아니다. 이는 요건을 갖춘 자만이 갖는 것이니 지관이라 해서 함부로 자리를 공개하면 그 또한 죄가 되니 명심하여야 할 것이다.

② 적선(積善)과 덕망(德望)이 없는 사람이 재력이 있다고 해서 명당에 용사(用事)할 수 있는 것은 아니다. 명당이란 아무에게나 주어지는 것이 아니며, 함부로 나타나지 않을 뿐 아니라 악(惡)한 자에게는 알려주어도 길지(吉地)를 불허(不許)하고 흉지(凶地)를 선택하게 되는 사례가 많다.

❖ **대명상길일(大明上吉日)** : 대명상길일이란 4대길일(四大吉日)의 하나. 이날을 모든 일에 사용하면 매사대통(每事大通)이라 한다.

辛未 壬申 癸酉 丁丑 己卯 壬午 甲申
丁亥 壬辰 乙未 壬寅 甲辰 乙巳 丙午
己酉 庚戌 辛亥日

❖ **대모일**(大耗日) : 대모란 유년신(流年神)의 하나로 일(日)과 방위를 본다. 가옥 및 창고를 수리하는데 꺼리며, 특히 창고를 열고 물품을 출납하는데 더욱 꺼린다. 대모일은 아래와 같다.

子年 : 午　丑年 : 未　寅年 : 申　卯年 : 酉

辰年 : 戌　巳年 : 亥　午年 : 子　未年 : 丑

申年 : 寅　酉年 : 卯　戌年 : 辰　亥年 : 巳

❖ **대문**(大門)

① 대문은 많은 사람들이 출입하는 공간인 만큼 안전한 장소에 설치해야 한다. 그러기 위해서는 지리적으로 평탄해야 하며, 특히 심하게 경사진 지역은 피하는 것이 좋다.

② 대문은 좌우가 밝고 안정된 곳에 있어야 하며, 건물 한쪽 또는 처마 밑을 통과하는 지역에 위치해 있으면 대문을 통과하는 사람에게 매우 불행한 일이 생겨난다.

③ 대문은 건물이나 담장 중심부처럼 좌우 균형을 유지하는 안정된 장소에 설치하는 것이 가장 좋으며, 또한 생기가 많이 모여 있는 장소에 설치해서 출입하는 사람에게 생기를 주고, 동시에 외부 생기가 집 안으로 들어올 수 있도록 하기 위해 넓은 대지에서는 용의 맥이 통과하는 장소에 대문을 설치하는 것이 가장 이상적이다.

④ 대문 크기는 건물 크기와 어울리는 것이 좋으며 건물에 비해 너무 크거나 너무 작은 것은 좋지 않다.

⑤ 대문 자체도 높고 좌우 균형을 이루는 안정된 형태가 좋다.

⑥ 대문은 외부 바람을 막아 주는 역할도 하기 때문에 바람이 통하지 않는 형태라야 하는데, 파이프나 투시형으로 만든 대문은 기운이 외부로 빠져 나가 좋지 않다.

⑦ 대문이 움직이는 모습은 부채가 움직이는 모습과 같은데, 부채는 손잡이 끝에서 반대쪽으로 바람을 보낸다.

⑧ 대문 경첩은 부채 손잡이에 해당되며, 대문이 열리는 쪽은 부채 끝에 해당된다. 부채 끝 부분으로 바람이 나가게 되듯, 대문이 열리는 쪽으로 바람이 흐르게 된다. 따라서 대문이 안쪽으로 열리면 건물 안쪽으로 바람이 따라 들어오고, 밖으로 열리면 집 안 바람이 바깥으로 빠져 나가게 된다. 바람은 곧 기운이며, 건강과 재물을 만드는 기본이다.

⑨ 대문이 안으로 열리는 집에서는 기운이 모여 건강과 재물을 얻게 되는 반면, 대문이 밖으로 열리는 집은 내부의 바람이 빠져 나가듯 건강과 재물이 빠져 나간다.

⑩ 대문은 한 개만 설치해서 바람의 방향을 일정하게 하는 것이 안정적이다. 대문이 여러 개 있으면 바람 출입이 혼란스러워 흉가가 된다. 대

⑪ 문의 방위는 건물의 방위만큼이나 중요하므로, 방위론에 따라 설치하도록 한다.

❖ **대문과 출입문의 방위에 따른 길흉**(吉凶)

- 북문(北門)- 사업번창, 남문(南門)- 명성, 동문(東門)- 행복한 생활, 서문(西門)- 명성, 남동문(南東門)-부(富), 남서문(南西門)- 좋은 배우자를 만나게 된다.
- 대문은 안으로 열려야 복이 들어온다.
- 동사택(東舍宅)은 양(陽)으로 귀(貴) 발복(發福) 후(後) 복(福)이고 남(南)사택은 음(陰)으로 부(副) 발복(發福) 후 귀(貴)이다.
- 대문은 양으로 귀(貴)와 남자로 본다.
- 마당은 음으로 재(財)와 여자로 본다.
- 대문은 양 방위에 배치하면 부귀속발(富貴速發)하고 음 방위에 배속하면 부의 발복이 우선이다.
- 집의 대문을 정면(正面) 중심으로 내면 충(沖)이 된다.-좋지않다.
- 대문은 양으로 귀와 남자로 보고 정원(庭園)은 부와 여자로 본다.
- 대문을 양 방위에 배속하면 부귀속발 하고 음 방위에 배속하면 부의 발복이 우선이다.
- 집의 좌(坐)가 남자 양(陽)방위이면 대문은 여자 음(陰)방위로
- 집의 좌 여자 음 방위이면 대문은 남자 양 방위로 되어야 길(吉)하다.
- 건물과 대문의 좌(坐)의해 가족의 건강 질병에 영향이 많다.
- 북서 안방에 남서 대문이면 남녀장수(男女長壽), 부부화목, 자손효도, 부귀영화를 누린다.
- 북향집에 동대문 남향집에 동대문은 길상(吉祥)이다.
- 향집에 남동향 대문을 두면 생기택(生氣宅)으로 부부해로(夫婦偕老)하고 가족이 건강하고 영예(榮譽)로운 일이 많아 대대로 영화(榮華)를 누린다.

- 남향집에 대문이 서쪽에 있으면 여자가 가정을 주도하게 되며 상속인(相續人) 남자를 얻을 수 없게 된다.
- 남향집에 동사택 방위에 대문이 있으면 자손대대로 창성(昌盛)하게 된다.
- 남향집에 북동향 대문이면 오귀택(五鬼宅)으로 화재, 재패(財敗), 병폐(病敗), 위장병이 나고 부자간, 형제간, 부부간에 불화가 생기고 결국은 집이 망하게 된다.
- 남향집에 남쪽 대문 남향집에 동쪽 대문은 길상이다.
- 남향집에 북쪽에 대문이 있으면 질병이 많고 크고 작은 실패가 많아서 가운(家運)이 쇠퇴한다.
- 서사택에 북향쪽 대문이면 무병장수(無病長壽)하는 행운을 누린다.

❖ **대문(大門) 경사진 곳**: 대문이 경사가 심한 비탈과 맞닿아 있을 때는 재산 뿐 아니라 가족까지도 뿔뿔이 흩어져 한 자리에 모일 기회가 없으므로 이런 가옥은 피해야 한다. 비탈진 곳에 위치한 가옥은 재산 손실이 발생한다. 일반적으로 말하여 비탈 위의 집은 쉽게 재산이 유실되고 비탈 아래 집은 가족이 줄어든다. 경사가 매우 급한 비탈 밑에 자리잡은 가옥에는 살기(殺氣) 즉 사악한 기운이 매우 왕성하여 가족에게 죽음의 그림자가 드리운다.

❖ **대문과 담장**: 대문과 담장은 보통 출입구를 주축으로 하여 부채살이 좌우로 펼쳐지듯 담장이 배치되는 것이 상례인데 먼저 주요 골격을 면밀히 검토해야 된다.

- 문과 담장은 오른쪽이 크면 고독한 사람이 생기고 왼쪽이 크면 아내를 바꾸어 맞는 피해가 있다.
- 부채처럼 펼쳐진 대문과 담장벽이 높다랗게 늘어서 있으면 슬프고 애통한 불행사가 자주 생긴다.
- 문 앞에 물웅덩이가 괴어 있으면 집안 살림이 흩어지고 식구들이 손상을 치른다.
- 큰 나무가 문간에 바짝 붙어 있으면 질병과 우환의 재앙과 장해를 겪는다.
- 담장 모서리가 대문을 들이치는 형태는 사람이 손상되는 불상사 및 재물 파괴의 액화가 닿는다.
- 교차되는 도로 사이에 끼여져 놓인 형태의 대문은 집안에 인명의 손상 및 불행한 사고가 자주 발생한다.
- 여러 길이 맞부딪치니 부위가 자기 집 쪽을 향해 모여오는 형국은 주로 가장과 장자손에게 흉험이 발생된다.
- 문 쪽을 향해 물길이 공격해 들어오는 형국이 되면 집안이 쇠퇴하고 고질병자 내지 벙어리가 생긴다.
- 사찰, 교회, 사당 등이 문과 맞부딪치는 정면에 놓여지면 질병과 재난, 우환 등 흉험이 발생한다.
- 문 아래에 물이 솟아나거나 질퍽거리는 등 습기가 많을 경우 재물이 늘지 않고 곤궁을 치른다.
- 문간 주위에 우물을 파면 집안이 산란하고 사기와 잡기 때문에 우환과 재액의 낭패 및 손실이 생긴다.
- 변소나 오물 저장 위치가 문과 충돌될 때는 질병과 우환, 사고, 파괴 등 액화와 낭패가 생긴다.
- 흐르는 물길이 문과 부딪치면 패륜오역의 난폭 불량한 자손이 생기는 낭패가 생긴다.
- 창고 문이 외부를 향해 대문 방향으로 놓여질 경우 집안이 퇴패하고 우환·병고의 불행이 닥친다.
- 돌절구가 문간에 놓여지면 식솔들이 외방으로 흩어져 나돌고 학문과 글을 멀리하는 폐단이 생긴다.
- 문 앞에 직선형 가옥 또는 버드나무가 있을 경우 파괴와 실패, 손상 등 흉험과 궂은 일이 발생한다.
- 동남과 동북 방위에 문이나 창이 뚫려진 것은 재난과 액화 등 흉험과 파괴를 부른다.
- 양측 문끼리 서로 맞부딪치면 가업의 파탄과 붕괴 및 궂은 일이 닥친다.

❖ **대문과 담장의 우측이 크면**: 문과 담장은 오른쪽이 크면 고독한 사람이 생기고, 왼쪽이 크면 주로 아내를 바꾸어 맞는 피해가 있다.

❖ **대문(大門) 남문의 남동쪽에 큰방이 있으면**: 남문의 남동쪽에 큰방이 있으면 천을택(天乙宅)이라 하여 남녀가 현명하고 부귀(富貴)를 누리나 이 집에 오래 살면 후손이 끊기며 의부자식이 집안일을 장악한다.

- 북쪽에 부엌이 있으면 삼길택(三吉宅)이라 하여 크게 대길하다.
- 동동북쪽에 부엌이 있으면 젊은이들에게 불리하고 부녀자가 주권을 흔든다.
- 동쪽에 부엌이 있으면 부귀를 겸하는 부엌이다.
- 동남쪽에 부엌이 있으면 초년에 크게 길하다.
- 남쪽에 부엌이 있으면 오래 살면 후손이 끊긴다.
- 서남쪽에 부엌이 있으면 식구마다 불안하며 부녀자가 시끄럽게 하며 가정이 화목하지 못하다.
- 서쪽에 부엌이 있으면 건강이 나빠 남녀가 젊어서 죽는다.
- 서북쪽에 부엌이 있으면 남녀가 젊어서 가족이 불안하게 산다.

❖ **대문(大門) 남문의 동쪽에 큰방이 있으면**: 남문의 동쪽에 큰방이 있을 경우 생기택(生氣宅)이라 하여 대부(大富) 대귀(大貴)하고 공명이 천하에 미치며, 현모양처하고 자녀가 효도하여 남녀가 충실하니 벼슬길이 열린다.

- 북쪽에 부엌이 있으면 대길대리(大吉大利)하다.
- 동북쪽에 부엌이 있으면 여자에게 불리하고 어린애가 자라기 어려우며 아내가 남편의 권리를 빼앗아 행사하고 부녀자가 거칠고 사나우며 정신병을 앓는다.
- 동쪽에 부엌이 있으면 크게 길하다.
- 동남쪽에 부엌이 있으면 상길(上吉)하니 현명한 인물이 나오며 부녀자들에게도 유리하고 부귀영화하며, 아들 5형제를 두어 모두 대성한다.
- 남쪽에 부엌이 있으면 크게 길하다. • 서남쪽에 부엌이 있으면 부녀자가 단명하고 간장, 비장, 위장병으로 고생한다.
- 서쪽에 부엌이 있으면 남녀가 젊어서 죽으며 질병과 도적이 뒤따르며 흉사(凶死)하는 사람이 나온다.
- 서북쪽의 부엌은 성질이 포악한 사람이 나와 안에서나 밖에서 싸움을 하여 시비가 그칠 날이 없다. 전 가족이 각종 질병으로 고생하는 제일 불길한 집이다.

❖ **대문(大門) 남문의 북동쪽에 큰방이 있으면**: 남문(南門)의 북동쪽에 큰방이 있으면 화해택(禍害宅)이라 하여 초년에는 잘 살다가 부인이 주권을 빼앗아 살게 된다. 이 집에 오래 살면 건강에 불리하고 여자가 집안을 시끄럽게 한다.

- 북쪽에 부엌이 있으면 젊은이에게 길하다.
- 동북쪽에 부엌이 있으면 불길하다.
- 동쪽에 부엌이 있으면 재산을 모으며 부귀생활을 한다.
- 동남쪽에 부엌이 있으면 2남에게 불리하며 후사(後嗣)가 외로우며 과부가 살게 되며, 신경계통의 질병으로 고생하게 된다.
- 남쪽에 부엌이 있으면 보통생활을 한다.
- 서남쪽에 부엌이 있으면 보통생활은 어렵다.
- 서쪽에 부엌이 있으면 여자의 수명이 짧으며 집안이 화목치 못하다. 아. 서북쪽에 부엌이 있으면 노인들에게 불리하며 재산이 흩어진다.

❖ **대문(大門) 남문에 북쪽에 큰방이 있으면**: 남문의 북쪽에 큰방이 있으면 연년택(延年宅)이라 하여 아들은 효도하며 자손만당(子孫滿堂)하는 집이다. 덕을 베풀며 학문을 전수하여 훌륭한 가정이 된다. 이 집에 오래 살면 부인병으로 고생한다.

- 북쪽에 부엌이 있으면 길하나 여자가 길하다.
- 동북쪽에 부엌이 있으면 젊은이에게 불리하며 부녀자의 성질이 나빠진다.
- 동쪽에 부엌이 있으면 벼슬길이 계속된다.
- 동남쪽에 부엌이 있으면 대길하다.
- 남쪽에 부엌이 있으면 대길하다.
- 서남쪽에 부엌이 있으면 중남(中男)의 수명이 짧고 후사(後嗣)가 끊기며, 남녀 모두 일찍 죽으며 재산이 흩어진다.
- 서쪽에 부엌이 있으면 어린 며느리에게 재난이 있고 흉사(凶死)하며, 부녀자들이 불화하여 집안이 조용하지 않다.
- 서북쪽에 부엌이 있으면 주인이 질병(해수병, 창병)으로 고생하다 사망하고 재난이 계속되며 과부로 생활한다.

❖ **대문(大門) 남문의 서북쪽에 큰방이 있으면**: 남문의 서북쪽에 큰방이 있으면 절명택(絶命宅)이라 하여 재산이 흩어지고 후손이 끊긴다. 딸이 많고 아들이 귀하며 젊어서 죽으며, 각종 질병으로 고생을 한다.

- 북쪽에 부엌이 있으면 연년택(延年宅)이라 길하다.
- 동북쪽에 부엌이 있으면 불길하다.
- 동쪽에 부엌이 있으면 생기택(生氣宅)이라 남자의 수명이 길다.

ㄷ

- 동남쪽에 부엌이 있으면 남녀가 수명이 길고 부귀하다.
- 남쪽에 부엌이 있으면 일이 많고 생활이 넉넉하다.
- 서남쪽에 부엌이 있으면 가정이 불화하다.
- 서쪽에 부엌이 있으면 재산이 흩어지고 크게 패(敗)하여 불길하다.
- 서북쪽에 부엌이 있으면 불길하다.

❖ **대문(大門) 남문의 남쪽에 큰방이 있으면** : 남문의 남쪽에 큰방이 있으면 복위택(伏位宅)이라 하여 초년에는 재수가 있으나 식구마다 건강이 나쁘고 남자의 수명이 짧아 외로이 산다.

- 북쪽에 부엌이 있으면 아들 4형제가 대길하고 대리(大利)하여 무병장수하며 잘 산다.
- 동북쪽에 부엌이 있으면 주부의 성질이 강하고 자궁병으로 고생하며 의부자식이 집안을 장악한다.
- 동쪽에 부엌이 있으면 식구들이 건강하고 5복(五福)과 장수를 누리며 부부화목하여 다복한 가정이 된다.
- 동남쪽의 부엌은 부녀자에 유리하고 재산이 모이며 복(福)과 수(壽)를 누리며 건강하게 안정된 생활을 한다.
- 남쪽에 부엌이 있으면 남자의 수명이 짧고 후손이 외로우며 여자가 집안을 장악한다.
- 서남쪽에 부엌이 있으면 건강이 나쁘며 남자는 수명이 길다.
- 서쪽에 부엌이 있으면 남자는 단명하여 일찍 죽고 후손이 외로우며 여자가 집안을 돌보며 불리한 생활을 한다.
- 서북쪽에 부엌이 있으면 남자의 수명이 짧고 재산이 파산되고 안질, 두통이 심하고 과부가 집안을 유지한다.

❖ **대문(大門) 남문의 서쪽에 큰방이 있으면** : 남문의 서쪽에 큰방이 있으면 오귀택(五鬼宅)이라 하여 재산이 흩어지고 부인과 상극이며 도적에게 인명을 상하고 후손이 끊긴다.

- 북쪽에 부엌이 있으면 보통이다.
- 동쪽에 부엌이 있으면 아들이 많고 딸이 귀하며 부녀자들이 유리하다.
- 동남쪽에 부엌이 있으면 식구들이 건강이 좋다.
- 남쪽에 부엌이 있으면 보통이다.
- 서남쪽에 부엌이 있으면 여자에게 유리하고 남자는 젊어서 죽으며 이 집에 오래 살면 후손이 끊긴다.
- 서남쪽에 부엌이 있으면 재산이 흩어지고 여자가 단명하며 참혹한 사망을 하게 된다.
- 서북쪽에 부엌이 있으면 빈곤하게 살고 남녀가 일찍 죽는다.

❖ **대문(大門) 남문의 남서쪽에 큰방이 있으면** : 남문의 남서쪽에 큰방이 있으면 육살택(六殺宅)이라 하여 식구마다 기운이 없으며 남자는 수명이 짧고 이 집에서 오래 살면 과부가 이 집을 주관한다.

- 북쪽에 부엌이 있으면 주인 남·녀가 모두 길하다.
- 동북쪽에 부엌이 있으면 건강이 나쁘며 여자가 주권을 빼앗아 가정을 이끌어 간다.
- 동쪽에 부엌이 있으면 길하다.
- 동남쪽에 부엌이 있으면 길하고 재산을 많이 모은다.
- 남쪽에 부엌이 있으면 노모의 수명이 짧으며 식구마다 건강이 좋으며 할머니와 며느리 사이가 좋다.
- 서남쪽에 부엌이 있으면 남녀가 젊어서 죽고 대가 끊긴다. 각종 질병으로(안질, 신경통) 고생한다.
- 서쪽에 부엌이 있으면 재산이 흩어지고 여자가 단명하며 흉사(凶死)하는 사람이 나오며 도적이 침입하여 손해를 본다.
- 서북쪽에 부엌이 있으면 길흉(吉凶)이 반반이다.

❖ **대문(大門) 남서문의 동쪽의 큰방이 있으면** : 남서문의 동쪽에 큰방이 있으면 화해택(禍害宅)이라 하여 모자간에 불화가 있으며 처음에 재산을 잃게 되며 건강을 상하게 되어 황달병·위장병에 걸리게 된다. 재산이 있으면 건강을 잃으며 건강이 좋으면 재산이 없는 격이 된다.

- 북쪽에 부엌이 있으면 중남(中男)이 죽는다.
- 동북쪽에 부엌이 있으면 남녀가 모두 길하며 어린애들이 총명하다.
- 동쪽에 부엌이 있으면 불길하다.
- 동남쪽에 부엌이 있으면 오귀택(五鬼宅)이라 크게 흉한다.
- 남쪽에 부엌이 있으면 반길반흉(半吉半凶)하다.
- 서남쪽에 부엌이 있으면 보통 길하다.
- 서쪽에 부엌이 있으면 남녀가 모두 복록이 많다.

• 서북쪽에 부엌이 있으면 연년택(延年宅)이라 길하다.

❖ **대문(大門) 동남문의 동쪽에 큰방이 있으면** : 동남문의 동쪽에 큰방이 있으면 연년택(延年宅)이라 하여 부귀공명(富貴功名)을 떨치게 되고, 초년에는 가난했으나 차차 부유해진다. 자녀들도 총명해서 공부를 잘한다.

• 북쪽에 부엌이 있으면 대길(大吉)하다.
• 동북쪽에 부엌이 있으면 유아 기르기 어렵고 각종 질병으로 고생하며 후사가 외롭다.
• 동쪽에 부엌이 있으면 대길(大吉)하다.
• 동남쪽에 부엌이 있으면 육살방(六殺方)이라 흉하다.
• 남쪽에 부엌이 있으면 흉하다.
• 서남쪽에 부엌이 있으면 노모가 단명하고 가정이 불화하며 후사가 외롭고 간장이 안 좋아 황달병으로 고생한다.
• 서쪽에 부엌이 있으면 남녀수명이 짧고 각종 질병으로 재산이 소비된다.
• 서북쪽에 부엌이 있으면 대흉하며 부부불화로 가산이 기울어진다.

❖ **대문(大門) 동남문의 북동쪽에 큰방이 있으면** : 동남문의 북동쪽에 큰방이 있으면 절명택(絶命宅)이라 하여 불길하다. 의붓자식이 대(代)를 잇게 되고 소송사건과 도둑의 침입으로 실물(失物)을 한다. 각종 질병으로 고생을 하게 된다.

• 북쪽에 부엌이 있으면 젊은이가 출세한다.
• 동북쪽에 부엌이 있으면 무해하다.
• 동쪽에 부엌이 있으면 생기고 젊은이에게 불리하다.
• 동남쪽에 부엌이 있으면 불길하고 고독하다.
• 남쪽에 부엌이 있으면 부인이 남편의 주권을 빼앗아 가정을 이끌어 간다. 자녀들이 어려움이 많으며 부녀자가 성병(자궁병)으로 고생한다.
• 서남쪽에 부엌이 있으면 대흉(大凶)하다.
• 서쪽에 부엌이 있으면 불길하다.
• 서북쪽에 부엌이 있으면 부녀자가 단명(短命)하며 사산한다.

❖ **대문(大門) 동남문의 북쪽에 큰방이 있으면** : 동남문의 북쪽에 큰방이 있으면 생기택(生氣宅)이라 하여 5형제가 과거에 급제하고 남녀가 준수하며 자손이 현명하고 부귀영화를 대대로 누린다. 부부해로하고 무병장수하는 길택(吉宅)이다.

• 북쪽에 부엌이 있으면 생기가 넘쳐 대길(大吉)하고 부녀자가 총명하다.
• 동북쪽에 부엌이 있으면 어린 아이 키우기 어려우며 다섯 아이 중 세 아이를 잃는다.
• 동쪽에 부엌이 있으면 재물이 모이지 않는다.
• 동남쪽에 부엌이 있으면 대길하며 부귀영화하며 가족마다 생기가 넘치는 가정이라 한다.
• 남쪽에 부엌이 있으면 복·녹·수의 3성(三星)이 있으나 발복 못한다.
• 서남쪽에 부엌이 있으면 중남(中男)에게 발복이 있다.
• 서쪽에 부엌이 있으면 부녀자 단명(短命)하고 불길하다.
• 서북쪽에 부엌이 있으면 부부사별(夫婦死別)하고 가족들과 불화하며 사산을 하게 된다.

❖ **대문(大門) 동남문의 북서쪽에 큰방이 있으면** : 동남문의 북서쪽에 큰방이 있으면 화해택(禍害宅)이라 하여 이는 부녀자가 단명하고 사산하며 허리·다리 병으로 고생한다.

• 북쪽에 부엌이 있으면 생기가 있어 건강하고 재산이 모인다.
• 동북쪽에 부엌이 있으면 정신병을 앓으며 후사가 외롭다.
• 동쪽에 부엌이 있으면 모든 일이 순조롭게 풀린다.
• 동남쪽에 부엌이 있으면 여자가 건강하다.
• 남쪽에 부엌이 있으면 길흉이 상반한다.
• 서남쪽에 부엌이 있으면 부녀자가 일찍 죽으며 간장병·위장병으로 고생한다.
• 서쪽에 부엌이 있으면 불길하다.
• 서북쪽에 부엌이 있으면 노부와 남자에게 불길하다.

❖ **대문(大門) 동남문의 서쪽에 큰방이 있으면** : 동남문의 서쪽에 큰방이 있으면 육살택(六殺宅)이라 하여 부녀자간에 사이가 안 좋고 남녀 모두 수명이 짧고 외로이 살며 의붓아들이 가계를 잇는다.

• 북쪽에 부엌이 있으면 생기가 있어 길하다.
• 동북쪽에 부엌이 있으면 불리하다.

- 동쪽에 부엌이 있으면 연년방(延年方) 재물이 모인다.
- 동남쪽에 부엌이 있으면 무해하다.
- 남쪽에 부엌이 있으면 흉하다.
- 서남쪽에 부엌이 있으며 대흉(大凶)하다.
- 서쪽에 부엌이 있으면 남자의 수명이 짧고 후손이 외로우며 질병으로 고생한다.
- 서북쪽에 부엌이 있으면 부녀자는 일찍 죽고 남자도 수명이 짧으며 후사가 끊겨 불길하다.

❖ **대문(大門) 동남문의 서남쪽에 큰방이 있으면**: 동남문의 서남쪽에 큰방이 있으면 오귀택(五鬼宅)이라 하여 남녀가 상극이 되며 고부간에도 사이가 극히 나쁘다. 남자가 재산을 탕진하며, 떠돌이가 되어 집안 일은 과부인 어머니가 주관한다. 각종 질병 즉 간·위장병으로 고생하며 남자는 단명하다. 아들형제가 있으나 의붓자식과 다투며 생활한다.

- 북쪽에 부엌이 있으면 2남이 불리하다.
- 동북쪽에 부엌이 있으면 불길하다.
- 동쪽에 부엌이 있으면 부녀자에게 불리하다.
- 동남쪽에 부엌이 있으면 불리하다.
- 남쪽에 부엌이 있으면 불리하다.
- 서남쪽에 부엌이 있으면 흉하다.
- 서쪽에 부엌이 있으면 남녀 모두 수명이 짧고 후사가 외롭다.
- 서북쪽에 부엌이 있으면 반은 길하고 반은 흉하다.

❖ **대문(大門) 동남문의 남쪽에 큰방이 있으면**: 동남문의 남쪽에 큰방이 있으면 육살방위(六殺方位)라 하여 남자는 오래 살면 남자의 수명이 짧은 것이다.

- 북쪽에 부엌이 있으면 생기가 돌아 크게 길하고 이로우며 부귀를 후손에까지 누리며 여자도 빼어난다.
- 동북쪽에 부엌이 있으면 외롭고 불길하며 건강이 나빠 정신병을 앓으며 부인이 양자를 들인다.
- 동쪽에 부엌이 있으면 크게 길하며 부귀를 누리며 가정이 화목하여 매사가 순조롭게 잘 된다.
- 동남쪽에 부엌이 있으면 건강이 좋다.
- 서남쪽에 부엌이 있으면 불길하며 모든 일이 이롭지 못하고 고부간에 사이가 나쁘다.
- 서쪽에 부엌이 있으면 남자의 수명이 짧으며 근육통으로 고생한다.
- 서북쪽에 부엌이 있으면 남녀가 모두 단명하며 낙태하여 사산을 낳으며 흉사(凶死)한다.

❖ **대문(大門) 동남문의 동남쪽에 큰방이 있으면**: 동남문의 동남쪽에 큰방이 있으면 복위택(伏位宅)이라 하여 재산 운이 많고 남자가 귀인 된다.

- 북쪽에 부엌이 있으면 생기가 성하여 크게 길하며 오복이 만당(滿堂)하니 후세에 영광이 무궁하다.
- 동북쪽에 부엌이 있으면 상극이 되므로 손이 끊기고 재산이 흩어진다.
- 동쪽에 부엌이 있으면 부귀가 크게 일어난다.
- 동남쪽에 부엌이 있으면 재산은 있으나 남자의 수명이 짧아 건강을 보존하지 못한다.
- 남쪽에 부엌이 있으면 후사(後嗣)가 외롭다.
- 서남쪽에 부엌이 있으면 식록은 걱정없다.
- 서쪽에 부엌이 있으면 부녀자에게 불리하고 가족의 건강이 안 좋다.
- 서북쪽에 부엌이 있으면 부녀자가 사산을 하며 각종 질병으로 고통을 받는다.

❖ **대문(大門) 동문의 북동쪽에 큰방이 있으면**: 동문의 북동쪽에 큰방이 있으면 육살택(六殺宅)이라 하여 어린애에게 해가 미치고 남녀간에 젊어서 죽으며 신경통으로 재산을 소비하고 의붓자식이 집안일을 주관한다.

- 북쪽에 부엌이 있으면 매사가 번창한다.
- 동북쪽에 부엌이 있으면 어린이에게 불리하다.
- 동쪽에 부엌이 있으면 복위택(伏位宅)이라 길하다.
- 동남쪽에 부엌이 있으면 가족이 화목하고 재산이 늘어난다.
- 남쪽에 부엌이 있으면 생기택(生氣宅)이라 부녀자가 크게 발전한다.
- 서남쪽에 부엌이 있으면 노모와 노부가 헤어지며 어린애가 자라기 어렵고 남녀 모두 수명이 짧다.

• 서쪽에 부엌이 있으면 여자가 많고 남자가 젊어서 벼슬하게 된다.

• 서북쪽에 부엌이 있으면 크게 흉하며 모든 일이 불리하다.

❖ **대문(大門) 동문의 북쪽에 부엌이 있으면**: 동문의 북쪽에 부엌이 있으면 천의택(天醫宅)이라 하여 초년에는 길하나 오래 살면 남녀 모두 착한 일을 많이 하며 봉사활동도 많이 한다.

• 북쪽에 부엌이 있으면 초년에는 좋으나 오래 살면 아내와 상극이고 자식을 상하게 된다.

• 동북쪽에 부엌이 있으면 대가 끊기며 남녀간에 수명이 짧아 어린애에게 불리하다.

• 동쪽에 부엌이 있으면 복위택(伏位宅)이라 식록 걱정없이 산다.

• 동남쪽에 부엌이 있으면 모든 일이 순조롭게 잘 되고 부귀영화를 누린다.

• 남쪽에 부엌이 있으면 생기택(生氣宅)이라 발전한다.

• 서남쪽에 부엌이 있으면 흉하다. • 서쪽에 부엌이 있으면 남녀가 죽는다.

❖ **대문(大門) 동문의 서북쪽에 큰방이 있으면**: 동문의 서북쪽에 큰방이 있으면 오귀택(五鬼宅)이라 하여 노인에게 불리하며 수명이 짧아 이상한 질병으로 일찍 죽는다. 살인, 도적을 맞으며 아내는 상하고 애들과 상극이 되고 사업은 부진하다. 주인은 재혼하여 가족과 불화하고 도박과 여자관계로 떠돌이가 된다. 화재를 만나고 각종 질병으로 유산되어 아이 기르는 데 힘든다.

• 북쪽에 부엌이 있으면 천을택(天乙宅)이라 불어난다.

• 동북쪽에 부엌이 있으면 황달과 정신병을 앓으며 모자간에 상극이다.

• 동쪽에 부엌이 있으면 복위택(伏位宅)이라 자녀들이 효도한다.

• 남쪽에 부엌이 있으면 생기택(生氣宅)이라 자손은 효도하고 가장은 출세한다.

• 서남쪽에 부엌이 있으면 노모와 노부가 헤어지며 부녀자에게 불리하며 위장·간장·심장 등의 병을 앓는다.

• 서쪽에 부엌이 있으면 복위택(伏位宅)이라 자손들은 효도하고 재물이 불어난다.

• 서북쪽에 부엌이 있으면 오귀택(五鬼宅)이라 남녀가 모두 단명하고 각종 사고에 크게 불리하며 흉하다.

❖ **대문(大門) 동문의 서쪽에 큰방이 있으면**: 동문의 서쪽에 큰방이 있으면 복위택(伏位宅)이라 건강도 좋아지고 하는 일들이 잘 풀려 나간다.

• 북쪽에 부엌이 있으면 초년에는 평안하나 오래 살면 남·녀 모두 수명이 짧다.

• 동북쪽에 부엌이 있으며 어린애가 일찍 죽는다.

• 동쪽에 부엌이 있으면 길하다.

• 동남쪽에 부엌이 있으면 연년택(延年宅)이라 부녀자가 가정에 충실하고 재물을 모은다.

• 남쪽에 부엌이 있으면 젊은 며느리가 벼슬길에 오른다.

• 서남쪽에 부엌이 있으면 노모가 상한다.

• 서쪽에 부엌이 있으면 복위택(伏位宅)이라 온 가족이 건강하고 하는 일들이 잘 풀린다.

• 서북쪽에 부엌이 있으면 크게 흉한다.

❖ **대문(大門) 동문의 남서쪽에 큰방이 있으면**: 화해택(禍害宅)이라 하여 황달, 위장의 환자가 나오고 초년에는 건강한 사람이 있으나 오래 살면 모두 병자로 된다. 재산을 모으면 건강이 해롭고 건강이 좋으면 재산을 잃는 일이 있다.

• 북쪽에 부엌이 있으면 천을택(天乙宅)이라 대길(大吉)하다.

• 동북쪽에 부엌이 있으면 흉하다.

• 동쪽에 부엌이 있으면 길하다.

• 동남쪽에 부엌이 있으면 흉하다.

• 남쪽에 부엌이 있으면 불길하다.

• 서남쪽에 부엌이 있으면 흉하다.

• 서쪽에 부엌이 있으면 남자가 일찍 죽고 자식에게 불리하다.

• 서북쪽에 부엌이 있으면 흉하다.

❖ **대문(大門) 동문의 남쪽에 큰방이 있으면**: 동문의 남쪽에 큰방이 있으면 생기택(生氣宅)이라 하여 오자등과(五子登科)라 하여 5형제가 다 같이 과거에 합격하는 영예를 갖고 부부가 화목하고 해로하며 부귀영화를 누리고 산다. 남자는 총명하고 여자는 미모로서 집안이 화기애애한 생활을 한다. 현부(賢婦)를 맞이하여 가정이 태평하고 무병자수하는 백세가정(百歲家庭)이 된다.

- 북쪽에 부엌이 있으면 크게 불길하다.
- 동북쪽에 부엌이 있으면 연년택(延年宅)이라 온가족이 무병장수하고 재물도 모인다.
- 동쪽에 부엌이 있으면 불길하다.
- 동남쪽에 부엌이 있으면 부부가 원만하고 크게 길하며 유리하다.
- 남쪽에 부엌이 있으면 잘 되는 일이 많다.
- 서남쪽에 부엌이 있으면 여자에게 불리하다.
- 서쪽에 부엌이 있으면 크게 흉하다. 아. 서북쪽에 부엌이 있으면 백사불성(百事不成)이라 하여 백가지 일 중에 이루어지는 일이 하나도 없다.

❖ **대문(大門) 동문의 남동남쪽에 큰방이 있으면**: 동문의 남동남쪽에 큰방이 있으면 연년택(延年宅)이라 하여 재운(財運)이 있어 횡재를 하여 부자가 되어 부귀(富貴)를 누린다. 공명이 만천하에 현달하고 아들 4형제를 두어 모두 잘 산다.

- 북쪽에 부엌이 있으면 대길(大吉)하고 대리(大利)한다.
- 동북쪽에 부엌이 있으면 자손이 끊기고 재산이 흩어지므로 불길하다.
- 동쪽에 부엌이 있으면 대길(大吉)하고 대리(大利)한다.
- 동남쪽에 부엌이 있으면 대길(大吉)하고 대리(大利)한다.
- 남쪽에 부엌이 있으면 3형제가 장원급제하며, 남자는 총명하고 여자는 미모이며, 가족이 화목하고 집안 태평하다. 매사가 순조롭게 잘 이루어진다.
- 서남쪽에 부엌이 있으면 노모가 일찍 사망하여 불길하다.
- 서쪽에 부엌이 있으면 남녀가 모두 건강하고 무병장수 한다.
- 서북쪽에 부엌이 있으면 아내와 상극이고 아들이 죽으니 불길하다.

❖ **대문(大門) 동문의 동쪽에 큰방이 있으면**: 동문의 동쪽에 큰방이 있으면 복위택(伏位宅)이라 하여 초년에는 부귀를 누리나 부인이 수명이 짧아 식구마다 건강이 나쁘다. 오래 살면 양자로 대를 잇고 외롭게 산다.

- 북쪽에 부엌이 있으면 천을(天乙)방위라 하는 일들이 순조롭게 발전한다.
- 동북쪽에 부엌이 있으면 가난하고 괴로움이 많다. 재산이 흩어지고 집안이 망하며 어린애들은 황달병을 앓는다.
- 동쪽에 부엌이 있으면 초년에는 부자가 되나 오래 살면 자손도 끊기고 아내와도 상극이 된다.
- 동남쪽에 부엌이 있으며 부귀쌍전(富貴雙全)하고 무병장수하며 행복한 생활을 한다.
- 남쪽에 부엌이 있으면 모든 일이 순조롭게 잘된다.
- 서남쪽에 부엌이 있으면 늙은 어머니에게 불리하며 각종 질병으로 고생한다.
- 서쪽에 부엌이 있으면 가족들의 건강이 나쁘며 남녀간의 수명이 짧아 일찍 죽는다.
- 서북쪽에 부엌이 있으면 모든 일이 이롭지 못하며 가정이 망한다.

❖ **대문(大門) 동북문에 동북쪽의 큰방이 있으면**: 동북문에 동북쪽의 큰방은 복위택(伏位宅)이라 하여 초년에는 재산을 모으나 오래 살면 해롭게 되며 집안에 우환이 끊기지 않는다. 이러한 집도 부엌의 방위에 따라 길흉이 달라진다.

- 북쪽의 부엌은 만사에 불길하며 크게 흉하다.
- 동북쪽의 부엌은 재산은 있으나 집안에 우환이 끊이질 않는다.
- 동쪽 부엌은 처자에게 극히 해롭다.
- 동남쪽의 부엌은 남자는 단명하여 과부로 살게 되며 여자가 집안을 유지하며 어린이는 간장·비장의 병으로 죽음으로 양자를 들이게 된다.
- 남쪽의 부엌은 초년에는 복이 있으나 부녀자가 집안을 시끄럽게 한다.
- 서남쪽의 부엌은 평길하다.
- 서쪽의 부엌은 역시 평길하다.
- 서북쪽의 부엌은 아버지와 아들은 좋으나 부녀자와 어린아이는 불리하다. 초년에는 부귀를 누리나 오래되면 불리하다.

❖ **대문(大門) 동북쪽문의 북쪽에 큰방이 있으면**: 동북쪽문의 북쪽에 큰방은 오귀택(五鬼宅)이라 하여 익사자가 나오며, 혹은 목을 매어 죽는 사람이 나오며, 관재 구설 및 도적·화재 등으로 재산을 잃게 되고 결국 집안이 망한다. 부자간·형제간이 불화

하고 아내와는 상극이며, 아들은 상하고 부모에 불효한다.

- 북쪽의 부엌은 내외 쪽으로 화를 입게 되므로 크게 흉하다.
- 동북쪽의 부엌은 흉하다.
- 동쪽의 부엌은 불길한 일이 자주 일어난다.
- 동남쪽 부엌은 황달·중증병으로 고생하므로 불길하다.
- 남쪽의 부엌은 사나운 부인이 집안을 시끄럽게 한다.
- 서남쪽의 부엌은 가운데 아들이 단명하다.
- 서쪽의 부엌은 집안이 항상 평안하다.
- 서북쪽의 부엌은 부인과 상극이 되어 자식을 상하게 되며 재산을 잃게 되어 주색잡기에 여념이 없다.

❖ **대문(大門) 동북쪽의 서북쪽에 큰방이 있으면** : 동북쪽의 서북쪽에 큰방이 있으면 천을택(天乙宅)이라 하며, 아들 3형제를 두고 부귀영화하고, 남자는 장수하나 부인과는 상극이 되고 아들에게는 해가 되니 결국 외롭게 살게 된다.

- 북쪽의 부엌은 어린애가 일찍 죽는다.
- 동북쪽의 부엌은 비교적 집안이 평안하니 차길(次吉)하다.
- 동쪽의 부엌은 살(殺)이 끼어 크게 흉하다.
- 동남쪽의 부엌은 남녀 모두 초년에 길하나 말년 건강조심 해야 한다.
- 남쪽의 부엌은 외롭고 재산을 잃으며 눈병과 뇌종창으로 고생을 한다.
- 서남쪽의 부엌은 크게 이롭다.
- 서쪽의 부엌은 길하다.
- 서북쪽의 부엌은 부부불화로 후사가 없어 외롭다.

❖ **대문(大門) 동북문의 서쪽에 큰방이 있으면** : 동북문의 서쪽에 큰방이 있으면 연년득위금성등전지택(延年得位金星登殿之宅)이라 하여 부부금실이 좋은 집이며, 소년등과(少年登科)하고 가산이 늘고 부부해로하며, 자녀가 효도하여 부귀영화하며 무병장수한다. 아들 4형제를 두며 서사택(西四宅) 중에서 제일 좋은 집이다.

- 북쪽의 부엌은 5귀(五鬼)방이라 대흉하다.
- 동북쪽의 부엌은 대길하다.
- 동쪽의 부엌은 흉한 집이다.
- 동남쪽의 부엌은 부녀자의 수명이 짧아 후사가 불길하다.
- 남쪽의 부엌은 젊은 부인이 일찍 죽게 된다.
- 서남쪽의 부엌은 아들을 두지 못하며 하는 일도 모두 불길하다.
- 서쪽의 부엌은 부인이 집안을 유지하며 미모의 딸을 두게 된다.
- 서북쪽의 부엌은 부귀장구(富貴長久)하며 무병장수한다.

❖ **대문(大門) 동북문의 서남쪽에 큰방이 있으면** : 동북문의 서남쪽에 큰방은 생기택(生氣宅)이라 하여 집안이 융성하여 부귀영화하고 자녀가 효도하며 손자녀 역시 현명하고 부부가 해로한다. 그러나 어린애에게 신경계통의 질병으로 고생하게 되며 차길(次吉)한 편이다.

- 북쪽의 부엌은 크게 흉하다.
- 동북쪽의 부엌은 크게 이롭다.
- 동쪽의 부엌은 남녀가 젊어서 죽으며 어린아이를 기르기 어렵고 관송으로 구설수가 있으면 집안이 화목치 못하다.
- 동남쪽의 부엌은 후손이 귀해져 불길하다.
- 남쪽의 부엌은 부인의 극성으로 집안이 불안하다.
- 서남쪽의 부엌은 좋은 영향을 주게 된다.
- 서쪽의 부엌은 크게 이롭다.
- 서북쪽의 부엌은 크게 불길하다.

❖ **대문(大門) 동북문의 동남쪽에 큰방이 있으면** : 동북문의 동남쪽에 큰방은 절명택(絶命宅)이라 하여 어린애가 성장하기 어려우며 정신병과 황달병으로 고생하며 남자가 죽어 과부가 되고 집안을 유지한다.

- 북쪽에 부엌은 흉한 집이 된다.
- 동북쪽의 부엌은 초년은 길하나 오래 살면 불길한 집이 된다.
- 동쪽의 부엌은 아이를 기르기 어렵고 결국 후사가 끊어진다.
- 동남쪽의 부엌은 과부어머니와 외로운 아들이나 성이 다른 사람을 데리고 산다.
- 남쪽의 부엌은 부인이 집안을 유지한다. 오래되면 부인병으로 고생한다.
- 서남쪽의 부엌은 생기택(生氣宅)이라 남녀 모두 길하다.
- 서쪽의 부엌은 연년택(延年宅)이라 자손은 등과하고 부귀(富貴)한다.
- 서북쪽의 부엌은 유산하거나 어린애를 출산하다 사망한다.

❖ **대문 방위와 오행** : 오행의 수는 수량·시간·원인 등을 나타내는데 이를 방위와 관련지어 살펴볼 수 있다. 먼저 수량을 예로 들면, 동쪽 대문에 의해 부자가 되는 집의 재산 정도를 보면 동쪽은 오행으로 나무에 해당하므로 3과 8을 갖는다. 따라서 재산을 3000석이나 8000석 등으로 나타낼 수 있다. 집 방위만 좋으면 3000석으로 계산하고 주변 지세까지 명당이면 8000석으로 계산한다. 시간을 예로 들면, 동쪽 대문에 의해 재벌이 되는 경우 3년 8개월 되는 시점에 재벌이 된다는 의미다. 마지막 오행은 좋은 일이든 나쁜 일이든 그 자체가 사건을 일으키는 원인으로 작용한다. 동쪽 대문으로 재벌이 되는 경우, 그 집주인은 목재나 합판·목조가구·농사 같은 일에 종사하면 재벌이 된다. 동쪽의 나무 기운이 대문을 통해 집안으로 들어오기 때문이다. 위에 의한 동기와 서기는 오행으로도 구분된다. 수(水)·화(火)·목(木) 방위는 동기고, 금(金)·토(土) 방위는 서기다. 오행을 8방위로 구분하면 정북이 수, 북동·남서는 토, 정동·남동은 목, 정남은 화, 정서·북서는 금이다. 집과 대문의 방위는 서로 상생 관계를 이루는 것이 좋다. 집이 정북에 있으면 오행상 물 기운을 받기 때문에, 대문은 오행상 나무 기운을 받는 것이 좋다. 그러나 같은 집이라도 대문이 남서쪽에 있으면 흙에 해당하므로 상극관계를 이뤄 좋지 못하다.

❖ **대문의 위치** : 가상(家相)에는 가택삼요(家宅三要)란 것이 있어 주(主), 대문, 큰방과 부엌을 말하는데, 큰방이라 하면 주(主)에 속하는 방으로 대주, 호주가 거처하는 방으로 가장 중요한 위치를 차지하는 방이다. 이 방의 위치와 대문과의 관계를 중요시하여 대문의 위치, 방 즉, 방위만 설명한다.

① 집이 북북서쪽, 북쪽, 북북동쪽으로 자리하면 남동쪽 대문, 동쪽 대문, 남쪽 대문이 좋다.

② 집이 동북동쪽, 동쪽, 동남쪽으로 자리하면 남쪽, 북쪽, 남동쪽 대문이 좋다.

③ 집이 동남동쪽, 남동쪽, 남남동쪽으로 자리하면 북쪽, 동쪽 남쪽 대문이 좋다.

④ 집이 남남동쪽, 남쪽, 남남서쪽으로 자리하면 동쪽, 북쪽, 남동쪽 대문이 좋다.

⑤ 집이 북북동쪽, 북동쪽, 동북쪽으로 자리하면 남서쪽, 북서쪽, 서쪽 대문이 좋다.

⑥ 집이 서북서쪽, 북서쪽, 북북서쪽으로 자리하면 서쪽, 북동쪽, 남서쪽 대문이 좋다.

⑦ 집이 서남서쪽, 서쪽, 서북서쪽으로 자리하면 북서쪽, 북동쪽, 남서쪽 대문이 좋다.

⑧ 집이 남남서쪽, 남서쪽, 서남서쪽으로 자리하면 북동쪽, 서쪽, 북서쪽 대문이 좋다.

❖ **대문, 방문, 창문 등이 한쪽으로 몰려 있으면** : 발전 향상의 진도가 더디고 장애와 손실이 자주 발생되는 장해를 치른다.

❖ **대문(大門) 방향(方向) 길흉(吉凶)**

① 북(北)은 흉이다. 북쪽에 대문이 있는 것은 그다지 좋지 않다. 자(子)의 해에 출생한 사람에 있어서는 특히 흉한 방향이다.

② 북동은 대흉이다. 북동은 귀문(鬼門)이다. 이것은 모든 사람에게 있어서 대흉(大凶)이므로 절대로 피해야 한다.

③ 동은 대길이다. 발달(發達)의 문이라고도 하는 동은 길문이다. 다만 갑(甲), 을(乙), 묘(卯)해에 출생한 사람에게는 흉이다.

④ 남동은 길이다. 남동은 번영의 문이라고 불린다. 다만 진(辰), 사(巳)해에 출생한 사람에게는 흉의 방향이 된다.

⑤ 남은 대길이다. 남은 길문이지만 오(午)해에 출생한 사람에게는 흉이 된다.

⑥ 남서는 대흉이다. 남서는 귀문(鬼門)이다. 대흉의 방향이므로 문을 내서는 안 된다. 특히 미(未), 신(申)의 해에 출생한 사람에게는 가장 나쁜 방향이다.

⑦ 서는 길도 되고 흉도 된다. 대문을 내는 사람의 5행(五行)에 맞으면 좋으며, 맞지 않으면 피하는 것이 좋다. 유(酉)의 해에 출생한 사람에게는 무조건 흉이다.

⑧ 북서는 대길이다. 북서는 길문으로써 해(亥)의 해에 출생한 사람에게만 흉이 된다.

❖ **대문이 부채처럼 펼쳐지면** : 대문이 부채처럼 펼쳐진 대문과 담장 벽이 높다랗게 늘어서 있으면 슬프고 애통한 불행사가 자주 생긴다.

❖ **대문(大門) 북문의 남쪽에 큰방이 있으면** : 북문(北門)의 남쪽에

큰방이 있으면 연년택(延年宅)이라 하여 아들 4형제가 부부화합하여 부귀영화를 누린다. 오래 살면 아내가 안질병을 얻는다.

- 북쪽에 부엌이 있으면 유리하다.
- 동북쪽에 부엌이 있으면 어린애에게 불리하고 아내에게 흉하다.
- 동쪽에 부엌이 있으면 육살(六殺)이라 아들이 일찍 죽고 가정이 패망한다.
- 동남쪽에 부엌은 생기택(生氣宅)이라 남자는 총명하고 여자는 수려하여 부모에 효도하며 부귀영화하고 평안한 가정을 이룬다.
- 남쪽에 부엌이 있으면 부부가 화목하고 대길하다.
- 서남쪽에 부엌이 있으면 절명택(絶命宅)이라 남녀 모두 상극이 되어 수명이 단명하며 불길하다.
- 서쪽의 부엌은 부인이 일찍 죽고 가정이 파산된다.
- 서북쪽의 부엌은 노인에게 불리하며 남녀 모두 수명이 짧아 불길하다.

❖ **대문(大門) 북문의 동북쪽에 큰방이 있으면** : 북문의 동북쪽에 큰방이 있으면 오귀택(五鬼宅)이라 하여 젊은이에게 크게 불리하며 목매어 죽는 사람이 생긴다. 집안에 병과 재난이 끊이지 않아 패망하기 쉽다.

- 북쪽에 부엌이 있으면 복위택(伏位宅)이라 초년에는 재산이 모이나 오래 살면 건강이 나빠진다.
- 동북쪽에 부엌이 있으면 흉하다.
- 동남쪽에 부엌이 있으면 생기택(生氣宅)이라 대길(大吉)하다. 그러나 어린이에게는 불리하다.
- 남쪽에 부엌이 있으면 연년택(延年宅)이라 부인의 성질이 강하고 젊은이들은 등과한다.
- 서남쪽에 부엌이 있으면 중남(中男)이 불리하며 황달과 종기 가슴앓이 등을 앓는다.
- 서쪽에 부엌이 있으면 부녀에게 불리하다.
- 서북쪽에 부엌이 있으면 육살(六殺)방위라 아내와 맞지 않고 후손이 외롭다.

❖ **대문(大門) 북문의 동남쪽에 큰방이 있으면** : 북문의 동남쪽에 큰방이 있으면 탐랑득위지택(貪浪得位之宅)이라 하여 남자는 총명하고 여자는 수려하며 부모에 효도하고 부귀영화를 누린다. 또한 무병장수하는 제일 길지이다.

- 북쪽에 부엌이 있으면 대길하다.
- 동북쪽에 부엌이 있으면 5귀(五鬼)라 크게 불길하며 동사택 중에 가장 흉(凶)한 부엌이며 삼다(三多)화(禍) 모인다.
- 동남쪽의 부엌은 대길(大吉)하고 대리(大利)하다.
- 남쪽에 부엌은 매사가 길하다.
- 서남쪽에 부엌이 있으면 대흉하며 남녀가 젊어서 죽고 중남(中男)이 대가 끊긴다.
- 서쪽에 부엌은 여자에 불리하며 다른 식구들은 무해하다.
- 서북쪽에 부엌이 있으면 맏며느리에 불리하여 산후에 중병을 얻는다.

❖ **대문(大門) 북문의 동쪽에 큰방이 있으면** : 북문의 동쪽에 큰방이 있으면 천을택(天乙宅)이라 하여 초년에는 건강하고 공명을 이루어 온 집안 안정된 생활을 하나 오래되면 외롭게 지내며 부녀가 집안일을 주관한다.

- 북쪽에 부엌이 있으면 초년에는 부귀를 누리나 오래 되면 후손이 끊기고 외롭게 산다.
- 동북쪽에 부엌이 있으면 5귀(五鬼)방위라 대흉(大凶)하며 매사가 불리하다.
- 동쪽에 부엌이 있으면 절명(絶命)이라 초년에는 대길하나 오래 되면 불리하다.
- 동남쪽에 부엌이 있으면 생기택(生氣宅)이라 대길하고 가장 좋은 방위이다.
- 남쪽에 부엌이 있으면 연년택(延年宅)이라 제반이 길하다.
- 서남쪽에 부엌이 있으면 불리하다.
- 서쪽에 부엌이 있으면 해롭고 불리하다.
- 서북쪽에 부엌이 있으면 대흉하고 매사가 불리하며 오래 살면 음란하고 후손이 외롭다.

❖ **대문(大門) 북문의 서북쪽에 큰방이 있으면** : 북문의 서북쪽에 큰방이 있으면 육살택(六殺宅)이라 하여 재산이 흩어지고 후손이 외로우며 초년에는 발복이 되나 오래 살면 불리하다.

- 북쪽에 부엌이 있으면 재산이 흩어지고 아이들의 건강이 나

빠지고 부부간에 상극이 된다.
- 동북쪽에 부엌이 있으면 5귀(五鬼)방이라 흉하다.
- 동남쪽의 부엌은 부인이 피해를 보며 재산이 흩어지며 빈곤하게 산다.
- 남쪽의 부엌은 노인이 수명이 길고 부인과 사이가 좋다.
- 서남쪽의 부엌은 부인에게 해롭고 반길·반흉이다.
- 서쪽의 부엌은 부인에게 해롭고 반길·반흉이다.
- 서북쪽의 부엌은 건강이 나빠지고 부인과 상극이 되어 재산이 흩어진다.

❖ **대문 밖의 백호방(白虎方)의 담장** : 대문 앞의 백호방의 담장이 빛이 나면 죽은 형상물이 흉살형(凶煞形)이 되므로 밭에 있어야 하는 가래(田器)가 방앗간이나 화로 곁에 있는 것은 옳지 않다. 또한 도로가 마주쳐 방이 비스듬이 기울고 부서져 있으면 불리함이 백성에게까지 미치게 된다. 파괴된 담장이 빛이 나면 이 또한 마땅하지 않으니 모두가 불길하다.

❖ **대문(大門) 북문의 동쪽에 큰방이 있으면** : 북문에 동쪽의 큰방은 육살입택(六殺入宅)이라 하여 집안이 어지럽고 편안치 못하다. 간장과 비장에 병이 걸리어 초년에는 어려우며 부인을 잃고 집안이 망하게 된다. 이런 집도 부엌의 방위에 따라 길흉이 달라진다.
- 북쪽의 부엌은 크게 흉하다.
- 동북쪽의 부엌은 5귀(五鬼)방이라 불길하다.
- 동쪽의 부엌은 재산이 흩어지므로 불길하다.
- 동남쪽의 부엌은 남자는 장수하고 후손이 크게 번창한다.
- 남쪽의 부엌은 크게 길하다.
- 서남쪽의 부엌은 집안이 불리하다.
- 서쪽의 부엌은 재산은 있으나 남자에게 불리하고 과부가 되어 집안을 유지한다.
- 북서쪽의 부엌은 역시 흉하다.

❖ **대문(大門) 북문의 북쪽에 큰방이 있으면** : 북문의 북쪽에 큰방이 있으면 복위택(伏位宅)이라 하여 초년에는 일어서나 오래 가지 못하며 아내와는 상극이고 아이들은 상하며 주인이 집을 나가게 된다.
- 북쪽에 부엌이 있으면 초년에는 부귀를 누리고 집안을 잘 다스리나 오래 가지 못한다.
- 동북쪽에 부엌이 있으면 가운데 아들에 분리하여 젊어서 죽으므로 대흉하다.
- 동쪽에 부엌이 있으면 천을방위(天乙方位)이므로 모든 일이 순조롭게 풀려 가족이 행복을 누린다.
- 동남쪽에 부엌이 있으면 5형제가 과거에 등과하여 부귀영화하고 무병장수한다.
- 남쪽에 부엌이 있으면 연년택(延年宅)이라 자손은 부모에게 효도하고 재물이 불어난다.
- 남서쪽에 부엌이 있으면 부인의 건강이 약해진다. • 서쪽에 부엌이 있으면 며느리가 조사(早死)한다.
- 서북쪽에 부엌이 있으면 아내와 상극이 되고 가정사가 제대로 안 된다.

❖ **대문(大門) 북문의 서쪽에 큰방이 있으면** : 북문의 서쪽에 큰방이 있으면 화해택(禍害宅)이라 하여 부녀자가 일찍 죽어 재혼을 하게 되어 재산이 흩어지고 가정이 망하게 된다. 각종 질병으로 고생하며 살아간다.
- 북쪽의 부엌은 불길하다.
- 동북쪽의 부엌은 반길·반흉하며 특히 젊은이에게 불리하다.
- 동쪽의 부엌은 남녀가 젊어서 등과한다.
- 동남쪽의 부엌은 생기택(生氣宅)이라 부녀에게 대길(大吉)하다.
- 남쪽의 부엌은 연년택(延年宅)이라 모든 일들이 순조롭게 풀리며 자손도 총명하다.
- 서남쪽의 부엌은 재산은 모아지나 지출이 많아 반길·반흉하다.
- 서쪽에 부엌이 있으면 불길하다.
- 서북쪽의 부엌은 반길·반흉하여 남녀 모두 일찍 죽는다.

❖ **대문(大門) 북서문의 북서쪽에 큰방이 있으면** : 북서문의 북서쪽에 큰방이 있으면 복위택(伏位宅)이라 하며, 이는 건(乾)의 순양(純陽)의 주택이므로 처음에는 부귀를 발하게 되나 양(陽)이 능하고 음(陰)이 쇠하게 되므로 부인이 바람을 피우거나 결국 젊어서 부인을 잃고 혼자 살게 된다. 대(代)를 잇기 어려우며 반길반흉(半吉半凶)하니 불가하다.

• 북쪽에 부엌이 있으면 수기(水氣)가 금기(金氣)를 누르기 때문에 처음에는 길하나 차차 재산이 흩어지고 빈곤하게 된다. 도박과 주색으로 재산을 탕진하여 처자(妻子)가 사상(死傷)하므로 후손이 절손되어 양자를 입양하여야 한다.

• 동북쪽에 부엌이 있으면 생기(生氣)라 하여 토(土)와 금(金)이 상생되어 초년에는 부귀를 얻고 자손이 여러 사람 있으나 대(代)를 잇지 못하고 첩을 얻게 되나 역시 양자로 대(代)를 잇게 된다.

• 동쪽에 부엌이 있으면 오귀(五鬼)가 범하여 큰아들에게 해가 미치며 구설수와 관액(官厄)으로 재산이 흩어지며 도적을 맞거나 4~5세 되는 해에 큰 사고를 당하게 된다.

• 동남쪽에 부엌이 있으면 녹존(祿存)이라 하여 집과 문이 상생이 안 되어 건강하고 재산이 모이나 오래 되면 부녀자가 일찍 죽게 되며 허리 · 심장 · 복통증으로 고생하게 된다.

• 남쪽에 부엌이 있으면 음(陰)이 양(陽)을 극하므로 남자보다 여자를 많이 낳으며, 오래 살게 되면 두통 · 안질병 · 부인병 등으로 고생하게 된다. 부녀자가 단명하므로 남자 혼자 살게 된다.

• 서남쪽에 부엌이 있으면 부부가 상배(相配)되므로 건강과 재산운이 왕성하여 부귀영화하며 산다.

• 서쪽에 부엌이 있으면 생기(生氣)라 하여 초년에는 재산이 모인다. 남편이 첩을 얻어 바람을 피우게 된다.

• 서북쪽에 부엌이 있으면 양(陽)이 음(陰)을 극하므로 초년에는 발복이 되나 오래 살면 부부간에 상극이 되어 자녀 기르기 어렵다.

❖ **대문(大門) 북동문의 남쪽에 큰방이 있으면**: 북동문의 남쪽에 큰방이 있으면 화해택(禍害宅)이라 하여 남자는 유리하고 여자는 불리하며 여자는 성질이 나빠져 가정이 화목하지 못하며 여자는 자궁출혈로 고생을 한다.

• 북쪽의 부엌은 크게 흉하다.

• 동북쪽의 부엌은 초년에는 재산을 모으나 오래 살면 불리하다.

• 동쪽의 부엌은 육살방(六殺方)이라 자식이 귀하게 되고 불길한 일이 자주 생긴다.

• 동남쪽의 부엌은 외로이 살며 대가 끊긴다.

• 남쪽의 부엌은 부인이 집안의 주권을 잡아 가정을 유지한다.

• 서남쪽의 부엌은 재산을 모을 수 있다.

• 서쪽의 부엌은 젊은 부인이 총명한 자식을 낳는다.

• 서북쪽의 부엌은 아버지가 일찍 죽는다.

❖ **대문(大門) 북문의 남서쪽에 큰방이 있으면**: 북문의 남서쪽에 큰방이 있으면 절명택(絶命宅)이라 하여 과부가 생기고 두 가정의 대가 끊기며 황달종창을 앓으며 남녀가 젊어서 죽는다.

• 북쪽의 부엌은 초년에 발복을 받으나 오래 살면 불길하다.

• 동북쪽의 부엌은 5귀(五鬼)방이라 유아에게 불리하고 중남(中男)이 젊어서 죽는다.

• 동쪽에 부엌은 천을방(天乙方)이라 가족이 건강하고 공명을 이루어온 집안이 안정된 생활을 한다.

• 동남쪽의 부엌은 생기방(生氣方)이라 집안이 융성하고 부귀영화하며 자손이 효도한다.

• 남쪽의 부엌은 연년생(延年生)이라 아들 3형제가 부부호합하고 부귀영화를 누린다.

• 서남쪽의 부엌은 아들이 단명하여 후손이 외로우며 재산이 흩어져 불길하다.

• 서쪽의 부엌은 반길 · 반흉하다.

• 서북쪽의 부엌은 반길 · 반흉하다.

❖ **대문앞쪽은 밝고 평탄해야 좋다**: 대문 앞에 꽃을 두거나 매달아 두는 것은 출입하는 사람들을 기쁘게 하고 좋은 기운을 생성시켜 준다. 계단을 그냥두면 좋지 않는 기운을 주지만 화분을 양옆으로 이용하면 기분 좋은 계단으로 바뀌어 버린다.

❖ **대문에서 안방이 직접 보이면**: 대문에서 안방이 직접 보이는 곳은 대체적으로 안 좋다. 우리말에 그 집 엊그제 도둑이 들었는데 어제 또 도둑을 맞았다고 하는 집들은 대개가 대문에서 안방이 직접 보이는 곳이 대부분이다. 이는 도둑들에게 도둑심을 유발시키는 기(氣)가 그들에게 동조되기 때문이다.

❖ **대문(大門)의 방향은 오행(五行)에 맞춘다**: 그 집 또는 방에 사는 사람의 오행(五行)에 의해 가장 적절한 대문의 방향을 결정한다. 만약 여러 사람이 그 집에 사는 경우 모두에게 들어맞는 것은 불가능하므로 집주인의 5행(五行)을 고려한다. 예를 들어 집

주인의 납음 오행으로 화(火)의 사람이라고 하면 목생화(木生火)에서 목(木)의 방향으로 대문(大門)을 내는 것이 좋으므로 오행(五行) 길흉표(吉凶表)를 참고하여 동쪽의 방향으로 향하게 한다. 북동도 동의 방향이 아닌가 하고 생각하는 사람도 있지만 확실히 목(木)의 방향은 동과 북동의 2개가 있다. 그러나 북동은 문을 내서는 안 되는 방향이다. 이 방향이야말로 귀문(鬼門)인 것이다. 귀문의 방향으로 대문을 내면 귀신이 집에 자유자재로 출입해 버리게 된다. 남성이 사망한 경우 사자(死者)의 귀신(鬼神)이 북동쪽으로 나가고, 여성이 사망한 경우 남서쪽으로 귀신이 나간다고 한다.

❖ **대문이나 현관은 그 집의 얼굴과 마찬가지이다** : 사람들이 출입하면서 외부의 기운이 가장 많이 전달되는 곳이며 또한 집 주인의 이미지를 최초로 느낄 수 있는 곳이기도 하다. 현관이 지저분하면 음의 기가 쌓여 집안 전체의 운이 떨어진다. 그러므로 현관을 통해 좋은 기가 많이 들어올 수 있게 하려면 밝고 깨끗하고 좋은 향이 풍기게 꾸미는 것은 당연한 이치이다. 특히 단독 주택의 경우 대문 앞에 계절에 맞는 화사한 꽃을 두면 방문객은 물론 귀가하는 사람의 마음도 한결 즐거워져서 화목한 생활을 할 수 있다. 아파트의 경우에도 현관 앞에 작고 밝은 예쁜 화분을 두면 같은 효과를 기대할 수 있으며 손님이 많이 드나드는 장소에도 이와 같은 화분을 두면 좋다는 것을 모르는 사람은 없을 것이다.

❖ **대문(大門) 서북문의 북쪽에 큰방이 있으면** : 서북문의 북쪽에 큰방이 있으면 육살(六殺)이라 하여 천문(天門)이 물에 떨어지는 격으로 음란하고 광란스러운 일이 많이 생긴다. 초년에는 발복이 약간 되나 오래 살면 부부불화로 가정이 파괴되면 아들이 다치게 되어 재산을 탕진하게 된다.

- 북쪽에 부엌이 있으면 북쪽은 물에 속하며 부엌에서는 불을 사용하므로 재산이 흩어지고 후사가 끊어진다.
- 동북쪽에 부엌이 있으면 문과는 상생이 되어 천의(天醫)가 되어 자식을 많이 낳게 되나 수(水)가 금(金)을 누설하게 되므로 결국 아이들의 장성에 문제가 생기고 가운데 아들이 단명(短命)한다. 또한 각종 질병으로 흉부·복부병환으로 고생을 한다.
- 동쪽에 부엌이 있으면 큰방과는 천의(天醫)가 되고 문(門)과는 오귀(五鬼)가 되는 격이며 초년에는 그런대로 살다가 시간이 지나갈수록 흉하게 된다.
- 동남쪽에 부엌이 있으면 화해방(禍害方)이라 초년에 재산이 모이는 수도 있으나 오래 살면 도적과 소송사건이 일어나며 애를 낳다가 죽게 되며 심장, 당뇨병으로 고생하게 된다.
- 남쪽에 부엌이 있으며 화(火)와 금(金)이 상극이 되어 남녀가 일찍 죽게 되고 가정이 망하게 된다.
- 서남쪽에 부엌이 있으면 연년(延年)이라 하여 재운(財運)이 있어 횡재를 하여 부자가 되어 부귀(富貴)를 누린다. 공명이 만천하에 현달하고 아들이 모두 잘산다.
- 서쪽에 부엌이 있으면 생기택(生氣宅)이라 아들 3형제 모두 등과한다.
- 서북쪽에 부엌이 있으면 문(門)과는 비화(比和)가 되나 큰방과는 육살(六殺)이 되면 재산을 탕진하고 가정이 망하게 된다.

❖ **대문(大門) 서북문의 북동쪽에 큰방이 있으면** : 서북문의 북동쪽에 큰방이 있으면 천을택(天乙宅)이라 하여 하늘이 정해준 집이라는 것으로 초년에는 많은 아들과 재산이 늘어난다. 그리고 무병장수하고 부귀영화하며 온가족이 화목하게 살아가지만 오래 살게 되면 부부간에 불화가 생기고 부자간에도 사이가 나빠져 혼자 살게 된다.

- 북쪽에 부엌이 있으면 심장병과 위장병으로 고생하며 어린아이 기르기가 힘든다. 어린 아이가 일찍 죽음으로서 첩을 얻게 되므로 집안에 불안한 생활이 계속된다.
- 동북쪽에 부엌이 있으면 문과는 상생이 되고 큰방과는 비화(比和)가 되어 가정생활에는 어려움이 없으나 순양(純陽)이 되기 때문에 남녀가 다치기 쉬우며 가족이 활달하지 못하게 된다.
- 동쪽에 부엌이 있으면 5귀(五鬼)를 범하여 문과 큰방이 상극이 되어 후손이 없게 되고 황달병으로 죽게 된다.
- 동남쪽에 부엌이 있으면 화해(禍害)방이라 금·목·토가 상극이 되어 신경통으로 고생을 하며 산액(産額)으로 병을 얻게 되고 아이들에게도 정신질환이 생기게 된다.
- 남쪽에 부엌이 있으면 절명택(絶命宅)이라 부인의 성질이 사

나와지고 후손이 없게 되며 머리가 아프고 눈병으로 고생하게 된다.

- 서쪽에 부엌이 있으면 생기택(生氣宅)이라 문과는 비화(比和)가 되고 큰방과는 상생이 되어 모든 일이 순조롭게 잘 된다.
- 서남쪽에 부엌이 있으면 초년에는 부귀를 누리게 되고 오래 살게 되면 연년택(延年宅)이라 재물도 모으고 모든 일이 순조롭다.

❖ **대문(大門) 서북문의 동쪽에 큰방이 있으면** : 서북문의 동쪽에 큰방이 있으면 오귀택(五鬼宅)이라 하여 큰아들이 상(傷)하게 된다. 남녀가 모두 일찍 죽게 되고 심장병 위장병으로 고생하며 부자간의 사이도 나빠져 큰아들의 대(代)가 끊기게 된다.

- 북쪽에 부엌이 있으면 육살택(六殺宅)이라 초년에는 좋으나 오래 살면 쇠약해지며 가족이 번창하지 못한다.
- 동북쪽에 부엌이 있으면 천을택(天乙宅)이라 재산은 모여지나 가족의 건강이 악화되며 유아는 질병으로 고생하게 된다.
- 동쪽에 부엌이 있으면 순양(純陽)이 되어 5귀(五鬼)를 범하게 되므로 대흉(大凶)을 맞게 된다.
- 동남쪽에 부엌이 있으면 화해택(禍害宅)이라 화(火)와 금(金)이 상극이 되어 남자가 일찍 죽는다.
- 남쪽에 부엌이 있으면 절명택(絶命宅)이라 온 가족이 머리가 아프며 맹인이 나오며 안질환자가 나온다.
- 서남쪽에 부엌이 있으면 연년택(延年宅)이라 모든 일이 순조롭게 잘 된다.
- 서쪽에 부엌이 있으면 생기택(生氣宅)이라 하여 집안이 융성·부귀영화하고 자녀가 효도한다.
- 서북쪽에 부엌이 있으면 양(陽)이 같이 있는 고로 두 개의 금이 하나의 목을 극함으로 대흉(大凶)한 일이 생긴다.

❖ **대문(大門) 서북문의 동남쪽에 큰방이 있으면** : 서북문의 동남쪽에 큰방이 있으면 화해택(禍害宅)이라 하여 초년에 재산이 모이는 수도 있으나 오래 살면 부녀자가 일찍 죽으며 도적과 소송사건이 일어나며 애를 낳다가 죽게 되며 심장병으로 고생하게 된다.

- 북쪽에 부엌이 있으면 육살택(六殺宅)이라 초년에는 재산이 모여지나 오래 살면 다시 흩어진다.
- 동북쪽에 부엌이 있으면 문(門)과는 상생이 되나 큰방과는 상극이 되므로 후손이 끊어지게 된다.
- 동쪽에 부엌이 있으면 5귀(五鬼)가 되므로 대흉(大凶)하다.
- 동남쪽에 부엌이 있으면 화해택(禍害宅)이라 부녀자가 일찍 죽게 된다.
- 남쪽에 부엌이 있으면 절명택(絶命宅)이라 부인이 주권을 잡고 남자는 실권이 없어지고 일찍 죽게 된다.
- 서남쪽에 부엌이 있으면 연년택(延年宅)이라 부부화합하고 부귀영화 누린다.
- 서쪽에 부엌이 있으면 생기택(生氣宅)이라 부부가 화합하고 자녀들이 효도한다.
- 서북쪽에 부엌이 있으면 문(門)과는 비화가 되고 큰방과는 상극이 되어 흉하다.

❖ **대문(大門) 서북문의 남쪽에 큰방이 있으면** : 서북문의 남쪽에 큰방이 있으면 절명택(絶命宅)이라 하여 노부가 병고로 사망하고 각종 질병으로 고생하며 두통과 안질병(眼疾病)으로 재산이 흩어진다. 도적을 자주 맞으며 후손이 외롭게 살게 된다.

- 북쪽에 부엌이 있으면 육살택(六殺宅)이라 재산이 흩어지고 부부불화로 가정이 기울어지게 된다.
- 동북쪽에 부엌이 있으면 천을택(天乙宅)이라 자손은 현명하고 어질게 되나 부녀자는 악질이 된다.
- 동쪽에 부엌이 있으면 5귀(五鬼)가 되어 크게 나쁘다.
- 동남쪽에 부엌이 있으면 화해가 되어 큰며느리가 화해가 되어 낙태하거나 출산하다 일찍 죽는다.
- 남쪽의 부엌은 문과 상극이 되어 흉하다.
- 서남쪽의 부엌은 문과 상생이 되나 반길반흉(半吉半凶) 반절은 길하고 반절은 흉하다.
- 서쪽의 부엌은 생기택(生氣宅)이라 모든일이 순조롭고 3자녀가 등과하고 가정이 부귀영화한다.
- 서북쪽의 부엌은 큰방과 상극이 되어 크게 흉하다.

❖ **대문(大門) 서북문의 서남쪽에 큰방이 있으면** : 서북문의 서남쪽에 큰방은 연년택(延年宅)이라 하여 토생금(土生金)이 되어 부

부간에 사이가 좋고 부귀다남(富貴多男)한다. 자손은 효도하고 현명하며 온가족이 화목하여 부귀영화하며 무병장수한다.

- 북쪽의 부엌은 육살택(六殺宅)이라 수극토(水剋土)가 되어 아들이 일찍 죽고 가족이 각종 질병으로 고생을 한다.
- 동북쪽에 부엌이 있으면 문과 상생이 되어 남녀 모두 즐거운 생활이 된다.
- 동쪽에 부엌이 있으면 오귀택(五鬼宅)이라 화극금(火剋金)이 되어 불길(不吉)하다.
- 동남쪽에 부엌이 있으면 화해택(禍害宅)이라 서로 상극이 되어 큰며느리가 일찍 죽는다.
- 남쪽에 부엌이 있으면 화극금(火剋金)이 되어 불길(不吉)하다.
- 서남쪽에 부엌이 있으면 좋은 영향이 있어 대길(大吉)하다.
- 서쪽에 부엌이 있으면 생기(生氣)가 되고 큰방과는 천을(天乙)이 되므로 대길(大吉)하다.
- 서북쪽에 부엌이 있으면 서로 상생과 비화(比和)가 되어 좋은 영향을 가져온다.

❖ **대문(大門) 서북문의 서쪽에 큰방이 있으면** : 서북문의 서쪽에 큰방이 있으면 생기택(生氣宅)이라 하여 늙은이와 어린 소녀가 같이 있는 격이며 재산은 모이나 음란한 일이 자주 생기며 초년에는 부귀영화하며 무병장수하나 새로 첩을 얻어 집안살림은 과부 시어머니가 주관하게 된다.

- 북쪽에 부엌이 있으면 자손이 끊어지고 재산이 흩어지며 부인을 학대하고 음탕한 생활을 하게 된다.
- 북쪽에 부엌이 있으면 육살택(六殺宅)이라 자손이 끊어지고 재산이 흩어지며 부인을 학대하고 음탕한 생활을 하게 된다.
- 동북쪽에 부엌이 있으면 천을(天乙)이 되므로 대길(大吉)하다.
- 동쪽에 부엌이 있으면 오귀(五鬼)가 되어 대흉(大凶)하다.
- 동남쪽에 부엌이 있으면 화해(禍害)가 되어 부녀자가 출산하다 죽게된다. 각종 질병으로 고생을 하게 된다.
- 남쪽에 부엌이 있으면 절명택(絶命宅)이라 화극금(火剋金)이 되어 남녀가 일찍 죽게 되고 재산이 흩어져 대흉(大凶)하다.
- 서남쪽에 부엌이 있으면 연년택(延年宅)이라 아주 좋은 영향을 받아 대길하다.
- 서쪽에 부엌이 있으면 생기택(生氣宅)이라 문과 서로 비화(比和)가 되어 이로운 일이 있다.
- 서북쪽에 부엌이 있으면 복위택(伏位宅)이라 양(陽)이 많고 음(陰)이 적어 부녀자가 일찍 죽고 남자 혼자 살면서 음탕한 생활을 한다.

❖ **대문(大門) 서남문의 서남쪽에 큰방이 있으면** : 서남문의 서남쪽에 큰방이 있으면 복위택(伏位宅)이라 하여 이는 토(土)가 둘이 되는 격이 되므로 전답이 늘어나 초년에는 재산이 늘고 발전하나, 오래 살면 뒤를 잇는 후손이 없게 되고 여자가 모든 재산을 관리하게 된다. 여기에다 서북쪽 또는 동북쪽에 방을 들이게 되면 좋은 영향으로 바뀌게 된다.

- 북쪽에 부엌이 있으면 절명택(絶命宅)이라 가슴과 복부에 질병이 생겨 고생하다 결국은 사망하게 된다.
- 동북쪽에 부엌이 있으면 생기가 되어 길하다.
- 동쪽에 부엌이 있으면 불길한 일이 계속된다.
- 동남쪽에 부엌이 있으면 오귀택(五鬼宅)이라 남녀가 단명하여 역시 대흉하다.
- 남쪽에 부엌이 있으면 육살이 되어 불길한 일이 계속된다.
- 서남쪽에 부엌이 있으면 돈은 모으나 자손이 귀하고 과부가 의붓아들과 지낸다.
- 서쪽에 부엌이 있으면 천을(天乙)이 되어 부귀가 발하고 사람과 물이 모이나 음이 함께 있으므로 오래가면 후손들이 없게 되어 혼자 살게 되므로 양자나 데릴 사위를 들이게 된다.
- 서북쪽에 부엌이 있으면 연년(延年)되어 크게 대길한 주택이 된다.

❖ **대문(大門) 서남문의 서쪽에 큰방이 있으면** : 천의택(天醫宅)이라 하여 부녀자에게 유리하며, 남자는 젊어서 죽으며 어린애를 기르기 어려우며 과부어머니가 살림을 맡아하게 되며 양자를 들이게 된다.

- 북쪽에 부엌이 있으면 절명택(絶命宅)이라 아들이 없게 된다.
- 동북쪽에 부엌이 있으면 대길(大吉)하다.
- 동쪽에 부엌이 있으면 화해택(禍害宅)이라 대흉하다.
- 동남쪽에 부엌이 있으면 오귀방(五鬼方)이라 불길(不吉)한 일

이 계속된다.

- 남쪽에 부엌이 있으면 육살방(六殺方)이라 흉하다.
- 서남쪽에 부엌이 있으면 재산은 모으나 한집에 과부 셋이 살게 되며 남자는 건강이 안 좋아 단명한 가상이 된다.
- 서쪽에 부엌이 있으면 천을방(天乙方)이라 크게 길하나 아들이 없다.
- 서북쪽에 부엌이 있으면 연년방(延年方)이라 인물이 번성하고 재산이 흥왕하여 부귀영화하게 살 수 있다.

❖ **대문(大門) 서남문의 서북쪽에 큰방이 있으면**: 서남문의 서북쪽에 큰방이 있으면 연년택(延年宅)이라 하여 남녀가 무병장수하고 부부화락하며 자녀가 효도하고 손자가 총명하여 부귀영화한다.

- 북쪽에 부엌이 있으면 절명방(絶命方)이라 흉한 일이 계속된다.
- 동북쪽에 부엌이 있으면 길한 일이 계속된다.
- 동쪽에 부엌이 있으면 생기방(生氣方)이라 대흉한 일이 생긴다.
- 동남쪽에 부엌이 있으면 오귀방위(五鬼方位)라 대흉한 일이 생긴다.
- 남쪽에 부엌이 있으면 육살방위(六殺方位)라 흉한 일이 생긴다.
- 서남쪽에 부엌이 있으면 크게 길한 일이 있다.
- 서쪽에 부엌이 있으면 크게 길한다. • 서북쪽에 부엌이 있으면 크게 길하다.

❖ **대문(大門) 서남문의 북쪽에 큰방이 있으면**: 서남문의 북쪽 큰방이 있으면 절명택(絶命宅)이라 하여 가슴이 아프고 황달병이 걸리며 2남이 단명하며 재산을 도둑에게 사기 당하고 후사가 끊기게 된다.

- 북쪽에 부엌이 있으면 절명방(絶命方)이라 흉한 일이 계속된다.
- 동북쪽에 부엌이 있으면 생기방(生氣方)이라 집안이 융성하고 부귀영화하고 자녀가 효도한다.
- 동쪽에 부엌이 있으면 화해방위(禍害方位)라 불길한 일이 계속된다.
- 동남쪽에 부엌이 있으면 오귀방(五鬼方)이라 흉하다.
- 남쪽에 부엌이 있으면 반은 길하고 반은 흉하다.
- 서남쪽에 부엌이 있으면 북위방(北位方)이라 길반흉반한 일이 계속된다.
- 서쪽에 부엌이 있으면 남녀가 단명하다.
- 서북쪽에 부엌이 있으면 연년방위(延年方位)라 남녀가 모두 무병장수하고 부귀영화를 누린다. 초년에는 좀 나으나 음탕하게 놀아나 결국 집안이 망한다.

❖ **대문(大門) 서남문의 동북쪽에 큰방문이 있으면**: 서남문의 동북쪽에 큰방은 생기택(生氣宅)이라 하여 가업이 왕성하게 늘고 자손들이 효도하여 부귀영화 한다. 그러나 오래 갈수록 재난을 당하여 불길하나 이런 집도 부엌의 위치에 따라 길흉이 바뀌게 된다.

- 북쪽에 부엌이 있으면 절명택(絶命宅)이라 대흉하다.
- 동북쪽에 부엌이 있으면 평길(平吉)하다.
- 동쪽에 부엌이 있으면 화해택(禍害宅)이라 황달병 · 위장병으로 남녀가 모두 젊어서 죽으며 후사가 없게 된다.
- 동남쪽에 부엌이 있으면 오귀택(五鬼宅)이라 노모에게 재난이 따르며 황달병으로 고생하며 사산을 하거나 각종 질병으로 여자가 집안을 유지한다.
- 남쪽에 부엌이 있으면 육살택(六殺宅)이라 여자가 포악해지고 어린아이 기르기가 어렵다.
- 서쪽에 부엌이 있으면 천을택(天乙宅)이라 부귀영화하고 총명한 자손이 태어난다.
- 서북쪽에 부엌이 있으면 무병장수를 하며 크게 길하다.

❖ **대문(大門) 서남문의 남동쪽에 큰방이 있으면**: 서남문의 남동쪽에 큰방이 있으면 오귀택(五鬼宅)이라 하여 노모가 먼저 죽고 부인은 불리하며 남자는 단명한다. 간(肝) · 비(碑) · 위(胃)장병으로 고생하며 재판과 구설로 재산을 버리게 되며 집안이 망하게 된다. 초년에는 아들을 두나 결국 대가 끊긴다.

- 북쪽에 부엌이 있으면 절명택(絶命宅)이라 길흉이 반반이다.
- 동북쪽에 부엌이 있으면 생기택(生氣宅)이라 하여 가업이 왕성하게 늘고 자손들이 효도하고 부귀영화를 누린다.
- 동쪽에 부엌이 있으면 화해택(禍害宅)이라 부인에게 불리하다.
- 동남쪽에 부엌이 있으면 오귀택(五鬼宅)이라 남녀가 단명하며 흉한 일이 계속된다.

- 남쪽에 부엌이 있으면 육살택(六殺宅)이라 길흉이 반반이다.
- 서남쪽에 부엌이 있으면 복위택(伏位宅)이라 길흉이 반반이다.
- 서쪽에 부엌이 있으면 남녀가 단명하다. 그러므로 대흉하다.
- 서북쪽에 부엌이 있으면 남자는 단명하고 여자는 외롭게 산다.

❖ **대문(大門) 서쪽문의 서남쪽에 큰방이 있으면**: 서쪽문의 서남쪽에 큰방이 있으면 천을택(天乙宅)이라 하여 천을(天乙)은 복신(福神)이므로 집안이 크게 흥하게 된다. 그러나 이 집은 여자가 많고 남자가 귀하며 후사는 양자를 입양을 해야 함으로 역시 반길반흉하다.

- 북쪽의 부엌은 남녀 모두 수명이 단명하므로 흉하다.
- 동북쪽의 부엌은 연년택(延年宅)이라 모든 일이 순조롭게 잘 진행된다.
- 동쪽의 부엌은 절명택(絶命宅)이라 흉하다.
- 동남쪽의 부엌은 육살택(六殺宅)이라 크게 흉하다.
- 남쪽의 부엌은 오귀택(五鬼宅)이라 크게 흉하다.
- 서남쪽의 부엌은 천을택(天乙宅)이라 재산운은 있으나 건강이 안 좋아 후사가 외롭다.
- 서쪽의 부엌은 복위택(伏位宅)이라 재산은 모이나 남편과 아들에게 해로운 가상이다.
- 서북쪽의 부엌은 생기택(生氣宅)이라 재산이 늘면 부귀영화하고 자손이 총명하다. 오래 살면 크게 길하다. 이상은 서사택의 가상으로 북서쪽·남서쪽·북동쪽·서쪽방위에 대문과 큰방과 부엌이 있으면 삼길택(三吉宅)이라 하여 오래도록 복을 누린다.

❖ **대문(大門) 서쪽문의 남쪽에 큰방이 있으면**: 서쪽문의 남쪽에 큰방은 오귀택(五鬼宅)이라 하여 부녀자가 남편의 주권을 빼앗아 남편은 단명하여 일찍 죽는다. 가족마다 건강이 나빠 해수병으로 재산을 파산하니 망하게 되며 흉사가 계속된다.

- 북쪽의 부엌은 화해택(禍害宅)이라 남녀 모두 일찍 죽는다.
- 동북쪽의 부엌은 연년택(延年宅)이라 하여 남자는 총명등과하고 여자는 현모양처가 되며 무병장수한다.
- 동쪽의 부엌은 불길하다.
- 동남쪽의 부엌은 육살택(六殺宅)이라 불길하다.
- 남쪽의 부엌은 오귀택(五鬼宅)이라 크게 흉하다.
- 서남쪽의 부엌은 육살택(六殺宅)이라 크게 흉하다.
- 서쪽의 부엌은 복위택(伏位宅)이라 반흉반길(半凶半吉)하다.
- 서북쪽의 부엌은 남녀 모두 수명이 짧다.

❖ **대문(大門) 서문의 동남쪽에 큰방이 있으면**: 서문의 동남쪽에 큰방은 육살택(六殺宅)이라 하여 남편과 상극이 되어 아들은 상하게 되고 재산을 잃게 되며 각종 질병이 계속된다. 이러하나 집은 부엌의 방위에 따라 길흉이 달라진다.

- 북쪽의 부엌은 화해택(禍害宅)이라 불리한 집이 된다.
- 동북쪽의 부엌은 연년택(延年宅)이라 부부간에 사이 좋고 부귀다남(富貴多男)한다. 자손도 효도한다.
- 동쪽의 부엌은 절명택(絶命宅)이라 어린애가 성장하기 어려우며 정신병자가 생긴다. 남녀가 같이 일찍 죽는다.
- 동남쪽의 부엌은 육살택(六殺宅)이라 부부가 상극이 되고 건강이 나쁘며 초년에는 재산을 모으나 세 번 장가를 들어도 아들하나 없는 흉상이다.
- 남쪽의 부엌은 오귀택(五鬼宅)이라 크게 흉하다.
- 서남쪽의 부엌은 육살택(六殺宅)이라 흉하다.
- 서쪽의 부엌은 복위택(伏位宅)이라 불리한 가상이다.
- 서북쪽의 부엌은 생기택(生氣宅)이라 하여 재산이 늘면서 가정이 화목하고 자녀들도 총명하다.

❖ **대문(大門) 서문의 동쪽에 큰방이 있으면**: 서문의 동쪽에 큰방은 절명택(絶命宅)이라 하여 후손이 끊기어 외로이 살게 된다. 장남과 장녀가 일찍 죽게 되고 각종 질병으로 남편은 일찍 죽게 되고 자식과는 불화하여 재산은 없어지고 집안이 시끄럽다.

- 북쪽의 부엌은 남편을 상하게 하며 자식을 잃게 되고 부인과는 상극이 되어 크게 흉하다.
- 동쪽의 부엌은 절명택(絶命宅)이라 불리하다.
- 동남쪽의 부엌은 부인이 일찍 죽어 흉하다.
- 남쪽의 부엌은 크게 흉하다.
- 서남쪽의 부엌은 천을택(天乙宅)이라 매사가 순조롭고 부귀영화를 누린다.
- 서쪽의 부엌은 흉하다.
- 서북쪽의 부엌은 크게 길하다.

❖ **대문(大門) 서문의 동북쪽에 큰방이 있으면**: 서문의 동북쪽에 큰방이 있으면 연년택(延年宅)이라 하여 남자는 총명등과하고 여자는 현모양처가 되며 자녀들이 효도하므로 가도가 융성해진다. 남녀가 다같이 무병장수하며 4~9년에 발복하고 사유축(巳酉丑)년에 길하니 서사택 중에서도 제일 길한 집이 된다.

- 북쪽의 부엌은 화해택(禍害宅)이라 크게 흉하다.
- 동북쪽의 부엌은 연년택(延年宅)이라 비교적 무난하다.
- 동쪽의 부엌은 절명택(絶命宅)이라 흉하다.
- 동남쪽의 부엌은 흉하다.
- 남쪽의 부엌은 크게 흉하다.
- 서남쪽의 부엌은 생기가 있어 대길하다.
- 서쪽의 부엌은 길하다.
- 서북쪽의 부엌은 생기가 있어 대길하다.

❖ **대문(大門) 서쪽문의 북쪽에 큰방이 있으면**: 서쪽문의 북쪽에 큰방은 화해설기택(禍害洩氣宅)이라 하여 가업이 둘이 되고 부인이 젊어서 죽으며 떠돌이로 도박이나 즐기고 음란한 생활을 하다가 끝내는 죽는 흉가이다.

- 북쪽의 부엌은 부녀자가 단명하다.
- 동북쪽의 부엌은 연년택(延年宅)이라 하여 남자 총명하고 등과한다.
- 동쪽의 부엌은 역시 불리하다.
- 동남쪽의 부엌은 여자에게 불리하다.
- 남쪽의 부엌은 크게 흉하다.
- 서남쪽의 부엌은 천을택(天乙宅)이라 가운데 아들이 젊어서 등과하고 효도한다.
- 서쪽의 부엌은 여자가 단명하고 불리한 일이 많이 일어난다.
- 서북쪽의 부엌은 생기택(生氣宅)이라 자손이 총명하고 부귀영화 누린다.

❖ **대문(大門) 서문의 서북쪽에 큰방이 있으면**: 서문의 서북쪽에 큰방이 있으면 생기택(生氣宅)이라 하여 재산이 늘면서 젊어서 흥왕하나 부녀자가 단명하며 처첩을 얻게 되어 결국 혼자 외로이 지내야 한다.

- 북쪽의 부엌은 재산을 잃고 남녀가 모두 단명하여 일찍 죽는다.
- 동북쪽의 부엌은 대길하다.
- 동쪽의 부엌은 남자가 일찍 죽어 과부가 혼자 외로이 살게 되므로 불길하다.
- 동남쪽의 부엌은 부녀자가 단명하고 장남과 큰며느리가 불길하다.
- 남쪽의 부엌은 해가 갈수록 이롭다.
- 서남쪽의 부엌은 천을택(天乙宅)이라 해가 갈수록 이롭다.
- 서쪽의 부엌은 비교적 길하다.
- 서북쪽의 부엌은 생기택(生氣宅)이라 모든 일들이 순조롭고 부귀영화 누린다.

❖ **대문(大門) 서문의 서쪽에 큰방이 있으면**: 서문의 서쪽에 큰방이 있으면 복위택(伏位宅)이라 하여 초년에는 재산운이 있으나 오래 살면 남자가 단명하므로 집안에 젊은 남자가 없으며 과부와 어린이만 있게 된다.

- 북쪽의 부엌은 화해택(禍害宅)이라 재산을 잃고 아내와 불화(不和)로 살게 된다.
- 동북쪽의 부엌은 연년택(延年宅)이라 부부화목하고 크게 길하다.
- 동쪽의 부엌은 절명택(絶命宅)이라 흉하다.
- 동남쪽의 부엌은 육살택(六殺宅)이라 부인이 바람을 피우며 젊어서 죽으므로 후사가 끊어진다.
- 남쪽의 부엌은 오귀택(五鬼宅)이라 크게 흉하다.
- 서남쪽의 부엌은 천을택(天乙宅)이라 매사가 순조롭고 자손이 총명하고 효도한다.
- 서쪽의 부엌은 복위택(伏位宅)이라 재산은 모으나 건강에 나쁘다.
- 서북쪽의 부엌은 생기택(生氣宅)이라 3형제가 등과하고 부귀영화를 누린다.

❖ **대문 앞에 물 웅덩이가 있으면**: 대문 앞에 물 웅덩이가 괴어 있으면 집안 살림이 흩어지고 식구들이 손상을 치른다.

❖ 대문(大門) 위치 조견표

[북동향집의 길흉 분석표]

집		6	북동향집
	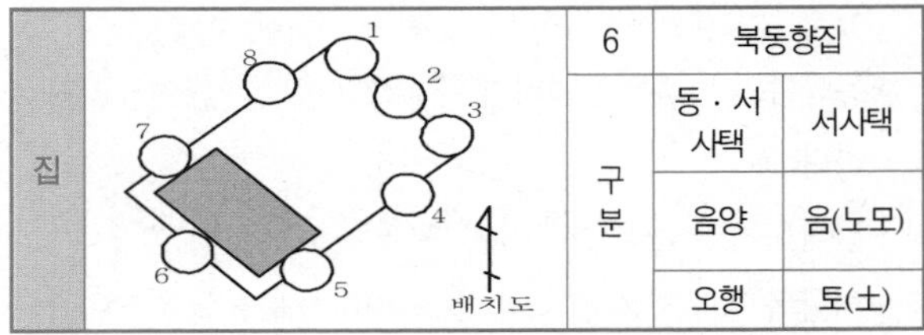	구분	동 · 서 사택	서사택
			음양	음(노모)
			오행	토(土)

	번호	대문위치	해석	평점
대문	1	북	질병으로 집안의 대가 끊길 위험이 있다. 사업에 실패해서 재산 손실이 크다.	20
	2	북동	집안이 번창하며 지위와 공명을 얻어 주변에서 높이 칭송 받는다.	90
	3	동	질병과 사고가 연발하며 재산을 잃어 궁해진다.	10
	4	남동	각종 질병으로 생명이 단축된다. 우환과 소송이 겹쳐 재산을 모두 탕진한다	0
	5	남	집안에 불화가 있고 질병으로 고생한다.	10
	6	남서	건강과 재산이 좋아지며 생활이 안정된다. 사업이 크게 번창한다.	70
	7	서	집안이 화목하며 입신 출세가 잇따른다.	80
	8	북서	아들이 모두 출세하고 건강과 명예를 얻는다. 사업에 성공해서 재산이 는다.	100

[동향집의 길흉 분석표]

집		7	동향집
	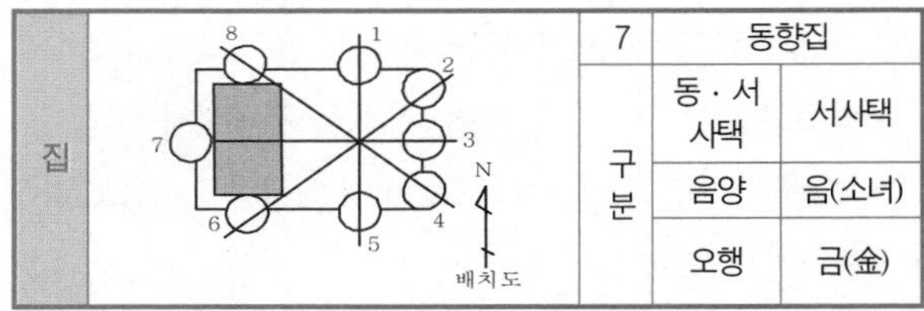	구분	동 · 서 사택	서사택
			음양	음(소녀)
			오행	금(金)

	번호	대문위치	해석	평점
대문	1	북	질병으로 고생한다. 사업에 실패해서 재산을 잃는다.	40
	2	북동	갑자기 입신 출세하며 건강과 재산이 늘어난다. 소년이 초기에 유명해진다.	100
	3	동	외롭게 고생하며 불행한 일을 당한다.	20
	4	남동	집안에 우환과 질병이 연이어 발생한다. 생명이 위험해진다.	0
	5	남	사고로 재산과 건강, 생명까지 잃는다.	0
	6	남서	건강과 재산이 모두 발전한다.	80
	7	서	안정적으로 발전한다.	70
	8	북서	사업이 성공적으로 이루어진다. 명예를 얻게 된다.	90

[남동향집의 길흉 분석표]

집		8	남동향집
	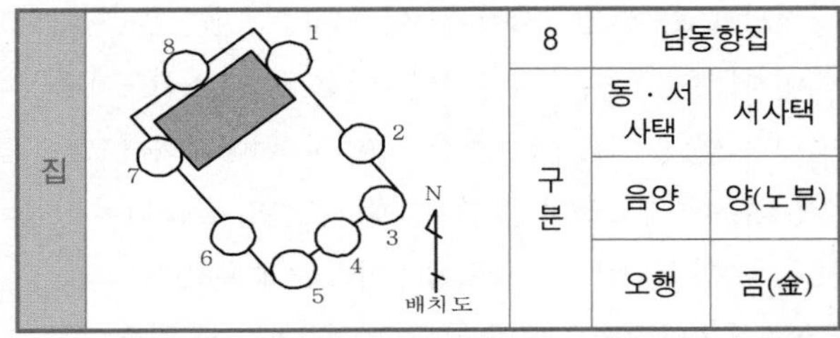	구분	동 · 서 사택	서사택
			음양	양(노부)
			오행	금(金)

	번호	대문위치	해석	평점
대문	1	북	질병으로 고생하고 사업에 운이 없다.	20
	2	북동	집안이 화목하고 재산이 늘어난다. 남성 위주가 되며 여성은 외롭다.	80
	3	동	불의의 사건으로 건강과 재산을 잃는다. 질병도 계속된다.	0
	4	남동	불행한 사건이 계속된다. 재산과 명예를 잃고 생명까지 잃게 된다.	20
	5	남	질병과 우환으로 고생한다. 하는 일마다 손해를 본다.	20
	6	남서	남녀 모두 장수하며 훌륭한 자손을 둔다. 재산이 늘고 사업 운이 저절로 열린다.	100
	7	서	집안이 화목하며 출세가 연속된다. 재물이 저절로 모인다.	80
	8	북서	안정적으로 일이 추진된다. 건강과 재산이 점차 늘어난다. 오래 갈수록 좋다.	70

[남향집의 길흉 분석표]

집		1	남향집
	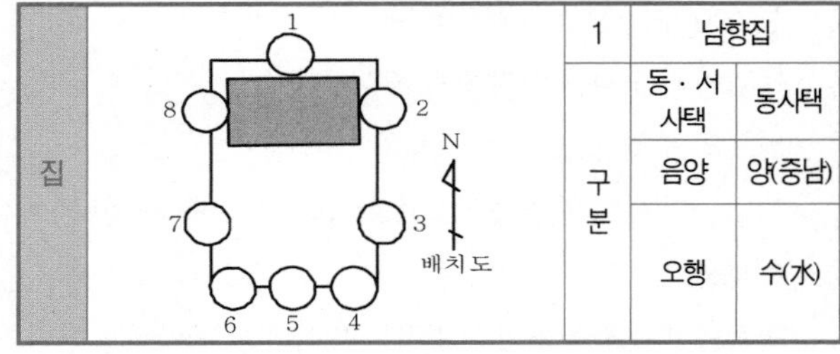	구분	동 · 서 사택	동사택
			음양	양(중남)
			오행	수(水)

	번호	대문위치	해석	평점
대문	1	북	집안이 화평하며 자손과 재물이 늘어난다.	60
	2	북동	건강과 재산을 모두 잃는다. 식구들 사이에 불화가 발생하여 불의의 사고로 생명을 잃게 되기도 한다.	0
	3	동	집안 사람이 건강하며 발전한다. 착하고 외로운 사람이 배출된다. 남녀 모두 좋다.	80
	4	남동	집안 식구가 모두 건강하며 부자가 되고 출세를 한다. 가장 이상적인 집이다.	100
	5	남	덕행과 학식이 높고 건강과 재물이 늘어난다. 아들과 손자가 효성스럽다.	80
	6	남서	건강과 재산을 잃는다.	20
	7	서	식구끼리 불신하고 다른 집 식구가 따라서 불편해진다.	30
	8	북서	건강과 재산을 잃는다. 여성은 외롭다.	10

[북서향집의 길흉 분석표]

집	4	북서향집	
	구분	동서 사택	동사택
		음양	음(장녀)
		오행	목(木)

	번호	대문위치	해석	평점
대문	1	북	건강과 부귀를 겸한 최고의 집이다.	100
	2	북동	각종 질병에 시달린다. 단명한다.	20
	3	동	가난하던 살림이 갑자기 일어난다. 집안이 건강과 부귀를 갖춘다.	90
	4	남동	재산과 건강이 안정을 이루며 발전을 거듭한다.	70
	5	남	남녀 모두 현명하고 부귀를 겸비한다.	80
	6	남서	건강을 잃으며 심지어는 목숨까지 위험하다. 사업에 실패한다.	0
	7	서	항상 집안에 불화가 따라다니며 질병으로 건강을 잃고 목숨도 위태롭다.	0
	8	북서	사업에 실패하고 재산 손해를 본다. 소송 사건에 불리하게 된다.	20

[북향집의 길흉 분석표]

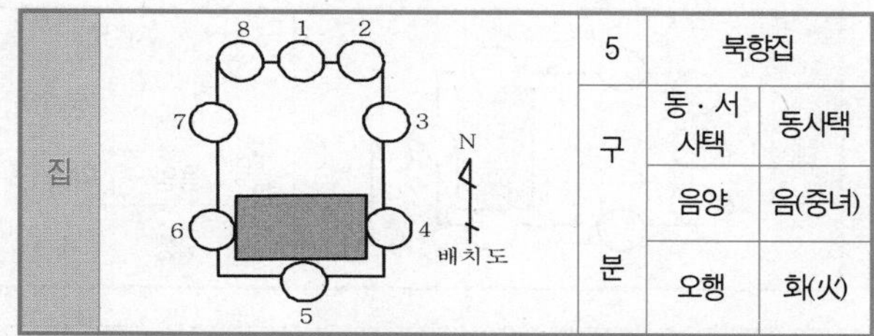

집	5	북향집	
	구분	동 · 서 사택	동사택
		음양	음(중녀)
		오행	화(火)

	번호	대문위치	해석	평점
대문	1	북	가정이 화목하며 재산이 늘어난다. 건강과 출세가 저절로 이루어진다.	80
	2	북동	건강을 잃고 재산도 손해를 본다.	40
	3	동	아들이 모두 출세한다. 집안이 화목하고 부귀가 항상 따라다닌다.	100
	4	남동	부귀가 겸전하며 사업에 성공한다.	80
	5	남	건강과 재산이 차츰 일어난다.	70
	6	남서	남자들은 명이 짧거나 가출하고 집안에 질병이 따른다.	20
	7	서	질병으로 많은 식구가 고생하고 죽는다. 재산은 저절로 줄어든다.	0
	8	북서	건강과 재산이 모두 불길하다.	20

[남서향집 길흉 분석표]

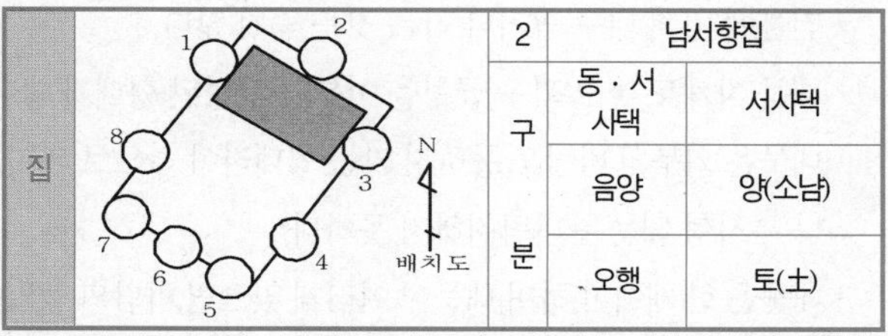

집	2	남서향집	
	구분	동 · 서 사택	서사택
		음양	양(소남)
		오행	토(土)

	번호	대문위치	해석	평점
대문	1	북	건강을 잃으면 나아가 생명까지 위험하다. 재물이 빠져 나간다.	0
	2	북동	매사가 순조롭다. 남성의 주장이 강하다.	70
	3	동	건강과 재산을 모두 잃는다. 남성 사이에 싸움이 일어난다. 사람이 죽게 되기도한다.	0
	4	남동	건강과 재산이 모두 빈약하다.	20
	5	남	초년에는 좋은 듯하나 시간이 가면서 화가 발생한다. 여성 문제가 생긴다.	40
	6	남서	집안이 번창한다. 남녀 모두 건강하다.	90
	7	서	남녀 모두 훌륭하게 출세한다. 건강과 재산이 풍족해진다. 서사택 가운데 가장 이상적이다.	100
	8	북서	건강을 얻고 재물이 늘어난다.	80

[서향집 길흉 분석표]

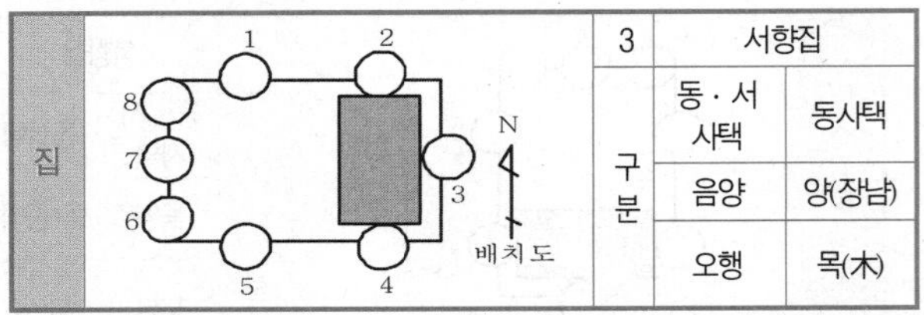

3		서향집
구분	동·서 사택	동사택
	음양	양(장남)
	오행	목(木)

	번호	대문위치	해석	평점
대문	1	북	경사스러운 일이 많다. 승진이 잘 되고 출세가 빠르다.	80
	2	북동	건강을 잃는다. 집안에 불화가 일어나고 내가 고생한다.	0
	3	동	부귀가 겸전한다.	70
	4	남동	재산이 크게 일어나고 기운이 크게 빛난다.	90
	5	남	건강과 재산이 모두 크게 발전하다. 가족이 화목하며 효자가 나온다.	100
	6	남서	모자(母子)관계가 특히 나쁘며 불화가 계속된다.	20
	7	서	건강과 재산이 모두 나간다.	20
	8	북서	흉사가 생겨 인명과 재산을 잃어버린다.	0

❖ **대문은 건물에 알맞아야**

- 대문의 크기는 건물의 크기와 어울려야 한다.
- 건물에 비해 너무 크거나 작은 것은 좋지 않다.
- 대문 자체도 높고 좌우 균형을 이루는 안정된 형태가 좋다.
- 대문은 외부의 바람도 통하지 않는 형태라야 하므로 파이프나 투시형 대문은 바람직하지 못하다.
- 대문은 한 개여야 하며 대문이 여러개 있으면 바람의 출입이 혼란스러워 매우 불리하게 된다.
- 특히 대문의 방위는 건물의 방위만큼 중요하므로 동서사택(東西舍宅)에 의해 설치해야만 한다.

❖ **대문은 기(氣)의 출입구**: 대문은 집안으로 들어오는 기(氣)의 출입구이며 밖에서 일을 마치고 집으로 들어올 때 가장 먼저 마주하는 것이다. 기분이 좋든 우울하든 간에 대문을 통해서만이 안락한 보금자리로 들어갈 수가 있는 것이다. 이렇게 식구나 또는 찾아오는 손님들을 제일 먼저 반겨주는 대문은 그 집의 얼굴이라 할 수 있다. 사람이 서로 마주 대할 때 첫 인상이 중요하듯이 대문은 그 집의 첫인상을 가늠하는 데 커다란 역할을 한다. 좋은 대문이란 주택과 비교하여 어울리는 규모가 되어야 하며, 본 건물과 비교하여 너무 크면서 화려하다거나 왜소해 보인다면 그곳에 사는 사람들은 허풍쟁이거나 속이 좁은 비굴한 사람이 되니 적당한 크기를 가져야 한다.

❖ **대문전벽**(大門前壁): 대문 앞의 벽이 빛이 나고 곧고 크며 넓고 활달하면 모두에게 이로움이 따르고 아울러 관장(官長)을 호위하고 글을 쓰는 재주를 가진 사람이 나온다. 만약 대문 앞의 벽이 작고 낮으며 깨지거나 부서져 있으면 글을 쓰는 사람들이 매우 궁핍하고 백성들은 곤란하고 괴로우며 또한 밖의 일도 불리하다.

❖ **대문은 집의 얼굴이다**: 대문은 한 집의 얼굴이자 집 자체의 품격을 나타내며 또 그 안에 사는 주인의 신분을 나타내는 요소가 된다. 대문은 집과 외부를 구분하고 연결시키는 통로에 해당되므로 외부의 사람이나 가축이 들어오기도 하고 사람의 기(氣)가 들어오기도 하며 집안에 고인 나쁜 기운, 흉기(凶氣)가 빠져나가도록 하는 중요한 부분이다. 따라서 양택풍수에서는 부엌, 안방과 더불어 양택삼요(陽宅三要)라고 한다.

- 대문 안에서 물이 새면 흉하다.
- 대문이 변소와 마주보면 흉하다(재래식 화장실의 경우 밖으로 나와 있었다).
- 대문의 기둥이 삐뚤어져 있으면 흉하다.
- 대문이 동쪽에 있으면 부귀영화를 누리고 발전한다.
- 대문이 남쪽에 있으면 자손 대대로 창성한다.
- 대문이 서쪽에 있으면 여자가 가정을 주도하게 되며 상속인의 남자(아들)를 얻을 수 없다.
- 대문이 북쪽에 있으면 질병에 걸릴 우려가 크고 실패가 많아서 가운이 쇠퇴한다.
- 대문이 북동쪽에 있으면 변화가 많고 길흉이 교차된다.
- 대문이 북서쪽에 있으면 무병장수하는 행운을 누린다.
- 대문 앞에 묵은 나무가 있으면 병자가 생긴다.
- 대문이 담보다 높으면 집안에 흉측한 일이 발생한다.
- 대문은 큰데 집이 작으면 가운이 점차 기울어진다.
- 대문이 흘러가는 시냇물, 성문, 절 등과 직접 마주보게 있으면 집안에 병자가 생기고 흉한 일이 생긴다.

• 대문이 앞 집과 마주보는 위치에 있으면 두 집 중의 한 집이 패가망신하고 불길하다.

• 대문에 수로(水路)를 내면 불상사가 많다.

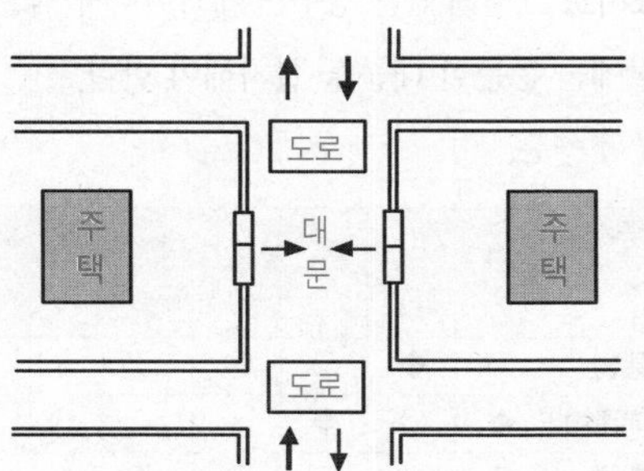

[대문이 마주보고 있는 집은 흉상(凶相)]

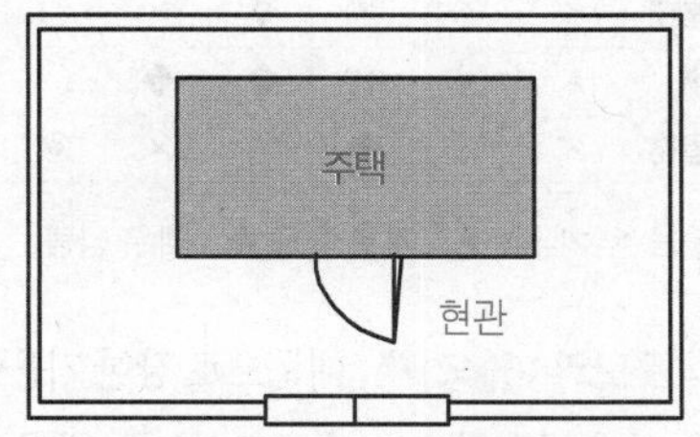

[대문과 현관 일직선인 집은 흉상(凶相)]

❖ **대문(大門) 자오곤간(子午坤艮)** : 대문이 북쪽과 남쪽 북동간 남서간인 네 방위는 자방천해(子方天害), 오방천화(午方天禍), 곤방호두(坤方虎頭), 간방귀문(艮方鬼門)이라 하여 질병과 말썽, 파탄 및 사고 인명의 손상 등 불행과 우환 낭패 등 궂은 일이 닥친다.

❖ **대문과 솟을 대문** : 문은 집의 부속물이 되면서 집의 지체와 주인의 신분을 나타내는 요소가 되고 있다. 그래서 과거에는 대문을 만들 때 관청이나 궁궐, 사대부의 집 등에서 볼 수 있던 고주삼문(高柱三門 : 솟을대문)이라 하여 가운데 정문이 있고 좌우로 협문을 만들어서 가운데 정문은 행랑 지붕보다 높이 지붕을 세우고 협문은 행랑채나 좌우 건물의 높이가 같게 만들었고, 일반적으로는 행랑채나 문간방 또는 외양간 등과 나란히 어울려 만든 동문(棟門)이라는 것을 만들었으며, 지체가 낮을수록 싸리 등으로 엮어 만든 사립문을 만들어 달기도 했다. 제주도와 같은 지방에서는 돌기둥 사이에 막대기를 끼워넣는 식의 특이한 형태까지 다양하게 있다. 문의 역할은 외부와 집의 통로(출입처)가 되므로 사람과 가축이 출입하거나 바람이나 수기(水氣) 등 외부의 기(氣)가 들어오기도 하고 내부의 나쁜 기운을 내보내기도 하는 통로가 되기도 한다. 대문은 규모에서 집과 비교해서 너무 크거나 너무 작으면 균형이 맞지 않기 때문에 둘다 나쁜 것으로 치게 되는데 집은 허름한데 대문만 화려하게 만들어졌다면 겉멋만 부리는 격이므로 항상 실속 없는 사람이 되게 되며, 집에 비해 대문이 너무 작으면 들어올 복도 들어오지 않는, 항상 허덕거리는 생활을 하게 되므로 대문은 집의 형태에 따라 서로 격이 맞는 규모여야 한다.

• 대문과 현관출입문의 중심선(한옥의 경우에서는 대청)이 같은 방향으로 나란히 일직선상에 있게 되면 우선 남의 시선이 쉽게 집안의 내부를 들여다보게 됨으로써 개인의 사생활 침해도 따르지만 도둑을 잘 맞게 되기도 한다. 또한 외기(外氣)가 대문을 통해 거름이 없이, 직접 현관을 통해 집안으로 들어오기 때문에 흉한 일이 잘 일어나는 집이 되므로 대문과 현관은 서로 일직선상에 두면 안 된다.

• 골목의 양편에서 두 집의 대문이 직각선상으로 똑바로 마주보고 있게 되면 문을 열고 집을 나설 때마다 마주치게 됨으로써 어색한 맛도 있지만 서로가 서로를 경계하게 되고 더 나아가서는 어느 한 집이 쇠퇴해지게 된다.

• 막다른 골목에 있는 집은 대문이 향해 있는 방위의 지지(地支)에 해당되는 해(예로써 문이 남쪽(午의 방향)을 향해 나 있으면 오(午)의 해(年)를 말함)에는 주인이 직업을 바꾼다거나 이사를 한다거나 하는 등의 신상에 변동을 주게 되며 큰 액을 당하게 된다. • 집터의 중심에서 보아 거실(안방)이 북동, 동남, 남쪽 중 어느 한 방위에 있으면 대문도 위 네방위 중 하나에 있으면 좋다.

• 집터의 중심에서 보아 거실(안방)이 북동, 북서, 남서, 서쪽 중 어느 한 방위에 있으면 대문도 그 네 방위중 하나에 있으면 좋다.

• 낡은 대문은 새로이 수리하거나 교환하면 좋은 일이 생긴다.

❖ **대문과 현관은 서로 비껴 세워라** : 가상비전(家相秘傳)에 따르면 현관이 대문과 정면으로 놓이면 흉하다. 현관은 대문의 왼쪽이

나 오른쪽 등으로 엇놓아야 길하다고 전하고 있다. 건축형식상 현관은 동양화된 양식 주택이나 일본식 주택의 정면에 낸 출입구를 말하는데 어원은 현모한 길로 나가는 어귀라는 불교용어로 사찰의 문을 가리켰는데 현재는 일반주택의 단순한 출입구로 그 뜻이 달라지고 있다. 현관의 크기는 집의 크기에 비례해서 만들어야 하지만 사람들의 출입이 많은 집이나 사람들이 많이 모이는 직업을 운영하는 집은 그 만큼의 넓이가 필요하다. 집은 크면서 단순히 사람의 출입이라는 실용성을 고집 현관을 비좁게 만들어 첫인상부터 옹색한 느낌을 주어서는 안 될 것이다. 현관은 가상의 의미로는 열다 또는 개방이라는 개념으로 판단하는데 건물의 한쪽 면에 출입구를 내는 평면적인 것보다 다소라도 돌출시키는 것이 이상적이다. 그리고 현관과 대문이 마주보면 밖(대문)에서 집 안(현관)이 환하게 들여다 보이면 좋을 리가 없다. 다만 도시의 경사진 주택에서 집이 높고 대문이 내려가 있어서 층계로 올라오는 경우는 예외로 칠 수도 있다.

❖ **대문은 도로면보다 높게** : 대문은 귀(貴)다. 이처럼 귀한 기가 들어오는 대문은 도로보다 높은 위치에 있어야 된다. 예로부터 우리는 불보다 물이 차는 것을 더 두려워했으므로 대문은 큰 비에도 물이 침범할 수 없도록 높은 위치에 세우는 것이 원칙이다. 게다가 도로의 먼지가 집안으로 날아들기도 쉽다. 대문은 도로보다 높은 위치에 세웠다면 대문만 덩그렇게 세워놓지 말고 비와 눈을 어느 정도 막을 수 있게 지붕을 덮어주며, 비와 눈에 젖은 지붕 없는 대문은 쉽게 썩거나 부식되어 미관상 좋지도 않으며 재산상의 손실만 가중시킨다. 또한 귀가 출입하는 통로가 지저분하니 남이 자신을 알아주지도 않으면 신분상의 지위는 올라가지 못하고 점점 하향곡선을 그리게 된다.

❖ **대문은 든든한 재료로 튼튼하게** : 대문을 만드는 재료는 나무, 쇠, 알루미늄 등이 보편화되어 있다. 담장과 어울리면서도 주택건물과 조화되도록 어떤 재료를 사용해도 무방하다. 다만 제작할 때 외부에서 내부가 들여다 보이지 않도록 건실하게 만들 필요가 있다. 이것은 대문이 내부 공기와 외부 공기가 급격하게 섞이는 것을 방지하는 역할을 담당하기 때문이다. 멋을 부린다고 대문 여기저기에 구멍을 낸다거나 정면에서 보면 막힌 것같이 보이다가 옆에서 보면 내부가 들여다보이는 쇠창살 모양의 문을 달면 대문으로서의 기능을 제대로 소화해내지 못한다. 담장이 허리 아래 정도의 높이로 낮거나 아예 담장 없이 상징적인 표시로 그렇게 만든 경우는 예외이나 주택을 둘러싼 건실한 담장에는 튼튼한 대문을 설치해야 한다.

❖ **대문방위 조견표**

大門의方位 / 建物의方位		① 북	② 북동	③ 동	④ 남동	⑤ 남	⑥ 남서	⑦ 서	⑧ 북서
1	南向建物	○	◆	○	◉	○	×	×	×
2	南西向建物	◆	○	◆	×	×	○	◉	○
3	西向建物	○	×	○	○	◉	×	×	◆
4	北西向建物	◉	×	○	○	○	◆	◆	×
5	北向建物	○	×	◉	○	○	×	◆	×
6	北東向建物	×	○	×	◆	×	○	○	◉
7	東向建物	×	◉	×	◆	◆	○	○	○
8	南西向建物	×	○	◆	×	×	◉	○	○

범례— ○ : 좋음 × : 나쁨 ◉ : 매우 좋음 ◆ : 매우 나쁨

❖ **대문은 집의 규모와 어울리게** : 대문으로 강한 기운이 들어와야 집 안에 좋은 기가 공급되므로 집 규모와 비교해서 적당한 크기거나 약간 커도 무방하다. 집과 비교해서 대문의 크기가 크거나 작다면, 사람의 얼굴로 보았을 때 입이 지나치게 크거나 작은 것과 같다.

❖ **대문 크기는**

- 대문 크기는 건물의 크기와 어울려야 한다.
- 건물에 비해 너무 크거나 너무 작은 것은 좋지 않다.
- 대문 자체도 높고 좌우 균형을 이루는 안정된 형태가 좋다.
- 대문은 외부의 바람도 막아주는 역할을 하기 때문에 바람이 통하지 않는 형태라야 하므로 파이프나 투시경 대문은 바람직 하자 못하다.
- 또한 대문은 한 개 여야 하며 대문이 여러 개 있으면 바람의 입이 혼란스러워 매우 불리하게 된다.
- 특히 대문의 방위는 건물의 방위만큼 중요하므로 동서사택에 의해 설치해야 한다.

❖ **대문흉방**(大門凶方) : 술건해(戌乾亥) 3좌(三坐)에 병오정문(丙午丁門)은 개문(開門) 5년내 장방손재(長房損財)

- 신유술(申酉戌) 3좌(三坐)에 병오정(丙午丁) 문(門)은 개문(開門) 7년내에 여손재(女損財)
- 진손사(辰巽巳) 3좌(三坐)에 신유술(申酉戌) 문(門)은 개문(開門) 4년내에 손(損) 장녀재(長女財)
- 병오정(丙午丁) 3좌(三坐)에 술건해(戌乾亥) 문(門)은 개문(開門) 3년내에 관재(官災)

❖ **대반**(對盤) : 구식 혼인에 있어서 신랑 신부 또는 후행을 대접하는 사람. 신랑의 대반은 신랑과 나이가 비슷한 집안 젊은 사람이 맡고, 신부의 대반은 시누이나 집안의 처녀와 갓 시집온 새댁들이 맡으며, 후행 대반은 나이가 지긋하고 학식이 풍부하며 점잖아 가도(家道)에 손색이 없는 언행과 범절을 지닌 사람이 맡는다.

❖ **대사문**(大赦文) **소사문**(小赦文) : 대사문은 건곤간손(乾坤艮巽) 방위다. 소사문은 병정경신(丙丁庚辛) 방위다. 대사문과 소사문 방위에 수려하고 아름다운 산이 있는 것을 사문성(赦文星)이라고 한다. 사문성이 있으면 흉화(凶禍)가 혈에 들어오지 않으며, 혹 주변에 흉하게 생긴 사격이 있다 하더라도 그 흉한 기운이 감해지고 나쁜 재앙이 모두 물러간다.

❖ **대상**(大象) : 용혈사수의 대세(大勢)를 말함.

❖ **대상**(大祥) : 초상난 지 만 2년 되는 날에 지내는 제사로서 이 제사를 지낸 다음 상복과 상의령좌(喪椅靈座)를 물린 폐기물 등을 불태우고 탈상한다. 그러나 지금은 부모, 조부모 및 배우자의 상기(喪期)는 운명한 날로부터 백일로 하고 그 밖의 경우에는 장일까지로 하게 되어 있고, 상기 중에 궤연(几筵: 죽은 이의 혼백이나 신주를 모셔 두는 곳)은 설치하지 않게 되어 있다.

❖ **대사간**(大司諫) : 조선시대 사간원(司諫院)의 으뜸 벼슬로 정3품. 학식과 덕망이 풍부한 사람으로 보임되었으며 임금의 잘못을 충간(忠諫)하고 다른 사람의 언론을 임금에게 상주하는 일을 맡아하였다.

❖ **대사성**(大司成) : 조선시대 성균관의 으뜸 벼슬로 반장(泮長)이라고도 하였다. 품계는 정3품이며 유학(儒學)의 진흥과 문묘(文廟)의 관리를 맡았고 대제학이 겸직하는 경우가 많았다.

❖ **대사헌**(大司憲) : 조선시대 사헌부(司憲府)의 으뜸 벼슬로 종2품. 대헌(大憲) 또는 도헌(都憲)이라고도 하였다. 기강을 바로잡고 백관을 규찰하며 남위(濫僞)를 금하는 관직이다.

❖ **대상과전**(大象過田) : 큰 코끼리가 밭을 지나가는 형국. 혈은 코끼리의 머리나 어금니 사이, 코 등에 있으며, 안산은 풀더미다.

❖ **대서**(大暑) : 양력 7월 23일, 24일경 폭염의 더위가 심한 중복(中伏)의 절기. 장마로 인한 많은 비가 내린다.

❖ **대설**(大雪) : 양력 12월 7일, 8일경 눈이 많이 내린다는 의미다. 실제 추위는 동지를 넘어서 온다.

❖ **대소지**(大小地)**의 결혈이치**(結穴理致)

① 가지 용(龍)이 돌을 얻으면(용에 맥이 나타나는 것) 당판(當坂)을 이루고 언덕 용이 기가 멎어 평평한 곳을 만나면 결혈(結穴)이 있다. 지룡(支龍)이 강(强)한즉 귀(貴)한 혈이 될 수 있고 강하지 못한 즉 귀한 혈이 되지 못한다. 언덕지는 용이 속기(束氣)하면 결혈(結穴)하고 속기(束氣)를 못하면 결혈(結穴)하지 못하므로 멎지도 못하며 속기(束氣)도 못하고 강하지도 못하면 용이 미분명(未分明)하여 산만하다.

② 혈의 대소(大小)는 그 용이 출래(出來)한 조종산(祖宗山)을 볼 것이오 귀(貴)하고 천(賤)한 것은 본신(穴場)에 있는 것이다. 용은 일기일복(一起一伏)하면 마디마디에 재혈(裁穴)이 가능하고 용에 근본이 없고 강함이 없으면 곧 혈을 이룰 수 없다.

③ 양(陽)이 음(陰)을 얻은 것은 기가 생하여 왕(旺)함이오 음(陰)이 변하여 양(陽)이 된 것은 형세가 멈추어서 결성되는 것이다. 기세(氣勢)가 멈추어서 결혈(結穴)된 것은 그 길(吉)함을 가히 볼 수 있고 기(氣)가 왕(旺)하여 혈이 생한 것은 그 발복(發福)을 헤아릴 수 없다.

④ 산의 기와 맥은 분명히 밝히기 어렵고 수(水)의 화복(禍福)은 나타나기 쉬우므로 용이 물을 따라 나가고 기는 물을 따라 멈춘다. 내룡(來龍)은 굴곡변화(屈曲變化)가 마땅하니 지현자(之玄字)로 가고자 하고 혈장(穴場)의 용호(龍虎)와 안산(案山)·조산(朝山)을 비롯한 모든 사(砂)에 향배(向背)의 정(情)은 물 따라 분별되고, 혈의 참된 것과 거짓된 것과 길(吉)함과 흉(凶)함은 산에서 실지 경험으로써 알기 쉽다. 굴곡이 되어 온 것은 방위에 거리낄 것이 없어 모두 길(吉)하고 지현자(之玄字)로 가면 비록 관계할 것은 없으나 또한 아름다운 것이다. 혈전(穴前)에 조산(朝山)들이 모인 것은 말하자면 중남(中男)이 발복(發福)하고 입수(入首)에 정기(精氣)를 보내 취기(聚氣)하면 후손에게 좌의정(左議政)·우의정(右議政)의 영화를 보게 된다.

⑤ 보국(保局)이 다져져서 혈이 높으면 뚫리는 것(穿), 베이는 것(割), 화살같이 충살같이 충하는 것(箭射)이 없다. 산언덕에 평평한 혈판(穴坂)이라면 상(傷)하고 사(射)하고 충(沖)하고 기울고 배반함이 있으며, 곧고 벌어지고 넓고 큰 것은 좌우를 분별할 것 없이 모두 흉(凶)한 것이다. 혈전(穴前)을 금빛같은 양명(陽明)한 보국(保局)이 두른 것보다 물을 두른 것만 못하고, 물이 두른 것이 물이 모인 것만 못하고, 물이 모이면 당(堂)을 하수사(下水砂)로서 거스린 것이오 하수사(下水砂)로서 당(堂)을 거스리면 사물을 부름이다. 물이 혈전(穴前)을 돌게되면 기(氣)가 온전하게 되고, 기(氣)가 온전하면 발복(發福)이 연(連)하고, 물이 모인즉 용이 모이고 용이 모인즉 그 혈지(穴地)는 큰 것이다.

⑥ 직(直), 충(沖), 앙(仰), 탕(蕩)은 평(平) 중에 꺼리는 것이며 나르는 듯 달아나고 흐트러져서 어지러운 것은 계곡이 낮더라도 또한 해로운 것이다. 물이 교쇄된 것과 활 같이 두른 것은 혈판(穴坂) 전후를 불구하고 아름다운 것이며 장생(長生), 포(包), 태(胎), 양생(養生) 법의 문서를 자연에 맞춰 심혈(尋穴)한다는 것은 괘례(卦例)에 합당하게 따른 듯하나 모두 그른 것이다. 용이 물을 따르고 물이 용을 따르고 돌아보아 사랑하여야 참다워지는 것이고, 맥(脈)이 혈상(穴相)의 윤신(身)이 가고 머무는 것도 모두 물과 같으니 혈이 되는 법은 변화로 정기(精氣)가 통하고 모두 혈상(穴相)의 윤곽을 떠나서는 안되는 것이다. 물이 많으면 기(氣)는 길(吉)하나 또 8살(八殺)이 있으니 천(穿), 할(割), 전(箭), 사(射), 충(沖), 상(傷), 사(斜), 앙(仰)으로 이 8자(八字)는 물로써 해로운 것이다.

⑦ 혈이 높이 있으면 충사(沖射)는 논하지 않고 물이 광활하면 살(殺)이 되지 않으며 맥(脈)이 크면 베일 것을 혐이하지 않으며, 파구(破口)가 잘 교쇄(交鎖)되면 임의로 경사진 것을 끌어당기고, 굴곡은 천해(穿害)가 없고 혈이 우러러 보이고 크면 혈이 등천(登天)하는 형상이다.

❖ **대아도**(帶牙刀) : 용호에 뾰족한 것이 붙은 것. 대아도는 청룡·백호의 끝에 코끼리의 이빨, 혹은 칼처럼 생긴 산줄기가 뻗쳐 있는 형국. 청룡·백호가 대아도인 혈에 조상의 묘를 쓰면 자손 중에 장군이 나온다.

❖ **대연**(帶連) : 연이어져 나란히 연결됨.

❖ **대원군**(大院君) : 왕의 대를 이를 적자손(嫡子孫)이 없어 방계(傍系) 친족이 왕의 대통을 이어 받을 때 그 왕의 친부에게 주는 직임(職任).

❖ **대응산**(對應山)**의 중요성** : 심혈(尋穴)하는 법은 태조산도 중요하고 부모산 또는 입수(入首) 하는 것과, 좌청룡(左青龍)·우백호(右白虎)·현무(玄武)·주작(朱雀)도 중요하지만 대응산(對應山)도 중시하여야 한다. 대응산은 주작봉(朱雀峯)과 안산(案山)·조산(朝山)이 모두 대응산에 해당하며, 소사(小砂)도 가벼이 하여서는 안 된다. 대응산의 중요성을 음택(陰宅)은 물론 양택(陽宅)도 중요하게 여긴다.

❖ **대인**(帶印) : 용호에 둥근 흙무더기가 붙은 것. 대인은 청룡과 백호의 끝에 구슬처럼 둥그런 둔덕(혹은 작은 봉우리)이 붙어 있는 것이다. 용호가 대인인 혈에 조상의 묘를 쓰면 자손 중에 신동이 나와 학문과 문장이 출중해서 널리 이름을 떨치며 높은 벼슬도 얻는다.

❖ **대인홀**(帶印笏) : 청룡·백호의 한쪽 끝에 둥그런 산봉우리나 둔덕이 붙어 있고, 다른 한쪽 끝에는 홀(笏)처럼 생긴 산줄기가 붙어 있는 형국. 여기에 조상의 묘를 쓰면 자손 중에 만인을 거느리는 영웅이 나온다.

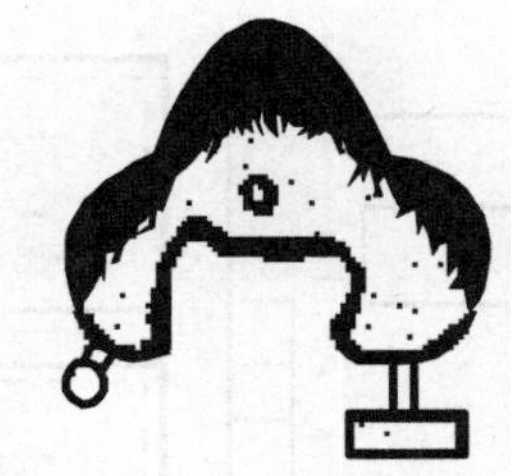

❖ **대입수**(大入首) : 넓고 큰 입수룡으로 활맥이라고도 한다. 용맥이 넓고 평평하게 퍼져 기세가 없어 보이나 주룡의 아래쪽에서 보면 용맥임을 알 수 있다. 넓고 평평한 용맥 중에서도 가늘게 변화하는 맥이 있는 모습이 마치 뱀이 풀밭을 기어가는 듯 기세가 있다. 초중행사(草中行蛇)의 흔적이 있는 것이 정맥(正脈)이다.

❖ **대자**(大疵) : 산수의 대세가 흉한 것. 큰 흠집.

❖ **대장**(對杖) : 대라고 함은 혈장에서 사세(四勢)를 보았을 때 사세가 균등하고 유정하여 중심으로 혈을 받음이다. 진룡(眞龍)에 혈정(穴正)하여 사세가 화평하고 입수처(入首處)에 약간의 부풀은 맥이 있게 된다. 와겸유돌(窩鉗乳突)의 어느 것에도 국한되지 않는 것 같으며 앞뒤의 보필사(輔弼沙)가 천심십도(天心十圖)를 이루어 결함이 없으면 대장(對杖)을 쓰게 된다.

❖ **대장군방**(大將軍方) : 대장군방이란 연신방흉살(年神方凶殺)의 하나로서 이 방위로 건물을 달아내거나 수리 또는 흙을 다루거나 우물 등을 파지 아니한다는 것이다. 그러나 안방에서 120보(약 100m) 이상되는 거리는 이에 구애받지 않는다. 대장군방은 아래와 같다.

亥子丑年 : 酉 西方, 寅卯辰年 : 子 北方

巳午未年 : 卯 東方, 申酉戌年 : 午 南方

❖ **대중복일**(大重服日) : 이날에 장사(葬事)를 지내면 5년내에 사람이 죽게 된다고 한다.

1, 4, 7, 10월 : 寅申巳亥日

2, 5, 8, 11월 : 子午卯酉日

3, 6, 9, 12월 : 辰戌丑未日(戊辰 戊戌 己丑 己未日)

春3月 : 寅日　夏3月 : 申日

秋3月 : 巳日　冬3月 : 亥日

❖ **대지**(大地) : ① 매우 넓고 큰 땅. ② 최고의 부귀가 발하는 명당.

❖ **대지(大地)를 찾는 법** : 대지를 찾는 법은 태조산(太祖山), 종산(宗山), 소조산(少祖山) 그리고 그 이하의 부모산(父母山), 태식잉육(胎息孕育)의 용어의 의미와 위치의 역할, 형태의 수려(秀麗) 청룡백호(靑龍白虎), 외산외수(外山外水)에 담긴 이치를 깨달아야만 할 수 있다. 염정화산(廉貞火山)의 태조산(太祖山)은 첨원방정(尖圓方正)해야 하고, 행룡(行龍)은 아름다운 개장(開帳)으로 지각되어 천심중출(穿心中出)된 간룡(幹龍)을 호종(護從)하는 사(砂)가 있어야 하고, 거듭되는 과협(過峽)은 왕성한 기복(起伏)으로 용맥(龍脈)의 생기를 돋아주고, 고대수려(高大秀麗)하게 우뚝 솟은 소조산(少祖山 : 主山)의 정기를 확인하며 모든 정기가 충만잉태(充滿孕胎)된 현무정(玄武頂)을 바로 보고 중중(重重)으로 환포(環抱)하는 용호사(龍虎砂)와 득수파구(得水破口), 외산외수(外山外水)의 옥대금성(玉帶金星)으로 유정하게 호위된 명혈을 찾는 것만이 현명한 대지를 찾는 법이 될 것이다.

❖ **대지(垈地)의 고저**(高低) : 관공서는 문무(文武)를 불문하고 모두가 앞은 낮고 뒤는 높아야 하며, 또한 앞은 좁고 뒤는 넓어야 한다. 앞이 낮고 뒤가 높으면 영웅호걸이 나고, 앞이 좁고 뒤가 넓으면 만관의 돈이 모이게 되며, 두문(頭門) 안이 이와 같은 형이라면 노역을 시켜 부유해지고, 대당(大堂) 앞이 이와 같은 형이라면 행정관리가 부자가 되고, 더불어 백성들이 부유해진다. 또 2당(二堂)과 3당(三堂)이 이와 같은 형이라면 열명의 관리중 아홉명이 승진할 것이다.

❖ **대지(垈地)의 만결(滿缺)과 길흉(吉凶)**

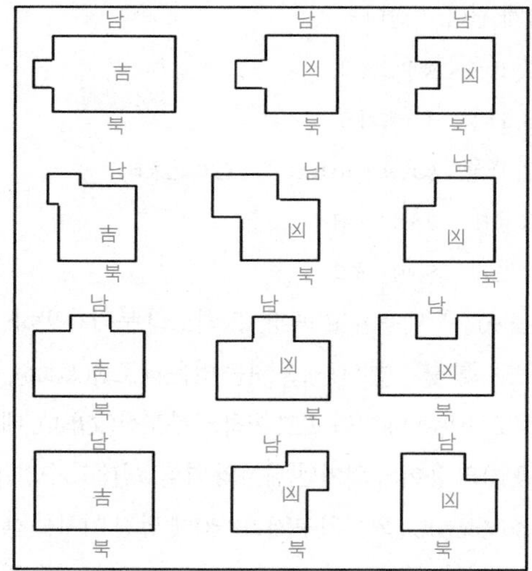

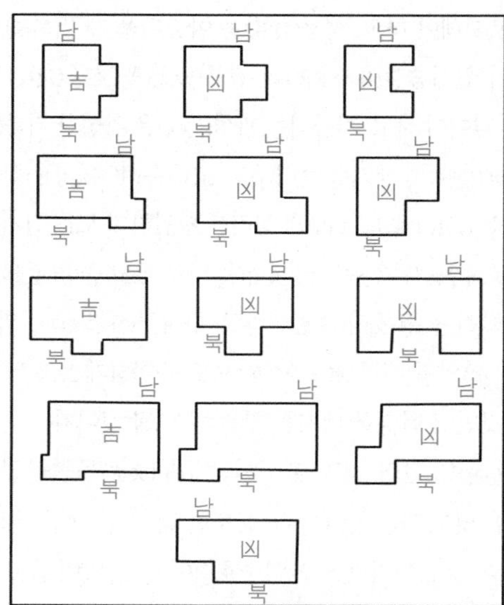

❖ **대지의 형태 길흉상**

- **대지의 길흉상** : 대지의 길흉상은 대지와 같이 사면이 반듯하면서 향한 곳으로 2배 이상 길어야 건물을 세우고도 길한 정원의 상이 될 수 있다. 대지의 형은 길한 건물을 세울 수 있으나, 정원의 상이 삼각형으로 불길하여 가상 전체가 흉상이 된다.
- **개수례(改修例)** : 대지는 정사각형이나 길한 건물을 세우면 정원이 좁아 흉한 가상이 되니 ㄱ자형의 건물을 세운다면 모두 길한 가상이 된다.

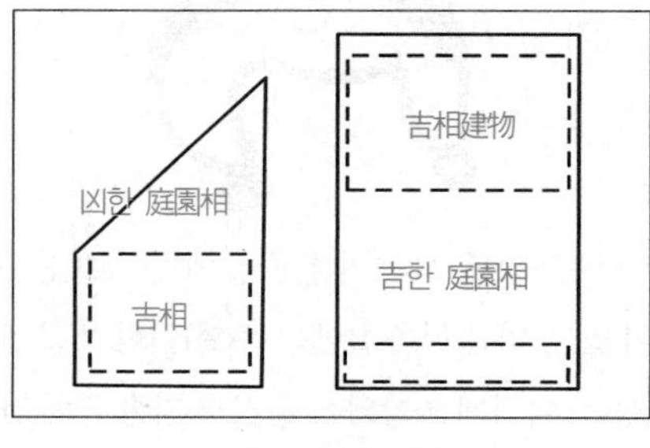

[대지의 길흉상]

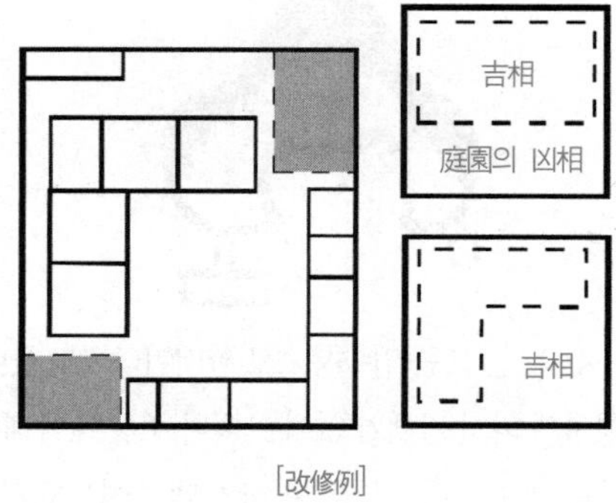

[改修例]

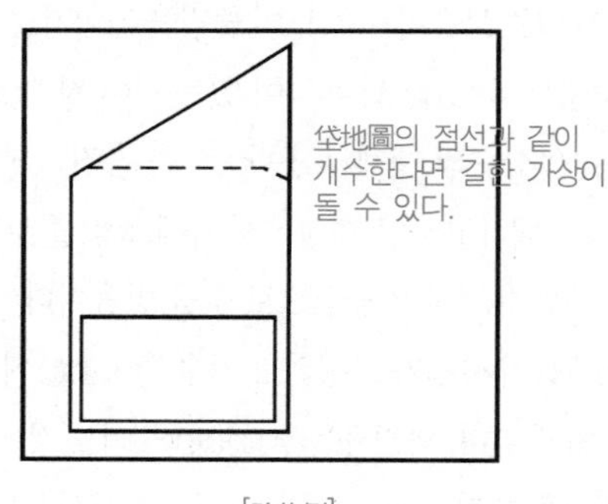

[改修例]

삼각형의 대지는 보기에도 불안정하게 되었으니 가상법에서는 공기불순으로 불길한 것으로 많은 해가 따르게 된다. 불안정된 가옥에서 살게 되면 불길한 곳에 마음이 쓰이게 된다. 정신에 모든 불길이 누적되는 것은 훗날의 해가 되며 자손 출산에까지 장해가 된다. 대지형상이 도형과 같을 때는 점선과 같이 담장을 쌓아서 정원을 길상으로 한다.

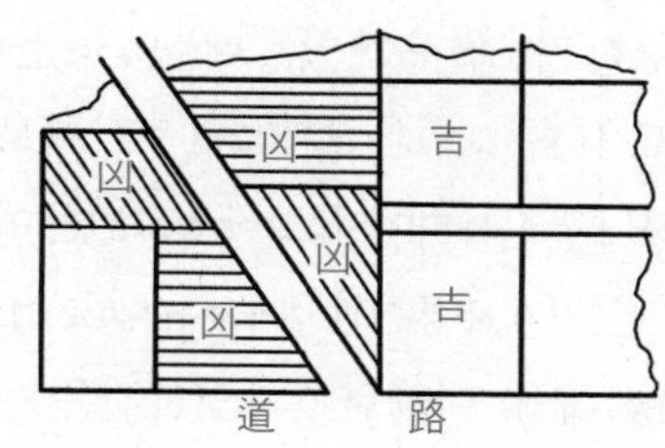

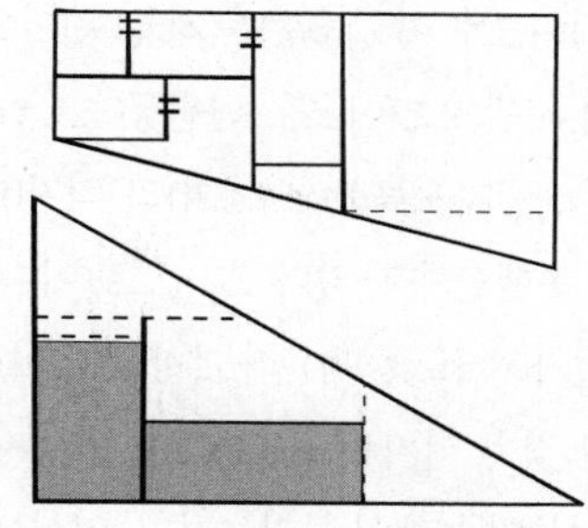

❖ **대통령되고자 하면** : 대통령이 되고자하면 묘(墓)를 쓸 때 주산(主山) 봉(峯)이 북과 같은 암석(岩石)이라면 대대로 국왕이 태어나고 장상(將相)이 된다.

❖ **대창**(帶倉) : 후하고 대고(帶庫) 살찐 것은 부룡(富龍)이요, 대기(帶旗)는 등고하고 대고(帶鼓) 일자문성사격(一字文星沙格)이라면 귀(貴)한 용의 형국.

❖ **대축**(大祝) : 각종 제사에 축문을 낭독하는 사람. 축관(祝官).

❖ **대취국**(大聚局) : 대취국은 대도시가 되는 형국. 수천 수만리 산과 물이 크게 모인 것으로 아주 크면 산수가 아름답고 넓을수록 좋은 것이다.

❖ **대파절**(大坡絕) : 큰 언덕같은 땅으로 이어온 용맥이 없고 내력도 없이 판판한 형국. 이러한 곳은 기맥(氣脈)이 끊어져 연속됨이 없고 물이 겁(劫)하여 모르고 묘를 썼다가는 자손이 끊긴다.

❖ **대하사**(大下砂) : 물줄기를 따라 오다가 거꾸로 거두는 형국으로 일명 소성(銷城)이라 한다.

❖ **대학입시생은 문창귀인방을 써야 한다** : 예로부터 과거시험 공부를 하는 선비가 있다거나 한학에 몰두하시던 선비들이 정신집중력과 암기력을 집중시키기 위해 양택의 비술(秘術)중 하나로 이용해왔던 문창귀인방(文昌貴人方)을 써야 한다. 문창귀인방이란 택향을 정한 후 주택의 중심점에서 택향으로 나란히 선을 그었을 때 시계 진행 방향으로 120도 진행된 방위에 속하는 방을 말함.

❖ **대한**(大寒) : 양력 1월 20일~21일경 겨울 추위가 매듭 짓는다는 의미. 1년 마지막 절기.

❖ **대향**(大享) : 큰 제사. 대제(大祭).

❖ **대현공오행**(大玄空五行) : 이는 향(向)으로서 수로(水路)의 왕상휴인(旺相休囚)을 따져보는 것으로 내수(來水)는 왕상(旺相)하여야 하고, 거수(去水)는 휴수(休囚)되어야 길하다고 함.

子寅辰乾乙丙 : 金, 卯巳丑艮庚丁 : 水,

午申戌辛壬 : 木, 酉亥未巽癸甲 : 火

용법은 12운성법(十二運成法)으로서 좌선(左旋)은 양포태(陽胞胎).

❖ **대현공**(大玄空) : 대현공이란 묘나 건물의 향(向)으로 5행을 정하여 포태법(胞胎法)을 붙여 보는 방법. 향상오행(向上五行)은 아래와 같다.

子寅辰乾乙丙向 : 金	卯巳丑艮庚丁向 : 水
午申戌坤辛壬向 : 木	未酉亥巽甲癸向 : 火

금인(金寅 : 金絶於寅) 수토사(水土巳 : 水土絶於巳) 목신(木申 : 木絶於申) 화해(火亥 : 火絶於亥)에 각각 오행을 포(胞 : 絶)를 기(起)하여 돌려 짚는다.

❖ **대현공오행구결삼장**(大玄空五行口訣三章) : 구결삼장(口訣三章)은 현공대오행(玄空大五行)의 정수(精髓)로서 그 법은 먼저 3, 4, 5, 6수(數)의 비지(秘旨)를 밝힌 연후에 입구지묘(入扣之妙)를 찾아야 3은 곧 3괘(三卦)를 말하고, 4는 4신(四神)이요, 5는 5합(五合)이며, 6은 6갑(六甲)을 말한다.

• **원운(元運)의 이치** : 원(元)은 삼원갑자(三元甲子)의 기년지수(紀年之數)를 말하고, 운(運)이란 구궁기원(九宮紀元)의 수(數)를 말하니, 그 이치는 다음과 같다. 상원갑자60년(上元甲子六十年) 중 갑자(甲子)는 감일궁(坎一宮)에서 기(起)하고, 갑신(甲申)은 곤이궁(坤二宮)에서 기(起)하며, 갑진(甲辰)은 진삼궁(震三宮)에서 기(起)한다. 중원갑자60년(中元甲子六十年) 중 갑자(甲子)는 손사궁(巽四宮)에서 기(起)하고, 갑신(甲申)은 중오궁(中五宮)에서 기(起)하며, 갑진(甲辰)은 건육궁(乾六宮)에서 기(起)한다. 하원갑자60년(下元甲子六十年) 중 갑자(甲子)는 태칠

궁(兌七宮)에서 기(起)하고, 갑신(甲申)은 간팔궁(艮八宮)에서 기(起)하며, 갑진(甲辰)은 이구궁(離九宮)에서 기(起)한다. 이는 구궁(九宮)이 분배한 3원수(三元數)로서 각관20년(各管二十年)하니 이것이 곧 원운(元運)이 유래하는 바가 되고, 이때에 운(運)이 중궁(中宮)에 이르게 되면 이는 2, 4, 6, 8의 사우지지(四隅之地)인 진술축미방(辰戌丑未方)이 모두 그 기(氣)를 득하게 되므로 중궁(中宮)의 기(氣)도 능히 통할 수가 있게 된다. 그 가운데서도 2, 5, 8은 3원(三元)의 중기(中氣)가 되므로 운(運)이 2흑(二黑)에 이르면 5황(五黃) 8백(八白)이 함께 그 기(氣)를 얻게 되고, 운(運)이 8백(八白)에 이르러도 2흑(二黑) 5황궁(五黃宮)이 동시에 왕기(旺氣)를 얻게 된다. 무릇 일산일수(一山一水)의 국중(局中)에서 이 법의 활용법을 소상히 밝힌다면 더욱 중대한 의의를 터득할 수가 있을 것이다. 만일 원운(元運)이 감일궁(坎一宮)에 이르게 되면 이때는 평양지지(平洋之地)라 물을 먼저 얻게 되므로 감수(坎水)를 취해야 하고, 감수(坎水)는 구궁(九宮)의 수위(首位)가 되기 때문이며, 산기(山氣)의 운(運)이 여기 감수궁(坎水宮)에 이르게 되면 이를 취용(取用)하는 별도의 평양지지(平洋之地)를 취용하는 법이 있다. 감(坎)을 기(起)하는 법이 선후천(先後天)과 달라 선천(先天)은 칠궁(七宮)에서 감(坎)을 기(起)하므로 금수상생지의(金水相生之義)를 취했고, 후천(後天)은 일궁(一宮)에서 감(坎)을 기(起)하니 자오지위(子午之位)를 독존(獨存)하게 된다.

• **발명삼괘지리**(發明三卦之理) : 3괘(三卦)는 3원(三元)의 괘(卦)를 말하며 8괘(八卦)를 매괘당(每卦當) 3으로 나누니 3×8=24가 되고, 이를 다시 상중하의 결국(結局) 3괘(三卦)가 된다. 자오묘유배건곤간손(子午卯酉配乾坤艮巽)은 부모괘(父母卦)가 되고, 갑경병임배진술축미(甲庚丙壬配辰戌丑未)는 강동팔괘(江東八卦)가 되며, 을신정계배인신사해(乙辛丁癸配寅申巳亥)는 강서팔괘(江西八卦)가 되니, 소위 3괘(三卦)라고 하는 것을 말한다. 무릇 자오묘유(子午卯酉)는 1, 3, 7, 9의 4정양방(四正陽方)에 있으므로 이를 부괘(父卦)라 하고, 건곤간손(乾坤艮巽)은 2, 4, 6, 8의 4우음방(四隅陰方)에 있으므로 이는 모괘(母卦)라 한다. 경(經)에 이르기를, 「남북팔신공일괘」라고 한 것은 부모는 좌우에 자녀를 능히 거느릴 수가 있기 때문이요, 을신정계(乙辛丁癸)는 자오묘유(子午卯酉)의 순자(順子)로서 부모와 더불어 동행이 가능하니 팔신사여이자(八神四與二者)는 이를 두고 하는 말이다. 또한 「자계오정천원궁(子癸午丁天元宮), 묘을유신일로동(卯乙酉辛一路同)」이라 한 것도 역시 같은 뜻이다. 즉 자계(子癸)는 감궁(坎宮)에 동궁(同宮)하고 오정(午丁)은 이궁(離宮)에 동궁(同宮)이므로 이궁(離宮)은 하늘(天)이요 감궁(坎宮)은 구궁(九宮)의 시원(始元)이므로 천원궁(天元宮)이 된다. 갑경임병(甲庚壬丙)은 자오묘유(子午卯酉)의 역자(逆子)가 되므로 부모와 함께 동행할 수가 없다. 그러므로 이 1괘(一卦)는 다만 「팔신사여일자(八神四與一者)」라고 한 것도 이러한 뜻에서다. 역자(逆子)란 것은 여지부(女之夫)로서 별성지자(別性之子)로서 부모와 더불어 동행이 불가능하고, 인신사해(寅申巳亥)는 을신정계(乙辛丁癸)의 처로서 별성지녀(別姓之女)이므로 결국 건곤간손(乾坤艮巽)의 자부(子婦)가 된다. 그러므로 을정계신(乙丁癸辛)은 건곤간손(乾坤艮巽)과 동행이 불가하다. 진술축미(辰戌丑未)는 갑경임병(甲庚壬丙)의 처(妻)인 동시에 건곤간손(乾坤艮巽)의 여가 되므로 진술축미(辰戌丑未)와 건곤간손(乾坤艮巽)은 동행이 가능하니 이를 가리켜 모녀상고지정(母女相顧之情)이라 한다. 그러므로 「진술축미지원기(辰戌丑未地元氣), 건곤간손부부종(乾坤艮巽夫婦宗)」이라 했다. 이 3괘(三卦)에는 단용(單用)과 겸용(兼用)의 밀지(密旨)가 감춰져 있다. 무릇 수수입향(收水立向)을 함에 있어서는 모름지기 3괘(三卦)의 밀지(密旨)를 밝혀 뒤섞여 순수하지 못한 것을 피하게 해야 한다. 가령 을신정계(乙辛丁癸)와 진술축미(辰戌丑未)가 상겸(相兼)하면 이는 종횡(縱橫)으로 상잡(相雜)해지는 것과 같은 예라 하겠다. 또 크게 피해야 할 바는 격궁차착(隔宮差錯)과 대차착(大差錯)이 있으니 이들을 범하면 절사무후(絶嗣無后)가 된다. 인신사해(寅申巳亥)가 갑경병임(甲庚丙壬)과 상겸(相兼)하면 이를 격궁차착(隔宮差錯)이라 하여 이때에는 비록 수법(水法)이 당왕(當旺)할지라도 그 형통함은 순식간이며 끝내는 절손(絶孫)이 되고 만다. 또 한가지 크게 피해야할 바는 대차착(大差錯)인데 갑경병임(甲庚丙壬)과 자오묘유(子午卯酉)가 겸행(兼行)

하면 대차착(大差錯)이 되니 이때에는 주로 장방(長房)에서 부모를 거역하는 오역지자(忤逆之子)가 출래(出來)한다.

- **구결(口訣)이 발하는 사신합오지리(四神合五之理)** : 4신(四神)이란 향상(向上)의 음양신(陰陽神)과 수상(水上)의 음양신(陰陽神)을 말하니 음양신(陰陽神)이란 곧 생수(生數)와 성수(成數)를 일컫는 말이다. 즉 향상(向上)과 수상(水上)에 일생일성(一生一成)의 양수(兩數)가 음양상교(陰陽相交)하는 밀지(密旨)를 밝힌 뜻이다. 용이 4정(四正)의 양위(兩位)에 임하면 물은 4우(四隅)의 음수(陰水)를 써야 하고, 용이 4우(四隅)의 음위(陰位)에 임하면 물은 4정(四正)의 양수(陽水)를 써야 하니 이것이 곧 음양(陰陽)이 상교(相交)하는 이치가 된다.

❖ **대화방**(大火方) : 연신방(年神方). 살신(殺神)의 하나. 이 방위로 집을 짓거나 수리하면 화재가 일어날 가능성이 있다고 한다.

申子辰年 : 丁方　　巳酉丑年 : 乙方

寅午戌年 : 癸方　　亥卯未年 : 辛方

가령 태세가 신자진년(申子辰年)이면 정방(丁方)이 목화살방(木火殺方)이다.

❖ **대회명당**(大會明堂) : 혈 앞에 많은 산맥(山脈)이나 물의 흐름이 모여 돌거나 정말로 황제가 제후를 접견하고 있는 것 같은 느낌을 나타내고 있는 형국. 흔히 제왕이 찾아오는 기세에 상당하는 명당으로서 지세의 용량, 품격, 경향성이라고 말한다.

① 대회명당은 여러 개의 대룡(大龍 : 큰 산줄기)이 사방에서 뻗어와 혈 앞에 모이는 형국으로 산줄기들을 따라서 여러 개의 물줄기가 흘러와 혈 앞에서 모이는 형상이 마치 뭇 신하들과 사신들이 함께 모여 제왕(帝王)을 알현하는 것과 흡사하다. 이 대회명당도 지극히 귀한 명당으로 혈 앞에 대회명당이 있으면, 숱한 사람을 이끄는 대인(大人)이 배출된다. 뭇사람의 스승이 되는 성현(聖賢), 큰일을 도모하여 대업을 이루는 영웅, 숱한 부하를 거느리는 대장군(大將軍), 대학자(大學者) 등이 나온다.

② 뭇 산과 뭇 물이 단취(團聚)한 것을 말하며, 명당 내에 백물(百物)이 구비하였다는 뜻이고 특히 산명수수(山明水秀)를 좋아한다.

❖ **대횡수**(大橫水) : 진술(辰戌)이 나망(羅網)이므로 진수(辰水) 파국과 술수(戌水) 파국이면 흉악, 요절, 횡사의 화가 생긴다.

❖ **대흉좌**(大凶坐) **견법**(見法) : 망인(亡人)의 생년지(生年支)로 본다.

生年支	山三災	前後不入	大害坐	解 說
子	子方山	子	未	祭主, 長子 사망
丑	甲方山	丑寅甲	丙	장례 후 3년내에 3인이 사망한다.
寅	癸方山	癸	巳	가정이 멸망한다.
卯	酉方山	酉	辰	申年에 風病으로 3인이 사망한다.
辰	甲方山	甲	卯	장례후 3년내로 초상난다.
巳	丑方山	丑艮	寅	장자는 무자식 된다.
午	艮方山	艮	丑	자손은 도망가고 형무소 간다.
未	巽方山	巽	乙	자손이 끊어진다.
申	艮方山	艮丙辰	亥	장례 후 3년내에 자손이 패망한다.
酉	子方山	子酉戌	戌	제주 상처하며 자손은 패한다.
戌	卯方山	酉	酉	유년이 되는 년에 5, 6명 사망한다.
亥	丑方山	壬丑	申	장자 단명하고 자식이 없다.

망인(亡人)의 생년간(生年干)으로 보아 좌가 흉하여 망하는 방위는 다음과 같다.

- **갑생**(甲生) : 건해좌(乾亥坐)
- **을기생**(乙己生) : 곤좌흉(坤坐凶)
- **병무생**(丙戊生) : 간좌흉(艮坐凶)
- **정사축생**(丁巳丑生) : 태좌(兌坐)
- **유좌, 경해미생**(庚亥未生) : 진좌(震坐)
- **묘좌, 계신진생**(癸申辰生) : 감좌(坎坐)
- **자좌, 임인술생**(壬寅戌生) : 이좌(離坐), 오좌가 흉하다.

❖ **데릴사위** : 딸을 시집 보내지 아니하고 처가에서 데리고 사는 사위.

❖ **도**(都) : 경도(京都)를 말함.

❖ **도**(圖) : 말의 도형을 말함.

❖ **도괘금조**(倒掛金釣) : 낚시를 거꾸로 매달아 놓은 것처럼 생긴 형국. 혈은 낚시의 꼬부라진 곳에 깃들이며 안산(案山)은 물고기, 어망, 낚싯대 등이다.

❖ **도구수**(盜寇水) : 을진수(乙辰水), 인갑수(寅甲水), 신술수(辛戌水), 계축수(癸丑水), 미곤수(未坤水)가 파국이 되면 도둑을 맞거나 자손 중에 도적이 나온다. 좋은 명당혈이면 도둑·강도한테 피해를 입고, 나쁜 혈이면 자손들이 도적질을 한다.

❖ **도국**(到局) : 내수(來水)가 명당에 이르면 도국이라 한다. 명당에 이른 물이 하수수관(下手收關)하면 입구(入口)라 한다. 도당입구만 되면 물의 대소에 관계없이 길한 것이고 또한 혈 앞에서 보이지 않은 대당수도 가하다. 그런데 여기서 유의할 것은 순국거수지(順局去水地)에서는 양수(兩水)가 도당하여야 하나 물이 앞으로 곧게 빠져나가는 곳이 아닌 곳에서는 일변도당(一邊到堂)이면 가하다.

❖ **도기**(道器) : 종, 뚜껑, 약탕기, 화로와 같은 유형의 물건들.

❖ **도당물이 혈 앞 명당으로 들어오면** : 도당(到堂)이란 물이 혈앞 명당에 들어오는 것을 말한다. 명당에 들어오는 물은 항상 용혈을 감싸주고 느릿느릿하게 흘러 들어와야 한다. 만약 명당으로 들어오는 물이 용혈을 배반하거나 찌르듯 들어오면 안 된다. 수기(水氣)를 더욱 확실하게 용혈에 공급해 주기 때문이다.

❖ **도두**(到頭) : 입수(入首)할 수 있도록 혈 뒤에 뭉쳐진 봉우리를 가리킴.

❖ **도로**(徒勞) : 많은 노력을 들임. 힘을 소모함.

❖ **도로가 감싸듯 완만하게 굽어있는 주택은 좋다** : 물이 혈지를 금성환포(金星環抱) 해주듯 도로가 택지를 완만하게 감싸주는 형태로 있으면 길하다.

❖ **도로가 등을 돌리고 있는 택지는 좋지않다** : 양(陽)인 도로가 음(陰)인 택지에 등을 돌리고 있으면 음양교합을 이룰 수가 없다. 물이 택지를 배반하는 형상이다. 이러한 곳은 재산이 모이지 않는다.

❖ **도로가 주택 빌딩 건물 뒤편을 감싸고도는 형태** : 주택이나 빌딩 건물의 뒤편으로 감싸고도는 지형에서 살게 되면 처음에는 발복(發福)하여 잘 살지만 시간이 지나면 자손이 잘못되어 집안에 화(禍)가 미치게 된다고 한다.

❖ **도로 가운데 곡선도로에서의 명당** : 직선으로 된 도로에서는 바람이 도로 왼쪽이나 오른쪽을 같은 압력으로 통과한다. 그러나 곡선 도로에서는 위치에 따라 통과하는 바람에 의한 압력이 다르다. 로터리 같은 곡선으로 된 도로에서는 곡선 바깥쪽 대지가 안쪽 대지보다 좋다. 곡선 도로를 통과할 때 높아진 바람이 원 중심점 바깥에 위치한 대지에 들어오게 된다. 그러나 곡선 안쪽에 있는 대지에서는 바람의 압력이 낮아져 실내 바람이 외부로 빠져나가게 된다. 바람이 들어오는 대지는 기운이 모여서 명당이 된다. 그러나 바람이 빠지는 건물에서는 기운을 잃어 좋지 못하다.

❖ **도로나 집 규모가 같은 것끼리 좋다** : 집은 규모가 같은 것끼리 어울려 있는 것이 좋다. 서로 비슷한 것끼리 어울리는 게 아름다운 것은 비단 집만이 아니지만, 특히 집은 햇빛과 바람의 영향을 많이 받는 만큼 더욱 중요하다. 집 옆에 높은 건물을 지으면 거기서 발생하는 바람이 집의 기운을 빼앗으며, 또 길이가 긴 건물은 스스로 바람 길을 만들어 강한 바람을 불게 한다. 이런 곳에 집을 지으면 마치 거대한 바람의 통로 속에 갇혀 있는 것과 같은 형상이 된다. 높은 건물이 집 앞을 가로막고 있기 때문에 큰 건물 뒤에 있는 작은 집에서는 넓은 하늘을 볼 수가 없다. 하늘 대신 하늘은 생기를 보내주는 가장 중요한 공간이므로, 이런 집에서는 불행한 일이 계속 일어난다. 집을 지을 때는 넓은 하늘을 바라볼 수 있도록 배치하는 것이 바람직하다.

❖ **도로 아래 주택이나 도로 뒤로 있는 주택은** : 도로 아래 낮은 주택이나 뒤로 도로가 있으면 길 아래의 낮은 주택은 재산이 늘지 않고 주택 뒤에 도로가 있으면 근심걱정이 떠날 날이 없으며 절벽이나 낭떠러지 근처의 위험한 곳에 있는 택지는 다재다곤

(多災多困)하고 집안의 우환으로 편안 할 날이 없다.

❖ **도로아래 주택은 재앙이 끊어지지 않는다**: 도로 아래 낮은 택지는 도로에서 발생한 매연과 오염이 집안으로 날아들어 올 수 있다. 또 비가 오면 도로의 물이 온갖 오염 물질을 가지고 집안으로 쏟아져 들어온다. 뿐만 아니라 차들이 빠른 속도로 오고 감으로 해서 기가 교란되어 매우 흉하다. 맑은 공기가 감돌아야 할 집안이 교란되고 오염된 기운으로 가득하다면 거주자들의 건강이 나빠지는 것은 물론 재앙이 끊이지 않는다.

❖ **도로 아래의 집터는 흉(凶)**: 집터가 도로아래 있으면 불성가업(不成家業)하고 집뒤 도로는 불식가우(不息家憂)라 한다. 즉 길 아래 낮은 집터는 가산(家產)이 늘지 않고 집뒤에 길이 있으면 집안의 근심 걱정이 떠날 날이 없다. 길 아래 낮은 주택지는 취하지 말아야 한다. 이러한 집터나 집에 살면 모든 일이 하는 것 마다 풀리지 않는다.

❖ **도로에 건물을 이용하는 방법**: 도로는 많은 사람이 이용하는 곳으로 차량이나 보행자는 물론 자전거가 지나다니고, 아이들의 놀이 공간이 되기도 한다. 또 길가에 카페·정원·분수 같은 휴식 공간을 많이 만들어 여러 사람들이 행복하게 지나는 공간이 되어야 한다. 도로가 휴식과 만남의 기능을 잃어버리고 차가 다니는 통로로만 쓰이면 도시는 더욱 황폐해진다. 도로변에 설치한 조각이나 미술품, 역사적 물건들은 도시를 더욱 아름답게 한다. 도심에 높은 건물이 들어서면서 주변에는 건물 온도에 의해 공기가 끌어올려지면서 바람이 생긴다. 건물이 크고 높을수록 상승하는 바람은 더욱 커진다. 높은 건물 옆에 사는 사람은 바람 때문에 불안해서 마음이 여유롭지 못하고 항상 긴장하며, 이웃 사람에게도 불쾌한 인상으로 대하게 된다. 도심지에 있는 건물은 낮을수록 좋다. 건물이 낮아야 도로를 다니는 사람들이 평화롭게 생활할 수 있다. 어쩔 수 없이 높은 건물을 지어야 할 경우에는 도로에서 충분히 떨어지게 지어야 피해를 줄일 수 있다.

❖ **도로에 접해 있는 점포는 어떠한 형태가 좋은가**: 도시의 상점들은 대개 도로변에 모두 길을 가운데로 하고 각 판매점들이 줄지어 펼쳐진 형태를 띠고 있다. 이러한 점포들은 크건 작건 간에 도로와 맞닿아 있는 상점은 동일한 평수일지라도 도로와 평행으로 길어 보이는 직사각형상일 경우에는 좋지 않은 흉상(凶相)으로 판단하게 된다. 도로에 접해진 상점의 경우 옆으로 펼쳐 보이는 직사각형보다는 안으로 깊숙하게 들어가 보이는 직사각형의 상점(매장)이 수입면에서 훨씬 더 유리하다. 흔히 옆으로 넓은 상점이 더 많은 진열장을 확보하기 때문에 장사가 잘 될 것이라고 생각을 할 것이다. 그러나 지나가던 행인들이 도로변에 있는 상점의 진열 상품은 보고 상점 안으로 들어가자 마자 안쪽의 벽에 가로막히는 느낌을 갖게 된다. 안쪽의 공간이 깊지 못하기 때문이다. 무엇인가 물건을 구경하면서 사려고 하지만 상점 문으로 금방 내다보이는 밖에서는 사람들이 끊임없이 바쁘게 지나간다. 그것을 보면 왠지 자신도 바빠지는 기분이 되며 초조한 느낌이 들게 된다. 결국 진열된 상품을 차분하게 구경하지 못하고 상점을 나오고 만다. 그 반면에 비록 상점의 전면(前面), 즉 출구면은 좁지만 들어가 보니 그 안에 생각보다 많은 물건들이 진열되어 있음을 느끼게 된다. 더구나 깊숙하기 때문에 행인들의 분주한 모습도 보이지 않아서 차분한 마음으로 물건을 구경하고 구입하게 된다.

❖ **도로와 건물거리**: 도심에 건물을 지을 때 도로에 바짝 붙여 짓는 경우가 많다. 이렇게 지으면 지나가는 사람들이 쇼 윈도를 쉽게 볼 수 있는 장점이 있지만 풍수지리 측면에서는 그다지 좋지 못하다. 오히려 도로와 접하는 부분에는 주차장이나 정원을 만들고 건물은 뒷면에 두는 것이 좋다. 건물이 앞으로 나와 있으면 그 앞을 통과하는 차들을 통해 내부 기운이 빠져나가기 때문이다. 도로에서 멀리 떨어질수록 바람으로 인한 피해를 방지할 수가 있다. 도로에 접한 대지에 건물을 세울 경우, 도로와 얼만큼 떨어졌느냐에 따라 전면 배치·중간 배치·후면 배치 방법이 있다. 전면 배치 방법은 도로에 가능한 한 가깝게 배치하는 방법으로, 상점을 지을 때 많이 이용된다. 도로 가까이 있어 간판이나 쇼 윈도를 통해 고객을 끌어들일 수 있기 때문이다. 그러나 이러한 전면 배치는 도로에 흐르는 기운이 점포 안 기운을 빼앗아 가기 때문에 내부에 생기가 모이지 못해 발전을 못한다. 마찬가지로 집도 생기가 모이지 않아 집안이 번성하지 못한다.

중간 배치는 마당 중간에 건물을 배치하는 방법으로, 건물 앞과 뒤로 마당이 분산된다. 도로 쪽 마당은 주차장이나 간단한 작업장, 화단을 설치해서 바깥 마당 역할을 하며, 뒤에 있는 마당은 가족끼리 즐길 수 있는 조용한 공간으로 각각 구분된다. 중간 배치는 기운이 마당을 통해 집으로 들어와 생기를 이룬다. 후면 배치는 도로에서 멀리 떨어진 뒷면에 집을 배치하고, 도로와 건물 사이에 마당을 크게 만드는 방법이다. 후면 배치는 도로와 건물 사이에 마당이 있으므로 건물로 들어가기 위해서는 반드시 마당을 거쳐야 한다. 이런 집 배치는 대문만 열면 집 내부가 바로 보이기 때문에 마당을 독립적으로 사용하기 어려운 단점이 있다. 그러나 도로에서 멀리 떨어져 있어 집 안 기운을 빼앗기지 않는, 가장 이상적인 배치 방법이다.

❖ **도로와 건물의 높이** : 도로 가까이에 높은 건물이 있으며 그 앞을 지나다니는 사람들은 불안감을 갖기 쉽다. 무의식 중에 건물 위에서 무엇인가 떨어질지 모른다는 불안감이 작용하기 때문이다. 그러므로 높은 건물은 도로에서 멀리 떨어져 있어야 한다. 두 개의 도로가 만나는 곳에 위치한 건물은 다른 건물에 비해 높이가 낮아야 좋다. 도로 입구에 위치한 건물이 높으면 불안감을 주게 되고, 하늘이 막혀서 보이지 않기 때문에 좋지 못하다. 입구 건물이 낮으면 도로 안쪽 먼 곳까지 하늘이 보여 평화로운 분위기가 조성된다. 이 때 피라미드처럼 도로 양쪽 끝으로 갈수록 건물 높이가 낮아지면 건물 스카이라인도 아름답다.

❖ **도로 넓이와 명당** : 도심지에는 폭이 40m가 넘는 넓은 도로가 있는가 하면 8m도 안 되는 좁은 도로도 있다. 넓은 도로 주변에는 명당이 생기기 어렵다. 자동차 때문에 바람이 빨리 불기 때문이다. 좁은 도로에서는 자동차 속도가 느려서 바람도 천천히 불어 명당이 생긴다. 건물이 도로와 접해 있는 경우, 접하는 면이 많으면 많을수록 더 불길하다. 건물 앞뒤에 도로가 있으면 양쪽으로 출입구를 만드는 경우가 많다. 이 경우 두 도로 사이가 멀면 괜찮지만, 가까우면 생기에 좋지 않다. 또한 이런 경우에 출입문이 마주 보고 있으면 바람이 쉽게 빠져 나가 기운이 모이지 않는다. 따라서 서로 엇갈리게 만들어야 한다.

❖ **도로 가운데 명당을 만드는 일면도로** : 도로는 대지 앞 한쪽에 있는 것이 가장 바람직하다. 앞뒤 모두 도로가 있는 경우에는 바람이 집 앞과 뒤로 쉬지 않고 흘러서 공기 흐름에 안정감이 없다. 앞뒤가 도로에 접해 있어도 도로 사이 거리가 충분하면 바람이 서로 섞이지 않으므로 관계가 없다. 두 도로가 교차하는 각지(角地)는 두 면에 걸쳐서 도로에 접해 있으므로 통행하는 사람도 많고 사람들 눈에도 잘 띄어 사업이 잘 되는 땅으로 알려져 있다. 그러나 최근 도로가 사람보다 자동차가 다니는 길로 바뀌면서 개념도 따라 바뀌고 있다. 자동차가 많이 다니는 도로에 두 면 이상 접한 건물은 자동차가 일으키는 바람에 의해 기운을 빼앗기는 건물이다. 삼면 이상 도로에 접해 있는 건물은 흉가에 속한다. 집의 삼면이 모두 도로면 내부 기운을 빼앗아 가기만 하기 때문에 특히 나쁘다. 이런 지역에서는 때때로 건물 주변에서 회오리 바람이 일어나는데, 이 바람은 사람의 정신을 빼앗아 간다. 도로의 한 가운데 서 있는 건물, 곧 사면이 도로에 접한 건물은 불길하다. 이러한 건물에는 실내 기운이 외부로 빠져 나가지 않도록 특별 조치를 해야 한다. 창문 면적을 작게 하고 벽을 두껍게 하는 것도 한 방법이다.

❖ **도로와 건물 배치** : 도로는 여러 사람이 함께 생활하는 공간이다. 그러나 최근에는 빠르게 지나다니는 자동차들 때문에 생활공간이라기 보다 자동차 전용 도로의 의미가 커졌다. 풍수에서 도로는 기운, 곧 바람이 통과하는 길을 뜻한다. 도심에서 도로를 중심으로 해서 좌우에 건물들이 높이 들어서 있으므로 도로에는 바람이 통과하게 되고 생기를 만드는 역할을 한다. 도로에 면하고 있는 집들은 도로를 통해 바람을 맞는다. 자동차 왕래가 많은 도로에서는 자동차 속도와 함께 바람 속도가 빨라지고, 그 바람이 도로를 통해 집에 전달되면 집안 기운도 변한다. 따라서 도로에 인접해 있는 정도에 따라 그 집 기운도 변한다. 그러므로 도시의 도로는 주변에 생기가 형성되는 과정에서 중요한 역할을 하는데, 일반적으로 바람이 잔잔한 도로 쪽이 명당에 가깝다. 빠르게 부는 바람은 생기를 만들지 못하고 오히려 생기를 빼앗아 가는 역할을 하므로 도로 주변에 있는 집은 벽면을 두껍고 넓게 하고, 창문은 작게 해서 실내 기운이 밖으로 빠져나가지 않도록 해야 한다.

❖ **도로의 조경** : 도로가 많은 사람이 즐겁게 생활하는 공간이 되기 위해서는 우선 바람의 속도가 느려야 한다. 그러기 위해서는 도로에 나무를 많이 심어야 한다. 나무는 사람에게 신선한 공기를 제공할 뿐만 아니라 차량에 의해서 일어나는 바람을 재워주기 때문이다. 새로 건물을 짓는 경우 도로에 면한 벽면은 도로에서 되도록 물러서서 도로를 넓게 하는 것이 이상적이다. 자기 집에 면한 도로를 넓게 한다면 사람들 모두 도로를 원활하게 사용할 수 있다. 그러나 집을 짓는 사람이 담장을 도로 밖으로 내어 쌓아서 자기 집 마당을 넓히면, 옆집 사람은 더욱더 도로를 침범하게 된다. 이와 같이 도로에 면한 사람들이 조금씩 도로를 침범하면 결국엔 모두 사용할 수 없게 될 수도 있다. 좋은 도시 공간을 만들기 위해서는 도로를 넓히기 위해 자신의 경계선 안쪽을 들여서 지어야 한다.

❖ **도로의 형태** : 도로는 동서와 남북을 가르는 직선 격자형으로 이루어지는 것이 보통이다. 물론 원형이나 방사형으로 연결될 수도 있지만 직선 도로는 바람도 직선으로 불게 되기 때문에 도로를 지나는 사람들에게 불쾌감을 주고, 그 결과 도로에서의 생활이 줄어들게 된다. 곡선 도로에서는 직선 도로보다 바람의 속도가 줄어들게 된다. 바람 속도가 느릴수록 내부 분위기는 좋아진다.

❖ **도사명당**(徒瀉明堂) : 도사란 명당이 급하게 앞으로 기울어진 것을 말한다. 혈 앞이 경사가 심하니 물이 쏟아지듯 급히 흘러나간다. 물 따라 혈의 생기도 휩쓸려 나간다. 지극히 흉한 명당이다. 먼저 사람이 상하고 후에 재산이 망한다. 재산이 망할 때는 순식간이다. 뜻밖의 흉사로 화를 입는 경우가 빈발한다. 혹 용혈이 참되더라도 일단 망한 후에 비로소 재기할 수 있다.

❖ **도선국사**(道詵國師) : 전남 영암에서 출생, 호 옥룡자(玉龍子). 고려 왕건(王建)의 탄생과 고려 건국을 예언했으며 중국의 일행선사(一行禪師)에게서 풍수지리학을 배웠다. 한국 풍수지리학의 시조(始祖).

❖ **도선비결**(道詵秘訣)**에 희산**(稀山)**이면 고옥**(高屋)**이라 했고 다산**(多山)**이면 평옥**(平屋)**이라 하였다** : 옛 조상들은 집 한 채를 지어도 음양(陰陽)을 꾀하였는데 우리나라는 다산이므로 고옥(高屋)양(陽)을 세우면 좋지 않다고 했다. 그래서 고려 태조이래 궐내에는 높은 집을 짓지 않고 민가에서도 그러했다. 한편 큰 집은 옥(屋)이라하고 작은 집은 사(舍)라 하는데 옥자(屋字)는 송장시(尸)에 지(至)이른다는 말이요. 사자(舍字)는 사람인(人)이 길(吉)하다는 뜻이니 큰 집에 사는 사람은 화(禍)를 받고 작은 집에 사는 사람은 복(福)을 받는 것이라 했고 집 사치(奢侈) 기피(忌避)의 사상이 옛 선조 들에게는 널리 퍼져 있었던 것이다. 옛 우리 선조들은 황제택경(黃帝宅經)에 나오는 오실(五實) 5허(五虛)를 주생활의 현장처럼 지켜 왔으니 그 내용은 다음과 같다 집에 5실(五實)이 갖춰지면 그 집에 사는 사람들은 부귀(富貴)하게 된다는 것이니

1. **실**(實) : 집이 작고 사람이 많이 살 때(택소인다宅小人多)
2. **실**(實) : 집이 크고 문이 작을 때(택대문소宅大門小)
3. **실**(實) : 담벽이 두텁고 높을 때(장원완전墻院完全)
4. **실**(實) : 집이 작고 육축(六畜)이 많을 때(택소축다宅小畜多)
5. **실**(實) : 하수구가 동남(東南)쪽으로 흐를 때(택수구동남유宅水溝東南流)

그리고 집에 오허(五虛)가 있으면 그 집에 사는 사람들은 곤궁(困窮)하고 패가하는 것으로 알고 기피하여 왔다.

1. **허**(虛) : 집은 크고 사는 사람이 적을 때(택대인소宅大人小)
2. **허**(虛) : 집 문이 큰데 비해 집이 작을 때(택문대내소宅門大內小)
3. **허**(虛) : 담벽이 허술 할 때(장원불완墻院不完)
4. **허**(虛) : 샘과 부엌이 적처(適處)에 있지 않을 때(정조불井灶不)
5. **허**(虛) : 집터가 너른데 집이 작을 때(허지다옥정원광虛地多屋小 庭院廣)

❖ **도성**(倒城) : 수성(水城)이 기울어져 쏠리는 것. 물이 기울어져 급하게 쏟아져 나감이니 재물이 없어진다.

❖ **도수혈**(渡水穴) : 용맥이 물 밑을 뚫고 건너가서 혈을 맺는 형국으로 교혈(巧穴)에 속한다. 이 혈이 맺으려면 산의 용맥이 활발하게 뻗어내려 오다가 물에 막혀 단절되었으나 아주 끊긴 것이 아니라 물 밑으로 맥이 이어져 물 건너에서 증거가 될만한 혈성(穴星)이 있어야 한다. 마치 사람이 길을 가다가 물을 만나면 옷을 벗고 건너가는 형상에 비유된다. 그러므로 용이 벗고 맥(脈)

만 이 물 가운데로 건너가 맺는 혈이라 한다.

❖ **도수협**(渡水峽) : 용맥이 물밑으로 이어져 물을 건너간 형국.

❖ **도순무사**(都巡撫使) : 조선조 때 전시나 지방에서 반란이 일어났을 때 군무(軍務)를 통할하는 임시 관직.

❖ **도시의 발전은 물이 맑아야** : 도시의 발전은 맑은 물이 많아야 인간(人間)이 모이게 되고 재물(財物)이 쌓인다. 우리나라에 잘 사는 도시 서울은 한강, 울산은 태화강이 대표적이다.

❖ **도시혈**(逃尸穴) : 무덤을 쓰면 유골이 다른 곳으로 없어진다는 혈. 천덕방(天德方)이 허(虛)하거나 결함되면 시신이 뒤집힌다. 을신정계방(乙辛丁癸方)이 요함(凹陷)하면 유골이 흩어진다. 진술축미룡(辰戌丑未龍)이 건곤간손맥(乾坤艮巽脈)을 만나지 못하면 시신이 도망가 없어진다고 한다.

❖ **도시혈**(逃尸穴) **찾는 법** : 도시혈(逃尸穴)이란 이장(移葬)을 하기 위해 무덤을 파고 보면 있어야 할 시신 또는 유골이 온데간데 없는 경우가 혹 있다고 하는데 이는 도시혈(逃屍穴)에 장사를 지낸 때문이라고 한다. 이런 경우 아래와 같은 법식에 의해 없어진 시신을 찾는다.

乾甲子午九 巽癸辰戌丑 坤乙庚丑未八

艮丙辛寅申七 丁壬卯酉六 巳亥四

용좌(龍坐) 득파(得破)를 위 숫자에 의해 종합해서 5로 나눈다.

1이 남으면 壬子癸方으로 6步

2가 남으면 丙午丁方으로 14步

3이 남으면 甲卯乙方으로 24步

4가 남으면 庚酉辛方으로 36步

5가 남으면 辰戌丑未方으로 50步

또는 자맥(子脈)에 신술방(辛戌方), 오맥(午脈)에 을진방(乙辰方), 유맥(酉脈)에 정미방(丁未方), 묘맥(卯脈)에 경유방(庚酉方)을 찾는다고 한다.

❖ **도안**(道眼)

① 풍수가 산천지형을 보는 실력을 나타낸 말로 법에만 의존하지 않고 얼핏 산을 보면 대세를 짐작하고 대세를 보면 진룡(眞龍)을 발견하고 그 중에서 생기가 응집된 혈을 바로 찾아내는 수준이다.

② 수도(修道)로 도통하여 도(道)의 힘으로 보는 눈.

③ 스스로 깨우친 사람- 공부를 한 사람, 사세(四勢) 팔방위(八方位)이 기운(氣運)을 종합하여 득수(得水) 파구(破口) 길흉(吉凶)을 아는 수준(水準)이다. 도안은 주봉(主峯)을 보면 대세를 짐작하고 대세(大勢)를 보면 진룡(眞龍)을 보고 기유지처(氣留止處)을 알고 혈형(穴形)이 눈앞에 들어온다.

❖ **도인수**(刀刃水) : 마치 칼날을 번득이는 형상수를 말함. 도인수가 좌혈을 내려치듯 좌혈앞을 빗겨 가면 자손 대대로 형옥(刑獄)을 면치 못하고 여자는 외정(外情)에 빠져 패가망신한다.

❖ **도의**(陶猗) : 도주(陶朱)와 의돈(猗頓)을 가리키는 말. 춘추시대의 사람으로 잘 살았던 부자이다.

❖ **도장**(盜葬) : 무덤을 잘 쓴다는 것은 부모 또는 조상에 효도한다는 의미도 있지만 땅 속에 있는 기를 받음으로 해서 후손이 잘 되리라는 바램의 의미가 더 큰 것이다. 불경(不敬)해서라기보다는 묘의 혈장에 들어오는 기를 계속해서 받는 것이 목적이므로 이 기의 맥을 끊게 하는 도장(盜葬), 범장(犯葬), 암장(暗葬)을 당한다는 것은 바로 기를 남에게 가로채인다는 의미가 된다.

❖ **도장**(倒杖) : 지사(地師)가 들고 다니는 지팡이를 장구(葬口) 즉 혈자리에 놓은 것. 옛날 지사가 묘자리를 찾아 이산 저산 헤매다가 마땅한 혈을 발견하면 정확하게 재혈(裁穴)한 뒤 관(棺)을 안치할 것을 가상(假想)하여 이렇게 관을 놓는다는 표시로 지팡이를 종(縱)으로 뉘어 놓는다. 그것은 재혈(裁穴)이 끝났음을 뜻한다.

❖ **도장법**(倒杖法) : 진룡(眞龍) 아래에 혈장(穴場)을 찾았다고 할지라도 정확한 광중(壙中)의 자리를 찾는 것은 쉬운 일이 아니다. 심한 경우 전후좌우로 한 자(一尺)만 비껴도 진혈(眞穴)이 아니므로 재혈(裁穴)하여 도장(倒杖)하려면 충분한 지식과 밝은 안목이 아니고는 안 된다. 즉 용맥의 낙두(落頭)와 성신(星辰)의 구부리고(俯) 우러러는(仰) 것과 정반(正反)과 기맥(氣脈)의 생사(生死), 완급(緩急), 순역(順逆), 강약(强弱) 등을 안 뒤에 입수(入首)와 요감법(饒減法) 영접(迎接)하는 것을 알아 정맥(正脈)이면 비낀 곳(斜)을 취하고 비낀 맥이면 정(正)을 취한다. 맥이 거칠면 연한 곳(嫩)을 취하고 맥이 흩어지면 모인 곳을 취한다. 맥이 상한 듯하면 완전한 곳(饒)을 취한다. 맥이 느리면 급한 곳(鬪)

을 취하고 맥이 급하면 완만한 곳을 취한다. 쌍맥이면 짧은 맥을 취하고 단맥이면 돌(突)을 취한다. 직맥이면 굽은 곳을 취하고 굽은 맥이면 곧은 곳을 취한다. 높아도 외롭게 노출되어 바람이 닿지 않는 곳이라야 한다. 낮은 곳이면 맥이 끊기지 않은 곳을 취한다. 음으로 온 맥이면 양혈(陽穴)을 취하고 양으로 온 맥이면 음맥(陰脈)을 취한다. 구첨(毬簷)이 있으면 이를 증거한다. 혹은 죽은 것을 버리고 산(生)것을 기대고 혹은 조악(粗惡)한 것을 버리고 연하고 부드러운 곳을 취한다. 어둠을 베개삼아 밝은 곳을 피하기도 한다. 혹 밝은 곳을 베개하여 어둠을 버린다. 안으로 생기를 이어받고 밖으로 당기(堂氣)를 맞이하는 것 등이 올바른 곳에 재혈하여 도장(倒杖)하는 법칙이다.

❖ **도장해설**(倒杖解說) **및 예도**(例圖) : 도장법(倒杖法)은 혈법(穴法)의 총지(總旨)라고 육경(六經)에서 말했다.

① **순장법**(順杖法) : 정장법(正葬法)으로서 산세(山勢)가 연평(軟平)한데 낙맥(落脈)이 곡굴(曲屈)하면 이를 완래맥(緩來脈 : 느리게 내려온 맥)이라 하고, 혈이 맥을 맞이하는 곳이 정점(正點)이므로 이때에 기대는 것이 없으면 불가하다. 만약 기대는 것은 무기(無氣) 하므로 순장(順杖)을 쓴다. 순(順)이라는 것은 산세의 내맥(來脈)이 순조롭다는 뜻이므로 순장(順杖)을 씀은 이기(理氣)의 승기지법(乘氣之法)이요. 또한 무엇보다도 기충뇌산(氣沖腦散)함을 피해야 하므로 이를 크게 꺼린다. 또한 기종뇌인(氣從腦人)이란 입향승기(立向乘氣)함을 말하고 이는 또 점혈(點穴)을 말하는 것이다. 혈은 대개 만두(巒頭)를 점정(點定)한 연후에 이기(理氣)를 쓰니 이기(理氣)가 혈중에서 작용을 하게 되므로 순장(順杖) 가운데에 이이승지법(耳而乘之法)이니 천격(遷格)이라 한다.

② **역장법**(逆杖法) : 이 편장법(偏葬法)으로 마치 젖꼭지를 수직으로 매달아 놓은 듯한 용맥이 굳고 단단해 보이면 이는 맥(脈)이 다된 상태로서 무육지(無肉地)라 하니 이때에는 완잡점법(緩雜粘法)은 사용하지 아니하고 오직 사람의 발로 치자면 뒷꿈치에 해당하는 부분의 질편하고 먼곳에다 혈을 정하는 것이 마땅하다. 그러나 이때에 만약 용맥이 옆으로 치우쳐져 있으면 이는 곧 하혈(下穴)이니 가운데 살(煞)을 피할 수 가 있어서 좋고 이것을 또 급래섬수혈(急來閃受穴)이라 한다.

③ **축장법**(縮杖法) : 이는 상취(上聚 : 윗쪽에 모인 혈)한 혈을 말하니 이는 산세가 짧고 약할 뿐만 아니라 출맥(出脈)도 길지 아니하다. 낙맥(落脈)이 천천히 내려오고 단단하지 않으며 혈후(穴後)가 염선(恬善 : 편편하고 부드럽다)하고 혈전(穴前)에 험준한 절벽이 나 있으면 이때에는 축입(縮入)으로서 천장점혈(天庭點穴)을 하는 것이 제일 길하다. 만약 용맥이 아래로 탈락된 채 점혈을 하게 되면 반대로 직극(直剋)하는 살기(煞氣)에 극(剋)을 받으므로 흉하다. 이때에 마치 제비집 모양과도 같은 사(砂)가 있어서 압살(壓殺)을 하게 되면 이것을 혈기형법(穴騎形法)이라 하며 현무(玄武) 부리와도 같이 길고 높은 곳에다 점혈을 하려면 모두다 축장법(縮杖法)을 써야 한다.

④ **개장법**(開葬法) : 낙맥(落脈)이 곧고 단단한데 정중(正中)도 이와 같이 굳고 단단하면 정혈(正穴)을 구할 수는 없으므로 마땅히 당내(堂內)의 기(氣)를 살려서 기(氣)가 어떤 곳에 있는가를 간별한 후에 기가 모인 곳을 중심으로 하여 양변으로 비스듬히 향을 잡아 혈을 점(點)한다. 이때에 맥이 높은 맥이면 측수맥기(側受脈氣 : 한쪽 곁으로)라 하고 하맥(下脈)이면 정조당기(正朝堂氣)라 하니 개장(開杖)이 역장(逆葬)과 다른 점은 당내(堂內)의 기(氣)로서 판별할 수가 있다. 즉 당기(堂氣)가 정(正)이면 당용역장(堂用逆杖) 편(偏 : 한쪽 치우친 것)이면 당용(堂用) 개장해야 한다.

⑤ **천장법**(穿杖法) : 이는 입체성진중(立體星辰中)의 정혈법(停穴法)으로서 함시장법(含柴葬法)이라 한다. 하(下)는 급(急)하고 상(上)은 강경(剛硬 : 벼랑)한데 맥이 한쪽이 크면 횡혈(橫穴)이라 쓸 수가 없고 경사(傾斜)가 되면 개장법(開杖法)을 쓸 수가 없다. 이러한 때는 낙맥(落脈)의 중정(中停)에 평연(平軟)한 곳을 골라서 그 관(棺)을 횡(橫)으로 놓으면 횡방기관(橫放其棺) 요수수기(腰腧受氣)를 타게 된다. 강급(剛急)한 기(氣)가 뇌(腦)를 직충(直沖)하지 않게 하는 것이 가장 미묘한 법이다.

⑥ **철장법**(綴杖法) : 식점법(寔粘法)으로서 후룡(後龍)이 곧고 굳세며 도두(倒頭)가 급급(急急)한데 정처(停處)가 없으면 역장(逆杖)이나 개장(開杖) 천장(穿杖)등이 모두 불가하다. 이때에

는 맥(脈)이 다한 곳에다(맥이 없는 곳) 점혈을 한 다음에 관(棺)을 놓아야 한다. 즉 객토(客土)를 써서 누장(壘杖)을 하므로 점맥을 하는 법이다. 대개 맥이 다하게 되면 강기(罡氣)가 생기게 되고 강기(罡氣)가 다시 다하게된 연후에야 화기(和氣)가 자생하므로 점맥을 하는 법으로 점토가 깨어지거나 흩어지지 않게 해야 한다. 객토(客土)를 순용(純用)하면 살기(煞氣)기화(化)하여 생기(生氣)를 이루게 되니 맥진처(脈盡處 : 맥이 다한 곳)가 자연육지(自然肉地)가 되므로 이 법을 쓸 수 있다.

⑦ **이장법**(離杖法) : 허점토장법(虛粘土葬法)으로 입수룡(入首龍)의 도두(到頭)가 준급(峻急)하여 맥이 아래로 뻗어나가기가 어려워 다하게 된 상태로 토출(吐出)한 채 평파활대(平坡濶大)하면 진기(眞氣)가 있지 아니하여 위로부터 기(氣)가 점점 벗어나서 아래로 몰리게 된다. 이때에는 평상(坪上)을 보아서 미요(微凹)하거나 미돌(微突)한 곳은 혈점(穴點)하면 얼핏 보기에는 탈맥무기(脫脈無氣)한 것처럼 보이지만 자세히 관찰해보면 참으로 살기(煞氣)가 탈거(脫去)하고 생기(生氣)를 탈 수 있는 곳이라는 것을 알 수가 있을 것이다.

⑧ **대장법**(對杖法) : 상(上)은 강급(剛急)한데 하(下)는 저삭(低削)하면 이때에는 순역(順逆) 이장(二杖)이 모두 사용하지 아니하고 다만 대장법(對杖法)만이 가능하다. 정방(正方)의 대위방(對位方)에 기울어진 중정(中停)을 찾아서 점혈(點穴)을 하여 옆으로 다져나가면 대체로 급한 것을 면하게 되니 결코 천장법(穿杖法)까지야 불필요하고 다만 맥(脈)의 기(氣)가 중정(中停)에 모였다가 아래로 흩어지므로 하부로 무육지지(無肉之地)가 되기 쉬우니 또한 철장(綴杖)도 불가하다. 그러므로 이때에는 오직 대장법(對杖法)만을 쓸 수가 있다.

⑨ **절장법**(截杖法) : 깊고도 곧은 성신(星辰)이 단단하게 보이는데 상위부분은 천강(天罡)을 범하고 하위부분도 역시 살(煞)을 범했을 때는 마땅히 퇴처(退處)의 중정부위(中停部位)의 연(軟)하게 생긴 등마루 하부에 있는 마치 달리는 말 모양 같은 곳에다 혈을 맺고 있으므로 마침내 살(煞)을 범하지 않음으로 생기(生氣)를 타게 된다. 그러므로 그 중간지점을 판단하여 혈을 정함이 마땅하다.

⑩ **몰장법**(沒杖法) : 모두가 비대(肥大)하고 맥기(脈氣)가 모호(模糊)한데 아울러 무요무돌(無凹無突)하면 가히 이의 증거가 된다. 이는 진기(眞氣)가 땅에 내축(內畜)된 것이다. 이때에는 모름지기 크게 열어서 물이 보이게 해야 마땅하고 깊은 곳의 내기(內氣)를 취하여 팽팽하고 가득한 기(氣)로 하여금 양동지처(陽動之處)를 쫓게 하면 발복을 할 것이다. 이 법은 완금부복법(頑金部腹法)이라 하는데 이 경우에는 모두 이 법을 쓰게 된다.

⑪ **돈장법**(頓杖法) : 살이 있어 흉하며 도두(到頭)가 높고 급하면 자연히 역(逆), 개(開), 천(穿), 철(綴) 등의 장법을 쓸 수가 있으나 양각(兩脚)이 파헤쳐진 채 전진하고 있는 상태의 안장법(安葬法)으로서는 개장이나 역장 등의 방법을 피해야 하며 또한 철장법도 쓸 수가 없다. 그러므로 깎여나간 채 끝부분만이 풍요한 곳에서는 돈장법(頓杖法)을 써야 한다. 양쪽 산의 형상이 마치 칼날이 맞부딪쳐서 싸우는 형국이므로 이른바 봉두살(鋒鬥煞 : 서로 싸우는 것)이라 하니 이 살을 마주보거나 비치면 흉하므로 피해야 하기에 돈장법을 쓴다.

⑫ **범장법**(犯杖法) : 후룡(後龍)이 웅급(雄急)한데 도두(到頭)가 유두(乳頭)처럼 뛰어나와서 첨장(尖長)하면 축장(縮杖)이라야 마땅하고 높은 곳의 하수(下手)가 혈의 살기(煞氣)를 억누르듯 하면 소위 현무비장(玄武備長 : 갖추어진 것)이라 하여 높은 곳의 점혈이 옳다. 만약 높은 곳에 평평하며 안은 듯 바람이 가리워진 곳이면 직범살기(直犯煞氣)해도 안장(安葬)을 얻었으므로 흉이 안이라 한다. 12장법(十二杖法) 가운데 전10장법(前十杖法:順杖에서 몰장(沒杖)까지)은 길하므로 언지 않으면 안 될 수법이라 하겠으나 후2장법(後二杖法)은 흉하므로 되도록이면 피해야 하겠기로 주의해야 한다. 수법(垂法 : 드리우는 것) 가운데서도 순장(順杖) 1법(一法)만이 평연(平軟)한 입법일 뿐 다른 장법(杖法) 등은 모두 강급지맥(剛急之脈)에 이르러 설(設)하는 장법이다. 그러므로 곧 산세가 본시 연평지맥(軟平之脈)은 적고 강급지맥(剛急之脈)은 많기 때문에 일어나는 자연추세로서 대개의 산천은 급강지맥(急剛之脈)이 많을 뿐 산세가 부드럽고 평평 수러운산 즉 묘를 쓸 수 있

는 산은 아주 적은 법인데, 대체로 산세가 완만하면 살기가 없고 급강하면 살기가 많지만 살기가 오는 것은 각기 그 모양이 같지 않아서 점혈하는 법도 한 가지 법이 아니므로 능히 이를 피해야만 하기 때문에 입법(立法:도장법(倒杖法))으로 그 많은 살기를 억누르지 않으면 안 된다. 또 도장법(倒杖法) 가운데는 그 묘용(妙用)에 관한 설명중 천(穿 : 즉 목산, 서있는 모습), 대(對 : 앉아 있는 듯한 모습), 절(截 : 잠을 자고 있는 모습) 등 3장법(三杖法)은 모두 중정취혈법(中停取穴法)은 산의 중심에서 혈을 취함이 마땅하다. 산체(山體)는 본시 입체(立體), 좌체(坐體), 면체(眠體)가 있어 모두 갖지 않으므로 양공(楊公)은 천(穿), 대(對), 절(截)의 세 법을 세워서 입체(立體)는 용천(用穿)하고, 좌체(坐體)는 용대(用對)하고, 면체(眠體)는 용절(用截)하게 하니, 이 법의 진수(眞隨)를 이로서 밝힌 것이다. 입산(立山)은 산능(山陵)이 가파르고 산봉이 높아서 얼핏보아도 서있는 형상으로 보이고, 좌산(坐山)은 산세가 나지막하고 산등성이가 넓고 평평한 것이 서투른 눈길에서도 쉽사리 헤아려 볼 수가 있지만, 면산(眠山)에 대해서는 좀더 자세한 설명이 필요할 것 같다. 면체(眠體)란 용이 마치 비스듬히 엎드려서 졸고 있는 형상을 하고 있는 것을 말한다. 또 공(公)의 말에 면만지맥(面滿之脈)이 미(微 : 가는면)면 양(陽)이라 했으나, 음맥(陰脈)에 대해서는 이야기한 바가 없으니 이는 분명 후세에게 일종의 자천지벽(自薦之癖)을 경계한 뜻으로 보인다. 대개 산천의 결혈(結穴)은 언제나 괴이하여 그 변화를 측량하기 어려우므로 양공(楊公)은 10법(十二倒杖中의 可用十法)을 펴내서 산천의 혈맥을 그 범위를 이탈하지 않고 밝혀나가게 했으니 신선이 아니고서는 알 수 없는 산천의 정기를 신(神)도 선(仙)도 아닌 사람으로서도 이 법을 활용함으로써 능히 호응할 수 있게 해 주었다.

❖ **도재수**(屠宰水) : 진술축미수(辰戌丑未水)가 뒤섞여 흐르면서 파국(破局)이 되면 살생을 많이 하며, 짐승 잡는 도살업을 생업으로 삼는 자손들이 생기고 푸줏간(정육점)을 경영하는 자손들이 많은 형국

❖ **도주형**(逃走形) : 산산(散山)되는 곳에 단맥절산(斷脈絶山)되어 달아나는 형상을 말하며, 일가족이 야밤에 도주하게 되고 장자가 요절한다.

❖ **도지호로**(倒地葫蘆) : 조롱박이 땅에 엎어진 형국. 혈은 조롱박의 넓적한 곳에 있으며 마디가 안산이 된다.

❖ **도찬**(塗竄) : 문장의 문구를 지우거나 다시 고쳐 쓰는 것.

❖ **도천전운**(都天轉運) : 양택(陽宅) 및 음택(陰宅)에 있어 좌(坐)로 연월일시(年月日時)를 가리는 방법의 하나. 탐랑, 거문, 녹존, 문곡, 염정, 파군, 무곡, 좌보, 우필 가운데 탐랑, 거문, 무곡의 길성(吉星)을 취하여 연월일시(年月日時)를 정하면 대길(大吉)하다는 것이다. 이에 대한 정국은 아래와 같다.

年月日時 / 九星	子寅辰午	丑卯巳未	寅辰午申	卯巳未酉	辰午申戌	巳未酉亥	午申戌子	未酉亥丑	申戌子寅	酉亥丑卯	戌子寅辰	亥丑卯巳
貪狼	中	巽	震	坤	坎	離	艮	兌	乾	中	巽	震
巨門	乾	中	離	震	坤	坎	離	艮	兌	乾	中	巽
祿存	兌	乾	中	巽	震	坤	坎	離	艮	兌	乾	中
文曲	艮	兌	乾	中	巽	震	坤	坎	離	艮	兌	乾
廉貞	離	艮	兌	乾	中	巽	震	坤	坎	離	艮	兌
武曲	坎	離	艮	兌	乾	中	巽	震	坤	坎	離	艮
破軍	坤	坎	離	艮	兌	乾	中	巽	震	坤	坎	離
左輔	震	坤	坎	離	艮	兌	乾	中	巽	震	坤	坎
右弼	巽	震	坤	坎	離	艮	兌	乾	中	巽	震	坤

가령 자년(子年), 인월(寅月), 진일(辰日) 오시(午時)는 중궁이 탐랑이다. 건좌(乾坐:戌乾亥)가 거문이요, 곤좌(坤坐:壬子癸)가 무곡의 길성이다. 오직 탐랑, 거문, 무곡만이 길성(吉星)이고 그 외는 흉성이다.

❖ **도참설**(圖讖說) : 이인(異人)이나 선지자(先知者)들이 미래의 길흉을 예언한 책이나 소문 따위를 가리킴.

❖ **도화**(桃花) : 버들가지처럼 유연하고 솜처럼 보드라운 것을 극

찬한 말. 가벼움을 뜻함. 바람이 불지 않아도 움직이는 모양.

❖ **도화낙지**(桃花落地) : 복숭아꽃이 땅에 떨어진 형국. 생김새가 매화형과 비슷하다. 혈은 꽃술에 있다. 꽃술 중에서도 암술에 진혈(眞穴)이 맺힌다. 안산은 화분, 화병, 별, 나비 등이다.

[도화살(桃花殺)]

신자진(申子辰)에 유(酉) 인오술(寅午戌)에 묘(卯) 사유축(巳酉丑)에 오午 해묘미(亥卯未)에 자(子)

❖ **도화수**(桃花水) : 초봄이나 늦가을에 고드름 모양의 얼음이 땅에 촘촘히 세로 박혀 있는 것처럼 하얗게 보이는 물을 말함.

① 일명 아미수(蛾眉水) 또는 함지수(咸池水)라고도 함. 묘유(卯酉)는 태음이 출입하는 문호(門戶)로써 상현(上弦)과 하현(下弦)에는 곱기가 눈썹과 같으므로 음란을 상징하며, 자오(子午)는 묘유(卯酉)로 더불어 동서남북 4정(四正)이기 때문에 자오묘유(子午卯酉) 물이 도화수가 된다. 그런데 양국(陽國)에는 음인 묘유수(卯酉水)를 꺼리고 음국(陰國)에는 양인 자오수(子午水)를 꺼린다. 그러나 임룡(壬龍)이 오수(午水), 경룡(庚龍)이 묘수(卯水) 등과 같이 간괘상납(干卦相納)하면 오히려 길(吉)이 된다.

② 자오묘유(子午卯酉), 네 방향의 득파(得破)가 파국(破局)이 되면 도화수(桃花水)다. 자오수(子午水)는 정양(淨陽)의 물이니 정음(淨陰)의 좌향(坐向)을 만나면 파국(破局)이 되며, 묘유수(卯酉水)는 정음의 물이니 정양의 좌향(坐向)을 만나면 파국이다. 도화수(桃花水)가 있으면 자손들이 음란하며, 색욕(色慾) 때문에 패가망신한다. 부끄러움을 모르고 남의 여자, 남의 남자와 정(情)을 통하고, 음탕한 짓을 너무 좋아하니 정신이 흐려지고, 집안에 요귀(妖鬼)가 들끓는다. 자오묘유(子午卯酉)끼리 파국(破局)이 되면 그 화(禍)가 더욱 극심하다.

③ 지리법에 향(向)으로 장생(長生)을 붙여 목욕되는 방위의 물이 도화수라 하는데 혈에서 보이지 않는 물은 꺼리지 않으므로 해묘미향(亥卯未向)에 자방(子方)의 물이 도화수이나 미향(未向)은 보이지 않으므로 오직 해묘방(亥卯方)의 자방(子方)에서 오는 물을 꺼리게 된다. 아래도 같은 도화수의 예이다.

亥卯未向 : 子方來水(未向은 不忌)

申子辰向 : 酉方來水(辰向은 不忌)

寅午戌向 : 卯方來水(戌向은 不忌)

巳酉丑向 : 午方來水(丑向은 不忌)

❖ **도화수간법**(桃花水看法) : 오좌(午坐)에 유득(酉得) 자파(子破), 유좌(酉坐)에 자득(子得) 묘파(卯破), 자좌(子坐)에 묘득(卯得) 오파(午破), 묘좌(卯坐)에 오득(午得) 유파(酉破), 오룡(午龍)에 유좌(酉坐) 자득(子得), 유룡(酉龍)에 자좌(子坐) 묘득(卯得), 자룡(子龍)에 묘좌(卯坐) 오득(午得), 묘룡(卯龍)에 오좌(午坐) 유득(酉得). 이것이 도화수(桃花水)로서 이러한 산에 입묘(入墓)하면 다녀(多女)가 출생하며, 술을 파는 가인(佳人)이 나오며, 여자는 음란하게 되며, 남자는 난봉꾼으로서 패가하게 된다.

❖ **독**(瀆) : 4독(四瀆)을 말하며 강(江), 회(淮), 하(河), 한수(漢水)를 가리킨다.

❖ **독각기**(獨脚旗) : 깃대 위에 깃발이 달려 있는 것처럼 생긴 형국. 깃발 아래쪽에 길쭉한 깃대가 뻗어 있고, 혈은 깃대의 윗부분에 깃들이며 안산(案山)은 장군, 귀인(貴人), 북 등이다.

❖ **독룡**(獨龍) : 용의 진행 과정에서 왼쪽이나 오른쪽으로 가지가 나오지 않고 중심이 되는 한 가닥만으로 이루어진 것을 말함. 이 지세에서는 대대로 독자가 출생하게 되는데, 지세에 따라 명당을 이루기도 하지만 주변 지세의 도움이 없으면 사룡이 된다.

❖ **독봉사**(獨峰砂) : 산이 평범하게 가다가 문득 해뜨듯이 불끈 일어선 듯한 봉우리를 한 형국. 독봉사도 예쁘고 크면 부귀(富貴) 겸전하고 미끈하게 솟아 있으면 장상(將相)이 나고 부귀 겸전한다.

❖ **독산**(獨山) : 외딴 곳에 뚝 떨어져 마치 섬처럼 외롭게 솟은 산.

❖ **독산(獨山)에 장사(葬事)하지 말라** : 독산이란 혹 산으로 외롭게 노출되어 무정(無情)한 산이다. 그러나 혹 지각(枝脚)이 없는 단산(單山)이라도 한 번 일어나고 한 번 엎드려 금목(金木)으로 평양지대(平洋地帶)에 나가며, 양변(兩邊)에 호위하며, 보내고 그치는 곳에서는 음양(陰陽)이 사귀어 모이고, 큰 강이 조향(朝向)하거나 혹은 횡(橫)으로 두르거나 외양(外洋)의 먼 안산(案山)이 아득한 사이에 있고 물이 횡으로 두르면 좋은 땅이다.

❖ **독산혈**(獨山穴) : 독산에 있는 혈로 곽박의 5불가장지(五不可葬地)중 하나가 독산에 불가장(不可葬)이다. 독산에는 용맥이 끊기고 여러 주변 산들이 감싸주지 않기 때문에 혈을 결지하지 못하지만 혈지 뒤로 용맥이 은맥(隱脈)으로 연결된 곳은 조종산으로부터 생기를 전달받을 수 있다. 이러한 곳은 독산 내에서도 용맥의 변화가 분명하며, 또 입수도, 선익, 순전, 혈토 등 혈의 결지 조건을 모두 갖추고 있다. 독산에서도 개장한 능선이 자체적으로 청룡·백호를 만들어 혈을 보호하지만 그렇지 않을 경우는 물이 이를 대신한다.

❖ **독서백편의자현**(讀書百遍義自見) : 글을 백번만 읽으면 뜻은 자연히 알게 된다. 무엇이든 끈기있게 반복 하면 진리를 안다는 것이다. 학문은 배워야 한다. 배우고 또 배우고 읽고 또 읽고 생각해서 높은 경지까지 가는 과정으로 독서 백편의자현의 가치가 있는 것이다.

❖ **독양**(獨陽) : 자연은 음양이 조화를 이루어야 생명이 탄생하는데 물과 바람에 비해 산세의 기운이 지나치게 강한 곳을 가리킨다. 보통 깊은 산속에 있는 묘를 말하며 과부가 혼자 사는 것과 같다.

❖ **독용(獨龍)에는 만두결혈(巒頭結穴)에 혈이 맺는다** : 산맥 끝 부위에서 들판까지 이두혈형(螭頭穴形)이 생겨야 결혈(結穴)이 되면 발복(發福)이 시작되면 부귀겸전(富貴兼全)으로 귀족(貴族)으로 영원하다. 만대영화(萬代榮華)지지(之地)이다.

❖ **독존**(獨尊) : 오로지 홀로. 혼자서 최고.

❖ **독채형 구도 주영향자 분류도**

• **반드시 다음 그림의 분류도를 참조할 것.**

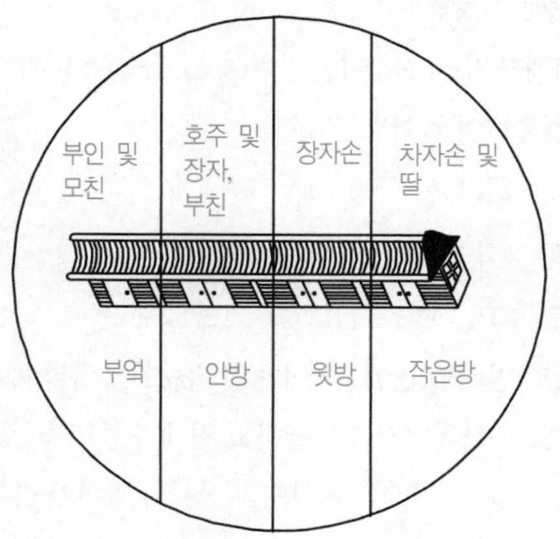

• 안방과 주방의 거리가 멀수록 부인의 자립 내지 독립성향이 강하게 작용된다.

• 다른 방문이 열려질 때 안방 문이나 주방을 때리는 형태는 부모를 속썩이는 자손들이 배출되는 구조다.

• 호주가 거처하는 안방에 작은 방이 바짝 붙어 있으면 장자손이 힘을 못 쓰는 형국이며, 안방보다 자식들의 방이 더 큰 것도 불길한 구조이다.

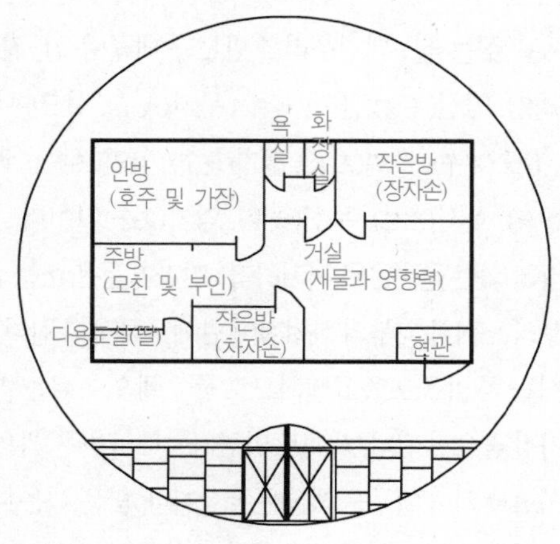

❖ **독화**(獨火) : 연신방살(年神方殺) 및 월가흉신(月家凶神)의 하나로

서 집짓고 수리하고 지붕 덮고 부엌 고치는 일 등을 꺼린다.

子年 : 艮方　丑年 : 震方　卯年 : 坎方

辰年 : 巽方　午年 : 兌方　未申年 : 離方

酉年 : 坤方　戌亥年 : 乾方

가령 태세가 자년(子年)이면 간방(艮方), 축년(丑年)과 인년(寅年)은 진방(震方)이 독화방이다.

1月 : 巳　2月 : 辰　3月 : 卯　4月 : 寅

5月 : 丑　6月 : 子　7月 : 亥　8月 : 戌

9月 : 酉　10月 : 申　11月 : 未　12月 : 午

가령 1월이면 사일(巳日), 2월이면 진일(辰日)이 독화(獨火)일이다.

❖ **돈고**(頓鼓) : 산꼭대기가 평평하고 전체가 둥글둥글한 모양.

❖ **돈고사**(吨鼓砂) : 원만한 금성체의 산이나 바위가 마치 군대의 북인 군고(軍鼓)와 같이 생긴 형국. 원정(圓淨)하고 단정해야 하며 길한 방위에 있거나 수구(水口)에 있으면 더욱 길하다.

❖ **돈기사**(頓旗砂) : 탁기사(卓旗砂)라고도 하며 군기가 펄럭이는 모습의 형국. 목성체나 화성체의 산이나 바위가 상고하저(上高下低)로 줄서 있는 사격을 말함. 기세가 크며 지각(地脚)이 비주(飛走)한듯하나 산란하지 않는다.

❖ **돈부**(墩阜) : 풍수지리법(風水地理法)에 지형을 표현하는 술어로서 돈대와 언덕을 말함. 구본(舊本)에는 고총(古塚)으로 되어 있다. 혈앞에 작은 사(沙)가 있어 뇌락(磊落)하여 무덤과 같은 현상.

❖ **돈사**(豚舍) **짓는 날** : 돼지우리를 만드는 데 좋은 날. 갑자(甲子), 무진(戊辰), 임신(壬申), 경진(庚辰), 무자(戊子), 신묘(辛卯), 신사(辛巳), 갑오(甲午), 을미(乙未), 경자(庚子), 임인(壬寅), 계묘(癸卯), 갑진(甲辰), 을사(乙巳), 무신(戊申), 임자(壬子)일이다.

❖ **돈을 많이 버는 금전운은 이러하다** : 인간이 돈은 버는 금전운에는 내부의 노력과 외부의 화려함이 함께 존재해야 한다. 이 내부의 표시는 곧 밝음으로 표현되므로 풍수에 있어서는 밝음과 청결이 가장 중요시 된다. 색채도 마찬가지로서 밝은 색은 운이 있는 색이고 검거나 어두운 색상은 흉상이다. 밝은 색은 마음을 움직이는 밝음의 기초가 되기에 집안에 여러 가지 인테리어를 하기 위해서는 되도록 밝은 색을 택하라고 권한다. 밝은 색이 있으므로 밝고 깨끗한 마음을 만들기 때문일 것이다. 집안에 꽃을 장식하고 조명으로 환하게 비치고 붉은 색이나 녹색, 황색이 들어있는 그림을 벽에 걸고 침대 시트나 잠옷에 꽃 그림이 들어있는 옷을 입으라고 하는 것 등은 모두 이와 같은 이유 때문이다. 기분이 좋으면 좋은 기운이 발생하므로 좋은 운이 되고 금전운이 된다는 것은 빈 말이 아니다. 그래서 풍수는 환경을 밝고 아름답게 하라는 이치를 우리에게 강하게 강조하고 있다. 돈이 없는 사람은 언제나 얼굴만 봐도 어둡지만 돈이 있는 사람은 언제나 밝다. 이것이 돈이 어디서 나온다는 것을 알게 하고 있다. 그러므로 마음을 밝게 하는 노력이 필요할 것이다. 기(氣)가 살아 있고 죽어 있는 것은 얼굴 표정에서 쉽게 나타나므로 금전운을 높인다는 것은 바로 기분을 밝게 한다는 데에 있다. 그래서 집안 곳곳에 밝은 색과 청결히 할 것을 권한다.

❖ **돈을 많이 벌게 하는 풍수비법** : 돈과의 인연은 몸의 구조나 집안 환경, 실내구조도 밀접한 관계가 있다. 따라서 재물운을 길하게 하기 위해서는 자기 몸에 액세서리를 부착하고 다니는 것이나 살고 있는 실내 인테리어를 돈과 관련된 것으로 개선해야 할 것이다. 첫째, 안경이나 반지, 귀고리 팔찌류의 액세서리를 할 때 은이나 금으로 된 것을 선택하도록 하며, 지갑, 열쇠고리, 라이타 등도 황금색으로 한다. 둘째, 가구는 둥근 것으로 선택해야 좋다. 모서리나 문양이 지나치게 예리하고 돌출이 많은 것은 돈이 들어오는 길을 막는다고 판단되므로 좋지 않다. 비교적 원만한 느낌이 드는 화장대나 장롱, 오디오류를 선택하고 가구나 오디오의 무늬도 무난한 것들이 좋다. 이런 것들이 돈을 붙게 하는 것들이다. 또한 사람들 가운데 열심히 일하는데 도대체 왜 돈이 모아지지 않는지 억울해 하고 의문스러워하는 이들이 많다. 노력에 의해서 자신의 수중에 들어오는 돈은 미미하다는 것이다. 이런 경우 그 원인을 가상학적으로 따져 보면 자신에게 연결되는 금전적인 면의 운세가 막혀 있고 좋은 운이 엉뚱한 곳으로 다 새어 나가기 때문이다. 따라서 풍수상의 처방은 길운(吉運)이 새어 나가는 것을 막고 금전운이 막혀 있는 통로를 시원하게 뚫어주는 것이다. 온 종일 쉴 틈도 없이 바쁘게 일하는 데도 도무지 돈을 만져 볼 수 없는 사람이라면 동쪽에 빨간색의 옷이나 문구류를 놓아서 금전운을 상승시켜야 한

다. 서쪽 방위에 황금색의 장식장을 놓거나 노란색의 커튼, 노란 꽃을 꽂은 화분 등으로 장식하여 금전운을 배가시키는 색깔(노란색은 금전운의 색깔)을 활용하도록 한다. 또한 통상적으로 집 문서나 패물, 통장 등의 귀중품을 보관해 두는 장롱은 비밀, 감춤, 저축, 안전의 상징 의미를 파생하는 북쪽 방위에 놓도록 한다. 그리고 인감 도장이나 신용카드, 통장, 귀금속의 패물 등을 초록색 천으로 잘 싸서 보관해야 금전운이 절대로 외부로 빠져나가지 않게 되어 통장에 잔고를 늘리고 부자가 되게 할 것이다. 서쪽에 집 벽에 금이 가 있다든지, 비가 센다든지 하면 아무리 황금 노란색을 부착하고 알맞은 치장을 하였더라도 오히려 좋지 못한 일만 발생하므로 잘 살펴보아야 한다.

❖ **돈을 많이 벌고 싶다면** : 돈을 많이 벌고 싶다면 금전운을 관장하는 서쪽에 열쇠가 있으므로 자기 집의 서쪽에 어떤 문제가 없는지 살펴야 한다(벽의 틈새 천정의 비 새는 곳, 혐오한 공간의 유무 등), 서쪽에 행운을 갖다주는 노란색을 활용하도록 한다. 서쪽에 노란색 그림을 걸어둔다든지 노란색 꽃을 꽂아 두도록 하며, 노란 열매의 그림을 걸어 두고 황금색 돈 지갑을 휴대한다.

❖ **돈을 많이 벌고 싶으면 이 점을 유의하라**

① 가구는 모난 것보다 둥글둥글한 것을 택한다.
② 화장대는 서쪽 양 옆에 노란색 갓을 씌운 스탠드를 놓는다.
③ 장롱은 홍황색 순수 나무 색상을 택한다.
④ 벽시계 테가 황금색이어야 하고 둥글둥글한 시계를 동쪽 창문 옆에 걸어 둔다.
⑤ 본인이 가지고 다니는 악세사리는 금색, 은색을 착용한다.
⑥ 서쪽 방위에 노란색을 장식한다.
⑦ 동쪽 방위에 빨간색을 둔다.
⑧ 북쪽은 옷장, 통장이나 귀금속류는 녹색천으로 감싸 놓아둔다.
⑨ 침대는 밝은 색으로 머리는 동쪽으로 벽에 붙지 않게 방문에서 대각선으로 보이도록 놓아둔다.
⑩ 방바닥이 차면 돈의 기운이 식게 되므로 황색 계통의 장판을 깐다.
⑪ 커튼이 지나치게 두꺼우면 금전운이 차단되기 싶다. 색상은 홍황색이나 진 분홍 쪽이 좋다.
⑫ 은행은 집을 기준으로 서쪽에 있는 은행과 거래하면 좋다.
⑬ 방의 인테리어는 옷, 장식, 가구, 화초 등 모두 노란색이 좋다.
⑭ 테이블 홍황색 덮개, 의자는 노란색, 탁자는 순수 목색이 좋다.
⑮ 옷이나 문구규를 빨간색으로 바꿔 금전운을 상승시킨다.
⑯ 값어치 있는 물건은 함께 담아 북쪽이나 북동쪽에 보관한다.
⑰ 집에 항상 깨끗하게 가구가 정돈되어야 하고 입고 다니는 옷도 밝고 깨끗한 옷을 입도록 노력한다.
⑱ 집안에 조명 등은 밝아야 하고 집의 내부가 항상 청결하게 노력하고 모든 가구들은 황금색과 둥근 것이 금전 운을 불러들인다.
⑲ 서쪽은 금전운의 방위이므로 집세를 놓아서는 아니된다. 벽이 틈이 나 있으면 즉시 시멘트로 보수하고 비가 세는 곳이 없어야 한다.
⑳ 본인이 잠을 자고 있는 방의 서쪽에 노란 꽃을 꽂아두거나 벽에 그림 2/3이상 노란 그림을 걸어 두면 금전 운을 불러들인다.

❖ **돈을 모으자면 기(氣)가 빠지지 않아야 한다** : 우리의 생활에 돈처럼 중요한 것은 없다. 부(富)는 곧 삶의 힘이라고 할 수 있기 때문이다. 이 때문에 돈을 많이 모으고 싶어한다. 이것은 돈을 많이 벌고 싶다는 의미와 같은 뜻일 것이다. 그러나 돈을 아무리 많이 벌어도 모아지지 않으면 소용이 없고 돈을 모으려고 해도 또한 벌리지 않으면 모아지지 않는 것이다. 이것은 손등과 손바닥과 같은 사이므로 끊을래야 끊을 수가 없다. 그러므로 잘 조율을 할 수가 없다면 부를 축적할 수가 없다. 이럴 때는 벌어들이는 것보다는 모아진 돈이 빠져나가지 않도록 하는 것이 더더욱 중요하다. 집안 또는 방안 어디에서 기(氣)가 빠져 나가는 곳이 있는가 없는가를 자세하게 살필 필요가 있을 것이다. 아무리 돈을 많이 벌어들인다 하더라도 빠져나가면 소용이 없기 때문이다. 혹시 현관에서 사무실이나 방에 들어서면서 정면에 창문이 없는지 있는지를 살펴볼 필요가 있을 것이다. 창이란 빠진다고 하는 구멍이 될 수 있기에 그렇다. 사무실 문을 막 열면 정면에 창문이 있어서 들어선 기(氣)가 빠지는 것이므로

돈이 모이지 않고 빠져 나가는 것이라 할 수 있다. 또 창문도 창문이겠으나 방에 들어가 보면 벽에 금이 가 있고 천장이 뚫려 있는 경우가 있다. 이 경우는 모두가 빠진다고 하는 의미가 된다. 그러므로 회사의 경우라면 아무리 영업실적이 좋아도 소용이 없을 것이다. 방안도 역시 이와 같다고 할 수가 있다. 특히 서방이나 서북간 방위에 틈이 있거나 아니면 구멍이 뚫려 있다고 하면 돈은 절대 모아지지 않는다. 이럴 때 풍수용어에 있어서는 누재택(漏財宅)운이라고 하게 된다. 그러므로 이런 점을 면밀히 관찰하고 예방하지 않으면 안 된다. 그러나 이러한 누재택 운에 있어서 전혀 예방이 없는 것은 아니다. 기(氣)가 창문으로 나가지 못하게 막아야만 하고 벌어진 틈새가 있고 구멍이 있으면 막아야 하는 것이 가장 중요하다. 틈새 같은 곳은 단순히 그 위에 종이로 바를 것이 아니라 반드시 시멘트로 막아야 하는 것이 정상적이다. 구멍에 땜질을 하더라도 바람이나 기가 세어 나가지 않도록 하는 것이 곧 재물이 빠지지 않는 것이다. 그러므로 창문이나 틈새, 구멍 등은 없도록 해야만 할 것이다. 그리고 정면에 창문이 있다고 하면 지나치게 햇빛이 들어오지 못하게 가리개로 창문을 가려야만 하고 겨울 같으면 두꺼운 면 커텐을 늘어뜨려 들어온 기가 빠지지 않도록 하는 것이 무엇보다 중요하다. 그리고 사무실이나 방 같은 곳에 두꺼운 판 가리개를 양쪽에 세워 창문과는 일직선이 되지 않도록 해야만 한다. 그것은 기는 일직선으로 가기 때문에 창문으로 빠지는 기의 길을 꺾어서 돌려 놓으려는 이유이다. 이렇게 해 놓으면 기(氣)가 열어진 창문 밖으로 빠져 나가지 못하게 되고 자연 사무실이나 방안에 잔류하게 된다. 뿐만 아니라 기의 특징이라 할 일직선 성질이 벽에 부딪혀 다시 중심점으로 돌아와(한가운데) 사무실 직원이나 아니며 방안 사람 몸에 머물게 된다. 기가 오랫동안 머문다고 하는 일은 그만큼 중요하다고 할 수 있다.

❖ **돈을 모우고자 하면 출입문 정면에 창문이 없어야 한다**

- 창문이 있다면 가려 주어야 한다.
- 구멍을 틈새도 막아 주어라
- 돈이 자꾸 빠져 나가거나 유흥의 충동이 자주 일어날때는 옅은 파란색 소품 위주로 인테리어 처방을 하는 것이 좋다. 서쪽의 창문을 분홍색 또는 연녹색상의 블라인드나 커튼으로 장식하고 석양에 시들어가는 기운을 막히위해서 청록색 화분이나 장품 부엌의 실내 공 간은 사각형이1가장 이상적인 공간이다.

❖ **돈이 없고 저축이 안 될 때는**

- 침실 윗 쪽에 황색 분홍색 스탠드를 놓아라.
- 서쪽에 노란색 꽃이나 노란 그림을 장식하고 액세서리는 황금색으로 치장한다.
- 통장을 초록색 천으로 감싸 북쪽이나 동쪽에 놓으면 새 나가지 않는다.

❖ **돈장**(頓杖) : 돈이란 높이 솟아난 봉들이 첩첩하고 퇴객(堆客)처럼 생긴 언덕같은 곳에 생기가 머물러 진국(眞局)을 만든 형국. 모든 산들이 저소(低小)할 때 고대(高大)하게 입수(入首)하는 곳이 있다면 맥을 따라 평지에 와서 십자(十字)를 이루는 중심을 찾아야 한다. 이곳은 흙무더기처럼 혈장을 금성(金星)으로 둥그렇게 이루고 사산(四山)의 공결(空缺)이 없어야 한다. 입수(入首)의 맥락(脈絡)이 맑지 못하다면 돈장(頓杖)을 쓰게 된다.

❖ **돈질**(頓跌) : 용맥(龍脈)이 조산(祖山)을 떠난 뒤로 기복(起伏)과 돈질(頓跌) 문득 멈췄다가 미끄러져 나감을 돈질이라 함.

❖ **돈창**(頓槍) : 봉이 첨예하고 홀로 서 있는 산.

❖ **돈필**(頓筆) : 목성(木星)이나 화성(火星)의 성신(星辰)이 높이 솟아난 모양. 돈필(頓筆)은 문사(文士)가 많이 나고, 탁기(卓旗)는 장군(將軍)이 나오게 된다. 돈필(頓筆)의 봉우리는 문장과 현달한 선비가 날 수 있다. 촉맥부(促脈賦)에서는「필봉(筆峰)이 구름속을 단정하게 뚫고 솟아오르면 하늘이 준걸을 낳으리라」고 했다. 높은 깃발의 산이 있으면 무관직(武官職)인 장군으로 발달한다.

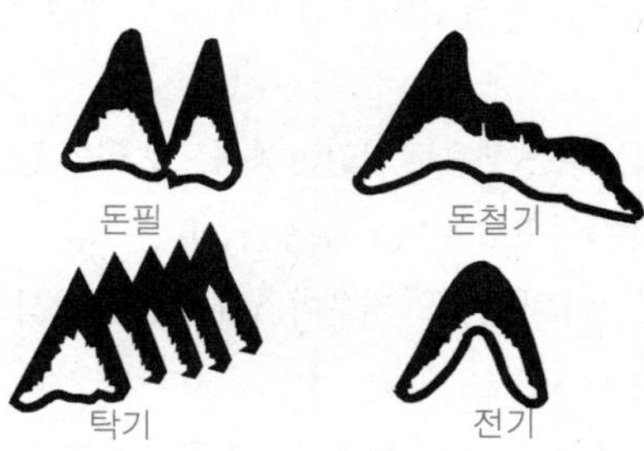

[頓筆 卓旗 哲軍旗 展旗]

❖ **돌**(突) : 평지에서 돌출되어 일어난 곳.

❖ **돌기혈**(突起穴) : 주산(主山)에서 평지로 뚝 떨어져 나온 용맥(龍脈)이 갑자기 불룩하게 솟아올라 혈을 맺어 놓은 형국. 용맥은 가늘고 길며 비록 가늘지만 탄탄하게 생겨 생기(生氣)가 넘친다.

❖ **돌로**(突露)

① 혈성(穴星)이 외롭게 드러나 있어 사방의 바람을 받아 생기가 모이지 않으므로 혈이 맺지 않는다.

② 단한과 비슷한 말인데 혈처에 기가 잘 뭉치지 못해 바람을 맞는 것.(용이 고독하면 생기가 혈에 닿지 못한 것이고 돌로하면 기가 흩어진 것이다.)

③ 돌로(突露)라는 말은 내밀고 들어난 것으로 당혈처(堂穴處)가 감추어 보이지 않고 솟고 들어나 바람을 받는 것이니 대개 돌로혈(突露穴)은 고독한 용이 내려온 것이다. 용이 고단하면 생기가 오지 않고 혈이 들어나면 생기가 모이지 않는 것이니, 모르는 사람은 다만 일봉(一峰)이 단독으로 빼낸 것을 가지고 아름답다 하기 쉬우나 성봉(星峰)이 장막 가운데서 나오지 못하면 비록 수려하나 고단한 용이다. 양공(楊公)이 말하기를, 귀룡(貴龍)은 거듭거듭 장막에서 나오고 천룡(賤龍)이 장막이 없이 부질없게 웅장만하니 비유하면 귀인(貴人)은 반드시 발과 포장 안에 있는 것과 같으므로 훌륭한 용은 규중의 미녀가 머리와 얼굴을 나타내지 않음과도 같다. 그리고 고한(孤寒)한 용은 혈장이 외롭고 밖으로 들어나 관(關)이 있더라도 얕고 적어 능히 혈을 보호하지 못하므로 가관(假關)이라 하는데, 용사(庸師)들의 혹한 바 되어 그릇 안조(安兆)한다면 고아과부(孤兒寡婦)와 소년요사(少年夭死)하고 혹은 승려가 되어 유리(流離)하는 이가 나온다. 만일 이 돌로(突露)된 혈이 좋은 용으로 격(格)에 맞으면 대귀인(大貴人)이 나오는 경우가 있으나 대개는 승려가 많이 생긴다고 하였다.

❖ **돌이 추하고 뾰족하면 흉**: 산이 추하고 잡목 가시나무가 있으며, 묘 주변 돌이 책상 크기 만한 것이 있거나 잡초가 우거지거나 혹 잡초가 우거지지 아니하고 자연 잔디가 자생하고 있어도 이와 같은 곳은 묘지로서는 적합하지 못하다. 이러한 곳은 비천한 자손이 태어나고 그 후손이 가난을 면하지 못한다.

❖ **돌**(石)**은 여름이면 온도가 높아지고 겨울이면 온도가 낮아진다**: 주택이든 아파트든 묘지든 돌은 여름이면 스스로 높은 온도까지 오르고 겨울이면 땅의 온도보다 훨씬 더 차가워 지기도 한다. 수석(水石)이 집 내부가 아닌 정원에 둔다면 문제가 없으나 집 내부에 둔다면 여름에는 무더위를 더 느끼고 겨울에는 싸늘함을 느낄 것이다. 수석은 동물을 닮은 것은 흉석이다.

❖ **돌**(石)**중에 혈은 흙이 있어야 한다**: 기(氣)는 흙으로만 흐른다. 그래서 석산(石山)에는 불가장(不可葬)이라 하였다. 돌에는 물이 나므로 흉한 법이다. 그러한 돌 중에 혈을 맺으려면 반드시 토맥(土脈)과 혈토가 있어야 한다. 흙이 있어야 진혈이 되기 때문이다. 석산으로 덮인 곳에서는 돌무더기를 들춰내고 토맥을 찾아 점혈하며, 천광을 파다가 암반이 나오면 이것을 들춰내야 한다. 어떤 경우든 돌이나 바위는 생기가 없으므로 혈을 맺을 수 없다. 반드시 혈토가 나올 때까지 파야 한다. 혹자는 암반이 나오면 그대로 두고 그 위에도 장사지내야 한다는 이도 있다. 암반을 파고 깨뜨리면 돌의 기운이 누설된다고 보았기 때문이다. 그러나 암반에는 생기가 없으므로 이 주장은 이치에 맞지 않는다. 혈돌 사이에 있더라도 반드시 생기가 있는 흙이 나와야 한다. 석중혈은 말로써 밝히기 어려운 것으로 명사(明師)라야 얻을 수 있다. 발복이 매우 커서 대귀(大貴)가 기약된다.

❖ **돌혈**(突穴) : 돌혈(突穴)이란 혈이 맺는 곳이 주위보다 훨씬 솟은 형국으로 이 혈도 고산과 평지에 다 있다. 돌혈은 높이 올라 앉아 있으므로 바람이 닿을 가능성이 가장 많다. 산골짜기의 돌혈은 좌우에 용호(龍虎)가 고리처럼 둘러 바람을 막아 주어야지 외롭게 드러나 바람을 받으면 불가하다. 평지의 돌혈은 4변(四邊)의 평탄함이 해롭지는 않으나 다만 계수(界水)가 분명하거나 물이 혈 앞으로 모이거나 혈을 둘러 안아야 아름답다. 돌혈에

는 대돌(大突), 소돌(小突), 쌍돌(雙突), 3돌(三突)의 4격(四格)이 있는데 대돌과 소돌은 정격이고 쌍돌과 3돌은 변격이다.

- **대돌**(大突) : 돌이 높고 큰 것이 너무 크면 거칠고 완만해지기 쉬우므로 좋지 않고 크더라도 적당히 커서 면(面)이 윤택하고 둥글고 형체가 분명해야 길격이다. 대개 대돌은 수구(水口)의 나성(羅城), 수성(水城), 용신이 떨어져 내린 것과 창고 금상자 같은 성신으로 되는 것이 많다.
- **소돌**(小突) : 소돌은 돌이 작은 것이니 돌의 둘레가 작고 약간 솟아 있음을 말한다. 너무 작으면 진혈이 아니므로 적당히 작고 돌의 면(面)이 윤택하고 살찌고 부드러우면 길격(吉格)이며 너무 작거나 고저가 분명치 않거나 계수(界水)가 허하게 넓거나 물이 쏘고 사방의 형세가 미약하고 의지가 없으면 쓰지 못한다.
- **쌍돌**(雙突) : 쌍돌 양변에 어금니 같이 생긴 뿔이 있으면 이를 기린이라 하여 두 곳이 모두 귀하다. 쌍돌은 크기와 높이와 모양이 고르고 면이 단정하고 형세가 수려하면 길격(吉格)이다. 그러나 크기와 높이가 다르거나 모든 형상이 고르지 못하면 둘 중에서 좋은 것만 취용한다.
- **3돌**(三突) : 돌이 3개가 나란히 있는 것인데 역시 고르게 아름다우면 모두 점혈(占穴)할 수 있고 크기와 높이와 아름답고 아름답지 못한 것 등이 고르지 못하면 그 가운데 좋은 돌만 취하여 점혈한다. 이 돌혈도 5성(五星)의 변체가 있다. 둥근 것은 금성돌혈(金星突穴)이니 출금(出金)이라 하고, 곧은 것은 목성돌(木星突)이니 이를 출목(出木)이라 하고, 굽은 것은 수성돌(水星突)이니 이를 출수(出水)라 하고, 뾰족한 것은 화성돌(火星突)이니 이를 출화(出火)라 하고, 모난 것을 토성돌(土星突)이니 이를 출토(出土)라 한다.

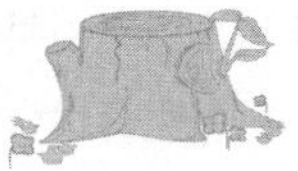

❖ **돌혈의 전형적인 모습**

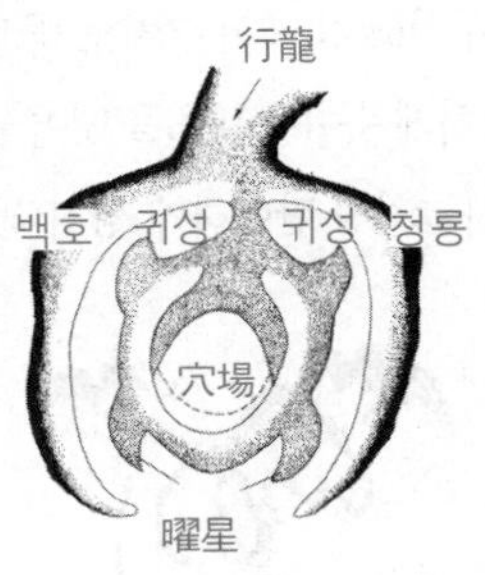

※ **귀성**(鬼星) : 혈장 뒤쪽의 지각
※ 요성(曜星) : 혈장 앞쪽의 지각

❖ **돌형**(突形) : 엎어놓은 종이나 엎어놓은 솥과 같은 형이다. 9성9변에서는 평면이 되고 사상에서는 태음(太陰)이 된다. 일명 포혈(泡穴=물방울형)이라고 하며 계심(鷄心)·어포(魚泡)·아란(鵝卵) 등은 모두 돌형을 말한다. 지주결망(蜘蛛結網)이나 구사몰니형(龜蛇沒泥形) 같은 것이다. 4격이 있으니 대돌(大突)·소돌(小突)은 정격이요, 쌍돌(雙突)·3돌(三突)은 변격이다. 이에는 또 각각 부앙의 구분이 있으니 신부(身俯)하면 진첨(溱詹)하고, 면앙(面仰)하면 진구(溱毬=올려쓴다)하는데 높은 산에서는 바람을 기피하여 주위가 막혀야 하고 평지에서는 바람은 두렵지 않으나 득수(得水)를 필요로 한다. 돌형의 유의할 점은 나성(羅星)·돈부(墩埠)·산각(山脚)·창고(倉庫) 또는 인돈(印墩) 같은 것이 모두 돌형을 하고 있으니 가돌(假突)이니 바람과 물에 대하여 각별한 주의를 요한다.

❖ **동궁**(東宮) : 청룡을 말함.

❖ **동고서저지**(東高西低地) **는 흉**(凶) : 동고서저지는 정재불흥(丁財不興)에 득귀무망(得貴無望)이라 한다. 즉 집터의 동쪽이 높고 서쪽이 낮아 집터가 동서로 기울면 재물(財物)의 손재(損財)와 관료(官僚)을 바라보기 어려울 것이다. 집터는 동서가 평탄해야 재물도 얻고 벼슬도 얻게 된다.

❖ **동계**(東階) : 제관들이 산릉(山陵) 제례(祭禮)를 하기 위해 오르내리는 장대석 계단.

❖ **동기**(同氣) : 소리의 기운이 서로 같음. 주객(主客)이 서로 함께 상대함이 같은 정도로써 유정함. 같은 조종산에서 내려와 조산

을 만든 것을 동기라 하는 것은 아니다.

❖ **동기감응설** : 산소 자리가 좋고 나쁘고 하는 차이가 후손들에게 영향을 주는 이유는 무엇일까. 오래 전에 돌아가신 데다 멀리 떨어져 있는 조상의 산소자리가 시간과 공간을 초월해서 살아 있는 사람들에게 영향을 줄 수 있을까. 이에 대한 해석이 바로 동기감응(同氣感應)이다. 동기감응이란 '조상과 그 후손은 체질이 같기 때문에 서로 기가 통한다'는 뜻이다. 비록 땅 속에 있기는 하지만 조상의 시신에서 나오는 일종의 전파(기운)가 그 후손에게 전달되어 영향을 미친다는 것이다. 그래서 좋은 곳에 조상을 모시면 후손에게 좋은 땅의 기운이 전해지고, 나쁜 곳에 모시면 나쁜 영향을 받는다. 머리카락을 예로 들어보자. 보통 머리카락은 태양 빛이나 바람을 막아주는 보호 기능을 한다고 생각한다. 그러나 풍수적으로 볼 때는 다르다. 머리카락에 텔레비전 안테나처럼 수신 기능이 있다고 본다. 그렇게 생각하는 이유로는 여러 가지를 들 수 있다. 성경에 나오는 삼손과 데릴라 이야기가 그것이다. 삼손의 괴력이 머리카락에서 나왔다는 내용인데, 데릴라가 머리카락을 자른 다음에는 괴력이 없어졌다. 또 다른 예를 들어보자. 스님들이 머리를 깎는 이유는 무엇일까? 머리를 그대로 기르고 수행하면, 고향의 애인·친지·가족들이 보내는 기운을 받아 수행에 전념하기 어렵기 때문이다. 공부에 전념하기 위해서는 이 기운을 차단해야 하고, 그러기 위해서 머리를 깎는 것이다. 수녀들이 머리를 천으로 감싸는 것 역시 같은 이유다. 다른 예로, 사람은 궁지에 몰리면 머리카락이 곤두선다. 머리카락이 삐쭉하게 선다는 것은 안테나가 온 힘을 다해 수신하려 함을 뜻한다. 주변이나 멀리 있는 사람에게서 궁지를 벗어날 방법을 수신하려는 노력인 것이다. 이런 사실들로 볼 때 사람 머리카락은 기운을 받아들이는 안테나 역할을 하는 것으로 해석된다. 만일 조상 산소가 좋으면 조상으로부터 좋은 전파가 접수되고, 나쁘면 나쁜 전파가 접수된다. 사람은 잠잘 때 꿈을 꾸는데, 꿈꾸는 과정 역시 외부 전파를 수신하는 작용으로 해석된다. 그 전파는 당연히 머리카락을 통해서 사람에게 전달되는 것이다. 꿈의 예지력은 자기에게 가까운 부모나 조상이 미리 보내주는 전파다. 복권에 당첨되는 사람들은 당첨 전에 조상이 나오는 신비한 꿈을 꾼다는 것은 알려져 있다. 산삼을 캐는 심마니의 경우도 꿈이 거의 적중한다고 한다. 같은 혈통인 조상과 후손은 체질이 같다. 체질이 같으면 사이클도 같아 같은 사이클을 가진 물체 사이에 전파가 자유롭게 전달되는 것은 당연하다. 그러므로 조상 산소에서 발생하는 전파는 같은 혈통의 자손에게 바로 전달된다. 체질도 시간이 지나면 변한다. 일반적으로 생물학에서는 3대가 지나면 체질이 많이 변화한다고 본다. 이런 사실로 보아 후손에게 영향을 줄 수 있는 조상은 3, 4대까지로 보는 것이 타당하다. 살아 있는 사람에게 영향을 주는 것은 증조부 산소에서 시작한다. 사람의 초년 기운은 증조부모와 그 이전 조상 산소의 영향을 많이 받는다. 중년에 들어선 뒤에는 조부모 산소의 영향을 받고, 말년에는 부모 산소의 영향을 많이 받는다. 가까운 조상일수록 그 영향력은 크게 작용한다. 조상 산소에서 발생하는 전파는 공간에 구애받지 않기 때문에 후손이 미국으로 가도 영향을 받는다.

❖ **동기감응에 대한 과학적 연구** : 조선일보 1996년 9월 2일자 문화란에 실린 「수맥(水脈) 위의 묘위해 전자파 발생」이란 제목의 기사 내용을 보면 풍수지리학의 핵심 원리에 속하는 동기감응에 대한 설명을 과학적 실험을 통한 접근방법으로 풀고 있다. 그 중요한 줄거리를 간추려보면 다음과 같다. ① 수맥 위의 조상시신이 방사하는 전자기파가 후손에게 영향을 미친다는 것은 과학적으로 입증이 가능하다고 보며 동기감응이 적용된다.

[실험 1] 일본의 한 섬에 사는 마칵 원숭이 중 하나가 흙이 묻은 고구마를 바닷물에 씻어 먹으면 좋다는 것을 알고 그 섬의 원숭이들이 모두 고구마를 씻어 먹게 되었다. 그러자 얼마 안 가 멀리 떨어진 다른 섬의 원숭이들도 고구마를 씻어 먹게 되었다. 누가 이 정보를 어떻게 전달했을까?

[실험 2] 영국의 푸른 박새가 가정집에 배달된 우유병 뚜껑을 부리로 쪼아 먹는 법을 알게 되자 이것이 순식간에 다른 박새들에게 전달돼 전 유럽에 파급되었다. 누가 어떻게 정보를 전달했을까? 학자들은 이 같은 예를 들어 같은 종족끼리는 보이지 않는 형태의 공명장(共鳴場)이란 연결선이 있어 이를 통한 상호작용 속에 스스로 발전 진화하는 것이라고 주장한다.

[실험 3] 예일대학 버(Burr) 교수는 미세한 전압 측정계를 개발 측정한 결과 난자 주위에 미약한 전자장이 있다는 것을 발견했다. 이 전자장의 힘에 의해 수정란이 제멋대로 자라는 것이 아니라 조상의 특성을 닮은 일정한 형태로 분열 성장한다는 것이 버 교수의 주장이다.

② 위 실험으로 보아 후손은 어떻게 조상의 시신에서 방사되는 미약한 신호를 주위 전자파의 잡음과 구분하여 감지할 수 있을까?

[실험 1] 북미산 나방에 대한 캘러한의 연구에서 암나방을 찾아오는 수나방은 암컷의 성분비물에서 나는 냄새를 맡는 것이 아니라 거기서 방사되는 미약한 전자기파를 더듬이로 감지한다는 것이다.

[실험 2] 꽃가루 알레르기 환자가 실험과 속에 밀폐된 꽃가루 근처에만 가도 알레르기 반응을 일으키는 것을 발견했다. 꽃가루와 직접 접촉이 없어도 거기서 방사되는 전자파에 의해 알레르기 반응을 일으킬 수 있다는 것이다. 이 모든 실험의 결과들은 모든 생물체들이 전자파를 이용하여 교신하고 있다는 사실이다.

③ 후손들이 조상의 시신에서 발사되는 전자파의 위해로부터 벗어나는 길은 무엇일까? 가장 간단한 방법은 길지(吉地)로 이장하는 것이라고 답할 것이다. 그러나 길지를 골라 부모나 주상의 체백(體魄)을 옮긴다는 것이 그렇게 쉬운 일은 아니다. 어려운 일이기 때문에 자손들의 정신자세가 더욱 중요하다. 인간의 전자기장은 다른 동물과는 전혀 다르다. 사람은 영적 동물이기 때문이다. 인간은 고정된 주파수를 갖고 있는 송수신 장치가 아니라 마음(정신 에너지)을 어떻게 작동하느냐에 따라 인체 전자파가 전혀 다른 주파수를 갖게 된다는 사실이다. 조상님께 감사드리는 마음을 가진 자손과 그와 반대인 자손은 동기감응에서 전혀 다른 주파수를 갖게 된다는 것이다. 조상의 유골에너지 ⇆ 자손의 생명 에너지(육체 에너지 + 정신 에너지), 즉 좋은 자리에 조상의 유골을 모시면 뼈와 넋에 뭉쳐진 천기와 지기가 질이 좋은 에너지 인자로 변화하여 유전인자가 같은 자손들에게 도움을 주는 에너지 인자로 변화하여 유전인자가 같은 자손들에게 도움을 주는 에너지로 공급(수신)된다. 묘가 흉하면 그와 반대로 해로운 에너지가 공급된다. 이러한 동기감응에서 자손들의 정신 에너지에 따라 이로운 에너지를 받느냐 해로운 에너지를 받느냐에 커다란 영향을 준다는 것이다. 말을 바꾸어 설명하자면 숭조효친사상(崇祖孝親思想)이 강할수록 조상을 길지에 모시게 되어 복을 받는다는 진리가 과학자들의 실험에 의해 증명되어가고 있다.

❖ **동기감응의 기**(氣) : 옛부터 전해오는 장법(葬法)에 보면, 길지(吉地) 발복(發福)이란 것은 명당길지(明堂吉地)에 부모와 조상의 체백(體魄)을 모시면 무탈안영(無脫安寧)하고 오랫동안의 생기를 얻게 되므로 길기만관(吉氣滿棺)해지고 그 길기(吉氣)는 자손에게 좋은 영향을 미치게 된다고 했다. 이것은 부모와 조상 동기감응(同氣減應)이 되기 때문이다. 동기(同氣)란 부모와 자식 관계를 가리킨다. 자식은 부모로부터 몸을 이어 받았으니 피도 같고 살도 같으며 뼈도 같고 생김새도 심성도 같은 것, 즉 동기이다. 조상의 체백(體魄: 유골)이 무탈안영(無脫安寧)하면 그의 자손에게 좋은 기가 전해지고 망지(亡地)에 조상의 유골을 모신 그의 자손들은 각종 크고 작은 흉화를 당한다.

❖ **동기감응**(同氣感應) **10세 미만의 자녀에게 병이 들면 이렇게 하라** : 10세 미만의 자녀들이 아플 때 아버지 어머니의 양손에서 신장(腎臟)부위를 5~10회 따주면 자녀들의 감기는 물론 여러 가지의 병(病)이 낫는다는 것을 볼 수 있고 밤에 칭얼 될 때도 부모의 심장(心臟)부위를 쓰다듬으면 5~10회 후에 아이가 잠드는 것을 볼 수 있다. 병은 부모의 즉 원격 시술을 응용하면 잘 낫는다. 10~100리 밖에서 떨어져 있어도 10세미만의 아이들은 원격 시술로 병이 낫는다.

❖ **동남**(東南) : 동서와 남북으로 상대됨을 지칭함. 왕발(王勃)의 문장을 인용하였음.

❖ **동남간 산이 아름답게 높이 솟으면** : 손산(巽山)은 육수최귀산(六秀催貴山)이 고대(高大)하고 수려(秀麗)하면 태어나는 자손이 청수(淸秀)하고 아들과 딸들이 벼슬 한다.

❖ **동동**(鼕鼕) : 물 떨어지는 소리가 정답게 들리는 표현.

❖ **동명수**(童鳴水) : 동명수는 평지혈(平地穴)에 많이 있는데 바람 소리를 타고 아이들이 울부짖거나 떠드는 소리와 같은 소리가 물결을 타고 들리는 것이다. 동명수가 들리면 집안이 우환질고(憂患疾苦)가 끊임없이 일어나고, 객사하는 자손이 나오고, 야반도주하는 일이 생긴다. 길수(吉水)는 좌혈을 생조(生助)하는 오성수(五星水)가 있으며 육안으로 볼 때 뱀이 꿈틀 대듯이 좌혈 앞에 이르러 잠시 머물러 대례(大禮)를 하는 듯 하다가 다시 좌혈을 돌아 흐르는 것이며, 묘 앞에 모여 인사를 드리는 형수(形水)이다.

❖ **동물들이 쉬는 곳 꿩, 토끼, 노루 등** : 산 같으면 동물이 쉬고 배설물들이 많이 있는 곳 또는 동물들이 노니는 곳이 좋은 기가 모여 있는 좋은 묘터나 집터가 될 수 있다. 특히 나무꾼들이 쉬는 장소와 모여드는 장소는 대개 좋은 기(氣)가 모이는 장소라고 보아도 무난하다. 일터에서 일을 하다 지친 몸을 잠시 쉬는 장소 또한 좋은 장소이다. 사람이나 동물이나 몸과 마음이 불편한 곳에서는 편히 쉴 수 없기 때문이다. 이와 같이 동물과 인간은 자연의 예지 능력이 있어서 아무 곳에서나 쉬지 않기 때문에 집터를 구할 때 그곳 주위에서 느껴지는 초감각이 편안하고 안온하면 일단 좋은 터로 보아도 별탈이 없다.

❖ **동물 박제를 집안에 두는 것은 좋지 않다** : 정상적인 죽음에 의한 것이 아니고 포수가 잡은 동물은 더욱 살기를 띠게 되는 것이다. 특히 병약자나 어린이 임산부 등은 동물의 살기에 더욱 민감하다. 그리고 표범 무늬의 천이나 동물의 털로 된 깔판 등 죽은 동물을 연상시키는 소재는 흉한 기를 불러오고 건강을 떨어뜨린다. 특히 애완동물을 기르는 집이 늘어나는 추세이지만 개를 소재로 한 달력이나 그림도 좋은 소재가 아니라 현관이나 다른 공간도 마찬가지로 모든 동물의 그림은 좋지 않다고 생각하면 된다. 어떤 집은 호랑이 그림을 걸어놓고 있는데 좋지 않다.

❖ **동서사택**(東西四宅) : 동서사택(東西四宅)이란 양택(陽宅)의 술어. 가옥의 좌(坐)로 동사택(東四宅)과 서사택(西四宅)으로 구분한다. 아래와 같다.

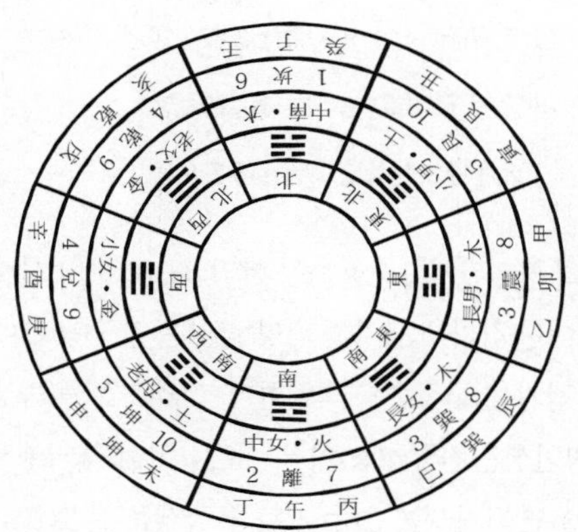

• **동사택**(東四宅) : 감(坎)[壬子癸坐] 이(離)[丙午丁坐] 진(震)[甲卯乙坐] 손(巽)[震巽巳坐]

• **서사택**(西四宅) : 건(乾)[戌乾亥坐] 곤(坤)[未坤申坐] 간(艮)[丑艮寅坐] 태(兌)[庚酉辛坐]

❖ **동서사택법의 생성원리** : 8택(八宅)이란 후천팔괘방위인 건(乾 : 서북), 감(坎 : 정북), 간(艮 : 동북), 진(震 : 정동), 손(巽 : 동남), 이(離 : 정남), 곤(坤 : 서남), 태(兌 : 정서) 등 여덟 개 방향의 택좌(宅坐), 즉 집 뒤방향을 말함. 8택풍수(八宅風水)에서는 앞이 되는 향(向)은 따지지 않고 집 뒤가 되는 좌(坐)만 따지는데 이를 24방향으로 세분하면 다음과 같다.

① 乾宅 : 戌, 乾, 亥坐	② 坎宅 : 壬, 子, 癸坐
③ 艮宅 : 丑, 艮, 寅坐	④ 震宅 : 甲, 卯, 乙坐
⑤ 巽宅 : 辰, 巽, 巳坐	⑥ 離宅 : 丙, 午, 丁坐
⑦ 坤宅 : 未, 坤, 申坐	⑧ 兌宅 : 庚, 酉, 辛坐

이상 8택(八宅)인데 이를 다시 동서2택(東西二宅)인 동사택(東四宅)과 서사택(西四宅)으로 나눌 수 있다. 주택은 사람이 거주하는 것이므로 모든 사람 역시 나이에 따라서 동서명(東西命)과 서사명(西四命)으로 구분되는데 이를 택명(宅命)이라고 한다. 택명(宅命)을 알 수 있는 방법은 다음과 같다.

	上元甲子　起坎宮　逆行洛書九宮
男子	中元甲子　起巽宮　逆行洛書九宮
	下元甲子　起兌宮　逆行洛書九宮

上元甲子 起中宮 順行洛書九宮

女子 中元甲子 起坤宮 順行洛書九宮

下元甲子 起艮宮 順行洛書九宮

근세의 상원갑자(上元甲子)는 서기 1864년부터 시작되니 이 해에 태어난 갑자생 남자의 택명(宅命)은 감궁(坎宮)이 된다는 뜻인데 남자는 구궁수를 역행한다. 그러므로 을축생은 이궁(離宮), 병인생은 간궁(艮宮)이 되니 이같이 계속 역행해서 돌면 서기 1924년 갑자생은 손궁(巽宮), 을축생은 진궁(震宮), 병인생은 곤궁(坤宮)이 된다. 이렇게 계속 역행하면 서기 1984년 갑자생은 태궁(兌宮), 을축생은 건궁(乾宮), 병인생은 중궁(中宮), 정묘생은 손궁(巽宮), 무진생은 진궁(震宮)이 된다. 이같이 상·중·하원 모두 구궁수(九宮數)를 역행하면 된다. 여자는 상원갑자(上元甲子)가 중궁부터 시작해서 순행(順行)하니 갑자생은 중궁(中宮), 을축생은 건궁(乾宮), 병인생은 이궁(離宮)이 되므로 이같이 순행해 가다보면 중원갑자생은 곤궁(坤宮), 하원갑자생은 간궁(艮宮)에 해당된다. 그런데 구궁을 운행하다가 남녀 모두 중궁(中宮)에 해당될 때는 남자는 곤궁(坤宮), 여자는 간궁(艮宮)으로 간주한다.

[洛書九宮順序圖]

巽 4綠木(文)	離 9紫火(弼)	坤 2黑土(巨)
震 3碧木(祿)	中 5黃土(廉)	兌 7赤金(破)
艮 8白土(輔)	坎 1白水(貪)	乾 6白金(武)

男性九氣表								
一白水	九紫火	八白土	七赤金	六白金	五黃土	四綠木	三碧木	二黑土
1864	1865	1866	1867	1868	1869	1870	1871	1872
1873	1874	1875	1876	1877	1878	1879	1880	1881
1882	1883	1884	1885	1886	1887	1888	1889	1890
1891	1892	1893	1894	1895	1896	1897	1898	1899
1900	1901	1902	1903	1904	1905	1906	1907	1908
1909	1910	1911	1912	1913	1914	1915	1916	1917
1918	1919	1920	1921	1922	1923	1924	1925	1926
1927	1928	1929	1930	1931	1932	1933	1934	1935
1936	1937	1938	1939	1940	1941	1942	1943	1944
1945	1946	1947	1948	1949	1950	1951	1952	1953
1954	1955	1956	1957	1958	1959	1960	1961	1962
1963	1964	1965	1966	1967	1968	1969	1970	1971
1972	1973	1974	1975	1976	1977	1978	1979	1980
1981	1982	1983	1984	1985	1986	1987	1988	1989
1990	1991	1992	1993	1994	1995	1996	1997	1998
1999	2000	2001	2002	2003	2004	2005	2006	2007
2008	2009	2010	2011	2012	2013	2014	2015	2016
2017	2018	2019	2020	2021	2022	2023	2024	2025
2026	2027	2028	2029	2030	2031	2032	2033	2034
2035	2036	2037	2038	2039	2040	2041	2042	2043
五黃土	六白金	七赤金	八白土	九紫火	一白水	二黑土	三碧木	四綠木
女性九氣表								

이상의 남녀구기표(男女九氣表)에 나타난 숫자는 서기년수(西紀年數)의 표시며 상하의 자백표(紫白表)는 구궁을 뜻한다. 예를 들어 금년에 45세가 되는 남녀는 을미생이므로 1955년생(乙未生)조를 보면 남자는 9자화, 여자는 6백금이 된다는 것을 알 수 있다. 그러므로 남자는 동사택(東四宅)에 해당되고, 여자는 서사택(西四宅)에 해당된다. 다시 예를 들어 1950년생이라면 경인생이 되므로 남자는 5황토가 되고, 여자는 1백수가 되니 남자는 곤궁(坤宮)에 해당하고, 여자는 감궁(坎宮)에 해당된다. 그러므로 남자는 서사택(西四宅)에 해당되고, 여자는 동사택(東四宅)에 해당된다. 도표를 보지 않고서도 간단한 공식으로 택명(宅命)을 알 수 있는 방법이 있다. 서기 1999년 이전에 태어난 남자는 서기년수 십단위 수를 100에서 제한 후 9로 나누면 된다.

$$\frac{100 - \text{해당년수(십단위)}}{9} = \text{소득수}$$

[예1] 1997년생 남자일 때

$$\frac{100 - 97}{9} = 3$$

100에서 97을 빼면 3이 남는데 3은 9로 제할 수 없으므로 그대로 3궁으로 보니 택명은 진궁(震宮)이 되어 동사명(東四命)이 된다.

[예2] 1924년생 남자라면 100에서 24를 제하면 76이 남으니 이를 다시 9로 제하면 나머지는 4가 남게 되므로 1924년생 남자는 택명(宅命)이 사손목(四巽木)이 된다.

$$\frac{100-24}{9} \equiv 4(\mathrm{mod}\ 9)$$

[예3] 1946년생 남자라면

$$\frac{100-46}{9} \equiv 9(\mathrm{mod}\ 9)$$

이상의 공식에서 보듯 나머지 수가 없으면 그대로 9자화(九紫火)가 된다. 그런데 서기 2000년 이후부터는 두자리 년수를 100에서 빼지 않고 99에서 빼야 된다.

[예1] 서기 2000년 생이면

$$\frac{99-00}{9} \equiv 9(\mathrm{mod}\ 9)$$

이상의 공식처럼 2000년은 두자리 수가 제로가 되어 그대로 99로 제하게 되므로 9가 남게 되니 2000년생 남자의 택명은 9자화 즉 이궁(離宮)이 된다.

[예2] 서기 2004년생은 5황토가 된다.

$$\frac{99-4}{9} \equiv 5(\mathrm{mod}\ 9)$$

[예3] 서기 2017년생은 1백수가 된다.

$$\frac{99-17}{9} \equiv 1(\mathrm{mod}\ 9)$$

이같이 공식만 알면 택명(宅命)을 쉽게 찾을 수가 있다. 여자의 공식은 서기년수 두자리수에서 4를 제한 다음 9로 나누기만 하면 된다. 가령 1944년생 여자일 때 44에서 4를 제하면 40이 되므로 이를 다시 9로 제하면 4가 남게 되니 44년생 여자는 4록목에 해당된다.

$$\frac{44-4}{9} \equiv 4(\mathrm{mod}\ 9)$$

서기 2003년생 이후부터는 3을 빼야만 된다. 그러므로 2003년생이라면 3을 빼고나면 자연 9자화가 됨을 알 것이다. 그러므로 2015년생이면 15 : 3 = 12 : 9 = 3이 되므로 3벽목이 된다. 이같이 택명(宅命)을 알아야 되는 이유는 자신의 택명이 동사명(東四命)에 해당된다면 주택 역시 동사택(東四宅)에서 살고 대문이나 아궁이(火口 : 보일러실), 우물, 침상(침대) 등이 모두가 동사택에 해당되는 감(坎), 이(離), 진(震), 손(巽) 등의 방위에 있어야 한다. 반대로 택명이 서사명(西四命)일 때는 주택 역시 서사택(西四宅)에서 살고 대문, 아궁이(火口 : 보일러실), 우물, 침상 등이 모두 서사택에 해당되는 건(乾), 곤(坤), 간(艮), 태(兌) 등의 방위에 있어야 한다. 사택과 집의 구조는 동서사택(東西四宅)이 서로 엇갈려 혼합되지 말아야 되는데 모든 집들은 방향이 동서로 자연 혼합되어 있는 경우가 많으므로 생기복덕론 또는 생기복덕을 말하는데 이 생기복덕의 순서는 다음과 같다.

一上生氣, 二中五鬼, 三下延年, 四中六煞, 五上禍害, 六中天醫, 七下絶命, 八中伏位

◎ 동사택(東四宅)의 부엌 길흉

① 동사택(東四宅) 임자계좌(壬子癸坐)

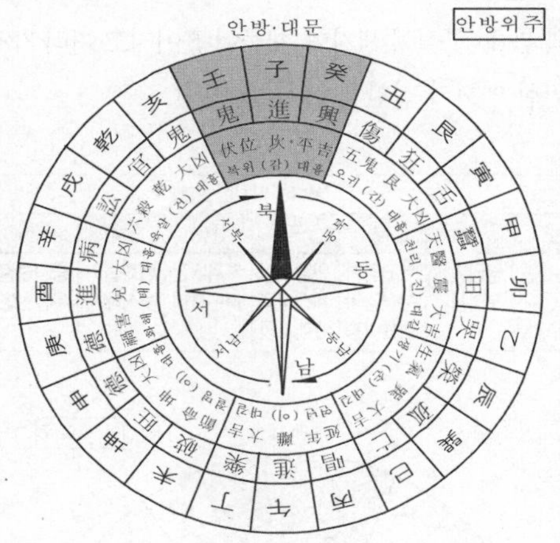

• 정북 대문에 정북 안방일 때 : 복위택(伏位宅)

초반에는 순탄하게 발전하여 부귀하는 수도 있으나 오래 지탱되지 못하며, 부부가 상극되고 자식들이 손상되며 가장이 집을 나가 살게 되는 등 풍파와 재난이 닥는다.

부엌이 위치한 방향							
동	서	남	북	동남	동북	서남	서북
초기발복 부부상극 자손손상	부녀자흉 며느리가 단명우환	부귀영화 수복안강 三子양명	초기부귀 자손불리	부귀평안 발전향상 四子양명	자손불리 변고단명	中子불길 재난파괴	부부상극 자손손상 파재음란

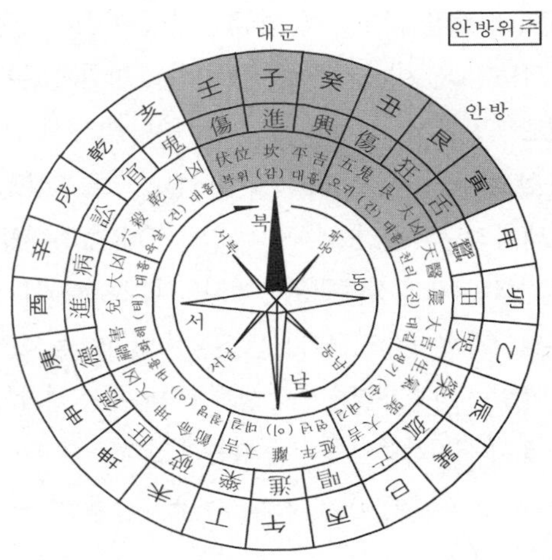

• **정북 대문에 동북 안방일 때** : 오귀택(五鬼宅)

매사 불성의 재난과 우환이 자주 닥고, 단명 요사(夭死) 및 변고와 관재·구설이 생기며, 재물이 흩어지고 여러 가지 풍파와 산란한 액화가 집안을 어지럽힌다.

부엌이 위치한 방향							
동	서	남	북	동남	동북	서남	서북
반길반흉	평안발전 부녀불리	부귀영화 부녀강팍 젊은이흉	인명손상 재산파괴 후대고독	부귀발전 자손불리	액화불리 불성매사	중자불길 우환신병	발전향상 부부상극 자손고독

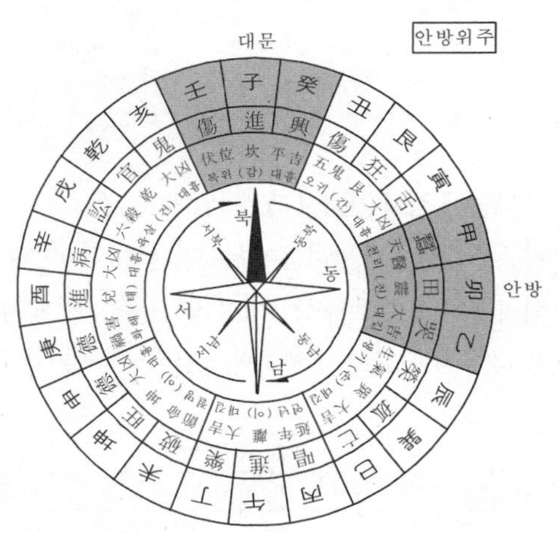

• **정북 대문에 정동 안방일 때** : 천의택(天醫宅)

가업이 번창하고 부귀가 풍족하며 입신양명·발전하는 영화를 누리나 오래 지나면 부녀자가 집안을 지탱하며 외롭게 살게 된다.

부엌이 위치한 방향							
동	서	남	북	동남	동북	서남	서북
초반발전 후반불리 재난파괴	재난파괴 우환변고	수복평안 부귀발전 다복향상	초반부귀 발전영화 후반고독	부귀영화 수복안강	불성매사 우환재난	장해파재 우환불길	불성매사 호사다마 파재음란 고독불리

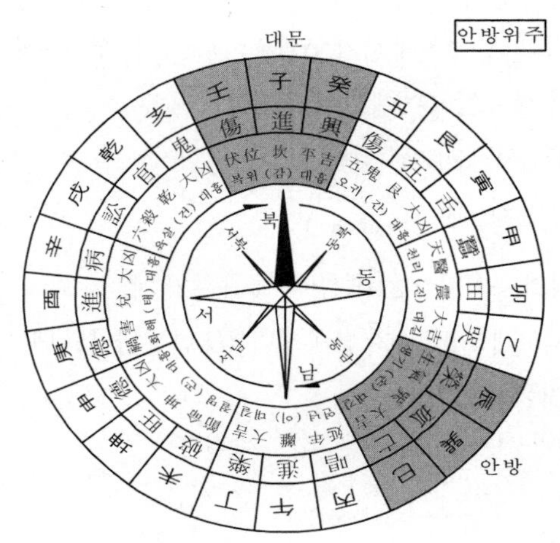

• **정북 대문에 동남 안방일 때** : 생기택(生氣宅)

이 번성하고 부귀영화를 누리며 효자현손이 배출되고 오복이 구비되는 입신양명·발전향상을 거듭하는 발복·평안을 누린다.

부엌이 위치한 방향							
동	서	남	북	동남	동북	서남	서북
부귀영화 발전향상 다복평안	부녀자흉 기타발전	장수부귀 발전향상 三子영화	발전부귀 수복평안	부귀영화 평안발전	관재구설 파재신병 우환변고	젊은이흉 단명변고 후대끊김	큰며느리 산후신병 파재손실

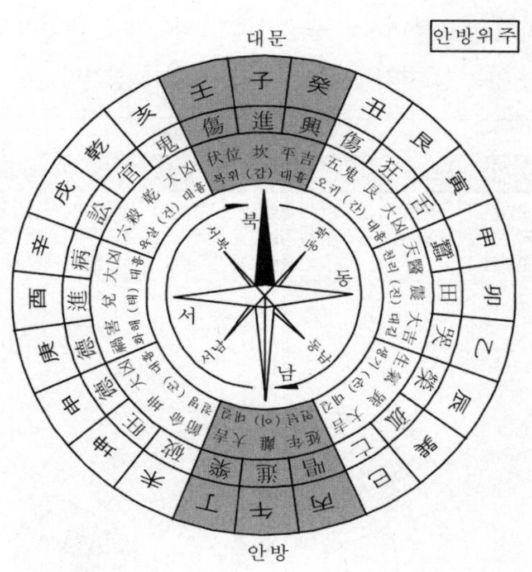

• **정북 대문에 정남 안방일 때** : 정년택(延年宅)

부처화목하고 부귀겸전하여 자손이 현달하여 가업이 번창·발전하는 수복을 누리나 간간이 부녀자의 우환으로 손재수가 닿는다.

부엌이 위치한 방향							
동	서	남	북	동남	동북	서남	서북
부귀영화 효자현손 발전수복 만사순성	부녀자흉 단명변고 부녀자의 풍파재난	평안발전 부귀영화 수복강녕	순탄발전 부귀평안	부귀발전 수복평안 입신양명 현명자녀	자손불길 부녀액화 재취산란	산란풍파 부부상극 단명변고	남녀식구 단명변고 우환파재

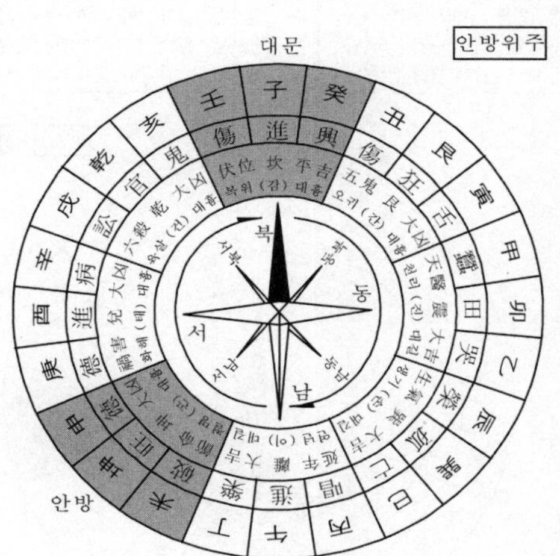

• **정북 대문에 서남 안방일 때** : 절명택(絶命宅)

때때로 우환과 재난이 자주 닿고 집안에 변고와 단명 등 액화가 생기며 재물이 흩어지고 살림살이가 산란하며 풍파와 장해를 치른다.

부엌이 위치한 방향							
동	서	남	북	동남	동북	서남	서북
부녀불길 신명변고 재물파손	반흉반길	풍파산란 반흉반길 고독장수	불성매사 우환파재	부녀단명 풍파산재	자손불길 젊은이흉 변고단명	中子불길 단명변고 재물파손 후대고독	풍파산란 반흉반길 고독장수

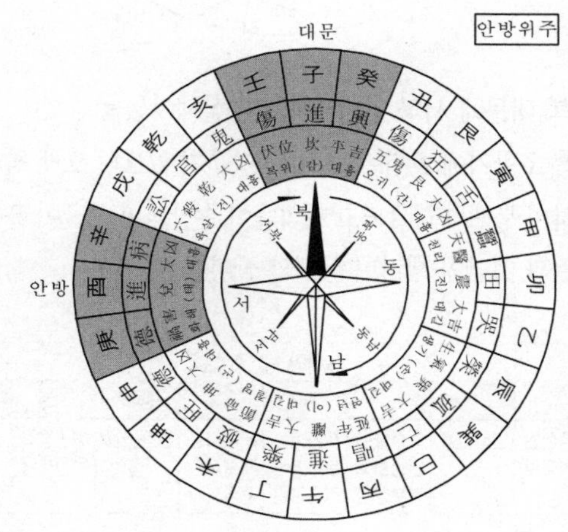

• **정북 대문에 정서 안방일 때** : 화해택(禍害宅)

재물이 흩어지고 우환과 재난이 생기며 부녀자가 액화나 변고를 치르게 되고 거듭하여 배우자를 들이게 되며 매사가 불성파괴된다.

부엌이 위치한 방향							
동	서	남	북	동남	동북	서남	서북
젊은이흉 단명변고 파재	불성매사 손실재물	부녀자흉 가장불길 우환변고 손재단명	불성매시 우환재난	부녀자흉 풍파우환	젊은이흉 재물풍족 부귀항상	재산축적 간혹풍파	남녀각론 수명부족 반길반흉

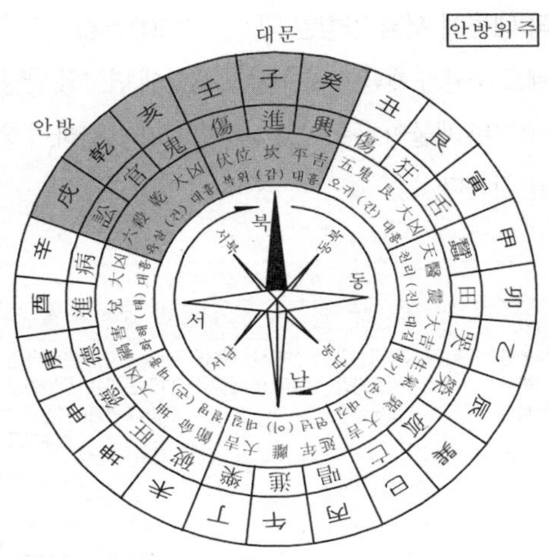

• **정북 대문에 서북 안방일 때** : 육살택(六殺宅)

간혹 초반기에 발전·번성하는 경우가 있으나 오래 지탱되지 못하며 부부가 상극되고 자식들이 손상되며 재물이 흩어지고 우환과 재난이 생기며 실패와 풍파를 겪는다.

부엌이 위치한 방향							
동	서	남	북	동남	동북	서남	서북
길흉상반 호악교차	반길반흉	호주불길 단명변고 부부상극	재물파손 부부상극 자손불길	부녀자흉 재물파손 곤궁재난	반흉반길	中子불길 우환재난	우환변고 자손불길 재물파손

② 동사택(東四宅) 갑묘을좌(甲卯乙坐)

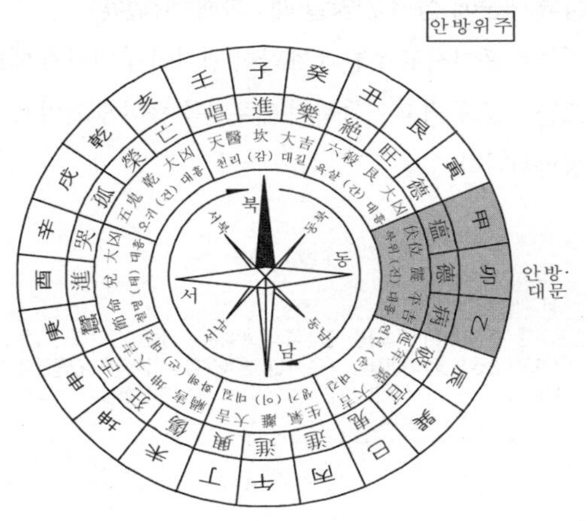

• **정동 대문에 정동 안방일 때** : 복위택(伏位宅)

초반기에는 부귀를 누릴 수 있으나 식구들에게 우환과 재난이 자주 닿고 부녀자의 수명이 짧고 외롭게 살게 되며 양자로 대를 잇는 등 자식들에게 파괴와 흉험이 생긴다.

부엌이 위치한 방향							
동	서	남	북	동남	동북	서남	서북
초반부귀 자손불길 부부상극	우환신병 재물파손	순성발전 부귀평안	초반부귀 자손불길 풍파고독	부귀영화 평안발전	재물파손 불성매사 자손불길	부녀자흉 신병우환 재난풍파	풍파재난 재물파손 종래곤궁

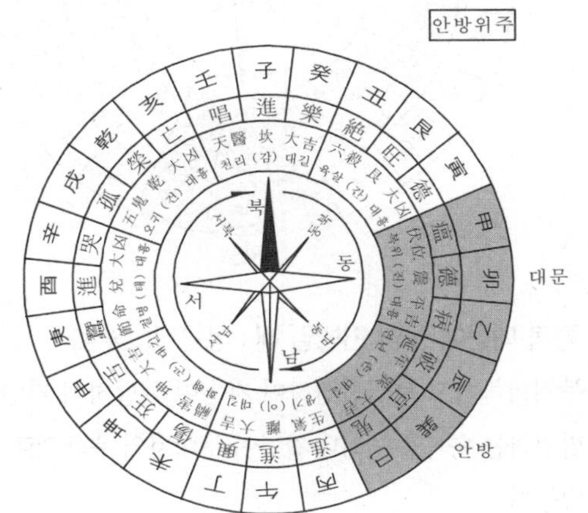

• **정동 대문에 동남 안방일 때** : 정년택(延年宅)

가업이 흥왕·발전하여 부귀를 누리게 되고 입신양명하며 자손이 번창하고 복록이 풍성하며 안락태평한다.

부엌이 위치한 방향							
동	서	남	북	동남	동북	서남	서북
부귀번창 수복평안	우환재난 변고단명 남녀불길	입신양명 부귀발전 남현부수	부귀발전 수복평안	번창발전 부귀평안	재물파손 풍파우환 자손불길	부녀자흉 우환단명	부부상극 자손손상 우환풍파

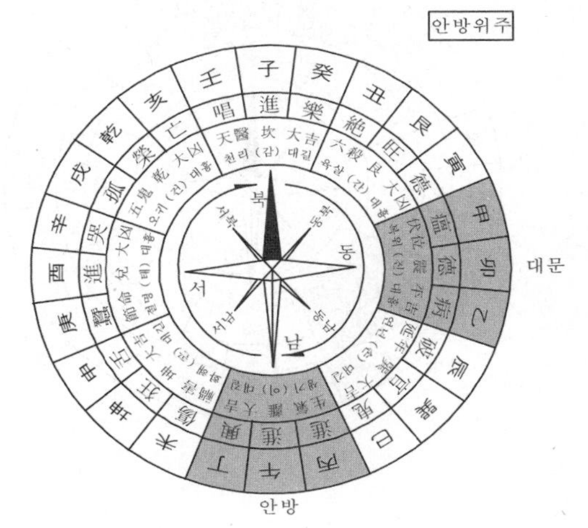

• **정동 대문에 정남 안방일 때** : 생기택(生氣宅)

입신양명하여 부귀번성하고 부처화락하고 효자현손이 배출되며 가문을 빛내고, 남자는 총명하고 여자는 현미(賢美)하며 수복이 만당하는 영화를 누리며 발전한다.

부엌이 위치한 방향							
동	서	남	북	동남	동북	서남	서북
부귀번창 수복안강	불성매사 우환재난 풍파곤고	다복평안 부녀현명 부귀발전	부귀영화 순성발전	내외화락 부귀영화	재물파손 풍파재난 변고단명 자손불길	부녀자흉 우환파재	불성매사 풍파산란

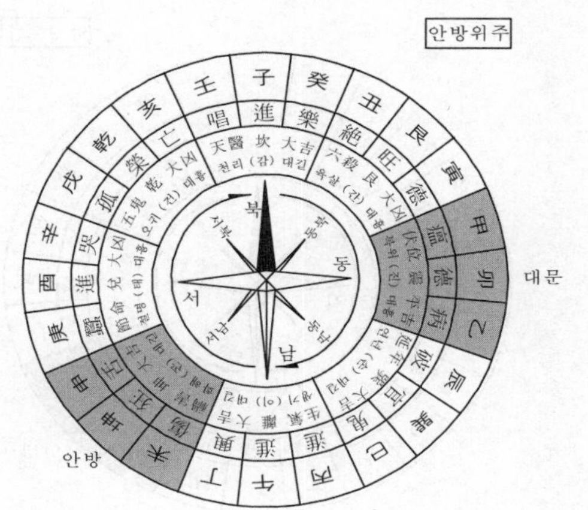

• **정동 대문에 서남 안방일 때** : 화해택(禍害宅)

간혹 초반기에는 무탈할 수도 있으나 시일이 오래 될수록 건강과 재물 둘 중에 어느 한쪽을 필시 잃어버리게 되는 질병과 우환·풍파 등 파괴 운이 작용하여 재물이 흩어지고 빈곤해지는 액화가 따른다.

부엌이 위치한 방향							
동	서	남	북	동남	동북	서남	서북
불성매사 우환재난	가장변고 단명우환 자손불길	순탄발전 평안부귀	재난풍파 우환파재	파재장해 곤궁우환	불성매사 우환곤궁	장애산란 재물파손	우환풍파 재난불길

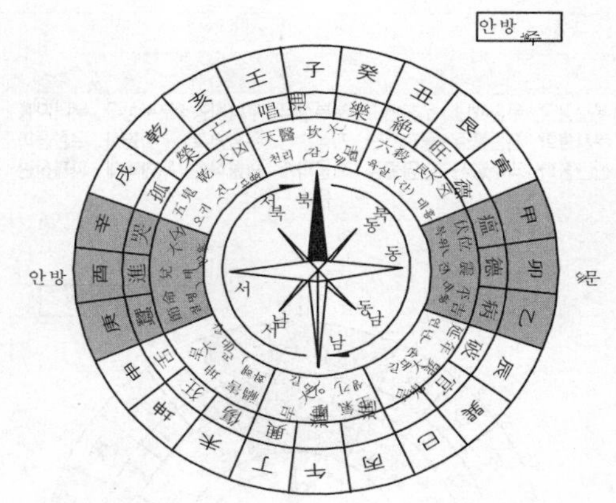

• **정동 대문에 정서 안방일 때** : 절명택(絶命宅)

신병과 재난 등 풍파가 생기고 집안이 산란하고 재물이 흩어지며 고와 단명자가 나오며 고독한 사람이 곤궁한 생활로 고생한다.

부엌이 위치한 방향							
동	서	남	북	동남	동북	서남	서북
불성매사 우환재난	가장불길 재물파손 후대고독	부녀자흉 변고단명 파재풍파	초반부귀 오래살면 파재풍파	부녀자흉 우환파재 변고풍파	자손불길 우환발생	부녀자흉 우환신병	재난풍파 불성매사 우환파재

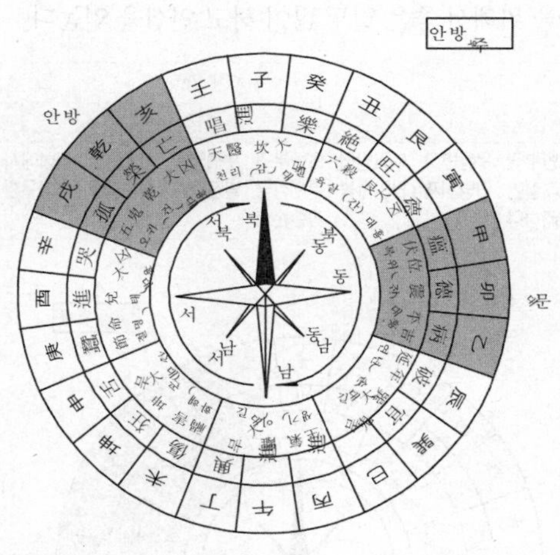

• **정동 대문에 서북 안방일 때** : 오귀택(五鬼宅)

신병과 우환, 재난과 파괴의 풍파가 닿고 부녀자가 손상되고 자식들과 상극되며 재산이 흩어지고 호사다마하여 불성매사하여 괴병·주색잡기·관청구설 등 패가하는 불행이 생긴다.

부엌이 위치한 방향							
동	서	남	북	동남	동북	서남	서북
부부상극 부자불화 산란풍파	우환재난 자손불길 과부양자	우환변고 풍파재난 단명불길	부부상극 자식손상 재물파손 음란	부녀자흉 우환변고 재물파손	부부상극 부자불화 우환파재	부녀자흉 우환풍파 파재산란	불성매사 변고단명 우환파재

안방위주

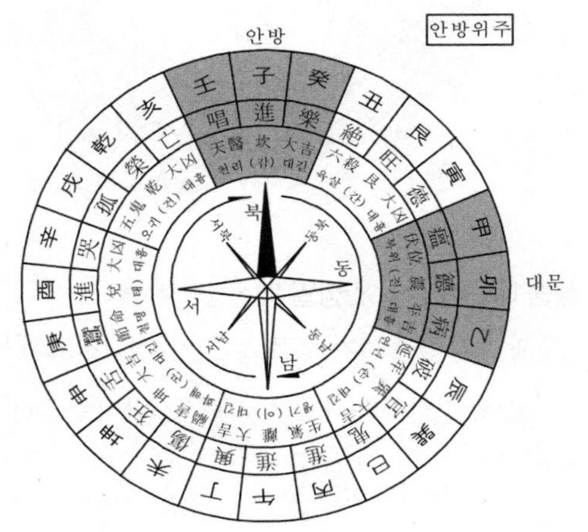

• **정동 대문에 정북 안방일 때** : 천의택(天醫宅)

초반기에는 부귀하고 평안하지만 오래 살게 되면 식구들에게 신병과 우환 등 재난이 닿고 부녀자와 자식이 해로우나 남들을 위해서 좋은 일도 많이 하고 인심을 얻는다.

부엌이 위치한 방향							
동	서	남	북	동남	동북	서남	서북
초반부귀 오래살면 불리하다	우환변고 단명파재	부귀발전 평안수복	초반부귀 부부상극 자손손상	부귀영화 발전향상	변고단명 자손불길	불성매사 풍파우환	변고재난 불성매사

안방위주

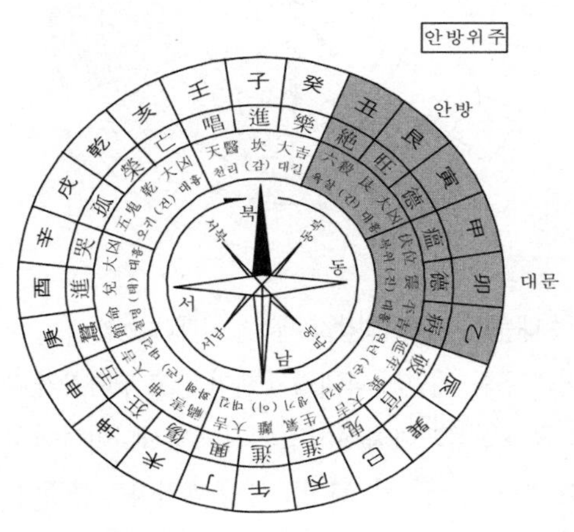

• **정동 대문에 동북 안방일 때** : 육살택(六殺宅)

재물이 흩어지고 변고와 풍파가 닿고 젊은 사람들이 단명하며 신병과 우환 및 관재 등 파괴·불행이 생긴다. 본집이 패가하고 의붓자식이 득세한다.

부엌이 위치한 방향							
동	서	남	북	동남	동북	서남	서북
재난우환 풍파산란	단명변고 재물파손 우환재난	부녀자가 포악괴팍 산란풍파	길흉상반	식구불화 산란손재	우환재난 자손불길	남녀단명 우환변고 자손불길	불성매사 재난풍파

③ 동사택(東四宅) 진손사좌(辰巽巳坐)

안방위주

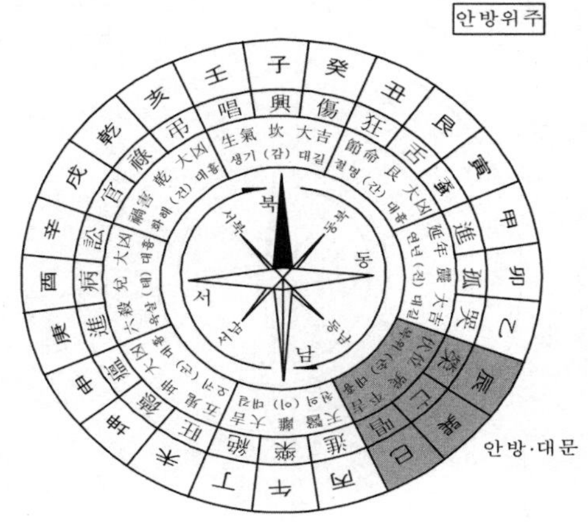

• **동남 대문에 동남 안방일 때** : 복위택(伏位宅)

초반에는 재물이 융성하지만 남자의 수명이 짧으며 부녀자가 살림을 주관하게 되고, 후대가 끊어지거나 양자를 들이는 재난이 따른다.

부엌이 위치한 방향							
동	서	남	북	동남	동북	서남	서북
부귀번영 발전순탄	부녀자흉 우환파재	부녀현미 (賢美) 후대고독	부귀영화 수복평안	남자단명 재산풍족 건강불길	재물파손 풍파산란 자손불길	불성매사 우환풍파	우환재난 변고파재

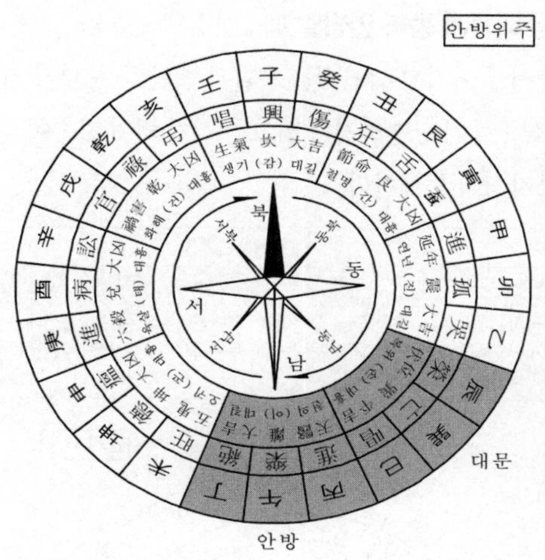

• **동남 대문에 정남 안방일 때** : 천의택(天醫宅)

부귀와 영화를 누리며 부녀자가 현미(賢美)하며 집안 식구들이 남에게 덕을 두루 베풀고 이로움을 끼치나 오래 살면 남자는 수명이 짧아진다.

부엌이 위치한 방향							
동	서	남	북	동남	동북	서남	서북
부귀번영 발전수복	남자단명 우환변고	초반부귀 오래살면 건강상실	부귀평안 번성발전	발전부귀 건강불길	우환풍파 고독재난 후대불길	부녀자가 재난초래 풍파불화	남녀단명 우환재난 변고파재

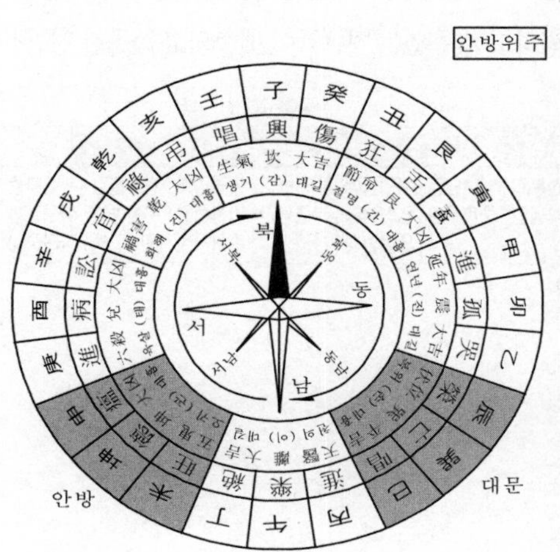

• **동남 대문에 서남 안방일 때** : 오귀택(五鬼宅)

재물이 탕진되고 변고가 생기며 부녀자가 산란한 풍파를 초래하고, 식구간에 불화하고 고부간에 반목하며 재난과 파괴 등 아들들이 단명하고, 과부가 남의 자식과 투쟁하게 되는 불길, 풍파의 환란이 닥는다.

부엌이 위치한 방향							
동	서	남	북	동남	동북	서남	서북
부녀자흉 재난우환	남녀단명 우환재난 후대고독	부귀영화 평안발전	부귀평안 中子불길	불성매사 우환재난	풍파재난 우환파재	불성매사 재난파괴	반길반흉

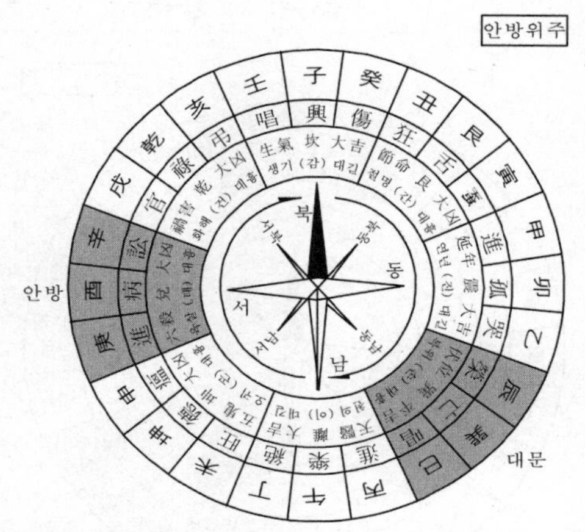

• **동남 대문에 정서 안방일 때** : 육살택(六殺宅)

우환과 재난이 닥고 재물이 흩어지며 변고·단명 등의 파괴와 부녀자들이 불화하고 외롭게 살며 자식에게 흉액이 닥고 의붓자식이 득세한다.

부엌이 위치한 방향							
동	서	남	북	동남	동북	서남	서북
풍파산란 우환변고	신병우환 남자단명 후대고독	불성매사 우환파재	부귀영화 발전번영	재난우환 파재풍파	불성매사 우환재난	우환재난 풍파손실	단명변고 풍파산란 후대불길

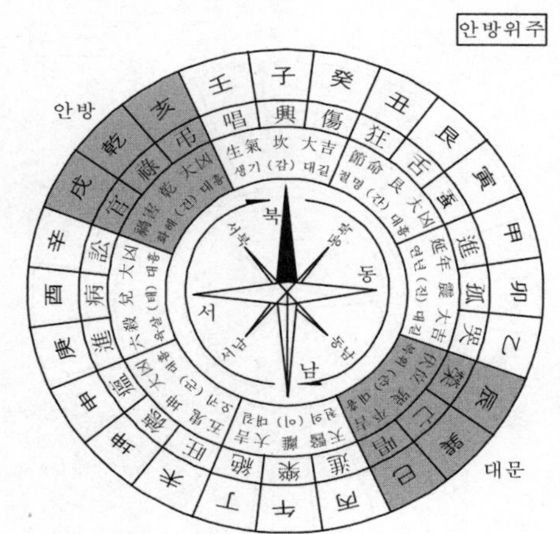

- **동남 대문에 서북 안방일 때** : 화해택(禍害宅)

부녀자가 단명하며 재난과 우환 및 신병이 생기고 풍파가 생기나 간혹 초반기는 건강하고 재산을 모아 부귀할 수도 있다.

부엌이 위치한 방향							
동	서	남	북	동남	동북	서남	서북
불성매사 우환재난	재난풍파 우환손실	길흉교차	무탈평안 재산증식 매우더딤	부녀자흉 풍파산란	재난풍파 우환파재 후대고독	부녀자흉 신병우환	우환파재 부녀자흉

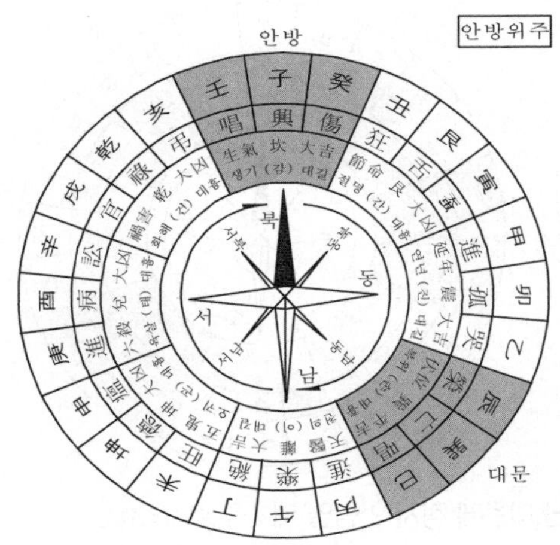

- **동남 대문에 정북 안방일 때** : 생기택(生氣宅)

집안이 번성하여 부귀영화를 누리고 입신양명 출세하고 여러 효자현손이 배출되며 풍부한 복록과 평안을 누린다.

부엌이 위치한 방향							
동	서	남	북	동남	동북	서남	서북
부귀번성 순성발전	부녀자흉 단명변고 우환풍파	부귀영화 수복강녕	발전번성 부귀영화	발전부귀 평안수복	자손손실 재난우환	中子불길 불성매사 재난풍파	반흉반길

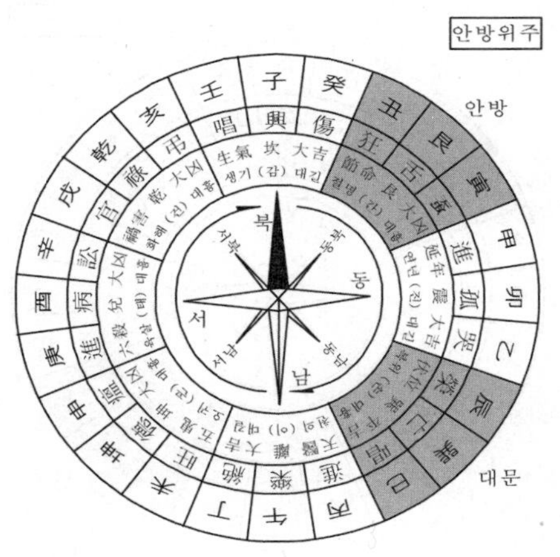

- **동남 대문에 동북 안방일 때** : 절명택(絶命宅)

재물이 흩어지고 집안에는 우환과 재난 등 풍파가 자주 닿는다. 식구들이 단명하거나 변고를 겪게 되며 자손이 끊기거나 의붓자식이 득세한다.

부엌이 위치한 방향							
동	서	남	북	동남	동북	서남	서북
우환풍파 단명재난 후대고독	재난곤고 풍파우환	우환풍파 여자괴팍 자식불리	젊은이흉 재난변고	재난풍파 우환파재	젊은이흉 우환신병 재난풍파	불성매사 우환풍파	여자우환 단명변고

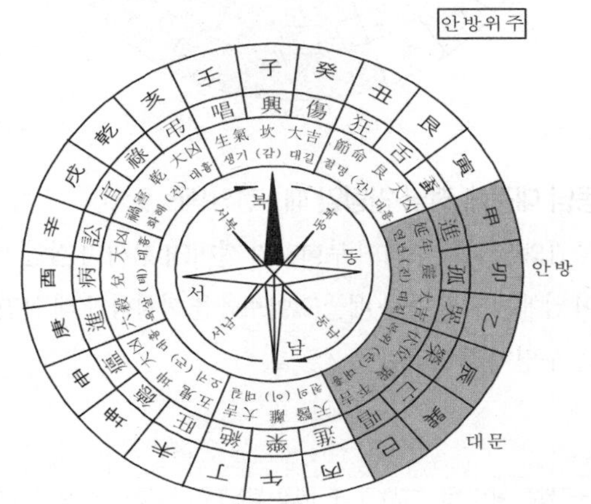

- **동남 대문에 정동 안방일 때** : 정연택(廷年宅)

가업이 번성·부귀해지고 점차 발전·향상하여 입신출세하며 현명하고 재주 있는 자손들이 배출되고 풍족한 평안을 누린다.

부엌이 위치한 방향							
동	서	남	북	동남	동북	서남	서북
발전부귀 수복평안	남녀단명 풍파우환	부귀공명 입신출세 발전번성	발전번영 부귀평안	부귀영화 발전성취 수복구비	자손불길 우환풍파 후대고독	부녀자흉 식구불화 파재풍파	불성매사 풍파재산 변고단명

④ 동사택(東四宅) 병오정좌(丙午丁坐)

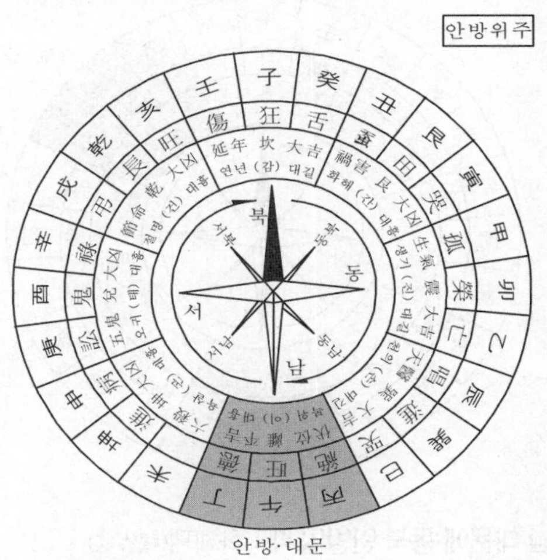

• **정남 대문에 정남 안방일 때** : 복위택(伏位宅)

초반에는 재물이 불어나고 부귀를 누릴 수 있으나 살림살이가 산란해지며 우환과 풍파 등 재난이 닿고 남자들의 변고나 단명의 풍파가 있다.

부엌이 위치한 방향							
동	서	남	북	동남	동북	서남	서북
수복구비 발전번성 부귀평안	풍파산란 부녀자흉 재난불길	단명변고 고독풍파 여자강성	풍부복록 三子흥왕 부귀영화	재물풍부 자손불길	여자강성 재난풍파 후대불길	우환질병 남녀단명 재난파재	남자단명 변고풍파 우환과부

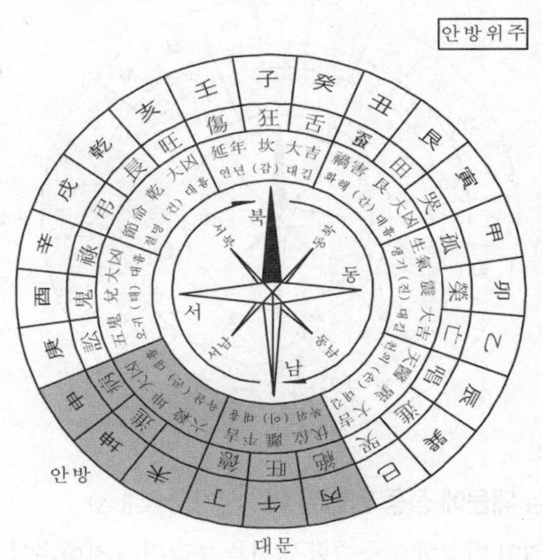

• **정남 대문에 서남 안방일 때** : 육살택(六殺宅)

우환과 풍파가 자주 생기고 간혹 초반에 부귀발전하는 수도 있지만 오래 살면 변고와 파괴 및 과부가 살림을 지탱하며 불륜에 의한 자식이 생긴다.

부엌이 위치한 방향							
동	서	남	북	동남	동북	서남	서북
반흉반길	재물파손 우환풍파 단명변고	초반부귀 오래살면 우환파재	中子女흉 풍파우환 단명변고	우환재난 고부불화	여자강성 불화산란 우환파재	변고단명 우환재난	반흉반길

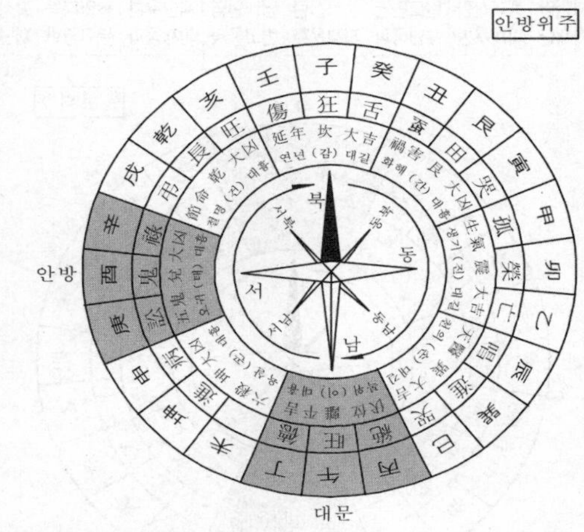

• **정남 대문에 정서 안방일 때** : 오귀택(五鬼宅)

재물이 흩어지고 부부가 상극되며 부녀자로 인해 산란하고 단명·변고 등의 풍파와 신병과 우환과 관재·구설이 생기고 후대가 끊긴다.

부엌이 위치한 방향							
동	서	남	북	동남	동북	서남	서북
여자강성 후대고독	파재단명 변고우환	재난우환 손실파재	부녀자흉 우환산란	우환손실	부귀발전 평안다복	남자단명 오래살면 후대끊김	파재곤궁 변고단명

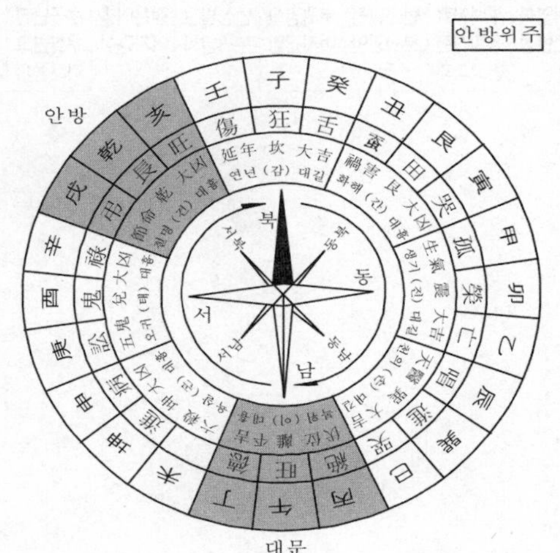

• **정남 대문에 서북 안방일 때** : 절명택(絶命宅)

재물이 흩어지고 우환과 질병 등 재난이 생기며 부녀자의 괴팍·산란한 행동으로 풍파를 겪고 단명 및 변고와 후대가 끊긴다.

부엌이 위치한 방향							
동	서	남	북	동남	동북	서남	서북
남자단명 우환재난	풍파산란 파재우환	변고단명 재난풍파	풍파산란 파재우환	남녀단명 변고풍파	재난우환 파재풍파	평안다복 부귀영화	불상매사 재난우환

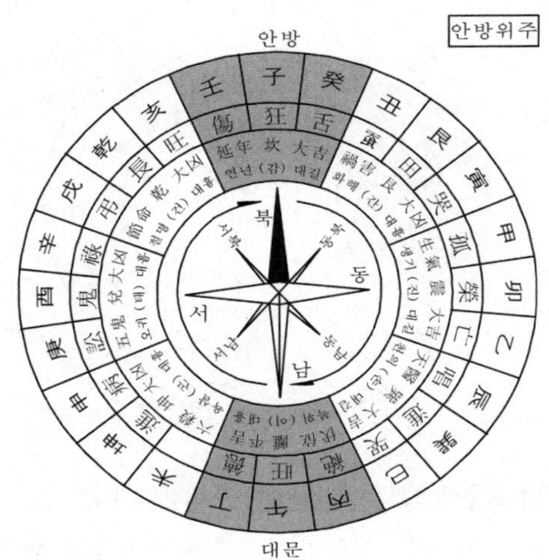

• **정남 대문에 정북 안방일 때** : 정년택(延年宅)

부귀와 영화를 고루 갖추어 입신양명·발전하고 효자현손이 배출되며 재물이 풍족하나 부엌 위치가 잘못되면 부녀자에게 재난이 닿는다.

부엌이 위치한 방향							
동	서	남	북	동남	동북	서남	서북
부귀영화 발전번성	부녀자흉 풍파산란 변고파재	번성발전 부귀평안	부귀영화 여자단명	번성발전 부귀영화	젊은이흉 여자강성	中子단명 우환변고 파재풍파	우환변고 풍파과부

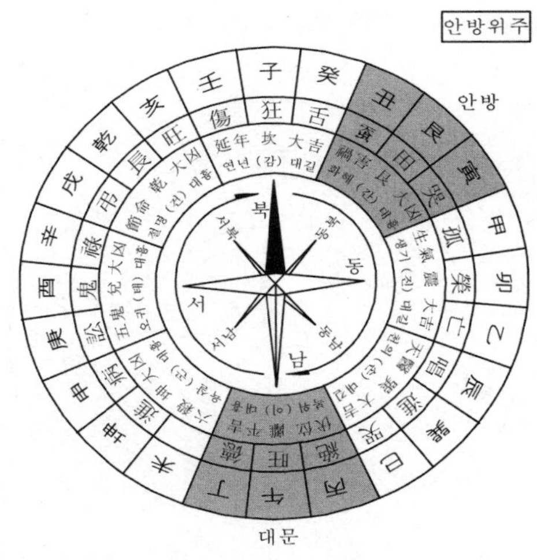

• **정남 대문에 동북 안방일 때** : 화해택(禍害宅)

초반기에는 간혹 부귀를 누리는 수도 있으나 부녀자들이 집안을 산란하게 하고 가장을 업신여기려 들며 우환과 풍파가 닿는다.

부엌이 위치한 방향							
동	서	남	북	동남	동북	서남	서북
부귀번성 건강불길 젊은이흉	불화반목 풍파산란 여자단명	부귀발전 평안복록	남녀단명 변고풍파	신병우환 中子불길 과부풍파	평안발전 부귀영화	부귀순탄 평안발전	재물파손 우환산란

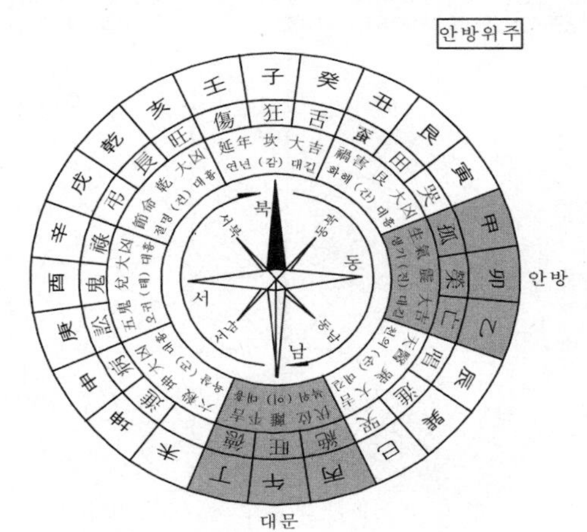

• **정남 대문에 정동 안방일 때** : 생기택(生氣宅)

가업이 번성하고 풍족한 발전을 누리며 효자현손이 두루 배출되고 입신양명하는 부귀와 복록이 흥왕한다.

부엌이 위치한 방향							
동	서	남	북	동남	동북	서남	서북
부귀영화 평안발전	단명변고 관재구설 파재산란	부귀영화 순탄번성	부귀번창 발전영화	부귀복록 수복평안	부녀자흉 풍파변고 자식불길	여자단명 우환파재 풍파산란	우환변고 풍파산란 단명재난

안방위주

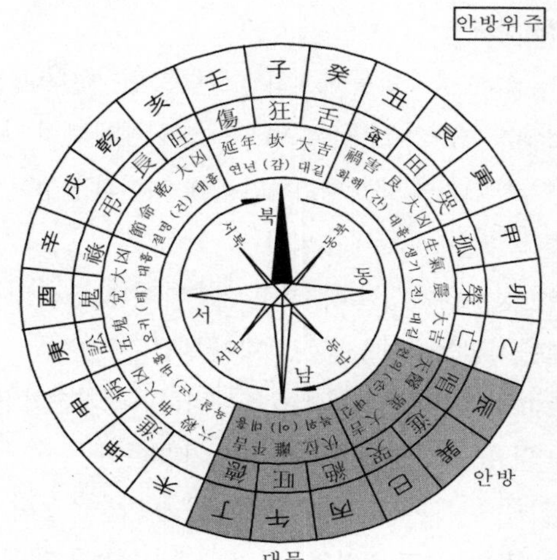

• **정남 대문에 동남 안방일 때** : 천의택(天醫宅)

재물이 풍부하고 복록이 왕성하며 부귀를 갖추어 초반에는 흥왕·발전하지만 오래 살면 후대가 끊기고 재산은 많아도 의붓자식이 득세한다.

부엌이 위치한 방향							
동	서	남	북	동남	동북	서남	서북
초반부귀 오래살면 부부상극 자손불길	남녀단명 우환풍파 산란파재	매사순성 부귀영화	초반부귀 오래살면 고독불길	부귀영화 발전번영	곤궁파재 우환변고	식구불화 파재풍파	불성매사 우환재난

동서사택방위 보는 법 : 양택에서 여러 가지 보는 법이 있는 바 이중에서 집의 구조상으로 보는 세 가지 방법인 3대요소가 있다. 첫째 대문, 둘째 부엌, 셋째 큰방의 세 가지 요소이며, 이에 따라 길흉이 달라진다. 주택과 건물의 중심점을 찾아 대문·부엌·큰방이 어느 방위에 있는가에 따라 보는 것을 정전법(井田法)이라 하며 이때 패철을 중앙지점에 놓고 동쪽의 위치가 지평이 높은 곳이면 동사택이며, 서쪽의 위치가 높은 곳이면 서사택이라 한다. 대문이 없는 아파트의 경우 출입문은 대문으로 보면 된다.

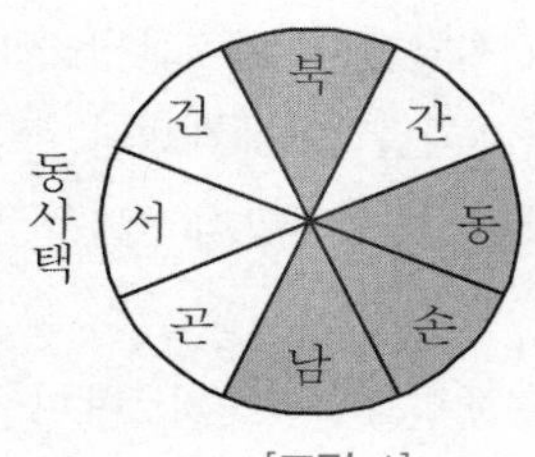

[그림 1]

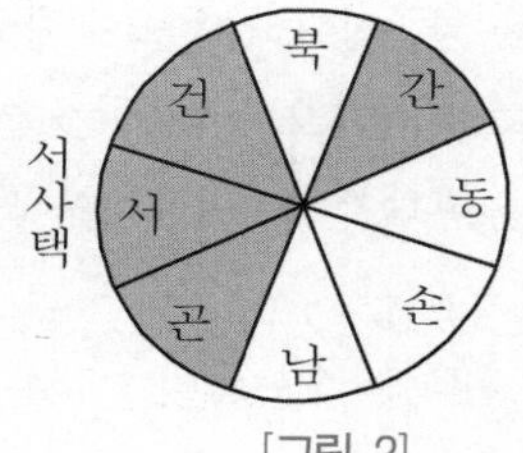

[그림 2]

❖ **동상례**(東床禮) : 혼례가 끝난 뒤 신랑이 신부 집에서 친구들에게 음식을 대접하는 일. 이 기원에 대해서는 여러 가지 설이 있는데 중국 왕희지(王羲之)가 사위를 구하려고 각 서당을 돌아다니다가 동상(東床)에서 헐벗은 서생을 사위로 삼았기 때문에 이 이름이 생겼다 하며, 또 조선 시대 때 권율이 동상에서 공부하는 이항복을 사위로 삼아 동료에게 한턱 낸 것이 예가 되었다고도 한다. 오늘날 이 관습이 남아 있는 농촌 지역에서는 신랑의 양 발목을 묶어 천장에 달아 매어 놓고 발바닥을 두들기는 풍속이 있다.

❖ **동서사택의 길흉분별**

• **서사택**(西四宅) : 건곤간태좌(乾坤艮兌坐)

• **동사택**(東四宅) : 감리진손좌(坎離震巽坐)

• 동사택과 서사택은 서로의 위치를 침범하지 못하며 동사택을 지으면서 서사택 위치를 건드리거나 서사택을 지으면서 동사택 위치를 건드리게 되면 반드시 사람이 죽거나 다치고 재물이 파괴되며 말썽이 일어나는 불상사를 치르게 된다. 서사택(西四宅)과 동사택(東四宅)은 같은 동택(同宅)의 문과 방과 부엌끼리는 상생 내지 비합의 관계를 이루어도 타택(他宅)이 섞이면 흉험과 액화가 발생되어 파탄을 겪게 된다.

• 팔문구성길흉(八門九星吉凶)

• 탐랑성위(貪狼星位)에 해당되면 집안 살림이 융성해지고 아들 서넛이 영특하고 호걸다우며 학문과 재주가 뛰어나고 인품이 단정·준수하고 매우 정밀한 전문성과 백사에 통하는 영화가 있다.

• 거문성위(巨門星位)에 해당되면 사람과 재물이 흥왕하고 공로와 명망을 세상에 드날리며 의학과 종교 등에 발전·번창을 누리게 되며 자손들이 총명하고 지혜가 깊고 부귀를 이룬다.

- 녹존성위(祿存星位)에 해당되면 사람이 쇠잔해지고 자손이 잘 되지 않으며 젊은이가 줄어들고 파탄과 장해가 많이 생기며 후대가 끊기거나 배우자를 잘못 만나든지 소실(小室)을 보게 된다.
- 문곡성위(文曲星位)에 해당되면 파탄과 환란을 치르며 마구잡이로 살거나 작첩이산(作妾離散)하는 사람이 생기고 범죄를 저지르거나 형벌을 받는 등 오역(忤逆)과 부모나 조상의 유업이나 재산을 탕진하게 된다.
- 염정성위(簾貞星位)에 해당되면 자식들도 인해서 집안이 패가영락하여 빈궁해지고 난폭하거나 흉악하고 못된 짓을 저질러 파괴와 재난을 치르게 되며 잡기와 투쟁이 형벌과 범죄를 부르게 된다.
- 무곡성위(武曲星位)에 해당되면 집안 살림이 번성하고 준수·호방한 인재가 나오며, 무관계통의 출세자와 어질고 효성스러우며 백물(百物)에 통하는 재주와 전문 능력이 뛰어난 자제가 배출되나 작은 부인을 얻거나 재혼하는 경우가 흔히 생긴다.
- 파군성위(破軍星位)에 해당되면 집안에 질병과 쇠잔, 손재, 사고, 우환 등 불상사 및 자식의 수명이 짧고 여자들은 고난과 풍상을 많이 치르며 불행과 장해를 겪게 된다.
- 보필성위(輔弼星位)에 해당되면 여타의 제반 구조와 대조하여 그 형세에 따른 길흉간의 분석을 통해 길격(吉格)과 흉격(凶格)으로 나눈다.
- **각 궁성(宮星) 오행 상극론**
  * 화입건궁(火入乾宮)이면 쇠가 불로부터의 상극을 받아 가장(家長)이나 노옹(老翁)에게 흉험과 손상 등 액화가 생긴다.
  * 토입감궁(土入坎宮)이면 물이 흙으로부터의 상극을 받아 작은 아들(中男)에게 낭패와 재산, 손실 등 흉험이 생긴다.
  * 목입간궁(木入艮宮)이면 흙이 나무로부터의 상극을 받아 주로 모친이나 할머니, 나이 든 부녀자에게 우환과 장해 및 궂은 일 등 액화가 발생된다.
  * 화입태궁(火入兌宮)이면 쇠가 불로부터의 상극을 받아 주로 막내딸(少女)이나 어린 계집아이, 미혼의 젊은 여자 등에게 재난과 말썽, 흉험 등 불상사와 낭패가 생긴다.
- **구성분방흥패론(九星分房興敗論)**
  * 탐랑성 위치에 방을 배치하면 장자손이 흥왕하고 가업이 번창한다.
  * 거문성 위치에 방을 배치하면 가업과 명망이 융성하고 부귀겸전한다.
  * 무곡성 위치에 방을 배치하면 살림은 번창하나 재혼 내지 소실을 두는 경우가 많으며 막내 자식에게 해가 많다.
  * 문곡성 위치에 방을 배치하면 실패, 파탄과 불행이 닥치며 중간 자식에게 낭패가 많다.
  * 녹존성 위치에 방을 배치하면 식솔의 쇠패·장해 및 풍파와 젊은 사람들에게 불행한 액화가 생긴다.
  * 파군성과 염정성 위치에 방을 배치하면 장자손의 불행·파탄 및 형벌, 단명 등 액화와 낭패가 따른다.
- 탐랑성은 다섯 아들을 두고, 거문성은 세 아들을 두며, 무곡성은 네 아들을 두고, 염정성은 독자 내지 형제를 두며, 문곡성은 근근히 독자를 얻고, 파군성은 후대가 끊기는 낭패나 홀아비 또는 과부가 생기며, 녹존성은 인품이 단정·준수하되 수명이 짧거나 자식에게 장해가 닥치며, 보필성은 형제 또는 독신의 수다.
- 순음지격(純陰之格)일 경우는 해마다 우환과 질병의 액화가 생기고, 순양지격(純陽之格)일 경우는 재물과 명예는 흥성해도 자손이 낭패 내지 불상사를 겪게 된다.
- 안에서 밖을 상극해 들이치면 도적이 침입하지 못하고 밖에서 안을 상극해 들이치면 신병과 손재 등 낭패가 생기는데, 음(陰)이 양궁(陽宮)에 들어오면 여자에게 먼저 생기고 양(陽)이 음궁(陰宮)에 들어오면 남자에게 먼저 생긴다.
- **동사(東四) 서사(西四) 팔택(八宅)의 길흉성 소속**
  * 음양이 올바로 배치되어 갖춰짐은 연년(延年)에 있고, 순음과 순양이 구비되어 매어짐은 천의(天醫)에 있으며, 음양이 서로 융합되어 배열됨은 생기(生氣)에 있다.
  * 순음과 순양이 상극되어 흉험함은 5귀(五鬼)에 있고, 음과 양이 상극되면서 아울러 순양과 상생되며, 순음과 상생됨은 절명(絶命)과 6살(六殺)에 있는 바, 이는 동택(東宅)과 서택(西

宅)이 서로 혼잡된 경우이다.

- **5귀(五鬼)로부터 천궁(穿宮=뚫림)을 당할 때**
  - * 염정(簾貞)이 건(乾)과 태(兌)의 금궁에 들어가면 젊은 사람과 아이들에게 낭패와 손상 또는 불행한 일이 여러 차례 거듭하여 닥치고 집안이 산란하고 불안정해진다.
  - * 염정(簾貞)이 감(坎)의 수궁에 들어가면 작은 아들에게 액운과 파탄 등 재앙이 생기고 장자와 아이들에게도 질병이나 사고·손상 및 사망 등의 흉험이 닥치게 된다.
  - * 염정(簾貞)이 진(震)과 손(巽)의 목궁에 들어가면 해마다 집안에 낭패와 손재·말썽이 발생하여 사람과 재물이 흩어지고 실패가 닥치며 남녀간에 불상사나 피해 등 흉험을 치르게 된다.
  - * 염정(簾貞)이 간(艮)과 곤(坤)의 토궁에 들어오면 재물과 우마육축이 쇠퇴하며 살림에 장해와 실패가 자주 생기고 고난과 풍파가 닥치게 되며, 서남에서 다섯 사람, 동북에서 세 사람의 손상과 불상사 및 궂은 일을 치르게 된다.
- **흥왕하고 쇠패하는 해의 분변론**
  - * 생기(生氣)와 보필(輔弼)은 해묘미(亥卯未)의 해
  - * 연년(延年)과 절명(絶命)은 사유축(巳酉丑)의 해
  - * 문곡(文曲)은 신자진(申子辰)의 해에 길흉이 발현(發現)한다.
- **같은 건물에 구조가 층층이 같은 집(動宅)의 해당 성위(星位)와 병용하는 바른 오행의 예**
  - * 동택(動宅)의 범위는 5층에서 그치기 때문에 해당 번성(番星)의 정오행을 잘 활용할 줄 알아야 된다.
  - * 거문(巨門)은 무곡(武曲)을 생하고, 무곡은 문곡(文曲)을 생하며, 문곡은 탐랑(貪狼)을 생하고, 탐랑은 염정(簾貞)을 생하며, 염정은 거문(巨門)을 생하는 것이 그것인데, 길(吉)도 흉(凶)을 생성하고 흉(凶)도 길(吉)을 생성하는 것으로 변택(變宅)의 이론과는 동일치 아니함을 유념해야 한다.
- **같은 건물에 구조가 층층이 다른 집(變宅)의 해당 성위(星位)와 병용하는 쌍금(雙金), 쌍목(雙木), 쌍토(雙土)의 예**
  - * 변택(變宅)의 범위는 10층까지 가서야 그치기 때문에 해당 번성(番星)을 확정지을 수는 없고 동택(動宅)과 같은 예를 채용하되 쌍금, 쌍목, 쌍토 등을 주시한다.
  - * 머리층(頭層)이 탐랑(貪狼)에 속했다면 2층은 보필(輔弼)이 되고, 보필은 염정(簾貞)을 생하고 염정은 녹존(祿存)을 생하는데 먼저 녹존을 사용하며 다음 거문(巨門)을 사용한다. 거문은 무곡(武曲)을 생하는데, 먼저 무곡을 사용하고 다음 파군(破軍)을 사용한다. 파군은 문곡(文曲)을 생하며 문곡은 보필(輔弼)을 생하는데, 먼저 보필을 사용하고 다음 탐랑(貪狼)을 사용한다. 길(吉)은 흉(凶)을 생하지 않고 흉은 길을 생하지 않으나 단 6층부터는 쌍층(雙層)이 된 것으로 계산하여 7층은 2층, 8층은 2 층, 9층은 4 층, 10층은 5 층이 겹치는 것으로 간주한다. 목토금은 변화에 따라 구별이 확연하나 물과 불은 독단(獨斷)의 기질이 강하고 본질을 음과 양으로 나누기 어렵기 때문이다.

❖ **동서 8택방위 및 9궁도**

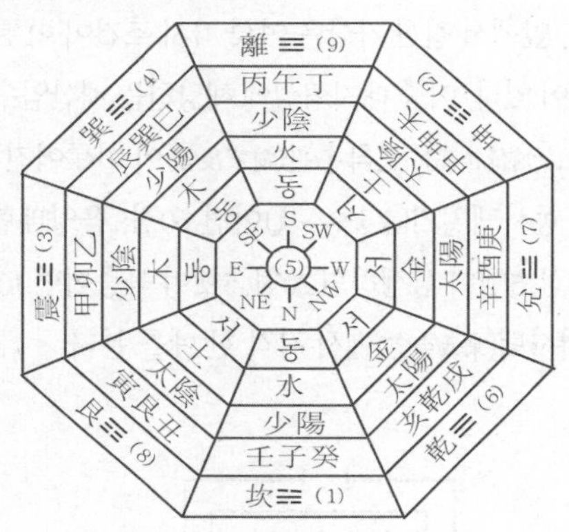

[패철위치]

▲ 외부에서부터 1층 8괘방위 및 9궁도수, 2층 24방위, 3층 4상(四象)의 음양구분, 4층 5행배속, 5층 동·서 4택구분, 6층 나침반 위치, 7층(5)은 9궁도수.

❖ **동서사택(東西舍宅) 패철(佩鐵)의 사용법** : 패철4선(佩鐵四線)으로 좌향(坐向)을 격정(格定)함은 음택(陰宅)이나 양택(陽宅)이 같으나 음택에서는 24산방을 전용하고 있는 양택에서는 4정방(四正方)과 4유방(四維方)의 8방위만을 사용함을 원칙을 하고 좌우 옆에 노여 있는 방위는 8방위에 귀속되는 것이다. 임자계(壬子癸)는 자방(子方:坎), 술건해(戌乾亥)는 건방(乾方:乾), 병오정(丙午丁)은 오방(午方:離), 미곤신(未坤申)은 곤방(坤方:坤), 갑묘을(甲

卯乙)은 묘방(卯方:震), 축간인(丑艮寅)은 간방(艮方:艮), 진손사(辰巽巳)는 손방(巽方:巽), 경유신(庚酉辛)은 유방(酉方:兌), 양택에서는 위와 같이 기(氣)가 가장 왕성하다는 8방위를 기간으로 하여 활용하고 격정(格定)함이 음택과 다른 점이다. 양택삼요결(陽宅三要訣)에 이르기를 양택의 기본요소인 문주조(門主灶)가 동택일기(同宅一氣)로 구성됨을 중요시한다하였다. 즉 주(主)가 동사택(東舍宅)이면 문조(門竈)가 동사택(東舍宅)에 속해 있어야만이 길사택(吉舍)이 되고, 주(主)가 서사택(西舍宅)이면 문조(門竈)가 서사택(西舍宅)에 속하여야만이 바른 가상(家相)이 됨을 말한다. 그러나 여기서는 문주조(門主竈)가 같은 사택일기(舍宅一氣)로 있어야 길사택이 됨을 설명할 것 뿐이요 완전한 길사택이 되기 위해서는 배산임수(背山臨水), 전저후고(前低後高), 전착후관(前窄後寬), 동사택일기(東舍宅一氣), 음택의 배합, 오행의 상생이 모두가 이루어지고 마니 부귀공명이 같이 하는 길상의 가택이 된다. 앞에서 길한 가상은 여섯 가지 조건이 이루어져야 한다고 되어 있다. 이중 대지형성에 해당하는 배산임수(背山臨水), 전저후고(前低後高), 전착후관(前窄後官)이 이루어진 것으로 전제하고 동사택일기(東舍宅一氣)이면 60점, 음양배합(陰陽配合)이면 20점, 5행이 상생하면 20점, 5행이 북충이면 10점으로 하고, 동서사택(東西舍宅)에서 각각 한 예를 본다.

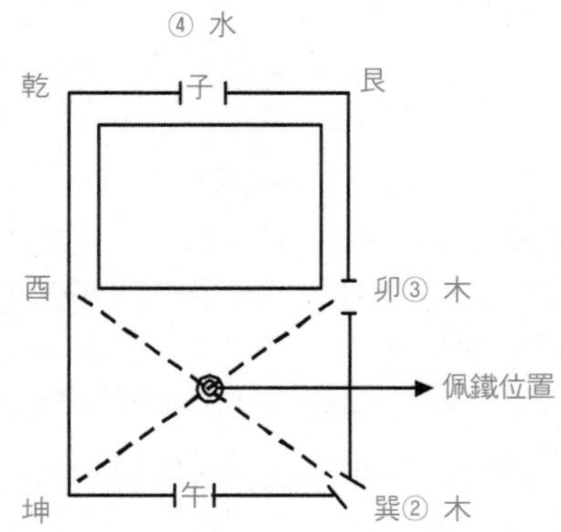

위의 도표에서 패철(佩鐵)의 위치는 안마당의 대각선 중심점이다. 주위치는 자방(子方)이 되므로 동사택(東舍宅)에 속한다.

[예] ① 자주오문(子主午門)

동사택일기(東舍宅一氣)	60	
음양배합(陰陽配合)	20	
오행상극(五行相剋)	20	계 100점

오행법(五行法)에 동사택자주오문(東舍宅子主午門)은 오행상수화상극(五行上水火相剋)이나 동사택일기(東舍宅一氣)였을 때는 수화상극(水火相克)을 길조로 간주한다. 그러므로 100점

[예 2] 자주손문(子主巽門)

동사택일기(東舍宅一氣)	60	
음양배합(陰陽配合)	20	
오행(五行)의 상생(相生)	20	계 100점

[예 3] 자주묘문(子主卯門)

동사택일기(東舍宅一氣)	60	
음양불배합(陰陽不配合)	0	
오행(五行)의 상생(相生)	20	계 80점

[예 4] 자주자문(子主子門)

동사택일기(東舍宅一氣)	60	
음양불배합(陰陽不配合)	0	
오행(五行)의 비견(比肩)	10	계 70점

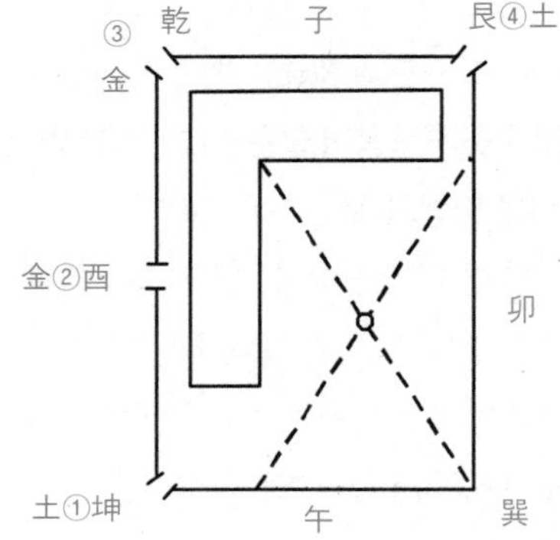

위의 도표에서는 패철(佩鐵)의 위치는 안마당의 대각선 중심점으로 주위치는 건방(乾方)이 된다.

[예 1] 건주곤문(乾主坤門)

서사택일기(西舍宅一氣)	60	
음양배합(陰陽配合)	20	
오행(五行)의 상생(相生)	20	계 100점

[예 2] 건주서문(乾主西門)

서사택일기(西舍宅一氣) 60

음양배합(陰陽配合) 20

오행(五行)의 비견(比肩) 10 계 90점

[예 3] 건주건문(乾主乾門)

서사택일기(西舍宅一氣) 60

음양불배합(陰陽不配合) 0

오행(五行)의 비견(比肩) 10 계 70점

[예 4] 건주간문(乾主艮門)

서사택일기(西舍宅一氣) 60

음양불배합(陰陽不配合) 0

오행(五行)의 상생(相生) 20 계 80점

양택(陽宅)에서 주 위치가 되는 곳은 전체 건축물의 고저허실(高低虛實)을 살펴서 높고 실(實)한 곳에 주(主)가 되는 것이다.

❖ **동산**(童山) : 초목이 자라지 못하여 벌거벗은 산 즉 적산(赤山)이다.

❖ **동산**(童山)**에 장사**(葬事)**하지 말라** : 동산에는 초목이 나지 않는 붉은 산을 말하므로 장사하지 말아야 한다.

❖ **동성혼**(同姓婚) : 동일한 성 사이에서 행하던 혼인을 말함. 흔히 미개사회에서 행하여진 혼인 형식이다. 원시 사회에 있어서는 다른 씨족 사회와의 접촉이 적었기 때문에 자연 같은 씨족간에서 통혼을 하지 않을 수 없었고, 씨족간 접촉이 있은 후에도 서로 투쟁이 따르게 되고 그 결과 정복족과 피정복족의 관계가 생기게 되면 정복족은 우월한 사회적 지위와 혈연적 세력을 유지하기 위해 의식적으로 피정복족과의 통혼을 금지시켰다.

❖ **동순충**(同旬沖) : 일진 생년(日辰生年)이 같은 순중(同旬)에 있어 충(沖)이 되는 것을 말함. 이에 해당하는 사람은 하관(下棺) 할 때 잠시 피하면 된다.

甲子日 : 庚午生　乙丑日 : 辛未生

丙寅日 : 壬申生　丁卯日 : 癸酉生

간단한 요령은 일진(日辰)과 생년의 천간(天干)도 충(沖)하고 지지(地支)도 충(沖)하면 자연 이에 해당한다. 가령 갑자생(甲子生)이 경오일(庚午日)을 만나면 동순충인데 갑경(甲庚)이 상충이요, 자오(子午)가 상충이다.

❖ **동심결**(同心結) : 길흉사간에 쓰는 매듭을 말하는데 납폐(納幣)의 매듭과 염습(殮襲)의 띠를 매는 매듭을 말하며, 혼백의 청홍색실 매듭이 이 매듭으로서 길흉사간(吉凶事間) 매듭이 구분된다.

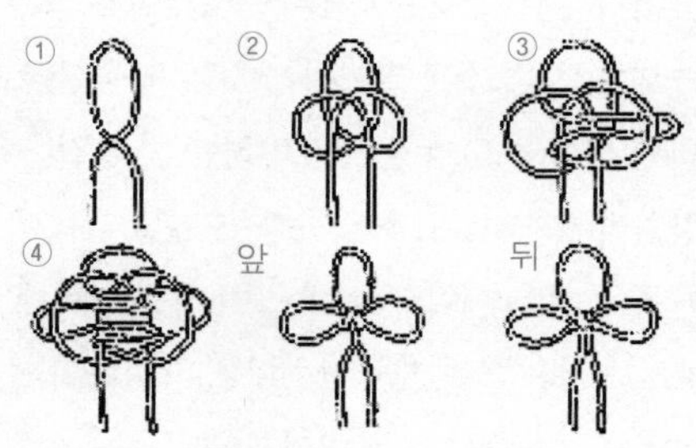

[慶事의 동심결]

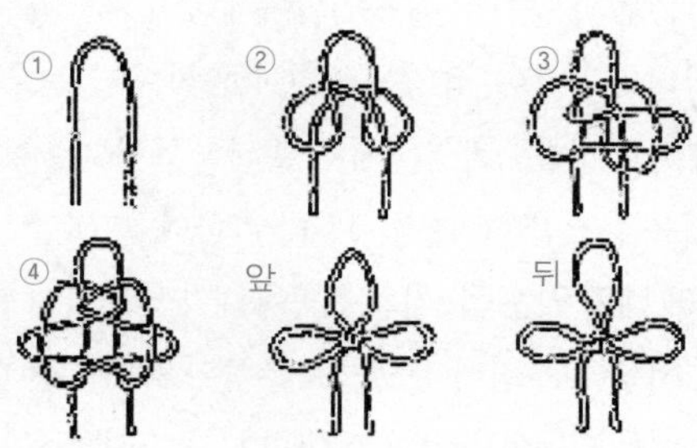

[凶事의 동심결]

❖ **동양**(東洋)**의 자연학**(自然學) : 자연의 입장에서는 안에 있는 모든 모양은 밖에도 있다고 말한다. 결국 만물은 모두 안에 잠자고 있는 작용이나 성질을 그 나름의 형태로 외면(外面)에 표출한다는 뜻이다. 이런 것에서 인상(人相), 수상(手相), 성상(聲相), 명상(名相), 필상(筆相) 등의 학문이 산출되었으며, 풍수지리학으로 보면 자연스럽게 물체의 모양을 보고 그 무엇을 연상할 수 있는 것이다.

• 동에서 남으로 내 북에 언덕이 있는 집 : 동에 내가 있어 남으로 흐르고 있고 북에는 언덕이 있는 집은 부자가 되고 창고에는 언제나 재물 보화가 가득하게 된다. 재물·보화라고 하는 것은 돈만이 아니라 고가인 회화(繪畫) 등도 해당된다. 금고에는 보석이 가득차고 또 자손은 유리한 직업을 갖게 될 것이다.

❖ **동정**(動靜) : 기의 움직임은 형세에 달려 있고, 기의 동정을 보는 것은 형세를 봐야 하며, 형세의 동정은 그 하나 하나의 모양에 있으므로 그 모양을 분별하는 것이 동과 정으로 나눌 수 있다.

• **동질감응**(同質感冊) : 감응(感冊)이란 서쪽에 있는 동산(銅山)이 붕괴하는데 동쪽에 있는 종(鍾)이 스스로 운다는 영종동(靈鍾東)하는 이치와 같고, 이른봄에 나무의 싹이 트면 깊이 저장되어 있는 밤(栗)도 스스로 발아하는 것이며, 동산(東山)에 염출(焰出)하면 서산(西山)에 운기(雲起)하는 것과 같은 우주(宇宙)의 음양섭리(陰陽攝理)임을 말한다. 오늘날 과학에서 말하는 Cycle이 곧 동질(同質)이다. 이와 같이 지중(地中)에 생기(生氣)가 존재하는 것을 살펴보면, 땅속의 물은 사람의 혈맥(血脈)과 같이 흐르고 그 혈맥(血脈)에 따라서 생기(生氣)가 흐르고 있으니 음전자(陰電子)이며, 태양광선은 양전자(陽電子)이므로 이와 같은 음과 양이 합치(合致)되어야 불이 켜지는 원리로 사람의 남녀와 같으며, 음양을 중화(中化)할 수 있는 흙의 역할로 불이 켜져서 따뜻해졌을 때 이 훈김이 동질(同質)에 영향을 주는 것을 동질감응(同質感冊)된다고 한다.

• **동쪽에 내가 있는 집** : 집의 동쪽에 내가 있고 물이 힘있게 흘러가며 서쪽에 큰 집이 있으면 오른쪽이 백호고 왼쪽이 청룡이므로 매우 혜택받은 입지 조건이다. 부와 지위는 이집 사람의 것이다.

• **동쪽에 흠 있으면 큰아들 문제발생** : 동쪽은 해가 떠오르는 곳으로 모든 나무들이 해에 의해서 자라고 무성해진다고 생각한다. 오행에서는 나무(木)에 해당되며 나무의 상징인 푸른색(靑)으로 대변된다. 좌청룡은 임금이 남쪽을 향하고 앉았을 때 동쪽은 좌측이 되어 푸른 용으로 표현된다. 12지간으로는 묘(卯 : 토끼)에 해당되며, 10천간(十天干)으로는 갑·을을 상징한다. 계절로는 한봄(仲春)을로는 양력 3월을, 시간으로는 오전 5시부터 7시까지를 가리킨다. 또한 색깔로는 청색(녹색 포함)을 뜻하며 다섯 가지 맛 중에서는 신맛(酸味)을, 숫자로는 3과 8을 뜻한다. 지관들이 동쪽이 나쁘면 3년이나 8년 후에 큰아들이 죽는다는 등의 해설을 붙이는 근거도 여기에 있다. 주역 팔괘상으로는 괘상이 ☳이고, 괘명은 진(震), 괘체는 우뢰(雷)이며, 괘의 성질은 동(動)이다. 이 진괘에서 연역되는 뜻은 수도 없지만 집을 보는 관저에서는 장남에 해당되며, 전기계통의 직업을 가진 사람들, 인체상으로는 간·발에 해당된다. 따라서 동쪽에 나쁜 작은 연못이 있으면 다리를 다치거나 다리 신경통으로 고생한다고 볼 수도 있다. 그리고 팔괘상의 뜻으로는 진급·승진·유성무형(有聲無形)·결단·발전·개업·새로운 것·어진 것 등을 뜻한다. 비유컨대 사람의 머리를 하늘에 비유하면 발은 땅을 상징하므로 땅에 있는 집은 발과 밀접한 관계가 있다고 한다. 인체를 소우주라고 볼 때 발은 소우주, 즉 인체 전체를 집약시킨 소우주 중의 소우주라는 것이다. 발을 지압하는 사람들의 맥을 보면 발바닥 하나로 오장육부를 다 관계할 수도 있다고 한다. 그런데 발 중에서도 엄지발가락 둘째마디가 바로 동쪽을 상징하므로 집의 동쪽에 흠이 있으면 그런 집에서 태어난 사람 또는 그런 집에서 오래 산 사람은 엄지발가락이 허(虛)하거나 너무 실(實)하여 엄지발가락을 보면 옛날 살았던 집도 알아 맞출 수도 있다고 한다.

❖ **동지**(冬至) : 양력 12월 22~23일경. 밤의 길이가 가장 길다. 역귀를 쫓는다는 의미로 새알심이라는 단자를 넣은 팥죽을 쑤어 먹기도 하고, 또 팥죽물을 벽이나 문에 뿌리는 풍습이 있음.

❖ **동쪽 산이 높고 크고 살찌면** : 진산(震山) 고대비만(高大肥滿)하면 다남(多男 : 아들이 많고), 여소(女小 : 여자 적고), 무사(武士 : 무관)가 출생하고 성품이 강직하다.

❖ **동천**(銅泉) : 동천(銅泉)은 물빛이 쓸개액과 같으므로 천 (膽泉)이라고도 한다. 용맥(龍脈)의 왕기(旺氣)가 천(泉)으로 모였기 때문에 결작(結作)이 없는 곳이다. 밑에 광(礦)이 있고 위에 천(泉)이 있어 거슬러 나온 것을 말한다. 그 빛이 붉으므로 홍천(紅泉)이라고도 한다. 용의 맥기(脈氣)가 광(礦)에 모여 천류(泉流)를 따라 붉게 되는 것이니 어느날 광물(礦物)을 캐내게 되면 반드시 굴착되어 상패(傷敗)되는 것으로 비록 미지(美地)가 있더라도 택할 수 없는 것이다. 이곳은 대개 결혈(結穴)이 안 되는 것이니 기(氣)가 광(礦)으로 모이기 때문이다.

❖ **동총운법**(動塚運冊)

• 壬子癸丑丙午丁未坐 辰戌丑未年 大利
子午卯酉年 小利
寅申巳亥年 重喪

• 艮寅甲卯坤申庚酉坐 子午卯酉年 大利

寅申巳亥年 小利

• 乙辰巽巳辛戌乾亥坐 寅申巳亥年 大利

辰戌丑未年 小利

子午卯酉年 重喪

❖ **동탁**(童濯) : 초목이 없는 산.

❖ **동토일**(動土日) : 동토란 흙을 파고 흙을 운반하고 흙을 붙이는 일 등이다. 아래의 날을 사용하면 길하다고 한다.

甲子 庚午 辛未 癸酉 戊寅 己卯 庚辰

辛巳 甲申 丙戌 甲午 丙申 戊戌 己亥

庚子 甲辰 丙午 丁未 癸丑 戊午 丙辰

丁巳 辛酉日

또는 황도(黃道) 월공(月空) 천덕(天德) 월덕(月德) 천은(天恩) 사상(四相) 생기(生氣) 옥우(玉宇) 금당(金堂) 익후(益後) 甲乙戊己庚辛日 제(除) 정(定) 집(執) 위(危) 성(成) 개일(開日).

• 기(忌) : 토황(土皇) 토온(土瘟) 토부(土符) 토기(土忌) 토금(土禁) 지랑(地) 천적(天賊) 토왕용사후(土旺用事後)건(建) 파(破) 평(平) 수일(收日).

❖ **동향(東向)집 남쪽 대문(현관) 불길(不吉)하다**: 동향집 즉 동쪽을 향하고 있는 집은 그 반대편 방향인 서쪽 방위의 5행(五行)인 금기(金氣)의 영향을 받는 동향집이면서 대문이나 현관이 오행상 화기(火氣)의 강력한 에너지를 발산하는 남쪽에 위치할 경우에는 화극금(火克金)으로 깨진 불균형의 에너지가 집안에 가득 차게 된다. 동향(東向)집에 남쪽 현관이나 대문으로 지어진 집에서 오래 살면 자녀들에게 불리한 영향이 미쳐서 불의의 사고를 당해 다칠 수 있다. 부부 사이도 점점 나빠져 남편이 외도를 하거나 부인이 가정을 소홀히 할 수도 있다. 그리고 문서상의 사기나 손해 재산 분쟁 관재 구설수로 집안이 패가 할 수도 있다.

❖ **동향 건물 남동 대문**: 불배합(不配合) 상극이니 가정이 화목하지 못하고, 건강과 재산을 모두 잃는다.

① **택풍대과**(澤風大過) : 태방(兌方) 부엌을 손문(巽門)에 배정하면 금목상극(金木相剋)하고 순음(純陰)이니 아들이 없다. 사유축년(巳酉丑年)에 남자가 죽게 되며 아내가 상한다. 대과(大過)는 가정이 어려우니 아들 하나도 보존하기 어려우며 가축에게도 불리하나 막을 길이 없다.

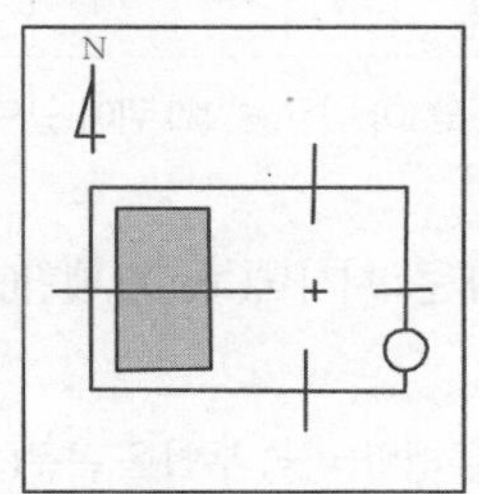

② **손문**(巽門) **태주**(兌主) : 땅 속에 범을 만나니 큰며느리가 상한다. 육살택(六殺宅)으로 음(陰)이 음(陰)을 극하여 여자끼리 불화하고, 금목상극(金木相剋)하니 관절통이 따른다. 남녀 모두 단명하여 고독하며 아들이 없으니 양자가 대를 잇는다.

• 이방(離方) 부엌은 문(門)과 상생하고 주(主)와 상극하니 흉하다.

• 곤방(坤方) 부엌은 문(門)과 상극하니 오귀천궁(五鬼穿宮)이라 하며, 만사가 불리하다.

• 태방(兌方) 부엌은 금목상극(金木相剋)하니 남자가 수명이 짧다.

• 건방(乾方) 부엌은 금목상극(金木相剋)하니 남녀 모두 단명하며 아들이 없다.

• 감방(坎方) 부엌은 문(門)과 생기(生氣)이니 길하다.

• 간방(艮方) 부엌은 문(門)과 목토상극(木土相剋)하니 불리하다.

• 진방(辰方) 부엌은 문(門)과 비화(比和)하고 주(主)와 상극하니 흉하다.

• 손방(巽方) 부엌은 문주(門主)와 순음(純陰)이라 음(陰)이 음(陰)을 극하니 불길하다.

③ **남동문**(南東門) **서주**(西主) : **육살택**(六殺宅) : 남녀 모두 수명이 짧고, 여자끼리 불화하며 관절통이 따른다. 양자가 대를 이으며 고독하다.

분류 구성	위치	괘	명칭	방위	남녀	음양	오행	수리
건물	正西	☱ ☴	澤	西舍宅	少女	陰	金	4, 9
대문	南東		風	東舍宅	長女	陰	木	3, 8
작용	동향집 남동문		大過	不利	女	不和	相剋	3, 8

※ 대과(大過) : 못(澤)이 나무(風, 巽) 위에 있으니 양(陽)이 지나치게 많다.

❖ **동향 건물 남서 대문** : 서사택(西舍宅) 배합(配合)이 상생(相生)하니 발전한다.

① **택지췌**(澤地萃) : 태방(兌方) 부엌을 곤문(坤門)에 배정하면 토금상생(土金相生)하니 노모가 어린아이를 사랑하며 재물이 날로 늘어나며, 자손은 귀하지만 가족이 모두 선행을 쌓으며 사위를 사랑한다. 췌괘(萃卦)는 재물이 발전하나 자식을 늦게 두는 괘로서 음인(陰人)이 음승양쇠(陰勝陽衰)하니 집을 보수해야 완전한 괘(卦)를 이룬다.

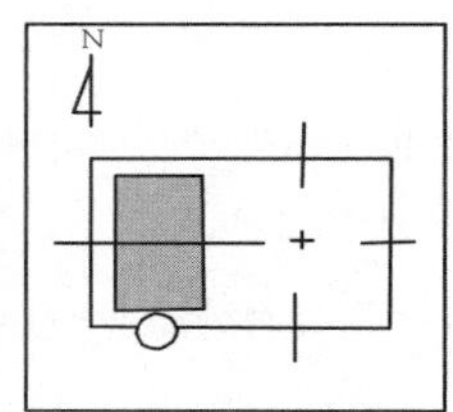

② **곤문**(坤門) **태주**(兌主) : 지택(地澤)은 재물은 발전하나 대가 끊긴다. 천의택(天醫宅)으로 여자가 선행을 쌓으며 초기에는 발복하지만 음승양쇠(陰勝陽衰)하므로 오래 살면 남자가 요절하고, 어린아이를 키우기 어렵고, 홀어머니가 살림을 꾸려가며 양자를 들이게 딸을 사랑하고 사위를 아끼나 집안이 깨끗하지 못하다.

- 태방(兌方) 부엌은 문주(門主)와 상생비화(相生比和)하니 대길하나 순음(純陰)이라 아들이 없다.
- 건방(乾方) 부엌은 연년(延年)이니 공명현달한다.
- 감방(坎方) 부엌은 문(門)과 토수상극(土水相剋)하니 흉하다.
- 간방(艮方) 부엌은 문(門)과 비화(比和)하고 주(主)와 상생하니 대길하다.
- 진방(震方) 부엌은 문주(門主)와 상극하니 대흉하다.
- 손방(巽方) 부엌은 주(主)와 오귀(五鬼)를 범하니 흉하다.
- 건방(乾方) 부엌은 문주(門主)와 비화상생(比和相生)하니 재물은 발전하나 대가 끊긴다.

③ **남서문**(南西門) **서주**(西主) : **천의택**(天醫宅) : 초기에는 발복하며 여자에게 길하나 남자가 젊어서 죽고, 어린아이를 키우기 어렵고, 홀어머니가 살림을 맡으며 양자를 들이고, 딸과 사위를 사랑하고 아끼나 집안이 깨끗하지 못하다.

분류 구성	위치	괘	명칭	방위	남녀	음양	오행	수리
건물	正西	☱ ☷	澤	西舍宅	少女	陰	金	4, 9
대문	南西		地	西舍宅	老母	陰	土	5, 10
작용	동향집 남서문		萃	有利	女	不和	相生	5, 10

※**췌**(萃) : 못이 땅 위에 있어 정(情)을 이루니 형통한다.

❖ **동향 건물 남향 대문** : 불배합(不配合) 상극이니 재산과 건강을 모두 잃는다.

① **택화혁**(澤火革) : 태방(兌方) 부엌을 이문(離門)에 배정하면 화극금(火剋金)으로 작은 며느리가 상한 후 작은 아들이 상한다. 도난, 관재, 구설, 두통, 황달 등이 따르며 아들이 없으며, 여자가 범죄를 저지르며 멸손된다. 혁괘(革卦)는 관재, 횡사, 상해가 따른다.

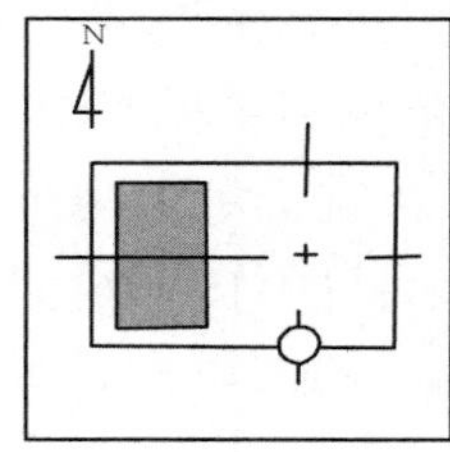

② **이문**(離門) **태주**(兌主) : 이태화광(離兌火光)은 작은 딸이 상한다. 오귀택(五鬼宅)으로 이화(二火)가 태금(兌金)을 극하니 아내를 극하며 재산을 잃는다. 수명이 짧으며 아들이 없으니 양자가 대를 잇는다. 폐·기관지·피부질환 등이 따른다. 순음불장(純陰不長)이니 딸은 많으나 아들이 귀하다.

- 건방(乾方) 부엌은 문(門)과 금화상극(金火相剋)하니 남녀

모두 일찍 죽는다.

- 감방(坎方) 부엌은 문(門)과 연년(延年)이나 주(主)를 설기(洩氣)하니 여자가 단명한다.
- 간방(艮方) 부엌은 문(門)과 화해(禍害)이고 주(主)와 연년(延年)이니 길하다.
- 진방(震方) 부엌은 문(門)과 상생(相生)하고 주(主)와 상극하니 음승양쇠(陰勝陽衰)하여 여자가 총명하다. 딸은 많으나 아들이 귀하다.
- 손방(巽方) 부엌은 목(木)이 이화(二火)를 생하니 여자가 선행을 쌓으나 가족이 불왕하다.
- 곤방(坤方) 부엌은 문(門)과 육살(六殺)이고 주(主)와 천을(天乙)이니 길하다. 여자가 선행을 쌓으나 순음(純陰)이라 남자가 요절하고, 오래 살면 아들이 없다.
- 태방(兌方) 부엌은 문(門)과 상극하니 재산이 흩어지고, 여자에게 단명이나 흉사가 따른다.

③ **남문**(南門) **서주**(西主) : 오귀택(五鬼澤) : 재산이 흩어지며 아내와 상극(相剋)이다. 대가 끊기며 도둑에게 상해를 입는다. 요절, 해수병, 해소천식, 피부질환 등이 발생한다. 딸은 많으나 아들이 귀하다.

분류 구성	위치	괘	명칭	방위	남녀	음양	오행	수리
건물	正西	☱ ☲	澤	西舍宅	少女	陰	金	4, 9
대문	正南		火	東舍宅	中女	陰	土	2, 7
작용	동향집 남문		革	不利	女	不和	相剋	2, 7

※혁(革) : 물과 불이 함께 있으니 두 여자(兌, 離)는 서로 뜻을 알지 못한다.

❖ **동향 건물 동향 대문** : 불배합(不配合) 상극이니 건강과 재산을 모두 잃는다.

① **택뢰수**(澤雷隨) : 태방(兌方) 부엌에 진문(震門)을 배정하면 금극목(金剋木)하니 장자나 장손이 상한 후 작은 딸과 장녀가 상한다. 인후가 팽창되고 심장과 허리 등에 통증이 따른다. 재산을 잃으며 여자가 가권을 잡는다. 수괘(隨卦)는 장남이나 장녀가 상하며 아들이 없다. 환자가 사망하며 관재가 따른다.

② **진문**(震門) **태주**(兌主) : 용과 범이 싸우니 근심이 그치지 않는다. 절명택(絶命宅)으로 음양(陰陽)이 상극하니 흉하다. 금목(金木)이 형전(刑戰)하니 허리와 심장 등에 통증이 따르고, 아들이 없으며 고독하다. 만일 5층에 있는 방이 높고 크다면 발복하나 20~30년 후에는 다시 불길해진다.

- 손방(巽方) 부엌은 건금(乾金)이 손목(巽木)을 극하니 여자가 일찍 죽는다. 관절통, 흉사, 산망 등이 따른다.
- 이방(離方) 부엌은 건금(乾金)이 상극하니 남녀 모두 단명한다. 화재, 안질, 두통, 폐, 기관지 질환 등이 따른다.
- 곤방(坤方) 부엌은 문(門)과 상극하니 여자에게 불리하다. 황달, 피부·비장·위장·심장질환 등이 따른다.
- 태방(兌方) 부엌은 금극진목(金剋震木)으로 아이를 키우기 어렵다. 고독하며 양자를 들이고, 재난이 많다.
- 건방(乾方) 부엌은 음(陰)이 없고, 금목(金木)과 성궁(星宮)이 상극하니 남녀 모두 수명이 짧고, 만사가 불리하다.
- 감방(坎方) 부엌은 순양무음(純陽無陰)이니 아내를 극하며 아들이 상한다. 음란하고 도박을 좋아하며 재물이 흩어진다.
- 간방(艮方) 부엌은 목토상극(木土相剋)하니 아내를 극하며 아들이 없다. 황달, 피부질환, 풍병 등이 따른다.
- 진방(震方) 부엌은 문(門)과 비화(比和)하고 주(主)와 상극(相剋)하니 흉하다.

③ **동문**(東門) **서주**(西主) : **절명택**(絶命宅) : 건강과 재산이 모두 온전하지 못하다. 허리, 다리, 심장, 복부 등에 질환이 따른다. 과부가 생기며 고생한다.

분류 구성	위치	괘	명칭	방위	남녀	음양	오행	수리
건물	正西	☱ ☳	澤	西舍宅	少女	陰	金	4, 9
대문	正東		震	東舍宅	長男	陽	木	3, 8
작용	동향집 동문		隨	不利	男女	不和	相剋	3, 8

※수(隨) : 못 속에 천둥이 있으니 소녀(少女)가 장남을 따른다.

❖ **동향 건물 북동 대문** : 서사택(西舍宅) 배합(配合)이 상생하니 대부대귀하다.

① **택산함**(澤山咸) : 태방(兌方) 부엌을 간문(艮門)에 배정하면 토

금상생(土金相生)하고 음양정배(陰陽正配)하니 부부금실이 좋고 부귀쌍전한다. 여자는 정갈하고 남자는 재능이 많다.

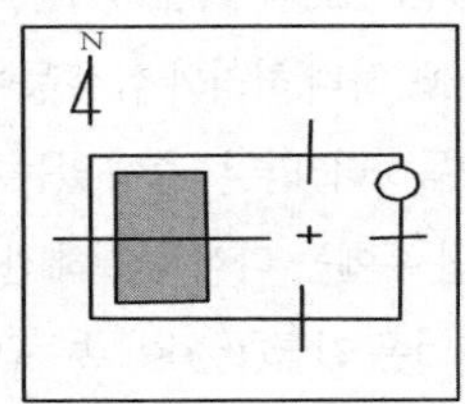

② **간문(艮門) 태주(兌主)** : 산택(山澤)은 부귀하다. 연년득위(延年得位)이니 금성등전택(金星登殿澤)이고, 토금상생(土金相生)으로 부부 정배(正配)하니 소년등과하고, 재물이 늘어나며 부부금실이 좋다. 남녀 모두 천수를 누리며 재상이 나오는 제일 길한 자리이다.

- 진방(震方) 부엌은 문주(門主)와 상극하니 흉하다.
- 손방(巽方) 부엌은 여자가 단명하며 대가 끊긴다.
- 이방(離方) 부엌은 태금(兌金)과 상극하니 작은 며느리가 흉사한다.
- 곤방(坤方) 부엌은 아들 3·5형제를 두며 복록수(福祿壽)가 완전하고, 만사가 유리하다.
- 태방(兌方) 부엌은 토금상생(土金相生)하니 현명한 아내를 얻고, 득위(得位)하니 작은 딸이 총명하다.
- 건방(乾方) 부엌은 천을생기(天乙生氣)로 삼길택(三吉宅)의 하나이다. 문(門)과 상생비화(相生比和)하여 부귀를 누리며 장수한다.
- 감방(坎方) 부엌은 문(門)과 5귀(五鬼)이니 대흉하다.
- 간방(艮方) 부엌은 문(門)과 비화(比和)하니 대길하다.

③ **북동문(北東門) 서주(西主)** : 연년득위금성전택(延年得位金星殿宅) : 부부금실이 좋으며 소년등과하고, 안팎으로 생기가 돌아 횡재하니 재산이 늘어난다. 자식은 효도하며 손자는 어질고, 여자는 재능과 외모가 뛰어나다. 아들 4형제를 두며 천수를 누린다. 서사택(西舍宅) 중에서도 가장 길한 자리이다.

분류 구성	위치	괘	명칭	방위	남녀	음양	오행	수리
건물	正西	☱ ☶	澤	西舍宅	少女	陰	金	4, 9
대문	正東		山	西舍宅	少男	陽	土	5, 10
작용	동향집 북동문		咸	有利	男女	調和	相生	5, 10

※ 함(咸) : 산 위에 연못이 있어 물이 아래로 흐르니 마치 소남(少男)과 소녀(少女)가 감동하는 것과 같다.

❖ **동향 건물 북서 대문** : 서사택(西舍宅) 배합이 상비(相比)하니 건강과 재산이 모두 발전한다.

① **택천쾌(澤天夬)** : 태방(兌方) 부엌을 건문(乾門)에 배정하면 이금(二金)이 비화(比和)하니 발복하며 가정이 화목하다. 부귀쌍전하며 아들 넷이 성공하나 첩을 편애한다. 쾌괘(夬卦)는 발복하나 첩이 간교하다.

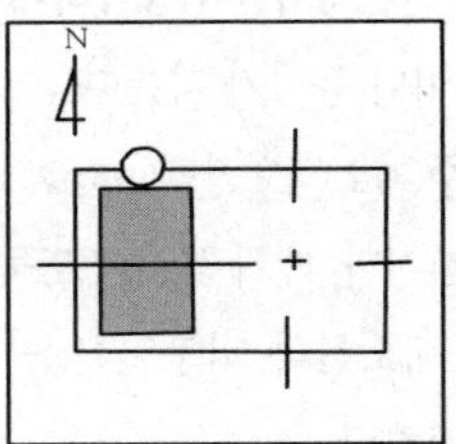

② **건문(乾門) 태주(兌主)** : 천택(天澤)은 재물이 왕성하나 음란하다. 생기택(生氣宅)으로 초기에는 발복하며 장수하나 오래 살면 처첩을 많이 두게 되고 홀어머니가 집안을 장악한다.

- 감방(坎方) 부엌은 생(生)이나 수(水)가 금기(金氣)를 설기(洩氣)하니 재산이 흩어지며 대가 끊기고, 아내를 극하며 음란하다.
- 간방(艮方) 부엌은 천을(天乙)이니 대길하다.
- 진방(震方) 부엌은 오귀(五鬼)이니 대흉하다.
- 손방(巽方) 부엌은 화해(禍害)이니 여자에게 산망과 관절통이 따른다.
- 이방(離方) 부엌은 화금상극(火金相剋)하니 남녀 모두 단명하며 재산이 흩어진다.
- 곤방(坤方) 부엌은 대길하다.
- 태방(兌方) 부엌은 문(門)과 비화(比和)하니 길하다.

• 건방(乾方) 부엌은 양다음소(陽多陰少)하니 여자가 일찍 죽는다. 고독하며 음탕하나 길하다.

③ **북서문**(北西門) **서주**(西主) : **생기택**(生氣宅) : 초기에는 부귀를 누리며 건강하나 재취를 하며 홀어머니가 집안을 장악한다.

분류 구성	위치	괘	명칭	방위	남녀	음양	오행	수리
건물	正西	☱☰	澤	西舍宅	少女	陰	金	4, 9
대문	北西		天	西舍宅	老父	陽	金	4, 9
작용	동향집 북서문		夬	有利	男女	調和	相比	4, 9

※ 쾌(夬) : 못이 하늘 위에 있으니 결단을 내린다.

❖ **동향 건물 북향 대문** : 불배합(不配合)이 상생하니 건강을 잃는다.

① **택수곤**(澤水困) : 태방(兌方) 부엌을 감문(坎門)에 배정하면 수(水)가 금(金)을 설기(洩氣)하니 주로 작은 딸과 가운데 아들이 상한다. 가족이 쇠하며 음인(陰人)이 유산하고, 남자는 토혈, 심장질환이 따른다.

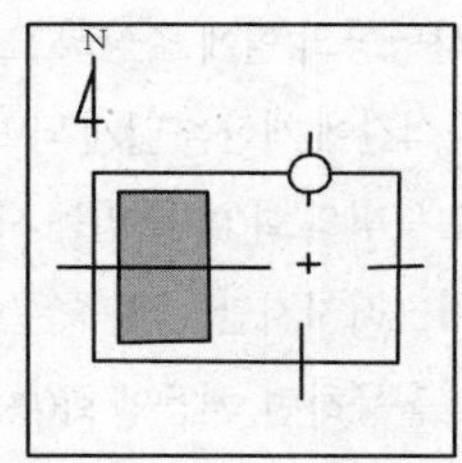

② **감문**(坎門) **태주**(兌主) : 택(澤)이 수설(水洩)을 만나니 작은 딸이 아름답다. 화해주(禍害主)로 설기(洩氣)되니 재산이 흩어지고, 첩을 두며 집안이 망한다. 여자가 일찍 죽게 되며 각혈담, 피부질환 등이 많이 따른다.

• 간방(艮方) 부엌은 문(門)과 5귀(五鬼)를 범하니 대흉하고, 주(主)와는 연년(延年)이니 대길하여 반길반흉이다.

• 진방(震方) 부엌은 문(門)과 천을(天乙)이고 주(主)와 금목상극(金木相剋)이니 남녀 모두 일찍 죽는다.

• 손방(巽方) 부엌은 문(門)과 상생하고 주(主)와 상극하니 여자에게 불리하다.

• 이방(離方) 부엌은 화금상극(火金相剋)하니 여자에게 불리하며 피부질환, 흉사 등이 따른다.

• 곤방(坤方) 부엌은 문(門)과 상극하니 불리하고, 주(主)와 천을(天乙)이라 재물이 발전하니 반길반흉이다.

• 건방(乾方) 부엌은 남녀 모두 수명이 짧다.

• 감방(坎方) 부엌과 태방(兌方) 부엌은 불길하다.

③ **북문**(北門) **서주**(西主) : **화해택**(禍害宅) : 재산이 흩어지며 집안이 망한다. 여자가 일찍 죽어 여러 번 장가를 간다. 해소천식, 해수병, 피부질환 등으로 오랫동안 고생한다.

분류 구성	위치	괘	명칭	방위	남녀	음양	오행	수리
건물	正西	☱☵	澤	西舍宅	少女	陰	金	4, 9
대문	正北		水	東舍宅	中男	陽	水	1, 6
작용	동향집 북문		困	不利	男女	調和	相生	1, 6

※ 곤(困) : 연못에 물이 없으니 궁핍한 상태를 말한다. 괴로움 속에서도 중심을 지키는 것이 중요하다.

❖ **동향 건물 서향 대문** : 서사택(西舍宅) 배합이 상비(相比)하니 재물을 모은다.

① **택택순태**(澤澤純兌) : 태방(兌方) 부엌을 태문(兌門)에 배정하면 이금(二金)이 비화(比和)하니 가문이 일어나지만 순음불생(純陰不生)하니 자손이 귀하다. 작게 발복하고 크게 상하며, 작은 며느리가 집안을 좌우한다. 간혹 위장질환이 따르기도 한다. 태괘(兌卦)는 크게 발복하나 음(陰)만 있으니 음인(陰人)이 가권을 잡는다.

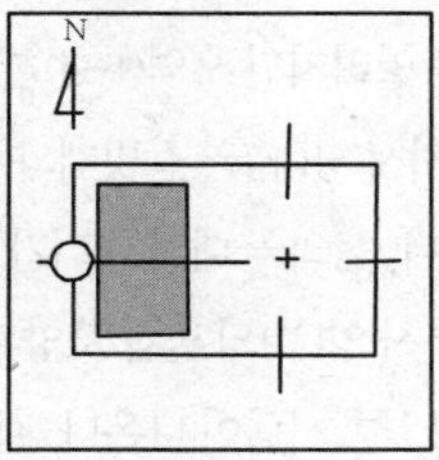

② **태문**(兌門) **태주**(兌主) : 태택(兌澤)이 거듭되니 작은 며느리가 가권을 잡는다. 복위택(伏位宅)으로 이금(二金)이 비화(比和)하여 초기에는 재물이 발전한다. 그러나 오래 살면 음(陰)

이 없으니 남자가 단명한다. 가족이 줄어들며 어린아이와 홀어머니만 남는다.

- 건방(乾方) 부엌은 생기(生氣)이니 길하다.
- 감방(坎方) 부엌은 부부 정배(正配)로 토금상생(土金相生)하니 대길하다.
- 진방(震方) 부엌은 문(門主)와 상극하니 흉하다.
- 손방(巽方) 부엌은 음(陰)이 음(陰)을 극하니 여자가 간교하며 요절하고, 대가 끊긴다.
- 이방(離方) 부엌은 화(火)가 태금(兌金)을 극하니 대흉하다.
- 곤방(坤方) 부엌은 순음(純陰)이니 음승양쇠(陰勝陽衰)하여 남자가 단명하며 대가 끊긴다.
- 태방(兌方) 부엌은 문(門)과 비화(比和)하니 재물은 있으나 수명이 짧다.

③ **서문**(西門) **서주**(西主) : **복위택**(伏位宅) : 초기에는 재물운이 있으나 오래 살면 남자가 단명하여 집안에 젊은이가 드물다. 어린아이와 홀어머니만 남는다.

분류 / 구성	위치	괘	명칭	방위	남녀	음양	오행	수리
건물	正西	☱	澤	西舍宅	少女	陰	金	4, 9
대문	正西	☷	地	西舍宅	少女	陰	金	4, 9
작용	동향집 서문		萃	有利	女	不和	相比	4, 9

※ 태(兌) : 곧으면 형통하여 이로우니 혜택이 있다.

❖ **동호**(銅壺) : 구리로 만든 항아리.

❖ **두개양지**(頭開兩指) : 산의 꼭대기가 솟아올라서 가운데에 오목한 곳이 생긴 형국. 꼭대기가 두 가지로 갈라진 모양. 머리가 양쪽을 가리키도록 열려지면 오역(忤逆)한 사람이 나오고, 뇌(腦)가 여러 번 꺾여져서 양(羊)의 갈빗대와 같으면 범법자의 무리로 형(刑)을 받는다. 산의 꼭대기 머리가 갈라져서 양쪽으로 두 가지를 만들면 흡사 양(羊)의 발굽 모양과 같게 된다. 불효하고 공손치 못하면 오역한 사람이 나온다. 길다란 산이 꼭대기에서 여러 수결으로 꺾여 접혀져서 흡사 양(羊)의 갈빗대 형상과 같으면 범법자나 형옥(刑獄)을 당할 무리들에 끼어들게 된다. 선자집(仙姿集)에서는「오역(忤逆)의 산은 양(羊)의 발굽과 같은 모양이니 악독한 자식으로 패문(敗門)한다」고 하였고, 사법(沙法)에서는「산형(山形)이 소의 갈비뼈와 같은 모양이면 범법자가 되어 멀리 떠난다」고 하였다.

❖ **두뇌**(頭腦) : 입수와 혈 사이에 약간 두둑하게 올라온 곳으로서 사람으로 치면 머리 부분과 같다 하여 붙인 이름으로 접합점에 조금 높고 부풀어 오른 곳이다. 그것이 꼭 용머리의 이마와 비슷하다고 하여 두뇌라 한다.

* **뇌두** : 봉분 뒤 흙을 모은 곳 물이 옆으로 빠지도록 만든다.

❖ **두사명당**(陡瀉明堂) : 두사명당은 혈 바로 앞쪽이 높고, 바깥쪽으로 갈수록 자꾸 얕아져서 경사가 심한 형국. 경사가 심하니 물이 모이지 못하고 급히 쏟아져 내리며 이 물을 따라 혈의 정기도 쓸려간다. 두사명당의 혈에 조상의 묘를 쓰거나 집을 짓고 살면, 자손들이 순식간에 재산을 잃게 되며 악하게 죽는 사람도 나오고, 남의 일로 뜻밖의 화(禍)를 입는 사람이 생긴다. 자손들의 사업이 자꾸 어그러지지만, 바깥쪽 끝에 가서 물이 한데 모이고 용혈(龍穴)이 훌륭하면, 처음엔 화(禍)를 많이 입다가 나중에 발복하여 복(福)을 받게 된다. 선흉후길(先凶後吉)의 땅이다. 왜냐하면 물이 급히 쓸려 내려가는 곳이 혈과 가깝고 물이 트이는 곳은 멀기 때문이다. 좋은 것이든 나쁜 것이든 혈에 가까이 있을수록 그것이 뿜는 기운이 그만큼 빨리 혈에 이르고, 멀리 떨어진 물이나 산봉우리의 기운은 먼 만큼 늦게 영향을 미친다.

❖ **두성**(斗星) : 곤(坤)방에 있다. 곤(坤)방에 6봉이 있으면 정승이 나고 몹시 높으면 맹수의 화를 만난다. 허하면 수 화의 재난이 따른다. 병축년(丙丑年)에 응험한다.

❖ **두수오행**(斗首五行) : 이 두수오행은 순서에 따라 실었을 뿐 풍수지리에서는 별로 사용치 않는다.

壬子巽巳辛戌＝土, 艮寅丁未＝火

坤申甲卯＝水, 乙庚辰酉＝金

❖ **두숙**(斗宿) : 28수 가운데 7번째 별 이름.

❖ **두우납정경지기**(斗牛納丁庚之氣) : 지리법(地理法)에 수구(水口 : 破口) 24방(方)을 넷으로 나누어 4대국(四大局)이라 한다. 이 4대국법(四大局法)으로 용(龍), 입수(入首), 향(向)의 생왕사절(生旺死絶)을 따져 길흉을 보게 된다. 수구(水口)가 계축(癸丑), 간인(艮寅), 갑묘(甲卯) 여섯 글자에 해당하는 방위가 있으면 이를 두우납정경지기(斗牛納丁庚之氣)라는 문구로 나타내고 금국신룡(金局辛龍)이라는 뜻이다. 두우(斗牛)는 계축(癸丑)의 축(丑)에서 나온 글이요 정경(丁庚)의 경금(庚金)은 축(丑)의 금고(金庫)요 경금(庚金)을 취하고 경금(庚金)의 교(交 : 合)는 정화(丁火)이므로 정경지기(丁庚之氣)라 하니 바로 금국(金局:庚) 정룡(丁龍)이 되는 것이다.

❖ **두 집을 연결하는 건물은 불길**(不吉) : 전부터 있던 건물의 윗부분을 보강해서 한 층수를 더 늘려 짓는 것도 좋지 못하고 두 집을 연결해서 한 채로 만든다든지 두 집의 주방 시설을 한 곳에 설치하는 일 등은 흉액, 불길, 재난 격이다.

❖ **두 집을 합치는 경우는 흉상**(凶相) : 가상학(家相學)에서는 두 채의 집을 합치거나 단층을 수리하여 2층으로 개축하는 경우 대단히 흉상(凶相)으로 취급하고 금기시 하고 있다. 「가상비전집」에 보면, 이웃에 있는 집을 사들여서 한 채로 쓰려고 담장을 없앤 후 한 집으로 사용하게 될 경우 인명상의 재해(災害)나 뜻밖의 횡액을 당하여 가운이 점차 쇠퇴하게 된다고 하였다.

❖ **두 집을 합하거나 벽을 터서 하나로 사용하면 흉가** : 대대로 전해져 오는 우리 고유의 양택풍수관 중에서 아들과 부모 세대가 함께 살다가 아들 내외를 분가시킬 경우 부모가 살고 있는 땅이 아무리 넓더라도 부모의 집이 들어선 택지에 자식의 집을 지어서는 안된다. 부모가 살고 있는 땅에 분가한 아들(자식)의 집을 지을 경우에는 부모나 자식대 모두에게 해가 미쳐서 가문이 몰락할 수도 있다고 하였다. 우리가 상식적으로 생각해도 한터에 두 집을 짓거나 한 집에 벽을 터서 하나로 만든 집은 문제가 많다. 부엌이 두 개, 거실이 두 개, 안방이 두 개인 집이 되고 마는데 집안 실내구조를 바꿔 개조한다고 하더라도 그 설계는 애초에 하나로 지은 집보다 못할 것이다. 가상비전집(家相秘全集)에서도 이웃집을 사들여 담장을 없앤 후 한 집으로 사용하는 것은 흉상이라 했다. 이런 경우 가족들이 뜻밖의 횡액을 당하거나 인명상의 재난을 당해서 가운이 점차 쇠퇴한다는 것이다. 마찬가지로 단층인 집을 수리하여 고층으로 증축하는 경우에도 흉상으로 꺼려했다. 집 구조를 변형시키면 집안의 생기를 해치는 것 뿐만 아니라 집 자체의 안정성에까지 좋지 않은 영향력을 미칠 수 있기 때문이다.

❖ **두 집이 마주 서 있으면** : 그 중 한 집은 흉하다고 했다. 그러나 현대 도시에서는 고층 아파트가 많아서 두 집의 문이 서로 마주 보는 경우가 많은 게 사실이다. 하지만 그다지 걱정할 필요가 없다. 그리고 큰 영향을 미치지는 않기 때문이다. 그러나 안심이 안 된다면 문 위에 천관사복(天官賜福) 하느님이 벼슬과 복을 주신다 라고 한다. 바깥 문 위에 붙혀 놓는다.

❖ **두 집 현관문이 마주서 있으면** : 그 중 한집은 흉하다고 했다. 그러나 현대 도시에서는 고층 아파트가 많아서 두 집의 문이 서로 마주보는 경우가 많은 게 사실이다. 하지만 그다지 걱정할 필요가 없다. 그리고 큰 영향을 미치지는 않기 때문이다. 그러나 안심이 안 된다면 문 뒤에 천관사복(天官賜福)이라고 붓으로 써서 붙이면 천관사복을 붙힌 집은 좋아진다. 이 뜻은 하느님이 벼슬과 복을 내리신 것이다.

❖ **두 칸이었던 주택 방벽을 하나로 하면 불길** : 본래 건물이 두 개이거나 방이 적다고 두 개 방을 하나로 병합하는 경우와 심한 바람받이 구조의 주택 형태는 집안에 풍파 및 재난, 손실의 액화가 발생하게 된다.

❖ **두하혈**(頭下穴) : 산의 두 면이 홀로 솟아나고 아래로는 바로 쏟아지는 혈.

❖ **둔**(屯) : 군대가 진을 친 모양.

❖ **둔군사**(屯軍砂) : 작은 산이나 바위가 뒤섞여서 널려 있는 것으로 병사들이 둔을 치고 있는 형상.

❖ **둔시법**(遁時法)

子時	丑時	寅時	卯時	辰時	巳時
23.00 01.00	01.00 03.00	03.00 05.00	05.00 07.00	07.00 09.00	09.00 11.00
午時	未時	申時	酉時	戌時	亥時
11.00 13.00	13.00 15.00	15.00 17.00	17.00 19.00	19.00 21.00	21.00 23.00

❖ **둔월법**

- **둔월법**(遁月法(月建 돌려짚는 법) : 갑기년병인두(甲己年丙寅頭), 을경년무인두(乙庚年戊寅頭), 병신년경인두(丙辛年庚寅頭), 정임년임인두(丁壬年壬寅頭), 무계년갑인두(戊癸年甲寅頭)
- **둔시법**(遁時法)(時의 干支를 아는 법) : 갑기일갑자시(甲己日甲子時), 을경일병자시(乙庚日丙子時), 병신일무자시(丙辛日戊子時), 정임일경자시(丁壬日庚子時), 무계일임자시(戊癸日壬子時)

❖ **둔질**(頓跌) : 지리법(地理法). 용맥(龍脈)의 형태를 형용하는 말. 용맥이 머리를 수그렸다가 미끄러져 내려가는 것.

❖ **둘러싼 물** : 둘러싼 물이 어떠한 물이든 취하여 공성(孔聖)의 중심에 모이는 것. 서(書)를 모두 다 믿는다면 서(書)가 없는 것만도 못하니 도리어 이루(離婁)의 눈을 요할 것 없는 것이다. 성인인 공자(孔子)의 묘택은 물이 이끌어 싼 것 같은 모양인데 어디에선들 이러한 물은 볼 수 없는 것으로 외면(外面)의 모든 물이 중심에 와서 모이는 것이다. 만약 너무 소심하여 조그마한 일 하나하나에도 경서(經書)의 글 뜻만을 믿고 따르다간 적중치 못하는 일이 있게 된다. 그렇게 되면 차라리 글을 믿지 않는 것만도 못한 것이니 도리어 이루(離婁)와 같이 선천적으로 눈이 밝음을 간절히 요할 뿐이다.

❖ **둥근 가구를 이용하면 가족이 단란해 진다** : 아이들을 구김살 없이 건강하게 키우는 비결은 가정에 있다. 부모가 서로 아끼고 항상 웃음이 넘치는 가정에서 자란 아이는 잘못될 일이 없다. 훌륭하게 키우고 싶다는 소원을 빌기 전에 먼저 좋은 가정을 만들어야 한다. 화목한 가정을 만드는데 도움이 되는 것은 풍수 말 그대로 둥근 것을 사용하는 풍수로 사람의 마음까지 둥글게 하는 효과가 있다. 원래 풍수에서 원(圓)은 평화와 행복을 상징한다. 집 안에서 사용하는 물건들은 가능하면 둥근 모양의 디자인을 선택하라 예를 들어 가족이 함께 모여 식사하는 테이블이 그렇다. 타원형으로 된 식탁을 사용하면 좋다. 타원형은 기를 활발하게 만드는 파워가 있고 식탁에서의 대화를 화기애애한 분위기로 이끈다. 원형으로 된 것은 가족 개념보다는 부부만의 식사장소에 놓은 것이 더 적합하다. 이와 반대로 사각이나 장방형의 식탁은 피하는 것이 좋다. 음의 기가 강해 조금 딱딱한 분위기를 만들기 때문에 가족용 식탁으로 적당하지 않다.

❖ **둥근 주산봉**(主山峯)**이 높으면 부귀장수**(富貴長壽)**한다** : 둥근주산봉이 높으면 수명장수로 부귀 한다. 주산이 높은 것은 귀로 보고 둥근 것은 부로 보며 높은 것은 큰 인물이 나는 것이다. 주산(主山)은 수려(秀麗)하게 솟고 혈장(穴場)이 밝으면 귀(貴)한 자손이 배출된다. 당판(當坂)이 밝은 것은 귀의 속발로 보는 것이다.

❖ **둥글고 맑은 연못과 방죽은 재물과 높은 지위를 얻는다** : 둥글고 맑은 연못이나 방죽은 풍부한 재물과 높은 지위를 얻어 입신출세 할 재능이 있는 인물이 나오고 자손들이 인품이 준수하고 청명하다. 돌아 나가는 물길의 발원지 부위가 약간 꺾여서 가옥 중심을 향해직사할 경우 흉험과 파괴 등 재난과 장해가 발생한다.

❖ **득**(得)**과 수구**(水口) : 혈, 묘 혹은 내명당(內明堂) 양쪽에서 또는 청룡·백호 사이에서 시작되어 흐르는 물의 발원처(發源處)를 득(得)이라 하고, 그 물줄기가 용호(龍虎)와 서로 껴안은 사이를 흐르는 곳을 파(破) 또는 수구(水口)라고 부른다.

❖ **득**(得)**과 파**(破) : 물이 흘러 들어오는 곳을 득, 빠져나가는 곳을 파라고 부른다. 파를 수구(水口)라고 일컫기도 한다. 여기서 물이라 함은, 늘 흐르는 개울물이나 강물만을 가리키는게 아니다. 비올 때 생겨난 물도 함께 가리킨다. 마른 골짜기에서는 빗물이 모여 흘러 내려오는 곳이 득이고, 나가는 곳이 파다. 또 파는 두 개 이상이 될 수도 있다. 이 경우 안쪽의 파를 내파(內破), 바깥쪽의 파를 외파(外破)라 부른다.

❖ **득수**(得水) : 풍수에서는 득수처보다 파구(破口)의 위치와 형세를 더 중요시 한다. 물은 유유히 흘러야 길하고 격(激)하고 소리

가 나면 흉(凶)하다.

❖ **득수지점(得水地占)에 샘물이 보이면 성현군자(聖賢君子)가 출생한다** : 전순(氈脣)밑에 샘물이 보이면 부귀가 크게 발복한다. 득수(得水)는 차자로 보며 차자가 부귀한다. 샘물이 보이는 것은 성현(聖賢)이 나는 것이요

❖ **득수(得水)와 파구(破口)** : 묘터에서 보아 물이 흘러오는 곳을 가리켜 득수(得水)라 하고 물이 흘러 나가는 곳을 가리켜 파구(破口)라 한다. 또 묘터에서 보아 흘러오는 물줄기가 먼저 보이는 곳 즉 맨 처음으로 보이는 위치를 가리켜 득수방위(得水方位)라 하고 흘러가던 물줄기가 안보이는 곳 즉 빠져나가는 위치를 가리켜 파구방위(破口方位)라 한다.

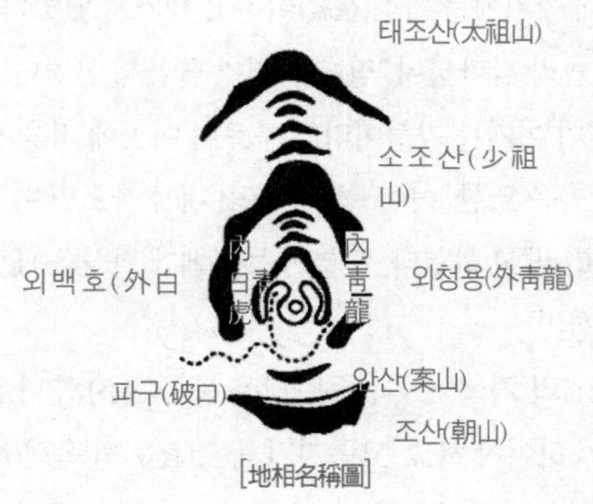

[地相名稱圖]

❖ **득수구(得水口)** : 혈 주위나 내명당(內明堂) 혹은 외명당(外明堂) 내에서 발원하여 흐르는 수류(水流)가 용호를 에워싸서 먼저 물이 들어오는 곳을 득수구라 하고 물이 빠져나가는 곳을 파구(破口)라 한다.

❖ **득수득파(得水得破)** : 지리법에 흘러오는 물이 맨 처음 보이는 곳을 득(得)이라 하고 맨 마지막 감춰지는 곳을 파(破)라 한다.

九星 / 穴坐	破軍	祿存	巨門	貪狼	文曲	廉貞	武曲	伏吟
坤乙	艮丙	巽申	午壬寅戌	乾甲	卯庚亥未	酉丁巳丑	子癸申辰	坤乙
子癸申辰	巽申	艮丙	乾甲	午壬寅戌	酉丁巳丑	卯庚亥未	坤乙	子癸申辰
乾甲	酉丁巳丑	卯庚亥未	子癸申辰	坤乙	巽申	艮丙	午壬寅戌	乾甲
卯庚亥未	午壬寅戌	乾甲	艮丙	巽申	坤乙	子癸申辰	酉丁巳丑	卯庚亥未
艮丙	坤乙	子癸申辰	卯庚亥未	酉丁巳丑	午壬寅戌	乾甲	巽申	艮丙
午壬寅戌	卯庚亥未	酉丁巳丑	坤乙	子癸申辰	艮丙	巽申	乾甲	午壬寅戌
巽辛	子癸申辰	坤乙	酉丁巳丑	卯庚亥未	乾甲	午壬寅戌	艮丙	巽申
酉丁巳丑	乾甲	午壬寅戌	巽申	艮丙	子癸申辰	坤乙	卯庚亥未	酉丁巳丑

※길성(吉星) : 거문(巨門), 빈랑(貪狼), 문곡(門曲), 무곡(武曲), 복음(伏吟)

九星 / 穴坐	金局 (巽庚癸巳酉丑)	木局 (乾甲丁亥卯未)	水局 (坤乙壬申子辰)	火局 (艮丙辛寅午戌)
胞	寅	申	巳	亥
胎	卯	酉	午	子
養	辰	戌	未	丑
生	巳	亥	申	寅
浴	午	子	酉	卯
帶	未	丑	戌	辰
冠	申	寅	亥	巳
旺	酉	卯	子	午
衰	戌	辰	丑	未
病	亥	巳	寅	申
死	子	午	卯	酉
藏	丑	未	辰	戌

※ 길성(吉星) : 생(生), 대(帶), 관(冠), 왕(旺)

❖ **득수(得水), 취수(聚水), 거수(去水)를 물의 3세라 한다** : 물의 기본적 형세를 득수(得水), 취수(聚水), 거수(去水)의 세 가지로 나누는데, 득수는 용혈이 물을 얻는 것으로 발원지를 말하며, 취수는 득수한 물이 혈 앞 마당에 모여 혈과 음양교합을 하는 것이고 거수는 명당의 물이 보국 밖으로 빠져나가는 파구(破口)를 말한다. 이 세 가지 물의 작용과 방법이 원만해야 용은 혈을 맺고 자손은 부귀 왕정할 수 있다.

❖ **득수한 물이 혈을 감싸고 돌아 주어야 한다** : 혈의 좌측에서 득수한 물이 혈 앞을 감싸고 돌아 우측으로 파구되는 좌수도우(左水倒右)하는 물이나 우측에서 득수한 물이 혈 앞을 감싸고 돌아 좌측으로 파구되는 우수도좌(右水倒左)하는 물을 보고 입향(入向)을 한다. 아무리 크고 좋은 물이라도 혈 앞을 지나지 않으면 용수교배(龍水交配)를 할 수 없으므로 물의 대소에 구애받지 말고 항상 용혈을 감싸고 흐르는 물을 기준해야 한다.

❖ **득수**(得水)**한 물이 혈의 향과 음양 교배하는 물을 기준한다** : 팔십팔향법은 의수입향(依水立向)이 원칙이지만 모든 물이 다 입향의 의지수(依地水)가 아니다. 오직 혈을 감싸고돌아 향과 마주보고 음양교배할 수 있는 물만이 의지수다. 혈의 좌측에서 득수한 물이 혈 앞을 감싸고돌아 우측으로 파구되는 좌수도우(左水倒右)하는 물이나 우측에서 득수한 물이 혈 앞을 감싸고돌아 좌측으로 차구되는 우수도좌하는 물을 보고 압향을 한다. 아무리 크고 좋은 물이라도 혈앞을 지나지 않으면 용수교배(龍水交配)를 할 수 없다. 따라서 물의 구애받지 말고 항상 용혈을 감싸고 흐르는 물을 기준해야 한다.

❖ **득파**(得破) : 혈장(穴場) 혈처(穴處)에서 청룡이나 백호 사이로 흘러오는 물이 처음 보이는 곳을 득(得)이라 하고 명당을 지나 흘러가는 물이 마지막 보이는 곳을 파(破)라 한다.

❖ **득파혼효**(得破混淆) : 음양의 교구(交媾)를 말함. 물은 음양이 교구(성적 교합이라고 알아둘 것)하여야 함은 물론이고 산은 산대로 음양의 변화가 있어야 하고 물은 물대로 왕쇠의 구별이 있어야 한다. 산수가 상생상왕(相生相旺)하여야 하는 것이니 득수처는 생왕궁(生旺宮)이 되어야 길하고, 파구처(破口處)는 쇠절궁(衰絶宮)이 되어야 한다. 물이 혈장을 안고 돌아가되 합법한 파구궁에 미달하면 성기의 단소함과 같으며 파구궁을 지나쳐서 감고 돈다면 마치 성기가 지나치게 장대한 것과 같으니 만족한 성교가 이루어질 수 없으므로 득파는 적절하게 형성되어야 한다.

❖ **득혈자**(得穴者) : 오늘에 와서도 득혈자(得穴者)는 발복이 적어도 득수자(得水者)는 필히 발복을 하게 되니 수법에 있는 것이다.

❖ **등고혈**(燈高穴) : 혈처가 절벽 위에 위태롭게 붙어 있는 괴혈의 형국. 괘등형(卦燈形 : 등잔 형국)으로 절벽 중간에 평평한 곳이 있으니 여기가 진혈이다.

❖ **등공**(騰公) : 한(漢)나라 하후 영봉(夏侯瓔封)을 지낸 사람. 등공의 수레가 동도문(東都門)에 이르렀을 때, 말이 울며 발을 땅에 구부리고서 앞으로 나아가지 않았다. 공이 이상히 여겨 사람들로 하여금 그 곳을 파보게 하니 그 속에서는 석자의 석곽(石槨)이 나왔는데 여기에는 가성(佳城)이라고 새겨져 있었다. 공이 이를 보고 놀라 감탄하며 "땅에 묻힌지 울울히 삼천년만에 햇빛을 본다"며 여기를 가성이라고 부르며 이곳에 집을 짓고 살게 되었다. 공은 또한 "아아~하늘이여! 내가 죽으면 여기에 장사(葬事)하리라"고 하였다. 하늘이 등공에게 가성을 내렸다는 데서 비롯한 말.

❖ **등공**(騰公)**의 가성**(佳城) : 좋은 땅은 등공(騰公)의 가성(佳城)을 구하고자 하여야 하고, 모름지기 숙오(叔敖)의 음덕(陰德)을 쌓아야 얻어진다고 하였다. 오직 적덕(積德)이라야 가히 하늘이 감동하므로 등공(騰公)처럼 가성(佳城)을 구할 수가 있고, 모름지기 숙오(叔敖)처럼 음덕(陰德)을 쌓아서 감동을 불러야 옳은 일이다.

❖ **등루**(騰漏) : 기운이 날아가고 샌다는 뜻. 좌우가 결함되고 앞은 지나치게 넓고 뒤는 넘쳐서 생기를 바람이 불어 흩어지게 한다. 즉 용(용맥)의 잠긴 기운이 위로 올라가고 아래 가지의 뜬 기운은 밑으로 새어나가는 것인데, 뼈가 썩어 자손이 멸하는 땅이다. 또 좌우가 이그러지고 앞은 지나치게 넓고 뒤는 넘어지면 바람이 불어 생기(生氣)를 흩어지게 하므로 혈이 맺지 못한다. 즉 산맥의 잠긴 기운은 위로 올라가고 가지의 뜬 기운은 아래로 새는 땅이다. 이러한 곳에 장사지내면 시신의 뼈가 썩어 흔적도 없게 되므로 자손이 멸하게 된다고 한다.

❖ **등밝히기** : 상가에는 근조(謹弔)라고 표시된 등을 대문에 달고

집안도 환하게 전등을 밝히도 하는 것.

❖ **등산**(登山) : 혈장이 있는 산에 오름.

❖ **등성이 능선** : 능선 위에는 산소를 쓰지 못한다. 언덕위 산등성이 높은 곳 등에 묘를 쓰면 후손에게 허영심이 생기고 풍류객이 되어 떠돌며, 투기, 도박 등으로 가산을 탕진 몰락한다.

❖ **따스한 햇볕** : 인간생활을 전개하는데서 햇볕은 직접 간접으로 영향을 준다. 햇볕에 의해서 기온이 높고 낮으며 그러한 기후 조건은 인간의 활동과 인간이 필요로 하는 농작물의 성장을 좌우하기 때문이다. 인간이 활동하는 데 알맞은 환경은 덥거나 춥지도 않고 습기로 가득차거나 메마르지도 않은 상태를 의미한다. 다시 말하면 지나치게 더우면서 습기가 차거나 건조한 습열과 건열 지나치게 추우면서 습기가 차거나 건조한 습한과 건한이 인간 활동을 제약하거나 신체에 손상을 준다는 말이다. 오직 따뜻하며 어느 정도의 습기를 지닌 온대가 활동하며 살아가는 사람들에게 알맞다는 것이다.

❖ **땅속의 기는 암반을 타고 흐른다** : 땅속의 기는 암반을 타고 흘러 생토(生土)로 이어진다. 여건이 맞지 않아 땅의 운기(運氣)를 목 받게 되면 방위(方位)의 운기 감응(感應)조치라도 취해야 한다. 이는 집의 위치방위에 따라서 기를 얻을 수 있기 때문이다.

❖ **땅의 기(氣)는 암반을 타고 흘러 생토(生土)로 이어진다** : 풍수지리에서 땅의 기는 생토에만 있다. 여건이 맞지 않아 땅의 기운(氣運)을 못 받게 되면 방위상(方位上)의 운기라도 취해야 한다. 이는 집의 위치 방향(方向)에 따라서 기를 얻을 수 있기 때문이다.

❖ **땅이 밝고 단단하며 배수가 잘 되는 땅이리야** : 택지나 묘지로서 토질은 비석비토(非石非土)의 혈토(穴土)를 최고로 친다. 택지나 묘지가 자갈 또는 왕모래 등으로 이루어져 있으면 아직 탈살이 덜된 곳으로 기가 억세고 혼탁하다는 뜻이다. 반면에 땅이 푸석푸석하여 먼지가 일거나 질퍽한 땅은 생기가 없는 곳이다. 혈토는 보기에는 돌 같은데 손으로 비비면 분가루처럼 미세하게 분해되는 입자가 고를 흙이다. 홍황자윤(紅黃紫潤)한 오색이 있어 발고 부드럽다. 지가 뭉친 땅이므로 단단하여 물이나 벌레 나무뿌리 등이 침범할 수 없다.

❖ **땅이란 완벽하게 좋은 수만은 없다** : 땅이란 그 경중(輕重)과 완급(緩急)을 살펴 따뜻한 혈(穴)자를 구하라. 따뜻하고 청룡(青龍)이 있으면 자손이 번성할 묘(墓)터이다.

❖ **땅이나 집이나 사람에게 미치는 영향은 매우 크다**

① 집을 새로 건축하거나 이사를 하려고 할 때는 가장 먼저 토지의 길흉(吉凶)부터 살펴보도록 하라. 원칙적으로 토지는 일조량이 많고, 통풍이 좋으며, 배수가 잘 되어야 한다. 이 세 가지 원칙에 더하여 길상(吉相)과 흉상(凶相)은 이러하다.

② 경사가 있는 토지 남쪽이 낮고 북쪽이 높은 경사지가 대길(大吉)의 토지이다. 이에 더하여 뒤쪽이 산이나 언덕이 있으면 최고 이것은 풍수에서 이상적이라고 말하는 용혈(龍穴)의 지형이다. 반대로 남쪽이 높고 북쪽이 낮으면 대흉지이다.

③ 부지가 변형되지 않은 곳은 행운을 부르는 토지의 조건은 변형 되지 않는 곳이다. 이상적인 것은 정방형(正方形)이나 장방형(長方形)의 토지이다. 하천이 가까이에 있다 맑은 물은 사람의 마음을 치료하고 운을 불러들이는 파워가 있지만 하천의 물이 오염되어 있는 경우에는 흉작용이 강해진다. 하천과 너무 가까이 있는 경우도 홍수를 당할 우려가 있으므로 피해야 한다.

❖ **땅의 겉모습이 추해도 밝은 혈토가 나올 수 있다** : 땅의 겉모습이 거칠고 추해서 혈을 맺을 수 없을 것 같은데 자세히 살펴보면 용진혈적(龍眞穴的)한 곳이 있다. 용맥이 겉과 다르게 단단하고 기세 있게 변화를 한다. 혈장은 입수도두(入首到頭), 선익, 순전, 혈운 등이 분명하다. 땅속 흙은 겉과는 다르게 밝은 혈토가 나온다. 외부의 모습만 보고 좋은 땅을 추졸이라 하여 버린다면 마치 공자가 얼굴만 보고 자우(子羽)를 잃는 것과 같다. 자우는 공자의 매우 똑똑한 제자인데 얼굴이 못생겼다고 한다. 이러한 곳은 보통 사람의 눈으로 알기 어렵다. 하늘이 감추고 땅이 숨기고 있다가 덕이 많은 사람에게만 보여준다고 한다.

❖ **땅에는 반드시 주인이 있다** : 안산이 아름답고 좋으면 나를 도와주는 좋은 사람들이 모여들게 되고 반면 안산이 흉하고 거칠면 거칠고 흉한 사람이 내 주변에 모이게 된다. 조상을 명당에 모시고 그 발복을 아무리 바래도 덕이 없는 자손의 조상은 그 명당을 차지하지 못하고 다시 나오게 된다. 그러므로 자손이

덕이 없으면 그런 부류의 대인관계를 갖게 되고 자신도 그런 생각을 갖게 되어 또다시 이장을 하게 되는데 결국은 명당 자리도 외면을 하는 것이다.

❖ **똑같은 사격이라도 용과 혈에 따라 그 영향이 달라진다** : 사격(砂格)은 매우 다양하게 생겨서 그 모양에 따라 산의 정기가 달라진다. 예를 들어 혈 앞에 귀인봉이 있으면 귀인이나고 문필봉이 있으면 대문장가가 난다. 반면에 여자가 치마를 걷어 올리는 듯한 흔군사가 있으면 남녀 모두가 음탕해진다. 여기서 한가지 주의 할 것은 똑같이 생기 사격이라도 용과 혈이 어떤가에 따라 그 기운과 미치는 영향이 달라진다. 같은 귀인봉이 있어도 용과 혈이 상격이면 대귀인이 출생하고 중격이면 소귀(小貴)를 출생하고 용혈이 없거나 하격이면 아예 귀를 불러오지 못한다. 즉 용과 혈이 귀하면 주변 사격도 귀한 것이 되지만 용혈이 천하면 아무리 좋은 사격도 별 효과가 없게 된다.

❖ **마**(馬) : 몸체는 통통하고 머리는 높은 모양.

① **정마**(正馬)

건=갑, 곤=을, 간=병, 손=신

(乾=甲, 坤=乙, 艮=丙, 巽=辛)

위 정마는 역마(驛馬)보다도 더욱 강력한 것으로 그 방(方)에 성봉이 용발(聳拔)하면 과거에 급제하고 만약 쌍봉(双峰)이면 양부(兩府)에서(兩科패스) 금장(金章)을 찬다.

② **역마**(驛馬)

해묘미=손사, 인오술=곤신, 사유축=건해 신자진=간인

(亥卯未=巽巳, 寅午戌=坤申, 巳酉丑=乾亥 申子辰=艮寅)

③ **비마**(備馬)

병=손, 임=건, 갑=간, 경=곤

(丙=巽, 壬=乾, 甲=艮, 庚=坤)

이상 록(祿)과 마(馬)를 모두 갖추었다면 녹마취(祿馬聚)라 하여 대귀하며 혹 한두개쯤 缺하여도 그 모인 수만큼 대귀한다.

❖ **마내**(麻內) : 삼밭 안에.

❖ **마당** : 건물에서 발생하는 기운은 양의 기운으로 이상을 추구하는 정신적 기운이며 마다의 하늘, 땅, 물 같은 자연에 의해 발생하는 기운은 건강 재물의 기운 같은 음의 기운으로 건물과 마당이 서로 마주보는 위치에 있으면 마당의 기운이 건물 안에 흡수되어 생기를 이룬다. 그러므로 건물은 마당보다 약간 높게 짓는 것이 좋다. 따라서 마당이 건물의 옆이나 뒤에 있으면 마당의 기운이 건물의 기운과 결합할 수가 없으므로 건물 안에는 생기가 부족하게 된다. 양택의 마당은 음택(陰宅)의 명당(明堂)에 비유되기도 하는데 마당은 음양의 양기(陽氣)가 조화(調和)하는 곳이며 재산을 축적하는 곳이기도 하므로 마당은 정사각형이 되면 부인을 어질고 가정이 화합하고 뒤쪽 마당이 크면 남편이 유첩(有妾)하게 되고 마당에서 뒷마당이 보이지 않으면 본 부인 몰래 첩이 있게 된다. 그러나 마당이 경사지고 푹 꺼져 있거나 뾰족하고 좁은 곳이 있으면 도산하거나 가난하게 살게 된다.

❖ **마당 개조** : 특히 여성 및 재물과 관련이 깊은 마당의 형태는 정사각형이나 원형이 가장 좋다. 직사각형 마당은 정사각형으로 바꿔 주고, 삼각형 마당은 조경이나 울타리 등의 시설로 둥글게 만든다. 마당은 연못이나 분수대가 있는 경우에는 그 곳에 고여 있는 물이 마당의 생기를 흡수한다. 생기를 잃으면 집 내부에 거주하는 사람이 건강을 잃게 되므로, 마당의 연못이나 분수대를 설치하지 않는다. 마당 한쪽에 외부 화장실을 두는 경우, 화장실의 위치와 방위를 잘 살펴야 한다. 대문과 화장실이 함께 있는 경우가 많은데, 이것은 매우 좋지 않다. 대문으로는 언제나 깨끗한 기운이 들어와야 하는데, 대문과 화장실이 같이 붙어 있는 경우에는 대문으로 들어오는 기운에 오물 기운이 묻어서 함께 집 안으로 들어오기 때문이다. 대문과 화장실이 함께 붙어 있는 집에서는 화장실을 대문에서 떼어 내 건물 방위와 마당의 형태를 고려하여 다른 자리에 배치한다.

❖ **마당관목**(灌木) **화초**(花草) : 마당에서 잘 자란 금잔디와 관복 화초는 가족의 정서와 기운에 좋으나 괴석노수(怪石老樹) 괴물 즉 동물 닮은 돌과 큰 나무와 마당에 작은 연못을 만드는 것은 마음이 편안하지 못하고 재물이 모이지 아니한다.

❖ **마당면적은 집 면적에 비례하는 것이 좋다** : 집 앞에 있는 마당은 집 연면적의 3배를 가장 이상적으로 보는데 5배 이상을 초과하면 마당이 너무 넓어 생기가 분산되어 집안에 전달되는 생기가 줄어든다. 넓은 경우에는 건물 면적 3배 정도만 안마당으로 하여 내부 울타리를 설치해서 생기가 흩어지지 않도록 하는 것이 좋다.

ㅁ

❖ **마당과 출입문은 지형보다 아래로 배치한다** : 주택 공간은 내부와 외부로 나누어지는데 외부 공간인 마당은 조경이나 작업 공간으로 이용된다. 그러니 마당 보다 큰 중요성은 마당이 사람에게 절대적으로 필요한 생기를 공급한다는 데 있다. 마당의 기운은 주택 내부에 그대로 전달되기 때문이다. 건물에서 발생하는 기운은 양(陽)의 기운으로서 이상을 추구하는 정신적 기운이다. 그러나 마당에서 하늘과 땅, 물 등 자연에 의해 발생되는 기운은 음(陰)으로서 사람의 건강, 재물, 여성의 기운 등이다. 주택과 마당이 서로 마주 바라보는 위치에 있으면 마당의 기운이 주택 내부에 흡수되어 생기를 이루게 된다. 따라서 건물은 마당 출입문(대문)보다 지형(地形)상 높은 곳에 배치되어야 배산임수(背山臨水) 배치가 이상적이다. 마당이 주택의 측면이이나 후면에 있는 경우에는 마당의 기운이 주택의 기운과 결합 할 수 없기 때문에 집 내부에 생기가 부족하게 된다. 마당은 정방형이 가장 좋다. 특히 정사각형의 마당에서는 공기 회전이 자유로워 생기를 많이 발생하게 하는데 마당에 기운이 모이면 집안 재산도 많이 일어난다. 그러나 마당이 삼각형인 경우에는 뾰족한 기운이 발생되어 교통사고 등 불의의 사고를 당하거나 이웃간 분쟁을 일으키거나 수입보다 지출이 예외로 많아지게 되는데 이러한 집에 셋방살이를 하여도 피해를 당하는 것은 마찬가지이다. 따라서 뾰족한 마당은 조경공사를 할 때 뾰족한 부분을 부드럽게 바꾸도록 해야 한다. 또한 마당이 장방형(長方形)인 경우도 마당의 기운이 제대로 순환되지 않아 질병을 초래할 수 있다. 마당과 건물이 모두 장방형인 경우에는 재물이 분산되고 단명하는 일이 발생하고 삼각형 마당에서는 재산이 모이지 않고 가난을 면치 못한다. 건물 형태가 남성에 해당된다면 마당은 여성에 해당된다. 따라서 마당에서 발생되는 기운은 여성에게 많이 작용한다. 건물에 기운이 뭉쳐있으면 그집에 거주하는 남자가 강력한 기운을 갖고 있고, 건물 앞쪽 현관 부분에 너무 많이 돌출하면 음이 강하여 여자가 내주장을 하게 되고 마당에 기운이 뭉쳐있는 경우에는 여성의 기운이 왕성해진다. 건물과 마당이 모두 강력한 기운을 갖고 있는 경우에는 남자와 여자 모두 왕성한 생명력을 갖게 된다. 건물과 마당이 음과 양을 마주 보고 있으면 이런 주택에서는 여성과 남성이 1:1로서 원만한 관계를 유지하게 된다. 이것이 가장 이상적인 형태이다. 건물 뒷면에도 마당이 있는 경우가 있는데 앞마당과 뒷마당이 각각 있는 경우에는 이 집의 남자에게 두 여자가 생기는 경향이 있다. 뒷마당이 주택에 가려져 남들 눈에 잘 띄지 않는 것처럼 본처 이외의 다른 여자는 남들 눈에 띄지 않는다. 그러나 뒷마당이 주택 전면에서 보이는 경우라면 여자 관계도 공개적임을 의미한다. 이처럼 주택의 마당수는 그 집 남자의 여성수와도 일정한 관계가 성립되는 경향이 있다. 그러나 뒷마당 규모가 매우 작은 경우에는 별도의 여성으로 해석하지 않는다. 이러한 경우는 아파트에 있어서도 동일하다. 마당 면적은 주택 면적에 비례하는 넓이가 좋다. 주택 전면에 위치하고 있는 마당은 주택 연면적의 넓이에 비해 3배를 가장 이상적인 것으로 보고 있다. 5배를 초과할 경우에는 마당이 너무 넓어 생기(生氣)가 분산됨으로써 주택 내부에 전달되는 생기가 감소된다고 본다. 마당이 너무 넓은 경우에는 건물 3배 정도의 넓이를 안마당으로 하고 내부 울타리를 설치함으로써 생기가 흩어지지 않도록 하는 것이 좋다.

❖ **마당 – 미국식** : 미국식 집은 대부분 앞면에 주차장이나 간단한 작업 공간으로 쓰이는 마당이 있고, 뒷면에는 가족 전용 마당이 있다. 이처럼 건물을 중심으로 마당이 앞뒤로 분리되어 있는 배치는 도로 쪽 마당은 공적인 공간으로, 뒷마당은 사적인 공간으로 구분되어 매우 기능적이다. 그러나 이러한 공간을 음양이론으로 분석하면 양 하나에 음이 여러 개 분산되어 있는 형태를 이루어, 한 남성에게 여러 여성이 있게 된다.

❖ **마당의 모양은 원이나 사각이 좋다** : 집을 지을 대지가 다 사각형일 수는 없다. 그러나 한쪽이 튀어나올 수도 있고 세모진 곳도 있을 것이다. 이러한 곳에는 땅이 아깝다고 생각을 하지말고 한쪽 모서리 쪽을 원을 만들어 마당을 만들게 되면 좋은 집이 된다. 마당은 한 가정의 아내의 역할을 한다. 이렇게 해서 삼각형의 대지 위에 지어 놓은 집에는 좋지 않다고 한다. 사각형의 마당은 길(吉)한 주택이다.

❖ **마당은 건물보다 약간 아래로 배치** : 집 공간은 내부와 외부로

나누어진다. 외부 공간인 마당은 작업 공간으로 이용되기도 하고 조경을 잘해 꾸며 놓기도 한다. 그러나 마당의 더욱 큰 중요성은 사람에게 꼭 필요한 생기를 공급하는데 있다. 마당의 기운이 집 내부에 그대로 전달되기 때문이다. 건물에서 발생하는 기운은 양 기운으로 이상을 추구하는 정신적 기운이다. 그러나 마당에서 하늘·땅·물 같은 자연에 의해 발생하는 기운은 건강·재물·여성의 기운 같은 음 기운이다. 건물과 마당이 서로 마주 보는 위치에 있으면 마당의 기운이 건물 안에 흡수되어 생기를 이룬다. 따라서 건물은 마당보다 약간 높게 짓는 것이 좋다. 마당이 건물의 옆이나 뒤에 있으면 마당의 기운이 건물의 기운과 결합할 수 없기 때문에 건물 안에 생기가 부족하게 된다. 마당은 정사각형이 이상적이다. 정사각형 모양 마당에서는 공기 회전이 자유로워 생기가 많이 발생한다. 마당에 기운이 모이면 집안 재산도 늘어난다(그림-마당의 종류 중 ① 참조). 마당이 삼각형이면 뾰족한 기운이 생겨 가난해지고, 교통 사고 같은 불의의 사고 당하거나, 이웃 사이에 분쟁이 일어나는 경우가 많다(⑨ 참조). 따라서 뾰족한 마당은 조경 공사를 할 때 뾰족한 부분을 부드럽게 바꾸도록 한다. 마당이 직사각형인 경우도 마당의 기운이 제대로 순환되지 않아 질병을 초래할 수 있다(③ 참조). 마당과 건물이 모두 직사각형이면 재물이 분산되고 단명하는 일이 발생한다(② 참조). 건물이 남성에 해당된다면, 마당은 여성에 해당된다. 따라서 마당에서 발생되는 기운은 여성에게 많이 작용한다. 건물에 기운이 뭉쳐있으면 그 집에 거주하는 남성이 강한 기운을 갖게 되고, 마당에 기운이 뭉쳐있으면 여성의 기운이 왕성하다. 건물과 마당이 모두 강한 기운을 갖고 있는 경우에는 남성과 여성 모두 왕성한 생명력을 갖게 된다. 건물과 마당이 음과 양으로 마주 보고 있으면 이런 집에서는 여성과 남성이 원만한 관계를 유지한다. 이것이 가장 이상적인 형태다(① 참조). 건물 뒤에도 마당이 있는 경우가 있는데, 앞마당과 뒷마당이 둘 다 있는 경우에는 이 집 남성에게 두 여성이 생기는 경향이 있다. 뒷마당이 집에 가려져 남들 눈에 잘 띄지 않는 것처럼 본처가 아닌 다른 여성은 남들 눈에 띄지 않는다(⑤ 참조). 뒷마당이 집 앞쪽에서도 보이면 여성과의 관계가 공개적임을 뜻한다(④ 참조). 이처럼 마당 수는 그 집 남자의 여성 수와 비례하는 경향이 있다. 그러나 뒷마당이 아주 작은 경우에는 별도의 여성으로 해석하지 않는다. 이러한 경우는 아파트에서도 동일하다. 마당 면적은 집 면적에 비례하는 것이 좋다. 집 앞에 있는 마당은 집 연면적의 3배를 가장 이상적이라고 본다. 5배를 초과하면 마당이 너무 넓어 생기가 분산되어 집 안에 전달되는 생기가 줄어든다고 본다. 마당이 너무 넓으면 건물 3배 정도 넓이만 안마당으로 하고, 내부 울타리를 설치해서 생기가 흩어지지 않도록 하는 것이 좋다. 지금은 복지 회관 건물이 들어서서 옛 모습을 찾아볼 수 없지만, 박정희 대통령을 시해한 김재규가 살던 집(서울 중구 신당동)은 300여 평 대지가 전체적으로 삼각형을 이루고 있었다. 뿐만 아니라 마당이 삼각형 대지의 가운데에 자리잡고 있어서 앞과 뒤, 옆으로 분산된 형태가 모두 뾰족한 삼각형을 이루고 있었다. 김 씨가 대통령을 시해한 것은 삼각형 마당에서는 칼이나 총 같은 예리한 물체에 의한 불행한 사고가 일어난다는 사실을 단적으로 보여주는 것이다. 지금 신축된 건물도 대지 형태에 맞춰 삼각형이라 염려된다.

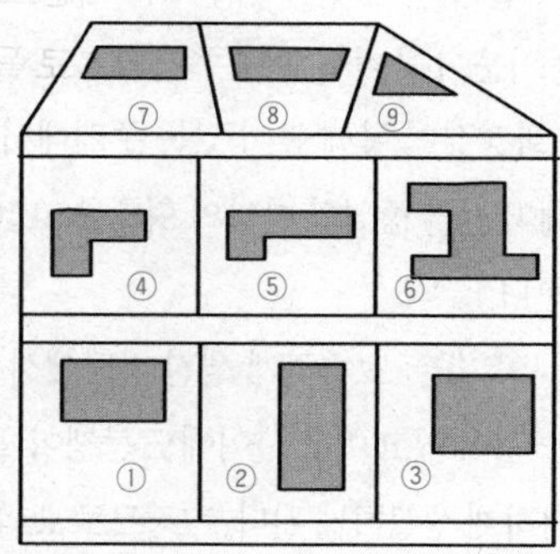

❖ **마당은 건물에서 발생하는 기운은**: 건물에서 발생하는 기운은 양의 기운으로 이상을 추구하는 정신적 기운이며 마당의 하늘 땅 물 같은 자연에 의해 발생하는 기운은 건강, 재물의 기운 같은 음의 기운으로 건물과 마당이 서로 마주보는 위치에 있으면 마당의 기운이 건물 안에 흡수되어 생기를 이룬다. 그러므로 건물은 마당보다 약간 높게 짓는 것이 좋다. 따라서 마당이 건물의 옆이나 뒤에 있으면 마당의 기운이 건물의 기운과 결합 할 수 가 없으므로 건물 안에는 생기가 부족하게 된다.

❖ **마당을 콘크리트로 완전포장은 흉** : 집안 마당에다 커다란 인조 돌덩이나 자연석 등을 들여다 쌓아 올려 모양을 내는 것과 연못을 파거나 자가수도를 박아 매설하는 것 콘크리트로 마당을 완전히 포장해 버리든지 자갈돌을 깔아 덮는 것과 군데군데 디딤돌이나 탑등(塔燈) 사람 짐승 등 석조물을 설치해 놓는 것 인조가산(假山) 및 축대를 쌓아 조경하는 것들은 대체로 파괴와 말썽 우환 손실 질병 사고와 재난 및 궂은 일이 발생한다.

❖ **마당의 연못과 분수대를 없앤다** : 특히 여성 및 재물과 관련이 깊은 마당의 형태는 정사각형이나 원형이 가장 좋다. 장방형 마당은 정사각형으로 바꿔주고 삼각형 마당은 조경이나 울타리 등의 시설로 둥글게 만든다. 마당에 연못이나 분수대가 있는 경우에는 그곳에 고여 있는 물에 마당의 생기가 흡수된다. 생기를 잃으면 주택 내부에 거주하는 사람이 건강을 잃게 되므로 마당에 연못이나 분수대를 설치하지 않는다. 마당 한쪽에 외부 화장실을 두는 경우 화장실의 위치와 방위를 잘 살펴야 한다. 대문과 화장실이 함께 있는 경우가 많은데 이것은 매우 좋지 않다. 대문으로 항상 깨끗한 기운이 들어와야 하는데 대문과 화장실이 같이 붙어 있는 경우에는 대문으로 들어오는 기(氣)가 오물 기운이 묻어서 함께 주택 내부로 들어오기 때문이다. 대문과 화장실이 함께 붙어 있는 주택에서는 화장실은 대문에서 떼내어 건물 방위와 마당의 형태를 고려하여 별도의 자리를 배치한다.

❖ **마당이 삼각형이면** : 뾰족하게 생긴 마당에서 살게 되면 하는 일마다 되는 것이 없고 이웃 사이에도 분쟁이 일어나는 경우도 있으며 가난하게 생활하게 된다. 그러므로 뾰족한 마당은 조경공사를 할 때 뾰족한 부분을 부드럽게 바꾸도록 한다.

❖ **마당이 직사각형이면** : 마당의 기운이 제대로 순환되지 않아 재물이 모이지 않고 질병을 초래할 수도 있는데 마당과 건물이 모두 직사각형인 경우에도 더욱 주의를 해야 한다.

❖ **마당은 정사각형이 이상적이다** : 마당이 정사각형의 모양에서는 공기 회전이 자유로워 생기가 많이 발생하기 때문인데 마당의 기운이 모이면 집안 재산도 늘어난다.

❖ **마당집의 공간의 마당** : 내 외부로 나누어지는데 외부 공간인 마당은 작업 공간으로도 사용하지만 조경을 잘해 놓으면 사람에게 꼭 필요한 생기를 공급해 준다. 마당의 기운이 집 내부에 그대로 전달된다.

❖ **마당 – 일본식** : 일본 전통 집은 마당 한가운데 건물을 배치해, 건물이 마당으로 둘러싸여 있다. 이처럼 건물이 중앙에 섬처럼 위치하고 그 주변에 마당이 둘러쳐져 있는 배치는 남성이 중심이 되고, 여성은 종속적인 위치를 갖게 된다. 따라서 남성은 여성 위에 군림하고, 여성은 언제나 남성을 향해 무릎 꿇고 봉사하게 된다.

❖ **마당 – 한국식** : 전통 한옥은 ㄱ자, 또는 ㅁ자 건물 한가운데 마당을 배치하고 있다. 따라서 마당이 대부분 정사각형으로 가장 아름다운 형태를 이루고 있는데, 이러한 형태에 생기가 가장 많이 모인다. 마당은 음에 속하므로 아름다운 마당은 곧 아름다운 여성을 만난다. 한국 여성 중에는 신사임당처럼 자식을 훌륭하게 키우는 여성이 있었는가 하면 행주산성의 역사에서 보듯이 애국심이 충만한 여성도 있었다. 뿐만 아니라 정절을 지킨 여성을 기리는 열녀비도 수없이 많았다. 뒷마당에는 장독대를 만들고 빨래를 너는 등 부엌이 연장된 작업 공간이었다. 그런데 이처럼 뒷마당이 있는 집 구조는 음양이론으로 보아 음이 건물 앞면과 뒷면에 분산되어 있어, 이 집 남성에게 본부인 외에 다른 여성이 따르게 되는 경향이 있다.

❖ **마산**(馬山) : 건방(乾方)에 솟은 산을 가리킴. 또는 마형(馬形)을 닮은 산 또는 역마방(驛馬方)에 있는 산.

❖ **마상어가**(馬上御街) : 손방(巽方)에 말 형상의 산이 있고 물이 그리로 흘러가면 고귀(高貴)한 인물이 배출된다. 그가 높은 지위에 올라 임금을 가까이 모신다.

❖ **마안절**(馬眼絶) : 마안절이란 내룡(來龍)이 급하고 현무정(玄武頂)이 높게 있어 혈이 외롭게 노출되므로써 바람이 닿고 물이 모이지 않아 흉하다.

❖ **마을터** : 옛부터 살기 좋은 마을 터란 대대(代代)로 전해 내려오는 구전(口傳)에 의하면 뻘이 있으면 부자(富者)가 나고 뻘이 없이 물이 감아 돌아주면 인물(人物)이 난다고 하였다.

❖ **마적**(馬跡) : 마적(馬跡)은 말발굽 형상의 봉홍이다. 이런 돌이 물

속에 깔려 있다.

❖ **막교**(莫敎) : 하면 안된다. 하여금 안된다.

❖ **막다른 골목** : 넓은 들판에서는 바람의 방향이나 속도가 균일하다. 그러나 도심지에서는 도로가 바람의 통로가 되며, 특히 밀집된 건물 사이에 있는 도로에서는 강한 바람이 분다. 잔잔한 바람은 상쾌하고 유익하지만 강한 바람은 건강을 빼앗아 간다. 길다랗게 난 막다른 골목에 위치한 집은 좋지 못하다. 이러한 집에는 도로에서 불어 오는 바람이 건물을 향해 화살같이 들어와서 집 안 기운을 관통하므로, 건강을 잃는다. 막다른 도로의 길이가 길수록 바람의 속도는 빨라진다. 막다른 도로가 짧은 경우에는 오히려 도로가 기운을 모아 주는 역할을 하기 때문에 좋은 집이 될 수도 있다. 막다른 도로는 아니어도 큰 도로가 마주 뚫려 있는 위치, 곧 정면으로 도로를 바라보는 위치에 있는 점포는 막다른 도로의 경우와 같은 영향을 받게 된다.

❖ **만년도**(萬年圖) : 건물 및 묘의 좌(坐)를 갑자(甲子)에서 계해(癸亥)까지 六十年間을 대조하여 세운(歲運)의 살신(殺神)을 일람표로 작성한 도표(圖表)를 말한다. 이 도표에는 연극 〈年克 : 坐運이 太歲納音의 克을 받음〉 삼살(三殺 : 겁살(劫殺) 재살(災殺) 세살(歲殺)) 좌살(坐殺, 향살(向殺) 정음부(正陰符) 방음부(傍陰符) 세파(歲破) 천관부(天官符) 지관부(地官符) 황천구퇴(皇天灸退) 부천공망(浮天空亡) 등을 표시한다. 이러한 흉신(凶神)이 닿지 않는 해는 대리(大利) 또는 소리운(小利運)이 되어 좌(坐)를 임의로 놓을 수 있다 하는 것이다. 그러나 비록 흉살(凶殺)이 닿는 좌(坐)라 할지라도 꺼리고 꺼리지 않는 구별이 있다. 삼살(三殺) 좌살(坐殺) 세파(歲破) 방음부(傍陰符) 연극(年克)은 장매(葬埋 : 음택(陰宅)에 꺼리나) 기조(起造 : 양택(陽宅))에 꺼리지 않는다. 향살(向殺) 천관부(天官符) 지관부(地官符) 정음부(正陰符)는 기조에는 꺼리나 장매에는 꺼리지 않는다. 세간흉신 일람표 세지흉신 일람표 오산연운 참고.

- **연극**(年克) : 산운(山運 : 坐運)이 태세납음(太歲納陰)의 克을 받음으로 장매(葬埋)에 꺼림. ○ 향살(向殺) : 건물 및 묘의 향(向)을 꺼림.
- **좌살**(坐殺) : 건물 및 묘의 좌(坐)를 꺼림.
- **천관부**(天官符) : 건물의 좌를 꺼리고 이 방위에 수작(修作)을 꺼림.
- **지관부**(地官符) : 천관부와 같음.
- **삼살**(三殺) : 겁살(劫殺), 재살(災殺), 세살(歲殺)을 삼살이라 한다. 건물 및 묘의 좌(坐)를 꺼리며(向은 무방) 이 방위에 장매(葬埋)나 동토, 증축, 수리 등을 아니한다.
- **구퇴**(灸退) : 황천구퇴(皇天灸退)다. 장매(葬埋)에는 무방하나 건축에 있어 향(向)을 꺼린다. 이 방위(方位)에서 동토(動土), 수리(修理) 등을 아니한다. 만일 이 살(殺)을 범하면 재물의 손실이 많다고 한다.
- **세파**(歲破) : 태세와 상충(相沖)되는 좌(坐)로 장매에 꺼린다.
- **음부**(陰符) : 정음부(正陰符)다. 양택(陽宅)에는 꺼리나 장매(葬埋)에는 꺼리지 않는다.
- **방음**(傍陰) : 방음부(傍陰符)다. 장매에는 꺼리나 양택 즉 기조(起造)에는 꺼리지 않는다.
- **부천**(浮天) : 부천공망(浮天空亡)이다. 건물 묘의 향(向)을 꺼린다.
- **대리**(大利) : 장매 기조를 불문하고 대길하다.
- **소리**(小利) : 장매·기조를 불문하고 소길하다.

年 / 坐	甲子	乙丑	丙寅	丁卯	戊辰	己巳	庚午	辛未	壬申	癸酉
壬坐	浮天 向殺	小利	坐殺	年克 傍陰	向殺	大利	坐殺	大利	向殺 方陰	大利
子坐	年克	灸退	三殺 陰府	小利	年克	灸退	三殺	陰府 年克	地官	灸退
癸坐	年克 向殺	浮天	坐殺 傍陰	大利	年克 向殺	大利	坐殺	年克 傍陰	向殺	大利
丑坐	年克	傍陰	三殺	小利	年克	大利	三殺 傍陰	年克 歲破	小利	地官
艮坐	陰府	年克	年克	大利	大利	年克 陰府	大利	大利	大利	小利
寅坐	年克	三殺	小利	天官 傍陰	年克	三殺	大利	年克 天官	傍陰 歲破	三殺
甲坐	年克	坐殺 傍陰	大利	向殺	年克	坐殺	傍陰	年克 向殺	浮天	坐殺
卯坐	灸退	三殺 年克	年克	小利	灸退 陰府	年克 三殺	小利	小利	灸退	三殺 歲破 陰府
乙坐	大利	坐殺	傍陰	年克 向殺	小利	坐殺	大利	向殺 傍陰	大利	坐殺 浮天
辰坐	年克 地官	三殺	傍陰	小利	年克	三殺	小利	年克 傍陰	小利	三殺
巽坐	年克 陰府	大利	大利	大利	年克	陰府	大利	年克	小利	大利
巳座	三殺	年克 傍陰 地官	年克 天官	大利	三殺	年克	傍陰 天官	大利	三殺	大利
丙坐	坐殺 傍陰	大利	向殺	年克	坐殺	傍陰	向殺	浮天	坐殺	大利
午坐	三殺 歲破	小利	地官	灸退 年克 陰府	三殺	小利	大利	灸退	三殺 陰府	小利
丁坐	坐殺	傍陰	向殺	大利	坐殺	大利	年克 傍陰 向殺 浮天	大利	坐殺	年克
未坐	三殺 年克	歲破	小利	地官	三殺 年克 傍陰	小利	大利	年克	三殺	傍陰
坤坐	年克	大利	陰府	大利	年克 傍陰	大利	大利	年克 陰府	大利	小利
申坐	年克	天官	傍陰 歲破	三殺	年克 地官	天官	小利	年克 三殺 傍陰	大利	天官
庚坐	年克	向殺	大利	坐殺 浮天	年克 傍陰	向殺	小利	年克 坐殺	大利	向殺 傍陰
酉坐	小利	陰府	灸退	三殺 歲破	小利	地官	灸退 年克 陰府	三殺	小利 冬至 後	年克
辛坐	年克 傍陰	向殺	浮天	坐殺	年克	向殺 傍陰	大利	年克 坐殺	大利	向殺
戌坐	年克	小利	大利	三殺 傍陰	年克 歲破	小利	地官	年克 三殺	傍陰	大利
乾坐	小利	陰府	大利	小利	大利	浮天	年克 陰府	小利	大利	年克
亥坐	天官	大利	三殺	小利	傍陰 天官	歲破	年克 三殺	地官	天官	年克 傍陰

年 / 坐	甲戌	乙亥	丙子	丁丑	戊寅	己卯	庚辰	辛巳	壬午	癸未
壬坐	坐殺 浮天	小利	向殺	傍陰	年克 坐殺	大利	向殺	年克	坐殺 傍陰	大利
子坐	三殺	年克	陰府	灸退 年克	三殺	小利	小利	灸退 陰府	三殺 歲破	年克
癸坐	歲破	浮天 年克	向殺 傍陰	年克	坐殺	大利	向殺	傍陰	坐殺	年克
丑坐	三殺	年克 傍陰	小利	年克	三殺	大利	傍陰	小利	三殺	年克 歲破
艮坐	陰府	小利	大利	大利	大利	陰府	年克	大利	大利	大利
寅坐	地官	天官 年克	小利	三殺 年克 傍陰	小利	天官	大利	三殺	傍陰	天官 年克
甲坐	大利	向殺 年克 傍陰	大利	坐殺 年克	大利	向殺	傍陰	坐殺	浮天	向殺 年克
卯坐	小利	地官	灸退	三殺	陰府	大利	年克 灸退	三殺	小利	陰府
乙坐	大利	向殺	傍陰	坐殺	年克	向殺	大利	坐殺 年克 傍陰	大利	向殺 浮天
辰坐	歲破	年克	傍陰 地官	三殺 年克	大利	大利	小利	三殺 傍陰	小利	年克
巽坐	陰府	年克	大利	年克	大利	陰府	大利	大利	小利	年克
巳坐	天官	傍陰 歲破	三殺	地官	天官	大利	年克	三殺 大利 傍陰	天官	大利
丙坐	傍陰 向殺	大利	坐殺	大利	向殺 年克	傍陰	坐殺	年克 浮天	向殺	大利
午坐	小利	灸退	三殺 歲破	陰府	地官 年克	灸退	三殺	年克	陰府	灸退
丁坐	年克 向殺	傍陰	坐殺 年克	大利	向殺	大利 冬至後	浮天 傍陰	大利	向殺 年克	大利
辛坐	浮天 向殺	小利	坐殺	年克 傍陰	向殺	大利	坐殺	大利	向殺 方陰	大利
戌坐	年克	灸退	三殺 陰府	小利	年克	灸退	三殺	陰府 年克	地官	灸退
乾坐	年克 向殺	浮天	坐殺 傍陰	大利	年克 向殺	大利	坐殺	年克 傍陰	向殺	大利
亥坐	年克	傍陰	三殺	小利	年克	大利	三殺 傍陰	年克 歲破	小利	地官

年 / 坐	甲申	乙酉	丙戌	丁亥	戊子	己丑	庚寅	辛卯	壬辰	癸巳
壬坐	向殺 浮天 年克	大利	坐殺	傍陰	向殺	大利	坐殺 年克	大利	向殺 傍陰	小利
子坐	地官	灸退	三殺 傍陰 年克	大利	小利	灸退	三殺	陰府	年克	灸退
癸坐	向殺	浮天	坐殺 傍陰 年克	大利	向殺	大利	坐殺	傍陰	向殺 年克	大利
丑坐	大利	傍陰 地官	三殺 年克	大利	大利	大利	三殺 傍陰	小利	年克	小利
艮坐	陰府	小利	大利	年克	大利	坐殺	陰府	大利	大利	年克
寅坐		三殺	地官 年克	傍陰 天官	小利	三殺	大利	天官	傍陰 年克	三殺
甲坐	年克 陰府	大利	大利	大利	年克	陰府	大利	年克	小利	大利
卯座	小利	地官	灸退	大利	三殺	陰府	大利	三殺	小利	陰府
乙坐	大利	向殺	傍陰	坐殺	年克	向殺	大利	坐殺 年克 傍陰	大利	向殺 浮天
辰坐	大利	三殺	歲破 傍陰 年克	小利	地官	三殺	小利	傍陰	年克	三殺
巽坐	陰府	大利	年克	大利	大利	陰府	大利	大利	年克	大利
巳坐	三殺	傍陰	天官	年克 歲破	三殺	地官	傍陰 天官	大利	三殺	年克
丙坐	坐殺 傍陰 年克	大利	向殺	大利	坐殺	傍陰	向殺 年克	浮天	坐殺	大利
午坐	年克 向殺	浮天	坐殺 傍陰	大利	年克 向殺	大利	坐殺	年克	向殺	大利
丁坐	坐殺	傍陰	向殺	大利	坐殺	年克	向殺 傍陰 浮天	大利 冬至後 不利	坐殺	大利
未坐	三殺	小利	年克	小利	三殺 傍陰	歲破	小利	地管	三殺 年克	傍陰
坤坐	大利	大利	陰府 年克	大利	浮天	大利	大利	陰府	年克	陰府
申坐	大利	天官	傍陰 年克	三殺	小利	天官	歲破	三殺 傍陰	地官 年克	天官
庚坐	大利	向殺	年克	坐殺 浮天	傍陰	向殺	大利	坐殺	年克	向殺 傍陰
酉坐	小利	陰府	灸退	三殺	小利 冬至 後 不利	年克	灸退 陰府	三殺 歲破	小利	地管
辛坐	傍陰	向殺	浮天 年克	坐殺	大利	向殺 傍陰	小利	坐殺	年克	向殺
戌座	小利	大利	年克	三殺 傍陰	大利	小利	大利	三殺	傍陰 歲破 年克	小利
乾坐	大利	陰府	大利	小利	小利 冬至後 不利	浮天 年克	陰府	小利 冬至後 年克	小利	小利
未坐	天官	大利 冬至後 不利	三殺	小利	傍陰	傍陰 天官	年克	三殺	小利 冬至後 不利	傍陰 歲破

年 / 坐	甲午	乙未	丙申	丁酉	戊戌	己未	庚子	辛丑	壬寅	癸卯
壬坐	坐殺 浮天	小利	向殺	年克 傍陰	坐殺	大利	向殺	大利	坐殺 傍陰	小利
子坐	三殺 歲破 年克	小利	陰府 地官	灸退	三殺 年克	小利	大利	年克 灸退 陰府	三殺	小利
癸坐	坐殺 年克	浮天	向殺 傍陰	大利	坐殺 年克	大利	向殺	傍陰 年克	坐殺	大利
丑坐	三殺 年克	傍陰 歲破	小利	地管	三殺 年克	大利	傍陰	年克	三殺	小利
艮坐	陰府	年克	年克	大利	大利	陰府 年克	大利	大利	大利	小利
寅坐	年克	天官	歲破	三殺 傍陰	地官 年克	天官	大利	三殺 年克	傍陰	天官
甲坐	年克	向殺 傍陰	大利	坐殺	年克	向殺	傍陰	坐殺 年克	浮天	向殺
卯坐	小利	年克	灸退 年克	三殺 歲破	陰府	地管 年克	灸退	三殺	小利	陰府
乙坐	大利	向殺	傍陰	坐殺 年克	大利	向殺	大利	坐殺 傍陰	大利	向殺 浮天
辰坐	年克	小利	傍陰	三殺	年克 歲破	小利	地官	三殺 傍陰 年克	小利	大利
巽坐	陰府 年克	大利	大利	大利	年克	陰府	大利	年克	小利	大利
巳座	天官	傍陰 年克	三殺 年克	大利	天官	年克 歲破	三殺 傍陰	地官	天官	大利
丙坐	向殺 傍陰	大利	坐殺	年克	向殺	傍陰	坐殺	浮天	向殺	大利
午坐	小利	灸退	三殺	陰府 年克	小利	灸退	三殺 歲破	小利	向殺	大利
丁坐	向殺	傍陰	坐殺	小利	向殺	大利	坐殺 浮天 傍陰 年克	大利	向殺	年克
未坐	年克	小利	三殺	小利	年克 傍陰	小利	三殺	年克 歲破	小利	傍陰 地官
坤坐	年克	大利	陰府	大利	年克 浮天	大利	小利	年克 陰府	大利	小利
申坐	年克	三殺	傍陰	天官	年克	三殺	小利	傍陰 天官 年克	歲破	三殺
庚坐	年克	坐殺	大利	向殺 浮天	傍陰 年克	坐殺	大利	向殺 年克	大利	坐殺 傍陰
酉坐	灸退	三殺 陰府	小利	小利	灸退	三殺	陰府 年克	大利	灸退	三殺 歲破 年克
辛坐	傍陰	坐殺	浮天	向殺	年克	坐殺 傍陰	大利	向殺 年克	小利	坐殺
戌坐	地官 年克	三殺	大利	傍陰	年克	三殺	大利	天官 年克	大利	年克
乾坐	小利	陰府	大利	小利	三殺 傍陰	大利	天官 年克	小利	大利	年克
亥坐	大利	天官	傍陰 年克	三殺	小利	天官	歲破		地官 年克	

年 坐	甲辰	乙巳	丙午	丁未	戊申	己酉	庚戌	辛亥	壬子	癸丑
壬坐	向殺 浮天	大利	坐殺	傍陰	向殺 年克	大利	坐殺	年克	向殺 傍陰	大利
子坐	小利	灸退 年克	三殺 歲破 陰府	年克	地管	灸退	三殺	陰府	小利	年克 灸退
癸坐	向殺	浮天 年克	坐殺 傍陰	年克	向殺	大利	坐殺	傍陰	向殺	年克
丑座	小利	傍陰 年克	三殺	年克 歲破	小利	地管	三殺 傍陰	小利	大利	年克
艮坐	陰府	小利	大利	大利	大利	陰府	年克	大利	大利	小利
寅坐	大利	三殺 年克	小利	傍陰 年克 天官	歲破	三殺	地官	天官	傍陰	三殺 年克
甲坐	大利	坐殺 年克 傍陰	大利	向殺 年克	大利	坐殺	傍陰	向殺	浮天	坐殺 年克
卯坐	灸退	三殺	小利	小利	灸退 陰府	三殺 歲破	年克	地官	灸退	三殺 陰府
乙坐	大利	坐殺	傍陰	向殺	年克	坐殺	大利	向殺 年克 傍陰	大利	坐殺 浮天
辰坐	大利	三殺 年克	傍陰	年克	大利	三殺	歲破	傍陰	地官	三殺 年克
巽坐	陰府	年克	大利	年克	大利	陰府	大利	大利	小利	年克
巳坐	三殺	傍陰	天官	大利	三殺	大利	傍陰 天官 年克	歲破	三殺	地官
丙坐	坐殺 傍陰	大利	向殺	大利	坐殺 年克	傍陰	向殺	年克 浮天	坐殺	大利
午坐	三殺	大利	小利	灸退 陰府	三殺 年克	小利	大利	灸退 年克	三殺 歲破 陰府	小利
丁坐	坐殺 年克	傍陰	向殺 年克	大利	坐殺	小利 冬至後 不利	向殺 傍陰 浮天	大利	坐殺 年克	大利
未坐	三殺	年克	大利	年克	三殺 傍陰	小利	小殺	小利	三殺	傍陰 歲破 年克
坤坐	大利	年克	陰府	年克	浮天	大利	大利	陰府	小利	年克
申坐	地官	天官 年克	傍陰	三殺 年克	小利	天官	小利	三殺 傍陰	大利	天官 年克
庚座	大利	向殺 年克	小利	坐殺 年克 浮天	傍陰	向殺	大利	坐殺	大利	向殺 傍陰 年克
酉坐	年克	陰府 地官	灸退 年克	三殺	小利	小利 冬至後 不利	灸退 陰府	三殺	年克	小利
辛坐	傍陰	向殺 年克	陰府	坐殺 年克	大利	向殺 傍陰	大利	坐殺	大利	向殺 年克
戌坐	歲破	年克	地官	三殺 年克 傍陰	大利	小利	大利	三殺	傍陰	年克
乾坐	年克	陰府	年克	大利	大利	陰府	陰府	小利	年克	小利
亥坐	天官 年克	歲破	三殺 年克	地官	天官 傍陰	大利 冬至後 不利	三殺	大利	天官 年克	傍陰

年 坐	甲寅	乙卯	丙辰	丁巳	戊午	己未	庚申	辛酉	壬戌	癸亥
壬坐	坐殺 年克 浮天	大利	向殺	傍陰	坐殺	大利	向殺 年克	大利	坐殺 傍陰	大利
子坐	三殺	小利	陰府 年克	灸退	三殺 歲破	小利	地官	灸退 陰府	三殺 年克	小利
癸坐	坐殺	浮天	向殺 傍陰 年克	大利	坐殺	大利	向殺	傍陰	坐殺 年克	大利
丑坐	三殺	陰府	年克	大利	三殺	歲破	傍陰	地官	三殺 年克	小利
艮坐	陰府	小利	大利	年克	大利	陰府	大利	大利	大利	年克
寅坐	大利	天官	年克	三殺 傍陰	小殺	天官	歲破	三殺	傍陰 地官 年克	天官
甲坐	大利	向殺 傍陰	年克	坐殺	大利	向殺	傍陰	坐殺	浮天 年克	向殺
卯坐	大利	大利	灸退	三殺 年克	陰府	大利	灸退	三殺 歲破	小利	陰府 地官 年克
乙座	年克	向殺	傍陰	坐殺	大利	向殺	年克	坐殺 歲破	大利	向殺 浮天
辰坐	大利	小利	傍陰 年克	三殺	大利	小利	小利	三殺 傍陰	年克 歲破	小利
巽坐	陰府	大利	年克	大利	大利	陰府	大利	大利	年克	小利
巳坐	天官	傍陰	三殺	年克	天官	大利	三殺 傍陰	大利	天官	年克 歲破
丙坐	向殺 傍陰 年克	大利	坐殺	大利	向殺	陰府	坐殺 年克	浮天	向殺	大利
午坐	地官 年克	灸退	三殺	陰府	小利	灸退	三殺 年克	小利	陰府	灸退
丁坐	向殺	傍陰	坐殺	大利	向殺	年克	坐殺 傍陰 浮天	小利 冬至後 不利	向殺	大利
未坐	小利	地官	三殺 年克	小利	傍陰	小利	三殺	小利	年克	傍陰
坤坐	大利	大利	陰府 年克	大利	浮天	大利	小利	陰府	年克	小利
申坐	歲破	三殺	傍陰 年克 地官	天官	小利	三殺	小利	傍陰 天官	年克	三殺
庚坐	大利	坐殺	年克	向殺 浮天	傍陰	坐殺	大利	向殺	年克	坐殺 傍陰
酉坐	灸退	三殺 歲破 陰府	小利	地官	灸退	三殺 年克	陰府	小利 冬至後 不利	灸退	三殺
辛坐	傍陰	坐殺	浮天 年克	向殺	不利	坐殺 傍陰	不利	向殺	年克	坐殺
戌坐	小利	三殺	年克 歲破	傍陰	地管	三殺	大利	小利	年克 傍陰	三殺
乾坐	大利	陰府	大利	小利	不利 冬至後 不利	年克 浮天	陰府	小利 冬至後 不利	小利	大利
亥座	三殺	小利 冬至後 不利	天官	歲破	三殺 傍陰	年克 地官	天官	大利 冬至後 不利	三殺	傍陰

❖ **만년출행도**(萬年出行圖) : 이 법은 중국 한(漢)나라 때의 인물인 제갈공명(諸葛孔明)이 만들었다고 어느 방서(方書)에 기록되어 있으나, 그 진부(眞否)는 알 수 없다. 방서에 있는 바를 다음 페이지에 도표로 수록한다.

❖ **만두**(巒頭) : 만두란 혈(穴) 뒤의 입수룡(入首龍)에서 약간 돌출된 곳을 말하는데 약간 튀어나온 곳을 말하는데 이것을 뇌두(腦頭)라고도 한다. 대개 인작(人作)으로 만든다.

❖ **만두형세**(巒頭形勢) : 기묘하게 흐르고 솟구친 산천의 형세를 말한다.

❖ **만람혈**(挽籃穴) : 이 혈은 사람의 발에 해당되는 혈이다. 발 중에서도 다리를 개고 앉아 있는 사람의 발이다. 앉아 있는 형국이니, 팔에 해당되는 청룡과 백호가 혈처를 아늑하게 감싸준다.

❖ **만물의 근본** : 세상에 존재하는 만물은 근본이 없는 것이 없고, 이름이 없는 것이 없다. 천체의 근본은 북극성이고, 지체의 근본은 북극축이고, 초목의 근본은 뿌리이고, 인간의 근본은 조상이고, 명당의 근본은 주산(主山)이다. 만물 중에서 가장 귀한 것은 내 몸이요, 산의 제일은 혈판(穴坂)이다. 내 몸이 있어야 부모를 섬기고, 조상을 받들고, 자손을 낳을 수 있는 것이다. 이와 같이 혈(穴)이 생긴 후에야 주산(主山)의 위세도, 내룡(來龍)과 청룡백호(青龍白狐)도, 원근사격(遠近砂格)도 소중하다. 그러므로 혈판이 된 후에야 주산(主山)의 영기(靈氣)와 내룡(來龍)의 산세와 청룡백호(青龍白狐)와 원근사격(遠近砂格)을 살펴보아야 한다.

❖ **만상천형**(萬狀千形) : 만상천형재목(萬狀千形在目) 삼재팔괘본제심(三才八卦本諸心) 호지지재방촌간(地只在方寸間) 비술불출문자외(秘術不出文字外)

❖ **만(萬)가지 상(狀)과 천(千)가지 형(形)이 다 눈에 있고, 삼재팔괘(三才八卦)의 근본은 모두 마음이다** : 좋은 땅은 단지 방촌간(方寸間)에도 있으며, 비술(秘術)은 문자외(文字外)에서 나오지 않느니라. 의의 문장을 총결(總結)한다. 산이 비록 천만가지의 형상으로 많으나 모든 것은 보는 사람의 눈에 따라서 혈의 정교(精巧)함을 판단하게 되는 것이다. 비록 삼재팔괘(三才八卦)가 다르긴 하나 오로지 모든 근본은 심사(心思)의 묘함에 따라 득지(得地)할 수 있는 것이다. 훌륭한 땅을 얻고자 할진대, 촌간(寸間)의 차이에서도 있게 되니 오로지 적덕(積德)으로 구할 수 있고, 비술(秘術)은 역시 문자로써 서결(書訣)에 모아 놓았기 때문에 많은 책을 보고 읽어야 할 것이다.

호지지재방촌간
비슬불출문자외

好地只在方寸間
秘術不出文字外

❖ **만왕관상**(蠻王觀象) : 이 형국은 오랑캐의 임금이 코끼리를 살펴보고 있는 것이다. 임금처럼 생긴 봉우리 앞에 코끼리 형상의 봉우리가 솟아올랐다. 혈은 코끼리의 어금니에 있다. 안산은 가죽신이다.

❖ **만왕기사**(蠻王騎獅) : 이 형국은 오랑캐의 임금이 사자 등에 올라탄 것이다. 임금처럼 생긴 봉우리 앞에 사자처럼 생긴 봉우리가 솟아올랐다. 혈은 사자의 어금니에 있다. 안산은 안장이다.

❖ **만왕포전**(蠻王鋪氈) : 이 형국은 오랑캐의 임금이 양탄자 위에 앉아 있는 것이다. 혈은 양탄자 위에 있다. 안산은 큰 나무가 된다.

❖ **만유오**(萬有吾) : 명(明)나라 때의 사람으로 명리학인 삼명통회(三命通會)를 지은 사람이다.

❖ **만일**(萬一) : 주산(主山)의 생김이 길이가 길면 혈지(穴地)가 먼 곳에 맺히는 것이 자연 원리인 것이다.

❖ **만장**(輓章) : 죽은 사람을 슬퍼하며 지은 글. 장사지낼 때에 비단이나 종이에 적어서 기(旗)를 만들어 상여 뒤에 따르게 함.

❖ **만청자**(曼淸子) : 동방삭(東方朔)의 자(字)다. 전한(前漢) 무제(武帝) 때의 인물. 벼슬은 금우문시중(金禹門侍中)을 지냈다. 해학

과 변설에 능한 선사(仙士)로 당시 뿐 아니라 지금까지 삼천갑자동방삭(三千甲子東方朔)으로 전해온다.

❖ **만포**(彎抱) : 지리법의 산이나 용의 형상에 관한 술어. 활등처럼 휘어 감아 안은 형상을 말한다.

❖ **만환**(彎環) : 물은 이어야지 직류(直流)여서는 안된다. 수룡도 또 산룡(山龍: 길게 구불구불 계속되고 기복하는 산맥)과 같은 모양으로 직선형을 싫어한다. 구불구불하고 길게 이어져 흐르는 모습이 마치 용을 생각나게 하는 것 같은 곡선을 한 하천이 원하는 바이다.

❖ **말락용**(末落龍) **혈**(穴) : 말락혈(末落穴)이라 하는 것은 혹 물가에 가서 맺든지 또는 길가에 그쳐서 맺는 혈이다. 이것은 다 본산(本山)에서 출발하여 길게 뻗어내려 오면서 중도에 강하고 웅장한 기세를 다 벗어 나와 끝에 와서 다시 봉(峯)들이 별도로 생겨서 새로 작국(作局)하여 떨어진 혈이므로 부귀를 하되 잠시 발복하고 장원하지 못한다.

❖ **말락지격**(末落之格) : 말락지격이란 끝 자리에 떨어진 혈(穴). 대진(大振)이라고 불리워 지기도 한다. 용맥의 기운이 가장 왕성하다. 주인이 크게 부유해지고 귀해진다.

❖ **망로위**(望路位) : 망로위란 사헌부 감찰이 예가에서 축관이 축문을 불사르는 곳으로 정자각 뒤 북서쪽에 있다. 초기에 조성된 왕릉에는 소전대석(燒錢臺石)이다.

❖ **망망**(茫茫) : 아득하고 멀어 아무것도 웅거할 곳이 없는 상태. 망망한 상태.

❖ **망명**(亡命) **중상년법**(重喪年法) : 자오묘유생(子午卯酉生) 망명(亡命) 자오묘유년(子午卯酉年) 중상(重喪). 진술축미생(辰戌丑未生) 망명(亡命) 진술축미년(辰戌丑未年) 중상(重喪). 인신사해생(寅申巳亥生) 망명(亡命) 인신사해년(寅申巳亥年) 중상(重喪). (해설) 망명(亡命) 출생년(出生年)과 이장년(移葬年)(자생(子生))의 자년(子年)의 동일년(同一年)은 대중상(大重喪)이고 상충(相沖)된 해(자생(子生)에 오년(午年)는 중중상(中重喪)이고, 이 외의 生年과 이장년(移葬年)은 소중상(小重喪)이므로 대(大) 중중상년(中重喪年)만은 삼갈 것.

❖ **망인**(亡人)**의 길흉좌견법**(吉凶坐見法)

- 자축생(子丑生)은 갑신좌(甲申坐)는 장자흉(長子凶)하다.
- 인묘생(寅卯生)은 계유묘자(癸酉卯坐) 삼년내흉(三年內凶)
- 진생(辰生)은 유신좌(酉申坐) 삼년내흉(三年內凶)
- 사생(巳生) 인술좌(寅戌坐)는 소흉(小凶) 오생(午生)은 간좌(艮坐)는 자손다(子孫多) 유첩(有妾)한다.
- 미생(未生)은 신좌(申坐)후손(後孫)이 불길(不吉)하다.
- 신생(申生)은 간병자좌(艮丙子坐) 사유축좌(巳酉丑坐) 내외불구형(內外不具凶)
- 유생(酉生)은 오술좌(午戌坐)는 장자상(長子喪) 배(配) 중자흉(中子凶)하다.
- 술생(戌生)은 묘좌(卯坐)는 십년내흉(十年內凶)
- 해생(亥生)은 축좌(丑坐)는 장자흉(長子凶) 이상(以上)과 같이 대흉좌(大凶坐) 임을 명심(明心)하라

❖ **망자의 생년과 대살기좌표**

生年	山三災	前調不入	大害	黃泉	滅門坐	得凶際
子	子方	子	未	巽	巽巳乾亥	제주나 장자 사망
丑	甲方	丑寅甲	丙	艮	壬子丙午 巽巳丑艮	장례 후 3년 내 3인 사망
寅	癸方	癸	巳	乾	坤申巽	가문 멸망
卯	酉方	酉	辰	坤	甲卯庚酉 坤申巽	申年 풍병, 3인 사망
辰	甲方	甲	卯	巽	巽巳丑艮	장례 후 3년 내 초상
巳	丑方	丑艮	寅	艮	乾亥未坤	장자에게 자손이 없음
午	艮方	艮	丑	乾	乾亥未坤	자손의 도망, 감옥살이
未	巽方	巽	乙	坤	癸丑丁未 巽巳艮	절손
申	艮酉方	艮丙震	亥	巽	艮寅戌亥	장례 후 3년 내 자손패망
酉	子方	子酉戌	戌	艮	艮寅戌亥	제주 상처, 자손패망
戌	卯方	酉	酉	乾	艮寅坤申 巽巳丑	酉年에 5·6인 사망
亥	丑方	壬丑	申	坤	乙辰申戌	장자의 단명, 무자

❖ **망주석**(望柱石) : 분묘의 전면 좌우측에 주간형의 돌기둥을 세우는 것. 용례(用例) 발인시에 소방상을 사용하거나 서민의 분묘에 석인과 망주석은 세우지 못하며 표석은 2척을 지나지 못한다.

❖ **망해서 나간 집은 좋지 않다** : 일단 기분상으로도 꺼림직할 것이지만 이전에 살던 주인이 망한 이유를 찾아 보면 틀림없이 집의 좌향이나 대문의 위치, 안방, 부엌 등의 배합에 그 연유가 있음을 볼 수 있다.

❖ **매거**(枚擧) : 낱낱이 들추다. 매마르고 습기가 없는 땅 : 건축물이 들어서는 땅이 메말라 버석거리고 끈기와 습기가 전혀 없는 경우와 건물을 짓기 위해 대지를 조성할 때 옛 우물이나 수렁, 시궁창 등을 메워 터를 닦고 그 위치에 방(부엌, 화장실)을 배치하거나 집터의 하부에 나무의 뿌리나 고목 등치가 매몰되었을 경우 우환, 사고 및 재물 파탄과 구설, 말썽 등 흉험이 발생된다.

❖ **매아상**(埋牙象) : 이 형국은 코끼리가 어금니를 감추고 있는 것이다. 앞에 큰 냇물이나 강물이 흐른다. 혈은 감춰진 어금니 위에 있다. 안산은 풀 더미다.

❖ **매장(埋葬)은 이렇게 하면 좋다**

- 재혈(裁穴), 천광(穿壙), 하관(下棺), 석회(石灰), 성분(成墳)
- 천광 (穿壙)하기 전(前)에 分 을 맞추어 놓고 천광 재혈해야 오차가 없다.
- 성분(成墳)을 하기 전 시신(屍身)의 무릎 부분을 중심으로 해서 봉분(封墳)을 만들어야 한다.(뒤는 봉토(封土)가 가하나 앞을 잘못하면 시신이 밖으로 나오게 된다. 나무를 중심에 꽂아두고 봉분(封墳)를 만들면 오차가 없다)
- 하관(下棺) 시(時)에 좌우는 수평(水平)을 맞추어라, 그렇지 않으면 자손에 재앙이 있게 된다.
- 상하는 위를 약간 높게 하라. 체백(體魄)의 수분이 아래로 빠지게 한다.
- 천광(穿壙)할 때 혈심토(穴深土) 맨 마지막에 향 쪽을 한 번 더 파내고 부드러운 흙으로 채우고 체백의 수분이 빠질 때 향 쪽으로 빠지게 한다.
- 천광 할 때 혈심토 맨 마지막에 향(向)쪽을 한 번 더 파내고 부드러운 흙으로 채워 체백의 수분이 빠질 때 향쪽으로 물이 빠지게 한다.
- 천광한 후에 부드러운 흙으로 15cm정도 위에 깔아준다. 요의 역할을 한다. 천광 할 때 지맥이 드러나면 얕게 파고 지맥이 숨어 있으면 깊게 파며 지맥이 여위어서 얕거던 1~2척 지맥이 평 하면 한길 넘게 천광한다.
- 천광 할 때 북소리처럼 울려야 좋은 혈자리이다.
- 천광할 때 맥(脈)에 접하고 맥의 중앙을 뚫고 묘를 쓰면 사기(死氣)를 범(犯)하게 된다.
- 천광의 혈토(穴土)는 비석비토(非石非土)로 단단해야 좋은 혈자리이다.
- 천광은 주위에 암반이 노출되는 곳이면 인위적으로 배수가 잘되는 양질의 흙으로 바꾸는 방법도 생각해 보아야 한다. 흙이 배수가 잘 안되면 보형의 침범을 받으므로 배수 방법을 꼭 검토해야 한다. 그래야 자손에 해(害)가 없다.
- 천광은 부토(腐土)를 걷어내고 생토(生土)를 찾는다. 생토는 별도로 모아 두었다가 매장할 때 관 밑자리와 주위에 외부흙을 넣지 말고 생토를 다시 넣는다. 혈토는 금빛이 나면 속발(速發)되고 한 가지 색이면 물이 없는 곳이다.
- 매장 후 체백이 황골(黃骨)이 되어야 명당이라고 본다.
- 성분(成墳)하고 난 후에 생토를 사용 꼭 뇌두(腦頭)를 만들어 준다.(이것은 물이 들어가지 않게 하기 위한 것 - 수입방지 水入防止)
- 평지는 묘 봉분을 크게 하고 뒤가 조금 낮아야 한다. (수입방지)
- 하관 시에 운은 왼쪽 가슴위에 아는 오른쪽 무릎위에 놓는다.
- 시신에 벌레가 있을 때는 조그만 잣나무 가지 3개를 올려놓으면 벌레가 없어진다. 매장 시에도 올려놓으면 벌레가 안 생긴다.
- 하관 시 백관이 소나무 잎을 입에 물로 있으면 호충(呼冲)을 방지한다. 솔잎 침(끝부분)을 바깥쪽으로 줄기를 안쪽 (입)으로 한다.

- 명당 가까이(전순 앞 청룡 백호 현무)있는 흙으로 봉분을 지으면 상주(喪主)에게 해가 미친다. 재혈(裁穴) 할 때 지렁이 뱀 곤충 등 살생하지 마라
- 묘 봉분을 지을 때 상석(床石) 앞은 약간 낮게 하고 광중(壙中)에 물이 들지 못하게 상석아래 축대(築臺)까지 배례(拜禮)하는 자리는 끝을 약간 높인다. 재물 복이 안 빠지게 하는 것이다.
- 봉분(封墳)은 최소 반지름이 1.5cm 이상 이어야 좋다. (우수침수방지)
- 봉분 조성 시 석회 사용은 석고 미술용이 좋다. 바로 굳는다. 혼합 비율 석회(石灰)와 흙 5대5 정도가 좋다.
- 봉분 앞이 경사가 심할 때는 석축을 하지만 낮은 곳은 잔디축이 좋다.
- 화장(火葬)을 하는 것은 부모와 조상과 원수가 졌으면 화장을 해도 무방하지만 조상은 인간의 뿌리이다. 조상을 화장한 가문(家門) 잘되는 집이 없다.

❖ **매화낙지**(梅花落地) : 이 형국은 매화꽃이 땅에 떨어진 것이다. 매화꽃은 굳이 큰 물을 끼지 않아도 괜찮다. 또 땅에 떨어졌기 때문에 산봉우리가 얕다. 혈도 대개 얕은 곳에 있다. 혈은 꽃술에 자리잡는다. 꽃술이 여러 개일 수가 있는데, 암술에 가장 좋은 혈이 깃들인다. 안산은 화분, 화병, 화환, 벌, 나비 등이다. 그리고 매화형이 자손들에게 미치는 영향은 연화형과 비슷하다.

❖ **매화낙지혈형**(梅花落地穴形) : 상석 위치에서 입수(入手) 양 어깨를 쳐다보아후덕(厚德)하고 양명(亮明)한 곳으로 좌우 선을 분별한다. 매화낙지형은 평지(平地)돌처(突處)로 속기(束氣) 입수되어 결혈이 다 높은 곳에 속기입수는 비룡상천혈형이라 한다.

❖ **매화혈**(梅花穴) : 매화혈이란 가지와 줄기로서 울퉁불퉁 굽어서 수성(水星)을 이룬다. 수성(水星)은 물거품(泡)에 혈(穴)을 맺으니 매화의 꽃이 마디에 피어나는 형상이다.

❖ **맥**(脈) : 맥(脈)이란 산줄기를 의미하지만 풍수지리(風水地理)에서는 산속을 흐르는 산의 기맥(氣脈)을 의미하며 생기(生氣)가 뭉친 곳을 맥(脈)이라 한다.

① 맥(脈)이란 것은 비록 체(體)가 없으나 숨어서 적게 흙 밖에 노출(露出)되나 기(氣)는 무형무체(無形無體)하여 맥(脈) 중에 숨어 있는 것이다.

② 내려온 맥으로 맥의 기운이 유해(遺骸)와 접할 수 있자면 맥의 급하고 완만한 것의 영향을 받으며, 깊고 얕음에 이치가 다르다. 맥과 접하여 기운을 받음이 각각 정교한 뜻이 있으니 맥(脈)은 승(乘)한다고 하지 않고 접(接)한다고 한다. 장서(葬書)에서도 「얕고 깊음이 풍수(風水)의 기(氣)를 받는 것」이라 했다. 이러한 말들도 기를 바로 받을 수 있느냐와 맥을 바로 접할 수 있느냐, 아니면 측면으로 받느냐 하는 뜻이다. 한마디로 맥(脈)은 나무의 가지와 같아서 모든 가지가 모여 한줄기를 만드는 것과 같으니 맥기(脈氣)를 접하면 가지에서 열매가 달리는 결과와 같은 것이다. 승기(乘氣)란 말은 이처럼 묘한 말이며 맥은 산맥이란 말이다.

③ 맥(脈)이란 지형학(地形學)으로 산의 큰 줄기를 맥이라 하여 산맥으로 칭한다. 지리법에서도 산의 줄기를 맥이라 하지만 약간 다른 것은 아주 미세한 줄기도 맥으로 포함한다. 맥의 의의를 알기 쉽게 비유하면 사람에 있어 기혈(氣血)이 통하는 혈맥(血脈)이 있는 것 같이 산의 정기가 흐르는 길을 맥이라 한다. 맥에도 혈(穴)과 같이 진맥(眞脈) 가맥(假脈)이 있다. 또는 눈으로 보아 형상(形象)으로 살필 수 있는 맥이 있는가 하면 눈으로 혈상을 보아 알 수 없는 맥이 있다. 형상이 있건 없건을 막론하고 산의 정기가 흐르는 곳이면 모두 맥에 포함된다. 따지고 보면 맥이 용(龍)이요 용이 곧 맥인데 설명의 편리상 용이라 칭하기도 하고 맥이라 칭하기도 한다. 다만 이를 구태여 구분해 본다면 형체(形體)로 살필 수 있는 것이 용이고 은미한 기운이 통하고 있는 것이 맥이라 할 수 있으므로 용을 살피는 일보다 맥을 알기가 어렵다고 한다.

④ 맥(脈)이 줄기는 같으나 가지는 다르니 가지가 칡같이 뻗으

면 싫어하고, 세(勢)는 회룡고조(回龍顧祖)로 되면 조(祖)가 높은 것을 싫어하지 않느니라.

가지가 제멋대로 뻗어나가 칡덩굴 같아 흉하다

[지혐정만(枝嫌廷蔓)]

맥은 줄기와 가지로 분류할 수 있다. 정룡(正龍)은 줄기가 되고 줄기에서 갈라져 나가면 가지가 된다. 가지가 귀하게 전호(纏護)하면 유정(有情)하지만 어지러이 뻗어나가 혈장으로 돌아오지 않으면 가장 싫어하는 것이다. 칡덩굴 가지처럼 된 곳에는 기(氣)가 흩어지게 되어 돌아올 수 없으므로 혐오하는 것이다. 세(勢)가 돌아 회룡(回龍)하면 조산(祖山)이 개면(開面)하여 상대하게 된다. 이 때에는 조산이 높이 솟아나도 싫어하지 않는다. 의룡경(疑龍經)에서는 「번신(翻身)하여 고모(顧母) 고조종(顧祖宗)하면 이것은 회룡(回龍)이다」 라고 하였다. 굽이 돈 용(龍)은 낚시를 던진 것 같은데, 작혈(作穴)하기 이전에 조산(祖山)을 먼저 만들게 되므로 종산(宗山)이나 조산(祖山)이 천리(千里)의 초초히 먼 것을 구애받지 않는다. 이런 말은 조종(祖宗)이 먼저 조산(朝山)을 만드므로 혈장(穴場)에서 향으로 대하게 되었을 때 상대하는 정이 멀고 높은들 상관하지 않는다. 또한 수백보의 먼 원방(遠方)을 필요로 하나 능압(凌壓)의 세(勢)만은 없어야 한다. 고조(顧祖)가 두려운 것은 압혈(壓穴)인 것이다. 괴혈편(怪穴編)에서는 「회고(回顧)의 세(勢)에서는 조산(祖山)이 높음을 두려워하지 않는 것이 이치이다」 라고 하였다. 혈의 면전(面前)에서 조(祖)가 높아 혈(穴)을 속이는 듯하나 낮아서 속아도 싫어하지 않는다. 조(祖)에서 보면 혈이 낮고 혈에서 보면 조(祖)가 높으니 혈이 낮은 그 세(勢)는 혐오하지 않는다.

회룡고모격이라도 대조를 잃었다.

[능압회고조(凌壓回顧祖)]

회룡고조의 조산이 멀기 때문에 높아도 싫어하지 않는다.

[원방고조불압(遠方顧祖不壓)]

⑤ 맥이란 시각적으로 보이는 산줄기를 말하는 것이 아니요 산의 땅속에서 흘러 통하는 기(氣)의 맥을 말하는 것이다. 맥은 오형적인 산맥을 말하는 것이 아니요 산맥에는 속으로 정기(精氣)가 흐르고 있음을 맥이라 표현하여 풍수지리에서 사용하고 있는 것이다. 맥은 높고 낮은 산룡(山龍)에만 있는 것이 아니요 평지에도 맥은 흐르고 있는 것이다. 예를 들면 용(龍)은 인체의 수족(手足)을 용(龍)이라 비유될 수 있고 맥은 인체의 혈관으로 비유될 수 있다. 풍수지리학에서 용은 시각적으로 나타나니 알기가 쉽고 맥은 보이지가 아니하고 속으로 흐르니 맥의 길흉화복(吉凶禍福)을 구별하기가 참으로 어렵다 하였으니 많은 연구와 경험이 이루어졌을 때에 가능할 것이다.

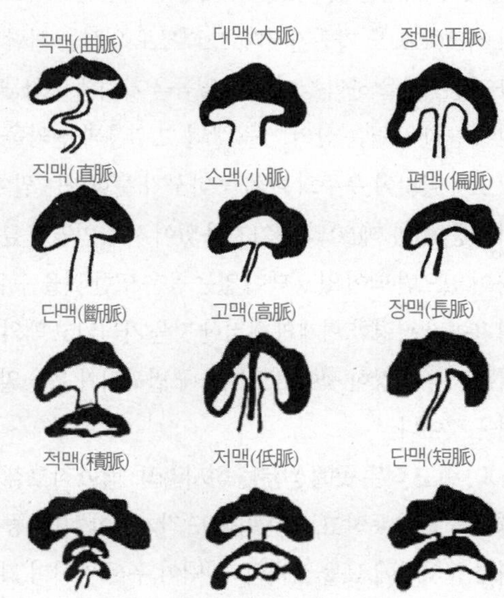

❖ **맥식굴돌**(脈息窟突) : 맥식굴돌이란 원운(圓暈)의 중심에 은미한 요(凹)나 철(凸)한 형상이 있을 경우 요(凹)를 굴(窟)이라 한다. 이 굴 가운데 아주 작은 돌(突)이 있으면 이것이 식(息)이다. 철(凸)한 것을 돌이라 하고 돌(突)한 가운데 또 다시 아주 작은 요(凹)가 있으면 이것을 맥(脈)이라 한다.

❖ **맥**(脈)**의 팔병**(八病) : 맥(脈)의 팔병(八病)이란 이는 이순풍(李淳風)이 지적한 혈성(穴星)의 8가지 병통이다.

① 혈의 모양이 호로(葫蘆)처럼 생긴 것은 유(乳)가 아니니 점혈(占穴)을 못한다.

② 물고기 입에서 내뿜는 거품과 같으면 포(泡)가 아니다.

③ 이마를 펜 것이 도두룩하지 않아 대(竹)와 같으면 절(節 : 마디)이 아니다.

④ 이마를 뚫고 2참 맥이 나오면 경(硬)이 아니다.

⑤ 둥글고도 등마루(脊)가 있으면 덩이(塊)가 아니다.

⑥ 펜 것이 분명치 않으면 구슬(珠)이 아니다.

⑦ 흘러 동하여 맥이 나오면 전피(転皮)가 아니다.

⑧ 용맥이 거칠고 큰 것은 생기(生氣)가 있는 용이 아니다.

❖ **맥**(脈)**이란** : 사람에게는 맥이 있어 기와 혈이 맥을 따라 진행하는 것이니 맥이 맑은 사람은 인품이 귀하고, 흐린 사람은 천하며, 길(吉)한 사람은 안강(安康)하고, 흉한 사람은 위태로운 것과 같이 지맥(地脈)도 마찬가지다. 그러므로 의사는 사람의 맥을 보아 건강진단을 하여 병이 있고 없음을 가려내고 천문에 밝고 지리에 능한 사람은 산의 맥을 살펴 그 길흉과 선악을 안다고 하였으니 이것이 우주의 이치를 바꾸지 못한다는 말이다. 또 산에는 용(龍)과 맥(脈)의 두 가지가 있어 서로 인연이 깊은 것이니 용이 있으면 맥이 있고 맥이 없는 용은 또한 있을 수 없다. 그런데 용이란 평평한 형체의 현저한 것을 가리키고 맥의 기운이 은미한 것을 주장한 것이므로 맥을 구별하기가 용을 알기보다 어려운 것이다.

❖ **맥**(脈)**이 좁고 적은 곳에 쌍분을 하지마라** : 맥이 작고 짧은 곳에 묘 쌍분을 하지 못하고, 봉분(封墳)도 작게해야 한다. 능선(稜線) 꼭대기 끝자락에 묘를 쓰리마라. 맥이 우선 맥이며 좌선으로 좌선 맥이 우석 맥으로 묘를 쓰야한다. 맥이 크고 토질이 좋은 곳에는 쌍분(雙墳) 가족묘지(家族墓地)도 가능하다.

❖ **맥자기자**(脈者氣者) : 맥(脈)이란 것은 기(氣)의 근본(根本)이 되는 것이오 기(氣)란 것은 혈상(穴象)의 정기(精氣)를 뜻하니 용(龍)에 맥(脈)이 없으면 혈(穴)이 나타나지 않고 기(氣)가 없으면 혈상(穴象)을 이루지 못하는 것이라. 맥(脈)을 알면 가히 용(龍)을 볼줄 알 것이며 기(氣)를 알면 가히 혈(穴)을 소점(所占)할 수 있는 것이다.

❖ **맥진처**(脈盡處) : 용맥이 흘러와 마지막 끝나는 곳.

❖ **맹자**(孟子) **영과이후진**(盈科而後進)**이란** : 물이 흐를 때는 조금이라도 오목한 데가 있으면 우선 그 곳을 가득 채우고 아래로 흘러감과 같이 사람의 배움의 길도 속성(速成)으로 하려하지 말고 차츰차츰 처음부터 만들어야 한다는 말이다.

❖ **맹호도간**(猛虎跳間) : 이 형국은 호랑이가 개울물을 뛰어서 건너는 것이다. 앞에 개울물이 흐른다. 혈은 호랑이의 이마에 있다. 안산은 호랑이가 즐겨 잡아먹는 짐승이다.

❖ **맹호출림**(猛虎出林) : 이 형국은 호랑이가 숲 속에서 뛰어 나오는 것이다. 기상이 매우 힘차게 생겼다. 생동감이 넘친다. 혈(穴)은 호랑이의 이마에 있다. 안산은 사자(호랑이한테 항복하는 사자)나 호랑이가 좋아하는 짐승이다.

❖ **맹호하산**(猛虎下山) : 이 형국은 호랑이가 산에서 내려오는 것이다. 산세가 위풍당당하다. 혈은 호랑이의 허리 안품이나 머리에 있다. 안산은 호랑이를 잡으려고 쳐 놓은 그물이나 짐승이다.

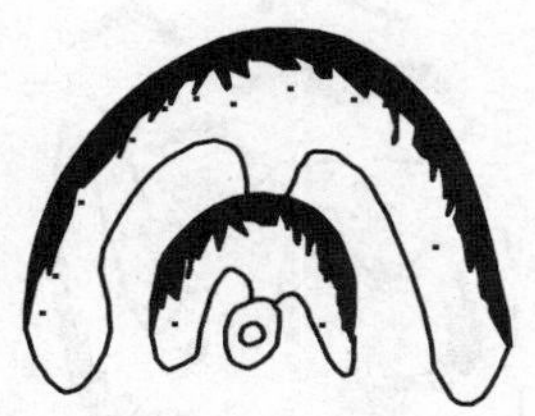

❖ **맹호형국**(猛虎形局) : 맹호형국은 면구(眠狗) 안산(案山) 수록(睡鹿) 안산이 있어야 명당으로 제격이다.

❖ **먼저 집이 있고 뒤에 무덤** : 먼저 집이 있고 뒤에 무덤이면 무덤은 필히 흥하고 집은 필히 패한다. 먼저 무덤이고 후에 집이면 집이 성(盛)하게 되면 무덤은 스스로 쇠하게 되니라. 양택(陽宅)에서 진정 요하는 것을 만드는 방법이며 음양선후(陰陽先後)의 이치를 분별하여야 한다. 내룡(來龍)의 기(氣)가 왕성하여 일체로 음택(陰宅)이나 양택(陽宅)을 모두 만들 수 있도록 맺어진 곳은, 양택(陽宅)인 살아가는 주거지나 또는 음택(陰宅)인 분묘지를 만들 수 있으며, 피차가 같이 발복하는 데는 다름이 없다. 만약 내룡(來龍)의 정기(正氣)가 음지(陰地)로 결지(結地)하면 여기(餘氣)는 양기(陽基)를 만들게 된다. 가택이 먼저 세워져서 발복하였는데 나중에 내룡(來龍)의 정기(正氣)에 분묘를 만들면 정기(正氣)는 분묘에서 얻게 되고 여기(餘氣)도 또한 분묘에서 쓰게 된다. 이것은 무덤이 택기(宅氣)를 탈취하게 되는 것이므로 분묘는 반드시 흥하고 가택은 반대로 패하게 된다. 그러나 내룡(來龍)의 정기(正氣)가 양기(陽基)로 맺어지고 여기(餘氣)는 음지(陰地)를 만드는 곳에 편안한 분묘가 먼저 만들어져서 발달하였는데, 그런 후에 가택을 세우면 정기(正氣)를 가택이 얻게 되며 여기(餘氣)도 또한 가택이 쓰게 된다. 이것은 가택이 분묘의 기(氣)를 탈취함이니 가택이 성(盛)하여지면 분묘는 자연적으로 쇠(衰)하게 된다. 거주지를 찾는 데는 이러한 이치가 꼭 필요하다할 것이다. 선택후분(先宅後墳) 분필흥이택필패(墳必興而宅必敗) 선분후택(先墳後宅) 택기성이분자쇠(宅旣盛而墳自衰)

❖ **면견**(眠犬) : 졸고 있는 개. 편안히 누워있는 개의 모양.

❖ **면경수**(面鏡水) : 면경수는 좌혈에서 향(向)을 보았을 때 물이 은빛으로 반사가 되며 흐르는 것이다. 단 좌류(左流) 우류(右流)는 무방하나 좌혈 앞을 내거(來去)하면 자손이 반역죄에 참형(慘刑)을 당한다. 또 부녀자는 사통(私通)하여 망신을 하며 집안이 멸망한다.

❖ **면견**(眠犬) : 이 형국은 개가 졸고 있는 것이다. 축 엎드려 있어 산세가 낮고 부드럽다. 혈은 코의 위쪽에 있다. 개의 밥그릇인 구유가 안산이 된다.

❖ **면견유아**(眠犬乳兒) : 이 형국은 졸고 있는 개가 어린 새끼에게 젖을 먹이는 것이다. 혈은 젖의 위에 있다. 안산은 강아지다.

❖ **면구수두**(眠狗守兜) : 이 형국은 졸고 있는 개가 하늘의 별을 바라보는 것이다. 혈은 개의 이마에 있다. 안산은 하늘의 별과 구름이다.

❖ **면궁**(眠弓) : 평지의 안(案)으로 낮게 돌아서 활을 놓은 모양과 같은 형태. 이 형국은 활처럼 생겼다. 혈은 활의 중앙에 있다. 안산(案山)은 무인(武人), 칼, 말 등이다.

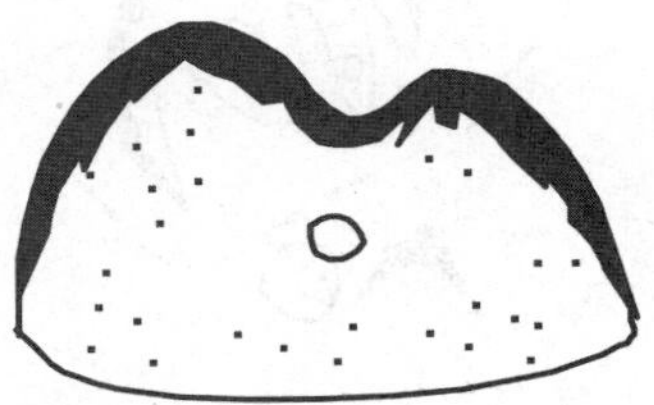

❖ **면례**(緬禮) : 사후(死後)에 임시로 가까운 동네 뒤 산에 모셨다가 후에 자리를 잡아 다시 장사를 지내는 것. 파묘(破墓) 유체(遺體)가 황골(黃骨)이 되어 있으면 그 자리에 다시 백회(白灰)를 붓고 덮어서 모시는 것이 좋다. 길지(吉地)이다.

❖ **면상**(眠象) : 이 형국은 코끼리가 졸고 있는 것이다. 산세(山勢)가 낮고 부드럽다. 혈은 코끼리의 양 이빨 사이에 있다. 안산은 풀더미다.

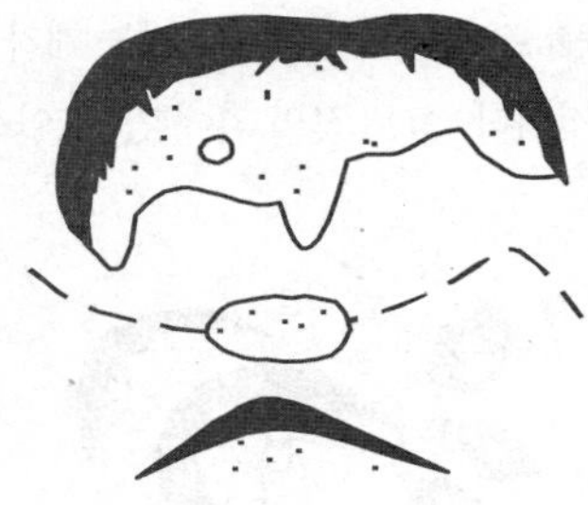

❖ **면우**(眠牛) : 이 형국은 소가 잠을 자는 것이다. 혈은 이마에 있다. 풀더미가 안산이 된다.

❖ **면우유자**(眠牛乳子) : 이 형국은 누워 있는 어미소가 송아지에게 젖을 먹이는 것이다. 혈은 어미소의 젖가슴에 있다. 안산은 송아지다.

❖ **멸문 대화일**(滅門大禍日) : 멸문 대화일(滅門大禍日) 멸문(滅門)은 천강(天罡)이니 주인이 사망하고 대화일(大禍日)은 하괴(下魁)이니 도적의 해를 입는다. 그러나 만약 멸문 대화일도 황도(黃道)를 만나면 흉성을 눌러 음양택(陰陽宅)을 막론하고 무방하되 그렇지 않으면 집짓고 묘 쓰는 일 및 기타 백사를 다 꺼린다.

구분		正	二	三	四	五	六
甲己年	滅門日 大禍日	己巳	甲子 庚午	乙丑 辛未	丙寅 壬申	丁卯 癸酉	戊辰
乙庚年	滅門日 大禍日	乙亥 辛巳	丙子 壬午	丁丑 癸未	戊寅	己卯	庚辰 甲戌
丙辛年	滅門日 大禍日	丁亥 癸巳	戊子	己丑	甲申 庚寅	丁酉 癸卯	戊戌
丁壬年	滅門日 大禍日	 己亥	庚子 甲午	丁未 癸丑	 戊申	己酉	甲辰 庚戌
戊癸年	滅門日 大禍日	丁巳 癸亥	 戊午	己未	甲寅 庚申	申酉 乙卯	丙辰 壬戌

구분		七	八	九	十	十一	十二
甲己年	滅門日 大禍日	己巳	甲子 庚午	癸未 丁丑	戊寅	己卯	甲戌 庚辰
乙庚年	滅門日 大禍日	丁亥 癸巳	戊子	己丑	甲申 庚寅	乙酉 辛卯	丙戌 壬辰
丙辛年	滅門日 大禍日	己亥	甲午 庚子	己未 辛丑	丙申 壬寅	丁酉 癸卯	戊戌
丁壬年	滅門日 大禍日	辛亥 乙巳	丙午 壬子	癸丑 丁未	戊申	 己酉	庚戌 甲辰
戊癸年	滅門日 大禍日	癸亥 丁巳	戊午	 己未	庚申 甲寅	丁卯 癸酉	 戊辰

❖ **멸문좌**(滅門坐) : 멸문좌 망인의 생년 기준으로 좌를 보는데 다음에 해당하면 가문이 망한다고 한다.

- **자생**(子生) : 건해손사좌(乾亥巽巳坐)
- **축생**(丑生) : 임자병오좌(壬子丙午坐)
- **인생**(寅生) : 곤신손좌(坤申巽坐)
- **묘생**(卯生) : 갑묘경유좌(甲卯庚酉坐)
- **진생**(辰生) : 축진손사좌(丑辰巽巳坐)
- **사오생**(巳午生) : 건해미곤좌(乾亥未坤坐)
- **미생**(未生) : 계축정미좌(癸丑丁未坐)
- **신유생**(申酉生) : 간인술해좌(艮寅戌亥坐)
- **술생**(戌生) : 간인곤신좌(艮寅坤申坐)
- **해생**(亥生) : 을진신술좌(乙辰申戌坐)

❖ **명**(螟) : 빛이 푸른색으로 뽕나무에 있는 나방의 작은 유충(幼蟲). 나나니 벌이 어린 유충을 지고 뽕나무의 빈 공간에서 7일이면 나나니 벌이 되어 나오니 아들로 삼는다는 말. 명령자(螟蛉子)라고 함은 양자 또는 자기의 자손이 아닌 타성을 아들로 맞아들인다는 말. 즉 명령으로 아들을 삼음.

❖ **명가수**(鳴珂水) : 명가수는 예쁜 소리를 내면서 흐르는 물이다. 물소리가 너무 크면 못쓴다. 천둥치는 소리, 통곡하는 소리 같은 물소리는 불길한 기운을 뿜는다. 그런데 시끄럽지 않고 아름답게 들리는 소리는 오히려 좋은 기운을 뿜는다. 물이 돌 사이로 흐르면서 내는 옥구슬 구르는 소리, 작은 북소리 등은 길한 소리다. 그런 소리는 부귀를 가져다준다.

❖ **명가**(名家)**와 흉가**(凶家) : 우리가 살고 있는 집은 명가(名家)가 있고 흉가(凶家)가 있는 것이다. 한 동네에도 부자 집으로 잘 사는 집터가 있으며 아랫집 윗집 차이라도 못사는 집이 있는 것이다. 부자 집터는 다소 부족한 사람이 살아도 잘 살며 흉가에는 총명하고 영리한 사람이 살아도 못 사는 것이다. 흉가에는 천하장사(天下壯士)가 들어가 살아도 죽음에는 별 도리 없다 할 것이다. 또한 흉가에 사는 사람은 의욕적으로 근면하게 일을 하여도 못 살고 명가에 사는 사람은 성실하고 정직하게 사는데 그 사람이 잘 사는 것이다. 그러므로 수맥 있는 집은 흉가이며 수맥이 없으며 땅기운 모이는 자리가 명가인 것이다. 거리에서 한쪽 손을 오그리고 그 쪽 발을 절면서 지팡이를 집고 가는 사람을 간간이 볼 수 있다. 이는 틀림없이 수맥파가 지나가는 방에서 얻은 병이라 단정할 수 있다. 고혈압 환자가 그 방에서 생활하면 수맥파에 의하여 뇌파가 상하기 때문에 뇌졸중으로 중풍증(中風症)에 걸리는 것이다.

❖ **명공**(明拱) : 혈장에서 보이게 굽이돌아 고이는 물.

❖ **명당**(明堂)

① 혈(穴)의 앞마당을 말하나 보통 혈을 포함하여 기가 응결된 혈 주변까지 통틀어 명당이라고 말한다.

② 혈앞 보이는 곳으로 물이 모여드는 곳. 임금이 조공(朝貢)을 받는 곳으로 비교할 수 있으며 소명당(小明堂) 중명당(中明堂) 외명당(外明堂)으로 분류한다.

③ 명당이란 말은 두 가지 뜻으로 쓰인다. 하나는 좋은 묘터, 집터·마을터 등을 가리킨다. 또 하나는 혈의 앞부분 평탄한 곳을 가리킨다. 바로 앞쪽을 내명당(內明堂), 좀 떨어진 곳을 외명당(外明堂)이라 부르기도 한다.

④ 명당이란 · 부귀(富貴)가 발하는 훌륭한 묘자리 또는 좋은 집터를 가리키는 말. · 혈(穴)을 중심으로 한 전후좌우(前後左右)의 묘역(墓域) 또는 네 개의 명당(明堂)을 합칭한 것. 음택법(陰宅法)에 명당(明堂)을 네 가지로 구분한다. 소명당(小明堂), 내명당(內明堂), 중명당(中明堂), 외명당(外明堂)이다. 소명당(小明堂)은 금어수(金魚水 : 물이 혈(穴) 뒤에서 두 갈래로 갈라졌다가 혈(穴) 아래에서 다시 합쳐진 것. 단 실제로 흐르는 물이 아니라 평지보다 보일 듯 말듯하게 약간 낮게 골이 진 물길)이다. 내명당(內明堂)은 혈(穴) 양쪽으로 팔처럼 뻗은 청룡(青龍) 백호(白虎) 안이다. 중명당(中明堂)은 안산(案山) 안이다. 외명당(外明堂)은 안산(案山) 뒤 조산(朝山) 안이다.

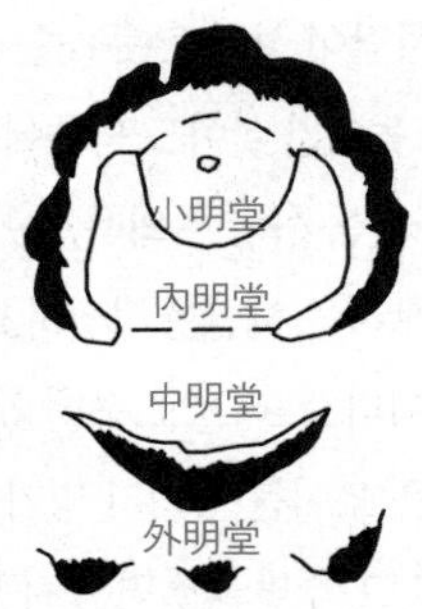

⑤ 명당(明堂)이란 혈 앞의 평탄한 곳이다. 안산(案山)이 가까이에 있으면, 혈과 안산 사이를 내명당(內明堂)이라고 부른다. 또 안산과 조산(朝山) 사이를 외명당(外明堂)이라고 한다. 내명당은 너무 넓지도 너무 비좁지도 않아야 좋다. 청룡·백호, 안산이 멀리 떨어져 있어 내명당이 지나치게 넓으면, 혈이 바람을 타서 안 좋다. 바람이 혈의 정기를 빼앗아간다. 내명당이 너무 비좁으면 청룡·백호, 안산 등이 혈을 압박한다. 주변의 산봉우리들한테 눌려 혈의 정기가 제대로 피어나질 않는다. 그리하여 자손들이 귀(貴)를 얻지 못한다. 내명당의 넓이가 적당하며 주변의 산들이 수려한 모습으로 혈을 둘러싸고 있으면 당대(當代)에 빨리 발복(發福)한다. 조상의 묘를 쓰거나 집을 짓고 산 지 얼마 안 되어 부귀를 얻는다. 내명당이 넓어서 주변의 산봉우리들이 멀리 떨어져 있으며, 먼 만큼 발복이 늦어진다. 외명당은 넓어야 좋다. 넓으면서도 산봉우리나 큰 물이 빈틈없이 펼쳐져 있어 공허한 느낌을 주지 않아야 길하다. 외명당이 넓고 아름다우면 복이 오래간다. 부귀가 면면히 유지된다. 내명당만 있고 외명당이 없으면, 발복하여 부귀를 얻어도 그 부귀가 오래가지 못한다. 그런 혈은 속성속패(速成速敗: 빨리 흥하고 빨리 쇠해짐)의 땅이다. 명당의 생김새에 따라 물의 형태가 달라진다. 명당이 좋으면 물도 아름답고, 명당이 잘못되었다면 물도 역시 흉하다. 명당에는 여러 격식(格式)이 있다.

⑥ 명당이란 여러 개의 사(砂)가 모여서 어우러진 취회(聚會)된 안의 아늑한 국내(局內)를 말한다. 명당이란 용을 짝해주는 물이 용과 더불어 같이 일어나고 좌우에서 흘러 혈장을 받쳐주는 취기(聚氣)된 산이 있어야 하고 앞에서 혈장을 조응(朝應)하고 조읍(朝揖)해주는 안산(案山)과 조산(朝山)이 있어야 하고 좌청룡우백호가 배반없이 환포(環抱)해 주어야 명당이 된다. 명당은 햇볕이 잘들어 밝은 곳을 명(明)이라 하고 물이 활과 같이 혈장편으로 궁포(弓抱)되는 곳을 당(堂)이라 한다. 명당은 혈장을 받쳐주는 산이 높고 햇빛이 잘드는 곳을 明이라하고 여러 곳의 물이 한곳으로 취회(聚會)되어 명당의 기(氣)가 새지 못하게 받쳐주는 웅덩이가 이루어지는 곳을 당(堂)이라 한다. 명당이란 혈판의 보국내(保局內)의 평지(平地)를 말한다. 명당에는 대명당(大明堂), 중명당(中明堂), 소명당(小明堂)이 있다.

- **대명당**: 안산(安山) 안으로 많은 사(砂)가 혈판에 대하여 조읍(朝揖)하는 국(局)이 형성된 안의 平地를 대명당이라 한다.
- **중명당**: 청룡백호(青龍白虎)안에서 혈판의 위주로 하여 국(局)이 형성되는 내(內)를 중명당(中明堂)이라 한다.
- **소명당**: 결혈(結穴)된 혈장내(穴場內)를 말한다. 즉 사람이 횡(橫)으로 누울만한 범위로 묘(墓)를 쓰는 광중내(壙中內)를 말한다.

고서(古書)에 이르기를 원훈(圓暈)이 미분팔자(微分八字)하고 협보혈지양변합호소명당지처야(挾輔穴之兩邊合乎小明堂之處也)라. (고운원이 팔자로 미세하게 나누어지고 穴을 싸안아 보강하는 양변이 모여지는 곳이 소명당이다) 부(富)와 귀(貴)를 같이한 대명당은 용맥이 수려하고 주산(主山)이 알맞게 솟고 밑으로는 넉넉하고 좌우에 중중(重重)한 중사(衆砂)가 감싸안고 염정(廉貞)한 太祖山이 시맥(始脈)하여 개장천심(開帳穿心)하고 래용(來龍)의 기복(起伏)이 혹은 크고 높으며 혹은 낮고 작으며 굴곡(屈曲)하고 활동(活動)하고 중심출맥한 곳에 청룡백호가 겹겹으로 환포(環抱)하고 외산외수(外山外水)가 첩첩이 감싸주며 앞에 있는 안산(案山)과 조산(朝山)이 안궁옥대(眼弓玉帶)하여 금성(金星)의 형상이고 많은 나성(羅城)이 주밀하며 혈판을 향하여 읍(揖)하고 이성(離星)이 파구(破口)를 막아 좁혀주고 명당이 유정(有情)하며 안정되고 사신(四神)이 불배(不背)하고 천리래용(千里來龍)의 과정이 아름다운 격(格)을 갖추어진 산맥이 중출(中出)된 곳에 대명당이 이루어진다.

⑦ 명당은 외청룡(外青龍) 외백호(外白虎) 내청룡(內青龍) 내백호(內白虎(의 행룡(行龍)의 인연으로 속기(束氣) 절(節) 지각(枝脚) 수계(水界) 분합(分合) 수구(水口)의 국내(局內)에서 생긴다. 조산(朝山)과 안산(案山)이 멀리 있는 수계(水界)에 따라 환포(環抱)를 이루는 가운데 소명당(小明堂) 내명당(內明堂) 중명당(中明堂) 외명당(外明堂)이 생긴다. 이러한 명당(明堂)이 없으면 혈(穴)로 볼 수 없다. 소명당(小明堂)은 혈장(穴場) 바로 앞 금어수(金魚水 : 八字形)라 하여 합국(合局) 안에서 반듯한 곳을 말한다. 소명당(小明堂)이 협국(陜局)에서 정명당(正明堂)의 국(局)을 이룬다. 내명당(內明堂)은 청룡(青龍)과 백호(白虎) 내의 평지에서 속기(束氣)되어 장풍(藏風)을 이루는 형국이 진혈(眞穴)이다. 내명당(內明堂)이 너무 크고 넓으면 기(氣)를 모으지 못하므로 좋지 않다. 중명당(中明堂)은 청룡과 백호와 안산 사이에 있는 맑고 바른 곳이다. 외명당(外明堂)은 안산 밖 조산 안에 있는 곳으로 평평하고 맑은 국(局)이 진혈(眞穴)을 이룬다. 정명당(正明堂)은 청룡과 백호의 균형이 맞고 횡으로는 길고 종으로는 짧다. 종횡의 길고 짧음이 합이 이루어져야 한다.

❖ **명당(明堂)과 개운(開運)** : 옛 선현들은 인륜 도덕으로 기강을 세우시니 즉 이것이 사서오경(四書五經)이요 다음에는 음양복서(陰陽卜筮)의 술(術)로써 민생(民生)을 이(利)롭게 하였으니 지리서(地理書) 또한 그 가운데에 있는 것이다. 산 사람에게는 이미 의식주(衣食住)의 세 가지 일이 있어서 일생을 안락하게 하고 죽은 자도 또한 호산수(好山水 : 좋은 산과 물)에 길택(吉宅)을 가리어 천추에 그 체백을 평안케 하나니 이는 생사(生死)와 유명(幽明)은 다르다 할지라도 이치는 즉 하나이다. 고로 그 조상의 백골로 하여금 길지(吉地)를 가리어서 영혼을 평안케 한즉 음덕이 또한 그 자손에게 응하게 되는 것이니 이는 자연의 이치라 하겠다. 풍수여관상(風水如觀相)이라는 말과 같이 풍수법은 관상을 보는 법과 같으므로 거칠고 추악한 용모를 가진 사람은 그 마음도 역시 불량하고 흉악함이 많은 것과 같이 산형(山形)이 추악하면 사람이 태어나되 추악하고 악한 사람이 태어나고 산형(山形)이 수려하면 사람이 태어나도 청수(清秀)하고 선량하며 인물도 또한 아름다운 법이다. 이는 비록 혈(穴)을 맺는 산뿐만이 아니라 어떠한 고을이나 마을이든 간에 그 산천의 기(氣)에 영향을 받게 마련인 것이다. 풍수지리학(風水地理學)은 사주나 관상에 비해 가변성(可變性)이 많은 것이 특징이다. 사주와 관상은 기상 개황을 알려주는 천기도(天氣圖)와 같으므로 운기(運氣)를 알려준다는 것에 주력점이 있으나 음택(陰宅)은 형편과 능력에 따라 마음대로 선택하거나 옮기면 되는 것으로 그만큼 개운(開運)의 가변성(可變性)이 많다는 것이 중요하다. 고로 음택술(陰宅術)의 보급이 곧 개운술(開運術)의 보급이 되는 것으로 이것을 잘 활용만 한다면 한 가정의 가운(家運)을 융성하게 할 수 있는 것이다. 그런데 길지(吉地)를 얻기는 어렵지 않으나 양사(良師 : 지리에 밝고 어진 地師)를 만나기가 더욱 어려운 것이니 지사(地師)를 잘 만나면 길지(吉地)를 잘못 만나면 눈 밑에 비록 명당이 있어도 이를 가릴 수 없는 법이니 길지를 구하려면 먼저 지리에 밝은 지사를 구하는 것이 명당을 구하는 근본이요 첩경이라 하겠다. 풍수지리학은 궁극에는 민생(民生)을 이롭게 하는 방술(方術)이므로 조상의 묘지를 길지에 모시는 것은 가문(家門)의 영달(榮達)을 위한 천년대계(千年大計)인 동시에 인간이 할 수 있는 현명한 개운책(開運策)이라 하겠다.

❖ **명당과 무해지지** : 하루 종일 해를 보는 자리라야 명당도 있고

무해(無害) 지지도 된다.

❖ 명당국세도

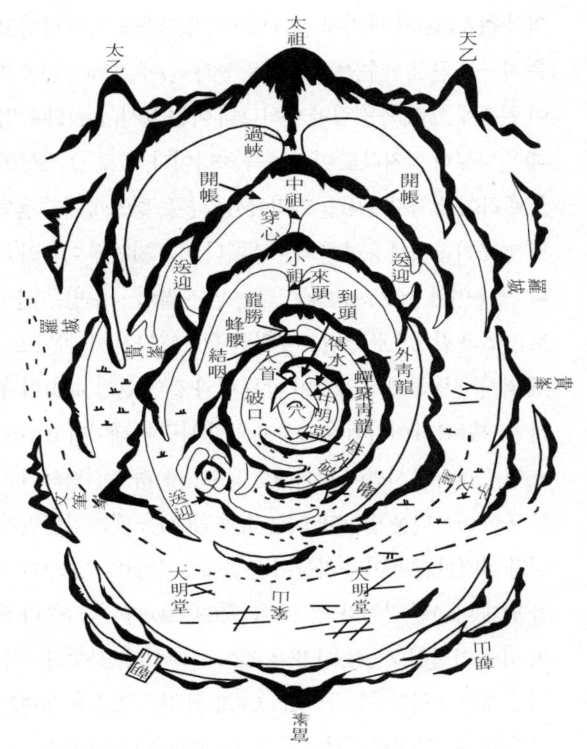

❖ **명당국세**(明堂局勢)**가 넓으면 많은 부하**(部下)**를 거느린다** : 높은 조산(朝山)들이 눈 아래로 보이면 높은 관직자(官職者)를 부하로 삼게 된다.

❖ **명당국세를 보아 혈을 정한다** : 명당은 평정하고 반듯해야 혈이 된다. 용을 찾을 때는 기맥(氣脈)을 찾아야 하고 명당은 평정한 곳을 찾아야 한다. 명당에는 대명당(大明當), 중명당(中明堂), 소명당(小明堂)이 있다. 대명당은 평지대야(平地大野)의 큰 죽세가 이루어진 나성내(羅城內)를 말하며, 중명당은 소명당의 작국내를 말하며, 소명당은 결혈된 혈판내를 말한다. 소명당이 평정하여 사람이 옆으로 누을만한 곳이 있으면 진혈(眞穴)이 다라고 한다. 다시 말하면 소명당은 둥그런 태극운(太極運)이 적게 팔자(八字)로 나누어 원운(圓暈)을 양 옆으로 싸안아 팔자로 상분하합(上分下合)이 되어야 한다. 청룡백호 주산 안산의 국세 내에서 혈을 찾아야 하며 기(氣)가 융결되어 모인 곳 뭉친 곳에서 찾아야 한다.

❖ **명당대지**(明堂大地) : 명당대지(明堂大地)에서 터를 평가하는 다섯 가지 기준 즉 심지오요(尋地五要)를 제시한다면, 첫째, 수구를 관찰하고(觀水口), 둘째, 명당을 훑어보고(看明堂 : 野勢), 셋째, 주산의 모양과 혈장을 분석하며(定穴星 : 山形及土色), 넷째, 산맥이 달려오는 여러 가지 모습을 살펴보고(尋龍脉, 陽宅은 水理), 다섯째, 여러 사(砂)들의 배열성격(排列成格)을 세밀히 둘러보아야 한다(識帳朝 : 朝山朝水). 기형괴혈(奇形怪穴)이란 이상(異常)한 땅에 맺는 혈(穴)을 말한다. 지(地)에는 기교함도 있고 추졸(醜拙)함도 있는 것이니, 진룡(眞龍)의 융결(融結)이 비상하나 묘하게 조화를 이룬 것을 교(巧)라 하고 결(結)이 있어도 궤추형(詭醜形)이 된 것은 졸(拙)이라 하는데 이들을 총칭하여 괴혈(怪穴)이라 한다. 진룡(眞龍)의 장위혈(藏偉穴)에는 이상(異常)이 많으니 속사(俗師)로서는 알기 어려우므로 괴혈(怪穴)이라 한다. 보통의 혈(穴)은 시사(時師)라도 쉽게 알 수 있으나 괴혈(怪穴)은 요험성(僥險性)이 많아 도안(道眼)의 명사(明師)가 아니면 분별할 수 없고 적덕군자(積德君子)가 아니면 얻을 수 없는 것이다.

❖ **명당**(明堂) **대국**(大局)**은 이러한 곳이다**

- 혈에서 청룡, 백호, 안산이 멀면 대명당국(大明當局)으로 발복이 늦게 나지만 계속 된다.
- 혈을 찾을 때는 증자(證姿)가 없으면 혈처(穴處)가 아니다.
- 주산(主山)이 하늘을 찌르듯 높이 서서 혈에 응기(應氣)하면 자손이 장수(長壽)하게 된다.
- 혈처에서 증조(曾祖) 소조봉(小祖峰)이 다보이면 효자와 충신은 태어나나 높은 관직은 어렵다.
- 혈처에서 태조(太祖) 증조(曾祖) 산이 안보이면 명혈이 되어야 동량귀제(棟樑貴弟)의 인물이 난다.
- 조종산은 크고 높아야 하고, 내룡(來龍)은 웅장하고 커야 하며 혈(穴)을 맺은 성봉(星蜂)은 수려(秀麗)해야 한다.

❖ **명당대지**(明堂大地)**는 항상 따뜻한 기운이 피어나온다** : 혈이 명당진혈이 되면 항상 화령(和靈)한 기운이 피어나와 발복이 즉시 된다고 했다. 따뜻한 혈 자리는 기운이 항상 발(發)하여 금시발복한다.

❖ **명당론**(明堂論) : 옛날부터 우리 조상들은 풍수지리학(風水地理學)을 숭상하며 오랜 세월에 걸쳐 아름다운 산천(山川)의 길지(吉地)를 찾아 살다보니 아름답게 가꿔 놓은 생활터전은 만세(萬世)에 유전(遺傳)되며 명당택지(明堂宅地)는 대소도시(大小都市)와 촌락을 이루었으니 학문적으로 보아도 대소(大小)의 명당지역(明堂地域)이요 풍수지리(風水地理)의 진리이다. 우리 모두는 길지선택(吉地選擇)에 따라 인간의 흥망성쇠(興亡盛衰)와 부귀빈천(富貴貧賤)이 생기게 되는 것이다. 우리 인간은 풍수지리(風水地理) 자연을 벗어나서는 한시도 살 수 없는게 진리인 즉 우선 내가 살고 있는 환경을 살펴 보금자리인 가상(家相)을 바로 하는 것은 나의 안정은 물론 후손의 장래희망이 약속되는 자연의 진리인 것이다. 다시 명당의 정의를 말한다면 주산(主山)과 행룡(行龍)이 후부(厚富)하며 야산(野山)에 와서 양명(陽明)한 산이 순행(順行)으로 나성(羅城)을 이룬 보국내(保局內)에 결혈(結穴)된 지점(地點)은 명혈(明穴)이라 하는 것이오 나성(羅城)을 이룬 보국내(保局內)를 명당지역(明堂地域)이라 하는 것이다.

❖ **명당 명혈**(明堂 明穴)**이란** : 명당 명혈(明堂 明穴)은 형기(形氣)의 지기(地氣)를 득(得)한다함은 태조산(太祖山)에서 발맥(發脈)한 행용(行龍)이 개장천심(開帳穿心)하고 과협(過峽)을 거듭하며 전호(纏護)하는 많은 사(砂)를 거느리고 소조산(少祖山)을 일으키고 중심출맥(中心出脈)하여 부모산(父母山)과 태식잉육(胎息孕育)이 형상적을 합법하게 아름답고 속기(束氣)된 입수(入首)가 청진(淸眞)하며 아름답게 취기(聚氣)된 혈성(穴星)에 원운(圓暈)이 분명하며 내명당 외명당의 물이 사귀어 회집(會集)하고 좌우의 용호사(龍虎砂)가 유정하게 환포(環抱)하고 안산조산(案山朝山)이 수성(水城)과 더불어 맥궁(脈弓)으로 조배(朝拜)하며 나성(羅星)이 주밀하고 외산외수가 중중하여 당기(堂氣)가 새지 않아야 지기(地氣)를 얻었다 하는 것이다. 이기(理氣)의 천기(天氣)를 득한다 함은 용이 생왕관대임관방위(生旺冠帶臨官方位)의 혈(穴)을 맺고 생왕방위(生旺方位)에서 득수(得水)를 하며 사절묘궁(死絶墓宮)으로 출수(出水)가 되고 중사(衆砂)가 이기상(理氣上)으로 합법한 위치에서 수려하게 아름다우며 천산투지분금(穿山透地分金)과 망명(亡命)이 조화롭게 서로 생(生)을 받으며 년(年) 월(月) 일(日) 시(時)의 길일(吉日)이 산운(山運)과 합법하면 이는 천기(天氣)를 얻은 것이니 천기를 득했다 할 것이다.

❖ **명당 불가 5원칙** : 명당으로 불가한 다섯 가지 원칙이 있다.

첫째, 명당이 용혈에 비해 지나치게 광활하면 바람을 가두지 못하여 국(局)을 이루지 못한다.

둘째, 명당이 너무 좁으면 생기를 쪼그려 용과 혈이 귀하지 못하다.

셋째, 명당이 너무 기울면 바람과 물이 너무 빠르게 흘러 생기를 보존하기 어렵다.

넷째, 명당에 여러 가지 흉한 살이 많으면 살기가 사나워 불가하다.

다섯째, 명당이 오목하게 너무 낮으면 바람과 물이 고르지 못하여 기(氣)가 흩어져 버린다. 위의 불가 오원칙이 명당을 범하면 참된 국(局)이나 혈이라 할 수 없으며 그 정도가 심하면 패망(敗亡)을 피하기 어렵다. 그런즉 명당은 한쪽으로 기울지 않고 평탄하고 원만하며 산수가 잘 배합되어 화기가 충만해야 길하다.

❖ **명당사미**(明堂四美)

① **나성주밀**(羅城周密) : 혈판을 중심으로 사방팔방으로 아름답게 환포되어 있는 미사가 명당을 응기하고 공읍하며 중수가 궁회하여야 한다.

② **용호환포**(龍虎環抱) : 청룡과 백호가 좌우에서 겹겹으로 유정하게 관쇄하면서 환포되어 있어야 길하다.

③ **기장토윤**(氣壯土潤) : 내룡은 눈용(嫩龍)으로 웅장한 기상을 하고 토비후부하며 토색은 기왕하고 조윤하면 길토이다.

④ **관왕조당**(官旺朝堂) : 생왕관대방수(生旺冠帶方水)가 명당을 유정하게 궁회하고 수구는 진술축미(辰戌丑未) 묘고로 물이 모여 나감을 길수로 한다.

❖ **명당오상**(明堂五常)

① **용요진**(龍要眞) : 내룡은 좌우의 호종을 받으며 생기가 충만한 중출맥이 되면 더욱 길하다.

② **혈요적**(穴要的) : 혈(穴)은 전후좌우(前後左右)에 한치의 오차도 없이 혈심에 적중되어야 하고,

③ **사요수**(砂要秀) : 주변의 모든 사는 도망가거나 배반하거나

살기가 있거나 추악하지 않고 아름다우며 수려해야 하고,

④ **수요포**(水要抱) : 물은 충(沖)하거나 반궁(反弓)하지 않고, 구곡수(九曲水) 지(之) 현(玄) 수(水)로 유정하게 궁회환포(弓會環抱)하면은 길격이다.

⑤ **향요길**(向要吉) : 향(向)은 피살취길(避煞聚吉)로 길방에 사(砂)는 아름다워야 한다.

❖ **명당**(明堂)**에도 살**(殺)**은 있다**

① 우리 사람의 몸에도 항상 병균이 노리고 있듯이 어떠한 명당에도 살은 있다. 그러나 몸이 건강하면 균이 침범을 못하듯 명당에도 혈처(穴處)가 살기를 제압할 지기(地氣)가 융결(融結)되어 있느냐에 따라 명당 여부가 결정된다.

② 작금 세간에, 혹자는 삼재살(三災殺)을 운운하면서 가정사에 혼란을 야기하고 있으나 이는 역학의 본산이 중국에서도 불용하고 있으니 그 참뜻을 숙지하고 현혹되지 않기를 거듭 당부한다. 국난에 처하여 나라를 구하신 성웅 이순신 장군도 삼재였었고, 국가와 민족을 위하여 대업을 성취하신 분들 중에도 삼재 중에 대성한 분이 많았다고 한다.

③ 지체장애아와 정신부진아의 출산은 그 원인을 분석한 자료에 의하면 부모유전 또는 환경영향에 의한 확률이 40%이고, 그 원인이 밝혀지지 않은 부분이 60%라고 한다. 이 60%는 현대과학으로도 입증할 수 없는 미지의 부분으로, 이는 영적(靈的) 차원의 부분으로 볼 수 있고, 따라서 이는 조상의 묘지 관계에서 오는 영향이 아닌가 생각된다. 그리고 피해영향은 삼합오행(三合五行)에 의하면 3년, 또는 6년, 12년 등 주기적으로 영향을 받는다.

❖ **명당에 모두 황골은 아니다 백골**(白骨)**도 있다** : 명당이란 천기와 지기가 교합(交合)되어야 하고, 수기와 풍기를 고르게 받을 수 있어야만 명당이 되는 것이다. 풍기는 살벌하지 않고 온화해야 하며, 수기는 한조(寒燥)하지 않으며 청량(淸涼)하고 잔디가 잘 자랄 수 있는 정도의 수분은 지니고 있어야 하며 건수(乾水)가 광중(壙中)에 드나들지 않아야 한다. 날씨가 추울 때마다 서릿발이 크게 서는 곳은 건수가 많은 곳이며 잔디의 뿌리가 들뜨게 되므로, 해동하면 잔디를 잘 밟아주어 뿌리가 안정되게 해주어야만 잔디가 잘 자란다. 또한 이러한 곳에서는 용미(龍尾)를 높이고 앞이 약간 낮아지도록 손질하여 배수(排水)가 잘 되도록 해주어야 한다. 형상으로 보아 명당인데 수맥이 지나가면 당판(堂坂)에서 수맥과의 거리가 석자 이상 떨어지도록 천광(穿壙)을 해야 한다. 그러나 수맥이 입수(入首) 전에 있거나 전순(氈脣)에 있는 것은 무관하며, 오히려 지기의 흐름을 조절하여 더욱 좋은 명당으로의 조건이 될 수 있는 것이다. 지기의 흐름은 기감을 아는 사람이면 그 흐름이 당판 심부(深部)로부터 솟아오르는 것인지 주산(主山)에서 흘러 내려오는 것인지를 구분할 수가 있다. 지기는 그 감(感)이 온화하고 맑아야 좋은 것이다. 그래서 기감이 탁(濁)하면 아무리 좋은 조건을 갖추었어도 명당이 될 수 없는 것이다. 지기는 음기(陰氣)로써 양기(陽氣)인 천기와 교합하고 조화를 이루면서 맑고 밝은 감이 있어야 명당이 되는 것이다. 이것은 천지의 기가 감응(感應)되지 않을 때에는 교세(交勢)나 사격(砂格) 모두가 소용없는 허상(虛象)에 불과하기 때문이다. 따라서 명당은 수맥의 흐름과 지기의 머무르고 흐르는 이동이 있어야 하고, 기가 흐름이 부드럽고 청기(淸氣)를 띠어야 한다. 이러한 곳이 지수화풍(地水火風)의 기와 천기가 잘 교합되는 곳이다. 이렇게 모든 자연조건이 제대로 구비되어질 때 넘치고 모자람이 없는 곳, 즉 충(沖)이 없는 대명당(大明堂)이 될 수 있는 것이다. 명당에 모신 유해는 황골로 변하게 되고, 또한 황골로 변해야만 명당이라고 주장을 한다. 이것이 아주 틀린 말은 아니라고 할 수 있으나 명당이라도 황골이 되지 않는 경우가 허다하게 있을 수 있다는 것을 알아야 한다. 형기론과 이기론 양자 모두 학문적으로는 많은 발전이 있었으나, 무덤을 파묘(破墓)하고 이장(移葬)을 체험하면서 알 수 있는 것은 유골의 변화를 체계적으로 검증해 놓은 자료들이 전무(全無)한 실정이라 해도 틀린 말은 아닐 것이다. 아주 최근에 와서야 일부 몇몇 사람들이 관심을 기울이고 있으며, 기회가 있으면 이런 때에 따라서 확인해 보려는 노력을 조금씩은 하고 있다. 하지만 그나마 화복론(禍福論)에 얽매이고 자신의 주장과 상반되는 결론에 부닥치게 되면, 이해관계 때문에 함구(緘口)하며 바른 관찰이나 발표를 하지도 못하는 실정인 것을 피부로 느낄 수 있다. 더군

다나 인체에 관한 전문지식 없이 시신이나 유해를 만지는 사람들이라 더더욱 바른 판단은 기대할 수도 없거니와, 과거의 이론만 답습하고 있는 현실이 오늘날 풍수지리학계의 실정이다. 명당이란 습하지 않아야 하고, 수기(水脈)의 영향력으로부터 피해야 하며 지기를 잘 받을 수 있도록 그 심도(深度)를 조절하여 매장해야만 명당으로서의 가치가 있는 것이다. 아무리 국세(局勢)가 좋고 사격(砂格)이 좋다 하더라도 기맥(氣脈)을 잘 조절하지 못하거나 수맥의 영향력을 피하지 못하게 되면 망지(亡地)가 되는 것이다. 필자는 근래 20여 년 동안의 경험 중에 공동묘지가 도시로 개발되면서, 이장이 불가피한 수십 기(基)의 이장을 관찰하고 자료를 수집하여 이를 분석해본 결과 명당자리에서도 황골이 아닌 백골을 자주 발견할 수 있었다. 처음에는 풍수이론대로 명당이 아니었기 때문이라는 생각을 가졌었으나, 거듭된 경험에 따라 유골의 주인이 몇 살에 돌아가셨느냐에 따라서 명당에서도 황골이 될 수도 있고 백골이 된다는 사실을 확인할 수 있었다. 골격(骨格)이 단단하고 정수(精髓)가 넘치는 젊은 나이에 요절(夭折)하여 명당에 들어가면 틀림없이 황골로 변하게 되며, 노년에 돌아가신 분, 특히 70~80 이상 장수하시고 돌아가신 분은 아무리 좋은 명당에 모셨다 하더라도 황골은 되지 못하고 백골이 된다는 것이다. 또한 과도한 파정(破精)으로 인하여 골수(骨髓)가 강건하지 못한 사람도 황골이 되지는 않는다. 그 원인은 골밀도(骨密度)가 조밀하지 못하기 때문이며, 이러한 뼈는 소골(燒骨)이 잘 되기 때문인 것이다. 현대 의학적으로 골밀도를 측정하여 보면 골다공증 환자를 쉽게 가려낼 수가 있다. 골다공증 환자는 골수가 부족하여 유골이 연약하고 잘 부러지며 소골이 잘 된다는 것은 누구나 알 수 있는 것이다. 이렇게 체질적으로 황골과 백골이 되는 요인은 근본적으로 분리되어 있으니 장소만 가지고 황골이니 백골이니 하는 것은 모순이라 하지 않을 수 없으며, 종래의 풍수지리학계의 이론은 검증을 통하여 재확인하고 번복되어야 마땅하다고 생각된다. 명당을 파묘하여 유골을 자세히 관찰해 보면 법의학적 판단으로 그 분이 돌아가신 연령을 대충 짐작할 수가 있으며, 황골이나 백골로 변하게 되는 이유를 자세하게 설명할 수 있다. 아울러 풍수지리학적 측면의 화복론에서 주장하는 이론처럼 조상을 명당에 모시고 유골이 황골이나 백골로 변화된 집안을 조사해 보면, 여러 가지 일들이 비교적 순조롭게 풀려나갔던 것도 쉽게 찾아낼 수 있다. 반면에 수맥이 존재하는 장소에 시신을 모시게 되면 연령에 관계 없이 시신은 검은 색으로 변하게 되는데, 수맥의 깊이와 수량에 따라 시신의 변화된 모습이 엄청나게 차이가 난다는 사실을 수맥을 감지할 수 있는 사람이라면 쉽게 관찰되고 판단할 수 있는 것이다. 즉 하루에 몇 톤의 물이 흐르는지, 수량이 많으면 많을수록 수맥의 깊이가 시신과 가까우며 가까울수록 미치는 영향력이 크다는 것을 알 수 있으며, 수맥의 크기는 작을수록 땅 속 깊은 곳에 위치할수록 시신의 변색은 검은 색에서 밝은 색을 보인다. 또한 소골이 되는 시간도 수맥의 크기나 깊이에 따라서 그 차이가 대단히 심하다는 것도 알 수 있다. 수맥은 없으면서 건수가 드나들거나 광중(壙中)에 물이 고여도 검은 색을 띠게 되며, 소골이 되는 시기가 빠르므로 묘지에 모시면서 수맥을 관찰하지 않는다면 명당에 모시기는 대단히 어렵다는 것을 알아야 한다. 결론적으로, 명당에 모셨다고 모두 황골이 되는 것은 아니며 또한 명당이란 외관상으로 지세가 아무리 좋아도 수맥으로 인하여 망지가 될 수도 있고, 정확한 자리를 짚어 쓰기만 한다면 더없이 훌륭한 명당이 될 수도 있는 것이다. 아무것도 없는 허허벌판에 묘지를 쓰더라도 수맥만 잘 피하고 배수가 잘 되도록 묘지를 손질한다면 황골로 변화된 유골을 얼마든지 찾아낼 수 있음도 알아야 하며, 명당이면 황골이 나온다는 등식은 타파되어야 한다.

❖ **명당(明堂)은 지관 마음이 밝아야 찾는다** : 용혈(龍穴)과 장법(藏法)의 이치가 눈으로 잘 보이는 데에만 있는 것은 아니다. 이치를 연구하여 깨달은 다음에 마음대로 분변할 수 있어야 한다. 이치를 깨달아도 마음이 밝지 못하다면 현묘(玄妙)하고 미묘(微妙)한 장법(葬法)을 올바로 행할 수는 없다. 마음과 생각이 맑아야 높은 견지의 눈으로 지기(地氣)를 살필 수 있는 것이므로 절대 필요한 조건이 되는 것이다.

❖ **명당(明堂)의 길격(吉格)** : 명당의 길격에는 국세(局勢)에 잘 맞고 장풍이 잘되며 수세(水勢) 역시 합국이어야 하는데, 이에는 교쇄

명당(交鎖明堂), 주밀명당(周密明堂), 요포명당(堯怖明堂), 융취명당(融聚明堂), 평탄명당(平坦明堂), 조진명당(朝進明堂), 광취명당(廣聚明堂), 관창명당(寬暢明堂), 대회명당(大會明堂) 등이 있다.

① **교쇄명당**(交鎖明堂) : 교쇄명당은 명당 앞으로 수가 S자 형태로 서로 감싸고 흘러나가므로 국세에 맞고 누기가 되지 않아서 길격에 속한다.

② **주밀명당**(周密明堂) : 주밀명당은 사방에 환포하여 누기가 없고 생기가 모여서 귀격이다. 그러므로 명당은 주밀한 것을 상으로 친다.

③ **요포명당**(堯怖明堂) : 요포명당은 수세가 당국을 싸고 돌아 기가 모이는 곳으로서 부귀가 보장되는 명당이다.

④ **융취명당**(融聚明堂) : 융취명당은 연못에 수기가 모이는 것으로서 대단히 귀한 명당이다. 부귀가 보장되는 명당으로 손꼽힌다.

⑤ **평탄명당**(平坦明堂) : 평탄명당은 명당 앞이 평탄하여 높고 낮음이 없는 명당으로서 진기취처(眞氣聚處)의 명당으로 보여 길격이다.

⑥ **조진명당**(朝進明堂) : 조진명당은 명당 앞이 훤하게 트여서 좁거나 옹색하지 않고 넓은 물이 모여 돌면 길격이 된다.

⑦ **광취명당**(廣聚明堂) : 광취명당은 산들이 모여 있고 그 사이로 물이 흘러서 명당 앞으로 모여드는 명당으로서 귀한 명당이다. 산명수수(山明水秀)를 요하며 조해공진(朝海拱辰)이면 합격이다.

⑧ **관창명당**(寬暢明堂) : 관창명당은 물이 크게 흘러 혈 앞으로 들어오는 명당으로 으뜸가는 거부가 나는 길격의 명당이다.

⑨ **대회명당**(大會明堂) : 대회명당은 여러 곳의 물이 명당 앞으로 모여드는 것으로서 백관이 임금 앞으로 조회하기 위하여 모여드는 것 같은 귀격의 명당이다.

❖ **명당의 형세**: 명당의 넓이는 용혈의 형세 및 판국의 규모에 따라 알맞고 조화 있게 이루어져야 된다. 우선 내명당의 넓이는 내청룡 내백호가 감싸주는 범위에서 그 내부가 평탄하고 원만하여 용수(龍水)가 배합하는데 지장이 없을 정도의 넓이면 충분하다. 외명당의 넓이는 만마(萬馬)를 수용할 수 있을 정도의 넓은 평판(平版)에 많은 산과 물이 모여 교류하고 용혈과 내당을 감싸줄 수 있는 정도라야 한다. 요컨대 내외명당의 대소 광협은 그 전체 국세와 균형이 알맞아야 된다. 즉 명당은 용혈의 기세와 주위 형세에 합당해야 하며 국세에 비해 지나치거나 모자람이 있으면 불가하다. 다시 말하면 주위가 주밀(周密)하고 넓이가 알맞고 원만하며 사와 수가 다정하게 모여들어 화기가 국내에 가득해야 좋은 명당으로 진국진혈(眞局眞穴)에 부귀와 자손의 번영을 바랄 수 있다. 이에 반해 명당 내 사방이 요결(凹缺)하고 허약하여 바람과 물이 요란하고 사수(砂水)가 비탈지면 좋은 혈을 맺지 못하여 패가망신한다. 결론컨대 음양택을 막론하고 진격(眞格) 내외명당이 갖추어져야 이른바 큰 명당이라 할 수 있을 것이다.

❖ **명당의 흉격**: 명당의 흉격은 국세(局勢)에 맞지 않아서 장풍이 잘되지 않고 각종 사(砂)가 충사하거나 수세가 반역하는 등 흉한 곳으로 질색명당(窒塞明堂), 반배명당(反背明堂), 겁살명당(劫殺明堂), 경도명당(傾倒明堂) 등이다.

① **질색명당**(窒塞明堂) : 질색명당은 언덕이나 암석이 당 앞을 가로막아 답답하고 혈전이 질색하고 있으니 흉격이다. 여러 가지 불길한 징조가 보인다.

② **반배명당**(反背明堂) : 반배명당은 물길이 명당혈을 갑자기 등지고 배반하여 흉격이다. 패륜지상이라하여 쓰지 못한다.

③ **겁살명당**(劫殺明堂) : 겁살명당은 예리한 바위나 뾰족한 흉사가 혈 앞을 겨누고 있어 흉하고 물길 또한 흩어져 충사하므로 흉격이다.

④ **경도명당**(傾倒明堂) : 경도명당은 명당판이 한쪽으로 기울어지고 물 또한 흩어져서 기가 모이지 않아 흉격이다.

❖ **명당(明堂)이 광활(廣闊)하나 것은 신하(臣下)를 많이 둔다** : 명당지역이 매우 넓은 것은 신하백성(臣下百姓)을 많이 거느린다. 명당이 협소(狹小)하고도 대지(大地)가 결혈(結穴) 되는 것은 고산결혈(高山結穴)이요 부하(部下)는 적으면서 높은 관직 자(者)를 두고 부귀세도(富貴勢道)하는 것으로 본다.

❖ **명당이란 이름은 어떻게 붙여졌나**: 명당이라는 명칭의 학설은 여러 가지 설이 떠돌고 있으나 원래는 중국의 주(周)나라 왕조

에 황제가 제후를 접견하는 장소라는 뜻으로 접견으로 정교(政敎)를 명백히 하는 당(堂)이라는 말에 관련되어 명명된 것이라고 전한다.

❖ **명당이 평광**(明堂이 平曠) : 명당이 평광(明堂이 平曠)하고 만상(萬象)은 삼라(森羅)이고, 중수(衆水)는 조당(朝堂)으로 돌아오고, 모든 산은 취회(聚會)하고, 풀은 성(盛)하며 木은 번창(繁昌)하고, 水는 깊고 흙은 후(厚)하여야 하니라. 양택(陽宅)의 국세(局勢)에서 총괄적으로 요하는 것은 평탄하게 탁트여 넓어야 부귀의 터를 이룰 수 있다. 즉 명당은 평정광활(平正廣闊)하고 사방이 모여들어 수려하여야 한다. 만상(萬象)이 삼라(森羅)처럼 앞에 있는 것 같고, 여러갈래의 물줄기가 돌아들고, 조종(祖宗)의 모든 산들이 대취(大聚)해서 회동(會同)하는 것 같아야 한다. 초목은 번성하고, 水는 깊고, 흙은 부드럽고, 규모는 광대(廣大)하여 기세(氣勢)가 왕성하면 이러한 곳이 발목하는 곳이니 많은 사람이 살 수 있는 곳이다. 이러한 명당산수(明堂山水)는 하늘이 이루어 놓은 것이며 초목은 사람이 재배할 수 있는 것이다. 사람의 거주지(居住地)가 좋다는 것은, 초목도 좋은 땅이라야 무성히 자라는 것과 같음이다.

[참고] 명당평광 만상삼나 중수귀조 제산취회 초성목번 수심토후
(明堂平曠 萬象森羅 衆水歸朝 諸山聚會 草盛木繁 水深土厚)

❖ **명당은 둥글어야 좋다** : 명당은 둥글어야 좋고 외명당은 넓게 펼쳐져야 좋다. 둥굴게 모이면 원진수(元辰水)를 수합하고 안쪽의 기를 가두어 묶어주는 것이고 평정(平正)하고 멀리서 빼어나고 나열하여 모름지기 중요한 것은 넓고 좁음이 적당하여야 한다.

❖ **명당이 기울면** : 주택지(住宅地)나 묘 터가 기울면 가업(家業)이 패(敗)한다. 묘 터가 좌로 기울면 여자가 우로 기울면 남자가 우환(憂患) 만성질환이 있게 된다. 기울어진 경사도가 심하면 자손이 죽는다. 집터가 좌로 기울면 남자가 우로 기울면 여자가 만성질환이 있게 된다.

❖ **명당**(明堂) **작은 명당 터는 많이 있다** : 대명당(大明堂) 터는 알기가 어려운 것이다. 작은 명당혈(明堂穴) 터는 얼마든지 있다. 길지(吉地)와 명당은 어디서나 자기 소견만 고집하여 혈(穴)을 이동시키고 좌향(坐向)을 바꾸고 지관(地官)은 줏대 없이 상주(喪主)에게 맹종한 까닭에 법술(法術)을 집행치 못하고 그르치게 되는 것이다. 이런 경우를 흔히 볼 수 있다. 적덕(積德)하지 아니한데서 유례되는 것이다.

❖ **명당전에서의 예** : 경기도 개성에 있는 파평 윤씨네 조상의 묘지가 복치형국(伏雉形局)의 명당이라고 한다. 그런데 그 주변에는 독수리형국, 매형국, 개형국의 산세가 에워싸여져 있는데 언제 그것들 한테 잡혀 먹힐지 모르는 위험한 자리라고 하나 그러하지 않다는 것이다. 바로 이러한 자리가 명당 중의 명당이다. 생각해보면 독수리, 매, 개가 서로 꿩을 잡아먹겠다고 벼르는 것은 셋이 서로를 견제하여 끌어당기려고 하며 서로 경계하는 한 꿩은 안전하다. 그런 형국을 삼수부동지격(三獸不動之格)이라 한다. 어느 한쪽이 꿩을 잡아먹도록 놔두지 않는다. 그래서 꿩은 새끼를 치며 잘 살 수 있으니 그것이 바로 명당이다. 그래서 파평 윤씨네 가문은 그 복치형(伏雉形) 명당의 발복으로 자손이 번창하고 여러 왕비를 배출했으며 명문이 된 것이다.

❖ **명당증혈**(明堂證穴)

① 명당(明堂)에는 소(小 : 穴 앞의 작은 것) · 중(中 : 靑龍과 白虎의 안쪽에 있는 것) · 대(大 : 外 : 案山 안쪽에 있는 넓은 것)의 세 가지가 있다. 명당(明堂)은 애오라지 바르고 평평하며 둥글고 또 혈(穴)을 향(向)해 유정(有情)한 것이 좋다. 기울거나 옆으로 넘어진 것은 생기(生氣)를 융결(融結)하지 못하기 때문에 진정(眞正)한 명당(明堂)이 아니며 이러한 명당(明堂)이 있는 뒤편에서 진혈(眞穴)이 맺지 못한다. 소명당(小明堂)은 혈(穴)의 직전(直前) 원훈(圓暈 : 둥근 등성이) 아래 있어 긴요(緊要)하며 평정(平正)하여 사람이 누울 수 있으면 거기에 진혈(眞穴)이 있다는 증거이다. 중명당(中明堂)은 교회(交會)의 뜻이 있는 것이 좋다. 그렇지 않으면 혈(穴)의 기(氣)가 소실될 우려가 있는 까닭에 진혈(眞穴)을 맺지 못한다. 대명당(大明堂)은 융취(融聚)하는 곳이 좋다. 만일 그렇지 않으면 혈기(穴氣)를 잃을 뿐 아니라 이 혈장성국(穴場成局)의 결작은 가짜가 된다.

② 혈을 찾는 법이 첫째는 기맥을 찾고 둘째는 명당(어디를 향으로 할 것인가의 뜻)을 정하는 것이다. 만약 명당이 바르지

못하여 물이 모이지 않고 기울어져 기를 누설한다면 진기가 모일 수가 없다. 그러므로 혈장이 아름다워도 묘를 쓸 수가 없는 것이다. 그런데 여기서 말하는 명당이란 소명당·중명당·대명당의 3당이 있다.(중·대명당을 내·외명당이라고도 한다.) 소명당은 태극훈 아래의 계수하합처(界水下合處)로서 결혈의 여부와 혈심을 판단하는 요긴처가 된다. 중명당은 청룡과 백호 안의 모든 물이 취합하지 못하면 소납(消納)이 되지 않는 것이다. 대명당은 청룡 백호 밖과 조산 사이의 물이 모이는 곳으로 외기의 융취여부를 판단하게 한다. 그러므로 명당증혈의 법칙은 매우 중요한 것이다.

③ 명당(明堂)은 혈 앞쪽의 평탄한 장소다. 명당을 살펴보고 혈의 위치를 찾는 것을 명당 증혈법(明堂證穴法)이라고 한다. 명당은 위치에 따라 소명당(小明堂), 중명당(中明堂), 대명당(大明堂)으로 나뉜다. 혹 내명당(內明堂)과 외명당(外明堂)으로 나누기도 한다. 소명당은 혈 바로 앞에 있는 작은 공간이다. 중명당은 청룡과 백호로 둘러싸인 공간을 가리킨다. 소명당과 중명당을 합쳐서 내명당이라고도 한다. 대명당은 안산의 안쪽 공간이다. 이것을 외명당이라고 부른다. 모름지기 명당은 바르고 평탄해야 한다. 또 넓고 다정하며 밝게 보여야 한다. 명당이 좁고 경사지고 비뚤어진 곳에는 참된 혈(眞穴)이 맺지 않는다. 골짜기에서 흘러내린 물은 내명당(중명당)에 모인다. 청룡·백호의 바깥쪽에서 들어오는 물들은 외명당(대명당)에서 만난다. 〈설심부(雪心賦)〉 에 이런 얘기가 나온다. 혈을 구하려고 산에 들어가면 먼저 물이 들어오고 나가는 곳을 찾는다. 또 혈에 오르면 명당을 살펴본다. 혈이라 생각되는 곳에 가면 꼭 명당을 살펴보아야 한다. 명당에 결함이 많은 곳은 참된 혈이 아니다. 명당이 바르면, 진혈은 가운데에 있다. 명당이 왼쪽에 있으면 혈도 왼쪽에 있고, 오른쪽에 명당이 있으면 혈 역시 오른쪽에 있다.

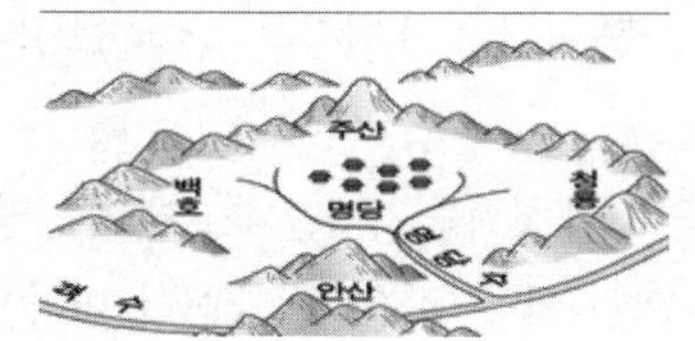

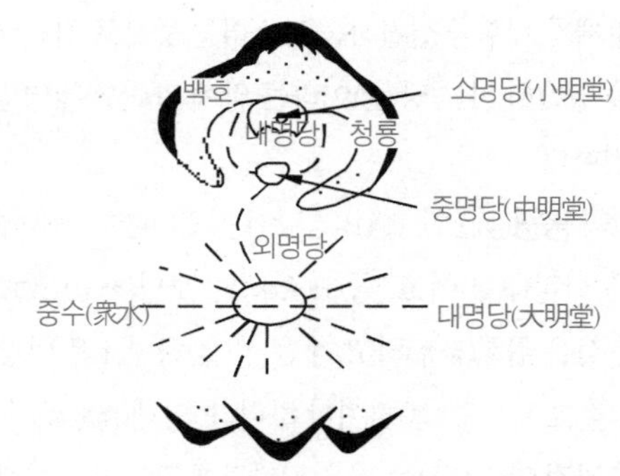

❖ **명당지역**(明堂地域)**의 길흉**(吉凶) : 우리나라는 금수강산(錦繡江山)이라 명당지역(明堂地域)이 많아 곳곳에서 귀(貴)한 인물이 태어난다. 명당(明堂)으로 이해하기 쉬운 지역을 실례를 들어 말한다면 전남진도(全南珍島)를 소개할 수 있다. 진도(珍島)는 산세(山勢)가 밝고 곳곳마다 보국형성(保局形成)이 원형(圓形)으로 나성(羅城)을 이루고 있다. 나성(羅城)을 이룬 가운데 천기지기(天氣地氣)가 조화를 이루니 만물의 결실(結實)도 좋아지고 사람에게도 더욱 길(吉)한 정기(精氣)로 조화된 명당지역(明堂地域)인 것이다. 정기(精氣)가 감도는 지역이니 「개」 조차 영리한 명물(名物)로 되었으니 이런 이치로 보아 명당지역(明堂地域)에 조화된 공기가 좋다는 것을 더욱 실감하게 한다. 또 흉지역(凶地域)의 실례를 말한다면 명당의 반대로 명문가(名文家)에 재상(宰相)이 두메산골로 낙향(落鄕)한 귀족의 후손들을 살펴보면 현재 천골(賤骨)로 비천하게 살고 있으니 명당지역(明堂地域)과 흉(凶)한 지역을 알 수 있게 한다.

❖ **명당택지**(明堂宅地) : 보국형성(保局形成)된 산진처(山盡處)에 결혈(結穴)된 자리가 명혈(明穴)이오 집을 지으면 바로 명당택지(明堂宅地)인 것이다. 그 결혈지(結穴地)는 묘(墓)를 쓰기보다는 동사택(東舍宅)이나 서사택(西舍宅)이든 배합사택(配合舍宅)으로 맞춰 안방이 혈중심(穴中心)에 위치(位置)하도록 길(吉)한 가상(家相)을 세운다면 그 혈성정(穴性情)에 따른 발복(發福)이 가택(家宅)에 사는 가족에게 발복(發福)하는 것이니 수(數) 10代를 살아도 그 발복(發福)이 변함없을 터이라 영구(永久)한 명당택지(明堂宅地)도 주산(主山)과 내룡(來龍)의 기세(氣勢)력도 보는 것이나 천기지기(天氣地氣)의 조화를 위주로 하는 것이라 국세

(局勢)를 위주로 해야 되는 것이다. 나성(羅城)을 이룬 보국형성(保局形成)의 자세로서 명당국세(明堂局勢)의 차등(差等)이 생기는 것이나 대국세(大局勢)의 형성(形成)은 주세(主勢)가 태조산(太祖山)과 행룡(行龍)에 있는 것이다. 그러나 가옥(家屋)에는 가상법(家相法)이 있어서 동서사택(東西舍宅)의 구별이나 건물의 상정원(相庭園)의 상구조(相構造) 등의 길(吉)한 구성법(九星法)이 있으니 아무리 좋은 보국(保局)된 명당택지(明堂宅地)라도 가상법(家相法)에 맞지 않으면 흉가(凶家)가 되는 것이다. 양택(陽宅)의 가상법(家相法)이란 공기조화(空氣調和)를 조절하여 인체에 이로운 정기(精氣)로 변화시키는데 있는 것이니 동서사택팔궁(東西舍宅八宮)에 배합사택(配合舍宅)의 구성법(構成法)이 중요한 것이다.

❖ **명당혈(明堂穴)은 이렇게 찾는다** : 혈(穴) 묘(墓) 앞에는 조산(朝山 : 안산 너머 산)과 안산(案山)이 수려하고 호응되어야 하며 명당은 밝고 바르며 수계(水界)가 합수(合水)되어야 정혈(定穴)할 수 있다. 혈(穴) 뒤에는 귀산(鬼山)과 낙산(樂山)이 서로 인연을 맺고 조산(祖山)이 조응(朝應)하며 주산(主山)의 기복 절(節) 속기(束氣) 요도(橈棹)의 국세(局勢)에 청룡백호가 서로 유정(有情)하고 전호(纏護)가 이루어져야 결혈(結穴)되어 정혈할 수 있다. 혈(穴) 아래는 순전(脣氈)이 바르고 밝아야 하고 요성(曜星)이 확실하게 지키고 있어야 정혈(定穴)할 수 있다. 혈의 사방에는 십도증혈(十導證穴)이 있어야 한다. 즉 혈(穴)을 중심으로 십(十)자 방향의 사방에 수려한 산이 혈(穴)을 보호하는 것을 말한다. 혈(穴)의 수계(水界)는 삼분삼합(三分三合)하며 수구(水口)가 좋은 곳에 있으면 정혈(定穴)한다. 행룡(行龍)에는 길용(吉龍)과 흉룡(凶龍)이 있으며 다음과 같다. 생룡(生龍) 복용(福龍) 강용(强龍) 순용(順龍) 진용(眞龍) 길용(吉龍)이라 한다. 사룡(死龍) 겁용(怯龍) 살룡(殺龍) 약룡(弱龍) 역룡(逆龍) 퇴용(退龍) 병용(病龍)은 흉룡(凶龍)이라 한다. 흉룡(凶龍)에서는 진혈을 구할 수 없으니 진혈처럼 보여도 가혈(假穴)이다. 그러므로 먼저 먼 곳에서 내룡(來龍)을 살펴 나가야 한다.

❖ **명령수(螟蛉水)** : 을수(乙水), 건수(乾水)가 파국(破局)이거나 신술쌍행(辛戌雙行 : 물이 신방과 술방에 걸쳐 흐름), 을진쌍행(乙辰雙行 : 물이 을방과 진방에 걸쳐 흐름), 묘을쌍행(卯乙雙行 : 물이 묘방과 을방에 걸쳐 흐름)이면 자손이 끊긴다. 양자(養子)를 맞아들여 대(代)를 잇는다. 첩의 아들이나 데릴사위가 대(代)를 잇기도 한다.

❖ **명목(幎目)** : 염습할 때에 시신의 얼굴을 덮는 옷. 아버지가 생존시에 어머니의 담제 뒤와 생가 부모(生家父母)의 소상(小祥)뒤에 입음

❖ **명사(明師)** : 지리를 보는 데 이치에 밝은 사람. ① 술법(術法) 또는 地理法에 통철한 사람. ② 명지사(明地師).

❖ **명사(明師)는 작은 명당진혈(明堂眞穴)은 반드시 쓴다** : 명사는 손수 장지(葬地)를 잡을 때는 진룡(眞龍)의 혈(穴)을 만나면 비록 작더라도 반드시 쓰고 단지 진기(眞氣)가 모이면 귀할 뿐이다. 억지로 대지(大地)를 구하려하면 그 대지는 스스로 주인이 있다.

❖ **명당은 기울어지지 않고 낮지도 않아야** : 기울어 지지도 않고 낮지도 않아야 하고 흉(凶)한 돌(石)이 없으면 진혈(眞穴)의 증거가 된다. 내명당과 외명당은 모름지기 네모지거나 원형이면 격에 합당하여 진룡정혈(眞龍正穴)이다. 보통 진룡의 땅은 기상이 너그러워 명당은 둥글게 모이고 넓게 펼쳐져 있다. 그러나 조화(造化)는 반드시 완벽하게 아름다운 것은 아니니 오로지 혈이 참 되느냐에 근본을 두어야 한다.

❖ **명당 묘(墓)를 쓰는 가장 좋은 자리란** : 명당 명혈이란 시신을 모시고 3년 후에 파 보면 완전히 육탈되어 유골만 남아 있으면서 그 유골에는 살 썩은 물이나 더러운 오물이 묻지 않고 깨끗하면서 유골의 색상이 노란색을 띄고 있다. 그래서 누를 황자를 써서 황골이라 한다. 이 황골은 명혈이라는 증거이다. 황골은 절대 명혈이 아니고서는 변할 수가 없는 것이다. 혈속에서는 황골이 되는 성분이 나오기 때문이다. 명당은 뼈가 황골로 변하는 것을 근거로 하여 명당의 가치를 나타낸다. 묘에서 황골이 되면 조상의 유골이 평안하게 되어 자손에게도 행운이 오게 된다. 그래서 그를 명당 발복이라 한다.

❖ **명당은 높은 곳 낮은 곳에 복잡하게 썩이지 않는다** : 명당 전체가 똑같이 고루 깨끗한 기운이 서린다. 지극히 좋은 명당은 앞이 평탄하고 명당이 있는 혈(穴)은 고귀한 인물이 배출하고 공

후장상(公侯將相)들이 나오며 또 명당은 따뜻하고 밝은 기운이 가득 감도니 자손들이 편안하게 살게 된다.

❖ **명당은 단단하다** : 주산에서 뻗어 내린 내룡이나 입수룡은 생왕룡 뿐만 아니라 혈장이 단단하고 강한 모습을 띄어야 한다. 따라서 땅이 단단하면 목근(木根)이나 벌레의 침입도 털어준다. 즉 주변이 빗물에 씻기어 움푹 패어 있으면 생기가 응결하지 못한다는 증거이기도 하다. 이렇게 기가 응결되어 야무진 모습을 강하게 표현하고 있다.

❖ **명당은 반듯하다** : 전체 혈장은 한쪽으로 기울지 않고 균형 있게 반듯해야 한다. 혈장이 한쪽으로 기울어져 있다면 한쪽 부분의 땅이 단단하지 못하거나 기가 응결 되지 못한 까닭이다. 혈의 반듯함과 기울어짐을 가리켜 혈도지편정(穴道之偏正)이라고 말하고 있다. 명당은 혈장 자체가 어느 한쪽으로 기울지 않고 반듯한 모습을 띄고 있으므로 이것을 정(正)으로 표현한다.

❖ **명당은 보통 사람도 만날 수 있다** : 명당은 옛 말에 복인(福人)이 봉길지(逢吉地)라 했듯이 보통사람이 만나는 것이다. 특히 활인적덕을 하고 위선에 지극하다면 명당길지가 기다리고 있다가 만나게 된다는 옛말도 전해지고 있다. 풍수 선생은 다만 명당 쓰는 일에 많은 경험으로 이장(移葬) 또는 장사를 지내는데 명당혈(穴)이 다치지 않도록 많은 경험으로 도와주는 것이요 또 명당의 가치와 성정(性情)을 알아서 자손에게 예언하여 발복의 차이가 없도록 도와주는 것이다. 그러나 어찌 풍수만이 명당을 만날 수 있다고 하리오. 명당은 지게꾼이 더 잘 만난다는 말이 있다.

❖ **명당은 부드럽고 순하다** : 혈(穴)을 중심으로 주변국세나 산이 등을 보이는 반배(反背) 형상이거나 혈에 비하여 지나치게 높거나 낮아서는 안 된다. 마치 임금을 향하여 만조백관(滿朝百官)이 공손한 자세를 취하고 있는 형상이 되어야 한다. 다시 말하면 혈을 둘러싼 산세들이 모두 다정하고 유정(有情)하다는 뜻으로 순(順)으로 표현한다.

❖ **명당은 대소(大小)에 얽매이지 말라** : 비록 명이 작더라도 발복하면 되는 것이다. 대명당만 생각하다가 진위를 분간 하지 못하고 잘 못 가혈(假穴)에다 매장하게 되면 부모님의 체백은 물과 벌레에 시달리게 되는 것이다.

❖ **명당은 아늑하고 포근해야 한다** : 혈장 자체에서 주변 국세를 바라보면 주변 산들이 혈 하나만을 에워싸고 있는 듯하면서 포근하고 아늑한 느낌을 주어야 한다. 이렇게 안정된 느낌 포근하게 감싸 안은 듯한 모습 주변이 혈을 숨기고 있는 듯한 혈장(穴場) 즉 마치 닭이 알을 품고 있는 듯한 분위기를 준다. 다시 말하면 정감 주는 화기애애한 전체적인 분위기를 표현한다.

❖ **명당은 이러하다**

- 명당에는 한 여름이라도 개미가 없다
- 명당 아니라도 혈장이 수려(秀麗)하고 깨끗하면 길지(吉地)이다.
- 명당은 산봉우리가 광채(光彩)가 나면 반드시 귀(貴)한 자손이 난다.
- 명당 부혈(富穴)에는 낮으막한 사가 많으며 비만 함을 요한다.
- 명당의 발복은 수관재물(水官財物)이라 물이 모이는 곳이므로 주로 부(富)와 관련이 깊다.
- 명당이 평탄하면 물이 모여 들어 재물이 모이고 경사(傾斜)지면 물이 흘러나가 재물도 빠져나간다.
- 명당은 물이 앞에서 들어와 나가는 것이 보이지 않으면 자손대대로 부자로 잘 살 수 있다.

❖ **명당에는 입수에 선익이 펴져나와** : 선익(蟬翼)은 입수(入首)에서 펴져나와 우각(牛角) 모양의 기상(氣象)이라야 하고 그 밑에 혈판(穴坂)은 정기(精氣)로서 크게 결응되어 혈상의 기상이 되어야 한다.

❖ **명당은 지관 마음이 밝아야 찾는다** : 묘 자리는 눈으로 잘 보이는 곳에만 있는 것이 아니다. 용혈(龍穴)과 장법(葬法)의 이치를 연구하여 깨달은 다음에 마음대로 분별할 수 있어야 하고 이치를 깨달아도 마음이 밝지 못하면 현묘(玄妙)하고 미묘(微妙)한 장법을 올바로 행할 수 없다.

❖ **명당을 얻자면 지관도 정심(正心) · 적선(積善)을 해야** : 명당은 효심(孝心)과 정심(正心) 및 적선 적덕이 있어야 얻는다. 아무에게나 얻는 것이 아니다. 명당을 얻자면 지사(地師)도 덕을 쌓고 부모에게 효행을 다하는 사람만이 명혈(明穴)을 차지할 수 있다는 풍수지리학의 진리도 함께 전파할 사명이 있다는 것을 알아

야 한다.

❖ **명당은 아무리 추워도 얼지 않는다**

• 명당은 지게꾼이 잡는다는 말이 있다. 이러한 곳은 아무리 추워도 곡괭이로 땅을 내리 찍으면 땅은 하나도 얼지 않는다.

• 좋은 명당은 아무리 추워도 절대 얼지 않는다는 풍수 이치가 바로 여기서도 드러난 셈이다. 명당은 따뜻하고 아늑하고 흙색이 밝고 추워도 땅이 얼지 않는 곳이 명당이라고 한다.

❖ **명당을 지금도 잡을 수 있다** : 혹여는 회원들의 종중산을 따라가 볼 때가 있다. 200년 이상이 넘었다는 종중산에 가보면 거의 명당만 남아 있더라. 이를테면 요리조리 비켜 쓰고 명당의 정좌는 숨어 있는 듯이 남아 있더란 말이 그 명당이 임자를 기다리느라 숨어 있는 셈이라 할 수 있으니 숨은 명당 찾는 게 또한 풍수 아닌가 생각된다.

❖ **명당이나 혈의 측정은 어떻게 하나** : 측정에 서는 일분의 차이가 큰 오차를 가져오나 집의 측정에서는 그것이 그렇게 큰 문제가 되지 않으므로 목측(目測)으로라도 교차점(交叉點)을 찾을 수 있다. 음택(陰宅)은 이십사방(二十四方)을 사용하고 양택(陽宅)은 팔방(八方)을 사용하기 때문이다. 정원은 보통 집의 건평보다 넓을 때는 정원의 중심(中心)에서 건평(建坪)보다 적으면 건물의 중심에서 측정하면 된다. 예시(例示)하면 각기 좌향(坐向)의 집, 그 길흉(吉凶)의 보편적인 내용은 앞에의 설명을 참작하면 대충 납득이 가리라고 생각한다. 다시 설명하면 나경반(羅經盤)을 놓고 방위를 간택(看擇)할 때 어떤 집이 터가 좋은가를 알아야 한다. 집에도 사주가 있으므로 살 사람의 사주와 비교되어야 한다. 가령 동명궁(東命宮)에 경술생(庚戌生)이 집이나 터를 잡을 때는 동궁(東宮)에서 북방이 복(福)과 덕(德)이 있을 것이요 남방은 생기(生氣)가 있을 것이며 동남간방은 연명(延命)의 방위이고 동방은 보필(輔弼)의 방이 되어 이상은 생왕방(生旺方) 이어서 좋고 길(吉)한 방위(方位)이다. 이때 팔방중(八方中) 나머지 사방(四方) 건태곤간(乾兌坤艮)은 불길(不吉)하나 반대로 서사명(西舍命)이라면 길(吉)한 방위가 된다. 주택의 좌(坐)에는 극(剋)이 없어야 한다.

❖ **명당증혈**(明堂證穴) : 소명당(小明堂), 중명당(中明堂), 대명당(大明堂), 내명당(內明堂), 외명당(外明堂)이 있다. 명당은 반드시 반듯해야 혈이 된다. 명당은 수성(水星)을 등(背)지지 않아야 혈이 된다.

❖ **명당혈지는 이러한 곳이다** : 명당택지는 우선 산자수명(山紫水明: 산이 아름답고 물이 맑은 곳)하고 배산임수(背山臨水: 물이 뒤쪽에서 앞으로 흐르는 곳)에 산하가 유정하며 광창포국(廣暢泡局) 넓고 길고 주변이 얇은 듯한 길국명지(吉局明地)인 도읍이나 촌락에서 고른다. 택지 균평원만(均平圓滿)하고 토색이 자윤하고 남향에 양명하고 훈풍화기(薰風和氣)가 충만한 곳이 좋은 집터가 될 수 있는 것이다. 전지후강발부지지(前池後岡發富之地: 앞에 못이 있고 뒤에 뫼 등산이 있는 곳에 큰 부자가 된다)라고 한다. 즉 택지 뒤쪽에는 아담한 산이 있고 앞쪽에는 맑은 연못이 있으면 큰 부자가 되는 터전이다. 큰 부자를 원한다면 이러한 택지(宅地)를 힘써 구함이 지름길이다. 그리고 금호 장강은 군자지지라고 한다. 즉 맑고 넓은 호수나 길고 맑은 강하의 호반과 천변에 집을 짓고 사는 사람은 성품이 너그럽고 덕망이 높은 군자라 한다.

❖ **명당의 형태란 둥글게 모여 있다** : 혈상(穴相)의 형태란 산천정기(山川精氣)가 모여서 결응(結凝)된 정기가 산봉으로 뭉치고 비유해 말하면 계란 같은 덩어리는 깊이 묻히기도 하고 많이 노출되기도 하고 지상에 조금 들어 나기도 한다. 많이 드러나는 것이 명혈이다.

❖ **명당조응**(明堂照應) : 전후(前後)에 있는 산을 일러 명당조응이라 한다. 전해오는 바 이것이 바로 사수호신(四守護神)이요 청룡(青龍), 백호(白虎), 현무(玄武), 주작(朱雀)을 칭하는 말이다.

❖ **명언구절**(明言句節) **안산조산**(案山朝山)**의 화복가**(禍福歌)

• 견필봉지안유(見筆峯之案有)하면 세세출어문사(世世出於文士)다. 문필봉(文筆峯)이 안산(案山)으로 있어 보이면 대대로 문사(文士)가 나느니라.

• 견인봉지안유(見印峯之案有)하면 세세출어인달(世世出於仁達)이다. 인봉(印峯)이 나타나 안산(案山)으로 있으면 대대로 인자(仁慈)하고 현달(顯達: 벼슬과 덕망이 높이 드러남)할 인재가 나느니라.

- 안산유지쌍곡(案山有之雙谷)은 수루유미불상(垂淚流而不祥)이다. 안산(案山)에 쌍곡이 이루어져 있으면 쏟아지는 눈물이 흘러서 상서롭지 못하니라.
- 물위장곡안대(勿爲長谷案對)하라 염병치사불상(染病致死不祥)이다. 긴 골짜기를 안대(案對)를 하지 말 것이다. 염병으로 죽음에 이르게 되니 상서롭지 못하니라.
- 현군사지안유(懸裙砂之案有)면 기자소지음행(其子孫之淫行)이다. 걸어 놓은 치마 같은 사격(砂格)이 안대(案對)에 있으면 그 자손에 음행(淫行)이 있게 된다.(또 불구자손출산(不具子孫出産)도 있는 것이다.)
- 안대은유규봉(案對隱有窺峯)이면 필급사지불절(必急死之不絶)이다. 안대에 규봉이 숨은 듯하게 있으면 반드시 급사당하는 것이 있다고 하고 또 안산에 규봉이 있는 것은 길봉(吉峯)이라고도 한다.
- 안산유지대암(案山有之大岩)은 흉화출어자손(凶禍出於子孫)이다. 안산(案山)에 대암(大岩)이 있으면 흉(凶)한 화(禍)가 자손(子孫)에게 나게 된다.(관재 구설(口舌)과 오사(誤死)가 많다.)
- 안산석여호좌(案山石如虎坐)하면 가외경어산군(可畏驚於山君)이다. 안산(案山)에 암석(岩石)이 호랑이가 안은 것과 같으면 가히 산호랑이에 놀라 두려움을 당하느니라.(요즈음 교통사고로.)
- 안산와석습류(案山臥石濕流)하면 두풍중풍다병(頭風中風多病)이다. 안산(案山)의 드러누운 암석(岩石)에 습기가 흐르면 頭風(腦病) 중풍병(中風病)이 많이 나느니라. 문둥병 환자가 생긴다.
- 폐의사지안열(弊衣砂之案列)이면 기자손지개걸(其子孫之丐乞)이다. 의복(衣服)이 해진 것 같은 사(砂)가 안대(案對)에 나(羅)되면 그 자손(子孫)에게 걸인자(乞人者)가 생기느니라.(관재 口舌不具子가 많이 생긴다.)

❖ **명정양식**(銘旌樣式) : 명정(銘旌)은 붉은 비단천에 백분(白粉)으로 먹물삼아 쓰며 명정의 길이는 육척 정도가 적당하다. 남자의 경우 벼슬이 있으면 학생을 빼고 벼슬의 직함을 대신 써넣는다.

(남자)	(여자)
학學 생生 전仝 주州 이李 공公 지之 구柩	유孺 인人 김金 해海 김金 씨氏 지之 구柩

❖ **명폐일**(鳴吠日)(移葬) : 명폐일(鳴吠日) 명폐대길일(鳴吠大吉日)이라 한다. 이날은 초빈여는 것. 관(棺)을 열고 관을 고치고 초빈만들고 무덤을 옮겨 쓰는 이장 등에 모두 길하다. 임신 계유 갑신 을유 병신 정유 임인 병오 사유 경신 신유 경오 임오 경인일(壬申 癸酉 甲申 乙酉 丙申 丁酉 壬寅 丙午 巳酉 庚申 辛酉 庚午 壬午 庚寅日) 위 일진(日辰)은 금계(金鷄)가 울고(鳴) 옥견(玉犬)이 짖는다는 날이므로 길일로 여긴다. 다만 산운(山運)과 본명(本命)의 극을 피하여 사용하라. 그리고 알 일진(日辰)은 명폐일과 대충(對沖)되는 날인데 역시 길하다고 한다. 丙寅 辛卯 丙子 甲午 庚子 癸卯 壬子 甲午 乙卯日 아래 사일(四日)은 명폐일은 아니지만 역시 길일(吉日)이다. 다만 항(亢) 루(婁) 귀(鬼) 우(牛)의 사금일(四金日)이 닿지 않도록 하고 또 위 기일(忌日)을 피하라.

❖ **명혈**(明穴) : 명혈(明穴)이란 지리법에 진룡(眞龍) 아래 있는 진혈(眞穴) 발복이 장원(長遠)한 대지(大地) 또는 길지(吉地)의 혈(穴) 하나의 아름다운 혈을 이루는데 법에 맞도록 합국(合局)된 길혈(吉穴)이다.

❖ **명혈**(明穴)**의 시신**(屍身)**은 곱게 육탈한다** : 명혈에 묻히는 시신을 보면 곱게 육탈(肉脫)이 되어 있으며 뼈가 수백 년이 되었어도 그대로 있으며 황골상태를 유지하고 있다. 이것은 혈장이 마치 계란모양의 형태로 시신을 싸고 있는데 이를 기(氣)라고 풀이한다. 명당은 기가 강할수록 온기가 돌며 각종 염이 드는 것을 막아 시신이 오래 보존된다. 이런 명당을 실수로 파다가 석회층을 뚫으면 소리가 나며 기가 빠지는 것을 감지할 수 있다. 활골이 되어 있는 시신도 그대로 햇볕을 쬐거나 바람을 맞

히면 뼈가 얼마가지 않아 새까맣게 되어 버린다.

❖ **명혈**(明穴)**일 때 산수**(山水)**가 충**(沖)**하면 속발**(速發)**한다** : 명혈일 때는 산수가 충하면 부귀가 속발로 일확천금한다. 귀판혈(貴坂穴)이라면 특진대과(特進大科)로 속발한다.

❖ **명혈은 장사후**(葬事後) **3년내 시신**(屍身)**의 육탈**(肉脫)**이 되고 황골**(黃骨)**로 변한다** : 명당명혈(明堂明穴)에는 장사 지내고 삼년정도 되어 면례를 하기위해 파보면 유골은 황금색으로 깨끗하게 변하여 있는 것이 명혈이다. 또 이장을 할 때 검은색이 된 유골을 명혈에다 다시 묻고 일 년 후에 다시 파보면 황골로 변하여 있다.

❖ **명혈측정**(明穴測定) **이렇게 한다** : 나경(羅經)의 고정위치는 기존 묘소일때는 상석(床石) 중심에다 고정하고 용미(龍尾)를 쳐다보아 산맥(山脈)의 당판중심(當坂中心)에서 고정하는 법이나 방법은 우선 입수중심점(入首中心點)에서 전순(氈唇) 중심점에다 (실)를 띠우고 일직(一直)된 (실) 밑에 나경을 고정하며 나경 사선(四線)을 보면 (실)이 모자(某字) 또는 모자(某字)사이로 통과한 것을 보아서 산맥(山脈)의 배합(配合)과 불배합(不配合)을 판별하여 혈(穴)의 진부(眞否)가 판단되며 혈(穴)의 진부(眞不)에 대한 길흉화복(吉凶禍福)을 상세히 판단하여 논(論)할 수 있도록 되어 있고 길흉화복(吉凶禍福)에 대한 시기와 혈(穴)에 대한 발복시효(發福時效) 등을 추리 및 추산(推算)할 수 있도록 되어 있다.

❖ **명혈측정도**(明穴測定圖)

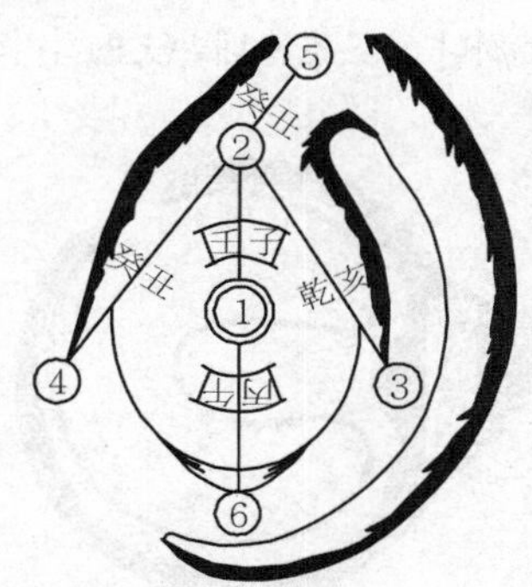

○ 표는 패철고정위치(佩鐵固定位置)

①에서 ②로 향해 측정하면 임자 정배합 귀격절

②에서 ⑤로 향해 측정하면 계축 정배합 부격절

④에서 ②로 향해 측정하면 계축 정배합 부격절

③에서 ②로 향해 측정하면 건해 정배합 손격절

⑥에서 ②로 향해 최종측정으로 검사한다.

❖ **모계대아**(母鷄帶兒) : 이 형국은 어미닭이 병아리를 데리고 다니는 것이다. 어미닭처럼 생긴 봉우리 앞에 병아리 같은 둔덕이 있다. 어미가 병아리를 품으니 혈은 둥지(어미닭의 아래쪽)에 자리잡는다. 안산은 새장(닭장)이다.

❖ **모든 사격**(沙格)**도 균형이 맞지 않으면** : 모든 사격이 균형이 맞지 않으면 부자도 반쪽이요 특진 특과에 횡재도 하지만 발복이 오래가지 못한다. 후덕(厚德)한 것은 학덕(學德)과 부가 되고 용수(聳秀)한 것은 극귀(極貴)요 일자문성(一字文星)에 대지결혈(大地結穴)이라면 어떠한 권세(權勢)라도 집권(執權)할 수 있다. 일자문성이 낮은 곳에 있으면 학문이 높아도 進士科에서 머물게 되고 높은 곳에 일자문성이라면 도지사급(道知事級)이 출생한다.

❖ **모란**(牡丹) : 이 형국은 모란꽃처럼 생긴 것이다. 완전히 피어난 것은 동그란 봉오리 여러 개가 나란히 솟아올랐다. 반쯤 피어난 것은 한 개, 혹은 두세 개가 나란히 서 있다. 모란형은 매화낙지, 연화부수, 도화낙지 보다는 높은 곳에 있다. 땅에 떨어진 것이 아니기 때문이다. 모란형의 혈은 꽃술이나 꽃의 중심에 깃들인다. 안산은 화분이다.

ㅁ

❖ **모렴**(毛濂) : 솜털(綿毛) 같은 것이 체백을 감싸고 있는 것을 말한다. 이 솜털은 곰팡이 같은 기화물(氣化物)이며 음습한 땅에서 생긴 것이며 손재와 병고는 물론이요 음탕망신이 있게 되는 흉렴이다.

❖ **모자라는 공간을 거울로 사용하라** : 이 방법은 시각적인 일시적 처방에 불과하다. 내부의 평면 모습이 직사각 형태로 되지 못하고 어딘가 한쪽이 잘려나가 그 모양이 ㄱ자 형태일 경우, 모자라는 공간을 거울을 사용하여 완전하게 보이도록 하는 방법이다. 하지만 심리적으로 안정감이 들도록 단기간 동안에 이용하기에는 어느 정도의 효과를 가져 올 수는 있을지 몰라도 근본적인 문제를 푸는 해결책으로서는 적절하지 못한 방법이다. 문제란 공기의 흐름을 원활하게 해주어야 하는 데(둥글게 순환토록 하는 것) 있는 것이다. 이렇게 본다면 거울을 사용했다 해서 거실의 면적이 늘어나는 것도 아닌데, 거울을 이용하여 흉한 가상을 길한 가상을 바꿀 수 있다는 주장은 설득력이 없는 것이다. 거울을 사용한다는 발상은 근본적인 해결책이 아닌 근시안적인 미봉책에 불과하다. 공기의 순환이 원만하게 되도록 공간구조 자체를 요철이 없는 반듯한 직사각 형태로 변환시키기 전에는 거울의 효과는 장기적으로는 기대할 수 없는 것이다.

❖ **모자**(眸子) : 눈 가운데 검은 동자. 사람의 정신은 오로지 눈에서 빛난다고 한 맹자(孟子)의 문장을 인용하였음.

❖ **목국룡의 생왕사절** : 금양수계갑지영목국계룡생왕사절도: 목국룡의 생왕사절(金羊收癸甲之靈木局癸龍生旺死節圖)

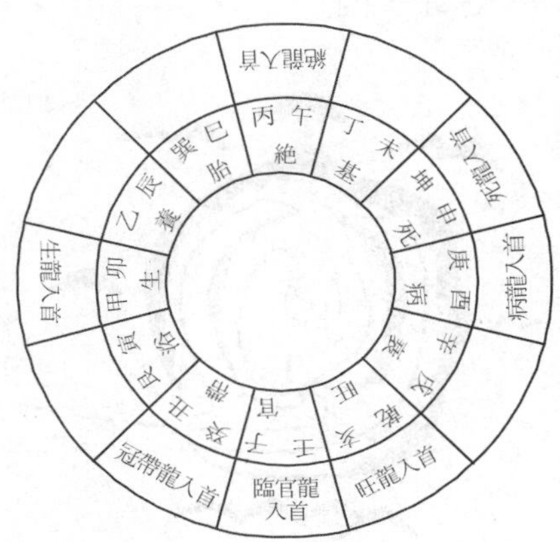

무릇 간지(看地)함이 도두결혈처(到頭結穴處)에서 나경외반(羅經外盤)을 사용하여 수구(水口)를 보아 만약 정미 곤신 경유의 육개(六個)의 자중(字中) 어느 것에 교회(交會)하면 이것은 모두 금양수계갑지령(金羊收癸甲之靈)이다. 이것이 목국계룡(木局癸龍)이 된다. 다음으로 나경내반(羅經內盤)으로 격룡(格龍)을 한다. 계수(癸水) 장생(長生)이 갑묘(甲卯)에 있으니 십이운성(十二運星)을 역행하면 왕(旺)이 건해(乾亥)에 있고, 묘(墓)가 정미(丁未)에 있다. 용(龍)이 갑묘(甲卯)의 이자(二字)상에 입수(入首)할 것 같으면 이것은 생룡(生龍)이요, 계축(癸丑)의 이자(二字) 上에 입수(入首)할 것 같으면 이것은 관대룡(冠帶龍)이요, 임자(壬子)의 이자(二字) 상에 입수(入首)할 것 같으면 이것은 임관룡(臨官龍)이 되고, 건해(乾亥)의 이자(二字) 상에 입수(入首)할 것 같으면 이것은 왕룡(旺龍)이 된다. 쌍산(雙山)으로서 팔개(八個)의 자(字)를 논한 것이니 모두 이기상(理氣上)으로 생왕(生旺)을 얻은 것이 된다. 다시 용(龍)의 형상(形象)으로 생왕(生旺) 속기(束氣) 청진(淸眞)함을 얻으면 필연(必然) 대발(大發)한다. 경유(庚酉)의 두글자로 입수(入首)할 것 같으면 이것은 병룡(病龍)이요, 곤신(坤申)의 이자(二字) 상으로 입수(入首)할 것 같으면 이것은 사룡(死龍)이 됨이요, 병오이자(丙午二字) 상으로 입수(入首)할 것 같으면 이것은 절룡(絶龍)이 됨이니, 쌍산(雙山)으로 그 육개자(六介字)를 논함이니 모두 이기상(理氣上)으로 사절(死絶)을 범함이다. 비록 용(龍)의 형상(形象)이 생왕(生旺)하다 해도 또한 대발(大發)하리라.

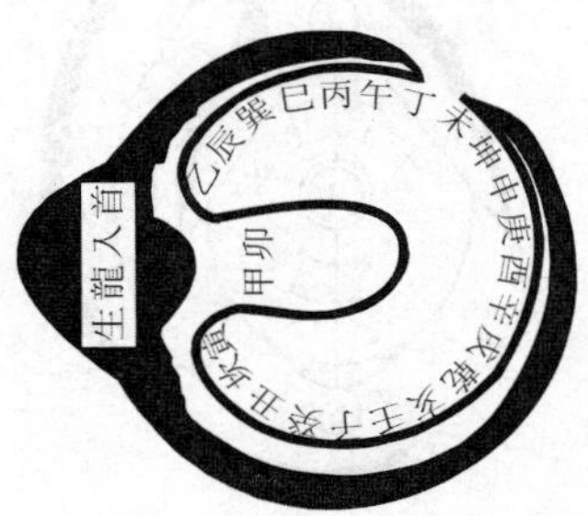

[목국생용입수도(木局生龍入首圖)]
용(龍)은 甲卯方에서 오고 水는 丁方으로 나간다.

[목국왕룡입수도(木局旺龍入首圖)]

용은 乾亥方에서 오고 水는 丁方으로 나간다.

[목국관대용입수도(木國冠帶龍入首圖)]

용은 癸丑方에서 오고 水는 丁方으로 나간다. 이상의 삼도(三圖)는 목국(木局)의 생(生), 왕(旺), 관대룡(冠帶龍) 입수도(入首圖)이다. 용(龍)이 수구(水口)와 통하였으니 향법(向法)이 합법하다면 대지(大地)는 대발(大發)하고 소지(小地)는 소발(小發)한다. 단연코 대발(大發)함은 없을 것이다. 향법(向法)이 조금이라도 차질이 생긴다면 또한 二三十年間은 발복(發福)하나 三十年後에는 외당(外堂)의 수운(水運)으로 행함이니 패절(敗絶)하게 된다. 용(龍)은 음(陰)이니 양(陽)인 수(水)를 이기지 못하는 이치이다.

[목국병용입수도(木局病龍入首圖)]

용은 庚酉方에서 오고 水는 丁未方으로 나간다.

[목국사용입수도(木局死龍入首圖)]

용은 坤申方에서 오고 水는 丁未方으로 나간다.

[목국용수생왕사혈(木局龍水生旺四穴)]

용갑간봉향건수방정방출장원

(龍甲艮峰向乾水放丁方出壯元)

[해설] 갑묘룡에 간인방의 산이 솟고 건해향에 丁未方으로 물이 나가면 장원급제(壯元及第)를 하게 된다.

목국(木局) 갑목(甲木) 해묘미(亥卯未)
계룡(癸龍) 묘해미(卯亥未)

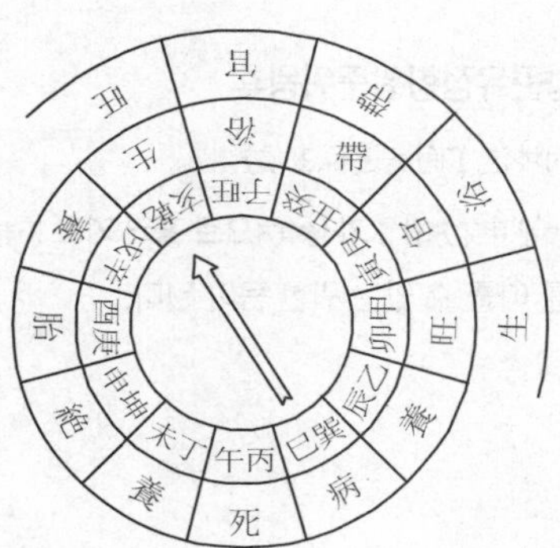

갑묘룡에 좌변으로 흘러 丁未方으로 유거(流去)하니 목국에 속한다. 손사좌에 乾亥向은 木局의 生向이요 갑묘룡은 계룡의 생룡이 되는 즉생룡에 生向이 된다. 艮方은 六秀의 한 방(方)이며 木局의 임관방(臨官方)이기도 하다. 이 艮方에 문필봉(文筆峰)이 솟았으면 금상첨화이니 청운의 꿈을 이루는 왕거영생(旺去迎生)하는 正生向이 된다.

간봉갑향유룡건좌수출정복면면

(艮峰甲向有龍乾左水出丁福綿綿)

[해설] 艮方의 峰이 솟고 甲卯向에 乾亥龍이며 左水가 丁未方으로 나가면 福이 비단같이 아름다워진다.

목국(木局) 갑목(甲木) 해묘미(亥卯未)
계룡(癸龍) 묘해미(卯亥未)

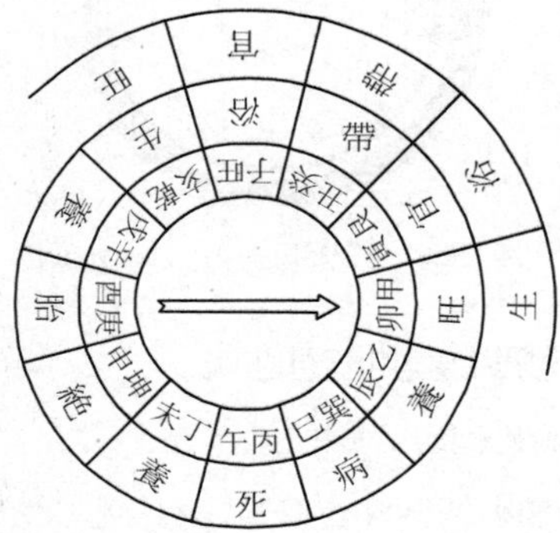

건해룡(乾亥龍)에 좌변수가 우변으로 흘러 丁未方으로 流去하니 목국에 속한다. 庚酉坐에 甲卯向은 木局의 왕향이요 乾亥龍은 癸龍의 旺龍이다. 즉 旺龍에 왕향이 되며 乾亥의 生方水가 本位의 旺水와 만나 木局의 墓庫인 丁未方으로 나가니 生來會旺하는 正旺向이 된다.

계룡갑수향곤유정향위준위왕후

(癸龍甲水向坤流丁向爲遵位王侯)

[해설] 癸丑龍에 甲卯方의 水가 坤申方으로 흘러 가고 丁未向을 하게 되면 王侯를 따를 수 있는 귀한 몸이 된다.

목국(木局) 갑목(甲木) 해묘미(亥卯未)
계룡(癸龍) 묘해미(卯亥未)

癸丑龍에 좌변수가 우변으로 흘러 목국의 墓庫인 丁未方을 지나 坤申絶方으로 나가니 木局에 속한다. 癸丑坐에 정미향은 목국의 묘향이요 癸丑坐는 癸龍의 冠帶龍이 된다. 갑묘의 旺方水가 丁未墓向을 지나 우변의 생방수와 합하여 坤申의 절방으로 나가니 정곤종시만사상(丁坤終時萬斯箱)의 正墓向이 된다.

신향갑룡생정갑간산간수면곤유

(辛向甲龍生鼎甲艮山艮水面坤流)

[해설] 甲卯龍에 辛戌向을 하고 艮寅方의 산이 솟고 艮寅方에서 得水하여 坤申方으로 나가면 三정승(生鼎은 솥의 발이 셋으로 지탱함을)의 위치에 오른다.

목국(木局) 갑목(甲木) 해묘미(亥卯未)
계룡(癸龍) 묘해미(卯亥未)

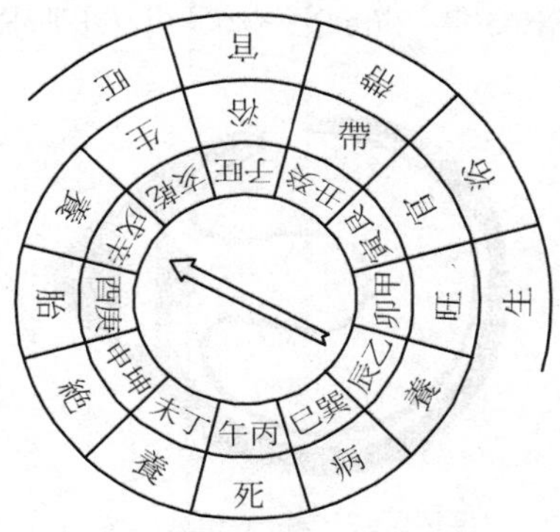

甲卯龍에 우변수가 좌변으로 흘러 坤申方으로 나가니 목국의 絶方이 된다. 乙辰坐에 辛戌向은 목국의 養向이요 甲卯龍은 癸龍의 생

룡이며 艮寅方이기도 하니 乾亥의 生方水가 坤申絶方으로 流去하니 三折祿馬上御街의 正養向이 된다.

❖ **목국절용입수도**: 龍은 丙午方에서 오고 水는 丁未方으로 나간다. 이상 삼도(三圖)는 목국(木局)의 병(病), 사(死), 절룡(絶龍) 입수도(入首圖)이다. 용(龍)이 비록 형상으로 좋다해도 불발(不發)하게 된다. 생왕(生旺)의 기(氣)를 얻지 못했기 때문이다. 만약 입향(立向)마저 차질이 생긴다면 단연코 한집도 없이 불발하여 흉(凶)하게 되리라. 용(龍)이 이미 사절(死絶)인데다가 향(向)마저 또한 불합(不合)하면 흉상가흉(凶上加凶)이 되는 것이다.

❖ **목국용수배합입향론**(木局龍水配合立向論): 갑(甲)은 부(夫)요, 계(癸)는 부(婦)이다. 갑(甲)은 양(陽)이요, 계(癸)는 음(陰)이다. 갑(甲)은 수(水)요, 계(癸)는 용(龍)이다. 용(龍)의 생(生)이 수(水)의 왕(旺)이 되고 수(水)의 왕(旺)이 용(龍)의 생(生)이 된다. 갑묘(甲卯)의 생용입수(生龍入首)라면 건해(乾亥)의 장생향(長生向)을 할 수 있다. 건해(乾亥)의 왕룡입수(旺龍入首)라면 갑묘(甲卯)의 정왕향(正旺向)을 할 수 있다. 용(龍)을 보고 입향(立向)을 하는 것이니 용(龍)과 수(水)가 배합하는 것이라고 말하는 것이다. 원관통규(元關通竅)하고 만국생왕(滿局生旺)하는 것이니 용(龍)이 생왕(生旺)을 얻고 또한 수(水)가 생왕(生旺)을 얻음이니 이것이 국내(局內)에 생왕(生旺)이 가득한 이치이니 만국생왕(滿局生旺)이라 하는 것이다. 원관통규(元關通竅)란 원(元)은 향(向)이요 관(關)은 용(龍)이요 규(竅)는 수구(水口)이다. 龍과 水가 함께 한 곳인 고(庫)로 나가면 남녀가 교구(交媾)하여 생남생녀(生男生女)하며 만물이 화생하는 이치이니 이것이 음양(陰陽)의 대도(大道)라 할 수 있다.

[금양수계갑지영목국용수배합이기도(金羊收癸甲之靈木局龍水配合理氣圖)]

바깥: 갑목(甲木)의 장생(長生)은 해(亥)에 있고 순행하며 수(水)를 논한다. 안쪽: 계수(癸水)의 장생(長生)은 묘(卯)에 있고 역행하며 용(龍)을 논한다. 양(陽)은 좌변에서 우로 돌고(순행), 음(陰)은 우변에서 좌로 돈다(역행). (사람이 음양국(陰陽局)을 식별할 줄 알면 어찌 대지(大地)를 만나지 못할까를 근심하리오)

㉠ **왕거영생정생향도**(旺去迎生正生向圖) : 왕방에서 오고 생방에서 맞는다.

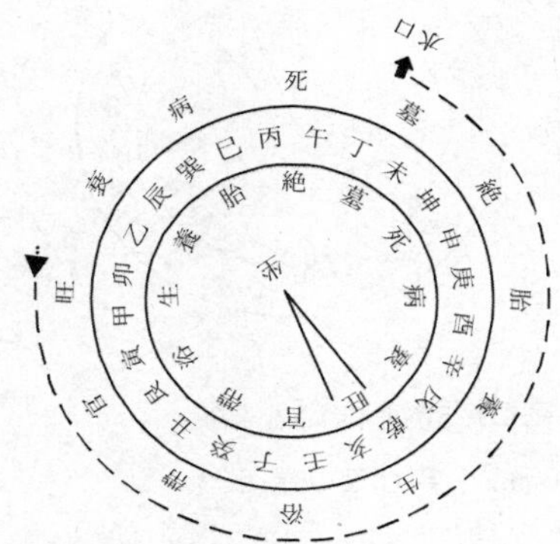

손좌건향 사좌해향(巽坐乾向 巳坐亥向)

[해석] 右水가 좌로 흐른다.

우측의 갑묘방(甲卯方)의 제왕수(帝旺水)와 간인방(艮寅方)의 임관수(臨官水)와 계축방(癸丑方)의 관대수(冠帶水)와 임위(壬位)의 귀인수(貴人水)와 아울러 본위(本位)의 장생수(長生水)가 함께 정미(丁未) 정고(正庫)로 나가면 정생향(正生向)이 된다.

㉡ **생내회왕정왕향도**(生來會旺正旺向圖) : 생방에서 오고 왕방에서 모인다.

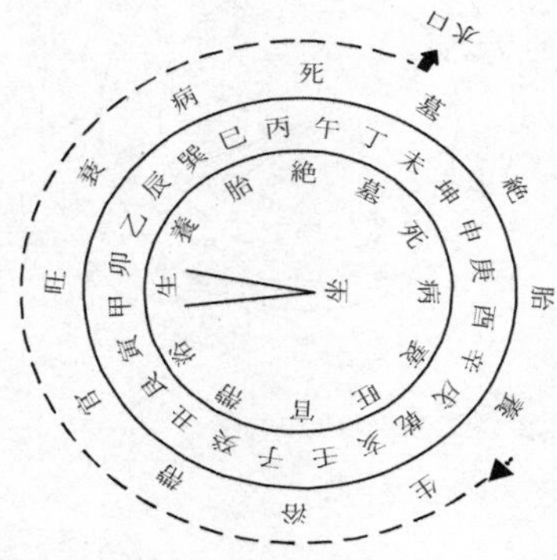

경좌갑향 유좌묘향(庚坐甲向 酉坐卯向)

[해석] 좌수(左水)가 우(右)로 흐른다.

국내(局內)의 좌변(左邊)의 건해방(乾亥方) 장생수(長生水)와 임자방(壬子方)의 귀인수(貴人水)와 계축방(癸丑方)의 관대수(冠帶水)와 간인방(艮寅方) 임관수(臨官水)와 본위(本位) 향앞의 제왕수(帝旺水)가 함께 본국의 고(庫)로 나가니 정왕향(正旺向)이 된다.

㉢ **양수협출정묘향도**(兩水夾出正墓向圖) : 양수가 합치는 정묘향

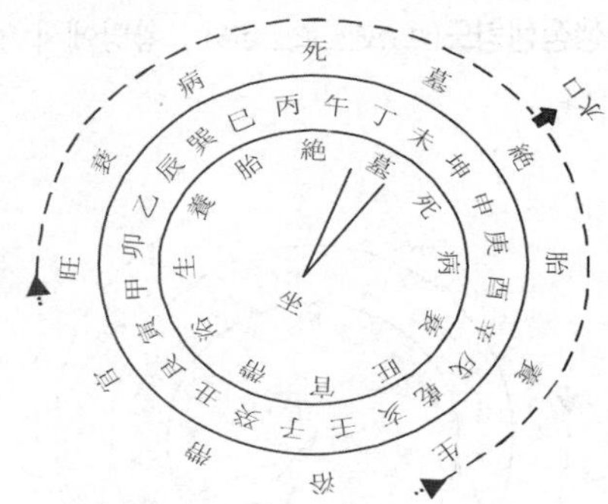

계좌정향 축좌미향(癸坐丁向 丑坐未向)

[해석] 좌수(左水)가 우(右)로 흐른다.

먼저 좌변(左邊)의 갑묘방(甲卯方)의 제왕수(帝旺水)가 당(堂)을 지나고 다음으로 우변(右邊)의 건해방(乾亥方) 장생수(長生水)가 곤신방(坤申方) 절위(絶位)에서 합금(合襟)하여 나가면 정묘향(正墓向)이 된다.

㉣ **귀인녹마상어가정양향도**(貴人祿馬上御街正養向圖) : 귀인록마가 상가에 오르는 정양향

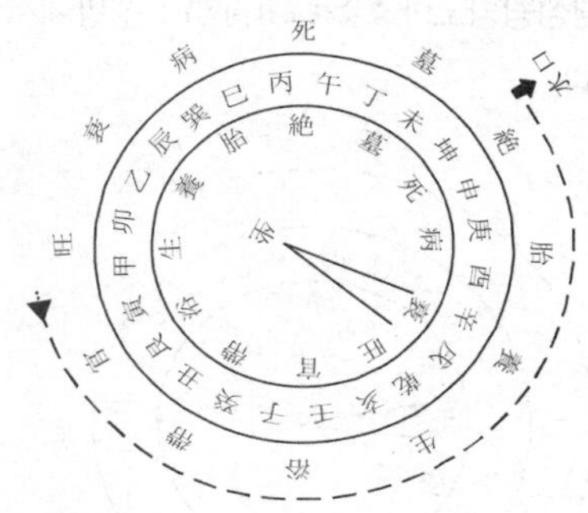

을좌신향 진좌술향(乙坐辛向 辰坐戌向)

[해석] 우수(右水)가 좌로 흐른다.

우변(右邊)의 갑묘방(甲卯方)의 제왕수(帝旺水)와 간인방(艮寅方) 임관수(臨官水)와 계축방(癸丑方)의 관대수(冠帶水)와 임위(壬位)의 귀인수(貴人水)와 건해방(乾亥方)의 장생수(長生水)가 함께 모여 본위(本位)인 양방(養方)의 수(水)와 곤신절방(坤申絶方)으로 돌아나가면 정양향(正養向)이 된다.

㉤ **차고소수자생향도**(借庫消水自生向圖) : 고를 빌려 소수하는 자생향

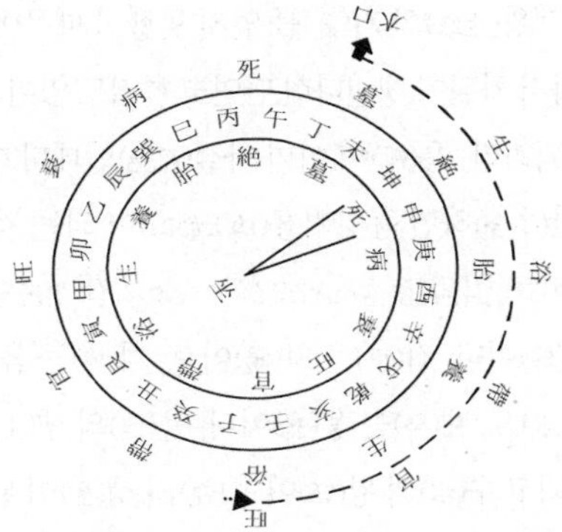

간좌곤향 인좌신향(艮坐坤向 寅坐申向)

[해석] 우수(右水)가 좌로 흐른다.

우변(右邊)의 임자방(壬子方) 제왕수(帝旺水)와 건해방(乾亥方)의 임관수(臨官水)와 신술방(辛戌方)의 관대수(冠帶水)와 경방(庚方)의 귀인수(貴人水)와 아울러 본위(本位)의 장생수(長生水)가 좌변의 정미 본고(丁未 本庫)를 차고(借庫)하여 소납(消納)하니 자생향(自生向)이 된다.

㉥ **차고소수자생향도**(借庫消水自生向圖) : 고를 빌려 소수하는 자왕향

임좌병향 자좌오향(壬坐丙向 子坐午向)

[해석] 좌수(左水)가 우(右)로 흐른다.

국내(局內)의 좌측의 간인방(艮寅方)의 장생수(長生水)와 갑묘방(甲卯方)의 귀인수(貴人水)와 을진방(乙辰方)의 관대수(冠帶水)와 손사방(巽巳方)의 임관수(臨官水)와 아울러 본위(本位)의 제왕수(帝旺水)가 우변(右邊)의 정미목국(丁未木局)의 정고(正庫)를 차(借)하여 소납(消納)하니 자왕향(自旺向)이 된다. 이상의 6도 12향은 모두 양공구빈수법(楊公救貧水法)에 합하여 십사진신(十四進神)이다. 이처럼 안장(安葬)을 한다면 상격룡(上格龍)은 부귀극품하고 중격룡(中格龍)은 소부소귀하고 하격룡(下格龍)은 삼교구유농공상매(三敎九流農工商賈)하여 의식이 풍족하리라. 말하자면 지맥(地脈)이 없다고 해도 부귀는 발(發)하지 못할지라도 인정(人丁)은 끊어지지 않으리라. 대개 향(向)의 생왕(生旺)이 능히 용(龍)의 사절(死絶)을 구제하는 이치리라. 지리를 배우려는 자 목국내(木局內)의 이 여섯 개의 십이향(十二向)을 한다면 한 향(向)도 발복하지 않는 자가 없을 것이며 조금의 차질이 있다 손치더라도 또한 큰 害는 없을 것이니 인정은 반드시 유지할 것이다. 나머지 향(向)은 비록 간혹 발부발귀가 있으나 가벼이 사용하지 못하리라. 대개 약간만 잘못이 있어도 패절하며 재화(災禍)가 미치리라.

- **불발지향**(不發之向) : 발달치 못하는 향
  쇠향불발지도(衰向不發之圖 쇠향은 발복하지 못한다)
  병향불발지도(病向不發之圖 병향은 발복하지 못한다)
  태향불발지도(胎向不發之圖 태향은 발복하지 못한다)
  관대향불발지도(冠帶向不發之圖 관대향은 발복하지 못한다)
  목욕향불발지도(沐浴向不發之圖 목욕향은 발복하지 못한다)
  임관향불발지도(臨官向不發之圖 임관향은 발복하지 못한다)

이상의 화국(火局) 12향(向)은 모두 생(生) 왕(旺) 묘(墓) 양향(養向)인 양공(楊公)의 구빈수법(救貧水法)에 합하지 않는다. 모두 향상(向上)으로 십개퇴신(十個退神)이며 패절하게 된다. 용(龍)과 수(水)가 통하지 않고 수구(水口)가 통하지 않으니 살(殺)이 되어 향(向)을 할 수 없다. 통계로 금목수화토(金木水火土)의 사국(四局)의 국(局)마다 생왕묘양(生旺墓養)의 사정도(四正圖)와 자생자왕(自生自旺)을 합하면 여섯 개의 도(圖)가 되니 총 이십사도(二十四圖)에 사십팔향(四十八向)이 된다. 단지 중요한 것은 용진혈적(龍眞穴的)하고 사수환포(沙水環抱)이다. 구영(舊塋)이라면 대부대귀하다고 직단(直斷)하고 새로운 땅이라면 부귀가 속래(速來)한다고 예정할 수 있다. 백발백중하고 단연코 발복치 않음은 없을 것이리라. 흉도 또한 이십사도 사십팔향(二十四圖 四十八向)은 반드시 용혈(龍穴)과 사수미악(沙水美惡)을 묻지 않아도 가벼우면 손재하고 인정이 상(傷)하고 중(重)하면 인망하고 가패(家敗)함을 누차 시험하였다. 다 세세히 마음을 두면 자연히 교묘함을 익힐 것이리라. 그러지 아니하고 산에 이르면 모두가 모호하리니 어찌 길흉을 능히 판단할 수 있으리오.

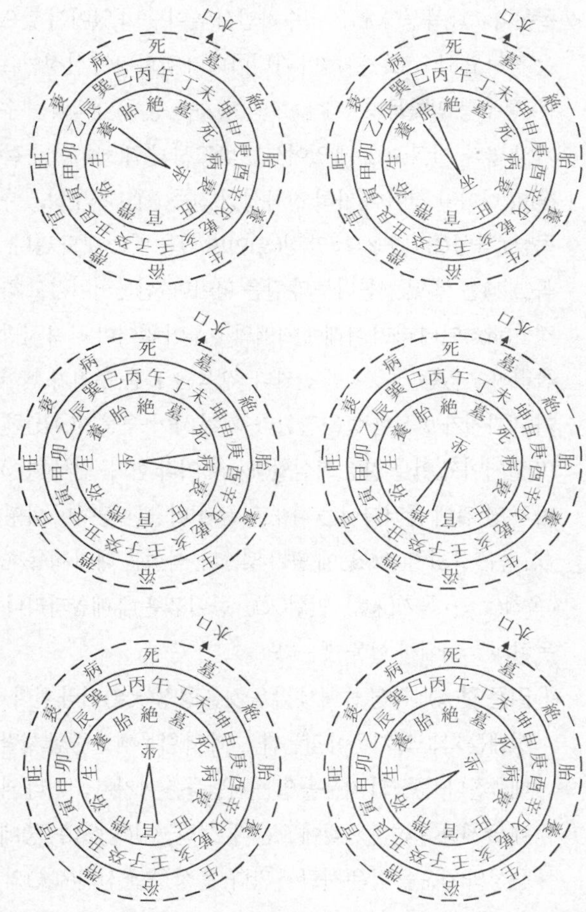

❖ **목렴**(木廉) : 체백에 목근(木根)이 침범하는 것을 목렴이라 한다. 광 중에 밖에서 뻗어 들어오는 목근도 있지만 자체 내에서 화생(化生)한 목근도 있다. 목근의 침입은 주로 습기가 많고 생기가 없는 푸석푸석한 땅 또는 밤자갈이 섞인 밭흙과 같은 혈지에서

흔히 보게 된다. 모든 나무 뿌리는 향습성(向濕性), 향비성(向肥性), 향일성(向日性 공기)이 있기 때문에 그러한 조건이 전혀 구비되지 않은 진혈토에는 뿌리가 뻗어오지를 않은 것이니 진혈토로 된 광 중에는 목렴은 염려할 필요가 없다. 이와 같은 목렴이 있어 체백을 괴롭히면 불구자손이 나오며 관재로 패산(敗產) 되기 쉽다. 목렴(木廉)이 들면 가족 중에 심한 병을 앓는다. 자갈같이 뒤섞인 땅이다. 명당에는 시신을 완벽하게 보존하는 능력이 있다는 것이다. 몇 백년 오래 된 무덤에서 완벽한 유골이 발견되는 것은 그 자리가 명당이기 때문이다.

❖ **목산**(木山) : 목성(木星)은 청수하면서 높이 솟아 있어서 겉으로는 강하고 안으로는 유하며 마디마디가 결합됨이 삼정혈(三停穴) 통소형 일자목형(一字木形) 인형(人形) 등에 낙맥되는 수가 가장 많다. 발복(發福)에 있어서는 반드시 대귀(大貴)한 준걸(俊傑)이 나타날 것이며 가히 장목성의 진득(眞得)이라 하겠다.

❖ **목성** : 목성은 인수(仁壽)의 정(精)이며 혈을 맺는 것도 많다. 입목(立木)은 서 있는 통나무와 같은 형이다. 신문혈이라고 하여 정와(頂窩)인데 다리 아래에 기맥의 흐름이 없어야 하며 사방이 둘러싸고 있는 경우에만 진짜다. 생목(生木)은 뿌리가 뻗어나가고 가지가 번성한 형을 말한다. 가지 사이 즉 분지(分枝)한 곳이 혈처이고 이를 일명 화심혈(花心穴)이라 한다. 면목(眠木)은 마치 땅 위에 굴러다니는 나무 덩굴과 비슷한 형이며 와형(窩形), 혹은 유형처(乳形處)에 혈이 맺는다. 목성은 대개 화류(花類)·옥척(玉尺)·목기(木器)·인형(人形) 등이 많은데 배꼽자리나 와돌처(窩突處)에서 혈을 맺는다.

① **맑은 것**(淸) : 목성 중에서 맑은 것을 문성(文星)이라 한다. 문성에는 학문의 기운이 감돈다. 그래서 학문에 출중한 사람을 배출한다. 문성의 기운을 입는 사람들은 학자가 되거나 과거에 급제하여 높은 관직에 오른다. 성현군자(聖賢君子) 중에도 문성의 기운을 받은 사람이 많다. 문성 중엔 선인(仙人)의 모습을 한 것도 있다. 선인형(仙人形)의 문성은 선도인(仙道人)을 배출하기도 한다. 어떤 선도인은 크게 득도(得道)하여 선인의 경지에 오른다.

② **흐린것**(濁) : 목성의 흐린 것은 재성(才星)이다. 재성에는 재기(才氣)가 넘친다. 그 기운으로 뛰어난 예술인, 기능인들이 배출된다.

③ **휴한 것**(凶) : 흉하게 생긴 목성을 형성(形星)이라 부른다. 형성에는 형벌(刑罰)의 기운이 감돈다. 이 기운이 형벌, 살상(殺傷), 관송(官訟: 관재와 소송) 등의 화(禍)를 불러온다. 형성에 묘를 쓰거나 집을 짓고 살면, 자손 중에 감옥에 가는 사람, 살상(殺傷)의 변을 당하는 사람들이 나온다. 불구자도 생기고, 요절하는 사람과 병약한 사람도 배출된다.

❖ **목성수**(木城水) : 목성수는 일직선으로 곧게 흐르는 것이니 불길한 기운을 뿜는다. 목성수에는 곧은 목성, 가로 목성, 비낀 목성의 세 형태가 있다. 세 형태 모두 흉하다. 많은 화(禍)를 불러온다. 곧은 목성수는 물줄기가 혈 쪽으로 곧게 흘러와서 다시 직각으로 빠져 가는 것이다. 가로 목성수는 혈 앞에서 가로로 곧게 흐르는 물줄기다. 비낀 목성수는 사선으로 흐른다. 물이 일직선으로 뻗으면 혈의 정기가 흩어진다. 또 물에서 뿜어 나온 흉기(凶氣)가 혈로 뻗친다.

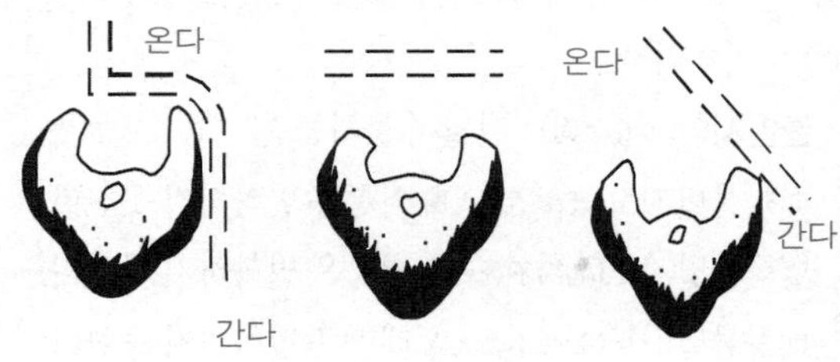

❖ **목소반**(木小盤) : 제향(祭享)을 지낼 때에 제물을 받들어 올리는 나무로 만든 작은 쟁반. : 木大盤

❖ **목(木) 오행** : 목(木) 오행(五行)의 木에 해당하는 것으로는 대략 다음과 같다. 천간(天干)은 甲乙 지지(地支)는 寅卯 수(數)는 三八 절기는 봄(春) 방위는 동(東) 괘는 진(震) 손(巽) 색은 청(靑) 기(氣)는 생기(生氣) 성(性)은 곡직(曲直) 오상(五常)의 인(仁) 육신(六神)으로는 청룡(靑龍) 장부(臟腑)는 간장(肝腸) 담(膽)이다.

- **목극토**(木克土) : 오행상극의 하나. 木은 土를 극한다.
- **목목비화**(木木比和) : 木과 木은 오행이 같으므로 비화(比和)라 한다.
- **목생화**(木生火) : 오행상생의 하나. 즉 木은 火를 생한다.

❖ **목욕**(沐浴) : 목욕(沐浴)이란 십이운성의 2번째 오행이 목욕궁에 놓이면 시달림을 받는다. 목욕은 다음과 같다.

日干	甲	乙	丙	丁	戊	己	庚	辛	壬	癸
沐浴	子	巳	卯	申	卯	申	午	亥	酉	寅
五行 沐浴	木 子		火 卯		土 卯		金 午		水 酉	

❖ **목욕수**(沐浴水)

① • 목욕수(沐浴水)란 건물이나 묘(墓)의 坐를 기준하여 포태법(胞胎法)으로 목욕방(沐浴方)이 득파(得破)된 것. 또는 목욕좌(沐浴坐) 포태법 사대국수법 참고.

• 목욕좌(沐浴坐)란 살인목욕좌(殺人沐浴坐)라 한다. 지리법에서는 대흉격(大凶格)으로 여겨 크게 꺼린다. 목욕수를 범하면 음행(淫行)이 자주 일어나고 살상(殺傷)의 액이 생겨난다고 한다. 아래와 같다.

癸丑 艮寅 甲卯破 : 丙午坐

乙辰 巽巳 丙午破 : 庚酉坐

辛戌 乾亥 壬子破 : 甲卯坐

丁未 坤申 庚酉破 : 壬子坐

② 목욕수(沐浴水)는 음란도화수(淫亂桃花水)로 흉수에 속한다. 목욕수래범도화(沐浴水來犯桃花) 여인음란불유타(女人淫亂不由他)라 하여 내도혈전(來到穴前)은 첫째 도화수(桃花水)가 되어 가녀음란(家女淫亂)하고, 다음은 혈병관재파가업(血病官災破家業)이라 하여 악질관재(惡疾官災)와 패산가빈(敗産家貧)이 우려되는 흉수이다. 한편 목욕유파(沐浴流破)는 원칙적으로는 흉수이나 다만 합법유거(合法流去)는 문고소수(文庫消水)가 되어 도리어 발왕부귀(發旺富貴)한다. 이를 정리하면 양생대관왕오궁위수(養生帶官旺五宮位水)는 길수(吉水)인 바 득수입조(得水入朝)와 조견지호(照見池湖)는 부귀왕정(富貴旺丁)에 현문장(顯文章)이요, 차위거수(此位去水)는 도리어 인상손재(人傷損財)의 흉수이다. 절태병사(絶胎病死)의 4궁위수(四宮位水)는 흉수로 조입득수(朝入得水)는 병약단명(病弱短命)에 가업부진(家業不振)이요 차위거수(此位去水) 또한 유해무익일 뿐이다. 그러나 절태수(絶胎水)도 향법에 가합류거(可合流去)하면 흉수, 길수로 변하여 부귀왕정(富貴旺丁)한다.

❖ **목욕수 즉문곡**(沐浴水卽文曲) : 목욕수(沐浴水)는 본래가 도화살수(桃花殺水)로 흉(凶)하며 이 도화수가 혈전(穴前)으로 흘러들어오면 여자가 음란함은 물론이며 심하면 물에 투하(投河)하여 스스로 죽든가 집을 나가 헤매든가 혈병(血病)으로 안목이 해를 입기도 하며 패가(敗家)하기도 한다. 자방(子方) 또는 오방(午方)의 목욕방(沐浴方)의 도화수(桃花水)로 흘러들어오면 패가하며 묘방(卯方)또는 유방(酉方)의 목욕방의 도화수로 흘러들어오면 주로 도박 또는 사치를 즐기게 된다. 이 목욕수가 흘러가서 생방(生方)으로 흘러나가서 파(破)가 되면 낙태도 하게 된다. 자생향(自生向) 또는 자왕(自旺)을 입혈(立穴)하고 본국(本局)의 태(胎) 방위가 목욕방으로 변하여 그곳으로 모든 물이 흘러나가니 파구(破口)가 되는 것을 녹존유진패금어(祿存流盡佩金魚)라는 귀국(貴局)이 되며 자랑할만하나 이때에는 천간자상(天干字上)으로 파구(破口)가 되는 것이 역시 외반봉침(外盤逢針)으로 취용(取用)하여야 한다. 혹 지지(地支)로 흘러나가면 역시 도화(桃花)인 고로 흉하다.

❖ **목재**(木材)**의 가구장은 천연 나무 소재가 좋다** : 목재의 자연스러운 색상은 특히 여성에게 좋은 운을 가져온다. 풍수상 여성은 음(陰)에 속하므로 기(氣)의 중화가 필요하다. 이때 자연스런 색상의 목재 가구장은 여성 운에 대단히 효과적이다. 천연나무 소재는 집안의 기를 자연과 같이 들리므로 이롭고 젊음을 지킬 수 있다는 면에서도 좋다. 목재는 인간관계, 연애, 재운에 있어서도 아주 좋으며 집의 동쪽 방위에 배치하고 위에 거울이나 꽃을 장식하면 더욱 효과적이다. 가구는 둥근 것으로 선택해야 좋다. 모서리나 문양이 지나치게 예리하고 돌출이 많은 것은 돈이 들어오는 길을 막는다고 판단되므로 좋지 않다.

❖ **목표**(木杓) : 산이 표주박처럼 머리는 둥글고 꼬리는 가늘어 뾰족한 모양새로 생김을 말함.

❖ **목형산**(木形山) : 목형산은 갑자기 치솟는 형상이다. 크게 솟은 끝 부위는 약간 둥글며 또 적게 또는 나무에 매듭같이 불거지기도 하는데 그 목형상이 강하고 양명하다. 특성 역시 산천정기(山川精氣)가 강하여 높이 솟은 성질이라 형태가 강하면 양명하다.

❖ **목형의 형산인 산** : 곧아서 높이 솟아오르고 가지가 많이 뻗는

용이다. 사람 형국이 여기에 속한다. 혈의 위치는 가슴, 배꼽 그리고 음부에 있다.

❖ **몰니사**(沒泥蛇) : 이 형국은 뱀이 진흙 수렁에 들어가 있는 것이다. 혈은 뱀의 머리에 자리잡고, 안산은 뱀의 꼬리다.

❖ **몰니혈**(沒尼穴)

① 몰니혈(沒尼穴)이란 밭 가운데 있는 혈이니 교혈(巧穴)에 속한다. 기이한 것은 용맥이 평양(平洋)으로 떨어져 나와 보일 듯 말듯한 돌뼈(石骨)로 이어지다가 간간 언덕과 무더기 같은 것을 이루면서 혈이 맺는 곳에서는 고하(高下)가 분명하여 의심 없는 땅이 된다. 천평혈(天平穴).

② 평지에서 맺은 혈. 기맥은 땅 속에 숨어 있으나 간간이 석골로서 용척을 나타내거나 혹은 결혈처에 높낮이가 분명해 좌우물이 분수가 되어야 합법이다.

③ 몰니혈은 혈처가 평평하고 오목하며, 용맥(龍脈)의 끝에서 혈처까지 보일 듯 말듯한 바위 줄기가 이어져 있는 혈이다. 거북형의 혈에 이런 몰니혈이 더러 있다. 이런 거북은 숨어 있는 거북이다.

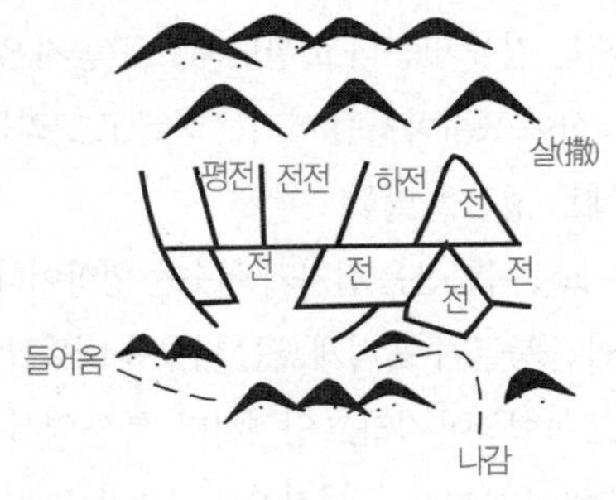

④ 낮은 밭이나 논 가운데에 혈이 맺혀 있는 것은 산이 끝나고 큰 들판으로 된 곳에는 용(龍)이 땅속으로 행(行)하여 보이지 않다가 간간이 등어리만 나타나다가 석(石)줄이 되기도 하고 언덕이 되기도 하는데 결혈할 곳에 이르러서는 높고 얕음이 분명하고 수계가 분명하게 되어 있는 것으로 비유컨대 큰 뱀이 진흙 속에서 쳐박혀 있다가 때때로 등어리만 보이는 것과 같다 하고 또 그 보이지 않는 곳을 취하게 되는 것이 몰니혈의 오묘한 섭리가 있는 것이니 한번이나 두어번 용신(龍身)을 나타내는 것을 보고 뱀이 숨어 있는 것을 알아야 하고 몰니격(沒泥格)은 순전히 수세(水勢)를 보고 찾는 것이다.

❖ **몰장**(沒杖) : 몰이라 함은 용맥(龍脈)이 음(陰)으로 와서 양(陽)으로 받을 때 맥이 급하여 와(窩)를 형성하면 기(氣)가 와(窩)의 깊은 곳에 머물게 된다. 이러면 도장법(倒杖法)도 와(窩)의 깊은 곳을 쓰야 내맥(來脈)의 혈을 받을 수 있다. 용세(龍勢)가 웅장하고 급하게 쭉 곧은 맥으로 입수(入首)하여 음(陰)을 양(陽)으로 받아 와맥(窩脈)을 이루면 기(氣)가 깊이 들어옴이다. 이런 혈(穴)은 기(氣)가 깊이 감추어져 있으니 몰장(沒杖)을 해야 한다. 만약 와(窩)가 태심(太深)하면 시렁을 매는 가법(架法)도 가능하다.

❖ **몰천**(沒泉)

① 몰천(沒泉)이란 물이 아래로 스며나는 것을 말한다. 밑에 빈 구멍이 있어서 다른 곳과 연결되어 이곳에 고인물이 빠져나가는 것인데 흐르는 것을 볼 수 없으나 융결이 안되는 것이다. 즉 수도 파이프와 같은 것이다.

② 비가 오면 물이 생겨나 고이고 비가 개면 말라 버리는 웅덩이를 몰천 혹은 황천(黃泉)이라 부른다. 이런 샘이 있는 곳에 조상의 묘를 쓰면 자손들이 가난하게 산다. 집을 짓고 살아도 마찬가지다.

❖ **몽골몽골 마모된 암석**(岩石)**이면 속발**(速發)**한다** : 고서(古書)에 이르기를 혈상(穴相)의 토질이 강하고 주위에 귀석(貴石)이나 귀암(貴岩)이 황색을 띄면서 몽골몽골 마모된 암석이면 속발하는 것이다.

❖ **묘**(妙) : 산의 정통한 이치.

❖ **묘**(卯) : 묘(卯)란 십이지(十二支)의 4번째.

• 지지(地支) 卯로 구성되는 육십갑자(六十甲子)는 丁卯 己卯 辛卯

癸卯 乙卯의 5가지가 있다.

- 卯는 음목(陰木)이다. 색은 청색(靑色) 방위는 정동(正東) 절기는 봄(春) 달로는 二月에 속한다.
- 卯는 선천수(先天數)가 三 후천수(後天數)는 八이다.
- 卯는 戌을 만나면 卯戌로 육합(六合)을 이룬다. 합한 오행은 火가 된다. 亥나 卯를 만나면 亥卯未 또는 亥卯 卯未로 삼합(三合)하여 합화(合化)한 오행은 역시 火가 된다.
- 卯는 酉오 상충(相沖)이다. 子와는 서로 형(刑)이요 午를 만나면 서로 파(破)한다.
- 卯는 辰을 만나면 서로 해(害)하고 또 서로 뚫는(穿) 성질이 있으며 申과는 원진(怨嗔)이 된다.

陰陽	五行	先天數	後天數	三合	六合	冲	刑	破	害	怨	嗔
陰	木	三	八	亥未	戌	酉	子	午	辰	申	

❖ **묘**(墓) : 묘(墓) 십이운성(十二運星)의 9번째로 묘를 고(庫) 또는 장(葬)이라고도 한다. 오행이 묘에 들면 마치 무덤에 든 상이어서 그 힘을 발휘하지 못한다. 반면에 타(他)에 상하지도 않는다. 墓는 충개를 받으면 그 힘을 발휘하게 된다. 묘의 정국은 아래와 같다.

五行	木		火		土		金		水	
墓	未		戌		戌		丑		辰	
日刊	甲	乙	丙	丁	戊	巳	庚	辛	壬	癸
墓	未	酉	戌	子	戌	子	丑	卯	辰	午

❖ **묘 가까이 도로가 있으면** : 도로에 다니는 자동차의 진동과 소음으로 정신병자, 삭탈관직(削奪官職)의 화(禍)를 당한다.

❖ **묘(墓)가 길지이나 벌안이나 주변에 괴암석은** : 괴석이 만약 묘 벌안에 있으면 반드시 흉재가 있을 것이요 괴석(怪石)은 참함한 돌이니 도쟁(刀鎗) 검거(劍鋸)와 같은 것이니 비록 길지이나 이 같은 것이 있으면 또한 흉화(凶禍)와 재앙이 있을 것이다.

❖ **묘(墓). 고유축**(告論祝) **묘**

유세차 ◯년 ◯월 ◯삭 ◯◯일 ◯◯

오대손 ◯◯◯감소고우

현오대조고(처사부군) 합폄(合窆) 지묘

비위(妣位)

복이 봉축 불근 세구퇴비 자연길일

(伏以 封築 不謹 歲久頹俾 茲涓吉日)

장가수즙복유 존영 물진물경

(將加修葺伏惟 尊靈 勿震勿警)

[해설] 한글 축으로 응용해도 된다.

오대손 ◯◯는

오대조 할아버님의 묘에 삼가 아뢰옵니다.

세월이 오래되어 봉분이 무너졌기에 좋은 날을 택하여 개수하고자 하오니 존령께서는 놀라지 마옵소서.

❖ **묘고향 계축좌정미향**(墓庫向癸丑坐丁未向) : 우선(右旋)의 갑묘룡(甲卯龍)에 좌선(左旋)의 갑묘수(甲卯水)가 배합이다. 금국 수국(金局) 수국(水局)의 입향(立向)을 말하면서 이와 같은 좌선(左旋) 우선(右旋)이 일관된 것이다. 그러면 여기서 한 가지 의문 아닌 의문을 풀어 진리에 다소나마 접근된다. 십이룡(十二龍)의 이기가(理氣家)에서 계룡(癸龍)에는 갑수(甲水)가 곤위(坤位)로 유입(流入)하는 것이 묘향(墓向)이라고 하였는데 어찌 여기서는 갑룡(甲龍)과 갑수(甲水)를 말하고 있느냐라는 것이 바로 의문 아닌 의문이다. 이기가(理氣歌)에서 계룡(癸龍)은 바로 계좌(癸坐) 또는 계산(癸山)을 말함이며 계(癸)는 갑(甲)에서 생(生)하면 건(乾)에 가서 왕(旺)하고 건(乾)에서 생(生)하면 갑(甲)에서 왕(旺)하는 것이 해묘미 목국(亥卯未 木局)의 본리인 것이다. 그러므로 계좌(癸坐)의 혈(穴)은 갑(甲)에서는 목국(木局)이며 또 수국(水局)에서는 임자(壬子) 또는 건해(乾亥)에서 있는 것이다. 그러니 계좌(癸坐)의 목국묘고향(木局墓庫向)은 갑묘(甲卯)의 우선룡(右旋龍)이 유장(踰藏)함으로 계축좌(癸丑坐)의 혈(穴)이 되어서 목국(木局)의 왕수(旺水)가 상당(上堂)하여 미(未)를 경유하는 고로 곤(坤)으로 유입(流入)하게 된다. 이때에 우선(右旋)의 갑묘룡(甲卯龍)이 유장(踰藏)을 못하므로 즉 축(丑)과 만나지 못한다면 부득이 간(艮)에서 계좌(癸坐)의 穴이 있는 것이니 혈전(穴前)이 상당히 사급(斜急)한 것이다. 갑묘룡(甲卯龍)이 축(丑)과 만난다면 상당한 여지가 있는 관계로 혈전(穴前)이 풍후한 편이다. 어느 용(龍)이고 좌우선(左右旋)에서 있게 되는 것이며 직래(直來)한 용(龍)에서 즉 임룡(壬龍)에서 바로 임좌(壬坐)라든가 계룡(癸

龍)에서 바로 계좌(癸坐)가 되는 것은 하나도 없는 것이다. 이러므로 갑묘(甲卯)의 우선룡(右旋龍)에서 계좌(癸坐)라든가 목국(木局)의 묘고향(墓庫向)이 되기에 좌선(左旋)의 갑묘수(甲卯水)가 배합되는 것은 불변(不變)의 정리라 하는 것이다. 이때에는 건해(乾亥)의 생기수(生氣水)가 흘러서 미(未)를 범하지 아니하고 곤(坤)에서 갑묘왕수(甲卯旺水)와 같이 만나서 흘러나가는 것이다. 만일 건해수미(乾亥水未)를 경유하여 묘고(墓庫)의 정(丁)을 도충(倒沖)하면 이를 대악(大惡)의 살인황천(殺人黃泉)이라고 한다. 정향(丁向)이 목국묘고향(木局墓庫向)이 아니고 수국(水局)의 좌선임룡(左旋壬龍)으로 양향(養向)이 되는 때는 곤(坤)은 생기수(生氣水)로 정(丁)을 지나 손천간(巽天干)으로 흘러가면 이것은 삼절녹마(三折祿馬)의 소신(小神)의 정수(丁水)가 중신위병(中神位丙)으로 들어가고 중신(中神)의 병수(丙水)가 다시 손(巽)으로 흘러들어가나 정(丁)이 묘고향(卯庫向)인 때는 곤(坤)은 절방(絶方)이니 곤신(坤申)의 절수(絶水)가 묘방(墓方)을 도충(倒沖)하면 흉수(凶水)가 되는 것이다. 이로써 정향(丁向)이 묘고향(墓庫向)이면 갑묘(甲卯)의 우선룡(右旋龍)이며 정향(丁向)이 수국(水局)의 양향(養向)인 때는 임자(壬子)는 건해(乾亥) 아니면 신룡(辛龍)의 좌선룡(左旋龍)인 것이며 이때에 외수구(外水口)가 손(巽)이 되는 때 내수구(內水口)가 곤(坤)이 되면 이 용(龍)은 임자(壬子) 건해(乾亥) 또는 신(辛)의 좌선룡(左旋龍)이니 이는 해묘미(亥卯未)의 목국(木局)의 용(龍)도 되는 경우가 있으나 내수구(內水口)가 손(巽)이며 외수구(外水口)가 곤(坤)이라면 한 말로 파국(破局)이 되는 것으로 극히 흉하다. 외수구(外水口)가 곤(坤)이고 내수구(內水口)가 손(巽)이라면 대체로 득수(得水)가 뒤바뀌어지는 관계로 곤(坤)은 살수(殺水)를 면하지 못한다. 이로써 정향(丁向)이 대악(大惡)의 살인황천(殺人黃泉)이 어떤 것인가를 헤아릴 수가 있는 것이며 천기대요(天機大要)에 거기 불기래(去忌不忌來)라는 말이 묘고(墓庫)와 양향(養向)에서 정반대가 되는 것을 분별하여야 한다. 정묘고향(丁墓庫向)의 경우에 만부득이 곤(坤)으로 흘러가서 출살(出殺)이 되지 못하고 정자상(丁字上)으로 구불구불 흘러가며 오(午)나 미(未)를 불범(不犯)하고 흘러가면 대발(大發)한다. 그러나 용(龍)과 혈(穴)이 조그마한 소차(小差)가 있다면 바로 그 재화(災禍)로 인하여 패절하는 것이다. 정향(丁向)을 입혈(立穴)하고 묘고향(墓庫向)의 경우에 곤파 정파(坤破 丁破)는 산지(山地)에서 수용하는 법이다. 같은 갑묘간인(甲卯艮寅)의 우선(右旋)에서 정묘고향(丁墓庫向)을 입혈(立穴)하고 갑묘왕수(甲卯旺水)가 정곤(丁坤)을 경유하고 혈후(穴後)의 임자상(壬字上)으로 흘러가면서 자(子)나 해(亥)를 불범(不犯)하면 이 또한 문고소수(文庫消水)의 법으로 평지 즉 산이 없는 곳에서는 대부대귀(大富大貴)하나 산지(山地)에서는 패절한다. 혈후(穴後)가 일척(一尺)이라도 저(低)하지 않고서는 목욕천간임(沐浴天干壬)으로 수구(水口)가 되지 못한다. 정묘향(丁墓向)에서 정수(丁水)가 조당(朝堂)하면 큰 횡재를 하는 것이다. 여기서 다시 한번 더 말하는 것은 정묘향(丁墓向)에서 곤절수(坤絶水)가 정묘위(丁墓位)를 도충(倒沖)하면 대악(大惡)의 황천(黃泉)이며 정양향(丁養向)인 때는 곤(坤)은 생기(生氣)의 탐랑수(貪狼水)가 되니 직사(直射)하지 않고 다정하게 흘러들어오면 대길하다. 양향(養向)과 묘향(墓向)은 대체로 그 후룡(後龍)이 갑묘(甲卯)의 우선룡(右旋龍)이면 묘고향(墓庫向)이며 임자 건해(壬子 乾亥) 또는 신(辛)의 좌선룡(左旋龍)이면 양향(養向)이라는 것으로 황천(黃泉)도 분별할 수 있는 큰 요인이 된다는 것을 잊지 말고 알아서 입혈(立穴)하는 것을 잊지 말기를 거듭 말하여 둔다. 끝으로 특별한 말을 하여야 할 것이니 이는 금국 묘고향(金局 墓庫向)에서도 말한 진술축미좌(辰戌丑未坐)를 가지고 사금(四金)이라 하며 살기(殺氣)가 있는 사금(四金)의 진술축미좌(辰戌丑未坐)를 제화(制化)시키는 태양(太陽)과 태음사(太陰砂)가 좌향일선상(坐向一線上)에 있어야 하는 것이며 사금방(四金方)에 십자(十字)로 있으면 정혈(定穴)하기가 무난한 것이다. 이와 같은 태양사 태음사(太陽砂 太陰砂)의 산이 단일선상(單一線上)에라도 없다면 五代고 六代고 그 이상의 代를 지나고서 발복하는 것이라 현대인은 진혈(眞穴)이 이백년(二百年) 이상 가서야 발복(發福)한다면 그 사이의 신고(辛苦)를 참으면서 쓸 사람이 있겠는가 의심스럽다. 그러면 꼭 진술축미좌(辰戌丑未坐)만이 늦게 가서 발복하느냐. 그것은 금국 묘향(金局 墓向)에서 말하듯이 他穴에도 있는 것이다. 그러므로 우리의 미풍은 타인이 무덤이 자기 소유지에 있어서 자손이 오지 않는다고 파헤치는 행동은 하지 않는 참으로 아름다운 미풍(美風)이 있는 것이다. 맹자(孟子)에도 내집 노인을 존경하는 사람은 타인의 성부지노인(姓不知老人)도 존경한다는 가르침이라 할 수 있다. 태양사(太陽砂)는 대체로 오성체(五星體)의 금성(金星)에 비슷하며 태음사(太陰砂)는 토성(土星)에 비슷하다. 금국묘향(金局墓向)을 자세히 살피면 가할 것이다.

❖ **묘고향 신술좌을진향**(墓庫向 辛戌坐乙辰向) : 우선(右旋)의 임자룡(壬子龍)에 좌선(左旋)의 임자제왕수(壬子帝旺水)가 바른 배합이다. 임자수(壬子水)가 절방천간(絶方天干)으로 흘러가니 을향손류(乙向巽流)로 부귀가 청정(淸淨)하다. 이때에 곤신(坤申)의 생기 탐랑수(生氣 貪狼水)가 어디까지나 협협(夾夾)하여야 하며 을(乙)을 지나서게 되면 묘고위(墓庫位)를 도충(到沖)하는 것이며 극흉하다. 곤신방(坤申方)의 생수(生水)가 을(乙)을 지나지 말고 손(巽)에서 임자왕수(壬子旺水)가 같이 흘러나가야 묘고출살(墓庫出殺)하는 안전한 법이다. 부득이 하여서 을자상(乙字上)으로 흘러가는 경우에는 묘(卯)를 범하지 말고 구불구불 을자상(乙字上)으로 흘러가면 대부 대귀(大富 大貴)하나 조그마한 초차(稍差)가 있다면 바로 그 재화로 패절(敗絶)하는 수법임으로 당면으로 출수(出水)하는 때는 위험성이 내재(內在)하고 있으므로 경솔한 작지(作地)는 삼가야 한다. 즉 절방(絶方)인 손방천간(巽方天干)으로 흘러가는 수구(水口)가 되는 것이 가장 안전한 법으로 이때에 절방(絶方)인 손수(巽水)가 흘러 들어오면 황천살(黃泉殺)이 되는 것으로 아주 흉하다. 어디서나 절태법(絶胎法)으로 수구(水口)가 되는 것이 정당하며 절태수(絶胎水)가 상당(上堂)하면 다시 확인하고 입혈(立穴)을 바꾸는 것이다. 을(乙)이 양향(養向)인 때는 절방(絶方)인 손수(巽水)가 생기수(生氣水)로 바뀌어지니 가합(可合)하나 금국(金局)의 용(龍)이라면 양향(養向)으로 바꿀 수 있으나 수국(水局)에서 절대로 불가한 것이다. 우선(右旋)의 임자룡(壬子龍)이 유장(踰藏)으로 말미암아 신좌(辛坐)가 되는 것이다. 혹 유장(踰藏)을 하지 못하고 신좌(辛坐)가 되기도 하니 이때 만약 건(乾)이 아니고 해(亥)에서 혈(穴)을 발견하면 이는 장방(長房)이 패절하고 말자(末子) 또는 서자(庶子) 발응(發應)이 되는 것이다. 혹 임자룡(壬子龍)이 아니고 경유(庚酉)나 또는 곤신룡(坤申龍)이 유포(踰抱)로 말미암아 해(亥)에서 정혈(定穴)한다면 안전하나 이것은 가까우면서 대단히 희한한 배합이기도 하다. 산이 없는 평양지에서 역시 우선(右旋)의 임자룡(壬子龍)에 신좌을향(辛坐乙向)을 하고 좌선(左旋)의 임자제왕수(壬子帝旺水)가 혈전(穴前)을 감싸고 돌아서 경천간자(庚天干字)로 흘러나가면 녹존(祿存)으로 물이 나가는 수구(水口)가 된 것으로 평양지에서는 발응(發應)으로 대귀(大貴)하나 산지(山地)는 패절(敗絶)하는 것이니 평양지에 국한되는 법이다. 황천론(黃泉論)의 을병향(乙丙向)을 하면서 먼저 손수(巽水)를 모름지기 살펴야 하는 것은 공통된 것이니 을(乙)이 묘고향(墓庫向)인 때 손(巽)은 절태수(絶胎水)인 관계로 손자상(巽字上)으로 수구(水口)가 되어서 물이 흘러나가야 출살(出殺)이 되는 것이며 만일 절수(絶水)가 을자(乙字)를 충파(沖破)하면 대악(大惡)의 살인황천(殺人黃泉)이 되기에 깊이 살펴야 한다. 고인(古人)이 천기대요(天機大要)에 거기 불기(去忌 不忌)라고 한 말은 을(乙)이 양향(養向)인 때는 손(巽)이 생기(生氣)의 탐랑수(貪狼水)가 되니 거기 불기래(去忌 不忌來)라 하나 묘고향(墓庫向)인 때에는 손(巽)은 절수(絶水)인 고로 내기 불기거(來忌 不忌去)가 되는 것이 분변되지 않고서는 위험과 재화(災禍)를 자초시키는 결과가 바르게 나타나기도 할 것이다. 을향(乙向) 뿐만이 아니라 신향(辛向)도 계향(癸向)도 정향(丁向)에서도 묘고향(墓庫向)이나 양향(養向)이나에서 건곤간손(乾坤艮巽)의 來하고 去함이 판이한 것은 일시(一時)도 잊지 말아야 할 것이 가장 중요불가결(重要不可缺)의 요점이 된다.

❖ **묘고향 을진좌신술향**(墓庫向 乙辰坐辛戌向) : 우선(右旋)의 병오룡(丙午龍)에 좌선(左旋)의 병오수(丙午水)가 배합이다. 이 병오제왕수(丙午帝旺水)가 절방 건천간(絶方 乾天干)으로 흘러나가니 신입건궁백만장(辛入乾宮百萬庄)이라 한다. 또 우변(右邊)의 간인장생수(艮寅長生水)가 신(辛)을 충하지 않고 건(乾)으로 술건방(戌乾方)에서 합류하여야 한다. 만일 간인(艮寅)의 장생수(長生水)가 신(辛)을 충하게 된다면 소장(少壯)의 재화(災禍)가 적지 않으니 삼가야 한다. 간인(艮寅)의 장생수(長生水)가 과전(過前)한

다면 절태(絶胎)의 건임수(乾壬水)가 간인장새수(艮寅長生水)와 같이 과전(過前)하게 된다. 아무리 수려한 국세(局勢)라 하여도 절태수(絶胎水)가 들어온다면 이것은 도충묘고(倒沖墓庫)의 대살(大殺)이며 황천(黃泉)의 신임수노파당건(辛壬水路怕當乾)이라는 대악살(大惡殺)이다. 양향(養向)에서는 즉 신(辛)이 양(養)인 때는 건수(乾水)가 장생수(長生水)라 길하나 묘향(墓向)인 때는 절태(絶胎)가 된다는 것을 분명하게 알아야 한다. 좌우의 생왕수(生旺水)가 즉 병수(丙水)와 간수(艮水)가 신자상(辛字上)으로 흘러나가게 되는 묘고향(墓庫向)에서도 유(酉)를 범한다면 역시 묘고위(墓庫位)를 도충(倒沖)하는 것이다. 그러니 유(酉)를 범하지 말고 신자상(辛字上)으로 구불구불 흘러나가면 대부대귀는 적중하나 만일 초차(稍差)가 있다면 바로 재화(災禍)로 말미암아 패절하는 수법이므로 이와같이 당면(當面)으로 출수(出水)하는 데는 위험성이 도사리고 있으므로 경솔한 작지(作地)는 삼가야 한다. 목국(木局)의 용(龍)이라면 양향(養向)을 하여야 하나 화국(火局)의 용(龍)에서는 불가하다. 이와 같이 이 신향(辛向)은 목화(木火)의 용(龍)이 서로 상생(相生)하고 있는 관계상 앞서도 묘고(墓庫)와 양(養)이 겹치는 예가 상당수인 것이다. 내수구(內水口)는 건(乾)이 되고 외수구(外水口)가 곤(坤)이라고 하면 이때는 묘고향(墓庫向)이 아니라 양향(養向)이어야 한다는 것이니 학자는 살피고 삼가야 한다. 신묘향(辛墓向)의 용(龍)은 손(巽)에서도 있을 수 있으나 근본적으로 병룡(丙龍)이 유장(踰藏)하므로 손하(巽下)에 을좌(乙坐)가 있게 된다. 무기경(戊己經)의 진도을시선수손(震度乙時先秀巽)은 묘고향 을좌신향(墓庫向 乙坐辛向)에서 결정적인 행룡(行龍)인 것이니 화국(火局)의 우선병룡(右旋丙龍)으로서도 유장(踰藏)을 하므로 묘고향(墓庫向)을 입혈(立穴)하는 것이니 이 점을 깊이 유념하고 용수(龍水)를 배합하여야 한다. 산이 없는 평지에서 역시 우선(右旋)의 병오룡(丙午龍)에 을좌신향(乙坐辛向)의 묘고향(墓庫向)을 입혈(立穴)하고 좌선(左旋)의 병오제왕수(丙午帝旺水)가 신방(辛方)을 감싸고 돌아서 갑천간 목욕방(甲天干 沐浴方)으로 흘러나가니 이것도 녹존유진(祿存流盡)의 패금어(佩金魚)로 대귀격이나 산지(山地)는 입혈(立穴)치 못한다. 평지에 국한되는 것이다. 황천론신임수로파당건(黃泉論辛壬水路怕當乾)을 생각하여야 하며 양향(養向)에서는 건자상(乾字上)으로 흘러나가면 黃泉이라 대살(大殺)의 흉재(凶災)가 발생하나 묘향(墓向)을 하고 건절자상(乾絶字上)으로 흘러나가면 출살(出殺)이 되는 고로 천기대요(天機大要)에서 기거(忌去)라는 말은 양향(養向)에 해당되나 묘고향(墓庫向)에서는 출살(出殺)이 되는 것으로 양향(養向)과 묘고향(墓庫向)에서 분변하여야 할 것을 잃지 말아야 한다. 이 점은 신향(辛向) 뿐만의 일이 아니며 을신정계향(乙辛丁癸向)에서는 양향(養向)인가 묘고향(墓庫向)인가를 후룡(後龍)과 수구(水口)로 바르게 판정하는 것을 십분 유념하여야 한다.

❖ **묘고향 정미좌계축향**(墓庫向 丁未坐癸丑向) : 우선(右旋)의 경룡(庚龍)에 좌선(左旋)의 경유왕수(庚酉旺水)가 배합하여서 절위(絶位)인 간(艮)의 천간자(天干字)로 흘러가면 이것은 묘고향(墓庫向)의 출살(出殺)하는 법이다. 이때 무기(戊己)의 이도정시(離度丁時)에 선수곤(先秀坤)이라는 말과 같이 정자계향(丁坐癸向)이 묘향(墓向)인때 경룡(庚龍)이 유장(踰藏)하고서 곤맥(坤脈)이 있는 것이 정법(正法)이기에 좌선경태수(左旋庚兌水)가 우선경룡(右旋庚龍)과 배합되는 것이며 손사방 생기수(巽巳方 生氣水)가 흘러서 축(丑)을 범하지 않고 간(艮)으로 경유왕수(庚酉旺水)와 흘러나가는 것이데 만약 손사생수(巽巳生水)가 축(丑)을 지나서 계(癸)를 충(沖)하게 되면 간(艮)의 절수(絶水)도 손수(巽水)와 같이 묘고(墓庫)를 도충(倒沖)하는 이것이 계(癸)가 묘향(墓向)인때 살피고 알아야 할 대악(大惡)의 살인황천(殺人黃泉)이다. 계향(癸向)이 묘향(墓向)이 아니고 화국(火局)의 좌선병룡(左旋丙龍)으로 양향(養向)인 때에는 간방(艮方)이 생기수(生氣水)이니 계(癸)를 지나 임(壬)을 지나 건천간(乾天干)으로 흘러가면 이것은 삼절녹마법(三折祿馬法)이 되는 것이나 묘향(墓向)인 때는 간(艮)이 절방(絶方)이니 절태수(絶胎水)가 묘방(墓方)을 도충(倒沖)하면 흉수(凶水)가 되는 것이다. 묘향(卯向)인 때만 부득이 간(艮)으로 흐르지 못하고 계자상(癸字上)으로 구불구불 흘러가면서 자(子)와 축(丑)을 범하지 않고 흘러가면 대발(大發)한다. 그러나 용(龍)과 혈(穴)이 조그마한 소차(小差)가 있다면 바로 그 재화로 인하여 패절하는 것이다. 간파(艮破) 계파(癸破)는 계묘고

향(癸墓庫向)을 산지(山地)에서 입혈(立穴)하고 수수(收水)하는 법이나 같은 용(龍)에 같은 계묘고향(癸墓庫向)을 하고서 경유왕수(庚酉旺水)가 혈후(穴後)의 병자상(丙字上)으로 흘러가면서 오(午)나 사(巳)를 불범(不犯)하고라면 이것은 문고소수(文庫消水)의 법으로 평야의 산이 없는데서 대부대귀(大富大貴)하며 수복(壽福)이 쌍전(雙全)하는 것이나 산지(山地)에서는 패절(敗絶)한다. 계묘향(癸墓向)을 하고서 계묘수(癸墓水)가 들어와 조당(朝堂)하고 간(艮)으로 흘러나가면 대횡재(大橫財)하는 것이다. 계(癸)가 묘향(墓向)인 때는 간수(艮水)가 계(癸)를 도충(倒沖)하면 황천(黃泉)의 대악살(大惡殺)이 되나 계(癸)가 양향(養向)인 때는 간(艮)이 생기수(生氣水)이기에 충사(沖射)하지 아니하고 흘러들어오면 대길(大吉)하다. 같은 정좌계향(丁坐癸向)에서도 그 후룡(後龍)이 경태(庚兌)에서 들어왔다면 묘고향(墓庫向)이 되고 병오(丙午) 또는 손사(巽巳)에서 들어왔다면 양향(養向)이 되므로 묘향(墓向) 양향(養向)에서는 황천(黃泉)의 대살인(大殺人)의 유무(有無)만은 알고서 입혈(立穴)하여야 한다. 여기서 특별한 말을 하여야 할 것이니 진술축미(辰戌丑未)를 사금(四金)이라 하며 살기(殺氣)가 있는 것을 제화(制化)시키는 태양(太陽)과 태음사(太陰砂)가 좌향일선상(坐向一線上)에 있어야 하며 사금방(四金方)에 십자(十字)로 있으므로 사금살(四金殺)을 제화시키는 고로 태양 태음(太陽 太陰)이 있으면 정혈(定穴)하는 것이다. 이 같은 태양 태음(太陽 太陰)의 사산(砂山)이 단일선상(單一線上)에라도 없다면 오대(五代)고 육대(六代)고 또는 구대후(九代後)에 발복하는 것이라, 현대인은 진혈(眞穴)이 이백년(二百年)가서야 발복한다면 그 사이의 신고(辛苦)를 참으면서 쓸 사람이 있겠는가. 그러면 꼭 진술축미좌(辰戌丑未坐)만 늦게 가서 발복하느냐라고 할 것이다. 전남 구례산동의 어옹수조형(漁翁垂釣形)은 신좌을향(辛坐乙向) 묘고향(墓庫向)인데도 늦은 것은 적잖은 관어사(貫魚砂)가 임자방(壬子方)에 있는데도 선인(先人)께서 장후 구대발복(葬後 九代發福)이라 하였으니 그 연유는 어옹(漁翁)이 타야할 범주(汎舟)가 향상(向上) 즉 물건너편에 있는 까닭인 것이다. 의당 그 관어사(貫漁砂)와 범주(汎舟)는 같은 진신방(進神方)에 있었다면 속발(速發)할 것이 분명하다. 발응(發應)도 보통은 일대내외(一代內外) 또는 구대발복(九代發福)과 같이 각양각이한 것이니 학자는 무기(戊己)로부터 녹마귀인을 십분활용한다면 분별이 가능한 것이다. 습득하지 않고서 소견소고(小見小考)만으로 좌지우지한다는 것은 무익하며 무슨 도움이 될 것인가. 그러기에 태양 태음(太陽 太陰)의 사산(砂山)은 어떠한 모양을 말하는가. 태양사(太陽砂)는 대체로 오성체(五星體)의 금성(金星)에 비슷하며 태음사(太陰砂)는 토성(土星)에 비슷한 것이다.

❖ **묘 광내**(壙內) **침입수**(侵入水)**는** : 묘지(광중)에 침입수는 그 자손이 인패(人敗), 재패(財敗), 병폐(病敗)를 면하기 어렵다.

❖ **묘 구묘중침수예지법**(舊墓中沈水預知法) : 묘좌향(墓坐向)이 진술축미좌(辰戌丑未坐)로서 가령 진좌(辰坐)에 술향(戌向)이면 정면술방(正面戌方)에 수(水)가 정면(正面)으로 조대(朝對)하면 입묘삼년내(入墓三年內)에 침수(沈水)된다. 자오묘유좌(子午卯酉坐)도 똑같다 또는 묘(墓)에서 판국(板局)이 와체(窩體)로서 주위가 묘(墓) 벌안 보다 높고 우수(雨水 : 빗물)가 묘(墓) 봉분 쪽으로 모아 들게 되면 봉분 좌우에 청태가 끼였으면 침수(沈水)되었고 입수(入首)가 마당처럼 넓고 평평하면 침수(沈水)가 된다.

❖ **묘나 집 주변에 갑자기 붕괴된 곳이 나타나면** : 묘나 집 주위 전후와 좌우의 산에 갑자기 붕열(崩裂 : 무너지고 파인 것)된 것이 나타나면 반드시 관재와 흉화가 있을 것이다.

❖ **묘내사**(墓內蛇)**와 주입법**(注入法) : 묘 안에 뱀과 거미가 들어가는 것은 묘(墓)에서 진사방(辰巳方)에 사각(砂角)이 뱀 머리처럼 되어서 묘(墓) 앞으로 조대(朝對)하면 묘내(墓內)에 입사(入蛇 : 뱀이 들어간다)한다. 혹은 진사방(辰巳方)에 천정(泉井)이 유(有)하여도 뱀이 들어간다. 갑좌묘(甲坐墓)로서 건해방(乾亥方)이 공(空)하고 천수(川水)가 횡류(橫流)하여 진사방(辰巳方)으로 파구수(破口水)되면 주(蛛 : 거미)가 만관(滿棺)이 된다. 묘좌(卯坐)에 신방수(申方水)가 조대(朝對)하면 입묘(入墓) 육년내장자(六年內長子) 또는 장손이 사망한다.

❖ **묘내**(墓內) **생수방출법**(生水防出法) : 좌향(坐向)을 잘못하면 묘(墓)를 쓰지 2~3년이 되면 묘광중(墓壙中)에 의외로 생수(生水)가 있을 때는 광중좌처(壙中坐處)에서 육합방(六合方)에 입석우(立石又)는 입암등(立岩等)을 관찰하여 굴정(窟井)을 파면 수자

건(水自乾)하리라. 육합(六合)은 자(子) : 축(丑), 인(寅) : 해(亥), 묘(卯) : 술(戌), 진(辰) : 유(酉), 사(巳) : 신(申), 오(午) : 미(未)가 육합(六合)이다. 다시 말하자면 묘좌(卯坐) 광중(壙中)에서 생수(生水)가 될 때는 술방입석(戌方立石)하에 굴정(窟井)한다. 또는 묘좌(卯坐)나 묘방(卯方)에서 입묘(入墓)하면 술방(戌方)에 동중정수(洞中井水)라면 수(水)가 뒤집어져서 빠져나온다.

❖ **묘 당판**(堂板)**이 없으면** : 묘 당판이 없으면 재산이 모이지 않고 가세(家勢)가 어렵다. 당판에 결응(結凝)이 있으면 여러 처를 거느릴 수 있다. 결응이 없이 축대로 대신하면 홀아비로 되기 쉽다. 또 축대로 당판을 대신하면 화재로 정신병자가 나오고 축대을 쌓고 흙을 다른데서 가져와 모으면 비천자(卑賤者) 출생한다.

❖ **묘도수갈**

- 갈첨석(碣添石)지붕 모양으로 비석(碑石)위에 얹는 것
- 갈석(碣石) 첨석없이 위를 둥글게 놓은 비석
- 신도비마을 입구나 산소 근처도로 오른쪽 입구에 망인의 공적(功績)을 기리는 비석 조선조(朝鮮朝) 에는 정이품 이상의 관직(官職)에게만 허용되었다.

❖ **묘**(墓) **뒤**(後) **도랑이나 작은 구덩이가 있으면** : 묘(墓) 벌안 바로 뒤에 작은 도랑이 있거나 중장비로 묘지에 흙을 파쓰기 위하여 구덩이가 만들어 진 경우에는 장손에게 재물 손실이 있게 되니 구덩이를 매워 도두록하게 해 주고 작은 도랑도 도두록하게 만들어주면 길하다고 한다.

❖ **묘 뒤에 도로가 있으면** : 묘 뒤에 도로가 있으면 아들이 없고 딸이 많으며 아들이 있어도 요수(夭壽)하게 된다. 특히 공원묘지도 도로 밑에 묘을 쓰지 않은 것이 좋다.

❖ **묘**(墓) **뒤에 물 없는 계곡이 있으면** : 요즈음 묘지난이 심각하여 물이 없는 계곡 밑에도 묘소를 설치하는데 이러한 곳에 묘를 쓰면 그의 자손들이 생활만 어려워지는 것이 아니라 재산 손실이 있을 수 있다.

❖ **묘**(墓) **뒤쪽에 논밭이 있고 좌우**(左右)**에 가까운 산이 없고 앞쪽에 산이 높으면** : 묘(墓) 뒤쪽에 논밭이 있는데 밭 끝에 묘를 흔히 쓰는 예가 있다. 이러한 곳에 묘를 쓰게 되면 교통사고 등이 발생하게 되고 재물손재와 자손절손이 염려된다.

❖ **묘 뒤에 받쳐주는 산이 낮으면** : 묘 뒤에 받쳐주는 산이 낮으면 장손이 유년 시절에 사망하고 묘 뒤에 받쳐주는 산이 높고 길면 자손이 수명이 기리고 그 후손도 벼슬을 한다.

❖ **묘 뒤편에 돌무더기가 있으면** : 묘 봉분(封墳) 뒤편에 돌무더기가 있으면 목을 매 죽는 자손이 있으리라 했다. 또한 자손은 천하게 살아간다.

❖ **묘 뒤쪽이 낮으면** : 입수후(入首後)가 낮은 것은 장자(長子) 급사(急死), 요절(夭折)이요. 묘전(墓前)이 떠들린 것은 말자(末子) 자손(子孫) 불효불충(不孝不忠)이니라.

❖ **묘 뒤쪽에 물이나면** : 용상천(龍上泉) 수(水)는 장남(長男)의 질병(疾病)이요 혈두생수(穴頭生水)는 과부출(寡婦出)이요.

❖ **묘득**(卯得) : 묘득은 혈장(穴場)을 기준하여 들어오는 물(水)이 맨 처음 묘방(卯方)에서 보이는 것.

❖ **묘룡맥**(卯龍脈) : 묘방(卯方)으로부터 유방(酉方)을 향해 뻗어내려온 등성이 또는 산줄기.

❖ **묘룡법**(墓龍法) : 묘룡법(墓龍法)이란 이장(移葬)을 하거나 무덤을 수선 〈때 입히고 흙 붙이고 봉분을 다시 만드는 일〉 할 때 달(月)을 가리는 법이다.

- 正月 : 장남이 사망하니 흉하다.
- 二月 : 무덤 서쪽부터 손대면 길하다.
- 三月 : 이장 사초 합장을 막론하고 손대면 빈궁하다.
- 四月 : 子方부터 열면 길하다.
- 五月 : 장남이 사망하니 흉하다.
- 六月 : 식구 七人이 사망하니 대흉하다.
- 七月 : 무덤 부근에서 살인이 나니 대흉하다.
- 八月 : 묘방(卯方)부터 열면 길하다.
- 九月 : 무덤자체가 대흉하다.
- 十月 : 이장 사초를 막론하고 모두 길하다.
- 十一月 : 해방(亥方)부터 손대면 길하다.
- 十二月 : 무덤 서쪽부터 열면 길하다.

❖ **묘**(墓)**를 감정하는 법** : 무릇 하나의 옛무덤에 이르면 좌우전후로 다 돌아보고 다음으로 혈(穴) 앞에 이르러서 대수소수(大水小水)가 어느 곳으로 돌아갔느냐를 거듭 관찰하여야 한다. 흘러

가는 수구(水口)를 살펴 높은 나무를 세워 표시하고, 다음으로 혈상(穴上)의 꼭대기에 올라 가운데에 나경(羅經)을 반듯하게 내려놓고 외반봉침(外盤縫針)으로 혈(穴) 앞의 내수구(內水口)를 보고, 양수(兩水)가 어느 곳에서 만나느냐 혹 묘고(墓庫)로 돌아갔느냐 아니면 묘고로 돌아가지 않았느냐를 실(線)로 직선을 만들어 겨누어보고, 천간자상(天干字上) 몇 분이냐 지지상(地支上) 몇분이냐 혹은 완전한 천간(天干)이냐 완전한 지지(地支)냐 또한 황천(黃泉)은 범하지 않았느냐를 살핀 다음, 지지향(地支向)이냐 천간향(天干向)이냐 생왕(生旺)이냐 생왕(生旺)이 아니냐를 본다. 다음으로 내용(來龍)이 무슨 자(字)로 입수(入首)하였느냐를 봐서 생용(生龍)이냐 사룡(死龍)이냐 龍과 수구(水口)가 배합을 하였느냐 아니냐 수구(水口)는 통하였는가 아닌가 혹 수구(水口)만 통하였는가 또는 龍과 水口만 통하였는가 혹 龍과 向과 水口가 완전 합하였는가를 본다. 다음으로 귀인이 천간(天干)에 있는가 지지(地支)에 있는가, 어느 귀인이 합하였으며 득위(得位)를 하였는가, 혈(穴) 앞에 도로는 있지는 않은가, 생방(生方)에 산은 있는가 없는가, 또한 水는 있는가 없는가를 분별하면 그 집의 인정(人丁)이 있고 없고를 알 수 있으며 왕방(旺方)에 산이 있고 없고 또한 물이 있고 없고를 보면, 재물이 있고 없고를 알 수 있으며, 천주산(天柱山)의 높고 낮음을 보아 수명의 장단(長短)을 안다. 12궁 24자가 4유8간인 12지지에, 선으로 직선을 매어, 주위를 다 일일이 둘러보고 천간(天干) 몇 분(分) 지지(地支) 몇 분(分)과 형상의 좋고 나쁨을 측정하여, 혹 귀혈(貴穴)이냐 혹 부혈(富穴)이냐, 혈(穴)이 난하냐 아니냐, 풍취(風吹)냐 아니냐, 안(案)에 면궁(眠弓)이 있느냐 아니냐, 하사(下沙)는 있느냐 없느냐, 이러한 모든 것을 측정한 뒤에 본서(本書) 지리오결(地理五結)의 도형을 비춰봐서 길(吉)하면 길(吉)하다고 판단하고 흉(凶)하면 흉(凶)하다고 단정한다. 이렇게 판단하면 틀리는 일이 없지마는 만약 간편함만으로 자세한 마음을 기울이지 않고 구영(舊塋)을 판단한다면 필연 맞지 않을 것이며, 새로운 장지(葬地)만을 전해 장사(葬事)한다면, 이것이 사람을 해하는 적악(積惡)이니 삼가고 삼갈 일이로다. 부귀대가(富貴大家)의 옛무덤을 지나보면, 왕왕(往往) 혈(穴)의 전후좌우에 측대를 쌓고 담장을 둘러, 보기에 장관을 이루나, 용(龍)이 생동활발(生動活潑)하는 귀함을 알지 못하는 것이다. 일자(一字)로 축대를 쌓고 담장을 둘러치는 것은 용신(龍身)이 제재(制裁)를 받는 것이요 기맥(氣脈)이 막혀 폐쇄됨이니, 이름하여 용(龍)이 갇히게 되어 불통(不通)함이니, 곧 흥왕(興旺)한 기(氣)가 힘을 쓸 수 없게 됨이다. 대지(大地)라도 소발(小發)하고 소지(小地)는 아예 발복(發福)할 수 없는 것이 기세(氣勢)의 필연적이며, 용(龍)이 갇히는 수형(囚刑)을 받지 않아야 부귀발복하는 것은 당연한 이치이다. 또한 무덤의 입향(立向)을 할 때, 수구(水口)를 보고 정하게 되니, 정묘(正墓)로 흐르기도 하고 절위(絶位)로 흐르기도 하고 문고소수(文庫消水)도 하니, 원규(元竅)(向과 水口)가 상통하는 이치는 일정불변(一定不變)하는 법칙이다. 그런데도 담장으로 인해 차폐(遮蔽)된다면 혈내(穴內)에서 볼 때, 수구(水口)가 모호해지기도 하고 또는 수구(水口)가 엉뚱하게 변하기도 하니, 무덤의 원래의 향(向)과 합국(合局) 여부에 관계없이, 총체적으로 흉한 것은 길(吉)하게 될 수는 없어도 길(吉)한 것은 흉(凶)으로 변하게 되니, 그 해(害)는 더욱 심하리라. 사람이 털끝 만큼도 깨우치지 못하고 음택(陰宅)의 누(累)를 받으면, 번민하는 애석함을 어이 감당하리오, 특별히 여기에 표시하노니 오직 바라건대, 이후에 지리를 공부하는 사람은 각별히 유의함이 옳을 것이로다.

❖ **묘묘**(淼淼) : 물의 큰 모양.

❖ **묘방**(卯方)**의 산** : 묘방의 드높은 봉우리에는 영웅(英雄)의 기상이 감돈다. 그 기상으로 영웅과 장상(將相)이 나온다. 또 장군이 배출되어 삼군(三軍)을 거느린다. 그런데 건봉(乾峯), 손봉(巽峯) 두 봉우리가 우뚝 솟아 서로 대치하고 있으면 문관(文官)이 나온다. 무용(武勇)은 빛을 발하지 못한다. 그리고 칼이나 방패처럼 생긴 미방(未方)의 봉우리가 드높이 솟아 있어 묘봉(卯峯)에 응하면, 위용(威勇)이 뛰어난 인물이 배출되고 뭇사람이 그의 부하가 된다.

❖ **묘방풍**(卯方風) : 묘방풍은 안질로 늙기도 전에 눈이 어둡다. 묘방(卯方)에서 혈(穴) 부근으로 불어오는 바람. 즉 혈장에서 보아 묘방(卯方)쪽에 산이나 등성이가 없이 비어 있으면 그곳의 바람이 자연 혈처(穴處)에 닿는다고 한다.

❖ **묘(墓) 봉분 가운데나 한쪽에 잔디가 없으면** : 묘 봉분이 약간 꺼지면서 가운데나 한쪽으로 잔디가 길이로 없으면 묘 속에 물이 나는 땅이거나 습기가 많은 땅이다. 땅속에 수맥(水脈)이 흐르는 땅은 아주 흉(凶)하다. 후손들이 질병에서 벗어나지 못하고 패가한다. 이런 곳에 묘지를 쓰면 유골이 시꺼멓게 되고 묘지에 잔디가 살지 못하고 시신이 육탈이 되지 못하며 후손은 우환질병으로 절손(絶孫)된다.

❖ **묘(墓) 봉분은 정좌향(正坐向)으로 해야** : 묘의 봉분은 정좌향으로 만들고 시체의 방향은 분금(分金)을 사용하여야 한다. 예를 들면 상석도 없이 오랜 후일에 좌향을 확인하려 할 때에는 즉 묘(卯)좌인지 갑좌(甲坐)인지를 알 수가 없다. 양택의 좌는 분금을 놓으면 그 집에 사는 사람에게 화가 미친다고 한다.

❖ **묘(墓) 봉분이 자주 무너지면 수맥** : 산소 밑에 수맥이 지나가게 되면 잔디가 살지 못해 봉분이 자꾸만 무너져 내려 결국에는 폐허가 된다. 이렇게 폐허화된 무덤을 답산해 보면 한결같이 그 곳에 수맥이 지나가고 있으며 그런 무덤들의 경우 후손들이 잘 번성하지 않아 아무도 돌보는 이 없는 무연고 묘가 대부분이다. 그래서 우리 조상들은 산소 쓰고 3년 이장하고 3년 동안 아무 탈이 없으면 그곳이 바로 명당이라고 여겨왔던 것이다.

❖ **묘를 못 쓰는 20곳**

- 돌산(石山)에는 묘를 쓰지 마라.
- 산이 무너진 곳 끊어진 곳(도로 광산)에 묘를 쓰지 마라.
- 초목(草木)이 없거나 자라지 않는 산에 묘를 쓰지 마라.
- 과산(過山)에도 묘를 쓰지마라(다른 산이 산을 끌고 가는 곳).
- 독산(獨山), 청룡(青龍), 백(白), 사(砂)없이 홀로 있는 산에 묘를 쓰지 마라.
- 산은 있으나 혈이 없는 곳에 묘를 쓰지 마라.
- 혈(穴)은 있으나 산이 없는 곳에 묘를 쓰지 마라.
- 물이 흘러간 자리에 묘를 쓰지 마라.
- 칼 등 같은 산에 묘를 쓰지 마라.
- 혈은 있지만 풍(風)이 충(沖)하는 곳에 묘를 쓰지 마라.
- 안산(案山)이 없는 곳에 묘를 쓰지 마라(가난하게 산다).
- 혈이 기울어 지고 넘어진 곳 가업(家業)이 실패하고 우환(憂患)이 생긴다.
- 청룡(青龍), 백(白), 사(砂)에 초목(草木)이 없고 흙이 바람에 날리는 곳 재패(財敗)가 있다.
- 절 사당(祠堂)의 가까운 전후좌우(前後左右)에 묘를 쓰지 마라.
- 높은 언덕 위에 묘를 쓰지마라 무너지면 장애아(障碍兒)가 난다.
- 물소리 바람소리 괴음(傀音)이 심한 곳에 묘를 쓰지 마라.
- 생룡은 양명황색(亮明黃色)으로 후부(後部)가 통통하고 밝고 살이 찐 능선이다.
- 청룡, 백 ,사가 뾰족이 하늘을 찌를 듯한 곳에 묘를 쓰지 마라.
- 혈이 뚜렷하지 못하고 석총(石塚: 큰돌)이 있으면 묘를 쓰지 마라.
- 내우방(內牛方)이 공허(空虛)하거나 또는 화성이 높아 혈을 누르면 화재로 죽게 된다.

❖ **묘를 쓰거나 집을 지을 때 길한 날** : 세간길신(歲干吉神)의 하나, 이날에 음택(陰宅: 묘) 및 양택을 짓거나 이사를 하거나 묘를 쓰거나 하면 복록이 창성하다는 것인데, 아래와 같다.

- **갑년**(甲年) : 유일(酉日)
- **을년**(乙年) : 신일(申日)
- **병년**(丙年) : 자일(子日)
- **정년**(丁年) : 해일(亥日)
- **무년**(戊年) : 묘일(卯日)
- **기년**(己年) : 인일(寅日)
- **경년**(庚年) : 오일(午日)
- **신계년**(辛癸年) : 사일(巳日)

가령 태세가 갑년(甲年)이면 유일(酉日)이 천복귀인 일이요, 유방위(酉方位) 천복귀인방이다.

❖ **묘를 쓰면서 아름답게 하려고 전체를 하고 깎아서 모습을 파괴하고 있다** : 근래(近來)쓰는 무덤들을 보면 조경을 아름답게 하려고 배벽(培闢: 담장)을 북돋우고 월형(月形)을 두는가 하면 혈장(穴場)전체를 하고 깎아서 진짜 모습을 파괴하여 전혀 다른 모양으로 만드는데 이것은 크나큰 잘못이다. 성신(星辰)의 두(頭)을 헤치고 여기(餘氣)가 뭉친 전순(氈脣)을 깎아 없애고 계맥수(界脈水)을 막아 돌리고 태극원(太極圓)을 손상시키고 월형까

지 만들고 심지어 연못까지 파는 일이 있다. 이것은 길(吉)함을 흉(凶)함으로 바꾸는 것으로 재앙이 곧바로 닥쳐온다. 비석이나 석물도 함부로 세워서는 안 되는 것인데 더욱 진혈원훈(眞穴圓暈)을 파괴해서야 될 일인가 즉 풍수지리에서는 조그만 한 돌멩이와 주먹만 한 흙덩이 촌석권토(寸石卷土)조차도 함부로 건드리면 안 된다는 것이 기본 입장이다.

❖ **묘(墓)를 쓴 후 발복시기(發福時期)는 이렇게 본다** : 지기(地氣)에 의한 발복시기를 살펴보면 손(孫), 자(子), 본인(本人), 부모(父母), 조부모(祖父母),증조부모(曾祖父母)이다. 본인이 자기의 부모님이나 또는 조부모님을 명당에 묘를 썼다고 하자 그러면 묘 쓴 후에 태어난 자손의 그 명당의 지기를 받는 것으로 사대내(四代內)에서 받게 된다고 한다. 그렇다면 손자(孫子), 증손자(曾孫子), 또는 현손(玄孫)이 지기를 받는다는 계산이 된다. 風水格言에 4대(四代)에 한자리씩만 길지에 묘를 쓴다면 가운(家運)은 유지된다고 하였다.

❖ **묘를 쓸 수 없는 용**

① 물이나 바람 소리가 비명처럼 들리거나, 산이 험준하고 공포감을 느끼는 곳은 대흉하므로 묘를 쓰지 않는다. 만일 이러한 곳에 묘터를 잡으면 지관까지도 해를 당한다. 무혈지(無穴地)는 동네, 동산, 연월일시가 나쁘면 불가하다. 단산(斷山)은 암석산으로 흙이 보이지 않으니 불가하다. 과산(過山)은 섬처럼 홀로 있는 산으로 행맥(行脈)과 기(氣)가 없으므로 불가하다. 고산준령지형(高山峻嶺地形)은 정천(井泉)과 전호(纏護)가 없으면 혈(穴)도 없으니 불가하다.

② 조두형혈(鳥頭形穴)은 혈성(穴星)의 머리가 새머리 모양이고, 입이 바늘 끝처럼 뾰쪽하므로 불가하다. 수세(水勢)가 날뛰며 흩어진 것 같으면 위험하므로 불가하다. 탄항근처지(炭抗近處地)는 땅 속에 구멍이 사방으로 많이 있으니 결혈(結穴)하지 못하여 불가하다. 혈(穴) 뒤로 물이 흐르면 수충(水沖)되어 불가하다. 혈(穴) 뒤 양 어깨쪽에 도로가 있으면 혈(穴)을 충(沖)하므로 불가하다.

❖ **묘를 쓸 수 없는 곳은 이러하다**

- 혈이 싸우는 살격(殺格)에 곧게 재혈하는 곳
- 부스럼 같고 완만하고 단단한 곳
- 앞이 높고 뒤가 낮은 곳
- 좌우가 공결(空缺)된 곳
- 악석이 많이 있는 곳
- 사방의 산이 누르는 듯 한 곳
- 무너지거나 산사태가 나 있는 곳
- 비습하고 우물이 가까운 곳
- 늘어지고 평탄한 곳
- 혈(穴) 좌하(坐下)가 낮고 함(陷)한 곳
- 둘러진 돌이 떡 청석으로 감아준 곳
- 명당이 기울거나 물이 대각선 형태가 되어 있는 곳
- 날 짐승의 머리와 같은 곳
- 고산준령(高山峻嶺) 묘를 쓰지 말라
- 물이 날고 파가 달아나는 곳
- 구덩이나 산 뚝 근처는 잘 살펴보아야 한다.
- 오목한 곳에 바람이 닿고 쏘는 곳
- 물이 직(直)게 나가는 곳
- 깊은 구덩이가 가까이 있는 곳
- 도로가 횡으로 굴을 뚫은 곳
- 도로가 묘지를 보고 파고드는 형상인 곳
- 팔풍(八風)이 닿는 곳
- 사방이 이끌어 나가고 움푹 패인 곳
- 명당 너무 광활한 곳
- 주변에 돌 광산이 있는 곳
- 옛날에 산신당(山神堂)터에 묘를 쓰지 말라.

❖ **묘를 쓸 수 있는 자리와 못 쓰는 자리**

- 잡목 심산에 불가 장이요.
- 잡초 음습산에 불가 장이요.
- 응달진 곳 습하고 색상이 검고 잡석이 많은 곳
- 양지바르고 흙색이 밝으며 토질이 강해야 산사태가 난 자국이 없어야 한다.
- 잡초가 무성하지 않은 곳이라야 무해진다.

❖ **묘를 쓸 때는 풍수이치(風水理致)에 맞기만 하면 북향(北向)이든 서향(西向)이든 가리지 않고 묘를 쓰는 것이다** : 그러나 집을 지을 때는 풍수상(風水相) 아무리 터가 좋아도 북향 집을 지으라고 권하지 않는다. 또 풍수에서 조산(朝山)은 없어도 성국(城局)이 되지만 안산(案山)만은 아무리 작은 외등이라도 없어서는 안 된다. 그것은 안산이 없으면 결코 사신사(四神砂)가 이루어지지 않기 때문이다. 그러나 뭐니 뭐니 해도 풍수에서 가장 중요하게 여기는 것은 주산이 현무(玄武)이다. 만약 좌우(左右)의 용호(龍虎)가 부실하거나 그 어느 하나 없는 경우에는 득수(得水)로 보완 할 수가 있다. 그렇지만 주산현무가 부실하거나 없다면 아예 국이 형성될 수가 없다. 그렇게 되면 주산에서 나와야 할 생기가 있을 수 없기 때문이다.

❖ **묘 봉분에 잎이 넓은 풀이 있으면** : 묘봉 · 묘벌 안에 잎이 넓은 풀이 있으면 물이 있고 잔디가 검게 타 죽은 곳은 땅 밑에 수맥이 있다. 자손에 질환이 있다 봉분을 지을 때 진흙기가 있는 흙은 소나무 잎가지를 중간 중간에 놓아 갈라지는 것을 방지 한다.

❖ **묘 봉분(封墳)이 지저분하면 명당이 아니다** : 개미와 땅벌은 지기(地氣)을 알고 있다. 한 여름에 명당에 개미가 없다.

❖ **묘비(墓碑)와 비명(碑銘)** : 묘비(墓碑)라 함은 죽은 사람의 사적(事蹟)을 새겨서 묘 앞에 세우는 비석(碑石)의 총칭이며 비명(碑銘)이란 비(碑)에 새긴 글로써 이를 명문(銘文) 또는 비문(碑文)이라고도 하는데 죽은 사람의 성명 원적(原籍) 성행(性行) 경력(經歷) 등의 사적(事蹟)을 시부(詩賦)의 형식으로 운문(韻文)을 붙여 서술한 것이다.

❖ **묘사(墓祀) 묘제(墓祭) 및 세일제(歲一祭)**

㉠ **묘제의(墓祭儀)**

① 진찬(陳饌) ② 강신(降神) ③ 참신(參神)
④ 초헌(初獻) ⑤ 아헌(亞獻) ⑥ 종헌(終獻)
⑦ 진다(進茶) ⑧ 사신(辭神) ⑨ 철상(徹床)

묘제(墓祭)의 차서(次序)는 모두 기제 때의 절차와 같은데 다만 진설을 먼저 하며 유식(侑食)과 합문(闔門)이 없고 입시(入匙) 정저(正箸)를 초헌에 한다.

축문(묘제는 정조 : 正月一日 寒食 端午 秋夕 九月九日 十月에 택일하여 지낸다.)

㉡ **세일제(歲一祭)** : 세일제는 일년(一年)에 한번씩 지내는 五代 이상 선조산소의 묘(墓)제인바 십월(十月)에 지내는 세사(묘사=歲祀)이다.

• **십월(十月)세사(歲祀)** : 행사절목 ① 진찬(陳饌) ② 강신(降神) ③ 참신(參神) ④ 초헌(初獻) ⑤ 아헌(亞獻) ⑥ 종헌(終獻) ⑦ 진다(進茶) ⑧ 사신(辭神) ⑨ 철상(徹床)
• 제수의 일체를 진설한다.
• 분향하고 재배한다.
• 주인이 꿇어앉은 후 집사(執事)가 꿇어앉아 주인에게 잔반(盞盤)을 주면 주인이 받고 집사는 술을 따른다. 제주는 술잔과 술잔반을 잡고 모토(茅土 : 모래) 위에 전부 세 번에 나누어 붓고 재배(절 두 번)한다.
• 초헌관(제주) 이하 모두 재배(절 두 번) 한다. ① 헌작(獻酌) 제주(祭酒) ② 진적(進炙) ③ 계개(啓盖) 입시(入匙) 정저(正箸) ④ 독축(讀祝) 재배(再拜) 철주(徹酒)
• 헌작(獻酌) 제주 초헌관(初獻官)이 조고위전(祖考位前)의 잔반을 받들어 동향(東向)하고 서면 집사는 술을 가득히 따른다. 제주는 잔을 신위전(神位前)에 올린 후 비위(할머니)의 잔을 내려 고위(할아버지) 때와 같은 식으로 올리고 꿇어앉는다. 두 집사가 각각 신위전(神位前)의 잔반을 내려 가지고 주인의 좌우(左右)편에 꿇어앉는다. 주인이 먼저 고위의 잔을 받아 모토(모사) 위에 세 번 제주한 후 집사로 하여금 잔을 올리게 하고 다음에 비위(할머니)의 잔을 받아 위와 같은 순서로 제주한다.
• **진적** : 육적(肉炙)을 올린다.
• 계개 입시 정저 개(盖)를 열고 수저를 메에 꽂고 정리한다.
• **독축** : 초헌관 이하 꿇어앉은 후 축을 읽고 제주와 축관이 재배한다.
• **철주(徹酒) 철적(徹炙)** : 잔을 내려 빈 그릇에 술을 따르고 적을 내린다.
• 아헌관이 행사하는데 초헌의 절차와 같으며 축을 읽지 않고 정저도 하지 않는다.

- 종헌(삼헌)관이 행사하고 절차는 아헌시와 같다. 다만 철주 철적을 않는다.
- 집사가 국그릇을 내리고 숙냉을 올려 메를 세 번 마른 후 개를 덮고 수저는 시첩 위에 거두어 놓는다.
- 제주 이하 모두 재배(절 두 번)한다. 철상한다.

❖ **묘사축**(墓祀祝) **세사**(歲祀 : 일년에 한 번)

유세차 경진 십월무오삭 초십일정묘

(維歲次 庚辰 十月戊午朔 初十日丁卯)

칠대손 ◯◯감소고우

(七代孫 ◯◯敢昭告于)

현칠대조고통정대부부군

(顯七代祖考通政大夫府君)

현칠대조비숙부인밀양박씨 지묘

(顯七代祖妣淑夫人密陽朴氏 之墓)

세천일제 예유중제 이자상로 미중

(歲薦一祭 禮有中制 履茲霜露 彌增)

감모 근이청작서수 지천세사 상 향

(感慕 謹以清酌庶羞 祗薦歲事 尚 饗)

산신제(山神祭 : 조상의 제사부터 먼저 행하고 하는 것이 가하다.)

산신축(山神祝)

維歲次 ◯◯年 ◯月 朔 ◯日 일진

幼學 산신헌관이름 ◯◯◯敢昭告于

土地之神 ◯◯(초헌관의 이름 : 묘사에 초헌관)

恭修歲事于 七代祖考通政大夫府君

공수세사우 칠대조고통정대부부군

칠대조비숙부인밀양박씨지묘 유시보우

(七代祖妣淑夫人密陽朴氏之墓 惟時保佑)

실뢰신휴 감이청작서수 경 신전헌 상 향

(實賴神休 敢以清酌庶羞 敬 伸奠獻 尚 饗)

❖ **묘**(墓)**사초**(莎草) : 무덤을 개수하고 비석(碑石) 상석(床石) 석물(石物)을 설치하는 것을 말한다.

사초에 착수하기 전에도 산신과 사초하려는 묘에 알리는 제를 지내고 사초한 후에도 묘에 고유(告諭)한다.

사초산신축(莎草山神祝)

유세차 ◯년 ◯월 ◯삭 ◯◯일 ◯◯

(維歲次 ◯年 ◯月 ◯朔 ◯◯日 ◯◯)

유학(◯◯성명) 감소고우

(幼學(◯◯姓名) 敢昭告于)

토지지신 금위학생(본관성)공 총택붕퇴

(土地之神 今爲學生(本貫姓)公 塚宅崩頹)

장가수치 신기보우 비무후간근이

(將加修治 神其保佑 俾無後艱謹以)

주과지천우 신 상 향

(酒果祇薦于 神 尚 饗)

[해설] 한글 축으로 응용해도 된다.

유학 ◯◯◯는 토지지신께 삼가 아뢰옵니다. 삼척진공의 유택이 허물어져 보수하오니 신께서 도우시어 후환이 없게 하여 주시옵기를 비오며 삼가 주과를 올립니다.

❖ **묘생시**(墓生屍)**와 소골법**(消骨法) : 묘좌(墓坐)가 간좌(艮坐)이고 을진방(乙辰方)이 공(空)하여 바람이 모(墓) 봉분(封墳)을 취입(吹入)하고 오방득수(午方得水)하고 건해방(乾亥方)이 공(空)하여 파구수(破口水)가 되면 시체(屍體)가 천년(千年) 썩지 않는다. 이러하면 자손(子孫)에게 급살 풍증 간질병(急殺風症 癎疾病) 익사(溺死) 왕증등병(狂症等病)이 발생(發生)한다. 오좌(午坐)에 곤신방풍(坤申方風) 자좌(子坐)에 인간풍(寅艮風) 유좌(酉坐)에 건해풍(乾亥風) 묘좌(卯坐)에 을진풍(乙辰風)은 그 방위(方位)에 가리운 산(山)이 없으면 살풍(殺風)이 더러 온다. 소골(消骨)되고 백골(白骨)이 산재(散在)된다.

❖ **묘**(墓) **석물 설치**(石物 設置) : 상석(床石)과 혼유석(魂遊石)은 묘(墓) 앞에 설치하고 망주석(望柱石)은 양 옆에 세우고 그 산의 수호신(守護神)의 산신석(山神石)은 제관(祭官)이 묘(墓)를 바라보았을 때 상측(上側)의 좌측에 설치하여야 하며 비석(碑石)은 묘(墓)의 좌측(左側)과 향(向)의 중간 지점에 세운다.

❖ **묘성**(昴星) : 을방(乙方)에 있다. 乙봉이 7개 연이어 있으면 백의 재상(白衣宰相)으로 불리는 큰 학자를 배출한다. 봉우리가 하나로 아름다우면 임금 옆에서 벼슬하는 관리를 배출하고 허하면 간사하여 나라를 망치는 요물이 난다. 유년(酉年)에 응험한다.

ㅁ

❖ **묘소**(墓所) : 묘소란 분묘(墳墓)의 소재지를 말하는데 보첩에는 묘(墓)와 만을 기록하고 반드시 좌향(坐向) 방위(方位)를 표시하나 현대에는 생략하는 경우가 있다. 이 밖에 석물(石物) 즉 표석(表石) 상석(床石) 장군석(將軍石) 등이 있는 경우에는 이를 표시하며 그리고 합장(合葬) 여부를 합폄(合窆) 쌍분(雙墳) 부(祔)도 기록한다.

❖ **묘소 석물**(石物) **지법**(之法)

- 월형(月型)은 가능한 하지 않는 게 좋다. 뒤가 낮고 골이 지면 장자(長者)에게 해(害)가 온다.
- 석물(石物), 비석(碑石), 둘레석, 망두석, 면석은 하지 않는 게 좋다. 상석(床石)은 책상 밥상으로 너무 과하지 않게 하는 것은 무방하다.
- 묘의 석물로 둘레석, 망두석, 동물석은 하지 않는 게 좋다.
- 무인석(武人石), 문인석(文人石)은 망인(亡人)의 생전(生前) 관직(官職)에 따라 세우는 것이며 무인석은 병권(兵權)의 상징으로 왕릉(王陵)에만 세울 수 있다.

❖ **묘소 주변에 검은 암석은** : 묘소 주변에 검은 돌과 날카로운 잡석이 많으면 이것을 이금치사(以金致死)라 하고 자손들이 비천하게 살게 된다.

❖ **묘수파국**(卯水破局) : 자향(子向)에 묘수(卯水), 오향(午向)에 묘수(卯水). 형제들이 음탕한 짓을 일삼는다. 남의 아내를 탐내며 부끄러운 줄을 모른다. 또, 송사(訟事)를 벌여 재산을 날린다. 가정을 돌보지 않고 외간 여자와 놀아나니 집안이 망한다.

❖ **묘(산소) 쓸 때 저수지 뚝 향**(向)**은 흉**(凶) : 아무리 대명당 자리라 해도 저수지 물넘개를 향을 하면 절손지지가 된다.

❖ **묘 앞에 감아 돌아가는 물이 없으면 정하지 마라** : 묘 자리를 정할 때 산과 물이 충(沖)을 하는가를 살펴야 하고 앞에 돌아가는 물이 없으면 묘 자리를 정하지 마라 물이 만약 굴곡(屈曲)하고 유정(有情)하면 성신(星辰)이 맞지 않아도 또한 길하고 산이 만약 아름다워도 파쇄(破碎)하였으면 모든 수법(水法)에 합당하다. 하나 어찌 하리오.

❖ **묘 자리 뒤가 낮고 앞쪽이 높으면** : 묘 자리 뒤가 낮고 앞쪽이 높으면 노중(路中)에서 술에 취하여 오사(誤死)하게 된다. 또 장자에게 해가 많으며 자손이 적게 태어난다.

❖ **묘 자리가 옆으로 기울면** : 묘 자리가 좌측으로 기울어지면 여자가 만성 질환이 있고 우측으로 기울어지면 남자가 만성질환이 생기게 되고 자손들에게 재물(財物)이 모이지 않으며 심하게 기울여 지면 자손이 죽는다.

❖ **묘 자리 자가**(自家) **진단법**(診斷法)

- 문제가 있으면 원인을 찾아 보완해야 한다.
- 하관 시 광중(壙中)에 크고 작은 돌이 많을 때 흉석이 많으면 못 쓴다.
- 바닥에 돌이 나와 더 파지 못할 때 바닥을 잔디로 깔고 봉분을 크게 한다.
- 땅 속에 나무뿌리가 많이 나올 때 계속 나오면 못 쓴다.
- 땅속에 물, 습기가 많을 때 묘를 못 쓴다.
- 땅의 색이 검고 부식토(腐植土)일 때 묘를 못 쓴다.
- 땅이 거칠고 억센 땅일 때 묘를 못 쓴다.
- 무너지고 내려앉는 땅일 때 묘를 못 쓴다.
- 나무 그늘도 없는데 잔디가 잘 자라지 않는 자리 봉분일 때 풍(風)을 보완한다.
- 봉분에 잡초나 쑥과 같은 풀이 많은 곳 쑥이 있는 곳은 물이 없다.
- 봉분에 벌레나 쥐구멍이 있을 때 광중에 충(沖)이 있는 곳이다.
- 봉분에 이끼가 많이 끼면 물이 있는 곳이다
- 묘 봉분에 잔디가 중간 중간 빠진 듯한 곳. 보완 할 것
- 묘 봉분이 이유 없이 내려앉았을 때 물 풍을 살필 것
- 묘 봉분의 상석(床石), 비석(碑石), 망두석(望頭石)이 기울어 졌을 때 물 풍을 살필 것
- 망두석이 완전히 넘어졌으면 그 자리에 다시 세우지 못한다.

❖ **묘 자리보다 청룡 · 백호가 많이 높으면** : 혈보다 청룡 · 백호가 높아 위압(威壓)을 받으면 복록(復祿)이 희박하고 자손이 쇠(衰)하고 재앙이 따른다.

❖ **묘 자리의 흙은 어떤 것이 좋은가** : 묘 자리의 혈토(穴土)는 비석비토(非石非土)로 흙이 황색(黃色)이고 맑고 단단해야 하고 누렇고 마디가 짧은 소나무가 많은 곳이어야 한다. 왕모래 공기 돌

같은 것이 둘러져 있으면 물기가 없다. 잡목(雜木)이 많고 잎이 넓은 꿀밤나무 초목(草木 : 억새풀)이 많고 청태(青苔)가 끼이면 물이 나거나 습기가 많은 곳이다.

❖ **묘를 안장 할 수 없는 곳은 대략 이러하다**

- **악기흉산**(惡氣凶山) : 험악한 흉산에는 기(氣)가 없어 묘를 쓸 수 없다.
- **쇠기산산**(衰氣散山) : 기가 쇠하고 흩어진 산에 묘를 쓸 수 없다.
- **고봉첩산**(高峰崠山) : 산이 높고 뾰족한 봉우리 산에 묘를 쓸 수 없다.
- **음습심산**(陰濕深山) : 산골이 깊고 음달진 곳에 습하면 묘를 쓸 수 없다.
- **고룡배산**(孤龍背山) : 홀로 있는 독산 뒤쪽에 묘를 쓸 수 없다.
- **급기광산**(急氣狂山) : 산이 가파르고 잡목 바위 돌이 있는 근처에는 묘를 쓸 수 없다.
- **예기주산**(- 氣走山) : 넓게 퍼져 달아나는 형산에 묘를 쓸 수 없다.
- **무연독산**(無連獨山) : 홀로 있는 독산에 묘를 쓸 수 없다.
- **무토석산**(無土石山) : 흙이 작은 돌산에 묘를 쓸 수 없다.
- **무맥평지**(無脈平地) : 산맥이 없는 평지에 묘를 쓸 수 없다.

❖ **묘 앞에 강물이 적게 보이면 길사**(吉砂), **많이 보이면 흉사**(凶砂)**로 본다**

- 묘 앞에 망망대해(茫茫大海)가 보이면 일조파산(一朝破産)의 불가장지(不可葬地)이다.
- 묘 앞에 연지수(蓮池水 산골 작은 연못)가 보이면 유아(幼兒) 때부터 질환(疾患)으로 요수(夭壽)하고 빈한(貧寒)하게 산다.
- 묘 앞에 큰 돌이 적게 보이면 길사로, 많이 보이면 흉사로 본다.
- 호수 연못과 같이 고인 물은 죽은 물로 흉수로 본다.
- 내수(來水)가 길(吉)하고 거수(去水)가 흉(凶)하면 처음은 길하고 뒤는 흉하다. 또 내수가 흉하고 거수가 길하면 처음은 흉하고 후에는 길하다.
- 내(來) 거수(去水)다 순(順)하면 자손(子孫)이 효순(孝順)하고 다 거칠고 역(逆)하면 거역(拒逆)하는 자손이 난다.
- 혈판(血板)에 비치는 물이 정면을 비켜서 일부분만 보이면 길사로 보고 혈(穴) 뒤에 서서 전부 다 보이면 흉사(凶砂)로 보는 것이다.
- 혈에서 흘러가는 물이 보이면 재산(財產), 손재(損財)가 있다. 고인 듯이 물 꼬리가 보이는 것이 길하다.
- 직수(直水)로 혈을 충(沖)하는 물이 보이면 자손 중에 여자 쪽이 더 많이 죽게 된다.
- 혈 앞에 논에 고여 있는 물은 평전수(平田水), 창판수(倉板水)라 하여 길하고 경사가 심해 급히 흐르면 흉이다.
- 파구(破口)앞에 수답(水畓)이 많이 보이면 높은 관직(官職) 자손이 많이 난다.
- 파구 앞에 깊은 연못이 있으면 대대로 부자가 연이어 난다.
- 파구 앞에 봉우리가 있으면 대대로 관직에 이름이 나게 된다.
- 파구 앞에 수형(水刑)의 화표(華表)의 큰 봉우리가 보이면 대지(大地)의 결혈(結穴)이다.
- 파구 앞에 둥글고 후덕한 부봉사(富峰砂) 있으면 대대로 높은 관직의 자손이 난다.
- 파구의 물이 두 번 나타나면 부부가 같은 때에 함께 죽게 된다.
- 또 도적을 당하거나 사기를 당해 파산한다.
- 엿 보이는 물이 양쪽으로 보이면 여자 중에 장님이 나고 재물에 손해가 있다.
- 파구는 혈에서 보이지 않는 것이 좋다.
- 물이 나가는 것이 보이면 재물이 빠져 나간다. 나무 심기 등 보완해야 한다.
- 파구는 혈에서 멀지 않아야 한다. 100보 이내에서 소수(消水)해야 좋다.
- 파구에는 드러난 형질(形質), 화표(華表)라도 혈에서 보이지 않는 것이 길하다.
- 파구는 황천수(黃泉水)라고 보지 않는다.
- 득수(得水)처나 물이 모이는 곳이면 황천수라고도 한다.
- 혈장에서 수사가 많이 보이면 부귀(富貴)의 발복(發福)도 그 만큼 크지만 반대로 손재구설(損財口舌)도 그 만큼 많아진다.

❖ **묘 앞에 묘 자리보다 높으면** : 혈전(穴前)이 떠 들인 것은 말자손(末子孫)이 불효불충(不孝不沖)한다.

❖ **묘 앞에 보기 좋은 암석이 있으면** : 묘 앞에 물개갈 같이 황소등

이 맑고 깨끗한 암석이 있으면 갑부귀(甲富貴)요. 묘 뒤쪽에 암석은 쌍둥이 출산이 있게 된다.

❖ **묘 앞이 비어 있으면** : 묘 앞이 허(虛) 비어있고 잡석(雜石)이 있으면 지내와 쥐들이 우굴 거리고 그의 자손들은 비천(卑賤)하게 살게 된다.

❖ **묘 앞 축대 밑에 물이나면** : 묘 축대 밑에 물이나면 후손이 물에 빠져 죽고, 백호(白虎) 밑에 물이 나면 음난(淫亂)한 행위자 있게 된다.

❖ **묘의 부근이나 묘가 있었던 곳** : 주택은 묘가 있든 곳에서 백보 이상 떨어져 있어야 하고 주인 없는 무덤이라도 시야가 가리게 주택이 있으면 그 집에 사는 사람은 잘 못되면 죽게 된다.

❖ **묘 앞의 안산이 긴 골짜기는 삼재(三災)흉** : 묘(墓) 안산에 쌍곡이 이루어져 있으면 쏟아지는 눈물이 흘러서 상서(祥瑞)롭지 못하고 긴 골짜기를 안대를 하면 염병으로 죽음에 이르게 된다 하였다.

❖ **묘(墓) 앞쪽 낮은 도랑이 있으면** : 묘(墓) 앞쪽에 낮은 도랑이 있으면 들어오는 재물보다 나가는 재물이 더 많아질 수도 있다.

❖ **묘(墓) 앞쪽에 작은 구덩이가 있으면** : 묘지를 조성하기 위하여 중장비로 공사를 하다보면 봉분을 만들 흙이 부족하면 포크래인기사는 흙을 파기 좋은 데서 마구잡이로 흙을 파 쓰고는 그 구덩이를 대충 보기에 꺼진 듯 하지 않게 매워 두는 일이 비일비재하다. 한해가 지나고 나면 잡초와 나무가 썩게 되면 구덩이가 나타난다. 이러한 곳에는 자손들의 재물 손실이 있을 수 있다.

❖ **묘(墓)에 잔디가 잘 살지 않은 것은** : 묘(墓) 주위에 밤나무나 굴밤나무가 있으면 잔디가 살지 않는다. 굴밤이나 밤나무 밑에는 기생충 벌레도 잘 살지 않으며 혹 주위에 나무가 우거져 그늘이 되어도 살지 않는다. 묘(墓) 봉분 한부분만 잔디가 잘 살지 않으면 광중에 생수(生水)가 있을 수 있다.

❖ **묘이장이나 묘사초 인간만사대길일** : 세간(歲干) 및 세지덕신(歲支德神)으로 음양택을 막론하고 인간만사에 영세대길(永世大吉)한 날이며 방위라 한다. 세덕은 아래와 같다.

甲己年 : 甲	乙庚年 : 庚
丙辛年 : 丙	丁壬年 : 壬
戊癸年 : 戊	
子年 : 巽方	丑年 : 庚方
寅年 : 丁方	卯年 : 坤方
辰年 : 壬方	巳年 : 辛方
午年 : 乾方	未年 : 甲方
申年 : 癸方	酉年 : 丙方
戌年 : 丙方	亥年 : 乙方

가령 태세의 천간이 갑자 갑술 기사 기묘 등 갑연이나 기년이라면 갑일이 세덕일이요, 갑방이 세덕방이다. 또는 유년태세가 자년이라면 손방, 축년이라면 경방이 세덕방이다.

❖ **묘지가 급경사 되고 맥이 끊어졌다** : 자손에게 목매어 죽는 일을 사막(死幕)하라. 묘지급경사진 곳에는 파산(破産)으로 보고 絶脈은 誤死하고 요수(夭수)하는 것이다.

❖ **묘지경계(墓地境界)는 어떻게 했는가** : 묘지경계는 경작지(耕作地), 목축지(牧畜地)을 금(禁)하고 묘지한계는 일품묘지(一品墓地)를 중심으로 사면구십보(四面九十步) 이품은 사면팔십보, 삼품은 사면칠십보, 사품은 사면 육십보, 오품이하는 사면오십보, 칠품이하 생원진사(生員進士)는 사면사십보, 서인(庶人)은 십보로 하였다.

❖ **묘지가 대지(大地)나 흉지(凶地)라도 대개 4개가 경과하면 끊어진다고 하지만** : 맹자께서 말하기를 군자지택(君子之澤)도 5세이발복참(五世而發福斬)이요, 소인지택(小人之澤)도 5세이발복참이라고 했다. 이는 좋은 묘지나 나쁜 흉지라도 대개 4대 고조(高祖)가 경과하면 그 기가 끊어진다고 하지만 대명당지(大明堂地)는 그의 자손들은 10대 이상도 발복을 받는 것이다. 발복 계산으로 일대(一代)를 30년으로 본다.

❖ **묘지나 주택에서 물이 서출동류(西出東流)가 좋다** : 주택이나 묘지가 동남향 되면서 물이 서출동류로 흐르면서 멈추지 않고 급하지 않아야 한다. 물의 색상은 속이 훤히 보여야 한다. 이러한 곳에 사는 사람이나 그 후손들은 부귀(富貴)하고 자손 창성한다.

❖ **묘지는 자손의 부귀를 양택은 거주자의 건강과 부귀를 관장한다** : 혈은 생기(生氣)를 융결(融結)한다. 음택의 경우 유골(遺骨)을 편안하게 하고 거기서 파장된 에너지는 유전인자가 똑같은 자손에게 전파되어 자손의 부귀빈천(富貴貧賤)을 관장한다. 양

택의 경우는 혈에서 발생한 훈풍화기가 거주자의 건강과 생체리듬을 향상시켜 생활의 활력을 증대시킨다. 이와 같은 혈은 자연현상이면서 신비한 것이다. 아직까지 서구 학문으로 그 기능과 성능을 설명하지 못하고 있다. 그렇다고 해서 자연현상이 미신일 수는 없다. 혈세론은 동양 사람들이 수 천 년 동안 자연과 함께 하면서 삶의 경험을 토대로 정립시킨 이론이다.

❖ **묘지 앞에 골이 빠지면** : 묘 앞에 빈 골이 좌(左)나 우(右)나 앞이나 짧고 얕게 라고 골이 빠지면 우환(憂患)이나 재물이 빠지고 길고 깊게 빠지면 온 동네 사람이 알도록 소리가 난다. 좌로 빠지면 딸 며느리 사위 외손(外孫)에 우로 빠지면 말손(末孫) 미친다. 앞에 축을 쌓아 골이 보이지 않게 하면 약간의 약간 비방(秘方)은 된다.

❖ **묘지 앞에 괴이한 암석(岩石)이 있으면** : 삭발승(스님)이 나온다. 또는 잦은 교통사고 등이 있다.

❖ **묘지 앞에 차돌이라면** : 묘지 앞에 서(立) 돌이 차돌이라면 늙고 젊은 부인이 고독하게 살게 된다.

❖ **묘지에 소음(騷音)이나 진동(振動)을 받으면 이러하다** : 정신병자나 삭탈관직(削奪官職)의 해를 보게 되고 묘지 앞에 도로가 있더라도 멀리 있어야 하고 낮은 산굽이를 돌아 나간다면 파구(破口)가 관쇄(關鎖)된 것이면 길하다.

❖ **묘지당처(墓地當處)가 낮고 험(險)하면** : 높은 산이 안산(案山)이 되면 반드시 백골(魄骨)를 도적질 하여 간다고 하였다. 낮은 곳에 당판(當坂)은 비천자(卑賤者)가 나고 험하고 높은 안산은 관재(官災) 구설(口舌)로 본다.

❖ **묘지(墓地) 선정(選定), 재혈(裁穴)등에 자기견해 편중 되어서는 안 된다** : 묘지선정이나 재혈 할 때 정미한 이치도 지극히 알기 어려우니 반드시 여러 사람의 정견을 참작하고 본 받아 그 정미한 것 까지 헤아릴 것이요. 자기 사사로운 견해에 편중되고 집착하여서는 안 되는 것이다.

❖ **묘지 전에 차돌이라면** : 늙고 젊은 부인이 고독하게 살게 되고 모지 좌우에서 여울 소리가 나면 반드시 혈육 간에 서로 다투게 된다. 벙어리 불구자 자손이 출생한다.

❖ **묘입수(卯入首)** : 묘입수(卯入首)란 혈(穴) 바로 뒤 즉 혈로 들어오는 용맥(龍脈)이 묘방(卯方)에서 뻗어온 것. 묘좌 유향(卯坐 酉向) 건물 및 묘가 묘방(卯方)을 등지면 향(向)은 자연적으로 유향(酉向)이 된다. 고로 묘좌 유향(卯坐 酉向)의 정반대는 유좌묘향(酉坐卯向)이다.

❖ **묘정방수법(墓庭放水法)** : 묘정(墓庭)에는 반드시 모여드는 물을 흘러보내기 위한 방수구가 있기 마련인데 이것을 가리켜 결구(缺口) 또는 소동(小洞)이라고도 하는데 묘정(墓庭)의 설수지용(洩水之用: 묘 앞쪽에 있는 물)인 것이다. 이 결구는 분묘(墳墓)에 대해 지대한 영향을 끼치게 되므로 심히 방수(放水)를 위한 일정한 방위(方位)가 있다. 마치 외반(外盤)의 수수(收水)가 왕향(旺向)에는 쇠방출(衰放出)하고 쇠향(衰向)에는 병방출(病方出)하듯 묘정수(墓庭水)의 출로(出路)도 일정한 방위(方位)가 있으니 이를 가리켜 후토방(后土方)이라고 한다. 묘정수(墓庭水)의 방위는 지반정침(地盤正針)으로 격지(格之)하며 반드시 묘정수(墓庭水)는 천간위(天干位)로 흘러가게 해야 하고 지지방(地支方)으로 흘러감을 막아야 한다. 그 연유는 천간(天干)은 청(淸)하고 지지(地支)는 중탁(重濁)할 뿐 아니라 충살(沖殺)이 있어 태세(太歲)를 충동(衝動)하면 흉화(凶禍)가 응(應)하기 때문이다. 또한 천간(天干)은 경(輕)하고 청(淸)할 뿐 아니라 충살(沖殺)도 없어 천간위(天干位)로 묘정수(墓庭水)가 흘러가면 길(吉)하다.

❖ **묘정수류거법(墓庭水流去法)** : 묘정수(墓庭水)의 유거법(流去法)은 왕향(旺向)에는 쇠방출(衰方出)하고 쇠향(衰向)에는 병방출(病方出)한다. 가령 축좌미향(丑坐未向)이라면 이는 양쇠향(陽衰向) 진술축미(辰戌丑未)는 양쇠향(陽衰向), 을정계신(乙丁癸辛)은 음쇠향(陰衰向))이므로 이는 병화지기(丙火之氣)가 되고, 병화(丙火)는 해궁(亥宮)에서 기포(起胞)하니 신상(申上)이 병방(丙方)이 되지만 신(申)은 지지(地支)로서 탁(濁)하므로 곤상출(坤上出)을 하게 해야 한다. 묘정수류거법(墓庭水流去法)은 전술(前述)한 이십사산(二十四山) 방수론(防水論)의 지지황천구(地支黃泉口)와 같은 이론에서 도출된다. 즉 유산묘향(酉山卯向)의 황천방(黃泉方) 이 간(艮)인데 묘향(卯向)은 양왕향(陽旺向)이라 자오묘유(子午卯酉)는 왕양향(旺陽向)) 갑목지기(甲木之氣)가 되므로 신상(申上)에서 기포(起胞)면 간상(艮上)이 관대(冠帶)가 된다. 황천(黃

泉)이란 향(向)을 기준(基準)하면 언제나 양왕향(陽旺向)에서는 관대방(冠帶方)이 되고, 음왕향(陰旺向)에서는 제왕방(帝旺方)이 된다. 그러나 좌(坐)를 기준(基準)하면 이 양방(兩方)이 모두다 묘방(墓方)이 되고 만다. 그러므로 유좌(酉坐)는 경금지기(庚金之氣)한 고로 인상(寅上)에서 기포(起胞)하면 축토(丑土)가 묘궁(墓宮)이라 결국에는 간방(艮方)이 황천방(黃泉方)이 된다.

❖ **묘좌**(卯坐) : 묘(卯)는 목(木)이며, 춘목(春木)이라 초목에 해당한다. 묘좌는 넝쿨을 뻗는 목이지만 해입수(亥入首)에 묘좌를 놓으면 수구(水口)에 따라 크게 발복(發福)을 하며, 금은자래(金銀自來)가 여의(如意)하다. 묘좌를 동물로는 토끼이며, 전족단(前足短) 후족장(後足長)이기 때문에 언덕이 약간 진 곳이 좋으며 바람소리는 들려도 무방하지만 웅장한 산골은 금물이다. 토색(土色)은 푸르며, 혈장(穴場)은 붉어야 대귀혈(大貴穴)이다. 혈장은 좀 아늑하고 오목하여야 하며, 깊지 않아야 한다.

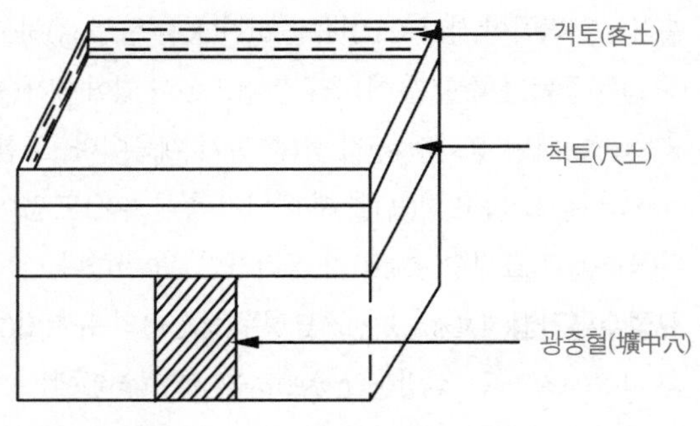

[이십사룡길흉향배도(二十四龍吉凶向配圖)]

二十四龍	壬	子	癸	丑	艮	寅	甲	卯	乙	辰	巽	巳	丙	午	丁	未	坤	申	庚	酉	辛	戌	乾	亥
陰陽	陽	陽	陽	陰	陰	陽	陽	陰	陽	陽	陰	陰	陰	陽	陰	陰	陽	陽	陰	陰	陰	陽	陽	陰
八卦正向	申	午	午	丙	丁酉	甲	坤	辛	乾	戌壬	亥	艮		癸	艮		乾甲	寅	巽	艮	卯	辰	乙	坤
納甲一氣	午		申	丁酉	丙	午	乾	庚亥	坤		辛	酉	艮	壬	酉	亥卯	乙	癸子	卯	丁	巽		甲	卯
三合	坤申乙	坤乙	坤	巽酉庚	丙辛	午	乾	丁亥	坤子申壬	坤壬	庚	庚酉	辛艮		亥	亥卯	壬子乙	子乙	巽巳丑	巽	艮		甲	丁卯
貴寅		乙							申子				亥		亥酉			乙	丑	丁	丙			丙子
八曜煞		忌辰向			忌寅向			忌申向			忌酉向			忌亥向			忌卯向			忌巳向			忌午向	
天星	天輔	陽光	陰光	天廚	天市	功曹	陰璣	陽衛	天官	穴金	陽璇	亦蛇	太微	陽權	南極	天常	玄丈	天關	天漢	少微	陰倣	鼓盆	陽璣	天皇
定向	午坤乙	午坤	午坤	丙丁	丁病庚辛酉	坤	乾坤	庚辛	坤	乾	辛亥艮	亥	亥艮	壬癸	艮亥	艮	癸	甲癸	甲癸	艮巽卯丁	艮卯巽	甲乙	甲	丙巽丁

❖ **묘좌 입택을 하지 못할 때 제살법** : 삼살 · 겁살· 재살· 세살이 들어 묘를 쓰지 못하거나 집에 호주로부터 좌의 운이 맞지 않아 입택(入宅)을 하지 못할 경우 연월일시 납음오행(納音午行) 즉 육십갑자(六十甲子), 본명(本命 : 본인이 태어날 때 육십갑자의 생년), 망인(亡人), 제주(喪主), 가주(家主) 집 주인의 육십갑자(납음)로 제살하면 묘를 쓸 수 있고 양택(陽宅)에 이사들어가 살수 있도록 제살법이 있다. 재살법은 천덕귀인(天德貴人), 월덕귀인(月德貴人), 세덕(歲德), 세간(歲干), 세지덕신(歲支德神), 삼기제성정국(三奇帝星定局), 사리제성압살정국(四利帝星壓殺定局), 녹마귀인정국(祿馬貴人定局) 등 길신 가운데 두 세 개가 같이 임하면 제살(制殺)된다. 재살법은 아래와 같다.

- **월덕귀인**(月德貴人) : 천덕귀인과 같이 택일과 사주법에 병용된다. 이 월덕귀인이 닿는 날이다. 닿는 방위에 작사(作事)하면 만사대길이라 하고, 사주 가운데 이 귀인이 있으면 도와주는 이가 많아 모든 일에 길하게 작용한다고 하였다. 월덕귀인은 아래와 같다.

正五九月丙　二六十月甲

三七十一月壬　四八十二月庚

택일에 가령 正五九月에는 丙日이나 丙方이 월덕귀인이 닿고, 사주법에는 正五九月生이 사주의 年月日時 천간에 丙이 있으면 월덕귀인이다.

• **천덕귀인**(天德貴人) : 택일(擇日)에도 쓰이고, 사주(四柱)에도 쓰인다. 이 천덕귀인이 닿는 날(日辰)이나 방위는 만사대길이라 하였고, 사주에 이 귀인이 있으면 운명을 길하게 유도한다는 것이다. 천덕귀인은 다음과 같다.

• 正月 : 丁　二月 : 申　三月 : 壬　四月 : 辛
• 五月 : 亥　六月 : 申　七月 : 癸　八月 : 寅
• 九月 : 丙　十月 : 乙　十日月 : 巳　十二月 : 庚

❖ **묘(墓) 주변에 검은 돌이나 큰 돌이 있으면** : 묘(墓) 주변에 검은 작은 돌이나 큰 돌, 바위 등이 있으면 재물손실이 있게 되고 천한 자손이 태어나기도 한다.

❖ **묘(墓) 주변에 누각이나 사찰이 있으면** : 묘 주변에 높다란 누각이나 사찰 또는 궁관(宮觀)을 지어 종소리, 북소리가 들리는 것을 꺼린다.

❖ **묘 주위에 잡석(雜石)과 암석이 있으면** : 묘 주위에 잡석이 있으면 조석(朝夕)으로 시비가 나고 한다.

• 묘 주위에 차돌이 많으면 청상과부가 난다.
• 묘 앞에 늙은 할머니가 엎드린 모양의 암석이 있으면 부녀자의 죽음이 많다.
• 묘 좌우에 선돌(立石)이 있으면 눈 먼 자손이 난다.
• 묘 뒤 동북방에 흉석이 서 있으면 장자가 교통사고 재해를 당한다.
• 묘 앞에 쌍생(雙生), 암석이 있으면 쌍둥이가 나온다.
• 초목(草木)의 잎이 오글오글한 것은 토질이 암석으로 이루어진 곳이다.
• 용세(龍勢)가 잡초의 넝쿨로 우거진 곳은 토질이 잡석이거나 추악하고 음습(陰濕)한 곳이다.
• 암석이 누워있는 와우석(臥牛石)이면 발복도 늦게 오고, 해(害)도 적으며, 암석이 서 있는 입석이면 발복도 빠르고 해도 크다.
• 모든 암석은 검고 모난 것은 흉석으로 밝고 둥근 것은 귀석으로 본다.
• 혈 앞의 암석에서 샘물이 나는 것은 부가 큰 것이고 혈 뒤의 암석에서 샘물이 나면 쌍둥이가 난다.
• 명당 앞에 바위가 두 개 이상 포개져 있으면 흉석, 나란히 있으면 장님이 난다.
• 괴석(怪石), 험석(險石)은 흉석으로 파묻어야 한다.
• 묘지 앞에 기이한 암석이 있으면 삭발승 또는 교통사고를 당하는 자손이 난다.
• 암석이 험란하게 있으면 흉패(凶敗)가 많고 평평하고 미끈한 것이 발현(發現)하고 후부(厚富)하다면 반드시 해가 있다.
• 용상(龍上)이 험한 암석이라면 자손에게 해가 되는 것이요
• 묘 주위에 험한 돌이 산재(散在)해 있으면 가세가 빈한(貧寒)하게 된다.

❖ **묘지(墓地)가 그늘진 곳이면** : 묘지가 그늘지면 암냉지지(暗冷之地)이다. 일조량(햇볕이 부족)이 부족하여 그늘진 시간이 많고 습기가 많으며 음침한 곳에 묘지를 쓰면 뱀이나 지렁이, 벌레 등이 들어가서 집을 짓고 살므로 아주 흉지(凶地)다. 후손이 정신병, 불치병에 걸리고 근심 걱정을 벗어나지 못한다.

❖ **묘지(墓地)로서 나쁜 곳**

① 묘지 주위가 흉석이나 큰 칼날 같은 돌이나 바위가 있는 곳
② 묘지 주위가 칙칙하고 뱀이나 쥐가 다니는 곳
③ 묘지 주위가 가시 덩굴이 많거나 흙이 흑색이고 푸석푸석한 곳
④ 묘지 주위가 조약하거나 흉해 보이는 곳
⑤ 묘지 주위가 푹 꺼지거나 낭떠러진 곳
⑥ 묘지 주위가 어둡고 냉습하며 햇볕이 잘 들지 않는 곳
⑦ 묘지 주위의 경사가 급하거나 산사태의 위험이 있는 곳
⑧ 묘지 주위에 돌이 많고 척박하여 잔디나 나무가 잘 자라지 못하는 곳
⑨ 묘지 주변이 시끄럽거나 폭포 소리가 나는 곳
⑩ 묘지 주위에 종기 난 사람 머리같이 흑백의 돌들이 박혀 있는 바위가 있는 산
⑪ 산의 높은 곳에 바람을 직접 맞는 땅

⑫ 땅에 1년 초 잡초가 많이 흩어져 있는 땅
⑬ 땅이 항상 물을 머금고 있는 땅
⑭ 직접 골 바람이 맞닿은 곳
⑮ 땅에 작은 고랑이 많은 땅
⑯ 물소리가 크게 들리는 땅
⑰ 땅이 한 쪽으로 기울어진 땅
⑱ 떡 치석으로 구성되어 있는 산
⑲ 진흙으로 된 산
⑳ 억새풀이 많이 있는 산 묘를 쓰지 못한다.

❖ **묘지(墓地) 벌안(영역)에 나무가 있으면** : 해마다 음력 8월 초승이면 묘지에 잡풀을 뽑고 풀을 배는 것을 벌초라 한다. 벌초할 적에 작은 나무들이 있으면 캐내지 않고 나뭇잎만 자르고 만다. 이러한 나무 포기가 있으면 뿌리가 체백을 감게 된다. 체백에 목근이 들면 자손들이 병원에 가도 병명이 없이 두통, 요통, 신경통 등이 유발하는 수가 있으니 묘지 벌안 나무는 모두 캐내어야 한다.

❖ **묘지 전순 앞에 샘물이 사시사철 솟으면** : 그의 자손들이 금은보화(金銀 實貨)가 집에 가득하게 된다.

❖ **묘지 전후에 주택을 지어서 살면 사람이 죽는다**

- 자손이 있는 산소든 자손이 없는 고총(古塚)의 주위에 집을 짓고 살면 사람이 죽는다.
- 또 헌집에 새나무로 집을 고치면 흉가가 된다.
- 등받이가 높은 식탁의 의자는 금전 운을 항상 상승 시킨다.

❖ **묘지 조성을 잘못해서 망인의 시신에 오렴(五廉)이 침범하면** : 묘를 잘못 써서 망인의 체백에 물이 들어가거나 나무뿌리 바람이 침범하면 3~5년 이내에 그의 자손도 같은 신체부위에 해을 입으며 유골의 상태에 따라서 길흉화복(吉凶禍福)이 일어나 정신적인 면에 장기적으로 영향을 준다. 그래서 과거에는 시묘살이라고 하여 상주(喪主)가 묘 옆에 움막을 짓고 기거하면서 3년동안 묘지를 지켰다. 묘를 쓰거나 이사를 한 후 3년이 지나야 터와 인간의 조화여부를 알 수 있다는 것은 선조들의 경험에서 나온 지혜이다.

❖ **묘지조성을 할 때 입수(入首)을 상(傷)하게 해서는 안 된다** : 옛부터 묘지 조성할 때 용맥(龍脈)이나 입수가 들어오는 머리를 상해서는 사람이 상하게 되는 일이다. 금지 해온 것이다. 바닥을 낮추어 잘못 되어 바위가 들어날 정도면 땅의 기운을 상해 자손에 큰 해를 가져올까 걱정인 것이다. 혈이 막힌 곳에 입수에서 투지(透地)가 되는 위치가 있는 것인데 이 위치가 차지하는 면적이 넓은 것이 아니고 긴 것도 아닌 것인데 이것을 감별 할 줄 알면 혈을 정확하게 가려낼 것이고 잘 못 될 수 가 없는 것이다.

❖ **묘지좌우에 여울소리(강, 바다, 계곡, 물살이 세게 흐르는 곳)가 나면** : 묘지좌우에 물살이 세게 흐르는 소리가 나며 혈육 간에 분쟁하고 불구자손이 나고 며느리가 슬피 곡을 하게 된다.

❖ **묘지좌우에 대각선 골이 있으면** : 묘지 좌측에 대각선의 골이 있으면 며느리나 딸이 만성질환이 있다. 골이 깊으면 사망한다. 우측에 대각선의 골이 있으면 남자 대대 장손이 만성질환이 있거나 아니면 골이 깊으면 장남이 죽는다.

❖ **묘지 좌우에 험한 입석이 있으면** : 좌측에 입석이 있으면 남자가 쪽이 상하고 우측에 입석이 있으면 여자 쪽이 상한다. 차돌이 묘 옆에 서 있으면 과부가 많이 난다.

❖ **묘지 주위에 잡석이 많으면**

- 묘 주변에 잡석이 많으면 가정불화하고 일조파산 한다.
- 묘 좌우가 험난하면 본의 손이 방탕하고 교통사고가 많다.
- 묘 주위에 산 사태 자국은 정신질환자 교통사고 칼을 든 도적자손이 태어난다.
- 묘지 앞에 큰 강물이 적게 보이면 길사이고 강물이 많이 보이면 흉한 수이다.

❖ **묘지 사방(墓地 四方)에 산봉(山峯)이 귀(貴)하게 서 있다면**

- 묘지사방위에 봉이 귀하게 서 있다면 이에 자손들이 반드시 귀하게 된다.
- 十道峯이 서로 대하면 명당대지의 결혈이다.
- 길사는 끝까지 흉하지 않는다.
- 규봉(窺峯)같은 흉사는 끝까지 좋아지지 않는다.

❖ **묘, 집, 제살법** : 음택·양택에 있어 흉살을 범하면 불길한데 흉살이 있더라도 부득이 용사(用事)해야 될 경우에는 반드시 아래에 설명하는 제살법으로 살을 제한 뒤 사용한다. 산운(山運)이 극

을 받을 경우(즉 年克 만년도 참고), 연월일시(年月日時)의 납음오행 및 망인(亡人) 또는 제주(祭主), 본명의 납음오행 또는 양택에 있어 가주본명(家主本命)의 납음오행으로 제(制)한다. 가령 갑자(甲子)년 자좌(子坐) 수일홍범오행(水一洪範五行)은 무진(戊辰) 목운(木運)인데 태세 금(金) 갑자 을축 해중금(甲子 乙丑 海中金)의 극(克)을 받으므로 연극(年克) 불길하다. 그러나 납음으로 화(火)에 해당하는 월일시(月日時), 예를 들면 병인 정묘화(丙寅丁卯火), 갑술 을해화(甲戌 乙亥火) 등을 쓰거나 망인(亡人)이 화명(火命) 납음으로 화에 해당하는 생(生)이거나 제주(祭主) 또는 가주(家主)의 본명 납음이 화(火)라면 화극금(火克金)하여 극(克)하는 살을 다시 극함으로써 제살(制殺) 된다는 것이다.

❖ **묘(墓) 축대 앞이 평탄해야 길** : 묘 축대 앞이 평탄해야 길(吉)하다 하는 것은 대개 묘(혈)가 있으면 반드시 생기(生氣)가 있고 생기가 있으면 반드시 남은 기(氣)가 있는 것이다. 또한 묘지(穴地 : 當坂)에 남은 기(氣)가 없으면 반드시 자손이 없다는 것이 이것이니라 하였다. 축대 밑에 여기(餘氣)란 즉 전순(氈脣)이 없으면 그 묘에 정기(精氣)의 융화(融化)가 없는 것이니 자손을 생(生)할 수 없다는 것이다.

❖ **묘 터가 기울면**

- 묘 터가 좌(左)로 기울면 여자가 만성질환이 있게 되고 많이 기울면 사람이 죽는다.
- 묘 터가 우측(右側)으로 기울면 남자 자손이 만성질환이 있게 된다. 그것도 젊은 사람이 질환을 앓게 된다.

❖ **묘 터가 대각선으로 기울면**

- 묘 터가 우측으로 대각선으로 기울면 장남이 사망하게 된다.
- 묘 터가 좌측으로 기울면 며느리가 만성질환 우측에서 좌측으로, 대각선이면 장녀 또는 사위가 사망하게 된다.

❖ **묘(墓) 터가 좋은 곳 나쁜 곳 쉽게 알아내는 법** : 묘 터가 좋은 곳인지 나쁜 곳인지 알아내는 방법 삽 길이만큼 땅을 파고 소뼈다귀를 묻어 두었다가 3년 뒤에 파 보아서 누렇게 변했으면 좋은 묘 자리이고 까맣게 변했으면 묘를 쓸 수 없는 자리이다. 또한 흙을 삽 길이만큼 파 보아서 그 흙을 손에 한 주먹 거머쥐었다 놓아보아서 단단하게 뭉쳐 있으면 묘를 쓸 수 없는 곳이고 쥐었다 놓았던 흙이 손을 살짝 대어도 부서지는 흙에 묘를 쓸 수 있다.

❖ **묘 터는 이렇게 찾는다** : 묘(墓) 자리를 찾는 법은 온전히 기(氣)를 살피고 기(氣)를 살피는 기술은 또한 그 형상을 관찰하라. 용상(龍上)에서 협(峽 : 山가지)을 보아 협(峽)은 반드시 내팔거팔(來八去八)하고 싸여 안기어서 이로 하여금 바람부는 것과 기(氣)가 흐트러지지 않아야 하고 협(峽) 위에서 맥(脈)을 살펴 맥(脈)이 또 곱고 가늘어서 활동해야 꼭지가 맺어져서 기(氣)가 묶이고 맥상(脈上)의 혈(穴)을 보아 혈(穴)은 반드시 이르는 머리(入首)에서 밝고 깨끗하고 둥글게 되고 정맥정기(正脈正氣)로 음(陰)과 양(陽)을 나누어 받쳐서 혈이 맺어지니 미소(微小)한 뇌두(腦頭)를 일으키고 미소(微小)한 겸(鉗)의 혈상(穴相)이 열리고 미소(微小)한 전순(氈脣)이 생길지니 목이 가늘은 것은 기(氣)가 따름이오 겸구(鉗口)가 된 것은 기(氣)가 융결(融結)하는 것이오. 전순(氈脣)은 기(氣)가 스스로 멈추는 바이다.

❖ **묘표(墓表)와 묘지(墓誌)** : 묘표를 보통 표석(表石)이라고 하는데 죽은 사람의 관직 명호(名號)를 전면에 새기고 후면(後面)에는 사적(事蹟)을 서술하여 새기는데 이 후면에 새긴 글을 음기(陰記)라고 하며 표석(表石)에는 운문(韻文)을 쓰지 않는다. 그리고 묘지(墓誌)는 지석(誌石)이라고도 하는데 죽은 사람의 원적(原籍) 성명 사적 등을 돌에 새기거나 도판(陶板)에 구워서 그 무덤 앞에 묻는 것이다.

❖ **묘혈 크기별로 발복이 다르다** : 혈(穴) 크기별로 제일 큰 혈의 경우 폭이 9m에 길이가 13m쯤 되고 반대로 작은 혈은 폭 3m, 길이 5m쯤 된다. 위의 크기 보다 더 크거나 더 작으면 대부분 옳은 진혈(眞穴)이 아니다. 혈은 작은쪽이라면 발복(發福) 기간이 대략 30년쯤 지속되고, 반대로 크기가 대혈(大穴) 발복이 500년을 넘기는 경우도 있다. 먼저 혈의 크기를 셋으로 나누어 이름을 붙이면 국반혈(國班穴), 중도반혈(中道班穴), 소향반혈(小鄕班穴)의 상급이면 제왕지지(帝王地之)의 혈이다. 국반혈급이면 돈 많은 부자와 장관급 이상의 자손들이 많이 태어난다. 중도반급의 혈이면 부와 도지사급 이상의 자손이 출생하고 소향급 혈 이상이면 지방장관, 군수, 경찰서장 이상급이나 그 지방에 손꼽히

는 부자가 난다. 우리 조상들이 애써 찾아왔던 혈이 도반혈(道班穴)이다. 이 혈의 유효기간은 보통 1백년 쯤이니 서민이라도 3대에 걸쳐 발복이 되면 삼공서열을 기대할만한 시일이 보장된다. 도반혈(道班穴)쯤 되면 왕비가 날 수도 있는 것이다.

❖ **무**(無)

① 위의 무자(無字)는 용(龍)을 말함.

② 아래의 무자(無字)는 혈(穴)을 가리킴.

❖ **무**(戊) **天干의 5번째**

- 천간 戊로 구성되는 육십갑자는 戊辰 戊寅 戊子 戊戌 戊申 戊午의 6가지가 있다.
- 戊는 양토(陽土)이다. 색은 황색(黃色) 방위는 己와 같이 중앙에 속한다.
- 戊는 선천수(先天數)가 五 후천수(後天數)도 五다.
- 戊는 癸를 만나면 합이 된다. 戊癸 合化하여 五行은 火가 된다.
- 戊는 己를 만나면 戊己가 서로 충(沖)한다.

❖ **무곡성**(武曲星) : 무곡성은 금성의 변체다. 금성 중에서 맑은 것인 관성(官星)과 아주 비슷하며 생김새가 매우 단정하고 깨끗하다. 무곡성의 혈에 묘를 쓰거나 집을 지으면, 자손 중에 호협(豪挾)한 인물들이 나와 무인(武人)이 된다. 과거에 급제하여 관직에 오르는 사람도 생기고, 부귀를 누리며 장수한다. 또 흉화(凶禍)를 안 입는다. 자손은 거문성, 탐랑성에 비해 적으나 번창한다.

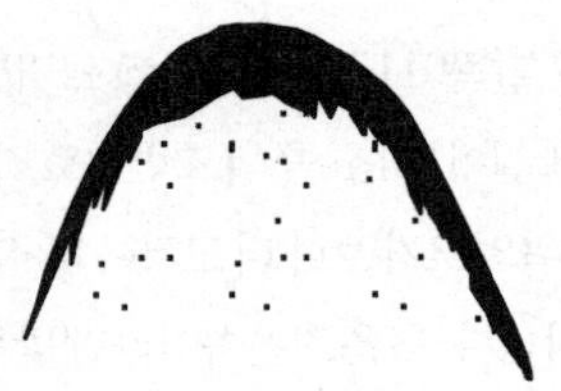

❖ **무과**(無過) : 더 이상 바랄 것이 없다는 말. 넘어감이 없음.

❖ **무기공망룡**(戊己空亡龍) **일지대사 비결문** : 무기공망룡(戊己空亡龍)은 일명(一名)으로는 참두룡(斬頭龍)이라고도 한다. 가령 자방봉(子方峯)이 보이는데서 제일 높고 그 산 낙맥(落脈)에서 묘지(墓地)가 있으면 임감태조(壬坎太祖)라 칭한다. 임감맥하(壬坎脈下)에 술좌(戌坐)나 해좌(亥坐)는 참두공망룡(斬頭空亡龍)이 된다. 왜냐하면 갑자순중(甲子旬中)에 술해(戌亥)가 공망(空亡)이 되고 또는 간인태조맥하(艮寅太祖脈下)라면 인(寅)에서 갑자(甲子)를 부두(付頭)해서 자축인묘(子丑寅卯)로 순포(順布)하면 자좌(子坐) 축좌(丑坐)는 술해 공망(戌亥 空亡)이 된다. 술좌해좌(戌坐亥坐)이다. 8월 상(上)에 택일법(擇日法)이 심난고(甚難故)로 좌(坐)와 장택월(葬擇月)을 배열하여 정(定)한 좌(坐)와 월내(月內)에 택일(擇日)하되 일자(日字)와 하관시(下棺時)는 상관(相關)이 없고 다못 갑년(甲年)이면 신미도처좌(辛未到處坐)에 장례(葬禮)를 지내면 됨이다. 가령 육갑중(六甲中)에 어떠한 갑(甲)이든지 갑년오월(甲年五月)에 건좌(乾坐)에 장례(葬禮)를 지내면 기린성(星)이 좌내(坐內)에 조임(照臨)되서 필생귀자(必生貴子)가 됨이라. 만약 묘봉(卯峯)이 태조(太祖)라면 축(丑)이나 인좌(寅坐)가 공망(空亡)이 된다. 또 무기(戊己)라는 말은 무술기해(戊戌己亥)가 상자(上字)로만 무자(戊字)와 기자(己字)를 합(合)하면 무기(戊己)이다. 이것은 육갑(六甲)으로 갑자(甲子) 갑술(甲戌) 갑신(甲申) 갑오(甲午) 갑진(甲辰) 갑인(甲寅)으로서 건곤간손(乾坤艮巽)인 사태봉(四胎峯)에서 부두(付頭)하되 갑자(甲子)를 손봉(巽峯)에서부터 손(巽)에 갑자(甲子), 간(艮)에 갑술(甲戌), 갑신(甲申), 건(乾)에 갑오(甲午), 곤(坤)에 갑진(甲辰), 갑인(甲寅)한다. 가령 건(乾)에 갑오(甲午)하니 갑오순중(甲午旬中)에 무술기해(戊戌己亥)가 있고 보니 건산맥하(乾山脈下)에서 술좌(戌坐)면 무술좌(戊戌坐)가 된다. 그리고 보면 무기공망룡(戊己空亡龍)이라 불길(不吉)하다. 나머지 사태봉(四胎峯)에 무기공망(戊己空亡) 보는 법도 자세히 연구하면 잘 알게 될 것이다. 술서(術書)는 연구가 아니면 안되고 성질이 급하고 영웅(英雄)은 안되고 철학을 연구하는 사람으로서 마음을 차분히 하여야 한다. 이것도 팔자소간(八字所看)이다. 말씀은 일지대사무기법(一指大師戊己法)이다.

❖ **무기법**(戊己法) : 무기법(戊己法)이란 음양택(陰陽宅)에 있어 무기살(戊己殺)을 범하면 흉하다고 한다. 이 무기살(戊己殺)은 年으로 月을 보고 또는 年月로 좌(坐)를 보는데 각각 아래와 같다.

- **연무기법**(年戊己法)

甲己年 : 戊辰 己巳月	乙庚年 : 戊寅 己卯月
丙辛年 : 戊戌 己亥月	丁壬年 : 戊甲 己酉月
戊癸年 : 戊午 己未月	

• **월무기법**(月戊己法) : 그 해에 해당되는 월건(月建)을 중궁(中宮)에 넣고 구궁(九宮)을 순행(順行)하여 무기(戊己) 닿는 곳이 무기살(戊己殺)이다. 가령 갑기년(甲己年) 정월(正月)에 안장(安葬)한다면 병인월(丙寅月)이므로 병인(丙寅)을 중궁(中宮)에 넣고 순행하면 정묘 건 무진 태 기사 간이다. 태좌(庚酉辛) 간좌(丑艮寅)에 무기 대살(大殺)이 닿으므로 갑기년(甲己年) 병인월(丙寅月)은 태좌(兌坐) 간좌(艮坐)의 안장을 꺼리게 된다. 아래와 같이 조견표를 참고바람.

기(己)	무(戊)	대살(大殺) / 월건(月建)
艮坐	兌坐	辰丙 午丙 申丙 戌丙 子丙 寅丙
兌坐	乾坐	巳丁 未丁 酉丁 亥丁 丑丁 卯丁
乾坐		午戊 申戊 戌戊 子戊 寅戊 辰戊
		未己 酉己 亥己 丑己 卯己 巳己
	巽坐	申庚 戌庚 子庚 寅庚 辰庚 午庚
巽坐	震坐	酉辛 亥辛 丑辛 卯辛 巳辛 未辛
震坐	坤坐	戌壬 子壬 寅壬 辰壬 午壬 申壬
坤坐	坎坐	亥癸 丑癸 卯癸 巳癸 未癸 酉癸
坎坐	離坐	子甲 寅甲 辰甲 午甲 申甲 戌甲
離坐	艮坐	丑乙 卯乙 巳乙 未乙 乙酉 亥乙

❖ **무기살**(戊己殺) : 무기살이란 후룡(後龍)이 무맥(無脈)하고 평탄(平坦) 연약(軟弱)하며 탈살(脫殺)이 되지 않고 입수(入首)가 분명(分明)치 않아 사괴(死塊)인바 나경(羅經)을 놓으면 생룡(生龍) 두 글자 중 사이로 쌍행하지 않고 세 글자를 함께 먹는 용이다. 이를 용상무기(龍象戊己)라고도 한다. 무기를 범하면 가정이 안정이 없고 인패(人敗), 재패(財敗), 관재(官災), 음란(淫亂), 질병(疾病) 등 불행이 닥친다.

❖ **무대산혈**(無對山穴) : 무대산혈은 안산(案山)이 없다. 사방의 물이 혈 앞으로 모여든다. 호수나 바다가 안산의 역할을 대신해 준다. 물이 생기를 보호하고 흉한 기운을 막아주니 안산이 없어도 괜찮다.

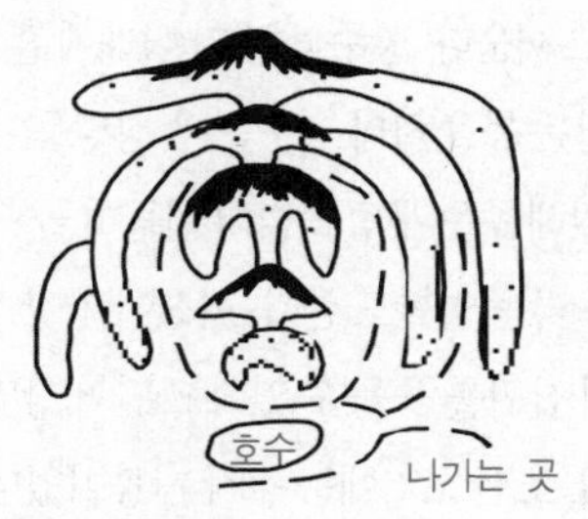

❖ **무덤 앞이나 뒤에 있는 주택** : 흔히 차를 타고 길을 가다보면 무덤 뒤에나 무덤 앞에 집을 지어서 식당을 볼 수 있는데 이러한 곳은 비록 장사는 잘 되는지 모르나 그 가족에게는 우환이 떠나지 않는다. 그 집에 운이 없으면 가장이 죽는 수도 있으며 재산까지 패할 수도 있으니 주인이 없는 고총의 묘라도 앞뒤에 주택, 공장, 식당 등은 대흉하다.

❖ **무덤의 석상들은 잡귀를 물리친다** : 조선 시대의 능제(陵制)를 살펴보면, 능의 앞쪽을 제외한 뒤쪽, 동쪽, 서쪽의 삼면에 담을 둘러 바람을 막았다. 그리고 봉분 둘레에 열두 조각의 판석을 둘러서 흙이 흘러내리지 않도록 했는데, 병풍처럼 둘렀다 하여 이를 병풍석 혹은 둘레돌이라 한다. 둘레돌은 봉분과 주위를 경계 짓는 역할도 한다. 그리고 다시 둘레돌 주변을 난간석으로 둘러서 봉분을 보호했다. 특히 봉분의 둘레돌에 열두 방위를 담당하는 십이지신상을 해당방위에 양각으로 조각하는데, 이는 우리나라 묘에서만 보이는 독창적인 기법이다. 십이지신상을 둘레돌에 새기는 것은 모든 방위로부터 침범하는 부정과 잡귀를 쫓아 왕릉을 보호하기 위한 것이다. 그리고 봉분을 둘러싼 난간석 바깥쪽에는 돌로 만든 호랑이 네 마리와 양 네 마리를 각각 밖을 향하도록 세워 봉분을 호위하도록 하였다. 석호는 능을 지키는 수호신이고, 석양은 사악한 것을 물리치는 파수꾼이다. 봉분 앞에는 사각형으로 된 돌이 있는데, 이를 혼유석(魂遊石)이라 한다. 혼유석이란 혼이 노는 곳이라 하여 붙인 명칭으로, 일반 무덤에서는 이를 상석이라 하며 제물 받침으로 쓴다. 봉분 양 옆으로는 망주석(望住石) 한 쌍을 세웠다. 망주석은 그 이름에서 알 수 있듯이 멀리서 바라보아 쉽게 알아볼 수 있도록 한 일종의 묘표(墓表)이다. 이 망주석을 보고 신령이 찾아온다 하여, 흔히 무덤에 문무석이나 장명등과 같은 석물은 세우지 않더라도 망주석만

ㅁ

은 빼 놓지 않고 세운다. 망주석 한 단 아래에 혼유석과 일직선이 되도록 돌로 만든 등을 하나 세우는데, 장명등이라 한다. 장명등은 그 이름이 말해 주듯 무덤을 밝혀 신들이 놀 수 있도록 할 뿐만 아니라 잡귀를 막는 역할도 한다. 귀신이 가장 무서워하는 것이 불이기 때문에 잡귀를 쫓을 수 있다고 믿어 장명등을 무덤 앞에 설치한 것인데, 조선 초기에는 팔각 지붕이었다가 후기로 오면서 차츰 사각 지붕으로 그 양식이 바뀌었다. 장명등 좌우에는 문인석(文人石) 한 쌍이 석마(石馬)를 대동한 채 서 있고, 또 그 아래에는 장검을 빼어 든 무인석(武人石) 한 쌍과 석마 한 쌍이 서 있다. 이러한 문무석은 무덤을 지키는 시종 역할을 하는데, 중국 한나라 때는 장승을 대신 세우기도 했다. 그 영향인지 고려 시대 무덤의 문무석은 그 조각 기법이 마치 장승처럼 조악해 보인다. 그러다가 차츰 세련되어 갔다. 마을 입구의 장승은 무덤의 이런 문무석에서 비롯된 것이 아닐까 여겨진다. 이와 같이 능묘 주위에 석물을 세우는 제도는 중국의 전한 시대부터 시작되었다. 우리 나라에서 문무상과 십이지신상이 처음 배치된 것은 통일신라 시대인 8세기 중엽에 조성된 성덕왕릉이었고, 14세기 말 고려 공민왕과 노국공주의 능에 이르러 그 양식이 완성되었다. 조선 시대의 왕릉 제도는 이를 기본으로 하여 발전되었다. 훗날 세조는 "내가 죽으면 석실과 석곽을 사용하지 말고, 둘레돌을 쓰지 말아라."라는 유언을 남겨 능 조성에 따른 인력과 비용의 낭비를 막아 민폐를 줄이도록 했다. 그래서 세조가 묻힌 광릉은 광중이 석실 대신 회격으로 바뀌었고 둘레돌을 쓰지 않아 무덤의 외양도 축소되었다.

[혼령의 길잡이 망주석]

혼령이 망주석을 보고 무덤을 찾아온다고 하여 다른 석물들은 설치하지 않더라도 망주석만은 세운다.

[왕릉을 지키는 수호신들]

왕릉에는 호랑이, 말 그리고 문인석과 무인석, 석등을 설치해 잡귀와 부정을 막았다.

[문 · 무인석]

이러한 능역의 외경 말고도 일반 백성들의 무덤과 확연히 구분되는 점은 또 있다. 먼저 능 입구임을 알리는 홍살문에서 정자각에 이르는 돌길은 중앙을 경계선으로 하여 한쪽은 낮고 다른 한쪽은 약간 높게 만들어졌다. 즉 무덤쪽에서 보아 오른쪽인 높은 쪽을 신도(神道)라 하고, 왼쪽인 낮은 쪽을 어도(御道)라 하여, 전자는 신인 혼령이 다니는 길이고, 후자는 사람 즉 임금이 다니는 길로 삼았다. 그것은 왼쪽은 양이고, 오른쪽은 음이기 때문에 혼은 오른쪽으로 다닌다고 생각한 것이다. 또한 정자각의 경우도 올라가는 동쪽편은 계단이 두 줄이지만, 내려오는 서쪽편은 한 줄밖에 없다. 즉 정자각에 오를 때는 신령과 사람이 함께 오르기 때문에 계단이 두 줄 있어야 하지만, 제사를 지내고 내려올 때는 신령은 곧바로 능으로 가 버리기 때문에 사람만 내려오므로 계단을 한 줄만 만든 것이다. 정자각이란 그 모양이 '정(丁)' 자와 비슷하다고 하여 붙여진 명칭이다. 혹자는 제각을 정자 모양으로 지은 것은, 중국에서 보았을 때 조선이 정남에서 서쪽으로 약간 기울은 정(丁)자 방향이기 때문이라 한다. 반면 황제의 능침에는 태양을 상징하는 '일(日)' 자 모양으로 정자각을 지어 침전이라 불렀다. 왜냐하면 황제는 왕보다 한 단계 높기 때문이다.

❖ **무덤에 수맥이 흐르면 큰 화를 당하게 된다**: 무덤의 경우 바닥이 찰흙이나 진흙으로 되어 있으면 물이 빠지지 않아 시신이 진흙탕 속에 묻히게 된다. 또 무기력한 흙으로 되어 있으면 비가 오면 물이 들었다가 비가 그치면 물이 빠지기를 반복한다. 그때마다 유골이 물위에 떠 있다가 가라앉는다. 그러면서 뒤집히고 엎어지고 하여 유골이 온전한 상태로 있지 못한다. 이러한 과정을 반복하면서 유골은 녹아 없어지게 된다. 이를 소골(銷骨)이라고 하는데 극히 해로운 것이다. 자손들에게 우환이 많아 손재(損財)와 음란망신을 가져다준다. 특히 익사자가 나오고 수재(水災)로 망하게 된다. 택지의 경우는 거주자의 건강을 몹시 해치고 뜻하지 않는 화를 당하게 한다.

❖ **무덤을 조성할 때 함부로 서둘지 말라**: 옛 무덤을 판단 할 때 용을 살펴야 화복(禍福)을 말할 수 있다. 화복의 흥패(興敗)가 산은 물론 수의 형태의 영향에 있다. 옛말에 상주(喪主)는 지관(地官)에게 속고 지관은 산(山) 한테 속는다라고 했다. 지관은 자기가 자신에게 속는다는 말은 함부로 일을 서둘지 말라 급하지도 않고 게으르지도 않게 공부하다 보면 깨달을 때가 있을 것이다.

❖ **무덤이 있었던 자리 주택지로는 좋지 않다**

- 현재 무덤 근처도 흉하다.
- 쓰레기 매립이 있었던 곳도 흉하다.

❖ **무림**(茂林): 무성한 숲.

❖ **무봉**(舞鳳): 이 형국은 봉황이 춤추며 떼지어 나는 것이다. 앞에 옥구슬, 금으로 된 새장, 가락지 등이 있다. 혈은 봉황의 가슴에 자리잡는다. 옥구슬, 혹은 새장이 안산이 된다.

❖ **무사**(武士): 인체를 하고 화대나 금대를 하여야 앞에 여러 개의 큰 바위(호위병)가 있어야 금산이 있으면 금대(무관).

❖ **무서**(無書): 경서의 글이 없음. 경서를 믿지 않음.

❖ **무성사**(武星砂): 금성형의 봉우리가 웅장하고 장엄하게 조안을 비추거나 주산 현무 혹은 길방에서 조응하면 나라를 지키는 무관이 배출된다.

❖ **무수결**(無水結): 물이 없이 맺는 것. 산중에 국을 만들면 비록 물이 없다 하더라도 좌·우의 사(砂)가 혈 앞을 긴밀하게 안아서 명당의 기가 새어나가지 못하게 하면 혈이 된다. 또한 평야의 산은 대개 역수로 맺는 것이므로 혈을 안고 돌아가는 물이 없어도 혈이 맺는다.

❖ **무안산혈**(無案山穴): 이는 안산(案山)이 없어도 길혈(吉穴)을 맺는 것을 말한다. 비록 안산이 없다 하여도 명당 안에나 밖에 물이 모여 있으면 안산(案山)으로 보기 때문이다.

❖ **무연독산형**(無蓮獨山形): 무연독산은 절손지지이나 독산에도 사유(四維) 건곤간손(乾坤艮巽)에 지맥이 있으면 작은 독산이라도 결혈된다.

❖ **무요**(務要): 중요한 일을 이루기 위해 힘쓰다.

❖ **무우**(毋友): 벗이 없음. 혈이 상대할 안, 조가 없다는 말.

❖ **무접**(舞蝶): 이 형국은 나비가 춤을 추며 날아다니는 것이다. 혈은 나비의 수염 중앙에 있다. 안산은 꽃이다.

ㅁ

❖ **무정수**(無情水) : 무정수란 좌혈을 옆에 놓고 좌혈에 물을 줄 듯 줄 듯하며 S자 또는 갈지(之)자로 빠져 달아나는 것인데 안산 쪽에서 흘러 좌청룡(左青龍) 또는 우백호(右白虎) 쪽으로 하여 무정하게 달아나는 것이다. 무정수가 있으면 부부(夫婦) 불화(不和)하고 무자(無子)한다.

❖ **무정주찬사격**(無情走竄砂格) : 국(局)을 둘러싸고 있는 제(諸)산들이 혈(穴)을 원치 않고 그냥 달아나는 흉한 산이다.
이러한 사가 조안을 비추면 파산을 한다.

❖ **무주공망**(無主空亡) : 죽은 용이며 백장 백망(百葬百亡)의 대흉지다. 예를 들면 해임(亥壬) 아래에서 갑오(甲午)부두이므로 사해(巳亥)가 된다. 이 경우에는 상배(喪配)하거나 후손이 천하게 되거나 또는 불구의 화가 있게 된다. 사병(巳丙) 아래에서는 갑자(甲子)부두이므로 기사(己巳)가 공망이 된다. 관재(官災) 화재가 자주나고 맹인이 난다. 인갑(寅甲) 아래에서는 갑술(甲戌)부두이므로 무인(戊寅)이 공망이 된다. 규문(閨門)이 깨끗하지 못하다. 신경(申庚) 아래에서는 갑진(甲辰)부두이므로 무갑(戊甲)이 공망이 된다. 아들을 낳지 못한다.

❖ **무지각**(無枝脚) : 이 용은 지각이 전혀 없다. 대신 본신룡이 좌우로 크게 굽이치며 뻗어 있다. 갈지(之) 자 모양으로 이리저리 굽이치는 형상이 흡사 굴 밖으로 나오는 뱀과 같다. 신선의 허리띠가 바람을 맞아 허공에서 흩날리는 격(格)이며, 비단폭이 하늘에 나부끼는 모습이다. 이런 용은 전신(全身)에 생기가 넘쳐흐르므로 지각이 없어도 좋다. 다만, 멀리서라도 호위해 주는 산들은 있어야 한다. 그래야 기운을 갈무리할 수 있기 때문이다. 만약, 이 용이 삼태성(산봉우리 세 개가 나란히 솟아오른 것)이나 병장(屛帳: 병풍과 장막처럼 생긴 산)에서 뻗어 나왔으면, 신동을 배출한다. 그 신동이 장원급제하여 널리 이름을 떨치게 된다.

❖ **무집**(毋執) : 시작도 하지 않고서. 하기도 이전에. 하는 것도 없이.

❖ **무축**(巫祝) : 무사(巫師)가 사당(祠堂)에 고축(告祝)함을 이르는 말.

❖ **무후법**(無后法) : 무후법(無后法)이란 지리법(地理法)에 묘(墓)를 잘못쓰면 자손이 없어 대(代)가 끊기는 경우가 있다고 한다. 즉 무후좌(無后坐)와 멸문좌(滅門坐) 또는 토우멸문좌(土牛滅門坐)를 놓으면 그러할 가능성이 있다고 한다. 아래와 같다.

• **무후좌**(無後坐)

감룡 : 축입수 : 축좌　　축룡 : 축입수 : 계좌
간룡 : 인입수 : 인좌　　인룡 : 축입수 : 건좌
간룡 : 간입수 : 간좌　　묘룡에 : 간좌
손룡에 : 묘좌　　오룡 : 병입수 : 병좌
정오룡에 : 곤좌　　곤룡 : 미입수 : 오병정좌
곤간맥하 : 자좌　　오병맥하에 : 곤미신좌
축룡 : 축입수 : 축좌　　신룡 : 을입수 : 을좌
해룡 : 계입수 : 계좌　　계룡 : 오정 : 입수 : 병정좌

• **멸문좌**(滅門坐)

자생 : 건손사해좌　　축생 : 임자병오좌
묘생 : 갑경묘유좌　　미생 : 정계축미좌
술생 : 간곤인신좌　　해생 : 을신진술좌

• **토우멸문좌**(土牛滅門坐)

무기임계진술축미생 : 축간손사좌
경신신유생 : 간인술해좌
병정사오생 : 건곤해미좌
갑인을묘생 : 곤신손사좌

❖ **문곡**(文曲) : 수성(水星)을 말함.

❖ **문곡성**(文曲星) : 문곡성은 수성의 변체다. 형상이 수려하지 못하

니, 수성 중에서 흉한 것인 탕성(蕩星)과 비슷하다. 문곡성에도 녹존성, 파군성처럼 흉한 기운이 서려 있다. 이 기운이 갖가지 화(禍)를 불러온다. 문곡성의 혈에 묘를 쓰거나 집을 짓고 살면, 호색한(好色漢), 노름꾼, 주정뱅이 등이 나온다. 자손들이 물에 빠져 죽거나 수재(水災)를 당하기도 하고 패가하여 고향을 떠나 고생한다. 또 종양, 피부병, 중풍 등 갖가지 질병을 앓게 된다.

❖ **문계문화격**(文桂文華格) : 문창(文昌)과 문곡(文曲)이 丑未宮에 守命한 卯酉時生을 「문계문화격」이라 한다.

❖ **문과 가까이에 책상을 놓아서는 안된다** : 문 가까이에 앉으면 정면에 앉았을 때처럼 밖에서 흘러들어온 기가 직격(直擊)한다. 또 사람의 출입이 잦으므로 왠지 모르게 기가 흩어져서 일에 전념할 수가 없다.

❖ **문과 외벽을 가장 먼저 세워서는 안된다** : 만일 지금부터 자기 집을 짓겠다고 생각하는 사람이 있다면 제일 주의할 일은 문이나 외벽을 가장 먼저 세워서는 안된다는 점이다. 만일 그렇게 되면 수(囚)가 된다고 하여 혼담이 줄어든다. 왜냐하면 문이나 외벽을 먼저 만들어 버리면 밖의 세계와 자기의 세계를 떼어놓는 것이 되기 때문이다. 더구나 갑자기 세워진 벽 때문에 그때까지 지면을 흐르고 있던 기가 차단되어서 집이 세워져야 할 부지로 흘러 들어오지 못하게 된다. 기의 흐름이 정지되면 토지는 약해져서 말라갈 뿐 아니라 그 집에 사는 사람의 운세에도 큰 영향을 미친다. 장래의 꿈을 갖고 있어도 그 꿈을 이루기가 힘들다. 그러므로 특히 미혼자가 있는 가정에서 집을 지을 때는 문이나 벽부터 만들기 시작하면 좀처럼 상대를 만나지 못하게 된다.

❖ **문과 차고는 일직선상에 놓여선 안된다** : 문과 차고의 문짝은 일직선상에 있어서는 안된다. 이것은 풍수용어로 천심살(穿心殺)이라고 하여 집 주인이 사고 당할 위험을 내포하고 있기 때문이다.

❖ **문과 현관을 일직선상으로 하지 않는다** : 문으로 들어가서 바로 정면에 현관이 있으면 애써서 집에 쌓인 기가 밖으로 흘러버린다. 이것을 누기(漏氣)라고 하여 풍수지리법에는 반드시 피하도록 한다. 그러므로 문과 현관은 가급적 위치를 바꾸도록 하지 않으면 안된다. 특히 문 현관방의 문이 일직선으로 되어 있으면 운세는 하강의 길로 가게 된다.

❖ **문끼리 서로 맞 부딪치면** : 양측 문끼리 서로 맞부딪치면 가업의 파탄과 붕괴 및 궂은 일이 닥친다.

❖ **문 똑같은 집도 문 위치에 따라 화복**(禍福)**이 다르게 나타난다** : 양택 삼요결에서 대문을 제일 중요시하는 이유는 집안의 공기를 대량으로 환기시켜 주는 것이 바로 대문이기 때문이다. 똑같은 남향집이면서도 대문이 남동쪽에 있는 것은 생기택(生氣宅)으로 부부 해로하고 영예로운 일이 많으며, 대대로 영화를 누릴 제일 길한 집이며, 식구마다 건강하고 부녀자도 현숙하며 고루 귀하게 된다고 여긴다. 그러나 똑같은 남향집이라도 대문을 북동쪽으로 내면 오귀택(五鬼宅)이 되어 식구들이 강물에 자살하거나 목을 매 죽으며, 관재구설, 도둑, 화재 등으로 재산을 잃고 집안이 망하며, 부자간이나 형제간에 불화하며, 아내와는 상극하고 아들이 다치거나 부모에게 불효하며, 속에 체증이 있어 고통을 당한다고 험하게 풀이되고 있다. 풍수지리에서 양택론을 믿는 사람들은 이런 길흉화복론도 믿고 있다. 그리하여 집을 살 때 제일 먼저 대문을 고쳐낼 수 있는가를 살펴보고 그것이 가능하다면 아무리 흉가라 해도 값이 싸면 두려워할 필요없이 구입해도 괜찮다는 것이다. 아파트의 경우도 출입문이 대문의 역할을 하기 때문에 길흉이 있을 수 있다. 또한 아파트의 위치나 그 집에서 바라보는 안산이 어떻게 보이는가도 길흉의 판가름이 되며 큰 길, 즉 고속도로 같은 도로와 한강 같은 큰 강이 어떻게 보이는가도 중요한 화복의 판가름이 된다고 한다.

❖ **문로길방**(門路吉方 : 大門) : 문로길방이란 출입문(出入門 : 大門) 통용문(通用門) 또는 대문(大門)이라고도 하는데 가옥(家屋)의 좌(坐)에 따르는 길방문(吉方門)은 아래와 같다. 단 방위 기준은 안마당 중앙에 나침반(羅針盤 : 경반 : 방위반 : 또는 佩鐵)을

놓고 방위를 본다. 안마당이 없는 경우에는 내실(內室 : 正堂 또는 : 正寢) 중앙에 나침반을 놓고 방위를 보아야 한다.

- **임좌**(壬坐) : **병향**(丙向) : 병오문(丙午門)은 귀자를 낳고 해건문(亥乾門)은 벼슬과 녹봉이 오른다.
- **자좌**(子坐) : **오향**(午向) : 사병문(巳丙門)은 총명 부귀한다. 미곤문(未坤門)은 육축(六畜)이 왕하고 벼슬하는 자손이 나온다. 술건문(戌乾門)은 백사에 모두 길하다.
- **계좌**(癸坐) : **정향**(丁向) : 사병문(巳丙門)은 총명 수려한 재사(才士)가 나온다. 미곤문(未坤門)은 날로 횡재하고 문과(文科)에 급제하는 자손이 나온다. 술건문(戌乾門)은 가정이 화목하고 자손이 효순(孝順)하며 백사에 모두 창성한다.
- **축자**(丑坐) : **미향**(未向) : 계좌(癸坐)와 같다.
- **간좌**(艮坐) : **곤향**(坤向) : 오정문(午丁門)은 문과에 급제하는 사람이 나온다. 신경문(申庚門)은 문과에 급제하는 사람이 나온다. 신경문(申庚門)은 횡재하고 육축이 왕한다.
- **인좌**(寅坐) : **신향**(申向) : 오정문(午丁門)은 육축과 잠업(蠶業)이 잘 된다. 신경문(申庚門)은 벼슬과 녹봉이 오른다.
- **갑좌**(甲坐) : **경향**(庚向) : 오정문(午丁門)은 호걸이 나온다. 신경문(申庚門)은 육축과 잠업이 왕한다. 술건문(戌乾門)은 가정이 화목하다.
- **묘좌**(卯坐) : **유향**(酉向) : 자계문(子癸門)은 부귀가 쌍전한다. 사병문(巳丙門)은 식록(食祿)이 왕하다. 술건문(戌乾門)은 벼슬이 오르고 재물이 늘어난다.
- **을좌**(乙坐) : **신향**(辛向) : 자계문(子癸門)은 총명하고 비범한 사람이 나온다. 술건문(戌乾門)은 풍채가 잘 생긴 문장(文章)이 나온다.
- **진좌**(辰坐) : **술향**(戌向) : 자계문(子癸門)은 인구와 육축 재물이 왕하다. 신계문(申癸門)은 집안이 화목하고 자손은 효순하다. 술건문(戌乾門)은 급제하는 자손이 나온다.
- **손좌**(巽坐) : **건향**(乾向) : 자계문(子癸門)은 횡재하여 부자가 된다. 신경문(申庚門)은 자손을 낳으면 총명하다. 술건문(戌乾門)은 온 가정이 모두 효의(孝義)롭다.
- **사좌**(巳坐) : **해향**(亥向) : 해자문(亥子門)은 급제하는 자손이 나온다. 축간문(丑艮門)은 육축이 왕하다. 미곤문(未坤門)은 예술로 재물을 크게 모은다.
- **병좌**(丙坐) : **임향**(壬向) : 해임문(亥壬門)은 가정이 화목하고 자녀가 효순하다. 축간문(丑艮門)은 횡재한다. 미곤문(未坤門)은 남의 도움을 얻어 부귀를 누린다.
- **오좌**(午坐) : **자향**(子向) : 축간문(丑艮門)은 아내로 인해 치부한다. 진손문(辰巽門)은 부부 화목하다.
- **정좌**(丁坐) : **계향**(癸向) : 자계문(子癸門)은 문무겸전한 자손이 나온다. 간인문(艮寅門)은 총명한 사람이 나온다.
- **미좌**(未坐) : **축향**(丑向) : 간인문(艮寅門)은 사람과 우마(牛馬)가 모두 왕하다. 진손문(辰巽門)은 아내 때문에 부자가 된다. 병신문(丙辛門)은 용모가 수려한 사람이 나온다.
- **곤좌**(坤坐) : **간향**(艮向) : 자손문(子巽門)은 육축이 왕하다. 인갑문(寅甲門)은 문무(文武) 겸전한 재사(才士)가 나온다. 술건문(戌乾門)은 재주있고 의기(義氣) 있는 사람이 나온다.
- **신좌**(申坐) : **인향**(寅向) : 인갑문(寅甲門)은 사람으로 인해 벼슬과 직위가 높아진다. 진손문(辰巽門)은 총명한 수재가 나온다. 술건문(戌乾門)은 부귀가 쌍전한다.
- **경좌**(庚坐) : **갑향**(甲向) : 인갑문(寅甲門)은 녹봉이 늘고 재물이 많이 생긴다. 진손문(辰巽門)은 용모가 아름다운 사람이 나온다. 술건문(戌乾門)은 의기로운 대장부가 나온다.
- **유좌**(酉坐) : **묘향**(卯向) : 인갑문(寅甲門)은 전장(田莊)이 늘고 인정(人丁)이 왕하다. 진손문(辰巽門)은 아내 덕에 치부한다. 미곤문(未坤門)은 효도하고 의로운 사람이 나온다.
- **신좌**(辛坐) : **을향**(乙向) : 자계문(子癸門)은 전잠(田蠶)과 인정(人丁)이 왕하다. 인갑문(寅甲門)은 관직의 지위가 오른다. 진손문(辰巽門)은 귀인(貴人)과 수려한 인물이 나온다.
- **술좌**(戌坐) : **진향**(辰向) : 인갑문(寅甲門)은 재물이 자연 이른다. 진손문(辰巽門)은 강개(慷慨)로운 인물이 나온다. 정방문(丁方門)은 전잠(田蠶)이 왕하다.
- **건좌**(乾坐) : **손향**(巽向) : 임방(壬方)의 문(門)은 예술로 성가(成家)한다. 미곤문(未坤門)은 충효쌍전(忠孝雙全)하는 인물이 생긴다.

• **해좌**(亥坐) : **사향**(巳向) : 간인문(艮寅門)은 수재가 나온다. 미곤문(未坤門)은 가정이 모두 효순하다. 신술문(申戌門)은 전잠이 왕하다.

❖ **문루법**(門樓法) : 이상으로 사는 집과 대문(大門)을 개술(槪述)하였으며 동서명 서사명(東西命 西四命)을 위주로 불연(不然)이면 옥련개문(玉輦開門) 또는 문루(門樓)도 취용(取用)하며 주인의 연령(年齡)으로 녹마귀인(祿馬貴人)으로 길신(吉神)을 맞아들이며 흉살중(凶殺中) 삼살(三殺) 대장군(大將軍)도 피하면 길하다.

이택좌위정(以宅坐爲定)		乾亥壬子癸丑	艮寅甲	卯乙辰巽	巳丙午	坤申庚酉	丁未辛戌
질고(質庫)	質庫○ 赭表○	巳 丙	申 庚	戌 乾	亥 壬	寅 甲	辰 巽
절사(節嗣)	節嗣× 憲剛×	午 丁	戌 辛	亥 壬	子 癸	卯 乙	巳 丙
횡재(橫財)	橫財○ 殖走×	未 坤	戌 乾	子 癸	丑 艮	辰 巽	午 丁
형옥(刑獄)	刑徒× 天爵○	申 庚	亥 壬	丑 艮	寅 甲	巳 丙	未 坤
수금(囚禁)	遭官× 勇寶×	酉 辛	子 癸	寅 甲	卯 乙	午 丁	申 庚
진전(進田)	進龍○ 衛名○	戌 乾	丑 艮	卯 乙	辰 巽	未 坤	酉 辛
식읍(食邑)	食邑○ 포負×	亥 壬	寅 甲	辰 巽	巳 丙	申 庚	戌 乾
오룡(五龍)	進龍○ 溫向○	子 癸	卯 乙	巳 丙	午 丁	酉 辛	亥 壬
칭두(秤斗)	秤斗○ 老産○	丑 艮	辰 巽	午 丁	未 坤	戌 乾	子 癸
흠채(欠債)	欠債○ 金畜×	寅 甲	巳 丙	未 坤	申 庚	亥 壬	丑 艮
반라(飯羅)	飯羅○ 天孤×	卯 乙	午 丁	申 庚	酉 辛	子 癸	寅 甲
요모(夭耗)	夭耗× 富貴○	辰 巽	未 坤	酉 辛	戌 乾	丑 艮	卯 乙

❖ **문무시위**(文武侍衛) : 이것은 우뚝 솟은 두 산이 마치 깃발을 펼치는 것처럼 보인다.

❖ **문무장상지지**(文武將相之地) : 용(龍)의 기상(氣像)이 중후하고 존엄한 즉 태위(台位: 정승의 지위)가 날 것이요 밝고 수려하며 단정하고 장중한 즉 대각(臺閣)의 신(臣)이 나고 죽순 같은 필봉(筆峯)이 기특하게 보이고 인(印) 장봉이나 홀사(笏砂)가 조공(朝貢) 바치듯 하면서 손신사병방(巽辛巳丙方)에 있으면 주로 문과 급제하고 투구 철갑과 함께 군사와 말이 달리는 사격(砂格)이 진경간태방(震庚艮兌方)에 있으면 무과로 장수(將帥) 원수(元帥)가 출생한다. 방백(方伯 : 地方長官)이 나는 혈은 호위가 중첩하여야 하고 과협이 영송하여 전환굴곡하면서 부드럽게 혈(穴)이 맺으면 군수급이나 경찰서장급이 출생한다.

❖ **문묘**(文廟) : 공자(孔子)의 신위(神位)를 봉안하고 그의 제자 역대 거유(巨儒)와 신라 고려 이래의 저명한 유학자를 봉안한 사당(祠堂) 서울의 성균관(成均館)과 지방의 향교(鄕校)에 설치함. 서울의 사학(四學)에는 문묘가 없음. 用例 : 사직과 문묘는 매년 봄가을 본조 호조 공조의 낭관이 봉심한다.

❖ **문성**(文星) : 문필봉을 가리키는 말. 손신봉(巽辛峰)을 말하는 것은 아니다. 문성(文星)이 낮으면 안회(顔回)처럼 요수(夭壽)하고, 천주(天柱)가 높으면 팽조(彭祖)처럼 수(壽)하니라. 사(沙)의 형상이 부귀만 볼 수 있는 것은 아니다. 문성(文星)이 저함(低陷)하면 총명한 사람이 태어나도 요수(夭壽)할 것이니 안회(顔回)가 총명하였으나 32세에 죽음을 맞이한 것과 같음이다. 만약 천주산(天柱山)이 높이 솟아나면 오래 살 수 있는 사람이 태어날 것이니 흡사 팽조(彭祖)의 나이가 팔백 살이나 된 것과 같은 것이다. 이러한 말은 요수(夭壽)와 장수(長壽)를 비유할 뿐이지 꼭이 안회(顔回)와 팽조(彭祖)의 나이에 똑같다는 말은 아니다.

❖ **문성저천주고**(文星低天柱高) : 현무정(玄武頂)후룡은 높으나 문필봉이 아련히 멀고 낮다. 장수하지만 문장은 있어도 현달치 못한다.

❖ **문성저**(文星抵) : 문성(文星)은 손신봉(巽辛峯)이다. 손신방(巽辛方)이 낮고 우묵하면 비록 귀(貴)를 얻어도, 녹(祿)은 얻기 어렵다.

❖ **문성조명격**(文星照命格) : 문창(文昌)·문곡(文曲)이 모두 명궁에 있거나 명궁을 照하면 「문성조명격」이라 한다.

❖ **문수학당수**(文秀學堂水) : 손신유(巽辛酉) 삼방(三方)의 물이 합국(合局)이면 자손들이 학문(學文)을 잘한다. 문장(文章)도 잘 짓는다. 그리하여 학문(學文)·문장(文章)으로 부귀(富貴)를 얻는다. 이름을 널리 떨치기도 한다. 또 성품(性品)이 고상하고 깨끗하다.

❖ **문에 등을 지고 앉지 않는다** : 문을 등지고 앉는 것은 흉이다. 역시 침실에서 설한 것처럼 등에 아무것도 기댈 것이 없는 상황은 정신적인 불안감을 일으킨다. 더욱이 풍수지리학 입장에서 보아도 문에서 흘러온 기가 무방비 상태인 등에 직접 맞닿음으로써 앉아있는 사람의 신경은 항상 긴장하게 된다. 이런 상태로는 일도 잘 될 수가 없다.

❖ **문은 배치에 따라 기의 흐름이 결정된다** : 문을 어떻게 달 것인가 하는 문제는 풍수에서는 대단히 중요하다. 문은 서로 엇비슷하게 마주보고 있어야 하지만 같은 축상에 중복되게 있어서는 안된다. 수평으로 마주보고 있는 문도 피해야 한다. 잠재적으로 가장 해로운 문의 배치상태는 두 개의 문인 동일 축선상에 벽의 중앙을 차지하면서 한쪽 문이 다른 한쪽 문보다 큰 경우이다. 큰 문의 침실이나 거실 같은 큰 방쪽으로 열려지는 경우는 좋다. 작은 문은 벽장이나 부엌, 목욕실 같은 작은 방쪽으로 열려야 한다. 큰 것은 작은 것을 압도하기 때문에 커다란 문이 목욕실과 같은 작은 방쪽으로 열리면 건강이나 개인적인 문제를 일으킬 수 있다. 큰 문은 큰 것을 끌어야 한다. 큰 문이 목욕실쪽으로 열리는 집에 사는 사람은 항상 소화불량이나 체면이 깎이는 일에 직면할 것이다. 가장 나쁜 경우는 두 개의 문이 얼른 보기에는 그렇지 않지만 약간 뒤틀린 배치에 놓여 있을 때이다. 이런 문이 있으면 건강과 사업, 가정에 문제가 생긴다. 나쁜 맞물림을 모방하여 두 가족이 항상 논쟁하고 의견을 달리하며 다투게 된다. 이 나쁜 마주보는 문배치는 칼 같은 모퉁이와 함께 거주자의 기를 불균형하게 한다. 이런 배치는 또한 고르지 못한 내부기의 흐름도 혼란을 일으키게 된다. 그러나 가장 위험한 문은 기울어진 문이다. 기울어진 천장 밑에 있는 문이나 편향된 문을 말한다. 기울어진 문은 좋은 풍수를 파괴하기 때문에 상상도 하지 못한 일이 벌어질 수 있다. 사용하지 않는 문이나 폐쇄된 문은 가족들에게 건강을 방해한다. 문의 방위도 운명을 결정하는데 도움을 줄 수 있는 주역의 팔괘의 상징에 기초를 두고 팔괘에 의하면 여덟 개의 임의적인 방위가 나타난다. 북쪽으로 나있는 문은 사업이 잘 되도록 해주고, 남쪽으로 나있는 문은 명성을 내려준다. 동쪽으로 나있는 문은 행복한 가정생활을 보장해주고, 서쪽으로 나있는 문은 명성을 상징한다. 북동쪽의 문은 학문적 성공과 지성을, 북서쪽의 문은 가족들의 출항과 타지에서의 성취를, 남동쪽은 부를, 그리고 남서쪽은 좋은 배우자를 점지해준다.

❖ **문은 집의 크기에 맞춘다** : 문이 집에 어울리지 않을 정도로 너무 크면 흘러 들어오는 기의 양이 너무 많아서 넘쳐버린다. 거꾸로 너무 작으면 흘러 들어오는 기의 양이 너무 적어져 사는 사람의 인생에 영향을 줄 정도의 힘이 없어져 버린다.

❖ **문을 벽보다도 낮게 한다** : 문이 벽보다 높으면 슬픈 일에 말려드는 기회가 많아진다.

❖ **문의 방향은 오행에 맞춘다** : 최종적으로 그 집 또는 방에 사는 사람의 오행에 의해 가장 적절한 문의 방향을 결정한다. 만약 여러 사람이 그 집에 사는 경우는 모두에게 들어맞는 것은 불가능하므로 집 주인의 오행을 고려한다. 예를 들어 화(火)의 사람이라고 하면 목생 화에서 목의 방향으로 문을 내는 것이 좋으므로 오행 길흉표를 참고하여 동쪽의 방향으로 향하게 한다. 북동도 동의 방향이 아닌가 하고 생각하는 사람도 있을 것이다. 확실히 목의 방향은 동과 북동의 두 개가 있다. 그러나 북동은 문을 내서는 안되는 방향이다. 이 방향이야말로 귀문(鬼門)인 것이다.

❖ **문왕팔괘방위도**

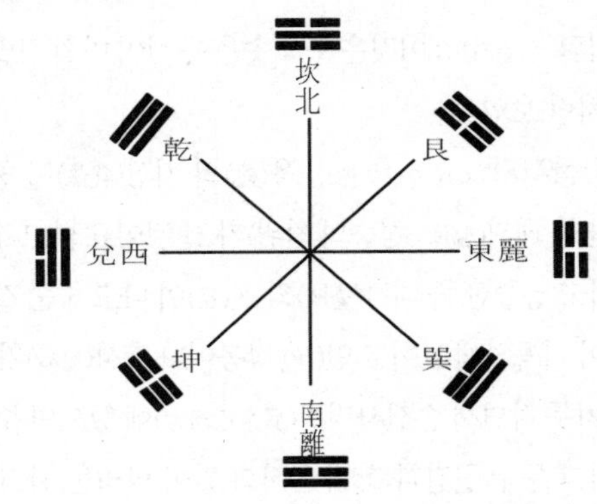

❖ **문의 정면에 책상을 놓아서는 안된다**: 자랑을 하고싶은 것일까 그렇지 않으면 다른 사람에게 압력을 걸고 싶은걸까 문의 바로 정면에 책상을 놓은 사장이나 중역이 가끔 있다. 그러나 침실에 대해 설명한 것처럼 문의 정면은 문충(門沖) 이라고 하여 좋지 않은 장소이다. 문은 기(氣)의 입구이므로 밖으로 들어온 기가 좋건 나쁘건 무조건 흘러 들어온다. 그리고 만일 문이 유리라면 지나가던 사람들이 사무실을 들여다보게 된다. 그렇게 되면 지나가는 많은 사람들과 무의식중에 시선이 마주치게 되기 쉽다. 인간의 눈에는 특별한 에너지가 있다. 그러므로 사람들의 시선이 쏠리는 장소는 일을 방해받기 쉽다는 얘기가 된다.

❖ **문장**(門墻) : 담장으로 둘러쳐진 문.

❖ **문**(門) · **주방**(廚房) **방위법**: 가옥에 있어 좌향(坐向)이 정해지면 그 좌향(坐向)에 따른 출입문 및 주방의 길흉방(吉凶方)을 보는 방법인데 아래 표와 같다. 좌(坐)로 문(門)과 주방의 방위를 대조하고, 또는 문방위(門方位)로 좌(坐)와 주방방위(廚房方位)의 길흉(吉凶)을 본다. 동서택(東西宅) : 감(坎) · 이(離) · 진(震) · 손좌(巽坐), 서사택(西四宅) : 건(乾) · 곤(坤) · 간(艮) · 태좌(兌坐) 동서택(東西宅)은 생기방(生氣方)이 상길(上吉)하고 정년방(廷年方)이 중길(中吉)하며 천을방(天乙方)이 소길(小吉)하다. 서사택(西四宅)은 정년방(廷年方)이 상길(上吉)이오 천을방(天乙方)이 중길(中吉)하며 생기방(生氣方)이 소길(小吉)이라 한다. 오귀(五鬼) · 육살(六殺) · 화해(禍害) · 절명방(絶命方)은 흉(凶)하며 복음(伏吟)은 반흉반길(半凶半吉)이다. 그러므로 동서사택(東西四宅)을 막론하고 좌(坐)와 문(門)과 주방의 방위가 생기 천을 연년(生氣天乙廷年)이 되도록 맞춰야 길(吉)하다.

감 : 임자계 동방

간 : 축간인 동방

진 : 갑묘을 동방

손 : 진손사 동방

이 : 병오정 동방

건 : 술건해 동방

태 : 경유신 동방

곤 : 미곤신 동방

좌 \ 방	감	간	진	손	이	곤	태	건
감	伏吟	五鬼	天乙	生氣	延年	絶命	禍害	六殺
간	五鬼	伏吟	六殺	絶命	禍害	生氣	廷年	天乙
진	天乙	六殺	伏吟	廷年	生氣	禍害	絶命	五鬼
손	生氣	絶命	廷年	伏吟	天乙	五鬼	六殺	禍害
이	廷年	禍害	生氣	天乙	伏吟	六殺	五鬼	絶命
곤	絶命	生氣	禍害	五鬼	六殺	伏吟	天乙	廷年
태	禍害	廷年	絶命	六殺	五鬼	天乙	伏吟	生氣
건	六殺	天乙	五鬼	禍害	絶命	廷年	生氣	伏吟

❖ **문이 집의 옆면을 향하지 않도록 한다**: 문을 될 수 있는대로 집의 정면을 향하도록 한다. 만일 집의 옆면을 향하고 있으면 흘러 들어온 기가 벽과 부딪쳐서 집안으로 흘러 들어오지 못해 생각지 않은 재앙의 근원이 된다.

❖ **문이나 창이 동남 동북쪽에 있으면**: 동남과 동북 방위에 출입문이나 창문이 뚫려진 것은 재난과 액화 등 흉험과 파괴를 부른다.

❖ **문짝 문틀**: 문짝과 문틀이 맞지 않으면 가정불화가 계속된다.

❖ **문패는 어떤 재료가 좋은가** : 아파트나 주택에 문패는 천연목이 좋다. 인공가미 재료는 좋지 않다. 단독 주택에는 문패위에 밝은 불을 켜 두면 밝음을 쫓아 행운이 들어온다.

❖ **문패와 출입문은 역마살 방위를 피해야 한다**: 주택이나 건물에서 외부를 향해 나가는 첫 단계로서 중요한 출입문(아파트나 빌라에서는 현관문)이나 간판, 문패의 방위가 역마살(驛馬殺) 방위상으로 나 있으면 집안에 패망 운이 들고 바람 잘 날 없는 가정이 된다고 하므로 서둘러 이사해야 할 것이다. 이사가 불가능하다면 출입문이나 문패, 간판의 위치 변경에 신경을 써야 하겠다. 각 띠별로 역마살 방위는 다음과 같다.

① 원숭이 · 쥐 · 용띠생은 북동간(동북간)이 역마살 방위이다.

② 뱀 · 닭 · 소띠생은 북서간(서북간)이 역마살 방위이다.

③ 호랑이 · 말 · 개띠생은 남서간(서남간)이 역마살 방위이다.

④ 돼지 · 토끼 · 양띠생은 남동간(동남간)이 역마살 방위이다.

이와 함께 집안의 세탁기와 운동기구들 역시 역마살 방위를 피해서 놓아야 한다. 이 경우 세탁기는 가정주부가 주로 사용하므로 주부의 역마살 방위를 피해서 설치하도록 하며 운동기구 역시 그것을 주로 이용하는 사람의 역마살 방위를 따져서 놓도록 한다.

❖ **문필**(文筆) : 뾰족하게 수려한 봉우리가 단정하게 높이 솟아난 모양을 말하며 주로 귀하게 된다. 문필(文筆)이 고축(誥軸)과 나란하면 일거에 등과하고, 석모(席帽)가 어병(御屛)에 가까이 있으면 동궁(東宮)에 시독(侍讀)이 되리라. 문필봉(文筆峰)이 고축(誥軸)과 서로 나란히 연결되어 있으면 일거(一擧)에 등과(登科)하여 지극히 발달하며 오래도록 피어난다. 석모(席帽)와 어병(御屛)이 서로 가까이 있으면 시독(侍讀)의 벼슬에 나아가 태자를 보필하고 인도하게 되는 귀함을 얻을 것이다.

❖ **문필연어고축**(文筆連於誥軸) : 화성산(火星山)이 첨수(尖秀)하게 솟아나면 문필이라고 한다. 산이 가로로 놓이고 양쪽 끝이 높이 솟아난 형상을 말함. 또한 일설(一說)에서는 고축(誥軸)을 가로로 놓인 목성(木星)인데 너무 길고 수축하면 안된다고 하였다. 양쪽의 머리가 약간 일어나면 전고(展誥)라 하며 고축(誥軸)과 거의 같이 통한다. 석모사(席帽沙)는 머리가 있고 어깨가 있으며, 머리가 약간 둥글고 어깨가 늘어지지 않은 석모에 다리가 붙으면 당모(唐帽)가 된다. 머리가 높고 둥글고 어깨가 늘어지면 철모(鐵帽)가 되고, 머리가 둥글고 어깨가 길게 늘어지면 약립(箬笠)이 되고, 머리가 평평하여 적고 꼭대기가 길면 차립(借笠)이 되니 잘 분변하여야 한다. 토성(土星)이 고대하여 모나고 평평하다면 어병(御屛)이 된다.

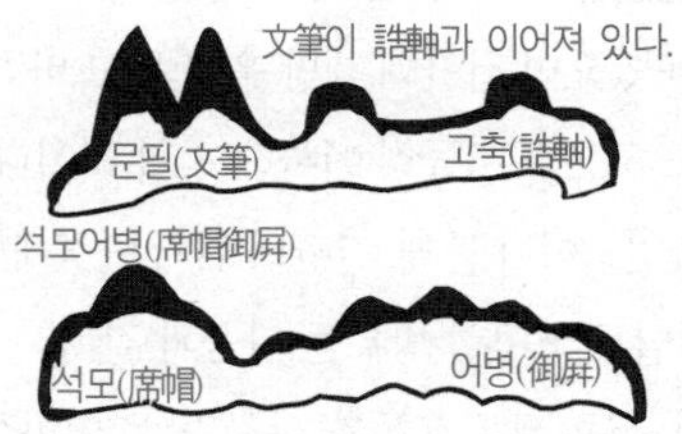

❖ **문필봉**(文筆峰) : 문필사(文筆砂)라고도 한다. 귀인의 소용되는 물건이므로 귀인이 있고 문필사가 있으면 매우 아름다운 땅이라 할 수 있다. 귀인은 임관귀인(臨官貴人 : 임관방에 수려한 봉우리가 솟은 것)을 진귀(眞貴)인이라 한다. 또는 역마방 위에 귀인봉이 있고 삼길육수방(三吉六秀方)의 봉우리가 솟아도 귀인봉이다. 손방(巽方)의 뾰족한 봉우리가 솟으면 문필봉(文筆峯) 가운데 으뜸 격(格)이라 한다. 문필(文筆)은 귀인(貴人)의 소용지물(所用之物)이니 귀인(貴人)이 문필(文筆)을 습득(拾得)하지 못하면 무소용지(無所用之)라 한다. 귀인(貴人)은 오직 임관(臨官)의 방위(方位)가 진귀인(眞貴人)이라. 그러니 혹은 용(龍)의 임관(臨官)이 있고 혹은 좌(坐)의 임관(臨官)이 있고 혹은 역마방위(驛馬方位)의 귀인(貴人)이 있고 혹은 삼길육수(三吉六秀)의 귀인(貴人)이 있으나 그 가장 발효(發效)하는 귀인(貴人)은 오직 손(巽)의 문필귀인(文筆貴人)은 육수천원지방(六秀薦元之方)의 귀인(貴人)이 되며 목화상생지지(木火相生之地)의 귀인(貴人)이 되니 손(巽)의 문필(文筆)이 문필(文筆)의 수(首)라 한다. 비여(譬如)하면은 입임산병향(立壬山丙向)의 수구(水口)가 정방(丁方)이라면 병왕향(丙旺向)의 임관(臨官)은 손(巽)이며 병향(丙向)의 임관귀(臨官貴)가 재손(在巽)하며 봉상(峰上)에 유묘(有廟)하고 역사(亦蛇)가 요즉(繞卽)하였고 또 태을귀인지지(太乙貴人之地)였으니 구득(俱得)하면 귀인(貴人)이 병필(秉筆)을 하였다고 하는 고로 천하(天下)의 문창민(文昌閔)이 모두 손(巽)에 있으니 이십사산(二十四山)에서 손(巽)을 문필봉(文筆峰)이라고 한다. 차외(此外)에 또 손(巽)이 신(辛)을 천(薦)하여서 신봉(辛峰)이 손봉(巽峰)과 상조(相照)하면 서운(書云 : 천을태을침운소(天乙太乙侵雲霄)라 하였으니 관위(官位)가 간대(諫臺)에 거(居)하는 것이니 귀(貴)가 무적(無敵)이며 또 다음에 간봉(艮峰)이니 간(艮)은 천시(天市)라 천시(天市)는 복록(福祿)의 권형(權衡)을 장악(掌握)하였다. 입경산갑향(立庚山甲向)을 하면 간(艮)은 용상(龍上)의 옥당귀인(玉堂貴人)을 합(合)하였으며 갑록(甲祿)이 재인(在寅)하니 향상(向上)의 임관귀(臨官貴)며 간(艮)은 육수천원지소(六秀薦元之所)가 되니 발과갑(發科甲)이 신속하니라. 또 간(艮)이 천병(薦丙)을 하니 병봉(丙峰)이 수려하면은 기필(期必)하고 발정원(發鼎元)하고 기여손신태정(其餘巽辛兌丁)은 주로 출문인(出文人)하니 사봉(砂峰)이 미려(美麗)하여야 한다. 육수(六秀)에서 간손(艮巽)의 신묘(神妙)한 것은 병신태정(丙辛兌丁)도 불급(不及)한다.

❖ **문필사**(文筆砂) : 대개 문필(文筆)이란 귀인(貴人)이 소용(所用)하는 물건이니 귀인(貴人)이 없으면 아무런 쓸곳이 없음이다. 오직 임관(臨官)의 방위(方位)에 거(居)해야 진귀인(眞貴人)이 된다. 혹 용상귀(龍上貴), 향상귀(向上貴), 좌산귀(坐山貴), 일마귀(馹馬貴), 삼길육수귀(三吉六首貴)가 가장 빠른 효과를 나타낸다. 오

직 손방(巽方)에 문필봉은 육수(六秀)의 가장 으뜸되는 방(方)이 되고, 문필(文筆)은 화성(火星)인데 손방(巽方)은 목성(木星)이니 목화상생(木火相生)의 곳이다. 임좌병향(壬坐丙向)을 하고 정방(丁方)으로 수구(水口)가 되면 손(巽)이 항상(向上)의 임관귀(臨官貴)가 되고, 봉(峰)위가 묘(廟)와 같은 모양이면 관복(官服)을 입으리라. 또한 태을귀인(太乙貴人)의 곳이기도 하니 귀인(貴人)이 필(筆)을 잡았다고 할 수 있으므로 천하(天下)의 문창각(文昌閣)이 손방(巽方)에 모여 있는 것이 된다. 다시 신방(辛方)의 봉(峰)이 일어나면, 서(書)에 이르기를, '천을태을침운소(天乙太乙侵雲霄)'하니 '위거태간귀무적(位居台諫貴無敵)'이라, 천을태을(天乙太乙)이 구름속에 솟으면 태간(台諫)의 위치에 오르게 되니 귀(貴)함을 견줄 곳이 없도다라고 극찬(極讚)하였다. 다음으로는 간봉(艮峰)을 들 수 있다. 간(艮)은 천시(天市)에 해당하니 복록(福祿)을 장악할 수 있는 자리이다. 경좌갑향(庚坐甲向)을 하고 용상옥당귀(龍上玉堂貴)와 향상임관귀(向上臨官貴)와 육수(六秀)의 으뜸되는 곳이니 벼슬이 심히 속발(速發)한다. 여기에다 다시 병봉(丙峰)이 수려하면 간(艮)이 병(丙)을 천거(薦擧)하였으니, 반드시 장원(壯元)의 경사(慶事)로 정승에 오르리라. 나머지 모든 문필사(文筆沙)도 문인(文人)이 날 것이며 모두 미사(美沙)에 관계되리라. 단지 손(巽)과 간(艮)의 신묘(神妙)함만은 못하리라. 문필(文筆)이란, 즉 귀인(貴人)이 글을 쓰는데 필요한 붓이므로 귀인이 아니고는 소용이 없으니 문필사(文筆砂)는 오직 임관방(臨官方)에 있어야 진귀인(眞貴人)이다. 혹, 용상귀(龍上貴)·향상귀(向上貴)·좌산귀(坐山貴)·일마귀(馹馬貴)·삼길(三吉)·육수귀(六秀貴) 등이 가장 발복에 신효한 것이니 오직 巽方에 문필봉은 六秀의 천원방(薦元方)에 거하고 또는 목화상생(木火相生)하는 곳이므로 임좌병향(壬坐丙向)에 丁方水하면 巽은 向上으로 임관귀인(臨官貴人)이요, 봉(峯) 위에 또 廟(前은 전랑묘(殿廊廟))가 있으면 이는 적사요인(赤蛇繞印)이며 또는 태을귀인(太乙貴人)도 된다. 다시 말하면 득지(得地)하면 이를 「貴人이 붓을 잡은 것」이라 한다. 결론적으로 천하에 문창객(文昌閣)은 모두 巽坐이니, 즉 이러한 뜻이 있어서이다. 또 辛峰이 비치면 글에 이르기를 「天乙·太乙이 운소(雲宵)에 있으면 벼슬은 태련(台璉)이요, 귀(貴)는 무적이다」했으며, 그 다음으로는 艮峰이 솟은 것이니 艮은, 天市垣이므로 福祿이 따르고 권형(權衡)을 장악한다. 庚坐甲向에 용으로 옥당귀인(玉堂貴人)과 向으로 임관귀인(臨官貴人)과 육수천원(六秀薦元)과 합이 되면 과갑(科甲)이 속발이며, 또 丙峰이 수려하고 간천병(艮薦丙)하면 필히 정갑(鼎甲)이 된다 하였으며 그 나머지 문필봉(文筆峰)은 주(主)로 문인이 나오니 모두 미사(美砂)가 되는 까닭이다. 다만 巽艮의 신묘에는 미치지 못한다.

❖ **문필수**(文筆秀) : 손신방(巽辛方)의 뾰족하고 수려한 봉우리를 문필봉(文筆峯)이라 한다. 문필봉이 있으면 자손들이 총명하고, 학문·문장을 잘한다. 뛰어난 학문·문장으로 존귀(尊貴)하게 된다. 우등으로 과거에 급제하는 사람들도 나온다.

❖ **문필좌현침**(文筆坐懸針) : 문필(文筆)에 현침(懸針)으로 좌(坐)한다면 절대로 삼가 두려워하여야 마땅하고, 효모(孝帽)가 대묘(大墓)에 임(臨)한다면 무흉(無凶)하다고 하지는 못하리라. 문필화성(文筆火星)으로 내려와서 목각(木脚)으로 퇴사(退卸)하여 현침(懸針)에 좌(坐)하면 주로 화재(火災)를 만나게 되므로 조심하여야 한다. 혹 노출된 목성(木星)이 굳어지면 현침(懸針)이 되어 흉하기 짝이 없다. 소위 문필화성(文筆火星)은 멀리 있어야 마땅한 것이지 가까우면 불리하다. 멀리 있어서 수려하게 보여야 하고 가까우면 도리어 봉록(捧祿)에 화환(禍患)이 생길까 걱정이다. 효모(孝帽)의 산은 둥그런 흙무덤 위에 자리하게 되므로 사람이 효모(孝帽)를 두른 것처럼 둥그런 모양의 사이에 서 있으면 혈장은 항상 효복(孝服)을 보고 있는 것이니 흉함이 없다고는 못할 것이다.

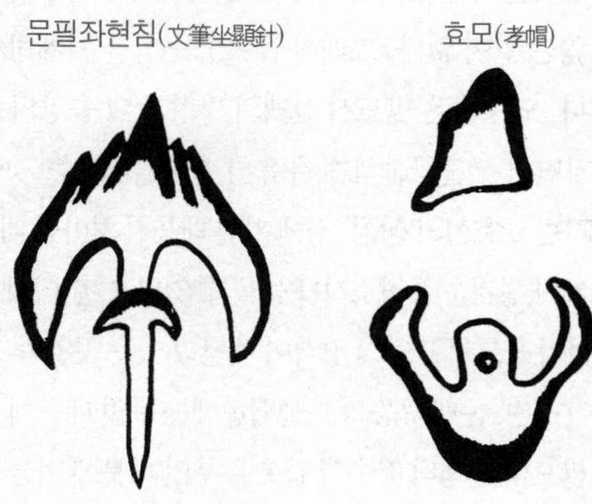

주산이 화성이고 목성결혈이·안산이 뒤틀린 모양이다. 화성으로 전순을 맺었다.

❖ **문현사**(文賢砂) : 문현사에서는 성현군자 제왕후가 나는 법이요 복두형 모사(帽砂)형과 같고 단정하고 청수하면서 암석으로 이루어져 승천하는 듯한 기상으로 장엄한 모습이면 성현군자가 태어나고 문현사에서 군왕이 나면 성군이 된다.

❖ **물**(物) : 사람의 모양이나 또는 짐승의 모양을 말하였음.

❖ **물**[水] : 물이란 강(江) 바다(海) 호수(湖) 못(澤) 시내(川) 개울(澗) 도랑(溝)을 포함한 모든 물을 일컫는다. 뿐만 아니라 실제 물이 고이지 않은 낮은 지대와 흐르지 않는 내 개울 도랑도 물이라 한다. 그러므로 평평한 지형이나 허영청하게 넓은 평양(平洋)에서는 평면보다 한치(一寸)만 높아도 산(山)으로 보고 평면보다 한치만 낮아도 물로 보는 것이다. 즉 가뭄에는 물이 없거나 흐르지 않더라도 비가 오면 약간만 낮아도 낮은 곳으로 물이 고이거나 흐르기 때문에 이를 취하여 물이라 한다. 지형적으로 완연히 나타나는 강, 바다, 호수, 못, 시내, 개울, 도랑 등은 그 형상을 알기 쉬우나 혈장(穴場) 즉 소명당(小明堂) 안에서의 물과 평양지의 혈 가까운 곳의 물은 아주 은미한 굴(屈)로 되어 있으므로 알아보기가 어려우니 세밀히 살펴야 그것이 물인지 아닌지를 알 수 있다.

❖ **물 건너 물이 앞에 들어오는 물을 경계하라** : 물 건너 물을 말하는 것으로 마을 앞이나 묘 앞으로 흘러들어오는 물이다. 작은 시내와 개울물이 거슬러 들면 길하다 큰 내와 강에 이르러서는 결코 거슬러 받들 수가 없다. 대개 큰 강이 거슬러드는 곳은 묘터나 집터를 가릴 것이 없이 처음은 비록 홍하나 오래가면 패망하지 않는 일이 없다. 그래서 들어오는 물을 경계하지 않으면 안 된다. 오는 물은 반드시 산맥의 방향과 그 음양의 두 기운이 합쳐지면서 꾸불꾸불하게 유유히 흘러들어오는 것이 좋다.

❖ **물고기는 수호신의 상징** : 절에 가면 대웅전 처마밑 네 귀퉁이에서 언제나 정겨운 풍경소리를 들을 수 있다. 그런데 왜 풍경에는 어김없이 물고기 모양의 장식이 매달려 있는 것일까. 또 옛날의 반닫이 옷장, 돈궤 등등의 자물쇠통에는 무엇 때문에 물고기 모양이 많으며 전쟁터 장수의 갑옷은 무엇 때문에 비늘 모양의 무늬를 했는가. 그 뿐이 아니다. 민화에는 새가 물고기를 물고 날아오르는 장면이 많이 나온다. 자연현상의 묘사라면 살생의 의미가 있는 불교신자들도 이런 그림을 즐겨 병풍으로 쓰는 이유는 무엇인가. 청동기 유물의 오리장식, 수릿대의 새, 고구려 고분벽화의 새, 가야신라의 오리 모양의 토끼, 백제 몽촌토성에서 나온 나무오리 등등 우리의 옛 선조들이 지겹게도 똑같은 내용의 그림들을 몇 천 년을 이어 즐기는 이유는 무엇인가? 이러한 모든 의문에 대한 해답을 명확하게 해주는 문헌은 없다. 그런데 엉뚱하게도 풍수지리서에서 많은 의문을 풀었다는 이야기가 심심찮게 나오고 있다. 풍수지리의 형국론에 따라 묘지, 즉 명당자리를 잡을 때 지관들은 흔히 사람이나 동식물의 형체에 비유해 혈처(穴處)를 찾고 미래를 예측한다. 이를테면 풍수지리의 형국론이 바로 그것이다. 유어상탄형(遊魚上灘形)이니 어두형(魚頭形) 따위가 바로 그러한 것들인데, 물고기가 등장하면 과거에 합격하는 등용의 내용이거나 장군 또는 수호신의 상징이 된다. 그러면 물고기는 왜 수호의 상징인가? 예로부터 사람들은 물고기는 잠을 잘 때도 눈은 뜨고 잔다고 알아 왔다. 그리하여 밤에도 도둑을 지켜준다고 믿어 왔고 그것이 전해 내려오면서 신앙으로 되어버렸다. 어쩌면 이런 연유에서 물고기 모양의 장식은 풍경에도 등장하게 되었고 자물통이나 장군의 옷에까지 물고기의 비늘 모양을 한 것은 너무나도 당연한 발전인지도 모른다. 해군들이 전쟁터에 나갈 때 물고기가 배에 뛰어 오르면 적장이 투항한 길조로 받아들여 군사들의 사기가 충천한다. 그런데 물고기라 해도 물에서 사는 높이에 따라서 3양3음(三陽三陰)의 여섯 가지로 구분한다. 맨 위는 용이고, 맨 아래 흙탕물 속에는 미꾸라지 또는 모래무지를 예로 든다. 그리하여 1음(一陰)에서 3음(三陰)은 비천한 물고기요, 1양(一陽)에서 3양(三陽)은 등용문을 통과한 물고기로 비유된다. 이런 상징적 얘기에서 나온 속담이 미꾸라지 용됐다는 것으로 3음에서 3양으로 5계급 승진했다는 내용이다. 즉 비천한 사람이 훌륭한 인물이 되었다는 뜻이다. 또 메기는 투구를 쓴 모습이라 하여 장수로, 철갑상어는 경대부(卿大夫)로, 송사리 떼는 다산(多産)을 상징한다. 민화에서 물고기를 물고 나는 새의 그림은 새(하늘)가 물속의 고기(초야에 묻

힌 인재)를 집어 올리는, 즉 천거하는 것으로 비유된다. 이는 백미고사 등과류(白眉古事 登科類)에 나오는 얘기로 악천(顎薦)이라고 하는데, 초야에 묻힌 서민들은 아들이나 손자가 특별히 등과하기를 기원하는 뜻으로 그런 그림을 그려 걸어 놓거나 병풍을 만들어 사용하기도 했다.

❖ **물길이 문 쪽을 향해 오는 형국**: 문 쪽을 향해 물길이 공격해 들어오는 형국이 되면 집안이 쇠퇴하고 고질병자 내지 벙어리가 생긴다. 풍수에서는 자동차가 다니는 도로나 사람이 다니는 길도 물길로 보고 있다.

❖ **물 깨끗한 물이 있는 곳에 훌륭한 인물이 태어난다**: 물에는 맑은 물과 탁한 물을 비롯해서 여러 종류가 있다. 풍수로 볼 때 맑고 깨끗한 물이 있는 곳에서는 훌륭한 인물이 태어나고 사람들이 건강하게 성장한다. 물이 깨끗하지 못한 곳에서는 사람들이 정상적으로 성장하지 못하고 기운도 약해진다. 그러므로 물이 깨끗한 곳에서만 명당이 이루어진다.

❖ **물명당**(水明堂): 물 명당이란 물 가운데에 혈을 맺는 경우를 말한다. 물 가운데라 함은 연못 또는 호수 가운데에 산 무더기가 돌출하여 그 상부(上部)에 혈을 맺는 것을 물명당이라 하는데 물 중앙에 있는 혈은 사반(四畔)이 모두 물이라 내맥(來脈)이 기이(奇異)하고 종적이 괴이하여 맥이 홀연히 종적을 감춰 오고간 흔적이 없으므로 찾기가 매우 어려운 것인데 이는 용맥이 물 아래 깊은 땅 속으로 이어져 맥기(脈氣)가 통함이니 그 맥기의 여부나 혈의 길흉은 오직 법안(法眼)이나 도안(道眼)이 아니고서는 찾을 수 없는 것으로 속사(俗師)가 망령되어 점혈할 바가 못되는 것이다.

❖ **물은 보이는 부분 중앙을 측정한다**: 호수나 저수지 또는 바다와 같이 큰물이 있을 때는 보이는 부분의 중앙을 측정하면 된다. 이때 산에 가려서 안 보이는 부분은 제외된다. 나무에 가려 안 보이는 부분은 포함하지 않는다.

❖ **물은 수법에 맞아야**: 물은 수법에 맞으면 복이 되고 맞지 않으면 화가 된다.

❖ **물은 재물로 간주한다**: 양택이나 묘 터에서 물은 재록을 주관하는 요소가 되므로 물의 흐름이 맑고 흐림에 따라 길흉이 다르다. 이는 세계적으로 큰 도시는 강을 중심으로 발달하거나 우리나라의 도시는 물론 유명한 인물이 배출된 곳 또한 산수가 수려한 곳임을 통해서 알 수가 있다. 그러므로 예로부터 물이 고이는 곳에 부호(富豪)가 나오고 인걸(人傑)이 배출 된다고 하였다.

① 물의 흐름은 멈추지 않고 급하지 않게 서서히 흘러야 한다.
② 물의 색상은 훤히 들여다보일 듯 맑아야 한다.
③ 물이 오는 모습은 관망하듯 완만한 곡선으로 감싸 안고 있어야 한다.

❖ **물은 옥척**(玉尺) **삼척**(三尺) **무관**: 물은 묘(墓)에 앉아서 보았을 때 살수(煞水)가 들어오지 않으면 무관하고 서서 볼 때는 살수가 보이더라도 옥척삼척(玉尺三尺) 위치에서 보이지 않을 시는 무관하다.

❖ **물의 기운**(氣運): 인류 역사가 물가에서 시작했다는 것은 물이 사람 생활에 꼭 필요한 요소라는 사실을 잘 나타낸다. 그래서 오래 전부터 사람들은 물을 찾아 물이 가까운 곳에 마을을 이루며 살아왔다. 풍수지리 이론으로 분석하더라도 물은 명당을 이루는 가장 중요한 요소다. 풍수, 곧 바람과 물이라는 용어에도 나타나듯이 물이 있어야만 명당이 이루어진다. 「주역」의 기가 발생하는 순서에서 보듯이 물은 모든 생명체에 가장 우선적으로 필요한 것이다. 어느 땅이나 반드시 물이 있어야 한다. 물과 짝한 다음이라야 생성의 묘(妙)를 다할 수 있다. 기는 바람을 타면 흩어지고 물을 만나면 멈춘다. 강이나 바다가 있는 지역에서도 물의 형태에 따라 기운이 모이는 위치가 달라진다. 그러므로 풍수지리에서도 지세를 볼 때 물을 제일 중요하게 여긴다. 물은 재록을 맡은 것이므로 큰 물가에 부유한 집과 유명한 마을이 많다. 비록 산중이라도 또한 시내와 간수(골짜기에서 흐르는 물)가 모이는 곳이라야 여러 대를 이어가며 오래 살 수 있는 터가 된다. 산과 물을 활동성으로 나눈다면, 산은 음이며 물은 양으로 해석된다. 산은 인사를 관리하고 물은 재물을 관리하므로 산과 물이 어우러져야 비로소 조화를 이룬다. 물이 지세에 어떤 영향을 주는지를 알기 위해서는 물의 성격을 따져 보아야 한다. 풍수에서는 물의 성격을 분석하는 방법으로 물의 규모, 흐름의 상태, 수질, 물이 흐르는 방위 등을 살핀다. 물에는 여러

종류가 있다. 가장 큰 물인 바다, 그보다 작은 강이 있으며, 개천이나 조그마한 샘물도 물에 속한다. 심지어는 논두렁이나 밭고랑에 있는 조그마한 물도 풍수지리에서는 중요하게 취급된다. 높이가 3cm인 산도 용(龍)으로 보는 것과 마찬가지다. 명당은 바닷가보다 오히려 개천이나 작은 강이 있는 곳에 더 많이 이루어진다. 음양으로 보면, 물은 수축하는 힘이고 수축하는 힘은 자연의 기운을 빨아들이는 작용을 한다. 이에 비해 불은 확산하는 힘이고, 기운을 빨아들이는 작용을 한다. 이에 비해 불은 확산하는 힘이고, 기운을 분산시키는 작업을 한다. 명당은 물의 기운과 불의 기운이 균형을 이루는 공간에서 이루어지는데, 물이 지나치게 많은 곳에서는 균형을 잃어 명당이 이루어지지 않는다. 강한 물의 기운이 지상에 흩어져 있는 불의 기운을 모두 흡수해서 지상의 양기가 고갈된 곳이 바다다. 사람을 물과 불의 성질로 비교해 보면, 남성은 불과 같이 뜨거운 격정으로 활동하고 여성은 냉정하고 수용하는 기운으로 활동한다. 따라서 남성은 불의 기운으로 여성은 물의 기운으로 구성되어 있다고 볼 수 있다. 오행 이론으로 물과 불의 관계를 보면, 수극화해서 물의 기운이 불의 기운을 억제하는 것을 알 수 있다. 불의 기운은 물의 기운이 많은 곳에서는 힘이 미약하고, 물 속에서는 생명력을 잃게 마련이다. 그러므로 바닷가에서는 물의 기운이 많기 때문에 남성들이 건강을 상하기 쉽고, 그 결과 대체로 일찍 죽는다. 반면에 여성들은 오히려 물의 기운을 받아서 건강한다. 그래서 바닷가에는 여성들이 남성들보다 오래 산다.

❖ **물의 사길 사흉 지세** : 물의 형세에 의한 길흉은 다양하지만 다음 사길사흉(四吉四凶)으로 분류하여 정리하면 다음과 같다.

① **교·쇄·직·결의 사길수**

- **교**(交) : 용혈의 좌우에서 내도(來到)한 모든 물이 혈전 내외명당에서 취회(모인 것)하여 합류함을 교라 한다.
- **쇄**(鎖) : 거수처(합금지처)를 한문(捍門), 화표(華表) 등 수구사(水口砂)가 있어 마치 자물쇠로 채워놓은 것 같이 좁고 긴밀한 수구를 쇄라 한다.
- **직**(織) : 직이란 원진수 및 내당수의 구불구불하는 형세가 마치 베틀에서 북이 왔다갔다하며 베를 짜는 모양 같다 하여 직이라 하는 것이다.
- **결**(結) : 여러 골짜기에서 흘러 모인 많은 물이 혈전의 명당 한 쪽에 모여 있는 그 형세가 마치 새끼 한 묶음과 같다 하여 결이라 한다.

② **천·할·전·사의 사흉수**

- **천**(穿) : 천이란 직류하는 급수가 명당을 뚫거나 혹은 청룡과 백호의 팔뚝을 뚫어 자르는 것을 천이라 한다.
- **할**(割) : 할이란 나누다, 찢는다는 뜻으로 할이란 혈전에 순전(脣氈)이 없어 여기(餘氣)가 없는 허약한 묘 아래를 사나운 물이 할퀴고 지나가거나 또는 내당을 부수고 찢어 나누는 현상을 할이라 한다.
- **전**(箭) : 전이란 물의 흐름이 마치 화살같이 곧고 급한 물을 전이라 한다.
- **사**(射) : 사란 급류수가 혈전당심(혈장의 중심)을 찌르거나 또는 화살같이 빠르고 날카로운 물이 용혈의 한쪽 갈빗대를 찌르는 것을 사라 한다.

❖ **물의 삼세**(득파수와 취수) : 용혈과 수세, 즉 산과 물은 풍수지리의 2대 기본요건이며 서로 불가분의 관계에 있다. 따라서 진룡에 길수가 배합해야 혈이 융결하고 부귀왕정(富貴旺丁)함은 풍수지리의 기본이다. 풍수지리에서는 물의 기본적 형세를 득수와 취수와 거수, 이렇게 세 가지로 나눈다. 용혈이 물을 얻는 것을 득이요, 얻은 물을 머물게 하는 것이 취수요, 그 물을 내보내는 것이 거수다. 이 세 가지 물의 작용과 방법이 원만해야 진혈에 부귀왕정을 기할 수 있다. 그러나 여기서 논하는 득수와 거수(파)는 다음에 나오는 오행수법에 의한 득파수론과는 그 내용이 전혀 다르다. 여기서 말하는 물의 삼세(득수, 취수, 거수)는 이법적 입장과는 상관없이 내외명당에 모여든 물의 외관적 형세를 관찰하여 결혈(結穴) 여부와 화복길흉을 짐작하는 물의 형세론에 불과하다.

① **득수** : 득수(得水)란 음정(陰靜)한 용혈이 양동(陽動)하는 물을 얻어 음양이 서로 만나 진혈을 맺게 하는 풍수지리의 원리다. 따라서 아무리 생왕룡이라 할지라도 이에 알맞은 물의 조화가 없으면 그 용혈은 결코 진혈을 맺을 수 없는 것이

산수의 기본적 음양이치다. 물론 진룡에는 그에 걸맞는 길수가 따르게 마련이란 설과는 모순된 주장인 것 같지만 그만큼 물의 중요성을 강조하는 말이다. 한편 득수의 원천과 득수하는 방법은 다음과 같다. 첫째, 본신룡(혈장이 붙은 용)과 청룡 및 백호와의 사이에서 흐르는 물을 골육수(骨肉水) 또는 내당수(內堂水)라 하며 둘째, 청룡 백호 밖의 여러 골짜기에서 흘러오는 물을 외당에서 얻은 물이라 해서 외당수 또는 외득수라 한다. 이 두 물이 혈전 내외명당에서 취합(聚合)한 물을 명당수라 한다. 옛 글에 '조수자 혈전 특래지수 길수야 역수 특래조 혈위우미(朝水者 穴前特來之水 吉水地逆水特來朝 穴爲尤美)' 라 했다. 즉 내당조수란 혈전명당에 특래하는 물로 길수다. 특히 역수(순수와 역수론 참조할 것)가 혈전명당에 모여든 물(조수)은 혈을 위해 더욱 아름답다는 뜻이다. 따라서 이 조수는 결혈과 화복에 결정적 역할을 하므로 특히 역수가 중요하다는 것이다. 용이 물을 얻지 못하면 승천하지 못하는 것처럼 용혈도 물을 얻지 못하면 제구실을 못하는 가짜 용에 불과하다. 그리고 이와 같은 내당득수는 구곡수로 깊고 천천히 흐르는 맑은 물이라야 길하며 반대로 소리내며 급하게 흐르거나 악취가 심한 물의 득수는 흉수다. 옛 글에도 '조수 유구곡류입명당자 필출당조재상(朝水 有九曲流入明堂者 必出當朝宰相)' 이라 하여 생룡진혈에 구곡수가 구불구불 혈전 명당으로 들어오면 속발(速發)하여 재상과 같은 큰 귀인이 난다 했다. 이어서 '조수소자 근능구빈 양양대수 당면조자 방시최관 최부지길지(朝水小者 僅能救貧 洋洋大水 當面朝者 方是催官 催富之吉地)' 라 하여 작은 혈전조수는 겨우 가난을 면할 수 있으며 넓고 큰 조수는 큰 부자나 큰 귀인이 나는 길지가 될 수 있다고 했다.

② **취수** : 취수(聚水)란 혈전조당(명당)에 모여든 길수를 말한다. 이 물은 재물을 얻어 치부하는 좋은 길수다. 옛 글에도 '취수자 혈전취결지수 내위귀지격(聚水者 穴前聚結之水 乃爲貴之格)' 이라 하여 용혈 앞에 지호수(池湖水) 등이 있어 맑은 물이 항상 모여 있으면 귀한 격이라 했다. 취수의 원천은 내외득수(내당수와 외당수)가 합하여 취합하기도 하고 지하천이 솟아나기도 하나 중요한 점은 득파가 고르고 물이 썩지 않고 맑은 물이 일년 내내 마르지 않고 가득차 있으면 치부로 집이 흥한다 했다. 옛 글에도 '혈전지수 사계 심취불건 가중필연 대부차귀(穴前之水 四季 深聚不乾 家中必然 大富且貴)' 라 했다. 혈전에 모인 물이 사계절 마르지 않고 깊고 맑으면 집안에 큰 부자나 큰 귀인이 필연적으로 나온다. 따라서 천년 동안 마르지 않는 물은 천년 동안 마르지 않는 재물이 되는 것이다.

③ **거수** : 여기서 거수(去水)라 함은 수구를 말한 것이 아니라 혈 앞으로 직거하는 물을 말하기 때문에 이는 패절하는 흉수다. 즉, 내당한 조수가 혈전에서 합하지 않고 직거해 버리는 물을 말한다. 앞에서 설명한 바와 같이 혈전지수는 취합하여 돌고 돌아 흘러가야 진혈이며 치부가 기약되는 바 이에 반해 조당수(朝堂水)가 혈전에서 직거하면 진혈이 맺지 못하며 정재(丁財 : 자손과 재산)가 망하기 쉽다. 그러나 거수 한 가지만으로 흉이라고 단정하기 어려운 경우도 있다. 용진혈적(龍眞穴的)하고 사격(砂格)도 길하며 소수(小水)는 비록 나가도 대수(大水)가 역관하면 옛 명사(名師)들도 점혈한 경우가 있다. 만약 소수도 거하고 대수도 순거(順去)하면 융결이 어려울 것이며 패절할 것이다.

❖ 물의 3가지 기본 형세

① **득수**(得水) : 득수는 용이 물을 얻는 것을 말한다. 용이 물을 얻지 못하면 등천을 못하는 것과 같이 산룡(山龍)도 물을 얻어야 좋다. 들어오는 물은 구불구불 천천히 와야 좋고 성난 물줄기가 직사하거나 소리를 내어 흐르는 것은 좋지 않다. 물은 길방에서 오고 흉방으로 빠져야 좋다는 득수득파에 해당되는 말이다.

② **취수**(聚水) : 취수는 고여있는 물을 말한다. 명당혈전에 호수나 저수지가 있어 항상 맑은 물이 가득히 있게 되면 득재치부(得財致富)한다. 단 여기서 말하는 취수는 수법상 득파방위가 제대로 맞는 취수임을 말하는 것이다.

③ **거수**(去水) : 거수는 용혈 아래로 직거(直去)하는 물이다. 명당 안으로 모인 물이 합수하지 않고 곧게 빠져나가는 것은

대흉한 것이다. 이 경우는 진혈이 될 수가 없고 물 또한 원진수(元辰水)가 되어 흉한 것이다.

❖ **물의 형세** : 물의 형세를 다음 여덟 가지로 분류하여 그 길흉을 설명하기도 하나 표현만 다를 뿐 앞에서 분류한 내용과 중복되기도 하니 참고로 하기 바랄 뿐이다.

- **만**(灣) : 지현(之玄)자 모양의 굴곡수 즉 구곡수를 말한다. 이 만곡수(灣曲水)는 오는 물이건 가는 물이건 간에 길하며 수법상의 길흉방간(吉凶方間)에 부귀왕정하는 길격수세에 속한다.
- **구**(鉤) : 혈전을 지나는 횡수나 직거수가 다시 갈고리처럼 굽어 혈을 돌아다보는 수세를 말한다. 절지회생(絶地回生)하는 격이어서 선흉후길(先凶後吉)이다.
- **두**(兜) : 혈장에서 흐르는 원진수(元辰水)가 혈전에 있는 지호(池湖)에 합류되는 형세를 말한다. 그 화복은 길흉이 반반이다.
- **전**(轉) : 과혈직거(過穴直去)하다 회전하여 만궁(彎弓)하는 수세이다. 그러나 정답게 회포하면 길하나 혈을 배반하고 역포하면 반궁수가 되어 흉하다.
- **충**(沖) : 깊고 급하게 흘러와 용혈을 앞에서 충사(沖射)하거나 옆에서 횡격(橫擊)하면 흉한 형세이다. 전후좌우 혹은 길흉방을 불문하고 충에 해당되면 흉하며 패가한다.
- **해**(解) : 장대수(長大水)와 소수 또는 길수와 흉수 및 길방수와 흉방수가 합류하여 길수가 흉수로 변하거나 반대로 흉수가 길수로 변하는 것을 해라 한다. 즉 적은 흉수 또는 흉방소수가 많은 길수나 길방대수와 합류하면 흉수가 길수로 변하며 이에 반하여 적은 길수 혹은 길방소수가 많은 흉수 또는 흉방대수와 합류하면 길수가 흉수로 변하여 흉하다.
- **사**(射) : 깊고 급하게 흐르는 직래수가 혈을 향해 직사하는 흉한 형세이다. 자손이 상하고 손재(損財)한다. 특히 혈 앞에서 사하면 전 자손이, 좌사(左射)는 장방(長房)이, 우사(右射)는 차방(次房)이 피해를 본다.
- **조**(照) : 혈 앞에 지당(池塘)이 있으나 항상 말라서 물이 없으면 혈 속에 개미가 침범한다. 항상 만수된 지당이 혈전에 있으면 길하여 치부하나 건수고갈(乾水枯渴)된 연못이 있으면 많은 개미가 혈 중에 침입하여 혼백이 편치 못하여 자손의 불왕(不旺)이 우려되는 흉수이다. 혈의 진결(眞結)은 산과 물의 외적 배합과 이법상(理法上)의 합법이 다 같이 맞아야 된다는 것은 수세 총론에서도 강조한 바 있으나 우리 육안으로 길흉 판별이 가능한 수세는 오히려 수법보다 더욱 중요하다. 예를 들면 수법상 흉방에서 내거하는 물이라 할지라도 구곡수로 흘러 다정하게 용혈을 회포하면 길한 것이며, 그와 반대로 득파간에 합법한 물이라 할지라도 혈을 배반하며 반궁수로 흘러가면 흉한 것이기 때문이다. 따라서 지금까지 설명한 수세론을 숙독하여 수세에 의한 혈의 길흉 판단이 정확을 기할 수 있도록 능력을 길러주기 바라면서 수세편을 마칠까 한다.

❖ **물이 솟아나면** : 대문 앞이나 자기 집에 물이 솟아나거나 질퍽거리는 등 습기가 많을 경우 재물이 늘지 않고 곤궁을 치른다. 묘지에 물이 질퍽거리면 그의 자손들이 재물 손실과 모진 질병으로 일찍 죽게 된다.

❖ **물이 얕은 곳에 가난한 사람이 많다** : 물맛이 달면 사람이 건강하고 미인이 많고 수(水)가 얕은 곳에 가난한 사람이 많고 수가 깊은 곳에 사람이 많이 살고 물이 도망가는 곳에 사람이 오래 살지 못하고 자주 떠난다.

❖ **물이 묘를 충(沖)하면** : 물이 묘를 충하면 인패를 많이 당 한다. 명혈일 때 산수가 충하면 속발로 일확천금 한다. 만약 귀판혈(貴板穴)이라면 특진대과(特進大科)에 속발(速發) 하게 된다.

❖ **물이 없으면 명당이 될 수 없다** : 풍수에서 물은 매우 중요하다. 중국 풍수에서는 산보다 물을 더 중요시했다. 이는 풍수설이 흥성하였던 중국 북부 지방의 자연환경과 무관하지 않다. 그 지역은 강수량이 적어 물이 무엇보다도 중요할 수밖에 없었던 상황이 풍수에 반영된 것이라 할 것이다. "산은 천리의 근원을 바라보고 물은 천리의 끝을 본다."라는 말이 있다. 산은 그 성질이 움직이지 않아 정(靜)이며, 물의 성질은 동(動)이다. 산은 음이고 물은 양이다. 산수가 서로 어울리면 음양이 화합하고 생기를 발하게 마련이다. 그러니 산수가 서로 만나는 곳은 길지가 된다. 풍수에서 물을 중시하는 진짜 이유는 물의 본성, 그 자체에 있다. "산은 수가 보내지 않으면 오는 바를 밝힐 수 없고, 혈은 물을 만나지 않으면 그 그침을 밝힐 수 없다."고 한 것처럼,

물이 없다면 기의 흐름을 알 수 없고, 또 어디에서 멈추었는가를 살피기도 어렵다. 즉, 물을 통하여 기의 흐름과 멈춤을 알아낼 수 있다는 말이다. 풍수라는 명칭도 "생기는 바람을 타면 흩어지고, 물을 만나면 머문다."고 한 데서 비롯된 것이다. 생기를 모이고 흩어지게 하는 바람과 물이 글자 그대로 풍수가 된 것이다. 그래서 풍수의 법은 "득수가 우선이고, 장풍이 그 다음이다."라고까지 했다. 그러면 풍수에서 득수란 구체적으로 어떤 지세를 가리키는 것일까. 음양론에서 본다면 산과 물이 상응하면 음양이 화합하고 양자가 상극하면 음양이 떨어져 불화를 이루게 된다. 그러므로 산수가 화합하는 곳에 생기가 모이고, 그곳이 바로 명산, 길지인 것이다. 이렇듯 득수는 생기의 멈춤과 취집(聚集)이라는 면에서 풍수에서 매우 중요하게 친다. 이는 유동과 변화를 그 본성으로 하는 물도 산과 더불어 조화를 이루지 않으면 안 된다는 음양의 화합을 강조한 것이라 할 수 있다. 물 없는 산이란 생각도 할 수 없듯이 장풍은 반드시 득수와 함께 다루어지는 것이다. 그렇다면 물은 어떻게 흘러야 하며 어떤 방향으로 흘러야 길한 것인가? 풍수에서는 그 성국을 이루는 물이 흘러들어오는 것을 득(得)이라 하고, 흘러나가는 것을 파(破)라고 한다. 즉, 청룡과 백호 사이로 흘러 들어오는 물이 처음 보이는 곳을 득이라 한다면, 명당 앞을 지나 흘러 나가는 물이 마지막으로 보이는 곳이 파인 셈이다. 또 청룡쪽에서 흘러내리는 물을 양수라 하고, 백호쪽에서 흘러내리는 물을 음수라 한다. 이는 음양오행설에서 동은 색상으로 보아 청색이기에 양이고, 서는 백색이기에 음이라 생각했기 때문이다. 물의 흐름 또한 일정하지 않다. 풍수에서는 "산은 길방(吉方)에서 오는 것이 좋고, 물은 길방에서 흘러들어와 흉방(凶方)으로 나가야 좋다."고 한다. 그래야만 산의 내맥이 복록을 싣고 오고, 흉 방향으로 흐르는 물이 흉액을 실어가 버리기 때문이다. 이렇듯 물은 생기를 가져다 줄 뿐만 아니라 흉액을 없애 주는 역할도 한다. 또 물은 산맥인 용을 멈추게 하여 기가 모이게도 하지만, 반대로 앞에서 들어오는 기를 막아 주는 역할도 한다. 조선 초기 이성계가 한양에 성을 쌓은 뒤 남대문에 현판을 세로로 세우고 그 앞에 연못을 판 것도 관악산의 화기를 막고자 했던 득수의 한 방책이었던 셈이다. 한강이 일차적으로 관악산의 화기를 막아주는 역할을 했지만, 관악산의 화기가 워낙 강해 이 같은 방책을 더 쓸 수밖에 없었던 것이다. 그러나 이른바 명당에서는 물의 흐름이 안 보이는 것이 좋다. 물의 흐름이 보이는 것은 길하지 않다고 본다. 또한 물은 맑아야 하고, 탁하거나 냄새가 나서는 안 되며, 혈 앞에서 절을 하듯 유순하게 흘러야 한다. 물의 흐름이 지나치게 빠르거나 곧거나 또는 혈을 향해 내지르거나 쏘는 듯 해서는 안 된다. 즉, 남녀가 서로 절을 하듯 산수도 따로따로 쏘는 듯 해서는 안 된다. 즉, 남녀가 서로 절을 하듯 산수도 따로따로 떨어지지 않고 상생하여야 한다. 이런 물의 성질과 상태는 인간이 살아가는 데에도 반드시 필요한 이치일 것이다.

❖ **물이 집터 바깥으로 흐르는 물** : 집터 바깥으로 흐르는 물을 인위적으로 집안으로 끌어들이는 것과 담장이 지나치게 높게 둘러쳐진 것은 우환과 재난 구설과 풍파가 생기고 재산이 늘지 않으며 음흉스러운 일이나 떳떳치 못한 비밀 등이 자주 발생되는 불길격이다.

❖ **물이 처음보이는 곳을 득수(得水)라 하고 물이 돌아가 숨는 곳은 파구(破口)라 한다** : 물이 오고 감을 살피고 산과 물은 서로 반대방향을 하면 음양이 합하여 교구를 한다. 내룡의 입수를 살피고 오행의 순역을 정한다. 묘에서 생방(生方)과 왕방(旺方)을 포태법(胞胎法)으로 길흉(吉凶) 효험을 한다. 물이 처음으로 보이는 곳을 득수(得水)라 하고 물이 돌아가 숨는 곳을 파구라 하고 길한 방위에서 들어오고 흉한 방위로 물이 나가면 합당한 법이다. 생방과 왕방이 같이 이르면 인물과 재물이 융성한다. 쇄병사고절 방향에서 물이 오면 안 되고 가는 것만 좋고 욕방에서 명당으로 물이 들어오면 몰락하거나 묘에 덩굴과 풀만 있다. 태방의 물이 이르면 아들을 낳고 관방(官方)의 물이 이르면 자손이 많고 혹시 이 법규에 맞지 않으면 복은 사라지고 화를 부른다.

❖ **물이 천천히 흐르는 곳에 명당이다** : 명당은 물이 천천히 흐르는 지역에서만 이루어진다. 급류 지역에서는 바람도 빠르게 불어 땅의 기운이 분산되고 물이 천천히 흐르는 곳에서는 바람 역시 잔잔해서 기운이 모여 생기가 이루어지기 때문이다.

❖ **물이 치고 들어오거나 배반해 나가는 물은 이러하다** : 강 하천

계천 골짜기 등의 물이 추돌하듯 주택이나 묘지로 치고 들어오면 흉하다. 이는 집 뒤나 묘 뒤가 흉한 골짜기 이거나 물이 배반하고 등을 돌린 곳 물이 일직선으로 곧장 흐르는 곳에서 발생한다. 수살(水殺)으 받는 집터나 묘지는 사람이 다치고 단명하여 곧장 파산하여 가난해 진다.

❖ **물의 형태** : 지상에서 용과 함께 흐르던 기운은 강이나 바다를 만나면 정지되어 한 곳에 모인다. 그 위치는 물의 형태에 따라 달라진다. 따라서 지세를 분석하기 위해서는 물에 대한 정확한 분석이 필요하다. 물은 크기에 따라서 바다·강·댐·호수·계곡·밭고랑·연못 등으로 구분된다. 명당은 바다나 강과 같이 큰 물이 있는 곳에서는 형성되지 않고 개천이나 논두렁, 밭고랑처럼 작은 물이 있는 곳에서 형성된다. 심지어 실개천과 같은 매우 작은 물이 있는 곳에서도 명당이 형성되기 때문에, 명당은 공기 중에 약간의 수분만 있어도 형성되는 것으로 분석된다. 바다는 물의 근원이지만 생기를 발생하지 않는다. 바닷물이 강한 음기이므로 양기가 힘을 발휘하지 못하기 때문인데, 모든 생기는 양기와 음기가 서로 균형을 이룰 때 발생하며, 양이나 음 한 쪽만 강한 경우에는 생기가 발생하지 않는다. 포구로 둘러싸인 지세는 바다의 기운을 어느 정도 막아 주기 때문에 생기가 조금은 형성되지만 완전한 혈이 형성되기는 어렵다. 바다에 가까우면서 낮은 산에 둘러싸여 바다가 전혀 보이지 않는 지역에 생기가 잘 모인다. 강과 집터 사이에 야트막한 산이 가로막고 있어 어느 정도 강의 기운을 막아 주는 지세라면 명당이 형성된다. 한강 주변에 조선 시대 왕릉이 하나도 없다는 사실을 통해서도, 큰 강 주변에는 혈이 없음을 알 수 있다. 강물이 흐르는 형태는 지세에 의해 직선으로 흐르기도 하고 굽이치며 흐르기도 한다. 그러므로 강물의 흐르는 형태에 따라 명당이 형성되는 위치가 다르다. 직선으로 흐르는 강가 좌우에는 바람이 강하게 불기 때문에 기가 모일 수 없다. 이렇게 흐르는 물은 마치 화살이 급하게 지나가듯 바람도 살풍이어서 지상의 기를 흩어지게 한다. 풍수에서 이상적인 물의 형태를 '궁수(弓水)' 라고 하는데, 활의 둥근 모양이나 굽이쳐 돌어가는 형태에서 곡선 중심의 안쪽을 말한다. 이러한 지세에서는 물이 잔잔하고 지기가 모여 좋은 집터를 이룬다. 곡선 바깥쪽에는 기운이 모이지 않아 좋은 집터가 되지 못한다. 경상북도 안동 하회 마을이 대표적인 경우다. 서울의 지세를 보면, 한강이 서울 남쪽을 통과할 때는 굽이굽이 돌아 마치 활과 같은 형태를 이루지만, 여의도에서 강화까지는 직선으로 흐른다.

❖ **물형정혈**(物形定穴) : 물형정혈이라 함은 어느 짐승이나 물건의 모양과 형상에 맞추어 혈을 정하는 법을 지칭한다. 다시 말하면 와우혈(臥牛穴)이니, 혈은 양이(兩耳) 사이에 있다든가 선인무수혈(仙人舞袖穴)이니 북이나 장고에서 혈을 찾는 것 등을 말한다. 그러나 이는 매우 잘못된 것으로서 이미 사계(斯界)의 칠현인(七賢人)이 바로 잡아 놓은 바 있다. 지리는 이치를 추적하여 답을 얻는 것인데 물형을 따르다가 지렁이를 뱀이라 하고 고양이르 사자라 하지 않는다고 누가 장담하겠는가? 그러나 우연히 물형의 혈과 이치의 부합이 이루어졌다면 더욱 묘미(妙美)한 것이라 하겠다.

❖ **물, 직래수**(直來水) **직거수**(直去水) : 원래 물은 앞을 치는 직거수뿐만 아니고 나가는 물인 직거수도 보는데 두 가지 중 한 곳에라도 집이나 산소를 쓰면 집안에 큰 불행이 닥치게 된다.

❖ **물풀** : 무덤에 물이 들었을 경우 봉분의 표면에 생기는 이끼를 말한다.

❖ **미**(未) : 미(未)는 십이지(十二支)의 8번째. 지지 미(未)로 구성되는 육십갑자(六十甲子) 辛未 癸未 乙未 丁未 己未의 5가지가 있다.

- 미(未)는 음토(陰土)이다. 색은 황색(黃色) 방위는 남(南) 절기는 계하(季夏) 즉 육월(六月)에 속한다.
- 未는 선천수 八 후천수는 十이다.
- 未는 午를 만나면 六合이 된다. 亥와 卯를 만나면 亥卯未 삼합(三合)하여 오행(五行)은 木으로 화한다. 그리고 未는 亥만 만나거나 卯만 만나도 亥未 未卯로 반합(半合 : 半會)하여 역시 오행(五行)은 목(木)이 된다.
- 未는 짐승에 비유하면 양(羊)이다. 未를 목고(木庫) 또는 목묘(木墓)라 한다. 그리고 未는 丑辰戌과 더불어 사고(四庫) 사장(四葬) 사금(四金)으로 불린다.
- 未는 丑과 丑未 상충(相沖)이다. 戌을 만나면 戌未가 서로 파(破)

한다. 또는 未戌이 서로 형(形)한다.

• 未는 丑을 만나면 서로 뚫는 성질이 있다. 子를 만나면 子未가 원진(怨嗔) 또는 해(害)가 된다.

❖ **미가단**(未可斷) : 가히 단정하기 어려운 상태. 함부로 단정치 못하다.

❖ **미견**(未見) : 보이지 않음. 보기 어려움.

❖ **미녀검객**(美女歛客) : 이 형국은 아름다운 여인이 얼굴을 곱게 꾸미는 것이다. 미녀형의 산봉우리도 타원형이다. 귀인형(貴人形)과 비슷하다. 그런데 귀인형보다는 선(線)이 더 부드럽다. 여성적이다. 또 주변에 여인과 관련된 물건들이 있게 마련이다. 혈은 여인의 젖가슴이나 배에 있다. 안산(案山)은 경대(鏡臺 : 화장대)다.

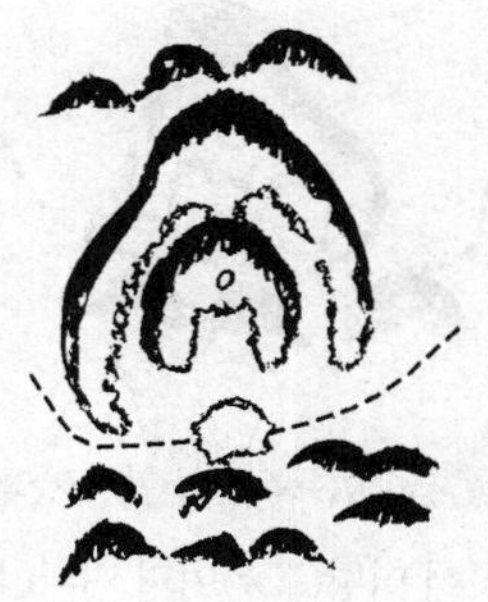

❖ **미녀두혜**(美女兜鞋) : 이 형국은 아름다운 여인이 가죽신을 신은 것이다. 미인처럼 생긴 봉우리 앞에 가죽신 모양의 산봉우리가 있다. 혈은 가죽신의 발판에 자리잡는다. 안산은 화장대다.

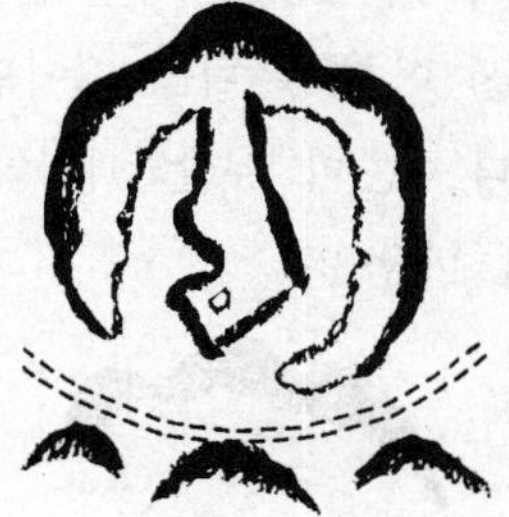

❖ **미녀분통**(美女粉桶) : 미녀분통은 미녀가 있으면 옥녀형국(玉女形局)이다.

❖ **미녀조경**(美女照鏡) : 이 형국은 아름다운 여인이 자기 얼굴을 거울에 비춰보는 것이다. 미녀처럼 생긴 산봉우리 아래에 못(池)이 있다. 혈은 여인의 젖가슴이나 배꼽에 자리잡는다. 안산은 경대다.

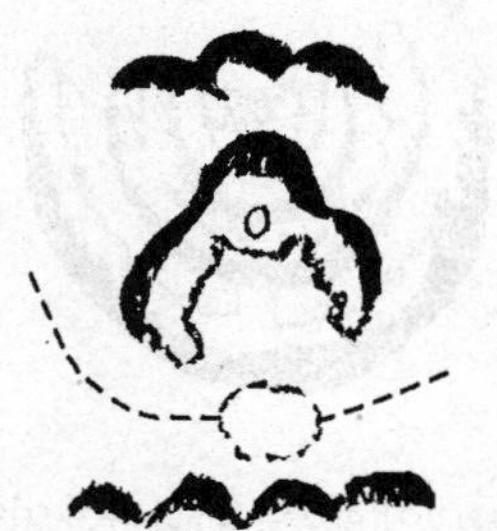

❖ **미녀천주**(美女穿珠) : 이 형국은 아름다운 여인이 구슬을 꿰고 있는 것이다. 주변에 실, 바늘, 구슬처럼 생긴 산들이 있다. 구슬은 미녀의 앞에 솟아올랐다. 혈은 구슬 위에 있다. 안산은 화장대다.

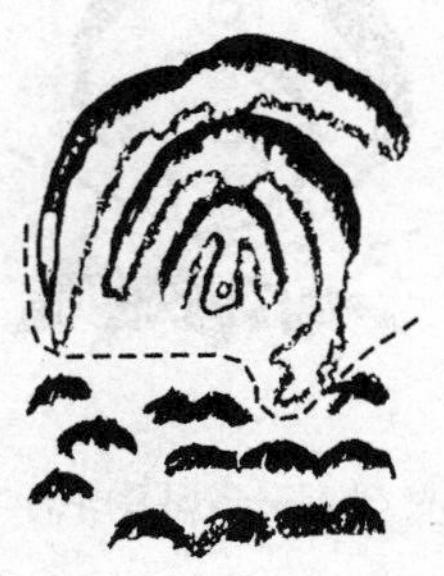

❖ **미녀소장**(美女梳粧) : 이 형국은 아리따운 여인이 머리를 빗으며 단장하는 것이다. 두 팔이 되는 청룡·백호가 매우 아름답다. 춤출 때 펄럭이는 소맷자락과 같다. 혈은 여인의 젖가슴과 배에 있다. 안산은 화장대나 거울, 혹은 빗이다.

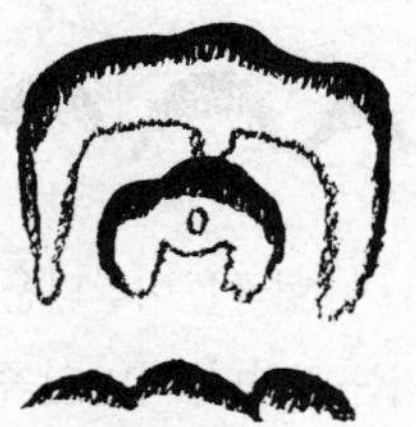

❖ **미녀출교**(美女出轎) : 이 형국은 아리따운 여자가 가마를 타고서 밖으로 출타하는 것이다. 미녀의 앞에 가마가 있다. 혈은 가마에 자리잡는다. 안산은 거울이나 화장대다.

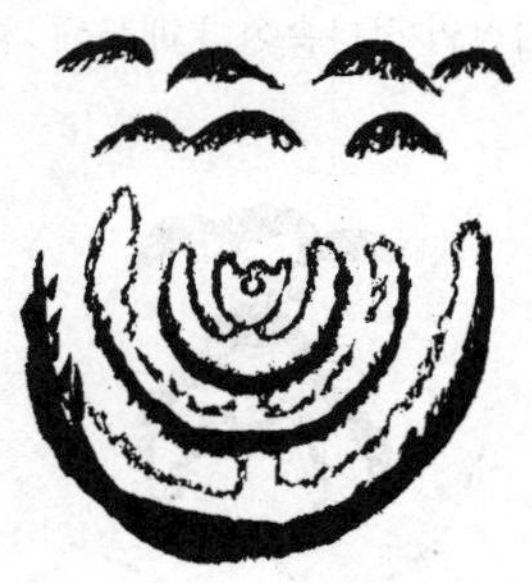

❖ **미녀포경**(美女抱鏡) : 이 형국은 아름다운 여인이 거울을 옆에 끼고 있는 것이다. 청룡·백호의 안쪽에 못(池)이 있다. 혈은 여인의 가슴에 자리잡는다. 안산은 경대다.

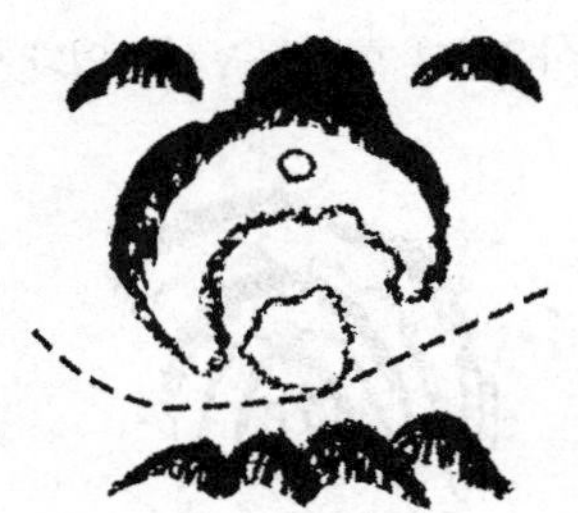

❖ **미녀포전**(美女鋪氈) : 이 형국은 아름다운 여인이 양탄자에 앉아 있는 것이다. 미인처럼 생긴 봉우리 앞에 양탄자가 있다. 혈은 양탄자의 중심에 자리잡는다. 안산은 미인의 짝이 되는 남자다.

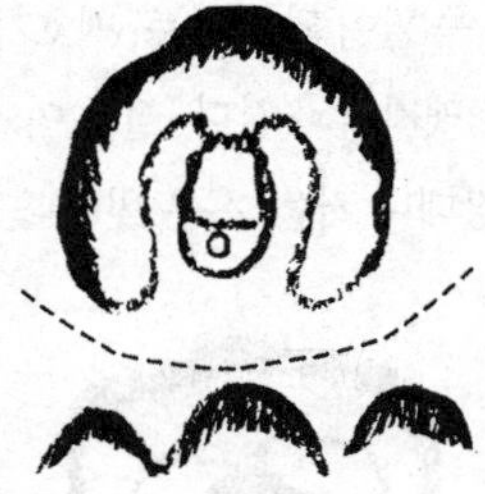

❖ **미녀하련**(美女下輦) : 이 형국은 아름다운 여인이 연(輦)을 내리고 궁중으로 들어가는 것이다. 미녀 앞쪽에 연이 있다. 혈은 연에 자리잡는다. 안산은 궁궐이다.

❖ **미녀회태**(美女懷胎) : 이 형국은 아름다운 여인이 아기를 수태한 것이다. 혈은 미녀의 젖가슴이나 배에 있다. 안산은 미녀가 잉태한 아기다. 아기 봉우리는 동그랗게 생겼다.

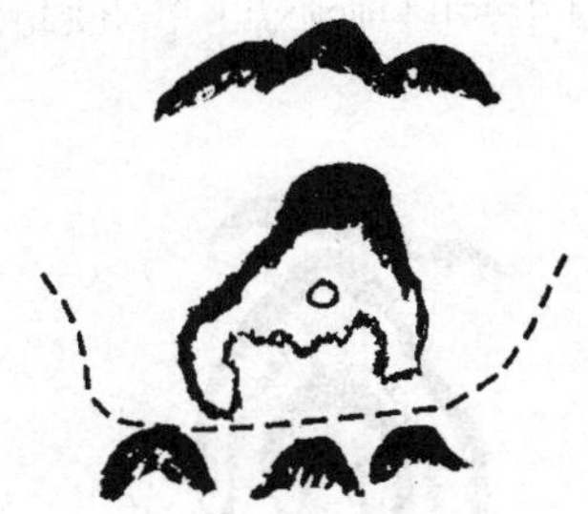

❖ **미득**(未得) **미파**(未破) : 미득(未得) 혈장(穴場)을 기준하여 물이 맨 처음 보이는 곳이 미방(未方)이며 미파(未破)는 혈장(穴場)에서 보아 흘러나가는 물이 미방(未方)으로 감춰진 것이다.

❖ **미룡**(未龍) : 미룡(未龍)은 이십사룡(二十四龍)의 하나. 산의 용맥(龍脈)이 미방(未方)에서 축방(丑方)으로 뻗어내려온 것. 미맥(未脈) 미방(未方)에서 축방(丑方)으로 뻗은 산줄기이다.

❖ **미륵개수**(彌勒磕睡) : 이 형국은 미륵보살이 단정히 앉아서 삼매(三昧)에 든 것이다. 혈은 미륵보살의 배꼽이다. 안산은 미륵보살이 메고 다니는 바랑이다.

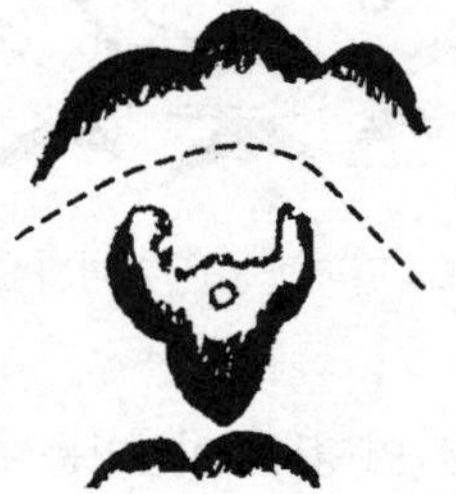

❖ **미륵방대**(彌勒放袋) : 이 형국은 미륵보살이 바랑자루를 앞에 놓

고 앉아 있는 것이다. 미륵보살처럼 생긴 봉우리 앞에 바랑처럼 생긴 산이 있다. 혈은 바랑에 자리잡는다. 안산은 보살이 들고 다니는 지팡이, 혹은 목탁이다.

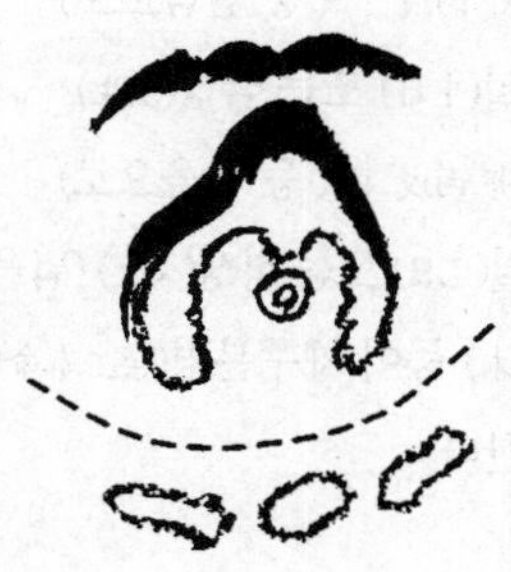

❖ **미방**(未方)**의 산** : 미방과 더불어 진술축방(辰戌丑方)에 높고 수려한 봉우리가 있으면, 훌륭한 학자, 도학군자(道學君子), 장원급제자가 배출된다.

❖ **미방풍**(未方風) : 질병이 두렵다(단 손사병정경유신좌(巽巳丙丁庚酉辛坐)는 무해하다). 미방(未方)에서 혈장으로 불어오는 바람 즉 혈장에서 보아 미방(未方)에 산이나 등성이 등이 없이 허하게 트여 있으면 그곳의 바람이 혈(穴)에 닿는다고 한다.

❖ **미사**(眉砂)

① 입수를 중심으로 혈 위에서 반월형을 아룬 곳 어떤 것은 나비의 눈썹처럼 생겨서 아미사라고 부르기도 하며 또 어떤 것은 초승달 같아서 월미사라 하기도 한다. 미사가 있기 때문에 혈에 정기가 서린 것을 알 수 있다.

② 입수(入首)에서 두뇌(頭腦)를 거쳐 혈(穴)로 옮겨지는 조금 높은 긴 둔덕 또는 판막상을 이룬 곳을 말한다. 그 모양에 따라서 아미사(蛾眉砂), 월미사(月眉砂), 팔자미사(八字眉砂) 등의 이름이 있다.

③ 미사는 입수를 중심으로 혈 위에서 반월형(半月形)을 이룬 곳이다. 어떤 것은 나비의 눈썹처럼 생겨서 아미사(蛾眉砂)라 부르고, 또 어떤 것은 초승달 같아서 월미사(月眉砂)라 한다. 팔자형(八字形)도 있는데, 이것은 팔미사(八眉砂)라 부른다. 미사가 있음으로 해서, 혈에 정기가 서린 것을 알 수 있다.

❖ **미성**(尾星) : 경방(庚方)에 있다. 경방(庚方)에 9봉이 있으면 왕후가 나고 몹시 높으면 화재 또는 맹수의 화를 당하게 된다. 또 허하면 도적으로 망한다. 때는 인년(寅年)에 시작된다.

❖ **미성복**(未成服) : 상(喪)에 복하여야 할 친족이 사망하였으나 아직 성복하지 않은 상태를 말하며 성복은 사망 4일만에 하는 것을 예로 함. 用例 : 복제를 당하여 성복되기 전 이외에 복제 식가 수유한 것을 제외하고 외방에 있는 자와 홍문관 시강원의 입직자는 현탈하여 모면하지 못한다.

❖ **미악불균**(美惡不均) : 이 용은 한쪽 지각이 아름답고 다른 쪽 지각은 흉하게 생긴 것이다. 한쪽의 지각은 단정하고 힘차게 잘 뻗었는데 반대편의 지각은 짧거나 달아나거나 험상궂거나 깨져 있다. 이런 용의 혈에다 묘를 쓰거나 집을 짓고 살면, 복을 누리는 사람도 생기고 흉한 화를 입는 사람도 나오는데 그 화가 너무 크다.

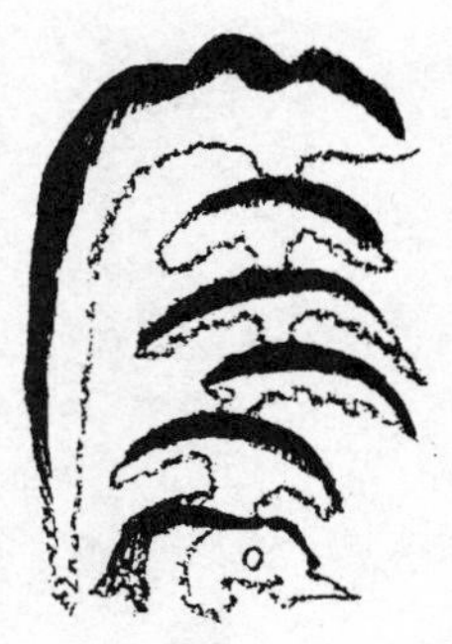

❖ **미좌**(未坐) : 이십사좌(二十四坐)의 하나. 묘(墓)나 건물 등이 미방(未方)을 등진 것. 미좌 축향 묘나 거물 등이 미방(未方)을 등지고 축방(丑方)을 향한 것. 미(未)는 오행(五行)으로 흙(土)이며 건토(乾土)이다. 건토인 미좌(未坐)는 불생토(不生土)이기 때문에 지대가 얕은 것이 불미(不美)하며 혈의 정기가 산머리 부분에 정혈이며 사방풍(四方風) 사방수(四方水)를 꺼리지 않는다. 미(未)는 동물(動物)로는 염소(羊)이며 염소는 고원(高原)을 좋아하며 방석(方石)을 또 좋아한다. 그러나 돌석(솟은 바위)은 금물이다. 화산(火山) 마루에 머리 부분이 정혈이며 미좌(未坐)를 놓은 때는 낙산(洛山)도 꺼리지 않는다.

❖ **민**(珉) : 돌멩이가 옥과 같은 모양. 옥돌.

❖ **밋밋한 용**(龍)**을 찾지 말라. 지관**(地官)**을 해친다**

• 혈(穴) 한쪽에 바람이 닿는 곳을 취하면 인정(人丁)이 끊어진다.

• 안산(案山)이 없는 것을 취하지 말라 의식이 곤궁해 진다.
• 명당이 기울러 진 곳을 취하면 가업이 패한다.

❖ **밀일**(密日) : 밀일(密日)에 해당하면 안장(安葬)을 크게 꺼린다. 다음과 같다.

각목(角木)이 술일(戌日 또는 토생(土生)
(庚午 辛未 戊寅 己卯 丙戌 丁亥 등 납음으로)
정목(井木)이 축일(丑日) 또는 토생(土生)
(庚午 辛未 戊寅 己卯 丙戌 丁亥 등 납음으로)
규목(奎木)이 진일(辰日) 또는 토생(土生)
(庚午 辛未 戊寅 己卯 丙戌 丁亥 등 납음으로)
두목(斗木)이 미일(未日) 또는 토생(土生)
(庚午 辛未 戊寅 己卯 丙戌 丁亥 등 납음으로)
유토(柳土)가 자일(子日) 또는 수생(水生)
(庚午 辛未 戊寅 己卯 丙戌 丁亥 등 납음으로)
미화(尾火)가 신일(申日) 또는 금생(金生)
(庚午 辛未 戊寅 己卯 丙戌 丁亥 등 납음으로)
벽수(壁水)가 사일(巳日) 또는 화생(火生) (납음으로 火生) 또는 각목(角木) 정목(井木) 등이 제주본명(祭主本命)을 충극(沖克)해도 크게 해롭다고 한다.

❖ **바닷가 명당**: 바다가 시원하게 보이는 지세는 경치가 좋은 곳이지만 반드시 명당이 되는 것은 아니다. 바닷가에서 명당이 되기 위해서는 바다에서 불어오는 바람을 막아 주는 포구에 있어야 한다. 포구는 자연적인 포구와 인공적인 포구로 구분되는데, 자연적인 포구가 더 강력하게 바람을 막아 주는 것으로 분석된다. 포구로 둘러싸여 있는 곳은 바다를 직접 면한 곳보다 한결 바람이 부드럽다. 바람이 부드러운 곳에 기운이 모이므로, 포구로 둘러싸인 바닷가에 명당이 형성된다. 포구가 없는 바닷가는 비록 경치는 좋지만, 강한 바람이 불어서 기운이 흩어질 뿐 아니라 폭풍 피해를 받기 쉬워 명당이 될 수 없다. 바닷가에 명당이 이루어지는 경우 포구 안쪽이 더 바람직한 공간이 되고, 바깥쪽은 바람이 강하다. 바닷가에 포구가 크게 둘러싸여 있는 곳은 큰 도시로 발달하며, 작은 포구에서는 한두 집이 명당을 이룬다.

❖ **바람이 좁은 공간(空間)을 통과 하면 살(殺)이 된다**: 주택의 건물과 건물 사이나 좁은 산 계곡의 바람은 살풍(殺風)으로 변한다. 높은 빌딩사이에 음지는 모두 살풍으로 변한다. 좁고 긴 공간에서는 기가 흩어지고 산소가 깨지는 것을 살풍이라 한다. 살풍이 이러한 한풍(寒風)이다. 계곡풍은 높고 좁은 사이에 자생한 냉풍(冷風), 선풍기 바람, 바다에 일어나는 바람 등이다.

❖ **바보집안 삼대, 부자집안 삼대**

- 명당은 아무에게나 욕심대로 주어지고 선택되어지는 것이 아니다. 첫째, 망인(亡人)이 생존시에 적선(積善)과 덕망(德望)을 쌓고, 둘째, 그 자손이 또한 선덕(善德)과 효행을 쌓아야 하며, 셋째, 마음씨 올바른 명지관(名地官)을 만나야 하는, 이 삼위일체(三位一體)가 갖춰져야 명당을 얻을 수 있다.
- 사람은 산다는 것 자체가 죄로 볼 수 있다. 그 이유는 숱한 생명체를 밟고 죽이고 하면서 자신의 생활을 영위해 나가고 있기 때문에 적선이란 특별한 것이 아니고 보통 우리들의 일상생활 속에서 최소한도로 남을 괴롭히지 않음으로써 삼대 안에 명당에 용사(用事)한다는 것이고, 부자는 그 재산을 지키기 위한 행위 또는 더 부자가 되기 위한 심리적 작용 등으로 죄가 축적되어 삼대를 못가서 패망하는 예가 많다. 가세가 빈곤하고 교육도 충분히 받지 못한 사람, 또는 길가에서 시금치 파는 아주머니의 자녀가 출세하는 경우를 들 수 있다. 이는 대대로 죄를 짓지 아니하고 최소한도로 남을 괴롭히지 않는 적선(積善)의 기본을 지켰기 때문이다.

❖ **바싹 마르고 깎인 용을 피하라**: 깎인 용이란 혈처가 흙이 적고 가늘게 야윈 것을 말한다. 지세가 미약하고 무기력하여 혈을 결혈할 수 없는 땅이 용과 혈지가 마치 사람이 말라 비틀어져 뼈만 앙상하게 남아 있는 형상으로 혈은 기세생왕(氣勢生旺)한 용과 살이 두툼하게 붙은 기부포전(肌附鋪氈)한 곳에서 결지하며, 늙고 병들고 미약하여 몰골이 앙상한 곳에서는 혈을 맺지 못한다. 이러한 곳에 장사지내면 자손에게 병이 많으며 화를 다하여 자손이 희귀해진다.

❖ **바위는 길흉의 확실한 증거**: 바위의 방향과 그 길흉론을 보면 동남방의 바위의 크기가 3척 이상이면 장손이 빨리 죽게 되고, 동북방의 돌은 앞 못보는 자손을 예고한다. 묘가 북향이고 묘의 동방(東方)에 암석이 있으면 자손이 일찍 죽는다. 묘의 안산(案山)인 앞쪽에 바위가 층층으로 넓게 펼쳐 있으면 장님과 귀머거리 자손을 낳는다. 묘의 앞쪽 전순(氈脣)에 괴암석이 있으면 그의 자손이 타인에게 칼을 맞든지 총탄을 맞아 죽는다. 묘 뒤에 뾰족한 이빨 같은 돌이 있으면 집 안의 아녀자가 죽게 되거나 가세가 기운다. 묘의 향(向)이 동쪽일 때 험한 암석이 북쪽에 있

으면 남편이 죽게 되거나 부인이 다른 남자 품에 안기게 되고, 묘가 서향(西向)일 때 동방(東方)의 험한 암석은 죽음을 부를 수도 있다. 청룡이 가늘게 들어오면 적손(嫡孫)이 끊어진다. 청룡의 산 자락의 허리가 약하면 산 너머 물길이 보이게 되어 이를 월견수(越見水)라고 하는데 벙어리 자손이 나온다. 백호에 해당하는 용이 돌아와서 묏자리와 부딪치는 형국이면 자손이 일찍 죽는다. 장군이 칼을 차고 앉아 있는 형태의 장군대좌 패검형에는 묘의 좌우에 칼 같은 바위가 위치해 있는 경우가 있다. 이런 명당은 이기오행(理氣五行)의 법수를 따져 제대로 묘를 쓰면 장군이 나오는 발복이 있지만 잘못 쓰면 강도나 흉악범같은 후손이 나와 결국 패가하게 된다. 아무리 좋은 혈이라고 쓰임에 따라 하늘과 땅만큼이나 차이가 난다. 형국의 이치에 발복하지 그렇지 않으면 그 반대가 되거나 무의미해진다. 바위가 묘 주위에 자연발생적으로 존재하는 것이라면 석물은 인공적으로 설치된다는 점이 다르다. 땅 속에 박힌 돌(이라도 장비로 들어올릴 수 있는 것)·바위·물개 같고 돼지 같고 소와 같은 바위는 길한 바위이다.

❖ **바위산 창끝 같이 날카로우면** : 혈상(穴相)에서 어느 곳에 보이거나 창(槍)은 충살(沖殺)이다 하여 관재구설(官災口舌)에 파산이 두렵다.

❖ **박룡**(剝龍) : 용이 꺾이어 짐.

❖ **박벽혈**(撲壁穴) : 까마득히 높은 곳에 있는 괴혈. 바람벽에 붙어 있는 나방이처럼 밑에서 보면 아주 위태롭기만 하고, 홀로 떨어져 있어 너무 외롭게 보인다. 그런데 막상 혈처에 가보면 무척 아늑하다. 또 사방의 산들과 물이 매우 수려하고 다정하게 보인다.

❖ **박안**(泊岸) : 바람을 차단하여 편안히 쉴 수 있도록 만들어진 언덕.

❖ **박환**(剝換) : 벗어나서 바뀌어짐. 암석으로 험하게 내려오던 용맥이 암석이 벗어지고 흙으로 바뀌어 순하여지는 모양.

① 생동함을 나타내므로 귀수(貴秀)라 하며 상길(上吉)하다.

② 용이 뻗어 나가면서 깎이고 바뀐다는 뜻이다. 즉 용의 변화를 말한다. 예를 들어 늙은 용이 연(軟)한 용으로 바뀌고 굵은 것이 가늘어지고 조악(粗惡)한 것이 윤택해지는 등 흉격(凶格)이 길격(吉格)으로 변하면 반드시 아름다운 혈이 맺는다. 반대로 처음에는 훌륭하나 차츰 내려오면서 흉격으로 바뀌면 위가 아무리 좋아도 쓸모가 없다.

③ 암석이 기계적 풍화와 화학적 풍화를 거듭하며 흙으로 변하는 것을 가리킨다. 박환에도 묘한 자연의 이치가 있다. 즉 딱딱한 것이 연해지고 거친 것이 가늘어지고 흉한 것이 길한 것으로 변화되는 순리이다. 이를 두고 당나라의 양균송(楊筠松)은 다음과 같이 말하였다. 큰 것이 작은 것을 낳고 굵은 것이 가는 것으로 변하니 즉 바뀐다는 것은 좋은 의상으로 바꾸어 입는 것이며, 누에와 매미가 껍질을 벗는 것과 같다. 또 복응천(卜應天)도, 대개 용은 박환되어야 귀하니 가령 금성이 변하여 수성이 되고 수성이 변하여 목성이 되면 상생의 관계라 모두 부귀한 땅이요, 상극으로 박환이 되면 불길하다.

④ 지리학에서는 용이 굽어가는 것을 박환이라 한다.

⑤ 깎여서 형상이 바뀌어진다는 뜻으로 즉, 용의 시각적 변화를 말한다. 거대한 화산(火山)으로 발기(發起)된 험준한 준령(峻嶺)도 무한한 자연의 힘에는 감당이 아니되어 갈리고 깎이고 끊어지고 뒤집히고 파이고 벗겨지는 형체의 변화는 현재도 끊이지 아니하고 진행되고 있는 것이다. 이 모두의 변화현상이 박환(剝換)이라 말할 수는 없으나 유사한 표현은 될 수 있다. 복씨(卜氏)가 말하기를, 무릇 용은 박환(剝換)되어야 만이 귀(貴)하다 했고, 예를 들면 조산(祖山)이 금성(金星)으로 발기(發起)가 되었으면 수성(水星)으로 박환(剝換)이 되고, 수성(水星)으로 발기(發起)가 되었으면 목성(木星)으로 박환(剝換)이 되고, 목성(木星)으로 발기(發起)가 되었으면 화성(火星)으로 박환(剝換)이 되고, 화성(火星)으로 발기(發起)

가 되었으면 토성(土星)으로 박환(剝換)이 되고, 토성(土星)으로 발기(發起)가 되었으면 금성(金星)으로 박환(剝換)이 되어, 금생수(金生水), 수생목(水生木), 목생화(木生火), 화생토(火生土), 토생금(土生金)으로 상생이 되고, 절절(節節)이 합격하면 이는 부귀의 땅이요, 만일 상극으로 박환(剝換)이 되었다면 불길한 흉한 땅이 된다고 하였다.

⑥ 행룡의 활동에 따라 흉룡이 길룡으로 변하고 길룡이 흉룡으로 변하는 것을 말한다. 즉 오행(五行)의 목생화(木生火), 화생토(火生土), 토생금(土生金), 금생수(金生水), 수생목(水生木)의 상생(相生)과 목극토(木剋土), 토극수(土克水), 수극화(水剋火), 화극금(火克金), 금극목(金剋木)의 상극과 같이 용(龍)의 박환(剝換)으로 청룡·백호·전호(纏護)가 상생상극으로 대응하는 것을 의미한다. 협룡(峽龍)은 산맥과 산맥 사이를 이어주는 산맥을 말한다. 과협(過峽)의 절(節)이 확실하고 기복활동으로 기(氣)를 모아 진혈(眞穴)을 이루고 용을 보내고 받는 조응(朝應)과 대응이 잘 이루어져야 한다. 물을 건너는 협룡(峽龍)은 석량(石梁)이 있어야 된다. 석량(石梁)은 땅에 크고 작은 돌이 박힌 흔적이 이어져 있는 것을 말한다. 협룡(峽龍)은 정(情)이 불응하고 전호(纏護)가 불응하고 함몰하여 공허하고 수류(水流)가 충수(沖水)이면 흉하다. 과협(過峽)중 음협은 이마가 있으며 요철(凹凸)의 돌의 속기맥(束氣脈)이 발생하면 귀하고, 양협(陽峽)은 요(凹)가 발생하는 곳으로 직입수(直入首)하는 사맥(死脈)은 불가하나 중간에 거품 같은 형세가 있으면 반은 가능하다. 곡룡(曲龍)은 생기와 기복이 활발하여 귀격이다. 장협(長峽)은 바람의 침입으로 사맥(死脈)이 되어 불가하고 단협(短峽)도 사맥(死脈)이다. 그러나 중간에 다시 일어나는 산맥이 있는 것은 반반룡(半半龍)이라 한다. 원협(遠峽), 고협(高峽), 활협(闊峽)은 서로 통하는 협(峽)이다. 이렇게 행룡은 다양하게 변하니 바로 보인 협맥(峽脈)이 흉하더라도 버리지 말고 변하는 형세를 잘 살펴 속기(束氣)된 진혈(眞穴)을 찾을 줄 아는 안목을 길러야 한다.

⑦ 박환이 클수록 귀한 혈을 맺는다. 박환 방법은 두 가지 경우로 설명된다. 하나는 행룡의 방향을 크게 전환하는 것을 말한다. 전환이 크면 클수록 용도 기세 있게 변하여 더욱 귀한 혈을 결지한다. 두 번째는 용의 모습이 변하는 것을 말한다. 행룡도 중에 가늘었던 용맥이 두꺼워지고 급하게 내려오다가 완만해지는 것을 말한다. 또 거칠고 험준한 돌산에서 점차 곱고 유연한 흙산(土山)으로 바뀌는 것도 박환(剝換)이라고 한다. 혈은 험한 용에서는 맺지 못한다. 항상 밝고 부드러우면서 기세 있게 생동하는 용세에서만 결지한다. 때문에 박환은 용의 행룡에서 매우 중요하다.

❖ **박환**(剝換) : 돌산에 내려오다 흙산으로 소나무가 많고 마사토에 풀이 적은 곳을 말한다.

❖ **반**(蟠) : 평평히 굴러진 모양.

❖ **반**(反) : 몸이 구부러져 반배한 것(배반의 일을 당한다). 청룡과 백호 또는 안산과 조산 등 주변의 산들이 혈을 등지고 달아나는 형세. 주변 산들이 다정하게 혈을 감싸고 안아주어야 생기가 보존되는데 모두 달아나니 기가 모일 수 없다. 이는 무정과 배신을 뜻한다. 주변 사람들과 반목하여 큰 손해를 입는다. 결국 어떤 조직에서도 정착하지 못하고 영구히 떠돌아다니는 신세가 된다.

❖ **반곡**(反哭) : 장사를 지내고 곡(哭)하면서 집으로 혼백(魂帛)을 모시고 돌아옴.

❖ **반구**(返柩) : 객사한 자를 고향에 송환함. 반상(返喪).

❖ **반궁수**(反弓水) : 묘 앞을 등지는 흉한 물. 반궁수는 가정이 패망하고 배반, 음란하다.

❖ **반도**(蟠到) : 지리법에서 용의 형태를 표현하는 술어. 즉 용맥(龍脈)이 서리고 거꾸러지고 휘감아 도는 형상이 협(峽) 가운데 있으면 이곳에 혈이 맺는다고 한다.

❖ **반도수**(反桃水) : 혈을 감싸주지 않고 거꾸로 등을 돌려 흐르는 물. 이 물은 지극히 흉해서 혈 앞에 반도수가 있으면 도적질하는 사람이 나고, 또 자손들이 부모를 거역하며 고향을 떠나며, 부부간, 부모 형제간에 생이별도 하게 된다. 다른 사람한테 배반을 당하거나 다른 사람을 배반하기도 한다. 자손들의 성품은 거칠고 고약해진다.

명당 근처에서 하천의 흐름이 혈에 대해서 뒤로 젖혀진 상태의 것을 말한다. 꼭 요대수(腰帶水)와 반대의 형세가 되는데 지맥의 생기가 깎아내어져 버리는 식이 되어 풍수학상 한품의 가치도 없다고까지 말할 수 있다. 혈 앞의 물은 대체로 구불구불하고 혈지를 에워싸는 것 같은 상태이면 유정(有情)으로 길(吉)이 되지만 충수(沖水)나 직류(直流) 등 혈지의 생기를 보살피는 형상이 아니면 무정(無情)으로 흉이 된다.

❖ **반도지세**(反挑之勢) : 혈 앞 명당을 지나는 물이 혈을 외면하고 반궁(反弓)으로 흐르는 형세. 사람은 배반당하고 재산은 망한다.

❖ **반룡**(蟠龍) : 용이 똬리(또아리)를 틀고 서려 있는 형국. 청룡·백호 중 어느 하나가 둥글고 길게 뻗어 있으며, 혈은 코의 위에 자리잡고, 안산은 꼬리 부분이다.

❖ **반룡**(伴龍) : 용의 기운이 둥글게 회전한는 형태를 이루며, 뱀이 둥글게 또아리를 튼 형태로도 비유된다. 혈과 명당을 이루는 생기를 갖는다.

❖ **반배**(反背) : 용호가 반대 방향으로 구부러진 것(客死).

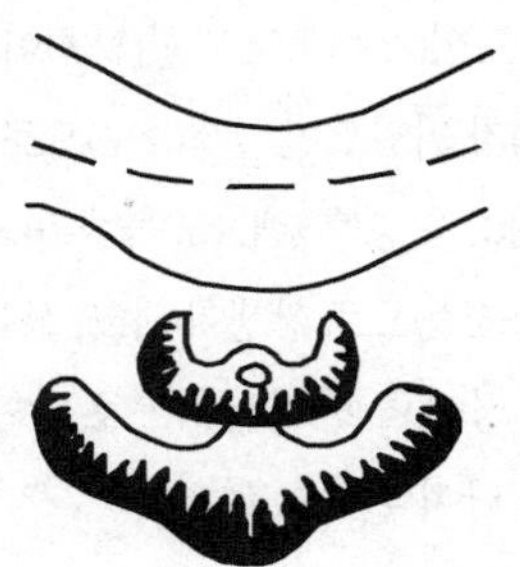

❖ **반배명당**(反背明堂) : 물줄기가 혈을 등지고 무정(無情)한 모습으로 뻗어간 형국. 물은 모름지기 혈을 감싸며 흘러야 좋은데 배반하여 달아나는 형상이니 무척 흉하다. 마치 신하가 임금을 반역하고 자식이 어버이를 거역하는 것과 같다. 반배명당이 있는 혈에 묘를 쓰거나 집을 짓고 살면, 남편이 아내를 배반하고 아내가 남편을 배반하고, 부모에 거역하는 패륜아가 나온다. 또 자손들이 하는 일 중에 제대로 성사되는 게 없다. 열이면 열, 백이면 백 모두 실패한다. 그리하여 자손들이 고향을 떠나 뿔뿔이 흩어져 떠돈다. 그리고 부부간에, 형제간에, 부모자식간에 생이별도 한다.

❖ **반배법**(反背法) : 신임합(辛壬合), 계갑합(癸甲合), 을병합(乙丙合), 정경합(丁庚合). 보통 간합(干合)에는 갑기합(甲己合), 을경합(乙庚合), 병신합(丙辛合), 정임합(丁壬合), 무계합(戊癸合)을 말한다. 신임합(辛壬合), 계갑합(癸甲合) 등에 대해서는 생소하리라 믿지만 지리법에서는 이 합(合)을 많이 쓰고 있다. 그리고 반배법(反背法)과 향향발미(向向發微)란 향법(向法)에도 이 합(合)의 원리가 적용된다. 이 합(合)이 이루어지는가 원리는 묘합(墓合: 또는 관대합(冠帶合)도 됨)이 되는 까닭이다. 또한 양(陽)이 장생(長生)이면 음(陰)은 왕궁(旺宮)이고, 음(陰)이 장생(長生)이면 양(陽)은 왕궁이 되어 같은 궁에 음양의 생왕궁(生旺宮)이 되는 까닭이다. 즉 계갑(癸甲)이 합(合)이므로 갑목(甲木)의 묘(墓)는 미(未), 계수(癸水)의 묘(墓)도 미궁(未宮)이다. 신금(辛金)이 합(合)인 것은 진(辰)은 신금(辛金)과 임수(壬水)의 묘궁이다. 을병(乙丙)이 합(合)인 것은, 술(戌)은 을목(乙木)과 병화(丙火)의 묘궁이다. 정경(丁庚)이 합(合)인 것은 축(丑)은 정화(丁火)와 경금(庚金)의 묘궁이 같이 닿는 때문이다. 그리고 또 축(丑)은 갑목(甲木)과 계수

(癸水)의 관대궁(冠帶宮)이다. 진(辰)은 을목(乙木)과 병화(丙火)의 관대궁이다. 미(未)는 정화(丁火)와 경금(庚金)의 관대궁이다. 술(戌)은 임수(壬水)와 신금(辛金)의 관대궁이 된다. 임자(壬子)로 뻗은 용이 건맥(乾脈)을 얻고 간맥(艮脈)을 얻지 못할 때는 건맥(乾脈)에서 신맥(辛脈)을 찾아 혈을 정한다(이는 신임합(辛壬合)을 취함이다).

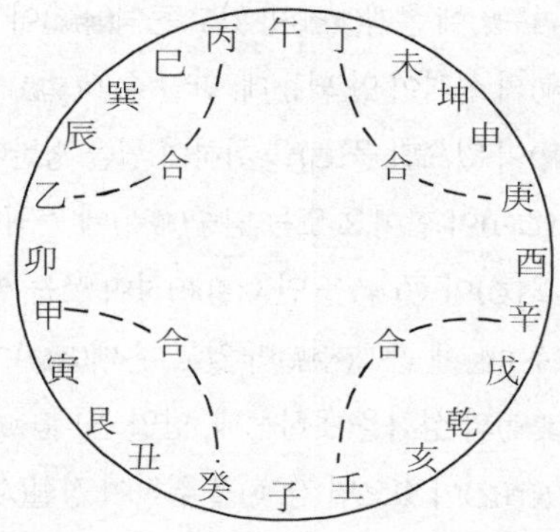

갑묘(甲卯)로 뻗은 용이 간맥(艮脈)만 있고 손맥(巽脈)이 없으면 간맥(艮脈) 아래에서 계맥(癸脈)을 찾아 혈을 정한다(이는 계갑합(癸甲合)을 취함이다). 병오(丙午)로 뻗은 용이 손맥(巽脈)만 있고 건맥(乾脈)이 없으면 손맥(巽脈)에서 을맥(乙脈)을 찾아 혈을 정한다(이는 을병합(乙丙合)을 취함이다). 오정(午丁)으로 뻗은 용이 곤맥(坤脈)만 있고 손맥(巽脈)이 없으면 곤맥(坤脈)에서 경맥(庚脈)을 찾아 혈을 정한다(이는 정경합(丁庚合)을 취함이다). 경유(庚酉)로 뻗은 용이 곤맥(坤脈)만 있고 손맥(巽脈)이 없으면 곤맥(坤脈)에서 정맥(丁脈)을 찾아 혈을 정한다(이는 정경합(丁庚合)을 취함이다). 신유(辛酉)로 뻗은 용이 건맥(乾脈)만 있고 곤맥(坤脈)이 없으면 건맥(乾脈)에서 임맥(壬脈)을 찾아 혈을 정한다(이는 신임합(辛壬合)을 취함이다).

❖ **반배각법**(反背角法) : 이는 변법(變法)에 속한다. 임자(壬子)로 뻗은 용에 간맥(艮脈)이 없고 건맥(乾脈)만 있으면 건맥(乾脈) 뒤를 보아 손사각(巽巳角)이 있으면 이곳에 신좌(辛坐)를 놓는다(이는 신임(辛壬)이 합(合)이요, 신(辛)을 사모하여 나타나도록 하려는 묘리가 있다). 계자(癸子)로 뻗은 용에 건맥(乾脈)이 없고 간맥(艮脈)에만 있으면 간맥(艮脈) 뒤에 곤미각(坤未角)이 있는가 보아 있으면 그곳에 갑좌(甲坐)를 놓는다(이는 계갑합(癸甲合)을 취함이 없는 건(乾)이 갑(甲)을 사모하여 인출코자 함이다). 을묘(乙卯)로 뻗은 용에 간맥(艮脈)이 없고 손맥(巽脈)만 있을 경우 손맥(巽脈) 뒤에 건술각(乾戌角)이 있으면 그곳에 병좌(丙坐)를 놓는다(이는 을병합(乙丙合)을 취하는 동시에 병(丙)이 간병신합(艮丙辛合)으로 없는 간(艮)을 인출시키도록 함이다). 갑묘(甲卯)로 뻗은 용에 손맥(巽脈)이 없고 간맥(艮脈)만 있을 경우 간맥(艮脈) 뒤에 곤신각(坤申角)이 있거든 그곳에 계좌(癸坐)를 놓는다(이는 계갑합(癸甲合)을 취하는 한편 계(癸)가 손경계합(巽庚癸合)으로 없는 손(巽)을 인출시키도록 하는데 의의가 있다). 병오(丙午)로 뻗은 용에 곤맥(坤脈)이 없고 손맥(巽脈)만 있을 경우 손맥(巽脈) 뒤에 건해각(乾亥角)이 있으면 이곳에 혈을 정하여 을좌(乙坐)를 놓는다(이는 을병합(乙丙合)을 취하는 동시에 곤임을합(坤壬乙合)으로 을(乙)이 없는 곤(坤)을 인출시키도록 하려는데 있다). 오정(午丁)으로 뻗은 용에 손맥(巽脈)이 없고 곤맥(坤脈)만 있을 경우 곤맥(坤脈) 뒤에 간축각(艮丑角)이 있는가 살펴 간축각(艮丑角)이 있으면 이곳에 혈을 정하고 경좌(庚坐)를 놓는다(이는 경정(庚丁)의 합(合)을 구하는 한편 손경계합(巽庚癸合)으로 경(庚)이 없는 손(巽)을 인출시키도록 하려는데 있다).

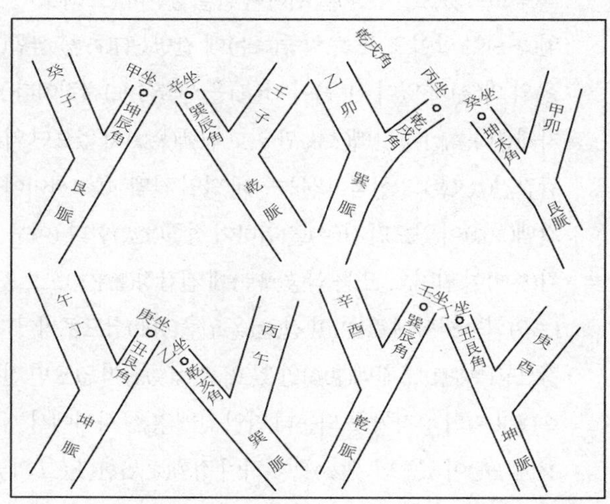

경유(庚酉)로 뻗은 용에 건맥(乾脈)이 없고 곤맥(坤脈)만 있을 경

우 곤맥(坤脈) 뒤에 간축각(艮丑角)이 있으면 이곳에 혈을 정하고 정좌(丁坐)를 놓는다(이는 정경합(丁庚合)을 취함이다. 또는 건갑정합(乾甲丁合)이니 정(丁)이 없는 건(乾)을 인출해 내기 위함이다). 신유(辛酉)로 뻗은 용에 곤맥(坤脈)이 없고 건맥(乾脈)이 있을 경우 건맥(乾脈) 뒤에 손진각(巽辰角)이 있는가 살펴 만일 손진각(巽辰角)이 있으면 그곳에 혈을 정하고 임좌(壬坐)를 놓는다(이는 신임합(辛壬合))을 취하는 한편 곤임을(坤壬乙)이 합(合)이니 임(壬)이 없는 곤(坤)을 불러오도록 해서 쓰는데 뜻이 있다).

❖ **반배정혈법**(反配定穴法) : 산매법(山媒法)에 의한 사정룡심혈법(四正龍尋穴法)은 반드시 음양(陰陽)이 교구(交媾) 중매(仲媒)되고 15도수(度數)가 맞아야 정법(正法)이지만 길룡(吉龍)이라 해서 용(龍)마다 이 법에 맞는 것(즉 감건간(坎乾艮)·진간손(震艮巽)·이손곤(離巽坤)·태곤건(兌坤乾)이 구비한 용이 아니고 그 하나가 없는 경우가 많은데(예를 들어 임자룡(壬子龍)에 건맥(乾脈)은 있으나 간맥(艮脈)이 없는 것 등) 15도수(度數) 또는 음양(陰陽)의 교구(交媾)가 아니 되었다 해서 무조건 불합격으로 다루지 말고 아래의 경우에는 능히 길혈(吉穴)을 맺는다.

- 임자룡(壬子龍)에 건맥(乾脈)만 있고 간맥(艮脈)이 없으면 감건간(坎乾間)의 성격(成格)이 안 되나 만일 건맥(乾脈) 사이에서 신맥(辛脈)이 있으면 신(辛)을 취하여 혈을 정한다.(그 의(義)는 신임(辛壬)이 합이요, 또는 암중(暗中)에 간병신(艮丙辛) 삼합(三合)의 의(義)가 있어 신(辛)이 간(艮)을 인출(引出)시킴이다.)
- 자계룡(子癸龍)에 간맥(艮脈)만 있고 건맥(乾脈)이 없으면 역시 감간건(坎艮乾)의 성격이 불능인데 만일 간맥(艮脈) 사이에서 갑맥(甲脈)이 있으면 갑(甲)을 취하여 정혈(定穴)한다.(이는 계갑(癸甲)이 합이요, 또는 암중(暗中)에 건갑정(乾甲丁)으로 3합(三合)되는 까닭에 갑(甲)이 건(乾)을 인출(引出)함으로써이다.)
- 갑묘룡(甲卯龍)에 간맥(艮脈)만 있고, 손맥(巽脈)이 없으면 진간손(震艮巽)의 성격이 못 되는데 만일 간맥(艮脈) 사이에서 계자룡(癸子龍)이 있으면 계(癸)를 취하여 정혈(定穴)한다.(그 의(義)는 계갑(癸甲)이 합이요 또는 암중(暗中)에 손경계(巽庚癸)로 3합(三合)이니 계(癸)가 손(巽)을 인출(引出)해 쓰는 까닭이다.)
- 묘을룡(卯乙龍)에 손맥(巽脈)만 있고, 간맥(艮脈)이 없으면 역시 진간손(震艮巽) 성격(成格)이 안 되나 만일 손룡(巽龍) 사이에 병오룡(丙午龍)이 있으면 병(丙)을 취하여 정혈(定穴)한다.(그 의(義)는 을병(乙丙)이 합이요 또는 암중(暗中)에 간병신(艮丙辛)이 삼합(三合)이니 병(丙)이 간(艮)을 인출(引出)해 쓰는 까닭이다.)
- 병오룡(丙午龍)에 손맥(巽脈)만 있고 곤맥(坤脈)이 없으면 이손곤(離巽坤)의 성격이 안 되는데, 만일 손맥(巽脈)중에서 을묘룡(乙卯龍)이 있으면 을(乙)을 취하여 혈을 정한다.(그 의(義)는 을병(乙丙)이 합이요 또는 암중(暗中)에 곤임을(坤壬乙)이 합이니 을(乙)이 곤(坤)을 인출(引出)하여 쓰는 까닭이다.)
- 오정룡(午丁龍)에 곤맥(坤脈)만 있고, 손맥(巽脈)이 없으면 이손곤(離巽坤)의 성격을 못하는데, 만일 곤맥(坤脈) 사이에서 경유룡(庚酉龍)이 있으면 경(庚)을 취하여 정혈(定穴)한다.(그 의(義)는 정경(丁庚)이 합이요 또는 암중(暗中)에 손경계(巽庚癸)가 3합(三合)이니 경(庚)이 손(巽)을 인출(引出)하여 쓰는 까닭이다.)
- 경유룡(庚酉龍)에 곤맥(坤脈)만 있고, 건맥(乾脈)이 없으면 태건곤(兌乾坤)으로 성격을 못하는데, 만일 곤맥(坤脈) 사이에서 정오룡(丁午龍)이 있으면 정(丁)을 취하여 정혈(定穴)한다.(그 의(義)는 정경(丁庚)이 합이요 또는 암중(暗中)에 건갑정(乾甲丁)이 3합(三合)이니 정(丁)이 건(乾)을 인출(引出)하여 쓰는 까닭이다.)
- 신유룡(辛酉龍)에 건맥(乾脈)만 있고, 곤맥(坤脈)이 없으면 역시 태건곤(兌乾坤)으로 성격을 못하는데, 만일 건맥(乾脈) 사이에서 임자룡(壬子龍)이 있으면 임(壬)을 취하여, 정혈(定穴)한다.(그 의(義)는 신임(辛壬)이 합이요, 또는 암중(暗中)에 곤임을(坤壬乙)이 3합(三合)이니 임(壬)이 곤(坤)을 인출(引出)하는 까닭이다.)

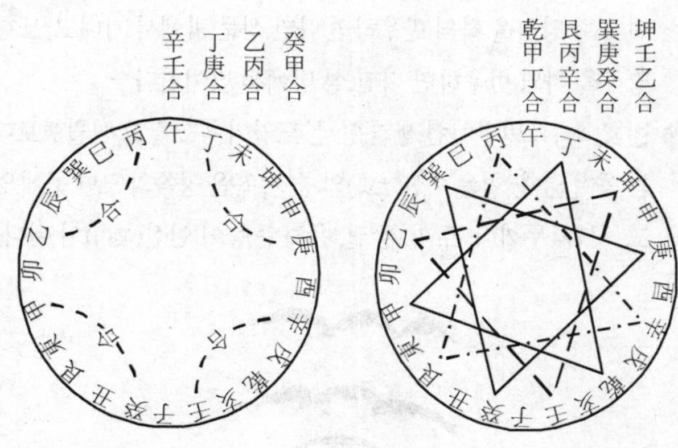

❖ **반복황천수**(反覆黃泉水) : 곤향(坤向)에 경정수(庚丁水), 경정향(庚丁向)에 곤수(坤水), 손향(巽向)에 을병수(乙丙水), 을병향(乙丙向)에 손수(巽水), 간향(艮向)에 갑계수(甲癸水), 갑계향(甲癸向)에 간수(艮水), 건향(乾向)에 신임수(辛壬水), 신임향(辛壬向)에 건수(乾水)를 반복황천수(反覆黃泉水)라 한다. 반복황천수는 매우 흉하며, 자손들이 온갖 재앙을 입는다. 중병(重病)을 앓고 일찍 죽으며, 횡액(橫厄)을 당한다. 그러다가 결국 자손이 끊긴다. 흘러들어오는 물만 나쁘고 나가는 물은 흉하지 않지만 들어오는 물이나 나가는 물이나 반복황천수는 모두 나쁘다. 그런데 『입지안전서(入地眼全書)』에, "황천수라 해도 정음정양법(淨陰淨陽法)에 따라 합국(合局)되는 것은 길(吉)하다."고 했다. 『입지안전서』의 이론에 따르면, 손향(巽向)에 병수(丙水)는 같은 정음(淨陰)끼리 만났으니 반복황천수라 해도 흉화(凶禍)를 입지 않는다. 병향(丙向)에 손수(巽水)도 마찬가지다. 또 임향(壬向)에 건수(乾水)와 건향(乾向)에 임수(壬水)는 정양(淨陽)끼리 만났기에 반복황천수라 해도 길(吉)하다.

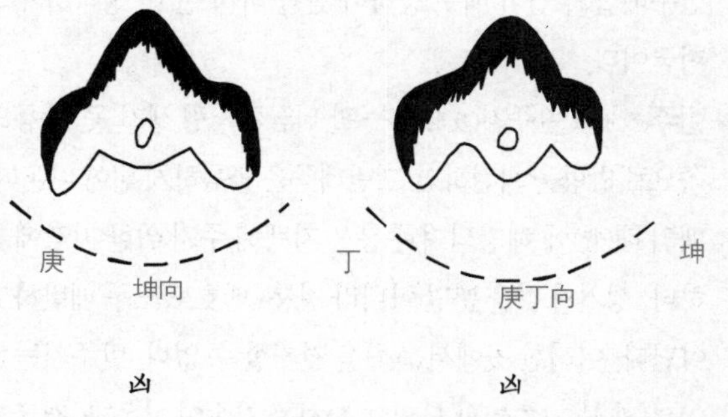

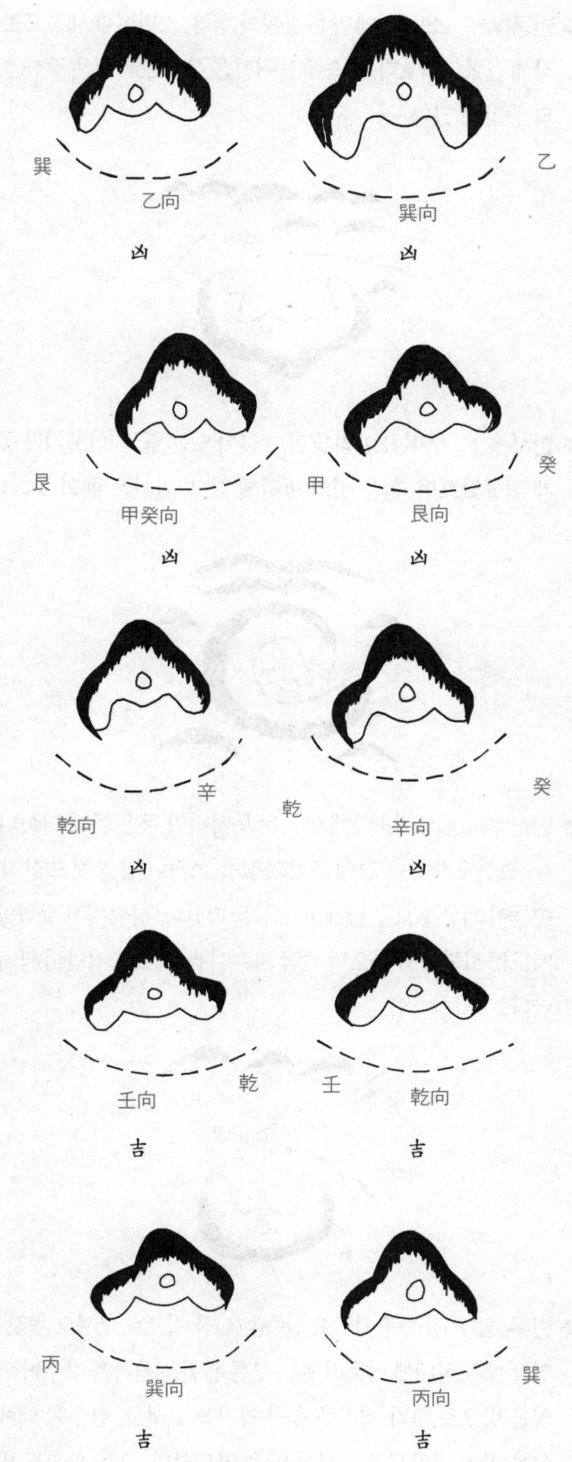

❖ **반봉**(盤鳳) : 소반 위에 앉은 봉황의 형국. 소반이란 새장으로 새장에 갇혔다기보다 집 속에 들어앉은 봉황으로 혈은 주산(主山)의 중앙에 있다.

❖ **반사**(盤蛇) : 뱀이 또아리를 틀고 앉아 있는 형국. 산줄기가 둥글게 휘돌았으며, 혈은 뱀의 머리에 있고, 안산은 뱀의 꼬리다.

❖ **반신수**(反身水) : 혈 앞에 이르는 듯하다가 등을 돌려 달아나는 물. 반신수가 있는 혈에 조상의 묘를 쓰거나 집을 짓고 살면 자손들이 재산을 모두 없애고 고향을 떠난다. 타향에서 걸식하며 떠도는 사람까지 나오며 결국 자손이 끊기고 온 집안이 망하고 만다.

❖ **반우**(返虞) : 장례를 치르고 신주(神主)를 집으로 모셔오는 것. 발인할 때 도성내에 머물러 있는 모든 관원은 최복을 갖추어 먼저 성문 밖으로 나가 제전을 올려 영결을 고하고, 반우할 때에는 성문 밖에 나가서 맞이하여 앞을 인도하며, 모든 관원도 또한 곡을 하되 소내상에는 아니한다. 우제를 산릉(山陵)에서 지내면 또한 망곡을 하되 반우하면 다만 성문 밖에서 지내고, 또한 망곡을 하되 반우하면 다만 성 밖에서 맞이한다.

❖ **반월**(半月) : 반달처럼 생긴 형국. 모양이 동그랗고 신월형보다는 폭이 넓다. 혈은 주산(主山)의 중앙, 혹은 양쪽의 모난 곳에 있고, 구름, 두꺼비, 토끼, 궁궐, 은하수 등이 안산(案山)이 된다.

❖ **반장혈**(反掌穴) : 손바닥을 뒤집어 놓은 것처럼 생긴 혈. 혈처가 손바닥 가운데처럼 약간 우묵하게 들어가고 그 형상은 환하게 웃는 얼굴처럼 밝고 반듯하다.

❖ **반조수도**(反跳水圖) : 형체가 미묘하고 삼방(三方)이 주밀하여 형국은 되었다 하더라도 흐르는 물줄기가 혈처를 배반도사(背反跳斜)하여 흘러간다면 천 마디의 호평이 가치도 되지 않는다. 장후 반드시 곧 패산할 땅이요 분산 패주(敗走)하게 되어 음양의 산수배합의 법이 매우 중하다 함을 다시 한 번 생각하게 되는 형국이다.

❖ **반주**(反肘) : 반주지(反肘地)는 팔 뒤꿈치처럼 생긴 곳. 주룡의 한쪽으로 방향을 회전하면 그 반대쪽은 볼록하게 튀어 나온다. 용맥의 배(背)에 해당되며 주룡을 지탱해 주기 위한 지각에 불과하다. 생기가 없을 뿐만 아니라 청룡·백호도 모두 배반하고 달아난다. 이러한 곳에서는 혈을 결지할 수 없다. 반주지는 오역(忤逆)과 불효(不孝)와 불의(不義)하는 자손이 나온다. 결국 패가

망신하고 이산 가족이 된다.

❖ **반포수도**(反抱水圖) : 용득(龍得)의 변화가 망측하나 생룡(生龍)에 있어서는 내룡(內龍)됨이 사생으로 호술되어 횡룡(橫龍)이건 순룡(順龍)이건 회룡(廻龍)이건 간에 용은 속기(束氣)를 요하며 진국(眞局)으로 되어 이기(理氣) 생왕(生旺)하여 결렬되어 있음을 말한다. 반드시 대발, 대부, 대귀의 땅이라 하겠다.

❖ **반풍수 집안 망치고, 선무당이 사람 잡는다** : 반풍수가 집안 망친다는 말에 공감이 간다. 그러면 자기가 반풍수가 되어서 자기 집 명당을 잘못 찾아 자기 집안을 망하게 했거나 또는 반풍수에 속아 집안이 망하게 되었더라도 남을 탓할 바는 아니다. 알고 보면 모두가 자기 탓일 것이다. 반풍수 도사에게 속지 않는 방법이나 말해 두겠다. 요즈음 풍수도사는 너무 많이 등장하였으며 풍수책자 또한 유명 서점이 꽉 미어질 정도로 나와 있다. 풍수를 공부하기에는 아주 좋은 세상이다. 부모를 위하고 장래 자손을 위하여 위선을 하려거든 직접 자기가 풍수를 배워서 자기네 일을 하면 될 것이다.

❖ **반함**(飯含) : 염습할 때에 죽은 사람의 이속에 구슬과 쌀을 물리는 일.

❖ **반합**(半合) : 3개의 합(合)되는 지(支)가 모두 만나면 삼합(三合)이라 하고, 삼합되는 지(支)에서 2개의 지(支)가 만나는 것을 반합(半合) 또는 반회(半會)라 한다.

삼합(三合)	반합(半合)		
申子辰(水)	申子	申辰	子辰(역시 水)
巳酉丑(金)	巳酉	巳丑	酉丑(역시 金)
寅午戌(火)	寅午	午戌	寅戌(역시 火)
亥卯未(木)	亥卯	亥未	卯未(역시 木)

신자진(申子辰) 3합하여 오행은 수(水)가 되는데 이를 신자진(申子辰) 수국(水局)이라 하여 그 힘은 매우 강력하다. 그러나 신자진(申子辰) 3개가 모두 있어야만 합을 이루는 것이 아니라 위와 같이 신자(申子), 신진(申辰) 자진(子辰)끼리 만나도 합을 이루어 오행은 수(水)가 된다. 3개의 지(支)를 모두 구비한 3합5행의 힘에는 미치지 못하나 그 힘의 3분의 2의 작용력이 있게 된다. 신자(申子), 자진(子辰)의 합을 반합이라 명백히 칭하지 않고 일반적으로 3합이라 한다.

❖ **받쳐주는 용맥이 길면** : 묘 터 뒤 쪽에 받쳐 주는 용맥이 길면 자손이 수명이 길고 벼슬도 하게 된다.

❖ **받쳐주는 용맥이 둥글면 자손 부**(富) : 묘 터 뒤쪽 받쳐주는 용맥이 둥글고 길면 후손(後孫)이 부귀겸전(富貴兼全)한다.

❖ **발명**(發明) : 새로이 밝혀서 만들어 냄.

❖ **발복기간 사신사** : 혈 주위에 네 요소가 하나도 없을 경우에는 혈판 구성요소에 의한 발복 기간은 전혀 없는 것으로 보지만 이런 경우에도 청룡이나 백호가 잘 감싸주고 있으면 30년 동안은 그 기운이 보호받는다.

❖ **발복의 효험은 각기 달리 나타나** : 묘지는 입장 후 3년 또는 30년 단위로 그 효험이 나타나는 것으로 보고 있으며, 일정한 시한이 지나면 발복의 효험이 끊어지는 것으로 되어 있다. 이를 휴수(休囚)라고 하는데 사람들은 가세가 기울거나 재수가 없는 일이 계속 일어나면 지사를 불러다가 무덤의 휴수 여부를 묻고 무덤을 파 옮기는 일이 있었다. 심지어 묘를 쓴 뒤 그 묘의 지혈이 발복할 땅인지 아닌지를 확인해 보고자 입장 후 1년 내지 3년만에 퇴관(退棺)이라 해서 매장했던 관을 다시 꺼내어 칠성판(七星板)을 비롯 마포 등 수의를 새로 가는 습관도 있었다. 이때 시신이 육탈되어 뼈의 색깔이 기름기가 낀 채로 누렇거나 불그스레하면 황골(黃骨)이라고 해서 길지로 인정하여 다시 그곳에 매장한다. 그러나 물이 든 수렴이나 바람맞았다는 풍렴 등 각종 염이 들었으면 즉시 이장해야 했다. 집안이 부유하거나 풍수지리설에 현혹된 사람들은 이 퇴관을 네댓번도 더 한다. 따라서 개장은 잦고 금장지역에 암장도 서슴지 않았다. 다만 음력 3월과 9월은 삼구부동총(三九不動塚)의 원칙에 의해 이장을 하지 않는다. 이 달에 이장하면 발복은 커녕 재앙을 불러들인다는 속신이 있긴 하지만 3월과 9월은 바로 농번기임을 생각하면 그 뜻을 알 듯도 하다.

❖ **발복재화**(發福災禍)**의 영향**(影響) : 태어날 때는 증조부모님의 기를 받게 되고 중년에는 조부모님의 기를 받게 되고 말년에는 부모님의 기를 받게 된다.

❖ **발복, 혈에 연결된 용의 길이와 발복 기간** : 혈판은 주봉에서 연

결된 용에 의해 이루어진다. 주봉과 혈 사이 길이가 길면 혈의 발복 기간도 길다. 그러나 혈에서 주봉까지 길이가 짧거나 중간에 끊어져 있으면 발복 기간도 짧아진다. 용은 15m마다 한 절을 이루며, 가지를 뻗어 가거나 방향을 좌우로 회전한다. 절이 많을수록 발복 기간도 길어진다. 한 절의 발복 기간은 30년으로 본다. 그러므로 혈판에서 주봉까지 연결된 용이 10절이면 발복 기간은 300년이 된다. 그러나 용이 중간에 끊어진 경우에는 혈판으로부터 끊어진 지점까지의 절 수에 30년을 곱하여 발복 기간을 정한다.

❖ **발복 혈판 구성요소와 발복 기간** : 혈판에서는 혈 주위를 둘러싸고 있는 입수·좌우 선익·주작에 따라 발복 기간을 계산한다. 이 네 요소가 각각 한 세대에 해당하는 30년씩 발복을 보장해 준다. 네 요소가 다 구비되어 있으면 4×30이므로 120년으로 계산한다. 혈판에 위 네 요소가 다 구비되어 있으면 이 곳에 시신을 매장한 때부터 120년 동안 그 발복을 보장받는 것이다. 한 요소가 부족하다면 나머지 세 요소에 30을 곱한 90년을 발복 기간으로 예측할 수 있다.

❖ **발사**(撥砂) : 전후좌우에 흩어져 있는 사(砂)를 하나씩 헤쳐가면서 점검한다는 의미다. 산이 비록 지상에 있기는 하나 실은 천성(天星)이 관장하기 때문에 혈장(穴場)은 북진(北辰)에 비하고, 용신(龍身)은 구성(九星)에 비하며, 사(砂)는 28수(宿)에 비한다. 마치 28수가 주천경포(周天經布)하여 북신을 공위하듯 여러 사를 이 주위에서 혈장을 둘러싸고 있으므로 칠정오행(七政五行)을 사용하며 혈심처에서 인반중침으로 여러 사의 방위를 측정함을 원칙으로 한다.

❖ **발상**(發喪) : 사람이 죽었을 때 초상을 알리고 상례를 시작하는 의식 절차를 말함. 집안에서는 먼저 상제(喪制) 가운데 주상(主喪)을 정하고 역복(易服)을 한다. 역복이란 보통 때의 옷차림으로 검소하게 갈아입는 것을 말한다. 고례(古例)에서는 주상인 남자는 심의(深衣)를 입고 여자는 백장의(白長衣)를 입었다. 이때 남자는 두루마기의 한 팔을 꿰지 않는데 습속에 따라 아버지의 상에는 왼팔을, 어머니 상에는 오른팔을 꿰지 않는다. 이러한 관습은 상을 당하여 옷을 제대로 못 입을 정도로 슬프고 애통하다는 뜻이다. 그러나 현재는 남자의 경우 검정계통의 양복, 여자의 경우에는 검정색이나 흰색의 평상복을 입으며 머리는 조촐하게 빗어 내린다.

❖ **발우사**(鉢盂砂) : 승려의 밥그릇과 같은 원형의 작은산들이 무질서하게 흩어져 있는 형상.

❖ **발산묘결**(拔山妙訣) : 입수(入首) 후를 용이라 하고, 혈후일절(穴後一節)을 입수(入首)라 하고, 혈의 앞을 순(脣)이라 하고, 순(脣)의 앞을 명당이라 한다. 이와 같이 바른 작국(作局)으로 생동(生動)하면 입수(入首)로부터 혈(穴)까지 3·4보 또는 7·8보 정도의 거리로 소돌(小突) 소와(小臥)한 곳에 진혈(眞穴)이 있게 되면 비록 습기가 그 주변에 모인 듯 하여도 수기(水氣)가 침혈(侵穴)하지 못한다.

❖ **발원**(發源) : 명당에 이르는 물의 근원처. 발원처가 멀면 용의 기가 왕성한 것이고 발원이 짧으면 용의 기운도 짧다.

❖ **발원수**(發源水)**의 발원과 도당** : 혈 앞에 모여드는 물의 발원지(상류수)를 말함. 옛 글에도 '수원처(水源處), 즉 물의 발원(최상류)이 깊고 멀수록 용과 기가 왕성하여 발복이 오래 가며, 수원(水源)이 짧으면 용도 짧은 것이니 발복도 짧다'라고 했다. 오공(吳公)도 '오는 물이 짧고 가는 물이 길면 역량이 없다'고 했다. 도당(到堂)이란 당외수(명당 밖에서 흘러오는 물)가 명당에 들어오는 것을 말하며, 도당수는 생왕길방(生旺吉方)에서 득수가 되어야 길하며, 사절흉방(死絶凶方)이면 복을 감한다. 생왕방에서 내수해도 그 물이 반궁수(反弓水)나 반도수(反挑水)이거나 역관사(하수사론과 혈장론 역관과 순관)가 없어 역관하지 못하고 곧게 흘러가면 흉하다. 이는 물의 형세(수세)가 수법보다 더 소중함을 말한 것으로 도당수가 혈 앞을 감아 돌고 하수사(下手砂)에 의해 역수하여 수구가 잘 닫혀져야 수수취기(收水聚氣)가 가능하기 때문에 크게 발복할 수 있는 명당수가 된다. 만약 물이 역사(逆砂: 下手砂와 같음)의 밖에 있어 혈에서 보이지 않더라도 같은 이치다. 대개 대지는 사가 많아 외명당의 물은 보이지 않는 경우가 많으나 눈으로 보이는 조수(朝水)가 보이지 않는 암공수(暗拱水)만 못하다.

❖ **발인**(發靷) **장례식**(葬禮式) : 발인제는 상가 또는 장례식장을 떠

나기 직전에 행하는 영결식. 고인과의 마지막 작별인사로 상가의 뜰에서나 특별한 장소에서 하나 대체로 영구차에 운구하여 놓고 차 뒤편에서 지내는 경우가 많다. 교통이 혼잡한 시내(도시)에 좁은 길에 오래 머물 수도 없고 하니 대체로 시간에 쫓겨 간단히 한다면 영결식이라고 하는 이름이 붙을 정도면 특별한 장소이니만큼 경우가 달라 식순에 의거 진행하게 된다.

- 재래식에는 발인제를 위하여 영구를 옮기기전 천구축(遷柩祝)을 읽고 상제(상주)들이 차례로 잔을 올리며 재배를 하는데 요즈음은 행하지 않음이 많다. 도로사정이 여의치 않아 영구차를 세워놓고 발인제를 올리지 못할 때는 영구를 안치한 집안에서 영구를 약간 옮겨놓고 발인제를 모시든지 병원 영안실에서는 영구를 냉동실에서 조문실에 내어 모셔놓고 발인제를 지내도 된다. 그러나 영구차 또는 뜰에서 발인제를 모시기 위하여 운구(運柩)를 할 때는 제일 앞에 신위(혼백) 다음에 사진 ,그 다음에 영구(靈柩), 다음이 상주의 순이면 된다.
- 방에서 떠나기에 앞서 운구 즉 천구(遷柩)할 때는 동서남북으로 영구의 방향을 들려가며 들었다 놓는 식의 작별 인사를 한다.
- 나간다는 흔적을 남기기 위해서 재래에는 밥그릇 사발을 소리내어 깨든지 바가지를 영구로 눌려 문지방에서 깨든지 하였으나 지금은 실행되지 않고 있다. 그러나 지금에서도 플라스틱 바가지가 있으니 이런 절차는 빼지 말고 문지방에 플라스틱 바가지를 엎어놓고 영구로 눌러 깨고 나가면 좋을 것이다. 경우에 따라서는 영구앞에 사기 밥그릇을 부딪혀 깨고 나간다.
- 발인제를 모시는 상으로는 병풍을 치고 제상을 놓고 신위(혼백)와 사진을 모시고 떡, 과일, 포(脯=고기) 등 제물을 차리고 촛대와 향로를 정리한 후 상주(喪主)가 술을 따라 올리고 상제(참제관) 일동은 무릎을 꿇어 앉으면 축관이 발인제 축문을 읽는다. 독축이 끝나면 상주는 절을 두 번 한다.
- 절하는 순서는 직계비속으로 남자의 상주, 상제 즉 아들, 손자순과 사위의 순으로 먼저하고 며느리, 딸, 손녀의 순으로 해도 되나 상주, 큰며느리, 차자(次子), 둘째 며느리식의 순으로 해도 된다.
- 다음에 친척, 망인의 친우, 동료, 일반 조문객의 순으로 하되 한 사람 한 사람 씩으로 시간낭비를 하기보다 파트별로(항렬) 하면 좋을 것이다.
- 메를 올려 수반(水飯=물에 밥을 말다)을 하여야 하나 생략하는 예가 있는데 대체로 메를 올림이 마땅하다.
- 발인제에 차렸던 제물음식은 두 번 쓰지 않으며 집안으로 다시 들어가지 않는다.
- **발인축**(發靷祝)

  靈輀旣駕 往卽幽宅 載陳遣禮 永訣終天

  (이미 상여에 오르셨으니 곧 무덤에 이르실 것입니다. 보내는 예를 베푸니 영원히 이별을 고하소서).
- **영결식순**(永訣式順)=발인제를 영결식으로 확대할 수 있다.

  1. 개식 : 2. 상제 분향(및 독축 독경) : 3. 망인의 약력 소개 : 4. 조사(弔辭) : 5. 조객 분향 : 6. 상가 인사 : 7. 폐식
- **운구순서**〈상여식의 순서〉: 명정 : 사진 : 영거화이 : 만장 : 운아삽 : 고포 : 상여 : 상제 : 무복친 : 조객
- **영구차의 순서** : 신위 사진의 차 : 영구차 : 조객차 : 승용조객차 : 화물차
- 재래식일 때는 상여 앞의 화이(영거)에 혼백과 사진을 모셔 일반인이 모시나 현대의 영구차일 경우는 상제 가운데 적당한 사람이나 손자의 서열도 좋다. 상주(장자)가 모시면 영구차에서 불합리로 곤란하다.

❖ **발적**(發跡) : 산의 흘러온 출신처(出身處).

❖ **발총**(發塚) : 무덤을 파내는 범죄행위.

❖ **발흥론**(發興論)

- 용이 비록 진룡이라도 정혈을 잘못하면 끝내 하나의 발복도 없게 되니 정혈(定穴)이 어렵다. 문무부귀(文武富貴)의 발흥은 혹은 용신에 있고 혹은 사수에 관계된다. 용신은 창고 모양을 하고 왕수(往水)가 겹겹이 굴곡(屈曲)으로 보이고 사(砂)는 흙무더기 전대(錢袋)책상 원두막 등의 모양이 있으면 부자가 될 자리이다. 또 용신에 인고(印鼓) 모양이 있고 앞에 물이 길게 흘러가고 아홀이나 누대 등의 모양이 있는 곳의 땅이다.
- 용신에 난새와 봉의 모양이고 물은 이申 방에서 오고 사는 문필봉이나 괘등형(掛燈形)이 있으면 문(文)의 짱이다.

- 괘등혈(掛燈穴): 등을 걸어 놓은 듯한 형상으로 오정좌 북향에 있는 혈로 흙이 부드럽고 물이 없다.
- 성면(星面)이 원만하고 풍부(豊富)하면 부상(富象)이고 단정(端正)하고 옹용(擁龍)하면 귀상이고 청록하면 문상이고 온건하고 삼엄하면 무상이다. 이는 속사는 눈이 멀고 명사의 눈은 열려 있는 것이다. 무릇 모든 발흥은 모두 혈을 위주로 하는데 혈(穴)이 진혈(眞穴)이면 하나의 사와 하나의 수(水)가 족(足)히 발복을 하고 가혈(假穴)이면 만산천수(萬山千水)라도 모두 비어 있다.

❖ **방**(傍) : 바로 곁에.

❖ **방, 가족 및 사무실의 구성상 입장에 따른 배치방법** : 어느 국가건 어느 단체나 회사이건 간에 담당하는 업무와 직급을 각각 달리하여 서열이 있기 마련이며 그 직급과 서열에 따라 책상을 배열하여 앉게 됨을 볼 수 있게 된다. 일반적으로 문을 들어서면 안내하는 사람이 앉아 있고, 제일 앞줄에는 실무담당자가 쭉 앉고, 그 뒤에 담당자 몇 명에 하나씩 그 다음 직급자가 앉아 있고, 또 그 뒤에는 더 높은 사람이 앉아 있는 배치가 일반적인 배치구조이다. 이처럼 일반화된 배열 방법과 같은 배치 방법이 주역(周易) 8괘(八卦)에 의한 정위(定位)의 방법이 되며 지금 앉은 자리가 나빠서 약간 구석진 곳으로 옮긴다거나 직각이 되도록 배열하는 방법을 각자의 사주(四柱)나 본명성(本命星) 등에 의해 찾는 방법이 되는 것이다. 그러므로 큰 줄거리가 되는 가족 구성의 입장에서 볼 때 아버지, 어머니, 장남, 장녀, 차남, 차녀 등 각자가 가족 구성원으로써 차지하는 입장에 따라 각자의 본래 위치를 찾아보는 방법이 8괘(八卦)에 의한 방법인 것이다. 이는 팔괘의 해의(解意)에 따라 건(乾)은 아버지를 의미하기 때문에 북서 방위가 되며, 곤(坤)은 어머니를 의미하기 때문에 남서 방위에 해당되고, 진(震)은 장남을 의미하므로 동쪽에 해당되며, 손(巽)은 장녀를 의미하므로 남동 방위에 해당되며, 감(坎)은 가운데 아들(또는 둘째 아들)을 의미하므로 북동쪽에 해당되고, 이(離)는 가운데 딸(또는 둘째 딸)을 의미하므로 남쪽에 해당되며, 간(艮)은 3남 이하의 작은아들을 의미하므로 북동쪽에 해당되고, 태(兌)는 3녀 이하의 작은딸을 의미하므로 서쪽에 해당되는 것이다. 이를 정리하자면 북으로부터 둘째나 중간 아들이, 북동은 셋째 이하의 아들이, 동쪽은 장남이, 남동쪽은 장녀가, 남쪽은 둘째나 가운데 딸이, 남서쪽은 어머니가, 서쪽은 셋째 이하의 막내딸이, 북서는 아버지의 위치가 되는데 가상(家相)의 판단도 이러한 상의(象意)에 의해서 쉽게 길흉을 판단할 수 있는 것이다.(가상학으로는 출입문이 남쪽이 되므로 출입문은 남으로 보고 배치하면 된다.)

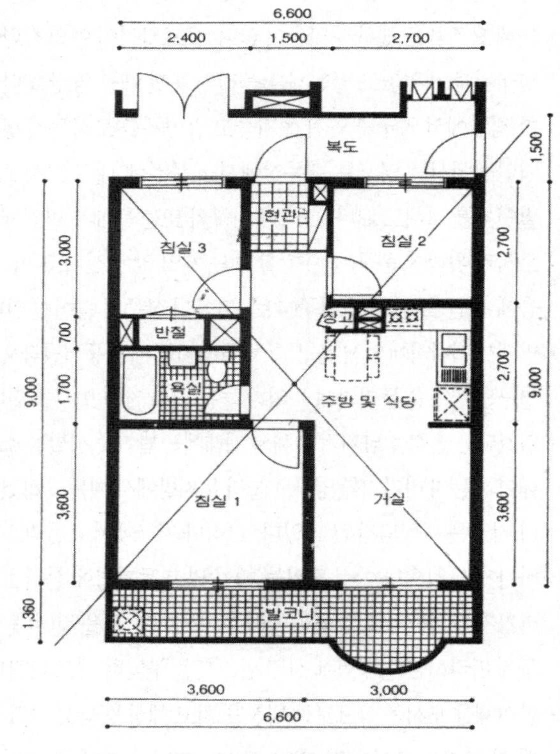

[아파트 평면도]

위의 그림의 경우 방이 세 개인 어느 아파트의 평면도인데 여기서는 다른 내부의 배치 관계를 일체 문제삼지 않고 단지 방의 위치만을 가지고서 사용상의 배분 방법을 본다면 발코니의 방향이 남쪽으로 된 경우, 침실 ①은 남서쪽으로 위치해 있고, 침실 ②는 북동쪽, 침실 ③은 북서쪽에 각각 위치하게 된다. 이러한 경우 침실 ①은 어머니의 방에 해당하므로 부부가 함께 기거한다면 부인이 명랑해지고 건강해져서 밝은 가정이 된다. 다만 여자의 입김이 강해지겠지만 별로 문제가 될 수 없다. 그런데 침실 ②와 ③은 둘다 아들과 아버지 즉 남자와 관련된 방위가 된다. 그러므로 아들이 있는 집안이면 큰 문제가 없는데 딸만 있는 집인 경우는 약간 문제가 되고, 발코니가 서쪽을 향했다고 한다면 침실 ①은 북서가 되므로 아버지에 해당되어 부부가 쓰는 방으로서 특히 가부장적인 가정으로서 이상적이며, 침실 ②는 남동이 되므로 딸이 쓰면 되고, 침실 ③은 북동이므로 아들이 쓰면 되는데, 3남 이하의 작은아들을 의미하므로 큰아들이 사용한다면 좀 나약한 감을 나타내게 된다. 또 발코니가 동쪽을 향해 있다면 침실 ②와 ③이 아버지와 어머니에 해당되므로 둘 중 하나를 부부방으로 쓰면 좋겠지만 가재 등으로 침실 ①을 부부가 쓰게 된다면 침실 ②는 아버지, 즉 남자이므로 아들이, 침실 ③은 어머니, 즉 여자이므로 딸이 쓰면 된다. 그러나 자식 등쌀로 부모가 좀 끌려 다니는 집이 될 수도 있겠지만 어쨌든 같은 모양이라도 지어주는 주택의 방향에 따라 방의 주인을 바꾸어 사용해야 한다는 것은 기본적 배치 구상이므로 다른 배치 방법과 그 영향을 복합적으로 찾아야 함은 물론이다.

❖ **방광혈**(膀光穴) : 사람 몸의 방광은 단전의 바로 밑에 있다. 그래서 방광혈은 단전혈보다 더 아래쪽에 깃들이며 산줄기가 거의 끝나는 곳에 있는 형국. 또 혈처가 낮으니 청룡·백호도 따라서 낮다.

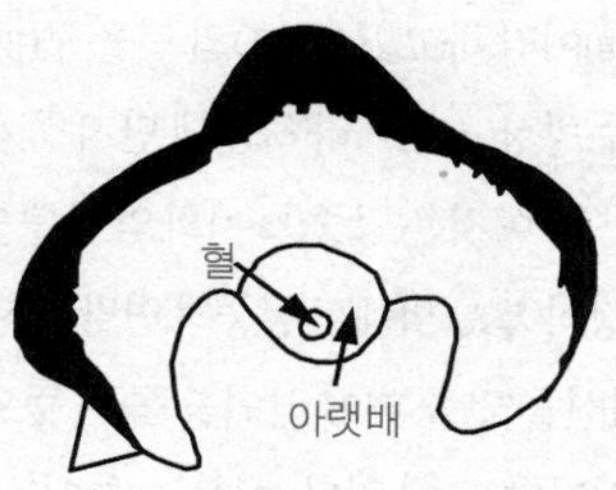

❖ **방문을 열 때 베개 머리가 마주 보이면** : 문 쪽으로 머리를 두고 잠을 자는 것은 정신적으로 안정감이 없고 컨디션이 나빠진다. 창 쪽으로 머리를 두는 것도 좋지 않다. 침대의 방향을 바꾸고 베개를 문이나 창문에서 멀리 있는 곳에 놓아 두어라

❖ **방문이 저절로 열렸다. 닫쳤다가 하면 상액**(喪厄)**이 3년 내에 있다** : 출입문이나 방문이 저절로 열였다가 닫쳤다가 하면 3년 내에 상액이 있게 되고 방문과 현관문이 동일 방향에 직선 구조로 마주보며 열리고 닫혀서 맞부딪히는 형태는 집안 살림이 어수선하고 재물과 말썽 손실 등 풍파가 발생한다.

❖ **방은 밝아야 한다**

- 양이 지나치게 강한 것은 좋지 않다.
- 음양의 조화에서 양이 약간 우세한 것이 좋다.
- 음이 강하면 질병이 생길 수 있으므로 균형을 맞추기 위해 항상 세심한 주의가 필요하다.
- 침대를 사용하거나 방바닥에서 잘 때도 남좌(男左), 여우(女右)하는 것이 좋다 그리고 방안 인테리어 색상에 신경을 써서 배려해야 한다.
- 만약에 색상이 맞지 않은 경우 건강에도 좋지 않다.

❖ **방은 항상 맑고 밝은 에너지 기가 흘러야 한다** : 방의 장판은 금전운 과 상서로운 기운을 품고 있는 황토색 계열을 깔아야 하고 꽃병이나 꽃 관상수를 두지 말아야하며 항상 환기를 잘 통하도록 해야 한다. 벽지 색상도 어둡거나 칙칙한 것은 피해야 하고 침대 시트나 화장대 장롱 장판 색상은 전체적으로 환하고 안온한 분위기를 유지 할 수 있는 것으로 선택해야 한다. 이것이 침실 방의 풍수의 관건이다.

❖ **방을 배치할 때는 대로변**(大路邊)**쪽에 내실**(內室)**을 만들지 않는다** : 대로변 쪽에 안방을 만들지 않으며 큰 한길 쪽에다 머리를 두고 잠을 자지 않는 것을 기본으로 삼는다. 내실방은 가급적 너무 밝게 채광이 들어오지 않도록 아담한 창문을 내어 개방 부위를 적당한 선에서 그치는 것이 길상이고 벽면의 대부분을 창문이 차지하는 것은 재물이 잘 불어나지 않고 살림이 어수선하며 손실 장해가 자주 발생 되는 구조이다. 방의 출입문은 한 쪽 구석으로 치우쳐 배치되어야 좋은 것이며 창문이 너무 많은 면적을 차지하는 것도 상가나 영업용도와 사무용 빌딩이 아닌 주택으로 서는 재난 발생과 손실 낭패 등 불길한 형국이다

❖ **방은 항상 따뜻하게** : 사람이 건강하게 생활을 유지하려면 몸은 항상 수승화강(水昇火降) 즉, 머리는 차고 발은 따뜻하게 해주어야 한다. 발이 차면 신체는 물론 운세 면에서도 나쁜 효과를 가져 올 수 있으므로 침실 바닥에는 항상 냉기를 없애고 따뜻하게 해야 한다.

❖ **방정**(方正)**하고 원만**(圓滿)**하면** : 집터가 네모가 반듯하고 모난 데가 없이 둥근 것은 정재창성(丁財昌盛) 자손과 재물(財物)이 번창(繁昌)하고 가화형통(家和亨通)하고 식산가부(殖産家富: 재물이 크게 불어난 부자)가 된다.

❖ **방룡**(傍龍) : 산의 방맥(傍脈)으로 정룡(正龍)의 곁가지로 뻗은 용맥. 방룡에는 혈이 맺지 아니하고 오직 정룡(正龍)을 위한 들러리 구실을 하므로 방룡은 정룡을 따라다니며 보호하는 산이 되어 바람도 막아주고 혈 앞으로 나와 청룡·백호도 되어주며 수구(水口)의 관(關)도 되어 준다.

❖ **방문과 창은 대각선 방향으로 서로 엇갈리게 설치한다** : 방문과 창(창문)도 기(氣)가 출입하는 곳이다. 바꿔 말하면, 방문이나 창으로 들어온 맑은 기운이 가능한 한 오랜 시간을 흐트러짐 없이 거실에서 머물다 다시 들어온 곳을 통하여 외부로 빠져나가는 순환과정의 창구가 바로 방문과 창이다. 방문과 창문을 열고 닫을 때는 서로 다른 성질의 기가 서로 섞여 다시 새로운 기와 접촉할 때까지 거실 내에서 천천히 둥글게 움직이며 순환한다. 이렇게 거실 내에서 순환하는 기는 방문과 창의 배치상황에 따라 맑은 기가 될 수도 있으며 탁한 기가 될 수도 있다. 서로 성질이 다른 기를 자연스럽게 섞이도록 하려면 방문과 창의 배치는 서로 대각선 방향이 되어야 한다. 그러나 서로 마주보는 방문과 창을 통하여 들어온 기는 서로가 맑은 기운이 있었다고 해도 급격하게 뒤섞임으로써 그 본래의 맑은 기운이 흐트러져 탁한 기운으로 변질된다. 또한 서로 마주 보는 방문도 탁한 기운을 유발하니 서로 엇비껴 설치하도록 해야 한다. 맑은 기가 도는 거실은 사람을 밝고 명랑하게 만들지만 탁한 기가 흐르는 곳은 어둡고 의기소침하게 만든다. 또한 창은 거실의 오염된 공기를 밖으로 내보내고 신선한 공기를 받아들이는 창구 역할을 한다. 거실 내부의 오염된 공기를 신속하고 완전하게 밖으로 배출하고 신선한 공기를 내부로 받아들이기 위해서는 창의 설치를 올바르게 해야 한다. 창의 설치가 제대로 되어 있지 않다면 오염된 공기가 제대로 빠져나가지 못하고 항상 내부에 남아 있어 오랫동안 환기를 하여도 제대로 효과를 보지 못하는 결과를 초래할 뿐이다. 오염된 공기를 밖으로 내보내기 위해서는 창문이 천장 높이까지 열리도록 설치되어야 한다. 그렇지 않고 창문이 낮게 설치되어 있으면 그 윗부분의 오염된 공기는 빠져나가지 못하고 항상 천장 부근에 정체되어 두통을 유발시키는 작용을 한다. 기존의 창문이 천장 높이에 못미쳐 설치되어 있는 거실은 천장 높이에 환풍기를 설치하여 오염된 공기를 완벽하게 배출시킬 필요가 있다.

❖ **방불**(彷佛) : 흡사한 것. 높은 곳이나 낮은 곳이나 비슷비슷하여 한 눈에 드러나지 않는 모양.

❖ **방빈결**(房份訣) : 건곤간손(乾坤艮巽)은 장방발(長房發)이나 인신사해(寅申巳亥)는 장방재(長房災)니라. 을신정계(乙辛丁癸)는 소방발(小房發)이나 진술축미(辰戌丑未)는 소방재(小房災)니라. 갑경병임(甲庚丙壬)은 중방발(中房發)이나 자오묘유(子午卯酉)는 신방재(申房災)니라. 이왈연야(離曰然也)나 인신사해(寅申巳亥)와 자오묘유(子午卯酉)와 진술축미(辰戌丑未)는 여서발(女壻發)이니라.

❖ **방상**(方相) : 방상구나(驅儺) 악귀로 분장한 사람을 방상씨(方方氏)가 좇는 연극, 흔히 궁중(宮中)에서(세말(歲末)에 하였음)할 때에 나자(儺者)의 하나. 악귀를 쫓는다는 신으로 곰의 가죽을 들씌운 큰 탈에 붉은 옷에 검은 치마를 입고 금빛의 눈이 2개 또는 4개이고 창, 방패를 가졌음. 중국 주례에는 금빛의 4목(四目)의 것을 방상(方相)이라 하고 2목(二目)의 것을 구(倛)라 하였으니 한국에서는 모두 방상(方相)이라 하는데 단지 품계 높은 사람만이 4목(四目)을 썼음. 이것은 광중(壙中)의 악귀를 쫓는다는 목적으로 쓰였는데 장식(葬式) 밖에도 궁중의 연말 연시의 행사, 임금의 거동, 중국 사신을 맞을 때에 악귀를 쫓는 뜻으로 썼음.

❖ **방성**(房星) : 신방(辛方)에 있다. 신봉(辛峰)이 삼태를 이루면 정치인이 나고, 몹시 높으면 딸자식이 많고, 허하면 음란한 후손을 본다. 효험은 묘년(卯年)에 난다.

❖ **방, 소심한 사람이 쓰는 방은 천장을 높게 한다** : 일반적으로 천장이 낮은 집에 기거하게 되면 소극적이고 우울하고 완고한 성격이 되기 쉬우며, 반대로 천장이 높은 주택에서 생활하게 되면 과욕과 허세를 부리려는 심리적 작용에 동요되기 쉽다. 또한 주위가 산만하고 자유분방한 아이들은 작은 방에서 지내도록 해

주면 성격이 침착해지고 인내력도 길러진다. 반면에 너무 내성적이어서 남의 앞에 말할 수도 없고 사교성도 없는 아이의 경우, 방이 작으면 질투심, 욕심 등이 강해질 수 있으므로 이런 아이는 조금 넓은 방을 사용하게 하여 활달하고 솔직한 아이가 되도록 배려 해주는 것이 좋다.

❖ **방수론**(放水論) : 묘정방수법(墓庭防水法) : 묘정(墓庭)에는 반드시 모여드는 물을 흘려보내기 위한 방수구(放水口)가 있기 마련인데, 이것을 가리켜 결구(缺口) 또는 소동(小洞)이라고도 하는데 묘정(墓庭)의 설수지용(洩水之用)이다. 이 결구(缺口)는 분묘에 대해 지대한 영향을 끼치게 되므로 반드시 방수(放水)를 위한 일정한 방위가 있다. 마치 외반(外盤)의 수수(收水)가 왕향(旺向)에는 쇠방출(衰放出)하고 쇠향(衰向)에는 병방출(病方出)하듯 묘정수(墓庭水)의 나가는 길도 일정한 방위가 있으니 이를 가리켜 후토방(后土方)이라고 한다. 그리고 묘정수(墓庭水)의 방위는 지반정침(地盤正針)으로 격지(格之)하며 반드시 묘정수(墓庭水)는 천간위(天干位)로 흘러가게 해야 하고 지지방(地支方)으로 흘러감을 막아야 한다. 그 연유는 천간(天干)은 청(淸)하고 지지(地支)는 중탁(重濁)할 뿐 아니라 충살(沖煞)이 있어 태세(太歲)를 충동(衝動)하면 흉화(凶禍)가 응하기 때문이다. 또한 천간(天干)은 경(輕)하고 청(淸)할 뿐 아니라 충살(沖煞)도 없어 천간위(天干位)로 묘정수(墓庭水)가 흘러가면 길(吉)하다.

❖ **방수구이십사산**(放水口二十四山)

▌임산병향(壬山丙向)

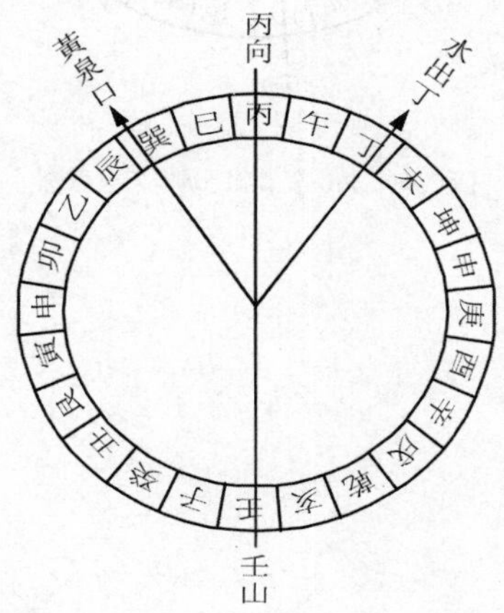

[壬山丙向 水出 丁 黃泉口 巽巳 后土 丁坤申]

▌자산오향(子山午向)

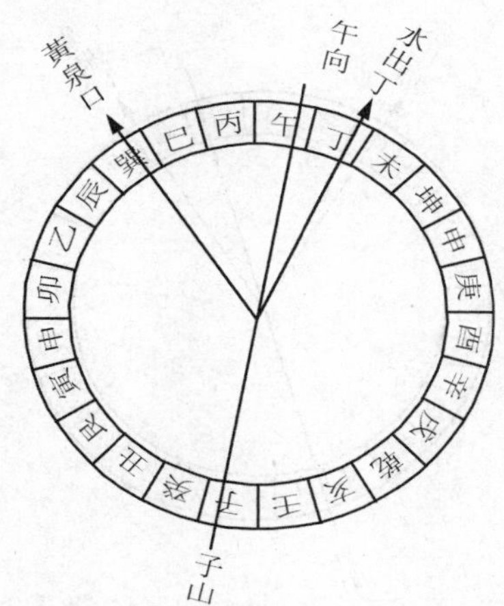

[子山午向 水出 丁 黃泉口 巽巳 后土 丁坤申]

▌계산정향(癸山丁向)

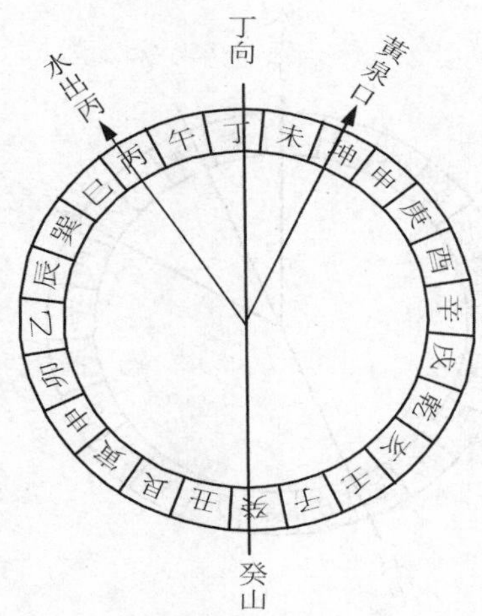

[癸山丁向 水出 丙 黃泉口 坤申 后土 午巽]

축산미향(丑山未向)

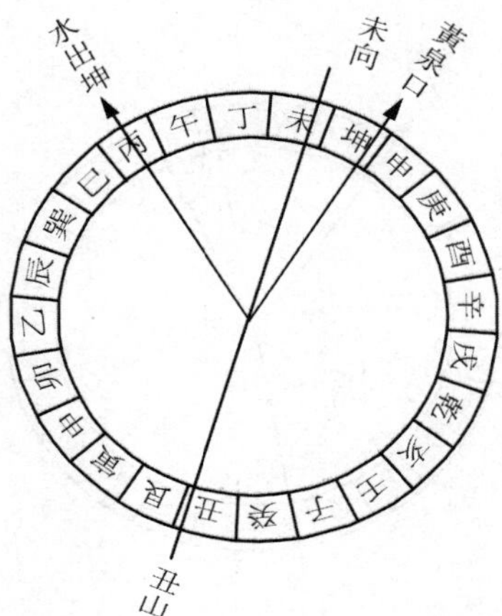

[丑山未向 水出 坤 黃泉口 丙午 后土 坤酉辛]

간산곤향(艮山坤向)

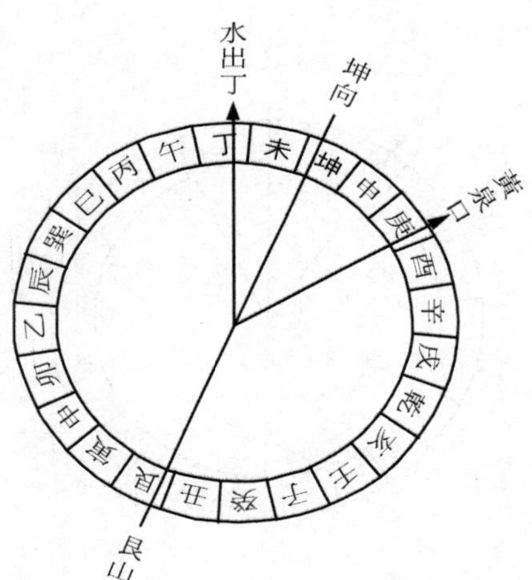

[艮山坤向 水出 丁 黃泉口 庚酉 后土 午丙]

인산신향(寅山申向)

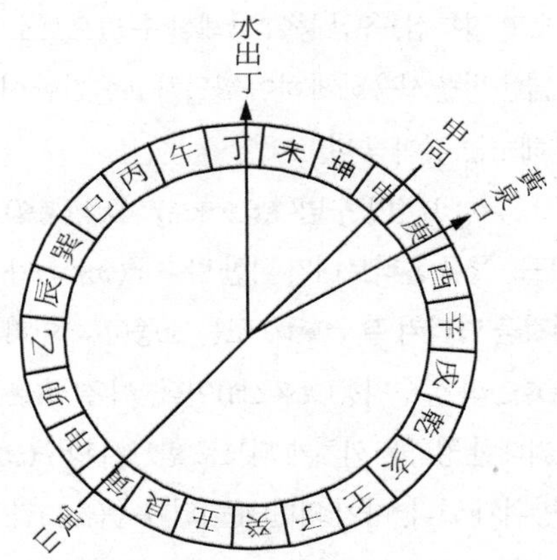

[寅山申向 水出 丁 黃泉口 庚酉 后土 坤丙午]

갑산경향(甲山庚向)

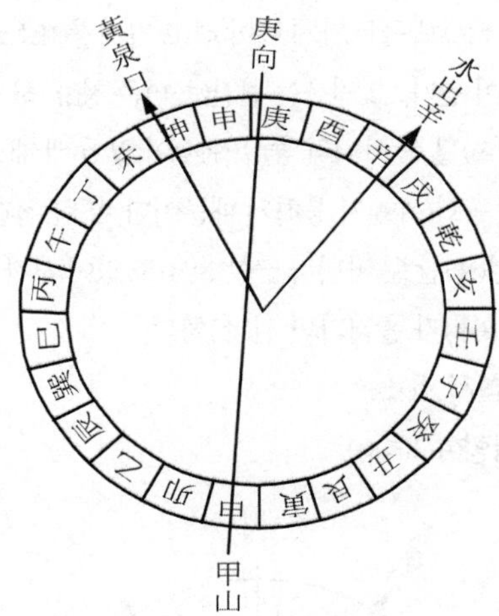

[甲山庚向 水出 辛 黃泉口 坤申 后土 酉乾]

묘산유향(卯山酉向)

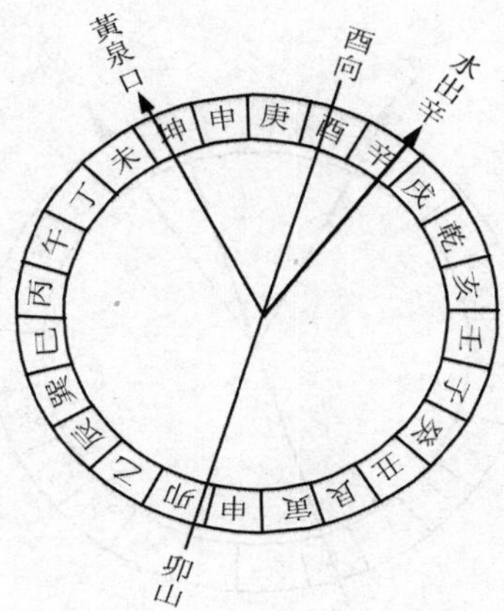

[卯山酉向 水出 辛 黃泉口 坤申 后土 乾]

을산신향(乙山辛向)

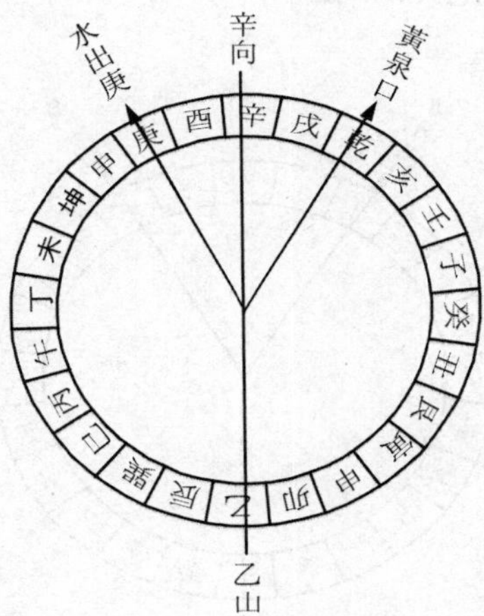

[乙山辛向 水出 庚 黃泉口 乾亥 后土 酉庚]

진산술향(辰山戌向)

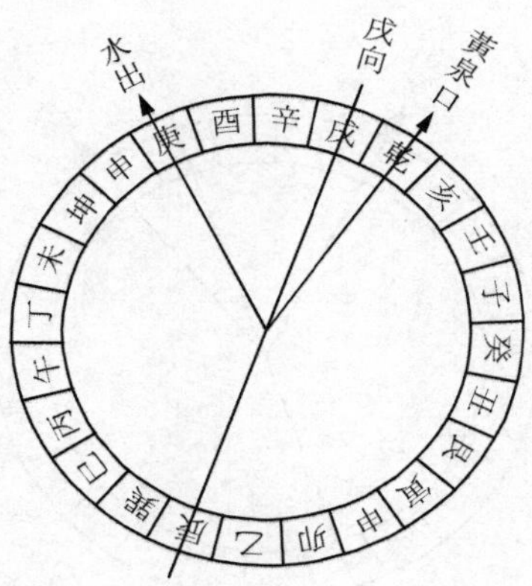

[辰山戌向 水出 乾 黃泉口 庚酉 后土 乾壬子]

손산건향(巽山乾向)

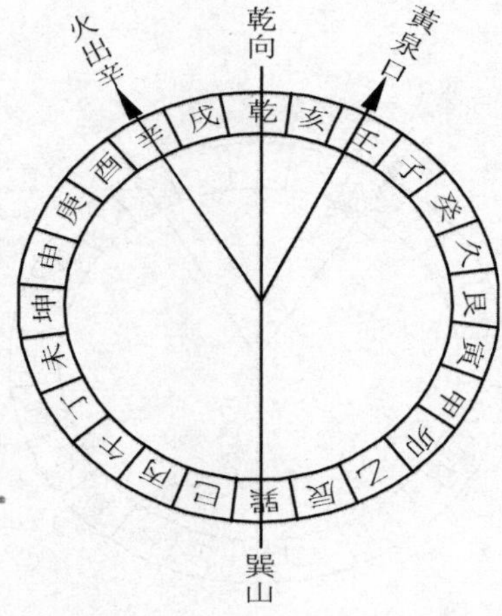

[巽山乾向 水出 辛 黃泉口 壬子 后土 庚戌乾]

사신해향(巳山亥向)

[巳山亥向 水出 辛 黃泉口 壬子 后土 戌庚乾]

병산임향(丙山壬向)

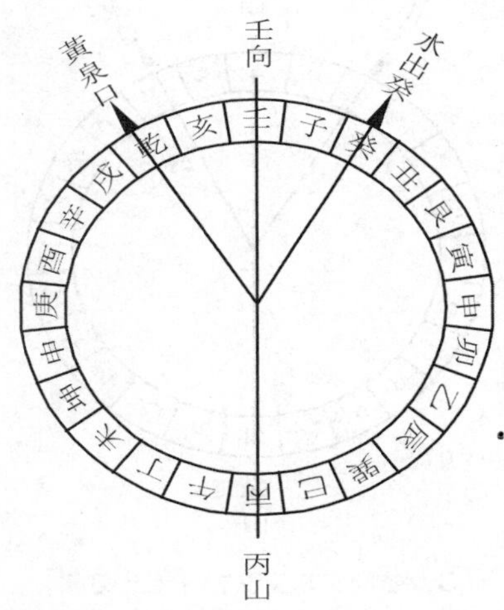

[丙山壬向 水出 癸 黃泉口 后土 丑艮]

오산자향(午山子向)

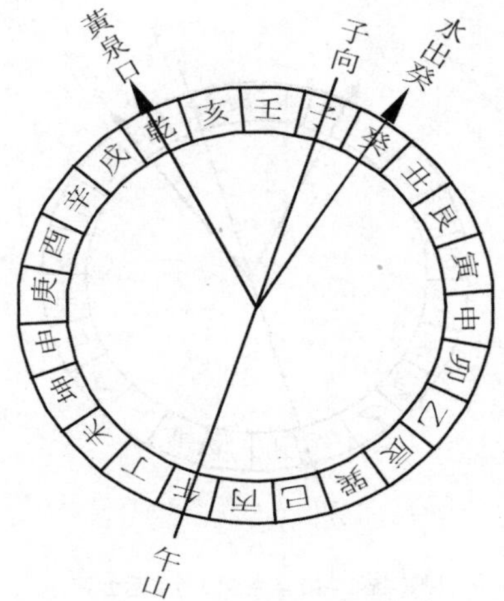

[午山子向 水出 癸 黃泉口 后土 丑艮]

정산계향(丁山癸向)

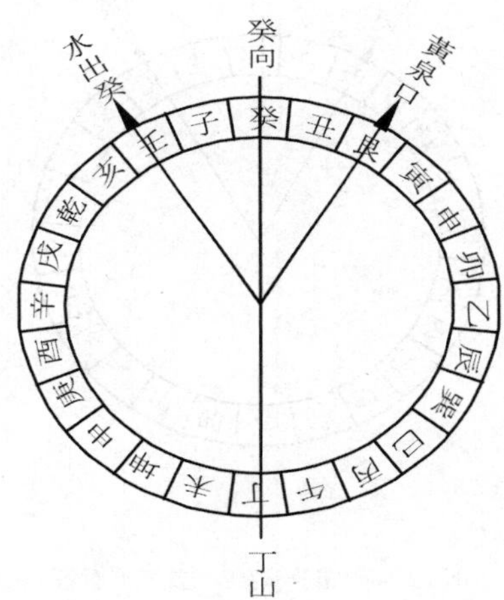

[丁山癸向 水出 壬 黃泉口艮寅 后土 乾亥]

미산축향(未山丑向)

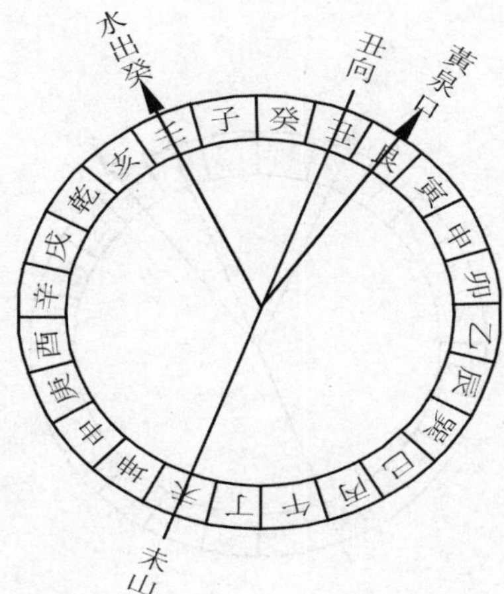

[未山丑向 水出 艮 黃泉口壬子 后土 寅甲乙]

곤산간향(坤山艮向)

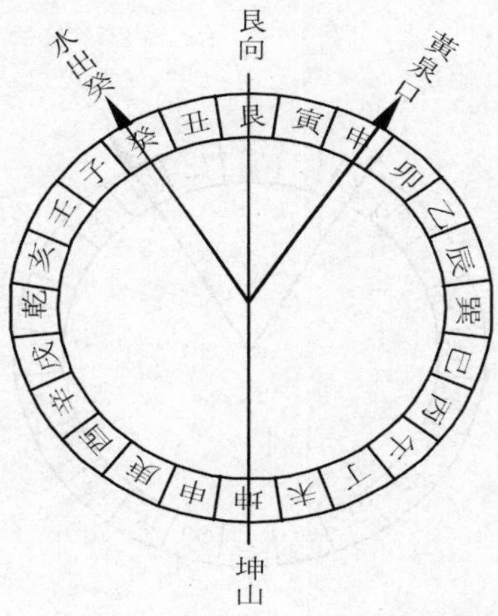

[坤山艮向 水出 癸 黃泉口 甲卯 后土 癸壬亥]

신산인향(申山寅向)

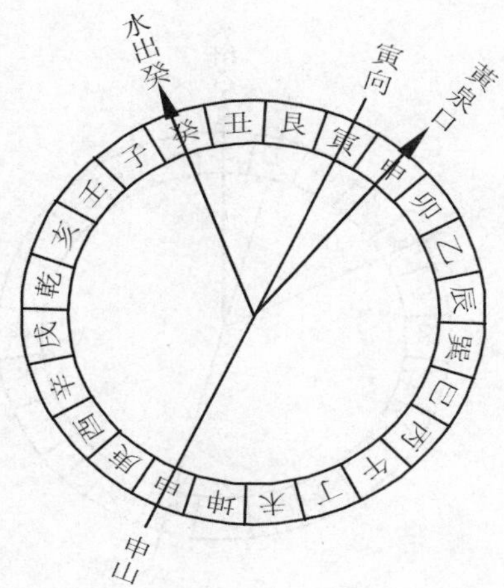

[申山寅向 水出 癸 黃泉口 甲卯 后土 癸壬]

경산갑향(庚山甲向)

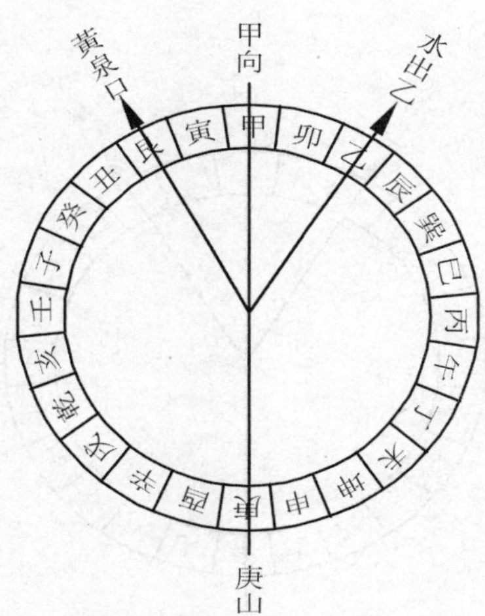

[庚山甲向 水出 乙 黃泉口 艮寅 后土 卯乙巳]

유산묘향(酉山卯向)

[酉山卯向 水出 乙 黃泉口 艮寅 后土 乙巳]

신산을향(辛山乙向)

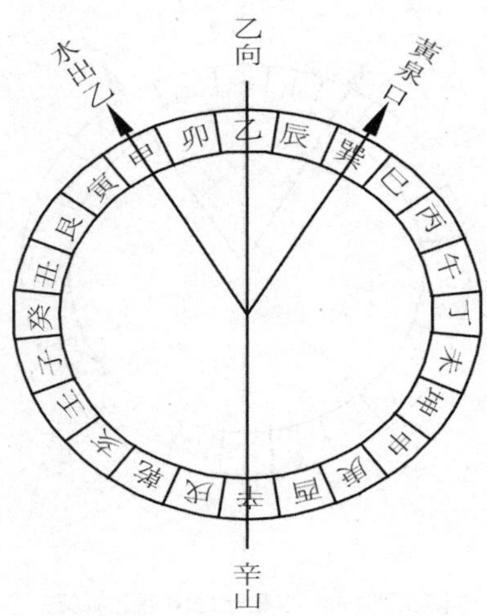

[辛山乙向 水出 甲 黃泉口 巽巳 后土 卯丑]

술산진향(戌山辰向)

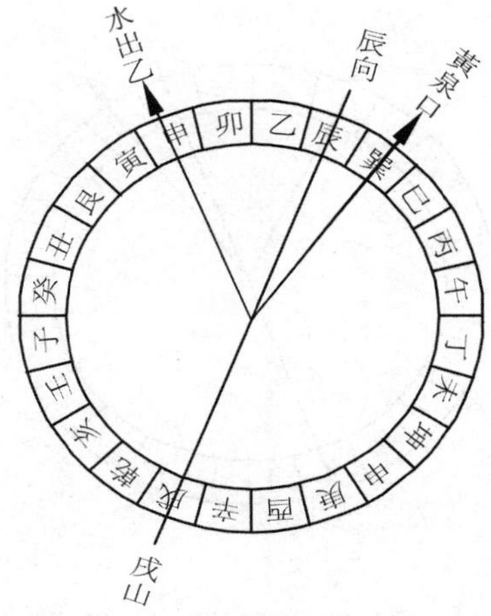

[戌山辰向 水出 巽 黃泉口 甲卯 后土 巽巳午]

건산술향(乾山戌向)

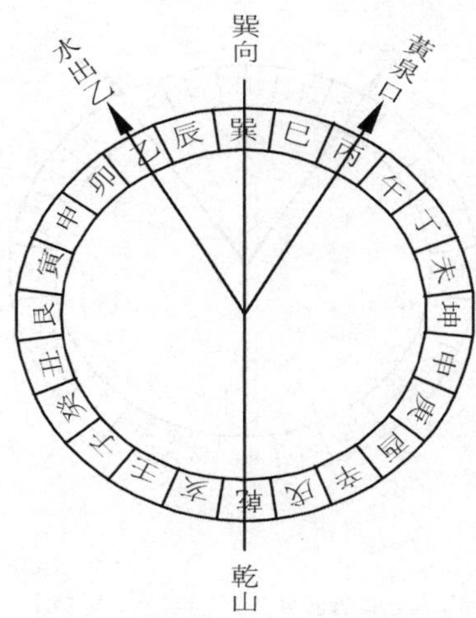

[乾山巽向 水出 乙 黃泉口 丙午 后土 乙卯]

해산사향(亥山巳向)

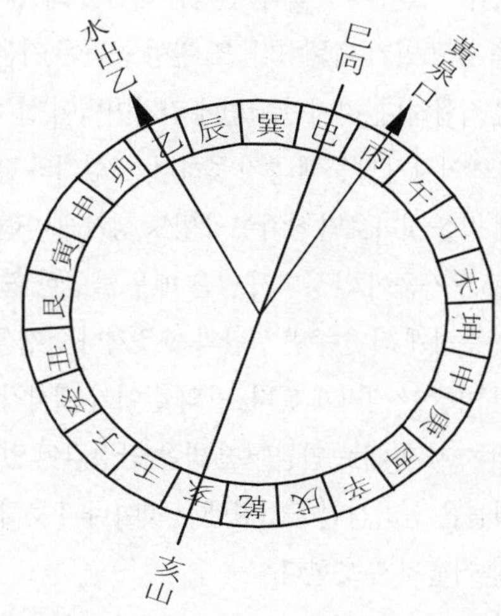

[亥山巳向 水出 乙 黃泉口 丙午 后土 巽乙]

❖ **방앗간이 문간에 있으면 폐단이 생긴다** : 돌절구가 문간에 놓여지면 식솔들이 외방으로 흩어져 나돌고 학문과 글을 멀리하는 폐단이 생긴다.

❖ **방어사**(防禦使) : 인조 때에 경기, 강원, 함경, 평안도 등 요소를 방어하기 위하여 둔 벼슬. 지방 수령이나 변장(邊將)이 겸함.

❖ **방위**(方位) : 공간의 어떤 점이나 방향이 기준 방향에 대하여 어느 쪽으로 향하는가를 나타낸 말. 지리에서 산과 수는 입수나 좌 또는 향의 생왕방에서 오는 것이 길하다. 향(向)과 내수(來水)는 산을 만들어 주며 음양이 충화(沖和)하여야 길로 본다. 8요(八曜)·황천(黃泉) 등의 흉살을 피해야 한다.

❖ **방위를 왜 그토록 따지는가** : 장풍득수(藏風得水)의 준말이 풍수고 풍수는 바로 바람과 물이라는 말로서 방위는 곧 바람의 방향인 풍이고, 풍은 바로 공기이며 공기 중 가장 인간에게 많은 영향을 주는 것이 산소다. 그래서 현대 풍수지리에서는 풍수를 산소의 연구라고 주장하는 사람도 있다. 그리고 공기와 물은 정지되고 갇혀 있으면 썩기 때문에 유통 즉 통수·통풍의 과학이라고 해석하기도 한다.

❖ **방은 이렇게 나누어 쓰면 좋다** : 어느 가정 없이 큰방을 제일 어른이 쓰고 방의 크기에 따라 장남, 차남 또는 큰딸, 작은아들 순으로 정하기도 하고, 2층일 때는 아래층이 어른, 2층을 아이들 방으로 많이 쓰기도 한다. 이와 같이 아버지, 어머니, 장남, 장녀, 차남, 차녀 등 각자가 거처해야 할 방위가 정해져 있다. 또한 주역 팔괘에 따르면 건(乾)은 아버지를 뜻하기 때문에 북서 방위가 되며, 곤(坤)은 어머니를 의미하기에 남서 방위에 해당하며, 진(震)은 장남을 의미하기에 동쪽에 해당된다. 그리고 장녀는 손(巽)이므로 남동 방위에 해당되며, 차남은 감(坎)이므로 북쪽, 차녀는 이(離)이므로 남쪽, 간(艮)은 3남 이하, 3녀 이하는 태(兌)로 서쪽에 해당한다. 한마디로 요약하면 우리 나라에서는 청년 회원의 자격은 50세까지이므로 동쪽은 50세 이하의 남자, 서쪽은 20세 이하의 어린 여자, 남쪽은 둘째 딸이나 가운데 딸, 북쪽은 둘째 아들, 북동쪽은 막내 아들이나 상속자가 쓰면 좋고, 북서쪽은 아버지·호주·권력자·우두머리, 남동쪽은 장녀·중년 부인·주부가 쓰면 좋고, 남서쪽은 어머니 또는 할머니가 쓰면 좋은 방이다.

❖ **방음부**(傍陰符) : 장매(葬埋)에는 꺼리나 양택 즉 기조(起造)에는 꺼리지 않는다.

❖ **방의 크기는 사람의 성격을 변화시킨다** : 가족 수에 비해서 집이 너무 커서 빈 공간이 많고 남아도는 방을 빈 채로 오래 놓아 두는 것도 안 좋지만 자신이 주로 쓰는 방의 크기가 너무 크고 넓은 것도 좋지 않다. 그럴 경우엔 그 빈자리에 무언가 채워 놓고 싶다는 과욕이 앞서고 뭔가 큰 일, 좀더 눈에 띄는 일을 해야 한다는 과욕이 생겨서 밖으로 나가고 싶어진다. 따라서 정신적으로 안정이 안 되는 사람, 주의력이 산만한 어린이들에게는 다소 작은 방에서 지내게 하는 것이 좋다. 심리적인 안정을 되찾아 침착해지고 인내력이 길러지며 정신집중이 잘 되어 학습효과도 높인다. 반대로 내성적이고 소심한 사람은 넓은 방을 쓰게 함으로써 활달하고 솔직한 성격, 대담한 성격으로 탈바꿈시켜 주는 풍수적인 효험을 볼 수 있다. 방의 크기나 규모, 장식은 너무 부담스러워도 흉하고 지나치게 초라하고 좁은 것도 흉하다. 그 안에 있는 사람을 포근하게 감싸주듯 편안함이 느껴지는 방이 자기 자신에게 이로운 작용을 미치는 것이다.

❖ **방정**(方正) : 일자문성(一字文星).

❖ **방정음부**(傍正陰符) : 방음부(傍陰符)는 음택(陰宅) 즉 장매(葬埋)에 꺼린다. 양택 즉 기조(起造 : 집짓고 수리하는 일)에는 무방하다. 정음부는 양택을 꺼리지만 음택에는 무방하다.

구분	正陰符	傍陰符
甲乙年(月 日 時)	艮 巽 山	丙 辛 山
乙庚年(〃)	乾 兌 山	甲丁巳丑山
丙辛年(〃)	坤 坎 山	乙癸申辰山
丁壬年(〃)	離 山	壬 寅 戌 山
戊癸年(〃)	震 山	庚 亥 未 山

갑년(甲年)이나 을년(乙年)이면 집짓는데는 간좌(艮坐)나 손좌(巽坐(正陰符))를 놓는 것을 꺼린다. 묘 쓰는데는 병좌(丙坐) 및 신좌(辛坐) 놓는 것을 꺼리지만 살이 닿아도 용사(用事: 집짓고 묘쓰는 일)하는 절기에 따라 더욱 흉할 수가 있고 무방할 수가 있다. 가령 간손(艮巽:정음부), 병신좌(丙辛坐:방음부)는 갑년(甲年)을 만나면 정방음부인데 태세 갑목(甲木)이 즉 살(殺)이므로 정2, 3월(春)에는 목(木)이 왕하는 때이므로 살이 왕하여 더욱 흉하다. 7, 8월(秋)이면 목(木)이 사절(死絶)되어 무방한 것으로 본다. 모든 흉살은 기운이 미약하면 해가 적고 기운이 왕하면 액이 두렵다. 갑년(甲年)에 간손병신좌(艮巽丙辛坐)는 정방음부이다. 이 경우 태세 갑목(甲木)이 살이다. 제주(祭主)나 망인(亡人)의 생년간(生年干)이 임생(壬生)이면 갑목(甲木)의 효살(梟殺)이 되어 제살(制殺)된다. 경(庚)이면 갑목(甲木)의 7살(七殺)이 되어 제살(制殺)하므로 무방한 것으로 본다.

❖ **방촌간**(方寸間) : 약간의 차이. 조금의 차이진 곳에서도 길지는 있다는 말.

❖ **방친영**(房親迎) : 나이 어린 신랑 신부가 혼인하여 3일을 치를 때에 신부가 신방에 들어가 가만히 앉아 있다가 도로 나오는 일을 말하는 것으로 지금은 혼인 연령이 높아져 이 풍습은 없어졌다.

❖ **방 평면은 정방형이 가장 좋다** : 각각의 방은 일정한 형태를 이루고 있으며 그 형태에 따라 공간의 기운이 달라지고 그 공간에 거주하는 사람의 길흉이 달라진다. 가로와 세로의 길이가 비슷한 정방형 평면의 방이 가장 기운이 많이 모이는 이상적인 형태이다. 이때 가로와 세로가 1 : 1.7(=3 : 5)이면 좋은 편이다. 그러나 방이 1 : 2 이상인 장방형 방은 기운이 분산되어 좋지 못하다. 방이 원형인 것은 보기 드물지만 이런 방은 기운을 강하게 집중시키는 효과가 있어 매우 좋다. 원형은 하늘을 의미하며 하늘은 강한 힘을 갖고 있기 때문이다. 또 원형 공간은 기운이 회전하기에 가장 적합하다. 하지만 평면에 칸막이벽이 설치되면 원형 분위기가 깨어지기 때문에 좋지 못하다. 도심지와 같이 땅이 비좁은 곳에 집을 짓다보면 삼각형의 방도 생기게 마련이다. 그러나 이런 방은 기운이 안정되지 않은 매우 불안한 형태이다. 이런 방에 거주하게 되면 주변 사람과 싸우거나 언쟁을 일으키는 등 빈번한 마찰이 생기게 된다. 방의 길이가 제각각인 두 개의 방을 합쳐 ㄱ자 형태로 만들어진 방은 안정감이 없어 이 방에 사는 사람들은 심리적인 불안감에서 벗어나지 못하고 주변 사람들과 잘 어울리지 못한다.

❖ **방향지설**(方向之說) : 수법(水法)의 생왕(生旺)에 관해서 많이 알려져 있지만 있는 듯 하지만 각자의 주장하는 생왕지설(生旺之說)이 각이하여 그 개요를 밝혀 본다. 혈은 구지(九地)라 땅을 가리키고 향(向)은 구천(九天)이라 하늘을 가리킨다. 그러므로 혈승지기(穴乘地氣)하게 하고, 동사천기(同司天氣)하게 함이 장법지리(葬法地理)의 궁극적인 목적이다. 수(水)는 항시 땅을 피해서 하늘을 향해 달려가므로 비록 땅 위로 흘러가지만 실제로는 하늘의 통할(統割)함을 받으니 수(水)의 생왕(生旺)은 향(向)에 속하는 것이 되므로 용(龍)과 수(水)는 서로가 불간섭적 관계에 있게 된다. 장서(葬書)에 「주작원간생기(朱雀原干生氣)」라 한 것은 주작(朱雀)은 네 짐승 중에서는 조안(朝案)을 지키는 짐승이니 곧 향수(向水)를 뜻함이고, 「원간생기(原干生氣)」라고 한 것은 수(水)는 원래 생방(生方)을 좇아옴을 말하는 것이다. 영성정의(靈城精義)에 이르기를, 「용은 맥으로써 주로 하고, 혈은 향으로써, 수(水) 향으로써 정하며, 향(向)을 국으로써 나누어진다.」 고 했고, 또 이르기를 「들이는 길로 4생(來路看四生)을 보며, 좌 밑으로 4절(坐下看四絶)을 보고, 국안으로 3합(局內看三合)을 보며, 향위로 쌍금(向上看雙金)을 본다.」 고 했으니 이 말은 모두 용혈(龍穴)의 길흉(吉凶)은 수(水)에 달려 있고, 수(水)의 길흉(吉凶)은 향(向)에 있음을 아울러 설파한 말로서, 「내로간사생(來路看四生)」이란 무릇 좌수도우(左水到右)하는 4양지기(四陽之氣)는 갑병경

임지(甲丙庚壬地)로 유행하니, 그 장생방(長生方)은 각기 인사신해지(寅巳申亥地)가 되고, 오른쪽 물이 왼쪽으로 기우는 4음지기(四陰之氣)는 을신정계방(乙辛丁癸方)으로 유행하니 그 4장생방(四長生方)은 자오묘유방(子午卯酉方)에 있게 된다. 「좌하간사절(坐下看四絶)」은 절(絶)이란 곧 수신(水神)의 절지(絶地)가 되므로 행여라도 좌처(坐處)가 절지(絶地)에 앉지 않았는가를 살펴야 한다는 뜻이다. 만약 좌처(坐處)가 절지(絶地)에 떨어지면 대흉이므로 크게 피해야 한다.

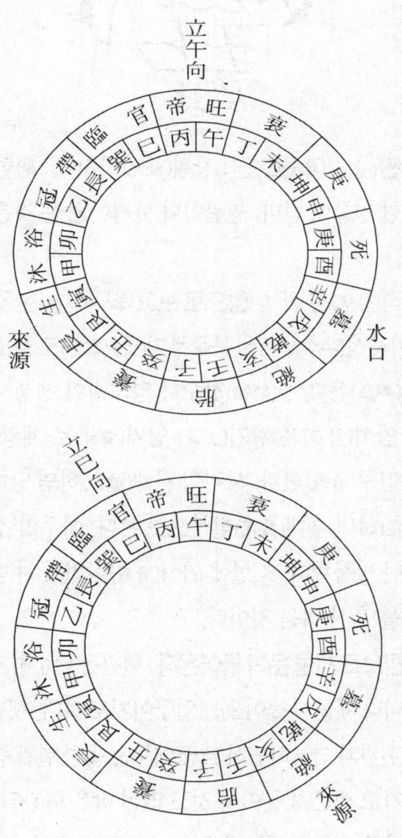

위의 도표에서 만약 손사향(巽巳向)을 한다면 사유축(巳酉丑) 금국(金局)에 정화(丁火)의 기가 유행이 되며, 동시에 오른쪽 물이 왼쪽으로 기울어 음국(陰局)이 되므로 병화(丙火)의 기가 유행하지 못할 뿐 아니라 병화(丙火)는 해(亥)에서 절(絶)을 먹으므로 해좌(亥坐)는 절대 불가하다. 또한 국내간3합(局內看三合)이란 대개 1개 내로(來路)에 향(向)은 왕(旺), 쇠(衰) 이향(二向)으로 나누니, 양향(兩向)은 각각 3합처(三合處)를 가지고 있다. 예를 든다면 병기유행(丙氣流行)에 좌수도우국(左水圖右局)인데 오방(午方)으로 입향(立向)을 하면 이는 인오술(寅午戌) 3합왕향(三合旺向)이 되지만 그러나 미향(未向)으로 향(向)한다면 역시 인오술(寅午戌) 3합(三合)은 되나 향(向)은 쇠향(衰向)이 된다. 미향(未向)이 해묘미(亥卯未) 목국(木局)이 아닌 인오술(寅午戌) 화국(火局)이 되는 이유는 첫째, 입미향(立未向(진술축미향[辰戌丑未向]))이면 모두가 양쇠향(陽衰向)인데, 해묘미(亥卯未)는 음국(陰局)이 되므로 맞지가 않고 둘째 이유는 미(未)는 양쇠향(陽衰向)이라 향(未方)에서 쇠(衰)를 먹는 간(干)은 8간(八干) 가운데 병간(丙干) 하나 뿐이므로 병화(丙火)를 타게 되어 인오술(寅午戌) 화국(火局)이 된다. 그러므로 병화(丙火)의 기가 유행하게 되어 자연 인오술(寅午戌) 화국(火局)이 될 수 밖에 없다. 화복(禍福)의 응기(應期)는 곧 향지(向支)와 3합(三合)을 하는 명국(命局)의 사람이 3합(三合)을 하는 해에 가서 화복(禍福)이 응하는 것이니, 즉 입오향(立午向)의 응기(應期)는 인오술생인(寅午戌生人)의 인오술년(寅午戌年)이 되고, 입미향(立未向)이라면 해묘미생인(亥卯未生人)의 해묘미년(亥卯未年)이 그 응기(應期)가 된다. 양자가 다 같이 인오술(寅午戌) 화국(火局)이 되는 것은 오향(午向)에 내원(來源(長生))은 인(寅)인데 묘(墓(水口))가 술방(戌方)이 되므로 자연스럽게 국내삼합(局內三合)이 형성되고, 미향(未向)이라 하면 병화(丙火)의 쇠지(衰地)가 곧 미방(未方)이 되고 또 왕향(旺向)에는 정고소수(正庫消水(戌宮))가 원칙이겠으나, 쇠향(衰向)에서는 차고소수(借庫消水(未方))를 하게 되므로 미방(未方)은 향(向)이자 동시에 수구(水口)도 겸하게 되므로 역시 병화지기(丙火之氣)가 되어 인오술(寅午戌) 화국(火局)이 성립된다. 또한 향상간쌍금(向上看雙金)이라 함은 좌우의 쌍분금(雙分金)을 말한다. 즉 24산의 매 향(向)마다 좌우양분금(左右兩分金)이 있으니 곧 병향(丙向)에 좌변가사(左邊加巳:縫針串巳)라면 우선음국(右旋陰局)에 정화(丁火)의 기로서 사유축(巳酉丑) 금국(金局)이 되고, 우변가오(右邊加午:縫針串午)라면 인오술국(寅午戌局)에 병화(丙火)의 기이니 일향지중(一向之中)에 좌우선국(左右旋局)에 따라 분금이 바뀌게 되므로 화복(禍福)이 판이함을 알 수가 있다. 임겸자좌(壬兼子坐)이면 정해분금(丁亥分金), 병겸오향(丙兼午向)이면 신사분금(辛巳分金), 임겸해좌(壬兼亥坐)면 신해분금(辛亥分金), 병겸사향(丙兼巳向)이면 정사분금(丁巳分金)이 된다. 제1층 지반정침24산(地盤正針二十四山), 제2층 정침24산분금(正針二十四山分金), 제3층 인반중침24산(人盤中針二十四山), 제4층 천반봉침24산(天盤縫針二十四山)으로서 향(向)의 배룡수수(配龍收水)를 알아야 해서 정법입향자(正法立向者)는 반드시 명당수로(明堂水路)의 형국(形局)을 살펴보아서 바로 앉게 해줘야 길(吉)하다는 뜻이다. 뿐만 아니라 형국(形局)의 외형만을 탐하여 진향(眞向)을 놓친다면 천하의 대국(大局)도 실국(失局)이 되고 마니 마땅히 이기(理氣)로서 진향(眞向)을 구해야 한다.

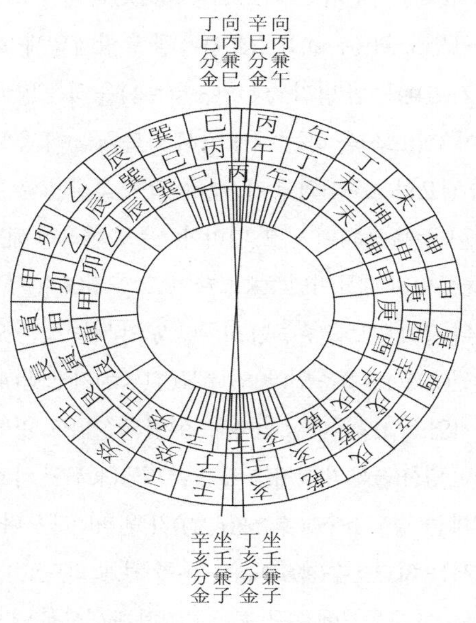

❖ **방해반호**(蚌蟹盤湖) : 방게가 호수에 앉아 있는 형국. 혈은 배꼽 위에 있고, 안산은 물고기, 소라, 조개, 개구리 등이다.

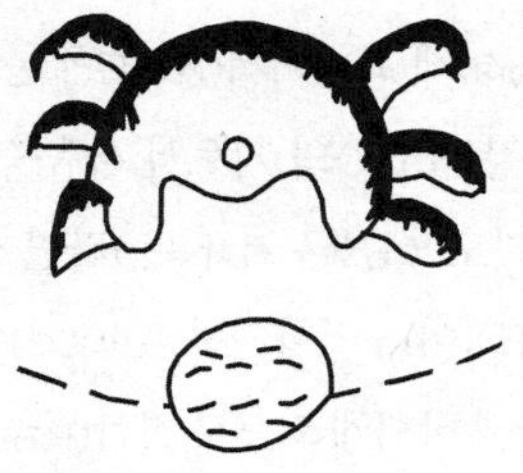

❖ **방해출니**(蚌蟹出泥) : 방게가 진흙에서 밖으로 나오는 형국. 게 앞에 논이 있는데 혈은 방게의 배꼽 위에 자리잡고, 안산은 물고기, 거북, 소라 등이다. 방게형의 명당도 훌륭한 인물들을 배출한다. 학자, 사업가, 현인군자(賢人君子)가 나와서 재주를 발휘하며, 자손이 번창한다.

❖ **밝은 당판**(當坂)**이 높으면** : 장원(壯元)하고 귀(貴)한 사격(砂格)이 높으면 영웅이 난다. 혈판이나 사격이 높은 것은 귀한 것으로 본다.

❖ **밝은 사격**(砂格)**은 귀**(貴)**함으로 보고 후덕**(厚德)**한 것은 부로 본다** : 일자문성(一字文星)은 문무부귀(文武富貴)로 보고 웅장(雄壯)한 형상(形象)은 장상(將相)장수나 영의정이 생생하고 서기(瑞氣)하는 암석(岩石)은 왕기(王氣) 영기(靈氣)로 재왕사격(宰旺砂格)으로 간주(看做)한다. 사격이 건재(健在)하면 당대 발복하고 원재(遠在)하면 후대(後代)발복으로 본다. 아무리 소혈(小穴)이라도 30년 발복한다. 소혈에 귀석(貴石)이면 60년 발복으로 시효(時效)를 추산 하는 것이다.

❖ **밝은 현관으로 재물 운이 들어온다** : 현관은 단순히 집의 입구일 뿐만 아니라 재물이 들어오는 입구이기도 하다. 햇볕이 들어오는 밝은 현관과 눅눅하면서 조금 어두운 듯한 현관 중 어느 쪽으로 들어가고 싶은가 물어볼 것도 없이 밝은 현관일 것이다. 재물운도 마찬가지다. 재물 운을 높이고 싶다면 먼저 집의 현관을 밝게 해야 한다. 방위나 집의 설계 구조상 햇볕이 들어오지 않는 현관은 조명을 이용하여 밝게 하면 된다. 그것도 쉽지 않다면 자연채광을 대신하여 태양 그림이나 사진을 장식하는 것도 좋다. 이는 반짝반짝하는 태양의 기를 받아들인다는 의미다. 그렇게 하기 위해서는 현관과 그 주변을 항상 깨끗하게 유지해야 한다.

❖ **배**(培) : 증보하다. 보충하다.

❖ **배**(背) : 산의 등. 배반. 면(面)은 수려하고 배(背)는 조잡하다. 면은 윤활하고 배는 마르다. 면은 매끈하고 배는 둔탁하다. 면은 팔을 벌린 듯하고 배는 불그러지다. 면은 평평하여 완만하고 배는 급하게 경사진 것이다. 배면은 용혈을 가리키는 말로서 용(龍)과 조산(祖山)을 말함이다. 큰 장막의 배면과 일절(一節)의 배면이 있으며 혈에는 성체(星體)의 배면이 있는데 이러한 면(面)에는 타처의 작용을 받지 않는다. 정룡(正龍)이 중심으로만 행하여 내려온다면 배면이 없을 수 있다. 향배(向背)는 사수(沙水)를 가리키는 말로써 수(水)의 향배와 사(沙)의 향배가 있는데 수(水)의 향배는 보기는 쉬우나 사(沙)의 향배는 알기가 어렵다. 산은 어디서나 호위(護衛)와 조대(朝對)가 서로 향을 한다. 완만하거나(頑), 굳어 있거나(硬), 조잡하거나(粗), 뭉퉁하거나(蠢), 툭 불거지거나(突) 하면 면(面)을 하는 것이 아니다. 비록 나에게로 향하였다 해도 진정으로 옳은 정이 없는 것이다. 향배를 살피는 것은 사(沙)의 좋고 나쁨을 가리는 것이다.

❖ **배계절**(拜階節) : 묘지 앞에 있는 평지로 예배하는 곳임. 배제절(拜除切).

❖ **배거**(背去) : 등지고 가버리다.

❖ **백대**(百代)**를 가도 발복이 끝이 없는 명당은** : 청룡 백호만 좋아서 그로인한 발복이라면 여러 대를 이어 질 수 없으며 행룡(行龍)이 극히 좋아야 하고 청룡백호가 중첩 한 즉 발복이 백대를 가도 끝이 없는 것이다.

❖ **배도**(裴度) : 당(唐)나라 때의 재상, 진국공(晉國公)에 봉해져 귀함이 극도에 달한 사람.

❖ **배루**(培塿) : 작은 언덕을 가리키는 말.

❖ **배면**(背面) : 사람 몸에 앞뒤가 있듯이 산봉우리와 산줄기에도 앞뒤가 있다. 앞쪽은 얼굴(面)이니 생김새가 아름다우며 밝고 깨끗하며 단정하고 흠이 없고 온화하여 보기가 좋다. 뒤쪽은 등(背)이니 앞쪽에 비해 거칠고 추하고 생김새가 우악스럽거나 험상궂다. 혹은 깨지고 찢겨지고 부서진 데가 있으며 지각이 없거나, 있어도 다정하지 않고 못생겼다. 좋은 혈은 오직 앞쪽에 맺힌다.

❖ **배반사**(背反砂) : 용혈을 배반하는 사로서 가정이 화목하지 못하고 손재한다.

❖ **배산면수**(背山面水) : 산이 배후에 있고 정면에는 물이 있는 형국. 배후에 산이나 언덕이 있으면 등뒤에서 불어오는 바람으로부터 집을 지켜주며 거기서 두터운 신뢰감이 생겨난다. 풍수에서는 등뒤에 무엇인가 잡을 것이 없으면 인간의 정신이 안정되지 않는다고 생각하므로 집 뒤에 산이나 언덕이 있으면 인간은 안심하고 집안에서 쉴 수가 있는 것이다. 만일 주위에 아무 것도 없기 때문에 바람이 불어 빠져나가 버리는 장소는 바람이 지날 때마다 애써 모은 기의 에너지가 흩어져 버리므로 좋은 장소가 아니다. 또 정면에 연못이나 호수 등의 물이 모이는 곳이 있으면 지면을 흘러 들어온 기가 그곳에 뭉친 후 정지해서 기가 쌓이는 장소가 되어 사는 사람의 인생에 길(吉)을 가져다준다. 다만 주의할 점은 발목이 겨우 닿을 정도의 얕은 물은 오히려 좋지 않으므로 없는 편이 더 낫다. 물이 고인 곳을 찾는다면 가급적으로 깊은 연못이나 호수를 찾아야 한다.

❖ **배송산주**(背送山走)**근처는 주택을 피해야** : 뒷산·앞산·좌우의 산이 서로 등져 있는 곳 배송주(背送走)를 피한다. 이러한 곳에서는 배신적 기질을 가진 자가 많이 태어나고 사회생활을 하면서 주변 인물로부터 배신을 자주 당하게 된다.

❖ **배식묘정**(配食廟庭) : 종묘(宗廟)에 배향(配享)하는 것. 본인의 공적이 뛰어난 신하를 종묘에 배향하는 것을 말함.

❖ **배아**(排牙) : 용호 안의 관란이 마주보며 마치 톱니바퀴가 맞붙어 있는 형상.

❖ **배아**(排衙) : 청룡·백호에서 작은 줄기들이 뻗어 나와 겹겹으로 포개져 있는 형상. 용호가 배아인 혈에 조상의 묘를 쓰면, 자손들이 높은 벼슬에 오르거나 훌륭한 학자가 되며, 부(富)와 귀(貴)를 함께 얻는다.

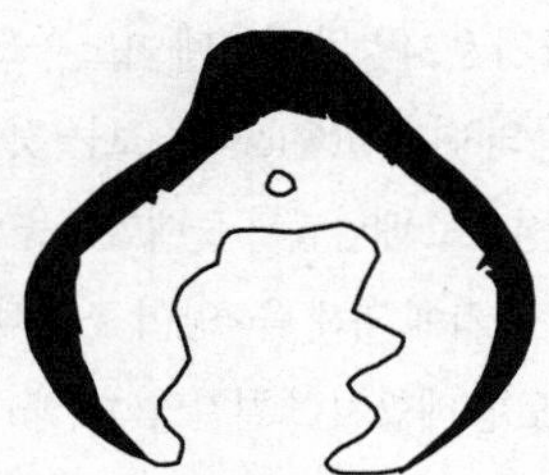

❖ **배역(背逆)한 산이나 강(江)가에는** : 산이 배역한 산이나 강가에 밀접하게 사는 사람들은 거짓말을 잘하고 사기성이 다른 지역에 사는 사람보다 많은 것이다. 반면 산이 안쪽으로 감아 돈 곳에 자리 잡은 마을이나 그러한 곳에 사는 사람들은 성격도 무난하고 합리적이며 포용력이 있다.

❖ **배주(背走)** : 청룡·백호 양끝이 등을 돌리고 혈을 배반하고 달아나는 땅의 형상. 택지나 묘지로 사용하면 오역 불효한 자손이 나오며, 배신을 하거나 배신을 당하여 패가 망신한다.

❖ **배토장(培土葬)** : 광중(壙中)을 파지 않고 시신을 땅 위에 안치하여 그 참흙을 쌓아 봉분(封墳)하는 것. 배토장하는 원인은 지기(地氣)가 위로 뜨는 혈이 있을 때 이를 취함인데 얕게 흐르는 경우도 있다. 생기가 뭉친 혈토가 얕게 있거나 땅 위에 노출되어 있는 경우는 집을 짓거나 장사할 때 땅을 깊이 파면 파혈된다. 이때는 땅을 얕게 파거나 그냥 땅 위에다 기반을 다지고 관을 묻어야 하는 대신 외부에서 가져온 객토로 봉분을 쌓아 매장하는 장사법을 배토장(培土葬)이라고 한다. 배토장은 봉분을 크게 높게 만들어야지만 바람이 물의 피해를 방지할 수 있는데 외부로부터 오는 각종 충해를 막는데 유리하다. 배토혈의 발복은 속발속패(速發速敗)가 염려된다.

❖ **배합론(配合論)** : 세상만사는 음양(陰陽)을 필요로 하는데 홀로 양이 되고 홀로 음이 된 것은 배합이 없는 것이다. 기(氣)라는 것은 양이 되고 체(體)는 음이 되는 것이니 음양이 서로 교회(交會)하면 정(正)양으로 변화하여 융결(融結)된다. 양은 반드시 음과 짝이 되고 음은 양과 짝이 되니 음과 양이 배합되면 이것이 바로 기이함이 된다. 동(動)하는 곳은 바로 생룡(生龍)이요, 고요한 곳은 사룡(死龍)이니 생룡(生龍)은 정배합(正配合)된 것이요. 불배합(不配合)된 것은 사룡(死龍)이다.

❖ **배합룡(配合龍)** : 조종산(祖宗山)에서 계속 뻗어온 내룡(來龍)이 나경 제4층에 표기된 24방위 가운데 어느 쪽으로 흘러가는지를 보는 것, 즉 내룡의 변화절(變化節)을 보는 것이 내룡 측정이며, 내룡의 방위 측정으로 배합룡과 불배합룡을 파악하게 된다. 내룡 역시 역학의 이치에 의해 음·양이 조화되어야만 길하다고 여기므로 쌍산오행 배합처럼 천간양(天干陽)과 지지양(地支陽), 천간양(天干陽)과 지지음(地支陰), 천간음(天干陰)과 지지양(地支陽)으로 짝을 지어 12방위의 길룡(吉龍) 배합공식이 만들어졌다. 임자(壬子), 계축(癸丑), 간인(艮寅), 갑묘(甲卯), 을진(乙辰), 손사(巽巳), 병오(丙午), 정미(丁未), 곤신(坤申), 경유(庚酉), 신술(辛戌), 건해(乾亥)가 그것인데, 내룡(來龍) 즉 산등성이의 주된 중심선이 나경상으로 이 12방위 각각의 두 글자의 중심선상으로 뻗어 내리고 있다면 매우 길하게 여기고 이것을 배합룡(配合龍)이라 한다.

❖ **배합룡(配合龍)의 입수(入首)** : 배합룡은 입수(入首)가 임자귀룡(壬子貴龍)이 된다. 그러다가 혈심(穴心)으로 이어지는 혈중심종선(穴中心縱線)은 우측으로 꺾여(내룡입수로 들어오는 방향을 북쪽으로 보았을 때) 우선혈장(右旋穴場)이 된다. 나경은 제4층의 자(子)가 정북(正北)의 방향이므로 혈장 뒤쪽 방위로 가게 하고, 정남(正南)의 오(午)는 앞쪽으로 향하게 한다.

❖ **배합룡(配合龍)의 측정** : 내룡 측정시에는 나경의 침은 반드시 자(子)와 오(午)의 중심선상에 오도록 해야 하며, 용맥을 바라볼 때는 용이 뻗어 흐르는 산 능선의 높은 자리 중심에 서도록 한다. 예를 들어 도표의 그림에 나타난 것처럼 a지점에서 b지점을 바라볼 때 나경을 맞추어 보아 용의 중심이 임(壬)과 자(子)를 가르며 한가운데의 방향으로 흐르고 있으므로 임자(壬子) 배합룡이 된다. 같은 방법으로 b지점에서 c지점을 바라볼 때 나경을 맞추어 그 지점을 흐르는 용의 중심이 건(乾)과 해(亥)의 중심을 관통하여 뻗어간다면 건해(乾亥) 배합룡이 된다. 물론 abc를 거꾸로 하여c에서 b, b에서 a를 바라보면서 내룡을 측정할 때도 같은 방법을 사용한다.

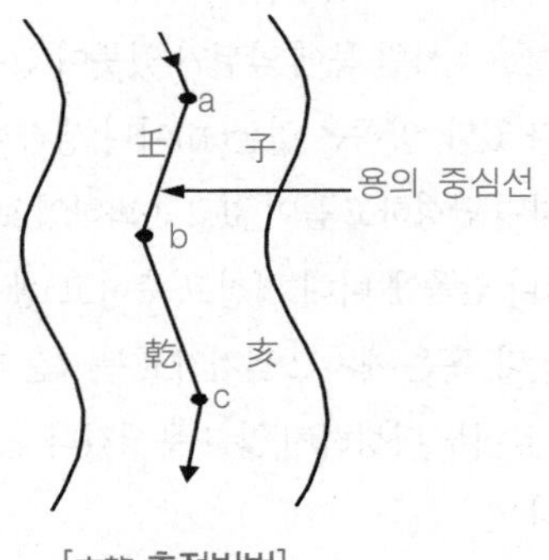

[來龍 측정방법]

❖ **배향**(配享) : 공신, 명신 또는 학덕이 높은 학자의 신주(神主)를 종묘(宗廟)나 문묘(文廟), 서원(書院) 등에 향사하는 일.

❖ **백로**(白露) : 밤에 기온이 내려가 대기중의 수증기가 엉겨 이슬이 되어 풀잎에 맺히는 시기. 기러기가 날아오고 재비가 돌아가며, 새들은 먹이를 저장한다.

❖ **백보전란**(百步轉欄) : 향의 135m 앞에서 물이 전방으로 곧게 빠지지 않고 굽어서 빠지는 물길이 더 이상 보이지 않아야 한다.

① 오방신(五方神 : 동청룡(東青龍) : 남주작(南朱雀) : 서백호(西白虎) : 북현무(北玄武) : 중구진(中句陳)) 가운데 서방사령신(西方司令神)으로 서방(西方)은 경신(庚辛) 금(金)이요 백색이므로 이를 취하여 백호라 한다.

② 지리법(地理法)에서는 좌청룡 · 우백호라 하여 혈 오른편에 있는 용맥을 백호라 한다.

③ 백호가 뾰족하게 빗겨 나가고 그 머리가 이그러지면 패륜아가 생겨난다. 술건(戌乾 : 서북간)이 공결된 것을(바르게 되어 있는 곳) 보충하면 경풍 환자가 생기고, 백호가 조그만 산을 안고 있으면 집안의 여인이 간부를 두며, 청룡이 작은 산을 안으면 양자를 두게 된다.

❖ **백호가 곱게 포옹하면** : 백호가 아름답게 포옹대어 있으면 외손(外孫)도 발복한다.

❖ **백호**(白虎)**가 길게 배반하면** : 백호가 길게 배반하면 홀아비가 생긴다.

❖ **백호가 멀고 안산이 뾰족하면** : 백호가 원고하고 안산이 첨고하면 자손이 백세(百歲)를 향수(享羞)하고 회혼례(回婚禮)를 하는구나.

❖ **백호가 배역**(背逆)**하면** : 백호가 배역(뒤로 돌아가는 형국)하면 딸 며느리가 불효부정 배신(背信)하며 재물이 파산된다. 청룡이 배역하면 자손불효 불충 배반하고 불복(不服)한다.

❖ **백호가 안산으로 부봉이 되면** : 백호 끝에 부봉(富峯) 안산사로 되어 있으면 재산이 헤아릴 수 없이 많을 것이다.

❖ **백호가 안으로 감긴 집은 한결같이 부자이고** : 옛날이나 지금이나 백호가 안으로 감긴 집은 한결같이 부자이고 도시에서도 장사가 잘되는 집은 우선 풍수의 기분을 철저히 지켰다. 골목에 허름한 식당도 손님들의 발길이 끊이지 않는다. 음식 맛이 좋아야 되겠지만 그것은 오래가지 않는다.

❖ **백호**(白虎)**로 작국**(作局)**이 되었다면** : 백호로 작국이 되었다면 혈의 결응(結凝)이 강하고 양명하게 되는 것이다. 결응이 강하면 세도할 자손이 나오고 양명(陽明)한 것은 귀(貴)한 인물이 나며 결응이 큰 것은 거부가 난다.

❖ **백호로 작국이 되었다면 혈의 결응이 큰 것이요** : 혈(穴)이 크고 양명(陽明)하면 결응이 강하고 세도(勢道)할 자손이 출생하고 양명한 것은 귀와 인물이 나며 결응이 큰 것은 거부(巨富)가 난다. 또한 백호가 곱게 포옹(抱擁)되어 있으면 외손(外孫)도 발복(發福)하고 백호상부위(白虎上部位)가 기봉(起峯)하면 딸이 벼슬하고 백호가 후덕(厚德)하면 현모양처가 들어오며 백호 어깨에 귀암석(貴岩石)이 서기(瑞氣)하면 재왕비(宰王妃)가 출생한다.

❖ **백호 어깨에 귀암**(貴岩) **있으면** : 백호 상부위에 귀암석이 서기(瑞氣)하면 제왕비가 나고 백호 끝이 배신(背身)하면 파산(破産)하고 며느리가 도망간다.

❖ **백호길사**(白虎吉砂)

- 백호 봉우리가 붓처럼 생기면 명필에 급제하게 된다.
- 백호 안에 넓고 평평한 암석이 있으면 군수(郡守)가 난다.
- 백호 봉우리가 넓고 둥글게 생겼으면 무관(武官)으로 출세한다.
- 백호가 높고 쌍으로 뻗어 안산이 되고 대명당과 통하면 대장이 되어 출세한다.
- 백호방을 안대가 열리고 청룡과 대치하여 큰 물이 들어오면 자손이 왕성(旺盛)하다.
- 백호가 둥글게 감기면 여손에서 벼슬이 나온다.
- 백호가 춤추는 도포자락 같으면 자손에 재물이 있고 부귀를 누린다.
- 백호가 후덕하면 현모양처가 들어온다.
- 백호허리 부분에 도장 같은 바위가 있으면 현달(顯達) 인재자손(人才子孫)이 난다.
- 백호 밖에 칠봉(七峰)이 있으면 문무관직(文武官職)이 끊이지 않는다.
- 백혹사(白虎砂)가 순(順)하게 기복(起伏)하고 밝고 수려(秀麗)

하며 둘려 안아주면 자손이 영귀 도장을 차고 다닌다.

- 백호 끝이 안산(案山)으로 까지 돌면 재물 발복이 끝이 없다.
- 백호가 곱게 호응되어 있으면 외손도 발복하고 백호 상부위(上部位)가 귀봉(貴峯)이면 딸도 관직에 오른다.
- 백호 상부위가 귀암석(貴岩石)에 서기(瑞氣)하면 재왕비(宰王妃)가 난다.

❖ **백호 끝이 기봉(起峯)하면** : 백호 끝이 기봉하면 딸 며느리가 불효하고 여자로 인하여 일가문이 망한다.

❖ **백호 끝이 배신(背身)하면** : 파산하고 며느리가 도망간다. 백호 끝이 기봉하면 딸 며느리가 불효하고 여자로 인하여 일가문이 망한다.

❖ **백호 내에 평평한 암석이 있으면** : 백호 내에 넓고 평평한 돌이 있으면 군수가 배출되고, 백호가 작은 산을 안으면 아내가 외간 남자를 안게 된다. 또 백호 끝이 필봉(筆峯)이면 급제(級弟)가 출한다.

❖ **백호방(白虎方)에 물이 충(沖)하여 비치면** : 자손에게 위장병으로 복통이 있게 된다. 또 재패(再敗), 인패(人敗), 병폐(病敗)가 급이 당하게 된다.

❖ **백호(白虎)의 화복가(禍福歌)** : 백호봉(白虎峯)이 둥글게 일어나면 여자손(女子孫)의 등과(登科)가 나게 된다. 백호산(白虎山)이 춤을 추는 소매모습과 같으면 자손이 계속하여 부귀하게 된다. 백호(白虎)안에 주산(主山)이 있으면 자손부(子孫婦)에게 간부가 생긴다. 백호(白虎)의 상부위(上部位)가 험석이라면 어찌 할 수 없는 극빈자가 되며, 험한 암석이 호랑이 입과 같은 모양이 있으면 자손이 호사(虎死)하는 것을 면할 수 없다. 백호(白虎) 허리에 귀한 도장모습의 돌이 있으면 자주자주 현달(顯達)하여 높은 벼슬과 덕망 높은 인재를 보게 된다. 백호(白虎) 능선에 개와 같은 형상의 암석이 있으면 스스로 목을 찔러 옥중에서 죽게 된다. 백호산(白虎山)이 배거(背去)하면 정처(正妻)를 버리고 나가게 된다. 백호(白虎)위의 부위가 솟아 배거(背去)된 것은 장자부(長子婦 : 며느리)가 도망가고, 끝부위가 배거(背去)된 것은 말자부(末子婦 : 작은며느리)와 딸이 불효하고 도망간다. 백호(白虎) 허리 사이에 물이 나면 사위 중에 눈먼 사람이 생긴다. 백호(白虎) 능선이 험하게 굴곡이 많으면 고부간의 싸움으로 목을 매달아 죽게 된다.

❖ **백호(白虎)가 전공(全空)** : 백호가 없어 조산(案山)이 우측으로 안아주면 백호(白虎)를 만들어 주게 되는 꼴이 되므로 백호(白虎)의 위치가 곧 3방지사(三房之砂)가 된다.

❖ **백호사(白虎砂)** : 차자(次子)와 무관(武官)을 상징함.

❖ **백호사(白虎砂)가 끊어지면** : 백호사가 공절(空絶) 혈(穴)을 보호하지 못하니 소방(小房 : 차남) 자기명대로 살지 못하고 일찍 죽는다.

❖ **백호사에 허리가 끊어지면** : 백호사에 허리가 끊어지면 자손에게 비참하고 끔찍한 형벌이 있게 된다.

❖ **백호산외(白虎山外)에 귀한 산봉(山峯) 있으면** : 백호산 밖에 귀봉(貴峯)들이 있으면 문무(文武) 벼슬이 끊어지지 않는다.

❖ **백호 상(上) 부위가 기복(起伏)하면** : 백호 상부위가 기봉하면 딸이 벼슬하고 백호가 후덕하면 현모양처(賢母良妻)가 들어온다.

❖ **백호흉사(白虎凶砂)는 이렇다**

- 백호 끝이 배신하면 본처를 버리게 되고 며느리가 달아난다.
- 백호방에 두다리 모양의 뻗은 가지가 있으면 부녀자가 간부(奸婦)를 두게 된다.
- 백호 끝이 뭉치면 딸 며느리 여자가 불효한다.
- 백호 끝이 둥글게 뭉치면 막내딸 며느리가 불효하고 멀리 떨어져 살게 된다.
- 백호가 수성형이면 고부간에 불화가 생긴다.
- 백호 내에 흉석이 있으면 불손한 자손이 나온다.
- 백호 내에 쌍입석(雙立石) 검은 바위가 있으면 호사(虎死)당한다.
- 백호의 끝이 갈라져 있으면 참수형(斬首形)을 당한다.
- 백호가 관(棺)과 같은 형상(形象)이면 상처(喪妻)를 당한다.
- 백호내에 작은 바위가 있으면 간부가 생긴다.
- 백호의 상부가 험석이면 가난을 면할 수 없다.
- 백호가 미약하고 가늘면 굶어 죽는 자손이 생긴다.
- 백호의 허리가 잘리고 머리가 끊어지면 사위가 해를 당한다.
- 백호가 웅장하여 혈을 누르면 과부가 어린 것을 업고 식모살이 하게 된다.

- 백호가 험하게 굴곡이 심하면 목메어 죽는 자가 나온다.
- 백호방에 해괴한 암석이 있으면 눈 먼 사람이 난다.
- 백호에 물이나면 사위 중에 눈먼 자가 나온다.
- 백호발 밑에 물이 나면 음란녀가 난다.
- 백호측면에 봉우리기 솟으면 대낮에 음행하는 가족이 생긴다.
- 백호가 뾰족하고 험석이 혈을 충하면 소년 죽음이 생긴다.
- 백호방에 괘목사가 있으면 목매 죽는 사람이 생긴다.
- 우선익 외백호가 낮던지 없으면 재물 딸 차자(次子) 없다.
- 백호 뒤의 규산이 있으면 장님이 생기고 음탕한 사람이 나온다.
- 백호 끝이 기봉하면 딸 며느리가 도망가고 가문이 망하게 된다.
- 백호 능선에 화형사가 줄을 이어면 맹인이 연이어 출생한다.
- 백호 내면이 험악하면 음행자손에 관재구설이 끊어지지 않는다.
- 백호 안에 솟은 능선이 있으면 자부, 손부 중에 과부가 생긴다.
- 백호사가 거칠고 들쓱 날쑥하면 고부간의 갈등이 심하게 된다.
- 백호사에 역수(逆水)가 외면(外面)에 응하면 일명 망신사라 한다.
- 가장(家長)이 노사(路死)한다.
- 백호 내 암석(岩石)사는 타인에 의해 칼 맞아 죽게 된다.
- 백호사 청룡사(靑龍砂)에 푸른 이끼가 나 있다면 문둥이 병자가 난다.
- 백호 끝이 배신하면 파산하게 되고 며느리가 도망간다.
- 백호 끝이 기봉하면 달 며느리가 불효하고 여자로 인해 가문이 망하게 된다.
- 백호 청룡 능선에 화형석이 줄지어 있으면 눈 먼자가 연이어 난다.
- 백호 내면이 험악하면 음행자손이 많이 나고 관재구설(官災口舌)이 끊어지지 않는다.
- 백호사가 좋으면 며느리들이 가정을 좌지우지 하게 된다.
- 백호사가 단절되면 자손에게 비참하고 끔찍한 형벌(刑罰)이 있게 된다.
- 백호가 낮으면 과부가 많이 나고 청룡이 낮으면 홀아비가 많이 나고 묘 뒤에 도로가 있으면 아들 자손이 없고 동쪽이 높고 서쪽이 낮으면 집에 노인이 없게 된다.

❖ **뱀드는 혈**: 묘의 진사방(辰巳方)에 사두(蛇頭)와 같은 사석(砂石)이 박혀서 묘의 봉분 전면으로 향하고 있으면 5년 내에 뱀이 들어온다. 갑좌(甲坐) 묘(墓)일 때 건해방(乾亥方)이 공허하고 천수(川水)가 횡류(橫流)하면서 진사방(辰巳方)으로 침입하면 장사 후 6년 내에 뱀이 들고 장자손이 일찍 죽는다.

❖ **벽상부이혈**(壁上附蛾穴): 나방이 벽에 잠시 붙어 있는 형국. 나방은 한 곳에 오래 머물러 있지 않고 곧 다른 곳으로 날아가므로 속발속패(速發速敗)가 특징이다. 혈은 벽처럼 낭떠러지 위에 있거나 능선 중간에 있다.

❖ **번**(繁): 번창하고 많음.

❖ **번관복곽수**(飜棺覆槨水): 묘지 속의 관이나 시신(屍身)이 거꾸로 뒤집히는 것을 말함. 술건방(戌乾方), 을진방(乙辰方), 계축방(癸丑方), 미곤방(未坤方) 중 어느 한 방향에 산봉우리와 산봉우리 사이가 움푹 들어가 공허한 것이 있으며, 앞에서 찌르듯 일직선으로 혈을 향해 달려오는 물이 흘러오면 관(棺)이 뒤집힌다. 관을 쓰지 않고 시신만 매장해도 시신이 뒤집혀 버린다.

❖ **번관수**(飜棺水): 술건(戌乾) 요풍(凹風) 사수(射水), 을진(乙辰) 요풍 사수, 계축(癸丑) 요풍 사수, 미곤(未坤) 요풍 사수는 번관 복곽(覆槨)한다. 이른바 4금수(四金水) 풍입국(射風入局)이면 번관 복곽의 재앙이 일어난다는 것이다.

❖ **번사**(旛砂): 번(旛)은 산아래 능선이 바람에 휘날리는 깃발처럼 여러 갈래로 뻗어 있는 것을 말하고, 번사라 함은 산의 지각이 제멋대로 사방으로 달아나는 형상. 작은 것은 1리부터 큰 것은 수리까지 뻗어 나가니 군막의 영기(令旗)같다. 질서정연하면서 물을 역수시키면 길하나 무질서하고 복잡하면 흉하다.

❖ **번신**(翻身): 용이 가다가 방향을 바꾸어서 몸뚱이를 확 돌리는 모양.

❖ **번창(繁昌)의 혈(穴)을 얻고자 하면**

- 멀리서 보아 산이 부한 형상인가 빈약한가를 살핀다.
- 산이 가장 굵은 능선을 찾는다.
- 능선을 따라 혈이 맺는다. 또한 주변의 흙과 초목들의 기가 살아있는가 흙은 윤기가 있고 황색 자황색으로 초목은 색이 연하고 생동감이 있고 맑은 가을 찾는다.

- 흙은 단단하고 밝고 바르고 깨끗해야 한다.
- 산이 둥글고 윤기가 있고 위가 살찌고 아래가 청수(淸秀)하면 장자가 부자가 되고 막내가 귀하게 된다.
- 위가 아름답고 아래가 추하면 장자는 좋은 일이 막내는 흉한 일이 생긴다.
- 높은 산에는 평평한 곳에 길지가 있으면 혈을 정하고 낮은 산에는 높은 곳에 곧은 산에는 굽은 곳에 곡산에는 곧은 곳에 급한 산에는 완만하고 평평한 곳에 평탄한 산에는 경사진 곳에 정혈 하면 후손들 번창해 진다.

❖ **번화**(旛花) : 산맥의 출처는 환포유정하나 중간 아래부터 배반하는 모양.

❖ **번화룡**(飜花龍) : 내룡(來龍)의 지각(枝脚)이 순하게 뻗치지 않고 역(逆)으로 뻗어 있음을 말함. 용신(龍身)을 호위치 않는 포악한 형세를 말하는 신하가 임금에게 읍하는 것과 같고, 자식이 아비를 받드는 것과 같고, 계집이 남편에게 순종하는 것과 같이 혈에 대해 조공(朝貢)하는 것과 같은 산을 말한다.

❖ **벌목일**(伐木日) : 나무를 베어서 좋은날

기사(己巳), 경오(庚午), 신미(辛未), 임신(壬申), 갑술(甲戌), 을해(乙亥) ,무인(戊寅), 기묘(己卯), 임오(壬午), 갑신(甲申), 을유(乙酉), 무자(戊子), 갑오(甲午), 을미(乙未) ,병신(丙申), 임인(壬寅), 병오(丙午), 정미(丁未), 무신(戊申), 기유(己酉), 갑인(甲寅), 을묘(乙卯), 기미(己未), 경신(庚申), 신유(辛酉), 일(日)

❖ **범안**(凡眼) : 지리(地理)의 실력이 산수의 형세를 매우 상식적으로 이해하는 단계에 이른 것을 말한다.

❖ **벙어리 나는 묘 자리** : 묘소에 삼곡풍(三谷風)을 맞으면 벙어리가 난다(고서에 쓰여 있는 말이다). 묘소 앞 골짜기가 깊게 나서 바람을 맞아 벙어리 나는 것을 많이 보았다. 긴 골짜기의 바람 맞는 경우는 여러 가지 형태가 있을 수 있다.

❖ **벼슬을 얻고자 하면** : 벼슬을 원하면 문필봉(文筆峰)을 구하고 재물(財物)을 원하면 용천수(湧泉水)를 얻어라.

❖ **벼슬을 원한다면** : 묘의 좌(坐)가 관좌(官坐)가 되어야 하고 문필귀인성이 서 있고 문성귀인(文星貴人)이 탁립해 있는 천귀지지(天貴之地)를 찾아라.

❖ **벼슬을 많이 얻고자 하면** : 파구(破口)앞에 수답(水畓)이 많이 보이면 자손이 조회(朝會)하는 벼슬이 많이 나며 안산에 필봉산(筆峯山)을 얻어라.

❖ **별장과 전원주택** : 전원주택이나 별장에서는 양택론보다 음택론의 입장에서 보아야 비로소 올바른 판단을 할 수 있다. 그 이유는 주변이 일반주택지처럼 건물이나 주변 터가 인위적으로 만들어진 것이 아니라 자연 상태 그대로의 산야와 강이기 때문에 전원주택이나 별장의 경우는 주변 환경이 바로 그러한 자연적 환경에 의하여 길흉의 영향이 달라지기 때문이다. 이것은 묘자리 주변의 자연현상과 같기 때문에 음택론의 입장에서 접근하여야 한다. 별장과 전원주택은 우선 그 터가 죽었는지 살았는지 흙으로 알 수 있는데, 흙의 색깔이 붉고 황토색으로 밝으면 살아 있다고 볼 수 있으며 대지는 단단하여야 하며, 그 자리를 감싸고 있는 산줄기가 지(之)자 모양을 하였거나 현(玄)자 모양으로 좌우로 변화를 하거나 위아래로 변화가 뚜렷하여야 한다. 변화 없이 밋밋한 산은 색이 좋아도 죽은 산이며 또한 산줄기가 깡마르고 뼈만 앙상하게 남아 있으면 좋지 않다. 산줄기가 벗어난 곳에 집을 짓거나 비탈진 곳, 계곡 곁에 집을 지으면 좋지 않다. 전원주택이나 별장에서 더욱 중요한 것은 주변경관이 너무 화려한 곳은 피해야 한다(즉 국립관광지, 도립공원 내). 흔히 생각하기에 전원주택이나 별장이라고 하면 경관이 빼어난 곳에 지으면 좋을 것이라 생각하는 경향이 있다. 그러나 그런 곳은 잠시 쉴 곳으로는 적당하나 오래 머물 곳은 못된다. 그렇기 때문에 명산이나 강가, 댐 근처, 큰 호수 근처는 피하고 큰 산에서 한참 내려온 산도 아니고 들도 아닌 곳이 좋다. 그리고 산줄기의 기를 얼마만큼 받고 있는가를 보아야 한다. 산줄기가 뻗어 내려와 집까지 이어지는 곳이 매우 좋은 터이다. 그러나 별장이나 전원주택이 있는 곳은 자연을 훼손하는 경우가 많아 좋지 못한 곳이다. 젊고 건강할 때는 이러한 변화에 별무리가 없이 견딜 수 있겠지만 나이가 들어 병약해지면 이러한 변화에 쉽게 대응할 수 없어 더욱 쇠약해진다. 늙어서 편안하게 자연 속에 묻혀 자연을 즐기며 생활하겠다고 강가나 호수, 산골에 거처하는 것은 수명을 단축하는 결과가 된다. 또한 이러한 자연현상 이외

도 자력의 변화나 풍수상에서 고려되어야 할 좌향의 관계, 득수와의 관계 등을 면밀히 검토해야 하고, 자기가 처음 태어난 그 환경이 늙어서까지 이어지기 때문에서 태어난 사람은 도시 속에 살더라도 공원주변이나 산밑 가까운 곳에 사는 것이 가장 좋은 곳이다. 우선 12지 띠별로 환경적으로 상생되는 기운을 더해주는 곳, 즉 환경적으로 궁합이 맞는 곳이 따로 있으니 이를 참조하면 좋을 것이다. 열두 띠들은 삼합(三合)이 되는 띠들끼리 묶어서 일정한 자연환경에 대해 동일한 친화성을 보인다.

① 신(申)·자(子)·진(辰)이 삼합이 되므로 호수가의 전원주택 별장 및 전망 좋고 물결이 잔잔한 바닷가를 바라볼 수 있는 곳이 좋다. 이들 세 띠는 어쨌든 물이 있는 곳을 선택하여 별장 등을 짓거나 임대하는 것이 건강에도 이롭고 매사에 행운을 가져온다.

② 해(亥)·묘(卯)·미(未)의 삼합은 나지막한 언덕이나 낮은 동산이 근처에 있어서 사철의 변화를 수시로 느끼고 산책삼아 오르내릴 수 있는 곳이 좋다. 어린 시절 느꼈던 어머니의 따스한 품을 얕으막한 동산에서 느낄 수 있으니 그런 배경을 갖춘 곳을 별장이나 전원주택으로 삼아야 한다.

③ 사(巳)·유(酉)·축(丑)의 삼합은 전망이 탁 트인 들판의 별장이나 전원주택이 길하다. 시야를 막는 것은 왠지 답답하고 거북함을 느끼게 하며 이들 세 띠들에게는 운세상으로도 불리한 영향을 미친다.

④ 인(寅)·오(午)·술(戌)의 삼합은 수려한 산세를 자랑하는 산간의 별장과 전원주택이 유리하다. 다음과 같은 조건으로 배경에 처한 곳은 풍수상으로 뜻밖의 횡액을 겪게 된다.

- 제아무리 절경에 둘러싸인 별장이라도 묘지 부근이거나 파묘했던 곳은 피해야 한다.
- 바람이 직접 닿는 곳은 피해야 한다. 강풍이나 폭풍 등의 양질의 생기가 머물러 결집되지 못하고 흩어져 버리게 된다.
- 깎아지른 듯한 절벽이나 높은 언덕의 전후 어느 곳에든지 있는 집(별장 혹은 전원주택)이라면 집안에 흉사가 겹쳐서 싸움이나 시비, 소송이 잦아지게 되며 큰 화를 겪게 된다.
- 지기(地氣)가 결핍되었거나 흉한 기운이 흐르는 곳이기 때문에 초목이 잘 자라지 않아서 황량해 보이는 땅이나 산은 별장이나 전원주택지로 부적합하다.
- 집안이 망해서 나간 집터나 별장을 사들이면 자신도 그와 같은 처지가 될 확률이 높다. 그런 집은 피해야 한다.
- 옛날에 물레방아간이나 대장간이었던 터는 지기(地氣)가 너무 강해서 자칫하다가는 집안이 패가망신하여 몰락하거나 병고로 사경을 헤매는 이가 생긴다. 그런 터전을 별장이나 전원주택지로 삼아서는 안 된다.
- 감옥이나 전쟁터, 도축장이었던 곳은 주택이나 별장을 지을 공간으로 사용해서는 안 된다. 원혼이 서려 있는 곳은 흉기(凶氣)를 발산함으로써 가족들의 건강을 해치고 횡액을 당한다고 하여 꺼린다.
- 집 주변 별장의 사방으로 둘러싼 듯이 도로가 있는 곳은 좋지 않다. 주택의 사면에 도로가 있을 경우에는 외부와의 차단이 전혀 되지 않기 때문에 재물의 손실이 많고 우환과 재난에 무방비로 노출되는 형국이 된다.

❖ **범수귀**(泛水龜) : 거북이 물 위에 떠 있는 형국. 냇물이 거북을 휘감고 돌아가는 형세로 혈은 거북의 등에 있고, 안산은 조개, 개구리, 뱀 등이며, 귀인(貴人)이 안산이 되는 경우도 있다.

❖ **범수오공**(泛水蜈蚣) : 지네가 물 위에 떠 있는 형국. 물이 지네를 휘감고 흐르는 형세로 혈은 지네의 입 중앙에 있고, 안산은 지네의 밥이 되는 벌레로서 닭이 안산이 되는 경우도 있다.

❖ **범장**(犯杖) : 범이란 내맥(來脈)이 상(傷)하여 패어지고 훼어져서 혈을 받는 것으로 여러 산이 고루 높을 때 하나의 용맥(龍脈)이 낮고 저소(低小)하게 입수(入首)하면 귀한 기운이 있게 되고, 여기에서 약간의 작은 두면(頭面)으로 기운을 받을 수 있어 개금취수(開金取水)할 수 있으면 모든 산들이 귀인에 항복하는 것이 되므로 범장(犯杖)을 쓰게 된다.

❖ **법**(法) : 법칙을 말함.

❖ **법도**(法度) : 지리를 이행할 수 있는 정확한 질서와 규칙.

❖ **법안**(法眼) : 내룡이 뻗어온 산세를 일일이 짚어보고 용맥의 꿈틀거림의 정도와 방위를 풍수 이론에 맞추어서 혈을 잡는 수준의 안식(眼識).

❖ **법안**(法眼) : 태조봉(太祖峰) 중조(中祖) 소조(小祖)등 성(星)의 오행에 맞추어 판단하며 용신(龍身)의 기복굴곡(起伏屈曲)의 세(勢)와 그 방위 산서법(山書法)에 맞추고 전후좌우 용호(龍虎) 형국(形局) 방위 법칙(法則)으로 진룡혈적(眞龍穴的)을 맞춘다.

❖ **법장기소회**(法葬其所會) : 장사 지내는 법은 산세나 명당수가 모이는 곳으로 조상을 장사지낼 때 산룡의 형세가 붕괴되거나 험악하지 않고, 전후좌우 사방이 둘러싸여 집합을 이룬 곳을 선택하여야 생기의 길한 영향을 받을 수 있다.

❖ **벽**(闢) : 열어서 파내다.

❖ **벽 · 개**(闢 · 開) : 벽과 개는 같은 뜻으로 열리다. 시작된다는 뜻.

❖ **벽감**(壁龕) : 사당을 따로 두지 못하는 집에서는 대청 뒷벽이나 마루 끝에 감실을 달아 위패를 모시기도 하는데 이를 벽감이라 함.

❖ **벽맥**(劈脈) : 맥을 쪼갠다는 뜻. 협(峽) 앞이나 뒤에서 정룡(正龍)이 높고 수려한 봉우리가 솟고 그 봉우리 밑에 나뉘어진 맥이 혈장(穴場)을 이룩하여 결혈(結穴)되는데 벽맥(劈脈)은 분지(分枝)와 다르다. 용의 기운이 짧긴 해도 간룡(幹龍)에서 바로 나뉘어진 관계로 왕기(旺氣)가 있으니 맥이 몸을 굴려 문득 엎드리는 곳에 그 왕기가 역량을 끊어 거두어들인 것인데 다만 국세(局勢)를 얻어야 합격이다.

❖ **벽성**(壁星) : 별이름 즉 벽수(壁宿) 28수 가운데 14번째 별 이름. 사방(巳方)에 있으며 사봉(巳峰)이 빼어나고 아름다우면 문관이 나지만 지나치게 높으면 전기사고가 있고 허하면 맹수의 화가 있다. 해(亥)년에 응험한다.

❖ **벽의 높이를 맞춘다** : 문의 좌우와 벽 높이는 반드시 맞추도록 한다. 집 안에서 보아 왼쪽의 벽이 높으면 집 주인이 이혼 · 재혼할 가능성이 있고, 오른쪽의 벽이 높으면 인연이 없고 고독해진다. 이것은 벽의 균형이 잡혀 있지 않은데서 기인하는데 기(氣)의 흐름이 흩어졌기 때문이다.

❖ **벽지의 색상** : 주택이 상당히 넓거나 조명이 밝을 경우에는 색상이 어둡든 밝든 별 상관이 없으나 집안이 협소하거나 어두울 경우에는 벽과 가구의 색상이 밝아야만 실내에 생기를 불어넣을 수 있다. 특히 이러한 색상은 집안의 분위기를 조성시킬 수 있다. 침실이나 욕실의 경우 파란색, 분홍색, 녹색 등의 부드러운 색깔이 마음을 안정되게 할 수 있어 좋으며, 또한 황금색은 금전운을 불러들이는 좋은 색이다.

❖ **변**(辨) : 꽃으로 분변한다는 말.

❖ **변사변생결**(邊死邊生結) : 작혈할 즈음에 후한 쪽과 박한 쪽으로 양분되었거든 후처(厚處)는 양기요, 박처(薄處)는 죽은 음기이니 후처 1/3과 2/3의 교계선이 정기(正氣)다.

❖ **변순변역**(邊順邊逆) : 한 가에는 순(順)하고 한 가에는 역(逆)하면 방양으로 나눠 치우쳐짐이고, 한 가에는 있고 한 가에는 없는 것이라야 이것이 전호함이 된다.

❖ **변와**(邊窩) : 와혈(窩穴)의 변체(變體). 두둑한 언덕이 초승달처럼 혈처를 둘러싸며 한쪽 변이 길게 뻗어 있는데, 어느 것은 오른쪽 언덕이 길고 어떤 것은 왼쪽 언덕이 길다. 변와는 모름지기 가운데가 얕고 좁으면서 지면(地面)이 평탄해야 하며 또 두둑한 언덕이 밝고 뚜렷해야 진혈이다. 와(窩)의 가운데가 너무 넓으면 생기가 모이질 않으므로 좋은 혈이 될 수 없다.

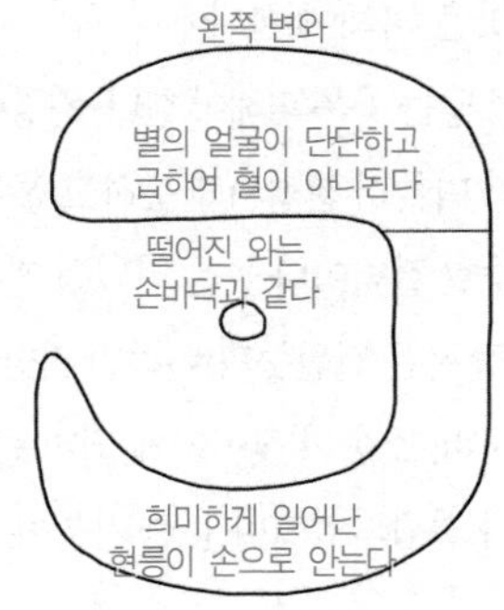

❖ **변통**(變通) : 지리의 필요한 부분을 때에 따라서 응용하여 적용시키는 일.

❖ **병**(屛) : 병풍을 둘러싼 모양. 현무정에 둘러쳐져서 용협과 혈을 보호해 줄 수 있는 병풍같은 사.

❖ **병**(丙)

- 10간(干)의 3번째 병방(丙方). 병시(丙時)의 준말. 2개 이상의 사물이 있을 때 그 하나의 이름 대신 쓰이는 말.
- 병(丙)으로 구성되는 60갑자는 병인(丙寅), 병자(丙子), 병술(丙戌), 병신(丙申), 병오(丙午), 병진(丙辰)의 6개가 있다.
- 병(丙)은 양화(陽火)로 적색이다. 동방(東方) 봄(春)에 속한다.
- 병(丙)은 선천수(先天數)가 7, 후천수(後天數)도 7이다.
- 병(丙)은 신(辛)을 만나면 병신(丙辛)으로 간합(干合)해서 오행은 수(水)로 화하고 임(壬)을 만나면 병임(丙壬)이 서로 충한다.

❖ **병**(病) : 12운성(運星)의 7번째. 포태법(胞胎法)의 10번째다. 오행이 이 병궁(病宮)에 들면 그야말로 병든 상태이므로 힘이 미약해진다. 12운성과 포태법에 의한 정국은 아래와 같다.

五行	木		火		土		金		水	
病	巳		申		申		亥		寅	
日刊	甲	乙	病	丁	戊	己	庚	辛	壬	癸
病	巳	子	申	卯	申	卯	亥	午	寅	酉

年日	申子辰水	巳酉丑金	寅午戌火	亥卯未未
病	寅	亥	申	巳

- 병(病)이라 하는 것은 지각이 고르지 않아 한쪽은 길고 한쪽은 짧거나, 한쪽은 아름다운데 한쪽은 추하거나, 한쪽은 순행(順行)하는데 한쪽은 역행하거나, 한쪽은 있는데 한쪽은 없는 것을 말한다.

❖ **병돌**(竝突) : 두 개의 돌혈이 서로 붙어 고리와 같이 연결된 돌혈. 두 돌이 겹친 부분에 생기가 크게 모이므로 여기에다 묘를 써야 한다. 또 병돌은 하나의 돌혈에 비해 두 배의 생기가 모이니 아주 귀한 혈이다.

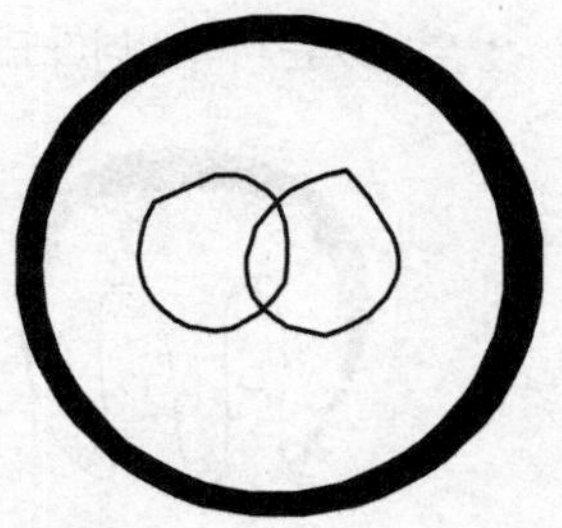

❖ **병득**(丙得) : 혈장(穴場)에서 보아 물이 먼저 병방(丙方)에서 들어오는 물.

❖ **병렴**(病濂) : 묘지 속에서 자생하는 수렴, 화렴, 목렴, 충렴 등을 일컫는 말. 고총(古塚)을 파보면 수백 년 된 묘도 광 내부에 온화한 훈기가 감돌며 아무런 병렴도 없이 깨끗한 백골이 황색인 윤기가 휘황한 반면 10 년도 채 못 된 신총에서도 광 중이 한랭이거나 열염(熱炎)하여 백골이 까맣게 그을렸거나 나무뿌리, 벌레, 뱀(蛇), 곰팡이 등이 가득 차 있는 데도 있다. 이와 같이 흉한 병렴이 혈속에 침입한 묘는 이로써 흉지임이 판가름 난 것이니 이러한 병렴을 피해서 정혈해야 된다.

❖ **병렴**(病濂)**이 드는 집터나 묘지는 이러하다** : 흙의 입자가 밀가루처럼 고운 땅이 단단하게 뭉쳐 있으면 물이나 바람이 침범할 수 없고, 나무뿌리가 뻗어나갈 수 없으며, 짐승이나 곤충 등이 들어 갈 수 없다. 그러나 생기가 없는 허모한 땅은 연약하기 그지없어 푸석푸석하므로 바람이 땅 속으로 통한다. 광중에 바람이 들면 유골은 까맣게 그을리게 된다. 또 물이 들어 땅이 음습해진다. 이런 곳에서는 뱀이나 쥐, 개구리, 자치벌레 등이 구멍을 파고 들어가 서식할 뿐만 아니라 땅이 어둡고 음습하면 물가에 사는 조개나 우렁이 등이 서식하는 경우도 있다. 또 땅이 한랭하면 시신이 썩지 않고 생시로 있는 경우도 있다. 이러한 병렴이 드는 집터나 묘지는 매우 흉하므로 이를 피하지 않으면 원인 모를 병에 걸리기 쉽다.

❖ **병룡**(病龍)

① 어느 한 변은 고우나 다른 한 변은 모습이 단정치 못하여 본신(本身)이 상하거나, 험상스럽거나, 결함이 있거나, 산 정상에 사당(祠堂)이 있거나, 굴이 파졌거나 길이 나있거나, 우물이 파있거나 하는 등 손상을 입은 것을 말한다.

② 이 용은 조산(祖山)을 떠난 뒤로 기복(起伏)과 돈질(頓跌 : 문득 멈췄다가 미끄러져 나감), 보호하는 산, 지나는 협(過峽), 청룡·백호, 안산 등이 거의 갖추어져 있다. 그러나 대개 한 변이 있으면 한 변이 없고 한 변은 살았으나 한 변은 죽어있다. 한 변은 아름다우나 한 변은 추하다. 한쪽은 흠잡을 데 없으나 한쪽은 결함되어 있다. 한 마디는 살아 활동하나 한 마디

는 죽어 있다. 한편은 단정하나 한편은 파쇄되어 있다. 혹은 사방의 산이 보내고 보호하여 결합되어 있다. 비록 용이 조산(祖山)에서 맥이 뻗어오면서 성신봉이 아름답고, 협(峽)이 길하고, 지각(枝脚)과 요도(橈棹)와 일산(日傘)이 있고, 보내고 맞이하는 것 등 거의가 길격에 부합되었으나, 다만 용신(龍身)이 상했거나 중요한 부분이 패이고 끊겨 무너져 함하거나 혹은 흙과 돌을 파내어 용을 상하거나 혹은 굴, 우물 등을 파느라 혈맥(穴脈)이 상하거나 혹은 혈성 바로 뒤에 도로가 생겨 맥이 상하거나 혹은 산 꼭대기에 절(寺)이나 사당(祠堂) 같은 것을 세웠거나 기타 건물을 짓기 위해 파낸 것 등은 모두 기맥(氣脈)이 상한 병룡(病龍)이다. 장생법(長生法)의 병궁(病宮)에 해당하는 용.

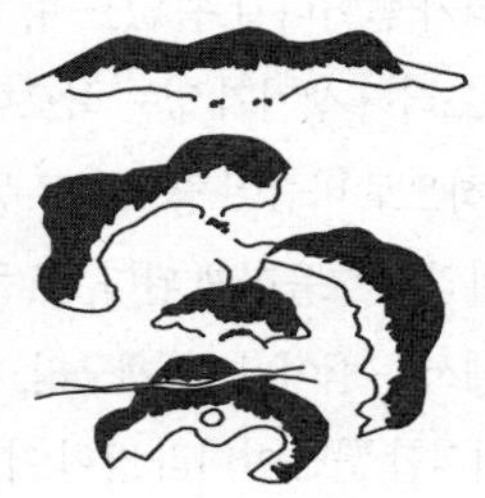

[病龍圖]

❖ **병룡**(病龍)**과 결항사**(結項砂) : 용의 형태가 좌우 균형을 이루지 못했거나, 좌우 상하 변화가 부족한 것을 병룡이라고 하는데, 결항사는 용이 변화 없이 길게 늘어져 있으면서 끝부분이 둥글게 솟아올라 있어 마치 목매달고 죽어 축 늘어진 시신을 눕힌 형태를 이루고 있는 산을 말한다. 이런 지세에서는 목을 매달아 자살하는 사람이 생긴다.

❖ **병방**(丙方)**의 산** : 병봉(丙峯)이 수려하고 손봉(巽峯)이 드높으면, 자손 중에 고관(高官)이 나오며, 자손들이 장수를 누리게 된다. 거기에다 정방(丁方)에 높고 수려한 봉우리가 있으면, 큰 부귀를 누린다. 병봉이 잘 생기고 높으면서 간방(艮方)에 귀인봉(貴人峯 : 타원형의 봉우리)이 있으면 장원급제하는 사람이 나온다.

❖ **병방풍**(丙方風) : 미경좌(未庚坐)를 놓고 사병(巳丙) 양방의 오풍이 불면 뱀이 집안에 들끓고 화재를 당한다(단 사손정미좌(巳巽丁未坐)는 무해하다).

❖ **병부**(病符) : 유년태세의 연지(年支)를 기준한다.

子年 : 亥　丑年 : 子　寅年 : 丑
卯年 : 寅　辰年 : 卯　巳年 : 辰
午年 : 巳　未年 : 午　申年 : 未
酉年 : 申　戌年 : 酉　亥年 : 戌

❖ **병사수**(病死水)

① 병사이방수(病死二方水)는 내거양수(來去兩水)가 다같이 흉수(凶水)로서 내거수(來去水)가 다같이 이혼·백병·횡사·전상 등 각종 재앙의 불식(不息)이 우려된다.

② 병궁(病宮)과 사궁(死宮)을 말한다. 늙고 병들어 죽어가는 과정이다. 득수하거나 파구되면 모두 흉하다. 이혼, 병사, 전상 등 재앙이 우려된다. 음독자살과 총칼의 화가 닥친다. 다리를 절고 낙태를 한다.

❖ **병사수**(病死水) **즉 염정**(廉貞) : 병수(病水)와 사수(死水)는 본시에 염정(廉貞)이라는 흉수(凶水)라고 하나 단 묘향(墓向)을 입혈(立穴)하는 데 있어서는 녹방(祿方)이고 보니 유익한 길수(吉水)로 보아야 한다. 묘향(墓向) 외에는 어느 향에서나 흉수(凶水)이다. 묘향(墓向)을 입혈(立穴)하고 사방(死方)으로 흘러서 녹(祿)을 충(沖)하면 아주 흉하다. 사수(死水)로 녹수(祿水)가 흘러들어오는 때는 무곡(武曲)의 제왕수(帝旺水)와 거문(巨文)의 학당수가 같이 흘러들어오니 부귀는 사실인데 이를 고인이 분명하게 경멸하는 것은 그 관계로 혈장(穴場)에 서있으면서 진혈(眞穴)을 지나쳐 버리는 수도 있다.

❖ **병와**(竝窩)**와 삼와**(三窩) : 병와는 한 곳에 와혈이 두 개 있는 것이며, 삼와는 와혈 세 개가 나란히 있는 것이다. 병와와 삼와는 두 개, 세 개의 혈처가 고르게 생겨야 좋다. 그런데 삼와는 가운데 것이 제일 큰 경우가 있으면 가운데 혈이 가장 좋은 혈이다. 그 양 옆의 것은 비록 작더라도 형상이 단정하면 이 역시 진혈이다.

병와

삼와

❖ **병원에 가도 뚜렷한 병명이 없이 고생하면**: 병원에 가도 뚜렷한 병명 없이 신경질환자 같기도 하고 뚜렷한 병이 없다고 하는데 늘 질환을 앓고 있으면 우선 자기가 늘 자는 방에서 잠자는 방위를 바꾸어 잠을 자 보고, 방을 바꾸어 보아도 차도가 없으면 수맥 검사를 하여 수맥이 있으면 동판을 깔아 수맥을 차단하고, 수맥이 없으면 그 집터가 옛날에 무엇으로 사용했던 땅이었는지 알아보고, 아무 탈 없는 집터이면 조상 산소 자리를 감정을 해보면 알 수 있을 것이다.

❖ **병좌**(丙坐): 병(丙)은 오행(五行)에서 불(火)에 해당하며 사좌(巳坐)와 같이 치솟는 강한 불이지만 좌(坐)의 향이 평원(平原)하여야 하며 좌대(坐臺)도 높아야 한다. 병(丙)은 동물로는 사슴에 해당한다. 사슴은 순하면서 겁이 많아 바람소리에도 잘 놀랜다. 병좌(丙坐) 혈은 멀리 바라다 볼 수 있어야 하며 좌의 뒤가 약간 높은 듯 하여야 진국이다. 산성(山聲)이 울리면 불합격이다.

① 병산(丙山)과 동일. 즉 24좌(坐)의 하나로 건물 및 묘 등이 병좌(丙坐)로 된 것.

② 병좌(丙坐)는 정남(正南)에서 동(東)으로 15° 당긴 방위의 좌. 병좌(丙坐) 임향(壬向) 건물이나 묘의 좌 등이 병방(丙方)을 등지고 임방(壬方)을 향한 것.

❖ **병풍**(屛風): 안으로 둘러친 모양이 병풍을 둘러친 모양과 같다는 말.

❖ **병풍석**(屛風石): 능상(陵上) 주위를 12면으로 빙 두른 것으로 사대석(莎臺石) 또는 호석(護石)이라고도 한다.

❖ **보갑**(寶匣): 보석이나 돌로 꾸민 값진 상자.

❖ **보개사**(寶蓋砂): 토성의 중앙에 소형의 금체가 돌기된 귀사. 이 귀사가 조안을 비추거나 수구 또는 관록 위에 서 있으면 도지사급 벼슬이 나온다. 또한 세 개의 둥글게 생긴 봉우리가 솟아 있으면 그 중에서 가운데 봉우리가 조금 더 높고 원형이어서 마치 일자문성의 중앙에 소형금성체(小形金星體)가 돌기한 모습이다. 하나의 산이 보개사가 되는 경우도 있지만 두세 개의 산이 결합하여 보개사가 되는 경우도 있다. 깨끗하고 단정해야 하며 안산이나 수구 또는 길한 방위에 있으면 길하다.

❖ **보검출갑형**(寶劍出匣形): 칼이 궤짝에서 나오는 형국. 혈은 칼자루에 있고, 안산은 살아 있는 뱀, 혹은 적군이 된다.

❖ **보경**(寶鏡): 거울처럼 생긴 형국. 거울의 중심에 혈이 있고 안산은 화장대, 혹은 아름다운 여인이다.

❖ **보광일**(寶光日): 길신(吉神)의 하나. 이날에는 건축, 가옥수리, 결혼식 연회, 회의 등에 길하다고 한다.

1, 7月 : 巳日

2, 8月 : 未日

3, 9月 : 酉日

4, 10月 : 亥日

5, 11月 : 丑日

6, 12月 : 卯日

❖ **보국**(保局): 혈처를 중심으로 24방위의 원근사 즉 산수(山水)와 암석, 수림, 호수, 바다, 건물, 평야, 구릉, 도로 등 주변사를 총칭하는 것으로, 산포수회(山抱水廻)하면서 균형있게 주밀하고 나성을 이루면 길하다. 예로써 청룡·백호를 대비하면 청룡이 작으면 혈장에 가까워야 하고, 반대로 백호가 크면 청룡보다는 멀리 있어야 균형으로 본다.

❖ **보국명당**(保局明堂): 음택지와 양택지를 둘러에워싼 보국(保局)과 내외명당(內外明堂)을 말함. 보국은 용혈(龍穴)을 중심으로 각종 사수(砂水)가 집결성국(集結成局)한 판국(版局)이다. 보국

이 수려원만(秀麗圓滿)하고 화창온화(和暢溫和)한 기운이 만국(滿局)해야 명당진혈이 결지(結地)된다. 명당은 용혈과 택지의 전면에 펼친 내당(內堂) 즉 앞뜰과 외당(外堂) 즉 바깥 뜰로서 이 명당에는 보국 안에 있는 모든 물이 모여 합치고 산천정기(山川精氣) 또한 이곳에 모여들므로 명당의 길흉은 묘 자리의 융결(融結)과 빈부가 직결된다. 즉 내외명당이 원만광활(圓滿廣闊)하고 평탄하고 안정하면 용혈은 진결되고 여기에 육곡구수(六谷九水)가 취합하면 득재치부(得財致富)가 기약되나, 이와는 달리 명당이 좁거나 한쪽으로 기울거나 급하거나 하면 용혈은 결지(結地)되지 못하게 그 집안은 도산패가가 우려된다.

❖ **보국심혈법**(保局尋穴法) : 국세를 보고 혈을 찾는 방법. 국세란 청룡·백호를 비롯한 주변 산들이 혈을 유정하게 감싸주고 있으면 혈이 맺을 만한 곳이다. 수백리 혹은 수십리를 행룡한 용이 혈을 결지하고자 할 때는 반드시 보국을 형성해야 하기 때문이다.

❖ **보살면**(菩薩面) : 당혈처에 분합이 없는 것. 조금 위도 혈인 것 같고 조금 아래나 좌우 모두 쓸 만한 자리로 보이는 어리벙벙한 혈성. 참이 아니다.

❖ **보수 불량 주택** : 주택의 허리뼈대 양측 머리 부위가 노출되어 드러나는 것은 재물이 흩어지고 주택에 우환 장애 및 인명의 손상 등 불상사가 발생하고, 골조나 방이라든지 지붕 담장도 속뼈대가 외부로 드러나는 것은 흉험 파괴의 액화가 생긴다.

❖ **보필문성**(輔弼文星) : 붓끝처럼 뾰족한 문필봉이 두 구인봉 사이에 우뚝 서 있는 형국. 문필봉을 중심으로 두 봉우리의 거리가 같고 크기가 비슷하면 더욱 좋다. 이는 귀인이 문필을 보필하고 있는 형상이다.

❖ **복**(伏) : 낮게 엎드린 모양.

❖ **복**(卜) : 묘지의 길흉득실을 정하는 점.

❖ **복**(輻) : 차축을 가리킴. 36개의 바퀴살이 차축에 모이는 것처럼 여러 산들이 한군데로 모이는 것을 비유하였음.

❖ **복건**(幅巾) : 도복(道服)에 갖추어서 머리에 검은 헝겊으로 위는 둥글고 뾰족하게 만들었으며 뒤에는 넓고 긴 자락을 늘어지게 대고 양옆에 끈이 있어서 뒤로 돌려 매게 되었음. 현재는 흔히 어린 사내아이가 명절이나 돌 또는 경사스러울 때에 많이 씀.

❖ **복견**(伏犬) : 개가 엎드려 있는 형국. 혈은 개의 젖 위에 있고, 안산은 개의 밥그릇인 구유다.

❖ **복구혈**(伏狗穴) : 개가 엎드려 있거나 졸고 있는 모습의 형국. 개가 엎드려 있기 때문에 산세가 낮고 부드럽다. 혈은 개의 젖가슴이나 코 위에 있고, 안산은 개의 밥그릇인 구유가 된다.

❖ **복구형국**(伏拘形局) : 복구형국은 밥통 안산 복토 안산이 있어야 명당으로 제격이다.

❖ **복궤**(復跪) : 다시 꿇어 앉으시오.

❖ **복단일**(伏斷日) : 엎어지고 끊어진다는 날. 대흉신이므로 백사에 모두 불리하나 오직 변소짓는 일과 젖떼는 일에만 복단일을 사용한다.

子日虛宿	丑日斗宿	寅日室宿	卯日女宿
辰日箕宿	巳日房宿	午日角宿	未日張宿
申日鬼宿	酉日紫宿	戌日胃宿	亥日壁宿

허수(虛宿)·두수(斗宿) 등은 28수(宿)이다. 즉 각(角), 항(亢), 저(仾), 방(房), 심(心), 미(尾), 기(箕), 두(斗), 우(牛), 여(女), 허(虛), 위(危), 실(室), 벽(壁), 규(奎), 루(婁), 위(胃), 묘(昴), 필(畢), 자(紫), 삼(參), 정(井), 귀(鬼), 유(柳), 성(星), 장(張), 익(翼), 진(軫)으로 매인오술일(寅午戌日)이 목요일이 되면 각수(角宿)가 시작되어 위의 순서대로 순환한다. 그러다보면 12지와 28수가 이리저리 만나게 되는데 위 자일허수(子日虛宿) 등과 같이 만나는 날이 바로 복단일(伏斷日)이다.

❖ **복덕**(福德)

① 연신방(年神方)의 하나로 희신(喜神)이다. 이 방위에 집을 짓거나 달아내고 수리 또는 흙을 다루면 능히 흉살(凶殺)을 제하여 아무 탈이 생기지 않는다.

② 복덕일(福德日)의 준말.

子年 : 酉方　　丑年 : 戌方　　寅年 : 亥方

卯年 : 子方　　辰年 : 丑方　　巳年 : 寅方

午年 : 卯方　　未年 : 辰方　　申年 : 巳方

酉年 : 午方　　戌年 : 未方　　亥年 : 申方

가령 태세가 갑자(甲子), 병자(丙子), 무자(戊子) 등으로 된 해는 서방(西方)이 복덕방(福德方)이다.

❖ **복룡**(伏龍) : 용이 들판이나 강가에 엎드려 있는 형국. 혈은 용의 머리에 있고, 안산은 구름, 번개, 큰 강물 등이다.

❖ **복룡**(福龍) : 조종산(祖宗山)이 수려하고 장엄하여 호위하는 산이 많은 것으로서, 보호하고 따르는 모습이 조밀하고 앞뒤가 서로 웅대하여 있는 형국. 부귀(富貴)와 수복(壽福)의 길격. 12용격(龍格) 가운데 하나로 길룡으로 조종산(祖宗山)이 귀하고 좇아 따르면서 보호하는 산이 많아 전후가 서로 응하고 지각(枝脚)이 가지런하고 창고사(倉庫砂)가 있으며 봉우리가 단정 수려하다. 유복한 사람이 위로 부모 조상의 음덕을 입고 아래로 부하들의 도움을 얻어 안락하고 복된 삶을 누리는 것과 같다 하여 복룡이라 한다.

[복룡도]

❖ **복병**(伏兵) : 세지흉신방(歲支凶神方)의 하나. 출행 및 양택(陽宅)에 꺼린다. 이 방위를 범하면 나쁜 사람의 음해(陰害)를 입을 우려가 있다는 것이다.

申子辰年 : 丙方　　巳酉丑年 : 甲方

寅午戌年 : 壬方　　亥卯未年 : 庚方

태세가 신자진(申子辰)이면 병방(丙方)이 복병살이다.

❖ **복부**(覆釜) : 가마솥을 엎어놓은 것처럼 생긴 형국. 혈은 가마솥의 중앙에 있고, 안산은 땔나무를 쌓아 놓은 것이다.

❖ **복씨(卜氏)의 산수소론**(山水所論) : 복씨(卜氏)는 소위 산(山)을 칭하기를 수(水)라 하고, 수(水)를 말하기를 산이라 하여 산과 수가 불가분의 관계에서 있다고 하였다. 복씨(卜氏)가 말한 바와 같이 혈이 높으면 조류(朝流)는 반드시 장원(長遠)해야 부귀가 쉽게 도달할 수가 있고 사람들이 안강(安康)한 법이며, 이와 반대로 조류(朝流)가 높은데 혈(穴)이 낮으면 갑자기 발(發)하기는 해도 관록(官祿)이 귀천(貴遷)하지 못하는 법이니 즉 이수법의 일결(一訣)은 무궁한 묘(妙)가 있어 이로써 변통을 하면 용(龍), 혈(穴), 사(砂), 수(水)의 묘리(妙理)를 일리관통(一理貫通)할 수가 있다.

❖ **복월**(覆月) : 혈성(穴星)의 모양이 엎어진 반달처럼 생긴 형국. 이렇게 되면 필시 배부르고 단단하여 혈 받을 곳이 없다.

❖ **복일**(復日) : 이날에 어떤 일을 하면 그 일이 다시 돌아온다는 날. 경사로운 일에는 더욱 길하나 경사롭지 못한 일, 즉 장사지내는 일 등에는 크게 꺼린다.

正月 : 甲庚日　　二月 : 乙辛日　　三月 : 戊己日

四月 : 丙壬日　　五月 : 丁癸日　　六月 : 戊己日

七月 : 庚甲日　　八月 : 乙辛日　　九月 : 戊己日

十月 : 壬丙日　　十一月 : 丁癸日　　十二月 : 戊己日

가령 정월이면 갑일(甲日)과 경일(庚日)이 복일이다.

❖ **복제**(服制) : 복제도(服制度)는 첫째 참최(斬衰) 3년이며, 둘째는

재최(齋衰) 3년이고, 장기(杖朞), 부장기(不杖朞)는 5개월, 3개월이며, 셋째는 대공(大功) 9개월, 넷째는 소공(小功) 5개월, 다섯째는 시마(緦麻) 3개월의 5등급으로 나누어 오복(五服)이라고 한다. 원래는 상복(喪服) 제도를 가리키나 복상제도 그 자체를 뜻하는 것으로도 널리 사용된다. 상복을 입고 소정의 예식에 따라 이를 행하는데 엄격히 제도화하기는 중국 주희가 쓴 주자가례(朱子家禮)에서 비롯되었다. 오복의 이름은 상복의 형태에서 나온 것으로 참최는 제복이 굵고 거친 베로 지어 아래를 꿰매지 않으며, 재최는 아래를 꿰매 솔기를 만든 것이고, 그 외에는 차차로 고운 베를 써서 지었다. 참최 3년은 아들이 아버지를 위해 입는 복이고, 재최 3년은 아들이 어머니를 위해 입는 복이며, 대공은 종형제와 종자매를 위한 복이고, 소공(小功)은 증조부와 종조고 형제의 손자, 종형제의 아들 재종형제의 경우에는 입는 복이며, 시마 3개월은 종증조부, 종증조모, 증조의 형제나 자매 그리고 형제의 증손과 종조부, 종조모를 위해 입는 복이다.

❖ **복장제**(複葬制) : 처음은 초분(草墳)으로 시신을 육탈(肉脫)시킨 후 뼈만을 다시 묻는 것.

❖ **복종**(覆宗) : 집안의 내력이 뒤집어지다.

❖ **복종**(覆鍾) : 종을 엎어놓은 형국. 종의 꼭대기, 혹은 종을 치는 종채에 혈이 깃들이고, 안산은 종을 걸어 놓는 종루, 종각이다.

❖ **복종사**(伏鍾砂) : 종을 엎어둔 듯한 산모양을 말함. 복종사가 조안을 비추거나 현무사가 되면 대부대귀에 자손이 창성하게 된다.

❖ **종절**(覆鍾絶) : 드높게 솟아 단단하고 가파르므로 마치 종을 엎어놓은 것 같은 땅으로 흉격이다.

❖ **복지오공**(伏地蜈蚣) : 땅에 엎드린 지네의 형국. 혈은 지네의 입 중앙에 있고, 안산은 지네가 노리는 벌리들이다.

❖ **복치**(伏雉) : 꿩이 숲 속에 있는 형국. 복치형도 자손들이 부귀를 얻는다. 그런데 복치형이 있으면, 꿩을 노리는 매봉(매처럼 생긴 봉우리)이 근처에 있기 마련이다. 혈은 이 매봉이 안 보이는 곳에 자리잡는다. 매한테 들키면 잡히기 때문이다. 그리고 꿩은 숲 속에 있어야 안전하다. 그래서 복치형의 묘는 주변에 나무가 우거져야 좋다. 나무를 베어 내면 적에게 들키기 쉬우니 불길(不吉)하다.

❖ **복토**(伏兎) : 토끼가 엎드려 있는 형국. 혈은 머리에 있고, 안산은 개다.

❖ **복토법**(覆土法) : 복토란 할 수만 있다면 모든 조건을 두루 갖춘 길지에 집을 마련하는 것이 바람직하지만 사람살이가 뜻대로 되는 것보다 안 되는 일이 많은 편이라, 집터를 구하는데 4신사의 조건이 맞고 다만 토질이 적당하지 못할 경우에는 생토(生土)로 복토하고 다져서 쓸 수 있지만 그러나 쓰레기 매립지는 절대로 안 된다.

❖ **복험구영법**(覆驗舊塋法) : 묘를 감정하는 법. 옛무덤을 봄에 좌우

전후를 다 돌아보고 다음으로 혈(穴) 앞에 이르러서 대수소수(大水小水)가 어느 곳으로 돌아갔느냐를 관찰한다. 흘러가는 수구(水口)를 살펴 높은 나무를 세워 표시하고, 혈상(穴上)의 꼭대기에 올라 가운데에 나경(羅經)을 반듯하게 내려놓고 외반봉침(外盤縫針)으로 혈(穴) 앞의 내수구(內水口)를 보고, 양수(兩水)가 어느 곳에서 만나느냐 혹 묘고(墓庫)로 돌아갔느냐 아니면 묘고(墓庫)로 돌아가지 않았느냐를 선(線)으로 직선을 만들어 겨누어 보고, 천간자상(天干字上) 몇 분이냐 지지상(地支上) 몇 분이냐 혹 완전한 천간(天干)이냐 완전한 지지(地支)냐 또한 황천(黃泉)은 범하지 않았느냐를 살핀 다음, 지지향(地支向)이냐 천간향(天干向)이냐 생왕(生旺)이냐 생왕(生旺)이 아니냐를 본다. 다음으로 내룡(來龍)이 무슨 자(字)로 입수(入首)하였느냐를 봐서 생룡(生龍)이냐 사룡(死龍)이냐, 용(龍)과 수구(水口)가 배합을 하였느냐 아니냐, 수구(水口)는 통하였는가 아닌가, 혹 수구(水口)만 통하였는가 또는 용(龍)과 수구(水口)만 통하였는가 혹 용(龍)과 향(向)과 수구(水口)가 완전 합하였는가를 본다. 다음으로 귀인이 천간(天干)에 있는가 지지(地支)에 있는가, 어느 귀인이 합하였으며 득위(得位)를 하였는가, 혈(穴) 앞에 도로는 있지 않은가, 생방(生方)에 산은 있는가 없는가, 또한 수(水)는 있는가 없는가를 분별하면 그 집의 인정(人丁)이 있고 없고를 알 수 있으며, 왕방(旺方)에 산이 있고 없고 또한 물이 있고 없고를 보면, 재물이 있고 없고를 알 수 있으며, 천주산(天柱山)의 높고 낮음을 보아 수명의 장단(長短)을 안다. 12궁 24자가 4유8간인 12지지에, 선(線)으로 직선을 매어, 주위를 다 일일이 둘러보고 천간(天干) 몇 분(分) 지지 몇 분(分)과 형상의 좋고 나쁨을 측정하여, 혹 귀혈(貴穴)이냐 혹 부혈(富穴)이냐, 혈(穴)이 온기가 있느냐 아니냐, 풍취(風吹)냐 아니냐, 안(案)에 면궁(眠弓)이 있느냐 아니냐, 하사(下沙)는 있느냐 없느냐를 보아 판단한다. 이렇게 판단하면 틀리는 일이 없지만은 만약 간편함만으로 자세한 마음을 기울이지 않고 구영(舊塋)을 판단한다면 필연 맞지 않을 것이며, 새로운 장지(葬地)만을 권해 장사(葬事)한다면, 이것이 사람을 해하는 적악(積惡)이니 삼가야 한다. 혈(穴)의 전후좌우에 축대를 쌓고 담장을 두르면, 용(龍)이 생동활발(生動活發)하지 못하고, 일자(一字)로 축대를 쌓고 담장을 둘러치게 되면 용신(龍身)이 제재(制裁)를 받아 기맥(氣脈)이 막혀 용(龍)이 갇히게 되어 통하지 않게 되니, 곧 흥왕(興旺)한 기(氣)가 힘을 쓸 수 없게 된다. 대지라도 소발(小發)하고 소지(小地)는 아예 발복(發福)할 수 없는 것이 기세의 필연적이며, 용(龍)이 갇히는 수형(囚刑)을 받지 않아야 부귀발복하는 것은 당연한 이치이다. 또한 무덤의 입향(立向)을 할 때 수구(水口)를 보고 정하게 되니, 정묘(正墓)로 흐르기도 하고 절위(絶位)로 흐르기도 하고 문고소수(文庫消水)도 하니, 원규(元竅:向과 水口)가 상통하는 이치는 일정불변하는 법칙이다.

❖ **복호**(伏虎) : 호랑이가 엎드려 있는 형국. 호랑이 형국의 명당에 조상의 묘를 쓰면 용맹스러운 자손들을 배출하고, 대담하고 강건한 인물이 나와 큰 일을 도모하며, 무인(武人)이 되어 공(功)을 세우게 되나 호랑이의 발톱(발톱처럼 생긴 바위)이 드러나 있으면 살생(殺生)을 한다. 복호형(伏虎形)의 혈은 호랑이의 젖에 있고 안산(案山)은 호랑이가 잡아먹는 짐승이다(개, 소, 말, 사슴, 노루, 돼지 등).

❖ **본근**(本根) : 산과 물의 근본을 말함.

❖ **본명4각법**(本命四角法) : 가장의 기조당년(起造當年)의 연령에 의한 성조법(成造法)으로 육친과 가업의 길흉을 가리는 법이다. 4각(四角)에는 가장자신의 4각(四角)인 자4각(自四角)과 부모4각(父母四角), 처4각(妻四角), 잠4각(蠶四角), 우마4각(牛馬四角)이 있다. 자4각년(自四角年)에는 가택을 신축하거나 개수하면 신상손재(身傷損財)에 매사정체(每事停滯)하고, 잠4각(蚕四角)은 가업이 부진이다. 부모4각(父母四角)과 처4각(蠶四角)은 부모나 처궁(妻宮)에 손상이 있다. 단, 해당자가 없으면 무방하다. 우마4각(牛馬四角)은 축사(畜舍)의 신개축(新改築)에만 해당된다. 모든 4

각(四角)은 가장의 연령을 위주로 하는 것이 원칙이다.

❖ **본명생기복덕법**(本命生氣福德法) : 본 법은 옛부터 당일의 길흉일진(吉凶日辰)과 길흉(吉凶)방위를 예단(豫斷)하는데 많이 써 온 법이다. 그러므로 모든 택일의 기초가 되며 각종 행사의 길흉지침이 되기도 한다. 특히 이사에서도 여러 택일법(擇日法)에 앞서 우선 가장의 생기(生氣)에 의한 이사일진과 이사방위의 길흉을 가늠한다.

❖ **본산강협**(本山扛挾) : 본신(本身)이 되는 산에서 산줄기가 뻗어 내려, 과협의 양쪽에 산봉우리를 빚어 올린 형국.

❖ **본서법**(本筮法) : 계사전(繫辭典)에 쓰여 있는 것으로 가장 정통적인 득괘법(得卦法)으로 18변법(變法)이라고도 한다. 이 본서법은 괘를 얻어내는 절차가 매우 복잡하므로 대개 중서법(中筮法) 및 약서법(略筮法)을 많이 사용하고 있다. 먼저 시초(蓍草)나 점대 50개를 준비한다(50)이란 숫자는 하도(河圖)의 양수 25와 음수 30을 합한 55에서 대연수 50을 취한 것임). 이 점대를 왼손에 잡고 그 중에서 1개를 뽑아 책상 위에 따로 놓아둔다(태극수 1을 제하는 이치). 나머지 49개의 점대를 기도하는 마음으로 둘로 갈라 양손에 쥔다. 이때 왼손에 있는 것을 천책(天策)이라 하고 오른손에 있는 것을 지책(地策)이라 하는데, 여기까지를 제일영(第一營)이라 한다. 다음 오른손에 있는 점대(地策)를 책상 위에 놓고 그 가운데 1개를 뽑아 왼손 새끼손가락 사이에 끼우는데 이것을 인책(人策)이라 하며, 여기까지를 제이영(第二營)이라 한다. 다음 왼손에 있는 점대(天策)를 4개씩 덜어낸다. 이 과정을 제삼영(第三營)의 전반(前半)이라 하며, 즉 천책(天策)을 4개씩 덜어내고 그 나머지를 가운데 손가락과 무명지 사이에 끼운다. 이것을 제4영(第四營)의 전반이라 한다. 이번에는 오른손에 갈라 쥐었던 지책(地策 : 책상 위에 있음) 천책과 같이 4개씩 덜어내고(제3영(후반) 나머지를 가운데 손가락과 둘째손가락 사이에 끼운다(제4영 후반). 천책과 지책을 막론하고 4개씩 덜어내어 나머지가 없으면 4개를 취하여 손가락에 끼운다. 가운데 손가락과 무명지 사이에 낀 천책(天策)과 둘째손가락과 가운데 손가락 사이에 낀 지책(地策)의 나머지, 그리고 새끼손가락에 끼어두었던 인책(人策 : 1개)을 합하면 반드시 5가 아니면 9가 된다. 여기까지를 제1변(第一變)이라 한다. 이렇게 해서 얻은 5 또는 9개의 점대를 따로 놓고 그 나머지 점대로 맨 처음 제1영(第一營)부터 시작하여 4영(四營)까지 먼저의 요령과 같이 되풀이하면 이번에는 그 나머지가 4가 아니면 8이 된다. 여기까지를 제2변(第二變)이라 한다. 위와 똑같은 순서를 세 번째 되풀이하는데 이것을 제3변(第三變)이라 하며, 손가락 사이에 낀 숫자를 합하면 역시 4나 8이 된다. 이렇게 1변(一變)에 4영(四營)까지 3변(三變)으로 얻은 점대(1변에서 4~9, 2변에서 4~8, 3변에서 4~8)를 모두 합하면 그 수는 반드시 25, 21, 17, 13 중에 하나이며, 이 수를 49(50개에서 태극수 1을 뺀 것)에서 빼내면 나머지는 반드시 24, 28, 32, 36 중에 하나가 된다. 위 24, 28, 32, 36수 중에서 해당되는 수를 4로 나누어 그 답이 6이면 태음(太陰)이요, 7이면 소양(少陽)이요, 8이면 소음(少陰)이요, 9이면 태양(太陽)의 사상(四象)이 되며, 태양(9)과 소음(8)은 양(陽)인 ―가 되고, 소양(7)과 태음(6)은 음(陰)인 --가 되어 비로소 초효(初爻)가 결정된다. 그러므로 여섯 개의 효(爻)를 얻으려면 위와 같은 동작을 18번 되풀이해야 하므로 이 본서법(本筮法)을 18변법(變法)이라고도 한다. 다음에는 동효(動爻)의 자리를 얻어야 한다. 동효란 대성괘(大成卦)가 어떠한 형태로 변하는가를 알아보기 위한 방법으로 정한다. 동효의 자리를 변효(變爻)라 하고 동변(動變)하여 다른 괘로 변한 것을 지괘(之卦)라 한다. 위 18변법(變法)에 의해 얻어진 숫자 가운데 6이나 9가 동효이니, 즉 6은 태음(太陰)이요, 9는 태양(太陽)으로 태음은 장차 양으로 변할 기미가 있고, 태양은 장차 음으로 변할 기미가 있어 같은 --와 ―이지만 태음과 태양은 그 본질적인 음양을 지키지 아니하고 양변음(陽變陰 ―가 --로)·음변양(陰變陽 --가 ―로)이 되는 원리이다. 간단히 말해서 숫자 6(太陰)과 9(太陽)가 닿는 효(爻)가 바로 동효 또는 변효가 된다.

- **중서법**(中筮法) : 본서법(本筮法)은 18변(變)을 거쳐야 여섯 개의 효(爻)가 얻어지므로 사실상 복잡하다고 하여 간략한 방법을 중서법(中筮法)이라 하며 육변법(六變法)으로 대성괘(大成卦)를 얻어낸다. 역시 시초(蓍草) 혹은 점대 50개를 준비하여 태극수(太極數) 1개를 제하면 49개인데, 이 49개의 점대를 점치는 마음으로 적당히 두 손에 갈라쥔다. 왼손에 있는 것을 천책(天策)이라 하고 오른손에 있는 숫대에서 1개를 뽑아 따로 놓는데 이것이 인책(人策)이며, 오른손 인책을 제한 나머지 점대가 지책(地策)이다. 왼손에 있는 천책을 8개씩 덜어내어 나머지 수(나머지가 없으면 8을 취한다)에 인책 1개를 더하여 초효(初爻)를 삼고, 계속 같은 방법을 6번 되풀이하여 6개의 효(爻)를 얻으면 대성괘(大成卦)가 이루어진다.

나머지 1이면 태양(太陽 : 즉 陽動變陰)

2이면 少陰 · 3이면 少陰

4이면 少陽 · 5이면 少陰

6이면 少陽 · 7이면 少陰

8이면 태음(太陰 : 즉 陰動變陽)

나머지 2, 3, 5개=소음이니 음효 --가 된다.

4, 6, 7개=소양(少陽)이니 양효 —가 된다.

1개=태양이니 양효 —가 동하여 --로 변한다.

8개=태음이니 음효 --가 동하여 —로 변한다.

- **약서법**(略筮法) : 중서법(中筮法)보다 더 간단하여 2변(二變)만으로 대성괘(大成卦) 육효(六爻)를 얻어내는 방법이다. 점대 49개(태극수 1을 제하였음)를 두 손에 합쳐 쥐었다가 점치는 마음으로 정성껏 좌우 두 손에 갈라쥔다. 왼손에 있는 천책(天策)의 수를 세어 8로 나누어 나머지 수로 상괘(上卦)를 삼고, 오른손에 있는 지책(地策)의 수를 세어 8로 나누어 나머지 수로 하괘(下卦)를 삼는데 나머지가 없으면 모두 8로 셈한다.

나머지가 1개면 건(乾) ☰ 2개면 태(兌) ☱

3개면 이(離) ☲ 4개면 진(震) ☳

5개면 손(巽) ☴ 6개면 감(坎) ☵

7개면 간(艮) ☶ 8개면 곤(坤) ☷

약서법(略筮法)의 동효(動爻)는 본서법·중서법과는 다른 방법으로 정해야 한다. 약서법의 방법에 의한 천책(天策 : 왼손의 점대)에 인책(人策) 1을 더한 수를 6으로 나누어 아래와 같이 한다.

나머지가 1개면 초효동(初爻動)

2개면 이효동(二爻動)

3개면 삼효동(三爻動)

4개면 사효동(四爻動)

5개면 오효동(五爻動)

6개면 육효동(六爻動)

❖ **본손이 우수하거나 사위가 요절하는 곳은** : 청룡이 아름답고 백호가 열세이면 본손(本孫)의 자손이 우수하고 백호가 아름답고 청룡이 묘자라면 외손이 뛰어난 기질은 보인다. 백호의 허리가 끊어지고 어깨가 잘려진 것 같이 보이면 사위가 요절 한다.

❖ **본신룡호**(本身龍虎) : 혈지(穴地)의 부근으로부터 사(砂)가 좌우로 양익(兩翼)을 펼치고 있지만 청룡이나 백호는 활처럼 굽어서 혈지(穴地)를 지키고 있는 형국. 하천의 흐름이 이와 같은 혈지(穴地)를 둘러싸고 흘러서 지맥의 생기가 흩어지고 새는 것을 막아 훌륭한 천연의 용혈을 형성한다.

❖ **본체와 부속건물이 붙은 것은 흉** : 본체와 붙이거나 이어서 짓는 부속건물이나 별채가 원건물보다 높거나 크고, 본체에 이어서 달아내는 부대건물은 주로 서쪽 방위가 이롭고, 모든 건물은 점포나 주택을 막론하고 모양새가 외부에서 바라볼 때 납작 엎드려 웅크리고 있는 형세를 띠는 경우는 파괴, 손실 및 구설, 투쟁이 발생되는 흉험지상으로 간주한다.

❖ **본체와 행랑채 거리는 얼마나 뛰어야 하나** : 집을 지을 때 안채와 별채의 거리는 주춧돌과 주춧돌의 거리가 약 3m 정도 되어서 양쪽 두 채의 처마끝 모서리 부분이 거의 서로 마주 닿을 만큼 가까운 것이 정상형이다.

❖ **봉**(蓬) : 쑥.

❖ **봉**(鳳) : 머리와 꼬리가 긴 형세. 여러 봉우리를 헤치고 날아오르는 형세를 갖고 있다.

❖ **봉각**(鳳閣) : 술(戌) 자리에 자(子)를 붙여 역행으로 생년지에 이르는 곳이 봉각성이다.

子生：戌　丑生：酉　寅生：申　卯生：未

辰生：午　巳生：巳　午生：辰　未生：卯

申生：寅　酉生：丑　戌生：子　亥生：亥

❖ **봉월**(捧月) : 떠오르는 달처럼 솟은 산을 받드는 모양.

❖ **봉요**(鳳腰) : 협과 맥이 가늘고 예쁘며 양쪽 머리가 크고 중심은 가늘어 끊어질 듯하니 벌의 허리와 같다는 것이다. 이것은 높은 산등성이의 맥이다.

❖ **봉요**(蜂腰) : 벌의 잘룩진 허리처럼 출맥(出脈)이 잘록하고 나머지는 약간 볼록해 있는 모양. 기(氣)가 강함을 보인 것.

❖ **봉요협**(蜂腰峽) : 벌의 허리처럼 잘룩한 과협. 형체가 아름답고 생기가 넘치면 아주 가까이에 명당혈이 있다.

❖ **봉지**(鳳池) : ① 봉황지(鳳凰池)의 약어. ② 중서성(中書省)의 별명. ③ 재상의 뜻으로 사용.

❖ **봉침분금**(縫針分金) : 나경(羅經) 9층을 말하며 시신이 생기를 받을 수 있도록 마지막으로 시신의 좌향을 잡는데 사용한다.

❖ **봉침용법**(縫針用法) : 정침(正針)은 8괘에서 비롯되고, 8괘는 3산(一卦三山은 坎卦 壬子癸山 등의 예다.)을 말하므로 행룡(行龍)의 정향(定向)과 내룡(來龍)을 격정(格定)함은 모두 다 정침(正針)을 위주한다. 봉침(縫針)은 12지에서 출래(出來)하니, 12지는 쌍산오행(雙山五行)을 말하며 생(生), 왕(旺), 묘도 12지로서 나누게 되므로 대개 수법(水法)의 길흉은 향(向)의 생왕묘(生旺墓)를 어떻게 정하느냐에 따라 좌우되고, 향(向)의 생왕묘(生旺墓)는 또 봉침(縫針)의 쌍산(雙山)으로 정해진다. 그러므로 수법(水法)은 봉침(縫針)위주여야 하고 또 봉침(縫針)위주로 정해진 것이다. 수법은 지리에 있어서 화복(禍福)의 중추가 되고 또 봉침(縫針)은 수법의 중추가 되므로 봉침(縫針)의 화복(禍福)이 생왕묘(生旺墓)의 일리에만 있지 않고 정침(正針)의 8간(甲乙丙丁庚辛壬癸) 4유(乾坤艮巽)에 달려 있는 것이니, 즉 쌍산(雙山) 양지(兩支)의 오행지기(五行之氣)를 말하는 것이다.

[예1] 내반(內盤:地盤正針) 오향(午向), 외반(外盤:天盤縫針) 관병(串丙), 인오술국(寅午戌局), 좌수도우국(左水到右局), 병화기(丙火氣).

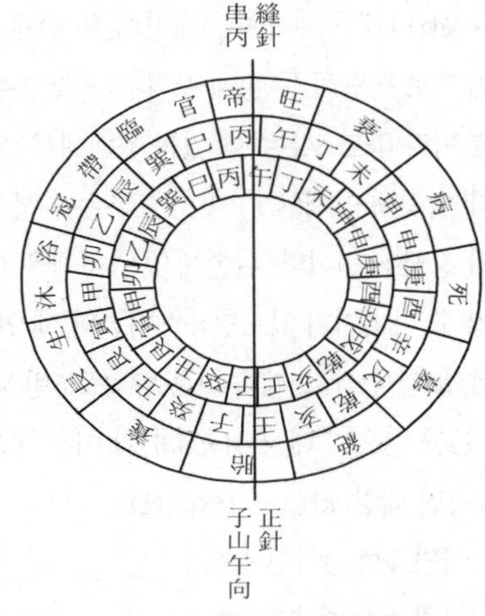

[예2] 내반(內盤:地盤正針) 오향(午向), 외반(:天盤縫針) 관병(串丙), 인오술국(寅午戌局), 좌수도우국(左水到右局), 병화기(丙火氣).

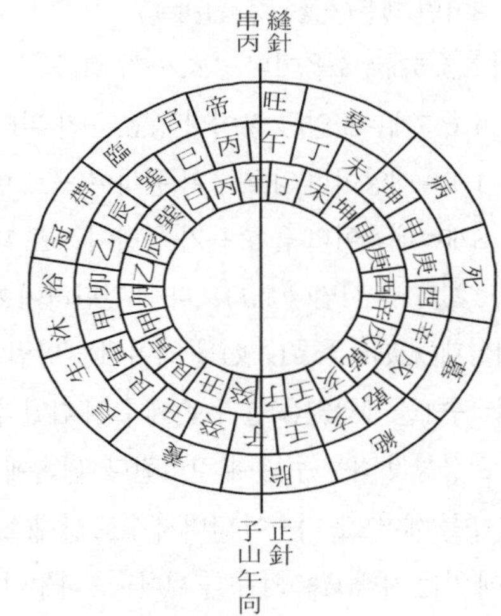

예 1, 2에 있어서 내반(內盤)은 같은 내향(:地盤正針)인데 외반(外盤:天盤縫針)은 관병(串丙(예1))과 관오(串午(예2))로 나누어졌지만 그래도 같은 좌수도우국(左水到右局)의 병화지기(丙火之氣)가 되는 것은 병(丙), 오(午)는 수법(水法)에 있어서 천반봉침(天盤縫針)의 쌍산겸반(雙山兼盤)이기 때문이다.

[예3] 내반(內盤:地盤正針) 병향(丙向), 외반(外盤:天盤縫針) 관병(串丙), 인

오술국(寅午戌局), 좌수도우국(左水到右局), 병화기(丙火氣).

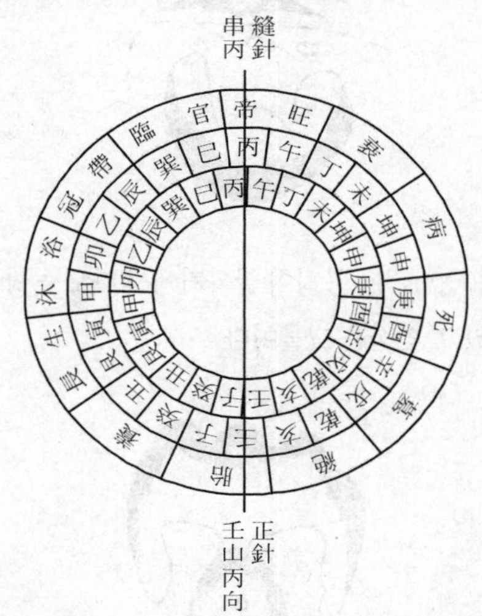

[예4] 내반(內盤:地盤正針) 병향(丙向), 외반(外盤:天盤縫針) 관사(串巳), 유사축국(酉巳丑局), 우수도좌국(右水到左局), 정화기(丁火氣).

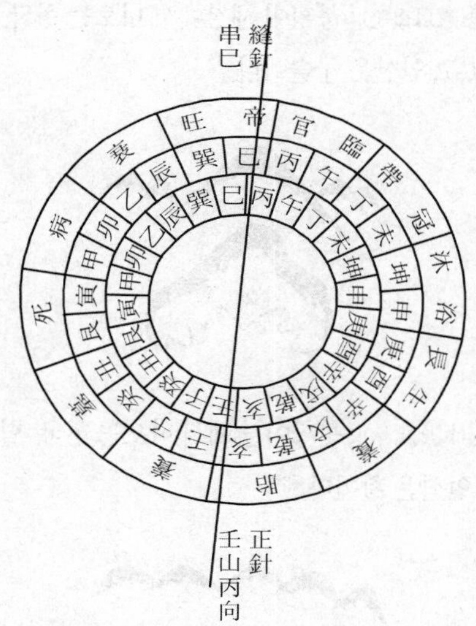

예3, 4에 있어서 내반(內盤)은 같은 병향(丙向:地盤正針)인데 외반(外盤:天盤縫針)은 관병(串丙(예3))과 관사(串巳(예4))로 나누어져서 전자는 좌수도우(左水到右)의 양국(陽局)으로서 인오술(寅午戌) 병화지기(丙火之氣)가 되고, 후자는 우수도좌(右水到左)의 유사축(酉巳丑) 음국(陰局)으로서 정화지기(丁火之氣)가 된다.

[예5] 내반(內盤:地盤正針) 손향(巽向), 외반(外盤:天盤縫針) 관손(串巽), 유사축국(酉巳丑局), 우수도좌국(右水到左局), 정기화(丁火氣).

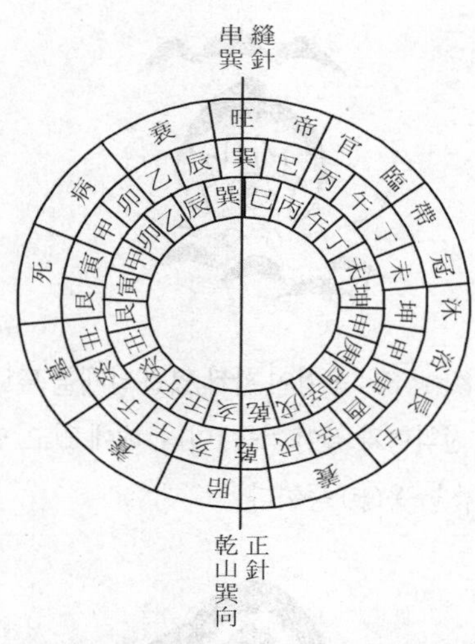

[예6] 내반(內盤:地盤正針) 손향(巽向), 외반(外盤:天盤縫針) 관진(串辰), 해묘미국(亥卯未局), 좌수도우국(左水到右局), 갑목기(甲木氣).

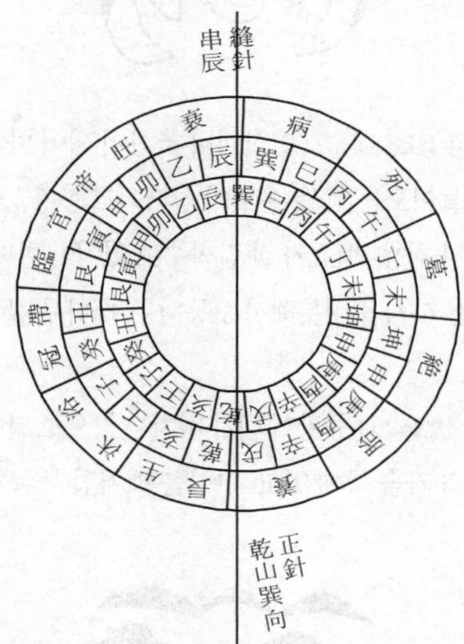

예5, 6에 있어서 내반(內盤)은 같은 손향(巽向:地盤正針)인데 외반(外盤:天盤縫針)은 관손(串巽(예3))과 관진(串辰(예4))으로 나누어져서 전자는 우수도좌(右水到左)의 음국(陰局)으로서 유사축(酉巳丑) 정화지기(丁火之氣)가 되고, 후자는 좌수도우(左水到右)의 해묘미(亥卯未) 양국(陽局)으로서 갑목지기(甲木之氣)가 된다.

❖ **봉황고익**(鳳凰鼓翼) : 봉황이 날개로 북을 두드리는 형국. 봉황새 앞에 북이 있고 혈은 북에 자리잡으며, 안산은 비파, 피리, 통소 등이다.

❖ **봉황권익**(鳳凰捲翼) : 봉황이 활짝 폈던 날개를 도로 접은 형국. 혈은 앞의 전익형과 같이 가슴, 머리, 배에 있고, 안산은 새장, 그물, 활, 구슬, 용(龍) 등이다.

❖ **봉황귀소형**(鳳凰歸巢形) : 안산이나 조산이 되어 마치 봉황이 둥지로 날아 들어오는 형상. 용혈이 상격이고 봉황 둥지처럼 와혈(窩穴)이거나 청룡·백호가 잘 감싸주고 있어야 한다. 주변에 봉황알과 같은 사격을 비롯해서 오동나무, 대나무 같은 사격이 있어야 한다.

❖ **봉황쇄시**(鳳凰晒翅) : 봉황이 해가 비치는 곳으로 날아가는 형국. 혈은 봉황의 가슴 쪽에 있고, 안산은 해처럼 둥글게 생긴 봉우리다.

❖ **봉황전익**(鳳凰殿翼) : 봉황이 날개를 짝 펴고 있는 형국. 혈은 가슴, 머리, 부리 등에 있고, 안산은 새장, 그물, 활, 구슬, 용(龍) 등이다.

❖ **봉황출동**(鳳凰出洞) : 봉황이 골짜기에서 나오는 형국. 혈은 가슴 위에 있고, 안산은 그물이다.

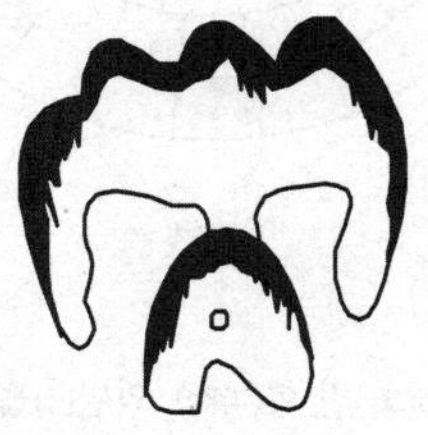

❖ **봉황출룡**(鳳凰出龍) : 봉황이 새장에서 나오는 형국. 혈은 가슴 위쪽에 있고 안산은 구슬이다.

❖ **봉황출림**(鳳凰出林) : 봉황이 숲에서 나오는 형국. 혈은 부리 위에 있고, 안산은 활이다.

❖ **봉황포란형**(鳳凰抱卵形) : 봉황(鳳凰)은 상상 속의 상서로운 새로 봉(鳳)은 수컷, 황(凰)은 암컷을 말한다. 봉황은 닭의 머리, 뱀의 목, 제비의 턱, 거북의 등, 물고기의 꼬리 모양을 하였고 오색빛에 오음(五音)의 소리를 낸다고 한다. 봉황(鳳凰)은 매우 상서로

운 새인 만큼 제왕이나 대통령이 아니면 봉황 무늬를 할 수가 없다. 풍수지리에서도 봉황과 관련된 혈은 제왕지지(帝王之地)라는 뜻이므로 용혈(龍穴)도 상격이고 국세가 커야만 봉황과 관련된 혈명(穴名)을 붙일 수 있다. 봉황과 관련된 혈의 발복은 매우 커서 성인, 현인, 귀인을 비롯해서 제왕, 왕후, 장상이 배출된다. 학문과 문장이 출중하며 인품이 훌륭하여 따르는 사람이 많다. 부와 귀는 저절로 들어온다. 봉황포란형과 비봉포란형은 하늘을 나는 봉황이 알을 품고 있는 형국. 주산은 산세가 매우 수려하고 경치가 빼어난 봉황산으로 탐랑목성체다. 여기서 개장한 청룡·백호는 날개로서 잘 감싸주어 아늑하기 그지 없어야 한다. 보국 안에는 봉황 안에 해당되는 둥굴게 생긴 산이 있어야 하는데 대개 봉황의 가슴 움푹 들어간 곳이나 날개 안쪽에 혈이 있다. 안산은 알이 있어야 하고 주변에 오동나무, 대나무, 구름과 같은 사격이 있어야 한다. 봉황은 오동나무에만 앉고 대나무 죽순만 먹는다고 한다.

❖ **봉황하전**(鳳凰下田) : 봉황이 밭으로 내려오는 형국. 머리가 아래쪽에 있고, 혈은 부리 위에 자리잡으며, 안산은 구슬이다.

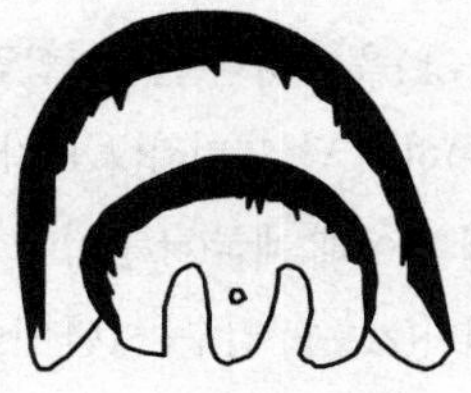

❖ **봉황함인**(鳳凰含印) : 봉황이 입에 도장을 물고 있는 형국. 혈은 입과 가까운 곳에 있고, 안산은 도장이며 도장은 둥그런 봉우리다.

❖ **부**(夫) : 대개, 대체로.

❖ **부**(賦) : 더불어, 함께 하다.

❖ **부**(浮) : 중간에 떠있다는 뜻으로, 평양혈(平洋穴)의 평지상(平地上)에서 천광(穿鑛)을 하지 않고 그대로 관곽을 띄어 놓고 객토로 성분(成墳)하여 무덤을 만들면 당국(堂局)의 기운으로 무덤 내에 생기(生氣)가 모이게 되는 것을 말한다. 평양에서는 흙이 박(薄)하고 물은 사방이 깔리므로 기(氣)는 토면(土面)에 떠 있게 된다. 잘못 천광하여 하관하면 습함을 벗어날 수 없으므로 부장(浮葬)을 취용함이 가장 합법한 장법으로 일명 퇴금장(堆金葬)이라고 한다.

穴地가 突露하여 많이 파내고 지낸 장사이다.

❖ **부귀국**(富貴局) : 길격(吉格). 탐무동행격(貪武同行格). 탐랑(貪狼)과 무곡(武曲)이 신궁(身宮)이나 명궁(命宮)에 같이 있으면 탐무동행격이라 한다.

❖ **부귀빈천혈법**(富貴貧賤穴法) : 혈(穴)로 부귀와 빈천을 알자면 혈(穴) 가운데를 자세히 보아야 하는바, 먼저 수(水)의 내거(來去)와 용형(龍形)이 바르게 되었는가를 본다.

- **부혈**(富穴) : 열 개의 부혈(富穴) 가운데 아홉은 와혈(窩穴)에 있다. 이 혈(穴)이 황홀함은 대당(大堂)의 일난각(一暖閣)과 같은데 8면(八面)에 요풍(凹風)이 보이지 않고 금성수(金星水)가 두르고 면궁안(眠弓案)이며 4위8방(四圍八方)이 모두 풍영(豐盈)하고 수(水)가 천심(天心)으로 모이며 또 수(水)가 유정하고 입수(入首)가 기왕(氣旺)하여 자라등과 같은 형상이면 부는 석숭(石崇)에 비교될 만하다.
- **귀혈**(貴穴) : 열 개의 귀혈(貴穴) 가운데 아홉은 높은 곳에 있다. 기도(氣度)가 앙앙(昂昂)하여 백관(百官)을 누르고, 기고(旗鼓)와 귀인사(貴人砂)가 좌우에 있고, 사형(獅形) 금상(禽象)이 아도(衙刀)를 띠며, 면궁안산(眠弓案山)에 임관봉(臨官峯)이 높이 솟아 운소(雲宵)에 투출(透出)하며 3길6수(三吉六秀)에 천마(天馬)가 있으면 귀(貴)는 배두(裵杜)와 같다.
- **빈혈**(貧穴) : 열 개의 빈혈(貧穴) 가운데 아홉은 관(關[龍])이 없

고, 사수(砂水)가 곧게 흘러가 환포(環抱)치 않으며, 혈(穴) 머리는 빗겨 흐르고 용호(龍虎)는 반대로 향하며, 태(胎)·식(息)·잉(孕)·육(育)에 찬바람을 받으며, 또는 목성(木星)에 임두(淋頭)가 할각(割脚)하고 파기수(簸箕水)가 흘러가면 전장(田庄)이 없어지게 된다. 그러므로 천영(扦塋)하는데 모든 법이 맞지 않으면 대대로 가난하기가 범단(范丹)과 같다.

- **천혈**(賤穴) : 열 개의 천혈(賤穴) 가운데 아홉은 반궁(反弓)이다. 도화수(桃花水)가 옆구리를 충(沖)하고 자오묘유(子午卯酉)가 목욕수(沐浴水)가 되며, 흔군(掀裙(제껴진 치마)) 같고 무수(舞袖)함이 탐두형(探頭形)이요, 또 혈(穴) 어깨를 감싼 것이 사비(斜飛)하고, 번화룡(飜花龍), 차예(扯拽) 등은 모두 천상(賤象)이다. 더욱 이태손방(離兌巽方)에 사수(砂水)가 반배되면 집안에 좋은 명성이 없다.

❖ 부귀손장(富貴孫章)

- 자룡(子龍) 묘좌(卯坐)는 겨우 자손을 보전하고, 자(子)에 묘(卯)를 만나면 계축좌(癸丑坐)는 부귀손(富貴孫)이 난다.
- 자룡(子龍) 오좌(午坐) 상충(相沖)하면 5년 안에 절사(絶祀)하고, 자룡미향(子龍未向)도 불길하다.
- 축(丑)이 진(辰)을 만나면 선천통맥이니 4장맥(四藏脈) 조화로 큰 부자가 나고, 축(丑)이 진(辰)을 만나면 인묘좌(寅卯坐)는 재성왕정(財盛旺丁) 대길이다.
- 축(丑)이 진(辰)을 만나면 천월덕이니 벼슬길에 오르고, 축좌미각(丑坐未角)이나 진좌술각(辰坐戌角)은 4장맥이 모두 모였으니 국부(國富)가 난다.
- 인(寅)이 해(亥)를 만나면 선후천 배합이니 자손을 보존하는 길지이고, 인(寅)이 해(亥)를 만나면 자축좌(子丑坐)는 큰 부자가 되고 자손 또한 좋다.
- 인룡(寅龍)이 신술각(辛戌角)에 오(午) 입수는 1년안에 성공하고, 인룡(寅龍)에 정해각(丁亥角)은 천덕굴각(天德窟角)이니 벼슬이 난다.
- 묘룡오좌(卯龍午坐)는 절원(絶源)으로 요사(夭死)와 재패(財敗)가 나고, 묘(卯)와 오(午)가 교구(交媾)하여 진사좌(辰巳坐)가 되면 다자복록(多子福祿) 어김없다.
- 묘룡묘미(卯龍卯未) 건해국(乾亥局)은 1년 안에 자식 낳고, 묘룡(卯龍)에 곤신국(坤申局)은 천덕이니 벼슬난다.
- 진(辰)이 축(丑)을 만나면 인묘좌(寅卯坐)는 부귀자손 많이 보고, 진(辰)이 미(未)를 부름은 천덕합각이니 벼슬이 난다(未申丁).
- 사(巳)가 신(申)을 만나면 선후천 배합인데 4포맥 아래 자손 많고 사교신(巳交申)에 오미합(午未合)은 다자손(多子孫)에 부귀난다.
- 사룡(巳龍)에 신각(申角)은 천덕이니 무변대관(武邊大官) 나게 되고, 사룡계축(巳龍癸丑)에 유(酉) 입수는 인장묘발(寅葬卯發)이다.
- 오룡묘좌(午龍卯坐)는 선후천합이나 다자(多子)에 가난하고, 오룡(午龍)이 묘해(卯亥)를 만나고 진사좌(辰巳坐)면 다자손(多子孫)에 부귀난다.
- 오룡신술(午龍辛戌)에 인(寅) 입수(入首)는 당해년에 성공하고, 오룡술건(午龍戌乾)에 해(亥) 입수(入首)도 벼슬길에 나아간다.
- 오룡(午龍)이 인간(寅艮)을 보면 공망룡과 오룡(午龍)이 유(酉)를 봐도 절원공망이 된다.
- 미룡(未龍)이 술(戌)을 만나면 선후천합인데 신유(申酉)는 자손안보(子孫安保)하게 되고, 미좌(未坐)가 술(戌)을 만나면 선후천합으로 4장맥 아래 재국(財局)이다.
- 신룡(申龍) 을진자(乙辰子) 입수는 1년 안에 속발하고 신룡(申龍) 계각(癸角)은 천덕이라 벼슬길에 나아간다.
- 유룡(酉龍)에 자좌(子坐)는 선후천합이라도 요절자손 못 면하고 유교자(酉交子)에 술해좌(戌亥坐)는 다자손에 무궁발복하게 된다.
- 술(戌)이 미(未)를 만나면 선후천합인데 4금맥 아래 거부나고, 술(戌)이 미(未)를 만나면 신유(申酉)라는 다자손에 거부로 세도한다.
- 술룡(戌龍)에 병각(丙角)이면 천월덕의 용각(龍角)이니 대과급제 기약하고 술(戌)이 유(酉)를 만나면 오미정(午未丁)으로 박환하면 절원공망이지만 무해하다.
- 해룡(亥龍)이 인(寅)을 만나면 선후천 배합으로, 4포맥 아래 자

손 많고, 해(亥)가 인(寅)을 만난 자축좌(子丑坐)는 다자손에 부자가 나며, 해교봉미(亥交逢未)에 갑묘좌(甲卯坐)는 1년안에 대과 급제자가 난다.

• 건해(乾亥)맥 아래 계축좌(癸丑坐)는 무후봉사(無后奉祀)하게 되고, 곤신(坤申)맥 아래 정미(丁未)좌도 자손요절을 면할 수 없다.

• 청룡사(砂)가 절요(折腰)하면 자손중에 참수(斬首)있고, 청룡 안에 있는 암석은 자손 중에 장사 나고, 백호 밖에 있는 7봉사(砂)는 문무과(文武科) 장원이 끊이지 않고, 청룡 밖에 봉우리가 있으면 자손들이 횡재한다.

• 사각(砂角)이 두텁고 비옥하면 부자자손을 낳을 것이요, 봉우리가 첩첩하면 맑은 인사 나게 된다.

• 갑을(甲乙)방의 긴 골짜기이면 자식 초상 통곡하고, 손사(巽巳)방의 긴 골짜기이면 외손들이 되는 일 없다.

• 안산(案山)방의 가는 사(砂)는 목매 죽는 자손 있고, 백호 안에 첨석(尖石) 있어 자손 중에 호식(虎食) 있다.

• 손사(巽巳)봉이 수려하면 자손 중에 문관나고, 손사(巽巳)방이 요함(凹陷)하면 백대무관(百代武官)하게 된다.

• 병정(丙丁)봉이 수려하면 벼슬하는 자손인데, 안산방에 원봉(圓峰)이면 봉군(封君)자손 있게 된다.

• 주산 밖에 암석들이 있으면 힘센 자손(力士)있게 되고, 수구 안에 봉(峰)이 있으면 공문(空門) 찾는 자손이 있다.

• 간축룡(艮丑龍)이 해건(亥乾) 돌아 신술좌(辛戌坐)는 인장묘발(寅葬卯發) 부자되고, 건해룡(乾亥龍)이 임감(壬坎) 돌아 갑묘좌(甲卯坐)는 1년 안에 생자(生子)한다.

• 손사룡(巽巳龍)이 경태(庚兌)돌아 계축좌(癸丑坐)면 대대로 정승나고, 곤신룡(坤申龍)이 임감(壬坎) 돌아 을진(乙辰)좌면 3대 왕비가 난다.

• 부(富)는 고장맥(庫藏脈)이 상통이니 진축(辰丑)과 만나고, 술미(戌未)와 만나면 수구주밀(水口周密)이라.

* 신술룡(辛戌龍)과 정미룡(丁未龍)이 성봉.

* 3고장(庫藏)은 거부(巨富), 4고장(四庫藏)은 국부(國富)가 난다.

• 귀(貴)는 천월덕 상통이니 양이 양과 통하면 문(文), 음과 음이 통하면 무(武).

* 인룡(寅龍)에 정(丁:天)과 병(丙:月)각 묘룡(卯龍) 곤신(坤申)각의 예.

* 진임(辰壬) 사신경(巳辛庚) 오건병(午乾丙)의 예.

• 인신(印信)은 3태맥(三胎脈) 아래이니 2덕 쌍전지지(二德雙全之地)라 건(乾)·곤(坤)·간(艮)·손(巽) 중에 셋이 만나는 경우를 말함. 2덕은 문과 무를 겸전.

• 인정(人丁 : 자손)이 왕성한 곳을 선후천 상교(相交)의 용이 두번 이상 배합한 곳.

* 운(暈)이 없는 혈장은 독자(獨子).

* 곤신(坤申) 건해(乾亥)로 만나면 당대절사(當代絶祀) (곤손[坤巽], 손간[巽艮], 건간[乾艮]도 같음).

* 무기룡(戊己龍)에 무(戊)는 독자요 기(己)는 형제.

* 고장판(庫藏長坂)에 4포각이 있으면 유복자(遺腹子).

* 양자봉사(養子奉祀)는 타장타포룡(他藏他胞龍)이다. 타장무모(他藏無媒도 같다). 예 : 간(艮)에 축(丑), 건(乾)에 술(戌), 진(辰)에 손(巽), 미(未)에 곤신(坤申).

* 타인자 봉사(他人子奉祀)는 을묘계축(乙卯癸丑), 을묘축간인(乙卯丑艮寅)이다. 을묘(乙卯)가 쌍행이면 묘(卯)는 명령(螟令)인 까닭이다(축[丑]은 타장[他藏]).

* 실자(失子)는 4장국에 4포각이 전돌(前突)인 경우이다.

* 오정미룡(午丁未龍) 유(酉) 입수(入首) 유좌(酉坐) 당대 9형제 배출.

* 유룡(酉龍)술좌((戌坐) 축룡(丑龍) 자좌(子坐)는 4, 5대 독자 난다.

• 결인 실록(失祿)의 국에서 난다. 예 : 갑묘룡(甲卯龍)이 뒷절에서 간인(艮寅)을 못 만나는 경우.

• 난신적자(亂臣賊子)는 포맥(胞脈)이나 금맥(金脈)을 만나지 못한 까닭이다.

* 고장룡(庫藏龍)이 4포좌가 되면 괜찮은데 내룡이 2절 이상 막힌 뒤에 고장각이 있으면 위와 같이 된다.

❖ **부귀장수(富貴長壽)하고 자손번성하는 집터는 이러하다** : 집 앞으로 동서좌우(東西左右)를 관통하여 가로놓여진 도로가 있는 곳은 풍부한 가업(家業)의 융성(隆盛), 안정(安定) 및 부귀영달(富

貴榮達)의 복록이 따르며 주택의 전후방위(前後方位)에 산이 서로 호응하고 좌측의 물과 우측의 자갈밭 내지 모래사장이 있거나 혹은 오른쪽에 사구(沙丘)가 있고 왼쪽에 연못이나 방죽이 있는 곳은 부귀장수하고 자손번성 한다.

❖ **부귀화복**(富貴禍福)**의 분별법** : 모든 사(砂)에 양명(亮明)한 것은 귀(貴)함으로 보고 후덕(厚德)하게 사는 부(富)한 것으로 본다. 사격(砂格)은 산의 형상(形象)에 문무부귀(文武富貴)가 다 있는 것으로 간주하되 사격이 멀리 있으면 후대(後代)에 발복(發福)이요 가까이 있으면 당대 발복(當代發福)을 본다. 중첩(重疊)에 의한 사격은 일대(一代)30년(年)을 추산(推算)한다. 사격의 형상이 웅장(雄壯)한 것은 높은 벼슬이 나고 암석(岩石)으로 된 사격이 빛이 나면 왕기(王氣)가 서리는 격(格)이니 제왕(帝王) 사격으로 본다. 혈처용세(穴處龍勢)에 오솔길은 해(害)가 없다. 옛날 마차나 요즘 자동차가 다니던 도로라면 흉하고 그 묘지(墓地)가 진동(振動)을 받기도 하고 팔요풍(八曜風)을 맞을 수도 있다. 묘지에 괴음이나 진동을 받으면 정신병(精神病)이나 삭탈관직(削奪官職)의 해를 보게 된다. 묘지앞에 도로가 있더라도 멀리 있어야 해가 적고 낮은 산 굽이를 돌아 나간다면 파구(破口)가 교쇄된 것이어서 길(吉)한 것이다.

❖ **부두법**(符頭法)

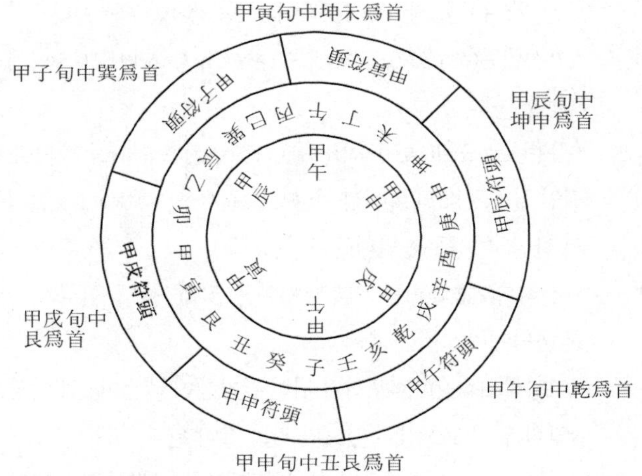

甲子旬中 巽爲首 : 乙 辰 巽 巳 丙

甲戌旬中 艮爲首 : 艮 寅 甲 卯

甲申旬中 丑艮爲首 : 子 癸 丑

甲午旬中 乾爲首 : 辛 戌 乾 亥 壬

甲辰旬中 坤爲首 : 坤 申 庚 酉

甲寅旬中 未坤爲首 : 午 丁 未

❖ **부등**(浮藤)

① 안정됨 없이 이리저리 정처없이 떠돌아다니며 호위함이 없는 야트막한 산맥.

② 언덕이 있으면 부등(浮藤)은 바람을 두려워하지 않고 평사(平沙)에 낙안(落雁)은 주변에 물이 마땅하다. 부등형(浮藤形)에서는 체형(體形)은 비록 작으나 언덕이 머물러 있으면 베개삼아 의지할 수 있게 된다. 즉 침고(枕靠)의 덕택으로 풍취(風吹)를 두려워하지 않게 된다. 천맥(穿脈)은 물밑의 석골(石骨)로 과맥(過脈)하기도 하고, 물의 중간에 뜨기도 하여 높은 언덕을 이루기도 한다. 그러나 사방의 주위가 모두 물이라면 불가하여 버려야 한다. 평사낙안(平沙落雁)의 형상은 양쪽 주변에 두루 물이 휘둘러야 길하게 된다.

❖ **부락풍습** : 부락은 한 가족 또는 여러 가족이 어느 한 지역에 정착하여 생활하는 과정에 그것이 점차 확대되어 이루어진다. 따라서 부락은 한 곳에 모여 사는 사람들의 사회적 집단이라고 할 수 있다. 부락은 사람들이 정착생활을 하기 시작한 먼 옛날에 발생하였으며 사회가 발전하고 인구가 늘어남에 따라 부단히 확대되고 변화 발전하여왔다. 부락의 확대발전은 일반적으로 생산의 발전과 인구의 증대 그리고 거주지역의 확대와 중요하게 관련된다. 조선조의 부락은 앞선 시기보다 그 수가 훨씬 늘어나고 부락자체 발전에서도 적지 않은 전진이 있었으며 거주지역이 확대되고 주민이동이 적지 않았다. 조선조의 여러 가지 성을 가진 사람들이 모여 사는 혼성부락과 같은 성을 가진 사람들만으로 이루어진 동성부락집단으로 이루어졌었다. 지난날 부락에는 여러 사람들의 상호관계 속에서 생활을 해야 하였던 것만큼 공동으로 진행되는 행사들과 생활관습에 의하여 진행되고 유지되었다. 이러한 부락 내 생활관습은 어느 부락이나 거의 비슷하였다. 그러나 혼성부락, 동성부락에 따라 일정한 차이가 있었다. 일반적인 부락생활에서 중요한 자리를 차지한

것은 공동재산과 시설의 이용과 관리, 상호부조, 동회, 부락제사 등으로서 조선조 거의 모든 부락들에는 일정한 공동재산이 있었는데, 그것은 부락에서 제기되는 공동생활을 유지하는데서 큰 역할을 하였다. 이밖에 부락의 공동건물로서 상구와 혼구를 보관하는 건물도 있었으며, 부락성원들은 강하천에 뚝을 쌓으며 관개용도랑을 내거나 보를 막는 것과 같은 어렵고 품이 많이 드는 일들은 공동으로 힘을 모아 진행하였다. 부락의 모임인 동회에서는 부락에서 관습적으로 지켜야 할 질서와 생활규범을 위반하거나 풍기를 문란시킨 자를 처벌하는 일, 열녀, 효자를 표창하는 일, 가난한 사람과 의지할 곳이 없는 사람들을 돌봐주는 일, 관혼상제 때 부조하는 일, 국가의 부역과 세금거두기에 대하여 토의하는 것 등이었다. 부락회의에서 토의하는 내용들은 부락의 공동생활질서를 유지하기 위한 것이었으며, 조선조 부락제사는 지방에 따라 여러 가지가 있었지만 기우제와 성황제가 일반적인 것이었다. 기우제에 쓰인 비용은 부락성원들이 공동으로 부담하거나 공동재산에서 지출하였다. 성황제는 땅과 부락을 지켜준다는 신에게 지내는 제사였다. 이밖에도 땅과 부락을 지켜준다고 부락에서는 산신제, 토신제를 지내기도 하였다. 이와같이 부락풍습은 백성들의 친목과 단합을 이룩하며 생활상 편의를 도모하는데서 일정한 긍정적 의의를 가지고 있었지만 봉건국가의 말단통치수단으로 이용되는 부정적인 측면도 있었다. 동성부락관습에서 특이한 것은 《문중》의 역할로 문중의 재산관리뿐만 아니라 조상의 제사도 지내기도 하였다. 족보는 조상의 사적을 밝히며 핏줄의 연계와 항렬관계를 표시하는 등 문중의 질서를 강조하기 위하여 만든 가문의 계보로서 족보를 편찬하기도 하였다. 또한 이는 씨족주의, 문벌주의를 낳게 한 근본요인으로 봉건적 가족제도를 조장 옹호하고 씨족관념, 문벌주의를 장려함으로써 봉건적 신분관계와 종법제도를 공고화하기도 하였다.

❖ **부룡**(富龍 : 부하여지는 용)

① 비만하면서 장막(帳幕)은 많지 않은 형국. 창(倉), 상(箱), 고궤사(庫櫃沙)가 혈장(穴場)을 따라서, 기운을 감추어 장풍(藏風)이 되고, 금성수(金星水)가 모여 혈(穴)에 굽이쳐 둥글게 돌면, 나라도 감당치 못할 부함을 누린다.

② 용맥이 웅장하면서 살이 찐 듯 통통하고 곁가지를 겹겹으로 뻗어 생기가 왕성한 내룡(來龍)을 말한다.

❖ **부룡 4방위**(富龍四方位) : 부룡 4방위는 소위 4고장(四庫藏) 방위라고 하는 진(辰), 술(戌), 축(丑), 미(未)에 천간(天干)을 얹은 을진(乙辰), 신술(辛戌), 계축(癸丑), 정미(丁未)의 4방위들의 중앙선상(가운데 경계선)으로 용맥(龍脈)이 흐르는 것을 말한다. 이 부룡방위로의 내룡이 거듭되고 뚜렷할수록 자손들의 복록은 무궁하여지고 특히 부(富)를 축적하게 된다.

❖ **부마사**(駙馬砂) : 혈처에서 보아 오른쪽의 한 봉우리가 특립(特立)하고 손방(巽方)에 아미형(蛾眉形)이 있거나 또는 손방에 높이 솟은 봉이 있고, 손신방(巽辛方)의 물이 내조(來朝)하면 부마(駙馬 : 임금의 사위)가 나오는 형국. 또한 용진혈적한 곳에 백호가 청아단정하고 손방(巽方)이나 신방(辛方)에 옥녀봉이 있으면 임금의 부마나 현관거부(顯官巨富)의 사위가 기약된다.

❖ **부모가 거주하는 택지 내에 아들대의 집을 지으면 흉가** : 부모가 살고 있는 집에 터가 넓다고 아들집을 지어서 같이 살게 되면 두 집 다 좋지 않다. 또한 형제간에 분가한 후에 본가의 집터에 다시 새집을 지어서는 안 된다. 동일한 택지내에 두 채의 집을 짓게 될 경우 어느 누구를 막론하고 두 집 모두에게 흉기(凶氣)가 미쳐서 가문이 패망하게 된다. 온 가족이 몰락하여 멸문지화를 당할 수 있기 때문에 분가하여 나가는 자식들의 집을 부모나 장남의 택지내에 짓는 것은 매우 흉하게 보아서 꺼려 하였다.

❖ **부모사각**(父母四角) : 2, 12, 21, 39, 48, 67세는 부모사각(父母四角)이다. 이 해에 가택을 새로 개축하면 부모의 신상에 해로운 일이 있다.

❖ **부모산**(父母山) : 소조산(少祖山) 아래 현무정(玄武頂) 뒤에 산봉(山峰)이 이루어진 성신(星辰)을 말함. 부모산(父母山)은 주산(主山) 아래로 기복(起伏)을 이루면서 혈판(穴坂)으로 향하는 산맥이 현무정(玄武頂)이 일절(一節)을 앞두고 도두룩하게 성신(星辰)을 이룬 봉(峰)을 말한다. 만리산곡(萬里山谷)과 태조산(太祖山)을 살피고 부모봉(父母峰)과 태식잉육(胎息孕育)을 살펴본 뒤에 형체를 알고서 혈을 취하여 부모의 생양(生養)함을 밝혀야 한

다고 하며, 용(龍)이 부모와 태식잉육(胎息孕育)이 있은 뒤에 비로소 혈이 이루어진다고 하니, 소조산(少祖山) 아래 현무정(玄武頂) 위로 일절(一節) 정도의 거리에 성신(星辰)이 솟아 있음을 부모산(父母山)이라 한다. 주산(主山)으로부터 다시 출맥(出脈)되어 내려오다 수려한 산봉(山峰)이 솟아 있음을 일러 부모산(父母山)이라 칭하며, 좌우로 지각(枝脚)이 뻗은 산맥이 외청룡(外青龍) 외백호(外白虎)를 이루며 유정(有情)하게 혈판(穴坂)을 둘러싸면 더욱 아름다운 부모산(父母山)이 된다.

❖ **부모상**(父母喪)**을 같이 당하여 한 날에 장사할 경우**: 하관(下棺)을 할 때 선경후중(先輕後重)의 원칙에 따라 봉양(奉養) 제사(祭祀) 전(奠)을 드릴 때와 반대로 어머니를 먼저 하관한다. 이때 상복(喪服)은 참최복(斬최服)을 입은 채로 한다. 온 가족이 함께 죽어서 동시에 장사(將事)를 지낼 때에는 존비(尊卑)의 순서에 따라 마땅히 어른을 먼저 하관한다.

❖ **부모집과 자식집이 같이 있으면**: 한터에 부모집과 자식집을 지어 따로 살면 두 집 모두 패가한다.

❖ **부모, 태, 식, 잉, 육**(父母, 胎, 息, 孕, 育): 조산(組山)에서 아래로 뻗은 맥이 기복(起伏)을 이루면서 내려오다가 현무정(玄武頂) 뒤에 도두룩하게 봉우리를 일으키면 부모라 하고, 그 부모 아래 낙맥(落脈)된 곳을 태(胎)라 하고, 태 아래 속기(束氣)된 곳을 식(息)이라 하여 마치 부모가 자식을 잉태하여 기르는 형상에 비유하고, 이 식(息)에서 다시 성신을 일으켜 솟은 곳이 현무정(玄武頂)으로 이를 잉(孕)이라 한다. 이는 태안에 있는 어린이가 머리, 얼굴 등 형체가 이루어짐을 본뜬 것이다. 잉 아래 혈(穴)이 되는 곳을 육(育)이라 한다. 이는 자식이 이미 태에서 나온 형상을 취함이다.

❖ **부모형제가 한 집에 살 경우**

- 두 집을 한 집으로 만들 때 앞으로 나가면 길(吉) 하나 뒤로 물리면 흉(凶)하다.
- 부모의 집터 내에 아들의 집을 별개로 지으면 좋지 않다.
- 부모와 자식이 한 집에 거주할 경우 부모가 위층에 아들이 아래층에 사는게 좋다.
- 형제가 한 울타리 내에 집을 짓고 사는 것은 한 쪽이 쇄하게 된다.
- 살던 집에 다시 들어가 살면 해(害)를 입는다.
- 보은제(報恩濟)라고 문 위에 붙이고 들어가 조상에게 제사를 지내야 한다. 그리고 부모나 자식이 살고 있을 때는 무방하다.
- 금괴(金塊)방위는 미(未)방위, 옥당(玉堂)방위는 술(戌)방위, 대덕방위(大德方位)는 신(申)방위에 창문을 내면 자손이 총명하고 학문에 통달하여 명성을 떨치는 인재가 난다. 또 창고를 만들면 재물이 풍족해 진다.

❖ **부묘**(祔廟): 3년 상(喪)이 지난 뒤에 그 신주(神主)를 종묘에 모시는 것.

❖ **부봉사**(富峰砂): 부봉사는 가마솥 엎어놓은 것과 같고 철모나 종을 엎어놓은 모습으로 수박같이 둥근 모양의 산을 말한다. 부봉은 산천정기가 충만하여 바르고 둥글게 수려하고 아름다워 노적봉 또는 부자봉이라고도 한다. 부봉도 문필봉과 같이 하늘 높이 청수하여 서기 양명하면 거부(巨富)가 난다. 그 자손 모두가 부귀겸전(富貴兼全)으로 발복이 오래 지속된다. 부봉은 살찌고 후덕해야 하며 산 밑 부분이 보이는 것보다 타산이 산 밑을 가려주면 더욱 좋다.

❖ **부부가 화목하고 항상 가운**(家運)**이 좋은 주택이란**: 주택이란 온 가족이 발달하고 화목하여 자녀들은 아무근심 걱정이 없으므로 공부에 전념 할 수 있고 어머니는 어진 마음씨로 살림을 꾸려 갈 것이며 아버지는 집 걱정없이 사회에서 마음껏 활약함으로써 출세 확률이 높다. 그러므로 이러한 가정은 부부가 화목하고 항상 가운이 좋을 것이다. 이와 반대로 통풍이 잘 안 되는 방은 화장실 냄새가 집안을 가득할 뿐만 아니라 욕실이나 주방의 습기가 실내에 머물고 실외의 신선한 공기가 소통되지 못해

음식이 쉽게 부패 한다. 또한 이곳에 거주하는 사람은 사고력과 결단력이 부족하여 쉽게 판단을 내리지 못하고 항상 불안에 사로 잡혀 안절부절 못하게 된다.

❖ **부부화합과 사랑에도 도움을 주는 색상은**: 침대시트나 벽지 화장대 장롱의 색상은 연한 베이지 색이나 아이보리 색이 좋고 장판이나 장롱 화장대는 밝은 황토색 계열로 선택한다. 이런 색상은 부부 화합과 사랑에 도움을 줘서 행복이 가득한 사랑스러운 즐거움을 가꾸는데 손색이 없다.

❖ **부사**(府使): 고려와 조선조 때의 지방의 수령벼슬. 조선조 때에는 정3품 벼슬인 대도호부사와 종3품 벼슬인 도호부사를 가리키는 말.

❖ **부사**(富砂): 통통하게 살찐 것 같은 산. 둥근 산. 높이 솟은 산의 모양.

❖ **부상조원격**(府相朝垣格): 천부(天府)·천상이 모두 명궁에 있거나 명궁을 만나는 것을 말함.

❖ **부속건물은 주건물보다 규모도 작고, 높이도 낮아야 한다**: 부속건물은 주거용이거나 아니면 물건을 보관할 목적으로 세우는데 어떠한 경우라도 주된 건물보다 높아서는 안 되며, 본 건물 옆이나 앞쪽으로 있어야 한다. 전통적인 한옥에서도 선인(先人)을 모신 사당이 본 건물보다 높은 위치에 있을지라도 사당건물 자체의 높이가 본 건물보다 낮게 되어 있듯이 양택(陽宅)에서는 본 건물이 최고의 높이를 가져야 한다. 따라서 담장으로 둘러친 공간내의 부속건물의 용도가 주거용일 경우는 평수가 본 건물보다 작아야 되며 지붕 높이 또한 낮아야 된다. 만약 본 건물보다 크거나 지붕 높이가 높으면 그 집에서 가장의 권위는 땅에 떨어진거나 다름없는 그야말로 변변치 못한 자로 전락하는데, 안주인의 외면과 자식들의 불효가 그 징후로 나타난다. 그러나 물건을 넣어두는 창고일 경우에는 본 건물보다 넓게 하여도 무방하지만 지붕 높이는 낮아야 한다.

❖ **부서장 책상은 출입문이 상생해주는 방위에 배치하면 좋다**: 부서장의 책상은 같은 사택이면서 출입문의 오행으로부터 상생을 받는 곳에 배치한다. 단 출입문과 마주 보이는 곳은 피한다. 각 부서장의 자리는 부원들을 통제하기에 용이한 장소로 한다.

❖ **부시**(浮屍): 생기가 없이 늘어져서 그 모양이 물 위에 떠 있는 시체 같은 모양.

❖ **부아혈**(附蛾穴): 가파른 곳에 혈이 있는 형국. 마치 벽에 나비가 붙어 있는 모습으로, 고산에서 급하고 가파르게 내려온 용이 산 중턱에 작고 협소한 평지를 만들고, 급한 가운데 홀연히 평탄해지는 곳에 생기를 모우는데 이를 멀리서 보면 가파른 사면에 작은 미돌로 되어 있다. 혈은 돌한 부분 가운데 있으며 거친 가운데 미미하게 혈이 있다. 나방은 잠시 붙어 있다 날아가는 특성이 있으므로 부아혈은 당대에 발복했다가 당대에 끝나는 경우가 많다. 속발속패가 특징이다.

❖ **부엌**: 음식을 만드는 가장 중요한 역할을 담당하는 곳 가운데 하나로서 풍수 이론이 따르면 부엌 위치에 따라 부엌의 기운이 달라지기 때문에 음식 맛도 달라진다. 따라서 음식을 맛있게 만들기 위해서는 부엌의 위치나 형태가 매우 중요하다. 옛날에는 부엌이 구석진 곳에 있지만 집이 입식화되면서 부엌의 개념도 바뀌어 부엌이 거실과 같은 역할을 하기에 이르렀다. 따라서 부엌은 거실과 가깝게 있을수록 좋다. 전에는 부뚜막에서 주걱으로 밥을 퍼낼 때 손끝이 대문을 향하지 않도록 하는 습관이 있었는데, 한옥 부엌이 앞뒤로 마당을 면하고 있으므로 손의 움직임에 의해 부엌안의 바람이 밖으로 빠져나갈 수 있다고 보았기 때문이다. 그러나 요즘은 부엌이 집 안에 있기 때문에 이런 걱정을 할 필요는 없다.

❖ **부엌과 아궁이**: 부엌과 아궁이(주방 화기 도구)의 설치 또한 일상 생활과 떨어질 수 없는 중대 요체이므로 그 길흉 화복 또한 소홀히 넘기지 못한다.

- 안조서면자손량(安竈西面子孫良: 부엌이 서쪽에 놓이면 자손들이 어질고 착하다).
- 향남소화무화앙(向南燒火無禍殃: 부엌이 남쪽에 놓이면 액운이나 재앙이 없다.)
- 면동빈궁무길이(面東貧窮無吉利: 부엌이 동쪽에 놓이면 빈곤궁색하고 좋을 것이 없다.)
- 조재건방시재화(竈在乾方是災禍: 부엌이 건 방위에 놓이면 재

난과 액화가 닿는다.)

- 주재임해손자손(炷在壬亥損子孫: 부엌이 임과 해 방위에 놓이면 자손이 낭패를 겪는다.)
- 갑인돌재진묘부(甲寅得財辰卯富: 부엌이 갑과 인의 방위 및 진묘 방위에 놓이면 재물이 풍부해진다.)
- 간을소화즉조앙(艮乙燒火卽遭殃: 부엌이 간과을 방위에 놓이면 재난과 파괴의 흉액이 닿는다.)
- 자계곤방가곤고(子癸坤方家困苦: 부엌이 자와 계와 곤의 방위에 놓이면 살림이 빈곤하고 고난을 치른다.)
- 축방손축가파빈(丑方損畜家破頻: 부엌이 축 방위에 놓이면 짐승과 재물이 쇠퇴하고 낭패가 자주 생기다.)
- 병사발재경부후(丙巳發財庚富厚: 부엌이 병과 사와 경의 방위에 놓이면 재물이 풍성해진다.) • 오방왕위부자손(午方旺位富子孫: 부엌이 오 방위에 있으면 재물을 모아 부자가 되는 자손이 생긴다.)
- 신유정방다질환(辛酉丁方多疾患: 부엌이 신과 유와 정의 방위에 있으면 질병, 우환과 손실을 치른다.)
- 갑손미술택형안(甲巽未戌宅亨安: 부엌이 갑과 손과 미와 술의 방위에 있으면 집안이 평안 번성한다.)
- 작조피용분오토(作竈避用糞汚土: 부엌을 만들면서 더럽고 지저분한 흙은 사용치 않는다.)

❖ **부엌 어느 쪽이 가족에게 행복을 주는가** : 대문·부엌·안방을 가리켜 양택풍수에서는 양택삼요(陽宅三要)라고 해서 중요시하고 있다. 부엌은 오행 중 화기(火氣)가 왕성하므로 화기(火氣)를 생(生)하는 목(木)방향인 동쪽에 위치시키는 것이 좋다. 또한 화(火)의 방향인 남쪽과 그 중간인 남동쪽도 부엌의 방위로서는 무난하다. 다만 주의할 것은 부엌이 어느 곳에 위치하든지 간에 냄새를 쉽게 배출할 수 있는 환기시설을 반드시 갖추고 있거나 환기가 잘 되는 구조여야 한다. 각 방위별로 부엌이 위치했을 때 나타나는 길흉은 · 부엌이 동쪽에 있으면 길상(吉相)으로 보고 가족에게 이로움을 준다고 판단한다. · 부엌이 서쪽에 있으면 흉상(凶相)으로 그 흉기(凶氣)가 가족에게 미쳐서 매사에 곤란을 겪는다. · 부엌이 남쪽에 있으면 급변과 재난이 따르고 불화와 다툼이 많다. · 부엌이 북쪽에 있으면 부인과 질환, 특히 냉병을 앓고 가족들의 건강도 좋지 않다. · 부엌이 남동쪽에 있으면 부귀영화를 누리고 집안이 번창한다. · 부엌이 남서쪽에 있으면 가족이 병약하고 의외의 횡액이 발생하여 곤란을 겪는다. · 부엌이 북동쪽에 있으면 가족 중에 우울증 환자가 생기고 재물 손실이 따른다. · 부엌이 중앙에 있으면 대단히 흉상(凶相)으로서 심각한 재난이나 중병에 걸려 신음하게 된다. · 부엌이 북서쪽에 있으면 모든 일에 능률이 오르지 않고 사회적으로 출세하기가 어렵다. 이와 함께 부엌에 물건이나 가구 등을 처음 들이는 날(이사할 때)과 수리하기에 좋은 날은 갑진(甲辰), 갑오(甲午), 무진(戊辰), 무술(戊戌), 을축(乙丑), 을미(乙未), 기미(己未), 기축(己丑), 기유(己酉)일 등이다.

❖ **부엌의 위치, 방향**

① 부엌은 동향이나 동쪽에 위치, 동남향이나 동남쪽에 위치하면 좋다. 동은 오행상 목(木)이니 목(木)이 화(火)를 생한다는 오행상생의 원리에서 온 것이나 현대에서의 주방 위생 관리면이나 바람의 방향에서 볼 때도 근거가 있다.

② 남부엌이 남서쪽에 있는 것은 흉하다. 과학적 근거로도 남서쪽은 여름철 가장 음식이 상하기 쉬운 기온의 위치이다. 또 남동의 계절풍에 부엌 음식의 냄새가 집안에 퍼지기 쉬운 위치이다.

③ 부엌의 불이 바깥에서 보이는 것은 대흉하다고 하였는데 오늘날에도 생활미학상에 해당이 된다고 본다.

④ 부엌 가까이 침실이 있으면 흉하다고 하였는데 현실생활에도 위생상, 생활공간 이용상 일리가 있다.

❖ **부엌이 대문, 현관문 마주보면 흉** : 대문이나 현관문을 열었을 때 부엌이 바로 마주 보이면 좋지 않다. 아무래도 부엌은 여자들이 드나드는 곳이기에 외부인들의 시선을 피하는 것이 좋기 때문이다. 이런 집에 사는 여자들은 바람날 확률이 높으며 밖으로 나돌기를 좋아한다. 부엌이란 여자들이 가장 자주 드나드는 곳으로서 흐트러진 옷매무새를 할 때가 많은데 외간남자에게 그러한 모습을 자주 보이게 되면 자신도 모르는 사이에 남자에 대한 경계심이 느슨해지게 되기 때문으로, 이는 마치 음양이 자

주 마주치게 되면 변화가 일어나는 것과 같은 이치이다. 또한 현관에 들어서면서 부엌이 보이면 자꾸 무의식중에 먹고 싶은 생각이 들게 되어 과식을 하게 되어 그로 인한 소화기 질환에 걸릴 우려가 있으므로, 그런 부엌은 가리개나 커튼 등으로 가려 주는 것이 좋다.

❖ **부엌은 따뜻한 색상으로 꾸며야 좋다** : 부엌에는 밝은 백열등을 이용해 부엌 전체를 두 세 배 밝게 만드는 것이 좋다. 밝고 화사한 느낌의 그림이나 가구로 장식하는 것이 효과적이다. 단 지나치게 화려한 것은 피하는 것이 좋다. 서쪽 부엌은 좋지 않다. 그것은 저녁 햇빛은 질소가 많이 함유되어 있어서 음식물의 부패가 심하다.

❖ **부엌에 둥근 탁자를 놓는 것이 좋다** : 탁자는 못이 박혀 있지 않은 것이 좋다. 사각형(四角形)은 음(陰)의 기운이고 원형(圓形)은 양(陽)의 기운이다. 집은 사각형으로 둘러싸여 있으므로 음기(陰氣)가 가득한 곳이다. 온 가족이 활력의 원천인 음식을 먹는 곳에 둥근 모양의 식탁을 두면 양기가 보충되어 음양이 조화를 이루게 된다.

❖ **부엌에 쓰는 냉장고 전자레인지 등 동쪽이나 북쪽에 배치하면 좋다** : 부엌에 쓰는 냉장고 전자레인지 등의 가전제품을 동쪽이나 북쪽에 치우치게 배치하면 동쪽의 목(木) 기(氣)와 북쪽의 수(水) 기(氣)가 상생(相生)이 됨으로써 어느 정도의 행운을 얻을 수 있다. 부엌의 길방위(吉方位)는 동쪽이나 북동쪽이다. 대신 북쪽에 부엌은 냉기 습기에 젖지 않도록 환풍시설, 난방시설, 창문의 크기 등에 신경을 써야 할 것이다. 또 북쪽은 무방하나 아침 햇빛을 간접이라도 받도록 해주어야 한다.

❖ **부엌이 흉하면 재물이 달아난다** : 옛날부터 부엌은 그 집의 재운을 나타내는 상징적인 공간이다. 쌀은 사람이 먹는 양식이며 양명의 근원이므로 항상 쌀을 놓아두는 부엌은 재물 운이나 사업 운과 밀접한 관계가 있는 공간이다. 그러므로 부엌은 항상 깨끗이 청소하고 깔끔하게 정리해 두는 것이 중요하다.

❖ **부의**(賻儀) : 초상난 집에 부조로 보내는 돈이나 물건. 부의는 반드시 돈을 백지에 싸는데 돈은 되도록 깨끗한 것으로 준비하여 넣도록 하고 검정으로 부의(賻儀)란 글씨와 액수, 누가 부의한 것인지를 밝힌다. 준비한 부의금은 호상소에 내거나 분향전에 영전(향대 위)에 놓는다.

- **봉투 쓰는 법** : 전면 : 賻儀

  ○○○ 宅護喪所入納

  뒷면 : 明倫洞

  ○○○ 謹上

- **부의금을 보낼 때** : 부의(賻儀) 금(金○○○원)

  年 月 日

  ○○○ 謹上

  ○○○ 宅護喪所入納

- **조물**(弔物)**을 보낼 때** : 弔儀

  白紙○卷

  年 月 日

  ○○○ 謹上

  ○○○ 宅護喪所入納

- **부의장에 쓰는 문구**

  초상 때 : 弔儀, 謹弔, 賻儀, 紙燭代, 香燭代

  대상 때 : 香典, 典儀, 菲儀, 菲品, 略禮

❖ **부의**(負扆) : 임금이 쓰는 병풍을 등에 지고 있는 형국. 혈은 병풍의 중앙에 있고, 안산은 깃대다.

❖ **부자가 되고 싶으면** : 전지(前池 : 앞쪽에 연못이 있거나) 후강(後岡)뒤쪽에 뫼등의 산이라도 받쳐주는 발복지지(發福之地)를 구하고 별장지(別莊地)를 구(求)하고저 하거든 금호장강(金湖長江)의 군자지지(君子之地)를 구하라. 또 묘지 앞쪽에 용천수(湧泉水)를 구하면 부자가 된다.

❖ **부자가 되려면 풍수공부를 해야** : 훈훈한 생기가 가득한 집에서 잠을 자면 자기도 모르는 사이에 온몸에 좋은 기가 충만해 진다.

아침에 일어나면 상쾌하기 그지없고 이런 상태로 일을 하면 일의 성과가 배가 된다. 반대로 나쁜 기운이 감도는 집에서 잠을 자면 몸이 무겁고 머리도 맑지 못하다. 건강을 해치는 것은 물론이거니와 판단력도 흐려져 하는 일마다 실패하게 된다. 이것이 장시간 누적되면 그 차이는 엄청나게 벌어질 것이다. 오늘날 양택을 중요시 하는 것은 이 때문이다.

❖ **부장기**(不杖期) : 재최복(齋衰服)의 일종으로서 상장(喪杖)을 짚지 않고 1년 동안 입는 상복.

❖ **부장론**(不葬論)**의 5불장**(五不葬) : 5불장(五不葬)의 법은 곽경순(郭景純)의 장서(葬書)에 쓰인 말.

① **동산(童山)에 장사(葬事)하지 말라** : 동산에는 초목(草木)이 나지 않는 붉은 산을 말한다.

② **단산(斷山)에 장사(葬事)하지 말라** : 단산이란 무너지거나 끊어진 산이니 자연스럽게 결함없이 끊어진 것과는 다른 것이다. 비록 끊어졌어도 실같은 맥이 연결된 것은 무관하다.

③ **석산(石山)에 장사(葬事)하지 말라** : 석산이란 돌산으로 불가하나 혹 괴혈(怪穴)이 돌과 돌 사이에 있어 토혈작(土穴作 : 흙이 있어 나무가 체백 하나 들어갈 정도로 나무가 무성하게 커 있어야 가하다)한 것은 길(吉)하다. 그러나 돌무더기와 바위 사이가 뇌락(磊落)한 것은 불가하다.

④ **과산(過山)에 장사(葬事)하지 말라** : 과산은 다른 혈이 되는 곳으로 끌고 나간 산인데, 혹 요도(橈棹 : 다시 맥이 생기기 위하여 출맥하는 듯한 산)가 있으니 용호로 잘못 알지 말라.

⑤ **독산(獨山)에 장사(葬事)하지 말라** : 독산이란 혹 산으로 외롭게 노출되어 무정(無情)한 산이다. 그러나 혹 지각(枝脚)이 없는 단산(單山)이라도 한 번 일어나고 한 번 엎드려 금목(金木)으로 평양지대(平洋地帶)에 나가며 양변(兩邊)에 호위하며 보내고 그치는 곳에서는 음양(陰陽)이 사귀어 보이고, 큰 강이 조향(朝向)하거나 혹은 횡(橫)으로 두르거나 외양(外洋)의 먼 안산(案山)이 아득한 사이에 있고 물이 횡으로 두르면 좋은 땅이다.

❖ **부장오경일**(不葬五庚日) : 부장오경일에 닿으면 부득이 하루를 늦추거나 하루를 당겨 장사한다.

갑기망명(甲己亡命) 경오일(庚午日).
을경망명(乙庚亡命) 경진일(庚辰日).
병신망명(丙辛亡命) 경인일(庚寅日).
정임망명(丁壬亡命) 경술일(庚戌日).
무계망명(戊癸亡命) 경신일(庚申日).

옛적에는 5일장 또는 7일, 9일 내지는 49일간 모셔 놓았다가 장사를 모시는 것을 효(孝)의 상징이요 가문의 자랑으로 여겼으나 요즘은 주로 3일장, 길게는 5일장이 관례가 되었다. 장사에 3, 5, 7, 9일장으로 장사를 모시는 것은 홀수에 혼자 가시라고 하는 것이지만 중복일(重復日)이나 중상일(重喪日), 중일(重日) 또는 부장오경일(不葬五庚日)이 끼면 흉사(凶事)가 생기기 쉬우니 흉일(凶日)을 피하기 위해서는 2일, 4일 짝수도 무방하다. 중일(重日)은 매월 사해일(巳亥日)을 중일이라 하며, 생기천덕(生氣天德)을 보아 좋은 날도 가리지 않고 시기 적절한 날에 모시는 것이 가하다 하였으니, 횡사하였을 시는 반드시 가려야 하며, 이장 또는 개묘(開墓) 등에는 반드시 지켜야 한다. 어떠한 종교를 믿던지 불안하면 탑다라니(塔多羅尼)나 신묘장구대다라니(神妙長句大多羅尼) 등을 관위에 덮어서 발인하고 하관시(下棺時)에 명정(銘旌)위에 덮어주면 만사대길하다.

❖ **부정**(不正) : 혈장을 얻지 못함을 말함. 정수(正受)와 편수(偏受)를 말함은 아니다.

❖ **부제**(祔祭) : 3년 상을 마친 뒤 그 신주(神主)를 조상(祖上)의 신주 곁에 모실 때 지내는 제사.

부제축문 ①

維歲次 ○○月 ○○朔 ○○日 ○○孝曾孫 ○○
謹以清酌庶羞適于
顯曾祖考 ○官府君 隮祔 孫某官 尚 饗

부제축문 ②

維歲次干支 某月干支朔
某日干支 孝子 某謹以 清酌庶羞 哀薦祔事于
顯考某官府君 適于
顯曾祖考 尚 饗

❖ **부차도강형**(浮槎渡江形) : 평평하게 생긴 작은 배가 물에 떠서 강

을 건너는 모습과 흡사한 형국. 앞에는 강이 있어야 하고, 혈은 평평하게 생긴 배속에 있으며, 주변에 배를 젓는 노나 장대처럼 생긴 사격이 있어 부귀쌍전(富貴雙全)한다.

❖ **부천**(浮天) : 부천공망(浮天空亡)의 준말. 건물 및 묘(墓)의 향(向)을 꺼린다.

❖ **부천공망**(浮天空亡) : 세간흉신(歲干凶神)의 하나. 건물의 향(向)을 놓는데 꺼린다. 만일 이 향을 범하면 관재(官災)가 생긴다.

甲年 : 壬方 乙年 : 癸方 丙年 : 辛方

丁年 : 庚方 戊年 : 坤方 己年 : 乾方

庚年 : 丁方 辛年 : 丙方 壬年 : 甲方

癸方 : 乙方

❖ **부침**(浮沈) : 물새가 홀연히 높이 뜨고 다시 수평위로 내려앉고 하는 모양으로 맥이 은은융융(隱隱隆隆)한 모양을 말함.

❖ **부패**(浮牌)

① 넓고 편편하면 기운이 뜨고 흩어져 불가하다.

② 너무 넓어서 기운이 흩어지므로 결혈(結穴)되지 않는다. 그러나 용이 있는 아래에 양택(陽宅)을 짓는 것은 좋다.

③ 방패가 물 위에 떠 있는 형국으로 혈은 방패의 중앙에 있다. 안산은 귀인(貴人), 무인(武人)이다.

❖ **부품**(賦稟) : 하늘이 내려준 인품을 이르는 말.

❖ **부혈**(富穴) : 재물이 발하는 혈(穴). 즉 묘를 쓰면 자손들이 부자가 된다는 묘자리.

❖ **북고남저**(北高南低) : 뒤쪽이 높고 앞쪽이 낮은 곳이어야 좋다고 하는데 그렇지 못한 경우에는 재물을 모으지 못한다고 하면, 집터의 주변 사방이 높고 가운데가 낮은 경우에는 비록 현재 부자로 살고 있어도 점차 재물이 유실되므로 좋지 않다고 하였다.

❖ **북동에 언덕이 있는 집** : 북동에 언덕이 있는 것은 이상적인 주택으로 이 집의 사람이 세운 계획은 꼭 실현될 수 있으며, 생활이 풍족해지고 엘리트의 생활을 보장받을 수 있다. 건강하고 장수를 누릴 수 있다.

❖ **북동에 창문을 만들어서는 안 된다** : 북동쪽에 창문이 있으면 예기치 않은 이상한 일이 가족의 몸에 일어난다.

❖ **북동향 건물 남동 대문** : 불배합(不配合) 상극으로 가정이 화목하지 못하며 건강이 나빠진다.

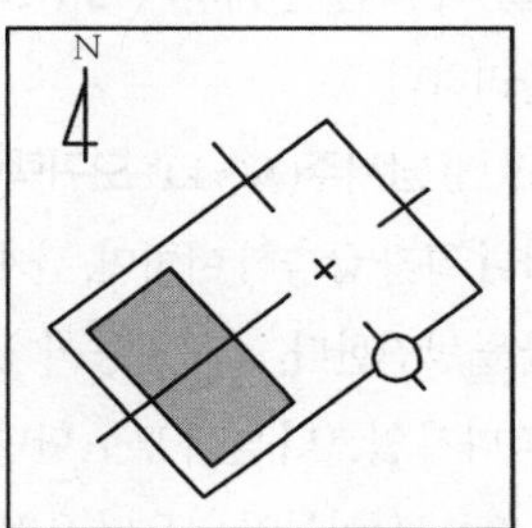

① **지풍승**(地風升) : **곤방**(坤方) **부엌 손문**(巽門) : 곤방(坤方) 부엌을 손문(巽門)에 배정하면 목극토(木剋土)하므로 노모에게 해롭다. 순음(純陰)이니 남자의 수명이 짧고, 고부갈등이 있으며 아들이 없다. 황달, 피부·복부질환, 관재, 화재 등이 따르며 동남방(東南方)에서 도둑이 들어온다. 인오술년(寅午戌年)에 흉하며 태세(太歲)가 문(門)에 이르면 역시 흉하다.

② **손문**(巽門) **곤주**(坤主) : 땅이 인문(人門)에 이르니 어머니를 잃는다. 오귀택(五鬼宅)으로 목토상극(木土相剋)하며 바깥쪽이 안쪽을 극하니 관재구설, 도난, 방탕으로 파산한다. 고부갈등이 있으며 여자가 간교하다. 남녀 모두 단명하며 황달, 피부·비장·위장질환이 따른다. 오래 살면 대가 끊기며 홀어머니가 양자와 쟁투한다.

- 이방(離方) 부엌은 문주(門主)와 비화상생(比和相生)하고 문(門)과 생하니 평안길경이고 빈생망극이다.
- 곤방(坤方) 부엌은 문(門)과 상극하고 주(主)와 비화(比和)하며 문(門)이 주(主)를 극하니 흉하다. 오귀천궁(五鬼穿宮)이라고도 한다.
- 태방(兌方) 부엌은 문(門)과 상생하니 남녀 모두 단명하고,

삼음(三陰)이 모두 있으니 양자를 들인다.

- 건방(乾方) 부엌은 문(門)과 상극이고 주(主)와 상생하니 반길반흉이다.
- 감방(坎方) 부엌은 문(門)과 생기(生氣)이니 대길하나 수(水)가 토(土)의 극을 받아 가운데 아들에게 불리하다.
- 간방(艮方) 부엌은 문(門)과 상극하니 대가 끊긴다.
- 진방(震方) 부엌은 문(門)과 비화(比和)하고 주(主)와 상극하니 여자에게 불리하다.
- 손방(巽方) 부엌은 문(門)과 비화(比和)하고 주(主)와 상극하니 불리하다.

③ **남동문**(南東門) **남서주**(南西主) : **오귀택**(五鬼宅) : 안팎으로 상극(相剋)하니 화가 급속히 미치며, 관재, 도난, 구설, 시비 등으로 재산을 탕진한다. 고부갈등이 있으며 여자가 간교하고, 병이 떠나지 않으니 남녀 모두 단명한다. 간장·비장·위장질환이 따르고, 아들이 있으나 오래가지 못한다. 홀어머니가 양자와 다툰다.

구성＼분류	위치	괘	명칭	방위	남녀	음양	오행	수리
건물	南西	☷	地	西舍宅	老母	陰	土	5, 10
대문	南東	☴	風	東舍宅	長女	陽	水	3, 8
작용	북동향집 남동문		升	不利	女	調和	相剋	3, 8

※ 승(升) : 나무가 땅 속에서 성장하여 하늘로 오르는 형상으로 길하다.

❖ **북동향 건물 남서 대문** : 서사택(西舍宅) 배합(配合)이 상비(相比)하니 재물이 는다.

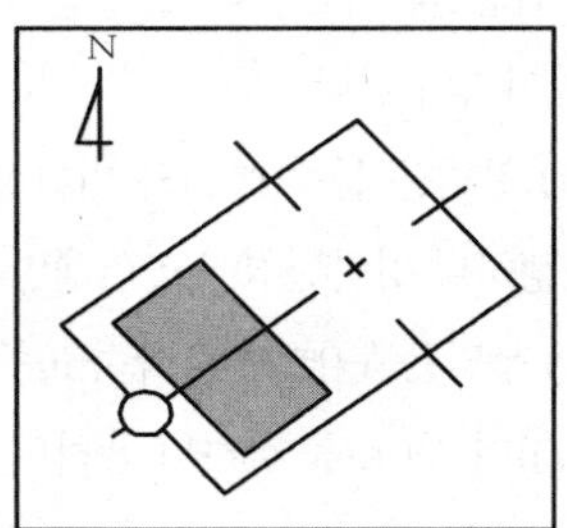

① **지지순곤**(地地純坤) : **곤방**(坤方) **부엌 곤문**(坤門) : 곤방(坤方) 부엌을 곤문(坤門)에 배정하면 2토(二土)가 비화(比和)하니 큰 부귀를 누리나 딸이 많고 아들이 귀하다. 홀어머니가 가권을 잡으며 아들이 없다. 순곤(純坤)은 재산이 늘며 가정이 평안하나 대가 끊긴다.

② **곤문**(坤門) **곤주**(坤主) : 중지(重地)는 과부가 가권을 잡는다. 복위택(伏位宅)으로 2토(二土)가 연달아 있으니 재물이 늘어난다. 그러나 초기에는 발전하나 오래 살면 양자를 들이거나 여자가 가권을 잡는다. 건주(乾主)를 보좌하면 대길하다.

- 태방(兌方) 부엌은 문주(門主)와 천을(天乙)이니 발복한다. 재능이 많으며 선행을 쌓으나 삼음(三陰)이 함께 있으니 오래 살면 고독하며 아들이 없어 양자를 들인다. 특히 사위를 사랑한다.
- 건방(乾方) 부엌은 연년(延年)이니 대길하다.
- 감방(坎方) 부엌은 패절(敗絶)이니 심장·복부질환 등이 따른다.
- 간방(艮方) 부엌은 생기(生氣)이니 길하다.
- 진방(震方) 부엌은 목토상극(木土相剋)하니 흉하다.
- 손방(巽方) 부엌은 문주(門主)를 극하니 남녀 모두 일찍 죽는다.
- 이방(離方) 부엌은 육살(六殺)이니 불길하다.
- 곤방(坤方) 부엌은 삼토(三土)가 비화(比和)하니 재물은 발전하나 고독하며 대가 끊겨 양자를 들인다.

③ **남서문**(南西門) **남서주**(南西主) : **복위택**(伏位宅) : 초기에는 재산이 늘며 발전하나 남자에게 해롭고, 여자가 집안을 지탱하며 양자가 대를 잇는다. 북서쪽이나 북동쪽에 방을 들이면 크게 길하다.

구성＼분류	위치	괘	명칭	방위	남녀	음양	오행	수리
건물	南西	☷	地	西舍宅	老母	陰	土	5, 10
대문	南西	☷	地	西舍宅	老母	陰	土	5, 10
작용	북동향집 남동문		坤	有利	女	不和	相比	5, 10

※ 곤(坤) : 땅의 형세가 곤(坤)이니 지극히 순하다. 만물을 키우니 크게 형통하다.

❖ **북동향 건물 남향 대문** : 불배합(不配合) 상생으로 건강을 잃는다.

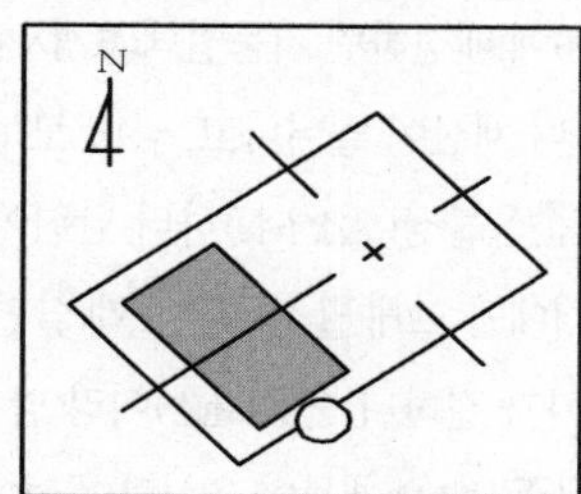

① **지화명이**(地火明夷) : **곤방**(坤方) **부엌 이문**(離門) : 곤방(坤方) 부엌을 이문(離門)에 배정하면 화염토조(火炎土燥)로 순음(純陰)이니 남자가 상하고, 가운데 딸에게 혈액질환과 안과 질환이 따른다. 노모에게 풍병, 정신질환, 황달, 피부질환 등이 따르나 남녀가 도주하면 길하다. 명이(明夷)는 가장에게 불리하며 양인(陽人)과 양자가 단명한다. 음인(陰人)의 재산이 갑자기 망한다.

② **이문**(離門) **곤주**(坤主) : 화(火)가 인문(人門)에 이르니 과부가 생긴다. 육살주(六殺主)이니 생이지만 화염토조(火炎土燥)하여 순음불장(純陰不長)하여 가족이 불왕하며 남자가 단명한다. 간혹 초기에는 재물이 발전하는 경우가 있으나 오래 살면 아들이 없으며 과부가 가권을 잡는다.

- 곤방(坤方) 부엌은 문(門)과 육살(六殺)이니 성궁(星宮)이 상극하여 남녀 모두 일찍 죽는다. 아들이 없으며 안질, 심장통이 따르고 경맥(經脈)이 고르지 못하다.
- 태방(兌方) 부엌은 문(門)과 오귀(五鬼)이니 재물이 흩어지고, 여자가 단명이나 흉사한다. 관재구설, 시비, 도난 등이 따른다.
- 건방(乾方) 부엌은 문(門)과 절명(絶命)이니 화금상극(火金相剋)하고, 주(主)와 연년(延年)이므로 토금상생(土金相生)하여 반길반흉이다.
- 감방(坎方) 부엌은 문(門)과 연년(延年)이나 주(主)와 절명(絶命)으로 가운데 아들과 딸이 극을 받는다. 남녀 모두 일찍 죽는다.
- 간방(艮方) 부엌은 문(門)과 화해(禍害)이고, 성(星)이 주(主)와 왕(旺)을 극하니 가족이 적다. 아내가 남편의 권리를 빼앗으며 경맥(經脈)이 고르지 못하다.
- 진방(震方) 부엌은 문(門)과 상생하고 주(主)와 상극하니 길흉이 상반된다.
- 손방(巽方) 부엌은 음(陰)이 음(陰)을 극하고, 주(主)가 오귀(五鬼)를 범하니 노모가 죽는다. 가족이 불왕하며 여자가 가권을 잡고, 고부갈등이 심하다.
- 이방(離方) 부엌은 문(門)과 비화(比和)하고 주(主)와 상생하니 길하다. 초기에는 재물이 발전하나 오래 살면 가족이 줄어든다.

③ **남문**(南門) **남서주**(南西主) : **육살택**(六殺宅) : 가족이 모두 기가 약하며 남자는 수명이 짧다. 간혹 초기에는 발전하는 경우도 있으나 오래 살면 과부가 생기고, 여자가 집안을 지탱한다. 유복자를 낳으며 가족 아닌 사람이 유산을 이어받는다.

분류 구성	위치	괘	명칭	방위	남녀	음양	오행	수리
건물	南西	☷ ☲	地	西舍宅	老母	陰	土	5, 10
대문	正南		火	東舍宅	中女	陰	火	2, 7
작용	북동향집 남문		明夷	不利	女	不和	相生	2, 7

※ **명이**(明夷) : 해가 땅 속으로 들어가 사방이 어두우니 어진 사람의 명덕(明德)이 상한다.

❖ **북동향 건물 동향 대문** : 불배합(不配合) 상극이니 가정이 불화하며 건강이 나빠진다.

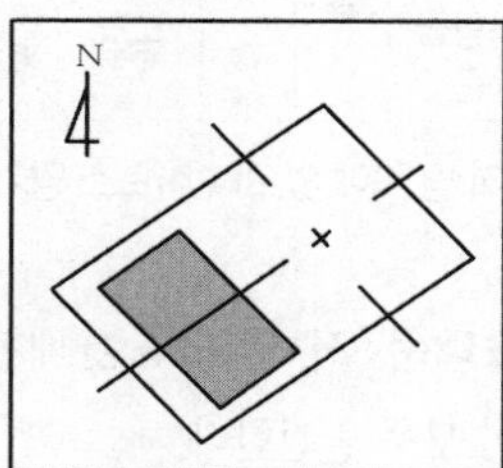

① **지뢰복**(地雷復) : **곤방**(坤方) **부엌 진문**(震門) : 곤방(坤方) 부엌을 진문(震門)에 배정하면 목극토(木剋土)하니 노모와 음인(陰人)이 상한다. 어린 아이에게 저림과 통증이 따르고, 여자는 황달이 생긴다. 가정이 불화하며 도박으로 파산한다.

② **진문**(震門) **곤주**(坤主) : 용이 입문(入門)하니 오래 살면 노모

에게 해롭다. 화해택(禍害宅)으로 토(土)가 목(木)의 극을 받으니 황달, 비장·위장질환이 따른다. 진(震)이 곤관(坤官)에 들어가니 초기에는 건강하나 오래 살고 건강하면 재산이 없고, 재산이 있으면 건강하지 못하다. 열 중 아홉은 가난하다.

- 곤방(坤方) 부엌은 문(門)과 목토상극(木土相剋)하니 흉하다.
- 손방(巽方) 부엌은 곤주(坤主)와 오귀(五鬼)를 범하니 불길하다.
- 이방(離方) 부엌은 평안하다.
- 태방(兌方) 부엌은 문(門)과 상극하니 남자가 단명하며 아들에게 불리하다.
- 건방(乾方) 부엌은 문(門)과 오귀(五鬼)이니 대흉하다.
- 감방(坎方) 부엌은 문(門)과 상생하고 주(主)와 상극하니 반길반흉이다.
- 간방(艮方) 부엌은 문(門)과 목토상극(木土相剋)하니 흉하다.
- 진방(震方) 부엌은 문(門)과 비화(比和)하고 주(主)와 상극하니 불길하다.

③ **동문**(東門) **남서주**(南西主) : **화해택**(禍害宅) : 황달, 비장·위장질환이 따른다. 간혹 초기에는 건강한 사람이 있지만, 건강하면 재산이 없고 재산이 있으면 건강하지 못하다. 열 중 아홉은 가난하다.

분류＼구성	위치	괘	명칭	방위	남녀	음양	오행	수리
건물	南西	☳☷	地	西舍宅	老母	陰	土	5, 10
대문	正南		雷	東舍宅	長男	陽	木	3, 8
작용	동북향집 동문		復	不利	男女	調和	相剋	3, 8

※ 복(復) : 천둥이 땅 속에 있으니 비로소 양기(陽氣)가 싹트는 형상이다.

❖ **북동향 건물 서향 대문** : 서사택(西舍宅) 배합(配合)으로 상생하니 재산과 건강이 모두 발전한다.

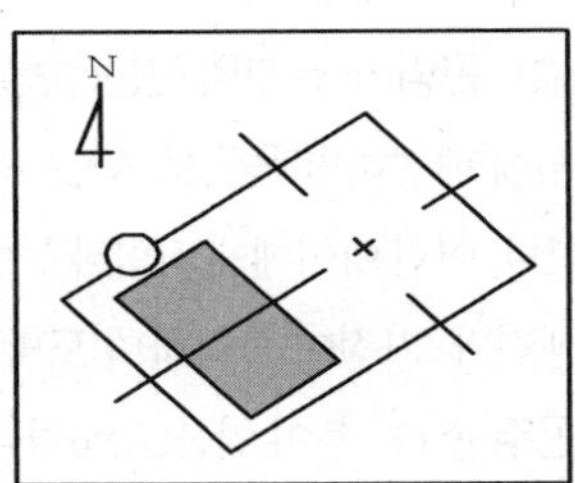

① **지택임**(地澤臨) : **곤방**(坤方) **부엌 태문**(兌門) : 곤방(坤方) 부엌을 태문(兌門)에 배정하면 거문입택(巨門入宅)하고 토금상생(土金相生)하니 재산이 일어나고, 남녀 모두 효도하며 의롭다. 그러나 순음불장(純陰不長)하니 남편이 상하며 아들을 극한다. 초기에는 크게 발전하나 오래 살면 불리하다. 임괘(臨卦)는 만사가 길하나 순음(純陰)이라 남자가 단명한다.

② **태문**(兌門) **곤주**(坤主) : 재물이 융성하며 성이 다른 사람이 함께 산다. 천을택(天乙宅)이니 가문이 크게 발전하고, 선행을 쌓으며 불교신자가 많다. 음승양쇠(陰勝陽衰)하여 여자가 많으며 아들이 없으니 양자를 들인다. 처음에는 길하나 나중에는 흉하다.

- 건방(乾方) 부엌은 생기연년(生氣延年)이니 대길하다.
- 감방(坎方) 부엌은 남녀 모두 단명한다.
- 간방(艮方) 부엌은 문주(門主)와 상생비화(相生比和)하니 만사가 순조롭다.
- 진방(震方) 부엌은 문주(門主)와 상극하니 흉하다.
- 손방(巽方) 부엌은 금목토(金木土)가 상극하니 대흉하다.
- 이방(離方) 부엌은 문(門)과 오귀(五鬼)이니 대흉하다.

③ **서문**(西門) **남서주**(南西主) : **천을택**(天乙宅) : 천을(天乙)이니 집안이 크게 일어난다. 집안에 여자가 많으며 딸과 사위를 총애하고, 양자가 대를 잇는다.

분류＼구성	위치	괘	명칭	방위	남녀	음양	오행	수리
건물	南西	☱☷	地	西舍宅	老母	陰	土	5, 10
대문	正西		澤	西舍宅	少女	陰	金	4, 9
작용	북동향집 서문		臨	有利	女	不和	相生	4, 9

※ 임(臨) : 못[兌] 위에 땅[坤]이 있으니 저쪽 언덕의 물로 임하는 형상이다. 돈독하고 넉넉한 마음으로 임한다.

❖ **북동향 건물 북동 대문** : 서사택(西舍宅) 배합(配合)이 상비(相比)하니 재산이 늘어나며 가족이 화목하다.

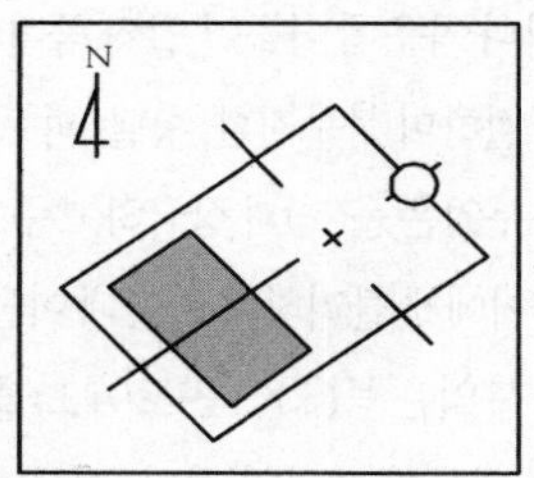

① **지산겸**(地山謙) : **곤방**(坤方) **부엌 간문**(艮門) : 곤방(坤方) 부엌을 간문(艮門)에 배정하면 이토(二土)가 겹쳐 어머니가 어린아이를 돌보니 기쁘다. 청룡입택(靑龍入宅)으로 재물이 늘어나고, 어머니는 인자하며 아들은 효도하나 가운데 아들과 딸이 쇠한다. 오래 살면 황달, 심장·복부질환 등이 따른다.

② **간문**(艮門) **곤주**(坤主) : 산지(山地)이니 재물이 발전한다. 생기택(生氣宅)이니 이토(二土)가 합하여 재물이 발전하고, 공명현달하며 부귀영창한다. 부부가 모두 장수하고, 자손이 총명하며 효도한다. 그러나 오래 살면 성관(星官)이 상극하니 어린아이가 살기 어렵고, 풍병이나 비장질환이 발생한다.

- 진방(震方) 부엌은 문주(門主)를 극하니 남녀 모두 일찍 죽게 되며 어린아이를 키우기 어렵다. 관재구설과 가정불화가 따른다.
- 손방(巽方) 부엌은 목토상극(木土相剋)하니 대가 끊긴다.
- 이방(離方) 부엌은 문주(門主)를 생하나 설기(洩氣)되어 흉하다.
- 곤방(坤方) 부엌은 문주(門主)가 비화(比和)하니 길하다.
- 태방(兌方) 부엌은 문주(門主)가 상생(相生)하니 대길하다.
- 건방(乾方) 부엌은 천을(天乙)이니 대길하다.
- 감방(坎方) 부엌은 대흉하다.

③ **북동문**(北東門) **남서주**(南西主) : **생기택**(生氣宅) : 재산이 늘며 지위와 공명을 드날리니 집안이 흥성한다. 아들은 효도하며 손자는 총명하고, 부부가 해로하며 부귀영화를 누리나 어린아이에게 신경성질환이나 비장질환이 따라 살기 어렵다. 그러나 젊어서는 무방하다.

분류 / 구성	위치	괘	명칭	방위	남녀	음양	오행	수리
건물	南西	☷	地	西舍宅	老母	陰	土	5, 10
대문	北西	☶	山	西舍宅	少男	陽	土	5, 10
작용	북동향집 북동문		謙	有利	男女	調和	相比	5, 10

※ **겸**(謙) : 땅[坤] 속에 산[艮]이 있는 형상이다. 높은 산에서 낮은 땅으로 내려가듯이 겸손하면 길하다.

❖ **북동향 건물 북서 대문** : 서사택(西舍宅) 배합(配合)으로 상생하니 가정이 화목하며 모두 발전한다.

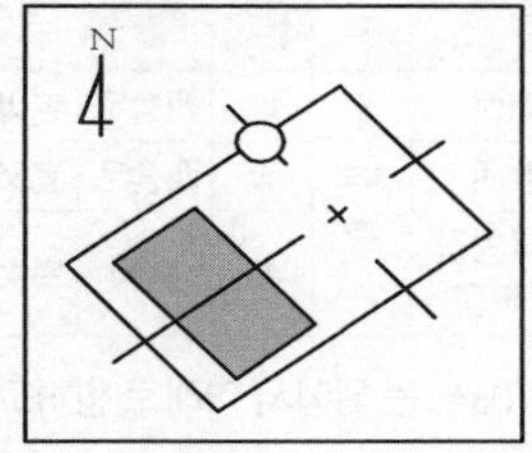

① **지천태**(地天泰) : **곤방**(坤方) **부엌 건문**(乾門) : 곤방(坤方) 부엌을 건문(乾門)에 배정하면 토금상생(土金相生)하고 무곡득위(武曲得位)하니 복수(福壽)가 완전하다. 재물이 발전하며 아들이 수려하다. 군자는 벼슬과 녹을 더하고, 소인(小人)은 가족과 재물이 늘어나니 대길하다. 태괘(泰卦)는 영창하니 부부금실이 좋다. 간조(艮竈)가 길성(吉星)을 만났으니 집을 개조하지 않아야 한다.

② **건문**(乾門) **곤주**(坤主) : 천문(天門)이 땅에 이르니 영화를 누린다. 연년택(延年宅)으로 토금상생(土金相生)하여 부부 정배(正配)하고, 성궁(星宮)이 상생하니 아들 4형제를 둔다. 가정이 화목하며 모두 장수한다.

- 감방(坎方) 부엌은 토극수(土剋水)하니 가운데 아들이 단명하며 복통이 따른다.
- 간방(艮方) 부엌은 문(門)과 상생하니 선행을 쌓는다.
- 진방(震方) 부엌은 문(門)과 상극하니 대흉하다.
- 손방(巽方) 부엌은 문(門)과 금목상극(金木相剋)하고 주(主)와 목토상극(木土相剋)하니 노모와 큰며느리가 일찍 죽는다.
- 이방(離方) 부엌은 화금상극(火金相剋)하니 흉하다.

- 곤방(坤方) 부엌은 대길하다.
- 태방(兌方) 부엌은 문(門)과 생기(生氣)이고 주(主)와 천을(天乙)이니 대길하다.
- 건방(乾方) 부엌은 문주(門主)와 상생비화(相生比和)하니 대길하게 된다.

③ **북서문**(北西門) **남서주**(南西主) : **연년택**(延年宅) : 부부금실이 좋으며 아들 4형제를 두니 가정이 화목하다. 아들은 효도하며 손자는 어질다. 부귀영화를 누리며 장수한다.

구성＼분류	위치	괘	명칭	방위	남녀	음양	오행	수리
건물	南西	☷ ☰	地	西舍宅	老母	陰	土	5, 10
대문	北西		天	西舍宅	老父	陽	金	4, 9
작용	동북향집 서북문		泰	有利	男女	調和	相生	4, 9

※ **태**(泰) : 음기(陰氣)는 위에서 아래로 향하고, 양기(陽氣)는 아래에서 위로 향하니 천지가 교화하여 길하다.

❖ **북동향 건물 북향 대문** : 불배합(不配合) 상극이니 건강과 재산을 모두 잃는다.

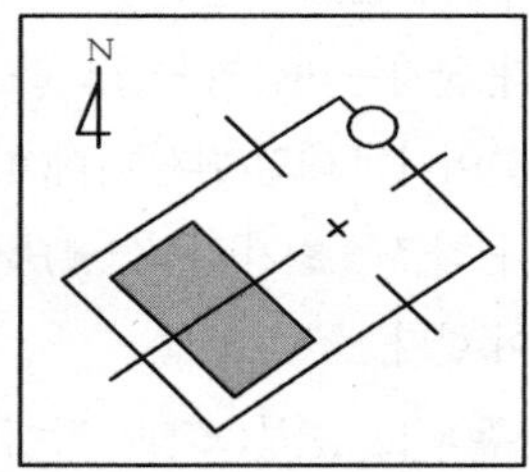

① **지수사**(地水師) : **곤방**(坤方) **부엌 감문**(坎門) : 곤방(坤方) 부엌을 감문(坎門)에 배정하면 토극수(土剋水)하여 가운데 아들이 황달에 걸리고, 어머니에게 풍병이나 정신질환이 따른다. 유산이 잘 되며 경락(經絡)이 고르지 못하고, 심장이 허약하다. 관재구설과 가축의 손실 등 3~5년간 거듭 흉하다. 사괘(師卦)는 남녀 모두 풍병이 따르며 가축에게도 해롭고, 자손이 군인이 될 형세이다.

② **감문**(坎門) **곤주**(坤主) : 수토상극(水土相剋)하니 가운데 아들이 죽는다. 절명주(絶命主)로 수(水)가 토(土)의 극을 받아 곤감(坤坎)을 범하니 가운데 아들이 일찍 죽어 두 가문이 끊긴다. 남녀 모두 요절하며 복부질환, 황달, 피부질환 등이 따른다.

- 간방(艮方) 부엌은 문(門)과 상극하고 주(主)와 비화(比和)하니 어린아이에게 불리하며 가운데 아들이 일찍 죽는다.
- 진방(震方) 부엌은 목(木)이 곤토(坤土)를 극하니 노모에게 불리하고, 재산이 패하며 황달, 피부질환 등이 따른다.
- 손방(巽方) 부엌은 주(主)와 오귀(五鬼)를 범하여 손(巽)이 곤궁(坤宮)에 들어가니 여자가 일찍 죽는다. • 곤방(坤方) 부엌은 문(門)과 토수상극(土水相剋)으로 이토(二土)가 이수(二水)를 극하니 가운데 아들이 단명한다. 재물이 흩어지며 아들이 없다.
- 태방(兌方) 부엌은 주(主)와 천을(天乙)이고 문(門)과 화해(禍害)이니 반길반흉이다.
- 건방(乾方) 부엌은 주(主)와 연년(延年)이고 문(門)과 육살(六殺)이니 반길반흉이다.
- 감방(坎方) 부엌은 문(門)과 비화(比和)하고 주(主)와 상극하니 불길하다.
- 이방(離方) 부엌은 주(主)와 육살(六殺)이고 문(門)과 연년(延年)이니 반길반흉이다.

③ **북문**(北門) **남서주**(南西主) : **절명택**(絶命宅) : 가운데 아들이 수명이 짧으니 두 집의 대가 끊긴다. 복부질환, 가슴앓이, 황달, 피부질환 등이 따르며 남녀 모두 요절한다.

구성＼분류	위치	괘	명칭	방위	남녀	음양	오행	수리
건물	南西	☷ ☵	地	西舍宅	老母	陰	土	5, 10
대문	正北		水	東舍宅	中男	陽	水	1, 6
작용	북동향집 북문		師	不利	男女	調和	相剋	1, 6

※ **사**(師) : 땅 속에 물이 고이는 형태로 군인과 대중을 뜻한다. 언행이 곧아야 한다.

❖ **북두칠성**(北斗七星)

① 하늘의 북두칠성처럼 생긴 형국. 북두칠성은 일곱 개의 별로 이뤄졌으니, 일곱 봉우리가 7자형으로 솟아올랐다. 혈(穴)은 주산의 머리 부분 위쪽에 있고 안산(案山)은 향(香)을

피우는 대와 신선이다.

② 제1성 탐랑(第一星貪狼) · 제2성 거문(第二星巨門) · 제3성 녹존(第三星祿存) · 제4성 문곡(第四星文曲) · 제5성 염정(第五星廉貞) · 제6성 무곡(第六星武曲) · 제7성 파군(第七星 破軍)이다.

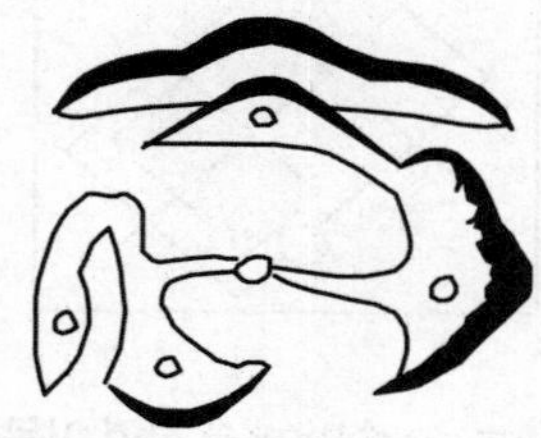

❖ **북서향 건물 남동 대문** : 동사택(東舍宅) 배합(配合)으로 재물이 늘어난다.

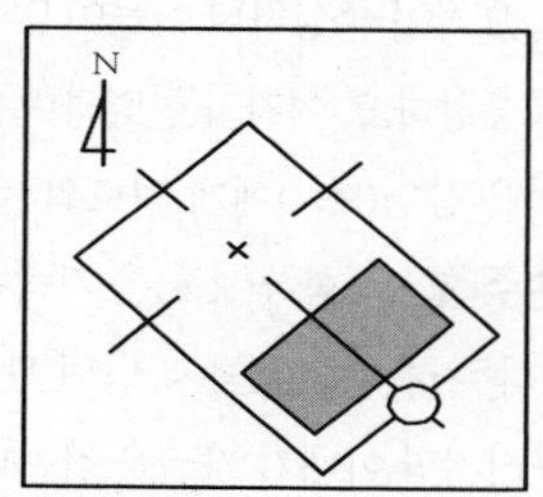

① **풍풍순손**(風風純巽) : **손방**(巽方) **부엌 손문**(巽門) : 손방(巽方) 부엌을 손문(巽門)에 배정하면 이목(二木)이 비화(比和)하니 남자가 단명하며 여자가 집안을 지탱한다. 오래 살면 고독하며 풍병이 발생한다. 풍괘(風卦)는 순음(純陰)이니 아내를 잃고 아들을 극하니 자식이 없다.

② **손문**(巽門) **손주**(巽主) : 바람이 겹치니 어린아이와 여자에게 해롭다. 복위택(伏位宅)으로 순음(純陰)이니 여자가 집안을 지탱한다. 처음에는 재물이 발전하나 음승양쇠(陰勝陽衰)하여 남자가 단명한다. 오래 살면 아들이 없으니 양자로 대를 잇는다.

- 이방(離方) 부엌은 목화통명(木火通明)하니 여자가 현명하며 착하나 순음(純陰)이니 아들이 없다.
- 곤방(坤方) 부엌은 목토상극(木土相剋)하여 오귀(五鬼)를 범하니 흉하다.
- 태방(兌方) 부엌은 금목상극(金木相剋)하니 여자에게 불리하다.
- 건방(乾方) 부엌은 문(門)과 화해(禍害)이니 여자에게 산망이나 단명이 따르며 질병이 많다.
- 감방(坎方) 부엌은 생기(生氣)이니 대길하여 대대로 영화를 누리게 된다.
- 진방(震方) 부엌은 연년(延年)이니 이목(二木)이 숲을 이루어 크게 부귀를 누린다.
- 간방(艮方) 부엌은 육살(六殺)이니 목토상극(木土相剋)하여 재산을 잃으며 아들이 없다.
- 손방(巽方) 부엌은 문주(門主)와 비화(比和)하고 삼음(三陰)이 함께 있으니 남자가 단명하고, 재물이 있으면 건강하지 못하다.

③ **남동문**(南東門) **남동주**(南東主) : **복위택**(伏位宅) : 처음에는 재산이 있으나 남자가 쇠하니 여자가 살림을 꾸려가고, 양자로 대를 잇는다.

분류 / 구성	위치	괘	명칭	방위	남녀	음양	오행	수리
건물	南東	☴ ☴	風	東舍宅	長女	陰	木	3, 8
대문	南東		雷	東舍宅	長女	陰	木	3, 8
작용	서북향집 남동문		巽	有利	女	不和	相比	3, 8

※ **손**(巽) : 바람이 거듭되어 손(巽)이 순종하니 조금은 이루어진다.

❖ **북서향 건물 남서 대문** : 불배합(不配合)으로 상극하니 만사가 불리하다.

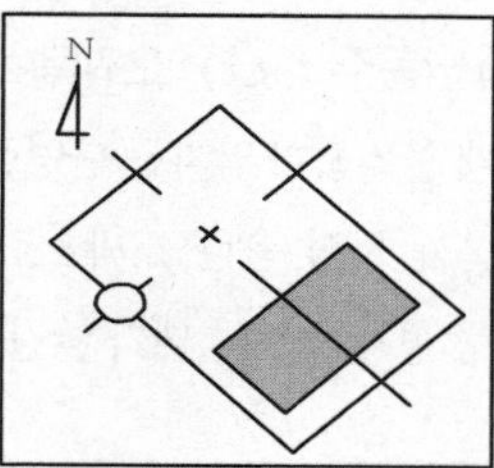

① **풍지관**(風地觀) : **손방**(巽方) **부엌 곤문**(坤門) : 손방(巽方) 부엌을 곤문(坤門)에 배정하면 목극토(木剋土)하니 노모가 상하며 큰며느리가 난산을 겪는다. 비장, 복부, 황달, 풍병, 혈액질환, 파재, 관재구설 등이 따른다. 관괘(觀卦)는 양쇠음승

(陽衰陰勝)하니 질병이 많으며 아들이 없다.

② **곤문(坤門) 손주(巽主)** : 인리지호(人理地戶)이니 노모를 잃는다. 오귀택(五鬼宅)으로 목토상극(木土相剋)하니 노모를 잃으며 여자에게 불리하고, 순음(純陰)이라 남자가 일찍 죽는다. 황달, 비장·위장질환이 따르고 관재구설, 도박 등으로 망한다. 초기에는 아들 두 형제를 두나 오래 살면 아들이 없으니 양자로 대를 잇는다.

- 감방(坎方) 부엌은 문(門)과 상극(相剋)하고 주(主)와 상생하니 반길반흉이다.
- 간방(艮方) 부엌은 문(門)과 비화(比和)하고 주(主)와 상극하니 과부 셋이 나오고, 아들이 없으며 여자가 집안을 꾸려간다.
- 진방(震方) 부엌은 목토상극(木土相剋)하니 여자에게 불리하다.
- 손방(巽方) 부엌은 오귀(五鬼)를 범하고 쌍목(雙木)이 곤(坤)을 극하니 남녀 모두 일찍 죽는다.
- 이방(離方) 부엌은 가난과 극(剋)을 풀어내니 반길반흉이다.
- 곤방(坤方) 부엌은 문(門)과 비화(比和)하고 주(主)와 상극하니 흉하다.
- 태방(兌方) 부엌은 삼음(三陰)으로 금목상극(金木相剋)하니 남녀 모두 일찍 죽는다.
- 건방(乾方) 부엌은 연년(延年)으로 길하나 주(主)와 상극하니 여자가 단명한다.

③ **남서문(南西門) 남동주(南東主) : 오귀택(五鬼宅)** : 노모를 잃게 되고, 여자에게 불리하며 남자는 단명한다. 간장, 비장, 위장이 나쁘며 송사, 구설, 음란, 도박으로 집안이 망한다. 초기에는 아들 두 형제를 두나 대가 끊긴다.

분류 구성	위치	괘	명칭	방위	남녀	음양	오행	수리
건물	南東	☴ ☷	風	東舍宅	長女	陰	木	3, 8
대문	南東		地	西舍宅	老父	陽	土	5, 10
작용	서북향집 남서문		觀	不利	男女	調和	相剋	5, 10

※ **관(觀)** : 바람이 땅 위로 두루 부니 그 혜택이 위 아래로 보인다.

❖ **북서향 건물 남향 대문** : 동사택(東舍宅) 배합(配合)이 상생하니 발전한다.

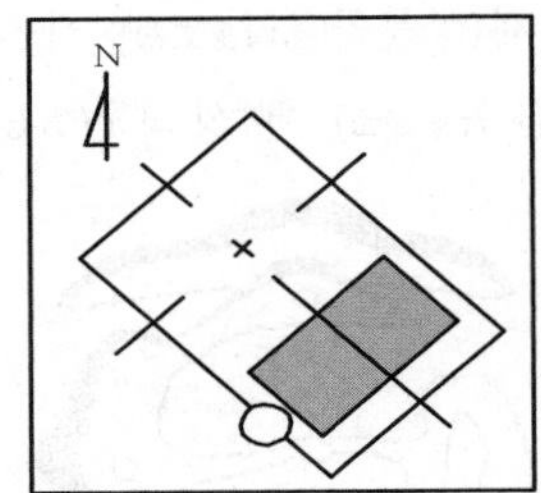

① **풍화가인(風火家人) : 손방(巽方) 부엌 이문(離門)** : 손방(巽方) 부엌을 이문(離門)에 배정하면 손목(巽木)이 이화(二火)를 생하여 목화통명(木火通明)하니 여자가 총명하며 자애로워 선행을 쌓는다. 오곡이 풍성하나 아들이 없어 양자로 대를 잇는다. 재물이 흥왕하고, 여자가 현명하며 착하다. 그러나 이방(離方) 부엌은 음인(陰人)에게 해로워 자식이 없다.

② **이문(離門) 손주(巽主)** : 화풍(火風)은 가족은 적으나 모두 선행을 좋아한다. 천을주(天乙主)로 남녀 모두 인자하며 의롭고 부귀를 누리지만 아내가 가권을 잡는다. 초기에는 크게 발복하나 오래 살면 재산은 많으나 아들이 없으니 양자로 대를 잇는다.

- 진방(震方) 부엌은 이목(二木)이 숲을 이루고 목화통명(木火通明)하니 대길하다.
- 곤방(坤方) 부엌은 주(主)와 오귀(五鬼)를 범하니 가정이 화목하지 못하다.
- 태방(兌方) 부엌은 문주(門主)가 상극하니 남녀 모두 요절하고, 아들이 없으며 고독하다.
- 건방(乾方) 부엌은 남녀 모두 요절하며 불리하다.
- 감방(坎方) 부엌은 삼길택(三吉宅) 중의 하나로 매우 길하여 큰 부귀를 누린다.
- 간방(艮方) 부엌은 음승양쇠(陰勝陽衰)하니 여자가 집안을 꾸려 나간다.
- 손방(巽方) 부엌은 문(門)과 상생(相生)하고 주(主)와 비화(比和)하니 초기에는 크게 발복하나 순음(純陰)이라 오래 살면 불리하다.

• 이방(離方) 부엌은 문(門)과 비화(比和)하고 주(主)와 상생하나 순음불장(純陰不長)으로 오래 살면 아들이 없다.

③ **남문**(南門) **남동주**(南東主) : **천을택**(天乙宅) : 부귀하고 남녀 모두 착하며 의롭다. 초기에는 크게 일어나나 아내가 집안을 주관한다. 오래 살면 재산은 많아도 아들이 없으니 양자로 대를 잇는다.

분류 구성	위치	괘	명칭	방위	남녀	음양	오행	수리
건물	南東	☴ ☲	風	東舍宅	長女	陰	木	3, 8
대문	正南		火	東舍宅	中女	陰	火	2, 7
작용	서북향집 남문		家人	有利	女	不和	相生	2, 7

※ **가인**(家人) : 불에서 바람이 일어난다는 뜻이다. 여자와 남자가 각각 올바르게 가정을 다스린다.

❖ **북서향 건물 동향 대문** : 동사택(東舍宅) 배합(配合)이니 건강과 재물이 모두 발전한다.

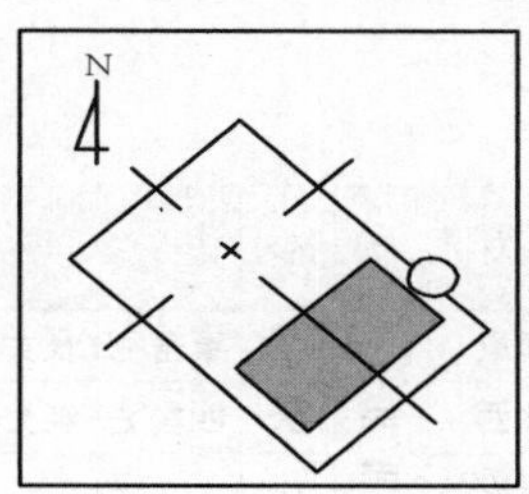

① **풍뢰익**(風雷益) : **손방**(巽方) **부엌 간문**(艮門) : 손방(巽方) 부엌을 진문(震門)에 배정하면 이목(二木)이 숲을 이루니 부귀쌍전한다. 6년이 길하니 해묘미년(亥卯未年)에 귀한 자손을 낳는다. 풍뢰(風雷)는 이목(二木)이 숲을 이루니 부부금실이 좋으며 형제 간에 화목하고, 아버지와 아들이 연달아 관직에 오르니 번창하여 영화를 누린다.

② **진문**(震門) **손주**(巽主) : 뇌풍(雷風)이 상배(相配)하니 발복이 빠르다. 연년택(延年宅)으로 이목(二木)이 숲을 이루니 매우 유리하다. 평지일성뢰(平地一聲雷)의 목(木)이 성하여 금(金)을 만나니 가난한 집도 크게 발복한다. 아들 4형제를 두며 길하다.

• 손방(巽方) 부엌은 문주(門主)와 비화(比和)하니 대길하다.

• 이방(離方) 부엌은 목화통명(木火通明)하니 만사형통한다. 남자는 총명하며 여자는 수려하다.

• 곤방(坤方) 부엌은 목토상극(木土相剋)하니 노모를 잃는다.

• 태방(兌方) 부엌은 문주(門主)를 극하니 요절이나 단명이 따른다.

• 건방(乾方) 부엌은 문주(門主)와 상극하니 아내를 잃고 아들이 상한다.

• 감방(坎方) 부엌은 문주(門主)와 상생하니 대길하다.

• 간방(艮方) 부엌은 문주(門主)와 목토상극(木土相剋)하니 재산이 흩어지며 아들이 없다.

• 진방(震方) 부엌은 문주(門主)와 비화(比和)하고 목(木)이 무성하니 대길하다.

③ **동문**(東門) **남동주**(南東主) : **연년택**(延年宅) : 매우 길하여 갑자기 대부대귀를 누리며 공명현달 한다.

분류 구성	위치	괘	명칭	방위	남녀	음양	오행	수리
건물	南東	☴ ☳	風	東舍宅	長女	陰	木	3, 8
대문	正東		雷	東舍宅	長男	陽	木	3, 8
작용	서북향집 동문		益	有利	男女	調和	相比	3, 8

※ **익**(益) : 바람과 천둥이 때에 따라 함께 움직이니 위에서 아래를 유익하게 한다.

❖ **북서향 건물 북동 대문** : 불배합(不配合)이 상극하니 가정이 화목하지 못하며 건강을 잃는다.

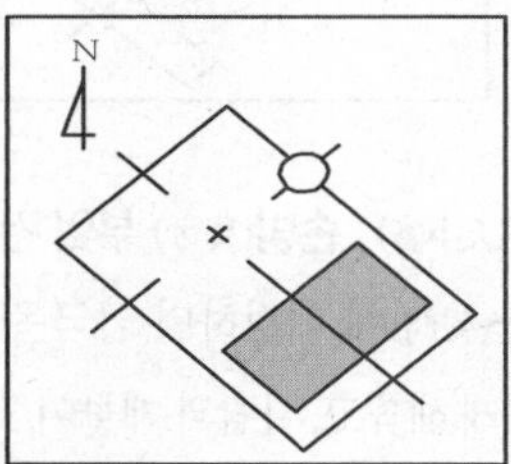

① **풍산점**(風山漸) : **손방**(巽方) **부엌 간문**(艮門) : 손방(巽方) 부엌을 간문(艮門)에 배정하면 목극토(木剋土)하니 작은 방이 불

리하며 큰며느리에게 유산과 산망이 따르고, 여자가 집안을 장악한다. 풍병, 복통, 화재, 도난 등이 따르며 재산과 사람이 모두 끊어진다. 점괘(漸卦)는 재산을 잃어 자식을 두고 도망간다.

② **간문**(艮門) **손주**(巽主) : 산이 땅에 임하니 홀어머니를 잃는다. 절명택(絶命宅)으로 목극토(木剋土)하니 어린아이를 키우기 어렵다. 양자를 들이며 고독하고 노복이 도망간다. 비장질환, 풍병, 황달 등이 따른다.

③ 북**동문**(北東門) **남동주**(南東主) : **절명택**(絶命宅) : 어린아이를 키우기 어렵고, 양자를 들이며 고독하고, 노복이 도망간다. 황달, 비장·정신질환 등이 따른다.

분류 / 구성	위치	괘	명칭	방위	남녀	음양	오행	수리
건물	南東	☴	風	東舍宅	長女	陰	木	3, 8
대문	北東	☶	山	西舍宅	少男	陽	土	4, 9
작용	서북향집 동북문		漸	不利	男女	調和	相剋	4, 9

※ 점(漸) : 산 위에 나무[巽]가 있는 것을 말한다. 점진하여 앞으로 나가니 시집가는 여자에게 길하다.

❖ **북서향 건물 북서 대문** : 불배합(不配合)으로 상극하니 건강과 재산을 잃는다.

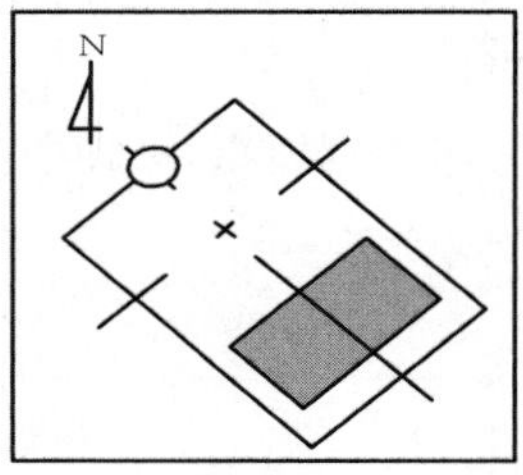

① **풍천소축**(風天小畜) : **손방**(巽方) **부엌 건문**(乾門) : 손방(巽方) 부엌을 건문(乾門)에 배정하면 금극목(金剋木)하여 큰며느리와 장녀에게 해롭고, 사람과 재물이 모두 패한다. 풍병, 관절통 등 잔병이 많으며 관재, 도난 등이 따른다. 소축(小畜)은 음인(陰人)에게 불리하여 요절과 파가가 따르고, 처첩을 여럿 두어도 아들이 없다.

② **건문**(乾門) **손주**(巽主) : 건손(乾巽)은 산망과 심장통증이 따른다. 화해택(禍害宅)으로 초기에는 간혹 발복하는 경우가 있으나 오래 살면 여자가 죽게 되며 도난, 관재 등이 따른다.

- 감방(坎方) 부엌은 문주(門主)와 상극하니 초기에는 발전하나 오래 살면 불리하다.
- 간방(艮方) 부엌은 문(門)과 상생하고 주(主)와 상극하니 대가 끊긴다.
- 진방(震方) 부엌은 오귀(五鬼)이니 대흉하다.
- 손방(巽方) 부엌은 여자에게 단명이 따른다.
- 이방(離方) 부엌은 남자가 단명하니 여자가 가권을 잡는다.
- 곤방(坤方) 부엌은 노모를 잃는다.
- 태방(兌方) 부엌은 남녀 모두 단명한다.
- 건방(乾方) 부엌은 문(門)과 비화(比和)하므로 아내와 자식을 극한다.

③ **북서문**(北西門) **남동주**(南東主) : **화해택**(禍害宅) : 초기에는 간혹 재물을 모을 수 있으나 오래 살면 여자가 죽고 송사, 도난 등이 따른다.

분류 / 구성	위치	괘	명칭	방위	남녀	음양	오행	수리
건물	南東	☴	風	東舍宅	長女	陰	木	3, 8
대문	北西	☰	天	西舍宅	老父	陽	金	4, 9
작용	서북향집 서북문		小畜	不利	男女	調和	相剋	4, 9

※ 소축(小畜) : 일음(一陰)이 오양(五陽)을 저축하니 형세가 약하다. 저축이 적다.

❖ **북서향 건물 북향 대문** : 동사택(東舍宅) 배합(配合)으로 건강하며 재산이 크게 번창한다.

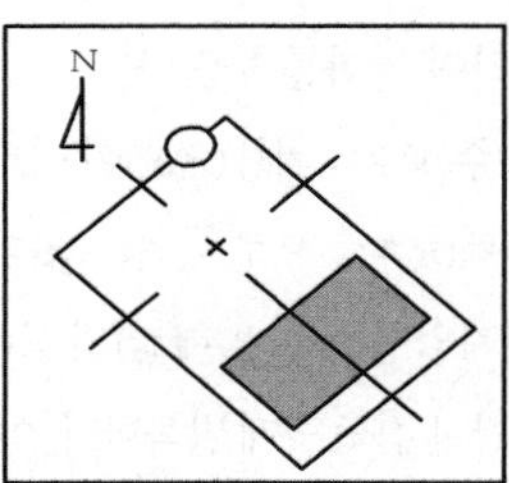

① **풍수환**(風水煥) : **손방**(巽方) **부엌 감문**(坎門) : 손방(巽方) 부엌을 감문(坎門)에 배정하면 청룡입택(青龍入宅)으로 대길하다. 자손이 영귀하며 재물이 발전한다. 장수하며 현명한 아내와 효자를 두니 가정이 화목하다. 아들5형제가 모두 관직에 오른다.

② **간문**(艮門) **손주**(巽主) : 수목(水木)이 영화하니 여자가 뛰어나다. 생기주(生氣主)로 아들 다섯이 모두 관직에 오른다. 남자는 총명하며 여자는 뛰어나고, 아들은 효도하며 손자는 어질다. 부귀공명하며 가축에게도 유리하다.

- 간방(艮方) 부엌은 문주(門主)와 상극하니 관재구설이 따르며 어린아이를 키우기 어렵다. 아들이 없으며 고독하다. 풍병, 비장·위장·심장·복부질환 등이 따른다.
- 진방(震方) 부엌은 문주(門主)와 상생비화(相生比和)하니 대길하다. 동사택(東舍宅) 중에서도 가장 길하다.
- 이방(離方) 부엌은 연년(延年)이니 대부대귀하며 크게 발복하여 아들 4, 5형제를 둔다.
- 곤방(坤方) 부엌은 목토수(木土水)가 상극하니 남녀 모두 요절이나 단명이 따른다. 가운데 아들에게 아들이 없다.
- 태방(兌方) 부엌은 문(門)과 상생하고 주(主)와 상극하니 음인(陰人)에게 불리하다.
- 건방(乾方) 부엌은 문(門)과 육살(六殺)이고 주(主)와 화해(禍害)이니 장자와 아내에게 불리하여 심장통이나 산망이 따른다.
- 감방(坎方) 부엌은 복위(伏位)이니 대길하고, 이수(二水)가 이목(二木)을 생하니 이롭다.
- 손방(巽方) 부엌은 주(主)와 비화(比和)하니 대길하다.

③ **북문**(北門) **남동주**(南東主) : **양득위택**(良得位宅) : 남자는 총명하며 여자는 수려하고, 아들은 효도하며 손자는 어질다. 온 가족이 건강하며 공명현달 하여 부귀를 겸하는 가장 좋은 자리다.

분류 / 구성	위치	괘	명칭	방위	남녀	음양	오행	수리
건물	南東	☴☵	風	東舍宅	長女	陰	木	3, 8
대문	正北		水	東舍宅	中男	陽	水	1, 6
작용	서북향집 북문		煥	有利	男女	調和	相生	1, 6

※ 환(煥) : 바람이 물 위로 지나가 물이 불어나니 형통한다.

❖ **북서향 건물 서향 대문** : 불배합(不配合)이 상극하니 불화가 계속되며 건강과 재산을 잃는다.

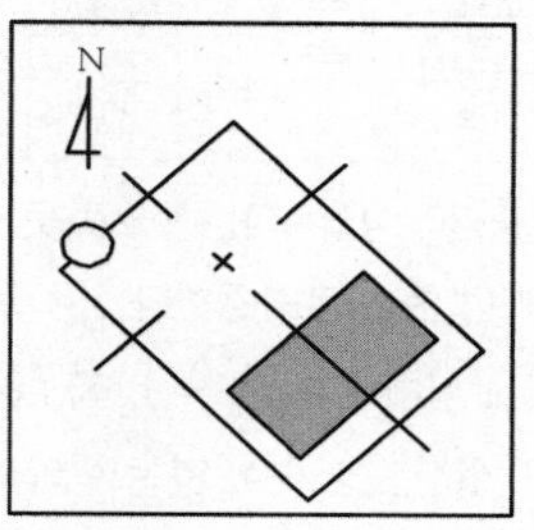

① **풍택중쟁**(風澤中爭) : **손방**(巽方) **부엌 태문**(兌門) : 손방(巽方) 부엌을 태문(兌門)에 배정하면 금목상극(金木相剋)하니 여자가 상하고, 음승양쇠(陰勝陽衰)하니 남자가 단명한다. 큰집이 흩어지며 어린아이를 키우기 어렵다. 관절통, 풍병, 정신이상, 산고, 혈액질환 등이 따른다. 음란하며 고음무양(孤陰無陽)으로 흉하게 된다.

② **태문**(兌門) **손주**(巽主) : 범이 양지를 만나니 음(陰)이 상한다. 육살택(六殺宅)으로 주목(主木)이 금(金)의 극을 받아 여자만 남고, 음승양쇠(陰勝陽衰)하니 남편을 극하며 재산을 잃는다. 통증이 따르며 집안이 망한다.

- 건방(乾方) 부엌은 목금상극(木金相剋)하니 여자가 단명한다.
- 감방(坎方) 부엌은 기(氣)가 빠져나가니 불리하다.
- 간주(艮主)는 주(主)와 상극하니 어린아이에게 해롭고, 대가 끊기며 고독하다.
- 진방(震方) 부엌은 문(門)과 상극하여 남녀 모두 요절한다.
- 손방(巽方) 부엌은 명삼음동거(名三陰東居)로 상극하여 초기에는 재물이 발전하나 삼처(三妻)를 두어도 아들이 없다.
- 이방(離方) 부엌은 오귀(五鬼)를 범하니 대흉하다.

- 곤방(坤方) 부엌은 문(門)과 오귀(五鬼)를 범하니 대흉하다.
- 태방(兌方) 부엌은 문(門)과 비화(比和)하고 주(主)와 상극하니 불리하다.

③ **서문**(西門) **남동주**(南東主) : **육살택**(六殺宅) : 남편과 상극이며 아들이 상하고, 질병이 많으며 파재한다.

분류 / 구성	위치	괘	명칭	방위	남녀	음양	오행	수리
건물	南東	☴ ☱	風	東舍宅	長女	陰	木	3, 8
대문	正西		澤	西舍宅	少女	陰	金	4, 9
작용	서북향집 서문		中爭	不利	女	不和	相剋	4, 9

※ **중쟁**(中爭) : 중심이 성실하다는 뜻으로 못 [兌] 위에 바람 [巽]이 있어 기쁘니 손(巽)이 순종한다.

❖ **북신**(北辰) : 수구사(水口砂)의 하나. 수구(水口) 양쪽에 높고 큰 돌산이 존엄한 형상으로 솟아 있는 형국. 마치 용맹한 군사가 성문을 지키고 있어 함부로 출입할 수 없는 것 같은 의의를 취하므로 길격(吉格)으로 보는데 대지(大地)라야 수구(水口)에 이러한 귀사(貴砂)가 있다. 수구사(水口砂) 중에서 특이한 산을 보았을 때 두려움을 느끼게 되며 혈장(穴場)에서는 보이지 않아야 하고, 이런 것이 있는 경우 보통 군왕지지혈(君王之地穴)이 있게 마련인 형국을 말한다.

① 화표, 한문 중에서도 특이한 산을 달리 부르는 말. 수구 사이에 암석산이 높이 우뚝 서 있되 높이는 수십 척이며 그 형상이 특이해 보는 사람으로 하여금 두려움을 느끼게 하므로 만약에 혈장에서 보인다면 흉사가 된다. 이 북신이 합법한 곳은 금혈(禁穴)이 허다하다.

② 북신은 수구 양쪽의 산에 있는 깎아지른 듯한 바위로서 그 형상이 매우 높고 기이하고 기상이 강하다. 북신이 있는 혈은 지극히 귀한 혈이다. 왕후(王侯)를 배출하는 명당이다. 양공(楊公)은 이르기를, "북신(北辰)이 만 명(萬名)의 병사를 거느리며 북신의 기상은 하늘과 다투고 한 나라와 국민을 거느린다."고 했다. 장군(將軍), 판관(判官), 소귀(小鬼), 와룡(臥龍), 사자, 코끼리, 소라, 봉황, 학, 맹호, 깃발, 우산, 창, 칼, 붓걸이 등으로 생김새가 다양하다. 북신은 모름지기 보는 이로 하여금 외경심(畏敬心)을 불러일으키게 생겨야 좋고 기이하면서도 수려해야 하며, 험악하고 흉칙하면 못쓴다.

③ 수구(水口) 사이에 중류(中流) 쯤에 불쑥 솟아 조산(朝山)에 속하는 사(砂)로써 장군, 소라, 비봉, 와룡 등의 형태로 험하고 가파른 산으로 아주 귀(貴)하게 친다.

④ 수구간(水口間)에 큰 석산이 솟구쳐 괴이(怪異)한 형상(形象)으로 서 있는 것. 극존성(極尊星)이므로 만난다는 것은 일생의 영광이라 할 정도로 아주 희귀하다.

❖ **북쪽에 주방이 있다면 조명을 밝게 하는 것이 좋다** : 북쪽 주방에 핑크색이나 노란 색으로 장식하는 것이 좋다. 예를 들어 노란색 꽃으로 식탁을 장식한다던지 아니면 앞치마나 매트 등을 핑크색이나 노란색 계통으로 바꾸는 것도 좋다. 주방에서 사용되는 것은 주로 따뜻한 색상을 선택하는 것이 재운을 부르는데 매우 이롭기 때문이다. 혹시 주방이 남쪽에 위치해 있다면 금속제품을 번쩍 빛나도록 닦는 것이 좋다. 남쪽의 주방에는 초록색 계통이 좋다. 그래서 관엽 식물같은 것을 곁에 두면 좋다.

❖ **북향 건물 남동 대문** : 동사택(東舍宅) 배합(配合)으로 크게 출세하며 재산이 풍부하다.

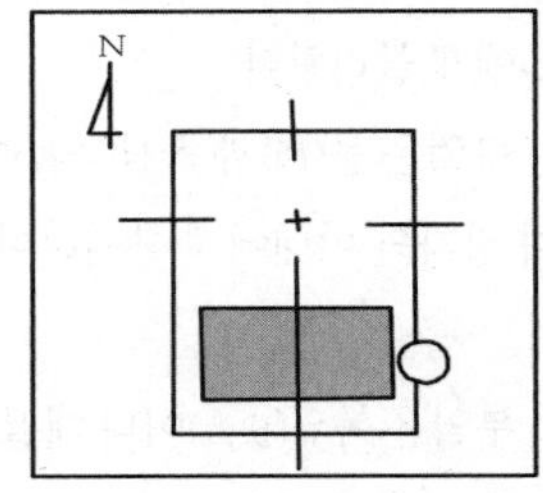

① **화풍정**(火風鼎) : **이방**(離方) **부엌 손문**(巽門) : 이방(離方) 부엌을 손문(巽門)에 배정하면 목화(木火) 상생(相生)하니 여자가 집안을 꾸려간다. 재물이 풍부하나 순음불장(純陰不長)하니 자손이 귀하다. 가족이 모두 선행을 쌓으나 고부갈등이 있다. 오래 살면 불리하여 풍병, 두통, 눈병 등 잔병이 많이 따른다. 정괘(鼎卦)는 초기에는 유리하나 오래 살면 자식에게 해로우며 양자를 들인다.

② **손문**(巽門) **이주**(離主) : 풍화(風火)가 많아 부귀하나 아들이 없

다. 천을택(天乙宅)이니 목화통명(木火通明)하여 선행을 쌓는다. 부귀를 누리며 여자가 준수하다. 그러나 오래 살면 순음불장(純陰不長)이니 남자가 단명하며 아들이 없고 고독하다.

- 이방(離方) 부엌은 궁성(宮星)이 상생하니 초기에는 대길하나 오래 살면 아들이 없다.
- 곤방(坤方) 부엌은 오귀(五鬼)이니 만사가 불리하다. 고부갈등이 있으며 여자가 간교하다.
- 태방(兌方) 부엌은 문주(門主)와 상극하니 남자가 단명한다. 아들이 없으며 관절통이 따른다.
- 건방(乾方) 부엌은 금극목(金剋木)하고 화극금(火剋金)하니 남녀 모두 단명한다. 유산, 사망, 자살 등이 따른다.
- 감방(坎方) 부엌은 생기(生氣)이니 대길하여 대대로 부귀를 누린다. 여자가 청수하다.
- 간방(艮方) 부엌은 절명(絶命)이니 아들이 없으며 고독하다. 황달이나 풍병이 따르며 악처를 만난다.
- 진방(震方) 부엌은 문주(門主)와 상생비화(相生比和)하니 큰 부귀를 누린다.
- 손방(巽方) 부엌은 문주(門主)와 상생비화(相生比和)하나 순음(純陰)이니 다음으로 길하다.

③ **남동문**(南東門) **남주**(南主) : **천을택**(天乙宅) : 대부대귀하며 여자가 준수하다. 온 가족이 착하고 어질어 남에게 이롭게 한다. 그러나 오래 살면 남자가 단명한다.

분류 / 구성	위치	괘	명칭	방위	남녀	음양	오행	수리
건물	正南	☲	火	東舍宅	中女	陰	火	2, 7
대문	南東	☴	風	東舍宅	長女	陰	木	3, 8
작용	북향집 남동문		鼎	有利	女	不和	相生	3, 8

※ 정(鼎) : 나무[巽] 위에 불이 있는 것이 솥이다. 솥에 음식을 삶으니 크게 길하다.

❖ **북향 건물 남서 대문** : 불배합(不配合)이 상생하니 가정이 화목하지 못하다.

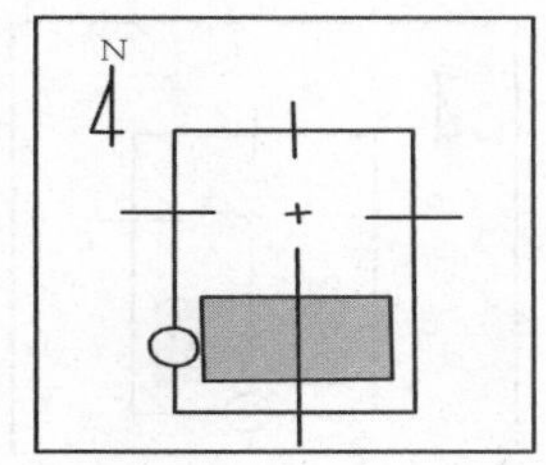

① **화지진**(火地晋) : **이방**(離方) **부엌 곤문**(坤門) : 이방(離方) 부엌을 곤문(坤門)에 배정하면 화염토조(火炎土燥)하니 모녀만 남게 되고, 순음무양(純陰無陽)하니 남자가 단명하며, 어린아이를 키우기 어렵다. 여자가 일찍 죽게 되며 오래 살면 아들이 없다. 진괘(晋卦)는 음인(陰人)이 재물을 모으고, 아내를 또 얻으나 자손이 귀하다. 오래 살면 외손이 대를 잇는다.

② **곤문**(坤門) **이주**(離主) : 인문(人門)이 불을 보니 홀어머니가 많다. 육살설기택(六殺洩氣宅)으로 생이 못되어 남자가 일찍 죽으니 여자가 가권을 잡게 되고, 오래 살면 대가 끊긴다.

- 감방(坎方) 부엌은 문(門)과 상극하니 불길하다.
- 간방(艮方) 부엌은 재물이 발전하나 여자가 가권을 잡는다.
- 진방(震方) 부엌은 반길반흉이다.
- 손방(巽方) 부엌은 오귀(五鬼)를 범하니 불길하다.
- 이방(離方) 부엌은 초기에는 발전하나 오래 살면 흉하다.
- 곤방(坤方) 부엌은 문(門)과 비화(比和)하니 반길반흉하다.
- 태방(兌方) 부엌은 이(離)와 함께 오귀(五鬼)이니 대흉하다.
- 건방(乾方) 부엌은 주(主)와 상극(相剋)하니 남자가 단명한다.

③ **남서문**(南西門) **남주**(南主) : **육살설기택**(六殺洩氣宅) : 남자가 일찍 죽어 여자가 살림을 꾸려나가니 고통스럽기 그지없다.

분류 / 구성	위치	괘	명칭	방위	남녀	음양	오행	수리
건물	正南	☲	火	東舍宅	中女	陰	火	2, 7
대문	南西	☷	地	西舍宅	老母	陰	土	5, 10
작용	북향집 남서문		晋	不利	女	不和	相生	5, 10

※ 진(晋) : 밝은 빛이 땅 위에 나와 순종하니 크고 밝게 비친다.

❖ **북향 건물 남향 대문** : 동사택(東舍宅)으로 상비(相比)하니 재산이 일어난다.

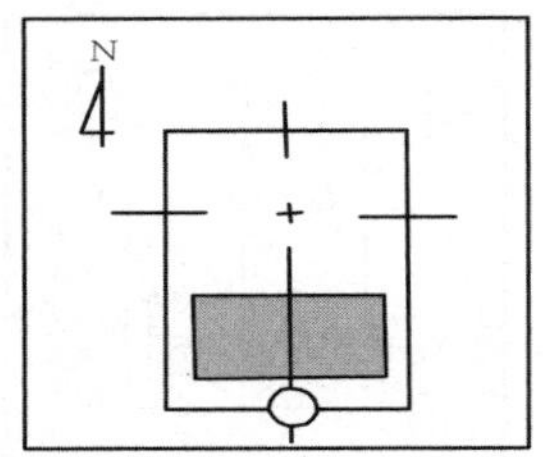

① **화화순리**(火火純離) : **이방**(離方) **부엌 이문**(離門) : 이방(離方) 부엌을 이문(離門)에 배정하면 화(火)로 화(火)를 건지니 발복한다. 그러나 순음(純陰)이니 남자가 일찍 죽어 여자가 가권을 잡는다. 풍병, 안질, 혈광, 성병, 관재, 화재가 따른다. 집안에 여자가 많으며 어린아이에게 불리하다. 순음(純陰)이니 아들이 없으며 여자가 가정불화를 일으키고, 가운데 딸이 예의가 없다.

② **이문**(離門) **이주**(離主) : 화염이 중중하니 어린 여자가 없다. 복위택(伏位宅)으로 여자끼리 살며, 순음불장(純陰不長)이니 초기에는 재물이 발전하나 오래 살면 남녀 모두 단명하며 양자를 들인다.

- 곤방(坤方) 부엌은 육살(六殺)이니 생이지만 설기(洩氣)되어 화열토조(火熱土燥)하고, 순음(純陰)이니 가족이 줄어든다. 남자가 단명하니 여자가 가권을 잡는다.
- 태방(兌方) 부엌은 문주(門主)가 모두 오귀(五鬼)를 범하니 여자가 간교하다. 단명, 흉사, 관재구설이 따른다.
- 건방(乾方) 부엌은 이화(二火)와 상극(相剋)하니 아들이 없고, 남자가 단명하며 재물손실이 따른다. 피부병, 안질, 두통이 발생하고 과부가 가권을 잡는다.
- 감방(坎方) 부엌은 연년(延年)이니 대길하다. 아들 4형제를 두며 복록수(福祿壽)를 누린다.
- 간방(艮方) 부엌은 화해(禍害)이니 여자가 강하고, 경맥(經脈)이 고르지 못하며 양자가 가권을 잡는다.
- 진방(震方) 부엌은 생기(生氣)이니 대길하여 가족이 많으며 복수(福壽)가 쌍전한다.
- 손방(巽方) 부엌은 천을(天乙)이니 여자가 선행을 쌓으며 재물이 발전한다. 그러나 아들이 없으니 양자가 대를 잇는다.
- 이방(離方) 부엌은 문주(門主)와 비화(比和)하여 길하나, 삼음(三陰)이 모두 있으니 순음불장(純陰不長), 음승양쇠(陰勝陽衰)하여 남자가 단명한다. 아들이 없으니 여자가 가권을 잡는다.

③ **남문**(南門) **동주**(東主) : **복위택**(伏位宅) : 초기에는 발복하나 가족이 모두 건강이 나쁘다. 남자가 단명하며 고독하다.

분류 \ 구성	위치	괘	명칭	방위	남녀	음양	오행	수리
건물	正南	☲	火	東舍宅	中女	陰	火	2, 7
대문	正南		火	東舍宅	中女	陰	火	2, 7
작용	북향집 북문		離	有利	女	不和	相比	2, 7

※ 이(離) : 밝은 것이 연속되니 대대로 계승하여 사방을 비춘다.

❖ **북향 건물 동향 대문** : 불배합(不配合) 상생하니 출세하며 재산이 크게 일어난다.

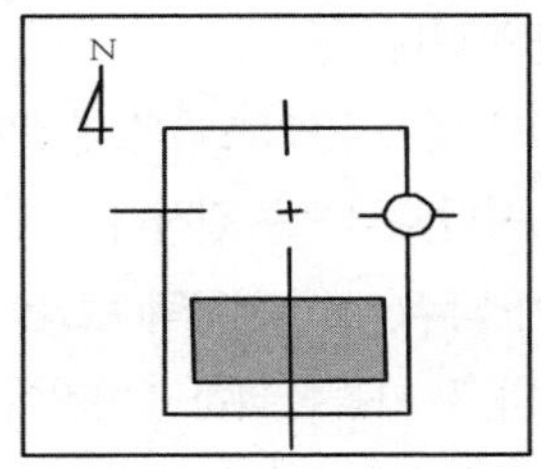

① **화뢰서합**(火雷噬嗑) : **이방**(離方) **부엌 진문**(震門) : 이방(離方) 부엌을 진문(震門)에 배정하면 청룡입택(靑龍入宅)으로 목화통명(木火通明)하니 매우 길하며 대부대귀하며 연달아 과거에 급제한다. 화뢰(火雷)는 형통하여 제자와 자식이 크게 출세하고, 길성(吉星)이 임하니 재물을 많이 모으고, 부부가 상생하니 목화통명(木火通明)한다.

② **진문**(震門) **이주**(離主) : 뇌화(雷火)가 광명하니 부귀가 창성하다. 생기택(生氣宅)으로 목화통명(木火通明)하고, 성관(星官)이 상생비화(相生比和)하여 가난한 사람이 득위(得位)한다. 5형제가 모두 등과하며 부부금실이 좋으니 가정이 번창한다. 공명현달하며 재물이 크게 발전하고, 가축에게도 유

리하다. 남자는 총명하고 여자는 수려하며 어질다.

- 손방(巽方) 부엌은 문주(門主)와 비화(比和) 상생하니 부부 정배(正配)로 대길하다.
- 이방(離方) 부엌은 문(門)과 천을(天乙)이니 발복한다. 선행을 쌓으며 여자가 현명하여 가문을 빛낸다.
- 곤방(坤方) 부엌은 목토(木土) 상극하니 음인(陰人)에게 불리하다.
- 태방(兌方) 부엌은 문주(門主)와 상극하니 대흉하다.
- 건방(乾方) 부엌은 문주(門主)와 오귀절명(五鬼絶命)을 범하니 만사가 이루어지지 않는다.
- 감방(坎方) 부엌은 수생목(水生木)하고 목생화(木生火)하니 대길하다.
- 간방(艮方) 부엌은 목극토(木剋土)니 아들이 없으며 요절, 패절 등이 따른다.
- 진방(震方) 부엌은 문주(門主)와 비화(比和) 상생하니 길하게 된다.

③ **동문**(東門) **남주**(南主) : **생기택**(生氣宅) : 아들5형제가 모두 출세하며 부부가 화목하게 해로한다. 공명현달하여 사업이 번창하니 재물이 넉넉하다. 남자는 총명하며 여자는 수려하고, 자손이 가득하며 며느리는 어질고, 천수를 누린다.

분류 / 구성	위치	괘	명칭	방위	남녀	음양	오행	수리
건물	正南		火	東舍宅	中女	陰	火	2, 7
대문	正東	☲ ☳	雷	東舍宅	長男	陽	木	3, 8
작용	북향집 동문		噬嗑	有利	長女	調和	相生	3, 8

※ **서합**(噬嗑) : 입 속에 음식이 있으니 씹는 것이 형통하다. 천둥과 번개가 합하여 빛을 발하니 이롭다.

❖ **북향 건물 북동 대문** : 동사택(東舍宅) 배합(配合)으로 건강하지 못하며 옳지 못한 행동을 한다.

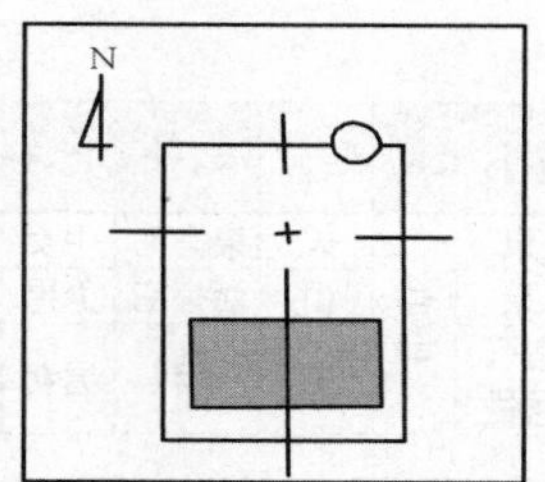

① **화산려**(火山旅) : **이방**(離方) **부엌 간문**(艮門) : 이방(離方) 부엌을 간문(艮門)에 배정하면 화염토조(火炎土燥)하니 어린아이가 사망하고, 여자가 난폭하며 두통, 풍병, 안질, 변비 등이 따른다. 경맥(經脈)이 고르지 못하며 음인(陰人)이 파가한다. 여괘(旅卦)는 자손을 키우기 어렵고, 재물손실이 따르며 고독하다.

② **간문**(艮門) **이주**(離主) : 오귀(五鬼)가 지호(地戶)에 임하니 여자가 강하다. 화해택(禍害宅)으로 화열토조(火熱土燥)하고 음승양쇠(陰勝陽衰)하니 남자가 약하고, 여자가 난폭하여 가정이 화목하지 못하다. 오래 살면 대가 끊기고 경맥(經脈)이 고르지 못하다.

- 간방(艮方) 부엌은 문(門)과 비화(比和)하니 초기에 재물이 발전하여 길하다.
- 진방(震方) 부엌은 토목(土木) 상극하니 대가 끊긴다.
- 손방(巽方) 부엌은 목(木)이 간토(艮土)를 극하니 대가 끊기며 고독하다.
- 이방(離方) 부엌은 아내가 남편의 권리를 빼앗아 가권을 잡는다.
- 곤방(坤方) 부엌은 문(門)과 비화(比和)하니 재물이 발전한다.
- 태방(兌方) 부엌은 이(離)와 상극하니 작은 며느리가 흉사한다.
- 건방(乾方) 부엌은 이화(二火)가 건금(乾金)을 극하니 노인이 죽는다.
- 감방(坎方) 부엌은 오귀(五鬼)를 범하니 대흉하다.

③ **북동문**(北東門) **남주**(南主) : **화해택**(禍害宅) : 남자는 유약하고 여자는 난폭하니 집안이 화목하지 못하다. 여자가 사랑을 믿고 교만하며, 경맥(經脈)이 고르지 못하여 자궁에서 피가

쏟아진다.

구성＼분류	위치	괘	명칭	방위	남녀	음양	오행	수리
건물	正東	☲	火	東舍宅	中女	陰	火	2, 7
대문	北東	☶	山	西舍宅	少男	陽	土	5, 10
작용	북향집 북동문	☲☶	旅	不利	男女	調和	相生	5, 10

※ 여(旅) : 산은 아래에 있고 불은 위에 있으니 머무를 곳을 떠나 여행을 한다.

❖ **북향 건물 북서 대문**: 불배합(不配合) 상극이니 재산과 건강을 모두 잃는다.

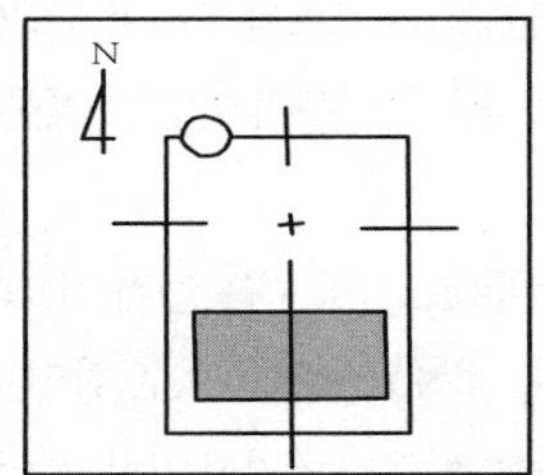

① **화천대유**(火天大有) : **이방**(離方) **부엌 건문**(乾門) : 이방(離方) 부엌을 건문(乾門)에 배정하면 화극금(火剋金)으로 노부가 먼저 상하고, 다음에는 가운데 딸을 잃는다. 아들이 없으며 토혈, 풍병, 안질, 피부병, 도난, 관재, 재물손실이 따른다. 대유(大有)는 가운데 딸에게 파산, 화재, 도난 등이 따른다.

② **건문**(乾門) **이주**(離主) : 이(離)가 극하니 고독하며 안과질환이 따른다. 절명택(絶命宅)으로 노부를 잃게 되며 안질, 두통, 피부병, 재물손실, 도난 등이 발생한다. 대가 끊기며 고독하다.

- 감방(坎方) 부엌은 재물손실이 따르고, 아내를 극하며 음란하다.
- 간방(艮方) 부엌은 자손은 현명하며 착하나 여자가 난폭하다.
- 진방(震方) 부엌은 오귀(五鬼)이니 대흉하다.
- 손방(巽方) 부엌은 화해(禍害)이니 큰며느리에게 유산, 산망, 요절 등이 따른다.
- 이방(離方) 부엌은 문(門)과 상극하니 흉하다.
- 곤방(坤方) 부엌은 문(門)과 상생하니 반길반흉하다.

③ **북서문**(北西門) **남주**(南主) : **절명택**(絶命宅) : 노부가 질병에 시달리다 죽게 되며 두통, 피부질환, 재물손실, 도난 등이 따른다. 대가 끊기며 고독하다.

구성＼분류	위치	괘	명칭	방위	남녀	음양	오행	수리
건물	正南	☲	火	東舍宅	中女	陰	火	2, 7
대문	北西	☰	天	西舍宅	老父	陽	金	4, 9
작용	북향집 서북문	☲☰	大有	不利	男女	調和	相剋	4, 9

※ 대유(大有) : 태양이 하늘 위에서 사방을 넓게 비치니 광명이 뻗친다.

❖ **북향 건물 서향 대문**: 불배합(不配合) 상극(相剋)이니 건강과 재산을 잃는다.

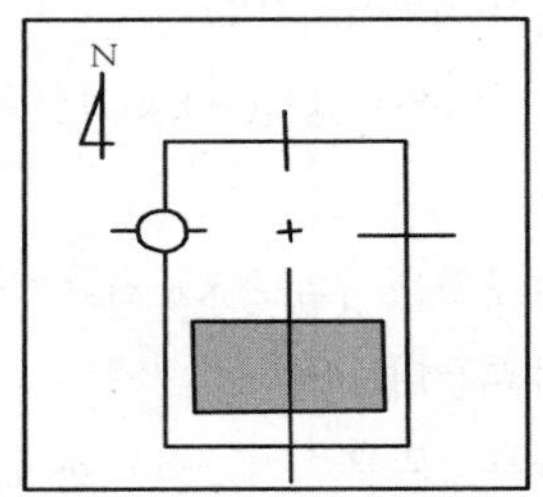

① **화택규**(火澤睽) : **이방**(離方) **부엌 태문**(兌門) : 이방(離方) 부엌을 태문(兌門)에 배정하면 화(火)가 금(金)을 녹이니 어린아이와 여자가 상하고, 남자는 단명과 질병이 많이 따른다. 화재나 관재 등으로 재산을 잃게 되고 여자가 살림을 꾸려나간다.

② **태문**(兌門) **이주**(離主) : 범의 불이 타오르니 소녀에게 해롭다. 오귀택(五鬼宅)으로 음화(陰火)가 음금(陰金)을 극하니 여자가 남편의 권리를 빼앗는다. 남녀 모두 수명이 짧으며 아들이 없다. 흉사, 패산 등 재앙이 많이 따른다.

- 감방(坎方) 부엌은 태금(兌金)을 설기(洩氣)하니 단명한다.
- 간방(艮方) 부엌은 평안하나 반길반흉이다.
- 진방(震方) 부엌은 금극목(金剋木)하니 불길하다. • 손방(巽方) 부엌은 금목(金木) 상극하니 불길하다.
- 이방(離方) 부엌은 문(門)과 오귀(五鬼)이니 대흉하다.
- 곤방(坤方) 부엌은 반길반흉이다.
- 태방(兌方) 부엌은 주(主)와 오귀(五鬼)이니 대흉하다.
- 건방(乾方) 부엌은 화금(火金) 상극하니 남녀 모두 단명한다.

③ **서문**(西門) **남주**(南主) : **오귀택**(五鬼宅) : 여자가 남편의 권리를 빼앗으며 남녀 모두 단명한다. 가족이 모두 건강하지 못

하며 흉사, 재물손실, 해수병, 해소천식 등 재난이 많다.

분류 구성	위치	괘	명칭	방위	남녀	음양	오행	수리
건물	正南	☲ ☱	火	東舍宅	中女	陰	火	2, 7
대문	正西		澤	西舍宅	少女	陰	金	4, 9
작용	북향집 서문		睽	不利	女	不和	相剋	4, 9

※ 규(睽) : 불은 위로 타오르고 못[澤]은 아래로 흘러내리니, 위 아래가 서로 어긋난다.

❖ **북향 건물 북향 대문** : 동사택(東舍宅)으로 상극하니 건강하며 재물이 발전한다.

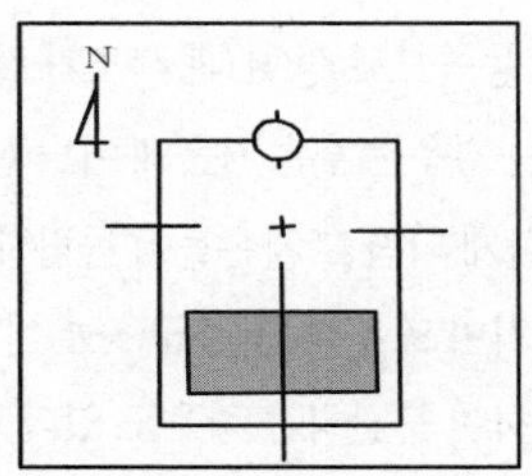

① **회수미제**(火水未濟) : **이방**(離方) **부엌 감문**(坎門) : 이방(離方) 부엌을 감문(坎門)에 배정하면 가운데 아들과 딸이 부부 정배(正配)이니 재물이 풍부하고, 공명현달하며 자손이 번창한다. 그러나 오래 살면 아내를 극하고, 심장이나 안과질환이 따른다. 미제괘(未濟卦)는 음양(陰陽)이 득도하니 재물이 많이 모이나 오래 살면 아내가 극형을 받아 심장이나 안과질환이 따른다.

② **감문**(坎門) **이주**(離主) : 수화기제(水火旣濟)하니 대길하다. 연년주(延年主)로 무곡금성(武曲金星)이니 아들 4형제가 모두 강성하고, 부부 정배(正配)하여 부귀하다. 그러나 오래 살면 아내를 극하고, 복부나 안과질환이 따른다.

- 간방(艮方) 부엌은 주(主)와 상생하고 문(門)과 상극하여 오귀(五鬼)를 범하니 어린아이에게 해롭다. 여자가 난폭하며 처첩을 여러 명 거느린다.
- 진방(震方) 부엌은 문주(門主)를 모두 상생(相生)하고, 문(門)은 조(竈)를 생하고, 조(灶)는 주(主)를 생하여 삼길택(三吉宅) 중의 하나이니 만사형통하다. 아들 3형제를 두며 자손이 효도하고 현명하다.
- 손방(巽方) 부엌은 생기천을(生氣天乙)로 가장 길하다. 남자는 총명하고 여자는 현명하며 어질다. 연달아 과거에 급제한다.
- 이방(離方) 부엌은 문(門)과 부부 정배(正配)이니 대길하고, 주(主)와 비화(比和)하니 역시 길하다.
- 곤방(坤方) 부엌은 주(主)와 상생(相生)하나 설기(洩氣)되고, 문(門)과 절명(絶命)이니 가운데 아들이 극을 받아 단명한다.
- 태방(兌方) 부엌은 주(主)와 화금(火金) 상극하니 작은 며느리가 일찍 죽는다.
- 건방(乾方) 부엌은 주(主)와 상극하니 노인에게 해롭다. 피부병이나 안질 등이 따르고, 남녀 모두 단명하여 대가 끊긴다.
- 감방(坎方) 부엌은 문(門)과 비화(比和)하고 주(主)와 정배(正配)하니 길하다.

③ **북문**(北門) **남주**(南主) : **연년택**(延年宅) : 아들 4형제가 모두 강성하고, 부부금실이 좋으며 부귀를 겸전한다. 그러나 오래 살면 아내에게 복통이나 안과질환이 따른다.

분류 구성	위치	괘	명칭	방위	남녀	음양	오행	수리
건물	正南	☲ ☵	火	東舍宅	中女	陰	火	2, 7
대문	正北		水	東舍宅	中男	陽	火	2, 7
작용	북향집 북문		未濟	有利	男女	調和	相比	2, 7

※ 미제(未濟) : 뜻을 이루지 못한 상태로 아래 위에 수화(水火)가 있으니 발전한다.

❖ **북향명당지**(北向明堂地)**는 이러하다** : 병오좌(丙午坐)는 북향(北向)이라 손병정(巽丙丁)이라는 삼양봉(三陽峯)이 단수(湍秀)를 바르게 하여야 하기에 남향(南向)과 같이 청룡백호(青龍白虎)가 꽉짜이면 바람이 막히는 고로 불가하다. 병오동궁(丙午同宮)이지만 丙은 기화(起火)로 그 모양이 오(午) 치화(熾火)가 불이 활활 타는 것처럼 크지를 못하며 원래가 화(火)라는 불은 바람이 없으면 잘 타오르지 못함으로 바람이 있어야 득기(得氣) 하는 것이다. 병좌(丙坐) 유돌(乳突)에 혈(穴)이 있으며 혈형(穴形)이 살짝

흙무더기가 있는 것임으로 백리(百里) 바람이 불어 들어야하며 남향과 같이 와겸(窩鉗)으로 장풍이 되게 되면 가혈(假穴)이니 쓰지 말아야 한다. 오좌(午坐)의 혈(穴)은 청룡백호가 회포(回抱) 하는 사이에 가늘고 미(微)한 곳에 있음으로 얼핏 보면 기가 있는 것같기도 하며 없는 것 같기도 하기 때문에 평평(平平)치도 못한 것이니 병좌(丙坐)와는 달리 욕평미평(欲平未平)한 데에서 유돌(乳突)의 기가 없다면 정혈(定穴) 하는 것이며 유돌의 기가 있으면 오좌(午坐)가 아니다. 그래서 북향의 혈이 정지(定地) 하기가 가장 어려운 것이다. 고인(古人)이 난지자염(難知者炎)이라고 하였던 것이다. 촛불을 켜 놓고 보면 불의 상부(上部)는 검으며 중부는 적색(赤色)이며 하부위는 가장 맑으며 가장 강하다. 이로 미루어 상하에서 정혈치 말아야 하며 중부위(中部位)로 정혈 하여야 한다.

❖ **북향 산이 높고 살찌면** : 감산(坎山 : 북쪽산) 고대비만(高大肥滿 : 높고 크면) 성실(誠實)하고 후부(厚富)하면 충효현량(忠孝賢良)한 후손이 출생한다.

❖ **분가일**(分家日) : 자녀들에게 토지와 재물, 살림살이 건물 등 기타 물건을 상속해 주거나 나누어주는데 좋다는 날.

- **1월** : 己卯, 壬午, 丙午, 癸卯
- **2월** : 辛未, 癸未, 己亥, 乙未, 己酉, 己未
- **3월** : 甲子, 庚子, 己卯, 辛卯, 癸卯
- **4월** : 없음
- **5월** : 戊辰, 甲辰, 丙辰, 辛未, 己未
- **6월** : 乙亥, 己亥, 己卯, 癸卯
- **7월** : 戊辰, 庚辰, 壬辰, 丙辰
- **8월** : 乙丑, 甲戌, 乙亥, 己亥, 乙巳, 庚申
- **9월** : 庚午, 壬午, 丙午, 辛酉
- **10월** : 甲子, 丙子, 戊子, 庚子
- **11월** : 乙丑, 乙亥, 丁丑, 己丑, 癸丑
- **12월** : 壬申, 庚申, 辛卯, 癸卯, 乙卯

❖ **분겸**(分鉗) : 겸혈(鉗穴)의 변체. 양쪽의 겸(鉗 : 언덕이나 산줄기)이 왼쪽, 오른쪽으로 향해 있다. 혈처를 둘러싼 언덕(혹은 산줄기)이 초승달처럼 둥글게 둘러서고 뚜렷해야 진혈이 되며, 그리고 혈(穴)에서 볼 때, 양 겸(鉗)의 끝이 오른쪽·왼쪽으로 달아나는 게 안 보여야 좋다. 또 혈처 아래쪽에 방석처럼 평평한 곳이 있고, 혈처의 지면이 넓고 평탄하며, 사방이 산으로 둘러싸여야 진혈이 된다.

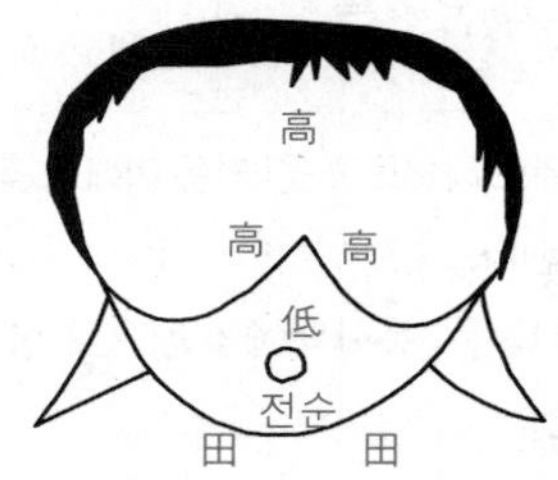

❖ **분관조**(分貫祖) : 동족으로 성(姓)과 시조가 같으나 본관을 달리하는 성씨가 있는 경우는 후손 가운데 어느 한파가 다른 지방에 분거하여 오래 살게 되면 그 자손들이 독립하여 그 지방을 본관으로 삼을 때 생기며 또 후손 중 봉군(封君)이나 사관(賜貫)에 의하여 득관(得貫)하여 분관하는 경우도 있다. 이처럼 새로이 관향을 얻은 선조를 분관조라고 한다.

❖ **분금**(分金)

① 나경 맨 바깥선(9층)에 있는 작은 칸으로서 한 개의 좌에 5칸 중 두 칸씩 그려져 있어 좌향이나 망인의 명이 맞지 않고 공망이나 충살이 될 때 가려서 사용한다.

② 분금은 원래 사토(沙土)와 정금(精金)을 분류한다는 뜻이다. 풍수학을 채광에 비유한다면 격룡은 광맥을 찾는 방법이고, 입향은 금노다지를 캐는 법이며, 분금은 광석괴를 제련하여 순수한 금을 얻는 방법이라고 할 수 있다. 이것은 지극한 정성을 다 기울여야 하는 장법(葬法)의 마지막으로 1원(一圓) 360도 전반에 걸쳐서 매 도의 길흉까지 판단하여 최종적으로 시신이 누울 기선(氣線)을 결정하는 법이다. 그리고 분금은 구궁 팔괘를 사용하여 천도(天道)의 소장(消長)과 기수(氣數)의 영허(盈虛)를 깊이 살피고 연월일시를 이용하여 인사(人事)의 소장과 명수(命數)의 휴구(休咎)를 증험하는 것으로 승기(乘氣)와 극석(剋釋 : 택일)의 핵이다. 넓은 의미의 분금은 천산 72룡, 투지 60룡 120분금 그리고 성도(星度) 등 전부

를 말하며, 협의의 분금은 정침(正針) 120분금과 봉침(縫針) 120분금만을 말하는 것이다.

③ 나경 9층에 있는 작은 칸으로 좌향이 망인과 분금이 일치해야 한다.

❖ **분금결**(分金訣) : 패철(佩鐵) 가운데 대개는 쌍산오행식(雙山五行式)으로 되어 있는데 9층이 외반봉침(外盤縫針)을 말한 분금글자이다. 가령, 자좌(子坐)의 분금을 놓을 경우 생기가 되는 병자(丙子)와 왕상(旺相)이 되는 경자(庚子)의 두 가지 분금 중 그 하나로 놓는 것이다. 용맥(龍脈)에 있어서도 어느 산을 막론하고 그 줄기에 해당되는 방위마다 육갑글자가 붙어 있는데 이것을 모르고 덮어놓고 자좌(子坐)에 계분금(癸分金)이고 임좌(壬坐)에 자분금(子分金)이라 한다. 분명히 말하여 자좌(子坐)에 계분금(癸分金)은 형제간에 의(誼)가 없고, 임좌(壬坐)에 자분금(子分金)은 아내가 내주장(內主張)을 하게 된다. 그렇다면 자좌(子坐:雙山)에는 경자(庚子)·경오분금(庚午分金)과 병자(丙子)·병오분금(丙午分金)이라야 한다. 양택(陽宅)에는 분금이 없는데 그 까닭은 양택(陽宅)에는 천간(天干)의 선천운(先天運)을 쓰므로 분금을 놓을 수가 없지만 음택(陰宅)에는 지지(地支)의 후천운(後天運)을 쓰므로 천간(天干)과 지지(地支)의 음양배합을 하는 것이 원칙으로 되어 있다. 그러므로 만일 자좌(子坐)에 망명이 갑자생이라면 납음(納音)으로 금(金)인데 병자(丙子)와 병오(丙午)는 납음(納音)이 수(水)라 망명(亡命) 갑자생 금(金)과 금생수(金生水)가 되고, 또 경자(庚子)와 경오(庚午)는 납음(納音)으로 토(土)이니, 토생금(土生金) 상생이 된다. 그러나 만일 자손이 임오생(壬午生)이라면 납음(納音)이 목(木)이 되는데 이럴 경우 병자수(丙子水)는 분금에 수생목(水生木)하여 무관하나 경자분금(庚子分金)으로 따지면 목극토(木克土)가 되어 좋지 않다. 분금(分金)이란 자손을 위하여 놓는 것이므로 이렇게 경자분금(庚子分金)을 놓아 자손과 분금이 목극토(木克土) 상극으로서 자손의 생이 분금을 극하여 극아(克我 : 자손의 입장에서)되지 않아 그런대로 쓸 수 있다 하겠으나, 상생이 되는 것만은 못하다. 이런 경우에는 시신의 상(上)은 병자분금(丙子分金)의 수(水)를 취하고, 하(下)는 병오분금(丙午分金)의 수(水)로 하면 망명[金]과 자손[木]과 분금[水]이 금생수(金生水) 수생목(水生木)으로 상생 관계를 이루므로 별 탈이 없다. 만약에 갑자생 망명(亡命)을 손좌(巽坐)로 쓰다고 가정하자. 손(巽)은 금(金:雙山三合)이니 갑자망명과는 비화되나 자손이 병신생(丙申生)의 화(火)라 하면 화극금(火克金)이 되어 불가하다. 이런 경우는 병진분금(丙辰分金)은 토(土)로 토생금(土生金) 화생토(火生土)가 되어 무관하나 손궁(巽宮)의 투지내반(透地內盤)을 보면 기사목(己巳木)이요, 향(向)에는 을해화(乙亥火)가 있다. 좌(坐)에 이 기사목(己巳木)과 향에 을해화(乙亥火)를 쓰면 갑좌망명(甲坐亡命:金)은 손좌(巽坐:金)와 비화되고 자손 화명(火命)은 기사분금목(己巳分金木)과 목생화(木生火) 상생이요, 을해향(乙亥向:火)과는 화화(火火)로 비화되므로 망명에도 해가 없고 자손에게도 상함이 없을 것이다. 이와 같이 하는 것이, 즉 투지분금(透地分金)이다. 녹으로 분금을 놓을 경우 경좌갑향(庚坐甲向)이면 경(庚)은 금(金)이요, 갑(甲)은 목(木)이니 금극목(金克木)이 된다. 금목(金木) 상극이어서 좋지 않은 바, 좌(坐)와 향(向)의 녹을 취용하는 방법도 있으니, 즉 경록재신(庚祿在申)으로 경좌(庚坐)를 신방(申方) 쪽으로 3분쯤 당기고, 갑록재인(甲祿在寅)이니 갑향(甲向)을 인방(寅方) 쪽으로 3분쯤 당겨쓰는 예도 있다. 또 택일할 때 분금에 생이 안 되는 부분을 연월일시 가운데서, 천간(天干)과 지지자(地支字) 및 납음(納音)으로 보충해 주는 방법도 효과적이라 할 수 있다.

❖ **분금**(分金)**과 좌향**(坐向)

• 체백(體魄)의 향(向)은 망인(亡人)에게 영향이 미치고 좌(坐)는 자손에게 영향이 미치는 것이니, 체백의 향은 안장(安葬)을 위하여 정룡(正龍)에다 정침(正針)에 의한 분금으로 용사(用事)하고, 좌향(坐向)은 1방위(方位)가 15도이므로, 정침(正針)과 봉침(縫針)이 겹친 면은 7.5도가 되니 이 방향에 용사해야 한다.

• 괴혈(怪穴)에는 체백(體魄)에 대한 90도 각의 방향 [坐向] 에 용사(用事)하는 예도 있다. 단, 혈처(穴處)가 분명하고, 혈의 4대요소가 구비되어 안산(案山)과 파(破)가 법에 맞아야 한다.

❖ **분금 놓는 법**(分金法)

① 제5선(第五線)의 60갑자는 음양배합(陰陽配合)이 순리된 당

판(當坂)의 정기(精氣)가 교류하는 이치가 응용된 세선(細線)으로써 시신이 정기를 고루 받도록 순환각도에 맞추어진 지정된 분금법이다. 재혈(裁穴)의 정위치는 입수취기(入首聚氣)의 정기가 처음 발하는 지점에 닿도록 분금을 놓는다. 예를 들면 만물의 기맥(氣脈)은 상하, 좌우, 대각으로 교류순환하며 양(陽)은 순행(順行)하고, 음(陰)은 역행(逆行)하니 혈판(穴坂)의 배합된 산천정기도 똑같은 이치인데 분금법도 이와 같은 이치로 응용된 것이다. 가령 자임(子壬)으로 좌선(左旋: 왼쪽선) 혈판이라면 자입수(子入首) 임좌(壬坐)로 할 것이며, 분금법(分金法)은 자자난하(子字欄下)에 3간중(三間中) 병자(丙子)와 오자(午字) 난하에 임오(壬午) 중심으로 연결시켜서 중심 일직선에다 시신의 관이 상하중심이 일치되도록 하는 것이 정상(正常)된 분금법이다(제5선에 丙子: 壬午式을 한다). 이와 같이 마지막 선에 위치시킨 것은 음(陰)이 다하면 양(陽)이 시작하니 양(陽)의 시발(始發)시킨 법이 분금의 지정된 법이다. 그러나 아무리 명혈(明穴)이라도 재혈 분금에 추호도 털끝만큼이라도 오차가 있다면 그의 자손들에게 흉화가 따르며 부혈(富穴: 부자)에는 사업하는 자손들이 해를 입게 되니 재혈 분금에 심사숙고할 일이다.

② 분금법(分金法)이란 24향(向)의 분금을 놓는 법이다.

壬坐丙向·子坐午向: 丙子, 庚子, 丙午, 庚午 分金

癸坐丁向·丑坐未向: 丁丑, 辛丑, 丁未, 辛未 分金

艮坐坤向·寅坐申向: 丙寅, 庚寅, 丙申, 庚申 分金

甲坐庚向·卯坐酉向: 丁卯, 辛卯, 丁酉, 辛酉 分金

乙坐辛向·辰坐戌向: 丙辰, 庚辰, 丙戌, 庚戌 分金

巽坐乾向·巳坐亥向: 丁巳, 辛巳, 丁亥, 辛亥 分金

丙坐壬向·午坐子向: 丙午, 庚午, 丙子, 庚子 分金

丁坐癸向·未坐丑向: 丁未, 辛未, 丁丑, 辛丑 分金

坤坐艮向·申坐寅向: 丙申, 庚申, 丙寅, 庚寅 分金

庚坐甲向·酉坐卯向: 丁酉, 辛酉, 丁卯, 辛卯 分金

辛坐乙向·戌坐辰向: 丙戌, 庚戌, 丙辰, 庚辰 分金

乾坐巽向·亥坐巳向: 丁亥, 辛亥, 丁巳, 辛巳 分金

坐	分金	透地	度 數	坐	分金	透地	度 數
子坐	丙子 庚子	庚子 壬子	子二分女十九度 丑二分女 二度	午坐	丙午 庚午	丙午 戊午	午二分柳十二度 未二分柳十二度
癸坐	丙子 庚子	乙丑 丁丑	癸二分牛 三度 艮二分斗十八度	丁坐	丙午 庚午	辛未 癸未	丁二分井二十八度 坤二分井二十八度
丑坐	丁丑 辛丑	辛丑 癸丑	丑二分斗八九度 寅二分斗二三度	未坐	丁未 辛未	丁未 己未	未二分井十三度 申二分井十九度
艮坐	丁丑 辛丑	丙寅 戊寅	艮二分箕三四度 甲二分尾十八度	坤坐	丁未 辛未	壬申 甲申	坤二分參六九度 庚二分參二三度
寅坐	丙寅 庚寅	壬寅 丁卯	甲二分必十一度 卯二分心八度	申坐	丙午 庚申	戊申 戊申	申二分畢十一度 酉二分畢十二度
甲坐	丙寅 庚寅	丁卯 乙卯	甲二分房二三度 乙二分氐十三度	庚坐	丙申 庚申	癸酉 乙酉	庚二分卯六度 戌二分胃十二度
卯坐	丁卯 辛卯	癸卯 乙卯	卯二分氐十一度 乙二分穴十九度	酉坐	丁酉 辛酉	巳酉 辛酉	酉二分胃六度 乾二分婁十三度
乙卯	丁卯 辛卯	戊辰 庚辰	乙二分穴十二度 癸二分角十一度	辛坐	丁酉 辛酉	甲戌 丙戌	辛二分婁二度 乾二分婁十三度
辰坐	丙辰 庚辰	甲辰 丙辰	辰二分軫十四度 巳二分軫七八度	戌座	丙戌 庚戌	庚戌 壬戌	戌二分奎三四度 亥二分壁八九度
巽坐	丙辰 庚辰	甲辰 丙辰	巽二分軫十度 丙二分翼十度	乾坐	丙戌 庚戌	乙亥 丁亥	乾二分室十二度 壬二分室九度
巳座	丁巳 辛巳	乙巳 丁巳	巳二分翼七度 午二分張九度	亥坐	丁亥 辛亥	辛亥 癸亥	亥二分室三度 子二分危十二度
丙坐	丁巳 辛巳	丙午 壬午	午二分張五七度 丁二分星七度	壬坐	丁亥 辛亥	甲子 丙子	壬二分虛十度 亥二分女三度

❖ **분금 망인(亡人)과 맞추기 어렵다면** : 분금이 만약 두 개의 분금 중 어느 것도 망명(亡命)의 나음오행을 생(生) 하거나 비화(比和) 하거나 극(剋)을 할 수 없으면 망명의 납음오행 대신 자손(子孫)인 장손(長孫) 또는 차자(次子)의 생년납음오행을 맞춘다.

❖ **분금 명혈(明穴)이라도 분금을 제대로 맞추지 못하면 대흉** : 제 아무리 명당이라도 재혈분금(裁穴分金)에 추호(秋毫)의 오차(誤差)가 있다면 혹 낙태(落胎)가 삭탈관직(削奪官職)되는 변이 따르고 부혈(富穴)에는 사업자가 이와 같은 해(害)를 당하게 되니 재혈에 심사숙고(深思熟考) 해야 한다

❖ **분금 모든 화복이 달려 있다**

① 분금화복(分金禍福)의 관건은 일개분금선(一個分金線)에 달려 있는 것이므로 분금이야 말로 음지일선(陰地一線)에 묘이며 꽃중의 꽃이라고 할 수 있다. 48분금선 만을 사용하게 되는 것이다.

② 분금에 모든 화복이 달려 있다. 명혈(名穴)이라도 분금(分金)

에 추호의 오차(誤差)가 있다면 혹 낙태 삭탈관직이 되는 변이 따르며 당혈(堂穴)에는 사업자(事業者)가 이와 같은 해(害) 당하니 재혈(裁穴) 분금에 심사숙고해야 한다. 분금의 중심에 좌(坐)를 맞추어야 한다. 분금 두 개 중 어느 곳도 망명(亡命)의 납음오행(納音五行)을 좌(坐)하거나 비화(比和)하거나 극(剋)을 할 수 없으면 상주(喪主) 장자차자(長子次子)의 생년(生年) 납음오행으로 극(剋)을 맞춘다. 천광하기 전에 분금을 먼저 맞추어 놓고 천광(穿壙) 재혈하여야 한다.

❖ **분금은 피흉추길**(避凶趨吉)**의 공범이다** : 분금은 장사(葬事)를 지내는데 인위적(人爲的)으로 취할 수 있는 피흉추길의 공법(工法)이라 할 수 있다.

❖ **분금**(分金)**의 병정경신**(丙丁庚辛) **사용 목적** : 분금을 쓰는 궁극의 목적은 영생피살(永生避煞)과 생육지의(生育之義)에 있는 것이다. 따라서 분금은 천산투지(穿山透之 : 산을 뚫고 통함) 및 용향(龍向)과 수향(水向)에도 다같이 쓰이는 바 즉히 고허살요차착(孤虛 煞曜 差錯 : 쓰지 않는 분금) 공망(空亡 : 글씨가 없는 빈 칸)은 피해야 하며, 왕기(旺氣)와 생기(生氣)란 병정경신분금(丙丁庚辛分金), 그리고 주보선(珠寶線)만을 일맥관주(一脈貫注)하여 혈(穴) 중 관내(棺內)에 도달하게 하는 것이 최대의 목적이다. 고허 왕상(孤虛旺相)을 보면 10간(干) 가운데 갑임(甲壬)은 건괘(乾卦)에서 납음되어 순양(純陽)이므로 생육(生育)의 기운이 이를 허(虛)라 하며, 무기(戊己)는 24산중에 그 체(體)가 전무(全無)하므로 이를 구갑공망(龜甲空亡)이라 하여 쓰지 않으니 오직 병정(丙丁)과 경신(庚辛) 4간(干)만이 쓰이는 바, 그 연유는 경납(庚納)은 진(震)이요 신납(辛納)은 손(巽)이니 경신(庚辛) 2간(干)의 납괘(納卦)는 각각 상음하양(上陰下陽:震卦)과 상양하음(上陽下陰:巽卦)으로 음양이 상배(相配)하니 이는 생육지기(生育之氣)요, 병납(丙納)은 간괘(艮卦)요 정납(丁納)은 태괘(兌卦)니 이도 각각 상음하양 태괘가 상양하음(上陽下陰:艮卦)으로서 음양이 상배하니 역시 생육지기(生育之氣)이므로 경정(庚丁) 2간(干)을 왕(旺)이라 하고 병신(丙辛) 2간(干)을 상(相)이라 하며, 왕상(旺相)은 음양충화지상(陰陽沖和之象)으로서 생육(生育)과 조화지의(造化之義)가 자명하므로 오직 4간(干)의 간지(干支)가 낙재(落在)하는 선(線)만을 골라서 분금으로 취용(取用)하는 것이다.

❖ **분대연화**(粉黛煙花) : 아름답게 생긴 기녀를 말함.

❖ **분락지격**(分落之格) : 가지가 나뉘어진 자리에 떨어진 혈(穴). 용맥의 주된 흐름 속에 위치하는 혈이 아니라 용맥은 멈추지 않고 계속 흘러가는데 용신이 중간에서 일어나 가지를 뻗어 작은 형국을 이룬 속에 혈(穴)이 위치하는 경우이다. 흥성하고 발복할 수는 있으나 오래 가지는 않는다.

❖ **분류수**(分流水)

① 분류수(分流水)는 묘전당면(墓前當面)에서 팔자분류(八字分流)하는 흉수이다. 당면수(當面水)가 둘로 나뉘어 흘러 용혈은 결작(結作)하지 못하고, 그 흉화(凶禍)는 이향패가(離鄕敗家)에 동기불화(同氣不和)한다.

② 혈 앞에서 양쪽으로 나뉘어 흐르는 물을 분류수라 한다. 그 형상이 여덟 팔(八) 자와 흡사하여 물이 팔(八) 자 형상으로 나뉘어 흐르는 곳엔 진혈(眞穴)이 맺히지 않는다. 분류수가 있는 곳에 조상의 묘를 쓰거나 집을 짓고 살면, 자손들이 부모를 거역하며, 부모의 뜻을 따르지 않고 집을 나가 객지에서 떠돌게 되고, 재산을 탕진한다. 그런데 기룡혈(騎龍穴 : 산등성이 산봉우리와 산봉우리 사이에 있는 혈)의 경우에는, 혈이 진혈이면 물이 양쪽으로 나뉘어도 괜찮다. 참된 기룡혈은 주변에 산봉우리들이 빽빽하게 솟아올라 봉우리들이 혈을 보호하며, 물이 빠져 나오는 곳이 보이지 않도록 막아주며, 혈의 정기가 흩어지지 않고 잘 갈무리되도록 하는 혈이다.

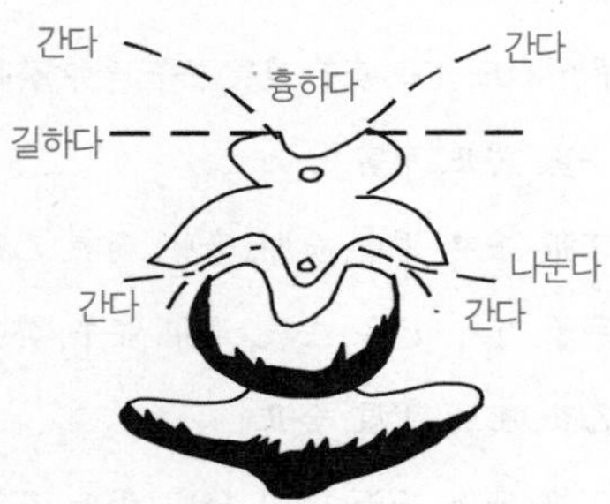

❖ **분묘개총법**(墳墓開塚法) : 오래된 묘를 파는데 꺼리는 법.

丙午 丁未坐 : 庚辛日 不開

壬子 癸丑坐 : 戊己日 不開

坤申 庚酉坐 : 丙丁日 不開

艮寅 甲卯坐 : 丙丁日 不開

辛戌 乾亥坐 : 甲乙日 不開

乙辰 巽巳坐 : 壬癸日 不開

凶時 = 甲乙日 = 申酉時　丙丁日 = 丑午申戌時

戊己日 = 辰戌酉時 庚辛日 = 丑辰巳時

❖ **분묘비석사초운**(墳墓碑石莎草運) : 사초(莎草)란 묘를 수리하는 일로 즉 봉분을 쌓고 떼를 입히고 비석을 세우는 것 등을 말함. 이러한 일을 하려면 묘의 일부를 파헤치거나 묘 부근을 파헤치게 되는 것이므로 역시 동총운(動塚運)에 맞아야 한다.

	舊卯坐山				大利年	小利年	重喪年		
壬	子	癸丑	丙午	丁未坐	辰戌丑未年	子午卯酉年	寅申巳	亥	年
艮	寅	甲卯	坤申	庚酉坐	子午卯酉年	寅申巳亥年	辰戌丑	未	年
乙	辰	巽巳	辛亥	乾亥坐	寅申巳亥年	辰戌丑未年	子午卯	酉	年

❖ **분묘참초파토일**(墳墓斬草破土日) : 분묘에 나무베고 풀베고 땅파는 일. 吉日.

- **1월** : 丁卯, 庚午, 壬午
- **2월** : 庚午, 壬午, 甲午, 丙午
- **3월** : 壬申, 甲申,
- **4월** : 甲子, 乙丑, 丁卯, 庚午, 庚辰, 壬午, 辛卯, 癸卯, 甲辰, 癸丑, 庚子
- **5월** : 壬寅, 癸丑, 甲寅
- **6월** : 丁卯, 壬申, 甲申, 癸卯, 辛卯, 丙申, 乙卯
- **7월** : 甲子, 丁卯, 己卯, 壬辰, 辛卯, 壬午, 癸卯, 乙卯, 丙午
- **8월** : 乙丑, 壬辰, 甲辰, 癸丑
- **9월** : 丁卯, 庚午, 壬午, 辛卯, 癸卯, 丙午, 乙卯
- **10월** : 甲子, 丁卯, 庚午, 辛未, 辛卯, 乙卯
- **11월** : 戊辰, 壬申, 甲申, 乙未, 丙申
- **12월** : 壬申, 甲申, 丙申, 壬寅, 甲寅, 庚申

- 忌 : 천온(天瘟), 토온(土瘟), 중상(重喪), 중일(重日), 후일(後日), 천적(天賊), 지파(地破), 토왕(土王), 건(建), 파(破), 평(平), 수일(收日) 등은 피하는 것이 좋다.

❖ **분벽**(分擘) : 용이 여러 갈래로 나뉘는 것. 갈라진 줄기가 너무 많으면 기(氣)가 흩어져서 힘이 약해져서 좋은 명당혈(明堂穴)을 만들지 못한다. 분벽(分擘)이 짧고 작은 것을 귀(鬼)라 하고, 길고 많은 것을 겁(劫)이라 부른다. 귀겁(鬼劫)을 지닌 용은 힘이 약하다.

❖ **분비**(分飛) : 용호가 서로 등지고 밖으로 향한 모양.

❖ **분수**(分水) : 물길이 두 갈래로 갈라져 나간 것. 혈(穴) 위에서 한 치(一寸) 한 자(一尺) 깊이의 은미한 물길이 팔(八)자 모양으로 나뉘었다가 아래에서 한군데로 다시 합수(合水)되면 이 혈은 증거가 분명하여 진혈(眞穴)이라 할 수 있다. 그리고 이 분수가 아주 은미하면 해안(蟹眼 : 게눈)이라고도 칭한다.

❖ **분수**(分水)**와 합수**(合水) : 용맥(龍脈)을 살펴보면 혹 큰 팔(八)자 또는 작은 팔(八)자 모양으로 분수(分水 : 물 길이 갈라진 것)되었다가 그 아래에 다시 합수(合水 : 물 길이 모아진 것)된 곳이 있는데 이는 음양(陰陽)의 도수(度數)를 사귀는 곳이므로 생기(生氣)가 모여 진혈(眞穴)이 융결된다. 그러나 위에서 분수(分水)되기만 하고 아래에 합수(合水)되지 않으면 음양이 도수를 사귀지 못한 것이니 진혈(眞穴)을 맺지 못한다. 분수(分水)와 합수(合水)는 구첨(球簷 : 穴場 둥근 곳의 하단)의 물이 양변(兩边)으로 나뉘고 아래에서 합한 것과 작은 8자(八字)로 물이 나누고 합하는 것과 큰 8자(八字)로 물이 나누고 합(合)한 세 가지가 있다. 만일 나누기만 [分水] 하고 합친 것이 없거나, 합치기만 [合水] 하고 나눈 것이 없으면 모두 참된 혈(穴)이 아니다.

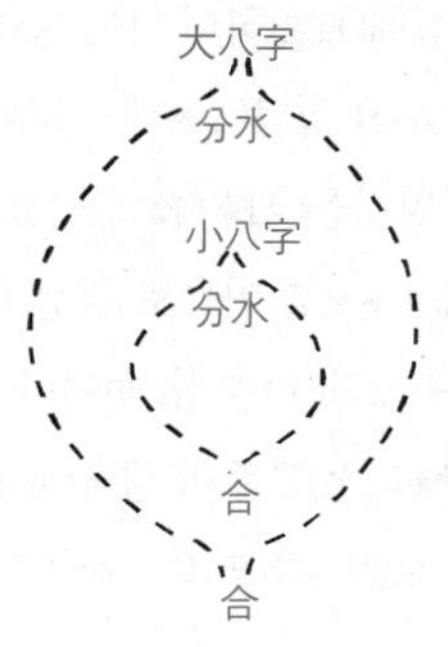

❖ **분세**(奮勢) : 지리법에 협(峽) 앞에 생기가 모여 혈(穴)이 맺는 것을 말함. 용세가 이끌어 나가 연결되고 물러나 벗는 절차를 거치지 않고 참 협 앞에 결혈됨을 말한다.

❖ **분애오공**(奔崖蜈蚣) : 지네가 절벽 위로 재빨리 기어올라가는 형국. 혈은 지네의 입 중앙에 있고 안산은 깎아지른 듯한 절벽이다.

❖ **분영**(賁塋) : 분묘, 묘지(墓地).

❖ **분우**(奔牛) : 소가 빨리 달려가는 형국. 혈은 소의 배에 있고, 안산은 풀 더미다.

❖ **분지**(分枝) : 가지를 나눈다는 뜻. 용맥이 조산(祖山)으로부터 뻗어내리면 자연 전후 좌우로 나뉘는 가지가 있게 되는데 가장 긴 맥이 분지가 되고 짧은 것은 맥을 쪼갠 것이라 한다. 분지(分枝)라 칭할 수 있는 것은 사람의 팔, 다리 등 사지(四枝)로 크게 나누는 것과 같다.

❖ **분합**(分合) : 물의 분합을 가리킴.

❖ **분합(分合)으로 혈(穴)을 정한다** : 3분3합(三分三合) 연후에 용이 멈춘다. 첫 번째 분합은 혈판의 전후에서 이루어지는데 혈판 위 입수에서 선익이 나누어지는데 선익을 따라 상수선(相水線)으로 적게 팔자(八字)로 나누어지는 게 첫 번째 분(分)이며, 전순 밑에서 물이 합하는 것을 일합(一合)이라 한다. 두 번째 분합은 입수 뒤 래용에서 청룡백호가 나누어지는데 용호의 안쪽에서 용호를 따라 물이 나누어지는 것이 2분이며, 작국 내 즉 중명당 안에서 청룡백호가 만나는 지점에서 물이 합하는 것이 2합이며, 세 번째 분합은 외청용 외백호 안에서 용호를 따라 물이 나누어지는 것이 3분이며 대명당내 외청용 외백호가 합하고 나누는 것이 없으며 생기의 접함이 없고 나누는 것은 있으나 합함이 없으면 결혈이 없다. 3분 3합은 혈토승금(穴土乘金) 양쪽의 선익(蟬翼) 상수(相水) 인목(印木)의 정을 살핀다. 즉 혈의 증거가 된다. 제 일분은 물은 보이지 않으나 눈이 녹아 흐르는 물로 형체가 없다. 물의 분합은 용맥의 오고 그침에 있는 것이며 사(砂)의 향배(向背)는 맥의 그침에 있다. 사(砂)가 배반하면 정이 없어 합의 형세가 있어도 진실한 합이 안 된다.

❖ **분합증혈**(分合證穴) : 물이 나뉘고 합쳐지는 것을 보고서 혈을 찾는 것을 분합정혈법(分合正穴法)이라고 한다. 물이 나뉘는 것은 분수(分水)고, 물이 합쳐지는 것은 합수(合水)로서 합금(合襟)이라고도 한다. 대개 물은 혈의 뒤쪽에서 팔(八)자 모양으로 나뉘어 흘러 내려온다. 팔(八)자 모양이 큰 것을 큰 팔(八)자, 작은 것을 작은 팔(八)자라 부른다. 이렇게 혈 뒤에서 갈라진 물은 혈의 앞쪽에서 다시 합쳐진다. 분수가 안 되면 용맥(龍脈)이 없는 것이다. 용맥은 불룩하게 솟아 있으니 용맥을 경계로 물이 나뉘게 마련이다. 분수가 되어야 살아있는 용(龍)이고 생기가 서리는 것이다. 또 용이 멈추는 곳에선 물이 합쳐지게 마련이며 용이 멈추는 곳에 혈이 깃들인다. 갈라졌던 물이 합쳐지지 않는다면 용이 멈춘 게 아니다. 멈추지 않으면 혈이 깃들일 수 없다. 생기가 그냥 흘러가 버리기 때문이다. 분합이 분명하면 음양이 서로 조화를 이룬 것으로 혈은 진짜이고 분합이 없다면 음양이 만나지 못하는 것이므로 가짜다. 무분유합(無分有合)이면 내맥이 닿지 않은 것이요, 유분무합이면 기가 멈추지 아니한 것이니 혈은 맺지 않은 것이다.

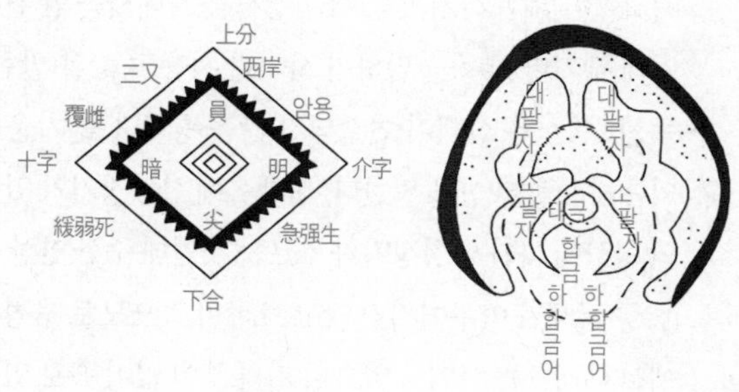

❖ **분합, 상분하합**(分合, 上分下合) : 용과 혈의 생기(生氣)는 물이 보호해 주며 생기(生氣)가 흩어지지 않고 한 곳에 뭉치도록 하는 것은 물이다. 용맥의 생기는 양변으로 원진수(元辰水)가 따라오면서 보호한다. 이렇게 용맥을 보호하면서 따라온 물은 혈까지 곧장 들어가지 못한다. 물이 생기를 침범해서는 안 되기 때문이다. 혈 위에서는 원진수가 양쪽으로 나누어졌다가 다시 혈 아래에서 합수하여야 혈의 생기를 완벽하게 보호해 준다. 이를 물의 상분하합(上分下合) 또는 분합(分合), 계합(界合)이라고 한다. 보통 혈지는 3차에 걸쳐 물의 분합이 이루어 진다.

❖ **분해룡**(奔海龍) : 용이 바다로 달려가는 형국. 앞에 큰 물이 있으며 용의 빰에 혈(穴)이 깃들이고, 큰 못이나 호수, 바다 등이 안(案)이 된다.

❖ **분향삼상향재배**(焚香三上向再拜) : 향을 세 번 올려 태우고 두 번 절함.

❖ **불가장지**(不可葬地) : 다섯 가지 불가장지. 경에 장사 지내지 못할 곳 5가지가 있다고 한다. 동산(童山), 독산(獨山), 과산(過山), 석산(石山), 단산(斷山) 등이 있다.

- **동산** : 동산은 바위가 흘러내리고 산은 부서져 초목이 살지 못하는 곳을 동산이라고 한다. 장승생기(葬乘生氣)학 막승사기(莫乘死氣)란 말이 있다. 장사를 지낼 때에는 반드시 생기에 의지하여야 하며 사기(死氣)에는 장사를 지내서는 안 된다는 말인데 생기란 생룡을 말하며 사기란 사룡(死龍)을 말한다.
- **독산** : 독산은 산맥이 연결되지 않는 평지나 들 가운데 홀로 외롭게 노출된 산을 말한다. 산맥속에 산천정기가 있어 산맥의 형상에 따라 산청정기가 흐르는 것인데 주산 안산 청룡 백호 등 국세가 이루어지지 않고 보국이 없으므로 무정하여 뒤에서 내려오는 산맥이 없으니 기와 맥이 없어 홀로 있는 의로운 독산에는 장사 지내지 못한다.
- **과산** : 산천정기 즉 생기는 산맥의 세(勢)에 의하여 가고 멈추는데 산맥이 급하게 경사되어 머무름이 없이 계속 달려나간다면 생기 또한 머무르지 않는다. 산맥이 달려나가듯 달아나고 빠진 곳에는 장사 지내지 못 한다.
- **석산** : 석산은 바위산을 말한다. 토자기지체(土者氣之体)요 유토사유기(有土사有氣)란 말이 있다 토는 기의 몸이니 토가 있어야 생기가 있다. 즉 흙이 있어야 맥이 있고 맥이 있어야 생기가 있는 법인 바 흙이 없으니 맥도 없어 산천정기 또한 없게 된다. 그래서 돌무더기와 바위산은 생기가 없으므로 장사 지내지 못한다.
- **단산** : 단산은 산맥이 끊어졌거나 무너진 산을 말하는데 단절되어 생기가 따라오지 못함은 당연하다. 그래서 산맥이 단절되어 생기가 끊어진 곳에는 장사를 지낼 수 없다.

❖ **불과 관련된 제품이나 기구는 월상방을 피해라** : 석유보일러나 가스보일러, 전기난로 등의 전기제품류와 같이 화기성(火氣性) 물건이 놓이는 방향으로써 월살방은 최흉방이므로 피해야 한다. 이 월살방향 역시 띠마다 다르다.

① 원숭이 · 쥐 · 용띠생들은 북서간(서북간)이 월살방이다.
② 뱀 · 닭 · 소띠생들은 남서간(서남간)이 월살방이다.
③ 호랑이 · 말 · 개띠생들은 남동간(동남간)이 월살방이다.
④ 돼지 · 토끼 · 양띠생들은 북동간(동북간)이 월살방이다.

❖ **불구자손**(不具子孫) **출생하는 곳은 대개 이러하다** : 급경사진 곳에 한쪽 가로 즉 편룡(片龍)에 묘(墓)를 쓰거나 아니면 묘 입수 뒤쪽 주산에 작은 바위돌 들이 더덕더덕 붙어 있으면 불구자손이 출생한다. 산이 추악(醜惡)하면 음란(淫亂) 질병(疾病) 불구자(不具者)가 출생한다.

❖ **불배합룡**(不配合龍)**의 측정** : 불배합룡은 기본 24방위(나경 제4층)에서 천간(天干)과 지지(地支)가 바르게 배합되지 않은 해임(亥壬), 자계(子癸), 축간(丑艮), 인갑(寅甲), 묘을(卯乙), 진손(辰巽), 사병(巳丙), 오정(午丁), 미곤(未坤), 신경(申庚), 유신(酉辛), 술건(戌乾)의 12방위이다. 이 불배합룡은 내룡의 흐름이 배합룡처럼 쌍산(雙山), 오행(五行)이 나타내는 방위들의 중심선상으로 뻗지 못

하고 중앙 경계선을 벗어나 다른 방위로 빗나감으로써 좋지 않은 성정을 발현하게 된다. 불배합룡의 흉성적(凶性的) 특성을 보면 인패(人敗), 재패(財敗), 병폐(病敗) 등이 있다고 여긴다.

① **인패룡**(人敗龍) **4방위** : 해임(亥壬), 인갑(寅甲), 사병(巳丙), 신경(申庚) : 인패룡이 있게 되면 병으로 죽는 사람이 많아지는데 인패룡(人敗龍) 방위상으로 흐르는 내룡이 겹치고 거듭될수록 그 후손들에게 병이나 의외의 참사(慘死), 몰사(沒死) 등이 발생하여 가문이 멸망하게 된다.

② **병패룡**(病敗龍) **4방위** : 축간(丑艮), 진손(辰巽), 미곤(未坤), 술건(戌乾) : 병패룡(病敗龍) 방위에 내룡이 겹치면 집안에 질병으로 고생하는 환자가 자주 생기고 집안 대대로 만성질환이나 고질병으로 시달리는 사람이 많고 불구자가 생기기도 한다.

③ **재패룡**(財敗龍) **4방위** : 자계(子癸), 묘을(卯乙), 오정(午丁), 유신(酉辛)의 4가지이다. 이런 재패룡 방위로 내룡이 흐르게 되면 그 후손들은 손재(損財)를 자주 당하게 되고 이 재패룡이 겹치고 거듭될수록 재산이 흩어지고 파산이 계속되어 집안은 풍비박산이 되고 온 식솔이 주거지가 없이 떨어져 살게 된다. 즉 인(人), 병(病), 재(財), 패(敗)는 산을 타고 흐르는 내룡 자체의 결함이나 혈 및 주변 국세(局勢)인 청룡, 백호 등의 결격 요소에 의해서 주로 결정되지만 불배합룡(不配合龍) 12방위 중심선상으로 그 흐름이 이어질 경우엔 좋지 않은 흉성(凶性)이 크게 고조된다고 할 수 있다.

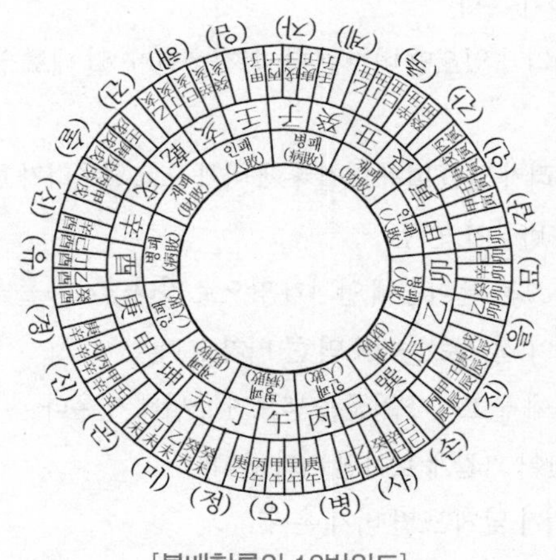

[불배합룡의 12방위도]

❖ **불배합 3자혼합법**

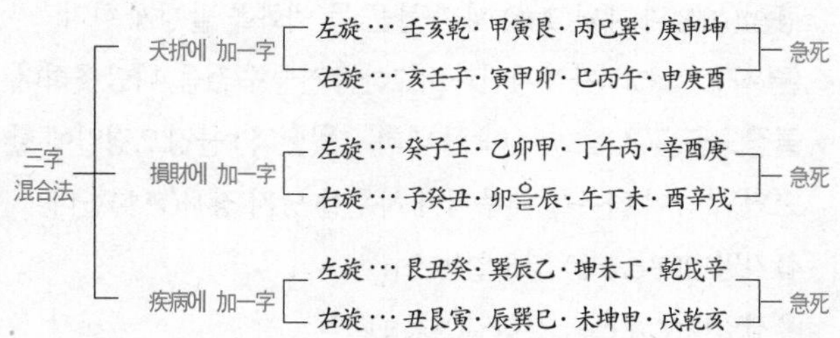

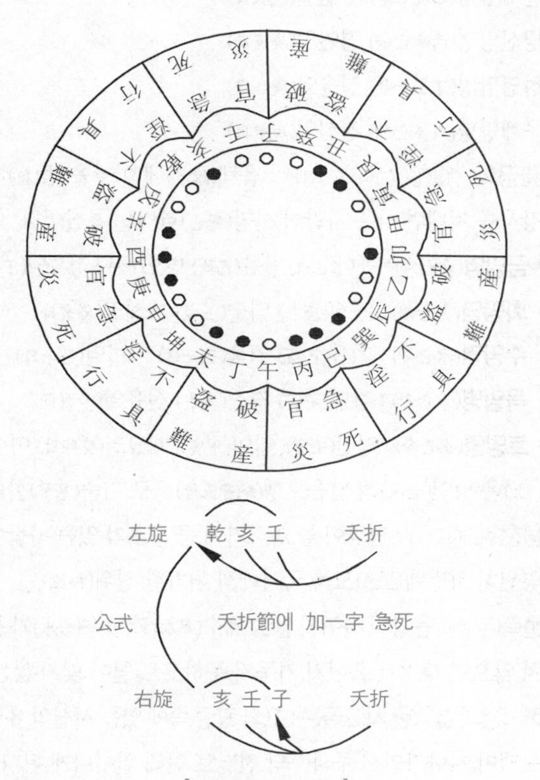

[否配合 三字混合法圖]

❖ **불분**(不奔) : 객지에서 부모의 상보(喪報)를 듣고도 분상(奔喪)치 아니함. 분상은 급히 돌아가 집상(執喪)함을 이름.

❖ **불삽**(黻翣) : 사람이 죽어 발인할 때 상여의 앞뒤에 세우고 가는 제구를 말함. 아(亞)자 형상을 그린 널빤지에 자루를 대어 만들었다.

❖ **불승영모**(不勝永慕) : 길이 사모하는 마음이 북받쳐 참지 못함. 흔히 돌아가신 부모를 생각할 때나 제사 때에 축문 같은 데에 씀.

❖ **불운**(不運) **액화**(厄禍)**가 발생하는 집터는 이러한 곳이다** : 집 부근 백보(百步)이내에 인접해 있는 사찰(寺刹), 언덕바지 분묘(墳

墓), 교회 등의 건물은 동서남북을 불문하고 어디에 위치하던 흉험(凶險)과 재난(災難) 파괴 불운 등 액화를 발생케 한다.

❖ **불여기**(不如己) : 자기 자신과 비교하여 견줄 수 없음. 나만 못하다.

❖ **불장오경일**(不葬五庚日)**에 장사 하지 못한다** : 불장오경일에 닿으면 부득이 하루를 늦추거나 하루를 당겨 장사(葬事)한다.

갑기망명(甲己亡命) 경오일(庚午日)

을경망명(乙庚亡命) 경진일(庚辰日)

병신망명(丙辛亡命) 경인일(庚寅日)

정임망명(丁壬亡命) 경술일(庚戌日)

무계망명(戊癸亡命) 경신일(庚申日)

❖ **불장화명칠살**(不葬化命七殺) : 음택(陰宅)에 이날을 범(犯)하면 장사를 지내면 아홉 사람이 사망(死亡)한다는 흉살이다.

- **금망명**(金亡命) : 을미(乙未) 을유(乙酉) 병오(丙午) 정사일(丁巳日)
- **화망명**(火亡命) : 경신(庚申) 임술(壬戌) 계해일(癸亥日)
- **수망명**(水亡命) : 기유(己酉) 기축(己丑日) 기미일(己未日)
- **목망명**(木亡命) : 갑인(甲寅) 경신(庚申) 신유일(辛酉日)
- **토망명**(土亡命) : 임인(壬寅), 갑인(甲寅), 계묘일(癸卯日) 이상(以上)은 망인(亡人)의 납음오행(納音五行)으로 기준(基準)한다.

❖ **불천위**(不遷位) : 덕망이 높고 국가에 큰 공로가 있는 사람에게 영원히 사당에 모시도록 국가에서 허가한 신위(神位).

❖ **불축**(不蓄) : 음양이 사귀지 않고 계수(界水)와 합수(合水)가 분명치 않으면 생기가 흩어져 거두지 못하므로 혈이 맺지 않는다.

❖ **불치병과 불행한 사고들은** : 묘의 광중 속에 있는 시신의 유골에 수맥이 지나가면서 주파수의 전달로 인해 일어나게 된다.

❖ **불타**(不妥) : 불안함을 나타냄.

❖ **불학불일**(不涸不溢) : 물이 줄지도 않고 넘치지도 않는 것을 말한다.

❖ **불허**(不許) : 허락하지 않음. 내당의 기운을 설기시키지 않음.

❖ **불후**(佛後) : 절당의 뒤.

❖ **붕면**(繃面) : 혈성의 얼굴에 횡선이 간 것.

❖ **붕홍**(崩洪) : 도수협(渡水峽)의 징검다리 역할을 하는 돌로서 이의 형태도 다양하다.

❖ **붕홍과협**(崩洪過峽) : 붕홍(崩洪)의 형세는 십자(十字), 천자(川字), 지자(之字), 야자(也字) 모양이 되거나 또는 끊겼다가 이어지며, 혹은 마디와 눈이 있으며, 혹은 소라껍질이 모인 것 같고, 혹은 말발굽이 이어진 것도 같으며, 지각(枝角)의 상교함과 돌이 어지럽게 놓여진 형상과 같다.

❖ **비**(臂) : 팔꿈치와 팔뚝. 곧고 급한 맥을 말함.

① 용호(龍虎) 양쪽의 사(沙). 용호를 사람의 손과 팔에 비유함.

② 청룡과 백호를 말하는 것으로 사람의 팔과 손으로 비유한 것.

❖ **비**(鼻) : 입수맥이 바르게 중심으로 이어진 두터운 혈장.

❖ **비가 오면 물이 고였다가 금시 마르는 곳은** : 비가 오면 물이 고였다가 금시(今時) 마르는 것은 기운(氣運)이 헛되이 소모되어 항상 빈곤을 면치 못하게 된다. 바위 틈새로 나오는 용천수(龍泉水)는 기(氣)가 누설되는 곳으로 음택 · 양택으로 사용할 수 없다. 또한 여름에 손이 시릴 정도로 찬물이 나오는 곳은 극(極)음의 기를 받는 곳으로 융결되지 않으며 기운이 새어나가 가산을 탕진하게 된다.

❖ **비**(雨)**가 올 예견**(豫見)**은 이러하다**

- 넓게 아침노을이 지면 하루 종일 비는 오지 않고 구름만 낀다.
- 임진계사(壬辰癸巳)일에 비가 시작하면 시답잖게 지가 여러 날 온다.
- 날샐머리 개동 시(開東時)에 비가 시작하면 시답잖게 비가 온다.
- 여러 날 오든 비가 아침에 오면 낮에는 개인다.
- 아침에 안개 낀 날 중머리 벗겨진다.
- 아침에 해무리(노을) 가까우면 근일에 비가 오고 멀면 며칠 후에 비가 온다.
- 달무리가 있으면 비가 온다. 가까우면 수 일 내로 일찍 비가 온다.
- 달무리가 멀면 비가 며칠 후에 비가 오고 달무리가 한쪽이 터지면 바람이 분다.
- 비가 오는 날 아침에 연기가 땅으로 가라앉거나 들녘에 야생 곤충이 집으로 들어오면 큰 비가 온다.
- 연못에 물고기가 거품을 뿜으면 소낙비가 온다.
- 먼 산이 가깝게 보이면 비가 온다.
- 제 비가 낮게 뜨면 비가 온다.
- 소가 먼 산을 바라보면 소낙비가 온다.

❖ **비각**(碑閣) : 신도비(神道碑) 또는 비갈(碑碣)을 보호하는 집으로 정자각(丁字閣) 왼쪽에 세움.

❖ **비기**(秘記) : 이인(異人)이나 선지자(先知者)들이 장래의 길흉을 예언한 기록을 말한다.

❖ **비록 명당(明堂)이라도 점혈(占穴)을 잘못하면 끝내 하나의 발복도 없으니 점혈이 어렵다** : 문무부귀(文武富貴)의 발복은 혹은 용신(龍身)에 있고 혹은 사수(砂水)에 관계 된다. 용신은 창고 모양을 하고 왕수(旺水)가 특별히 굴곡으로 보이고 (砂)는 토전궤고(土錢櫃庫)등의 모양이 있으면 부지(富地)이다. 용신에 인(印)이나 고(鼓)가 있고 앞의 물이 길게 흘러가고 아홀(牙笏)이나 루대(樓抬) 등의 모양이 있는 곳은 부지의 땅이다. 용신에 난세와 봉의 모양이고 수(水)는 손신방위(巽申方位)에서 오고 사(砂)는 문필(文筆)이나 괘등(掛燈)의 형이 있으면 문관(文官)의 땅이다. 용신에 창과 깃발이 있고 물은 진경방(辰庚方)에서 보이고 사는 둔군과 기고 등의 모양이 있으면 무지(武地)이다. 이는 대략적이고 기(氣) 형상(形象)은 말로 표현하기 어렵다. 대게 성면(星面)이 원만(圓滿)하고 풍후하면 부상(富象)이고 성면이 단아(端雅)하고 응용하면 귀상(貴象)이고 성면이 청록(清麓)하면 문상(文象)이고 성면이 웅건하고 삼엄(森嚴)하면 무상(武象)이다. 이는 속사(俗師)는 눈이멀고 명사(明師)의 눈은 열려 있는 것이다. 무릇 이 모든 발험(發驗)은 모두 혈(穴)에 위주로 하는데 혈이 진혈(眞穴)이면 하나의 사와 하나의 물이 족히 발복하고 혈이 가혈(假穴)이면 만천산수라고 모두 비어 있다.

❖ **비룡**(飛龍) : 용이 하늘로 날아오르는 형국.

① 주변의 산세가 매우 수려하고 경치가 아름답다. 시야가 환하게 탁 트여서 전망이 빼어나다. 혈(穴)은 용의 이마, 입, 코 등에 있고 안산은 구름, 무지개, 번개 등이다.

② 좌우 상하로 움직임이 많은 용을 말한다. 강한 생기를 이루고 있어서 명당을 이룬다.

❖ **비룡상천혈(飛龍上天穴)이란** : 많은 산중에 우뚝하게 솟고 당처입수후(當處入首後)가 잘속하게 속기(速氣) 되면서 힘차게 올라서 입수취기(入首聚氣)가 되면서 결혈(結穴)되면 비룡상천(飛龍上天)의 대지의 결혈이다. 하늘을 찌를 듯한 주산이 높이서서 혈지(穴地)에 응기(應氣)하면 자손이 장수하고 묘에서 높은 큰 산이 보이면 장수한다.

❖ **비룡상천혈용세(飛龍上天穴龍勢)는 이러하다** : 비룡상천 용세가 가라앉았다가 다시 일어나는데 마치 비행기가 이륙(離陸)하는 각도(角度)로 수평선(水平線)을 잡을 때 입수취기하고 그 앞에 결응(結應) 결혈(結穴)되는 것을 비룡상천(飛龍上天)이라 한다. 상천(上天), 혈형(穴形)은 속기처(束氣處)에서 입수(入首)를 바라보면 좌우로 양기(陽氣)가 올라 간 곳이 보인다. 좌우선이 분별되고 양기선은 잡초가 없고 통통하다.

❖ **비룡승천형**(飛龍昇天形) : 현무봉에서 길고 힘차게 뻗어 내려온 용이 결인속기 후 고개를 쳐들고 하늘로 향하는 모습의 형국. 입수룡이 비룡입수 이어야 하며 주변의 산세가 매우 수려하고 경치가 아름답다. 안산 주변에는 여의주 같은 둥그렇게 생긴 산이거나 신비한 구름인 상운사(祥雲砂)가 있어야 한다. 혈 앞에는 큰 강물이나 넓은 평야가 있어 시야가 환하게 탁 트였다. 혈은 용의 이마, 코, 입 등에 해당되는 곳에서 찾아야 한다. 용과 관련된 혈은 발복이 매우 크며 부귀쌍전(富貴雙全)한다.

❖ **비룡함주형**(飛龍含珠形)

① 주산 현무에서 길고 힘차게 뻗어 내려온 용이 용진처(龍盡處)에 이르러 고개를 쳐들고 하늘로 향하고 있는 모습의 형국. 비룡입수(飛龍入首)이어야 하며 안산은 여의주와 같은 둥글게 생긴 산으로 안산 뒤로는 구름과 같은 상운사(祥雲砂)가 있어야 한다. 혈은 용의 입에 해당되는 곳에 있다.

② 볼록하게 솟은 봉우리의 정상 부분에서 혈을 맺기 때문에 입수룡의 형태가 마치 용맥이 날아오르는 모습과 같다 하여 붙여진 이름이다. 대개 입수룡은 산 위에서 아래로 내려오는 것이 일반적이나 비룡입수는 아래에서 위로 올라가 혈을 맺으며 비룡이 승천하는 듯한 형세다.

ㅂ

❖ **비룡입수**(飛龍入首) : 혈이 높은 곳에 맺혀 있는 형국. 허공에 나는 용처럼 높은 곳에 맺혀서 비룡(飛龍)이라 한다. 비룡입수의 혈은 귀인(貴人)을 많이 배출하지만 물이 많이 모이질 않기 때문에 부자는 안 나온다. 또 비룡입수가 명당혈(明堂穴)을 맺으려면 사방에 산봉우리들이 빽빽해야 하며, 앞은 자물쇠를 잠근 것처럼 산줄기들이 겹겹으로 감싸 줘야 한다. 그렇지 않으면 기운이 흩어져 불길하다.

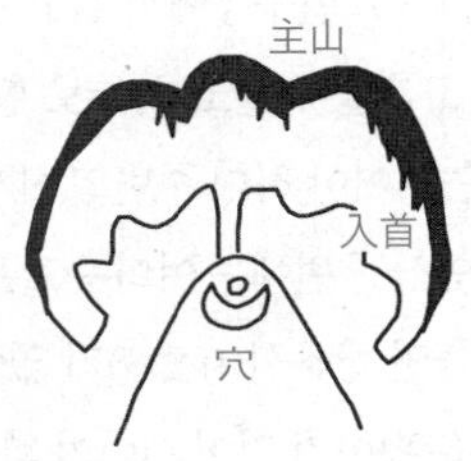

❖ **비룡입수에는 부혈 보다는 귀혈이 많다** : 혈은 높은 곳에 맺기 때문에 주변의 산들도 같이 높아서 사방에서 불어오는 바람을 막아줄 수 있어야 하며, 비록 높은 곳이기는 하지만 혈에 오르면 전혀 높다는 느낌이 들지 않아야 제격이며, 혈장은 넓어서 안정감이 있어야 한다. 산 아래에 있는 물은 혈장을 잘 감싸고 돌아야 하며, 수구는 잘 닫혀 관쇄되어야 진혈이라 할 수 있다. 비룡입수한 혈의 발복은 귀(貴)는 크지만 부(富)를 관장하는 명당이 멀고 좁은 것이 특징으로 부혈 보다는 귀혈이 많다.

❖ **비룡출동**(飛龍出洞) : 용이 날아서 골짜기 밖으로 나오는 형국. 청룡·백호가 날개처럼 보인다. 혈은 용의 코나 이마에 있고, 안산은 구름, 번개, 구슬, 금빛 날개 등이다. 강과 바다, 호수 등이 안(案)이 되기도 한다.

❖ **비문(碑文)글씨는 어떻게 기록하나**

• **비문(碑文) 전면 글씨**

[예] 處士○○○公 諱○○之墓
合葬인 경우
[예] 碑文 前面 글씨
處士○○○公 諱○○之墓
孺人○○○氏 祔左 祔右
[예] 通訓大夫行玉果縣監○○○公○○之墓

• **비(碑) 측후면(側後面)에 글씨**

[예] 公之諱-이름○○ 初諱-어릴 때 처음 이름○○ 字○○ 號○○ 姓氏○○○氏 官職○○

시조(始祖) 중 현조(懸祖) - 건(建)현조(顯祖) - 고증조(高曾祖) 부(父) 본인의 출생과정부터 성장 - 이력 부모에 대한 간략한 내력, 본인의 호, 사회 문중의 혜사(惠賜-○○○○) 자손 친손 또는 외손의 관직 사가의 유명 현조(顯祖) 등을 기록한다.

❖ **비문작성은 어떻게 하는가**

① 본인의 휘(諱-이름), 자(字), 호(號), 관직을 기록한다.
② 직계현조(直系顯祖-조상-할아버지)의 관직(官職-벼슬-이력-저서) 학위 등을 기록한다.
③ 본인의 출생과 성장과정, 수학 등을 기록한다.
④ 본인의 사친(事親-아버지) 성경(誠敬-부모를 섬기고 공경한 특별한 업적)을 기록한다.
⑤ 이력, 친족의 찬미, 행적, 관직, 족친간의 행의 등을 기록한다.
⑥ 숭조(崇祖), 애족(愛族) 육영(育英), 장학사업, 사회사업
⑦ 자손록(子孫錄)을 기재하고 특기할 사항 즉 자녀중 학별 등 찬양할만한 것을 부각한다.
⑧ 본인과 후손들의 번창하고 효우전가(孝友傳家)하며, 아름다운 찬사 등을 상세하게 한다.
⑨ 말미에 명을 쓰되 간략하고도 비문의 요지를 총집약술한다.

[예1]

◯◯◯◯ 處士 ◯◯◯氏之墓

公의 諱는 ◯◯이요 字는 ◯◯이요 號는 ◯◯요, 姓은 ◯씨요, 貫은 ◯◯이니 고려 ◯◯君 諱◯이 始祖이요, 朝鮮 ◯◯朝에 ◯◯府院君으로서 ◯◯朝에 左議政에 오르신 ◯◯先生 諱◯◯은 ◯◯代祖이시다. ◯祖의 諱는 ◯◯이요, ◯祖의 諱는 ◯◯이요, 祖의 諱는 ◯◯요, 考의 諱는 ◯◯이요, 號◯◯이요, 妣 ◯◯◯氏이니 ◯◯의 女이다. 公은 西紀◯◯◯◯年 ◯◯◯月 ◯◯日 ◯◯面◯◯里 ◯◯에서 출생하였다. 어려서부터 天姿가 준수하고 품성이 寬厚하여 事親敬長에 至恭至敬하였다. 초년에는 극도로 빈곤하였으나 書耕夜讀으로 百難을 극복하여 학문과 가업을 아울러 성취하였으니 公의 집념과 협력은 鄕黨宗族만이 아니라 사회인의 모범이 되었다. ◯년간 ◯◯◯◯◯를 재임하여 尊賢衛道에 정성을 다하였고, ◯◯◯중앙위원 및 ◯◯◯◯으로서 輔化敦風에 협력을 기울였고, ◯◯ 郡 ◯◯◯위원 및 ◯◯위원으로서 ◯◯◯과 ◯◯에 공헌한 힘이 크셨다. 公은 일생의 이력이 極貧極困에서 굳은 집념과 부단의 협력으로 가정을 일으키고 사회를 돕는 至重至大한 일을 다하시었다. ◯◯◯◯년 ◯◯년◯◯월◯◯일에 考終하시니 향년이 ◯◯세이었다. 임종에 즈음하여 자녀들에게 孝友敦睦과 溫順貞淑으로 조상유래의 家法을 지켜가라는 유언을 남기시고 유연히 운명하시었다. ◯◯◯◯ 後山 ◯坐에 안장하였다. 배위는 ◯◯◯씨이니 ◯◯의 女이다. 부덕이 높으시어 公에게 내조의 힘이 컸었다. 서기◯◯◯◯년◯◯◯월◯◯日生이요, ◯◯◯◯년 ◯◯◯◯월 ◯◯日卒이니 향년이 ◯◯세였다. 묘소는 公墓에 祔左이다. 2남 3녀를 두었으니 남은 長이 ◯◯, 次가 ◯◯이요, 女는 昌寧◯◯◯ 忠州◯◯◯, 全州◯◯◯에게 각각 出嫁하였다. ◯◯의 男은 ◯◯◯이요, ◯◯의 男은 ◯◯◯◯이다. 公이 돌아가신지 벌써 ◯년이 가까운지라 ◯◯◯公이 墓儀를 이룩하고자 하여 나에게 글을 請하니 固辭하기 어려워서 삼가 世系를 기록하고 이어서 銘曰孝悌仁厚로 世德을 이어 왔고 勤儉力行으로 가업을 이루셨다. 尊賢衛道에 지성을 다하였고 輔化敦風에 隱功을 세우시다. 賢子令孫이 대를 이었으니 積累의 餘蔭이 因果의 갚음이라. 돌을 세워서 幽狀을 기록하니 千秋百代에 길이 길이 남으리라.

西紀◯◯◯◯年 ◯月 ◯日

◯◯◯◯謹撰

◯◯◯謹書

[예2]

公의 諱는 ◯◯요, 字는 ◯◯요, 號는 ◯◯이며, 貫은 ◯◯氏 本第에서 탄생하시니 품성이 清直端雅하시고 儀表가 軒昂高潔하시며 處世에는 嚴正重厚하시고 治家에는 孝友敦睦으로 家品을 삼으시고 항상 자손들에게 훈계하시되 사람들은 이해와 榮辱에 본심이 흐려지면 사람의 도리를 지키기 어려우니 너희들은 항상 이것을 경계하라 하시고, 일생을 淳厚正直으로 일관하시고 자손들 교육에 힘쓰시다가 ◯◯◯◯년 ◯월 ◯◯일에 壽◯◯세로 생애를 마치시니 ◯◯郡 ◯◯面 ◯◯里坐에 안장하였던바 성묘의 편의를 도모하여 ◯◯◯◯년 ◯월 ◯일에 ◯◯山靈峯을 主龍으로 하는 부인의 墓塋인 ◯◯郡 ◯◯洞 뒷산 ◯坐에 雙墳으로 緬封하였다. 公은 新羅始祖朴赫居世王을 시조로한 제 54대 景明王의 ◯◯자 ◯◯대군을 貫祖로 하였으며 고려조에 戶長 ◯◯과 大將軍 ◯◯과 조선조에 호조좌랑 ◯◯, 현감 戶曹佐郎 ◯◯ 縣監贈吏曹判書 號◯◯◯인 ◯◯은 모두 선조이시다. 曾祖考는 ◯◯요, 祖考는 ◯◯이요, 아버지는 ◯◯이요, 어머니는 ◯◯◯이며 부인은 ◯◯◯씨 ◯◯의 따님으로 憲宗壬寅에 탄생하시니 유한한 태도와 정숙한 자질은 남으로 하여금 본받을 만하게 하였으며 舅姑에게 효도하고 부군에게 공경하며 兄弟族戚間에 友愛和睦하고 해로하시다가 ◯◯◯◯년 ◯월 ◯일 壽◯◯세로 서거 卒以天終하시니 ◯◯시 ◯◯동 뒷산 後◯坐에 안장하였다. ◯남 ◯녀를 낳으시니 맏은 ◯◯이니 通訓大夫 ◯◯◯郡守요, 다음은 ◯◯이니 宮內 中樞院議官이요, ◯◯의 아들은 ◯◯이요 ◯◯이며, 다음은 다 기록하지 못하였다. 公의 미덕과 선생은 다 기록하기 어려우나 公은 道義清廉과 强勒精神으로 身命이 다하도록 士道에 어긋남이 없으시니 진실로 짝하기 어려운 大人君子요 群鷄一鶴이라 할 수 있었다. 公의 증손인 ◯◯◯◯◯◯가 家狀과 譜牒을 가지고 나에게 비문을 청하기에 내가 비록 혼미하고 불문하나 서의, 감동하여 사양하지 못하고 文案을 詳考하여 위와 같이 서술하는 바이다.

서기 ◯◯◯◯년 ◯◯월 ◯◯일

밀양 ◯◯◯ 삼가 짓고 썼으며

증손(曾孫) ◯◯ 삼가 세우다

❖ **비보**(裨補) : 완벽한 혈(穴)은 없지만 용(龍)과 혈(穴)이 아무리 좋아도 주위 사각(砂角)이 흉하거나 물의 흐름이 빠를 수도 있는 경우 부족한 곳을 인위적으로 보충하는 것을 말함. 지명을 바꾸거나 나무를 심고 또는 탑과 비석을 세워 허(虛)한 곳이나 불길한 곳을 보충하는 것을 비법이라 한다.

❖ **비보풍수**(裨補風水) : 비보방살(裨補防殺)이라 하여 우리의 전통적인 지리사상이다. 즉 국토가 허하고 병이 들면 그곳에 절을 짓거나 탑을 세우고 바람을 막기 위해 방풍림을 심었다.

❖ **비봉**(飛鳳) : 봉황이 날개를 펴고 하늘 높이 날아오르는 형국. 산세가 매우 수려하며 경치가 빼어나서 혈(穴)은 봉황의 앞가슴, 움푹 들어간 곳에 있고 안산은 구름이다. 봉황형의 명당은 성인(聖人), 현인달사(賢人達士), 귀인(貴人)을 배출한다. 학문·문장이 출중하며 인품이 매우 훌륭하여 따르는 사람이 많다. 부(富)

와 귀(貴)가 저절로 들어와 관직에 나가는 자손들은 지위가 매우 높아지며 재상과 장상(將相)이 나온다. 왕후가 배출되기도 한다.

❖ **비봉귀소**(飛鳳歸巢) : 하늘을 날아다니던 봉황이 둥지로 내려앉는 형국. 청룡·백호가 둥지처럼 둥그렇게 휘감고 혈은 봉황의 가슴에 있으며, 안산은 짝이 되는 봉황, 혹은 구름이다.

❖ **비봉조가**(飛鳳跳架) : 봉황이 날개를 펴고 힘껏 활개쳐서 날아오르는 형국. 혈은 위쪽에 있고, 안산은 높고 뾰족한 산봉우리다.

❖ **비봉충소**(飛鳳沖霄) : 봉황이 머리를 치켜들고 하늘 높이 치솟아 오르는 형국. 혈은 봉황의 가슴 쪽에 있고, 안산은 구름이다.

❖ **비봉포란**(飛鳳包卵) : 나는 봉황이 알을 품고 있는 형국. 이 형국 또한 산세가 퍽 아름다워 청룡·백호가 잘 감싸줘서 아늑하기 그지없다. 혈은 봉황이 가슴 쪽 우묵한 곳에 있고, 안산은 알이다.

❖ **비석비토**(非石非土) : 혈토(穴土)는 비석비토에 있다. (마사토석벼례) 혈토에 가장 좋은 것은 부드럽고 가늘수록 좋다. 혈토는 비석비토에 거친 곳에서도 황골(黃骨)의 색상이 특이하게 좋은 것이다. 혈토의 색상이 밝은 곳에서 백골(白骨)이 이상적으로 속발(速發)하는 것은 모두 흙이 밝은 곳이다.

❖ **비석**(碑石)**의 명칭**(名稱) : 비석(碑石), 갈(碣), 가첨석(加添石 : 갈석 위 에 지붕 모양으로 얹은 돌)을 얹지 않고 머리를 둥글게 만든 작은 비석, 단표(短表)는 작은 비석, 현각(顯刻) 무덤 앞에 세우는 비(碑)를 말하며, 신도비(神道碑)는 임금이나 고관(高官)의 무덤 남동쪽에 남쪽을 향하여 큰 길가에 세우는 비석을 말한다.

❖ **비석**(碑石)**의 유래** : 비는 엄격히 구별하면 돌을 깎아 글을 새겨서 세운 돌이라는 의미로 비는 각이 진 모난 형태의 것을 말하며, 비석 위에 첨가석을 얹지 않고 머리를 둥글게 만든 작은 비석을 갈(碣)이라고 한다. 비는 고대 중국의 제후, 사대부의 집이나 학교의 마당에 세워 해그림자를 헤아리던 돌에서 유래됐다고 한다. 그런데 묘 옆에 세우는 비라는 뜻은 세운 나무라는 의미도 있으며, 옛날 귀족이 관을 하관할 때 광중의 사방에 나무를 세워 도르래 장치로 관을 내리기 위해 사용한 나무기둥 혹은 돌기둥이라는 뜻도 있다. 옛날 비석은 모두 둥근 구멍이 있어 장사지낼 때 구멍에다 둥근 끈을 꿰어 하관에 사용했던 것으로 후대로 내려오면서 이러한 비의 의미는 사람의 공덕을 기록하여 세운 돌이라는 뜻으로 변해 현재에 이르렀다. 그 중 신도비(神道碑)는 죽은이의 평생 사적을 기록한 것으로 능이나 묘의 앞 또는 들어가는 무덤길 동남쪽에 세우는데 조선조 때는 2품 이

상의 관직이라야 신도비를 세울 수 있었다. 조선조 문종은 신도비를 법으로 정해 아무나 세우지 못하게 했으며, 공신이나 유학의 대가에게는 왕명으로 신도비를 세우게 하기도 했다. 신도비와 묘비는 이름은 다르지만 본질은 같은 것으로 묘소 동남쪽에 자리잡아 세운다. 풍수지리설에 따르면 조상의 신주를 모시는 차례에서도 모시는 방향이 북쪽을 등지고 남쪽을 향하여 그 출입도 남으로 모셔 나오고 모셔 드는 이유와 같다고 한다.

❖ **비석의 위치** : 비석은 묘지 봉분에서 삼합의 방위로 입석(立石)하지만 주변 사(砂)가 부족하면 보완하기도 한다.

❖ **비술**(秘術) : 비법으로 내려온 술법.

❖ **비아박옥**(飛鵝泊屋) : 하늘에서 날아다니던 거위가 집으로 돌아와 날개를 접고 있는 형국. 거위 뒤에 집이 있고 앞에 물이 감돌아 흐르며, 혈은 꼬리 쪽에 자리잡고, 안산은 들에 사는 여우, 혹은 새장이다.

❖ **비아투수**(飛鵝投水) : 하늘을 날던 거위가 물고기를 잡기 위해 물속으로 들어가는 형국. 앞의 시야가 훤하게 탁 트여 전망이 아름답고 깨끗하며 앞에 호수가 있거나 큰 물이 감돌아 흐르기도 한다. 혈은 부리 위에 있고 안산은 물고기, 혹은 여우다. 안산이 얌전하고 바르게 생겼다.

❖ **비안하전**(飛雁下田) : 하늘에서 날아다니던 기러기가 논이나 밭으로 내려온 형국. 기러기 형국의 명당도 어질고 온화한 자손들을 배출하는데, 형제간에 우애가 매우 깊으며 다른 사람들과도 사이좋게 지낸다. 혈은 기러기의 무릎뼈 위에 있고, 안산은 그물이다.

❖ **비옥한 땅** : 옛부터 감수토비(甘水土肥)의 장소가 사람이 살 만한 곳이라고 했다. 물이 달고 토지가 비옥해야만 사람이 살기에 알맞다는 뜻이다. 또 경지의 좋고 나쁨은 생산성으로 이어지고 있다. 생산성은 비옥도에 비례하므로 옥토가 인간사회에서 추구하는 환경 조건이다. 흔히 문전옥답(門前沃畓)으로 표현하는데 대문 앞의 논을 대대손손을 상속의 자산으로 중요시 하는 것도 토질이 비옥한데 연유한다. 비옥한 땅이야말로 오곡(五穀)이 잘 자라고 목화가 잘 재배 되는 곳이다.

❖ **비위**(妣位) : 돌아가신 어머니로부터 그 이상의 대대의 할머니의 위를 말함.

❖ **비응축토형**(飛鷹逐兎形) : 비응축토형은 하늘을 나는 매가 토끼를 쫓는 형상이고 비응탁사형은 매가 뱀을 쪼는 형상이다. 주산은 매와 같은 형상의 매봉, 응봉이어야 하고, 안산은 토끼나 뱀에 해당 되는 사격이다. 매형국은 자손들이 용감하고 강직하며 부귀를 얻는다.

❖ **비아형**(飛蛾形), **누에형도 괘등형**(掛燈形)**은 괴혈**(怪穴)**이다** : 가파르게 래(來)하다 갑작스레 판판한 곳이 괴혈이다. 판판한 용(龍)이 문득 두두룩하게 솟은 곳이 괴혈이다. 또한 사(砂)가 부족하여 수(水)로 대신해 준 곳이 괴혈이다.

❖ **비인**(非人) : 그릇된 사람. 잘못을 저지르는 사람.

❖ **비전**(秘傳) : 청룡·백호가 완비되고 있는 것이 자연스럽고, 하관시 충분히 역할을 담당하고 취수(聚水)하는 작용이 강한 것을 말함.

❖ **비주사**(飛走砂) : 맏아들이 요절하고 온 가족이 야간도주하는 일이 생기는 형국.

❖ **비천록**(飛天祿) : 묘지의 좌가 자오묘유(子午卯酉)면 건방(乾方)

이 비천록 자리다. 인신사해좌(寅申巳亥坐)의 비천록 자리는 곤방(坤方)이다. 진술축미좌(辰戌丑未坐)의 비천록 자리는 손방(巽方)이다. 각각의 좌에 맞는 비천록 자리에 높고 수려한 봉우리가 있으면 비천록을 얻은 게 된다.

❖ **비천룡**(飛天龍) : 용이 하늘에서 날아다니는 형국. 앞에 수많은 산봉우리들이 겹겹으로 펼쳐져 있어 구름 형상으로 용이 구름 위에서 노니는 형국. 혈은 용의 코나 이마에 있고, 안산은 구름이다.

❖ **비천삼살**(飛天三殺)

申子辰年 : 巳酉丑宮,

巳酉丑年 : 寅午戌宮,

寅午戌年 : 亥卯未宮,

亥卯未年 : 申子辰宮

유년태세가 무진년(戊辰年)이라면 사(巳)와 유(酉)와 축(丑) 자리가 비천삼살궁(飛天三殺宮)이라 한다.

❖ **비천오공**(飛天蜈蚣) : 지네가 하늘을 나는 형국. 지네의 마디마디가 매우 힘차게 보이며, 약동감이 넘쳐 흐른다. 혈은 지네의 입 가운데에 있고, 안산은 노래기 같은 벌레들이다.

❖ **비탈 끝머리에 집을 짓는 경우가 있다** : 대문 앞으로 비탈이 곧바로 내려와 지세가 매우 험악하다. 풍수학적으로 길은 물에 해당한다. 비록 물이 재물을 나타낸다고는 하지만 끊임없이 흘러내리는 물이 비탈을 따라 곧 바로 대문을 향해 들어온다면 화가 미칠 것이다. 이때에는 대문 밖에 1, 3, 5, 7개의 층계를 쌓아 강한 물살을 완화시킨다. 보이지 않는 물살이 계단에 부딪히면 그 기세가 매우 약해지므로 더 이상 화를 일으키지 못하게 된다. 그러나 한 가지 주의할 것은 계단의 개수가 홀수가 적합하며 짝수는 좋지 않다.

❖ **비탈진 곳에 주택지는 좋지 않다** : 인걸(人傑)은 지령(地靈)이라 좋은 산천에서 명석(明晳)한 인물이 나는 것은 너무도 당연한 것으로 대자연의 이치와 섭리이다. 비탈진 곳에 주택지는 좋지 않으며 주택 정면에 뾰족한 산언덕도 오폐수인 연못 등이 있는 주택은 좋지 않은 주택이다.

❖ **비학등공형**(飛鶴騰空形) : 학이 하늘로 날아오르는 모습을 연상시키며 혈이 높은 곳에 있는 형국으로 비룡입수(飛龍入水)한다. 혈 아래에 있는 산들이 마치 구름 같아야 한다.

❖ **비학포란**(飛鶴抱卵) : 하늘을 나는 학이 알을 품고 있는 형국. 청룡·백호가 길게 뻗어 둥지 역할을 한다. 혈은 학의 가슴에 자리잡으며, 안산은 알이다.

❖ **비호**(飛虎) : 호랑이가 날아가듯 치달리는 형국. 혈은 호랑이의 이마에 있고, 안산은 호랑이가 쫓아가는 짐승이다.

❖ **비혹투호**(飛鵠投湖) : 날아가던 고니가 물고기를 잡기 위해 호수에 몸을 던지는 형국. 주산(主山) 앞에 큰 못이나 호수가 있으며, 혈은 고니의 부리 위에 자리잡고, 안산은 물고기다.

❖ **비화**(比和) : 좌우가 균등한 것.

①비화는 청룡·백호 두 산줄기가 똑 고르게 생긴 것으로 둘의 크기와 높이가 비슷하며, 서로 다정한 모습으로 솟아 있다. 이렇게 청룡·백호가 똑같이 좋고 비슷하게 생기면, 모든 자손이 골고루 복(福)을 누리고 총명한 자손이 나와 과거에 급제하며, 집안이 화평(和平)하다.

② 청룡과 백호가 서로 교쇄하여 화합된 모양.

③ 같은 오행끼리 만난 것으로 金과 金이 비화, 木과 木이 비화, 火와 火가 비화, 土와 土가 비화, 水와 水가 비화다.

❖ **비화자형제**(比和者兄弟) : 나와 같은 오행은 육친관계로 형제다.

木 : 木　火 : 火　土 : 土　金 : 金　水 : 水

❖ **빈**(頻) : 자주. 여러 번.

❖ **빈**(賓) : 혈앞의 조산(朝山)을 말함.

❖ **빈곤한 형의 주택** : 첫째, 집은 높다랗고 터는 협착(좁은 터)한 것. 둘째, 터는 넓고 집은 낮게 웅크린 것. 셋째, 대들보나 기둥이 너무 크고 길어 본 골조 밖까지 튀어나온 것. 넷째, 앞채는 안집으로 사용되고 뒤채가 바깥채로 쓰이는 것. 다섯째, 좌우의 옆채가 본채보다 길다란 것. 여섯째, 앞뒤의 옆채가 본채보다 길다란 것 등은 집안에 곤란과 고생 빈한과 궁색의 재앙과 풍파가 발생되는 흉액지상이다.

❖ **빈궁사**(貧窮砂) : 주룡이 허약하고 청룡·백호가 비주(飛走)하는 주변의 사격이 무질서하게 복잡하고 명당은 경사가 심하게 기울어졌으며 수구는 관쇄되지 않고 넓게 벌어져 있는 형국. 이러한 곳에서는 가난과 궁핍을 면할 수 있다.

❖ **빈룡**(貧龍) : 가난해지는 용으로 벌레처럼 조잡하여(蠢粗) 혈(穴)이 노출되고 목성수(木星水)나 사비수(斜飛水)로 달아나서 관란(關欄)함이 없으면 기(氣)가 흩어져서 바람이 불어 그치지 않는 형국을 말한다.

❖ **빈자관자**(賓字冠者) : 관례의식 절차의 하나. 삼가와 초가가 끝난 뒤 하는 마지막 절차로서 관자에게 자를 지어 주는 의식. 자를 받은 관자는 답사를 읽고 나서 점을 한 다음 사당에 재배하고 나와 부모님과 여러 어른을 뵙는다.

❖ **빈주**(賓主) : 조종산(祖宗山)과 혈장(穴場)을 손님과 주인으로 비유한 말. 서로 믿고 맞을 수 있는 인연을 뜻함.

❖ **빈쪽에 창문을 만들어서는 안 된다** : 이웃집과 딱 붙어 있는 것 같은 집은 그쪽의 벽에 창문을 만들어서는 안 된다.

❖ **빈혈**(貧穴) : 열 개의 빈혈(貧穴) 중에 아홉 개는 관란(關欄)이 없다. 사(砂)는 사비(斜飛)하여 달아나고, 수(水)는 직거(直去)하여 환포(環抱)하지 않는다. 용맥(龍脈)은 비껴 달리고 청룡과 백호는 배반(背反)하고 태식잉육(胎息孕育)이 풍한(風寒)을 받는다. 목성수(木星水)나 임두수(淋頭水) 또는 할각수(割脚水)가 들어오고 파기(簸箕)로 흘러나가면 살림살이와 전장(田庄)이 없어진다. 자칫 잘못하여 이런 살성(殺星)이 침범하면 대대로 빈한(貧寒)하여 객지를 떠돈다.

❖ **빙렴**(氷濂) : 혈지의 광중이 한냉하여 체백이 꽁꽁 얼거나 유체(遺體)가 육탈(肉脫)되지 않고 시체 그대로 있는 것. 이 역시 음습한 북향냉곡에 드물게 나타나는 현상으로 병고와 손재와 송사가 있게 된다.

❖ **빙소와해일**(氷消瓦解日) : 월가흉신(月家凶神)의 하나. 마치 얼음이 녹아 허물어지듯 한다는 날. 담이나 성(城)을 쌓는 일, 제방을 쌓는 일, 건물을 세우는 일 등에 모두 피해야 한다.

1월 : 巳日, 2월 : 子日, 3월 : 丑日, 4월 : 申日

5월 : 卯日, 6월 : 戌日, 7월 : 亥日, 8월 : 午日

9월 : 未日, 10월 : 寅日, 11월 : 酉日, 12월 : 辰日

❖ **빛의 힘으로 운기를 상승시킨다** : 인간이 생활하는데 있어 빛은

절대로 없어서는 안 될 요소다. 풍수에서도 빛은 주변의 기를 활성화해 주는 중요한 것이다. 채광이 충분하다는 것은 운기가 좋은 집이 반드시 갖추어야 할 필수 조건이다. 거실의 창문 등은 자연 빛이 많이 들어오도록 가능하면 크게 만드는 것이 좋다. 조명은 형광등 보다는 백열등을 권한다. 형광등은 전자파가 많고 집중력을 흐트러지게 하며 우울하고 게으르게 만드는 등 심리적으로 좋지 않은 영향을 미친다. 그에 비해 음이온을 방출하는 백열등은 사람의 마음을 편안하고 풍요롭게 하는 작용이 있다. 그러므로 거실이나 가족이 머무는 방의 조명은 반드시 백열등을 이용하는 것이 좋다.

❖ **밝은 현관으로 재물 운이 들어온다**: 현관은 단순히 집의 입구일 뿐만 아니라 재물이 들어오는 입구이기도 하다. 햇볕이 들어오는 밝은 현관과 눅눅하면서 조금 어두운 듯한 현관 중 어느 쪽으로 들어가고 싶은가 물어 볼 것도 없이 밝은 현관일 것이다. 재물운도 마찬가지다. 재물운을 높이고 싶다면 먼저 집의 현관을 밝게 해야 한다. 방위나 집의 설계 구조상 햇볕이 들어오지 않는 현관은 조명을 이용해 밝게 하면 된다. 그것도 쉽지 않다면 자연채광을 대신하여 태양 그림이나 사진을 장식 하는 것도 좋다. 이는 반짝 반짝 하는 태양의 기를 받아들인다는 의미다. 그렇게 하기 위해서는 현관과 그 주변을 항상 깨끗하게 유지해야 한다.

❖ **빨간색은 따뜻한 기(氣)를 발산한다**: 청색은 차가운 기를 발산하고 녹색은 푸르고 생동적(生動的)인 기를 발산하며 뾰족한 물체는 날카로운 기를 둥근 물체는 원만한 기를 발산 하는 것이다.

❖ **뼈대 있는 집안, 풍수서 연유**: 땅의 영기를 받는 것은 시신의 육체가 아니라 뼈라고 생각하는 것이 풍수지리설의 근본정신으로 조선조 말기에 이르러서 묘를 쓴지 3~4년 내에 꼭 이장하는 풍속이 행해져 왔음은 바로 육탈과정을 확인하기 위한 것이었다. 시신이 깨끗이 육탈되어 뼈에 기름기가 흐르며 누렇게 보존되어 있으면 황골(黃骨)이라고 해서 명당으로 치고 이장을 중지했지만 뼈가 하얗게 되고 부석거리면 바람을 맞았다는 풍렴(風廉)으로 간주하여 아주 흉지(凶地)라고 생각했다. 그리고 까맣게 되어 있으면 화렴(火廉), 물이 들어 있으면 수렴(水廉), 얼었으면 빙렴(氷廉), 벌레들이 있으면 충렴(蟲廉), 나무뿌리가 들어와 있으면 목렴(木廉)이라고 하여 모두 흉지로 보았다. 예로부터 사람들은 죽어도 이승에서와 같이 계속 저 세상살이를 하는 것으로 믿어 시신의 뼈를 가장 중요시하고 있음을 알 수 있다. 이런 생각은 새로운 재생을 통해서만 가능한데 재생부활은 뼈가 있어야 된다고 보고 뼈 없이는 아무 것도 이뤄지지 않는다. 오늘날에 와서도 〈뼈대 있는 집안〉을 들먹이는 이유는 바로 이런 사상 속에서 나온 것이다. 특히 풍수지리설에서는 뼈가 땅의 영기를 받으면 그 기(氣)가 같은 기 즉, 동기(同氣)간으로 간다고 생각했다. 산 사람도 땅의 기를 받는데 산 사람은 활동을 하기 때문에 소모하지만 죽은 사람은 움직이지 않기 때문에 그 기가 모이게 되며, 모여서 넘치면 갈 곳이라고는 그 후손, 즉 동기에 간다고 생각하는 것이다. 이때 조상의 뼈가 좋은 기를 받아 후손에 미치면 후손이 좋게 되지만 나쁜 기를 받으면 후손도 나빠진다고 보았다. 이와 같이 뼈를 숭상하는 사상에서 발생된 것이 지금도 일부 지방에서 전해져 오는 초분(草墳)이다. 초분을 가장(假葬)하고 본장(本葬)을 치루기도 하였다.

❖ **뾰족한 산은 좋지 않다**: 집 뒤에 뾰족한 산이 있는 것은 좋지 않다. 특히 그 산에 내(川)가 흐르고 있고 아침부터 밤까지 그 물소리가 들려온다면 사람은 불안감에 휩싸이게 된다.

❖ **사**(沙) : 묘지 주변의 형세를 뜻하는 것으로 지상술(地相術)이 전해 내려오면서 모래(沙)를 가지고 그 형세를 그려 왔으므로 산수의 형세를 부를 때 사(沙)라고 한다.

❖ **사**(巳) : 12지(支)의 6번째. 지지(地支) 사(巳)로 구성되는 60갑자(甲子)는 기사(己巳), 신사(辛巳), 계사(癸巳), 을사(乙巳), 정사(丁巳)의 5가지가 있다. 사(巳)는 음화(陰火), 색은 적색(赤色), 방위는 남(南), 절기는 맹하(孟夏 : 첫 여름) 즉 4월에 속한다. 사(巳)는 동물에 비유하면 뱀에 속한다. 사(巳)는 선천수(先天數)가 2, 후천수(後天數)가 7이다. 사(巳)는 신(申)을 만나면 사신(巳申)으로 6합(合)하여 5행(五行)은 수(水)가 된다. 유축(酉丑)을 만나면 사유축(巳酉丑) 3합(三合)하여 5행(五行)은 금(金)이 된다. 사(巳)는 유(酉)나 축(丑)을 각각 만나도 사유(巳酉), 사축(巳丑)으로 반회합(半會合)하여 역시 금(金)이 된다. 사(巳)는 해(亥)를 만나면 사해(巳亥) 상충(相沖)이다. 신(申)을 만나면 서로 형(刑)하거나 서로 파(破)한다. 사(巳)는 인(寅)을 만나면 서로 해하고 서로 뚫는 성질이 있다. 술(戌)과는 원진(怨嗔)이 된다.

陰陽	五行	先天數	後天數	三合	六合	沖	刑	破	害	怨嗔
陰	火	四	二	酉丑	申	亥	申	申	寅	戌

❖ **사**(死) : 12운성(運星)의 8번째, 포태법(胞胎法)의 11번째. 오행이 이 사궁(死宮)에 들면 그야말로 그 힘이 죽어 꼼짝하지 못한다.

[12운성]

五行	木		火		土		金		水	
死	午		酉		酉		子		卯	
日干	甲	乙	丙	丁	戊	己	庚	辛	壬	癸
死	午	亥	酉	寅	酉	寅	子	巳	卯	申

[포태법]

年日	申子辰 水	巳酉丑 金	亥卯未 木	寅午戌 火
死	卯	子	午	酉

❖ **사**(瀉) : 쏟아지다.

❖ **사**(似) : 상(象)을 말함. 같은 형상.

❖ **사**(斜) : 한쪽이 높으면 다른 한쪽은 낮은 상태. 굽어서 뒤틀린 모양. 삐뚤어진 모양.

❖ **사**(蛇) : 살아서 움직이는 듯하고 몸체가 길게 생긴 모양.

❖ **사**(獅) : 몸은 작고 머리는 크며 금수체(金水體)로 몸집을 만들고 머리는 모나게 토체(土體)로 맺는다.

❖ **사**(砂) : 지리학의 술어. 혈(穴)을 중심으로 하여 전후좌우에 나열된 산, 물, 암석, 지형, 건물, 수목 등 모든 환경조건을 말함.

① 혈을 둘러싸고 있는 산봉우리들을 모두 사라고 부른다. 산봉우리는 그 생김새에 따라 품고 있는 기운이 달라진다. 옛 사람들은 풍수지리학을 가르칠 때 모래와 흙으로 산의 모형을 만들었다. 그래서 산봉우리들을 사라 부르게 된 것이다.

② 사(砂)는 혈(穴) 주위를 싸고 있는 모든 산을 총칭하여 일컫는 말이다. 좌청룡(左青龍), 우백호(右白虎), 후현무(後玄武), 전주작 (前朱雀) 등을 비롯하여 멀리 나성수구금요관귀(羅城水口禽曜官鬼)등 국세(局勢)에 관계하고 있는 모든 산을 사(砂)로서 취급한다. 풍수지리에서는 혈(穴)을 주인으로 삼고 사(砂)를 호위하는 시종으로 삼기 때문에 사(砂)의 태도에 따라서 길흉(吉凶)이 결정된다. 따라서 용혈(龍穴)이 좋아야 함은 물론이지만 사(砂)가 흉하면 혈(穴)이 아무리 좋아도 큰 발복은 없게 된다. 양택(陽宅)에서도 마찬가지여서 산이 밝으면 사람이 현달(顯達)하고 산이 어두우면 사람도 어리석고, 산이 수려하면

사람이 수복(壽福)하고 산이 첨악(尖惡)하면 살상(殺傷)을 좋아하고, 산이 물을 따라 달아나면 사람이 오랫동안 안정(安定)하고 살지를 못하니 이 모두 사(砂)의 작용이다.

③ 사(砂)는 미악(美惡)을 보고 판단한다. 바르고 둥글고 피부가 곱고 다정하며 광채가 나는 것을 길사(吉砂)로 치고, 깨지고 패이고 기울어지고 추악하고 무정한 것을 흉사(凶砂)라 한다. 또 용혈(龍穴)은 좋은데 사(砂)가 따르지 못하면 사람은 똑똑하나 출세가 없고, 혹 귀(貴)를 한다 해도 이름을 내지 못하며, 사(砂)는 훌륭하나 용혈(龍穴)이 따르지 못하면 외손(外孫)과 양자(養子)쪽으로 발복(發福)은 있으나 본손(本孫)이 어리석게 된다.

④ 사(砂)란 혈판(穴坂)을 중심으로 하여 전후좌우에 나열되어 있는 크고 작은 산봉(山峰)을 포함하여 암석, 수목, 건물, 도로, 강, 바다, 호수, 평야, 구릉(丘陵) 등을 말한다. 사(砂)에는 청룡(青龍), 백호(白虎), 현무(玄武), 주작(朱雀), 금상(金箱), 옥인(玉印), 금대(金帶), 옥대(玉帶), 창고(倉庫), 기고(旗鼓), 홀기(笏記), 녹마귀인(祿馬貴人), 천마(天馬), 문필봉(文筆峰), 귀봉(貴峰), 일(日), 월(月), 관귀(官貴), 금(禽), 요(曜), 한문(焊門), 쇄(鎖) 등을 총칭하여 사(砂)라 하며, 이외에도 많은 사(砂)가 있다. 모든 사(砂)는 용신(龍身)이나 혈장에 이롭거나 해롭거나 영향을 주는 것이니 길흉상(吉形相)이든 흉형상(凶形相)이든 혈장에 조립되어 있는 모든 것은 사(砂)가 된다. 모든 사(砂)가 혈(穴)을 향하고, 받들고, 맞이하고, 호위하고, 광화수려(光華秀麗)하며, 유정(有情)하면 길사(吉砂)가 되는 것이고, 사(砂)가 추악(醜惡)하고, 핍박하고, 삐뚤어지거나, 등지고 배반하며, 한편으로 치우쳐서 무정(無情)하면 흉사(凶砂)가 된다. 사(砂)는 용신(龍身)을 보존하고 명혈(明穴)을 조응(照應)하고 환포(環抱)하여 명당을 아름답게 하는 것이니, 만약 용신(龍身)이 보존받지 못하면 밖으로부터 많은 충(沖)을 받을 것이니, 불길하고 명혈(明穴)이 조응(照應)되지 않고 환포(環抱)되지 않으면 명기(明氣)가 산기(散氣)되어 혈(穴)로서의 자질은 상실될 것이다. 많은 사격 중에 상사격(上砂格)은 혈장의 위에서 밑으로 내려오면서 혈장의 생기(生氣)를 좌우에서 환포(環抱)하여 혈장(穴場)을 보존하는 사격을 말하고, 하사격(下砂格)은 혈장의 아래에서 혈장을 빠져나가려는 물을 가로막아 멈추게 하여 혈장을 보존하는 사격을 말한다. 모든 사(砂)는 용혈(龍穴)을 아름답게 하고 흉하게도 한다. 그리하여 용(龍)과 혈(穴)을 배반하고 억압하고 까지고 부서지고 하면 흉사(凶砂)가 되고, 용(龍)과 혈(穴)을 맞이하여 조배(朝拜)하고 순종하면 아름답게 하면 길사(吉砂)가 된다.

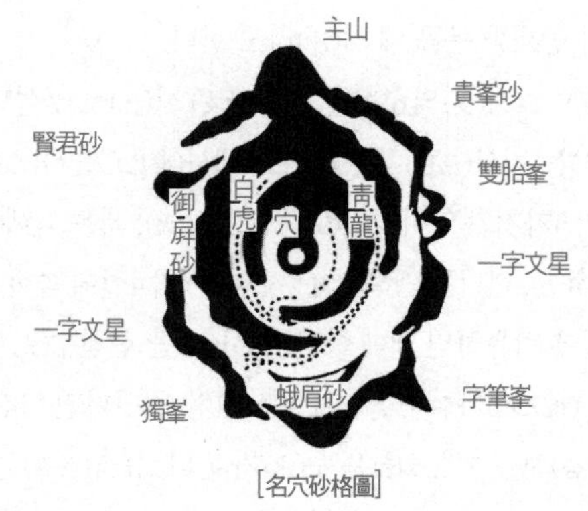

[名穴砂格圖]

❖ **사(射)** : 뾰족하여 혈장을 옆에서 충하는 것.(귀양을 가거나 침맞는 환자가 많다.) 물이 심장을 치고 들어오는 모양. 또는 좌우의 옆구리를 화살이 쏘고 들어오는 모양.

❖ **사(事)** : 영사, 감사, 판사, 지사, 동지사 등의 관직은 관사 위에 영, 사는 관사 밑에 쓴다.

❖ **사가 끊어지면** : 청룡·백호가 절단되면 그의 자손들이 단절된다.

❖ **사(砂)가 둥근 것은** : 둥근 것은 부자(富者)로 보고 용수(聳秀)한 것은 귀격(貴格)으로 보는 것이며 부귀쌍전(富貴雙全)의 발복이 오래 갈 것이다.

❖ **사(砂)가 허술하면** : 사방의 산이 허술하고 광주리 같은 흉(凶)한 몰골의 산이다. 이런 사가 정면을 보이면 사람이 상하고 재산(財產) 파(破)하여 빈한하여 걸인이 된다.

❖ **사각(砂角)** : 혈성(穴星)의 전후좌우에 있는 산과 물을 뜻함. 청룡·백호도 사(砂)에 해당되며 안산(案山)·조산(朝山)도 역시 같다. 보통 4신사(四神砂)라 할 때 좌청룡(左青龍)·우백호(右白虎)·안산(案山)·주작(朱雀)·부모산(父母山:玄武)이 이에 속하며 동서남

북에서 혈장을 보호하고 있다. 하수사(下手砂), 수구사(水口砂) 등도 사(砂)에서 나온 것으로 본래 대개 길흉화복(吉凶禍福)은 주위의 사(砂)를 보고 판단한다. 초(初)와 정(正) 매 시간의 1시간 전체를 말함. 1각(一刻)은 15분이니 4각(四刻)은 60분이다.

❖ **사각건**(四脚巾) : 상제가 소렴 때로부터 성복(成服) 때까지 머리에 쓰는 건(巾). 두건과 같으나 위를 막지 아니하고 네모지게 만들었음.

❖ **사각형의 집** : 가장 보편적인 집 모양. 많은 주택이 이 형식을 취하고 있으며 어디나 존재한다. 현인이 자랄 가능성이 있으며 이곳에서 자란 아이들은 곧 취직의 덕을 보고 더욱 출세가 기대된다. 또 일반사람의 주거에 이상적이며 경제적으로도 안정된다.

❖ **사간금**(四看金) : 네 번째는 진술축미(辰戌丑未)의 금(金)을 보는 것. 진술축미(辰戌丑未)는 누워 있어서 개장(開帳)을 하고 돌기도 하며 기복을 좌우하기도 한다. 이 같은 힘을 가지고 있으니 누워 있는 곳이 빈약하다면 제대로 일어서지도 못하게 되니 누워 있는 곳은 땅이 기름지게 하여 힘이 축적되어야 한다.

❖ **사강맥**(四强脈) : 을신정계(乙辛丁癸)로 오는 용. 천지의 난위(亂位)이며 전쟁터의 난장(亂將)과 같다. 혹은 운(暈) 혹은 돌(突) 혹은 요(凹)한데 언제나 수석을 동반한다. 입수에서는 돌(突)하면 가짜고 누워 있으면 진짜다. 산봉우리는 수형(水形)이다. 지연요이열맥(只連凹而裂脈)하여 4금(四金:四藏脈을 뜻함)을 만나면 넓어진다.

❖ **사격**(砂格)

① 사격은 혈지(穴地) 부근에 보이는 모든 산·물·돌의 길흉상태를 말하며, 산의 형상이 아름답고 수려한 형태를 길사(吉砂)라 말하며, 험준하고 추악하고 가파르고 깎이고 돌 암석이 많은 산을 흉사라 한다. 길흉의 판별로서 혈의 화복을 논하는 것이나 사법의 중요한 근본이 그 혈의 자체에 있는 것이다. 화복(禍福)을 논하는 방법은 우선 혈체(穴體)를 살펴 대소지(大小地)의 등차(等差)를 판별하고 길흉사격(吉凶砂格)과 아울러서 문무부귀(文武富貴)와 흥망성쇠를 추산하는 것이다. 부귀화복의 분별법은 모든 사에 양명(陽明)한 것은 귀함으로 보고 후덕한 사(砂)는 부(富)한 것으로 본다. 사격은 한 형상에 문무부귀가 다 있는 것으로 간주하되 사격이 멀리 있으면 후대에 발복하고 가깝게 있으면 당대 발복으로 본다(중첩의 한 겹을 1대 30년으로 추산한다). 사격의 형상이 웅장한 것은 높은 벼슬이 날 것이고 암석으로 된 사격이 빛이 나는 것은 왕기가 서리는 영기이니 제왕사격으로 볼 것이다. 천을태을(天乙太乙)로 용수(龍秀)한 것은 성현군자가 나며 적게라도 아름다운 형상을 이룬다면 향촌의 어른이 나는 것이다. 또 혈체에 귀성이 부사(附砂)되거나 귀암(貴岩)이 노출되는 것은 하나의 사격에 발복시효를 30년을 부가하는 것이다. 흉사간법(凶砂看法)에 있어서 무기력하여 음습(陰濕)한 것은 요수(夭壽), 질병, 재패(財敗), 비천자(卑賤者)가 나는 것이고, 험준한 것은 관재(官災), 재산도패(財產倒敗), 오사(誤死) 등이 있고, 추악한 것은 음란, 질병, 불구, 처궁(妻宮)이 불리하다. 묘소 부근의 추한 난석(亂石)은 가정불화로 하루아침에 파산한다. 묘소 좌우가 험난한 것은 본외손(本外孫)이 방탕하고 불효하고 불구자나 비천자(卑賤子)가 나며, 추악한 산으로 파국(破局)된 것은 빈궁(貧窮), 정신질환, 도적자손이 나며 걸식자가 난다. 사법(砂法)의 대의(大義)는 걸(乞)로서 결혈(結穴)된 혈상(穴象)이 위주가 된다. 결혈(結穴)이 완전하다면 흉사(凶砂)의 몇 점은 전화위복이 되고 특히 명혈대지(明穴大地)에는 혹 충사(沖砂)가 있는 것이 길(吉)한 변화가 생겨 발재발귀(發財發貴)가 더욱 큰 발복을 부른다.

② 혈좌(穴坐)의 전후좌우에 있는 산·물·암석·흙·언덕·도로 등을 총칭함. 만일 사(砂)가 흉방(凶方)에 있다 해도 여러 사(砂)가 길하면, 비유하건대 귀인이 임좌(臨座)하면 비록 흉인이 있다 해도 귀인의 위엄에 눌려 꼼짝 못하는 것 같이 흉변위길(凶變爲吉)되어 무방하다. 또는 사(砂)가 미인 같아도 귀천이 종부(從夫) 사수(砂水)라 하니 사(砂)보다도 수(水)가 제일로서 이 사수(砂水)로 자손 장래의 길흉을 알 수 있다. 사(砂)의 위치는 혈(穴)에서 생왕과 녹존(祿存)과 임관방(臨官方)이 길방(吉方)이 된다.

❖ 사격가(砂格歌)

① 길(吉)한 사격가(砂格歌)

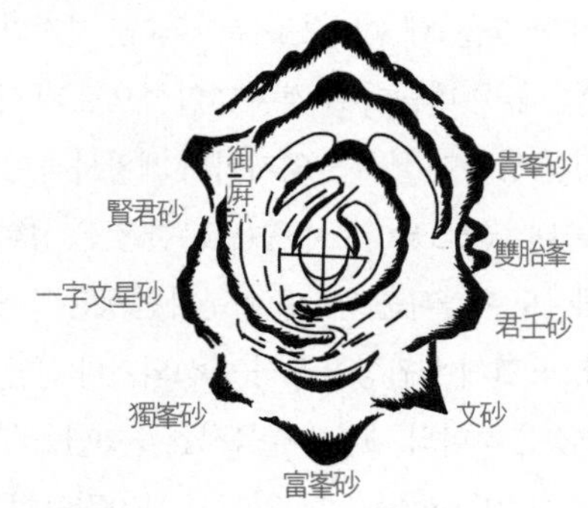

- 군왕사(君王砂) : 제왕후가 난다. 극귀사(極貴砂)
- 어병사(御屛砂) : 제왕비(帝王妣)가 난다.
- 현군사(賢君砂) : 성현군자(聖賢君子)가 난다.
- 일자문성사(一字文星砂) : 장상급이 배출된다.
- 부봉사(富峯砂) : 거부자손(巨富子孫)이 난다.
- 문필사(文筆砂) : 명필문장(名筆文章)이 난다.
- 아미사(蛾眉砂) : 미인자손이 난다.
- 귀봉사(貴峯砂) : 군수급 이상의 官長이 난다.
- 쌍태봉사(双胎峯砂) : 쌍둥이 출산한다.
- 독봉사(獨峯砂) : 향촌(鄕村)의 어른이다.

② 흉(凶)한 사격가(砂格歌)

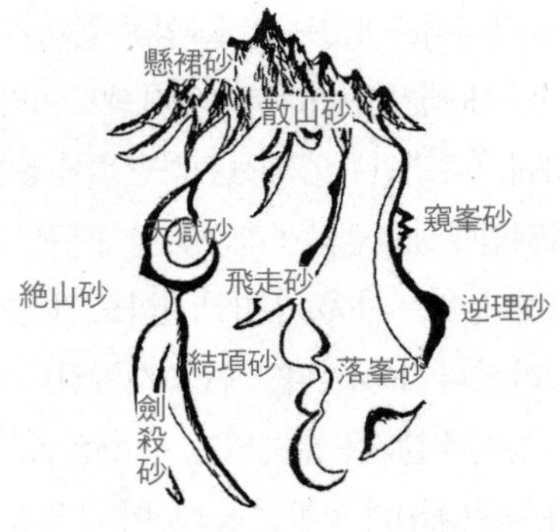

- 규봉사(窺峯砂) : 도적자손(盜賊子孫)이 난다.
- 현군사(縣裙砂) : 불구·음탕자손이 난다.
- 산산사(散山砂) : 가산도패하고 불효자손이 난다.
- 비주사(飛走砂) : 야도주자(夜逃走者)가 난다.
- 천옥사(天獄砂) : 옥사·압사·차사고가 난다.
- 절산사(絶山砂) : 무후절손(無後絶孫)한다.
- 검살사(劍殺砂) : 교통사고가 많다.
- 결항사(結項砂) : 결항오사(結項誤死)
- 역리사(逆理砂) : 불효불충에 역적자가 난다.
- 낙봉사(落峯砂) : 낙사자(落死者)가 난다.

③ 사격(砂格)이 근재(近在)하면 당대 발복(發福)하고 사격이 원재(遠在)하면 후대 발복(發福)한다.

❖ 사격론(砂格論) : 사(砂)란 혈성(穴星)을 중심으로 하여 산, 언덕, 바위, 돌, 물, 건물, 도로 등 모든 환경을 포함하여 사(砂)라 한다. 길사(吉砂)와 흉사(凶砂)가 있다.

① 길사(吉砂) : 경진해방(庚辰亥方)을 삼길방(三吉方)이라 한다. 이곳이 모두 풍만하고 수려하면 부귀장수(富貴長壽)를 누린다고 한다. 간병손태정방(艮丙巽兌丁方)을 육수방(六秀方)이라 한다. 이곳의 모든 봉우리가 수려하고 높으면 부귀의 땅이다. 겸하여 마봉(馬峰)이 있으면 최관귀인(催官貴人)이 되어 부귀가 더욱 신속하게 발한다. 신경정병(辛庚丁丙) 방위의 산이 모두 수려하면 양(陽)에 속하는데 최관귀인(催官貴人)이다. 태손간진(兌巽艮震) 네 곳의 산이 수려하면 음(陰)이 되고 최관귀인(催官貴人)이라 하여 부귀가 신속하다. 간(艮)은 녹방(祿方)이요, 건(建)은 마방(馬方)이 된다. 이곳이 높고 풍만하면 녹마(祿馬)를 갖춘 격이므로 부귀한다. 귀인방(貴人方)에 수려한 산이 솟으면 귀격의 땅이라 한다. 귀인방은 아래와 같다.

甲坐 : 丑未方, 乙山 : 子申方, 丙丁山 : 酉亥方,
庚辛山 : 午寅方, 壬癸山 : 卯巳方, 乾山 : 丑未卯巳方,
坤山 : 子申卯巳方, 丑山 : 午寅卯巳方, 寅山 : 丑未酉亥方,
卯山 : 子申方, 辰山 : 子申卯巳方, 巳山 : 午亥酉寅方,
午山 : 亥酉方, 未山 : 子申亥酉方, 申山 : 午寅巳卯方,
酉山 : 午寅方, 戌山 : 亥酉寅午方, 亥山 : 丑未卯巳方.

또는 향(向)으로 녹(祿) 마(馬) 귀인(貴人)을 보기도 한다. 가령 임좌(壬坐)라면 병향(丙向)이니 병무록재사(丙戊祿在巳)로 사방(巳方)이 녹방(祿方)이다. 병(丙)은 병오(丙午) 동궁(同宮)이니 인오술마거신(寅午戌馬居申)으로 신방(申方)이 마방(馬方)이다. 병정저계위(丙丁猪鷄位)니 해유(亥酉)가 귀인방(貴人方)이다. 명당 왼쪽에 아름다운 사(砂)가 있으면 장사지낸 뒤 인물이 창성한다. 주산(主山)에 봉산(封山)이 있고 앞에 옥인(玉印)이 있으면 군(君)에 봉함을 받는다(봉군사(封君砂)). 주산에 천갑(天甲)이 있고 안(案)에는 삼태(三台)가 있거나 청룡봉(青龍峰)이 삼태봉(三台峰)이면 2대에 걸쳐 공후(公侯)가 나온다. 삼공사(三公砂) 주산 뒤 협(峽) 사이에 천각(天閣)과 삼태형(三台形)이 있으면 2대에 정승이 나온다. 주산 뒤에 삼태가 많이 솟으면 대대로 정승이 나온다. 안산(案山)에 거울같이 비치는 넓은 돌이 있으면 어진 부녀(婦女)가 나온다. 혈 앞에 군대 모양이 있고 기고사(旗鼓砂)와 도검사(刀劍砂)가 있으면 대장이 나온다. 혈에서 백보 이내에 길쭉한 암석이 있으면 무과에 급제하는 사람이 나온다. 주산 뒤 협(峽)의 좌우에 천각(天閣)이 있으면 문무겸전한 인물이 나온다. 혈 앞에 절하는 배산(拜山) 수십 봉우리가 좇고 오미정(午未丁)의 봉우리가 북향하여 겸손한 자세로 서 있으면 충신이 나온다. 문필봉이 죽순 같거나 혹은 뾰족하면 화공(畫工)이 나온다. 혈 오른쪽으로 특이한 산이 솟고 손방(巽方)의 산이 높거나 아미형(蛾眉形)으로 되어 있으며 손신방(巽辛方)의 물이 내조(來照)하면 부마(駙馬)가 나온다. 청룡이 쌍으로 되어 가늘면 이를 영전사(榮轉砂)라 하는데 자손이 영귀한다. 쌍청룡 안에 쌍우물이나 못, 호수 같은 것이 있으면 크게 부귀한다. 청룡이 유기(有氣)하고 길쭉한 암석이 있으면 큰 인물이 나온다. 청룡 위에 진술축미(辰戌丑未) 세 봉우리가 벌려 솟아 있으면 대대로 충신이 나온다. 청룡방에 침(針) 같이 생긴 산이 엿보고 있으면 의사가 나온다. 백호봉(白虎峰)이 붓처럼 생겼으면 명필이 나오고 또는 급제한다. 백호봉(白虎峰) 끝이 넓고 평평하여 물을 영접하면 문방주 매매로 재산을 모은다. 백호 안에 넓직하고 평평한 암석이 있으면 군수가 나온다. 백호봉(白虎峰)이 둥그스럼하게 생겼으면 자손이 무관으로 출세한다. 백호가 목성형(木星形)으로 생기고 쌍으로 뻗어 안(案)이 되고 대명당과 통하며 또 대명당이 넓적하면 대장이 되어 이름을 떨친다. 백호방(白虎方)에 기치사(旗幟砂)가 여러 개 서 있으면 장군과 명사가 나온다. 백호방(白虎方)으로 안대(案帶)가 열리고 청룡과 대치하여 큰 물이 들어오면 자손이 왕성하다. 곤방(坤方)에 창고사(倉庫砂)가 있으면 여러 대에 걸쳐 부귀한다. 간방(艮方)에 고루사(高樓砂)가 4, 5개 있고 진방(辰方)의 산이 높아 혈을 누르는 듯하면 호걸이 나온다. 곤미방(坤未方)에 사양하는 듯(겸손한 모양)한 봉우리가 구름을 뚫고 솟으면 신동이 태어난다. 병정방(丙丁方)의 산이 높고 수려하고 소매를 흔들며 춤을 추는 듯하며 갑방(甲方)에 삼각봉(三角峰)이 수려하게 솟으면 장원급제가 나온다. 축손방(丑巽方)의 긴 강물이 넘실거리며 흘러오되 맑고 깨끗하면 학자가 나온다. 신방(辛方)의 물이 아홉 구비로 흘러오고 안에 세 개의 봉우리가 구름 위에 아득히 솟아 있으면 도학이 높은 인물이 나온다. 간곤방(艮坤方)의 봉우리가 비슷한 높이로 솟고 간방(艮方)의 물이 맑으며 일월사(日月砂)가 모두 있으면 지극한 효자가 나온다. 손방(巽方)에 아미산(蛾眉山)이 있고 손방(巽方)의 물이 흘러오며 태음성(太陰星)이 구름 위로 아득히 솟아 있으면 왕비가 나온다. 간, 건방(艮, 乾方)의 봉우리가 솟으면 녹마공(祿馬拱)이라 하여 귀격(貴格)이다(艮은 祿山이요 乾은 馬山이다.). 병정경신방(丙丁庚辛方)에 모두 산이 있으면 사문기(赦文起)라 하여 문장을 주장한다. 손신방(巽辛方)에 띠 같은 사(砂)가 있으면 옥대사(玉帶砂)라 하여 귀(貴)를 주장한다. 사신방(巳辛方)에 인(印) 같은 사(砂)가 있으면 금대(金帶)라 하니 귀함을 주장한다. 간방(艮方)의 산이 높고 풍우하면 재물이 풍족한다. 간(艮)은 녹방(祿方)이니 재백을 주장하는 까닭이다. 건곤간손방(乾坤艮巽方)이 모두 높고 풍우하면 이를 사신전(四神全)이라 하여 귀격(貴格)으로 본다. 간손태(艮巽兌) 세 방위에 모두 높은 봉우리가 있으면 부귀격(富貴格)이라 한다. 갑경병임을신정계방(甲庚丙壬乙辛丁癸方)의 산이 모두 높게 솟으면 귀격(貴格)이다. 자오방(子午方)의 산이 모두 높게 솟으면 일월명(日月明)이라 하여 귀격(貴格)으로 다룬다. 손리태방(巽離

兌方)의 산이 특히 높고 수려하면 부녀자가 더욱 출중하다. 손신방(巽辛方)의 봉우리가 높고 뾰족하면 문필봉(文筆峰)이라 하여 문장과 명필이 나온다. 손방(巽方)에 천마형(天馬形)의 산이 있고 손방(巽方)의 물이 내조(來朝)하면 극히 귀격(貴格)이다. 갑경병임방(甲庚丙壬方)이 모두 높으면 태음입묘(太陰入墓)라 한다. 자오묘유방(子午卯酉方)이 모두 높으면 태양승전(太陽升殿)이라 하여 수(壽)를 주장한다. 간병손신태정진경방(艮丙巽辛兌丁震庚方)에 모두 산이 있으면 팔장비(八將備)라 하여 무관으로 출세한다. 감간진방(坎艮震方)이 모두 높으면 자손이 왕(旺)한다. 묘유간손(卯酉艮巽)은 음고(陰鼓)라 하고 병정신(丙丁辛)을 양고(陽鼓)라 하는데, 이곳에 모두 봉우리가 솟으면 명성을 떨친다.

② **흉사**(凶砂) : 늙은 할미가 엎드린 형상을 한 암석이 혈 앞이나 명당 주변에 있으면 부녀자의 주검이 많다. 혈 근처에 표목사(瓢木砂 : 표주박 모양)가 있으면 거지가 나온다. 승발사(僧鉢砂 : 중이 들고 다니는 바릿대)가 있으면 걸객승(乞客僧)이 많이 나온다. 주산(主山) 뒤 측면에 엿보이는 산이 있으면 무당 박수가 나온다. 주산 바로 뒤에 엿보이는 산이 있으면 소년이 백발된다. 주산에 술건(戌乾) 풍이 닿으면 귀머거리가 나오고, 주산이 짧게 오그라진 듯하고 수구(水口)에 봉우리 하나가 있어 2, 3척에 불과해 보이면 난쟁이 비슷한 인물이 생겨난다. 주산이 낮은 가운데 자오방(子午方)이 공허하고 안산이 높이 솟아 압박하면 노예, 하인의 신분이 생겨난다. 혈 앞에 수건 모양의 사(砂)가 있으면 눈물 닦는 사(砂)라 하여 자손을 기르다가 실패한다. 명당 밖으로 백호 측면에 봉우리가 솟으면 밝은 대낮에 음행(淫行)하는 가족이 생긴다. 명당에 나성(羅城)이 길게 구부러지면 소경이 나온다. 안산(案山)에 칼처럼 생긴 암석이 서 있으면 대흉하니 혈을 정하지 말아야 한다. 안대(案對)에 살도사(殺刀砂)가 교착되면 백정(白丁)이 나온다. 녹존(祿存) 파군방(破軍方)에 이지러진 산이나 괴이한 암석이 있으면 환관(宦官)이 나온다. 수구(水口)에 널[棺] 모양의 사(砂)가 있으면 객사한다. 수구가 교잡된 가운데 진사방(辰巳方)의 산이 높이 솟아 혈을 누르는 듯하면 점쟁이가 나온다. 청룡·백호 안에 양두사(兩頭砂 : 사람 머리 비슷한 봉우리이나 암석이 쌍으로 있는 것)가 있으면 미친병과 풍병을 앓는다. 청룡봉(靑龍峰)이 멈추지 않고 미끈하게 뻗어 나가면 자손들이 자주 고향을 떠나간다. 청룡 끝이 끊어지고 뾰족한 봉우리가 솟으면 자손이 객사할 염려가 있다. 청룡 무릎 아래에 두 가지가 생겨 가늘고 둥글면 부부가 함께 죽는다. 청룡이 곱고 긴데 백호가 청룡 머리를 누르면 여강사(女强砂)라 하여 간부가 살인한다. 백호가 가늘게 뻗어 미약하면 굶어죽는 자손이 생긴다. 백호에 혈을 찌르는 뾰족한 사(砂)가 있으면 소년 주검이 생긴다. 백호방(白虎方)에 괘목사(掛木砂)가 있으면 목매어 죽는 사람이 생긴다. 백호방(白虎方)에 두 다리를 뻗은 모양의 가지가 있으면 부녀자가 한 이불에 두 간부를 품고 자는 형상이다. 백호 끝이 갈라지면 참수형을 당하는 자손이 생긴다. 백호방(白虎方)으로 흘러나가는 수구(水口)에 청룡이 활처럼 휘어져 수구 쪽으로 따라가면 남자손이 빈궁하여 딸에게 의탁한다. 백호방(白虎方)에 해괴한 암석이 있으면 소경이 나온다. 백호가 역수(逆水)와 서로 응하면서 혈의 반대쪽으로 머리를 틀면 흉신사(凶身砂)라 하니 거리에서 객사하고 과부만 집안에서 운다. 백호(白虎)가 너무 웅장하여 혈을 압박하면 과부가 어린것을 업고 남의 집 식모살이로 들어간다. 백호봉(白虎峰) 머리를 청룡이 충사(沖射)하면 추잡한 부녀자가 야밤에 보따리를 이고 도망간다. 백호방(白虎方)의 새끼줄 같은 사(砂)가 혈 앞으로 가로질러 있으면 목매어 자살하는 사람이 나온다. 건곤간손방(乾坤艮巽方)이 모두 요함(凹陷)하면 빈궁이 극심하여 굶기를 밥먹듯 한다. 건술방(乾戌方)에 저두석(猪頭石)이 있으면 불치병과 간질 또는 두증(頭症)이 자손에게 생긴다. 곤방(坤方)에 노인암(老人巖 : 허리굽은 모양의 암석)이 있으면 과부가 생기거나 걸식한다. 묘방(卯方)에 큰 암석이 놓여 있으면 눈먼 사람이 생긴다. 황천방(黃泉方)에 와우석(臥牛石)이 있으면 소년 횡사할 우려가 있다. 또는 군데군데 암석이 서 있어도 자손을 기르기 어렵다. 손신방(巽辛方)의 봉우리가 몹시 낮고 함하면 소년 주검이 생겨난

다. 감진손방(坎辰巽方)이 요함(凹陷)하면 딸자식만 성한다. 신술오방(辛戌午方)이 요함(凹陷)하면 화재(火災)를 당한다. 곤방(坤方)의 바람이 간(艮)으로 들어오면 애를 낳다가 사망한다. 을진방(乙辰方)이 훤하게 트여 십리 들판이 내다보이면 풍창(風瘡)이 성한다. 인방(寅方)에 호랑이 모양 같은 암석이 있으면 범에게 액을 당한다. 술방(戌方)과 사방(巳方)에 흉한 사(砂)가 있으면 개와 뱀에게 물려 화를 입는다. 미곤방(未坤方)이 공허하거나 사오방(巳午方)에 화성산(火星山)이 높게 솟으면 화액(火厄)이 있다. 건술방(乾戌方)에서 요풍(凹風)이 불어오면 두풍(頭風) 환자가 많이 생긴다. 자오방(子午方)이 모두 공허한 가운데 수구(水口)에 유시사(流尸砂 : 사람이 누운 모양)가 있으면 물에 빠져 죽는다. 건오정미방(乾午丁未方)이 공허한 가운데 손방(巽方)의 물과 서로 연결하여 혈 앞을 향해 들어오면 물에 빠져죽는다. 인갑방(寅甲方) 골짜기에서 물이 흘러 혈(穴) 앞에 이르면 집안에 귀신 도깨비 작란같은 괴상한 일이 일어나곤 한다. 을진방(乙辰方)에 도로가 교차되면 목매 자살하는 자가 생긴다. 을방(乙方)에 사람 형상을 닮은 암석이 있고 을진방(乙辰方)의 물이 혈 앞으로 들어오면 손이나 발이 잘린 불구자가 나온다. 손사방(巽巳方)에 규산이 있거나 험악하게 생긴 암석이 있으면 애꾸가 생겨난다. 진방(辰方)이 공허하거나 혹 안산의 봉우리 하나가 둘로 갈라져 솟았거나 두뿔같이 생긴 돌이 있으면 언청이가 나오는 수가 있다. 계축건곤방(癸丑乾坤方)에 적기사(賊旗砂)가 있으면 도적이나 역적이 나온다. 임오방(壬午方)의 물이 유방(酉方)으로 나가거나 진술방(辰戌方)의 산이 높고 임인방(壬寅方)의 물이 유방(酉方)으로 나가면 무당이나 창녀가 나온다. 자오방(子午方)이 공허하고 주산이 낮은데 안산만 거만한 모습으로 높이 솟아 억누르는 듯하면 남의 종노릇하는 사람이 나온다. 정임방(丁壬方)의 물이 합하여 검을 현자(玄字) 모양으로 흐르고 수구(水口)에 칼날같은 모양의 암석이나 산이 있으면 열녀사(烈女砂)라 하여 열녀가 나온다. 정유방(丁酉方)에 쌍우물이 있거나 쌍으로 흐르는 물이 안산으로 흘러나가고 기이한 각봉(角峰 : 두뿔같은 봉우리)이 있거나 간인맥(艮寅脈)이 쌍으로 내려와 혈을 맺었거나 인갑맥(寅甲脈) 또는 미신맥(未申脈) 술해맥(戌亥脈)이 쌍으로 내려온 아래에 혈을 정하면 쌍둥이가 나온다.

③ **사격도**(砂格圖)

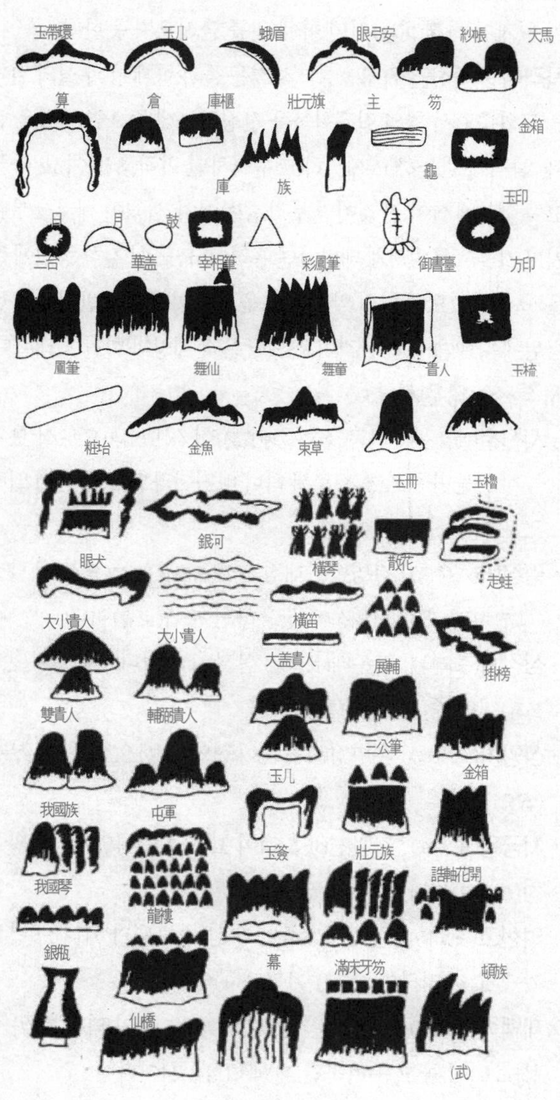

[吉砂圖]

❖ **사격**(砂格)**은 매우다 양하게 생겨서 그 모양에 따라 산의 정기**(精氣)**가 달라진다** : 예를 들어 혈전(穴前)에 귀인봉(貴人峯)이 있으면 귀인이 나고 문필봉(文筆峯)이 있으면 대문장(大文章)가가 나고 흔군사(欣君砂)가 앞에 있으면 남녀 모두가 음탕(淫蕩)해지

고 여기서 한 가지 주의 할 것은 똑 같이 생기사격(生氣砂格)이라도 용과 혈이 어떤가에 따라 그 기운과 미치는 영향이 달라진다. 같은 귀인봉이 있어도 용과 혈에 상격(上格)이면 대귀인(大貴人)이 출생하고 중격(中格)이면 소귀인(小貴人)이 나고 용혈(龍穴)이 없거나 하격(下格)이면 아예 귀를 불러오지 못한다.

❖ **사격이 반듯하면 귀격**(貴格) : 사격은 물과 함께 용과 혈의 결지를 도와주면서 혈의 길흉화복을 결정하는데 중요한 역할을 한다. 사격이 반듯하고 깨끗하고 수려하면 귀격(貴格)이고, 둥굴고 두툼하게 살이 찐 것이면 부격(富格)이며, 사격이 깨지고 부서지고 기울고 무정하게 배반하면 흉격이다. 또 이 길한 방위에 좋은 사격이 있으면 혈의 발복을 더욱 극대화시키는 반면에 흉한 방위에 나쁘게 생긴 사격이 있으면 온갖 재앙과 화를 초래한다.

❖ **사격**(砂格)**의 길사**(吉砂)

- **사신전**(四神全) : 건곤간손(乾坤艮巽)이 4신(四神)으로서 모두 높게 받들면 주귀(主貴)로서 하나 빠지더라도 또한 복이 멸하므로 사전신(四全神)이다.
- **팔장비**(八將備) : 간병손신태정진경(艮丙巽辛兌丁震庚)이 팔장(八將)이나 개유봉(皆有奉) 상응하면 주귀(主貴)이다.
- **삼각치**(三角峙) : 간손태(艮巽兌) 삼각(三角)이니 개유고봉(皆有高奉)이면 주(主) 부귀(富貴)하다.
- **삼양기**(三陽起) : 손병정(巽丙丁)이 삼양(三陽)으로 주(主) 부귀(富貴) 한다.
- **자궁왕**(子宮旺) : 감간진(坎艮震)이 고봉(高奉)이면 주(主) 왕인정(旺人丁)이다.
- **여산고**(女山高) : 손리태(巽離兌)가 삼녀(三女)가 되니 그 방위가 높고 수려하면 주(主) 여귀(女貴)이다.
- **재백족**(財帛足) : 간(艮)은 재화지부(財貨之府)가 되니 그 위 산봉(山奉)이 높고 수려하면 재백족(財帛足)이다.
- **수성**(壽星) : 정위(丁位) 남극노인성(南極老人星)이니 그 위에 산고(山高)면 주(主) 수(壽)이다.
- **태양승전**(太陽升殿) : 자오묘유(子午卯酉) 사위(四位)에 금성(金星)이 있고 사면대조(四面對照)하면 일컫기를 태양승전(太陽升殿)이라 하며 주(主) 극품지귀(極品之貴)와 국적지부(國敵之富)이다.
- **오기조원**(五氣朝元) : 화성재남(火星在南), 수성재북(水星在北), 목성재동(木星在東), 금성재서(金星在西), 토성결혈(土星結穴), 좌북조남(坐北朝南)을 오기조원(五氣朝元)이라하며 주(主)는 극귀(極貴)라.
- **문필수봉**(文筆秀奉) : 손신(巽辛) 두 방위에 유첨수봉(有尖秀峰)이면 문필(文筆)이니 주귀(主貴)이다.
- **사문기**(赦文起) : 병자경신(丙子庚辛)의 위(位)에 고봉(高奉)이 있으면 사문성(赦文星)이니 주(主) 무흉화(無凶禍)다.
- **마상어가**(馬上御街) : 손위(巽位)에 마산(馬山)이 있고 손수조(巽水朝) 겸하면 마상어가(馬上御街)이니 주귀(主貴) 근제왕(近帝王)이다.
- **귀삼천주**(貴參天柱) : 건(乾)이 천주(天柱)이니 고룡(高龍)이면 주(主) 극귀(極貴)이다.

❖ **사격의 측정은 혈지에서 나경반6층 성수오행으로 한다** : 사격의 방위 측정은 혈에서 한다. 혈 중심에 나경반을 정반정침하고 6층 인반중침(人盤中針)으로 사격의 중심방위를 정확하게 성수오행(星宿五行)으로 측정하면 정확한 길흉이 연월까지 측정이 된다.

❖ **사격의 향배** : 사격(砂格)의 향배(向背)를 보아서 향응(向應)하는 쪽에는 반드시 혈지가 맺혀 있다는 증거품이다.

❖ **사격**(砂格)**의 흉살**(凶殺)

- **사**(射) : 사는 첨(尖)이니 혈(穴)을 향하여 쏘면 영창에 간다.
- **규**(窺) : 규는 산이 머리만 조금 보이는 것으로 도적이 되어 손재(損財)가 있다.
- **파**(破) : 파는 여자의 음부같은 것이 직투정(直透頂)하는 것으로 음란하여 주색잡기로 실패한다.
- **충**(沖) : 충은 산이 횡(橫)으로 곧게 와서 혈에 꽂히는 것이며 타인의 일에 말려들어 화를 당한다.
- **압**(壓) : 압은 혈 앞의 사(砂)가 높이 우뚝 솟은 것이니 노복(奴僕)이 주인을 배반하고 깔보는 것이다.
- **반**(反) : 반은 곡신(曲身)이 앞으로 나아가 조(朝)를 향한 것이다.
- **단**(斷) : 단은 뇌하(腦下)에 횡랑(橫浪)이 저절로 생겨 참수(斬首) 또는 행방불명이 된다.

• 주(走) : 주는 몸이 기울고 순수비(順水飛)하는 것이니 떠돌아 다니게 된다. 위와 같은 살(殺)은 진룡(眞龍)이라도 화(禍)를 당할 위험을 항상 내포하고 있으므로 혈상(穴上)에서 정확히 검토하여 살(殺)을 피하고 길(吉)만 취함이 바람직하다.

❖ **사격화복가**(砂格禍福歌, 明言句節)

• 용이 만약 결지(結地)되어 성신(星辰)이 일어나면 첨(尖) 문필봉(文筆峯), 원(圓) 부봉(富峯), 방(方) 일자문성(一字文星砂格 등)의 바른 것이 스스로 분명하다.

• 세 가지 길(吉)한 것은 곧 이것이 첨(尖), 원(圓), 방정(方正)의 사격이오, 길지는 자연이 음과 양이 구분되는 것이다. 문필사격(文筆砂格)은 문필문장(文筆文章)이 나고, 부봉사격(富峯砂格)은 부자가 나는 것이고, 일자문성사격(一字文星砂格)은 왕후장상(王侯將相)이 난다.

• 등을 대한 조산(朝山)들은 정(情)이 끊어진 것이고 용이 참되지 않아서(死龍) 허화(虛花)이다.(虛花는 非穴이라는 뜻)

• 주위 백리가 둘러서 빽빽하다면 세상의 귀한 한 사람을 비할 데 없다.(世貴一人은 君王을 뜻함)

• 혈처 밖으로 봉우리가 백이나 천이나 보이면 대대로 3공(三公)이 난다. (三公은 三政丞의 뜻)

• 안대(案對)에 사격이 기(旗)나 북과 같으면 자손에게 명장이 난다.

• 봉우리가 쌍으로 선 것이 귀격(貴格)으로 수려하다면 형제 중에서 과거급제자가 난다.(쌍둥이 출산도 한다.)

• 일자문성이 있으면 자손에게 문장이 난다(높은 벼슬이 난다.)

• 좋은 품자형(品字形)으로 안산이 되어 있다면 천한 사람이 도리어 귀하게 되어 영화하게 된다.

• 안산 밖에 세 봉우리가 있으면 높은 벼슬에 3대가 오르게 된다(또 세 번 등과가 난다고도 보는 것이다).

• 물이 비껴 천리를 회포(回抱)하면 그것은 반드시 아름다움을 다하여 말하기 어렵다.

• 인자(人字)의 물이 안대에 벌려 있다면 5역죄(五逆罪)를 범하여 형벌로 망하게 된다.

• 안산방향(案山方向)에 무연 독봉이 있으면 자손에게 결항사(結項死 : 목매여 자살하는 것)가 있게 된다.

• 안산(案山)에서 충(沖)하는 것이 뾰족한 바위라면 자손에게 상처가 있게 된다.

❖ **사결가**(砂結歌) : 지리의 길흉 시험은 혈토(穴土)를 보고 솟아난 사(砂)를 보는 것이다. 향(向)과 으뜸으로, 용신(龍身)과 본국(本局)을 살피고 3길6수(三吉六秀)도 함께 자세히 추정한다면 부귀가 발(發)한 것을 알 수 있다. 산지의 길흉은 다른 데 있는 게 아니라 흙에 따라 사(砂)를 봄이니 진(眞)을 알아내는 것이 사람의 화복을 판단하여 아는 것이 된다. 사(砂)는 형상이 제일이다. 옛사람이 말한 사법(砂法)이 미묘한 바 원정(圓淨)하여 향(向)을 맞이함은 길조요, 추악하면 흉조가 된다. 향(向) 머리와 용신(龍身)의 본국(本局)이 3길육수(三吉六秀)를 잘 살피면 모든 부귀는 곧 발한다. 사(砂)는 진(眞)을 얻어야 하니 무덤 머리에서 보아 일사(一砂)가 득위하면 사람을 놀라게 한다.

❖ **사경오행**(四經五行) : 金·水·木·火·土5행 중 金·水·木·火의 4행만을 풍수에서 쓰여짐을 말한다.

❖ **사계**(四季) : 사계란 각 절기의 마지막 달 진술축미월(辰戌丑未月 : 3, 6, 9, 12월)이다. 봄, 여름, 가을, 겨울을 통칭한 말.

❖ **사고**(四庫) : 진술축미(辰戌丑未)를 말함. 즉 진(辰)은 수고(水庫), 술(戌)은 화고(火庫), 축(丑)은 금고(金庫), 미(未)는 목고(木庫)라 한다.

❖ **사고**(四苦) : 사람이 일평생 살면서 겪는 네 가지의 고통 생고(生苦), 노고(老苦), 병고(病苦), 사고(死苦)를 통틀어 일컫음.

❖ **사고**(四顧) : 사방을 돌아보다.

❖ **사고지**(四庫地) : 5행이 묘고(墓庫)에 드는 곳. 즉 木은 未, 火는 戌, 金은 丑, 水는 辰을 말함.

❖ **사고황천**(四庫黃泉) : 진술축미방(辰戌丑未方)의 내거수(來去水)를 말함. 즉 사묘고장(四墓庫藏)을 충동하여 충파묘(沖破墓)하므로 사고황천(四庫黃泉)이라 한다. 만약 방위에 정축(停蓄)을 한다 하여도 역시 정취황천(靜聚黃泉)이 되어 흉하나 단 혈전횡과(穴前橫過)는 무방하다.

❖ **사골**(砂骨) : 사골(砂骨)은 자갈산을 뜻하는데 본시 자갈로 형성된 산은 기맥이 마르고 여위어서 단단해도 돌이 아니고 거칠어도 흙이 아니다. 자갈과 모래가 아롱지면 사람에게 맥과 살이 없는 것과 같이 초목이 무성하지를 못한다. 이와 같은 용은 성신을 띠지 못하여 우뚝하고 혈을 맺은 곳이 추악하고 협소하면

ㅅ

서 자갈과 모래가 앞에 가득하고 축축하게 젖어 있다고 한다. 만일 이러한 곳에 혈을 정하면 사람이 용렬하고 우악할 뿐만 아니라 부와 귀도 없으며 재물도 쇠퇴하고 후손도 종국에는 절사(絶嗣)가 된다.

❖ **사과**(四課) : 사과(四課)란 용입수(龍入首), 혈좌(穴坐), 득수(得水), 파구(破口)를 기록하여 주는 것.

① 승금(乘金)은 태극(太極)의 달무리처럼 멍애하고 둥근 봉우리의 금체(金體)가 혈체(穴體) 뒤에 있으나 미미하여 보기 어려운 것이다.

② 상수(相水)는 둥근 달무리의 수도(水道)가 적게 8자형(八字形)으로 나뉘어 혈의 양변을 보필하는 듯 싸고돌아 소명당(小明堂)의 곳에 합하니 다시 말하면 금어(金魚)의 새우 수염이 둥글게 둘러놓은 것처럼 이렇게 아주 미미하게 수도(水道)가 되어 있으나 물은 보이지 아니하나 고일촌(高一寸)은 산이 되는 것이고 저일촌(低一寸)은 수(水)가 되는 것이다. 즉 상수(相水)의 물이 나뉘는 곳은 불과 한두 발자국이다.

③ 혈토(穴土)는 상분하합(上分下合)한 안에는 흙으로 되어 있어서 한 곳에 기울지도 아니하고 의지하지도 않는다.

④ 인목(印木)은 혈상(穴象) 앞에 순(唇)이 있고 전(氈)이 있어서 뾰족한 순형(唇形)이나 둥그스럼한 원형(圓形) 같은 모양을 토하는 듯 나온 것이 있어야 혈상(穴象)에 정기가 통하였다는 것으로 결혈(結穴)에 증거가 되는 것이다.

❖ **사과**(四課)**의 실례** : 사과(四課) : 택일의 연·월·일·시에 대해 종합적으로 실례를 통해 살펴보고자 한다.

① 해(亥) 임(壬) 자(子) 계(癸) 4룡은 수(水)이다. 그러므로 신(申)이 생궁, 자(子)는 왕궁(旺宮), 진(辰)은 묘궁이다. 지(支)는 보룡(補龍)하다고 했으므로 4과의 지(支)가 신(申)·자(子)·진(辰)이면 3합 왕국(旺局)이니 상길(上吉)이다. 해(亥)는 관록(冠祿)이니 길하고 사(巳)·유(酉)·축(丑)은 인수(印綬)국이니 또한 길하다. 인(寅)·오(午)·술(戌)은 재국(財局)이니 차길(次吉)이다. 해(亥)·묘(卯)·미(未)는 설국(泄局)이 되니 흉한 것이고 진(辰)·술(戌)·축(丑)·미(未)는 살국(殺局)이니 아주 흉하다. 천간은 상주(相主)하는 것이지만 경(庚)·신(辛)·임(壬)·계(癸)는 지지를 생조(生助)하니 길로 본다.

[예1] 해룡건좌(亥龍乾坐)에 장사하는데 임인년(壬寅年) 임인월(壬寅月) 임인일(壬寅日) 임인시(壬寅時)의 경우 이는 증문천(曾文遄)의 조명이다. 정해(丁亥) 망명(亡命). 이 묘를 쓴 후에 여덟 자손이 벼슬을 했다. 그 이유는 다음과 같다. 망명(亡命)의 천간(天干)인 정(丁)과 4임(壬)은 정임(丁壬) 합화목(合化木)하여 상주(相主)하고 목생정화(木生丁火) 임(壬)은 망명(亡命) 정(丁)의 정관(正官)이다. 임록재해(壬祿在亥)라 망명 해(亥)와 합하고 인해(寅亥) 또한 용해(龍亥)와도 합하니 아주 묘하다. 4임수(四壬水)가 용해(龍亥)를 보(補)하니 훌륭하게 보룡상주(補龍相主)를 하는 길과(吉課)임에 이론이 없다. 이런 경우에 계해(癸亥)년 갑자(甲子)월 갑신(甲申)일 을해시(乙亥時)로 한다면 어떻게 되겠는가. 신자수국(申子水局)이 보룡하고 해(亥) 또한 관록이요, 2甲1乙이 상정망명(相丁亡命)하여 길격이다.

[예2] 해룡임좌(亥龍壬坐). 계해년(癸亥年) 경자월(庚子月) 병신일(丙申日) 병신시(丙申時) 양균송조명 신자해(申子亥) 수국(水局)이 보룡하는 3합국이다. 이런 경우 해해(亥亥) 형살을 작용하지 못한다.

[예3] 임룡자좌(壬龍子坐). 4癸亥(연월일시가 모두 癸亥 양균송 조명) 4해(亥)는 임룡(壬龍)의 녹(祿)이요, 4계(癸)의 녹은 좌인 자(子)다. 이름하여 임관격(臨官格 : 4癸가 戌를 불러온다.) 또는 취록격(聚祿格 : 壬龍의 녹이 亥) 또는 일기격(一氣格)인데, 임(壬)·무(戊)·계(癸)년생 자손이 발복한다. 단 사(巳)년생 사람에게는 해충(亥沖)으로 요절한다. 자손 중에 사(巳)년생이 있다면 임신년(壬申年) 무신월(戊申月) 임신일(壬申日) 무신시(戊申時)로 조명한다.

· 신(申)은 용의 장생궁(長生宮).
· 지지 일기격 양간 불잡격(兩干不雜格).
· 사년생(巳年生) 사람에게는 사신(巳申)으로 합(合 : 刑으로 보지 않음)이나 인생년(寅生年) 사람은 불리하다.

[예4] 자룡간좌(子龍艮坐). 계사년(癸巳年) 정사월(丁巳月) 계유일(癸酉日) 계축시(癸丑時) 좌간(艮) 토(土)가 자룡(子龍)을 극하기 때문에 수국(水局)을 버리고 사유축금(巳酉丑金) 국하여 설토생수(泄土生水)로 보룡한다(이는 좌보다 용이 위주이기 때문). 또한 계록재자(癸祿在子)는 무계자(戊癸子)년에 출생한 후손이 발복한다.

② 간(艮) 곤(坤) 진(辰) 술(戌) 축(丑) 미(未)의 6룡은 토(土)이다. 풍수에서는 수토(水土)가 동궁(同宮)이라 생신(生申), 왕자(旺子), 묘진(墓辰), 관록해(官祿亥)이다. 신자진(申子辰)은 왕

국(旺局)이며 또한 재국(財局)이니 상길(上吉)이요 인오술(寅午戌)은 금국(金局)은 설토(泄土)하고 목국(木局)은 토(土)를 극하니 흉하다. 병정무기(丙丁戊己)의 간(干)도 왕상(旺相)이니 길로 본다.

[예1] 간룡갑좌(艮龍甲坐) 병진년(丙辰年) 병신월(丙申月) 병신일(丙申日) 병신시(丙申時) (양균송 조명) 4병(丙)이 설갑목산(泄甲木山)하여 간토룡(艮土龍)을 생하고 병(丙)납간하며 신진(申辰)으로 용의 왕국(旺局)이다. 병년생(丙年生) 신년생(辛年生) 병신합관(丙辛合官), 을년생(乙年生)을병동묘합((乙丙同墓合), 사년생(巳年生)병록(丙祿)이 사(巳)에 있으며, 사신합(巳申合)이 묘(妙)하다.

[예2] 간룡임좌(艮龍壬坐). 신해년(辛亥年) 경자월(庚子月) 병신일(丙申日) 병신시(丙申時)(양균송 조명) 경신년(庚申年) 무자월(戊子月) 경신일(庚申日) 경진시(庚辰時)(요금정 조명) 위의 두 가지 경우 모두가 3합국으로 재국이다.

[예3] 간룡계좌(艮龍癸坐). 병신년(丙申年) 병신월(丙申月) 병신시(丙申時)(양균송 조명). 지간(支干) 일기격(一氣格)이면서 4장생격(四長生格)이다. 4병(丙)이 납간이면서 간토(艮土)를 생한다.

③ 인(寅) 갑(甲) 묘(卯) 을(乙) 손(巽)의 5룡은 목(木)이다. 해(亥), 묘(卯), 미(未) 생왕합국(生旺合局)이 상길이요, 인(寅)은 녹궁이다. 신(申), 자(子), 진(辰)은 인수국(印綬局)이니 또한 길하다. 인(寅) 오(午) 술(戌)은 설국(泄局)이요 사유축(巳酉丑)은 살국(殺局)이니 흉하다. 천간 임계(壬癸)도 길하다.

[예1] 묘룡갑좌(卯龍甲坐). 을묘년(乙卯年) 을묘월(乙卯月) 경인일(庚寅日) 기묘시(己卯時)(양균송 조명). 이것을 검토하면 단지 관(冠), 왕(旺) 2자뿐인데도 이름하여 관왕격(官旺格)이라고 한다. 4지가 동방1기(東方一氣)로 보룡하고 갑록재인(甲祿在寅)이며 을록재묘(乙祿在卯) 용상(龍上)이다.

[예2] 묘룡해좌(卯龍亥坐). 신묘년(辛卯年) 신묘월(辛卯月) 신묘일(辛卯日) 신묘시(辛卯時)에 신사생(辛巳生) 망명(造命者 不詳) 4묘(卯)가 보룡하고, 4신(辛)이 상주(相主)하는 한편 좌산 해(亥)와 합 목국(木局)하고 4묘(卯)가 망명 신(辛)의 녹유(祿酉)를 암충(暗沖)한다.

[예3] 묘룡을좌(卯龍乙坐). 경인년(庚寅年) 정해월(丁亥月) 신묘일(辛卯日) 신묘시(辛卯時)(증문천 조명) 이 경우에는 3합이 갖추어져 관왕격이다. 같은 용과 좌에 갑인년(甲寅年) 정묘월(丁卯月) 신묘일(辛卯日) 을묘시(乙卯時)인 경우(賴布衣 造命). 이 경우도 3합이 갖추어지고 관왕격이다.

[예4] 손룡을좌(巽龍乙坐). 경인년(庚寅年) 경인월(庚寅月) 계묘일(癸卯日) 갑인시(甲寅時) (朱子造命). 관왕격(官旺格)으로 합법이다.

④ 사(巳) 병(丙) 오(午) 정(丁) 4룡은 화(火)이니 생궁 인(寅), 왕궁 오(午), 묘궁 술(戌)이다. 사(巳)는 관궁이라 인(寅), 오(午), 술(戌) 3합국이 상길이요, 해(亥), 묘(卯), 미(未), 인(寅)의 목국(木局)도 길(吉)하고, 사(巳), 유(酉), 축(丑)은 재국(財局)으로 차길(次吉)이나 신(申), 자(子), 진(辰) 살국(殺局)과 진(辰), 술(戌), 축(丑), 미(未), 설기국(泄氣局)은 흉하다. 천간 병(丙), 정(丁), 갑(甲)도 길(吉)로 본다.

[예1] 병룡사좌(丙龍巳坐). 기사년(己巳年) 기사월(己巳月) 임오일(壬午日) 임인시(壬寅時)(양균송 조명). 3합국 왕격이니 상길이다.

[예2] 병룡곤좌(丙龍坤坐). 계사년(癸巳年) 정사월(丁巳月) 경오일(庚午日) 무인시(戊寅時) (뇌포의 조명). 3합 겸 관왕격이니 상길이다.

⑤ 신(申) 경(庚) 유(酉) 신(辛) 건(乾)의 5룡은 금(金)이다. 생궁(生宮)은 사(巳)이고, 왕궁은 유(酉), 묘궁은 축(丑)이다. 신(申)은 임관(壬冠)궁이다. 사(巳), 유(酉), 축(丑) 3합국은 상길이요, 진(辰), 술(戌), 축(丑), 미(未)는 인수국이나 상충하면 불길하고 해(亥), 묘(卯), 미(未)는 재국이니 차길이다. 인(寅), 오(午), 술(戌)은 살국이요, 신(申), 자(子), 진(辰)은 설국이니 불길하다. 천간은 경(庚) 신(辛) 무(戊) 기(己)가 길하다.

[예1] 유룡유좌(酉龍酉坐) 갑신년(甲申年) 계유월(癸酉月) 정유일(丁酉日) 기유시(己酉時)(양균송 조명). 계유년(癸酉年) 신축월(辛丑月) 신축일(辛丑日) 계사시(癸巳時) (뇌포의 조명) 둘다 3합국이니 상길이다. 특히 뇌포의 조명은 3신(辛)의 녹유(祿酉)가 용과 좌상에 임하여 더욱 좋다.

[예2] 신룡건좌(辛龍乾坐). 정유년(丁酉年) 기유월(己酉月) 갑신일(甲申日) 기사시(己巳時)(증문천 조명). 기유년(己酉年) 계유월(癸酉月) 임신일(壬申日) 을사시(乙巳時)(증문천 조명). 이는 둘 다 3합 관왕격이니 상길이다. 이상의 예에서 보는 바와 같이 비록 소소한 살이 있을지라도 조명(造命)이 3합이나 또는 관왕격이면 제살(制殺)이 가능하니 무방하다.

❖ **사괴**(死塊)

① 용맥이 없고 청룡·백호도 없는 형국. 물의 상분하합도 이루어지지 않고 바람과 물이 수시로 드나든다. 흙이 거무스레하게 생겼고 생기가 전혀 없는 푸석푸석한 땅으로 사괴지에

집을 짓거나 장사를 지내면 불안과 재앙이 끊이지 않는다.

② 청룡이 없고 백호도 없고 또한 계수(界水)도 없으며 옹종(臃腫)하여 조완(粗頑)하며 한쪽으로 치우치니 단한(單寒)하여 고약한 것. 넓게 모든게 다 보이니 풍취(風吹)하므로 평안치 못하다.

❖ **사교정졸**(斜巧正拙) : 사교정졸은 난변우열(難辨優劣)이니 유정우아(有情于我)한 즉 진혈(眞穴)이다. 진혈에는 반드시 진명당(眞明堂)이 있으므로 명당의 증좌로 혈을 구할 수 있다.

❖ **사국마례**(四局馬例)

신자진마거인(申子辰馬居寅)

해묘미마재사(亥卯未馬在巳)

인오술마거신(寅午戌馬居申)

사유축마재해(巳酉丑馬在亥)

신자진(申子辰 : 水局)의 생(生), 왕(旺), 묘향(墓向)의 입향(立向)은 간인이 역마위(驛馬位)가 되고, 해묘미(亥卯未 : 木局)의 생, 왕, 묘향의 입향은 손사(巽巳)가 역마위가 되며, 인오술(寅午戌—火局)의 생, 왕, 묘향의 입향은 곤신(坤申)이 역마위가 되고, 사유축(巳酉丑 : 金局)의 생, 왕, 묘향의 입향은 건해(乾亥)가 역마위가 된다. 그러므로 생향(生向), 왕향(旺向), 양향(養向), 묘향(墓向), 자생향(自生向), 자왕향(自旺向)을 입향(立向)하게 되면 먼저 그 국(局)에 역마(驛馬)가 있는지 없는지를 살펴야 한다. 그 국(局)에 마(馬)가 있으면 최귀마(催貴馬)라 하여 속발부귀(速發富貴)한다. 그러나 그 국에 마가 없으면 차마법(借馬法)에 의해 차마하면 역시 속발부귀한다. 사국마(四局馬), 팔방마(八方馬), 차마(借馬)에서도 귀하고 가장 빠르게 발복하는 것은 건방(乾方)의 마(馬)와 이방(離方)의 마(馬)이다. 마의 특징은 속발부귀(速發富貴)하는 것이다.

❖ **사국마사법**(四局馬砂法)

금국사유축향(金局巳酉丑向)은 건해방마사길(乾亥方馬砂吉).

수국신자진향(水局申子辰向)은 간인방마사길(艮寅方馬砂吉).

목국해묘미향(木局亥卯未向)은 손사방마사길(巽巳方馬砂吉).

화국인오술향(火局寅午戌向)은 곤신방마사길(坤申方馬砂吉).

양생왕묘향(養生旺墓向)을 입향(立向)할 때 정위에 마사가 수미하면 부귀를 누리는 손을 두게 되는 길사가 된다.

❖ **4금수**(四金水) : 4금수(四金水)란 진술축미수(辰戌丑未水)가 황천살(黃泉殺)이 되고 감룡(坎龍) 곤토(坤兎) 등의 부류는 팔요살(八曜殺)이라고 하니 팔요살(八曜殺)이 다시 반복해서 황천살(黃泉殺)을 보게 되면 패절형화지참(敗絶刑禍之慘)을 면하기가 어려우므로 흉악하다. 즉 팔요살(八曜殺)에 해당하는 용이 또 다시 황천살수를 만나면 이와 같은 화를 입게 된다는 뜻이 된다.

❖ **4금요**(四金凹) : 진술축미(辰戌丑未) 네 방향이 모두 움푹 들어간 것. 4금요가 있으면 묘지 속의 관(棺)이 뒤집히고 자손들은 온갖 흉화(凶禍)를 입는다.

❖ **4금일**(四金日) : 항금(亢金), 우금(牛金), 누금(婁金), 귀금(鬼金), 벌일(伐日) 즉 일지(日支)가 일간(日干)을 극하는 일진(例 : 丙子 庚午 戊寅 己卯 辛巳 癸未 甲申 乙酉 丁亥 壬辰 癸丑 壬戌日)에 위 4금(四金)을 만나거나 진술축미(辰戌丑未)에 4금(四金)을 만나면 불길하다.

❖ **사기**(死氣) : 묘지에 잡초가 많이 나는 곳의 기운. 음습(陰濕)하여 망지(亡地)의 흉기(凶氣)이며 잡석이 많이 있는 곳도 사기(死氣)가 많은 곳이다.

❖ **사길사**(四吉砂) · **명관**(明官) · **암관**(暗官) · **귀산**(鬼山) · **명요**(明曜) : 관산(官山)은 안산(案山) 뒤에 있는 활산(活山)으로 명관(明官)과 암관(暗官)으로 나눈다. 명관(明官)은 안산(案山) 뒤에서 옆으로 뚜렷하게 나타나 있는 산이고, 암관(暗官)은 안산(案山) 뒤에 밋밋하게 있어 잘 보이지 않는 산이다. 명관(明官)이 더 좋으나 너무 높아도 좋지 않다. 귀산(鬼山)은 주산(主山) 뒤에서 다시 일어나는 산으로 지각(枝脚)이 순조로워야 좋지만 너무 길거나 높으면 좋지 않다. 직귀(直鬼)는 주산(主山) 바로 뒤에 있는 산이고, 쌍귀(雙鬼)는 주산(主山) 뒤에 양쪽으로 있는 산이고, 일변귀(一邊鬼)는 주산(主山) 뒤에 한쪽으로 있는 산이고, 탱기(撑鬼)는 주산(主山) 뒤에 버티고 있는 듯한 산이다. 금(禽)은 작고 둥근섬과 같은 것으로 모래, 바위, 돌 등의 작은섬을 말한다. 수구(水口) 밖에 있으면 흉하고 수구(水口) 안에 있어야 좋다. 요(曜)는 청룡과 백호 끝에 있는 부리같이 생긴 것으로 앞에 있으면 명요면각(明曜面角)이라 하고 뒤에 있으면 암요배후각(暗曜背後角)이라 한다. 명요(明曜)가 더욱 좋다. 개산(蓋山)은 주산(主山) 뒤에 있는 높은 산으로 조산(祖山) 등을 말하는데 횡룡(橫龍)에서 일어나 생기고, 낙산(樂山)은 혈(穴)

뒤가 공허하고 머리가 요(凹)할 때 대응하는 산이다. 협산(夾山)은 청룡과 백호를 제외한 높은 산을 말하고, 나성(羅星)은 청룡, 백호, 안산, 현무정 외 24방위에 있는 모든 산을 말한다. 순전(脣氈)은 진혈(眞穴) 앞에 여기(餘氣)가 속기(束氣)된 곳을 말하는데, 순(脣)은 소취(小聚)라 하여 작게 속기(束氣)된 곳이고, 전(氈)은 대취(大聚)라 하여 크게 속기(束氣)된 곳을 말한다. 요성(曜星)은 혈(穴) 바로 앞 양쪽에 가깝게 있거나 순전(脣氈) 아래 양쪽에 바위가 각(角)같이 땅에 묻혀 보이는 것으로 혈(穴)의 속기(束氣)를 더욱 응집하여 대지를 이룬 대길성(大吉星)이다.

❖ **사당**(祠堂)**과 직충**(直沖)**이 되거나 굽어서 직충이 더해지면** : 아파트나 주택에 굽어서 마주 보이는 도로나 사당이 마주 보이면 재화를 크게 당한다. 그의 집에 사는 사람에게 건강이 나빠질지도 모르는 형살의 전형으로 때로는 말 다툼하다가 자살 행위자도 일어날 수 있어서 사묘나 사당의 정면에 대면하여 입구를 세우는 것은 매우 경계해야 할 점이라고 하고 있다. 이는 귀신의 집으로 통로를 설치하는 것 같기 때문이다.

❖ **사대국수법**(四大局水法) : 지리법에서 수구(水口)란 물이 나가는 곳으로 24방 수구의 방위로 무슨 국(局) 무슨 용(龍)이라 하고, 이 국룡(局龍)의 오행을 기준 포태법으로 용(龍) 입수(入首) 및 좌향(坐向) 등의 길흉(吉凶)을 보는 것이다. 즉 수구(水口)가 을진손사병오방(乙辰巽巳丙午方)까지는 수국신룡(水局辛龍)이고, 정미곤신경유방(丁未坤申庚酉方)까지는 목국계룡(木局癸龍), 신술건해임자방(辛戌乾亥壬子方)까지는 화국을룡(火局乙龍), 계축간인갑묘방(癸丑艮寅甲卯方)까지는 금국정룡(金局丁龍)이다. 목국(木局)은 해(亥), 화국(火局)은 인(寅), 금국(金局)은 사(巳), 수국(水局)은 신(申)에 장생(長生)을 붙여 순행한다. 을룡(乙龍)은 오(午), 정룡(丁龍)은 유(酉), 신룡(辛龍)은 자(子), 계룡(癸龍)은 묘(卯)에 장생을 붙여 역행한다. 국(局)으로는 좌(坐)의 생왕사절(生旺死絶)을 보고 용(龍)으로는 용 입수, 향(向)의 생왕사절에 의한 길흉을 본다. 가령 수구(水口)가 신술건해임자(辛戌乾亥壬子) 여섯 글자 안에 있으면 화국을룡(火局乙龍)이다. 을병합(乙丙合)으로 화(火)는 병(丙), 을(乙)은 음목(陰木) 화국(火局)이니 용(龍)이나 좌(坐) 입수(入首)로 볼 때 파(破)가 계축간인갑묘방(癸丑艮寅甲卯方)이라면 금국정룡(金局丁龍)이다. 포태법으로 금절어인(金絶於寅)하여 간인(艮寅)의 좌룡(坐龍) 입수(入首)는 절궁(絶宮)이다. 갑묘(甲卯)의 좌룡(坐龍) 입수(入首)는 태궁(胎宮)이 된다. 기타도 이와 같은 예에 의하여 본다. 생(生), 왕(旺), 관(冠), 대(帶)는 길(吉)하다. 절(絶), 태(胎), 양(養), 욕(浴), 쇠(衰), 병(病), 사(死), 묘(墓)의 8성(八星)은 불리라 한다. 특히 좌(坐)가 욕궁(浴宮)이면 살인목욕좌(殺人沐浴坐)라 하여 대흉(大凶)으로 본다.

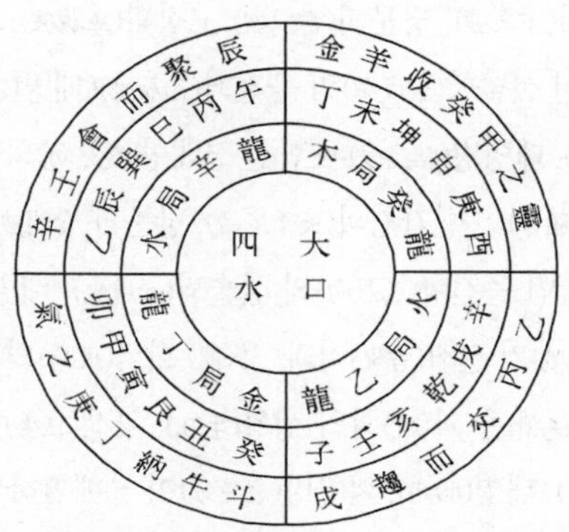

坐向龍 ＼ 水口	辛戌乾亥壬子水口		癸丑艮寅甲卯水口		乙辰巽巳丙午水口		丁未坤申庚酉水口	
	火局	乙龍	金局	丁龍	水局	辛龍	水局	癸龍
壬子	胎	病	死	絶	旺	生	浴	冠
癸丑	養	衰	墓	墓	衰	養	帶	帶
艮寅	生	旺	絶	死	病	胎	冠	浴
甲卯	浴	冠	胎	病	死	絶	旺	生
乙辰	帶	帶	養	衰	墓	墓	衰	養
巽巳	冠	浴	生	旺	絶	死	病	胎
丙午	旺	生	浴	冠	胎	病	死	絶
丁未	衰	養	帶	帶	養	衰	墓	墓
坤申	病	胎	冠	浴	生	旺	絶	死
庚酉	死	絶	旺	生	浴	冠	胎	病
辛戌	墓	墓	衰	養	帶	帶	養	衰
乾亥	絶	死	病	胎	冠	浴	生	旺

❖ **사대국 오행법**(四大局五行法) : 정미(丁未) 곤신(坤申) 경태파(庚兌破)는 목국(木局)이므로 신기포(申起胞)하면 태방(胎方)은 경태(庚兌), 양방(養方)은 신술(辛戌), 생방(生方)은 건해(乾亥), 왕방(旺

方)은 갑묘(甲卯), 쇠방(衰方)은 을진(乙辰), 장방(葬方)은 정미(丁未), 수구(水口)의 당문파(當門破)이고, 목상생(木相生)은 수(水) 또는 화(火)이니 용(龍) 수국(水局)의 오기포(午起胞), 역순(逆順)하면 생왕방(生旺方) 배합인 건해향(乾亥向)의 손사좌(巽巳坐)(장방(葬方)인 정미파(丁未破), 생왕방(生旺方) 배합인 갑묘향(甲卯向)의 경유좌(庚酉坐)(장방(葬方)인 정미파(丁未破), 장장파방(葬葬破方) 배합인 정미향(丁未向)의 계축좌(癸丑坐)(장방(葬方)인 정미파(丁未破), 당문파(當門破) 고장파(庫藏破), 양쇠방(養衰方) 배합인 신술향(辛戌向)의 을진좌(乙辰坐)(태방(胞方)인 곤신파(坤申破), 태병방(胎病方) 배합인 경태향(庚兌向)의 갑묘좌(甲卯坐)(태방(胎方)인 천간경파(天干庚破), 당문파(當門破), 쇠양방(衰養方) 배합인 을진향(乙辰向)의 신술좌(辛戌坐), 태방(胎方)인 경태파(庚兌破)가 길좌(吉坐)이다. 용(龍) 화국(火局)의 자기포(子起胞) 역순(逆順)은 파(破)와의 생왕(生旺), 왕생(旺生), 묘장(墓葬), 양쇠(養衰), 태병(胎病), 쇠양방(衰養方)이 불배합하니 적당하지 않은 좌(坐)이다.

- 양수순행(陽水順行)과 음룡역행(陰龍逆行)을 상생으로 배합하니 각 6개처가 작혈(作穴)된다.
- 진술축미간곤(辰戌丑未艮坤)은 중앙 토(土)로, 중앙 토(土)는 만물이 흙에서 태어나므로 동서남북 어느 곳에서나 영향이 미치고 북방수(北方水)와도 순환한다.

※ 陽水 : 甲(木), 丙(火), 戊(土), 庚(金), 壬(水)
※ 陰龍 : 乙(木), 丁(火), 己(土), 辛(金), 癸(水) 土는 중앙이므로 제외한다.
※ 木 → 火 → 土 → 金 → 水 → 木

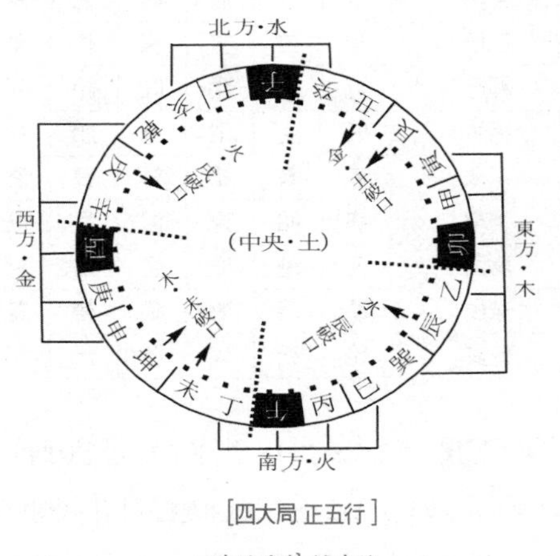

[四大局 正五行]

胞胎法의 綜合論

- **목국**(木局) … 정미(丁未) 곤신(坤申) 경태(庚兌) 미파구(未破口), 인(寅), 갑(甲), 을(乙), 손(巽) 동방 목(東方 木)

  갑(甲) **양목**(陽木) **수**(水), **좌선**(左旋) : 신포(申胞) 술양(戌養) 해생(亥生) 묘(卯) 왕(旺) 정미장(丁未葬) 순행(順行)…수생목(水生木) 상생(相生)

  을(乙) **음목**(陰木) **용**(龍), **우선**(右旋) : 유포(酉胞) 축쇠(丑衰) 인왕(寅旺) 오생(午生) 신술장(辛戌葬) 역행(逆行)…목생화(木生火) 상생(相生)

- **화국**(火局) … 신술(辛戌) 건해(乾亥) 임자(壬子) 술파구(戌破口), 사(巳), 병(丙), 오(午), 정(丁) 남방(南方) 화(火)

  병(丙) **양화**(陽火) **수**(水), **좌선**(左旋) : 해포(亥胞) 축양(丑養) 인생(寅生) 오(午) 왕(旺) 신술장(辛戌葬) 순행(順行)

  정(丁) **음화**(陰火) **용**(龍), **우선**(右旋) : 자포(子胞) 진쇠(辰衰) 사왕(巳旺) 유생(酉生) 계축장(癸丑葬) 역행(逆行)…화생금(火生金) 상생(相生)

- **금국**(金局) … 계축(癸丑) 간인(艮寅) 갑묘(甲卯) 축파구(丑破口), 신(申), 경(庚), 유(酉), 신(辛), 건(乾) 유방(酉方) 금(金)

  경(庚) **양금**(陽金) **수**(水), **좌선**(左旋) : 인포(寅胞) 진쇠(辰養) 사생(巳生) 유(酉) 왕(旺) 계축장(癸丑葬) 순행(順行)

  신(辛) **음금**(陰金) **용**(龍), **우선**(右旋) : 묘포(卯胞) 미쇠(未衰) 신왕(申旺) 자(子) 생(生) 을진장(乙辰葬) 역행(逆行)…금생수(金生水) 상생(相生)

- **수국**(水局) … 을진(乙辰) 손사(巽巳) 병오(丙午) 진파구(辰破口), 해(亥), 임(壬), 자(子), 계(癸) 북방 수(北方 水)

  묘생(卯生) 정미장(丁未葬) 역행(逆行) 임(壬) 양수(陽水) 수(水), 좌선(左旋) : 사포(巳胞) 미양(未養) 신생(申生) 자왕(子旺) 을진장(乙辰葬) 순행(順行) 계(癸) 음수(陰水) 용(龍), 우선(右旋) : 오포(午胞) 술쇠(戌衰) 해왕(亥旺)

❖ **사대국 포태법**(四大局 胞胎法) :

九星 / 穴坐	金局破 (癸丑艮寅甲卯)	木局破 (丁未坤申庚酉)	水局破 (乙辰巽巳丙午)	火局破 (辛戌乾亥壬子)
胞	寅	申	巳	亥
胎	卯	酉	午	子
養	辰	戌	未	丑
生	巳	亥	申	寅
浴	午	子	酉	卯
帶	未	丑	戌	辰
冠	申	寅	亥	巳
旺	酉	卯	子	午
衰	戌	辰	丑	未
病	亥	巳	寅	申
死	子	午	卯	酉
藏	丑	未	辰	戌
墓	北東	南西	東南	北西

※ **길성**(吉星) : 생(生), 대(帶), 관(冠), 왕(旺)

포태법(胞胎法) 구성으로 득수파구(得水破口)를 배속하여 단좌형식으로 혈장(穴場)을 구하는 법으로 인용한다.

❖ **사대국 합룡통규법**(四大局 合龍通竅法)

乙丙交而 趨戌＝火局

辛壬會而 聚辰＝水局

斗牛納 丁庚之氣＝金局

金羊收 癸甲之靈＝木局

이는 용(龍)과 수(水)의 배합관계를 보는 중요한 법이다. 을병교이(乙丙交而) 추술(趨戌)이란 을음목(乙陰木)과 양병화(陽丙火)는 생왕묘(生旺墓)가 상배(相配)되므로 부부관계와 같아서 같은 곳으로 귀고(歸庫)한다는 말이다. 즉 을목(乙木)의 생쇠지(生衰地)가 오(午)인데 오(午)는 병화(丙火)의 왕지(旺地)이기도 하며, 인(寅)은 병화(丙火)의 생지(生地)인데 을목(乙木)으로는 왕지(旺地)가 되며, 술(戌)은 을병(乙丙)이 다같이 묘고(墓庫)가 된다는 것이다. 용(龍)의 입수(入首)와 수구(水口)의 길흉 보는 것으로 을신정계(乙辛丁癸)는 용(龍)을 지칭하는 것이니 음(陰)이므로 부(婦)가 되며, 갑경병임(甲庚丙壬)은 향(向)을 가리키는 말이니 양(陽)이므로 부(夫)가 되는 것이다. 그러므로

① 입수룡(入首龍)의 길흉을 알아보려면 우선 결혈처(結穴處)에서 물이 어느 방(方)으로 흘러나가는가를 보아야 하는 바 물이 만약 계축간인갑묘(癸丑艮寅甲卯)의 6자상(六字上)으로 나가면 두우납(斗牛納) 정경지기(丁庚之氣)인 금국(金局)이 되므로 을신정계(乙辛丁癸)가 용(龍)이라 하였으니 정포태(丁胞胎)를 짚어서 양생(養生), 대(帶), 관(官), 왕(旺)으로 입수(入首)하면 아무리 다른 조건이 좋다고 하더라도 결코 발복하지 못한다. 욕입수(浴入首)는 발복이 혹 있으나 바로 패(敗)한다.

② 향상(向上)의 길흉을 알아보려면 우선 수구(水口)가 어느 국(局)인가를 알아보고 20운성법(運星法)으로 길흉을 가린다. 가령 수구(水口)가 을진손사병오(乙辰巽巳丙午)의 6자상(六字上)으로 되어 있다면 신임회이취진(辛壬會而聚辰)이니 수국(水局)이 되며, 수(水)는 양(陽)이며 향(向)이라 했으니 갑경병임(甲庚丙壬)에서 양태포(陽胞胎)를 짚게 되며 임수포태(壬水胞胎)를 보면 임수(壬水)는 곤신(坤申)에서 생(生)하고, 임자(壬子)에서 왕(旺)이 되고, 을진(乙辰)에서 묘(墓(葬))가 되며, 정미(丁未)에서 양(養)이 된다. 이상 생(生), 왕(旺), 묘(墓), 양(養) 사향(四向)이 정고소수법(正庫消水法)이고, 갑묘(甲卯)에서 사(死)가 되고, 손사(巽巳)에서 절(絶)이 되는데, 사지(死地)는 선천(先天)으로 왕지(旺地)이므로 자왕향(自旺向, 絶處逢生)이라 하여 입향(立向)할 수 있으니 이 두 격(格)도 차고소수법(借庫消水法)이라 하여 입향이 가능하므로 한 국(局)에서 양향(養向), 생향(生向), 왕향(旺向), 묘향(墓向), 사향(死向) 6군데만이 입향했을 때 길하고 그 외의 입향은 모두 흉하다고 할 수 있다. 다른 3국(三局)도 이에 준한다.

③

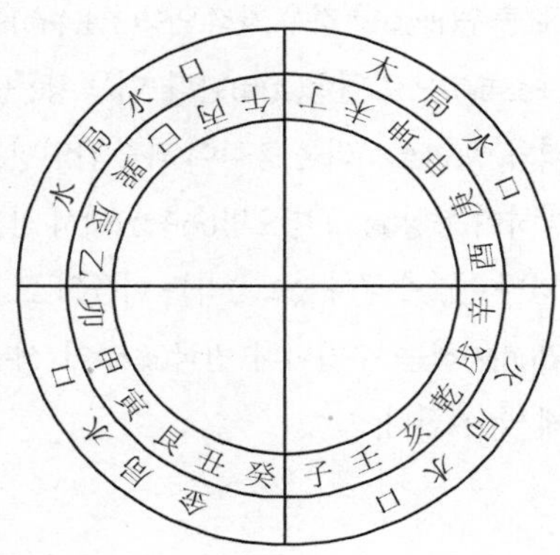

수국(水局) = 을진(乙辰) 손사(巽巳) 병오(丙午)로 물이 나감.
목국(木局) = 정미(丁未) 곤신(坤申) 경유(庚酉)로 물이 나감.
금국(金局) = 계축(癸丑) 간인(艮寅) 갑묘(甲卯)로 물이 나감.
화국(火局) = 신술(辛戌) 건해(乾亥) 임자(壬子)로 물이 나감.

이것을 원관통규법(元關通竅法)이라고도 하는데 원(元)은 향(向)을, 관(關)은 용을, 규(竅)는 수(水)를 말하는 것으로 향(向)으로서 용과 수(水)를 통과시켜 일고(一庫)로 향귀(同歸)시킨다는 뜻이다.

④ 사대국(四大局)의 실례 해설

• 을병교이추성(乙丙交而趨戌) 화국(火局)의 입향도(立向圖)

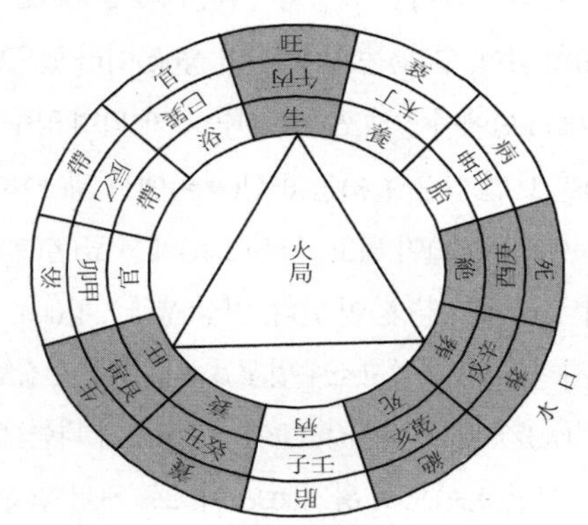

빗금친 6군데만이 입향(立向)할 수 있으며, 그외의 입향(立向)은 혹 발복했다가도 금시 패절(敗絕)하거나 불규칙한 흉화(凶禍)를 받는다.

㉠ **정왕향**(正旺向) : 간인왕룡(艮寅旺龍)으로 입수(入首)한 용에서 좌수(左水)가 오른쪽으로 기울어 신술수구(辛戌水口)로 출수(出水)할 경우 자좌오향(子坐午向)이나 임좌병향(壬坐丙向)으로 입향(立向)한다. 이는 왕룡(旺龍)이라는 처녀와 생수(生水)라는 총각이 좌측 간인방(艮寅方)에서 출발하여 향상(向上) 병오방(丙午方)에서 건전한 방법으로 만나 신술수구(辛戌水口)라는 이름의 묘고(墓庫)까지 동귀(同歸)하는 수법이니 만국(滿局)이 생왕(生旺)하여 크게 발(發)한다.

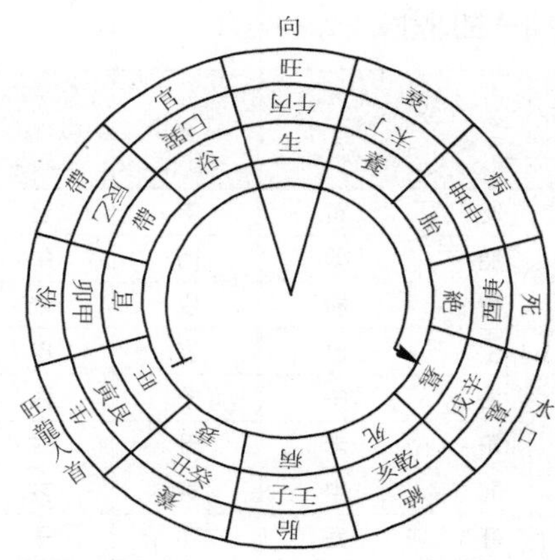

㉡ **정생향**(正生向) : 병오생룡(丙午生龍)으로 입수(入首)한 용에서 우수(右水)가 왼쪽으로 기울어 신술수구(辛戌水口)로 출수(出水)할 경우 신좌인향(申坐寅向)이나 곤좌간향(坤坐艮向)으로 입향(立向)하면 정생향(正生向)이 된다. 이 또한 만국(滿局)이 생왕(生旺)하여 크게 발(發)하는 수법이다.

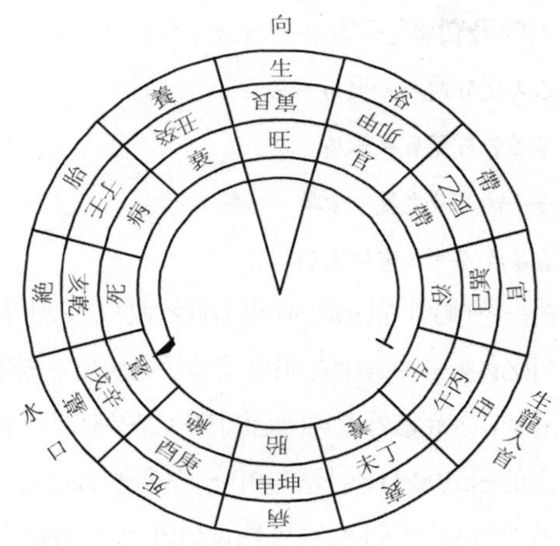

㉢ **정묘향**(正墓向) : 병오생룡(丙午生龍) 입수(入首)와 간인왕룡(艮寅旺龍)으로 입수(入首)한 용에서 왼쪽의 관왕수(官旺水)와 오른쪽의 장생수(長生水)가 향상(向上)에서 합금하여 신술정묘(辛戌正墓)로 출수(出水)하는 수법이다. 진좌술향(辰坐戌向)이나 을좌신향(乙坐辛向)을 놓을 경우 합법인데 이 또한 자손이 흥왕하고 부귀하는 것으로 대국(大局)에서 많이 볼 수 있다.

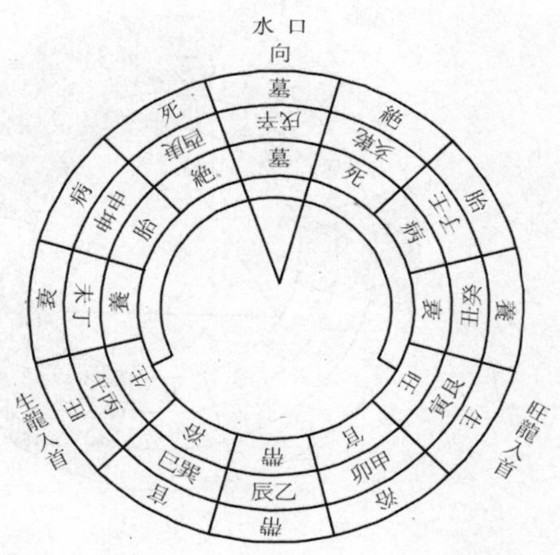

㉣ **정양향**(正養向) : 병오생룡(丙午生龍)으로 입수(入首)한 화국(火局)에서 우수(右水)가 왼쪽으로 기울어 신술수구(辛戌水口)로 출수(出水)한다면 미좌축향(未坐丑向)이니 정좌계향(丁坐癸向)을 놓는다. 이 또한 오른쪽의 제왕수(帝旺水)가 입당(入堂)하여 정고(正庫)도 흘러 나가므로 크게 발(發)한다.

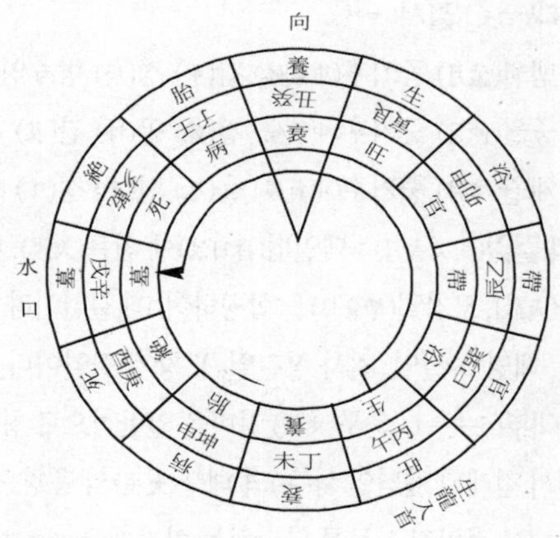

㉤ **차고소수**(借庫消水) **자생향**(自生向) : 우수(右水)가 왼쪽으로 기울어 신술수구(辛戌水口)에서 갑묘방(甲卯方)으로 용이 입수(入首)하였다면 사좌해향(巳坐亥向)이나 손좌건향(巽坐乾向)으로 입향(立向)할 수 있다. 이는 건해(乾亥)는 화국(火局)으로 절지(絶地)이나 목국(木局)으로 생지(生地)가 되므로 목국(木局)의 생왕기(生旺氣)를 빌려쓰는 것이라 하여 차고소수법(借庫消水法)이 성립되며 절처봉생(絶處逢生)이 된다. 이는 물이 정미(丁未)까지 못 가고 신술(辛戌)로 흘러 나가기 때문이다.

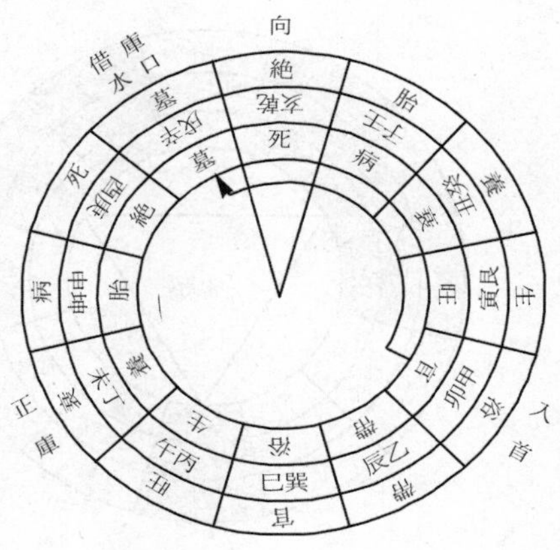

㉥ **차고소수**(借庫消水) **자왕향**(自旺向) : 손사(巽巳)로 입수(入首)한 용에서 좌수(左水)가 오른쪽으로 기울어 물이 계축(癸丑)까지 가지 못하고 신술(辛戌)로 흘러 나가면 갑좌경향(甲坐庚向)이나 묘좌유향(卯坐酉向)으로 입향(立向)하여야 한다. 이는 경유(庚酉)는 화국(火局)으로 사지(死地)이나 금국(金局)으로는 왕지(旺地)가 되므로 금국(金局)의 생왕(生旺)을 빌려 입향(立向)하니 자왕향(自旺向)이 된 것이다.

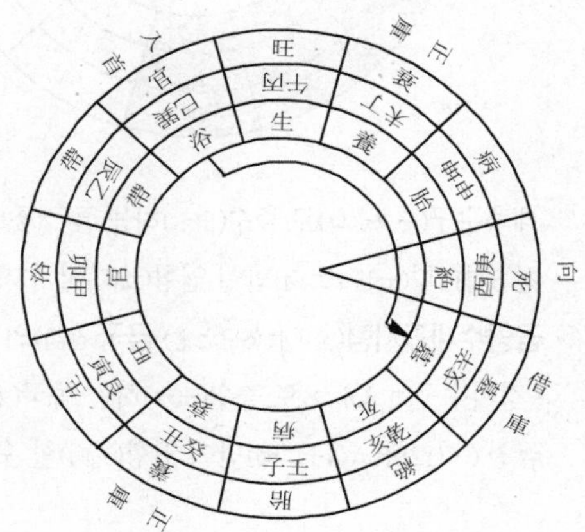

• **신임회이취진**(辛壬會而聚辰) **수국**(水局)**의 입향도**(立向圖) : 을진수구(乙辰水口)로 출수(出水)하는 수국(水局)의 경우 6격12

향(六格十二向)만이 입향(立向)할 수 있다. 그 외의 설명은 화국(火局)의 논설에 준한다.

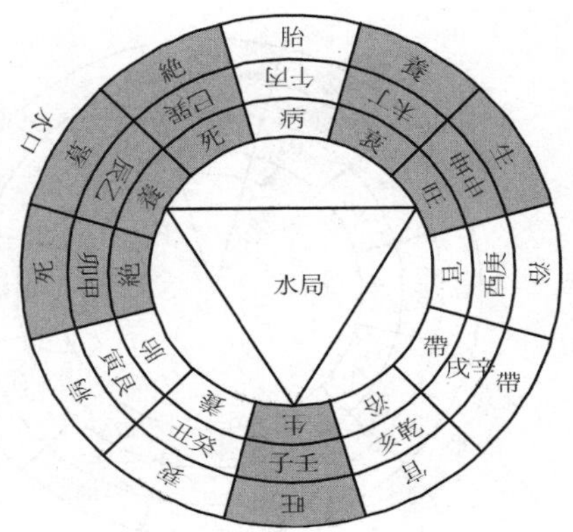

• **두우납정경지기**(斗牛納丁庚之氣) **금국**(金局)**의 입향도**(立向圖)

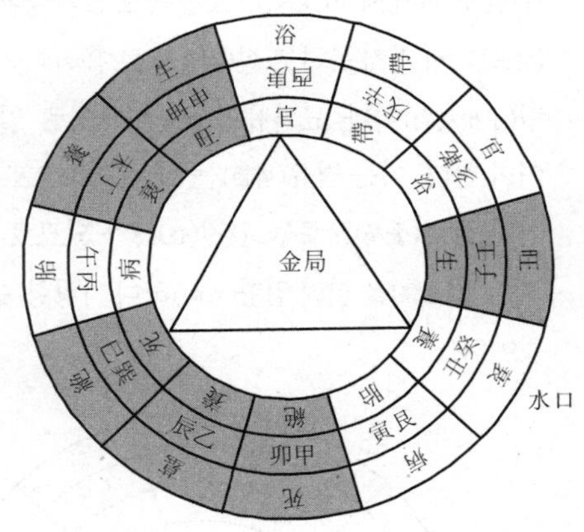

계축수구(癸丑水口)로 출수(出水)하는 금국(金局)의 경우 빗금친 6격12향(六格十二向)만이 입향(立向)할 수 있다.

• **금양수계갑지령**(金羊收癸甲之靈) **금국**(金局)**의 입향도**(立向圖) : 정미수구(丁未水口)로 출수(出水)하는 목국(木局)의 경우 빗금친 6격12향(六格十二向)만이 입향(立向)할 수 있다.

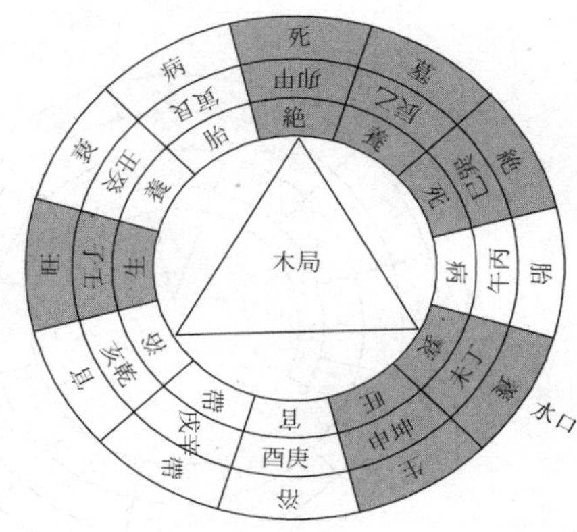

❖ **4대공망**(四大空亡) : 순중납음(旬中納音)의 오행공(五行空). 예를 들어 갑진(甲辰)과 갑술순중(甲戌旬中)에는 납음(納音)으로 금(金), 목(木), 수(水), 화(火), 토(土) 오행이 모두 들어 있으나 갑자(甲子) 갑오순(甲午旬)에는 납음 수(水)가 없다. 갑인(甲寅) 갑신순(甲申旬)에는 납음 금(金)이 없다.

甲子旬 : 水가 空, 甲午旬 : 火가 空

甲申旬 : 金이 空, 甲寅旬 : 木이 空

❖ **사대**(四大) **길시**(吉時)

• 맹월(孟月) 중기후(中氣候) 갑(甲) 경(庚) 병丙 임(壬) 시(時)
• 중월(仲月) 중기후(中氣候) 건(乾) 곤(坤) 간(艮) 손(巽) 시(時)
• 계월(季月) 중기후(中氣候) 을(乙) 신(辛) 정(丁) 계(癸) 시(時)

❖ **4대길일**(四大吉日) : 택일법(擇日法)에 천은(天恩), 대명(大明), 천사(天赦), 모창일(母倉日)을 합칭하여 4대길일이라 함. 천은 상길일, 대명 상길일, 천사 상길일, 모창 상길일이다.

❖ **사대부**(士大夫) : 문무(文武) 양반을 일반적으로 칭하는 말. 중국에서 전래된 개념인 사(士)와 대부(大夫)의 총칭으로 왕과 제후 밑에서 정치적 실무를 담당하는 치자계급(治者階級)을 가리킴. 우리 나라에서는 지식계급을 지칭하는 것으로 통용되기도 함.

❖ **사대혈성**(四大穴星)

• **와혈**(窩穴) : 두툼한 곳이 있으면 가운데를 파고 돌(突)한 곳은 크게 파고 묘를 쓰라. 심와(深窩)는 천광(穿壙)을 얕게 파고 천와(淺窩)는 깊게 파고 묘를 써야 한다.
• **겸혈**(鉗穴) : 전순(氈脣)이 있어야 하고 양(兩) 지각(肢脚)이 안으로 합(合)하여 져야 진혈(眞穴)이다. 선익(蟬翼)이 분명해야 한다.

• **유혈**(乳穴) : 여러 기(基)의 묘를 쓰게 되면 혈장파쇄(穴場破碎)로 쓸모없는 진혈이 된다. 선익이 분명해야 하고 입수(入首)가 머리를 숙인 것 같아야 하고 여자의 잉태(孕胎)한 모습 젖가슴 같은 모습 물에 뜬 거북이의 형상(形象) 같아야 진혈이다.

• **돌혈**(突穴) : 둥근 야산(野山)의 정상(頂上)에 돌이 있으면 돌 위의 불거진 곳을 파괴하지 마라 무쇠 솟을 엎어 놓은 듯한 형상이며 돌 가운데 와(窩)한 곳 중앙에 재혈(裁穴)하고 쌍돌이면 둘 다 취(取)하고 장단(長短)이면 단(短)을 취하고 솥 같으면 변(邊)을 취하고 종(鍾) 같으면 윗부분을 취하라. 사유 건곤간손(乾坤艮巽)이 분명해야 진혈이다.

❖ **사대혈형**(四大穴形)**인 와겸유돌**(窩鉗乳突) : 풍수지리상의 용혈(龍穴)인 와(窩), 겸(鉗), 유(乳), 돌(突)은 음양(陰陽)으로는 실상의 유형이 변하는 본질에 가깝다. 태극(太極)은 장자(葬者)가 승생기(乘生氣) 즉 기(氣)를 얻는다는 뜻이다. 양의(兩儀)는 음(陰)이 오면 양(陽)이 받아들이고 양이 오면 음이 받아들여 사상(四象)이 발생하므로 태양(太陽), 소양(小陽), 태음(太陰), 소음(小陰)의 형체가 나타난다. 이러한 형혈(形穴)로 와겸유돌(窩鉗乳突)이 생긴다. 와겸(窩鉗)은 양혈(陽穴)이고, 유돌(乳突)은 음혈(陰穴)이다. 와겸유돌(窩鉗乳突)의 발생은 음맥(陰脈) 밑에는 양혈(陽穴)의 와겸(窩鉗)이 있고, 양맥(陽脈) 밑에는 음혈(陰穴)의 유돌(乳突)이 있다. 즉 혈(穴) 뒤가 양이면 와겸이 발생하고 혈 뒤가 평평하거나 요산(凹山)이면 유돌이 생긴다.

❖ **4독**(四瀆) : 강(江), 회(淮), 하(河), 한수(漢水)를 가리키는 말.

❖ **사두혈**(蛇頭穴) : 뱀의 머리같이 생긴 형국. 기운이 사납고 살(殺)이 무거워 와(窩), 겸(鉗)의 혈형이 열리지 않으며 사두혈 앞에 개구리 같은 작은 산이 있어야 길격이다.

❖ **4락지**(四落地) : 산맥의 기가 뭉쳐 결혈(結穴)되어 떨어진 곳의 형세. 4락(四落)은 5룡(五龍)으로 나뉘고 초락(初落), 중락(中落), 말락(末落), 분락(分落)의 국세(局勢)에 입혈(入穴)된다. 초락(初落)은 태조종산(太祖宗山) 가까운 곳의 낙지(落地)에 결혈(結穴)되는 곳을 말하고, 중락(中落)은 종조산(宗祖山) 멀리 아래의 여지(餘枝) 중간에 기(氣)가 떨어져 결혈(結穴)된 곳을 말하며, 말락(末落)은 소조산(少祖山) 아래 웅장한 낙지(落地)에 결혈(結穴)된 곳을 말하며, 기복이 많고 2, 3절(節)의 성신(星辰)이 성혈(成穴) 된다. 분락(分落)은 부모산(父母山) 후룡(後龍)의 여지(餘枝) 맥이 여러 갈래로 속기(束氣)되는 것을 말하고, 시분락(始分落)이라고도 한다. 초락(初落)은 행룡(行龍) 가운데 하나의 산이 크게 일어나 아래에 기(氣)가 모여 결혈(結穴)한다. 중락(中落)은 크게 절(節)을 일으키고 오는 산이 작은 기복을 일으키고 또다시 기복을 일으켜 결혈(結穴)되는 바로 아래에 입혈(入穴)한다. 말락(末落)은 행룡(行龍)의 기복이 많아 2, 3절(節) 아래 속결정하(束結頂下)에 국(局)을 이룬다. 분락(分落)은 평지 가운데 다시 잠룡(潛龍)이 일어나 혈(穴)을 이룬다. 이는 전호(纏護), 환포(環抱), 건응(乾應)의 기화국지 입혈(入穴)한다. 그러므로 각 낙지(落地)의 결혈 형태가 큰가, 작은가를 살피고 용이 땅 속으로 들어 갔는가, 다시 일어났는가를 살펴야 한다.

❖ **사**(砂)**란 혈판**(穴坂)**을 중심**(中心)**으로 하여 전후좌우**(前後左右)**있는 산 등** : 사란 혈판을 중심하여 전후좌우에 나열되어 있는 크고 작은 산봉(山峯)을 포함하여 암석, 큰 나무, 큰 건물, 도로, 강, 바다, 호수, 평야, 구릉(丘陵), 청룡, 백호, 주작, 금상(金箱), 옥인(玉印), 창고(倉庫), 기고(旗鼓), 천마(天馬), 문필산(文筆山), 귀봉(貴峯), 월(月), 일(日), 귀봉(鬼峯) 등을 사(砂)라 한다.

❖ **사람들에게 손해를 끼치고** : 사람들에게 손해를 끼치고서 자신만이 이로운 행동은 하지 말고, 살상을 좋아하여 하늘을 속이지 말아야 한다. 산천이 신령스럽게 생겨야 혈을 이루게 되니 사람의 힘으로 만들어지는 것이 아니다. 이러한 근본은 하늘의 뜻에 있는 것이다. 만약 이러한 생성된 혈을 얻게 되면 복을 기대하지 않아도 복은 스스로 이르게 될 것이나 착한 마음이 아니라면 절대로 이룰 수 없을 것이다. 또한 복(福)은 마음으로 연유해서 만드는 것인데, 마음은 기(氣)가 주인이고 기란 덕에 부합함이다. 하늘이 기를 주지 않으면 마음이 주인을 잃음이며, 사람의 일심일기(一心一氣)가 감응(感應)하여야 만이 서로가 부합할 수 있는 것이다.

❖ **사람은 누구나 멋있는 집에 살고 있다면** : 매우 유쾌하여 모든 일에 의욕이 넘치지만 그 반대로 햇빛도 들지 않고 어둠침침한 방에 살고 있다면 항상 불쾌한 기분으로 타인과 다투거나 가족

들과 화목하게 지내지 못할 것이다. 주택은 인간의 건강과 정신 등에 영향을 미친다. 채광이 좋고 공기도 잘 통하는 방은 거주자의 건강을 선물해 준다. 추위와 더위 비와 바람 습도 등 자연 현상이 인체에 영향을 미치도록 거주자를 보호해 주는 것이다. 이처럼 거주자를 유쾌하고 편안하게 생활 할 수 있도록 해주는 주택이라면 좋은 주택에 속한다.

❖ **사람은 먼저 그 산천(山川)을 닮는다는 것이다** : 산천이 추악해지면 사람도 추악(醜惡)해진다. 또 산천이 맑으면 그의 자손도 맑다. 옛말에 악산음지(惡山陰地)에서는 인물(人物)이 나지 않는다고 했다. 집터를 선택(選擇)함에는 산을 등지고 물을 바라보면 사람의 마음이 포근해지며 흘러온 산줄기는 힘차게 수려(秀麗)하게 펼쳐지고 물줄기가 둥굴게 굽이돌아 감싸 흐르고 앞에는 열린 터전이 넓고 클수록 복력(福力)이 광대(廣大)하며 물이 둘러와서 빠져 나가는 곳이 굴곡을 거두어 들며 감추어져야 만금(萬金)을 쌓아놓은 만금부귀(萬金富貴)를 이룰 수 있다고 했다.

❖ **사람은 자연과 더불어 살아가고 있다** : 일상생활을 하는데는 자연 친화적인 환경을 만들어야 한다. 우리나라 재벌들의 주택을 보면 대부분 단독 주택에 살고 있다. 이로 미루어 보더라도 이 땅에서 부자로 살 수 있는 것은 이런 복잡한 도심의 공간 속에서 나마 대지의 왕기(旺氣)을 항상 공급 받음으로서 가능한 일이 아닌가 싶다. 부자들의 집을 살펴보면 건물도 건물이려니와 정원을 꾸며 놓고 있는 게 특징이다. 정원이 있으면 당연히 정원수가 심어지고 관엽수의 꽃들도 있게 마련이다. 이것이 행운이 가득한 집을 만드는 포인트다. 집에 정원이 있으면 대지의 기가 쉽게 이 집으로 들어온다. 그러나 자신의 집이 단독 주택이 아니라고 실망 할 필요는 없다. 대지와 떨어진 상층에 산다 하더라도 방법은 있다 대부분이 집에는 베란다가 있으므로 이를 잘 이용하면 된다. 아침으로 산책을 할 때 황토 흙을 비닐봉지에 담아 와서 그 흙 위에 남세도 가꾸고 흙냄새도 많으면 건강해진다. 황토 흙은 약용으로도 쓰인다. 독버섯이나 복어 알을 먹고 중독되었을 때나 위장이 약한 사람 맑은 황토 물을 마시면 위장이 튼튼해 진다. 풍수상 정원이나 배란다는 운기를 보충해주는 공간으로 해석할 수 있다. 즉 꽃과 푸르름으로 장식하는 것은 하루하루의 생활 속에서 잃었던 운기를 보충하는 방법이다. 정원이나 베란다에 흙으로 빚어진 꽃병이나 나무로 만든 화분이 좋다 이것은 자연과 운기를 조화 시킨다.

❖ **사람은 주택을 만들고 주택은 사람을 만든다** : 아무리 풍수적으로 좋은 주택이라 해도 생기가 들어오는 중요한 통로인 현관이 온갖 잡다한 물건으로 지저분하거나 아두 침침하다면 의미가 없다. 또한 나만 잘 되면 그만이라는 식으로 주변에 대한 배려 없는 이기주의가 과연 자연의 혜택과 집터의 에너지를 받아들일 수 있을까? 자신이 살고 있는 집터나 환경에 대해서 예를 다한다는 마음이 기본일 것이다. 전통적인 풍수 사상에서는 선행을 쌓고 덕을 행한 사람만이 명당자리를 얻을 수 있다고 믿고 있다.

❖ **사람의 얼굴은 그 사람의 인품을 나타내듯이** : 사람의 얼굴의 생김새 윤곽 색 흉터 등 여러 가지를 종합적으로 살펴 그 사람의 과거 현재 미래를 살펴보듯이 양택의 모양도 천태만상(千態萬象)으로 나타나게 되므로 거기에 따라 일어나는 변화도 수천 갈래로 변한다. 가상학도 비슷하게 맞아 떨어지는 경우는 현재의 상태에서 나타난 미래에 대해서 다른 것으로 바꿔 보려는 본인의 의지의 작용과 노력 때문이다. 그러므로 아무리 좋은 양택지나 음택지(陰宅地)를 소유했다 하더라도 본인이 노력을 해야지 감나무 밑에 누워서 감 떨어지기를 기다리는 사람처럼 노력을 하지 않으면 그러한 효과는 반감 될 것이다.

❖ **사람이 살고 있는 집이나 장사 지내는 곳은 반드시 용진혈적한 곳이어야 한다** : 용이 행룡을 다하고 멈춘 곳을 용진처(龍盡處)라 하고, 생기가 융결된 것을 혈적했다고 하며, 심혈은 바로 용진혈적한 곳에 해야 한다. 옛말에 과룡조장(過龍造葬)은 3대 안에 절향화(絕香火)라 하여 3대를 못가서 절손된다고 하였다.

❖ **사람이 서 있는 모습과 같은 암석이 있으면** : 백호(白虎)쪽에 암석이 서 있으면 여자의 이금치사(以金致死) 쇠붙이로 죽음에 이르고 청룡(青龍)쪽이면 본손(本孫)이 당하고 전순(氈脣)쪽이면 막내아들이 당한다.

❖ **사람이 죽으면 왜 머리를 동쪽으로 두는가** : 우리네 풍속에 사람이 죽으면 머리를 동쪽으로 두도록 했다. 실제로 우리나라 고대의 무덤 중에는 동침을 한 경우가 많았다. 왜 동쪽으로 머리를

두게 한 것일까? 동쪽은 해가 뜨는 방향으로 해는 생성과 소멸을 반복하기 때문에 동쪽에는 소생, 재생의 힘이 있다고 여겼다. 그래서 사자의 머리를 동쪽으로 두어 다시 소생할 것을 염원하였던 것이다. 조선 시대에는 임종 이후에도 매장 전까지는 살아 있는 것으로 여겨 머리를 동으로 두고, 묻을 때는 죽은 것으로 여겨 북으로 두었다. 즉 빈소에서는 아직 죽지 않은 것으로 생각하여 머리를 동쪽으로 두지만, 매장할 때는 죽은 것으로 여겨 머리를 북쪽으로 두는 것이다. 매장할 때 머리를 북으로 두는 것은, 북쪽에는 죽은 자를 관장하는 신이 있고, 동쪽에는 산 자를 관장하는 신이 있기 때문이다. 부부를 합장할 경우 남좌여우(男左女右)의 형식을 취한다. 즉 무덤을 바라보고 섰을 때 왼쪽이 남자이고, 오른 쪽이 여자이다. 이러한 남좌여우 장법은 중국 한나라 장제의 영향을 받은 것이다. 그리고 양쪽 석실 사이의 벽에는 50 센티미터 정도의 구멍을 뚫어 혼이 서로 왕래할 수 있도록 하였다. 요즘도 한 봉토에 부부를 합장할 경우에는 관과 관 사이의 벽 가운데를 뚫어 놓는다. 쌍분인 경우에도 남자는 좌측, 여자는 우측에 놓이는 것이 일반적이다. 이와는 달리 같은 능선에 상하로 쌍릉을 이루는 경우도 있다. 묘지풍수에서의 방향은 실제 방향과는 달리 주산이 있는 쪽을 북, 즉 현무로 보고, 남을 주작, 동을 청룡, 서를 백호로 본다. 그리고 조상의 묘는 북상하여 맨 위쪽부터 아래로 내려오면서 윗대부터 차례로 쓴다. 부부의 경우도 남자를 위에, 여자를 아래에 둔다. 만일 후대의 묘를 조상 묘보다 위에서 쓰면 거꾸로 묻었다 하여 도장(倒葬)이라 한다. 이러한 도장법(倒葬法)은 매우 불경스러운 것으로 여겨 특별한 경우가 아니면 쓰지 않는다. 좌우로 쌍릉을 쓰지 않고, 같은 능선에 앞뒤로 쌍릉을 쓴 것은 풍수지리설의 영향으로 생기가 왕성한 정혈에서 벗어날 것을 우려했기 때문이다. 즉 두 능을 나란히 놓으면 생기가 왕성한 정혈을 비켜 갈 가능성이 크기 때문에 양 능이 다 생기를 받을 수 있도록 위아래로 둔 것이다.

❖ **사람이 집을 누르면 집안의 형세가 좋아지고**: 집이 사람을 누르면 액운이 온다는 말과 같이 가택이 가족 수에 비해 지나치게 넓고 크면 그 집에 사는 사람들은 크고 넓은 그 집의 기세에 눌려 기쇠심약(氣衰心弱)하고 흉액(凶厄)이 빈번하며 이와 반대로 집에 비해 가족 수가 지나치게 많으면 소심하고 옹졸하며 병이 많고 가세가 빈한해진다. 택지의 형상(形相)이란 집터의 생김새를 말하는 것으로 입체적인 것과 평면적인 것이 있는데 입체적인 형상은 가상론(家相論)의 대상이고 평면적인 것은 택지론(宅地論)의 대상이다. 택지의 형상에는 크고 작고 좁고 넓고 둥글고 모지고 곧고 굽고 아름답고 추하고 등 여러 가지가 있는데 그 형상에 따라 특징이 있다.

❖ **사람이 집을 누르면 집안의 형세(形勢)가 좋아진다**: 집이 사람을 누르면 액운이 온다는 말이 있다. 가택(家宅)이 가족수에 비해 지나치게 넓고 크면 그 기세(氣勢)에 눌려 기(氣)가 쇠(衰)하고 심약(心弱)해져 흉액이 빈번해 진다. 이와 반대로 집에 비해 가족 수가 지나치게 많으면 옹졸하고 병이 많으며 가난해진다. 집터의 강한 기를 이기지 못하면 미치거나 불의의 사고로 부르는 일이 나타나고 강한 집터의 기를 이기면 뜻밖의 인물로 출세한다.

❖ **사람이 후사가 없는 것**: 사람이 후사가 없이 됨은 단지 수파천심(水破天心)에 인함이고, 자식이 가출함은 물이 성각(城脚)을 충(衝)함이다. 사람이 대를 이어갈 자식이 없는 것은, 혈장에 맥의 기운이 없는 탓이다. 천심(天心)이 돌기(突起)치 못한 데다 작은 물들이 불분명하게 아래로 임두수(淋頭水)로 빠져 흐르면, 천심(天心)을 파(破)하기 때문에 절손(絶孫)하게 된다. 자식이 있으나 출가하여 승도(僧道)를 가는 것은, 혈장에 여기(餘氣)가 없고 용호(龍虎)가 단축하여 내당(內堂)을 보호할 수 있는 차단된 사(沙)가 없으며, 외방(外方)의 대수(大水)가 나성(羅城)을 충하고 할각수(割脚水)가 되는 탓이다. 각(脚)이 울타리를 만들지 못하면 출가하게 되는 것이다.

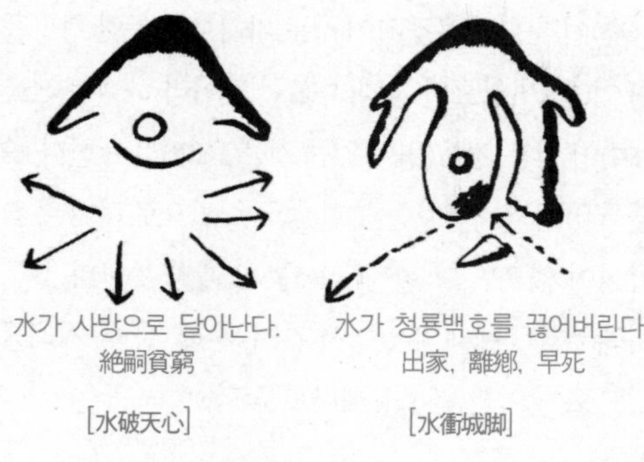

水가 사방으로 달아난다.
絶嗣貧窮

[水破天心]

水가 청룡백호를 끊어버린다.
出家, 離鄕, 早死

[水衝城脚]

❖ **사래횡작**(斜來橫作) : 용이 비껴서 횡(橫)으로 와서 곧게 받아 혈(穴)이 맺고 앞으로 바로 나가 봉(峯)이 되면 관성(官星)이라 하며, 이는 귀(貴)를 촉발한다. 용이 바로 와서 횡(橫)으로 받아 혈(穴)이 되면 뒤에 낙산(樂山)이 있어 병풍처럼 되고, 혈판 앞으로 여기(餘氣)가 끌고 가서 봉(峯)이 되면 관성(官星)이라 하고, 이런 것들이 있으면 귀(貴)한 인물이 태어난다. 산이 앞뒤가 서로 상응하면 더욱 긴요하며 만물이 양(陽)을 앞에 안고 음(陰)을 뒤로 짊어지니 혈후(穴後)는 병풍과 장막으로 뒷 바람을 막아 가까이 있을수록 좋다. 퇴룡(堆龍)과 탈룡(脫龍)하에 맺은 혈은 귀한 혈이지만 만약 차락(借樂)이 없으면 뒤가 공허(空虛)하여 치패할 것이다.

❖ **사렴**(蛇濂) : 광 중에 뱀이 많이 들어가 있는 것을 말함. 사렴은 충렴에서와 같이 뱀들의 서식에 알맞은 여건일 경우 있게 되는데, 이러한 병렴들을 예방하기 위해서 장사시 백회(생석회)를 쓰는 사람도 많은데 진혈일 경우는 이를 사용하지 않아도 상관없지만 그렇지 못한 경우는 사용하는 것이 상당한 효과가 있을 것으로 믿어진다.

❖ **사령통설**(四靈統說) : 사령(四靈)이란 관귀이요(官鬼离曜)를 말한다. 이, 요(离, 曜)는 보이므로 숨기지 못하고 관, 귀(官, 鬼)는 숨어 있어서 나타나지 않는 것이다. 안산 배후에 있는 봉우리를 관(官)이라 이름하며, 관의 형국이 돌리어 보이는 회두(回頭)가 혈(穴)을 바로 비춰주는 듯한 상을 조혈(照穴)의 상이라 하여 쓸만하다. 만약 득혈(得穴)에 관봉(官峯)이 없다면 좋은 자리가 못된다. 주산(主山) 배후에 있는 봉우리를 귀(鬼)라고 한다. 귀상(鬼相)이 배후에 있되 봉우리 하나가 단정히 있음을 요하며 크게 솟아 있으면 역시 불미하고, 귀봉이 없다면 귀지가 못된다. 암석의 작은 산이 수구 중간 주변에 있는 것을 이(离)라고 한다. 이봉(离峰)이란 항상 유정하여 서로 바라보는 듯한 형상을 필요로 하며 이(离)가 없으면 불영(不榮)한 땅이라 하겠다. 소산암석(小山岩石)이 청룡·백호 밖에 있는 것을 요(曜)라고 한다. 요란 서로가 뜻이 있어서 바라보는 듯한 형국을 필요로 하며 혹 요봉(曜峰)에 암석이 없으면 그 혈지(穴地)는 오래지 못한다.

❖ **사례**(四禮) : 예제에 있어서 관례, 혼례, 상례, 제례를 가리키는 것으로 줄여서 관혼상제라고도 함.

❖ **사(砂)로 길흉(吉凶)을 구분하는 법** : 사(砂)란 혈을 둘러싸고 있는 모든 산수를 말하므로 주변의 모습 모두와 함께 어우러진 전체적 모습을 가지고 길흉을 논하는 방법으로 이는 패철(佩鐵)의 6째 칸의 인반중침(人盤中針)으로서 성수오행(星宿五行)의 오행 관계(상생상극의 관계)를 살핀다. 좌선 청룡과 백호가 혈을 감싸주는 모습이어야 하는데, 혈의 입수룡(入首龍)보다 힘이 강하거나 높거나 날카롭게 쏘는 듯하면 흉하게 친다. 청룡과 백호의 역할은 혈(묘)의 바람의 침입을 막아주는 역할을 하게 되기 때문에 혈(묘)에서 황천수(黃泉水)와 팔요풍(八曜風)을 보아서 바로 청룡과 백호가 우수한가를 살펴야 한다. 그러므로 청룡은 아들과 인정을 의미하고 백호는 딸과 재물을 의미하므로 이들의 발달 여부에 따라서 자손 중 귀한 딸이 나올 집안인지 재물이 없어질 집안인지를 알 수 있게 된다. 즉 백호에 편편한 돌이 있으면 현감(군수)이 나오게 되고, 백호에 깃발처럼 보이는 사(砂)가 겹겹이 있거나 잘 생긴 산봉우리가 세게 솟아 있으면 장군이나 명사가 출생한다. 백호의 끝이 갈라지면 참수형을 당하는 자손이 생기고, 백호 쪽으로 넘겨보는 산봉(山峰, 규봉)이 있으면 도적의 자손이 나오거나 많은 재물을 도적 맞게 된다. 백호가 가늘고 약하면 자손 중에 가난하게 사는 자손이 나오며, 백호의 봉우리가 깃발처럼 생겼으면 크고 작은 상처를 당한다. 백호에 우뚝 선 쌍태산(雙胎木星)이 대명당(大明堂)과 상통해 있으면서 대명당이 광활하면 대장으로 성공하게 된다. 백호 쪽으로 다리가 둘인 모습의 양족사(兩足砂)가 있으면 간부가 있게 된다. 백호의 멀리 있는 산봉우리가 묘를 향해 찌르듯 달려오는 모습이면서 그 끝이 칼끝 같거나 뭉퉁하면서 정면으로 들어오는 모습이면 집안에 과부가 생기고 후손이 결손된다. 청룡이 혈장에 등을 보이고 달아나면 자손이 부모를 버리고 달아나고, 청룡이 억세면 혈장(묘)의 기(氣)를 누르거나 혈장의 기운을 빼앗기게 되므로 자손이 단명하거나 불충 불효한 자손이 태어나고, 청룡이 혈장보다 높거나 청룡의 끝부분이 크고 높으면 윗사람을 능멸하는 자손이 출생하고, 청룡이 지나치게 크고 높으면 시신이 육탈되지 않으므로 해가 많은 것은 물론 끝내는 자식들이 패가망신을 초래한다. 청룡의 어깨가 단절되면 자손의 대가 끊어지

고, 청룡의 허리가 단절되면 허리가 아프고 병신자식이 출생한다. 청룡이 백호를 심하게 누르거나 억제하면 집안의 여자가 조용하지만 여자들의 수명이 단축되고, 청룡이 허약하여 백호에게 눌리면 여자가 집안을 관장하고, 청룡이 지나치게 약하고 짧거나 없다면 자손이 없거나 자손이 단명한다. 백호가 돌아가면 자손과 며느리와의 사이가 불화하고 재물이 쌓이지 않는다. 청룡이 거칠고 허약하면 자손의 성품이 거칠고, 청룡이 무너지면 자식이 무너진다. 청룡의 끝자락이 무너지거나 단절되면 자손에게 해가 있다. 청룡의 끝자락이 백호에게 찔리면 여자에게 배신당하게 된다. 주작(朱雀) 안산이 유정하고 아름다우면 자손이 예절바르고 두터우면 효자가 태어난다. 안산이 너무 높거나 험상궂고 거칠어도 자식의 성품이 거칠고 난폭하며 부모에게 이기려들고 불손하다. 안산이 아름다우면 자손은 사회적인 신망이 두텁고 출세하며 많은 신하와 고용인을 거느린다. 안산이 등을 돌리고 앉아 있거나 달아나면 사회나 인간으로부터 배신을 당하며 인덕이 없다. 안산이 없으면 재산이 모이지 않는다. 안산이 아름답지 못하고 여자의 치마주름처럼 너덜거리면 며느리가 현숙하지 못하고 바람이 난다. 안산이 무너지면 자손이 무너지고 재물도 무너진다. 안산은 미래를 지향하는 것으로서 향(向)을 잡는데 쓰이므로 주로 손자를 의미하기도 한다.

❖ **사룡**(死龍)

① 포태법(胞胎法)으로 사(死)가 되는 용.

② 산의 정기(精氣)가 흐르지 않는 죽은 용. 봉우리 언덕 능선을 구별하기가 애매모호하며, 곧고 딱딱하여 잘라놓은 나무토막과 같거나 죽은 물고기 죽은 짐승처럼 생기가 없고 흉칙하고 거칠고 험악하고 부스럼 딱지같다. 기복이 없고 겹겹으로 펼쳐나간 곳이 없으며, 나무가 밑둥과 큰 줄기만 있고 가지와 잎이 없는 것처럼 앙상하게 보인다. 흩어진 지푸라기 잘라놓은 새끼토막같은 형상의 용으로써 흉격 중에서도 가장 흉하여 아무 쓸모가 없는 용이다.

❖ **사룡취향법**(捨龍就向法) : 탈룡취국(脫龍就局)의 땅에 입수가 모호하고 내외양향(內外兩向 : 시신과 봉분의 향이 다른 경우)을 하는데도 앞에 있는 사(砂)가 불미한 경우에 쓰는 입향법이다(向上法).

즉 자(子)입수에 당국이 사(巳)쪽으로 있고 우수(右水)가 왼쪽으로 온다면 진향(辰向)을 해야 한다. 그러나 진(辰)은 감룡(坎龍)의 살요(殺曜)이므로 내립(內立) 오향(午向)하고자 하나 또한 오상(午上) 흉사(凶砂)가 중래(重來)한다면 자룡(子龍)상에 천손사향(扦巽巳向)하여 우래왕수(右來旺水)를 수납하여 발복하는 법이다.

❖ **사룡취향**(舍龍就向)**에 관하여** : 내외양향(內外兩向)을 격식대로 세웠다고 해서 전부 온전할 수는 없으니, 외향상에 충사(沖砂)가 있으면 입향(立向)을 할 수가 없기 때문이다. 가령 자룡입수(子龍入首)에 우수도좌(右水到左)의 음국(陰局)이라면 정침상(正針上)으로 병오향(丙午向)을 세우려 해도 명당수(明堂水)가 국(局)을 이루지 못해 입향(立向)하지 못하고 설혹 수국(水局)이 성립된다고 해도 만약에 오상(午上)에 돌사(突砂)가 있어 내룡(來龍)을 충(沖)하면 이도 입향하지 못하고, 또 진향(辰向)으로 세우고자 해도 진(辰)은 양룡(陽龍)인데다 자룡(子龍)의 8요살방(八曜煞方)이 되므로 역시 입향하지 못한다. 그러므로 필경에는 사상(巳上)으로 밖에 입향(立向)할 수가 없으므로 경우를 가리켜 사룡취향(舍龍就向 : 龍을 버리고 水를 쫓아 向을 잡음)이라 한다. 이것은 부득이한 경우에 한해서 쓰는 기방(奇方)이지만 당상수(堂上水)를 수습하여 득수득향(得水得向)을 하였으므로 무불발복(無不發福)이기는 하지만 역시 10년의 복(福) 밖에는 누리지 못한다. 비록 득수지지(得水之地)를 쫓아 취한 향(向)이기는 하지만 양룡(陽龍)이 음향(陰向)을 취함으로써 박잡(駁雜)의 화는 면하기 어렵다.

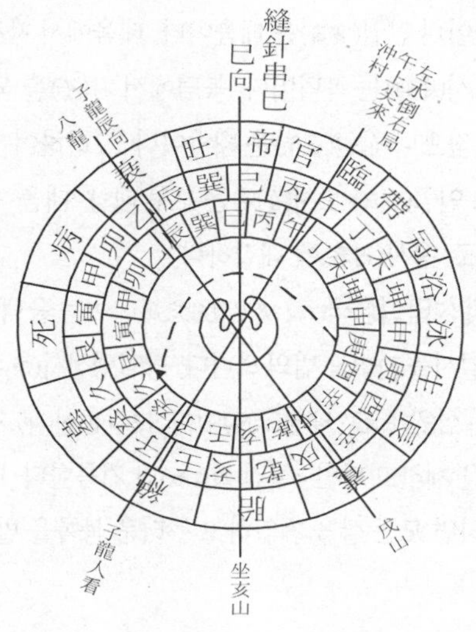

❖ **사루하전**(辭樓下殿) : 용맥(龍脈)이 뻗어온 모양이 높은 대궐의 층층대와 같은 형국. 큰 산으로부터 차츰 작은산을 이루면서 구비구비 질서있게 이어져 오는 모습을 가리키는 말이며, 용맥이 산줄기의 중심으로 뻗어나오되 일어서고 엎드리며 겹겹으로 곁가지를 펼치며 전진하는 형세이다.

❖ **사류**(斜流) : 비스듬히 달아나는 물의 흐름. 옆에서 비껴 흐르는 물.

❖ **사리삼원정국**(四利三元定局) : 정국은 태세궁에 태세를 붙여 태양, 상문, 태음, 관부, 사부, 세파, 용덕, 음부, 복덕, 조객, 병부의 순서로 배치한다. 태세가 머무는 곳에 정월(正月)을 붙여 돌리고, 월(月)이 머무는 곳에 자시(子時)를 붙여 돌리며, 시(時)가 머무는 곳에 자년(子年)을 붙여 12궁(宮)을 돌린다. 그리하여 연월일시(年月日時)가 태양, 태음, 용덕, 복덕에 임하면 길하고 그 외는 모두 흉하다.

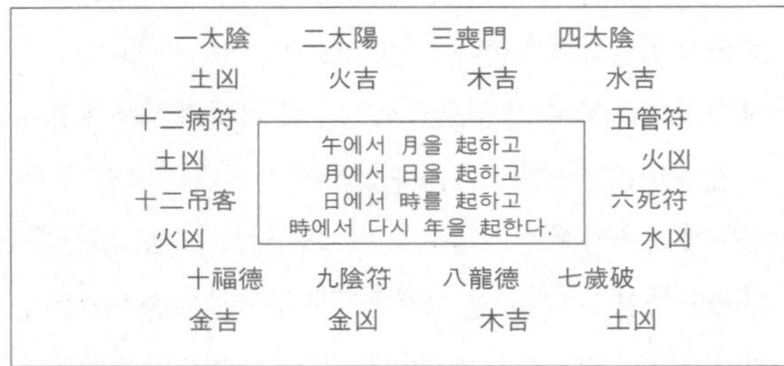

가령 진년(辰年) 묘월(卯月) 인일(寅日) 오시(午時)라면 태세궁에 정월(正月)을 기(起)하니, 2월이 태양이다. 태양에서 자일(子日)을 붙이니 인일(寅日)은 태음이다. 태음에서 자시(子時)를 붙이니 오시(午時)는 복덕이다. 복덕에서 자(子)를 붙여 태세 진(辰)까지 짚으니 진년(辰年)은 태양이다. 그리하여 진년(辰年) 묘월(卯月) 인일(寅日) 오시(午時)는 모두 태양·태음·복덕 길신이 임하므로, 용사(用事)에 대길하다.

❖ **사리제성압살정국**(四利帝星壓殺定局) : 이는 음택과 양택에 길한 연월일시를 가리는 법의 하나다. 당일행선사(唐一行禪師)의 사리(四利)·삼원(三元)·태양(太陽)이다. 12길흉신(神) 가운데 8흉성(八凶星)을 제하고 다만 4길진(四吉辰)만 기록한다. 이 길신(吉神)을 취용하면 모든 살을 제압하고 두터운 복록을 발한다고 한다.

年月日時	子	丑	寅	卯	辰	巳	午	未	申	酉	戌	亥
太陽	丑	寅	卯	辰	巳	午	未	申	酉	戌	亥	子
太陰	卯	辰	巳	午	未	申	酉	戌	亥	子	丑	寅
龍德	未	申	酉	戌	亥	子	丑	寅	卯	辰	巳	午
福德	酉	戌	亥	子	丑	寅	卯	辰	巳	午	未	申

가령 자년(子年)이면 축묘미유(丑卯未酉) 월일시(月日時)를 쓴다. 자월(子月)이면 축묘미유(丑卯未酉) 연일시(年日時)를 쓴다. 자일(子日)이면 축묘미유(丑卯未酉) 연월시(年月時)를 쓴다. 자시(子時)면 축묘미유(丑卯未酉) 연월일(年月日) 중에 가려 쓰면 사길성(四吉星)에 해당하여 대길(大吉)하다는 것임.

❖ **사림**(士林) : 벼슬하지 않고 은거하는 덕망이 높은 선비.

❖ **사면**(四面) : 주위의 사방.

❖ **사면이 높은 집, 사해살**(四害殺) **지형** : 빌딩이나 아파트가 밀집된 곳 또는 전에는 주택지였지만 지금은 교환방식으로 아파트가 사방으로 쌓인 지형을 말한다. 집이 사방에 우뚝선 빌딩들 틈새에 마치 적군에게 포위되어 사면초가의 상태를 연상시키는 것이 있다(특히 재건축 아파트단지). 이래서는 어떠한 매장이라도 이진(二進)이나 삼진(三進)을 할 수 없으며 자연스럽게 생각이 막히고 무엇을 해도 헛수고겠지 하는 소극적인 자세가 된다. 채광이 차단되므로 밝지 않은 상태가 되고, 통기가 방해되어 마음이 후련하지 않고 무슨 일에 구애받는 상태를 낳게 되므로 그것이 지능의 발전을 저해하고 질병에 시달리게 되는 원인이 된다.

❖ **사면이 평평한 곳** : 사면이 평평한 곳에 매장하려면 팔풍이 부는 곳이니 천광을 깊이 파야 지중의 기를 모을 수 있다.

❖ **사명**(沙明) : 아름답고 수려한 사.

❖ **사모**(紗帽), **복두**(幞頭), **석모사**(席帽砂) : 이 세 가지는 귀한 기물이다. 사모(紗帽)는 토성(土星)으로서 모양이 사모(紗帽), 복두(幞頭), 석모(席帽)가 같다. 이것은 조정에 나아갈 때 쓰는 물건으로 대소관원(大小官員)이 모두 반드시 써야 한다. 그러므로 귀하게 되는 것이다. 단 반드시 득위(得位)를 하여야 한다. 만약 간인(艮寅)에 있으면 제일 미호(美好)한 것이니 한집안에서 벼슬을 하지 않는 자가 없게 된다. 사모(紗帽)가 간인궁(艮寅宮)에 있으

면 사모(紗帽)도 토성(土星)이요 간(艮)도 토성(土星)이니 비화(比和)됨이요, 또 간(艮)이 6수(六秀)이며 소남(小男)에 속하고 천시(天市)가 된다. 경좌갑향(庚坐甲向)을 하면 간(艮)은 임관(臨官)이 되니 귀인이 사모(紗帽)를 쓴 것이 된다. 간(艮)은 최관방(催官方)이 되기 때문에 발복이 가장 빨리 된다. 나머지도 임관(臨官)이나 관대(冠帶)에 있으면 상길(上吉)으로 건해방(乾亥方)에 좌(坐)하면 건(乾)은 수(首)로써 사모(紗帽)를 머리에 쓴 것이므로 대귀(大貴)하게 된다. 곤방(坤方)에 있어도 곤(坤)은 토(土)로 비화(比和)되니 또한 길(吉)한 곳이다. 손방(巽方)이라면 문인이 사모(紗帽)를 만난 격이니 또한 대발과갑(大發科甲)한다. 을(乙)에 있으면 하늘이 벼슬을 주고 복을 주는 천관성(天官星)이 된다. 남방(南方)에 좌(坐)하면 화토(火土)가 상생이니 귀함이 극품(極品)이다. 만약 휴수(休囚)의 방위에 있으면 힘이 빠지는 격이 된다. 석모사(席帽砂)가 모호하여 진(眞)이 아니면 발귀(發貴)함을 기대하기 어려우며 세공(歲貢)이 다해 없어진다. 수재(秀才)로 뛰어나야 공물도 얻고 감독(監督)도 한다. 만약 정(丁)방에 있다면 한 고을에서의 벼슬함이 많고 발귀(發貴)하는 곳이다.

❖ **사모사**(紗帽砂) : 산의 모양이 모자형태(形態: 土星)로 부(富)와 관운(官運)이 있다.

❖ **사모포효형**(獅貌咆哮形) : 사자가 얼굴을 내밀고 큰 소리로 으르렁거리며 포효하는 모습과 흡사한 형국. 사자와 호랑이가 다른 점은 몸이 크고 머리가 작으면 호랑이고 몸이 작고 머리가 크면 사자도 본다. 주산에 있고 안산은 사자의 먹이인 사슴, 돼지, 노루, 토끼 등과 같은 사격이 있어야 한다. 사자 형국은 호랑이 형국처럼 용맹스러운 인물을 배출하여 무인으로서 출세하여 부귀를 얻는다.

❖ **사묘**(四墓) : 진술축미(辰戌丑未) 즉 오행의 묘(墓)가 된다. 목(木)은 미(未), 화(火)는 술(戌), 금(金)은 축(丑), 수(水)는 진(辰)이 묘궁.

❖ **사묘황천수**(四卯黃泉水) : 진술축미수(辰戌丑未水)의 파국(破局)을 사묘황천이라 한다. 진술수(辰戌水)는 정양(淨陽)이니 정음(淨陰)의 향(向)을 만나면 파국이다. 축미수(丑未水)는 정음이니 정양의 향을 만나면 파국이다. 사묘황천수도 극히 흉(凶)하다. 자손들이 폐결핵 같은 고질병을 앓으며, 젊어서 일찍 죽고 남자들이 요절하니 과부와 고아가 많이 생기다. 전염병으로 죽는 사람, 횡액(橫厄)을 당해 흉악하게 죽는 사람도 생기며 살인을 하거나 남의 손에 비참하게 죽는다.

❖ **사무실은 깨끗한 정리정돈만이 기가 좋아져 업무능률이 오른다** : 사무실이 책상은 하루 일과를 보내는 장소다. 항상 깨끗하게 정리정돈이 잘되어야 좋은 기를 받는다. 책상 주변이 난잡하지 않도록 정리와 청소를 하는 것은 성공의 지름길이다.

❖ **사무실 위치를 결정하려면** : 건물 외부(外部) 윤곽이 사각형상으로 깔끔한지 아닌지를 살핀다. 즉 요철(凹凸)이 심한 건물은 좋지 않으므로 그런 건물이나 공간을 사무실로 쓰려고 한다면 재고 할 필요가 있다. 건물대지도 요철이 심한 것은 좋지 않다. 아울러 빌딩이 온통 창문으로 둘러싸인 건물도 그다지 좋지 않다. 자기가 사무실로 쓰려는 건물의 남쪽이나 동쪽에 더 높은 빌딩이 있거나 거리가 가까운 경우에는 좋지 않다. 따라서 있더라도 멀리 떨어져 있거나 해당건물보다 높지 않아야 우리하다.

❖ **사무실 책상 배치**

- **사무실** : 여러 사람이 함께 근무하는 사무실에서는 우선 책임자를 좋은 자리에 배정하고, 중요한 부서 순으로 나머지 자리를 잡는다. 책상은 오랫동안 앉아서 중요한 일을 수행하는 공간이므로 책상은 사무실에서 생기가 많이 이루어지는 곳에 놓여야 한다. 실내 벽은 산으로, 창문은 물로 보기 때문에 먼저 배산임수 이론에 따라 벽을 등지고 앉아야 한다. 창문을 등지고 앉는 경우가 많은데, 특히 창문 가까운 자리에서 창문을 등지고 앉는 배치는 마치 절벽을 등지고 앉아 있는 것과 같아 좋지 않다. 창문은 되도록 멀리 있는 것이 좋으며, 출입문도 멀리 있는 것이 좋다. 실내 전용화장실이 있는 경우에는 화장실과 멀리 떨어진 곳에 책상을 놓도록 한다. 가장 좋은 책상 배치는 실내 중심을 바라보게 하는 것이다. 그렇게 하면 실내 중심에서 발생하는 생기를 온몸으로 받아들일 수 있기 때문이다. 벽을 바라보는 배치는 안정감은 있지만 오래 앉아 있기 어렵다. 실내 폭이 다른 경우에는 좌우가 넓고 천장이 높은 곳의 중심 부분에 책상을 배치한다. 응접용 의자는 야트막한 테이블의 위쪽 중심 자리를 상좌로 해서 그 왼쪽과 오른쪽, 곧

삼면에 배치하는 것이 좋다. 이렇게 되면 중심 자리가 상좌가 되고, 상좌에서 내려다보아 왼쪽이 오른쪽보다 상좌가 된다. 그러나 왼쪽과 오른쪽의 상하관계는 방 상태에 따라 달라지는데, 벽을 의지하고 있는 쪽이 상좌가 된다. 응접용 테이블은 생기가 모이고 안정된, 방위상으로 좋은 위치를 선정해서 배치한다. 원형 테이블에서는 출입문에서 가장 멀리 있으면서 벽을 등지고 앉는 자리가 상석이다. 상석을 중심으로 왼쪽이 차석이 되고 그 다음이 오른쪽이며, 출입문을 등지고 앉는 자리가 말석이다.

• **최고 경영자의 방** : 책임자는 회사 운영에 가장 중요한 부분을 담당하고 있으며, 이런 업무를 효과적으로 수행하기 위해서는 가능한 한 많은 생기를 받아야 하기 때문에 생기가 제일 많은 곳에 위치해야 한다. 오늘날 도심지에 있는 업무용 빌딩은 대개 30층 내외로 고층 건물이며, 위로 올라갈수록 전망이 좋기 때문에 꼭대기층을 가장 고급층으로 여긴다. 그러나 풍수 이론에 따르면 높은 층보다 낮은 층이 좋다. 지표면에 가까울수록 생기가 강하게 모이고 높이 올라갈수록 적어져 건강을 해칠 우려가 있기 때문이다. 따라서 사장실은 5층 아래, 곧 2층이나 3층에 두는 것이 가장 이상적이다. 낮은 곳에 있으면 높이 올라갈 힘을 갖게 되지만, 높은 곳에 있으면 내려가는 힘이 크게 작용한다. 사장실은 같은 층이라도 건물 형태에 따라 기운이 모이는 곳에 두어야 한다. 단변과 장변 길이 비율이 1 : 2이상이면 끝 부분에 모인다. 사장은 업무용 책상과 회의용 책상, 응접용 소파 등에서 업무를 본다. 가장 많은 업무를 보는 곳은 업무용 책상이므로 그 배치가 무엇보다 중요하다. 사장실 안 방위의 길흉 분석은 방으로 들어오는 기운과 책상 위치의 기운 사이 조화에 의한다. 사장실에서 책상 위치를 방위로 분석하는 순서는 다음과 같다.

① 사무실 네 모서리에 대각선을 긋고 대각선이 만드는 점, 곧 사무실 중심점을 패철 관측 지점으로 한다.

② 중심점에 서서 출입문 위치를 방위로 측정해서 출입문 방위가 동사택인지 서사택인지 구분한다.

③ 중심점에서 서서 책상 위치를 방위로 측정해서 출입문 방위를 구분한다.

④ 출입문과 책상 방위를 측정한 결과 같으면 좋은 배치고, 그렇지 않으면 좋지 않은 배치다. 서로 맞지 않으면 책상을 출입문 방위에 맞추도록 한다.

⑤ 중심점에 서서 출입문과 책상 위치를 측정해서 8방위상 음양을 구분한다. 출입문과 책상 방위가 음양으로 서로 다르면 서로 결합해 생기를 이루지만, 같으면 불길하다.

⑥ 중심점에 서서 출입문과 책상 위치를 각각 방위로 측정해서, 오행을 구분한다. 출입문이 남쪽에 있다면 오행상 화(火)에 속하고, 책상이 서쪽에 있으면 금(金)에 해당된다. 이는 화극금(火剋金)으로, 서로 상극 관계이므로 좋지 않다. 이런 경우에는 책상을 동쪽에 두면 동쪽은 오행상 목(木)이 되므로 목생화(木生火)로 상생 관계를 이루어야 하고 사무실 책상은 출입문 정면을 바라보지 않는 것이 좋다. 책상에 앉아서 출입문이 정면으로 바라다 보이면 항시 누군가에 감시당하는 기분이 들어 업무를 효율적으로 할 수 없다. 책상은 항상 출입문을 정면으로 마주보지 않는 곳, 즉 책상의 좌측이나 우측이 문 쪽을 향하도록 해야 하는데 이것도 문에서 곧바로 바라다 보이지 않도록 약간 안쪽으로 들어가게 하여 배치하는 것이 좋다.

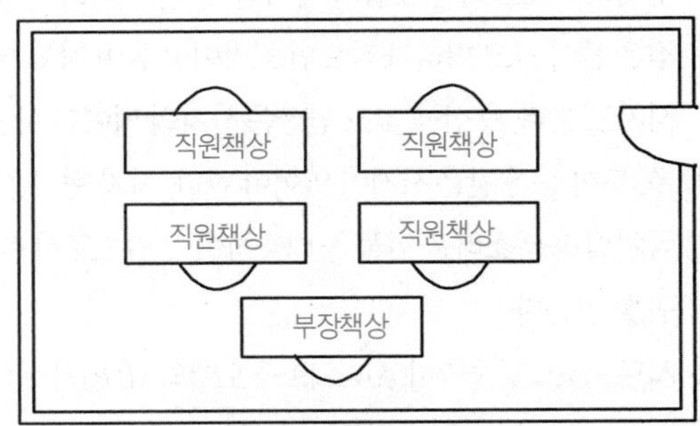

❖ **사문기**(赦文起) : 병정경신방(丙丁庚辛方)에 있는 네모난 봉우리를 사문성(赦文星)이라 한다. 사문성이 있으면 나쁜 재앙이 물러간다. 혹, 다른 산이나 물이 흉하게 생겼어도 그 흉한 기운이 상당히 감(減)해진다.

❖ **사문사주**(四門四柱) : 자오묘유(子午卯酉)를 사문(四門) · 사정(四

正), 건곤간손(乾坤艮巽)을 사주(四柱)·사상(四象)·사태(四胎)라고 하고, 진술축미(辰戌丑未)를 사장(四藏), 인신사해(寅申巳亥)는 사포(四抱), 갑경병임(甲庚丙壬)은 사순(四順), 을신정계(乙辛丁癸)는 사강(四强), 술건해(戌乾亥)·축간인(丑艮寅)·미곤신(未坤申)·진손사(辰巽巳)를 상솔포장(象率抱藏)이며, 임자계(壬子癸)·갑묘을(甲卯乙)·병오정(丙午丁)·경유신(庚酉辛)을 정솔순강(正率順强)이라 한다.

❖ **사문수**(赦文水) : 사문수란 좌향에 상관없이 다음 세방위에 두 개 이상의 내축수(來蓄水)가 있으면 사문수로 길하다. 주변에 험한 살이 있으면 이를 감해 재앙이나 흉액을 막아준다.

赦文水	禍福
巽丙丁	制殺迎貴 : 殺과 刑을 사면 받아 석방된다

❖ **사미**(四美)

① **나성주밀**(羅城周密) : 명당을 중심으로 사방팔방에 나열되어 있는 모든 미사(美沙)가 명당을 응해주고 조배(朝拜)하며 구곡수(九曲水)가 궁포조회(弓胞朝會)하여야 한다.

② **좌우환포**(左右環抱) : 좌우의 청룡·백호가 명당을 유정(有情)하게 겹겹으로 교쇄(交鎖)하고 고리와 같이 둘러 안아야 한다.

③ **관왕조당**(官旺朝堂) : 사대국오행(四大局五行)에 생왕관대방(生旺官帶方)의 사(砂)와 수(水)가 명당을 조회하고 각기 진술축미묘고(辰戌丑未墓庫)로 회집유거(會集流去)하여야 한다.

④ **기장토비**(氣壯土肥) : 용의 기맥(氣脈)이 젊은 용사(勇士)의 기상(氣象)과 같이 웅장하고 혹은 살찐 말 궁둥이와 같이 풍성하며 윤자(潤滋)하여야 명혈(明穴)의 기(氣)가 왕성하다는 말.

❖ **사방**(四方) : 동(東)·진(震), 서(西)·태(兌), 남(南)·이(離), 북(北)·감(坎)을 말함. 패철을 놓을 때는 항시 원공(圓空)이 가리키는 곳이 북쪽이다.

❖ **사방수**(巳方水) : 혈장(穴場)을 중심으로 하여 사방(巳方)에 물이 있는 것 또는 사방(巳方)에 득(得)이나 파(破)가 되는 것.

❖ **사방**(巳方)**의 산** : 사봉(巳峯)이 붓끝처럼 뾰족하고 수려하여 드높으면 문무(文武)를 겸비한 영걸(英傑)이 나오며, 어질고 지혜롭고 용맹스런 인물이 나와서 이름을 떨친다. 사봉이 그러한 데다, 진봉(辰峯)도 높고 수려하며 끝이 뾰족하면 관직이 극품(極品)에 이른다. 사방의 봉우리가 둥글고 높아도 훌륭한 인재가 배출된다. 또 갑경병인방(甲庚丙寅方)에 나지막하면서 둥글거나 네모난 봉우리들이 겹겹으로 있으면 부를 얻는다.

❖ **사방**(四方)**의 산**(山)**이 산란**(散亂)**하면** : 그중 하나의 산이라도 단정하여 출중하다면 이것은 소인 중에 군자 격이요. 닭 무리 중에 학이라 반갑게 맞아 취용 할 수 있는 곳이다. 사방의 산들이 수려한 데도 그중에 하나의 산이 추악하다면 이것은 군자 중에 소인인 것처럼 쑥풀들이 삼초밭(시든 풀, 서리 맞은 풀) 돋아난 것 같아 당연히 가려서 버려야 할 것이다.

❖ **사방이 평평한 대지** : 집 둘레의 모든 방위가 평평하게 되어 있는 경우에 사업을 하는 데에 지리적인 조건이 좋고 장사는 번성하며 집은 풍족해진다. 사람은 활동적인 의욕이 넘치고 일에 열중하게 되어서 지위도 자연스럽게 높아진다.

❖ **사방풍**(巳方風) : 뱀에게 물려 곤액을 당하는 형국.(단 丙卯丁艮坐는 무방하다.) 사방풍이란 사방(巳方)에서 혈 부근으로 불어오는 바람. 즉 혈장(穴場)에서 보아 사방(巳方) 쪽에 산이나 등성이 등이 없이 허하게 트여 있으면 그곳의 바람이 혈에 닿는다고 한다.

❖ **사법지명**(砂法指明) : **사법을 자세히 밝힘** : 사(砂)를 보는 법이 먼저, 그 형태를 분변하고 다음으로 그 정(情)을 살펴보아 정(情)다운 형태를 갖추면 길지(吉地)의 징조이다. 형(形)은 기고(旗鼓), 검인(檢印), 창고(倉庫), 병궤(屛机), 천마(天馬), 문필(文筆) 같은 유형으로서 이런 것은 아주 길사(吉砂)이다. 헌군무수(掀裙舞袖)나 경권질주제라탐두(擎拳嫉主提羅探頭)의 유형은 흉한 것들로서 흉사(凶砂)이다. 정(情)은 광화수려하고 나를 향(向)하고, 나를 맞이하고, 나를 받들어 모시고, 나를 호위하는 것은 정(情)이 있는 것이다. 기울어지거나, 추악하거나, 나를 등지거나 나와 동등하거나, 나에게 성내거나 핍박하거나 이런 것은 무정(無情)한 것이다. 고인이 논한 사법(砂法)이 지극히 자세하지만 위의 두 가지 유형에 지나지 않는다. 사법(砂法)이 명확치 아니하여 괴이함도 많지만 용맥(龍脈)이 있고 귀인(貴人)이 되는 비결은 향(向)을 으뜸으로 귀인(貴人)이 됨이 있으니, 임관(臨官)과 일마(馹馬)의 비결과 3길6수(三吉六秀)의 비결과 득지득위(得地

得位)의 비결 등의 모든 법이 들어맞는 것은 아니지만 미사(美砂)가 있다 해도 용맥(龍脈)의 귀(貴)함은 되지 못하고, 향(向)의 귀함이 명당의 귀(貴)함은 되지 못한다. 임관방(臨官方)의 귀(貴)함이 수기(秀氣)하여 종(鍾)과 같고 용신(龍身)과 향(向)이 득지(得地)하면 발복하여 창달하게 된다. 휴수(休囚)의 궁(宮)에 떨어지면 녹귀(祿貴)가 될 곳이 없게 되니 비록 좋은 사(砂)가 첩첩으로 있다 해도 사(砂)를 보는 것이 마땅히 여러 가지 법으로 일일이 청탁(淸濁)을 분변한다면, 모든 국(局)마다 확실히 인정된다. 등혈(登穴)하여 장차 나경(羅經)의 외반(外盤)으로 수구(水口)를 격정(格定)하고, 용(龍)은 또 내반의 어떤 자(字)로 입수(入首)되었는지를 본다. 명당의 귀(貴)함이 어떤 방위에 있는가를 보고, 임관(臨官)의 귀(貴)함이 어떠한 방위인가를 보고, 그 방위에 아름다운 사(砂)가 있나 수(水)가 있나를 보고, 일향(一向)을 정한다. 용상(龍上)에서 능히 취할 수 없는 것은 또한 수(水)를 보아 입향(立向)을 하고, 혹 사(砂)가 향상(向上)의 옥당귀인(玉堂貴人)에 해당하거나 혹은 그 사(砂)가 향상(向上)의 임관일마(臨官馹馬)에 해당되는가를 본다. 대지(大地)는 대발(大發)하고 소지(小地)는 소발(小發)할 것이다.

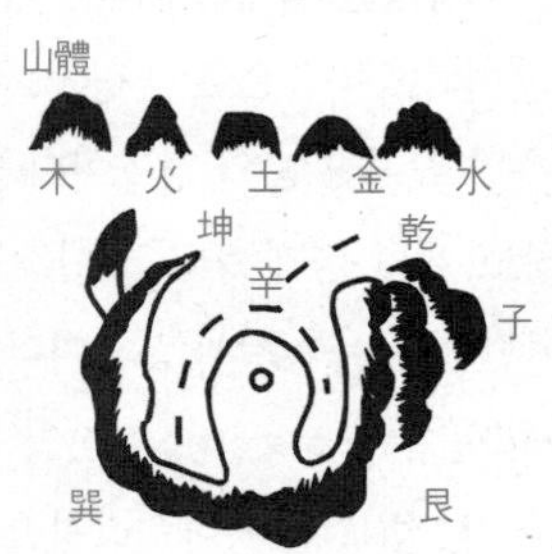

[木星貴人得位圖]

- 목성귀인(木星貴人)은 생이 마땅하고 극(剋)하지 않으니 혹 진손감방(震巽坎方)에 있으면 모두 득위득지(得位得地)가 된다. 향상(向上)으로 임관귀(臨官貴)·좌산귀(坐山貴)·옥당귀(玉堂貴)·일마귀(馹馬貴). 3길(三吉) 6수귀(六秀貴)가 향상(向上)에 합법하면 부귀영창한다. 그러나 극설방(剋洩方)에 있고 또 입향(立向)에 차질이 생기면 발달이 한결같지 않다. 가령, 을목룡입수(乙木龍入首)에 결혈(結穴)되고 정을산(正乙山)에 신정양향(辛正養向)이며 수(水)가 태방(胎方)과 자방(子方)으로 나가며 목성귀인봉(木星貴人峰)이 고대하게 솟아 용상(龍上)의 옥당귀인(玉堂貴人)과 합하고 또는 좌산귀인(坐山貴人)과 합하면 과갑(科甲)이 발하는데, 귀인으로 득지(得地)하니 수목(水木)이 상생하여 최귀(催貴)가 가장 빠르다. 가(歌)에 이르기를 「을기서후향(乙己鼠猴鄕)」이 이를 말함이다.

[火星貴人得位圖]

- 화성귀인(火星貴人)은 생을 좋아하고 극(克)을 피하니 혹 이방(離方)이나 진손방(震巽方)에 있으면 득지득위(得地得位)가 된다. 향상(向上)의 임관귀(臨官鬼)·용상귀(龍上貴)·옥당귀(玉堂貴)·일마귀(馹馬貴)·3길(三吉)·6수귀(六秀貴) 등과 합하면 입향(立向)이 합법되어 크게 부귀를 발하지만 만일 화성귀(火星貴)가 극설방(剋洩方)에 있고 또 입향에 차질이 있으면 발복이 불균하다. 화성(火星)이 손사방(巽巳方)에 있어도 득위인 바, 즉 임좌병향(壬坐丙向)에 수(水)가 정방(丁方)으로 나가도 향상(向上)의 임관귀(臨官貴)가 되며, 임룡입수(壬龍入首)에 용상(龍上)의 옥당귀(玉堂貴)와 좌산(坐山)을 합하면 병록재사(丙祿在巳)로 향상(向上)의 녹마(祿馬)와 귀인좌록(貴人坐祿)이 되고, 손(巽)은 문필이니 귀인이 필(筆)을 잡을 상이 되며 또 손(巽)은 태을귀인(太乙貴人)인 곳이다. 6수(六秀)는 천원(荐元)의 방(方)이요, 손(巽)은 천신(荐辛)이니 천을(天乙)도 되는 바 신봉(辛峯)이 교영(交暎)하면 발복하고 과갑(科甲)에 장원해서 귀(貴)가 극품(極品)에 오른다. 그러므로 이 상은 사격(砂格) 가운데 가장 길미(吉美)한 격(格)이 된다.

[土星貴人得位圖]

• 토성귀인(土星貴人)은 곤간(坤艮) 또는 이궁(離宮)에 있으면 득위득지(得位得地)가 되며 또 향상귀(向上貴)·좌산귀(坐山貴)·용상귀(龍上貴)·3길(三吉)·6수귀(六秀貴) 옥당귀(玉堂貴) 및 일마(馹馬)와 합하여 향(向)과 합법하면 크게 부귀를 발하지만 입향(立向)이 조금만 차질이 나면 발복이 불균하다. 토성(土星)이 간(艮)·이방(离方)에 있어도 득위(得位)인 것이니, 가령 경룡입수(庚龍入首)에 결혈(結穴)이 경좌갑향(庚坐甲向)이고 수(水)가 을진방(乙辰方)으로 나간다면 간(艮)은 향상(向上)으로 녹봉귀(祿峯貴)·일마귀(馹馬貴)·임관귀(臨官貴)가 되고, 용상(龍上)으로는 옥당귀(玉堂貴)·좌산귀(坐山貴)가 되며, 또는 간방(艮方)이 천시원(天市垣)으로 복록(福祿)의 권형(權衡)을 장악하며, 6수(六秀)는 최관(催官)의 길요(吉曜)요 간천병(艮薦丙)으로 또한 병봉(丙峯)이 교영(交暎)하면 부귀가 대발한다. 간방요(艮方曜)는 소남(少男)이고 또 향(向)의 임관(臨官)이며 귀인성(貴人星)의 사모(紗帽)가 되니 과갑(科甲)이 가장 빠르게 발한다.

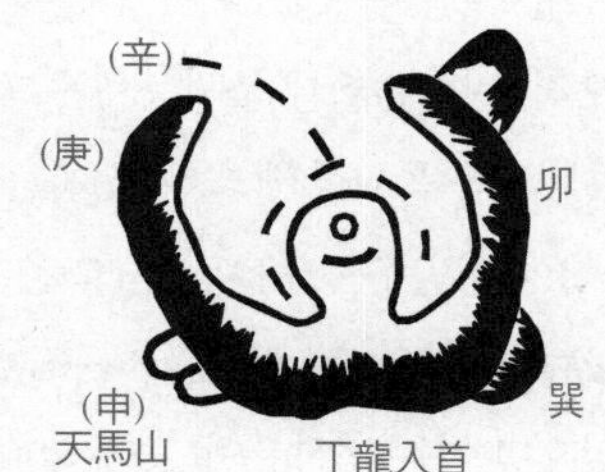

[金星貴人得位圖]

① **금성귀인**(金星貴人) : 생(生)을 받음이 마땅하고 극(克)을 받음이 마땅하지 않다. 혹 건태(乾兌)나 곤간방(坤艮方)에 위치하면 득위(得位)와 득지(得地)요, 또는 향상귀인(向上貴人)과 용상귀인(龍上貴人), 그리고 3길(三吉)·6수귀(六秀貴)·옥당귀(玉堂貴) 등과 입향(立向)이 합법하면 크게 발하고 입향(立向)에 차질이 있으면 발복이 불균하다. 금성(金星)이 건해방(乾亥方)에 있어도 득위(得位)라 한다. 가령 정룡입수(丁龍入首)에 결혈(結穴)되고 나감은 신방(辛方)으로 나가며 손좌건향(巽坐乾向)에 용상(龍上)으로 옥당귀인(玉堂貴人)과 또는 3길귀(三吉貴)가 있고, 곤방(坤方)에는 마산(馬山:寅午戌은 馬居申)이니 본국(本局)에 진마(眞馬)가 출현하여 부귀가 발한다. 즉, 그것은 건방(乾方)에 귀인이고, 곤방(坤方)에 천마성(天馬星)이니 천지가 상합하며 귀인녹마(貴人祿馬)가 상생하고 건(乾)은 금(金)이요, 곤(坤)은 토(土)이니 일마(馹馬)는 최관지(催官地)가 되어 부귀가 속히 발한다. 수성귀인(水星貴人)은 생을 받음이 마땅하고 극(克)을 받음이 마땅하지 않다. 수성귀인(水星貴人)이 만일 감(坎)이나 건태방(乾兌方)에 있으면 득위득지(得位得地)라 하나 내가 보지 않으니 있으나 마나 하게 된다. 반드시 향상(向上)의 임관귀(臨官貴)나 용상귀(龍上貴), 좌산귀(坐山貴), 3길(三吉)·6수귀(六秀貴), 옥당(玉堂) 등과 합한 가운데 입향(立向)도 합법되면 부귀를 크게 발한다. 그러나 만일 이러한 귀인봉(貴人峯)이 극설방(剋洩方)에 있고, 입향(立向)에도 차질이 생기면 발복이 불균한다. 가령, 3태(三台)라면 수성(水星)이 건해방(乾亥方)에 있어도 득위(得位)요, 정룡입수(丁龍入首)에 결혈(結穴)되고 병좌임향(丙坐壬向)인 경우 3길(三吉)의 최관귀인(催官貴人)이다. 또 향상(向上)의 임관귀(臨官貴)·녹마귀(祿馬貴)와 합하여 물이 계축방(癸丑方)으로 나가면 사유축(巳酉丑)은 마거해(馬居亥)라 일마귀(馹馬貴), 용상귀(龍上貴)·좌산귀(坐山貴)가 되며, 묘상(卯上)에 목성(木星) 임계방(壬癸方) 사묘(巳卯)와 합하여 향상귀인봉(向上貴人峯)도 된다. 정룡입수(丁龍入首) 건갑정 탐랑(乾甲丁貪狼)과 합하니 모두 귀인격(貴人格)이 되어 부귀를 크게 발하는 것이다.

②**복성귀인**(福星貴人) : 무릇 귀(貴)를 취함에 있어 몇 개의 귀인(貴人)이 한 곳에 모이면 이것이 복성귀인(福星貴人)의 진(眞)이다. 이 법으로 대지를 살펴본다면 그 강령(綱領)을 자연히 얻게 될 것이다. 그러므로 구묘(舊墓)를 살펴보면 한원(翰苑)의 대가들이 모두 이 귀인성(貴人星)과 합하는 것을 알 수 있다. 음귀(陰貴)와 양귀(陽貴)가 또한 복성귀인(福星貴人)이다. 복성은 사람들이 모두 흠앙(欽仰)하는 것으로 다만 그 가운데 진가를 분별하여 향상의 임관(臨官)을 용에서 찾고, 용상(龍上)의 귀인을 향(向)에서 찾으며, 3길(三吉)·6수(六秀)와 일마(馹馬)와 최관귀인사(催官貴人砂)는 그 효력이 신통하고 문필(文筆)·금인(金印)·기고(旗鼓)·석모(席帽)·3태(三台)와 어병(御屛)은 광작(光勺)하고 수려하고 유정하면 과갑(科甲)이 면면하여 대과급제가 나온다.

③**임관귀인**(臨官貴人) : **대소귀인이 모두 이 귀인봉에 있다.** : 건생(乾生)과 갑왕(甲旺)의 귀(貴)는 인(寅)에 있고, 간병(艮丙)에는 손(巽)이 진(眞)이며, 곤임(坤壬)은 건해방(乾亥方)이고, 손사경유(巽巳庚酉)는 곤신방(坤申方)이니, 이것이 임관귀인(臨官貴人)이다. 특별히 솟은 봉이 이에 해당하고 또 입향(立向)이 생왕이면 그 집은 대대로 공경(公卿)이 나온다.

④**좌록귀인**(坐祿貴人 : **혈**(穴)**에 용**(龍)·**향**(向)·**좌**(坐)**에 의한 녹**(祿)**이 있어야 하니 녹봉**(祿峯)**이 높이 솟으면 부귀**(富貴)**한다.**) : 좌록귀인(坐祿貴人)이 있으면 가장 길창(吉昌)하다. 용상(龍上)의 녹(祿)은 향상귀(向上貴)로 이 녹봉(祿峯)이 높이 솟으면 대대로 창성한다. 가령, 임룡(壬龍)이면 병향(丙向)인데 임록(壬祿)이 해(亥)로 병향(丙向)의 귀인이며 또 위 해(猪位:亥)로 윤용(輪用)되니 좌록귀인(坐祿貴人)이 매우 상서롭다. 그리고 향상(向上)의 녹병(祿丙)의 녹이 사(巳)에 있어 용상(龍上)의 귀(貴:壬癸蛇兎藏)가 되니 녹귀(祿貴)가 병합되기도 한다.

⑤**목욕**(沐浴)·**관대**(冠帶)·**임관귀인**(臨官貴人) : 귀인봉(貴人峯)이 목욕방(沐浴方)에 있으면 화류계 및 음광(淫狂)이 많고, 관대방(冠帶方)에 귀인봉(貴人峯)이 특이하게 솟으면 신동(神童)·재자(才子)와 장원랑(壯元郎)이 나오지만 풍류와 사치를 좋아하며, 귀인이 만일 임관방(臨官方)에 닿으면 이름이 높게 퍼지니 충효와 현성(賢聖)의 인물이 많이 나온다. 그러므로 이것이 바로 귀인법의 진묘결(眞妙訣)이다. 이는 최관일마귀인(催官馹馬貴人)이요, 또는 최관국(催官局)에 최관룡(催官龍)·최관혈(催官穴)이니 부귀가 속발한다.

[文筆砂]

⑥**문필사**(文筆砂) : 문필(文筆)이란, 즉 귀인(貴人)이 글을 쓰는데 필요한 붓이므로 귀인이 아니고는 소용이 없으니 문필사(文筆砂)는 오직 임관방(臨官方)에 있어야 진귀인(眞貴人)이다. 혹, 용상귀(龍上貴)·향상귀(向上貴)·좌산귀(坐山貴)·일마귀(馹馬貴)·3길(三吉)·6수귀(六秀貴) 등이 가장 발복에 신효한 것이니 오직 손방(巽方)에 문필봉은 6수(六秀)의 천원방(薦元方)에 있고 또는 목화상생(木火相生)하는 곳이므로 임좌병향(壬坐丙向)에 정방수(丁方水)면 손(巽)은 향상(向上)으로 임관귀인(臨官貴人)이요, 봉(峯) 위에나 묘(廟) 앞에 전당묘(殿廊廟)가 있으면 이는 적사요인(赤蛇繞印)이며, 또는 태을귀인(太乙貴人)도 된다. 다시 말하면 득지(得地)하면 이를 '귀인(貴人)이 붓을 잡은 것' 이라 한다. 또 신봉(辛峰)이 비치면 글에 이르기를, '천을(天乙), 태을(太乙)이 운소(雲宵)에 있으면 벼슬은 태간(台諫)이요, 귀(貴)는 무적이다' 했으며,

간봉(艮峯)이 솟은 것이니 간(艮)은, 천시원(天市垣)이므로 복록(福祿)이 따르고 권형(權衡)을 장악한다. 경좌갑향(庚坐甲向)에 용으로 옥당귀인(玉堂貴人)과 향(向)으로 임관귀인(臨官貴人)과 6수천원(六秀薦元)과 합이 되면 과갑(科甲)이 속발이며, 또 병봉(丙峯)이 수려하고 간천병(艮薦丙)하면 반드시 정갑(鼎甲)이 된다 하였으며, 그 나머지 문필봉은 주로 문인이 나오니 모두 미사(美砂)가 되는 까닭이지만 손간(巽艮)의 진묘에는 미치지 못한다.

⑦ **고궤사**(庫櫃砂) : 고(庫)와 궤(櫃), 2성(二星)은 부를 주장하는 사(砂)로 이 사(砂)가 수구(水口)에 있으면 부가 발한다. 왜냐하면, 수구(水口)는, 즉 4국(四局)의 묘고(墓庫)에 비유하는 곳이므로 고(庫)·궤사(櫃砂)가 이곳에 있으면 제격이고 또 진술축미(辰戌丑未)는 토(土)이므로 성궁(星宮)이 비화(比和)인 까닭이다. 그 가운데 가장 묘한 곳은 간방사(艮方砂)다. 간(艮)은 천시원(天市垣)이라 복록(福祿)을 주관하는 곳이요, 간(艮)은 토(土)에 속하여 비화가 된다. 가령, 경룡입수(庚龍入首)에 경좌갑향(庚坐甲向) 및 유좌묘향(酉坐卯向)의 경우 수(水)가 정(丁)이나 을방(乙方)으로 나가고 간방(艮方)에 고궤사(庫櫃砂)가 있으면 이를 임관고궤(臨官庫櫃)라 하는 바, 위로 천성(天星)을 응하니 거부가 된다. 간(艮)이 또 병봉(丙峯)과 교영되면 글에 '간병(艮丙)이 교영(交暎)하면 부는 국부다' 하였다. 곤신사(坤申砂)에 갑좌경향(甲坐庚向)을 놓고 신술방(辛戌方)이 수구(水口)가 되어도 마찬가지로 부귀를 주장한다. 간방(艮方)에 고궤(庫櫃)가 있고, 병봉(丙峯)이 병오(丙午)의 왕향(旺向)을 놓으면 병오(丙午)의 남방화(南方火)와 간토(艮土)가 화토상생(火土相生)이 되어 또한 부귀를 크게 발하며 향(向)의 녹방(祿方)이 되어도 횡재한다.

⑧ **천마사**(天馬砂) : 말은 빠른 동물로 그 형상이 말과 같으면 천마(天馬)라 한다. 이는 또 최관최귀(催官催貴)의 성(星)으로 사유축(巳酉丑)은 마거해(馬居亥), 신자진(申子辰)은 마거인(馬居寅), 인오술(寅午戌)은 마거신(馬居申), 해묘미(亥卯未)는 마거사(馬居巳)로, 이 마국(馬局)은 본국(本局)의 향(向)으로 정하는 바 마위(馬位)에 마형(馬形)이 있으면 더욱 기하여 이를 진마(眞馬)라 하니 가장 유력하다. 마(馬)가 남에 있으면 연지마(胭脂馬), 서에 있으면 옥총마(玉驄馬), 북에 있으면 오조마(烏雕馬), 동에 있으면 청총마(青驄馬)라 하는 바, 만일 병오정방(丙午丁方)에 천마(天馬)가 있으면 득위라 한다. 임좌병향(壬坐丙向)에 정방(丁方)이나 신방(辛方)으로 물이 나가면 높은 벼슬이 속하여 과갑(科甲)에 유리하다. 오(午)는 제왕(帝旺)이며 마(馬)가 됨이요, 건해(乾亥)에 천마가 있으면 건(乾)은 천구(天廐)로서 천구(天廐)와 천마는 진천마(眞天馬)이니 병좌임향(丙坐壬向)에 계방(癸方)으로 물이 나가면 사유축(巳酉丑) 본국(本局)의 마(馬)와 합하는데, 여기에다 향(向)으로 임관귀(臨官貴)·옥당귀(玉堂貴)가 있으면 귀인이 말을 탄 형상이라 과갑(科甲)에 대길하므로 오방(午方)과 건방(乾方)의 마(馬)는 4국 (四局)중의 정마(正馬)요, 진마(眞馬)가 된다. 마(馬)가 귀기(貴氣)가 되는 것은 당연하지만 득위한 마(馬)와 비교하면 그 경중이 같지 않다. 마(馬)는 앞에 있어야 좋고 귀인은 뒤에 있는 것이 마땅하지만, 만일 마봉(馬峯) 앞에 또 소봉(小峯)이 있다 하면 이 소봉(小峯)은 마부격이 되어 역시 귀인이다.

⑨ **인합사**(印盒砂) : 인(印)이란 귀인이 지니는 부신(符信)이니 귀인이 아니면 감히 쓰지 못하므로 관귀방(官貴方)에 이 인(印)이 있으면 귀인대인(貴人帶印)이라 하여 과갑(科甲)에 길한 귀격이다. 인(印)이 사방(巳方)에 있으면 적사요인(赤蛇繞印), 신방(申方)에 있으면 원봉인(猿捧印), 해방(亥方)에 있으면 원저공인(元猪拱印), 인방(寅方)에 있으면 백호괘인(白虎掛印)이라 한다. 또 인사(印砂)가 인색(印色)을 얻으면 현달하는데 수구(水口) 가운데 사면이 모두 수(水)면 글에 「인(印)이 수면에 뜨면 문장이 나온다」 하였고, 혹은 수구(水口)의 좌나 우의 용호(龍虎) 밖에 있으면 천후대인(川後帶印)이라 하니, 반드시 인(印)은 수(水)에 있는 것이 진(眞)이다. 수(水)는 인색(印色)이니 혹 사석(砂石)이 있어도 가하며, 금룡(金龍)이 생수(生水)하여도 역시 인색(印色)이다. 또는 인(印)이란 비밀히 감추었다가 쓰는 것이므로 대개 내당(內堂)에 있는 것이 좋다.

⑩ **사모**(紗帽)·**복두**(幞頭)·**석모사**(席帽砂) : 이 세 가지 사(砂)는 모두 귀인이 쓰는 기물(器物)인데, 사모(紗帽)·복두(幞頭)·석모(席帽)는 모두 조정(朝廷)의 대소 벼슬아치가 쓰는 의관의 하나에 속한 것이므로 이와 흡사한 사(砂)가 있으면 귀를 발한다. 이러한 사(砂)도 득위해야 하는 바, 이는 토성(土星)에 속하므로 간인방(艮寅方)에 있는 것이 가장 좋아 집안이 모두 출사(出仕)한다. 만일 간인방(艮寅方)에 사모(紗帽)가 있으면 토토(土土)가 비화되며 또 간인(艮寅)은 6수방(六秀方)의 하나요, 소남(少男:☶)도 되고 천시원(天市垣)도 된다. 이 경우 경좌갑향(庚坐甲向)이라야 가장 길하니, 즉 간(艮)은 임관방(臨官方)으로 귀인이 사모(紗帽)를 떤 상이 되어 소년에 출사(出仕)하고 발복이 빠르다. 간(艮)은 또 최관방(催官方)이 되기도 하는 까닭이다. 그 밖에도 임관(臨官)과 관대봉(冠帶峯)이 있으면 가장 길하며, 건해좌(乾亥坐)에는 건(乾)이 머리에 해당하니 사모사(紗帽砂)가 혈(穴) 머리에 있으면 대귀하고, 곤관(坤官)에 있으면 비화되어 역시 길하며, 손방(巽方)은 문인이 사모(紗帽)를 얻은 상이니 과갑(科甲)이 대발이요, 을방(乙方)은 천관성(天官星)이니 천관(天官)이 복을 주는 상이요, 남방(南方)은 화토상생(火土相生)을 이루어 귀(貴)가 극품(極品)에 이른다.(만일 휴수방(休囚方)에 있으면 그 힘이 감소된다.) 석모(席帽)는 모호 부진(糢糊不眞)하므로 발귀(發貴)가 불균하다. 석모(席帽)가 함호(含糊)하면 이것이 세공(歲貢)이니 수재가 나와 공생과 감생(監生)이 된다. 석모(席帽)가 정방(丁方)에 있으면 현위(縣尉) 벼슬이 많이 나오므로 대체적으로 발귀(發貴)하는 곳이다. 이 석모사(席帽砂)가 많이 있으면 혈(穴)이 산지에 있는 경우 응함이 많다.

⑪ **아미사**(蛾眉砂) : 아미사(蛾眉砂)는 만수미려(彎秀媚麗)한 사(砂)를 칭함이니, 그 형상이 누에와 고운 눈썹과 같은 사(砂)를 말한다. 이 아미사(蛾眉砂)가 명당 앞에 벌려 있으면 수(水)가 자연 환포되고, 손방(巽方)에 있으면 신룡입수(辛龍入首)라야 하고, 태방(兌方)에 있으면 손룡입수(巽龍入首)라야 격을 이루는 바, 이는 태을(太乙)·천을성(天乙星)이 결혈(結穴)하여 딸이 반드시 청귀(淸貴)하게 되므로 아미일안(蛾眉一案)이라 하며 딸이 관기가 된다. 글에 이르기를, 천을(天乙)과 태을봉(太乙峯)이 솟지 않으면 귀(貴)가 없음을 알게 되고, 천을(天乙)·태을(太乙)이 운소(雲霄)에 솟으면 지위가 대간(臺諫)에 이른다 하였음이 이를 두고 한 말이다. 혹 방위가 임관(臨官)과 3길6수(三吉六秀)와 같은 곳이라면 더욱 좋다. 이렇게 되면 반드시 여귀인(女貴人)이 나오는 것이니 상격(上格)은 용이 관기를 낳고, 중격(中格)은 용이 미녀를 낳으며, 하격(下格)은 여가(女家)가 발복한다. 그 외는 흉안박명이거나 이원제자(梨園弟子:배우, 광대)가 나온다.

⑫ **기고사**(旗鼓砂) : 기고(旗鼓)란 병기(兵器)인데 왼쪽에 있는 것이 기(旗)가 되고 오른쪽에 있는 것이 고(鼓)가 된다. 무장이 병권을 지휘할 때는 북을 울리고 출진(出陣)할 때는 기가 앞에서 장군을 영도한다. 혹 용이나 과협(過峽)이나 혈장(穴場)에 이 사(砂)가 있으면 무장이 나오고 과갑(科甲)이 나오는데 속히 발한다. 이 사(砂)가 묘한 것은 기는 경방(庚方)에 있고 고(鼓)는 진방(震方)에 있으며, 또는 양룡(兩龍)이 입수(入首)된 가운데 성봉(星峰)이 수려하면 문무지재(文武之才)가 나와 출장입상(出將入相)의 지극히 귀한 품위를 발한다.

⑬ **안사**(案砂) : 안(案)은 공안이니 높아도 눈썹에 닿고 낮아도 가슴에 닿아야 한다. 안(案)은 왼쪽을 등지거나 오른쪽을 등져도 불가한데, 안(案)은 왼쪽을 등져 청룡이 먼저 궁포(弓抱)하거나 오른쪽을 등져 백호가 먼저 궁포(弓抱)해도 안(案)이 아니다. 안(案)은 반드시 가운데 있어야 하니 공당(公堂)의 돛대와 같다. 대소관원(大小官員)은 모두 난각(煖閣) 상단에 있으므로 좌안(坐案)이 혈전(穴前)의 안(案)에 방치하면 관(關)이 심중하고, 모착(摸着)된 안(案)은 재물을 천만관(千萬貫)이나 쌓는다. 글에 이르기를, 안(案) 밖이 천리(千里)가 수려해도 면궁(眠弓)의 일안(一案)만 못하다 하였으니, 면궁안(眠弓案)이 있으면 부귀과갑(富貴科甲)을 얻는데 가장 유리하다. 안(案)은 문인과 관원이 나오는 사(砂)가 된다.

⑭ **선궁사**(先弓砂) : 선궁(先弓)은 선도(先到)의 묘다. 회환(回環)됨이 유정하고 굽은 것이 활과 같은 것이다. 좌선궁(左先弓)이 있으면 장손이 융창하고 우선궁(右先弓)이 있으면 차손이

풍족해진다 하였으니 모두 발달하며, 다만 안(案)이 적당히 높아 제미제심(齊眉齊心 : 눈썹같이 가지런함)해야 좋고, 절대로 추흉(推胸: 穴을 冲하는 것)의 압살(壓殺)이 되고, 안(案) 머리가 뾰족하면 추흉(推胸)이라 하여 흉하다. 혈(穴)에 선궁사(先弓砂)가 있으면 부귀쌍전하고 효자현손(孝子賢孫)과 충량보국(忠良輔國)의 인물이 나온다.

⑮ **조배사**(朝拜砂) : 조산(祖山)에는 세 가지가 있으니, 정조(正朝)와 사조(斜朝)와 횡조(橫朝)다. 정조(正朝)란 속급(續及)으로 뻗어와 특히 혈(穴)을 위하여 생긴 것 같이 혈(穴) 앞에 와서 높이 솟은 봉으로, 혈(穴)이 있는 주산(主山)보다 낮게 솟고 양변에는 작은 봉우리가 있어 마치 사람이 서로 읍(揖)하는 형상을 이룬 것으로 진보산(進寶山)이라 하는 바, 대귀(大貴)와 대재벌이 나온다. 사조(斜朝)는 조산(朝山)이 앞으로 비스듬히 기울어지게 지나가다 문득 멈추거나 한 번 멈추었다 가다가 곧 멈춘 것이며, 횡조(橫朝)는 도지(倒地)함이 목형(木形)과 같아서 혈 앞에 가로질러 나가다가 멈춘 것을 말한다. 이상의 조사(朝砂)는 모두 혈(穴)과 유정해야 부귀를 대발하며 모두 안산(案山) 밖에 있는 것으로 혹은 보이고 혹은 보이지 않는 것 등 일정치 않다.

⑯ **나성사**(羅星砂) : 나(羅)는 사(砂)가 땅에 나열되어 있는 것이고, 성(星)은 사(砂)의 무리를 칭함이다. 글에 말하기를, 금성(禽星)이 수구(水口)를 막으면 한림이 나오고, 수성(獸星)이 수구(水口)를 막으면 홀로 시위를 받는 존귀에 오르니, 문금무수(文禽武獸)는 각각 그 복제(服制) 문무관복(文武官服)이 다르다 하였다. 사(砂)에는 또 구학(龜鶴), 엽검(葉劍), 일월(日月), 오성(五星), 태을(太乙), 천을(天乙), 금상(金箱), 옥인(玉印), 기고(旗鼓), 창고(倉庫), 유어(遊魚), 비봉(飛鳳) 등의 길사(吉砂)가 있다. 한문(捍門)이 화표(華表:가문이 빛나는 것)함은 여러 가지 물건의 형상을 갖춘 사(砂)가 수구(水口)에 나열하여 있음이다. 수(水)가 곧게 나가지 않고 구곡으로 굽이굽이 둘러 나가면 크게 부귀한다.

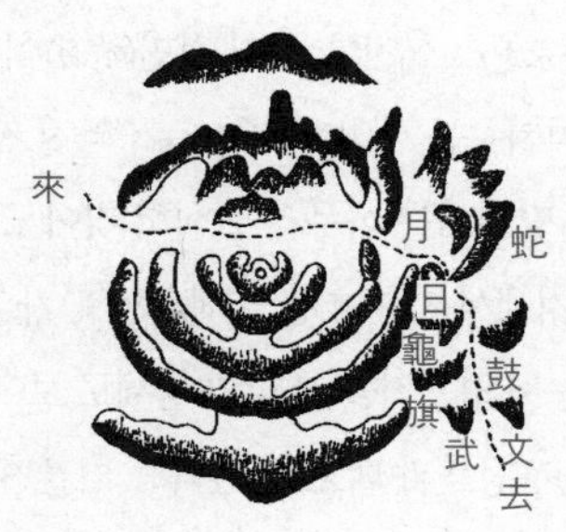

[羅星砂]

이상의 길흉사(吉凶砂)는 모두 60도에 가까운데 흉사(凶砂) 가운데 하나만 있어도 만병이 생긴다. 이와 같이 그 모양이 다른 것이 많으나 그 실상은 5성(五星)에 불과하므로 천태만상이 모두 5성(五星)의 정(正)과 변체(變體)로 의첩(倚貼)된 것이다.

❖ **사별수**(斜撇水) : 내조(來朝)하는 외수(外水)가 도당전(到堂前)에 역수회귀(逆水回歸)하는 무정한 물을 일컬음. 사별수는 물이 없는 산곡에도 묘 옆 뒤를 찌르는 듯한 계곡이 있어 실직퇴관(失職退官)에 가패오역(家悖午逆)하는 흉수이다. 사별수는 혈을 감싸주지 않고 사선으로 비껴 흐르는 물로서 무정(無情)하게 달아나는 형상이니 불길하다. 물의 흐름에 따라 혈의 정기가 쓸려나간다. 사별수가 있는 곳에 조상의 묘를 쓰거나 집을 짓고 살면 실직을 하며 재산을 잃게 되고 높은 지위에 있는 사람도 얼마 안가서 지위를 잃게 된다. 사업을 하는 사람은 자꾸 손해를 보다가 결국 망하고 만다.

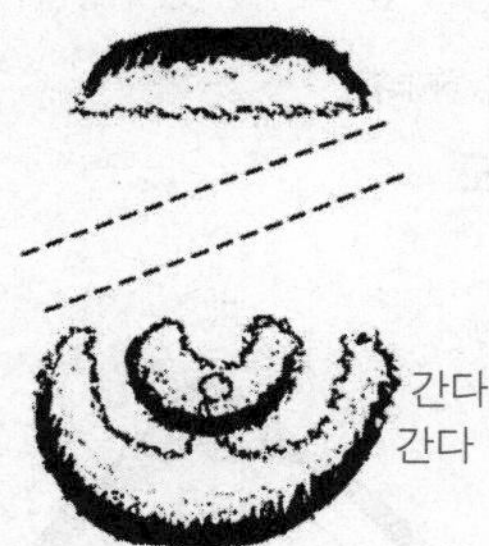

물이 당에 들어오지 못함

❖ **사별지세**(斜潎之勢) : 물이 한쪽으로 기울어 급하게 흐르면서 서로 부딪치는 형세. 혹은 사방으로 흩어져 나가는 물이다. 도산하여 가난해진다.

❖ **사비수주**(砂飛水走) : 혈지(穴地)의 전면(前面)이나 양쪽에 혈(穴)을 둘러싸고 지켜주는 사(砂)와 수(水)가 빠진 지세(地勢)의 묘자리. 이와 같은 땅에서는 아무리 열심히 찾아도 길혈(吉穴)은 없다. 요컨대 혈지에서 지룡(地龍)의 생기(生氣)가 자연히 모여들어 응결할 수 있는지 없는지를 그 땅의 형세로 보아 판단하면 된다.

❖ **사비지**(斜飛地) : 청룡과 백호 중 한쪽은 혈을 향해 있는데 다른 한쪽은 등을 돌리고 있는 형세. 양쪽 능선이 만나지 않고 각기 비껴나가고, 산 따라 흐르는 물도 역시 합수(合水)하지 못하고 순수하여 달아나는 곳은 먼저 재산이 망하고 후에 사람이 상한다.

❖ **사비혈**(斜飛穴) : 밖에서 보면 주산(主山)이 날아서 달아나는 형상이고, 용맥(龍脈)이 비뚤어진 괴혈의 형국으로 막상 혈처에 이르러 사방을 둘러보면 산세가 아름답다.

❖ **사사**(死蛇) : 죽은뱀이 곧게 뻗어있는 것 같은 용의 형국. 이러한 곳에 모르고 장사지냈다가는 자손이 끊기고, 연약하게 가는 용이 굽어지지 않고 죽은뱀처럼 곧게 뻗어 있으면 생기가 없는 땅이니 후손이 끊긴다.

❖ **사산**(四山) : 사방의 산. 좌청룡(左靑龍), 우백호(右白虎), 후현무(後玄武), 전주작(前朱雀).

❖ **사산사와 입수도**

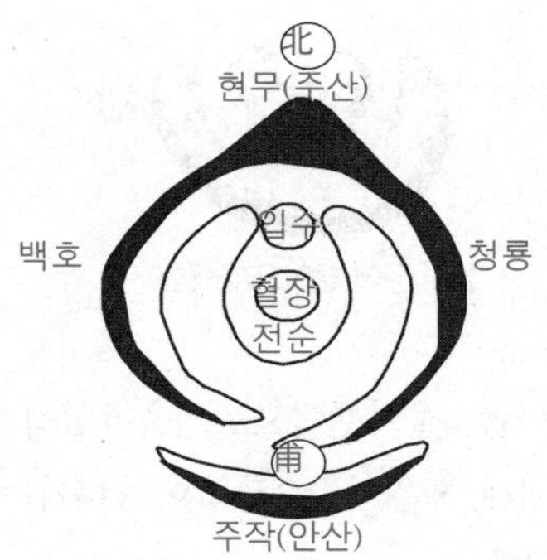

[四神砂와 입수 · 선익의 위치 관계도]

❖ **4산원형지세**(四山圓形地勢) : 산 네 개가 원형 또는 정사각형 들판을 중심으로 전후좌우 사면을 감싸고 있는 들판의 형태로 가장 이상적인 명당이다. 이러한 지세에는 바람이 부드러워 생기(生氣)가 많이 모이고 분위기도 평화로워 재물이 많이 모이며 큰 인물도 많이 배출된다. 사산원형지세에서 가장 중요한 점은 산 네 개가 모두 들판을 향해 앞면을 보이고 있어야 한다.

❖ **4살**(四殺)

① 자미두수(紫微斗數) 성신(星辰)의 하나. 화성(火星), 영성(鈴星), 경양(擎羊), 타라(陀羅)를 합칭하여 4살(四殺)이라 한다.

② 지리법에서 산의 모양으로 살(殺)이라 하는 것은 형체가 뾰족하거나 날카롭거나 준급(峻急)하거나 곧고 단단하고 억센 것 등을 말한다. 4살(四殺)은 장살(藏殺), 압살(壓殺), 섬살(閃殺), 탈살(脫殺)의 4가지를 말한다.

❖ **사살정혈**(四殺定穴) : 내맥·입수·결혈처에 대살(帶殺)한 것과 혈성 및 용·호산이 대살인 경우가 있는데, 사살정혈은 이 흉살을 피하는 것으로 점혈(粘穴)함에는 반드시 이 4살법(四殺法)을 사용하여야 한다. 살(殺)이란 사람을 해하고 독하고 모진 기운을 말하는 것이기 때문이다. 형세 중에서 가장 무서운 살(殺)이 직(直)과 첨(尖)이고 또 급경(急硬), 참암, 파쇄, 조악, 능압 등 무서운 살이 많은데, 이들의 살을 피하기 위하여 4살장법(四殺葬法)을 사용하게 된다. 이에 두 가지 설(說)이 있는데 하나는 내맥입수(來脈入首)의 결혈처(結穴處)에 살(殺)을 띤 것으로 보는 것이고, 또 하나는 용호(龍虎)와 안산 등 주위의 사(砂)에서 살(殺)을 띤 것을 보는 것이다. 첫째 내맥(來脈)에서의 4살장법(四殺葬法)은 입수내맥(入首來脈)이 완화유양(緩和悠揚)하고 직급(直急)하지 아니하며 경준(硬埈)하지도 아니하면 살이 없는 것이므로 장살혈(藏殺穴)로 하장(下葬)하여야 할 것이니 개법(蓋法)이라 한다. 내맥(來脈)이 곧게 오고 용의 끝이 뾰족한 살을 띠고 있으며 사세(四勢)가 중간쯤의 한쪽 옆구리로 모일 것이니 섬살혈(閃殺穴)로 하장(下葬)하여야 하니 이를 기법이라 한다. 내맥(來脈)이 급하고 산세가 높고 사응(四應)이 낮게 아래로 모이면 탈살혈로 하장하는 것이니 점법(粘法)이라 한다. 둘째 주위 사(砂)로서의 4살장법(四殺葬法)은 좌우양각(左右兩脚) 아래와 혈에서 가까운

양변의 용호산이 모두 원정(圓淨)하고 아름다워 살(殺)이 없으면 신살장복혈(神殺藏伏穴)이라 하니 마땅히 중간쯤에 장살혈(藏殺穴)로 하장(下葬)하는 것이니 당법(撞法)을 의미한다. 혈성(穴星) 좌우와 각하(脚下) 등에 첨직(尖直)한 살(殺)이 있거나 양변(兩邊) 청룡 백호산에 뾰족하고 곧게 된 산이 있으면 이른바 신살출현혈(神殺出現穴)이라 하여 마땅히 높이 압살혈(壓殺穴)로 하장(下葬)하여야 하니 개법(蓋法)을 의미한다. 혈성(穴星)과 청룡·백호산 중에서 혹 왼쪽이나 오른쪽이 뾰족함이 많으면 이른바 신살편로혈(神殺偏露穴)이라 하여 다른 한쪽 아름다운 곳에 섬살혈(閃殺穴)로 장사하는 것이니 피흉(避凶)하는 기법(倚法)을 의미한다. 혈성(穴星)의 형세가 준급한데 좌우가 낮은 아래하면 이른바 신살분쇄혈이라 하여 혈이 낮게 있으니 탈살혈(脫殺穴)로 하장(下葬)해야 하며 점법(粘法)이라 할 수 있다.

❖ **사살천권**(四殺擅權) : 진술축미(辰戌丑未) 네 방향에 험상궂으며 드높은 봉우리 네 개가 우뚝 서서 혈을 압박하는 것을 말함. 사살천권은 아주 흉흉한 기운을 뿜으며 이 기운이 흉악무도한 사람을 배출하고 악인(惡人)이 나와 역적이나 도적떼의 괴수가 된다. 온갖 만행을 저지르다 비참하게 죽으며 또 그 악인으로 인해 집안이 망한다.

❖ **사상**(四象) : 양의(兩儀)에서 다시 일기일우(一寄一偶)로 나누어진 것. 1위(一位)가 태양(太陽), 2위(二位)가 소음(少陰), 3위(三位)가 소양(少陽), 4위(四位)가 태음(太陰)이 된다. 이를 주자(周子)는 "수화목금(水火木金)"이라 하였고, 자(子)는 "이분위사(二分爲四)"라 하였으니 사상(四象)을 말한다. 이를 형상으로 나누어 본다면 4상의 혈형(穴形)으로서 와(窩), 겸(鉗), 유(乳), 돌(突)의 형상 있다. 와상(窩象)과 겸상(鉗象)은 양혈(陽穴)에 속하고, 유상(乳象)과 돌상(突象)은 음혈(陰穴)에 속한다. 또한 4상은 음양(陰陽)의 형태를 넷으로 크게 구분한 것으로, 즉 태양(太陽), 소음(小陰), 소양(小陽), 태음(太陰)이다. 4상이 최초로 이루어지는 원리는 아래와 같이 상형(象形)한다. ⚊을 일양(一陽), ⚋을 일음(一陰)이라 표시한다. ⚌는 일양지상(一陽之上)에 일양(一陽)이 생한 현상이므로 이를 태양(太陽)이라 한다. ⚍는 일양지상(一陽之上)에 일음(一陰)이 생한 현상이므로 이를 소음(小陰)이라 한다. ⚎는 일음지상(一陰之上)에 일양생(一陽生)이므로 이를 소양(小陽)이라 한다. ⚏는 일음지상(一陰之上)에 일음생(一陰生)이므로 이를 태음(太陰)이라 하고 태극이 일변(一變)하여 생한 것이 양의요, 재변(再變)하여 생한 것이 사상이다. 양의(陽儀 : ⚊)를 본으로 하여 양으로 분화된 것이 태양(⚌)이고, 음으로 분화한 것이 소음(⚍)이다. 음의(陰儀 : ⚋)를 체로 하여 음으로 분화된 것이 태음(⚏)이고 양으로 분화한 것이 소양(⚎)이다. 양의는 두 가지의 양태인데 비하여 사상은 양의보다 한 단계 더 구체화한 상이다. 천의 일월성신과 지의 산천초목과 인의 이목구비가 곧 사상의 이치이다. 양을 바탕으로 하여 양으로 작용함이 태양이고, 양을 바탕으로 하되 음으로 작용하는 것이 소음이다. 음을 바탕으로 하여 음으로 작용함이 태음이요, 음을 바탕으로 하되 양으로 작용함이 소양이다. 그런데 그 상을 살펴보면 태양은 견실하여 강건하고 태음은 공허하여 유순하다. 또 소음은 내실외허하여 생장하고 소양은 내허외실하니 수축한다. 그러므로 소음은 봄이고 아침이다. 태양은 여름이고 낮이며 소양은 가을이고 저녁이다. 태음은 겨울이고 밤이다. 음양의 일차적 배합에 의해 4상(四象)이 분정(分定)된다.

❖ **사상팔괘**(四象八卦)

• **사상**(四象) : 음양의 일차적 배합에 의해 사상(四象)이 분정(分定)된다.

태양(太陽)⚌양상(陽上)에 가양(加陽)하니 태양이다.

소음(少陰)⚍양상(陽上)에 가음(加陰)하니 소음이다.

소양(少陽)⚎음상(陰上)에 가양(加陽)하니 소양이다.

태음(太陰)⚏음상(陰上)에 가음(加陰)하니 태양이다.

태양(太陽), 소음(少陰), 소양(少陽), 태음(太陰)을 사상(四象)이라 하며, 이 사상은 우주만상의 사원체(四原體)이다. 그리하여 음중유양(陰中有陽)하고 양중유음(陽中有陰)이라 한다.

• **팔괘**(八卦) : 팔괘(八卦)는 사상이 다시 배합변화하는 우주조화의 기본괘상이다.

건(乾)☰**건삼련**(乾三連) : 태양에 가양(加陽)하니 건괘(乾卦)가 된다.

곤(坤)☷**곤삼절**(坤三絶) : 태음에 가음(加陰)하니 곤괘(坤卦)가

된다.

감(坎)☵감중련(坎中連) : 소양에 가음하니 감괘(坎卦)가 된다.
이(離)☲이허중(離虛中) : 소양에 가양하니 이괘(離卦)가 된다.
진(震)☳진하련(震下連) : 소음에 가음하나 진괘(震卦)가 된다.
손(巽)☴손하절(巽下絶) : 소양에 가양하니 손괘(巽卦)가 된다.
간(艮)☶간상련(艮上連) : 태음에 가양하니 간괘(艮卦)가 된다.
태(兌)☱태상절(兌上絶) : 태양에 가음하니 태괘(兌卦)가 된다.

건곤(乾坤)은 천지정위(天地定位)하고, 감리(坎離)는 수화불상사(水火不相射)하며, 간태(艮兌)는 산택통기(山澤通氣)하고, 진손(震巽)은 뇌풍상박(雷風相搏)한다. 그러므로 팔괘(八卦)는 우주의 기본 기틀이 된다. 우주조화의 기본괘인 팔괘만으로는 우주만상의 천지공사(天地公事)를 할 수가 없다. 그러한 바 이 팔괘(八卦)는 배이중지(倍而重之)하여 천지만상창조(天地萬象創造)의 근원인 64괘가 된다.

1	䷀	乾爲天	2	䷁	坤爲地	3	䷂	水雷屯
4	䷃	山水蒙	5	䷄	水天需	6	䷅	天水訟
7	䷆	地水師	8	䷇	水地比	9	䷈	風天小蓄
10	䷉	天澤履	11	䷊	地天泰	12	䷋	天地否
13	䷌	天水同人	14	䷍	火天大有	15	䷎	地山謙
16	䷏	雷地豫	17	䷐	擇雷隨	18	䷑	山風蠱
19	䷒	地澤臨	20	䷓	風地觀	21	䷔	火雷噬嗑
22	䷕	山火賁	23	䷖	山地剝	24	䷗	地雷復
25	䷘	天雷无妄	26	䷙	山天大畜	27	䷚	山雷頤
28	䷛	澤風大過	29	䷜	坎爲水	30	䷝	離爲火
31	䷞	澤山咸	32	䷟	雷風恒	33	䷠	天山遯
34	䷡	雷天大壯	35	䷢	火地晋	36	䷣	地火明夷
37	䷤	風火家人	38	䷥	火澤睽	39	䷦	水山蹇
40	䷧	雷水解	41	䷨	山澤損	42	䷩	風雷益
43	䷪	澤天夬	44	䷫	天風姤	45	䷬	澤地萃
46	䷭	地風升	47	䷮	澤水困	48	䷯	水風井
49	䷰	澤火革	50	䷱	火風鼎	51	䷲	震爲雷
52	䷳	艮爲山	53	䷴	風山漸	54	䷵	雷澤歸妹
55	䷶	雷火豊	56	䷷	火山旅	57	䷸	巽爲風
58	䷹	兌爲澤	59	䷺	風水渙	60	䷻	水澤節
61	䷼	風澤中孚	62	䷽	雷山小過	63	䷾	水火旣濟
64	䷿	火水未濟						

❖ **사상혈**(四象穴) : 태극 양의에서 각각 음양이 생하여 이루어진 것으로 태양(太陽), 소음(小陰), 소양(小陽), 태음(太陰)이다. 사상을 또 맥(脈), 식(息), 굴(窟), 돌(突)이라 별칭한다.

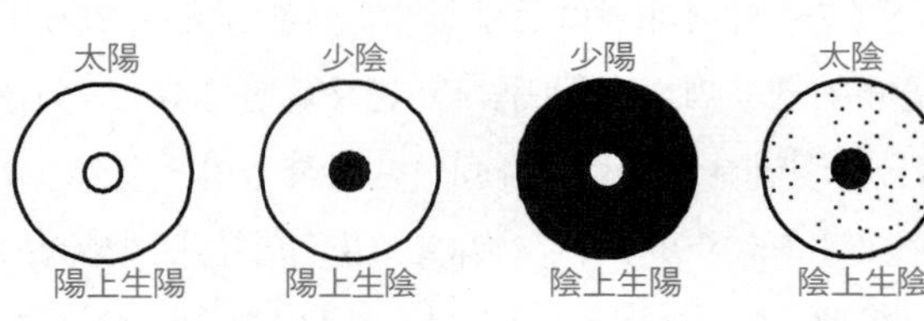

사상의 근본은 음양이다. 음양이 동(動)하면 사상으로 나뉘어지나 동하지 않고 있으면 정(靜) 그냥 양의(兩儀)다. 음운(陰暈) 중간에 작은 요(凹)가 있으면 맥(脈)이다. 태극의 소음(小陰)이 되고 양운(陽暈) 중간에 미미한 돌(突)이 있으면 식(息)이라 하며 태극의 소양이다. 그리고 음운 가운데 작은 돌(突)이 있으면 이는 음에서 또 음이 생함이니 태음이요, 돌(突)이라 한다. 양운 가운데 다시 미미한 요(凹)가 있으면 이는 양에서 또 양이 생함이니 태양(太陽)이며, 굴(窟)이라 한다. 또한 와(窩), 겸(鉗), 유(乳), 돌(突)의 4대혈성(四大穴星)을 사상으로 분류해 본다면 와혈은 태양, 겸혈은 소음, 유혈은 소양, 돌혈은 태음이라 할 수 있다.

❖ **사상**(四象)**의 혈형**(穴形)

- **와상혈**(窩象穴) : 요처(凹處)로서 소쿠리와 같은 형상이며 전순(氈唇)으로는 대(臺)와 같이 되어 있어야 진혈(眞穴)로 본다.
- **겸상혈**(鉗象穴) : 양지(兩指)의 합곡지처(合谷之處)와 같은 곳에 혈상(穴象)이 생기며 대(臺)와 같은 전순(氈唇)이 있어야 하고 양지각(兩枝脚)이 안으로 굽어야 한다.
- **유상혈**(乳象穴) : 여자의 유방과 같고 잉태한 모습과도 같으며 특히 선익(蟬翼)이 분명해야 진혈(眞穴)로 본다.
- **돌상혈**(突象穴) : 야산의 정상에 위치하며 무쇠 솥을 엎어놓은 형상이며 사유(四維)에 지각(枝脚)이 분명해야 진혈(眞穴)이다. 그 밖에 잉혈(孕穴), 연소혈(燕巢穴), 사두혈(蛇頭穴) 등의 괴혈(怪穴)도 이 사상(四象)을 벗어나서는 진혈(眞穴)이 될 수 없다.

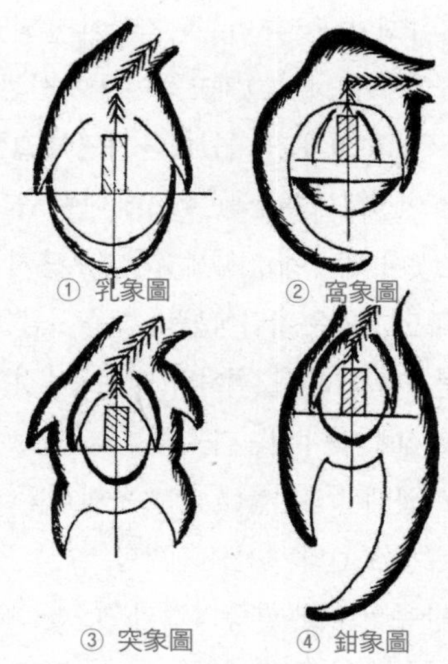

[四象의 穴相圖]

❖ **사생**(四生) : 인신사해(寅申巳亥)를 말함. 그 까닭은 오행(五行)의 생궁(生宮:長生宮)이 인신사해(寅申巳亥)에 들기 때문이다.

- 경신금(庚辛金) 사유축금(巳酉丑金)은 장생궁(長生宮)이 사(巳).
- 갑을목(甲乙木) 해묘미목(亥卯未木)은 장생궁(長生宮)이 해(亥).
- 병정화(丙丁火) 인오술화(寅午戌火)는 장생궁(長生宮)이 인(寅).
- 임계목(壬癸水) 신자장수(申子辰水)는 장생궁(長生宮)이 신(申).

❖ **사생방**(四生方)

① 인신사해방(寅申巳亥方)을 말함. 즉 목(木)의 생방(生方)은 해(亥), 화(火)의 생방(生方)은 인(寅), 금(金)의 생방(生方)은 사(巳), 목(水)의 생방(生方)은 신(申)이다.

② 오행(五行)을 생(生)해 주는 방위. 즉 목(木)은 북(北)이 생방(生方), 화(火)는 인(東)이 생방(生方), 토(土)는 남(南)이 생방(生方), 금(金)은 중앙토(中央土)가 생방(生方), 수(水)는 유(酉)가 생방(生方)이다.

❖ **사생지**(四生地) : 인신사해궁(寅申巳亥宮) 또는 오행(五行)을 생(生)해 주는 곳.

❖ **사생팔사**(四生八死)**의 용론**(龍論)

- **4생기룡**(四生氣龍) : 뭉치고 엎드리고 굴곡(屈曲)한 것은 생기룡(生氣龍)이고, 날개가 많이 호위한 것은 복기룡(福氣龍)이고, 청룡·백호가 주산(主山)을 돌아본 것은 응기룡(應氣龍)이고, 겹겹으로 돌아 호위한 것은 왕기룡(旺氣龍)이다.
- **8사기룡**(八死氣龍) : 험악하고 난잡한 산은 광기룡(狂氣龍)이고, 좌우가 뾰족하고 악한 것은 살기룡(殺氣龍)이고, 나눈 가지가 급하고 많으면 겁기룡(劫氣龍)이고, 나눈 가지가 가늘은 맥(脈)은 귀룡(鬼龍)이다. 비뚤고 기울고 무너지고 파한 것은 병룡(病龍)이고, 유이(遊離)하고 흩어지고 어지러운 산은 유룡(遊龍)이고, 용(龍)이 돌지 않고 움직이지 않은 것은 사룡(死龍)이고, 고독하고 무력한 것은 절룡(絶龍)이다.

❖ **사석**(沙石)**과 발복**

- 혈상에 사석(沙石)이 있으면 귀격혈(貴格穴)이 되어 부귀겸전(富貴兼全)한다.
- 사석(沙石)이 없는 자리는 결혈한지 오랜 세월이 흐른 자리이므로 부(富)의 발복이다.
- 사석(沙石)에도 황색이 비치면 귀격(貴格)이다. • 사석(沙石)에 검은 색의 큰 돌과 함께 있으면 흉한 것이다.

❖ **사선출동**(四仙出洞) : 네 신선이 골짜기 밖으로 나오는 형국. 수려한 봉우리 넷이 솟아올랐는데 혈은 그 중 한 봉우리 아래에 있고, 안산은 구름이다.

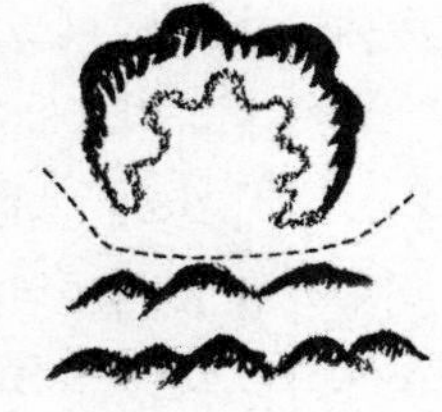

❖ **사성**(砂城) : 두뇌에서 작은 맥을 일으켜 혈 주위를 둘러싸고 지키는 것.

❖ **사성**(死星) : 포태법(胞胎法)으로 따져 사(死)가 되는 것.

❖ **사성위치**(四星位置)

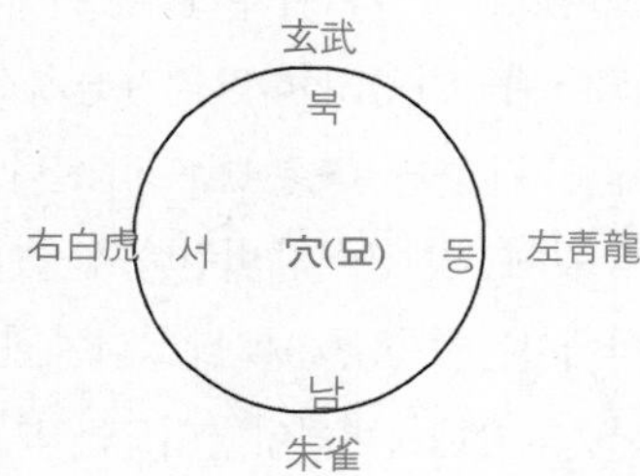

❖ **사성좌**(四星座)**와 이십팔수**(二十八宿) : 혈성(穴墓)을 중심으로 하여 주산(主山)에서 왼쪽으로 뻗은 줄기를 청룡이라 하며 향(向)은 동쪽을 말한다. 사람에 비유하면 왼쪽 팔을 지칭할 수 있는데 동쪽 기운을 맡은 신(神)으로써 땅으로는 생(生)·성(成)·사(死)·멸(滅) 중 생(生)의 목(木)과 기(氣)를 상징하고 하늘로는 동쪽에 있는 일곱의 별, 즉 각(角)·항(亢)·저(氐)·방(房)·심(心)·미(尾)·기(箕) 등을 말한다. 혈 바로 앞에 있는 청룡은 내청룡(內青龍), 그 밖에 있는 산줄기는 외청룡(外青龍)이다. 방각(方角)으로는 동쪽은 청룡, 서쪽은 백호, 남쪽은 주작(朱雀), 북쪽은 현무(玄武)라고 하지만, 선혈치묘(選穴治墓)에서는 동·서·남·북 관계없이 산소에서 중심을 잡아 왼쪽이 청룡, 오른쪽이 백호, 산소 후면이 현무, 산소 앞면이 주작이라 한다. 청룡은 길게 묘를 감싸듯 보호하여야 좋으며 단절되거나 또는 밖으로 향하여 삐지면 흉격(凶格)이며, 혈(穴)을 중압(重壓)하면 불미(不美)하다. 청룡 끝이 칼날 같거나 몽치 같아도 못쓰며 맥없이 바스러져도 부정하다.

❖ **사세**(四勢) : 사세란 혈(穴)을 위주로 하여 좌청룡(左青龍), 우백호(右白虎), 전주작(前朱雀), 후현무(後玄武)를 말하는데 혈에서 좌측에 있는 산을 청룡이라 하고 우측에 있는 산을 백호라 하며 혈 앞의 안산 조산 등을 주작이라 하고 혈 뒤에 있는 주산을 현무라 한다. 청룡은 꿈틀거려야 길하고 혈의 우측에서 나지막하고 부드럽게 회포하여 감싸 안아야 좋으며 백호(白虎)는 호랑이가 걸터앉아 손님을 영접하듯 우뚝 솟은 형상의 기세가 되어야 하고, 주작은 상무(翔舞) 즉 맑고 밝은 얼굴로 춤을 추듯 옷소매와 같이 부드럽게 나풀거리는 형세가 되어야 좋고, 현무는 주산이 좌정하여 머리를 바로 세우고 정중하게 앞을 바라보듯 혈을 응기하는 듯한 형세가 되어야 좋다. 혈을 가운데 두고 사산(四山)이 에워 싸안아 보국이 잘 되어야 혈이 뭉치게 된다. 만약 보국(保國)이 안 되어 바람이 충(沖)하면 기가 뭉치지 못하고 흩어져 버린다. 그래서 기승풍산(氣乘風散)이라 한다. 땅속의 생기(生氣)는 바람을 맞게 되면 흩어져 버린다. 산중에는 장풍이 되어야 하며 평야에서는 득수(得水)를 잘 살펴야 한다. 산곡에 물이 없어 결혈되면 국세내에 바람이 들어오는지를 잘 살피고 평야에서는 돌상이 되었나보고 억수로 작국이 잘 되었나를 보고 간룡 지룡을 찾지 말고 산이 그치고 물이 돌아 산진수회(山盡水回) 잘 살피고 산전수회가 잘 되었으면 자연히 결혈이 된다.

❖ **4세고**(四勢高) : 인신사해방(寅申巳亥方)에 네 봉우리가 높고 수려한 모습으로 솟아 있는 형국. 사세고가 있으면 지극히 귀하게 되는 인물이 나오고 높은 지위에 올라 많은 사람을 거느린다. 사세고는 네 봉우리가 모두 갖춰져서 제대로 된 것으로 한 봉우리만 빠져도 격식에 맞지 않는다.

❖ **4세지**(四勢地) : 사세란 좌청룡(左青龍), 우백호(右白虎), 전주작(前朱雀), 후현무(後玄武)의 사신사를 말함.

❖ **4수**(四水) : 사방 주위의 물. 혈 앞의 삼합수(三合水)와 용수(龍水)를 사수(四水)라고도 함.

❖ **4수**(四獸) : 현무(玄武), 주작(朱雀), 청룡(青龍), 백호(白虎)를 가리킴.

❖ **사수호신**(四守護神) : 청룡, 백호, 주작, 현무를 말함. 청룡은 동쪽, 백호는 서쪽, 주작은 남쪽, 현무는 북쪽을 호위하는 것이나 풍수학에서는 방위를 불문하고 앞은 주작, 뒤는 현무, 좌는 청룡, 우는 백호라 부른다. 전유주작(前有朱雀), 후유현무(後有玄武)라는 말이나 좌청룡(左青龍), 우백호(右白虎)라는 말도 이러한 뜻에서 나온 것이다.

❖ **4순맥**(四順脈) : 갑경병임(甲庚丙壬)으로 오는 용을 말함. 천지의 양위(良位)로서 국가의 양신격(良臣格)이다. 볼록하지 않으면 흰돌이 서 있게 마련이다. 볼록하면 갑(甲)은 짧고 경(庚)은 왕성하고 병(丙)은 뾰족하며 임(壬)은 구슬과 같다. 산봉우리는 금형(金形)이다. 지연돌이산태(只連突而散胎)하다가 연음양(連陰陽)하면 간간이 결혈하기도 한다.

❖ **사시**(四時) : 봄, 여름, 가을, 겨울.

❖ **사시**(巳時) : 12지시의 하나. 오전 9시부터 11시 전 사이의 시간.

❖ **사시대모**(四時大耗) : 사시흉신(四時凶神)의 모살(耗殺)을 일컬음. 이날에는 흙다루고 집수리하고 창고짓는 일과 장사지내는 일 등을 꺼린다.

春三月 : 乙未日	夏三月 : 丙戌日
秋三月 : 辛丑日	冬三月 : 壬辰日

❖ **사시소모**(四時小耗) : 사시흉신(四時凶神)의 모살(耗殺). 이날에는 대모일(大耗日)과 마찬가지이다. 흙 다루고 집수리하고 창고 짓고 수리하는 것 또는 장사지내는 일을 꺼린다. 이를 범하면 손재가 따른다.

春三月 : 壬子日　　夏三月 : 乙卯日

秋三月 : 戊午日　　冬三月 : 辛酉日

❖ **사시수족복배방**(四時首足腹背方) : 새땅을 파거나 구묘를 열 때에는 복방위(腹方位)를 먼저 파는 것이 길한 것으로 복(腹)은 당귀대길(當貴大吉)이요, 족(足)은 무해하고, 배(背)는 대모(大耗)이며, 수(首)는 극흉(極凶)하다. 사시수족배방은 다음과 같다.

	首方位	足方位	腹方位	背方位
春三月, 正, 二, 三月	酉日	卯日	午日	子日
夏三月, 四, 五, 六月	卯日	酉日	午日	子日
秋三月, 七, 八, 九月	午日	子日	卯日	酉日
冬三月, 十, 十一, 十二月	子日	卯日	卯日	酉日

❖ **사시흉신**(四時凶神) : 춘하추동의 4절기를 기준하여 정해지는 흉신정국(凶神定局)이다.

四時	春	夏	秋	冬	비고
劒鋒殺	酉	子	卯	午	忌起造
(正) 四廢 (傍)	庚申 辛酉 庚辛申酉	壬子 癸亥 壬癸亥子	甲寅 乙卯 甲乙寅卯	丙午 丁巳 丙丁巳午	旣修造生墳
四離	春分	夏至	秋分	夏至	모두 : 日前
四絶	立春	立夏	立秋	立冬	모두 : 日前
天地轉殺	卯	午	酉	子	忌動土建屋
天轉地轉	乙卯 辛卯	丙午 戊午	辛巳 癸사	壬子 丙子	忌 動土 修造 破土安葬
四時大耗	乙未	丙戌	辛丑	壬辰	忌動土 修營
四時小耗	乙未	乙卯	丙午	辛酉	忌動土 修營
四虛敗	己酉	甲子	辛卯	庚午	忌 分居 入宅

❖ **사신**(四神) : 사신(四神)을 사유(四維) 또는 사주(四柱)라고도 한다. 건곤간손(乾坤艮巽)으로 건곤(乾坤)은 복록(福祿)이 속발(速發)하며 부귀가 면원(綿遠)하다. 간(艮)은 천시(天市)라 하니 청귀한 충량지재(忠良之才)가 나며, 손(巽)은 문장지사(文章之士)가 나오며, 아미(蛾眉)의 사(砂)가 있으면 후비(后妃) 같은 여자가 나며, 손신(巽辛)이 상병(相竝)하면 문필이라 한다. 4신봉(四神峰)이 빼어나면 자손이 창성하고, 고산(高山)이 높으면 백세영(百世榮)하고, 높지 않고도 산이 3중4중으로 첩첩 쌓였으면 끊임없는 천사창(千斯倉)이라 한다. 사신(四神)이 모두 가지런하지 못하고 일한 두 봉만 높고 수려한 곳은 가히 부귀와 공명에 이를 수가 있다. 삼각(三角)의 봉(峰)이 기이하게 솟아있으면 황금백옥(黃金白玉)이 호사로워 형용하기 어려운 부귀가 발한다.

❖ **사신**(四神) **길상**(吉象) : 사신(四神)에 길상(吉象)이 있으면 사람을 능히 복되게 하고 사신(四神)에 흉상(凶象)이 있으면 사람에게 능히 화(禍)를 입게 할 수 있으니 이것은 사람의 얼굴에 나타나는 기색(氣色)의 변화와도 같은 이치이다. 사람의 얼굴에 기(氣)가 맑고 기상(氣象)이 윤택(潤澤)하면 부귀의 상(相)이고 면상(面上)에 얼룩이 져있거나 사마귀가 돋아나고 색상이 혼암(昏暗)하면 빈요(貧夭)하고 고단한 상이다. 사세(砂勢)를 보는 것도 이와 같으므로 오석(烏石)이 점점이 박혀있는 사맥(砂脈)이나 용면(龍面)에는 길신(吉神)이 흉점(凶玷)을 친 것이기에 반대로 흉가가 되어 소색(蕭索)해진다.

❖ **사신박**(四神剝) : 건곤간손방(乾坤艮巽方)에 기울어진 바위가 있는 것. 사신박이 보이면 집안에 도덕이 바로 서지 못한다.

❖ **사신사**(四神砂) : 혈 주위에서 혈을 감싸고 있는 4개의 산을 말하는데, 좌청룡(左靑龍), 우백호(右白虎), 현무(玄武), 주작(朱雀)을 말함.

❖ **사신사**(四神砂)**의 역할** : 풍수는 바람과 밀접한 관련을 갖는다. 풍수에서는 바람을 막는 법을 장풍법이라 한다. 명당이란 것도 결국 땅 속의 생기가 바람에 의해 흩어지지 않는 모양새를 갖춘 땅을 가리키는 것이다. 풍수는 곧 생기를 얻는 것인데, 생기는 바람을 타면 흩어진다. 생기가 흩어지지 않도록 하려면 바람을 막는 병풍같은 것이 필요하다. 바람이 휘몰아치는 곳이라면 아무리 명혈이라도 생기가 모일 수 없으니 이른바 명당이라고 알려진 땅 주위에는 반드시 기의 흩어짐을 막아 주는 산이 있게 마련이다. 그러나 장풍법은 불어오는 바람을 막는 것이 아니라 나가는 바람을 막는 방법이다. 이처럼 바람을 들어오게 하고 나가지는 못하게 하는 것이기 때문에 방풍(防風)이라 하지 않고 장풍(藏風)이라 한다. 장풍법은 사(砂)에서부터 비롯된다. 사란 혈

에 모인 생기가 흩어지지 않도록 혈 주위를 에워싼 산이나 언덕, 물을 일컫는다. 본래 사란 옛 사람들이 풍수를 가르칠 때 모래를 담은 소반 위에 여러 가지 모형을 만들어 가며 설명한 데서 유래하였다. 풍수에서 흔히 얘기하는 청룡·백호·주작·현무하는 것들이 바로 이 사에 해당된다. 보통 이 네 가지를 혈의 사방을 에워싸고 있다 하여 사신사(四神砂)라 한다. 대개 주위의 사를 보고 길흉화복을 판단하기 때문에 사 중에서도 가장 중요한 것이 사신사이다. 혈의 후방에 있는 것을 현무, 전방에 있는 것을 주작, 좌측에 있는 것을 청룡, 그리고 우측에 있는 것을 백호라 한다. 이 사신사는 혈을 에워싼 장벽이 되어 혈을 호위하는 형국을 이룬다. 현무와 주작은 상호 보완적인 청룡, 백호와는 달리 본질적으로 주인과 객, 즉 주종관계이다. 특히 현무는 풍수사신(風水四神) 중에서도 가장 중심이 되는 것으로 조종산으로부터 흘러오는 생기를 혈에 주입시키는 역할을 한다. 이 현무의 맞은 편에 있는 산이 주작인데 가까이 있는 안산, 멀리 있는 조산(朝山)은 주산인 현무에 대하여 마치 신하가 임금을 대하듯, 자식이 부모를 대하듯, 손님이 주인을 대하듯 맑고 단정해야 하며 반드시 주산보다 낮아야 길하다고 본다. 즉 현무가 주인이라면 주작은 손님이며, 현무가 남편이라면 주작은 처첩인 것이다. 청룡과 백호는 중국의 사천동물(四天動物)인 용(龍), 호(虎), 작(雀), 구(龜;거북)중 동과 서에 위치하는 용과 호를 말한다. 마치 팔다리가 인체를 호위하는 것 같이 서로 포위하여 혈을 지키는 이 둘은 풍수의 성국에서 없어서는 안 된다. 그래서 이 용호가 한 겹일 때보다는 이중 삼중 겹겹이 둘러싸고 있을수록 더 안전하게 혈을 보호한다고 본다.

[풍수와 묘지 명산도]

여기서 용은 왕자와 유문(有文)의 표상이며, 호는 무력과 용기를 상징한다. 때문에 이 청룡·백호의 길혈(吉穴)은 그 자손으로 하여금 문무 고관으로 출세하게 한다고 본다. 용은 늙은이나 장자, 재화의 증식을 관장한다. 이에 비해 호는 젊은이나 지자(支子; 차남 이하를 이름)를 관장하며 자손의 번창을 관장한다고 알려져 있다. 주택의 경우에는 왼쪽에 물이 있는 것을 청룡이라 하고, 오른쪽에 긴 길이 있는 것을 백호라 한다. 앞에 연못이 있는 것을 주작이라 하고, 뒤에 언덕이 있는 것을 현무라 한다. 또 동쪽이 낮고 서쪽이 높으면 생기가 높은 터이고, 서쪽이 낮고 동쪽이 높으면 부유하지는 않으나 호귀(豪貴)하며, 앞이 높고 뒤가 낮으면 문호(文戶)가 끊긴다. 반대로 뒤가 높고 앞이 낮으면 우마가 번창한다. 오행설에서 목의 방향은 동방이고 색깔은 청색, 화는 남방이고 적색, 금은 서방이고 백색, 수는 북방이고 흑색, 토는 중앙에 위치하며 황색이다. 중앙의 토를 지키려면 사방에 신령스런 동물이 자리잡고 있어야 하는 것이다. 이것을 사신수(四神獸)라 한다. 풍수에서는 이 사신수가 곧 혈을 둘러싸고 있는 사방의 산을 가리킨다. 원래 풍수에서는 기의 집산(集散)과 방위는 따질지언정 남향이니까 좋고, 북향이니까 나쁘다느니 하는 말은 하지 않는다. 그래서 묘를 쓸 때는 풍수이치에 맞기만 하면 북향이든 동향이든 서향이든 가리지 않고 쓰는 것이다. 이제 주산인 현무의 중요성은 풍수에서 길지를 상징하는 말로 쓰인다. 안산은 주인 앞에 놓인 책상과 같은 역할을 하는데 주산보다 낮은 산을 이룬다. 따라서 이들 조산과 안산은 주산인 현무의 기운과 서로 음양으로 상응해 생기를 정화하고 기가 흩어지는 것을 막는 임무를 다한다. 그리고 주산의 위엄을 돕고, 주산이 왕성한 명국(名局)을 장식하도록 임무를 다하는 것이다. 풍수에서 조산은 없어도 성국이 되지만 안산만은 아무리 작은 뫼등이라도 없어서는 안 된다. 그것은 안산이 없으면 결코 국(四神砂)이 이루어지지 않기 때문이다. 만약 좌우의 청룡, 백호가 부실하거나, 그 어느 하나가 없는 경우에는 득수로 보완할 수가 있다. 그렇지만 주산인 현무가 부실하거나 없다면 아예 국이 형성될 수가 없다. 그렇게 되면 주산에서 나와야 할 생기가 있을 수 없기 때문이다. 명당을 둘러싸고 있는 사신사 중 주산을 어느 산으로 정하느냐에 따라 환경지각적 측면에서 인간에게 미치는 영향이 달라진다. 주산의 위치에 따라 그 혈장 위에 들어서게 되는 궁궐, 사찰, 묘지 등 시설물들의 위치가 완전히 달라지고, 도읍이나 촌락의 핏줄이라 할 수 있는 도로망의 배치나 그의 발전 방향 등도 달라질 수 있기 때문이다. 겨울철이면 차가운 북서풍이 불어오는 우리나라의 사신사는 바람막이의 역할도 한다. 또한 풍수에서 좌청룡, 우백호와 현무가 장풍으로서 가장 큰 역할을 하듯, 사신사는 군사적으로도 방어에 매우 유리한 지형을 제공하기도 한다.

❖ **사신전**(四神全) : 건곤간손(乾坤艮巽)을 사신(四神)이라고 하는데 이 네 방향에 높고 수려한 산봉우리가 있으면 대귀(大貴)를 누린다. 네 곳에 모두 수려한 봉우리가 있어야지 한 곳만 빠져도 복록(福祿)이 크게 줄어든다. 그래서 사신(四神)이 모두 갖춰져야 한다는 뜻으로 사신전(四神全)이라 함.

❖ **사신팔장**(四神八將) : 사신팔장이란 크게는 도읍지, 작게는 집터 및 산소 자리에 좌에서 볼 때 일정한 거리를 두고 12방위 둘레를 돌아가며 금(金), 목(木), 화(火), 토(土), 수(水)의 오성체(五星體)로 갖춰진 산이나 봉을 말하는데 팔국(八局)이라고도 한다.

❖ **4향**(向) **진결**(眞訣)

• **목국**(木局)

금양수(金羊收) 계갑지령(癸甲之靈) 목국령수배합(木局龍水配合) 이기도(理氣圖).

계수음룡(癸水陰龍)이 갑목양수(甲木陽水)의 용(龍)과 수(水)가 상배한 목국(木局)의 이기도(理氣圖)

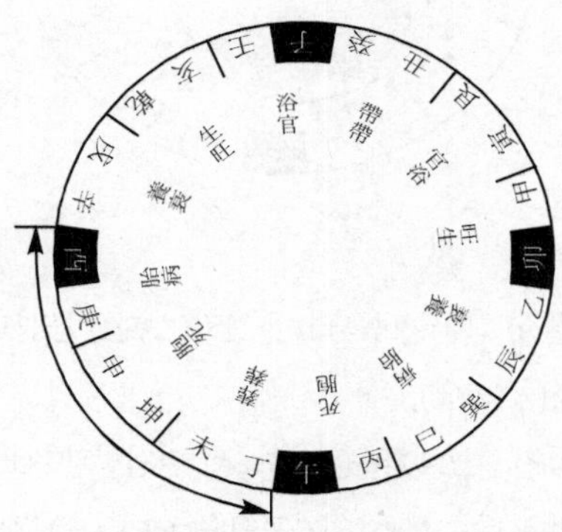

㉠ **목국**(木局) **용수배합**(龍水配合) **입향론**(立向論) : 갑(甲)은 양(陽)이요 천(天)이요 부(夫)이며, 계(癸)는 음(陰)이요 지(地)요 부(婦)이다. 그러므로 갑(甲)은 수(水)요 계(癸)는 용(龍)이니, 용(龍)이 생(生)이면 수(水)는 왕(旺)이요, 수(水)가 생(生)이면 용(龍)이 왕(旺)이니 : 갑묘생룡입수(甲卯生龍入首)이면 입(立) 음수(陰水)는 건해생향(乾亥生向)이요, 건해왕룡입수(乾亥旺龍入首)이면 입(立) 양수(陽水)는 갑묘왕향(甲卯旺向)이 옳으니 용(龍)과 수(水)를 알고 입향(立向)을 해야 하므로 : 용(龍)과 수(水)의 배합이 곧 원(元), 향(向), 관(關), 용(龍)과 규(竅), 수구(水口)가 통하여야 한다. 그러므로 수득생왕(水得生旺)하고 용득생왕(龍得生旺)하면 만국(滿局)이 생왕(生旺)이다. 일고(一庫)로 동귀(同歸)하여 음양상합(陰陽相合)이 부부상배(夫婦相配)의 원리로 화화생생(化化生生)하므로 궁(窮)하지 않으므로 내외원관(內外元關) 향(向)과 용(龍)과 수구(水口)가 삼합일치할 때 부귀면면(富貴綿綿)하고 영원히 불휴(不休)한다.

㉡ 바깥쪽 칸은 갑목생(甲木生)은 건해(乾亥)이니 수(水)의 장생(長生)으로 순행하는 이론이고, 안쪽 칸은 계수생(癸水生)은 갑묘(甲卯)로, 용(龍)의 장생(長生)으로 역행하는 이론이다.

㉢ 양(陽)은 좌변(左邊)에서 오는 것이고 음(陰)은 우로(右路)에서 오는 것이니 사람이 음양의 국(局)을 알면 대지(大地)를 알게 된다.

① **목국**(木局) **정생향**(正生向)

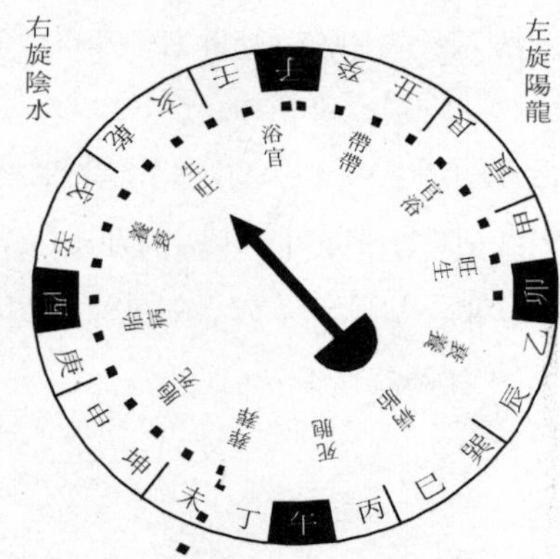

㉠ 생향(生向) 건해향(乾亥向) 손사좌(巽巳坐) 정미파(丁未破) 우수도좌(右水倒左).

㉡ 우변(右邊) 갑묘제왕수(甲卯帝旺水), 간인임관수(艮寅臨官水), 계축관대수(癸丑冠帶水), 임자귀인수(壬子貴人水)가 본위(本位)로 건해장생수(乾亥長生水)와 합하여 정고정미(正庫丁未)로 소수(消水)하니 정생향(正生向)이다.

㉢ 삼방(三方)인 해묘미(亥卯未)가 조응(照應)하니 구빈수법(救貧水法)으로 부귀지취지(富貴之驟至)하고 가업이 흥하고 주처현자효(主妻賢子孝)하고 오복만문(五福滿門)하며 장남, 차남, 3남이 고루 발복한다.

② **목국**(木局) **정왕향**(正旺向)

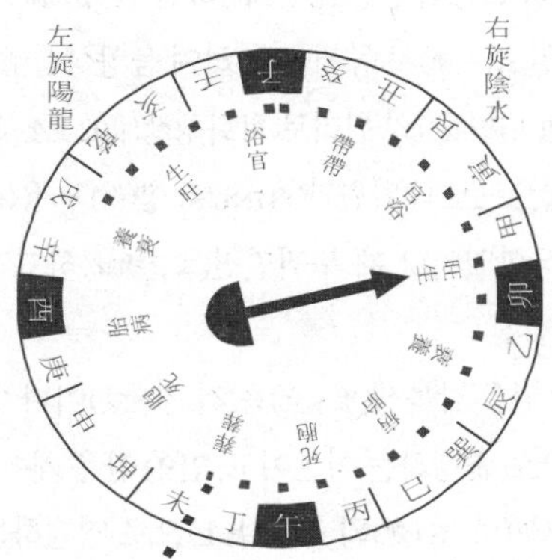

㉠ 왕향(旺向) 갑묘향(甲卯向) 경태좌(庚兌坐) 정미파(丁未破) 좌수도우(左水倒右).

㉡ 좌변(左邊) 건해장생수(乾亥長生水), 임자귀인수(壬子貴人水), 계축관대수(癸丑冠帶水), 간인임관수(艮寅臨官水)가 본위(本位)로 갑묘제왕수(甲卯帝旺水)와 합하여 정미정고(丁未正庫)로 소수(消水)하니 정왕향(正旺向)이다.

㉢ 삼합(三合)인 해묘미(亥卯未)가 연주(連珠)로 옥대전요(玉帶纏腰)이니 귀함이 무한이요, 대부대귀(大富大貴), 충효현량(忠孝賢良)하고, 남녀수고(男女壽高)하여 방방(房房)이 고루 발복면원(發福綿遠)한다.

③ **목국**(木局) **정묘향**(正墓向)

㉠ 장향(葬向) 정미향(丁未向) 계축좌(癸丑坐) 곤신파(坤申破) 좌수도우(左水倒右).

㉡ 좌변(左邊) 갑묘제왕수(甲卯帝旺水)가 과당(過堂)하고 우변(右邊) 건해장생수(乾亥長生水)가 합금(合襟)하여 곤신절방(坤申絶方)으로 소수(消水)하니 정묘향(正墓向)이다.

㉢ 정곤종시(丁坤終是)는 만사상(萬笥箱)이니 발복발귀(發福發貴)하고 인정대왕(人丁大旺)하며 복수쌍전(福壽雙全)한다.

④ **목국**(木局) **정양향**(正養向)

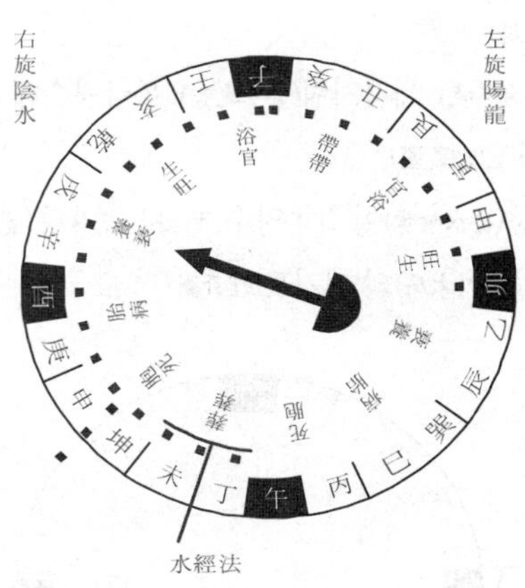

㉠ 양향(養向) 신술향(辛戌向) 을진좌(乙辰坐) 곤신파(坤申破) 우수도좌(右水倒左).

㉡ 우변(右邊) 갑묘제왕수(甲卯帝旺水), 간인임관수(艮寅臨官水), 계축관대수(癸丑冠帶水), 임자귀인수(壬子貴人水), 건해장생수(乾

亥長生水)가 본위(本位)로 신술양생수(辛戌養生水)와 합하여 곤신절방(坤申絶方)으로 소수(消水)하니 정양향(正養向)이다.

㉢ 귀인녹마상어가(貴人祿馬上御街)하니 인정(人丁)과 패물(敗物)이 크게 왕성하며 공명현달(功名顯達)하고 발복면원(發福綿遠)하며 충효현량(忠孝賢良) 남녀수고(男女壽高)하고 방방(房房)이 고르게 발복하며 병발여수(幷發女秀)한다.

⑤ **목국**(木局) **자생향**(自生向)

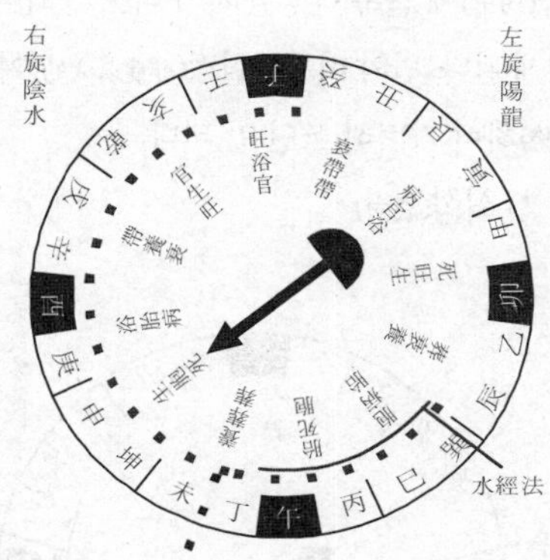

㉠ 자생향(自生向) 곤신향(坤申向) 간인좌(艮寅坐) 정미파(丁未破) 우수도좌(右水倒左).

㉡ 우변(右邊) 임자제왕수(壬子帝旺水), 건해임관수(乾亥臨官水), 신술관대수(辛戌冠帶水), 경유귀인수(庚酉貴人水)가 본위(本位)로 곤신장생수(坤申長生水)와 합하여 차고(借庫) 좌변(左邊) 정미(양)방(丁未(養)方)으로 소수(消水)하니 자생향(自生向)이다.

㉢ 구빈수법(救貧水法)으로 주부귀고수(主富貴高壽) 인정대왕(人丁大旺)하고 선발소방(先發小房)이나 용사(龍砂)가 좋으면 또한 선발장방자(先發長房者)하게 된다.

⑥ **목국**(木局) **자왕향**(自旺向)

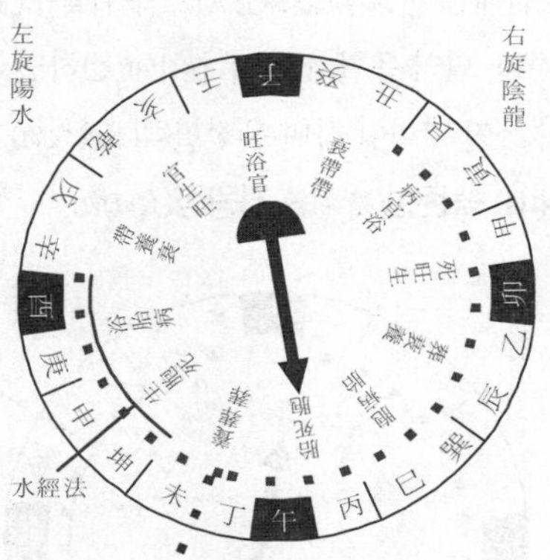

㉠ 자왕향(自旺向) 병오향(丙午向) 임감좌(壬坎坐) 정미파(丁未破) 좌수도우(左水倒右).

㉡ 좌변(左邊) 간인장생수(艮寅長生水), 갑묘귀인수(甲卯貴人水), 을진관대수(乙辰冠帶水), 손사임관수(巽巳臨官水)가 병오제왕수(丙午帝旺水)와 합류하여 차고쇠방(借庫衰方) 정미방(丁未方)으로 소수(消水)하니 자왕향(自旺向)이다.

㉢ 오직 쇠방(衰方)의 내거수(來去水) 득수득파(得水得破)가 가하니 구빈수법(救貧水法)으로 발복귀수고정왕(發福貴壽高丁旺)한다.

⑦ **목국**(木局) **녹존변**(祿存變) **자생향**(自生向)

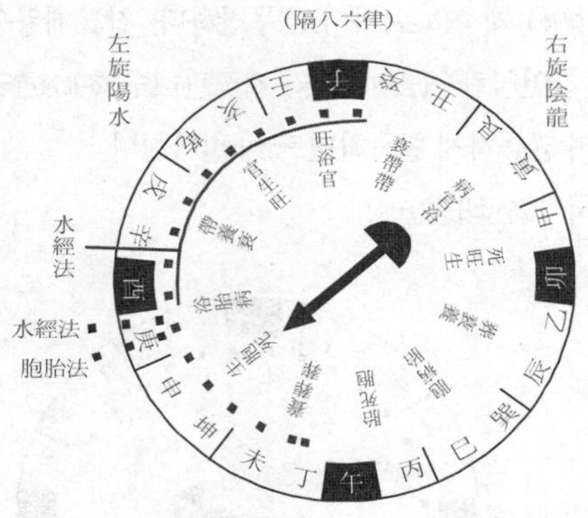

㉠ 자생향(自生向) 곤신향(坤申向) 간인좌(艮寅坐) 경파(庚破) 좌수도우(左水倒右).

㉡ 좌변(左邊) 양수(養水)가 혈(穴) 앞을 돌아 우변(右邊) 경휴방천간욕(庚沐方天干浴)으로 소수(消水)하니 정합(正合) 문고소

수(文庫消水)로 구빈수법(救貧水法)이다.

㉢ 녹존유진패금어(祿存流盡佩金魚)로 부귀복수(富貴福壽) 쌍전(雙全)한다. 만약 용혈(龍穴)이 조차(稍差)하면 즉 절(絶)하니 가벼히 쓰지 말아야 하며 용진혈적(龍眞穴的) 무방하다.

⑧ **목국**(木局) **녹존변**(祿存邊) **자왕향**(自旺向)

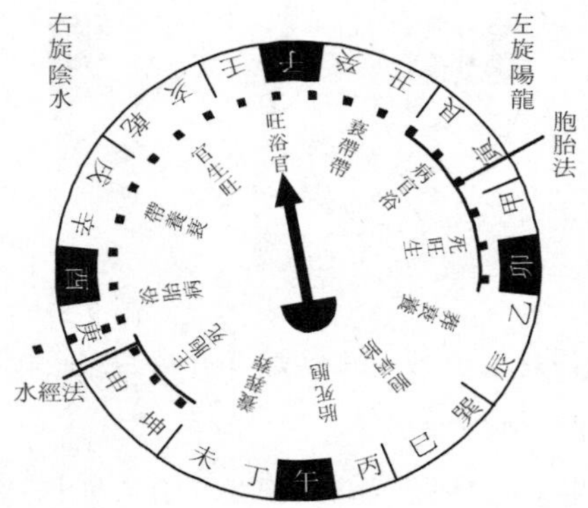

㉠ 자왕향(自旺向) 임자향(壬子向) 병오좌(丙午坐) 경파(庚破) 우수도좌(右水倒左).

㉡ 계축거문수(癸丑巨門水), 쇠수(衰水), 임자제왕수(壬子帝旺水)가 합하여 경방(庚方) 신방(申方)을 조금이라도 범하면 크게 흉한다(水經論은 가함).

㉢ 비록 우변(右邊) 병사(病死) 갑묘(甲卯) 간인(艮寅)수가 과당(過堂)하고 본위(本位)로 임자왕수(壬子旺水)와 합류하여 귀고(歸庫) 계축(癸丑)하여도 무방하다. 갑묘제왕수(甲卯帝旺水) 간인임관수(艮寅臨官水) 계축관대수(癸丑冠帶水)가 상당하여 균등하게 합국하면 크게 발복한다.

⑨ **목국**(木局) **태향**(胎向)

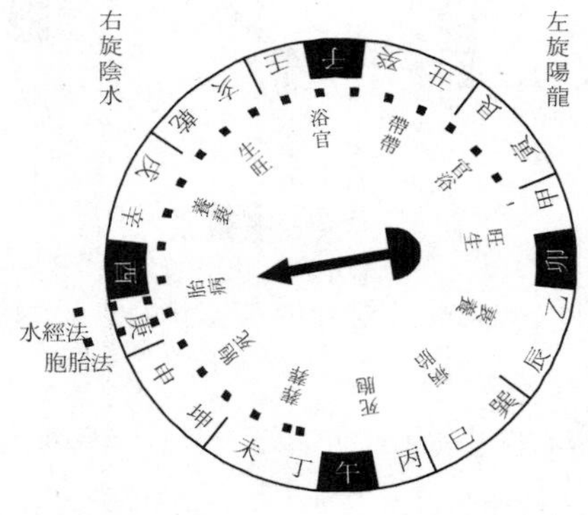

㉠ 태향(胎向) 경유향(庚酉向) 갑묘좌(甲卯坐) 경파(庚破) 우수도좌(右水倒左).

㉡ 우변(右邊) 건해장생수(乾亥長生水) 신술양수(辛戌養水)와 좌변(左邊)의 가는 물줄기가 합류하여 향상정경방(向上正庚方)으로 소수(消水)하고[水經法:庚兌破] 유방(酉方)을 범하지 않고 백보전란(百步轉欄)하면 크게 부귀하고 인정흥왕(人丁興旺)한다.

㉢ 단, 내중(內中)에 간혹 단맹한 자가 나오게 되며, 어린이, 과부가 있게 된다. 만약 비룡진혈적(非龍眞穴的)이면 즉위패절(卽爲敗絶)하니 가벼히 쓰면 안 된다.

⑩ **목국**(木局) **쇠향**(衰向)

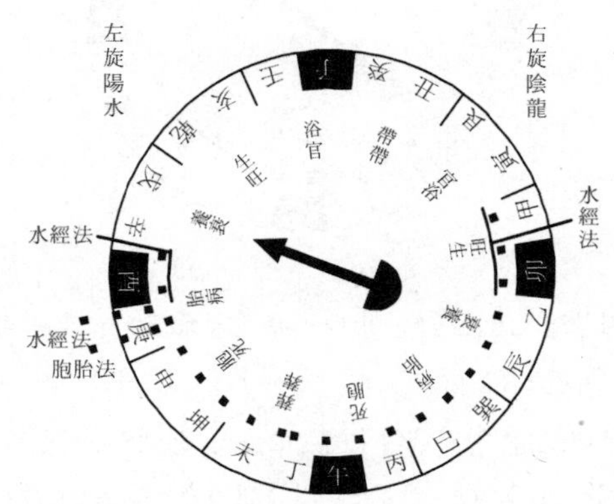

㉠ 쇠향(衰向) 을진향(乙辰向) 신술좌(辛戌坐) 경파(庚破) 좌수도우(左水倒右).

㉡ 을진수(乙辰水)가 내조(來朝)하고 갑묘제왕수(甲卯帝旺水)가 혈(穴)뒤에 천간경방(天干庚方)으로 소수(消水)하며 지지(地支) 유방(酉方)을 범하지 않으면[水經法:庚兌破] 대부대귀(大富大貴) 복수쌍전(福壽雙全)한다.

㉢ 단, 이 향(向)은 평양지(平洋地)에만 가하여 발복하고, 산지는 패절(敗絶)한다.

⑪ **목국**(木局) **자생향**(自生向)

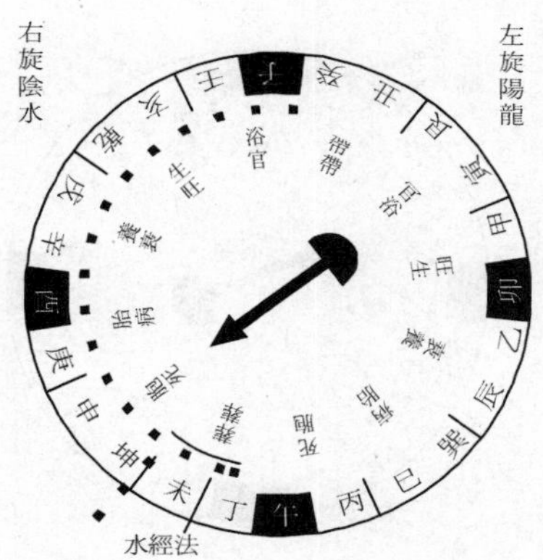

㉠ 자생향(自生向) 곤신향(坤申向) 간인좌(艮寅坐) 곤파(坤破) 우수도좌(右水倒左).

㉡ 우변수(右邊水)가 길게 흘러 천간곤방(天干坤方)으로 출수(出水)하니 곤방지지(坤方地支)를 범하지 않고 백보전란(百步轉欄)하면 대부대귀(大富大貴) 인정흥왕(人丁興旺)한다. 만약 용혈(龍穴)에 초차(稍差)하면 패절(敗絶)하니 가벼이 쓰면 안 된다.

㉢ 왕거영생(旺去迎生)이면 부귀지기취지(富貴之期驟至)로서 이를 절처봉생향(絶處逢生向) 직곤파(直坤破)라 한다[水經法].

• **화국**(火局)

을병교이추술(乙丙交而趨戌) 화국(火局) 용수배합(龍水配合) 이기도(理氣圖)

을목음룡(乙木陰龍)이 병화양수(丙火陽水)의 용(龍)과 수(水)가 상배(相配)한 화국(火局)의 이기도(理氣圖).

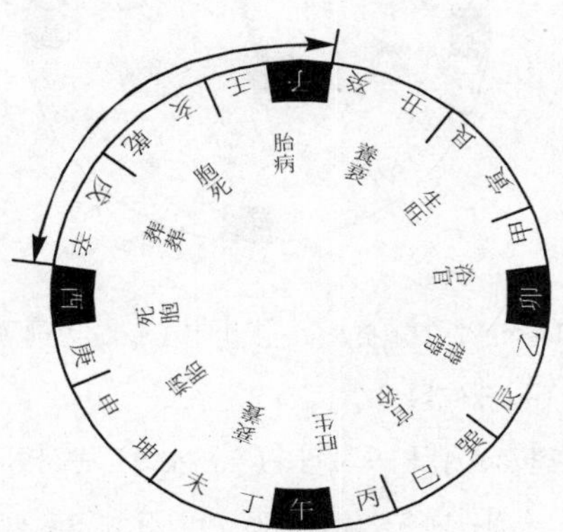

㉠ 화국(火局) 용수배합(龍水配合) 입향론(立向論). 병(丙)은 부(夫)이고 양(陽)이고 수(水)이며, 을(乙)은 부(婦)이고 음(陰)이고 용(龍)이 된다. 그러므로 용(龍)이 생(生)이면 수(水)는 왕(旺)이고, 수(水)가 왕(旺)이면 용(龍)이 생(生)이다. 따라서 용(龍)과 수(水)의 배합은 부부배합의 도(道)이다. 이는 원관통규(元關通竅)로 생왕(生旺)이 국내(局內)에 충만하니 원(元)은 향(向)이요, 관(關)은 용(龍)이며, 규(竅)는 수구(水口)로, 일고(一庫)로 동귀(同歸)하니 통규음양(通竅陰陽)의 대도(大道)이다. 그러므로 내외(內外) 원관(元關)(向과 龍)과 수구(水口)가 삼합일치할 때 부귀면면(富貴綿綿)하고 영원히 불휴(不休)한다.

㉡ 바깥쪽 칸은 병화(丙火) 생(生)은 간인(艮寅)이니 수(水)의 장생(長生)으로 순행(順行)하고, 안쪽 칸은 을목(乙木) 생(生)은 병오(丙午)로 용(龍)의 장생(長生)이며 역행한다.

㉢ 양(陽)은 좌변(左邊)에서 오는 것이고 음(陰)은 우로(右路)에서 오는 것이니 사람이 음양의 국(局)을 알면 대지(大地)를 알게 된다.

① **화국**(火局) **정생향**(正生向)

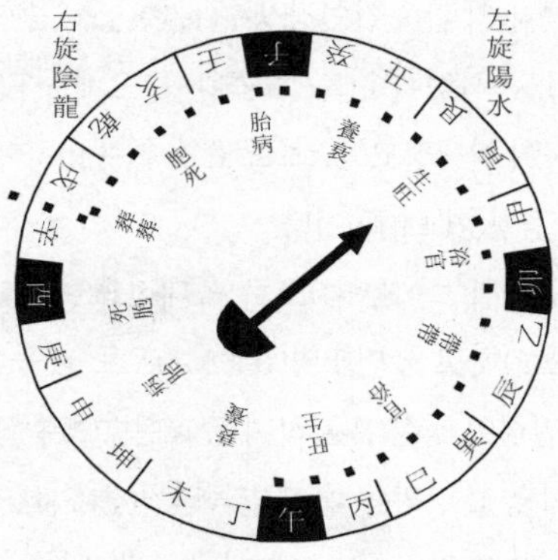

㉠ 생향(生向) 간인향(艮寅向) 곤신좌(坤申坐) 신술파(辛戌破) 우수도좌(右水倒左). 우선좌(右旋坐) 우선향(右旋向) 우선파(右旋破)(右旋 通脈法)

㉡ 국내(局內)의 오른쪽 병오제왕수(丙午帝旺水), 손사임관수(巽巳臨官水), 을진관대수(乙辰冠帶水)가 간인(艮寅) 장생수(長生水)와 합류하여 신술정고(辛戌正庫)로 돌아가 소수(消水)하

니 화국(火局) 정생향(正生向)이다.

㉢ 삼합(三合)인 인오술(寅午戌)이 연주격(連株格)으로 이어지니 귀(貴)함이 무한하고 인정 후손이 왕성한다. 부귀가 갑자기 나타나고 부부가 화목하며 복록이 유구(悠久)한다. 가업이 흥하고 아내가 어질고 자식이 효도하며 오복(五福)이 만당(滿堂)하여 부귀쌍전(富貴雙全)하고 집마다 모두 발복한다.

② **화국**(火局) **정왕향**(正旺向)

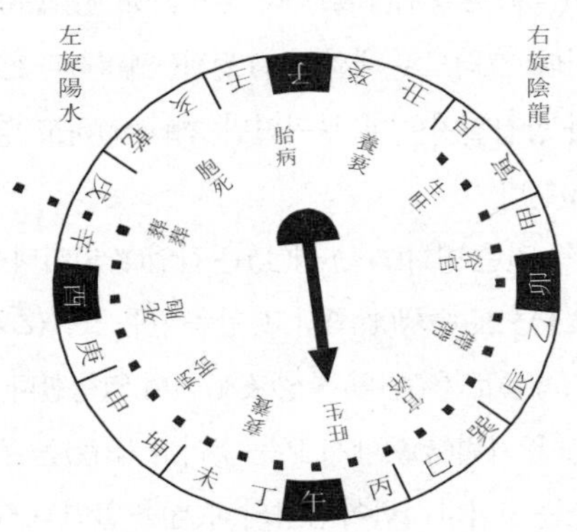

㉠ 왕향(旺向) 병오향(丙午向) 임감좌(壬坎坐) 신술파(辛戌破) 좌수도우(左水倒右).

㉡ 국내(局內)의 왼쪽 간인장생수(艮寅長生水), 을진관대수(乙辰冠帶水), 손사임관수(巽巳臨官水), 병오제왕수(丙午帝旺水)와 합류하여 신술정고(辛戌正庫)로 소수(消水)하여 돌아가 화국(火局) 정왕향(正旺向)이다.

㉢ 삼합연주격(三合連株格)으로 옥대전요(玉帶纏腰)이니 귀무가(貴無價)하고 구빈수법(救貧水法)으로 대부대귀(大富大貴)하고 인정이 창성(昌盛)하며 충효현량(忠孝賢良)한다. 남녀 수명이 높고 방방(房房)이 발복면원(發福綿遠)한다. 만약 입수룡(入首龍) 간인룡(艮寅龍)이 풍부하고 본위왕수(本位旺水)가 조취(朝聚)하면 부(富) 또한 석숭(石崇)과 같다.

③ **화국**(火局) **정묘향**(正墓向)

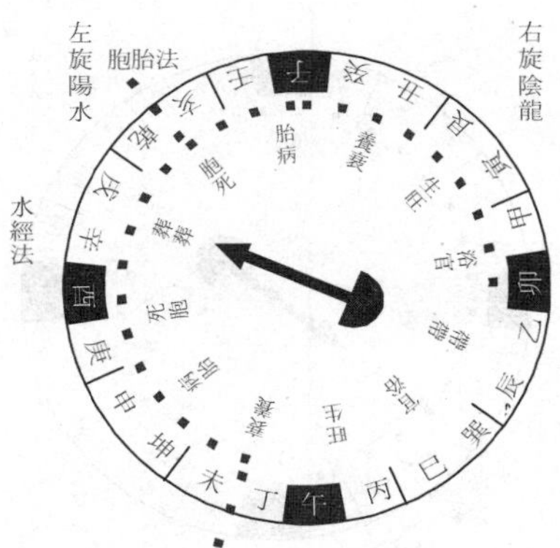

㉠ 장향(葬向) 신술향(辛戌向) 을진좌(乙辰坐) 건해파(乾亥破) 좌수도우(左水倒右).

㉡ 좌변(左邊) 손사임관수(巽巳臨官水), 병오제왕수(丙午帝旺水), 정미거문수(丁未巨門水)가 우변(右邊)의 간인장생수(艮寅長生水)와 합금(合襟)하여 건해절방(乾亥絶方)으로 소수(消水)하니 화국(火局) 정묘향(正墓向)이다.

㉢ 신입건관(辛入乾官)에 백만장(百萬庄)이니 부귀대발(富貴大發)하고 인정이 왕성하고 복수(福壽)가 쌍전(雙全)한다.

④ **화국**(火局) **정양향**(正養向)

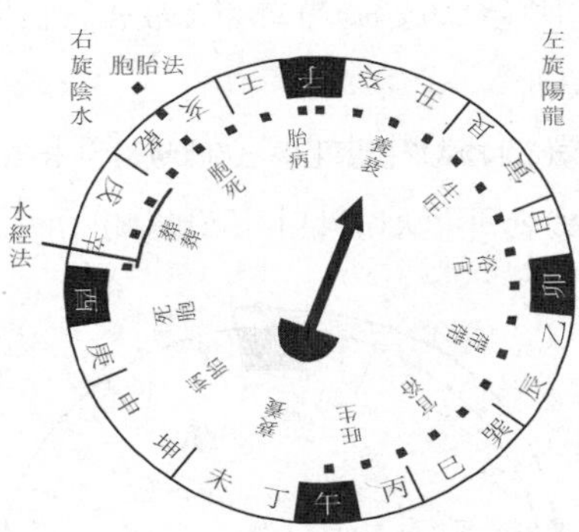

㉠ 양향(養向) 계축향(癸丑向) 정미좌(丁未坐) 건해파(乾亥破) 우수도좌(右水倒左).

㉡ 우후견(右後肩) 병오제왕수(丙午帝旺水), 손사임관수(巽巳臨官水), 을진관대수(乙辰冠帶水), 간인장생수(艮寅長生水)가 합류하여 계축양수(癸丑養水)와 절방건해(絶方乾亥)로 소수(消

水)하니 화국(火局) 정양향(正養向)이다.

㉢ 귀인녹마상어가(貴人祿馬上御街)하니 인정(人丁)과 패물(敗物)이 크게 왕성하며 공명현달(功名顯達), 부귀절원(富貴絶遠)하고 충효현량(忠孝賢良)하며 삼문(三門) 진방(長房), 중방(中房), 계방(季房)이 함께 번창하면서 여수(女秀)하고 수명이 길다.

⑤ **화국(火局) 자생향(自生向)**

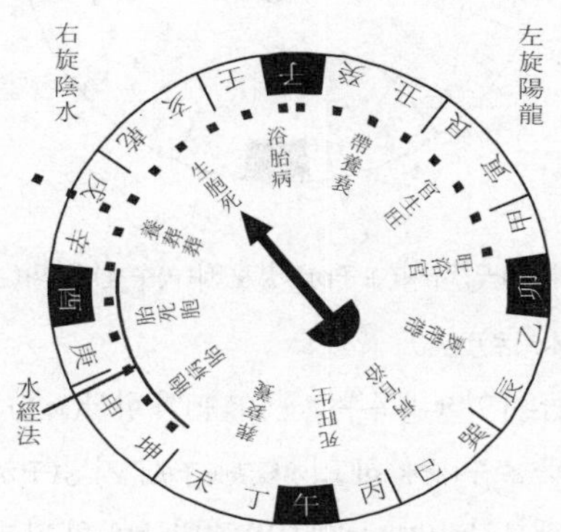

㉠ 자생향(自生向) 건해향(乾亥向) 손사좌(巽巳坐) 신술파(辛戌破) 우수도좌(右水倒左).

㉡ 우후견(右後肩) 우변(右邊)이 갑묘제왕수(甲卯帝旺水), 간인임관수(艮寅臨官水), 계축관대수(癸丑冠帶水), 임위귀인수(壬位貴人水)와 어우러져 건해장생수(乾亥長生水)와 함께 차고(借庫) 신술(辛戌)로 소수(消水)하니 자생향(自生向)이다. 이는 차고(借庫) 양방소수(養方消水)이다.

㉢ 구빈수법(救貧水法)으로 부귀수고(富貴壽高)하고 인정대왕(人丁大旺)하며 발복유구(發福悠久)하고 선발소방(先發小房)이나 용사호즉(龍砂好則)이면 역유선발장방자(亦有先發長房者)한다.

⑥ **화국(火局) 자왕향(自旺向)**

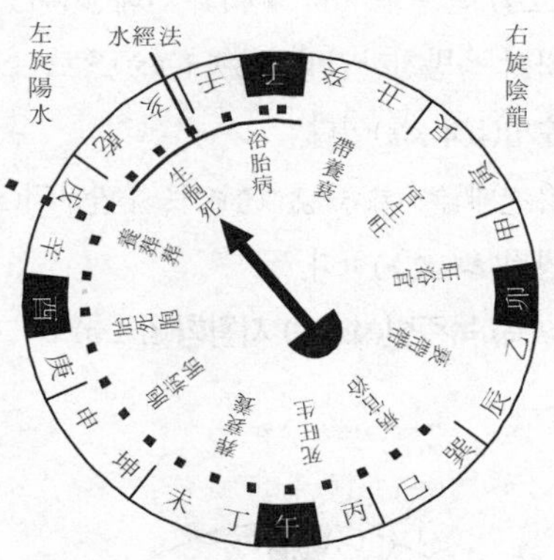

㉠ 자왕향(自旺向) 경유향(庚酉向) 갑묘좌(甲卯坐) 신술파(辛戌破) 좌수도우(左水倒右).

㉡ 좌변(左邊) 손사장생수(巽巳長生水), 병오귀인수(丙午貴人水), 정미관대수(丁未冠帶水), 곤신임관수(坤申臨官水)가 합류하여 본위(本位)인 경유제왕수(庚酉帝旺水)와 신술(辛戌) 쇠방(衰方)으로 소수(消水)하니 사(死)가 왕(旺)이 되어 자왕향(自旺向)이다.

㉢ 오직 쇠방(衰方)의 거래수(去來水) 득수 득파(得水得破)가 가하니 구빈수법(救貧水法)으로 발부(發富)하고 정왕수고(丁旺壽高), 남총녀수(男總女秀) 대리대길(大利大吉)한다.

⑦ **화국(火局) 록존변(祿存變) 자생향(自生向)**

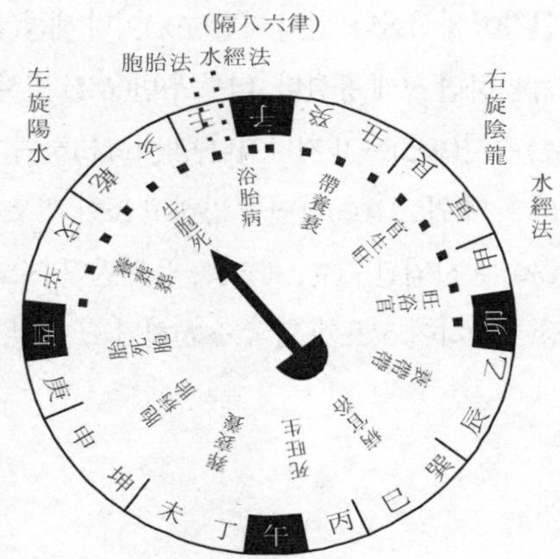

㉠ 자생향(自生向) 건해향(乾亥向) 손사좌(巽巳坐) 임파(壬破) 좌

수도우(左水倒右).

㉡ 좌변(左邊) 신술양수(辛戌養水)와 건해장생수(乾亥長生水)가 합류하여 욕방천간임방(浴方天干壬方)으로 소수(消水)하니 구빈수법(救貧水法)이다.

㉢ 녹존유진패금어(祿存流盡佩金魚)로 주발부귀(主發富貴)하고 수복쌍전(壽福雙全)한다.

⑧ **화국**(火局) **녹존변**(祿存變) **자왕향**(自旺向)

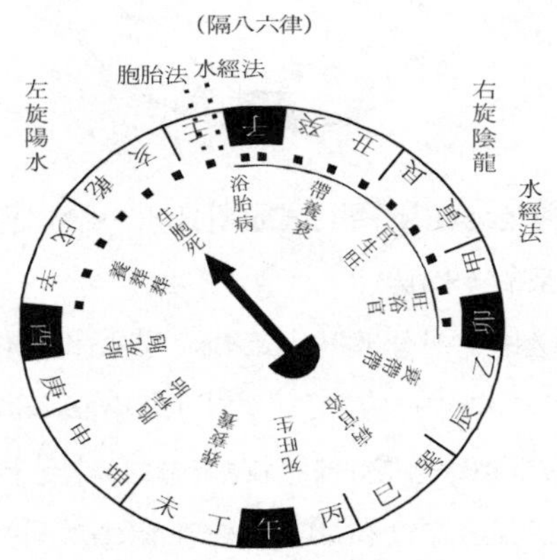

㉠ 자왕향(自旺向) 갑묘향(甲卯向) 경태좌(庚兌坐) 임파(壬破) 우수도좌(右水倒左).

㉡ 우변(右邊) 거문을수(巨門乙水)가 임휴욕방(壬沐浴方)으로 소수(消水)하니 합법녹존유진패금어(合法祿存流盡佩金魚)이다.

㉢ 문고소수(文庫消水)가 순수(順水)하면 부귀쌍전(富貴雙全)하고 인정이 왕성한다. 만약 자방(子方)이나 해방(亥方)으로 소수(消水)하면 크게 흉한다. 비록 우변(右邊) 병사(病巳) 병오(丙午) 손사(巽巳)수가 지나거나 항상(向上)하여 제왕수(帝旺水)와 함께 귀고(歸庫)하면 무방하고 또한 병오제왕수(丙午帝旺水), 손사임관수(巽巳臨官水), 을진관대수(乙辰冠帶水)가 상당(上堂)하여 고르게 합국(合局)하면 크게 발복한다.

⑨ **화국**(火局) **태향**(胎向)

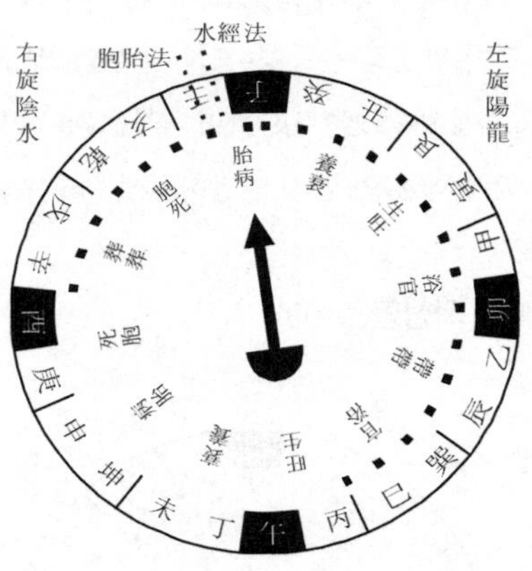

㉠ 태향(胎向) 임자향(壬子向) 병오좌(丙午坐) 임파(壬破) 우수도좌(右水倒左).

㉡ 우변(右邊) 양생관록수(養生官祿水)가 항상(向上) 정임방(正壬方)으로 소수(消水)하고[水經法壬子破] 자방(子方)을 범하지 않고 백보전란(百步轉欄)하며 좌변(左邊)의 가늘고 작은 물이 합류하여 화국(火局)의 태방(胎方) 임방(壬方)으로 물이 나가면 대부대귀(大富大貴)하고 인정이 흥왕하며 발복이 장원(長遠)한다.

㉢ 만약 진용혈(眞龍穴)이 아니면 곧 패절(敗絶)하니 가벼이 쓰지 말아야 한다.

⑩ **화국**(火局) **영녹존**(迎祿存) **쇠향**(衰向)

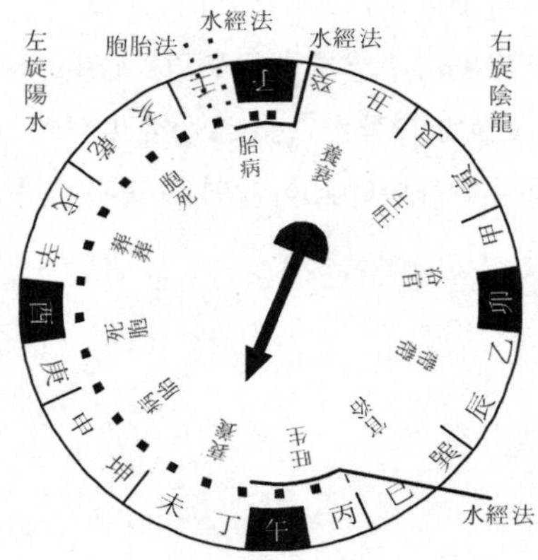

㉠ 쇠향(衰向) 정미향(丁未向) 계축좌(癸丑坐) 임파(壬破) 우수도

좌(左水倒右).

㉡ 정방(丁方) 내조수(來朝水)가 우측으로 돌아 혈(穴) 뒤의 천간 임방(天干壬方)으로 소수(消水)하며 자방(子方)을 범하지 않으면[水經法: 壬子破] 부귀수복(富貴壽福)이 쌍전(雙全)한다. 이러한 향(向)과 수(水)는 평양지(平洋也)에 많고 산지에 있으며 대패(大敗)한다.

㉢ 정수(丁水)가 혈(穴) 뒤의 임방(壬方)으로 물이 나가면 반드시 혈의 뒤가 1척(尺)이 낮고 평양(平洋)이어야 합법이며 개개의 어린 아이들이 모여 독서를 하며 후손이 번창한다. 혈(穴) 앞이 반드시 솟고 평양명당(平洋明堂)은 높고 높아 금은미(金銀米)가 창고에 쌓여 있으나 산지의 명당은 불합(不合)이니 좌만조공(坐滿朝空)한다.

⑪ **화국**(火局) **갱변**(更變) **자생향**(自生向)

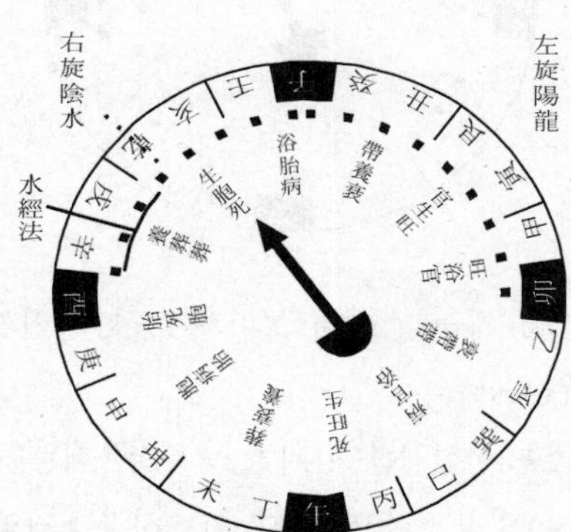

㉠ 자생향(自生向) 건해향(乾亥向) 손사좌(巽巳坐) 건파(乾破) 우수도좌(右水倒左).

㉡ 우변수(右邊水)가 길고 크게 흘러 좌변향상(左邊向上) 건방당문(乾方當門)으로 소수(消水)하니 지지해방(地支亥方)을 범하지 않고 백보전란(百步轉欄) 반평수구(畔平垂溝)하면 대부대귀(大富大貴)하고 인정(人丁) 또한 왕성한다. 만약 용혈(龍穴)이 초차(稍差)하면 패절(敗絶)하니 가볍게 쓰면 안 된다. 해방(亥方) 물이 나갈 때는 흉(凶)한다.

㉢ 왕거영생(旺去迎生)이면 부귀(富貴)가 빨리 나타나며 이를 절처봉생향(絶處逢生向) 직건파(直乾破)라 한다[水經法].

• **금국**(金局)

두우납정경지기(斗牛納丁庚之氣) 금국(金局) 용수배합(龍水配合) 이기도(理氣圖)

정화음용(丁火陰龍)이 경금양수(庚金陽水)의 용(龍)과 수(水)가 상배(相配)한 금국(金局)의 이기도(理氣圖).

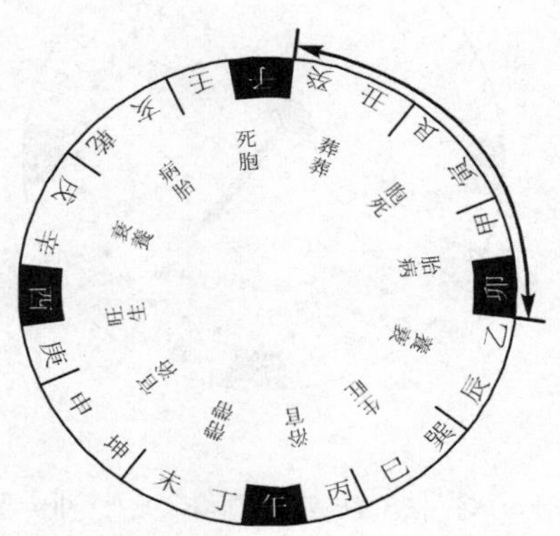

㉠ 금국(金局) 용수배합(龍水配合) 입향론(立向論). 경(庚)은 양(陽)이요 부(夫)요 수(水)이고, 정(丁)은 음(陰)이요 부(婦)요 용(龍)이다. 용(龍)이 생(生)이면 수(水)는 왕(旺)이요, 수(水)가 왕(旺)이면 용(龍)이 생(生)이니 용(龍)과 수(水)의 배합은 원관통규(元關通竅)의 법칙이다. 만국생왕(滿局生旺)이란 용(龍)이 득생득왕(得生得旺)하고 수(水)도 득생득왕(得生得旺)하여 이것이 곧 국내(局內)에 생왕(生旺)이 가득한 것이다. 원관통규(元關通竅)란 원(元)은 향(向), 관(關)은 용(龍), 규(竅)는 수구(水口)이다. 용(龍)과 수(水)가 동귀일고(同歸一庫)하여 남녀가 교구(交媾)하니 이에 따라 생남장녀(生男長女)하고 만물이 생화(生化)하니 이것이 음양의 대도(大道)다. 그러므로 내외원관(內外元關) 향(向)과 용(龍)과 수구(水口)가 삼합일치할 때 부귀면면(富貴綿綿)하고 영원히 불휴(不休)한다.

㉡ 바깥쪽 칸은 경금국(庚金局)이며 생(生)은 손사(巽巳)로 순행(順行)하니 수(水)의 장생론(長生論)이다. 안쪽칸은 정화국(丁火局)이며 생(生)은 경유(庚酉)로 역행(逆行)하니 용(龍)의 장생론(長生論)이다.

㉢ 양(陽)은 좌변(左邊)에서 오는 것이고 음(陰)은 우로(右路)에서 오는 것이니 사람이 음양의 국(局)을 알면 대지(大地)를 알게 된다.

① **금국**(金局) **정생향**(正生向)

㉠ 생향(生向) 손사향(巽巳向) 건해좌(乾亥坐) 계축파(癸丑破) 우수도좌(右水倒左).

㉡ 우변(右邊) 경유제왕수(庚酉帝旺水), 곤신임관수(坤申臨官水), 정미관대수(丁未冠帶水), 병오귀인수(丙午貴人水)가 어우러져 본위(本位)인 손사장생수(巽巳長生水)와 합류하여 정고계축방(正庫癸丑方)으로 소수(消水)하니 정생향(正生向)이다.

㉢ 합왕거영생(合旺去迎生)으로 구빈수법(救貧水法)이니 옥대전요(玉帶纏腰)로 가업이 흥하며 현처자효(賢妻子孝) 오복만당(五福滿堂) 부귀쌍전(富貴雙全)하고 모든 후손이 발복한다.

② **금국**(金局) **정왕향**(正旺向)

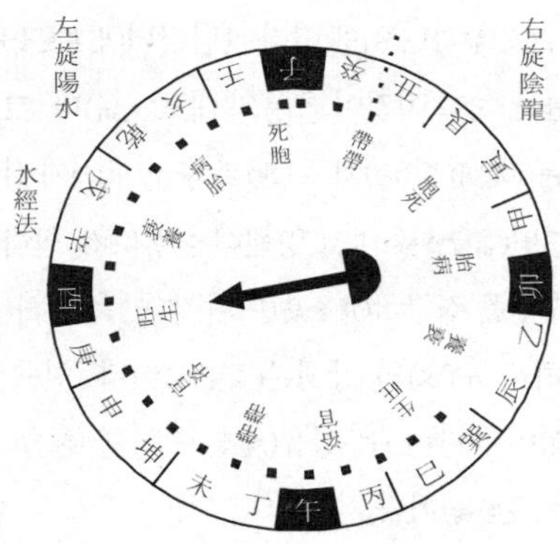

㉠ 왕향(旺向) 경유향(庚酉向) 갑묘좌(甲卯坐) 계축파(癸丑破) 좌수도우(左水倒右).

㉡ 좌변(左邊) 손사장생수(巽巳長生水), 병오귀인수(丙午貴人水), 정미관대수(丁未冠帶水), 곤신임관수(坤申臨官水)가 본위(本位)로 경유제왕수(庚酉帝旺水)와 함께 계축정고(癸丑正庫)로 소수(消水)하니 정왕향(正旺向)이다.

㉢ 삼합연주(三合連珠)로 옥대전요(玉帶纏腰)이니 귀한 것이 한량없으며, 구빈수법(救貧水法)으로 대부대귀(大富大貴)하고 인정이 대왕(大旺)하며 충효현량(忠孝賢良)하고 남녀가 수명이 길며 방방(房房)이 고루 발복하여 길게 이어진다.

③ **금국**(金局) **정묘향**(正墓向)

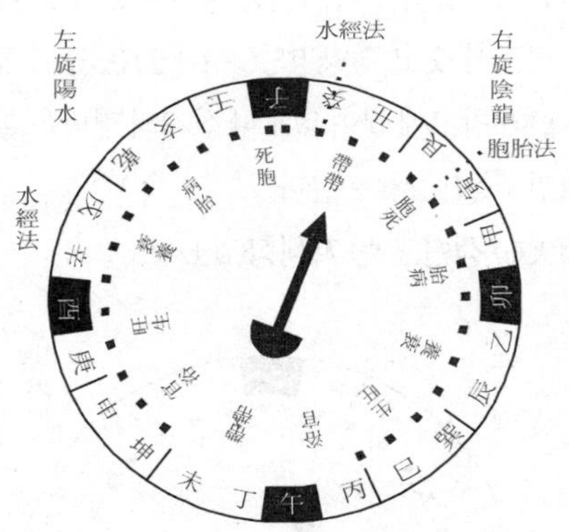

㉠ 장향(葬向) 계축향(癸丑向) 정미좌(丁未坐) 간인파(艮寅破) 좌수도우(左水倒右).

㉡ 좌변(左邊) 곤신임관수(坤申臨官水), 경유제왕수(庚酉帝旺水)가 혈(穴) 앞을 지나고 우변(右邊) 손사장생수(巽巳長生水)가 합금(合襟)하여 간인절방(艮寅絶方)으로 소수(消水)하니 정묘향(正墓向)이다.

㉢ 계귀간위(癸歸艮位)하니 문사들이 나오고 발복발귀(發福發貴) 인정흥왕(人丁興旺)하며 복수쌍전(福壽雙全)한다. 오직 오래 되면 풍병(風病)이 발생하여 본병(本病)이 더욱 심하여진다.

④ **금국**(金局) **정양향**(正養向)

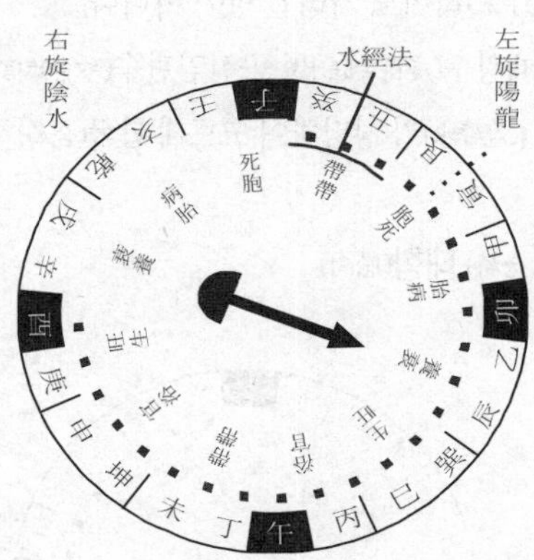

㉠ 양향(養向) 을진향(乙辰向) 신술좌(辛戌坐) 간인파(艮寅破) 우수도좌(右水倒左).

㉡ 국내(局內) 우변(右邊) 곤신임관수(坤申臨官水), 정미관대수(丁未冠帶水), 손사장생수(巽巳長生水)가 본위(本位)로 을진양수(乙辰養水)와 병합하여 절방(絶方) 간인(艮寅)으로 소수(消水)하니 정양향(正養向)이다.

㉢ 귀인녹마상어가(貴人祿馬上御街)하니 인정(人丁)과 패물이 크게 왕성하며 공명현달(功名顯達), 발복면원(發福綿遠)하고 충효현량(忠孝賢良)하며 남녀의 수명이 높다. 개발삼문(皆發三門)이 더욱 번성하고 빼어나는 여자인물이 나온다.

⑤ **금국**(金局) **자생향**(自生向)

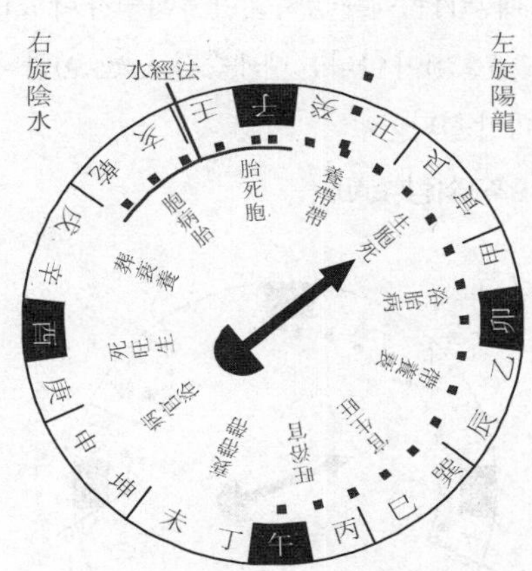

㉠ 자생향(自生向) 간인향(艮寅向) 곤신좌(坤申坐) 계축파(癸丑破) 우수도좌(右水倒左).

㉡ 우변(右邊) 병오제왕수(丙午帝旺水), 손사임관수(巽巳臨官水), 을진관대수(乙辰冠帶水), 갑묘귀인수(甲卯貴人水)가 본위(本位)로 간인장생수(艮寅長生水)와 병합하여 차고(借庫) 계축(癸丑)으로 소수(消水)하니 자생향(自生向)이다.

㉢ 구빈수법(救貧水法)으로 주부귀수고(主富貴壽高)하고 인정대왕(人丁大旺)한다. 선발소방(先發小房)이나 용사(龍砂)가 좋으면 장남도 또한 먼저 발복한다.

⑥ **금국**(金局) **자왕향**(自旺向)

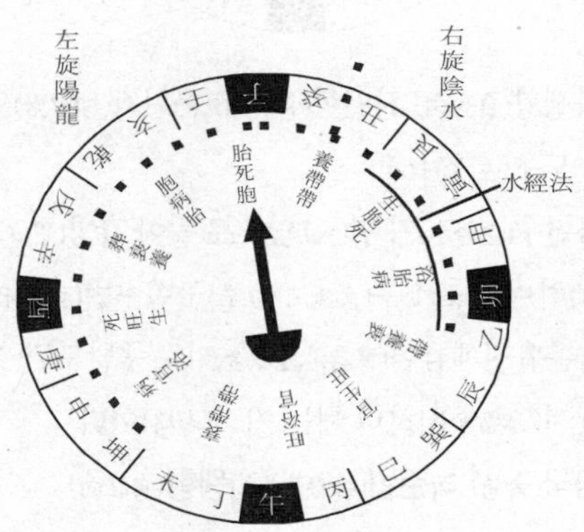

㉠ 자왕향(自旺向) 임자향(壬子向) 병오좌(丙午坐) 계축파(癸丑破) 좌수도우(左水倒右).

㉡ 우변(左邊) 곤신장생수(坤申長生水), 경유귀인수(庚酉貴人水), 신술관대수(辛戌冠帶水), 건해임관수(乾亥臨官水)가 본위(本位)로 임자제왕수(壬子帝旺水)와 합병하여 차고(借庫) 계축금고(癸丑金庫)로 소수(消水)하니 쇠방소수(衰方消水)로 자왕향(自旺向)이다.

㉢ 오직 쇠방(衰方)의 내거수(來去水) 득수득파(得水得破)가 가한 구빈수법(救貧水法)으로 합법하니 대부대귀(大富大貴)하고 수고정왕(壽高丁旺)한다.

⑦ **금국**(金局) **녹존변**(祿存變) **자생향**(自生向)

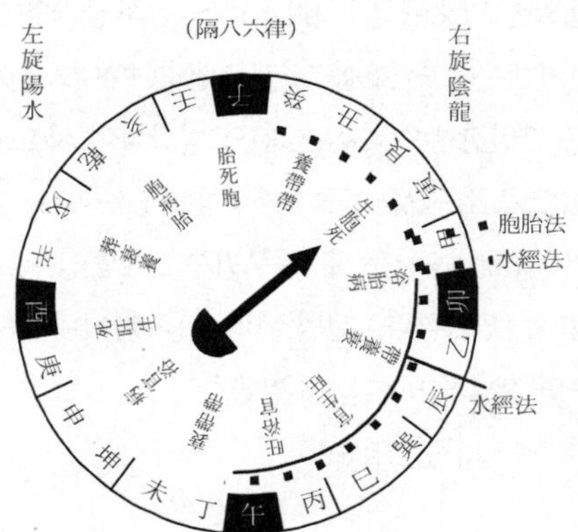

㉠ 자생향(自生向) 간인향(艮寅向) 곤신좌(坤申坐) 갑파(甲破) 좌수도우(左水倒右).

㉡ 좌변수(左邊水)가 혈(穴) 앞으로 돌아 갑방(甲方)으로 소수(消水)하니 문고소수(文庫消水)로 구빈수법(救貧水法)이다.

㉢ 녹존유진패금어(祿存流盡佩金魚)로 주발부귀(主發富貴) 수복쌍전(壽福雙全)하니 이는 기격(奇格)이다.

⑧ **금국**(金局) **녹존변**(祿存變) **자왕향**(自旺向)

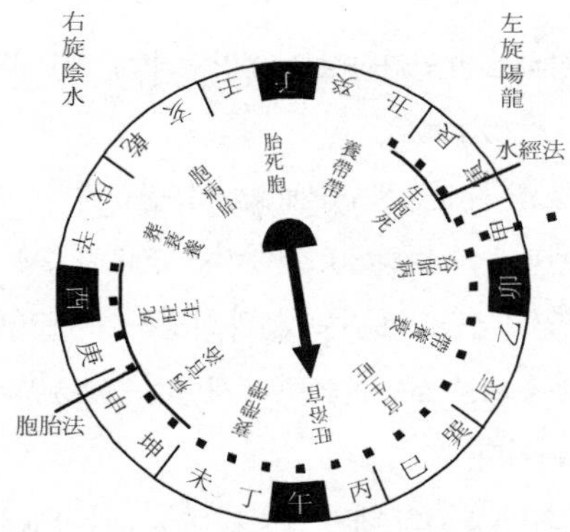

㉠ 자왕향(自旺向) 병오향(丙午向) 임자좌(壬子坐) 갑파(甲破) 우수도좌(右水倒左).

㉡ 거문방(巨門方) 정수(丁水)가 천간(天干) 갑목욕방(甲沐浴方)으로 소수(消水)하니 녹존유진패금어(祿存流盡佩金魚)로 부귀쌍전(富貴雙全), 인정흥왕(人丁興旺)한다. 만약 인방(寅方)이나 묘방(卯方)을 범하면 즉절(卽絶)한다. 수경법(水經法)에는 병사(病死) 곤신(坤申) 경태(庚兌)수가 고당지(過堂至) 향상(向上) 본위(本位) 병오왕수(丙午旺水)와 합류하여 귀고(歸庫) 정미(丁未)하여도 거리낄 방이 아니다.

㉢ 경유제왕수(庚酉帝旺水), 곤신임관수(坤申臨官水), 정미관대수(丁未冠帶水)가 상당하여 고르게 합국(合局)하니 크게 발복한다.

⑨ **금국**(金局) **태향**(胎向)

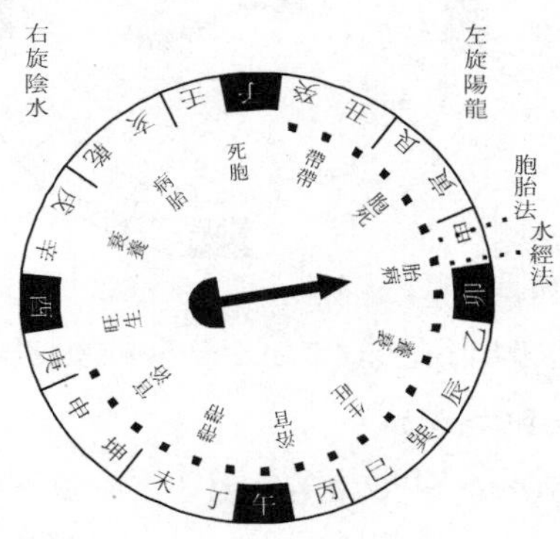

㉠ 태향(胎向) 갑묘향(甲卯向) 경태좌(庚兌坐) 갑파(甲破) 우수도좌(右水倒左).

㉡ 우수(右水) 장대도좌(長大倒左)하여 향상(向上) 천간갑방(天干甲方)으로 물이 나가고[水經法:甲卯破] 묘방(卯方)을 범하지 않고 백보전란(百步轉欄)하고 금국태향(金局胎向)에 태방거수(胎方去水)는 합법이니 대부대귀(大富大貴)하고 인정흥왕(人丁興旺)한다.

㉢ 단, 그 내중(內中)에 수명이 짧아서 과부가 나오고 만약 진룡진혈(眞龍眞穴)이 아니면 대패즉절(大敗卽絶)하니 가벼이 쓰지 말아야 한다.

⑩ **금국**(金局) **쇠향**(衰向)

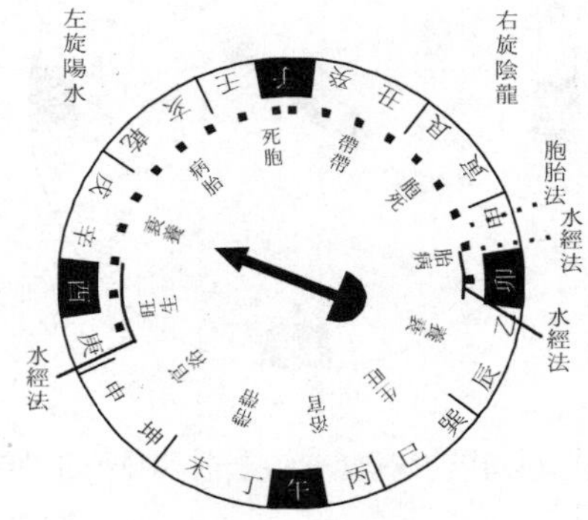

㉠ 쇠향(衰向) 신술향(辛戌向) 을진좌(乙辰坐) 갑파(甲破) 좌수도우(左水倒右).

㉡ 신수(辛水)가 조당(朝堂)하여 혈(穴) 뒤의 천간갑방(天干甲方)으로 소수(消水)하고 지지묘방(地支卯方)을 범하지 않으면 [水經法:甲卯破] 대부대귀(大富大貴), 복수쌍전(福壽雙全)하며, 인정흥왕(人丁興旺)한다.

㉢ 이는 평양지(平洋地)에는 많으나 산지(山地)에는 쓰지 말아야할 것이며, 산지에 쓰게 되면 패절(敗絶)한다.

⑪ **금국**(金局) **갱변**(更變) **자생향**(自生向)

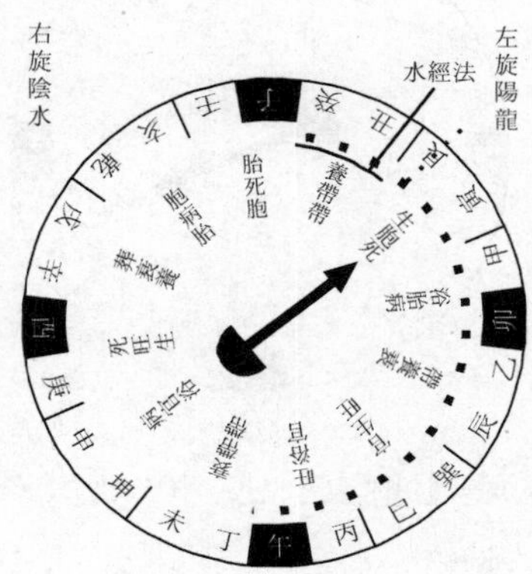

㉠ 자생향(自生向) 간인향(艮寅向) 곤신좌(坤申坐) 간파(艮破) 우수도좌(右水倒左).

㉡ 우수(右水)가 길게 흘러 도좌(倒左)하여 천간(天干) 간방당문(艮方當門)으로 물이 나가니 지지인방(地支寅方)을 범하지 않고 백보전란(百步轉欄)하면 대부대귀(大富大貴)하고 인정(人丁) 또한 왕성하나 만약 용혈초차(龍穴稍差)면 즉시 패절(敗絶)하니 가벼이 쓰지 말아야 한다.

㉢ 왕거영생(旺去迎生)이면 부귀가 빨리 이르게 된다. 이는 절처봉생향(絶處逢生向) 직간파(直艮破)이다[水經法].

• **수국**(水局)

신임회이취진(辛壬會而聚辰) 수국(水局) 용수배합(龍水配合) 이기도(理氣圖)

신금음룡(辛金陰龍)이 임수양수(壬水陽水)의 용(龍)과 수(水)가 상배(相配)한 수국(水局)의 이기도(理氣圖).

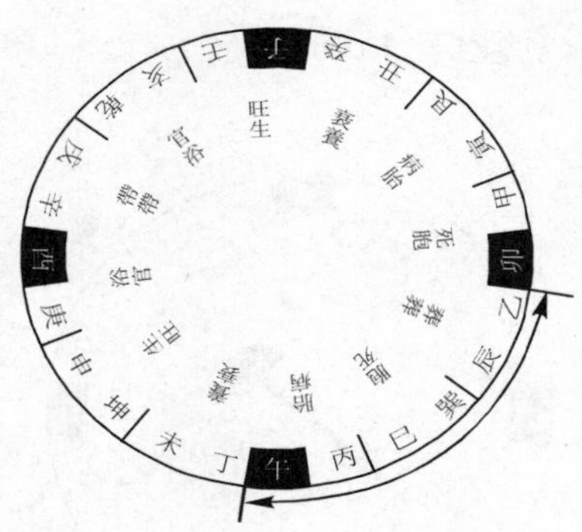

㉠ 수국(水局) 용수배합(龍水配合) 입향론(立向論). 임(壬)은 부(夫)요 양(陽)이요 수(水)이며, 신(辛)은 부(婦)요 음(陰)이요 용(龍)이다. 용(龍)이 생(生)이면 수(水)는 왕(旺)이고,, 수(水)가 왕(旺)이면 용(龍)은 생(生)이니, 용(龍)과 수(水)의 배합이 부부배합의 도(道)다. 이는 원관통규(元關通竅)의 법칙으로 국내(局內)에 생왕(生旺)이 가득하다. 용득생(龍得生)하고 득왕수(得旺水)하니 곧 만국생왕(滿局生旺)이다. 원관통규(元關通竅)란 원(元)은 향(向)이요, 관(關)은 용(龍)이고, 규(竅)는 수구(水口)로 동귀일고(同歸一庫)하니 원관통규(元關通竅)하여 음양이 화(和)하며 만물이 생(生)하고 부부화합하여 남녀가 장양(長養)하니 이것이 음양의 대도(大道)다. 그러므로 내외원관(內外元關) 향(向)과 용(龍)과 수구(水口)가 삼합일치할 때 부귀면면(富貴綿綿)하고 영원히 불휴(不休)한다.

㉡ 바깥쪽 칸은 임수국(壬水局)이며 생신(生申)으로 순행하니 이는 수(水)의 장생론(長生論)이다. 안쪽 칸은 신금국(辛金局)이며 생자(生子)로 역행하니 이는 용(龍)의 장생론(長生論)이다.

㉢ 양(陽)은 좌변(左邊)에서 오는 것이고 음(陰)은 우로(右路)에서 오는 것이니 사람이 음양의 국(局)을 알면 대지(大地)를 알게 된다.

① **수국**(水局) **정생향**(正生向)

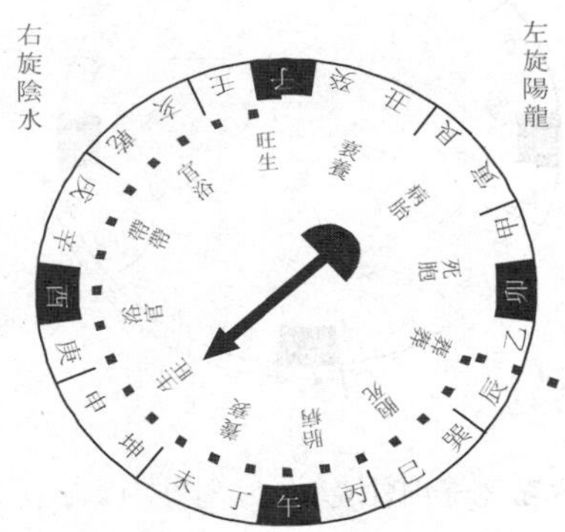

㉠ 생향(生向) 곤신향(坤申向) 간인좌(艮寅坐) 을진파(乙辰破) 우수도좌(右水倒左).

㉡ 국내(局內) 우변(右邊) 임자제왕수(壬子帝旺水), 건해임관수(乾亥臨官水), 신술관대수(辛戌冠帶水), 경유귀인수(庚酉貴人水)가 어우러져 본위(本位)로 곤신장생수(坤申長生水)와 합류하여 을진정고(乙辰正庫)로 소수(消水)하니 정생향(正生向)이다.

㉢ 삼합(三合) 신자진(申子辰)이 조응(照應)하여 옥대전요(玉帶纏腰)하니 가업이 흥하고, 주처현자효(主妻賢子孝)하니 오복이 가득하여 부귀쌍전(富貴雙全)한다.

② **화국**(水局) **정왕향**(正旺向)

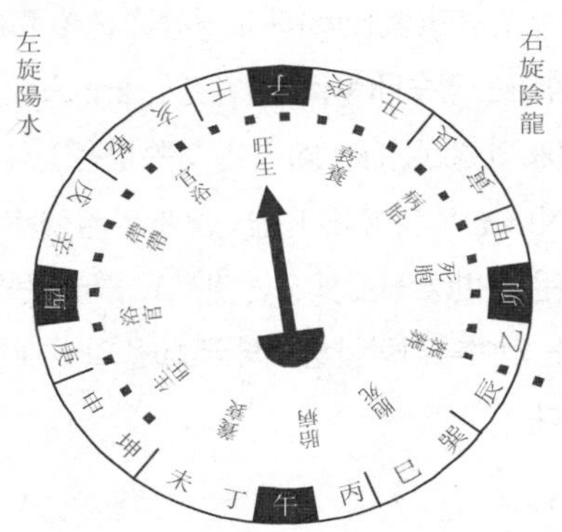

㉠ 왕향(旺向) 임자향(壬子向) 병오좌(丙午坐) 을진파(乙辰破) 좌수도우(左水倒右).

㉡ 국내(局內)의 좌변(左邊) 곤신장생수(坤申長生水), 경유귀인수(庚酉貴人水), 신술관대수(辛戌冠帶水), 건해임관수(乾亥臨官水)가 어우러져 임자제왕수(壬子帝旺水)와 함께 을진정고(乙辰正庫)로 소수(消水)하니 정왕향(正旺向)이다.

㉢ 삼합(三合) 신자진(申子辰) 연주(連珠)로 귀함이 한이 없으며 구빈수법(救貧水法)으로 대부대귀(大富大貴), 충효현량(忠孝賢良)하고 남총여수(男聰女秀)하니 장감계방(長坎季房)이 같이 발복이 멀게 이어져 나간다.

③ **수국**(水局) **정묘향**(正墓向)

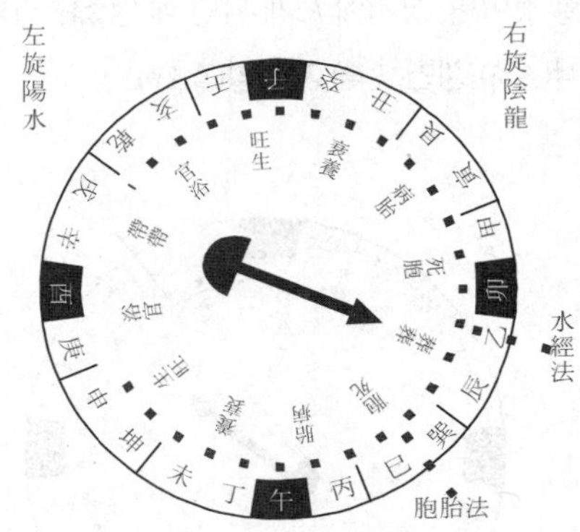

㉠ 장향(葬向) 을진향(乙辰向) 신술좌(辛戌坐) 손사파(巽巳破) 좌수도우(左水倒右).

㉡ 좌변(左邊) 건해임관수(乾亥臨官水), 임자제왕수(壬子帝旺水)가 혈(穴) 앞을 지나가고 우변(右邊) 곤신장생수(坤申長生水)와 합금(合襟)하여 손사절방(巽巳絶方)으로 소수(消水)하니 정묘향(正墓向)이다.

㉢ 을향손유(乙向巽流)는 부귀가 많으니 부귀복수(富貴福壽)하고 인정대왕(人丁大旺)하며 복수쌍전(福壽雙全)한다.

④ **수국**(水局) **정묘향**(正養向)

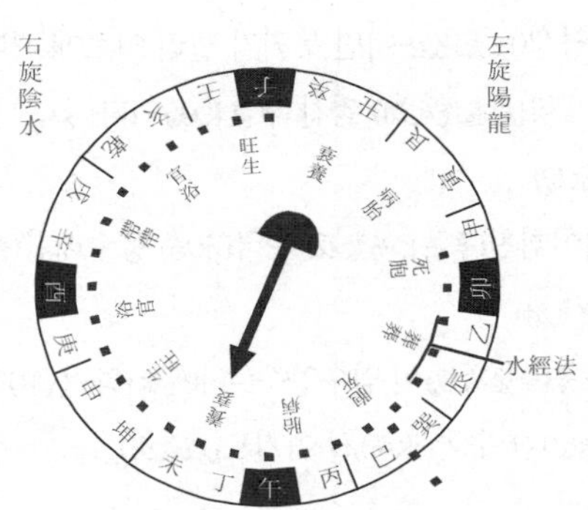

㉠ 양향(養向) 정미향(丁未向) 계축좌(癸丑坐) 손사파(巽巳破) 우수도좌(右水倒左).

㉡ 우변(右邊) 임자제왕수(壬子帝旺水), 건해임관수(乾亥臨官水), 제술관대수(辛戌冠帶水), 곤신장생수(坤申長生水)가 본위(本位)로 정미양수(丁未養水)와 함께 손사절방(巽巳絶方)으로 소수(消水)하니 정양향(正養向)이다.

㉢ 귀인녹마상어가(貴人祿馬上御街)이니 인정과 패물이 흥왕하며 공명현달(功名顯達), 발복이 오래도록 이어지고 충효현량(忠孝賢良) 남녀가 수명이 길며 방방개발(房房皆發)하고 여수(女秀)하니 지리 중 제일 길향(吉向)으로 꼽는다.

⑤ **수국**(水局) **자생향**(自生向)

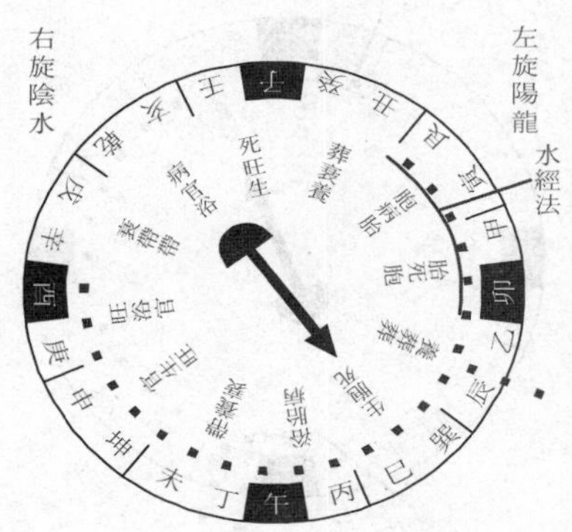

㉠ 자생향(自生向) 손사향(巽巳向) 건해좌(乾亥坐) 을진파(乙辰破) 우수도좌(右水倒左).

㉡ 우변(右邊) 곤신임관수(坤申臨官水), 정미관대수(丁未冠帶水), 병오귀인수(丙午貴人水)가 손사장생수(巽巳長生水)와 합류하여 차고(借庫) 을진양방(乙辰養方)으로 소수(消水)하니 이는 자생향(自生向)이다.

㉢ 이는 구빈수법(救貧水法)으로 부귀쌍전(富貴雙全), 인정대왕(人丁大旺)하며, 선발소방(先發小房)이나 청룡사(青龍砂)가 좋으면 장방(長房)도 선발(先發)한다.

⑥ **수국**(水局) **자왕향**(自旺向)

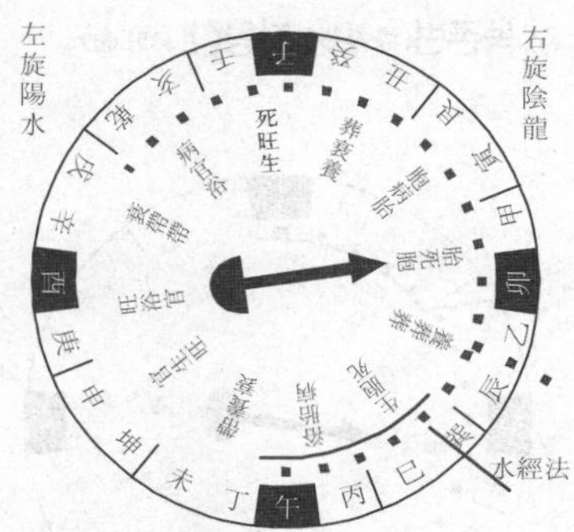

㉠ 자왕향(自旺向) 갑묘향(甲卯向) 경태좌(庚兌坐) 을진파(乙辰破) 좌수도우(左水倒右).

㉡ 좌변(左邊) 건해장생수(乾亥長生水), 임자귀인수(壬子貴人水), 계축관대수(癸丑冠帶水), 간인임관수(艮寅臨官水)가 본위(本位)로 갑묘제왕수(甲卯帝旺水)와 함께 차고(借庫) 을진쇠방(乙辰衰方)으로 소수(消水)하니 자왕향(自旺向)이다.

㉢ 쇠방(衰方)은 유일하게 내거수(來去水) 득수득파(得水得破)가 가한 구빈수법(救貧水法)으로 부귀대발(富貴大發) 수고정왕(壽高丁旺)한다.

⑦ **수국**(水局) **녹존변**(祿存變) **자생향**(自生向)

격팔육률(隔八六律)

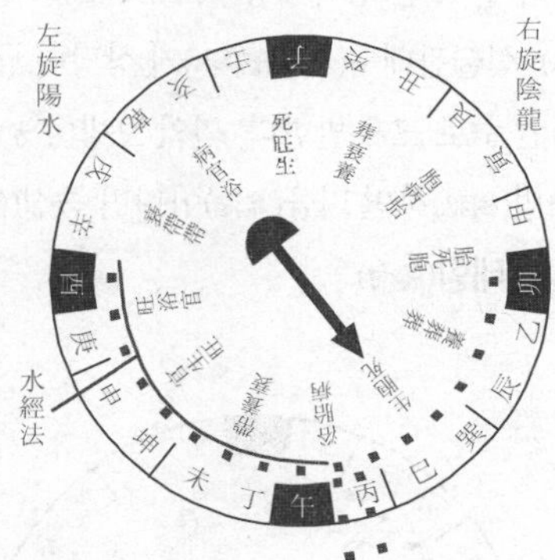

㉠ 자생향(自生向) 손사향(巽巳向) 건해좌(乾亥坐) 병파(丙破) 좌수도우(左水倒右).

㉡ 좌변(左邊) 양수(養水)가 천간병방(天干丙方)으로 물이 나가면 부귀대발(富貴大發)하고 인정흥왕(人丁興旺)한다. 혹시 용혈(龍穴)이 조차(稍差)하면 곧 패절(敗絶)하니 가벼이 쓰지 말아야 한다.

⑧ **수국**(水局) **녹존변**(祿存變) **자왕향**(自旺向)

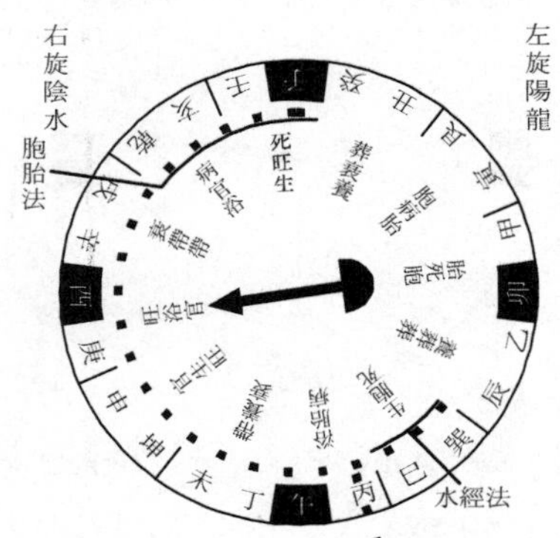

㉠ 자왕향(自旺向) 경유향(庚酉向) 갑묘좌(甲卯坐) 병파(丙破) 우수도좌(右水倒左).

㉡ 우변(右邊) 거문쇠수(巨門衰水)가 병방(丙方) 목욕방(沐浴方)으로 소수(消水)하니 합법으로 이는 녹존유진패금어(祿存流盡佩金魚)이다.

㉢ 부귀쌍전(富貴雙全)하고 인정흥왕(人丁興旺)한다. 비록 우변(右邊) 사(死)임자(壬子) 병(病)건해(乾亥) 쇠(衰)신술(辛戌)수가 혈(穴) 앞을 지나가도 경유왕수(庚酉旺水)가 귀고(歸庫)하면 무방하다. 또한 임자제왕수(壬子帝旺水), 건해임관수(乾亥臨官水), 신술관대수(辛戌冠帶水)가 상당히 균등하게 합국(合局)하면 주로 크게 발한다. 만약 오방(午方)이나 사방(巳方)을 초범(稍犯)하면 비음(非淫)아니면 즉절(卽絶)한다.

⑨ **수국**(水局) **태향**(胎向)

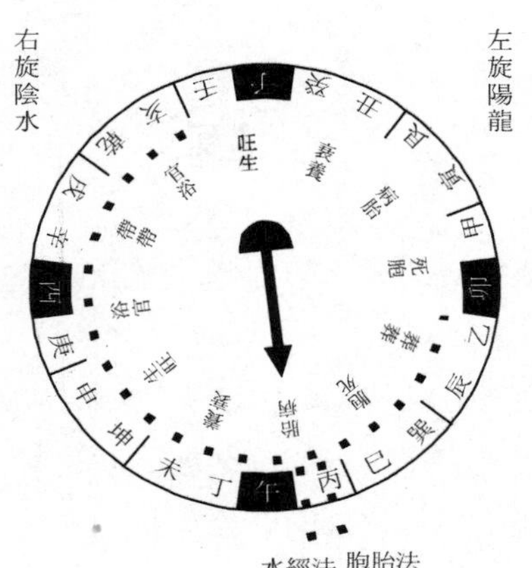

㉠ 태향(胎向) 병오향(丙午向) 임감좌(壬坎坐) 병파(丙破) 우수도좌(右水倒左).

㉡ 우변수(右邊水)가 향상(向上) 병방(丙方)으로 물이 나가고 오방(午方)을 범하지 않고[水經法:丙午破] 백보전란(百步轉欄)하여 수국(水局)의 태향태방출수(胎向胎方出水) 당문파(當門破) 합법이니 대부대귀(大富大貴)하고 인정흥왕(人丁興旺)한다.

㉢ 단, 간간이 단명한 사람이 있어 어린 과부가 생긴다. 만일 비룡진혈(非龍眞穴)이면 장후패절(葬後敗絶)하니 가볍게 꾲지 말아야 한다.

⑩ **수국**(水局) **쇠향**(衰向)

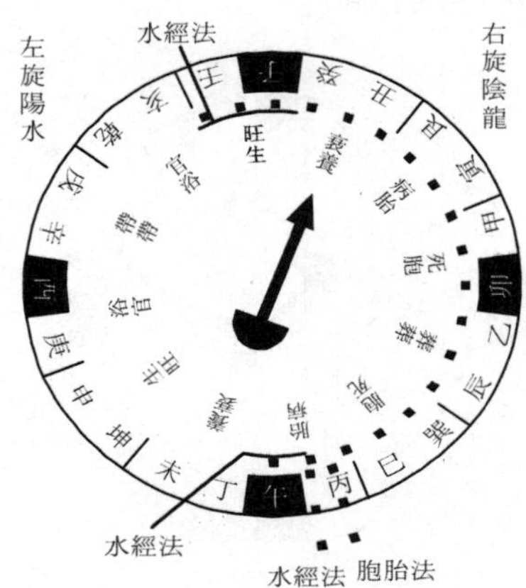

㉠ 쇠향(衰向) 계축향(癸丑向) 정미좌(丁未坐) 병파(丙破) 좌수도우(左水倒右).

㉡ 계수(癸水)가 조당하여 혈(穴) 뒤의 천간병방(天干丙方)으로 소수(消水)하고 지지오방(地支午方)을 범하지 않으면[水經法:丙午破] 대부대귀(大富大貴)하고 복수쌍전(福壽雙全)한다.

㉢ 평양지(平洋地)에서는 복발(福發)하나 산지는 패절(敗絶)하니 가벼이 쓰지 말아야 한다.

⑪ **수국(水局) 갱변(更變) 자생향(自生向)**

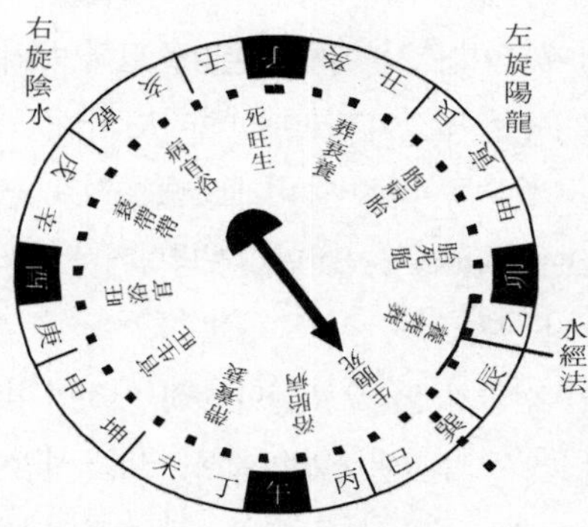

㉠ 자생향(自生向) 손사향(巽巳向) 건해좌(乾亥坐) 손파(巽破) 우수도좌(右水倒左).

㉡ 우수(右水)가 길게 흘러 왼쪽으로 기울면 향상(向上) 천간손방(天干巽方) 당문(當門) 소수(消水)하고 지지사방(地支巳方)을 범하지 않고 백보전란(百步轉欄)하며 대부대귀(大富大貴)하고 인정흥왕(人丁興旺)한다. 만약 용혈(龍穴)이 조차(稍差)하면 패절(敗絶)하니 가벼이 쓰지 말아야 한다. 물이 나가 사(巳)를 범하면 더욱 흉하다.

㉢ 왕거영생(旺去迎生)이면 마땅히 귀함이 빠르게 이른다. 이는 절처봉생향(絶處逢生向) 직손파(直巽破)다. [水經法]

❖ **사언**(斯言) : 지리의 말들.

❖ **사업번창을 원한다면 삼족 개구리(두꺼비)를 장식하라** : 사업이나 장사를 하는 사람에게 권하고 싶은 것은 삼족 개구리, 즉 말이 셋 달린 개구리이다. 앞과 좌우에 있는 재물을 모두 끌어 모은다는 의미에서 발이 세 개 달려 있으며 사업 운과 재물 운을 높여 주는 파워가 있다. 풍수에서 발이 셋 달린 개구리는 사무실이나 점포 입구에서 놓는 것이 가장 일반적이라 업무를 시작할 때는 개구리를 입구를 향해 놓고 업무를 마칠 때는 실내 쪽을 향하도록 바꾸어 놓는다. 개구리는 귀여워해 주는 정도에 따라 발휘하는 파워가 달라진다. 머리를 쓰다듬거나 가끔 말을 걸어 주는 등 애정표현을 잊지말라 풍수 아이템을 단순한 장식물이라고 생각하는 사람은 좀처럼 운수가 좋아지지 않는다. 아이템에 애착을 느끼는 순간 당신에게 행운을 찾아 올 것이다.

❖ **사업(事業)의 운기(運氣)을 높이고 싶다면** : 반드시 집의 현관이나 사업장, 사장실 또는 사무실 출입구에 화사한 꽃이 끊이지 않도록 신경을 쓰는 것이 현명하다 어느 집 어느 회사를 방문했을 때 현관이 깨끗하고 청결하며 그 위에 화사한 꽃이 시선을 끈다면 얼마나 기분이 상쾌하고 즐거운지 이미 경험을 통해 느꼈을 것이다. 한마디로 현관의 꽃은 집안에 좋은 기를 끌어들여 이 집에 행운을 안겨 주게 한다. 그러므로 꽃은 사업을 번창하게 하는 하나의 소품이 된다. 사무실 안에는 사소하게 보이는 그림이나 사진 한 가지라도 어느 곳에 어떤 내용의 그림을 걸어 두느냐에 따라서 풍수상의 에너지가 달라지고 금전운도 달라진다. 새 한 쌍이 높이 날아가고 있는 사진이나 그림을 걸어 놓고 서쪽 벽에 황금색 사진이나 황색의 꽃 사진을 걸어 두면 회사가 발전할 것이다.

❖ **사업 운을 크게 발전시키려면** : 침대는 동쪽으로 두는 것이 원칙이다. 동쪽은 신선한 기운과 활력 근면 성장 성공과 같은 상징이 있기 때문이다. 침대는 작은 것보다 되도록 큰 것이 좋다. 만약 여성이 사업이나 일을 한다면 여성이라는 본분을 항상 망각해서는 안 된다. 이 때문에 침실의 커튼이나 침대 커버는 작은 꽃 무늬가 있는 것이 좋다. 활력을 얻을 수 있기 때문이다. 또한 침실에 잠을 잘 때도 반안살방위(攀鞍殺方位)로 머리를 두고 잠을 자면 사업도 번창하고 건강강도 좋아진다. 신자진생(申子辰生)은 축(丑) 방위로 머리두고 잠을 자고, 인오술생(寅午戌生)은 미(未) 방위, 사유축생(巳酉丑生)은 술(戌) 방위. 해묘미생(亥卯未生)은 진(辰) 방위로 머리를 잠을 자면 된다.

❖ **사왕지**(四旺地) : 사왕지란 자(子), 오(午), 묘(卯), 유(酉) 궁(宮). 즉 오행(五行)의 왕(旺)이 되는 곳 목(木)의 왕궁(旺宮)은 묘(卯), 화(火)의 왕궁(旺宮)은 오(午), 금(金)의 왕궁(旺宮)은 유(酉), 수(水)의 왕궁(旺宮)은 자(子)를 말함.

❖ **사유**(四維) : 사세(四勢)의 현묘(玄妙)한 뜻을 말함. 장서에서 「현무(玄武)가 수두(垂頭)하고, 주작(朱雀)이 상무(詳舞)하고, 청룡은 구불구불 길게 늘어 안고, 백호는 순하게 구부려 절하는 것이다」라고 하였다. 사우(四隅)인 건곤간손(乾坤艮巽)에 국한한 것이 아니라, 내거동정(來去動靜)의 산수(山水)를 말함이다. 건

(乾)·곤(坤)·간(艮)·손(巽)을 말하며 이는 곧 오행(五行)의 장생지위(長生之位)요 귀인(貴人)과 녹마지향(祿馬之鄕)이며 또한 천지(天地)의 사주(四柱)라 할 수도 있다.

❖ **사유열**(四維列) : 사신(四神) 건곤간손(乾坤艮巽)에 드높고 수려한 봉우리가 있는 것. 이는 지극히 고귀한 인물들을 배출한다. 만약 이 사유(四維)가 낮고 겹겹으로 되어 있으면 부(富)를 얻게 되나 귀(貴)는 얻지 못한다.

❖ **사유사봉**(四維砂峰) : 사유사봉(四維砂峰)이 첨수(尖秀)하게 솟아나면 귀(貴)한 상이고, 저소(低小)한 사봉(砂峰)이 첩첩이 돌기하여 마치 줄비하게 들어 있는 창고같기도 하고 또 얼핏보면 상자들을 옹기종기 포개놓은 듯하면 이는 거부의 상(相)이다. 그러므로 부(富)와 귀(貴)는 사봉(砂峰)의 고저청탁(高低淸濁)에 따라 다르게 응한다. 사유봉은 앞에 나온 사신(四神 : 건곤간손)에 드높고 수려한 봉우리가 있는 것을 사유봉이라고도 하는데, 지극히 고귀한 인물들을 배출하고 자손들이 대귀(大貴)를 얻는다. 그런데 만약 건곤간손방(乾坤艮巽方)의 봉우리가 낮고 겹겹으로 솟아 있으면 큰 부자는 되나 귀(貴)는 크게 얻지 못한다.

❖ **사유팔간**(四維八干) : 나경(羅經) 24방위 중에서 천간(天干)을 구성하는 요소들로 건(乾)·곤(坤)·간(艮)·손(蕵)은 사유(四維)이고, 갑(甲)·을(乙)·병(丙)·정(丁)·경(庚)·신(辛)·임(壬)·계(癸)의 팔천간(八千干)을 말한다.

❖ **사(砂)의 여러 가지 흉격**(凶格)

① **사**(射) : 끝이 뾰족한 산줄기가 혈 앞쪽에서 칼로 찌르듯 혈을 향해 달려드는 혈에서 사가 보이면, 자손들이 유배당하거나 감옥에 간다. 칼에 찔려 살해당하는 자손도 생겨난다.

② **탐**(探) : 이것은 규봉(窺峯)을 가리키는데 규봉 중에서도 머리가 삐뚜름한 것. 혈에서 탐이 보이면 집에 도적이 자주 든다.

③ **파**(破) : 산이 깨지고 부서진 것. 파가 생겨 물이 흐른 흔적이 보이면 주색으로 망하는 사람이 나온다.

④ **반**(反) : 산줄기가 뒤쪽으로 달아난 것. 혈에서 반이 보이면 집을 떠나 떠돌아다니는 사람이 생긴다.

⑤ **충**(冲) : 끝이 뾰족한 산줄기가 앞이 아니라 옆에서 혈을 향해 달려드는 것. 혈에서 충이 보이면 남의 일로 화(禍)를 입으며, 살해당하는 사람도 나온다.

⑥ **압**(壓) : 혈 앞쪽의 산이 너무 드높아 혈을 짓누르는 것. 혈에서 압이 보이면 남들에게 억눌림을 당하며, 거느리는 사람들이 주인을 업신여기고 배반하기도 한다.

⑦ **단**(斷) : 혈 위쪽이 끊어져 비가 오면, 그리로 물이 흐르는 것. 혈(穴)에서 단(斷)이 보이면 살해당하거나 행방불명되는 사람이 나온다.

⑧ **주**(走) : 산줄기가 옆으로 달아난 것. 이것이 혈에서 보이면, 집에 들어오기 싫어하며 밖에서 노니는 사람이 생긴다.

❖ **사입수**(巳入首) : 혈(穴) 바로 뒤의 용맥(龍脈)이 사방(巳方)에서 뻗어온 것.

❖ **사자**(獅子) : 사자처럼 생긴 형국. 사자형의 명당도 호랑이 형국처럼 용맹스런 인물들을 배출하며 자손들이 무인(武人)으로 출세하여 부귀를 얻는다. 혈은 높은 곳, 사자의 머리에 있고 안산은 호랑이나 사자가 즐겨 먹는 짐승이다.

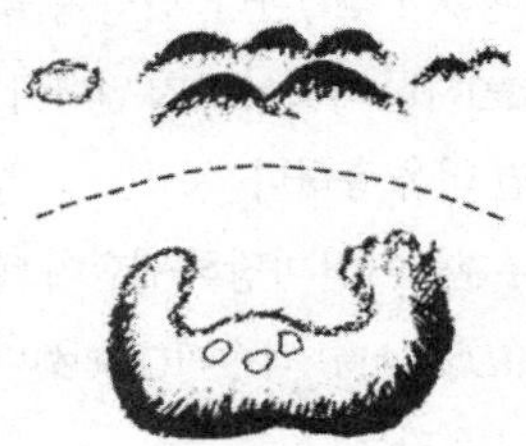

❖ **사자과강**(獅子過江) : 사자가 강을 건너는 형국. 앞에 큰 물이 흐르며, 혈은 사자의 이마에 있고, 안산은 사자가 즐겨 먹는 짐승이나 호랑이다.

❖ **사자복지**(獅子伏地) : 사자가 땅에 엎드려 있는 형국. 산세가 위엄이 있으며, 혈은 사자의 이마에 자리잡고, 안산은 사작 즐겨 먹는 짐승들이다.

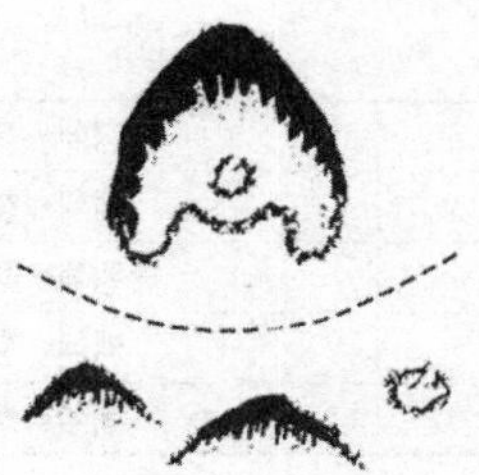

❖ **사자소천**(獅子笑天) : 사자가 하늘을 쳐다보면서 크게 웃는 형국. 입이 활짝 벌려져 있으며, 혈은 임금 왕(王) 자가 있는 곳(이마)이고, 안산은 호랑이나 사자가 잡아먹는 짐승이다.

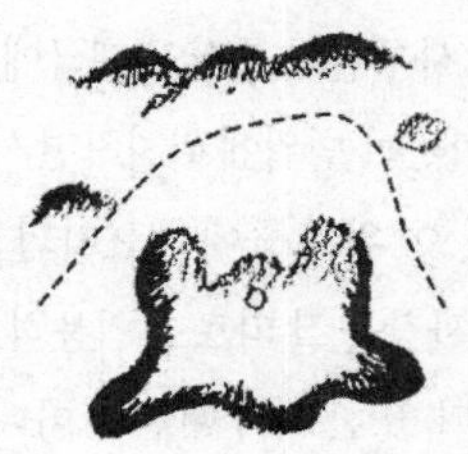

❖ **사자소향**(獅子燒香) : 사자가 향을 피우는 형국. 산세가 근엄하며 단정하며, 혈은 사자의 입에 있고, 안산은 향을 놓는 향대다.

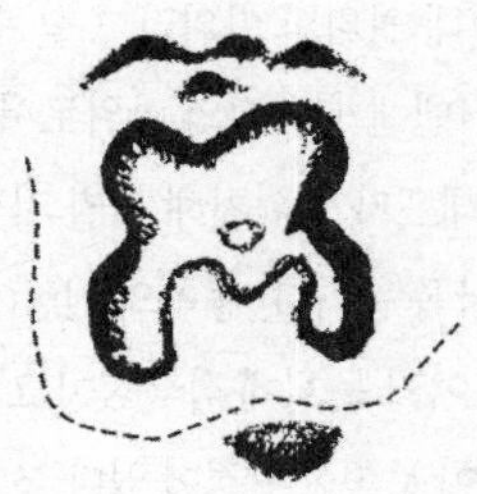

❖ **사자앙천형**(獅子仰天形) : 사자가 하늘을 보고 포효하는 모습과 흡사한 형국. 용맥이 비룡입수(飛龍入首)하고 사자 머리 부분에 혈이 있으며, 안산은 사자의 먹이인 짐승이 있어야 하고 아래는 구름같은 상운사(祥雲砂)가 있어야 된다.

❖ **사자출림**(獅子出林) : 사자가 숲에서 뛰쳐 나오는 형국. 산세가 매우 헌걸차고 위풍당당하다. 혈은 임금 왕(王)자가 있는 곳(이마)이고, 안산은 호랑이나 사자가 잡아먹는 짐승이다.

❖ **사자포구**(獅子抱毬) : 사자가 공을 껴안고 있는 형국. 무릎을 곧추세우고 있으며, 혈은 사자의 이마에 자리잡고, 안산은 사자가 가지고 있는 공이다.

❖ **사자희구**(獅子戲毬) : 사자가 공을 가지고 노는 형국. 혈은 사자의 이마에 있고 안산은 공이다.

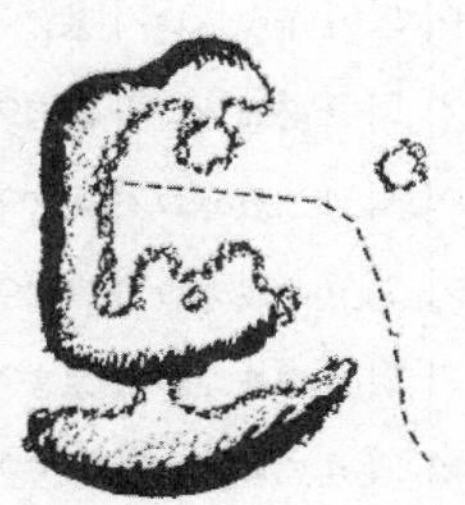

❖ **사장**(四葬) : 진술축미(辰戌丑未)를 말함. 사장(四葬)을 사고(四庫), 사묘(四墓)라고도 한다. 즉 신자진수(申子辰水)의 장(葬)은 진(辰), 사유축금(巳酉丑金)의 장(葬)은 축(丑), 인오술화(寅午戌火)의 장(葬)은 술(戌), 해묘미목(亥卯未木)의 장(葬)은 미(未)가 된다. 또는 갑목(甲木)은 미(未), 을목(乙木)은 술(戌), 병화(丙火)와 무토(戊土)는 술(戌), 정화(丁火)와 기토(己土)는 축(丑), 경금(庚金)은 축(丑), 신금(壬水) 임수(辛金)는 진(辰), 계수(癸水)는 미(未)가 장(葬)이다.

❖ **사장궁**(四葬宮) : 진술축미(辰戌丑未)의 4위(四位)를 말함. 수(水)는 진(辰), 화(火)는 술(戌), 금(金)은 축(丑), 목(木)은 장궁(葬宮)이다.

❖ **4장맥**(四藏脈) : 진술축미(辰戌丑未)로 오는 용. 일명 4금맥(四金脈)이라고도 한다. 과협은 평지로서 입수에서는 짧고 둥글어야 하며 넓게 흐르면 가짜다. 만두는 토형(土形)이다. 비지주(秘之主)로서 지연와이호태(只連臥而呼胎)한테 음양이 이어지면 혈을 만든다.

❖ **사장생**(四長生) : 12운성(十二運星)으로 장생(長生)이 되는 것. 즉 목장생(木長生)은 해(亥), 화토장생(火土長生)은 인(寅), 금장생

(金長生)은 사(巳), 수장생(水長生)은 신(申)이 된다. 천간(天干)으로는 갑목해(甲木亥), 병화(丙火)와 무토(戊土)는 인(寅), 정화(丁火)와 기토(己土)는 유(酉), 경금(庚金)은 사(巳), 신금자(辛金子)·임수신(壬水申)·계수목(癸水木)이 장생(長生)이다.

❖ **사장생궁**(四長生宮) : 인신사해(寅申巳亥)가 목화토금수(木火土金水) 오행(五行)의 장생궁(長生宮)이다. 즉 목(木)은 해(亥), 화토(火土)는 인(寅), 금(金)은 사(巳), 수(水)는 신(申)이 장생궁이다. 사장생과 같은 뜻이다.

ㅅ

❖ **사장생오행**(四長生五行)

甲木의 長生은 亥가 되고 丁未 水口가 墓宮이다.
丙火의 長生은 寅이 되고 辛戌 水口가 墓宮이다.
庚金의 長生은 巳가 되고 癸丑 水口가 墓宮이다.
壬水의 長生은 申이 되고 乙辰 水口가 墓宮이다.
乙木의 長生은 午가 되고 申戌 水口가 墓宮이다.
丁火의 長生은 酉가 되고 癸丑 水口가 墓宮이다.
辛金의 長生은 子가 되고 乙辰 水口가 墓宮이다.
癸水의 長生은 卯가 되고 丁未 水口가 墓宮이다.

갑경병임(甲庚丙壬)은 양(陽)에 속하고, 을신정계(乙辛丁癸)는 음(陰)에 속하며, 각기 생(生), 왕(旺), 묘(墓)의 방위가 정해져 있다. 그리고 갑양목(甲陽木)과 계음수(癸陰水)는 배합이 된다. 즉 계(癸)의 생(生), 묘(卯)는 갑(甲)의 왕(旺)이 되고, 갑(甲)의 생방(生方), 해(亥)는 계(癸)의 왕방(旺方)이 되면서 묘방(墓方)은 계(癸), 갑(甲)이 동일하게 미방(未方)이 되고 있다. 이래서 을(乙)과 병(丙), 정(丁)과 경(庚), 신(辛)과 임(壬)이 모두 각기 배합이 된다.

❖ **사장의 오행을 보고 색을 정한다** : 간판의 색을 정할 때는 오행을 찾아 그 색으로 결정한다. 이것을 기본색으로 하면 이미지 향상은 틀림없다. 이유는 오행에 맞는 색은 다른 사람의 눈에 위화감 없이 마음에 쏙 들어 보이기 때문이다. 예를 들어보면 수(水)의 색은 검정이다. 그리고 수(水)는 금(金)과 상성이 좋으므로 금(金)의 색인 흰색도 수에게는 좋은 색이다. 그러므로 수(水)사람은 검정과 흰색이 좋다. 이것을 간판의 색에 한하지 않고 회사 안의 장식물이나 벽의 색 제복의 색상등에 이용하면 회사에 좋은 영향을 가져올 것이다.

[五行의 色]

木	청색←흑색(黑)
火	적색←청색(青)
土	황색←적색(赤)
金	백색←황색(黃)
水	흑색←백색(白)

❖ **사장의 좌석 위치로 회사가 변한다** : 대표자가 위치하는 장소는 그 사업의 운명을 좌우하며 어울리는 장소는 한정되어 있다. 주역 8방위와 중앙의 태극방위로 나눠서 살펴 보고자 한다.

• **중앙·북서쪽** : 대표자에게 최고의 방위로서 회사에서 대표권이 있는 사람은 사무실의 중심인 태극에 위치하든가 중심에서 볼 때 북서쪽[乾宮] 범위에 위치하면 사장으로서의 권위를 행사할 수 있다. 이 위치 중에 대표자의 방이 있거나 의자가 있으면 사원은 사장을 잘 따르고 의용적으로 일해 사운이 날로 융성해져 간다. 또한 회사 내 뿐만 아니라 대외적으로도 사장의 명성 신용이 높아져서 몇 가지의 명예직을 겸하게 되며, 중앙의 태극과 북서쪽의 건궁 방위는 풍수에서도 중추적인 역할을 맡고 있어서 눈부시게 사업을 추진해 간다고 하는 활동력 넘치는 절대 권위의 방위라고 할 수 있다.

• **동쪽** : 아이디어맨에게 최적의 방위로서 태극(중앙)과 건궁(북서쪽) 외에 대표자가 위치해도 별 지장이 없는 방위라면 동쪽, 남동쪽, 남쪽 등이다. 동쪽의 진궁(震宮)에 위치했을 경우는 사업상의 여러 문제에 적극적이고 과감하게 대처하지만 다소 신중함이 부족한 단점이 있다. 진궁의 특징은 새로운 아이디어나 기획이 샘솟듯이 떠올라 활동력이 왕성한 사업자가 된다. 특히 새로운 상품 개발이나 광고 홍보선전에 강한 작용을 하고 설비투자도 활발히 이루어진다. 그러나 견실한 경영을 하지 않으면 뜻밖의 함정이 기다리고 있으므로 주의가 필요한 방위다.

• **남동쪽** : 남동쪽의 손궁(巽宮)에 대표자가 위치하면 대단히 겸손해지고 부드러운 언동이 주위에 좋은 영향을 주어서 대외적으로도 강한 신뢰감을 얻는다. 다만 매사에 우유부단하고 팔방미인으로 받아들여져 버리는 경우도 있다. 특히 상거래

에 있어서는 천성이라고도 할 수 있는 외교 수완을 발휘하며 교섭부터 계약에 이르기까지 매우 순조롭고 화애한 얘기가 성사된다. 따라서 아무리 작은 거래라고 하더라도 대표자 본인이 직접 나서야 한다. 이 위치는 오히려 사장보다도 영업 담당자나 전무이사, 상무이사와 같은 보좌역이 위치하기에 적당하다.

- **남쪽** : 지적인 업무를 관장하는데 최적. 남쪽의 이궁(離宮)에 위치하면 시대감각이 예민해져서 장래 전망이 가능해지므로 사업하는데 있어서 실수가 없고 사업 활동에서는 강하게 플러스 작용을 한다. 특히 고도의 전문적 지식을 요하는 사업, 미적 감각을 필요로 하는 영업, 문장이나 출판에 관계된 사업, 관공서용 수요가 많은 업종, 투기에 관한 사업 등의 경영자에게는 적합한 위치이다. 다만 이 위치에 있는 경영자는 모든 일에 쉽게 열 올리고 쉽게 식어버린다는 결점이 있으므로 냉정하고 침착하게 매사에 대처해 나갈 필요가 있다. 따라서 남쪽에는 인사관리나 기획을 중심으로 한 요원을 앉히는 것이 이상적이다.
- **남서쪽·북동쪽** : 태극(중앙)과 건궁(북서쪽) 외에 대표자가 위치했을 경우는 일부를 제외하고 충분히 권위를 행사할 수 없지만 특히 이귀문(裏鬼門)이라고도 불리는 남서쪽의 곤궁(坤宮)과 귀문(鬼門) 방위로 불리는 북동쪽에 위치하면서 회사 내의 통제력이 약해져서 거꾸로 사장이 부하의 지시를 받게 된다. 사원은 업무를 게을리하기 때문에 영업성적이 전혀 오르지 않고 분위기는 더욱 악화되므로 유능한 인재가 아무리 입사해도 차례차례 그만둬 버려서 결국 원만한 사업활동이 불가능해진다. 그리고 대외적으로도 사장이라는 명색만 있을 뿐, 높은 평가를 받기 어렵고 매사에 나약하게 보여서 제대로 대접받지 못한다.

❖ **사전**(舍錢) : 돈(동전)처럼 생긴 형국. 연잎처럼 넓고 둥글고, 혈은 동전의 중앙에 있으며, 안산(案山)은 전대(錢帶)나 궤짝이다.

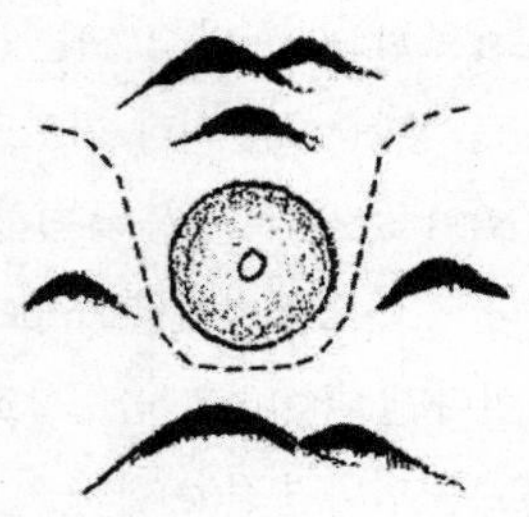

❖ **사절궁**(四絶宮) : 포태법(胞胎法) 및 12운성(運星)으로 인신사해(寅申巳亥)가 5행의 절궁(絶宮)이다. 포태12신(胞胎十二神)을 따질 때 제일 첫번째가 절궁(絶宮)이다. 수토절어사(水土絶於巳) 신자진 : 사(申子辰 : 巳), 목절어신(木絶於申) 해묘미 : 신(亥卯未 : 申), 화절어해(火絶於亥) 인오술 : 해(寅午戌 : 亥), 금절어인(金絶於寅) 사유축 : 인(巳酉丑 : 寅)하여 인신사해(寅申巳亥)에 각각 오행에 해당하는 절(絶)을 붙인다. 그리고 태(胎), 양(養), 생(生), 목욕(沐浴), 대(帶), 관(冠), 왕(旺), 쇠(衰), 병(病), 사(死), 장(葬)으로 따져나간다. 또는 12운성으로 갑목(甲木)은 신(申), 을목(乙木)은 유(酉), 병화(丙火)와 무토(戊土)는 해(亥), 정화(丁火)와 기토(己土)는 자(子), 경금(庚金)은 인(寅), 신금(辛金)은 묘(卯), 임수(壬水)는 사(巳), 계수(癸水)는 오(午)가 절관(絶宮)이다.

❖ **사절룡**(死絶龍) : 양 목룡(木龍)이 신(申)에서 출신하였으면 절(絶)한 용이고, 미(未) 출신이면 묘룡(墓龍)이 되고, 자(子) 출신이면 패룡(敗龍)이고, 오(午) 출신이면 사룡(死龍)으로, 유의할 점은 양 목룡(木龍)이 신유(申酉)에서 발신하면 사절(死絶)의 용인데 다시 해궁(亥宮)으로 행도하면 죽은 자가 생을 만나 생룡이 되며, 반대로 해(亥)에서 출신한 용이 자궁(子宮)으로 행도하면 생자반사(生者反死)가 된다(子는 敗宮). 용의 행도는 변화막측한 것이기 때문에 매 절마다 전부를 일일이 측정하는 것은 아니며 태조산·소조산·입수의 3절만을 논하는 것이 보통이고, 12지궁을 기준으로 삼는다.

❖ **사절방**(四絶方) : 인신사해(寅申巳亥)방. 즉 미(未)의 절방은 신(申), 화(火)의 절방은 해(亥), 금(金)의 절방은 인(寅), 수(水)의 절방(絶方)은 사(巳)이다.

❖ **사정룡**(四正龍) : 용맥(龍脈)이 자오묘유(子午卯酉)의 사정방(四正方)에서 뻗어온 것.

❖ **사정룡 정법**(四正龍 正法) : 자(子)와 오(午)는 양정룡(陽正龍)이고, 묘(卯)와 유(酉)는 음정룡(陰正龍)이다. 자오묘유(子午卯酉)는 각각 주장하는 권(權)이 있으므로 상봉(相逢)하면 권세가 투쟁하여 상절(相絶)한다. 그러므로 양정합교(陽正合交)의 용운(龍運)이 음정(陰正)을 만나면 절(絶)하고, 음정합교(陰正合交)의 용운(龍運)이 양정(陽正)을 만나면 절(絶)한다.

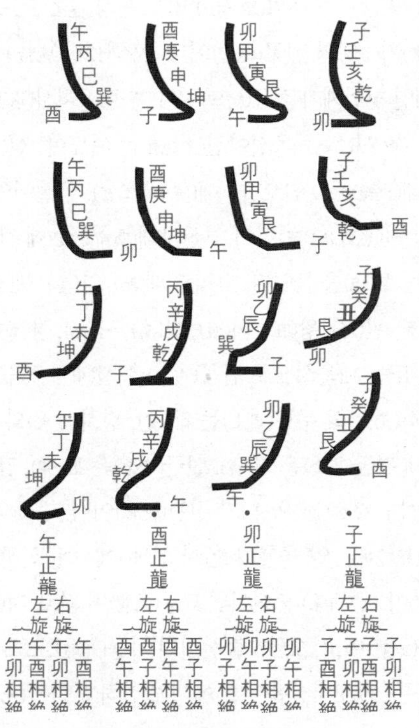

[子午卯酉 四正龍의 陰陽相絶]

이상과 같이 자(子) : 묘(卯), 자(子) : 유(酉), 묘(卯) : 오(午), 묘(卯) : 자(子), 유(酉) : 자(子), 유(酉) : 오(午), 오유(午酉), 오(午) : 묘(卯) 등 양정룡(陽正龍)이 음정맥(陰正脈)을 만나거나, 음정룡(陰正龍)이 양정맥(陽正脈)을 만나면 절룡(絶龍)이 되어 불길하나, 아래와 같은 경우에는 도리어 크게 길하다. 자정행룡(子正行龍)이 좌선(左旋)으로 묘정(卯正)을 얻고 다시 오정맥(午正脈)을 얻은 것, 자정행룡(子正行龍)이 우선(右旋)으로 유정(酉正)을 얻고 다시 오정맥(午正脈)으로 전(轉)한 것, 묘정행룡(卯正行龍)이 좌선(左旋)으로 오정(午正)을 얻고 다시 유정맥(酉正脈)으로 전(轉)한 것, 묘정행룡(卯正行龍)이 우선(右旋)하여 자정(子正)을 얻고 다시 유정맥(酉正脈)으로 전(轉)한 것, 유정행룡(酉正行龍)이 좌선(左旋)으로 자정(子正)을 얻고 다시 묘정(卯正)으로 전(轉)한 것, 유정행룡(酉正行龍)이 우선(右旋)으로 오정(午正)을 얻고 다시 묘정맥(卯正脈)으로 전(轉)한 것, 오정행룡(午正行龍)이 좌선(左旋)으로 유정(酉正)을 얻고 다시 자정맥(子正脈)으로 전(轉)한 것, 오정행룡(午正行龍)이 우선(右旋)으로 묘정(卯正)을 얻고 다시 자맥(子脈)으로 전(轉)한 것 등은 그 아래가 마디마디 생룡(生龍)이요 편편(片片)이 명혈(名穴)이라 한다.

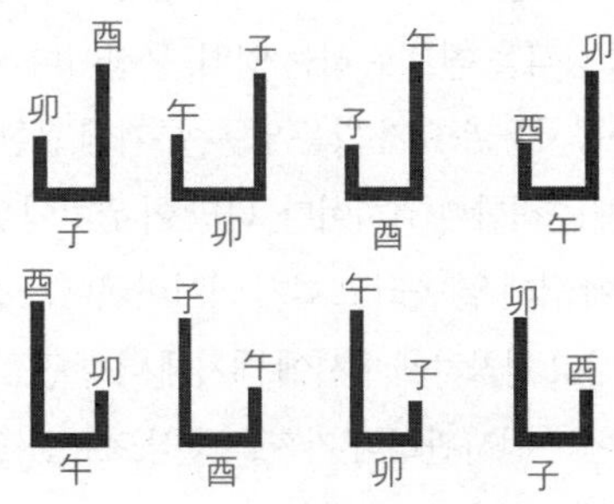

❖ **사정룡**(四正龍) **혈맥심법**(穴脈尋法)

• 자정룡(子正龍)에 임맥(壬脈)을 끼고 해건술신룡(亥乾戌辛龍)으로 나오면 계축간인맥(癸丑艮寅脈)이 교합(交合)되니 그 아래에 작혈(作穴)된다. 건(乾)은 양태(陽胎)요, 간(艮)은 음태(陰胎)이니 건간(乾艮)의 교합(交合)은 감(坎)이 중매한다. 그리고 건6(乾六) · 간8(艮八) · 감1(坎一)의 합은 15이다.

• 묘정룡(卯正龍)에 갑맥(甲脈)을 끼고 인간축계룡(寅艮丑癸龍)으로 나오면 을진손사맥(乙辰巽巳脈)이 교합(交合)되니 그 아래에서 혈(穴)을 찾아야 한다. 간(艮)은 음태(陰胎)요, 손(巽)은

양태(陽胎)이니 간손(艮巽)의 교합(交合)은 진(震)이 중매한다. 즉 간8(艮八) 손4(巽四)의 합은 12인데 진3(震三)을 합하여 15가 된다.

• 오정룡(午正龍)에 병맥(丙脈)을 끼고 사손진을룡(巳巽辰乙龍)으로 나오면 정미곤신맥(丁未坤申脈)이 교합(交合)되니 그 아래에서 혈(穴)을 찾아야 한다. 손(巽)은 양태(陽胎)요, 곤(坤)은 음태(陰胎)이니 손곤(巽坤)의 교합(交合)은 진(震)이 중매한다. 즉 손4(巽四) 곤2(坤二)의 합은 6인데 이9(離九)가 합하여 15가 된다.

• 유정룡(酉正龍)에 경맥(庚脈)을 끼고 신곤미정(申坤未丁)으로 나오면 신술건해맥(辛戌乾亥脈)이 교합(交合)되니 그 밑에서 혈(穴)을 찾아야 한다. 곤(坤)은 음태(陰胎)요, 건(乾)은 양태(陽胎)이니 건곤(乾坤)의 교합(交合)은 태(兌)가 중매한다. 즉 곤2건6(坤二乾六)의 합은 8인데 태7(兌七)을 합하여 15가 된다. 오른쪽은 모두 사정(四正 : 子午卯酉)의 우선룡(右旋龍)이다.

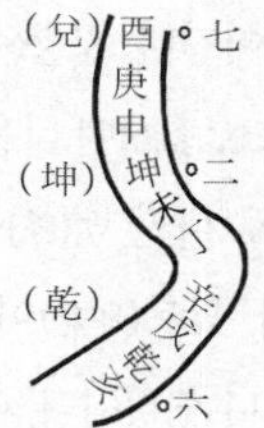

• 자정룡(子正龍)에 계맥(癸脈)을 기고 축간인갑룡(丑艮寅甲龍)으로 나오면 신술건해맥(辛戌乾亥脈)이 교합(交合)되니 그 밑에서 혈(穴)을 찾아야 한다. 간(艮)은 음태(陰胎)요 건(乾)은 양태(陽胎)이니 간건(艮乾)의 교합(交合)은 감(坎)이 중매(仲媒)한다. 즉 간8건6(艮八乾六)의 합은 14인데 감1(坎一)을 합하여 15가 된다.

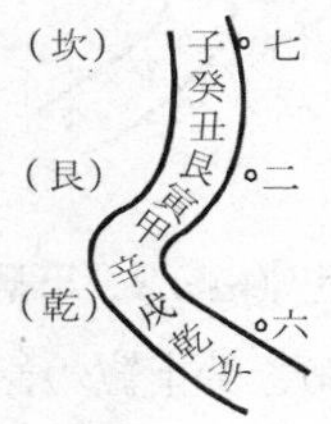

• 묘정룡(卯正龍)에 을맥(乙脈)을 끼고 진손사병룡(辰巽巳丙龍)으로 나오면 계축간인맥(癸丑艮寅脈)이라야 교합(交合)되니 그 밑에서 혈(穴)을 찾아야 한다. 손(巽)은 양(陽)이요, 간(艮)은 음(陰)이니 손간(巽艮)의 교합(交合)은 진(震)이 중매한다.

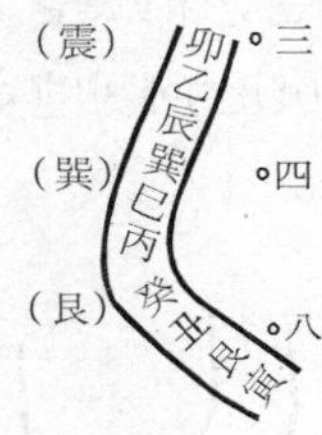

• 오정룡(午正龍)에 정맥(正脈)을 끼고 미곤신술룡(未坤申戌龍)으로 나오면 을진손사맥(乙辰巽巳脈)이라야 교합(交合)되니 그 밑에서 혈(穴)을 찾아야 한다. 곤(坤)은 음태(陰胎)요, 손(巽)은 양태(陽胎)이니 곤손(坤巽)의 교합(交合)은 이(離)가 중매한다.

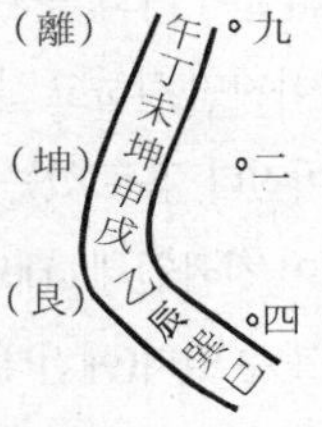

• 유정룡(酉正龍)에 신맥(辛脈)을 끼고 술건해임룡(戌乾亥壬龍)으로 나오면 정미곤신맥(丁未坤申脈)이라야 교합(交合)되니 그 밑에서 혈(穴)을 찾아야 한다. 건(乾)은 양태(陽胎)요, 곤(坤)

은 음태(陰胎)이니 건곤(乾坤)의 교합(交合)은 태(兌)가 중매한다. 이상은 모두 사정(四正 : 子午卯酉)의 재선룡(在旋龍)이다.

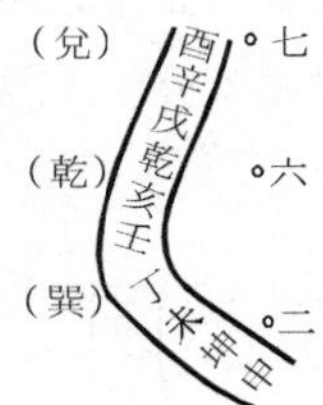

• 자정룡(子正龍)이 건맥(乾脈)으로도 뻗고 간맥(艮脈)으로도 나오는 경우 손각(巽脚)을 찾아 혈(穴)을 정한다.(이는 감(坎)·건(乾)·간(艮)의 삼합(三合: 十五)과 천덕(天德)을 아울러 취함이다.)·묘정룡(卯正龍)이 간맥(艮脈)과 손맥(巽脈) 사이에서 노닐거든 곤각(坤脚)을 찾아 혈(穴)을 정한다.·오정룡(午正龍)이 곤맥(坤脈)과 손맥(巽脈) 사이에서 노닐거든 건각(乾脚)을 찾아 혈(穴)을 정한다.·유정룡(酉正龍)이 건맥(乾脈)과 곤맥(坤脈) 사이에서 노닐거든 간각(艮脚)을 찾아 혈(穴)을 정한다. 이상은 모두 15도수법(度數法)에 천덕(天德)을 병용하여 정혈(定穴)하는 요령이다.

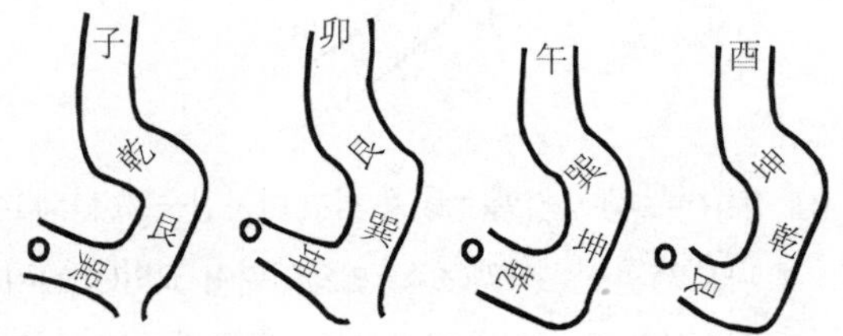

❖ **4정맥**(四正脈) : 자오묘유(子午卯酉)로 오는 용. 동서남북 정중앙의 위치요, 4태맥과 더불어 기의 종궁(從宮)이다. 과협은 봉요(蜂腰)로 들에 와서 짧아지면 길하고 길어지면 죽은 것이다. 4금맥을 만나면 몸이 넓어진다. 홀로 있는 4정맥은 넓지 않다. 입수에서는 몸이 짧은 것이 진짜인데 4태맥(四胎脈) 사이에서 나오는 경우에는 입석을 볼 수 있다(예컨대 乾戌, 艮寅 사이에서 나온 子의 경우 입수에 돌이 있다.). 산봉우리는 목형(木形)으로 주맥이 연이어 있으며 다만 연이어 있는 맥이 앞이 굽어져서 음 양맥이 이어지면 간간이 혈이 맺는다.

❖ **사정방**(四正方)

① 자오묘유(子午卯酉)방. 즉 정동(正東), 정남(正南), 정서(正西), 정북(正北)방을 칭함.

② 자(子:北), 오(午:南), 묘(卯:東), 유(酉:西) 또는 감북(坎北), 이남(離南), 진동(震東), 태서(兌西)의 4방위.

❖ **사정방**(四正方)**과 사유방**(四維方) : 사정방(四正方) 자오묘유(子午卯酉)는 동서남북방(東西南北方)에 지정되었고, 사유방(四維方) 간손곤건(艮巽坤乾)은 동서남북간방(東西南北間方)에 지정되어 있다. 사정방(四正方)은 지지(地支)로 되어 있으며 사유방(四維方)은 천간(天干)으로 되어 있다. 사정방(四正方)인 지지자(地支字)는 천간자(天干字)로 좌우에 배열되어 있으며, 사유방(四維方)인 천간자(天干字)는 지지자(地支字)로 좌우에 배열되어 있다. 사정방(四正方)과 사유방(四維方)을 합하여 팔방(八方)이 이루어졌고, 지지자(地支字)의 좌우에 배열되어 있는 양방(兩方)과 천간자(天干字)에 배열되어 있는 양방(兩方)을 합하면 24위(位)가 된다. 지지자(地支字)를 중심으로 천간자(天干字)가 좌우로 배열되었고 천간자(天干字)를 중심으로 지지자(地支字)가 좌우에 배열되었다. 사정방(四正方) 도표와 사유방(四維方) 도표를 그대로 갖다 겹치면 사정방(四正方) 사유방(四維方)의 팔방(八方)이 이루어지며, 아울러 패철24방위(佩鐵二十四方位)가 이루어진다.

❖ **사정정혈법**(四正定穴法) : 사정(四正)이란 자오묘유(子午卯酉)로 자오묘유(子午卯酉)를 산매법(山媒法)이나 15도수법에 의하여 혈(穴)을 정하는 방법이다. 자룡(子龍)이 임맥(壬脈)을 끼고 좌선(左旋)하여 건맥(乾脈) 양태(陽胎)로 나오면 그 아래 계축간(癸丑艮) 음태(陰胎) 인맥(寅脈)을 찾아 간맥(艮脈) 아래에 혈을 정한다. 건(乾)은 양(陽)이요 간(艮)은 음(陰)이다. 음양이 합하고 또는 건간(乾艮)의 중매를 자(子)가 서서 건6(乾六), 감1(坎一), 간8(艮八)로 15도수(度數)가 이루어진다. 자룡(子龍)이 계(癸)를 끼고 우선(右旋)하면 자연 간맥(艮脈:陰胎)이 나올 것이다. 간맥(艮脈) 아래에 을간손사(乙艮巽巳)로 나간 맥(脈)이 있으면 손맥(巽脈:陰胎)에서 혈을 찾아 정한다. 묘룡(卯龍)이 을(乙)을 끼고 우선(右旋)하면 손맥(巽脈:陽胎)이 나올 것이다. 아래에 간인계축(艮寅癸丑)으로 나간 맥이 있으면 간맥(艮脈:陰胎)에 혈을 정한다. 오룡(午

龍)이 병(丙)을 끼고 좌선(左旋)하면 손맥(巽脈:陽胎)이 생긴다. 그 아래에 정미곤신(丁未坤申)으로 나간 맥이 있으면 곤맥(坤脈:陰胎)에 혈을 정한다. 오룡(午龍)이 정(丁)을 끼고 우선(右旋)하면 곤맥(坤脈:陰胎)이 나올 것이다. 곤맥(坤脈) 아래에 을진손사(乙辰巽巳)로 나간 맥이 있으면 손맥(巽脈:陽胎)에 혈을 정한다. 병룡(丙龍)이 경(庚)을 끼고 좌선(左旋)하면 곤맥(坤脈)이 나올 것이다. 곤맥(坤脈:陰胎) 아래에 신술건해맥(辛戌乾亥脈)이 생기면 건맥(乾脈:陽胎)을 찾아 혈을 정한다. 유룡(酉龍)이 신맥(辛脈)을 끼고 우선(右旋) 하면 건맥(乾脈)이 생긴다. 건맥(乾脈:陽胎) 아래에 정미곤신맥(丁未坤申脈)을 찾아 곤맥(坤脈:陰胎)에 혈을 정한다. 건곤간손(乾坤艮巽)을 사태(四胎)라 한다. 건손(乾巽)은 음(陰)에 속하여 건손(乾巽)을 양태(陽胎), 간곤(艮坤)을 음태(陰胎)라 한다. 사정정혈법(四正定穴法)은 즉 산매법(山媒法)이요, 15도수법(度數法)이다. 건곤(乾坤)의 합을 유(酉)가 중매하고, 건간(乾艮)의 합을 자(子)가 중매하고, 간손(艮巽)의 합을 이(離)가 중매한다. 이상 산매법(山媒法)과 같이 자룡(子龍)이 건간맥(乾艮脈)을 모두 얻고, 묘룡(卯龍)이 간손맥(艮巽脈) 모두 얻고, 오룡(午龍)이 손곤맥(巽坤脈)을 모두 얻고, 유룡(酉龍)이 곤건맥(坤乾脈)을 얻으면 당연히 산매(山媒)와 15도수가 모두 이루어져 원칙에 의해 혈을 정한다. 그러나 자룡(子龍)이 건맥(乾脈)을 만났으나 간맥(艮脈)을 얻지 못하거나 반대로 간맥(艮脈)을 만났으나 건룡(乾龍)을 얻지 못하면 자룡(子龍)이 아래에 혈을 정하지 못한다고 생각할 것 같으나 반배법(反背法)으로 합을 취하여 혈을 정하는 방법이 있다.

❖ **사조**(四吊) : 사방의 물이 곧게 흘러 제각각 다른 곳으로 빠져나가는 것.

❖ **사조사**(斜朝砂) : 한쪽이 비슷하여 혈(穴) 앞에 이르러서 점점 높아지며 한 봉우리로 만들었다가 점점 서서히 낮아지는 형세.

❖ **사주위호사**(四周衛護砂) : 청백현주(青白玄朱)라고도 하고 사신사(四神砂)의 형세를 말한다. 현무(玄武)는 산맥이 그쳐야 하고, 머리를 구부린 듯 하며 주인과 같고, 주작(朱雀)은 뱅도라가며 춤을 추는 듯해야 하고 손님이 주인을 대하는 듯 대응해야 하며, 청룡은 도마뱀이 꿈틀거리는 듯해야 하고, 백호는 호랑이가 걸터앉은 듯해야 길사(吉砂)라고 한다.

❖ **사주흉시**(師主凶時) : 살사흉시(殺師凶時)란 월건(月建)으로 하관시(下棺時)를 보는 것.

인신월(寅申月) : 축시살사(丑時殺師) 인시살주(寅時殺主)
묘유월(卯酉月) : 신시살사(申時殺師) 유시살주(酉時殺主)
진술월(辰戌月) : 유시살사(酉時殺師) 해시살주(亥時殺主)
사해월(巳亥月) : 술시살사(戌時殺師) 해시살주(亥時殺主)
오자월(午子月) : 해시살사(亥時殺師) 유시살주(酉時殺主)
축미월(丑未月) : 자시살사(子時殺師) 신시살주(申時殺主)

❖ **사주흉일**(師主凶日)

1월(正月) : 사일방사(巳日妨師) 오일기주(午日忌主)
2월(二月) : 오일기사(午日忌師) 미일기주(未日忌主)
3월(三月) : 미일기사(未日忌師) 신일기주(申日忌主)
4월(四月) : 신일기사(申日忌師) 유일기주(酉日忌主)
5월(五月) : 유일기사(酉日忌師) 술일기주(戌日忌主)
6월(六月) : 술일기사(戌日忌師) 해일기주(亥日忌主)
7월(七月) : 해일기사(亥日忌師) 자일기주(子日忌主)
8월(八月) : 자일기사(子日忌師) 축일기주(丑日忌主)
9월(九月) : 축일기사(丑日忌師) 인일기주(寅日忌主)
10월(十月) : 인일기사(寅日忌師) 묘일기주(卯日忌主)
11월(十一月) : 묘일기사(卯日忌師) 진일기주(辰日忌主)
12월(十二月) : 진일기사(辰日忌師) 사월기주(巳日忌主)

❖ **사좌**(巳坐) : 사(巳)는 오행으로 불에 해당하며 태양의 불이나 또는 용광로와 같은 불이다. 사좌(巳坐)는 천지(天地)를 태우는 듯한 용(龍)에 해당하며, 좌(坐)의 판국이 유돌(乳突)하고 장원(長遠)하여야 한다. 사(巳)는 동물로 뱀에 해당하며 화사(火巳)는 숲(林)을 좋아하여 주변에 오밀조밀한 것이 진국(眞局)이다. 소석(小石)이 깔린 것은 좋으나 사좌(巳坐)의 혈판 주변에 큰 암석이 있으면 불길하여 간좌(艮坐)·진좌(辰坐)와 같이 사좌(巳坐)도 석물(石物)은 아주 위험하다. 더욱이 혈상 입수목(入首目)이나 소명당(小明堂) 앞에 암석이 있으면 마치 뱀의 머리를 누른 듯하여 불길하다.

❖ **사좌해향**(巳坐亥向) : 건물 및 묘가 사방(巳方)을 등지면 향은 해

방(亥方)이 된다. 즉 좌(坐)는 사방(巳方)이요 향(向)은 해방(亥方)이다.

❖ **사중월속절**(四仲月俗節) : 한식, 단오, 추석, 동지 등 풍속상의 명절. 사중삭속절(四仲朔俗節).

❖ **사천공망룡**(四賤空亡龍)

入首一節龍	入首二節龍	吉凶禍福
戌	亥壬	핍손(乏孫) : 자손이 귀하다
丑	寅甲	재패(財敗) : 재산이 망한다
辰	巳丙	상정(傷丁) : 사람이 다친다
未	申庚	빈천(貧賤) : 가난하고 천하게 된다

❖ **사천룡무후좌**(四賤龍無後坐) : 계축룡(癸丑龍)에 간좌(艮坐), 을진룡(乙辰龍)에 손좌(巽坐), 정미룡(丁未龍)에 곤좌(坤坐), 신술룡(辛戌龍)에 건좌(乾坐)로서 위의 진술축미천룡(辰戌丑未賤龍)에 건곤간손(乾坤艮巽), 사유좌(四維坐)는 무후절사(無後絶祠)의 흉좌(凶坐)이니 놓지 않아야 한다.

❖ **사초**(莎草) : 오래 되거나 허물어진 산소, 묘에 때를 입히어 잘 가다듬는 일. 분묘(墳墓)의 봉분(封墳)과 그 주위에 심는 잔디, 갈대를 말하는 경우도 있음.

❖ **사초운**(莎草運)

- **자오묘유년**(子午卯酉年) : 간인(艮寅) 갑묘(甲卯) 곤신(坤申) 경유좌(庚酉坐) 길(吉)
- **진술축미년**(辰戌丑未年) : 임자(壬子) 계축(癸丑) 병오(丙午) 정미좌(丁未坐) 길(吉)
- **인신사해년**(寅申巳亥年) : 신술(辛戌) 건해(乾亥) 을진(乙辰) 손사좌(巽巳坐) 길(吉)

❖ **사초지법**(莎草之法) : 사초(莎草)나 입석(立石)은 당년(當年)의 태세(太歲)를 보고 전삼후이(前三後二)한다. 신유년(辛酉年)에 장초칙(葬草則) 전삼(前三)이란 당년(當年)인 유(酉)로부터 회순(回順)하면 술(戌), 해(亥), 자(子)이므로 전삼(前三)으로 곧 자(子)가 해당함에 임감(壬坎)자좌(子坐)를 말하고, 후이(後二)는 유(酉)에서 역순(逆順)하니 신(申), 미(未)로서 미(未)가 해당하여 정미좌(丁未坐)를 말한다. 그러므로 신유년(辛酉年)에는 임감좌(壬坎坐)나 정미좌(丁未坐)의 묘소는 사초(莎草)와 입석(立石)의 역사(役事)가 불가하다는 것이다.

❖ **4채형 구도 주영향자 분류도** : 항상 부엌은 모친 및 부인의 영향력이 거의 지배적으로 작용하는 부위임을 참조해야 한다.

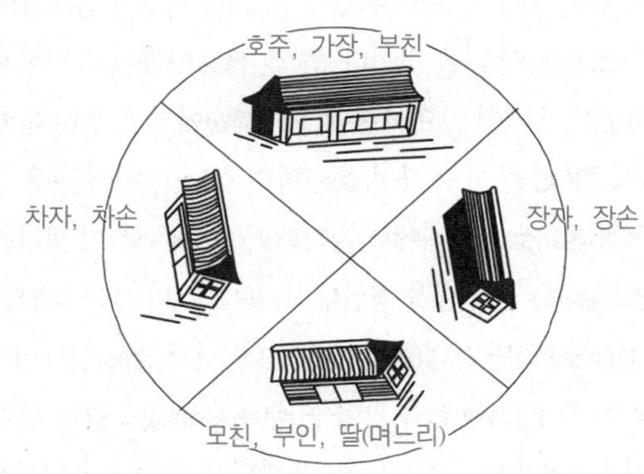

❖ **사탐랑격 양국향**(四貪狼格 陽局向) : 손경계(巽庚癸), 건갑정(乾甲丁), 간병신(艮丙辛), 곤임을(坤壬乙)을 말함. 사정향(四正向)의 좌수도우(左水倒右)에 이 탐랑수(貪狼水)가 내도(來到)하여 묘방(墓方)으로 나감으로 사탐랑격(四貪狼格)이라 한다.

❖ **사태룡 정혈법**(四胎龍 定穴法) : 사태(四胎)란 건손간곤(乾巽艮坤)을 말한다. 건룡(乾龍)이 간맥(艮脈)을 만나지 못하거나 간룡(艮龍)이 건맥(乾脈)을 만나지 못하면 사룡(死龍)이고, 좌선룡(左旋龍)에 건간(乾艮)이 합하고 인(寅)이 입수(入首)되거나 우선룡(右旋龍)에 간건(艮乾)이 합하고 술(戌)이 입수(入首)되어야 생룡(生龍)이라 한다. 손룡(巽龍)이 간맥(艮脈)을 만나지 못하거나 우선(右旋), 간맥(艮脈)이 손맥(巽脈)을 만나지 못하면 사룡(死龍)이고, 우선(右旋) 손룡(巽龍) 간룡(艮龍)이 손맥(巽脈)과 합하고 축(丑)이 입수(入首)되면 생룡(生龍)이다. 우선(右旋) 곤룡(坤龍)이 손맥(巽脈)을 만나지 못하거나 좌선(左旋) 손룡(巽龍)이 곤맥(坤脈)을 만나지 못하면 사룡(死龍)이고, 우선(右旋) 곤맥(坤脈)이 손맥(巽脈)과 합하고 진(辰)이 입수(入首)되거나 좌선(左旋) 손룡(巽龍)이 곤맥(坤脈)과 합하고 신(申)이 입수(入首)되면 생룡(生龍)이다. 우선(右旋) 건룡(乾龍)이 곤맥(坤脈)을 만나지 못하거나, 좌선(左旋) 곤룡(坤龍)이 건맥(乾脈)을 만나지 못하면 사룡(死龍)이고, 우선(右旋) 건룡(乾龍)이 곤맥(坤脈)과 합하고 미(未)가 입수(入首)되거나, 좌선(左旋) 곤룡(坤龍)이 건맥(乾脈)과 합하고 해(亥)가 입수(入首)되면 생룡이다. 가령 건룡(乾龍)이 좌선(左

旋)을 해임자계축맥(亥壬子癸丑脈)만 있고, 간맥(艮脈)을 만나지 못하면 이는 독양(獨陽)이니 사룡(死龍)이고, 간룡(艮龍)이 우선(右旋)으로 축계자임해맥(丑癸子壬亥脈)만 있고 건맥(乾脈)을 만나지 못하면 이는 독음(獨陰)이니 사룡(死龍)이다. 사룡(死龍)은 비록 청룡·백호와 조응(朝應) 및 득수득파(得水得破)가 아름답다 할지라도 자손이 패망한다.

- 건룡(乾龍)이 우선(右旋)하여 경신맥(庚申脈)까지 이르고 그 아래에 곤(坤)이 없고 미맥(未脈)이 있으면 신미(申未)가 능히 곤항(坤項)을 아우르는 상이 되어 길하다. 그러나 미맥(未脈)이 없으면 곤신맥(坤申脈)이 쌍행(雙行)이 되고 그 아래에 다시 미맥(未脈)이 생기면 쌍행(雙行)이 그치므로 그곳에 점혈(占穴) 한다.
- 곤룡(坤龍)이 우선(右旋)하여 사병맥(巳丙脈)을 만나고 그 아래에 손(巽)만 있고 진금(辰金)이 없으면 손사(巽巳)가 쌍행(雙行)으로 나가다가 진(辰)을 만날 경우 쌍행(雙行)이 그치니 그 아래에 혈을 정한다.
- 손룡(巽龍)이 우선(右旋)하여 갑인맥(甲寅脈)까지 이르고 간(艮)이 없이 축맥(丑脈)이 있으면 인축(寅丑)이 간항(艮項)을 아우르게 된다. 축(丑)이 없으면 간인(艮寅)이 쌍행(雙行)하니 그 아래에서 축맥(丑脈)을 찾아 점혈(占穴)한다. · 간룡(艮龍)이 우선(右旋)하여 임해건(壬亥乾)을 만나고 술(戌)이 없으면 건해(乾亥)가 쌍행(雙行)으로 나가다가 술(戌)을 만나면 그 아래에 점혈(占穴)한다. · 건룡(乾龍)이 좌선(左旋)하여 축간맥(丑艮脈)까지 나가고 인(寅)이 없으면 축간(丑艮)이 쌍행(雙行)이 되므로 그 아래에 인(寅)을 만난 뒤라야 정혈(定穴)할 수 있다.
- 곤룡(坤龍)이 좌선(左旋)하여 술건맥(戌乾脈)까지 나가고 해(亥)가 없을 경우 술건(戌乾)이 쌍행(雙行)으로 나가므로 쌍행(雙行) 아래에 해맥(亥脈)을 만나야만 그곳에 정혈(定穴)할 수 있다. · 간룡(艮龍)이 좌선(左旋)하여 진손맥(辰巽脈)까지 나가고 사(巳)가 없으면 진손맥(辰巽脈)이 쌍행(雙行)으로 나가므로 쌍행(雙行) 아래에 사맥(巳脈)을 찾아 정혈(定穴)한다.
- 손룡(巽龍)이 좌선(左旋)하여 미곤맥(未坤脈)까지 나가고 신맥(申脈)이 없으면 미곤맥(未坤脈)이 쌍행(雙行)으로 나가므로 그 아래에 신맥(申脈)을 찾아 정혈(定穴)한다.

❖ **4태맥**(四胎脈) : 건곤간손(乾坤艮巽)으로 오는 용의 맥. 천지의 네 기둥으로, 만산(萬山)의 처음이다. 봉우리가 주먹과 같아 봉우리를 이루면 귀(貴)를 낳고 누워 있으면 부자가 난다. 입수 부문은 볼록하여 작은 종과 같다. 만약 움푹 꺼졌으면 혈이 맺지 않는다. 산봉우리는 목형(木形) 지지주(地之主)로서 연수이생지(連峀而生枝)하여 호접교(呼接交)하면 혈을 맺는다.

❖ **사파**(巳破) : 혈장(穴場)에서 보아 흘러가는 물이 사방(巳方)에서 감춰진 것.

❖ **사패**(四敗) : 자오묘유(子午卯酉)는 12운성 및 포태법으로 목욕(沐浴)이 되는 바 이 목욕을 패살(敗殺)이라고도 하므로 자오묘유(子五卯酉)를 사패(四敗)라 칭한다. 즉 신자진수(申子辰水)는 유(酉), 사유축금(巳酉丑金)은 오(午), 인오술화(寅午戌火)는 묘(卯), 해묘미목(亥卯未木)은 자(子)가 사패궁(四敗宮)이다.

❖ **사패지**(賜牌地) : 고려와 조선조 때 국가에 공을 세운 왕족과 관리에게 주는 토지.

❖ **사폐**(四廢) : 사폐란 사시흉신(四時凶神)의 하나로 음양택(陰陽宅) 및 모든 중요 행사 또는 중요한 물건을 만들거나 다루는 일에 꺼린다. 사폐는 정사폐(正四廢)와 방사폐(傍四廢)로 분류하며, 날짜를 보는 데는 정사폐를 적용하고 건물 및 묘의 좌(坐) 그리고 방위를 참고하는 데는 방사폐를 적용한다.

- **정사폐**(正四廢) : 春三月 : 庚申, 辛酉日, 夏三月 : 壬子癸亥日, 秋三月 : 甲寅乙卯日, 冬三月 : 丙午丁巳日.
- **방사폐**(傍四廢) : 春三月 : 庚辛申酉方, 夏三月 : 壬癸亥子方, 秋三月 : 甲乙寅卯方, 冬三月 : 丙丁午巳方. 가령 입춘일(立春日)부터 입하(立夏) 앞날까지 춘삼월(春三月)인데 이 시간에는 경신일(庚申日), 신유일(辛酉日)이 정사폐일(正四廢日)이고, 경신(庚辛), 신유(申酉) 방위가 방사폐 방이다. 보편적으로 정사폐, 방사폐라고 하지 않고 그냥 사폐일 또는 사폐방이라 한다.

❖ **4포맥**(四胞脈) : 인신사해(寅申巳亥)로 뻗어오는 용을 일컬음. 과협에서는 허리가 길고 궁형(弓形)이며, 가운데로 오면 유형(乳形)이고, 들에서는 회두포선(回頭布扇)하고 강을 건너면 입석(立石)을 남긴다. 이수에서 인신(寅申)은 반월형, 사해(巳亥)는 설장

(雪場)과 같은 것이 합법이다. 산봉우리는 화형(火形)이요, 생지주(生之主)로서 연두이호태(連頭而呼胎)하고 연음양(連陰陽)하면 입수(入首)가 된다.

❖ **사해살**(四害煞) **사면초가**(四面楚家) **지형**(地形) : 빌딩이나 아파트가 밀집된 곳 또는 전에는 주택지였지만 등가교환방식으로 아파트가 사방으로 쌓인 토지를 말함. 집이 사방에 우뚝선 빌딩들 틈새에 마치 적군에게 포위되어 사면초가의 상태를 연상시키는 형상으로 어떠한 맹장이라도 이진(二進)이나 삼진(三進)을 할 수 없다. 자연스럽게 생각이 막히고 무엇을 해도 소극적인 자세가 된다. 이것은 물리적으로 생각해도 수긍이 갈 것이다. 먼저 채광이 차단되므로 밝지 않은 상태가 되어 버리고, 통기가 방해되어 마음이 후련하지 않고 무슨 일에 구애받는 상태를 낳는다. 그것이 지능의 발전을 저해하고 질병에 시달리게 한다. 원인은 채광과 통기의 방해에 있다고 생각하면 된다.

❖ **사해상충**(巳亥相冲) : 지충(地冲) 또는 육충(六冲)의 하나로 사(巳)와 해(亥)는 서로 충돌하고 서로 대립관계가 이루어진다.

❖ **사향**(四享) : 사향제(四享祭)의 준말. 4계절에 지내는 제사.

❖ **사허패**(四虛敗) : 사시흉신(四時凶神)의 하나로 이 날에는 분가(分家), 입택(入宅) 및 창고 수리 등을 꺼린다. 아래와 같다.

春三月 : 己酉日, 夏三月 : 甲子日,

秋三月 : 辛卯日, 冬三月 : 庚午日.

❖ **사협수**(射脇水) : 혈(穴)을 위협하듯이 사선으로 흘러오는 물을 말함.

① 물이 양쪽 옆구리를 치고 들어오는 것. 앞에서 치는 물을 사(射)라 하고 옆으로 오는 것은 천(穿)이라 한다.

② 혈의 전방 그것도 좌우로부터 명당을 향해 곧장 흘러들어오는 하천의 흐름을 말한다. 이것도 충심수(沖心水)와 같은 이유로 풍수학상 좋지 않다.

③ 충심수는 혈 앞 정면에서 혈을 향해 달려드는 물인 데 비해 사협수는 왼쪽이나 오른쪽에서 혈을 향해 일직선으로 흘러오는 물이다. 혈 앞에 사협수가 있으면 뜻밖의 재앙으로 사람이 죽거나 다른 사람을 살해하는 범죄를 저지르게 되며, 전쟁터에 나가 전사하거나 사형을 당하기도 한다. 사협수는 충심수와 마찬가지로 흉한 물이니 이것이 보이는 곳에는 집을 짓거나 묘를 쓰지 말아야 한다.

❖ **사협혈**(射脇穴) : 창과 같은 뾰족한 물이 혈성의 허리를 곧장 찌르는 형국. 얼핏 보기에 감당하지 못할 것 같으나 물이 치는 곳에 바위가 성을 쌓고 당혈처에서는 그것이 보이지 않는 곳이다.

❖ **사형혈**(蛇形穴) : 산줄기가 길게 뱀이 가는 것처럼 구불구불한 형국. 산의 하정혈(下停穴 : 아래쪽)에 묘 장사를 하였더니 여자만 출생하여 곧 패가하고, 중정(中停 : 가운데)에 장사하였는데 현승(顯承 : 군수급) 자손이 출생하였으나 곧 패(敗)하였고, 상혈(上穴 : 천혈 맨 위)에 안장(安葬)하였더니 지현(知顯 : 도지사, 군수급)이 출생하고 자손이 창성(昌成)하였다 하므로 이러한 곳에는 상혈이 정혈이다.

❖ **사혼입묘**(四魂入墓) : 면례(緬禮)와 사초(莎草)에 모두 참고하는 방법. 망남(亡男, 사망한 남자)은 인궁(寅宮)에서 10세(歲)를 붙여 12방(方)을 순행(順行; 시계방향)하고, 망녀(亡女, 사망한 여자)는 신궁(申宮)에 10세를 붙여 12방을 거꾸로 돌리되 나이 닿는 곳에 정월을 붙이고, 달이 머무는 곳에 초오일(初一日)을 붙이고, 날짜가 머무는 곳에 자시(子時)를 붙여(男順女逆으로) 돌려나가는데 연월일시가 입묘(入墓)가 되면 대길하고 천이(遷移)는 길흉간에 평평하며 중상(重喪)에 닿으면 대흉하다. 즉 진술축미궁(辰戌丑未宮)에 입묘(入墓)요 인신사해궁(寅申巳亥宮)이 중상(重喪)이며 자오묘유궁(子午卯酉宮)이 천이(遷移)다.

巳 重喪	午 遷移	未 人墓	申 重喪
辰 人墓			酉 遷移
卯 遷移			戌 人墓
寅 重喪	丑 人墓	子 遷移	亥 重喪

❖ **사환수포**(砂環水抱) : 사환이란 혈지(穴地)의 전면 혹은 양쪽에 사(砂)가 있어 혈을 둘러싸듯이 지키고 있는 형세를 말하고, 수포(水抱)란 혈지 앞에 강이나 호수, 늪, 못 등의 물이 있어 혈을 둘러싸며 지키고 있는 형세를 가리킨다.

❖ **사후토고사**(祠后土告祀) : 토지신에게 고하는 제사.

❖ **사흉**(四凶) : 각협요족(角脇腰足).

❖ **삭**(削) : 성체(星體)의 양변(兩邊)이 석벽으로 깎아지른 형태.

❖ **삭망**(朔望)

① 음력 초하루와 보름.

② 삭망에 올리는 제사 → 삭망제(朔望祭). 음력 초하루와 보름 또는 삭(朔)은 합삭(合朔)으로 달이 조금도 보이지 않는 것. 망(望)은 달이 한껏 둥근 때로 보름(음15일)을 망이라 하지만 음 14일에 드는 수도 있고 15일 혹은 16일 혹은 17일에 망(望)이 되기도 한다.

❖ **산**(山) : 산은 어떤 산이든 사람에게 시조가 있듯이 산에도 뿌리가 되는 태조산(太祖山)과 고조산(考祖山)이 있으며, 조산(祖山)과 부모산 등이 있다. 산을 살필 때는 먼저 산의 근원지부터 알아보아야 하는데 최고의 근원지를 태조산이라고 하며, 중간에 큰산을 고조산 또는 소조산(小祖山)이라고 칭한다. 태조산(太祖山)은 웅장하여 주변에 산들을 제압하는 듯 하여야 하며, 주변에 많은 산이나 마을을 끼고 있어야 하며, 또한 금·목·수·화·토 오행중 산의 근본성이 뚜렷하여야 한다. 태조산은 높고 높아서 항시 구름이 쉬어가고 안개가 머물다 가는 듯 하여야 하며, 구름이 떠나고 안개가 흩어질 때는 태조산에 달무리가 되듯이 또한 가락지[指環]와 같이 구름과 안개가 산정(山頂)을 둘러 산봉(山峰)이 맑고 뚜렷이 보여야 한다. 태조산이 고산(孤山)처럼 외롭게 서 있거나 산정(山頂)이 무너지거나 좌우가 잘려 나가면 태조산으로는 불합격이다. 태조산이 너무 멀어도 안 되며 중간에 조산(祖山)이 없어도 안 된다. 태조산 옆으로 병풍산이 나열하면 더욱 좋으며, 오행산(五行山)이 뚜렷하여 식솔이 많은 듯하면 길격(吉格)이다.

❖ **산가곤룡**(山家困龍) : 세간흉신(歲干凶神)의 하나로 집을 짓고 수리하여 장사지내는 일 등에 크게 흉하다고 함.

甲年 : 乾　乙年 : 庚　丙年 : 丁　丁年 : 巽

戊年 : 甲　乙年 : 乾　庚年 : 庚　辛年 : 丁

壬年 : 巽　癸年 : 甲

가령 태세가 갑년(甲年)이 건방(乾方)이나 건좌(乾坐)에 산가곤룡살이 닿게 되어 이 방위에 음양택을 꺼린다.

❖ **산가공망향**(山家空亡向)

甲己辛年 : 丙壬向空亡(11년 재난)

乙庚戊年 : 丁癸向空亡(14년 재난)

丙癸年 : 乙辛向空亡(18년 재난)

丁壬年 : 甲庚向空亡(20년 재난)

❖ **산가관부**(山家官府) : 세간흉신(歲干凶神)의 하나로 이 방위에 좌(坐)를 범하면 질병과 시비가 생긴다고 한다.

甲己年 : 亥　乙庚年 : 酉　丙辛年 : 未

丁壬年 : 巳　戊癸年 : 卯

가령 태세가 갑(甲)이나 기(己)가 되는 해는 해방(亥方) 해좌(亥坐)에 산가관부살(山家官府殺)이 닿는다.

❖ **산가혈인**(山家血刃) : 세간흉신(歲干凶神)의 하나로 이 날에 집을 짓거나 수리하거나 흙과 나무를 다루면 가축이 안 된다고 한다.

甲己年 : 6, 7일　乙庚年 : 1, 4일

丙辛年 : 2, 8일　丁壬年 : 3일　戊癸年 : 9일

가령 태세가 갑(甲)이나 기년(己年)에는 매월 6일과 7일이 산가혈인살(山家血刃殺)에 닿는다.

❖ **산간방락혈**(山間傍落穴) : 혈(穴) 뒤에 내려온 용맥(龍脈)이 짧고 기(氣)가 약하여 산세가 궁벽하니 역량이 적으며, 깊은 산 적막한 데에 엎드려 있는 형국. 외산(外山)에 꼭 끼어 웅크림을 면치 못하니 그런 기운을 받아 사람이 태어나면 어리석고 무식하며 재산을 속성 속패할 것이고, 몇 대 내려가면 자손이 점점 적어지지만 대간맥(大幹脈)이 기운이 왕성하여 먼 곳부터 꿈틀거리고 뛰엄뛰엄 내려와서 혈을 맺는 입수처(入首處)에 이르러 청룡·백호와 모든 사격(砂格)이 횡(橫)으로 밀려와 안산이 되고, 뿐만 아니라 전후좌우 사방의 산이 첩첩히 보이지 않아도 뒤에서 호응하여 공조하면 비록 혈처에서 외산(外山 : 朝山)이나 바깥이 보이지 않아도 능히 자손도 많고 복록도 많게 된다. 이것은 하늘에 등천하는 용이 구름과 안개를 얻어 머리와 뿔을 감추고 등천하며, 신비한 풍운조화를 부리듯이 산이 한 겹 둘러 외산이 보이지 않고 들과 물이 보이지 않아도 상서로운 영기(靈氣)를 받을 수 있는 형세이다.

❖ **산격일**(山隔日) : 월가흉신(月家凶神)의 하나로 이 날에는 입산(入山), 벌목(伐木), 수렵(狩獵), 채광(採礦) 등을 꺼린다.

1, 7月 : 未日　　2, 8月 : 巳日　　3, 9月 : 卯日

4, 10月 : 丑日　　5, 11月 : 亥日　　6, 12月 : 酉日

❖ **산경표**(山經表) : 신경준(申景濬)이 옛 지도에 나타난 산맥을 문헌으로 정리한 책. 전국의 산맥을 하나의 대간(大幹), 하나의 정간(正幹) 그리고 13개의 정맥(正脈)으로 규정하고, 여기에서 다시 가지처럼 뻗은 기맥(岐脈)까지 족보책을 엮듯이 상세하게 기록하였다.

❖ **산과 길, 물에 둘러 싸인 집** : 앞에 물, 왼쪽에도 물, 오른쪽에 길, 뒤에 산, 즉 주작(朱雀), 현무(玄武), 백호, 청룡의 4신이 전부 갖추어져 있으므로 가장 최고의 조건이다. 남성이면 재물이 모아지고 여성이라면 현명해진다. 구하지 아니해도 지위와 재물이 저절로 모여든다.

❖ **산곡**(山谷) : 산골짜기. 산곡에 거처한다면 요풍(凹風)이 가장 겁나고, 평양(平洋)에 있다면 모름지기 득수(得水)가 먼저이다.

[平洋得水]

❖ **산골짜기를 피한다** : 산골짜기로 불어내려오는 살풍(殺風)으로 인해 기(氣)가 흩어지고 그 영향을 받아 집안에 정신질환 등 건강에 이상이 생기거나 요절하는 사람이 생기게 되어 이를 피하여야 한다.

❖ **산(山) 공부 삼 년, 혈 공부 십 년** : 정혈법은 바로 명당 중에서도 그 혈을 찾는 방법으로 간룡법과 장풍법, 득수법의 궁극적인 목적은 이 정혈을 찾는 것이다. 혈은 시신이 직접 땅과 접해 그 생기를 얻는 곳이고, 산 사람에게는 집을 지어 실제 삶을 영위하는 곳이 되기 때문이다. 그러나 성국 내 어디에나 혈이 있는 것은 아니라 극히 한정된 부분에만 있어서 이 지점을 찾아내는 일은 어렵다. 정혈의 어려움을 『금낭경』에서는, 털끝만한 차이로도 화와 복이 천리의 거리가 난다. 왜 털끝만큼이라도 벗어나면 소위 화복이 급변하고 길이 흉으로 바뀌는가? 혈은 마치 인체의 경혈과 같은 곳이다. 정혈이 아닌 땅을 쓰는 일은 이 경혈을 잘못 알고 혈이 아닌 곳에 침을 놓아 몸을 해치는 것과 같은 이치이다. 생기가 응결된 곳이 아닌 다른 곳에 관을 두면 살아 있던 용은 죽은 용으로 변하고, 순식간에 길국이 흉국으로 바뀔 우려가 있는 것이다. 또한 당나라 때의 유명한 풍수가 양균송의 이론을 빌어, 볼록렌즈는 쉽게 태양 광선을 모아 열을 얻어 불을 낼 수 있고, 오목렌즈는 쉽게 달빛을 모아 물방울을 맺게 할 수 있다. 그런데 불을 일으키고 물을 맺는 것은 렌즈나 거울이 발광체인 해와 달에 직각이 될 때가 아니면 안 된다. 또한 불이 되고 물이 되는 것은 렌즈나 거울의 원근 어디에서나 되는 것이 아니고, 렌즈나 거울의 크기나 두께에 따라 초점이 맞아야만 되는 이치와 같은 것이라 하였다. 그래서 흔히 풍수에서는 정혈 찾기의 어려움을 일러 '산 공부 삼 년, 혈 공부 십 년'이라 한다. 바른 혈을 찾는 정혈법이 그만큼 어렵다는 말이다. 특히 묘지의 경우 정혈을 찾기란 그 확률이 십만 분의 일 정도로 희박하다 하므로 지관들 중에는 나쁜 혈에 묻을 바에야 차라리 화장을 하여 화근을 미리 없애는 것이 낫다는 주장을 펴는 사람도 있다. 그러나 성국의 형세에 따라 달라지는 생기의 결처를 정혈에 있어서는 먼저 혈의 형태가 어떤지 잘 살펴보아야 하고, 입수(入首)가 어떤지를 생각하여야 하고, 명당의 전후좌우를 둘러보아야 하며, 또한 기가 모이는 데 장애가 될 만한 것은 없는지도 잘 헤아려 보지 않으면 안 된다.

❖ **산 끝이 묘를 충하면** : 산 끝이 묘를 충하면 자손에게 상처가 난다. 만약 두 곳에서 흉하면 두 번 상처하고, 묘 앞에 개천물이 끊이지 않고 흐를 때는 상처를 면할 수 있다. 또 물이 흐르더라도 산끝 부위에 암석이 충하면 절대 면할 수 없다. 물이 묘를 충하면 인패를 많이 본다.

❖ **산 능선의 끝나는 부분의 집터** : 집터로서 산 능선이 끝나는 부분은 부적격하며, 움푹 패인 곳이나 흙을 돋구어 만든 집터도

좋지 않다. 이러한 곳에 살면 재산도 늘어나지지 않고 매사에 걸림돌이 생긴다.

❖ **산능선(山稜線)이 끝나는 흙덩어리 위에 묘지로 선정하다** : 묘터는 맥이 기가 있는 곳을 찾아야 하고 묘 터 잡는 상식(常識)에서 벗어나면 많은 해를 당한다. 산능선 끝나는 흙덩어리 위에 묘지선정(墓地選定) 하면 무해(無害)하다. 능선이 끝나는 곳은 대개 썩비래도 되어 있어 혈자리가 좋은 자리이다.

❖ **산·두산원형** : 두산이 들판을 가운데 두고 서로 마주 보면서 원형을 이루고 감싸주는 지세. 이러한 지세에도 생기가 모여 재물이 쌓이고 큰 인물이 배출된다. 두산 원형지세는 두산이 모두 들판을 향해 앞면을 보고 있어야 하며 만일 뒷면을 보이는 지세라면 생기가 모이지 않는다.

❖ **산란**(散亂) : 물거품이 구슬처럼 어지러이 흩어져 있는 모양.

❖ **산록**(山麓) : 산기슭.

❖ **산룡지세**(山隴之勢) : 고산지대의 산줄기. 이를 고산룡(高山龍)이라 부르기도 한다. 고산룡은 기세가 강하고, 기복이 심하며, 산줄기들이 겹겹으로 펼쳐져 있으며, 산봉우리들이 빽빽하게 솟아올랐다. 맥이 흩어지는 산 재물 자손이 없다.

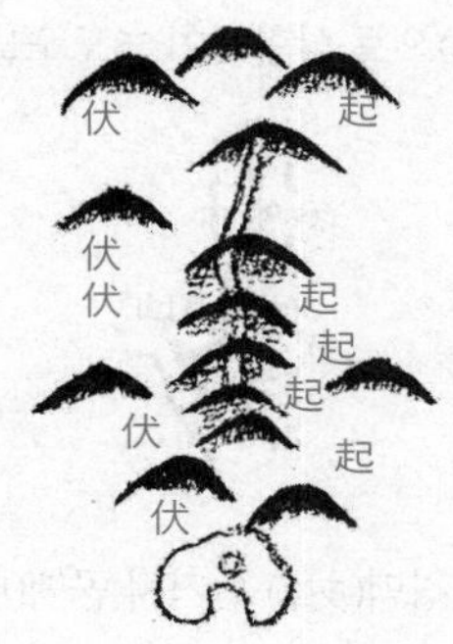

[산룡(散龍)]

❖ **산만**(散漫) : 산세와 수세가 어순한 것. 기를 수렴하지 못한다.

① 용맥이 느리고 퍼져 지기(地氣)가 모여들지 않은 혈지이다. 입장하면 재산이 없어지고 집안이 가난해진다.

② 혈성(穴星)과 용(龍)의 흉격으로 가지런하게 단정한 모양이 없고 마치 푸석한 모래를 헤쳐놓은 것같이 엷게 미끄러져 나가서 넓고 평탄한 땅이나 생기(生氣)가 흩어질 뿐 거두어 들이는 것이 없어 불길하다.

③ 어수선하게 흩어져 있다는 뜻으로 즉 혈장이 평탄하고 넓게 흩어진 것을 말한다. 대개 혈을 맺는 곳은 산만하여 흩어지는 것을 꺼리는 바 거두어들이고 묶어 모이는 것을 귀로 삼는다.

④ 산만이란 게을러 늘어지고 평탄하고 넓은 것이다. 결혈(結穴)이란 거두어들이고 묶어 모이는 것이 귀(貴)한데 산만(散漫 : 물이 질펀한 곳)하여 흩어지면 좋지 않다. 그러므로 혈장이 흩어져 넓고 거두어 들임이 없이 되고 계수(界水)와 와돌(窩突)이 없으면 혈이 융결(融結)되지 않으니 주로 황종(黃腫)과 빈곤하고 쇠하여 절사지경에 이르기 쉽다.

❖ **산매법**(山媒法) : 사람이 중매가 있음으로써 남녀가 부부관계를 맺어 교합(交合)을 이루는 것 같이 지리법에 있어 산도 중매가 있어야만 음양으로 짝을 짓고 15도수(度數)를 맞추게 된다. 즉 산의 중매는 자오묘유(子午卯酉)인데 건(乾:六)·간(艮:八)의 합을 자(子:坎一)가 중매하고, 간(艮:八)·손(巽:四)의 합을 묘(卯:震三)가 중매하고, 손(巽:四)·곤(坤:二)의 합을 오(午:離九)가 중매하고, 곤(坤:二)·건(乾:六)의 합을 유(酉:兌七)가 중매하면 자연 용이 짝(配)을 얻게 되고 따라서 15도수가 이루어 진다. 그러므로 이렇게 자오묘유(子午卯酉)가 중간에 끼어 음양을 짝하고, 15도수를 이루도록 중간역할을 한다고 하여 이러한 방식으로 혈(穴)을 정하고 찾는 방법을 산매법(山媒法)이라 한다. 즉 자룡(子龍)이 좌선(左旋)하면 임(壬) 건맥(乾脈)이 나오고 건맥(乾脈) 아래에서 간맥(艮脈)을 찾아 혈을 정한다. 〈건간(乾艮)이 짝으로 자(子)가 중매이니 감1(坎一)·건6(乾六)·간8(艮八)의 합이 15다〉. 자룡(子龍)이 우선(右旋) 하면 계축(癸丑) 간맥(艮脈)이 나오고 간맥(艮脈) 아래에서 건맥(乾脈)을 찾아 건맥(乾脈)에다 혈을 정한다. 〈건간(乾艮)이 짝으로 자(子)가 중매이니 감1(坎一)·건6(乾六)·간8(艮八)의 합이 15다〉

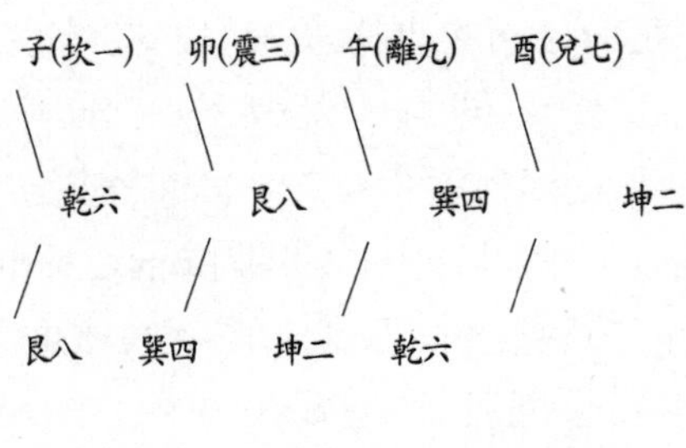

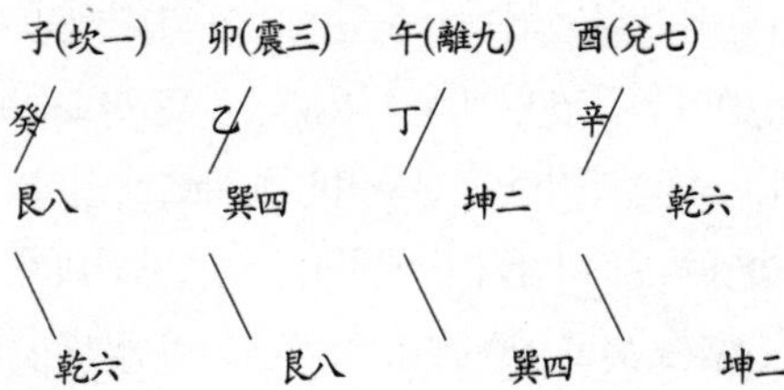

묘룡(卯龍)이 좌선(左旋)하면 갑인(甲寅) 간맥(艮脈)이 나오고 이를 간맥(艮脈) 아래에서 찾아 손맥(巽脈)에다 혈을 정한다. 〈손간(巽艮)의 합을 묘(卯)가 중매하니 묘3(卯三)·손4(巽四)·간8(艮八)로 15도수가 이루어진다〉. 오룡(午龍)이 좌선(左旋)하면 병사(丙巳) 손맥(巽脈)이 나오고 손맥(巽脈) 아래에 곤맥(坤脈)이 있으면 곤맥(坤脈)에 혈을 정한다〈손곤(巽坤)의 합을 오(午)가 중매하니 오9(午九)·손4(巽四)·곤2(坤二)로 15도수가 이루어진다〉. 오룡(午龍)이 우선(右旋)하면 정미(丁未) 곤맥(坤脈)이 나오고 곤맥(坤脈) 아래에 손맥(巽脈)이 있으면 이곳에 혈을 정한다〈곤손(坤巽)의 합을 오(午)가 중매하니 오9(午九)·곤2(坤二)·손4(巽四)로 15도수가 이루어진다〉 유룡(酉龍)이 우선(右旋)하면 신술(辛戌) 건맥(乾脈)이 나오고 건맥(乾脈) 아래에 곤맥(坤脈)이 생기면 이곳에 혈을 정한다. 〈건곤(乾坤)의 합을 유(酉)가 중매하니 유7(酉七)·건6(乾六)·곤2(坤二)로 15도수가 이루어진다〉. 유룡(酉龍)이 우선(右旋)하면 신술(辛戌) 건맥(乾脈)이 나오고 건맥(乾脈) 아래에 곤맥(坤脈)이 생기면 이곳에 혈을 정한다. 〈건곤(乾坤)의 합을 유(酉)가 중매하니 유7(酉七)·건6(乾六)·곤2(坤二)로 15도수가 이루어진다〉. 산매(山媒)란 용맥(龍脈)을 음양으로 짝을 삼음과 동시에 15도수(度數)에 맞게 하는 것인 바 순음(純陰)·순양(純陽)은 생성이 불능함으로 용맥(龍脈)은 반드시 음양맥(陰陽脈)이 상배되어야 한다.

• 감룡(坎龍:子)에 임맥(壬脈)을 거쳐 건맥(乾脈)이 생기면 간맥(艮脈)을 찾아 건(乾:六), 감(坎:一), 간(艮:八)으로 삼합하여 15도수를 맞춘다.

• 진룡(震龍:卯)에 갑맥(甲脈)을 거쳐 간맥(艮脈)이 생기면 손맥(巽脈)을 찾아 간(艮:음)·손(巽:양)으로 진(震:三), 간(艮:八)·손(巽:四)으로 삼합하여 15도수를 맞춘다.

• 이룡(離龍:午)에 병맥(丙脈)을 거쳐 손맥(巽脈)이 생기면 곤맥(坤脈)을 찾아 손(巽:양)·곤(坤:음)으로 짝을 삼고, 이(離:九)·손(巽:四)·곤(坤:二)으로 삼합하여 15도수를 맞춘다.

• 태룡(兌龍:酉)에 경맥(庚脈)을 거쳐 곤맥(坤脈)이 생기면 건맥(乾脈)을 찾아 곤(坤:음)·건(乾:양)으로 짝을 삼고, 태(兌:七)·곤(坤:二)·건(乾:六)으로 삼합하여 15도수를 맞춘다.

이상은 모두 우선룡(右旋龍)이다.

• 감룡(坎龍)에 계맥(癸脈)을 거쳐 간맥(艮脈)이 생기면 건맥(乾脈)을 찾아 간(艮:음)·건(乾:양)으로 짝을 삼고 감(坎:一)·간(艮:양)으로 짝을 삼고 감(坎:一)·간(艮:八)·건(乾:六)으로 삼합하여 15도수를 맞춘다.

• 진룡(震龍)에 을맥(乙脈)을 거쳐 손맥(巽脈)이 생기면 간맥(艮脈)을 찾아 손(巽:양)·간(艮:음)으로 짝을 삼고, 진(震:三)·손(巽:四)·간(艮:八)이 삼합하여 15도수를 맞춘다.

• 이룡(離龍)에 정맥(丁脈)을 거쳐 곤맥(坤脈)이 생기면 손맥(巽脈)을 찾아 곤(坤:음)·손(巽:양)으로 짝을 삼고, 이(離:九)·손(巽:四)·곤(坤:二)으로 삼합하여 15도수를 맞춘다.

• 태룡(兌龍)에 신맥(辛脈)을 거쳐 건맥(乾脈)이 생기면 곤맥(坤脈)을 찾아 건(乾:양)·곤(坤:음)으로 짝을 삼고, 태(兌:七)·건(乾:六)·곤(坤:二)으로 삼합하여 15도수를 맞춘다.

이상은 모두 좌선룡(左旋龍)이다.

그러므로 건곤(乾坤)의 합은 태(兌)가 중매(中媒)하고, 건간(乾艮)의 합은 감(坎)이 중매하고, 간손(艮巽)의 합은 진(震)이 중매하고, 손곤(巽坤)의 합은 이(離)가 중매한다. 중매가 부지런하면 교합(交合)이 빠르고, 중매가 게으르면 교합(交合)이 늦어지므로 중매가 짧고 절(節)이 속한 용맥(龍脈) 밑에는 모두 진혈(眞穴)이 융결될 것이고 중매가 길고 절이 느린 용맥(龍脈) 밑에는 진혈(眞穴)이 융결되지 아니한다.

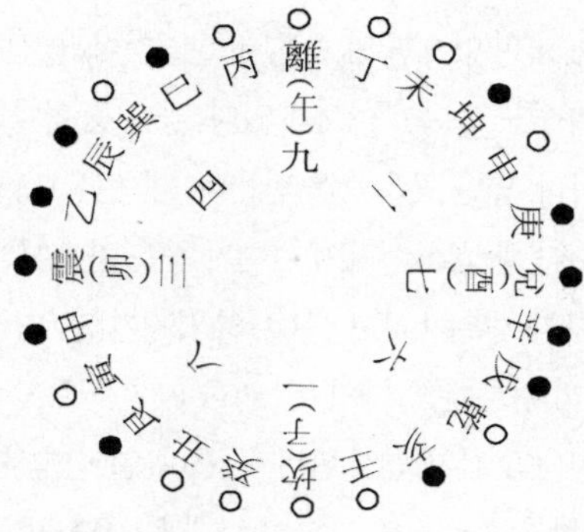

❖ **산맥을 보면 그 형상이 다양하다**: 산의 모양을 오행(五行)에 따라 구분하면 길흉화복을 가늠할 수가 있다.

❖ **산맥의 형상과 길흉은 이러하다**: 수형산(水刑山)은 부드러워 구불구불하게 흐르는 용맥(龍脈)의 혈(穴)은 코 귀 머리 꼬리 물결이 층층이 중첩되면 길한 것이고 힘없이 늘어지면 흉(凶)한 것이다. 수형산에서 안산(案山) 중심에 귀봉(貴峰)이 보이면 과거급제(科擧及第) 부귀(富貴) 금시(今時) 발복(發福)이다. 목형산(木形山)이 곧게 높이 솟은 용맥의 혈(穴)은 가슴 배꼽 음부부분 방위는 동쪽이며 봄이기 때문에 맑고 깨끗하면 발전한다. 인물은 기대하지만 재물(財物)은 약하다. 목산에 둥글고 귀봉(貴峰)이 있으면 군수급(郡守級) 교수 자손(敎授子孫)이 많이 나온다. 화형산은 불꽃처럼 뾰족뾰족 솟은 용맥의 혈의 위치는 가슴 배꼽 음부 속성속폐하고 타인과 정이 없으며 판단력이 예리하다 토형산(土形山)은 평평하고 묵직한 일자문성(一字文星)의 용맥의 혈은 모양에 따라 다르다. 재물과 전답이 풍부하다. 산세가 높고 웅장하면 길(吉)하고 기울고 패하면 흉하다. 금형산(金形山)은 맑고 둥글고 지룡(枝龍)이 많은 용맥으로 철모를 엎어 놓은 모습

과 같다. 결혈(結穴)의 위치는 중간쯤에 있고 경사가 두 번째 진 곳에 있다. 맑고 수려하면 귀한 것으로 높은 벼슬이 나고 만일 탁하면 대도(大盜)가 난다. 수(水) 목(木) 화(火) 토(土) 금형산에 따라 길흉(吉凶)이 다르게 나타난다. 형상(形相)이 수려(秀麗)하고 빛이나면 유정이길(有情이吉)하고 깨지고 일그러지고 무정(無情)하면 흉하다. 사(砂)의 형상은 일정(一定)하기 때문에 바꿀 수가 없다. 주산(主山)이 둥글 결혈은 가까운 곳에서 찾고 길면 먼 곳에 있다. 지자와 같이 굴곡이 있으면 가까이에서 혈을 찾고 굴곡(屈曲)이 없으면 먼 곳에서 혈을 찾아라. 길용(吉龍)은 생기(生氣)가 있고 봉(峰)이 3~4개 있다. 높은 곳 혈자리는 충(沖)을 논하지 마라. 낮은 곳은 충을 받는다. 내룡산세(來龍山勢)·내룡맥(來龍脈)이 왕성(旺盛)하면 기세가 좋은 자손이 나고, 후부(厚富)하면 부자 자손이 나고, 맥(脈)의 가지가 많으면 자손이 만당(萬堂)하고, 광채(光彩)나면 귀(貴)한 자손을 두고 보룡(報龍)하면 후원자(後援者)가 있게 된다. 순룡(順龍)이면 자손이 충효(沖孝)하고, 장룡(長龍)이면 자손이 길게 복(福)을 받고, 주왕(主旺)하면 장손(長孫)쪽이 지왕(支旺)이면 지손(支孫)이 잘되며, 미약(微弱)하면 세력이 없고 빈약(貧弱)하면 자손들이 곤궁(困窮)하다. 무기(無氣)하면 빈천(貧賤)하고, 흩어지면 거지가 나고, 산만(散漫)하면 축첩(蓄妾)하는 자손이 있고, 편룡(片龍)이면 불구자가 단룡(斷龍)이면 절손(絶孫)하게 된다. 룡이 나란히 다투면 병합(倂合) 자손이 골육상쟁(骨肉相爭)하게 된다. 또한 흙에도 생기가 있는 붉은색·황색(黃色)· 백색(白色)·자황색(雌黃色)으로 토질(土質)이 강(强)한 편이다.

❖ **산맥**(山脈)**의 형상**(形象) **오성체**(五星體)

- **수형산**(水刑山) : 부드러워 구불구불하게 흐르는 용맥(龍脈)을 물결이 종횡으로 층층이 중첩된 듯 떠다니는 구름같이 구불구불하고 굽은 듯하면 길(吉)한 것이고 힘없이 늘어지면 흉한 것이다. 혈은 코 귀 머리 꼬리 수형산에서 안산 중심에 귀봉(貴峰)이 보이면 과급(科給)·부귀(富貴)·금시 발복(發福)이다.
- **목형산**(木形山) : 곧게 높이 솟은 용맥을 우뚝솟아 기울지 않아야 하고 윤택함이 길하다. 혈(穴)은 가슴 배꼽·음부 부분이며, 방위(方位)는 동(東)이며 봄이기 때문에 맑고 깨끗하면 발전한다. 인물은 기대하지만 재물은 약하다. 목산에 둥글로 귀봉이 있으면 군수급(郡守級) 자손이 많이 나온다.
- **화형산**(火形山) : 불꽃처럼 뾰족뾰족 솟은 용맥으로 활활 타오르는 격이면 길하고 너무 크면 좋지 않다. 혈의 위치는 가슴 배꼽 음부 속성속패하고 정이 없으며 판단력이 예리하다.
- **토형산**(土形山) : 평평하고 묵직한 일자문성(一字文星)의 용맥으로 창고 같고, 병풍 같고, 후중학 웅장하면 길하다. 기울고 패하면 흉이다. 혈은 모양에 따라 다르다. 재물과 전답이 풍부하다.
- **금형산**(金形山) : 맑고 둥글고 지룡(枝龍)이 많은 용맥으로 철모를 엎어 놓은 모습과 같다. 둥글고, 기울지 않고, 윤택하고, 광채가 나면 길하고, 결혈의 위치는 중간쯤에 있고 경사가 두 번째 진 곳에 있다. 날개·머리·배꼽 등 맑고 수려(秀麗)하면 귀한 것으로 높은 벼슬이 나고 만일 탁(濁) 하면 대도(大盜)가 나다. 水 木 火 土 금형산(金形山)의 성체(星體)에 따라 길흉이 다르게 나타난다. 너무 살찐 거 야윈 것은 좋지 않다.

❖ **산명일**(山鳴日) : 산이 운다는 날로서 흉신(凶神). 산에 들어가 벌목, 수렵, 채광(採礦)하는 일과 산신제(山神祭) 지내는 일을 꺼린다.
大月 : 2일, 8일, 21일, 23일, 26일.
小月 : 1일, 8일, 10일, 18일, 22일, 23일.

❖ **산비**(山飛) : 산이 도망하여 날아가는 듯하다.

❖ **산사태**(山沙汰) : 산사태로 몰골이 많은 곳은 교통사고가 가장 많으며 관재(官災)·구설(口舌)이 겹친다.

❖ **산사태가 정면 보이면 묘 쓴지 3년 안에 침수가 된다** : 물이 잘 스며드는 좌(坐) : 진술축미(辰戌丑未) 또는 자오묘유(子午卯酉) 좌(坐)의 경우는 정면으로부터 흘러오는 물 줄기나 산사태(山沙汰)가 정면 보이면 묘(墓) 쓴지 3년 안에 침수가 된다고 하며 묘 봉분(墓封墳) 좌우(左右)에 청태(青苔)가 끼어 있으면 침수가 된 것으로 본다.

❖ **산산사**(散山砂) : 사(砂)의 가닥이 양(兩)쪽으로 갈라지거나 끊어져 달아나는 산으로 후손에 재산이 흩어지고 불효자에 우환(憂患)이 끊이지 않아 결국 패가(敗家) 하게 된다.

❖ **산**(山), **삼산원형**(三山圓形) : 세 산이 들판을 중심에 두고 원형으

로 감싸고 있는 지세. 이러한 지세에도 생기가 많이 모이지만 사산 원형 지세보다 생기가 약하다.

❖ **산(山), 삼태기 지세**: 산의 중심이 높이 서 있고 좌우가 벌어져 있으며 그 중간에 평탄한 들판을 이루고 있어 삼태기와 같은 형태를 하고 있는 산의 지세. 중심의 높은 봉우리는 주산이 되며 좌우로 벌어진 능선은 청룡과 백호가 되는데, 이런 지세에도 생기가 모이며 때로는 명당이 되기도 한다. 삼태기 지세에서 가장 중요한 점은 산 중심 부분이 높아서 중심에 기운이 모여 있어야 한다는 것으로, 만약 기운이 중심에 모이지 않고 좌우로 빠져나가는 지세라면 결코 생기를 이루지 못한다. 또 좌우로 벌어진 능선이 들판의 중심을 향해 앞면을 보이고 있어야 한다. 등을 보이고 있으면 생기가 발생하지 않는다.

❖ **산상와우형**(山上臥牛形): 높은 산 정상에 분지가 형성되고 그 안에 소가 누워 있는 형국. 혈은 소의 젖가슴 부분에 있고, 안산은 풀 더미다.

❖ **산세(山勢)가 단정(端正)하고, 엄숙하면 관직(官職)에 오른다**: 산세가 밝고 맑으며 단정하고 엄숙하면 군자(君子)가 귀(貴)한 관직에 오르고 산수가 거칠고 혼탁한 기운이 들어 모였으면 서민들에게 재산이 많아지고 후룡(後龍)이 약하고 전사각(前砂角)이 좋으면 서손(庶孫)이 집을 이어나간다.

❖ **산세(山勢)와 산맥(山脈)이 웅장(雄壯)하면**: 산의 기맥(氣脈)과 산세의 봉맥(峯脈)이 현출(顯出)하면 거부(巨富)와 인재공명자(人材功名者)가 필히 탄생하여 가문흥성(家門興盛)한다.

❖ **산세가 험(險)하면 사람의 성품(性品)도 험하고, 산세가 아름다우면 사람의 얼굴도 아름답다**: 산세가 지나치게 험하고 하천(河川)이 격하면 사람의 성품이 또한 험하고 표독한 자가 태어나기 쉽고 산이 아름답고 물이 맑으면 그 고장이 윤택하고 인심이 좋으며 부자가 많이 태어난다. 산천이 맑고 수려하면 얼굴까지도 아름다운 사람이 태어나게 마련이다.

❖ **산세를 분석하는 방법**: 집이나 건물을 지을 대지 주변을 둘러보면 산이 전혀 없이 평탄한가 하면 산이 한 개 또는 여러 개 있는 경우도 있다. 산은 한 지역 기운을 대표해서 나타내고 있으므로 대지의 성질을 분석하기 위해서는 주변에 있는 산의 기운부터 분석해야 한다. 산의 기운을 분석하기 위해서는 주산과 그 주변에 있는 산의 배치 관계부터 파악해야 한다.

① 산의 앞과 뒤를 구분한다. 생기가 모이는 공간은 산의 앞면이므로 이곳을 선택한다.

② 산봉우리를 중심으로 품격·체형·오행산을 구분한다. 산을 품격에 따라 주인격·보조격·배반격으로 구분하는데, 주인격 산이 가장 좋고, 보조격은 그 다음으로 좋으며, 배반격은 좋지 않으므로 선택하지 않도록 한다. 산의 체형을 볼 때도 강체와 중체를 고르도록 하고, 약체는 가급적 선택하지 않도록 한다. 병체인 산은 절대 고르지 말아야 한다. 또한 산의 형태를 오행산으로 분석해서 강한 기운이 있는 목산·금산·토산의 형태를 오행산으로 분석해서 강한 기운이 있는 목산·금산·토산을 고른다. 기운이 분산되는 화산이나 수산은 피한다.

③ 산 정상에서 연결되어 내려오는 중심 용(능선)을 찾는다.

④ 청룡과 백호, 안산을 살핀다. 이들 용호(청룡과 백호)가 앞쪽으로 면하고 있으면 생기를 만들어서 좋지만, 뒤쪽을 바라보고 있으면 배반하는 기운을 갖고 있으므로 좋지 않다.

⑤ 물이 흐르는 모양과 수구를 살핀다. 물이 곡선으로 흐르며 역수하는 곳이 명당이다. 수구는 좁아야 좋다.

⑥ 중심 용의 중간 부분에서 명당을 찾는다.

⑦ 방위를 분석해서 주건물과 대문의 위치를 정한다. 명당은 산과 물의 기운이 음과 양의 조화를 이루는 지세에서 이루어진다. 특히 혈을 중심으로 해서 주변 사면을 아름다운 청룡·백호·주작·현무가 감싸주어야 한다. 현무는 명당에 맥을 연결해서 지기를 공급하는 산이 되며, 한 지세에서 가장 중심이 되는 산이어서 주산이라고도 한다. 주산은 주인격 산으로 강체인 경우에는 강한 생기를 만들 수 있다. 청룡이나 백호, 안산 등은 주산의 기운을 보조하는 보조격 산이다.

❖ **산세(山勢)와 입수좌(入首坐)가 자손에게 미치는**: 건곤간손인신사해좌(乾坤艮巽寅申巳亥坐)는 장손(長孫), 자오묘유좌(子午卯酉坐)는 이손(二孫)이나 중손(仲孫), 갑경병임좌(甲庚丙壬坐)는 삼손(三孫)이나 중손(仲孫), 진술축미좌(辰戌丑未坐)는 사손(四孫)

이나 계손(季孫), 을신정계좌(乙辛丁癸坐)는 오손(五孫)이나 계손(季孫)에 해당한다. 계손법(季孫法)은 내룡(來龍), 입수(入首), 봉만(峰巒), 사수(砂水), 좌(坐)의 방위 등으로 어느 자손에게 해당하는가를 보는 것이다. 해당되는 자리나 용(龍)이 길하거나 흉하면 다른 자손에 비해 길흉작용이 강하다. 산의 왼쪽은 장손과 직계 자손, 오른쪽은 차손과 외손에 해당한다.

❖ **산세와 혈형론**(穴形論) : 혈(穴) 뒤에 만길의 조종(祖宗)의 산이 있을지라도 그 머리 뒤에 보이지 않는 것이 귀한 것이 되고, 파구(破口)에 비록 드러난 사(砂)가 수길의 화표(파구의 양옆에 서 있는 石)가 있어도 혈처(穴處)에서 보이지 않는 것이 귀함이 되고, 뱀, 거북사(砂)가 문을 막아도 보이지 않는 것이 귀함이 된다. 적은 월운(月暈)이 원형(圓形)으로 열리어 반드시 승금(乘金)의 형이 되고, 새우 수염과 같은 형이 구부러 안긴 것은 반드시 기도(氣道)인 상수(相水)의 형이 되고, 선익(蟬翼)이 직접하여 안아주듯 하는 형이 있어야 한다. 빛이 나는 가운데 황홀하여 혈토형이 있어야 하고, 기가 모인 증거가 있어 상승(上昇)하여 따뜻한 형이 있고 혈판(穴板)이 평정하면 반드시 머무름을 취할 수 있는 형이고, 또한 둥글고 초가집 지붕 같은 것이 위에 있는 것은 뒤로 의지하는 형이 되고, 아래사(砂)는 옷깃을 여민 듯이 교쇄한 것은 앞으로 친하는 정(情)이 있는 형이 되는 것이니, 이와 같은 즉 참다운 혈이 되고 이러한 것이 없으면 가혈(假穴)이 된다. 산이 본래 서북에서 일어나 산의 조종(祖宗)이 되는 곤륜산(崑崙山)이 중국으로 들어가 삼대간(三大幹:산줄기)으로 나뉘었으니, 이 간룡(幹龍)이 수천 리를 뻗어 내려오면서 줄기가 또 줄기를 쳐서 가지에서 줄기가 생기고 줄기에서 또 가지가 생겨났다. 이렇게 산맥이 내려오면서 높고 낮은 산봉우리를 이루었으니, 첨수(尖秀)한 산은 혹 화산이 되고 혹 목산이 되어 이를 누(樓:辭樓)라 하고, 평수(平秀)한 것은, 혹은 토산(土山) 혹은 금산(金山), 혹은 수산(水山)이 되어 이를 전(殿:下殿)이라 한다. 산이 사루하전(辭樓下殿)하면서 뻗어 오는 용세(龍勢)가 마치 만 마리의 말이 치달리는 형상과 같고, 큰 물결이 솟구치는 형세와 같아 모두 보오(步伍)가 정숙하며 양쪽으로 장막처럼 벌려지고, 장막 앞에 또 한 개의 봉(峰)이 도두룩하게 솟은 것이 멀리 보인다. 뒤 병풍을 지난 것은 출장귀인(出帳貴人)이라 하고 뒤 병풍보다 조금 낮은 것을 입장귀인(入帳貴人)이라 한다. 물이 둘러 흐르고 구름이 좇아 일어나며 가지마다 주룡(主龍)을 옹호하면 이가, 즉 용기(龍氣)가 대왕(大旺)함이니 용기(龍氣)가 오죽하면 마땅히 설태(泄胎)함인데, 이를 「협(峽)이 순세(順勢)로 과한 것」이라 한다. 과(過:氣脈이 연결된 부분)에는 정과(正過:맥이 가운데로 이어진 것)와 전신과(轉身過:맥이 회전하며 이어진 것)와 측과(側過:기맥이 옆으로 이어진 것)가 있고, 또 과(過)함에는 결석(結石:돌 줄기로 이어진 것)과 천전(穿田 : 밭을 건너온 맥)과 도수(渡水 : 물을 건너온 맥)와 평돈(平墩 : 평지를 이은 맥)이 있다. 용맥(龍脈)이 낮은 부분[伏]은 음협(陰峽)이 되고 등성이[脊] 양협(陽峽)이 되고, 낮고 길게 뻗어 중(中)과 소(小)가 된 모양을 봉요(蜂腰)라 하고, 원방(圓方)하고 준삭(峻削; 좌우가 급하게 깍인 모양)된 맥을 학슬(鶴膝)이라 한다. 또 용기(龍氣)가 극성(極盛)하여 한 번 맥이 방출하니 거두기가 어려운 모양을 붕홍과협(崩洪過峽)이라 하는데, 붕홍(崩洪)의 형세는 십자(十字), 천자(川字), 지자(之字), 야자(也字) 모양이 되거나 또는 끊겼다가 이어지며, 혹은 마디와 눈이 있으며, 혹은 소라껍질이 모인 것 같고, 혹은 말 발굽이 이어진 것도 같으며, 지각(枝角)의 상교함과 돌이 어지럽게 놓여진 형상과 같다. 붕(崩)은 산의 벽이 만 길이나 되는 것이며 평양(平壤)에 일광홍(一曠洪)이다. 수(水)는 혹 작은 냇물을 건너기도 하고 깊은 호수 밑으로 잠입하여 이어져서 맥을 찾기가 어렵거니와 그 형세도 알기 어렵다. 요공(寥公)은 「십자붕홍(十字崩洪)을 어찌 진궁(盡宮)하리오」 하였고, 또 말하기를 「협 후에서 땅을 찾을 때 혈이 맺고 맺지 않은 것은, 다만 보내고 맞이함과 넓고 좁은 것으로 결정해야 한다. 혹 보내는 협이 있고 맞이하는 협이 없으면, 혈을 맺지 않으리니 이것이 순리이다. 맞이하는 협이 있고 보내는 협이 없는 경우에는 그 맞이하는 곳에서 혈을 찾아야 하고, 지세가 너그럽게 펼쳐지고 앞 명당에 물이 모여 보내는 것이 되면 쉽게 기를 거두니 혈이 맺는다. 보내는 협(峽)도 있고, 맞이하는 협(峽)도 있으면 음양이 서로 교함으로써 한 지맥이 수려하여 늑마(勒馬)와 횡궁(橫弓)의 형세를 짓고, 협(峽) 전후에 있는 물이 모두 당(堂)으로 모이면 이는 곧 아름다운 땅

이다. 다만 그 역량이 간룡(幹龍)만은 못하니 간룡(幹龍)이 가는 곳에 특별히 작은 과협이 있고, 혹 어깨를 나란히 하여 맥이 건너 와서 형제의 제방(濟芳)이 되기도 하며, 혹은 낮고 솟게 행하여 부부상배(夫婦相配)가 되어 가지에서 나뉜 줄기가 각각 보호하며 좇는 것도 있다. 이 보호하여 좇고, 일어나고 엎드린 곳에 기가 모임을 인지한다면 이러한 곳이 비교적 진룡(眞龍)이지만 실상 용은 교(巧)하나 혈이 졸(拙)하여 사람이 의심하는 곳에도 진전(眞傳)이 있으니 어찌 쉽게 말하랴.」 하였다. 산의 정출은 좌우를 불구하고 솟고 엎드려 변화가 막측이다. 그러므로 용이 그 여기(餘氣)에는 진룡(眞龍)이 없고 진기(眞氣)가 뚫고 나오는 바, 총론적으로 말하면 사(砂)의 성정이니 전혀 남이 못 쓴다고 버려둔 것을 거두어 쓰는 경우도 있다. 사방으로 서로 보고 있는 것을 포라사(包羅砂)라 하며, 양쪽에 함께 있는 것을 용호사(龍虎砂)라 하며, 혈 앞에 있는 것을 안(案)이라 하고, 혈 아래에 있는 것을 수구사(水口砂)라 한다. 혈 좌우에서 자연스럽게 흘러가는 물을 순사(順砂), 첨사(尖射)로 혈(穴)을 지나는 것을 핍사(逼砂), 경사(硬砂), 반사(反砂), 비사(飛砂)라 하는 바, 이 모두 흉사(凶砂)가 된다. 물이 용맥을 따라 오다가 머리를 돌려 용맥보다 먼저 혈 앞에 이른 것을 내하사(內下砂)라 하고, 물줄기를 따라 오다가 거꾸로 거두는 것을 대하사(大下砂; 일명 소성(鎖城))라 한다. 물은 역수함을 요하는 바, 역수함을 하수하사(下小下砂)라 하고, 소하사(小下砂)에 대해서는 대개 물이 가는 곳을 하사(下砂)라 부르고 있다. 변화의 묘는 용맥이 오다가 결혈(結穴)하는 곳을 찾아 내야 하니 전신(轉身)이 왼쪽이면 좌사(左砂)로 하사(下砂)라 하고, 오른쪽이면 우사(右砂)로 하사(下砂)를 삼는다. 이 일맥의 보내고 오는 물을 상당수(上堂水)라 하므로 「물은 하당수가 멈추면 안 된다」 하였으니 점혈(點穴)의 법이 이러하다. 대개 사(砂)의 귀천은 용을 좇고 용의 기교는 반드시 기묘한 사(砂)에 있으므로 혈의 진가를 이 용과 사(砂)로 분별한다. 내룡(來龍) 뒤에 있는 사(砂)를 금(禽) 혹은 귀산(鬼山)이라 한다. 왜냐하면 새는 물건을 취할 때 다리가 서로 돌아보니 우(牛)와 호(虎)와 상(象)과 잠(蠶)과 고양이 등의 형상도 있다. 향래(向來)하는 용맥이 가장 중요하여 부를 주장한다 하였으나, 공통된 이론은 아니며, 내룡(來龍)이 수려하면 또한 귀(貴)를 발한다. 귀(鬼)란 꼬리가 있어 길게 펴서 돌아다보지 않으니, 소의 꼬리, 범의 꼬리, 뱀의 꼬리, 칼이나 창 따위 같은 형상으로 향(向)으로 내려오면 귀(貴)를 발한다 하나 확실한 것은 모르며, 다만 내룡(來龍)에 금·귀2성(禽·鬼二星)이 수려함을 요하므로 둘 중에 하나만 있어도 귀(貴)를 발한다. 그리고 이 2성(二星)은 각각 36개의 형상으로 되어 있다. 사(砂)가 혈 곁에 있는 것을 요(曜), 안(案) 앞에 있는 것을 관(官)이라 한다. 요(曜)는 청룡, 백호, 용신의 앞이나 뒤에 있는데 혹은 도(刀), 검(劍), 침(針), 찬(鑽), 혹은 새의 부리 모양같이 생겼다. 요(曜)가 있으면 물이 순수(順水)로 흘러가거나 곧게 흘러가도 혐의치 않고 거슬러 올라가면 능히 기울어져야 한다.

관(官)이란 혈 앞이나 안(案) 밖에 있는 것으로 쟁 끝, 칼의 날이나 끝같이 생긴 봉우리로 혹은 새나 짐승이 누워 있는 형상과 같아 돌무더기가 쌓여 있는 모양이 성신(星辰)을 이룬 것이지만 혈 중심을 보는 이가 둥글게 이루어진 것이라야 아름다운 것으로, 그 나머지는 귀(貴)를 볼 것이 없다. 귀한 땅은 부가 있는 사(砂)를 논하지 않는다. 혈 앞의 사(砂)는 안(案) 또는 조안(朝案)이라 칭하는 바, 만궁(彎弓)이나 반월 모양으로 둘러 있으면 가장 좋고 금(金)·수(水)·목성형(木星形)의 조산(朝山) 밑에 귀인봉이 겸해 있으면 묘(妙)하고, 혈 앞에 있는 모든 사(砂)가 아름다우면 다음으로 길한 혈이 된다. 길사(吉砂)에는 퇴화(堆花), 적린(積鱗), 집장(執杖), 배아(排衙)와 귀인(貴人)이 관방(觀榜)하고, 전(殿)으로 오르면 동헌(東軒)에 군림하고 봉고(捧誥)할 때 홀(笏)을 잡고 있는 형상의 사(砂), 그리고 귀인이 말에 올라 칼을 매만질 때 두 동자가 쌍으로 모시고 있는 모습의 사(砂), 그 외 주홀(柱笏), 옥규(玉圭), 금상(金箱), 옥인(玉印), 원벽(圓璧)을 들고 군왕을 보필하는 모습이며, 용차(龍車), 봉련(鳳輦), 어병

(御屛), 제좌(帝座), 어로(御爐), 아홀사(牙笏砂)가 있고, 재상봉이 솟고 상운족(祥雲族), 대복두(隊幞頭), 옥궤(玉几)와 쇄포(晒袍), 금대(金帶), 관개(冠盖)와 고축류(誥軸類)가 있다. 그 다음 길한 사(砂)는 금종(金鍾), 옥부(玉釜), 화개(華盖), 3태(三台), 금통(金筒), 옥축(玉軸), 횡금(橫琴), 석모(席帽), 금대(金帶), 은병(銀瓶), 돈(頓), 돈고(頓鼓), 초군(招軍), 첩보(捷報), 궤로(軌爐), 필진(筆陣), 사문(赦文), 염막(簾幞), 화리(靴履), 창균사(倉囷砂) 등이 있다. 천사(賤砂)에는 파흉헌화(破胸獻花)와 도시(倒尸), 탐두(探頭), 축각(縮脚), 헌군(掀裙), 합장(合掌), 목표(木杓), 가쇄(枷鎖), 노제(露臍), 파면(破面), 막배(莫盃), 앙비(仰鼻), 순의(鶉衣), 파망(破網), 제라(提籮), 지발(持鉢), 두취(鬪嘴), 교필항기(咬筆降旗), 도고사(倒鼓砂) 등이다. 귀사(貴砂)는 조산(朝山)을 관계치 않고 좌우로 내룡(來龍)과 동조하여 합국함이 묘(妙)가 되고, 천사(賤砂)는 보면 쇠퇴한데로 흘러내림이 많다. 대개 뾰족하고 둥글고 모가 나며 굽고 곧아서 정체(正體)를 이루면 상격(上格)이고, 뾰족하고 둥글고 모나고 굽고 곧아서 변체(變體)로 보면 중격(中格)이며, 뾰족하고 둥글고 모나고 굽고 곧아서 성체(星體)를 이루지 못했거나, 이루었더라도 반대되어서 있어도 없는 것만 못한 것이 천격(賤格)이다. 용신(龍身)이 좋고 귀사(貴砂)가 있으면 상격(上格)이고, 가까운 안(案)이 귀사(貴砂)가 되고 가까운 용신 백호가 귀사(貴砂)가 되는 것이 차격(次格)이다. 허씨태화경(許氏太華經)에 이르기를, 「관(官)과 귀(鬼)와 금수와 요(曜)는 북신(北辰)의 대길함이 되니, 상세히 분석하면 크게 쇄쇄(瑣碎)할 염려가 있으니 마땅히 용으로 더불어 참고해 봄이 좋다. 용(龍)의 최상격은 오동지(梧桐枝)이니 그 중심으로 정출한 맥이다. 용이 오직 정출(중심으로 뻗어 온 것)해도 이것이 능히 길게 뻗어 수백리나 수십리를 내려오는 도중, 만일 다른 용이 문득 역량이 천협하여 급히 혈을 맺으려 한 것이며, 작약지(芍藥枝)는 목성(木星)으로 소조(少祖)를 일으킴이 묘(妙)한 바, 이 용은 좌로 치우치거나 우로 치우침이 많으니, 목성(木星)을 얻으면 끝이 둥글며, 수기(秀氣)가 위로 올라가 혈에 이르매 반드시 화심혈(花心穴)을 맺고, 양류지(楊柳枝)는 치우치고 경사져서 측면이 많아 전혀 수체(水體)의 측면이 되지만 유(柔)해서 수체(水體)의 용(用)을 잃지 않음이며, 겸가엽(蒹葭葉)은 가장 교(巧)해서 취보(驟步)함이 극히 치우친 것 같으나, 자세히 보면 매우 바르게 뻗었으니 혈 머리에 이르러 아상 유혈(乳穴)을 만드는 것이고, 노편룡(盧鞭龍)은 가장 귀하지만 가(假)가 많아 혹 금성(金星)으로 흩어져 떨어지면 화심(花心)을 이루고 수성(水星)으로 흘려 내려도 또한 화심(花心)을 이루지만 만일 목성(木星)이 홀연 뾰족하고 홀연 둥글어 길게 편형(鞭形)을 이루고, 수성(水星)이 곧게 흘러 와도 또한 편형(鞭形)을 이루며, 토성(土星)한 자에도 편형(鞭形)을 이루고 바르게 되거나 혹 비스듬히 되어도 모두 묘(妙)한 곳이 있어 혈을 맺으며, 기재지(杞梓枝)는 가지와 마디와 마디가 많고 혹은 양변에 함께 있기도 하고 변(邊)에 있기도 하고, 변(邊)에 없는 경우도 있다. 대저 지수(枝數)가 많지만 혈정(穴情)을 확실하게 알기 어려운데 그 나머지는 각양각색이 많으나 이 법수에 불과한 것이니, 이상에 말한 것을 행룡(行龍)이 결혈(結穴)하는 체(體)로 삼지만 앞의 사격론(砂格論)에 의해 용과 사(砂)의 구별을 삼지 말아야 한다」하였다.

❖ **산소 옆에 왜 큰 소나무를 심고 석상을 세우는가**: 무덤 주위에 소나무나 잣나무를 심은 것을 흔히 볼 수 있으며, 석호를 세워놓기도 한다. 홍만선의 『산림경제』에 의하면, "무덤 속에는 죽은 사람의 간과 뇌를 파먹는 망상(罔象)과 온이라는 벌레가 있다."고 하는데 이들은 호랑이와 잣나무를 가장 무서워한다는 것이다. 특히 죽은 사람의 뇌를 잘 먹는다는 온이라는 벌레는, 잣나무로 그 머리를 뚫으면 죽는다고 한다. 고구려에서는 돌을 쌓아 봉분을 만들고 소나무와 잣나무를 주위에 심었으며 지금도 서남해 도서 지방에서는 초분에 소나무 가지를 꽂아 놓은 것을 종종 볼 수 있다. 초분에 솔가지를 꽂아 놓으면 들쥐나 잡귀가 침범하지 못해 유골을 잘 보존할 수 있다는 믿음 때문이다. 또 남해의 청산도 같은 곳에서는 초분에 솔가지를 꽂으면 물이 잘 빠진다고 믿었으며 자손들이 성묘를 하고 갔다는 표시로 솔가지를 꽂아놓기도 한다. 무덤 주위에 소나무를 심고 초분에 솔가지를 꽂는 이유는 잡귀와 부정을 막아 유골을 잘 보존하기 위한 것이다. 음양오행설에 의하면 나무는 오행의 목성에 해당되며, 목은 방위 개념으로 볼 때 동방을 뜻하고, 동방은 해가 뜨는

곳이자 만물의 소생을 의미한다. 즉 창조, 신생, 생식을 상징하며 적색과 같이 양을 의미한다. 양은 음을 구축할 수 있기 때문에 양의 색을 지닌 청솔가지로 잡귀를 막고자 한 것이다. 또한 솔잎은 그 모양이 뾰족하여 이것으로 찌르면 귀신이 무서워 감히 침범하지 못할 것이라고 생각하였다. 성현의 『용재총화』에는 "2월 초하룻날은 화조라 하여 이른 새벽에 솔잎을 문간에 뿌리는데, 냄새나는 벌레가 무서워서 솔잎으로 찔러 사(邪)를 없애는 것이다."라는 대목이 있다. 귀신도 인간과 비슷해서 송곳같이 뾰족한 것으로 찌르면 아플 것이라고 생각한 것이다. 또 손각시(천연두)에 걸려 죽은 처녀는 관 속에 소나무 가지를 채워 몰래 네거리 한복판에 묻기도 한다. 이는 원귀의 탈출을 막고, 사내들이 지나가면서 밟아 주면 원귀를 달랠 수 있을 것이라는 생각에서 나온 것이다. 뾰족하고 상록인 소나무는, 그 청색이 동방을 나타내어 생명력의 상징이며, 주술적인 힘을 지녔다고 믿었으므로 무덤가에 사시사철 푸른 잣나무나 소나무를 심고 석호를 세우게 되었다.

❖ **산소 대명지** : 대명지의 산소는 어느 누구라도 그곳에 가면 훈기가 감돈다. 이러한 곳에 앉아 있으면 떠나기 싫어 자연히 머물게 되는 곳이 대명지가 되는 곳이며, 쌀쌀한 기운이 감도는 곳은 명지가 아니다.

❖ **산소석물지법**(山所石物之法) : 갑경병임좌(甲庚丙壬坐)는 자오묘유년(子午卯酉年)과 을신정계좌(乙辛丁癸坐)는 인신사해년(寅申巳亥年)에 입석(立石)하면 즉시 자손이 죽게 되어 크게 흉하다. 이는 양인살(羊刃殺)이므로 반드시 적용하여야 한다. 또 건곤간손좌(乾坤艮巽坐)에 진술축미년(辰戌丑未年)은 좌(坐)와 용사년(用事年)과의 상호상충년(相互相沖年)에 입석(立石)하면 흉(凶)하니 유념해야 한다.

❖ **산소의 복합적인 기운과 발복 기간** : 조상 중에는 명당에 모셔진 조상이 있는가 하면 좋지 못한 지세에 모셔진 조상도 있다. 후손에게는 좋은 산소의 기운과 나쁜 산소의 기운이 동시에 전해진다. 또 후손들 가운데서도 사람에 따라 그 영향을 특별히 많이 받는 사람과 그렇지 못한 사람이 있다. 조상 산소에는 부모·조부모·증조부모·고조부모 등 여러 기(基)가 있는 만큼 후손들은 대부분 여러 기운을 함께 받게 되어 좋은 일과 나쁜 일이 동시에 일어나기도 한다. 행복한 순간에 불행한 일이 일어날 수 있으며, 불행한 순간에 행복한 일이 일어나기도 하는 것이다. 아무리 좋은 혈이라도 발복 기간이 무한한 것은 아니고, 일정한 기간이 지난 뒤에는 그 효력이 조금씩 감소한다. 혈의 발복 기간은 혈판구성 요소와 청룡·백호 같은 사신사(四神砂), 그리고 혈에 연결된 용의 길이에 따라 결정된다.

❖ **산수**(山秀) : 수려하게 아름다운 산세.

❖ **산수**(山水)**가 통기**(通氣)**를 만드는 것에 관하여** : 지리(地理)의 도(道)는 산수(山水) 두 곳의 체(體)에서 비롯되므로 이룡배향(以龍配向)은 수산(收山)이고 이수배향(以水配向)은 출살(出煞)이라 하니 산수(山水)의 도(道)는 이 두 개의 결(訣) 가운데서 그 뜻의 전부가 담겨 있음을 찾아야 할 것이다. 가령 용(龍)의 배향(配向)은 잘했으나 수(水)의 배향(配向)이 이에 맞지 않는다면 이는 곧 산(山)은 얻었으되 수(水)는 잃는 결과가 되고, 반대로 입향수수(立向收水)는 잘했으나 이룡배합(以龍配合)이 이에 불합(不合)이면 이 또한 수(水)는 얻었을 지라도 산을 잃고 말게 되니 대리 산은 음기(陰氣)요 수(水)는 양기(陽氣)로서 산수이기(山水二氣)는 곧 음양이기(陰陽二氣)이라도 이의 융결(融結)이 이룩된 연후에야 혈(穴)이 비로소 이루어지기 때문이다. 산은 고요하여 움직이지 않으나 수(水)는 움직여 밤낮으로 달려서 머무르지 않으니 산수의 성정(性情)은 각별하다. 산의 기(氣)가 수(水)와 더불어 통하게 되고 수(水)의 기(氣)가 산을 연연함은 오직 천(天)의 매개에 의뢰함이라 하겠다. 묘의 혈은 지(地)요 그 향조(向朝:朝案)는 공(空:天, 하늘)이며 공(空)은 향(向)인 것이므로, 용혈(龍穴)이 그 향(向)을 얻음은 곧 산수간에 혼(婚)이 성립됨과 같으므로 음양이기(陰陽二氣), 즉 산수이기(山水二氣)가 하나의 기(氣)로서 상통하게 되는 것이다. 만약 용혈(龍穴)이 그 향(向)을 잃었다면 이는 산수가 서로 엇갈려 그 정(情)이 통하지 아니하므로 오직 지리의 성패는 향(向)의 시비가 그 관건이 되는 것이다. 향(向)은 비록 무형일지라도 볼수 있으며 이치 궁구(窮究)하여 추리할 수가 있으니 반드시 여러 국(局)을 골고루 살펴야 한다. 경(經)에 「순수입조(順水立朝), 이수배향(以水配向)」이라 했으니 즉 순

수(順水)는 순수성형국(順水城形局)에 따라 입조(立朝)함을 말하고, 이수배향(以水配向)은 반드시 수세(水勢)의 좌우선(左右旋)의 음양원리(陰陽原理)에 맞춰 수향(水向)을 정배(定配)하라는 뜻이다. 산을 체(體)라면 수(水)는 용(龍)이므로 향(向)은 반드시 배룡(配龍)으로서 주(主)를 삼아야 한다. 즉 해룡(亥龍)이 입수(入首)했는데 당국(堂局)은 재남(在南:巳午丙丁向)이고 임산병향(壬山丙向)으로 향배(向配)를 했다면 이는 순정상배(純淨相配:陰龍配陰向)이니 이것을 수산(收山)이라 하고, 다음으로 명당지수(明堂之水)를 보아야 한다. 만약 좌수도우(左水到右)에 명당(明堂:堂局)이 병오(丙午:穴向)이라면 봉침(縫針)은 병(丙)을 관통해야 하고, 만약 우수도좌(右水到左)에 당국(堂局)이 병사향(丙巳向)이라면 봉침(縫針)은 사(巳)를 관통해야 한다. 그리고 여기에 덧붙여서 수(水)도 역시 불납(不納)함이 없으니 이른바 수수입향(收水立向)이라 하고 이로써 산수(山水)의 기(氣)가 상통하게 되는 것이다. 수산출살(收山出煞)이란 한마디로 말해서 이룡정향(以龍定向)을 수산(收山)이라 하고, 이수상배(以水相配)를 출살(出煞)이라 한다.

❖ **산수**(山水)**와 초목**(草木)**의 기상**(氣象) : 生氣를 받은 산은 이미 박환이 잘 되어 순풍이 감돌아 햇빛을 잘 받아 토질이 단란하고 양명한 양지로 잡목과 잡초가 없어 밝고 환한 기상으로 초목의 색상도 연초록으로 아름답게 보이며 대개 소나무가 많다. 겨울철에는 묘지의 잔디가 황갈색으로 청수하게 보인다. 물 또한 생용에서 흘러나온 물은 흐르는 가운데 산소 생기를 받아 맑고 깨끗하여 물맛도 좋다. 반대로 생기를 받지 못한 산은 사룡(死龍)이 되어 박환이 안 되고 국세도 험악하여 살풍이 불어 기상이 추악하고 음습한 응달로 토질이 무르고 습하여 잡목과 잡초가 무성하여 가시넝클 등 대개 잎이 넓은 식물로 짙은 녹색의 식물이 많이 자란다. 습지를 좋아하는 지렁이, 굼벵이 등 모든 해충이 기생한다. 고여 있는 물은 생기를 받지 못해 지저분하고 탁하여 물맛이 안 좋아 식수로 사용할 수 없다. 겨울철에는 묘지에 파란풀이 자생한다.

❖ **산수**(山水)**의 길흉**(吉凶) : 좋은 터는 산수(山水) 모두 좋은 것으로 보국(保局)이 조화가 잘 되고 경사가 급하지 않다. 그러므로 보기에도 안정되어 위엄이 있고 빛깔도 금빛이나 자주색으로 밝은 빛을 띤다. 이렇게 되면 땅의 표면이 단단하여 활엽수나 잡초가 없게 된다. 흉한 터는 산 능선의 경사가 급하고 기복과 굴곡이 미친 것처럼 방향 감각을 잃고 이리저리 달리며, 당연히 지표면도 갈기갈기 찢어지거나 습하고 무력하여 활엽수나 잡초가 무성하게 자란다. 땅의 색깔은 대개 어둡다. 물은 생수(生水)를 가장 길한 것으로 치며 물의 흐름은 완만하다.

❖ **산수**(山水)**의 생기**(生氣) : 산은 기(氣)의 변화로서 퇴피환골(退皮換骨) 하여 양명(陽明)한 생룡(生龍)을 이루고, 기(氣)를 받지 못한 산은 사룡(死龍)이라 무력하여 음습하고 추한 산을 말하며, 수(水)도 동(動)하는 데에서 기(氣)를 받게 되어서 생수(生水)가 되고, 괴어 있는 물은 기(氣)와 조화를 이루지 못하여 사수(死水)가 되는 것이다.

❖ **산수**(山水)**의 음양**(陰陽) : 지리법에 산과 물은 서로 짝[配]이 된다 하였다. 산이 있으면 물이 있고 물이 있으면 산이 있으므로, 산이 높고 크면 물도 깊고 장원하고 산이 작으면 물도 낮고 짧은데, 일반적인 음양법으로는 높은 것이 남자고 양이니 산이 양이 되고 낮은 것이 여자요 음이니 물이 음이 될 것 같으나, 음계(陰界)의 유택(幽宅)을 정하는 지리법에는 이와 반대다. 즉 산이 음이요 물이 양이다. 산은 고요하게 움직이지 않고 있으나 군데군데 혈(穴)이 맺고 물은 유동하나 산의 생기(生氣)를 거둬들이므로 물이 없는 산은 재산이 없고 물은 있으나 산이 없으면 묘를 쓰지 못한다. 이러한 까닭에 물이 아름답지 못하면 산이 있으나 혈을 맺지 못하고, 물만 아름답고 산이 불길하면 역시 점혈(占穴)이 못하는 것이니 산이 아름답고 물이 길격(吉格)이라야 진혈(眞穴)이 융결된다는 것이다.

❖ **산수회포**(山水回抱) : 산과 물이 서로 안고 도는 곳에서 음양의 기가 잘 융합된다고 보며, 바로 그런 곳이 길지(吉地)와 복지(福地)가 된다고 주장하나 합수머리와 같은 곳을 산수가 회포하는 형국이라 본다. Y자로 산수가 회포한다고 그곳이 모두 명당이 되는 것은 아니다. 모양이 회포한다고 반드시 기도 회포하는 것이 아니기 때문이다.

❖ **산신축개토축**(山神祝開土祝)

維歲次 ○○ 年 ○ 月 ○朔 ○ 日 일진

幼學 ○ ○ ○ (성명) 敢昭告于

土地之神 今爲 學生(本貫 姓) 營建宅兆 神其保佑
俾無後艱 謹以 淸酌脯 果 祇薦于 神尙
饗

[해설] 유학 ○○○는 토지신(산신)께 감히 아뢰니다. 이제 ○(본관 성씨 이름)의 묘를 마련하오니 신께서 도우셔서 뒤에 어려움이 없도록 하여 주시기 바라옵고 맑은 술과 포과로 전을 올리오니 흠향하소서.

❖ **산신하강일**(山神下降日) : 산신(山神)이 하강(下降)한다는 날. 이 날에 산제(山祭)를 지내면 효험이 있다고 한다. 갑자일(甲子日), 을축(乙丑), 정묘(丁卯), 무진(戊辰), 사사(巳巳), 갑술(甲戌), 을해일(乙亥日), 기묘(己卯), 경진(庚辰), 정해(丁亥), 신묘(辛卯), 갑오(甲午), 을미(乙未), 임인(壬寅), 계묘(癸卯), 정미(丁未), 기유(己酉), 경술(庚戌), 신해(辛亥), 갑인(甲寅), 을묘일(乙卯日).

❖ **산에 골짜기가 많으면 흉** : 산봉우리 가운데 가장 높은 것을 보통 주산이라고 하며 주산의 형태를 분석하는 것은 그 지역의 지세를 보는데 가장 중요한 요소 가운데 하나이다. 산봉우리는 갓 피어나는 꽃봉오리처럼 원형이고 탐스러운 형태가 가장 좋으며, 산에 골짜기가 많으면 늙은 호박처럼 줄기가 많이 있어서 생기가 부족한 산으로 본다.

❖ **산 옆구리를 뚫은 집터는 흉한 터** : 도시에서는 집터가 부족하다 보니 능선의 옆구리를 뚫어 빌딩을 짓기도 하고 가정집도 짓기도 한다. 대개 능선 옆구리를 뚫어 지은 고층건물이면 건물에 따른 회사도 함께 부도를 당하거나 하는 일마다 풀리지 않는다. 가정집인 경우면 온 가족의 건강은 물론 그에 따른 가족에게 영향이 있음을 알아야 한다.

❖ **산(山)의 끝이 충(沖)하면 자손에게 상처(喪妻)가 난다** : 결혈(結穴)된 당처(當處)를 주위의 산 끝이 충(沖)하는가 또는 물이 충하여 들어오는 곳이 있는가를 보다 산의 끝이 묘(墓)를 충하면 자손에게 상처(喪妻)가 난다. 예로 두 곳에서 충하면 두 번 상처하게 된다. 만약 묘 앞에 개천물이 끊이지 않고 계속 흐르면 상처를 면할 수가 있다. 또 물이 흘러도 산 끝 주위에 암석(岩石)이 있어 혈을 충하면 절대로 면할 수 없다.

❖ **산을 끊긴 곳이 보이면** : 주택이나 묘지에서 끊긴 산이나 도로가 끊기거나 돌 광산이 보이면 교통사고나 일시에 재물손실을 보게 된다.

❖ **산을 끊은 집터는 재물이 흩어지고 정신질환자가 있게 된다** : 산을 절개해 택지로 개발한 곳은 아직 지기가 탈살 되지 않은 곳이 많다. 또한 산을 절개한 면과 건물 사이로 골이 형성돼 강한 바람의 통로를 이룬다. 골바람은 강한 살풍이 되어 지기를 흩어지게 하고 동물이나 식물의 생장에 큰 장애를 준다. 심하면 바람 소리가 항시 윙윙거려 정신착란과 같은 병을 초래할 수 있다. 거주자는 정신이 산만하여 집중이 되지 않으므로 자녀들의 학업 부진은 물론 일의 성과도 없다. 또 산의 절개로 인하여 축대 붕괴와 같은 위험이 있다.

❖ **산을 살피기전에 물을 먼저 살펴야 한다** : 장경(葬經)에 이르기를 혈(穴)은 길(吉)한 물을 만나야 좋은 혈이 된다 했다. 양구빈(楊救貧)은 산을 살피기 전에 물을 먼저 살피고 또 무릇 진혈(眞穴)과 정혈(正穴)은 중수(衆水)가 합쳐 모이는 곳에 있다 했고 물이 산을 따라 굽게 안아 돌아주는 곳이면 분명히 진혈을 맺는다 했다. 점혈(占穴)을 함에 있어 물의 형세(形勢)에 따라 혈(穴)이 결정된다. 만일수(萬一水)가 명당(明堂)의 좌편(左便)으로 집수(集水)가 되거나 물이 좌편에서 환포(環抱)하며 혹 물을 이루면 혈은 좌측에 있고 물이 명당 우편(右便)에 집수되고 수 혹 우편으로 환포하여 흘러가면 혈은 우측에 있는 것이다. 물이 명당의 정중앙(正中央)으로 유입(流入)되거나 혹은 명당 정중앙으로 집수가 되며 물이 좌우에서 명당을 환포하여 안으면 혈은 중앙에 있는 것이다.

❖ **산운**(山運)**과 산행년**(山行年)**등 기타 비법**

① **산운**(山運) : 산운은 산의 기본 운으로서 좌(坐)를 중심으로 일정한 기간이 지나면 돌아서 처음부터 다시 운(運)이 시작된다.

- 입수(入首)는 30년
- 득수(得水)는 60년
- 파(破)는 19년이다.

② **산행년**(山行年) : 산행년은 산운이 진행되는 구체적인 세운의 개념으로서 일정한 기간이 지나면 돌아서 처음부터 그 운(運)이 다시 시작된다.

- 입수(入首)는 3년 • 득수(得水)는 6년
- 파(破)는 9년 • 좌(坐)는 5년
- 용(龍)은 9년 • 낙(落)은 6년
- 기(起)는 5년 • 복(伏)은 3년이다.

③ **길흉추년법**(吉凶推年法) : 산운의 길흉은 장년(葬年)을 가지고 국(局)을 정한 후 입수(入首), 득(得), 파(破), 좌(坐)에 붙은 연한으로 돌아오는 길흉을 추정하는 것인데, 축미(丑未)는 10년, 진술(辰戌)은 5년, 계해(癸亥)는 6년으로 추리하여 좌향득파입수(坐向得破入首)의 괘에 따라 장래의 길흉을 추리한다.

- 1수는 임(壬), 자(子)년으로 1년내 징조가 있고,
- 2수는 정(丁), 사(巳)년으로 2년내
- 3수는 갑(甲), 인(寅), 묘(卯)년으로 3년내
- 4수는 신(辛), 유(酉)년으로 4년내
- 5수는 무(戊), 술(戌)년으로 5년내
- 6수는 계(癸), 해(亥)년으로 6년내
- 7수는 병(丙), 오(午)년으로 7년내
- 8수는 을(乙), 묘(卯)년으로 8년내
- 9수는 경(庚), 신(申)년으로 9년내
- 10수는 기(己), 축(丑), 기미(己未)이고 10년내 각 수리에 따라 각각 징조가 있다.

④ **입수(入首)에 따른 혈처(穴處)의 위치**

- 입수가 곤(坤)이면 혈처는 입수아래 4~6보에 있다.
- 입수가 건(乾)이면 혈처는 입수아래 2~3보나 20보내에 있다.
- 입수가 이(離)이면 혈처는 입수아래 8~9보에 있다.
- 입수가 감(坎)이면 혈처는 입수아래 2~3보에 있다.
- 입수가 간(艮)이면 혈처는 입수아래 1~6보에 있다.
- 입수가 손(巽)이면 혈처는 입수아래 5~8보에 있다.
- 입수가 진(震)이면 혈처는 입수아래 8~9보에 있다.
- 입수가 태(兌)이면 혈처는 입수아래 1~4보에 있다.

⑤ **염정법**(廉貞法) : 관겁효(官劫爻)가 목(木)이면 목렴(木殮)이 들고, 수(水)면 수렴(水殮)이 들고, 화(火)면 화렴(火殮)이 들며, 모정효(耗精爻)도 관겁(官劫)과 같다. 천강(天罡)은 수, 화, 충, 사, 풍, 목, 수, 사렴(水, 火, 虫, 蛇, 風, 木, 水, 砂殮)이 드니 여러 변화는 그 성수(星宿)에 따라 판단하는 것이다.

⑥ **망명배지법**(亡命配地法) : 망명배지법은 망자와 좌산(坐山)의 배합여부를 가리는데 사용한다.

坐	乾	坤	震	巽	坎	離	艮	兌
망인의 띠	戌亥 개, 돼지	未甲 양, 원숭이	卯 토끼	辰巳 용, 뱀	子 쥐	午 말	丑寅 소, 범	酉 닭
천간	癸	丁	甲	辛	壬	庚	乙	丙

❖ 산운법

坐(五行) / 年	兌丁乾亥(金山)	卯艮巳(木山)	離壬丙乙(火山)	甲寅辰巽戌坎辛申(水山)	癸丑坤庚未(土山)
甲己年	乙丑金運	辛未土運	甲戌火運	戊辰木運	戊辰木運
乙庚年	丁丑水運	癸未木運	丙戌土運	庚辰金運	庚辰金運
丙辛年	己丑火運	乙未金運	戊戌木運	壬辰水運	生辰水運
丁壬年	辛丑土運	丁未水運	庚戌金運	甲辰火運	甲辰火運
戊癸年	癸丑木運	己未火運	千戌水運	丙辰土運	丙辰土運

❖ 산운용천팔혈

	申子辰生	巳酉丑生	寅午戌生	亥卯未生	坐
旺人	申子辰坐	巳酉丑坐	寅午戌坐	亥卯未坐	龍
權勢	艮丙申坐	乾甲丁坐	坤壬乙坐	巽庚癸坐	人
憂	寅午戌坐	坤壬乙坐	申子辰坐	巳酉丑坐	鬼
亡	坤壬乙坐	巽丁癸坐	艮丙申坐	乾甲丁坐	
長	亥卯未坐	申子辰坐	巳酉丑坐	寅午戌坐	生
子孫多	巽庚癸坐	艮丙申坐	乾甲丁坐	坤壬乙坐	天
子孫有	巳酉丑坐	寅午戌坐	亥卯未坐	申子辰坐	敗
富貴多福	乾甲丁坐	亥卯未坐	巽庚癸坐	艮丙申坐	地

❖ **산, 원형이나 사각형 산** : 들판을 중심에 두고 산이 동서남북 사면으로 둥글게 감싸고 있는 형태는 가장 좋은 지세다. 이런 원형 지세에서는 땅의 기운과 하늘의 기운이 회전운동을 일으켜 가장 큰 생기가 모여 명당을 이룬다. 정사각형 들판도 원형 들판과 같이 생기가 많이 모인다. 그러나 들판을 둘러싸고 있는

산의 형태에 따라 기운이 다르게 나타나므로 이들 산의 형태에 면밀한 분석이 필요하다.

❖ **산을 깎고 집을 지으면 문제가 생긴다** : 산도 산 나름인데 사맥(死脈)에다가 깎아서 지으면 해가 적지만 기(氣)가 많은 곳을 깎아서 집을 지으면 그 화가 매우 크다. 잘못 되면 집 주인이 죽게 된다. 좌청룡이 깨지고 우백호 쪽의 등줄기를 깎아서 그 위에 집을 지으면 사람이 죽게 되며, 그 집에 사는 사람이 죽지 않으면 건설업체가 해를 보게 되고 큰 건설업체는 해가 적다.

❖ **산을 쳐다보는 주택은 흉가이다** : 산을 쳐다보고 집을 짓게 되면 산기(山氣)의 극(剋)함을 받아 건강을 해치거나 뜻하지 않은 흉액을 당하거나 하극상을 저지르는 자가 나오게 된다. 산의 능선이 연결되어 내려오다가 잠시 평탄해진 뒤 다시 높이 올라가서 중심 부분은 낮고 앞면과 뒷면은 높아 말 안장과 같이 된 형태의 지세에서는 능선 중심에서 볼 때 물이 좌우로 분산되고, 또 산마루는 바람이 통과하는 공간이므로 땅의 기운과 하늘의 기운이 회전 운동을 이루지 못해 생기가 발생되지 않는다. 이런 지역에서도 당연히 명당이 이루어질 수 없다.

❖ **산의 모습을 보고 이름 붙인다** : 풍수형국(風水形局)에 이름을 붙이는 방법을 요약하면 다음과 같다. 귀인(貴人)은 산의 모양이 오성(五星)의 목(木)에 해당되며 두 개가 나란히 함께 서 있으면 쌍천귀인(雙天貴人)이라 부르고, 세 개면 삼태귀인(三台貴人)이라고 부른다. 장군은 오성(五星)의 목체(木體)에 금성을 띈 것을 칭한다. 무사(武士)는 금의 머리에 화성을 가지고 돌이 있는 것을 칭한다. 선인은 목성(木星)에 화성을 두르고 있는 것이다. 호승(胡僧)은 목성에 수성을 두른 것이다. 옥녀격고(玉女擊鼓)는 주산(主山)을 목성으로 하고 청룡·백호의 끝에 북이 있고 앞에 춤추는 아이의 사(砂)가 있는 것이다. 천제(天梯)는 목성(木星)이 연이어 높고 낮음이 단계가 있는 것을 말한다. 옥병(玉屛)은 흙산이 단정하게 벽처럼 선 것을 말하고, 금궤(金机)란 높은 토성이 정사각형으로 생긴 것을 말하며, 장(帳)이란 수산(水山)이 누운 것을 말한다. 옥대(玉帶)란 수산이 돌아 감싸는 모습을 말하고, 기(旗)는 목성과 화성이 연결되어 있는 것을 말하며, 그 모습에 따라 출진, 항, 패 등으로 분류한다. 천마(天馬)는 금산(金山)이 연이어지고 화산을 띄는 것을 말하고, 부운(浮雲:뜬 구름)은 목성이 연이어 일어나고 그 형태가 엉성하여 솟는 기운이 있는 것을 말하며, 상운(祥雲)은 목성이 연이어 일어나고 그 형태가 빽빽한 것을 말한다. 종(種)이란 부(釜:가마솥)는 금성을 말하고, 사자(獅子)는 금성의 머리와 토성의 체(體), 화성의 꼬리를 이루는 것을 말한다. 호(虎)는 호랑이 금성의 머리에 토성의 체를 가진 것을 말하고, 고(庫:창고)는 금성을 말한다. 선교(仙橋)는 수성(水星)의 양 모서리가 화를 띄고 있는 것을 말하며, 경대(鏡臺)는 큰 산의 바깥에 둥근 봉우리가 머리를 내밀고 거울 모양을 한 것을 말한다. 배반(盃盤)은 작은 산이 중첩하여 잔의 모양을 이룬 것을 말하며, 헌화(獻花)란 산의 양다리가 넓게 벌리고 있는 모습을 말한다. 장원기(壯元旗)는 목성이 배열해서 수의 모습을 나타낸 모습이다. 둔군(屯軍)이란 작은 언덕이나 흙의 등성이, 돌 등이 평야의 큰 산 사이에 있는 것을 말하며, 금은대(金銀帶)는 평면에 수성이 휘감아 돈 것을 말한다. 문필(文筆)은 산이 뾰족하게 솟거나 책상을 세운 것과 같은 모습을 말하고, 횡금(橫琴)이란 편편한 언덕이 마치 거문고를 옆으로 놓은 것과 같은 모습을 말한다. 산발(散髮)이란 목성에 화성을 두른 모습을 말하며, 복수(福壽)는 중앙이 조금 일어난 모습을 말하고, 아미(蛾眉)는 반달 모양을 이루고 있는 정교한 모습을 말한다.

❖ **산의 변화** : 산의 변화는 원래 신묘(神妙)한 이치가 있으며 물은 굴곡에서 길흉(吉凶)이 있는 것이니 그 술수(術數)의 이치를 밝히고자 하면 모름지기 그 오묘한 곳까지 살펴야 한다. 산천형세(山川形勢)의 성정(性情)의 기맥(氣脈)으로 근본을 삼지 않고 전혀 천성이기생왕(天星理氣生旺)의 말로써 현혹케 하고, 나경(羅經)만을 제일로 삼고, 용(龍)과 향(向)을 가리켜 좋은 말로서 사람의 마음을 돌이켜 복종케 하는 일이 허다 하지만, 산천이 스스로 산천에 생(生)함과 왕(旺)함이 있으며 귀천이 스스로 귀천의 형체가 있음을 알아야 하지만 용맥으로써 근본 삼고, 만두(巒頭:봉우리)로 체(體)를 삼고, 사수(砂水)로 용(龍)을 삼아, 그 박환(剝換:산의 때를 벗고) 순역부앙생사완급(順逆俯仰生死緩急:동정향배(動靜向背)의 성정(性情)을 살피면 학문의 근본을 얻을 수 있다.

❖ **산의 오성**(五星) : 산의 외형을 오행에 따라서 다섯가지로 나눈 것으로서, 목성(木星)은 곧게 높이 솟은 산의 모습, 화성(火星)은 불꽃같은 모습으로 된 산, 토성(土星)은 가운데가 편편한 모습 즉 일자문성(一字文星)의 모습, 금성(金星)은 삿갓이나 솥뚜껑 엎어 놓은 듯한 모습, 수성(水星)은 파도치는 모습으로 된 산을 수성이라 한다.

❖ **산의 오행**(五行) : 사주팔자에서 음양(陰陽) 오행(五行)이 아주 중요하게 작용하였듯이 선혈치묘(選穴治墓)에도 상당 부분을 작용한다. 음양(陰陽)에 있어서 하늘과 땅, 남자와 여자 등과 같이 구분하듯이 산이 양(陽), 물은 음(陰)이라고 생각하기 쉬우나 풍수학에서는 이것이 정 반대이다. 산은 여자의 몸으로 보고, 물은 남자의 정기(精氣)로 본다. 여자의 몸에 좋은 정기가 필요하듯이 산과 물의 좌향(坐向), 득파(得破)가 중요하며, 산색이 묘(妙)함이 있으면 정기 또한 맑으니 우선 산의 모습이 정(情)이 있어 보여야 한다. 아무리 혈(穴)이 좋고 명당이 좋아도 산 자체가 험준하거나 또한 검은 빛을 띄면 명당은 반밖에 덕이 없다.

❖ **산의 운행** : 산의 운행은 홍범오행(洪範五行)으로 순(循)하고, 용(龍)의 운행은 정오행(正五行)으로 순(循)하니 행룡(行龍)에는 정오행(正五行)이 가히 필수적이다.

• **홍범오행**(洪範五行)

木 : 艮 卯 巳

火 : 壬 乙 丙 午

土 : 癸 丑 未 坤 庚

金 : 丁 酉 乾 亥

水 : 甲 寅 辰 巽 申 子 辛 戌

• **정오행**(正五行)

갑을손(甲乙巽) 인묘(寅卯) …… 목(木)

병정(丙丁) 사오(巳午) …… 화(火)

간곤(艮坤) 진술축미(辰戌丑未) …… 토(土)

경신건(庚辛乾) 신유(申酉) …… 금(金)

임계(壬癸) 자해(子亥) …… 수(水)

가령 손룡(巽龍)에 태향(兌向)이라면 3합5행(三合五行)으로는 손룡은 금(金)이다. 태금(兌金)과는 비화가 되고 또 쌍산5행(雙山五行)으로 비교해도 역시 금(金)이니 연주귀격(年主貴格)이 되겠지만, 그러나 정오행(正五行)으로는 손룡(巽龍)은 목(木)이므로 손룡이 태금(兌金)에 극(剋)을 받는 결과가 되므로 불길하니 결국 손룡에 태향(兌向)은 불가하다는 뜻이 된다. 만약에 손룡이 태향에 앉게 되면 태금향(兌金向)이니 손목룡은 극(剋)하게 되므로 이는 곧 8요살(八曜殺)을 범하는 꼴이 되고 만다.

❖ **산의 음양**(陰陽) : 지리법(地理法)에서 산이나 용맥의 음양을 구분하는 데는 오직 도두룩하고(凸) 오목한(凹)것으로 정하는데 지형(地形)이 엎어진 손바닥(覆掌)같이 도두룩하면 음(陰)이라 하고 젖혀진 손바닥(仰掌)같이 오목하면 양(陽)이라 한다. 산의 음양 구분을 음강양유(陰剛陽柔)로, 높고 험한 것은 음이 되고 평평하고 유순한 것은 양이 된다. 즉 뾰족하거나 경사가 급하거나 좁은 것은 음산이며, 경사가 완만하고 평평하며 넓은 것은 양산이다. 여기서 주의할 것은 음양이란 기적(氣的)측면이고 생김새에 치중하여 말할 때는 뾰족하고 높고 험한 산을 웅(雄)이라고 하며, 평평하고 널찍하여 안정된 산을 자(雌)라고 한다는 점이다. 즉 자웅과 음양은 기(氣)냐 형이냐에 따라 달라진다. 이 밖에도 양승음강(陽昇陰降)의 음양, 간양지음(干陽支陰)의 음양, 팔괘본체(八卦本體)의 음양, 정음정양(淨陰淨陽)의 음양 등의 구별이 있다. 풍수학에서는 형(形)은 중(中)이요 이(理)는 화(和)라고 한다. 중화는 체용(體用)이다. 중(中)은 풍수의 뿌리이고, 화(和)는 풍수의 묘용(妙用)이다.

❖ **산이 단정하면 충신이 출생하고 산이 비틀어지면 간신이 나고 후부하면 부자가 난다** : 산이 단정하고 똑바르면 충신이 나고 옆으로 비틀어져 있으면 간사한 사람이 난다. 산이 후부하면 그의 자손들이 재산이 늘고 산이 마르면 사람이 가난해진다. 산이 깨끗하면 사람이 귀하고 산이 깨져 있으면 비애가 따른다. 산이 순하면서도 어지러우면 음란이 있고 산세가 천박하면 사람도 천해진다. 산이 거칠고 사나우면 악자가 나오고 파리하게 야위면 빈천한 자가 나온다. 산이 모이면 사람도 모이고 산이 달아나면 사람도 흩어진다. 산이 순하면 효자가 나고 산이 역하면 오역자가 난다.

❖ **산이 서로 등져 있는 곳은 흉하다** : 앞뒤의 산이나 좌우의 산이

서로 등져 있는 곳에는 주택이나 묘지로써는 좋지 못하다. 이러한 곳에서는 배신적 기질을 가진 자가 많이 나오고 또한 사회생활을 하면서 주변 인물로부터 배신을 자주 당하게 된다.

❖ **산이 아름답고 물이 좋으면 명당의 땅이다** : 산이 귀(貴)하고 수(水)가 吉하면 이것은 으뜸의 땅이다. 산이 귀하고 수가 흉(凶)하면 역시 끝내는 흉하다.

❖ **산이 끝진 곳에 묘를 쓰면 무해하다** : 옛말에 풍수를 모르거든 산진처에 묘를 쓰면 무해하다 했으며 산진처(山盡處 : 끝진 곳)에는 산이 끝날 때 덩어리가 생기는 곳이 있고 덩어리가 없이 유연하게 끝나는 줄 모르게 평지로 끝나는 형태는 묘를 쓰지 못한다. 산이 높으면 낮은 곳을 살펴야 하고 야산에서는 높은 곳을 찾아야 한다. 평지에서는 돌처(突處)위에서 혈을 찾고 둥그런 금형산(金形山)은 중층(中層)을 살피고 높은산 및 부위에는 결혈(結穴)이 없다. 또 대강 앞이나 후라도 크게 도와주면 대지(大地)의 결혈이 있다.

❖ **산이 묶기고 솟아 떨어지면** : 산이 묶기고 솟아 떨어지면 혈지(穴地)에는 귀인자손(貴人子孫)이 나게 되고 용이 묶기고 입수가 정돌취기(政突聚氣) 되면서 결혈(結穴)되는 혈지에는 귀 인물이 난다.

❖ **산자산 서자서**(山自山 書自書) : 산에 가보면 책은 책대로 있고 산은 산대로 있다는 말.

❖ **산정**(山頂) : 산 이마(산의 정상).

❖ **산제길일**(山祭吉日) : 산에 들어가 산신에게 기도하거나 제사를 지내는 데 길한 날. 갑자(甲子), 임자(壬子), 을해(乙亥), 병자(丙子), 을유(乙酉), 병술(丙戌), 갑신(甲申), 신묘(辛卯), 경술(庚戌), 을묘일(乙卯日) 및 산신하강일(山神下降日). 꺼리는 날은 천적(天賊), 수사(受死), 인일(寅日), 화해(禍害), 절명(絶命), 천구(天狗), 산명일(山鳴日), 산격일(山隔日).

❖ **산준**(山峻) : 높고 험한 산.

❖ **산지에 올라 혈을 찾는 요령** : 혈을 찾음에 있어 한 지방의 산지에 당도하면 물의 형세를 살펴보고, 그 물의 형세가 성처럼 환포(環抱)하며 산지의 형세를 감싸 흐르고 있는가 아니면 그 산지의 형세와 등지고 거슬러 흐르고 있나를 살펴야 한다. 답산하여 심혈(尋穴)을 함에 있어 먼저 생룡(生龍)과 사룡(死龍)을 구별하고 용호(龍虎)와 조안(朝案)을 살피고 득수(得水)와 파구(破口) 외산(外山) 외수(外水)를 살펴서 그 모든 사(砂)가 혈을 향하여 중심으로 조응환포(朝應環抱)하고 있는가를 정확히 살피며, 혈상오악(穴象五嶽) 입수(入首), 선익(蟬翼), 당판(堂坂), 전순(氈脣)에 균등이 정확히 정립되어 있는가를 알고 난 다음 소점(所点)에 임해야 할 것이다. 혈을 찾음에 있어 입수일절(入首一節)의 생기가 결혈(結穴)의 가부에 결정이 됨을 알아야 하고, 용맥(龍脈)의 급한 곳을 피해서 점혈을 해야 한다. 용맥(龍脈)이 돈후(敦厚)하면 약한 곳에 점혈을 하고 용맥(龍脈)이 약하면 돈후(敦厚)한 곳에 점혈을 하라 했다. 높은 산에서 와혈(窩穴)을 취하는 이유는 모름지기 국형(局形)이 오목하여 바람에 노출되지 않는 와혈에 혈맥이 머무는 까닭이다. 야산(野山)의 하부의 돌출된 곳에 취혈(取穴)함이 정상(正常)인 바 돌출처(突出處)에 취혈(取穴)을 할 때에는 물이 궁포(弓抱)되어 감싸 주는 곳을 얻어야 맥(脈)이 머무는 것이니 이 점을 살펴야 할 것이다. 옛날부터 길한 명당은 많지가 않은 것이니 흉한 것보다 길한 것이 많으면 점혈을 해도 무방하다. 만약에 바른 명혈을 찾지를 못했을 때에는 햇빛이 따뜻하게 잘 비치고 사방이 아늑하여 바람이 잘 닿지 않는 곳에 장사(葬事)하면 된다. 용(龍)이 돈후(敦厚)하게 언덕이 큰 용에는 언덕이 가라앉고 얇아진 곳을 의지하여 혈을 정하는 것이 정석이다. 높이 돌출된 산봉(山峰)은 평지에 가까운 산기슭에 생기가 결집된다. 토산무석(土山無石)으로 평평한 땅에는 생기가 땅속의 낮은 곳으로 흐르다가 정기는 반드시 수계(水界)를 만나야 멈추는 이치를 알아야 할 것이다. 양구빈(楊救貧)은 말하기를, 중출된 용맥(龍脈)에 혈성(穴星)이 맺어지고 중출되지 못한 용에는 바른 혈성이 없다 하였다.

①**산지평양**(山地平洋) : 산지는 음(陰)에 속하고 평양(平洋)은 양(陽)에 속하니 높으면 음(陰)이 되고 평탄하면 양(陽)이 된다. 음양이 각각 나누어짐을 보는 법이 같지 아니하니, 산지는 좌실조공(坐實朝空; 혈장(穴場)이 높고 안조(案朝)가 낮음)하고 평양지(平洋地)는 좌공조만(坐空朝滿; 혈지(穴地)는 허(虛)하고 조안(朝案)은 높다)이 필요하다. 산지는 산을 위주로 작

혈하니 혈 뒤가 높음이 마땅하고, 평양(平洋)은 물로서 위주하여 작혈하니 혈 뒤가 반드시 낮게 된다. 산지에서는 수(水)를 용(龍)으로 찾지 아니하고, 평양지에서는 산만을 용(龍)으로 논하지 않음이라 하였다. 대개 산지는 음이 성하니 양은 쇠하여진다. 중요한 것은 용진혈적(龍眞穴的)함이다. 기맥(氣脈)이 웅장한다면 수법이 차질이 있다 해도 초년은 부귀하다. 용수(龍水) 배합의 24도(圖)가 산지와 평양(平洋)을 논할 것 없이 한모양으로 작용하니 오직 입향(立向)함이 좌실조공(坐實朝空)과 좌공조만(坐空朝滿)이다.

② **평양혈**(平洋穴) : 대개 평양(平洋)이란, 한쪽이 모두 물로서 산등성이나 산령(山嶺;흙무덕이재)이 없다. 수(水)는 동(動)하니 양(陽)에 속하고 산은 정(靜)하니 음(陰)에 속한다. 산지는 혈 뒤에 고산(靠山 ; 베개삼아 베고 있는 산)이 있어야 장수하고 인정(人丁)이 난다. 평양지는 침수(枕水;물을 베고 있음)가 요긴하니 인정(人丁)이 왕하고 장수한다. 서(書)에 이르기를, 풍취(風吹)하고 수(水)가 쳐들어와야 수(壽)와 인정이 있다고 했다. 대개 좌수(坐水)를 산과 같이 보니 좌수(坐水)는 반궁(反弓)이 마땅하며, 산중의 도지(倒地)와 같다. 평양지는 기복이 없으므로 주위가 모두 수(水)이다. 중간이 약간이라도 높으면 수(水)는 흘러오지 못하므로 이것이 평양의 돌(突)이 비로소 기이한 혈이 됨이다. 즉 높은 곳에서 떨어져 면전수(面前水)가 되어 뒤엉켜 고(庫)로 돌아나가고 수(水)의 바깥으로 향(向)의 앞이 한층씩 높아진다면 대발부귀한다. 병오자왕향(丙午自旺向)이라면 수(水)가 정방(丁方)으로 나간다. 손사(巽巳), 병오(丙午), 정미(丁未), 곤신방(坤申方)이 높으면 간(艮), 건방(乾方)이 낮아야 한다. 혈(穴) 뒤의 임자방(壬子方)에 수(水)가 있어 횡과(橫過)하면 반궁수(反弓水)가 되므로 진혈(眞穴)로 대길하다. 정방(丁方)의 정양향(正養向)이라면 곤신(坤申), 손사(巽巳), 병오(丙午), 정미방(丁未方)이 높으면 건해(乾亥), 간인방(艮寅方)이 낮을 것이니 자손마다 대부대귀할 것이다. 서(書)에 이르기를, 평양의 명당은 낮고 안(案)은 높으면 장유(長幼)가 모두 부요하리라 했다. 그러므로 혈(穴) 앞의 수(水)는 면궁수(眠弓水)를 요한다. 밖이 높으면 부귀하고 밖이 낮으면 패절한다. 서(書)에 이르기를, 명당이 낮고 또 밖이 낮아지면 만량(萬兩)의 황금도 한갖 재가 된다고 했다. 평양 명당이 낮아지면 자손이 곤궁해진다. 평양지에 이르면, 귀인방(貴人方)이 결함되면 보수함이 마땅하고 혹 흙더미나 방옥(房屋), 사당(祠堂), 높은 담이 있으면 속발로 벼슬한다. 대개 평양지는 음이 적기 때문이다. 병오향(丙午向)이라면 전후좌우가 모두 수(水)에다 모든 수(水)가 갑자상(甲字上)으로 나가고 손사방(巽巳方)이 높은 큰 집이 있으면 이것이 임관귀인(臨官貴人)이다. 향상(向上)으로 병록(丙祿)이 사(巳)하니 녹방(祿方)이 된다. 여기에 문봉(文峰)이 높이 솟으면 공명하고 최리(最利)하다. 다시 흙더미나 사당집이 있으면 적사요인(赤蛇繞印;관복과 인)하며, 벼슬이 일품(一品)에 오르며 한원(翰苑)의 벼슬과 정승이 되면 문무가 겸비한다. 단지, 출수(出水)가 묘자(卯字)와 인자(寅字)를 범하지 말아야 한다. 인삼분(寅三分)을 범하면 핍사하고, 묘자(卯字)를 이분(二分)이라도 범하면 음탕하여 요망한다.

- 평양의 용(龍)은 참으로 알아보기가 어렵다. 옛부터 이르기를, 평양에는 용(龍)을 묻지 말라, 수(水)가 감으면 이것이 참다운 자취이니 수(水)가 왼쪽으로부터 흘러들어오면 용(龍)도 왼쪽에서 오고 수(水)가 오른쪽에서 오면 용(龍)도 오른쪽에서 오니, 양수(兩水)가 서로 모이는 곳이 즉 이것이 과협(過峽), 속기처(束氣處)이니 양수교합처가 바로 용(龍)이 결작된 곳이다. 음양으로 나누어지는 것은 수(水)를 대면해서 자세히 살펴 정해야 한다. 이것이 평양지를 보는 묘결(妙訣)이다.
- 평양지는 묘의 흙더미를 높게 해야 하고, 묘 뒤에는 흙을 갖다 돋우어 닦지 말아야 하고, 주위에 성을 만들면 인정(人丁)이 불리하다. 만약 사면(四面)에 수(水)가 없으면 한쪽 평지에 곧 수(水)가 흐르는 도랑이 수(水)가 되고 길이 사(沙)가 된다. 낮은 곳은 수(水)가 되고 높은 곳은 사(沙)가 된 마을이나 큰집, 장터, 시군, 방옥, 사당, 성곽, 담장 등이다. 안(案)을 만들고 산봉(山峰)을 만들어 놓기도 하고 낮기도 하고 산등성이와 조그마한 고개라도 있으면 가히 평양으

로 볼 수 없게 된다.

• 평양지의 구거(溝渠;개울)에 흐르는 물이 있으면 한결같이 보인다. 아득히 흘러가는 물이 없으면 무엇으로 그 길흉을 알 것인가. 농부에게 농업에 대한 것을 물으면 자세히 알듯이 어제 비가 오고 그친 다음 물이 어디서 나오는가를, 모인 물이 어느 곳에서 교합하여 흘러가는가를 경험하여 판단하면 만에 하나라도 잘못이 없다.

• 평양은 한 치가 높으면 산이요, 한 치가 낮으면 수(水)이다. 옛부터 이르기를, 평양의 성신(星辰)은 면도간(眠倒看;보일 듯 말듯하게 보이는 것)이라 하였다.

❖ **산지와 평양지론**(平洋地論) : 산지는 음에 속하고 평양(平洋)은 양에 속하므로 높은 곳은 음이 되고 낮은 곳은 양이 되는데, 음양은 각각 나누어 보는 법이 같지 않다. 산지의 귀좌(貴坐)는 조수(朝水)가 공(空)이라야 하고, 평양(平洋)의 요(要)는 좌(坐)는 공(空)하고 조수(朝水)는 만(滿)[實]해야 한다. 산지혈(山地穴)은 산을 위주하여 혈 뒤가 높아야 가하지만 평양(平洋)은 수(水)를 위주로 하므로 혈 뒤가 낮아야 한다. 글에 이르기를, 「산상(山上)의 용신(龍神)은 수(水)로 내려가지 않고, 수중(水中)의 용신(龍神)은 산으로 올라가지 못한다」 하였으니, 대개 산지는 음성양쇠(陰盛陽衰)하나, 다만 용의 진혈(眞穴)은 기맥(氣脈)이 웅장하여야 하므로 수법(水法)이 약간 차가 있어도 초년에 부귀를 발하는 것은 용이 좋기 때문이다. 이 용수(龍水)가 24좌(坐)와 향도(向圖)와 배합되면 산지와 평양(平洋)을 막론하고 한 가지 법으로 적용하지만 오직 입향하고 좌(坐)를 가리는 데 있어서만 산지는 좌실조공(坐實朝空)이라야 하고 평양(平洋)에는 좌공조만(坐空朝滿)이라야 길격으로 본다.

① **평양혈론**(平洋穴論) : 대체로 평양(平洋)의 거의가 물이다. 산강(山岡)과 토령(土嶺)이 없으므로 수(水)는 동(動)이니 양에 속하고 산은 정(靜)이니 음에 속한다. 산지혈(山地穴)은 혈 뒤가 산을 의지해야만 인정(人丁)이 왕(旺)하고 고수(高壽)하며, 평양지(平洋地)는 침수(枕水;혈 뒤에 물이 있는 것)됨을 요하니 이렇게 되면 역시 인정(人丁)이 왕(旺)하고 수고(壽高)한다. 글에 이르되, 「바람이 불면 수격(水激)하여 인정(人丁)과 수(壽)가 길다」 하였으니, 대개 좌수(坐水)는 산으로 보는 것이 원칙이다. 그러므로 좌수(坐水)는 마땅히 반국(反局)함이 산이 도지(倒地)한 것으로 같이 본다. 평양지(平洋地)는 기복이 별로 없으므로 다만 주위가 모두 수(水)가 되는 셈인데, 그 중간에 약간 솟아 물이 닿지 않는 곳이 즉 평양지(平洋地)의 돌(突)이요, 이곳이 기혈(寄穴)이다. 이 혈은 높은 곳에서 맥이 떨어져 면전의 물이 둘러안으면서 고방(庫方)으로 돌아가야 한다. 수(水) 밖으로 정면이 높으면 기혈(奇穴)로 보는 바, 부귀를 대발하는 혈이다. 가령, 병오(丙午) 자왕향(自旺向)에 물이 정미방(丁未方)으로 나가는 경우 손사(巽巳)·병오(丙午)·정미(丁未)·곤신방(坤申方)은 높은 것을 요하고 간건(艮乾) 두 방(方)은 낮은 것을 요한다. 혈(穴) 뒤 임자방(壬子方)에 수(水)가 있어 반궁(反弓) 모양으로 옆으로 지나가면 이것이 바로 진혈(眞穴)이라 대길한 것이며 또 한 예로 정양향(丁養向)에는 곤신(坤申)·정미(丁未)·병오손사방(丙午巽巳方)이 높고 건해(乾亥)·간인방(艮寅方)이 낮아야 각 방(房)이 부귀를 크게 발한다. 글에 이르기를, 「평양명당(平洋明堂)이 낮고 외가 높으면 장유(長幼) 두 방(房)이 부요하게 산다」 하였고, 또 평양명당(平洋明堂)이 높고 명당 밖으로 땅도 높으면 금은이 창고에 가득하다 하였으므로, 혈(穴) 앞의 물은 면궁(眠弓) 같음을 요하니 외가 높으면 부귀하고, 외가 낮으면 패절한다. 글에 또 이르기를, 「명당이 낮고 또 낮으면 만량(萬兩)의 황금이 재(灰)로 화한다」 하고, 또 「명당이 낮고 또 낮으면 자손이 빈궁하다」 하였다. 평양지(平洋地)는 귀인방(貴人方)이 결함되면 마땅히 그곳을 보수하면 좋다. 혹 토퇴(土堆)·방옥(房屋)·묘우(廟宇)·고탑(高塔) 등을 만들면 과갑(科甲)이 속히 발하는 것이니, 이는 평양(平洋)에 음이 결(缺)한 곳을 보충했기 때문이다. 예를 들어 병오향(丙午向)에 전후좌우의 수(水)가 모두 갑자방(甲字方)으로 흘러 나가고 손사방(巽巳方)에 고방(高房)과 대하(大厦; 큰집)가 있으면 이것이 임관귀인(臨官貴人)이 되고 또는 항상의 녹산이 된다. 이 곳에 문필봉이 높이 솟으면 공명에 가장 유리하고 또는 흙 무더기가 혹 사당(廟宇) 등이 있으면 이를 「역사요인(亦蛇繞印)

」이라 하여 벼슬은 이품(二品)이요, 한원정갑(翰苑鼎甲)에 문무전재(文武全才)가 생겨난다. 다만 나가는 물이 묘(卯)나 인자방(寅字方)을 범하지 말아야 하는 바, 인방(寅方)쪽으로 3분을 범하면 핍사패절(乏嗣敗絶)하고 묘방(卯方)으로 3분을 범하면 음탕하고 요망하는 사람이 나오는 것이니, 평양지(平洋地)는 이와 같은 수법의 예가 매우 많다. 평양룡(平洋龍)은 알기가 가장 어렵다. 그러므로 평양(平洋)은 용을 불문하고 수요(水繞)가 된 곳이면 진격(眞格)이다. 수(水)가 왼쪽으로부터 생긴 내룡(來龍)이면 왼쪽을 좇고 오른쪽으로부터 생긴 내룡(來龍)이면 오른쪽을 좇되 양수(兩水)가 서로 만나는 곳(合水)이 과협속기(過峽束氣)한 증거요, 양수(兩水)가 교합된 곳이 곧 결혈(結穴)된 곳이다. 용이 음양으로 나누어 수(水)가 2·3차 세함이 있으면 혈의 자취이니, 이것이 바로 평양지(平洋地)를 보는 묘결이다. 평양지(平洋地)에 묘총(墓塚)이 높이 쌓였으면 그 묘 뒤를 보수하지 못한다. 토권(土圈)과 어성(圉城)이 있으면 인정(人丁)이 불리하고, 만일 사면에 물이 없고 다만 일편의 평지뿐이면 건류(乾流)가 물이 되고 도로가 사(砂)가 되며 낮은 곳이 물이 되고 높은 곳이 사(砂)가 된다. 또 촌장(村莊)·향장(鄉場)·시군(市郡)·방옥(房屋)·묘우(廟宇)·성장(城牆) 등으로 안(案)도 삼고 산봉으로 대신하여 보기도 한다. 이러한 것들이 혹은 높고 혹은 낮으며 토강(土岡)과 소령(小嶺)이 있는 것을 그냥 평양(平洋)으로만 잘못 인식하지 말아야 한다. 평양(平洋)에는 고일촌(高一寸)이 산이요, 저일촌(低一寸)이 물이다. 그러므로 「평양성신(平洋星辰)은 누워서 보아야 한다」 한 것은 이 때문이다.

② **평양지(平洋地) 보사안(補砂案)의 귀인법(貴人法)** : 평양(平洋)에는 높은 봉이 없고 겨우 한 돌(突)이 생겨 용수(龍水)의 배합이 임관방(臨官方)이 되고 귀인봉이 없으면 그 귀인방(貴人方)을 건물 따위로 보수해야 한다. 혈 앞에 안(案)이 없으면, 즉 혈 바로 앞으로 백 보 밖에다 흙무더기를 쌓아 옥궤(玉几)·면궁(眠弓)·아미(蛾眉) 모양의 사(砂)를 만들면 반드시 과갑(科甲)을 발하는 바, 이러한 미사(美砂)를 3길·6수귀인방(三吉·六秀貴人方)에 있게 하여 더욱 발복이 빠르다. 평양지(平洋地)의 사법(砂法)은 산지와는 다르다. 산지는 산이 솟은 것으로 보고, 평양은 땅이 기운 것으로 보아야 한다. 예를 들어 두 길이 일토각(一土角)을 협하면 기고(旗鼓)·도쟁(刀鎗)·규홀(圭笏)·창고(倉庫)등으로 보는바, 이름을 「도지문고(倒地文庫)」 또는 「도지기성(倒地旗星)」이라 하며, 방옥(房屋;집)·묘우(廟宇;사당)가 있어도 역시 창고(倉庫)·기고(旗鼓)·인성(印星) 등으로 본다. 다만 평양(平洋)에 돌(突)이 일어나고 물이 대소문고(大小文庫)로 돌아가면 산지혈(山地穴)의 발복과 마찬가지다. 평양지(平洋地)의 혈 앞에는 면궁(眠宮)이라야 하고, 혈 뒤의 물은 반궁(反弓)이라야 한다. 좌면궁(坐眠宮)은 이두수(裏頭水)라 하여 불길로 보고, 좌반궁(坐反弓)은 혈 뒤가 낮으니 이것이 여러 자손이 모여 독서하는 형상이다. 혈의 좌우에 중수(衆水)가 모두 한 곳으로 흘러 가고 혈 뒤가 점점 낮아지며 혈 앞은 물 밖으로 점점 높아져 혈장(穴場)이 수북하게 높으면, 이는 대지(大地)로써 발복이 가장 오래 간다. 평양지(平洋地)는 용은 물을 떠나지 않아야 하고 물은 용을 떠나지 않아야 한다. 용이란 물을 얻어야 사는 것같이 좌공(坐空)에 수만법(水滿法)을 반드시 적용하여 혹 횡좌룡(橫坐龍)·도기룡(倒騎龍)·각등협룡(脚登夾龍)에 내수(來水)와 높은 곳에 두침거수(頭枕去水), 낮은 곳에 횡수(橫水)가 생왕묘양(生旺墓養)과 자생(自生)·자왕(自旺)의 혈향(穴向)으로 합하고, 발중수(撥衆水)가 능히 고방(庫方)으로 돌아가며 도좌(倒左), 도우(倒右)와 선도(先倒), 후도(後倒)와 역전과 순전(順轉)을 막론하고 입혈(立穴)한 위에 참(站)하여 거수(去水)가 고(庫)로 돌아가는 도중에 모이면 부귀를 크게 발한다. 만일 난(欄)을 가리운 것이 있으면 발복이 한결같지 않다. 또 손사향(巽巳向)을 세울 경우 물이 손방(巽方)으로부터 오고 곤신(坤申) 건해(乾亥) 임자방(壬子方)으로 굴러 계축(癸丑) 정고방(正庫方)으로 나가며, 혹 왼쪽으로 을갑간방(乙甲艮方)으로 흘러 합류하여 계축방(癸丑方)으로 나가면 역시 크게 부귀하며 인정(人丁)이 흥왕(興旺)하는데, 이름을 「역전수법(逆轉水法)」이라 한다. 즉 생향(生向)에는 우수(右水)라야 하는 바, 물이 왼쪽으로부터 기울면 이것이 좌수도우(左水倒右)하여 고

(庫)로 돌아 나가는 것이므로 역전수법(逆轉水法)이며, 또는 병오향(丙午向)에 물이 손사방(巽巳方)에서 와 병정(丙丁)·곤경신건방(坤庚辛乾方)의 경우 혈 뒤 임계간인(壬癸艮寅)으로 굴러 정갑자(正甲字) 목욕방(沐浴方)으로 나가도 또한 역전수법(逆轉水法)이라 한다.

③ **평양지**(平洋地)**의 부귀**(富貴)**·정수**(丁壽) **사법**(四法) : 대부(大富)를 구하려면 생향(生向)을 세워 왕방(旺方)이 고대하며 왕방수(旺方水)가 특조(特朝)함이니 조수일작(朝水一勺)이 이에 치부(致富)의 요가 된다. 명당 앞에 취축(聚畜;取氣)을 요하므로 「명당이 장심(掌心)과 같으면 부함이 금을 말로 잰다」 하며, 이를 요하려면 혈 앞이 면궁안(眠弓案)을 얻어야 한다. 그러므로 「신수모저안(伸手摸著案)이면 돈을 천만 관이나 쌓는다」 하였다. 하사(下砂)는 역수(逆水)를 요망하는 바, 역수(逆水)가 일척이면 능히 치부(致富)하며 거수(去水)의 선(旋)은 고(庫)로 돌아감을 요하니 이것이 익재(益財)하는 왕수(旺水)이다. 대귀(大貴)를 구하는 데는 임관방(臨官方)이 수려하게 높이 솟음을 요하며, 임관수(臨官水)가 조(朝)하거나 취축(聚蓄;저수지·못)해야 하고, 일마귀(馹馬貴)에 좌(坐)를 놓아 귀향(貴向)이 되게 하며, 위로 원봉(元峯)이 투출(透出)하고 혈성(穴星)이 특별하게 높이 솟아야 한다. 혈이 낮고 적으면 무력하여 대귀불발이요, 모든 귀인이 만약 3길·6수방(三吉·六秀方)에 해당되면 반드시 한원(翰苑)의 영화가 있다. 단, 좌공조만(坐空朝滿)을 요하는 것이니 수(水)가 귀고(歸庫)되지 않으면 불발한다. 인정(人丁)이 왕(旺)함을 구하려면 우선 생향(生向)을 세우고 생방(生方)이 고대하며 생방수(生方水)가 내조(來朝)하고 혈 앞은 높고 뒤는 낮으며 혈성(穴星)은 특기(特起)하여 생방수(生方水)가 귀고(歸庫)하면 반드시 백자천손(百子千孫)이 왕(旺)한다. 수고(壽高)를 구하려면 기맥(氣脈)이 웅장하고 전고후저(前高後低)하며 대수(大水)를 베개할지니 수(水)는, 즉 산으로 천주(天柱)가 높으면 수(壽)가 팽조(彭鳥)와 같다. 혈 뒤가 천주(天柱)인 바, 그 수(水)가 고(庫)로 돌아가거나 혹 절방(絶方)으로 나가며 혹은 건방(乾方)에 지당(池塘)이 있거나 수구(水溝)가 있으면 이 모두 고수(高壽)하는 혈이며, 만약 물이 병사방(病死方)으로 소수(消水)가 되면 즉 교이불급(交而不及)이니 고수(高壽)를 바라지 못한다. 평양지(平洋地)에는 와(瓦)와 전(磚)으로써 귀인을 삼기도 하며, 일마방(馹馬方)이 최관귀인(催官貴人)이 되며, 또 연돈(烟墩;平地堆)으로 발귀(發貴)가 빠른 표를 삼는다. 향(向) 앞에 병촉사(秉燭砂)가 있으면 안찰어사(按察御史)와 혹 병부(兵部)·형부(刑部) 등 재상이 나오고 소자(小者)는 사옥(司獄)·무직(武職)·형명(刑名)을 얻게 된다. 병촉사(秉燭砂)가 만일 정방(丁方)에 있으면 곡리(曲吏)가 나오고, 병오정 3자(丙午丁三字)에 있으면 비교적 오두(鰲頭; 우두머리)를 독점한다. 평양지(平洋地)는 역수사(逆水砂)가 가장 좋다. 대개 평양(平洋)에 많이 직류 직거하는 바, 역수사(逆水砂)가 있으면 거수(去水)가 반드시 회선(回旋)한다. 글에 이르기를, 「원두수(源頭水)를 수진(收盡)하면 세간전(世間田)을 매진(買盡)한다」 하며 또 「쟁도사(鎗刀砂)·진전필(進田筆)·도지홀(倒地笏) 등의 사(砂)가 있으면 반드시 진혈대지(眞穴大地)이니 수법(水法)마저 합국되면 문무겸전(文武兼全)한 인물이 나오고 부귀하는 것이니 좋다」 하였다. 평양지(平洋地)의 가장 길격은 팔 천의 조수(朝水)가 있고 지세(地勢)는 반드시 높아야 하며, 만조법(滿朝法)과 합하고 향(向) 뒤로 나아가 반드시 저함(低陷)하며, 또 좌공법(坐空法)까지 맞으면 글에 「관거부후(官居富厚)를 알자면 정녕 수(水)가 현무(玄武)로 전하므로 조수(朝水)가 최길(最吉)이 된다」 하였다. 평양지(平洋地)의 가장 아름다운 혈은 금성수(金城水)가 면궁안(眠弓案)이다. 금성수(金城水)는 부하고 면궁안(眠弓案)은 귀하며 수녀(秀女)가 나오는데, 또한 혈 앞이 층층으로 고전(高田)을 이루면 금상첨화다. 평양지혈(平洋地穴)이 원공오행(元空五行)과 14진신수법(進神水法)의 길국(吉局)을 얻으면 불발이 없지만, 다만 생왕묘양향(生旺墓養向)은 천간(天干)과 지지(地支) 오행으로 따지지 않고 원공(元空)으로 합하는 것도 있다. 원공(元空)과 합하면 고정적으로 발복하고, 원공(元空)과 불합한 것은 14진신(進神)과 또한 발복되지 않음이 없으니 양공의 수법(水法)은 모든 수법의 원조이다. 산지와 평양지(平洋地)에 모두 따

라야 하는데 원공(元空)은 실상 평지라야 가하나 산지에다 써도 효험이 있다. 평양지(平洋地)는 일정한 법이 없다. 양공의 구궁수법(九宮水法)은 응험이 가장 빠르니 구궁수법(九宮水法)을 알면 사람의 화복을 당정함이 귀신같이 알아낼 것이다. 평양지(平洋地)의 건곤간손방(乾坤艮巽方)에 수(水)의 특조(特朝)가 있으며 또는 생방(生方)이고 혹은 임관방(臨官方)으로 귀고(歸庫)하면 층층이 모두 발복하며 장방이 더욱 발복이 크다. 만일 인신사해(寅申巳亥)의 지지방(地支方)에서 특조(特朝)하면 장방(長方)이 미중(美中)에 부족하므로 장방(長房)의 장자가 요수한다. 글에 이르기를, 「인신사해(寅申巳亥)는 장손이 영정(零丁)이라」 함이 이를 두고 한 말이다. 평양지(平洋地)에 갑경병임(甲庚丙壬)의 4왕수(四旺水)가 특조(特朝)하여 고방(庫方)으로 돌아가면 부귀가 대발하는데 이문(二門)이 더욱 발하고 만일 자오묘유 지지방(子午卯酉 地支方)으로 오면 이문(二門)이 해로와 혹 요절·흉사 등으로 절사(絶嗣)한다. 대개 자오묘유(子午卯酉)를 범하는 것은 중남(中男)의 살(殺)이 되는 까닭이다. 평양지(平洋地)에 을신정계수(乙辛丁癸水)가 특조(特朝)로 쇠양관대방(衰養冠帶方)에 있으면 과갑(戈甲)과 신동이 나온다. 중원(中元)에는 소남(少男)이 먼저 발하는 바, 「을신정계(乙辛丁癸)는 소남강(少男强)」이라 한 것이 뜻이며, 진술축미(辰戌丑未)는 소방(少房)이 미(美)한 중(中)에도 부족이니 글에 「진술축미(辰戌丑未)는 소남앙(小男殃)이라」 하였다. 만일 불길방(不吉方)에 사수(斜水), 사로(斜路), 탐두산(探頭山)이 재가(再加)되면 사환(仕宦)의 집이라도 또한 도둑이 나오니 모두 이것이 병이다. 대개 축술진미(丑戌辰未) 사괴강(四魁罡)은 그 성질이 가장 사나운데 또 이것이 태양출입지문(太陽出入之門)이 되어 이름을 천강지강(天罡地綱)이라고도 한다. 이상 신경병임(申庚丙壬), 을신정계(乙辛丁癸), 건곤간손(乾坤艮巽) 12자는 모두 양에 속하고 길방(吉方)에 있으며, 수(水)가 내조(來朝)하고 또 수구(水口)에 있으며 거수(去水)가 이 12자방(字方)으로 되면 이를 「천간방수(天干放水)는 유길무흉(有吉無凶)이라」 한 것같이 모두 길하다. 왜냐하면 천일(天一)이 생수(生水)하니 글에, 「만수진종천상거(萬水盡從天上去)」라 함이 즉 이 뜻이다. 자오묘유(子午卯酉), 진술축미(辰戌丑未), 인신사해(寅申巳亥) 12자는 음에 속하니 주로 정이므로 길방(吉方)으로 거래가 있어 모두 지지방(地支方)으로 유동하면 비록 부귀하나 미중(美中) 부족이 되어 병·사방(病·死方)에 있으면 반관(反棺)과 도곽(倒槨)과 풍질과 핍사(乏嗣)·빈고(貧苦)·수단(壽短)하다. 또 진술축미(辰戌丑未) 사자방(四字方)에서 내수(來水)되면 황천(黃泉)이고 거수(去水)는 황천(黃泉)을 충동(冲動)하며, 정체(停替)하여 고요히 조혈(照穴)하며 사고황천(四庫黃泉)이니 비록 합국되어 귀고(歸庫)해서 부귀를 발할지라도 역시 미중(美中)부족이 도리어 혹 형륙대화(刑戮大禍)를 당하게 되고 더욱이 불합국되면 패절이 된다. 이 12궁은 약간 아리송한 점이 있으므로 단험(斷驗)의 기준이 어렵다.

④ **평양(平洋)의 귀인(貴人)·녹마론(祿馬論)** : 평양(平洋)과 산지가 같지 않으니 산지는 산봉으로 귀인을 삼고 평지는 혈 앞에 있는 철형(凸形)으로 귀인봉을 삼는다. 철(凸)이 없고 수(水)만 있으면 수(水)로써 귀인을 삼는다. 산이 있으면 산을 논하고 산이 없으면 수(水)를 논하는 것이므로, 수지(水池)가 즉 산봉이 되고 소구(小溝)라도 또한 문필봉으로 보게 된다. 가령 병오향(丙午向)에 물이 서방(西方)으로 향하여 오고 물이 혈 전면에서 만포(灣抱)하여 손궁(巽宮)을 거쳐 갑자(甲子)의 원류로 되돌아 나가며 또 손병정(巽丙丁)의 세 곳에 작은 개울물이 혹 횡수(橫水), 혹 건류수(乾流水)가 되어 면궁안(眠弓案)을 대신하며 소구(小溝) 밖으로 3봉(三峯)이 삽입하면 또한 3태(三台) 및 필가(筆架)로 보니, 이는 병오정방(丙午丁方)이 수용(秀聳)한다. 물이 남으로 오면 필시 남방이 높고, 병오향(丙午向)을 세워 물이 갑자방(甲字方)으로 나가면 녹존류진패금어격(祿存流盡佩金魚格)과 합치되며 혈(穴) 앞이 높으면 또 일강사(日講師)의 「좌공조만법수법(坐空朝滿法水法)」과 합하므로 부귀를 크게 발한다. 귀인은 손사(巽巳)에 임관귀(臨官貴), 좌산귀(坐山貴), 6수귀(六秀貴), 녹귀(祿貴)에 해당되며, 한 개의 소구(小溝)가 있어 4귀인(四貴人)이 되면 이것은 진귀인(眞貴人)이다. 또 임관위(臨官位)의 물은 녹마조(祿

馬朝)가 취적(聚積)되는 것이니 「원기희신(元氣喜新)」이라 하고 병상(丙上)의 소구(小溝)는 이름을 「제왕수(帝旺水)라 하니 이 물이 조당(朝堂)하여 병임도국(丙壬到局)과 합하면 몸에 주의(柱衣;官服)를 걸친다」 하였다. 이 제왕수(帝旺水)가 또 혈(穴) 앞에 취래(聚來)한 물과 합하면 일당(一堂)의 왕기(旺氣)가 전장(田庄)을 발하고 관작(官爵)이 고중(高重)에 위명(威名)을 더 날리고 금곡(金穀)이 풍영(豊盈)하여 쓰고 남음이 많다. 또 정방(丁方)에 소계(小溪)가 문필봉이 되고 쇠방관국(衰方管局)의 거문성(巨門星)에 학당수(學堂水)까지 합해서 이르면 총명한 인물이 많이 나온다. 정(丁)은 남극성(南極星)과 문성(文星)도 되는 관계로 문인이 도도하여 춘추제에 배향(配享)되는 문이니 많이 나옴이 이 뜻이며, 오(午)는 천마가 되니 이곳에 사(砂)가 있으면 곧 천마산(天馬山)이라 최귀(催貴)함이 가장 빠르다.

• 자왕향록존소수(自旺向祿存消水) 귀인봉(貴人峯)·녹산(祿山) 현수법도(現水法圖)

坐空朝滿 旺龍入首
臨官帝旺 歸文庫水

그림은 금국(金局)으로 갑(甲)은 금국(金局)의 태가 되므로 이른바 방수(放水)다. 향상오행(向上五行)을 용(用)하였고 또 목욕소수(沐浴消水; 차고신술(借庫辛戌))이며 손룡입수(巽龍入首)이니, 천주속기(穿珠束氣;巽은 金局으로 旺이오, 火局으로는 沐浴이다)하며, 좌공조만(坐空朝滿)되었다. 도기룡혈(倒騎龍穴)이며 주위의 양수(兩水)가 합류하여 갑자상(甲子上)으로 나간다. 병오향(丙午向)을 세우면 간(艮)이 생방(生方)이이요(辛戌水口), 갑(甲)이 목욕(沐浴)이며 을(乙)이 관(冠), 손(巽)이 임관(臨官), 병(丙)이 왕(旺), 정방(丁方)이 쇠(衰)로 모두 길수(吉水)가 된다. 그리고 손룡(巽龍)에는 신봉(辛峯)이 보이는 것이 마땅하니 신방(辛方)에 지당(池塘)이 있어 손천신(巽薦辛;巽辛은 文峰임)이 되어 천을(天乙)과 태을성(太乙星)이 결혈(結穴)되며 천을(天乙)은 갑(甲)이 축(丑)이요, 태을(太乙)은 오(午)가 축(丑)이 된다. 또 자축(子丑)이 합이요 묘술(卯戌)이 합이다. 화생토(化生土)하니 생(生)이다. 수(水)가 문고(文庫)로 돌아가니 신술수구(辛戌水口)라면 을록(乙祿)이 재묘(在卯)요, 자산(子山)에 병(丙)이 녹존(祿存)이며, 갑(甲)은 탐랑(貪琅)이다. 한원(翰苑)에 생향(生香)이요, 또 정수(丁水)가 조당(朝堂)함을 얻으니 문인이 오를 것이며, 면전의 손병정(巽丙丁)에 개울이 있어 이것이 또 필가(筆架)와 3태(三台)가 되었으니, 과갑(科甲)에 연달아 오른다. 만일 손룡(巽龍)에 신봉(辛峯)이 보인다면 반드시 장원급제가 나온다. 혈성(穴星)이 높아 평양(平洋)의 일철(一凸)이 바로 이 혈이다.

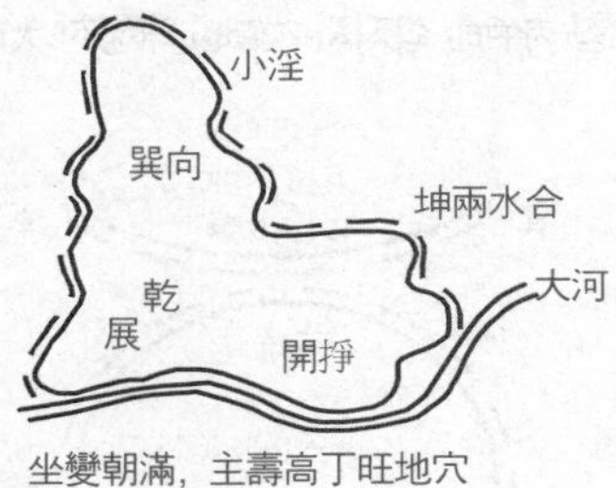

坐變朝滿, 主壽高丁旺地穴

무릇 이 평양(平洋)에는 건류수(乾流水)가 없고 활류수(活流水)로 되었으므로 이 물이 혈상(穴上)으로 참도(站到)하면 양수(兩水)가 협출(夾出)하는 곳을 보고 위 그림을 참조하여 귀인을 취한다. 그리고 이 혈은 금국(金局)인데 수구(水口)로 향(向)을 정하고 향으로 국(局)을 세우지 않았다. 그러나 혈상(穴上)을 참립(站立)하면 수구(水口)는 보지 않는다. 혹 사(砂)와 수목(樹木)과 방옥(房屋)이 난(欄)을 가리워져 있으면 수구(水口)를 보지 않으므로 이는 이러한 사(砂)로 인해 수구방(水口方)이 불분명하므로 길흉의 응(應)이 애매하기 때문이다. 문내(門內)에는 나[我]를 위하여 쓰므로 평양지혈(平洋地穴)은 전혀 내수구(內水口)만 의지할 뿐 향외(向外)의 대수구(大水口)는 불가하지만, 외수(外水)가 다시 묘한 격으로 합하는 예도 있어 외수(外水)가 비록 불합해도 응(應)이 여러

해를 외당으로 행도하면 수운(水運)을 응준(應準)되기도 한다. 이는 개쟁(開掙)·전시(展翅)·도기룡(倒騎龍)·역전수법(逆轉水法)·왕룡배생향(旺龍配生向)이 귀후(歸厚)하는 그림이다. 즉 금국(金局)의 역전수법(逆轉水法)이니 평양(平洋)에 사용된다. 손사(巽巳)·정미(丁未)·곤신(坤申)·경유(庚酉)·신술법(辛戌法)이니 모든 길수(吉水)가 역행하고 도전(倒轉)하여 정고(正庫)로 돌아가니 부귀가 대발하고 인정(人丁)도 크게 흥왕(興旺)한다. 개쟁(開掙)과 전시(展翅)는 성강(性剛)하여 호승(好勝)하는 인물이 생겨 제멋대로 행하므로 여러 사람들과 의의가 맞지 않다. 이 평양지(平洋地)를 볼 때는 먼저 혈상(穴上)에 서서 수구(水口)를 보고, 역전(逆轉)과 순류(順流)에 관계없이 다만 대고(大庫)와 소고(小庫)로 발귀(發歸)토록 하되 문고(文庫)에 미치면 대발하는 것이니 다른 국(局)도 같은 방법으로 추리한다.

• **병오향**(丙午向) **화가지**(花假地) **대황천**(大黃泉) **수법도**(水法圖)

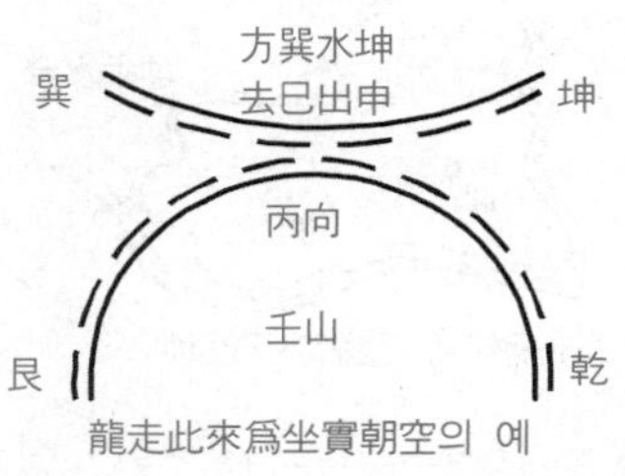

龍走此來爲坐實朝空의 예

이 그림은 일강사(日講師)의 「좌공조만법(坐空朝滿法)」과 불합하고 또는 양공의 원공오행(元空五行) 14진신수법(進神水法)과도 불합하다. 비록 건곤간수(乾坤艮水)에 임해룡(壬亥龍)이라 할지라도 장법(葬法)에 불합하니 대흉을 발한다. 병향(丙向)을 세우면 우변(右邊)으로 곤신(坤申)·경유(庚酉)·신술(辛戌)·건해(乾亥)가 모두 병·사·묘·절수(病·死·墓·絶水)가 되어 당을 지나며, 향상으로 따지면 손사임관방(巽巳臨官方)에 방수로 임관을 충파(冲破)하여 「을병수방손수선(乙丙須防巽水先)」의 글귀를 범하였으니, 즉 황천대살(黃泉大殺)이라 패절하므로 수법중에 지극히 흉한 물이다. 전면(前面)으로 수(水)가 곤(坤)에서 손(巽)으로 나가니 반(反)한 것 같아도 불반(不反)이다. 손방(巽方)으로 사류출(斜流出)은 무정이므로, 이를 「화가(花假)」라 한다. 평양지(平洋地)의 물은 거의 곧게 뻗거나 가는 물의 원(元)으로 직결수의 원(元)이 되는 바 이것이 즉 사환수포(砂環水抱)이다. 평양지(平洋地)는 물이 흐르는 곳으로 돌아가지 않는 것이 많으나 다만 생왕수(生旺水)가 고(庫)로 돌아가고 일사일수(一砂一水)라야만 크게 발한다. 평양(平洋)에는 또 천강수(天罡水)가 가장 흉하니 결코 이 물을 범하지 말아야 한다. 진술축미(辰戌丑未)의 천강수(天罡水)가 조혈(照穴)하여 가거나 오거나 정체되어 있으면 모두 불길한 격으로 반관(反棺) 도정(倒停)하고 패절하며 혹은 요수(夭壽)」형륙(刑戮)하고 모든 일이 호사다마(好事多魔)가 된다. 영소(塋所)의 멀고 가까운 곳에 첨수(添修) 장옥(墻屋)하거나 혹 토강(土岡)을 쌓아 가려 주면 화를 면하며 혹 형세가 좋아지는 수도 있다. 수법이 합해도 흉화를 만나는 것은 흔히 천강(天罡)을 범한 까닭이다. 천강(天罡)은 즉 3방(三房)이 더욱 불리하니 진술축미(辰戌丑未)는 소남(少男)「秀」에 해당되어서다. 평양지(平洋地)에 술건진태수(戌乾震兌水)가 혈에 임하면 소경·벙어리가 아니면 풍질 저선의 환자가 생기며 또 남자는 파족(跛足)이요, 부녀는 수명이 짧다.

⑤ **평양진결**(平洋眞訣) : 좌공조만(坐空朝滿)에 도기룡(倒騎龍)으로 용이 장차 생황(生旺)을 내고 귀고(歸庫)하면 자손만대가 모두 흥륭한다. 대개 평양에는 물로 반을 삼으나 수법(水法)이 아직 강명(講明)치 못하더니 원진철영노사(原眞撤塋老師)의 수법이 조금도 빠짐이 없이 철저히 청백(淸白)하였으니 단험이 신과 같아 참으로 양증(楊曾)이 다시 세상에 나온 것과 같다.

⑥ **오언금석**(五言金石) : 평양지(平洋地)를 알려면 좌공(坐空)과 조만(朝滿)을 분별하여 발수(撥水)가 고(庫)로 돌아가면 부귀가 대대로 흥륭하다. 용의 진혈(眞穴)은 마땅히 귀가 인관에 내리는 것이 가장 중요하니 이렇게 되면 반드시 3공(三公)의 귀에 이른다. 좌는 장방(長房)에 속하니 혈 뒤가 높고 앞이 기울면 별방(別房)이 마침내 손해를 보며 장자가 먼저 화를 입

는다. 앞이 낮으면 빈곤하고 뒤가 높으면 인정(人丁)이 끊인다. 전후는 중방(中房)의 참(站)이니 패절하고 재앙이 반드시 생긴다. 분방(分房)에 필요한 것은 삼면이 높은데 중간과 좌우는 형제가 반드시 등과한다. 형제가 모두 패절하는 원인은 무덤 뒤 양변이 높고 전당(前堂)이 또한 기울어지면 장후(葬後)에 재산을 다 없앤다. 부귀가 멀게 이어져 감을 볼 수 있다. 본혈(本穴)이 합법하고 수외(水外)가 중중으로 보임으로 평양의 요결은 만좌후공(滿坐後空)이 대(對)됨이니 집집마다 이 법에 합당하면 부귀가 흥륭할 것이다. 그러나 공(空)과 만(滿)의 법이 맞지 않으면 십분중(十墳中) 구영(九塋)은 궁빈하나 좋은 수법은 부귀가 모두 이 공법(空法)에 달렸다. 혈돌(穴突)한 곳에서 분문(分門)으로부터 중수(衆水)가 한 곳으로 돌아가고 중간이 높은 것이 진형(眞形)이다. 평양나룡법(平洋拿龍法)은 양수(兩水)가 상평(上坪)을 요(繞)하고 다음에는 물이 교합한 곳에 진룡(眞龍)이다. 우변(右邊)은 소방(小房)에 속하니 앞이 낮고 뒤는 높으면 요수하고 패절하며 어린 자식이 화를 당한다. 앞의 가운데 좌우가 낮으면 각방(各房)이 다 궁하고 뒤로 중 좌우가 높으면 집집마다 인정(人丁)이 적다. 장원과 신동이 나오는 것은 무덤 뒤 좌우가 공(空)하면 7세 어린이가 부(賦[詩])를 짓고, 그 외 자손 모두가 글을 잘한다. 뇌후(腦後)가 중공(中空)하고 횡수(橫水)가 장대하여 반궁형(反弓形)이라야 고수(高壽)를 알 수 있다. 평양에는 귀봉(貴峯)이 드문데 임관방이 수려하고 높이 솟으며 한원(翰苑)의 급제자(及第者)가 해마다 생긴다. 철혈(凸穴)이 사람을 그르치지 않으니 항상 이 수법(水法)이 합해야 한다. 십분구(十墳九)는 집집마다 영화를 누리게 된다.

⑦ **일강선사 평양법**(日講禪師 平洋法) : 평양(平洋)에 조혈(造穴)하여 산을 분변함은 시사(時師)가 도수(度數)도 모르고 모두 관문(關門 ; 막힌 곳)에다가 천분만총(千坋萬塚)을 장사하니 천가(千家)와 만호손(萬戶孫)이 패절한다. 강호하해가 평양이요, 풍수진전(風水眞傳)이 각각 행도(行度)가 있다. 바람을 피하고 물을 피하는 곳이 참으로 절지(絶地)이고, 바람이 불고 물결이 치는 곳이 인정(人丁)이 왕(旺)하고 장수한다. 산은 음이고, 평양(平陽)은 양(陽)이므로 높은 곳이 음이며 낮은 곳이 양이다. 산룡(山龍)의 장풍(藏風)된 곳이 진혈(眞穴)이고, 바람이 불어 물결이 치는 곳이 빈요(貧夭)가 없다. 평양명당(平洋明堂)은 높고 또 높으면 금은(金銀)을 창고에 쌓고 미곡이 가득하다. 평양혈(平洋穴) 뒤가 일척이 낮으면 여러 아손(兒孫)들이 모여 글을 읽고(문장이 나온다), 평양(平洋) 좌우의 양변이 낮으면 형제가 모두 상서(尙書) 벼슬에 오른다. 평양의 명당처가 낮고 그 외가 높으면 장차방(長次房)이 부하며, 평양 명당이 손바닥 안과 같이 생겼으면 모든 자손이 말(斗)로 금을 센다. 그러나 월평양명당(月平洋明堂)이 낮고 또 낮으면 만금이 만량이라도 재로 변하고 만다. 평양혈(平洋穴) 뒤가 높아 무덤을 압박하면 각방이 퇴패하고 인정(人丁)이 끊어진다. 명당의 좌우가 혈보다 높아 압박하면 형세가 모두 자손이 없으면 우변이 낮고 좌변이 높으면 높은 편에 해당하는 자손(좌는 장손이요 우는 차손이다)이 패절하고 낮은 편에 해당하는 방(房)이 부요하며, 물 외가 높으면 부하고 낮으면 패절하니 산지와 평양은 반대로 추리하는 까닭이다.

⑧ **평양혈법 삼십육도**(平洋穴法 三十六圖) : 위 혈은 높은 밭에 강물이 없고 혈 왼쪽이 높으면 장방이 절손(絶孫)되고 도로무공이요, 혈 뒤가 일 촌이 낮으면 이방(二房)이 자손이 많고 복록(福祿)이 끊임없다. 혈 왼쪽이 장방이 괴각(拐脚)이요 백안격(白眼格)이며 혈 뒤에서 보아 향(向)이 높으면 금은이 진전하고 혈 뒤의 땅이 높으면 자손이 끊긴다. 평양지는 모두 좌공(坐空) 하고 조만(朝滿)해야 좋은 것이니, 혈 앞이 높고 혈 뒤가 낮아야 한다. 혈은 높이 솟은 곳을 요하고 8면의 바람이 닿아야 하며, 물은 순수나 역수를 막론하고 모두 고(庫)로 돌아 나가야 길하다. 즉, 산지와 반대로 보는 배결이다. 혈 오른쪽 전지(田地)가 높고 또 높으면 이방(二房;둘째 자손)이 빈궁하고 요수하며, 혈 오른쪽의 전지(田地)가 두 척이 높으면 이방(二房)이 패절하고 의식이 풍족치 못하다. 혈 오른쪽의 전지(田地)가 첩첩으로 높으면 이방(二房)이 남자는 죽고 고부만 남는다. 혈 뒤의 오른쪽이 높고 또 비대하면 이방(二房)

이 양자를 두어야 하고 무덤가에서 운다. 명당이 언월형(偃月形)이고 우변이 낮으면 이방(二房)에 의식이 없고, 혈 앞 명당의 우변이 높으면 이방(二房)이 고과(孤寡)는 나와도 부호는 된다. 혈 뒤 좌변이 마디마디 낮으면 장방이 고수(高壽)하고 진주가 쌓인다. 혈 왼쪽의 밭이 걸음마다 낮으면 장방에 인정(人丁)이 왕(旺)하고 부는 도주(陶朱)와 견줄 수 있다. 혈 왼쪽으로 34척이 낮으면 장방에 발정(發丁)하고 상서(尙書)가 나온다. 혈 뒤의 밭이 청결하여 낮으면 각 방이 부귀하고 혈 왼쪽으로 3척이 낮으면 장방의 자손이 상처한다. 혈 뒤 명당의 좌변이 낮으면 장방이 부귀하고 창고(倉庫)에 재곡(財穀)이 가득하다. 혈 왼쪽으로 하변(河邊)이 3장을 격(隔)하면 장방의 자손이 공경이 된다. 금균괘월좌선형(金鈞掛月左旋形)은 장방이 2대가 공경이 된다. 혈 왼쪽의 밭이 점차로 낮으면 장방에서 상서(尙書)가 나오고, 혈 왼쪽이 2척이 낮으면 장방이 3처(三妻)가 죽으며, 혈 왼쪽이 낮아 하천과 비슷하면 장방이 등과한다. 금균괘월우선형(金鈞掛月右旋形)이면 이방(二房) 자손 중에서 공경이 나오고, 혈 오른쪽의 밭이 점차 낮아가면 이방(二房)이 상서(尙書)가 나온다. 혈 뒤가 2척이 낮으면 이방(二房)에서 3처(三妻)가 죽고 혈 오른쪽이 긴장과 가까우면 이방(二房)이 등과하며, 혈 오른쪽이 하변(河邊)으로 3장을 격(隔)하면 이방(二房)에 후백이 나온다. 혈 오른쪽의 천주(天柱)가 높고 또 높으면 장방이 단명하고, 혈 오른쪽 천주(天柱)가 낮아서 바람이 닿으면 이방(二房)이 반드시 장수한다. 혈 왼쪽의 무덤 뒤에 낮은 땅이 있으면 장방의 자손이 백 세를 넘게 살고, 혈 왼쪽의 무덤 변에 일전(一田)이 높으면 장방(長房) 자손이 반드시 적막한다. 혈 왼쪽 무덤 앞이 1척 높이가 되면 장방(長房)자손이 부족하고, 혈 오른쪽 무덤 뒤가 일전(一田)이 높으면 이방(二房)자손이 단명하고 부요(富饒)치 못하다. 혈 오른쪽 무덤 곁의 밭이 낮으면 이방(二房)의 인정(人丁)이 왕(旺)하고, 혈 오른쪽 무덤 앞에 일지(一地)가 낮으면 이방(二房)에 반드시 의식이 궁핍하다. 혈 왼쪽의 천주(天柱)가 낮아 바람이 닿으면 장방(長房)이 백세 장수고, 혈 오른쪽 천주(天柱)가 높고 또 높으면 이방(二房)이 단명한 이가 많다. 하변(河邊)에 소혈(小穴)이 조하(朝河)를 향하고 강과 격리됨이 1장5척(一丈五尺)이 넘으면 장법(葬法)이 맞으면 자손이 일거에 등과한다. 하변(河邊)에 소혈(小穴)이 조전(朝田)을 향하면 하변(河邊)에서 이 1장5척(一丈五尺)이 떨어진 곳에 점혈(占穴)한다. 양식이 맞으면 자손이 오래도록 부귀한다. 제일로 사람이 부하려면 명당이 재고를 관리하되 면전에 창고의 조(朝)가 있으면 대대로 풍부하게 산다. 혈 앞 좌우가 다 짧고 크고 넓으면 또한 창고(倉庫)로 본다. 혈 왼쪽에 1장(一丈) 넓이의 흙이 높으면 장방(長房)이 다리 병신이나 백안인(白眼人)이 나오고, 혈 뒤가 무장(無丈)이고 또 높지 않으면 이방(二房)에 눈이 짝짝이가 된다. 시사(時師)는 추흉지(趨凶地)를 알지 못하니 낮으면 사람이 손으로 눈물을 닦는 형상으로 이러한 형에 장사하면 자식이 죽고 비록 명가라도 퇴패한다. 혈좌상(穴左上)이 높고 넓으면 장방(長房)이 끊어지고, 혈 오른쪽이 뾰족하고 또 적으면 정재(丁財)가 모두 왕(旺)하며, 안사(案砂)가 양변이 뾰족하면 송사(訟事)가 끊이지 않으며 또 반궁형(反弓形)과 같으면 외지에서 횡사한다. 혈 앞이 뾰족하고 낮고 낮으면 방방(房房)이 퇴패하여 의식도 궁하다. 혈 뒤의 고전(高田)이 기(氣)를 장납(藏納)하면 각 방이 패절이라 동서분산(東西奔散)한다. 혈 뒤의 밭이 낮아 바람이 닿으면 장·이양방(長·二兩房)이 백세상수(百世上壽)하고, 혈 중앙의 양변이 낮으면 장 이방(長二房)이 모두 인정왕(人丁旺)하며, 혈 앞의 명당이 높고 또 높으면 장·이(長·二) 양방에 금보(金寶)가 많다. 왼쪽 홀(笏)은 장방에서 승상이 나오고, 오른쪽에 홀(笏)이 있으면 2혈(二穴)에서 어사가 나온다. 좌우에 모두 홀(笏)이 있으면 즉, 물의 필현(筆硯)이니 이 경우는 격하지수(隔河之水)가 내조(來朝)하면 대길하다. 우추흉(右趨胸)은 장자가 흉하다. 혈의 좌수(左水)가 필(筆)과 같이 일자(一字)로 흘러가면 장방이 노사(路師)하고 혈의 우수(右水)가 일자(一字)로 흘러가면 차방(次房)이 거리에서 사망한다 혈좌수(穴左水)가 봉(峰)으로 배출하면 장방에서 3공(三公)이 나오고, 요협(腰脇)으로 격하(隔河)되고 일단조(一短槽)가 있으면 그 혈이 진(眞)이다. 대개

사(砂)가 필(筆)같이 생긴 통이 더욱 묘하고 화살과 같으면 흉하다. 혈이 부채 모양으로 밖으로 향한 것은 퇴패하고, 명당이 부채살를 편 것 같으면 관형을 범하고 법정에 드나들며, 명당이 선각(扇角) 같으면 관액(官厄)으로 집안이 퇴락한다. 혈 앞이 곧은 밭이면 주로 눈먼 자식을 낳는다. 혈 오른쪽도 같다. 앞에 큰 부채가 펴 있는 형상 같으면 자손 중에 도헌(都憲)이 되고 당(堂) 외에 고지가 있어도 마찬가지다. 혈 왼편에 전취(田嘴)가 낮으면 장방(長房)에서 3공(三公)이 나오고, 방(房) 왼편에 전취(田嘴)가 높으면 장방의 복록이 끊임없다. 혈 오른쪽의 전취(田嘴)가 낮으면 2방(二房)이 고수(高壽)하고, 방(房) 오른편의 전취(田嘴)가 높으면 2방(二房)의 가세가 풍족하다. 혈(穴) 뒤의 낮은 밭이 일편으로 공(空)이면 장·2양방(長·二兩房)이 고수(高壽)하고, 혈 중심부의 좌우가 모두 낮으면 장·2(長·二) 양방의 자손이 왕(旺)하며, 혈 앞 명당의 일지(一地)가 높으면 장·이양방(長·二兩房)이 풍족하게 산다. 혈 앞의 좌가 출진하는 기(旗)와 같으면 장방(長房)이 전사하고, 혈 앞 오른쪽이 진래(進來)하는 기(旗)와 같으면 이방(二房)이 등과함을 천하가 다 안다. 형상이 게(蟹) 또는 연화(蓮花) 같으면 정혈(正穴)이니 능히 귀하고, 강변이 편로(偏露)하여 생기가 많으면 자손등과 발복이 유구하다. 혈 오른쪽의 돈변(墩邊)이 높고 살찌면 이방(二房) 자손이 고생하고, 혈 높음이 부채 같고 명당이 낮으면 장후(葬後)에 중자(中子)가 10여년 밖에 못 가며, 장·소 이방(長·少二房)은 의식이 족하나 다만 오랜 뒤에는 재앙이 생긴다. 땅이 높고 조외(朝外)한 것은 길하고 조내(朝內)한 것은 흉하다. 혈 뒤의 고저의 수(壽)의 장단이니 좌장우이(左長右二)는 양방(兩房)의 단(斷)이다. 혈중(穴中)의 좌우에 바람이 통하지 않으면 장·이 양방(長·二兩房)이 패절한다. 시사(時師)가 평양절(平洋絶)을 알지 못하고 좌고(坐高)하고 향저(向低)하면 정혈(正穴)이라 한다. 그러나 만일 사람이 이러한 곳에 장사지내면 후대의 아손(兒孫)이 패절한다. 혈 오른쪽에 하수가 3장(三丈)을 격(隔)하였으면 이방(二房)이 독서하여 금방(金榜)에 오르고, 혈 앞에 파종한 듯이 점점 낮아지면 빈궁하기 그지없다. 혈 뒤 좌토(坐土)가 마디마디 높으면 장·이 양방(長·二兩房)이 요사(夭死)함을 피하기 어렵다. 혈 뒤의 하수가 바로 와서 충(冲)하면 장·이 양방(長·二兩房)이 지위가 3공(三公)이요, 혈 왼쪽에 방저(傍著)가 좌조천(左漕阡)이면 장방(長房)이 황갑(黃甲)으로 어악변(御幄邊)이고, 혈 오른쪽에 방저(傍著)가 우조천(右漕阡)이면 이방(二房)이 의금(衣錦)이 강수와 같다. 혈 왼쪽에 반구형이 되어 정의(情意)가 없으면 장방이 노변에서 객사하고, 혈 왼쪽에 밭이 2장(二丈)을 떠나 있으면 장방이 딸만 많고 아들은 드물며, 혈 오른쪽에 반궁(反弓)이 있으면 역시 정소(情少)하니 이방(二房) 자손이 해롭고, 혈 오른쪽에 밭이 5장(五丈)쯤 떨어져 있으면 이방(二房)의 인정(人丁)이 왕(旺)하고 자손이 많다. 혈 왼쪽에 면궁호사(眠弓護砂)가 많으면 장방(長房)이 부귀하고 등과하며, 혈 오른쪽에 밭이 2장(二丈)쯤 떨어져 있으면 이방(二房)에서 쌍생여아(雙生女兒)가 나오고 남자가 희소하며, 혈 오른쪽 호사(護砂)가 면궁(眠弓)으로 굴러 있으면 이방(二房)이 부귀하고, 혈 왼쪽 밭이 5장(五丈)이 넘으면 장방의 인정(人丁)이 왕(旺)하다. 혈 뒤 가까운 곳이 낮으면 부귀하고, 혈 뒤에서 바람이 불어 오면 발복한다. 혈장(穴場) 밖이 높고 혈장(穴場)이 낮으면 장심(掌心)이라 한다. 길인(吉人)을 이런 혈형(穴形)에다 장사하면 부귀성가하기를 만세나 계속된다. 혈 뒤에서 하수가 곧게 충래(冲來)하면 장·이방(長·二房)이 부귀쌍전한다. 혈 왼쪽 천주(天柱)가 점점 낮아지면 장방(長房)이 백여 세의 수(壽)를 누리고, 혈 왼쪽 각변(脚邊)이 점점 낮으면 장방(長房)의 자손이 왕(旺)하고 또는 수(壽)한다. 혈 왼쪽 묘 앞이 높고 비옥하면 장방이 부함이 비할 자가 없고, 왼쪽 천주토(天柱土)가 또 높으면 장방(長房)이 요수함을 면치 못한다. 혈 왼쪽 각변토(脚邊土)가 높고 두터우면 장방이 무자(無子)하여 절사(絶嗣)하고, 혈 왼쪽 안토(案土)가 뾰족하고 낮으면 장방의 의식이 궁핍하다. 혈 오른쪽 천주토(天柱土)가 높으면 이방(二房)이 고생하고 또 요수(夭壽)하며, 혈 오른쪽 분전토(坆前土)가 뾰족하고 낮으면 이방자손(二房子孫)이 의식이 없다. 혈 오른쪽 천주(天柱)가 점점 낮으면 이방(二房)의 자손이 대왕

(大旺)하고, 혈 오른쪽 명당토(明堂土)가 고후하면 이방(二房)이 부하고 자손이 영창한다.

⑨ **평양입혈론**(平洋立穴論) : 산은 어느 곳을 막론하고 하나의 조종이 있으니 먼저 그 조종이 어디에서 일어나고 수원(水源)이 어느 곳에서 발하여 어디에서 나뉘며 어디에서 입로(入路)하고 어디에서 합하였는가와, 사(砂)는 어느 곳에서 교(交)하였는지를 찾으면 수(水)가 온 곳을 알 것이니, 이 배면수(背面水)가 합하는 곳이 바로 정면이다. 또 용을 따라 물이 따라옴이 어디로 향하고 호룡사(護龍砂)가 어디로 만포(彎抱)하였나를 보아서 사수(砂水)의 유정 무정을 판단할지니 이 용이 무정하면 용이 아님을 알게 된다. 이미 용과 사수(砂水)를 알게 된 뒤에 한 걸음 한 걸음 자세히 살피고 마디마디 추구하여 양병(兩浜) 좌우에 대쇄형(對鎖形)이 8자(八字)같고 또 찢어지거나 끌어당기는 반역의 세(勢)가 없는가를 보아야 하니, 이것이 즉 용이 과협하는 곳이다. 그 협이 많을수록 용신(龍神)이 더욱 귀한 것이니 협에 이르러 중출맥(中出脈)이 되고 양쪽의 형세가 고르며 횡으로 장(帳)을 크게 열은 것은 지극히 귀한 요이다. 다만 과협에 가장 긴요한 것은 양변에서 끼고 좇은 것이니, 끼고 좇지 않으면 바람이 닿고 무리겁(劫)하여 절대 성지(成地)가 안 된다. 또 협에 끊어져 나가는 무리 있는 경우에는, 대개 진맥에는 과수(過水)와 좌우에 반드시 사수강(砂水扛)이 있으니, 수중으로 보내어 반드시 미세하고 높은 척(脊)이 있어서 겨울에도 그 무리 물 밑의 흙을 따뜻하게 하므로 이미 과협되어 건너온 용이 수신적(水身的)임을 알면서 확실히 차질이 없게 한 뒤에 그 도두(到頭)를 찾는 바, 진룡(眞龍)이 도두(到頭)함에는 결혈좌우(結穴左右)에 반드시 양고두(兩股兜)가 있고, 병계(浜界)에 기맥(氣脈)을 보내어 입혈(入穴)한다. 혈 앞에 반드시 저소한 명당이 있고 좌우에 용을 따라온 물이 국(局)에 이르러 서로 뚜렷이 나타나고, 앞에는 안(案)을 따라 생긴 사(砂)와 횡란(橫欄)의 물이 만환(彎環)하여 혈을 조(朝)하고 또는 사위(四圍)에 호송(湖送)하는 사(砂)가 모두 회두주차(回頭駐箚)로 유정(有情)하며, 명당이 평정하고 수구(水口)는 교아(交牙)하고, 앞에는 두수

(兜收)가 보이고 뒤로는 공송(拱送)이 있어 좌사(左砂)는 오른쪽으로 향하고 우사(右砂)는 왼쪽으로 향하여, 혈은 천심(天心)에 머무름이 마치 귀인이 관아에 앉고 대장이 등단함과 같아서 공위(拱衛)치 않음이 없음이 바로 천연의 결국이다. 혹 대괴(大塊)에 평전도두(平田到頭)가 있고, 좌우불개(左右不開)한 것도 있고, 계수(界水)가 겨우 혈 앞에 있어 낮은 밭에다 소명당(小明堂)을 만드는데, 즉 이 소명당(小明堂)에다 혈을 정하는 것이다. 혹은 기(氣)가 각상(角上)으로 돌아가는 것이 있고 다만 일병(一浜)이 있어 계맥(界脈) 외의 용수(龍水)를 차수(借隨)해서 계한(界限)을 이룬 것은 이 각상(角上)에 천혈(扦穴)하는 곳이다. 혹, 극히 큰 천두(扦頭)가 있어 바로 보아 끝이 없는 곳에다가 사면에 각각 기맥(氣脈)이 나누고 계수(界水)가 구유(俱有)한 경우 이것이 즉 수맥천혈(隨脈扦穴)이지만 다만 내룡(來龍)에 일변생기(一邊生氣)가 머무르지 않는 곳이 있으면 천혈(扦穴)을 못한다. 혹 용이 앞으로부터 와서 국면(局面)이 앞에 있어 반(反)한 것은 이를 도기룡혈법(倒騎龍穴法)으로 천(扦)하지만 다만 외양(外洋)으로 대수(大水)의 주축(注蓄)이 있어야 한다. 그렇지 않으면 재록이 모산(耗散)한다. 혹 결혈(結穴)한 뒤에 여기(餘氣)가 그치지 않아 도도히 앞으로 향해 가는 것은 다만 양변의 사수(砂水)가 협보(夾輔)로 유정하고 주축(駐蓄)이 생긴 곳을 찾아 순기룡혈법(順騎龍穴法)으로 천(扦)하는 바, 이는 여기(餘氣)가 비양(飛揚)하고 주도(走逃)하며 만전(挽轉)치 않아서 나를 위하여 작업을 하는 것이므로 아름답다. 또한 안(案) 밖에서 용수(龍水)가 교회(交會)함을 따라 거룡(去龍)이 나를 위해 만들어지지 않고 외수(外水)가 불교(不交)하면, 이는 과룡(過龍)이니 천(扦)하면 반드시 절손(絶孫)한다. 또 물을 따라 반선결반(盤旋結蟠)한 용혈(龍穴)과 순수내룡(順水來龍)이 역회(逆回)하여 고조혈(顧祖穴)로 맺은 경우와, 양수(兩水)가 맺어 도두(到頭)로 보내어 순수결혈(順水結穴)한 경우와, 중대(衆大)와 특소(特小), 중소(衆小)와 특대(特大)한 것과, 흩어진 가운데 기(氣)가 모이고, 모인 가운데서 특히 취한 것과 물이 직협(直夾)하여 횡(橫)을 취하고, 횡래(橫來)하여 직(直)을 취한 것과,

정중에 편(偏)을 취하고 편중(偏中)에서 정(正)을 취한 것 등 가지가지가 같지 않고 국(局)마다 변환한다. 요는 체(體)에 있어서 산수의 성정을 알고 그 향배(向背)와 개합(開闔)을 잘 알며 그 모이고 흩어지는 기운을 살피고, 그 생기(生氣)가 멈추는 곳을 알아서 정혈(定穴)을 하는 것이지만, 평양지(平洋地)는 형상이 앙장(仰掌)과 같아 이에 양기(陽氣)는 나머지가 있어도 음기(陰氣)는 부족이 되니 도두(到頭)에 반드시 미미하게 솟아 음기(陰氣)가 보인 뒤에야 비로소 천혈(扦穴)해야 하니, 이는 양래음수(陽來陰受)의 법이다. 만약 낮고 평한 곳에 입혈(立穴)하려면 독양(獨陽)은 불생해도 뚜렷하게 사수(砂水)가 유정하면 잠시 온포(溫飽; 有足)해도 결국 패절한다. 그러므로 곽경순(郭景純)은 「은은하게 솟은 땅은 길이 그 가운데 있다」 하였고, 장자미(張子微)는 「평양(平洋)에 점차 낮아지고 점점 내려간 곳에 장(葬)하면 반드시 절(絶)한다」 하였으며, 복즉외(卜則巍)는 「평양에는 일철(一凸)이 기(奇)가 된다」 하고, 또 「악한 땅이란 니수항변(泥水抗邊)에서 혈을 찾는 일이다」 하며, 또 「평양에는 득수(得水)가 우선이 되니 득수(得水)가 자연 법이 되므로 원수(遠水)로 득수(得水)를 삼아도 불가하고 근수(近水)로 득수(得水)를 삼아도 또한 잘못이며, 역수(逆水)로 득수(得水)함도 아니요, 순수역수(順水逆水)는 더욱 아니고, 가까운 대수(大水)의 득수(得水)도 진실로 아니요, 가까운 산수로 득함도 또한 아니다」 하였으니, 모두 득수(得水)가 되지 않는다. 대개 천지의 이(理)는 태과(太過)함도 없고 불급(不及)함도 없으니 오직 중화(中和)됨이 귀하므로 여기(餘氣)가 필요하니, 아니면 할각(割脚)된 까닭이다. 운수(運水)는 명당보다 낮아야 하니 아니면 기(氣)가 흩어지고, 가까운 대수(大水)는 혈이 뒤로 물러남이 마땅하니, 아니면 탕흉(蕩胸; 압혈(壓穴))이 되고 가까운 소수(小水)는 혈이 점출(點出)함이 마땅한데, 아니면 수(水)가 보이지 않아야 한다. 역수(逆水)는 가까운 안(案)이 있음을 요하니, 아니면 직충(直冲)이 되고, 순수(順水)는 수(水)가 교아(交牙)됨을 요하니, 아니면 자웅이 불교(不交)하는 관계로 역수(逆水)에는 마땅히 조(朝)가 현자(玄字)모양으로 전절해야 좋고 내사(來射)함이 화살 같으면 진(眞)이 아니다. 또 횡수(橫水)가 당을 지나면 환포됨을 요하니 대(帶)같이 생겨 곧게 오는 것이 현(弦)과 같으면 역시 득수(得水)가 아니다. 또 대수(大水)는 급히 흘러 향(向) 앞으로 모이지 않으면 좋지 않고 소수(小水)는 우영(紆縈)함이 새끼와 같되 전요(纏繞)하지 않으면 비격(非格)이다. 심지어는 십자형(十字形)과 교검(交劍)·반궁(反弓)·요역(拗逆)·사비(斜飛)·권렴(捲簾)과 내소거대(來小去大)와 분류절파(分流折派)와 중심독천(衆深獨淺)이며, 내취외산(內聚外散)과 색탁미취(色濁味臭)와 천흉사협(天胸射脅)이며, 탕배회방(蕩背回房)과 교담룡초(蛟潭龍湫)며 비명단급(悲鳴湍急) 등은 모두 흉격이니 잘 점검하여 한 가지라도 착오를 범하면 정중(井中)에 떨어짐과 같다. 또 수로의 출입을 자세히 분변한 뒤에 입향소납(立向消納)하되 오직 내수(來水)가 생왕방(生旺方)을 거두면서 거수(去水)의 휴수(休囚)된 위(位; 方)를 발하는 것이라야 바로 득법이다. 좌금선사(左襟仙師)가 말하기를, 「물을 알아 입조(立朝)할 때에 저것은 길하고 이것은 흉한 것 등의 응(應)이 있으니 3합련주(三合聯珠)가 실로 단서를 부르며 상서의 재(宰)를 맞이한다」 하니 구분(舊墳)을 경험해 보아도 만무일실(萬無一失)이니 모든 괴례(卦例)가 일체 치지도외(置之度外)로서 이 평양수결(平洋水訣)은 당초에 추류(推類)치 못하면 변통이 안 된다.

⑩ **평양입향수수법**(平洋立向收水法) : 무릇 혈장(穴場)에 올라 이미 혈도(穴道)를 정하고 물이 어느 방(方)으로 좇아 발원하고 당(堂)에 이르러 어느 방(方)으로 나가는가를 살펴 나경격(羅經格)에 정방위와 맞추어 수국(水局)과 합하면 수국격식(水局格式)으로 거두고, 금국(金局)과 합하면 금국(金局)으로, 목국(木局)은 목국(木局)으로, 화국(火局)은 화국식(火局式)으로 거두는 것이 소위 물을 알아 입향하는 것이 된다. 요컨대 태(胎)·양(養)·장생(長生)·관대(冠帶)·임관(臨官)·제왕(帝旺)에서 좇아 오고 쇠(衰)·병(病)·묘(墓)·절방(絶方)으로 따라 나가면 이는 생왕방(生旺方)으로 와서 수사방(囚死方)으로 나가는 것이 된다. 태(胎)·양(養)·장생수(長生水)가 오면 인정(人丁)이 대왕(大旺)하고 관대(冠帶)·임관수(臨官水)가 조

당(朝堂)하여 수구(水口)로 모이면 왕신취국(旺神聚局)이니 재록이 유구(攸久)하다. 또는 생방수(生方水)가 왕방수(旺方水)와 같이 돌아나가면 인정(人丁)과 재(財)가 모두 길하지만 일일 흐르는 물이 양(養)·장생(長生)·임관방(臨官方)을 충파(冲破)하면 타태요절(墮胎夭折)하고, 유수가 왕방(旺方)을 파(破)하면 재복이 소모(消耗)되며, 묘고수(墓庫水)가 오게 되면 인정(人丁)이 끊기고 목욕수(沐浴水)가 오면 음란무치(淫亂無恥)한 것이니, 그 응(應)이 틀림없다. 옥천경(玉天經)에 이르기를, 「평양(平洋)에는 마땅히 물을 안 뒤에 입향할지니 항상에 납수(納水)하고 소수(消水)함이다.」 대개 물의 방위는 원래 길흉이 없으나 향(向)의 전이(이렇게도 높고 저렇게도 놓는 것)로 화복이 따르게 된다. 가령 일로수(一路水)가 손사방(巽巳方)으로부터 신경유(申庚酉)를 거쳐 축간방(丑艮方)으로 나간다면 이는 금국(金局)에 해당하는 수법인데, 만일 손사(巽巳)로 입향하면 인정(人丁)만이 왕(旺)하지만 경유(庚酉)로 입향하면 인재가 모두 왕(旺)한다. 조거수(朝去水)를 따라 계축향(癸丑向)을 세워 좌우두포(左右兜抱)가 유신(流神)과 직견(直牽)치 않으면 능히 발재(發財)하고 인정(人丁)도 왕(旺)한다. 대개 생왕수(生旺水)가 혈 앞으로 반드시 지나는 것은 이 물이 금국(金局)인 만큼 금국수(金局水)를 수(收)함에서이다. 만일 화국향(火局向)을 세울 경우 장생수(長生水)가 당으로 오르지 않으면 인정(人丁)이 영체(零替)한다. 수국(水局)으로 입향하면 생왕이 모두 입국치 않으므로, 정재(丁財)가 같이 불발하고, 또는 절수(絶水)가 당(堂)하여 생왕(生旺)이 배절(背絶)된다. 그 나머지 국(局)도 같은 예로 추구한다.

⑪ **평양수구론**(平洋水口論) : 평양(平洋)의 결(結)은 비록 고산대령(高山大嶺)이 없어도 한문(捍門)이 화표(華表)하고 수구(水口)가 진거(鎭居)를 지으며, 또는 거수(去水)의 현자(玄字) 모양이 나를 향하여 뜻을 머무르고자 하는 듯하며, 양변의 사두(砂頭)가 교아직결(交牙織結)하여 환히 곧게 흘러가는 세(勢)가 보이지 않는 것이 아름답다. 수중(水中)에 옥인(玉印)·금상(金箱)·일자(一字)·3태(三台)·문필(文筆) 등의 진신사(進神砂)가 있으면 더욱 귀중하다. 혹, 양변에 고대한 돈부(墩阜)가 대치한 것과 혹 일산(一山)이 독립하고 석량(石梁)이 횡절(橫截)한 것을 얻기가 어렵지만 지(地)는 국(局) 안에서 결(結)하고 화복은 국(局) 밖에서 나타나는 까닭에 한묵(翰墨)의 기(器)를 보아 교수(交秀)의 결(結)을 알고, 개위(介胃)의 갖춤을 보고서 무변(武弁)의 결(結)을 알며, 창고(倉庫)의 상으로 속진전후(粟陳錢朽;곡식과 돈의 유무)를 알고, 구학우장(龜鶴盂杖)을 보아 승도담공(僧道談空)임을 알 수 있다. 도 관긴(寬緊)으로 그 취산(聚散)을 알고, 우직(紆直)으로 그 아속(雅俗)을 알고, 중수(重數)의 다과로 향복의 유면(悠綿)을 알고, 사두(砂頭)의 향배(向背)로 그 인정의 순박을 알 수 있는 까닭에 순수(順水)가 비장(飛長)하면 이향도입(離鄕逃込)하고, 첨사(尖斜)하고 투쟁하면 쟁전살상(爭戰殺傷)하며, 호아가뉴(虎牙枷杻)이면 사송형옥(詞訟刑獄)을 당하고, 헌군무신(掀裙舞神)하면 운우사정(雲雨私情;姦通)하며, 겸구기쟁(鎌鉤旗鎗)이면, 천우적술(穿窬謫戌;귀양살이)하는 것이니, 소위 문내에 군자가 있고 문외에 소인이 있는 형상과 같다. 입산하여 수구(水口)를 찾을 때 수구(水口)와 명당으로 자세히 살펴 입향(立向)할 일이지만 산천의 변환은 천태 만상이라 말로 다 표현하지 못하니 그때 그때 형편에 따라 이치를 터득해야 한다.

⑫ **소수결**(消水訣) : 용이 있으면 수(水)가 있다. 대수(大水)는 세대를 주관하고 소수(小水)는 초년을 주관하므로 산의 응험은 작고 느리며 수(水)의 화복은 정청(情淸)하여 입견함이 가하다. 지성(支性)이 촉(觸)함을 범키 어려우므로 용을 찾는 이는 반드시 수(水)를 잘 살펴야 하고, 수(水)를 살피는 데는 생(生)·왕(旺)은 조영(朝迎)해야 하고, 관(官)·양(養)은 고읍(顧揖)해야 하며, 쇠(衰)·병(病)은 그 형회(瀠回)해야 하며, 태식(胎息)은 유통함을 요하고, 패·절은 안정(安靜)함을 요하고, 묘고(墓庫)는 유출해야 좋고, 관대(冠帶)는 동해야 영화롭다. 사·절수(死·絶水)가 오면 췌(瘁)하므로 소위 미성(未盛)에서 파(派)하여 대왕(大旺)에서 조수(潮水)가 들며, 장쇠(將衰)에서 택(澤)하고 수사(囚謝)에서 흐른다. 무릇 간룡(幹龍)의 수(水)는 4대수구(四大水口)를 반드시 좇아 나가는 것이니, 용이 역(逆)이면 수(水)는 순(順)이요, 용이 순(順)이면 수(水)

는 역(逆)한다. 순(順)은 양(陽)이요, 역(逆)은 음이니 용을 보아 소납(消納)한다. 대수(大水)는 향(向)으로써 소납(消納)하고 소수(小水)는 내향(內向)이 불합하면 외향(外向)으로 소(消)를 삼는다. 내수(來水)는 생왕(生旺)에서 거두고, 거수(去水)는 휴수(休囚)에서 발하여 좌도우도(左倒右倒)의 수(水)로써 법도에 맞는 방(方)에 함께 합함이 득결이므로 장사가 가하지만, 다만 혈 뒤8척의 맥을 타고 소(消)하여 혈 앞 수장(數丈)의 수(水)를 얻어야 한다. 수(水)가 법에 불합하면 땅이 비록 길해도 복이 되지 못하니, 고인이 이르되 「용(龍) 좋은 것이 혈 좋은 것만 못하고, 혈 좋은 것이 향(向)좋은 것만 같지 못하다」 하였다.

⑬ **평양**(平洋)**과 평지변**(平地邊) : 우리나라 땅으로 볼 때 평양(平洋)은 대전(大田)이하 전라남북도와 경상남북도의 연해지에 해당된다. 이곳은 수(水)가 유여(有餘)하나 산은 부족하니, 「양(洋)은 정(正)히 수중(水中)에 있으므로 장법(葬法)이 얕은 곳에다 배토(培土)함이 적합하다」 하였고, 석문공(昔文公) 선생은 말하기를, 「평양(平洋)은 오직 호수가 있어야 아름답고 개착(開鑿)함이 불가하니 그 촌토(寸土)의 아래를 수(水)로 보는 바, 매양 봄에 배토장(培土葬)을 한 사람이 발복이 속하고 음복(陰福)이 길다」 하였다. 요즈음 사람들은 지리의 의(宜)를 살피지 못하고 일단소졸(一端疏拙)하여 사유에 맞는 이가 적다. 우리 나라의 지세(地勢)도 지방에 따라 각각 다른 바, 북은 평지가 많고, 남은 평양이 많으니, 각자 적절하게 분변할 일이다.

❖ **산척**(山脊) : 산등성마루.

❖ **산체오행법**(山體五行法) : 산체오행법이 망인(亡人)의 성씨(姓氏)를 극(剋)해서는 안 된다. 성에 상생이 되게 하고 성(性)이 산을 극(剋)하거나 생왕이 되게 맞춰야 한다. 또한 망인년(亡人年)에 산을 맞추고 귀천(貴賤)을 맞추어 실수(失手)가 없도록 해야 한다.

❖ **산형**(山形)**과 형국론**(形局論) : 산의 형세를 면밀히 관찰하여 볼 때 그 형상이나 동작이 동물, 식물의 형상과 동작이 흡사한 것을 그림으로 표현된 것이 형국도(形局圖)이다. 여씨(余氏)가 말하기를, 혈은 음양의 동(動)과 정(靜)으로 미묘한 정으로 아는 것이니 간혹 의결(疑結)된 용혈상(龍穴象)이 우연히 물형(物形)과 흡사하면 물형(物形)의 명칭을 붙여도 가하나 전적으로 물형으로만 상(象)을 이름지어 지형의 선악을 교량(轎量)한 야속지서(野俗之書)가 있으니 이는 용혈당처(龍穴堂處)에 의결된 실제의 혈리(穴理)를 잃은 것이다 하였다. 이는 혈리가 음양동정(陰陽動靜)에 있는 것이지 물형에 있는 것이 아니라는 것이다. 모든 물(物)은 자연의 세월 속에서는 변하고 사라지고 생기는 이치가 있기 때문으로 오늘의 물형은 내일의 물형과 같지가 않고, 장(長)은 단(短)으로, 방(方)은 도(圓)로, 귀(貴)는 천(賤)으로, 어제의 유(有)가 오늘의 무(無)로 변하여 바뀌니 산형만을 전적으로 비유하여 교량(轎量)함은 본연의 지리의 이치에 합당치 못한 것이니, 음양오행의 사성혈형(四星穴形)을 기준함이 마땅할 것이다. 갈형론(喝形論)이란 혈을 가리켜 무슨 형국이라 이름짓는 형국론(形局論)을 갈형론(喝形論)으로 이해해도 된다. 옥수론(玉髓論)에서는 형(形)이 없는 혈(穴)이 많고 형(形)이 있는 혈이 적다. 그러므로 형(形)만을 가지고 말하는 지사(地師)는 명사(明師)가 못된다 하였다.

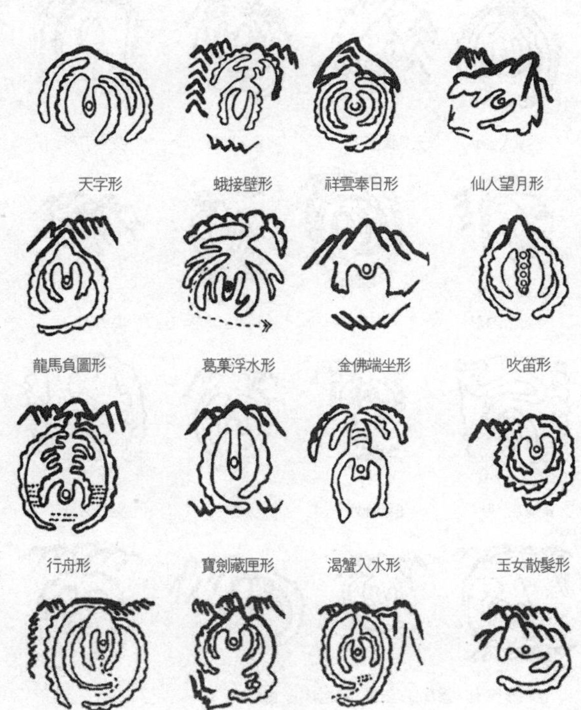

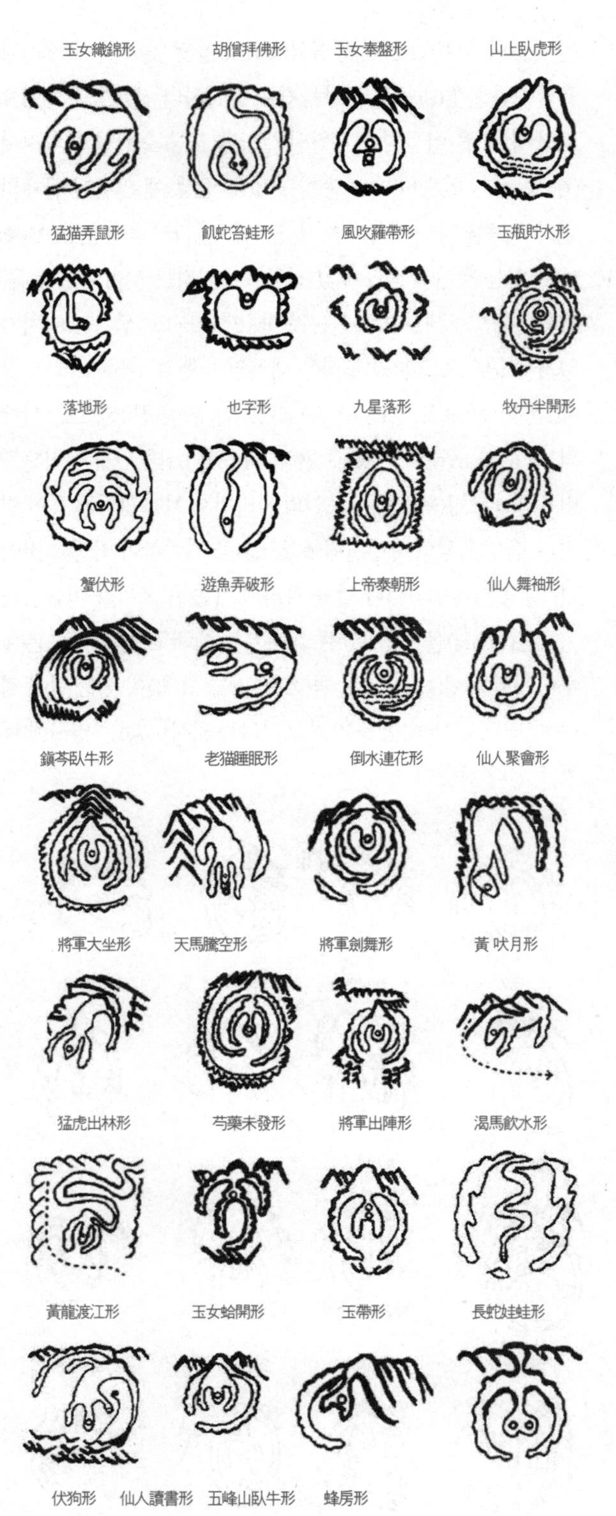

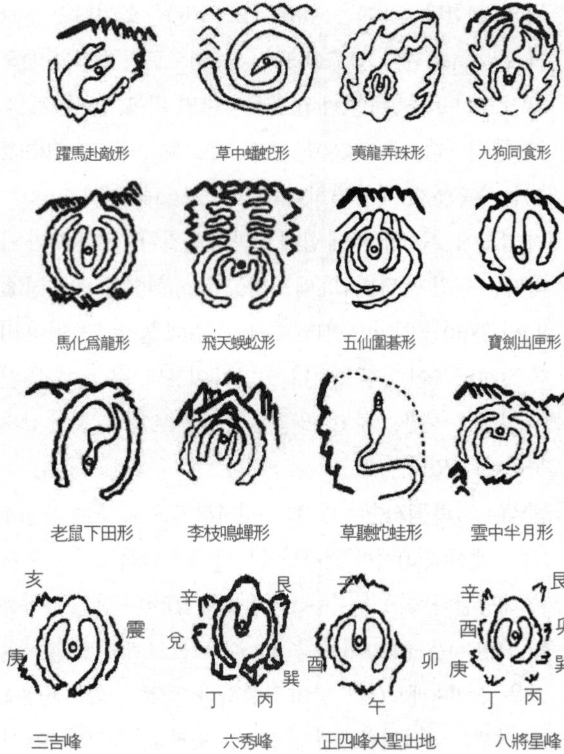

❖ **산형세**(山形勢)**는 원칠근삼시**(遠七近三視) : 산의 세(勢)는 멀리서 일곱 번 이상 보아야 하고 형세는 가까운데서 세 번 이상 보아야 알 수 있다고 함. 용세(龍勢)는 여유가 있고 혈형(穴形)이 부족하면 병(病)이 혈(穴)에 있고, 혈형(穴形)이 여유 있게 생기고 세(勢)가 부족하면 그 병(病)은 용세(龍勢)에 있다. 용의 행도(行度)가 남으로 갔다가 북으로 가고 북으로 갔다가 다시 남으로 가고 한도 끝도 없이 혹은 미끄러지듯 와서 꿈뻑꿈뻑 봉(峯)을 일으키며 층층첩첩 만마(萬馬)가 날고 달리듯 하는 세(勢)는 살피기가 쉽지만, 세(勢)가 숨은 것도 같고 노출한 것과도 같이 실오라기 같은 희미한 흔적의 용(龍)은 알기가 힘든다. 용은 동으로 달리다가 서로 돌아가고, 남으로 달리다가 북으로 쫓아가서 구르고 접어꺾이기를 무상히 하니 그 세를 보기는 쉽지만, 그친 곳에 와서 한쪽으로 번쩍 비껴 숨어 있으면 이런 자리는 속인(俗人)의 안목으로는 잘 알지 못하며 성심 수련과 적공을 쌓은 참공부를 한 사람이라야 우주조화의 심오한 원리를 깨우쳐 진가를 분별할 것이다.

❖ **산형(山形)을 살펴라** : 묘(墓) 뒤나 마을 뒤 주산(主山)이 수려(秀麗) 단정하며 청명(淸明)하고 아담한 것을 제일로 삼는데 뒤 산맥을 길게 계속되어 들을 지나고 갑자기 일어나 높고 큰 봉우리를 이루며 지맥은 감싸듯 작은 분지를 만들어 마치 중성 안에 들어온 것 같으면 최고 길지이다.

❖ **산형이 청수(淸秀)하면** : 산이 맑고 빼어나면 그의 자손도 똑똑하고 산형이 추악하면 그의 자손도 추악한 자손이 출생한다.

❖ **살(殺)** : 뾰족하거나 직선으로 상충(相沖)됨을 말함.

❖ **살격(殺格)** : 산이 참암(巉巖) 바위나 암석으로 뭉쳐 낭떠러지가 높게 이루어진 것. 또 모양이 추악 조잡하고 돌뼈가 드러나 흙이 없고 지각(枝脚)이 날카롭고 부스러지고 무너지고 기울어지고 면이 부스럼 딱지 같고 곧고 단단하고 험악한 돌과 바위로 뭉쳐지고 모양이 무시무시하고 군데군데 폭포수다.

❖ **살기 좋은 곳이 되는 조건** : 택리지의 저자 이중환(李重煥)의 글에 의하면 "살만한 곳을 고를 때에는 먼저 지리적 조건을 보아야 하고, 두 번째는 그 땅에서 얻어낼 수 있는 경제적인 이익이 있어야 하며, 세 번째는 그 고장의 인심이 좋아야 하고, 다음에는 아름다운 산과 물이 있어야 한다. 이 네 가지 조건을 하나라도 충족시키지 못한다면 살기 좋은 땅이 아니다."라고 하였다. 비록 지리적인 조건이 좋을지라도 그곳에서 생산되는 이익이 모자라면 오래 살 곳이 못되고 이익이 있어도 지리적 조건이 좋지 않으면 또한 살기 좋은 곳이 못된다. 지리도 좋고 거기서 나는 이익도 풍부하다고 하더라도 인심이 후하지 않으면 반드시 후회할 일이 있게 되고 가까운 곳에 소풍할 만한 산천이 없으면 정서를 맑게 할 수 없다.

❖ **살기 좋은 터를 잡는 데에는** : 첫째, 지리가 좋아야 하고, 둘째, 생리가 좋아야 하고, 셋째, 인심이 좋아야 하고, 넷째, 아름다운 산과 물이 있어야 한다. 이 네 가지 중에 한 가지만이라도 모자라면 살기 좋은 땅이 아니다. 여기서 지리는 땅, 산, 강, 바다 등에 대한 형이상적인 이치를 말하며 풍수지리에 대한 총체적인 표현이다.

❖ **살다가 주택 개보수(改補修)는 절대금물(絶對禁物)이다**

• 건축된 지 얼마 안 되는 집은 수리를 하여도 무방하나 가급적 않는 것이 좋다.

• 단층 건물에 살다가 중간에 2층 건물 증축하는 것은 삼가 하는 것이 좋다.

• 집을 지은 지 오래된 집은 증개축을 않는 것이 좋다. 만약 증개축(改築)을 하였을 경우 주인의 생년(生年)과 증 개축하는 년도(年度)에 따라 주인에게 반드시 액운이 뒤따른다. 다행이 사람에게 액운이 없으면 집에 기르는 가축이라도 상해를 입는 일이 생긴다. 혼자 우뚝 솟은 집은 풍파가 끊이지 않고 재물이 모이지 않는다. 겨울에 한랭(寒冷)을 받기 때문이다.

• 오래 살던 집 본체의 밑에 지하실을 만들면 반드시 각종 재난이 뒤따른다.

• 옛날 집이라도 이사한지 얼마 안되는 집 식구에게 영향이 적다.

• 집의 내부를 크게 개축하는 공사나 기둥과 벽을 많이 수리하는 공사를 끝난 후에 사고가 잘난다. 공사 기간 중 주인이 그 집에 거주했을 경우 반드시 적중한다.

• 대문을 옮기면 반드시 무슨일이 생기는데 나쁜 곳으로 옮기게 되면 바로 영향이 온다. 대문의 수리와 이전이 가장 영향력이 큰 것이다.

• 집의 외부를 수리하는 것이 내부를 수리하는 것보다 영향력이 적다. 즉 부속 건물 같은 것은 영향이 없다.

❖ **살도(殺刀)** : 뾰족히 날카롭게 일직선으로 곧게 뻗어난 모양으로 흉하다. 진술축미방(辰戌丑未方)의 옆으로 뾰족한 산을 살도(殺刀)라 하고, 살도가 있으면 자손 중에 강도가 나온다. 그렇지 않으면, 백정이 나와 짐승 죽이는 것을 업으로 삼는다.

❖ **살룡(殺龍)** : 바위로 뭉쳐지거나, 절벽이 되어 위험하거나, 조잡하고 뼈가 앙상히 드러나거나, 다리가 뾰족하고 날카롭고 부서지고 기울어지고 부스럼이 난 것 같거나, 단단하거나 추악한 모습 등을 띤 것을 말하며, 가장 흉한 용이다. 살룡이란 것은 용맥이 살(殺)을 띠고 있는 형국.

[살룡도]

❖ **살수**(殺水) : 직충(直沖)으로 급하게 쏘고 들어오는 물을 말함. 도화수(桃花水)는 초봄이나 늦가을에 고드름 모양의 얼음이 땅에 촘촘히 세로 박혀 있는 것처럼 하얗게 보이는 물이고, 골두수(骨頭水)는 혈(穴) 바로 위에 있는 물이고, 급조수(及朝水)는 혈을 향하여 밀려오는 물이고, 사협수(射脇水)는 혈을 위협하듯이 사선으로 흘러오는 물이다.

❖ **살육파**(殺戮破) : 간좌(艮坐), 경파(庚破), 정좌(丁坐), 간파(艮破), 계좌(癸坐), 오파(午破), 신좌(申坐), 묘파(卯破)

❖ **살인국**(殺人局) : 불배합 쌍산의 한가운데로 들어온 입수룡에 고장(庫葬) 궁위의 좌를 놓으면 사람을 상하게 하는 등 아주 흉하다.

入首龍	坐
戌亥	乾
辰巳	巽
丑寅	艮
未申	坤

❖ **살인(殺人)나는 곳은 이러하다** : 묘지 앞에 뾰족한 암석(岩石)이 충(沖)하면 자주 살인(殺人)이 난다. 실습(實習)에는 교통사고가 많았다.

❖ **살인대황천**(殺人大黃泉) : 간유갑계목황천(艮酉甲癸木黃泉), 갑계향중우견간(甲癸向中又見艮) · 손유을병화황천(巽酉乙丙火黃泉), 을병수방손수선(乙丙須防巽水先) · 곤유정경금황천(坤酉丁庚金黃泉), 정경곤상시황천(丁庚坤上是黃泉) · 건유신임수황천(乾酉辛壬水黃泉), 신임수로파당건(辛壬水路怕當乾).

❖ **살인황천수**(殺人黃泉水) : 수(水)가 득수(得水)와 파구(破口)에 따라 이루어지는데 살인황천(殺人黃泉)은 갑경병임(甲庚丙壬)의 왕향(旺向)에서 좌측(左側)의 건곤간손(乾坤艮巽)의 임관수(臨官水)가 흘러나가면 살인황천으로 생아불육(生兒不育) 아이를 기르기가 어렵고 아이가 태어나지도 않는다.

❖ **살풍**(殺風) : 강간풍(强干風)은 을신정계방(乙辛丁癸方) 요풍(凹風)이고, 절문풍(絶門風)은 쌍산(雙山)에서 불어오는 요풍(凹風)이고, 공수풍(拱手風)은 맞부딪쳐서 도는 바람이다.

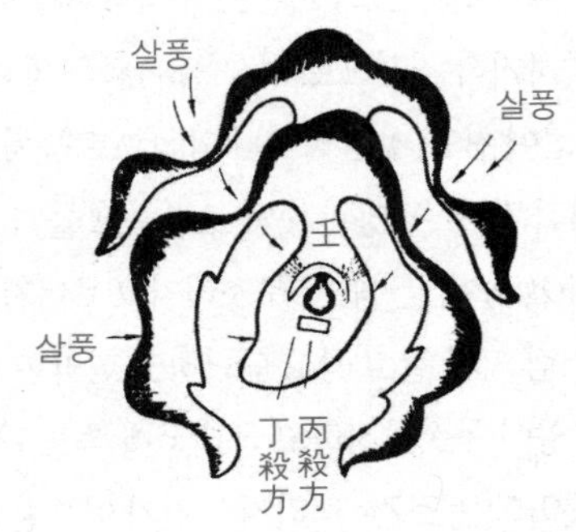

[살풍입도]

❖ **삼**(森) : 여러 나무들이 꽉 차있는 모양.

❖ **삼가**(三加) : 세 번째 관례 의식으로 관자에게 빈이 축사를 읽고 나면 찬이 초립을 벗기고 복두를 씌우고, 관자가 방으로 들어가 청포를 벗고 난삼에 띠를 두르고, 목이 달린 신을 신고 나오는 것을 말한다.

❖ **삼각치**(三角峙) : 간(艮), 손(巽), 유(酉)를 삼각이라고 말하고 3방위가 각각 기이하고 아름답게 생긴 봉우리가 높게 솟아 있으면 삼각치(三角峙)라 함. 이는 부귀쌍발(富貴雙發)한다.

❖ **삼각형 방이 있으면 흉으로, 그 보완책은** : 아파트나 주택에 삼각형의 방이 생길 수 있는 곳에는 모서리가 난 곳에 가구를 꼭 천정까지 닿도록 맞추어 끼워 두고 그 가구에 양주병, 도자기 등을 진열해 두면 보기도 좋고 흉함도 없어진다. 아니면 나뭇잎이 많은 큰 화분을 임시조치로 놓아두는 곳도 한 방책이 될 것이다.

❖ **삼각형 집터는 이러하다** : 양택 풍수에서 도시에서 흔히 볼 수 있는 삼각형의 택지는 거기에 거주하는 사람들에게 신경쇠약이나 노이로제 등을 불러일으키며 범죄나 정신질환자가 나온다하여 매우 꺼린다. 삼각형의 택지는 자신의 재능으로 어느 정도 까지는 성공할 수 있어도 시간이 흐르면 건강을 해치거나 재

산을 패하거나 사람이 죽는 경우도 있고 중도에 좌절하는 경우가 많이 생긴다.

❖ **삼각형태를 이룬 건축물 대지** : 삼각형태를 이룬 건축물과 대지 및 어느 한 쪽 부위가 움푹 꺼지거나 튀어나와 불거진 것. 정면에서 바라볼 때 우뚝 치솟든지 쏙 들어가 요철(凹凸)의 형상을 띠는 건물이나 집 외장(外裝) 등 속은 집안이 산란해지고 우환, 손실, 파탄 및 불행지사가 발생될 형상이다.

❖ **삼각형의 택지는 이러하다** : 삼각형의 택지는 주택풍수에서 절대로 금하고 있다. 대부분의 사람들은 택지를 장방형이라고만 생각한다. 그러나 삼각형인 택지도 많다. 삼각형 택지는 어느 면으로 보던지 나쁜 일만 일으킨다. 즉 그곳에 거주하는 사람의 정신이나 두뇌에 타격을 주어 올바른 생각을 할 수 없도록 만든다. 특히 여색에 파묻혀지는 것이 이 택지에 거주하는 사람의 특색이다. 또한 사업을 운영하는 사람에게도 큰 타격을 주게 된다. 이 삼각형 택지에 거주한 지가 오래 되었다면 비록 이사를 한다해도 흉(凶)은 그래도 존재하게 된다. 만약 지금 거주하고 있는 택지가 삼각형이라면 빨리 길상을 고쳐야 한다. 예각(銳角) 부분을 절대 사용하면 안 된다.

❖ **삼간굴**(三看屈) : 굴신처(屈身處)를 보는 것. 그 행룡(行龍)이 엎드려 굴신(屈身)함으로 행하는 교구(交媾)가 잘 되었는가 못 되었는가 그 진위를 알게 하는데 대체로 좌선(左旋)의 경우는 태포(胎胞)로 회두(回頭)하며, 우선(右旋)의 경우에는 태장(胎藏)에서 회두(回頭)가 보통 일반적 행도(行度)인데도 좌선(左旋)이 해야 할 유포(踰抱)를 못하고서 강장(强藏)에서 회두(回頭)한다든가, 우선(右旋)의 행룡(行龍)이 유장(踰藏)을 하지 못하고 포순(抱順)에서 회두(回頭)하는 예가 많이 있다. 굴신(屈身)을 유포(踰抱)나 유장(踰藏)으로 하여야 하는데 그렇지 못하고 좌선(左旋)이 강장(强藏)에서 회두(回頭)하고 우선(右旋)이 포순(抱順)에서 회두(回頭)하는 때에는 굴신(屈身)이 없으므로 본연의 좌선 우선(左旋右旋)이면 대체로 알아볼 수가 있으나, 보이지 않는 굴신(屈身)의 행도(行度)만은 간단하나 그 진위의 구분은 신중에 신중해야 한다.

❖ **삼갑순**(三甲旬) : 생갑(生甲)·병갑(病甲)·사갑(死甲)을 통칭한 말. 혼인·취임(就任)·입택(入宅)·이사·건축 및 수리 등 일반 행사에는 생갑순(生甲旬)이 대길하고, 병갑순(病甲旬)은 무해무익하며, 사갑순(死甲旬)을 사용하면 질병과 사망의 액이 있다고 한다. 그러나 장매(葬埋:陰宅)에 있어서는 이와 반대로 사갑순이 대길하고, 병갑순은 평평하며, 생갑순을 쓰며 육축(六畜) 및 인구의 손(損)이 있고 재물의 실패도 있다고 한다.

年	三甲	三甲旬	旬中日辰
子午卯酉年	生甲	甲子旬 甲午旬	甲子 乙丑 丙寅 丁卯 戊辰 己巳 庚午 辛未 壬申 癸酉 甲午 乙未 丙申 丁酉 戊戌 己亥 庚子 辛丑 壬寅 癸卯
	病甲	甲申旬 甲寅旬	甲申 乙卯 丙戌 丁亥 戊子 己丑 庚寅 辛卯 壬辰 癸巳 甲寅 乙卯 丙辰 丁巳 戊午 己未 庚申 辛酉 壬戌 癸亥
	死甲	甲戌旬 甲辰旬	甲戌 乙亥 丙子 丁丑 戊寅 己卯 庚辰 辛巳 壬午 癸未 甲辰 乙巳 丙午 丁未 戊申 己酉 庚戌 辛亥 壬子 癸丑
辰戌丑未年	生甲	甲戌旬 甲辰旬	甲戌 乙亥 丙子 丁丑 戊寅 己卯 庚辰 辛巳 壬午 癸未 甲辰 乙巳 丙午 丁未 戊申 己酉 庚戌 辛亥 壬子 癸丑
	病甲	甲子旬 甲午旬	甲子 乙丑 丙寅 丁卯 戊辰 己巳 庚午 辛未 壬申 癸酉 甲午 乙未 丙申 丁酉 戊戌 己亥 庚子 辛丑 壬寅 癸卯
	死甲	甲申旬 甲寅旬	甲寅 乙酉 丙戌 丁亥 戊子 己丑 庚寅 辛卯 壬辰 癸巳 甲寅 乙卯 丙辰 丁巳 戊午 己未 庚申 辛酉 壬戌 癸亥
寅申巳亥年	生甲	甲申旬 甲寅旬	甲申 乙酉 丙戌 丁亥 戊子 己丑 庚寅 辛卯 壬辰 癸巳 甲寅 乙卯 丙辰 丁巳 戊午 己未 庚申 辛酉 壬戌 癸亥
	病甲	甲戌旬 甲辰旬	甲戌 乙亥 丙子 丁丑 戊寅 己卯 庚辰 辛巳 壬午 癸未 甲辰 乙巳 丙午 丁未 戊申 己酉 庚戌 辛亥 壬子 癸丑
	死甲	甲子旬 甲午旬	甲子 乙丑 丙寅 丁卯 戊辰 己巳 庚午 辛未 壬申 癸酉 甲午 乙未 丙申 丁酉 戊戌 乙亥 庚子 辛丑 壬寅 癸卯

❖ **삼강**(三綱)

① **기맥위부귀빈천지강**(氣脈爲富貴貧賤之綱) : 기(氣)와 맥(脈)의 왕(旺)하고 약(弱)하고 쇠(衰)함은 용(龍)의 형상에 부룡귀룡(富龍貴龍)이나 혹은 빈룡천룡(貧龍賤龍)이냐에 달려 있다.

② **명당위사수악지강**(明堂爲沙水惡之綱) : 명당이 이루어짐은 전후좌우의 사(沙)가 아름답게 주밀해야 하고, 원근의 수사(水沙)가 명당을 궁포조회(弓抱朝會)해야 한다.

③ **수구위생왕사절지강**(水口爲生旺死絶之綱) : 명당의 기운을 새지 않게 관리하는 수구(水口)는 사대국기고(四大局基庫)이며 사대각국(四大各局)의 생왕사절(生旺死絶)은 수구(水口)에 의하여 매여진다.

❖ **삼곡 바람을 받으면** : 삼곡(三谷)바람을 받으면 그의 자손에게 벙어리 자손이 태어나고 가난하게 살게 된다.

❖ **삼공사**(三公砂) : 주산에 천갑(天甲)이 있고, 안산에 삼태(三台)가 있고, 청룡에 삼태가 있으면 삼공(三公:좌상, 우상, 영상)이 배출되는 형상.

❖ **삼공육경**(三公六卿) : 조선조 때 영의정, 좌의정, 우의정 등 삼정승을 삼공이라고 하고 육조의 판서를 육경이라 함.

❖ **삼공진규**(三公瑨圭) : 세 정승이 규(圭: 잣대처럼 생긴 것으로 옛날에 고관들이 집무를 볼 때 사용하던 물건)를 잡고 있는 것처럼 생긴 형국. 세 겹으로 된 산 아래에 잣대 비슷한 산줄기가 규(圭)이다. 혈(穴)은 규(圭)에 있고, 안산은 삼태성, 귀인봉 등이다.

❖ **삼공필사**(三公筆砂) : 일자문성(一字文星)이 위로 세 개의 문필이 일정한 간격으로 나란히 서 있는 형국. 가운데 봉우리가 가장 높고 양쪽 봉우리가 낮으면 더욱 좋다.

❖ **삼구부동총**(三九不動冢) : 매년 음력 삼월과 칠월에는 무덤을 건드리면 재앙이 있다하여 무덤을 옮기는 일을 꺼린다.

❖ **삼국 시대의 무덤** : 삼국 시대·선사 시대에는 고대국가의 성립 이후에 거대한 규모의 고분으로 나타났으며, 머리의 방향도 동쪽에서 북쪽으로 바뀌다가 5세기 무렵부터는 중국 한(漢)나라의 영향인 봉토분이 본격적으로 나타나고 중국식의 북침남향(北枕南向)의 형태를 취하였다.

❖ **삼기가회격**(三奇加會格) : 명궁에 자미(紫微)가 있고, 화록(化祿)·화과(化科)·화권(化權)이 모인 형국.

❖ **삼기제성**(三奇帝星) : 삼기(三奇)는 천3기 지3기 인3기가 있다. 천(天)3기는 갑무경(甲戊庚)이고, 지(地)3기는 을병정(乙丙丁)이며, 인(人)3기는 신임계(辛壬癸)로서 풍수에서는 지3기만을 쓴다. 삼기는 나쁜 살을 막을 뿐 아니라 복록을 가져다주는 길성이다.

❖ **삼기제성정국**(三奇帝星定局) : 음택 및 양택에 있어 연월(年月)로 이 길신이 임하면 흉살을 제압한다고 하는 형국.

• **삼기제성**(三奇帝星)**의 정국원리**(定局原理) : 동지(冬至) 후는 감궁(坎宮), 입춘(立春) 후는 간궁(艮宮), 춘분(春分) 후는 진궁(震宮), 입하(立夏) 후는 손궁(巽宮). 이상에 갑자(甲子)를 붙여 해당되는 태세년까지 구궁(九宮)을 순행(順行)하고 양둔(陽遁) 하지(夏至) 후는 이궁(離宮), 입추(立秋) 후는 감궁(坎宮), 추분(秋分) 후는 태궁(兌宮), 입동(立冬) 후는 건궁(乾宮). 이상과 같이 갑자(甲子)를 붙여 당년 태세까지 구궁(九宮)을 거꾸로 돌려짚는다. 다음은 태세 머무는 곳에 정월(正月) 월건을 붙여 양둔(陽遁:동지·입춘·춘분·입하)은 구궁(九宮)을 순행(順行)하고, 음둔(陰遁:하지·입추·추분·입동)에는 구궁(九宮)을 역행(逆行)하는데 제일 처음 을병정(乙丙丁)이 닿는 곳이 바로 삼기제성(三奇帝星)이 임하는 좌(坐)다. 가령 경오년(庚午年) 동지 후라면 양둔인데 감궁(坎宮)에 갑자(甲子)를 붙여 순행하면 곤(坤)이 을축(乙丑), 진(震)이 병인(丙寅), 손(巽)이 정묘(丁卯), 중(中)이 무진(戊辰), 건(乾)이 기사(己巳), 태(兌)에 경오(庚午) 태세가 닿는다. 이곳에 다시 을경지년(乙庚之年) 무인두(戊寅頭)로 정월(正月) 월건인 무인(戊寅)을 붙여 순행하면 간(艮)이 기묘(己卯), 이(離)가 경진(庚辰), 감(坎)이 신사(辛巳), 곤(坤)이 임오(壬午), 진(震)이 계미(癸未), 손(巽)이 갑신(甲申), 중(中)이 을유(乙酉), 건(乾)이 병술(丙戌), 태(兌)가 정해(丁亥)로서 중건(中乾) 태방(兌方)(坐)에 을병정(乙丙丁) 삼기(三奇)

가 임한다는 것이다. 또한 예로 신미년(辛未年) 하지 후라면 이(離)에 갑자(甲子)를 붙여 역행(음둔이므로) 한다. 즉 간(艮)에 을축(乙丑), 태(兌)에 병인(丙寅), 건(乾)에 정묘(丁卯), 중(中)에 무진(戊辰), 손(巽)에 기사(己巳), 진(震)에 경오(庚午), 곤(坤)에 당년 태세인 신미(辛未)가 닿는다. 이곳에 병신지년(丙辛之年) 경인두(庚寅頭)하여 경인(庚寅)을 붙여 역행하면 감(坎)에 신묘(辛卯), 이(離)에 임진(壬辰), 간(艮)에 계사(癸巳), 태(兌)에 갑오(甲午), 건(乾)에 을미(乙未), 중(中)에 병신(丙申), 손(巽)에 정유(丁酉)로서 건(乾) 중(中) 손방(巽方)(坐)에 을병정(乙丙丁)의 삼기(三奇)가 임한다. 을(乙)은 일기 병(一奇 丙)은 이기 정(二奇 丁)은 삼기(三奇)라 한다. 가령 무진년(戊辰年) 입춘후(立春後)라면 무진(戊辰) 태세(太歲)가 진궁(震宮)에 든다. 무계년(戊癸年:무진년(戊辰年)이므로)을 찾고 진궁(震宮:太歲가 든 곳이므로) 아래 무계년(戊癸年)과 교차되는 곳의 양둔(立春後이므로)을 보면 손중건(巽中乾)이니 무진년(戊辰年) 입춘후(立春後)에는 을병정(乙丙丁) 삼기(三奇)가 巽(辰巽巳) 중건(中乾:戊乾亥)방에 임하였음을 알게 된다.

❖ **삼기제성 조견표**(三奇帝星早見表)

[표 1]

음양둔	절기 \ 년	甲子 癸酉 壬午 辛卯 庚子 己酉 戊午	乙丑 甲戌 癸未 壬辰 辛丑 庚戌 己未	丙寅 乙亥 甲申 癸巳 壬寅 辛亥 庚申	丁卯 丙子 乙酉 甲午 癸卯 壬子 辛酉	戊辰 丁丑 丙戌 乙未 甲辰 癸丑 壬戌	己巳 戊寅 丁亥 丙申 乙巳 甲寅 癸亥	庚午 己卯 戊子 丁酉 丙午 乙卯	辛未 庚辰 己丑 戊戌 丁未 丙辰	壬申 辛巳 庚寅 己亥 戊申 丁巳
陽遁	동지	坎	坤	震	巽	中	乾	兌	艮	離
	입춘	艮	離	坎	坤	震	巽	中	乾	兌
	춘분	震	巽	中	乾	兌	艮	離	坎	坤
	입하	巽	中	乾	兌	艮	離	坎	坤	震
陰遁	하지	離	艮	兌	乾	中	巽	辰	坤	坎
	입추	坤	坎	離	艮	兌	乾	中	巽	辰
	추분	兌	乾	中	巽	辰	坤	坎	離	艮
	입동	乾	中	巽	震	坤	坎	離	艮	兌

[표 2]

구분	太歲到宮	坎	坤	震	巽	中	乾	兌	艮	離
甲己年	陽循(冬至後)	坎坤震	坤震巽	震巽中	巽中乾	中乾兌	乾兌艮	兌艮離	艮離坎	離坎坤
	陰循(夏至後)	坎離艮	坤坎離	震坤坎	巽震坤	中巽辰	乾中巽	兌乾中	艮兌乾	離艮兌
乙庚年	陽循(冬至後)	艮離坎	離坎坤	坎坤震	坤震巽	震巽中	巽中乾	中乾兌	乾兌艮	兌艮離
	陰循(夏至後)	震坤坎	巽震坤	中巽震	乾中巽	兌乾中	艮兌乾	離艮兌	坎離艮	坤坎離
丙辛年	陽循(冬至後)	乾兌艮	兌艮離	艮離坎	離坎坤	坎坤震	坤震巽	震巽中	坤中乾	中乾兌
	陰循(夏至後)	中巽震	乾中巽	兌乾中	艮兌乾	離艮兌	坎離艮	坤坎離	震坤坎	巽震坤
丁壬年	陽循(冬至後)	巽中乾	中乾兌	乾兌艮	兌坎離	艮離坎	離坎坤	坎坤震	坤震巽	震巽中
	陰循(夏至後)	兌乾中	艮兌乾	離艮兌	坎離艮	坤坎離	震坤坎	巽震坤	中巽震	乾中巽
戊癸年	陽循(冬至後)	坤震巽	震巽中	巽中乾	中乾兌	乾兌艮	兌艮離	艮離坎	離坎坤	坎坤震
	陰循(夏至後)	離艮兌	坎離艮	坤坎離	震坤坎	巽震坤	中巽震	乾中巽	兌乾中	坎兌乾

❖ **삼길**(三吉) : 제(臍), 상(顙), 복(腹). 첨(尖:뾰족하게 수려하고), 원(圓:둥글게 수려하고), 방(方:모나게 수려하고)을 말함. 이기법(理氣法)에서는 정음(淨陰)의 진경해(震庚亥)의 세 방위를 가리킴. 방위를 삼길방이라 하여 길하게 여기며 여기에 봉우리가 솟아나면 삼길봉(三吉峰)이라 하여 길하게 본다.

❖ **삼길려**(三吉麗) : 해진경방(亥震庚方)을 삼길려(三吉麗)라고 함. 해(亥)는 천상(天上)의 자미(紫微)로 봉만(峰巒)이 빼어나게 나오면 무적의 호걸과 장상지재(將相之才)가 나오든가 큰 부(富)가 병출(竝出)하든가 한다. 진(震)의 봉(峰)이 단수(端秀)하면 군주의 지팡이 같은 권력인이 상격(上格)의 위좌(位坐)에 있게 되고 또는 세출(世出) 영웅 왕비하고 경봉(庚峰)이 있으면 문무장상(文武將相)의 직위에 오른다.

❖ **삼길방**(三吉方) : 지리법에 진경해방(震(卯)·庚·亥方)을 삼길방이

라 함. 이곳의 산이 모두 풍만하고 수려하면 부귀격이라 한다.

❖ **삼길수**(三吉水) : 삼길수는 삼합오행(三合五行)에 맞게 물을 득(得)하고 파(破)하는 것인데 즉 신자진(申子辰) 삼합수 등이 자좌(子坐)에 신득(申得)·진파(辰破) 등을 일컬음. 삼길수는 좌혈에 정수(正水)되면 사면조우(四面助佑)하며, 신강력조(身强力助)하여 대대로 만사형통한다. 이 삼길수를 사대수국(四大水局)이라고도 하는데 이것은 목(木)·화(火)·토(土)·금(金)·수(水)·오행의 절향(絶向), 즉 묘고지(墓庫地)이기 때문에 득흉(得凶) 파길(破吉)하여 반대되면 흉한 것이다. 묘수(卯水)·경수(庚水)·해수(亥水)도 삼길수(三吉水)라 한다. 삼길수가 있고 산세가 빼어나면 대인(大人)과 영웅이 나오며 큰 부(富)와 귀(貴)를 얻으며 대업을 이룬다.

❖ **삼길육수**(三吉六水) : 삼길육수 등의 물과 방위(方位)가 생왕(生旺)의 법이 있지만 참작하되 취할 것은 취하고 버릴 것은 버려야 한다. 용(龍) 아니면 물이 오는 것을 밝힐 필요가 없고 혈(穴)이 아니면 물이 그치는 것을 밝힐 필요가 없다. 산과 물은 서로가 교구하여 음양이 배합하니 이는 풍수의 가장 중요한 법이다.

❖ **삼길육수방**(三吉六秀方) : 삼길방(三吉方)이란 지리법에 진묘경(震卯庚) 해방(亥方)을 삼길방이라 하여 이곳의 산이 모두 풍만하고 수려하면 부귀격이다. 육수방(六秀方)이란 간(艮), 병(丙), 손(巽), 신(辛), 태(兌[酉]), 정(丁) 여섯 방위를 육수방이라 한다. 이곳에 모두 높은 산이 있으면 귀인이 천거하여 부귀를 얻는다고 한다. 이는 간(艮)이 병을 천거하고 손(巽)이 신(辛)을 천거하고 태(兌)는 정(丁)을 천거함이다.

❖ **삼길육수방봉(三吉六秀方峯)이 비록 상극(相剋)하는 성봉(星峯)이 있더라도 해(害)가 되지 않는다**

- **삼길방**(三吉方) : 해(亥)는 평화(平和) 진(震) 성공(成功) 경(庚) 득명(得名)
- **육수방**(六秀方) : 간(艮) 득명(得名) 손(巽) : 성공(成功) 병(丙) 득명(得名) 정(丁) 성공(成功)
- **유**(酉) : 평화(平和) 신(辛) 평화(平和) 부귀(富貴)가 극품(極品) 복록수(福祿壽) 손신방(巽辛方) : 문성산봉(文星山峯)이 수려(秀麗)하면 문장귀격(文章貴格)이다.
- 삼길육수가 아무리 아름다워도 당판(當坂)이 훼손되면 불가(不可)하다. 삼길육수봉이 작고 낮고 둥글거나 모나면 귀(貴) 대신 부(富)를 얻게 된다. 또한 멀리 떨어진 산봉우리 돌이 수려한 모습으로 졸지에 늘어서 있으면 박학(博學)한 학자 재사(才士)가 나온다.
- 삼길육수방에 아미사(蛾眉砂)가 눈썹처럼 생긴 봉우리가 있거나 꽃처럼 생긴 봉오리가 있으면 남자는 고귀한 가문의 사위가 되고 여자는 고귀한 가문으로 시집간다.

❖ **삼길육수(三吉六秀)를 정하는 법** : 삼길육수(三吉六秀)를 정하는 법은 내룡(來龍)이 과협(過峽)한 후로부터 비롯함이니 즉 내룡이 꿈틀거리며 내려오다가 입수(入首)지처에서 속기(束氣:산이 벌 허리 같은 모양)를 한 후에 기뇌분맥(起腦分脈)한 곳에서 좌우 전후의 높게 솟은 산봉(山峰)을 보는 것인데, 이들 산봉(山峰)이 나경(羅經) 지반정침(地盤正針)의 어느 자에 내려왔음인지를 안 연후에 바로 하는 것이다. 이 때의 내룡이 탐랑(貪狼), 거문(巨門), 무곡(武曲) 등의 길성위(吉星位)에 내려오면 이를 삼길봉(三吉峰)이라 하고, 파군(破軍), 녹존(祿存), 문곡(文曲), 염정(廉貞) 등의 흉성부위(凶星部位)에 내려오면 이는 4흉성봉(四凶星峰)이 된다. 수산출살(收山出煞)을 할 적에 삼길봉(三吉峰) 중의 한 두 산봉(山峰)이 가까운 곳에서 혈을 굽어보면 대지가 되니 천혈정향시(遷血定向時)에 분금으로서 좌도(坐度)를 정할 적에 마땅히 이 점을 유의해서 길(吉)한 것은 받아들이고 흉(凶)한 것은 버려야 한다. 육수(六秀)는 삼길봉(三吉峰)의 납갑(納甲)의 간(干)이 되므로 만약 입수룡(入首龍)이 감룡(坎龍:子龍)이라면 감납(坎納)은 계(癸)이니 감상(坎上)에서 기복위(起伏位)하면 손괘(巽卦)가 탐랑(貪狼), 간괘(艮卦)가 거문(巨門), 진괘(震卦)가 무곡(武曲)이므로, 손(巽), 간(艮), 진괘봉(震卦峰)을 삼길봉(三吉峯)이라 하고, 삼봉(三峰)의 납갑(納甲)인 신간(辛干)과 병간(丙干) 그리고 경간(庚干)의 봉(峰)을 육수봉(六秀峰)이라 한다. 다시 말하면 손납(巽納)은 신(辛)이고, 간납(艮納)은 병(丙)이고, 진납(震納)은 경(庚)이기 때문이다. 또한 내룡(來龍)이 임룡(壬龍)이면 임납(壬納)은 이(離)므로 이상(離上)에서 기복위(起伏位)하면 진괘상(震卦上)이 탐랑(貪狼)이 되고, 태괘(兌卦)가 거문(巨門), 손괘(巽卦)가 무곡(武曲)이 되므로 진(震), 태(兌), 손봉(巽峰)은 삼길봉(三吉峰)이 되

고, 경(庚), 정(丁), 신봉(辛峰)은 육수봉(六秀峰)이 된다. 역시 진괘(震卦)는 경간(庚干)의 납갑처(納甲處)가 되고, 태괘(兌卦)는 정간(丁干)의 납갑처(納甲處), 손괘(巽卦)는 신간(辛干)의 납갑처(納甲處)가 되기 때문에 경(庚), 정(丁), 신간(辛干)의 삼봉(三峰)이 각각 육수봉(六秀峰)이 된다 함. 그러나 얼핏 잘못 생각하면 삼기(三奇)는 세 가지 길봉(吉峰)이요 육수(六秀)는 여섯 가지의 길봉(吉峰) 쯤으로 잘못 인식할 수가 있다. 삼기(三奇)와 육수(六秀)는 정확하게 말하자면 삼기육수(三奇六秀)라고 해야 옳겠지만 언제부터 무엇 때문인지는 몰라도 이렇게 삼기육수(三奇六秀)로 불러온 것이다. 그러나 이때의 기(奇)와 수(秀)의 의미는 같은 뜻에 두 가지 표현을 썼을 뿐이라 생각한다. 즉 삼기(三奇)와 삼수(三秀)를 좀더 기교를 부려서 표현한 것이 삼기(三奇) 육수(六秀)인 것이지 결코 세 가지 봉(峰)과 여섯 가지의 봉(峰)이 따로 있는 것이 아니다. 만일 내룡(來龍)이 해위(亥位)에 입수(入首)했다면 해납(亥納)은 진괘(震卦)가 되므로 이상(離上)에서 기복위(起伏位)하면 이괘(離卦)는 탐랑(貪狼), 손괘(巽卦)는 무곡(武曲), 감괘(坎卦)는 거문(巨門)이 된다. 그러므로 이봉(離峰)과 손봉(巽峰) 그리고 감봉(坎峰)은 삼길봉(三吉峰)이 되고, 이납(離納)은 임(壬)이고, 손납(巽納)은 신(辛)이며, 감납(坎納)은 계(癸)가 되므로 임봉(壬峰)과 신봉(辛峰) 그리고 계봉(癸峰)이 각각 육수봉(六秀峰)이 된다. 이상의 예를 좇으면 24산(山)의 삼길육수봉(三吉六秀峰)을 모두 알 수가 있다. 삼길육수봉(三吉六秀峰)을 취함에는 수법의 정음정양(淨陰淨陽)이나 용법의 순정박잡(純淨駁雜)을 가리지 않고서도 음양혼용(陰陽混用)이 가능하다.

[24山 三吉六秀圖表]

兌丁巳丑	離壬寅戌	巽辛	坤乙	艮丙	坎癸辰申	震庚亥未	乾甲	來龍
乾離坤	震兌亥	坎坤離	艮巽兌	坤坎乾	巽艮震	離乾坎	兌震艮	三吉峰
甲壬乙	庚丁辛	癸乙壬	丙辛丁	乙癸甲	辛丙庚	壬甲癸	丁庚丙	六秀峰

❖ 삼길육수(三吉六秀)의 산이 가장 높으면

① 흉한 방위가 있더라도 그 흉함을 이길 수 있고 흉한 방위산이 가장 높으면 길 방위 산이 있더라도 그 흉함을 이길 수 없다.

② 길한 방위의 산과 흉한 방위의 산이 고저 높고 낮음에 큰 차이가 없어 서로 엇비슷하면 길흉이 반드시 함께 나타나고 높고 낮음에 서로 약간의 차이가 있으면 길흉이 반드시 서로 앞서거나 뒤서거나 하면서 나타난다.

❖ **삼길육수(三吉六秀)와 최관귀인(催官貴人)** : 해묘경(亥卯庚)의 세 방위가 삼길방(三吉方)인데, 이곳이 풍만하게 수려하면 부귀하고 복록이 창성하며 장수한다. 간(艮)·병(丙)·손(巽)·신(辛)·태(兌)·정방(丁方)에 산봉(山峯)이 있어 수려하면 육수(六秀)라 하며, 즉 귀인성(貴人星)으로 관귀(官貴)한다. 이 육수방(六秀方)에 봉(峯)이 많이 있으면 거부(巨富)가 나고, 또 마산(馬山)이 응하면 최관귀인(催官貴人)이다. 신(辛)·병(丙)·정(丁)·경(庚) 네 곳의 산에 수려하면 최관귀인(催官貴人)이니 양(陽)에 속하고 손(巽)·태(兌)·간(艮)·진(震) 네 곳의 산이 수려하면 또한 최관귀인(催官貴人)으로 음(陰)에 속한다. 만일 용(龍)이 이상의 세 가지 조건을 갖추고 있으면 이는 삼길(三吉)·육수(六秀)·최관귀인룡(催官貴人龍)이라 하여 대길격(大吉格)으로 본다. 또한 삼길사(三吉砂)가 있으면, 자손들이 부귀를 누리며 아주 안락하게 지내며, 전쟁이 일어나도 상(傷)하는 사람이 없다. 삼길육수는 내룡(內龍)의 방향에 따라 달라진다. 용(龍)이 유방(酉方)·정방(丁方)·사방(巳方)·축방(丑方)에서 뻗어 왔을 때, 건오곤봉(乾午坤峯)과 더불어 갑임을봉(甲壬乙峯)까지 수려하면 육수사(六秀砂)가 된다. 삼길사의 세 봉우리 중 한 봉우리만 수려하지 않거나 없어도 삼길사가 안 된다. 육수사도 마찬가지다. 여섯 방향에 모두 수려한 봉우리가 있어야 참된 육수사라 할 수 있다. 삼길육수는 참으로 귀한 것이니, 삼길육수가 갖춰진 혈은 거의 다 훌륭한 명당이다.

來龍	三吉砂	六秀砂
乾甲龍	酉卯艮峯	酉卯艮丁庚丙峯
卯庚亥未	午乾子峯	午乾子壬甲癸峯
子癸申辰龍	巽艮卯峯	巽艮卯辛丙庚峯
艮丙龍	坤子乾峯	坤子乾乙癸甲峯
坤乙龍	艮巽酉峯	艮巽酉丙辛丁峯
巽辛龍	子坤午峯	子坤午癸乙壬峯
午壬寅戌龍	卯酉巽峯	卯酉巽庚丁辛峯
酉丁巳丑龍	乾午坤峯	乾午坤甲壬乙峯

❖ **삼년심룡**(三年尋龍) **십년점혈**(十年點穴) : 옛말에 풍수지리학을 3년을 공부하면 묘자리나 집터자리를 찾을 수 있으나 10년을 공부를 해야 점혈(오른자리를 정함)을 할 수 있다 했다. 이것은 진혈대지(眞穴大地)를 천장지비(天藏地秘:하늘에서 감추고 땅에서는 비밀) 혹은 용을 찾는 것은 쉬우나 점혈하기란 어렵다는 말이다. 그러나 이 넓은 산야에는 아직도 진혈대지(眞穴大地)가 적공유덕(積功有德)하고 효심지극한 주인을 기다리고 있다. 맑은 마음, 밝은 눈과 지극한 정성으로 찾으면 반드시 참된 혈지를 찾아 얻을 것이다.

❖ **삼년심룡**(三年尋龍)**에 십년점혈**(十年占穴)**하라** : 십년 답산(踏山)에 이십년점혈(二十年占穴)한다는 말이 있다. 망세심룡(望勢尋龍)에 등산점혈(占穴)이 더욱 어렵다

❖ **삼대에 한 곳만 명당에 묘를 쓰도 자손이 번창한다**

- 묘 자리(집터)를 3대에 한곳이라도 길지(吉地)를 얻으면 발복(發福)을 받는다.
- 아무리 소혈(小穴)자리라도 삼십년은 발복한다.
- 산의 용맥이 천간용(天干龍)이면 지지좌향(地支坐向)으로 지지용(地支龍)이면 천간좌향(天干坐向)을 놓아야 한다.
- 묘의 좌(坐)를 놓을 때 정좌(正坐)는 피해야한다.
- 9층의 분금(分金)을 사용한다.

❖ **삼등혈법**(三等穴法) **삼세**(三勢)

- **천혈**(天穴) **개혈**(蓋穴) : 입세(立勢) : 높은 곳으로 앙고혈 기형혈 빙고혈이 있으며 관직(官職)은 있으나 재물(財物)과 자손은 귀(貴)하다. 좌우(左右)의 산과 안산(案山)이 높고 크면 천혈(天穴)을 취해야 하고 만약에 인혈(人穴)이나 지혈(地穴)을 취하게 되면 자손이 복록(福祿)이 박(薄)하고 또 지혈을 취하면 자손이 쇠(衰)하게 된다.
- **인혈**(人穴) : 당혈(撞穴) : 좌세(坐勢) : 중간 곳으로 장살혈 천강혈 이수혈이 있으며 관(官) 재(財) 자손 다 좋은 곳이다.
- **지혈**(地穴) **점혈**(點穴) : 면세(眠勢) : 낮은 곳으로 유두혈 탈살혈 장구혈이 있으며 자손(子孫)과 부(富)는 있으나 관직(官職)은 귀(貴)하다.

❖ **삼락**(三落) : 초락·중락·말락을 말함. 초락은 태조산 혹은 조산으로부터 가까운 거리에서 혈성을 일으킴으로 조산(朝山)이 높고 조산(祖山)이 바로 낙(樂)이나 장(障)이 된다. 할아버지 밑에 같은 일가로서 전후좌우의 산이 주밀하게 감싸야 진혈이다. 중락은 요중락이라고도 하며 조산으로부터 떨어져 높게 또는 낮게 오다가 중간에서 홀연히 큰 봉우리를 일으켜 소조산을 만든다. 이어 소조산 아래 두어 절에서 다시 봉우리를 일으켜 결정강세(結頂降勢)하여 과맥낙국(過脈落局)으로 속인 융결한다. 조·영산이 절하듯 맞이하고 용의 허리는 뒤를 감아주고 갈려져나간 여기산은 옹조·하수·관란·성곽 등으로 뒤돌아보며 혈을 포근히 안아야 진혈이다. 말락은 조산에서 떨어져 먼 거리를 온 뒤에 행룡이 거의 끝나고 큰 강물이 가로막는 곳에서 큰 산을 일으켜 소조산을 만들고, 이 소조산 두어 마디 아래 결정강세하여 속기 결인하여 혈장을 만든다. 한쪽 팔이 물을 횡으로 막아주거나 또는 몸을 돌려 역으로 감쌀 수도 있으며(回龍), 평지로 내려앉아 혈을 맺기도 한다. 어떠한 경우에도 큰 강과 강 건너에 멀리 있는 산이 앞에서 응대해야 하고, 규모가 광대하며 국세가 광활하여야 진혈이다. 이 밖에 낙맥의 종류에 방락(旁落)·미기락(未起落)을 말하기도 한다.

❖ **삼문**(三門) : 물이 조당(朝堂)에 흘러오는 곳으로 천문(天門)이라고 하는 곳.

❖ **삼베**(麻布)**와 체백** : 우리 민족은 죽음이 먼 곳에 있는 것이 아니라 항상 자기 곁에 다가와 있다고 여겨왔다. 생로병사는 인간사의 피할 수 없는 자연의 순리로서 인간이 저 세상에 가면서도 환생을 통한 영생을 소원하는 것이 산자나 죽은자나 한결같은 간절한 바람인 것이다. 예로부터 수의(壽衣)는 체백의 안녕을 기원하고 나아가서는 마지막 가는 북망산 길에 효도를 한다는 뜻에서 삼베로 된 수의를 마련하여 장사를 지냈다. 이 삼베는 우리나라 고유의 삼이 대마로 제작하였는데 안동포(安東布), 남해포(南海布), 보성포(寶城布), 순창포(淳昌布), 화순포(和順布), 강화포(江華布) 등이 유명하였으며, 그 품질의 정교함이 천년 전 삼국시대 이전부터 성가(聲價)를 떨쳐오다가 고려시대에는 공물(貢物)로 중국에까지 보내졌다. 그런데 근래에는 삼베가 대마초의 원료라 하여 그 재배가 엄격한 규제를 받게 되었고, 또한 농촌의

부녀자들이 부업으로 수작업을 통해서 삼베를 짜내던 것이 이제는 산업화의 기계문명에 밀리어 삼베를 짤 수 없게 되어 최근에는 중국에서 수입되고 있는 실정이다. 우리 조상들은 전통적으로 삼베 수의를 활용해왔는데, 옛날 살충제가 없었던 시절에는 재래식 화장실의 변기통에 삼잎을 넣어서 살충제로 사용하였다. 그리고 잡벌레가 극성을 부리는 하절기에도 삼밭에는 잡충이 침범하지 못하는 것으로 보아서 강력한 항균성분과 항독기능까지 함유하고 있다고 생각하고 밥보자기(밥이 오랫동안 쉬지 않음), 행주, 이불 등 실생활용품으로 활용하였는데, 수분을 흡수하는 데도 다른 면직물보다 20배 이상의 강한 흡수력을 갖고 있음을 알고 있었기 때문이었다. 삼베는 시신이 부패하면서 생기는 수분과 불순물을 빠르게 빨아들이고 해충발생을 방지하는 한편 육탈(肉脫)을 촉진하는 역할을 한다. 이런 점을 고려할 때 삼베로 된 수의를 사용해 왔던 우리 조상들의 과학적이고 합리적인 훌륭한 지혜를 자랑스럽게 여겨야 할 것이다.

❖ **삼분합수**(三分合水) : 좌혈 앞에 물이 합하는 것인데 도두처(到頭處) 위에서 갈라지고 광각(廣脚)에서 나누어지며 협인(陝咽)처에서 나누어져 모두 좌혈 앞에서 모이는 것으로, 삼분합수가 있으면 형제 우애가 많고 정조 관념이 강하며 자손이 창성(昌盛)한다.

❖ **삼분합**(三分合) **세 가지 혈과 물의 어울림** : 세 가지 혈과 물의 어울림이란 대분합[(大分合) : 물과 혈의 큰 어울림 : 물길이 용맥을 따라 양갈래로 흘러 내려와서 대명당(大明堂:외명당)에서 크게 합해지는 것], 차분합[(次分合) : 물과 혈의 중간규모 어울림 : 물길이 혈의 영역에 이르러 멈추어 서서 내명당(內明堂)에서 합해지는 것], 소분합[(小分合) : 물과 혈의 작은 어울림 : 물길이 혈이 융결되는 곳에서 일어나 위에서 갈라져 내려오다가 용(龍), 호(虎)내의 소명당에서 합해지는 것], 용맥이 멈추어 서고 혈이 응결됨에 있어서 물의 존재는 필수적이다. 물과 어울어진다는 것은 결국 풍수적 논리가 완성된다는 것을 뜻한다는 말이다. 그렇게 풍수에서 산과 물은 서로 떼어놓을 수 없는 긴밀한 관계이므로 탁옥부는, 위의 세가지 분합이 있다면 혈은 진실한 것이고, 이러한 것들이 없다면 혈은 거짓된 것이라 하였다.

❖ **삼불거**(三不去) : 중국 명대의 기본적인 형법전인 《대명률(大明律)》에 규정된 이혼의 불허 조건.

① 처가시부모의 상을 지켰을 경우(與共更 三年喪).

② 결혼했을 때에는 가난했으나 후에 부귀한 경우(先貧寒 後富貴)

③ 이혼했을 경우 여자가 돌아갈 곳이 없는 경우(離緣則無所歸).

이상 세 조건의 경우에는 이혼을 불허하였다. 이것은 중국은 물론 조선왕조에서도 철저히 범하거나 악질이 있는 경우에는 삼불거에 구애되지 않고 이혼하였다.

❖ **삼불장**(三不葬) : 양균송(楊筠松)이 지적한 장사지내서는 안 될 3가지 법칙. 첫째, 용은 있어도 혈이 없는 것. 둘째, 혈은 있어도 덕(德)이 없는 땅. 셋째, 덕은 있어도 연월(年月)이 불길한 것. 이로 보면 진룡(眞龍) 아래에 반드시 진혈(眞穴)을 찾아 장사지내되 아울러 연월일시도 길해야 올바른 장법(葬法)이라는 뜻이다.

❖ **삼사**(三司) : 조선의 홍문관, 사헌부, 사간원을 합칭한 말. 국가 중대사에 관하여는 연합하여 삼사합계(三司合啓)를 올리는 일과 합사복합(合司伏閤)이라 하여 소속관원이 궐문에 엎드려 왕의 청종(聽從)을 강청(强請)하기도 하였다.

❖ **삼살**(三殺) : 겁살(劫殺), 재살(災殺), 세살(歲殺)을 말함. 건물 및 묘의 좌(坐)를 꺼리며(向은 무방) 이 방위에 장매(葬埋)나 동토, 증축, 건물을 짓고 수리하고 묘를 쓰는 일 등에 이 방위나 좌(坐)를 범하지 말아야 한다.

申子辰年 : 巳午未 南方　　巳酉丑年 : 寅卯辰 東方

寅午戌年 : 亥子丑 北方　　亥卯未年 : 申酉戌 西方

年支 三殺	子年	丑年	寅年	卯年	辰年	巳年	午年	未年	申年	酉年	戌年	亥年
劫殺	巳	寅	亥	申	巳	寅	亥	申	巳	寅	亥	申
災殺	午	卯	子	酉	午	卯	子	酉	午	卯	子	酉
歲殺	未	辰	丑	戌	未	辰	丑	戌	未	辰	丑	戌

신자진년(申子辰年)이면 사방(巳方) 사좌(巳坐)가 겁살, 오방(午方) 오좌(午坐)가 재살, 미방(未方) 미좌(未坐)가 세살로 이 3개의 살이 바로 삼살이다.

❖ **삼성**(參星) : 28수(宿)의 21째별. 인(寅)방에 있다. 인(寅)봉이 기특하면 충효인이 나고, 지나치게 높으면 사형수가 나오게 되며, 허하면 물로 인한 재액이 온다. 그 때는 신년(申年)이다.

❖ **삼성재호**(三星在戶) : 세 별이 한 울타리 안에 깃들여 있는 형국. 둥글둥글한 봉우리 세 개가 가까이 모여 있으며, 혈은 주산(主山)의 꼭대기에 있다.

❖ **삼세**(三勢) : 산롱(山壟)의 세, 평강(平岡)의 세, 평지의 세를 말함. 산롱의 세는 비교적 높은 산세로서 용약분등(龍躍奔騰)하고 기복돈질(起伏頓跌)하며 또는 촉락저앙(矗落低昂)하는 용으로서 기복맥이라고도 한다. 평강의 세는 나즈막한 산세가 좌우로 굴곡하여 달리는 뱀과 비슷한 용으로서 선대맥(仙帶脈)이라고도 한다. 평지의 세는 넓은 들판에서 끊어지지 않고 연결되어 있되 주사마적이나 우단사련하여 평지 중에서 한 번 돌출하고 포전전석(布氈展席:방석자리를 펴놓은 것과 같은 모양)함이 은은한 용으로서 평수맥이라고도 한다. 그러나 용의 변화하는 모습은 천태만상이어서 삼세로서만 한정할 수 없지만 크게 보아 삼세로 구별한다. 높은 산에서 기복맥이 많고, 평강에서는 선대맥이 많으며, 평지에서는 편수맥이 대부분이다. 이 삼세는 모두 고산대롱으로부터 시작하여 평강 또는 평지로 나뉘어 떨어지는 것으로 용의 우열이나 경중에는 관계없다.

❖ **삼세**(三勢)**로 정혈**(定穴)**한다** : 삼세(三勢)에는 입세(立勢), 좌세(坐勢), 면세(眠勢)가 있다. 입세(立勢)는 천혈(天穴), 좌세(坐勢)는 인혈(人穴), 면세(眠勢)는 지혈(地穴)이다. 입세천혈(立勢天穴)에는 앙고혈(仰高穴), 기형혈(騎形穴)이 있다. 앙고혈(仰高穴)은 높은 산의 정상에 결혈(結穴)된 혈장(穴場)이다. 기형혈(騎形穴)은 높은 산의 등성이에 있으며 당법(撞法)을 사용한다. 즉 쳐부수듯이 정혈(定穴)한다. 빙고혈(凭高穴)은 높은 산의 머리 아래에 의지하듯이 있는 혈로 개법(蓋法)을 사용하여 덮은 듯이 정혈(定穴)한다. 따라서 높은 산에서 높은 혈을 정혈(定穴)할 때는 수계(水界)와 수구(水口)를 따지거나 논할 필요는 없다. 천혈(天穴)은 높은 곳의 평평한 혈이다. 청룡, 백호, 조산(朝山), 안산(案山) 등이 높고 큰 형세에 결혈(結穴)한다. 좌세인혈(坐勢人穴)은 장살혈(藏殺穴)의 산세로 청룡, 백호, 안산(案山), 조산(朝山)의 높고 낮은 중간지대에 있는 혈로 급하지도 완만하지도 않은 용맥(龍脈)이 결혈(結穴)한 곳으로 당법(撞法)을 사용하여 정혈(定穴)한다. 면세지혈(眠勢地穴)은 산 아래에 결혈(結穴)하는데 삼격(三格)으로 나누어 유두혈(乳頭穴), 탈살혈(脫殺穴), 장귀혈(藏龜穴)이 있다. 이 삼격은 산기슭에 있는 혈이며, 정혈(定穴)할 때는 붙이듯이 하는 점법(粘法)을 사용한다. 유두혈(乳頭穴)은 산기슭에 누워있는 듯한 와혈형(臥穴形)으로 현유혈(懸乳穴)이라고도 한다. 탈살혈(脫殺穴)은 산 몸체의 산맥 아래에 결혈(結穴)되며, 점법(粘法)으로 정혈(定穴)한다. 장귀혈(藏龜穴)은 평지에 있는 작은 겸(鉗)의 돌혈(突穴)로 당법(撞法)을 사용한다. 자웅(雌雄)작용은 자(雌)는 음(陰)으로 음기의 철(凸)이고, 웅(雄)은 양(陽)으로 양기의 요(凹)이다. 음기가 오면 양기가 받고, 양기가 오면 음기가 받는 생룡(生龍)을 뜻한다. 혈장에서 자혈(雌穴)은 얕은 곳의 지혈(地穴)이고, 웅혈(雄穴)은 높은 곳의 천혈(天穴)이다.

❖ **삼세심혈법** : 삼세(三勢)란 산의 높고 낮음에 따라 천지인(天地人)으로 나누어 분류한 것이다. 주변산이 높아 높은 곳에 혈이 있는 것을 천혈(天穴), 중간에 있는 것을 인혈(人穴), 주변산이 낮아 혈도 낮은 곳에 맺는 것을 지혈(地穴)이라 한다. 또 높은 곳에 있는 천혈을 마치 사람이 서 있는 듯하다 하여 입세(立勢)라고도 한다. 중간 높이의 인혈(人穴)은 앉은 키 높이라 하여 좌세(坐勢)라 한다. 낮은 곳에 결지한 지혈은 누워서 잠을 자는 형태라 하여 면세(眠勢)라고도 한다. 주산을 비롯해서 혈 주변의 산들이 모두 높으면 혈도 높은 산 높은 곳에 결지한다. 산이 낮으면 혈도 낮은 산 낮은 곳에 결지하는 것이 원칙이다.

❖ **삼수격**(三授格) : ① 정수격(正授格) 간룡(幹龍)에 결혈(結穴), ② 분수격(分授格) 지룡(枝龍)에 결혈(結穴), ③ 방수격(倣授格) 지룡 중 지룡(枝龍)에 결혈(結穴)을 말함.

❖ **삼수유**(三垂乳) : 형체가 세 개의 젖 모습이 가지런히 있는 형국. 이와 같은 격은 대소와 장단과 여위고 살찐 것, 세 개 모두가 비슷해야 좋은 것으로 본다. 특히 이 삼유혈(三乳穴)은 뒷룡이 왕

성하여 그 기운이 힘차야 하고 반드시 좌우의 산룡들이 감싸고 있어야 합격으로 친다. 만일 삼유(三乳)가 고루지 못하여 기울거나 추하고 아름다운 것이 동일하게 같지 않으면 그 가운데서 가장 격이 적합한 유(乳)를 가려서 점혈(占穴)을 하면 된다.

❖ **삼신**(三神) : 예부터 우리 나라에서는 어린아이가 태어나면 삼신에게 감사드렸고 사람이 늙어 죽으면 삼신을 통해 하늘로 돌아갔다고 믿었다. 사람이 죽은 집에서는 삼신이 하늘에서 내려와 사람을 데리고 가는 먼길을 편안하게 배웅하기 위해서 밥 세 그릇과 신발 세 켤레를 문밖에 두어 공양했다. 삼신은 이렇듯 생명체를 이루고 분해하는 조화의 힘을 갖고 있다. 삼신의 상징은 삼태극(三太極)이다. 삼태극 무늬는 신라시대에 왕가에서 사용하던 보검에도 새겨져 있으며 조선 시대 왕릉 입구에 있는 홍살문에도 그려져 있다. 또한 삼신(三神)은 천신, 지신, 태양신을 말하기도 한다.

❖ **삼신에 대한 치성의 습속**

① 삼신은 아기의 출생에만 관계된 신이 아니고 육아에도 관계된 신으로 인식하고 있기 때문에 생긴 습속이며, 이것과 유사한 것으로 용왕님·칠성님께 비는 습속이 있다.

② **유아를 천하게 대우하는 습속** : 일반 민간 생활에서 부잣집 아이는 귀하게 키워도 병이 많고 요사하는 경우가 많음에 비하여 가난한 집 아이는 아이를 위해 특별히 행사를 해 주지 않아도 병이 없이 잘 자란다는 통념이 있다. 이에 따라 생긴 습속 가운데 첫째로 이름을 천하게 짓는 경우 둘째로 아기를 판다는 습속으로 무당, 또는 중에게 아기를 파는 행사를 하는 경우가 있고, 그 밖에 수양엄마를 정하여 주기도 하며 바위·용왕에게 파는 행위도 있는데, 이때는 음식·밥·떡을 차려 놓고 해마다 햇곡식을 올리며 빈다.

③ **연상되는 행위를 하는 습속** : 이 습속 가운데에는 다음과 같은 것이 있다. 장수한 노인의 속옷을 얻어다가 아기의 옷을 만들어 입히면 장수하고, 실을 걸어 주어도 장수한다.

④ **부모가 많은 공덕을 쌓아서 그 보답으로 아기의 장수를 기원하는 습속** : 맑은 날 백일 치성과 불공을 드리며, 바닷사람은 용왕님께 치성드린다.

⑤ **여러 사람에게 은혜를 베풀어 줌으로써 아기의 수명을 기원하는 습속** : 백일·돌에 음식을 장만하여 길 가는 사람에게 나누어 주는 습속이 있는데 경상도 지방의 예를 들면 망뚱떡·만개떡 등을 나누어 주는 습속이 있다.

⑥ **특정한 상징적인 물건·부적 등을 몸에 지님으로써 장수를 기원하는 습속** : 아기에게 자물통을 채워 주거나 고두쇠를 채워주는 습속이라든가 돌 때 돌주머니에 달아주는 노리개·장식품 가운데에도 장수를 기원하는 물건이 있다.

❖ **34절혈**(絶穴) : 절혈(絶穴)이란 생기(生氣)가 끊겨 못쓰는 혈인데 이러한 흉격은 34가지가 있다.

- **복월**(覆月) : 혈성(穴星)의 모양이 엎어진 반달처럼 생긴 것. 이렇게 되면 필시 배부르고 단단하여 혈 받을 곳이 없다.
- **우비**(牛鼻) : 높고 외롭게 드러나고 막아 보호해 주는 것이 없는 혈인데 바람이 닿아 못쓴다. 모르고 돌혈(突穴)이라 하여 이러한 곳에 장사지냈다가는 토지를 다 팔아먹는다.
- **궁원**(窮源) : 물의 근원이 궁진한 곳으로 용맥이 머무르지 않고 큰 산이 처음 발족된 곳도 된다. 이러한 곳은 반드시 산세가 너무 웅장하여 혈을 핍박하므로 취하지 못한다.
- **우각**(牛角) : 소뿔처럼 생긴 모양으로 뾰족하게 드러난 곳이니 대개 돌로 뭉쳤다. 흔히 요(曜)가 이러한 모양이니 모르고 혈이라 하여 장사지내면 자손이 끊긴다.
- **차고**(釵股) : 단단하고 딱딱한 땅이 마치 비녀 다리 같이 생겨 맥이 다한 곳.
- **대도**(帶刀) : 용이 험준하고 단단하고 가파르게 경사되어 칼등처럼 생긴 것.
- **도성**(倒城) : 수성(水城)이 기울어져 쏠리는 것.
- **견성**(牽城) : 물이 한쪽으로 비스듬히 이끌어 나가는 곳.
- **삼전**(三箭) : 세 줄기의 물이 곧게 쏘아오거나 곧게 나가는 것이 마치 화살 세 개가 날아가는 것 같다고 하여 붙인 이름인데, 물이 오건 가건 모두 흉격.
- **단성**(斷城) : 물이 찔려 깨지는 것.
- **당성**(撞城) : 물이 곧게 흘러 혈을 쏘는 것.
- **사조**(四早) : 사방의 물이 곧게 흘러 제각각 다른 곳으로 빠져

나가는 것.

- **사두**(蛇頭) : 뱀의 머리같이 생긴 것으로 기운이 사납고 살(殺)이 무거워 와(窩) 겸(鉗)의 혈형(穴形)이 열리지 않는다.
- **과성**(果城) : 물이 혈 앞을 가깝게 폭싸서 남은 기운이 없다. 온역이 발생한다고 한다.
- **당미**(螳尾) : 긴 용맥이 뾰족하고 작은 것으로 맥의 기운이 다하여 끊어진 곳이므로 흉격이다.
- **요강**(遶岡) : 얽어 보호해주는 사(砂)가 없어 바람이 닿고 물이 겁하며 또는 용이 지각(枝脚)이 없거나 혹은 도로가 혈장을 얽어 두르면 불길하다.
- **부패**(浮牌) : 넓고 펀펀하면 기운이 뜨고 흩어져 불가하다.
- **이벽**(犂壁) : 높고 가파르고 아래는 뾰족하여 바람이 사귀어 불고 감추는 태도가 없는 곳.
- **교검**(交劒) : 산이 사귀인 것이 뾰족하고 날카로와 마치 칼로 서로 찌르는 것 같거나 물이 사귀어 흐르는 모양이 이와 같으면 주로 살상(殺傷)이 일어나고 귀양가는 자손이 생기는 흉격이다.
- **사사**(死蛇) : 죽은 뱀이 곧게 뻗어 있는 것 같은 용이니 이러한 곳에 모르고 장사지냈다가는 자손이 끊긴다.
- **수족**(垂足) : 칫다리다 하고 걸터앉은 것 같은 용이니 흉격이다.
- **천패**(天敗) : 무너지고 함하면 기운이 패하여 못쓴다. 고집하고 장사지내면 자손이 끊긴다.
- **현침**(懸針) : 큰 용이 내려가서 끝부분에 달아맨 바늘처럼 가늘고 뾰족한 땅이니 혈이 맺지 않는다. 모르고 묘를 쓰면 대가 끊긴다.
- **헤첨**(尖) : 약간 솟았는데도 사방이 낮고 펀펀하므로 외롭게 드러나 바람이 닿고 물이 베어 못쓰는 곳이다.
- **낭아**(狼牙) : 외롭고 뾰족하게 드러난 것.
- **이향**(離鄕) : 좌우의 산이 멈추는 형상이 없이 물길을 따라 쭈욱 빠져 달아난 것임.
- **궁**(弓) : 양쪽으로 내려뜨린 것이니 흉격이다.
- **궁현**(弓弦) : 곧고 급한 것으로 흉격이다.
- **서두**(鼠頭) : 뾰족하고 쪼그라진 땅으로 흉격이다.
- **과궁**(過宮) : 즉 과산(過山)인데 기운이 지나가 딴 곳에 융결되므로 혈이 아니다.
- **불축**(不蓄) : 음양이 사귀지 않고 계수(界水)와 합수(合水)가 분명치 않으면 생기가 흩어져 거두지 못하므로 혈이 맺지 않는다.
- **등루**(騰漏) : 좌우가 일그러지고 앞은 지나치게 넓고 뒤는 넘어지면 바람이 불어 생기(生氣)를 흩어지게 하므로 혈이 맺지 못한다. 즉 산맥의 잠긴 기운은 위로 올라가고 가지의 뜬 기운은 아래로 새는 땅이다. 이러한 곳에 장사지내면 시신의 뼈가 썩어 흔적도 없게 되므로 자손이 멸하게 된다고 한다.
- **와시**(臥尸) : 부스럼 딱지같이 추하고 단단하여 죽은 사람이 빳빳하게 누워있는 형상과 같은 용인데 위의 형상이 없으면 혈을 맺지 못한다. 이를 모르고 묘를 쓴다면 대가 끊기는 화액이 있다.
- **차두**(釵頭) : 비녀 꼭지같이 생긴 용이 단단하게 뭉쳐 외롭게 드러난 땅인데 흉격이다.
- **36혈**(穴) : 기린(火), 봉황(木), 옥당(金), 창광(水)의 네 가지 혈을 근본으로 하여 각각 2개의 혈을 첨가하면 12개의 혈을 만들고, 여기에서 다시 각각 2개씩의 혈을 더 분류하여 36개로 나눈 혈법론.

❖ **삼신오제**(三神五帝)

- **삼신**(三神) : 천(天) 지(地) 태(太)
- **오제**(五帝) : 흑제(黑帝) 청제(青帝) 백제(白帝)
- **적제**(赤帝) : 황제(黃帝) 이다

❖ **삼양기**(三陽起) : 손병정(巽丙丁)을 삼양(三陽)이라 함. 손병정방(巽丙丁方)에 높고 수려한 봉우리가 있으면, 학문 · 문장이 뛰어나서 고귀하게 되는 인물이 나온다.

❖ **삼양기**(三陽起)**와 삼양수**(三陽水) : 사수론(砂水論) 중에 손병정(巽丙丁)은 공통된 것으로 삼양(三陽)이라 하며, 손병정(巽丙丁)의 물이 합류하여 경태(庚兌) 진간방(震艮方)으로 흘러나가면 주로 식읍(食邑)하고 개부(開府)한다 하였으므로 군주가 된다는 말로 삼양(三陽)이나 삼길육수(三吉六秀)는 어느 좌향에서나 유익하다. 북향의 혈에 3양(三陽)이 응조(應照)하고 남향에 3양수(三陽水)가 혈 앞을 지난다면 특히 북향에서 혈 뒤가 허한 느낌이

들겠으나 북향의 혈이 남향처럼 뒤가 꽉찼다면 태양을 받을 수가 없기도 하며 있다 하더라도 남향에 미치지 못한다. 또 사(巳)는 반짝하는 불이며 병(丙)은 기화(起火)라 일어나는 불이며, 오(午)는 치화(熾火)라 중(中)의 불이며, 정(丁)은 형화(炯火)로 아주 큰 불이다. 그러므로 화(火)는 바람을 두려워 하는 게 아니라 바람이 있으므로 득기(得氣)하는 것이다. 또 목(木)에서도 을(乙)의 교목은 더 클 수 없는 나무로서 심부(心部)가 공허하여 바람이 없으면 쉽게 썩으므로 바람이 도움을 주는 것이나 교목이니 만큼 짧으면 필시 바람이 쇠잔해질 것이니 혈장(穴場)은 장후(長厚)하여야 한다. 88향 좌록귀인가(坐祿貴人歌)에 좌산(坐山)의 녹(祿)이 최길창(最吉昌)이라 하고 향상(向上)의 녹(祿)은 좌산(坐山)에 드물다 하였으니, 무기본문(戊己本文)에 이도병시(離度丙時)에 선수손(先秀巽)이라 하였으니, 이때 손하(巽下)의 병좌(丙坐)를 하고 손병정봉(巽丙丁峰)이 응조(應照)하던 것은 필연이며, 그에 3양수(三陽水)가 모여서 혈 앞을 지나면 군주로서 손색이 없다. 또 이도정시(離度丁時)에 선수곤(先秀坤)의 경우에는 병좌(丙坐)보다 복잡하나 먼저 정좌계향(丁坐癸向)에서 좌수(左水)가 일단은 간방(艮方)으로 축(丑)을 경유하여 흐르고 우수(右水)가 3양수(三陽水)와 합하여 다시 건(乾)으로 유입한다면, 우수(右水)가 좌수(左水)보다 확실하게 많아야 하는 것이다. 이것이 출살(出殺)과 일거(一去)에 등과와 아주 가국(佳局)의 가국(佳局)이다. 그러니 3양(三陽)이 개부(開府)한다 하여 아무데서나 취용(取用)하려는 것은 삼가야 한다.

❖ **삼양수**(三陽水) : 손수(巽水), 병수(丙水), 정수(丁水)를 말함. 손·병·정(巽丙丁), 이 세 방향에서 흘러 들어온 물이 경방(庚方), 유방(酉方), 묘방(卯方), 간방(艮方)으로 빠져나가면 매우 길하고 큰 부귀를 얻는다. 여기에다 산세가 수려하면 자손들이 높은 지위에 오르며 재상(宰相)과 장상(將相)이 나온다.

❖ **삼역**(三易) : 중국 하(夏)의 연산역(連山易), 은(殷)의 귀장역(歸藏易), 주(周)의 주역(周易)을 말함.

① **연산역**(連山易) : 하나라 때에 생긴 역으로 인월(寅月)을 세수(歲首:한해의 첫달)로 하고 중산간괘(重山艮卦)를 수괘(首卦)로 했다고 한다. 천원인통(天元人統)의 역이라고도 하나 정확하게 고증할 길이 없다.

② **귀장역**(歸藏易) : 은나라 때에 축월(丑月)을 세수로 하고 만물의 모체가 땅이라는 생각으로 중지곤괘(重地坤卦)를 첫괘로 하였다고 한다. 지원지통(地元地統)이라고 하나 이 또한 정확한 고증이 불가능하다.

③ **주역**(周易) : 주나라 때 완성한 것으로 삼라만상을 천(天)의 도가 거느린다고 하여 중천건괘(重天乾卦)를 첫괘로 한다. 세수를 자월(子月)로 삼아 인원천통(人元天統)이라고 한다. 이렇게 볼 때 세 역의 세수와 역명의 이치가 상통한다는 점을 알 수 있다. 그런데 세 역의 시대 순서는 인통, 지통, 천통으로서 천지인 삼재의 역순임을 알 수 있다. 나경(羅經)도 이 삼역의 이치를 따라 구성되었음을 알 수 있다.

❖ **삼우제**(三虞祭)

- 우제(虞祭) 가운데 초우(初虞), 재우(再虞), 삼우(三虞)의 세 번째 순서를 말하는데 묘소에서도 지내지만 장례한 지 3일만에 아침에 집에서 지내는 가문이 많은 것 같다. 초우는 장사 당일 평토제를 지내고 집에 혼백을 모셔와서 집에서 신위를 모시는 절차이고, 재우는 초우를 지낸 다음 유일(柔日) 아침에, 삼우는 다음날 강일(剛日) 아침에 지낸다. 이러다 보니 삼우제는 장사지내고 3일 또는 4일만에 해당되나 현대에는 3일만에 지냄을 삼우로 알고 있다.
- 초우는 길이 멀어 해가 지기전 집에 도착하지 못하면 길에서도 지내고 중도에서 묵게 되면 묵는 곳에서도 지낸다.
- 유일(柔日) = 을정기신계(乙丁己辛癸)
- 강일(剛日) = 갑병무경임(甲丙戊庚壬) 즉 음일과 양일을 말한다.
- 우제는 제사이므로 차림 절차는 기제사의 방식에 준한다.
- 삼우축(三虞祝) 한문서식 예

維歲次 ○ 年 ○ 月 朔○○ 日 ○○

孤子 ○ ○ 敢昭告于

顯考 處士(學生府君) 日月不居 奄及三虞

夙興夜處 哀慕不寧 謹以 清酌庶羞 哀薦成事

尙 饗

[해설] ○년 ○월 ○일

고자 ○○는 아버님 신위 앞에 감히 밝혀 고하나이다. 세월이 멈추지 않아 아버님 돌아가시고 어언 삼우에 이르렀습니다. 밤낮으로 슬퍼 사모하여 마음 편할 수 없어 삼가 맑은 술과 여러 음식을 올리오니 흠향하옵소서.

❖ **삼원**(三元)

① 천지인(天地人) 즉 천원(天元), 지원(地元), 인원(人元)의 세 가지를 삼원(三元) 또는 삼재(三才)라고도 한다. 이 삼원(三元)에 대한 근본 원리를 보면, 우주의 만상(萬象)에는 건(乾:하늘)의 신공(神功)과 곤(坤:땅)의 덕기(德機)와 하늘과 땅 사이에 유행(流行)하는 오기(五氣)가 있어 생멸(生滅)한다. 하늘의 신공으로 만물의 정(精)을 창조하고, 땅의 덕기로 만물을 생장하는 질(質:바방)을 주고, 오기(五氣:五行)의 조화로 만물이 운용(運用)한다. 하늘의 신공은 부도(父道)요, 땅의 덕기는 모도(母道)요, 오기는 오행의 운기(運氣)이므로, 하늘은 주(主)가 되고, 땅은 그 체(體)가 되고, 오기(五氣)는 용(用)이 된다. 이 세 가지 요소가 합성함으로써 만물이 화생(化生)하는 것이니 이 세 가지를 3원(三元)이라 한다. 이것을 천간(天干) 지지(地支)에 비유하면 간(干)은 천원(天元)이요, 지(支)는 지원(地元)이요, 지(支)에 암장(暗藏)된 것이 인원(人元)이다. 가령 갑자(甲子)라면 갑(甲)은 천원(天元)이요, 자(子)는 지원(地元)이요, 자중계수(子中癸水)는 인원(人元)이라 한다.

② 상원(上元), 중원(中元), 하원(下元)을 말함.

❖ **삼원갑**(三元甲) : 상원갑자(上元甲子), 중원갑자(中元甲子), 하원갑자(下元甲子)를 말하는데 상원(上元), 중원(中元), 하원(下元)이라 부르고 원래 이 3원갑(三元甲)은 갑자(甲子)에서 계해(癸亥)까지 60갑자가 한 바퀴 순환하는 것을 일원(一元)으로 보아 세 바퀴가 순환하면 3원(三元)이요, 해[年]로는 180년, 달[月]로는 180월, 날[日]로는 180일, 시간으로는 180시가 된다. 60갑자가 맨처음 시작된 때가 제원갑자(濟元甲子)라 하는데 이 제원갑자에서 갑자년(甲子年), 갑자월(甲子月), 갑자일(甲子日), 갑자시(甲子時)가 시작된다. 이렇게 맨 처음 시작되는 해가 서기 1985년을 기준 10, 155, 902년 전 제원갑자(濟元甲子)인데 바로 상원갑자년(上元甲子年), 맨처음 시작된 달이 상원갑자월(上元甲子月:子月), 맨 처음 시작된 날이 양둔상원일(陽遁上元日:冬至), 맨 처음 시작된 시(時)가 양둔상원시(陽遁上元時)가 된다. 그리하여 연월일시를 막론하고 다시 갑자(甲子)가 돌아오면 중원(中元)을 지나, 다시 갑자(甲子)가 오면 하원(下元)을 지나, 다시 갑자(甲子)가 돌아오면 상원(上元)이 모두 돌아가는 연월일시(年月日時)가 180년 180일 180시가 된다.

❖ **삼원지리 이기법**(三元地理 理氣法) : 『진혈대관(診穴大觀)』에 이르기를, 일개 산두(山頭)의 동룡동혈위(同龍同穴位)에 동립향(同立向)을 해도 혹 길흉의 차이가 있지만 첫째 분금좌도(分金坐度)의 차이에서 비롯됨이요, 둘째로는 심장(深葬)과 천장(淺葬)에서 오는 차이점이라 하겠으며, 셋째로는 화명자(化命者)의 생년간지(生年干支)와 산방(山方)과의 관계에서 오는 상위점(相違點)이라 하겠고, 넷째 이유로는 각기 다른 장례일자(葬體日字)와도 관계가 있기 때문이다. 이러한 3장은 형기론적(形氣論的)인 입장에서 볼 때는 공공묘지의 동룡동혈(同龍同穴)에 동위입향(同位立向)이 합당할런지는 몰라도 적어도 이기론적(理氣論的)인 입장에서는 사리에 맞지 않는 이론이다. 왜냐하면 동산동향(同山同向)에 동조수(同朝水)로 일개산두(一個山頭)에 수개(數個)의 분묘(墳墓)를 썼을 경우에는 혹은 발(發)하고 혹은 퇴(退)하는 예가 허다하기 때문이다. 즉 용(龍)의 혈이란 일맥일혈(一脈一穴)이 정상이므로 마치 암퇘지의 젖꼭지처럼 좌우에 주렁주렁 매달려 있는 것이 아니기 때문에 결코 한 당국(堂局) 안에 많은 분묘를 쓸 수가 없는 것이다. 만약 그렇게 썼을 경우에는 정혈상(正穴上)에 쓰여진 일기(一基)의 분묘만이 발(發)할 뿐 여타(餘他)는 발(發)하지 못하는게 당연지사라 하겠다. 일개산두(一個山頭)에 10기의 분묘를 썼다고 해도 그 가운데서 한 묘(墓)만이(正穴, 正向, 正朝의) 부귀가 발천(發遷)할 뿐 여타(餘他)의 9기(基)는 빈천(貧賤)을 면치 못한다는 뜻이고, 또 커다란 흙무더기처럼 잇닿아 쓰여진 공동분묘인 경우에도 어찌 한 변(邊)의 관(棺)은 광화(光華)하여 부귀가 발(發)하지만 다른 한 변(邊)의 관(棺)속에는 물이 스며들고 진흙투성이가 되므로 해서 인정(人丁)이 끊기는 첨화(慘禍)를 초래하는 경우도 있다. 양자(兩者)의 주장하는 바를 얼핏 생각하면 같은 내용의 뜻인 것 같기도 한데 사실은 그와 정 반대의 뜻을 담고 있는 듯하다. 즉, 전자의 경우는 일개산두(一個山頭)에 수개(數個)의 분묘를 쓸 수도 있다는 전제하에

서 그 방법론을 제시한 내용이라 하겠고, 후자의 경우에는 일개 산두(一個山頭)에는 오직 일기(一基)의 분묘만을 써야 한다는 뜻을 강조한 내용을 담고 있다. 그러나 본 3원이기(三元理氣)의 주안점은 일두다분(一頭多墳)은 허용치 않는 반면에 동일한 유형의 조건하에 분묘를 쓴다고 해도 발지지속(發之遲速)이 판이함을 3원이기(三元理氣)로서 밝힌 것이다. 다시 말해서 화명자(化命者)의 원운(元運)이 각각 다르기 때문에 장후(葬後)에 발지지속(發之遲速)은 필연적이라는 사실을 실증적으로 밝힌 내용이다. 즉 화명자(化命者)의 3원분류(三元分類)에 따라 9운(運)의 차이가 있으므로 발천(發遷)의 지속(遲速)이 판이하게 되는 것이다.

❖ **삼원구운배24산표**(三元九運配24山表)

上元	甲子 · 癸未 20年	단기 4197~4216	一百坎	貪狼	壬子癸
上元	甲申 · 癸卯 20年	단기 4217~4236	二黑坤	巨門	未坤申
上元	甲辰 · 癸亥 20年	단기 4237~4256	三碧震	祿存	甲卯乙
中元	甲子 · 癸未 20年	단기 4257~4276	四綠巽	文曲	辰巽巳
中元	甲申 · 癸卯 20年	단기 4277~4296	五中黃	廉貞	前十寄巽 後十寄乾
中元	甲辰 · 癸亥 20年	단기 4297~4316	六白乾	武曲	戌乾亥
下元	甲子 · 癸未 20年	단기 4317~4336	七兌	破軍	庚酉辛
下元	甲子 · 癸卯 20년	단기 4337~4356	八白艮	보성	丑艮寅
下元	갑진 · 癸亥 20년	단기 4357~4376	九紫離	弼성	兵午丁

• **삼원대괘**(三元大卦) : 천원괘(天元卦)는 자오묘유(子午卯酉)와 건손간곤(乾巽艮坤)으로 팔괘의 상효(上爻)에 있으며 천(天)의 상(象)을 취하므로 천원(天元)이 된다. 인원괘(人元卦)는 을신정계(乙辛丁癸)와 인곤사해(寅申巳亥)로 팔괘의 중효(中爻)에 있으며 인(人)의 상(象)을 취하므로 인원(人元)이 된다. 지원괘(地元卦)는 진술축미(辰戌丑未)와 갑경병임(甲庚丙壬)으로 팔괘의 하효(下爻)에 있으며 지(地)의 상(象)을 취하므로 지원(地元)이 된다.

三元	卦	陽	卦	陰
天元	父	子午卯酉	母	乾巽艮坤
人元	順子	乙辛丁癸	子婦	寅申巳亥
地元	逆子(女婿)	甲庚丙壬	女	辰戌丑未

음양효(陰陽爻)의 구분은 천원(天元)의 부괘(父卦)인 자오묘유(子午卯酉)와 인원(人元)의 순자괘(順子卦)인 을신정계(乙辛丁癸)와 지원(地元)의 역자괘(逆子卦)인 갑경병임(甲庚丙壬)은 양효(陽爻)가 되고, 천원(天元)의 모괘(母卦)인 건손간곤(乾巽艮坤)과 인원(人元)의 순자지처괘(順子之妻卦)인 인신사해(寅申巳亥)와 지원(地元)의 여괘(女卦)인 진술축미(辰戌丑未)는 음효(陰爻)가 된다.

• **삼원대괘24산도**(三元大卦24山圖)

○ 陽 ● 陰

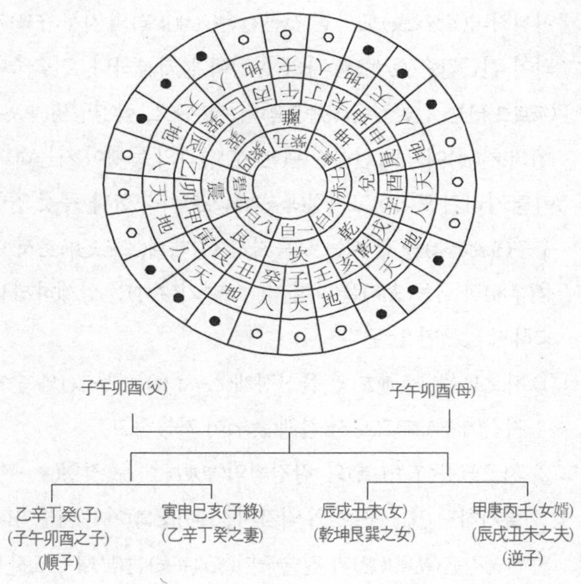

경(經)에 이르기를, 자오묘유(子午卯酉)는 1, 3, 7, 9의 4정양방(四正陽方)에 있으므로 부(父)라 칭하고, 건곤간손(乾坤艮巽)은 2, 4, 6, 8의 4우음방(四隅陰方)에 있으므로 모(母)라 칭한다. 부모는 또 괘(卦)의 중기(中氣)를 얻으므로 능히 좌우의 자녀효(子女爻)를 겸할 수도 있어, 남북8신이 함께 일괘(一卦)라고 한다. 즉, 북방의 감괘(坎卦)중 임(壬)은 여서(女婿:逆子) 위(位)요, 오(午)는 부위(父位)며, 계(癸)는 자(子:順子) 위(位)가 되고, 남방의 이괘(離卦)중 병(丙)은 여서위(女婿位)요 오(午)는 부위(父位)며, 정(丁)은 자위(子位)가 되고, 동방의 진괘(震卦)중 갑(甲)은 여서위(女婿位)요, 묘(卯)는 부위(父位)며 을(乙)은 자위(子位)가 되고, 서방의 태괘(兌卦)중 경(庚)은 여서위(女婿位)요, 유(酉)는 부위(父位)며, 신(辛)은 자위(子位)가 되므로 부위(父位)와 순역자위(順逆子位)가 모두 남북8괘상(南北八卦上)에 겸하여 함께 일괘(一卦)를 이루고 있다. 갑경병임(甲庚丙壬)은 자오묘유(子午卯酉)의 역자(逆子)(부녀:女婿)이므로 불여악부(不如岳父)라 동행이 불가하다. 이 일괘(一卦)는 단지 일괘(一卦)만을 관장할 수밖에 없으므로 다른 괘(卦)와의 유통이 불능한 상태다. 즉 역자(逆子)는 여(女)의 부(父)로서 이성지자(異姓之子)로 옹서지간(翁婿之間)의 동행은 불가하기 때문이다. 인신사해(寅申巳亥)는 즉 을신정계(乙辛丁癸)의 처(妻)로서 곧 자부(子婦)가 되므로 이성지녀(異姓之女)로서 곧 건곤간손(乾坤艮巽)의 자부(子婦)가 되어 건곤간손(乾坤艮巽)과의 동행이 불가능하다. 진술축미(辰戌丑未)는 건곤간손(乾坤艮巽)의 여(女)요, 갑경임병(甲庚壬丙)의 처(妻)이므로 건곤간손(乾坤艮巽)과의 동행이 가능하니, 이를 가리켜 모녀상고지정(母女相顧之情)이라 한다. 무릇 입향수수(立向收水)를 할 때는 모름지기 3원대괘(三元大卦)로서 단용(單用)과 겸용(兼用)을 밝혀 가(可), 불가(不可)를 상세하게 변증하지 않으면 안 된다.

① 자오묘유(子午卯酉)와 을신정계(乙辛丁癸)는 부(父)와 순자지간(順子之間)으로서 겸행(兼行)이 가능하고,

② 자오묘유(子午卯酉)와 갑경병임(甲庚丙壬)은 겸행(兼行)이 불가하니 이는 부(父)와 역자지간(逆子之間)이기 때문이다.

③ 건곤간손(乾坤艮巽)과 진술축미(辰戌丑未)는 모녀상고지정(母女相顧之情)이므로 겸행(兼行)이 가능하다.

④ 건곤간손(乾坤艮巽)과 인신사해(寅申巳亥)는 겸행(兼行)이 불가하니 이는 모(母)와 고부지간(姑婦之間)이 되기 때문이다.

⑤ 을신정계(乙辛丁癸)와 진술축미(辰戌丑未)는 자(子)와 여(女)로서 남매지간(男妹之間)이라 겸행(兼行)이 불가하니, 이를 대차착(大差錯)이라 한다. ⑥ 인신사해(寅申巳亥)와 갑경병임(甲庚丙壬)은 자부(子婦)와 여서(女婿) 사이로서 겸행(兼行)이 불가하니, 이를 격궁차착(隔宮差錯)이라 한다.

• **자산오향**(子山午向) **가겸계정**(可兼癸丁)

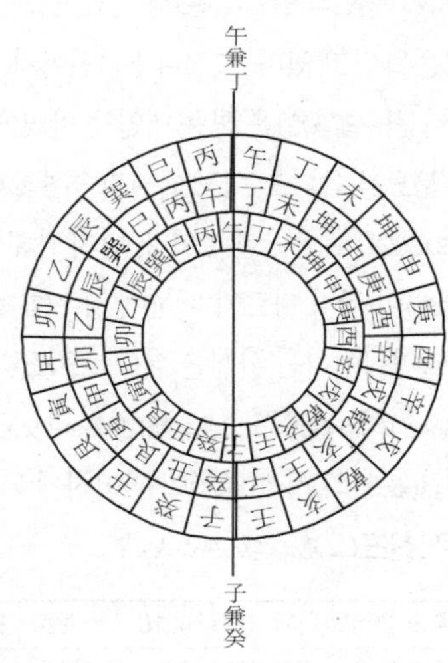

내반(內盤) … 지반정침자오(地盤正針子午)
중반(中盤) … 인반중침계정(人盤中針癸丁)
외반(外盤) … 천반봉침자오(天盤縫針子午)
입향(立向)은 지반정침(地盤正針)을 위주한다.

• **자산오향**(子山午向) **불가겸향임병**(不可兼向壬丙)

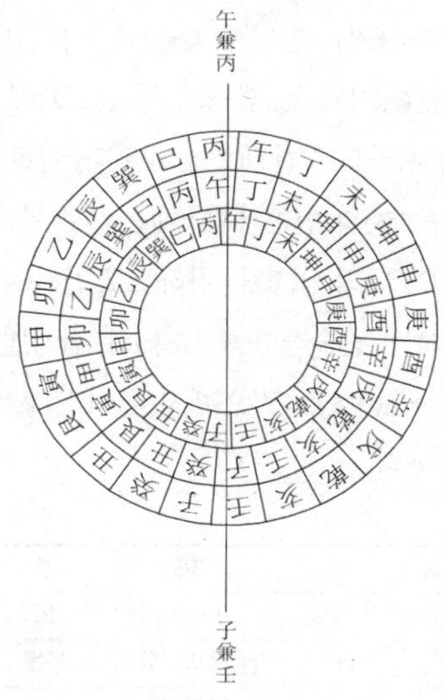

내반(內盤) … 지반정침자오(地盤正針子午)
중반(中盤) … 인반중침자오(人盤中針子午)

외반(外盤) … 천반봉침임병(天盤縫針壬丙)

입향(立向)은 지반정침(地盤正針)을 위주한다.

• **건산손향**(乾山巽向) **가경술진**(可庚戌辰)

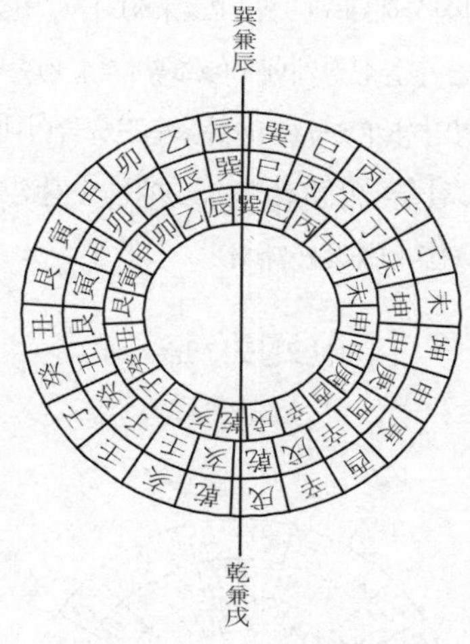

내반(內盤)…지반정침건손(地盤正針乾巽)

중반(中盤)…인반중침건손(寅盤中針乾巽)

외반(外盤)…천반봉침술진(天盤縫針戌辰)

입향(立向)은 지반정침(地盤正針)을 위주해야 한다.

• **건산손향**(乾山巽向) **불가겸해사향**(不可兼亥巳向)

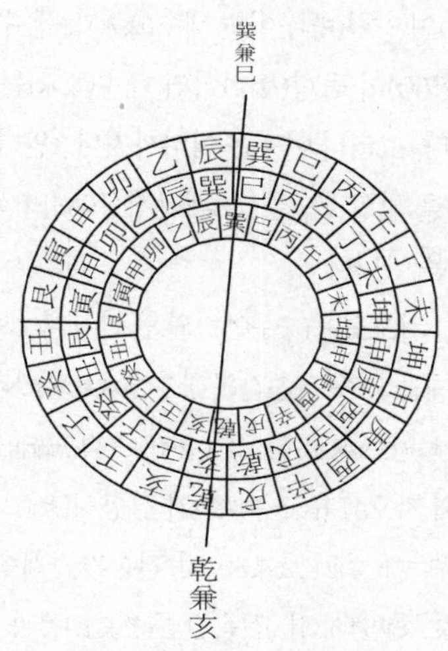

내반(內盤) … 지반정침건손(地盤正針乾巽)

중반(中盤)…인반중침해사(人盤中針亥巳)

외반(外盤)…천반봉침손(天盤縫針乾巽)

입향(立向)은 지반정침(地盤正針) 위주다.

• **을산신향**(乙山辛向) **불가겸향진술**(不可兼向辰戌)

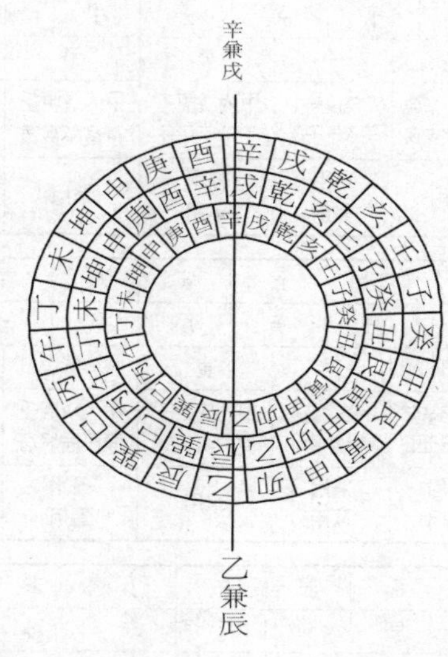

내반(內盤)…지반정침을신(地盤正針乙辛)

중반(中盤)…인반중침진술(人盤中針辰戌)

외반(外盤)…천반봉침을신(天盤縫針乙辛)

필시 지반정침(地盤正針)을 기준으로 해야 한다.

• **인산신향**(寅山申向) **불가겸향갑경**(不可兼向甲庚)

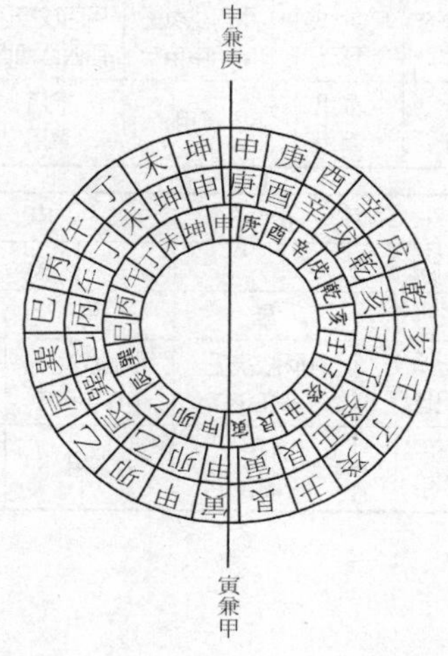

내반(內盤) … 지반정침인신(地盤正針寅申)

중반(中盤)…인반중침갑경(人盤中針甲庚)

외반(外盤)…천반봉침을신(天盤縫針乙辛)

입향(立向)을 함에 있어서는 지반정침(地盤正針)을 기준해야 한다.

天盤	亥	壬	子	癸	寅	甲	卯
人盤	壬	子	癸	丑	甲	卯	乙

地盤	壬	子	癸	甲	卯
分金	乙丁己辛癸 亥亥亥亥亥	甲庚戊庚壬 子子子子子	甲丙戊庚壬 子子子子子	甲丙戊庚壬 寅寅寅寅寅	乙丁己辛癸 卯卯卯卯卯
註解	單用	單用 兼用	兼用 單用	單用	單用 兼用

天盤	癸	丑	艮	寅	辰	巽	巳
人盤	丑	艮	寅	甲	巽	巳	丙

地盤	丑	艮	寅	巽	巳
分金	乙丁己辛癸 丑丑丑丑丑	甲庚戊庚壬 申申申申申	甲丙戊庚壬 寅寅寅寅寅	甲丙戊庚壬 辰辰辰辰辰	乙丁己辛癸 巳巳巳巳巳
註解	單用 兼用	兼用 單用	單用	兼用 單用	單用

天盤		乙	辰	午	丁	未	坤
人盤		辰	巽	丁	未	坤	辛

地盤	乙	辰	丁	未	坤
分金	乙丁己辛癸 卯卯卯卯卯	甲庚戊庚壬 辰辰辰辰辰	甲丙戊庚壬 午午午午午	甲丙戊庚壬 未未未未未	乙丁己辛癸 未未未未未
註解	兼用 單用	兼用 兼用	單用 兼用	單用 兼用	兼用 單用

天盤		丙	午	甲	庚	酉	辛
人盤		午	丁	庚	酉	辛	戌

地盤	乙	辰	丁	未	坤
分金	乙丁己辛癸 巳巳巳巳巳	甲庚戊庚壬 午午午午午	甲丙戊庚壬 申申申申申	甲丙戊庚壬 酉酉酉酉酉	乙丁己辛癸 酉酉酉酉酉
註解	單用 兼用	兼用 單用	單用	兼用 單用	單用

天盤		丙	午		申	戌	乾
人盤		午	丁		庚	乾	亥

地盤	乙	辰	甲	乾
分金	乙丁己辛癸 巳巳巳巳巳	甲丙戊庚壬 午午午午午	甲丙戊庚壬 申申申申申	甲丙戊庚壬 戌戌戌戌戌
註解	兼用 單用	兼用 兼用	單用	兼用 單用

입향수수(立向收水)

- **단향**(單向) : 자오묘유향(子午卯酉向)에는 수건손간곤내수(收乾巽艮坤來水)하고, 건손간곤향(乾巽艮坤向)에는 수자오묘유래수(收子午卯酉來水)한다.(父母相對) 을신정계향(乙辛丁癸向)에는 수인신사해내수(收寅申巳亥來水)하고, 인신사해향(寅申巳亥向)에는 수을신정계내수(收乙辛丁癸來水)한다.(子與子婦相對) 갑경병임향(甲庚丙壬向)에는 수진술축미내수(收辰戌丑未來水)하고, 진술축미향(辰戌丑未向)에는 수갑경병임내수(收甲庚丙壬來水)한다.(女與女婿相對)

[자산오향도(子山午向圖)]

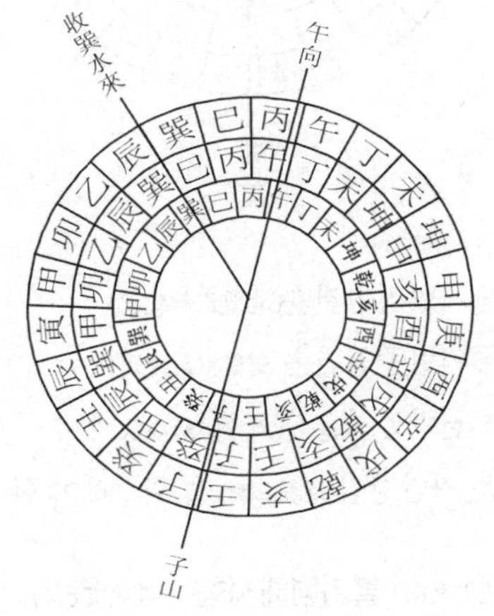

가령 향(向)이 양향(陽向)이면 내수(來水)는 음수(陰水)를 취해야 하고, 향(向)이 음향(陰向)이면 내수(來水)는 양수(陽水)를 취해야 한다. 그러나 이것은 어디까지나 3원대괘상(三元大卦上)의 음양을 말할 뿐, 결코 8괘간지상(八卦干支上)의 음양을 논하는 것은 아니다.

- **겸향**(兼向) : 자오묘유(子午卯酉)와 을신정계(乙辛丁癸)가 겸향시(兼向時)에는 가수건손간곤내수(可收乾巽艮坤來水) 및 인신사해내수(寅申巳亥來水)하고[父兼子, 子與子婦相對], 을신정계(乙辛丁癸)와 자오묘유(子午卯酉)가 겸향시(兼向時)에는 가수인신사해내수(可收寅申巳亥來水) 및 건손간곤래수(乾巽艮坤來水)한다[子兼父, 父與母相對]. 건손간곤(乾巽艮坤)과 진술축미(辰戌丑未)가 겸향시(兼向時)에는 가수자오묘유내수(可收子午卯酉來

水) 및 갑경병임내수(甲庚丙壬來水)하고[母兼女, 女與女婿相對], 진술축미(辰戌丑未)와 건손간곤(乾巽艮坤)이 겸향시(兼向時)에는 가수갑경병임내수(可收甲庚丙壬來水) 및 자오묘유내수(子午卯酉來水)한다[女兼母, 母與父相對]. 입향수수시(立向收水時)에는 충파(沖破)를 절대로 피해야 한다. 만약 음충음(陰沖陰)이면 여인네가 손상을 입고, 양충양(陽沖陽)이면 남정네가 손상을 당한다.

• **자산오향겸계정향도**

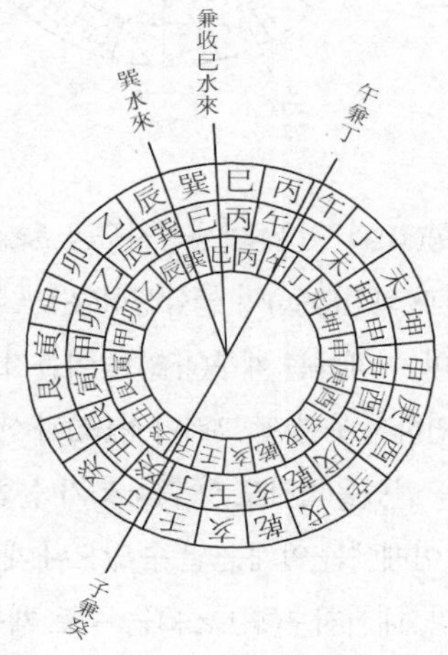

사신(四神)이란 용(龍)과 좌(坐) 그리고 수(水)와 향(向)을 말하니, 이들은 생수(生數)와 성수(成數)로서 즉 양이함음(陽以含陰)하고 음이함양(陰以含陽)하는 밀지(密旨)를 나타낸다. 용운(龍運)이 4정지양위(四正之陽位)에 임하면 좌산(坐山)은 4우지음위(四隅之陰位)어야 하고, 소수(消水)는 4정지양(四正之陽)으로 치우쳐 흘러야 하며, 또 입향(立向)은 4우지음(四隅之陰)이어야 한다.

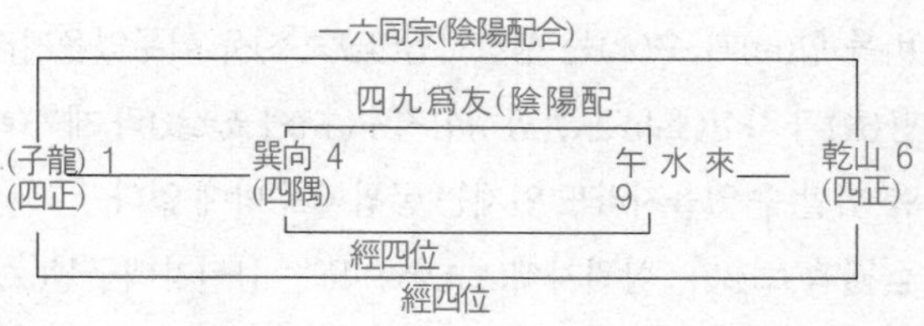

4정자룡(四正子龍)이 사령(司令)인데 입손향(立巽向)에 수납오수(收納午水)하고 좌(坐)는 건산(乾山)이다. 손향(巽向)에 오수래(午水來)와 건산(乾山)에 자룡(子龍)이 모두가 경4위(經四位)가 된다. 즉, 용배산(龍配山)이 일생일성(一生一成)인데 향배수(向配水) 또한 일생일성(一生一成)이라 4위(四位)가 모두 부모에게서 기인되므로 이를 가리켜 경4위(經四位)라 한다.

① **자룡오수래**(子龍午水來)**에 건산손향도**(乾山巽向圖)

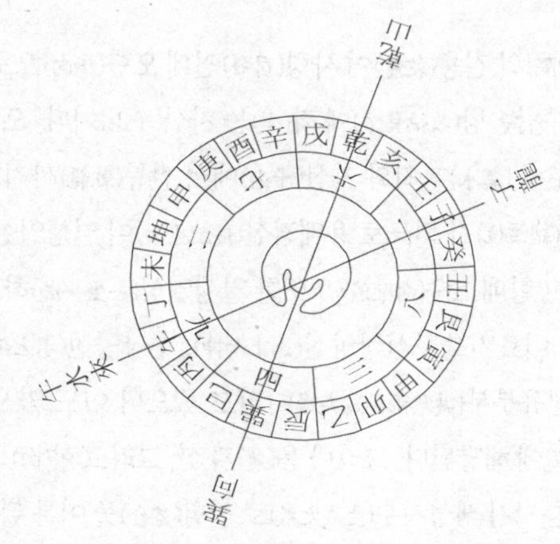

② **건룡손수래**(乾龍巽水來)**에 자산오향도**(子山午向圖)

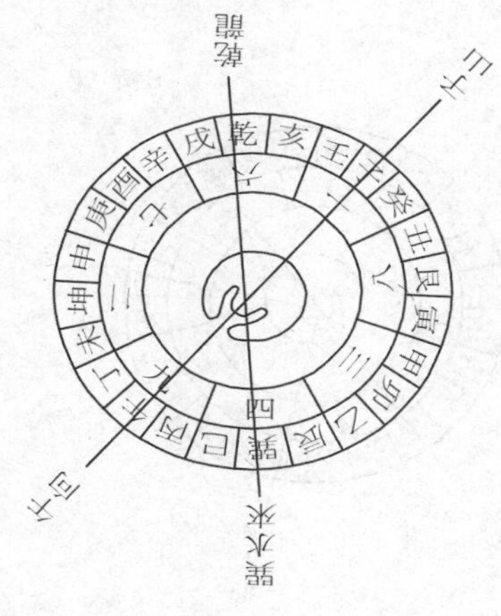

용운(龍運)이 4우지음위(四隅之陰位)에 임하면(乾龍巽水來에 子山午向圖의 경우) 좌산(坐山)은 4정지양(四正之陽)을 용(用)하고, 내수(來水)는 4우지음위(四隅之陰位)로 수납케 하며, 입향(立向)은 또한 4정지양위(四正之陽位)어야만 한다.

一六同宗(陰陽配合)
四九爲友(陰陽配合)
(乾龍) 6 (四隅) — 午向 9 (四向) — 巽水來 9 (四隅) — 子山 6 (四正)
經四位
經四位

4우(四隅)의 건룡(乾龍)이 사령(司令)인데 오향(午向)으로 입(立)하고 수납손방(收納巽方)에 좌(坐)는 자산(子山)이다. 오향(午向)에서 손수(巽水)까지와 자산(子山)에서 건룡(乾龍)까지가 모두 경4위(經四位)가 되므로 용배좌산(龍配坐山)이 일생일성(一生一成)하고 향배소수(向配消水) 또한 일생일성(一生一成)하므로 경(經)에 이르기를, 「산상양신(山上兩神), 수상양신(水上兩神), 공로양신유부부(共路兩神爲夫婦).」라고 했으니 이도 역시 경4위(經四位)에 해당된다. 그러나 용(龍)과 산, 그리고 향(向)의 수(水)는 모름지기 생성지수(生成之數)로 진합(盡合)을 이룬 뒤라야 그 방(方)의 복록을 온전(穩全)한 복(福)을 얻을 수가 있다.

- **유룡(酉龍)이 건산손향(乾山巽向)에 묘수래(卯水來)한 예**

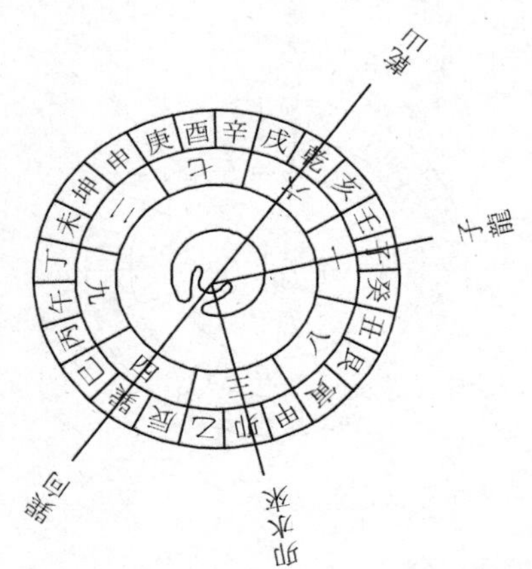

- **자룡(子龍)이 건산손향(乾山巽向)에 묘수래(卯水來)한 예**

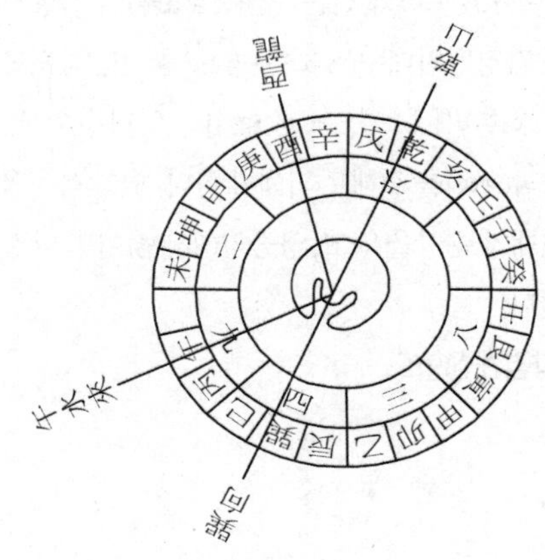

그러나 만약 향(向)과 수(水)는 생성지수(生成之數)로 합을 이루었지만 용(龍)과 좌산(坐山)이 불합생성(不合生成)하면 그 복은 반감 되고 말며, 이때에는 재부(財富)는 이룰지라도 인정(人丁)은 쇠락함을 면하지 못한다. 그러나 용(龍)과 산은 생성지수(生成之數)로 합을 얻었을지라도 향수(向水)가 불합생성지수(不合生成之數)라면 이때에는 인재는 날 수 있으나 재록(財祿)은 역시 불왕(不旺)하니, 내거지수(來去之水)는 주로 재록(財祿)을 전사(專司)하는 반면 산은 주로 인정(人丁)을 전사(專司)하기 때문에 용(龍)과 좌산(坐山)이 진합생성지수(盡合生成之數)면 인재가 풍부하다.

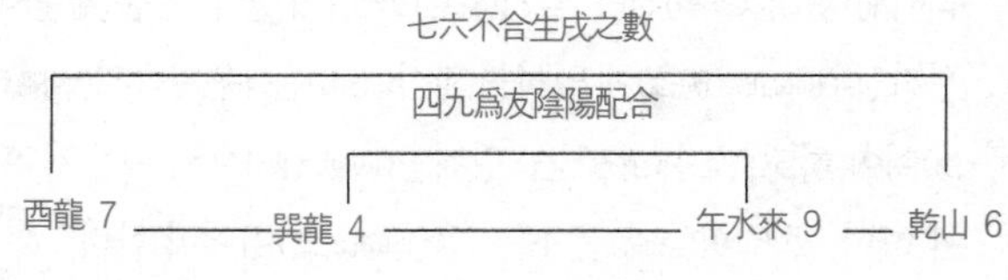

비록 향(向)과 수(水)는 생성지합(生成之合)을 이루었을지라도 용(龍)과 좌산(坐山)은 불합생성지수(不合生成之數)라 재록(財祿)은 취할 수 있을지라도 인재는 궁핍할 수밖에 없다.

❖ **삼원백**(三元白) : 삼원자백(三元紫白) 또는 삼원자백구성(三元紫白九星) 또는 그냥 구성(九星)이라고도 한다. 조장(造葬)에 있어 일백(一白), 육백(六白), 팔백(八白)과 구자(九紫)의 자백성(紫白星)이 연월일시(年月日時)에 의한 좌(坐) 및 중궁(中宮)에 들면 재복을 발한다고 한다. 자백구성(紫白九星)의 연월일시(年月日時)

정국(定局)은 아래와 같다.

四	九	二
綠	紫	黑
三	五	七
碧	黃	赤
八	一	六
白	白	白

• **구성의 기본위치** : 일백(一白)이 감궁(坎宮), 이흑(二黑)이 곤궁(坤宮), 삼벽(三碧)이 진궁(震宮), 사록(四綠)이 손궁(巽宮), 오황(五黃)이 중궁(中宮), 육백(六白)이 건궁(乾宮), 칠적(七赤)이 태궁(兌宮), 팔백(八白)이 간궁(艮宮), 구자(九紫)가 이궁(離宮)에 위치하였다.

• **24방 동궁**(同宮) : 감(坎) : 임자계방(壬子癸方), 간(艮) : 축간인방(丑艮寅方), 진(震) : 갑묘을방(甲卯乙方), 손(巽) : 진손사방(辰巽巳方), 이(離) : 병오정방(丙午丁方), 곤(坤) : 미곤신방(未坤申方), 태(兌) : 경유신방(庚酉辛方), 건(乾) : 술건해방(戌乾亥方)

• **구궁순역분포도**(九宮順逆分布圖) : 구궁(九宮)이 각각 중궁(中宮)에 들면 순역(順逆)에 따라 그 위치가 모두 바뀌어진다. 순국이란 구궁순(九宮順)에 의해 각각 배치되는 것을 말한다. 연백(年白)·월백(月白)·일백양둔(日白陽遁)·시백양둔(時白陽遁)은 모두 이 순국(順局)에 의한다.

一白入中

九紫	五黃	七赤
八白	一白	三璧
四綠	六白	二黑

二黑入中

一白	六白	八白
九紫	二黑	四綠
五黃	七赤	三碧

三璧入中

二黑	七赤	九紫
一白	三璧	五黃
六白	八白	四綠

四綠入中

三璧	八白	一白
二黑	四綠	六白
七赤	九紫	五黃

五黃入中

四綠	九紫	二黑
三璧	五黃	七赤
八白	一白	六白

六白入中

五黃	一白	二璧
四綠	六白	八白
九子	二黑	七赤

七赤入中

六白	二黑	四綠
五黃	七赤	九紫
一白	三璧	八白

八白入中

七赤	三璧	五黃
六白	八白	一白
二黑	四綠	九紫

九紫入中

八白	四綠	六白
七赤	九紫	二黑
三璧	五黃	一白

• **역국분포**(逆局分布) : 역국(逆局)이란 구궁(九宮)의 순서를 거꾸로 배치한 것. 일백음둔(日白陰遁)·시백음둔(時白陰遁)은 이 역국(逆局)에 의한다.

一白入中

二黑	六白	四綠
三碧	一白	八白
七赤	五黃	九紫

二黑入中

三赤	七碧	五黃
四綠	三黑	九紫
八白	六白	一白

三璧入中

四綠	二黑	九紫
八白	六百	四綠
三碧	一白	五黃

四綠入中

五黃	九紫	七赤
六白	四綠	二黑
一白	八白	三碧

五黃入中

六白	一白	八白
七赤	五黃	三碧
二黑	九紫	四綠

六白入中

七赤	二黑	九紫
八白	六白	四綠
三碧	一白	五黃

七赤入中

八白	三碧	一白
九紫	七赤	五黃
四綠	二黑	六白

八白入中

九紫	四綠	二黑
一白	八白	六白
五黃	三碧	七赤

九紫入中

一白	五黃	三碧
二黑	九紫	七赤
六白	四綠	八白

• **연백정국**(年白定局) : 태세(太歲)에 의한 자백구성(紫白九星)의 위치를 정하는 방법.

• 상원갑자(上元甲子)는 일백궁(一白宮)에 갑자(甲子)를 붙여 구자(九紫)에 을축(乙丑), 팔백(八白)에 병인(丙寅)이 되도록 구궁순서(九宮順序)를 거꾸로 짚어나간다.

• 중원갑자(中元甲子)는 사록궁(四綠宮)에 갑자(甲子)를 붙여 삼벽(三碧)에 을축(乙丑), 이흑(二黑)에 병인(丙寅)이 되도록 구궁순서(九宮順序)를 거꾸로 짚어나간다.

• 하원갑자(下元甲子)는 칠적궁(七赤宮)에 갑자(甲子)를 붙여 육백(六白)에 을축(乙丑), 오황(五黃)에 정묘(丁卯)가 되도록 구궁순서(九宮順序)를 거꾸로 짚어나간다. 위와 같이 하여 당년 태세(太歲)가 닿는 구성(九星)을 중궁(中宮)에 넣고 구궁(九宮)을 순(順)으로 배치하여 구성(九星) 방위를 보는 것이다. 가령 상원갑자(上元甲子)의 신축년(辛丑年)이라면 일백(一白)에 갑자(甲子), 구자(九紫)에 을축(乙丑), 팔백(八白)에 병인(丙寅)으로 역행하게 되므로 갑술년(甲戌年)에 구자(九紫)에 이른다. 이런 방법으로 계속하면 갑신년(甲申年)에 팔백(八白), 갑오년(甲午年)에 칠적(七赤), 을미년(乙未年)에 육백(六白),

병신년(丙申年)에 오황(五黃), 정유년(丁酉年)에 사록(四綠), 무술년(戊戌年)에 삼벽(三碧), 기해년(己亥年)에 이흑(二黑), 경자년(庚子年)에 구자(九紫), 신축년(辛丑年)에 구자(九紫)가 된다. 이 구자(九紫)를 중궁(中宮)에 넣고 순국(順局)으로 배치하면 일백(一白)이 건(乾), 이흑(二黑)이 태(兌), 삼벽(三碧)이 간(艮), 사록(四綠)이 이(離), 오황(五黃)이 감(坎), 육백(六白)이 곤(坤), 칠적(七赤)이 진(震), 팔백(八白)이 손궁(巽宮)이 된다. 그러므로 신축년(辛丑年)은 건좌(乾坐:戌乾亥 : (一白)·곤좌(坤坐:未坤申 : (六白)·손좌(巽坐:辰巽巳) : (八白)에 중궁(中宮)은 구자(九紫)가 되어 모두 자백방(紫白方)이 되어 길하다. 다시 말하여 신축년(辛丑年)에는 술건해(戌乾亥)·미곤신(未坤申)·진손사좌(辰巽巳坐)에 일백(一白)·육백(六白)·팔백(八白)의 길성(吉星)이 비쳐 이 좌(坐)를 쓰면 대길(大吉)하다.

❖ **삼원현공대오행**(三元玄空大五行) : 원운지설(元運之說)로서 원(元)이란 3원갑자(三元甲子) 즉 기년지수(紀年之數)를 말하고, 운(運)이란 구운(九運) 즉 기원지운(紀元之運)을 말하니, 실례를 들면 다음과 같다. 상원(上元)[갑자(甲子)··계해육십년(癸亥六十年), 단기 4197년에서 단기 4256년까지] 갑자(甲子)··계미이십년(癸未二十年)은 감일운(坎一運)에 일어나고, 갑신(甲申)··계묘이십년(癸卯二十年)은 곤이운(坤二運), 갑진(甲辰)··계해이십년(癸亥二十年)은 진삼운(震三運)에 일어난다. 중원(中元)[갑자(甲子)····계해육십년(癸亥六十年), 단기 4257년에서 단기 4316년까지] 갑자(甲子)··계미이십년(癸未二十年)은 손사운(巽四運)에 일어나고, 갑신(甲申)··계묘이십년(癸卯二十年)은 중오운(中五運)에 일어나고, 갑진(甲辰)··계해이십년(癸亥二十年)은 건육운(乾六運)에서 일어난다. 하원(下元)[갑자(甲子)····계해육십년(癸亥六十年), 단기 4317년에서 단기 4376년까지] 갑자(甲子)··계미이십년(癸未二十年)은 태칠운(兌七運)에 일어나고, 갑신(甲申)··계묘이십년(癸卯二十年)은 간팔운(艮八運)에 일어나고, 갑진(甲辰)··계해이십년(癸亥二十年)은 이구운(離九運)에 일어난다. 다만 운지중오운(運至中五運) 20년 중에, 甲申··계사십년운(癸巳十年運)은 손사운(巽四運)에서 가지게 되고, 갑오(甲午)··계묘십년운(癸卯十年運)은 건육운(乾六運)에서 가지게 된다.

❖ **삼위태백**(三危太白) : 삼산곧주산(主山), 좌청룡, 우백호를이르는말

❖ **3자배합룡**(三字配合龍)**의 측정** : 3자 배합룡은 내룡의 중심선이 하나의 지지(地支)를 가운데로 두고 양쪽에 천간(天干)을 더하여서 만들어진 방위의 중앙으로 흐르는 것을 말한다. 즉 나경상으로 봤을 때 양쪽 천간의 사이에 있는 지지의 방향으로 산의 중신능선이 뻗어 흐르는 것을 말한다. 예를 들어 산의 중심능선이 자(子)의 방향을 관통하여 흐르고 있다면 바로 옆칸에 있는 임(壬)은 자(子)와 배합을 이루는 가운데 그 다른쪽 옆에는 천간계(天干癸), 계축간(癸丑艮), 간인갑(艮寅甲), 갑묘을(甲卯乙), 을진손(乙辰巽), 손사병(巽巳丙), 병오정(丙午丁), 정미곤(丁未坤), 곤신경(坤申庚), 경유신(庚酉辛), 신술건(辛戌乾), 건해임(乾亥壬)의 12방위이다. 3자 배합룡은 앞의 2자(二字) 배합룡처럼 귀(貴), 부(富), 손(孫)의 길성(吉性)이 나타난다고 하는데, 뜻 그대로 귀(貴)는 명예 상승과 발전, 손은 자손의 번창이나 가문의 번영, 부는 재산상의 복록(福祿) 축적을 의미하고 있다. 그런데 3자 배합룡으로 흐르는 내룡은 이런 3길성(三吉性)만 있는 것이 아니다.

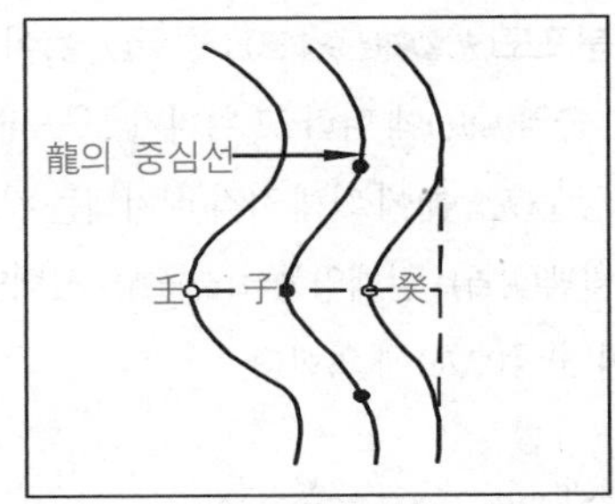

[3자 배합룡의 측정방법]

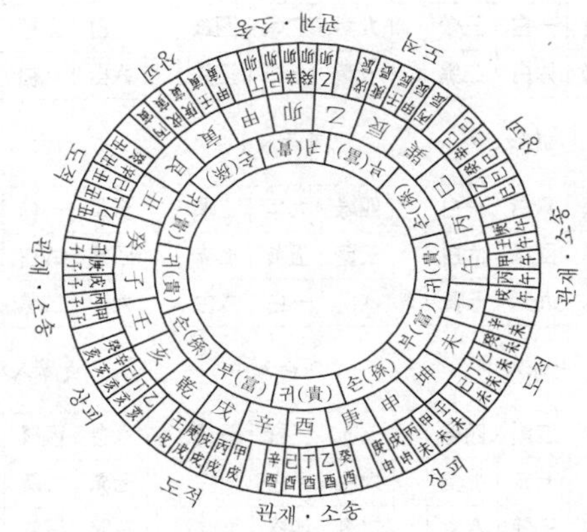

[3자 배합룡의 12방위도]

귀(貴), 손(孫), 부(富), 선성(善性)에 대하여 반대급부로서 개인의 명예와 관련된 배합 3자 귀룡(貴龍)은 관재나 소송 등을 당함으로써 오히려 명예를 실추당할 수도 있다고 또 자손의 번창이나 가문의 번영을 가져온다는 배합 3자 손룡(孫龍)은 그 선성(先性)과 반대로서 가까운 친척 남녀간의 성적인 교섭을 의미하는 상피(相避)를 유도하며, 복록의 축적을 가져다 준다는 배합 3자 부룡(富龍)은 재산이 축적되는 한편 이를 탐하여 탈취해 가는 도적의 출현을 유도한다고도 본다. 이것이 3자 배합룡의 길성(吉性)과 흉성(凶性)이다.

❖ **3자 불배합룡**(三字不配合龍)**의 측정** : 3자 불배합룡은 3자 배합룡과 반대로 하나의 천간(天干)을 가운데로 두고 양쪽에 지지(地支)가 더하여져서 만들어진 방위상으로 내룡(來龍)의 중심선이 흐를 때 그 중심선이 3자의 가운데에 있는 천간 방향을 관통하여 흐르는 것을 말한다. 3자 불배합룡의 공식은 12방위로 구성된다. 즉 자계축(子癸丑), 축간인(丑艮寅), 인갑묘(寅甲卯), 묘을진(卯乙辰), 진손사(辰巽巳), 사병오(巳丙午), 오정미(午丁未), 미곤신(未坤申), 신경유(申庚酉), 유신술(酉辛戌), 술건해(戌乾亥)이다. 이 12가지의 3자 불배합룡 방위는 이자(二字) 불배합룡처럼 인패(人敗), 병패(病敗), 재패(財敗)의 3가지 흉화작용(凶禍作用) 방위를 형성한다.

- **인패룡**(人敗龍) **4방위** : 인갑묘(寅甲卯), 사병오(巳丙午), 신경유(申庚酉), 해임자(亥壬子)
- **병패룡**(病敗龍) **4방위** : 축간인(丑艮寅), 진손사(辰巽巳), 미곤신(未坤申), 술건해(戌乾亥)
- **재패룡**(財敗龍) **4방위** : 자계축(子癸丑), 묘을진(卯乙辰), 오정미(午丁未), 유신술(酉辛戌), 3자(三字) 불배합룡에서 인패룡(人敗龍) 4방위로 용맥이 흐를 경우에는 그 후손들이 불의의 사고나 갑작스러운 병으로 고통을 겪게 되고 나아가 인패룡(人敗龍)이 거듭되면 병사(病死)나 사고사를 당하게 된다. 또 3자 불배합룡에서 병패룡 4방위로 흐르는 용맥(龍脈)이 거듭되면 불구자가 발생하고 고질병으로 고통을 겪게 되며, 재패룡(財敗龍)은 재산상의 파산과 변동수로 곤란을 겪게 될 것을 유도한다. 위와 같은 흉화작용(凶禍作用)은 내룡(來龍)의 용맥이 불배합룡 방위의 중심선상으로 흐르는 경우 즉 양쪽의 천간 사이에 있는 지지(地支)의 방향으로 산능선(山脈)이 흐를 경우에 발현된다. 3자가 배합룡과 불배합룡의 구분은 다음의 그림과 같다.

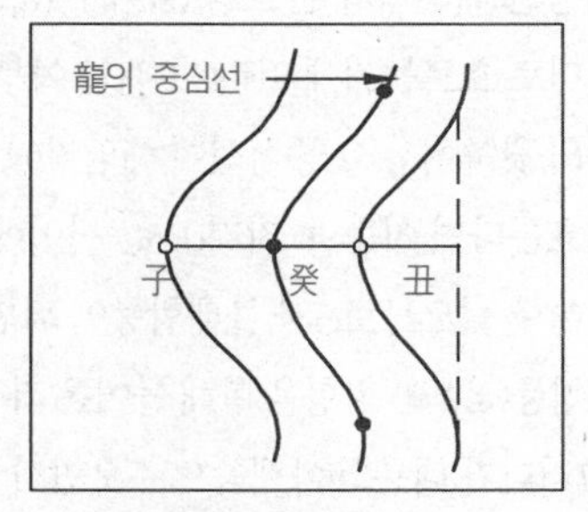

[3자 불배합룡 측정 방법]

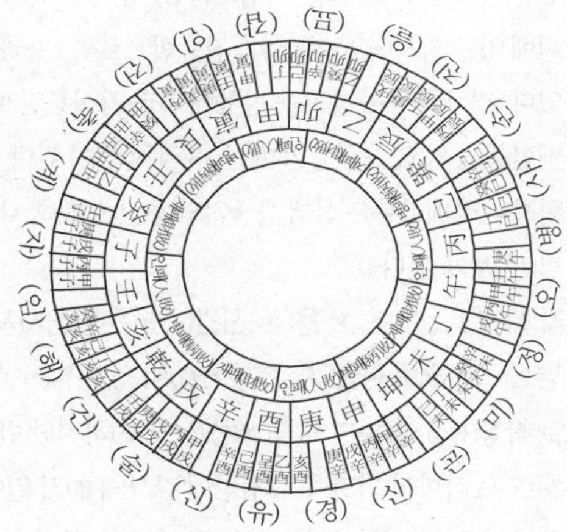

[3자 불배합룡의 12방위도]

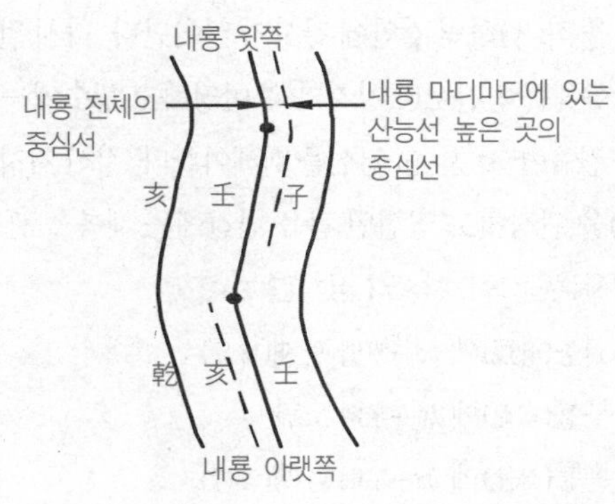

[3자 배합룡과 불배합룡의 구분]

그림에 나타난 것처럼 내룡(來龍)이 산세의 변화를 타고 흐를 때 그려지는 산줄기 전체의 중심선과 변화절(變化節) 마디마디를 나경(羅經)으로 측정할 때 나타나는 그 마디 자체의 높은 곳의 중심은 그 위치가 약간씩 다르다. 따라서 산줄기 전체의 중심선(내룡의 주된 흐름선)이 3자(三字) 합으로 된 방위의 어디로 흐르는지에 따라 그 배합 여부가 결정된다. 가령 내룡의 윗쪽에서 그 중심선이 해임자(亥壬子)의 임(壬) 방향으로 흐른다면 이는 두 지지(地支) 사이에 있는 천간(天干)으로 용이 흘렀으므로 3자 불배합룡이 되면서 나경(羅經)상으로 좌청룡(左靑龍) 방향을 향해 들어온 좌선룡(左旋龍)이 되었다. 그러다가 내룡의 아랫쪽으로 오면서 내룡의 중심선은 다시 우백호 방향을 향하므로 우선룡(右旋龍)이 되며 그 중심선은 건해임(乾亥壬)의 3자합(三字合) 방위에서 두 천간의 사이에 있는 지지(地支) 해(亥)를 관통함으로써 3자 배합룡이 되었다. 결국 내룡이 흐르는 방향에 따라 좌선룡일 때는 3자 불배합룡이 되고, 우선룡일 때는 3자 배합룡이 된다. 이상의 배합룡과 불배합룡은 산맥 산줄기의 능선 흐름 즉 내룡을 측정할 때 보게 된다.

❖ **삼자불배합**(三字不配合) **용**(龍) **천간**(天干)**은 영신지지**(零神地支)**는 정신**(正神)**으로 칭한다** : 행룡(行龍)이 영신(零神)이거나 영신으로 작향(作向)을 하면 재록(財錄)은 발(發)하지만 반대로 정신(正神)으로 작향이 되면 주로 집안에 간사(奸邪)가 일어난다. 즉 행룡이 간유(干維) 영신이 되거나 향(向)을 이루면 재록(財祿)은 발할 수 있으나 행룡이 지지 정신이 되거나지지(地支) 정신으로 향을 작(作)하면 집안에 간사가 일어난다. 다시 말하면 행룡이 작향에는 천간보다 지지가 위 마땅하고 행수에는 지지정신 보다 간유(干維) 천(干) 영신을 취해야한다. 정신 지지에는 인정(人丁)을 관장하고 영신인 간유 천간에는 재록을 관장한다.

❖ **삼자혼합**(三字混合)**의 공식법**(公式法)

- 귀룡(貴龍)에 加一字則 관재(官災)
- 부룡(富龍)에 加一字則 도난
- 손룡(孫龍)에 加一字則 음행(淫行)
- 요절룡(夭折龍)에 加一字則 급사
- 손재룡(損財龍)에 加一字則 파산
- 질병룡(疾病龍)에 加一字則 불구
- 순음(純陰) 삼자혼합(三字混合)에 문둥병 자손이 난다.
- 순양(純陽) 삼자혼합(三字混合)에 정신병자가 난다.
- 관재룡(官災龍)에 좌선(左旋)이면 패소하고, 우선(右旋)이면 승소한다.
- 도난룡(盜難龍)에 좌선(左旋)이면 도적, 사기(詐欺)를 하고, 우선(右旋)이면 도적, 사기(詐欺)를 당한다.
- 음행룡(淫行龍)에 규봉(窺峰)이 없으면 음행자손(淫行子孫)을 두고, 규봉(窺峰)이 있으면 측자(側子)가 난다.

❖ **삼재**(三才) : 천혈(天穴), 지혈(地穴), 인혈(人穴)의 삼혈(三穴)을 말함.

❖ **삼재법**(三災法)

신자진생(申子辰生) … 인입진출(寅入辰出)
사유축생(巳酉丑生) … 해입축출(亥入丑出)
인오술생(寅午戌生) … 신입술출(申入戌出)
해묘미생(亥卯未生) … 사입미출(巳入未出)

삼재(三災)가 들어오는 해에 사람이 들어오면 길(吉)하고, 출년(出年)에 사람이 들어오면 길(吉)하며 이에 반하면 흉(凶)하다. 사주(四柱) 대운(大運)과 유년운(流年運)이 길하면 복삼재(福三災)가 되고 부귀하게 되며, 경사(慶事)의 징후가 있다고는 한다. 그러나 삼재(三災)는 천재(天災), 인재(人災), 지재(地災)를 뜻하는 바 집안에 삼인(三人) 이상이 삼재가 들면 식구 중에 사망하는 사람이 있을 수 있다고 한다.

❖ **삼재살**(三災殺)

- **신자진년생**(申子辰年生) : 인묘진년(寅卯辰年)
- **사유축년생**(巳酉丑年生) : 해자축년(亥子丑年)
- **해묘미년생**(亥卯未年生) : 사오미년(巳午未年)
- **인오술년생**(寅午戌年生) : 신유술년(申酉戌年)

❖ **삼재입명**(三災入命)

[**삼재**(三災)]

- **신자진생**(申子辰生) : 인묘진년(寅卯辰年)
- **사유축생**(巳酉丑生) : 해자축년(亥子丑年)
- **인오술생**(寅午戌生) : 신유술년(申酉戌年)

• **해묘미생**(亥卯未生) : 사오미년(巳午未年)

[**육신**(六神)]

• **갑을일**(甲乙日) : 청룡
• **병정일**(丙丁日) : 주작(朱雀)
• **무일**(戊日) : 구진(句陳)
• **기일**(己日) : 등사(騰蛇)
• **경신일**(庚辛日) : 백호
• **임계일**(壬癸日) : 현무(玄武)

❖ **삼재혈**(三才穴) : 지리법에서 혈의 위치를 일컫는 술어. 천혈(天穴), 지혈(地穴), 인혈(人穴). 천혈은 상정혈(上停穴)로서 산의 이마 부분에 쓰는 혈, 인혈은 중정혈(中停穴)로서 산의 중간 지점에 있는 혈, 지혈은 하정혈(下停穴)로서 산의 아랫부분에 혈이 있음을 말하는데, 높은데 맺는 혈은 천혈(天穴), 중간쯤에 맺는 혈은 인혈(人穴), 낮은데 맺는 혈은 지혈(地穴)이다.

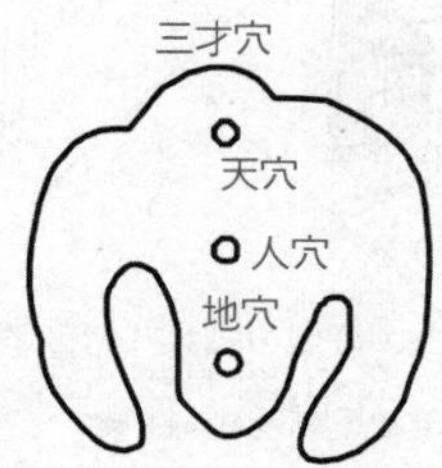

❖ **삼전**(三箭) : 세 줄기의 물이 곧게 쏘아오거나 곧게 나가는 것이 마치 화살 세 개가 날아가는 것 같다고 하여 붙인 이름인데, 물이 오건 가건 모두 흉격.

❖ **삼절간신수**(三折干神水) : 간(干)은 갑을병정(甲乙丙丁), 경신임계(庚辛壬癸), 건곤간손(乾坤艮巽)이고, 삼절(三折)은 소신(小神)이 흘러 중신(中神)에 들어가고 중신이 흘러 대신(大神)에 들어감이니, 양공이 이르기를, 삼절록마상괘거(三折祿馬上掛去)라 하였다. 갑경병임(甲庚丙壬)은 중신(中神),을신정계(乙辛丁癸)는 소신(小神)이니 이를 어가(御街)라 한다.

❖ **삼정**(三停) : 상정(上停), 중정(中停), 하정(下停). 천지인(天地人) 삼재(三才)의 혈을 가리킴.

❖ **삼정심혈** : 하나의 산에서 혈이 높은 곳에 있는지 중간에 있는지 낮은 곳에 있는지를 살피는 심혈법. 청룡과 백호, 안산, 조산 등 주변산들의 높고 낮음에 따라 혈의 위치를 예측한다. 또 주변산들이 멀리 있는가 가까이 있는가에 따라서도 혈의 위치를 예측하여 찾는 방법을 말한다. 삼세(三勢) 심혈법은 주산을 비롯한 주변산들의 높고 낮음에 따라 혈도 높은산에 있는가 낮은산에 있는가를 예측하는 방법이다. 반면에 삼정(三停)심혈법은 같은 산에서도 혈이 높은 곳에 결지할 것인가 또는 낮은 곳에 결지할 것인가를 예측하여 찾는 방법으로 상정천혈, 중정인혈, 하정지혈이 있다.

❖ **삼정혈**(三停穴) : 삼재혈을 말함. 즉 천혈은 상정혈(上停穴), 인혈은 중정혈(中停穴), 지혈은 하정혈(下停穴)이라 한다. 좌우의 산과 안산이 높으면 상정을 취하고, 좌우의 산과 안산이 높지도 얕지도 않으면 중정을 취하고, 좌우의 산과 안산이 낮으면 하정을 취한다.

❖ **삼정혈법**(三停穴法) : 3정(三停)이란 천인지(天人地) 3재(三才)의 혈법이다. 혈을 정하는 즈음에 상세히 모든 산의 서로 합국(合局)된 것을 취하고 흉살(凶殺)을 피하고 법도에 맞게 해야 한다. 만일 좌우의 산이 얕고 조응(朝應)이 또 얕으면 지혈(地穴 : 낮은데)을 정(定 : 취)하여 재록(財祿)을 위주로 할 것이며, 먼 산을 탐(貪)하여 천혈(天穴 : 높은 곳), 인혈(人穴 : 중간)을 취(取 : 묘자리를 찾아 쓰는 것)하면 좌우의 산이 다리 아래에 있어 밟는 듯 하고 조응(朝應 : 안산) 역시 그러한데, 이는 불길하여 재산이 소모(消耗)된다. 그리고 좌우 탁산(左右托山 : 청룡·백호 산 옆에 있는 산, 즉 외청룡·외백호)의 산이 모두 얕은데 천혈(天穴)을 취하면 유독 혈만이 높고 외롭게 들어나 모든 바람을 받으므로 자손이 불성(不盛)하고 과부가 생긴다. 그러나 좌우산과 안산이 높고 크면 이는 천혈을 취해야 가한 것으로 이런 곳에 인혈을 취하면 복록(福祿)이 미진(未盡)하고 지혈을 취하면 자손이 해롭고 화액(禍厄)이 번번하다. 만일 얕지도 않는데도 인혈을 취하면 재산이 불어날 것이다. 혹 현무정(玄武頂 : 묘 뒷산)이 길고 물이 미끄러져 나간다 하여 지혈을 취하면 재록(財祿)의 패(敗)는 없으나 재산이 불어나지 않고 인정(人丁 : 자손)이 왕성하지 못하다. 청룡·백호가 낮거나 안산(案山)이 낮으면 혈도 낮은 곳에 있다.

이 경우 먼데 있는 산들이 보이는 곳을 찾아서 위쪽으로 올라가 묘를 쓰면, 자손들이 많은 화를 입는다. 청룡·백호가 높거나 앞의 안산(案山)이 높고 웅장하면, 진혈(眞穴)도 높은 곳에 있다. 이 경우 낮은 곳, 인혈(人穴)이나 지혈(地穴)에 묘를 쓰면 자손이 큰 해를 입는다. 인혈에 쓰면 자손들이 우매해지고 복록(福祿)을 누리지 못하며, 지혈(地穴)에 쓰면 자손들이 천재지변(天災地變)을 당하고 재산을 탕진하며 젊어서 죽는다. 청룡·백호, 안산이 높지도 낮지도 않은 중턱에 좋은 혈이 있다. 인혈(人穴)이 정혈(正穴)로서 어떤 산에는 천혈(天穴), 인혈(人穴), 지혈(地穴) 셋 모두가 나란히 있는데 또 세 혈 모두 진혈이다. 이 경우 세 혈이 산봉우리 정면에 있으면 삼정혈(三停穴), 측면에 있으면 삼재혈(三才穴)이라 부른다. 삼정혈, 삼재혈은 세 혈이 모두 진혈이므로 세 혈 다 묘를 쓸 만한 곳이다.

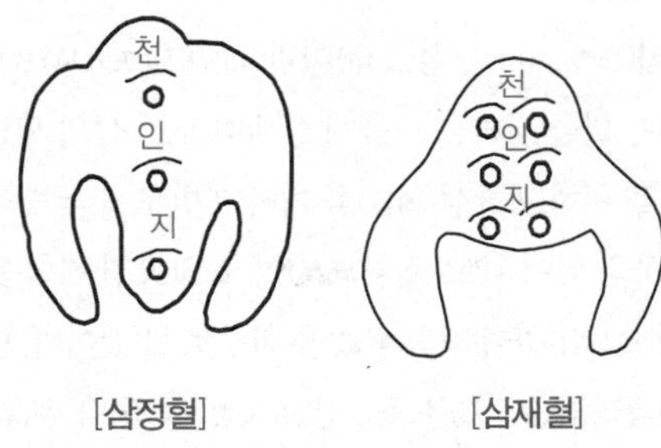

[삼정혈] [삼재혈]

❖ **삼지불수법**(三地不受法) : 혼인하여 신행 길에 보는 것이니 아래 해당되는 방위를 등지고 오면 집안이 해롭고, 향하고 오면 오는 사람(신혼부부)이 해롭다고 한다.

申子辰年 : 亥子丑 北方	巳酉丑年 : 申酉戌 西方
寅午戌年 : 巳午未 南方	亥卯未年 : 寅卯辰 東方
春三月 : 寅卯辰 東方	夏三月 : 巳午未 南方
秋三月 : 申酉戌 西方	冬三月 : 亥子丑 北方

❖ **삼차**(三叉) : 혈 앞의 좌우에 삼교차(三交叉)가 있어 물이 명당에 모이는 것을 말함. 삼합수(三合水).

[삼채형 구도 주영향자 분류도(1)]

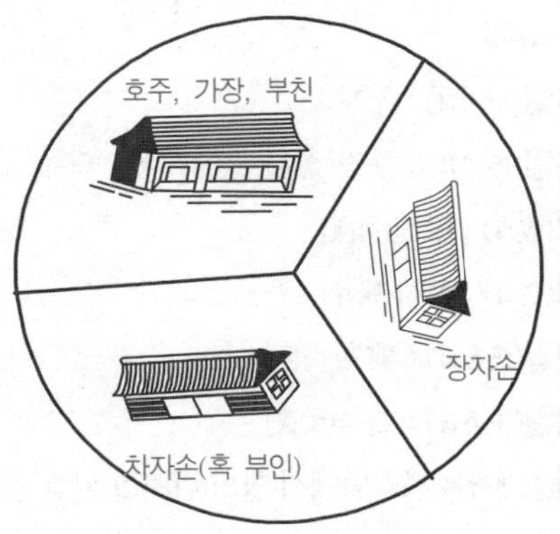

[삼채형 구도 주영향자 분류도(2)]

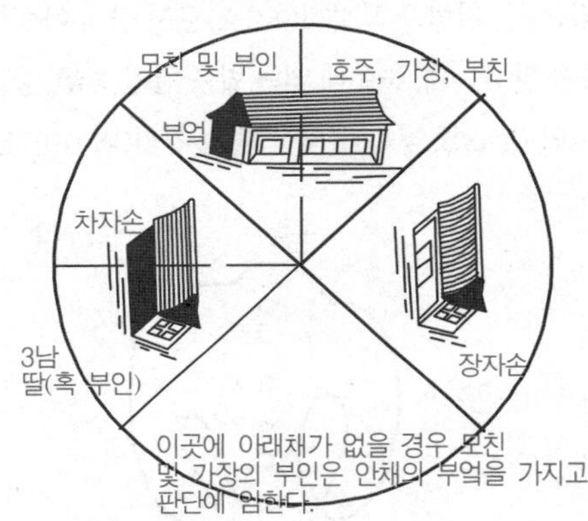

❖ **삼천분대**(三千粉黛) : 삼천분대(三千粉黛)는 공자(公子)의 혼이 끌려 빠지고, 팔백연화(八百煙花)는 왕손의 창단을 끌어낸다. 용혈(龍穴)의 전후와 좌우에 여러 봉우리가 시종(侍從)하여 첩첩으로 환포(環抱)하고 조공(朝拱)하여 볼수록 아름다움을 느끼게 된다면 흡사 삼천분대와 팔백연화와도 같아 공자왕손의 심장을 녹일 듯하니 반드시 대귀(大貴)가 나오게 된다. 양공(楊公)은, 「내룡(來龍)의 세(勢)가 멀리까지 조영(朝迎)을 만들어 성인을 옹호하여 대행(隊行)하고, 좌우로는 기(旗)가 서고 연이어 검(劍)이 나열하고 둔군(屯軍)과 주마(走馬)가 열리며, 거듭으로 성궁(城宮)을 만들고 옥련(玉輦)으로 누대(樓臺)가 일어나고 절세(節勢)가 분명하고, 삼천분대(三千粉黛)가 당당히 묘에 비춰지고 팔백연화(八百煙花)가 대면(對面)하고 검(劍)을 차고 앞으로는 자리를 깔면 만세(萬歲)를 황금의 전상(殿上)에서 공경(公卿)을 짓

는다」라고 하였다.

❖ **삼천팔백**(三千八百) : 그 숫자가 지극히 많음을 나타낸 말로서 여러 봉우리가 첩첩으로 열려져 있음을 비유한 말.

❖ **삼초반**(三抄飯) : 제사지낼 때에 밥을 세 번 떠서 물에 마는 의식.

❖ **삼충사충**(三衝四衝) : 거듭으로 상충을 이루는 상태. 오방(午方)의 흉사(凶沙)가 있으면 자년(子年)을 만나고 또한 자생(子生)이 되거나 인오술생(寅午戌生)이 되어 거듭으로 상충되는 것을 말함.

❖ **삼칠일 습속** : 아기가 출생한 지 7일이 되면 초이려, 14일이 되면 두이레, 21일이 되면 세이레라 하여 행사하는 습속을 말함.

① **초이레 습속**

- 새 옷· 새 포대기를 갈아 준다(서울).
- 시아버지가 아기를 첫 대면한다(강원).
- 새벽에 산신에게 흰밥·미역국을 올리고 잠시 후에 산모가 먹는다(서울·경기).
- 새 저고리를 입히되 한쪽 손을 자유롭게 해 준다(서울).
- 미역국만을 산신에게 바친다(강원).
- 금줄을 걷고 외인의 출입을 처음으로 허용한다(충북·강원).
- 삼신상을 걷는다(경남).
- 삼신상에 쌀을 놓고 빈다(경남·경북).
- 가까운 친척과 이웃 사람들을 초대하여 음식을 함께 먹는다(서울·경남).
- 7일만에 실꾸리를 채워 주거나 방안에 댓잎을 달아 놓는다(전남).
- 석양에 빨래를 하지 않는다(전남).

② **두이레 습속** : 두이레는 태어난 지 14일째 되는 날이다.

- 새 옷을 갈아입히고 두 손을 자유롭게 한다(서울).
- 삼신상을 차리지 않는다(강원).
- 새벽에 산신에게 흰밥·미역국을 올리고 나서 산모가 먹는다(서울·경기·충남·충북·경북).

③ **세이레 습속** : 삼칠일이라고 보르기도 하는데 태어난 지 21일째 되는 날이다.

- 수수경단을 만들어 먹는다(서울).
- 일가 친척과 손님을 청하여 대접한다(서울).
- 새벽에 산신께 밥과 미역국을 올리고 잠시 후 산모가 먹는다(서울·경기·충남·충북).
- 금줄을 내린다(서울·경기·경남).
- 이날까지는 식구들이 부정한 곳에 가지 않는다(충남).
- 백설기를 해 먹는다(전남).
- 첫 아기의 경우에는 외가에서 포대기·아기 옷·띠·미역·실·복돈 등을 가져온다(전남).
- 삼신상을 걷는다(전남·경남).

삼칠일까지의 행사라야 주로 집안일로 끝나는 것이 상례이고, 집안 할머니나 이웃의 할머니가 찾아오는 정도이며, 경제적인 여유가 있는 집은 산모의 조리 기간이 길어질 뿐이다. 이 동안에 금기하는 음식은 닭고기·개고기·돼지고기 등이고, 상갓집 음식은 부정탄 음식으로 보고 먹지 않는다.

이 기간에는 가족은 물론 이웃 주민도 출입을 삼가고 특히 부정한 곳에 다녀온 사람은 출입을 절대 금한다.

❖ **삼태성**(三台星) : 하늘의 삼태성처럼 생긴 형국. 삼태성은 세 별로서, 세 봉우리가 나란히 솟아올랐고, 주산(主山)의 생김새는 거의 대부분 둥그렇고, 혈은 주산의 머리 부분에 있으며, 안산(案山)은 향(香)을 피우는 대와 신선이다.

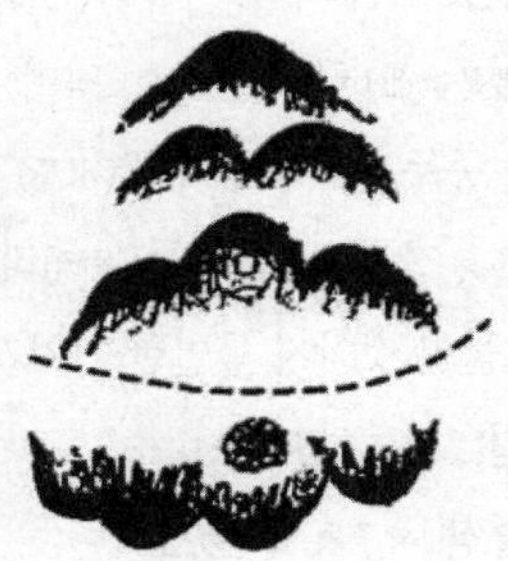

❖ **삼풍삼재**(三風三災) : 삼풍삼재란 나라에는 삼란(三亂: 병화난(兵禍亂), 재화난(災禍亂), 풍수해난(風水害亂)이란 것이 있고, 인간에게 도병(盜兵: 마적단, 해적단), 기근(飢饉: 굶주림), 역질(疫疾: 전염병)의 삼재(三災)라는 것이 있듯이 집이나 건물에도 삼재가 있다는 것. 보는 방법은 바로 안산(앞산)의 용맥이 잘려지거나 끊어지거나 혹은 일그러지거나 하는 것으로 판단한다. 만일 집 앞이나 묘 앞으로 이렇게 생긴 용단이 보이거나 또는 잘려진 곳이

있으면 나쁜 기운이 나올 때 산소나 주택 또는 건물이 이것을 받게 되며, 바로 이것을 삼재인 화금풍살(火金風殺)이라고 한다.

❖ **삼합방**(三合方) : 지지(地支)로 삼합을 이룬 방위. 즉 신자진방(申子辰方), 사유축방(巳酉丑方), 해묘미방(亥卯未方), 인오술방(寅午戌方)이다.

❖ **삼합법**(三合法) : 삼합법(三合法)에서는 정음정양(淨陰淨陽)을 중시하고 현공법(玄空法)에서는 음양의 순정을 중시하여 음양이 차착(差錯)됨을 크게 피한다.

❖ **삼합수**(三合水) : 삼합하여 오행이 수(水)로 화한 것. 즉 신자진(申子辰)이 삼합하면 수(水)가 된다.

❖ **삼합오행**(三合五行) : 삼합오행이란 12지마다 각각 고유의 오행이 있어 지(支)가 삼합을 이루면 본질적인 오행이 화하여 다른 오행을 이루는 것으로 단 자오묘유(子午卯酉)는 3합(三合)을 해도 오행은 같고 그 오행의 기(氣)가 왕성해진다.

- 申子辰 : 水, 巳酉丑 : 金, 寅午戌 : 火, 亥卯未 : 木, 申子辰이 합하면 오행은 수(水), 사유축(巳酉丑)이 합하면 금(金), 인오술(寅午戌)이 합하면 화(火), 해묘미(亥卯未)가 합하면 목(木)이 된다.
- 건갑정(乾甲丁) · 해묘미(亥卯未)가 탐랑(貪狼)인 노행(路行) : 목국(木局)이 되며, 인오술(寅午戌) · 간병신(艮丙辛)은 위위염정(位位廉貞) 화국(火局)이 되며, 사유축(巳酉丑) · 손경계(巽庚癸)는 진시무곡(盡是武曲) 금국(金局)이 되며, 신자진(申子辰) · 곤임을(坤壬乙)은 종두출(從頭出) 수국(水局) 이 된다. 일로행(一路行), 위위(位位), 진시(盡是), 종두(從頭)라고 붙인 단어는 국(局)에 이름을 붙인 것이지 특별한 이치가 없는 것이다.

❖ **삼합오행 좌향법**(三合五行 坐向法)

- **신자진 인오술 생**(申子辰 寅午戌 生)
  건갑정 손경계 좌 대길(乾甲丁 巽庚癸 坐 大吉)
  인오술 신자진 좌 평길(寅午戌 申子辰 坐 平吉)
  사유축 해묘미 좌 평흉(巳酉丑 亥卯未 坐 平凶)
  곤임을 간병신 좌 대흉(坤壬乙 艮丙辛 坐 大凶)
- **사유축 해묘미 생**(巳酉丑 亥卯未 生)
  곤임을 간병신 좌 대길(坤壬乙 艮丙辛 坐 大吉)
  해묘미 사유축 좌 평길(亥卯未 巳酉丑 坐 平吉)
  인오술 신자진 자 평흉(寅午戌 申子辰 坐 平凶)
  건갑정 손경계 좌 대흉(乾甲丁 巽庚癸 坐 大凶)

❖ **삼합일**(三合日) : 월지(月支)와 삼합이 되는 날로 합이란 의미가 있으니 이날에는 합자회사(合資會社) · 합명회사(合名會社) · 주식회사의 설립 및 연회 · 회의 · 약혼식 · 합의서 작성 등에 대길하다.

1월(正月) : 오술일(午戌日) **2월** : 해미일(亥未日)
3월 : 신자일(申子日) **4월** : 유축일(酉丑日)
5월 : 인술일(寅戌日) **6월** : 해묘일(亥卯日)
7월 : 자진일(子辰日) **8월** : 사축일(巳丑日)
9월 : 인오일(寅午日) **10월** : 묘미일(卯未日)
11월 : 신진일(申辰日) **12월** : 사유일(巳酉日)

❖ **삼합전방**(三合前方) : 연신방(年神方)의 하나. 「협기변방서」 등에 수록되어 있는데 그 정국은 다음과 같다.

- 申子辰年 : 艮寅甲卯乙辰坤申方
- 巳酉丑年 : 乾亥壬子癸丑巽巳方
- 寅午戌年 : 坤申庚酉申戌艮寅方
- 亥卯未年 : 巽巳丙午丁未乾亥方

❖ **삼합화복추리법**(三合禍福推理法) : ① 임자(壬子), 곤신(坤申), 을진(乙辰)절 입수맥은 신자진(申子辰) 수국(水局)이라 1, 6수리로 추리하고, ② 건해(乾亥) 갑묘(甲卯), 정미(丁未)절은 해묘미(亥卯未) 목국(木局)이라 3, 8수리로 추리하고, ③ 간인(艮寅), 병오(丙午), 신술(辛戌)절은 인오술(寅午戌) 화국(火局)이라 2, 7수리로 추리하고, ④ 손사(巽巳), 경유(庚酉), 계축(癸丑)절은 사유축(巳酉丑) 금국(金局)이라 4, 9수리로 화복을 추리한다.

❖ **삼합후방**(三合後方) : 연신방(年神方)의 하나로 별로 쓰이지 않고 있으나 다만 「협기변방서」 등에 수록되어 있는데 그 정국(定局)은 다음과 같다.

申子辰年 : 庚酉申戌方 巳酉丑年 : 丙午丁未方
寅午戌年 : 甲卯乙辰方 亥卯未年 : 壬子癸丑年

❖ **삼형**(三刑) : 인사신형(寅巳申刑) · 축술미형(丑戌未刑) · 자묘형(子卯刑) · 진오유해자형(辰午酉亥自刑) 등 지형(支刑)을 일반적으로 삼형이라 부른다. 원칙적으로 인사신(寅巳申) · 축술미(丑戌未)

만 삼형이고, 자묘(子卯)는 상형(相刑)이며, 진오유해(辰午酉亥)는 자형(自刑)이라 하지만 모든 형(刑)을 그냥 삼형 또는 삼형살(三刑殺)이라 한다.

❖ **삼형수**(三刑水) : 자향(子向)에 묘수(卯水), 묘향(卯向)에 자수(子水), 사향(巳向)에 인수(寅水), 인향(寅向)에 사수(巳水), 축향(丑向)에 술수(戌水), 술향(戌向)에 축수(丑水)를 삼형수(三刑水)라고 한다. 삼형수(三刑水)는 양인수(羊刃水)·황천수(黃泉水) 못지않게 흉(凶)해서 자손들이 횡액(橫厄)으로 목숨을 잃거나 부상당하고 범죄를 저질러 감옥에 간다.

❖ **삼혼칠백**(三魂七魄) : 삼혼과 칠백이라는 뜻으로 도교(道敎)에서 하는 말. 사람의 넋의 총칭. 삼혼은 사람의 몸 가운데 있다는 세 가지 정혼(精魂), 즉 태광(台光), 상령(爽靈), 유정(幽精)을 일컬음.

❖ **삼화병수**(三火竝水) : 병오정방(丙午丁方)은 남방으로 남방은 오행으로 불(火)이다. 병(丙)은 천간화(天干火), 오(午)는 지록화(地祿火), 정(丁)은 인작화(人爵火)라 이른다. 병오정봉(丙午丁峯) 세 봉우리가 높고 수려하면 아주 고귀한 인물들이 나온다.

❖ **삼화저**(三火抵) : 병오정방(丙午丁方) 세 방향 모두 움푹 들어간 것을 말함. 병오정 세 방향 모두에 높은 봉우리가 없으면 귀(貴)를 못 얻는다. 비록 과거에 급제해도 높은 벼슬에 오르지 못하며 집안이 쓸쓸하다.

❖ **삼흉사길**(三凶四吉)**이면 가용**(可用)**하라** : 만약에 바른 명혈(明穴)을 찾지를 못했을 때에는 햇볕이 따뜻하게 잘 비치고 사방이 아늑하여 바람이 잘 닿지 않는 곳에 장사(葬事)하면 된다.

❖ **삽천**(揷天) : 하늘을 찌를 듯이 높이 솟아남. 산의 형상이 하늘을 찌르는 것과 같은 것을 말함.

❖ **상**(傷) : 어떤 오행에 극을 받는 것. 가령 목(木)이 금(金)을 만나면 금극목(金克木)으로 목(木)이 금(金)에 상한다고 한다.

❖ **상**(喪) : 죽이다. 살상. 초상나다. 상례

❖ **상**(狀) : 형상. 배프다. 문새.

❖ **상**(象) : 물형(物形)의 상(象)을 말함.

❖ **상**(相) : 살펴보는 것. 서로 도우는 것. 인도하는 것.

❖ **상**(尙) : 오히려. 높이다. 귀하게 여기다.

❖ **상가 건물** : 상업용 건물은 대부분 한 면 이상이 도로에 접해 있으면서, 그 면에는 유리창을 설치하고 물건을 전시해 지나가는 사람들의 구매 욕구를 불러일으키게 되어 있다. 도로에 접한 건물 길이가 길면 쇼윈도를 넓게 만들 수 있고, 좀 더 다양한 물건을 전시할 수 있다. 따라서 상가 건물을 신축할 때 되도록 도로에 많이 접하게 만들려는 경향이 있다. 풍수로 볼 때, 쇼윈도가 넓고 깊이가 얕은 상가는 흔히 생각하는 것과 달리 사업이 잘 되지 않는다. 사업이 잘 되는 상가는 길이보다 깊이가 깊은 점포이다. 밖에서 봤을 때는 쇼윈도가 작고 앞면 길이가 짧기 때문에 작은 점포로 보이지만, 일단 점포에 들어서면 깊은 곳까지 물건이 쌓여 있어 고객에게 안정감과 점포 내부 공간에 기운이 모여 있으면 사업이 잘 된다. 점포 내부에 기운이 없는 점포는 성공하기가 쉽지 않다. 기운이 모이려면 겉에서 보이는 것보다 내실 있는 상가를 만드는 것이 중요하며, 점포 형태의 길흉 이론은 산 형태에 따른 기운 이론을 따른다.

❖ **상가와 점포** : 상가와 점포는 오행의 상생상극(相生 相剋)의 원리에서 유래한다. 예로써 목욕탕을 경영하고자 하면 목욕탕은 항상 많은 물을 사용하고 담아두는 곳이기 때문에 수 기운(水氣運)이 왕성한 곳이 된다. 이러한 기운을 더욱 좋게 해주려면 오행으로 수에 해당되는 북쪽을 더욱 좋게 해주려면 오행상수(五行上水)에 해당 되는 북쪽이나 수기를 상생시키는 금(金)의 방위인 서북쪽이나 서쪽에 가장 유리한 위치가 된다. 물품이 오행에 해당된 곳이나 상생을 받는 곳에 하면 길(吉)하다.

❖ **상가와 점포 오행**(五行) : 오행의 상생(相生) 상극(相剋)의 원리(原理)에서 유래한다. 예로서 목욕탕을 경영하고자 하면 목욕탕은 항상 많은 물을 사용하고 담아두는 곳이기 때문에 수(水) 기운(氣運)이 왕성(旺盛)한 곳이 된다. 이러한 기운을 더욱 좋게 해주려면 오행으로 수 해당되는 북쪽을 더욱 좋게 해주려면 오행상수에 해당되는 북쪽이나 수기(水氣)를 상생시키는 금(金)의 방위인 서북(西北)쪽이나 남쪽에 가장 유리한 위치가 된다. 물품(物品)이 오행에 해당된 곳이나 상생을 양택(陽宅)이 길상(吉相)이라도 길흉화복(吉凶禍福)이 조금씩 나타난다. 이것이 축적되어 일정한 시기(時期)에 큰 영향을 주게 된다. 가상5년이라 하여 5년 이상 그 집에 살면 가상의 영향이 나타난다. 향촌(鄕村) 사람

들은 몇십년 몇 대에 걸쳐 그 집에 거주하는 사람이 많아 가상 영향이 향촌 사람들이 더 강하다. 상가 출입구문(出入口門) 위치상의 기본 길흉 분별도 좌중우(左中右) 좌문(左門) 사람이 쉽게 모이고 출입문이 잦으며 물건도 고급 또는 고가 품질을 구입하는 사람이 많다. 중문(中門)이 호감이나 친밀성으로 사람을 끌어당기는 힘이 약하고 들어 왔다가 곧 나가 버리거나 정감을 느끼게 하지 않는다. 우문(右門)은 대체로 보면 일반 적이고 객 내지 표준적 물건을 원하는 손님이 주로 출입 하는 위치이다.

❖ **상가 손님이 북적거리는 가게로 만들고 싶다** : 상점의 방위가 장사를 번창하게 하는 문제의 관건이 된다. 가게가 발디딜 틈도 없이 물건을 사가려는 사람들로 대만원을 이루려면 북동쪽이나 남서쪽으로 고객이 출입하는 출입문을 내서는 안 된다. 북동쪽은 귀문(鬼門)이라 하고 남서쪽은 후귀문(後鬼門)이라 하는데, 두 방위는 음기(陰氣)가 강하고 팔방위(八方位)에서도 가장 까다로운 방위에 속하기 때문에 풍수에서는 꺼려하는 편이다. 따라서 그 두 방위에 출입문을 만들어서 장사를 할 경우에는 생업이 날로 쇠퇴해져서 발전이 없으며 포부를 크게 펼칠 기회를 얻지 못한다. 더구나 상점문이 북동쪽으로 나 있을 경우에는 겨울철에 한랭한 계절풍의 영향을 받게 되므로 피하는 것이 좋다.

❖ **상가의 점포도 업종에 따라 길한 방향이 있다** : 상업 입지에 있어서 도로의 폭과 종류, 구조 등이 고려된 후 도로가의 종류에 따라서 인구를 끌어들이거나 내보내는 기여도에 따라 상권 가치의 영향을 미치고 있다. 일반적으로 상업지라 함은 교통인구가 하루에 5~6천 명 정도 보행인구가 되면 상업화할 수 있는 지역으로 보게 된다. 그러나 가로 폭이 너무 크면 건너편의 보행인구를 차단하게 되고 너무 좁으면 보행에 지장을 주게 되므로 상업의 종류와 점포 규모에 따라 입지를 결정해야 한다. 이들 모두 각 업종에 따라 취급하는 물건의 특성이나 대상, 고객의 연령, 생활수준 등이 모두 고려되어야 하는 복합적인 차원에서 다루어지게 되는데, 이는 같은 상권이 있다 하더라도 주택지가 바로 인접해 있다면 주택이 밀집된 방향쪽의 상가가 더욱 유리해질 것이며, 언덕으로 된 길가에서는 비탈이 시작되기 직전에서 대개의 경우 구입결정을 하게 되기 때문에 이러한 심리적 배려도 필요하지만 하나의 건물에서 볼 때는 상점의 위치가 어느 방향에 있느냐에 따라 잘되는 집이 있고 잘 되지 않는 집이 있게 된다. 이 원리를 오행과 구성의 상의에 따라서 연관해 보면 같은 업종끼리 모인 집중성 점포의 경우에서도 비슷한 규모로 시작했던 점포가 해가 지나면서 돈을 많이 번 상점이 있는가 하면 별로 신통치 않은 상점도 나오게 된다. 귀금속의 경우는 북서쪽 코너에 위치한 점포가 훨씬 손님이 많고 안경점은 남쪽을 향한 가게가 많고 손님도 많다. 이외에도 공구상가, 은행 밀집지역 등 어디에서나 특정적으로 손님이 더 붐비는 집을 발견할 수 있는데, 이처럼 어느 특정한 방위가 어느 업종에 훨씬 더 유리한 작용을 하게 됨을 실제 상가의 번영도에서 확인할 수 있게 된다. 방위선택은 환경상 유리한 것뿐이지 그 업을 꾸려나갈 사업가의 전략에서 상품의 선택, 진열방법, 고객에 대하는 서비스 자세, 숙련도, 직업관, 추진력 등 실제 운영자의 자질에 따라 성패의 결과가 나오는 것이므로 방위선택이 잘 되었다고 그냥 저절로 번영하지 않는다.

❖ **상강**(霜降) : 24절기(節氣) 가운데 18번째. 음력 9월 중기(九月中氣)이며, 양력으로는 10월 23~24일 사이에 든다. 상강은 서리가 내린다는 뜻이며 이날부터 오음(五陰)이 생(生)한다.

❖ **상격룡**(上格龍)**이면 대발복한다** : 상격사격은 그 형태가 아름답고 다정한 산으로 길한 사격이 혈 주변에 있으면 크게 발복한다. 특히 주산 현무봉으로 있거나 안산이 되면 더욱 좋다. 수려한 산이 뽐내듯 우뚝 솟아 있거나 단아하게 있으면 귀함을 가져다 주며, 깨끗한 산이 살이 찐 듯 풍만하게 생겼으면 부를 가져다 주고, 기이하고 특이한 산이 있으면 부귀와 장수를 가져다 준다.

❖ **상고흥판일**(商賈興販日) : 장사(賣買)가 잘 된다는 날.
기묘(己卯), 병술(丙戌), 임인(壬寅), 을유(乙酉), 갑인일(甲寅日)과 천덕합(天德合) · 월덕합(月德合) · 육합(六合) · 만(滿) · 성(成) · 개일(開日). 忌 : 대공망일(大空亡日) · 순중공망일(旬中空亡日) · 대모(大耗) · 소모(小耗) · 허일(虛日 : 태허일(太虛日) · 허숙(虛宿) · 천적일(天賊日) · 제일(除日).

❖ **상관**(傷官) : 일간(日干)이 생해 주는 자로 음양이 다른 것. 상관은 대인관계로 남녀가 모두 조모 또는 외조부로 보고, 특히 여자는

자녀로 본다. 상관도 식신처럼 오행의 생극관계로 따진다면 역시 재(財)를 생하게 되어 있으나 엄밀히 구분하면 그 성격이 약간 다르다. 상관은 정재(正財)의 입장으로 볼 때 편인(偏印)이므로 정재의 서모(庶母)에 비유되어 식신처럼 즐겨 재를 생해 주는 게 아니라 마지못해 생해 주는 상이 된다. 또는 나의 벼슬이 되는 정관(正官)의 칠살(七殺)이 되어 내가 필요로 하는 관록(官祿)을 극해(克害)하므로 상관(傷官)이라고 한다(여자는 정관이 남편이니 상관은 남편을 극하는 星이다). 또 상관을 도기(盜氣)라고도 하는데 식신성(食神星)은 정재(正財)를 생하면서 간접적으로 관(官)을 생하여 나의 희신(喜神)이 되지만, 상관은 나[日干]의 힘만 빼고[泄氣] 더군다나 관(官)을 상하게 하므로 도기라 한다. 상관의 정국은 아래와 같다.

甲日：生丁·午	乙日：生丙·巳
丙日：生己·丑未	丁日：生戊·辰戌
戊日：生辛·酉	己日：生庚·申
庚日：生癸·子	辛日：生壬·亥
壬日：生乙·卯	癸日：生甲·寅

❖ **상괘**(上卦) : 8괘(八卦)가 위 아래로 구성되면 64괘(卦)의 하나인 대성괘(大成卦)가 이루어지는데, 위에 있는 괘를 상괘(上卦) 또는 외괘(外卦)라 하고, 아래에 있는 괘를 하괘(下卦) 또는 내괘(內卦)라 한다.

❖ **상구**(上九) : 역괘(易卦)의 육효(六爻) 가운데 맨 위의 효(爻)가 양(陽)인 —로 된 것. 9는 양수(陽數)로 양효(陽爻)라는 뜻이고, 상(上)은 아래로부터 6번째 즉 맨 위에 위치하였다는 뜻.

❖ **상극**(相克) : 오행(五行)의 상극으로 목화토금수(木火土金水) 오행은 서로 극하는 것끼리가 있다. 금(金)은 목(木)을 극하고, 목(木)은 토(土)를 극하고, 토(土)는 수(水)를 극하고, 수(水)는 화(火)를 극하고, 화(火)는 금(金)을 극한다. 또는 금목(金木)이 상극관계요, 목토(木土)가 상극관계요, 토수(土水)가 상극관계요, 수화(水火)가 상극관계요, 화금(火金)이 상극관계다.

❖ **상두혈**(象頭穴) : 산세가 마치 코끼리의 모습을 연상시키는 형국. 혈은 코끼리 이마나 코, 젖 가슴 부분에 있고, 안산은 풀더미다. 코끼리 형국의 명당은 성품이 후덕하고 고상하며 지혜롭고 학문과 문장에 뛰어나 부귀를 얻는다. 또 많은 사람들에게 덕을 베풀어 존경과 사랑을 받는다.

❖ **상량일**(上樑日) : 상량에 좋은 날과 꺼리는 날.

甲子, 乙丑, 丁卯, 戊辰, 己巳, 庚午, 辛未, 壬申, 甲戌, 丙子, 戊寅, 庚辰, 壬午, 甲申, 丙戌, 戊子, 庚寅, 甲午, 丙申, 丁酉, 戊戌, 己亥, 庚子, 辛丑, 壬寅, 癸卯, 乙巳 ,丁未, 己酉, 辛亥, 癸丑, 乙卯, 丁巳, 己未, 辛酉, 癸亥, 황도(黃道), 천덕(天德), 월덕(月德) 등 모든 길신일(吉神日)과 성(成) 개일(開日). 기일(忌日) : 주작(朱雀), 천뇌흑도(天牢黑道), 독화(獨火), 천화(川火), 월화(月火), 빙소와해(氷消瓦解), 천적(天賊), 월파(月破), 대소모(大小耗), 천강(天罡), 하괴(河魁), 수사(受死), 도침(刀砧), 음차(陰差), 양착(陽錯), 복단(伏斷), 정사폐(正四廢), 천지전살(天地轉殺), 월건(月建), 화성(火星).

❖ **상멸룡**(相滅龍) : 용이 선후천 쌍행(雙行)이면 상멸하게 된다. 인갑(寅甲) : 인(寅)은 이임인술(離壬寅戌)로서 후천이궁(后天離宮)에 속해 낙서의 9궁자리이다. 또 갑(甲)은 건갑(乾甲)으로서 선천 건궁(乾宮)에 해당 역시 9궁이므로 상멸한다. 해임인술(亥壬寅戌)로 선천 이궁(離宮)에 속해 역시 3궁이다. 이밖에도 곤신(坤申), 을진(乙辰), 술건(戌乾) 등이 있다.

❖ **상명**(詳明) : 자세히 연구하여 밝혀내는 일.

❖ **상문**(喪門) : 유년태세의 연지(年支)를 기준하는데 아래와 같다.

子年：寅	丑年：卯	寅年：辰	卯年：巳
辰年：午	巳年：未	午年：申	未年：酉
申年：戌	酉年：亥	戌年：子	亥年：丑

가령 태세가 무진생(戊辰生)이라면 오(午)자리에 상문(喪門)이 닿는다.

❖ **상문방**(喪門方) : 상문(喪門)이 닿는 방위이니 아래와 같다.

子年：寅方	丑年：卯方	寅年：辰方	卯年：巳方
辰年：午方	巳年：未方	午年：申方	未年：酉方
甲年：戌方	酉年：亥方	戌年：子方	亥年：丑方

❖ **상문살방**(喪門煞方) : 사람이 죽은 방위로부터 악살(惡殺)이 퍼진다는 것.

子年 : 寅方	丑年 : 卯方	寅年 : 辰方	卯年 : 巳方
辰年 : 午方	巳年 : 未方	午年 : 申方	未年 : 酉方
申年 : 戌方	酉年 : 亥方	戌年 : 子方	亥年 : 丑方

❖ **상문살**(喪門殺) **주당**(周堂)**치료는 이렇게 한다** : 초상집이나 이장할 때 찾아간 문상객에게 영향이 미치는 현상 초기에는 감기나 몸살 같은 증세를 보인다. 이러한 환자에게 방안에 마른 고추 5~7개를 소금과 마른 쑥을 같이 태우면 고추가 타 들어가며 매운 연기를 내뿜는데 환자가 견디지 못해 재채기를 하면 순간 상문살이 나가고 만다. 죽어가든 사람도 아무렇지 않다. 금방 회복 된다. 또한 북어(명태) 미나리 소금을 작은 상에 올려놓고 한 30분 가량 둔 다음 환자 본인이 상을 들고 일어나 문을 열고 걸어 나간다. 그리고는 난폭하다 할 만큼 길바닥에 내 팽개치고 차갑게 느낄 만큼 냉혹하게 돌아서 방으로 들어오면 효과를 볼 수 있다.

❖ **상문 시 인사말의 예**

[조부모, 부모상일 때]

- **조객** = 홀연히 상사(喪事)를 당하시어 얼마나 망극하십니까?
- **상주** = 망극하기 한이 없습니다.
- **조객** = 망극하시겠습니다.
- **상주** = 부끄럽습니다.

[처상(妻喪)일 때]

- **조객** = 상주께 인사드릴 말씀이 없습니다.
- **상주** = 상봉 하솔에 드릴 말씀이 없습니다.
- **조객** = 얼마나 섭섭하겠습니까
- **상주** = 신세한탄 간절합니다.

❖ **상문· 조객**(喪門· 吊客) : 살신(殺神)의 하나로 택일과 사주(四柱)에 병용된다. 상문은 세지(歲支:또는 연지(年支))에서 한 칸 건너 닿는 지(支)요, 조객은 세지에서 역(逆)으로 한 칸 건너 닿는 지(支)이다. 예를 들어 자년(子年)이면 축(丑)을 건너 인(寅)이 상문이요, 역(逆)으로 해(亥)를 건너 술(戌)이 조객이다. 이 두 살(殺)은 택일에 있어 방위를 보는데 상문 조객이 닿는 방위에 집을 짓고, 수리를 하고 흙다루는 일과 상청(床廳)을 설치하지 않으며, 사주에 이 살이 있으면 질병과 액이 따른다고 한다.

❖ **상문 조객살**

年支 / 區分	子	丑	寅	卯	辰	巳	午	未	申	酉	戌	亥
喪門	寅	卯	辰	巳	午	未	申	酉	戌	亥	子	丑
吊客	戌	亥	子	丑	寅	卯	辰	巳	午	未	申	酉

가령 태세가 갑자(甲子), 병자(丙子), 무자(戊子) 등 자년(子年)이면 인방(寅方)이 상문방(喪門方)이고 술(戌)이 조객방(吊客方)이다. 또는 자년생(子年生)의 사주에 인(寅)이 있으면 상문살이요 술(戌)이 있으면 조객살이라 한다.

❖ **상복**(喪服) : 아직 성년(成年)이 되지 않고 죽은 자녀에게 대하여 입는 복제(服制). 나이에 따라 다른데 16세에서 19세를 장상(長殤)이라 하여 대공복(大功服)을 입고, 12세에서 15세를 중상(中殤)이라 하여 소공복(小功服)을 입고, 8세에서 12세를 하상(下殤)이라 하여 시마복(緦麻服)을 입었음. 7세 이하는 안 입음.

❖ **상복의 종류** : 한복이면 흰색이나 회색, 검정색을 입고, 남자는 두건을 쓰고 여자는 수질(首絰 = 머리에 쓰는 띠)을 쓴다. 그리고 또 남자는 검은색 양복, 여자는 일반 한복이면 되나 검은색, 흰색이면 된다. 상장(喪章)을 남자는 가슴에, 여자는 머리에 꽂는다.

① **남자의 상복**(喪服)

- **굴건**(屈巾) : 머리에 쓰는 것
- **두건**(頭巾) : 머리에 쓰는 것인데 굴건 안에 쓴다.(요즈음은 두건만으로 보편화되어 있다.)
- **최의**(縗衣) : 남자의 상복. 삼베로 되어 있다.
- **중의**(中衣) : 제복 속에 입는 두루마기. 요즈음은 두루마기만으로 보편화한다.
- **행전**(行纏) : 다리에 치는 것
- **짚신** : 짚으로 된 신인데 장의사에 준비되어 있다.
- **지팡이** : 재래에는 대나무와 오동나무의 두 종류가 있어 할아버지 · 아버지 · 남자이면 대나무, 할머니 · 어머니 등 여자이면 오동나무를 한다.

② **여자의 상복**(喪服)

- **개두**(蓋頭) : 머리에 쓰는 천
- **수질**(首絰) : 머리에 쓰는 띠
- **최의**(縗衣) : 여자의 제복

③ **남녀 공통의 상복**

- **수질**(首絰) : 건 위에 쓰는 것
- **요질**(腰絰) : 허리에 두르는 띠
- **교대**(絞帶) : 삼베로 된 허리띠
- **상장**(喪章) : 상복 대신 또는 조의를 표시하기 위하여 다는 표
- **상장**(喪杖) : 지팡이

④ **아이 상복** : 어른과 같으나 두건, 굴건, 수질이 없다.

재래의 복제도(服制度)는 참최, 자최, 최 3년, 자최장기, 자최부장기, 자최 5개월, 자최 3개월, 대공(大功), 소공(小功), 시마(緦麻) 등 3년, 1년, 아홉달, 다섯달, 석달 등 입는 경우와 대(代)와 촌수에 따라 구분이 있으며, 남자의 본가, 외가, 처가, 부인의 시가, 부인의 친정 등에서 입는 복의 구분이 있으나 현실에서는 행하고 있지 않다.

❖ **상부**(相符) : 청룡과 백호가 혈장을 가운데 두고 나란히 뻗은 것을 가리킴. 후손간에 우애가 없고 다툼이 잦다고 본다.

❖ **상분하합**(上分下合) : 위에서 나누고 밑에서 합하였으니 둥그런 혈상(穴相)의 윤곽을 말함. 계란같은 형상의 윤곽이다.

- **상중하원년**(上中下元年) 「삼원갑(三元甲)」 참고

상원
- 서기 1504 甲子에서 1563 癸亥年까지
- 서기 1684 甲子에서 1743 癸亥年까지
- 서기 1864 甲子에서 1923 癸亥年까지

중원
- 서기 1564 甲子에서 1623 癸亥年까지
- 서기 1744 甲子에서 1803 癸亥年까지
- 서기 1924 甲子에서 1983 癸亥年까지

하원
- 서기 1624 甲子에서 1683 癸亥年까지
- 서기 1804 甲子에서 1863 癸亥年까지
- 서기 1984 甲子에서 2043 癸亥年까지

※ 서기 1983년 이전은 중원갑(中元甲), 1984년 甲子(현재) 이후 2043년까지 하원갑(下元甲)이다.

- **연백조견표**(年白早見表)

上元

二黑	壬申 辛巳 庚寅 己亥 戊申 丁巳
九紫	乙丑 甲戌 癸未 壬辰 辛丑 庚戌 己未
四綠	庚午 己卯 戊子 丁酉 丙午 乙卯
七赤	丁卯 丙子 乙酉 甲午 癸卯 壬子 辛酉
五黃	己巳 戊寅 丁亥 丙申 乙巳 甲寅 癸亥
三碧	辛未 庚辰 己丑 戊戌 丁未 丙辰
六白	戊辰 丁丑 丙戌 乙未 甲辰 癸丑 壬戌
一白	甲子 癸酉 壬午 辛卯 庚子 己酉 戊午
八白	丙寅 乙亥 甲申 癸巳 壬寅 辛亥 庚申

中元

二黑	丙寅 乙亥 甲申 癸巳 壬寅 辛亥 庚申
九紫	戊辰 丁丑 丙戌 乙未 甲辰 癸丑 壬戌
四綠	甲子 癸酉 壬午 辛卯 庚子 己酉 戊午
七赤	庚午 己卯 戊子 丁酉 丙午 乙卯
五黃	壬申 辛巳 庚寅 己亥 戊申 丁巳
三碧	乙丑 甲戌 癸未 壬辰 辛丑 庚戌 己未
六白	辛未 庚辰 己丑 戊戌 丁未 丙辰
一白	丁卯 丙子 乙酉 甲午 癸卯 壬子 辛酉
八白	己巳 戊寅 丁亥 丙申 乙巳 甲寅 癸亥

下元

二黑	己巳 戊寅 丁亥 丙申 乙巳 甲寅 癸亥
九紫	辛未 庚辰 己丑 戊戌 丁未 丙辰
四綠	丁卯 丙子 乙酉 甲午 癸卯 壬子 辛酉
七赤	甲子 癸酉 壬午 辛卯 庚子 己酉 戊午
五黃	丙寅 乙亥 甲申 癸巳 壬寅 辛亥 庚申
三碧	戊辰 丁丑 丙戌 乙未 甲辰 癸丑 壬戌
六白	乙丑 甲戌 癸未 壬辰 辛丑 庚戌 乙未
一白	庚午 己卯 戊子 丁酉 丙午 乙卯
八白	壬申 辛巳 庚寅 己亥 戊申 乙巳

가령 1986 정묘년(丁卯年)은 하원갑(下元甲)이니 칠적(七赤)에 갑자(甲子)를 붙여 역행(逆行)하면 정묘(丁卯)가 사록궁(四綠宮)에 닿는다. 이 사록(四綠)을 중궁(中宮)에 넣고 방위를 돌리면 오황(五黃)이 서북의 건(乾:戌乾亥), 육백(六白)이 서(西)의 태(兌:庚酉辛), 칠적(七赤)이 동북(東北)의 간(艮:丑艮寅), 팔백(八白)이 남(南)의 이(離:丙午丁), 구자(九紫)가 북(北)의 감(坎:壬子癸), 일백(一白)이 서남(西南)의 곤(坤:未坤申), 이흑(二黑)이 동(東)의 진(震:甲卯乙), 삼벽(三碧)이 동남(東南)의 손(巽:辰巽巳)방에 위치한다.

- **월백정국**(月白定局) : 월백(月白)이란 월지(月支)에 의한 자백구성(紫白九星)을 말한다. 상원(上元)에는 정월(正月)을 팔백(八白)에 붙여 2월에 칠적(七赤), 3월에 육백(六白)으로 구궁(九宮)을 거슬러 짚어나간다. 중원(中元)에는 정월(正月)을 오황(五黃)에 붙여 2월에 사록(四綠), 3월에 삼벽(三碧)으로 구궁(九宮)을 거슬러 짚어나간다. 하원(下元)에는 정월(正月)을 이흑(二黑)에 붙여 2월에 일백(一白), 3월에 구자(九紫)로 구궁(九宮)을 거슬러 짚어나간다. 위와 같이 하여 당월지(當月支)가 닿는 구성을 중궁에 넣고 구궁방(九宮方)을 순서로 배치하여 어느 방(方)이 자백(紫白)의 길성이 닿는가를 알아보는 것이다.

上元(子午卯酉年)

七月 二黑	九月 九紫	五月 四綠
二月 十一月 七赤	四月 五黃	六月 三碧
三月 十二月 六白	八月 一白	正月 十月 八白

中元(辰戌丑未年)

四月 二黑	六月 九紫	二月 十一月 四綠
八月 七赤	正月 十月 五黃	三月 十二月 三碧
九月 六白	五月 一白	七月 八白

下院(寅申巳亥年)

正月 十月 二黑	三月 十二月 九紫	八月 四綠
五月 七赤	七月 五黃	九月 三碧
六月 六白	二月 十一月 一白	四月 八白

- **일백정국**(日白定局) : 일별(日別) 즉 일(日)의 간지별(干支別)로 9성(九星)이 배치되는 방위[坐]의 준말로 그 일진으로 9성(九星)을 정하는 요령은 양둔상원(陽遁上元)에는 일백궁(一白宮)에 갑자(甲子)를 붙여 이흑(二黑)이 을축(乙丑), 삼벽(三碧)이 병인(丙寅)으로 구성방위를 순행(順行)한다. 양둔중원(陽遁中元)에는 칠적궁(七赤宮)에 갑자(甲子)를 붙여 팔백(八白)에 을축(乙丑), 구좌(九紫)에 병인(丙寅)으로 구성방위를 순행(順行)한다. 양둔하원(陽遁下元)에는 사록궁(四綠宮)에 갑자(甲子)를 붙여 오황(五黃)에 을축(乙丑), 육백(六白)에 칠적(七赤)으로 구성방위(九星方位)를 순행(順行)한다. 위와 같이 상중하원(上中下元) 갑자(甲子)에 따라 각 궁(宮)에 갑자(甲子)를 붙여 구성(九星)의 순서로 돌려 짚다가 해당되는 일진에 이르는 구성을 중궁(中宮)에 넣고 구궁(九宮)을 순서로 배치한다. 가령 양둔상원(陽遁上元)의 무신일(戊申日)이라면 일백(一白)에 갑자(甲子), 이흑(二黑)에 을축(乙丑) 이렇게 계속 돌려 짚으면 이흑궁(二黑宮)에 갑술(甲戌), 삼벽궁(三碧宮)에 갑신(甲申), 사록궁(四綠宮)에 갑오(甲午), 오황궁(五黃宮)에 갑진(甲辰), 육백궁(六白宮)에 을사(乙巳), 칠적궁(七赤宮)에 병오(丙午), 팔백궁(八白宮)에 정미(丁未) 무신일(戊申日, 당일)에 구자(九紫)이니 이 구자(九紫)를 중궁(中宮)에 넣고 순(順)으로 배치한다. 즉 구자 중궁(九紫中宮)이요, 일백(一白)이 건(乾), 이흑(二黑)이 태(兌), 삼벽(三碧)이 간(艮), 사록(四綠)이 이(離), 오황(五黃)이 감(坎), 육백(六白)이 곤(坤), 칠적(七赤)이 진(震), 팔백(八白)이 손(巽)이니 양둔상원(陽遁上元)의 무신일(戊申日)은 술건해(戌乾亥:乾: 一白), 미곤신(未坤申:坤 : 六白), 진손사(辰巽巳:巽 : 八白), 중궁(中宮:九紫)좌에 자백(紫白)의 길성이 임하므로 길하다고 한다. 양둔상원(陽遁上元)에는 구자궁(九紫宮)에 갑자(甲子)를 붙여 팔백(八白)에 을축(乙丑), 칠적(七赤)에 병인(丙寅)으로 구궁방위(九宮方位)를

거슬러 짚어나간다. 음둔중원(陰遁中元)에는 삼벽궁(三碧宮)에 갑자(甲子)를 붙여 이흑(二黑)에 을축(乙丑), 일백에 병인(丙寅)으로 구궁방위(九宮方位)를 거슬러 짚어나간다. 음둔하원(陰遁下元)에는 육백궁(六白宮)에 갑자(甲子)를 붙여 오황(五黃)에 을축(乙丑), 사록(四綠)에 병인(丙寅)으로 구궁방위를 거슬러 짚어나간다. 위와 같이 음둔(陰遁) 상중하원(上中下元)에 따라 각 궁(宮)에 갑자(甲子)를 붙여 구성순(九星順)을 거슬러 역(逆) 돌려 짚다가 해당되는 일진에 닿는 구성(九星)을 중궁(中宮)에 넣고 이번에는 구성순(九星順)을 역(逆)으로 배치하여 그 날 좌(坐)에 닿는 구성(九星)의 길흉을 참고하는 것이다. 가령 음둔중원갑(陰遁中元甲)의 병자일(丙子日)이라면 삼벽(三碧)에 갑자(甲子)를 붙여 거슬러 짚으니 이흑(二黑)에 을축(乙丑), 일백(一白)에 병인(丙寅). 이렇게 계속하면 갑술(甲戌), 이흑(二黑), 을해(乙亥)에 일백(一白), 병자일(丙子日)에 구자성(九紫星)이다. 이 구자(九紫)를 중궁(中宮)에 넣고 구성(九星)을 거슬러 배치하면 구자(九紫) 중궁(中宮) 팔백건(八白乾), 칠적태(七赤兌), 육백간(六白艮), 오황이(五黃離), 사록감(四綠坎), 삼벽곤(三碧坤), 이흑진(二黑震) ,일백손(一白巽)이다. 양둔(陽遁)은 동지후, 음둔(陰遁)은 하지후를 말한다. 양둔상원(陽遁上元)은 동지를 기준 전후일로 가장 가까운 갑자일이고, 양둔중원(陽遁中元)은 양둔상원(陽遁上元) 다음 돌아오는 갑자일(甲子日:60일후)이며, 양둔하원(陽遁下元)은 양둔중원(陽遁中元)에서 다음 돌아오는(60일후) 갑자일이다. 음둔상원(陰遁上元)은 하지일(夏至日)을 기준 전후일로 가장 가까운 갑자일이고, 음둔중원(陰遁中元)은 음둔상원(陰遁上元)에서 다음 돌아오는(60일후) 갑자일이요, 음둔하원(陰遁下元)은 음둔중원(陰遁中元)에서 다음 돌아오는(60일후) 갑자일이다.

[上元]

二黑	乙丑 甲戌 癸未 壬辰 辛丑 庚戌 己未
九紫	壬申 辛巳 庚寅 己亥 戊申 丁巳
四綠	丁卯 丙子 乙酉 甲午 癸卯 壬子 辛酉
七赤	庚午 己卯 戊子 丁酉 丙午 乙卯
五黃	戊辰 丁丑 丙戌 乙未 甲辰 癸丑 壬戌
三碧	丙寅 乙亥 甲申 癸巳 壬寅 辛亥 庚申
六白	己巳 戊寅 丁亥 丙申 乙巳 甲寅 癸亥
一白	甲子 癸酉 壬午 辛卯 庚子 乙酉 戊午
八白	辛未 庚辰 己丑 戊戌 丁未 丙辰

[中元]

二黑	戊辰 丁丑 丙戌 乙未 甲辰 癸丑 壬戌
九紫	丙寅 乙亥 甲申 癸巳 壬寅 辛亥 庚申
四綠	庚午 乙卯 戊子 丁酉 丙午 乙卯
七赤	甲子 癸酉 壬午 辛卯 庚子 己酉 戊午
五黃	辛亥 庚辰 己丑 戊戌 丁亥 丙辰
三碧	己巳 戊寅 丁亥 丙申 乙巳 甲寅 癸亥
六白	壬申 辛巳 庚寅 己亥 戊申 丁巳
一白	丁卯 丙子 乙酉 甲午 癸卯 壬子 辛酉
八白	乙丑 甲戌 癸未 壬辰 辛丑 庚戌 己未

[下元]

二黑	辛未 庚辰 己丑 戊戌 丁未 丙辰
九紫	己巳 戊寅 丁亥 丙申 乙巳 甲寅 癸亥
四綠	甲子 癸酉 壬午 辛卯 庚子 己巳 戊午
七赤	丁卯 丙子 乙酉 甲午 癸卯 壬子 辛酉
五黃	乙丑 甲戌 癸未 壬辰 辛丑 庚戌 己未
三碧	壬申 辛巳 庚寅 己亥 戊申 丁巳
六白	丙寅 乙亥 甲申 癸巳 壬寅 辛亥 庚申
一白	庚午 己卯 戊子 丁酉 丙午 乙卯
八白	戊辰 丁丑 丙戌 乙未 甲辰 癸丑 壬戌

양둔(陽遁)에는 순국분포도(順局分布圖)에 의하고, 음둔(陰遁)에는 역국분포도(逆局分布圖)에 의한다. 일백 음양둔(一白 陰陽遁)의 상중하원(上中下元)에 의한 구성(九星)은 아래와 같은 원리로 이해가 쉽도록 표시하였다.

陽遁 : 동지후 ─ 上元 : 전후 가장 가까운 갑자일
中元 : 다음 갑자일 양수일(雨水日 무렵)
下元 : 다음 갑자일 (穀雨日 무렵)

陰遁 : 하지후 ─ 上元 : 전후 가장 가까운 갑자일
中元 : 다음 갑자일(處暑日 무렵)
下元 : 다음 갑자일(霜降日 무렵)

○ **음둔**(陰遁) **하지후**(夏至後)

[上元]

二黑	辛未 庚辰 己丑 戊戌 丁未 丙辰
九紫	甲子 癸酉 壬午 辛卯 庚子 己巳 戊午
四綠	己巳 戊寅 丁亥 丙申 乙巳 甲寅 癸亥
七赤	丙寅 乙亥 甲申 癸巳 壬寅 辛亥 庚申
五黃	戊辰 丁丑 丙戌 乙未 甲辰 癸丑 壬戌
三碧	庚午 己卯 戊子 丁酉 丙午 乙卯
六白	丁卯 丙子 乙酉 甲午 癸卯 壬子 辛酉
一白	壬申 辛巳 庚寅 己亥 戊申 丁巳
八白	乙丑 甲戌 癸未 壬辰 辛丑 庚戌 己未

[中元]

二黑	乙丑 甲戌 癸未 壬辰 辛丑 庚戌 己未
九紫	丁卯 丙子 乙酉 甲午 癸卯 壬子 辛酉
四綠	壬申 辛巳 庚寅 己亥 戊申 丁巳
七赤	己巳 戊寅 丁亥 丙申 乙巳 甲寅 癸亥
五黃	辛未 庚辰 己丑 戊戌 丁未 丙辰
三碧	甲子 癸酉 壬午 辛卯 庚子 己巳 戊午
六白	庚午 己卯 戊子 丁酉 丙午 乙卯
一白	丙寅 乙亥 甲申 癸巳 壬寅 辛亥 庚申
八白	戊辰 丁丑 丙戌 乙未 甲辰 癸丑 壬戌

[下元]

二黑	戊辰 丁丑 丙戌 乙未 甲辰 癸丑 壬戌
九紫	庚午 己卯 戊子 丁酉 丙午 乙卯
四綠	丙寅 乙亥 甲申 癸巳 壬寅 辛亥 庚申
七赤	壬申 辛巳 庚寅 己亥 戊申 丁巳
五黃	乙丑 甲戌 癸未 壬辰 辛丑 庚戌 己未
三碧	丁卯 丙子 乙酉 甲午 癸卯 壬子 辛酉
六白	甲子 癸酉 壬午 辛卯 庚子 己巳 戊午
一白	己巳 戊寅 丁亥 丙申 乙巳 甲寅 癸亥
八白	辛未 庚辰 己丑 戊戌 丁未 丙辰

• **일백구성치윤법**(一白九星置閏法) : 동지에서 다음 해 동지일까지 또는 하지(夏至)에서 다음 해 하지일까지는 약 365일만에 돌아온다. 가령 동지일에 갑자(甲子)가 들면 양둔상원(陽遁上元)인데 다음 해 양둔상원에 해당되는 갑자일(甲子日)은 동지 전 5일쯤이다. 절기를 기준한 1년은 365일이고 양음둔(陽陰遁)의 상중하원(上中下元)이 한바퀴 도는 날 수는 360일(1元에 60일)이 되기 때문이다. 이렇게 11년쯤 지나면 약 동지 30일 전에 이미 양둔상원에 해당되는 갑자일(甲子日)이 된다. 이런 경우 윤(閏)을 두게 되는데 주기적으로 정확하게 계산하면 11년 반(138개월)에 윤이 든다. 윤(閏)을 두는 경우 일백구성(一白九星)의 정국은 아래와 같이 계산하여야 한다.

• **동지**(冬至)**에 윤**(閏)**을 두는 경우** : 동지에 윤이 들면 음둔하원(陰遁下元) 다음에 돌아오는 갑자일(甲子日)에 양둔상원(陽遁上元)이 아니라 이 갑자일(甲子日)부터 계사일(癸巳日)까지 음둔의 윤을 두어 계속 음둔법으로 구성(九星)을 거꾸로 배치해 나가고, 갑오일(甲午日)에는 양둔을 앞당겨 칠적(七赤), 팔백(八白), 구자(九紫)로 양둔법으로 구성을 순서로 배치해 나간다. 그러므로 음둔하원 다음 갑자일(甲子日)이 음둔윤(陰遁閏)이고 돌아오는 갑오일(甲午日)이 양둔윤(陽遁閏)이다. 즉 동지에 윤(閏)이 들면 양둔하원 다음 갑자일(甲子日)부터 계사일(癸巳日)까지 30일간 음둔을 더 연장하고, 동지 후 갑자일(甲子日)에서 동지 전 갑오일(甲午日)로 양둔을 앞당기면 되는 것이다.

• **하지**(夏至)**에 윤**(閏)**을 두는 경우** : 동지에 윤이 드는 해부터 11년 반이 지나면 자연 하지에 윤이 된다. 양둔하원 다음 갑자일이 음둔상원이지만 이 윤이 드는 경우 하지일(夏至日) 30~31일 전에 벌써 갑자일이 들어 음둔상원을 놓는게 아니라 윤(閏)을 두어 이 갑자일(陽遁閏)부터 계사일(癸巳日)까지 30일간 양둔기간을 연장하고, 다음 갑자일(하지 후 30~29일쯤)에 음둔상원을 정하고 양둔윤이 끝나는 계사일(癸巳日) 다음 갑오일(甲午日)에 음둔을 앞당겨 적용해야 하니, 이 갑오일(甲午日)이 음

둔윤이 된다. 즉 양둔의 기간인 양둔하 계사일(癸巳日)까지 연장 일백구성(一白九星)을 양둔법으로 순행(順行)하고 음둔상원 갑자일(甲子日)에서 거꾸로 갑오일(甲午日)까지 앞당겨 음둔법으로 일백구성(一白九星)을 역행(逆行)해야 한다.

時白三元九星의 上中下元日

甲子 乙丑 丙寅 丁卯 戊辰日 : 上元

己巳 庚午 辛未 壬申 癸酉日 : 中元

甲戌 乙亥 丙子 丁丑 戊寅日 : 下元

己卯 庚辰 辛巳 壬午 癸未日 : 上元

甲申 乙酉 丙戌 丁亥 戊子日 : 中元

己丑 庚寅 辛卯 壬辰 癸巳日 : 下元

甲午 乙未 丙申 丁酉 戊戌日 : 上元

己亥 庚子 辛丑 壬寅 癸卯日 : 中元

甲辰 乙巳 丙午 丁未 戊申日 : 下元

己酉 庚戌 辛亥 壬子 癸丑日 : 上元

甲寅 乙卯 丙辰 丁巳 戊午日 : 中元

己未 庚申 辛酉 壬戌 癸亥日 : 下元

○ **시백양둔**(時白陽遁)**동지후**(冬至後) : 아래 간지는 시의 간지임.

[上元日]

二黑	乙丑 甲戌 癸未 壬辰 辛丑 庚戌 己未
九紫	壬申 辛巳 庚寅 己亥 戊申 丁巳
四綠	丁卯 丙子 乙酉 甲午 癸卯 壬子 辛酉
七赤	庚午 己卯 戊子 丁酉 丙午 乙卯
五黃	戊辰 丁丑 丙戌 乙未 甲辰 癸丑 壬戌
三碧	丙寅 乙亥 甲申 癸巳 壬寅 辛亥 庚申
六白	己巳 戊寅 丁亥 丙申 乙巳 甲寅 癸亥
一白	甲子 癸酉 壬午 辛卯 庚子 己巳 戊午
八白	辛未 庚辰 己丑 戊戌 丁未 丙辰

[中元日]

二黑	戊辰 丁丑 丙戌 乙未 甲辰 癸丑 壬戌
九紫	丙寅 乙亥 甲申 癸巳 壬寅 辛亥 庚申
四綠	庚午 己卯 戊子 丁酉 丙午 乙卯
七赤	甲子 癸酉 壬午 辛卯 庚子 己巳 戊午
五黃	辛未 庚辰 己丑 戊戌 丁未 丙辰
三碧	己巳 戊寅 丁亥 丙申 乙巳 甲寅 癸亥
六白	壬申 辛巳 庚寅 己亥 戊申 丁巳
一白	丁卯 丙子 乙酉 甲午 癸卯 壬子 辛酉
八白	乙丑 甲戌 癸未 壬辰 辛丑 庚戌 己未

[下元日]

二黑	辛未 庚辰 己丑 戊戌 丁未 丙辰
九紫	己巳 戊寅 丁亥 丙申 乙巳 甲寅 癸亥
四綠	甲子 癸酉 壬午 辛卯 庚子 己巳 戊午
七赤	丁卯 丙子 乙酉 甲午 癸卯 壬子 辛酉
五黃	乙丑 甲戌 癸未 壬辰 辛丑 庚戌 己未
三碧	壬申 辛巳 庚寅 己亥 戊申 丁巳
六白	丙寅 乙亥 甲申 癸巳 壬寅 辛亥 庚申
一白	庚午 己卯 戊子 丁酉 丙午 乙卯
八白	戊辰 丁丑 丙戌 乙未 甲辰 癸丑 壬戌

동후 자오묘유일(子午卯酉日)이 양둔상원(陽遁上元), 인신사해일(寅申巳亥日)이 양둔중원(陽遁中元), 진술축미일(辰戌丑未日)이 양둔하원(陽遁下元)이다. 하지후(夏至後) 자오묘유일(子午卯酉日)이 음둔상원(陰遁上元), 인신사해일(寅申巳亥日)이 음둔중원(陰遁中元), 진술축미일(辰戌丑未日)이 음둔하원(陰遁下元)이다. 자오묘유(子午卯酉)란 갑자(甲子)·기묘(己卯)·갑오(甲午)·기유일(己酉日)부터 5일간[上元]이고, 인신사해일(寅申巳亥日)이란 기사(己巳)·갑신(甲申)·기해(己亥)·갑인일(甲寅日)부터 5일간[中元]이며, 진술축미일(辰戌丑未日)이란 갑술(甲戌)·기축(己丑)·갑진(甲辰)·기미일(己未日)부터 5일간[下元]을 말한다. 이를 묶어 말하면 다음과 같다.

甲子午卯酉日 : 상원(上元)

甲寅申巳亥日 : 중원(中元)

甲辰戌丑未日 : 하원(下元)

○ **시백음둔(時白陰遁)하지후(夏至後)**

[上元日]

二黑	辛未 庚辰 己丑 戊戌 丁未 丙辰
九紫	甲子 癸酉 壬午 辛卯 庚子 己巳 戊午
四綠	己巳 戊寅 丁亥 丙申 乙巳 甲寅 癸亥
七赤	丁卯 丙子 乙酉 甲午 癸卯 壬子 辛酉
五黃	未乙丑 甲戌 癸未 壬辰 辛丑 庚戌 己
三碧	壬申 辛巳 庚寅 己亥 戊申 丁巳
六白	庚午 己卯 戊子 丁酉 丙午 乙卯
一白	丙寅 乙亥 甲申 癸巳 壬寅 辛亥 庚申
八白	戊辰 丁丑 丙戌 乙未 甲辰 癸丑 壬戌

[中元日]

二黑	乙丑 甲戌 癸未 壬辰 辛丑 庚戌 己未
九紫	丁卯 丙子 乙酉 甲午 癸卯 壬子 辛酉
四綠	壬申 辛巳 庚寅 己亥 戊申 丁巳
七赤	己巳 戊寅 丁亥 丙申 乙巳 甲寅 癸亥
五黃	辛未 庚辰 己丑 戊戌 丁未 丙辰
三碧	甲子 癸酉 壬午 辛卯 庚子 己巳 戊午
六白	庚午 己卯 戊子 丁酉 丙午 乙卯
一白	丙寅 乙亥 甲申 癸巳 壬寅 辛亥 庚申
八白	戊辰 丁丑 丙戌 乙未 甲辰 癸丑 壬戌

[下元日]

二黑	戊辰 丁丑 丙戌 乙未 甲辰 癸丑 壬戌
九紫	庚午 己卯 戊子 丁酉 丙午 乙卯
四綠	丙寅 乙亥 甲申 癸巳 壬寅 辛亥 庚申
七赤	壬申 辛巳 庚寅 己亥 戊申 丁巳
五黃	乙丑 甲戌 癸未 壬辰 辛丑 庚戌 己未
三碧	丁卯 丙子 乙酉 甲午 癸卯 壬子 辛酉
六白	甲子 癸酉 壬午 辛卯 庚子 己巳 戊午
一白	己巳 戊寅 丁亥 丙申 乙巳 甲寅 癸亥
八白	辛未 庚辰 己丑 戊戌 丁未 丙辰

❖ **상분하합**(上分下合) : 물이 혈 위에 입자(入字) 모양으로 양분되어 있다가 혈 아래에서 다시 합쳐짐을 말함. 갈라지는 물을 분수(分水) 또는 해안(蟹眼)이라 하고, 합쳐지는 물을 합수(合水) 또는 합금(合襟) 또는 금어수(金魚水)라 한다.

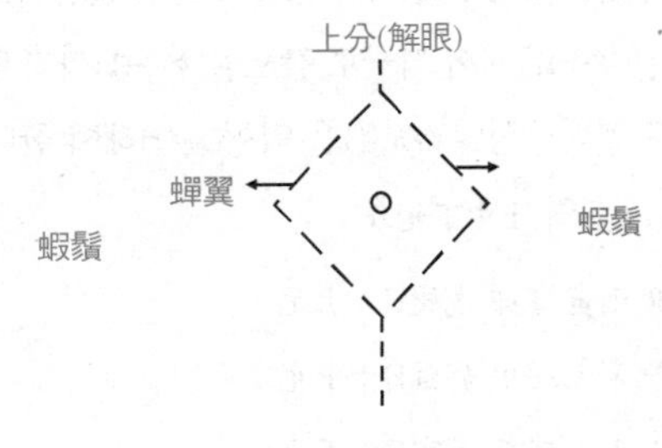

❖ **상사**(相射) : 용호의 끝이 뾰족하여 서로 찌르는 모양.

❖ **상사**(上巳) : 3월중 첫 번째 사일(巳日). 세시풍속에 이날을 당하여 시골의 처녀들이 물 좋고 경치 좋은 산이나 들에 가서 파릇파릇 돋아나는 풀을 밟으며 즐겼는데 이것을 답청(踏青)이라 한다. 그리고 또 여인들이 풀을 뜯어 쪽(낭자)을 찌고 나무를 깎아 끼우고 붉은 치마를 입혀 인형놀이를 하였는데 이를 초각씨(草閣氏)라 한다.

❖ **상사**(喪事) : 첫째 호상(好喪), 둘째 흉상(凶喪), 셋째 이장(移葬)으로 요약된다. 60갑자(甲子) 즉 회갑을 못넘기고 죽는 것이 흉상이며, 회갑을 넘기고 자연사한 것을 호상이라고 하는데 세인들은 70세를 넘어서 죽으면 호상이라고도 한다. 100세가 넘도록 살다가 죽는 것은 호상이라 하는 것은 큰 욕이다. 그러나 상사(喪事)에서는 이장(移葬)과 초장(初葬)으로 분류하여 치산(治山)한다.

❖ **상삭**(上朔) : 이에 해당되는 일진에는 결혼식·연회·취임에 불길하다는 것이다.

甲年 : 癸亥日	乙年 : 己巳日	丙年 : 乙亥日
丁年 : 辛巳日	戊年 : 丁亥日	己年 : 癸巳日
庚年 : 己亥日	辛年 : 乙巳日	壬年 : 辛亥日
癸年 : 丁巳日		

태세가 갑년(甲年:甲子 甲戌 甲申 甲午 甲辰 甲寅)이면 계해일(癸亥日)이 상삭일이다. 을년(乙年:乙丑 乙亥 乙酉 乙未 乙卯 乙巳)이면 기사일(己巳日)이 상삭일이다.

❖ **상상**(上喪) : 이를 만나면 부모상을 당하거나 집안에 우환이 있다는 흉살.

正五九月辰　二六十月戌

三七十一月丑　四八十二月未

❖ **상생상극**(相生相克) : 오행(五行)의 상생(相生)과 상극(相克).

相生 : 金生水, 水生木, 木生火, 火生土, 土生金

相克 : 金克木, 木克土, 土克水, 水克火, 火克金

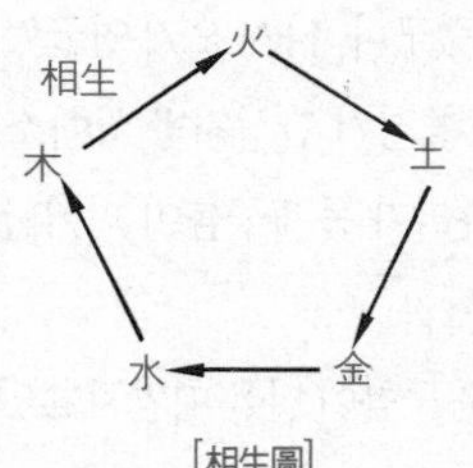

[相生圖]

[相克圖]

❖ **상석부적합처**(床石不適合處) : 산세의 모양에 따라 용맥(龍脈)의 형세가 너무나 가늘고 약하여 외형상으로 돌(상석, 비석 등)을 올리면 무게의 부담을 받을 만한 곳이나 형국이 새의 형국에는 상석 등을 놓지 않는다. 사실 상석을 비롯한 모든 석물은 놓지 않는 것이 좋다.

❖ **상석불구방**(床石不具方) : 먼저 좌(坐)를 기준으로 임(壬:제비), 간(艮:게), 사(巳:뱀), 유(酉:닭), 을(乙:동아뱀) 등에는 상석 등을 놓지 않는다.

❖ **상석**(床石)**에 글씨는 어떻게 기록하나**

처사(處士) ○○○공(公)휘(諱:이름)○○지묘(之墓)○배(配)유인(孺人)○○성씨(姓氏) 합폄(合窆) 부좌(祔左)

학생(學生)○○○공(公)휘(諱)○○지묘(之墓)○좌(坐)배(配)유인(孺人)○○○씨(氏)쌍분(雙墳)○좌(坐)

• **같은 산에 부부가 따로 따로 있을 경우**

처사(處士)○○○공(公)휘(諱)○○지묘(之墓)○좌(坐)곤위(坤位)묘재(墓在)동원(同原)좌협(左脇)○○좌(坐) 또는 우협(右脇)

• **같은 산에 상하**(上下)**로 있을 경우**

학생(學生)○○성씨 공(姓公)휘(諱)○○지묘(之墓)곤위(坤位)묘재(墓在)동원(同原)하록(下麓)○○(○坐)

유인(孺人)○○○씨(氏)지묘(之墓)○좌(○坐)건위(乾位)묘재(墓在)동원(同原)상(上)○○좌(坐)

학생(學生)○○○공(公)휘(諱)○○지묘(之墓)○좌(坐)곤위(坤位)묘재(墓在)○○군(郡)○면(面)○리산(○里山)○좌(坐)

❖ **상소국**(相消局) : 상소라고 하는 것은 선천팔괘가 좌선으로 점점 길어지고 우선으로 점점 소멸되는 것을 말함. 예컨대, 건(乾)이 태(兌)를 보면 건소태(乾消兌)가 되고, 진(震)이 곤(坤)을 보면 진소곤(震消坤)이 된다. 감(坎)과 이(離)는 소(消)가 없다. 수수(收水)에서 용좌소파(龍坐消破)는 길하고 파구소룡좌(破口消龍坐)는 흉이다. 예를 들면 진룡(震龍) 곤파(坤破)는 길하고, 곤룡(坤龍) 진파(震破)는 흉이다. 이상의 모든 괘기법은 지반정침(地盤正針)을 쓴다.

❖ **상수**(相水) : 상수란 어떠한 혈이든지 와겸유돌(窩鉗乳突)뿐이다. 그 하(下)에 반드시 순(脣)이 있고 순하(脣下)에 전(氈)이 있다. 순(脣)이 있는 곳에 합혈(合穴)이 되므로 기(氣)가 있고, 전(氈)이 있어 합룡(合龍)이 된 곳에 기(氣)가 있다. 순(脣) 하에 있는 것을 금어수(金魚水)라 하고, 전하(氈下)에 있는 것을 녹저수(綠儲水: 재물이 쌓임)라 한다. 이것을 일러 상수(相水)라 한다. 상수(相水)는 순전(脣氈)을 말하는 것이다. 구수(溝水)나 전수(田水)나 지수(池水)나 처음 물이 흐르는 것은 반드시 상수(相水)가 아니다. 유돌(乳突)이 스스로 운(暈)이 가득히 있어도 이에 요긴한 것은 순(脣)이 있어야 혈이 된다.

❖ **상수법**(嘗水法) : 물의 맛에 대해 말하는 것. 혈장 주위의 물의 맛은 담청(淡青)함을 길한 것으로 친다.

❖ **상수**(床需)**와 사돈지**(查頓紙) : 상수란 신부집에서 혼례식에 사용했던 음식물을 신랑집으로 보내는 것을 이르는 말로 이때 상수송서장(床需送書狀)이란 편지와 함께 보내는 물품명을 기록한 물목을 보낸다. 물목은 육, 어, 주, 과, 포의 차례로 적고 흔히 사돈지라 하여 신부의 어머니가 신랑의 어머니에게 보내는 편지가 있다. 이것으로 신부 어머니의 음식 솜씨와 범절을 평가받는다.

❖ **상수잉어**(上水鯉魚) : 잉어가 물 위에서 노니는 형국. 혈은 잉어의 빰이나 배꼽에 있으며, 안산은 잉어가 잡아먹는 작은 물고기

로서 혹은 물이 안(案)이 된다.

❖ **상수지법**(相水之法) : 상수(相水)의 법은 산욕(山浴)에 교쇄(交鎖)함이 제일이 되고, 평양(平洋)에는 직결(織結)함이 아름다움이 되니, 산은 맥으로써 근본을 삼고, 양(洋)은 물로써 주(主)를 삼는다. 비유한다면 산의 기(氣)는 자(子)와 같고, 물은 모(母)와 같으니 모(母)가 가면 자(子)가 따름이오, 자(子)가 멈춘 즉 모(母)가 멈추어서 자(子)가 가면 호위하고 멈춘 즉 싸주워서 많이 사모하면 자(子)는 귀해지고 적게 사랑하면 자(子)는 천해진다.

❖ **상아출전**(孀娥出殿) : 달 속의 선녀가 궁전으로 들어가는 형국. 뒤에 달처럼 둥글게 생긴 산이 있고, 혈은 선녀의 가슴이며, 안산은 구름이다.

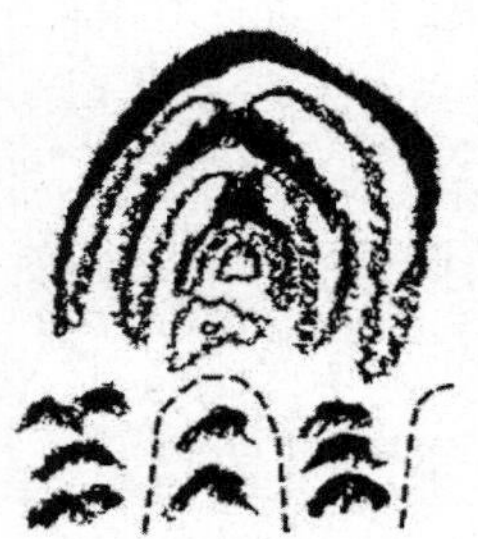

❖ **상아형**(象牙形) : 코끼리가 어금니를 밖으로 쭉 내밀고 있는 형상이며, 매아형은 어금니를 감추고 있는 형상. 앞에 온 호수나 냇물이 있고 혈은 어금니 부분에 있으며, 안산은 코끼리 먹이인 풀더미다.

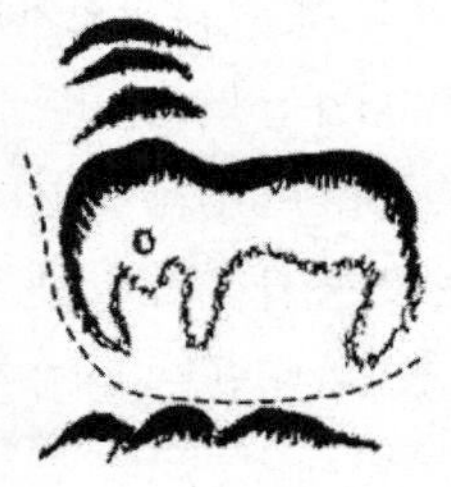

❖ **상여소리**(상여가 나갈 때) : 에에 에헤야 어구리 영차 에헤요. 에에 에헤야 어구리 영차 에헤요. 이제가면 언제오나. 이제가면 언제와요. 에에 에헤야 어구리 영차 이헤요. 서산에 지는 해는 얼루지면서 지나가나. 에에 에헤야 어구리 영차 에헤요. 명사십리 해당화야 꽃진다 잎진다 슬퍼들마라. 에에 에헤야 어구리 영차 에헤야. 명년삼월 봄이 오면은 너는 다시 피건마는. 에에 에헤야 어구리 영차 이헤야. 에에 에헤야 어구리 영차 에헤야. 초루두같은 우리인생 한번 낫다 죽어지면. 에에 에헤야 어구리 영차 에헤야. 다시 오기는 영글렀구나. 다시 오기 영글렀구나. 에에 에헤야 어구리 영차 에헤야(경기 안성지방 상여소리).

❖ **상운**(祥雲) : 사방의 여러 봉우리가 뭉개구름이 피어난 듯이 솟은 모양.

❖ **상운봉월**(祥雲奉月) : 상서로운 구름이 달을 떠받치고 있는 형국. 주산(主山)은 둥그렇게 생겼고 주변의 경치가 뛰어나게 아름답다.

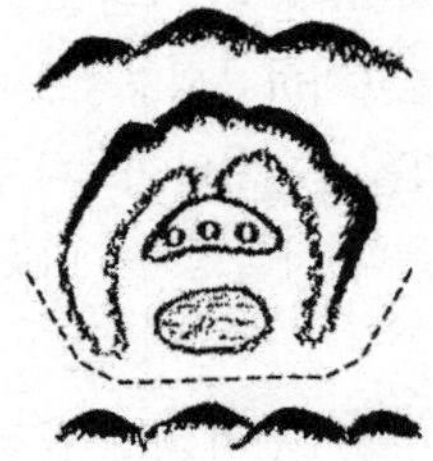

❖ **상일**(相日) : 사시길신(四時吉神)의 하나로 상량(上樑), 하관(下棺)에 길하지만 흙 다루는 일에는 꺼린다고 한다. 상일은 아래와 같다.

春三月 : 巳　　夏三月 : 申

秋三月 : 亥　　冬三月 : 寅

가령 정 2, 3월(正二三月)의 춘삼월(春三月)은 사일(巳日). 즉 기사(己巳), 신사(辛巳), 계사(癸巳), 을사(乙巳), 정사일(丁巳日)이 상일(相日)이다.

❖ **상잔**(傷殘) : 기맥을 마구 끊어 상하고 쇠잔하게 함.

❖ **상장일**(上章日) : 상장(上章)이란 글을 올린다는 말. 옛날 상소문(上疏文)을 올리는 날. 민원서 제출 · 의견서 · 진정서 · 탄원서 · 논문 · 이력서 · 저작원고 · 작품출품(미술 · 서예 · 조각) 등에 보는 날.

• **길일**(吉日) : 갑자(甲子), 을축(乙丑), 병인(丙寅), 정묘(丁卯), 임신(壬申), 병자(丙子), 정축(丁丑), 기묘(己卯), 임오(壬午), 병술(丙戌), 기축(己丑), 경인(庚寅), 신묘(辛卯), 임진(壬辰), 갑오(甲午), 병신(丙申), 정유(丁酉), 무술(戊戌), 경자(庚子), 임인(壬寅), 갑진(甲辰), 병오(丙午), 무신(戊申), 기유(己酉), 경술(庚戌), 임자(壬子), 갑인(甲寅), 병진(丙辰), 무오(戊午), 경신(庚申), 신유(辛酉), 임술(壬戌), 황도(黃道), 복덕(福德), 월공(月空), 성심(聖心), 복생(福生), 해신(解神), 본명녹마일(本命祿馬日).

• **기일**(忌日) : 천적(天賊), 수사(受死), 천강(天罡), 하괴(河魁), 파(破), 제(除), 수(收), 폐일(閉日).

❖ **상쟁**(相爭) : 용호의 중간에 귀한 물건이 있어 서로 가지려고 싸우는 모양.

❖ **상전**(桑田) : 뽕나무밭.

❖ **상정**(上丁) : 그 달의 첫 번째 정일(丁日). 2월과 8월의 상정일에 석전(釋奠)을 드리며 일반 개인의 집에서 지내는 연제(練祭), 담제(禫祭) 등도 이 날에 지냄.

❖ **상제봉조**(上帝奉朝) : 하늘의 임금(하느님)이 뭇 신선들과 조회(朝會)를 여는 형국. 상제형(上帝形)은 삼각형으로 장군형과 비슷한데 장군형보다 훨씬 더 웅장하고 단아하다. 혈은 아래쪽에 자리를 잡으며 안산은 군선이다. 상제형의 명당은 대인(大人)을 배출하고, 수많은 사람이 그를 존경하고 따르며 뭇사람과 더불어 대업을 이룩한다. 성인(聖人), 왕후(王侯), 재상(宰相)이 배출되니 참으로 큰 명당이다.

❖ **상조살**(喪吊殺) : 상문(喪門) 조객살(吊客殺). 상문은 태세 2위전(가령 子年이면 寅이요), 조객은 태세 2위후(가령 子年이면 戌)가 된다.

❖ **상주**(喪主)**가 운이 있으면 어진 선비가 모여들고 상주가 운이 없으면 어리석은 선비가 모여든다** : 경(經)에 이르기를 운이 있는 주인된 자가 상복(喪服)을 당하면 어진선비가 모여들고 주인이 운이 다되면 어리석은 선비가 덤벼들어 투기한다 하였다.

❖ **상주 불립방**(喪主不立方) : 申子辰日 巳午未方不立, 寅午戌日 亥子丑方不立, 巳酉丑日 寅卯辰方不立, 亥卯未日 申酉戌方不立.

❖ **상처**(喪妻)**하는 곳이라면** : 산(山) 끝이 묘(墓)를 충(沖)하면 자손에게 상처(喪妻)한다. 두 곳이면 두 번 상처 한다. 입수(入首)가 한쪽이 높고 낮고 하면 상처한다는 것이다. 입수맥이 광탕(廣蕩)하면 축첩을 하게 되고 한편으로 치우치게 아름답거나 모자라면 홀아비와 과부가 난다. 입수가 기울고 당판이 허(虛)하면 반드시 과부 홀아비가 나서 고독하게 된다. 당판(當坂)이 허한 것은 기형아 출산이 많다.

❖ **상충**(相冲) : 서로 부딪혀 깨진다는 말. 흉살(凶殺) 가운데서도 대표적인 것.

① **천간충**(天干冲) : 일명 칠살(七殺)이라고도 함. 자기로부터 일곱 번째에 만나는 글자와 상충(相沖) 되기 때문이다.

天干	甲	乙	丙	丁	庚	辛	壬	艮	壬	癸
相沖	庚	辛	壬	癸	甲	乙	丙	坤	丙	丁

② **지지상충**(地支相沖) : 일곱 번째 만나는 글자와 상충이 되는데 이곳은 서로 맞서는 자리이기 때문이다. 아래와 같이 마주보는 자(字)끼리 상충이 되는데 상충이라고 해서 무조건 나쁜 것은 아니다. 혹 천간충은 오히려 더 할 수도 있으니 나무로 비유한다면 가지에 해당하기 때문에 일정한 시기에 다시 회생할 수도 있기 때문이다. 그러나 지지의 상충은 뿌리가 뽑히니 회생할 가능성이 없어져 더욱 흉한 것이다.

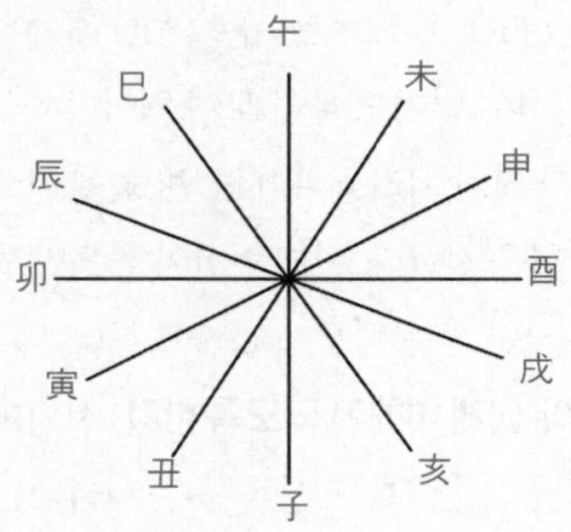

❖ **상투**(相鬪) : 용호의 끝이 서로 마주 보고 싸우는 모양.

❖ **상파**(相破) : 파(破)는 일을 이루지 못하고 신간(申間)에서 파괴하는 흉살이라고 해서 파산살(破散殺)이라고도 한다.

地支	子	丑	寅	卯	辰	巳	戌
破	酉	辰	亥	午	丑	申	未

❖ **상하사**(上下砂) : 상사(上砂)와 하사(下砂)를 합칭한 술어. 상사는 혈 뒤의 용이 혈을 덮어 보호하는 사이고, 하사는 아래에서 물을 거슬러 올라와 혈을 보호하는 사이다. 상사의 덮어 오는 것이 많으면 국세(局勢)가 관대하고 상사가 엷으면 물이 혈 앞을 핍박하거나 용을 충돌하여 불가하므로 상사 즉 혈 뒤의 용이 세력을 펴서 혈 아래까지 지나면 그 용이 객수(客水)의 침입을 막아 명당으로 오르지 못하게 한다. 귀한 용은 객수를 거둬들이지 않고 자기 즉 본룡의 물만을 용납하는 것이다. 하사(下砂)는 기운과 물을 거두는 작용을 하는데, 만약 용이 왼편으로 이르면 오른편이 하사가 되고 용이 오른편으로 이르면 왼편이 하사가 되며, 용이 좌우의 치우침이 없이 곧게 뻗어나가면 하사는 혈의 정면에 있어 달아나는 기운을 거둬들여야 한다.

❖ **상하사격**(上下砟格)**이란** : 사격 중에서 상사격(上砟格)과 하사격(下砟格)의 두 사격이 있다. 상사격은 혈장(穴場)의 위에서 밑으로 내려오면서 혈장의 생기를 좌우에 환포(環抱)하여 혈장을 보호하는 사격을 말하고 하사격을 혈장의 아래에서 혈장을 빠져나가려는 물(水)을 가로 막아 멈추게 하여 혈장을 보호하는 사격을 말한다. 모든 사는 용혈(龍穴)을 아름답게도 하고 흉(凶)하게도 한다.

❖ **상하좌우를 보아도 혈처**(穴處) **찾기 어렵거든** : 안산(案山)이 단정(端正), 평정(平正), 회포(廻抱), 유정(有情) 해야 하고 안산이 있어야 한다. 안산이 없어도 물이 모여 있어야 하고 상하좌우를 보아도 혈처를 찾기 어려울 때에는 전(前)에 안산이 있으면 이를 증거하여 혈을 정한다. 이때 안산이 높으면 혈도 높은 곳에 있고 안산이 멀면 청룡 백호가 감싸야 한다.

❖ **상호는 한눈에 쉽게 이해가 되도록 한다** : 사람마다 제 이름이 있듯이 상호는 그 기업(회사, 상점 등)을 나타내는 얼굴이다. 좋은 상호는 기업의 성공을 보장해 주고 신뢰감을 불어넣어 주며 그 기업을 널리 인식시켜 준다. 글자는 한눈에 알아보기 쉽게 도안해 주어야 한다. 한글이든 외국어든지 쉽게 읽을 수 있는 글자 모양을 갖춘 상호가 좋으며, 여러번 보아야 글자 모양이 보이거나 해석하기에 시간이 걸린다면 그 기업의 내부사정이 어렵다는 것을 짐작할 수 있다. 글자 배열은 수평과 수직을 지향하는 것이 좋다. 상호는 수평과 수직을 강조하여야 하며 기울어진 형상은 절대로 좋은 결과를 얻지 못한다. 상호를 제작해 설치할 경우에는 튼튼한 재료를 사용하여 제작하고 단단하게 고정시켜야 한다. 바람에 움직인다거나 빗물 등에 더러워졌거나 녹이 쓸었을 경우에는 즉시 보수하거나 새것으로 바꿀 필요가 있다. 가장 흉한 행위는 상호를 계단이나 바닥에 붙이는 것이다. 이것은 자신의 얼굴을 뭇사람들이 밟고 지나가는 것과 다를 바 없는 매우 천한 발상이다. 상호는 움직이지 않고 고정되어 있는 것이 좋다. 소규모 사업을 하는 곳일수록 상호를 출입문에 부착해 놓은 곳이 많은데 문을 여닫을 때마다 회사 전체가 어지러워지므로 출입문 옆 벽면에 단단하게 부착해야 한다.

❖ **상화**(喪禍) : 죽음의 재앙.

❖ **쌍돌혈**(雙突穴) : 쌍유혈(雙乳穴)과 같이 유방과 같은 혈성(穴星)인 것을 말하지만 다른 점은 쌍유혈(雙乳穴)은 쌍유(雙乳) 위에 용혈이 있고, 쌍돌혈은 쌍돌(雙突)의 바로 앞에 용혈이 있다는 것으로 음혈(陰穴)에 속한다.

❖ **새 가구의 인테리어 어떻게** : 같은 집이라 새 가구를 들여 놓거나 가구의 배치를 달리하거나 구조를 변경하거나 하면 전혀 새로운 기분을 느끼게 된다. 그러므로 우리는 무엇인가 새로운 기분을 느끼고 싶을 때는 집안의 인테리어를 바꾸거나 색상을 바꾸게 된다. 같은 공간에서 느끼는 새로운 기분이 보이지도 잡히지도 않는 무엇이라고 설명할 수 없는 느낌을 받는 새로운 기분을 이것이 공간이 만들어 내는 기(氣)이다. 기(氣)는 땅에서 뿐만 아니라 우리가 살고 있는 집 건물 아파트 빌딩에서도 살아 움직이며 사람들에게 영향을 준다. 그러므로 좋은 기가 흐르는 공간에서 생활 하면 삶도 활기가 넘치지만 나쁜 기가 흐르는 공간에 오래 있으면 피곤하고 불안하게 되고 또한 건강도 잃게 된

다. 인테리어에 풍수 개념과 원칙을 도입하는 것도 바로 이런 이유에서 인데 생활공간이 건강해야 삶도 건강하고 행복해 질 수 있다.

❖ **새집에 입주하여 부인이 병을 앓는 경우** : 새집에 입주한 후 부인이 갑자기 병을 앓거나 매우사소한 일로도 의심을 하고 신경질 증상이 생기면 육체나 신경의 피로가 원인이 아니라 새집의 주방 위치가 북쪽이나 동북(艮), 서남(坤) 방위 즉 귀문(鬼門艮坤) 방위에 놓여 때문이다. 새집의 중심에서 살펴 볼 때 더욱이 주방의 가스레인지와 하수구의 위치가 이방위에 놓여 있을 때는 성격이 쾌활하고 운동을 매우 즐기는 사람을 제외하는 모든 정신적 육체적으로 손상을 입게 된다. 그러나 주방은 안전한 동방이나 동남방이나 동남방으로 옮기기만 하면 부인의 건강이 범범 회복되는 예가 많다. 이로 미루어 보아도 부인의 건강이 주방위치와 밀접한 관계가 있음을 알 수 있다. 주방의 흉상은 가스레인지, 난로 등 화기(火氣)와 하수구 따위에서 문제가 발생하는 것일 뿐 부엌의 칸막이와는 아무 관계가 없다. 그러므로 가스레인지와 하수구의 위치를 조금만 움직이면 된다. 즉 이두 가지를 주방내 안전한 곳으로 옮겨 놓으면 되다. 귀문(鬼門) 방위에 창문을 내면 도둑이 자주 든다.

❖ **새 집을 짓고 드는 날** : 입택귀화일, 신옥입택길일. : 갑자(甲子), 을축(乙丑), 병인(丙寅), 정묘(丁卯), 기사(己巳), 경오(庚午), 신미(辛未), 갑술(甲戌), 을해(乙亥), 정축(丁丑), 계미(癸未), 갑신(甲申), 경인(庚寅), 임진(壬辰), 을미(乙未), 경자(庚子), 임인(壬寅), 계묘(癸卯), 병오(丙午), 정미(丁未), 경술(庚戌), 계축(癸丑), 갑인(甲寅), 을묘(乙卯), 기미(己未), 경신(庚申), 신유(辛酉), 천덕(天德), 월덕(月德), 천덕합(天德合), 월덕합(月德合), 천은(天恩), 황도(黃道), 모창상길일(母倉上吉日) 만(滿) 성(成) 개일(開日) 역마일(驛馬日) 吉.

❖ **색문**(塞門) : 출입문을 폐쇄(閉鎖)하는 것. 이에 대한 길일은 복단일(伏斷日) 및 폐일(閉日)을 사용.

❖ **색별**(色別)**의 운**(運)

- **녹색**(綠色) : 스트레스 저지하고 기운을 돋아준다. – 남쪽, 남동쪽에 장식
- **청(파란)색** : 자립심 독립심을 키운다. – 동쪽창문
- **황**(黃)**(노란)색** : 금전 운 기대감을 돋운다. 식욕, 쌀, 황금, 해바라기, 국화 – 서쪽
- **홍**(紅)**(빨강)색** : 생명 행운 장미꽃 빨간 꽃 – 동쪽
- **갈색** : 침착 중압감 건재한 기운을 느낀다. – 재기의 기운
- **황갈색**(黃褐色) **담갈색** : 성공적인 새로운 출발을 의미 희망이 없는 곳에서 새로운 가능성 싹터 오르게 하는 색
- **분홍색**(粉紅色) : 활기를 느낀다. 사랑과 순수한 감정 기쁨 낭만을 상징 독신자에게는 좋은 의미를 가지지만 결혼한 사람에게는 파개적인 의미를 담고 있다.
- **회색**(灰色) : 좌절과 희망이 없음 – 단 승복은 오색을 균일하게 혼합하여 만든 색
- **흑색**(黑色) : 강한 개성과 최고의 지위를 나타낸다. 장식은 금물
- **주황색**(朱黃色) : 행복과 권력과 힘의 상징 옛 황실의 장식
- **오렌지색** : 창조적이고 예술적인 색 자극적이고 활동적이며 재미있고 즐거움을 상징한다.
- **자주색** : 반길 반흉의 색이다 동쪽에 녹색 빨간색을 꼭 장식할 것 꽃 그림 화분 등

❖ **색상**(色相)**의 의미와 영향**

- **녹색** : 스트레스를 가라앉히고 기운을 돋운다. 풍수에서 녹색은 사회적 신용과 인간관계 능력 결혼운 등 연관이 있다. 햇볕이 잘 드는 남쪽과 남동(南東)쪽은 행운의 작용을 상승시켜 준다. 그리고 천생연분을 만나게 하여 연애나 결혼을 쉽게 성사시킨다.
- **파란색** : 자립심이나 독립심을 기른다. 몸과 마음을 편안하게 한다. 파란색은 협조와 동화 단체성을 나타내는 색이라 할 수 있다 동(東)쪽에 이 파란색 계통의 식목이나 관엽식물을 놓아두면 모든 일에 상승 운세로 발전 할 수 있다.
- **노란색** : 노란색은 금전운을 부른다. 기대나 욕구를 높여준다. 노란색은 황금부터 떠 올린다. 황금은 돈과 직결되기 때문이다. 사실 노란색은 황금뿐만 아니라 우리에게 가장 중요한 먹을 것 쌀이나 벼를 연상시킨다. 벼가 잘 익어 고개를 숙일 때는 황금들판 물결을 이룬다. 옛날이나 지금이나 쌀은 현금과 다를 바가 없다. 그래서 노란색 하면 돈을 상징하게 되

는 것이다. 이 금전운을 지배하는 방향은 서(西)쪽이다. 노란 색으로 장식하면 그 운기가 더욱 높아진다고 할 수 있다. 장미 해바라기 국화를 꽂아두면 소망을 이를 수가 있다.

- **빨간색** : 생명력을 탄생시킨다. 아침 해가 떠오르는 것을 상징한다. 동쪽에 빨간색을 두면 행운이 햇살처럼 퍼진다.
- **갈색**(褐色) : 침착하면서도 안정감을 준다. 무게가 있으며 중압감을 느끼게 한다. 갈색은 낙엽색이나 흙색으로 비유된다. 흙은 만물을 생장(生長)시킨다. 또한 재도전 새 삶에 대한 갈망의지 등을 의미하기도 한다.
- **분홍색** : 활기를 준다. 노총각 노처녀는 분홍색 옷을 입거나 분홍꽃을 방에 장식하면 인연을 맺을 수 있다. 노총각은 분홍색 와이셔츠를 입는 것도 하나의 방편이다.
- **검은색** : 개성을 강하게 한다. 여러 색채의 우두머리가 바로 이 색상이다. 자신의 신분을 보다 높게 강조할 때 이 색을 택한다. 이 색상은 인테리어는 권할 것이 못된다.
- **황갈색**(黃褐色) : 황갈색이나 달걀색은 성공적인 새로운 출발을 의미한다. 희망이 없는 곳에서 새로운 가능성이 싹터오르게 한다.
- **주황색** : 빨간색과 노란색을 섞는 이색은 행복(幸福)과 권력을 상징한다. 황실에서 왕이 입던 황포가 바로 이 색깔이다. 단순한 누런색이 아니라 황금색이 바로 귀(貴)하다고 할 수 있는 골든 색이다.
- **자주색** : 자주색 반흉반길의 색상이다. 연꽃색이라고 하여 종교적인 의미를 내포하기도 한다.

❖ **색오행**(色五行) : 청황적백흑(青黃赤白黑)의 5색(五色)에는 각각 그에 속한 오행이 있다.

青色木, 黃色土, 赤色火, 白色金, 黑色水

❖ **생가(生家)에서 같이 자라난 환경이 같은 동기간은 커서도 비슷하다** : 식물이 같은 종류라도 그 풍토의 차이 때문에 성장은 물론 꽃과 열매에서도 많은 차이가 생기듯 사람도 그가 태어난 풍토에 따라서 즉 언어 영향과 성격이 달라지고 성격이 다르면 직업과 지위에도 크게 영향을 미치게 마련이다. 한국의 풍토와 우리 민족은 본시 아득한 옛날에 북방에서 차츰차츰 따뜻한 곳을 따라 남하한 것이 문헌으로 드러나고 인류학자의 견해로도 동족임이 확실하다. 그러나 이 동족인 사람들의 말과 성질이 사는 지방에 따라 달라진 것은 그가 사는 지방의 산천과 풍토가 다르므로 그 지방의 공기를 흡수함에 따라 달라진다고 볼 수 있다. 이는 공기의 흡수를 예시한 것에 주목할 필요가 있다. 그리고 이런 환경에 의한 어렸을 때의 성장은 건강에도 많은 영향을 미치고 있다는 이론도 있다. 아직 원인은 규명되지 않았지만 눈에 보이지 않고 감촉할 수 없어도 무엇인가 우리 인체에 은근히 영향을 미치는 각종 인자가 우리들 주위 환경 특히 사는 집을 중심으로 존재하고 있음을 알 수 있다.

❖ **생가(生家)의 환경의 특징** : 옛날 사람들은 병이 나면 태어나 살았던 생가의 환경적 특징에 영향을 받는다고 생각하였다. 민간의 속설이지만 사람이 병이 났을 때 고향의 물을 마시면 좋아진다고 하는 말은 유년기에 몸에 밴 환경을 되찾아 줌으로써 어긋난 신체리듬을 바로 잡아 준다는 뜻이 포함되어 있다. 이는 꼭 살았던 집을 의미한다기보다는 생가의 기후, 공기, 산세나 물 등을 포함하여 유년기를 보냈던 거택(居宅) 환경의 중요성을 말해주는 것이다.

❖ **생거지(生居地)와 사거지(死居地)** : 풍수지리학은 음택학과 양택학으로 구분되어 있다. 음택학은 묘지명혈지를, 양택학은 주택명당지를 주로 연구하는 것이다. 음택지는 사람이 죽은 뒤에 묻히는 곳이다. 무릇 생자필멸(生者必滅)이라는 자연의 섭리에 따라 인간은 누구나 한 번은 죽기 마련이며 죽은 뒤에 갈 곳은 즉 묘지이다. 양택지는 생거지(生居地)라 하고 음택지를 사거지(死居地)라 한다. 이처럼 음택학과 양택학은 사거지인 묘지와 생거지인 주택지의 적부길흉(適否吉凶)을 산형지세(山形之勢)와 음양이법(陰陽理法)으로 가리는 방법이다.

❖ **생기**(生氣) : 생기란 장경(葬經) 기감편(氣感篇)에 보면 땅 속에 묻히는 사자(死者)는 생기가 모인 땅 가운데 묻혀야 그의 체백(體魄)을 바르게 모시는 일이 풍수지리적 장사(葬事)법이라 했다. 선사(先師)들도 풍수지리적 생기에 대한 명확한 정의를 내린 바 없고 다만 용혈(龍穴)의 외적 형세에 의한 생기의 동정취산(動靜聚散)과 강약청탁(强弱清濁)만을 말했을 뿐이다. 첫째 생기의 어

의(語義)는 생동하는 기운이다. 이 생기의 기는 우주의 운기로 만물창조의 본원적 원동력이다. 이와 같은 기는 신묘(神妙)하여 우주 안에 무소부재(無所不在)하고 불생불멸(不生不滅)하는 특수한 존재이다. 그러므로 생기는 형이상학적인 면과 형이하학적인 양면성을 같이 지니고 있는 우주의 정령(精靈)인 한 기운이라고 추리할 수 있다.

① **발생의 기**(氣) : 기가 생길 때(오전 0시부터 오전 4시까지)

② **서장**(舒長)**의 기**(氣) : 기가 자랄 때(오전4시부터 오전8시까지)

③ **장양**(長養)**의 기**(氣) : 기가 결실을 맺을 때(오전8시부터 12시까지).

❖ **사기**(死氣)

① **화성**(化成)**의 기**(氣) : 기가 쇠퇴할 때(12시부터 오후4시까지).

② **수렴**(收斂)**의 기**(氣) : 기가 가라앉을 때(오후4시부터 오후8시까지).

③ **퇴장**(退藏)**의 기**(氣) : 기가 거두어들여질 때(오후8시부터 0시까지).

❖ **생기궁위**(生氣宮位) : 본 생기법(生氣法)의 각 길흉궁위(吉凶宮位)와 운율의 순서는 가주(家主)의 연궁(年宮)을 기본 괘(卦)로 하고 그 날의 궁위(宮位)를 도출한다.

一上生氣 二中天醫 三下絕體 四中遊魂

五上禍害 六中福德 七下絶命 八中歸魂

- 생기(生氣), 천의(天醫), 복덕(福德)은 매사형통(每事亨通)하고 승직득재(昇職得財)의 궁위(宮位)이다.
- 절체(絕體), 유혼(遊魂), 귀혼(歸魂)은 이해상반(利害相半)에 별무득실(別無得失)의 궁위(宮位)이다.
- 화해(禍害), 절명(絶命)은 매사정체(每事停滯)에 상정손재(傷丁損財)의 궁위(宮位)이다.

❖ **생기론**(生氣論)

① **생기의 의의** : 『장경』 기감편(氣感篇)에 '장자(葬者)는 승생기야(乘生氣也)'라 하였다. 쉽게 말하자면 땅 중에 뭉쳐진 생기 위에 체백(體魄)을 모시는 일이 풍수지리적 장사법. 따라서 풍수지리학을 연구하는 목적은 오직 생기가 엉켜 뭉쳐진 곳, 즉 진혈이 있는 곳을 찾는데 있다. 조상과 후손은 같은 혈통관계이기 때문에 서로 같은 유전인자를 많이 내포하고 있으며 인체의 여러 가지 원소에서 발산되는 방사선 파장도 같은 파장이 많으며 동일한 파장으로써 서로 감응을 일으키는 현상이 많다고 한다. 이 때 혈통이 가까울수록 같은 유전인자가 더욱 많을 것이기 때문에 동일한 방사선 파장이 더욱 많아서 서로 감응하는 정도가 강할 것이며, 오래 되지 않은 묘지 또는 썩어 퇴화되지 않은 뼈일수록 감응하는 정도가 더욱 강해 그 영향도 크게 나타날 것이라 한다.

② **동양철학적 생기론** : 동양철학적인 면에서 추구되는 생기론에서는 '기(氣)'는 우주의 본원으로 어느 곳에나 없는 곳이 없고 불생불멸(不生不滅)하여 무시무종(無始無終)에 불변형질(不變形質)의 한 우주의 기운'이라고 설명하고 있다. 그러므로 인간을 비롯한 우주만물은 이와 같은 기의 작용에 의해 생멸하고 존재한다고 하였다. 한편 풍수지리도 기의 이치에서 이루어지는 것으로 생각되기 때문에 혈지융결(穴地融結)의 원리도 생기와 직결시켜 생각해야 될 것이다. 따라서 진혈은 이 생기가 땅 속을 마치 수맥처럼 기맥을 따라 흐르다가 어느 한 지점에서 멈추고 뭉쳐진 것으로 추정되는 것이다. 그러한 바 풍수지리의 동양철학적 추구는 이와 같이 용혈에 모인 우주의 기와 체백의 기를 융합시켜 더욱 강한 생기(좋은 에너지)로 동화시키는 방법을 연구하는 학문이라고 설명할 수 있다.

③ **과학적 생기론** : 동양철학적 생기론과 현대과학적 생기론의 근원은 다 같이 궁극적으로는 우주의 모든 천체운동에서 발원하는 음양기운에 관한 추구론이다. 즉 양에 속하는 천기는 태양에서 나오는 기운이고, 음에 속하는 지기는 지구에서 발생하는 기운이다. 첫째 양기의 발생처인 태양은 그 중심부에서 계속되는 핵반응에 의한 무한량의 열을 방출하고 있다. 즉 태양의 대부분을 차지하고 있는 수소가 헬륨으로 변하는 핵융합 과정에서 엄청난 열 에너지를 방출한다. 이 많은 에너지는 지구를 비롯한 태양계 안에 있는 모든 성신(星辰)에게 고루 방사하여 천체와 그 안에 있는 생물의 생육을 돕고 있다. 따라서 풍수지리에서 말하는 양의

기도 이러한 맥락에서 추구해야 할 것이다. 둘째 음기의 발생지인 지구는 인간과 만물이 직접 생존하는 곳이며 죽으면 다시 돌아가는 곳도 역시 지구이다. 이 지구는 계속되는 지각의 변동, 기후의 변화, 공기 중 산소의 증감 등 지구운동에 의해 자신의 존속과 모든 생물의 성장을 위한 지기를 발하고 있다. 이와 같은 지구의 힘을 현대과학에서는 지구에너지라 하고 풍수지리학에서는 지기라고 한다. 지상의 모든 생물은 지기[陰]와 천기[陽]를 받아들여 음양배합으로 생육하고 있다.

④ **사람의 혼백과 생기** : 우리는 흔히 귀신, 영혼, 신령, 혼백 등의 용어를 똑같은 개념으로 쓰고 있다. 우리는 생명을 유지하는 동안 하늘로부터는 양에 해당되는 천기를 흡수하여 혼(魂)이 길러져 우리의 정신을 관장하고, 땅으로 부터는 음에 해당되는 지기를 흡수하여 넋[魄]을 길러 육신을 관장하면서 정신과 육체를 조화롭게 발육시켜간다고 했다. 평생을 끝마치고 죽게 되면 우리의 혼은 양기의 근원인 하늘로 올라가 소멸되며 육신을 관장해오던 백[넋]은 음기의 근원지인 땅속으로 육신과 함께 되돌아간다. 따라서 시신에 붙어 있는 넋은 혼(이성 또는 정신)을 잃은 음기만으로 존재하게 된다. 지기가 왕성한 길지에 들어가면 체백의 인자[氣]도 왕성하여 같은 인자를 가진 자손들에게 동기감응(친자감응)을 일으키게 된다. 우리의 시체를 체혼이라 하지 않고 체백 또는 백골이라 하는 것도 뼈에 남은 넋은 곧 기이며 기가 곧 인자 에너지임을 말한 것이다.

⑤ **생기와 용혈의 융결** : 내룡의 기세와 혈장의 융결은 오직 기의 융결을 말한다. 즉 주룡에서 흐르는 생기가 혈에서 어떻게 뭉쳐지느냐에 따라 용혈의 생사왕쇠(生死旺衰)가 결정된다. 내룡의 생기는 용의 기세를 보아 알 수 있고 혈의 생기는 여러 가지 혈 중에서 알 수 있을 것이며, 이와 같이 생기가 모여서 뭉치고 혈 속에 머물게 하는 것은 주로 사(砂)와 수와 바람이 이를 맡아서 하는 것이다. 즉 내룡의 주기(主氣)는 물에 의해서 유도되고 혈장의 생기 역시 물이 머물러 유실되지 않게 하여 취결토록 하며 보국내(保局內:羅城內)의 생기는 사격(砂格)과 장풍(藏風)이 보기(保氣)토록 한다.

⑥ **동기감응론(친자감응론)** : 옛날부터 묘지의 길흉과 자손들의 화복을 조자손동기(祖子孫同氣)의 이론에 근거한 동기감응론으로 설명하고 있다. 길지명당에 모셔진 조상의 체백은 양질의 기를 발산하여 같은 기의 자손들에게 전달되어 그 음덕으로 부귀왕정(富貴旺丁)하게 되는 것이며, 흉한 혈에 매장된 백골은 나쁜 기가 발산되어 그 흉기가 역시 같은 기의 자손에게 전달되어 그 음해로 인해 자손들이 피해를 입게 된다. 풍수지리의 이치를 서구의 과학적 방법으로만 해결할 수는 없다. 왜냐하면 유형인 과학과 무형인 영과의 사이에는 과학의 힘으로 풀 수 없는 한계가 너무 많기 때문이다.

❖ 생기론(生氣論)

- 장산지법(葬山地法)에 하나로 줄여야 하는데 생기가 차야 한다.
- 기(氣)가 많으면 용세(龍勢)가 기복(起伏)하고 기(氣)가 적으면 용의 몸이 연약하다.
- 기(氣)가 모이면 혈성(穴星) 단정(端正)하고 기가 거칠면 혈장(穴場)이 거칠고 무디다.
- 기(氣)가 순(順)하면 主山이 후부(厚富)하고 기(氣)가 역(逆)하면 거(拒)시 한다.
- 기(氣)가 멈추면 외수(外水)가 횡형(橫邢)하고 기가 凶하면 원진수가 된다.
- 기(氣)가 모이면 청룡 백호가 기(氣)가 안아주고 새면 앞에 사(砂)가 비켜간다.
- 기(氣)가 무성(茂盛)하면 파구(破口)가 관쇄(關鎖)하고 기가 흘러가면 5호(五戶) 파구(破口)가 광활(廣闊) 하다.
- 기(氣)가 좋으면 吉한 水가 앞으로 흘러오고 기(氣)가 약하면 凶한 水가 나타난다.
- 기(氣)가 아름다우면 요성(曜星)과 관성(官星)이 생기고 기가 약하면 귀성(鬼星)과 낙산(樂山)이 없다.
- 기(氣)가 왕성(旺盛)하면 혈(穴)에 전순(氈脣)이 있고 기(氣)가 짧으면 혈에 전(氈)이 없다.
- 기(氣)가 좋으면 이 좋고 기(氣)가 뒤섞이면 국면(局面)이 바르지 못하다.

- 기(氣)는 용(龍)을 따라 수백리를 오는데 불과 한 자리이다.
- 와겸유돌(窩鉗乳突) 사상(四象)이 있는데 생기(生氣)는 이곳에서 뭉친다.
- 水의 은 모름지기 많은 말에 있는 것이 아니고 단지 생기(生氣)를 취(取)하는데 있다. 천변만태(千變萬態)로 형상(形象)이 기이(奇異)하여 사람의 눈과 마음을 놀라게 하는데 속사(俗士)는 이를 등한시(等閑視) 한다. 명사(名士)는 먼저 기(氣)를 살피고 일반적인 형상이나 기이(奇異)한 현상도 잘 살펴본다.

❖ **생기맥**(生氣脈) : 생기맥(生氣脈)을 형성하는 경자순(庚子旬) 나경 제5층의 천산(穿山) 72룡(72분금)에서 각 5쌍의 분금들 가운데 각각 네 번째 칸에 있는 경자(庚子), 신축(辛丑), 임인(壬寅), 계묘(癸卯), 갑진(甲辰), 을사(乙巳), 병오(丙午), 정미(丁未), 무신(戊申), 기유(己酉), 경술(庚戌), 신해(辛亥)의 12개 방위로 흐르는 내룡의 용맥은 모두 최상의 길방(吉方)으로서 하관 방향으로 적격이다.

❖ **생기복덕**(生氣福德) : 생기복덕은 생기(生氣)·천의(天宜)·절체(絶體)·유혼(遊魂)·화해(禍害)·복덕(福德)·절명(絶命)·귀혼(歸魂)의 8가지 길흉일을 포함한 술어. 이 8가지 날짜 가운데 생기·복덕·천의의 3일을 길일(吉日)로 가려 쓰므로 부르기 쉽게 생기복덕이라 한다. 이 생기복덕에 의한 날짜는 장택(葬擇)에만 쓰이지 않고 기복(祈福)·원행(遠行)·이사·혼인·개업·시설(施設)·건축 등 중대한 행사를 목적으로 하여 날을 가릴 때는 우선적으로 이 생기의 길일을 뽑아 그 쓰임이 매우 광범위하므로 어떤 일을 행하려는 데 비록 그 행사일에 적합한 길일이 나왔다고 하더라도 행사할 주인공의 생기법(生氣法)으로 맞지 않으면 그 날을 쓰지 못한다.

❖ **생기복덕법**(生氣福德法) : 생기복덕법은 일명 생기법(生氣法)이라고도 한다.

① **생기일**(生氣日) : 생동하는 의의가 있으며 마땅히 사용할 수 있는 대길일이다.

② **천의일**(天宜日) : 천의일(天醫日)이라고도 하며, 매사에 대길하고 특히 입원복락(入院服樂) 등 질병치료에도 길하다.

③ **절체일**(節體日) : 건강에 불리하다는 의가 있어 소흉(小凶)이나 일진이 길하면 사용하여도 무방하다.

④ **유혼일**(遊魂日) : 정신적 불안의 의가 있어 소흉이나 역시 일진이 길하면 사용하여도 무방하다.

⑤ **화해일**(禍害日) : 크게 흉(凶)하며, 비록 일진이 길하여도 사용함이 불가하다.

⑥ **복덕일**(福德日) : 복덕(福德)이 주재하니 대길하다. 매사에 사용함이 대길하다.

⑦ **절명일** : 크게 흉하다. 역시 일진의 길함을 얻을지라도 절대 사용해서는 안 된다.

⑧ **귀혼일**(歸魂日) : 소흉하다. 그러므로 일진이 대길하면 사용하여도 무방하다. 이상의 생기법은 택일에 있어서 가장 기본적이며 공통적이므로 생기·복덕·천의일은 대길(大吉)일이며, 귀혼·유괴·절체일은 평(平) 또는 소흉(小凶)으로 일진만 길하면 무방하나, 화해·정병일은 아무리 일진이 좋은 날이라도 사용해서는 안 되는 날이다.

구분		연령	歸魂(平)	絶命(凶)	福德(吉)	禍害(凶)	遊魂(平)	絶體(平)	天宜(吉)	生氣(吉)
남자	一八	一二三四四五六 六四二〇八六四	午	戌亥	辰巳	丑寅	未申	子	酉	卯
	九	一二三四四五六 七五三一九七五	未申	子	酉	卯	午	戌亥	辰巳	丑寅
	二	一一二三四五五六 〇八六四二〇八六	酉	卯	未申	子	辰巳	丑寅	午	戌亥
	三二	一二三四五五六 九七五三一九七	戌亥	午	丑寅	辰巳	子	未申	卯	酉
	四	一二二三四五六六 二〇八六四二〇八	子	未申	卯	酉	戌亥	午	丑寅	辰巳
	五	一二一三四五六六 三一九七五三一九	丑寅	辰巳	戌亥	午	卯	酉	子	未申
	六	一二三三四五六七 四二〇八六四二〇	卯	酉	子	未申	丑寅	辰巳	戌亥	午
	七	一二三三四五六七 五三一九七五三一	辰巳	丑寅	午	戌亥	酉	卯	未申	子
여자	一八	一二三四四五六 六四二〇八六四	子	未申	卯	酉	戌亥	午	丑寅	辰巳
	二九	一二三四四五六 七五三一九七五	戌亥	午	丑寅	辰巳	子	未申	卯	酉
	三	一一二三四五五六 〇八六四二〇八六	酉	卯	未申	子	辰巳	丑寅	午	戌亥
	四	一二三四五五六 九七五三一九七	未申	子	酉	卯	午	戌亥	辰巳	丑寅
	五	一二二三四五六六 二〇八六四二〇八	午	戌亥	辰巳	丑寅	未申	子	酉	卯
	六	一二一三四五六六 三一九七五三一九	辰巳	丑寅	午	戌亥	酉	卯	未申	子
	七	一二三三四五六七 四二〇八六四二〇	戌亥	午	丑寅	辰巳	子	未申	卯	酉
		一二三三四五六七 五三一九七五三一	丑寅	辰巳	戌亥	午	卯	酉	子	未申

❖ **생기일**(生氣日)

① 생기팔신(生氣八神)의 하나로 길일(吉日)에 속함.

② 택일 월가길신(月家吉神)의 하나로 이 날을 사용하면 매사 대길하다. 생기일은 천희일(天喜日)이라고도 하는데 아래와 같다.

정월 : 戌	2월 : 亥日	3월 : 子	4월 : 丑
5월 : 寅	6월 : 卯	7월 : 辰	8월 : 巳
9월 : 午	10월 : 未	11월 : 申	12월 : 酉

정월(正月)에는 술일(戌日)이 생기일, 2월에는 해일(亥日)이 생기일이다.

❖ **생기팔신**(生氣八神) : 초목이 바야흐로 싹이 터 따뜻한 봄날에 소생하는 기상과 같이 생기가 발랄하다. 자신감과 의욕을 가지고 출발하며 전진과 승격 개운 창조력 등의 대길한 신이다.

- **천의**(天宜) : 천의는 특히 관록을 구하는데 대길하다. 튼튼한 기반과 확고부동한 신념이 이미 서 있는 상태로 아무리 풍우가 몰아쳐도 끄떡하지 않는다. 의업, 음악, 술객 등에 적합하다. 사업가는 중흥하고 병자는 낫는다.
- **절체**(絶體) : 변동적이고 혁명적이므로 그만큼 무리가 따라 고달픈 상태이지만 아주 나쁘다고만 할 수 없는 신(神)의 작용이다. 왜냐하면 모든 일을 개혁함에는 부작용이 따르지만 이는 장차 발전을 위한 개혁이므로 먼저 곤하고 뒤에 보람이 얻어진다는 의미가 내포되어 있기 때문이다.
- **유혼**(遊魂) : 마음이 들떠 있음을 말해주며 이럴까 저럴까 안정을 못하고 자칫 동요되기 쉽다. 자신감이 결여되어 조금만 수난을 받아도 당황한다. 허영심을 버리고 분수를 지키면서 안정하면 재난이 없다.
- **화해**(禍害) : 재난이 있음을 말해주므로 손재, 질병, 실패가 따른다. 출행하면 부상의 우려가 있고 만용을 부리다가 수습하기 힘든 위난에 처한다. 가정적·사회적으로 불운을 초래한다.
- **복덕**(福德) : 재물이 늘고 지위가 오르며 집안이 화평하고 경사가 날로 이르는 대길신이니 혼인, 이사, 출행, 구관, 구재, 경영 등 만사형통한다.
- **절명**(絶命) : 종말, 절망을 의미하는 흉신이다. 횡액, 실패, 도난, 파직, 가정불행, 질병 등 액운이 겹친다. 만약 생문(生門)과 만난다면 절처봉생(絶處逢生)으로 심한 궁지에 처했다가 소생하여 차츰 발전한다.
- **귀혼**(歸魂) : 해가 서산에 기우는 형상에 비유되니 성운(盛運)이 지나고 내리막길에 접어드는 운이다. 그러므로 귀혼을 만난사람은 일단 하던 일에서 손을 떼고 물러나와 수신(修身)하는 게 좋다. 생문(生門)에 생기를 만나면 진생문(眞生門)이다. 생문(生門)과 절명과 동궁(同宮)이거나 사문(死門)과 생기(生氣)가 동궁이면 일생일사(一生一死)의 이치가 있으므로 생기는 생문(生門)과 같고 천의(天宜)와 개문(開門), 절체(絶體)와 경문(驚門), 유혼(遊魂)과 두문(杜門), 화해(禍害)와 상문(傷門), 절명(絶命)과 사문(死門), 복덕(福德)과 경문(景門), 귀혼(歸魂)과 휴문(休門)은 그 작용력이 거의 비슷하다.

❖ **생기증혈**(生氣證穴) : 땅 기운이 많이 모이는 곳을 찾아서 이를 증거하여 정혈(定穴)하는 것을 말함. 혈장에 땅기운이 모이면 길하고 땅기운이 흩어지면 불길하며, 땅기운이 위에서 모이면 혈장도 높은 자리에 정하고 땅기운이 낮은 자리에 모이면 낮은 곳에 혈을 정한다.

❖ **생년**(生年) : 출생한 연도. 출생년(出生年)의 간지(干支).

❖ **생년**(生年)**과 주택**(住宅) **방향**(方向)**의 길흉**(吉凶)

- **북향**(北向)**집 : 수**(水) : 경신생(庚辛生) 금(金) 길(吉), 갑을생(甲乙生) 목(木) 길(吉), 임계생(壬癸生) 수(水) 비견(肩). 평(平), 병정생(丙丁生) 화(火) 흉(凶), 무기생(戊己生) 토(土) 흉(凶).
- **서향**(西向)**집 : 금**(金) : 무기생(戊己生) 토(土) 길(吉), 임계생(壬癸生) 수(水) 길(吉), 경신생(庚辛生) 금(金) 평(平), 갑을생(甲乙生) 목(木) 흉(凶), 병정생(丙丁生) 화(火) 흉(凶).
- **동향**(東向)**집 : 목**(木) : 병정생(丙丁生) 화(火) 길(吉), 임계생(壬癸生) 수(水) 길(吉), 갑을생(甲乙生) 목(木) 평(平), 경신생(庚辛生) 금(金) 흉(凶), 무기생(戊己生) 토(土) 흉(凶)
- **남향**(南向)**집 : 화**(火) : 무기생(戊己生) 토(土) 길(吉), 갑을생(甲乙生) 목(木) 길(吉), 병정생(丙丁生) 화(火) 평(平), 임계생(壬癸生) 수(水) 흉(凶), 경신생(庚辛生) 금(金) 흉(凶).

❖ **생년별 개장 흉월**(凶月) : 자년생(子年生)이 정월에 개장하면 가

장(家長)이 살을 받는다. 축년생(丑年生)이 3월에 개장하면 대흉이다. 인년생(寅年生)이 2월에 개장하면 2명이 죽는다. 묘년생(卯年生)이 7월에 개장하면 모녀가 죽는다. 진년생(辰年生)이 6월에 개장하면 어머니가 죽는다. 사년생(巳年生)이 12월에 개장하면 9명이 죽는다. 오년생(午年生)이 11월에 개장하면 가축이 죽는다. 미년생(未年生)이 7월에 개장하면 장녀가 죽는다. 신년생(申年生)이 4월에 개장하면 중남(中男)이 죽는다. 유년생(酉年生)이 5월에 개장하면 6명이 죽는다. 술년생(戌年生)이 8월에 개장하면 소자(小子)가 죽는다. 해년생(亥年生)이 9월에 개장하면 중남(中男)이 죽는다.

❖ **생년월일시**(生年月日時) : 생년(生年)·생월(生月)·생일(生日)·생시(生時)의 준말.

❖ **생래파왕**(生來破旺) : 물이 생방(生方)으로부터 와서 왕방(旺方)으로 흘러나가는 것을 말하는 것으로 자손은 있으나 재물이 없다. (유정무재 : 有丁無財)

❖ **생래회왕**(生來會旺) : 물이 생방(生方)으로부터 와서 왕향 앞을 지나 정고(正庫)나 차고(借庫)로 소수하는 것을 말한다.

❖ **생명의 형태** : 생명은 기본적으로 둥근 공 모양이다. 태(胎)와 알이 둥글고, 꽃봉오리 받침도 둥글고, 씨앗이나 열매도 둥글다. 생명력이 밀집돼 있어 새로운 생명체를 탄생시키는 것은 모두 둥글다. 구는 기운이 가장 쉽게 순환할 수 있는 형태다. 모든 동물이 알에서 생명력을 받아 완전한 동물의 형태를 이룬다. 그러므로 알이나 태반 같은 구형(球形)이 생기가 가장 밀집된 형태임을 알 수 있다. 지구는 항상 자전과 공전을 하며, 이러한 회전운동은 원의 형태로 나타난다. 지구의 회전운동은 생명력의 표현이다. 지구가 회전 운동을 멈추면 그 순간 지구 위에 있는 모든 것이 생명 활동을 멈출 것이다. 바닷물이나 수돗물도 지구와 함께 회전 운동을 하며, 사람 몸 안에 있는 혈액 또한 회전 운동을 한다. 회오리바람도 회전 운동을 한다. 이처럼 물이나 바람이 회전 운동을 하는 공간은 곧 생명력이 있는 공간이며, 회전 운동을 하지 못하는 공간은 죽은 공간이다. 이러한 회전 운동을 하기에 적당한 공간 형태는 원형이다. 불교의 윤회설은 모든 생명체의 존재와 변화 과정을 원형으로 나타내고 있다. 생명체의 근원인 물방울도 구형이다. 물 분자는 육각형을 이루고 있는데, 육각수가 사람에게 가장 좋다는 것은 이미 알려진 사실이다. 눈(雪)도 기본 형태가 육각형이며, 바닷속에서 몇 백 년씩 살아가는 거북이의 껍질에도 육각형이 새겨져 있다. 『주역』에서는 물의 기운을 가장 먼저 발생하는 기운으로 보고, 그 성질을 생수 1과 성수 6으로 나타낸다. 이처럼 물은 생명의 근본을 이루고 있으면서 그 성질이나 형태는 육각형을 이루고 있어, 육각형도 생명체와 깊은 관계가 있음을 유추해 볼 수 있다. 음과 양의 순환 형태를 상징하는 태극 역시 원형이다. 또 공간을 구성하고 있는 여덟 가지 대표 기운인 8괘가 팔각형인 데서도 팔각형이 생명을 상징하는 형태임을 알 수 있다. 지세에 있어서도 명당은 원형을 이루고 있다. 곧 청룡·백호·주작·현무가 전후좌우를 감싸고 있는 지세의 중심이 혈과 명당이 된다. 생기가 모이는 들판 역시 원형이며, 직사각형이나 Y자형 들판에서는 회전 운동이 부족해서 생기가 모이지 않는다. 산의 형태에 의한 기운을 구분할 때도 기운이 중심 부분에 모여 있는 산, 곧 꽃봉오리 모양의 산을 명당을 형성하는 산으로 해석한다. 산 중심에 기운이 모여 있어야 생기를 이룰 수 있고 기운이 분산된 형태의 산에는 생기가 부족하다. 따라서 생기를 많이 만드는 공간 형태를 건축 공간으로 적용시키는 것이 바람직하다. 명당형 건물은 전체 형태가 구형에 가까운 건물을 말한다.

❖ **생룡**(生龍) : 용이 살아서 꿈틀거리는 형국. 혈은 용의 코와 이마에 있고, 강, 냇물, 구름, 번개, 구슬 등이 안(案)이 된다.

① **산의 정기(精氣)가 살아있는 용이라는 뜻.** 생룡을 알아보는 법은 산의 형상을 보아야 한다. 용이 조산(祖山)에서 뻗어내려 오면서 한 번 일어나고 반 번 엎드리며, 비실비실 살아 움

직이는 듯하고, 새가 날개를 활짝 펴고 날아오는 듯하고, 나무가 무성하게 가지쳐 나가는 것 같고,, 고기가 뛰고 말의 무리들이 우르르 달려오는 것 같이, 모두 생동하는 기운이 있는 용으로서, 이러한 용에 진혈(眞穴)을 찾아 정하면 장사지낸 뒤 자손이 창성하고 부귀를 누린다고 한다.

② **장생법(長生法)으로 따져 생방(生方)이 되는 용맥.**

[생룡도]

❖ **생룡(生龍)과 사룡(死龍)** : 생룡에는 생기가 통하고 있어서 혈을 이루는 반면, 사룡에서는 생기가 이루어지지 않는다. 따라서 명당은 생룡에서만 이루어진다. 생룡과 사룡은 형태로 구분하는데, 갈 지(之)자 형태나 상하 운동하는 변화를 이루고 있으면 생룡으로 보고, 변화가 없이 평퍼짐하게 퍼져 있으면 사룡으로 본다. 생룡의 흙은 밝고 생기가 있는 반면, 사룡은 푸석푸석하고 탄력이 없으며 기운이 없는 죽은 색을 갖고 있다.

❖ **생룡(生龍) 생혈(生穴)** : 생룡이란 통맥(通脈)이 되게 용사한 용을 생룡이라 하므로 생룡에 맺힌 혈을 생혈이라 이른다. 또 생룡이 많이 이어진 혈일수록 대지라 한다.

❖ **생룡의 모습이 수려 단정해야** : 용의 모습이 수려 단정하면서 생기 발달한 용. 기복이 질서 정연하면서 마디와 지각이 많고 결혈하면 부귀하고 자손이 많다.

❖ **생방득수(生方得水)는 백자천손지근원(百子千孫之根源)이라 했다** : 생방득수는 청정길수(清淨吉水)을 얻어야 한다. 옛글에 묘유수(卯酉水), 청정수(清淨水)는 여귀(女貴)하고 자오활대수(子午活大水)는 무장(武將)이라 했다. 묘유(卯酉)방에서 청정수을 얻으면 병권(兵權)을 쥐는 장군(將軍)이 출생 한다.

❖ **생부(生扶)** : 어떤 오행을 생(生)해 주고 도와줌. 즉 생(生)은 생해주는 것, 부(扶)는 같은 오행(比和)이 힘을 거들어줌. 가령 어떤 오행이 목(木)이라면 수(水)가 생(生)이요 목(木)이 부(扶)가 된다.

❖ **생분(生墳)** : 산 사람이 나이가 많은 경우 장차 자기가 죽어 묻힐 무덤을 미리 만들어 놓는 것. 이를 시신이 들어 있지 않다고 하여 가묘(假墓)라고도 한다.

❖ **생사(生蛇)** : 살아 있는 뱀처럼 생긴 형국. 혈은 뱀의 머리 위에 있고, 안산은 쥐, 두꺼비, 개구리, 새 등이다.

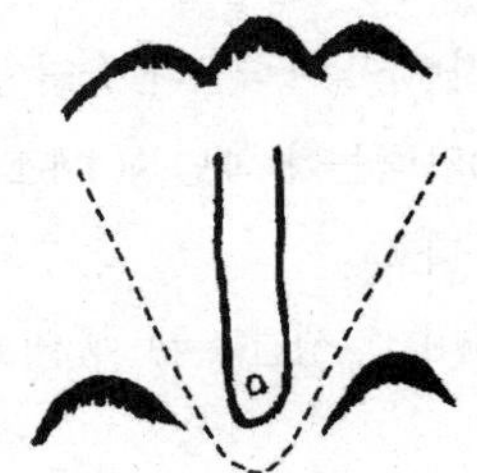

❖ **생사과수(生蛇過水)** : 뱀이 헤엄쳐서 물을 건너는 형국. 뱀처럼 생긴 산이 물에 잠겨 있어 생사출수(生蛇出水)라고도 한다. 혈은 뱀의 머리에 있고, 안산은 뱀이 잡아먹는 짐승이며 또 물이 안산 역할을 하기도 한다.

❖ **생사청와형(生蛇聽蛙形)** : 살아 있는 뱀이 개구리를 찾아 잡아 먹으려고 개구리 소리를 듣고 있는 형상. 주변에 개구리에 해당되는 작은 산이나 바위가 있어야 한다. 생사취와형은 개구리에 해당되는 것이 안산이 되어야 하지만 생사청와형은 주변에만 있으면 된다. 혈은 뱀의 머리 위에 있다.

❖ **생사초선형(生蛇草線形)** : 풀밭을 기어가는 뱀의 모습을 하고 있는 형국. 용맥이 가늘고 낮은 야산 솔밭에 주로 있다. 안산은 개구리, 쥐, 두꺼비, 새에 해당되는 작은 산과 바위가 있어야 한다. 또 뱀이 넘을 수 있는 담장같은 작은 언덕이 청룡·백호가 되면 더욱 좋다.

❖ **생사출림형은 뱀의 귀 부분이 명당** : 사람·금수·용 등의 모습으로 지세를 설명하는 형국론(形局論)은 풍수를 잘 모르는 사람들에게도 쉽게 이해 되는데, '뱀이 먹이를 구하러 숲을 나오는 모습과 같다'는 생사출림형(生蛇出林形)인 경우 뱀이 먹이를 구하러 숲을 나선다면 뱀의 모든 신경(기)은 먹이를 찾기 위해 눈과 귀에 쏠리기 마련이므로 자연히 명당은 뱀의 귀 부분이 된다. 만약 입 부분에 묘를 쓰면 뱀이 먹이를 잡기 위해 독기가 입에 몰려 있는 판이므로 쓰자마자 집안식구가 해를 입거나 대가 끊기는 것으로 풀이된다. 또한 생사출림형이 제대로 명당이 되려면 뱀의 입 부위 앞쪽에 개구리형상이 있어야 하는데 여기에 묘를 쓰면 귀한 인물이 나온다는 것이다.

❖ **생사취와형**(生蛇取蛙形) : 살아 있는 뱀이 개구리를 잡아 먹는 형상과 큰 뱀이 개구리를 쫒는 형상. 안산은 개구리에 해당되는 작은 산이나 바위가 있어야 하고, 혈은 뱀의 머리위에 해당되는 곳에 있다. 뱀은 용에 비해 용맥이 가늘고 작다. 지혜와 용기 학문이 출중하여 높은 지위에 오르는 자손이 주로 많이 난다.

❖ **생수**(生數) : 생수(生數) 1, 2, 3, 4, 5까지를 말한다. 6, 7, 8, 9, 10은 성수(成數)라 하여 즉 생수 1의 성수는 6이요, 생수 2의 성수는 7이요, 생수 3의 성수는 8이요, 생수 4의 성수는 9요, 생수 5의 성수는 10이다. 그러므로 1·6이 짝하여 수(水)가 되고, 2·7이 짝하여 화(火)가 되고, 3·8이 짝하여 목(木)이 되고, 4·9가 짝하여 금(金)이 되고, 5·10이 짝하여 토(土)가 되니, 짝이란 곧 생성됨을 말한다.

❖ **생성수**(生成數) : 생수란 1부터 5까지의 수, 성수란 6부터 10까지의 수를 가리킴.

생수(生數)=1, 2, 3, 4, 5

성수(成數)=6, 7, 8, 9, 10

❖ **생아자**(生我者) : 분금의 납음오행이 망명의 납음오행을 생하여 주면 인수생조(印綬生助)로 길하다.

❖ **생왕룡**(生旺龍) : 예컨대 양 목룡(陽木龍)이 해(亥)에서 발신하였으면 생룡이 되고 묘(卯)에서 출신하였으면 왕룡이다. 음 목룡(陰木龍)이 인(寅)에서 출신하였으면 왕룡이고 오(午)에서 나왔으면 생룡이다.

❖ **생왕묘**(生旺墓)**를 찾는 법** : 생왕묘를 찾는 법은 아래와 같으며 이를 벗어나면 안 된다.

- 卯方起而轉子 生趨官法이니 癸水之氣이다.

水局
- 亥方起而轉卯는 生趨旺法이니 甲木之氣이다.
- 卯方起而轉未는 生趨旺法이니 甲木之氣이다.
- 未方起而轉亥는 生趨旺法이니 甲木之氣이다.

- 子方起而轉酉는 生趨官法이니 辛金之氣이다.

金局
- 申方起而轉子는 生趨旺法이니 壬水之氣이다.
- 子方起而轉辰은 生趨旺法이니 壬水之氣이다.
- 辰方起而轉申는 生趨旺法이니 壬水之氣이다.

- 酉方起而轉午는 生趨官法이니 丁火之氣이다.

火局
- 亥方起而轉卯는 生趨旺法이니 庚金之氣이다.
- 卯方起而轉未는 生趨旺法이니 庚金之氣이다.
- 未方起而轉亥는 生趨旺法이니 庚金之氣이다.

- 午方起而轉卯는 生趨官法이니 乙木之氣이다.

土局
- 寅方起而轉午는 生趨旺法이니 丙火之氣이다.
- 卯方起而轉未는 生趨旺法이니 丙火之氣이다.
- 未方起而轉亥는 生趨旺法이니 丙火之氣이다.

- 巳方起而轉丑은 生趨墓法이니 金之墓氣이다.

木局
- 申方起而轉卯는 生趨旺法이니 水之墓氣이다.
- 亥方起而轉未는 生趨旺法이니 木之墓氣이다.
- 寅方起而轉亥는 生趨旺法이니 火之墓氣이다.

❖ **생왕방표**

坐		乾甲丁	艮丙辛	巽庚癸	坤壬乙	申子辰	寅午戌	巳酉丑	亥卯未
一式	生方	巽巳	丙午	壬子	乾亥	坤申	艮寅	甲卯	甲卯
	旺方	庚酉	艮寅	坤申	甲卯	壬子	丙午	乾亥	乾亥
二式	生方	巽巳	乾亥	巽巳	乾亥	艮寅	艮寅	坤申	坤申
	旺方	庚酉	甲卯	庚酉	甲卯	丙午	丙午	壬子	壬子
三式	生方	巽巳	乾亥	乾亥	乾亥	坤申	艮寅	甲卯	甲卯
	旺方	庚酉	甲卯	庚酉	甲卯	壬子	丙午	乾亥	乾亥

❖ **생왕방**(生旺方) : 오행의 생방(生方)과 왕방(旺方) 즉 목(木)은 해(亥)가 생방, 묘(卯)가 왕방, 화(火)는 인(寅)이 생방, 오(午)가 왕

방, 금(金)은 사(巳)가 생방, 유(酉)가 왕방, 수(水)는 신(申)이 생방, 자(子)가 왕방이다.

❖ **생왕방론**(生旺方論) : 생왕방이란 구묘의 향(向) 좌(坐)의 대궁(對宮)으로 포(胞)를 기하여 순행으로 생(生)과 왕(旺)이 닿는 방위를 생왕방살(生旺方殺)이라고 한다. 생방(生方)을 범하면 자손이 사망하고 왕방(旺方)을 범하면 산재패가(散財敗家)하게 된다. 가령 구묘가 갑좌(甲坐)라면 갑좌경향(甲坐庚向)으로 경(庚)이 향(向)이다. 경(庚)은 금절어인(金絶於寅)하여 진사(辰巳)의 손방(巽方)이 좌방(坐方)이요, 유(酉)의 태방(兌方)이 왕방(旺方)으로 손태(巽兌)가 생왕살(生旺殺)이다. 또는 간좌(艮坐) 곤향(坤向)이면 곤(坤)은 토(土)이니 수토절(水土絶)이 사(巳)하여 순행으로 미(未)의 곤방(坤方)이 생살방이요, 자(子)는 감방(坎方)이 왕살방이 된다. 그런데 이 설은 구묘에서 지척으로 120척 이내만을 좌법(坐法)으로 준수물범(遵守勿犯)하고 그 외는 관계없다고 한다.

❖ **생왕사절**(生旺死絶) : 포태법(자손, 재물, 죽음, 끊김) 득수(得水)는 멀고 파구(破口)는 가까운 것이 좋다.

❖ **생원진사**(生員進士) : 조선조 때에는 과거의 예비고사라 할 수 있는 생원시인 명경과(明經科)에 합격한 사람을 생원이라 하고, 진사시인 제술과(製述科)에 합격한 사람을 진사라 하였다.

❖ **생왕휴수**(生旺休囚)

① 생, 왕, 휴, 수의 기틀로 운행함은 쉬지 않는다. 물의 외기운(外氣運)인 물의 모양이 모여야만이 내기(內氣)도 모인다. 혈은 득수(得水)가 먼저이니 물의 원류가 생기(生氣)이고 조당(朝堂)에 오면 태왕(太旺)한 것이며 못에서 쇠(衰)에 이르고 흘러나가는 곳이 수(囚)가 된다. 기운이 넘치자면 물이 흘러가도 가지 않는 것처럼 보여야 기운이 있는 것이며, 물이 둥그렇게 흘러야 생기로운 것이다. 물이 흘러 들어오고 흘러나가는 것은 생왕휴수의 기틀이 되니 이러한 기(機)의 운행은 잠시도 쉬지 않고 회전하는 법이다.

물이 나오는 곳은 生氣이고, 혈앞에 오면 氣는 旺에 이르고 水口 가까이 못에 이르면 쇠하게 되고 흘러나가는 곳은 기가 囚에 이른다.
[물의 生旺休囚]

② 「목(木)은 북방에서 생(生)하여서 동방에서 왕(旺)하며, 남방에서 휴(休)하고 서방에서 수(囚)에 이른다. 금수목(金水木)이 마찬가지로 생왕휴수의 방각(方角)으로 도는 것이 오성(五星)의 이치이다. 목(木)의 생(生)은 해(亥)에 있고, 왕(旺)은 묘(卯)에 있고, 사(死)는 오(午)에 있고, 절(絶)은 신(申)에 있는 것과 같은 이치이다. 이렇게 생왕(生旺)이 휴수(休囚)로 운행하고 휴수가 생왕으로 운행하며, 산취수회(山聚水會)한 곳은 생왕(生旺)이 되고, 산비수주(山飛水走)는 휴수(休囚)가 된다. 천기(天機)도 때가 있고 운행(運行)도 때가 있으니 옳고 그릇됨을 왕쇠의 이치로 정확히 풀 수 있다.

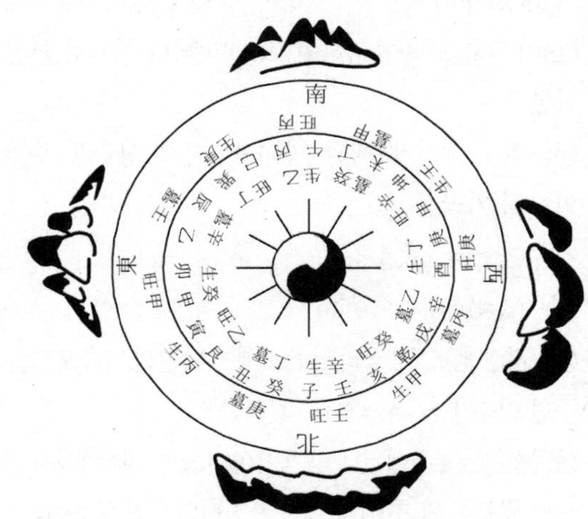

③ 생(生)이란, 물의 기운이 생기롭다는 말이니, 용(龍)따라 근·원에서 흘러온 물이 생기로운 물이 됨이다. 왕(旺)이란, 물

이 당(堂) 앞에 흘러와서 모임이니, 조당(朝堂)에 모임이 가장 왕(旺)한 것이 된다. 휴(休)란, 물이 머물러 고였다가 나가는 것이니 못(澤)에서 기운이 장차 쇠하는 것이다. 수(囚)란, 물이 흘러 나가는 곳에 양쪽의 산이 서로 관쇄(關鎖)하여 막아 서 있어서 물건이 갇혀 나갈 수 없는 것 같음이다.

❖ **생장 강순 정유**(生藏 强順 正維) : 인신사해(寅申巳亥)는 4생(四生)이라고 한다. 금목수화(金木水火)의 화(火)는 인(寅)에서 생(生)을 얻고, 수(水)는 신(申)에서 생(生)을 얻으며, 금(金)은 사(巳)에서 생(生)을 얻고, 목(木)은 해(亥)에서 생을 받기 때문에 4생(四生)이라 한다. 진술축미(辰戌丑未)는 4장(四藏)이다. 사장(四藏)은 만물이 발아(發芽)할 수 있게끔 축적하는 것이며, 또한 한가이 쉬고 있다고도 본다. 을신정계(乙辛丁癸)는 4강(四强)이다. 동서남북 사방과 4간방(四間方)을 합하면 팔방이 되는데 여기에 천지(天地)를 더하여 시방(十方)이라 하며 시방중 하늘의 강한 것을 상징한다고 본다. 을신정계(乙辛丁癸)는 향(向)보다는 좌(坐)를 놓는 것이 합당하다. 갑경병임(甲庚丙壬)은 4순(四順)이라고 하며, 4순은 땅의 부드러운 것을 배워 천지(天地)의 기(氣)가 합하여 일체 초목이 생한다. 자오묘유(子午卯酉)는 4정(四正)이다. 동서남북(東西南北) 4정방(四正方)이며 춘하추동(春夏秋冬) 4시절(四時節)의 정이다. 건곤간손(乾坤艮巽)으로 4유(四維)라 한다. 건곤간손은 동서남북 사이에 위치하여 정간방(正間方)을 가리키며 춘하추동 4시(四時)의 사이에서 분수령이 된다.

❖ **생조**(生助) : 어떤 오행이 힘이 약하여 도움이 필요할 때 이를 생해주거나 같은 오행으로 그 힘을 거들어 줌. 가령 어떤 오행이 목(木)이라면 수(水)가 생(生)이요 목(木)이 조(助)가 된다.

❖ **생토**(生土) : 산의 표면을 덮고 있는 흙을 걷어내면 돌도 흙도 아닌 상태가 나오는데, 보기에는 돌 같으나 만지면 흙처럼 곱게 바스러진 것. 바로 생기가 응집되거나 흘러가는 통로로 홍황자윤(紅黃滋潤)해야 좋다.

❖ **생토방**(生土方) : 장사지낼 때 하관이 끝나면 광중을 메꾸기 전에 먼저 길방(吉方)의 흙을 약간 취하여 광중에 넣고 봉분한다.

❖ **서**(書) : 지리서를 말함.

❖ **서가 높고 동이 낮고 평탄한 토지** : 서가 높고 동을 향해 평탄하게 조성된 대지에 세워진 집은 조건에 가장 적합한 집터이다. 자손까지 번영하여 가족은 대가족이 되고 농가라면 가축을 키우는데 아주 적합하다.

❖ **서각호아**(犀角虎牙) : 물소의 뿔모양이나 호랑이의 어금니를 닮은 사(沙)를 표현한 것으로 이롭지 못함을 표현함.

❖ **서계**(西階) : 축관이 축문을 불사르러 오르내리는 계단.

❖ **서궁**(西宮) : 백호를 말함.

❖ **서기**(瑞氣) : 강한 석비레로 형성되어 잡초가 나지 못하고 밝은 황색이 나는 토질을 말함. 서기(瑞氣)하는 암석은 왕기(王氣)의 영기(靈氣)로 보아 제왕사격(帝王砂格)으로 보는 것이다.

❖ **서기양두각**(鼠忌羊頭角) : 원진법의 하나. 자미(子未)가 만나면 원진으로 즉 쥐(子)는 양(未)의 뿔을 싫어한다.

❖ **서두**(鼠頭) : 뾰족하고 쪼그라진 땅으로 흉격이다.

❖ **서룡승천**(瑞龍昇天) : 상서로운 용이 하늘로 날아 오르는 형국. 혈은 이마나 코에 있고, 안산은 구름, 번개, 안개 등이다.

❖ **서사택**(西四宅) : 양택법(陽宅法)에 있어 건(乾), 곤(坤), 간(艮), 태(兌)의 좌(坐) 및 방위를 말함.

❖ **서사택(西四宅)의 부엌 길흉**

① **서사택**(西四宅) **축간인좌**(丑艮寅坐)

양택작괘법(陽宅作卦法)

일상생기(一上生氣) 이중오귀(二中五鬼)

삼하연년(三下延年) 사중육살(四中六殺)

오상화해(五上禍害) 육중천을(六中天乙)

칠하절명(七下絶命) 팔중복위(八中伏位)

대문을 기준하여 주역팔맥작계법으로 차례대로 왼손으로 짚어 나가면 된다.

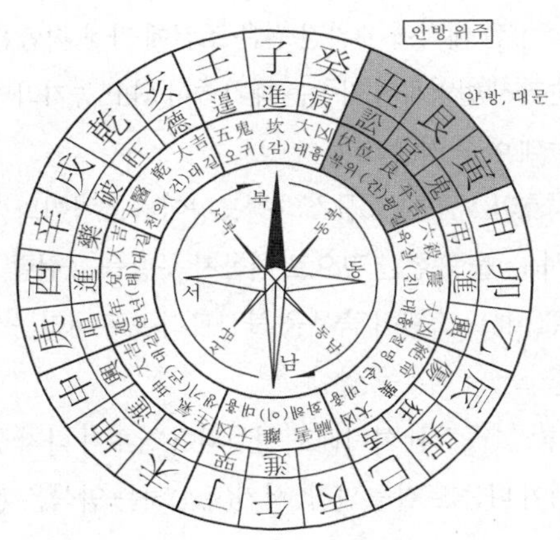

- **동북 대문에 동북 안방일 때 : 복위택(伏位宅)**

초반에는 순탄하게 재산이 모여지고 성공을 이루지만 점차 처자에게 불길 · 파괴수가 닿고 우환과 재난이 닿는다.

부엌이 위치한 방향			
동	서	남	북
처자흉험 불성매사 풍파산란	부귀영화 발전번성	초반부귀 부녀자가 산란파괴	우환풍파 불성매사

부엌이 위치한 방향			
동북	동남	서북	서남
재물풍족 우환풍파	재난변고 과부우환 자식불길	초년부귀 종래파괴 부녀자손 불길액화	발전번영 부귀평안

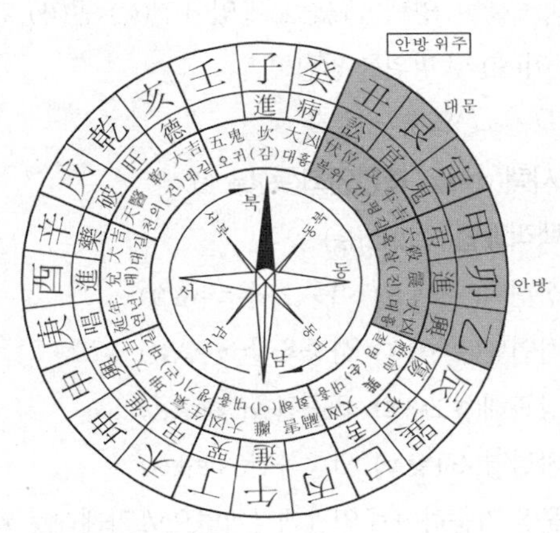

- **동북 대문에 정동 안방일 때 : 육살택(六殺宅)**

여러 가지 우환 및 재난이 자주 닿고 집안과 살림살이가 어수선하며 풍파와 우환을 치르게 되는 상처 · 패가의 파괴 형국이다.

부엌이 위치한 방향			
동	서	남	북
재물파손 우환풍파	재물풍속 남자불길 고독과부	길흉교차	재난풍파 우환변고

부엌이 위치한 방향			
동남	동북	서남	서북
우환풍파 우환변고	우환신병 과부절순	풍파산란 재난파재	파재손실 우환재난

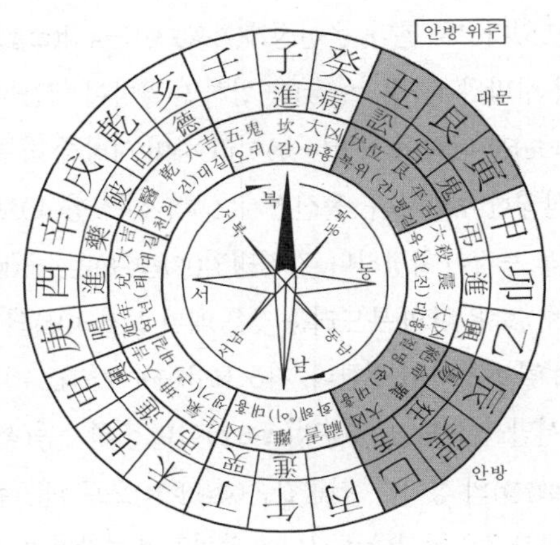

- **동북 대문에 동남 안방일 때 : 절명택(絶命宅)**

자식을 키우기 어렵고 변고, 횡사, 신병 등 풍파와 단명 · 고독 및 배다른 자식과 과부가 생기고 살림이 파괴, 분산된다.

부엌이 위치한 방향			
동	서	남	북
자손불길 후대끊김	부녀자흉 우환파재	여자강성 우환재난	우환풍파

부엌이 위치한 방향			
동남	동북	서남	서북
과부재난 풍파산란	재난우환	남녀불길 재난풍파	우환재난 풍파손실

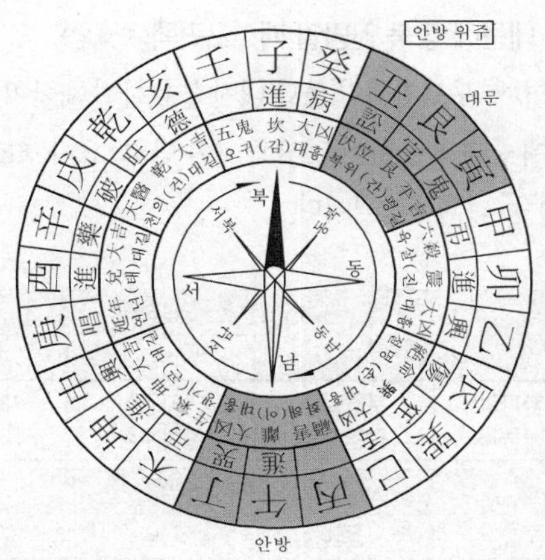

• **동북 대문에 정남 안방일 때 : 화해택**(禍害宅)

상당히 불량한 성품의 여인네와 암약한 남자가 나오고 어수선한 살림살이에 불화 및 풍파가 생긴다. 가정의 기강이 문란해지는 파괴격이다.

부엌이 위치한 방향			
동	서	남	북
자손불길 풍파재난	부녀자흉 변고단명	여자강성 풍파산란	우환재난 풍파산란

부엌이 위치한 방향			
동남	동북	서남	서북
고독변고 우환풍파	초반부귀 오래살면 자손불길	부귀발전 수복평안	변고재난 우환단명

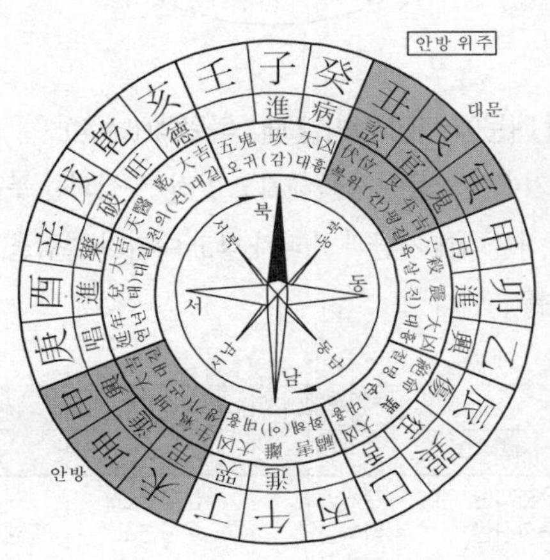

• **동북 대문에 서남 안방일 때 : 생기택**(生氣宅)

날로 가세가 번창하고 입신양명하며 부귀안강의 수복을 누린다. 부부해로하고 효자현손이 배출되나 자손들이 어려서 잔병을 앓는다.

부엌이 위치한 방향			
동	서	남	북
우환변고 단명풍파 불화산란	부귀번영 발전수복	여자강성 풍파산란	우환풍파 재난파재

부엌이 위치한 방향			
동남	동북	서남	서북
자손불길 변고우환	부귀영화 번성발전	발전부귀 평안수복	순탄번영 부귀영화

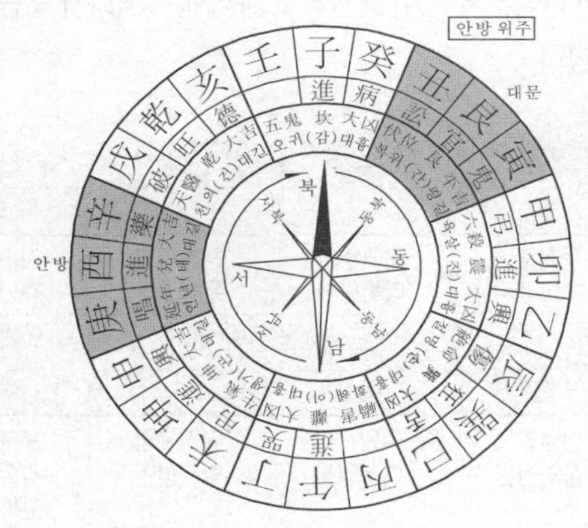

• **동북 대문에 정서 안방일 때 : 연년택**(延年宅)

재물 풍성하고 명예 번창하여 부처 화목하고 효자현손이 배출되고 입신양명하여 부귀장수하며 젊어서 고관·거부가 된다.

부엌이 위치한 방향			
동	서	남	북
우환재난 풍파재난	현처양녀 평안부귀	부녀자흉 변고단명	재난풍파 우환재난

부엌이 위치한 방향			
동남	동북	서남	서북
부녀자흉 단명우환 자손불길	부귀번성 수복평안	사자번성 부귀발전 번성수복	발전부귀 수복영화

• **동북 대문에 서북 안방일 때 : 천의택**(天醫宅)

가문이 번성하고 부귀를 누릴 수 있으나 남자 측엔 풍족한 발전이 따라도 부인이 불길하고 자식에게 액화가 닿는 양면성이 있다.

부엌이 위치한 방향			
동	서	남	북
우환재난 변고풍파	부귀영화 다복평안	풍파파재 우환고독	자손불길 재난우환
부엌이 위치한 방향			
동남	동북	서남	서북
단명변고 풍파산란	평안부귀 다복영화	다복부귀 발전평안	부부상극 자손불길 고독풍파

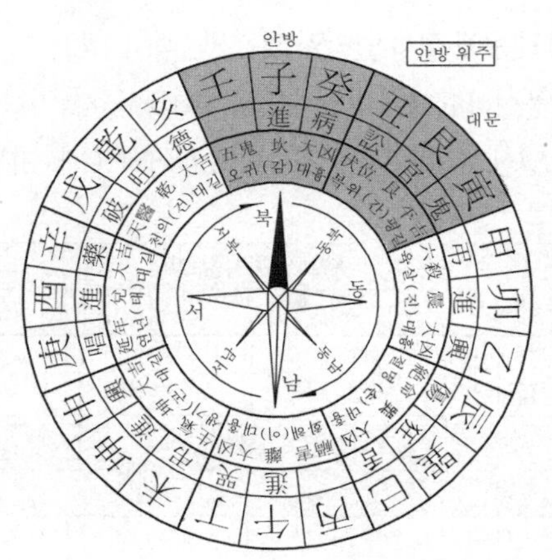

• **동북 대문에 정북 안방일 때 : 오귀택**(五鬼宅)

부모형제·부부자녀간 불화 내지 불효하며 재산이 흩어지고 집안에 풍파와 우환이 닿고 변고와 단명·요사(夭死) 및 관재·구설 등 파괴분산격이다.

부엌이 위치한 방향			
동	서	남	북
우환파괴 재난풍파	부귀발전 평안수복	여자강성 불화우환	재난변고 파재고독
부엌이 위치한 방향			
동남	동북	서남	서북
우환신병 파재고독	풍파산란 우환재난	남녀단명 우환변고 파재손실	부부상극 자식손상 파재풍파

② **서시택**(西四宅) **미곤신좌**(未坤申坐)

• **서남 대문에 서남 안방일 때 : 복위택**(伏位宅)

초반기에는 재물이 풍족해지고 발전·향상되는 부귀를 누리나 남자들에게 재난과 풍파가 닿고 여자가 살림을 주도하며 양자를 들인다.

부엌이 위치한 방향			
동	서	남	북
우환재난 풍파산란	부귀영화 다복평안 후대끊김	풍파산란 우환변고	우환파재 풍파산란

부엌이 위치한 방향			
동남	동북	서남	서북
동남단명 변고풍파	부귀발전 수복평안	재물풍족 자손불길 과부양자	번창부귀 다복평안

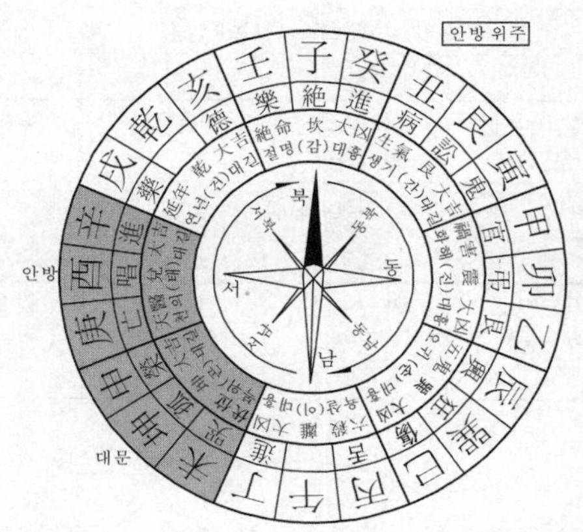

- **서남 대문에 정서 안방일 때 : 천의택(天醫宅)**

초반기는 발복하여 부귀를 누리기도 하나 남자는 변고나 단명의 재난이 닥고 과부가 살림을 지탱하며 딸과 사위가 득세하며 양자를 들이거나 집안이 산란해진다.

부엌이 위치한 방향			
동	서	남	북
풍파우환 재난변고	부귀다복 자손불길	우환풍파	재난우환 파재산란

부엌이 위치한 방향			
동남	동북	서남	서북
파재산란 우환풍파	부귀발전 다복평안	재산풍족 분가대길	부귀영화 다복평안

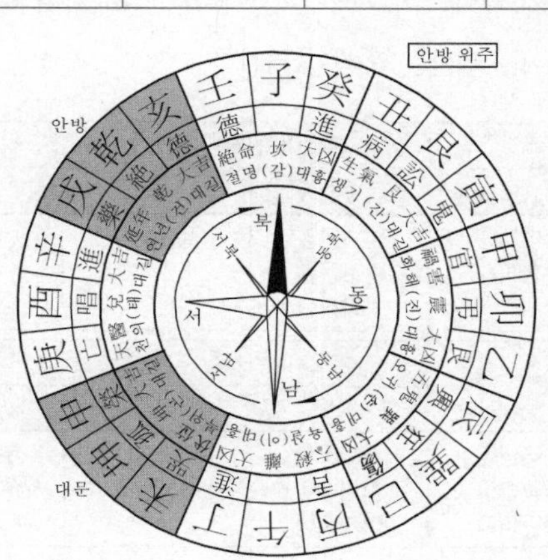

- **서남 대문에 서북 안방일 때 : 연년택(延年宅)**

집안이 번창하고 부귀영화를 누리며 효자현손이 배출되고 부부가 화락하고 수복이 만당하는 발전을 누린다.

부엌이 위치한 방향			
동	서	남	북
풍파우환 파재손실	부귀발전 번영평안	재난변고 파재풍파	우환재난 풍파파재

부엌이 위치한 방향			
동남	동북	서남	서북
풍파산란 우환파재	부귀번창 수복평안	부귀영화 순탄발전	부귀영화 평안수복

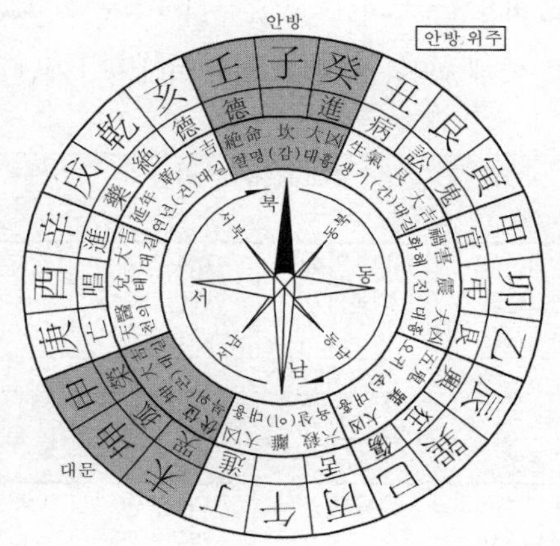

- **서남 대문에 정북 안방일 때 : 절명택(絶命宅)**

재난과 액운이 많고 우환과 변고 등 풍파와 관재구설 및 변고와 단명의 불행이 닥고 재물이 흩어지며 후대가 끊긴다.

부엌이 위치한 방향			
동	서	남	북
우환풍파	남녀단명 재난파재	반길반흉	재난풍파 우환변고

부엌이 위치한 방향			
동남	동북	서남	서북
우환변고 파재산란	주인불길 신병산란 파재풍파	풍파산란 재난변고	초반부귀 종래파괴 음란풍파

• **서남 대문에 동북 안방일 때 : 생기택**(生氣宅)

가업이 번창하고 부귀와 평안을 누리며 수복이 만당하고 효자와 현손이 배출되나 오래도록 살면 여러 가지 재난을 치른다.

부엌이 위치한 방향			
동	서	남	북
우환산란 변고단명 후대끊김	부귀영화 다복평안	여자강성 산란파재 자손불길	재난파재 우환풍파

부엌이 위치한 방향			
동남	동북	서남	서북
우환재난 불성매사	부귀번영	다복평안 부귀발전	부귀장수 다복번창

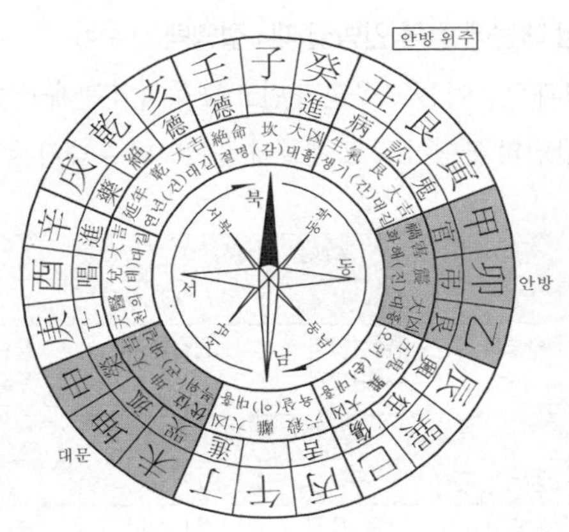

• **서남 대문에 정동 안방일 때 : 화해택**(禍害宅)

식구간에 불화·반목하고 우환과 재난이 자주 생기며 살림살이가 어수선하고 변고나 풍파로 재물이 흩어지고 뒤에는 건강이 파괴된다.

부엌이 위치한 방향			
동	서	남	북
풍파산란 재난파재	남녀단명 변고파재	반흉반길	우환풍파

부엌이 위치한 방향			
동남	동북	서남	서북
재난변고 우환풍파	재난우환 풍파변고 자손불길	남녀단명 우환풍파	길흉교차 호악상반

• **서남 대문에 동남 안방일 때 : 오귀택**(五鬼宅)

우환과 재난이 생기고 변고와 음란잡기 및 풍파가 닥는다. 관재·구설과 재물이 흩어지고 살림이 산란해지며 초반에 아들을 두어도 뒤에는 후대가 끊긴다.

부엌이 위치한 방향			
동	서	남	북
부녀자흉 우환파재	남녀단명 변고우환 풍파산란	길흉상반	반길반흉

부엌이 위치한 방향			
동남	동북	서남	서북
남녀단명 풍파변고 재난파재	풍파고독 살림살이 여자지탱	풍파재난 우환변고	부녀자흉 우환단명

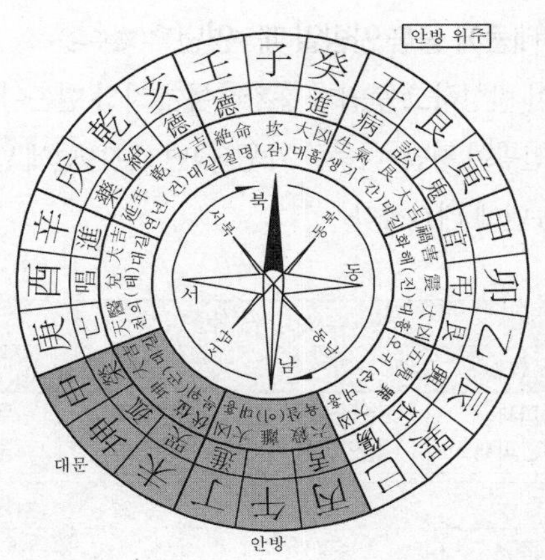

• **서남 대문에 정남 안방일 때 : 육살택**(六殺宅)

부녀자가 집안을 지탱하며 살림살이가 어수선하며 재난과 우환이나 변고 등 풍파가 닿고 불행을 겪는다.

부엌이 위치한 방향			
동	서	남	북
자손불길 우환풍파	부녀자흉 단명풍파	여자강성 풍파재난	우환재난 변고풍파

부엌이 위치한 방향			
동남	동북	서남	서북
고독산란 자손불길	초반부귀 자손불길	부귀발전	호주불길 후환풍파

③ 서사택(西四宅) 경유신좌(庚酉辛坐)

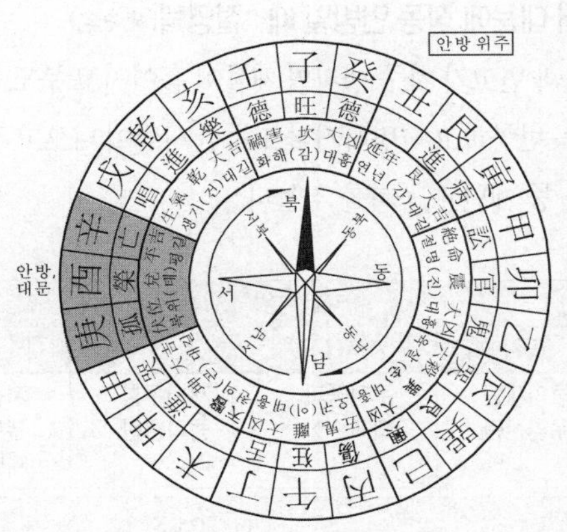

• **정서 대문에 정서 안방일 때 : 복위택**(伏位宅)

초반기에는 재물을 모아 부귀를 누리는 수도 있으나 오래 살면 재난과 변고가 생기는 풍파가 들어 뒤에는 과부와 고아만 남게 된다.

부엌이 위치한 방향			
동	서	남	북
재난변고 우환풍파	재물풍족 건강불길	재난우환 파재풍파	파재우환 변고불화

부엌이 위치한 방향			
동남	동북	서남	서북
부녀자흉 산란풍파 후대끊김	부귀번창 수복평안	단명변고 풍파산란	호주불길 후환풍파

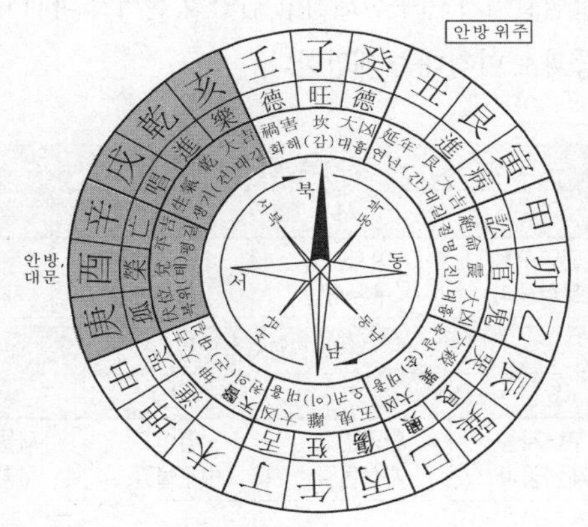

• **정서 대문에 서북 안방일 때 : 생기택**(生氣宅)

재물이 흥왕하고 가업이 번창하는 부귀를 누리나 부녀자에게 변고나 단명 등 풍파가 닿고 오래 살면 고독하고 액화가 자주 생긴다.

부엌이 위치한 방향			
동	서	남	북
단명변고 풍파산란	평안다복 부귀번성	우환파재 산란풍파	재물파손 남녀단명 우환변고

부엌이 위치한 방향			
동남	동북	서남	서북
부녀자흉 우환변고 파재풍파	부귀영화 발전다복	다복부귀 발전영화	평안발전 부귀영화

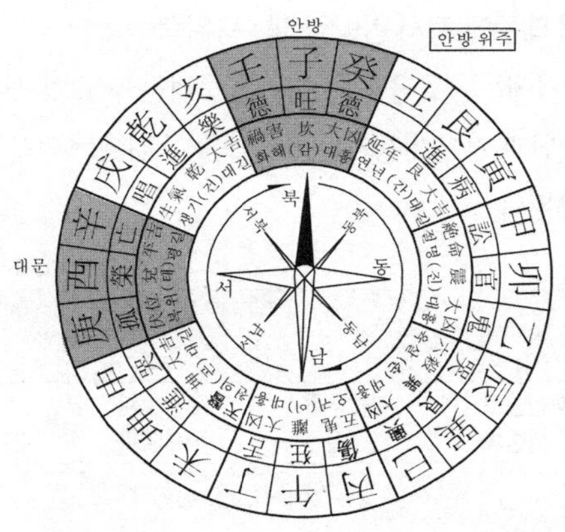

• **정서 대문에 정북 안방일 때 : 화해택(禍害宅)**

재물이 흩어지고 부녀자가 단명이나 변고 등의 우환을 치르며 살림살이가 어수선해지고 집안의 질서가 파괴되고 잡기나 풍파로 마침내는 패망한다.

부엌이 위치한 방향			
동	서	남	북
단명고독 우환풍파	여자단명 우환재난	풍파우환 파재손실	부녀자흉 재난풍파

부엌이 위치한 방향			
동남	동북	서남	서북
부녀자흉 재난풍파	단명변고 자식불길	단명변고 中子불길	재물파손 우환풍파

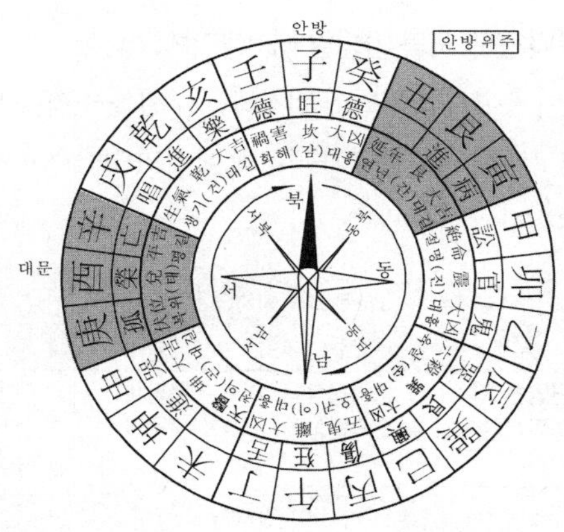

• **정서 대문에 동북 안방일 때 : 연년택(延年宅)**

집안이 번성하고 부귀가 흥왕하여 효자와 현손이 배출되며 두루 안팎이 평안·다복한 가운데 4년 내지 9년에 발복하고 巳·酉·丑년에 대길하다.

부엌이 위치한 방향			
동	서	남	북
풍파재난 우환파재	부귀영화 평안발전	재난풍파 우환산란	우환파재 풍파재난

부엌이 위치한 방향			
동남	동북	서남	서북
풍파우환 파재변고	번영발전 부귀평안	평안다복 부귀영화	부귀안강 평안발전

• **정서 대문에 정동 안방일 때 : 절명택(絶命宅)**

우환과 변고가 자주 생기며 재물이 흩어지고 부모 자식간에 불화·반목하고 단명하거나 고독한 사람이 나오고 후대가 끊기는 등 재난과 풍파를 겪는다.

부엌이 위치한 방향			
동	서	남	북
풍파재난 우환산란	우환풍파 파재손실	재난우환 풍파산란	자산불길 부부상극 재난풍파

부엌이 위치한 방향			
동남	동북	서남	서북
여자단명 변고풍파	재난풍파 우환손실	우환파재 풍파산란	풍파재난 우환손실

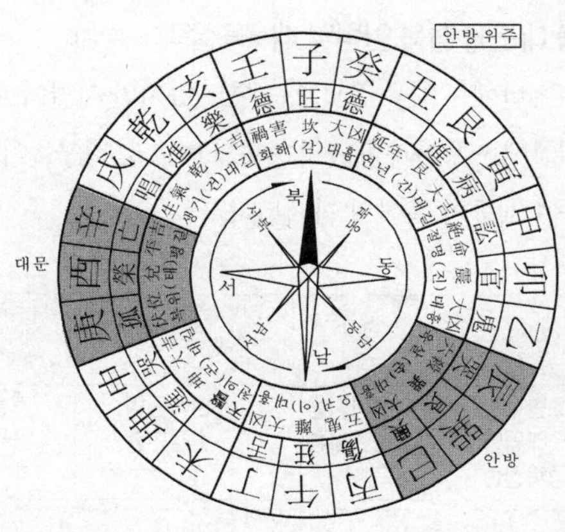

• **정서 대문에 동남 안방일 때 : 육살택**(六殺宅)

재물이 흩어지고 우환과 재난이 자주 생기며 변고와 단명 등의 풍파가 생기고 부부 상극되고 자손이 손상되는 파괴의 액화가 닥친다.

부엌이 위치한 방향			
동	서	남	북
남녀단명 변고풍파	순탄평안 별무이익	우환재난 풍파산란	풍파재난 우환파재

부엌이 위치한 방향			
동남	동북	서남	서북
초반부귀 부부상극 우환풍파 후대끊김	고독우환 풍파파재 자손불길	재난풍파 우환변고	부녀자흉 우환풍파

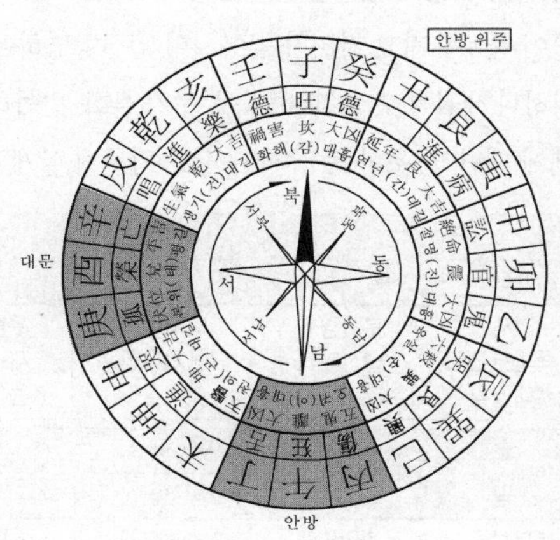

• **정서 대문에 정남 안방일 때 : 오귀택**(五鬼宅)

부녀자들로 살림살이가 어수선하며 집안에는 재난과 우환의 파괴가 자주 닥친다. 식구들이 변고와 풍파 및 단명 등으로 결국 패망하게 된다.

부엌이 위치한 방향			
동	서	남	북
풍파산란 우환재난	재난파재 우환산란	재난변고 우환파재	남녀단명 우환풍파

부엌이 위치한 방향			
동남	동북	서남	서북
재난풍파	반길반흉	반길반흉	남녀단명 변고풍파

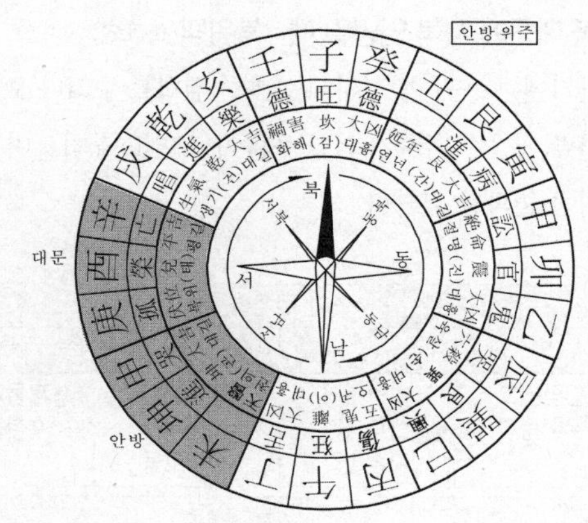

• **정서 대문에 서남 안방일 때 : 천의택**(天醫宅)

집안이 번성하고 부귀가 풍족하며 부녀자들이 현명하고 선량하나 자손이 우환이나 재난 손실, 근심 등 풍파를 겪고 주로 양자나 사위가 득세한다.

부엌이 위치한 방향			
동	서	남	북
우환재난 파재풍파	가장불길 장손액운 우환풍파	재난풍파 우환산란	남녀단명 변고풍파

부엌이 위치한 방향			
동남	동북	서남	서북
우환재난 풍파파재	순탄부귀 발전번영	재물풍족 건강불길 고독산란	부귀번성 평안발전

④ 서시택(西四宅) 술건해좌(戌乾亥坐)

• **서북 대문에 서북 안방일 때 : 북위택(伏位宅)**

초반기에는 부귀·발전하여 풍족한 영화를 누리나 오래 살게 되면 뒤에는 부녀자가 심한 우환이나 변고를 치르며 후대가 끊기는 풍파를 겪는다.

부엌이 위치한 방향			
동	서	남	북
단명변고 우환풍파	초반부귀 풍파재난 자손불길	재물파손 우환재난 풍파고독	재물파손 후환풍파

부엌이 위치한 방향			
동남	동북	서남	서북
부녀자흉 우환재난 풍파산란	초반부귀 오래살면 우환풍파 재취양자	부귀영화 평안발전	초반부귀 부부상극 자손불길

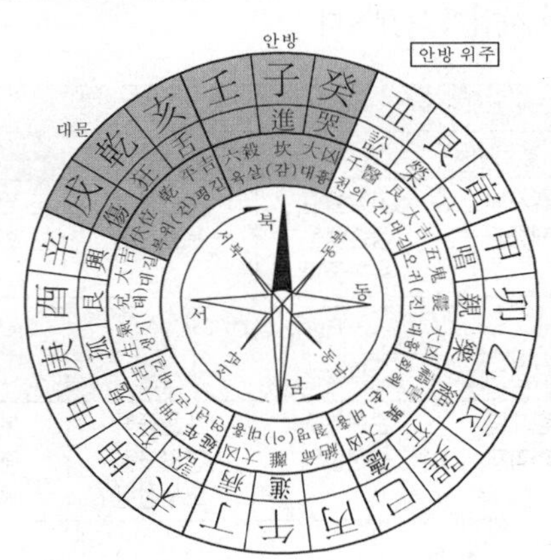

• **서북 대문에 정북 안방일 때 : 육살택(六殺宅)**

간혹 초반에는 재물을 모으는 수도 있지만 시일이 오래 될수록 집안에는 우환과 재난의 풍파와 변고 및 식구들이 불화·반목하여 재물이 흩어져 파괴된다.

부엌이 위치한 방향			
동	서	남	북
초반부귀 오래되면 풍파산란	부녀자흉 음란우환	남녀단명 반길반흉	재물파손 풍파우환 후대끊김

부엌이 위치한 방향			
동남	동북	서남	서북
초반부귀 부녀자흉 재난풍파	中子불길 재난우환 풍파산란	부귀발전 中子단명 후대고독	재물파손 변고재난 풍파산란

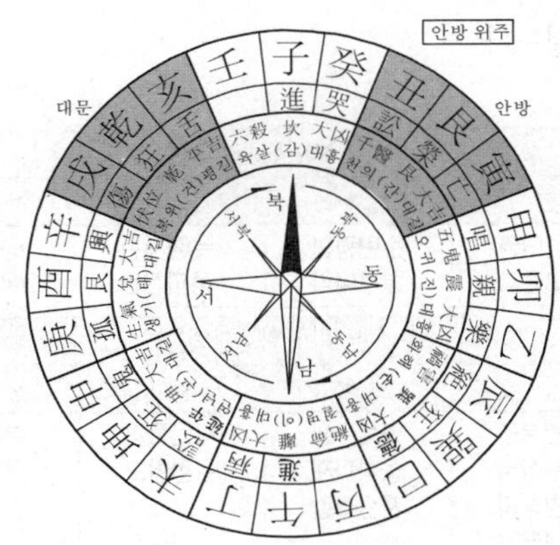

• **서북 대문에 동북 안방일 때 : 천의택(天醫宅)**

재물이 풍부해지고 지위가 높아지며 입신양명하여 복록이 흥왕하나 세월이 오래 지날수록 부부가 불화·반목하고 자식들에게 재난 및 우환 등 풍파가 닿고 외롭게 살게 된다.

부엌이 위치한 방향			
동	서	남	북
우환재난 풍파변고 후대끊김	부귀영화 발전다복	여자강성 풍파우환 자손불길	우환변고 재난단명 풍파산란

부엌이 위치한 방향			
동남	동북	서남	서북
부부상극 자손손상 풍파우환	가업발전 우환재난	발전부귀 다복평안	초반부귀 우환불화 파재고독

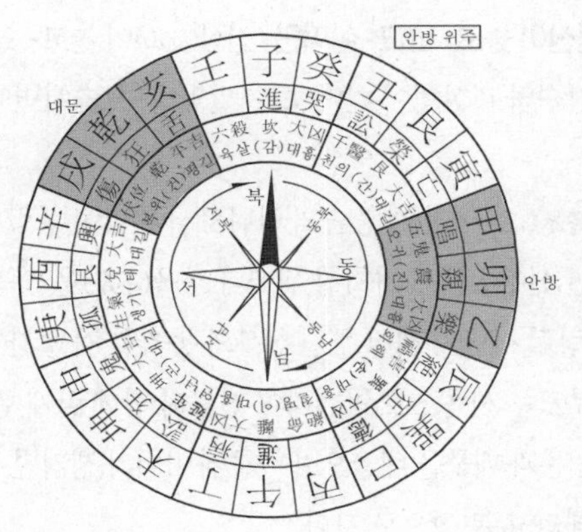

• **서북 대문에 정동 안방일 때 : 오귀택**(五鬼宅)

집안이 어수선하고 재물이 흩어지며 우환과 재난이 자주 닿고 관재·구설과 변고·단명 등의 풍파와 식구가 불화하고 장손이 끊긴다.

부엌이 위치한 방향			
동	서	남	북
우환재난 산란풍파	풍파우환 산란파재	젊은이흉 우환풍파	초반부귀 점차쇠퇴

부엌이 위치한 방향			
동남	동북	서남	서북
여자단명 우환재난 풍파파재	재물풍족 우환파재 자손불리	반길반흉	우환변고 단명풍파 파재산란

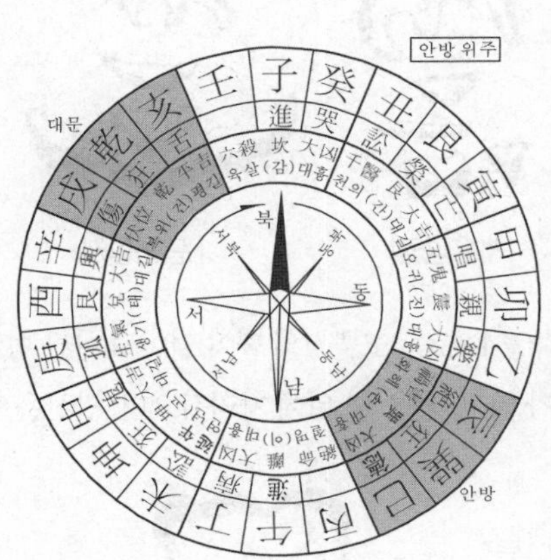

• **서북 대문에 동남 안방일 때 : 화해택**(禍害宅)

초반기에는 재물을 모으고 살림이 풍족할 수도 있으나 부녀자의 우환이나 재난이 닿고 단명이나 변고, 관재·구설 등 파괴와 풍파를 겪는다.

부엌이 위치한 방향			
동	서	남	북
우환재난 풍파변고 후대끊김	부귀영화 발전다복	여자강성 풍파우환 자손불길	우환변고 재난단명 풍파산란

부엌이 위치한 방향			
동남	동북	서남	서북
부부상극 자손손상 풍파우환	가업발전 우환재난	발전부귀 다복평안	초반부귀 우환불화 파재고독

• **서북 대문에 정남 안방일 때 : 절명택**(絶命宅)

우환과 재난이 자주 닿고 변고와 단명 및 재물이 파괴되는 풍파와 고독한 사람이 생긴다. 살림살이가 산란하고 후대가 끊긴다.

부엌이 위치한 방향			
동	서	남	북
풍파우환 재난파재	재난우환 파재산란	우환풍파 파재변고	재물파손 불화음란 풍파산란

부엌이 위치한 방향			
동남	동북	서남	서북
부녀자흉 자손불리	여자강성 효자현손 부귀영화	반흉반길	재난풍파 산란우환

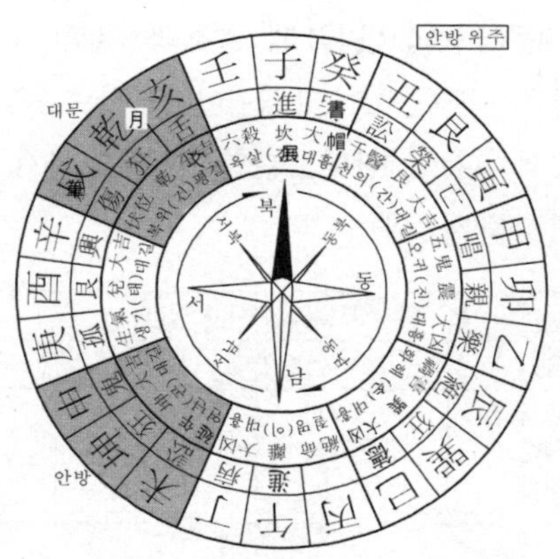

• **서북 대문에 서남 안방일 때 : 연년택(延年宅)**
부부화락하고 효자현손이 만당하며 부귀와 영화를 누리며 평안장수하고 입신양명하여 풍부한 복록을 누린다.

부엌이 위치한 방향			
동	서	남	북
풍파우환 재난파재	부귀번성 수복평안	후환재난 파재풍파	中子단명 후환풍파

부엌이 위치한 방향			
동남	동북	서남	서북
부녀자흉 우환파재 재난풍파	부귀발전 평안다복	평안부귀 발전영화	순탄번영 부귀안강

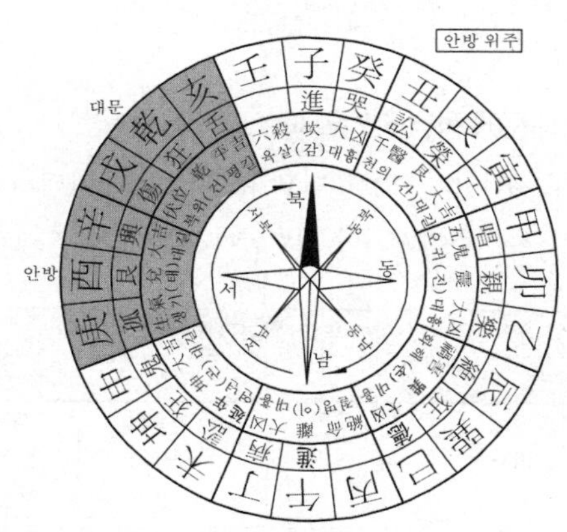

• **서북 대문에 정서 안방일 때 : 생기택(生氣宅)**
초반기에는 부귀와 발전을 누리나 부부간 이별이나 우환 및 재혼을 하게 되며 오래 살게 되면 집안이 산란해지거나 재물이 파괴되는 풍파가 생긴다.

❖ **서북간산이 높고 · 크고 · 살찌면** : 건산(乾山)이 높고 · 크고 · 비만하면 장수하고 산형이 천마(天馬 : 말안장) 모습이면 벼슬이 빠르다.

❖ **서옥**(婿屋) : 고구려 때 풍습의 하나로서 혼담이 성립되어 약혼을 하면 신부집에서 자기집 뒤에다 소옥(小屋)을 짓는 것을 말함. 신랑될 사람이 해질 무렵 신부와 동숙할 것을 간청하면 신부집 부모는 서옥으로 안내하여 신부와 함께 살게 한다. 이때 사위는 돈과 패물을 내놓으며 나중에 아이가 생기면 신랑은 처자를 데리고 본 집으로 간다.

❖ **서우망월형**(犀牛望月形) : 서우망월형(犀牛望月形)은 청삼(青衫)으로 천구(天衢)에 나가며, 단봉함서형(丹鳳啣書形)은 대궐에서 조서를 반포(頒布)하는 형국. 물소가 달을 바라보는 형상(犀牛望月形)이라면 달은 안산(案山)이 되어야 하니, 안산은 금성(金星)으로 청수(清秀)하게 저소(低小)하여야 한다면 소년에 신동이 날 것이며 청삼(青衫)을 입고 어가(御街)를 걷게 될 것이다. 붉은 색의 봉황새가 서찰을 입에 물고 있는 형상(丹鳳啣書形)이라면, 서(書)는 안산(案山)이 되어야 하니, 목성(木星)으로 일자문성(一字文星)을 이룬다면 고은(高隱)한 선비가 나와서 궁궐에서 임금의 조서를 반포하고 장차 임금의 장인까지 될 수 있을 것이다.

[서우망월] [단봉함서]

❖ **서우탈각**(犀牛脫角) : 코뿔소의 뿔이 떨어져 나간 형국. 코뿔소 옆에 코가 있고, 혈은 뿔 위에 자리잡으며, 안산은 달이다.

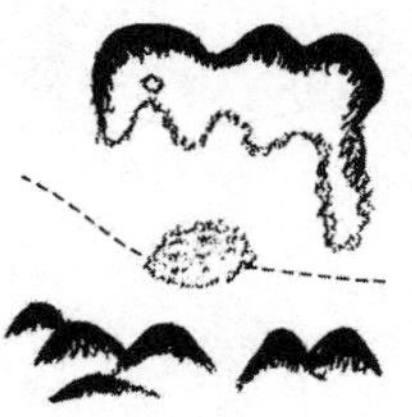

❖ **서운원월**(瑞雲圓月) : 둥근 달이 구름 위에 떠있는 것처럼 생긴 형국. 주산(主山)이 둥그렇고 혈은 주산의 중앙에 있으며, 안산은 구름이다.

❖ **서육혈**(鼠肉穴) : 사람의 팔뚝(어깨 바로 아래 알통 부분)에 해당되는 혈로서 혈처가 알통처럼 둥글고 두두룩하다. 혈처 너머에는 낙산(樂山)이 솟아 있다.

❖ **서익**(舒翼) : 분지(分枝)에 맺은 혈. 큰 용의 장막이 열리고 펴는 것이 마치 새가 날개를 크게 펴는 것 같다고 하여 붙인 이름이다.

❖ **서재**(書齋) : 서재의 첫째 조건은 조용하고 아늑해야 한다. 때문에 다른 용도로 같이 사용해서는 좋지 않다. 침실의 옆방에 설치해도 괜찮지만 주방이나 대문 응접실과는 거리를 두는 것이 좋다.

❖ **서쪽 방위의 부엌을 오래 쓰면 재물이 줄어든다** : 서쪽 방위의 가문은 발전이 퇴보 한다. 이외의 돌발사고나 횡액을 불러들이는 것이 이 서쪽 방위의 부엌이다. 그러나 부득이한 사정으로 서쪽으로 부엌을 삼아야 한다면 서쪽 창문에 햇빛을 제대로 차단 할 수 있는 커튼이나 볕을 가리는 블라인드를 설치하고 환기가 잘 되도록 환풍구 시설을 갖추어야 한다.

❖ **서쪽에 도로, 동쪽에 내가 있는 집** : 서쪽의 백호 방향의 도로가 산에 계속해 있다면 최고이다. 동쪽의 청룡 방향에 내가 있으면 길택(吉宅)이 된다. 서쪽의 도로와 동쪽의 시내가 어우러져 재산운이 트이며, 포인트가 되어 좋은 조건의 주거처가 된다.

❖ **서쪽에 모란·작약·매화가 있으면 좋다** : 똑같은 집에서도 대문의 방위에 따라 흉가가 될 수도 있고 길한 집이 될 수 있다고 믿는 것이 가상사상이다. 이는 방위를 중요시한다는 뜻인데 방위에 따른 초목의 좋고 나쁨을 살펴보면 첫째로 거목, 비록 현재는 묘목이라 해도 나중에 키가 클 나무가 북쪽에 있으면 상속이 순조로운 좋은 집이 된다고 한다. 물론 이때 집의 터는 넓어야 하며 담장은 통풍이 잘 되어야 한다. 북쪽 담장에 홰나무가 죽 늘어선 집도 길하다. 동쪽에 매화나무가 많은 집에서는 대문장가가 나올 가능성이 높으며 또 이 방위의 거목은 흉상이지만 관목은 무방하다. 매화나 대추나무를 동남쪽에 심으면 대길하고 뽕나무도 적당한 거리를 유지하면 좋다. 좁은 정원에 침엽수나 플라타너스와 같은 활엽수가 있으면 햇볕을 가려 집이 음침하게 되므로 채광상 큰 나무는 어느 종류든 남쪽에 심으면 좋지 않다. 그러나 구기자·대추·목단·작약·매화 등과 같은 나무들은 채광에 그리 큰 영향을 미치지 못하므로 상관없다. 서쪽은 해가 지는 쪽이므로 대체로 큰 나무가 길하다. 따라서 느릅나무·소나무·떡갈나무 등은 아주 길한 편이고, 대추나무·석류나무 등도 무난하다. 집과 조화를 잘 이루고 집을 돋보이게 하는 모든 초목은 사는 사람의 기분을 상쾌하게 할 뿐 아니라 심신에 좋은 영향을 주어 길운을 보강해 주게 된다.

❖ **서쪽은 여성 결혼운세 방위** : 서쪽은 해가 지는 쪽으로 오행으로 따지면 쇠(金)의 성질로 음금(陰金)에 해당된다. 해가 넘어가듯 모든 만물을 오그라들게 한다는 것이다. 12지간으로는 유(酉:닭)에 해당하며, 10천간으로는 경(庚)·신(辛)에 속한다. 계절로는 가을을 상징하며, 정서(正西)는 양력 9월에 해당하고, 월지(月支)로는 유월(酉月)이 된다. 시간은 오후 5시부터 7시까지이며, 색은 백색(右白虎), 맛으로는 매운 맛(辛味), 숫자로는 4와 9를 상징한다. 주역 괘상은 ☱이며, 괘명은 태(兌), 괘체는 택(澤:연못), 괘성은 열(悅:기쁨)에 해당한다. 따라서 가상을 따질 때 이 같은 각종 상징이 참작되어 서쪽에 장점이 많은 집에는 즐거운 일, 기쁜 일이 많이 생긴다고 보는 것이다. 서쪽은 또 연못을 상징하므로 물의 성질중 모여드는 것, 즉 집결성과 윤기 등을 의미하기도 하며, 땅이 파인 곳에 물이 고인 것으로 깎임·파임·

부족 등을 암시하기도 하고, 열(悅)에서 결혼의 기쁨, 또 쇠(金)라는 점에서 돈과도 연결된다. 이러한 관점에서 서쪽은 미혼여성의 결혼운세를 판단하는 방위이기도 한데, 가족으로는 막내딸을 상징한다. 뿐만 아니라 서쪽이 트이면 상대방의 방위에 따라 돈이 들어올 수도 나갈 수도 있다고 본다.

❖ **서향 건물 남동 대문** : 동사택 배합으로 재산과 건강이 모두 발전한다.

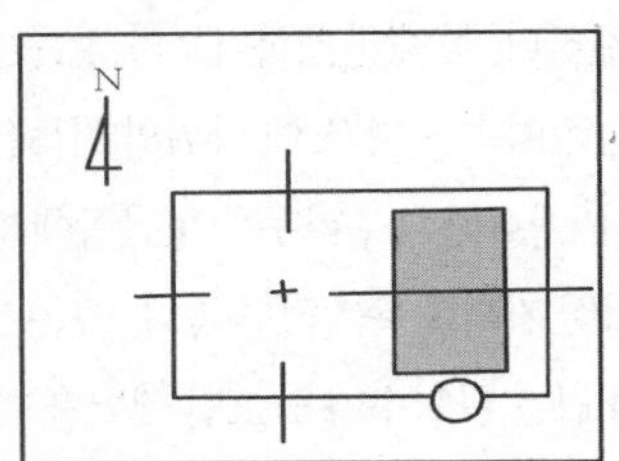

① **뇌풍항**(雷風恒) : 진방(震方) 부엌 손문(巽門)에 배정하면 이목(二木)이 숲을 이루니 이름을 떨치며 재산이 늘어난다. 장남과 장녀가 정배(正配)하여 순조로우니 자손이 번창한다. 형제간에 우애가 좋고, 연달아 과거에 급제하니 부귀쌍전한다.

② **손문**(巽門) **진주**(震主) : 풍뢰(風雷)는 공명이 불같이 일어난다. 연년택(延年宅)으로 이목(二木)이 숲을 이루어 이름을 떨치며, 목(木)이 왕성하니 금(金)을 만나면 큰 재목이 된다. 이런 집은 평지일성뢰(平地一聲雷)라 하여 장원급제하며 처음에는 궁핍하나 나중에는 부자가 된다.

- 이방(離方) 부엌은 천을(天乙)이니 목화상생(木火相生)하여 대길하다. 이름을 떨치며 부부금실이 좋고, 여장부가 나온다.
- 곤방(坤方) 부엌은 목토상극(木土相剋)하여 오귀(五鬼)를 범한다. 노모를 잃게 되며 아들이 없고, 가정이 화목하지 못하며 황달, 통증 등이 따른다.
- 태방(兌方) 부엌은 문주(門主)와 상극(相剋)하니 남녀 모두 수명이 짧고, 재산이 흩어지며 관절통이 따른다.
- 건방(乾方) 부엌은 금목상극(金木相剋)하고 오귀(五鬼)를 범하니 남자가 상하고 여자를 극한다. 가문이 망하는 등 대흉하다.
- 감방(坎方) 부엌은 생기이니 대길하여 과거에 연달아 급제한다.
- 간방(艮方) 부엌은 문주(門主)와 상극하니 어린아이에게 풍병, 비장·위장질환 등이 발생하여 키우기 어렵다.
- 진방(震方) 부엌은 문주(門主)와 비화(比和)하니 대길하다.
- 손방(巽方) 부엌은 문주(門主)와 비화(比和)하니 대길하다. 문주(門主)와 부엌이 모두 상생하면 길하고, 상극이면 흉하다. 생기(生氣)가 가장 길하고, 다음은 천의(天醫)와 연년(延年)이다.

③ **남동문 동주**(東主) : **연년택**(延年宅) – 일시에 공명을 떨치며 처음에는 가난하나 차차 부자가 되고, 재능있는 사람이 많이 나온다.

분류 / 구성	위치	괘	명칭	방위	남녀	음양	오행	수리
건물	正東	☳ ☴	雷	東舍宅	長男	陽	木	3,8
대문	南東		風	東舍宅	長女	陰	木	3,8
작용	서향집 남동문		恒	有利	男女	調和	相比	3,8

※ **항**(恒) : 천둥과 바람이 서로 돕고 순종하며 함께 움직인다. 장남(震)이 장녀(巽) 위에 있으니 부부의 도리를 다한다.

❖ **서향 건물 남서 대문** : 불배합으로 상극하니 건강과 재산을 잃는다.

① **뇌지예**(雷地豫) : **진방**(震方) **부엌 곤문**(坤門) – 진방(震方) 부엌을 곤문(坤門)에 배정하면 진목(震木)이 곤토(坤土)를 극하니 먼저 노모가 상하고, 장손이 병에 걸린다. 모자에게 불리하며 혈육이 원수같다. 관재구설, 파재 등이 따르며 가축에게도 해롭다. 예괘(豫卦)는 집안이 망하며 음인(陰人)에게 질병이 많다.

② **곤문**(坤門) **진주**(震主) : 사람이 용 위에 있는 격이니 어머니에게 산망이 따른다. 화해택(禍害宅)으로 목토상극(木土相剋)하니 모자간에 불화하고, 재산을 잃으며 황달, 비장, 위장질환이 따른다. 재산이 있으면 건강하지 못하고 건강하면 재산이 없다.

- 감방(坎方) 부엌은 절명(絶命)이니 뱃 속에 적귀가 생기고, 가운데 아들이 일찍 죽는다.
- 진방(震方) 부엌은 주(主)와 비화(比和)하고 문(門)과 상극

하니 불길하다.

- 손방(巽方) 부엌은 문(門)과 오귀(五鬼)를 범하니 대흉하다.
- 이방(離方) 부엌은 반길반흉이다.
- 곤방(坤方) 부엌은 문(門)과 비화(比和)하고 주(主)와 상극하니 불길하다.
- 태방(兌方) 부엌은 금목상극(金木相剋)하니 남녀 모두 단명한다.
- 건방(乾方) 부엌은 반길반흉이다.
- 간방(艮方) 부엌은 문(門)과 비화(比和)하고 주(主)와 상극이니 남녀 모두 불리하며 어린아이를 키우기 어렵다.

③ **남서문 동주**(東主) : **화해택**(禍害宅) – 모자 간에 화목하지 못하며 재산을 잃은 후 건강도 잃는다. 황달, 비장·위장질환이 따른다. 재산이 있으면 건강하지 못하고, 건강하면 재산이 없다.

분류 구성	위치	괘	명칭	방위	남녀	음양	오행	수리
건물	正東		雷	東舍宅	長男	陽	木	3,8
대문	南東	☷ ☳	地	西舍宅	老母	陰	土	5,10
작용	서향집 서남문		豫	不利	男女	調和	相剋	5,10

※ 豫(예) : 우뢰소리에 따라 땅이 흔들리니 사시(四時)에 어김이 없음을 본받는다.

❖ **서향 건물 남향 대문** : 동사택(東舍宅) 배합으로 건강하며 재물이 크게 번성한다.

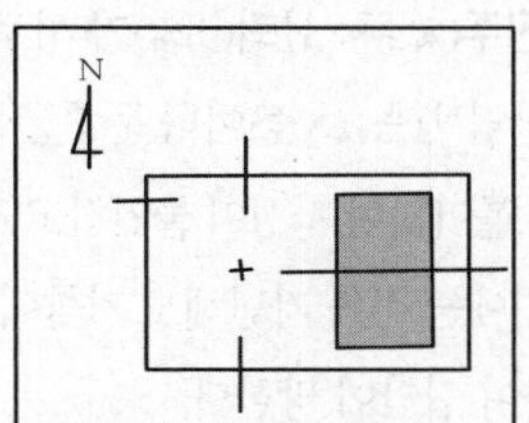

① **뇌화풍**(雷火豊) : 진방(震方) 부엌 이문(離門) – 진방(震方) 부엌을 이문에 배정하면 청룡입택(青龍立宅)이라 목화통명(木火通明)하니 동사명(同舍命)이다. 가정에 여자만 남게 되나 재산이 증가하고, 인재가 청수하니 연달아 과거에 급제한다. 진방 부엌이 빈랑성을 잘 만났으니 목화통명(木火通明)하여 부귀겸전한다.

② **이문**(離門) **진주**(震主) : 화뢰(火雷)는 발복하며 여자가 어질다. 생기주(生氣主)로 목화통명(木火通明)하니 공명현달하며 대부대귀하다. 아내는 현명하며 자식은 효도하고, 남자는 충성하며 여자는 수려하다. 8년 안에 경사가 일어나니 장원급제한다. 부엌을 손방(巽方)에 배정하면 더욱 유리하다. 주(主)와 토목상극(土木相剋)한다. 여자의 수명이 짧으며 황달, 비장·위장질환 등이 따른다.

- 태방(兌方) 부엌은 오귀(五鬼)이니 남녀 모두 장수하나 여자가 간교하며 관재구설, 도난, 시비 등이 따른다.
- 건방(乾方) 부엌은 문주(門主)와 상극(相剋)하니 내외교전(內外交戰)하여 만사가 불리하다.
- 감방(坎方) 부엌은 문과 상배상생(相配相生)하니 대길하다.
- 진방(震方) 부엌은 주(主)와 비화(比和)하고 문과 상생하니 대길하다.
- 간방(艮方) 부엌은 여자에게 불리하며 어린아이를 키우기 어렵다. 여자가 난폭하며 남편의 권리를 빼앗는다. 황달, 풍병 등이 따른다.
- 손방(巽方) 부엌은 대길하여 부귀영창한다. 현명하고 총명한 사람이 나오고, 여자가 선행을 많이 쌓으며 4·5형제를 둔다.
- 이방(離方) 부엌은 문주(門主)와 비화상생(比和相生)하니 대길하다.

③ **남문**(南門) **동주**(東主) : **생기택**(生氣宅) – 대부대귀하며 공명현달하니 거침없이 발전한다. 아내는 어질며 자식은 효도하고, 남자는 총명하며 여자는 수려하다. 궁핍한 서생이 하루아침에 일어나듯 벼슬길이 열리고 부귀가 넘친다. 특히 남동쪽에 부엌을 정하면 더욱 길하다.

분류 구성	위치	괘	명칭	방위	남녀	음양	오행	수리
건물	正東		雷	東舍宅	長男	陽	木	3,8
대문	正南	☲ ☳	火	東舍宅	中女	陰	火	2,7
작용	서향집 남문		風	有利	男女	調和	相生	2,7

※ 풍(豊) : 천둥과 번개가 모두 이르니 풍성하다.

❖ **서향 건물 동향 대문** : 동사택(東舍宅) 배합으로 발전한다.

① **뇌뢰순진**(雷雷純震) : **진방**(震方) **부엌 진문**(震門) – 진방(震方) 부엌을 진문에 배정하면 목(木) 두 개가 연달아 있으니 장남은 공명이 순조로우나 작은 방은 여자가 일찍 죽고, 어린아이를 키우기 어렵다. 초기에는 대길하나 오래 살면 순양무음(純陽無陰)이라 아들이 없다.

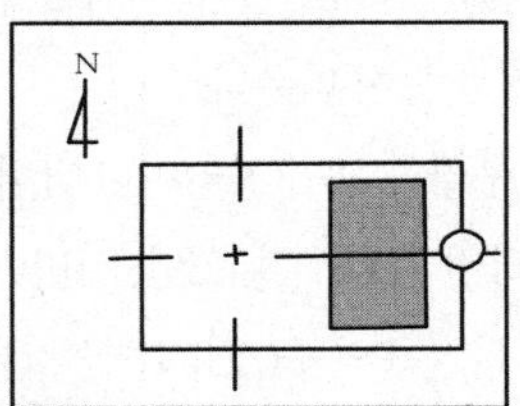

② **진문**(震門) **진주**(震主) : 진목(震木)이 거듭되니 아내와 아들이 상극한다. 복위택(伏位宅)이니 초기에는 발복하나 양승음쇠(陽勝陰衰)하여 여자가 단명하여 남자끼리 살게 된다. 오래 살면 양자를 들이며 고독하다.

- 손방(巽方) 부엌은 연년(延年)이니 복록수(福祿壽)가 모두 모여 대길하다.
- 이방(離方) 부엌은 목화통명(木火通明)하니 만사가 순조롭다.
- 곤방(坤方) 부엌은 목토상극(木土相剋)이니 노모에게 해로우며 황달, 비장·위장질환이 발생한다.
- 태방(兌方) 부엌은 금목상극(金木相剋)이니 남녀가 모두 수명이 짧으며, 관절통이 따른다.
- 건방(乾方) 부엌은 오귀(五鬼)를 범하니 대흉하여 만사가 불리하며 집안이 망한다.
- 감방(坎方) 부엌은 천을(天乙)이니 초기에는 발복하나 오래 살면 고독하며 아들이 없으며 고독하다.
- 간방(艮方) 부엌은 궁핍하며 우여곡절이 많다. 어린아이에게 황달과 비장질환이 발생한다.
- 진방(震方) 부엌은 문주(門主)가 비화(比和)하니 남자끼리 산다. 초기에는 유리하나 오래 살면 아내를 극하며 아들이 없다.

③ **동문**(東門) **동주**(東主) : **복위택**(伏位宅) – 초기에는 발복하나 아내의 수명이 짧으며 가족의 건강이 나쁘다. 오래 살면 양자로 대를 이으며 고독하다.

분류 구성	위치	괘	명칭	방위	남녀	음양	오행	수리
건물	正東	☳ ☳	雷	東舍宅	長男	陽	木	3,8
대문	正東		雷	東舍宅	長男	陽	木	3,8
작용	서향집 동문		震	有利	男	不和	相比	3,8

※ 진(震) : 거듭해서 천둥이 친다는 뜻이다. 천둥은 양기(陽氣)를 발하니 만사형통한다.

❖ **서향 건물 북동 대문** : 서사택(西舍宅) 불배합이 상극하니 건강과 재산을 모두 잃는다.

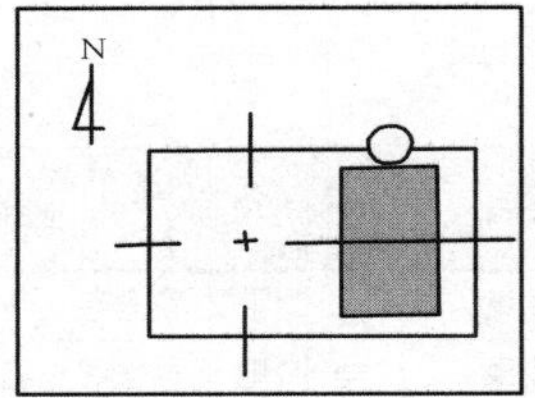

① **뇌산소과**(雷山小過) : **진방**(震方) **부엌 간문**(艮門) – 진방 부엌을 간문에 배정하면 목극토(木剋土)하여 작은 아들이 상하며 형제 간에 불화한다. 음식을 거부하며 폐경이나 난산이 따르고, 가축에게도 해롭다. 소과괘(小過卦)는 질병과 음인(陰人)과 어린아이에게 재앙이 따르고, 8년 안에 도난으로 망한다.

② **간문**(艮門) **진주**(震主) : 산뢰(山雷)가 서로 보니 어린아이가 죽는다. 육살입택(六殺入宅)이니 문주궁성(門主宮星)이 서로 싸워 재산이 흩어지며 가정이 불안하고 황달과 비장질환이 따른다. 초기에는 비록 가난해도 가족이 있지만 오래 살면 아내를 극하여 집안이 망한다.

- 진방(震方) 부엌은 문(門)과 상극하니 재산이 흩어진다.
- 손방(巽方) 부엌은 목극토(木剋土)하니 아들이 없으며 고독하다. 풍병, 황달, 비장질환 등이 따른다.
- 이방(離方) 부엌은 문과 설기(洩氣)되고 주(主)는 생기하니 길흉이 반복된다.

- 곤방(坤方) 부엌은 문과 비화(比和)하고 주(主)와 상극하니 불길하다.
- 태방(兌方) 부엌은 재물은 발전하나 남자를 극한다.
- 건방(乾方) 부엌은 주(主)와 오귀(五鬼)를 범하니 흉하다.
- 감방(坎方) 부엌은 문(門)과 오귀(五鬼)를 범하니 대흉하다.
- 간방(艮方) 부엌은 문(門)과 비화(比和)하니 주(主)와 상극하니 불길하다.

③ **북동문 동주(東主) : 육살입택**(六殺入宅) – 집안이 편안하지 못하며 간장이나 비장질환이 따른다. 간혹 초기는 건강할 수도 있으나 아내를 잃게 되며 집안이 망한다.

분류 구성	위치	괘	명칭	방위	남녀	음양	오행	수리
건물	正東		雷	東舍宅	長男	陽	木	3,8
대문	正東	☳ ☶	山	西舍宅	少男	陽	土	5,10
작용	서향집 동문		小過	不利	男	調和	相剋	5,10

※ **소과**(小過) : 지나치게 적다는 뜻이다. 그러나 곧으면 길하다.

❖ **서향 건물 북서향 대문**: 불배합으로 상극하니 가정이 화목하지 못하고, 재산과 건강을 크게 잃는다.

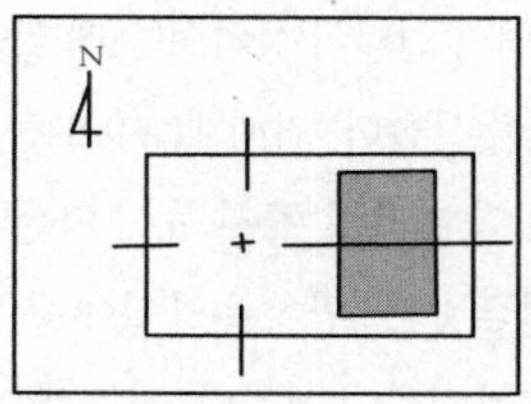

① **뇌천대장**(雷天大壯) : **진방**(震方) **부엌 건문**(乾門) – 진방 부엌을 건문(乾門)에 배정하면 금극목(金剋木)하니 장자, 장손, 노부, 장부가 상한다. 해소천식과 관절통, 자해, 화재, 도난, 관대 등이 연속되니 흉하다. 대장괘(大壯卦)는 자손이 불효하며 어린아이에게 불리하다. 장자와 노부에게 연달아 화액이 따르고, 가축에게도 흉하다.

② **건문**(乾門) **진주**(震主) : 오귀(五鬼)가 뇌문(雷門)에 들어가니 장자가 상한다. 오귀택(五鬼宅)으로 외(外)가 내(內)를 극하니 화가 빠르게 진행된다. 4·5수에 관재구설, 화재, 도난 등이 많이 일어난다. 남녀 모두 일찍 죽게 되며 심장, 복부 등에 통증이 따른다. 부자간에 불화하며 재물이 패하고, 가축에게도 해롭다.

- 감방(坎方) 부엌은 처음에는 좋으나 오래 살면 발전하지 못한다.
- 간방(艮方) 부엌은 재물은 발전하나 사람에게 해롭다. 어린아이에게 질병이 많이 따른다.
- 진방(震方) 부엌은 삼양(三陽)이 함께 있고 오귀(五鬼)를 범하니 대흉하다.
- 손방(巽方) 부엌은 여자에게 단명, 관절통, 유산, 산망이 따른다.
- 이방(離方) 부엌은 화금상극(火金相剋)하니 남자가 일찍 죽는다.
- 곤방(坤方) 부엌은 문(門)과 상생하고 주(主)와 상극하니 반길반흉이다.
- 태방(兌方) 부엌은 문(門)과 비화(比和)하고 주(主)와 금목상상(金木相傷)하니 흉하다.
- 건방(乾方) 부엌은 삼양(三陽)이 함께 있고 쌍금(雙金)이 목(木)을 극하니 대흉하다.

③ **북서문**(北西門) **동주**(東主) : **오귀택**(五鬼宅) – 갑자기 안팎으로 나빠져 관재구설, 화재, 도난 등이 끊이지 않는다. 남녀 모두 요절이나 단명하고, 심장이나 복부질환이 따른다. 재산이 줄어들어 부자간에 화목하지 못하고, 장남의 대가 끊긴다.

분류 구성	위치	괘	명칭	방위	남녀	음양	오행	수리
건물	正東		雷	東舍宅	長男	陽	木	3,8
대문	西北	☳ ☰	天	西舍宅	老母	陽	金	4,9
작용	서향집 서북문		大壯	不利	男	不和	相剋	4,9

※ **대장**(大壯) : 천둥이 하늘 위에 있는 격이니 큰 사람이 씩씩하다. 마음이 곧아야 이롭다.

❖ **서향 건물 북향 대문**: 동서 배합으로 상생하니 발전하게 되며 가정이 화목하다.

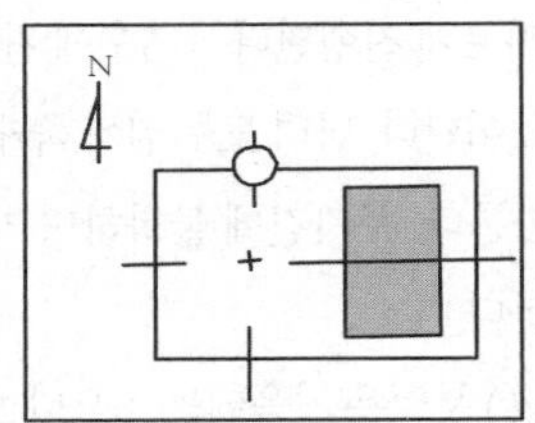

① **뇌수해**(雷水解) : **진방**(震方) **부엌 감문**(坎門) – 진방(震方) 부엌을 감문(坎門)에 배정하면 수목상생(水木相生)하니 가정이 화목하며 재산이 왕성하다. 초기에는 대부대귀하나 순양무음(純陽無陰)이라 오래 살면 자손이 귀하며 여자가 죽는다. 해괘(解卦)는 조모가 도와주니 재물과 가축에게까지 유리하다. 자손은 영화를 누리나 음인(陰人)에게는 질병과 상해가 따른다.

② **감문**(坎門) **진주**(震主) : 발복하나 오래 살면 아들을 두지 못한다. 천을택(天乙宅)으로 가난을 구하는 데는 제일이다. 초기에는 가족이 많으며 공명현달하여 연달아 과거급제하나 순양무음(純陽無陰)이라 오래 살면 아들이 없으며 고독하다.

- 간방(艮方) 부엌은 오귀(五鬼)를 범하며 문주(門主)와 상극하니 대흉하여 만사가 불리하다.
- 진방(震方) 부엌은 천을(天乙)이니 문주(門主)와 상생비화(相生比和)하여 초기에는 대길하다. 그러나 순양무음(純陽無陰)이라 오래 살면 해롭다.
- 손방(巽方) 부엌은 생기이니 복록수(福祿壽)가 모두 모여 매우 길하다.
- 이방(離方) 부엌은 연년(延年)이니 부귀쌍전한다. · 곤방(坤方) 부엌은 절명이니 불길하다. · 태방(兌方) 부엌은 화해(禍害)이니 주(主)와 상극하여 금목(金木)이 서로 싸우므로 해롭다. 비록 문(門)과 상생하나 설기(洩氣)되어 불길하다.
- 건방(乾方) 부엌은 육살(六殺)이니 주(主)와 오귀(五鬼)를 범하여 만사가 불리하다. 문과 음광(淫狂)을 범하여 삼양(三陽)이 함께 있으니 오래 살면 아들이 없다.
- 감방(坎方) 부엌은 복위(伏位)와 천을(天乙)이니 문주(門主)와 비화상생(比和相生)하여 초기에는 크게 발복하여 복록이 완전하다. 그러나 순양무음(純陽無陰)이라 오래 살면 아들이 없으며 고독하다.

③ **북문 동주**(東主) : **천을택**(天乙宅) – 초기에는 건강하며 공명을 이루어 지위가 오르고, 온 가족이 덕을 쌓으며 남을 돕는다. 그러나 오래 살면 고독해지며 여자가 집안을 지탱한다.

분류 / 구성	위치	괘	명칭	방위	남녀	음양	오행	수리
건물	正東	䷧	雷	東舍宅	長女	陰	木	3,8
대문	正北		水	東舍宅	中男	陽	水	1,6
작용	서향집 북문		解	有利	男女	調和	相生	1,6

※**해**(解) : 천둥과 비가 있으니 초목이 싹터 천지가 풀어진다.

❖ **서향 건물 서향 대문** : 불배합으로 상극하니 재산과 건강을 잃는다.

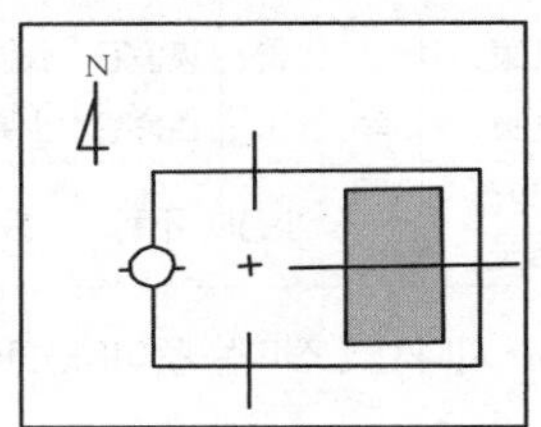

① **뇌택귀매**(雷澤歸妹) : **진방**(震方) **부엌 태문**(兌門) – 진방 부엌을 태문(兌門)에 배정하면 금목(金木)이 서로 싸우니 장자, 장손, 장부, 장녀가 연달아 상하며 오래 살면 아들이 없고, 네 사람이 연달아 상한다. 귀매괘(歸妹卦)는 아들이 없으며 고향을 떠나게 되고 자해, 흉사 등이 따른다.

② **태문**(兌門) **진주**(震主) : 범이 용의 집에 들어가는 격이니 허세가 심하며 복부질환이 따른다. 절명택으로 목(木)이 금(金)의 극을 받으니 장남이나 장녀가 일찍 죽어 대가 끊긴다. 가정이 화목하지 못하고, 아내를 일찍 잃으며 아들을 극하니 집안이 망한다. 심장, 복부, 허리 등에 통증이 따른다.

- 건방(乾方) 부엌은 문(門)과 비화(比和)하고 주(主)와 오귀(五鬼)를 범하니 대흉하다.
- 감방(坎方) 부엌은 남녀 모두 상하고, 아들을 극하며 아내에게 흉하다.
- 간방(艮方) 부엌은 목토금(木土金)이 상극하니 불리하다.
- 진방(震方) 부엌은 태(兌)와 상극하니 흉하다.

- 손방(巽方) 부엌은 금극목(金剋木)하니 아내를 일찍 잃는다.
- 이방(離方) 부엌은 문(門)과 오귀(五鬼)를 범하니 대흉하다.
- 곤방(坤方) 부엌은 문(門)과 상생하고 주(主)와 상극하니 불리하다.
- 태방(兌方) 부엌은 문(門)과 비화(比和)하고 주(主)와 상극하니 흉하다.

③ **서문 동주(東主) : 절명택(絶命宅)** – 장남과 장녀가 일찍 죽어 대가 끊기니 고독하다. 심장, 복부, 허리, 다리 등에 질병이 따른다. 남편이 상하며 아들과 불화하니 집안이 화목하지 못하고, 재산을 잃는다.

구성＼분류	위치	괘	명칭	방위	남녀	음양	오행	수리
건물	正東	☳	雷	東舍宅	長男	陽	木	3,8
대문	正西	☱	澤	西舍宅	少女	陰	金	4,9
작용	서향집 서문		歸妹	不利	男女	調和	相剋	4,9

※ **귀매**(歸妹) : 소녀(兌)가 장남에게 시집가는 형상이다. 여자가 남자보다 성욕이 지나치게 강하면 흉하다.

❖ **서향산이 삼길육수방**(三吉六秀方)**에 해당되면** : 태산(兌山) 삼길육수방위이 고대비만(高大肥滿)하면 문무겸전(文武兼全 : 선비와 무관)이 많이 출생한다.

❖ **서향집의 남쪽 대문(현관)은 반길반흉** : 전통적으로 우리 나라는 서향, 북서향의 집을 꺼려했다. 겨울에 불어오는 차가운 북서풍을 막아내기는커녕 마치 구멍난 곳에 바람이 불듯이 손 집안으로 차가운 바람이 마구 들어오기 때문이다. 겨울이면 온 집안이 썰렁하여 난방도 어렵고 건강에도 문제가 생기기 쉽다. 다만 서향집에 남쪽 방위의 현관이나 대문이 있다면 최상의 주택은 아니라고 해도 중간 이상의 복록을 누릴 수 있는 곳이기에 살 만한 주택에 해당된다.

❖ **서향(西向)집일 경우에 창문을 남쪽으로 내면 좋다** : 창문이 지나치게 많으면 가정의 내기(內氣)가 안정되지 않아서 가족들의 밖으로 나돌고 부녀자의 바깥출입이 많아진다. 창문을 북서(北西)쪽으로 내면 도둑이 자주 들고 화재(火災)를 만나서 재물을 잃게 된다. 또 윗사람에게 근심걱정이 생긴다. 창문이 양쪽에 있으면 기(氣)가 머물지 않는다. 거실에 창문이 많으면 선팅을 해주어야 한다.

❖ **석간**(石間) : 암석사이.

❖ **석골(石骨)로 입상(入相)하면** : 석골(石骨)로 입상(入相)하면 가파르고 험하여도 겁내지 않고 토맥(土脈)으로 연이어 가면 단절하지 않아도 되지만 조악함을 싫어하고 귀(貴)하려면 방원(方圓)하여야 한다. 암석은 산을 튼튼하게 하지만 높고 험악한 것은 좋아하지 않는다. 만약 석골(石骨)이 변환하여 성신(星辰)을 이루거나 형상을 이룬다면 입상(入相)한 것이니 그 중에서 생성된 혈장(穴場)이 있게 된다.

石山火星으로 내려오고 혈장이 土山으로 후실하다.

[石骨入相]

土山으로 이어지고 잘룩잘룩 끊어질 듯하다.

[土脈蓮行]

❖ **석리혈**(石裡穴) : 단단한 바위 한가운데에 있는 혈. 바위가 깨끗하게 생겼으며 바위 사이에 관(棺)이 들어갈 너비만큼 흙이 있는데 여기에 묘를 쓴다.

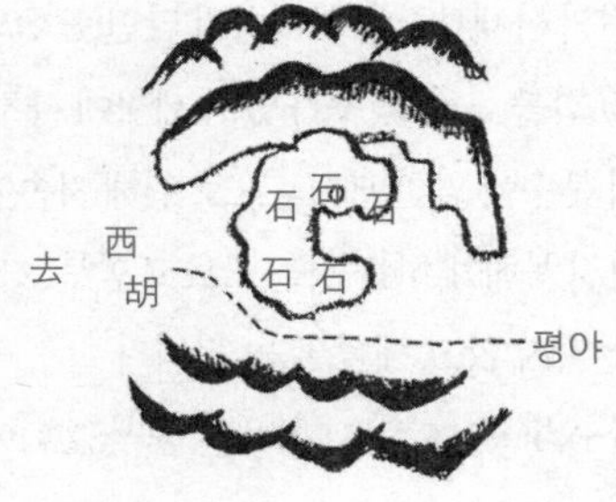

❖ **석물**(石物)**과 축조물**(築造物) : "산천의 융결(融結)은 하늘에 있으나 재성(裁成)은 사람에 달려 있다"하였으니 땅에 혹 부족한 곳이 있으면 배하거나 벽(闢)하여 전하게 하여야 함은 당연하다. 그러나 이는 반드시 달사(達士)의 지시에 의할 것이지 함부로 손을 대서는 안 된다. 또 석물과 축조물 같은 것도 반드시 손해보는 쪽이 더 많음을 알아야 한다. 혹 담을 둘러 쌓는가 하면, 깊은 연못을 만들기도 하고, 상석·비석·장군석 등을 건립하는 것도 꺼린다. 묘지의 생기설(生氣說)에 의하면 형내(塋內)에는 오직 잔디 외의 물건은 없는 것만 못한 것이니 돈 쓰고 재앙을 부르는 일은 삼가야 할 것이다. 부득이 건립해야 할 경우는 자연혈을 해치지 않는 안에서 해야 한다.

❖ **석물**(石物)**과 석상**(石床)**은 주변의 산세를 보완하면서 해야** : 석물과 상석은 주변의 사격(砂格)이 수성이 많아 용맥(龍脈)이나 혈(穴)자리를 상(傷)하게 하는 일이 우려가 될 때 쓰는 보강법(補强法)이고 망주석(望柱石)은 주변의 사격이 토성이 많아 용맥이나 혈자리를 상할 우려가 있을 때 보강을 해서 토성의 기(氣)를 누르기 위한 것이다. 탑(塔)은 주변의 사격이 화성(火星)이 많아서 용맥혈을 상할 우려가 있을 때 보강해서 화성의 기(氣)를 누루는 것이고 사간석(司諫石)이나 장군석(將軍石)은 망인(亡人)이 생시(生時)에 벼슬한 것에 따라 세우는 것이나 혈의 주변이 허(虛)한 곳에 있어 살(殺)을 막아 주는 것으로 쓰일 때 값어치가 있는 것이다. 토성(土星)이 강한 산세에 상석(床石)은 보강을 한다면 명산(名山) 명혈(名穴)이라 해도 살을 더해서 패망지(敗亡地)로 만들어 해(害)가 따르게 되고 목성체(木星體)가 많은 곳에 망주석(望柱石)을 해서 목기(木氣)을 더한다면 살이 되고 수성체(水星體)가 많은 곳에 탑(塔)을 세워 주면 수성의 기를 눌러 살(殺)이 되는 것이다. 석물(石物)로 산소(山所)를 꾸미는 일이 용맥이나 주변의 산세보강을 하여야지 망인(亡人)의 분수에 벗어난 사치가 되 화를 불러 올 수가 있고 세월에 사치가 흐르고 천(賤)한 사람이 분수에 넘친 과시욕으로 인해 자손이 다시 천한 신분을 벗어나지 못하게 하는 것을 모르고 함부로 일을 저지르면서 주변을 살피지 않고 해를 보는 것이다.

❖ **석물불구방**(石物不具方) : 산세의 용맥(龍脈)이 가늘고 약하여 석물(石物)을 올리면 무게의 부담을 받을 듯 한 곳이나 새의 형국에는 석물을 하지 않는 것이 길(吉)하다. 부득이 상석(床石)을 놓을 때는 적고 얇은 것으로 해서 밑을 묻는다. 석물, 상석, 망두(望頭石), 둘레석, 축대(築臺)를 하면 해가 되 좌(左) 임좌(壬坐 -제비), 간좌(艮坐 -게), 진좌(辰坐 -용), 사좌(巳座 - 뱀), 유좌(酉坐 - 닭), 을좌(乙坐 - 동아뱀)

❖ **석물을 세워서는 안 된다는 설은** : 요즈음은 갑자기 벼락부자가 되었거나 권세를 잡으면 제일 먼저 하는 것이 바로 조상의 무덤을 꾸미는 일이다. 평소에는 잘 돌보지도 않던 조상의 무덤을 호화롭게 꾸며 과시하거나, 무언가 남과 다름을 나타내려는 것이 작금의 세태이다. 무덤 주위에 거창한 석물을 세운다거나, 굳이 새길만한 이력이 없는데도 비석만 덩그렇게 세워 놓은 것도 볼 수 있다. 그것으로도 부족하여 무덤 앞에다 연못을 파 놓는 경우도 있다. 무덤 앞의 인공적인 연못은 풍수상 위험천만한 일이 아닐 수 없다. 연못을 파는 것은 앞에서 오는 흉기를 막기 위한 것인데, 이를 둠으로써 오히려 무덤의 기를 손상시킬 수도 있는 것이다. 비석이란 글을 새겨 무덤 앞에 세운 돌로서 묘비는 엄밀히 말해 비석과 묘갈(墓碣)로 구분된다. 비석은 각이 진 네모난 형태의 돌에 비문을 새기고 위에 집 모양의 가첨석을 얹고 밑에는 받침석으로 받친 석비를 가리키며, 묘갈은 비석처럼 가첨석을 얹지 않고 머리를 둥글게 만든 작은 모양의 비석으로, 머리 부분이 호패처럼 둥글게 생겼다. 무덤이라고 해서 다 비석을 세울 수 있는 것만은 아니다. 묘의 형국이 금계포란형과 같은 날짐승, 즉 네 발 달린 짐승이 아닌 형국에서는 묘 앞에 비석을 세우면 날개를 누른다고 해서 비석을 세우는 것이 금기로 되어 있다. 오히려 비석이나 석물을 세워서 명당의 지기를 눌러 화를 초래하는 경우가 있기 때문이다. 새의 형국에서는 날개나 둥지, 머리 부위가 명당 자리에 해당되는데 그 주위에 무거운 돌을 갖다 놓으면, 날개가 눌려 날지 못하기 때문에 명당을 얻고도 발복하지 못한다. 또 둥지인 경우 알이 깨질 염려가 있고, 머리인 경우에는 날지도 못할 뿐더러 새가 죽을 수도 있기 때문에 이러한 곳에 비석을 세워서는 안 된다. 또한 묘를 쓰고 나서 발복한 경우 그 묘를 이장하거나 전에 없던 비석을 새로 세우면

도리어 해가 되기 때문에 비석을 세우는 것은 매우 조심스러운 일이다. 비석은 누구의 무덤인가를 알려주는 표석 정도에 지나지 않는다. 이처럼 비석의 본래 기능은 무덤의 유실을 방지하는 것이다.

❖ **석산**(石山) : 흙이 없이 대부분 돌이나 바위로 이루어진 산.

❖ **석산**(石山)**에 장사**(葬事)**하지 말라** : 석산이란 돌산으로 불가하나 혹 괴혈(怪穴)이 돌과 돌 사이에 있어 토혈작(土穴作:흙이 있어 나무가 체백 하나 들어갈 정도로 나무가 무성하게 커 있어야 가하다)한 것은 길(吉)하다. 그러나 돌무더기와 바위 사이가 뇌락(磊落)한 것은 불가하다.

❖ **석산 석중혈**(石山 石中穴) : 석산혈(石山穴)은 석중(石中)에 결혈(結穴)된 혈로 행룡맥(行龍脈)이 석중(石中)의 토맥(土脈)에 결혈되는 혈이다. 석하토(石下土)에 결혈되니 혈심(穴深)이 얕을 수밖에 없다. 석중토(石中土)나 토피석하토(土皮石下土)에 결혈되기도 하고, 양석(兩石) 사이의 흙에 결혈되는 경우도 있다. 몰니혈(沒泥穴)은 깊은 산의 얕은 곳에 와혈(窩穴)이 있어 결혈(結穴)되는 혈이다. 원래 얕은 지대의 혈은 요철(凹凸) 형국에 결혈되나 몰니혈(沒泥穴)은 요(凹)한 곳에 결혈한다. 혈(穴)의 행적은 척석골(脊石骨)이 땅에 크고 작은 돌이 간간이 묻힌 것 같은 맥을 따라가 보면, 평전지(平田地)에 있는 와혈(窩穴)을 발견할 수 있다. 충수혈(沖水穴)은 혈 앞의 직류수(直流水)가 쏘는 듯한 수세(水勢)로 결혈된 혈이다. 직류(直流)로 오는 충수(沖水)를 석요(石曜)가 막아주므로 청룡과 백호의 끝머리가 돌아 앉아 변류되어 결혈된 것이다. 원진수혈(元辰水穴)은 앞에서 역수되어 올라가는 큰 물이 강룡(强龍)이며, 환포(環抱)가 유정(有情)하고 횡산맥이 겹겹이 둘러있는 산세에 결혈된다. 물이 혈 앞에서 바로 빠져나가는 물은 흉하다.

❖ **석상**(石床) : 능상 앞 상계단 중앙에 설치된 일명 혼유석(魂遊石)이라고도 한다.

❖ **석숭**(石崇) : 진(西晉) 때의 사람으로 집안의 부함이 극도에 달한 사람. 큰 부자를 비유할 때 석숭지부(石崇之富)라 함.

❖ **석조**(石粗) : 암석이 울퉁불퉁 조악스러움.

❖ **석중혈**(石中穴) : 혈이 단단한 암석 사이에 끼어 있는 괴혈. 진룡 아래에 사방으로 암석이 깔려 있고 오직 혈이 되는 곳에 사람의 시체 한 구를 묻을 만한 흙이 있어 이곳에 장사지내는 경우도 있다. 또한 돌무덤이나 바위 가운데에 있는 혈을 말하는데 일반적으로 암석이 많은 땅에는 혈을 결지하지 못한다. 그런데 기이하게도 돌무더기 속에 생기가 흉취되어 홍황자윤한 혈토가 있는 곳이 있다. 돌 중에 혈을 맺으려면 반드시 토맥(土脈)과 혈토가 있어야 하며 생기는 흙으로만 흐른다. 그래서 석산에는 불가장(不可葬)이라 하였다. 돌에는 물이 나므로 흉한 법이므로 돌 중에 혈을 맺으려면 반드시 토맥(土脈)과 혈토가 있어야 한다. 흙이 있어야 진혈이 되기 때문이다. 석산으로 덮인 곳에서는 돌무더기를 들춰내고 토맥을 찾아 점혈한다. 또 천광을 파다가 암반이 나오면 이것을 들춰내야 할 암반이 있고 들춰내어서는 안 되는 암반이 있는데, 대개 들춰내어서는 안 되는 암반은 전체의 산이 한덩어리일 경우다. 혈이란 돌 사이에 있더라도 반드시 생기가 있는 흙이 나와야 한다.

❖ **석중토혈**(石中土穴) : 지가서(地家書)에 보면 산이란 흙과 바위 또는 돌로 이루어졌는데, 바위와 돌이란 우리 몸의 뼈(石是骨)와 같고 흙은 살과 같다고 했다(土是肉). 이 둘을 합쳐서 산이라 하고 다시 물이 합쳐서 산천이 된다고 하였으며, 혈은 산에서 이루어진다 했다. 그러나 돌과 흙, 물 중에서 어느 한쪽이 너무 많거나 적으면 혈을 버린다 했는데 특히 돌이 많은 곳에는 쓰지 말라고 했다(多石處勿葬). 그런데 이것은 어디까지나 작은 돌이나 사력(沙礫)의 이야기이고 큰 바위나 보기 좋은 암석들은 다르다. 때에 따라서는 결어석중(結於石中)이라 해서 돌과 돌 사이에 혈(묘)를 쓸 수도 있는 것이다. 바위에 대해서는 석중토혈(石中土穴), 석간명당(石間明堂), 암하지중(岩下之中), 양석병립지간(兩石幷立之間), 적석혹반석지상 반석지하(積石或盤石之上 盤石之下) 암하대혈(岩下大穴)이란 말이 있다. 그런데 이상의 혈은 석혈(石穴)이지만 괴혈(怪穴)이나 은혈(隱穴)의 일종이라 세인의 눈에는 쉽게 나타나지 않는다. 이런 혈을 잘만 찾아 골라 쓰면 분명히 귀인이 난다고 했다.

❖ **석하혈**(石罅穴) : 사방에 바윗돌이 널려 있는 곳에 자리한 괴혈의 형국. 바윗돌 사이에 흙이 있는 곳이 혈로서 주변 바윗돌의

생김새가 흉하지 않다.

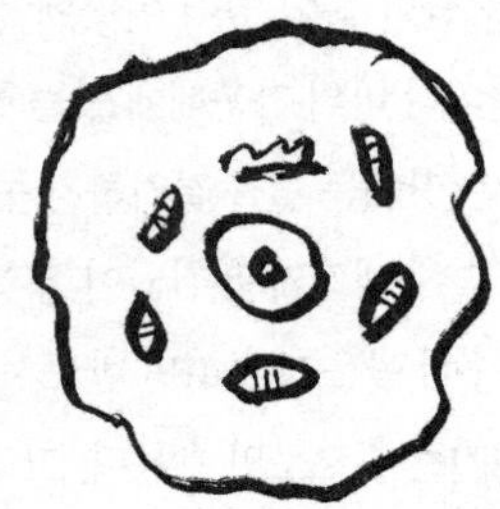

❖ **석혈**(石穴) : 암석으로 만들어진 혈장을 말하는데 여기의 암석은 팔 수 있는 비석비토를 말함.

❖ **석혈법**(石穴法) : 석혈(石穴)은 석(石) 중에서 결혈(結穴)하니 석(石)이 화(化)하여 토질을 이룬 것이다. 흙 같으면서 흙이 아니라 그 외에 진토(眞土)에서 결혈되는 혈룡(穴龍)에 쌓여서 옆으로 붉어진 잉육혈(孕育穴), 용(龍)이 내팔거팔(來八去八) 되면서 중앙에서 결혈(結穴)되는 영접혈(迎接穴), 높은 봉우리 위에 취기(聚氣)되어 맺는 돌혈상(突穴象)과 머리를 숙인 것 같은 유혈상(乳穴象)이 있다. 석혈은 내룡이 준험하여 거친 돌로 오다가 입수처에 이르러 세눈(細嫩)의 석산으로 변하고 다시 결혈처에서 혈토(穴土)로 변한 것과, 내룡이 토산(土山)이었지만 입수처에서 석산으로 변하고 다시 결혈처에서 거친 돌로 변하여, 그 사이에 관을 묻을 정도의 흙이 있는 혈로 나눌 수 있다. 이들은 모두 살기가 중중한 것으로 경솔하게 취해서는 안 된다. 혈성과 혈장이 분명하여 모든 것이 합법인데 당혈처에 석판(바위)이 있는 곳은 석판을 캐내고서 안장하는 것으로, 이를 개산취보(開山取寶)라고 한다. 용과 혈이 모두 진짜인데 다만 전후좌우가 모두 큰 돌(혹은 바위)이고 당혈처에도 거석이 있는 것은 혈자리의 거석을 완전히 파내고 나서(이를 大開金井이라 한다) 객토로 파낸 구멍을 메웠다가 다시 천광하여 안장한다. 이때 혈 앞과 좌우의 돌은 제거하고 혈의 뒤편에 있는 뿌리가 박혀 있는 돌은 용을 상할 우려가 있으므로 파내지 말고 객토로 덮어준다. 석상혈(石上穴)이라고 하는 것은 당혈처에 석반(石盤)이 있고 인목자리에 흙이 둘러 있으면 석반 위에 관을 놓을 수 있다. 이 석반의 돌 모양이 어지럽거나 또는 송곳처럼 뾰족뾰족하면 가짜다.

❖ **석회 다지기** : 석회 다지기는 가급적 두텁게 할수록 좋다. 광중은 본 땅을 뚫어서 상처를 낸 곳이므로 물과 바람과 나무뿌리가 침입하지 못하도록 철저히 잘 봉합해야 한다.

❖ **선**(善) : 잘하다.

❖ **선**(旋) : 굴러짐.

❖ **선교귀인**(仙敎貴人) : 아래나 위에 귀인봉이 있는 형국으로 청수단정하면 청빈한 인재가 많이 나온다. 대개 신선을 좋아하며 청고(清高)한 큰 선비가 된다.

❖ **선궁사**(先弓砂) : 양쪽 중에서 먼저 앞으로 오는 것. 앞으로 회환(回環)하여 유정(有情)하고 만곡(灣曲)하여 활과 같아야 묘함이 있다. 좌선궁(左先弓)은 장방(長方)이 융창하고 우선궁(右先弓)은 차남이 풍성해지며 함께 발달한다. 위치의 높이가 가장 중요하니, 높지도 낮지도 않아야 하며 눈썹의 위치나 심장의 높이에 서 가지런해야 좋다. 절대로 불가한 것은, 가슴을 치거나, 너무 높아 기(氣)를 눌러 살기(殺氣)가 되거나, 사(沙)의 꼭대기가 뾰족하여 나를 향해 가슴을 찔러 들어오면 아주 흉하다. 선궁사(先弓沙)는 부귀가 쌍전(雙全)하며, 효자현손(孝子賢孫)이 나며, 충성으로 보국(輔國)하는 기상이 늠름한 인재가 나온다. 용사(龍砂)나 호사(虎砂) 또는 내사(內砂)가 선도(先到)하는 것을 선궁사(先弓砂)라고 한다. 그 형이 활과 같이 구부러졌으니 활과 같다 하고 회환(回還)한 것이 유정(有情)하다. 좌선궁(左先弓) 또는 좌단제(左單提)라고 하며 이것은 장방(長房)이 융흥(隆興)하고, 우선궁(右先弓) 또는 우단제(右單提)라고 하면 소방(小房)이 풍흥(豊興)하지만 어느 선궁(先弓)이든지 높지도 않고 낮지도 않아야 하며 눈썹의 위치나 심장의 높이가 가지런해야 가장 좋다. 사(砂)가 태고(太高)하여서 압혈(壓穴)하는 것도 불가하며 추흉(推胸) 즉 가슴을 치는 듯하는 것도 흉하다. 진정한 선궁사(先弓砂)는 충량보국(忠良輔國)하는 즉 이색불변(履色不變)하는 인재가 난다.

[우선궁] [좌선궁]

❖ **선궁혈**(仙弓穴) : 왼편 청룡 또는 백호가 활처럼 굽어 안은 혈의 형국. 청룡산이 왼쪽에서 오른쪽을 포옹하면 좌선궁(左仙弓)이라 하고 백호산이 오른쪽에서 왼쪽을 포옹하면 우선궁(右仙弓)이다. 이 혈은 명혈(名穴)로써 이 땅을 얻으면 발복하는데 좌선궁은 장방(長房)이 우선궁은 소방(少房)이 발복한다.

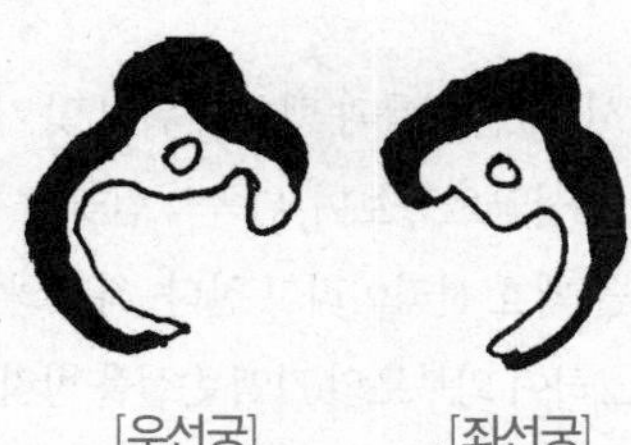

[우선궁] [좌선궁]

❖ **선대**(仙臺) : 신선(神仙)이 앉아 있는 대처럼 생긴 형국. 삼태성처럼 생겼으며, 혈은 그 중앙에 있고, 안산은 깃발이다.

❖ **선대격**(仙帶格) : 구불구불 에워 두르고, 겹겹으로 벌리고 활동하며, 산 뱀과 나부끼는 마전과 같고, 지(之)자 현(玄)자와 같고 두르는 대(帶)와도 같은 것.

❖ **선도오행**(線度五行)

- 선도오행(線度五行)은 도수에 따라 1/6, 2/7, 3/8, 4/9, 5/0으로 변하는 것이다. 즉, 1도와 6도 등은 한 조가 되는 것으로 정·귀·실·삼·루·항·허·저·기·두(井鬼室參婁亢虛氐箕斗)는 1/6은 수(水)가 되고, 2/7은 화(火)가 되며, 3/8은 목(木)이 되고, 4/9는 금(金)이 되며, 5/0은 토(土)가 된다.
- 심·성·방(心星房)은 1/6은 수(水)가 되고, 2/7은 화(火)가 되며, 3/8은 목(木)이 되고, 4/9는 금(金)이 되고, 5/0은 토(土)가 된다.
- 장·규·위·앙·우·미(張奎胃昂牛尾)는 1/6은 수(水)가 되고, 2/7는 화(火)가 되며, 3/8은 목(木)이 되고, 4/9는 금(金)이 되며, 5/0은 토(되)가 된다.
- 각·벽·필·유(角壁畢柳)는 1/6은 수(水)가 되고, 2/7는 화(火)가 되며, 3/8은 목(木)이 되고, 4/9는 금(金)이 되며, 5/0는 토(土)가 된다.
- 익·진·취·위·녀(翼軫嘴危女)는 1/6은 수(水)가 되고, 2/7는 화(火)가 되며, 3/8은 목(木)이 되고, 4/9는 금(金)이 되며, 5/0는 토(土)가 된다. 여기에서 선도오행(線度五行)이 내(我)가 된다면 숙주오행(宿主五行)은 타(他)가 되니, 즉 나와 상대가 된다. 이것은 사주명리학(四柱命理學)에 육신(六神)이 표출하듯 생(生)·설(洩)·재(財)·살(煞)·왕(旺)으로 나누어 보는 것이다. 다만 정(正)과 편(扁)을 떠나서 관(官)은 살(煞)로 식신상관(食神傷官)은 그저 설(洩)로 하였을 뿐이지 이 오대신(五大神)이 모두 편·관을 떠나 육신과 동일한 것이다. 생아자(生我者)는 부모가 되며, 생아의 방에 봉(峯)이 수려하거나 물이 모이면 대귀(大貴)하고, 대대로 장수한다. 아생자(我生者)는 자손이 되므로 나에 정기(精氣)를 흐려 놓으며 총명을 잃게 하니, 이 방에 높은 봉(峯)은 좋지 않다. 아극자(我克者)는 재(財)가 되므로 이 방에 높은 봉(峯)은 만석군(萬石君)이 부럽지 않으며, 영웅 호걸이 대를 이어 출생하며, 항시 두령의 위치에 있다.
- 극아자(剋我者)는 살(煞)이 되므로, 이 봉이 위압하면 불효자와 패륜아가 속출하며, 형무소 신세를 지는 자식이 대를 잇다가 결국 양손을 들이게 된다. 아동생(我同生)은 형제라 하였으니 형제의 우애가 두터웁고 부모에게 효성스럽고 빈곤은 여기에 산소를 모시고 부터 끝이 난다.

❖ **선아가봉**(仙娥駕鳳) : 선녀가 봉황이 멘 가마를 타는 형국. 혈은 가마에 있으며, 안산은 군선(群仙:신선의 무리)이고 신선들이 무리지어 서 있다.

❖ **선영고사축**(先塋告辭祝) : 장일(葬日) 앞날이나 장사일에 새로 쓰는 묘를 시작하기 전에 선영에 고사하는 축.

維歲次○년○월○일 5대손○○

敢昭告于

顯五代祖考 學生府君(묘와 제를 올릴 사람과의 관계)之墓

今爲玄孫(묘와 망인과의 관계)處士公 將柎于 階下 伏惟尊靈 無或震

警 特垂保佑 謹以 酒果用神 虔告謹告

[해설] 5대손 ○○는 5대조 할아버님 묘에 삼가 아뢰옵니다. 이제 고손 처사공의 묘를 계하에 마련하려 하니 엎드려 아뢰옵는바 높으신 영께서는 놀라지 마시고 내리 도와 주시옵기 주과를 펴놓고 삼가 아뢰나이다.

❖ **선옹조어**(仙翁釣魚) : 선인이 낚시질을 하는 형국. 옆에 낚싯대처럼 생긴 산이 있고 앞에 강물이 감돌아 흐르며, 혈은 선인의 배꼽에 자리잡고, 안산은 구름이다.

❖ **선익**(蟬翼) : 혈을 맺기 위해 은밀하게 매미날개처럼 붙어 있는 모습.

① 선익이란 지리법에 진룡(眞龍) 아래에서 혈(穴)을 찾을 경우 생기(生氣)가 모인 혈로서 재혈(裁穴)하는 요는 반드시 어떤 증거부터 찾아내야 한다. 만일 지형이 아주 은미하게 매미날개 같은 모양이 양쪽에 있으면 그 가운데가 바로 혈이다. 즉 혈 양쪽에 엷은 두께의 도두룩한 부분이 매미날개 형상을 이루면 이를 선익 또는 선익사(蟬翼砂)라 한다.

② 선익은 투명하여 잘 보이지 않으면서도 공중에서는 비행으로 몸을 보호 조절하고 나무에 앉으면 전신 중 가장 중요한 심복부를 감싸 보호한다. 혈판(穴坂)을 끌어안 듯 혈의 양어깨와 상단부를 감싸안은 양변(兩邊)의 아주 미세한 사(砂)가 선익이다. 즉 선익은 막 피기 직전의 꽃봉오리를 꼭지 잎새가 감싸안아 심방부에 물이나 잡균(雜菌)이 못들어가게 하여 꽃의 향기나 심방부를 상하지 않게 보호하는 이치와 같다. 선익은 당판(堂坂)의 정기가 흐트러지지도 새지도 못하게 하여 바람의 침범도 못하게 꽉잡아 보호하고 있는 혈에서 가장 가까운 양사(兩砂)로 보면 된다.

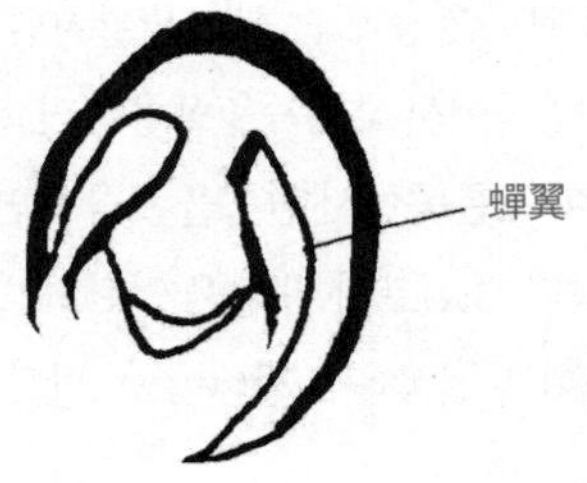

③ 혈 주변의 사(砂)인 청룡과 백호의 위치 및 기맥의 연장선상에 있는 것도 선익으로 보며, 왼쪽의 선익을 청룡, 선익, 오른쪽의 선익을 백호 선익이라고 한다. 좌우의 선익은 혈장의 기맥을 보호하여 외부로의 기맥 손실을 방지하고 혈장의 응축된 기운을 옆에서 지탱해 주는 구실을 한다. 이 선익이 자손들의 구체적인 길흉사에 발현되는 내용은 청룡 선익이 남자쪽 후손, 백호 선익이 여자쪽 후손의 관운과 재물운과 관련된다고 간주하므로, 자손의 번창과 대를 잇는다는 측면의 후손 승계 문제는 주로 이 선익의 길흉에 좌우된다고 할 것이다.

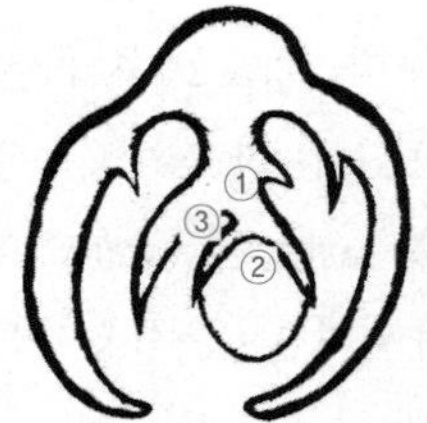

①번 입수기운이 ②번 혈심과 ③번 선익으로 나누어서 가기 때문에 적·서가 난다.

[적자, 서자가 나는 산]

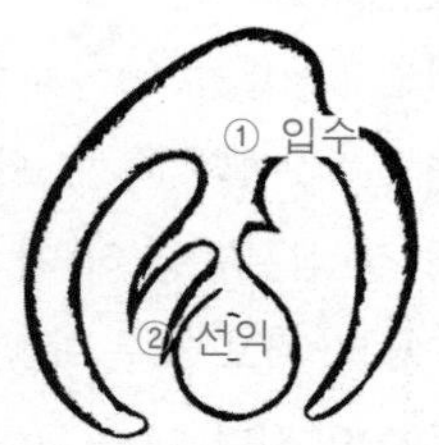

①번 지점이 끊어지면 양자
②번 지점이 약하면 독자

[독자, 양자가 나는 산]

❖ **선익**(蟬翼) : 묘 좌우의 매미 날개처럼 생긴 얇은 형태의 사(砂). 우(右) 선익은 딸 며느리, 좌(左) 선익은 아들로 한쪽이 없으면 보완해야 좋다.

❖ **선익가**(蟬翼歌)

• 당판(當坂) 옆을 희미한 선익사(싸준 것)가 있으며 와구(窩口)에 소뿔의 모양이어야 한다.

• 위에서 희미한 팔자형(八字形)으로 나눈게 있으며 아래서 희

미한 팔자(八字)가 합하는 것이 있어야 한다.

- 위에는 팔자(八字)가 열림으로써 바람을 막고 아래의 팔자(八字)를 닫아서 개혈(開穴)된다.
- 양쪽 언덕의 소뿔모양의 은은한 선익사(蟬翼砂)는 끼고 떨어지는 게눈(蟹目)의 윤곽으로 명혈(明穴)중심에서 나온다.
- 산세가 오곳하게 응기(應氣)한 것은 속발(速發)하는 것이고 산세가 완만하면 흥왕함이 늦어진다.
- 운(暈)으로 된 혈이 토성(土城)을 이루면 거부가 나는 자리고, 혈에 덮인 선익(蟬翼)이 기와를 엎어 놓은 형상이면 가세가 풍부하게 된다.

❖ **선익길흉화복**(蟬翼吉凶禍福)

- 선익이 토성을 이루면 거부가 난다.
- 선익이 없으면 바람이 들어와 유골이 새까맣게 탄다.
- 좌선익은 본손 즉 남자로 본다.
- 우선익은 딸 즉 여자로 본다.
- 좌 선익이 없으면 본손이 절손된다.
- 우선익이 후덕하면 후처소생으로 대를 잇는다.
- 선익에 살풍이 들어오면 정신질환자가 난다.
- 선익에 돌이 있으면 속발한다.
- 선익이 후덕하면 부자가 난다.
- 비혈에 우선익이 왕하면 본처와 적자를 돌보지 않는다.
- 선익이 미약하면 차자손이 발복한다.

❖ **선익론**(蟬翼論) : 청오경에서는 선익(蟬翼)이 덮이지 못한 당판(當坂)은 백골(魄骨)이 곧 썩는 것을 말하며, 당판(當坂)이 풍포(豊蒲)하지 못한 곳은 일가족이 멸망하고, 정기(精氣)가 설기(洩氣)된 용(龍)은 묘(墓)봉분이 무너지고 관(棺)이 뒤집혀 패하게 되며, 산등을 의지하면 냉맥(冷脈)이라 한수(寒水)가 스며든다고 하였다. 선익사(蟬翼砂)란 혈판(穴坂) 양변에 하포(下抱)된 것을 말하며, 입수(入首)로부터 펴져나온다. 그 형태는 점차로 가늘어져야 하고, 끝 부위가 커지는 것은 그 입수(入首)가 거짓된 것이다. 선익사(蟬翼砂)는 후덕함을 요한다. 정기(精氣)는 후덕한 데서 온전한 융화(融和)로 대지결혈(大地結穴)하고 미망(微茫)한 선익(蟬翼)에 소지결혈(小地結穴)한다. 옛말에 선익(蟬翼)은 자라뚜껑과 같아야 그 혈이 대지(大地)라 하였다. 선익(蟬翼)은 혈이 밥솥과 같은 그릇이라면 뚜껑과 같아서 김이 새지 않아야 하고, 바람이 들어갈 수 없어야 하는 중요한 역할을 한다. 선익사(蟬翼砂)에는 크고 작은 것이 있는데, 큰 것은 지각(枝脚), 중간 것은 연익(燕翼), 작은 것은 선익사(蟬翼砂)이다. 그 외는 운형(暈形)으로 선익(蟬翼)이 되는 수도 많다.

❖ **선익사**(蟬翼砂) : 88향진결(向眞訣)의 일립속(一粒粟)에도 있으며, 점혈(粘穴)의 좌우의 두 다리가 아주 가늘어 알기가 가장 어려운 사(砂)의 하나. 매미는 울음소리가 좌우 날개 밑에 있는 갈비(脇)에서 나오며, 양일(陽日)은 왼쪽에서 좌명(左鳴)하고, 음일(陰日)은 바른쪽에서 우명(右鳴)한다. 매미는 그 날개가 이중으로 앞에 있는 엷은 날개가 그 소리를 감추고 있으므로, 그 용(龍)이 오른쪽에서 왼쪽으로 선전(旋轉)하는 때는 우수(右水)로 그 기(氣)를 거두고, 왼쪽에서 오른쪽으로 선전(旋轉)하는 때는 좌수(左水)로 그 기(氣)를 거둔다. 매미의 두꺼운 날개 경익(硬翼)은 바로 보고 알 수 있으나 그 소리를 감추고 있는 엷은 날개 연익(軟翼)은 알기가 힘이 든다. 어느 혈에나 이 같은 경익(硬翼)과 연익(軟翼)이 있는 것으로 살펴야 하나, 특히 갑좌(甲坐)에서는 외사(外砂) 경익(硬翼)보다 연익(軟翼)의 내사(內砂)를 십분 살펴야 한다. 갑좌(甲坐)는 남향이나 동향처럼 청룡·백호가 뚜렷하며 가까우면 진혈(眞穴)일지라도 유해하므로 그와 같은 경우는 가급적이면 혈에서 멀어야 하며, 본신(本身)에 있는 연익(軟翼)을 알아보고 혈을 정하는 것이다. 갑(甲)과 묘(卯)가 동궁(同宮)으로 갑(甲)의 장목(長木)은 작혈론(作穴論)에서도 말하듯이 경익(硬翼)에 해당되는 사격(砂格)이 가까우면 쓰지 말아야 한다. 묘(卯)는 토끼(兎)라 하고 토끼는 입술이 없는 것을 유의하고 정혈(定穴)하여야 한다.

❖ **선익은 가문의 자손궁**(子孫宮)**으로 간주한다**

- 좌선익(坐蟬翼)이 왕(旺)하면 본손(本孫)들이 왕성하고 우선익(右蟬翼)이 강하면 서자(庶子)에가 더 힘이 쏠린다.
- 선익은 가문의 자손 궁으로 간주한다.
- 우선익(右蟬翼)이 왕(旺)하면 차손(次孫)들과 외손(外孫)들의 발복이 왕(旺)하면 서자(庶子)들이 왕성하다.

• 비혈(非穴)일 때 선익이 기울면 자식과 처궁(妻宮)이 불길하고 때로는 상처(喪妻)하는 수가 많다.

• 좌우 선익은 어깨가 양명(陽明)하고 모양을 우각(牛角)과 같아야 된다.

• 선익이 결혈(結血)이 되면 용맥이 곧게 길게 나와서 돌(突)도 없고 와(窩)도 없고 기세가 나약하고 쇠잔한 즉 점혈(占穴)이 어려우니 이럴 때 나비 눈썹이나 날개처럼 생긴 게 있어 본신(本身)의 선익이 있어야 하고 선익 없이 혈이 되면 반드시 후절(後節)에 크고 작은 팔자(八字)형의 사격(砂格)이 연후에 혈(穴)이 맞는다.

• 선익이란 양 언덕에 소뿔 모양의 은은한 선익사가 끼고 떨어지는 해목(蟹木) 같은 윤곽은 명혈중심(名穴中心)에서 나온다.

❖ **선익의 길흉은 이러하다**

• 선익이 뚜렷하지 않게 자리한 곳 그런 곳은 말하자면 좁은 듯한 게눈의 형국인데 선익이 그래야만 명당혈이 된다.

• 입수(入首)로부터 좌우로 갈라져 나온 선익은 끝에 이를수록 가늘어지는 게 길상(吉相)이다.

• 선익은 혈의 지기(地氣)가 밖으로 새어 나가지 못하게 하고 또 바깥에서 들이치는 풍살(風殺)을 막아주는 역할을 한다.

• 선익의 크기에 따라 크면 지각(枝脚)이 작으면 연익(제비날개), 아주 작으면 선익(매미날개)이라 한다.

• 선익이 기와를 덮은 모양이면 가세(家勢)가 점차 윤택해지고 부(富)가 늘고 미미하여 혈(穴)을 옳게 덮어주지 못하면 백골(白骨)이 빨리 훼손되며 봉분(封墳)이 무너지고 흉한 일이 생긴다.

• 선익이 공허하면 화렴(火廉)이 들고 백골이 까맣게 탄 것과 같다.

❖ **선익의 화복**(禍福)

• 우측 선익이 왕하다면 미인의 후처가 생기면서 서자로 인제가 태어난다.

• 좌측 선익만 왕하고 우측 선익이 미약할 때는 상처(喪妻)를 여러 번 하게 된다.

• 우측 선익은 차자, 딸, 며느리가 효도하고 잘 살게 되며 시집간 딸은 첫딸 낳고 아들 낳는 식의 출산의 특징이 있다.

❖ **선인과교**(仙人過橋) : 선인(仙人)이 다리를 지나는 형국. 선인처럼 생긴 봉우리 앞에 다리처럼 생긴 봉우리가 있고 혈은 다리 위에 자리잡으며, 안산은 수구(水口)의 화표(華表)다.

❖ **선인교슬**(仙人皺蝨) : 신선이 이를 깨물고 씹는 형국. 혈은 옷깃에 있고, 안산은 옷자락이 합쳐지는 곳이다.

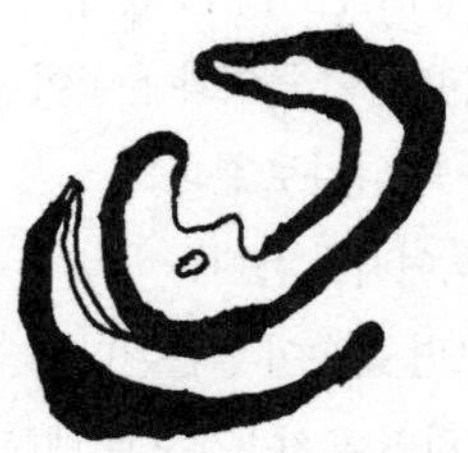

❖ **선인교족**(仙人翹足) : 선인이 발돋움하고 우뚝 서서 먼 곳을 바라보는 형국. 산봉우리가 드높이 솟아올랐고, 혈은 선인의 배 한가운데에 있으며, 안산은 신선들이 노니는 선대(仙臺)다.

❖ **선인교족**(仙人蹻足) : 선인이 발을 쳐들고 있는 형국. 청룡이나 백호가 다리로서 길게 뻗쳐 있고, 혈은 선인(仙人)의 배꼽, 혹은 낭심에 자리잡으며, 안산(案山)은 발이다.

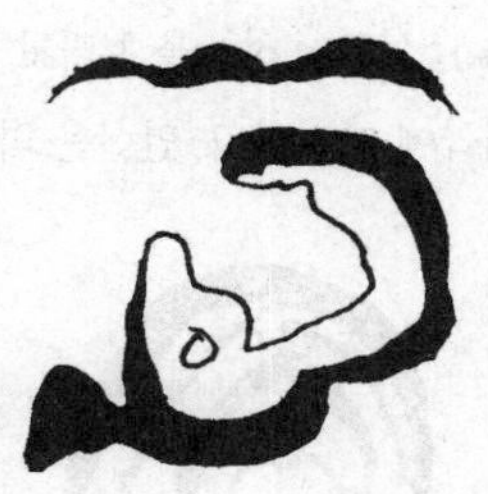

❖ **선인기상**(仙人騎象) : 선인이 코끼리를 타고 있는 형국. 뒤에 선인처럼 생긴 봉우리가 있고, 앞에 코끼리처럼 생긴 봉우리가 있으며, 혈은 코끼리의 눈에 자리잡는다. 안산은 코끼리가 먹는 풀더미다.

❖ **선인기학**(仙人騎鶴) : 선인이 학을 타고 나는 형국. 선인처럼 생긴 봉우리 앞에 학처럼 생긴 봉우리가 있고, 혈은 학의 이마에 자리잡으며, 안산은 화표(華表), 혹은 구름이다.

❖ **선인단좌**(仙人端坐) : 신선이 단정하게 앉아 있는 형국. 선인형(仙人形)도 옥녀나 미인, 귀인처럼 타원형에 가깝고 더욱 수려하다. 주변의 경치도 훨씬 더 아름다우며 선인형의 명당들은 빼어난 인물들을 배출한다. 매우 지혜롭고 총명하며 성품이 고상하고 깨끗한 사람들이 나온다. 그리고 학문·문장이 매우 출중하여 높은 지위에 오른다. 또 선도(仙道)를 닦아 선인의 경지에 오르는 대도인(大道人)도 배출된다. 선인단좌의 혈은 선인의 배꼽에 있으며, 안산은 선녀나 선동(仙童)이다.

❖ **선인독서**(仙人讀書) : 선인이 책을 읽는 형국. 선인의 배꼽에 혈이 있고, 안산은 책을 올려 놓는 서대(書臺)다.

❖ **선인등공형**(仙人登空形) : 선인이 하늘에 오르는 형상으로 대개 돌혈(突穴)로 결지한다. 혈장 자체가 귀인봉이며, 혈 주변에는 구름 같은 산들이 신비스럽게 혈을 감싸주고 있다. 문장이 출중한 귀한 자손이 나와 대과급제하여 조정에 출사(出仕) 현관(顯官)이 된다.

❖ **선인무수**(仙人舞袖) : 신선이 소맷자락을 펄럭이며 춤추는 형국. 청룡·백호가 소맷자락인데 아주 수려하고 우아하며, 혈은 선인의 배꼽에 있고, 안산은 선녀나 선동이다.

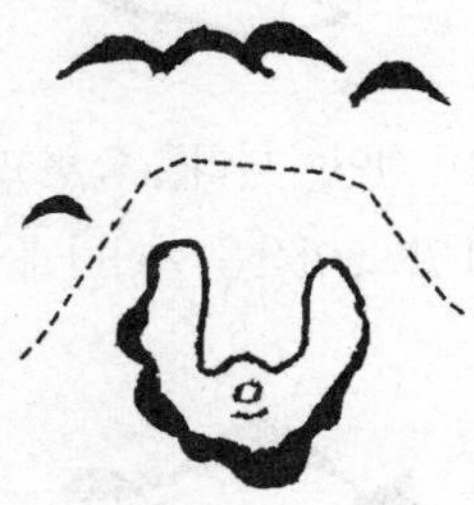

❖ **선인복장**(仙人覆掌) : 신선의 손이 엎어져 있는 형국. 선인처럼 생긴 봉우리 앞에 손처럼 생긴 산봉우리가 솟아올랐고, 혈은 손의 중심에 있으며, 안산은 거문고다.

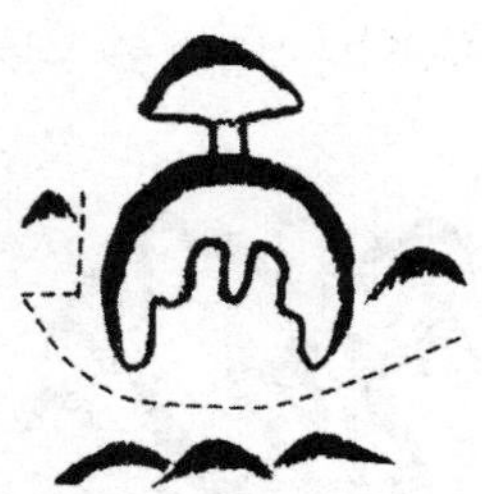

❖ **선인부고**(仙人抱鼓) : 선인이 북채를 잡고 북을 치는 형국. 선인처럼 생긴 봉우리 앞에 북처럼 생긴 봉우리가 있고, 혈은 북 위에 자리잡으며, 안산은 북채, 선동, 선녀 등이다.

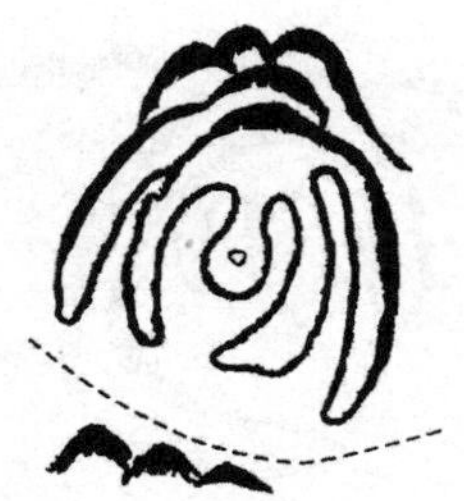

❖ **선인속대**(仙人束帶) : 선인이 허리에 두른 허리띠가 바람에 휘날리는 형국. 청룡·백호가 허리띠처럼 겹겹으로 생겼는데, 혈은 선인의 배꼽에 있고, 안산은 허리띠다.

❖ **선인신족**(仙人伸足) : 선인이 다리를 쭉 뻗고 누워 있는 형국. 혈은 선인의 낭심에 있고, 안산은 한가하게 누워 있는 소(牛)다.

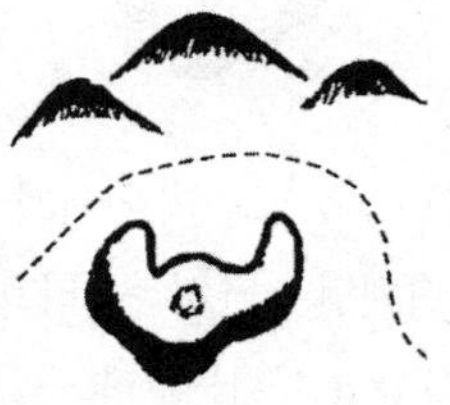

❖ **선인앙와**(仙人仰臥) : 선인이 하늘을 쳐다보고 반듯하게 누운 형국. 혈은 배와 배꼽에 자리잡고, 안산은 탁상이다.

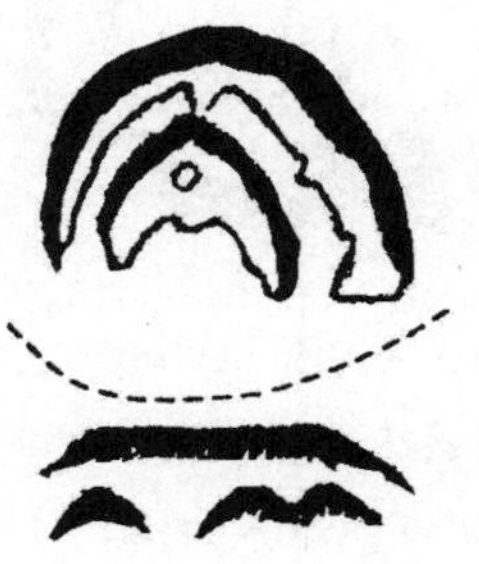

❖ **선인앙장형**(先人仰掌形) : 알형(謁形)의 하나로 즉 신선이 손바닥을 젖히고 앉아 있는 형국. 이러한 형국의 산을 얻으면 명혈(名穴)이라 하여 자손 대대로 관귀(官貴)를 누린다고 한다.

❖ **선인위기**(仙人圍棋) : 신선들이 마주 앉아 바둑을 두는 형국. 신선처럼 생긴 산봉우리들이 서로 마주보며 서 있는데, 그 사이에 바둑판처럼 생긴 둔덕이 있으며, 혈은 바둑판에 자리잡고, 안산은 거문고, 혹은 신선이다.

❖ **선인조경**(仙人照鏡) : 선인이 자기 얼굴을 거울에 비춰보는 형국. 선인처럼 생긴 봉우리 앞에 못(池)이 있으며, 혈은 선인의 배꼽

에 자리잡고, 안산은 거울을 매달아 놓는 경대다.

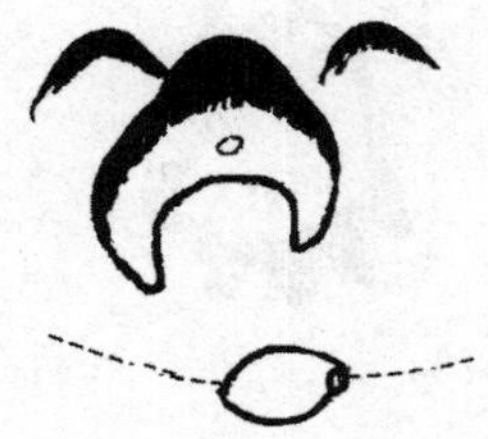

❖ **선인취연**(仙人聚筵) : 선인들이 대나무로 만든 자리 위에 모여 앉은 형국. 선인처럼 생긴 봉우리들이 빙 둘러 마주 섰고, 그 가운데에 대나무로 만든 자리가 있고, 혈은 대나무 자리에 있으며, 안산은 향(香)을 피우는 향대다.

❖ **선인취와**(仙人醉臥) : 신선이 취하여 잠자는 형국. 주변에 술병이나 바둑판 등이 있고, 혈은 선인의 배에 자리잡으며, 안산은 바둑판이나 호리병, 혹은 구름이다.

❖ **선인측뇌**(仙人側腦) : 선인이 반쯤 누운 것처럼 비스듬히 앉아 있는 형국. 혈은 무릎이나 팔뚝에 자리잡고, 안산은 나무들이 우거진 숲이다.

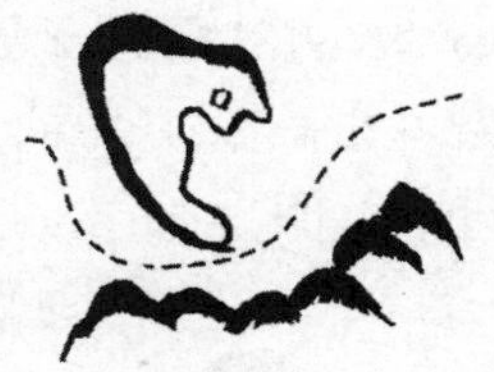

❖ **선인측장**(仙人側掌) : 선인의 손바닥이 옆으로 기울어진 형국. 무엇을 집으려고 하는 모습으로 혈은 엄지손가락 안쪽에 있고, 안산은 홀(笏)이나 도장, 부채 등이다.

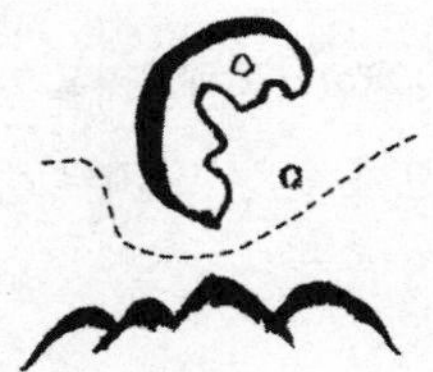

❖ **선인타구**(仙人打毬) : 선인들이 공을 치며 노는 형국. 선인처럼 생긴 봉우리들이 마주 보며 솟았고, 그 가운데에 둥그런 봉우리가 있는데 이것이 공이다. 혈은 공 위에 자리잡고, 안산은 지팡이, 혹은 선인이다.

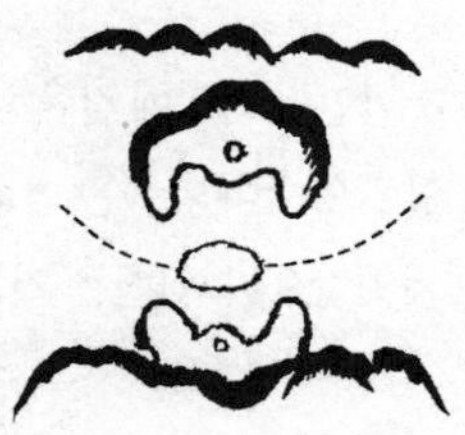

❖ **선인탄금**(仙人彈琴) : 선인이 거문고를 켜는 형국. 선인 앞에 거문고처럼 생긴 산이 있는데, 혈은 거문고에 자리잡는다. 손가락으로 누르는 곳이 혈처(穴處)로서, 안산은 거문고를 올려 놓는 금대(琴臺)나 춤추는 선녀, 혹은 선동이다.

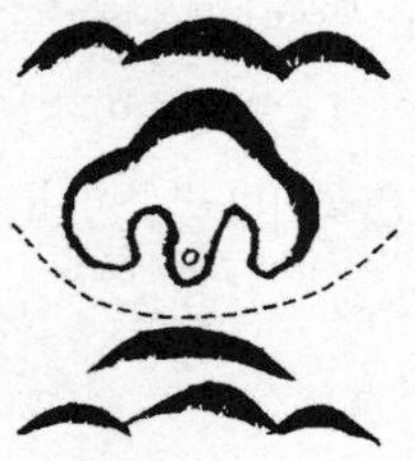

❖ **선인토주**(仙人吐珠) : 선인이 입 안에서 구슬을 뱉어 내는 형국. 선인처럼 생긴 봉우리 앞에 구슬이 있으며, 혈은 구슬에 자리잡고, 안산은 선동이나 선녀다.

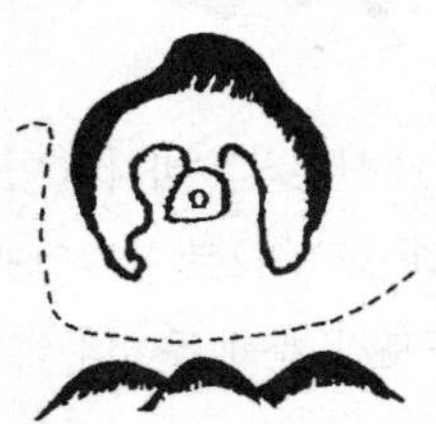

❖ **선인파수**(仙人擺袖) : 선인이 소맷자락을 펼치는 형국. 소맷자락이 크게 펼쳐져 있으며, 혈은 소맷자락 끝부분에 자리잡고, 안산은 선녀다.

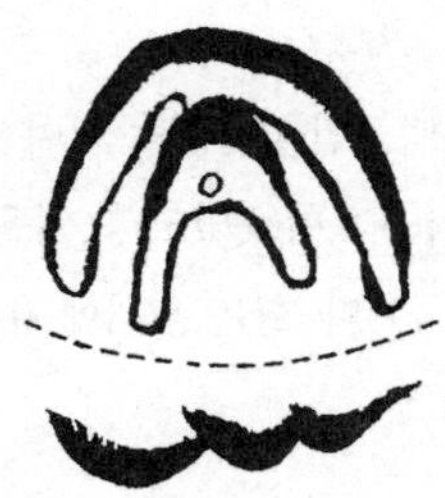

❖ **선인패검**(仙人佩劍) : 선인이 허리에 칼을 차고 있는 형국. 칼처럼 생긴 산줄기가 옆에 있으며 앞에는 거문고가 놓여 있고, 혈은 선인의 배꼽에 자리잡으며, 안산은 거문고다.

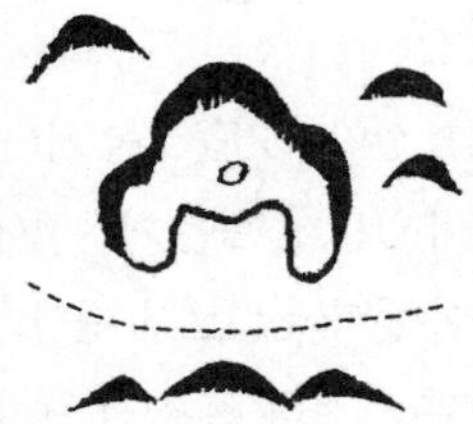

❖ **선인헌장**(仙人獻掌) : 선인이 팔을 뻗어 손바닥을 편 형국. 선인처럼 생긴 봉우리 앞에 팔뚝과 손이 있는데, 혈은 손바닥 중심에 자리잡고, 안산은 꽃이나 구슬이다.

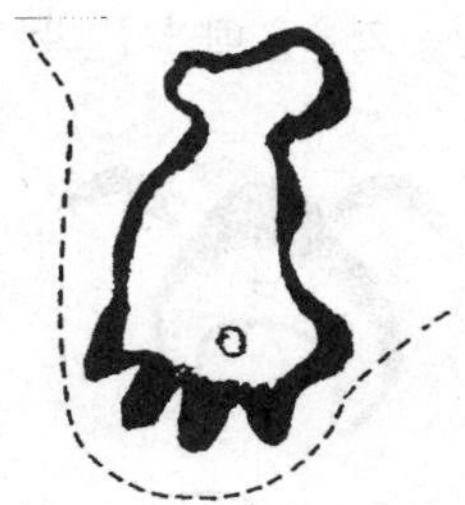

❖ **선저수**(漩渚水) : 일명 진응수(眞應水)라 부르며 본래부터 혈장 앞에 넘치듯이 고여 있는 샘이나 연못을 가리킴. 산세가 극히 왕성한 증거이며 맑고 수려하다면 재복(財福)이 크다고 한다.

❖ **선적**(仙跡) : 정확하게 작지(作地)한 선현(仙賢)의 남긴 유적(遺跡).

❖ **선조묘 위의 도장**(倒葬)

① 옥룡자(玉龍子) 답산가(踏山歌)에서 내룡(來龍)의 기(氣)는 위에서 아래로 내려오고, 혈의 운은 아래에서 위로 올라간다 하였으니, 선산의 후룡(後龍)은 작혈되어 있는 명당에 용사하여야 한다는 것이다. 도장(倒葬)하면 후손들이 큰 화를 입는다는 등의 허무맹랑한 낭설은 조선조(朝鮮朝)의 왕권시대에 왕릉(王陵)의 위에 용사하는 것을 금하는데서 발단이 되었다.

② 예로부터 산(生) 도장(倒葬)은 하지 않아도 사후(死後) 도장은 한다는 말이 전해오고 있다. 명당은 용이 내려오면서 호박덩굴처럼 혈처(穴處)를 맺으니 대개는 선산 위에 많은 명당들이 있다.

❖ **선천괘배하도지상도**(先天卦配河圖之象圖) : 선천괘(先天卦)가 하도(河圖)의 상도(象圖)에 배분(配分)하니 왼쪽의 양내음외(陽內陰外)로 되는 진이태건(震離兌乾)의 4괘(四卦)는 양장(陽長)하며 음소(陰消)하였으며, 오른쪽의 음내양외(陰內陽外)로 되는 손감간곤(巽坎艮坤)의 4괘(四卦)는 음장(陰長)하며 양소(陽消)하였으니, 이 상은 이기(二氣)의 교운(交運)이다. 그것은 대대(對對)며 부부이다. 건곤(乾坤)이 대대(對對)의 부부며, 장남(長男)과 장녀(長女), 중남(中男)과 중녀(中女), 소남(少男)과 소녀(少女)가 대대(對對)가 된다. 건(乾)은 부(父), 곤(坤)은 모(母), 진(震)은 장남(長男), 손(巽)은 장녀(長女), 감(坎)은 중남(中男), 이(離)는 중녀(中女), 간(艮)은 소남(少男), 태(兌)는 소녀(少女)로서 선천(先天)의 체에서는 물론이며 후천(後天)의 용에서도 응용의 범위가 자못

크다고 한다.

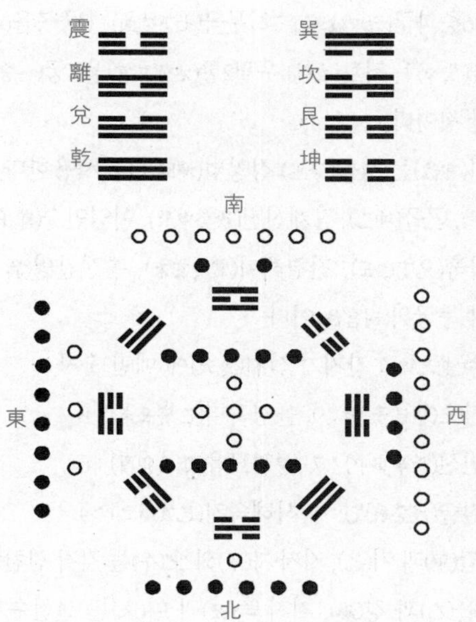

[先天卦配河圖之象圖]

一坤 三離 六艮 八震

二巽 四兌 七坎 九乾

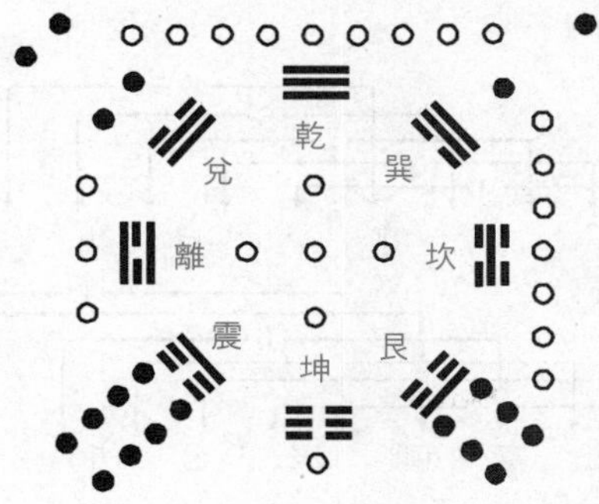

[先天卦配洛書之數圖]

낙서(洛書)는 구수(九數)며 중허(中虛)의 5는 순역(順逆)의 중위(中位)가 되어 5는 음양수(陰陽數)의 모(母)며, 나머지는 8수(八數)는 8괘(八卦)와 상배(相配)하고, 양상음하(陽上陰下)로 9수(九數)는 건(乾)이 되고, 1수(一數)는 곤(坤)이 되며, 양상(陽上)에서 9는 역으로 진입(震八) 감7(坎七) 간6(艮六)으로 건(乾)은 3양(三陽)을 생하고, 건(乾)은 1수(一數)로부터 순수(順數)로 손2(巽二) 이3(離三) 태4(兌四)로 곤(坤)은 3음(三陰)을 생하니, 5는 중위(中位)에서 순역(順逆)의 중위(中位)에서 음양을 상배(相配)하니 1, 2, 3, 4, 6, 7, 8, 9는 8괘와 서로 상배(相配)하였으며, 역(逆)으로 9에서 5를 감하면 4가 되고, 8에서 5를 감하면 3이 되고, 6에서 5를 감하면 1이 되며, 순(順)으로 1에 5를 가하면 6이 되고, 2에 5를 가하면 7이 되고, 3에 5를 가하면 8이 되고, 4에 5를 가하면 9가 된다. 8괘는 팔수와 상배(相配)하며 선천(先天)의 위(位)와 도 상합(相合)한다.

❖ **선천괘변후천괘도**(先天卦變後天卦圖) : 선천괘(先天卦)가 사변(四變)하여서 후천괘(後天卦)가 된다. 대체로 화(火)의 체(體)는 음이요 그를 양이라고 이용하며 천(天)이 이용한다는 것은 ☰건(乾)의 중획에 곤(坤)의 음효(陰爻)가 교합하여 변하니 ☲이(離)가 된다. 수(水)의 체(體)는 양이요 그를 음이라고 이용하며 지(地)가 이용한다는 것은 ☷곤(坤)의 중획에 건(乾)의 양효(陽爻)가 교합하여 변하니 ☵감(坎)이 된다. 화(火)가 지중에 있고 지상의 음기가 스스로 상압(上壓)하니 분출(奮出)하게 되며 뇌(雷)가 발동하므로 이는 ☲이(離)의 상효(上爻)에 ☵감(坎)의 하효(上爻)가 교합하니 ☳진(震)으로 변한다. 수(水)가 지상에 취합하고 양기가 하부(下敷)하여서 자윤(滋潤)하며 택(澤)의 설이 되기에 ☵감(坎)의 하획에 ☲이(離)의 하획이 교합하여 변하니 ☱태(兌)가 된다. 양이

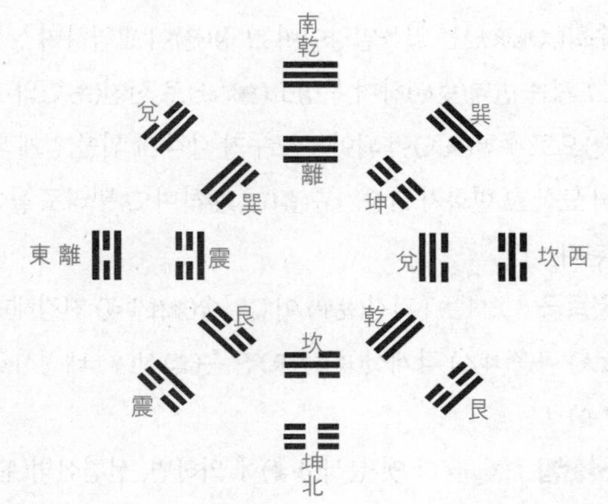

[先天卦變後天卦圖]

음에서 감응하면 산이 출운(出雲)하니 이 산이라며 ☳진뢰(震雷)

에 태(兌)의 하효(下爻)가 진(震)의 상효(上爻)에, 상하가 서로 감응하여 변하니 ☶간(艮)이 된다. 음이 양에서 감응하면 수(水)가 풍(風)을 생하게 하니 이 풍(風)은 택(澤)과 뇌(雷)가 서로 감응하여서 ☱태택(兌澤)의 상효(上爻)에 진(震)의 하효(下爻)가 태(兌)의 하효(下爻)에는 진(震)의 상효(上爻)가 서로 감응하고 변하니 ☴손(巽)이 된다. 풍(風)의 으뜸은 천기(天氣)며 풍(風)이 산에 와서 닿으면 산하(山下)로 들어서 산하(山下)와 지(地)는 접하였으니 ☴손(巽)의 상2효(上二爻)에 ☶간(艮)의 하2효(下二爻)가 교합하여 ☷곤(坤)으로 변한다. 산의 으뜸은 지질(地質)이며 풍(風)이 산에 와서 닿으면 산하(山上)로 나가며 산하(山上)와 천(天)은 접하였으니 ☶간(艮)의 하2효(下二爻)에 ☴손(巽)의 상2효(上二爻)가 교합하여서 ☰건(乾)으로 변한다. 천화(天火)의 동인괘(同人卦)는 일음유(一陰柔)로서 중양(衆陽)을 능동시키기에 음유(陰柔)가 득중(得中)하니 화(火)의 이(離)가 쓰이게 되고 수지(水地)의 비괘(比卦)에서는 오직 일양(一陽)이 존위(尊位)의 5효위(五爻位)에 있으므로 수(水)의 감(坎)이 쓰이게 된다. 이(離)는 화(火)며 전(電)이다. ☳뇌(雷)와 ☲이(離)는 일기(一氣)며 뇌전(雷電)이 교합하면 성대(盛大)하여서 명이동(明而動)하며 동이능명(動而能明)하니 뇌전합이장(雷電合而章)이라 한다. 택(澤)과 수(水)는 일물(一物)인데도 택(澤)에 물이 있으면 수택(水澤)의 절괘(節卦)요 택(澤)에 물이 없으면 택수인괘(澤水因卦)가 되는 것이다. 천지수화(天地水火)는 일음일양이며 그 정(情)이 교역하며 상통하고 그 체는 변역(變易)하며 무정고(無定故)로 선천(先天)의 교변(交變)으로 후천(後天)이 되어서 모두가 각각 그 위를 얻게 되며, 심히 묘한 그 변화가 각종기류(各從其類)하며 그 뿌리로 돌아가게 된다.

❖ **선천동궁**(先天同宮) : 건갑(乾甲) 이임인술(離任寅戌) 진경해미(震庚亥未) 곤을(坤乙) 감계신(坎癸申辰)진 손(巽)신(辛) 태정사축(兌丁巳丑)

❖ **선천산법**(先天山法) : 옛 산서(山書)에 의하면, 선천산법(先天山法)은 물의 득파(得破)에 의해 용맥(龍脈)의 길흉화복을 가늠하는 이법(理法)이라 하였다.

❖ **선천산법정국차서**(先天山法定局次序) : 1상문곡(一上文曲), 2중녹존(二中祿存), 3하거문(三下巨文), 4중탐랑(四中貪狼), 5상염정(五上廉貞), 6중파군(六中破軍), 7하무곡(七下武曲), 8중복음(八中伏吟).

- 복음(伏吟)은 좌보(左輔) 우필2궁(右弼二宮)을 1궁(一宮)으로 합궁한 것이다.
- 궁위(宮位)는 정음(淨陰) 정양법(淨陽法)을 사용한다. 즉 건갑(乾甲), 곤을(坤乙), 감계신진(坎癸申辰), 이임인술(離壬寅戌), 태정사축(兌丁巳丑), 진경해미(震庚亥未), 손신간병(巽辛艮丙)은 각각 동궁위(同宮位)이다.

❖ **선천수**(先天數) : 간지가 선천(先天)에 매인 숫자.

갑기자오(甲己子午) : 9 을경축미(乙庚丑未) : 8
병신인신(丙辛寅申) : 7 정임묘유(丁壬卯酉) : 6
무계진술(戊癸辰戌) : 5 사해속지(巳亥屬之) : 4

천간 갑(甲)과 기(己), 지지 자(子)와 오(午)는 각각 선천수가 9다. 천간 을(乙)과 경(庚), 지지 축(丑)과 미(未)는 선천수가 8이다. 천간 병(丙)과 신(辛), 지지 인(寅)과 신(申)은 선천수가 7이다. 천간 정(丁)과 임(壬), 지지 묘(卯)와 유(酉)는 선천수가 6이다. 천간 무(戊)와 계(癸), 지지 진(辰)과 술(戌)은 선천수가 5다. 지지 사(巳)와 해(亥)는 선천수가 4다.

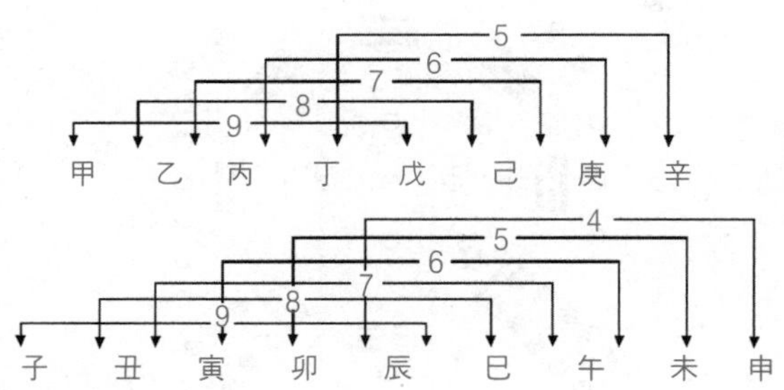

❖ **선천수구법과 후천수구법** : 수법에는 선천수법과 후천수법이 있다. 후천수법은 묘고출수(墓庫出水)이고 선천수법은 문고출수(文庫出水)를 말한다. 후천묘고에는 정고(正庫)와 차고(借庫)가 있고 선천문고에는 정문(正文)과 차문(借文)이 있어서 이를 4대 수구라 한다. 묘고에는 절포양궁(絶胞兩宮)을 겸하니 6위가 되고, 문고에는 대(帶) 1궁을 겸하니 4위가 된다. 양묘(兩墓) 12위와 양문(兩文) 6위를 합하여 18문이 된다. 따라서 매 1간기(干氣)에는 4대 수구 18위 수문이 있게 된다. 예를 들면, 병화기(丙火

氣)는 술(戌)로 나가는 것이 정묘고(正墓庫)요, 미(未)로 나가면 차묘고(借墓庫)이다. 묘(卯)로 나가면 정문고요, 사(巳)로 나가면 차문고이다. 정묘고에는 묘절태(墓絶胎)이니 모두 6수문이고, 차묘고는 쇠병사(衰病死)이니 모두 6수문이다. 정문고에는 욕대(浴帶) 2위인데 대궁은 차문고의 대궁과 동일궁이므로 6수문이다. 이를 합하면 18개의 수문이 된다. 4대 수구법에서 각별히 유념할 것은 입향소납(入向消納)이라는 점이다. (향상(向上) 오행의 생·왕·녹·파는 불가) 그리고 좌상(坐上)의 선천수법은 좌상의 후천수법이 된다. 그러나 자(子)좌 오(午)향일 경우 유술(酉戌)로 물이 나가면 좌상 선천이자 향상 후천이다. 묘진(卯辰)으로 물이 나가면 향상 선천이자 좌상 후천이다. 그러나 간인(艮寅)으로 물이 나갈 경우에는 좌상 후천이 되나 향상으로는 충파생방(沖破生方)이 되어 대흉 패절하게 된다는 것을 깊이 살펴야 한다.

❖ **선천팔괘**(先天八卦) : 복희씨(伏羲氏)가 하도(河圖)를 보고 그린 팔괘도(八卦圖)로서 이를 복희팔괘(伏羲八卦) 또는 복희선천팔괘도(伏羲先天八卦圖)라고도 한다. 소강절(邵康節)은 풀이하기를, 위에 있는 건(乾☰)은 하늘이요, 아래에 있는 곤(坤☷)은 땅이다. 그러므로 하늘과 땅의 위치가 우선적으로 정해졌다. 서북간방(西北間方)에 있는 간(艮☶)은 산이요, 동남간방(東南間方)에 있는 태(兌☱)는 못(澤)인데 산과 못은 서로 그 기운이 통한다는 뜻이다. 서남간방에 있는 손(巽☴)은 바람이요, 동북간방에 있는 진(震☳)은 우뢰이니 우뢰와 바람이 서로 부딪힌다 함이다. 서쪽에 있는 감(坎☵)은 물(水)이요, 동쪽에 있는 이(離☲)는 불(火)이니, 물과 불이 서로 꺼지지 않는다 함이다. 이리하여 건남(乾南)·곤북(坤北)·이동(離東)·감서(坎西)·태동남(兌東南)·진동북(震東北)·손서남(巽西南)·간서북(艮西北)의 선천팔괘의 위치가 정해졌다. 그리고 또 건(乾)一, 태(兌)二, 이(離)三, 진(震)四, 손(巽)五, 감(坎)六, 간(艮)七, 곤(坤)八의 팔괘의 순서 또는 팔괘의 수(數)도 이에서 매겨진 것이다. 1건천(一乾天)·2태택(二兌澤)·3이화(三離火)·4진뢰(四震雷)·5손풍(五巽風)·6감수(六坎水)·7간산(七艮山)·8곤지(八坤地).

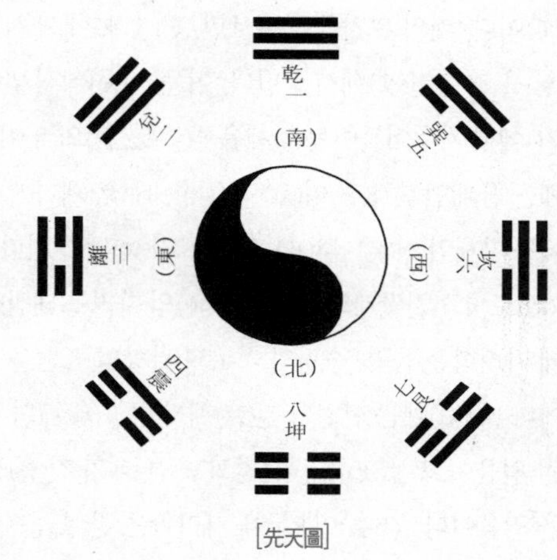

[先天圖]

❖ **선천팔괘와 후천팔괘**

① **선천팔괘** : 선천팔괘는 음양소장(陰陽消長)의 이치로 이기(理氣)의 체(體)이다. 팔괘의 순서는 팔괘의 생성 차서(次序)에 따른다. 즉 양선음후(陽先陰後)의 이치로 양에 속한 태양(乾·兌)과 소음(離·震)을 앞에 놓고 음에 속한 소양(巽·坎)과 태음(艮·坤)을 뒤에 두었다. 이것을 반순반역(半順半逆), 즉 태극의 방향으로 돌려 배열한 것이 선천배위도(先天配位圖)이다. 진(震)에서 건(乾)까지의 4괘는 양장소음(陽長消陰)의 과정이고, 손(巽)에서 곤(坤)까지 4괘는 양소음장(陽消陰長)의 과정이다. 또한 건(乾)·태(兌)·이(離)·진(震)은 초효가 양이고, 손(巽)·감(坎)·간(艮)·곤(坤)은 초효가 음으로서 각각 음과 양을 뿌리로 한 것이다.

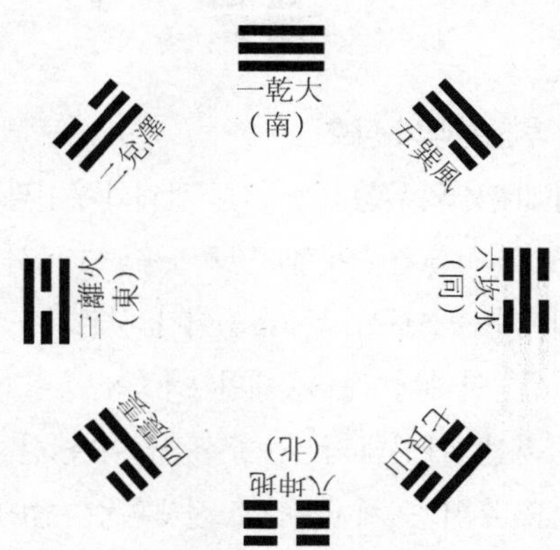

② **후천팔괘** : 후천팔괘는 사계절 순환의 의미로 이기(理氣)의

용(用)이다. 괘의 위치를 살펴보면, 진(震:東)에서 시작하여 손(巽)을 거쳐 간(艮)에서 끝난다. 이는 시(始)에서 발생하여 종(終)에서 거두어들이는 일세유행(一歲流行)의 도이다. 서·남에는 음괘인 손(巽)·이(離)·곤(坤)·태(兌)괘가 있고, 북·동에는 양괘인 건(乾)·감(坎)·간(艮)·진(震)괘가 있다. 감(坎)·이(離)로써 선천팔괘의 건(乾)·곤(坤)의 자리를 대신하여 남북에 자리함은 음양, 중정의 기로써 팔방의 표준을 삼고자 함이다. 이(離)괘는 선천의 건(乾)괘가 곤중(坤中)의 일음(一陰)을 얻음이고 감(坎)괘는 선천의 곤(坤)괘가 건(乾)중의 일양을 얻음이다. 간(艮)이 8궁에 자리함은 간(艮)은 양토(戊)로서 하도의 중궁수 5와 낙서의 5중에 해당하니, 태극의 중심으로 해가 뜨는 동북방에 자리하여 모든 괘의 체가 되니 시종이 모두 이 간(艮)에 있음을 보여준다. 또한 괘차(卦次)는 진(震)에서부터 좌선상생하여 간(艮)에서 지수부목(止水扶木)한다.

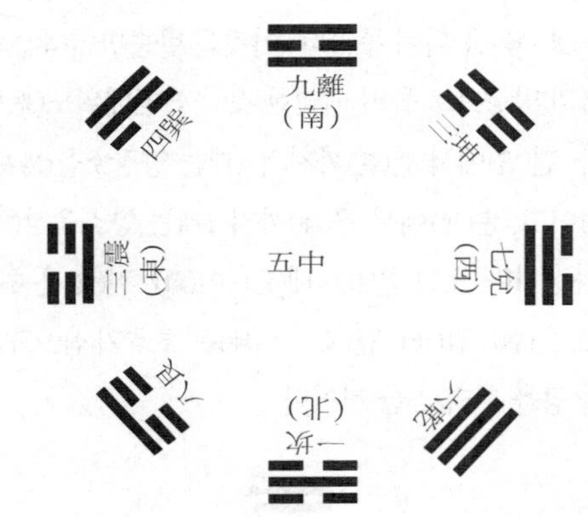

③ **선·후천팔괘의 상호관**

- **대대**(待對)**와 유행**(流行) : 선천팔괘와 후천팔괘 그리고 하도와 낙서를 견주어 살피면 하도수는 55로서 기영(氣盈)인데 낙수는 45로서 삭허(朔虛)이다. 하도의 수위(數位)는 내외생성인데 낙서는 5중태연(五中太衍: 종횡 15)이다. 하도는 좌선상생인데 낙서는 우선상극이다. 선천은 10체 9용이요, 후천은 9체 10용으로 선체후용(先體後用)의 이치가 있다. 선천팔괘는 소장대대(消長待對)로서 천도운행의 체요, 후천팔괘는 유행교합(流行交合)으로서 음양조화의 용이다. 또한 선천은 음양과 사상이 체이고 중허(中虛)의 상인데, 후천은 음양과 오행이 체이고 중실(中實)의 상(황극의 이치)이다. 즉 선천과 후천은 상호 조화를 이루는 체용관계로서 대대(先天)는 유행(後天)이 아니면 변화할 수가 없고 유행은 대대가 아니면 유행할 수 없는 호근체용(互根體用)의 조화이다.
- **선후천 이화**(理化) : 선·후천팔괘의 이화(理化)를 살펴보면 수화(水火)의 조화일 뿐이다. 따라서 건(乾)은 오(午)의 자리에 있었는데 술(戌) 자리에 가고, 간(艮)은 본래 술(戌) 자리인데 인(寅) 자리로 갔고, 이(離)는 본래 인(寅) 자리인데 오(午) 자리로 갔다. 곤(坤)은 자(子)의 자리에서 신(申)으로 갔고, 손(巽)은 본래 신(申) 자리인데 진(辰)으로 갔고, 감(坎)은 본래 신(申) 자리인데 자(子)로 갔다. 태(兌)는 진(辰) 자리에서 감(坎)이 있던 자리로 갔고, 진(震)은 인(寅) 자리에서 이(離)가 있던 자리로 갔는데, 감리(坎離)의 옛터에는 자오(子午)의 기가 있기 때문이다. 감(坎)이 신(申) 자리에 있고 이(離)가 인(寅) 자리에 있었음은 음양의 시생궁이기 때문인데, 시생처에는 여기(余氣)가 있어 감(坎)은 유(酉) 자리로 나아갔으며, 이(離)는 묘(卯) 자리로 나아갔던 것이다. 이것은 선후천 묘용의 처음이요 끝이다.

❖ **선천운명**(先天運命)**과 후천**(後天)**운명은 어떤 것인가** : 사람에게 영향력을 미치는 운세 작용은 이 풍수지리 뿐만 아니라 사주, 관상, 손금, 이름 등이 있다. 사주나 관상 손금은 처음 정해진 대로 즉 주어진 대로 감수 할 수밖에 없는 선천 운이지만 이름과 풍수지리는 사람의 의지에 의해 얼마든지 바꿀 수 있으므로 후천 운에 속한다.

❖ **선청수**(漩青水) : 혈 앞에 여러물이 한데 모여 이룩된 연못 같은 것. 혈 앞에 못이 형성되면 집안이 왕기를 받아 십중팔구는 큰 부자가 된다고 보고 있다.

❖ **선파방**(先破方) : 새땅을 파거나 구묘를 열 때에는 이 선파방을 먼저 파는 것이 길(吉)하다.

- **춘삼월**(春三月) : 정월, 2월, 3월 : 남방

• **하삼월**(夏三月) : 4월, 5월, 6월 : 북방

• **추삼월**(秋三月) : 7월, 8월, 9월 : 동방

• **동삼월**(冬三月) : 10월, 11월, 12월 : 서방

❖ **선포**(仙圃) : 장진인(張眞人)의 도장을 일컬음.

❖ **선학유공**(仙鶴游空) : 학이 하늘을 날아다니며 노니는 형국. 혈은 학의 이마 위에 있고, 안산은 활, 또는 구름이다.

❖ **선학인가**(仙鶴引駕) : 학이 선인(仙人)의 가마를 끄는 형국. 혈은 학의 이마 위에 있고, 안산은 가마의 깃대, 혹은 가마를 덮은 깃털 덮개다.

❖ **선학하전**(仙鶴下田) : 하늘에서 노닐던 학이 밭으로 내려온 형국. 머리가 아래쪽에 있고, 혈은 학의 머리(이마)에 자리잡으며, 안산은 구슬로써 이 구슬을 가지려고 내려온 것이다.

❖ **선후천 일월 상견법**(先後天日月相見法) : 이 법은 괘위로 감(坎:月)이(離:日)가 상견이 되는 것이나 팔괘납갑을 쓰지 않고 자오묘유(子午卯酉:四正)만을 가지고 논한다. 자칫 잘못하면 상파국(相破局)이 되는 우려도 있으나 선천일(先天日)과 후천월(後天月) 또는 후천일과 선천월이 하나는 입수룡(入首龍)이 되고 하나는 향(向)이 되는 방식이다.

① **묘룡**(卯龍) **자향**(子向) : 묘(卯)는 선천의 이괘(離卦)자리로서 일(日)이고, 자(子)는 후천의 감괘(坎卦)자리로서 월(月)이니 선천의 일과 후천의 월이 마주함이다.

② **자룡**(子龍) **묘향**(卯向) : 선천의 월(月)과 후천의 일(日)이 마주함이다.

③ **오룡**(午龍) **유향**(酉向) : 오(午)는 후천의 이궁(離宮)이요 유(酉)는 선천의 감궁(坎宮)이다. 후천의 일(日)이 선천의 월(月)과 마주함이다.

④ **유룡**(酉龍) **오향**(午向) : 선천의 월(月)과 후천의 일(日)이 마주함이다.

❖ **설**(泄) : 어떤 오행이 어떤 오행을 생해 주변 자연 그 기운이 빠지므로 이를 설(泄) 또는 설기(泄氣)라 한다. 예를 들어 목(木)이 화(火)를 만나면 목생화(木生火)로 목(木)의 기운이 화(火)에 빠진다.

❖ **설기**(泄氣) : 기가 빠져나감. 산세와 수세가 모이지 않고 사방이 무정하여 기가 새어나감.

❖ **설심부**(雪心賦) : 당나라 복응천(卜應天)의 저서로 전 4권으로 맹호천(孟浩天)이 주석, 장서와 함께 필독서. 감룡경(撼龍經)과 의룡경(疑龍經)은 당나라 양균송(楊筠松)의 저서, 구성룡법(九星龍法)과 심혈(審穴)의 지침서. 발미론(撥微論)은 송나라 채목당(蔡牧堂)의 저작으로 음양의 오묘한 이치를 망라한 정혈(定穴)의 지침서. 설천기(泄天機)는 송 요우(寥瑀 : 당나라의 요우와 동명이인)의 저술로 본원가(本源歌) · 입식가(入式歌) · 구성묘용(九星妙用) 등 실로 풍수의 지남(指南)이라고 할 만한 귀한 저서. 옥수룡경(玉髓龍經)은 송나라 장자미(張子微)의 저술로서 용(龍)에 대해 자세히 기술하고 있으며, 형국(形局)의 지침서라고 할 수 있다.

❖ **설천기지리**(洩天機地理) : 풍수를 세(勢), 형(形), 방위 세 가지로 나누어 설명하고 있는데, 세(勢)라 함은 힘, 즉 역량을 느끼게 하

는 것으로 웅장하고 높으며 큰 것이 좋다. 산지(山地)의 세(勢)는 만 마리의 말이 달리는 것 같거나 또 거대한 물결 또는 용이 강림(降臨)하는 것 같은 것이면 길(吉)이다. 거꾸로 위축되거나 도피 은폐된 세는 악(惡)이며, 만일 뱀이 놀란 것 모양, 창이나 칼 같은 것, 흐르는 물과 같은 세(勢)는 흉(凶)이다. 형(形)이란 형태로써 그 물체의 모양을 보고 자연스럽게 객관적인 무엇을 연상할 수 있는가 하는 것을 의미한다. 원칙적으로 단정하고 엄숙한 모양을 존중한다. 방위를 측정하는데 모양 세가 모두 길(吉)이면 방위는 자연스럽게 배합시킬 수가 있다. 모양이나 세를 바꾸는 것은 쉬운 일이 아니지만 방위는 고를 수 있다.

❖ **섬결**(閃結) : 옆을 기웃거리듯 맺힌 혈(穴). 용맥(龍脈)은 혈의 방향으로 흘러내려 좌청룡·우백호까지 순결(順結)의 자세를 갖추었으나, 현무산(玄武山)은 비스듬히 옆으로 비켜서서 생기(生氣)를 받아내리고, 혈은 좌우의 한 방형을 45도 각도로 비스듬히 바라보는 자세로 맺힌 것이다(斜受閃結).

❖ **섬룡입수**(閃龍入首) : 행룡하던 용맥 중간에 혈을 잇는 것을 말함. 보통의 혈은 용맥의 마지막 부분인 용진처(龍盡處)에 맺지만 섬룡입수는 행룡하던 용맥이 중간에 잠시 머뭇거리다 언뜻 주저앉듯이 혈을 맺으며, 용맥은 다시 진행 방향으로 행룡해 나간다.

❖ **섬살** : 혈장의 좌측이나 우측 한쪽이 흉살이 있거나 청룡·백호 어는 한쪽에 흉한 살이 있으면 살이 있는 쪽은 피하고 살이 없는 쪽에 정혈하는 방법을 섬살. 만약 청룡 쪽에 살이 있고 백호 쪽이 수려 양명하다면 백호쪽에 살이 있고 청룡쪽에 살이 없으면 청룡측에 정혈하는 것을 말한다. 흉살이 없는 쪽을 기대어 정혈한다 하여 이를 의법이라고도 한다.

❖ **섬유**(閃乳) : 유혈(乳穴)의 변체. 젖가슴 형태가 양쪽에 있고, 그 사이에 산줄기가 경계선처럼 뻗은 것으로, 이 가운데 산줄기의 생김새가 단정하며 아름다워야 좋은 혈이다.

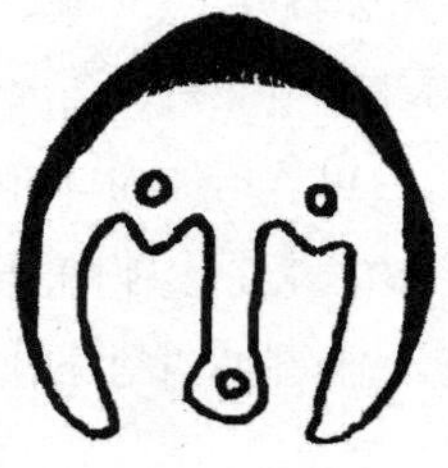

❖ **성**(成) : 가업을 일으킴.

❖ **성**(城) : 나성(羅城)과 수성(水城)을 말함. 물의 흐름이 성(城)과 같은 상태. 수성(水城)은 다섯 개가 있으니 금·목·수·화·토성이다. 금성(金城)은 둥글어서 둘러싸고, 수성(水城)은 굴곡하고, 토성(土城)은 평평하고 모가 나서 각이 되니 모두 길하고, 화성(火城)은 뾰족하여 사류(射流)하고, 목성(木城)은 곧은 것이니 모두 흉하다. 옥수경(玉髓經)에서는 「묘(墓)를 싸고 돌아 흐르는 것은 금성(金城)이고, 목(木)은 곧게 일직선으로 흐름이며, 화(火)는 인자(人字)의 모양이고, 수성(水城)은 지현굴곡(之玄屈曲)의 형태이며, 토성(土城)은 평정하여 모여간다」라고 하였다.

❖ **성각**(城脚) : 나성의 뿌리가 둘러쳐지고 내당수(內堂水)가 성(城)처럼 둘러진 모양.

❖ **성(城)과 사성**(砂城) : 두뇌(頭腦)에서 소맥(小脈)이 일어나서 혈의 주위에 둘러쳐진 것을 사성이라고 함.

❖ **성격이 소심한 아이의 공부방은** : 집안에만 틀어 박혀 있는 타입의 어린이라면 공부방의 분위기를 밝고 온화하게 해주고 공부방을 아침의 햇볕이 잘 들어오는 동쪽 방위에 마련하여 주면 좋은데 동쪽으로 적당한 크기의 창문이 있으면 더욱 좋다. 동쪽은 만물의 시작과 활력의 근원인 태양이 떠오르는 방위이므로 심신에 양기(氣)를 불러 놓아 쾌활한 성격으로 탈바꿈 할 수도 있다. 또한 좋은 꿈과 희망을 가지게 하는 것이다.

❖ **성공과 실패는 마음(정신)에 있다** : 언제나 나는 건강하고 행복하고 풍요하다고 하면 좋아진다. 나는 건강하고 행복하다는 등 자신의 원을 계속 생각하고 말하면 그대로 된다. 우리 아이는 착하고 정직하고 훌륭한 인물이 될 것이다. 환자에게 아는 사람이 기도를 하면 아주 좋아진다. 환자 본인이 모르면 더욱 효과가 있다. 모르는 사람이 기도해주면 효과가 없다.

- **연세대 교수 황수관 박사 건강 십훈**
  1. 자연으로 돌아가라.
  2. 잘 먹어라.
  3. 잠을 잘 자라.
  4. 많이 움직여라.
  5. 담배 끊고 술을 저재하라. 술을 유시에 먹어라.

6. 목을 자주하라.
7. 많이 베풀어라.
8. 스트레스 관리를 잘하라.
9. 많이 웃어라.
10. 건강 체크를 자주하라. 잘하라.

❖ **성공의 열쇠는 남쪽 창이 쥐고 있다** : 자택에서 사업을 하고 있다면 자신의 행운의 방위보다 남쪽을 우선시하라. 당신을 강하게 후원해 주는 방위이다. 남쪽은 활활 타오르는 불꽃처럼 간직한 방위이다. 기력이 충실하고 감성도 풍부하다. 또 눈에 띈다는 의미도 있어서 적합하다. 사업하는데 주로 많은 시간을 소모하는 방이나 집으로 이상적인 것은 창문이나 현관이 남쪽에 있는 것이다. 그것이 여의치 않을 때는 스탠드를 장식하는 등 남쪽을 밝게 유지해야 한다. 집 전체를 남쪽 분위기로 만드는 것도 중요하다. 조명은 가능하면 밝게 하고 인테리어를 할 때도 엷은 오렌지색이나 분홍색 계열을 선택한다. 그렇지 못할 경우에는 태양이나 해바라기 그림을 장식해 두는 것도 좋다.

❖ **성공은 자신에게 달려있고 아무리 좋아도 하지 않으면 성공할 수 없다** : 부자로 사는 사람도 이유가 있고, 가난한 사람도 이유가 있다. 본인이 하고 싶은 일에 전문서적 3권 이상 읽어라. 모두가 생각을 바꿔보라 나의 꿈 나의 희망이 이루어진다. 내가 하고 싶은 일 쉽게 할 수 있는 일 생각해 보라. 무엇이든 열심히 하면 성공한다. 하면 불가능 없다. 뭐 하나에 미쳐야 성공한다. 또 자기가 하지 않으면 성공 할 수 없다. 이사람 저사람 다하는데 나는 못하나. 생각한대로 이루어진다. 아무리 좋아도 하지 않으면 성공 할 수 없다. 성공은 자신에게 달려 있다. 이승엽 야구선수가 처음 투수였는데 팔꿈치 이상이 있어 타격 선수로 있는데 백인천감독이 이승엽이 볼 때 마다 너는 할 수 있어 그래서 이승엽이가 최고의 야구 선수가 됐다. 예부터 훌륭한 장수는 분위기를 잘 만들고 만들어 주면 이긴다. 어린 아이들 보고 너는 못해 하면 실망감이 오고 너는 할 수 있다. 너는 할 수 있을 거야. 너는 된다니까 하면 된다. 모든 것은 전문가 방식을 따라가는 것이 쉽다. 실습을 하고 경험을 얻어야 한다.

❖ **성공을 하려면 이렇게 한다**

1. 무슨 일을 하던지 재미있게 하는 일을 찾아라.
2. 나는 반드시 잘 되어야 하겠다.
3. 잘 사는 방법도 배워야 한다.
4. 무슨 일을 하든지 꾸준히 열심히 하라.
5. 생활은 규칙적으로 하라.
6. 남 잘 때 다자고 남 놀 때 다 놀고 언제 일을 할 수 있느냐.
7. 보이지 않고 만질 수 없어도 뿌린 대로 거둔다.
8. 내 힘으로 일어서야 한다.
9. 부자의 생각으로 살아간다.
10. 모든 원인은 에서 찾아라.
11. 결정적 만남을 소중히 하라.
12. 실험 정신(자신감이 있어야) 도전 정신이 필요하다.
13. 성공 경험을 쌓아라.
14. 무슨 일이든지 처음 시작 했을 때의 마음을 가져라
15. 손에서 책을 놓지 마라.
16. 도전 정신이 필요하다. 거듭 도전 하라.
17. 선택과 집중을 하라.
18. 한 분야에 미쳐야 한다.
19. 많은 일을 하려면 조직의 상단(上壇)에 서야 한다.
20. 모든 일은 신(神)이 들여야 한다. 때로는 미쳐야 한다.
21. 감동은 자기 스스로 만들어야 한다.
22. 인생은 건너뛰는 것이 없다. 반듯하게 생각하라.

❖ **성두**(星頭) : 만두(巒頭) 또는 혈성(穴星)의 꼭대기를 말하나 좌입수처(坐入首處)를 말하기도 한다.

❖ **성마귀인정국**(星馬貴人定局) : 음택 및 양택의 좌(坐)로 집을 짓고 묘를 쓸 때에 연월일시(年月日時)를 가리는 법의 하나. 성마귀인이란 태을(太乙), 천정(天定), 천을(天乙)의 길신이라 한다. 이 법과 주마육임(走馬六壬)을 같이 맞추어 사용하면 복록이 두텁고 자손들은 뛰어난 재주꾼이 나온다고 한다.

申子辰 年月日時 : 寅午戌坐(艮寅 丙午 辛戌坐)
巳酉丑 年月日時 : 亥卯未坐(乾亥 甲卯 丁未坐)
寅午戌 年月日時 : 申子辰坐(坤申 壬子 乙辰坐)
亥卯未 年月日時 : 巳酉丑坐(巽巳 庚酉 癸丑坐)

가령 인오술좌(寅午戌坐: 艮寅丙午辛戌坐)로 집을 짓거나 묘를 쓰려면 신년(申年) 신월(申月) 신일(申日) 신시(申時)나 자년(子年) 자월(子月) 자일(子日) 자시(子時)나 진년(辰年) 진월(辰月) 진일(辰日) 진시(辰時) 가운데서 쓰되 신년(申年) 진월(辰月) 신일(申日) 자시(子時)를 가리거나 자년(子年) 진월(辰月) 신일(申日) 신시(申時)를 가리거나 어쨌든 연월일시(年月日時)가 신자진(申子辰) 가운데서 가려 쓰면 좋다는 뜻이다.

❖ **성묘**(省墓) : 조상의 산소를 찾아가서 살피어 돌보는 것.

❖ **성문**(城門) : 향방(向旁), 양궁(兩宮)을 뜻함. 입향한 양쪽의 방위 중에서 한 방향이 공결(空缺)한 때에는 그곳에 성문에 해당되어야 좋다. 십자로나 굽어들어 오는 길의 입구나 사람들의 출입이 번잡한 문로(門路)나 내수(來水) 거수구(去水口=破口) 등의 성문에 해당하면 운기가 융창한다. 관구(關口)가 성문이 되거나 하천이 굽어지는 곳이나 호수의 중심점이나 양옆 또는 축수처(蓄水處) 모두가 성문이 되면 좋고, 물이 내면을 감싸 돌며 맑고 빛이나면 대길하다.

❖ **성문법**(城門法) : 향이 비록 왕기(旺氣)를 얻지 못했다 할지라도 양 옆이 왕기를 얻으면 양방에서 향을 보조케 함으로써 쇠기(衰氣)를 왕기로 돌리는 차기법(借氣法). 일단 그 운이 지나가면 퇴기로 변하기 때문에 패락하게 된다. 정향(正向)으로 입선할 때 왕산왕향(旺山旺向)을 얻기가 불가능하다면 성문의 왕기를 취하든지 겸향체괘를 써서 왕기를 취하는 도리밖에 없다. 음택은 수수(收水)로, 양택은 개문로(開門路) 등으로 성문결(城門訣)을 사용하면 발복이 빠르게 온다.

❖ **성문절**(城門絶) : 산은 요(凹)하고 용호(龍虎)의 허리가 요(凹)하면 바람이 전후좌우 사방에서 닿게 되므로 이를 성문절(城門絶)이라 한다. 모르고 이러한 곳에 묘를 쓰면 대가 끊긴다.

❖ **성복**(成服) : 상복(喪服)을 입는 것을 말함. 성복은 입관한 다음날 아침 일찍 상식(上食)과는 따로 행하나 요즈음은 입관하고 난 후 바로 행한다. 해당되는 모두는 상복을 차려입고 영구의 동쪽에는 남자, 서쪽에는 여자가 차례로 줄을 서서 서로 마주 보고 곡하고 절한다. 이때 조부모, 부모, 백숙모가 계시면 그 앞에 꿇어 앉어 곡한다. 그 다음 영전에 약간의 제물을 진설(陳設)하고 상주가 차례대로 분향하고 잔을 올려 곡을 하면서 재배(再拜)한다. 또한 성복 전에는 조례(弔禮)와 절을 하지 않는 것이 원칙이나 요즈음은 이에 관계없이 조객(弔客)의 조례와 배례를 받는다.

❖ **성복길일**(成服吉日) : 조상이 나서 상인(喪人)과 복인(服人)들이 상복(喪服)으로 갈아입는 것인데 갑자(甲子), 기사(己巳), 을유(乙酉), 경인(庚寅), 계사(癸巳), 정유(丁酉), 병오(丙午), 신해(辛亥), 계축(癸丑), 무오(戊午), 경신(庚申)일에 성복하면 길하다고 한다.

❖ **성분**(成墳) : 묘의 봉분을 만드는 작업. 봉분은 경사가 급하지 않고 완만하게 만들어야 하며 잘 다져야 한다. 봉분의 경사가 급하면 무너질 우려가 많고 잔디가 잘 살지 않는다. 성분에 사용하는 흙은 산화되어 거름기가 많은 흙은 사용하지 않는 것이 좋으며, 마지막 마무리는 잔디를 심는 것으로 정성껏 행하는 것이 좋고, 봉분의 모양은 쟁반을 엎어놓은 듯하게 성분을 하면 천수(빗물)가 봉분으로 들어가지 않고 바깥쪽으로 물이 흐르게 하고 봉분 옆으로 흙을 더 붙여 주면 더욱 좋다.

❖ **성분(成墳)을 어떻게 해야 하는가** : 성분(묘지조성)을 할 대 분상(墳上)에 봉긋하게 만들어야 하며 묘 봉분은 크게 해하고 약간 경사를 지워 주면 묘 봉분 안에 빗물이 들어가지 않으며 산이 깎이고 변하면서 혈(穴)이 사(砂)가 잘린 부분은 몇 자가 되건 흙으로 돋우어 재혈(裁穴)을 해야 하고 모자라는 것은 도와서 보태고 넘쳐서 과한 것은 잘라내는 가감법을 이용 할 줄 알아야 해로운 곳을 보완하고 이득을 아는 안목을 길러서 지리(地理)를 안다고 해야 할 것이다.

❖ **성산**(星散) : 사람의 기운이 쇠하여 떨어짐을 비유함. 성신이 새벽으로 인하여 별빛이 흩어짐.

❖ **성성**(星星) : 계방(癸方)에 있다. 계봉(癸峰)이 아름다우면 후비(后妃)와 어진 선비가 나고 매우 높은 것은 무방하나 허하면 낙사(落死)하고 천마사(天馬砂)면 공후(公侯)가 난다. 그 때는 오년(午年)이다.

❖ **성수**(成數) : 6, 7, 8, 9, 10을 성수라 함. 즉 6의 생수는 1, 7의 생수는 2, 8의 생수는 3, 9의 생수는 4, 10의 생수는 5가 된다.

❖ **성수오행**(星宿五行)

乾坤艮巽 : 木　甲庚丙壬 子午卯酉 : 火　乙辛丁癸 : 土
辰戌丑未 : 金　寅申巳亥 : 水

성수오행 사용법은 인반중침(人盤中針)으로 좌(坐)와 사(砂)와의 관계에서 길흉을 본다. 이 경우에 좌(坐)도 제6층의 인반중침(人盤中針)에서 기준한다. 좌오행(坐五行)이 체(體)가 되고 사오행(砂五行)이 용(用)이 된다. 인성(印星), 재성(財星), 비화성(比和星)은 상길(上吉)이 되고, 식상성(食傷星)은 수문장이나 빈궁하고, 관성(官星)은 대흉(大凶)이다.

❖ **성(星)숙(宿)오행(五行) 임좌(壬坐)일 경우** : 손목사수봉(巽木巳水峰)이 있다. 사(巳)는 수봉(水峯)이요 임좌(壬坐) 화(火)다. 사(巳)봉(峯)은 귀봉(貴峯)이고 손봉목(巽峯木)이다. 손봉(巽峯)은 험(險)하고 사봉(巳峯)이 수려 할 경우 살사(殺砂)이다 손봉이 사봉보다 월등이 높아야 한다.

❖ **성신**(星辰) : 하늘의 별이 떨어져 산이 되었다고 하여 산을 성신이라고도 하고, 삼양(三陽)·삼길(三吉)·육건(六健)·육수(六秀)와 구성(九星)·십삼진(十三辰)과 같은 유형도 성신이다.

❖ **성신론**(星辰論) : 태조산(太祖山) 또는 조산(祖山)에서 생긴 용(龍)이 뻗어 나오다보면 생룡(生龍)이라면 곳곳에 마디마디가 생겨 가지(枝龍)가 생기는데, 그 지룡(枝龍)을 사성(砂星) 성요(星曜) 또는 성신(星辰)이라 칭한다. 성신은 오행성(五行星)에서 분류되어 주룡(主龍)의 근처에 금(金)·목(木)·수(水)·화(火)·토(土) 오행이 형성되어 있는데, 성신은 크기도 하고 작기도 하며 주룡(主龍)을 앞서거니 뒤서거니 하여 호위하거나 좌우에서 시봉(侍奉)하는 것으로 오행산을 일러 사(砂)라고도 하며, 사(砂)는 또한 24방위에 따라 청룡·백호·현무(玄武)·주작(朱雀) 및 요성(曜星)·금성(禽星)·귀성(鬼星) 등으로 말하기도 한다.

❖ **성심일**(聖心日) : 길신으로 보시(布施)와 민원서 제출에 길한 날.
정월 : 亥日, 2월 : 巳日, 3월 : 子日, 4월 : 午日
5월 : 丑日, 6월 : 未日, 7월 : 寅日, 8월 : 申日
9월 : 卯日, 10월 : 酉日, 11 : 辰日, 12월 : 戌日

❖ **성조**(成造) : 가옥(家屋) 및 기타 모든 건물을 짓는 것. 기조(起造)라고도 함.

❖ **성조길월법**(成造吉月法) : 가택(家宅)의 신개축(新改築)에 길이 형통하는 달. 해묘미생(亥卯未生)은 음(陰) 1월, 2월, 10월, 11월, 12월, 인오술생(寅午戌生)은 음(陰) 1월, 2월, 3월, 4월, 5월, 사유축생(巳酉丑生)은 음(陰) 4월, 5월, 6월, 7월, 8월이 성조길월(成造吉月), 신자진생(申子辰生)은 음(陰) 7월, 8월, 9월, 10월, 11월이 성조길월(成造吉月)이다.

❖ **성조양택사정입국**(成造陽宅四正入局) : 사정(四正)이란 자오묘유(子午卯酉)를 말하는 바, 무릇 성조(成造)에 있어 사정위(四正位)를 얻은 뒤에 지운(地運:坐의 五行)이 주인공 생년납음(生年納音)의 극(克)을 받지 않으면 대길하다는 것이다. 유년태세(流年太歲)를 인궁(寅宮)에 붙여 인(寅)에 붙이는 까닭은 태초(太初)에 사람은 인(寅)에서 생겼다고 하여 인(寅)을 머리로 삼는데 양택(陽宅)에 있어서도 이 법을 적용하여 인궁(寅宮)에 태세를 붙인다) 12지를 돌려짚다가 자오모유(子午卯酉)에 닿는 좌(坐)가 사정(四正)의 길운이라 한다.

太歲	寅	卯(正)	辰	巳	午(正)	未	申	酉(正)	戌	亥	子(正)	丑	備考
子年	子	丑	寅	卯	辰	巳	午	未	申	酉	戌	亥	寅上起子
丑年	丑	寅	卯	辰	巳	午	未	申	酉	戌	亥	子	寅上起丑
寅年	寅	卯	辰	巳	午	未	辛	酉	戌	亥	子	丑	寅上起寅
卯年	卯	辰	巳	午	未	申	酉	戌	亥	子	丑	寅	寅上起卯
辰年	辰	巳	午	未	申	酉	戌	亥	子	丑	寅	卯	寅上起辰
巳年	巳	午	未	申	酉	戌	亥	子	丑	寅	卯	辰	寅上起巳
午年	午	未	申	酉	戌	亥	子	丑	寅	卯	辰	巳	寅上起午
未年	未	申	酉	戌	亥	子	丑	寅	卯	辰	巳	午	寅上起未
申年	申	酉	戌	亥	子	丑	寅	卯	辰	巳	午	未	寅上起申
酉年	酉	戌	亥	子	丑	寅	卯	辰	巳	午	未	申	寅上起酉
戌年	戌	亥	子	丑	寅	卯	辰	巳	午	未	申	酉	寅上起戌
亥年	亥	子	丑	寅	卯	辰	巳	午	未	申	酉	戌	寅上起亥

태세가 자년(子年)이면 진술축미(辰戌丑未) 좌향(坐向)이 사정(四正)이요, 축년(丑年)이면 인신사해(寅申巳亥) 좌향(坐向)이 사정(四正)이다. 인년(寅年)이면 자오묘유(子午卯酉) 좌향(坐向)이 사정(四正)이 된다. 즉 자오묘유년(子午卯酉年)은 진술축미(辰戌丑未) 좌향(坐向), 진술축미년(辰戌丑未年)은 인신사해(寅申巳亥) 좌향(坐向), 인신사해년(寅申巳亥年)은 자오묘유(子午卯酉) 좌향(坐向)이 사정위(四正位)에 닿으므로 성조에 길(吉)이라 한다.

자(子) : 임자동(壬子同)　　　**축**(丑) : 계축동(癸丑同)

인(寅) : 간인동(艮寅同)	**묘**(卯) : 갑묘동(甲卯同)
진(辰) : 을진동(乙辰同)	**사**(巳) : 손사동(巽巳同)
오(午) : 병오동(丙午同)	**미**(未) : 정미동(丁未同)
신(申) : 곤신동(坤申同)	**유**(酉) : 경유동(庚酉同)
술(戌) : 신술동(辛戌同)	**해**(亥) : 건해동(乾亥同)

❖ **성조운**(成造運) : 집을 지으려고 할 때 세운(歲運)·나이(年運) 등을 맞추어 길한 해를 가리는데 운을 보는 법.

① **성조운(成造運) 조견표**

巽	離	坤
8 53 17 62 26 71 34 80 43 89 牛馬四角	9 54 18 63 27 72 36 81 44 90 大吉	1 46 10 56 19 64 28 73 37 82 처자사각
震	**中**	**澤**
7 52 16 61 24 70 33 79 42 88 대길	5 50 15 55 25 65 35 75 45 85 잠사각(흉)	2 47 11 57 20 66 29 74 38 83 대길
艮	**坎**	**乾**
6 51 14 60 23 69 32 78 41 87 自四角(凶)	4 49 13 59 22 68 31 77 40 86 大吉	3 48 12 58 21 67 30 76 39 84 父母四角

② **좌향운**(坐向運)

子午卯酉年＝辰戌丑未乙辛丁癸坐向이 大吉

辰戌丑未年＝寅申巳亥乾坤艮巽坐向이 大吉

寅申巳亥年＝子午卯酉壬丙庚甲坐向이 大吉

③ **성조길년**(成造吉年)

乙丑 戊辰 庚午 乙酉 丙戌 己丑 庚寅 辛卯 癸巳 乙未 戊戌 庚子 乙卯 丙辰 己未 庚申 辛酉 癸亥年이 吉.

④ **길향법**(吉向法)

申子辰生＝申向 戌向 亥向(西北向도 무방)

巳酉丑生＝巳向 未向 申向(西南向도 무방)

寅午戌生＝寅向 辰向 巳向(東南向도 무방)

亥卯未生＝亥向 丑向 寅向(東北向도 무방)

⑤ **성조운본명성**(成造運本命星) **길향법** : 본명(本命) 子띠, 丑寅띠, 卯띠, 辰巳띠, 午띠, 未申띠, 酉띠, 戌亥 때 본명(본인 띠)이 향(向)이 되면 길(吉)하다.

⑥ **집수리 못하는 방위** : 건물을 새로 짓는 것보다 이미 건축된 건물을 수리하는 일을 더 주의해야 한다. 어느 해를 막론하고 삼살방(三殺方)과 대장군방(大將軍方)을 꺼리지만 호주나 세대주, 부부의 연령으로 수리하지 못하는 방위가 있고 또 당년 연월(年月)에 따라 집수리하면 어린이에게 액이 이르는 방위가 있다.

[꺼리는 방위]

	당년여령	1 10 19 28 37 46 55 64 73	2 11 20 29 38 47 56 65 74	3 12 21 30 39 48 57 66 75	4 13 22 31 40 49 58 67 76	5 14 23 32 41 50 59 68 77	6 15 24 33 42 51 60 69 78	7 16 25 34 43 52 61 70 79	8 17 26 35 44 53 62 71 80	9 18 27 36 45 54 63 72 81
집수리 및 건물을 짓는데 불리한 방위	남자	중앙	서북·동남	정서·정동	동북·서남	정남·정북	정북·정남	서남·동북	정동·정서	동남·서북
	여자	동북·서남	정서·정동	서북·동남	중앙	동남·서북	정동·정서	서남·동북	정북·정남	정남·정북

❖ **성조길년과 좌향운** : 성조(成造)란 집(양택)을 짓는 일을 말하며, 성조길년이란 집을 짓거나 수리하기에 좋은 해를 말한다. 성조길년은 나이로 보는 법과 생년으로 보는 법이 있다. 나이로 성조길년을 알아보면 표와 같다.

[逐年成造吉凶表]

동남방(巽) 우마사각 8, 17, 26, 34 43, 53, 62, 71, 80	남방(離) 대길년 9, 18, 27, 36, 44 54, 63, 72, 81	서남방(坤) 처자사각 1, 10, 19, 28 37, 46, 56, 64, 73
동방(震) 대길년 7, 16, 24, 33 42, 52, 61, 70, 79	중앙(中央) 잠사각 5, 15, 25, 35 45, 50, 55, 65, 75	서방(兌) 대길년 2, 11, 20, 29 38, 47, 57, 66, 74
동북방(艮) 자기사각 6, 14, 23, 32 41, 51, 60, 69, 78	북방(坎) 대길년 4, 13, 22, 31 40, 49, 59. 68, 77	서북방(乾) 부모사각 3, 12, 21, 30 39, 48, 58, 67, 76

축년성조길흉표에서 아라비아 숫자는 건축주의 연령으로서 나이가 중앙의 잠사각(蠶四角)이나 간방(艮方)의 자기사각(自己四角)에 드는 해에는 성조를 할 수 없으며, 건방의 부모사각과 곤방의 처자(妻子)사각은 부모가 계시거나 처자가 있는 경우 부모나 처자에 불길하므로 집을 지을 수 없다. 단 우마(牛馬)사각이 드는 해에는 가축에 불리하니 축사만 짓지 않고 다른 건물은 지어도 무방하다. 그러므로 건축물 주인[家長]의 연령이 감리진태(坎離震兌) 방의 연령에 드는 해에 집을 짓는 것이 대길(大吉)하다.

❖ **성향**(聲響) : 울려 퍼지는 소리.

- **새 집을 짓고 드는 날** : 입택귀화일, 신옥입택길일. : 갑자(甲子), 을축(乙丑), 병인(丙寅), 정묘(丁卯), 기사(己巳), 경오(庚午), 신미(辛未), 갑술(甲戌), 을해(乙亥), 정축(丁丑), 계미(癸未), 갑신(甲申), 경인(庚寅), 임진(壬辰), 을미(乙未), 경자(庚子), 임인(壬寅), 계묘(癸卯), 병오(丙午), 정미(丁未), 경술(庚戌), 계축(癸丑), 갑인(甲寅), 을묘(乙卯), 기미(己未), 경신(庚申), 신유(辛酉), 천덕(天德), 월덕(月德), 천덕합(天德合), 월덕합(月德合), 천은(天恩), 황도(黃道), 모창상길일(母倉上吉日) 만(滿) 성(成) 개일(開日) 역마일(驛馬日) 吉.

❖ **세**(勢) : 강룡(岡龍)에 대귀한 혈이 맺으려면 산의 가지가 팔과 다리같이 많이 생겨 좌우로 가리고 옹위하며, 앞과 뒤, 좌편 우편 할 것 없이 사방에서 산이 모여 들어 좌청룡·우백호가 여러 겹으로 첩첩 두르고, 앞에 대하는 안산(案山)과 그 밖에 조응(朝應)하는 조산(朝山)들이 층층으로 여러 겹 조응하여 줄을 지어 벌여 있고, 물이 나가는 마지막 수구(水口)가 겹겹이 엄하게 막혀 있고, 심지어 삼천분대 팔백연화(三千粉袋 八百煙花)가 나열하기도 하니, 이런 웅장하고 다정하고 존엄한 형상과 기운들을 합쳐서 느끼는 종합적 기상이 소위 세(勢)라 표현할 수 있다.

❖ **세 가지**(生氣, 天醫, 延年) **길성**(吉星)**의 길흉, 호응, 증험 발현시기**

- 생기·탐랑·목성과 상합이 되면 반드시 다섯 아들이 생기고, 벼슬운을 부추겨서 명예와 존귀함이 따르고, 신속하게 발전, 풍족해져 큰 부자가 되고, 집안 식솔들이 강건·왕성하여 백가지 경사와 번영이 다투어 모이고, 30일 이내에 재물을 취득하게 된다.
- 천의·거문·토성과 상합이 되면 부부가 화락하고 반드시 아들 셋이 생기고, 살림이 크게 풍요로워져 남부러울 것이 없으며, 질병과 우환이 없고 식솔이 건강·무탈하고 우마육축이 번성하며, 50일 이내에 재물이 불어나게 된다.
- 연년·무곡·금성과 상합이 되면 반드시 아들 넷이 생기고, 풍족한 살림에 장수를 누리고, 내외가 화목하며 일취월장 재물이 늘어나고, 일찍 배필을 만나 혼연(婚緣)을 맺으며, 식솔과 전답·우마·육축이 늘어나고 번영과 안정, 발전을 누리게 된다.
- 복위·보필·목성과 상합이 되면 안정된 살림의 중간 부자이고, 건강과 평안을 누리며 여자의 수가 많아지고 남자의 수가 줄어든다.
- 절명·파군·금성이 이화궁(離火宮)에 들 경우는 재난, 곤궁과 파탄, 낭패 등 극심한 불행과 환란이 생기고, 진손목궁(震巽木宮)에 들 경우는 뜻을 펼칠 바탕 조성에서부터 걸림돌이 많으며 사람에게 우환 및 불상사가 발생된다. 간곤토궁(艮坤土宮)에 들 경우는 재물 낭패와 경영사에 장해 및 인간 관계의 부실 내지 착오, 실수 등으로 연관된 환란을 겪게 되며, 감수궁(坎水宮)에 들 경우는 맹호가 함정에 빠진 격이 되어 고난과 장해 및 풍파, 손실을 치르게 되고, 건태금궁(乾兌金宮)에 들 경우는 결국 빈껍데기만 남게 되는 요란스런 일시 영화나 한때의 번창을 누리다 퇴락하여 뒷날에는 고통과 환란을 만나고 풍상과 애로를 겪게 된다.
- 오귀염정화(五鬼廉貞火)가 진손목궁(震巽木宮)에 들 경우는 불이 나무로부터의 생조(生助)를 받아 분택요원(焚澤燎原: 연못이라도 태우고 들판이라도 불사르는 것)의 흉험지상이며, 건태금궁(乾兌金宮)에 들 경우는 옥토주금 파열풍산(沃土珠金 破裂風散: 기름진 전답과 보배를 파괴하여 바람에 흩어내 버리다)이며, 곤간토궁(坤艮土宮)에 들 경우는 옥석구분(玉石俱焚: 보옥과 잡석이 한꺼번에 불타 못 쓰게 되는 것)의 파탄지상이며, 감수궁(坎水宮)과 이화궁(離火宮)에 들 경우는 고난과 우환 및 장해가 중첩되며 파탄과 불상사를 만나게 된다.
- 화해녹존토(禍害祿存土)가 진손목공(震巽木宮)에 들 경우는 거느리는 식솔이나 고용인 등과 연관된 장해, 손실 및 풍파, 환

란이 닥치게 되고, 건태금궁(乾兌金宮)에 들 경우는 식속들과 살림살이가 산란해지고 우환과 풍파 및 재난과 불상사가 반복되어 도래하게 된다. 이화궁(離火宮)과 감수궁(坎水宮) 및 간곤토궁(艮坤土宮)에 들 경우는 도적을 형제나 자식같이 친밀히 여기다 낭패와 재앙 및 손실을 초래하는 액화가 생기고 재산의 탕진과 곤궁에 떨어지며, 식구들이 온전히 유지되지 못하고 돌연한 불행 내지 음흉, 흉폭한 자나 허랑방탕 또는 광란잡속(狂亂雜俗) 등 환란이 닥치게 된다.

- 육살문곡수(六殺文曲水)가 건태금궁(乾兌金宮)에 들어오면 집안에 부정한 형태나 음란지사 및 담장을 뛰어넘고 남의 집안을 엿보게 되며, 기타 불순한 행실로 연관된 낭패, 손실 및 말썽, 장해 등 액화가 발생되며 우환과 궂은 일이 닥치게 된다. 간곤토궁(艮坤土宮) 및 진손목궁(震巽木宮)에 들 경우는 부부가 불화·반목하고 집안 식구들은 추잡한 말썽이 생겨 구설과 낭패를 치르게 되고, 부녀자들이 정절을 잃고 난잡해지며 불순한 행실에 관련된 손실과 장해, 파탄과 구설, 말썽 등 불상사를 겪게 된다.

❖ **세간길신**(歲干吉神) : 세간이란 유년태세(流年太歲)의 천간(天干)을 말하며, 이 태세의 천간에 의하여 정해지는 모든 길신(吉神)을 말한다. 세간길신에는 세덕(歲德) 및 그 합일(合日)·천관귀인(天官貴人)·문창귀인(文昌貴人)·문곡귀인(文曲貴人)·복성귀인(福星貴人)·세록(歲祿)·음양귀인(陰陽貴人)·천재성(天財星) 등이 있다.

[歲干吉神一覽表]

歲干 / 吉福	甲年	乙年	丙年	丁年	戊年	己年	庚年	辛年	壬年	癸年	비고
歲德	甲	庚	丙	壬	戊	甲	庚	丙	壬	戊	陰陽交會百福
歲德合	乙	己	辛	丁	癸	乙	己	辛	丁	癸	造葬大吉
福星貴人	寅	丑 亥	子 戌	酉	申	未	年	巳	辰	卯	文武富貴長壽
天福貴人	酉	申	子	亥	卯	寅	午	巳	午	巳	爵祿公候
文昌貴人	巳	午	申	酉	申	酉	亥	子	寅	卯	富貴文章
文曲貴人	巳 亥	子 午	寅 申	卯 酉	寅 申	卯 酉	巳 亥	辰 戌	寅 申	卯 酉	文章風流 奇才秀
天官貴人	未	辰	巳	寅	卯	酉	亥	申	戌	午	文武富貴
太極貴人	子	午	酉	卯	巳	午	寅	亥	巳	申	位居崇班
陽貴人	未	申	酉	亥	丑	子	丑	寅	卯	巳	貴寅多助
陰貴人	丑	子	亥	酉	未	申	未	午	巳	卯	上令
天財星	亥子	亥 子	寅 卯	寅卯	巳午	巳午	辰戌 丑未	申 酉	申 酉	申 酉	財祿倂隨
歲綠方	寅	卯	巳	午	巳	午	申	酉	亥	子	上令

❖ **세간신**(歲干神) : 유년태세(流年太歲)의 천간(天干)을 기준하여 정해지는 모든 길흉신(세간길신 및 세간흉신).

❖ **세간합**(歲干合) : 태세와 간합(干合)이 되는 방(方) 및 일간(日干). 이날은 천지음양(天地陰陽)이 배합되는 날로서 무슨 일을 하든지 재앙이 사라지고 허물이 없으므로 출행·혼인·건축 및 수리하는 데 대길하다고 하였다. 갑년 : 기(甲年 : 己), 을년 : 경(乙年 : 庚), 병년 : 신(丙年 : 辛), 정년 : 임(丁年 : 壬), 무년 : 계(戊年 : 癸).

❖ **세간흉신**(歲干凶神) : 흉신(凶神)의 하나로 양택(陽宅)에 이 살을 범하면 살상(殺傷)의 액이 이른다고 한다. 갑년 : 묘좌방(甲年 : 卯坐方), 을년 : 진(乙年 : 辰), 병무년 : 오(丙戊年 : 午), 정기년 : 미(丁己年 : 未), 경년 : 유(庚年 : 酉), 신년 : 술(辛年 : 戌), 임년 : 자(壬年 : 子), 계년 : 축좌방(癸年 : 丑坐方). 양인(羊刃)과 동일하다. 가령 태세가 갑년(甲年)이라면 묘좌(卯坐), 묘방(卯方)이 장군전(將軍箭)이다. 유년태세(流年太歲)의 천간에 의하여 정해지는 모든 흉신(凶神)을 말한다. 세간흉신에는 산가곤룡(山家困龍)·산가관부(山家官符)·좌산관부(坐山官符)·나천대퇴(羅天大退)·부천공망(浮天空亡)·산가혈인(山家血刃)·장군전(將軍箭)·양인살(羊刃殺)·비인살(飛刃殺) 등이 있다.

[歲干凶神一覽表]

歲干 / 吉福	甲年	乙年	丙年	丁年	戊年	己年	庚年	辛年	壬年	癸年	비 고
山家圓龍	乾	庚	丁	巽	甲	乾	庚	丁	巽	甲	造葬大凶
山家官符	亥	酉	未	巳	卯	亥	酉	未	巳	卯	忌造葬
坐山官符	戌	申	午	辰	寅	戌	申	午	辰	寅	〃
羅天大退	坎	震	艮	艮	坤	坤	巽	巽	兌	兌	殺人退財
浮天空亡	壬	癸	辛	庚	坤	乾	丁	丙	甲	乙	忌立向
山家血刃	六 七	一 四	二 八	三	九	六 七	一 四	二 八	三	九	陽宅犯則 血財多損
將軍箭	卯	辰	午	未	午	未	酉	戌	子	丑	忌造葬
羊刃	卯	辰	午	未	午	未	酉	戌	子	丑	忌起造
飛刃	酉	戌	子	丑	子	丑	卯	辰	午	未	上同
正陰符	艮 巽	乾 酉	坤 子	午	卯	艮 巽	乾 酉	坤 子	午	卯	忌建屋· 修家 動土
傍陰符	丙 辛	甲 丁 巳 丑	乙 癸 申 辰	壬 寅 戌	庚 亥 未	丙 辛	甲 丁 巳 丑	乙 癸 申 진	壬 寅 戌	庚 亥 未	忌葬埋
金神	午 未 申酉	辰 巳	子卯 丑午 寅未	寅戌 卯亥	子申 丑酉	午申 未酉	辰 巳	子卯 丑午 寅未	寅戌 卯亥	子申 丑酉	忌修造
破敗五鬼											忌修造
上朔	癸 亥	己 巳	乙 亥	辛 巳	丁 亥	癸 巳	己 亥	乙 巳	辛 亥	丁 巳	忌婚姻· 就任

❖ **세계도표**(世界圖表) : 시조로부터 분파된 계열을 알 수 있도록 하는 도표로서 대개 시조로부터 파조까지의 세계를 기록하고 파조 밑에 족보원문에 실려 있는 면수를 기록해 두어 족보를 보는데 편리하도록 한다.

❖ **세고원과**(勢孤援寡) : 홀로 있어서 외로운 형세.

❖ **세관교승**(歲官交承) : 신구(新舊)의 세관신이 교체하는 날로 산운의 피극(被剋)과 흉살에도 불구하고 임의로 조가(造家)와 장매(葬埋)해도 길한 날. 대한(大寒) 후 5일과 입춘(立春) 전 2일이 세관교승일이다.

❖ **세귀**(歲貴) : 유년태세의 천간에 의한 천을귀인성(天乙貴人星). 이 귀인성이 닿는 좌향(坐向)에 음택 및 양택을 하면 도와주는 사람이 많고 매사에 대길하다고 한다.

歲干	甲乙丙丁戊己庚辛壬癸
陽貴	未申酉亥丑子丑寅卯巳
陰貴	丑子亥酉未申未午巳卯

갑자(甲子) 등 갑년(甲年)이면 미방(未方)이 양귀인방(陽貴人方)이고 축방(丑方)이 음귀인방(陰貴人方)이다.

❖ **세덕**(世德) : 시조 이하 특출한 조상의 행장기(行狀記), 묘지명, 신도비명(神道碑銘), 국가로부터 받은 특전(特典), 사제문(賜祭文), 교지(敎旨), 수교(受敎), 정려기(旌閭記) 등 서원과 사우에 제향한 봉안문(奉安文) 및 상향축문, 유시(遺詩), 유묵(遺墨), 국가에 올리는 소문 등을 빠짐없이 실어 후손이 알도록 한다.

❖ **세덕**(歲德) : 세간(歲干) 및 세지덕신(歲支德神)으로 음양택을 막론하고 인간백사(人間百事)에 영세대길(永世大吉)한 날이며 방위.

甲己年 : 甲　乙庚年 : 庚　丙辛年 : 丙
丁壬年 : 壬　戊癸年 : 戊　子年 : 巽方
丑年 : 庚方　寅年 : 丁方　卯年 : 坤方
辰年 : 壬方　巳年 : 辛方　午年 : 乾方
未年 : 甲方　申年 : 癸方　酉年 : 艮方
戌年 : 丙方　亥年 : 乙方

태세의 천간이 갑자(甲子), 갑술(甲戌), 기사(己巳), 기묘(己卯) 등 갑년(甲年)이나 기년(己年)이라면 갑일(甲日)이 세덕일, 갑방(甲方)이 세덕방이다. 또는 유년태세가 자년(子年)이라면 손방(巽方), 축년(丑年)이라면 경방(庚方)이 세덕방이다.

❖ **세덕합**(歲德合) : 세간 및 세지덕신(歲支德神)과 육합(六合)을 이루는 것으로 세덕일, 세덕방과 마찬가지로 음양택을 막론하고 만사대길하다.

甲己年 : 己日　乙庚年 : 乙日　丙辛年 : 辛日
丁壬年 : 丁　戊癸年 : 癸　子年 : 申
丑年 : 乙　寅年 : 壬　卯年 : 巳
辰年 : 丁　巳年 : 丙　午年 : 寅
未年 : 己　申年 : 戊　酉年 : 亥
戌年 : 辛　亥年 : 乙

갑년(甲年)이나 기년(己年)이면 기일(己日) 또는 기방(己方)이 세덕합신, 또 자년(子年)이면 신일(申日) 또는 신방(申方)이 세덕합일, 세덕합방이 된다.

❖ **세록**(歲祿) : 유년태세(流年太歲)로 건록(建祿)이 됨을 말함. 이날에는 출행, 구직(求職), 취임(就任), 입학, 이사, 개업, 건축, 장매(葬埋) 등에 좋다. 세록방(歲祿方)에는 흙을 다루고 집수리하고 우물을 파는 일 및 출행에 길하다.

甲年 : 寅　乙年 : 卯　丙戊年 : 巳
丁己年 : 午　庚年 : 申　辛年 : 酉
壬年 : 亥　癸年 : 子

태세가 갑자(甲子), 갑술(甲戌), 갑신(甲申) 등 갑(甲)으로 된 해는 인일(寅日)이 세록일(歲祿日), 인방(寅方)이 세록방(歲祿方)이다.

❖ **세마**(歲馬) : 유년태세(流年太歲)를 기준하여 역마(驛馬)를 말함. 역마일 및 역마방은 출행, 이사, 개업, 건축, 매장(埋葬) 등의 일에 길하다.

申子辰 : 寅　巳酉丑年 : 亥
寅午戌年 : 申　亥卯未年 : 巳

태세가 신(申)이나 자진(子辰)이 되는 해는 인일(寅日)이 세마일(歲馬日), 인방(寅方)이 세마방(歲馬方)이다.

❖ **세미**(細微) : 가늘고 미미한 맥. 세미(細微)하고 활동하고 연(軟)하고 박(薄:얇은 것)한 것은 맥(脈)이 되고, 순(脣)이 드러나고 육

질이 드러나서 살찌고 연(軟)한 것은 기(氣)가 된다.

❖ **세발 두꺼비는 행운의 상징이다** : 발가락이 세 개인 두꺼비가 행운을 안겨주는 상징물이다. 이는 돈을 갈퀴처럼 끌어 모은다는 의미에서 행운을 상징한다고 했다. 이것을 집안에 두면 재운(財運)은 물론 사업 운도 번창하고 돈이 생기는 것은 당연한 이치이다. 역시 출입문 쪽을 바라보도록 두었다가 밤에 는 돌려놓는다. 밤에 기운이 빠져나가지 않게 하기 위함이다. 궂은 날 집에 두꺼비가 들어오면 행운을 갖다 준다고 믿고 있다.

❖ **세상에 땅의 비밀을 다 아는 사람은 없다고 하였다** : 옛날부터 풍수공부는 평생 동안 계속해야 한다고 했다. 옥수진경이나 인자수지에서 백운선생이 풍수공부는 40년을 하여야 한다고 했다. 학술십년(學術十年)에 용맥(龍脈)을 배우고 행지십년(行地十年)에 요결(要訣)을 익히고 묘터 잡는데 에 혈법(穴法)을 터득하여 삼십년 후 다시 스승을 만나 십년을 더 종학(從學)해야 지술(智術)을 다 배울 수 있다고 하였다.

❖ **세실위**(世室位) : 영구 묘정(廟庭)에서 제사하는 신위(神位). 여기에 배향하는 자는 훈공있는 자의 신위로 불천(不遷)함.

❖ **세압**(歲壓) : 세압법은 구궁법(九宮法)을 알아야 한다. 장사(葬死) 지내는 해(年)의 태세(太歲)를 즉 당해의 천간지지(天干地支)를 중궁(中宮)·오귀궁(五鬼宮)에 넣고 세어가다가 같은 중궁에 드는사람이 세압인데, 중궁에 드는 사람이 모두 세압에 해당하는 것이 아니라, 그해의 태세와 장일과 충극(沖剋)이 되는 사람은 하관에 보면 크게 불길하여 이를 세압이라 한다. 갑술(甲戌)년을 예로 들면 갑술을 중궁에 넣고 순행(順行)하면 육합식(六合食)이 을해가 되고, 칠진귀(七進鬼)가 병자가 되며, 팔관인(八官印)이 정축 등 순으로 계속 세어 가다보니 계미(癸未)·임진(壬辰)·신축(辛丑)이 되며, 한바퀴를 돌고 보니 다시 경술(庚戌)이 나오고 기미(己未)와 무진(戊辰)이 세압이 되는데, 유의할 것은 육십갑자를 넘으면 첫 번까지만 세압에 넣는다. 즉 갑술년에는 무진(戊辰)까지만 세압이 되고, 64세 이상은 하관시에 세압은 따질 필요가 없는 것이다. 강조할 것은 세압이 되더라도 충극(沖剋)이 아니면 상관없다.

❖ **세압법** : 세압법은 모두 보는 것 보다는 여기 기록한 중에 끝만 보는 것이 합당하다. 예컨대 갑자년에는 무오, 갑인년에는 무신생만 삼가 하관을 피하여 보지 않는 것이다.

갑자년 계유 임오 신묘 경자 기유 무오
갑인년 계해 임신 신사 경인 기해 무신
갑진년 계축 임술 신미 경진 기축 무술
갑오년 계묘 임자 신유 경오 기묘 무자
갑신년 계사 임인 신해 경신 기사 무인
갑술년 계미 임진 신축 경술 기미 무진
을축년 갑술 계미 임진 신축 경술 기미
을묘년 갑자 계유 임오 신묘 경자 기유
을사년 갑인 계해 임신 신사 경인 기해
을미년 갑진 계축 임술 신미 경진 기축
을유년 갑오 계묘 임자 신유 경오 기묘
을해년 갑신 계사 임인 신해 경신 기사
병자년 을유 갑오 계묘 임자 신유 경오
병인년 을해 갑신 계사 임인 신해 경신
병진년 을축 갑술 계미 임진 신축 경술
병오년 을묘 갑자 계유 임오 신묘 경자
병신년 을사 갑인 계해 임신 신사 경인
병술년 을미 갑진 계축 임술 신미 경진
정축년 병술 을미 갑진 계축 임술 신미
정묘년 병자 을유 갑오 계묘 임자 신유
정사년 병인 을해 갑신 계사 임인 신해
정미년 병진 을축 갑술 계미 임진 신축
정유년 병오 을묘 갑자 계유 임오 신묘
정해년 병신 을사 갑인 계해 임신 신사
무자년 정유 병오 을묘 갑자 계유 임오
무인년 정해 병신 을사 갑인 계해 임신
무진년 정축 병술 을미 갑진 계축 임술
무오년 정묘 병자 을유 갑오 계묘 임자
무신년 정사 병인 을해 갑신 계사 임인
무술년 정미 병진 을축 갑술 계미 임진
기축년 무술 정미 병진 을축 갑술 계미

기묘년 무자 정유 병오 을묘 갑자 계유

기사년 무인 정해 병신 을사 갑인 계해

기미년 무진 정축 병술 을미 갑진 계축

기유년 무오 정묘 병자 을유 갑오 계묘

기해년 무신 정사 병인 을해 갑신 계사

경자년 기유 무오 정묘 병자 을유 갑오

경인년 기해 무신 정사 병인 을해 갑신

경진년 기축 무술 정미 병진 을축 갑술

경오년 기묘 무자 정유 병오 을묘 갑자

경신년 기사 무인 정해 병신 을사 갑인

경술년 기미 무진 정축 병술 을미 갑진

신축년 경술 기미 무진 정축 병술 을미

신묘년 경자 기유 무오 정묘 병자 을유

신사년 경인 기해 무신 정사 병인 을해

신미년 경진 기축 무술 정미 병진 을축

신유년 경오 기묘 무자 정유 병오 을묘

신해년 경신 기사 무인 정해 병신 을사

임자년 신유 경오 기묘 무자 정유 병오

임인년 신해 경신 기사 무인 정해 병신

임진년 신축 경술 기미 무진 정축 병술

임오년 신묘 경자 기유 무오 정묘 병자

임신년 신사 경인 기해 무신 정사 병인

임술년 신미 경진 기축 무술 정미 병진

계축년 임술 신미 경진 기축 무술 정미

계묘년 임자 신유 경오 기묘 무자 정유

계사년 임인 신해 경신 기사 무인 정해

계미년 임진 신축 경술 기미 무진 정축

계유년 임오 신묘 경자 기유 무오 정묘

계해년 임신 신사 경인 기해 무신 정사

세인은 흔히 세압(歲壓)을 모두 가리거나 혹은 호충법(呼沖法)을 보지만 너무 산만하고 신빙성이 없다. 만약 개묘(開墓)나 하관(下棺)을 보는데 꺼림직한 생각이 들면 나무아미타불을 속으로 30번이상 부르면 무난하다.

❖ **세월덕**(歲月德) : 세지길신(歲支吉神)의 하나로 이 세월덕에 해당되는 날(日辰)이나 방위(方位)는 만사대길이라 하였다.

申子辰年 : 壬　　巳酉丑年 : 庚

寅午戌年 : 丙　　亥卯未年 : 甲

태세가 신자진년(申子辰年)인 경우 임일(壬日)이 세월덕일, 임방(壬方)이 세월덕방이다.

❖ **세지길신 일람표**(歲支吉神一覽表) : 태세(太歲)의 지지(地支)를 기준하여 정해지는 모든 길신(吉神).

年支 / 吉福	子年	丑年	寅年	卯年	辰年	巳年	午年	未年	申年	酉年	戌年	亥年	비고
歲德	巽	庚	丁	坤	壬	辛	乾	甲	癸	艮	丙	乙	陰陽減通
歲德合	申	乙	壬	巳	丁	丙	寅	己	戊	亥	辛	庚	諸福幷至
歲月德	壬	庚	丙	甲	壬	庚	丙	甲	壬	庚	丙	甲	造葬大吉
月德合	丁	乙	辛	己	丁	乙	辛	己	丁	乙	辛	己	〃
歲馬	寅	亥	申	巳	寅	亥	申	巳	寅	亥	申	巳	造葬 · 提事吉
天倉	酉	戌	亥	子	丑	寅	卯	辰	巳	午	未	申	造倉 · 修倉吉
地倉	辰 戌	寅 申	子 午	巳 亥	卯 酉	寅 申	卯 酉	丑 未	子 午	辰 戌	卯 酉	寅 申	〃
守殿	丙 壬	丑 未	午 子	巳 亥	甲 庚	丁 癸	艮 坤	卯 酉	壬 丙	卯 酉	辰 戌	巳 亥	試驗 · 考試吉
守天	申	辰	子	亥	申	乙	坤	卯	丙	卯	辰	亥	大發財
奏書	乾	乾	艮	艮	艮	巽	巽	巽	坤	坤	坤	乾	大文神
傳士	巽	巽	坤	坤	坤	乾	乾	乾	艮	艮	艮	巽	智慧神
力士	艮	艮	巽	巽	巽	坤	坤	坤	乾	乾	乾	艮	助力神
勝光	午	巳	辰	卯	寅	丑	子	亥	戌	酉	申	未	光明神
功曺	寅	丑	子	亥	戌	酉	申	未	午	巳	辰	卯	造作神
神后	子	亥	戌	酉	申	未	午	巳	辰	卯	寅	丑	助神
枝德	巳	午	未	申	酉	戌	亥	子	丑	寅	卯	辰	〃
龍德	未	申	酉	戌	亥	子	丑	寅	卯	辰	巳	午	貴神
福德	酉	戌	亥	子	丑	寅	卯	辰	巳	午	未	申	福神
太陽星	丑	寅	卯	辰	巳	午	未	申	酉	戌	亥	子	光喜神
紅鸞星	卯	寅	丑	子	亥	戌	酉	申	未	午	巳	辰	吉祥神
年解星	戌	酉	申	未	午	巳	辰	卯	寅	丑	子	亥	和解神
玉兎星	亥	戌	酉	申	未	午	巳	辰	卯	寅	丑	子	喜神
三合後方	庚 酉 辛 戌	丙 午 丁 未	甲 卯 乙 辰	壬 子 癸 丑	庚 酉 辛 戌	丙 午 丁 未	甲 卯 乙 辰	壬 子 癸 丑	庚 酉 辛 戌	丙 午 丁 未	甲 卯 乙 辰	壬 子 癸 丑	
三合前方	艮 寅 甲 卯 乙 辰 坤 申	乾 亥 壬 子 癸 丑 巽 巳	坤 申 庚 酉 辛 戌 艮 寅	巽 巳 丙 午 丁 未 乾 亥	艮 寅 甲 卯 乙 辰 坤 申	乾 亥 壬 子 癸 丑 巽 巳	坤 申 庚 酉 辛 戌 艮 寅	巽 巳 丙 午 丁 未 乾 亥	艮 寅 甲 卯 乙 辰 坤 申	乾 亥 壬 子 癸 丑 巽 巳	坤 申 庚 酉 辛 戌 巽 巳	巽 巳 丙 午 丁 未 乾 亥	

❖ **세지덕**(歲枝德) : 태세의 덕신(德神)이 임한다는 날로서 다른 길신(吉神)과 합국(合局)하면 만사대길(萬事大吉)하다.

子年 : 巳, 丑年 : 午, 寅年 : 未, 卯年 : 申

辰年 : 酉, 巳年 : 戌, 午年 : 亥, 未年 : 子

申年 : 丑, 酉年 : 寅, 戌年 : 卯, 亥年 : 辰

갑자(甲子), 병자(丙子), 무자(戊子) 등 태세가 자년(子年)이 되는 사일(巳日)이 지덕일(枝德日), 사방(巳方)이 지덕방(枝德方)이다.

❖ **세지합**(歲支合) : 유년태세(流年太歲)와 지합(支合:六合)을 이루는 것.

子年 : 丑, 丑年 : 子, 寅年 : 亥, 卯年 : 戌

辰年 : 酉, 巳年 : 申, 午年 : 未, 未年 : 午

申年 : 巳, 酉年 : 辰, 戌年 : 卯, 亥年 : 寅

태세가 자년(子年)이면 축일(丑日)이 지합일(枝合日), 사방(巳方)이 지합방(枝合方)이다.

❖ **세지흉살**(歲支凶殺) : 세지흉살(歲支凶殺)은 많은 살(殺)중 많이 활용되고 있는 12살을 선정하여 볼 수 있도록 작성된 조견표로 특히 3살 대장군은 많이 이용되고 있다.

年干	子丑寅卯辰巳午未申酉戌亥	制殺法
皇天炎退	卯子酉午卯子酉午卯子酉午	天德 · 月德 · 祿馬 · 貴人으로 制之한다.
九天朱省	卯戌巳子未寅酉辰亥午丑申	四利 · 太陽 · 祿 · 馬 · 貴 · 三德으로 制之한다.
天官符	亥申巳寅亥申巳寅亥申巳寅	三奇 · 窮 · 馬 및 納音으로 制한다.
地官符	辰巳午未申酉戌亥子丑寅卯	〃
劫殺	巳寅亥申巳寅亥申巳寅亥申	三殺:向은 不忌하고 四坐에만 忌하는데, 命柱中 納音이나 本納音으로 制之한다.
災殺	午卯子酉午卯子酉午卯子酉	
歲殺	未辰丑戌未辰丑戌未辰丑戌	
坐殺	丙甲壬庚丙甲壬庚丙甲壬庚 丁乙癸辛丁乙癸辛丁乙癸辛	坐殺은 向에 不忌하고 向殺은 坐에 不忌하는데, 四利 · 太陽 · 三德 · 祿馬 · 貴로 制之한다.
向殺	壬庚丙甲壬庚丙甲壬庚丙甲 癸辛丁乙癸辛丁乙癸辛丁乙	
大將軍	酉酉子子子卯卯卯午午午酉	天河 및 北辰大帝 · 紫自으로 制之한다.
太歲	子丑寅卯辰巳午未申酉戌亥	日月의 納音 및 三德 · 祿馬 · 貴로 制之
太陰殺	亥子丑寅卯辰巳午未申酉戌	歲德 및 三合으로 制之한다.

[歲干凶殺]

年干	甲乙丙丁戊己庚辛壬癸	制殺法
山家困龍	乾庚丁巽甲乾庚丁巽甲	通天竅星馬貴人으로制之한다
山家官符	亥酉未巳卯亥酉未巳卯	三奇 · 竅 · 馬 및 納音五行으로 制之
坐山官符	戌申午辰寅戌申午辰寅	〃
浮天空亡	壬癸辛庚坤乾丁丙申乙	天. · 月德歲德 및 月財로 制之한다.
山家血刃	六七, 一四, 二八, 三, 九, 六七, 一四, 二八, 三, 九	三 · 奇 · 竅 · 馬 · 天河 · 天 · 月德 · 歲德으로 制之 한다.
將軍箭	卯辰午未酉戌子丑	年月日 時 中納音五行으로 制之한다.

❖ **세지흉신**(歲支凶神) : 유년태세(流年太歲)의 지(支)를 기준하여 정해지는 모든 흉신.

[歲支凶神一覽表]

區分 \ 年支		子年	丑年	寅年	卯年	辰年	巳年	午年	未年	申年	酉年	戌年	亥年	비 고
坐山羅候		六	八	三	九	七	二	六	八	三	九	七	二	造葬皆忌
巡山羅候		乙	壬	艮	甲	巽	丙	丁	坤	辛	乾	癸	庚	〃
星天灸艮		卯	子	酉	午	卯	子	酉	午	卯	子	酉	午	忌作向
羅天大退		四	七	一	一	一	一	六	六	二	二	九	九	〃
九天失雀		卯	戌	巳	子	未	寅	酉	辰	亥	午	丑	申	忌立向 修作
打劫血刃		二	八	六	九	二	四	二	八	六	九	二	四	忌向作動土
太陰殺		亥	子	丑	寅	卯	辰	巳	午	未	申	酉	戌	忌忌造作向
天官符		亥	申	巳	寅	亥	申	巳	寅	亥	申	巳	寅	忌造葬
地官符		辰	巳	午	未	申	酉	戌	亥	子	丑	寅	卯	〃
太歲方		子	丑	寅	卯	辰	巳	午	未	申	酉	戌	亥	忌修造動土
大將軍		酉	酉	子	子	子	卯	卯	卯	午	午	午	酉	〃
金神殺		巳	酉	丑	巳	酉	丑	巳	酉	丑	巳	酉	丑	忌動土葬理
坐殺		丙 丁	甲 乙	壬 癸	庚 辛	丙 丁	甲 乙	壬 癸	庚 辛	丙 丁	甲 乙	壬 癸	庚 辛	忌造葬 (向 不忌)
向殺		壬 癸	庚 辛	丙 丁	甲 乙	壬 癸	庚 辛	丙 丁	甲 乙	壬 癸	庚 辛	丙 丁	甲 乙	忌造葬 (坐 不忌)
三殺	劫殺	巳	寅	亥	申	巳	寅	亥	申	巳	寅	亥	申	忌造葬
	災殺	午	卯	子	酉	午	卯	子	酉	午	卯	子	酉	〃
	歲殺	未	辰	丑	戌	未	辰	丑	戌	未	辰	丑	戌	〃
流財		乾 戌	未 申	子 丑	子 丑	子 丑	乾 戌	乾 戌	乾 戌	子 丑	未 申	未 申	未 申	陽宅犯이면 損 田庄災小兒
喪門		寅	卯	辰	巳	午	未	申	酉	戌	亥	子	丑	忌造葬
吊客		戌	未	子	丑	寅	卯	辰	巳	午	未	申	酉	〃
白虎		申	酉	戌	亥	子	丑	寅	卯	辰	巳	午	未	百事不宜
大耗		午	未	申	酉	戌	亥	子	丑	寅	卯	辰	巳	出財動土忌
小耗		巳	午	未	申	酉	戌	亥	子	丑	寅	卯	辰	〃
歲破		午	未	申	酉	戌	亥	子	丑	寅	卯	辰	巳	忌造葬
歲刑		卯	戌	巳	子	辰	申	午	丑	巳	酉	未	亥	忌出行
歲厭		子	亥	戌	酉	申	未	午	巳	辰	卯	寅	丑	〃
五鬼		辰	卯	寅	丑	子	亥	戌	酉	申	未	午	巳	忌出行修家
天罡		辰	卯	寅	丑	子	亥	戌	酉	申	未	午	巳	

河魁	戌	酉	申	未	午	巳	辰	卯	寅	丑	子	亥	
飛廉	申	酉	戌	巳	午	未	寅	卯	辰	亥	子	丑	犯則六丑損
獨火	艮	震	震	坎	巽	巽	兌	離	離	坤	乾	乾	忌修造
大火	丁	乙	癸	辛	丁	乙	癸	辛	丁	乙	癸	辛	〃
黃幡	辰	丑	戌	未	辰	丑	戌	未	辰	丑	戌	未	〃
豹尾	戌	未	辰	丑	戌	未	辰	丑	戌	未	辰	丑	忌出行就任
傳送	申	未	午	巳	辰	卯	寅	丑	子	亥	戌	酉	〃
蠶室	坤	坤	乾	乾	乾	艮	艮	艮	巽	巽	巽	坤	犯則蠶業敗
蠶官	未	未	戌	戌	戌	丑	丑	丑	辰	辰	辰	未	〃
蠶命	申	申	亥	亥	亥	寅	寅	寅	巳	巳	巳	申	〃
伏兵	丙	甲	壬	庚	丙	甲	壬	庚	丙	甲	壬	庚	忌出行
病符	亥	子	丑	寅	卯	辰	巳	午	未	申	酉	戌	犯則病病
死符	巳	午	未	申	酉	戌	亥	子	丑	寅	卯	辰	〃
天害	未	午	巳	辰	卯	寅	丑	子	亥	戌	酉	申	犯則損(六害同)
風波	子	丑	寅	卯	辰	巳	午	未	申	酉	戌	亥	忌渡江入水
河伯	亥	子	丑	寅	卯	辰	巳	午	未	申	酉	戌	〃
神隔	巳	卯	丑	亥	酉	未	巳	卯	丑	亥	酉	未	
人隔	未	巳	卯	丑	亥	酉	未	巳	卯	丑	亥	酉	
魁隔	未	戌	辰	寅	午	子	酉	申	巳	亥	丑	卯	

❖ **세천덕**(歲天德) : 세지길신(歲支吉神)의 하나로 태세에 의한 천덕일 및 천덕방으로 역시 음양택(陰陽宅) 및 만사에 영세대길(永世大吉)이라 한다.

子年 : 巳·巽　丑年 : 庚　寅年 : 丁　卯年 : 申·坤

辰年 : 壬　巳年 : 辛　午年 : 亥·乾　未年 : 甲

申年 : 癸　酉年 : 寅·艮　戌年 : 丙　亥年 : 乙

갑자(甲子), 병자(丙子), 무자(戊子) 등 태세가 자(子)로 된 해는 사일(巳日)이 세천덕일, 손방(巽方:辰巳)이 세천덕방이다.

❖ **세천덕합**(歲天德合) : 세지길신(歲支吉神)으로 세천덕(歲天德)과 육합(六合) 간합(干合)이 되는 곳으로 그 작용력은 세천덕과 같다.

子年 : 申　丑年 : 乙　寅年 : 壬　卯年 : 巳

辰年 : 丁　巳年 : 丙　午年 : 寅　未年 : 己

申年 : 戊　酉年 : 亥　戌年 : 辛　亥年 : 庚

태세가 갑자(甲子), 병자(丙子), 무자(戊子) 등 자년(子年)이라면 신일(申日)이 세천덕합일, 신방(申方)이 세천덕 합방이다.

❖ **세탁물 건조대를 만들면** : 세탁물을 지붕 위의 옥상에서 건조시키도록 줄을 매거나, 계단을 설치한다든지, 주방이나 부엌, 우물 등과 가까이 닿게 널든지, 장독대를 출입 대문 위에다 편하게 슬라브를 만들어 설치하는 것 등은 가정에 재난과 풍파가 발생하고 살림살이가 어수선해지는 불길 형국이다.

❖ **세파**(歲破) : 유년 흉신의 하나로 일진(日辰)과 방위와 좌향(坐向)을 모두 참고한다. 이 세파살이 닿으면 음양택을 막론하고 모두 꺼린다.

子年 : 午　丑年 : 未　寅年 : 申　卯年 : 酉

辰年 : 戌　巳年 : 亥　午年 : 子　未年 : 丑

申年 : 寅　酉年 : 卯　戌年 : 辰　亥年 : 巳

연지(年支)와 상충(相沖)되는 곳으로 가령 자년(子年)이라면 오일(午日) 오방(午方) 오좌(午坐)가 모두 세파살이다.

❖ **세파좌**(歲破坐) : 세파살(歲破殺)이 되는 좌(坐)로 건물 및 묘의 좌를 놓는 것을 꺼린다.

❖ **셋방은 어디가 좋은가** : 셋방이라도 가옥의 서북쪽 방위에 들어오는 사람들의 경우는 들어올 때는 힘들어도 다른 곳으로 옮겨갈 때에는 형편이 나아지는 예가 십중팔구이다. 그러나 서북쪽 방위의 방은 셋방으로 빌려주면 알맹이는 남주고 주인은 빈껍데기만 차지하는 형국을 피할 수 없다.

❖ **소**(消) : 차츰 낮아지고 사라지는 모양.

❖ **소간룡**(小幹龍) : 대간룡(大幹龍)에서 가지쳐나온 용을 뜻한다. 나누어질 때 대개 유명산(有名山)이 태조산(太祖山)이 된다. 길이는 20~30리에서 길게는 2백~3백리가 된다. 소간룡에서 대지룡(大枝龍), 소지룡(小枝龍)이 갈려 나온다.

❖ **소교**(小巧) : 약간의 변형이 됨. 토(土)가 금성체(金星體)로 조금 변함을 말함.

❖ **소기**(所棄) : 버리는 일.

❖ **소나무가 곧게 크고 푸른색이면 명혈자리다** : 소나무 잎이 연푸른색이고 흙(마사토)이 빛이 나면 반드시 혈 자리가 있다. 소나무가 굽어 크고 껍질이 두꺼운 곳은 토질이 물[水]을 머금고 있다. 소나무가 곧게 크고 껍질이 엷은 곳은 물이 없는 곳이다.

❖ **소나무와 잣나무는 왜 심는가** : 무덤 속에 사람의 간과 뇌를 파먹는 망상(罔象), 온이라는 벌레가 있다고 한다. 이들은 호랑이와 잣나무를 가장 무서워 한다는 것이다. 특히 죽은 사람의 뇌를 잘 먹는다는 온이라는 벌레는 잣나무로 그 머리를 뚫으면 죽는다고 하므로 묘 주위에 소나무와 잣나무를 심고, 무덤에 소나무 가지를 꽂아 놓는다. 성묘 갔다 왔다는 표시로 솔가지를 꽂는다.

❖ **소나 말의 발자국의 고인물에서는 용이 나지 않는다**

- 내룡(來龍)의 입수(入首)를 살피고 오행(五行)의 순역(巡歷)을 한다. 묘에서 생방(生方)과 왕방(旺方)을 포태법(胞胎法)으로 길흉 조정을 한다. 물이 처음 보이는 곳을 득수(得水)라 하고 물이 돌아가 숨는 곳을 파구(破口)라 한다. 길(吉)한 방위에서 들어오고 흉(凶)한 방위로 물이 나가면 합당(合當) 한 수법이다.
- 생방과 왕방이 같이 물이 이르면 인물과 재물이 융성한다. 태방(胎方)에 물이 이르면 아들을 낳고 관방(冠方)에 물이 이르면 자손이 많다.
- 소나 말의 발자국에 고인 물에서는 용이 나지 않는다. 산천(山川)도 아무렇게나 생긴 곳에서는 큰 인물이 나지 않는다는 말이다. 명산에 명당이면 큰 인물이 나고, 천산(賤山)이나 쑥대밭 산에는 천인(賤人)이 난다
- 물맛이 달면 사람이 건강하고 미인이 많고, 물이 깊은 곳에 부자가 많고 얕은 곳은 가난한 사람이 많다. 물이 모이는 곳에 사람이 많이 모이고, 물이 도망간 곳에는 사람이 오래 살지 못한다. 물이 오고 감을 살피면 화복(禍福)이 이를 증명한다.
- 용맥을 따라 물이 보이거나 이곳에 두렵게 물이 들어오면 극(極)한 형육(刑戮)에 처해지고 참혹한 앙화(殃禍)가 안방까지 미친다. 물이 들어오는 흉한 방위는 묘의 좌(坐)에 관계없이 축인(丑寅)과 을진(乙辰)방위이고 후룡(後龍)의 방위를 논 할 때는 오행(五行)을 위주로 하고 이기(理氣)는 쌍산오행(雙山五行)으로 하는데 운용법을 알면 매우 묘하다. 건방(乾方)의 용명에서 진방의 물이 보이면 흉(凶)이 길(吉)로 변한다. 묘방과 유방은 비록 도화수(桃花水)이나 물이 맑으면 여자가 어질다. 목욕수(沐浴水)를 득수(得水)를 겸하면 자식은 병마에 탄식한다. 옛글에 묘유청정(卯酉清淨)은 여귀(女貴)에 자오(子午)활대(闊大)는 무장(武將)출생방(出生方)득수(得水)는 백자천손(百子千孫) 원이라 했다. 즉 묘유방(卯酉方)에서 맑고 깨끗한 물은 얻으면 자녀가 귀(貴, 벼슬)하게 되고, 자오방(子午方)에서 넓고 많은 물을 얻으면 병권(兵權－국방장관)을 쥔 장군이 나고, 많은 자손을 얻으려면 장생방(長生方)에서 맑고 깨끗한 물을 얻어야 한다는 말이다.
- 래용(來龍)에 충(沖)이 되는 곳으로 파구(破口)가 되면 양자(養子)를 두는 묘지(墓地)이다.

❖ **소납**(消納) : 나쁜 방향으로 물이 나가게 향(向)을 놓음. 살격은 피하고 길한 산과 물이 되게끔 향을 세우는 것.

❖ **소내상**(小內喪) : 자부(子婦)의 상사(喪事). 국상(國喪)의 소내상은 왕세자빈(王世子嬪)의 상사를 말함.

❖ **소년에 치아가 다 빠지는 묘는 이러하다** : 청룡 백호 허리 한쪽에 엉겨 붙은 단단한 암석이면 소년에 치아가 다 빠져 나온다. 또 가사불화로 파산이 두렵다.

❖ **소년 횡사**(橫死)**를 하는 것은** : 안산(案山)과 조산(朝山)이 가로 놓인 시체형(屍體形)이라면 소년횡사를 견디기 어렵다. 또 재패(財敗), 병패(病廢), 질병(疾病)이 많아진다.

❖ **소돌형**(小突形) : 우뚝하게 드러난 면이 작은 것으로써 약간 솟아 있는 형국. 그러나 너무 작으면 진실된 혈이 아닐 수도 있으니 적당히 작고 돌(突)의 면이 빛나면서 살찌고 부드러워야 되며, 간혹 지나치게 작아서 높고 낮음이 불분명하고 물이 광활하거나 네변이 연약하면 참다운 혈이 아니될 수도 있다.

❖ **소뢰**(小牢) : 나라에서 제사 지낼 때 양(羊)을 통째로 제물로 바치는 일. 처음에는 양과 돼지를 아울러 바치는 것을 소뢰라 하였으나 뒤에는 양만을 바치게 되었음.

❖ **소리**(小利) : 장매(葬埋) 기조(起造)를 불문하고 소길한 것을 말함.

❖ **소망수**(少亡水) : 을진수(乙辰水), 술건수(戌乾水), 곤신수(坤申水)가 파국이 된 것을 말함. 소망수가 있으면 자손들이 아주 어려서 죽거나 부모나 조부모보다 먼저 세상을 떠난다. 그러니 집안이 쓸쓸해지고 결국 후손이 없게 된다.

❖ **소명당**(小明堂)

① 역량이 작은 명당 즉 좋은 묘 자리이지만 대명당(大明堂)에 비하여 그만 못한 땅.

② 혈을 중심으로 전후좌우로 평평하게 이루어진 지형.

③ 소명당은 원운(圓暈:둥근 등성이) 아래에 있어 가장 입혈(立穴)이 긴요한데 이 소명당이 평정하여 사람이 횡(橫)으로 누을만 하므로 여기에 진혈이 있으니 상하좌우를 정확하게 하여야 한다.

❖ **소모**(小耗) : 유년신(流年神)의 하나로 이 소모일이나 소모방에 동토(動土), 출재(出財), 창고를 짓고 수리하는 것을 꺼린다.

子年 : 巳　丑年 : 午　寅年 : 未　卯年 : 申

辰年 : 酉　巳年 : 戌　午年 : 亥　未年 : 子

申年 : 丑　酉年 : 寅　戌年 : 卯　亥年 : 辰

❖ **소목**(昭穆) : 사당에 조상의 신주를 모시는 차례 시조 1세는 가운데에 모시고 2, 4, 6세는 소(昭)라 하여 왼편에 모시고 3, 5, 7세는 목(穆)이라 하여 오른편에 모시어 삼소(三昭), 삼(목(三)穆)의 칠묘(七廟) 사당묘가 된다.

❖ **소분**(掃墳) : 경사로운 일이 있을 때에 조상의 산소에 가서 제사를 지내는 일.

❖ **소조산**(少祖山) : 소조산은 태조산에서 주산(主山)까지 사이에 두 번째 높고 큰 산. 그러므로 소조가 큰 것은 한 고을의 으뜸이 되고 작은 것은 몇 개 마을의 으뜸이 되는 산이다. 이 산은 단정하고 기이하고 수려하고 사방팔방으로 활발하게 가지쳐 나가야만 길격. 그러나 만일 소조가 될만한 산이 한쪽으로 기울어 단정하지 못하거나 외롭고 앙상하게 높이만 솟았거나 한쪽이 무너지고 추악하고 살기(殺氣)를 띠었으면 소조산으로서 길격이 못된다.

❖ **소조산(少祖山)은 단정하고 수려해야 한다** : 소조산이란 중조산(中祖山)에서 다시 출발한 용은 많은 변화를 통해 환골탈퇴를 하면서 수백리 혹은 수십리를 더 행룡한다. 어느 정도 기세가 정제되면 혈을 맺기 위해 단정하고 수려한 산봉우리를 일으킨다. 이를 주산 또는 소조산이라고 한다. 소조산은 형태와 정신은 태조산에서 낙맥후 처음 기봉한 제일성과 똑같아야 한다. 소조산은 뒤로는 태조산과 앞으로는 혈을 서로 같은 정신으로 응하게 하는 역할을 하기 때문에 응성(應星)이라고도 한다. 소조산은 반드시 삼길성(三吉星) 혹은 오길존성(五吉尊星)으로 수려하고 단정해야 하며 혈의 형태는 바로 여기서 판단한다.

❖ **소조산이 구성오행중 어디에 속하는가에 따라 혈의 형태가 결정된다** : 산맥은 태조산에서 낙맥한 후부터 혈까지 수백리 혹은 수십리를 행룡한다. 이 과정은 동분서주 하면서 변화무쌍하다. 과협, 기복, 박환, 개장, 천심 등 수많은 변화를 거치지만 일관된 근본 오행정신은 변치 않는다. 따라서 이 소조산이 구성 오행 중 어디에 속하느냐에 따라 혈의 형태가 결정되는 것이다.

- 소조산이 탐랑(貪狼) 목성(木星)이면 유두혈(乳頭穴)
- 소조산이 거문(巨門) 토성(土星)이면 겸차혈(鉗釵穴)
- 소조산이 녹존(祿存) 토성(土星)이면 소치혈(梳齒穴)과 겸차혈(鉗釵穴)
- 소조산이 문곡(文曲) 수성(水星)이면 장심혈(掌心穴)
- 소조산이 염정(廉貞) 화성(火星)이면 여벽혈(犁鐴穴)
- 소조산이 무곡(武曲) 금성(金星)이면 원와혈(圓窩穴)
- 소조산이 파군(破軍) 금성(金星)이면 첨창혈(尖槍穴)
- 소조산이 좌보(左輔) 토성(土星)이면 연소혈(燕巢穴)과 괘등혈(掛燈穴)
- 소조산이 우필(右弼) 금성(金星)이면 지중은맥으로 행룡한다.

❖ **소사**(小祀) : 나라에서 지내는 제사 규모 중 가장 작은 제사. 마조제(馬祖祭), 마사제(馬社祭), 마보제(馬步祭), 명산대천제(名山大川祭) 따위가 이에 속함.

❖ **소사법(消砂法)에 관하여**(人盤中針) : 무릇 천지의 조화는 오행중의 생기(生氣)로서 이루어지며, 생기(生氣) 가운데는 반드시 살기(殺氣)도 함께 있게 마련이니 이는 선악이 공존하는 형평의 원리이기도 하다. 덕치(德治)와 선정(善政)은 비록 생화(生和)로서만 이루어지지만 이의 항구보존을 위해서는 위엄과 권능도 따라야 하니 이 위엄과 권능은 생화(生和)만으로서는 불가능하고 오직 살극(殺剋)의 잔혹한 수단에 의해서만 유지가 가능하다. 그러나 이러한 방법도 생화(生和)의 항구존속(恒久存續)을 위해서는 필요악적인 요소가 아닐 수 없으며, 여사한 살기(殺氣)란 권능(權能)의 상징이자 동시에 시행의 무기가 되기도 하는 것이므로 무살(無殺)이면 무생(無生)이라는 역설적인 논리가 성립될 수도 있는 것이다. 다시 말하자면 살기(殺氣)란 방어적 수단으로서 이것이 없는 세상은 혼유(混乳)만이 유무(乳舞)할 뿐인 것처럼 산리(山理)에 있어서도 무살지산(無殺之山)은 산천의 진정한 면모를 잃어버리게 된다. 형기상(形氣上)으로 나타난 살기(殺氣)를 이기상(理氣上)으로 생기(生氣)가 되게끔 노력하는 이것이 곧 진정한 의미의 영생피살법(迎生避殺法)이 될 수 있을 것

이다. 일기(一基)의 묘역(墓域)에는 생기(生氣)도 살기(殺氣)도 다함께 필요로 하는 법이다. 하지만 여기에서 말하는 생살공존론(生殺共存論)은 어디까지나 형기론적(形氣論的)으로 말하는 것으로서 결코 이기상(理氣上)의 공존을 뜻하는 것은 아니다. 말하자면 형기상(形氣上)으로 본 살사(殺砂)를 이기상(理氣上)의 생노왕사(生老旺砂)로 대치시켰을 때는 생살공존(生殺共存)이 아닌 생살조화(生殺調和)를 이룩한 결과가 되기 때문인 것이다. 가령 임산병향(壬山丙向:人盤中針)에 손사사(巽巳砂)가 함께 돌출했다면 임병(壬丙)은 화(火)인데 사사(巳砂)는 수(水)이니 이는 극아지사(剋我之砂)인 살사(殺砂)가 되고, 손사(巽砂)는 목(木)이므로 생아지사(生我之砂)가 된다. 이상적으로 말하자면 형기(形氣)와 이기(理氣)가 함께 길사(吉砂)가 된 것만은 못하다고 하겠다. 이러한 경우에 임산혈(壬山穴)을 굽어보는 손사양사(巽巳兩砂)는 결국 생살겸사(生殺兼砂)가 공존하는 격이 되는데, 이때에 이의 조화를 이룩하자면 생사(生砂)인 손봉(巽峯)이 살사(殺砂)인 사봉(巳峯)보다 월등히 높아야만 쓸 수가 있다. 무릇 생살(生殺)이 겸열시(兼列時)에는 살고(殺高)가 일장(一丈)이면 생고(生高)는 십장(十丈)이 넘어야 흉사(凶事)를 능히 제압할 수가 있는데, 만약 그렇지 못한 채 생살(生殺)이 제고(齊高)하면 화(禍)는 더욱 맹렬하고 또 살사(殺砂)의 세(勢)가 생사(生砂)보다 더욱 강하면 흉화(凶禍)가 더욱 드세어지는 법이다.

❖ **소사절목**(小祀節目) : 나라에서 지내는 작은 규모의 제사의 시행에 관한 규정. 임금이 친행하여 기고제를 지낸 후, 보사는 소사절목에 의하여 마련한다.

❖ **소상**(小祥) : 초상난지 만 1년되는 날에 지내는 제사. 이 때 아버지가 살아 계시고 어머니의 소상인 경우에는 12개월 되는 달의 첫 정일(丁日)에 지내고, 만 1년되는 날에 대상(大祥)을 지낸다. 이때의 소상을 연제(練祭)라 한다.

❖ **소수**(消水) : 물이 빠져나가는 것을 가리킨다.

❖ **소수**(消受) : 용을 조배(朝拜)하며 도와주는 길사(吉砂)는 취하고 배반하는 흉사(凶砂)는 피하는 피흉취길(避凶聚吉)을 말함.

❖ **소수결**(消水訣) : 용이 있으면 수(水)가 있는데 대수(大水)는 세대를 주관하고 소수(小水)는 초년을 주관하니 산의 응험은 작고 느리며 물의 화복은 정청(情淸)하여 입견함이 가하다. 지성(支性)이 촉(觸)함을 범키 어려우므로 용을 찾는 이는 반드시 물을 잘 살펴야 하고, 물을 살피는데는 생(生)·왕(旺)은 조영(朝迎)해야 하고, 관(官)·양(養)은 고읍(顧揖)해야 하며, 쇠(衰)·병(病)은 그 형회(瀠回)해야 하며, 태식(胎息)은 유통함을 요하고, 패·절은 안정함을 요하고, 묘고(墓庫)는 유출해야 좋고, 관대(冠帶)는 동해야 영화롭다. 사(死)·절수(絶水)가 오면 췌(瘁)하니 소위 미성(未盛)에서 파하여 대왕(大旺)에서 조(潮)하며, 장쇠(將衰)에서 택(澤)하고, 수사(囚謝)에서 흐른다. 무릇 간룡(幹龍)의 물은 순(順)이요, 용이 순(順)이면 물은 역(逆)한다. 순(順)은 양이요, 역(逆)은 음이니, 용을 보아 소납(消納)하여야 한다. 대수(大水)는 향으로써 소납(消納)하고, 소수(小水)는 내향(內向)이 불합하면 외향(外向)으로 소(消)를 삼는다. 내수(來水)는 생왕(生旺)에서 거두고, 거수(去水)는 휴수(休囚)에서 발(撥)하여 좌도우도(左倒右倒)의 물로써 법도에 맞는 방에 함께 합함이 득결이므로 장(葬)이 가하지만, 다만 혈 뒤 8척의 맥을 타고 초(消)하여 혈 앞 수장(數丈)의 수(水)를 얻어야 한다. 물이 법에 불합하면 땅이 비록 길해도 복이 되지 못하므로, 고인이 이르되 「용(龍)이 좋은 것이 혈 좋은 것만 못하고, 혈 좋은 것이 향(向) 좋은 것만 같지 못하다」 하였다.

❖ **소순**(小醇) : 산수의 작은 마디(小節).

❖ **소식**(消息) : 믿고 편히 쉴 수 있음을 말함.

❖ **소심하고 내성적인 사람이라면 좀 더 넓은 방에 인테리어를 화려하게 꾸미는 것이 좋다** : 넓은 공간에서 거주하면 심리적으로 대범해지고 활달해지게 된다. 어린아이들이 너무 넓은 방에서 혼자 자랄 경우 즉 자신의 공부방이 너무 넓을 경우엔 오히려 폐쇄적인 성격을 갖거나 유달리 외로움을 타기도 하며 대인관계에 자신이 없어져 사회적으로 적응력이 낮아 질 수도 있다. 어린이의 경우에 어른들 기준보다 다소 좁은 공간을 공부방으로 쓰게 해야 심리적으로 안정되어 주의력이 산만해지지 않고 학업에 몰두 할 수 있다. 또 성격이 소심하고 집안에만 틀어 박혀 있는 타입의 어린이라면 공부방의 분위기를 밝고 온화하게 해준다. 그리고 공부방은 아침햇빛이 잘 들어오는 동쪽 방위에 오게 하고 동쪽으로 적당한 크기의 창문이 있으면 좋다. 동쪽은

만물의 시작과 활력의 근원인 태양이 떠오르는 방위이다. 그러므로 심신이 양기(氣)를 불어 넣어 쾌활한 성격으로 탈바꿈 시키는데 일조 할 수 있다.

❖ **소인**(小人) **군자**(君子) : 사방의 산이 산란(散亂)하여도 그 중 하나의 산이라도 단정하여 출중하다면 이것은 소인(小人) 중에 군자격(君子格)이요, 닭의 무리에서 학(鶴)으로서 반가이 맞아 취용할 수 있는 곳이다. 사방의 산들이 수려한 데도 그 중에서 하나의 산이 조악(粗惡)하다면 이것은 군자(君子) 중에 소인(小人)인 것처럼 쑥풀들이 삼초밭에 돋아난 것 같아 당연히 가려서 버려야 할 것이다.

❖ **소재**(小裁) : 조그맣게 만듦.

❖ **소재**(所裁) : 혈장을 만들어 낼 수 있는 곳.

❖ **소절**(小節) : 용혈사수의 작은 절맥.

❖ **소조봉**(小祖峯) : 소조봉은 원봉(圓峯)이라야 주산(主山)이 될 수 있다. 둥글다는 것이 정기(精氣)로 결응(結凝)되는 것이다.

❖ **소조산**(小祖山) : 생기 에너지를 응결시키는 입수가 있기 직전에 생기가 집합된 산으로 주산(主山) 혹은 현무(玄武)라 부르며, 소조산(少祖山)은 태조산(太祖山)을 떠난 분맥(分脈)이 종산(宗山)을 이루고, 다시 출맥(出脈)하여 장차 혈장(穴場)을 이루려는 당혈(堂穴)을 멀리 남기지 않고 고대(高大)하고 수려하게 우뚝 솟은 산을 말함. 소조산은 현무정(玄武頂) 뒤에 수려하게 높이 솟은 산을 소조산 또는 주산이라고 하며, 또한 주성(主星), 주봉(主峰), 주룡(主龍)이라고도 한다. 태조산이 아무리 첨원방정(尖圓方貞)하고 염정화산(廉貞火山)으로 아름다워도 소조산 이하의 용세(龍勢)가 아름답지 못하면 결혈이 될 수 없고, 만약 결혈이 된다 해도 절대로 발복지지(發福之地)가 될 수 없으므로 먼 산의 내룡(來龍)의 길흉에 크게 구애받지 말고 소조산 이하의 용세(龍勢)를 살피는 것만이 간산(看山)의 첩경이 될 것이다. 요씨(寥氏)가 말하기를, 혈이 맺어지는 용은 소조산이 있어 주산이 된다 하였고, 2, 3절 내에 성신이 있으면 복력(福力)이 좋고 절이 멀면 복력(福力)이 적다고 말하고 있다. 소조산은 혈의 모체와 같기에 주봉이 되는 것이니 모체주봉(母體主峰)은 가까워야 길격으로 본다. 혈장(穴場)은 소조산으로부터 4,5절을 지나지 않고 혈판(穴坂)이 맺어짐이 정석(定石)이니 혈장(穴場) 뒤에 높고 큰 산이 있더라고 분맥(分脈)이 많고 혈장(穴場)과의 거리가 길고 멀면 그 혈장의 소조산으로 볼 수가 없고, 이러한 산을 일러서 주타산(다리를 머물게 하는 산)이라 하여 소조산이 될 수 없는 산으로 보는 것이다.

❖ **소취**(所取) : 취하는 일.

❖ **소취국**(小聚局) : 소취국에는 향촌의 양택(陽宅:시골 고향집)이 되는 곳으로 범위가 넓은 곳은 백리 혹 5~6십리, 1~2십리, 5~7리의 산수가 모인 것으로서 그 국이 단단하고 아름다울수록 양택에는 좋은 곳이며, 냇물이 마을을 휘감아 마르지 않고 흘러가는 물이 있으면 더욱 좋고, 안산(案山)에 금형산(金形山)이 있으면 부자가 많이 나오고, 필봉산(筆峯山)이 있으면 대학 교수가 많이 나온다.

❖ **소치혈**(梳齒穴) : 녹존성 아래 소원봉에 맺는 혈을 말함. 주산인 녹존성에서 내려온 수많은 능성들 때문. 멀리서 보면 마치 얼레빗의 빗살과 입의 치아와 비슷하다. 중심맥을 제외한 나머지 능선들은 모두 소원봉을 감싸 보호해 주는 역할을 하므로 녹존 소치혈을 찾고자 할 때는 무엇보다도 먼저 깨끗하고 아담한 소원봉(小圓峰)을 찾는 것이 중요하다.

❖ **소탕수성**

- **정체** : 몸은 곡이사(曲而斜)하고 면은 살이 쪘다.
- **개구** : 형국은 사자형(獅子形).
- **현유** : 형국은 복수형(伏獸形)이 많다.
- **궁각** : 형국은 사자포구형(獅子抱毬形).
- **쌍비** : 형국은 오어형(鰲魚形).
- **단고** : 지렁이와 같은 형상. 혈을 맺지 못한다.
- **측뇌** : 형국은 해표형.
- **몰골** : 형국은 맹수출란형(猛獸出欄形).
- **평면** : 기복이 많아야 혈이 진다. 형국은 용사형(龍蛇形).

❖ **소한일람표**(小限一覽表) : 가령 경진생(庚辰生) 남자라면 신자진생(申子辰生)으로 술궁(戌宮)이 1세다. 남자는 순행하는 원칙이니 해(亥)에 2세, 자(子)에 3세, 축(丑)에 4세, 이렇게 12방을 돌려짚으면 같은 궁이 12년마다 닿게 된다. 또는 갑오생(甲午生) 여자는 1988년에 35세가 되는데, 어느 궁에 이르는가를 본다면 인

오술생(寅午戌生) 줄의 35세를 찾으면 오(午)가 되니 오궁(午宮)에서 당년의 길흉을 참고한다.

연령 / 남녀 / 생년		1 13 25 37 49 61 73	2 14 26 38 50 62 74	3 15 27 39 51 63 75	4 16 28 40 52 64 76	5 17 29 41 53 65 77	6 18 30 42 54 66 78	7 19 31 43 55 67 79	8 20 32 44 56 68 80	9 21 33 45 57 69 81	10 22 34 46 58 70 82	11 23 35 47 59 71 83	12 24 36 48 60 72 84
申子辰生	男	戌	亥	子	丑	寅	卯	辰	巳	午	未	申	酉
	女	戌	酉	申	未	午	巳	辰	卯	寅	丑	子	亥
巳酉丑生	男	未	申	酉	戌	亥	子	丑	寅	卯	辰	巳	午
	女	未	午	巳	辰	卯	寅	丑	子	亥	戌	酉	申
寅午戌生	男	辰	巳	午	未	申	酉	戌	亥	子	丑	寅	卯
	女	辰	卯	寅	丑	子	亥	戌	酉	申	未	午	巳
亥卯未生	男	丑	寅	卯	辰	巳	午	未	申	酉	戌	亥	子
	女	丑	子	亥	戌	酉	申	未	午	巳	辰	卯	寅

❖ **소현공**(小玄空) : 지리법에 묘 및 건물의 향(向)으로 정해지는 오행의 한 가지로 물의 들어오고 나가는 방위의 길흉을 보는 것. 물이 생방(生方)으로 들어오고 극방(克方)으로 나가면 길하다고 하는데, 반드시 이 법을 적용하라고 천기대요(天機大要)에 수록되어 있다. 병정을유＝화(丙丁乙酉＝火), 건곤묘오＝금(乾坤卯午＝金), 갑계해간＝목(甲癸亥艮＝木), 술경축미＝토(戌庚丑未＝土), 자인진손신사신임＝수(子寅辰巽辛巳申壬＝水). 소혈(小穴)에 귀석(貴石)이 비치면 60년 정도 발복하는 것으로 추산한다.

❖ **소황천**(小黃泉) : 소황천(小黃泉)은 충파황천(沖破黃泉) 또는 충록황천(沖祿黃泉)과 같은 것으로 향상(向上)의 녹위(祿位)로 물이 흘러가며 충파록위(沖破祿位)함으로 충록황천(沖祿黃泉) 또는 소황천이라 한다. 충록(沖祿)이라 하면 녹위(祿位)를 충(沖)한다는 말이며, 충위(沖位)는 12운성(運星)중 관록위(官祿位)를 말하며, 충(沖)했다 함은 사국포태법상(四局胞胎法上)으로 볼 때 파구(破口)가 향위(向位)의 한충위가 되는 관록방(官祿方)으로 물이 흘러감을 말하는데, 12운성(運星)과 연관된 인생의 관록(官祿)에 시기라면 청장년(靑壯年)에 이르러 벼슬도 하고 혼인도 하며 젊은 기상을 드높일 시기로 연상되는데, 그를 상징하는 녹위(祿位)를 충(沖)하니 흉(凶)이 되어 재물이 궁(窮)해지며 인정이 상하고 자손이 없어진다는 이치이다.

- 을진향기 갑묘파(乙辰向忌 甲卯破)
- 신술향기 경유파(辛戌向忌 庚酉破)
- 정미향기 병오파(丁未向忌 丙午破)
- 계축향기 임자파(癸丑向忌 壬子破)

① **을진향기 갑묘파**(乙辰向忌 甲卯破) : 을진향(乙辰向)을 하여야 할 경우 갑묘궁(甲卯宮)으로 물이 나가면 녹위(祿位)를 충(沖)하게 되는 갑묘궁출수(甲卯宮出水)를 피하여야 한다.

火局丙火 寅午戌

乙龍 午寅戌

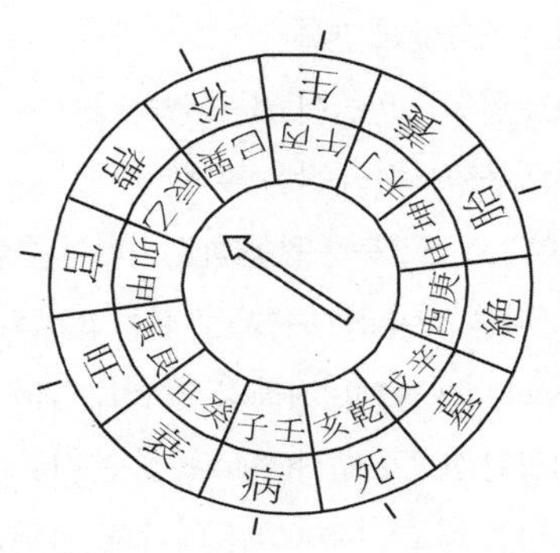

을진향(乙辰向)에 갑묘궁(甲卯宮)이 관록위(官祿位)가 될 수 있는 포태법(胞胎法)은 화국(火局)의 을룡(乙龍)이다. 을룡(乙龍)은 음룡(陰龍)이기 때문에 역행하니 오인술(午寅戌)로 장생이 병오궁(丙午宮)에 있으니 갑묘궁(甲卯宮)이 관록(官祿)이 된다. 그리하여 물이 녹위(祿位)로 파구(破口)가 되어 흘러가면 충파록위(沖破祿位)하여 소황천(小黃泉)이 되므로 녹위(祿位)를 충(沖)하면 재물이 궁해지고 인정이 상하고 자손이 없게 된다.

② **신술향기 경유파**(辛戌向忌 庚酉破) : 신술향(辛戌向)을 해야 할 경우 경유궁(庚酉宮)으로 물이 나가면 녹위(祿位)를 충하게 되니 경유궁출수(庚酉宮出水)는 피하여야 한다.

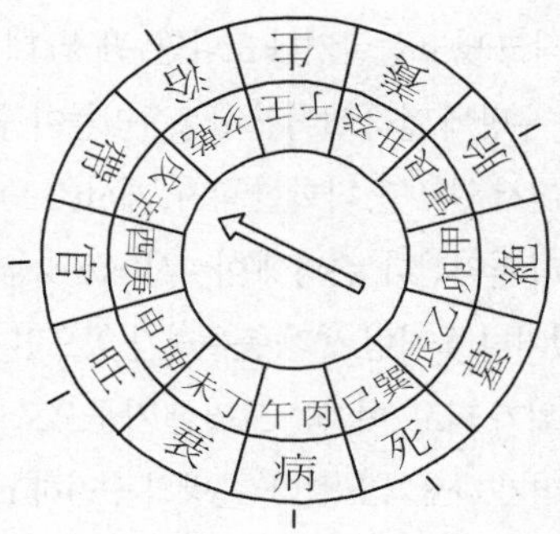

신술향(辛戌向)에 경유궁(庚酉宮)이 관록위(官祿位)가 될 수 있는 포태법(胞胎法)은 수국(水局)의 신룡(辛龍)이다. 신룡(辛龍)은 음룡(陰龍)이기 때문에 역행하니 자신진(子申辰)으로 장생이 임자궁(壬子宮)에 있으니 경유궁(庚酉宮)이 관록(官祿)이 된다. 그리하여 물이 녹위(祿位)로 파구(破口)가 되어 흘러가면 충파록위(沖破祿位)하여 소황천(小黃泉)이 되므로 녹위(祿位)를 충하면 재물이 궁해지고 인정이 상하면 자손이 없게 된다.

③ **정미향기 병오파**(丁未向忌 丙午破) : 정미향(丁未向)을 해야 할 경우 병오궁(丙午宮)으로 물이 나가면 녹위(祿位)를 충파(沖破)하게 되니 병오궁출수(丙午宮出水)는 피하여야 한다는 뜻이다.

정미향(丁未向)에 병오궁(丙午宮)이 관록위(官祿位)가 될 수 있는 포태법(胞胎法)은 금국(金局)의 정룡(丁龍)이다. 정룡(丁龍)은 음룡(陰龍)이기 때문에 역행하니 유사축(酉巳丑)으로 장생(長生)이 경유궁(庚酉宮)에 있으니 병오궁(丙午宮)이 관록(官祿)이 된다. 그리하여 물이 녹위(祿位)로 파구(破口)가 되어 흘러가면 충파록위(沖破祿位)하여 소황천(小黃泉)이 되므로 녹위(祿位)를 충하면 재물이 궁해지고 인정이 상하면 자손이 없게 된다.

④ **계축향기임자파**(癸丑向忌壬子破) : 계축향(癸丑向)을 해야 할 경우 임자궁(壬子宮)으로 물이 나가면 녹위(祿位)를 충하게 되니 임자궁(壬子宮)으로 출수(出水)는 피하여야 한다는 뜻이다.

계축향(癸丑向)에 임자궁(壬子宮)이 관록위(官祿位)가 될 수 있는 포태법(胞胎法)은 목국(木局)의 계룡(癸龍)이다. 계룡(癸龍)은 음룡(陰龍)이기 때문에 역행하니 묘(卯)로 해미(亥未) 장생이 갑묘궁(甲卯宮)에 있으니 임자궁(壬子宮)이 관록(官祿)이 된다. 그리하여 물이 녹위(祿位)로 파구(破口)가 되어 흘러가면 충파록위(沖破祿位) 하여 소황천(小黃泉)이 되므로 녹위(祿位)를 충하면 재물이 궁해지고 인정이 상하고 자손이 없게 된다.

❖ **속기속맥**(束氣束脈) : 산이 다음 산으로 기(氣)가 흘러가고자 기운이 모인 곳으로 잘룩이 지나 맥(脈)이 분명한 곳이다.

❖ **속맥**(續脈) : 맥이 끊어진 듯 하다가 다시 이어진 맥.

❖ **속입수**(續入首) : 용맥이 끊어질 듯 하면서 다시 이어지는 형태. 반달 모양의 산이 여러번 혈을 감싸주는 가운데 그 사이로 맥이

내려온다. 월사맥(月砂脈)이라고도 하며 매우 길하다.

❖ **속사**(俗師) : 속된 지사. 즉 명사의 반대로 지사(地師)로 행세하지만 실상 별로 투철하게 아는 것이 없이 직업의식으로 묘나 집터를 잡는 사람을 일컫는 말.

❖ **속절무후좌**(速絶無後坐) : 임자룡(壬子龍)에 묘좌(卯坐), 갑묘룡(甲卯龍)에 오좌(午坐), 병오룡(丙午龍)에 유좌(酉坐), 경유룡(庚酉龍)에 자좌(子坐). 위의 입수룡(入首龍)에는 무후절손(無後絶孫)이 되는 자오묘유좌(子午卯酉坐)를 피해야 한다.

❖ **속절제**(俗節祭) : 한식, 단오, 추석, 동지 등 풍속상의 명절 또한 그때 지내는 제사.

❖ **손경**(孫敬) : 초(楚)나라 사람으로 학문을 좋아한 사람.

❖ **손룡 4방위**(巽龍四方位) : 손룡 4방위는 4태맥(四胎脈) 혹은 4생지지(四生地支)라고 하는 인(寅), 신(申), 사(巳), 해(亥)에 천간(天干)이 배합된 간인(艮寅), 곤신(坤申), 손사(巽巳), 건해(乾亥)로 흐르는 내룡을 가리킨다.

❖ **손방**(巽方 : **동남쪽**) : 계절로는 늦은 봄부터 이른 여름까지이며, 하루에서는 사시(巳時)이고, 24방위로는 진(辰), 손(巽), 사(巳)에 해당한다. 135도에서 ±22.5도의 45도를 관장하는 궁이다. 온도가 1년 중에서 가장 적당하여 체력 증강에 좋은 계절이며, 일생 중에 가장 활동적인 시기이다. 길궁이면 혼담 상담 등이 순조롭고 먼 뒷날을 위한 원대한 포부가 실현되는 곳이다. 흉궁이면 혼담 상담이 중도에서 깨어지고 나쁜 사람들이 모여들고 신용이 없을 뿐만 아니라 치질, 탈장, 신경계통병, 간장계통병, 성병 등의 위험이 있다.

❖ **손방수**(巽方水)

① 혈장(穴場)을 중심하여 손방에 물이 있거나 보이는 것.

② 흐르는 물이 손방 쪽에서 처음 보이거나(得) 나가는 물이 손방으로 감춰진 것.

❖ **손방**(巽方)**의 산** : 손방에 수려한 봉우리가 솟아 있으면 과거에 급제하는 사람이 나온다. 만약, 두 봉우리가 수려한 모습으로 나란히 서 있으면, 형제가 함께 과거에 급제한다. 그 두 봉우리가 하늘 높이 솟아 있으면, 형제 모두 이름을 널리 떨치고, 임금을 가까이 모신다. 손봉(巽峯)이 홀로 우뚝 서 있으면 경륜이 빼어난 경륜지사(經綸之士)를 배출하며, 그 사람이 나라를 위해 큰 일을 하고, 대업을 이룩하여 뭇사람의 칭송을 받는다. 손방의 봉우리가 작고 낮고 둥글거나 모나면, 귀(貴) 대신 부를 얻게 된다. 그리고 손방에 멀리 떨어진 산봉우리들이 수려한 모습으로 줄지어 늘어서 있으면, 박학한 학자, 재사(才士)가 나와 업적이 세상에 널리 알려진다. 손방에 아미사(蛾眉砂:눈썹처럼 생긴 봉우리)가 있거나 꽃처럼 생긴 봉우리가 있으면, 남자는 고귀한 가문의 사위가 되고, 여자는 고귀한 가문으로 시집간다. 왕의 사위나 왕비가 나오기도 한다. 손방의 수려하고 뾰족한 봉우리를 문필봉(文筆峯)으로서 손방의 사(砂:산봉우리)는 무엇보다 학문과 관계가 깊다.

❖ **손방풍**(巽方風) : 손방에서 혈장(穴場)을 향하여 불어오는 바람. 혈을 중심으로 하여 손방 쪽에 산이나 등성이 등이 없이 트여 있으면 그 곳 손방(巽方)의 바람이 혈에 닿는다고 한다.

❖ **손봉독기**(巽峰獨起) : 손봉(巽峰)이 홀로 우뚝해도 역시 귀인(貴人)과 문장(文章)이 나오는데 이는 단순한 문장가만이 아닌 박학다식의 거유(巨儒)로서 문장과 덕망을 겸비한 인물을 말하고, 다만 사봉(砂峰)이 저소(低小)하면 소재(小才)의 인물이 나거나 군대의 장교정도 자손이 난다. 저원(低圓) 방정(方正)하면 비록 재지(才智)가 적다 할지라도 경영과 재리(財理)에 밝아 가문을 일으키는 부자가 되게 할 인물이 난다.

❖ **손사봉**(巽砂峰) : 손봉(巽峰)의 소치지성(所致之星)은 태을(太乙)로서 태을(太乙)은 문장(文章)의 사부로서 상서(尙書)쯤은 배출시키기에 넉넉하고 또 문명을 떨칠 귀재(貴才)도 많이 난다. 손사(巽砂)가 같은 손봉(巽峰)은 쌍치(雙峙)한다면 문재(文才)가 많이 나서 과거에 높은 이름을 떨친다.

❖ **손산**(巽山)

① 손좌(巽坐)와 같은 뜻.

② 진손사(辰巽巳) 삼방(三方)의 좌(坐)를 합칭.

❖ **손양**(遜讓) : 청룡·백호 중 어느 한쪽이 먼저 혈쪽에 다다르고, 다른 한쪽은 양보하듯 뒤쪽으로 뻗어 온 것. 나중에 온 것이 먼저 온 것을 감싸준다. 용호가 손양인 혈에 조상의 묘를 쓰면, 자손들이 많은 복록(福祿)을 누리고 부귀를 함께 얻으며 또 집안이

화평하며 형제간에 우애가 좋다.

❖ **손인**(損人) : 사람들에게 손해를 끼치다.

❖ **손재상정룡법**(損財傷丁龍法)

入首龍	坐	吉凶禍福
癸丑	癸丑	長孫不成
癸丑	艮寅	貧苦乏嗣
乙辰	巽巳	妻宮不利
辛戌	乾亥	財貨不利
巽巳	丙午	破産貧窮
丙午	丁未	身病短命
坤申	坤申	長病客死
坤申	庚酉	宗家不興
庚酉	辛戌	間或有災
乾亥	壬子	家世不振

❖ **손좌**(巽坐) : 손(巽)은 오행(五行)으로 화목(火木)에 해당한다. 손좌(巽坐)는 상불수(上佛手)의 형에 맺은 것이 좋으며, 다른 형의 손좌(巽坐)는 불합격으로 약간 쳐든 듯 하고 내려지르는 듯한 것이 진좌(眞坐)로서 쓸만한 것을 말한다. 손좌(巽坐)의 동물로는 교룡(蛟龍) 즉 동아뱀이다. 교룡은 약간 등허리 지대를 좋아하고 또한 길이가 짧기 때문에 혈판도 비슷하여야 한다.

❖ **손택**(巽宅) : **손산**(巽山)**이 있는 주택** : 손택은 음양에서는 음(陰), 오행에서는 나무를 가리키므로 실내는 푹 들어간 곳이 좋고 입구가 넓은 것을 싫어한다. 실내가 동남과 남북으로 긴 것이 원칙이다. 그 조건이 맞으면 오는 손님이 끊이지를 않고 아이들은 얌전하고 현명하며 가족들은 건강과 재물이 풍부해진다. 실내가 서남과 동북으로 길면 경거망동해서 금전적으로 옳지 못하고 욕심이 많아서 가업은 쇠퇴하기 쉽다.

❖ **송룡수**(送龍水) : 용이 시발하는 산의 두 골짜기에서 발원하여 용의 좌우에서 함께 흐르다가 용진처에서 두 물이 만나거나 또는 한쪽의 물이 명당에 이르는 물을 가리킴. 송룡수(送龍水)는 내룡(來龍)의 협이수(夾耳水)로서 용의 발원처에서 계수양협(界水兩夾)하여 용을 인도 보호하며, 따라 내려오다 용진처(龍盡處)에서 교합도당(交合到堂)하는 길수이다. 한편 이 송룡수의 장단심천(長短深淺)과 급완청탁(急緩淸濁)으로 내룡(來龍)의 생왕사절(生旺死節)과 역량대소(力量大小)를 가늠할 수가 있다.

❖ **송영**(送迎) : 산의 정기를 다음 산으로 보내고 다음 산은 이를 받아들임. 비유하건대 귀하고 반가운 손님을 두 팔을 활짝 벌려 안아 맞이하고 훌륭한 곳으로 가는 자식을 손을 들어 빨리 가라고 길을 재촉하는 형상이고, 또 하나는 보내고 하나는 맞이하니 산과 산, 용과 용이 유정하게 이어지는 상이 되어 이를 길격으로 본다.

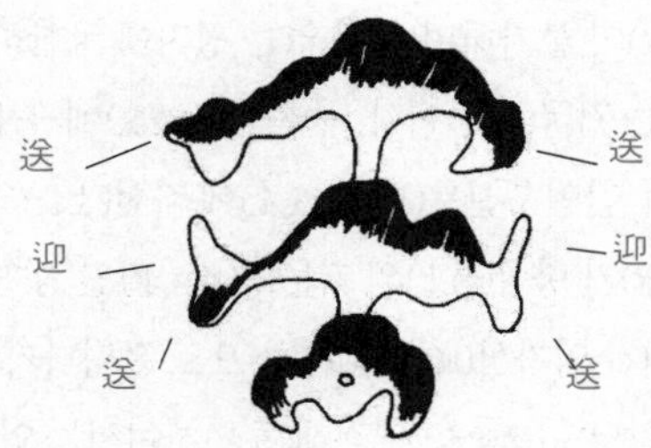

❖ **쇠**(衰) : 12운성(運星)의 6번째며 포태법(胞胎法)의 9번째로서 오행이 이 쇠궁(衰宮)을 만나면 그 힘이 쇠약해진다.

[12운성과 포태법에 의한 정국]

五行	木		火		土		金		水	
衰	辰		未		未		戌		丑	
日干	甲	乙	丙	丁	戊	己	庚	辛	壬	癸
衰	辰	未	未	戌	丑					

年日	申子辰水	己酉丑金	寅年戌火	亥卯未木
衰	丑	戌	未	辰

❖ **쇠방수**(衰方水) : 거문학당수(巨門學堂水)라 하여 길수(吉水)일. 쇠방(衰方)의 내거수(來去水)가 적법합국(適法合局)이면 총명한 자손이 출생하여 소년등과에 그 문명 또한 세상에 드높을 것이

며, 나이가 들어 관직에서 물러난 단계다. 오랜 관직생활을 통해서 명예와 부가 축적되었으니 가장 안정된 시기이나 앞으로 더 이상발전은 없고 점차 쇠퇴해질 따름이다. 쇠궁에서 득수한 물이 혈 앞 명당으로 들어오면 총명한 자손이 나와 어진 나이에 급제하고 문장가가 나온다. 건강장수하고 재물이 가득하며 관직에 물러나서도 기로소(耆老所)에 들어가 국가 원로로 예우를 받는다. 임금이 베푼 연회를 즐기며 쇠궁으로 파구되어도 좋다. 단지 구불구불 나가야 한다.

❖ **쇠수 즉 거문**(衰水 卽 巨門) : 쇠방(衰方)은 물이 흘러들어도 흘러나가도 길하며 일명 학당수(學堂水) 또는 거문수(巨文水)라고 하며, 모든 자손이 총명하므로 소년급제하고 장수하며 부귀한다. 흐르는 모양이 구불구불하면서 바르게 흘러야 하며 비뚤어져서 흐르면 자손이 심한 사치를 즐기게 된다.

❖ **쇠향 계축좌정미향**(衰向 癸丑坐丁未向) : 쇠향(衰向)은 산지에서는 입혈(立穴)이 불가하며 산이 없는 평지에 국한하여 입혈(立穴)할 수 있는 기국(奇局)이다. 우선룡(右旋龍)에 우선수(左旋水)가 배합이며, 간인우선룡(艮寅右旋龍)에 좌선(左旋)의 손사임관수(巽巳臨官水)가 향상(向上)의 거문수(巨文水)인 정수(丁水)와 합하여서 태천간 임자상(胎天干 壬字上)으로 흘러나가야 하며, 거문(巨文)인 학당수(學堂水)가 직래(直來)하여서는 안 되며 구불구불 굴곡하여 들어와야 한다. 이와 같이 정(丁)의 학당수(學堂水)가 다정하든가 정봉(丁峰)이 단아(端雅)하면 대부대귀하며 수복(壽福)이 겸전(兼全)하며 인정도 왕성하고 빼어난 혈이다. 평양지에 국한하므로 혈 뒤쪽이 일척(一尺)이라도 낮아야 간인생수(艮寅生水)가 혈 뒤를 싸고 돌아가서 임천간(壬天干)으로 모여서 흘러나가므로 자손이 모두가 모여서 독서를 즐기게 된다. 정(丁)의 학당수(學堂水)가 직래하게 되니 자연적으로 혈 뒤가 낮아지는 것으로 좌공조만(坐空朝滿)의 국(局)이라고 한다. 용도 간인(艮寅)의 좌선룡(左旋龍)이며 손사우선룡(巽巳右旋龍)이 유장(踰藏)하였으므로 간인룡(艮寅龍)에 손사수(巽巳水)가 배합하니 지극히 어렵고도 드물다. 손사우선(巽巳右旋)이 아니더라도 갑묘(甲卯)나 을진(乙辰)의 우선룡(右旋龍)이 유장(踰藏)하므로 빼어난 국이며 곱고 아름다운 혈이다.

❖ **쇠향 신술좌을진향**(衰向 辛戌坐乙辰向) : 쇠향(衰向)은 산지(山地)서는 입혈(立穴)이 불가하며 산이 없는 평지에 국한한 기국(奇局)이다. 그러므로 건해우선룡(乾亥右旋龍)에 간인임관수(艮寅臨官水)와 향상(向上)의 거문(巨文)인 을수(乙水)가 합하여서 태천간 경자상(胎天干庚字上)으로 흘러가야 하며, 을(乙)이라는 거문(巨文)의 학당수(學堂水)가 구불구불 굴곡하며 들어와야 하며 바로 직사(直射)하면 흉하다. 굴곡으로 학당수(學堂水)가 상당(上堂)하므로 소년 급제하는 큰 문장이 나오는 관계로 녹존유진패금어(祿存流盡佩金魚)라고 하는 대부대귀하며 수복(壽福)이 겸전(兼全)하며 인정(人丁)도 왕성한 수귀(秀貴)의 혈이다. 이 쇠향(衰向)의 특징은 산지는 물론이며 일반의 혈은 혈 뒤가 다소라도 높은 것인데 반하여 쇠향(衰向)의 혈은 혈 뒤가 일척이라도 혈처(穴處)보다 낮다. 이것을 이르러 개개자손(個個子孫)이 모여서 독서하는 것이라 하는 것은 학당수(學堂水)가 내조(來朝)하기 때문이다. 건해(乾亥)의 우선룡(右旋龍)에 용도 국한한 것이며 간인임관수(艮寅臨官水)가 상당(上堂)함으로 건해(乾亥)는 간인우선룡(艮寅右旋龍)이 유장(踰藏)하여서 용과 물의 배합이 지극히 어렵다. 혹은 간인우선룡(艮寅右旋龍)이 아니고 갑묘우선(甲卯右旋)에서도 건해(乾亥)가 배합되기도 하며, 간인룡(艮寅龍) 우선(右旋)이든 병오룡(丙午龍) 우선(右旋)이든 건해(乾亥)와의 교구(交媾)에서 유장(踰藏)함으로 곱고 아름답고 빼어난 혈이라고 한다.

❖ **쇠향 을진좌신술향**(衰向 乙辰坐辛戌向) : 우선룡(右旋龍)에 좌선수(左旋水)가 합법이다. 기이한 것은 손사우선룡(巽巳右旋龍)에 곤신(坤申)의 임관수(臨官水)가 향상(向上)의 거문수(巨文水)인 신수(辛水)와 합하여서 태천간갑자상(胎天干甲字上)으로 흘러가야 하며, 거문(巨文)의 학당수(學堂水)가 구불구불 굴곡하며 들어와야 하며, 직사(直射)하면 아주 흉하다. 이 금국(金局)의 쇠향(衰向)과 같이 사국(四局)의 쇠향(衰向)은 소년이 급제하는 큰 문장이 나오는 관계로 녹존유진패금어(祿存流盡佩金魚)라 하는 대부대귀(大富大貴)하고 수복(壽福)이 겸전(兼全)하는 인정이 왕성한 빼어난 혈이다. 그러나 아쉬운 것은 산이 없는 평양지에 국한하여 있으며 산지같이 산이 있는 곳에는 전무한 혈이다. 산지와는 다른게 혈 뒤가 저함(低陷)하여 자못 일척이라도 혈장보다

혈 뒤가 낮아야 하며 그러므로 개개의 자손이 모여서 독서를 하는 것이니 학당(學堂)의 신수(辛水)가 내조(來朝)하니 혈 뒤가 일척이라도 낮게 되는 것이다. 손사우선룡(巽巳右旋龍)에 용도 국한한 것이며 곤신(坤申)의 임관수(臨官水)가 상당(上堂)함으로 인하여 손사(巽巳)는 곤신우선룡(坤申右旋龍)이 유장(踰藏)하였음으로 용수(龍水)의 배합이 지극히 어렵다. 물론 곤신(坤申)의 우선(右旋)이든 병오(丙午)의 우선(右旋)이든 유장(踰藏)함으로 곱고 아름답고 빼어난 혈이라 한다.

❖ **쇠향 정미좌계축향**(衰向 丁未坐癸丑向) : 쇠향(衰向)은 산지(山地)에서는 입혈(立穴)이 아주 불가하며 평양지에 국한하여 입혈(立穴)할 수 있는 기국(奇局)이다. 우선룡(右旋龍)에 좌선수(左旋水)가 배합이며 기이한 것은 곤신우선룡(坤申右旋龍)에 건해임관수(乾亥臨官水)가 향상(向上)의 거문수(巨文水)인 계수(癸水)와 합하여서 태천간병자상(胎天干丙字上)으로 흘러나가야 하며, 거문(巨文)의 학당수(學堂水)가 직사(直射)하지 않고 구불구불 굴곡(屈曲)하며 들어와야 한다. 이로 인하여 소년급제라는 큰 문필의 수재가 나오는 대부대귀하며 수복(壽福)이 겸전(兼全)하는 인정(人丁)이 왕성한 빼어난 혈이지만, 산이 없는 평양지에 국한(局限)하고 산이 있는 산지에는 전무(全無)한 혈이다. 산지(山地)와는 다르게 혈(穴) 뒤가 일척(一尺)이라도 저함(低陷)하여야 하며, 이것은 개개(個個)의 아손(兒孫)이 모여서 독서를 즐기는 것이라 하며, 계(癸)의 학당수(學堂水)가 내조(來朝)하게 되니 자연히 혈(穴) 뒤가 낮아야 한다. 곤신우선룡(坤申右旋龍)에 용도 국한한 것이며, 건해임관수(乾亥臨官水)가 상당함으로 인하여 이 곤신룡(坤申龍)은 건해우선룡(乾亥右旋龍)이 유장(踰藏)하였으므로 곤신룡(坤申龍)에 건해수(乾亥水)의 배합이 지극히 어렵고 아주 드물다. 물론 건해우선(乾亥右旋)이나 경유우선(庚酉右旋)에서도 유장(踰藏)함으로 빼어난 국이며 곱고 아름다운 혈이다.

❖ **쇄**(鎖)

① 물이 나가는 곳에 막아 서있는 사(沙). 관쇄긴밀(關鎖緊密)의 쇄(鎖).

② 혈 앞에 있는 작은 산이나 바위가 직류(直流)하는 물을 막아 옆으로 흐르게 하면 길수(吉水)이며 수구처가 좁게 관쇄된 것을 쇄라 한다. 수구에 한문, 화표, 북신, 나성 등 수구사가 있어 물이 바로 나가는 것을 막아준다. 마치 보국의 출입문에 자물쇠를 채워 놓은 것 같이 좁고 조밀한 수구를 말한다.

❖ **쇄룡**(碎龍) : 땅에 변화가 없고 동시에 생기가 미약한 용을 말함. 이러한 땅은 탄력이 없어 흐물흐물 흩어지는 토질로 이루어져 있다.

❖ **수**(圳) : 밭도랑. 수로(水路).

❖ **수**(廋) : 성체(星體)가 비만(肥滿)치 못하고 왜척(倭瘠)함.

❖ **수**(殊) : 다른 것.

❖ **수**(須) : 모름지기. 오로지.

❖ **수**(脩) : 가꾸어 갖추다.

❖ **수**(水) : 풍수지리학은 산과 물이 사람살이에 미치는 영향을 밝히는 학문으로 물은 풍수지리학에서 산봉우리와 똑같은 비중을 차지한다. 여기서 물이란 얕은 곳을 가리킨다. 샘물·냇물·강물·바닷물뿐 아니라, 골짜기나 들판 등도 물로 본다. 비가 오면 마른 골짜기와 들판에도 물이 흐르기 때문이다. 물이란 곧게 흘러가는 물도 있고 역수(逆水), 역사(逆砂)가 있으면 물흐름이 반드시 길게 빙빙 돌아 유정(有情)하게 흐르기도 한다.

❖ **수(水)가 들어오는 것이 보이면 재물이 불어난다** : 수가 혈을 에워싸면 기(氣)가 온전하고 수가 명당에 모여들면 후복(厚福)하고 수(水)가 현무(玄武)에 얽혀들면 자손영귀(子孫榮貴)가 장원(長遠)한다.

❖ **수(물)가 바르게(곧게) 나가면** : 묘지전에 물이 바르게 흘러가면 천석재산도 하루아침에 흩어진다. 형제(兄弟) 불화(不和) 인패(人敗) 걸식(乞食) 한다.

❖ **수(水)가 거칠게 역(逆)하면 거역자가 생긴다** : 래수(來水) 오는 물이 길(吉)하고 거수(去水)가 흉(凶)하면 처음은 길(吉)하고 뒤는 흉하다. 또 내수(來水)가 흉(凶)하고 거수(去水)가 길(吉)하면 처음은 흉(凶)하고 나중에 길(吉)하다 래거(來去)가 순하면 효순(孝順)하고 래거수(來去水)가 거칠게 역(逆)하면 거역하는 자손이 생긴다.

❖ **수(水)가 태음**(太陰) : 태음금성(太陰金星)을 수(水)가 파(破)하거나 혹은 구덩이가 생기면 운우무산(雲雨巫山)의 무리와 같은 음

욕(淫慾)한 여인이 나온다. 만약 문곡수성(文曲水星)이 사류(斜流)하여 요동(搖動)하면 주로 남자는 음탕(淫蕩)하고 낙포(洛浦)와 같은 풍류를 즐기는 사람이 나온다. 수(水)는 용(龍)과 더불어 음양관계(陰陽關係)가 된다. 수본(水本) 동물이니 양(陽)이요 산본(山本) 정물(靜物)이니 음(陰)에 해당하는 것이다. 그러므로 용(龍)은 물이 보내지 않으면 오는 바를 밝힐 수 없는 것이고, 혈은 물이 경계하지 않으면 그치는 바를 알 수 없는 것이다. 양공(楊公)은, "산을 보지말고 먼저 물을 보라"하였고, 또 장경(葬經)에, "수시산가(水是山家) 혈백정(血脈精)"이라 함은 모두 지리에서 물이 차지하는 비중을 말한 것이다. 물이 모이면 용도 모이고, 용이 모이면 내기(內氣)가 모이며, 물이 합하면 용이 지하로 물이 달아나면 생기(生氣)는 흩어지는 것이다. 물과 사람과의 관계 또한 같다. 물맛이 달면 사람이 건강하고 미인이 많으며, 물이 얕은 곳엔 가난한 사람이 많고 물이 깊은 곳엔 부자가 많고 물이 모이는 곳에 사람이 많이 살고 물이 도망가는 곳엔 사람이 오래 살지를 못하고 자주 떠난다. 또 지리에서는 산은 귀(貴)를 관리하고 물은 재(財)를 관리한다. 물의 대소가 있고 원근이 있고 심천(深淺)이 있는 것이나 그 형세와 성정(性情)에 따라서 길흉이 결정되는 것이다. 또 물의 성질을 살펴보면 내수(來水)는 굴곡(屈曲)을 요하고 횡수(橫水)는 싸안고 돌아야 하고, 거수(去水)는 가기가 싫어서 서성거리며 모인 물은 조용해야 하고, 혈에서 볼 때는 곧게 쏘고 오지 말아야 하고, 준급(峻急)하게 치지도 말아야 하며, 등을 돌려 배반해서도 아니되며, 뚫고 깎아나가지도 않아야 하며, 혈에게 유정(有情)하여야 한다.

❖ **수각요도**(手脚橈棹) : 가슴에 혈이 있다면 팔다리가 혈을 좌우에서 보호하고, 배라면 굽은 노가 있어야 하듯이 풍수지리에서도 혈을 보호하는 수각요도가 있어야 한다. 수각(手脚)은 보통 지각(枝脚)이라고도 한다.

❖ **수개묘립석사초**(修改墓立石莎草) : 이즈러진 묘분(墓墳)이나 주위를 다시 수묘(脩墓)하거나 신입석(新立石)이나 입석(立石)은 균형정수(均衡正脩) 사초(莎草)를 할 때는 연운(年運)과 좌향(坐向)은 보지 않고 월일만 가지고 제주본명(祭主本命)과 정충(正沖) 및 순충(旬沖)만을 피하여 정한다.

❖ **수겁**(水劫) : 사의 차란이 없어 수가 쳐들어옴.

❖ **수결**(水訣) : 물은 산지 혈맥의 정기다. 사람을 이롭게 하고 해롭게 하는 것이 물에 있음에 그 발효가 신과 같다. 용(龍)·혈(穴)·사(砂)가 각각 수구(水口)에 의해 생왕사절(生旺死絶) 등의 진가를 모두 용변하는 것이니 물은 실로 장법(葬法) 가운데 무엇보다 중요하다. 땅이란 음양이 배합되어야 이에 발복한다. 용이 진혈(眞穴)일지라도 물이 어긋나면 소발(小發)하거나 마침내 표탕(飄蕩)하게 되고, 부귀의 사(砂)가 족족(簇簇)으로 와도 수구(水口)가 틀리면 모두 성회(成灰)한다. 패철(佩鐵)을 잘못 쓰면 반드시 사람을 그르치며, 좌산(坐山)에서 물을 취하는 이치가 부진(不眞)하다. 물이 오는 곳의 좌우를 자세히 살펴 국(局)의 정(正)과 변(變)을 분명히 하며 미래의 부귀를 예정하며 이왕의 길흉도 바르게 평해야 한다.

❖ **수결가**(水訣歌) : 물의 비결을 노래함. 물은 산의 혈맥이다라고 했으니, 사람을 이롭게 하거나 사람을 해롭게 하는 것이 귀신과 같다고 했다. 용혈(龍穴)과 더불어 사(沙)는 쓰임이 각각이며 수구(水口)를 정함은 잘못될 수도 있다. 시사(時師)가 단지 만두(巒頭)만을 좋아하여 말하니, 만두(巒頭)는 음(陰)이므로 고음(孤陰)으로는 식물이 자랄 수 없다. 용(龍)과 물의 배합이 중요함을 알지 못하면 음양의 배합이 발복하지 못한다. 용진혈적(龍眞穴的)하고 물의 흐름이 착오가 되면 소발(小發)하는 듯 하나 마침내는 표탕(飄蕩)하게 된다. 부사(富沙)와 귀사(貴沙)가 둘러둘러 있어도 수구(水口)가 착오가 되면 다 잿더미가 되며, 사람마다 모두 양공구빈(楊公救貧)의 진신수법(進神水法)을 따른다면, 참되게 전해진 용법이므로 절대로 차질됨이 없다. 옛사람이 말하기를, 나경(羅經)을 그릇되이 쓰면 반드시 좌산취수(坐山取水)가 참되지 못하여 사람을 그릇되게 하며 물이 좌우로 흘러와서 확실한 분별을 짓고, 국(局)을 잡으면 정변(正變)의 이치가 있으니, 분명하면 미래의 부귀를 능히 미리 정할 수 있다.

❖ **수경론**(水經論)

① 子午卯酉 甲庚丙壬山(坐)破論

坐 / 胞胎	壬坎	甲卯	丙午	庚兌	評解
胞(絶)	乾亥	艮寅	巽巳	坤申	功名不利 人多有丁壽 無財
胎	壬坎	甲卯	丙午	庚兌	主落胎傷人 久則敗絶 小房不利
養	癸丑	乙辰	丁未	辛戌	敗産傷兒 乏嗣長房絶嗣
生	艮寅	巽巳	坤申	乾亥	小兒難養 富貴無 先敗長房
浴	甲卯	丙午	庚兌	壬坎	富貴雙全 人丁興旺 地支犯則大凶
帶	乙辰	丁未	辛戌	癸丑	傷幼聰明之子 退敗産業 女人敗
官	巽巳	坤申	乾亥	艮寅	殺人必傷 成才之子 官詞賣田産
旺	丙午	庚兌	壬坎	甲卯	大富貴 人丁興旺 若非龍眞穴的敗絶
衰	丁未	辛戌	癸丑	乙辰	發富貴長壽 男聰女秀 大吉大利
病	坤申	乾亥	艮寅	巽巳	男壽短必出寡婦 五六人敗 狂人夭死眼盲
死	庚兌	壬坎	甲卯	丙午	短命夭亡絶嗣 退敗産財 多出寡
葬(墓)	辛戌	癸丑	乙辰	丁未	大富貴忠孝 男女高壽 房房皆發福

② 乾坤艮巽 寅申巳亥山(坐)破論

坐 / 胞胎	乾亥	艮寅	巽巳	坤申	評解
胞(絶)	艮寅	巽巳	坤申	乾亥	功名不利 貧而有壽
胎	甲卯	丙午	庚兌	壬坎	初發財旺丁 久墮胎乏嗣貧苦 有壽必窮
養	乙辰	丁未	辛戌	癸丑	主富貴壽寅 丁旺 先發小房 龍辰穴的砂好先長發
生	巽巳	坤申	乾亥	艮寅	天干者大富貴人丁旺 龍穴稍差則敗
浴	丙午	庚兌	壬坎	甲卯	主發富貴壽也
帶	丁未	辛戌	癸丑	乙辰	必傷年幼聰明之子 貞婦之女
官	坤申	乾亥	艮寅	巽巳	成才之子傷 夭壽乏嗣窮若大凶
旺	庚兌	壬坎	甲卯	丙午	敗絶 夭壽 貧苦窮
衰	辛戌	癸丑	乙辰	丁未	非敗卽絶
病	乾亥	艮寅	巽巳	坤申	主敗絶多病
死	壬坎	甲卯	丙午	庚兌	短壽敗絶不吉
葬(墓)	癸丑	乙辰	丁未	辛戌	家業興旺 妻賢子孝 五福滿堂 壽門多發福

③ 乙辛丁癸 辰戌丑未山(坐, 四庫藏)破論

坐胎 / 胞	癸丑	乙辰	丁未	辛戌	評解
胞(絶)	坤申	乾亥	艮寅	巽巳	敗絶夭壽變喪 或富貴壽雙全
胎	庚兌	壬坎	甲卯	丙午	初發富貴壽 或乏嗣半吉半凶
養	辛戌	癸丑	乙辰	丁未	丁財不旺不發
生	乾亥	艮寅	巽巳	坤申	丁財衰甚 卽絶嗣
浴	壬坎	甲卯	丙午	庚兌	大富貴福壽雙全
帶	癸丑	乙辰	丁未	辛戌	冠帶夭亡敗絶
官	艮寅	巽巳	坤申	乾亥	退財 小兒難養 男女夭亡 先敗長房
旺	甲卯	丙午	庚兌	壬坎	發丁高壽 久則 夭亡變喪 火災淫亂
衰	乙辰	丁未	辛戌	癸丑	初年稍利發丁 不發亦凶
病	巽巳	坤申	乾亥	艮寅	男女長壽房房皆發
死	丙午	庚兌	壬坎	甲卯	沖殺小黃泉 夭亡困窮大凶
葬(墓)	丁未	辛戌	癸丑	乙辰	天干者大富貴大發 稍差卽絶

- 계축좌곤신파(癸丑坐坤申破), 을진좌건해파(乙辰坐乾亥破), 정미좌간인파(丁未坐艮寅破), 신술좌손사파(辛戌坐巽巳破)는 패(敗)하고 요절하며, 수명이 변하여 상을 진룡(眞龍)에 혈처가 확실하면 삼합법(三合法), 격팔육률법(隔八六律法)을 적용하여 쓰면 된다.
- 병오좌계축파(丙午坐癸丑破), 경태좌을진파(庚兌坐乙辰破), 임감좌정미파(壬坎坐丁未破), 갑묘좌신술파(甲卯坐辛戌破)는 부귀장수하고, 남자는 총명하고 여자는 빼어나며 크게 길하고 이롭다.
  ① 이 수법은 완전하지 않으나 적의(適宜)하게 쓰면 부자간에 맥이 통한즉 후손들이 부귀하며, 좌선(左旋)이나 우선(右旋)도 또한 그렇다.
  ② 모든 산의 행룡(行龍)은 해수(海水)의 진퇴(進退)에 응한 것을 말하므로 이를 용이라 한다.
  ③ 하늘의 호흡으로 달이 출몰하고 땅의 호흡은 조수(潮水)의 이치이니 천지인(天地人)이 한가지다.

❖ **수고**(須高) : 모름지기 높게. 가까운 곳과 먼 곳까지 볼 수 있는 눈을 말함.

❖ **수고왕정**(壽高旺丁) : 장수하고 자손이 번창함을 일컬음. 정(丁)은 장정 정(丁)자로 자손을 뜻한다.

❖ **수구**(水口) : 지리법의 술어(述語)로 혈을 중심하여 사방의 물이

한 곳으로 빠져나가는 물목. 물이 흘러나가다가 모습을 감추는 곳이 파(破)라 하여 파가 곧 수구(水口)요 수구가 곧 파(破)가 된다. 파는 반드시 혈장(穴場)에서 보아 물이 감춰지는 곳이라야 하지만 수구가 소위 내수구(內水口)와 외수구(外水口)로 구분될 수 있어 파 되는 곳이 수구라고만 고집할 수 없다. 즉 내수구는 청룡산이나 백호산 및 안산 끝으로 물이 감춰지게 되므로 파와 같은 곳이라 할 수 있고, 외수구(外水口)는 물이 나가는 목이 청룡·백호 및 안산 넘어에 있어 혈에서는 보이지 않고 지형상으로 수구(水口)의 구실을 할 수 있으면 파가 아니고 수구가 되며, 용호산 및 안산 밖에 있는 수구이므로 외수구라 한다. 모든 물이 나가는 곳은 용혈(龍穴)의 문호(門戶)가 된다.

❖ **수구기류생왕**(水口忌流生旺) : 육룡입격(六龍入格)에 순잡을 논함인데 수수(秀水)의 반선(盤旋)이 또한 합을 요하며, 생왕묘(生旺墓) 가운데는 바로 나가면 정상적이다. 수구(水口)는 향(向)과 합해야 한다. 음향(陰向)과 양향(陽向)을 불구하고 자웅교구(雌雄交媾)도 반드시 얻지 않지만 현(玄)과 규(窺)가 통하면 가히 수생출살(秀生出殺)함이니 이것이 입혈(入穴)에 합한 뒤에 수절(首節)은 망인의 자(子)의 부귀를 관장(管掌)하며, 차절(次節)은 그 손(孫)의 부귀를 주관하는 것이니, 매 일절이 1대가 되므로 그 후의 절은 이에 준한다. 일절(一節)이 불합하면 1대가 빈한하게 되는 까닭에 조장자(造葬者)가 일대에 흥망이 갈리는 것은 대개 순순(純順)하면 복이요, 박잡(駁雜)하면 화가 되니 절(節)을 좇으면 조사해도 효험이 없지 않다. 수(水)가 사묘(四墓)로 흘러가면 혈(穴)이 좋고, 수구(水口)를 빙자하면 향(向)도 좋다. 음양을 체용(體用)함이 합법되면 양정(兩情)이 교구되는 것이니 개탄치 않는다. 무릇 산관산 수관수(山管山 水管水)이니 산과 수(水)가 상보(相步)치 않으면 좌선룡(左旋龍)에는 우전수(右轉水)를 배(配)하고 우선룡(右旋龍)에는 좌선수(左旋水)를 배(配)하니, 이것이 수(水)와 용(龍)이 상련(相連)함이다. 수(水)에 속하는 생(生)이 용의 왕(旺)이며, 수(水)의 왕(旺)이 용의 왕(旺)이므로 수생흥왕(隨生興旺)이 각각 선전(旋轉)함에 있어 용의 생왕과 묘수(墓水)의 생왕(生旺)이 또한 이러하니 묘와 용이 상관한다. 음은 양으로 배(配)하고, 양은 음으로 배(配)함을 이에서 볼 수 있는 바, 음양이 모두 일묘(一墓)로 돌아감이 부부배우하여 정답게 교합하는 것과 같다.

❖ **수구론**(水口論) : 물이 어디에서 흘러오건 내당(內堂), 중당(中堂), 외당(外堂))을 지나면서 흘러나가면 반드시 물이 빠져나가는 목(門戶)이 있으니 이곳을 수구라 한다. 물은 여러 곳에서 흘러와 한 곳으로 좁고 느리게 흘러나감을 요하므로 물이 곧고 빠르게 빠져나가거나 문호(수구)가 넓어 고일 사이가 없이 그냥 빠져나가면 불길하다고 한다. 그러므로 물은 구불구불 돌아나가되 흘러오는 근원이 길고 멀어야 하며 수구에 한문(捍門), 화표(華表), 나성(羅星), 북신(北辰) 같은 사(砂)가 있으면 급히 나가는 물을 느리게 멈추어 주므로 대길하다.

❖ **수구사**(水口砂) : 물이 빠져나가는 곳 양쪽에 있는 산이나 바위를 말함. 수구사는 수구(水口)가 훤히 열려 기(氣)가 흩어지는 것을 막아주고 수구를 지키는 문(門)의 역할을 한다. 수구 양쪽의 산은 바짝 붙어 있어야 좋고 서로 포개진 형상이면 더욱 좋다. 붙어 있지 않으면 수구가 훤하게 열려 그리로 혈의 정기가 새어나가기 때문이다. 수구사의 형상은 매우 다양해서 거북, 뱀, 해, 달, 물고기, 도장(印), 홀(笏), 사자, 코끼리, 깃발, 북, 창고, 누각 등 갖가지 형상이 있다. 수구에 산봉우리들이 빽빽하게 모여 허술한 구석이 없고, 산봉우리들의 생김새가 수려하면, 자손들이 대부귀(大富貴)를 얻으며, 반대로 수구가 넓게 열려 물이 빠져나가는 게 훤히 보이면 자손들이 곤궁하게 지낸다. 수구사가 있어도 수려하지 않고 추하게 생기면 자손들이 부(富)는 얻으나 귀(貴)를 얻기는 어렵다. 만약 수구에 있던 바위나 큰 나무가 홍수로 인해 떠내려가면 곧바로 흉화(凶禍)를 입게 된다. 반대로 수구에 기이한 바위들이 굴러와 쌓이거나 나무가 자라서 무성해지면 갑자기 부귀(富貴)를 얻게 된다. 지리법에서 수구(水口)란 물이 빠져나가는 목 즉 관문에 작은 산이나 바위, 언덕, 흙무더기, 돌무더기 같은 것이 수구(水口) 근처에 있어 길사(吉砂)로서의 격을 갖추고 있으면 이를 수구사(水口砂)라 한다. 그런데 이 수구에는 한문(捍門), 화표(華表), 나성(羅星), 수성(水星), 북신(北辰)의 귀기(貴奇)한 격을 이루는 사(砂)가 있다. 이와 같은 사(砂)가 있는 땅은 극히 드물고 대지(大地)라야 있는 것이므로 애써

찾아다닐 필요는 없다고 한다. 그리고 명당(明堂)을 거쳐 수구까지 이르는 사이 일(日), 월(月), 기(旗), 고(鼓), 사(蛇), 구(龜), 창(倉), 고(庫), 사(獅), 상(象), 문(文), 무(武) 등의 사(砂)가 물이 이리저리 피하면서 느리게 빠져나가게 되면 지극히 귀한 땅으로서 대지(大地) 중 대지라야 이러한 사격(砂格)이 갖추어져 있다. 가까운 수구(水口)에서 물을 막아서는 여기저기의 돌산의 모양들, 형기(形氣)에서는 용호(龍虎) 조안(朝案) 나성(羅城) 등 산의 선익(蟬翼), 우각(牛角) 모두를 함께 통칭 수구사라고 하며, 물이 통하는 길을 만들며 용혈(龍穴)에 필요한 물건이 된다.

❖ **수국신룡생왕사절도**(水局辛龍生旺巳絶圖) : 산지에서 정혈(定穴)을 함에 있어 취기(聚氣) 결혈처(結穴處)에 이르면 패철외반(佩鐵外盤)을 사용하여 수구(水口)를 먼저 보고 만약 을진(乙辰), 손사(巽巳), 병오(丙午)의 6글자 위로 수구(水口)가 나갔다면 수국(水局)이니, 진파거수(辰破去水)에는 신임회이취진(辛壬會而聚辰)이란 수법(水法)의 원칙이 있으니 신포태(辛胞胎)와 임포태의 활용법을 알아야 하고, 패철내반(佩鐵內盤)을 써서 격룡(格龍)을 하면 신포태(辛胞胎)의 장생이 임자(壬子)에 있음을 알 수 있다. 입수(入首)와 혈(穴)이 임자(壬子)라면 생인수생혈(生人首生穴)이 되고, 입수(入首)와 혈이 곤신(坤申)에 있으면 왕입수왕혈(旺入首旺穴)이 되고, 입수(入首)와 혈이 신술(辛戌)에 있으면 대입수대혈(帶入首帶穴)이 되고, 입수(入首)와 혈이 경유(庚酉)에 있으면 관록입수(官祿入首)와 관록혈(官祿穴)이 되니, 모두 이기상(理氣上) 생왕(生旺)이나 관대(帶官)의 좋은 입수(入首)와 혈을 얻은 것이다. 그리하여 용이 형상적으로 생왕청진(生旺清眞)하였다면 대음덕(大蔭德)을 받는 것이다. 만약 병오(丙午) 두 글자로 입수(入首)와 혈이 되었다면 병입수병혈(病入首病穴)이고, 손사(巽巳)로 입수(入首)와 혈이 되었다면 사입수사혈(死入首死穴)이 되고, 갑묘(甲卯)로 입수(入首)와 혈이 되었다면 절입수절혈(絶入首絶穴)이 된다. 그리하여 형상적으로 그 용이 비록 생왕청진(生旺清眞)하였다 해도 음덕(蔭德)을 받을 수가 없다는 이치가 되는 것이다.

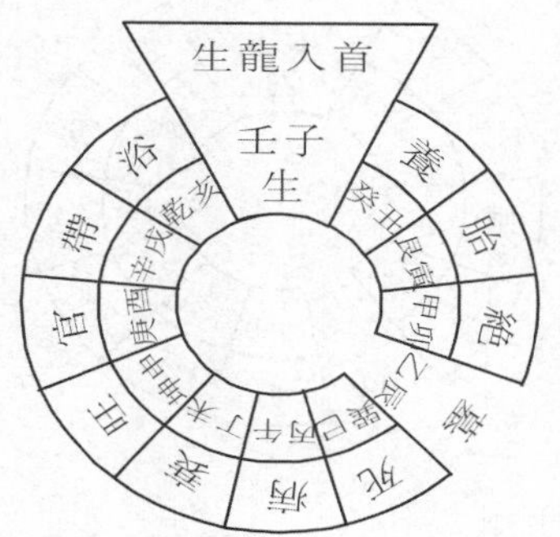

龍은 壬子方에서 오고 水는 乙辰方으로 나간다.

[水局生龍入首圖]

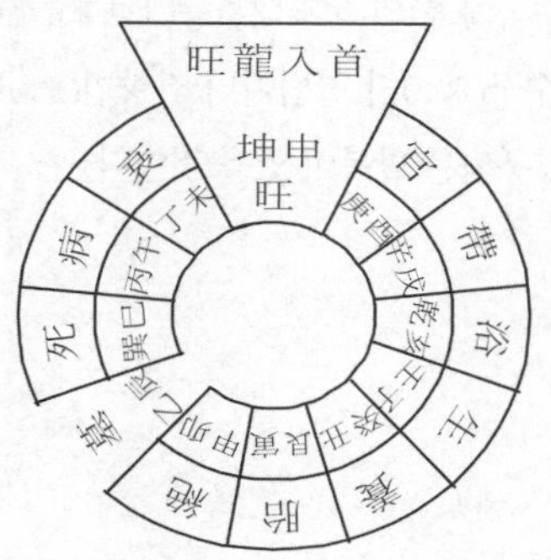

龍은 坤申方에서 오고 水는 乙辰方으로 나간다.

[首局旺龍入首圖]

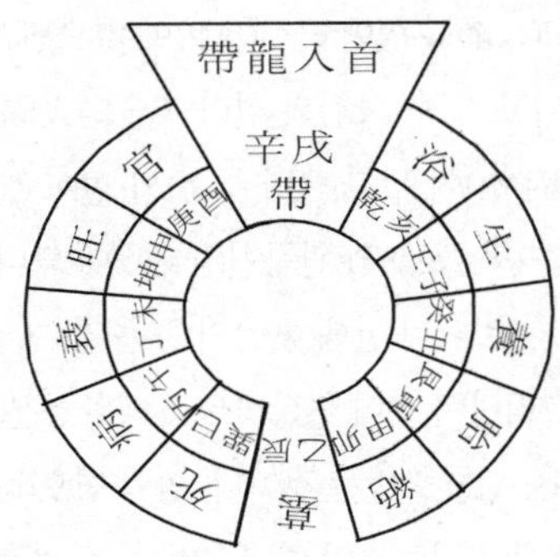

龍은 辛戌方에서 오고 水는 乙辰方으로 나간다.

[水局冠帶龍入首圖]

龍은 庚酉方에서 오고 水는 乙辰方으로 나간다.

[水局官祿入首圖]

이상의 4도는 수국(水局)의 생왕대관룡(生旺帶官龍)의 입수도(入首圖)이다. 용과 수구(水口)가 합법이니 좌향법(坐向法)만 합법하다면 그 명당에 상응되는 발복이 있을 것이다.

龍은 丙午方에서 오고 水는 乙辰方으로 나간다.

[水局病龍入首圖]

龍은 巽巳方에서 오고 水는 乙辰方으로 나간다.

[水局死龍入首圖]

龍은 甲卯方에서 오고 水는 乙辰方으로 나간다.

[水局絶龍入首圖]

이상의 3도(圖)는 수국(水局)의 병사절룡입수도(病死絶龍入首圖)

이다. 용의 형상이 비록 좋다 해도 입수(入首)와 혈이 생왕(生旺)을 얻지 못하면 음덕을 받을 수가 없는 이치이다. 이상의 목화금수(木火金水) 4국(四局)과 같이 생왕관대(生旺冠帶)의 입수(入首)와 혈은 음덕의 상격(上格), 양욕쇠(養浴衰) 입수(入首)와 혈은 중격(中格), 병사절(病死絶)의 입수(入首)와 혈은 패격(敗格)으로 보는 것이 포태법(胞胎法)의 정법(政法)이다. 생왕대관(生旺帶官)의 4룡은 좌선(左旋)이나 우선(右旋) 또는 나성(羅星)의 주밀(周密)한 조응(朝應)을 고려치 않더라고 파구(破口)의 위치로 보아 당판(當坂)이 풍취(風吹)에서 보호되고 있음을 볼 수 있으나, 병사절(病死絶)의 3룡을 보면 파구(破口)가 비정상적인 위치에 있어 좌청룡이든 우백호이든간에 한편은 전혀 있을 수 없음을 볼 수 있다. 그러기 때문에 극심한 풍취나 그 밖의 살을 받을 수 있게 되어 있음을 알 수 있다.

❖ **수국룡수생왕 4혈**(水局龍水生旺四穴)

① 수(水)가 을진방(乙辰方)으로 돌아가고 임자룡(壬子龍)에 간좌곤향(艮坐坤向)을 하고 건방산(乾方山)이 솟으면 자손이 번창한다.

水局 壬水 申子辰

辛龍 子申辰

임자룡(壬子龍)에 우변수(右邊水)가 왼쪽으로 흘러 을진방(乙辰方)으로 나가니 수국(水局)에 속한다. 간인좌(艮寅坐)에 곤신향(坤申向)이 되니 곤신향(坤申向)은 수국(水局)의 생향(生向)이고 임자룡(壬子龍)은 신룡(辛龍)의 생룡(生龍)이 된다. 즉 생룡(生龍)에 생향(生向)이고 건해방(乾亥方)은 삼길방(三吉方)의 하나이며 수국(水局)의 임관방(臨官方)이기도 하다. 왕방수(旺方水)를 생방수(生方水)가 맞이하여 묘고(墓庫)로 나가니 왕거영생(旺去迎生)하는 정생향(正生向)이 된다.

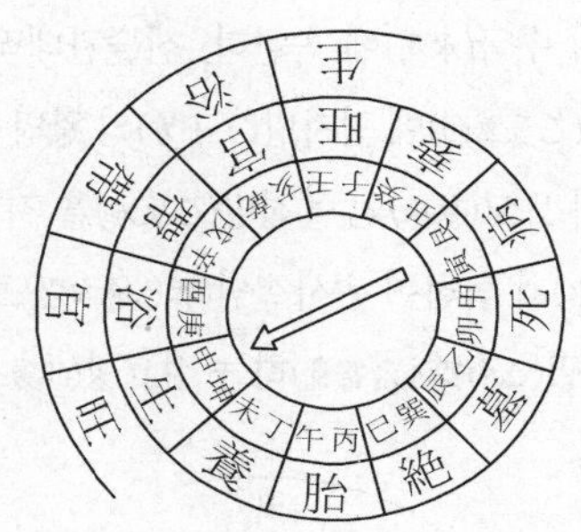

② 산봉이 건방(乾方)에 솟아 있고 수(水)가 을진방(乙辰方)으로 나가며 곤신룡(坤申龍)에 병오좌(丙午坐) 임자향(壬子向)을 하면 복과 재물이 많아진다.

水局 壬水 申子辰

辛龍 子申辰

곤신룡(坤申龍)에 우변수(右邊水)가 오른쪽으로 흘러 을진방(乙辰方)으로 나가니 수국(水局)에 속한다. 곤신왕룡(坤申旺龍)에 병오좌(丙午坐) 임자(壬子)의 왕방수(旺方水)와 만나 수국(水局)의 묘고(墓庫)로 나가며 건해임관방(乾亥臨官方)의 산이 높이 솟았으니 귀함이 되는 생래회왕(生來會旺)하는 정왕향(正旺向)이 된다.

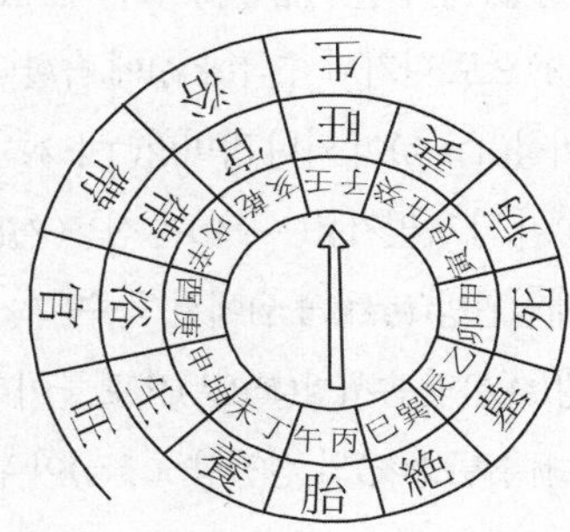

③ 신술룡(辛戌龍)에 임자방(壬子方)의 수(水)가 손사방(巽巳方)으로 돌아가고 신술좌(辛戌坐)에 을진향(乙辰向)을 하면 관록의 승진이 촉구됨을 만나게 될 것이다.

水局 壬水 申子辰

辛龍 子申辰

신술룡(辛戌龍)에 좌변수(左邊水)가 오른쪽으로 흘러 수국(水局)의 묘고을진방(墓庫乙辰方)을 지나 손사절방(巽巳絶方)으로 나가니 수국(水局)에 속한다. 신술관대좌(辛戌冠帶坐)에 을진묘향(乙辰墓向)에 임자방(壬子方)의 왕방수(旺方水)가 수국(水局)의 묘고(墓庫)인 을진방(乙辰方)을 지나 곤신생방수(坤申生方水)와 합하여 손사절방(巽巳絶方)으로 나가니 을향손류청부귀(乙向巽流淸富貴)하는 정묘향(正墓向)이 된다.

④ 정미향(丁未向)을 하고 임자룡(壬子龍)에 건방산(乾方山)이 솟고 건방(乾方)에서 득수(得水)하고 손사방(巽巳方)으로 돌아가면 극품(極品)의 귀격(貴格)이 된다.

水局 壬水 申子辰

辛龍 子申辰

임자룡(壬子龍)에 우변수(右邊水)가 왼쪽으로 흘러 손사절방(巽巳絶方)으로 나가니 수국(水局)에 속한다. 계축좌(癸丑坐)에 정미향(丁未向)이 되니 정미방(丁未方)은 수국(水局)의 양향(養向)이 되고 임자룡(壬子龍)은 신룡(辛龍)의 생룡(生龍)이고 건해임관방(乾亥臨官方)에서 득수(得水)하여 수국(水局)의 절방(絶方)인 손사방(巽巳方)으로 물이 가니 삼절록마상어가(三折祿馬上御街)의 정양향(正養向)이 된다.

❖ **수국룡수배합입향론**(水局龍水配合立向論) : 수국룡의 수배합으로 임(壬)은 부(夫)요, 신(辛)은 부(婦)이다. 임(壬)은 양, 신(辛)은 음이다. 임(壬)은 수(水), 신(辛)은 용이다. 용의 생은 수(水)의 왕(旺), 수(水)의 생은 용의 왕(旺)이다. 임룡(壬龍)과 자룡(子龍)이라면 생룡(生龍)으로 입수(入首)된 것이니 곤신(坤申)으로 생향(生向)이 마땅하고, 곤신왕입수(坤申旺入首)라면 임자왕향(壬子旺向)이 마땅하다. 용을 보고 향(向)을 정하는 것이다. 그러므로 용과 물이 배합하는 것을 원관통규(元關通竅)라 하며 만국생왕(滿局生旺)이라 하였으니, 원(元)은 향(向), 관(關)은 용, 규(竅)는 수구(水口)로써 함께 묘고(墓庫)로 돌아나가는 것이므로 원관통규(元關通竅)라 한다. 음양이 화합하여 만물이 화생하는 것이니 부부가 합하여 남녀를 출산하여 키우는 것은 지극한 음양의 도이며 천하의 대도(大道)이다. 만국생왕(滿局生旺)이라 함은 용이 생(生)이나 왕(旺)을 얻고 물이 생(生)이나 왕(旺)을 얻으면 이것이 국내(局內)에 생(生)과 왕(旺)이 가득하다는 것이다.

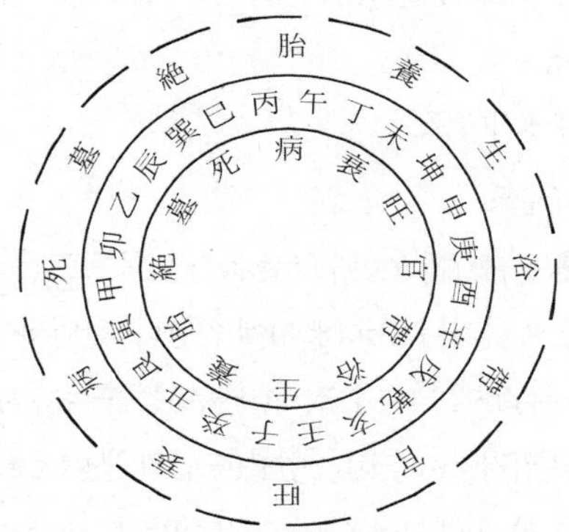

[辛壬會而聚辰水局龍水配合理氣圖]

바깥쪽의 임수장생(壬水長生)은 신(申)에 있고, 순행하며 수(水)의 장생(長生)을 논한다. 안쪽의 신금장생(辛金長生)은 자(子)에 있고, 역행하며 용의 장생을 논한다. 양은 왼쪽에서 오른쪽으로 행하고, 음은 오른쪽에서 왼쪽으로 행한다. 음양을 훤히 알면 대지를 만날 수 있다.

• **왕거영생정생향도**(旺去迎生正生向圖)

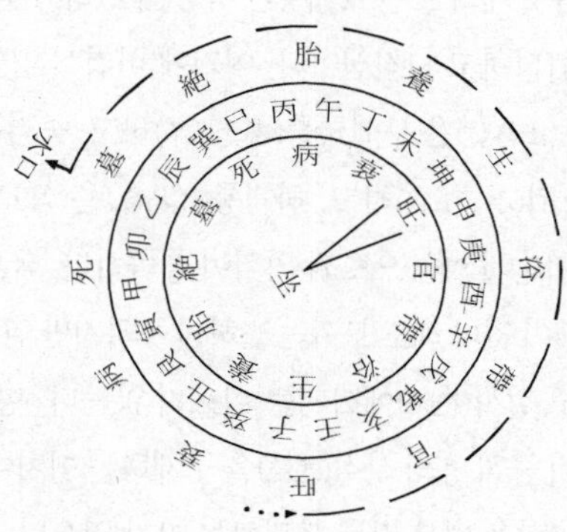

간좌곤향(艮坐坤向) **인좌신향**(寅坐申向) : 오른쪽 물이 왼쪽으로 흐른다. 국내의 임자방 제왕수(壬子方 帝旺水)와 건해방 임관수(乾亥方 臨官水)와 신술방 관대수(辛戌方 冠帶水)와 경유방 귀인수(庚酉方 貴人水)가 아울러 본위(本位) 장생수(長生水)와 함께 을진(乙辰) 정고(正庫)로 흘러나가면 정생향(正生向)이 된다.

• **생래회왕정왕향도**(生來會旺正旺向圖)

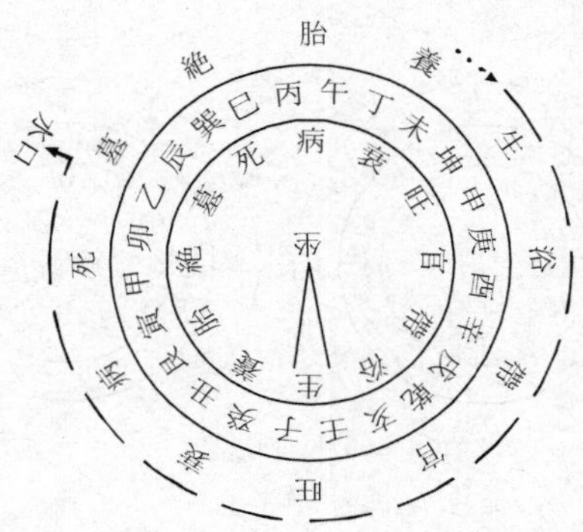

병좌임향(丙坐壬向) **오좌자향**(午坐子向) : 왼쪽물이 오른쪽으로 흐른다. 국내의 왼쪽 곤신방(坤申方)의 장생수와 경유방(庚酉方)의 귀인수(貴人水)와 신술방(辛戌方)의 관대수(冠帶水)와 건해방(乾亥方)의 임관수(臨官水)와 아울러 본위(本位)인 향의 제왕수(帝旺水)가 함께 을진(乙辰) 정고(正庫)로 돌아나가면 정왕향(正旺向)을 한다.

• **양수협출정묘향도**(兩水夾出正墓向圖)

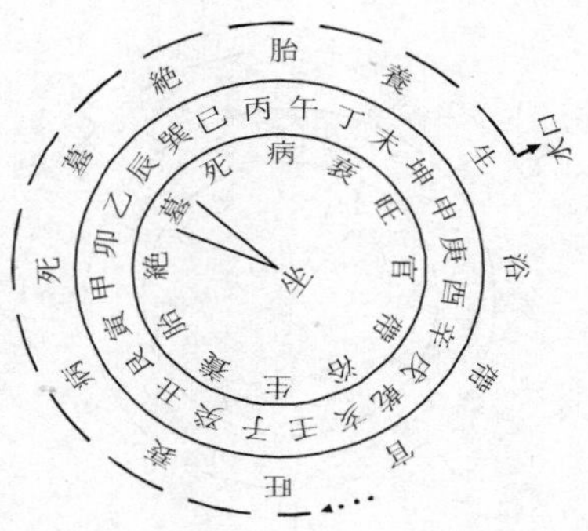

신좌을향(辛坐乙向) **술좌진향**(戌坐辰向) : 왼쪽 물이 오른쪽으로 흐른다. 먼저 왼쪽의 건해 임관수(乾亥臨官水)와 임자 제왕수(壬子 帝旺水)와 면전의 당을 지나 절방(絶方)인 손(巽)으로 나가고 오른쪽의 곤신 장생수(坤申 長生水)가 또한 합금하여 손(巽) 절방(絶方)으로 함께 흘러나가면 정묘향(正墓向)을 삼는다.

• **삼절녹마상어가정양향도**(三絶祿馬上御街正養向圖)

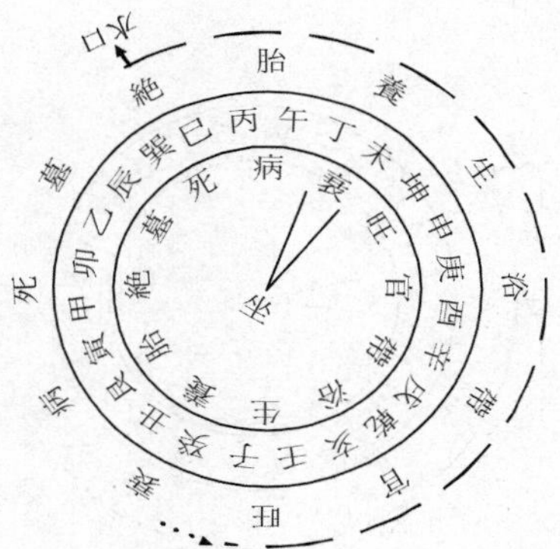

계좌정향(癸坐丁向) **축좌미향**(丑坐未向) : 오른쪽 물이 왼쪽으로 흐른다. 오른쪽의 임자방(壬子方)의 제왕수(帝旺水)와 건해방(乾亥方)의 임관수(臨官水)와 신술방(辛戌方)의 양수(養水)가 함께 손사(巽巳) 절방(絶方)으로 돌아나가면 소신(小神)이 유입중신(流入中神)하고 중신(中神)이 유입대신(流入大神)하는 정양향(正養向)이 된다.

ㅅ

• **차고소수자생향도**(借庫消水自生向圖)

건좌손향(乾坐巽向) **해좌사향**(亥坐巳向) : 오른쪽 물이 왼쪽으로 흐른다. 오른쪽의 곤신방 임관수(坤申方臨官水)와 정미방 관대수(丁未方冠帶水)와 병방(病方)의 귀인수(貴人水)가 향앞 손사(巽巳) 본위(本位)의 장생수(長生水)가 왼쪽의 을진방(乙辰方) 본국의 고(庫)를 빌려서 소납(消納)하니 자생향(自生向)이 된다. 양위(養位)를 충파한다고 하지 않는다.

• **차고소수자왕향도**(借庫消水自旺向圖)

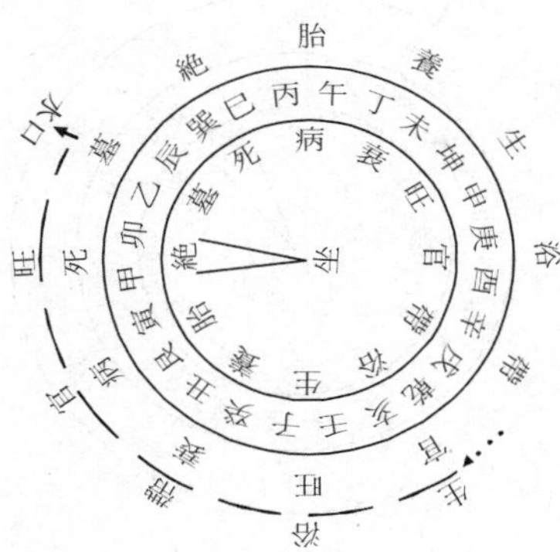

경좌갑향(庚坐甲向) **유좌묘향**(酉坐卯向) : 왼쪽 물이 오른쪽으로 흐른다. 왼쪽의 건해 장생수(乾亥長生水)와 임방(壬方)의 귀인수(貴人水)와 계축방(癸丑方)의 관대수(冠帶水)와 간인방(艮寅方)의 임관수(臨官水)와 본위인 갑묘방(甲卯方)의 제왕수(帝旺水)가 오른쪽의 본국 고(庫)인 을진방(乙辰方)을 차고(借庫)하여 소납(消納)하니 스스로 향상에서 왕(旺)하는 자왕향(自旺向)이 된다.

이상 여섯 개의 도면 12개향은 양공(楊公)의 구빈수법(救貧水法)에 합당하고 14진신이다. 여기에 비춰서 입향을 한다면 상격룡(上格龍)은 부귀극품(富貴極品)하고, 중격룡(中格龍)은 소부소귀(小富小貴)하고, 하격룡(下格龍)은 삼교구류(三敎九流)와 기술과 예능으로써 의식이 풍족하다. 극도로 말하자면 용맥이 없다 해도 부귀는 발하지 못하지만 인정은 끊어지지 않고 절사(絶祀)에까지는 이르지 않는다. 향(向)의 생왕(生旺)이 능히 용의 사절(死絶)을 구제하는 이치이다. 이외의 나머지 향은 비록 간혹 부귀하는 자가 있으나 가히 가벼이 다룰 수 없다. 대개는 조금이라도 차질이 있게 되면 패절하고 큰 화가 생긴다.

• **불발지향지도**(不發之向之圖)

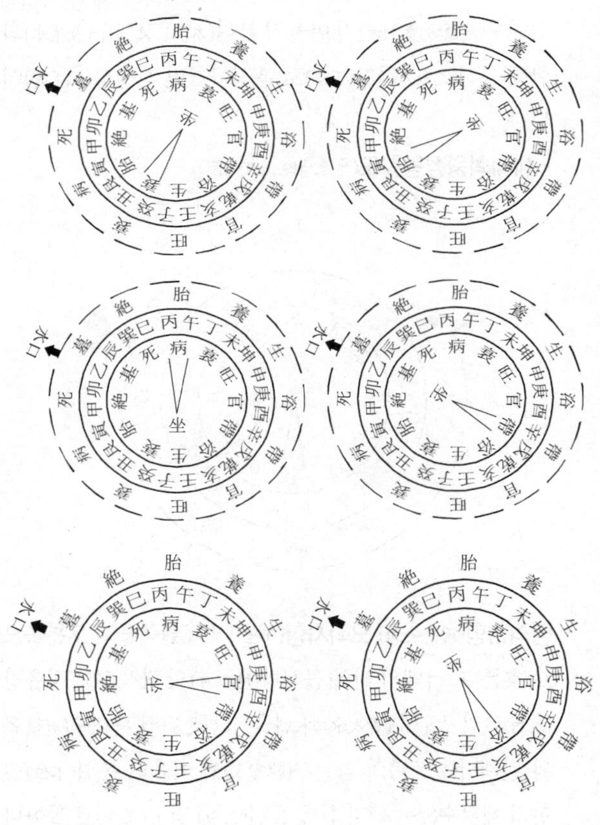

쇠향(衰向)은 발복하지 못한다.

병향(病向)은 발복하지 못한다.

태향(胎向)은 발복하지 못한다.

관대향(冠帶向)은 발복하지 못한다.

목욕향(沐浴向)은 발복하지 못한다.

임관향(臨官向)은 발복하지 못한다.

이상은 수국(水局)의 12향으로서 모두 생(生), 왕(旺), 묘(墓), 양향(養向)이 양공(楊公)의 구빈수법(救貧水法)에 합하지 않는다. 향상(向上)으로 10퇴신(退神)이며 패절하게 된다. 용(龍)과 수(水)가 통하지 않고 수구(水口)가 통하지 않으니 살(殺)이 되어 향(向)을 할 수 없다.

• **수국자생향목욕소수지도**(水局自生向沐浴消水之圖)

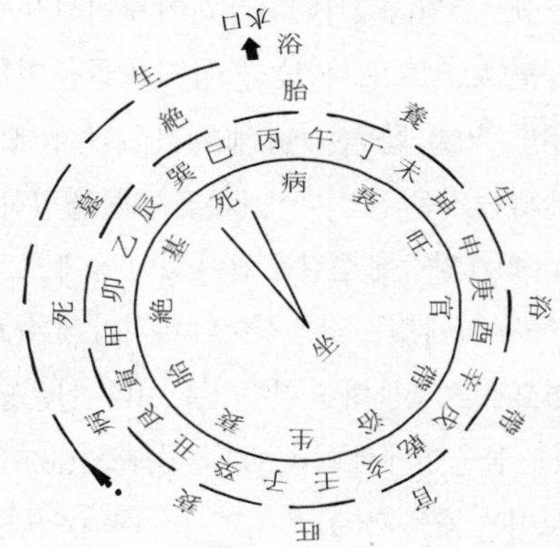

건좌손향(乾坐巽向) **해좌사향**(亥坐巳向) : 왼쪽 물이 오른쪽으로 흐른다. 병자(丙字)로 정확하게 나가야 하고 지지(地支)를 범하지 말아야 한다. 이는 녹존유진패금어(祿存流盡佩金魚)라 하며 발부발귀한다. 4국(四局) 모두를 이와 같이 추정한다.

• 곤신향(坤申向)을 하고 수(水)가 경방(庚方)으로 나간다(木局自生向沐浴消水).

• 건해향(乾亥向)을 하고 수(水)가 임방(壬方)으로 나간다(火局自生向沐浴消水).

• 간인향(艮寅向)을 하고 수(水)가 갑방(甲方)으로 나간다(金局自生向沐浴消水).

만약 지지(地支)를 충하여 범하면 패절하며 용혈(龍穴)이 참되지 못하면 함부로 이 향을 정할 수 없다.

❖ **수근천판수**(樹根穿板水) : 인갑수(寅甲水), 을진수(乙辰水), 술건수(戌乾水)가 파국(破局)이 되면 나무 뿌리가 관을 뚫고 들어가 시신에 달라붙는다. 용맥(龍脈:산줄기)이 죽은 맥이어서 힘이 없어도 그렇다. 나무 뿌리가 머리를 뚫고 들어가면 자손들이 심한 편두통을 앓는다. 정신이상이 되는 사람도 생긴다. 나무 뿌리가 눈을 뚫고 달라붙으면 자손 중에 맹인들이 생긴다. 귀를 뚫고 들어가면 귀머거리가 나온다. 또 나무 뿌리가 등을 뚫고 뻗으면 절름발이가 생긴다.

❖ **수기**(受氣) : 기를 받는다(受氣)는 것은 입수(入首)에서 혈(穴)로 이어지는 지기의 축(氣線)과 시신의 중심축(坐線)과의 각도에 따른 구분이다. 일반적으로 기맥이 순하고 완만하면 각도가 작고, 기맥이 급하고 강하면 각도가 큰 것이 기본이다. 기맥은 조금도 편차가 있어서는 안 된다. 향을 정하는 데에도 자연으로 된 형세를 따라야 할 뿐이지 인위적으로 고칠 수는 없다. 그러나 향을 정한다는 법칙도 따지고 보면 바른 혈자리를 찾는 기술에 불과하다. 바꿔 말하면 입향도 정확한 혈심을 찾기 위한 정혈(定穴)의 기법으로서 하나의 혈에는 오직 하나의 향이 있을 뿐이다.

❖ **수기토질**(水氣土質) : 아래층에 진흙 또는 뻘흙(소금기 있는 것) 등이 있는 것으로 습기가 많은 토질. 침실로는 불가하고 부득이 하다면 마루방 같은 것을 만들어서 통풍이 잘 되도록 조치하여야 한다.

❖ **수단**(脩短) : 오래 사는 것과 일찍 죽음. 장수(長壽)와 단명(短命).

❖ **수두**(首頭) : 산의 형상이 머리를 숙인 것과 같은 모양.

❖ **수두혈**(垂頭穴)

①사람 몸의 편도에 해당되는 혈. 혈처가 편도처럼 곧고 길게 늘어져 있으며, 끝은 둥글고 두두룩하며 반듯하게 생겼다.

②사람의 이마 한가운데 있는 것. 산 정산 부분에 혈이 있되 정상에서 약간 내려와 평평한 곳에 혈이 있다. 이때 산 정상은 머리를 약간 숙이듯 혈을 굽어보고 있어야 한다. 재록(財祿)이 넘치는 길한 혈이다.

❖ **수라간**(水喇間) : 원래는 몽골어로서 음식을 차리는 부엌으로 정자각 오른쪽에 한 칸 방으로 지은 집을 말함.

❖ **수렴**(水廉) : 관 속에 물이 스며든 경우를 말함. 관 속에 물이 스며들면 시신이 썩지 않는 경우도 있고 녹아 없어지는 경우도 있으며, 어떤 경우에는 복시혈이 되어 관이 뒤집혀지는 경우도 있다. 이런 무덤의 자손들은 극심한 두통이나 만성질환으로 고생한다. 물이 광 속에 드는 것이니 백골이 물 속에 묻혀 있는 것을 말한다. 수렴은 혈지가 저습하거나 혈의 지하에 수맥이 흐르고 있으면 침렴된다. 이와 같은 수렴은 가환(家患)과 재산의 실패와 음란망신이 있게 되며 자손의 익사와 수재가 염려된다. 용의 개장(開帳), 천심(穿心), 결인(結咽), 굴곡과 기복, 물의 분합, 용의 음래양수 또는 양래음수, 혈장 내의 뇌두와 선익사(蟬翼砂), 혈 뒤의 구(毬)에 의한 원진수(相水)의 광 중 침입 방지 등 모든 형상들이 수렴을 배제하기 위한 형기상의 조건들이다. 이러한 혈증이 갖추어졌는지의 여부는 곧 수렴 여부를 확인하는 방법이 된다. 그리고 최종적으로 천광시(穿壙時) 혈토를 보면 더욱 확실해진다.

❖ **수렴**(水濂) **습기가 차거나 물이 스며드는 땅** : 수렴은 혈지가 저습(低濕)하거나 흙이 무기력하여 물이 스며드는 땅을 말한다. 또 혈지 밑으로 지하 수맥(水脈)이 흘러 집이나 광중(壙中)에 물이 드나드는 것을 수렴이라 한다.

❖ **수룡수**(隨龍水) : 내룡을 따라 멀리부터 흘러와서 성국에 이르러 모혈을 끌어 안는 모습을 한 물로서 부귀가 겸전하는 물이다.

❖ **수류**(水流)**와 수계**(水界) **혈**(穴) : 수류(水流)는 진룡(眞龍)이 들어와 떨어지는 곳에 요포(繞抱)를 이룬 수국(水局)이 진혈(眞穴)이다. 반드시 요포(繞抱)가 취합(聚合)되어 나가고, 휘감아온다는 뜻. 수세(水勢)가 오른쪽 명당(明堂)에 있거나 오른쪽을 돌아 합류하는 물이 궁포(弓抱)를 이루면 혈도 오른쪽에 있고, 왼쪽 명당이나 왼쪽 수류(水流)에 궁포(弓抱)가 있으면 혈도 왼쪽에 있다. 수세(水勢)가 멀리서 흘러들어오면 높은 곳에 결혈(結穴)되고, 원진수(元辰水)가 본룡(本龍)에 접하여 흐르는 물이면 얕은 곳에 결혈(結穴)된다. 용이 크면 물도 크고, 용이 작으면 물도 작은 것은 자연의 이치이다. 용이 큰데 물이 작으면 관대격(寬大格)으로 관대(寬大)한 곳에 정혈(定穴)해야 되고, 용이 작은데 물이 크면 종조산(宗祖山) 높은 곳의 큰 혈장(穴場)에 결혈(結穴)되므로 수세(水勢)는 먼 곳에서부터 더듬어 살펴야 한다. 직류(直流), 강류(强流), 충살류(沖殺流)와 물 흐르는 소리가 강하고 높으면 흉수(凶水)이다. 용(龍)의 세(勢)를 탐구할 때는 먼저 물을 살펴야 한다.

❖ **수류**(水流)**와 수구**(水口) : 혈 앞에 있는 물이 여러 곳에서 굽어서 흘러오면 대길수(大吉水)이고, 직류(直流)로 오고가는 급수(急水)는 흉수(凶水)이다. 혈 앞에 내명당(內明堂)과 중명당(中明堂) 사이에 여러 곳의 물이 들어와 못을 이루면 담호천심수(潭湖天心水) 또는 융취명당(融聚明堂)이라 하여 부귀해지는 대길수(大吉水)이다. 혈(穴) 앞으로 나가는 물이 작은 골을 이루면 부귀수(富貴水)이며, 관(關), 한문(悍門), 쇄(鎖)가 있다. 관(關)은 수구(水口) 양측에 있는 작은 산의 사이로 흐르는 물을 말하고, 한문(悍門)은 수구(水口) 양측에 섬같은 산이 있어 좁게 흐르면 대길하고, 쇄(鎖)는 혈 앞에 있는 작은 산이나 바위가 직류(直流)하는 물을 막아 옆으로 흐르게 하면 길수(吉水)이다. 혈은 앞으로 들어오고 나가는 물을 혈에서 처음 보이는 곳을 득(得)이라 하고, 물의 끝이 보이는 곳을 파(破)라 하며 수구(水口)이다.

❖ **수마방**(修馬枋) : 우사(牛舍), 돈사(豚舍), 계사(鷄舍), 마굿간(馬枋) 등을 고치는 데 마땅한 날.

戊子 己丑 甲辰 乙巳日 천덕(天德) 월덕(月德).

❖ **수맥**(水脈)**과 두 가정을 비교해 보면** : 같은 일시에 입사한 두 사원이 있다고 하자. 각기 두 가정에서 기본 재산없이 같은 봉급으로 생활을 하는데, 한 사람은 저축을 하면서 무사하게 사는데 반하여 한 사람은 저축도 못하고 오히려 부채(負債)에 시달리면서 살고 있다. 전자는 수맥이 없는 집터에서 살면서 저축을 하며 다복(多福)하게 살고 있다. 후자는 수맥이 흐르는 집터에서 살면서 각종 질병으로 고생을 하며 병원비와 생활비가 가중되어 어려운 생활을 하고 있기 때문이다. 이사하기 위하여 집을 구할 때에는 작은 집이라도 그 집에서 돈을 모아 큰집으로 이사갔다면 그 집으로 이사하고, 슬라브집이라도 그 집이 무서워서 못 살고 집이 비어 있으면 그 집으로는 이사가면 안 된다. 그 집

에서 살면 피해를 보기 때문이다.

❖ **수맥과 혈압환자** : 수맥의 영향은 땅 위에 사는 동식물 모두에게 피해를 주며, 수맥이 흐르는 곳에서 생활하면 건강이 나빠져서 인체에 질병이 발생한다. 수맥이 흐르는 지점에서는 초목도 자라지 못하고 말라죽게 되므로 고혈압 환자는 수맥이 흐르는 방에서 살면 중풍으로 쓰러지며 수맥파가 병을 가중시키므로 이를 피해야 한다. 정상인도 그 방에서 오래 살면 혈압환자로 되기 때문에 인간의 모든 질병은 집터인 가정에서 발생한다고 한다. 인간이 거처하는 방에 수맥이 지나가면 반드시 혈압환자가 발생한다.

❖ **수맥봉**(水脈棒) : 숨을 멈추고 잡념을 버려 정중한 자세로 체크해야 한다. 스트레스 허기 식직 후 기분상태에 따라 오작동이 있다. 물을 따라 내려가면서는 감지가 안 됨. 마음속으로 수맥(水脈)이 있다고 생각하면 수맥이 잡힌다. 지표수에 잡초가 많으면 수맥이 있고 모래성분이 많으면 수맥이 있고 아주 부드러운 흙이 있으면 수맥이 없다.

❖ **수맥**(水脈)**이 인체**(人體)**에 미치는 영향** : 수맥 위에서 잠을 자면 깊은 잠을 자지 못한다. 수맥에 의해 전자파를 방사하기 때문이다. 수맥파는 땅 속에서 수맥이 땅을 스치고 지나가면 수맥파가 발생되는 것이 흙의 틈새로 방사되기 때문에 이가 곧 수맥파이다. 이런 상태에서는 선잠이 들고 비몽사몽하다 밤을 새게 되며, 아침에 일어나도 머리가 무겁고 아프며 피로가 회복되지 않고 짜증만 난다. 병원에 가서 건강진단을 해도 별 이상이 발견되지 않아서 본인에게는 괴로움이 아닐 수 없다. 취침 전에 술을 마시거나 수면제를 복용하는 딱한 경우도 있지만 수맥 위에서 잠을 자면 누구나 그 영향을 받게 되는 경우도 있고 수맥파에 예민한 사람이 따로 있다. 그러나 평소 수맥을 타지 않는 사람도 나이가 들고 기운이 떨어지면 수맥파의 영향을 받게 되고 병약자는 더욱 민감하고 피로해진다.

❖ **수맥을 찾는 요령**

- 먼저 추와 탐사봉을 구한다.
- 역전광장, 아파트, 주차장, 포장도로, 농협창고, 벽과 마당, 주택의 벽과 마당, 주택의 담장 등에 틈이 간 곳에 있다.
- 이 갈라진 곳에 서서 그곳에다 추와 탐사봉 한가지를 손에 들고 있으면 진동이 온다.
- 처음에는 진동이 미세하게 오면 여러 번, 수없이 시험해 보면 숙달이 된다.
- 이 때 틈이 간 곳 갈라진 곳으로 따라가면 추가 흔들린다. 가다가 추가 멈추면 수맥의 끝이 된다.
- 그러면 수맥의 흐름을 측정할 수 있다.
- 건물의 벽이 갈라져 있으면 방바닥은 분명히 틈이 가고 갈라져 있다.
- 산에 있는 바위에 갈라진 곳 틈이 있는 곳 밑에는 틀림없이 큰 수맥이 지나간다.
- 수맥을 찾다보면 손에 들고 있는 추가 회전하는 경우가 있다.
- 이곳은 샘 자리로 판단되는 곳이다.
- 이곳에 깊이 파고 파이프를 넣으면 물이 솟아오른다.
- 수맥이 흐르는 곳에는 샘 자리가 아니므로 유의해야 한다.
- 이곳을 파면 물이 소변 줄기 같이 적게 나오기 때문이다. 이는 실패작이 되므로 세심한 주의가 필요하다.
- 샘 자리를 찾을 때 손에 든 추가 회전하다가 진동을 멈춘다.
- 이때 회전수를 세어보면 그 회전수가 수맥의 깊이인 것이다.
- 추가 35회 흔들리면 지하 35m밑에 수맥이 있으며 50회 흔들리면 지하 50m깊이에 수맥이 있다.
- 탐사봉으로 수맥을 찾을 때에는 탐사봉이 평행으로 흔드는 곳이 수맥이 흐르는 곳이다.
- 탐사봉이 평행으로 흔들다가 교차되는 경우가 있다. 이 자리가 샘 자리인 것이다.
- 수맥 추를 들고 있어도 추가 흔들리지 않으면 수맥탐사를 할 수 없는 것이다.
- 사람의 기가 세면 추를 누르고 있기 때문에 추가 흔들리지 않는 것이다.

❖ **수맥이 지나가는 곳은** : 천광을 할 때 부서진 차돌이 줄을 이어 지나가면 그게 바로 수맥 이라는 것이며 가을이 되면 잔디가 불에 탄 듯이 까맣게 되어 있는 곳도 수맥이 지나 가는 것이다. 수맥이 있는 지표면에는 풀도 나무도 살지 못한다. 또한 겨울에

파란 풀이 있는 곳에 물을 머금고 있는 곳이다.

❖ **수맥파**(水脈波) : 수맥이 흙 또는 암반에 부딪칠 때 발생하는 일종의 에너지 파장.

❖ **수명일**(水鳴日) : 이날은 물에 들어가는 일(入水, 渡江, 行船, 進水式)과 수신(水神)에게 제사를 지내는 일을 꺼린다.

大月 : 初1, 初7, 11, 17, 23, 30일.

小月 : 初3, 初7, 12, 26.

❖ **수목왕성**(樹木旺盛) : 주변에 수목이 심어져 있으면 삼림 옆의 토지는 매우 좋은 장소라고 할 수 있다. 밖의 소음이나 공기 중을 날아다니는 먼지로부터 집을 지켜주는 수목이 자라고 있는 곳은 길지(吉地)로서 기가 흐르고 있다는 증거이지만 수목이 심어져 있어도 말라 비틀어졌거나 기운이 없다면 아무런 의미도 없을 뿐만 아니라 나쁜 기가 흐르고 있으므로 도리어 좋지 않은 장소이다.

❖ **수묘배석개사초**(修墓排石改莎草) : 허물어진 묘를 고치거나 석물(石物)을 세우거나 잔디를 입히는 일. 연운과 좌향(坐向)은 논하지 말고 다만 월일시만 택하되 제주 본명(제사를 주장하는 사람)과 정충(正沖) 및 순충(旬沖)만을 꺼린다.

❖ **수문일**(修門日) : 출입문을 고치는데 보는 날.

- 吉日 : 大月 : 初1, 初2, 初3, 初7, 初8, 12, 13, 18, 19, 20, 25, 29, 30일.
- 小月 : 初1, 初2, 初6, 初7, 11, 12, 13, 17, 18, 19, 23, 24, 28, 29, 30일.
- 忌日 : 大月 : 初4, 初5, 初6(6 畜損), 初9, 初10, 11(人口損), 26, 27, 28일(6 畜損).
- 小月 : 初3, 初4, 初5(6 畜損), 初8, 初9, 初10(人口損), 14, 15, 16(6 畜損).

또는 春3月 : 東方門　夏3月 : 南方門

秋3月 : 西方門　冬3月 : 北方門

❖ **수미**(水尾) : 물이 나가는 곳.

❖ **수미원두**(水尾源頭) : 산골짜기가 거의 끝나는 궁벽(窮僻)한 곳을 말함. 이런 곳에는 산맥이 달아나고 기(氣)가 흩어지므로 꺼리나 양변의 산이 서로 향하여 유정하면 다만 경미하지만 가히 쓸 수 있다.

❖ **수방**(須防) : 막을 수 있는 법.

❖ **수법**(水法) : 옛 지성(地聖)의 말을 빌리면 유절수(有絶水)면 무절혈(無絶穴)이라 했는데 이는 곧 물이 끊어진 곳에 혈이 끊어지지 않는 곳이 없다는 뜻이다.

❖ **수법결**(水法訣) : 간·갑(艮·甲) 을병정 손신 곤경건임계(乙丙丁巽辛 坤庚乾壬癸)는 귀인삼합연수(貴人三合連水)이니 삼합연주난료전(三合連珠爛了錢)이다. 갑을(甲乙)은 목(木)에 속하나 갑양을음(甲陽乙陰)이니 건갑정해묘미(乾甲丁亥卯未) 육국(六局)은 공수(空水)가 오른쪽으로 기울면 양국(陽木)이요, 우수(右水)가 왼쪽으로 기울면 음국(陰木)이다. 양국(陽木)은 생(生)이 해(亥), 관(官)이 인(寅)이 되고, 음국(陰木)은 생(生)이 오(午), 왕(旺)이 인(寅:艮寅同宮)으로 임관(臨官)·제왕귀인(帝王貴人)이므로 귀인은 생(生)·왕(旺)·묘(墓)를 좇아 3방(三方)으로 합함이요, 삼합연주관왕수(三合連珠官旺水)가 보이면 재록이 자연 모여져 복을 받으므로 난요전(爛了錢)이라 한다. 다른 국(局)도 같이 추리할 것이며, 양국(陽局)에는 녹수(祿水)가 보이는 것을 취하고 음국(陰局)에는 왕수(旺水)가 보이는 것을 취한다. 모두 천반봉침(天盤鋒針)으로 향(向)을 세워야 하며, 건곤간손(乾坤艮巽)에 인신사해포(寅申巳亥包)이다. 녹존격(祿存格(모두 陽局向))의 나가는 물을 논한 것임). 천간사묘향(天干四墓向)은 좌수도우(左水倒右)하여 절수(絶秀)로 방출함이 좋으니 즉 녹존유진(祿存流辰)의 의미다. 우수도좌(右水倒左)는 묘방수(墓方水)가 도충(倒沖)하여 인정(人丁)이 상한다. 진술축미(辰戌丑未)도 같다. 수상여가(水上御街(이는 나가는 물의 음국향(陰局向)을 논함이다)) 건산(乾山)의 손방수(巽方水)는 조궁(朝宮)이 나오는데, 들어오는 물과 나가는 물 모두 같다. 단, 진(辰)·사(巳) 양궁(兩宮)으로 흘러가면 남자는 고(孤)요, 여자는 과(寡)가 되며 빈한하다. 조산(朝山)의 간방수(艮方水)는 부호가 나오며 관수(官水)가 되면 분외(分外)로 청고(淸高)하니, 가장 꺼리는 것은 축(丑)이나 인자(寅字)의 지방(支方)으로 나가니, 온황(溫瘟)과 호교(虎咬)의 액(厄)이 있다. 간산(艮山)의 곤방수(坤方水)는 부격(富格)으로 전간(田艮)을 넓게 장만하지만, 만일 신·미수(申·未水)가 보이면 전간(田艮)을 없애고 절손한다. 손산(巽山)의 건방수(乾方水)는 금수상생(金水相生)이 되어 부귀하나, 만일 신술해임방(辛戌亥壬方)으로 흘러가면 화

재와 도둑을 만난다. 이 사유항(四維向)은 원진수(元辰水)가 당심(堂心)에서 곧게 나가는 것이 좋고 굽어서 흘러가는 것은 좋지 않다. 우수도좌(右水倒左)도 무방하며 인신사해향(寅申巳亥向)도 또한 무방하나 다 인신사해향(寅申巳亥向)은 굽어 흘러도 무해하다. 사유(四維)와 사맹(四孟)에 좌수도우(左水倒右)면 흐름이 왕방(旺方)을 파하니, 재록이 모두 손상한다.

❖ **수법도**(水法圖) : 지리법에 물이 흘러오고(來 : 得) 흘러나가는(去 : 破 또는 水口) 방위로 길흉을 판단하는 이기(理氣)의 수법, 물의 곧게 흐르고 굽어 흐르고 크고 작은 것, 바다·강·호수·시냇물의 위치와 형태 등으로 길흉을 판단하는 형상의 수법 등을 말한다.

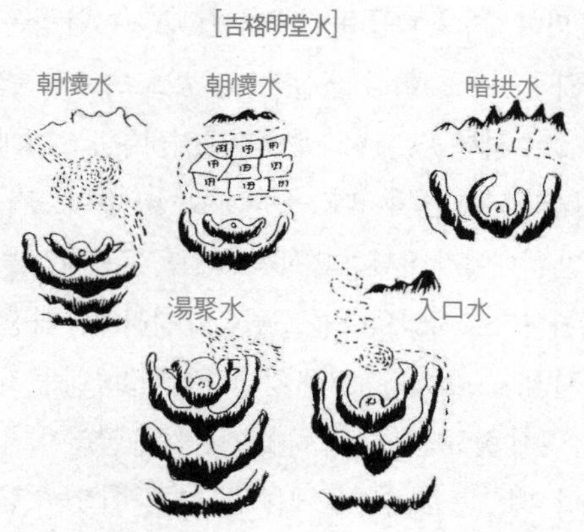

❖ **수법, 자손길흉간법**(水法, 子孫吉凶看法) : 산법(山法)으로 보자면 청룡위(青龍位)가 왼쪽이 되고 백호위(白虎位)가 오른쪽이 되지만 수법으로서는 그렇지가 않다. 즉 산법(山法)으로서의 좌우란 묘의 좌(坐)를 중심하여 향(向)을 바라보는 위치에 서서 분방(分房)하는 법인데 비해 수법으로서의 좌우란 묘의 향(向)을 중심하여 좌(坐)를 바라보는 위치에 서서 분방(分房)하는 법이므로 곧 좌우가 뒤바뀌게 되어 수법에서는 좌백(左白) 우청(右青)이 되게 된다. 즉 사람이 묘 앞에 서서 자공(子公)의 위를 분방(分房)하니 이때에 단독자를 둔 상주라면 혈전안산위(穴前案山位)가 곧 자공위(子公位:하나 아들 자리)가 되므로 혈(穴) 앞이 왕길(旺吉)하면 당대는 비록 독자지만 장차는 후손이 번창해진다는 뜻이 된다. 2자(二子:아들 둘)를 둔 상주라면 양각(兩脚)의 두변(頭邊)이니 곧 좌우가 된다. 이때에는 우변위(右邊位)가 2자방(二子房)이 되므로 백호(白虎)의 두변(頭邊)이 곧 장자방(長子房)이 되고, 청룡(青龍)의 두변(頭邊)이 2자방(二子房)이 된다. 발복의 여부와 선후는 곧 파수(破水)가 길하면 장자(長子)가 잘 되고 득수(得水)가 길하면 2자(二子)가 잘 되고, 득수 득파가 좋으면 속히 발복한다. 3자(三子)를 둔 상주라면 맹위(孟位)는 우백호변(右白虎邊)이 되고, 중위(仲位)는 좌청룡변(左青龍邊)이 되며, 계위(季位)는 전주작상(前朱雀上)이 되니 혈전향수(穴前向水)가 길하면 3자(三子)가 발복한다. 4자(四子)를 둔 상주라면 4자(四子)의 방(房)은 안산(案山)의 오른쪽이니 곧 백호위(白虎位:長子房과 同宮)가 되고, 5자(五子)를 둔 상주라면 5자(五子)의 방은 안산(案山)의 왼쪽이니 곧 청룡위(青龍位)의 이자방(二子房)과 동궁(同

宮)이 되며, 6자(六子)를 둔 상주라면 6자(六子)의 방은 안산(案山:向前)의 중위(中位)이니 곧 실작위(失雀位:三子房과 同宮)가 된다.

❖ **수법, 절수지처**(水法, 絶水之處) : 절수지처(絶水之處)에는 절혈지(絶穴地)가 된다는 뜻이다. 옥척경(玉尺經)에 이르기를, 오행은 용에만 얽매이지 아니하고 화복(禍福)은 모름지기 물에서 취함이 명확하다고 하였으니 물을 취함이 지리에서 가장 중요하다.

❖ **수법지명**(水法指明) : 수법을 자세히 밝힘. 땅에는 기복이 있으니, 굴러서 변하면 용이라 하고 기복하여 굴러야 지기(地氣)가 행한다. 때로는 그치는 곳에는 반드시 물이 있어 경계를 지을 것이다. 크면 강호하해(江湖河海)가 되고 적으면 구거(溝渠)와 건류(乾流)가 된다. 옥척경(玉尺經)에 이르기를, "오행(五行)은 용에만 얽매이지 아니하고 화복은 모름지기 물에서 취함이 명확하다" 고 하였으니 물을 취함이 지리에서 가장 중요한 것으로 오래도록 내려온 것으로서 명사와 장인이 물을 논하면서 혹 도상(圖象)을 베껴서 금목수화토(金木水火土)의 모양으로 나누기도 하고, 혹은, 그 성정을 전하기도 하였으며, 향배(向背)와 영송(迎送)의 세(勢)를 분별해서 여러 가지 법을 만들었지만 전하지 못한 것도 많았다. 형세가 협소하면 단지, 일가의 한 무덤만을 쓰게 되지만 만약, 강하(江河)가 조탕(造蕩)하고 혹 구간(溝澗)이 만환(灣環)하여 여럿이라도 취할 수 있는 곳에서 여럿이 사용한다면 형상은 같은데 집집마다 길흉은 똑같지 아니하고, 성정(性情)도 한곳이지만 사람마다의 화복은 똑같다고 단정하지 못할 것이다. 보통으로 용을 살피며, 산에 이르면 사(砂)가 에워싸고 양수(兩水)가 교합된 곳에서 나경(羅經)의 외반(外盤)으로 수구(水口)를 격정(格定)하고, 그것이 무슨 글자의 몇 분으로 나가느냐를 보고 혹은 무슨 글자에 무슨 글자의 몇 분인가를 정확히 보아야 한다.

- 물이 위에서부터 흘러와서 을신정계(乙辛丁癸)의 글자상으로 흘러나가면 그 당국(堂局)과 형세를 잘 살펴봐서 정생향(正生向)을 세울 수 있다면 정생향(正生向)을 정한다.
- 우수(右水)가 왼쪽으로 흘러 을방(乙方)으로 나가 곤신(坤申) 두 가지의 향을 하게 되면 수국(水局)의 정생향(正生向)이 된다.
- 우수(右水)가 왼쪽으로 흘러 신방(辛方)으로 나가 간인(艮寅) 두 가지의 향을 하게 되면 화국(火局)의 정생향(正生向)이 된다.
- 우수(右水)가 왼쪽으로 흘러 정방(丁方)으로 나가 건해(乾亥) 두 가지의 향을 하게 되면 목국(木局)의 정생향(正生向)이 된다.
- 우수(右水)가 왼쪽으로 흘러 계방(癸方)으로 나가 손사(巽巳) 두 가지의 향을 하게 되면 금국(金局)의 정생향(正生向)이 된다.
- 만약 당국(堂局)의 형세가 정생향(正生向)을 할 수 없다면 혹 조안(朝案)이 배곡(背曲)하거나 횡사(橫斜)되거나 혹 용상팔살(龍上八殺)이 될 때 자생향(自生向)을 취할 수 있다.
- 우수(右水)가 왼쪽으로 흘러 을방(乙方)으로 나가 손사(巽巳) 두 가지의 향을 하게 되면 수국(水局)의 자생향(自生向)이 된다.
- 우수(右水)가 왼쪽으로 흘러 신방(辛方)으로 나가 건해(乾亥) 두 가지의 향(向)을 하게 되면 화국(火局)의 자생향(自生向)이 된다.
- 우수(右水)가 왼쪽으로 흘러 정방(丁方)으로 나가면 곤신(坤申) 두 가지의 향을 하게 되면 목국(木局)의 자생향(自生向)이 된다.
- 우수(右水)가 왼쪽으로 흘러 계방(癸方)으로 나가 간인(艮寅) 두 가지의 향을 하게 되면 금국(金局)의 자생향(自生向)이 된다.
- 물이 왼쪽에서 흘러와 을신정계(乙辛丁癸)의 글자상으로 나간다면 그 당국(堂局)의 형세를 잘 살펴보고 정왕향(正旺向)이 될 수 있다면 정왕향(正旺向)을 취하여야 한다.
- 좌수(左水)가 오른쪽으로 흘러 을방(乙方)으로 나가 임자(壬子) 두 가지의 향을 하게 되면 수국(水局)의 정왕향(正旺向)이 된다.
- 좌수(左水)가 오른쪽으로 흘러 신방(辛方)으로 나가 병오(丙午) 두 가지의 향을 하게 되면 화국(火局)의 정왕향(正旺向)이 된다.
- 좌수(左水)가 오른쪽으로 흘러 정방(丁方)으로 나가 갑묘(甲卯) 두 가지의 향을 하게 되면 목국(木局)의 정왕향(正旺向)이 된다.
- 좌수(左水)가 오른쪽으로 흘러 계방(癸方)으로 나가 경유(庚酉) 두 가지의 향을 하게 되면 금국(金局)의 정왕향(正旺向)이 된다.

- 만약 당국(堂局)의 형세가 정왕향(正旺向)을 할 수 없다면 자왕향(自旺向)을 할 수 있다.
- 좌수(左水)가 오른쪽으로 흘러 을방(乙方)으로 나가 갑묘(甲卯) 두 가지의 향을 하게 되면 수국(水局)의 자왕향(自旺向)이 된다.
- 좌수(左水)가 오른쪽으로 흘러 신방(辛方)으로 나가 경유(庚酉) 두 가지의 향을 하게 되면 화국(火局)의 자왕향(自旺向)이 된다.
- 좌수(左水)가 오른쪽으로 흘러 정방(丁方)으로 나가 병오(丙午) 두 가지의 향을 하게 되면 목국(木局)의 자왕향(自旺向)이 된다.
- 좌수(左水)가 오른쪽으로 흘러 계방(癸方)으로 나가 임자(壬子) 두 가지의 향을 하게 되면 금국(金局)의 자왕향(自旺向)이 된다.
- 만약 물이 왼쪽에서 흘러와 건곤간손(乾坤艮巽)의 4자상(四字上)으로 나간다면 묘향(墓向)을 취할 수 있다.
- 좌수(左水)가 오른쪽으로 흘러 건방(乾方)으로 나가 신술(辛戌) 두 가지의 향을 하게 되면 화국(火局)의 묘향(墓向)이 된다.
- 좌수(左水)가 오른쪽으로 흘러 곤방(坤方)으로 나가 정미(丁未) 두 가지의 향을 하게 되면 목국(木局)의 묘향(墓向)이 된다.
- 좌수(左水)가 오른쪽으로 흘러 간방(艮方)으로 나가 계축(癸丑) 두 가지의 향을 하게 되면 금국(金局)의 묘향(墓向)이 된다.
- 좌수(左水)가 오른쪽으로 흘러 손방(巽方)으로 나가면 을진(乙辰) 두 가지의 향을 하게 되면 수국(水局)의 묘향(墓向)이 된다.
- 물이 만약 오른쪽에서 흘러와 왼쪽의 건곤간손(乾坤艮巽)의 4자상으로 나간다면 정양향(正養向)을 취할 수 있다.
- 우수(右水)가 왼쪽으로 흘러 건방(乾方)으로 나가 계축(癸丑) 두 가지의 향을 하게 되면 화국(火局)의 정양향(正養向)이 된다.
- 우수(右水)가 왼쪽으로 흘러 곤방(坤方)으로 나가 신술(辛戌) 두 가지의 향을 하게 되면 목국(木局)의 정양향(正養向)이 된다.
- 우수(右水)가 오른쪽으로 흘러 간방(艮方)으로 나가 을진(乙辰) 두 가지의 향을 하게 되면 금국(金局)의 정양향(正養向)이 된다.
- 우수(右水)가 왼쪽으로 흘러 손방(巽方)으로 나가 정미(丁未) 두 가지의 향을 하게 되면 물의 정양향(正養向)이 된다. 이상의 향은 정향(正向으)로서 대지는 대발(大發)하고 소지(小地)는 소발(小發)하며 백발백중하는 진결(眞訣)이다. 이외에도 용진혈적(龍眞穴的)하고도 물이 정고(正庫)로 나가지 않고 갑경병임(甲庚丙壬)으로 나가고 형세가 과연 합당하면 또한 합법한 것이 되나, 약간이라도 선상(線上)의 차이가 생기면 사람의 해가 가볍지 않으므로 조심하여야 한다.
- 우수(右水)가 흘러와서 왼쪽의 갑경병임(甲庚丙壬)으로 나간다면 향상(向上)의 왕향(旺向)에 목욕방(沐浴方)으로 소수(消水)되는 법이다.
- 우수(右水)가 흘러와서 좌측의 갑방(甲方)으로 나간다면 병오(丙午) 두 가지의 향을 하게 되면 금국(金局)의 욕처봉왕향(浴處逢旺向)이 된다.
- 우수(右水)가 흘러와서 왼쪽의 경방(庚方)으로 나간다면 임자(壬子) 두 가지의 향을 하게 되면 목국(木局)의 욕처봉왕향(浴處逢旺向)이 된다.
- 우수(右水)가 흘러와서 좌측의 병방(丙方)으로 나가 경유(庚酉) 두 가지의 향을 하게 되면 목국(木局)의 욕처봉왕향(浴處逢旺向)이 된다.
- 우수(右水)가 흘러와서 왼쪽의 임방(壬方)으로 나가 갑묘(甲卯) 두 가지의 향을 하게 되면 화국(火局)의 욕처봉왕향(浴處逢旺向)이 된다.
- 만약 좌수(左水)가 흘러와서 갑경병임(甲庚丙壬)으로 나가 향상(向上)의 생향(生向)에 목욕방(沐浴方)으로 소수(消水)되는 법수(法數)이다.
- 좌수(左水)가 왼쪽으로 흘러 갑방(甲方)으로 나가 간인(艮寅) 두 가지의 향을 하게 되면 금국(金局)의 절처봉생향(絶處逢生向), 목욕소수(沐浴消水: 文庫消水)가 된다.
- 좌수(左水)가 왼쪽으로 흘러 경방(庚方)으로 나가 곤신(坤申) 두 가지의 향을 하게 되면 목국(木局)의 절처봉생향(絶處逢生向), 목욕소수(沐浴消水: 文庫消水)가 된다.
- 좌수(左水)가 왼쪽으로 흘러 병방(丙方)으로 나가 손사(巽巳)

두 가지의 향을 하게 되면 수국(水局)의 절처봉생향(絶處逢生向), 목욕소수(沐浴消水:文庫消水)가 된다.

- 좌수(左水)가 왼쪽으로 흘러 임방(壬方)으로 나가 건해(乾亥) 두 가지의 향을 하게 되면 화국(火局)의 절처봉생향(絶處逢生向), 목욕소수(沐浴消水:文庫消水)가 된다.
- 좌측(左側)의 을신정계방수(乙辛丁癸方水)가 들어와 갑경병임방(甲庚丙壬方)으로 나간다면 쇠향(衰向)의 목욕방 소수법(消水法)이 있다.
- 좌수(左水)가 오른쪽으로 흘러 을방(乙方)에서 들어와 경방(庚方)으로 나가 을진(乙辰) 두 가지의 향을 하게 되면 목국(木局)의 쇠향(衰向) 목욕소수(沐浴消水:胎破)가 된다.
- 좌수(左水)가 오른쪽으로 흘러 신방(辛方)에서 들어와 갑방(甲方)으로 나가 신술(辛戌) 두 가지의 향을 하게 되면 금국(金局)의 쇠향(衰向) 목욕소수(沐浴消水:胎破)가 된다.
- 좌수(左水)가 오른쪽으로 흘러 정방(丁方)에서 들어와 임방(壬方)으로 나간다면 정미(丁未) 두 가지의 향을 하게 되면 화국(火局)의 쇠향(衰向) 목욕소수(沐浴消水:胎破)가 된다.
- 좌수(左水)가 오른쪽으로 흘러 계방(癸方)에서 들어와 병방(丙方)으로 나가 계축(癸丑) 두 가지의 향을 하게 되면 수국(水局)의 쇠향(衰向) 목욕소수(沐浴消水:胎破)가 된다.
- 또 생향(生向)에 당면(當面)으로 물이 흘러 나가는 법수(法數)가 있다.
- 우수(右水)가 왼쪽으로 흘러 건방(乾方)으로 나가 건해(乾亥) 두 가지의 향을 하게 되면 화국(火局)의 절처봉생향(絶處逢生向:絶破)이 된다.
- 우수(右水)가 왼쪽으로 흘러 곤방(坤方)으로 나가 곤신(坤申) 두 가지의 향을 하게 되면 목국(木局)의 절처봉생향(絶處逢生向:絶破)이 된다.
- 우수(右水)가 왼쪽으로 흘러 간방(艮方)으로 나가 간인(艮寅) 두 가지의 향을 하게 되면 금국(金局)의 절처봉생향(絶處逢生向:絶破)이 된다.
- 우수(右水)가 왼쪽으로 흘러 손방(巽方)으로 나가 손사(巽巳) 두 가지의 향을 하게 되면 수국(水局)의 절처봉생향(絶處逢生向:絶破)이 된다.
- 또 태향(胎向)에 태방(胎方)으로 나가는 법수(法數)가 있다.
- 우수(右水)가 왼쪽으로 흘러 갑방(甲方)으로 나가 갑묘(甲卯) 두 가지의 향을 하게 되면 금국(金局)의 태향태파(胎向胎破)가 된다.
- 우수(右水)가 왼쪽으로 흘러 경방(庚方)으로 나가 경유(庚酉) 두 가지의 향을 하게 되면 목국(木局)의 태향태파(胎向胎破)가 된다.
- 우수(右水)가 왼쪽으로 흘러 병방(丙方)으로 나가 병오(丙午) 두 가지의 향(向)을 하게 되면 수국(水局)의 태향태파(胎向胎破)가 된다.
- 우수(右水)가 왼쪽으로 흘러 임방(壬方)으로 나가 임자(壬子) 두 가지의 향을 하게 되면 화국(火局)의 태향태파(胎向胎破)가 된다. 이상의 향에서 절대로 중요한 것은 수구(水口)가 조금이라도 지지(地支)를 범하지 말아야 하며, 백보전란(百步轉欄)하여 수구(水口)가 곧게 나가는 모양이 보이지 않고, 다시 용진혈적(龍眞穴的)하여야 비로소 능히 발복할 수 있지만 그렇지 않으면 사람을 그릇되게 함이 적지 않다.

❖ **수법지설**(水法之說) : 사람은 천지(天地)의 기(氣)를 받아 태어났으므로 화복(禍福)을 막론하고 천지의 명을 거역할 수는 없다. 그러므로 사골(死骨)일 망정 천지의 품수(稟受)를 좇아 장례를 행하지 않으면 역천지도(逆天之道)가 된다. 사람의 태어남은 생기(生氣)의 취합(聚合)이요, 사람의 죽음은 생기(生氣)의 소진(消盡)이니, 나고 죽음이 모두가 다 하늘의 섭리이다. 사람의 생사(生死)를 불가에서는 "생야일평부운기(生也一片浮雲起)요, 사야일편부운멸(死也一片浮雲滅)"이라 하였다. 사람이 천지(天地)의 생기로서 태어난 이상 사골(死骨)일 망정 생기 속에다 안장(安葬)을 한 연후에라야 사자(死者)의 안위(安慰)는 물론이요 생인(生人)도 복록(福祿)을 얻을 수가 있는 것이다. 장서(葬書)에도,"장자승생기야(葬者乘生氣也)"라고 했으니, 곧 장례를 치르는 것은 사골(死骨)에게 생기를 승접(乘接)시켜 주는 이른바 이사접생(以死接生)하는 최대유일의 방편이 되는 것이다. 그러므로 지리에 있어서 극(剋)을 피해 생(生)을 택함은 사자(死者)에게

하늘의 생기를 승접(乘接)시킴에 그 목적이 있고, 지리에 수법(水法)이 있음은 땅에 있어서 양(陽)의 생기를 탈 수 있게 하기 위함이다. 이와 같이 생기(生氣)를 얻으면 길하고 생기를 역(逆)하면 흉함도 오직 화복(禍福)의 출래지처(出來之處)가 생기에 달려 있기 때문이다. 천도(天道)는 강(剛)하면서도 동성(動性)이므로 연월(年月)의 화복(禍福)이 가장 급(急)하여 흉을 범하면 주년(周年)이 아니면 반재지간(半載之間)에 그 화(禍)가 나타나며, 지도(地道)는 유(柔)하면서도 정성(靜性)이므로 수(水)로서 대신 동(動)하게 하니 수법으로서의 화복(禍福)도 천도(天道)에 버금가는 것으로서, 그 응하는 시기는 가까우면 6년이요 멀면 일기(一紀:12年)이니 영험이 분명한 것이다. 용혈(龍穴)은 정중정(靜中靜)이므로 그 길흉화복(吉凶禍福)이 미험(微驗)하고 지구(遲久)하여 체험하기가 어려우나, 수법은 용혈(龍穴)과 교량(較量)하면 그 험(驗)이 속한 것이다. 옛 지성(地聖)의 말을 빌리면, "유절수(有絶水)면 무절혈(無絶穴)" 이라 했는데, 이는 곧 물이 끊어진 곳에 혈이 끊어지지 않는 곳이 없다는 뜻이니, 곧 절수지처(絶水之處)에는 절혈지지(絶穴之地)가 된다는 뜻이다. 오늘에 와서도 득혈자(得穴者)는 발복(發福)이 적어도 득수자(得水者)는 반드시 발복을 하게 되므로 화복의 관건(關鍵)이 용혈(龍穴)에 있기보다는 차라리 수법에 있음은 많은 경험을 통해서 체득한 진리라 하겠다. 흔히 수(水)를 논하여 가로되,"내수(來水)는 굴곡(屈曲)함이 좋고 거수(去水)는 지현지자(之玄之字)함이 길하다" 라고 하는 말은 이치에 맞는 말이지만 내수(來水)가 비록 굴곡(屈曲)해도 징정수(澄靜水)는 마땅하나 단지수(湍池水 : 여울져 흐르는 물)는 피하며, 방원수(方圓水)는 길하나 편사수(偏斜水)는 흉하다는 사실도 알아야 한다. 그러나 아무리 이와 같은 미국(美局)을 얻었을지라도 그것으로 곧 복(福)이 피어나는 것은 아닌 것이니 모든 조건이 다 길격(吉格)에 부합된 연후에야 발복을 기할 수가 있겠지만 그 가운데서도 중요한 것은 사절수(死絶水)가 반래충생(反來沖生)하거나 파왕(破旺)함을 가장 피해야 하므로 생왕사절(生旺死絶)에다 첫째 관건을 두어야 한다.

❖ **수법**(水法)**으로서 당대**(當代)**는 비록 독자**(獨子)**지만 장차 후손이 번창해 지는 것은** : 수법으로서는 좌우 묘의 방향을 중심으로 하여 좌를 바라보는 위치에서 분방(分房)하는 법인 고로 좌우가 뒤바뀌게 되는 것이므로 수법에서도 좌청(左青) 우백(右白)이 되게 마련인 것이다. 이를 좀 더 자세히 설명하자면 혈전 앞에서 방위(方位)를 분방(分房) 하면 이때에 독자(獨子)를 둔 상주(喪主)라면 혈전안산위(穴前案山位)가 왕길(旺吉)하면 당대(當代)는 비록 독자지만 장차 후손이 번창해 진다.

❖ **수변혈**(水邊穴) : 진룡정혈(眞龍正穴)이나 불행히도 물가에 너무 가까워 수해를 입기 쉬운 곳의 혈. 혈을 찾기도 힘들지만 장사 후에도 물의 침범이 걱정되기 때문에 보통 사람이 쓸 수 없지만 장사지내면 얼마 지나지 않아 자연적으로 물줄기가 바뀐다고 한다. 물은 언덕을 옮기고 골짜기를 변화시키는 힘이 있어서, 본래는 물의 침범을 받는데 혈을 쓰면 자연적으로 흙과 자갈등 토사가 쌓여 물줄기가 바뀌게 되며, 이것 역시 천지자연의 조화로 주인을 기다리는 곳이다.

❖ **수보수론**(水步數論) : 관로(管輅)에 말하기를 "3년에 일보(一步)다" 하였음을 시(時)에 "1년의 흉보(凶步)를 어느 숫자로 추리할까" 하였으니, 일보가 3년이라는 말이 문서에 기록되어 있다. 운기(運氣)는 신영(身榮)이지만 백맥(百脈)은 때 없이 순환하여 조균(調均)함이 없다.

❖ **수복**(守僕) : 묘(廟), 사(社), 능(陵), 원(園), 서원(書院) 등을 지키고 제사(祭)에 관한 일을 맡아보던 구실아치.

❖ **수복방**(守僕房) : 능 수호군(守護軍)으로 땔나무 채취를 금하기 위하여 정자각 좌측에 한 칸 방으로 지은 집을 말함.

❖ **수사**(水砂)**와 혈**(穴) : 호수의 물이나 연못의 물은 가두어진 물이라 죽은 물로 보나, 혈판(穴坂)에 비치는 것이 정면을 비켜서 일부분만 보이면 길사(吉砂)로 보고, 호수나 연못의 전체가 혈지(穴地)에서 내다보이면 흉사(凶砂)로 본다. 대해수(大海水)가 가려짐이 없이 전면이 다 보이면 결혈(結穴)이 될 수 없으니 가려주는 사(砂)가 있어야 결혈(結穴)이 되고, 계곡수(溪谷水)가 길게 보이면 불길하니 물은 적게 보여야 길사(吉砂)가 된다. 혈장(穴場)에 양이 많은 수사(水砂)가 어지럽게 비추면 부와 귀의 발복은 크나 반대로 손재구설(損財口舌)도 많아진다. 혈장(穴場)에 환포(環抱)되어야 할 물이 없어도 조안(朝案)이 중첩되면 혈은

이루어진다. 왜냐하면 명당안의 마당을 물로 보기 때문이다. 명당의 형국에 따라 파구(破口)의 원근은 이루어지고 용호(龍虎)의 중중(重重)으로 내파구(內破口)와 외파구(外破口)가 이루어지는 것이니, 내파구(內破口)는 속발복(速發福)을 의미하고 외파구(外破口)는 대발복(大發福)을 의미한다. 파구(破口)에 누워 있는 소의 몸체만한 암석이 있으면 자손에게 귀인이 나고 파구(破口)에 첨원(尖圓)한 봉사(峯砂)가 일어나 있으면 부와 귀의 두 복을 같이 할 것이다. 파구(破口)의 근방에 연못의 물이 옆으로 적게 비치면 벼슬에 오르는 자손이 나온다. 혈장(穴場)의 사면에 용사(龍砂)가 없고 수사(水砂)로 둘러 있을 때, 수사(水砂)가 한 곳으로 모이고 한 곳으로 거수(去水)가 되는 경우 수사(水砂)로 용맥(龍脈)을 삼고 수사(水砂)로 환포사(環抱砂)로 삼는다. 산지나 평양지(平洋地)를 막론하고 용수배합(龍水配合)의 이치는 같다. 그러나 산지는 좌실조공(坐實朝空)이요 평양지(平洋地)는 좌공조만(坐空朝滿)이 합법이다. 평양지혈(平洋地穴)에는 용맥(龍脈)이 없어 음(陰)이 적기 때문에 음(陰)을 조성하기 위하여 귀인방(貴人方)이 결(缺)하고, 저함(低陷)하면 흙담이나 사당(祠堂)을 지어 음을 생성하면 속발(速發)한다.

❖ **수사조별**(垂絲釣鱉) : 낚시를 드리워 자라를 낚는 형국. 혈은 자라의 등에 있으며, 안산도 물에서 노는 물고기이고 혹은 낚시가 안산이 된다.

❖ **수삭**(瘦削) : 수(瘦)는 여윈 것 즉 마른 것이요, 삭(削)은 깎인 것으로, 수삭(瘦削)이란 당혈(堂穴)된 곳의 산형이 살찌고 윤택하지 않고 약하고 여위고 박(薄)하고 깎여진 곳이다. 요씨(蓼氏)가 말하기를, 용기(龍氣)가 미약하고 여윈 것은 사람의 혈기가 쇠패(衰敗)하여 혐모가 마르고 약하여 앙상한 것과 같으니 이러한 산형은 격에 맞는 용이라 할지라도 혈을 정하지 못하고 다만 사당이나 사찰을 지을 땅이라 하였다.

❖ **수산**(水山) : 수성(水星)은 형체가 유하게 굴곡하며 그 성(性)이 다변하여 바른 모양이 적고 그 형국의 굽음이 많아 행룡낙맥(行龍落脈)에 있어서 용사(龍蛇)와 같은 결혈이 많으며, 곡류지처(曲流之處)나 양양곡수(羊羊曲水)에 낙혈됨이 있다. 결혈처는 평지연맥(平地連脈)에 가장 많으며 그 기(氣)가 은은하여 형체를 식별하기가 어려우므로 세심히 요찰하여야 한다.

❖ **수산경**(壽山傾) : 수산(壽山)은 정봉(丁峯)이다. 정봉이 너무 낮거나 기울거나 깨지면 자손들이 젊어서 일찍 죽는다.

❖ **수산출산**(收山出殺)**이란 무엇인가** : 용이 그 향(向)을 얻음에 있어서 순정배합(純淨配合)한 것을 수산(收山)이라 하고, 물은 그 방을 얻음에 있어서 적법함을 출살(出殺)이라 한다. 즉 득수(得水)는 길처방(吉處方)에서 오고, 파수(破水)는 흉처방(凶處方)으로 나가니 출살(出殺)이라 한다. 산을 잘 수습하고 물을 고르게 하여 물리친다는 뜻이다.

❖ **수살**(水殺) : 곧고 예리한 물줄기가 혈장을 향해 직사격하는 살을 말함. 수살에는 혈 앞에서 합곡직류하는 원진수살(元辰水殺), 한 줄기의 예리한 물이 화살처럼 혈장을 직사하는 일실수살(一矢水殺), 세 줄기의 곧은 물이 혈 앞에서 천(川)자 모양으로 직류하는 삼전수살(三箭水殺), 또는 원진수살(元嗔水殺)과 도화방(桃花方)에서 혈장 앞을 내거(來去)하는 도화수살(桃花水殺) 등이 망명(亡命)과 그 자손에 극히 해로운 물이다. 수살(水煞)에는 택지(宅地)를 박돌직사(迫突直射)하는 수침살(水侵煞)과 각종 수법에 의한 법살(法煞)이 있다. 즉, 살류수(煞流水)가 택지(宅地)를 직사충격(直射衝擊)하면 인상패절(人像敗絶)하고, 당면사거(當面斜去)는 파산가빈(破産家貧)하며, 황천팔요(黃泉八曜)등 법살(法煞)을 피하지 못하면 정재양패(丁財兩敗)이다.

❖ **수생**(受生) : 상생(相生)을 받음. 목(木)이 북방의 수(水)에서 생을 받음.

❖ **수성**(獸星) : 산흙이나 암석으로 청룡이나 백호의 끝에 이어져서 그 모양새가 사자나 우마(牛馬)와도 같은 짐승의 형상으로 생긴 산을 말함.

❖ **수성**(水城) : 명당(明堂) 안에 있는 냇물(川), 시내(溪) 개울(溝), 도랑(瀆) 등의 물이 오행의 격(格)에 맞게 이루어진 것. 즉 이상의 물길이 둥근 것은 금성수(金城水), 가로(橫)로 길게 흐르는 물은 목성수(木城水), 구불구불한 모양을 이루면서 명당을 둘러 흐르는 물은 수성수(水城水), 뾰족한 모양으로 명당을 둘러 흐르는 물은 화성수(火城水), 외모가 반듯한 모양으로 명당을 둘러 흐르는 물은 토성수(土城水)라 한다. 이 모두 혈(穴)을 중심하여 안으로 성처럼 둘러 흘러야 길격이라 하고 반대 방향으로 이러한 모

양을 이루면 흉격이다. 그리고 이 가운데 금성수, 토성수, 수성수는 길수(吉水)가 되나 목성수와 화성수는 곧고 뾰족하여 마땅치 않다고 한다.

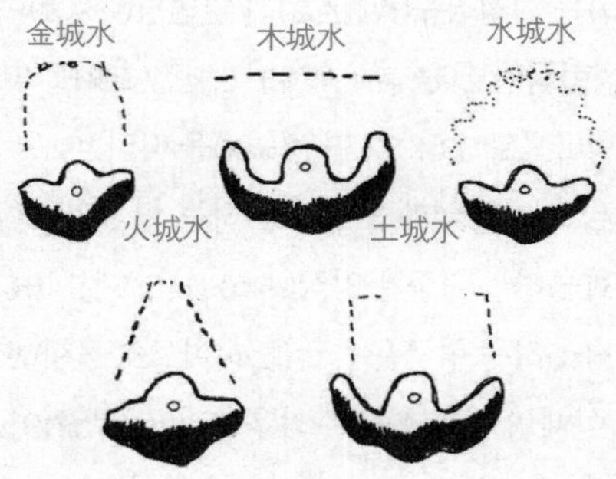

수성은 유약하여 방모(傍母 : 금성) · 의자(依子 : 목성)로 혈을 맺는다. 바꾸어 말하면 방모는 물방울에 해당하고, 의자는 목정처(木精處)가 된다. 즉 모두 곡처(曲處)이다. 수성의 곡처는 나뭇가지에 해당하고, 수포처는 꽃송이에 해당한다. 산 모양은 구슬을 꿴 것과 같고, 혈장은 참외 모양이다. 대개의 수성은 금장(錦帳) · 매화(梅花) · 하엽(荷葉) · 상운(祥雲 = 구름) = 용사(龍蛇) 등의 유형이 많다. 이 밖에 자웅정혈법(雌雄定穴法) · 취산(聚散) 정혈법 · 장산식수(張山食水)정혈법 · 침룡이각(枕龍耳角)정혈법 등이 있다.

❖ **수성**(水星)

① **맑은 것**(清) : 총명한 사람, 수재(秀才)를 배출하기 때문에 맑은 수성(水星)을 수성(秀星)이라 부른다. 수성(秀星)의 기운을 받는 사람은 문장에 뛰어나고, 지혜가 밝으며, 성품이 온화하고 깨끗하다. 여자 중에 수성(秀星)의 좋은 기운을 크게 받아 귀하게 되는 이가 많다.

② **흐린 것**(濁) : 수성(水星)의 흐린 것은 유성(柔星)이다. 유성은 유약(柔弱)한 사람을 배출하지만 사람은 총명해도 잠재력을 크게 발휘하지 못한다. 유성에 묘를 쓰거나 집을 짓고 살면, 자손 중에 병고에 시달리는 사람과 덕이 없는 소인배(小人輩)도 나온다. 재승박덕(才勝薄德)하여 다른 이들로부터 비난받는 사람도 배출된다.

③ **흉한 것**(凶) : 수성이 흉하게 생기면 탕성(蕩星)이라 부른다. 탕성은 이름 그대로 방탕하고 음란한 기운을 품고 있다. 탕성에 묘를 쓰거나 집을 짓고 살면, 음란한 사람, 방탕한 사람, 간사한 사람, 남을 잘 속이는 사람, 장병(長病)을 앓는 사람, 빈궁한 사람, 객지에서 죽는 사람, 물에 빠져 죽는 사람, 요절하는 사람 등이 나오게 된다.

❖ **수성론**(水城論) : 수성이란 혈(穴) 앞에서 물이 오고 가는 것을 말한다. 수(水)의 길흉(吉凶)은 화복(禍福)과 최고로 관련이 있다. 오는 물은 굴곡으로 오고 옆에서 둘러싸고 갈 때는 반환하고 물이 도는 곳은 맑게 고여야 하고 느릿느릿하게 나를 돌아보고 그리움에 못 잊어하여 가는 물이 길(吉)하다. 혹 직(直)(− 곧게)하거나, 충(沖)하거나 빠르게 흐르거나, 혹 반(反) 하거나, 도(跳 − 뛰거나) 하고 기우려져 쏟아지거나, 혹 천(穿)하거나, 할(割 − 나누거나) 하거나 끌고 나가거나 나를 버리고 돌아보지 않고 가면 무정한 물로 흉(凶)하다. 대략 이와 같다.

❖ **수성사격**(水星砂格) : 뚜렷한 봉우리는 솟아 있지 않으나 미미한 반봉우리가 연속으로 이어져 있는 것으로 마치 물 흐르는 듯한 모습의 산이다. 구성으로는 문곡성(文曲星)이며 유혼(遊魂) 기운이 가득하다. 총명한 문인과 처복을 주로 관장한다.

❖ **수성수**(水城水) : 좌혈을 강강수월래 하듯 빙글빙글 돌아 성곽처럼 지나가는 것이다. 이 수성수가 있으면 자손이 대과(大科)하고 명성이 사해(四海)에 진동한다. 수성수가 이리저리 굽이굽이 휘도는 물은 유정(有情)하게 보이니 아주 길하며, 극히 귀한 물이다. 굽이치는 물줄기가 혈의 왼쪽과 오른쪽에 똑 고르게 뻗쳐 있는 것을 바른 수성이라 한다. 왼쪽에 있으면 왼쪽 수성, 오른쪽에 있으면 오른쪽 수성이다 이 세 가지 격식 모두 좋은 것이다. 혈 앞에 수성수가 있으면 많은 재물을 얻게 되며, 또 지위가 빨리 높아진다.

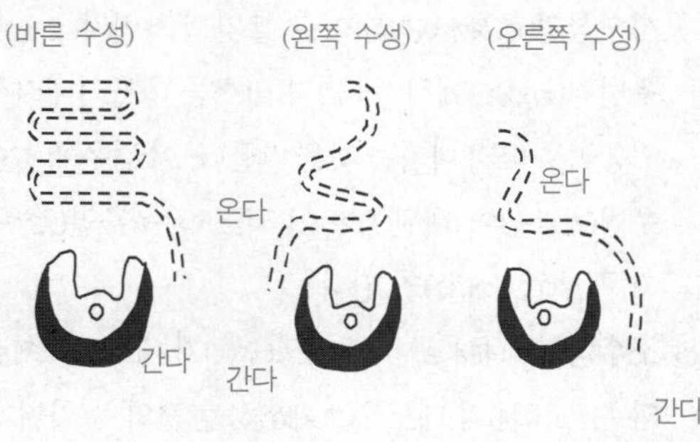

❖ **수성숭**(壽星崇) : 정방(丁方)의 봉우리를 남극성(南極星)이라고 하고, 남극성은 노인성(老人星)이다. 그래서 정봉(丁峯)은 수명과 연관이 깊다. 정봉(丁峯)이 높고 수려하면 자손들이 장수한다.

❖ **수성숭**(壽星崇) **수산경**(壽山傾) : 수성숭과 수산경이란 건(乾)방위는 북극 노인성(北極 老人星), 정(丁)방위는 남극 노인성(南極老人星)이다. 이를 수성(壽星)이라 하여 사람의 수명과 연관이 깊다. 이곳이 수려 단정하고 높으면 수성숭이라 하여 주로 장수하고 자손이 번창하지만, 반대로 이곳이 낮고 기울러 흉하면 수산경(壽山傾)이라 하며, 젊어서 요절하고 단명하여 자손이 없다.

❖ **수성형국**(水星形局)**에 관하여** : 매산(每山)의 형국(形局)마다 만두(巒頭)의 이름이 붙여져 있듯 내수(來水)도 역시 형국(形局)이 있어 이것을 가리켜 수성(水城)이라 한다. 만두(巒頭)의 형국이 천변만화(千變萬化)이듯 수성(水城)의 형국도 천변만화(千變萬化)이겠으나 대체 일상적으로 보는 수성(水城)은 4종류의 형국으로 나눈다. 혹자 또는 혹서에는 무수성형국(無水城形局)과 거수성형국(據水城形局)까지를 합쳐서 오대형국(五大形局)이니, 또는 육대형국(六大形局)을 주장하고도 있지만 이기(異氣)에서는 4종류의 수성형국(水城形局)만을 정설(定說)로 한다.

① **횡수성형국**(橫水城形局) : 혈 앞의 왼쪽에서 오른쪽으로 흐르거나 또는 오른쪽에서 왼쪽으로 흐르는 형국으로서 우수도좌(右水到左)의 음국(陰局)과 좌수도우(左水到右)의 양국(陽局)으로 나눌 수 있다.

② **사수성형국**(斜水城形局) : 종우전각거형(從右前角去形)과, 종좌전각거형(從左前角去形)으로 나누는데, 종우전각거형국(從右前角去形局)은 양국(陽局)이므로 양향(陽向)을 써야 하고, 종좌전각거형국(從左前角去形局)은 음국(陰局)을 써야 한다. 사수성형국(斜水城形局)이란 혈 앞의 좌변지(左邊地)나 또는 우변지(右邊地)에서 수(水)가 비스듬히 흘러내려서 좌우의 귀퉁이로 빠져 나가는 것을 말한다. 이 경우에 있어서는 좌우변(左右邊)이 내원(來源)이 되고, 좌우조안(左右朝案)쪽이 거구(去口 ; 水出口)가 된다.

③ **조수성형국**(朝水城形局) : 수조(水朝)가 내도좌(來到左)하는 것과 수조(水朝)가 내도우(來到右)하는 것의 두 가지가 있는데, 좌국(左局)은 양국(陽局)이니 양향(陽向)을 쓰고, 우국(右局)은 음국(陰局)이라 음향(陰向)을 쓴다. 조수성형국(朝水城形局)은 수(水)가 조안(朝案)의 좌우일변(左右一邊)이 되고, 수출구(水出口)는 혈전좌우(穴前左右)의 일변방(一邊方)이 된다.

④ **직거성형국**(直去城形局) : 수(水)가 면전(面前)을 따라 바로 나가는 형국으로 수(水)가 면전(面前)을 따라 바로 나가면서 도좌(到左)하는 형국과 도우(到右)하는 형국의 2종류가 있다. 도좌(到左)하는 형국은 양국(陽局)이므로 양향(陽向)을 쓰고, 도우(到右)하는 형국은 음국(陰局)이므로 음향(陰向)을 써야 한다. 이때의 내원(來源)은 좌우혈전(左右穴前)이 되고, 거수구(去水口)는 좌우조안(左右朝案)이 된다.

• **4수성형국도**(四水城形局圖)

① **횡수성형국도**

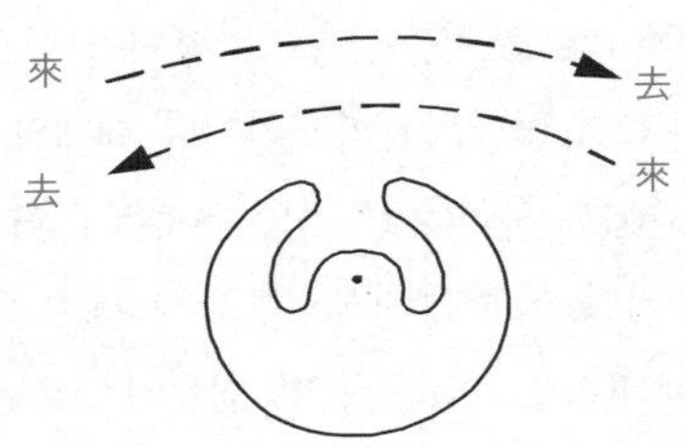

② **사수성형국도**

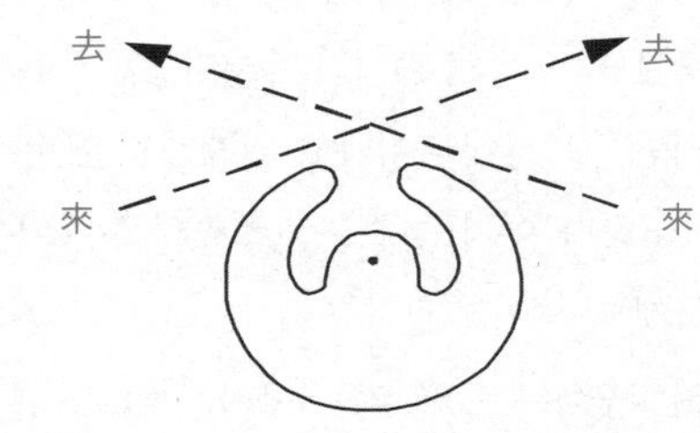

③ 조수성형국도

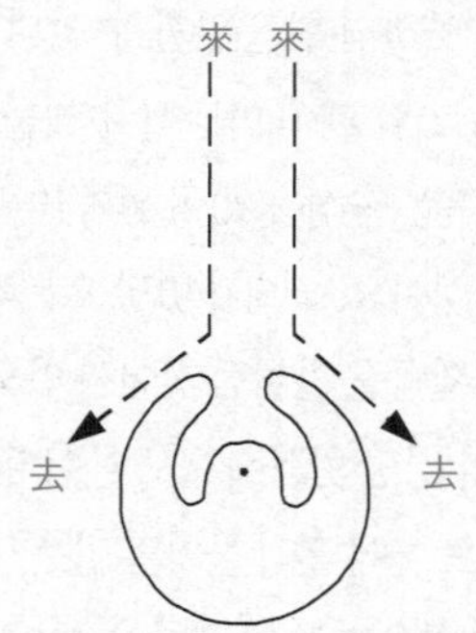

④ 직거성형국도(순수성포함)

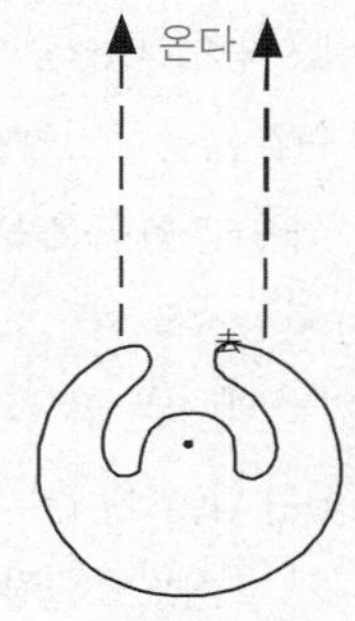

❖ **수세**(水勢) : 수세란 거래(去來), 취합(聚合), 분산(分散), 만포(灣抱), 배거(背去) 등을 말한다. 득수(得水)는 당판전(當坂前)을 전환(轉環)하는 데에 기(氣)가 멎어 결혈하는 것이니 결혈의 원리는 수세(水勢)에 있다. 하수사(下水砂)의 전환(轉環)은 우선으로 보는 심혈(尋穴)에 긴요한 증거가 되는 것이라 산수동거(山水同居)에는 결혈(結穴)이 없는 것이다. 수세(水勢)를 살펴 혈(穴)을 정하는 방법도 있다. 혈이 숨어 있으면 기가 어려운데 대개 진혈(眞穴)은 모든 물이 모이거나 혹은 멀리서 물이 혈을 포옹(抱擁:둘러 안음)하거나, 물이 혈에 조입(朝入:향하여 들어옴)하게 되므로 물의 추창(追脹)하는 곳을 살피면 혈의 소재를 알 수 있다. 고로 산에 올라 혈을 찾을 때 만일 물이 명당 좌편에 모이거나 혹은 수성(水城)이 왼쪽을 활처럼 포위하면 혈이 왼쪽에 있을 것이요, 수세가 명당 오른쪽으로 돌아가거나 혹은 오른쪽으로 활처럼 포위하면 혈도 오른쪽에 있다. 또는 만일 명당 한 복판으로 향하여 물이 들어오거나 혹은 정중으로 물이 흘러들어와 쏠쳐 멈추거나 수성(水城)이 둥글게 안으면 혈이 정중에 있다. 물이 만일 멀리서 오면 명당이 너그러운데 혈은 높은 곳에 있으며, 혹은 원진수(元辰水-本龍을 따라 온 물)가 길고 국세(局勢)가 순하면 혈이 낮은 곳에 있으니 이는 수세(水勢)에 의하여 정혈(定穴)하는 대법(大法)이다.

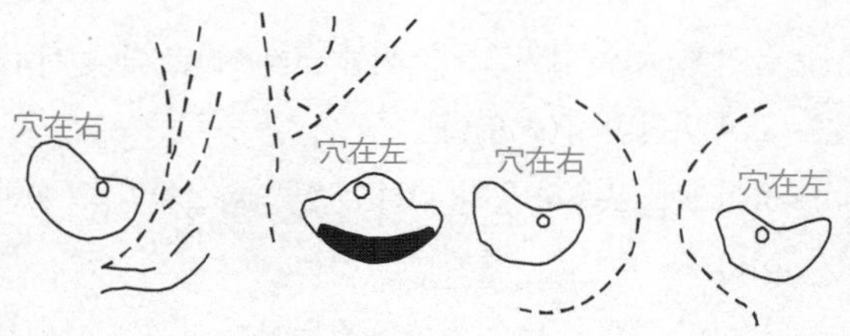

❖ **수세가**(水勢歌) : 당(堂)에 물이 오르지 않았거든 혈(穴)을 점치지 말고 하수사(下水砂)가 돌지 않았거든 용(龍)도 찾지 말라는 말과 같이 용호(龍虎)의 하사(下砂)가 역류되지 않았거든 용세나 결혈(結穴)를 찾지 말아야 한다. 또한 혈을 맺었느냐 혈을 맺지 못하였느냐는 우선 꼭지(入首를 뜻한 말)를 보아야 한다. 결혈(結穴)된 것을 알고자 하거든 입수(入首)가 있나 먼저 보라는 뜻이다. 용세(龍勢)의 변화는 정배합(正配合)과 부배합(否配合)을 측정하여 생사룡(生死龍)을 알도록 나경4선(羅經四線)에 전하므로 사상수법(四象水法)만 이치로 산리(山理)를 조산(朝山)이 곧게 오면 몸에 굴곡이 적고 진룡(眞龍)이 굴곡하면 사람을 이하게 한다. 24방위가 모두 온전히 갖추어지면 천산만수(千山萬水)가 다 싸주므로 더욱더 정확하게 살펴야 한다.

❖ **수세길흉**(水勢吉凶) : 득수(得水) 파구(破口)와 내수(來水) 거수를 논함.

- 산(山)은 음(陰)이요 수(水)는 양(陽)이다.
- **수구**(水口) : 득수(得水 : 물의 처음 발원처)와 합(合 : 여러 곳의 물이 모이는 곳)과 파구(破口 : 물이 흘러 나가다 모습을 감추는 곳)를 말한다.
- 물은 여러 곳에서 득수(得水)하여 한 곳으로 흘러가야 길(吉)하며 나누어지면 흉(凶)하다.
- 물은 지자현자(之字玄字)처럼 구(九)곡수(曲水)로 흘러야 길(吉)하며 직거수(直去水)는 흉(凶)이다.

- 물은 수심이 깊고 수량이 많아야 하고 얕고 적으면 흉이다. (단 산세와 조화를 이루어야 한다.)
- 물은 깨끗하고 맑아야 길(吉)하고, 탁(濁)하고 오폐수(汚廢水)는 흉이다.
- 물은 유유히 흘러야 길(吉)하고 급류(急流)에 격(激)한 소리가 나면 흉이다.
- 물이 혈(穴)을 감싸고도는 회류수(回流水)는 길(吉)하고, 등지고 배반하면 흉(凶)이다.
- 물이 혈을 포옹하면 길(吉)하고, 혈을 화살처럼 충(沖)하면 흉이다.
- 풍수의 범술은 득수(得水)가 으뜸이고 장풍(藏風)을 다음이다. 물을 먼저 보고 다음에 장풍 여부를 본다.
- 천문지호(千門地戶) 득수처(得水處) 물이 오는 방향을 천문(天門)이라 하고 물이 가는 방향 파구 지호(破口地戶)라 말한다. 천문은 넓어 산과 물이 맑아야 하고 지호는 밀폐된 듯 보이지 않아야 좋다.
- 득수처(得水處 : 물의 발원처)는 장원(長遠)하고 물이 많아야 길하고 파구처(破口處)는 가깝고 좁아야 길하다. 재물이 모이게 된다.
- 물은 여러 곳에서 득수하여 한 곳으로 흘러가야 길(吉)하다. 여러 갈래로 나뉘어 가면 흉격(凶格)이다.
- 파구(破口), 한문(捍門), 화표(華表), 나성(羅星), 북신(北辰), 수성(水星) 같은 것이 있으면 급히 나가는 물을 느리게 멈추어 주므로 대길(大吉)한 것이다.
- 물 가운데 암석은 금성(禽星)이라고 하며 기타 파구에는 한문(捍門), 화표(華表), 나성(羅星), 북신(北辰)등으로 요약한다.

❖ **수세(水勢)로 혈(穴)을 정한다** : 장경(葬經)에는 물을 얻음이 제일이라 하였고, 양공(楊公)은 산을 보지 않고 먼저 물을 보라 하여, 진룡(眞龍)과 정혈(定穴)은 물이 합하여 모이는 곳에 있으며 산이 물을 따라 굽게 안고 돌아오면 혈(穴)이 분명하다. 요씨(寥氏)는 말하기를, 진룡(眞龍)이 떨어진 곳에 물이 모여 멀리 가지 않는다 하였고, 또 혈이 숨어 있으며 찾기가 어려우니 진혈(眞穴)은 모든 물이 모이거나 혹 멀리서 혈을 포옹(抱擁)하거나 혈에 조입(朝入)하거나 하면 이러한 수세(水勢)에 혈이 반드시 있게 되므로 물을 알지 못하면 혈을 말할 수 없다 하였다. 그러므로 산에 올라 점혈(占穴)할 때에 마땅히 수세를 살피어 만일 명당 왼쪽에 모이거나 혹은 수성(水城)이 왼쪽을 활처럼 휘어 감으면 혈이 왼쪽에 있을 것이요, 수세가 명당 오른쪽으로 모여 돌아가거나 혹 오른쪽 바깥쪽을 활처럼 휘어서 안으면 혈이 오른쪽에 있을 것이다. 만일 명당 한복판으로 물이 향하여 들어오거나, 혹 바르게 가운데로 물이 흘러 들어와 멈추거나, 물이 넘치거나 수성(水城) 둥굴게 안으면 혈이 정중(正中)에 있음을 알 것이다. 물이 만일 멀리서 오면 명당이 너그럽고, 혈은 높은 곳에 있으며, 혹 원진수(元辰水 : 본룡을 따라온 물)가 길고 국세(局勢)가 순하면 혈이 얕을 것이니, 이는 수세(水勢)에 의하여 정혈(定穴)하는 대법(大法)이다. 득수(得水)란 무엇인가? 물이 처음 시작되는 발원처를 풍수에서는 득수(得水) 혹은 분(分)이라고 한다. 각각의 득수 지점에서부터 혈장(穴場) 좌우로 흘러내리는 물이 혈장 앞의 어느 지점에서 만날 때 이를 합이라고 하는데, 앞의 좌우수(左右水) 물길의 분(分)과 합(合)의 유무는 혈장의 진위 여부를 가리는 기준 중의 하나가 될 정도로 혈장의 결혈(結穴)에 있어서 중요한 사항이다. 따라서 혈장의 주변 산세를 살필 때는 반드시 좌우로 유정(有情)하게 흐르는 물이 합을 이루고 있는지에 관하여 세심한 주의가 필요하다. 아울러 산과 물이 만나는 지점 즉 물이 빠져나가는 지점을 가리키는 파구(破口) 혹은 수구(水口)는 득수국(得水局)의 혈장(穴場)에 있어서 중요한 사항이다. 혈장(穴場)의 핵심인 혈심(穴心)에 수기(水氣)를 공급하기 위하여 이루어지는 득수(得水)에도 현무(주산) 이하의 청룡(青龍)과 백호(白虎) 안에서 혈장을 감싸며 흐르는 물을 내득수(內得水), 현무(주산)위의 바깥쪽에서 시작되어 혈장을 멀리에서 감싸고 있는 물을 외득수(外得水)라 한다.

❖ **수세론(水勢論)** : 수세란 것은 혈(穴) 앞에 가고 오는 물이니 용혈(龍穴) 결혈(結穴)의 긴요한 증거가 된다. 수세(水勢)가 만약 기울어지고 삐뚤어지고 충(冲)하고 파(破)하면 혈이 참되지 못하니, 오는 것 가는 것이 모름지기 지자(之字)나 현자(玄字)를 요(要)하게 된다. 산에 올라 묘를 소점(所占)하는데 먼저 수세(水勢)를 보

아야 한다. 대개 용(龍)이 그 물이 아니고서는 그 오는 것이 분명함이 없고 혈이 물이 없음으로써 그 그친 것이 분명하지 못하다 하였다. 그러하므로 옛사람이 이르기를 수세(水勢)가 무정(無情)하면 작혈(作穴)의 아름다움을 자랑하지 말라 하였으므로 수세가 많이 모이면 참된 혈이 된 곳이 나오게 된다. 물은 조수(朝水)와 호수(護水)와 횡수(橫水)가 있으니 이것에 반대하면 그르치게 된다. 수구(水口)에는 비록 드러난 천길 화표(華表)라도 혈처(穴處)에서 보이지 않는 것이 귀함이 된다.

❖ **수세론(水勢論)의 수(水)란 무엇인가**

- 물은 일반적인 상식으로 생각하기에는 하천, 호수, 바다와 같이 실제로 물이 흐르거나 고인 물로 보겠으나 지리법에서 말하는 물이란 하천과 호수와 바다는 말할 것도 없이 포함되고, 실제 물이 흐르지 않은 작은 개울과 도랑도 물이 되며, 심지어는 평면보다 약간(一寸정도) 낮게 물길 자국만 이루어져도 물에 속한다. 그러므로 물은 높은 산등성이에도 있고 광활한 평지에도 산과 물이 구분이 된다. 즉 평면보다도 볼록한 땅은 산이 되고 평탄한 곳보다 약간 낮은 곳은 물이 되니, 따지고 보면 지형을 크게 나누어 산과 물 두 가지고 볼 수 있다. 그러므로 산이 있으면 물이 있고 물이 있으면 반드시 산이 있다. 때문에 산의 짝은 물이요, 물의 짝은 산이라 하여 산수를 부부로 보아 산은 음(陰)이요 물은 양(陽)으로 보는 것이며, 산수는 배합(配合)·불배합(不配合)으로 길흉을 판단한다. 물을 보는데는 형상으로 보는데, 예를 들면 물이 크고 작고 길고 굽고 짧고 곧은 것과 혈성(穴星)과 관련해서 역순(逆順)과 유정무정(有情無情)을 논하는 것이고, 또 하나는 물의 들어오고 나가는 방향으로 혈의 향(向)과 합국(合局) 여부를 보는 이기(理氣)의 법이다.
- 지상외수(地上外水)와 지하내수(地下內水) : 물에는 지상외수와 지하내수 그리고 사람이 직접 감지할 수 없는 관념수(觀念水)가 있다. 지상외수는 비가 오면 빗물을 말하고, 지하내수는 땅 속에서 나는 물을 말함이며, 관념수는 지하에 깊이 있는 물을 말한다. 어떤 지사(地師)는 곁에 물이 나는 것은 묘에 관계없다고 하나 그것은 잘못된 생각이다. 물은 천수든 나는 물이든 체백에 들어가면 체백이 무패하기 마련이다. 진흙 땅 같은 곳은 한 번 물이 들어가면 빠져 나가지도 않는다. 혹 이장할 때 파보면 나는 곳도 아닌데 20년, 30년이 지나도 체백은 그대로 있다. 이렇게 되면 그의 자손들은 크고 작은 흉화를 당하게 되는 것이다.

❖ **수세심혈**(水勢尋穴) : 물을 보고 혈을 찾는 방법. 물은 움직이는 양의 기운이다. 반면에 용은 움직이지 않는 음의 기운이다. 혈은 산과 물이 서로 만나 음양조화를 이룰 수 있는 곳에 맺는다. 용은 물을 만나면 멈춘다. 또 산은 물을 건널 수 없고 물은 산을 넘을 수 없다. 용을 따라 흐르던 생기가 멈추어 혈을 맺으려면 물은 필수적이다. 만약 용이 물을 만나지 못하면 생기는 계속 빠져나가 한곳에 모이지 않는다.

❖ **수세와 점혈** : 수세에 따른 점혈(點穴)은 참으로 다양하다. 장경(葬經)에는, '혈은 물의 길함을 얻어야 한다'고 했고, 양공은 '산을 보기 전에 물을 보라' '무릇 진룡과 정혈(正穴)은 중수(여러 곳의 물)가 모인 곳에 있다'고 했다. 그러므로 물을 알지 못하면 혈을 논할 수 없다. 그러나 여기서 말하는 수세란 육안으로 분별할 수 있는 물의 형세를 말한 것이지 이법적인 수법과는 다르다. 중요한 몇 개 항목만 간추려 설명하겠다.

- 산은 음이요 물은 양이기 때문에 음양(산수)이 정답게 사귄 곳에서 혈을 찾아야 한다.
- 풍수지리에서는 득수가 첫째요, 장풍(24방위산이 허한 곳이 없이 혈을 다정하게 감싸주면 장풍이 된다)이 그 다음이다.
- 부귀왕정(富貴旺丁)의 혈을 얻고자 하면 힘써 물을 다스려야 한다.
- 한 산의 피해는 많은 자손에게 재앙이 미치지만 천산(千山)이 길함은 하나의 수살(水殺)을 막을 수 없다. 즉 산의 흉한 살보다 수살이 더욱 두렵고 무섭기 때문에 혈을 구하려 할 때 우선 수살을 피해야 된다.
- '구곡길수(九曲吉水)가 명당으로 유입하면 재상이 난다' 했으니 아홉 번이나 굽이굽이 감고 돌면서 명당을 감싸주는 곳을 찾아 정혈해야 된다.
- '육곡구수(六谷九水)가 모여서 합금(聚會合襟)이면 큰 부자가

난다' 했다. 즉 부를 얻으려면 우선 여러 골짜기 물이 명당 앞에 모여 합하고한 군데로 합쳐 흘러나가는 곳을 찾아야 된다. '역수일작(逆水一勺)이면 가히 부자를 기약할 수 있다'고 했으니 치부를 바란다면 중중역수처에서 혈지를 찾아야 된다.

- '발복장구(發福長久)에는 수전현무(水纏玄武)'라 했으니 장구한 부귀를 원한다면 우선 길수가 현무의 뒤를 감고 도는 곳을 찾아야 된다. 이법적 영역이긴 하나 참고로 소개한다.
- 옛 글에 '묘유(卯酉)청정은 여귀(女貴)하고 자오(子午)활대(活大)는 무장(武將)'이라 했다. 묘(卯)·유(酉)방에서 청정한 물을 얻으면 병권(兵權)을 쥔 장군이 난다는 뜻이다.
- '생방득수(生方得水)는 백자천손지원(百子千孫之源)'이라 했다. 즉 많은 자손을 얻으려는 장생방(長生方)에서 청정길수를 얻어야 한다.

❖ **수세(水勢)의 길격(吉格)** : 물은 명당혈을 향하여 구불구불하고 느릿느릿하게 와야 좋고, 용혈을 가로지르는 물은 깊고 맑으며 용혈을 감싸안은 듯 휘돌아 흘러야 길하며, 명당수가 바깥으로 빠져 나갈 때는 급류하거나 바로 앞으로 빠져나가서는 안 되며, 머뭇거리듯 보이지 않는 곳으로 조용히 나가야 좋다. 호수나 저수지처럼 고인 물은 깨끗하고 깊게 넘쳐 흘러야 좋으며, 용혈을 빠져나가는 물은 빙빙 돌아서 조용히 나가야 길하다.

❖ **수세(水勢)의 흉격(凶格)** : 물이 용혈을 향하여 곧바로 쏘는 듯이 들어오면 흉하고, 물이 사방으로 빠져나가거나 명당수가 한쪽으로 급하게 쏟아지는 것도 흉하다. 또 물이 소리를 내며 흐르거나 얕고 급한 여울물이 급류하는 것은 흉하며, 물이 흐르며 더럽고 악취가 나거나 배역으로 흐르면 더욱 흉하다.

❖ **수세증혈(水勢證穴)** : 진룡(眞龍)과 정혈(正穴)이 있는 곳은 반드시 조원수(朝源水)가 취합(聚合)한다. 수세(水勢)가 좌당(左堂)에 모이고 혹 수성(水城)이 활과 같이 좌변(左邊)을 안고 돌면 혈(穴)이 왼쪽에 있을 것이고, 수세(水勢)가 우당(右堂)으로 모이고 수성(水城)이 오른쪽으로 활과 같이 안고 돌면 혈이 오른쪽에 있는 것이다. 또 수세(水勢)가 중앙에서 모이거나 혈 앞을 둥글게 싸안아 유정(有情)하면 혈은 중앙에서 맺는다. 이 때 조원(潮源)이 멀고 명당이 너그러우면 혈은 마땅히 높은 곳에서 맺고, 또한 원진(元辰)이 길고 국세(局勢)가 순하면 혈은 마땅히 낮은 곳에서 맺는다. 수향(水向)이 내룡(來龍)의 맥세(脈勢)를 따르는 순세(順勢)이면 혈을 아래에 잡고 역세(逆勢)이면 높은 곳에 잡아야 하고, 진룡낙처(眞龍落處)에는 반드시 모든 물이 취합하는 것이 천지 자연의 이치이다. 바꿔 말하면 혈이 참이면 물이 모이고 혈이 가짜면 물이 흘러가버린다는 뜻이 된다. 그러므로 점혈함에 있어 수세를 무시할 수가 없다.

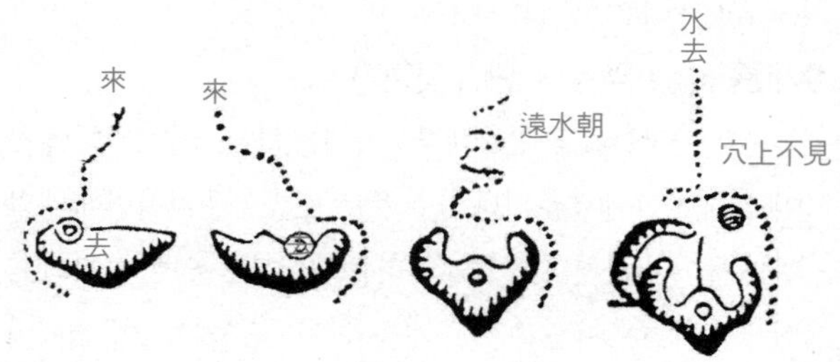

❖ **수세증혈도** : 수수(水秀) : 지현으로 굴곡하여 흐르며 맑고 조용하게 깨끗이 흐르는 물.

❖ **수수(收水)** : 물은 지어미요 산은 지아비다. 납수(納水)는 부부가 서로 가까이 있는 것과 같이 산과 물이 서로 교구하여야 길하다. 양균송은 수사정병(水似精兵)하여 진퇴(進退)는 유장(由將)이라고 하였다. 이 말은 물이 비록 중요한 것이기는 하나 역시 용·혈을 보조하는 요소일 뿐이지 물 자체가 주장(主將)이 될 수는 없다는 이론이며, 풍수학에서는 용혈이 주된 것임을 잊어서는 안 된다. 수법은 각기각설이라 어느 법이 옳은 것인지는 판단하기가 쉽지 않다.

❖ **수수비화(水水比和)** : 물과 물끼리는 오행(五行)이 같으므로 비화(比和) 관계라는 말.

❖ **수심(水深)** : 수심이 깊고 많아야 길(吉)하고 얕고 적으면 흉(凶)이다. 물을 맑아야 길(吉)하고 탁(濁)하면 흉(凶)이다.

❖ **수애혈(水涯穴)** : 물이 흐르고 있는 강이나 냇물 바로 옆에 혈(穴)이 있는 것인데, 이곳에 시신을 묻으면 기이하게도 물길이 다른 곳으로 둘러 나간다는 말이 있다.

❖ **수옥(囚獄)** : 작은 혈산이 여러 높은 산에 둘러싸여 갇힌 형태.

❖ **수요(水繞)** : 물이 얽혀서 혈을 둘러싸는 모양.

❖ **수요장**(壽夭章)

① 장수(長壽)는 건해국(乾亥局) 병오국(丙午局)이다.

② 살인은 무기국(戊己局)에 삼형살(三刑殺)이 있다. 해임두(亥壬頭) 신술국(辛戌局)과 사병두(巳丙頭) 을진국(乙辰局)은 내가 남을 죽이고, 신경두(申庚頭) 정미국(丁未局)은 다른 사람이 나를 죽인다. 인갑두(寅甲頭) 계축국(癸丑局)은 집안끼리 살인난다. 4태(胎) 없는 4장(藏) 아래에서는 대개 살인이 많이 일어난다. 임자(壬子), 술갑묘(戌甲卯), 축병오(丑丙午)가 진(辰)을 만나는 경우.

③ 객사는 술기국(戌己局)에서 난다.

④ 물로 인해 일어나는 사고 익사(溺死)는 물이 왕성한 용에서 비롯된다. 물이 왕성한 것은 부두법으로 좌(坐)가 납음, 임진(壬辰), 계사(癸巳), 장류수(長流水), 임술(壬戌), 계해(癸亥), 대해수(大海水)의 경우다.

⑤ 요사(夭死)는 입수 좌혈 간지 상극에서 난다. 계(癸)입수 축좌(丑坐), 을(乙)입수 진좌(辰坐).

⑥ 화사(火死)는 술건룡(戌乾龍) 곤미국(坤未局), 손진룡(巽辰龍) 축진국(丑辰局)이다. 불배합 쌍행룡 쌍행좌의 경우다.

⑦ 호랑이에게 물려가는 것은 간인(艮寅)방에 호암석(虎岩石), 경신(庚申)방에 백호 암석이 있는 경우다.

⑧ 도살(刀殺)은 을진룡(乙辰龍) 묘(卯)입수좌의 경우다.

⑨ 병정(丙丁)봉이 높고 높으면 부모님이 장수하고 임감(壬坎)봉이 낮고 꺼졌으면 수중고혼 끝이 없다.

❖ **수왈**(水曰) **록**(祿)**이요 사왈**(砂曰) **귀**(貴)**라** : 양명(陽明) 한 산은 귀(貴)로 보고 당판(堂板)의 결응은 부(富)로 보고 지룡(枝龍)은 처궁과 자손으로 보고 주변의 사(砂) 유정무정은 자손의 충효와 부귀(富貴)로 본다.

❖ **수왈 이자**(二子)**둔 상주**(喪主)**라면** : 이자 둔 상주라면 백호변(白虎邊)이 장자방(長子房)이 되고 청룡변(青龍邊)이 차자방(次子房)이 된다. 파수구가 길(吉)하면 장자(長子)가 창성(昌盛) 하고, 득수(得水) 길(吉)하면 차자(次子)가 길(吉)하다. 말자(末子)를 두면 창자는 백호 차자는 청룡 말자(末子)는 안산(案山)이 된다. 사자(四子)는 안산우편(案山右便) 오자(五子)는 안산좌편(案山左便) 육자(六子)는 안산 중앙이 된다.

❖ **수월안장길일**(遂月安葬吉日) : 수월안장길일은 장례일이 화급할 때 사용하는 택일법이다. 단 괴강(魁罡), 중상(重喪), 중복(重復), 건파(建破), 백호(白虎), 음양차착(陰陽差錯) 등 흉살이 겹쳐 들어오는 날은 쓸 수 없다.

- 正月 : 丙寅, 癸酉, 乙酉, 丁酉, 己酉, 辛酉, 壬午, 丙午日
- 2月 : 丙寅, 壬申, 甲申, 庚寅, 丙申, 壬申, 己未, 庚申日
- 3月 : 庚午, 壬申, 癸酉, 壬午, 甲申, 乙酉, 丙申, 丁酉, 丙午, 庚申, 辛酉日
- 4月 : 壬申, 甲寅, 庚寅, 丙申, 壬寅, 庚申, 辛未, 甲戌, 庚辰, 甲辰日
- 6月 : 癸酉, 甲申, 乙酉, 丙申, 庚申, 辛酉, 癸未, 庚寅, 辛卯, 乙未, 壬寅, 丙午, 壬申, 戊申, 甲寅日
- 7月 : 癸酉, 乙酉, 丁酉, 己酉, 壬申, 丙子, 壬午, 壬辰, 丙申, 丙午, 壬子, 丙辰日
- 8月 : 壬申, 甲申, 庚寅, 丙申, 壬寅, 庚申, 癸酉, 乙酉, 壬辰, 丙辰, 辛酉日
- 9月 : 庚午, 甲辰, 甲子, 辛未, 癸酉, 甲午, 乙未, 庚子日
- 11月 : 壬申, 甲申, 庚寅, 丙申, 壬寅, 甲辰, 甲寅, 庚申, 壬辰, 壬子日
- 12月 : 壬申, 癸酉, 甲申, 乙酉, 丙申, 壬寅, 甲寅, 庚申, 庚寅日

그러나 본항의 천상천하대공망일(天上天下大空亡日), 천우불수총길일(天牛不守塚吉日), 수월안장길일(遂月安葬吉日)은 다같이 긴급을 요할 때에 이용하는 택일법이기는 하나 실은 다른 길상궁위(吉祥宮位)와 합궁(合宮)하여 사용하지 아니하면 약간의 제살(制殺)은 기대할 수는 있으나 별로 큰 효험은 없다. 더욱이 흉신(凶神)이 겹들어 오는 날은 용사(用事)할 수가 없다.

❖ **수읍**(水泣) : 물의 흐르는 소리가 사람이 우는 소리와 같이 들리는 소리.

❖ **수응**(秀應) : 수려한 성신(星辰)이 향하여 응하는 것.

❖ **수의**(壽衣) : 수의는 삼베를 제일로 삼고 수의의 가짓수는 적을수록 좋다고 한 것이 전해오는 옛 말이다.

❖ **수**(水)**의 길흉화복**(吉凶禍福)

- 물이 맑으면 재주 있는 자손이 난다.

• 물이 순하게 흐르면 효자충신이 난다.
• 깊은 못이 있으면 영웅자손 난다.
• 반달 같이 생긴 물이 있으면 미인자손 난다.
• 활 같이 돌아준 물이 있으면 과거급제 자손이 난다.
• 긴 강이 있으면 부귀자손 난다. • 물이 일자로 있으면 대귀자손 난다.
• 호수의 물이 가득하면 부귀자손 난다.
• 바닷물이 모이면 고명자손 난다.
• 물이 앞에서 충하면 인패가 난다.
• 물이 옆에서 충하면 오사자손 난다.
• 급류가 보이면 자손이 파산한다.
• 물이 곧게 흐르면 재산패 한다.
• 물이 살짝 엿보이면 도적자손 난다.
• 여울물 소리가 나면 가난하고 천한 자손난다.
• 갈라지는 물이 보이면 음행자손 난다.
• 물이 등지고(배반) 흐르면 불효자손 난다.
• 황색나는 물이 보이면 질병자 난다.

❖ **수(水)의 발원(發源)과 입당(入堂)** : 물의 도국(到局)이란 물이 명당에 드는 것을 말한다. 무릇 물은 발원이 심장(深長)하여야 용도 장원(長遠)하여 발복이 유구할 것이나 수원(水源)이 짧으면 용도 짧을 것이므로, 오는 물은 짧고 가는 물만 길어서 역량이 거의 없으므로 발복도 거의 없거나 잠시뿐이다. 또 물이 비록 심원(深遠)하더라도 명당에 이를 때가 중요한 것이니 배반되지 말아야 하고, 하수사(下手砂)의 관란(關攔)이 없으면 무익한 것이다. 그러므로 물의 출구는 만환굴곡(彎環屈曲)하여 흘러가는 곳이 없어야 하며, 가기가 싫어서 나를 돌아다보고 서성거리며 나성(羅星), 유어(遊魚), 북신(北辰), 화표(華表), 한문(捍門)등 귀사(貴砂)들이 있어서 중첩(重疊)으로 막아주면 일등 귀지(貴地)를 결작(結作)하는 것이다.

❖ **수(水)의 분합(分合)** : 물의 분합은 합금수(合襟水)를 말하는 것으로, 혈 뒤에서 나뉜 물이 혈 앞에 합하는 것을 말한다. 무릇 내맥(來脈)은 물에 의하여 인도되고 물의 합으로 그치며 물로 인하여 경계를 짓는 것이므로, 혈이 되는 요건중의 가장 중요한 것이 물의 분합이다. 물의 분합(分合)을 삼분삼합(三分三合)으로 구분하여 설명하고 있다. 태극원운(太極圓暈)을 따라 분합하는 것은 일합(一合)이라 하는데, 진짜로 물이 있거나 없거나를 불문한다. 또 승금(乘金) 뒤에서 나누어진 물이 혈성(穴星)을 싸고돌아 용호내(龍虎內)에서 합금(合襟)하는 물을 이합(二合)이라 하며, 부모산 너머에서 나누어진 물이 외명당(外明堂)에서 합하는 물을 삼합(三合)이라 하는데, 물은 혈에서 보이건 안 보이건 상관없다. 이상의 삼분삼합(三分三合)은 하수해안(鰕鬚蟹眼 : 새우수염과 게의 눈과 같은 砂를 말함)이 구비되었음을 알 수 있는 것이고, 선익용호(蟬翼龍虎)의 명백함과 전호(纏虎)의 완전함을 말해주는 것이며, 전은 친하고 후는 기(寄)함을 가르쳐 주는 것이다. 물이 뒤에서 나누어지거나 앞에서 합함이 없거나 앞에서는 합이 있는데 뒤에서 나누어지지 않는다면 결코 결작(結作) 할 수 없다.

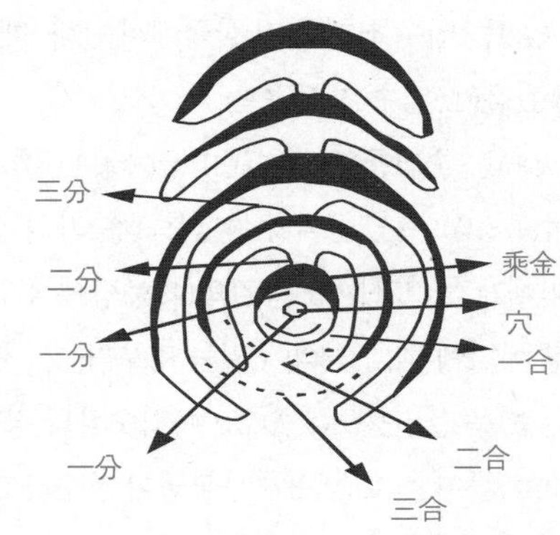

❖ **수(數)의 오행(五行)** : 이는 자연수인 용마하도(龍馬河圖)에서 나온 것으로서 동궁(同宮)에 드는 수(數)끼리 합화하였음을 볼 수 있다.

一六 = 水, 二七 = 火, 三八 = 木,

四九 = 金, 五十 = 土

❖ **수(水)의 형상인 산** : 물의 형상인 산은 부드러워 구불구불하게 움직여 흐르는 용이다. 물의 형상에 붙인 물형(物形)은 용, 뱀, 지렁이 같은 형국이 여기에 속하며, 혈의 위치는 코, 귀, 머리, 고리 부분에 있다.

❖ **수장(水葬)** : 못이나 호수 가운데 묘를 쓰는 일 즉 물 밑에 명혈(名

穴)이 있다고 하여 물밑 땅을 파고 장사지낸 예가 있다고 하나 확실한 고증이 없다.

❖ **수저혈**(水底穴) : 물 밑에 혈이 있어 시신을 수장(水葬)한 예도 있었다고 하는데, 내맥의 종적이 기이하여 깊은 물이나 못에 이르러 홀연히 맥의 흔적을 감추었다가 물 속에서 다시 높은 곳을 형성한 혈을 말한다. 사방 주위가 물로 감싸고 있다. 이것을 잘못 해석하여 물속, 즉 수저(水底)에 있는 것이라고 오해하는 사람들이 있으나 여기에서 말하는 수저는 맥이 물 밑에 숨었다(隱脈水低)는 뜻이라고 봐야 한다.

❖ **수전**(守殿) : 연신방(年神方)의 하나로 희신(喜神)으로 이 방위에 양택(陽宅)을 지으면 능히 흉살(凶殺)을 제(際)하게 되고, 재물이 발하면 특히 여자가 귀히 된다고 한다. 수전방(守殿方)은 아래와 같다.

子年 : 丙壬 丑年 : 壬未 寅年 : 子午

卯年 : 巳亥 辰年 : 甲寅 巳年 : 丁癸

午年 : 艮坤 未年 : 卯酉 申年 : 壬丙

酉年 : 卯酉 戌年 : 辰戌 亥年 : 巳亥方位

태세가 자년(子年)이면 병방(丙方)과 임방(壬方)이 수전방이다.

❖ **수조**(受胙) : 제사를 지낸 뒤에 제관(祭官)이 번육(膰肉)을 분배받던 일.

❖ **수조**(修造) : 건축물들을 수리하거나, 달아내거나, 새로 짓거나, 흙을 다루고 나무 다루는 일 등을 총칭하는 말.

❖ **수조동토**(修造動土) : 가옥을 수리하는 일, 달아내는 일, 증축중수(增築重修)와 부엌 구들 벽 등을 고치기 위해 흙을 다루는 일에 적용한다.

상일(相日) 생기일(生氣日 : 月家吉神)

천덕(天德), 월덕(月德), 월은(月恩)

옥당황도(玉堂黃道), 금궤황도(金匱黃道).

忌日 : 대장군(大將軍方), 태세방(太歲方), 삼살방(三殺方), 신황(身皇), 정명살방(定命殺方).

❖ **수족**(垂足) : 첫다리하고 걸터앉은 것 같은 용으로 흉격이다.

❖ **수주**(水走) : 물이 달아나다.

❖ **수주일**(竪柱日) : 건물의 기둥을 세우는 데 좋은 날.

丙寅, 己巳, 乙亥, 己卯, 甲申, 乙酉, 戊子, 己丑, 庚寅, 乙未, 己亥, 辛丑, 癸卯, 乙巳, 辛巳, 戊甲, 己酉, 壬子, 甲寅, 己未, 庚申, 壬戌日, 천덕(天德), 월덕(月德), 황도(黃道), 삼합(三合), 寅申巳亥日, 성(成), 개일(開日).

❖ **수중혈**(水中穴) : 물 가운데 땅이 솟고 맥이 물 밑으로 건너가 물 가운데에 생기가 융결되면 묘를 쓰는 경우가 있다. 수중혈(水中穴)은 호수에 있는 작은 섬과 같은 곳에 결혈(結穴)된 것을 말하며, 내룡(來龍)의 맥이 물속으로 들어가 작은 섬 가운데 속결(速結)되므로 세심하게 살피지 않으면 알 수 없다. 수변혈(水邊穴)은 행룡(行龍)이 수류변(水流邊)에 결혈(結穴)된 것으로 천지조화로 이루어진다. 교묘하게도 물의 흐름이 충(沖)을 받아 다른 곳으로 옮겨가서 결혈(結穴)한다. 용루혈(龍漏穴)은 깊은 물 속의 바닥이나 깊은 샘의 바닥에 결혈(結穴)된다. 이 교혈(巧穴)에 장사를 지내면 자연히 물이 말라 없어진다. 물이 다시 생기거나 마르지 않으면 가혈(假穴)이다. 그러나 이 혈(穴)은 전해오는 이야기일 뿐 실제로 본 사람은 없다. 토피혈(土皮穴)은 행룡(行龍)이 표토(表土)에 입혈(入穴)한 것이다. 장사를 지낼 때 땅을 파지 않고 배토(培土)와 부토(浮土)를 해야 하는 혈이다. 또한 용맥이 바다나 호수를 건너 섬에 결지하여 사방이 물로 둘러싸여 있는 혈을 말한다. 생기는 바람을 타면 흩어지고 물을 만나면 멈춘다. 그러나 수중혈을 맺는 용맥은 물을 만나도 멈추지 않고 물속으로 들어가 행룡한다. 이를 도수맥(渡水脈)이라고 한다.

❖ **수직혈**(水直穴) : 혈의 양쪽에서 물이 내쏘듯 곧게 달려와서 하나로 합쳐지는 혈. 화살처럼 달려드는 물이 너무 험하게 보여서 진혈인 줄 모르기 십상이다.

❖ **수진방위법**(收眞放僞法) : 예를 들어 신술(辛戌)이 쌍행입수하고 휴룡이 음다(陰多)하고 사수(砂水)가 음향(陰向)이면 우이수(右耳受) 신기(辛氣)하여 방위술기(放僞戌氣)하며 음향하여 배합신기(配合辛氣)한다. 만약 후룡이 양다(陽多)하고 사수(砂水)가 양향이면 좌이수(左耳受) 술기(戌氣)하는 법이다.

❖ **수천혈**(水遷穴) : 수천혈은 물속에 잠겨 있는 혈. 여기에다 묘를 쓴 다음에 성(城)을 쌓아 물을 옮기고 그 다음에 묘를 쓰기도 한다.

❖ **수축**(收縮) : 혈기운(穴氣運)을 받쳐 주는 전순(氈脣).

❖ **수충사협혈**(水沖射脇穴) : 창같이 곧고 날카로운 물줄기가 혈장 옆구리를 치고 들어오는 혈. 물이 혈장을 치면 이는 충수(沖水)로 매우 흉하다. 혈은 당연히 결지 불능이다. 그런데 물이 쏘는 혈장 옆부분에 석요(石曜)라는 큰 암반이 붙어 있으면 쏘는 물을 반사시켜 혈에 피해를 주지 않는다. 석요에 부딪치고 나온 물은 혈 앞을 유정하게 감싸주고 흘러나간다. 이때 혈 옆에는 선익이 두껍게 있거나 산두(山頭)라는 작은 능선이 있어 치고 들어오는 물이 보이지 않으면 오히려 속발부귀(速發富貴)하는 혈을 맺는다.

❖ **수퇴라마**(水堆羅磨) : 물이 연자방아를 돌리는 형국. 사방에 물이 휘감고 돌아가고, 혈은 연자방아의 중심에 있으며, 노적가리, 혹은 창고, 그릇 등이 안산이 된다.

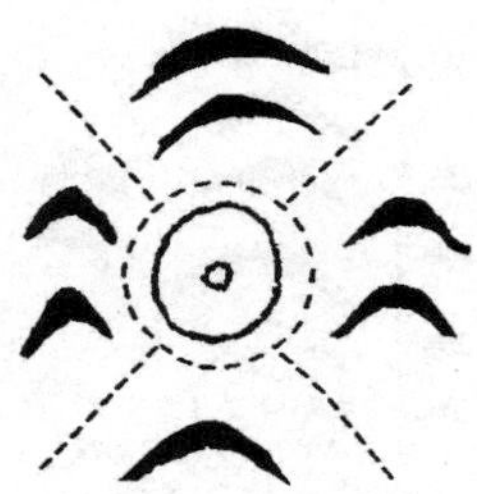

❖ **수포**(水抱) : 혈 앞에 흐르는 하천이 혈지를 에워싸고 있는 형세. 흔히 유수환포(有水環抱)라고 말하며, 장서(葬書)에서는 풍수(風水)의 법은 물이 있어야 좋은 것으로 본다고 하고 있고, 양구빈(楊救貧)도 아직 산을 보지 않았더라도 먼저 물을 보라, 유산무수(有山無水)의 땅은 찾지 말라고 하고 있으며, 요금정(廖金晴) 또한 심룡(尋龍) 점혈(點穴)은 모름지기 자세히 하여야 한다. 우선 수세(水勢)를 보아야 함이 마땅하다 라고 까지 말하고 있을 정도이다. 이처럼 수기(水氣)의 존재가 용혈(龍穴)에 대해서 얼마나 중요한가를 엿볼 수 있다고 하지만 물의 형태에 따라서는 또 길흉(吉凶)의 작용이 달라진다.

❖ **수혈**(水穴) : 혈을 감싸고도는 회류수(回流水)는 길(吉)하고 혈(穴)을 등지면 흉(凶)하다.

❖ **수혈삼등**(受穴三等) : 정수(正受)·분수(分受)·방수(旁受)의 3종류의 역량의 경중의 차이로써, 정수혈은 용세와 결혈이 올바른 것으로, 수많은 산들이 모두 혈을 위해 있고 역량이 크고 복이 오래 간다. 분수혈은 정통 가지가 아닌 다른 가지의 중간에서 갈라져 다시 봉우리를 일으키며 개국, 결혈한 것을 말하며, 다른 용을 위해 있는 용이 아니고 스스로 당국을 만들어 혈을 맺은 것으로 역량의 대소는 용의 장단에 따라 달라진다. 방수혈은 왕성한 정룡의 과협처, 지각 사이, 전송호탁의 용에서 도는 청룡·백호의 남은 기운 등에서 맺은 작은 혈을 말하며, 혈형·혈정이 명백하고 사면등대(四面等對)면 발음(發蔭)은 하나 머지않아 패망지가 된다. 특히 정수혈에 묘를 쓴 뒤에는 용의 기운을 빼앗겨 패망하게 된다.

❖ **수형**(水形) **31도** : 금성수(金星水)는 가장 기이하여 부귀가 쌍전(雙全)하고 세상에 드문 복록을 누리는 바, 부모에 효도하고 나라에 충성하는 인물과 의를 숭상하여 사람들의 칭송을 받는 호남자가 생겨난다. 물이 성문(城門)을 만들고 환목(喚木)이 앞에 당하여 가로로 지나고 곧고 길며, 용은 귀로 진출하였으니 부하기 어려운데 그

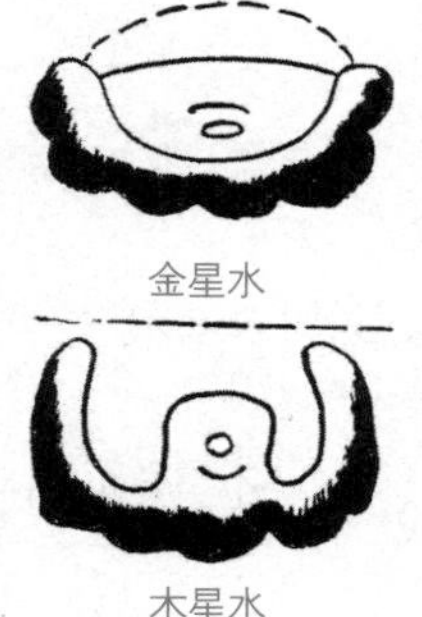

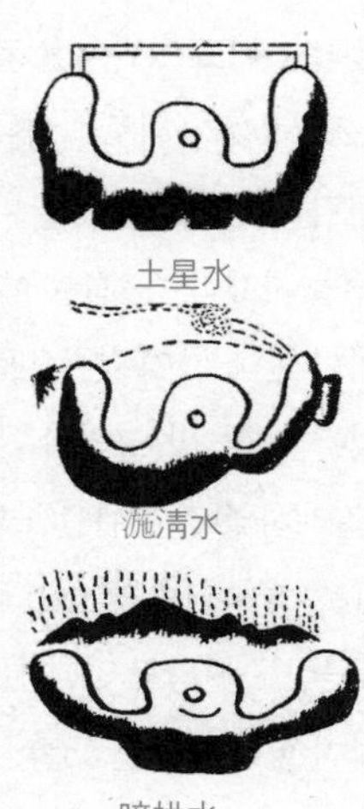
土星水

漉清水

暗拱水

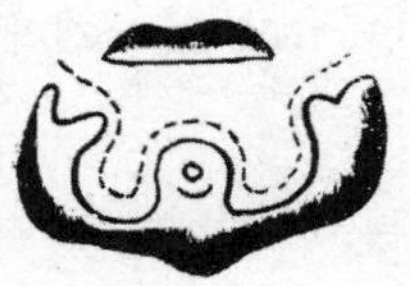
朝拜水

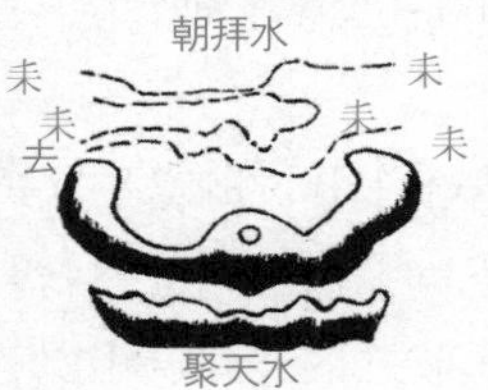

聚天水

金釵水

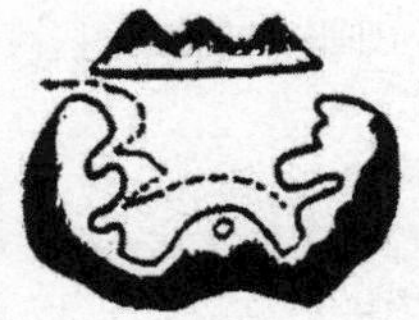
排衙水

天梯水

자손의 성이 강직하니 대대로 성강(性强)한 인물이 나온다. 수요(水繞)한 것이 굽이굽이 지났으므로 의식이 족하고 자손이 총명 수려하다. 그리고 용직(龍直)하니 용이하게 대과(大科)에 급제한다. 물이 화형(火形)으로 성문(城門)을 만들어 크게 좋지 않다. 거만하고 강폭한 인물이 나오므로 우뢰처럼 대발했다가도 금시 피해 아무 것도 없으며 또는 답답하다.

물이 요(繞)함이 토형(土形)같으면 단방(端方)하고 엄중하여 사경(斜傾)되지 않으니 부귀하고 신망 있는 인물이 나오고 대대로 양명한다. 물이 모여 이루어진 못이 혈 앞에 있으니 전가(全家)가 왕기(旺氣)를 발하며, 이렇게 되면 열 가운데 아홉은 부격(富格)으로 금곡(金穀)과 의식의 쓰고 남음이 많다.

암공수(暗拱水)란 혈에서는 보이지 않으나 안산(案山)너머로 물이 공하는 것을 말한다. 대강수(大江水)가 첩신(貼身)하여 일안(一案)으로 횡란(橫欄)하면 주(主)와 빈(賓)이 모두 강왕(强旺)하여 가장 좋으니 조관(朝官)이 되어 오정(五鼎)의 식록을 먹는다.

층층으로 조배(祖拜)하는 물이 입회(入懷)하니 지사(地師)는 이러한 물이 있음을 보거든 조심하여 재혈(裁穴)하여야 한다. 혈을 요(繞)함이 용진(龍眞)이니 필히 장상(將相)과 공사(公使)가 차례로 나온다. 여러 곳에서 조공(朝拱)하는 물이 한 곳으로 흐르니 수기(秀氣)의 재원(財源)이 국으로 가득히 거두어들이고 내룡(來龍)이 생왕(生旺)되니 장후(葬後) 자손이 천추까지 부귀한다.

玉堦 水

倉板水

簸箕水

入口水

編玄武水

九曲水

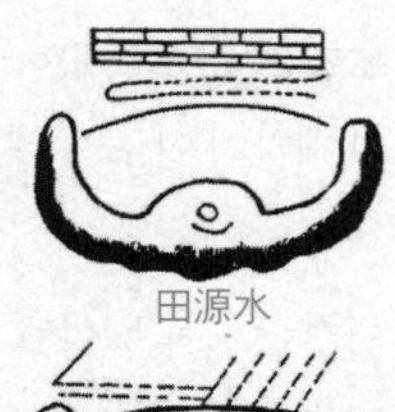
田源水

破天水

채고수(釵股水)가 약간 직류하니 초년에 발달함을 기하기 어렵다. 외사(外砂)가 거슬러 절(截)하므로 유의할 것은 부귀를 타에서 알지니 모두 때가 있다.

배아(排衙)하는 용호수(龍虎水)가 선회(旋回)하니 진혈(眞穴)이다. 그러므로 부귀가 온전하고 또는 외관의 수발(秀拔)이 많으니 형제가 등과(登科)하기를 서로 자주한다.

천제수(天梯水)는 곧 등과하며 천구[궁전](天衢[宮前])에 완보(緩步)함(벼슬하여 궁전 출입하는 것) 용이 진인 까닭이다.

옥계수(玉堦水)라는 물이 있으면 반드시 어전에 출입하여 금계(金堦)를 오르고 내리게 될 것이니 몸가짐을 조심하여야 한다.

창판수(倉板水)는 혈 앞을 조(朝)하니 전답을 사들일 것이고, 또는 용수(龍水)가 배합을 얻었으니 부귀가 오래도록 유지된다.

파기수(簸箕水)가 반입(搬入)하니 금을 저축하고 옥을 쌓을 것이요, 귀마(貴馬)가 득위하였으니 벼슬이 높고 녹이 후하다.

입구수(入口水)는 묘하여 한마디로 말하기가 어려우나 역사(逆砂)가 횡절(橫截)하여 수란(收欄)을 지으니 이 혈에 무덤을

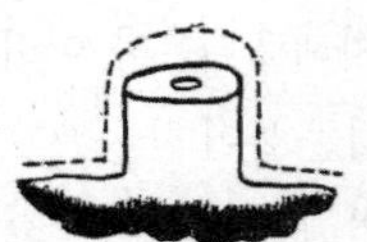
裏頭水

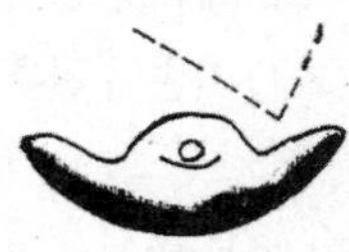
射脅水

牽牛水

穿臂水

直傾水

쓰면 발복이 매우 빠른 것이니 다만 산로(山路)가 환회함을 자세히 보아야 한다. 부귀와 관환(官宦)됨을 알고자 하면 이 물이 현무두[혈후](玄武頭)[穴後]를 전(纏)하였는가를 보아야 한다. 두고(兜靠)가 분명히 진호혈(眞好穴)이고 동산수(銅山水)가 등(鄧)나라로 가서 수(收)함이로다. 한해에 벼슬이 구천(九遷)한 까닭은 구곡수(九曲水)가 조(照)함이다. 한원(翰苑)에 생향(生香)하여 옹용(雍容)하게 입각(入閣)한다. 일안(一案)이 중수(衆水)와 전지(田地)를 차란(遮攔)하고 수전(水田)이 조취(朝聚)하였으므로 돈을 쓰고 남음이 있게 되고, 가로로 흐르는 개울이 또 면궁형(眠弓形)을 만들어 양수(兩水)가 왕(旺)하니 인정(人丁)과 재물이 왕(旺)하고 부귀가 성한다. 큰 물이 도도하여 복면(濮面)으로 오니 대개 사(砂)의 형세를 추정하기 어렵다. 다만 주[혈](主[穴])는 약하고 빈[사](賓[砂])은 강하니 흉패하고 황음(荒淫)하다.

충심혈(冲心穴)이 불량하고 부면(富面)에 조래(朝來)하는 물이 크고 곧고 길어 비록 재물은 일을 지라도 위병(胃病)으로 금전을 소모하며 전람으로 인해 아름답지 못한 소문을 감당치 못한다.

일수(一水)가 주류하니 이러한 경우를 이두수(裏頭水)라 하며, 순음(純陰)이 도와주지 못한다. 시사(時師)는 잘못 금성수(金城水)로 알고 장사하면 인정과 재산이 모두 절단난다.

사협수(射脅水)가 횡으로 쏟아 오고 용호(龍虎)는 장두(藏頭)하며 혈(穴)은 태가 노출되니 질병이 끊임없이 재앙이 이르며 더욱이 복(濮)위에서 배회한다.

용호(龍虎)가 무정한 가운데 물이 곧게 흘러가는 것을 옛사람은 견우(牽牛)라 하였다. 인정과 재물이 모두 패하며 재사(才士)가 입지(立志)를 못하고 인액(因厄)을 받는다.

이 혈은 용호(龍虎)가 낮고 오목해서 수로(水路)가 그 사이로 통하니 이는 두 팔을 뚫는 것이 되어 흉하며 좌는 길고 우는 작으니 재앙이 이르는 혈로써 고질이 많고 황음(荒淫)하고 고과(孤寡)가 많이 생기어 빈궁하다. 물은 기울게 흐르고 사(砂)는 외로 달아나는 듯하여 사수(砂水)가 무정하고 혈이 의지를 못한다. 고향을 떠나면 누가 구원해 줄까 양공(楊公)의 수법을 자세히 추지(推知)하여 절대 이러한 곳을 재혈(裁穴)하지 말아야 한다. 물이 당국으로 돌아오지 않거나 와도 온 것 같지 않은 것을 말하는바, 고인이 "사비수(斜飛水)는 큰 재앙을 일으킨다."고 경계하였다. 상취혈(上聚穴)도 아니요, 순전(脣氈)도 없으니 고빈(孤貧)하다. 할각(割脚)되어 당 앞을 지나가면 일단 퇴류한 뒤에 근심도 원망도 없다. 이 물을 범하면 일찍 고향을 떠나고 음란하며 심한 경우 군도(群盜)가 되어 화를 받는다. 흘러와서 명당 앞을 지난다 해도 밖으로 등져 굽으니 불가하다. 수법은 자고로 이 반궁수(反弓水)를 꺼리는 바, 단돈 한 푼도 얻지 못하는 빈궁상이다.

두 물이 항상 흘러 나가니 용이 진기가 흐트러져서 유지를 못한다. 장후(葬後)에 인정과 재물이 쇠퇴하며 살육의 재액이 아니면 탄치(癱痔)를 앓는다.

임두수(淋頭水)가 당 중심으로 와서 흘러 나가니 자오묘유방(子午卯酉方)을 가장 두려워한다. 이 말을 듣기가 곤란하겠으나 집집의 화는 소장(蕭墻)에 있다. 물이 팔자 모양으로 나뉘어 흘러가니 부자간에 동서에 헤어지니 누가 도와줄까 기한(饑寒)이 날로 심해간다. 도수(倒水)가 층층으로 흘러가니 혈에 당기(堂氣)가 모이지 않는다. 소년이 망하고 과고(寡孤)가 생긴다. 일설에는 재산을 지키지 못하고 다 망한다 한다. 십자로 교천(交穿)하는 물이 멈추지 않고 첨사(尖砂)가 면전으로 척척 닥친다. 천심유파(天心流破)는 참으로 악한 것으로 재물이 패하고 사람이 상하며 횡사가 많다.

❖ 수형(水形)의 개괄분류

① 기본수형오행개략도(基本水形五行槪略圖)

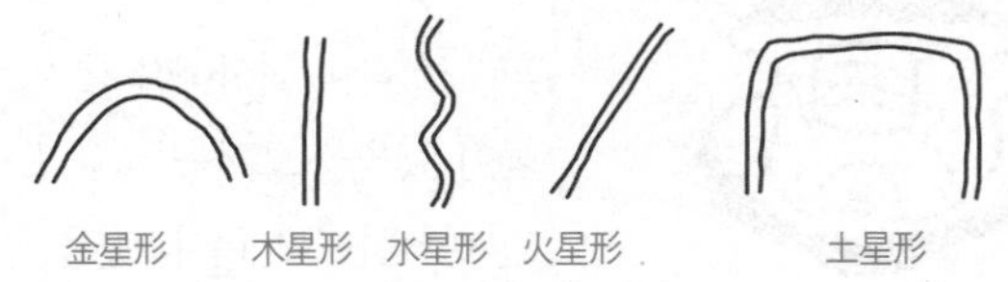

② 수형체(水形體)

卦樹枯蛇

穴前澄水

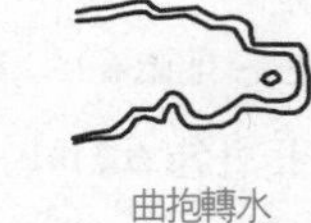
曲抱轉水

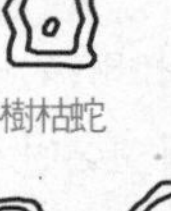
飛龍之水

盤曲龍水

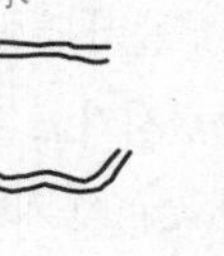
龍屈抱穴

③ 금형체(金形體)

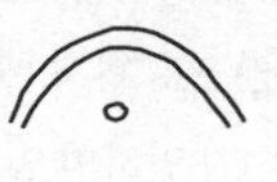
正金

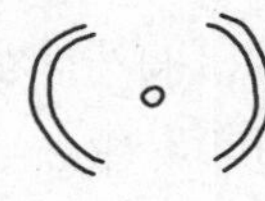
左金　右金

左右反去

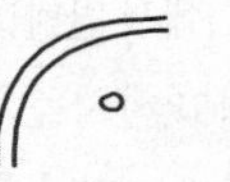
斜金

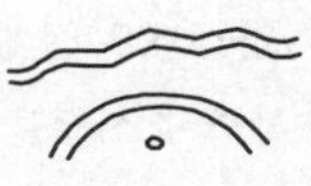
金外水流

金星反轉

金星太細

左金水相生　右木撞金星　金沖木火

④ 목형체(木形體)

直木沖穴

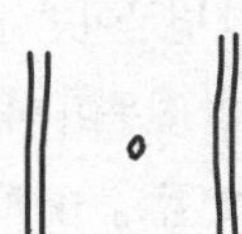
直木兩立

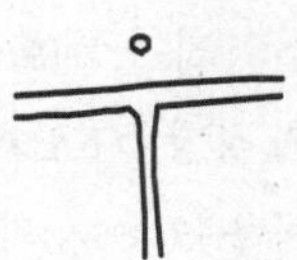
木土相克

⑤ 화형체(火形體)

火斜飛行

火城合流

倒火返抱

火城返去

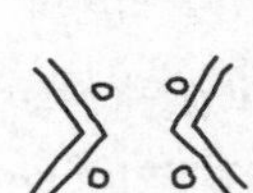
火星反飛

火星交反

⑥ 토형체(土形體)

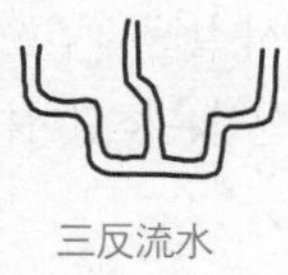
三反流水

穴周抱轉

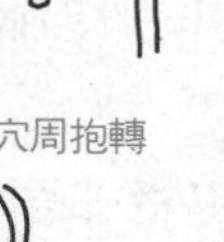
兩側抱轉

土城返去

土上接水

土城帶火

⑦ 자연수 간지곡순(干枝曲順)의 이해도

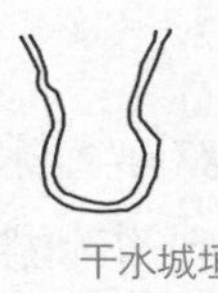
干水城垣

干水散氣

枝水交界(小)

枝水交界

曲水單纏

曲水朝堂

順水曲鉤

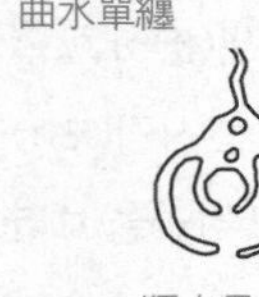
順水界抱

⑧ 지세맥혈 분변도(地勢脈穴分辨圖)

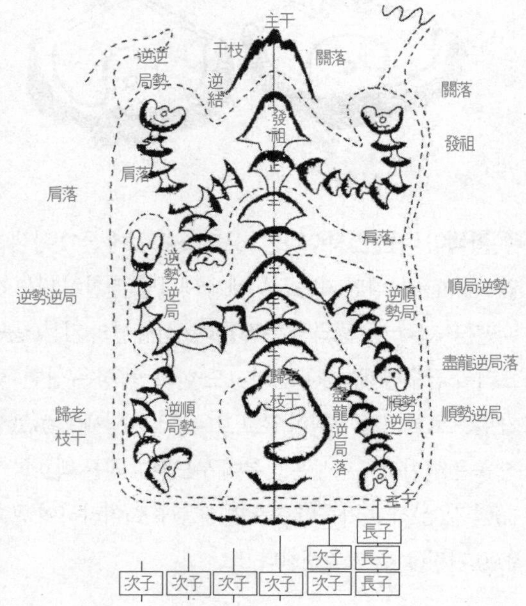

❖ **수호**(睡虎) : 누워서 졸고 있는 호랑이 형국. 졸고 있으니 다른 짐승을 노리지도 해치지도 않는다. 그래서 살생을 면한다. 혈은 호랑이의 머리나 허리 가운데에 있고, 안산은 호랑이를 노리는 창이다.

❖ **수(水) 화복(禍福)은 가까운 도랑물이나 개울물에 달려 있다** : 먼 산이나 강수(江水)는 여럿이 같이 연계하여 있는 것이요. 가까운 산과 가까운 수(水)는 혈처(穴處)와와 독대(獨對)로 연관하고 있는 산이요 물이니 먼저 묘지와 집터에서 가장 가까운 도랑물 개울물이 급선무이다. 화복(禍福)은 재빠른 발응은 가까운 도랑물이나 개울물에 달려 있다.

❖ **수화(水火)의 생기(生氣)** : 수화(水火)란 것은 생기(生氣)의 근본으로 화(火)는 천(天)의 신기(神氣)요 물은 지(地)의 정기(精氣)라 하니, 흙 가운데 따뜻한 기(氣)는 불이고 흙 중에 윤기(潤氣)는 물이니, 따뜻하고 윤택함이 서로 쩌서 생기(生氣)가 난다. 불만 있고 물이 없는 즉 마른 것이니 조열(燥烈)이라 하는 것은 살기(殺氣)라 타게 되면 흉화(凶禍)를 발(發)하고, 물만 있고 불이 없으면 습한 것이니 비습(卑濕)한 것은 사기(死氣)이니 타면 주로 퇴패(退敗)한다. 지면(地面)을 보고 만물을 보면 크게 추운즉 얼어 죽고 크게 더우면 말라 죽으니 지중(地中)도 또한 그러하다.

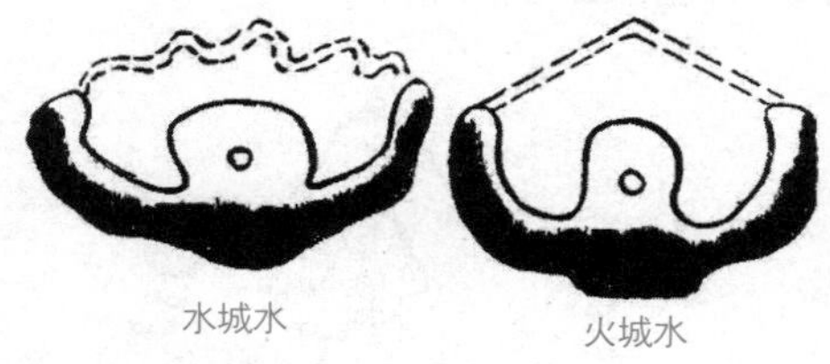

❖ **수 황색이 나는 연지수라면** : 묘지(墓地)앞에 물이 황색이 나는 연지수(蓮池水)라면 자손 모두에게 내장병, 질환이 나는 것이다.

❖ **수형산(水形山)은 물의 흐름과 같다** : 산능선의 기복(起伏)이 부드러워 금수병체(金水幷體)라고도 한다. 특성은 산천 정기(氣)가 끝으로 흐르는 성질이 있고 보(保)국(局)형세(形勢)로서는 가장 좋은 편이라 수형산은 근본이 부드럽고 청룡 백호의 작국(作局)이 길(吉)하고 기복이 솟으면 귀봉(貴峯)이라하여 군수급(郡守級) 관장(官長)이 출생한다.

❖ **수회국단(水會局斷)별로 물이 오므로 이름을 수회(水會)라 한다** : 양방(養方)에서 물이 와서 장생방(長生方)으로 총명한 인물이 나오고, 제왕(帝旺)·태(胎)로 흘러가면 아손(兒孫)이 허명만 얻고, 또 혈산(血産)하여 태생(胎生)이 걱정된다. 양(養)·생(生)이 목욕에서 모여 함께 흘러 당문(堂門)에 가득하 고이면 풍경을 숭상하여 인륜을 문란시키고, 관대(冠帶)가 양생수(養生水)를 따라 들어오면 인정(人丁)이 재망(才望)한 자가 많이 나오고 성명도 있다. 임관이 교구(交媾)되면 규격이 맞아 등과인이 연달아 나오고, 제왕(帝旺)이 상가(相加)하면 명문대가의 이름을 듣는다. 쇠수(衰水)가 당(堂)에 모이면 입국(入局) 소방(小房)이나 서자(庶子)가 득세하고, 병수(病水)가 장생(長生)으로 와서 배합되면 장자가 재난을 많이 만나며, 사(死)·묘(墓)가 임하면 일시 병화로 군인이 되고, 절태(絶胎)가 충격(沖激)하면 2대를 인정(人丁)이 불왕(不旺)한다. 목욕(沐浴)이 장생(長生)에서 만나면 허화(虛花－남의 여자)를 숭상하며, 사람을 속이고 사치를 좋아한다. 관대(冠帶)가 목욕수(沐浴水)를 따르면 남자는 건달이요, 여자는 불량하거나 미친하고, 관대(冠帶)가 임관을 따르면 영현(榮顯)하고, 제왕(帝旺)을 만나면 재물이 풍족하나 음란하고, 쇠방수(衰方水)가 와서 입방(入方)하면 기녀에게 장가들어 귀자(貴子)를 낳는다. 사(死)·병(病)과 교회(交會)하여 당에 이르면 못생긴 자손이 패가하고, 묘(墓)·절(絶)이 상봉하면 외아들이 귀양살이 가며, 태(胎)·양(養)이 병국이면 수태한다. 관대수(冠帶水)가 장생궁(長生宮)에 만나면 신동이 나와 금방(金榜)에 오르고, 목욕수(沐浴水)가 관대(冠帶)를 충(沖)하면 문인이 나와도 요절하며, 임관이 교구되면 재랑(才郞)이 나온다. 제왕(帝旺)이 상가(相加)하면 걸사(傑士)가 나오고 부호하며, 쇠수(衰水)가 내회(來會)하면 의식은 족하나 도박을 잘 하고, 병수(病水)가 입국하면 자제(子弟)가 형상(形傷)한다. 사수(死水)가 내충(來沖)하면 남녀가 질병으로 가패하고, 묘고수(墓庫水)가 당(堂)에서 만나면 자손이 준위(俊偉)하니 형법을 범하며, 절태수(絶胎水)가 충파(沖破)하면 자손도 희소하고 한미(寒微)하다. 임관수(臨官水)가 양생을 만나면 일문(一門)에 공경이 많이 나오고 수고(壽高)하며, 목욕(沐浴)·관대(冠帶)와 상통하면 부귀하나 사치와 바람기가

심하고, 쇠수(衰水)가 임관수(臨官水)와 교구하면 편방(偏房)의 서자가 영현(榮顯)한다. 병사수(病死水)가 혼잡하게 오면 휴관(休官)이 아니면 재앙이 많고, 묘고수(墓庫水)가 임관수(臨官水)를 충파(沖破)하면 귀인이 귀양살이를 가게 되고, 절(絶)·태수(胎水)가 당국(堂局)을 범하면 귀는 누려도 자식은 두지 못한다. 제왕수(帝旺水)가 천심(天心)으로 모이면 집안을 크게 일으키고, 양(養)·생(生)을 얻으면 인정(人丁)이 왕(旺)하며, 목욕(沐浴)이 충래(沖來)하면 중방(中房)이 패역자(敗逆子)를 낳으며, 관대수(冠帶水)가 무덤을 향해 오면 소방(小房)에 반드시 등과자가 나온다. 임관(臨官)과 제왕수(帝旺水)가 같이 조(朝)하면 부귀가 배도(裵度)의 오복을 과시하게 되고, 쇠수(衰水)가 와서 왕수(旺水)와 교(交)하면 서자의 영화요, 사·병수(死·病水)가 내충(來沖)하면 횡액(橫厄)이 따르고 요수하며, 묘방수(墓方水)가 입래(入來)하면, 전지(田地)문제로 송사가 일어나고, 절태수(絶胎水)가 제왕(帝旺)을 충(沖)하지 않으면 만금을 쌓고 자손이 형통하나, 나중에는 음인(陰人)이 생겨 패절하며 노복(奴僕)이 통간(通奸)한다. 물이 사묘(四墓)로 흘러가면 혈이 좋고, 수구(水口)를 빙자하면 향(向)도 좋다. 음양을 체용(體用)함이 합법되면 양정(兩精)이 교구되는 것이니 개탄치 않는다. 무릇 산관산(山管山) 수관수(水管水)이니 산과 수(水)가 상보(相步)치 않으면 좌선룡(左旋龍)에는 우전수(右轉水)를 배(配)하고, 우선룡(右旋龍)에는 좌선수(左旋水)를 배(配)하니, 이것이 수(水)와 용(龍)이 상련(相連)함이다. 수(水)에 속하는 생(生)이 용의 왕(旺)이며, 수(水)의 왕(旺)이 용의 왕(旺)이므로 수생흥왕(隨生興旺)이 각각 선전(旋轉)함에 있어 용의 생왕과 묘수(墓水)의 생왕(生旺)이 또한 이러하니 묘(墓)와 용이 상관한다. 음은 양으로 배(配)하고, 양은 음으로 배(配)함을 이에서 볼 수 있는 바, 음양이 모두 일묘(一墓)로 돌아감이 부부배우하여 정답게 교합하는 것과 같다.

❖ **숙부인**(淑夫人) : 조선조 때 정3품(正三品) 문무관(文武官)의 아내.

❖ **숙불위지사**(孰不爲地師) **무욕자위사**(無慾者爲師) : 누구든지 지사가 될 수는 있지만 욕심이 없는 사람이 지사가 되어야 한다. 무욕연후개(無慾然後開) 개안연후지기(開眼知然後氣)라 욕심이 없어야 개안이 되고 개안이 된 후에 기(氣)를 알 수 있다. 진룡(眞龍)에 정혈(正穴)은 천하(天下)의 공적인 물건으로 하늘이 감추고 땅이 숨기는 땅은 길인(吉人)을 기다리고 있다. 옛말에 세상 사람 모두가 명사의 말을 믿었다면 길지명당(吉地明堂)을 모두 사용하여 후세의 사람은 명당길지에 묻힐 곳이 없었을 것이다. 그러므로 좋은 땅을 찾는 것이 어려운 것이 아니라 명사(明師: 경험이 많은 사람)을 얻기가 어려운 것이다. 명사를 얻으려면 정직하고 성실함에 있을 뿐이다.

❖ **숙숙**(肅肅) : 태평스럽고 조용한 모양. 고요하고도 엄숙한 자리.

❖ **숙오**(叔敖) : 초(楚)나라 사람으로 이름은 손숙오(孫叔敖)이다. 어릴 때 나가 놀다가 양두사(兩頭蛇: 머리가 둘이 달린 뱀)를 보고 죽여서 땅에 묻고 집에 돌아와 울고 있으니, 그 어미가 아들을 보고 연유를 물었다. 얘기를 듣고난 어미가 말하기를, "사람들은 양두사를 보면 반드시 죽이게 되는데 네가 오늘 그 뱀을 보게 되었구나."하면서 어미는 "뱀이 지금 편안히 있겠느냐."고 물으니 대답하기를, "다른 사람들이 묻는 것을 보았을까 걱정이 된다."고 하니 어미는"이제 걱정없다. 너는 이제 죽이지 않은 셈이다. 너의 마음은 덕을 쌓았음이다. 내가 듣기로는 음덕(陰德)이 있는 자는 반드시 보답을 받는다고 하였다."라 했다. 그런 후 장성하여 숙오는 초나라의 재상이 되었다. 숙오의 마음가짐에서 덕성(德性)을 비유하였음.

❖ **숙주오행**(宿主五行)

- 각·규·정·두(角奎井斗)는 목(木)이 된다.
- 진·벽·기·삼(軫壁箕參)은 수(水)가 된다.
- 저·녀·위·유(氐女胃柳)는 토(土)가 된다.
- 항·미·우·루·귀(亢·尾·婁·鬼)는 금(金)이 된다.
- 익·실·취·미·방·허·앙·성·장·심·위·필(翼室觜尾房虛昴星張心危畢)은 모두 화(火)에 속한다.

❖ **숙주오행과 선도오행**(宿主五行과 線度五行) : 숙주오행과 선도오행은 패철 36층으로 볼 때에 산봉(山峯) 또는 수로(水路)를 보는 것인데 12운성(運星)에 맞추어 보는 것이며, 28수(宿)를 오행(五行)에 나누는 것이다.

❖ **순**(醇) : 아름다운 것.

❖ **순**(脣) : 혈장의 중심에서 앞으로 내려진 소명당 끝부분.

❖ **순결**(順結) : 용맥(龍脈)이 흐르는 방향에 따라 맺힌 혈(穴). 당배순결(撞背順結)으로 용맥을 지고 용맥이 흘러내린 방향을 바라보며 맺힌 혈이다.

❖ **순겸역**(順兼逆) : 순하게 연접하여 맥이 내려오고 명당의 맥에 역(逆)하여 혈을 받는 것. 내맥이 정(正)으로 들어오고 향상(向上)의 물이 한쪽 뿐이면 입혈(立穴)은 상변(上邊)의 순사(順沙)를 따르지 말고 아래의 역사(逆沙)를 써서 위에서 흘러 오는 물을 거두어 들여야 하므로, 도두(到頭)의 내맥(來脈)이 아래의 거수(去水)와 합국(合局)하도록 하여 역장(逆杖)을 쓰게 된다.

❖ **순겸축**(順兼縮) : 순하게 연결되어 온 내맥이 도두(到頭)의 정수리 부분에서 혈을 받는 것. 성신(星神)이 모두 위에 모이고 먼곳의 산과 먼곳의 물이 수려하고 혈장이 비록 높지만 장풍(藏風)이 잘 되어 기(氣)가 모여 있어서 오히려 평지와 같으면 당국(堂局)의 혈증(穴證)을 삼아서 높은 곳에 축장(縮杖)을 쓰게 된다. 순장(順杖)과 거의 비슷하다고 할 수 있다.

❖ **순공**(旬空) : 순중공망(旬中空亡)의 준말. 생년을 기준한다.

甲子旬中戌亥空, 甲戌旬中申酉空, 甲申旬中五未空, 甲午旬中辰巳空, 甲辰旬中寅卯空, 申寅旬中子丑公.

경오년생(庚午年生)이라면 갑자순중(甲子旬中)에 속하니 명반(命盤) 술(戌)과 해궁(亥宮)에 순공(旬空)이 들고, 또 병신년생(丙申年生)이라면 이는 갑오순중(甲午旬中)에 속하니 명반 진(辰)과 사궁(巳宮)에 순공이 든다.

❖ **순교간회**(順交看會) : 순(順)은 갑경병임(甲庚丙壬)이고, 순(順)은 무(戊)의 기(氣)이며, 그 성(性)은 호동(好動)하여 돌(突)하는 것이니, 양동(陽動)하여서 돌하게 되는 것은 역시 음양배합의 진리며 당연한 것이다. 순은 반드시 돌하게 되었다 하여서 그저 돌(突)만이면 밭두둑과 같은 독용(獨壟)이 되니 돌은 그 앞을 회포(回抱)하여야 한다. 회포하지 않으면 주기(駐氣)가 불가한 것이니 꼭 한날 실오라기와 같은 미세한 회포라도 있어야 하므로 필간기회(必看其會)라 한다.

❖ **순기**(氣)**룡자**(順騎龍子)**란 이러하다** : 요금정이 말하기를 이 혈은 산에 많이 있지만 반드시 뒷산은 환송하고 앞산은 따뜻이 맞이하는 영송(迎送)의 정이 분명하고 청룡과 백호와 안대(案對)가 자연히 이루어지고 앞과 뒤로 벌린 팔자수(八字水)가 좌우로 합한 연후에 순수로 작혈(作穴)하며 앞으로 가는 맥(脈)을 뚫어 기(氣)가 새어 나가지 못하게 하고 횡으로 쏟아지게 한다 하였다.

❖ **순렴**(筍磏) : 광내에 죽순과 같은 것이 솟아 있는 것. 순렴이 드는 곳은 한열(寒熱)의 차가 심한 습지로 되어 있는 곳과 음기가 집결되어 있는 무맥지(無脈地)에 많이 생기며, 자손에게 미치는 영향은 질병이 많이 발생하는 것이다.

❖ **순룡**(順龍) : 산의 봉우리와 뻗은 가지가 순하면서 높낮이가 순서가 있고 좌우가 서로 감싸 안으며 모산(母山)을 향해 조공(朝貢)하는 듯한 모습을 말함. 부귀(富貴)와 다복(多福)을 가져오는 길한 격으로 친다. 순룡이란 이 용이 조산(祖山)을 떠나 내려오면서 높고 낮은 것이 순서로 되고, 보내고 좇으면서 앞으로 추창(追脹)하여 나가고, 상하가 같이 조응(照應)하고, 좌우가 고리처럼 둘러안고, 무리 산들이 조응하고, 무리 물들이 명당으로 순히 모여 흘러나가고, 청룡·백호와 안산과 물이 혈성을 압박하지 않고 겸손한 모습을 짓고 있는 용으로서, 이러한 용에 진혈을 찾아 장사지내면 자손들이 효순하고 부귀장수한다는 것이다.

[순룡도]

❖ **순룡**(順龍)**과 역룡**(逆龍) : 일반적으로 용은 산의 높은 봉우리에서 시작해서 조금씩 낮은 곳으로 이동한다. 이처럼 높은 곳에서 시작해서 내려갈수록 낮아지는 형태의 용을 순룡이라 하며, 역룡은 높은 곳에서 조금씩 낮아지면서 다시 솟아올라 역봉을 이루는 형태를 말한다. 순룡이 있는 지세에서는 사람들이 모두 순한 마음을 갖고 부모에게 효도하며 국가에 충성하는 인물이 많이 배출되는 반면, 역룡이 있는 지역에서는 하극상이 자주 일어난다.

[순룡] [역룡]

❖ **순·사·횡·회**(順斜橫回) : 용의 행도(行度)가 곧게 오는 것을 순(順)이라 하고, 점점 빗나가 한쪽으로 향하는 것을 사(斜)라 하고, 마침내 한변으로 향하면 횡(橫)이요, 횡으로 말미암아 거슬러 구르면 회룡(回龍)이 된다.

❖ **순산나후**(巡山羅後) : 연신방(年神方)의 하나로 이 방위나 좌는 건축, 수리, 장매(葬埋) 등을 꺼린다.

子午 : 乙　　丑年 : 壬　　寅午 : 艮　　卯年 : 甲

辰年 : 巽　　巳年 : 丙　　午年 : 丁　　未年 : 坤

申年 : 辛　　酉年 : 乾　　戌年 : 癸　　亥年 : 庚

태세가 자년(子年)이면 을방(乙方) 및 을좌(乙坐)에 순산나후살이 닿는다.

❖ **순세**(順勢) : 산의 형세가 나가는 방향으로 함께 나가는 모양.

❖ **순수**(順水) : 물의 혈 뒷편에서 앞으로 흘러 내려가는 것. 이를 순국(順局)이라고 한다.

❖ **순수역수국**(順水逆水局) : 물이 오고 가는 것이 순수(順水)와 역수(逆水) 두 가지로서, 순수국은 산이 내려가는 방향으로 물도 따라 흐르는 판국이고, 역수국은 산이 향하는 방향의 반대편에서 거슬러 물이 들어오는 국(局)을 말한다. 순수국(順水局)은 발복(發福)이 더디고 쉽게 패하나, 역수국(逆水局)은 발복(發福)이 속발(速發)하여 오래 가나, 용의 기세가 강하고 약함과 사격(砂格)의 순(順)과 역(逆)에 따라 길흉이 있다.

❖ **순신공망**(旬申空亡) : 공망(空亡)이란 도모하는 일이 허사로 된다는 말로서 대단히 흉한 살(殺)이다. 이는 60갑자(甲子)의 순중(旬中)에서 보는 것인데, 가령 갑자(甲子)로부터 계유(癸酉)까지 10일간 갑자순(甲子旬)이 되며, 이 10일 속에는 술해(戌亥)가 들어가지 않으므로 술해(戌亥)는 공망(空亡)이 된다.

❖ **순역**(順逆) : 모든 차서를 순서대로 나가는 것을 순(順)이라 하고, 거꾸로 거슬러 나가는 것을 역(逆)이라 한다.

甲子旬	甲子	乙丑	丙寅	丁卯	戊辰	己巳	庚午	亥未	壬申	癸酉	戌亥
甲戌旬	甲戌	乙亥	丙子	丁丑	戊寅	己卯	庚辰	辛巳	壬午	癸未	申酉
甲申旬	甲申	乙酉	丙戌	丁亥	戊子	己丑	庚寅	辛卯	壬辰	癸巳	午未
甲午旬	甲午	乙未	丙申	丁酉	戊戌	己亥	庚子	辛丑	壬寅	癸卯	辰巳
甲辰旬	申辰	乙巳	丙午	丁未	戊申	己酉	庚戌	辛亥	壬子	癸丑	寅卯
甲寅旬	甲寅	乙卯	丙辰	丁巳	戊午	己未	庚申	辛酉	壬戌	癸亥	子丑

❖ **순장**(順杖) : 순(順)이라고 함은, 내맥(來脈)이 순(順)하게 내려오고 혈장이 바르게 맺어진 것을 말한다. 내룡이 달리고 박환(剝換)하여 허물을 벗어 순(順)하고, 입수(入手)한 곳이 강하지도 않고 약하지도 아니하여 요감(饒減)이 필요치 않으며, 미미한 가운데 일맥(一脈)이 일어나 혈장으로 들어오고 충(沖)하거나 날카로운 형태가 없고, 조안(朝案)이 단정하고 용호(龍虎)가 화평하며 명당수(明堂水)가 모여들게 되면 순장(順杖)을 쓰게 된다.

❖ **순전**(脣氈) : 순전이라 함은 혈 아래에 남은 기운이 입술처럼 드러나 있음을 뜻한다. 전(氈)은 깔아놓은 요와 같고 순(脣)은 입술과 같은 것으로 순전이라 하는데 대개 진실된 진룡의 혈에는 반드시 남은 기운을 뱉어서 순전이 형성된다. 이래서 혈 앞에 순전이 없으면 참다운 혈이 맺어진 것이 아닌 것으로 보며 특히 횡룡의 혈에는 반드시 순전이 있어야 귀격으로 친다. 옛글에 이르기를, 참되고 귀한 용이 그치는 곳에는 순전이 있으며, 순전이 있는 혈은 부귀의 국이 된다고 하였다. 순전을 살피는 방법은 혈 밑에 평탄한 곳이 둥글고 반듯해야만 좋다. 이때 큰 것을 전(氈)이라 하고 작은 것을 순(脣)이라 하는데, 이는 귀인의 앞에서 절을 하는 자리가 있는 것과 같아서 귀하게 보며, 참다운 진혈의 증좌(證左)가 되는 것으로 보고 있다.

❖ **순전증혈**(脣氈證穴) : 순전이란 혈(穴) 아래 남은 기운(餘氣)이 드러난 것으로 묘정(墓庭)의 하단부(下端部)를 말한다. 작은 것을 순(脣 : 취순(嘴脣)), 큰 것을 전(氈 : 전욕(氈褥))이라 하는데 순전(脣氈)이 없으면 특히 횡룡(橫龍)의 혈은 진결(眞結)이 안 된다. 진룡(眞龍)이 혈을 맺는 곳에는 반드시 그 남은 기운을 뱉아 입술(脣)이나 요(氈)가 되기 때문에 순전을 찾으면 혈을 정하기 쉽다. 혈장(穴場)의 상팔(上八)인 선익(蟬翼)은 혈처정기(穴處精氣)의 증발을 막고 하팔(下八)인 순전(脣氈)은 정기(精氣)의 누설을 막는다. 귀인(貴人)의 앞에 있는 절하는 자리와 같은 순전은 마

땅히 평탄하고 둥글고 반듯해야만 좋은데 이러한 순전이 있는 곳은 부귀국(富貴局)이 된다.

[고산식]　[평지식]

❖ **순정**(醇正) : 순백하고 반듯함.

❖ **순제목미법**(脣臍目尾法) : 내룡(來龍)을 기준하여 좌를 정하는 법으로 입향에 참고할 만하다. 순서는 순제목미상복각이요족비협(脣臍目尾顙腹角耳腰足鼻脇)의 12개 지지(地支) 순행이며, 제복각상이비 5혈은 길하고 나머지 7혈은 흉이다.

곤간인신(坤艮寅申)룡은 子에서 순을 시작하고
건손사해(乾巽巳亥)룡은 午에서 순을 시작하며
병임자오(丙壬子午)룡은 申에서 순을 시작하고
갑경묘유(甲庚卯酉)룡은 寅에서 순을 시작하며
을신진술(乙辛辰戌)룡은 辰에서 순을 시작하며
정계축미(丁癸丑未)룡은 戌에서 순을 시작한다.

예를 들면 계(癸)룡일 경우 정계축미(丁癸丑未)룡의 기순(起脣)은 술(戌)이므로 술(戌)이 순, 해(亥)가 제, 子가 목, 丑이 미, 寅이 사, 卯가 복, 신(辰)이 각, 사(巳)가 이, 오(午)가 요, 미(未)가 족, 신(申)이 비, 유(酉)가 협(脇)이 된다. 만약 유(酉)좌라면 협혈로 흉에 속한다.

❖ **순중공망**(旬中空亡) : 그냥 공망(空亡)이라고도 약칭. 순중공망이란 그 순내(旬內)에 지지(地支)가 빠져 있음을 말하며, 공망이란 없는 것과 마찬가지의 효력을 말한다. 천간은 갑(甲)에서 계(癸)까지 10위(位)요, 지지는 자(子)에서 해(亥)가지가 12위(位)이니 간(干)을 위해 지(支)를 아래에 놓고 60갑자(甲子)를 배합하면 갑(甲)에서 계(癸)까지의 배합 가운데 반드시 두 개의 지지(地支)가 빠지게 된다. 간(干)은 열 개, 지(支)는 열두 개이므로 당연히 그러하다. 이 빠져있는 지지를 구성순(構成旬) 가운데의 공망이라 한다.

旬中	旬中干支	空亡
甲子旬	甲子　乙丑　丙寅　丁卯　戊辰 己巳　丙午　辛未　壬申　癸酉	戌亥
甲戌旬	甲戌　乙亥　丙子　丁丑　戊寅 己卯　庚辰　辛巳　壬午　癸未	申酉
甲申旬	甲申　乙酉　丙戌　丁亥　戊子 己丑　庚寅　辛卯　壬辰　癸巳	午未
甲午旬	甲午　乙未　丙申　丁酉　戊戌 己亥　庚子　辛丑　壬寅　癸卯	辰巳
甲辰旬	甲辰　乙巳　丙午　丁未　戊申 己酉　庚戌　辛亥　壬子　癸丑	寅卯
甲午旬	甲寅　乙卯　丙辰　丁巳　戊午 己未　庚申　辛酉　壬戌　癸亥	子丑

• **갑자순중**(甲子旬中) : 술해공(戌亥空(갑자순 가운데는 술해(戌亥)가 공망이다))

• **갑술순중**(甲戌旬中) : 신유공(申酉空(갑술순 가운데는 신유(申酉)가 공망이다))

• **갑신순중**(甲申旬中) : 오미공(午未空(갑신순 가운데는 오미(午未)가 공망이다))

• **갑오순중**(甲午旬中) : 진사공(辰巳空(갑오순 가운데는 진사(辰巳)가 공망이다))

• **갑진순중**(甲辰旬中) : 인묘공(寅卯空(갑진순 가운데는 인묘(寅卯)가 공망이다))

• **갑인순중**(甲寅旬中) : 자축공(子丑空(갑인순 가운데는 자축(子丑)이 공망이다))

모든 것에 공망이 되면 비록 있어도 없는 것과 같다. 그러므로 길신이 공망이면 나쁘고 흉신이 공망이면 길하다.

❖ **순룡**(順龍)**에는 어떠한 인물이 나는가** : 순룡은 내려 갈수록 낮아지는 형태를 순룡이라 한다. 순룡이 있는 지세(地勢)에서는 사람들이 모두 순한 마음을 갖고 부모에게 효도하며 국가에 충성하는 인물이 많이 배출된다.

❖ **순중납음공망**(旬中納音空亡) : 납음오행법(納音五行法)으로 순중(旬中)에 오행이 빠져 있는 것. 즉 사대공망(四大空亡)임.

❖ **순충법**(旬沖法)

• 순충(旬沖)에는 갑자순충(甲子旬沖), 갑술순충(甲戌旬沖), 갑신순충(甲申旬沖), 갑오순충(甲午旬沖), 갑진순충(甲辰旬沖), 갑인

순충(甲寅旬沖)이 있는 바, 각 순중(旬中)에 생년의 태세(太歲)가 일진(日辰)과 충(沖)함을 말하는 것으로 설명을 붙이자면 생년(生年)에 태세(太歲)의 천간(天干)이 일진의 천간(天干)과 충(沖)을 하고, 생년에 태세(太歲)의 지지(地支)가 일진의 지지(地支)와 충(沖)을 함을 순충(旬沖)이라 말한다.

• 정충(正沖)은 천간은 같고 지지만의 충을 말하고, 순충(旬沖)은 천간이 지지도 충함을 말한다.

甲子生 - 庚午日	甲戌生 - 庚辰日	甲申生 - 庚寅日
乙丑生 - 辛未日	乙亥生 - 辛巳日	乙酉生 - 辛卯日
丙寅生 - 壬申日	丁丑生 - 癸未日	丁亥生 - 癸巳日
丁卯生 - 癸酉日	丁丑生 - 癸未日	丁亥生 - 癸巳日
庚午生 - 甲子日	庚辰生 - 甲戌日	庚寅生 - 甲申日
辛未生 - 乙丑日	辛巳生 - 乙亥日	辛卯生 - 乙亥日
壬申生 - 丙寅日	壬午生 - 丙子日	壬辰生 - 丙戌日
癸酉生 - 丁卯日	癸未生 - 丁丑日	癸巳生 - 丁亥日
甲午生 - 庚子日	甲辰生 - 庚戌日	甲寅生 - 庚申日
乙未生 - 辛丑日	乙巳生 - 辛亥日	乙卯生 - 辛酉日
丙申生 - 壬寅日	丁未生 - 癸丑日	丁巳生 - 癸亥日
丁酉生 - 癸卯日	丁未生 - 癸丑日	丁巳生 - 癸亥日
庚子生 - 甲午日	庚戌生 - 甲辰日	庚申生 - 甲寅日
辛丑生 - 乙未日	辛亥生 - 乙巳日	辛酉生 - 乙卯日
壬寅生 - 丙辛日	壬子生 - 丙午日	壬戌生 - 丙辰日
癸卯生 - 丁酉日	癸丑生 - 丁未日	癸亥生 - 丁巳日

❖ **순행**(順行) : 60갑자(甲子) 12지 또는 9궁(九宮)을 순서대로 돌려 짚고 또는 방위를 시계 방향으로 돌리는 것. 순비(順飛)와 같음.

❖ **술**(戌) : 12지의 11번째. 지지(地支) 술(戌)로 구성되는 60갑자(甲子). 갑술(甲戌), 병술(丙戌), 무술(戊戌), 경술(庚戌), 임술(壬戌)의 5가지가 있다. • 술(戌)은 양토(陽土)인데 그 빛은 황색, 방위는 신유(申酉)와 더불어 유방(酉方)이며, 절기로는 계추(季秋) 즉 9월에 속한다.

• 술(戌)은 12지수명(支獸名)으로 개(狗)에 속한다.

• 술(戌)은 선천수(先天數)가 5, 후천수(後天數)도 5다.

• 술(戌)은 묘(卯)와 육합(六合 또는 支合) 되어 오행은 화(火)로 화(化)하고 인오(寅午)를 만나면 인오술(寅午戌)이 삼합(三合)을 이룬다. 인(寅)이나 오(午)를 각각 만나고 오술(午戌) 인술(寅戌)로 반합(半合 : 半會)하여 모두 오행은 화(火)가 된다.

• 술(戌)은 진술(辰戌)이 상충(相沖)이고 미(未)를 만나면 서로 형(刑)하고 또는 서로 파(破)한다.

• 술(戌)은 유(酉)를 만나면 서로 해하고 또는 서로 뚫는(相穿) 성질이 있으며 사(巳)와는 원진(怨嗔)이 된다.

• 술(戌)은 진술축(辰戌丑)과 더불어 사고(四庫), 사금(四金), 사묘(四墓), 사장(四葬)이라 칭한다.

陰陽	五行	先天數	後天數	三合	六合	冲	刑	破	害	怨嗔
陽	士	五	五	寅干	卯	辰	未	未	酉	巳

❖ **술건방풍**(戌乾方風) : 빈궁하고 뱀에게 물리며 절름발이 자손이 생겨난다. (단, 坤申壬子癸坐는 해가 없다.)

❖ **술득**(戌得) : 혈장(穴場)을 기준하여 물이 맨 처음 술방(戌方)에서 보이는 것.

❖ **술룡**(戌龍) : 산의 용맥(龍脈)이 술방(戌方)에서 진방(辰方)으로 뻗어 내려간 것.

❖ **술미형**(戌未刑) : 술미형이란 축술미(丑戌未)가 삼형(三刑)으로 축(丑)은 술(戌)을 형(刑)하고, 술(戌)은 미(未)를 형(刑)하고, 미(未)는 축(丑)을 형(刑)한다.

❖ **술방산**(戌方山) : 혈장(穴場)에서 볼 때 술방(戌方)에 산이 있는 것 또는 술방(戌方)에 있는 산.

❖ **술방**(戌方)**의 산** : 술봉(戌峯)이 수려하고 높으며 건곤방(乾坤方)의 두 봉우리도 드높으면, 문필·학문으로 후세에 이름을 남긴다. 그리고 손간방(巽艮方)의 두 봉우리도 드높으면, 문필·학문으로 후세에 이름을 남긴다. 그리고 손간방(巽艮方)의 두 봉우리가 수려한 모습으로 대치하고 있으면, 충신·효자가 나온다. 술방에 수려한 봉우리가 높게 솟아오르고, 을신방(乙辛方)의 수려한 두 봉우리가 마주 서 있으면 과거에 급제하는 사람이 배출된다. 진봉(辰峯), 술봉(戌峯)이 드높아 마주 보고 있으면 부귀를 함께 얻는다.

❖ **술방풍**(戌方風) : 술방(戌方)에서 혈장(穴場)을 중심으로 하여 술

방(戌方)에 물이 있는 것 또 술방(戌方)이 득(得)이나 파(破)가 되는 곳. 혈장(穴場)으로 불어오는 바람 즉 혈장에서 보아 술방(戌方)쪽으로 산이나 등성이 없이 허하게 트여 있으면 그곳의 바람이 혈(穴)에 닿는다고 한다.

❖ **술사원진**(戌巳怨嗔) : 개와 뱀은 서로 미워하는 관계.

❖ **술오합**(戌午合) : 인오술(寅午戌)의 삼지(三支)가 삼합(三合)이지만 술(戌)은 오술(午戌) 또는 인술(寅戌)이 만나도 평합(平合)을 이루어 오행은 화(火)가 된다.

❖ **술인합**(戌寅合) : 인오술(寅午戌)이 삼합(三合)인데 술(戌)은 인(寅)이나 오(午) 하나만 만나도 오술(午戌), 인술(寅戌)로 합이 되어 오행은 화(火)로 화(化)한다.

❖ **술입수**(戌入首) : 혈(穴) 바로 뒤의 용맥(龍脈)이 술방(戌方)에서 진(辰)으로 뻗어 들어온 것.

❖ **술좌**(戌坐) : 술(戌)은 흙(土)이며 한토(寒土)이지만 건토(乾土)이다. 무용지물의 토이지만 감계(坎癸) 입수(入首)에 술좌(戌坐)를 놓으면 대대로 자손이 크게 발복하고 명성이 하해(河海)같이 떨친다. 대부분 술좌에 술(戌) 입수하기도 하지만 이때도 안산이 수화산(水火山)이어야 길하며 입수(入水) 목이 은은하여야 한다. 동물의 상징은 개(狗)에 해당하며 개도 인간과 가장 친근한 동물로써 사방의 풍성(風聲)이 들려도 무방하고 비산비야(非山非野)도 무방하며, 또한 고원(高原)도 좋으나 오직 임해(壬亥)입수는 크게 흉하다. 더욱 인가 근처는 상길(上吉)이다.

❖ **슬두혈**(膝頭穴) : 사람의 무릎에 해당되는 혈. 주산(主山)의 생김새는 사람이 무릎을 개고 단정하게 앉아 있는 형상이며, 혈처는 산기슭에 있다. 또 청룡·백호가 하나는 아주 길고 하나는 짧아서 긴 것이 짧은 것을 빙 둘러 감싸 준다.

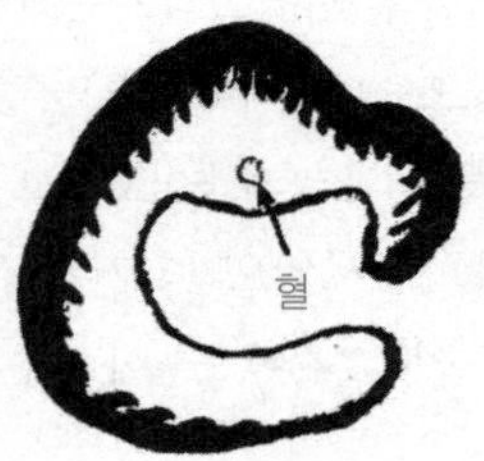

❖ **습**(濕) : 혈 앞의 소명당에 물이 모여드는 곳. 즉 한 홉이 진수(眞水)라는 곳.

❖ **습기가 많은 곳에 흙을 도와 건축하면 흉가** : 습기가 많은 터에는 흙을 도와 집을 짓지 않는다. 우환과 병액이 자주 생기고 재산 증식이 더디며 살림살이가 어수선해지는 불길한 격이다.

❖ **승**(繩) : 표준으로 삼을 수 있는 길을 말함.

❖ **승**(承) : 말이나 수레를 정 중심에 타고 앉다는 뜻.

❖ **승금**(乘金) : 묘터가 될 만한 곳에 태극(太極)의 달무리처럼 초생달 형국이나 그믐달 형국이나 보름달 형국의 둥근 봉우리의 금체(金體)가 혈처(穴處)나 혈처(穴處) 뒤에 앞에 미미하여 보기 어려운 것이나, 승금이 보이면 사(砂)를 자세히 살펴보아 혈을 정하여야 한다.

❖ **승금상수혈토인목**(乘金相水穴土印木) : 경루(瓊樓)와 보전(寶殿)은 극히 귀한 땅이 아니면 그 형태를 보지 못하며, 모나고 두둑한 창고와 둥근 창고사(倉庫砂)는 반드시 부국(富局)에만 있으며, 삼분삼합(三分三合)은 혈토승금(穴土乘金)하고 양쪽 언덕과 두 날개는 인목(印木)의 정(精)이며, 좌우선익(左右蟬翼) 사이에 물이 안고 도니 상수(相水)의 정(情)이고, 혈토(穴土)는 혈(穴)의 한 가운데에 평평함이며, 금(金)은 둥글게 혈처(穴處)에 도달한 혈후형상(穴後形象)이고, 물은 혈처의 좌우에 안고 있는 것이고, 목(木)은 좌우의 선익(蟬翼)이며, 그 사이에 새우수염같은 하수사(下水砂)가 있어 양쪽에 물을 갈러 합하게 하여 혈판의 경계가 드러나게 된다.

❖ **승금오격**(承金五格)

① **직룡입수**(直龍入首) : 곧게 내려와서 입수되어 오는 맥으로 결혈되어 차자(次子), 외손(外孫)이 부(富)가 발(發)한다.

② **횡룡입수**(橫龍入首) : 용이 가로 돌아 입수되니 앞이 평탄하여 뒤를 두른 듯 하다.

③ **비룡입수**(飛龍入首) : 머리를 높이 드는 모양. 높고 사방에 응하는 산이 높아 세가 혈을 받들어야 진결(眞結)이다.

④ **잠룡입수**(潛龍入首) : 용이 죽은 해삼처럼 퍼져서 평지로 혈을 맺으니 평수맥(平垂脈)이다. 물이 골고루 둘러 주어야 참된 혈이 된다.

⑤ **회룡입수**(回龍入首) : 용신(龍身)이 구부러져서 조종산(祖宗

山)을 되돌아보다 결혈(結穴)하니 대회룡(大回龍), 소회룡(小回龍), 반용혈(盤龍穴) 등이 있다.

❖ **승룡수**(乘龍水) : 혈의 좌우에 있는 물이 묘혈 앞에 절하듯 합류하는 것으로서 식복과 재복을 주는 귀한 물이다. 그러나 이 물은 묘혈 앞을 지나 삼길방인 해묘경(亥卯庚)을 돌아 묘방으로 나가야 한다.

❖ **승륙**(陞六) : 7품 이하의 관원이 6품 즉 찬상으로 오르는 것.

❖ **승생기**(乘生氣) : 납골(納骨)이 생기를 탈 수 있는 중심에 있다는 뜻.

❖ **승왕제살법**(乘旺制殺法) : 내수(來水)가 용을 극하게 되면 내수와 혈좌를 합국시켜 용을 생조(生助)하게 하는 방법. 예를 들어 오룡 입수산에 해수(亥水)가 조래(朝來)하면 수극룡의 살국(殺局)이다. 정좌계향(丁坐癸向)을 한다면 오룡계향(午龍癸向)이니 용과 향수(向首)가 순일하고 합십(合十 : 午는 離九 癸는 坎一)이며, 좌와 해수(亥水)가 해미(亥未)로 합목국(合木局)하여 내산오화(來山午火)를 목생화(木生火)하여 준다. 그러므로 화가 왕성하게 되니 해수(亥水)는 살이 아니라 관(官)으로 변한다.

❖ **승중**(承重) : 장손(長孫)으로 아버지와 할아버지가 돌아가셨을 때에 대신하여 조상의 제사를 받드는 일.

❖ **시골에서 살던 노인들이 도시의 고층 아파트에서 살 경우** : 가슴이 답답하고 뭔지 모르게 편치 않아 다시 시골로 내려가는 것은 비단 아파트 문화 자체가 지닌 폐쇄성 때만은 아니다 평균적인 지기(地氣)를 받고 살던 사람들이 갑자기 그 지기가 절반 이하로 떨어진 곳에 살게 되면 자신들도 미처 깨닫지 못하는 사이에 자신의 몸을 보호하기 위한 신체적 방어 자체가 작용함으로서 한 시라도 그 곳에 있고 싶지 않게 된다.

❖ **시구**(尸柩) : 시체를 담은 관.

❖ **시두법**(時頭法) : 첫 번째 시간이 자시(子時)에 천간을 붙이는 법. 즉 일진의 천간을 기준하여 아래와 같은 법식에 의한다.

甲己日 : 甲子時　　乙庚日 : 丙子時　　丙辛日 : 戊子時

丁壬日 : 庚子時　　戊癸日 : 壬子時.

가령 일진의 천간이 갑(甲)이나 기(己)로 된 날은 자시(子時)를 갑자(甲子)로부터 시작하여 을축(乙丑), 병인(丙寅), 정묘(丁卯), 무진(戊辰), 기사(己巳), 경오(庚午), 신미(辛未), 계유(癸酉), 갑술(甲戌), 을해(乙亥)로 따져나간다.

時間 / 日干	子	丑	寅	卯	辰	巳	午	未	申	酉	戌	亥
甲己日	甲子	乙丑	丙寅	丁卯	戊辰	己巳	庚午	辛未	壬申	癸酉	甲戌	乙亥
乙庚日	丙子	丁丑	戊寅	己卯	庚辰	辛巳	壬午	癸未	甲申	乙酉	丙戌	丁亥
丙辛日	戊子	己丑	庚寅	辛卯	壬辰	癸巳	甲午	乙未	丙申	丁酉	戊戌	己亥
丁壬日	庚子	辛丑	壬寅	癸卯	甲辰	乙巳	丙午	丁未	丙申	己酉	庚戌	辛亥
戊癸日	壬子	癸丑	甲寅	乙卯	丙辰	丁巳	戊午	己未	庚申	辛酉	壬戌	癸亥

❖ **시마**(嘶馬) : 말의 형상이 머리를 쳐들고 울음짓는 형상으로 개구(開口)한 모양.

❖ **시마**(緦麻) : 상복(喪服)의 하나. 3개월 동안 입는 상복으로서 삶아 익힌 약간 고운 베로 지은 상복. 종증조(從曾祖), 삼종형제(三從兄弟), 중증손(衆曾孫) 중현손(衆顯孫)의 상사에 입는 복. 시마복(緦麻服).

❖ **시마친**(緦麻親) : 유복친(有服親)의 하나. 오복(五服)중에서 가장 복기(服期)가 짧은 3개월의 복을 입는 친족.

❖ **시백**(時白) : 시간 내 닿는 자백구성(紫白九星)의 준말.

❖ **시백조견표**(時白早見表) : 시백(時白)이란 시(時)의 간지에 위치하는 삼원자백구성(三元紫白九星)을 약칭한 말이다. 동지(冬至) 후 하지(夏至) 전은 양둔(陽遁)에 속하고, 하지 후 동지 전은 음둔(陰遁)에 속한다. 가령 동지 후 임신일(壬申日) 오시(午時)라면 동지 후 양둔이므로 임신일(壬申日)은 중원일(中元日)이며 오시(五時)는 병오시(丙午時)이니 사록(四綠)이 입중(入中)이다. 이 사록(四綠)은 중궁(中宮)에 넣고 구궁(九宮)을 순행하면 오황(五黃)이 건궁(乾宮), 육백(六白)이 태궁(兌宮), 칠적(七赤)이 간궁(艮宮), 팔백(八白)이 이궁(離宮), 구자(九紫)가 감중(坎中), 일백(一白)이 간궁(艮宮), 이흑(二黑)이 진궁(震宮), 삼벽(三碧)이 손궁(巽宮)이 된다. 또 가령 하지후 임자일(壬子日) 신시(申時)의 시백구성(時白九星)의 방위를 본다면, 하지 후는 음둔이요 임자일(壬子日) 상원일(上元日)이니 즉 음둔상원이라, 음둔상원의 임자일(壬子日) 신시(申時)는 무신시(戊申時)라 일백(一白)이 입중(入中)이니 이 일백(一白)을 중궁(中宮)에 넣고 구궁(九宮)을 역행(逆行)하면 구자(九紫)가 건궁(乾宮), 팔백(八白)이 태궁(兌宮), 칠적(七赤)이 간궁(艮宮), 육백(六白)이 이궁(離宮), 이흑(二黑)이 손궁(巽宮)에 닿는다. 기타도 모두 음양둔을 구분하여 양순금역법(陽順陰譯法)을 적용하며

위와 같은 예로 시백구성(時白九星)의 위치를 찾아볼 수 있다.

三元	上元		中元		下元	
日辰	甲子 甲午 乙丑 乙未 丙寅 丙申 丁卯 丁酉 戊辰 戊戌 己卯 己酉 庚辰 庚戌 辛巳 辛亥 壬午 壬子 癸未 癸丑		己巳 己亥 庚午 庚子 辛未 辛丑 壬申 壬申 癸酉 癸卯 甲申 甲寅 乙酉 乙卯 丙戌 丙辰 丁亥 丁巳 戊子 戊午		甲戌 甲辰 乙亥 乙巳 丙子 丙午 丁丑 丁未 戊寅 戊申 己丑 己未 庚寅 庚申 辛卯 辛酉 壬辰 壬戌 癸巳 癸亥	
陰陽道 時의 干支	陽遁	陰遁	陽遁	陰遁	陽遁	陰遁
甲癸壬辛庚己戊 子酉午卯子酉午	一白	九紫	七赤	二壁	四綠	六白
乙甲癸壬辛庚巳 丑戌未辰丑戌未	二黑	八白	八白	二黑	五黃	五黃
丙乙甲癸壬辛庚 寅亥申巳刃亥申	三壁	七紫	九紫	一白	六黃	四綠
丁丙乙甲癸壬申 卯子酉午卯子酉	四綠	六白	一白	九紫	七赤	三碧
戊丁丙乙甲癸壬 辰丑戌未辰丑戌	五黃	五黃	二黑	八白	八白	二黑
己戊丁丙乙甲癸 巳寅亥辛巳寅亥	六白	四綠	三碧	七赤	九紫	一白
庚己戊丁丙乙 午卯子酉午卯	七赤	三碧	四綠	六白	一白	九紫
辛庚己戊丁丙 未辰丑戌未辰	八白	二黑	五黃	五黃	二黑	八白
壬辛庚己戊丁 申巳寅亥申巳	九紫	一白	六白	四綠	三碧	七赤

❖ **시산**(屍山) : 시체의 모양처럼 힘없이 생긴 산.

❖ **시산살**(屍山殺) : 혈장 근처에 시체가 누운듯한 몰골의 언덕. 장군형국(將軍形局)이나 금오탁시형국(金烏啄屍形局)은 발복하지만 기타의 형국에서는 전사자나 객사자가 나온다.

❖ **시설물**(施設物)

① **대문**(大門) : 양택삼요에서도 언급한 바와 같이 대문은 시설물 중에서도 가장 중요한 곳이므로 길궁(吉宮)인 생기, 연년, 천을, 복위 등의 길궁에 배치해야 한다. 그리고 대문은 현관문과 마주 보이면 기(氣)가 빠진다 하여 좋지 않으므로 서로 마주 보이지 않게 현관문을 내야 한다. 또한 대문도 남의 집 대문과 마주 보는 것은 아주 불길하므로 이 역시 마주 보이지 않도록 설치해야 한다.

② **현관** : 현관문과 각 방문이 서로 마주보는 것도 기(氣)가 빠진다 하여 좋지 않으며, 또한 각 방문이 서로 마주보면 화목(和睦)이 안 되어 불길하다.

③ **담장(담)** : 담장은 집의 경계 역할을 할 뿐만 아니라 방풍(防風)과 도난방지에도 크게 도움이 된다. 담장이 뾰족하여 집을 충(沖)하면 불길하여 보기 좋게 집을 둘러싸면 화기(和氣)가 쌓여 가운번창에 길격(吉格)이다.

❖ **시신살**(屍身殺) : 혈 근처에 시체가 누워 있는 것 같은 산이나 바위가 있는 것을 말함. 매우 몰골이 흉하다. 혈에서 이러한 사격이 보이면 전사자나 객사자가 나오며, 또 수구에 시신 또는 관 같은 바위가 있으면 이 역시 시신살로서 주로 물에 빠져 익사하는 화를 당한다. 그러나 용진혈적(龍眞穴的)에 장군대좌형(將軍大座形)이나 금오탁시형(金烏啄屍形) 같은 혈에는 오히려 길하다.

❖ **시신(尸身)의 썩지 않는 좌향**(坐向) : 묘좌(墓坐)가 간좌(艮坐)이고 을진방(乙辰方)으로 막힌데가 없고 바람이 와서 봉분을 쓸고 갈 정도이고, 오방(午方)에 물이 있고, 건해방(乾亥方)도 공허(空虛) 또는 물이 흘러가면 천이되어도 시체가 썩지 않는다. 이는 자손에게 대(代)하며 급살(急煞), 풍병, 간질병, 익사, 괴병 등으로 인하여 대패망한다.

❖ **시신은 편안하게** : 일찍이 공자는 산소의 자리를 잘 가려서 부모의 유체(遺體)와 혼백(魂魄)을 평안하게 잘 모셔야 효자라 하셨고, 정자는 산소의 자리를 가리면 먼저 그 땅의 길흉부터 가려서 마치 나무의 뿌리를 북돋우면 그 가지와 잎이 무성하는 것과 같이 조상과 자손은 신령스러운 기운이 상통하여 신령이 평안하면 자손도 평안하고 부조(父祖)의 신령이 불안하면 그 자손도 불안하다라고 하였다. 주자는 또 장사라는 것은 그 조상이나 부모의 유체를 땅 속에 편안히 모시는 것인데, 자손으로서 조상과 부모의 유체를 편안히 모시려면 반드시 조심스럽게 정성을 다하여 편안하게 영구히 잘 보존될 수 있도록 하여야 하며, 그렇게 함으로써 자손도 길이 발복하여 대대로 번성하고 제사를 받드는 이가 끊어지지 않는다. 만일 이와 달리 정성스러이 좋은 자리를 가리지 못하고 불길하면 반드시 물이 고이거나 나쁜 벌

레 등이 속에 침입하여 시신을 해치게 된다. 이렇게 되면 신령도 불안하고 아울러 자손도 재화를 입거나 후사가 끊어지는 근심이 생길 수도 있으니 심히 두려운 일이다 라고 이르고 있다. 이와 같이 옛 성현들이 산소의 중요성을 설파하고 열거하였으니 후손된 도리로서 가장 신중을 기하고 모름지기 정성을 다해야 할 막중한 일이라 생각된다.

❖ **시음일**(時陰日) : 길신(吉神)으로 다른 길신과 같이 쓰면 매사에 유리하다.

정월 : 午日　2월 : 未日　3월 : 申日　4월 : 酉日
5월 : 戌日　6월 : 亥日　7월 : 子日　8월 : 丑日
9日 : 寅日　10월 : 卯日　11월 : 辰日　12월 : 巳日

❖ **시제**(時祭) : 춘하추동에 한번씩 1년에 네 번 지내는 제사.

❖ **시종**(侍從) : 시위호종(侍衛護從)하는 사(沙)를 가리킴.

❖ **시주**(時柱) **결정** : 월일과 주성삼합(湊成三合)이 상길이고, 일간의 녹마귀인이 그 다음으로 좋다. 시간(時干)이 일간(日干)을 극(克)함은 꺼린다. 이 밖에도 태양전도에 따른 택일, 택시(擇時)를 고려하여야 한다. 시주(時柱)는 일주(日柱)의 충복(忠僕)이라는 의미가 있으므로 일주를 도와주어야 한다.

❖ **시체**(屍體)**가 썩지 않은 혈은 이러한 곳이다** : 사방의 산이 높이 압박 하면서 바람은 받지 않아도 항상 음산한 기운이 있으며 흙이 진흙 성분이 함유 되어 있어 이는 양시혈(養屍穴)이라 시체가 썩지 않는 것이다.

❖ **시호**(諡號) : 죽은 뒤에 망자의 공덕을 칭송하여 추증(追贈)하는 칭호.

❖ **식**(息) : 기(氣)를 말함. 아이를 잉태하여 호흡의 기상이 나타나서 배꼽으로 호흡을 하고, 어미의 코에 그 기가 나타나는 현상이 된다. 태(胎)가 있어야 혈이 있고 식(息)으로서의 기가 있음이다. 태가 기맥이 없으면 사태(死胎)가 되고, 혈이 기맥이 없으면 사혈(死穴)이 된다. 태와 식의 두 가지는 불가분의 관계이다.

❖ **식견**(息肩) : 편히 쉬고 있음. 어깨를 늘어뜨리고 쉬고 있음.

❖ **식당은 너무 큰 도로 앞은 좋지 않다** : 큰 도로가에 식당은 손님이 적게 온다. 이것은 보이지 않아도 많은 사람이 자기가 앉아 있는 모습을 보는 느낌이 들 수 있다. 그리고 식당 분위기도 우아해야 하며 출입구가 깨끗하고 정리정돈 되어야 하고 종업원의 옷차림도 재복이 좋다. 언제나 손님을 대할 때는 겸손하고 공손해야 한다.

❖ **식당과 커피숍** : 식당이나 커피숍은 많은 사람들이 드나드는 곳이다. 이곳을 성공적으로 운영하기 위해서는 우선 식당 형태가 잘 갖춰줘야 한다. 도로변에 길게 위치한 식당은 밖에서 보기에는 규모가 커 보이는 장점이 있지만, 실제로는 안에 기운이 모이지 않아 사업이 안 된다. 설사 잘 된다 해도 그리 오래 가지 못한다. 다른 공간 형태와 마찬가지로 식당이나 커피숍도 내부 공간에 생기가 모여야 한다. 그러기 위해서는 깊이가 깊어야 한다. 따라서 식당이나 커피숍의 홀은 정사각형 또는 정사각형보다 깊이가 깊은 것이 좋다. 또 같은 형태라도 주방이나 현관 위치를 방위론을 따라 결정하는 것이 좋다. 최근에는 커피숍과 식당 창문을 크게 하는 것이 일반적이다. 시원하게 트인 창은 안팎으로 바라볼 수 있는 장점이 있고, 늘 햇빛을 받아 환하다. 그러나 호텔 커피숍처럼 넓은 경우가 아니라면 보통 커피숍이나 식당은 창이 지나치게 크면 좋지 않다. 넓은 면적에서는 창문을 크게 해야 안정감이 있지만, 보통 커피숍과 식당은 그만큼 면적이 넓지 않기 때문이다. 좁은 공간에서 유리창만 크게 만들면 안에 있던 기운이 밖으로 빠져 나가 내부 기운이 약해진다.

❖ **식당 배치** : 식당은 크게 주방과 사람들이 식사하는 홀로 구분된다. 식당에서는 역시 주방이 제일 중요한 기능을 담당하는 곳이라고 할 수 있다. 주방위치는 방위 이론과 형태 이론을 함께 고려해서 선정한다. 사람들이 식사하는 홀은 정사각형으로 만드는 것이 좋다. 주방은 홀 형태를 염두에 두고 좋은 방위에 자리잡아야 한다. 식당이 전체적으로 동사택 방위를 이루고 있으면 주방도 동사택 방위에 두어야 한다. 이 때 화장실과 창고는 서사택 방위에 두어야 한다. 식당이 전체적으로 서사택이면 주방도 서사택에 위치한다. 남향 건물 식당이라면 주방은 북쪽 동사택 방위나 동쪽 동사택 방위에 배치하고, 화장실은 서쪽에 배치하는 것이 좋다. 카운터는 동남쪽이 좋다. 동향집 식당에서는 주방은 서쪽이 좋고, 카운터는 북동쪽이 좋으며, 화장실은 북쪽이나 남동쪽이 좋다.

❖ **식록**(食祿) : 건갑좌(乾甲坐), 유정사축좌(酉丁巳丑坐)는 자방(子方)이 식록자리, 묘경해미좌(卯庚亥未坐), 손신좌(巽辛坐)는 건방(乾方)이 식록자리, 곤신좌(坤申坐), 오임인술좌(午壬寅戌坐)의 식록자리는 손방(巽方)이다. 자계신진좌(子癸申辰坐), 간병좌(艮丙坐)의 식록자리는 곤방(坤方)이다. 각각의 좌(坐)에 맞는 식록자리에 높고 수려한 봉우리가 있으면 식록을 얻게 된다. 예를 들면, 진좌(辰坐)의 식록자리는 곤방(坤方)이니, 곤방에 높고 수려한 봉우리가 있다면 식록을 얻는다.

❖ **식루**(拭淚) : 좌우의 사(沙)가 가지런히 눈썹의 높이로 안고 돌았으나 혈을 핍박하여 들어오는 모양.

❖ **식물은 풍토가 중요하고 사람은 환경이 중요하다**

- 옷이나 문구류를 빨간색으로 바꿔 금전 운을 상승시켜라.
- 값어치 있는 물건은 함께 담아 북쪽이나 북동쪽에 보관하라.
- 집에 항상 깨끗하게 가구가 정돈 되어야 하고 입고 다니는 옷도 밝고 깨끗한 옷을 입도록 노력하라.
- 집안에 조명 등은 밝아야 하고 집의 내부가 항상 청결하게 노력하고 모든 가구들은 황금색과 둥근 것이 금전운을 불러 드린다.
- 서쪽은 금전운의 방위이므로 집을 세를 놓아서는 아니 된다. 벽이 틈이나 있으면 즉시 시멘트로 보수하고 비가 세는 곳이 없어야 한다.
- 신혼 초에 이혼 부부는 신혼여행을 간 쪽이 흉한 방위나 신혼살림 집이 불길(不吉)한 방위(方位)면 이혼(離婚) 확률이 많다고 한다. 또한 친정집에서 신혼살림 집 방위가 나빠도 3년 이내에 헤어지기 쉽다고 한다.

❖ **식물이 자라나지 않는 장소** : 가로수가 하나라도 말라 있거나 잎이 시들시들 하면 그 장소에는 나쁜 기가 흐르고 있다는 증거이다. 지면에 모인 나쁜기가 가로수의 생기를 죽여버렸기 때문이다. 마당에 나무를 심어도 좀처럼 자라지 않는 장소라면 그곳에는 좋은 기가 흐르지 않는다는 뜻이다.

❖ **식신**

갑식(甲食)에 병(丙), 을식(乙食)에 정(丁)
병식(丙食)에 무(戊), 정식(丁食)에 기(己)
무(戊)식(食)에 경(庚), 기(氣)식(己食)에 신(辛)
경(庚)식(食)에 임(壬), 신식(辛食)에 계(癸)
임(任)식(食)에 갑(甲), 계식(癸食)에 을(乙)

❖ **식탁**(食卓)**은 호주본명사택**(戶主本命舍宅) **방위**(方位)**에 놓아야 좋다** : 식탁을 흉한 위치에 배치하면 좋지 않다. 흉한 위치는 호주의 오행(五行) 배합이 되지 않은 곳을 말한다. 예를 들면 호주가 동사명(東舍命)이라면 서사명(西命舍)인 경유신(庚酉辛) 술건해(戌乾亥) 미곤신(坤未申) 축간인(丑艮寅) 내방위에는 놀지 말아야 한다. 식탁의 모양은 원형이 좋다. 만약 호주(戶主)가 서사명(西舍命)이라면 임자계(壬子癸) 갑묘을(甲卯乙) 진손사(辰巽巳) 병오정(丙午丁) 네 방위에는 식탁을 놓지 말아야 한다. 식탁이 대문과 정면으로 놓이는 것은 삼간다. 만약 식탁과 대문이 일직선에 놓인 다면 대문 밖에서도 가족들이 식사하는 광경을 빤히 들여다 볼 수 있다. 이런 모습은 그다지 좋지 않다. 해결 방법은 식탁을 옮기는 것 밖에 없다.

❖ **신**(伸) : 곧게 펴져서 나감.

❖ **신**(申) : 12지의 9번째. 지지(地支) 신(申)으로 구성되는 60갑자(甲子)는 임신(壬申), 갑신(甲申), 병신(丙申), 무신(戊申), 경신(庚申)의 5가지가 있다.

- 신(申)은 양금(陽金)인데 그 빛은 백색(白色)이요 방위는 유방(西方), 절기로는 맹추(孟秋) 즉 7월에 속한다. 그리고 신(申)은 12수(獸) 가운데 원숭이(猴)에 속한다.
- 신(申)은 선천수(先天數)가 7, 후천수(後天數)도 7이다.
- 신(申)은 사(巳)를 만나면 사신(巳申)으로 합을 이루어 오행은 수(水)가 되고, 자(子)와 진(辰)을 만나면 신자진(申子辰)이 3합(三合)하여 오행은 수(水)로 화한다. 또 신(申)은 자(子)나 진(辰)을 각각 만나도 신자(申子), 신진(申辰)으로 반합(半合 : 半會)하여 역시 오행은 수(水)가 된다.
- 신(申)은 인(寅)을 만나면 인신(寅申)이 상충(相冲)이요, 사(巳)를 만나면 서로 형(刑)하고 또 사(巳)와는 서로 파(破)한다. • 신은 해(亥)와는 서로 해(害)하고 또는 서로 뚫는(穿) 성질이 있으며, 묘(卯)와는 원진(怨嗔) 관계가 된다.

陰陽	五行	先天數	後天數	三合	六合	冲	刑	破	害	怨嗔
陽	金	七	九	子辰	巳	寅	巳	巳	亥	卯

❖ **신**(辛) : 10간(干)의 8번째. 천간 신(辛)으로 구성되는 60갑자(甲子)는 신미(辛未), 신사(辛巳), 신묘(辛卯), 신축(辛丑), 신해(辛亥), 신유(辛酉)의 6가지가 있다.

- 신은 음금(陰金)인데 빛은 백색(白色), 방위는 서쪽, 절기로는 가을[秋]에 속한다.
- 신(辛)은 선천수(先天數)가 7, 후천수(後天數)는 4다.
- 신(辛)은 병(丙)을 만나면 합이 되는데, 병신(丙辛)이 합화(合化)하여 오행 수(水)가 된다.
- 신(辛)은 을(乙)을 만나면 을신(乙辛)이 서로 충(冲)한다.

❖ **신경방풍**(申庚方風) : 재산을 없애고 빈궁해지며 도적에게 살상의 액을 당한다. (단 申酉坐는 해가 없다.)

❖ **신계**(神階) : 영혼이 신도를 거쳐 정자각으로 오르는 섬돌. 양쪽에 석고(石鼓)가 있다.

❖ **신교**(神橋) : 영혼이 정자각 창호를 지나 현궁(민간에서는 유택 또는 음택이라 한다)으로 가는 다리.

❖ **신교출협**(神交出峽) : 신령스런 교룡(蛟龍)이 좁은 골짜기에 나오는 형국. 산줄기가 부드러우면서도 생동감이 넘친다. 혈(穴)은 교룡의 끝, 머리에 있으며, 안산은 구름, 안개, 번개 등이고, 이 형국의 명당은 점승을 배출한다.

❖ **신구도미**(神駒棹尾) : 신령스런 망아지가 꼬리를 흔드는 형국. 혈은 망아지의 이마에 있고, 안산은 꼬리가 된다.

❖ **신단**(神壇) : 사람이 압도될 만큼 산세가 험악한 곳에 설치하는 신에게 기도하는 제단.

❖ **신당(神堂) 앞뒤는 집터든 묘터든 흉하다** : 신당의 앞이나 뒤는 주택이던 묘 터이든 그의 집에 사는 사람이든 자손이든 크게 재앙을 겪게 된다.

❖ **신도**(神道) : 영혼이 신문을 통과하여 들어가는 길로서 어도(御道)보다 약간 높다.

❖ **신도비(神道碑)와 묘갈(墓碣)** : 신도비는 종2품 이상 관원(官員)의 분묘가 있는 근처 노변(路邊)에 세우는 비석으로서 특히 이 비명(碑銘)은 통정대부(通政大父) 당상관(堂上官) 이상의 벼슬을 지낸 사람이 찬술(撰述)하고, 묘갈(墓碣)은 정3품 이하의 벼슬을 지낸 이의 묘 앞에 세우는 것인데 사적을 싣는 문체가 신도비와 같으나 체제와 규모가 작고 빈약할 뿐이다.

❖ **신득**(申得, 辛得) : 혈장(穴場)에서 볼 때 흘러 들어오는 물이 맨 처음 신방(申方)에서 보임.

❖ **신맥**(辛脈, 申脈) : 산의 줄기가 신신방에서 향해 뻗어 내려오는 맥.

❖ **신묘사당(神廟祠堂)의 방위에 이러한 사(砂)가 있으면**

- 신묘와 사당은 하늘의 길흉에 호응하고 인간의 화복에 통하니 흉방위에 있으면 대흉 험악하고 길방위에 있으면 안녕과 평강을 내린다. 길상(吉祥)에는 삼길(三吉)과 육수(六秀)가 있으니 해진경(亥震庚)을 삼길이라 하고, 간병손신태정(艮丙巽辛兌丁)을 육수라 한다. 이 길수(吉秀)의 방위에 묘사(廟祠)가 있을 때 풍부한 복록과 번영을 내리며 관민(官民)이 더불어 평안하다. 단, 토지신묘당(土地神廟堂)은 무기살(戊己殺)을 범할 경우 만사에 불길과 흉해 등 재난이 발생되고 이로운 것이 없다.
- **문필의 산봉(山峰)과 고탑(高塔)방위** : 통상 학문의 재지와 출세 입신을 돕는 산봉우리나 평지라 하더라도 드높은 탑이나 고층건물이 갑손병정(甲巽丙丁)의 4자상(四字上)에 있을 경우 이것을 문필봉(文筆峰)이라 칭한다.
- **구성길흉궁위론**(九星吉凶宮位論) : 생기속목(生氣屬木)하여 손감리궁득위(巽坎離宮得位)하며, 부귀번영하고 다섯 아들을 두게 되고, 갑을해묘미년(甲乙亥卯未年)에 응성의 응험이 있으며, 장자손에게 크게 이롭다. : 천의속토(天醫屬土)하여 간건태궁득위(艮乾兌宮得位)하며, 풍부한 복록과 선량의 덕망을

얻으며, 아들 셋을 두게 되고, 기진술축미년(己辰戌丑未年)에 발복의 응험이 있으며, 중간 아들에게 크게 이롭다. : 연년속금(延年屬金)하여 곤간태궁득위(坤艮兌宮得位)하며, 군경 · 법조계열의 걸출· 호방한 인재와 부귀를 얻으며, 아들 넷을 두게 되고, 경신기유축년(庚辛己酉丑年)에 영화의 응험이 있으며, 막내 아들에게 크게 이롭다.

- 이상의 3길성(三吉星)은 길지(吉地)를 얻으면 능히 부귀와 번영을 불러 들이고 다시 자세의 득룡진기(得龍眞氣)가 장준(壯竣)한즉 3년 이내에 발복 번창하되 그 크고 작음과 용영(龍咏 : 산 용맥의 흐름)의 후박(厚薄)을 관찰하여 결정한다.
  - 오귀속화(五鬼屬火)하여 흉험과 환란이 닥치고 병정인오술(丙丁寅午戌)년에 불상사와 손재, 구설, 관액(官厄), 시비, 말썽, 화재, 도적 등의 피해가 발생되며, 아들 둘이 생기고, 장자손에게 불행이 닥치게 된다.
  - 화해속토(禍害屬土)하여 집안에 낭패와 손실, 곤궁 및 파탄, 장해, 궂은 일이 자주 닥치고 불구자(귀머거리, 벙어리, 맹인, 신체의 이상 및 부전)와 과부, 홀아비 등 역경과 불행을 겪는 사람이 생기고, 장수하는 사람도 나오기는 하나 소실(小室)을 얻거나 첩을 두는 해로움이 따른다.
  - 문곡속수(文曲屬水)하여 재물이 흩어지고 장해와 고난을 치르며 음란, 방탕 및 말썽, 투쟁에 연관된 풍파와 단명, 요절, 사상(死傷)의 불행사를 겪게 되며, 아들 하나가 생긴다.
  - 절명속금(絶命屬金)하여 험악한 질병, 요절, 불행한 사고 및 죽음, 무사(無嗣), 과부, 홀아비, 재산 파탄, 이별, 분산 등 흉액과 낭패를 치르게 된다.
- 이상의 4흉성(四凶星) 이방과 부엌에 침입하였을 경우 비록 좋은 집터와 골조라 하더라도 발복이 되지 아니한다.
- **황천대흉살**(黃泉大凶殺) : 향(向)을 가지고 분류한다. 경정좌(庚丁坐)의 곤향방(坤向方), 갑계좌(甲癸坐)의 간향방(艮向方).

❖ **신문**(神門) : 영혼이 출입하는 문으로 홍문(紅門) 또는 홍살문(紅殺門)이라고도 한다.

❖ **신문**(顖門)**수기** : 머리 정수리의 가운데에서 약간 앞 이마 쪽으로 자리한 숨구멍을 침구혈명(鍼灸穴名)으로 말하는 것.

❖ **신방수**(辛方水) : 혈장(穴場)에서 보아 신방(辛方)에 물이 있는 것 또는 신방(辛方)에 득(得)이 되거나 파(破)가 되는 것.

❖ **신방**(申方)**의 산** : 신봉(申峯)이 드높고 수려하면 정원급제자가 나오며, 뭇사람의 우두머리가 되는 사람도 배출된다. 만약 드높기는 하나 형상이 험악한 산봉우리가 있으면 흉악한 인물이 나와 도적떼의 괴수가 된다. 신방과 더불어 진술축미방(辰戌丑未方)에도 드높은 봉우리가 솟아올라 서로 호응하면, 대학자, 대문장가가 배출되고, 그들이 관로(官路)에 나가 높은 지위를 얻는다.

❖ **신방**(辛方)**의 산** : 신방도 손방(巽方)처럼 학문· 문필과 관계가 깊다. 신방의 수려하고 뾰족한 봉우리인 문필봉이 있고 청룡· 백호에 요성(曜星)이 비치면 장원급제하는 사람이 나오고, 문장이 빼어난 문필가도 배출된다. 신봉(辛峯)이 수려한 듯하면서 약간 기울고 물이 비껴서 흘러가면 풍류를 좋아하는 여인들이 많이 나온다. 신방과 더불어 건간방(乾艮方)에도 높고 수려한 봉우리가 있으면 크나큰 부귀를 얻으며, 과거에 급제하는 사람이 많이 나온다.

❖ **신방 엿보기** : 우리나라의 특유한 혼인 풍속의 하나로 결혼 첫날밤에 신랑신부가 취침하기 전후하여 신부집의 친지들이 신방의 창호지를 뚫고 방안을 엿보는 것을 말한다. 요즈음은 신혼여행의 유행으로 도시에서는 거의 찾아볼 수 없으나 농촌에서는 이 유풍이 남아 있는 곳도 있다. 이 풍습은 옛날 조혼으로 인하여 여가에서 신부를 보호한다는 의미에서 시작 되었다고 한다.

❖ **신방풍**(辛方風) : 신방풍은 유방풍과 같다.

❖ **신방풍**(申方風) : 신방(申方)에서 혈장(穴場)으로 불어오는 바람. 혈장에서 보아 신방(申方)에 산이나 등성이 같은 것이 없이 허하게 트여 있으면 그 곳의 바람이 혈에 닿는다고 한다.

❖ **신살**(神殺)

- **건록**(建祿) = 갑록인(甲祿寅) 을록묘(乙祿卯) 병무록사(丙戊祿巳) 정사록오(丁巳祿午) 경록신(庚祿申) 신록유(辛祿酉) 임록해(壬祿亥) 계록자(癸祿子)
- **천을귀인**(天乙貴人) = 갑무경일(甲戊庚日) - 축미(丑未), 을기일(乙己日) - 자신(子申), 병정일(丙丁日) - 해유(亥酉), 신일(辛

日)−인오(寅午)−임계일(壬癸日)−사묘(巳卯).

- **역마**(驛馬)＝신자진년(申子辰年)−인(寅), 사유축년(巳酉丑年)−해(亥), 인오술년(寅午戌年)−신(申), 해묘미년(亥卯未年)−사(巳).
- **고과살**(孤寡殺)＝해자축생(亥子丑生)−인술(寅戌), 인묘진생(寅卯辰生)−사축(巳丑), 사오미생(巳午未生)−신진(申辰), 신유술생(申酉戌生)−해미(亥未).
- **도화**(桃花)＝신자진생(申子辰生)−유(酉), 인오술생(寅午戌生)−묘(卯), 사유축생(巳酉丑生)−오(午), 해묘미생(亥卯未生)−자(子).
- **겁살**(劫殺)＝신자진(申子辰)−사(巳), 사유축(巳酉丑)−인(寅), 인오술(寅午戌)−해(亥), 해묘미(亥卯未)−신(申).
- **삼기**(三奇)＝갑술경전(甲戌庚全), 을병정전(乙丙丁全), 임계신전(壬癸辛全).
- **육수**(六秀)＝무자(戊子), 기축(己丑), 병오(丙午), 정미(丁未), 무오(戊午), 기미일(己未日).
- **천사**(天赦)＝춘(春)−무인일(戊寅日), 하(夏)−갑자일(甲子日).
- **괴강**(魁罡)＝경진(庚辰), 경술(庚戌), 임진(壬辰), 임술(壬戌).
- **공망**(空亡)＝갑자순중술해공(甲子旬中戌亥空)
  갑술순중신유공(甲戌旬中申酉空)
  갑신순중오미공(甲申旬中午未空)
  갑오순중진사공(甲午旬中辰巳空)
  갑진순중인묘공(甲辰旬中寅卯空)
  갑인순중자축공(甲寅旬中子丑空)

❖ **신상생봉**(身上生峰) : 용호가 혈을 중간 부분에 끼고서 생기롭고 수려하게 생긴 봉우리. 높아서 쳐다보거나 질주(嫉走)하면 불리하다.

❖ **신서**(信書) : 믿음의 글.

❖ **신안**(神眼) : 신령한 힘으로 멀리서도 생기가 응집된 혈을 정확히 잡아내는 풍수가의 안목.

❖ **신옥입택길일**(新屋入宅吉日) : 새로 집을 짓고 맨 처음 들어가 사는 데는 입택귀화일(入宅歸火日)이나 아래에 기록된 일진이 대길하다.

甲子, 乙丑, 戊辰, 庚午, 癸酉, 庚寅, 癸巳, 庚子, 癸丑日.

❖ **신월**(新月) : 초승달처럼 생긴 형국. 주산(主山)은 둥글면서 폭이 좁으며 눈썹과 비슷하다. 혈(穴)은 주산(主山)의 중심에 있고, 안산(案山)은 구름, 옥토끼, 궁궐 등이다.

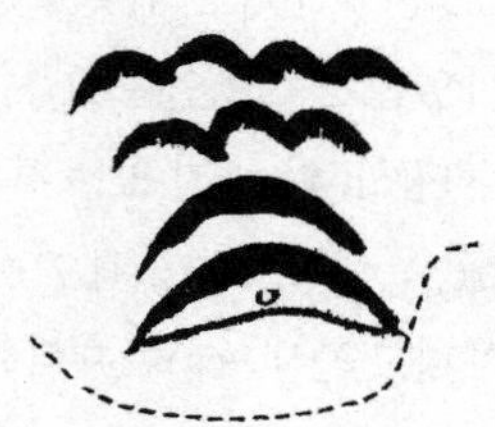

❖ **신임회이취진**(辛壬會而聚辰) : 지리법에 수구(水口)의 방위로 4대수국(四大水局)을 구분하는 문구. 즉 수구가 을진손사병오(乙辰巽巳丙午) 여섯 글자 방위에 있으면 이를 신임회이취진(辛壬會而聚辰)이라 하여 수국신룡(水局辛龍)이라 한다. 수구(水口) 을진(乙辰)이 진자(辰字)를 하면 수국(水局)이라 하고, 진(辰)은 수고(水庫) 수(水)는 임양수(壬陽水)를 취하여 임(壬)은 신(辛)과 교(交 : 合)가 되므로 수국신룡이라 한다.

❖ **신입수**(辛入首) : 입수(入首) 신방(辛方)에서 들어온 것. 즉 혈(穴) 뒤에서 뻗어온 용맥(龍脈)이 신방(辛方)에서 온 것.

❖ **신자합**(申子合) : 신자진(申子辰) 세 개가 만나면 삼합(三合)이지만 신(申)과 자(子)가 만나도 합(合)이 된다. 오행(五行)은 수(水)다.

❖ **신전**(神前) : 신단의 앞.

❖ **신전불후제단**(神前不祭後壇) : 신당이나 산신제단(山神祭壇)과 옛 감옥터, 옛 전쟁터는 양택지(陽宅地)로서는 옳지 못하다. 이러한 곳에는 주택은 짓지 말라 재앙이 있는 곳이다.

❖ **신정**(申正) : 오후 4시부터 5가지가 되기 전 사이 즉 오후 4시.

❖ **신좌**(辛坐) : 신(辛)은 오행으로 금(金)에 속하며 경금(庚金)이 장금(藏金)이라면 신금(辛金)은 노금(露金)이며, 경금이 강금(鋼金)이라면 신금(辛金)은 유금(柔金)에 해당한다. 신좌(辛坐)는 인성(人聲)이 안 들리고 아주 그윽하여 오방안위(五方安位)처가 되어 방풍이 잘 되고 안산(案山)이 듬직하여야 한다. 신좌(辛坐)도 화산룡(火山龍)이나 사오미룡(巳午未龍)은 불길하다. 신좌의 동물은 꿩에 비유하니 꿩은 낮게 기어 다니기를 좋아하며 겁이 많은 날짐승이라, 인가 근처를 피하고 산이 우는(山鳴)곳은 절대 좌

를 정해선 안 되며 너무 가파른 곳도 불가하다.

❖ **신체장애**(身體障碍)

① 일목(一目; 외눈)은 해임룡(亥壬龍) 임자국(壬子局)이나 인갑룡(寅甲龍) 갑묘국(甲卯局)이고, 안흠(眼欠)은 자오방(子午方)에 악석(惡石)이 있는 경우, 맹인은 계축룡(癸丑龍) 갑묘좌(甲卯坐) 4장국에 직장사(直杖砂)가 있는 경우.

② 농아자(聾啞者)는 손사룡(巽巳龍) 경오(庚午) 혈에 곤신(坤申)이 없는 곳에서 나고 곤신(坤申)이 교차해 입수하면 반벙어리가 난다.

- 율려로 생왕이 아닌 국에 인해건사신간손곤(寅亥乾巳申艮巽坤) 지각이 없는 경우. 다른 좌에도 같은 일이 일어난다.
- 4포나 4정에 고장(庫藏) 각이 없이 정(正)이면 벙어리가 간간이 난다.

③ 대항(大項)은 곤신경태(坤申庚兌)에 정미(丁未)각이 횡으로 붙어 있는 경우와 간인갑묘룡(艮寅甲卯龍)에 계축(癸丑)각이 있는 경우다. 이는 부두법상 좌우선 공망에 해당한다.

④ 절름발이는 사병룡(巳丙龍)이나 곤(坤)이 없는 정미(丁未)국에서 난다.

- 4태가 없이 국(局)을 이루는 경우에는 절름발이가 나는데 4태는 용, 각 어느 곳에 있어도 된다.
- 4태(胎)란 집의 동량과 같다.
- 해임(亥壬)에 간계축(艮癸丑)각이 없는 경우, 갑경(甲庚)에 건신술(乾辛戌)각이 없는 경우, 인신(寅申)에 손을진(巽乙辰)각이 없는 국에서도 불구가 난다.

⑤ 수족을 못 쓰는 경우는 4포 상천국(相穿局)이나 4포 사룡(死龍)에서 난다.

- 상천은 인사(寅巳), 인갑(寅甲), 해신(亥申)을 말한다.
- 4포 사룡이란 건곤간손(乾坤艮巽)이 없는 인신(寅申), 사해(巳亥)뿐인 용을 말한다.

⑥ 곱사등이는 4정교(正交)에 허리 없는 4태의 국(局)에서 난다.

⑦ 언청이는 을진룡(乙辰龍) 묘(卯)입수와 순전이 찢어진 국에서 난다.

⑧ 자좌(子坐)에 오(午) 충사(冲砂)는 벙어리(啞), 애꾸눈(一目), 절름발이가 나고, 오룡(午龍)에 유(酉) 충사(冲砂)도 수족 불구자, 벙어리가 난다. 유룡(酉龍)에 자(子)충사도 수족 불구에 벙어리가 난다.

⑨ 간인방(艮寅方)의 긴 골짜기는 자손 중에 맹인이 나고, 계축수(癸丑水)가 앞에서 다가오면 육손이가 나게 된다.

⑩ 해수(咳嗽)는 신술룡(辛戌龍) 계축국(癸丑局)과 정미룡(丁未龍) 신술국(辛戌局)의 조안(朝案)에 뇌제사(腦臍砂)가 있게 된다. 뇌제사는 병균의 형체와 같은 사를 말한다.

⑪ 정신병은 진술판(辰戌坂)이 광국(廣局)인 경우다.

⑫ 사병룡(巳丙龍) 정미국(丁未局)에는 경간(驚癎; 간질병 환자)이 난다.

⑬ 미곤방(未坤方)에 첩첩 악석이면 나병 환자가 나게 되고, 신봉(申峯)이 우뚝하면 장님 자손이 나게 된다.

⑭ 백석(白石)이 기울어져 있으면 절름발이 자손이 난다.

⑮ 안산의 세곡수(細谷水)는 청맹(青盲)이 있게 되고 감계풍(坎癸風)과 을해풍(乙亥風)은 자식 중에 체머리가 난다.

⑯ 혈(穴) 앞에 있는 돌이 볼에 혹이 있고 혈 앞에 놓인 돌이 웅크리고 엎어졌으면 가슴앓이를 앓게 된다.

⑰ 계축방(癸丑方)에 악석이 있으면 미친 자손이 있게 되고 건해방(乾亥方)의 규봉(窺峯)은 신부소경 끝이 없다.

⑱ 안산의 편처습수(片處濕水) 편두통을 앓게 되고 좌우의 규봉 있어 만신창이가 된다.

❖ **신주** : 죽은 사람의 위(位)를 베푸는 나무 패. 대개 밤나무로 만들되 길이는 8촌, 폭은 2촌, 위는 둥글고 아래는 모지게 되었음.

❖ **신파**(申破) : 혈장(穴場)에서 보아 흘러가는 물이 신방(辛方)으로 감춰진 것.

❖ **신향**(申向) : 24향의 하나로 묘나 건물 등이 신방(申方)으로 향한 것.

❖ **신혼 초에는 북쪽의 길상(吉相)을 찾아라** : 북쪽면을 볼 때 튀어나온 부분이 심하지 않게 튀어 나오면 장점이 되지만 너무 크게 나오면 길흉이 서로서로 교차되어 결국 나쁜 영향을 나타나게 되는데, 북쪽이 알맞게 튀어나온 대지는 운이 승승장구하는 운을 가져오며, 신체적으로 신장 계통이나 생식기 계통에 좋은 영향을 받아 건강한 자녀를 낳을 수 있기 때문에 신혼 초에 집을

고를 경우는 북쪽이 알맞게 나온 터를 찾아 이사하면 2세 문제에는 일단 안심해도 되는 곳이다. 그런데 지나치게 튀어 나왔다거나 들어간 택지는 반대적 현상이 일어나게 되므로 사업이 기울어지게 되며 주인의 입장은 마이 아니게 되므로 부인으로부터 항상 핀잔이나 받으면서 살게 되는 일이 발생하거나 부인이 춤바람이 나는 일도 일어날 수 있다.

❖ **신황·정명살**(身皇·定命殺) : 집을 달아내거나 별채를 짓거나, 수리하거나, 흙을 다루는데 있어 본 건물로부터 100보(약 50m) 이내인 경우, 이 살을 범하면 인구가 손(損)하고, 재산이 망한다. 두 살의 정국은 아래와 같다.

- **상원갑자**(上元甲子) : 남(男)은 10세를 간궁(艮宮)에 붙여 순행(順行), 여(女)는 10세를 중궁(中宮)에 붙여 역행(逆行).
- **중원갑자**(中元甲子) : 남(男)은 10세를 중궁(中宮)에 붙여 순행(順行), 여(女)는 10세를 간궁(艮宮)에 붙여 역행(逆行).
- **하원갑자**(下元甲子) : 남(男)은 10세를 곤궁(坤宮)에 붙여 순행(順行), 여(女)는 10세를 곤궁(坤宮)에 붙여 역행(逆行). 위와 같이 상중하원(上中下元)의 구분과 남자를 구분하여 각각 나이를 붙여 구궁순(九宮順)을 순행 혹은 역행으로 나이에 닿는 궁이 신황살(身皇殺)이고, 신황살의 대충궁(對冲宮)이 정명살(定命殺)이다.

三元	上元				中元				下元			
殺名	身皇		定命		身皇		定命		身皇		定命	
년 男女	男	女	男	女	男	女	男	女	男	女	男	女
1 10 19 28 37 46 55 64 73	艮	中	坤	中	中	艮	中	坤	坤	坤	艮	艮
2 11 20 29 38 47 56 65 74	離	巽	坤	乾	乾	兌	巽	震	震	坎	兌	離
3 12 21 30 39 48 57 66 75	坎	雲	離	兌	兌	乾	震	巽	巽	離	乾	坎
4 13 22 31 40 49 58 67 76	坤	坤	艮	艮	艮	中	坤	中	中	艮	中	坤
5 14 23 32 41 50 59 68 77	震	坎	兌	離	離	巽	坎	乾	乾	兌	巽	震
6 15 24 33 42 51 60 69 78	巽	離	乾	坤	坎	震	離	兌	兌	乾	辰	巽
7 16 25 34 43 52 61 70 79	中	艮	中	坤	坤	坤	艮	艮	坎	中	坤	中
8 17 26 35 44 53 62 71 80	乾	兌	巽	震	震	坎	兌	離	離	巽	坎	乾
9 18 27 36 45 54 63 72 81	兌	乾	震	巽	巽	離	乾	坎	坎	震	離	兌

坎(壬子癸) 艮(丑艮寅), 震(甲卯乙) 巽(辰巽巳)
離(丙午丁) 坤(未坤申), 兌(庚酉辛) 乾(戌乾亥)

❖ **신후**(神后) : 연신방(年神方)의 하나로 회신(喜神)에 속하는데, 이 방위에 양택(陽宅)을 하면 길하다고 한다.

子年 : 子方位 丑年 : 亥 寅年 : 戌 卯年 : 酉
辰年 : 辛 巳年 : 未 午年 : 午 未年 : 巳
甲年 : 辰 酉年 : 卯 戌年 : 寅 亥年 : 丑

가령 태세가 甲子, 丙子, 戊子 등 子로 된 해는 자방(子方)이 신후방(神后方)이다.

❖ **신후지지**(身後之地) : 좋은 곳에 신후지지를 머리만 들어 두면 건강하고 자손들도 복을 받는다.

❖ **신후지지(身後之地)에 궁금증이 있으면** : 신후지지(身後之地)에 좋은 묘지 터인지 알고자 하거든 땅을 1m쯤 파고 소뼈나 돼지생뼈를 묻어두고 3년 후에 파보면 누렇게 황골이 되어 있으면 좋은 묘 자리이고, 까맣거나 썩어 있으면 묘를 쓸 수 없는 자리이다. 또한 1m쯤 땅을 파고 생솔잎 가지를 땅 속에 묻어 놓고 3년 후 파 보아서 썩지 않고 솔잎이 그대로 있으면 묘 자리가 좋은 자리이다.

❖ **실내가 서쪽으로 바라보고 전면으로 대도로가 있으면** : 주택의 실내가 서족으로 바라보는 구조인데 전면으로 대도로가 나 있을 경우 대략 재물과 경영사업이 속히 번성발전 할 형태로 간주한다. 서(西)는 금(金)의 방위(方位)이다.

❖ **실내개조** : 집 안 중심부분에는 거실이나 안방처럼 가장 넓은 방이 자리잡고 있어야 좋다. 넓은 방이 어느 한쪽에 치우쳐 있으면 기운이 쏠리기 때문이다. 내부 중심에 작은 방이 있는 것도 좋지 않으므로 중심에 큰 공간을 둬서 내부 공간의 기운을 안정시키도록 한다. 방 형태는 정사각형이 가장 좋으며, 변의 길이가 1 : 1.7(=3 : 5)까지를 좋은 형태로 본다. 1 : 2 이상인 직사각형은 좋지 않다. 직사각형이거나 ㄱ자형 방은 정사각형에 가까운 형태로 바꾸도록 한다. 천장은 중심이 낮거나 좌우가 불균형하면 균형을 잃고 기운이 분산되므로 중심 부분을 높게 한다. 안방은 집 내부에서 가장 생기가 많이 모이는 곳에 위치하고 있어야 좋으므로, 구석진 방이나 방위가 좋지 못한 방을 안방으로 하고 있다면 위치를 바꾸도록 한다. 만일 침대 아래 수맥이 있다면 건강에 매우 좋지 않으므로 동판을 깔아 수맥을 차단한다. 또 화장실이 집 중심에 있는 경우는 구석으로 옮긴다.

현관 위치가 잘못되어 있다면 현관 위치를 변경해서 집 내부의 기운을 생기로 변화시키도록 한다. 대문은 울타리 중심점이나 외부에서 잘 보이는 곳에 있어야 좋다. 도로나 건물 모퉁이 부분에 대문이 있을 경우, 눈에는 잘 띄지만 안정감이 없어 좋지 못하다. 대문은 건물 방위와도 잘 맞는 곳에 있어야 하므로, 건물 방위에 따라 변경한다.

❖ **실내 공간 배치는** : 실내공간은 그 기능에 따라서 면적을 크게 차지하는 부분도 있고 작게 차지하는 부분도 있다. 즉 집에서는 거실에 사람들이 함께 모이는 공간이므로 가장 큰 면적을 차지하지만 화장실이나 창고 등은 면적이 작아도 되며 침실도 거실에 비해 면적이 작다. 실내를 배치 할 때 중요한 것은 넓은 공간을 중심에 두고 작은 공간 들은 그 둘레에 두는 것이 좋다. 이렇게 하면 중심에 기운이 모여서 전체적으로 좋은 기운을 이룬다. 이와 반대로 배치하면 기운의 흐름이 좋지 못하게 되는데 큰 실내 공간이 좌우로 나누어지는 형태는 가장 좋지 못하다.

❖ **실내공간의 5단계 구성** : 음양 오행 이론에서 '다섯'은 완성된 수를 의미한다. 계절적으로는 봄·여름·가을·겨울 그리고 중심계절이 다섯 계절로서 완성된 기를 나타낸다. 실내 공간은 크게 중심 공간과 접속 공간으로 구분하는데, 중심 공간은 바닥과 벽으로 이루어진 공간 전체 형태를 말하며, 접속 공간은 창문이나 출입구처럼 바람이 지나는 공간을 말한다. 이것을 음양 오행에 따라서 다섯 공간, 곧 바닥, 벽, 벽과 천장이 연결되는 부분, 천장, 빈 공간으로 구분할 수 있다. 바닥은 가장 낮은 곳에 위치하고 온도도 제일 낮으므로 겨울에 해당한다. 벽은 태양이 떠오르는 과정을 상징해서 봄에 해당하며, 천장을 온도가 가장 높은 태양을 상징해서 여름에 해당한다. 그리고 봄과 여름 사이에 있는 연결 부분은 가을로 해석한다. 가을은 공간을 만드는 준비 공간이다. 실내에서 빈 공간이 중심 공간을 이루는데, 중심 공간은 창문과 출입문을 통해서 기운을 외부와 교환한다.

① **내부 공간의 주종** : 벽면은 동서남북 네 면으로 실내를 이루는 것이 가장 일반적이다. 네 벽면의 상관 관계를 분석해보면, 언제나 그 중 한 면이 중심 공간, 곧 주된 공간을 이루고, 나머지 벽면은 보조 공간, 곧 종속 공간을 이룬다. 주된 공간을 이루는 벽을 주벽, 나머지 세 면은 종벽이라고 부른다. 주벽은 출입구나 개구부에서 멀리 있는 벽을 이르는 경우가 일반적이다. 주벽은 네 면 가운데 가장 안정된 위치에 정하고, 공간 구획을 크게 해서 울림이 가장 큰 형태로 한다. 이와 반대로 종벽은 작은 형태를 이루도록 한다.

② **실내 벽면 종류** : 단순 벽면·개구부 없이 단일 재료로 이루어진 벽면을 순벽면 또는 단순 벽면이라 부른다. 2차 공간·벽면을 이루는 재료가 단일재료고 개구부가 한 종류인 공간을 2차 공간이라고 한다. 개구부는 공간의 울림을 만들어 주는데, 개구부가 중심에 있을 때 울림이 가장 좋고 옆에 치우쳐 있으면 그 보다 못하다. 3차 공간·골조·벽면·개구부 세 요소로 구성된 공간을 3차 공간이라 한다. 단순 벽면보다는 2차 공간이 좋은 울림을 만들며, 2차보다는 3차 공간이 더 좋은 조화를 이루는 경우가 많다.

③ **재료 구성** : 실내는 대부분 여러 재료를 사용해서 만들어진다. 바닥·벽면·천장은 같은 재료로 이루어지기도 하고, 다른 재료로 이루어지기도 한다. 풍수로 볼 때 한 재료보다는 몇 가지 재료를 섞어서 사용하는 것이 좋다. 바닥은 나무, 벽면은 돌, 천장은 루바 등으로 처리하는 경우를 예로 들 수 있다. 이러한 재료의 변화는 생기를 만들어 준다. 바닥·벽·천장을 모두 처리한다면 답답한 느낌을 줄 것이다.

④ **재료 형태** : 건물 실내 재료는 평면형·선형(수직형/수평형)·모자이크형·방사형 등으로 구분된다. 바닥·벽·천장은 이런 여러 형태를 골고루 사용하는 것이 좋다. 가령 바닥이 평면형이면, 벽면에는 수직형을, 천장에는 모자이크 모양을 가미하는 것이 바람직하다.

❖ **실내는 너무 밝은 것보다 약간 어두운 것이 좋다** : 실내가 너무 밝으면 기운이 분산되지만 약간 어두운 곳에서는 음기(氣)가 모여 오히려 생기(氣)를 이룬다. 요즘 들어 유리창 면적이 조금씩 넓어지고 있는데 기운이 쉽게 빠져 나가기 때문에 좋지 않다. 또한 유리는 기운을 통과시키기만 하고 사람에게 기를 전달하는 성질이 없기 때문에 유리창이 넓을수록 실내 기운에 좋지 않은 영향을 미친다.

❖ **실내 방위에 의한 배치** : 실내 작업을 원활하게 진행하기 위해서는 실내에 모여 있는 기운을 적절하게 이용하는 것이 효과적이다. 실내에 모여 있는 기운을 분석하는 것은 방위상 기 이론에 의해 가능하다. 방위에 의한 기와 기능적인 기를 결합해서 좋은 위치에서 생기를 받으면 작업이 원활하게 진행된다. 실내 공간은 양성 공간과 음성 공간으로 구분된다. 양성 공간은 여러 사람이 만나는 공간이나 주방·사장실·사무실·카운터·출입문·작업 테이블 등을 말한다. 실내 공간을 구획할 때, 양성 공간을 생기가 많이 모이는 곳에 두고 음성 공간은 생기가 상대적으로 부족한 곳에 두어야 좋다. 특히 건물 기운을 살펴서 동사택 기운인 곳에서는 양성을 동사택 방위로, 음성을 서사택 방위로 하는 것이 좋다. 남향 사무실인 경우 동사택 건물이므로, 사장실·카운터·출입문 등은 동쪽이나 북쪽에 두고 화장실·창고 같은 음성 공간은 서쪽에 두는 것이 좋다. 동향 건물은 서사택 건물이나 사장실·카운터·중심홀 등은 서쪽에, 출입문은 북동쪽에 있는 것이 좋다. 이 경우에 화장실·창고·쓰레기장은 남쪽이나 북쪽에 두어야 한다.

❖ **실내 인테리어** : 인테리어가 아무리 훌륭하다 하여도 집안이 더러우면 행복을 불러들이는 왕성한 기운이 소멸되기 쉽다. 집안에 먼지나 쓰레기가 쌓이지 않도록 항상 청결을 유지해야 한다. 의류를 비롯하여 가전제품 가구 일상 잡화 아이용품 등 불필요한 물건이나 더 이상 사용하지 않은 물건은 좋은 기를 차단시키므로 즉시 처분 시켜야 한다. 꽃이나 식물은 자연의 좋은 기운을 흡수하여 기(氣)의 균형을 조절해 주므로 현관이나 침실은 물론 집안에서 기운이 정체되기 쉬운 화장실 등에는 꽃이나 식물을 놓아두는 것이 좋다. 또한 싱그러운 허브 향과 음악이 흐르는 공간도 자연의 좋은 기운을 흡수하므로 취향에 따라 향과 음악에 변화를 주면 항상 행운이 따라 다닌다. 가구와 소품은 천연 소재의 제품을 사용하면 좋다.

❖ **실내 인테리어의 방위** : 실내 기운이 좋고 나쁨은 바로 사람에게 영향을 준다. 이러한 실내 기운중 방위 이론의 핵심은 방 중심 기운과 방으로 출입하는 기운의 상관관계에 따라 결정된다. 방안에는 기운의 중심점이 형성되며, 기운의 중심점은 방위에 따라 고유한 기운을 형성한다. 방 중심점에서 이루어진 기운을 편의상 주인 기운이라고 한다. 이와 달리 출입문과 창문으로 출입하는 바람이 이루는 기운을 편의상 손님 기운으로 구분한다. 이상적인 공간은 주인 기운과 손님 기운이 서로 조화를 이루는 경우다. 실내 방위 : 집 안 공간, 곧 방·화장실·거실·부엌 등의 방위는 이곳에 거주하는 사람들에게 영향을 미친다. 규모가 같은 집에서도 방이 배치된 방향에 따라 발전 정도에 차이가 있고, 즐거움과 슬픔이 달라진다. 손님 기운과 주인 기운이 서로 조화를 이루느냐 그렇지 못하느냐에 따라서도 다르다. 실내 공간에서 기운이 가장 많이 모이는 곳을 기두(氣頭)라고 한다. 기두는 가장 넓고 높으며, 가장 중심적인 공간이 되어야 한다. 안방·거실·부엌·현관·화장실을 집의 5주(柱)라고 한다. 5주는 마치 사람의 기운이 생년월일, 곧 사주에 의해 결정되는 것처럼 한 집안의 기운을 결정한다. 5주는 기운의 성질에 따라 4합(合) 1부(否)로 구분되는데, 4합은 불을 사용하는 공간, 곧 따뜻한 기운을 갖고 있는 안방·거실·부엌·현관을 말하고, 1부는 물을 사용하는 화장실을 말한다. 5주 가운데 4합 공간과 1부 공간은 서로 그 기운이 달라야 한다. 따라서 4합이 동기(東氣)를 갖고 있으면 1부는 서기(西氣)를 갖고 있어야 하고, 반대로 4합이 서기를 갖고 있으면 1부는 동기를 갖고 있어야 한다. 집안의 기두와 4합이 동기나 서기로 같으면 평화로운 공간을 이룬다. 그러나 1부인 화장실과 기두과 기운이 같으면 좋지 않다.

❖ **실내 공간 형태와 평면의 비율** : 풍수에서 말하는 가장 이상적인 공간의 핵심은 그 근원을 자연 형태에서 취하고 있다. 흔히 볼 수 있는 동물의 알은 생명체의 기운이 가장 강하게 밀집된 형태다. 알의 형태가 바로 생기를 많이 갖고 있는 형태다. 꽃봉오리도 그렇고 여성의 자궁이 그렇다. 풍수지리의 산에 대한 해석 이론에서도, 그 형태가 알처럼 둥근 형태를 취하고 있는 것을 생기가 가득 찬 산으로 말하는 이유도 같다. 실내의 기를 형성하는 요인은 바람의 회전, 공간에서의 진동이 주를 이룬다. 바람은 상하 좌우로 회전이 가능한 알의 형태에서 완성된 기운을 만들 수 있기 때문이다. 실내 공간은 바닥·벽·천장으로 구분된다. 바닥에 벽이 세워지면, 방이 하나 만들어진다. 가장 이상적

인 방의 형태는 알의 형태를 기준으로 볼 때 정사각형이다. 방의 형태에 따라 공간의 기운이 달라지고 그 공간에 거주하는 사람의 길흉이 달라진다. 실내 공간의 형태는 가로와 세로가 곧고 길이 비율이 일대일인 경우가 가장 일반적이지만, 기운이 회전하기 쉬워 생기를 많이 만드는 공간이다. 방이 원형인 것은 보기 드물지만, 이런 방은 기운을 강하게 집중시키는 효과가 있어 매우 좋다. 원형 공간은 기운이 회전하기에도 매우 적합하다. 원형 평면에서는 안에 칸막이가 없어야 이상적으로 정사각형 평면이 바람직하다. 이 때 가로와 세로 비율은 1 : 1.7(=3 : 5)이 좋다. 평면 비율이 정사각형에서 직사각형으로 길어질 경우, 곧 비율이 1 : 2이상으로 늘어날 경우에는 효과적인 바람의 회전이 불가능해진다. 평면 형태에서 가로 세로 비율이 1 : 2가 되는 순간부터는 기운이 좌우로 분리되는 형상을 이루기 때문이다. 기운이 분리되는 공간은 물론 생기가 부족하다. 공간의 성격상 정사각형과 직사각형의 중간 위치로 3 : 5정도 비례가 무난하다고 본다. 정사각형 평면에서 기를 더 강하게 만들 수 있는 방법은 한쪽 벽을 불룩 튀어 나가게 하는 것이다. 한 면이나 두 면 또는 사면 모두 튀어 나가게 해도 된다. 다만 이런 경우 튀어 나가는 부분이 벽면 중심부에 위치하게 하는 것을 원칙으로 한다. 이렇게 튀어 나간 면은 곧바른 실내 기운이 원활하게 회전할 수 있게 해 주고 공간의 울림을 좋게 해서 생기가 많은 실내를 만든다. 기둥을 배치하는 경우에도 실내 중심점에 큰 공간이 형성되고, 벽 모서리로 갈수록 기둥 간격이 좁아지는 형태가 바람직하다. 이 때 기둥의 수는 짝수가 되고, 칸 수는 홀수가 되는 것이 가장 이상적이다. 중심부에 기둥이 있어서는 안 되며 반드시 빈 공간으로 남아 있어야 된다. 공간을 세 칸으로 나누는 경우라면, 가운데 칸이 가장 넓고 좌우 칸은 약간 작은 것이 생기를 만드는 구획이다. 실내를 다섯 공간으로 구획하는 경우라면, 중심부분에 큰 공간을 두고 좌우에는 작은 공간을 만들어야 한다. 실내 공간을 네 칸이나 여섯 칸 등 짝수로 나누는 것은 좋지 않다. 도심지처럼 땅이 비좁은 곳에 집을 짓다 보면 삼각형 방도 생기기 마련이다. 그러나 이런 방은 기운이 안정되지 않은 매우 불안한 형태다. 이런 방에서 살면 주변 사람과 싸우거나 언쟁을 일으키는 등 자주 마찰을 빚게 된다. 방 길이가 제각각인 두 방을 합쳐 ㄱ자 모양으로 만든 방도 보았는데 이런 방은 안정감이 없어 거기서 사는 사람은 불안감에서 벗어나지 못하고 주변 사람들과도 잘 어울리지 못한다.

❖ **실내 장식** : 집안의 실내 장식이 지나치게 많고 화려하면 병환이 오고 성패(成敗)를 심하게 한다.

❖ **실시**(失時) : 오행이 생왕(生旺) 되는 절기(節氣)를 만나지 못한 것. 실령(失令)과 같은 뜻.

❖ **실성**(室星) : 병방(丙方)에 있다. 병봉(丙峯)이 기이하게 생겼으면 경호직을 맡게 되고, 한 봉우리가 빼어나면 그 분야의 지방관이 나는데, 해년(亥年)에 발음(發蔭)한다. 병봉(丙峯)이 고압적인 모습이면 물에 빠져 죽거나 전기사고로 죽게 되고 짐승에게 물려 죽고 저두석(猪頭石)이 있으면 나병환자가 난다.

❖ **실용오행**(實用五行) : 인간의 생활관리를 위한 음양오행의 구체적 운용방법. 즉 조화무궁(造化無窮)한 음양오행의 이기(理氣)로 생인(生人)과 사령(死靈)의 길흉화복을 제도하는 각종 이법을 실용오행이라 하고, 이에는 정오행(正午行), 삼합오행(三合五行), 장생오행(長生五行), 쌍산오행(雙山五行), 납음오행(納音五行), 향상오행(向上五行), 홍범오행(洪範五行), 팔괘오행(八卦五行), 소현공오행(小玄空五行), 천간지지(天干地支), 오행합충(五行合冲), 상생상극(相生上剋), 오행수리(五行數理), 장간법(藏干法), 포태법(胞胎法), 구성법(九星法), 구궁법(九宮法), 사국법(四局法), 정양정음(淨陽淨陰), 녹마귀인(祿馬貴人), 육십갑자(六十甲子), 생기법(生氣法), 육친법(六親法), 삼재법(三災法), 겁살법(劫殺法) 등이다.

① 기본오행(基本五行)**과 정오행**(正五行)

- **기본오행**(基本五行) : 오행은 목(木), 화(火), 토(土), 금(金), 수(水)로서 오행의 차서(次序)에 대해서는 우주순환의 차서와 오행살생법(五行相生法)에 따라 목(木:春東), 화(火:夏南), 토(土:四季, 中央), 금(金:秋西), 수(水:東北)의 순서로 본다.
- **정오행**(正五行) : 모든 오행의 기본으로 각종 오행은 이 정오행에 준거하여 화생된 오행이다.

木 : 陽 = 甲, 寅, 3　　　陰 = 乙, 卯, 8

火 : 陽 = 丙, 午, 7　　　陰 = 丁, 巳, 2

土 : 陽 = 戊, 辰, 戌, 5　　陰 = 己, 丑, 未, 10

金 : 陽 = 庚, 申, 9　　陰 = 辛, 酉, 4

水 : 陽 = 壬, 子, 1　　陰 = 癸, 亥, 6

② **천간**(天干)**과 지지**(地支)

天干 = 甲乙丙丁戊己庚辛壬癸, 10天干

地支 = 子丑寅卯辰巳午未申酉戌亥, 12支

천간(天干)과 지지(地支)의 음양과 오행

陽干 : 甲(木), 丙(火), 戊(土), 庚(金), 壬(水)

陰干 : 乙(木), 丁(火), 己(土), 辛(金), 癸(水)

陽支 : 子(水), 寅(木), 辰(土), 午(火), 巳(火), 申(金), 戌(土)

陰支 : 丑(土), 卯(木), 巳(火), 未(土), 酉(金), 亥(水)

③ **오행**(五行)**과 방위**(方位) : 4방과 중앙에도 각기 오행이 배정된다.

正北方 : 水 : 壬子癸　　正東方 : 木 : 甲卯乙

正南方 : 火 : 丙午丁　　正西方 : 金 : 庚酉辛

東北方 : 土 : 丑艮寅　　東北方 : 木 : 辰巽巳

西南方 : 土 : 未坤申　　西北方 : 金 : 戌乾亥

중앙은 무기토(戊己土)이다.

④ **팔괘오행**(八卦五行) : 팔괘에도 각기 오행이 배정되어 그 작용을 한다.

乾金,　兌金,　離火,　震木

巽木,　坎水,　艮土,　坤土

⑤ **오행의 상생**(相生)**과 상극**(相剋) : 오행은 상생과 상극 작용으로 조화만상한다.

- 相生 : 木生火 → 火生土 → 土生金 → 金生水 → 水生木
- 相剋 : 木剋土 → 土剋水 → 水剋火 → 火剋金 → 金剋木

한편 상생은 길하고 상극은 흉함이 원칙이나 절대적인 것은 아니다. 오행의 조화는 생극제화(生剋制化)가 다같이 필요하기 때문이다.

⑥ **오행의 합충살형**(合冲煞形)

- **간합**(干合) : 갑기합토(甲己合土), 을경합금(乙庚合金), 병신합수(丙辛合水), 정임합목(丁壬合木), 무계합화(戊癸合火)
- **간충**(干冲) : 갑경충(甲庚冲), 을신충(乙辛冲), 병임충(丙壬冲), 정계충(丁癸冲), 무기충(戊己冲)
- **지합**(支合) : 3합회국(三合會局), 6합(六合)

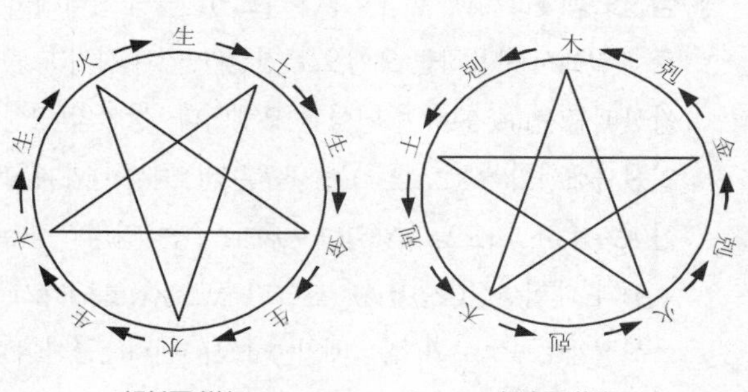

相剋圖 逆行　　相生圖 順行

- **3합**(三合) : 신자진(申子辰) 수국(水局), 해묘미(亥卯未) 목국(木局), 인오술(寅午戌) 화국(火局), 사유축(巳酉丑) 금국(金局)
- **6합**(六合) : 자축합토(子丑合土), 인해합목(寅亥合木), 묘술합화(卯戌合火), 진유합금(辰酉合金), 사신합수(巳申合水), 오미(午未)는 불변화(不變化)
- **방합**(方合) : 천간(天干)과 지지(地支)가 합하여 방합을 이룬다.

甲卯乙 : 正東方　　辰巽巳 : 東南間方

丙午丁 : 正南方　　坤申 : 西南間方

庚酉辛 : 正西方　　戌乾亥 : 西北間方

壬子癸 : 正北方　　丑艮寅 : 東北間方

- **지충**(支冲) : 자오충(子午冲), 축미충(丑未冲), 인신충(寅申冲), 묘유충(卯酉冲), 진술충(辰戌冲), 사해충(巳亥冲)
- **형살**(形煞) : 자묘형(子卯形) : 인사형(寅巳形), 사신형(巳申形), 인신형(寅申形), 축술형(丑戌形), 축미형(丑未形), 미술형(未戌形), 이 밖에 진진오오(辰辰午午), 유유(酉酉), 해해(亥亥)는 자형(自形)이다.
- **지지육해**(地支六害) : 자미해(子未害), 축오해(丑午害), 인사해(寅巳害), 묘진해(卯辰害), 해신해(亥申害), 유술해(酉戌害)
- **원진**(怨嗔) : 자미(子未), 축오(丑午), 인유(寅酉), 묘신(卯申), 진해(辰亥), 사술(巳戌)은 원진(怨嗔)으로 불화불목(不和不睦)한다.

⑦ **3합 5행**(三合五行) : 3합 5행은 3개의 동질(同質) 5행이 생왕묘(生旺卯)로 합국한 오행이다. 해묘미(亥卯未)는 목국(木局), 인오술(寅午戌)은 화국(火局), 사유축(巳酉丑)은 금국(金局), 신자진(申子辰)은 수국(水局)이 된다.

⑧ **쌍산오행**(雙山五行) : 쌍산오행(雙山五行)은 풍수지리에서 주로 패철에서 사용하는 오행으로 천간(天干)과 지지(地支)가 쌍산배합(雙山配合)하여 형성된 오행이다. 쌍산의 형성은 인신사해생위(寅申巳亥生位)는 간곤손건(艮坤巽乾)과 배합쌍산(配合雙山), 자오묘유왕위(子午卯酉旺位)는 임병갑경(壬丙甲庚)과 배합쌍산(配合雙山), 진술미축묘위(辰戌未丑墓位)는 을신정계(乙辛丁癸)와 쌍산배합(雙山配合)이다. 곤신(坤申), 임자(壬子), 을진(乙辰)의 쌍산(雙山)은 신자진(申子辰)으로 오행이 수(水)가 되고, 간인(艮寅), 병오(丙午), 신술(辛戌)의 쌍산(雙山)은 인오술(寅午戌)로 오행이 화(火)가 되고, 건해(乾亥), 갑묘(甲卯), 정미(丁未)의 쌍산(雙山)은 해묘미(亥卯未)로 오행이 목(木)이 되고, 손사(巽巳), 경유(庚酉), 계축(癸丑)의 쌍산은 사유축(巳酉丑)으로 오행이 금(金)이 되고, 패철(佩鐵) 반상(盤上) 24산 오행의 배정도 이와 같은 쌍산 3합으로 되고 있다.

⑨ **장생오행**(長生五行) : 장생오행(長生五行)은 12포태법(胞胎法) 운용에 필요한 오행이다. 양(陽)은 4우방(四遇方) 인신사해(寅申巳亥)가 장생(長生)으로 좌선순행(左旋順行)하고, 음(陰)은 4정방(四正方) 자오묘유(子午卯酉)가 장생으로 우선역행(右旋逆行)한다.

⑩ **60갑자 납음오행**(六十甲子納音五行) : 납음오행(納音五行)은 각종 음양용사(陰陽用事)에서 많이 쓰는 오행이다. 특히 연운(年運), 장택, 혼택, 궁합 등에 긴요한 오행이다.

⑪ **홍범오행**(洪範五行) : 홍범 5행은 좌산(坐山)으로 산운을 보며 주로 장택(葬擇)에 필요한 오행이다. 연운(年運)이 산운(山運)을 생조(生助)하거나 비화(比和)하면 길하고 제극(制剋)하면 흉하다. 단 연운은 납음오행(納音五行)을 필요로 한다.

⑫ **소현공오행**(小玄空五行) : 향상으로 물의 득파(得破), 길흉을 논하는 오행으로 내득(來得)은 생방(生方)이 길하고, 거파(去破)는 극방(剋方)이 길하며, 비화(比和)는 다 같이 흉하다. 병정을유(丙丁乙酉)는 화(火)가 되고, 건곤묘오(乾坤卯午)이 금(金)이 되고, 술경축미(戌庚丑未)는 토(土)가 되고, 갑계해간(甲癸亥艮)은 목(木)이 되고, 자인손신진사신임(子寅巽辛辰巳申壬)은 수(水)가 된다.

❖ **심**(深) : 깊이 숨어 있다는 말. 천광을 깊이 한다는 말은 아니다.

❖ **심**(沈) : 높은 산에서 얕으막한 와혈(窩穴)을 이루어 동그란 둘레를 만들고 약간의 돌기처(突起處)가 주위를 형성하면 천광하여 하관할 때 봉분을 낮게 만들어 노출로 인한 풍취(風吹)함을 피하게 한다. 대체로 고산(高山)에서는 풍한(風寒)하므로 얕으막한 와(窩)에 장사하려면 무덤이 노출되기 쉬워 풍취하기 쉽게 되므로 오로지 심장(沈葬)이 가장 합법한 장법이라 할 수 있다. 혹 와중(窩中)에 부토(抔土)는 걷어 버리고 다시 천광하여 하관하면 심장(沈葬)이 되니 이를 개금취수(開金取水)라고 한다. 장사함이 위에는 탄장(呑葬), 아래에는 토장(吐葬), 얕으면 부장(浮葬), 깊으면 심장(沈葬)이라고 하는 것은 틀린 말이다. 탄토부심이란 용법(用法)으로 장사하는 것이니 사람이 적정하게 응용하는 법이다.

穴地가 깊어서 돋구어 놓고 장사를 지낸다

❖ **심룡법**(尋龍法) : 용을 찾는 것은 산수(山水)를 보는 견해가 다르지만 풍수지리가 우주의 근본 생성원리와 상통하는 진리로서 근본을 터득하기는 매우 어렵지만 무릇 용(龍)을 찾는 법이 가지(枝)로 온 용과 두둑한 큰 언덕으로 온 용을 구별하는데 불과하다. 작혈(作穴)하는 법은 오직 음(陰)과 양(陽)을 분별하는 일이므로 가지같이 생긴 둔덕(壟)이 있는가 하면 두둑이 언덕같은 가지(枝)로도 있으며, 가지로 와서 둔덕으로 그치거나 큰 둔덕으로 와서 가지(枝)로 그치고, 큰 둔덕용(壟)이 가지로 되었다가 다시 둔덕룡이 되고, 지룡(枝龍)이 다시 두툼한 둔덕이 되었다가 다시 지룡으로 변하기도 한다. 또한 지룡(枝龍)이 계단같이 큰 언덕 위를 행하기도 하고 또한 둔덕용이 두둑두둑 단계를

만들며 지맥(枝脈) 위를 가기도 한다. 내면은 두터운 둔덕이지만 외면은 가지(枝)이며 내면은 가지이고, 외면은 둔덕 같고 가지는 강하고 둔덕은 약하거나 급한 가지에 느린 둔덕, 평평한 가지에 높은 둔덕, 숨은 가지에 나타나는 둔덕, 돌로 된 가지에 흙으로 된 둔덕, 늙은 가지에 부드럽고 연한 둔덕, 한편은 둔덕이요 한편은 반지(半枝) 반둔덕(半嶪), 가지도 아니요 둔덕도 아니면서 분별하기 어려운 자가 있으니 가지와 둔덕을 능히 구분하면 가히 용(龍)을 찾는 법을 알수 있다.

❖ **심룡역효**(尋龍易曉) : 무릇 땅을 보는 데는 용을 위주하고, 횡룡(橫龍), 직룡(直龍), 기룡(騎龍), 회룡(廻龍)을 말하지 않는바, 그 귀천이 모두 발조(發祖太祖山) 또는 소조산(少祖山)에서 용맥이 발하여 내려온 것에 근거한다. 산을 관찰함에는 더욱 그 산의 조종(祖宗)이 있는가를 보아야 하니 나무의 근(根)과 물의 원(源)과 같이 뿌리가 깊으면 지엽이 무성하고 물 근원이 멀면 흐름이 긴 것과 같은 이치다. 혈을 맺는 곳으로부터 조산(祖山)에 이르기까지 몇 리가 되는 곳이 있고, 혹은 몇 천리, 또는 몇 백리, 또는 몇 천리가 되는 경우의 다름이 있어, 발복도 소부귀(小富貴)와 대부귀(大富貴)가 있고, 군면과 도시가 다르다. 산이 높고 특이하며 수려한 모양이 유독 높은 것은 화성(火星)으로서 그 산맥 밑에 성국(成局)을 맺는 곳이 많은데, 형국(形局)을 논하는 사람이 일컫는 용루(龍樓), 봉각(鳳閣), 충소봉개(冲宵鳳盖), 천기(天旗)와 같은 것이고, 또는 화성(火星)을 불구하고 혹 장천수(漲天水), 진천토(溱天土), 헌천금(獻天金), 중천목(冲天木)과 보전(寶殿), 보좌(寶座), 비봉(飛鳳)의 유는 모두 학계(鶴鷄)가 모인 가운데 홀로 그 헌앙(軒昂)한 자가 이것이다. 여기에서 맥이 나와 기복하고 개장(開帳)하여 각각 사루하전(辭樓下殿)한 것이 마치 사람이 왕조에서 벼슬을 받고 명을 받들어 출사(出使)함과 같다. 그리고 여러 겹 천장(穿帳)과 과협됨이 많은 것을 협의치 않으며, 대개 박환(剝換)이 많으면 용기(龍氣)가 더욱 청수하니 발복됨이 끊임없다. 요컨대, 알아 둘 것은 천장(穿帳)과 과협(過峽) 두 가지가 같지 않음이다. 천장(穿帳)은 용이 한 번 엎드리고 한 번 일어나는 형태인데 그 엎드린 [伏] 아래에 맥이 연접한 곳의 형적(形迹)이 아주 막히지 않고 바람이 닿지 않으면 속맥(續脈)에 충분하고, 양쪽에 가리워 보호한 것이 있으면 또한 보내는 것이 있고 맞이하는 것은 없음으로 과협(過峽)되는 것에 이르러서야 비로소 용이 진혈을 나타낸다. 그러므로 주의력 있게 살펴보아 봉요(蜂腰)와 학슬(鶴膝)이 가장 좋고, 그 나머지는 천전과(穿田過), 도수과(渡水過), 관주과(串珠過), 유엽과(柳葉過), 역룡과(逆龍過), 합기과(合氣過), 공자과(工字過), 천홍과(天虹過), 왕자과(王字過), 천지과(天地過), 초사(草蛇), 회선(灰線), 주사(蛛絲), 마적(馬跡), 단사련(斷絲連) 등 여러 가지 모양으로 맥이 이어진 흔적을 은연중 나타내는 것으로, 활동, 수려하고 짧고 가늘어야 아름답다. 꺼리는 것은 옹종(臃腫:부스럼), 산만(散漫), 준직(蠢直:벌레가 죽은모습), 편고(偏枯), 풍험(風吹), 수겁(水劫), 천란(穿鑾)을 손상함이다. 또 양쪽에 송영(送迎)이 있으며 외산(外山)이 주룡(主龍)을 내공(來拱)하고 지각(枝脚)이 주룡을 보호하며, 일월사(日月砂), 규홀(圭笏), 기고(旗鼓), 일인(釰刀), 창고(倉庫), 나성(羅城)이 씨를 부린 듯 있고 귀기(貴器)가 호위하면 바야흐로 온전하게 아름다운 용으로써 소위 천호(天狐), 천각(天角), 용욕도(龍欲渡)가 이것이다. 대개 천장(穿帳)은 용의 곡절, 탈각하며 그 이어져 오는 방향이 일정치 않다. 과협(過峽)의 자항(字向), 또는 조산(祖山)에서 맥이 나와 혈처(穴處) 및 입수(入首)에 이르기까지 모두 한 모양의 자항(字向)이 되어야만 바야흐로 용의 정결(正結)이라 할 수 있다. 그리고 토색과 기미와 과협(過峽)된 곳이 모두 진격을 이루어 마치 조·부·자·손(祖·父·子·孫)이 일맥으로 이어짐이 같다. 또는 주맥(主脈)이 중심으로 나와 곧바로 앞으로 가면 결혈(結穴)됨도 중이 되고, 좌출맥이면 혈도 왼쪽에 있고, 우출맥이면 혈도 오른쪽에 있다. 뿐 아니라 왼쪽에 귀길(貴吉)한 사(砂)가 많고 오른쪽은 허하면 혈을 맺는 곳을 기준하여 용이 강하고 호가 약한 것이 되며, 반대로 오른쪽이 호위하는 길사(吉砂)가 많고 왼쪽이 호위가 없으면 혈맺는 곳을 기준하여 볼 때 백호가 청룡보다 강한 것이 되니 꼭 천장(穿帳)과 과협에만 구애되지 말고, 요감법(饒減法)을 써서 청룡이 약하면 혈을 백호방(白虎方)으로 당기고, 백호가 약하면 혈을 청룡방(青龍方)으로 당겨 정해야 한다. 만약 소조산(少祖山)에서 내려온 용이 길게 뻗어 조산(祖山)으로부터 이미 멀리 떨어지면 곧 작혈(作

穴)되려는 것이다. 높고 큰 산만이 문득 솟은 것이 소조산(少祖山)인데, 이 산은 높고 커야 하며 이곳에서 혈까지 가는 맥이 멀고 지맥이 갈라져 나가면 이 산은 정룡(正龍)이 머물러 가는 산이며 지룡(枝龍)의 조산(祖山)이다. 즉, 태조산(太祖山)에서 정룡(正龍)이 앞으로 뻗어 가다가 별도로 다시 높고 크게 솟은 산이 소조산(少祖山)이며, 소조산(少祖山)이 아래의 용맥(龍脈)에서 바야흐로 혈이 맺게 된다. 요공(寥公)이 말하기를 「2, 3절(二三節) 사이에 혈성(穴星)이 이루어지면 복력(福力)이 크고 절수가 멀면 복력(福力)이 적으며, 비록 조산(祖山)이 묘하게 솟아도 너무 멀면 기가 가볍고 힘이 약하다」 하였으니, 소조산(少祖山) 아래 2, 3절 사이를 「부모」라 하는바, 혈 머리에 이르러 그 세소(細小)한 곳에 속기(束氣)된다. 속기(束氣)된 바로 밑에 첨원방정(尖圓方正)한 철퇴(凸堆; 소복한 무더기)가 일어난 것을 「태식(胎息)」이라 하는바, 즉 태성(胎星)의 과전(果田)이니 소위 첨원방정(尖圓方正)하여 용이 입향한 것으로서 이는 2, 3절이 소조(少祖)와 더불어 이전에 달라진 것이니 소조(少祖) 이전에 귀인이 다니는 도로가 된다. 용의 양변에 보내는 협과 맞이하는 협이 있어 이곳에 귀인이 장차 당에 오르고 노복(奴僕)이 좇아 절하므로 보내는 협이 있고 맞이하는 협도 있음이니, 이른바 요도(橈棹)가 향 앞에 있고 용이 이 곳에 머물렀으니, 결혈(結穴)됨이 가까워 그 응힘이 극히 빠르다. 가장 긴요한 것은 속기(束氣)가 청진(清眞)하고 전변(轉變)된 용이 수려하면 곧 그 융결함이 진(眞)이며 또 입수된 곳을 자세히 보면 반드시 풍만하게 살찌고 원만한 것이 흡사 음양과 장(壯)의 이규(二竅) 위에 그 소복(小腹)이 원만해지지 않음이 없다. 재차 나경(羅經)의 내반(內盤)으로 보아 여기가 가령 모(某) 글자 위에 4국중 을신정계(四局中 乙辛丁癸)가 되며 무슨 용의 생왕이며, 무슨 좌(坐)의 생왕에 관계되고 그 팔살(八殺)을 피하여 법에 의해 장사하였으면 곧 진기와 진맥이 모두 나의 쓰임이 되므로 대지(大地)라면 대발(大發)하고 소지(小地)라면 소발(小發)하는 것이니 역시 만무일실(萬無一失)이다. 이상의 용결 이편(龍訣二篇)에는 전인(前人)들의 말을 베풀고 또 자기가 경험한 결과를 수집해서 말한 것이므로 백발백중의 진결이라 할 수 있다. 첫 번째로 용의 형상적 생왕사절(生旺死絶)인 바, 굴곡하고 활동하여 기세가 웅장하면 이것이 형상적 생왕룡이며 준조경직(蠢粗硬直)하면 이것이 형상적 사절(死絶)이다. 또는 용의 입도에도 생왕방(生旺方)과 사절방(死絶方)이 있는 바, 이는 이기적 생왕사절(理氣的 生旺死絶)이다. 남의 묘를 볼 때 절(節)을 좇아 찾아가며, 산만(山巒)의 곡절이 변화하고 환포된 것이 유정하며 순리로 결혈(結穴)되는 곳까지 이르면 이는 용의 형상이 생왕으로 된 것이라 알아야 하고, 또 나경(羅經)[佩鐵]의 외반(外盤)으로 용신(龍身)에 붙은 근수(近水)와 활수(活水) 그리고 산(山)과 지(地)의 건류(乾流)며 좌우 양방이 어느 글자 위에 교회(交會)되었는가를 안다. 가령 물이 신술(辛戌)·건해(乾亥)·임자(壬子) 여섯 글자 위에 교회한 물은 을병(乙丙)이 술(戌)을 좇아 교회함이니, 이는 화국을룡(火局乙龍)이다. 을룡(乙龍)은 장생을 병오(丙午)에 붙여 역행하게 되니 간인(艮寅)이 간(艮), 건해(乾亥)가 사(死), 신술(辛戌)에 묘(墓), 경유룡(庚酉龍)에 절(絶)이 닿는다. 그리고는 또 나납(羅納)의 내반격(內盤格)으로 입수(入首)의 생왕사절(生旺死絶)을 보아야 하는 바, 역시 병오(丙午)가 생룡입수(生龍入首), 간인(艮寅)이 왕룡입수(旺龍入首)가 된다. 이와 같이 용의 형상으로 생왕이 되고, 이기(理氣(水口))를 기준한 생왕사절법(生旺死絶法)으로 생왕이 되면 비록 사수(砂水)가 모두 좋지 않더라도 크게 발복된다. 글에 이르기를 「용이 규중의 어린 계집아이처럼 유약해도 귀천은 도시 그 남편에 있다」 하였다. 그러나 만일 형상과 이기(理氣)에 의한 입수(入首)가 생왕을 얻으면 궁중의 왕희(王姬)가 부가(夫家)의 귀천을 불문하고 자기 자신의 신분이 귀중한 것은 당연한 일이다. 화국을룡(火局乙龍)에 만일 입수(入首)가 건해(乾亥)나 경유자(庚酉字) 위에 닿는다면 비록 형상적으로 용이 생왕이라 할지라도 이기면(理氣面)으로는 사(死)나 절(絶)을 범하였으니 당연히 발복되지 않는다. 마치 미인과 졸부가 짝을 지어 홍안박명(紅顔薄命)을 한갓 불우하게 보낼 것이니 미인은 형상적 생왕이요, 졸부는 이기(理氣)의 사절(死絶)에 비유된다. 나머지 삼국(三局) 금국정룡(金局丁龍)·수수신룡(水水辛龍)·목국계룡(木局癸龍)도 모두 이와 같은 예에 준한다.

❖ **심산**(尋山) : 산의 좋고 나쁨을 살피는 일.

❖ **심상**(心喪) : 상복은 벗어도 마음은 상주로서 마음으로 근신하며 3년 동안 복을 입는 것.

❖ **심성**(心星) : 유방(酉方)에 있다. 유방(酉方)이 삼태를 이루면 7명이 동시에 고시에 합격하고 허하면 여우같은 여인으로 패가 한다. 갑년(甲年)에 효험이 난다.

❖ **심수**(心宿) : 28수(宿) 가운데 5번째에 해당되는 별 이름.

❖ **심수결**(沈水結) : 물에 잠겨 맺는 것. 산과 물이 병행하다가 간중(幹中)에서 한줄기의 눈맥(嫩脈)이 옆으로 빠져나와서 물가에 이르러 역관(逆關)하여 국이 된 것. 대부분이 집터가 되니 이런 경우가 수전편시산전(水纏便是山纏)이다.

❖ **심앙**(深殃) : 큰 재앙. 많은 재앙. 깊은 재앙.

❖ **심와**(深窩) : 깊은 와(窩)란 혈은 오목하게 생긴 모양이 입을 열어 깊이 감춘 격이다. 너무 깊어서 오목하게 꺼질 정도가 되면 불가하지만 와(窩) 가운데에 미미한 젖모습 유돌형(乳突形)과 같은 것이 있으면 비록 깊어도 꺼리지 않으나, 젖모습 유상(乳相) 같은 것이 없고 꺼진 듯하면 좋지 않게 본다. 그리고 와 가운데가 둥굴면서 맑고 큰 능선이 명백하고 양끝이 안으로 향해 싸여 있으면 합격으로 취용을 만일 와(窩)가 너무 깊고 유돌이 없으면서 와 가운데가 일그러지고 좌우가 기울고 고르지 못하면 이는 빈 허와(虛窩)로 보고 있다.

❖ **심의**(深衣) : 옛날 높은 선비가 입던 웃옷과 치마가 붙은 채 몸을 휩싸는 옷. 대개 흰 천으로 만드는데 소매는 넓게 하고 검은 비단으로 선을 두르고 웃옷은 네 폭이고 치마는 열두폭이다. 심의는 중국에서 전래된 것으로 유생들이 이것을 선왕의 법복으로서 숭상하였으므로 유교가 성하던 조선조에서는 한때 심의제도가 유학상 논쟁의 대상이 되기도 했다. 심의를 입을 때에는 머리에 복건을 쓴다. 고대 중국에서는 심의가 제후의 평복이고, 선비의 조제차복(朝祭次服)이었고, 서인(庶人)에게는 길복이었다.

❖ **심조**(心造) : 마음이 만들다.

❖ **심조**(深造) : 지리의 깊은 이치를 터득하게 됨.

❖ **심지법**(尋地法) : 심지(尋地)하는 법은 온전히 기(氣)를 살피는 기술(技術)로서 그 형상을 관찰하여야 함. 용상(龍上)에서 협(峽)을 보아 협(峽)은 반드시 내팔거팔(來八去八)하고 싸여 안기어서 이로 하여금 바람부는 것과 기가 흐트러지지 않아야 하고, 협(峽) 위에서 맥을 살펴 맥이 또 곱고 가늘어서 활동해야 꼭지가 맺어져서 기(氣)가 묶이고, 맥상(脈上)의 혈을 보아 혈은 반드시 이르는 머리에서 입수(入首)에서 밝고 깨끗하고 둥글게 되고, 정맥정기(正脈 正氣)로 음(陰)과 양(陽)을 나누어 받쳐서 혈이 맺어지니, 미소(微小)한 뇌두(腦頭 ; 入首바로 앞)를 일으키고, 미소(微小)한 겸(鉗)의 혈상(穴相)이 열리고, 미소(微小)한 전진(氈唇)이 생기므로 목이 가는 것은 기(氣)가 따름이요, 겸구(鉗口)가 된 것은 기(氣)가 융결(融結)하는 것이고, 전진(氈唇)은 기(氣)가 스스로 멈추게 되는 것이다. 과협(過峽)이 길게 활동하여 벌리고 움직이고 고운 것은 그 가는 것이 수십리나 되는 거리에 결지(結地) 되고, 과협(過峽)이 짧고 긴요한 것은 다만 3절(三節)이나 5절(五節)에서 결혈(結穴)하게 된다.

❖ **심혈**(尋穴) : 법술서에 이르되 택지가 어렵지 아니하고 택혈(擇穴 ; 혈)을 가려내는 것이 어렵다고 하였다.

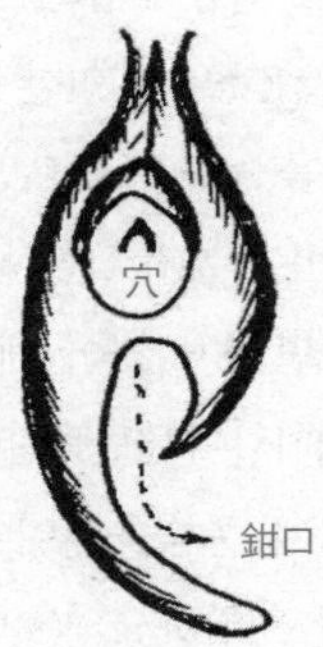

심혈(尋穴)을 위하여서는 먼저 혈이 생기는 원리를 추구하고 주산(主山)의 위엄과 내룡(來龍)의 기세를 알아서 혈이 있을 법한 현지를 답사하면서 주위보국(周圍保局), 원근사격(遠近砂格)과 동풍류수(動風流水)를 관찰하고, 그 다음 모든 산천정기(山川精氣)가 집중된 지점에서 혈을 찾아야 한다. 진혈(眞穴)이 맺은 곳은 앞에서 보면 조안(朝案)이 아름답고 명당이 바르며 수세(水勢)가 모여들고, 뒤를 보면 낙산(樂山)이 높고 귀성(鬼星)이 받쳐주고, 좌우를 보면 용호(龍虎)가 유정(有情)하고 전호(纏護)가 공협한 것이며, 아래를 보면 순전(脣氈)이 바르고 사방(四方)

을 보면 10도가 온전한 것이며, 수계(水界)를 보면 분합(分合)이 명백한 것이다.

❖ **심혈론**(尋穴論) : 혈(穴) 찾는 데 생룡(生龍)과 사룡(死龍)을 분별해야 한다. 아무리 좋은 국세라도 생룡이 있는 가운데 사룡도 있으니 생룡과 사룡을 잘 살펴서 생룡에서 혈을 찾아야 할 것이다. 옛말에 생룡 중 사룡이요. 사룡 중 생룡(生龍中死龍이요 死龍中生龍)이라 했다. 생룡 중에도 사룡이 있고 사룡 중에도 생룡이 있다는 생사룡의 이치를 말한 것이다. 생룡은 산이 크더라도 후부(厚富)하여 토질의 색상이 밝으며 용세의 변화가 많은 산을 살피며 봉만(峰巒 : 봉우리 정상)을 이룬 곳을 찾아서 물이 오고 가는 것을 보고 국세를 지어서 혈이 맺힐 만한 곳을 찾아야 한다. 또 태양은 뜰 때부터 넘어갈 때까지 태양의 볕을 다 받을 수 있는 자리라야 결혈(結穴)처가 있는 것이다.

❖ **심혈법**(尋穴法) : 혈(穴)을 찾으려면 음양(陰陽)을 보아 순 양(陽)으로 된 혈과 한쪽은 음(陰)이요 한쪽은 양(陽)으로 된 혈이 있는가 하면, 위는 음(陰)이요 아래는 양(陽)으로 된 혈, 상양하음(上陽下陰)으로 된 혈, 음이 양을 반쯤 교접하고 양이 음을 반쯤 접하고, 양강 음약 노양(陽强 陰弱 老陽)에 연한 음(陰)이 있는 것이다. 장법(葬法)에 말하기를, 음(陰)으로 왔으면 양(陽)으로 받고 양(陽)으로 왔으면 음(陰)으로 작혈(作穴)한다 하였으며, 혹 처마 끝처럼 번듯하게 내려왔으면 공처럼 둥글게 맺으며, 공처럼 둥글게 뚜렷이 들어왔으면 처마같이 반반해진다고 하였다. 양(陽)은 숨을 내쉬듯 내뿜으며 음(陰)은 숨을 들이마시듯 서로 상대적이며, 순(順)한 중에는 역(逆)을 취하고 역(逆)한 가운데는 순(順)을 취하니, 다정스런 기운이 처마처럼 내려왔으면 공처럼 둥근 기가 순수로 내리니, 공식으로 표현하자면 정(情)이 의(倚)나 당(撞)에 있으면 가법(架法)이나 절법(折法)으로 역수(逆受)하는 것이니, 가령 음맥(陰脈)이 혈로 떨어졌으면 양변(陽邊)에 양기(陽氣)를 빌려 한번 불면 기(氣)가 생생하고, 양맥(陽脈)이 혈로 떨어졌으면 음변(陰邊)에 음기(陰氣)를 빌어 한번 들이마시면 그 기(氣)가 생기니 소위 양(陽) 한번 숨을 내쉬면 만물이 생(生)하고, 음(陰) 한번 숨을 흡수하면 만물이 이룬다는 뜻이다.

❖ **심혈**(尋穴)**의 비법**(秘法)

① 맥(脈)이 있어서 체(體)가 보존되므로 그 체(體)는 스스로 움직이고, 기(氣)가 있어서 체(體)가 보존되면 그 체(體)는 스스로 살이 찌는 것이다. 맥이 맑은 기(氣)를 맞는 것은 이것이 참됨이고, 토질이 후하고 맥이 잠복한 것은 혈을 정하는데 혈상(穴相)의 윤곽이 경계가 맑음을 필요로 하는 것이니, 만일 기(氣)와 맥이 같이 나타나지 않으면 모름지기 좌우상하에 생기(生氣)를 볼 것이다. 세미하게 활동하고 연박한 것은 맥이 되고, 순전(唇氈)이 노출하고 육질(肉質)이 노출하여 살찌고 연한 것은 기(氣)가 되는 것이다.

② 오직 장사(葬事)에 생기를 타고 그 사기(死氣)는 타지 말라 했으니 용(龍)에 생사기(生死氣)를 뜻함이다. 용(龍)이 왕(旺)한 것이 맥이 왕(旺)한 것만 못하고, 맥이 왕(旺)한 것이 기(氣)가 왕(旺)한 것만 못한 것이다. 맥은 숨는 것이 많고 기(氣)는 나타나는 것이 많으니 기(氣)는 가히 음(陰)하지 않고 맥은 가히 양(陽)하지 못한다. 또 맥에 양(陽)이 없으면 왕(旺)하지 못하고 기(氣)는 음(陰)이 없으면 나타나지 않으니 맥이 나타나고 기(氣)가 나타나지 못한 것이 있고 기(氣)가 나타나고 맥이 나타나지 않은 것이 있으니 기(氣)가 나타나면 마땅히 그 생사를 보고 맥이 나타나면 또한 모름지기 밝고 어둠을 살필 것이니, 이 두 가지를 극히 자세히 살펴야 할 것이다.

③ 상부위운(上部位暈)에서 나눈 것은 있으나 밑에 와서 합하지 못하면 당판(當坂)을 이루지 못한 곳에 재혈(裁穴)이 어렵고, 밑에서 합한 것을 있으나 위에서 나눔이 없으면 혈도 증거하기 어렵다. 겹치고 겹치는 용(龍)의 마디에서 양지각(兩枝脚)이 당판(當坂)을 안아준 곳에는 박(薄)한 곳에 가히 재혈(裁穴)를 할 것이오, 은은한 구첨(球簷:入首에서 펴져 나온 선익(蟬翼) 밑)에 첨하(簷下:蟬翼)밑이 적당한 곳이니 혹 번쩍번쩍 빛나는 곳이나 혹 언덕진 곳의 풀 사이에 뱀이 구불구불한 듯 재(灰) 위에 선을 그린 듯한 맥의 선을 모름지기 찾아야 한다. 언덕 용(龍)에는 엷은 곳을 의지하여야 하고, 지룡(枝龍)에는 후한 곳을 따라야 한다. 지룡(枝龍)은 언덕을 얻는 것이 귀함이오, 농룡(隴龍)은 가지도 변하는 것이 왕(旺)함이

되는 것이다. 지룡(枝龍)은 양(陽)이 극(極)하여 음(陰)을 이름이오, 능룡(隴龍)은 음(陰)이 극(極)하여 양(陽)을 이름이다. 양극성음(陽極成陰)은 혈을 정하는 데는 귀지(貴地)요, 음극성양(陰極成陽)에는 많은 양택지(陽宅地)가 되는 것이다.

❖ **심혈**(尋穴)**의 요강**(要綱) : 지리가 전연(全然) 생기(生氣)에 있으므로 용(龍)이 근본이 되고 사수(砂水)는 보필하는 것이 되니, 산수(山水)에 순행(順行)과 역행(逆行)과 강유(强柔)와 음양이치(陰陽理致)에 모이고 흩어지고 나뉘고 합하는 이치와 오고 멈추고 향하고 등지는 성정(性情)일 뿐이다. 조산(祖山)으로써 보면 산이 솟구치고 빼어난 것이 귀(貴)이고, 용신(龍身)으로써 보면 그 활동하는 것이 귀함이니, 일기일복(一起一伏)으로 뛰고 뛰는 기세가 있어야 하고, 과협(過峽)으로써 보면 끊어질 듯 끊어지지 않는 듯하여 호위함이 많고 따르는 지각(枝脚)에 호위함이니 많아야 하고, 낙맥(落脈)으로써 보면 탈을 벗어 살(殺)이 없어지고 맥(脈)이 가늘고 연약하고 미묘(美妙)하여 싸고 싼 가운데 천장(穿帳)하여 혈판(穴坂)이 이뤄지고, 내팔거팔(來八去八 ; 八자 형으로 들어오고 八자형으로 나가는 것)이 되어 호위함이 있고 모심이 있어 풍해(風害)를 받지 않는 것이라야 하고, 입수(入首)로써 보면 모양이 단정하고 결응(結凝)과 선익(蟬翼)의 어깨가 밝고 맑으며, 혈처(穴處)로써 보면 정기(精氣)의 음양(陰陽)을 나누어 받고, 굴(窟)과 돌(突)이 명백(明白)하고, 혈상(穴相)의 윤곽이 위에서 나누어 아래와 합하고 둥굴고 뾰족한 모습이 누워서 대하고 계란형상과 같고, 사세(四勢)로 보면 사방(四方)이 평정하고 청룡은 항하(降下)하고 백호는 복종(伏從)하고, 왼쪽으로는 돌고 오른쪽으로는 안는 듯하고, 조산(朝山)이 수려하여 특래유정(特來有情)하고, 명당이 평정하고, 수구(水口)가 교쇄(交鎖)하고, 보국(保局)의 성(城)이 주밀(周密)하여 사방(四方)이 일그러진 곳이 없고, 혈판(穴坂) 뒤의 괴성(魁星)과 안산(案山) 뒤의 관성사격(官星砂格)이 구차(具備)하고, 낙산(樂山)이 병풍 같이 둘러 응기(應器)하여 구전(俱全)하고, 내외의 물이 들지 않은 것이 없으며 원근에 산들이 돌아 읍하지 않는 것이 없어야 그 아름다운 온전한 대지(大地)인 것이다.

- 용의 때를 벗은 곳에는 운(暈)이 있어야 귀하게 되고 험악한 곳에는 순하고 변화해야 길함이 된다.
- 돌이 많은 곳에는 돌이 없어야 귀함이 되고 돌이 없는 곳에는 돌이 있는 것이 귀함이 된다.
- 모든 산이 힘차게 뭉친 것은 왕(旺)한 것이 더욱 왕(旺)해지는 것이고 백천이 같이 돌아주면 맑고 또 맑게 된다.
- 천리의 내룡(來龍)을 논하지 말고 다만 입수(入首)머리에 정기(精氣)가 도달하여 융결(融結)된 것을 보아야 한다.
- 산은 본래 고요하나 동(動)하고자 하며 물은 본래 동(動)하는 것이나 고요하고자 한다.
- 산맥(山脈)은 장군에 비유하고 물의 성(城)은 깨끗한 병사에 비유한다.
- 진혈(眞穴)은 나라의 군왕과 같고 조산(朝山)과 안대(案對)는 신하와 백성과 같다.
- 국왕은 항상 구중궁궐(九重宮闕)에 있어야 하고 장군은 군막을 나가서는 안 된다.
- 흡사 장군이 군중에 좌정한 모습과 같으니 나열한 병태의 위치가 함께 정비된다. 명혈(明穴)이 결혈(結穴)되어 좌정(坐定)되었다면 주위에 모든 보국사격(保局砂格)은 자연히 갖추어져 있을 것이라는 뜻이다.
- 만약이 전호가 측면으로 달리면 한편은 둦대[枝脚]가 있고 한편은 없게 된다. 청룡으로 단독 작국(作局)되면 백호가 없고 백호작국(白虎作局)에는 청룡이 없어야 하는 단독 작국(作局)을 뜻한다.
- 혈을 소점(所占)하는데 어찌 그 진실로 적실함을 알지 못하므로 용맥(龍脈)에 수(綏)하고 급한 데를 분별하여야 한다.
- 용(龍)이 급하면 맥(脈)이 급하고 기(氣)가 스스로 급하면 장사함에 급히 살(殺)이 던져 오므로 사람에 자취가 끊어지게 된다.
- 혈(穴)을 점(占)치되 이미 굴(窟)과 돌(突)을 가릴 줄 알아야 하고 모름지기 지예(扯拽 : 찢어서 그치는 것) 하여 기(氣)가 누설됨을 막아야 한다.
- 용호(龍虎) 양변에서 호위함을 요할진댄 가령 태(胎:當坂의 뜻)와 토설(吐舌:氈唇의 뜻)과 아울러 설기되지 않아야 한다.
- 용(龍)이 봉우리를 일으키지 못하면 용(龍)이 참되지 못하고

혈의 이마가 입수(入首)가 일어나지 못했으면 혈이 참되지 못하다.

- 내룡이 짧고 다만 긴 것을 논하지 말고 다만 입수(入首)에 이른 일절(一節)의 생사(生死)를 보아야 한다.
- 돈후(敦厚)하면 약한 데서 취하고 약하면 후한 데서 취해야 하니 별반기상(別般氣象)은 모두 같지 않은 것이다.
- 쇠한 늙은이가 일어나는 곳에 구부린 머리를 보고 어린 자식(子息)이 행할 때에는 움직이는 발꿈치를 보아야 한다.
- 높은 산에 오르면 와(窩)를 취하여 모름지기 바람이 감추어져야 맥이 머물게 된다.
- 야산에 내려서는 돌처(突處)를 취하여 모름지기 물을 얻어야 맥이 머물게 된다.
- 가운데 있는 유형(乳形)의 혈처(穴處)가 만약 높고 청룡·백호가 낮으면 담낭(膽囊:穴坂의 뜻)이 드러나니 토설(吐舌:氈唇의 뜻)을 점검하여야 한다.
- 끊어져간 것을 문득 무방하다고 말하지 말라. 맥(脈)이 끊어지고 용이 상하면 큰 화를 끌어 오게 된다.
- 오성(五星) 중 오직 금(金) 목(木) 토성(土星)을 취하면 세 가지의 길혈(吉穴)이 맺어지게 된다.
- 봉우리 머리가 밝고 맑아서 자체가 풍비(豊肥)하면 머리를 둥글고 체(體)는 바르게 되어야 비로소 기이함이 된다.
- 생룡(生龍)이 혹 험난한 데로 머물기도 하고 혈이 혹 풍중(風中)에도 머무는 수가 있다.
- 회룡고조(回龍顧祖)의 작혈(作穴)이 되어 있다면 부모의 자애와 같은 것이다.

❖ **10년부조**(不調) : 세월이 심히 지체됨을 말함. 10동안 조화로운 일이 없음.

❖ **십도증혈**(十導證穴) : 십자 방향(十字方向)사방(四方)의 수려(秀麗)한 산이 혈(穴)을 보호 하는 것을 말한다.

❖ **십승지로 전해지는 곳**

1. **영월 정동 상류** : 강원도 영월군 상동읍 연하리 일대
2. **봉화 춘양** : 경북 봉화군 춘양면 석현리 일대
3. **보은 속리 난증항** : 충북 보은군 내속리 면과 경북 상주군 화북면 화남리 일대
4. **공주 유구 마곡 두 강 사이** : 충남 공주시 유구읍 사곡면 일대
5. **풍기 차암 금계촌** : 경북 영주시 풍기읍 금계리 일대
6. **예전 금당동 북쪽** : 경북 예천군 용궁면 일대
7. **합천 가야산 남쪽** : 만수동 일대 경북 합천군 가야면 일대
8. **무주 무풍 북쪽 덕유산 아래 방음** : 전북 무주군 무풍면 일대
9. **부안 변산 동쪽 호암 아래** : 전북 부안군 변산면 일대
10. **남원 운봉 두류산 아래 동점촌** : 전북 남원시 운봉읍 일대

❖ **십악 대패일**(十惡大敗日) : 그냥 십악일(十惡日)이라고도 하는데 아래와 같다.

- **갑기년**(甲己年) : 3월무술일(三月戊戌日), 7월해일(七月亥日), 10월병신일(十月丙申日), 11월정해일(十一月丁亥日).
- **을경년**(乙庚年) : 4월임신일(四月壬申日), 9월을사일(九月乙巳日).
- **병신년**(丙辛年) : 3월신사일(三月辛巳日), 9월경진일(九月庚辰日).
- **정임년**(丁壬年) : 없음.
- **무계년**(戊癸年) : 6월축일(六月丑日).

巽四	離九	坤二
震三	中五	兌七
艮八	坎一	乾六

❖ **십악불선**(十惡不善)

① 용세가 곧고 딱딱하며 조산(祖山)을 떠나 출맥(出脈)한 것이 칼등과 같이 살벌한 것은 사룡(死龍)이니 불선(不善)이다(龍犯硬劍脊).

② 용의 반역(反逆)은 용신의 주종(主從)과 행도(行道)가 분명치 못하고 주변사는 배반겨역(背反去逆)하며 과협처(過峽處)에는 흉암석이 박혀서 맥이 끊긴 상태로 겁룡(劫龍)이니 불선(不善)이다(龍犯反逆劫殺).

③ 혈의 주변이 준급(峻急)하여 경사와 낙차가 많은 곳에서 급류 충수(急流沖水) 소리가 요란한 비수(悲水)는 불선(不善)이다.(穴犯惡水凶砂)

④ 혈판의 음풍요풍(陰風凹風)은 기산(氣散) 함이니 혈후살풍(穴後殺風)은 요수단명손(夭壽短命孫)이 나고 청룡음풍은 장손

에 흉이고, 백호살풍(白虎殺風)은 차손(次孫)과 부녀자에 흉이고, 전방음풍(前方陰風)은 고한(孤寒)하니 불선(不善)이다(穴犯風吹氣散).

⑤ 혈장을 호종(護從)하는 모든 사는 유정조배(有情朝拜)함이 길이나 무정하게 배반하고 돌아서면 불선(不善)이다(砂犯反逆無情).

⑥ 혈장에 도적사(砂), 탐두사(探頭砂), 추흉사(鎚胸砂)가 조림(照臨)하면 요수불선(夭壽不善)이다(砂犯探頭鎚胸).

⑦ 주변의 모든 사수(砂水)가 환포유정하지 못하고 충사(沖射)하거나 배반하면 불선(不善)이다(砂犯沖射反弓).

⑧ 좌와 향의 황천살방(黃泉殺方)에서 수살(水殺)이 내거(來去)함도 불선(不善)이다(水犯黃泉大殺).

⑨ 향에서 진술축미(辰戌丑未)의 금수목화국(金水木火局)의 생왕묘삼합(生旺墓三合)의 생방위(生方位)를 충하거나 묘고(墓庫)로 거수(去水)하지 않고 왕방(旺方)으로 수구(水口)가 되면 불선(不善)이다(向犯沖生破旺).

⑩ 향이 불가입향(不可立向)의 흉살을 범하거나 향에서 폐살(閉殺) 즉 수구(水口)가 진술축미묘고(辰戌丑未墓庫)로 흘러 나가지 못함은 불선(不善)이다(向犯閉殺退神).

❖ **십오도 수정혈법**(十五度 數定穴法) : 이 법은 낙서(洛書)의 원리에서 나온 것이다. 즉 감1(坎一), 곤2(坤二), 진3(震三), 손4(巽四), 중5(中五). 건6(乾六), 태7(兌七), 간8(艮八), 이9(離九)로 용맥을 15수에 맞게 하여 혈을 정하는 요령이다. 우선 15수 배합을 어떻게 이루는가를 먼저 기록한다. 감1(坎一), 건6(乾六), 간8(艮八) 합15. 이9(離九), 곤2(坤二), 손4(巽四) 합15. 이3(離三), 간8(艮八), 손3(巽三), 합15. 태7(兌七), 곤2(坤二), 건6(乾六) 합15. 가령 자룡(子龍)이 좌선(左旋; 시계방향) 하면 임계건술신맥(壬癸乾戌辛脈)으로 될 것인데 15도수(度數)를 맞춤으로 모두 이러한 원칙에 따른다.

❖ **십이당살분류법**(十二堂殺分類法) : 산의 다리가 터로 들어오는 형국을 사(砂)라 한다. 비껴지른 산줄기가 터를 통과해 지나가는 형국을 충(沖)이라 한다. 산이 경사가 급하고 언덕이 허물어지는 데가 많은 것을 붕(崩)이라 한다. 전후 좌우 사방에 모자람이 있는 것을 결(缺)이라 한다. 터가 군데군데 깊이 파이거나 깊이 굴곡져 있는 것을 함(陷)이라 한다. 물길이 좌우 양편으로 갈려 나뉘는 것을 분(分)이라 한다. 서쪽에서 흐른 물이 되돌아 오거나 들어온 물이 되받쳐 나가는 것을 경(傾)이라 한다. 엉거주춤 중심 위치를 통과하는 것을 사(斜)라 한다. 앞뒤에서 바짝 조여드는 형국인 것을 핍(逼)이라 한다. 좌우에서 바짝 조여드는 형국인 것을 협(狹)이라 한다.

❖ **십이도(十二到)의 명칭** : 순장(順杖), 역장(逆杖), 축장(縮杖), 철장(綴杖), 개장(開杖), 천장(穿杖), 이장(離杖), 매장(涴杖), 대장(對杖), 절장(截杖), 범장(犯杖), 돈장(頓杖) 등.

❖ **십이도장법**(十二到杖法) : 산형(山形)과 지세(地勢)에 따라 적, 부적(適, 否適)을 막론하고 그 위에 적응되게 혈(穴)을 취하여 점혈(點穴)하는 법.

❖ **십이록궁**(十二祿宮) : 녹이란 건록(建祿), 정록(正祿),이니 갑록재인(甲祿在寅) 등의 예다. 그런데 갑을병정경신임계(甲乙丙丁庚辛壬癸)와 건곤간손(乾坤艮巽)을 합쳐 12위에 녹(祿)을 두는 법으로 아래와 같다.

계(癸) : 자(子)	간(艮) : 축(丑)	갑(甲) : 인(寅)
을(乙) : 묘(卯)	손(巽) : 진(辰)	병(丙) : 사(巳)
정(丁) : 오(午)	곤(坤) : 미(未)	경(庚) : 신(申)
신(辛) : 유(酉)	건(乾) : 술(戌)	임(壬) : 해(亥)

본래 천간록(天干祿)에는 진술축미(辰戌丑未)가 없다. 그러나 위와 같이 건곤간손(乾坤艮巽)에는 진술축미(辰戌丑未)가 녹위(祿位)로 임하는 것이 십이록의 특성이다. 즉 계(癸)의 녹은 자(子)요, 간(艮)의 녹은 축(丑)이다.

❖ **십이룡(十二龍)의 이기가**(理氣歌) : 건곤간손(乾坤艮巽)은 왕룡행(旺龍行)이요, 갑경병임(甲庚丙壬)은 사생룡(四生龍)이며, 을신정계(乙辛丁癸)는 관대룡(冠帶龍)이다. 이 12행룡(行龍)의 진(眞)을 알려면 진룡(眞龍)에 수(水)가 배합되어야 이기(理氣)에 맞는다. 생을 얻고 왕(旺)도 얻으면 기(奇)한 것을 만나고, 내룡(來龍)을 따라가는 물이 능히 성국(成局)되면 부귀가 면면하다. 수구(水口)가 신술건해임자(辛戌乾亥壬子) 중에 있으면 화국을룡(火局乙龍)이니 화국룡수(火局龍水)의 생왕사국격(生旺四局格)은 병룡간향(丙龍艮向)에 수(水)가 신방(辛方)으로 흘러감이고, 손방(巽

方)에 문봉(文峯)이 솟으면 벼슬을 얻고, 간손룡(艮巽龍)에 신방(辛方)으로 가는 물이 병오방(丙午方)을 향조(向朝)하면 복록이 많다. 을룡(乙龍)에 묘를 신향(辛向)으로 결하고 수(水)는 건방(乾方)으로 나가면 수복(壽福)이 더하고, 병룡(丙龍)에 계향(癸向)을 놓으면 부귀하는데, 이 모두 손방수(巽方水)가 건방(乾方)으로 나가야 한다. 수구(水口)가 을진손사병오(乙辰巽巳丙午) 방위가 되면 수국신룡(水局辛龍)이다. 이 수국룡수(水局龍水)의 생왕사격(生旺四格)은 수(水)가 을방(乙方)에서 돌아 자룡(子龍)으로 오면 곤향(坤向)[艮坐]이나 건산(乾山)[巽向]이 좋고, 산봉(山峰)이 건방(乾方)에 솟고 을방생수(乙方生水)와 곤룡(坤龍)에 임향(壬向)[丙坐]은 재복이 많다. 신룡(辛龍)에 임방수(壬方水)가 손방(巽方)으로 돌아가고 을향(乙向)이 높으면 최관록(催官祿; 벼슬이 빠름)을 만나며, 정향(丁向)[癸坐]에 임룡(壬龍)은 귀(貴)가 극품이며 건산(乾山)[巽向]에 건방수(乾方水)가 손방(巽方)으로 돌아가도 역시 대귀(大貴)한다. 수구(水口)가 정미곤신경유방(丁未坤申庚酉方)이면 목국계룡(木局癸龍)이다. 목국룡수(木局龍水)의 생왕사격(生旺四格)은 건룡(乾龍)에 간맥(艮脈)을 만나고 향(向)으로 물이 조류하다가 정방(丁方)으로 돌아 나가면 장원급제가 난다. 건룡(乾龍)에 간방복(艮方峯)이 있고 갑향(甲向)[庚坐]을 놓아 좌수(左水)가 정방(丁方)으로 나가면 복록이 길며, 계룡(癸龍)에 갑방수(甲方水)가 곤방(坤方)을 향해 흘러나가다가 정방(丁方)으로 돌아 나가면 왕후(王侯)가 나온다. 갑룡(甲龍)에 신향(辛向)을 놓고 목국수구(木局水口)면 과갑(科甲)에 합격하고, 간산(艮山)[坤向]에 간방수(艮方水)가 곤방(坤方)으로 흘러나가도 과갑(科甲)이 나온다. 수구(水口)가 계축간인갑묘방(癸丑艮寅甲卯方) 가운데 있으면 금국정룡(金局丁龍)이다. 이 금국룡수(金局龍水)가 생왕이 되는 사격(四格)은 첫째 경룡(庚龍)에 계고(癸庫)와 물이 손방(巽方)을 건(乾)함이요, 둘째 곤방(坤方)에 높은 봉이 솟으면 재상이 나오고, 셋째는 손룡(巽龍)에 곤방봉(坤方峯)이 있고 경향(庚向)[甲坐]을 놓아 계방(癸方)으로 물이 나가면 복이 무궁하며, 넷째 정룡(丁龍)에 간고(艮庫)가 되고 물이 경방(庚方)에서 나와 계방(癸方)으로 흘러 나가면 육경(六卿)[判書]이 나오며, 또는 경룡(庚龍)에 을향(乙向)을 놓고 곤방수(坤方水)가 간방(艮方)으로 돌아오면 수복(壽福)을 더한다. 용의 분맥(分脈)이 내려오다가 그 나눠는 맥에는 지간(支幹), 대간(大幹), 소간(小幹), 간중지(幹中支), 지중간(支中幹) 등이 있다. 용의 대간(大幹)은 모두 곤륜산(崑崙山)에서 발조하였다. 곤륜산(崑崙山)은 형상이 상방하원(上方下圓)이고, 주위는 12,700리(萬二千七百里)로 맥이 8방으로 뻗어 나갔으나 건(乾)·곤(坤)·감(坎)·이(离)·태(兌)의 오방룡(五方龍)은 외국으로 나가고, 간(艮)·진(震)·손(巽)의 삼룡(三龍)만이 중국 안에 뻗쳤으므로 이를 「삼간(三幹)」이라 한다. 황하는 진(震)·간(艮)의 중간방(中間方)에 위치하니 황하의 좌로는 산이 서북으로 직행하여 산동(山東)·산서(山西)의 반이 되고, 남방(南方)은 모두 간룡(艮龍)의 맥에 속하니, 감숙(甘肅)·사천(四川)·섬서(陝西)·장안(長安)·호강(湖江)·광강(廣江)·낙양(洛陽)·개봉(開封)이 모두 진(震)의 맥에 들어 있고, 운남(雲南)·귀주(貴州)·복건(福建)·광동(廣東)·광서(廣西)·강서(江西)는 모두 손룡(巽龍)의 맥에 들어 있으니, 이것이 삼대간룡(三大幹龍)이다. 중국내에서 일어난 것은 오악악(五岳嶽:동악태산(東岳泰山)), 서악화산(西岳華山), 북악항산(北岳恒山), 남악형산(南岳衡山), 중악숭산(中岳崇山))과 사독(四瀆 : 江·湖·淮·濟)이 있고, 기타 대소의 명산이 수없이 많다. 지맥으로 나눠는 용은 모두 그 간지가 있으니 대간(大幹)·소간(小幹)과 대지(大支)·소지(小支)이다. 간(幹) 중에도 지(支)가 있고 지(支) 중에도 또한 간(幹)이 있는데 정중맥(正中脈)이 간이라면 그것을 에워싼 용(護龍)이 지(支)이며, 간중지(幹中支)란 곤륜(崑崙)의 간룡(艮龍)이 출맥한 것으로 대귀룡(大貴龍)이 되는 발조다. 이 발조된 용은 좌우로 호위하고 정중간(正中幹)인 주룡(主龍)은 좌우에 갈라진 지(支)가 있는데, 기타 진(震)·손(巽)의 두 용(龍)도 간룡출맥(艮龍出脈)의 예와 같다. 간(艮)·진(震)·손(巽) 삼룡(三龍)이 모두 염정발조(廉貞發祖) 하였으니 뒤로 오는 정중(正中)의 맥이 간(幹)이며 좌우룡(左右龍)이 된다. 그러므로 간룡(幹龍)은 중출(中出)이 많고 지룡(支龍)은 곁으로 뻗어 나간 것이며, 간룡(幹龍)은 정상이 단정한 것이 많고 지룡(支龍)은 기울어져 단정치 못한 경우가 많다. 간룡(幹龍)은 그 좌우에 보호하는 산과 보내는 산이 있고 혹은 건너고 혹은 과하고 혹은 느릿하게 서행하다가 문득 멈추기도 하며 무리 용이 옹호하는 듯 따른다. 그러나 지룡(支龍)이 뻗어 나가는 모양은 혹 왼쪽은 보호함이 있으나 오른쪽에 보냄이 없으며, 혹 오른쪽에 보냄이 왼쪽에 보호함이 없으니 항상 굽고굽어 가며 진룡(眞龍)[幹龍]을 돌아 보면서 감히 간룡(幹龍)에서 떨어져 나가지 못한다. 그러므로 무리 산은 이름이 크고 정룡(正龍)은 홀로 작은데 무리 용이 모두 작고 정룡(正龍)은 홀로 고대한 것이다. 글에 이르기를 「무리 용이 크면 특히 작아야 하며, 무리 용이 작으면 특히 커야 한다」 하였으니 무리 산이 모두 크려면 작은 산이 존(尊)[主]이 되고, 무리 산이 모두 작으면 큰산이 존(尊)[主]이 되는 것이니, 이는 용의 진가를 바르게 알아내는 묘결이다.

❖ **십이명수조흉년**(十二命竪造凶年) : 가령 인오술생(寅午戌生)의 삼재(三災)는 신유술(申酉戌) 3년, 태세입택(太歲入宅)은 해묘미(亥卯未) 3년이다. 또 진년(辰年)은 명파(命破), 술년(戌年)은 묘파(墓破), 해년(亥年)은 겁살(劫殺), 자년(子年)은 재살(災殺), 축년(丑年)은 천살(天殺), 인년(寅年)은 지살(地殺)이다.

本命	巳酉丑生	申子辰生	亥卯未生	寅午戌生
三災	亥子丑年	寅卯辰年	巳午未年	申酉戌年
(太歲入宅)	寅午戌年	巳酉丑年	申子辰年	亥卯未年
命破	未年	戌年	丑午	辰年
墓破	丑年	辰年	未年	戌年
劫殺	寅年	巳年	申年	亥年
災殺	卯年	午年	酉年	子年
天殺	辰年	未年	戌年	丑年
地殺	巳年	申年	亥年	寅年

❖ **십이방수**(十二方水)

- **자수**(子水) : 후손이 끊긴다.
- **축수**(丑水) : 부귀를 누리게 된다.
- **인수**(寅水) : 어진 자식이 어려서 죽는다.
- **묘수**(卯水) : 진인(眞人)이 난다.
- **진수**(辰水) : 귀머거리에 가난해 진다.
- **사수**(巳水) : 남자는 부자, 여자는 바람이 난다.
- **오미수**(午未水) : 길하다.
- **신수**(申水) : 흉이다.
- **유수**(酉水) : 양판에서는 판을 깨는 물이 음판에서는 도화수이다.
- **술수**(戌水) : 초년에는 부자가 되었다가 뒤에는 가난해 진다.
- **해수**(亥水) : 남자아이는 강건하지만 딸자식은 전혀 없다.

❖ **십이살**(十二殺)**과 그 정국**(定局) : 십이살(十二殺)은 겁살(劫殺)·재살(災殺)·천살(天殺)·지살(地殺)·연살(年殺)·월살(月殺)·망신(亡身)·장성(將星)·반안(攀鞍)·역마(驛馬)·육해(六害)·화개(華蓋)로써 그 정국법과 정국표는 아래와 같다.

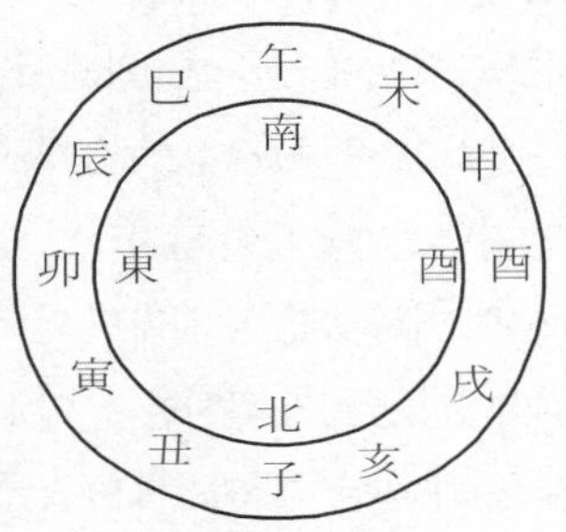

사유축년일(巳酉丑年日) : 겁거인(劫居寅)

해묘미년일(亥卯未年日) : 겁거신(劫居申)

신자진년일(申子辰年日) : 겁거사(劫居巳)

인오술년일(寅午戌年日) : 겁거해(劫居亥)

즉 사유축년(巳酉丑年)이나 일(日)에는 겁살을 인(寅)에 붙여 십이살을 순행하고, 인오술년(寅午戌年)이나 일(日)에는 겁살을 해(亥)에, 해묘미년(亥卯未年)이나 일(日)은 겁살을 신(申)에, 신자진년(申子辰年)이나 일(日)은 겁살을 사(巳)에 붙여 십이궁을 순행(順行)한다.

12살 / 년일	劫煞	災殺	天殺	地殺	年殺	月殺	亡身	將星	攀鞍	驛馬	六害	華蓋
巳酉丑年日	寅	卯	辰	巳	午	未	申	酉	戌	亥	子	丑
亥卯未年日	申	酉	戌	亥	子	丑	寅	卯	辰	巳	午	未
申子辰年日	巳	午	未	申	酉	戌	亥	子	丑	寅	卯	辰
寅午戌年日	亥	子	丑	寅	卯	辰	巳	午	未	申	酉	戌

❖ **십이세간신**(十二歲干神) : 박사12신(博士12神)이라고도 한다. 정국(定局)은 녹존궁에 박사(博士)를 붙여 역사(力士)·청룡(青龍)·소모(小耗)·장군(將軍)·주서(奏書)·비염(飛廉)·희신(喜神)·병부(病符)·대모(大耗)·복병(伏兵)·관부(官符)의 순서대로 양남음녀(陽男陰女 : 甲丙戊庚壬生 남자와 乙丁己辛癸生 여자)는 12지 방위를 순행(順行)하면서 배치하고, 음남양녀(陰男陽女 : 乙丁己辛癸生 남자와 甲丙戊庚壬生 여자)는 12지 방위를 거꾸로 돌리면서 배치한다. 이 12세신은 행년(行年)에 따라서도 배치하여 유년운(流年運)을 보는 수도 있다. 즉 유년태세(流年太歲)의 건록(建祿)이 닿는 자리에 박사를 붙여 위에 기록 신살의 순서를 양년(陽年 : 甲丙戊庚壬年)에는 순행하고, 음년(陰年 : 乙丁己辛癸年)에는 역행하여 배치한다. 가령 갑년생(甲年生)이 남자라면 인궁(寅宮)이 박사(博士), 묘궁(卯宮)이 역사(力士), 여자라면 인궁(寅宮)이 박사(博士), 축궁(丑宮)이 역사(力士)가 위치한다. 이 12신을 위와 같이 양남음녀(陽男陰女)와 음남양녀(陰男陽女)로 구분하지 않고 남녀를 막론하고 양간년생(陽干年生)은 녹존궁(祿存宮)에서 박사를 붙여 12지방(支方)을 순행, 음간년생(陰干年生)은 녹존궁(祿存宮)에서 붙여 12지방(支方)을 역행한다는 설도 있다.

生年 \ 男女 \ 十二神		博士	力巳	青龍	小耗	將軍	奏書	飛廉	喜神	兵符	大耗	伏兵	官符	路空
甲	男	寅	卯	辰	巳	午	未	申	酉	戌	亥	子	丑	申酉
	女	寅	丑	子	亥	戌	酉	辛	未	午	巳	辰	卯	申酉
乙	男	卯	寅	丑	子	亥	戌	酉	申	未	午	巳	辰	午未
	女	卯	辰	巳	午	未	申	酉	戌	亥	子	丑	寅	午未
丙	男	巳	午	未	申	酉	戌	亥	子	丑	寅	卯	辰	辰巳
	女	巳	辰	卯	寅	丑	子	亥	戌	酉	申	未	午	辰巳
丁	男	午	巳	辰	卯	寅	丑	子	亥	戌	酉	申	未	寅卯
	女	午	未	申	酉	戌	亥	子	丑	寅	卯	辰	巳	寅卯
戊	男	巳	午	未	申	酉	戌	亥	子	丑	寅	卯	辰	子丑
	女	巳	辰	卯	寅	丑	子	亥	戌	酉	申	未	午	子丑
己	男	午	巳	辰	卯	寅	丑	子	亥	戌	酉	申	未	辛酉
	女	午	未	辛	酉	戌	亥	子	丑	寅	卯	辰	巳	辛酉
庚	男	申	酉	戌	亥	子	丑	寅	卯	辰	巳	午	未	午未
	女	申	未	午	巳	辰	卯	寅	丑	子	亥	戌	酉	午未
辛	男	酉	申	未	午	巳	辰	卯	寅	丑	子	亥	戌	辰巳
	女	酉	戌	亥	子	丑	寅	卯	辰	巳	午	未	申	辰巳
壬	男	亥	子	丑	寅	卯	辰	巳	午	未	申	酉	戌	寅卯
	女	亥	戌	酉	申	未	午	巳	辰	卯	寅	丑	子	寅卯
癸	南	子	亥	戌	酉	辛	未	午	巳	辰	卯	寅	丑	子丑
	女	子	丑	寅	卯	辰	士	午	未	申	酉	戌	亥	子丑

❖ **십이신총산**(十二神塚山)

① 당(唐)의 일행선사(一行禪師)가 행하던 이장하는 대법(천분대법(遷墳大法))으로 이장운(移葬運), 사초(莎草), 비석을 세우고(立碑), 합폄(合窆)하기 위해 구묘(舊墓)를 허는데도 이 법을 사용함.

② 이장과 합장하는데 사용하는 법으로 이장하고자 하는 구묘(舊墓)의 광중(壙中)을 파는데 있어 모든 흉살(凶殺)이 공망(空亡)에 떨어져 해가 없고 길하다는 법이다. 이 법으로 합폄(合窆)도 가중하나 다만 주의할 것은 먼저 쓴 묘의 길진(吉辰)을 가리자면 복잡하니 구묘(舊墓)의 광중(壙中)을 훼손하지 말고 한쪽만을 파고 합장(合葬)하면 묘를 개수(改修)한 것이 되어 무방하다. 신술건해(辛戌乾亥)의 4좌(四坐)는 인신사해(寅申巳亥)의 연월일시를 쓰면 모든 흉살(凶殺)이 공망(空亡)에 떨어져 길하다는 것이며, 인신사해(寅申巳亥)의 순서대로 연월일시가 되어야 함이 아니고 4자 중 어느 자가 연월일시가 되어도 무방할 것이다.

[十二神塚山]

坐旬空亡 \ 年 \ 구분		青龍	朱雀	明堂	大殺	白虎	金匱	句陣	天殺	玉堂	玄武	天殺	大明
		重喪	小利	大利	重喪	小利	大利	重喪	小利	大利	重喪	小利	大利
壬子 癸丑	坐(甲寅旬)	寅	卯	辰	巳	午	未	申	酉	戌	亥	子	丑
艮寅 甲卯	坐(甲辰旬)	辰	巳	午	未	申	酉	戌	亥	子	丑	寅	卯
乙辰 巽巳	坐(甲午旬)	午	未	申	酉	戌	亥	子	丑	寅	卯	辰	巳
丙午 丁未	坐(甲申旬)	申	酉	戌	亥	子	丑	寅	卯	辰	巳	午	未
坤申 庚酉	坐(甲戌旬)	戌	亥	子	丑	寅	卯	辰	巳	午	未	申	酉
辛戌 乾亥	坐(甲子旬)	子	丑	寅	卯	辰	巳	午	未	申	酉	戌	亥

❖ **십이운성도**(十二運星圖)

삼합오행(三合五行)**과 쌍산오행**(雙山五行)

① **갑묘**(甲卯) **십이운성**(十二運星) : 목국(木局) 양간(陽干)은 시계 방향으로 돌아간다.

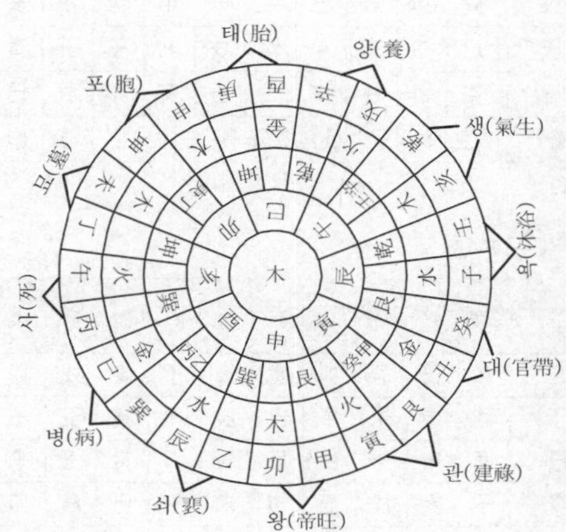

② **양화**(陽火)**의 십이운성**(十二運星) : 병오(丙午) 간병신(艮丙辛) 인오술(寅午戌) 화국(火局)

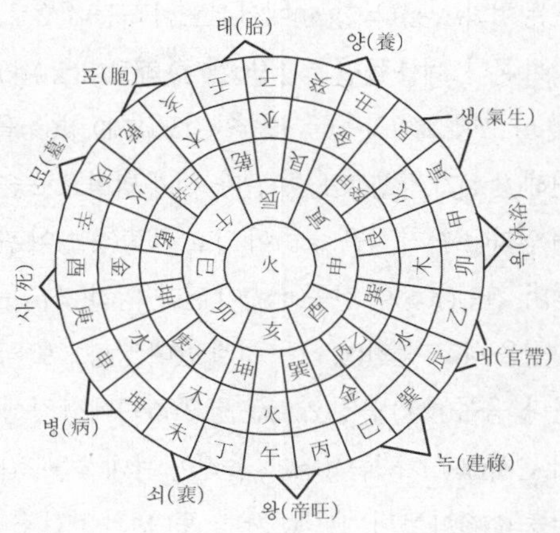

③ **양금**(陽金)**의 십이운성**(十二運聲) : 경유(庚酉) 손경계(巽庚癸) 사유축(巳酉丑) 금국(金局)

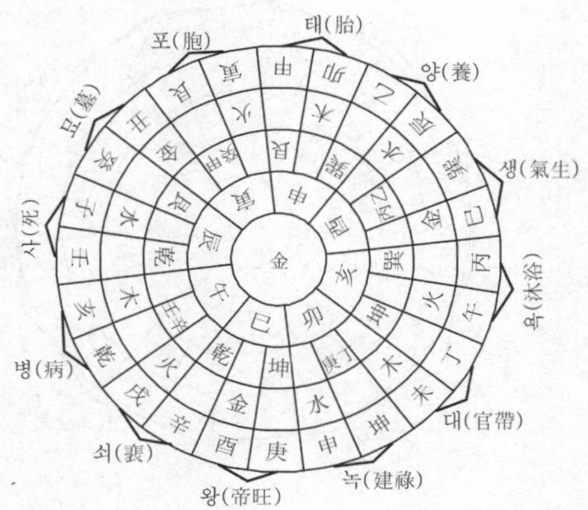

④ **양수**(陽水)**의 십이운성**(十二運星) : 임자(壬子) 곤임을(坤壬乙) 신자진(申子辰) 수국(水局)

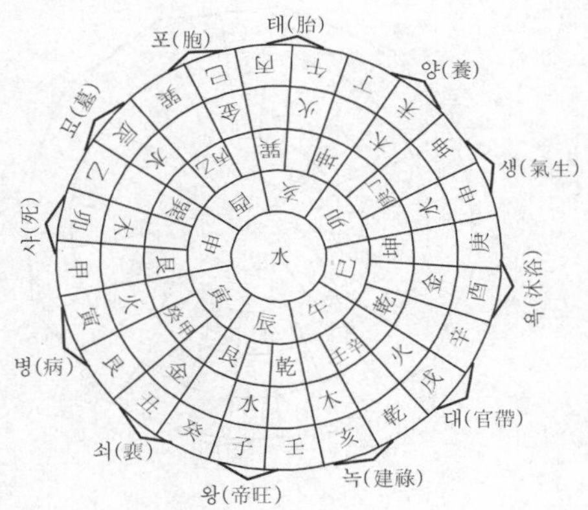

⑤ **음목**(陰木)**의 십이운성**(十二運星) : 을진(乙辰) 목국(木局) 음간(陰干)은 시계 방향으로 돌아간다.

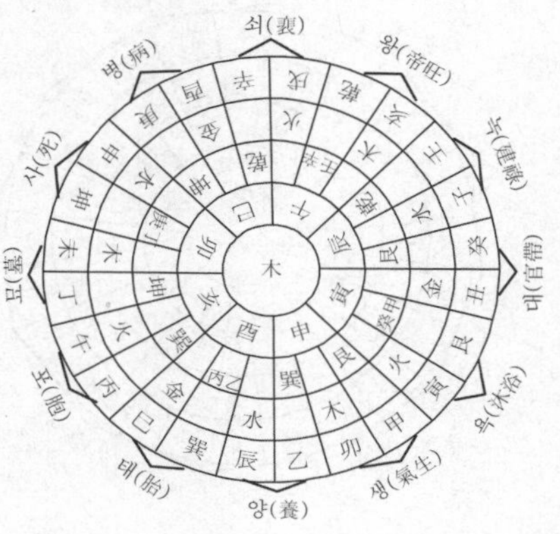

⑥ 음화(陰火)의 십이운성(十二運星)

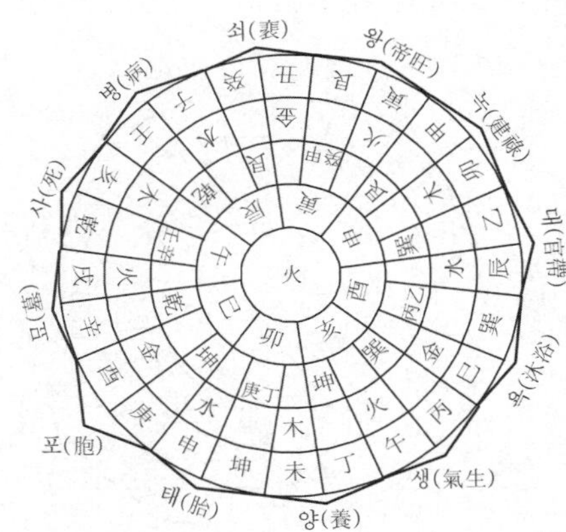

⑦ 음금(陰金)의 십이운성(十二運星)

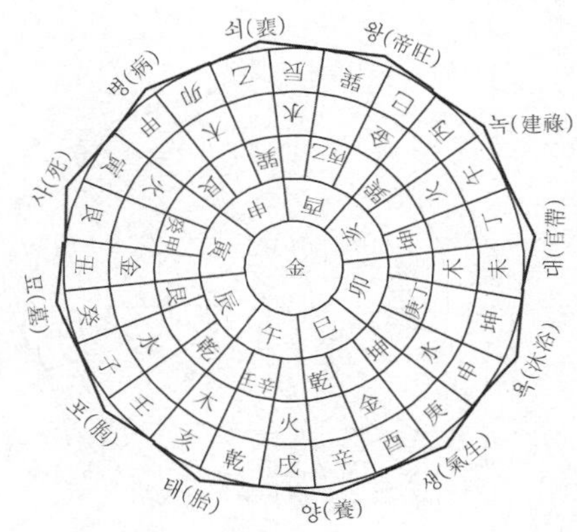

⑧ 음수(陰水)의 십이운성(十二運星)

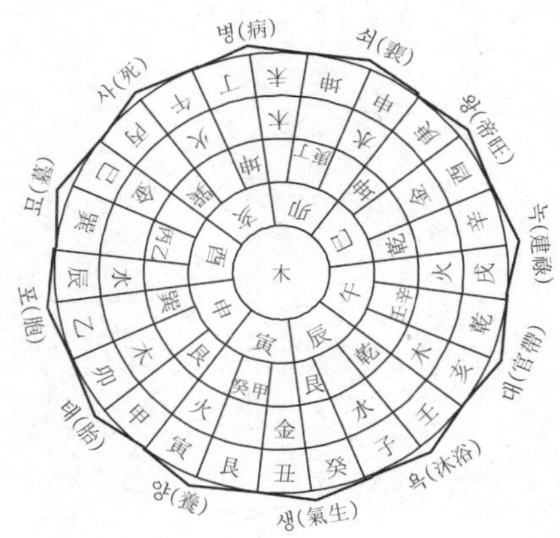

[陽干은 順行]

12運星 / 日刊	장생	목욕	관대	임관	제왕	쇠	병	사	묘	포	태	양
甲	亥	子	丑	寅	卯	辰	巳	午	未	申	酉	戌
丙	寅	卯	辰	巳	午	未	申	酉	戌	亥	子	丑
戊	寅	卯	辰	巳	午	未	申	酉	戌	亥	子	丑
庚	巳	午	未	申	酉	戌	亥	子	丑	寅	卯	辰
壬	申	酉	戌	亥	子	丑	寅	卯	辰	巳	午	未
陽干	長生	沐浴	冠帶	臨官	帝旺	衰	病	死	墓	胞	胎	陽

[陰干은 逆行]

12運星 / 日刊	장생	목욕	관대	임관	제왕	쇠	병	사	묘	포	태	양
乙	年	巳	辰	卯	寅	丑	子	亥	戌	卯	申	未
丁	酉	申	未	午	巳	辰	卯	寅	丑	子	亥	戌
巳	酉	申	未	午	巳	辰	卯	寅	丑	子	亥	戌
辛	子	亥	戌	酉	申	未	午	巳	辰	卯	寅	丑
癸	卯	寅	丑	子	亥	戌	酉	申	未	午	巳	辰
陽干	長生	沐浴	冠帶	臨官	帝旺	衰	病	死	墓	胞	胎	陽

십이운성(十二運星) 운용법은 산룡(山龍)이나, 입수(入首)냐, 또는 혈좌(穴坐)냐, 향(向)에서 보느냐 하는 것으로, 흔히 향을 많이 본다. 예를 들면 건갑정(乾甲丁) 해묘미(亥卯未) 또는 쌍산(雙山) 오행(五行)의 목국(木局)인 갑묘(甲卯) 향(向)을 놓았다면 건해(乾亥)가 장생(長生)이 된다. 시계 방향으로 순행(順行)하면 임자(壬子)가 목욕(沐浴)이 되고, 계축(癸丑)이 관대(冠帶)가 되며, 간인(艮寅)이 건록(建祿)이 된다. 양간(陽干)은 이와 같이 순행을 하고, 음간(陰干)은 시계 반대 방향으로 역행(逆行)을 한다. 음목(陰木) 을진(乙辰)은 병오(丙午)에서 장생(長生)이 되어 손사(巽巳)가 목욕(沐浴), 을진이 관대(官帶), 갑묘(甲卯)가 건록(建祿)이 된다. 오행(五行)중 토(土)의 양간 음간은 화(火)와 동행하며 운명의 사(砂) 수(水)도 같으니 이에 준하면 된다. 십이운성(十二運星)은 용(龍)·사(砂)·내거수(來去水)·장막(帳幕) 등 수없이 많이 활동하지만 명당을 찾아 정혈(定穴)을 하였다면 모든 것을 명당에는 모두 갖추어 있는 것이다.

☰	乾三連	戌亥	西北	乾卦六西北金戌乾亥
☵	坎中連	子	北	坎卦一北方水壬子癸
☶	艮上連	丑寅	東北	艮卦八東北土丑干寅
☳	震下連	卯	東	辰卦三東方木甲卯乙
☴	巽下絶	辰巳	動南	巽卦巳東南木辰巽巳
☲	離虛中	午	南	離卦九南方火丙午丁
☷	坤三絶	未申	西南	坤卦離西南土未坤申
☱	兌上絶	酉	西	兌卦七丁西金庚酉辛

❖ **십이운성 포태법**(十二運星 胞胎法) : 포(胞:絶), 태(胎), 양(養), 생(生:長生), 욕(浴:沐浴), 대(帶:冠帶), 관(官:建祿), 왕(旺:帝旺), 쇠(衰), 병(病), 사(死) 묘(墓:庫葬)의 십이운성(運星)이란 온 우주의 만물이 생성되고 성장하고 왕성해지는가 하면 쇠(衰)해지고 병들고 사망하여 다시 자연 속으로 돌아가면 다시 생성을 향하여 포태(胞胎)되는 과정을 12자로 표현된 것이다. 이 십이운성의 정국(定局)은 아래 표와 같다.

十二星 / 日干	長生	沐浴	冠帶	臨官	帝旺	衰	病	死	葬	絶	胎	養
甲日	亥	子	丑	寅	卯	辰	巳	午	未	申	酉	戌
乙日	午	巳	辰	卯	寅	丑	子	亥	戌	酉	申	未
丙日	寅	卯	辰	巳	午	未	申	酉	戌	亥	子	丑
丁日	酉	申	未	午	巳	辰	卯	寅	丑	子	亥	戌
戊日	寅	卯	辰	巳	午	未	申	酉	戌	亥	子	丑
己日	酉	申	未	午	巳	辰	卯	寅	丑	子	亥	戌
庚日	巳	午	未	辛	酉	戌	亥	子	丑	寅	卯	辰
辛日	子	亥	戌	酉	辛	未	午	巳	辰	卯	寅	丑
壬日	申	酉	戌	亥	子	丑	寅	卯	辰	巳	午	未
癸日	卯	寅	丑	子	亥	戌	酉	申	未	午	巳	辰

❖ **십이운 양생법**(十二運 養生法) : 일명 포태법(胞胎法)이라고도 하는데 이는 각 오행의 왕상휴수(旺相休囚)를 알아보는 방법이다. 욕(浴)은 도화(桃花), 관(冠)을 임관(臨官), 장(葬)을 고(庫) 또는 묘(墓), 절(絶)을 포(胞)라고도 함.

十二運 / 五行	生	浴	帶	冠	旺	衰	病	死	葬	絶	胎	養
甲 木	亥	子	丑	寅	卯	辰	巳	午	未	申	酉	戌
乙 木	午	巳	辰	卯	寅	丑	子	亥	戌	酉	申	未
丙 火	寅	卯	辰	巳	午	未	申	酉	戌	亥	子	丑
丁 火	酉	申	未	午	巳	辰	卯	寅	丑	子	亥	戌
庚 金	巳	午	未	申	酉	戌	亥	子	丑	寅	卯	辰
辛 金	子	亥	戌	酉	申	未	午	巳	辰	卯	寅	丑
壬 水	申	酉	戌	亥	子	丑	寅	卯	辰	巳	午	未
癸 水	卯	寅	丑	子	亥	戌	酉	申	未	午	巳	辰

❖ **십이지 방수**(十二支 放水)**와 충파**(衝破)

- **자수오파**(子水午破) : 장자가 눈을 다친다.
- **축수미파**(丑水未破) : 자손이 가난해 진다.
- **축수사오**파(丑水巳午破) : 여자 아이를 많이 낳는다.
- **인수미파**(寅水未破) : 자손이 번성한다.
- **인수곤파**(寅水坤破) : 자손에게 환란이 있다.
- **인수신파**(寅水申破) : 좋은 일이 전혀 없다.
- **묘수인파**(卯水寅破) : 외손들이 가난해 진다.
- **진수축파**(辰水丑破) : 딸 아이가 다리를 전다.
- **사수장류**(巳水長流) : 자손들이 울게 된다.
- **사수세곡**(巳水細谷) : 물에 빠져죽는 자손이 있다.
- **사수술해**파(巳水戌亥破) : 간사하기가 뱀과 같다.
- **오수술파**(午水戌破) : 장자가 망한다.
- **오수신파**(午水申破) : 가운데 자식 되는 일이 없다.
- **미수축파**(未水丑破) : 만성병에 시달린다.
- **신수오파**(申水午破) : 부지동복(不知同腹) 왠말이냐고 한다.
- **신수인파**(申水寅破) : 걱정이 많다.
- **유수신파**(酉水申破) : 타관살이 애달프다.
- **술수미파**(戌水未破) : 남녀 자손이 망한다.
- **해수미파**(亥水未破) : 성공하는 자손이 없다.
- **자오묘유**(子午卯酉) : 당문파(堂門破)자손이 끊어졌다.
- **진술축미**(辰戌丑未) : 황천파(黃泉破) 자손이 결식한다.
- **건곤간손**(乾坤艮巽) : 사권파(四權破) 길흉이 무난할 것이다.
- **갑인병임**(甲寅丙壬) : 귀원파(歸元破) 파구 중에서는 제일 좋다.
- **을신정계**(乙辛丁癸) : 노비파(奴婢破) 아차하면 도화파니 남녀간에 음란하다.

❖ **십이지시**(十二支時) : 하루를 12개의 지지(地支)로 나누어 정한 시간 즉 子丑寅卯辰巳午未申酉戌亥時. 일지시(一支時)는 현재 시간으로 2시간에 해당되는데, 일지시(一支時)에는 초(初)와 정(正)이 있고, 초(初)와 정(正)에는 각각 사각(四刻)으로 나뉘어지고, 일각(一刻)은 15분이 된다.

子時 : 23시~ 0시	丑時 : 1시~ 2시
寅時 : 3시~ 4시	卯時 : 5시~ 6시
辰時 : 7시~ 8시	巳時 : 9시~10시
午時 : 11시~12시	未時 : 13시~14시
申時 : 15시~16시	酉時 : 17시~18시
戌時 : 19시~20시	亥時 : 21시~22시

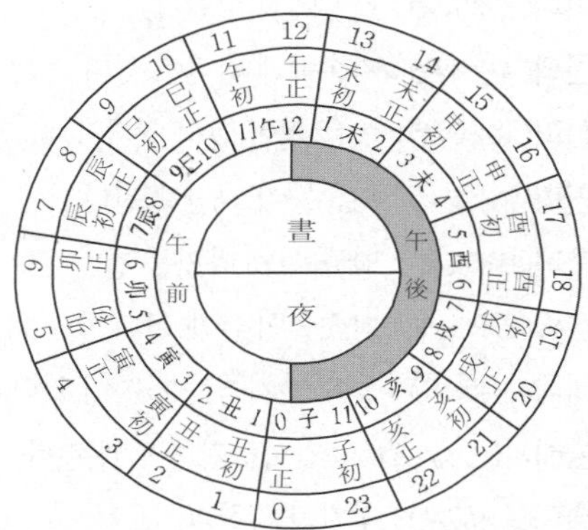

1961년 8월 10일 이전에는 동경(東經) 127° 5분을 기준하여 우리나라 표준시간으로 정했으나 1961년 8월 10일부터 12시를 12시 30분으로 규정, 전보다 30분 앞당겨 현재까지 사용하고 있다. 그러므로 1961년 8월 10일 이후부터는 23시 자시(子時)가 시작되는 것이 아니라 23시 30분(그 전 23시)이 되어야 비로소 자시(子時)에 들어간다. 따라서 다음 날 0시 30분이라야 12지시간의 원칙상 자정(子正)이 된다.

❖ **십이지지**(十二地支) **생년인**(生年人) **개묘지법**(改墓地法) : 상주위절입위주간(喪主爲 節入爲主看)

- **자생인**(子生人) : 정월개묘(改墓) 살가장(殺家長)
- **축생인**(丑生人) : 3월개묘(改墓) 살삼인(殺三人)
- **인생인**(寅生人) : 10월개묘(改墓) 살인대흉(殺人大凶)
- **묘생인**(卯生人) : 7월개묘(改墓) 살남(殺男)
- **진생인**(辰生人) : 2월개묘(改墓) 살가장(殺家長)
- **사생인**(巳生人) : 10월개묘(改墓) 살우마(殺牛馬)
- **오생인**(午生人) : 10월개묘(改墓) 살중남(殺仲男)
- **미생인**(未生人) : 7월개묘(改墓) 살장남(殺長男)
- **신생인**(申生人) : 4월개묘(改墓) 살삼녀(殺三女)
- **유생인**(酉生人) : 5월개묘(改墓) 살인(殺人)
- **술생인**(戌生人) : 8월개묘(改墓) 살적호인(殺的呼人)
- **해생인**(亥生人) : 5월, 6월, 개묘(改墓) 살중남(殺仲男)

가령 상주(祭主)가 갑자(甲子), 병자(丙子), 무자(戊子), 경자(庚子), 임자생(壬子生)이면 정월(正月)에 묘를 고치거나 석물(石物)을 설치하게 되면 가장(家長)에게 흉하다고 한다.

❖ **십자**(十字) : 열 십(十)자 형상의 봉홍.

❖ **십절맥**(十絶脈) : 절맥이란 용맥의 생기가 끊겼다는 뜻. 생기가 끊긴 맥을 알아보는 데에는 크게 나누어 다음과 같은 10가지가 있다.

- **성문절**(城門絶) : 산은 요(凹)하고 용호(龍虎)의 허리가 요(凹)하면 바람이 전후좌우 사방에서 닿게 되므로 이를 성문절이라 한다. 모르고 이러한 곳에 묘를 쓰면 대가 끊긴다.

- **용두절**(龍頭絶) : 혈성(穴星)이 있음직한 산이 뒤로 맥이 끊겼음을 말한다.

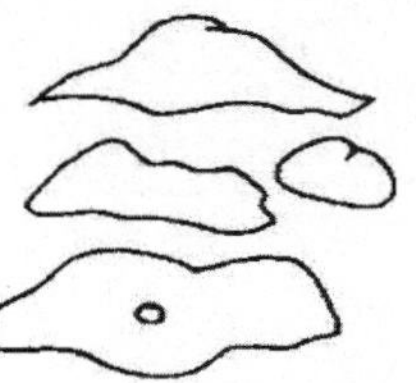

• **마안절**(馬眼絶) : 내룡이 급하고 현무정(玄武頂)이 높게 있어 혈이 외롭게 노출됨으로써 바람이 닿고 물이 모이지 않아 흉하다.

• **복종절**(覆鍾絶) : 드높게 솟아 단단하고 가파르므로 마치 종을 엎어 놓은 것 같은 땅이니 흉격이다.

• **이지절**(梨觜絶) : 내려오는 형세가 급하고 다리는 보습날처럼 뾰족한 것이니 흉격이다.

• **건류절**(乾流絶) : 횡룡으로 공망된 와체(窩體)이니 원진수(元辰水)가 건방(乾方)으로 흘러 용을 숨겨 달아나는 것으로 흉격이다.

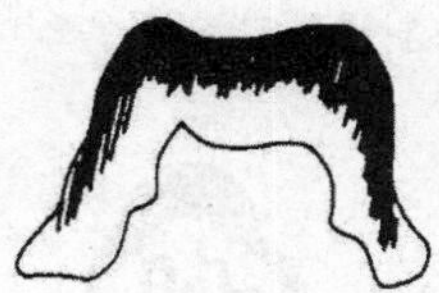

• **노두절**(鷺頭絶) : 좇아오면서 보호하는 산이 싸이지 않고 모두 뾰족하고 날카로와 사룡(死龍)이니 흉격이다.

• **건과절**(乾窠絶) : 생기가 지나 가버린 용맥으로 청룡·백호가 순전(脣氈)이 없다.

• **대파절**(大坡絶) : 큰 언덕 같은 땅으로 이어온 용맥이 없고 내력도 없이 판판하다. 이러한 곳은 기맥(氣脈)이 끊어져 연속됨이 없고 물이 겁(劫)하여 모르고 묘를 썼다가는 자손이 끊긴다.

• **초룡절**(初龍絶) : 맥도 없고 혈형(穴形)도 없으며 산이 거칠고 물이 짧으며 용도 없는 땅이니 극흉하다.

❖ **쌍겸**(雙鎌) : 쌍겸혈은 좌우의 두 다리가 모두 두 가지 이상으로 갈라진 형상. 비록 다리가 많아도 서로 유정하게 사귐이 있고 아름다워야 좋다. 하나는 앞서고 하나는 뒤서면서 뾰족하게 생긴 것이 서로 찌르지 않아야 좋은 격으로 본다.

❖ **쌍금살**(雙金殺)

① 음택법(陰宅法)의 하나로 이에 해당하는 해에 안장(安葬)을 꺼린다.

艮丙辛寅午戌坐 : 申子辰午

巽庚癸巳酉丑坐亥卯未年

乾甲丁 亥卯未坐巳酉丑年

坤壬乙申子辰坐寅午戌年

② 지리법(地理法)에 응용하는 흉살(凶殺)의 하나로 피하는 것이 좋다.

戌亥龍 : 乾坐	辰巳龍 : 巽坐
丑寅龍 : 艮坐	未申龍 : 坤坐

❖ **쌍돌혈**(雙突穴) : 돌형(突形)의 변격으로 쌍유혈(雙乳穴)과 같이 유방과 같은 혈성(穴星)인 것을 말하지만 쌍유혈은 쌍유 위에 용혈이 있고, 쌍돌혈은 쌍돌(雙突)의 바로 앞에 용혈이 있다. 역시 음혈(陰穴)에 속한다.

❖ **쌍둥이가 출산하는 곳은 이러하다** : 주택이나 묘서 앞쪽 산봉우리가 두 개가 겹쳐 보이거나 묘소 뒤쪽 황소 같이 물개같이 둥글고 홍황백색 바위 돌이나 큰 돌이 있으면 쌍둥이 출산으로 보는 것이다.

❖ **쌍록조원격**(雙祿朝元格) : 녹존·화록이 삼합궁(三合宮 ; 재록·관록)이나 대충궁(對冲宮 : 遷移宮)에 있으면 이를 쌍록조원격이라 한다.

❖ **쌍룡도강형**(雙龍渡江形) : 쌍룡이 강을 건너는 형국.

[雙龍渡江形圖]

[永東深川雙龍渡江形]

❖ **쌍룡음수**(雙虹飮水) : 쌍무지개가 물을 마시고 있는 형국. 혈은 무지개의 끝 부분에 있고, 안산은 새, 해 등이다.

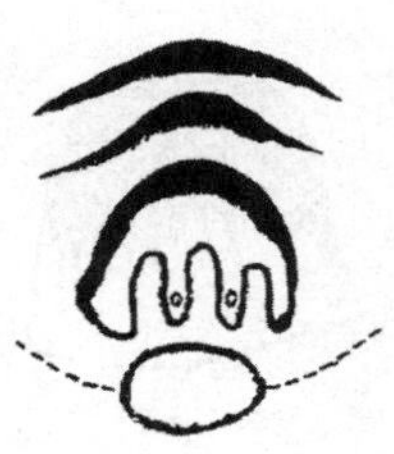

❖ **쌍룡쟁주**(雙龍爭珠) : 두 마리 용이 서로 마주 보며 구슬을 먼저 차지하려고 다투는 형국. 혈은 용의 이마, 코, 입 등에 있고, 안산은 구슬과 상대방 용이다.

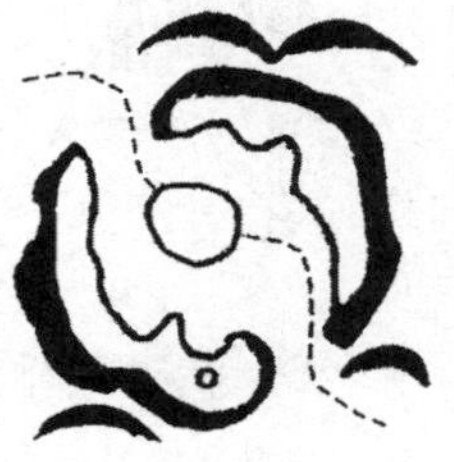

❖ **쌍봉부련**(雙鳳扶輦) : 수레를 마주 붙잡고 있는 두 봉황의 형국. 혈은 봉황의 가슴 위에 있고, 안산은 깃대다.

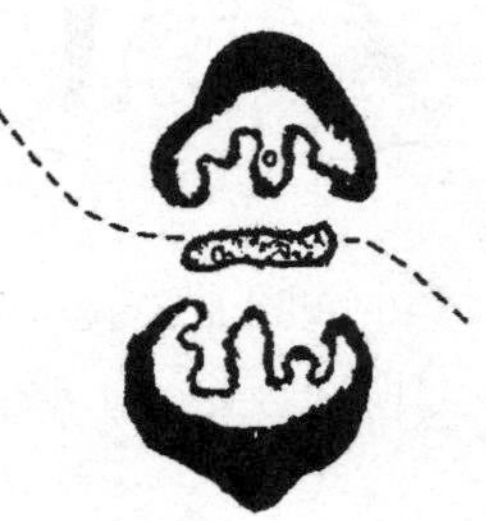

❖ **쌍봉쟁소형**(雙鳳爭巢形) : 두 마리 혹은 다섯 마리 봉황이 둥지 하나를 놓고 서로 다투는 형상. 혈은 와혈이거나 청룡·백호가 잘 감싸주고 있어야 한다. 주산이 다섯 개의 탐랑 목성체이거나 안상 또는 조산(朝山)에 알과 봉황과 같은 사격이 있어야 한다.

❖ **쌍봉쟁주**(雙鳳爭珠) : 두 봉황이 구슬 하나를 놓고 다투는 형국. 봉황의 크기와 생김새가 비슷하며 두 마리 사이에 둥그런 구슬처럼 생긴 봉우리가 있고, 혈은 부리 위에 자리잡는다. 안산은 상대방 봉황이다.

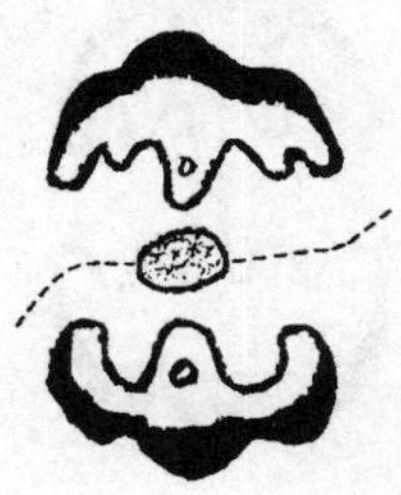

❖ **쌍봉제비**(雙鳳齊飛) : 두 마리 봉황이 나란히 날아가는 형국. 두 마리의 크기와 생김새가 비슷하다. 혈은 무릎뼈 위에 있고, 안산은 그 물이다.

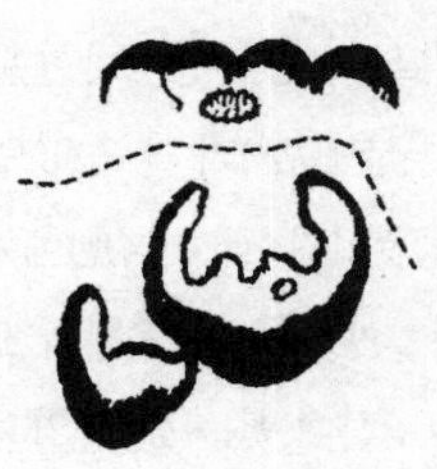

❖ **쌍봉함서**(雙鳳銜書) : 두 마리 봉황이 마주 서서 편지(혹은 책)를 함께 물고 있는 형국. 두 봉황의 크기와 생김새가 매우 비슷하고 혈은 봉황의 입 가까이에 있으며, 안산은 상대편에 있는 봉황, 혹은 편지(책)다.

❖ **쌍분(雙墳)을 해서는 안 되는 용맥(龍脈)은** : 단맥래룡(單脈來龍)에는 쌍분을 해서는 안 된다. 쌍산룡맥(雙山龍脈)에서는 쌍분이 가능하다. 쌍룡맥에는 단장(單葬)이나 합장(合葬)은 길(吉)하다. 단맥(單脈)에 쌍분하게 되면 두 자리가 다 흉(凶)한 곳이 될 수 있다. 단봉(單封)을 해야 할 자리에 여러 기(基)의 묘을 써서 안 된다. 또한 지질(地質)이 좋은 곳에서는 가족묘지가 가(可)한 것이다. 부부는 같은 운명을 타고나 사람 서로가 살아온 과정은 다르지만 앞으로의 운명은 서로 비슷한 사람이다. 부부뿐만이 아니라 다른 사람들도 마찬가지다. 유유상종이란 말은 풍수에서도 그대로 적용된다. 음택이 비슷하다는 것은 비슷한 운명의 소유자들 끼리 만난다는 것이다. 골짜기에 쓰여진 음택의 자손과 명당에 쓰여진 자손과는 친해지지 않는다. 재벌은 재벌끼리 친하고 깡패는 깡패 성향을 가진 사람끼리 친하다. 나쁜 일이나 좋은 일도 같은 성향끼리 만나 강도질도 하고 선행도 베푸는 것이다. 또한 같은 성공한 사람끼리 자주 만남을 갖게된다. 묘자리는 본인이 평소에 살아 온대로 만난다.

❖ **쌍산 사용법** : 풍수지리에서는 쌍산을 주로 내룡(來龍)의 길흉을 보는데 사용된다. 즉 양생(養生)으로 발족한 용이 관왕(官旺)으로 입수(入首)한다거나 관왕(官旺)으로 출신한 용이 생양(生養)으로 입수(入首)하여 길기(吉氣)를 받는다. 다만 음양 좌우의 순역이 같지 않다.

❖ **쌍산오행**(雙山五行) : 두 방위의 좌(坐)를 한 묶음으로 하여 삼합으로 구성되는 오행을 말함.

乾甲丁　亥卯未 : 木局　巽庚癸　巳酉丑 : 金局

坤壬乙　申子辰 : 水局　艮丙辛　寅午戌 : 火局

乾亥同宮　壬子同宮　癸丑同宮　艮寅同宮

甲卯同宮　乙辰同宮　巽巳同宮　丙午同宮

丁未同宮　坤申同宮　庚酉同宮　辛戌同宮

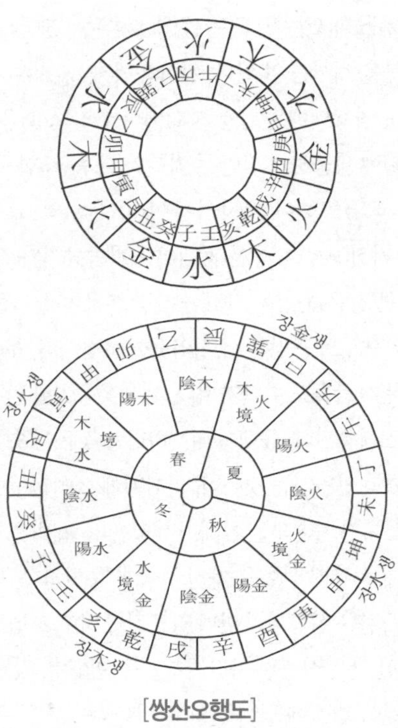

[쌍산오행도]

❖ **쌍수유**(雙垂乳) : 두 개의 젖 모습이 가지런한 것을 이름. 쌍유혈은 대소와 장단이 고루 형성된 곳에 점혈을 하면 크게 발복을 한다고 본다. 쌍유혈은 반드시 주변에 있는 산들이 아름답고 두 개의 젖 모습이 가지런하면서 좌우가 유정하게 감싸고 있어야 합격이다. 간혹 한쪽 유(乳)는 길고 한쪽 유는 짧거나, 또 하나는 살찌고 하나는 여위거나 하면 그 가운데 단정하고 특이한 쪽을 취하는 것이 좋다.

❖ **쌍안각비**(雙雁各飛) : 한 쌍의 기러기가 각각 날아가는 형국. 비슷하게 생긴 두 산이 나란히 솟아올랐으며, 혈은 학의 무릎 뼈 위에 있고, 안산은 그물, 혹은 구름이다.

❖ **쌍안정상**(雙雁呈祥) : 한 쌍의 기러기가 서로 마주 보며 기뻐하는 형국. 두 기러기 사이에 냇물이 흐르며 두 기러기의 크기와 생김새가 비슷하다. 혈은 가슴 위에 있고, 안산은 마주보고 있는 상대방이다.

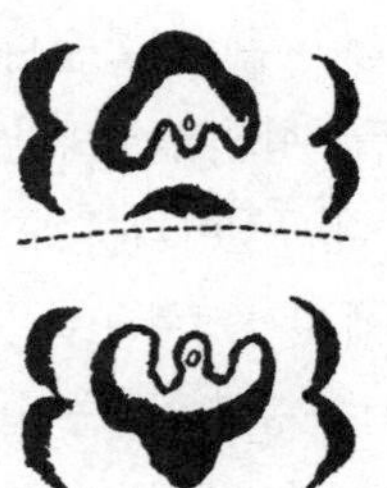

❖ **쌍영쌍송**(雙迎雙送) : 영송이 겹으로 뻗어 나온 형국.

❖ **쌍유혈**(雙乳穴) : 쇠성의 유방과 같은 형상을 한 혈성(穴星)을 말함. 음혈(陰穴)에 속한다.

❖ **쌍입수**(雙入首) : 쌍입수는 쌍둥이로 쿤 인물이 출생한다. 양맥합혈(兩脈合穴)에 명혈대지(名穴大地)라 했다. 또 안산에 쌍태봉도 있어서 위인이 날 수 있다. 쌍맥합혈에는 장자 발복인데 크게는 장상(將相)과 국부(國富)가 날 수 있으나 어쨌든 쌍맥 합혈 결혈은 크게 보는 것이다. 백호(白虎)에 일자문성(一字文星)은 삼공(三公 : 정승서열)이 나는데 속발하게 된다.

❖ **쌍조결**(雙照結) : 쌍조하여 맺는 것. 혈의 좌우에 각각 산봉우리가 있고 높낮이와 크기 그리고 거리가 비슷비슷하면, 좌우 두 봉의 연결선상에 혈이 생긴다. 만약에 두 봉이 있어도 비슷하지 못하거나 또는 하나의 봉우리만 있으면 반드시 수구에 산봉우리가 있어서 역국을 형성해야만 혈이 생긴다.

❖ **쌍태봉**(雙胎峰) : 두 개의 귀봉(貴峰)이 서로 붙어 있는 봉을 쌍태봉 또는 쌍동봉이라 한다. 쌍봉이 청수 하게 용수된 주위 산세는 쌍봉의 영향으로 모든 산맥이 쌍맥을 이루어 쌍둥이가 태어난다. 쌍맥합취에 명혈이 결혈되는 이치와 같다.

❖ **쌍채집** : 몸채와 앞채로 구성된 집. 일정한 거리를 두고 서로 평행하게 위치하며 그 좌우에 담장이 설치되었다.

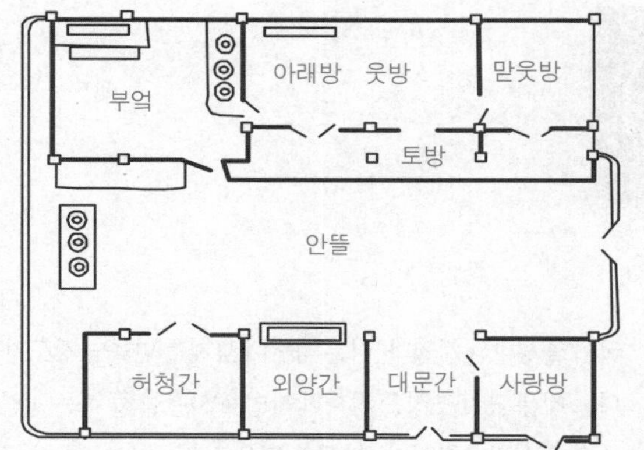

몸채와 앞채 사이의 공간을 안뜰, 앞채 앞의 공간을 앞뜰이라고 한다. 몸채는 그 구성이 대체로 외채집과 같고 앞채는 가운데 대문간과 그 좌우의 외양간 및 허청간으로 구성되었다. 대문간에 큰 쪽대문이 있고, 허청간에는 안뜰 쪽에 판자로 만든 출입문이 있다. 외양간에는 일반적으로 안뜰 쪽과 대문간 쪽에 벽체가 없었다. 쌍채집은 우리나라 서북부지대 즉 낭림산줄기, 북대봉산줄기의 서쪽지대와 남으로는 황해도의 멸악산줄기지대까지 분포되어 있었다. 그러나 멸악산 줄기 쪽으로 가면서 쌍채집은 그 수가 점차 적어지면서 다른 형태의 주택들과 병존하였다. 그리고 쌍채집이라 하여도 지대적 조건의 차이에 따라 그 외형은 좀 다르다. 대동강 이북지대에서는 지붕이 배집형식이고 뒷벽(북쪽벽)에 문이 없는 그 이남지대에서는 우진각지붕이고 뒷벽에 있다. 그리고 부엌과 안방 사이의 벽체에 있는 새문의 위치도 대동강 이남지대에서는 앞면 쪽에 치우쳤으나 그 이북지대의 집들에는 뒷벽 쪽으로 치우친 곳에 있다. 쌍채집은 집주인의 경제적 능력과 가족수에 따라 한 두 칸을 더 가설하는 경우도 있었다. 이 경우에 보통 몸채에다 만웃간을 만들고 앞채에는 사랑방을 냈다. 이리하여 결국 몸채와 앞채의 칸수를 동일하게 하였다. 몸채에 가설된 만웃간은 함실(또는 조돌 : 불을 때는 아궁)을 만들며 사랑방에도 함실이나 부엌을 설치하여 방을 데웠다. 쌍채집은 외채집에 비하여 앞채가 더 있는데 이것은 농업생산 활동의 요구를 반영하여 생긴 부속건물에 불과하였다. 쌍채집을 쓰고 사는 사람은 외채집을 쓰고 살던 사람들의 처지보다 나은 농민이었다. 꺾음집의 평면은 대체로 ㄱ형과 ㄷ형인데 이것은 외채집이나 쌍채집의 변형이었다. 첫째로 몸채가 ㄱ형으로 된 꺾음집은 부엌과 안방(아래방과 웃방이 통간으로 된 방)이 한켠에 있고, 부엌에서 꺾어져서 딴방(일명 건넌방)이 있는 것이 일반적이었다. 흔히 큰방 앞에 면마루(툇마루)가 설치되어 그것은 대청과 연결된다. 그리고 ㄱ형으로 꺾어진 안은 뜰을 형성하였다. 대청과 부엌을 제외한 다른 방들에는 뒤벽의 출입문을 비롯하여 그 어떤 창도 설치하지 않았다. 부엌에는 부엌 뒷문이 있고 대청에는 쌍미닫이, 덧문이 있을 뿐이었다. 그리고 대개 방들에게 안뜰쪽을 통하는 문과 바라지(되창)문, 방들간에 통하는 각종 새문이 있었다. 대청에서 딴방, 웃방으로 통하는 문은 네 겹의 들문(4천분합문)으로 되어 있는 것이 특징이었다. 꺾음집은 문뿐 아니라 평면도 단순하여 이런 주택에는 다만 부엌과 아랫방, 웃방 및 대청이 있었을 뿐이었다. 단순한 형태의 꺾음질은 보통 몸채 옆에 작은 허청간을 따로 부설하였다.

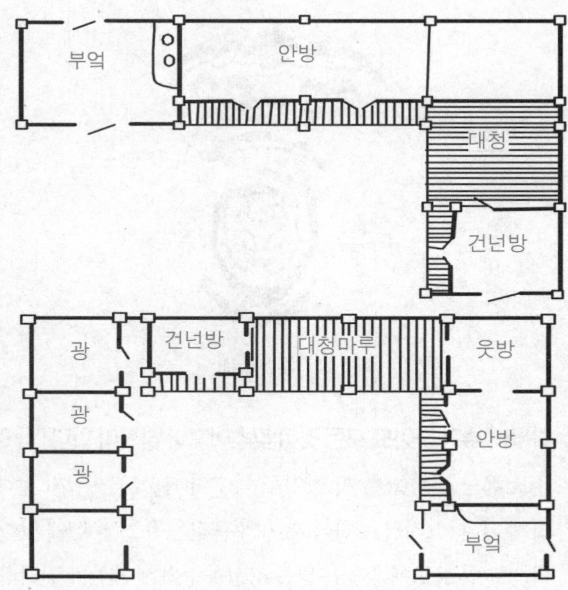

❖ **씨락눈이 먼저 녹는 곳은** : 화평(和平)한 기운이 감도는 중화(中和)의 지역이며 물은 평평하고 널찍함이 좋다. 평지의 혈은 후맥(後脈)이 두껍지 않으니 혈후(묘뒤) 현무(玄武)로 돌아가 얽히면 힘이 있다.

ㅇ

❖ **아도**(衙刀) : 하나의 사(沙)가 뾰족하게 감싸서 예리하게 둘러져 감싸 안은 모양. 길하며 아도(衙刀)와 교검(交劍)은 이름난 장수가 문밖의 병사를 거느리고, 고각(鼓角)의 매화(梅花)는 몸이 지주(知州)의 직(職)을 다스린다. 산을 볼 때, 아도(衙刀)와 교검(交劍)의 형상과 같으면 반드시 명장(名將)이 나올 것이며 많은 원군(援軍)을 얻을 것이다. 고각(鼓角)은 매화(梅花)의 영상(影象)이니 반드시 군민(軍民)을 어루만질 지주(知州)의 직을 다스리게 될 것이다. 곤감(坤鑑)에서는 누대(樓臺)의 3·5봉우리에서 중심봉이 일어나면 감사(監司)나 자사(刺史)를 맡는다고 한다.

[衙刀交劍]

❖ **아무리 수가 좋아도 모든 것이 갖추어져야 발복이 있다** : 득혈자(得穴者)는 발복(發福)이 적어도 득수자(得水者)는 필히 발복을 하게 된다. 그러므로 화복(禍福)의 관건은 용혈(龍穴)에 있기 보다는 수법(水法)에 있음은 많은 경험을 통해서 체득한 진리라 하겠다. 래수(來水)는 굴곡(屈曲)함이 좋고 거수(去水)는 지현자(之玄者)가 좋다 아무리 수(水)가 좋다 해도 모든 조건이 갖추어져야 발복(發福)이 있다.

❖ **아무리 좋은 길지**(吉地)**라도 장법**(葬法)**이 흉**(凶)**하면 시신**(屍身)**을 버림과 같다** : 양균송이 말하기를 내가 묘지 조성을 하면 장군이 출생한다 하였다. 다른 사람이 묘지를 만들면 강도가 나온다는 것은 묘지 조성을 정확한 장법을 사용할 줄 아는 전문가의 중요성을 강조함이다. 형세와 혈은 삼길(三吉)을 구비 하였어도 장법에 흉을 범하면 시신을 버리는 것과 같다 하였다.

❖ **아미사**(蛾眉砂) : 나비 눈썹같이 가지런하고 아름다운 산이 혈앞에 있는 형국. 미인궁녀와 이원자제(犁園子弟)와 같은 수려한 남녀 인물이 생겨난다고 하며, 초승달 같고 눈썹 같기도 한 사격을 아미사라 하고, 안산(安山)이 혈 가까이 나지막하게 있으면 관대사(官帶砂)가 되어 후손이 평범한 관직에 많이 오른다. 아미(蛾眉)는 무잡(無雜)하고 미려(美麗)하니 그 형이 나비의 눈썹 같으므로 이름하였다. 아미사(蛾眉砂)가 전면에 있으니 반드시 미녀궁희(美女宮姬)와 이원(梨園)의 자제같은 인사가 나온다. 그러나 혹은 홍안박명지재(紅顔薄命之才)가 나올 수도 있다. 아미사(蛾眉砂)는 만수미려(灣秀媚麗)한 사(砂)를 칭함이니, 그 형상이 누에와 고운 눈썹과 같은 사(砂)를 말한다. 이 아미사(蛾眉砂)가 명당 앞에 벌려 있으면 물이 자연 환포되고, 손방(巽方)에 있으면 신룡입수(辛龍入首)라야 하고, 태방(兌方)에 있으면 손룡입수(巽龍入首)라야 격을 이루는바, 글에 이르기를, 천을(天乙)과 태을봉(太乙峯)이 솟지 않으면 귀(貴)가 없음을 알게 되고, 천을(天乙)·태을(太乙)이 운소(雲宵)에 솟으면 지위가 대련(臺練)에 이른다 하였음이 이를 두고 한 말이다. 혹 방위가 임관(臨官)과 삼길육수(三吉六秀)와 같은 곳이라면 더욱 좋다. 이렇게 되면 반드시 수미(秀媚)한 한 여자가 나오는 것이니, 상격(上格)은 용이 관기를 낳고, 중격(中格)은 용이 미녀를 낳으며, 하격(下格)은 여가(女家)가 발복한다. 그 외는 홍안박명이거나 이원자제(梨園子弟 : 외입쟁이)가 나온다.

❖ **아미사**(蛾眉砂)**가 안산**(案山)**이라면** : 아미사 안산은 저지대(低地

帶)에 있어도 귀격(貴格)이다. 이러한 곳은 명당이 평평하게 좋은 곳이며 재왕후(宰王侯)가 나고 귀수(貴水)가 안보여도 자손 모두 관직에 오르게 된다.

❖ **아미산**(蛾眉山) : 아미산(蛾眉山)이 나타나면 여자는 궁비가 나고, 금고화개(金誥花開)는 남자가 공주와 혼인한다. 혈 앞에 아미산이 있으면 여인이 수미(秀美)하게 태어나 궁비(宮妃)가 된다. 감룡경(撼龍經)에서는「평양아미(平洋蛾眉)는 속길(速吉)하고, 반령아미(半嶺蛾眉)는 가장 힘이 된다. 만약 이러한 성신(星辰)이 연이어 절맥(節脈)을 이루면 여자가 궁비나 후비에 이를 것이다」라고 했다. 금고화개(金誥花開)를 갖추면 남자들이 용모가 미려(美麗)하여 공주와 혼인하여 짝으로 삼으니 부마(駙馬)가 될 것이다.

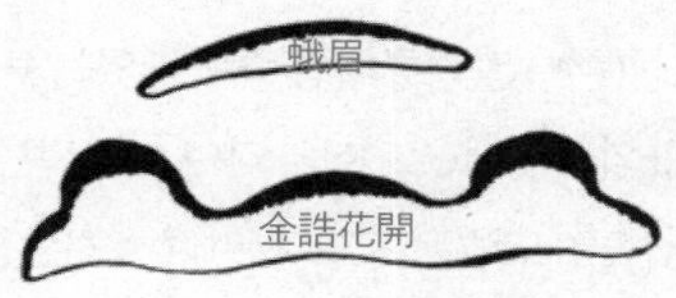

[蛾眉 金誥花開]

❖ **아미옥대사**(蛾眉玉帶砂)

- 반월형의 단정청아한 낮은 형태의 귀사. 이 사가 조안을 비추거나 귀인방에 있으면 문장가와 비빈이 나온다.

[蛾眉玉帶砂]

- 초승달처럼 또는 나비의 눈썹 같으면서 나지막한 산이다. 귀인방(貴人方)이나 안산(案山), 조산(朝山), 방위에 있으면 문장가로써 성공하고 여자는 미인이 나는 사다.

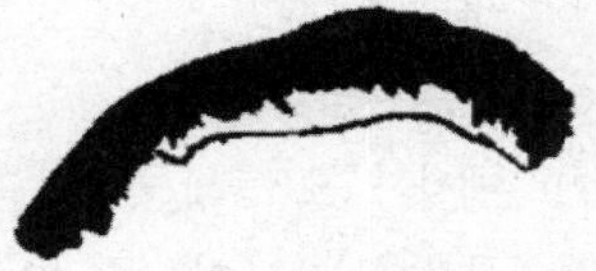

[蛾眉玉帶砂]

❖ **아부**(餓莩) : 굶어 죽은 사람.

❖ **아 · 조**(牙 · 爪) : 용신(龍身)의 지각(枝脚)을 말함. 장아(藏牙)와 축조(縮爪)는 혈 곁의 용호(龍虎)를 가리킴.

❖ **아저초두**(餓猪抄兜) : 배고픈 돼지가 다른 데서 투구를 빼앗아 온 형국. 혈은 돼지의 머리에 있고 안산은 투구다.

❖ **아파트 거실 형태는 네모 반듯해야** : 아파트 주거내에서 거실의 중요성은 매우 크다. 사회구조와 생활패턴이 바뀌어감에 따라 과거와는 달리 가족 중심의 생활방식을 지향하고 있기 때문이다. 따라서 오늘날의 생활로 본 아파트 거실의 성격은 가족의 단락(團欒)과 결속을 다지는 공간으로서의 기능이 충족되어야 한다. 거실은 아파트의 향을 결정짓는 중요한 열쇠를 쥐고 있다. 가족들이 집안에서 가장 많은 시간을 보내는 장소이니 거실의 모양새는 가족구성원의 성격 형성에도 많은 영향을 미친다. 따라서 네모반듯해야 하며 돌출된 부분이나 함몰된 부분이 없어야 한다.

❖ **아파트, 고층 아파트 사이에 저층 아파트는 흉** : 고층아파트가 저층 아파트를 누르는 형국으로 고층 아파트에 가려서 시야 확보가 어렵고 아침 저녁으로 태양을 보기가 어려우며, 해가 고층 아파트의 최고층 이상 떠올라야 태양을 볼 수 있기 때문에 좋지 않으며, 공기의 흐름도 좋지 않아서 탁한 공기가 유입되면 잘 빠지지 않아 건강에도 나쁘다. 또한 저층 아파트에 사는 사람은 고층 아파트에 막혀서 심리적으로 답답해지고 자신이 한없이 위축되어 보이고 실제 그렇게 느끼게 된다.

❖ 아파트 구조의 길한 배치의 구조

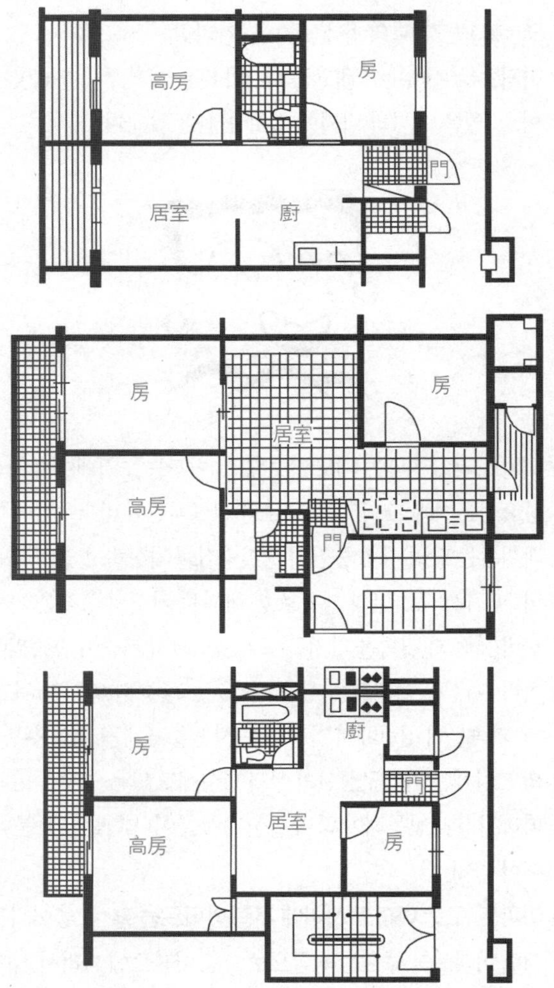

❖ **아파트, 기존 건물** : 아파트나 기존건물, 사무실 또는 점포들은 이미 출입문이 만들어져 있는 곳이므로 가장(家長)이나 사용자의 생년에 맞추어 문을 낼 수는 없다. 따라서 이와 같은 경우는 이미 만들어진 문의 사택(四宅)에다 맞추어야 한다. 아파트는 현관문을 기준으로 하고 기존건물은 대문이 있으면 대문을 기준으로 하고, 대문이 없으면 현관문을 기준으로 하면 된다. 예를 들어서 아파트에 입주하려고 하는데 아파트의 현관문이 묘문(卯門)이라고 가정하면 동서사택에 진궁(震宮)으로 동사택(東四宅)에 해당되며, 이 아파트에 입주하는 사람은 역시 감, 진, 손, 리의 동사택의 생년을 가진 사람이라야 길하다. 따라서 아파트는 현관문이 묘문(卯門)이면 진궁(震宮)의 중원(中元)이 되므로 그 음양(陰陽)이 양(陽)인 장남이 된다. 이에 배합이 되는 것은 손궁(巽宮)의 중원에 장녀가 맞으므로 이 아파트의 가장방은 손방이 된다. 따라서 사람이 아닌 현관문의 본명궁(本命宮)은 진궁(震宮)이 되므로 이때에 방향을 재는 것은 아파트의 중심점에다 패철을 놓고 남북에 맞춘 다음 현관문의 방향을 재고 그리고 안방(가장방)의 방향을 현관문에 맞추어 방향을 정하면 된다. 따라서 아파트 같은 경우는 그 호의 중앙이 중심점이 되고 기존 건물인 경우에는 대문이 있으면 본인의 생년좌문에 맞추어 뜯어고칠 수 없는 한 아파트와 같은 방법으로 맞추되 집의 중심점은 마당을 포함하여 울타리 전체의 중앙이 중심점이 되는 것이다.

- 아파트 묘문(卯門)은 진궁내의 중원에 있는 묘문이 된다. 남자생년궁표의 구성가(九星歌)의 진(震)에 삼원삼궁을 보면 좌(坐)가 진궁(震宮)으로 되어 있다. 따라서 진궁은 아파트 묘문의 본명(本命)이 된다.
- 진궁에는 세 방위[甲卯乙]가 있다. 묘좌(卯坐 : 震宮)는 안방이 아니라 현관문이 된다.
- 본명진궁(本命震宮)을 기점으로 네 개의 길궁(이(離), 감(坎), 손(巽), 진(震)궁).
- 현관문을 기준으로 안방이 손궁이 되면 등과하고 정재대왕하며, 이궁(離宮)의 아들방은 부귀가 속발하고, 감궁(坎宮)의 딸방과 부엌은 부귀하고 복을 많이 받으며, 현관문은 진궁(震宮)으로 만사형통하고 경사가 나는 곳이다. 언제나 감궁(坎宮)의 임자계(壬子癸)의 방위는 북쪽이며, 이궁(離宮)의 병오정(丙午丁)의 방위는 남쪽이다.

❖ **아파트나 빌라도 두 가구를 하나로 합치면 흉상** : 아파트나 빌라 두 가구를 헐어서 하나로 합해 쓰는 경우 가상학적으로 흉상(凶相)이니 합치지 말아야 한다.

❖ **아파트 남향(南向) 건물 문방위 길흉**

- **임방문**(壬方門) : 매사가 순조롭게 뜻대로 이루어지게 된다.
- **자방문**(子方門) : 합자회사에서 이득을 많이 본다. 소송을 하

여도 승소하게 된다.

- **계방문**(癸方門) : 이 방위 집이나 방을 얻으면 모든 고난이 서서히 해소하게 된다.
- **묘방문**(卯方門) : 계방문과 동일하다.
- **을방문**(乙方門) : 직장에서 선두주자로 타인보다 일찍 성공한다.
- **미방문**(未方門) : 상사의 도움으로 성공한다.
- **곤방문**(坤方門) : 친지의 도움으로 난관을 극복하게 된다.
- **신방문**(申方門) : 상사의 도움으로 덕을 많이 본다.
- **술방문**(戌方門) : 만사가 뜻대로 순조롭게 이루어진다.
- **건방문**(乾方門) : 윗사람을 잘 만나 지도를 받아 생활이 향상된다.
- **해방문**(亥方門) : 군수관계 직업에 종사하는 자에 유리하다.
- 기타 방위는 흉방(凶方)이다.

❖ **아파트는 5~9층이 로열층이다** : 아파트는 많은 사람이 공동생활을 하는 곳이다. 단독주택은 한 울타리 내에서 생활하는 가족만이 좋은 기와 나쁜 기를 공유하여 그 영향력이 큰 반면, 아파트는 그러한 기운을 많은 사람들이 공유하기 때문에 기(氣)의 영향력도 적다. 따라서 배합사택이라 하여 크게 잘 되는 일도 없으며, 불배합사택일지라도 그것 때문에 사람이 목숨을 잃는다거나 하는 그런 불상사는 일어나지 않는다. 주택에서 천(天 : 지붕), 지(地 : 기단과 정원), 인(人 : 건물몸체) 세 가지 요소가 충족되어야 올바른 가상(家相)이 성립되지만 아파트는 이 세 요소 중 오직 하나 인(人)의 요소만 있거나, 만약 최상층에 지붕이 있는 경우에는 인과 천 두 요소가 충족되는 불완전한 모습을 보인다. 그러나 대부분의 아파트는 옥상층을 지붕으로 덮지 않고 슬래브로 처리한다. 이러한 아파트는 오직 인의 요소 하나만 있고 천과 지가 결핍된 가장 불완전한 가상이다. 천(天)이란 천기(天氣)를 보존하는 지붕을 말하므로 최상층이 지붕을 덮여 있다면 최상층 부분에 해당되는 세대는 그래도 귀(貴)의 영향을 받는 이점이 있는 반면에 지기(地氣)의 영향으로 본다면 아래층보다 덜 받는 불이익도 공존한다. 최상층 이하의 세대는 천기보존 장소인 지붕이 없고 윗세대가 지붕을 대신하고 있는 모양을 보인다. 지붕 속은 정적인 공간으로 되어야만 수면 시 아무런 장해를 받지 않아 귀한 기운을 받아들인다 했는데, 바로 위층의 공간이 같은 세대로 되어 있으니, 천장에서 울려오는 여러 가지 소음은 수면을 방해하여 귀의 기운은 받을 수가 없는 불합리한 점이 있다. 따라서 최하층부터 최상층 바로 아래층까지는 오로지 인의 요소만 있는 불완전한 세대가 된다. 층수로 보아 기존 아파트에서는 5층에서부터 10층까지 정도를 소위 '로열층'이라 하여 다른 층의 세대에 비해 선호도가 높다. 전망이 좋은 곳에서는 더 높은 층이 되겠지만 풍수 개념으로 본 '로열층'은 9층 미만 5층으로 본다. 지기가 미치는 범위를 나무가 자랄 수 있는 높이, 즉 10m 안팎이라고 볼 때 그렇다는 것이다. 이런 풍수이론은 현대과학으로도 설득력을 얻고 있다. 지상의 지자기는 0.5가우스로 측정되는데, 위로 올라갈수록 점점 낮아져 아파트 4층 높이에서는 0.25가우스로 떨어진다. 이렇게 본다면 아파트는 고층보다는 지붕이 덮인 5층 이하의 저층이어야만 살기에 좋다는 결론이 나온다. 고층일지라도 5층 이하에 거주한다면 어느 정도 지기의 영향을 받으니 그보다 높은 층에 사는 사람보다 좋은 영향을 많이 받는 이점이 있다.

❖ **아파트는 지형**(地形), **지세**(地勢), **방위**(方位), **주변 환경이 좋아야** : 60년대 이후 경제발전을 도시에 인구가 집중되면서 함께 발생한 고질적인 주택난 해소를 위해 집단주거 방식인 아파트를 짓기 시작했다. 초창기의 5층 정도의 아파트가 70년대 말에는 15층, 80년 중반에는 20층을 넘더니, 현재는 30층이 넘는 초고층 아파트가 속속 지어지고 있다. 이렇게 급속히 팽창하여 현재에는 전국 주택의 약 50% 이상이 아파트다. 주거형태가 전통적인 단독 주택에서 아파트로 급변하고 있는 것이다. 우선 좋은 공간에 최대한의 건축을 위해 방위라든지 지형 등을 고려하지 않고 건축법상 최대한도의 용적률을 취하여 짓고 있다. 주택이란 단순하게 지붕과 벽으로만 지어진 구조물이 아니다. 인간이 일생동안 살아가면서 절반 이상을 주택에서 생활하기에 사람에게 다양한 생기의 영향을 받는다. 집의 형태와 방향, 위치, 내부구조를 풍수에서는 양택삼요결(陽宅三要訣 : 대문, 안방, 부엌)이라고 하여 더욱 중요시하고 있다. 또한 지형(地形), 위치, 지세(地

勢), 방위, 주변 환경에 따라서도 인간에게 영향을 미친다. 그러므로 주택은 사람과 조화를 이룰 수 있게 신중히 지어져야 한다. 현재 대단위 공동주택 아파트에 거주하는 사람은 흙 한 번 만져보거나 밟아보기가 힘들다. 온통 아스팔트나 콘크리트로 포장되어 있기 때문이다. 이렇게 단순하고 삭막한 아파트에서 생활하면 인간적인 자연스러움이 규격화되고 단편적일 수 밖에 없다. 또한 고층 아파트에는 땅의 지기(地氣)가 없다. 우리가 사는 지구는 하나의 거대한 자석이다. 나침반이 항상 남과 북을 가리키는 것은 지구에서 자석과 같이 발생하는 지자기(地磁氣)의 영향으로 생기는 것이다. 지기(地氣)는 나무가 클 수 있는 높이까지 지기가 올라간다고 여긴다. 아파트의 경우 5~9층 이상의 높은 층에서 살수록 지기를 적게 받게 되어 지자기의 결핍으로 성인병의 증가와 아이들의 정서불안 등 다양한 형태의 질환으로 나타난다. 아파트의 로얄층은 5~9층으로 봄이 타당하다.

❖ **아파트는 타 건물의 모서리가 내 집을 충해오면 흉**: 아파트 집단 단지에 가보면 주택업자들이 터 생긴대로 아파트를 짓다 보면 옆 건물의 아파트가 어떻게 되는지 조차 생각지도 않고 마구잡이 집을 지어 분양한다. 타 건물의 아파트 모서리가 내가 살고 있는 아파트에 충해오면 흉한 일이 자주 일어나므로 이러한 곳에는 키가 큰 화분에 잎이 항시 많이 붙어 있는 화분을 놓아 가리워주면 다소 흉함이 감소될 것이다.

❖ **아파트는 생땅위에 건립한 아파트라야 좋은 아파트다**: 대단위 아파트 단지를 조성하다 보면 산을 깎아 남는 흙으로 골짜기나 논을 메워 그 위에다 건물을 짓는다. 계곡을 매립한 곳은 아무리 옹벽을 쌓고 배수 시설을 잘 했다 하더라도 결국은 물길이다. 엄청난 수맥의 피해가 우려된다. 골짜기는 물만 흐를 뿐만 아니라 바람이 이동하는 통로다. 낮에는 산 아래에서 위로 불고 밤에는 위에서 아래로 분다. 온도 차이로 생기는 자생풍(自生風)이 골짜기로 몰려 이동하므로 항상 세차다. 밤낮으로 변하는 바람의 통로에 아파트가 있으면 건강과 재운에 극히 해롭다.

❖ **아파트는 주변 산보다 높은 층은 지기가 흩어지므로 흉하다**: 아파트의 고층은 지기를 제대로 받을 수 없다. 설사 지기가 올라온다 하더라도 바람의 영향으로 쉽게 흩어지고 만다. 기란 바람을 만나면 흩어지는 성질이 있기 때문이다. 더욱이 주변 산보다도 더 높은 층은 아무리 좋은 명당이라도 청룡 백호와 안산을 비롯한 자연 혜택을 전혀 받을 수 없다. 그러나 밤낮으로 바람소리가 심하게 들려 정상적인 생활을 어렵게 한다. 또 기압이 다르므로 저층에 살던 사람이 고층에 올라가면 손발이 붓고 코피를 흘리는 경우도 있다. 아무리 외벽을 튼튼하게 한 건물이라도 외부의 강한 기압을 받으면 내부에도 영향이 있는 것이다. 간혹 시골에 살던 노인들이 도시의 아파트 고층에 사는 자식들 집에 왔다가 하루가 멀다 하고 바로 내려가는 경우가 있다. 이는 무의식적으로 자기 몸을 보호하려는 본능적인 행동이라 하겠다. 따라서 아파트 층수를 선택할 때는 주변 산의 높낮이를 보고 따져보아야 한다. 주변 산이 높으면 그 높이만큼의 층수는 무난하다. 그러나 주변 산이 낮으면 낮은 층이 유리하다. 어떠한 경우라도 주변 산보다 높은 층은 피하는 것이 좋다.

❖ **아파트 단지가 물이나 도로가 감싸주는 안쪽에 있으면 좋은 아파트이다**: 산이나 능선에 면과 배(背)가 있듯이 물어도 면배(面背)가 있다. 물길이 감아 도는 안쪽이 면이고 바깥쪽은 배다. 그러므로 아파트 앞이나 옆으로 흐르는 물이 아파트를 향해 감싸주는 안쪽에 있어야 한다. 아파트 단지 내에 하천이나 도랑물이 흐르고 있다면 감아 도는 쪽의 아파트를 선택해야 한다. 물을 등지고 있는 아파트에서 발전을 기대할 수 없다. 풍수에서는 도로를 물로 간주하기 때문에 큰 도로든 작은 도로든 감싸 도는 안쪽의 아파트가 좋다.

❖ **아파트 단지나 주택 앞이 평탄해야 좋다**: 풍수에서 집이나 묘 앞은 물이 모이는 명당에 해당되는 곳이다. 때문에 평탄하고 원만해야 길하다. 물은 수관재물이라 하여 재산을 관장하므로 앞이 평탄해야 재물이 모인다. 앞이 경사지면 물이 곧장 빠져나가게 되므로 지기도 흩어지고 재물도 곧장 빠져나간다. 부자가 되려거든 앞이 평탄한 지형의 아파트를 찾아야 한다.

❖ **아파트 단지를 향해 사방의 산들이 감싸고 있으면 좋다**: 아파트 뒤에 있는 산은 주산(主山) 앞에 있는 산은 주작(朱雀) 좌측에 있는 산은 청룡(青龍), 우측에 있는 산은 백호(白虎)이다 이들을 가리켜 사신사(四神砂)라 하며 산들이 사방을 둘러 감싸고 있는

안쪽을 보국(保局)이라고 한다. 보국을 갖춘 지세라야 보금자리가 될 수 있다. 대문에 주변의 산들이 팔을 벌려 아파트를 안아주는 듯한 형세이면 좋다.

❖ **아파트단지에 야산이 두르고 하천이 흐르는 곳이 최적지**: 소규모 아파트단지 부지는 주변 여건에 그다지 구애를 받지 않는다. 부지가 완만한 경사를 이루고 있으면 더 말할 나위 없이 좋으며, 평지를 보이더라도 아파트를 세우는데는 별 어려움은 없다. 다만 그 부지가 잡동사니로 매립된 곳이거나 복개천(覆蓋川)인 경우는 피해야 한다. 매립지는 부패가스의 영향이 있는 곳이며, 복개천 위에 아파트를 세웠다면 그곳 또한 복개천 내부의 부패한 기운이 거주인들의 건강을 위협한다. 이런 곳은 건물 자체의 안전성에 직결되는 많은 문제점과 아파트 건물의 수명에도 적지 않은 영향을 미친다. 우리나라의 도시나 마을이 들어선 입지조건은 한결같이 주산(主山)을 뒤로 하고 주산에서 양옆으로 뻗어나온 산맥이 도시나 마을을 감싸 안으며 그 안으로는 강이나 하천이 흐르는 모습을 하고 있다. 이렇게 본다면 신도시와 같은 대규모 아파트단지의 부지도 신도시가 들어서기에 합당한 두 가지 필요조건이 선행되어야 한다. 사방을 둘러보아서 야산이 빙 둘러싸고 있는 모양을 보이는 것이 첫 번째 조건이며, 하천이 있는 것이 두 번째 조건이다. 야산은 바람과 소음, 그리고 공해로부터의 피해를 막아주어 육체적·정신적 건강을 유지시켜주는 역할을 하며, 하천은 정서적인 면에서 많은 도움을 주며 오염된 공기를 하천 주변에서 일어나는 대류운동에 의해 신선한 공기로 대체시켜주는 역할을 한다. 이와 같은 조건이 충족되지 못한 대단위 아파트단지는 하나의 도시로서의 기능을 오래토록 유지하기가 힘들다. 그 외에도 전에는 아파트단지는 대도시에서 가까운 거리에 있어야 한다는 것도 중요한 조건 중의 하나였으나, 도로망의 확충과 차량의 발달로 인해 그 설득력을 서서히 잃어버렸다.

❖ **아파트단지 지세가 흐르는 방향에 따라 배치해야 한다**: 아파트단지 부지가 완만한 경사도를 보이는 경우는 주택과 마찬가지로 높은 쪽을 뒤로 하고 낮은 쪽으로 건물 방향을 잡아야 한다. 동서남북의 향을 고려할 필요없이 산맥이 흐르는 방향으로 자연스럽게 건물을 앉히면 된다. 아파트는 거실에서 바라보는 방향이 정면이 되므로 거실의 방향이 낮은 쪽을 향하도록 하고 건물을 앉혀야 정상적인 배치가 된다. 곧 배산임수와 전저후고 두 법칙에 부합되는 배치방법이므로 공용 출입구도 낮은 쪽(앞쪽)으로 내는 것이 정상이다. 그러나 실질적인 각 세대로 들어가는 현관은 아니기 때문에 높은 쪽(뒤쪽)에 있어도 무방하다. 이렇게 거실에서 바라보는 방향이 낮은 쪽으로 되어야만 전망이 시원하게 펼쳐지니 마음도 넓어지고 원대한 포부도 생긴다. 반면에 높은 쪽을 향하여 돌아 앉아있는 모습을 하고 있으면 옹졸한 마음에 폐쇄적 사고방식만 지닌 자들만 양산된다. 남향 선호사상과 이윤추구가 목적인 건설회사의 합작품인 그릇된 배치방법이 지금 우리가 당면한 이기적이고 물질적 욕구만 갈망하는 일그러진 사회상을 만드는 데 한몫을 단단히 해내고 있다. 그러나 이 아니면 직각(90도)으로 배치시키는 것이다. 이럴 경우 전후좌우로 배치된 건물의 영향으로부터 거주자는 피해를 받지 않는다.

❖ **아파트 도로가 양쪽으로 나 있는 형태는 길상**: 건물(집)의 좌우를 감싸 안 듯이 도로가 양쪽으로 흘러가는 형태의 위치에 자리잡은 주택이나 아파트에는 재산 운과 금전 운이 매우 따르고, 주변의 이해와 협조가 커서 모든 일이 순조롭게 이루어지며, 집안이 번창하게 된다고 여겨서 길상으로 판단한다.

❖ **아파트 동향(東向) 건물 문방위 길흉**

- **자방문**(子方門) : 명사(名士)의 도움으로 좋은 직업을 얻게 된다.
- **계방문**(癸方門) : 상사의 도움으로 직장에서 진급이 빨라 성공한다. 대길(大吉)한 방위이다.
- **갑방문**(甲方門) : 남자는 연상의 여인을 만나 후원을 받게 된다.
- **병방문**(丙方門) : 신체건강하고 병약자가 없어서 가정이 융창(隆昌)한다. 병환자가 있어도 이 집에서는 빨리 치유된다.
- **오방문**(午方門) : 인내력이 강해지며 근면성실하나 성공은 늦어진다.
- **경방문**(庚方門) : 횡재 운이 있어서 가정생활에 큰 도움이 된다.
- **유방문**(酉方門) : 재운이 있어서 가정생활에 경제적으로 도움이 된다.

- **신방문**(辛方門) : 중년 여자의 도움으로 생활에 여유가 생긴다.
- 기타 방위는 흉방문이다.

❖ **아파트 동북향(東北向) 건물 방위 길흉**

- **임방문**(壬方門) : 교제가 넓어지고 남의 도움으로 출세하게 된다.
- **자방문**(子方門) : 물건 매입운이 좋고 재운이 좋아진다.
- **계방문**(癸方門) : 재능으로 대성한다.
- **축방문**(丑方門) : 축재운이 좋으며 건실하게 생활한다.
- **간방문**(艮方門) : 상사 도움으로 출세하고 재운도 좋다.
- **인방문**(寅方門) : 교제를 잘 하여 주위의 도움으로 성공한다.
- **묘방문**(卯方門) : 개방생활로 근면 성실하게 생활함으로 입신 출세한다.
- **을방문**(乙方門) : 재운이 좋으므로 축재(蓄財)하고 생활한다.
- **손방문**(巽方門) : 재운이 좋으며 사교를 잘하여 이득을 본다.
- **사방문**(巳方門) : 동업자보다 이득을 보며 행운이 뒤따른다.
- **병방문**(丙方門) : 매사가 잘 되며 가정사가 순조롭게 풀어진다.
- **오방문**(午方門) : 재난이 없고 직장의 수입이 많아 안정된 생활을 하게 된다.
- **정방문**(丁方門) : 재능이 출중하여 기술직으로 성공한다.
- **미방문**(未方門) : 신용과 사교로 인기를 얻어 안정된 생활을 한다.
- **유방문**(酉方門) : 학문과 예술을 숭상하여 문학방면으로 성공한다.
- **신방문**(辛方門) : 지능의 발달로 좋은 직업을 선택하여 안정된 생활을 한다.
- **건방문**(乾方門) : 가족과 친척간 관계가 원만하고 부동산운이 좋아 이득을 많이 본다.
- **해방문**(亥方門) : 친척과 친구의 도움으로 이득을 많이 본다.
- 기타 방위는 흉방위가 된다.

❖ **아파트라도 좋은 지기(氣)가 배출 될 수 있다** : 아파트라도 좋은 기(氣)를 지속적으로 받아들일 수 있는 곳이라야 하며 좋은 기(氣)가 모이는 곳은 바로 현대식 표현으로 환경 친화적이며 환경에 거슬리지 않는 그런 곳이다. 수맥(水脈)이나 지전류가 없이 좋은 토질로 구성되어 있는 곳에 지기(地氣)는 아파트에서도 동일하게 적용된다.

❖ **아파트를 살피는 법**

- 아파트의 대지(垈地)가 본래 생지(生地)위에 건립한 것인가를 살핀다.
- 아파트도 남향(南向), 동남향(東南向)이 좋다. 햇빛이 잘 받는 곳인가를 살핀다. 아파트는 1, 2층은 좋지 않다. 수목이 자라 전면을 가리면 햇볕도 들지 않고 먼지 등으로 건강에도 해롭다.
- 아파트 주위의 도로가 곡선으로 감싸주고 있는가를 살핀다.
- 아파트의 기(氣)는 좋은 토질이면 9~10층까지 자란다. 높은 층에는 베란다에 흙을 놓아 식물을 가꾸는 것이 좋다.
- 아파트에서 바라 볼 때 첨각(교회탑, 철탑) 또는 건물의 모서리 함몰된 구덩이가 바로 보이거나 충(沖)해오면 투신 자가 나온다.
- 산 옆에 높게 지은 아파트가 산 보다 높은 아파트는 좋지 않다.
- 담장이 있는 아파트가 좋다.
- 아파트는 각 세대마다 이중현관문을 설치해야 재물이 나가지 않는다.(전착후관(前窄後寬))
- 아파트의 베란다는 살다가 방으로 고치면 좋지 않다. : 옛날 집의 마당과 같다.
- 집터에 개미가 살고 있으면 좋지 않다. 냉(冷)한 곳으로 지기(地氣)가 없다.
- 벌집 동물(고양이, 개, 쥐) 집이 있으면 좋다. : 수맥(水脈)이 없다. 사람과 같다 수맥이 있으면 어린아이도 잠을 편히 못 이룬다.
- 새집에 가서 꿈자리가 어지럽고 계속 재화가 있으면 집 주위에 왕소금을 하루 쯤 뿌려 액(잡귀)을 물리쳐야 한다.
- 집 보다 담장이 높으면 하다. = 가난해 진다. (청룡 백호)처럼 조화를 이룬다.
- 정원 가운데 고목 · 연못 · 괴석이 있으면 음기(陰氣)로 흉하다. 질환과 장애자 출생한다.

❖ **아파트를 향해 길이 찌르듯이 나 있는 경우** : 양택풍수에서 길(도로)을 물(水)과 같이 보기 때문에 직사수(直射水)의 형국(形局)이 되므로 거주자들에게 해로움을 주고 생기(生氣) 융결을 막는다고 해석한다. 아파트의 동(棟)과 동(棟) 사이를 나란히 배

열하여 그 사이의 도로가 십자(十字)상으로 교차 되게 하는 것이 유리하다.

❖ **아파트 방문과 창문은 대각선 방향으로 엇갈리게 설치하고 열리도록 한다** : 아파트는 각 세대의 평수가 40평 이상이 되면 방이 4개 이상 있는 구조를 보인다. 보편적으로 보면 거실과 식당을 기준으로 양옆으로 2개씩 방이 배치된 모습이다. 그리고 방문은 거의 서로가 마주 보고 있다. 아파트 내부공간을 실용적으로 사용하기 위한 방법이라지만 결코 좋다고는 할 수 없다. 그리고 거실과 식당공간을 넓게 이용할 수 있다는 것과 프라이버시 보호라는 장점도 있지만 식구들의 건강으로 본다면 적신호나 다름없다. 아파트의 구조는 거의 대동소이(大同小異)하다. 방 모양을 보더라도 방문이 서로 마주 보고 있는 곳의 모양이 병목같이 생겨서 방문 부위에서 살풍(殺風)이 생긴다. 살풍은 어린아이나 노약자에게 많은 질병을 불러일으키게 하는 매우 위험한 요소를 안고 있다. 따라서 이러한 살풍이 생기는 것을 미연에 방지할 필요가 있다. 각 세대의 상황에 따라 이용하기에 편리하도록 방문의 방향을 틀어서 설치하면 살풍이 생기는 것은 방지된다. 아파트 구조로 봐서 방문과 창문을 서로 대각선 방향으로 엇비켜 설치하기에는 무리가 있다. 이러한 경우에는 창문을 개폐시킬 때 될 수 있는 한 방문과 일직선이 되지 않는 창을 개폐시키도록 해야 한다. 이렇듯 서로 마주 보지 않도록 방문을 설치하면 그에 따른 유익한 점도 파생되는 것이니 가족의 건강을 위해서도 매우 현명한 방법이다.

❖ **아파트 북향(北向) 건물 문방위 길흉**

- **임방문**(壬方門) : 재운이 좋으면 큰집을 매입하게 된다.
- **자방문**(子方門) : 축재(蓄財)를 하게 되어 정신적으로 안정된 생활을 하게 된다.
- **계방문**(癸方門) : 건강이 좋아지며 활동력이 왕성해진다.
- **갑방문**(甲方門) : 부동산으로 이득을 보게 되고 가족이 화목하다.
- **묘방문**(卯方門) : 부동산 운이 좋고 자녀들은 부모의 것이 크다.
- **을방문**(乙方門) : 여행할 기회가 많으나 별 이득은 없다.
- **진방문**(辰方門) : 부동산, 문서 등으로 이득이 있다.
- **손방문**(巽方門) : 섬유관계 직업으로 성공한다. 사교적으로 인덕을 많이 본다.
- **미방문**(未方門) : 재복(財福)이 따라 생활이 윤택해 진다.
- **신방문**(申方門) : 학자, 예술가가 나온다.
- **경방문**(庚方門) : 재물운이 좋으며, 각종 재난이 예방된다.
- **유방문**(酉方門) : 부동산과 문서로 크게 이득을 보며 부모자녀간 관계가 원만하다.
- **신방문**(辛方門) : 부동산운, 가족운 등이 좋으며 해외여행의 기회가 많아진다.
- **술방문**(戌方門) : 명예운이 좋으나 재물 운은 없는 편이다.
- 기타 방위는 흉방(凶方)이다.

❖ **아파트 베란다는 그대로 두는 것이 좋다** : 옛날 우리 조상들이 살던 집은 마당이 있다. 요즘 아파트는 마당이 없다. 그래서 베란다가 마당 대신해 주고 있다.

❖ **아파트 서남향(西南向) 건물의 문방위 길흉**

- **자방문**(子方門) : 어려운 문제가 잘 풀어지는 방위이다. 재운도 따르게 된다.
- **계방문**(癸方門) : 재운이 있으며 간혹 횡재를 한다.
- **간방문**(艮方門) : 심리적으로 안정된 생활을 한다. 불안한 일은 해소된다.
- **인방문**(寅方門) : 심신이 안정된 생활을 하고 친척의 사망으로 유산을 상속할 기회가 있다.
- **갑방문**(甲方門) : 안정된 생활을 하며 부인의 임신도 촉진된다.
- **을방문**(乙方門) : 직장에서 승진의 기회가 있으며, 상사의 신임을 얻는다.
- **진방문**(辰方門) : 재운과 재복이 있으며 식복도 많아진다.
- **병방문**(丙方門) : 상사와 교제를 하여 도움을 받는다.
- **미방문**(未方門) : 물질적으로 안정된 생활을 하게 된다.
- **곤방문**(坤方門) : 어부지리를 하게 된다.
- **신방문**(申方門) : 직장에서 승진을 하게 된다.
- **술방문**(戌方門) : 사교를 잘하여 유리한 일이 있다. 불임부는 임신을 하게 된다.
- **건방문**(乾方門) : 재물운이 대단히 좋다. 그러나 정신생활은

불안정하다.

- 기타 방위는 흉방(凶方)이다.

❖ **아파트 서향(西向) 건물 문방위 길흉**

- **임방문**(壬方門) : 여행을 하게 되면 유리하게 된다.
- **자방문**(子方門) : 강인한 정신력이 길러진다.
- **계방문**(癸方門) : 물심양면으로 안정된 생활을 하게 된다.
- **축방문**(丑方門) : 신용생활을 하여 유리하게 된다. 상사나 친우들로부터 도움을 많이 받는다.
- **간방문**(艮方門) : 부부간에 애정이 두터워지고 미혼자는 훌륭한 배우자를 만나게 된다.
- **인방문**(寅方門) : 간방(艮方)과 같다.
- **갑방문**(甲方門) : 수입이 많아지고 지출은 적게 되어 생활이 안정된다.
- **묘방문**(卯方門) : 사교를 잘 하여 유리하게 안정된 생활을 한다.
- **을방문**(乙方門) : 대인관계를 잘 하여 유리해진다.
- **진방문**(辰方門) : 매사가 순조롭게 잘 된다.
- **손방문**(巽方門) : 미혼자는 훌륭한 배우자를 만나게 된다.
- **사방문**(巳方門) : 손방(巽方)과 같다.
- **병방문**(丙方門) : 추진력이 왕성하여 사업에 이익을 본다.
- **미방문**(未方門) : 재운이 좋아서 안정된 생활을 한다.
- **곤방문**(坤方門) : 재운과 명예운이 있어 안정된 생활을 한다.
- **신방문**(申方門) : 안정된 생활을 한다.
- **경방문**(庚方門) : 물심양면으로 윤택한 생활을 한다.
- **유방문**(酉方門) : 정신적으로 만족한 생활을 한다.
- **신방문**(辛方門) : 재운이 있어 정신적으로 유리한 생활을 한다.
- **술방문**(戌方門) : 평탄한 생활을 하며 부녀자들에게 유리하다.
- **건방문**(乾方門) : 유리한 여행을 많이 하게 된다.
- **해방문**(亥方門) : 여행할 기회가 많아진다. 따라서 성공을 하게 된다.
- 기타 방위는 흉방(凶方)이다.

❖ **아파트 세대마다 이중현관문으로 설치해야** : 전착후관의 법칙은 현관에서 찾아야 한다. 대개 넓은 평수의 아파트에는 이중문이 설치되어 있으나 평수가 작은 아파트는 거의가 현관문 하나만 있다. 서로 성질이 다른 내외(內外)의 기운이 급속하게 섞이는 것을 방지하는 것이 완충공간의 역할이듯이, 현관문이 하나만 있다면 건강상에도 불이익이 되며 가상의 3대 요소 중에 하나가 미비된 모양으로 재산이 불어나기엔 다소 어려움이 뒤따른다. 전착후관에 부귀여산(富貴如山)이라 했다. 아파트 평수의 크기를 떠나서 현관은 이중문이 설치된 완충공간으로 만들 필요가 있다. 그러나 현실적으로 볼 때 평수가 작은 아파트는 이중문을 설치할 여유공간이란 거의 없는 실정이다. 대개 작은 평수의 아파트 현관을 들어서면, 한쪽 옆은 벽면으로 되어 있고 거실과 바로 이어지는 구조를 보인다. 바로 거실로 이어지는 옆쪽 부분에 바닥에서 천장까지 투명한 유리나 경량 칸막이를 설치하면 박스형의 공간을 이룬다. 그리고 나머지 한 부분, 즉 내부로 들어가는 방향에 천장에서 성인의 허리 높이 정도로 발을 늘어뜨리면 완벽하지는 못하지만 이중문의 역할을 대신하게 된다. 또한 편복도식 아파트는 복도를 따라 각 세대로 들어가는 출입문이 전부 같은 방향을 향해 설치되어 있으므로 각 세대 상호간의 불이익을 초래하는 영향이 없으나, 중복도식 아파트와 계단식 아파트는 어떻게 현관문을 설치하느냐에 따라 영향력을 받는다. 우리나라 대부분의 중복도식 아파트와 계단식 아파트는 서로 마주보는 세대의 현관문이 일직선상으로 서로 마주보도록 되어 있다. 아파트의 구조 특성상 엘리베이터가 있는 고층 아파트에서 이러한 유형을 보이는데, 서로 마주 보는 현관문은 마주 보는 두 세대 중에 한 세대는 쇠락의 길로 접어든다. 그러나 공동주택이라는 이점으로 인해서 완전히 몰락하는 경우는 드물고, 단지 약간의 하향선을 보이다가 더 이하로는 내려가지 않는 평행선을 유지할 따름이다. 이러한 영향을 서로 받지 않게 하려면 마주 보는 세대간의 현관문의 위치를 엇비켜서 설치할 필요가 있다. 현관문이 서로 같은 방향으로 향하도록 설치하면 각 세대간 불이익을 초래하는 불상사는 없어진다. 이러한 실례는 엘리베이터가 없는 저층 아파트에서 주로 보이는데, 고층 아파트일지라도 이와 같은 방법을 설계에 반영시킨다면 위와 같은 불상사는 미연에 방지할 수 있다.

❖ **아파트 식당에는 문을 설치하여 거실과 구획되도록 한다** : 주방

및 식당은 신체건강을 위하여 영양가 풍부한 음식을 제공하는 장소인 동시에 음식물 조리시 발행하는 연기와 냄새는 반대로 건강을 위협하는 요소로 작용하는 곳이다. 이같이 서로 상반된 성격이 함께 공존하는 곳이 식당이니 나쁜 영향을 미치는 요소를 제거하는 데 주의를 기울여야 한다. 대개 넓은 평수의 아파트는 하나의 공간으로 이루어져 있다. 만약 식당과 주방이 서로 나뉘어 있는 곳은 거실과 식당이 문으로 구획되어 있을 경우, 따로 식당과 주방을 문이나 커튼으로 구획할 필요는 없지만 음식조리기에서 발생하는 연기와 냄새를 곧바로 외부로 배출시킬 필요가 있다. 팬을 돌려 강제로 배출시키든지, 아니면 창문을 통해 오염된 공기를 외부로 내보내야 한다. 오염된 공기를 외부로 배출시키는 데는 팬과 창문을 이용해야 되는데 아파트 주방의 창문이 대개 가스레인지 옆, 눈높이 이하의 높이에 채광용도로만 설치된 곳이 많으므로 강제로 팬을 돌려 오염된 공기를 완벽하게 배출하기에는 한계가 있다. 외기(外氣)와 직접 면한 창문이 필요하므로 천장 높이까지 열리는 구조의 창문이 설치되어야 한다.

❖ **아파트에서 보이는 산들의 모양이 단정하고 깨끗하면 좋은 아파트다** : 만약 주변 산들이 반듯하게 잘생겼으면 귀한 인물을 배출할 아파트다. 둥글고 풍만하게 생긴 산들이 보이면 부자가 날 아파트다. 그러나 깨지고 부서진 산들이 험하게 보이면 파탄이 우려되는 아파트다. 산이 균형을 잃고 기울거나 등을 지고 달아나는 곳은 배신과도 산을 당할 아파트다.

❖ **아파트의 3각 모퉁이와 창문이 비우(雨)자처럼 보이면 흉하다** : 옥외 환경을 자세히 살펴보면 모퉁이나 지네발처럼 생긴 정신주 앞쪽 아파트의 3각 모퉁이와 창문이 마치 비우(雨)자처럼 보이기도 한다. 침실이나 주방에서 이 모습이 정면으로 보이는 것을 흉상(凶相)이다. 이 때에는 창가에 화분이나 관엽 식물을 놓으면 된다.

❖ **아파트 풍수는 이러하다** : 도시의 인구 집중은 높은 지가(地價), 편리한 내부 시설, 관리의 편리성 등 여러 가지 요인에 의해 아파트에 대한 선호도가 점점 높아지고 있다. 심지어 최근에는 도시뿐만 아니라 농촌에까지 아파트가 세워지고 있는 실정이다. 공간에서 발생하는 기운은 그곳에 사는 인간에게 정신적·육체적 영향을 미치고 있으므로 아파트의 공간이 인간적인 분위기를 충분하게 제공하고 있는지 엄밀하게 분석되어야 하며 그 결과에 따라 보다 인간적인 공간을 만들도록 해야 한다. 아파트에 대한 개념은 단순히 인간을 보호해 주는 공간으로서만의 도구적 개념이 강하다. 서구의 공간 개념은 가치 추구를 물질적·육체적인 측면에서만 찾는 경우가 많다. 그러나 인간이 영혼을 갖고 있는 숭고한 생명체이듯 인간에게 생명을 주는 아파트도 혼을 갖고 있는 거대한 생명체이다. 집은 사람의 기를 만나 생명을 갖게 되고, 사람은 집의 기를 통해 생명을 얻는다. 따라서 생명력이 없는 공간에서는 인간성도 상실하게 된다. 현대 건축의 세 가지 중요한 기준은 공간의 기능성, 구조의 안정성, 형태적 아름다움이다. 아파트 내부 공간은 기능적인 면에서는 많은 성과를 얻었다. 또 구조적 안정성 문제에 대해서는 부실공사가 없는 것은 아니지만 건축을 하는 사람이라면 누구나 안전한 건물을 짓기 위해 노력하고 있고 아름다운 집, 도시에 맞는 집을 짓고 싶어한다. 대부분의 아파트는 단위 세대의 내적인 기능을 향상하며 가급적 많은 사람들을 수용하는데 주안점을 두고 만들어진다. 그러다 보니 많은 사람들을 채워 넣기 위한 이른바 닭장식 아파트가 대부분이다. 따라서 아파트 공간의 형태가 사람에게 미치는 영향이나 자연과의 조화측면은 전혀 고려되지 않고 있다. 또 우리나라 사람들이 지나치게 남향 집을 선호하다 보니 아파트를 남향으로 지은 경우들이 많다. 물론 예로부터 남향 집에 살려면 3대가 적선해야 한다는 속담이 있을 정도로 남향 집은 다른 집보다 가장 길한 집이라고 믿어왔다. 실제로 남향 집이 햇빛을 가장 오래 받는 좋은 집이기는 하다. 그런데 모든 집이 다 남향일 수는 없는 것이다. 더욱이 수십세대가 함께 사는 집인 경우 모두 남향 집을 지을 수는 없다. 그러나 대부분의 아파트들이 남향으로 지어지고 있다. 그러다보니 아파트는 직선형이 되고 마치 병풍을 펼쳐놓은 듯한 형태를 갖게 되었다. 아파트 한 세대의 평면 형태는 거의 정사각형으로 되어 있어 전면길이와 깊이가 거의 1 : 1의 비율을 이루고 있는데 대부분의 아파트는 한 층에 10세대 정도를 직선으로 연결한 구조를 갖고

있어 아파트 전체 평면 형태는 가로와 세로 비율이 1 : 10의 장방형을 이룬다. 아파트 평면은 복도식과 계단식 평면이 일반적이다. 전용면적 30평형 내외의 아파트 한 세대 평면길이는 가로 12m, 세로 12m이다. 아파트 한 동의 크기는 한층 10세대인 경우 약 56m를 이루고 있다. 아파트 한 면은 발코니가 설치되어 있고 이들 발코니는 샷시와 유리로 막아 실내의 일부로 사용된다. 제한된 땅을 유용하게 사용한다는 점에서는 가능한 아파트를 높게 지어서 많은 사람을 수용하는 것이 매우 실용적이다. 그러나 지금이 직선형 아파트 형태는 형태적으로 아름답지 못할 뿐만 아니라 주변과 전혀 조화를 이루지 못하고 있다. 아파트 한 동의 크기는 웬만한 산 하나의 크기와 맞먹는데 아파트 형태를 풍수지리적인 측면에서 산형태에 따라 적용시켜 보면 지금의 아파트가 매우 좋지 않은 형태임을 알 수 있다. 아파트의 지붕 형태는 전체적으로 수평선을 이루면서 중간에 엘리베이터실이 돌출되어 중심점을 이루지 못하고 있다. 이런 평슬래브 지붕 형태는 풍수지리의 산 형태로 보면 수산(水山)형태에 속한다. 수산은 중심에 기운이 모이는 공간이 없고 좌우로 분산되는 형태이다. 또 산의 품격이나 체형에서 주인격과 강체의 산은 등고선 형태가 정사각형이나 원형을 이룸으로써 중심에 기운이 모이는 형태이다. 그러나 보조격과 약체의 산은 중심부분에 기운이 모이는 공간이 부족한 형태이다. 기존의 아파트는 좌우 길이는 길고 폭은 좁은 1 : 10의 직선 형태를 이루고 있다. 이런 병풍형 아파트는 산에 비유할 때 품격으로는 보조격에 해당되며 체형으로는 약체에 속한다. 이런 형태의 아파트 기운은 그곳에 살고 있는 사람들에게 그대로 전달되어 중심을 향해 집결하는 마음이 부족하고 독자적으로 행동하게 됨으로써 개인주의와 배타적 성격이 많아지게 된다. 따라서 이웃간 교류가 잘 되지 않고 의견일치를 이루기가 쉽지 않다. 뿐만 아니라 약체와 보조격 산에서 약한 인물이 나오고 사대주의가 발생한다. 즉 외부의 바람을 전면으로 맞게 되지만 전면에 비해 깊이가 짧아 외풍에 대항하는 힘이 약해질 수 밖에 없는데 기운도 부족한 상태에서 외풍을 막아낼 힘이 없으니 자연히 종속적이게 된다. 건물 형태를 음과 양으로 구분하면 하부에 있는 벽은 음이고 상부에 있는 지붕은 양이다. 음은 물질과 육체를 상징하고 양은 정신과 마음을 상징한다. 아파트 형태가 음으로만 구성되어 있다보니 사람들은 물질 위주의 생활관이 더욱 뚜렷해지고 정신이나 마음의 중요성에 대해서는 점점 소홀하게 된다. 또 병풍과 같은 형태의 아파트는 외부의 힘을 쉽게 받아들이는 장점이 있으나 이에 대항하는 힘이 부족하다. 아파트에는 마당이 없지만 아파트에는 놀이터, 쉼터 등 조형 공간이 있다. 그러나 우리가 어린 시절에 보았던 마당과는 그 개념이 다른 것이 아파트의 마당이다. 원래 마당은 집안에서 자연과 만나는 공간이다. 하늘과 바람과 땅을 만나는 공간이며 이 공간에서 사람은 자연의 일부로 돌아갈 수 있다. 그러나 아파트의 마당은 언제나 강한 바람이 분다. 병풍식 고층 아파트 사이에 있는 공지는 평탄한 지역보다 바람이 더 강하게 불기 때문이다. 그러다 보니 아파트 마당은 언제나 비어 있게 되고 아파트 마당에서는 사색이 불가능하게 되는 것이다.

❖ **아호간장**(餓虎赶獐) : 굶주린 호랑이가 노루를 급히 좇아가는 형국. 혈은 노루의 입 위에 있고, 안산은 호랑이한테 쫓기는 노루다.

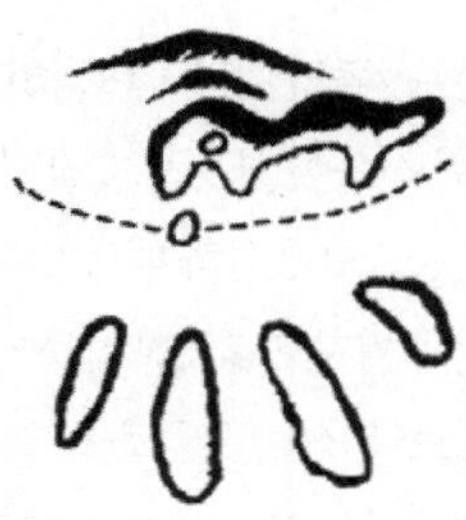

❖ **아호함시**(餓虎銜尸) : 굶주린 호랑이가 짐승의 시체를 입에 무는 형국. 혈은 호랑이의 코에 있고, 안산은 죽은 짐승의 시신이다.

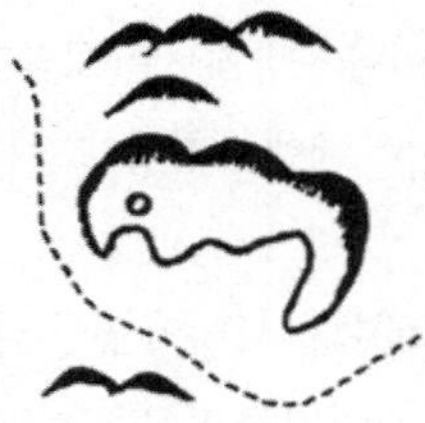

❖ **악**(嶽) : 오악(五嶽)을 말하며, 동쪽의 태산(泰山), 서쪽의 화산(華山), 남쪽의 형산(衡山), 북쪽의 항산(恒山), 중앙의 숭산(嵩山)을

지칭한다.

❖ **악기**(惡氣) **흉산**(凶山)**에 불가장**(不可葬) : 악기 흉산에 불가장이란 큰 산중에 검은 악석(惡石)이 많이 돌출한 산을 말한다. 결혈한 곳도 없지만 이런 곳에 장사(葬事)해서는 안 된다. 관재구설(官災口舌)에 파산이 염려된다.

❖ **악사수**(惡死水) : 계수(癸水), 축수(丑水), 인수(寅水), 을진수(乙辰水), 사수(巳水), 오수(午水), 갑수(甲水), 신수(申水), 건수(乾水)가 파국(破局)이 되면 흉악하게 죽는 자손이 나온다.

❖ **악석**(惡石)**이 묘를 두루면** : 후룡(後龍) 과협(過峽) 지처에 청(青) 암석(巖石)전(滇)암(岩)등이 솟아있는 용을 가리킨 말이다. 비록 용절(龍節)래세(來勢)가 격(格)에 맞아 초기(氣)에는 발부발귀(發富發貴)하여 발음(發蔭)을 받는다 하더라도 용이 겁살(劫殺)을 범(犯)하였다면 이용은 공룡(恐龍)으로 운행(運行)이 겁살 지처(劫殺之處)에 이르러는 반드시 가조(家遭) 흉화(凶禍)하여 사절패망(死絶敗亡) 하고 급기야는 대가(大家)라도 패망하게 되니 이 모든 화(禍)다. 겁살반역의 환(患)이라 했다.

❖ **악형**(惡形) : 흉칙하게 험한 암석이나 산족이 충사하며 반배한 모양.

❖ **안**(眼) : 눈으로 보는 소견(所見).

❖ **안**(按) : 가려서 정함.

❖ **안**(案) : 책상이라는 뜻으로 눈아래의 높이로 물을 관쇄(關鎖)하고 바람을 차단하는 산. 조산(朝山)은 외룡호(外龍虎)로써 대부분 단정치 못하게 이어져 가게 되며, 주산(主山)의 꼭대기와 대대(對對)가 된다. 혈(穴) 앞으로 보이는 모든 환경, 산이 있으면 안산(案山)이고, 물이 있으면 안수(案水)라 하며, 안(內)에 있으면 내안(內案), 밖에 있으면 외안(外案)이라 한다.

❖ **앉는 위치로 상대를 리드한다** : 다과회나 연회 등의 그룹교제 때에 유리한 장소와 포인트는 출입구가 있으면 그 출입구로부터 가장 멀리 앉은 자가 주위에 강한 인상을 주기 쉽고, 반면 출입구에서 가까운 자가 인상이 희미해지기 쉽다. 그 중에서도 특히 불리한 것은 출입구에 등을 향하고 있는 사람이다. 따라서 출입구를 향해서 앉아 있는 사람이 그룹에서 가장 좋은 인상을 주기 쉬운데 이것은 창문에 대해서도 똑같이 적용할 수 있다. 특히 창문을 등으로 하고 앉는 것은 불리하므로 파티나 그룹교제에서는 가능한 한 입구로부터 멀리 앉도록 노력하고 입구를 향해 등을 돌리지 않는다. 또 창문으로부터는 멀리 떨어져 앉고 역시 등을 돌리지 않는 것이 가장 중요하다. 그리고 서로 나란히 앉는 경우 혹은 서로 나란히 서거나 서로 나란히 걷고 있을 때는 자신의 왼쪽에 선 사람에게 자기를 리드당하기 쉬우며, 반대로 자기 자신의 오른쪽에 선 사람 혹 앉는 사람은 당신이 상대를 리드하기 쉽다. 이는 심장이라는 것은 정념(情念)의 중추기능으로 정념을 움직이는 시스템처럼 감성에 매우 예민하여 심장이 있는 쪽 즉 자기의 왼쪽에 앉는 사람의 말에 좌우되고 암시에 약하다는 것이다. 자기의 왼쪽에 앉은 사람이 여러 가지 무리한 주문이나 어려운 교섭을 해올 경우 당신 상대의 뜻대로 말려들기 쉽다. 반대로 자기의 오른쪽에 상대를 놓으면 자기의 의지대로 상대를 자유자재로 움직일 수 있다.

❖ **안대**(案對) : 안(案)으로서 맞은편에 있다고 하여 안을 안대라고도 한다.

❖ **안대애**(安碓磑) : 방앗간, 정미소, 제분소, 기름집 등을 짓거나 방앗간에 기계를 설치하는 데 좋은 날. 경오(庚午), 신미(辛未), 갑술(甲戌), 을해(乙亥), 경인(庚寅), 경자(庚子), 경신(庚申), 천롱(天聾), 지아(地啞), 정(定), 성(成), 개일(開日) 및 간인해방(艮寅亥方) 본산(本山 : 건물의 坐)의 장생(長生), 제왕방(帝旺方). 꺼리는 방은 천적(天賊), 토부(土府), 지랑(地囊), 오묘(五墓), 건(建), 파(破), 평(平), 수일(收日).

❖ **안력**(眼力) : 산세를 볼 수 있는 수련된 눈.

❖ **안방** : 안방은 그 집의 주인이 생활하는 공간이기 때문에 집 주인의 건강과 집 전체의 분위기를 좌우할 수 있다. 어떤 가정에서는 부부가 잠만 자기 때문에 자신들은 작은 방을 사용하고 안방은 자녀들이 사용하게 하면 집 주인은 권위를 잃게 되고 자녀들은 부모에 대한 공경심이나 존경심이 줄어들게 된다.

❖ **안방에 큰 창문이 도로 쪽에 있으면 소음의 사**(邪)**가 질병이 될 수도 있다** : 안방에 큰 창문이 도로 쪽에 있으면 소음이 창문을 통해 들어오고 있으면 이 소리의 사(邪)가 결국 사람의 몸에 병(病)이 된다. 창문 쪽에 소음을 막을 수 있도록 블라인드 등 햇빛

차단기를 설치하고 커튼도 두껍지만 밝은 색상으로 바꾸고 방안 창문아래에는 관엽식물 화분이나 꽃 화분을 놓도록 하면 좋다. 특히 장미 수국 안개꽃 국화 등 계정에 맞는 것이 좋다. 장미꽃은 조중혈기(調中血氣)가 있어서 혈액 순환을 돕는다. 수국은 흰색과 자주색 두 종류가 있는데 특히 자주색은 사람의 간에 영향을 주어서 피로를 쉽게 푼다고 한다. 그러므로 이 꽃을 장식한다면 피로해진 간을 보호하게 되므로 피로가 사라진다. 안개꽃은 일반적으로 침실에 놓으면 불면증 해소에 좋다. 그리고 가을 국화는 불면증뿐만 아니라 양혈(凉血: 서늘한 혈)도 좋다고 알려져 있으며 소음에도 도움이 된다고 한다.

❖ **안방문과 대문이 일직선상** : 안방문과 대문이 일직선상이라든지 대문 바로 곁에 침실이 놓여진다든지, 안방 바로 옆이 주방이라든지, 침실 곁에 부엌이나 주방이 딸리는 가옥 구조는 모두 불길, 액화, 재난 형국으로 간주한다.

❖ **안방배치** : 집이 갖는 기능 가운데 가장 중요한 것은 편안한 휴식을 제공해서 낮 동안에 쌓인 피로를 풀어 주는 것이다. 충분한 수면을 취하지 못하면 생산적인 활동을 할 수 없다. 생기가 많은 공간에서 잠을 자면 충전이 잘 되고, 그렇지 못한 곳에서 잠을 자면 왕성한 활동을 할 수 없다. 이런 기능을 충실하게 해내는 곳이 바로 침실로서 집에서 가장 생기가 많이 모이는 곳에 주인 부부의 침실, 곧 안방을 배치해야 한다. 대부분 집들은 햇빛이 많이 쪼이는 남쪽 창가 한쪽 구석에 안방이 위치하고 있다. 특히 최근에는 안방의 독립성을 위해 가장 구석진 장소에 배치하는 경향이 많다. 그러나 구석진 공간에는 생기가 모이지 못하기 때문에 안방으로 적당하지 않다. 안방이 밝으면 집도 밝아진다고 생각하기 때문에 요즘은 안방 창문을 일부러 크게 만들어 밝게 하는 추세다. 이는 주인과 집안 식구들이 서로 격의 없이 화목하게 지내고 개방적인 분위기를 만든다는 점에서는 매우 효과적이지만, 부를 축적하는 면에서는 그리 긍정적이지 못하다. 재물은 음에 해당되는데, 이것은 재물이 약간 어둑한 부분에서 만들어지기 때문이다. 너무 밝은 곳은 노출되기 쉬우므로 재물이 모이지 않는다. 최근에는 안방의 독립을 위해 안방 옆에 별도로 침대 방을 두는 경우가 있다. 이 경우 침대 방은 대부분 가장 구석진 위치에 있게 마련이고, 침대 방에서 자는 동안 안방은 비게 된다. 집 안에 빈 방이 있는 것은 좋지 않다. 따라서 안방과 침대 방은 서로 합해서 이용하는 것이 바람직하다.

❖ **안산**(案山) : 일명 주작(朱雀)이라고도 하는데 묘의 정면에 있는 산을 말한다. 혈 앞에 솟은 산으로서 혈 앞의 산이 중첩되어 있을 경우 혈에서 가장 가까운 앞산을 내안산(內案山)이라 하고, 내안산 뒤에 있는 산을 외안산(外案山)이라 한다.

① 안(案)은 공안(公案)이다. 높으면 눈썹의 높이요, 낮으면 심장의 위치이다. 왼쪽으로 끌리거나 오른쪽으로 치우치지 않아야 참다운 안(案)이라 할 수 있다. 왼쪽으로 끌리면 청룡의 선궁(先弓)이요 오른쪽으로 끌리면 백호의 선궁(先弓)이니 안(案)이 아니다. 안(案)은 반드시 가운데 있어서 기관(機官)의 책상 같아서 대소관원이 함께 편안히 앉아서 사무에 임하는 것이다. 혈 앞의 안(案)은 소관(所關)이 심히 중하다. 손을 뻗쳐 안(案)을 잡을 듯이 보이면 재물을 천만관이나 쌓는다고 했고, 또 이르기를, 외방에 수려한 봉이 천봉(千峰)이나 있다 해도, 전면(前面)에 하나의 면궁(眠弓)만 못하다고 하였다. 부(富)하고 귀(貴)하게 되고 벼슬길을 가장 빠르게 하는 것은 바로 안(案)에 있는 것이다. 즉 안사(案砂)가 좋으면 문인과 관원(官員)이 많이 난다.

② 혈 앞의 낮은 산으로서 비유하자면 귀인이 일상 중에 사용하는 물건에 해당한다. 옥궤·횡금(橫琴)·면궁(眠弓)·대횡(帶橫)·석모(席帽)·아미(蛾眉)·천마(天馬)·서대(書臺)·옥인(玉印) 같은 형으로 조산의 산 끝을 가려주어야 한다. 앞에서 예를 든 것과 같은 물형을 갖추지 않아도 단정하고 아름답게 혈장을 감싸기만 하면 길하다고 볼 수 있다. 반면에 달아나는 형세나 첨사(尖射)·파쇄(破碎)·조대(粗大)·반배(反背)한 것은 흉이다. 지나치게 가까워서 혈장을 압박하는 것은 좋지 않다는 것과 순수냐 역수냐 하는 것은 관계없이 유정만포하고 개면향혈(開面向穴)만 하면 안산의 임무는 다한다. 안산 본신에서 출신하여 감싸는 것도 있고, 또 외래산(外來山)이 수관 원진수(收關元辰水)하여 이룩된 것도 있고, 혹은 산은 없이 저수(渚水)가 안산의 대역이 되는 것도 있다.

③ 안산이란 묘 앞에 가까이 보이는 산을 말함. 산의 모양이 단정하여 기(氣)가 머물러야 하며 모양은 서로 마주 대하여 절하는 듯 읍(揖)하는 듯 공수(拱手)하는 듯하면 길(吉)한 것이고, 심히 긴 것과 짧은 것은 모두 불길하며 안산의 형(形)이 아니다. 또 혈처(穴處)가 높은 즉 마땅히 안산(案山)의 위치가 먼 것이오, 혈처(穴處)가 얕은 즉 가까운 것이 당연한 것이라 하였다.

④ 안산(案山)은 본래 주성(主星)의 수족과 같으므로 항상 주성을 도와주는 것이며, 만약 안산에 귀성(貴星)이 의지하지 않고 비어 있는 자는 안(案)이 아니다. 안산(案山)은 모든 것을 걷어들여 그 기(氣)를 보내주는 것이 안산이다. 만약 안산이 없으면 이에 흩어지는 기(氣)를 수습할 수 없으며, 이는 모름지기 국(局)을 말하고 순수국(順水局)은 반드시 역수(逆水)로 안(案)을 짓게 되면 비로소 힘이 있다. 횡수국(橫水局)은 순(順)으로 안(案)이 되고 또 역(逆)으로 안(案)이 되어도 다 좋은 것이고, 역수국(逆水局)은 반드시 순수(順水)로 안(案)이 된다. 그렇지 아니하면 두려운 것은 그 기(氣)가 재촉하여 소멸된다. 안(案)은 반드시 한 점 영광이 있으므로 혈을 바라보고 그 영광(靈光)의 빛을 비추어야 발복(發福)이 된다. 동쪽에서 달이 뜨면 서쪽이 밝아오듯이 하늘에 구름이 뜨면 땅에 그늘이 지는 것과 같다. 이와 같으므로 주성은 영광(靈光)의 형체가 되고 안(案)은 영광의 그림자가 되므로 그림자는 반드시 형체를 따르게 된다. 땅 위에 한 조각 그림자가 있는 것은 하늘에 한 점 구름이 있기 때문이다. 서쪽 언덕에 흰 빛을 바라보는 것은 반드시 그림자를 살피는 것이며, 그림자를 살펴 이에 형을 아는 것이다.

❖ **안산규봉(案山窺峰)이 미형사(眉形砂)이면** : 안산에 규봉이 살짝 넘겨다보이면 재물을 잃어버리는 일이 가히 두렵다. 규봉이 아미사이면 도적 맞고 화형사(火形砂)는 화재나고 귀봉사(貴峰砂)가 규봉으로 보이면 관재 구설이다.

❖ **안산(案山)과 조산(朝山)** : 안산(案山)과 조산(朝山)이란 것은 여공여읍여배(如拱如揖如拜)의 형상으로 혈 앞에 응기된 사(砂)를 말한다. 안산이란 옛말에 흥부부지동좌(興夫婦之同坐)라 하였으니 혈의 성정(性情)에 짝이 될 만한 형상의 안이 응기되어야 한다는 것이 결혈(結穴)의 이치이다. 안산(案山)의 중요성은 옛말에 외응만형지귀사(外應萬形之貴砂)가 불여근신일포안(不如近身一抱案)이라 했고, 혈 앞에 만살(萬殺)을 막아주는 것이다. 조산은 용호(龍虎) 이외에 나열된 산을 말하며, 조안은 혈 앞에 응기하는 사로서 수미청교(秀媚淸巧)하고 회포유정(回抱有情)해야 정상이라 할 수 있다. 조산은 안면에 사태(沙汰)로 굴곡이 심하거나 지각이 있어서 배면(背面)되었거나 비주형태(飛走形態)의 형상은 모두 흉사이다.

① 안산과 조산은 혈장(穴場) 앞에 있는 사(砂)로서 주작봉(朱雀峰)이라고도 하며, 혈장(穴場)을 허(虛)하지 않게 하며, 기(氣)가 새지 않게 감싸 보호하며, 안산 밖의 멀리서 곧게 충해 오는 물을 감당해주는 역할도 한다. 조산은 손을 잡아 주는 것 같아야 하고, 읍하는 것 같아야 하고, 절하는 것 같아야 그 으뜸으로 치며, 또한 조산은 뾰족하거나 모난 형상이 상격(上格)이라 했다. 안산은 혈장전면(穴場前面)에 있어야 하고 선비의 책상이나 인간의 밥상과 같이 서로가 무리없이 필요로 하는 높낮이로 형성되어야 하니, 안산이 높으면 혈장을 억압하는 형상이 되니 불복하는 것으로 불리하게 보는 것이다. 반면에 조산은 전면에 꼭 있어야 되는 것은 아니다. 전후좌우 어느, 방위에서나 멀리 솟아 있으면 조산으로 보는 것이다. 많은 혈에서 안산은 있고 조산은 없는 경우도 있고 조산은 있고 안산이 없는 경우도 있으며, 안산과 조산이 균형을 이루며 갖추어 있는가 하면 안산과 조산이 모두 없는 경우도 있다. 안산은 낮아야 좋고, 둥글고 단정하여야 하고, 유정함을 요하고, 옥대(玉帶)와 같고 궁형(弓形)과 같아야 상격이다. 밖으로 벗어나려는 형상은 혈을 배반하는 것이니 무정하다 본다. 안산은 기울고 깎이고 사태(沙汰)로 굴곡(屈谷)이 생기고 흉하게 생기면 하격(下格)이다. 안산은 많은 형태로 혈 앞에 나타나 있으나 어느 형태를 막론하고 빼어난 안미(眼媚)와 같고 유정하게 회포(廻抱)되어 혈을 향하여 조응(朝應)하는 산을 안산이라 말할 수 있다. 그러나 안산의 입면에 사태로 굴곡이 많거나 지엽적(枝葉的) 협곡(峽谷)이 불미

하게 산재(散在)하면 안사가 아니라 흉사가 된다. 많은 안산은 독립적인 사(砂)로 되어 있으나 간혹 청룡·백호의 말미(末尾)에 연결되어 아름다운 형상으로 청수(清秀)하게 이루어지는 경우도 있다. 명당의 형국에 따라 안산이 없어도 조읍(朝揖)하는 수사(水砂)가 있으면 길한 명당이 될 수 있고, 조산(朝山)이나 안산이 없어도 명당에 모이는 수사(水砂)가 있으면 혈은 맺게 된다. 조산은 청룡·백호사 이외에 멀리 솟아 나열된 산을 말하며, 청교함을 상격(上格)으로 하고 내면이 사태(沙汰)로 굴곡이 되고 지각이 배반하고 비주형상은 흉사로 본다. 안산의 고저는 높으면 정도가 좋고 낮으면 가슴 높이 정도가 마땅하다 하였다. 멀리 있는 수려한 천봉이 가까이 있는 아미사(娥眉砂)의 한 안산만 못하다 하였다.

② 안산과 조산은 혈 앞에 있는 사로써, 혈 앞의 허전함을 막아주고 있기 때문에 명당을 만들어주고 있다. 혈이 마주보고 있는 산중에 제일 가까운 데 낮게 위치해 있는 산이 안산이고, 안산 뒤에 보다 더 높게 위치해 있으면서 안산을 받쳐주는 산이 조산이다. "혈은 안산을 벗한다." 라는 말과 같이 혈과 안산은 서로 향을 하고 있기 때문에 혈이 주인이면 안산은 손님, 또는 손님을 맞이하는 탁자로 본다. 안산은 혈을 호위하듯 하면 최길(最吉)로 보며 아름다울수록 좋다. 혈을 제압하듯 높고 험하거나 첨사하면 흉하다. 안산사의 역할은 혈 앞으로 곧바로 빠져 나가는 내득수(內得水)를 막아줘서 기가 빠져 나가는 것을 막아 재(財)를 보호해주는 대단히 중요한 사(砂)다. 조산과 안산은 주로 처(妻), 자(子), 재(財)를 주장한다. 안산(案山)에도 본신안산(本身案山)이 있는 바, 본체 안산은 좌우룡 중 하나가 좌, 또는 우룡의 역할을 하면서 길게 더 뻗어 내려와 안산 역할도 함께 하는 경우이기 때문에, 외래안산보다 더 유정(有情)하고, 발복도 명쾌한 것이 바로 청룡안산 또는 백호안산이다. 혈과 안산 사이는 너무 멀면 허전하고, 너무 가까우면 답답하다. 지사의 견해에 따라 다소 차이가 있겠으나 대략 보통 혈일 경우에는 200~300m로 보고, 대혈일 경우 그 뒤에 조산이 있어서 안산(案山)을 받쳐줘야 한다. 조산 역시 아름답고, 단정해야 길하고, 첨하고 험하면 흉으로 본다.

❖ **안산과 조산 모두 수려하고 유정해야 진혈이다** : 안산과 조산 모두 수려 양명하게 생겨야 하며, 혈을 유정하게 바라보아야 진혈을 결지한다. 안산과 조산이 높으면 혈도 높은 곳에 결지하고, 낮으면 혈도 낮은 곳에 결지하였는지를 살핀다. 수려하고 기이하게 잘 생긴 산이 왼쪽에 있으면 혈도 왼쪽에 있어야 하고, 오른쪽에 있으면 혈도 오른쪽에 있는지를 살핀다. 비록 수려 양명하지만 산이 멀리 있으면 혈과 조응하기 어렵다. 때문에 멀리 있는 산만 못하더라도 가까이 있는 유정한 산이 중요하다. 가까이 있는 유정한 산을 위주로 혈이 그곳을 향하고 있는지를 살핀다.

❖ **안산과 조산을 살펴라** : 묘나 마을 전후좌우에 있는 산이 추악한 돌로 되거나 기울러지거나 무너지고 떨어져나가거나 넘어다보는 규봉이 있거나 이상스러운 돌과 괴이한 바위가 있으면 기필코 명당자리가 안이다. 산은 멀리 떨어져 있으면 맑고 고와보이고 가까이 있으면 밝고 깨끗해 보여서 한번 바라보면 사람들이 기쁨을 느낄 수 있어야 한다. 산세가 험상궂고 밉살스러우면 불길하다.

❖ **안산론**(案山論)

- 안산이 모이면 반드시 진혈(眞穴)이 있고 나르는 듯 도망가면 결코 좋지 못하다.
- 장법(葬法)에 이르기를, 외양(外陽)의 수려한 천만산(千萬山)이 가까운 몸에 일포(一抱)한 안(案)만 못하다 하였다.
- 조산(朝山)은 가히 머리가 깨져서는 안 되고, 안산(案山)은 얼굴이 깨져서는 안 된다. 조산(朝山)과 안산(案山)이라 하는 것은 혈 앞에 있는 사격이니 혹 산이나 봉만(峰巒)이 높고 낮고 평평하고 둥글고 팔장을 낀 듯 읍하는 듯 절하는 듯하니, 제후(諸侯)가 천자(天子)에 조회(朝會)하는 것과 같으므로 이를 일러 조산이라 하였고, 또 귀인(貴人)이 책상을 점거하고 정사(政事)를 나누는 것과 같으므로 안(案)이라 한 것이다.
- 또 이르기를, 안산(案山)은 높으면 눈썹에 가지런하고자 하고 낮으면 가슴에 응(應)하고자 한다.

❖ **안산맥**(案山脈)**이 잘려지면 삼재**(三災) **화금풍살**(火金風殺)**과 같다** : 나라에는 병화(兵禍), 재화(災禍), 풍수해(風水害) 등이 나며,

인간에게는 도병(盜兵), 기근(飢饉), 역질(疫疾 : 전염병)이 난다. 그것을 보는 방법은 바로 안산(앞산)의 용맥이 잘려지거나 끊어지거나 혹은 일그러지거나 하는 것으로 판단한다. 그래서 만일 집 앞이나 묘 앞으로 이렇게 생긴 용단이 보이거나 또는 잘려진 곳이 있으면 나쁜 기운이 나올 때 산소(묘)나 주택 또는 건물이 이것을 받게 되며, 바로 이것을 삼재인 화금풍살(火金風殺)이라고 한다.

❖ **안산에 누워있는 바위 흉** : 안산의 드러누운 암석에 습기가 흐르면 두풍(頭風), 중풍병(中風病)이 많이 난다고(문둥병 환자가 생긴다)하였다.

❖ **안산에 여자 주름치마같은 바위가 있으면** : 묘 앞 안산에 여자 주름치마 걸어놓은 것 같고 험한 바위가 있으면 그 자손에게 음행(淫行)이 있게 되고, 불구자 자손이 출산되기도 하며 빈곤을 면치 못한다. 지금 같으면 교통사고도 일어나기 쉽다.

❖ **안산물형**(案山物形)**은 갖추지 않아도 단정하고 감싸기만 하면 좋다** : 묘 앞의 낮은 산으로 비유하면 귀인(貴人)이 일상 중에 사용하는 물건에 해당한다. 옥궤 황금 면궁 대황 석모 아미 천마 서대 옥인 같은 형으로 조산(朝山) 끝을 가려주어야 한 앞에서 예를 든 것과 같은 물형(物形)을 갖추지 않아도 단정하고 아름답게 혈장(穴場)을 감싸기만 하면 길(吉)하다 반면 달아나는 형세나 첨사(尖射), 파쇄(破碎), 추태, 반배(反背)한 것은 흉하다. 여기서 한 가지 주의할 것은 지나치게 가까워서 혈장(穴場)을 압박하는 것은 좋지 않다는 것과 순수(順水)나 역수(逆水) 하는 것은 관계없이 유정 만포 하고 개면(開面) 향혈(向穴)만 하면 안산의 임무는 다 한다는 것이다. 안산은 본신(本身)에서 출신하여 감싸는 것도 있고 또 외래산(外來山)이 모여(牧關) 원진수(元辰水)하여 이룩된 것도 있고 혹 산이 없이 저수지가 안산의 대역이 되는 것도 있다.

❖ **안산**(案山), **조산**(朝山), **청룡백호**(青龍白虎)**가 배신하면** : 안산(案山)이 배신하면 부인, 비서, 가장, 신복자가 배신하게 되고, 조산(朝山)이 배신하면 부하직원 주위의 친인척(나하고 아는 사람)들이 배신하고, 청룡·백호가 배신하면 아들, 딸, 며느리가 배신불효한다.

❖ **안산심혈**(案山深穴)**은 이렇게 찾는다** : 깨끗하고 아름다운 안산을 보고 그 맞은 편에서 혈을 찾는 것을 안산심혈이라 한다. 기세 장엄한 태조산을 출발한 용은 수백리 혹은 수십리를 행룡하면서 많은 변화와 박환 과정을 거친다. 이런 과정을 통해서 험준하고 거친 살기를 모두 제거하고 순수한 생기만 모은다. 따라서 혈이 결지할 만한 곳은 주변의 산들이 모두 수려하고 유정하다. 특히 혈 앞의 안산은 어느 산보다도 깨끗하고 아름답다. 또 혈을 향해 공손하고 정답게 서 있다. 혈은 이러한 안산을 똑바로 바라보고 맺으므로 안산 맞은편에 있는 용맥에서 혈은 찾아야 한다. 안산이 반듯하지 못하고 비틀어지게 보이거나 험하게 보이면 혈을 맺을 수 없다. 안산이 높거나 가까우면 혈은 높은 곳에 있다. 안산이 낮거나 멀리 있으면 혈은 낮은 곳에 있다.

❖ **안산**(案山)**은 이러하다**

- 안산은 부부 심복부하 대인관계 부귀(富貴)로도 보는 것이다.
- 안산 사격은 존귀격(尊貴格)으로 간주한다.
- 일자문성(一字文星) 안산은 삼공이 대대로 출생한다.
- 문필봉(文筆峯) 안산은 문장(文章) 현대에는 박사(博士)가 많이 출생한다.
- 일산(日傘) 안산은 부귀겸전(富貴兼全)하여 귀한 가문이 된다.
- 횡량(橫樑) 안산 연소혈안산(燕巢穴案山) 전대안산(錢帶案山)은 천석거부(千石巨富)가 출생한다.
- 삼태(三台)안산(案山)은 삼공(三公) 서열 속발 한다.
- 오룡쟁주형안산(五龍爭珠形案山)은 깃대를 꼭은 안산세도(案山勢道)에 승승장구 한다.
- 횡적안산(橫笛案山)은 장원급제와 경사가 겹친다.
  - * 안구안산(眼枸案山) 맹호출임형혈(猛虎出林形穴)은 승세(勝勢)하고 부귀겸전 한다.
  - * 망월형안산(望月形案山) 부귀혈 속발(富貴穴速發)이 특징이고 존귀(尊貴)한 벼슬에 영화지지(榮華之地)이다.
  - * 사두혈(蛇頭穴)에 주와안산(走蝸案山)이면 부귀겸전 만대영화지지이다.
  - * 안조산(案朝山)은 밝게 조립(照立)하는 기상(氣象)이라야 내 것이 된다. 또 주위의 천만산(千萬山)이요 결혈지 하나만을

ㅇ

위하여 생긴 듯이 응기(應氣)되어야 명혈대지(明穴大地)의 기상이다.

* 안산의 허리가 가늘어 잘록하면 자손이 목매달아 죽는 수가 있다.
* 안산에 굴곡이 있으면 묘나 주택이나 다 흉(凶)하다.
* 안산이 멀면 용세(龍勢)가 감싸 주어야 한다.
* 안산이 세요(細腰)는 유자손지결항(有子孫之結項)이라 목매달아 죽는다.
* 안산은 큰새가 날개를 활짝 펴고 춤을 추듯 해야 한다.
* 안산이 높으면 다른 사람에게 당하고만 산다. 좋은 일을 해주고 좋은 말을 듣지 못하는 형국이다.
* 안산은 은은히 혈(穴)에 좌산보다 전면(前面)이 평평하면서 기(氣)봉(氣峯)이 강세(强勢)하고 기맥(氣脈)이 독특하면 대길하다.
* 안산이 병풍처럼 띠를 두른 것을 안대라 한다.
* 안산봉이 여러 개 있으면 그 중 특이하게 아름다운 안산을 선택해야 한다.
* 안산이 높고 흉한 모습의 음택(陰宅)은 좋은 사람을 만나지 못한다. 대인관계가 좋지 못하다.
* 안산이 기울러 져 있으면 자손이 일찍 죽는다. 묘 뒤를 받쳐주는 산이 없어도 자손이 수(壽)를 못한다.
* 안산에 쉬지 않고 샘물이 나면 자손의 눈물이다.
* 구곡수(九曲水)가 안산되면 당대(當代)에 재상(宰相)이 출생한다.
* 단두사(斷頭砂)가 안산이 되면 참수형(斬首刑)을 당한다.
* 안산에 편처(片處 : 한쪽 편) 습수(濕水 : 물을 머금고 있는 곳)는 편두통 환자가 나온다.
* 옥대(玉帶) 금대(金帶) 안산이면 장상(將相)이 출(出)한다.
* 일근 쌍봉(一根雙峰)이 안산이 되면 쌍둥이가 출산이 된다.
* 수구(파구)에 라성(羅星)이 안산이 되면 대귀(大貴)한다.
* 교검사(交劍砂)가 안산이 되면 대대로 살인이 난다.
* 안산과 조산의 형(形)이 아름다운 눈썹과 같다면 도장(圖章)을 차는 자손이 많이 난다. 미안(眉案)은 아미사라아 하여 미인자손이 나며 왕비도 난다.
* 안산과 조산이 가로놓인 시체형사(屍體形砂)라면 소년횡사(少年橫死)를 견디기 어렵다. 또 재패(財敗) 병패(病敗)가 많아진다.
* 일자문성(一字文星)의 안산이 암석으로 서기(瑞氣)가 있다면 대대로 연속하여 영의정, 좌의정, 우의정이의 벼슬이 나게 된다.
* 안산이 아름답고 좋으면 나를 도와주는 좋은 사람들이 모여들게 되고 반면 안산이 흉하고 거칠면 흉한 사람이 내 주변에 모이게 된다.
* 안산이 높으면 눈썹정도이고 낮으면 심장정도인데 수려하고 열여 있는 모습이면 귀(貴)하며 멀리 있는 것은 가까운 것보다 못하니 반드시 품안에 있을 정도면 좋다. 앞에 안산이 수려하고 개면(開面) 한건은 혈의 증거이니 없으면 안된다. 그러나 진룡(眞龍) 혈적(穴的)이면 빼어나게 응하는 안산이 없는 경우도 또한 많이 있다. 와우형(臥牛形)에는 속초(束草 : 풀)가 안산이 되어 어지럽게 산이 모여 있어야 한다.
* 형국(形局)을 알면 안산(案山)을 알게 되고 안산을 알면 격(格)을 알게 된다. 격(格)을 알게 되면 운(運)을 추산 할 줄 알게 된다.
* 안산이 무수(無水)면 청상과부(靑孀寡婦)가 나고 자손이 빈한하고 걸식 한다. 안산이 푹 패어진 자리가 밝지 못하고 그늘져 습기(氣)가 차면 망인자손(亡人子孫)이 나온다.
* 안산(案山)방봉원금성(方峰圓金星)은 모양은 자손이 왕을 받드는 자손이 출생한다.
* 안산에 입석(立石) 칼 같으면 참두사(斬頭砂) 흉사(凶砂)이다. 지사(地師)도 재혈 마소 풍수도 죽는다.
* 안산이 바위로 둘러싸인 곡수류(谷水流)하면 3년 내 우호나 상멸 자손이 멸망한다.
* 안산, 주산(主山), 용호(龍虎), 의 삼각(三角)봉(峰)은 장원급제(壯元及第) 형제(兄弟) 연출(連出) 문장제사출(文章弟士出)
* 안산 좌우에 양봉(兩峰)에 대치해 있으면 좌측봉을 금오(金吾)라 하고 우측봉은 집법(執法)이라고도 하고 우 봉(右峰)

을 장군(將軍)대좌혈(大坐穴)이라하며 좌측에 있는 귀봉(貴峰)을 군신(君臣)봉조혈(奉朝穴)이라고 말한다.

* 안산 광평석(廣平石)에 물이 흘러내리는 모양이면 맹목사(盲目砂)라 청맹출(靑盲出)이라 한다.

❖ **안산은 대인관계이다**: 안산이 높으면 흉하고 양택(陽宅)과 음택(陰宅) 선정 함에 있어 기본적 요서는 좌청룡 우백호가 감아준 용맥 취기 아래 부분에 쓰고 양택은 좌청룡 우백호가 감아준 안쪽에 집을 짓는다.

❖ **안산은 손을 뻗쳐 잡을 듯이 보이면 재물을 천만관이나 쌓는다 했다**: 안산은 반드시 가운데 있어서 기관의 책상 같아서 대소관원이 함께 편안히 앉아서 사무에 임하는 것과 같아야 하고 안산은 손을 뻗쳐 잡을 듯이 보이면 재물은 천만관이나 쌓는다고 했고 또 이르기를 외봉(外峰)에 수려한 봉이 천봉(千峰)이나 있다 해도 전면에 하나의 면궁(眠弓)만 못하다고 하였다. 부(富)하고 귀(貴)하게 되고 벼슬길을 가장 빠르게 하는 것은 바로 안산에 있는 것이다. 즉 안산사가 좋으면 문인과 관원이 많이 출생한다.

❖ **안산에 암석이 있으면**

- 안산이 암석으로 일자문성(一字文星)에 서기(瑞氣)가 있다면 대대로 삼공(三公)의 벼슬에 연(連)하여 오르게 된다.
- 안산이 암석으로 이루어진 독봉(獨峰)이라면 옥토망월(沃土望月)의 형상은 아니나 귀격(貴格)의 안산이다. 옛말에 얕은 곳의 암석은 태산같이 간주하라 했으니 장사와 장군이 난다. 안산에 호랑이 같은 암석이 있으면 교통사고를 당할 위험이 있다.
- 안산의 광평석(廣平石)에 물이 흘러내리는 형상이면 맹목사(盲目砂)라 하고 맹인자손(盲人子孫)이 난다.
- 안산이 바위로 둘러싸인 곡수류(哭水流)하면 3년 이내 우환이 생기고 자손이 멸망하게 된다.
- 안산에 입석(立石)이 칼 같으면 참두사(斬頭砂)(0로 대흉사(大凶砂)이며 지사(地士)도 죽음을 당한다.
- 안산에 흉암석(凶巖石)을 도병(刀兵)으로 패망(敗亡)하게 되고 미방(未方)의 흉석(凶石)은 음란하고 태방(兌方)의 흉석(凶石)은 말녀(末女)가 음란(淫亂)하게 된다.

❖ **안산에 흉암석**(凶巖石)**은 도병**(刀兵)**으로 패망한다**: 미방(未方)의 흉석은 장녀가 음란(淫亂)(0하고 태방(兌方)의 흉석(凶石)은 말녀가 음란하다. 청룡 허리에 산사태가 있으면 남자가 음란하다.

❖ **안산의 길흉화복**(吉凶禍福)

- 아미사(蛾眉砂)의 안산이 있으면 왕비자손 난다.
- 구곡수(九曲水)가 안이 되면 당대 재상이 난다.
- 옥규사(玉圭砂)의 안산이 있으면 백의정승 난다.
- 수구(水口)에 나성(羅星)이 안이 되면 대귀(大貴)가 난다.
- 천평관(天平冠)의 안산이 있으면 삼공(三公)이 난다.
- 일근쌍봉(一根雙峰)이 안산이 되면 쌍둥이가 출생한다.
- 채봉필(彩鳳筆)의 안산이 있으면 한림(翰林)이 난다.
- 옥대금대(玉帶金帶)가 안산이 되면 출장입상(出將入相)이 난다.
- 삼태춘순(三台春筍)의 안산이 있으면 공경대부(公卿大夫)가 난다.
- 부봉(富峰)으로 안산이 되면 거부(巨富)가 난다.
- 단조사(丹詔砂)가 안산이 되면 자칭 황제 난다.
- 일자문성(一字文星)이 안산이 되면 문사(文師)가 난다.
- 고축사(誥軸師)가 안산이 되면 나무꾼도 과거한다.
- 전고사(展誥師)에 개화(開花)하면 부마가 난다.
- 반궁수(反弓水)가 안산이 되면 경과 파산한다.
- 교검사(交檢砂)가 안산이 되면 대대(代代)에 살인난다.
- 노적사(露積砂)가 안산이 되면 풍성자손요척(風聲子孫夭慽) 한다.
- 종각사(腫脚砂)가 안산이 되면 수중다리 난다.
- 안산이 분잡하면 박처 자손 난다.
- 단두사(斷頭砂)가 안산이 되면 자손이 참 수 한다.
- 안산에 샘물이 쉬지 않고 흐르면 자손이 눈물 흘린다.
- 안산이 소가 누워 있는 형상이면 거부(巨富)가 난다.

❖ **안산**(案山)**의 5가지**: 안산(案山)에는 ① 일자문성(一字文星), ② 부봉형(富峰形), ③ 아미형(蛾眉形), ④ 일산형(日傘形), ⑤ 횡적형(橫笛形)이 있다.

①**안산**(案山)**에 흉격**(凶格): 쌍계곡이거나 큰 바위가 서 있는 경우 험한 바위, 누더기 바위 같은 느낌이 드는 안산들이 흉한 격이라고 할 수 있다. 안산이 썩 잘 생긴데다 득수(得水)까지 길상인 경우라면 귀인이나 뛰어난 미인이 나게 된다. 득수

ㅇ

가 길상이 아닐 경우 그 후손들이 관직에 봉직하는 정도로 입신을 한다. 안산이 쌍둥이 계곡에 있는 경우 이것은 쏟아지는 눈물격이니 집안에 눈물 흘릴 일이 자주 생긴다. 안산에 긴 골짜기가 있는 모습도 나빠서 전염병이 잘 걸린다고 한다. 명당이 되려면 안산이 길(吉)해야 한다.

②**안산(案山)과 조산(朝山)을 보는 법**: 안산의 앞에 거울과 같이 맑은 호수가 있으면 용모가 아름다운 현부(賢婦)가 나온다. 안산에 칼끝처럼 생긴 돌이 서 있으면 살상(殺傷)의 변이 있다. 안산이 혈을 핍박하는 모습이면 자손 중에 눈먼 자가 나오게 된다. 혈 앞에 눈물을 흘리는 모습의 사(砂)가 있으면 자손들이 일찍 죽게 된다. 안산이 없는 것을 취하면 의식(衣食)이 궁해진다. 안산이 삐뚤어지면 자손의 눈이 부정하고, 안산이 산란하면 자손이 타향으로 분산되며, 안산이 치마를 걸어놓은 형상(掛裙砂)이면 음란한 자가 많이 나오고, 안산에 넓은 돌이 층층으로 있으면 두풍과 귓병, 눈병이 따른다. 안산이 문을 닫은 모습이면 귀(貴)한 자손이 태어나고, 호랑이를 닮은 바위가 보이면 그 후손은 교통사고를 당할 위험률이 높으므로 조심해야 한다. 안산이 지저분하고 누추하면 그 자손이 거지가 되거나 관재 구설 혹은 불구자를 낳는다. 안산 외에도 청룡·백호를 제외한 산들을 조산(朝山)이라 한다. 지가서(地家書)에 보면, 여러 제후들이 천자(天子)에게 허리 굽혀 조회를 하는 형국(形局)이라 했다. 안산이나 조산을 혈 앞에 솟은 기로 여기는데, 이들 안산과 조산은 혈의 길흉과 관계가 깊다. 일반적으로 조산이나 안산은 후덕(厚德)하게 잘 생겨야 길한 상태이지만 안산에 사태가 심하게 패여 나갔거나 산줄기가 길게 뻗어내려 얼굴을 돌린듯한 형국은 흉한 격으로 친다. 달아나는 형국의 조산이나 안산 또한 흉한 형국으로 친다. 사격(砂格)이라 함은 혈을 중심으로 전후좌우에 있는 산과 들, 하천에 이르기까지 모든 지형을 말한다. 혈도 중요하지만 사격이 길해야 더 큰 복을 받고 사격이 흉하면 그만큼 화가 미친다. 일반적으로 명당혈(明堂穴)을 찾기 위해서 풍수가 점거해야할 항목은 내룡입수(來龍入首), 좌청룡(左青龍) 우백호(右白虎), 선익(蟬翼), 전순(氈脣), 안산(案山), 조산(朝山), 사격(砂格)이다.

❖ **안산(案山)의 사격(砂格)**

- 안산이 일자문성(一字文星) 역수사(逆水砂)이면 문장대가(文章大家) 다출(多出) 문무부귀(文武富貴)로 보고 웅장한 형상은 장상(將相) 出로 서기(瑞氣)하는 암석은 왕기(氣)령기(王氣靈氣)로 재왕의 사격(砂格)으로 본다. 낮은 곳에 있으면 학문이 높아도 진사급에 머물게 되고 높은 곳이면 도지사급이 난다.
- 안산이 부봉형(富峰形) 서기(氣)금형(瑞氣金形)은 부귀겸전(富貴兼全)에 발복이 오래간다. 국부(國富) 출(出)한다.
- 안산이 아미형(蛾眉形) 득수(得水)가 길(吉)하면 미인 왕비가 나고 낮아도 지방관이 나며 물이 없어도 옥대사(玉帶砂)라 하여 자손 모두에게 옥대(玉帶)를 준다.
- 안산이 일산형(日傘形)은 부귀겸전(富貴兼全)으로 군수급 이상의 관직이 나고 귀한 가문이 된다.
- 안산이 횡적형(橫笛形)은 장원급제에 경사가 겹친다. 단 연주(演奏)하는 손이 올려져 있어야 제격이다. 피리만 있으면 사룡(死龍)이다. 연소혈(燕巢穴) 금시발복(今時發福)한다.
- 안산이 오룡쟁주형(五龍爭珠形)은 깃대형이면 세도(勢道)에 승승장구하게 도니다.
- 안산이 안구형(眼拘形)은 맹호출입형(猛虎出入形)의 사(砂)가 있어야 부귀(富貴)겸전(兼全) 한다.
- 안산이 망월형(望月形)은 부귀(富貴) 속발(速發)이 특징이고 존귀한 벼슬에 영화(榮華)지지이다.
- 안산이 사두혈(巳頭穴)에 주와형(走蛙形) 이면 부귀겸전의 만대(萬代) 영화 지지이다.
- 안산이 삼태봉형(三太峰形)은 삼공(三公) 서열이 속발한다.
- 안산이 이 횡양형, 연소형(燕巢形), 전대형(錢帶形)은 천석거부(千石巨富)가 난다.

❖ **안산(案山)이 길(吉)하면 이러하다**

- 안산(案山)에 거울같이 비치는 넓은 암석이 있으면 어진 부녀자 난다.
- 안산(案山)앞에 거울과 같은 맑은 호수가 있으면 아름답고 어진 현무가 난다.

- 안산(案山)조산이 아름다운 눈썹(아미사)과 같은 형이면 결재하는 자손이 많이 나고 미인자녀에 왕비도 난다.
- 안산(案山)에 군대 같고 기고사 검도사가 있으면 높은 무관 장군이 난다.
- 안산(案山)이 가까이 있으면 당대 발복하고 정상이 일자문성이면 장원급제자가 난다. 너무 일찍 출입하게 되면 추생이 고독하게 된다.
- 안산(案山)이 암석으로 일자문성에 서기(氣)가 있다면 로 의 벼슬에 연하여 오르게 된다.
- 안산(案山)이 문필봉이면 로 선생이 많이 난다.
- 평지(平地)에 역수(逆水) 역(逆)산(山)이면 길(吉)사(砂)이다. 안산이 없으면 만들면 된다.
- 안산(案山)이 고(鼓 : 북) 일자문성(一字文星)이면 부봉(富峰)도 된다. 관직을 원하면 문필봉(文筆峰)을 보고 향(向)을 쓰라.
- 안산(案山)밖의 봉우리가 3봉 이 없을 때 청룡 쪽을 빌려 으로 향하면 2남이 잘 되고 백호 쪽을 빌려 안산으로 향하면 3남이 잘된다.
- 안산(案山), 주산(主山)이 부봉사(富峰砂)이면 대대로 부자가 난다. 전후지금봉산(前後之金峰山)은 세세출어만석거부(世世出於萬石巨富))가 난다.
- 안산(案山)이 여러 개 많이 모여 있으면 진혈(眞穴)이 있고 도망가면 흉격(凶格)이다.
- 안산(案山)이 와우형(臥牛形 : 소가 누워있는 형국)이면 정승(政丞)이 난다.
- 안산(案山)이 암석으로 이루어진 독봉(獨峰)이라면 옥토망월(沃土望月)의 형상은 아니다. 귀격(貴格)의 안산(案山)이다. 예사말에 얕은 곳의 암석은 태산같이 간주하라 했으니 장사와 장군이 많이 난다.
- 안산(案山)이 구곡수(九曲水)면 당대에 재상이 난다.
- 안산(案山)과 조산(朝山)이 가로 놓인 누에형이라면 의사가 많이 난다.
- 안산(案山)에 봉(峰)이 여러 개 있으면 그 중 특이하게 아름다운 안산(案山)을 택해야 한다.
- 안산(案山)이 아름답고 좋으면 나를 도와주는 사람들이 모여들게 된다.
- 파(破)구(口)에 나성(羅星)이 안산(案山)이 되면 대(大)귀(貴)출(出)이라 큰 벼슬이 난다.
- 안산(案山)상(上)에 명산이 보이면 박물군자(博物君子) 출(出)이라(다방면 뛰어난 자손).
- 안산(案山)이 배복(拜伏 : 혈을 보고 절을 하는 현상) 하면 자손이 문무겸출(文武兼出) 한다.
- 안산(案山)이 봉원금성형(峰圓金星形)은 왕을 받드는 자손이 난다.
- 안산(案山), 주산(主山), 청룡(青龍), 백호(白虎)사방(四方)의 삼각봉(三角峰)은 장원급제가 나고 형제를 연출(連出)하고 문장재사(文章才士)가 출(出)한다.
- 높은 안산(案山) 조산(朝山)들이 눈 아래로 보이면 높은 관직자(官職者)의 부하를 거느리게 된다.

❖ **안산이 높으면 위압(威壓)을 받는다** : 자손이 남에게 위압을 받게 되고 아무리 명당 혈(穴)이라도 비천(卑賤)하게 살게 된다.

❖ **안산이 무너지면** : 안산이 무너지면 자손이 무너지고 재물도 무너진다. 안산은 미래를 지향하는 것으로서 향을 잡는데 쓰이므로 손자를 의미하기도 하니 잘 골라서 향을 잡아야 한다. 안산은 대인관계도 무너진다.

❖ **안산이 와시형(臥尸形)이면** : 안산이 사람이 죽은 시체형이면 소년에 횡사자(橫死者)가 난다.

❖ **안산수와 조산수가 풍수지리에서는 물은 산지의 정기혈맥이다** : 안산수와 조산수는 정기혈맥이라 하여 대단히 중시하고 있다. 특히 이르기를 먼저 물의 오고감을 살피고 다음은 산을 보라 비록 입수용맥이 수려하고 정혈이 되어도 물과 배합이 되지 못하면 크게 발복할 수가 없으며 천산이 다 좋아도 일수 흉한 것을 당해 내지 못하고 일수의 흉한 것은 백세자손의 재앙이 된다라고 하였다. 또 부귀 빈천 혈에 있으나 길흉화복(吉凶禍福) 은 수에 달렸다고 이르고 있다. 또 여기서 물은 안산수와 조산수로 대별을 하는데 안산수는 혈지의 정면 안산 앞에 물을 안수라 하고 조수는 청룡 백호 안산과 안수 밖에 있는 모든 수를 조수로

칭한 안수는 주산에서 물이 흘러 자연적으로 웅덩이나 늪을 이루어 안수가 되는 곳도 있고 또한 외내수가 흘러 안수가 되기도 하는데 이 안수는 혈 바로 앞에 모이는 것이 좋고 모이는 수는 깊고 맑을수록 좋으며 오는 내수는 득수 거수 파수구는 고요하게 멀리서 오고 멀리로 가는 것이 좋다. 조수는 혈산을 싸고돌면서 좌우가 조응하듯 흐르면 길국으로 치는데 는 특히 안산과 조산를 막론하고 활처럼 혈을 등지거나 화살처럼 쏘아오는 사수가 되어서도 아니 되고 혈 앞에서 곧게 빠져 나가는 직수가 되어도 모두 흉수로 친다. 그리고 물은 깊어도 물살이 급하지 않고 순하면 물소리가 들리지 않아야 하며 가는 물줄기는 구불구불 혈을 싸고 흐르는 포수(: 않아야)가 되어야 길격이 된다.

❖ **안산 주작봉**(朱雀峰) **조산**(朝山)

- 멀리 있는 조산보다 가까이 있는 안산이 유정(有情)한가를 위주로 해야 한다.
- 조산이 높으면 혈(穴)도 높은 곳에 있고 낮으면 낮은 곳에 있다.
- 조산이 높고 가까워 혈을 누른듯하면 혈필상취(穴必上聚)로 천혈(天穴)을 택해야 한다.
- 안산의 고저(高低)는 높으면 눈썹 정도로 낮으면 가슴 정도가 가장 알맞다.
- 멀리 있는 천중산(天衆山)이 수려해도 가까이 있는 안산이 중(重)하다.
- 조산이 멀면 명당의 국세(局勢)가 넓고 결혈(結穴)이 큰 것으로 보아야 하고 가까운 것은 명당국세가 좋은 것이고 결혈이 작은 것이다.
- 조산은 여공(如供), 여읍(如揖), 여배(如拜)의 형상이 으뜸이다. 모나고 뾰족한 게 상격(上格)이다.
- 안산은 낮고 둥글고 단정(端正)(0 유정(有情)해야 좋고 옥대(玉帶)나 궁형(弓形)과 같아야 상격(上格)이다.
- 안산이 병풍처럼 대를 두른 것을 안대(案帶)라고 한다.
- 안산은 부부, 심복부하(心腹部下), 대인관계, 부귀(富貴)로도 본다.
- 안산의 사격(砂格)은 존귀격(尊貴格)으로 간주한다.
- 안산, 조산은 밝게 하는 기상이라야 제격이 된다. 또 주위의 천만산(千萬山) 결혈지(結穴地) 하나 만을 위하여 생긴 듯 정기(精氣)되어야 명혈대지(名穴大地)의 기상(氣像)이다.
- 안산이 높으면 눈썹 정도이고 낮으면 심장 정도인데 수려하고 열려있는 모습이면 귀(貴)하며 멀리 있는 것은 가까운 것만 못하니 반드시 품안에 있는 정도면 좋다. 앞에 안산이 수려하고 개면(開面)한 것은 혈(穴)의 증거이니 없으면 안 된다. 그러나 진룡혈장(眞龍穴場)이면 빼어나게 응(應)하는 안산이 없는 경우도 또한 많이 있다. 와우형(臥牛形)에는 속초(束草)가 안산이 되어 어지럽게 산이 모여 있어야 제격 이다. 안산이 좋으면 삼자(三子)가 발복한다.

❖ **안산 춘중산 수려해도** : 경(經)에 이르기를 멀리 있는 산들이 아름답고 고아도 가까운 안산 하나만 못하다 하였다.

❖ **안산화복론**(案山禍福論)

- 아미사(蛾眉砂)의 안산이 있으면 왕비자손이 난다.
- 옥규규사(玉圭圭砂)의 안산이 있으면 백의정승이 난다.
- 천평관(天平冠)의 안산이 있으면 삼공이 난다.
- 채봉필(彩鳳筆)의 안산이 있으면 한림(翰林)이 난다.
- 삼태춘순(三台春筍)의 안산이 있으면 공경대부 난다.
- 단조사(丹詔砂)가 안산이 되면 자칭 황제난다.
- 고축사(誥軸砂)에 안산이 되면 나무꾼도 과거한다.
- 전고사(展誥砂)에 개화하면 부마가 난다.
- 일자문성이 안산이 되면 문사가 난다.
- 부봉(富峯)으로 안산이 되면 거부가 난다.
- 옥대금대(玉帶金帶)가 안이 되면 출장입상(出將入相)난다.
- 일근쌍봉(一根雙峯)이 안이 되면 쌍둥이가 난다.
- 수구(水口)에 나성(羅星)이 안이 되면 대귀(大貴)가 난다.
- 구곡수(九曲水)가 안이 되면 당대 재상이 난다.
- 교검사(交劍砂)가 안이 되면 대대 살인난다.
- 반궁수(反弓水)가 안이 되면 경가파산난다.
- 종각사(腫脚砂)가 안이 되면 수중다리난다.
- 헌화사(獻花砂)가 안산이 되면 풍운여자난다.
- 헌군사(獻裙砂)가 안이 되면 음양사로 패가한다.
- 단두사(斷頭砂)가 안이 되면 자손이 참수된다.

- 안산에 샘물이 쉬지 않고 흐르면 자손이 눈물 흘린다.
- 안산이 의사(倚斜)하면 눈흘기는 자손이 난다.
- 첩지사(疊脂砂)가 안이 되면 육지자손난다.
- 안산이 소가 누워있는 형상이면 거부난다.
- 안산에 세곡수(細谷水)는 청맹(靑盲)이 난다.
- 안산이 석모나 철모 같으면 대장이 난다.
- 안산에 첨원봉(尖圓峯)이 솟아 있으면 세학사(世學士) 난다.
- 안산 위에 명산이 넘어보이면 박물군자(博物君子) 난다.
- 안산이 분잡하면 박처자손 난다.
- 발검사(拔劍砂)가 안이 되면 남의 칼에 맞아 죽는다.
- 노적사(露積砂)가 안이 되면 풍성자손요척(風聲子孫夭慽) 한다.
- 산(案山)은 첫째 부부로 간주하고 둘째 심복, 부하 또는 부하 전원으로 본다.
- 안산(案山)으로 사격(砂格)이 된 것은 존귀격(尊貴格)으로 간주한다.
- 일자문성안(一字文星案)은 삼공격이 속발한다.
- 부봉형안(富峯形案) 국부(國富)가 난다.
- 문필봉안(文筆峯案)은 옛적에는 문필, 문장이 난다고 했으나 현대에 와서는 선생, 박사가 난다.
- 아미사안(蛾眉砂案)은 혈(묘)에서 물이 눈썹같이 보이면 왕비가 나고 물이 없으면 옥대사(玉帶砂)하여 자손 모두 벼슬을 한다.
- 삼태안(三台案)은 삼공 서열이 속발(速發)한다.
- 안산의 모습은 단정해야 하고 단독으로 형태가 분명해야 한다.

❖ 안산의 흉사(凶砂)는 이러하다

- 안산 밖에 층층으로 공수(拱手)하는 산이 없으면 몸은 하나 마음은 어둡다.
- 안산이 멀면 자손이 가난하게 살게 된다.(희미하게 보이면 먼 것이다.) 절대로 재물이 모이지를 않는다.
- 안산이 멀어도 자식이 멀리 나가 살면 발복(發福)을 빨리 받게 된다.
- 안산 꼬리에 흉석이 혈(穴)을 충(沖)하면 상처(喪妻) 며느리가 죽는다.
- 안산이 혈(穴)을 향하여 충(沖)하면 못쓴다. 자손이 상처(喪妻)를 당한다. 두 번 충(沖)하면 두 번 상처(喪妻)한다. 단 혈(穴)과 중간에 물이 있으면 괜찮다.
- 안산이 멀면 청룡 백호가 감싸야 하고 그렇지 못하면 재물이 없어진다.
- 안산이 너무 가깝고 높으면 주인을 업신여기는 형상으로 장자(長子)가 좋지 않다. 다른 사람에게 당하고만 살게되고 좋은 일을 하고도 인사를 듣지 못한다.
- 안산 · 조산의 향방에 조그만 오차가 있어도 흉(凶)을 당한다.
- 안산의 넓은 돌이 층층이 놓여 있으면 중풍 귓병 눈병이 따른다.
- 안산이 깨어지면(광산 도로) 재패(財敗)가 난다.
- 안산에 쌍계곡(雙溪谷)이 보이면 눈물이 마르지 않는다. 염병(染病)으로 죽게 된다.
- 안산이 벗겨놓은 여자의 치마 같으면 불구자(不具者) 음란자(淫亂者) 난다.
- 향(向)을 안산의 계곡을 향해 묘는 절대 안 된다.
- 안산이 불꽃처럼 솟은 화형산(火刑山)이면 화재 당할 우려가 있다.
- 안산이 화형산이면 관재구설(官災口舌) 가정이 조석(朝夕)으로 시비와 파손에 불구자손(不具子孫)이 난다.
- 안산이 산사태로 몰곡(沒谷)이 많으면 교통사고가 많으며 관재구설이 겹친다.
- 안산의 용맥(龍脈)이 잘리고 끊기거나(도로 광산)해서 나쁜 기(氣)가 묘를 충(沖)하면 삼재삼관(三災三官)이라고 한다. 멀면 해(害)가 적고 가까우면 해(害)가 많아진다. 목을 메어 죽는 자손 교통사고 등 인재(人災)가 많이 난다.(화금풍살(火金風殺))
- 안산이 무연독봉(無連獨峰)이면 목을 매는 자손이 나고 험석(險石)이 있으면 살인이 난다.
- 안산에 산사태가 나고 묘 봉분에 이끼가 끼고 3년이 지나면 광중(壙中)에 물이 나고 인패(人敗)가 난다.
- 안산에 호랑이 같은 암석이 있으면 교통사고를 당할 위험이 있다.
- 안산에 쉬지 않고 샘물이 나면 자손의 눈물이 마르지 않는다.
- 안산과 조산이 가로 놓인 시체형이라면 소년횡사(少年橫死)

를 견디기 어렵다. 또 재패(財敗), 질환(疾患)이 많아진다.

- 안산이 흉하고 거칠면 흉한 사람이 내 주변에 모이게 된다. 반면 수려하면 나를 도와주는 사람이 모여들게 된다.
- 안산이 단두사(斷頭砂)가 되면 참두형(斬頭形)을 당한다.
- 안산이 교검사(交劍砂 : 치마를 벗어놓은 현상)가 되면 대대로 살인이 난다.
- 안산이 기울어져 있으면 자손이 요수(夭壽)하고 묘 뒤를 받쳐주는 산이 없어도 자손이 수(壽)를 못한다.
- 안산이 무수(無水) 물이 없으면 청상과부 출(出)에 자손이 빈한(貧寒)하고 이향걸식(離鄕乞食)한다.
- 안산이 요(凹) 푹 패인 자리가 밝지 못하고 음습(陰濕)하면 자손이 단명(短命)한다.
- 안산의 광평석(廣平石)에 물이 흘러내리는 형상이면 맹목사(盲目砂)라 하고 맹인자손(盲人子孫)이 난다.
- 안산이 바위로 둘러싸인 곡수류(哭水流)하면 3년 이내 우환이 생기고 자손이 멸망하게 된다.
- 안산에 입석(立石)이 칼 같으면 참두사(斬頭砂)로 대흉사(大凶砂)이며 지사(地士)도 죽음을 당한다.
- 안산, 청룡 백호사(白虎砂) 너머로 물이 보이면 사(砂)에 해당되는 자손이 끊어진다.
- 안산, 청룡 백호에서 혈(穴)을 보고 산맥이나 수(水)가 바로 충(沖)해 오면 사람이 죽거나 상(傷)하게 된다.
- 안산에 객사사(客死砂) 유시사(流尸砂) 관사사가 있으면 자손이 객사(客死)하게 된다.
- 안산이 와시형(臥尸形)이면 소년 횡사자(橫死者)가 난다.
- 안산에 흉암석(凶巖石)은 도병(刀兵)으로 패망하게 되고 미방(未方)의 흉석(凶石)은 장녀가 음란하게 되고 유방(酉方)의 흉석은 말녀가 음란하게 된다.
- 안산이 모나고 가늘면 목메는 자손이 있게 된다.
- 안산사(案山砂)가 갈라지는 산에는 사(砂)에 씻겨서 순행함이 가(可)히 서글픔이다.
- 안산 병오정방(丙午丁方)에 불꽃처럼 뾰족한 산봉우리가 우뚝 치솟아 있으면 화재로 인한 화(禍)를 입게 된다.
- 안산 너머 규사(窺砂)가 화형봉(火形峰)0이면 형벌(刑罰)을 입고 화재(火災)를 당한다.

❖ **안수**(案水)**와 조수**(朝水) : 풍수지리에서 물은 산지의 정기혈맥(精氣血脈)이라 하여 대단히 중시하고 있다. 특히 먼저 물의 오고 감을 살피고 다음 산을 보라고 한다. 비록 입수 용맥이 수려하고 정혈(正穴)이 되어도 물과 배합이 되지 못하면 크게 발복할 수 없으며, 천산(千山)이 다 좋아도 일수(一水)의 흉한 것을 당해 내지 못하고, 일수(一水)의 흉한 것은 백세자손의 재앙이 되며, 또 부귀빈천은 용혈에 있으나 길흉화복은 물에 달려 있다. 여기서 물은 안수(案水)와 조수(朝水)로 대별한다. 안수는 주산에서 물이 흘러 자연적으로 웅덩이나 늪을 이루어 안수가 되는 곳도 있고 또한 외래수(外來水)가 흘러와 안수가 되기도 하는데 이 안수는 혈 바로 앞에 모이는 것이 좋고, 모이는 물은 깊고 맑을수록 좋으며, 또 오는 물(=득수)과 가는 물(=破)은 고요하게 멀리서 오고 멀리로 가는 것이 좋다고 한다. 조수는 혈산을 싸고 돌면서 좌우가 조응하듯 흐르면 길국(吉局)으로 치는데 물은 특히 안수나 조수를 막론하고 활처럼 혈을 등지거나 화살처럼 쏘아오는 사수가 되어서도 아니되고 혈 앞에서 곧게 빠져 나가는 직수가 되어도 모두 흉수로 친다. 그리고 물은 깊어도 물살이 급하지도 않고 순하면서 물소리가 들리지 않아야 하며, 가는 물줄기는 구불구불 혈을 싸고 흐르는 포수가 되어야 길격(吉格)이 된다.

❖ **안숙사정**(雁宿沙汀) : 기러기가 강변에서 편안히 잠든 형국. 앞에 냇물이 흐르며, 혈은 머리 위에 있고, 안산은 당겨진 활이다.

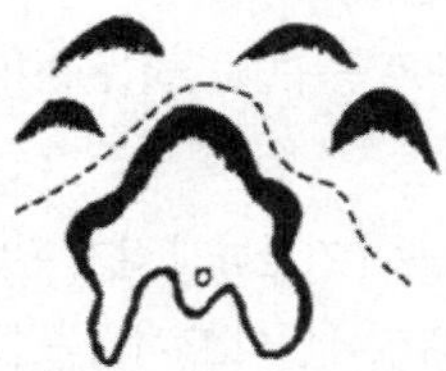

❖ **안장**(安葬) : 하관시(下棺時) 땅을 파고 시신을 편안히 모시는 일. 장사지내는 것.

❖ **안장기일**(安葬忌日) : 장사지내고 면례하고 시체 다루는 일 등에 꺼리는 날. 밀일(密日), 중일(重日), 복일(復日) 건파평수, 개일.

❖ **안장주당**(安葬周堂) : 장사지내는 날 방안에서 관(棺)을 상여나

영구차로 모셔낼 때 이 주당이 사망인에 해당되면 길하고, 만일 생존한 사람에게 닿으면 그 주당에 해당되는 사람이 영구를 모셔내는 동안 잠시 피하면 무해하다는 것이다. 만일 시신이 집안에 있지 않을 때는 이 주당을 볼 필요가 없다는 것인데 정당지신(正堂之神)을 지키는 신(神)은 밖의 일을 간섭하지 않는다는 까닭이다. 그러나 천기대요(天機大要)에 있는 말을 적용하면, 이 법은 조화 가운데 가장 터무니없는 이치라 하였고, 이어서 이는 엉터리 술객(術客)이 사람을 속이는 짓이므로 식견이 있는 사람은 이에 구애받지 말라 하였다. 대월(大月)에는 초일일(初一日) 부(父)에 붙여 남(男) 손(孫) 망인(亡人) 여(女)로 팔방(八方)을 순서로 돌려짚고, 소월(小月)에는 초일일(初一日)을 모(母)에 붙여 부(婦) 객(客) 부(父) 남(男)으로 거슬러 돌려 장사지내는 날까지 이르는 곳이 해당되는 주당이다.

亡人	女夫	母
孫		婦
男	父	客

❖ **안조**(安造) : 묘 쓰는 일. 즉 안장(安葬).

❖ **안진**(雁陣) : 여러 마리의 기러기가 진진하게 서로 연접하여 나르는 모양.

❖ **알형**(喝形) : 지리법에 장군대좌형(將軍大座形)이니 선인무수형(仙人無袖形)이니 하고 지형을 보고 무슨 형, 무슨 형이니 하는 것을 말함.

❖ **암공**(暗拱) : 혈장에서 보이지 않게 굽이돌아 취적하는 물.

❖ **암공수**(暗拱水) : 혈의 앞쪽에서 혈처를 감싸고 있으나 혈에서는 보이지 않는 물. 이 암공수도 다정한 모습이어야 좋으며, 혈처를 멀리서 둥글게 감싸주는 형상이면 길하다.

❖ **암금살**(暗金殺) : 음택법에서 안장(安葬)을 꺼리는 날. 이를 범하면 자손이 사망한다고 한다.

❖ **암냉지지**(暗冷之地) : 일조량(日照量)이 부족하여 그늘진 시간이 많고 습기가 많으며 음침한 곳에 묘를 쓰면 뱀이나 쥐들이 들어가서 집을 짓고 살므로 흉지(凶地)이다. 이러한 곳에는 자손이 우환(憂患)과 재물의 손실이 있게 된다.

❖ **암반지석**(暗盤之石), **잡석** : 묘 터를 파내려 갈 때에 큰 돌이나 암반석, 잡석이 많이 나오는 곳은 묘터로 쓰면 안 된다. 잡석이 많이 나오는 땅은 기(氣)가 흩어지며 공기가 통하여 각종 짐승과 벌레가 생긴다. 이런 곳에 매장하면 유골이 불에 탄 듯 검어지고 벌레들이 들끓고 후손 중에 정신질환을 일으키는 자가 생긴다.

❖ **암석**(岩石) : 풍수학에서 암석이 명당에 미치는 영향에는 많은 학설이 있다. 암석의 형상이 귀형(貴形)이냐 흉상(凶相)이냐, 암석의 대소장단(大小長短)과 석질(石質)이 강한 차돌이냐 약한 푸석돌이냐, 암석의 형태가 세워졌느냐 뉘웠느냐, 혈판의 어느 위치에 놓여 있느냐 또는 명당을 호종(護從)하는 많은 사(砂) 중에 어느 사(砂) 어느 부분에 위치하고 있느냐, 혈에 미치는 영향은 참으로 지대하다. 암석이 원형으로 각이 지지 않고 미려하고 자그마하게 보이는 형이 길석(吉石)이고, 지상에 노출된 암분이 크고 험하게 보이면 흉석이 되며 불길하게 되는 것이다. 암석이 비석비토(非石非土)로 변화하며 표면의 꺼풀이 벗는 암석을 토란(土卵)이라 하며 귀석(貴石)으로 본다. 혈판입수(穴坂入首)에 길형암석(吉形岩石)과 전순부분(氈脣部分)에 길형암석은 득지권세(得之權勢)라 하였고, 혈장주위에 흉형암석(凶形岩石)이 산재하고 입석이 되어 있고 횡(橫)으로 암석이 있으면 횡화(橫禍)가 연발되고 패가한다 하였다. 현무정이나 용호사에도 길형석이나 흉형석이 어느 위치에 있느냐에 따라 길흉이 판단된다고 되어 있으므로 혈장을 중심으로 암석의 관찰은 참으로 지대하다.

❖ **암석**(巖石) : 땅속에 박혀있는 바위. 둥글고 깨끗하고 작은 바위는 길사(吉砂)로 보고 검고 뾰족하고 험석에 크고 길며 깊이 박힌 것은 흉석(凶石)으로 본다.

❖ **암석(岩石)으로 보는 길흉** : 암석이라 함은 바위나 큰 돌을 이르는 말인데, 여기서 뜻하는 암석은 땅 속에 뿌리를 박고 있는 큰

바위를 말하고, 입석은 땅 위에 우뚝 서 있는 큰 바위를 말한다.

① 감방(坎方 : 북쪽)이나 계방(癸方)에 우뚝하게 높이 솟은 바위가 서 있으면 자손들이 벼슬을 하고, 이와 반대로 큰 바위가 땅 속에의 큰 바위와 한 덩어리된 것이면 과부가 생기면서 음란하다고 한다.

② 간방(艮方)은 동북간에 큰 바위가 우뚝하게 서 있으면 효자와 충신이 배출되고, 또한 입석(立石)이 아닌 암석이 있어도 길사(吉砂)로 본다. 다만 축방(丑方) 북쪽 가까운 동북간에 우뚝 솟은 큰 바위는 부귀를 상징하나 단명하고 암석 또한 대흉(大凶)한 사격(砂格)으로 치고 있다.

③ 청룡(青龍) 등에 우뚝한 입석은 무관(武官)을 상징하는 길사로 보나, 백호 등에 서 있는 입석(立石)은 사기(詐欺)를 당한다는 흉석으로 본다.

④ 인(寅), 신(申), 사(巳), 해(亥), 동, 서, 남, 북 가까운 간에 4방위에 있는 입석은 후사가 끊어진다는 대흉석으로 보고, 손(巽) 남동간(南東間)방위다. 우뚝한 입석은 자손 중에 문필가가 탄생하여 명성을 떨친다는 길사(吉砂)로 친다.

⑤ 당혈 아래에 우뚝한 입석이 서 있으면 당년에 발복하여 관직에 오르고, 신방(申方) 남서간(南西艮) 서쪽이 가까운 간방에 입석이 있으면 자손 중에 문장가가 배출되나 만일 입석이 아닌 암석이 있게 되면 여자가 음란하다고 한다.

⑥ 경(庚) 태(兌)방은 서쪽에 있는 입석과 암석은 다 같이 좋게 보며, 특히 이 방위에 입석은 3봉(三峰)이 서 있으면 집안에 충신이 배출된다고 한다.

⑦ 술해(戌亥) 북서간 방의 입석도 귀(貴)하게 본다. 이곳 입석은 자손이 번성하고 높이 출세하여 이름 떨칠 수 있으나 만일 암석이 있으면 흉한 것으로 본다.

⑧ 암석돌출은 세도(勢道)할 자손이 출생하고 혈판이 양명한 것은 일가문의 귀(貴)가 된다.

❖ **암석으로 이루어진 독봉(獨峰)이 안산이라면** : 옥토망월형(沃土望月形)이 아니더라도 귀격(貴格)의 안산이다. 옛말에 얕은 곳의 암석은 태산(泰山)같이 간주(看做)하라 했으니 장사와 장군이 출생한다.

❖ **암석(巖石)의 각종 길흉(吉凶)은 이러하다**

- 암석에도 황석(黃石)이 비치면 귀석(貴石)이요. 사석(砂石)이 검은 색의 쿤 돌과 함께 있으면 흉한 것이다.
- 평평한 암석이 결혈(結穴) 주위에 너럭바위로 둘러싸여 있다면 그 혈상(穴相)은 세도(勢道)를 할 수 있는 명혈(明穴)이다.
- 암석이 병풍으로 두른 것 같이 청룡, 백호에 있으면 장사(壯士) 즉 장성(將星)이 출생한다.
- 묘 주위에 둥근 암석이 있는 것은 형상에 대해 더욱 길(吉)한 사격(砂格)이 되어 큰 벼슬을 낼 수 있다.
- 혈상입수부위에 검은 암석이 호랑이 같이 무섭게 생긴 것이 있으면 장손이 요수(夭壽)하고 전좌우에 있으면 있는 곳에 따라 요수에 해당된다.
- 청룡에 검은 암석이 있으면 남자가 백호에 있으면 여자가 죽게 된다. 여자에는 딸, 며느리, 시어머니가 있다. 그 중 누가 당할 것인가.
- 묘 봉분과 상석(床石)사이를 가로 그어서 백호 상부위는 딸과 시어머니로 보고 그 하부위는 며느리로 보는 것이다.
- 창끝 같이 날카로운 바위산이 혈상에서 어느 곳에 보이거나 창(槍)은 충살(沖殺)이다 하여 관재구설(官災口舌)에 파산이 두렵다.
- 암석이 서 있는 모습과 같은 것이 백호에 있으면 이금치사(以金致死) 쇠부치로 죽음에 이른다. 청룡쪽이면 본손(本孫)이 당하고 전순(氈脣) 쪽이면 막내아들이 당한다.
- 짐승같이 생긴 암석은 모두 흉한 것이다. 묘지에서 이상과 같은 흉석이 보이면 대개 관재 구설에 이금치사가 많으며 매사불성(每事不成)으로 비천(卑賤)하게 살게 된다.
- 암석에도 길흉의 기(氣)가 있다. 귀암(貴巖)은 꺼풀이 벗어지며 썩비래로 변하여가는 암석이며 둥근 암석이다.
- 귀암의 분별지면(分別地面)으로 작게 부서지며 노출되기도 하고 마모된 암석으로 노출되면 황색 빛이 썩어야 귀암석(貴巖石)이다.
- 백색 차돌은 근본이 흉석이다. 부서지면서 황색이 비치면 귀석으로 간주하는 것이다. 암석은 모가 나고 색상이 검은 색으로 이

끼가 기고 보기 흉한 것은 모두 흉석에 속하여 해로운 것이다.

- 입수(入首)에 귀석이 있으면 장손에게 귀(貴)의 발복(發福)하고 입수에 귀석은 적게 노출되어도 도반급(道班級) 결혈이요 또 금시발복(今時發福)하게 된다.
- 혈상좌우에 귀암은 차자손(次子孫)들에게 좌의정(左議政)이 난다.
- 전순(氈脣)에 귀암이면 말자(末子)나 외손에게도 영의정(領議政)이 난다고 했다.
- 청룡 어깨에 병풍같은 귀암은 힘쓰는 장사가 나고 장성급이 출생한다.
- 묘 주위에 흉 암석은 관재구설(官災口舌)이요 둘째 사람이 많이 다치고 죽게 되며 막내는 파산한다.
- 혈상(穴相)이 강하면 귀격(貴格)이요 혈상이 유(柔: 부드러운 것) 하면 부자가 나고 사석(沙石 : 공기돌)은 대개 입수(入首)나 선익(蟬翼)에 있는 것이 많으며 대지결혈(大地結穴)이다.
- 용위가 험한 암석이라면 자손에게 해가 되는 것이요. 묘 주변에 험한 돌이 산란하면 가세(家勢) 가 빈한(貧寒)하게 된다. 또 일조파산(一朝破産)이 우려된다.
- 일자문성(一字文星)의 안산이 암석으로 서기(瑞氣)가 있다면 대대로 연속하여 영의정 좌의정의 벼슬이 나게 된다.
- 혈판(穴坂) 밑에 넓은 암석이 깔리면 무관이 태어나고 혈판좌우를 귀암이 두르면 장군이 날 대지(大地)이다.
- 주산(主山)에 칼날 같은 돌이 있으면 자손에게 목을 자르는 참형(斬刑)이 두렵다. 또 화재 구설(口舌)이 연하여 나고 교통사고도 두렵다.
- 청룡 백호에 암석에 푸른 이끼가 난다면 문둥병이 대대로 나게 된다.
- 내룡(來龍)과 입수(入首)에 험석(險石)이 줄을 잇는다면 흉복병(凶服病) 심장을 견디기 어렵다. 또 입수험석은 재산도패(財産倒敗)와 중풍병(中風病)이 많다.
- 사격(沙格)에도 황색이 비치면 귀석이요 검은색의 큰 돌이 함께 있으면 흉한 것이다.
- 평평한 암석이 결혈 주위에 너럭바위로 둘러싸여 있다면 그 혈상은 세도를 누릴 수 있는 명혈이다.
- 청룡 백호 어깨에 병풍 같은 은 장사가 나고 장군이 난다. 묘 주위에 둥근 암석이 있는 것은 혈상에 대해 더욱 한 사격(沙格)(0이 되어 큰 벼슬을 낼 수 있다.
- 암석이 혈상(穴上) 입수(入首) 주위에 호랑이처럼 무섭게 생긴 암석이 있으면 장손이 요수(夭壽)하고 전좌우(前左右)에 있으면 있는 곳에 따라 자손이 요수하게 된다.
- 검은 암석이 청룡에 있으면 남자 쪽이 백호에 있으면 여자 쪽이 죽게 된다.
- 창(槍) 끝과 같이 날카로운 바위산이 혈상의 어느 곳에 보이거나 창(槍) 충살(沖殺)이라 하여 관재구설과 파산이 두렵다.
- 암석이 사람 서있는 모습의 암석이 쪽에 있으면 여자 쪽이 이금치사(以金致死)로 죽음에 이르고 청룡 쪽이면 본손(本孫)이 당하고 전순(氈脣) 쪽이면 말자(末子)가 당하게 된다.
- 암석이 짐승같이 생긴 암석은 모두 흉한 것이다. 묘지에 이상과 같은 암석이 보이면 대개 관재구설에 이금치사 많으며 매사가 불성하고 비천하게 살게 된다.
- 암석 혈판(穴板) 입수(入首)에 길암석은 장자에게 중부위(中部位)에는 중손이 전순에 왕성(旺盛)은 말손이 길(吉)하다.
- 암석에도 길흉의 기(氣)가 있다. 귀암(巖貴)은 꺼풀이 벗겨지며 석비례로 변하여 가는 암석이며 둥근 암석이다. 모나고 검은색으로 이끼가 끼고 보기에 흉한 것은 모두 흉석으로 보고 해로운 것이다.
- 귀암(貴巖)의 분별은 지면(地面)으로 적게 부서지며 노출되기도 하고 마모된 암석으로 노출되면 황색 빛이 썩여야 귀암이다.
- 귀암이 혈상 좌우에 있으면 차자손(次子孫)들에게 좌의정이 난다.
- 전순(氈脣)에 귀암은 말자(末子) 외손(外孫)에게도 영의정이 난다고 하였다.
- 청룡 백호 어깨에 병풍 같은 암석은 장사가 나고 장군이 난다.
- 묘 주위에 은 에 차자손(次子孫)이 많은 해를 당하게 되고 심하면 죽게 되고 말자(末子)는 파산하게 된다.
- 검게 쌓인 돌이 나타나면 관(棺) 속에 거미가 가득 차게 되면

인패, 재패, 병패 등으로 패가(敗家)하게 된다.

- 암석이 혈 주위에 장군의 모습을 특이하게 서 있다면 무과급제자가 많이 난다. 사람이나 동물형상의 암석은 흉(凶)석(石)으로 보나 소나 개가 누워있는 형상의 암석은 귀암(貴巖)으로 본다.
- 묘 주변이 바위로 널따랗게 둘러 쌓여 있으면 세도가(勢道家)가 난다.
- 혈(穴)판(板) 밑에 넓은 암석이 깔려 있으면 무관이 나고 에 귀암이 둘려 있으면 장군이 날 대지(大地)이다.
- 혈 뒤에 거북 형상의 바위는 높은 벼슬이 난다.
- 묘 뒤에 북과 같은 바위가 있으면 왕, 재상 등 높은 관직이 난다.
- 묘 앞의 바위는 귀석은 길사(吉砂)로 보고 흉암석은 흉사(凶砂)로 본다.
- 묘 앞 오말방(午未方)에 삼척석(三尺石)이 있으면 성현(聖賢)이 나고 둥근 바위가 있으면 관록(官祿)이 당년(當年)에 속발(速發)한다.
- 혈(穴)에서 백(百)보(步)이내 길다란 암석이 있으면 무관이 난다.
- 건술방(乾戌方)에 돼지머리 같은 암석이 있으면 불치병, 간질병(0이 생긴다.
- 곤방(坤方)에 노인같은 암석이 있으면 과부(寡婦)가 생기고 걸식(乞食)하게 된다.
- 묘방(卯方)에 큰 암석이 있으면 눈먼 자손이 생긴다.
- 곤(坤)방(方)에 와우석(臥牛石) 있으면 소년(少年) 횡사(橫死)할 우려가 있다.
- 묘 앞에 뾰족한 흉석(凶石)이 있으면 크게 다치거나 살인, 상처(喪妻)하게 된다.
- 묘 주변에 험석(險石)(0이 많으면 관재구설, 비천자(子卑賤), 불구자, 음주객사, 음란자(淫亂子), 이금치사(以金致死),교통사고 자손이 나고 가난하고 장자 쪽에 해가 많다.
- 묘 좌측 청룡에 사람 닮은 입석(立石)이 있으면 가남자 죽고 우측 백호에 사람을 닮은 입석이 있으면 여자가 죽게 된다. 동물을 닮은 입석은 전부 흉석으로 본다.
- 묘지 주위에 잡석이 있으면 조석(朝夕)으로 시비가 나고 일조파산(一朝破產)한다.
- 묘 앞에 늙은 할미가 엎드린 모양의 암석이 있으면 부녀자의 죽음이 많다.
- 묘 좌우(0에 선돌(입석)이 있으면 눈 먼 자손이 난다.
- 묘 뒤 좌우에 흉석이 서 있으면 장자가 교통사고 재해를 당한다.
- 암석이 누워있는 와우석이면 발복(0도 늦게 오고 해도 적으며 암석이 서있는 입석이면 발복도 빠르고 해도 크다. 모든 암석은 검고 모난 것은 흉석으로 밝고 둥근 것은 귀석으로 본다.
- 혈(穴) 앞의 암석에서 샘물이 나는 것은 부(富)가 큰 것이고 혈(穴) 뒤의 암석에서 샘물이 나면 쌍둥이가 난다.
- 명당 앞에 바위가 두 개 이상 포개져 있으면 흉석이고 나란히 있으면 귀석이다. 좌우에 입석이 있으면 장님이 나고 괴석, 험석은 흉석으로 파묻어 한다.
- 암석이 험난하게 있으면 흉패(凶敗)가 많고 평평하고 미끈한 것이 발현(發現)하고 후부(厚富) 하다면 반드시 해가 없다.
- 용상(龍上)이 험(險)한 암석이라면 자손에게 해가 되는 것이요 묘 주위에 험한 돌이 산재해 있으면 가세가 빈한(貧寒) 하게 된다.
- 안산이 암석으로 일자문성에 서기(瑞氣)가 있다면 대대로 삼공(三公)의 벼슬에 연(連)하여 오르게 된다.
- 안산이 암석으로 이루어진 독봉(獨峰)이라면 옥토망월(沃土望月)의 형상은 아니나 귀격의 안산이다. 옛말에 얕은 곳의 암석은 태산같이 간주하라 했으니 장사, 장군이 많이 난다.
- 안산에 호랑이 같은 암석이 있으면 교통사고를 당할 위험이 있다.
- 안산의 광평석(廣平石)에 물이 흘러내리는 형상이면 맹목사(盲目砂)라 하고 맹인 자손이 난다.
- 안산이 암석으로 둘러싸인 곡수류(哭水流)하면 3년 이내 우환이 생기고 자손이 멸망하게 된다.
- 안산에 입석이 칼 같으면 참두사(斬頭砂)로 대흉사(大凶砂)이며 지사(地士)도 죽음을 당한다.
- 안산에 흉암석(凶巖石)은 도병(刀兵)으로 패망(敗亡)하게 된다.

❖ **암석의 기상**(氣象) : 생기(生氣)를 받은 암석은 귀석이 되고 생기

를 받지 못한 암석은 흉석이라 생룡(生龍)의 암석은 밝고 양명(陽明)하여 단단하고 윤기가 있는 비석비토(非石非土)나 붉은 자황색 적색 황색 홍황색을 띠고 둥글고 네모나고 판판하여 손으로 다듬은 듯 매끄럽고 기가 있어 곱고 아름답다. 황토 땅에 붉은 자황색의 돌로 손으로 비비면 부슬부슬 깨지는 돌이 가장 길한 것으로 비석비토라 한다. 비석비토란 오랜 세월 풍화작용과 땅속의 지기(地氣)에 의하여 깎이고 삭아 돌이 흙이 되는 현상을 말한다. 귀석에도 양파를 벗기듯 한 겹 두 겹 껍질을 벗는 돌이 있는데 계란같이 매끄럽고 아름다워 땅속의 새알 같다 하여 토란(土卵)이라고 부른다. 암석에도 여러 가지 무늬와 색채가 있어 쑥색 바탕에 하얀 무늬가 물결처럼 있는 것도 있고 청석에 하얀 차돌이 박힌 것도 있으며 수를 놓듯 무지개 색채와 무늬가 있는 것도 있다. 황토암석에 붉은 반점이 있는 것 등은 가장 길(吉)한 암석이라 흉석(凶石)은 생기를 받지 못하여 사기(死氣)가 있는 암석으로 새까맣고 청석으로 모나고 깨져 삐죽삐죽 날카로워 살(殺)을 띠고 있으며 창끝이나 칼날 또는 화살촉 같아 첨하고 거칠고 금이 간 암석 너무 큰 암석 등 음습하고 청태(青苔)가 끼어 보기 흉한 암석 등은 흉석이 된다.

❖ **암석**(岩石)**의 생기**(生氣) : 암석에도 길흉의 기가 있다. 기(氣)가 있는 암석은 꺼풀을 벗으며 그 꺼풀이 흙과 연결된 암석이고, 흙과 암석이 분리된 것은 흉한 기(氣)의 암석이며, 혈처(穴處) 부근에 노출되는 암석은 융화(融化: 변하여)하여 적황색 혹은 백색을 띤 것이 길(吉)한 기상(氣象)이며, 더욱 많이 융화된 것은 비석비토(非石非土)로서 가장 귀함이 되는 기상(氣象)이다.

❖ **암석이 덕지덕지 있는 산은**: 암석 상처에 반창고를 붙인 것처럼 덕지덕지 있는 산은 형벌을 받아 귀양 간다. 작은 바위가 있으면 사약(賜藥)을 받는다. 묘지 앞에 괴이한 암석이 있으면 삭발 승이 나온다.

❖ **암석 돌출**(突出) **입수**(入首) : 내룡이 혈처에 이르러 입수가 암석으로 돌출된 것을 말한다. 암석이 둥글고 네모나면 자라가 엎드린 듯 솥뚜껑을 엎어 놓은 현상은 모든 자손들이 권세와 세도를 부린다. 암석의 형태는 여러 가지가 있으나 자황색 황갈색 황토색 등이 좋으나 회색 바탕에 하얀 백색이나 노란색 또는 색채가 섞여 비단결에 각종 무늬가 있는 듯 광채가 있는 것이 좋은 암석이다. 홍황색 잔돌들이 주위에 둘러주면 더욱 좋다. 입수에 돌이 칼날 같거나 금이 가고 청태가 끼여 있는 암석은 흉석이다. 입수에 암석이 커도 번들번들하고 생기가 있어 보이면 자손 모두에게 발복이 있다.

❖ **암석지형론**(巖石地形論) : **각종 의 길흉은 이러하다**

- 암석이 평평한 너럭바위를 말하는데 결혈(結穴) 주위가 너럭바위로 둘러싸여 있다면 그 혈상(穴相)은 세도(勢道)를 할 수 있는 명혈(明穴)일 것이다.
- 병풍을 두른 것 같이 생긴 것을 말함인데 병풍암석은 결혈에 응기(氣)사(應氣砂)에 있을 수 있다. 만약 용처(龍處)에 생기면 장사가 출생한다.
- 소가 누운 것 같은 모양을 말하는데 결혈된 주위에 와중형(臥中形) 암석은 귀한 사격이 되어 삼공(三公) 서열인 좌의정, 우의정이 날 자리이다.
- 암석이 둥근 것은 결혈 주위에 둥근 암석이 있는 것은 혈상에 대해 더욱 길(吉)한 사격(砂格)이 되어 큰 벼슬을 얻을 수 있다.
- 검은 암석이 혈상입수부위(穴相入首部位)에 있으면 장손(長孫)이 요수(夭壽)하고 전좌우(左前右)에 있으면 있는 곳에 따라 요수(夭壽)하게 된다.
- 물 가운데 암석은 금성이라 호칭하며 기타 수구사(水口砂)에 한문(捍門), 화표(華表), 북신(北辰), 나성(羅星) 등으로 요약하고 있다.
- 묘지에 암맥(巖脈)이 가로로 지나가면 음행(淫行)으로 측자(側子: 타성의 자손이 태어남)가 또 측입수암맥(側入首巖脈)도 이와 같다.
- 암맥(巖脈)으로 인해 광중(壙中)에 물이 들면 인패(人敗), 재패(財敗), 병패(病敗)가 난다.
- 귀암(貴巖)은 꺼풀이 벗어지며 석비래로 변하여 가는 암석이다. 지면으로 작게 노풀되어 부서지기도 하고 마모된 암석으로 노출되면 황색 빛이 섞여야 귀암(貴巖)이다.
- 백색 차돌은 근본이 흉석이다. 부서지면서 황색으로 비치면 귀석(貴石)이다.

- 암석이 모나고 색상이 검은색으로 이끼가 끼고 보기 흉한 것은 모두 흉석이다.
- 혈상좌(穴相左)에 귀암이면 차자손(次子孫)들에게 좌의정이 출생한다.
- 혈상우(穴相右)에 귀암이면 차자손들에게 우의정이 출생한다.
- 전순(氈脣)에 귀암이면 말자(末子)나 외손(外孫)에게도 영의정이 출생한다.
- 용호(龍虎) 어깨에 병풍같은 귀암은 장사나 장성급(將星級)이 출생한다.
- 당전(當前)암석은 갑부귀(甲富貴)요 혈후(穴後) 암석은 쌍둥이가 출생한다.

❖ **암석토질**(岩石土質) : 바위와 돌로 되어 있는 지표면을 말함. 지기(地氣) 기운이 올라오기 쉽지 않고 비가 오면 배수가 잘 안 되고 큰 비로 인하여 무너질 우려가 있지만 이런 곳에 영기(靈氣)가 서리기도 한다.

❖ **암장**(暗葬) : 남의 땅에 몰래 장사를 지내거나 남의 묘를 파내고 자기 조상의 시신을 묻는 경우를 말함.

❖ **암전**(暗箭) : 호사(護沙)의 배후에서 산의 뿌리가 뾰족하여 찌르는 형상. 혹은 물의 흐름이 곧게 충(衝)하는 모양.

❖ **압**(壓) : 혈 앞에서 능압하는 것. (아랫사람이 주인을 배반한다.)

❖ **압살**(壓煞) : 산이 험준하고 고압(高壓)하면 다질단명(多疾短命)에 불발정재(不發丁財)한 바, 이와 같은 악산흉지(惡山凶地)를 취하지 말아야 하며, 그렇지 않으면 재앙이 끊임없이 일어난다. 내룡의 끝이 뾰족하거나 급경(急硬)하여도 잘라낼 방법이 없고 혈성의 다리 아래나 또는 가까운 청룡·백호가 첨직(尖直)하면 혈거고처(穴居高處)하여 뭇 흉살을 항복받는 압살로 정혈하니 개법(蓋法)과 비슷하다.

❖ **압살법**(壓殺法) **장법**(葬法) : 압살법이란 맥상(脈上)에 관(棺)이 들어가는 천광(穿壙)만 파고 와형(窩形)의 활을 만들지 않고 작혈(作穴)하는 방법. 내맥(來脈)이 직출(直出)하고, 산세(山勢)가 선 것 같고, 출맥과 받는 혈과 원운(圓暈)이 모두 높고, 조대용호(朝對龍虎)와 사방의 형세가 비등하여 모든 산수가 위에 결취(結聚)하고, 혈 아래 직(直)·첨(尖) 등 살(殺)이 있을 경우 천혈(天穴)인 압살법(壓殺法)을 쓴다.

❖ **압살혈**(壓殺穴) : 압살혈이란 내맥(來脈)이 뾰족하고 날카로우며 급하고 억센 형을 토(吐)하여 그 살을 피할 수 없을 때는 살을 누른다는 뜻으로 압살혈)을 취하여 개법(蓋法)을 쓰는 것이 좋다. 압살혈은 혈장 아래 살이 있으면 이를 누르고 보이지 않는 위쪽에 정혈하는 법이다. 청룡·백호를 비롯한 주변 산세의 아래 부분이 깨지고 부서지거나 흉한 암석이 있거나 날카롭게 직선으로 된 능선이 혈 아래를 향해 찌르듯이 있으면 이를 위쪽에 정혈한다. 용진혈적(龍眞穴的) 했는데 살이 하부에 많이 있으면 혈은 높은 곳에 있다. 위에 있는 혈이 아래에 있는 흉살을 눌러 압박하는 모양이라 하여 압살법이라고 한다.

❖ **앙기**(仰箕) : 와혈(窩穴)이 지나치게 커서 결혈(結穴)되지 못하는 불길한 땅.

❖ **앙두**(仰頭) : 쳐다볼 정도로 높게 솟은 산의 머리.

❖ **앙와**(仰瓦) : 혈산의 등 뒤가 우묵하게 꺼져 있는 모양. 질그릇의 속모양으로 파여진 모양.

❖ **앙장**(仰掌) : 손바닥을 위로 보이도록 폄. 오목하게 생긴 혈(穴)을 말함.

❖ **앙천해라**(仰天海螺) : 소라가 하늘을 바라보고 있는 형국. 혈은 소라의 중앙에 있고, 안산은 하늘의 구름, 해, 별 등이다.

❖ **앞뒤는 짧고 좌우는 넓은 주택과 대지** : 옆으로 좌우의 폭이 매우 넓으면서 앞과 뒤의 길이가 짧은 구조는 도시의 아파트나 맨션, 연립주택 등에 흔한데, 대개 우환, 사고 및 낭패, 손실과 말썽, 구설이 많이 발생되는 흉액지상으로 보며, 집을 길게 뻗은 일직선 형태로는 짓지 않는다. 근친 형제가 불목하고 오역, 패륜의 부랑자가 생긴다.

❖ **앞이 높고 뒤가 낮으면 북향**(北向) **집이 되어 집안이 망한다** : 뒤가 높고 앞이 낮으면 우마(牛馬)가 번식한다했다. 또 사면(四面)

이 높고 가운데가 낮으면 비록 부자일지라도 점점 가난해지므로 차라리 평탄한 것이 좋다 했다. 사면이 높다는 것은 그만큼 그 집터가 좁은 국면에 위치해 있다는 뜻이며 좋은 국면은 생활 터전이 좋다는 뜻이다.

❖ **앞이 높고 뒤[後]가 낮은 것은 금(禁)하라** : 좌공(左空: 좌측이 허한 것) 우결(右缺: 우측이 꺼진 것)은 관속에 각종(各種)렴(廉)이 들고 앞이 높은 것은 말자(末子)가 불효하고 뒤가 낮은 것은 장자(長子)가 요절(夭折)한다.

❖ **앞자리에 앉아라** : 앞자리에 앉으면 없었던 자신감도 새로 생길 수 있다. 앞자리에 앉는 것을 자신만의 규칙으로 정해 놓고 바로 지금부터 어떻게든 앞자리에 앉으려고 노력해 보라. 앞에 앉으면 당연히 다른 사람들의 눈에 잘 띄게 된다. 자신감이 부족한 사람에게는 이런 상황이 상당히 부담스럽고 불편할 것이다. 그러나 성공과 관련된 모든 것이 다른 사람의 눈에 잘 띄는 것에서 부터라는 점을 명심하라.

❖ **애곡(哀哭)과 허희(歔欷)**

① **애곡(哀哭)** : 부모에게만 해당된다.(아이고 아이고) 부모 사후시 백부모 숙부모에게도 애곡(아이고 아이고)

② **허희곡(歔欷哭)** : 부모 생존 시 백부모 숙부모 허희곡(어이고 어이고)

❖ **애배(挨拜)** : 혈처(穴處)가 한쪽으로 깎여져서 삐뚤어져 있음.

❖ **애법(埃法) 장법(葬法)** : 애법이란 옆으로 나가는 것을 뜻함으로써 옆으로 생기(生氣)를 얻고, 돌상(突象)은 밖으로 드러나며 음액은 약하게 나타난다. 상래처(上來處)를 구하고 하지처(下地處)에 이른다. 애(埃)는 의(倚)와 비슷하나 애(埃)는 의(倚)의 절(切)이고, 의(倚)는 애(埃)의 관(寬)이다.

❖ **애완동물은 집밖에 두고 기르는 것이 좋다** : 개나 고양이에게 먹이는 사료는 물론이거니와 통조림까지 나와 있을 정도로 애완동물을 기르는 사람들이 많이 늘어난 것은 사실이다. 그러나 개나 고양이 같은 애완동물은 조금만 관리를 소홀히 하면 각종 벌레들의 온상이 되기 쉽고 냄새가 나기 마련이고, 동물 특성상 털이 있고 아무리 깨끗이 관리한다고 해도 털은 빠지기 마련이다. 집안에 노약자나 어린이가 있을 경우에는 더욱 그렇지만 알게 모르게 이러한 동물들의 털이 그 집에서 생활하는 가족들의 호흡기질환을 야기할 수 있으므로 가급적 집 안에 두지 말고 외부에 두고 키우는 것이 좋다.

❖ **액자** : 꽃이나 식물 사진 풍경화 등은 좋으나 사나운 동물 그림이나 사람의 나체 사진은 좋지 않다. 재물을 들어오게 하는 그림은 약자의 ⅔이가 노란색 꽃이나 노란 열매의 그림이 좋다.

❖ **앵소유지형(鶯巢柳枝形)** : 꾀꼬리 둥지가 버드나무 가지에 걸려 있는 모습을 연상시키는 형국. 가늘고 긴 용맥 끝이 와혈로 되어 있고, 주산이나 안산에 꾀꼬리 같은 사격이 있다.

❖ **야계하전(野鷄下田)** : 산이나 들에 사는 야생닭이 밭으로 들어온 형국. 닭의 머리가 아래쪽에 있고, 혈은 부리 위에 자리잡으며, 안산은 그물이다.

❖ **야산에 주산(主山)이란** : 야산에서 주산(主山)은 그 산무리에서 원봉(圓峯)을 이르면 가까운 곳에 결혈이 있고, 주산(主山)이 전혀 안 보이고도 대지결혈이 얼마든지 있는 것이니 혈을 찾는 것은 산진처를 잘 살펴야 한다.

❖ **야산(野山)에서 결혈(結穴)되면** : 당대(當代)30년 발복지기(發福地氣)로 속담에 빈(貧)한 자손을 귀(貴)하게 되도록 조상이 1대만 도와준다는 것이다. 혈토(穴土)는 강유(剛柔)를 막론하고 색이 밝은 것은 속발(速發)한다. 고서(古書)에 혈장(穴場)의 토질이 강하고 주위에 귀석이 황색을 띄면서 몽골몽골 마모(磨耗)된 암돌이면 속발한다. 명당국세(明堂局勢)가 넓으면 많은 부하를 거느리게 된다. 천광(穿壙) 할 대 혈토(穴土)가 한 가지 색으로 되어 있으면 장사(葬事) 후 광중에 물이 날 염려가 없다.

❖ **야산(野山)에서도 회룡고조혈(回龍顧祖穴)** : 야산에서도 회룡고조혈의 결혈이 되는데 당대(當代) 30년 발복지이다. 속담에 빈한(貧寒)한 자손을 귀족으로 안산을 조종산(祖宗山)이 도와주기 위해 우선 부(富)만 당대에 발복하는 자리를 두어 점차적으로

도와주는 자리를 회룡고조혈이라 한다.

❖ **야수류형**(野獸類形) : 야생동물을 말함. 맹호출림형(猛虎出林形), 복호형(伏虎形), 복구형(伏狗形), 황구감식형(黃狗甘食形), 기호축록형(饑虎逐鹿形), 노호예미형(老虎曳尾形), 사모포후형(獅貌咆吼形), 백상매아형(白象埋牙形), 옥호포계형(玉虎捕鷄形), 옥토망월형(玉兎望月形), 영묘포서형(靈猫捕鼠形), 노서하전형(老鼠下田形) 등이 있다.

❖ **야유방해**(夜游蚌蟹) : 방게가 밤에 놀고 있는 형국. 혈은 방게의 눈에 있고, 안산은 달이나 방게가 노는 바람에 잠에서 깨어난 물고기다.

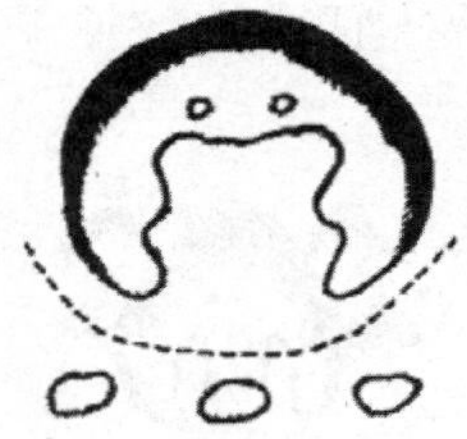

❖ **야자**(也字) : 이끼 야(也)자 모양으로 생긴 산을 말함. 야자형(也字形)은 한문으로 也(어조사야) 자 모양으로 된 형국을 말하는데, 청룡이 길어 안산을 이루고, 백호는 짧고 혈은 그 중앙에 있다. 也자는 문장을 끝내는 마지막 글자이므로 대문장가를 배출하여 후세에 이름을 남긴다. 일자형은 날일(日)자 모양으로 된 형국이다. 해처럼 세상을 밝힐 위대한 인물이 태어난다고 한다. 용자형은 쓸용(用)자 모양으로 된 형세다. 用자에는 해(日)와 달(月)이 다 들어 있으므로 천지의 정기가 함께 뭉쳐서 위대한 인물을 배출한다. 물자형(勿字形)과 내자형(乃字形), 품자형(品字形) 역시 한문글자 형상으로 된 곳을 말하며, 대문장가와 위대한 인물을 배출한다.

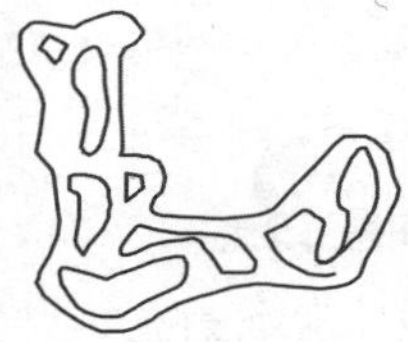

❖ **야저하전**(野猪下田) : 멧돼지가 먹을 것을 구하려고 밭으로 내려온 형국. 혈은 멧돼지의 이마에 있고, 안산은 노적가리다.

❖ **야제**(野祭) : 한식에 들이나 노방(路旁)의 잡신을 위하여 행하는 제사.

❖ **약독수**(藥毒水) : 물이 계방(癸方)과 축방(丑方)에 걸쳐서 흐르면 독약을 먹고 죽는 자손이 나온다. 그의 아내는 다른 남자에게 시집가고 형제간에 서로 죽이는 비극도 생기며, 여자로 인해 화(禍)를 입게 된다.

❖ **약룡**(弱龍) : 다리가 짧고 본체가 축 늘어진 모습으로 힘이 없고 봉우리가 빈약한 모습을 말함. 깎이고 험하고 충실치 못한 모습들이 다 여기에 해당하게 되며, 이러한 곳에 정혈(定穴)하게 되면 가난과 단명(短命), 병약(病弱) 등이 있게 된다. 12룡격(龍格)의 하나로 역량이 매우 미약하여 혈을 맺지 못하는 용이다. 즉 이 용은 성봉이 약하고 지각(枝脚)이 짧으며 용이 본신(本身)이 굶주려 힘없는 사람처럼 무력하게 늘어진 용이다. 대개 이 용은 조산(祖山)을 떠나오면서 단정 활발한 기세가 없고, 바람에 나부껴 흩어진 것과 같고, 험하고 높고 힘줄이 뜨고, 배가 드러나고 뾰족하고 작고 게으르고 기울어 타에 의지하는 듯해 보이고, 함하거나 깎이어 충실하지 못하고, 허하고 윤기가 없고 오리 목이나 오리 다리와 같고, 가는 버들이나 시들은 꽃과 같고, 주린 말이 마판(馬板)에 힘없이 엎드려 있는 형상과도 같다. 그래서 이 용은 바람이 닿고 물이 겁하여 생기(生氣)가 모이지 않으므로 비록 그럴듯해 보이는 자리가 있다고 할지라도 허하고 거짓됨이 불과한 것이다. 이를 모르고 이러한 용에 장사지냈다가는 빈궁 고독하고 병약 단명함을 면치 못한다.

[弱龍圖]

❖ **약마부적형**(躍馬赴敵形) : 말을 타고 힘차게 달려나가 적과 맞서 싸우는 형국. 주산도 천마사이고 안산도 천마사로 서로 마주보고 있어야 한다. 주변에 칼이나 창같은 사격이 있고 적장이나 병사로 있어야 한다.

❖ **양**(養) : 12운성(運星)의 마지막이며 포태법 정국의 3번째인데, 오행이 양궁(養宮)에 들면 그 힘이 강해지지도 약해지지도 않는다. 12운성 및 포태법의 정국은 아래와 같다.

五行	木		火		土		金		水	
養	戌		丑		丑		辰		未	
日干	甲	乙	丙	丁	戊	己	庚	辛	壬	癸
養	戌	未	丑	戌	丑	戌	辰	丑	未	辰

[포태법]

年日	申子辰水	巳酉丑金	寅午戌火	亥卯未木
養	未	辰	丑	戌

❖ **양각수**(兩脚水) : 좌혈 앞에 사(砂)가 있어 물이 돌아 나가야 하는데 사(砂)가 모(方)가 나서 양다리 벌리듯 빠져나가는 것이 양각수(兩脚水)인데, 양각수가 있으면 형제가 서로 불목(不睦)하여 불효자식이 속출하며, 만인의 웃음거리가 된다.

❖ **양간**(陽干)

① 양(陽)에 속하는 천간으로 갑병무경임(甲丙戊庚壬).

② 갑을병정(甲乙丙丁) 등 천간(天干)의 별칭. 간(干)은 위에 있어 하늘을 상징하므로 천간(天干)이요, 하늘은 양에 속하므로 그냥 양간(陽干)이라 한다.

❖ **양간년생**(陽干年生) : 태세의 천간이 갑병무경임(甲丙戊庚壬)이 되는 해에 출생한 사람.

❖ **양간음지**(陽干陰支) : 간(干)은 하늘, 지(支)는 땅을 상징하며, 하늘은 양, 땅은 음이 되는 천양지음(天陽地陰)의 원리로 천간을 양간(陽干), 지지를 음지(陰支)라고도 한다.

• 陽干 : 甲乙丙丁戊己庚辛壬癸

• 陰支 : 子丑寅卯辰巳午未申酉戌亥

❖ **양관함**(陽關陷) : 양관(陽關)은 신방(申方)으로 신방이 움푹 들어간 것을 말함. 양관함이 보이면 자손 중에 군대에 가서 죽는 사람이 나온다.

❖ **양고수**(陽鼓水) : 간손묘유방(艮巽卯酉方)의 물이 한 곳으로 모여 혈(穴)에 이르는 것을 일컬음. 양고수는 아주 귀(貴)한 물로서, 합국이면 부귀를 누린다.

❖ **양공**(楊公) **구빈진신수법**(救貧進伸水法) : 이 수법(水法)은 양공 선생이 수구(水口)의 방향과 혈좌(穴坐)의 방위에 따라 왕쇠살(旺衰殺)의 길흉을 해석한 비결이다.

① **임자좌수류**(壬子坐水流)

• **갑묘수구**(甲卯水口) : 우류수(右流水)는 장수하나 묘방(卯方)을 범하면 안 되고, 좌류수(左流水)는 부귀가 쌍전한다.

• **정미수구**(丁未水口) : 우류수(右流水)는 대부대귀를 누리며 장수하나, 좌류수(左流水)는 흉하여 정혈(定穴)하면 안 된다.

• **신술수구**(辛戌水口) : 우류수(右流水)는 대부대귀를 누리며 장수하고, 좌류수(左流水)는 오방(午方)을 범하지 않으면 부귀하다.

• **임자수구**(壬子水口) : 재물은 없으나 우류수(右流水)는 장수한다.

• **계축수구**(癸丑水口) : 어린아이를 키우기 어렵고, 자녀에게 실패가 따른다.

• **간인수구**(艮寅水口) : 재산은 있으나 요절하는 자손이 많다.

• **을진수구**(乙辰水口) : 단명, 패가 등이 따르고 불구자가 많다.

• **손사수구**(巽巳水口) : 집 안에 환자가 많고 두 집이 먼저 패한다.

• **병오수구**(丙午水口) : 우류수(右流水)는 부부가 장수하나 재물이 없고, 좌류수(左流水)는 흉하다.

• **곤신수구**(坤申水口) : 단명하며 과부가 많다.

• **경유수구**(庚酉水口) : 단명과 재물실패가 따른다.

• **건해수구**(乾亥水口) : 재물이 있으면 단명하고, 재물이 없

ㅇ

으면 장수한다.

② **계축좌수류**(癸丑坐水流)

- **임자수구**(壬子水口) : 우류수(右流水)는 국(局)이 좋으면 반길하고, 좌류수(左流水)는 부귀가 따르며 자손이 창성한다.
- **손사수구**(巽巳水口) : 우류수(右流水)는 만사대길하나 사방(巳方)을 범하면 안 되고, 좌류수(左流水)는 재물과 자손이 번성한다.
- **곤신수구**(坤申水口) : 우류수(右流水)는 만사대길하여 장수하며 큰 재물을 모으고, 좌류수(左流水)는 만사대길하나 신방(申方)을 범하면 안된다.
- **계축수구**(癸丑水口) : 패가망신, 요절 등이 많이 따른다.
- **간인수구**(艮寅水口) : 장자에게는 사망이 따르고, 차자에게는 부부이별, 재물손실 등이 따른다.
- **갑묘수구**(甲卯水口) : 초년에는 길하나 단명, 재물손실이 따른다.
- **을진수구**(乙辰水口) : 우류수(右流水)는 초년에는 길하나 말년에는 흉하고, 좌류수(左流水)는 진방(辰方)을 범하지 않으면 무방하다.
- **병오수구**(丙午水口) : 집안에 폭군이 생기고, 혈육분쟁이 따른다.
- **정미수구**(丁未水口) : 우류수(右流水)는 크게 실패하며 불효자가 생기고, 좌류수(左流水)는 미방(未方)을 범하지 않으면 반길하다.
- **경유수구**(庚酉水口) : 반길반흉으로 재물이 있으면 단명하고, 빈곤하면 장수한다.
- **신술수구**(辛戌水口) : 만사불성이고 재물이 없으니 평생 빈곤을 면하기 어렵다.
- **건해수구**(乾亥水口) : 만사불성이며 재산을 크게 잃는다.

③ **간인좌수류**(艮寅坐水流)

- **을진수구**(乙辰水口) : 부귀쌍전하며 공명창성한다.
- **정미수구**(丁未水口) : 차손이 먼저 성공한 후 장손이 부귀해진다.
- **곤신수구**(坤申水口) : 대부대길하며, 우류수(右流水)는 높은 관직에 오른다.
- **경유수구**(庚酉水口) : 부귀창성하며, 좌류수(左流水)는 장손이 성공한다.
- **임자수구**(壬子水口) : 우류수(右流水)는 초년에 크게 실패하며 장수하면 아들이 없고, 좌류수(左流水)는 단명과 빈곤이 따른다.
- **계축수구**(癸丑水口) : 장례 직후에 요절하며, 재물손실, 빈곤 등이 따르고 자손이 없다.
- **간인수구**(艮寅水口) : 우류수(右流水)는 집안에 병자가 많으며 재물이 크게 패하고, 좌류수(左流水)는 무병하나 빈곤하다.
- **갑묘수구**(甲卯水口) : 우류수(右流水)는 단명, 재물손실, 불효 등이 따르고, 좌류수(左流水)는 반길반흉이다.
- **손사수구**(巽巳水口) : 우류수(右流水)는 재물은 있으나 말년에 패하고, 좌류수(左流水)는 평생 가난을 면하지 못한다.
- **병오수구**(丙午水口) : 초년에는 잘 사나 말년에는 흉하고 단명이 따르지만, 가난하며 장수하는 경우도 있다.
- **신술수구**(辛戌水口) : 요절이나 불구가 따르고 재물이 없다.
- **건해수구**(乾亥水口) : 명예가 있으면 사망, 혈토병 등이 따른다.

④ **갑묘좌수류**(甲卯坐水流)

- **계축수구**(癸丑水口) : 우류수(右流水)는 대부대귀를 누리며 장수하나, 좌류수(左流水)가 축류수(丑流水)이면 흉하다.
- **병오수구**(丙午水口) : 우류오방수(右流午方水)는 재물을 크게 잃지만, 좌류수(左流水)는 부귀쌍전하며 가문이 번창한다.
- **신술수구**(辛戌水口) : 재능이 많고 부귀하며 가문이 번창한다.
- **임자수구**(壬子水口) : 삼가(三家) 장손이 급사하거나 멸손하고, 과부가 많이 생긴다.
- **간인수구**(艮寅水口) : 우류수(右流水)는 초년은 길하나 말년이 흉하고, 좌류수(左流水)는 평생 가난을 면하지 못하나 장수한다.

- **갑묘수구**(甲卯水口) : 우류수(酉流水)는 유산, 단명, 재물손실 등이 따르고, 좌류수(左流水)는 재물이 없으면 장수하는 경우도 있다.
- **을진수구**(乙辰水口) : 부부이별, 재물손실, 상해 등이 따른다.
- **손사수구**(巽巳水口) : 반길반흉하나 자손이 빈한하다.
- **정미수구**(丁未水口) : 우류수(右流水)는 유아기에 상해를 입고, 좌류수(左流水)는 부부의 사망으로 패가한다.
- **곤신수구**(坤申水口) : 장자가 상해를 당한다.
- **경유수구**(庚酉水口) : 장손은 단명하여 자손이 없고, 차손은 부부간에 화목하지 못하다.
- **건해수구**(乾亥水口) : 단명이나 패가 등이 따르나 가난하면 장수한다.

⑤ **을진좌수류**(乙辰坐水流)

- **갑묘수구**(甲卯水口) : 대부대귀를 누리나 우류수(右流水)는 묘방(卯方)을 범하면 안 된다.
- **곤신수구**(坤申水口) : 3자(三者)가 명진사해하고 재산이 왕성하며 장수한다.
- **신술수구**(辛戌水口) : 부유하나 술방(戌方)을 범하면 재물손실이 따른다.
- **건해수구**(乾亥水口) : 대부대귀하나 묘방(卯方)을 범하면 안 된다.
- **임자수구**(壬子水口) : 초년에는 부유하나 단명이나 재물손실 등이 따른다.
- **계축수구**(癸丑水口) : 자손이 불행하며 패가한다.
- **간인수구**(艮寅水口) : 재물을 잃으며 패가한다.
- **을진수구**(乙辰水口) : 요절이나 재물손실 등으로 크게 패한다.
- **손사수구**(巽巳水口) : 재물손실, 생사이별 등이 따르고 장자가 망한다.
- **병오수구**(丙午水口) : 재물손실, 단명 등이 따르나 가난하면 장수한다.
- **정미수구**(丁未水口) : 우류수(右流水)는 반길반흉이고, 좌류수(左流水)는 초년에는 길하나 말년에는 대흉하다.
- **경유수구**(庚酉水口) : 빈한하며 술방(戌方)에 악석(惡石)이 있으면 난폭한 사람이 나온다.

⑥ **손사좌수류**(巽巳坐水流)

- **임자수구**(壬子水口) : 대부대귀를 누리며 장수하고, 자손이 창성한다.
- **정미수구**(丁未水口) : 우류수(右流水)는 미방(未方)을 범하지 않으면 길하고, 좌류수(左流水)는 부귀를 누리며 현명한 아내와 효자를 둔다.
- **신술수구**(辛戌水口) : 대부대귀를 누리며 장수한다.
- **건해수구**(乾亥水口) : 해방(亥方)을 범하지 않으면 재물이 많으며 자손이 창성한다.
- **계축수구**(癸丑水口) : 명석한 자손이 단명하는 등 집안에 사망하는 사람이 많다.
- **간인수구**(艮寅水口) : 재물손실, 단명, 불구 등이 따르고 만사가 이루어지지 않는다.
- **갑묘수구**(甲卯水口) : 초년에는 길하나 말년에는 대흉하다.
- **을진수구**(乙辰水口) : 재물손실이 많이 따른다.
- **손사수구**(巽巳水口) : 우류수(右流水)는 갑자기 패하고, 좌류수(左流水)는 빈곤하며 고독하다.
- **병오수구**(丙午水口) : 재물손실, 단명 등이 따른다.
- **곤신수구**(坤申水口) : 우류수(右流水)는 재물이 많으면 단명하며 공명이 불리하고, 좌류수(左流水)는 평생 가난을 면하기 어렵다.
- **경유수구**(庚酉水口) : 우류수(右流水)는 초년에는 부유하나 재물 손실이나 단명 등이 따르고, 좌류수(左流水)는 반길반흉하다.

⑦ **병오좌수류**(丙午坐水流)

- **임자수구**(壬子水口) : 우류수(右流水)와 좌류수(左流水)가 합류하면 대부대귀하나 자방(子方)을 범하면 안 된다.
- **계축수구**(癸丑水口) : 부귀, 공명, 장수 등이 따르고 자손이 창성한다.
- **을진수구**(乙辰水口) : 만사형통하며 대부대귀를 누린다.
- **경유수구**(庚酉水口) : 부귀쌍전하나 신방(申方)과 같은 파

구(破口)는 대흉하다.

- **간인수구**(艮寅水口) : 병사나 단명 등으로 과부가 많다.
- **갑묘수구**(甲卯水口) : 우류수(右流水)는 장자나 차손이 요절하나, 좌류수(左流水)는 묘방(卯方)을 범하지 않으면 무방하다.
- **손사수구**(巽巳水口) : 반길반흉으로 재물이 많으면 단명하고, 재물이 없으면 장수한다.
- **병오수구**(丙午水口) : 초년에는 길하나 말년에는 흉하다. 특히 여자에게 나쁘다.
- **정미수구**(丁未水口) : 단명이 따르니 자손이 귀하다.
- **곤신수구**(坤申水口) : 만사가 이루어지지 않는다.
- **신술수구**(辛戌水口) : 자녀 사망, 불구, 자부 가출 등이 따른다.
- **건해수구**(乾亥水口) : 사망이 많이 따른다.

⑧ **정미좌수류**(丁未坐水流)

- **간인수구**(艮寅水口) : 장수하며 자손이 창성하나 인방(寅方)을 범하면 안 된다.
- **계축수구**(癸丑水口) : 우류수(右流水)는 대부대귀하나 축방(丑方)을 범하면 안 되고, 좌류수(左流水)는 평범하다.
- **병오수구**(丙午水口) : 우류수(右流水)는 부귀를 누리며 장수하나 오방(午方)을 범하면 안 되고, 좌류수(左流水)는 파란이 많다.
- **건해수구**(乾亥水口) : 재물이 많이 따르며 자손이 가문을 세운다.
- **임자수구**(壬子水口) : 단명이나 재물손실 등이 따르고, 난폭한 사람이 나온다.
- **갑묘수구**(甲卯水口) : 단명이 따르나 재물이 없으면 장수한다.
- **을진수구**(乙辰水口) : 재물손실이 따르며 고독하다.
- **손사수구**(巽巳水口) : 요절이나 단명 등이 따른다.
- **정미수구**(丁未水口) : 장손에게 요절이 따르며 가문이 멸한다.
- **곤신수구**(坤申水口) : 재물손실이 따르며 장손이 요절하고, 아내를 잃는다.
- **경유수구**(庚酉水口) : 재물손실, 단명 등이 따른다.
- **신술수구**(辛戌水口) : 우류수(右流水)는 장수하나, 좌류수(左流水)는 파직이나 빈곤 등이 따른다.

⑨ **곤신좌수류**(坤申坐水流)

- **계축수구**(癸丑水口) : 부귀를 누리며 장수하나 차손이 먼저 성공한다.
- **갑묘수구**(甲卯水口) : 부귀공명이 따른다.
- **신술수구**(辛戌水口) : 오복과 가문의 덕이 있고, 만사형통한다.
- **임자수구**(壬子水口) : 우류수(右流水)는 흉하나, 좌류수(左流水)는 장류수(長流水)이면 더욱 대길하다.
- **간인수구**(艮寅水口) : 만사불성하며 질병으로 단명한다.
- **을진수구**(乙辰水口) : 음란하며 자손이 단명하고 패가한다.
- **손사수구**(巽巳水口) : 급사를 당한다.
- **병오수구**(丙午水口) : 빈곤을 면하지 못한다.
- **정미수구**(丁未水口) : 재물을 크게 잃고 단명한다.
- **곤신수구**(坤申水口) : 만사불성하며 패가망신한다.
- **경유수구**(庚酉水口) : 질병으로 요절하며 항상 빈곤하다.
- **건해수구**(乾亥水口) : 만사불성하며 단명, 재물손실 등이 따른다.

⑩ **경유좌수류**(庚酉坐水流)

- **임자수구**(壬子水口) : 부귀쌍전하나 자방(子方)을 범하면 안 된다.
- **을진수구**(乙辰水口) : 대부대귀를 누리며 장수한다.
- **정미수구**(丁未水口) : 대부대귀를 누리며 장수하고, 자손이 창성하며 아내덕이 있다.
- **갑묘수구**(甲卯水口) : 만사대길하며 묘방(卯方)을 범하지 않으면 큰 부자가 된다.
- **계축수구**(癸丑水口) : 불구, 패가 등이 따른다.
- **간인수구**(艮寅水口) : 장차자 순으로 패하며 자손들이 요절한다.
- **손사수구**(巽巳水口) : 혈토병, 단명 등이 따르며 과부가 생기고, 삼가(三家)가 패한다.

- **곤신수구**(坤申水口) : 공명이 흉으로 변하며 항상 빈곤하다.
- **경유수구**(庚酉水口) : 유산이 잘 되고 상해를 입는 일이 많다. 그러나 재물이 없으면 장수한다.
- **신술수구**(辛戌水口) : 재물손실로 집안이 패한다.
- **건해수구**(乾亥水口) : 장손에게 재물손실이 크게 따르고, 어린아이가 자라지 못한다. 자손이 망하는 대흉수이다.

⑪ **신술좌수류**(辛戌坐水流)

- **간인수구**(艮寅水口) : 재물, 공명, 장수 등이 따르며 자손이 창성한다.
- **을진수구**(乙辰水口) : 대부대귀를 누리며 장소하나 유방(酉方)을 범하면 안된다.
- **손사수구**(巽巳水口) : 만사대길하므로 부귀를 누리며 장수한다.
- **경유수구**(庚酉水口) : 양지(陽地)는 대길하나 유방(酉方)을 범하면 대흉하다.
- **임자수구**(壬子水口) : 재물이 있으면 단명한다.
- **계축수구**(癸丑水口) : 재물복이 없어져 점점 빈곤해진다.
- **갑묘수구**(甲卯水口) : 장손은 단명하며 차손도 대흉하다.
- **병오수구**(丙午水口) : 가난하나 반길반흉하다.
- **정미수구**(丁未水口) : 점점 패하는 운으로 변하여 자손이 망한다.
- **곤신수구**(坤申水口) : 만사불성이며 재물손실이 따른다.
- **신술수구**(辛戌水口) : 형제가 갑자기 사망하며 크게 패한다.
- **건해수구**(乾亥水口) : 재물손실, 급사 등이 따른다.

⑫ **건해좌수류**(乾亥坐水流)

- **계축수구**(癸丑水口) : 오복이 따르며 효자를 둔다.
- **을진수구**(乙辰水口) : 부귀를 누리며 장수하고 만사대길이다.
- **병오수구**(丙午水口) : 부귀를 누리며 장수하고 만사대길이다.
- **임자수구**(壬子水口) : 덕이 없으며 빈곤, 단명 등이 따른다.
- **간인수구**(艮寅水口) : 재물복이 없으며 단명한다.
- **갑묘수구**(甲卯水口) : 매우 빈곤하며 단명한다.
- **손사수구**(巽巳水口) : 매사가 불길하며 부부불화, 재물손실 등이 따른다.
- **정미수구**(丁未水口) : 사별이 따르며 가문이 패한다.
- **곤신수구**(坤辛水口) : 장손이 단명하며 가문이 망한다.
- **경유수구**(庚酉水口) : 빈곤을 면하지 못한다.
- **신술수구**(辛戌水口) : 패가망신, 단명 등이 따르며 재물이 없다.
- **건해수구**(乾亥水口) : 만사불성이며 빈곤, 패가 등이 따른다.

❖ **양공의 삼불장론**(三不葬論)

- 용은 기세가 왕성한 생룡일지라도 혈의 맺어짐이 없으면 장사할 수 없다.
- 혈은 진결이나 덕을 쌓은 사람이 아니면 장사할 수 없다.
- 진결된 혈지에 덕 있는 사람이라 할지라도 입장 연월일시가 천시(天時)에 맞지 않으면 이 또한 장사할 수 없다.

❖ **양궁**(兩宮) : 청룡과 백호.

❖ **양균송**(陽筠松, 834~900) : 당나라의 유명한 풍수지리가로 균송(筠松)은 자(字)이고 본명은 양익(陽益). 묘지 이장을 통하여 가난을 구제하였다고 하여 세칭 구빈선생(救貧先生)이라고 불렸고, 감룡경(憾龍經)·의룡경(疑龍經) 등의 저서가 현재까지 전해져 내려옴.

❖ **양균송의 3불장론**

① 용은 있는데 혈이 없으면 장사하지마라. (유룡무혈부장야(有龍無穴不葬也))

② 혈은 있는데 사람이 없으면 장사하지마라. (유혈무인부장야(有穴無人不葬也))

③ 사람은 있는데 장사 시간이 맞지 않으면 장사하지마라. (유인무시부장야(有人無時不葬也))

❖ **양기**(陽基) : 산 사람의 집이나 혹은 마을 또는 도성(都城).

❖ **양둔**(陽遁) : 동지일(冬至日 : 시간까지 적용)부터 하지(夏至) 전까지(시간까지 적용) 사이.

❖ **양둔상원**(陽遁上元) : 동지 후 갑자일(甲子日). 실질적으로 따지면 동지 전후 가장 가까운 갑자일(甲子日)이 된다.

❖ **양둔중원**(陽遁中元) : 양둔상원 갑자일(甲子日)부터 바로 다음 돌

아오는 두 번째 갑자일(甲子日) 우수(雨水) 전후의 갑자일(甲子日)이다.

❖ **양둔하원**(陽遁下元) : 양둔상원 갑자일(甲子日)에서 세 번째 돌아오는 갑자일(甲子日)이며, 양둔중원 갑자일(甲子日)에서 다음 돌아오는 갑자일(甲子日)이다. 즉 곡우(穀雨) 전후의 갑자일(甲子日).

❖ **양래음수**(陽來陰受)**와 음래양수**(陰來陽受) : 양래음수와 음래양수는 용맥과 혈과의 음양조화 관계를 말하는 것으로 양래음수는 앙장(仰掌)과 같은 형태로 평탄하게 입수 내룡하여 혈처(穴處)가 돌기(突起) 된 것을 말하며 복(覆)배(杯)형태(形態) 탁주잔을 엎어 놓은 모양이다. 그리고 음래양수는 복장과 같이 돌기(氣)래룡(突起來龍)하여 혈처에 와혈(窩穴)이 성립되어 있는 것을 말한다.

❖ **양룡**(陽龍)**에서는 음혈**(陰穴)**을, 음룡에서는 양혈**(陽穴)**을 맺는다** : 오목하게 생긴 혈장은 양혈(陽穴)로 와혈과 겸혈이 이에 해당되고, 볼록하게 생긴 혈장은 음혈(陰穴)로 유혈과 돌혈이 해당된다. 크게 오목하여 양이 큰 것은 와혈이고, 약간 오목한 것은 겸혈이며, 크게 볼록하여 음이 큰 것은 돌혈이고, 약간 볼록한 것은 유혈이다. 즉 와는 태양이고, 겸은 소양이며, 유는 소음이며, 돌은 태음이다. 정확한 혈심은 와나 겸의 혈장에서는 약간 미돌(微突)한 부분, 유나 돌의 혈장에서는 약간 오목하게 미와(微窩)한 부분에 있다. 이는 음중양(陰中陽)하는 자연의 이치 때문이다. 볼록하여 혈장보다 높은 능선을 음룡, 평평하여 혈장보다 낮은 능선은 양룡이다. 양룡에서는 음혈을, 음룡에서는 양혈을 맺는 것이 지리의 원칙이다. 이를 음래양수(陰來陽受)하고 양래음수(陽來陰受)한다.

❖ **양룡합기혈**(兩龍合氣穴)**은 이러하다** : 두 개 이상의 용맥이 하나로 합하여 혈을 맺는 것을 말함. 용의 역량을 극대화하여 혈을 맺었으므로 매우 귀한 것이다. 합해지는 용맥이 많으면 많을수록 좋다. 이룡(二龍), 삼룡(三龍) 혹은 구룡(九龍)까지라도 합하여 일기(一氣)가 되면 혈의 역량은 더욱 커진다. 양룡합기혈은 진혈귀지(眞穴貴地)로 대대손손 자손이 번창하고 부귀가 끊임없이 이어진다.

❖ **양류지**(楊柳枝) : 한쪽 줄기가 길고, 반대편 줄기는 아주 짧고 미약한 형세. 짧은 쪽은 권렴전시보다 훨씬 더 짧아 본신룡을 전혀 감싸주지 못한다. 한쪽 변은 좋고, 또 한쪽 변은 거의 없으니 길흉화복이 반반이다. 양류지의 혈에 묘를 쓰거나 집을 지으면, 어느 자손은 부귀를 누리고, 또 어느 자손은 빈한하게 지내며 온갖 고초를 겪게 된다. 손(孫)이 아주 끊기는 사람도 나오고, 어떤 사람은 자손을 많이 두기도 한다.

❖ **양명**(陽明)**한 사격**(沙格) : 길사(吉砂)를 보는 법은 양명(陽明)한 사격은 귀(貴)함으로 보고, 후덕한 것은 부(富)한 것으로 본다. 사격(砂格) 일자문성(一字文星)에 문무부귀(文武富貴)가 많이 나고 웅장한 형상의 사격은 장상이나 장관급이 출생한다. 서기(瑞氣)하는 암석은 왕기(王氣)의 영기(靈氣)로 보아 제왕사격(帝王砂格)으로 간주한다. 사격(砂格)이 가까우면 당대발복하고, 사격이 멀면 후대에 발복한다.

❖ **양명**(陽明)**한 청룡·백호** : 밝은 청룡·백호가 둥글게 싸서 혈 앞(묘앞)을 두른 것보다 물을 두른 것만 못하고, 물이 두른 것이 물이 모인 것만 못하다 하였다.

❖ **양밀**(釀蜜) : 벌이 모으는 꿀.

❖ **양변속기형**(兩邊束氣形) : 양변에 입수취기(入首聚氣)가 분명치 않은 것은 모두 비혈(非穴)이다. 양변속기형(兩邊束氣形)은 저층이나 중층산에 있어 대체적으로 결혈이 큰 편이다. 양변속기 결혈은 장자의 발복이 적고 기간이 짧은 대신 차자의 발복이 크다.

❖ **양볼이 협착한 대지** : 좌우의 양볼이 협착한 대지 위에다 건축물을 덩그러니 크게 지어서 방(房) 옆 길이가 아주 널따랗게 대칭이 되도록 배치하는 것은 흉험, 파괴의 형국이다.

❖ **양생법**(養生法) : 정오행은 간지의 음양으로 음양기를 판단하고 팔간기(八干氣)는 쌍산(雙山)으로 입수를 재서 용의 행도가 좌선

이면 양기오행(陽氣五行)이고 우선이면 음기오행(陰氣五行)으로8간(八干)의 생왕패절(生旺敗絶)을 논한다(파구(破口)를 기준하여 간기(干氣)를 정하는 수도 있다).

❖ **양생수 즉 탐랑**(養生水卽貪狼) : 양수(養水)와 생수(生水)를 탐랑목성(貪狼木星)의 생기(生氣)라고 하며, 이 양생(養生)의 장생수(長生水)가 혈 앞으로 흘러들면 또는 탐랑성봉(貪狼星峰)이 다정하게 그 혈을 비춰주면 문장인(文章人)이 나게 되며, 대체로 자손이 부귀하고 더욱 장자손(長子孫)이 유익하나, 외반봉침(外盤縫針)의 천간상(天干上)으로 다정하게 흘러들어야 하며, 만일 지지상(地支上)으로 흘러 들어오면 소아(小兒)가 요사(夭死)하기도 하고 특히 장자손은 절손이 되기도 한다. 탐랑(貪狼)은 자손이 충량(忠良)하며 번창하니 대소간(大小間)에 곧바로 직래(直來)하지 말고 구불구불 흘러들어야 복수(福壽)하고, 양생위(養生位)로 물이 흘러가서 파(破)가 되면 소년이 홀로 공방을 독수(獨守)함은 물론이며, 끝에 가서는 절사(絶嗣)하는 것이니 분명히 살펴야 한다.

❖ **양수양파형**(兩水兩破形) : 양수 양파사에는 혈의 진부를 막론하고 동기간 골육상쟁과 이혼을 하게 되고, 산거불목(散居不睦)하며 우의가 끊어진다.

❖ **양수**(陽水)**와 음수**(陰水), **초목을 보고 산소자리 찾는 법** : 양수는 비가 오면 무덤 속으로 빗물이 스며들고 비가 개이면 물이 빠져나가는 현상이 반복된다. 이것이 양수에 의한 수렴(水廉)이다. 수렴은 무덤 관속에 시신이 1~2년 사이에 흐지부지 녹아버리고 그의 자손들이 크고 작은 흉화를 당하게 된다. 수렴(水廉)이 든 무덤을 파보면 머리가 발끝에도 가 있고 머리뼈가 뒹구는 수도 있다. 이렇게 되면 후손들은 하고자 하는 일이 제대로 되지 않는다. 음수(陰水)란 수맥이 지나가는 수맥 위에나 땅 속에서 물이 나는 곳이다. 이와 같은 곳은 잡목이 많다. 잡목 나무는 수분을 좋아한다. 이러한 곳에 묘를 쓸 수 없다. 물이 나는 곳이나 수분이 많은 곳에는 잡초들이 무성하고 나무도 마디가 길죽길죽하게 잘 자라 있다. 물을 좋아하는 수목은 물이 있는 곳에서 자라고 물이 크게 필요치 않는 수목은 메마른 곳에서 자란다. 산에 가보면 습기가 많은 곳에는 습기를 좋아하는 풀이 자라고 습기가 적은 곳에서는 고사리 같은 풀들이 자란다. 묘를 쓸만한 곳을 보면 흙도 모래 비슷하고 배수가 잘 되며 흙도 즉 비석비토, 썩비례 같은 흙이 좋은 흙이다. 이와 같은 곳에는 땅싸리나무 같은 것과 잔디가 잘 자라고 습이 많은 풀들은 자라지 않고 벌초하러 가서 벌초를 해보면 별 잡초들이 없는 곳들이고 비가 온 후에도 땅을 밟아도 단단하다. 또한 소나무 색깔이 누렇고 소나무 마디가 짧다. 묘를 쓸 수 있는 자리는 다른 나무는 거의 찾아볼 수 없고 재래식 우리나라 소나무만 오목하게 자라고 있다. 이와 같은 곳에 묘(혈) 자리를 찾아야 한다. 잡목 나무가 무성한 곳에는 습이 많은 곳이니 묘자리가 아니다. 산밑 기슭에 보면 교통관계 후손들이 산소를 돌보는 문제 등을 들어 밭에 산소를 많이 드리는데 이와 같은 곳에는 흙이 맑아야 하고 깨끗하고 곡식이 잘 안 되는 곳이라야 가능하다. 묘를 써놓고도 벌초하러 갔을 때 산소에 잡초가 무성하지 않아야 한다. 요즘 같이 산소 자리가 심각한 시대이지만 밭 같은데 표면이 청태가 끼어 있어서는 안 되며, 산이라도 왕새(으악새) 같은 풀들이 흩어져 있는 곳은 물이 있는 곳이다. 이 풀만이 아니라도 모든 산에 있는 잡초들이 흩어져 자라는 곳에는 물이 나거나 물이 나지 않으면 습기가 많은 곳이다. 잡풀들이 자라고 있는 곳은 혈자리가 아니니 잘 살펴보고 혈을 취해야 한다.

❖ **양의정혈**(兩儀定穴)

① 양의란 태극에서 둘로 나뉘어진 것으로 즉 음양을 말한다. 만물은 음양이 없는 것이 없으므로 하늘은 일월로 음양을 삼고, 사람은 남녀로 음양을 삼고, 물(物)에는 자웅(雌雄 : 암컷과 수컷)으로 음양을 삼고, 땅은 산수(山水)로 음양을 삼는다. 또 음과 양 중에도 각각 음양이 있으므로, 지리에서의 음양을 논한다면 용에는 용의 음양이 있고, 혈에는 혈의 음양이 있다. 이른바 혈의 음양이란 그 원운(圓暈)의 테두리 안에서 살찌고 일어나 도도록한 곳이 음이고, 여위고 함하여 오목한 곳은 양이 되니, 이것이 즉 혈법의 양의(兩儀)이다. 대저 용신이 작혈함에 있어서 음룡이면 양혈이 좋고 양룡이면 음혈이 좋으나, 만일 이와 반대라면 비록 진룡진혈일지라도 반드시 결함이 있다. 용혈가(龍穴歌)에 이르기를, 「양룡

ㅇ

에 양혈을 지으면 생리 사별하나, 만일 음혈을 지으면 자손이 벼슬을 하고, 음룡에 음혈을 지으면 여인(女人)이 송사(訟事)가 많으나 만약 양혈을 지으면 부귀한다」고 하였다. 이기(二氣)가 만물을 화생(化生)하므로로, 원운(圓暈) 중에 비기(肥起)한 곳을 음으로 삼고 수함(瘦陷)한 곳을 양으로 삼는 것이니, 혈은 반드시 상비하수(上肥下瘦)·상수하비(上瘦下肥)하거나 좌비우수(左肥右瘦)·좌수우비(左瘦右肥)하여야 이기(二氣)가 교감(交感)하여 음양이 배합되는 것이며, 이러한 형은 모두 음룡·양룡에 구애하지 않고 다 길(吉)하니, 입혈(立穴)할 때 반음반양(半陰半陽)의 중간에 혈을 정하면 양기(陽氣)는 하강(下降)하고 음기(陰氣)는 상승하여 천지교태(天地交泰)하고 수화기제(水火旣濟)하여서 음양이 취회(聚會)하는 것이다.

② 양의혈(兩儀穴)은 혈성(穴星)이 이기(二氣)로 되어 있으며, 양기(陽氣)와 음기(陰氣)의 혈을 말한다. 양(陽) 가운데 음기(陰氣)가 생결(生結)하고, 음(陰) 가운데 양기(陽氣)가 생결(生結)하니 소음(小陰)과 소양(小陽)이 대등하게 혈운(穴暈)에 있는 형세를 말한다. 양의혈(兩儀穴) 용(龍)에 순행(順行)한 혈은 위가 수세(瘦勢)하여 좌수우비(左瘦右肥), 우수좌비(右瘦左肥), 좌양우음(左陽右陰), 우양좌음(右陽左陰)격이다. 그러므로 혈이 함하며 밝고, 어두우며 파리하고, 높고 낮음이 모두 대등하게 이루어지는 것이 양의혈(兩儀穴)이다. 양의혈(兩儀穴)은 높은 산에 있는 것이 아니라 평지 산에 있는 형혈(形穴)로 모양은 태극혈(太極穴)과 같다. 혈운(穴暈)에 따라 요감법(饒減法)을 사용하여 부족한 곳은 가하고, 지나친 곳은 감하여 균형을 맞추어 정혈(定穴)한다.

❖ **양의혈**(兩儀穴)**의 세 가지** : 양의란 음양 두 기운으로 양의혈이란 음양(陰陽)이 사귀어 이루어진 혈과, 음으로만 이루어진 음혈(陰穴)과, 양으로만 이루어진 양혈(陽穴)의 세 가지 경우가 있다.

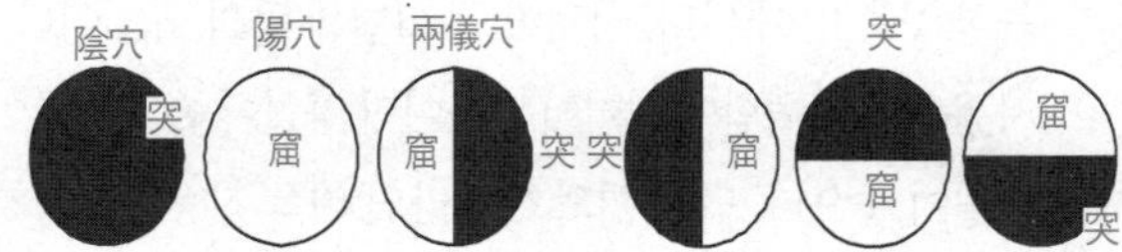

대개 음룡(陰龍 : 도두룩하게 솟은 용) 아래에는 양혈(陽穴 : 둥그스럼하게 오목한 혈)을 맺고, 양룡(陽龍 : 오목하게 陷한 용) 아래에는 음혈(둥그스럼하게 솟은 혈)을 맺는 것이 혈법에 맞는 것이므로, 만약 양룡 아래에 양혈을 취하고 음룡 아래에 음혈을 취하면 대흉하다. 양의혈에는 그림과 같이 6가지 구분이 있다. 즉 둥그스럼하게 솟은 형이 음혈이고, 둥그스럼하게 오목한 형이 양혈이고, 왼편은 살찌거나 솟고 오른편은 여위고 함한 것, 이와 반대로 왼편이 여위고 함한데 오른편은 살찌고 도두룩한 것, 또는 위는 살찌고 도두룩한데 아래는 여위고 함한 것, 또는 위는 여위고 함한데 아래는 살찌고 도두룩한 형상이 모두 양의혈 즉 음양혈이라 한다. 음혈 가운데 미미한 돌(突)이 있거나 양혈 가운데 미미한 돌(突)이 있으면 돌과 굴에 혈의 중심을 잡고 좌우 상하로 음양이 사귄 혈은 그 사귄 중간에 혈의 중심을 잡아야 한다. 이와 같이 음혈과 양혈과 음양이 상하 좌우로 사귄 혈은 음혈·양혈 또는 음양교감혈(陰陽交感穴)이라 하는데, 그 근본은 태극원운(太極圓暈)이므로 합칭 태극혈(太極穴)이라 할 수 있다. 혈을 정하는 증거의 하나이며, 구하기 어려운 명혈(名穴)이다.

❖ **양인수**(羊刃水) : 갑향(甲向)에 묘수(卯水), 병향(丙向)에 오수(午水), 계향(癸向)에 축수(丑水), 신향(辛向)에 술수(戌水)를 양인수(羊刃水)라 한다. 양인수가 있으면 흉포한 자손과 방탕한 자손이 나온다. 남의 재물을 약탈하고 칼로 다른 사람을 해친다. 난폭한 짓을 일삼다가 자신도 큰 화(禍)를 입는다. 독약을 먹고 죽거나 남의 손에 죽는다. 지위와 명예를 한꺼번에 잃는다. 남자들은 여색(女色)을 밝히다가 패가망신한다.

❖ **양자**(養子)**를 두는 묘지**

- 간인산(艮寅山)에 묘좌곤파(卯坐坤破)는 8대 양자를 둔다. 재복(財福)은 빈(貧)하지만 간혹 관록(官祿)으로 출세하는 자도 있다.
- 손사산(巽巳山)에 오좌건파(午坐乾破)는 7대 양자를 두는 곳이다. 그러나 재복(財福)이 있고 양자손(養子孫)이 출세를 한다.
- 곤신산(坤申山)에 유좌간파(酉坐艮破)가 되면 9대를 양자(養子)를 두게 되는 흉지(凶地)이다. 그러나 재복(財福)이 있고 양자손(養子孫)이 출세를 한다.
- 건해산(乾亥山)에 자좌손파(子坐巽破)가 되면 6대를 양자를 두

게 된다. 그러나 재복(財福)이 있고 관직으로 출세하며 4대 양자는 명당을 차지하게도 된다.

❖ **양자(養子)를 들이는 곳은 이러하다** : 청룡이 작은 산을 앉으면 양자를 들이게 된다.

❖ **양택(陽宅)** : 사람이 살아가는 기지(基址). 양택(陽宅)은 음택(陰宅)에 기준하지만 약간의 다른 점들은 국세(局勢)가 관대(寬大)하여야 하고, 또한 그 땅의 위치가 어떠한가를 보아야 한다. 산곡(山谷)이라면 요풍(凹風)이 가장 무서운 것인데, 요풍(凹風)의 풍취(風吹)가 심하면 기가 흩어지므로 살아가기에는 불안한 곳이므로 산곡(山谷)에서는 장풍(藏風)이 위주가 되고 평양(平洋)에서는 득수(得水)가 먼저이니, 평양은 넓어 호탕(浩蕩)하므로 풍취(風吹)함을 두려워하지 않는다. 물이 감싸면 그 물의 외기(外氣)가 되므로 외기는 내기(內氣)를 취적케 한다. 그런 곳에 살게 되면 복을 얻게 된다. 그러므로 평양은 득수(得水)가 먼저이다. 양택의 목적중 하나는 지리법(地理法)에 의하여 좋은 자리를 잡아 좌(坐)를 운에 맞게 정하는 방법이고, 또 하나는 성조운(成造運 : 건물짓는 운) 및 연월일시를 기리는 방법이다. 뿐만 아니라 집을 수리하고 창고, 별채, 변소, 장독, 우물 등을 설치하고 파는데 좋은 날을 가리는 것을 모두 양택이라 한다. 양택은 살아있는 사람의 집을 짓는데 필요로 하는 모든 방법이고, 음택(陰宅)이란 죽은 사람의 자리를 마련하고 장사지내는 것 등을 말한다. 산 사람은 양(陽)에 속하고 죽은 사람은 음(陰)에 속한다. 양택(陽宅)에서 가장 요하는 것은 지세(地勢)가 관평(寬平)하여야 하고, 당국(當局)이 핍착(逼窄)함은 마땅치 않는다. 음·양택에서는 조산(祖山)의 내룡(來龍)이 과협(過峽)으로 내려오다가 성봉(星峰)을 일으키고 더불어 용호(龍虎)와 조안(朝案), 나성(羅城), 수구(水口)가 모두 하나하나 함께 갖추어져야 함은 똑같다. 음택(陰宅)과 양택(陽宅)이 다른 것은 양택혈장(陽宅穴場)은 크게 넓고 음택혈장(陰宅穴場)은 좁고 작으니, 소위 양지(陽地)는 일편(一片)이요 음지(陰地)는 일선(一線)이라는 말도 있으므로, 양택(陽宅)은 지세(地勢)가 관평(寬平)하고 당국(堂局)이 활대(闊大)함을 요하고 핍착(逼窄)하여 좁은 곳은 여러 사람이 살기 어려운 곳이므로 불리하다.

산중에서는 요풍이 두렵다

❖ **양택개문법(陽宅開門法)** : 양택(陽宅)에서 대문 자리를 보는 법으로 매우 정미한 것이다. 그 요령은 대문을 기준으로 작괘(作卦)하여 일상생기(一上生氣), 이중오귀(二中五鬼), 삼하연년(三下延年), 사중육살(四中六煞), 오상화해(五上禍害), 육중천을(六中天乙), 칠하절명(七下絶命), 팔중복음(八中伏吟) 등의 순으로 한다. 생기연년천을(生氣延年天乙) 복위문(伏位門)은 길하고, 오귀(五鬼) 절명육살화해방(絶命六煞禍害方)의 문(門)은 흉하다. 또 나경(羅經)을 놓는 자리는 집터의 중심에 놓고 재는 것인데, 만약 활용되지 않는 터가 있을 경우는 그곳을 제외시키고 실제로 활용되는 집터의 중심을 말한다.

❖ **양택개문택일년운(陽宅改門擇日年運)** : 개문(改門 : 문을 고치고 새로 내는 것)에 있어서 개문년운(開門年運 : 문을 열음)이 있다. ① 횡재길(橫財吉) ② 봉적흉(逢賊凶) ③ 창성길(昌盛吉) ④ 사송흉(四訟凶) ⑤ 천리길(天理吉) ⑥ 금은길(金銀吉) ⑦ 전곡길(錢穀吉) ⑧ 재퇴흉(財退凶) ⑨ 화앙흉(九殃凶). 가령 57세된 정미생(丁未生)이 묘문(卯門)을 개문(開門)함에 정미생(丁未生)은 해묘미생(亥卯未生)이다. 건상(乾上)에서 다시 말하자면 건궁(乾宮)에서 갑자(甲子)를 초두(初頭)에 부(符)하여, 태궁(兌宮)에서 갑술(甲戌), 간궁(艮宮)에서 갑신(甲申), 이궁(离宮)에서 갑진(甲辰)하면 정미생(丁未生)이 갑진순중(甲辰旬中)에 있으므로 감궁(坎宮)에서 을사(乙巳), 곤궁(坤宮)에 병오(丙午), 진궁(震宮)에 정미(丁未), 진(震)은 묘(卯)가 된다. 거기서 횡재(橫財)하면 정미생(丁未生)은 자좌택(子坐擇)에서 묘문(卯門)을 사용하면 동사택법(東四宅法)으로는 복덕문(福德門)이 되고, 개문법(開門法)으로는 횡재문(橫財門)이 된다. 해묘미생(亥卯未生)중 정미생문로(丁未生門路)는 진문(震門)은 횡재(橫財), 손문(巽門)은 봉적(逢賊), 중궁(中宮)은 창성(昌盛), 건문사송(乾門詞訟), 태문(兌門)은 천리(天理),

간문(艮門)은 금은(金銀), 이문(裏門)은 전곡(錢穀), 감문(坎門)은 재퇴(財退), 곤문(坤門)은 화앙(禍殃), 인오술(寅午戌) 생문로(生門路)는 간궁(艮宮)에서 갑자(甲子) 갑술(甲戌) 등이다. 신자진(申子辰) 생문로(生門路)는 곤궁(坤宮)에서 갑자(甲子), 사유축(巳酉丑) 생문로(生門路)는 손궁(巽宮)에서 해묘미생(亥卯未生)에 준하면 나머지도 잘 알 수 있다. 술건해(戌乾亥) 삼좌(三坐)에 갑묘을문(甲卯乙門)은 개문(開門) 5년내에 손장손재(損長損財)하고, 신유술(申酉戌) 삼좌(三坐)에 병오정문(丙午丁門)은 개문(開門) 7년내에 손녀손재(損女損財)하고, 진손사(辰巽巳) 삼좌(三坐)에 신유술문(申酉戌門)은 개문(開門) 49년에 손장여재(損長女財)하고, 병오정(丙午丁) 삼좌(三坐)에 술건해문(戌乾亥門)은 개문(開門) 23년 손부관재(損婦官災)한다.

❖ **양택**(陽宅)**과 대문**(大門)**내는 법** : 양택(陽宅)이란 주택, 공공건물, 회사 등의 대지나 건물의 위치와 방향 그리고 출입문을 좋은 곳에 정하는 것을 말한다. 주로 주산(主山)과 보국(保局)을 살피고, 주변 환경을 중요시한다. 주택의 기본 요소는 담의 높낮이와 재료, 출입문(대문), 부엌, 화장실, 거실과 각 방의 방향이다. 대문, 방, 거실, 부엌 등은 길한 방위에 정하고 목욕탕, 화장실, 창고, 다용도실 등은 흉한 방위에 둔다. 집의 위치는 대지에 따라 정하는데 집의 중심점인 마당의 중앙점에서 정한다. 동사택(東舍宅)과 서사택(西舍宅)으로 간택되는데, 동사택(東舍宅)은 건곤간태(乾坤艮兌) 방위를 말한다. 양택(陽宅)은 팔방위가 배합된 자리를 살펴서 정하며, 만일 팔방위가 배합(配合)되지 않는 곳에 정하면 불길하다. 방위와 자리를 정할 때는 대문과 주택이 상극(相剋)되면 흉하니 상생(相生)되어야 한다. 대지는 반듯하고 단정한 정사각형이나 직사각형으로 기울지 않아야 하고, 단단하며 맑은 광채있는 흙으로 생기 있는 기력토가 좋다. 골진형이나 매립지 같은 죽은 땅은 흉하다. 바람의 흐름은 순조롭고 부드러워야 하며, 급풍(急風)이나 건물 등의 각진 곳에 부딪쳐서 오는 충풍(沖風)은 순행하지 못하므로 해롭다. 패철상에서 1선은 수맥(水脈), 2선은 요풍(凹風)을 살피는 것이니 흉한 방위를 피하면 된다. 이와 같이 건물의 자리, 방위, 환경 등을 잘 살펴서 정하는 것을 양택(陽宅)이라고 한다.

❖ **양택구성법**(陽宅九星法)

① 일상(一上) 생기(生氣)는 탐랑목성(貪狼木星)으로써 가운(家運)이 창성(昌盛)하고 부귀하는 길성(吉星)이다.

② 이중(二中) 오귀(五鬼)는 염정화성(廉貞火星)으로써 질병으로 사람이 일찍 죽고 흉한 일들이 자주 발생하는 흉성(凶星)이다.

③ 삼하(三下) 연년(延年)은 무곡금성(武曲金星)으로써 과거에 급제하여 벼슬에 오르고 정재흥왕(丁財興旺)하고 장수(長壽)하는 길성(吉星)이다.

④ 사중(四中) 육살(六殺)은 문곡수성(文曲水星)으로써 집은 망하고 사람이 다치며 관재(官災)가 발생하여 감옥에 가는 흉성(凶星)이다.

⑤ 오상(五上) 화해(禍害)는 녹존토성(祿存土星)으로써 재앙다발(災殃多發)하여 재물은 없어지고 단명하여 대를 이을 수 없는 흉성(凶星)이다.

⑥ 육중(六中) 천을(天乙)은 거문토성(巨門土星)으로써 부귀다복(富貴多福)하여 가정이 융창(隆昌)하는 길성(吉星)이다.

⑦ 칠하(七下) 절명(絶命)은 파군금성(破軍金星)으로써 다병단명(多病短命)하여 재앙이 끊이지 않는 흉성이다.

⑧ 팔중(八中) 복위(伏位)는 보필목성(輔弼木星)으로써 백사순탄(百事順坦)하여 경사(慶事)가 겹치는 길성(吉星)이다.

❖ **양택구성법의 운용은 생기복덕일의 택일관계** : 작괘 풀이하는 방법과 같이 인지선동법으로 풀이하여 양택 3요소인 큰방, 부엌, 문이 있는 방위와 각방들 및 수도, 객실이 있는 방위 등은 생기(生氣), 연년(延年), 천을(天乙), 복위성(伏位星)의 사길성(四吉星)이 회좌(回坐)하는 방위에 배치하면 좋고, 오귀(五鬼), 육살(六殺), 화해(禍害), 절명(絶命)의 사흉성(四凶星)이 회좌한 방위에 배치하면 좋지 않다. 반면에 화장실, 축사, 헛간, 하수구 등은 사흉성(四凶星)이 회좌한 방위에 배치하는 것이 악기(惡氣)를 설기(洩氣)시키기 때문에 오히려 좋다고 본다. 마찬가지로 동사택(東四宅)이나 서사택(西四宅)법칙에서도 청결하게 사용해야 될 곳은 같은 사택내에 있어야 하고, 불결한 것을 취급하는 곳은 다른 사택내에 있어야 악기(惡氣)가 누설되어 제살작용(制殺作用)을 하

여 그 집이 발복한다. 또 본명성(本命星)을 도출하는 방법은 동서사택법에서 본명성을 정하는 것과 동일한 방법으로 한다.

- **남자(乾命)의 본명성을 도출하는 경우** : 상원(上元)은 일백수성(一白水星[坎宮]), 중원(中元)은 사록목성(四綠木星[巽宮]), 하원(下元)은 칠적금성(七赤金星[兌宮])에서 갑자(甲子)를 시작하여 역행으로 돌려(逆飛)서 차례대로 짚어나갈 때 본인(본명성을 알고자 하는 사람)의 태세궁(太歲宮 : 납음오행(納音五行)으로 따져서 본인이 태어난 해가 닿는 궁)이 닿는 방위가 본명성이다.
- **여자(坤命)의 본명성을 도출할 경우** : 상원(上元)은 오황토성(五黃土星[中宮]), 중원(中元)은 이흑토성(二黑土星[坤宮]), 하원(下元)은 팔백토성(八白土星[艮宮])에서 갑자를 시작하여(起甲) 순비(順飛)로 본인의 태세가 닿는 궁이 곤명(坤命)의 본명성이다.
- **산술적 계산방법** : 1948년 무자생(戊子生)의 남녀본명성을 계산한다.
  - **남자라면** : 1+9+4+8=22=2+2=4. 11(정수) : 4=7
    ; 건명(乾命)의 본명성은 적칠금성(赤七金星)이다.
  - **여자라면** : 1+9+4+8=22=2+2=4. 4+4(정수)=8
    ; 곤명(坤命)의 본명성은 팔백토성(八白土星)이다.

본명성(本命星)이 결정되면 일백수성(一白水星)이면 감괘(坎卦), 이흑토성(二黑土星)이면 곤괘(坤卦), 삼벽목성(三碧木星)이면 진괘(震卦), 사록목성(四綠木星)이면 손괘(巽卦), 육백금성(六白金星)이면 건괘(乾卦), 팔백토성(八白土星)이면 간괘(艮卦), 구자화성(九紫火星)이면 이괘(離卦)에 배속(配屬)시켜서 그 괘를 기준하여 인지선동법으로 변화시켜서 8개 방위에 나타나는 결과에 따라 양택의 길흉화복을 판단하는 것이 양택 구성법인데, 오화토성인 경우에는 방향이 없으니 동서사택운 보는 것과 꼭 같이 곤명(坤命)은 팔백토성(八白土星)의 간궁(艮宮)에 배속시켜서 간괘가 되고, 건명은 이흑토성의 곤궁(坤宮)에 배속시켜서 곤괘로 사용한다. 그런데 여기서 한 번 더 짚고 넘어가야 할 부분은 양택의 기준이 되는 방위를 단독주택에 있어서는 중심처를 기준으로 결정하는 것이 정설이지만 큰방을 기준으로 잡아야 된다는 설도 있다. 또 대문이나 부엌을 기준을 해야 한다는 설도 있다. 사무실과 전포는 출입문을 기준으로 정하는 것이 정설이지만 주무석(主務席)을 기준으로 해야 된다는 설도 있다.

❖ **양택구조의 길흉해설** : 주택(住宅)의 법칙에는 세 가지 요체(三要)가 있다. 대문은 식솔이 출입하는 길이며, 방은 사람이 기거하는 바탕이고, 부엌은 먹고 사는 자본이다. 먼저 대문을 살피고 다음은 안방을 살피며 그 다음은 부엌을 살피는데, 동(東)으로 넷, 서(西)로 넷 구분하되 방(房)에는 정해진 방향이 없다. 높고 큰 건물골조일수록 문과 방이 서로 상생의 관계를 이루도록 배치되어야 길하며 상극이 되면 흉험을 치르게 되니, 이것은 양택의 필연적 이치이다. 부엌과 아궁이는 사람을 양생시키는 터전으로 대문과 더불어 상생(相生) 관계를 형성해야 하며, 방과 더불어 상생이 이루어져야 한다. 모름지기 문과 방과 부엌 세 가지가 각각 제자리를 얻어 문(門)은 방을 생(生)하고, 방(房)은 부엌을 생하고, 부엌은 문을 생하여 3자가 서로 상극(相剋)이 되지 말고 화합상비(和合相比)가 이루어져 집주인의 본생(本生) 즉 명운(命運)과 합치될 때 인구가 흥왕하고 복록이 번성하며 수명이 장건(長建)하게 된다. 제세구빈(濟世救貧)의 깊은 이치를 체득하기 위해 노력하되 기이하고 오묘한 것이라도 거기에 너무 치우치지 말고 마음을 가다듬어 오행의 상생, 상극과 음양 배합의 도리를 열심히 궁구하여 양택(陽宅)의 진수(眞髓)를 꿰뚫어야 한다.

❖ **양택(陽宅)과 음택(陰宅)의 차이**

① 음택(陰宅)은 선조가 편히 쉬는 유택(幽宅)이고, 양택(陽宅)은 그 자손이 생활하는 곳이다. 즉 선조(先祖)의 목근(木根)이요 자손은 나뭇가지와 잎(枝葉)인 자손이 영화를 누리는 것이다.

② 양택(陽宅)은 양기(陽氣=太陽의 氣)를 주로 받는 반면, 음택(陰宅)에서는 주로 음기(陰氣=地氣)를 받는다. 일본이 양택문화를 지향하는 것은 지맥(地脈)이 끊어진 섬나라로서 지기(地氣)가 약하므로 양기(陽氣)를 활용하기 위함이다.

③ 양택(陽宅)터도 내룡(內龍)이 낙맥(落脈)하여 평평한 곳, 즉 혈처(穴處) 앞 명당터로서 배산임수로 산을 등지고 물이 있는 곳이어야 하며, 매립지는 흉지(凶地)로 질병유발이나 기형아 출산 등의 발생 우려가 있으니 유념할 것이며, 대문(大

門)은 음택의 파구(破口)역할을 한다.

❖ **양택길흉 하지경**(何知經) : 양택길흉고가(陽宅吉凶古歌)인 하지경(何知經)에는 다음과 같은 개괄적인 화복론이 있다.

① 하지인가빈료빈(何知人家貧了貧)
산주산사수반신(山走山斜水返身)

② 하지인가부료부(何知人家富了富)
원봉뢰락개조호(員峰磊落皆朝護)

③ 하지인가귀료귀(何知人家貴了貴)
문모수봉당안기(文筆秀峰當案起)

④ 하지인가출부호(何知人家出富豪)
일산고료일산고(一山高了一山高)

⑤ 하지인가파산재(何知人家破散財)
일산저료일산저(一山低了一山低)

⑥ 하지인가출고과(何知人家出孤寡)
비파측선고봉사(琵琶側扇孤峰邪)

⑦ 하지인가소년망(何知人家少年亡)
전야당지후야당(前也塘池後也塘)

⑧ 하지인가액경사(何知人家縊頸死)
용호경상유조로(龍虎頸上有條路)

⑨ 하지인가자손소(何知人家子孫小)
전후양변고과분(前後兩邊高過墳)

⑩ 하지인가이성거(何知人家二姓居)
일변산유일변무(一邊山有一邊無)

⑪ 하지인가이산향(何知人家離散鄕)
일산주찬과명당(一山主竄過明堂)

⑫ 하지인가출병군(何知人家出兵軍)
창산좌재면전신(槍山坐在面前伸)

❖ **양택 남쪽 길상**(吉相)

- 남쪽에 고층건물이 없는 가상
- 남쪽이 1층이고 북쪽이 2층이 있는 가상
- 지세(地勢)가 남쪽이 낮고 북쪽이 높은 가상.

❖ **양택 남쪽 흉상**(凶相)

- 남쪽이 2층이고 북쪽이 1층인 가상
- 남쪽이 벽으로 전부 막혀 있는 가상
- 지세가 남쪽이 높고 북쪽이 낮은 지상
- 남쪽에 부엌이나 목욕탕이 있는 가상
- 남쪽에 화장실이나 하수구가 있는 가상
- 남쪽에 우물이나 하수구가 있는 가상
- 남쪽에 복도가 있는 가상.

❖ **양택노골탈척**(陽宅露骨脫脊) : 가옥의 허리뼈대 양측 머리 부위가 노출되어 드러나는 것(장기간 보수불량으로 드러날 수도 있다.)은 재물이 흩어지고 주택에 우환·장해 및 인명의 손상 등 불상사가 발생한다. 골조나 방이라든지 지붕, 담장도 속뼈대가 외부로 드러나는 것은 흉험·파괴의 액화가 생긴다.

❖ **양택단이일사**(陽宅單耳縊死) : 이러한 주택은 흉가이다.

- 본래 있었던 원채 건물의 좌측 방 뒷머리에다 작은 구조물을 잇대어 만들면 인명의 손상·자살·고질병·눈병창종(患目瘡腫)의 우환 및 재물 파탄과 우환, 낭패 등 흉험이 닥친다.
- 심하게 일그러지거나 비뚤어졌다든지 요철(凹凸)의 형태를 이루는 등 음푹 패어지거나 불거진 모양의 집 구조나 집터에서는 변고와 우환 및 불구자가 흔히 생기는 파괴형 구조이다.
- 북쪽이 움푹 패어진 것은 불구자나 과부가 생기며, 집안이 산란해지고 도박과 잡기로 재물이 흩어지며, 객사하거나 자식이 없어 후대가 끊기는 등 우환과 변고가 자주 생기며, 변소가 그 쪽에 위치하면 정신질환자나 귀머거리가 생기기 쉽다.
- 집 구조와 집터가 서쪽과 동쪽이 심하게 패어지면 벙어리가 생기기 쉽다.
- 남쪽이 패어진 곳에 변소 및 하수구 등이 배치되면 눈병이나 시력장애 및 정신질환자와 장님이 생기기 쉽다.
- 서북쪽과 동북쪽이 움푹하게 패어진 형태의 집에서는 절름발이나 다리에 이상이 있는 불구자가 생기기 쉽다.
- 동남쪽과 서쪽 및 서북쪽에 남의 묘지라든가 변소가 있다든지 오물 저장소 또는 더러운 것을 쌓아 두게 되면 정신질환자와 신경성 질병이 생기기 쉽다.
- 동북쪽과 서남쪽의 변소, 하수도, 두엄자리, 우물 등은 변고나 돌발 재난이 생기기 쉽다.

- 동쪽과 남쪽이 밝고 넓게 트이지 않고 앞이 막힌 집터에서는 매사 불성의 형국이다.(묘지나 변소 등도 마찬가지로 간주한다.)
- 부엌이 집의 한가운데 위치하는 것은 장해·파괴 형국이다.
- 북쪽이 볼록하게 튀어나온 집은 재물이 빨리 늘고 자식들이 태어나도 두뇌가 좋다. 성공도 빨라 발전 부귀하나 지나치게 불쑥 솟아나오는 것은 부녀자가 가장을 업신여기거나 자기 주장이 강해서 풍파가 생기고 바람을 피우는 등 끝내는 파괴·재난이 닿는 불길한 구조이다.
- 연못이나 풀장, 우물은 절대 정남쪽에는 만들지 않는다. 변고와 단명 및 집안의 우환 등 파괴의 재난이 닿는다.
- 남쪽 방위에 결함이 있는 가옥이나 집터는 심장질환이나 신경성 종류의 질병, 소아마비 및 뇌성마비, 시력장애자가 생기기 쉽다.
- 서쪽 방위에 결함이 있는 가옥이나 집터는 기관지 및 호흡기 질환 폐기능 질병 및 폐암, 치과 계통의 병환이 발생하기 쉽다.
- 서남쪽 방위에 결함이 있는 가옥이나 집터는 위궤양, 변비, 위산과다, 위경련 및 복통, 복수가 차오르는 등 위암과 자궁암, 위장병 계통의 질환이 생기기 쉽다.
- 서북쪽 방위에 결함이 있는 가옥이나 집터는 두뇌 질환, 고혈압, 동맥경화, 피부질환, 알레르기성 계통의 질병이 생기기 쉽다.
- 셋방이라도 가옥의 서북쪽 방위에 들어오는 사람들의 경우는 들어올 때는 힘들어도 다른 곳으로 옮겨갈 때에는 형편이 나아지는 예가 십중팔구이다. 그러나 서북쪽 방위의 방은 셋방으로 빌려주면 알맹이는 남 주고 주인은 빈껍데기만 차지하는 형국을 피할 수 없다.
- 적당히 볼록 솟아오른 것은 그 방위에 해당하는 길흉 영향자 및 가옥의 화복에 오히려 좋은 영향력을 행사하는 길상(吉祥)의 행운으로 간주한다.
- 항시 가옥의 세부구조 및 길흉을 판단할 때에는 설명할 24방위마다 소속된 길흉 해당자가 누구인가와 팔괘의 주체 요해에 대한 이론을 필수적으로 참고해서 일그러지거나 볼록하게 튀어나온 것 등의 갖가지 모양 및 구조에 대하여 차분한 검토와 길흉화복에 관한 고찰을 통한 최종적 판단에 임해야 한다.
- 바깥 대문을 열어 놓으면 부엌이 막바로 바라보이는 것은 불길형 구조로서 외부내곤(外富內困) 형국이며, 가정의 살림살이가 어수선하여 좋지 않은 일들이 많이 발생되며, 구설수와 집안 비밀이 밖으로 잘 흘러 나가는 비밀 누설 형상이므로, 주방은 주출입문과 일직선으로 정면 배치가 되지 않고 가려져 안 보여야 길하다.
- 대체로 동남과 서북을 향해 놓여진 점포나 구조물은 발전이 더디고 장해와 곤란이 자주 생기며, 부엌이나 주방이 서남쪽에 배치되는 경우와 화장실이나 변소가 놓여지는 것도 파괴·액화·재난 형국이다.
- 임산부가 있을 때는 집을 새로 짓거나 이사, 가옥의 수리, 집안의 큰 구조물을 변형, 이동과 변경에 관련된 일은 매우 불길하며, 파괴와 재난 등 풍파가 발생한다. 화장실과 주방 또한 손대지 말아야 된다.
- 집터는 앞쪽이 평평하고 시야가 넓게 열리는 것이 좋고 뒤쪽은 아늑하게 여유가 있어야 하며, 앞쪽은 지나치게 경사지지 말아야 되고 모양이 반듯하면서 좌우에 충분한 여유를 가지는 것이 좋다.
- 집터가 물이 잘 빠지지 않고 물이 고인다든지 습기가 지나치게 심한 경우와 남서쪽이나 동북쪽 방위에 배수구나 쓰레기장이 있는 경우는 우환이나 재난이 자주 발생하는 파괴·분산 형국이며, 어수선한 살림살이를 면하기 어려운 불길 형상이다.
- 세탁물을 지붕 위의 옥상에서 건조시키도록 줄을 매거나 계단을 설치한다든지 주방이나 부엌, 우물 등과 바짝 닿게 넌다든지 장독대를 출입대문 위에다 편편하게 슬라브를 만들어 설치하는 것 등은 가정에 재난과 풍파가 발생하고 살림살이가 어수선해지는 불길 형국이다.
- 내실 현관문을 열고 바깥 대문을 열면 거실 내부가 훤히 들여다보이는 일직선상의 구조는 불길·파괴 형국으로 반드시 안쪽 현관문과 바깥 대문의 방향은 엇갈려서 놓여지도록 배치되어야 길하다.
- 안방문과 대문이 일직선상, 대문 바로 곁에 침실이 놓여진 형세, 안방 바로 옆에 주방, 침실 곁에 부엌이나 주방이 딸리는

가옥 구조는 모두 불길·액화·재난 형국으로 간주한다.

- 습기가 많은 터에는 집을 짓지 않는다. 우환과 병액이 자주 생기고 재산증식이 더디며 살림살이가 어수선해지는 불길격이다.
- 집 주위와 앞마당에는 큰 나무를 심지 않는다. 비록 과일나무라도 수목이 무성해져서 그림자가 지붕을 뒤덮거나 대문을 가리는 것 등은 우환·불길·파괴격이다. 나무를 심을 경우라면 서북쪽으로 심되 아주 멀리 떨어지게 배치하여 구조물이 나무 그늘의 영향권 밖에 놓이게 한다.
- 마당에다 나무를 심는 것도 좋을 것이 없지만 연못을 판다든지 우물을 파는 것도 좋지 못하며, 마당을 완전히 포장을 한다든가 자갈을 깔아 땅을 전부 덮어버리면 우환이나 변고, 풍파, 재난이 든다.
- 집터 바깥으로 흐르는 물을 인위적으로 집안으로 끌어들이는 것과 담장이 지나치게 높게 둘러쳐진 것은 우환과 재난, 구설과 풍파가 생기고 재산이 늘지 않으며 음흉스러운 일이나 떳떳치 못한 비밀 등이 자주 발생되는 불길격이다.
- 왜소한 가옥에 비해 출입하는 대문이 너무 큰 것과 재목을 뿌리 쪽이 하늘로 향하도록 거꾸로 박아서 기둥을 만들거나 재질이나 모양이 굽어지거나 비뚤어진 것을 사용하는 것은 재난과 풍파 및 파괴 등의 액화가 발생하게 되는 형국이다.
- 우물과 부엌, 아궁이 등의 배치가 일직선 형태를 이루는 것과 천장에 채광을 위한 창구멍을 너무 크게 뚫는 것도 재난과 파괴를 초래하는 풍파 형국 불길 구조이다.
- 가옥이 크고 작고를 막론하고 앞대문만 있고 뒤쪽이나 옆쪽에 다른 작은 출입문이 없는 것은 불행사나 재난이 자주 닿게 되는 풍파·불길·파괴 형국이다.
- 담장과 주택의 사이가 바짝 붙어 있는 것은 갑갑한 일이나 복잡한 사정이 자주 생기는 형국이며, 집은 크고 식구가 작은 것도 불길 자초형으로 점차 재산이 줄고 형편이 곤궁해질 형국이다.
- 앞쪽의 터가 넓더라도 뒤쪽의 공간이 협착한 집은 외화내곤(外華內困)격으로 간주하고 좌우폭은 상대적으로 넓으면서 앞뒤쪽 간격이 비좁은 터는 우환과 풍파가 자주 발생되는 불행·파괴형 가옥 구조이다.
- 방의 배치는 가급적 그 집의 경제 주권을 행사하는 가장의 거실을 중심으로 오행의 상생·상극을 고려하여 비치하되 집의 중앙 부위에 손상이 미치지 않도록 세심한 주의와 배려를 요한다. 가옥의 중앙 부위에 부엌이나 화장실 또는 잡다한 물건을 저장해 가로막아 놓거나 중심부가 폐쇄되는 형국이 되는 것은 재난·불길·풍파 형국이며, 호주 및 가장의 일이 순탄치 않고 액화와 장해가 자꾸만 생긴다.
- 집터는 협소한 데 비해 건물이 너무 크거나 넓다든지, 비록 토지가 평탄하다 하더라도 요철이나 삼각형으로 비뚤어진 집터와 마당의 모양새가 반듯하지 못하다든지, 뒤쪽 터는 높은데 비해 앞마당 쪽은 아주 낮아서 대청마루의 높이가 매우 높은 것도 가운이 점차 쇠퇴해서 후대에 가서는 파괴 분산되는 형국이다. 풍파와 재난이 닿고 변고나 우환, 불구자나 요사 또는 절손(絶孫)하여 대가 끊기는 일 등이 발생하는 구조이다.
- 가파른 낭떠러지 밑이나 경사가 급격한 장소 및 협착한 위치에 바짝 붙여졌거나 너무 안쪽으로 들어가서 축조된 가옥은 재난·파괴격 불길 구조이다.
- 주변의 다른 가옥들에 대해서 특별한 구조나 돌출된 가옥은 구설이 많고 재산 증식이 잘 되지 않는 형국으로 식구들 중에 유별난 짓을 하는 사람이 생긴다.
- 집터가 넓은 경우라 하더라도 한울타리 안에 새로이 자제들을 분가시키는 가옥을 짓지 않는다. 그것은 집안식구들이 각자이심으로 불화와 반목으로 말썽이 자주 생기는 형국이다.
- 아래층 사람과 위층 사람들이 화장실 하나를 공동으로 사용하는 것 또는 각각 다른 집 식구들이 같은 변소를 사용하는 것은 불길·파괴격으로 재산이 잘 늘지 않으며 말썽이나 풍파가 자주 발생하는 형국이다.
- 화장실 문이 대문과 일직선으로 놓여지는 것도 불길·파괴형 풍파와 재난이 들고 살림살이가 어수선해진다.
- 아래층에서 위층으로 올라가는 계단은 안쪽이나 바깥쪽을 막론하고 중앙 부위에 설치하지 말아야 된다. 재산증식이 안되며 식구들과 살림살이에 풍파와 액운이 자주 닿는다.

• 가옥을 축조함에 있어 요철 형국, 가운데는 튀어나오고 앞뒤나 좌우가 낮은 형태는 재난·파괴·분산 형국으로 불길 구조이다.

• 새로 짓는 집은 안쪽에서부터 바깥 부위를 향해 축조해 나가면서 완성해야 한다. 바깥쪽부터 진행되는 것은 역수(逆數)지격으로 불길하다.

• 가옥의 일부분만을 헐어내서 모양을 개조하고 일부분은 예전 그대로 놔두는 절반 개량은 재물 파괴, 식구 분산의 액화가 닿고 집안이 빈궁해지는 재난을 초래하는 불길격이다.

• 전부터 있던 건물의 윗부분을 보강해서 한 층수를 더 늘려 짓는 것도 좋지 못하고 두 집을 연결해서 한 채로 만든다든지 두 집의 주방 시설을 한 곳에 설치하는 일 등은 흉액·불길·재난격이다.

❖ **양택 도로와 물은 흐르는 것이 좋다** : 양택에서는 도로를 하천과 같은 개념으로 보는데, 하천의 경우에는 물이 퇴적과 침식을 일으키는 요인이 되므로 수리학적인 측면에서 보면 저지대가 된다거나 물이 굽어지는 곳은 침식과 침수의 영향을 받게 되고, 길의 경우에는 사람이 통행하고 차가 주행하는 곳이기 때문에 통행하는 차량이나 사람과 관련지어 생각해보면 일반도로에서 볼 수 있는 안내표지 중에 '급커브조심'이라는 표지는 커브길에서 일정한 속도가 유지되지 않으면 관성에 의해 진행하던 방향으로 차가 쏠리거나 전복을 당하게 되므로 급커브가 되는 곳은 생각지도 않은 교통사고를 당하게 되기도 하고, 통행하는 길과 집이 마주쳐 있게 되면 너 나 할 것 없이 자연적으로 마주치게 되는 집을 쳐다보게 되므로 괜한 호기심을 유발하기도 하여 도둑을 불러들일 수도 있게 된다.

❖ **양택 동남쪽 흉상**(凶相) : 동남쪽에 인접하여 고층 건물이 있는 경우, 동남쪽에 큰 구멍이 나 있는 경우, 지세가 동남쪽이 높고 서북이 낮은 지상, 동남쪽에 복도가 있는 가상, 동남쪽에 하수구가 흐르는 경우, 동남쪽에 화장실이 있는 경우.

❖ **양택 동북쪽 길상** : 동북쪽에 별채가 있는 가상, 지세가 동북쪽이 높고 서남쪽이 낮은 지상, 북동쪽이 2층이고 서남쪽이 1층인 가상, 북동쪽에 부엌이나 하수구가 흐르지 않는 가상, 북동쪽에 욕실이나 우물이 없는 가상.

❖ **양택 동북쪽 흉상**(凶相) : 북동쪽에 큰 구멍이 있는 경우, 동북쪽에 지하실이 있는 가상, 동북쪽에 욕실이나 부엌이 있는 가상, 동북쪽에 못이 있는 가상, 지세가 동북쪽이고 낮고 서남쪽이 높은 지상, 동북쪽에 현관이나 출입구가 있는 가상, 동북쪽에 복도나 하수구가 있는 가상.

❖ **양택 동쪽 길상** : 동쪽과 서북쪽에 별채가 있는 가상, 동쪽에 본채의 3분의 1이하가 되는 별채가 있는 가상, 동쪽에 인접하여 높은 건물이 없고 넓은 공터가 있는 가상, 지세(地勢)가 동쪽이 낮고 서쪽이 높은 터, 동쪽이 1층이고 서쪽이 2층인 가상, 동쪽에 강이나 바다에 접한 지상.

❖ **양택 동쪽 흉상** : 동쪽이 벽이나 구조물로 전부 막혀 있는 가상, 동쪽에 2층이 있고 서쪽에 1층이 있는 가상, 동쪽에 큰 출입문 복도 베란다가 있는 가상, 지세(地勢)가 서쪽이 낮고 동쪽이 높은 터, 동쪽이 자기 집보다 높은 건물이 인접하여 있는 가상, 동쪽에 하수(下水)가 흐르는 경우, 동쪽에 화장실이 있는 경우.

❖ **양택문로방위**(陽宅門路方位) : 양택(家宅)에는 팔택(八宅)이 있다. 팔택(八宅)이란 동사택(東四宅)을 말하는데, 동사택(東四宅)은 감진손리(坎震巽離), 서사택(西四宅)은 건곤간태(乾坤艮兌) 등이다.

8택문로(八宅門路)를 배열하면,

• **임자계삼좌**(壬子癸三坐) : 손문(巽門)은 천을귀인문(天乙貴人門), 묘문(卯門)은 복덕(福德), 오문(午門)은 익수(益壽).

• **갑묘을삼좌**(甲卯乙三坐) : 오문(午門)은 천을(天乙), 자문(子門)은 복덕(福德), 손문(巽門)은 익수(益壽).

• **진손사삼좌**(辰巽巳三坐) : 자문(子門)은 천을(天乙), 묘문(卯門)은 익수(益壽), 오문(午門)은 복문(福門), 자문(子門)은 복덕(福德), 손문(巽門)은 익수(益壽).

• **진손사삼좌**(辰巽巳三坐) : 자문(子門)은 천을(天乙), 묘문(卯門)은 익수(益壽), 오문(午門)은 복문(福門).

• **병오정삼좌**(丙午丁三坐) : 묘문(卯門)은 천을(天乙), 자문(子門)은 익수(益壽), 손문(巽門)은 복덕(福德).

• **축간인삼좌**(丑艮寅三坐) : 곤문(坤門)은 천을문(天乙門), 건문(乾門)은 복덕(福德), 태문(兌門 : 서쪽) 익수(益壽).

• **술건해삼좌**(戌乾亥三坐) : 태문(兌門)은 천을문(天乙門), 간문(艮門)은 복덕(福德), 곤문(坤門)은 익수(益壽).

• **경유신삼좌**(庚酉辛三坐) : 건문(乾門)은 천을문(天乙門), 간문(艮門)은 익수(益壽), 곤문(坤門)은 복덕(福德).

• **미곤신삼좌**(未坤申三坐) : 간문(艮門)은 천을문(天乙門), 태문(兌門) 복덕(福德), 건문(乾門)은 익수(益壽).

❖ **양택변소우마저구방위**(陽宅便所牛馬猪狗方位) : 변소, 소, 말, 돼지, 개, 마굿간 방위를 말한다. 진방(辰方) 변소는 부귀(富貴)하고, 손방(巽方) 변소는 다자손(多子孫)하고, 사방(巳方) 변소는 장수하고, 오방(午方) 변소는 맹인과 불효자가 나고, 묘방(卯方) 변소는 귀머거리와 다리, 발이하고, 유방(酉方) 변소(便所)는 벙어리가 나고, 자방(子方) 변소는 집 사람 중에서 도적이 난다. 신방(申方) 변소는 관재(官災)가 끊이지 않고, 자방(子方)·우마방(牛馬房)은 실물수(失物數) 있고, 신방(申方) 우마방(牛馬房)은 손재(損財)가 끊이지않고, 유방(酉方) 우마(牛馬)는 우마병(牛馬病)이 끊이지 않고, 오방(午方) 우마(牛馬)은 부귀(富貴)하고, 손방(巽方) 우마(牛馬)는 우마대성(牛馬大成)하고, 묘방(卯方) 우마(牛馬)는 대창길리(大昌吉利)하고, 간방(艮方) 우마(牛馬)는 질병(疾病)이 끊이지 않고, 진방(辰方) 우마(牛馬)는 대길(大吉)하다. 구사(狗舍)도 동일하다. 진방(辰方) 저사(猪舍)도 번창하고, 구사(狗舍)도 동일하다. 사방(巳方) 저사(猪舍)는 왕성(旺盛)하고 구사(狗舍)도 동일하다. 묘방(卯方) 저사(猪舍)는 대창(大昌)하고 구사(狗舍 : 개집)도 동일하다.

❖ **양택법**(陽宅法) : 집짓는데 보는 여러 가지 법. 용, 명당, 혈(穴) 등을 보는 법은 음택(陰宅)과 마찬가지이므로 여기에서는 집짓는 주인공의 명(命 : 生年)에 맞는 길한 좌향을 가리는 법과 출입문 방위, 부엌내는 방위 등을 보는 법만 살펴본다.

① **좌향법**(坐向法) : 상원갑자(上元甲子)에 태어난 사람은 갑자(甲子)를 감궁(坎宮)에, 중원갑자(中元甲子)에 태어난 사람은 갑자(甲子)를 손궁(巽宮)에, 하원갑자(下元甲子)에 태어난 사람은 갑자(甲子)를 태궁(兌宮)에 각각 붙여, 구궁순서(九宮順序)를 거꾸로 붙여 출생한 태세(太歲 : 즉 生年)에 이르는 궁을 괘(卦)로 만들어 일상생기(一上生氣), 이중오귀(二中五鬼), 삼하연년(三下延年), 사중육살(四中六殺), 오상화해(五上禍害), 육중천을(六中天乙), 칠하절명(七下絶命), 팔중복위(八中復位)로 생기복덕법 붙이는 요령과 똑같이 하여 주인공의 대조 길흉을 알아본다. 가령 중원갑자(中元甲子)의 을미생(乙未生)이라면 중원갑(中元甲)은 손궁(巽宮)에 갑자(甲子)를 붙여 구궁순(九宮順)을 거슬러 셈하는데, 즉 손(巽)에 갑자(甲子), 진(震)에 을축(乙丑,) 곤(坤)에 병인(丙寅), 감(坎)에 정묘(丁卯), 이(離)에 무진(戊辰), 간(艮)에 기사(己巳), 태(兌)에 경오(庚午), 건(乾)에 신미(辛未), 중(中)에 임신(壬申), 손(巽)에 계유(癸酉), 이렇게 계속하면 진(震)에 갑술(甲戌), 곤(坤)에 갑신(甲申), 감(坎)에 갑오(甲午)가 닿고, 이(離)에 을미(乙未)가 닿으니, 이(離)의 이괘이허중(離卦離虛中)을 만들어 위의 구성(九星)을 붙여본다. 즉 일상생기(一上生氣)하면 진하련(震下連)이니 진좌(震坐)(甲卯乙)에 생기(生氣), 이중오귀(二中五鬼)하면 태좌(兌坐)(庚酉辛)에 오귀, 삼하연년(三下延年)하니 감좌(坎坐)(壬子癸)에 연년, 사중육살(四中六殺)이니 곤좌(坤坐)(未坤申)에 육살(六殺), 오상화해(五上禍害)니 간좌(艮坐)(丑艮寅)에 화해, 육중천을(六中天乙)이니 손좌(巽坐)(辰巽巳)에 천을, 칠하절명(七下絶命)이니 건좌(乾坐)(戌乾亥)에 절명, 을미생(乙未生)이 닿는 궁 이(離)(丙午丁)는 복위(伏位)다. 그러므로 을미생(乙未生)은 갑묘을(甲卯乙)(震 : 生氣) 임자계(壬子癸)(坎 : 延年), 진손사(辰巽巳)(巽 : 天乙)의 좌(坐)가 대길(大吉)하다.

• 上元甲子 : 서기 1864년(甲子)~1923년(癸亥)까지
• 中元甲子 : 서기 1924년(甲子)~1983년(癸亥)까지
• 下元甲子 : 서기 1985년(甲子)~2043년(癸亥)까지

④ 巽	⑨ 離	② 坤
③ 震	⑤ 中	⑦ 兌
⑧ 艮	① 坎	⑥ 乾

• **구성길흉**(九星吉凶)

생기(生氣) : 대길(大吉) **오귀**(五鬼) : 대흉(大凶)
연년(延年) : 길(吉) **육살**(六殺) : 흉(疾病)
화해(禍害) : 흉(害) **천을**(天乙) : 대길(富)

절명(絶命) : 대흉(無孫) **복위**(復位) : 길흉상반

[조견표]

生年 \ 三元甲 \ 九宮神		一上生氣	二中五鬼	三下延年	四中六殺	五上禍害	六中天乙	七下絶命	八中復位
甲癸壬辛庚己戊 子酉午卯子酉午	上元(坎)	巽	艮	離	乾	兌	震	坤	坎
	中元(巽)	坎	坤	震	兌	乾	離	艮	巽
	下元(兌)	乾	離	艮	巽	坎	坤	震	兌
乙甲癸壬辛庚己 丑戌未辰丑戌未	上元(離)	震	兌	坎	坤	艮	巽	乾	離
	中元(震)	離	乾	巽	艮	坤	坎	兌	震
	下元(乾)	兌	震	坤	坎	巽	艮	離	乾
丙乙甲癸壬辛庚 寅亥申巳寅亥申	上元(艮)	坤	坎	兌	震	離	乾	巽	艮
	中元(坤)	艮	巽	乾	離	震	兌	坎	坤
	下元(中)	艮	巽	乾	離	震	兌	坎	坤
丁丙乙甲癸壬辛 卯子酉午卯子酉	上元(兌)	乾	離	艮	巽	坎	坤	震	兌
	中元(坎)	巽	艮	離	乾	兌	震	坤	坎
	下元(巽)	坎	坤	震	兌	乾	離	艮	巽
戊丁丙乙甲癸壬 辰丑戌未辰丑戌	上元(乾)	兌	震	坤	坎	巽	艮	離	乾
	中元(離)	震	兌	坎	坤	艮	巽	乾	離
	下元(震)	離	乾	巽	艮	坤	坎	兌	震
己戊丁丙乙甲癸 巳寅亥申巳寅亥	上元(中)	艮	巽	乾	離	震	兌	坎	坤
	中元(艮)	坤	坎	兌	震	離	乾	巽	艮
	下元(坤)	艮	巽	乾	離	震	兌	坎	坤
庚己戊丁丙乙 午卯子酉午卯	上元(巽)	坎	坤	震	兌	乾	離	艮	巽
	中元(兌)	乾	離	艮	巽	坎	坤	震	兌
	下元(坎)	巽	艮	離	乾	兌	震	坤	坎
辛庚己戊丁丙 未辰丑戌未辰	上元(震)	離	乾	巽	艮	坤	坎	兌	震
	中元(乾)	兌	震	坤	坎	巽	艮	離	乾
	下元(離)	震	艮	坎	坤	艮	巽	乾	離
壬辛庚己戊丁 申巳寅亥申巳	上元(坤)	艮	巽	乾	離	震	兌	坎	坤
	中元(中)	艮	巽	乾	離	震	兌	坎	坤
	下元(艮)	坤	坎	兌	震	離	乾	巽	艮

• **동사택**(東四宅) : 감리진손좌(坎離震巽坐)

서사택(西四宅) : 건곤간태좌(乾坤艮兌坐)

• **감**(坎) : 임자계좌(壬子癸坐)

리(離) : 병오정좌(丙午丁坐)

진(震) : 갑묘을좌(甲卯乙坐)

손(巽) : 진손사좌(辰巽巳坐)

건(乾) : 술건해좌(戌乾亥坐)

곤(坤) : 미곤신좌(未坤申坐)

간(艮) : 축간인좌(丑艮寅坐)

태(兌) : 경유신좌(庚酉辛坐)

② **문**(門)·**주**(主)·**조**(竈)**의 방위법** : 문(門)은 출입문, 주(主)는 건물의 좌(坐), 조(竈)는 부엌이다. 문을 위주하여 부엌(竈)과 좌(坐)를 맞추고, 주(坐)를 위주하여 부엌(竈)·장독대·별채 등의 방위를 본다. 대문의 방위는 안마당 중앙에 나침반을 놓고 방위를 기준하고, 기타의 방위는 안방(正堂·內室) 문설주를 기준하여 방위를 잡는다. 생기(生氣)·연년(延年)·천을(天乙)은 대길하고, 복위(復位)는 평평하며, 오귀(五鬼)·육살(六殺)·화해(禍害)·절명(絶命)은 대흉하다. 문(門)·주(主: 坐)·조(竈)가 음양이 배합되고 오행이 상생되면 대길하고, 음양이 배합되지 않고(順陽順陰) 오행이 상극되면 불길하다. 그리고 동사택(東四宅)은 동사택(東四宅)끼리, 서사택(西四宅)은 서사택(西四宅)끼리 배합됨을 요하는데 타택(他宅)과의 배합은 자연 흉방(凶方)이 되기 마련이다. 동사택(東四宅)은 생기(生氣)가 가장 길하고, 연년(延年)이 다음이며, 천을(天乙)이 그 다음 길하다. 서사택(西四宅)은 연년(延年)이 가장 길하고, 천을(天乙)이 다음이며, 생기(生氣)가 그 다음 길하다.

• 복위(復位)는 木, 일명 보필(輔弼)이다.

• 연년(延年)은 金, 일명 무곡(武曲)이다.

• 천을(天乙)은 土, 일명 거문(巨門)이다.

• 생기(生氣)는 木, 일명 탐랑(貪狼)이다.

• 육살(六殺)은 水, 일명 문곡(文曲)이다.

• 절명(絶命)은 金, 일명 파군(破軍)이다.

• 오귀(五鬼)는 火, 일명 염정(廉貞)이다.

• 화해(禍害)는 土, 일명 녹존성(祿存星)이다.

門·主 \ 主·竈		坎(壬子癸)	艮(丑艮寅)	震(甲卯乙)	巽(辰巽巳)	離(丙午丁)	坤(未坤申)	兌(庚酉辛)	乾(戌乾亥)
東四宅	坎(壬子癸)	復位	五鬼	天乙	生氣	延年	絶命	禍害	六殺
	離(丙午丁)	延年	禍害	生氣	天乙	復位	六殺	五鬼	絶命
	震(甲卯乙)	天乙	六殺	復位	延年	生氣	禍害	絶命	五鬼
	巽(辰巽巳)	生氣	絶命	延年	復位	天乙	五鬼	六殺	禍害
西四宅	乾(戌乾亥)	六殺	天乙	五鬼	禍害	絶命	延年	生氣	復位
	坤(未坤申)	絶命	生氣	禍害	五鬼	六殺	復位	天乙	延年
	艮(丑艮寅)	五鬼	復位	六殺	絶命	禍害	生氣	延年	天乙
	兌(庚酉辛)	禍害	延年	絶命	六殺	五鬼	天乙	復位	生氣

출입문의 방위를 우선한다. 가령 안마당 중앙을 기준하여 출입문이 임자계(壬子癸) 감방(坎方)에 있다면 갑묘을(甲卯乙:震)

·진손사(辰巽巳:巽)·병오정(丙午丁:離)으로 건물의 좌(坐)를 놓거나 이 방위에 부엌을 내면 천을(天乙)·생기(生氣)·연년(延年)의 길방이 된다. 기타는 화해(禍害)·절명(絶命)·육살(六殺)의 흉신방이 되어 불길하다. 건물의 좌(坐)로 별채·장독대·우물 등의 방위를 볼 때 건물이 임자계(壬子癸) 감좌(坎坐)라면 별채·장독대·우물 등이 갑묘을(甲卯乙:震)·진손사(辰巽巳:巽)·병오정(丙午丁:離)·임자계(壬子癸:坎) 방위에 설치하면 생기·연년·천을·복위의 길신방이 되어 대길이라 한다.

❖ **양택본명생기법**(陽宅本命生氣法) : 양택법(陽宅法)에 가주(家主)의 생년과 집의 좌향으로 생기법을 따져 길흉을 보는 방법. 우선 생년이 어떤 괘에 해당하는가를 먼저 알아야 한다.

甲年生 : 乾卦　　乙年生 : 坤卦　　丙年生 : 艮卦

丁年生 : 兌卦　　戊年生 : 艮卦　　己年生 : 坤卦

庚年生 : 震卦　　辛年生 : 巽卦　　壬年生 : 離卦

癸年生 : 坎卦

갑생년(甲年生) 즉 갑자(甲子), 갑술(甲戌), 갑신(甲申), 갑오(甲午) 갑진(甲辰), 갑인년생(甲寅年生)은 모두 건괘(乾卦)에 속한다.

일상생기(一上生氣), 이중천의(二中天醫), 삼하절체(三下絶體), 사중유혼(四中遊魂), 오상해화(五上害禍), 육중복덕(六中福德), 칠하절명(七下絶命), 팔중본궁(八中本宮).

생기·천의·복덕은 대길하고, 유혼·절체·본궁은 평평하며, 대화·절명은 대흉하다.

구분 / 생년	생기	천의	절체	유혼	대화	복덕	절명	본궁
甲年生(乾三連)	兌	震	坤	坎	巽	艮	離	乾
乙年生(坤三絶)	艮	巽	乾	離	震	兌	坎	坤
丙年生(艮上連)	坤	坎	兌	震	離	乾	巽	艮
丁年生(兌上絶)	乾	離	艮	巽	坎	坤	震	兌
戊年生(艮上連)	坤	坎	兌	震	離	乾	巽	艮
己年生(坤三絶)	艮	巽	乾	離	震	兌	坎	坤
庚年生(震下連)	離	乾	巽	艮	坤	坎	兌	震
辛年生(巽下絶)	坎	坤	震	兌	乾	離	艮	巽
壬年生(離虛中)	震	兌	坎	坤	艮	巽	乾	離
癸年生(坎中連)	巽	艮	離	乾	兌	震	坤	坎

❖ **양택 북쪽 길상**(吉相) : 북쪽에 낮은 별채가 있는 가상, 지세가 북쪽이 높고 남쪽이 낮은 지상, 북쪽이 2층이고 남쪽이 1층인 경우, 북쪽이 벽이나 건물로 막혀있는 가상.

❖ **양택 북쪽 흉상**(凶相) : 북쪽에 복도가 있는 가상, 북쪽에 우물이 있는 가상, 북쪽에 지하실이 있는 가상, 지세가 북쪽이 낮고 남쪽이 높은 지상, 북쪽에 큰 구덩이가 있는 경우, 북쪽에 변소가 있는 가상, 북쪽에 목욕탕이나 못이 있는 가상.

❖ **양택빈궁곤고**(陽宅貧窮困苦)

- 집은 높다랗고 터는 협착한 것
- 터는 넓고 집은 낮게 웅크린 것
- 대들보나 기둥이 너무 크고 길어 본 골조 밖까지 튀어나온 것
- 앞채는 안집으로 사용되고 뒤채가 바깥채로 쓰이는 것
- 좌우의 옆채가 본채보다 길다란 것
- 앞뒤의 옆채가 본채보다 길다란 것 등은 집안에 곤란과 고생, 빈한과 궁색의 재앙과 풍파가 발생되는 흉액지상이다.

❖ **양택삼요**(陽宅三要) : 문과 건물의 좌(坐)와 부엌 방위의 길흉을 논한 것. 요령은 문 방위로 좌(坐)를 보고, 좌(坐)로 부엌 방위를 보는데, 이 3가지 관계가 구성(九星)의 생기(生氣)·천을(天乙)·연년(延年)이 되고 상생이 되며 음양이 배합되어야 길하다. 세 가지 관계가 순양(純陽) 또는 순음(純陰)으로 되었거나 상극되거나 오귀(五鬼)·육살(六殺)·화해(禍害)·절명이 되면 불길하다.

❖ **양택 서쪽 길상**(吉相) : 서쪽에 별채가 있는 가상, 서쪽에 2층이 있고 동쪽은 단층인 가상, 서쪽에 벽으로 막혀 있는 가상, 서쪽에 창고나 높은 건물이 있는 가상, 지세(地勢)가 서쪽이 높고 동쪽이 낮은 가상.

❖ **양택 서쪽 흉상**(凶相) : 서쪽에 창문이 크거나 많이 있는 가상, 서쪽이 1층이고 동쪽이 2층인 가상, 지세(地勢)가 서쪽이 낮고 동쪽이 높은 지상, 서쪽에 우물이나 못이 있는 가상, 서쪽에 복도가 있는 가상.

❖ **양택 서남쪽 길상**(吉相) : 서남쪽은 단층이고 동북쪽은 2층인 가상, 서남쪽에 인접한 고층건물이 없고 터진 가상, 지세가 서남쪽은 낮고 동북쪽이 높은 지상(地上).

❖ **양택 서남쪽 흉상**(凶相) : 서남쪽이 2층이고 동북쪽이 단층인 가상, 지세가 서남쪽이 높고 동북쪽이 낮은 지상, 서남쪽에 우물

이나 못 등이 있는 가상, 서남쪽에 부엌이나 욕실이 있는 가상, 서남쪽에 화장실이나 하수구가 흐르는 가상, 서남쪽에 복도가 있는 가상.

❖ **양택 서북쪽 길상**(吉相) : 서북쪽에 별채가 있는 가상, 서북쪽에 2층이 있고 동남쪽에 단층이 있는 가상, 서북쪽에 큰 창고가 있는 가상, 지세가 서북쪽이 높고 동남쪽이 낮은 지상.

❖ **양택 서북쪽 흉상**(凶相) : 서북쪽에 지하실이 있는 가상, 지세가 서북쪽이 낮고 동남쪽이 높은 지상, 서북쪽이 단층이고 동남쪽이 2층인 가상.

❖ **양택성조삼살법**(陽宅成造三殺法) : 신자진생(申子辰三生)은 신년(申年)에 성조(成造 : 집을 짓는 것)하면 대살년(大殺年)이 되고, 자년(子年)에 집을 지으면 중살(中殺)이 되고, 진년(辰年)에 집을 지으면 손살(巽殺)이 된다. 만약 범하면 대해(大害)를 입는다. 대살년(大殺年)은 3년내에 해가, 중살(中殺)을 범하면 2년내에 해가 있고, 손살(巽殺)을 범하면 당년내 인망가패(人亡家敗)가 된다. 성조사각법(成造四角法)에 길운(吉運)이 될지라도 삼살법(三殺法)을 잘 참고해서 삼살(三殺)에 해당되지 않도록 한다. 신자진생(申子辰生)은 신년대살(申年大殺), 자년중살(子年中殺), 진년손살(辰年巽殺), 해묘미생(亥卯未生)은 해년대살(亥年大殺), 묘년중살(卯年中殺), 미년손살(未年巽殺), 인오술생(寅午戌生)은 인년대살(寅年大殺), 오년중살(午年中殺), 술년손살(戌年巽殺), 사유축생(巳酉丑生)은 사년대살(巳年大殺), 유년중살(酉年中殺), 축년손살(丑年巽殺)이다.

❖ **양택소아살**(陽宅小兒殺) : 양택에 이 살(殺)을 범하면 소아에게 액이 있다는 것. 건물의 안방 문설주를 기준하여 집을 수리하거나, 달아내거나, 변소·우물·장독대·별채 등을 세우거나, 그 방위에서 흙다루는 일 등을 꺼린다. 순국(順局)에 해당되는 살을 범하면 남자 어린이에게 액이 있고, 역국(逆局)에 해당되는 살을 범하면 여자 어린이에게 액이 있다. 사용하는 달이 크면(大月) 지지(地支)를 기준한다. 소월(小月)의 양년(陽年:子寅辰午申戌)에는 정월(正月)을 중관(中宮)에 넣고(2월이 乾), 음년(陰年:子卯巳未酉亥)에는 정월(正月)을 이궁(離宮)에 붙여(二月坎) 각각 구궁순(九宮順)으로 붙여 해당되는 달에 닿는 방위가 소아살방(小兒殺方)이다. 대월(大月)의 갑계정경년(甲癸丁庚年)에는 정월(正月)을 간궁(艮宮), 을신무년(乙辛戊年)에는 정월(正月)을 중궁(中宮), 임병기년(壬丙己年)에는 정월(正月)을 곤궁(坤宮)에 각각 붙여 구궁을 역(逆)으로 돌려짚어 사용하는 달에 이르는 방위가 소아살방이다.

	月의 大小	月別 / 年	1月	2月	3月	4月	5月	6月	7月	8月	9月	10月	11月	12月
順	小月	子寅辰午辛戌年 丑卯巳未酉亥年	中 離	乾 坎	兌 坤	艮 震	離 巽	坎 中	坤 乾	震 兌	巽 艮	中 離	乾 坎	兌 坤
逆	大月	甲癸丁庚年 乙辛戊年 丙壬己年	艮 中 坤	兌 巽 坎	乾 震 離	中 坤 艮	巽 坎 兌	震 離 乾	坤 艮 中	坎 兌 巽	離 乾 震	艮 中 坤	兌 巽 坎	乾 震 離

가령 을축년(乙丑年) 3월은 대월(大月)이니 역국(逆局)의 을신무년(乙辛戊年)에서 찾아보는 바, 을신무년(乙辛戊年)의 3월은 진방(震方:甲卯乙)이 소아관살이요, 이 방위를 범하면 여아(女兒)의 액이라 한다. 을축년(乙丑年) 4월 중 수리한다면 4월은 소월(小月)이니 순국(順局)이므로 축묘사미유년(丑卯巳未酉年) 줄의 4월을 짚으면 역시 진방(震方 : 甲卯乙)에 소아살이요 순국이니 남아의 액이 있다고 한다. 부득이 살방(殺方)을 범하게 될 경우 통천규(通天竅)·주마육임(走馬六壬) 자백성(紫白星)·사리제성(四利帝星)·진태양(眞太陽)·진태음(眞太陰) 등을 사용하면 제살(制殺)이 되어 무방하다고 한다. 신황(身皇) 정명(定命)의 이살(二殺)도 피하여야 한다.

❖ **양택용천팔혈생합**(陽宅龍泉八穴生合) : 용천팔혈(龍天八穴)은 용천파인(龍天破人), 귀지생사(鬼地生死) 등이다. 이것은 가택(家宅)에 주거인 가장에 생(生)과 택좌(宅坐)와 생합(生合)을 보는 것으로 미생인(未生人)이 자좌(子坐) 가택(家宅)이면 미(未)는 해묘미생(亥卯未生)에 속한 것. 지장12궁중(地掌十二宮中 : 손가락 바닥 열두마디)에 해(亥:亥宮)에서 부합하여 용자(龍字)를 집어서 자궁(子宮)으로 옮기면 자궁(子宮)에 해당되고, 미생(未生)은 자좌(子坐)가 천자운합(天字運合)으로서 천(天)은 길좌(吉坐)이다. 그리고 용천파인(龍天破人)으로 짚어 오궁(午宮)에까지 가면 사자(死字)까지는 끝나므로 다시 미궁(未宮)에서 용자(龍字)를 붙여 용천파인귀지생사(龍天破人鬼地生死)하는 법이다. 그러면 가

주(家主)의 생(生)과 가택좌(家宅坐)와의 운불운(運不運)을 볼 수 있고, 용천길(龍天吉), 파흉(破凶), 인길(人吉), 귀흉(鬼凶), 지길(地吉), 생길(生吉), 전가족(全家族)을 다 볼 수는 없고 대개 가주(家主)만 본다.

❖ **양택(陽宅)은 방위로도 기를 받을 수 있다** : 땅의 기는 암반을 타고 흘러 생토(生土)로 이어진다. 따라서 풍수지리에서 땅의 기는 생토(生土)에만 있다. 주택의 여건이 맞지 않아 땅의 운기를 못 받게 되면 방위상의 운기 감응 조치라도 취해야 한다. 이는 집의 위치 방향에 따라서 기 얻을 수 있기 때문이다.

❖ **양택(陽宅)을 위한 방위측정**

① **일반 단독주택인 경우** : 정원이나 마당이 있고 층수도 높지 않는 한국의 전형적인 주택을 의미한다.

㉠ 대지 전체 넓이에서 그 중심점에 나경(羅經)을 놓고 모든 방위를 측정한다. 즉 대문, 부엌, 큰방은 주택의 3요소로써 반드시 측정하고, 각방들의 위치, 우물, 화장실, 차고, 축사, 창고, 헛간 등 필요한 방위는 전부 측정한다.

㉡ 같은 방법으로 대지의 중심점에서 그 집의 기준이 될 방위를 측정하는데 그 집에서 가장 중심점을 말하는 곳을 건물의 높이가 가장 높고 무게가 제일 많이 나가는 지점을 고대중량지처(高大重量之處)라고 하여 이곳을 기준을 삼아 ㉠에서 측정한 방위들을 비교하여 그 주택의 길흉을 판단한다. 기준 대신 본명성(本命成)을 사용하면 본명성(本命成) 가진 사람과 그 양택과의 길흉화복을 따져볼 수 있다.

② **공동주택의 경우** : 아파트, 연립주택, 다세대주택, 다가구주택 등과 같이 하나의 건물 내에 구분된 가구가 별도로 살 수 있게 만들어진 주택을 말하는데, 세대별로 현관문을 들어서면서 그 세대가 사용하고 있는 구분건물 전부를 보아 그 중심점에 나경을 놓고 현관문, 주방, 큰방의 방위를 보고 또 각방의 위치나 화장실 등의 위치를 측정하여 방위를 정한다.

③ **사무실이나 점포의 경우** : 점포나 사무실의 정중심점에 나경을 놓고 사장실 또는 그 실의 장성(長席), 출입문, 계산대 또는 회계석 등의 위치를 측정하여 방위를 정한다.

❖ **양택음란패절(陽宅淫亂敗絶)** : 사방의 처마가 치켜 떠들리고 흡사 두건으로 머리를 감아올린 듯한 것과 한 채의 집에 아래 위에 놓인 방문이 서로 마주 보면서 중간에 대청이 없는 형태는 사람과 재물이 쇠퇴하고 관재·구설·투쟁·말썽의 피해가 자주 생기며, 오래 되면 파탄·절망의 액화에 부딪치고 음란·색정·불량에 연관된 재난과 손상을 치르게 된다.

❖ **양택 음택 길신이 흉살을 제압한다** : 삼기제성정국 : 음택 및 양택에 있어 연월로 이 길신이 임하면 흉살을 제압한다고 한다. 삼기(三奇)란 을병정(乙丙丁)의 천상삼기(天上三奇)로서 하늘의 진재(眞宰)라 한다.

• **삼기제성(三奇帝星)의 정국원리(定局原理)**

동지(冬至) 후는 감궁(坎宮)
춘분(春分) 후는 진궁(震宮)
입춘(立春) 후는 간궁(艮宮)
입하(立夏) 후는 손궁(巽宮)
이상에 갑자(甲子)를 붙여 해당되는 태세년까지 구궁(九宮)을 순행하고(陽遁)
하지(夏至) 후는 이궁(離宮)
추분(秋分) 후는 태궁(兌宮)
입추(立秋) 후는 감궁(坎宮)
입동(立冬) 후는 건궁(乾宮)
이상과 같이 갑자(甲子)를 붙여 당년 태세까지 구궁(九宮)을 거꾸로 돌려 짚는다. 다음은 태세 머무는 곳에 정월(正月) 월건을 붙여 양둔(陽遁 : 동지·입춘·춘분·입하)은 구궁(九宮)을 순행하고, 음둔(陰遁 : 하지·입추·추분·입동)에는 구궁(九宮)을 역행하는데, 제일 처음 을병정(乙丙丁)이 닿는 곳이 바로 삼기제성(三奇帝星)이 임하는 좌(坐)다. 가령 경오년(庚午年) 동지 후라면 양둔인데, 감궁(坎宮)에 갑자(甲子)를 붙여 순행하면 곤(坤)이 을축(乙丑), 진(震)이 병인(丙寅), 손(巽)이 정묘(丁卯), 중(中)이 무진(戊辰), 건(乾)이 기사(己巳), 태(兌)에 경오(庚午) 태세가 닿는다. 이곳에 다시 을경지년(乙庚之年) 무인두(戊寅頭)로 정월 월건인 무인(戊寅)을 붙여 순행하면 간(艮)이 기묘(己卯), 이(離)가 경진(庚辰), 감(坎)이 신사(辛巳), 곤(坤)

이 임오(壬午), 진(震)이 계미(癸未), 손(巽)이 갑신(甲申), 중(中)이 을유(乙酉), 건(乾)이 병술(丙戌), 태(兌)가 정해(丁亥)로서 중(中)·건(乾)·태방좌(兌方坐)에 을병정(乙丙丁) 삼기(三奇)가 임한다. 또 한 예로 신미년(辛未年) 하지 후라면 이(離)에 갑자(甲子)를 붙여 역행(음둔이므로)한다. 즉 간(艮)에 을축(乙丑), 태(兌)에 병인(丙寅), 건(乾)에 정묘(丁卯), 중(中)에 무진(戊辰), 손(巽)에 기사(己巳), 진(震)에 경오(庚午), 곤(坤)에 당년 태세인 신미(辛未)가 닿는다. 이곳에 병신지년(丙辛之年) 경인두(庚寅頭)하여 경인(庚寅)을 붙여 역행하면 감(坎)에 신묘(辛卯), 이(離)에 임진(壬辰), 간(艮)에 계사(癸巳), 태(兌)에 갑오(甲午), 건(乾)에 을미(乙未), 중(中)에 병신(丙申), 손(巽)에 정유(丁酉)로서 건(乾)·중(中)·손방좌(巽方坐)에 을병정(乙丙丁)의 삼기(三奇)가 임한다(乙은 일기(一奇), 병(丙)은 이기(二奇), 정(丁)은 삼기(三奇)라 한다).

❖ **양택의 대명지는 이러한 곳** : 양택자리를 선정할 때는 절대로 터를 다듬어서 양택자리를 만들면 수백년이 지나도 지기의 힘이 솟아 오르지 않으므로 큰 인물이 태어날 수 없다. 하늘과 땅의 조화로 인하여 봉이 보금자리를 만들어 놓은 것처럼 갖추어져 있는 곳을 선택하여야 하며, 양택이 좌향은 남향이라야 하고 남향에서 봉황의 알이 정면을 보여야만 대명당터라고 할 수 있다. 보통 이런 자리는 넓은 터가 나올 수 없으며 집 한 채 정도 지을 수 있을 정도의 좁은 터가 나타나는데 이때 중요한 것은 넓은 집을 짓기 위하여 터주위를 고르면 지기는 달아나 버린다.

❖ **양택의 입지조건**

① 따뜻해야 한다. 남향이면 따뜻하고 북향이면 따뜻하지 못하다지만 근본은 주위 사격(砂格)이 어떻게 환포(環抱)되었는가에 있다. 즉 동서남북의 향(向)을 볼 것 없이 지형(地形) 지세(地勢)에 따라 산을 뒤로 하고 야지(野地)를 향(向)한 것이 택지(宅地)의 길상(吉相)이다.

② 교통이 편리해야 한다. 막다른 골목에 위치한 양택(陽宅)은 가장 흉지(凶地)다. 이는 화재(火災) 등 비상시에는 치명적인 재화(災禍)를 받고, 바람이 들어오고 수재(水災) 때는 수로(水路)가 되어 지기(地氣)가 흩어진다.

③ 주위환경이 좋아야 한다. 맹모삼천지교(孟母三遷之敎)를 상고해야 한다.

④ 대소(大小) 빌딩 사이의 주택은 피해야 한다. 몸에 해로운 음기(陰氣)가 발생한다.

⑤ 도로나 철도 주변은 피해야 한다. 소음진동으로 호흡기와 청각질환을 가져올 수 있고 정신건강에 영향을 받아 기형아의 출산이 우려된다.

⑥ 습기가 많은 택지를 피해야 한다. 허약자나 소아에게 질병 발생률이 높다.

⑦ 생토(生土)이어야 한다. 지기(地氣)의 조화로 정신이 맑아지고 정신적 건강에서 인재도 출생하게 된다. 매립지는 지기(地氣)의 조화가 부적정하다.

⑧ 대문의 위치 주택의 출입구로서 이는 득수(得水)가 아닌 파구(破口)이므로 주택 바닥보다 높으면 안 되고 수구(水口)임을 명심해야 한다.

⑨ 두 집 대문이 직각선상에 똑바로 마주 보고 있는 경우 어느 한쪽 집이 쇠(衰)하게 된다.

⑩ 음택(陰宅)과 비교 양택(陽宅)은 도시(都市)를 형성한 집단호로 경제적 이익과 양기(陽氣 : 太陽)를 요하고 물이 생활에 절대필요조건이며, 음택(陰宅)은 지기(地氣)를 요(要)하고 물이 상극이므로 물의 침입은 곧 흉지(凶地)임을 명심해야 한다.

❖ **양택(陽宅)이 길상(吉相)이라도 길흉화복(吉凶禍福)이 조금씩 나타난다** : 이것이 축적되어 일정한 시기(氣)에 영향을 주게 된다. 가상(家相)5년이라 하여 5년 이상 그 집에 살면 가상의 영향이 나타난다. 향촌 사람들은 몇 십 년 몇 대에 걸쳐 그 집에 거주하는 사람이 많아 가상(家相) 영향이 향촌 사람들이 더 강하다.

❖ **양택이나 음택에 꺼리는 좌(坐)** : 좌산관부(坐山官符), 세간흉신(歲干凶神)의 하나로 건물 및 묘의 좌에 이 살이 있으면 관재 시비가 따르고 인정(人丁)이 망한다.

❖ **양택이나 음택이나 물은 화(禍)와 복(福)이 바로 응(應)한다. 사(砂)의 길흉은 이러하다**

- 백호 쪽에 물이 충하여 비치면 자손에게 위장병이 있고 또 재패(財敗), 인패(人敗)가 있다.

- 당판(堂板) 뒤가 허(虛)하여 호수(湖水)가 열려 넘겨다보이면 몹쓸 병 간질병이 있다.
- 득수처(得水處)에 샘물이 보이면 성현(聖賢)이 나고 전순(氈脣) 밑에 샘물이 보이면 부귀(富貴)발복(發福)한다.
- 혈장(穴場) 앞 암석에서 샘물이 나는 것은 부귀가 큰 것이요 혈 뒤의 암석에서 샘물이 나면 쌍둥이를 출산한다.
- 곧은 골짜기에 샘물이 보이면 도둑이 나고 선익(蟬翼) 밑에 샘물이 나면 안질병(眼疾病)이 연이어 나고 재패, 인패, 병패(病敗)가 많이 난다.
- 패가절손(敗家絶孫)하는 것을 묘의 광중(壙中)에서 샘물이 나는 것이요 질병이 많은 것은 광중에 물이 들어가는 것 재패, 인패, 병패로 보는 것이다.
- 묘지 앞의 물이 황색이나 연지(蓮池) 못이라면 자손 모두에게 내장질환(內臟疾患)이 많다.
- 급류(急流) 충수사(沖水射)에는 남자 요절(夭折)에 모두에 불구(不具)의 질환이 생긴다.
- 양택(陽宅)이나 음택(陰宅)이나 물은 화와 복이 바로 응한다. 에 득수하는 것이 가장 긴요하다.
- 좋은 물이라도 수법(水法)에 맞으면 복(0이 되고 맞지 않으면 화(0가 된다. 옛말에 한 방울의 물이라도 새면 아니 된다고 하였다.
- 득혈자(得穴者)는 발복(發福)이 적어도 득수자(得水者)는 필히 발복하게 된다. 그러므로 화복의 관건은 용혈에 있다기보다 수법(水法)에 있음을 많은 경험을 통해서 체득한 진리라 할 수 있다.
- 물은 재록(財祿)을 말하는 것으로 큰 물가에는 부유한 집과 유명한 마을이 많다. 비록 산중이라도 시내와 관수가 모이는 곳이라야 여러 대를 이어가며 오랫동안 살 수 있는 터가 된다. 또한 물이 적은 것은 로수(瀘水)로 흘러드는 것은 길(吉)하나 대강(大江)이나 대수(大水)가 로수(瀘水)로 흘러들면 처음은 길(吉)하나 오래되면 패망(敗亡)하지 않는 곳이 없다. 음택과 양택이 다 같이 해당된다. 그러므로 이러한 곳은 피하고 경계해야 된다.
- 구곡수(九曲水)가 명당으로 유입하면 제상이 난다. 즉 아홉 번을 굽이굽이 감아 돌면서 명당을 감싸주는 곳을 찾아 정혈(正穴)해야 한다.
- 구곡수(九曲水)가 모여서 취회(聚廻)하면 큰 부자가 난다. 즉 여러 골짜기의 물이 명당 앞에 모여 합쳐지고 한군데로 흘러나가는 곳을 찾아 정혈해야 한다.
- 천산(千山)이 길(吉)하여도 수살(水殺) 하나를 막을 수 없다. 즉 흉한 살(殺)보다 수살(水殺)이 더 두렵고 무서운 것이다. 혈(穴)을 구하고자 하면 먼저 수살을 피해야 한다.
- 천봉산(千峰山)을 한 사람을 구하지 못하지만 한 수(水)는 능히 백자손(百子孫)을 살린다.
- 수(水)가 흉(凶)하나 소래(안아오면)하면 길(吉)함이 되는 것이고 비록 길(吉)하더라도 배거(背去)하면 흉(凶)이 되는 것이다.
- 산이 사(射)하고 수(水)가 충(沖)하면 재앙이 생기고 산이 뾰족하고 물이 깊으면 발복하고 묘 앞의 물이 산거(算去)하면 빈궁하게 되고 형제간 불화한다.
- 연못의 물이 황색이면 음란하게 되고 또 자손들이 어릴 때 속병을 앓게 된다.
- 광중(壙中)에 물이 잘 스며드는 좌(坐) 진(辰)술(戌)축(丑)미(未)자(子)오(午)묘(卯)서좌(西坐)의 경우 정면으로 물이 충(沖)하거나 산사태가 보이면 묘를 쓴지 3년 안에 침수가 된다고 하며 묘의 봉문 좌우에 청태가 끼어 있으면 침수가 된 것으로 본다.
- 고인 물에서는 용(龍)이 나지 않는다. 명산, 명당에 대인이 나고 천산(賤山) 쑥밭 산에서는 천인(賤人)이 난다.
- 옛날 지산(知山)의 말에 곧 절수지처(絶水之處)에 무결혈지지(無結穴之地)라 했는데 이는 곧 수(水)가 끊어진 곳에 혈(穴)이 끊어지지 않는 곳이 없다는 뜻이다.
- 안산수, 조산수(朝山水) 풍수지리에서 물은 산지(山地)의 정기(氣) 혈맥이라 하여 대단히 중시한다. 특히 이르기를 먼저 물이 오고 감을 살피고 다음에 산을 보라. 비록 입수(入首) 용맥(龍脈)이 수려하고 정혈이 되어도 물과 배합이 되지 못하면 크게 발복할 수 없으며 천산이 다 좋아도 일수(一水) 흉한 것을 당해 내지 못하고 일수 흉한 것은 백자손(百子孫)의 재앙이 된

다라고 한다. 또 부귀(富貴) 빈천(貧賤)은 혈에 있으나 길흉화복은 물에 달려 있다고 또 여기서 물은 안수와 조수로 대별(對別)하는데 안수(案水)는 혈(穴)전(前)의 안산 정면 앞에 물은 안수라 말하고 조수는 청룡 백호 안산밖에 있는 모든 물을 조수라고 한다. 안수는 주산(主山)에서 물이 흘러 자연적으로 웅덩이나 늪을 이루며 안수가 되는 곳도 있고 또한 외내수가 흘러 안수가 되기도 하는데 이 안수는 혈 마당 앞에 모이는 것이 좋고 모이는 물은 깊고 맑을수록 좋으며 또 오는 래수(來水)는 득수(得水), 거수(去水), 파구수(破口水)는 고요하게 멀리서 오고 멀리 가는 것이 좋다. 조수는 혈산을 싸고돌면서 가 조응(調應)하듯 흐르면 길국(吉局)으로 치는데 물은 특히 안산, 조산을 막론하고 활의 궁(弓)처럼 혈(穴) 등지거나 화살처럼 혈을 쏘아오는 사수(射水)가 되어서도 아니되고 혈(穴) 앞에서 곧게 빠져 나가는 직수(直水)가 되어도 모두 흉수(凶水)로 본다. 그리고 물은 깊어도 물살이 급하지 않고 순하면서 물소리가 들리지 않아야 하며 가는 물줄기는 구불구불 혈을 싸고 흐르는 조수(朝水)가 되어야 길격(吉格)이 된다.

❖ **양택**(陽宅)**이든 음택**(陰宅)**이든 향**(向)**은 아주 중요하다. 향은 하늘의 법칙이며 땅의 법칙이다** : 옛날 우리 조상님들은 집을 짓는 택지 선정을 비산비야(非山非野)로 선택하였듯이 도시 계획을 입안할 때 풍수지리학상으로 간단한 원리에 따라 시도하면 아무런 문제가 없을 터인데 상극(相剋)의 힘만 믿고 겁 없이 자연을 망가뜨리다가 스스로 모순에 빠지고 재앙을 당하는 것이다. 우리나라에는 산이 많다. 그러므로 주거 공간은 야산을 개발하여 택지선정(宅地選定)이 이루어져야 마땅하다. 그렇다고 산을 함부로 동강내서는 안 된다. 녹지 공간을 최대한 유지하면서 지맥(地脈)도 손상하지 않고 소기의 목적을 달성할 수 있는 것이 취길피흉(聚吉避凶)의 묘법(妙法)이다. 저습지를 주택지로 선정해서는 절대로 안 되며 농축어장 또는 다른 용도로 사용하도록 해야 한다. 요즈음 건축 기술자들의 기술이 아주 뛰어나 상상 이상으로 좋은 기법들을 구사하고 있지만 땅위에서 위력을 발휘하는 자들이 정작 땅위의 기초적인 근본을 모르고 있으니 안타까운 일이라 아쉽다. 예를 한 가지 들어본다면 대부분의 건축하는 분들은 양택(陽宅)은 남향을 해야 햇빛이 잘 든다는 것만 알고 무조건 남향(南向)만을 고집하여 건물을 짓다보니 용맥(龍脈)이 들어오는 곳을 향하여 건물을 세우는 경우가 허다하다. 이런 경우 좋은 땅에 많은 돈을 투자하여 건축하면서 고생하는 것만으로도 괴로운 일인데 인상손재를 보는 흉가(凶家)로 돌변하니 이 얼마나 안타까운 일이라 하겠는가. 그러나 건축 설계하는 사람은 기본적으로 풍수지리의 근본원리를 이해하고 적어도 풍수지리 법칙에 의한 향이라도 제대로 알고 설계를 해야 재앙을 미리 방지 할 수 있다. 양택이든 음택이든 향(向)은 아주 중요하다. 향은 하늘의 법칙이며 땅의 법칙을 능가할 수 있고 세월이 흘러갈수록 위력이 강해진다. 따라서 우리나라 국토의 효율적인 이용계획을 세우기 전에 친환경적인 길흉(吉凶) 판단이 명확한 풍수지리적 고찰이 선정되어야 마땅하다.

❖ **양택, 이런 형은 음란패절한다**

• 사방의 처마가 치켜 떠들리고 흡사 두건으로 머리를 감아 올린 듯한 채의 집에 아래 위에 놓인 방문이 서로 마주 보면서 중간에 대청이 없는 경우.

• 집은 높다랗고 터는 협착한 것, 터는 넓고 집은 낮게 웅크린 것, 대들보나 기둥이 너무 크고 길어 본 골조 밖까지 튀어 나온 것, 행랑채 길거나 큰 것.

• 북쪽이 움푹 패어진 것은 불구자나 과부가 생기며 집안이 산란해지고 도박, 잡기, 재물이 흩어지며 객사.

• 항상 가옥의 세부 구조 및 길흉을 판단할 때에는 24방위마다 소속된 길흉 해당자가 누구인가와 팔괘의 주체요해에 대한 이론을 필수적으로 참고해서 일그러지거나 볼록하게 튀어나온 것 등의 갖가지 모양 및 구조에 대하여 차분한 검토와 길흉복에 관한 고찰을 통해 최종적 판단에 임해야 한다.

• 임산부가 있을 때는 집을 새로 짓거나 이사를 한다든지 가옥의 수리를 한다든지 집안의 큰 구조물을 변형시켜 옮겨 놓는 등 이동과 변경에 화장실, 주방 등 손대지 말아야 한다.

❖ **양택**(陽宅) **입지조건**(立地條件) : 택리지(擇里志)에 "살 터를 잡을 때는 첫째 지리가 좋고, 둘째 생리(生利)가 좋고, 셋째 인심이 좋은 아름다운 산천을 찾아 살 것이며, 그 중 하나라도 모자라

면 살기 좋은 곳이 못된다." 고 했다.

• **지리** : 수구(水口)를 기준으로 산세, 들, 강, 토질 등 지리적으로 판국(版局)이 좋은 곳을 택해야 한다.

• **생리** : 농·축·수·공산물(農·畜·水·工·産物)의 생산과 유통이 활발하게 이루어질 수 있는 도로 등 기반 시설이 잘 되어 있거나 자연적인 여건이 잘 이루어져서 사람들이 살아가는 데 경제적으로 윤택해야 한다.

• **인심** : 맹모삼천지교(孟母三遷之敎)나 인심이 천심(天心)이다라는 뜻이나, 이웃사촌이란 격언을 보면 인심이 좋은 곳에 살아야 한다는 것임을 더 강조할 필요가 없다. 그리고 아름다운 산천이란 심신수련에 필요한 휴식처를 의미한다. 양택론에 있어서는 택지를 선정하는 택지론과, 선정된 택지에 건물을 짓게 되면 그 건물의 방향이나 모양을 보는 가상론으로 나누는데, 택지론을 체(體)로 삼고 가상론(家相論)을 용(用)으로 삼아 체(體)는 음(陰), 용(用)은 양기(陽氣)를 뜻하므로 음양배합은 서로 보완작용을 하게 된다. 그러므로 택지론에서는 나경 24방위를 사용하고 가상론에서는 팔괘방위를 사용한다.

• **좋은 집터** : 양택이나 음택 모두 풍수지리 제법칙에 합법하고 양택지 역시 음택지처럼 포태법(胞胎法)을 많이 쓴다. 산이 많은 곳에서는 야산을 택할 것이며 평지에서는 맥이 끊어지지 않은 높은 곳을 택해야 한다.

① 일반적으로 생왕방위(生旺方位)는 수려풍만(秀麗豊滿)하고, 관방위(官方位)는 양명고용(陽明高聳)하며, 태방위(胎方位)와 양방위(養方位)는 정결하고, 묘고방위(墓庫方位)는 낮으면 부귀왕정(富貴旺丁)이라 했다.

② 부자가 되고 싶으면 전지후강(前池後岡)의 발복지지(發福之地)를 구해야 한다.

③ 별장지(別莊地)를 구하고자 하거든 금호장강(錦湖長江)의 군자지지(君子之地)를 구할 것이다.

④ 벼슬을 원한다면 관방위(官方位)에 문필귀인(文筆貴人)이 서 있고, 녹마귀인방위(祿馬貴人方位)에 문성귀인(文星貴人)이 탁립(卓立)해 있는 대귀지지(大貴之地)를 찾을 것이다.

⑤ 공공건물 택지에는 주산(主山 : 현무)이 고용풍만(高聳豊滿)하고, 안대(案對)는 문필귀인(文筆貴人)이며, 좌기우고(左旗右鼓)하는 출장입상지지(出將入相之地)를 찾는 것이 마땅하다.

• **나쁜 집터** : 사람이 살아가는 데 있어서 환경이 직접적으로 제일 빠르고 많이 영향을 미치는 쪽은 음택보다는 양택이기 때문에 양택지의 선정은 각별하게 신경을 써야 한다.

① 앞이 높고 뒤가 낮으면 항상 불안하고 오래 가면 집안이 결국에는 패절한다.

② 동쪽이 높고 서쪽이 낮으면 인물과 재물이 약하고 성공하기 어렵다.

③ 남쪽이 높고 북쪽이 낮으면 다재(多才)다난(多難)하고, 맹인이 많이 난다.

④ 외롭게 돌출되어 있는 곳이면 포악한 인품이 나고 관재다발(官災多發)하여 손재패가(損財敗家)한다.

⑤ 택지가 길(道) 밑에 낮게 위치해 있으면 집안이 쇠퇴한다. 더욱이 집 뒤로 길이 나면 우환이 끊어지지 않으며 그 집 주인이 요절하고 과부가 집을 지키고 있게 되며, 반대로 택지가 너무 높은 곳에 위치해 있어서 층계를 내려와서 대문을 열고 길로 나가는 경우는 그 집의 남자주인이 바람기가 많아 가정불화까지 야기시키는 심각한 상태에 이르게 되고, 집에서 대문을 열고 층계를 내려오는 경우는 바람피우는 것은 마찬가지라도 그렇게 심각한 상태는 아니다.

⑥ 절벽 밑이나 위는 재앙이 다발하여 긴 세월동안 병마에 시달려서 결국에는 파산한다.

⑦ 신전이 있는 앞이나 불당 뒤, 제단 근처, 옛날 옥사자리, 전쟁터 등은 양택지로 사용해서는 안 된다.

⑧ 음곡자생풍(陰谷自生風)이나 요결풍(凹缺風)의 풍살(風殺)이 침입하는 곳은 부지불식간에 재앙다발(災殃多發)하여 사람이 상하고 손재(損財)하므로 피해야 하며, 건해풍(乾亥風)은 그 피해가 극심하다.

⑨ 물의 침입이 있거나 각종 수법상 수살(水殺)이 있는 곳은 사람이 상하고 재산이 패하니 피한다.

⑩ 산이 험준하고 고압(高壓)하면 다발질병(多發疾病)에 단명

재패(短命財敗)하니 압살(壓殺)을 피한다. 30도 이상 언덕 밑에는 양택지로는 피해야 한다.

⑪ 주변이 파열되어 목불인견(目不忍見)에 풍수광란(風水狂亂)하면 다음광란(多淫狂亂)하여 인상(人傷)에 재산은 없어지니 파살(破殺)을 피한다.

⑫ 가늘고 곧은 계곡이나 대살능선(帶殺稜線)이 택지를 직충결돌(直衝激突)하면 인상패가(人傷敗家)하니 충살(衝殺)을 피한다.

• **땅의 모양**: 땅의 모양이 바르고 방(方), 원(圓)의 형(形)이면 좋고 다각형으로 복잡하면 흉하니 사용할 때 인작(人作)으로 정원이 그렇다고 마당 전부를 시멘트나 아스팔트로 깔아놓으면 지기를 차단하여 더욱 좋지 않다. 정원수로 적합한 수목은 뿌리나 잎, 줄기가 너무 억세거나 크지 않는 종류로써 창송(蒼松), 청죽(靑竹), 매화, 향목(香木), 행목(杏木), 대추나무, 감나무, 느릅나무 등이 있으며, 복숭아나무, 오이나무, 버드나무, 오동나무, 배나무, 잣나무 등은 적합하지 못하다. 고서에 "사신방(四神方)이 허(虛)하면 나무를 심어서 보완하라고 했는데, 북쪽 현무(玄武)가 허(虛)하면 은행나무, 남쪽 주작(朱雀)이 허하면 매화나무, 동쪽 청룡방(靑龍方)에는 송죽(松竹), 서쪽 백호방(白虎方)에는 석류목(石榴木)을 심으라."고 했다. 또한 지붕을 덮는 거목은 집안에 환란을 가져오며, 과수 등으로 정원이 울창한 숲을 이루면 질병으로 우환이 끊이지 않는다고 했다. 심지어는 100년 이상된 고목은 베는 일도 삼갈 것이며, 정원 가운데 양류목(楊柳木)이 있으면 화류계(花柳界)로 다니며 탕재한다고 한다. 그렇기 때문에 정원수를 심고 정원을 가꿀 때에도 참고하여야 한다.

❖ **양택좌향론**(陽宅坐向論)

① 득수득파(得水得破)는 동(動)이므로 봉침(縫針)으로 용사(用事)하고, 양택의 좌향은 정침(正針)으로 용사(用事也)한다.

② 양택(陽宅)은 내룡(來龍)의 향안산(向案山) 주위형상 등을 참작하여 많은 기운을 받기 위하여 체백(體魄)과 같이 동일한 정침(正針)을 쓴다.

③ 양택의 좌는 단자(單字)의 정좌(正坐)만이 허용되며 두 자(二字) 사이의 좌향(坐向)은 주인이 자주 바뀌므로 흉좌(凶坐)다.

❖ **양택좌향운**(陽宅坐向運) : 유년태세(流年太歲)의 연운(年運)과 가옥 건물의 좌향(坐向)의 길흉을 가리어 길운을 가리는 법.

① 지운정국(地運定局)의 정국법(定局法)은 성조양택사정입국(成造陽宅四定入局)과 동일하다.

• 子午卯酉年 : 辰戌丑未 乙辛丁癸 坐向吉
• 辰戌丑未年 : 寅申巳亥 艮坤乾巽 坐向吉
• 寅申巳亥年 : 子午卯酉 壬丙甲庚 坐向吉

② 만년도(萬年圖)에서 대리(大利) 소리(小利)운을 취할 것이며 대리(大利) 소리(小利)운이 아니라도 양택에 금기하는 살(殺)이 없으면 무방하다. 삼살(三殺 : 忌坐), 좌살(坐殺), 세파(歲破), 태세(太歲), 정음부(正陰符), 향살(向殺), 연극(年克), 천관부(天官符), 지관부(地官符) 등의 흉살(凶殺)을 피하여야 한다. 다만 제살법(制殺法)에 의하여 제살(制殺 : 殺을 吉로 화하도록 하는 것)하면 흉살이라도 무방하다.

❖ **양택지운정국**(陽宅地運定局) : 진술축미년(辰戌丑未年)에 인신사해건곤간손좌(寅申巳亥乾坤艮巽坐)는 대통(大通)하고, 인신사해년(寅申巳亥年)에 자오묘우갑경병좌(子午卯酉甲庚丙坐)는 대통(大通)하고, 자오묘유년(子午卯酉年)에 진술축미을신정계좌(辰戌丑未乙辛丁癸坐)는 대통(大通)한다.

❖ **양택투신낙수하**(陽宅投身落水河) : 멀리 보이는 인가나 건축물의 첨각(尖角)이라든지 낮게 패어들어 함몰된 부분 혹은 기울어진 경사 부위가 자기 집 중심부에 맞닿는 것과 전후방의 누대나 다락건물이 하면부(下面部)가 낮으면서 패어서 함몰되고 계단이 튀어오르듯 돌출되어 있으면 투신이나 익사의 죽음을 맞는 사람이 생긴다.

❖ **양택풍수와 음택풍수** : 양택(陽宅)은 산사람의 거주지이며, 음택(陰宅)은 죽은 사람의 안장지(安葬地)이다. 양택지와 음택지를 선정하는 방법은 크게 다를 것이 없으나 양택지가 음택지에 비해 대체로 보국이 크므로 양택풍수가 발전하였고, 조선중기 이후로는 유교의 조상숭배 사상과 더불어 음택풍수가 성행하였다. 풍수지리에 의하면 단순히 개인의 묏자리나 잡는 것으로 인식하기 쉬운데 결코 그렇지 않으며, 현대사회에 접어들면서

음택풍수보다 양택풍수가 더 빠른 속도로 광범위하게 발전하고 있다. 특히 도시화된 지역에서는 터잡기보다 집의 형태와 구조에 치중하는 경향이 있다. 양택과 음택은 모두 지기(地氣)의 영향으로 발복이 나타난다. 음택은 발복의 속도가 느리지만 여러 자손에게 오랫동안 영향을 주는 반면에, 양택은 그 집에서 태어나거나 성장한 사람 그리고 현재 거주하는 사람에 한해서 매우 빠르게 영향을 준다.

❖ **양택천심관량**(陽宅穿心貫樑) : 대문 밖의 외부 건물이나 도로가 자기집 중앙 부위를 공격해 오듯 길게 놓여지는 경우 안채와 바깥채가 같은 용마루로 직통된 것, 안채의 중심부위를 다른 건물의 지붕 용마루 끝 부위가 세로로 길게 치고 들어오는 형태는 불행·파괴의 흉험과 인명의 손상, 질병, 사고 등 액화를 겪게 된다.

❖ **양택천정길흉방**(陽宅泉井吉凶方) : 천정길흉방이란 집안에 샘물 길흉방이다. 묘방(卯方) 천정(泉井)은 가내귀인(家內貴人)이 나고, 손방(巽方) 천정(泉井)은 가내부귀(家內富貴), 사방(巳方) 천정(泉井)은 가내다자손(家內多子巽), 자방(子方) 천정(泉井)은 가내도적실물수(家內盜賊失物數)가 있고, 오방(午方) 천정(泉井)은 가내맹인(家內盲人), 미방(未方) 천정(泉井)은 일목불견자(一目不見者), 해방(亥方) 천정(泉井)은 가내관재(家內官財)가 끊이지 않고, 간방(艮方) 천정(泉井)은 다리 불구자가 나고, 신방(申方) 천정(泉井)은 귀인원조(貴人援助)를 받는다.

❖ **양토**(陽土) : 양에 속하는 토(土). 천간으로는 무(戊)가 양토, 지지로는 진술(辰戌)이 양토, 괘상(卦象)으로는 간(艮)이 양토, 숫자로는 5가 양토이다.

❖ **양토질**(良土質) : 지나치게 습하지도 않고 지나치게 건조하지도 않은 이른바 비조비습(非燥非濕)의 홍황색으로 지질이 단단하며 생기를 머금고 있는 흙.

❖ **양향 계축좌정미향**(養向 癸丑坐丁未向) : 양(養)과 생(生)을 합하여 탐랑(貪狼)의 생기(生氣)라고 한다. 양향(養向)도 좌선(左旋)의 임자룡(壬子龍)에 우선(右旋)의 임자제왕수(壬子帝旺水)가 배합이다. 이때에 건해(乾亥) 임관수(臨官水)와 신관대수(辛冠帶水)와 곤신(坤申) 장생수(長生水) 또는 정양수(丁養水)가 임자왕수(壬子旺水)와 같이 제도(齊到)하여 손자상(巽字上)으로 흘러나가니 삼합연주(三合聯珠)이며 또 삼절녹마법(三折祿馬法)으로 양공(楊公)의 진신수법(進神水法)이다. 이 88향 중 제일 길향(吉向)이며, 발복이 면원(綿遠)하고 방방(房房)이 개발(皆發)하나 삼문(三門)이 극히 성하며 여자까지도 같이 병발(並發)한다. 금국(金局)의 양향(養向)에서 말하듯이 삼절녹마(三折祿馬)라 함은 일립속(一粒粟)의 가구중(佳句中) 가구(佳句)며, 미중(美中) 더욱 우미(尤美)한 것은 정(丁)을 소신(小神)이라 하고, 병(丙)을 중신(中神)이라 하고, 손(巽)을 대신(大神)이라 하며, 임자제왕수(壬子帝旺水)가 좌선(左旋)하며, 임방곤수(生方坤水)와 같이 양방정위(養方丁位)를 지나게 되며, 정방(丁方)의 양수(養水)가 정(丁)의 녹방(祿方)인 병(丙)의 중신위(中神位)로 들어가고, 병록(丙祿)이 손(巽)에 있으며, 병(丙)이라는 중신수(中神水)가 다시 손대신(巽大神)의 녹위(祿位)로 흘러들어가니, 이를 이르러 소신(小神), 중신(中神), 대신위(大神位)로 차례로 흘러가는 것을 삼절녹마(三折祿馬)라 한다. 신자진수국(申子辰水局)의 마(馬)가 간인방(艮寅方)에 있는 것이 정리(正理)며 본국(本局)의 정위(定位)인 간인방(艮寅方)에 마산(馬山)의 사(砂)가 있으면 이는 가장 귀한 장원마(壯元馬)가 되니 속히 발복함으로 놓치지 않아야 한다. 만약 간인방(艮寅方)에 마산(馬山)의 사(砂)가 없고 차마(借馬)하는 것도 속발한다. 사국마(四局馬)나 팔방마중(八方馬中) 차마(借馬)는 건해오방(乾方午方)에 있는 천마(天馬)가 가장 빠르며, 건오양방(乾午兩方)에서 차마(借馬)는 수국(水局)의 양향(養向)에서만 속발하는 것이 아니라, 어느 좌향에서나 건방(乾方)이나 오방(午方)의 차마(借馬)는 속발하나 건(乾)은 수국(水局)의 임관방(臨官方)이니 더욱 유익한 차마(借馬)이다. 외수구(外水口)로 보아서 틀림없는 수국양향(水局養向)인데 내수구(內水口)가 목국(木局)의 묘고향(墓庫向)의 수구(水口)인 곤(坤)이 되는 경우가 있을 수 있다. 이것이 따져보면 무기(戊己)에 감도계시선수간(坎度癸時先秀艮)이라 하였다. 임감룡(壬坎龍)에서 계좌(癸坐)의 혈(穴)이 되는 데는 반드시 간맥(艮脈)에서 계좌(癸坐)가 되는 것이 정측(正則)이면 묘고향(墓庫向)의 출살(出殺)이기도 하다. 이때에 외수구(外水口)가 손방(巽方)이라면 수국(水局)의 용(龍)으로 곤신경유(坤申庚酉)까지는 아니더라도 신술건해임자(辛戌乾亥壬子)로 좌선

행룡(左旋行龍)이라는 것은 알 수 있다. 그런데 임자룡(壬子龍)에 계좌(癸坐)의 혈이 되는 데는 앞서 말한대로 감도계시선수간(坎度癸時先秀艮)이 정측(正則)이고 보니 하나도 틀림이 없는 정당한 것이라는 결론이 성립된다. 여기까지 이러한 실리(實理)가 성립하였으면 간맥(艮脈)에 계좌(癸坐)의 혈(穴)을 지나는 감싸주는 갑묘수(甲卯水)가 곤(坤)으로 흘러가는 것도 정측(正則)이다. 단 곤(坤)으로 가는 갑묘수(甲卯水)보다 임자방(壬子方)에서 흘러오는 양향(養向)의 제왕수(帝旺水)가 몇 십 배 크고 장대(長大)하여야 출살(出殺)이 되는 것이며, 만약 임자수(壬子水)가 갑묘수(甲卯水)보다 적다고 한다면 용수혈(龍水穴) 삼자(三字)의 불합(不合)이라는 것이 분명하며, 이미 용(龍)은 사기(死氣)였으며 묘고(墓庫)를 도충(倒沖)하는 결과에 아무 것도 상부상조의 기(氣)가 없다.

❖ **양향 신술좌을진향**(養向 辛戌坐乙辰向) : 좌선룡(左旋龍)에 우선수(右旋水)가 배합으로 양(養)과 생(生)을 탐랑(貪狼)의 생기(生氣)라 한다. 이때도 장생향(長生向)과 같이 좌선(左旋)의 경유룡(庚酉龍)과 우선(右旋)의 경유왕수(庚酉旺水)가 곤신(坤申)의 임관(臨官), 정미(丁未)의 관대(冠帶), 손사(巽巳)의 생수(生水)와 함께 혈 앞을 감싸고 간천간자상(艮天千字上)으로 흘러가니 삼합연주격(三合聯珠格)이며, 이를 삼절녹마상어거(三折祿馬上御去)라고 한다. 신좌을향(辛坐乙向)에서 을(乙)은 소신(小神), 갑(甲)은 중신(中神), 간(艮)은 대신(大神)이니, 양향(養向)으로 신좌을향(辛坐乙向)을 입혈(立穴)하면 우방(右方)의 경유왕수(庚酉旺水)가 우선(右旋)으로 생(生)의 손사수(巽巳水)와 같이 양방(養方)인 을위(乙位)로 지나가게 되며, 앞서 말한대로 을(乙)은 소신수(小神水)이며, 을록(乙祿)은 묘(卯)에 있으며, 을(乙)의 소신(小神)이 갑(甲)이라는 중신위(中神位)로 들어가며, 갑록(甲祿)은 인(寅)에 있으며 갑(甲)의 중신(中神)이 간(艮)의 천간자(天千字)로 들어가서 삼절(三折)이라는 결론에 귀착한다. 이것이 양공(楊公)의 건신수법(進神水法)이다. 곤(坤)은 금국(金局)의 임관녹위(臨官祿位)며, 손(巽)은 금국(金局)의 생방(生方)이니, 곤위(坤位)의 녹산(祿山)이나 녹수(祿水)가 손(巽)의 생기봉(生氣峰)이나 생기수(生氣水)가 양위(養位)를 도와주는 것은 물론이며, 건방(乾方)은 본래 금국(金局)의 마(馬)가 있는 곳이며 또 천마방위(天馬方位)이기도 하니 건방(乾方)에 천마사(天馬砂)가 있으면 매사가 빠르니 더욱 아름답다. 양향(養向)은 대체로 삼문이 더욱 성하다. 양향(養向)은 삼절녹마(三折祿馬)로 소신수(小神水)가 중신위(中神位)로 들어가고 중신수(中神水)가 다시 대신수(大神水)로 흘러들어간다면 아무 이의가 없으나, 대체로 대부분은 양향(養向)의 용(龍)에 양향(養向)을 입혈(立穴)하고 자세히 살펴보면 본래와 다르게 내수구(內水口)가 다른 국(局)의 묘고향(墓庫向)이 되고 있으니 즉 외수구(外水口)는 분명하게 금국(金局)의 양향(養向)인데 내수구(內水口)는 수국(水局)의 묘고향(墓庫向)의 출살(出殺)이다. 원칙상 수국(水局)의 묘고(墓庫)인 신좌을향(辛坐乙向)은 임자룡(壬子龍)이 좌선(左旋)으로 유장을 하고서 혈을 만드는 것이기에 같은 신좌을향(辛坐乙向)에서도 이와 같이 용(龍)이 우선(右旋)이고, 신좌을향(辛坐乙向)이 양향(養向)이라면 경룡(庚龍)이 좌선(左旋)으로 즉 삼절녹마(三折祿馬)로 입혈(立穴)한다. 여기서 무기경(戊己經)의 태도신시(兌度辛時) 선수건(先秀乾)이라는 말을 잊어서는 안 되며 또 경금(庚金)은 임수(壬水)를 생(生)함으로 임자룡(壬子龍)이 건(乾)을 만남으로 유장(踰藏)이 되며, 이것이 임자좌선(壬子左旋)의 정리(正理)이며, 경유룡(庚酉龍)이 건(乾)을 만나는 것은 좌선경유룡(左旋庚酉龍)의 정리며, 또 태도신시선수건(兌度辛時先秀乾)이라면 경태룡(庚兌龍)이 완전히 태살(脫殺)하였으니 속발(速發) 또한 분명하다. 신록(辛祿)이 태(兌)에 있으니 태입수신좌(兌入首辛坐)도 할 수 있으나 이때는 장방(長房) 중방(仲房)은 아무 도움이 되지 않으며, 주로 삼방(三房)에 국한한 것이라 하여도 과언은 아니다. 이로써 경태룡(庚兌龍)은 수국(水局)의 임관룡(臨官龍)이면서 금국(金局)의 생왕룡(生旺龍)이라 금국(金局)에서나 수국(水局)에서 신좌을향(辛坐乙向)을 입혈(立穴)하는데 건(乾)은 신좌(辛坐)의 입수(入首)가 되는 것 또한 상정(常精)이다. 그러므로 신좌을향(辛坐乙向)의 외수구(外水口)는 금국양향(金局養向)의 수구(水口)[艮]며, 내수구(內水口)가 손(巽)이라면 내수구(內水口)로 흘러가는 인갑수(寅甲水)가 적어야 하며, 곤신경태(坤申庚兌)라는 우선수(右旋水)가 장대(長大)하여야 한다. 만약 인갑수(寅甲水)가 곤수(坤水) 경수(庚水)보

다 장대(長大)하게 되면 아무리 경유룡(庚酉龍)이 잘 들어 왔다 하여도 파국(破局)의 대황천(大黃泉)으로 된다는 것을 잊어서는 안 된다. 이와 같이 양향(養向)이나 묘고향(墓庫向)은 으레히 황천(黃泉)을 모르고 범하기가 쉽기 때문에 대체로 고인이 을신정계(乙辛丁癸)를 기피하였다는 것이 여실히 나타난다. 천기대요(天機大要)에서 황천(黃泉)을 말하며, 기거(忌去) 즉 흘러나가면 흉하고, 불기래(不忌來) 즉 흘러들어오면 길하다는 듯이 말하였으니 을신정계(乙辛丁癸)의 좌향에서 을병수방손수선(乙丙須防巽水先)으로 여기에서 을(乙)이 묘고향(墓庫向)이라면 손수(巽水)는 바로 절수(絶水)가 되니, 들어오면 크나큰 대황천(大黃泉)이 되나 을(乙)이 양향(養向)인 때에는 손(巽)은 생기수(生氣水)가 되어서 들어오게 되면 진신(進神)이며 흘러나가면 퇴신(退神)이 된다. 따라서 을(乙)이 묘향(墓向)인 때에는 손(巽)으로 흘러나감으로 출살(出殺)이 되기에 대길하다.

❖ **양향 을진좌신술향**(養向 乙辰坐辛戌向) : 좌선룡(左旋龍)에 우선수(右旋水)가 배합이다. 양(養)과 생(生)을 한 말로 생기(生氣) 탐랑(貪狼)이라 한다. 양향(養向)도 장생향(長生向)과 같이 좌선(左旋)의 갑묘룡(甲卯龍)과 우선(右旋)의 갑묘왕수(甲卯旺水)가 간인(艮寅)의 임관수(臨官水), 계축(癸丑)의 관대수(冠帶水), 건해(乾亥)의 생기수(生氣水)와 함께 혈 앞을 감싸고 곤천간자상(坤天干字上)으로 흘러나가니 삼합연주격(三合聯珠格)이며, 이를 삼절녹마상어거(三折祿馬上御去)라고 하는 양향(養向)의 수법(水法)이다. 신록(辛祿)은 유방(酉方)에 있으며, 경록(庚祿)은 신방(申方)에 있으며, 을신정계(乙辛丁癸)를 소신(小神), 갑경병임(甲庚丙壬)을 중신(中神), 건곤간손(乾坤艮巽)을 대신(大神)이라 한다. 을좌신향(乙坐辛向)을 입혈(立穴)하고 우선(右旋)의 갑묘왕수(甲卯旺水), 간인임관(艮寅臨官), 계축관대수(癸丑冠帶水), 건해생수(乾亥生水)가 모두 신(辛)이라는 소신위(小神位)에 모여서 신(辛)의 소신수(小神水)가 경(庚)의 중신위(中神位)로 유입(流入)하고, 경(庚)의 중신수(中神水)가 다시 곤(坤)의 대신위(大神位)로 유입(流入)하는 것을 삼절녹마상어(三折祿馬上御)라 한다. 이것이 바로 양공(楊公)의 진신수법(進神水法)이다. 간(艮)은 목국(木局)의 임관녹위(臨官祿位)요, 건(乾)은 목국(木局)의 장생방(長生方)이며, 간(艮)의 녹수(祿水) 또는 녹산(祿山)이 건장생봉(乾長生峰) 또는 장생수(長生水)가 신(辛)의 양위(養位)를 도와주는 진신수(進神水)이며, 모든 물은 곤(坤)으로 흘러나가니 정미(丁未)의 묘고수(墓庫水)는 자못 절(絶)의 곤(坤)으로 내수구(內水口)가 건(乾)이 되고 외수구(外水口)가 곤(坤)이 되는데는 수생목(水生木)으로 해묘미(亥卯未) 목국(木局)의 장생(長生)이 되며, 또는 을병(乙丙)이라는 인오술(寅午戌)의 절방(絶方)이니 내수구(內水口) 건(乾)에 외수구(外水口) 곤(坤)은 목생화(木生火)로써 중복되기도 할 수 있으니, 이때에도 갑묘(甲卯) 건해수(乾亥水)가 장대(長大)하여야 하며, 내오수(內午水)는 세소(細小)하여야 서로가 상생의 목생화(木生火)가 될 수 있으나 좌수병오(左水丙午)가 장대(長大)하면 충생(沖生)이라는 결론에 부딪치고 파성(破滅)을 초래한다. 이는 내수구(內水口)는 화국묘고향(火局墓庫向)의 출살(出殺)이 되고 외수구(外水口)는 목국양향(木局養向)이 된다는 것은 가합(可合)하나 내수구(內水口)가 양향(養向)이 되고 외수구(外水口)가 양향(墓向)이 되면 충생(沖生)이 되므로 을좌신향(乙坐辛向)이 화국묘고향(火局墓庫向)은 내룡(內龍)의 우선(右旋)으로 되며, 목국양향(木局養向)인 때는 갑룡(甲龍)의 좌선(左旋)으로 된다. 여기서도 무기경(戊己經)의 진도을시선수손(震度乙時先秀巽)이란 말을 잊어서는 안 된다. 갑목(甲木)은 병화(丙火)를 생(生)함으로 병(丙)이 우선(右旋)을 하게 되면 유장(踰藏)을 하게 되고, 갑(甲)이 좌선(左旋)을 하게 되면 유포를 하게 되니 이것이 우선(右旋)과 좌선(左旋)의 정리이며, 또 진도을시선수손(震度乙時先秀巽)이라면 이것이 갑룡(甲龍)은 완전히 태살(脫殺)한 용(龍)이 되어 묘고(墓庫)의 내수구(內水口)를 만드는 것 또한 순리다. 이때에 갑묘입수(甲卯入首)로 을좌신향(乙坐辛向)이 양향(養向)이 된다면 장중방(長仲房)은 도움이 없는 것이며 주로 삼방(三房)만 유익하다. 갑묘룡(甲卯龍)은 화국(火局)의 임관룡(臨官龍)이며 목국(木局)의 생왕룡(生旺龍)이니, 을좌신향(乙坐辛向)을 입혈(入穴)하는데는 손(巽)이 을좌(乙坐)의 입수(入首)가 되는 것 또한 상정(常情)이다. 그러므로 을좌신향(乙坐辛向)의 외수구(外水口)는 목국양향(木局養向)의 수구(水口)(坤)며 내수구(內水口)가 건(乾)이라면 내수구(內水口)로 흘러가는 사병수(巳丙水)가 적어야 하

며, 갑묘(甲卯) 간인(艮寅)이라는 우선수(右旋水)가 장대(長大)하여야 한다. 만일 사병수(巳丙水)가 갑묘(甲卯) 간인수(艮寅水)보다 장대(長大)하게 되면 목국양향(木局養向)의 갑묘좌선(甲卯左旋)의 용(龍)이 잘 들어왔다 하여도 파국(破局)이 되는 대황천(大黃泉)이 된다는 것은 틀림없다. 같은 을좌신향(乙坐辛向)에서 양향(養向)이나 묘고향(墓庫向)은 황천살(黃泉殺)이 범하기 쉬운 것으로 고인이 을신정계좌(乙辛丁癸坐)를 기피하였다는 것이 여실히 나타난다. 을좌신향(乙坐辛向)에서 신임수로파당건(辛壬水路把當乾)이라는 황천(黃泉)에서, 신(辛)이 묘고향(墓庫向)이라면 건(乾)은 바로 절수(絶水)가 되니 흘러들어오면 크나큰 대악(大惡)의 살(殺)이 되나, 신(辛)이 양향(養向)이라면 건(乾)은 탐랑(貪狼)이라는 장생수(長生水)가 되어 건수(乾水)가 흘러 들어오면 진신수(進神水)가 되어서 금상첨화라 하나, 흘러나가면 퇴신(退神)이 된다는 정리를 깨닫고 거수(去水) 내수(來水)에서의 변화의 중요함을 잊지 말고 분별하고, 묘향(墓向)이냐 양향(養向)이냐는 주로 그 용(龍)의 좌우선(左右旋)으로서 분정(分定)하는 것이 정리라 할 수 있다.

❖ **양향 정미좌계축향**(養向 丁未坐癸丑向) : 양(養)도 생(生)도 합하여 탐랑(貪狼)의 생기(生氣)라고 한다. 양향(養向)도 좌선(左旋)의 병오룡(丙午龍)에 우선수(右旋水)가 배합이다. 이때에 손(巽)의 임관수(臨官水)와 을관대수(乙冠帶水)와 간장생수(艮長生水)와 계양수(癸養水)가 병오수(丙午水)와 같이 제도(齊到)하여 건자상(乾字上)으로 흘러나가니 삼합연주(三合聯珠)이면서 또 삼절녹마상어거(三絶祿馬上御去)로 양공(楊公)의 진신수법(進神水法)이다. 발응(發應)이 면원(綿遠)하며 방방(房房)의 모든 자손이 다 같이 발복하나, 삼문(三門)이 더욱 성하며 여자까지도 같이 병발(並發)한다. 삼절녹마(三折祿馬)라 하는 것은 계소신(癸小神), 임중신(壬中神), 건대신(乾大神)으로 병오제왕수(丙午帝旺水)가 우선(右旋)하면서 간인(艮寅)의 장생수(長生水)와 같이 계양위(癸養位)를 지나게 되며, 계양수(癸養水)가 계(癸)의 녹위(祿位)인 임중신위(壬中神位)로 들어가고 임록방(壬祿方)인 건위(乾位)로 다시 흘러들어가니, 소신(小神)은 중신위(中神位)로 유입하고 중신(中神)은 다시 대신위(大神位)로 차례로 흘러들어가는 것을 삼절녹마(三折祿馬)라 한다. 인오술(寅午戌) 화국(火局)의 마(馬)가 곤위(坤位)에 있으면 최관(催官)이 분명하니 발복 또한 빠르다. 건(乾)이 비록 화국(火局)의 절방(絶方)이라 하나 원래가 건(乾)과 오방(午方)은 본연의 천마방(天馬方)이라 마사(馬砂)가 있으면 속발(速發)한다. 화국(火局)의 양향(養向)은 외수구(外水口)로 입혈(立穴)하면서 틀림이 없는데 내수구(內水口)가 금국(金局)의 묘고향(墓庫向)의 수구(水口)인 간(艮)이 되는 경우가 있을 수 있다. 이것이 바로 무기경(戊己經)의 이도정시선수곤(離度丁時先秀坤)이라는 즉 병오룡(丙午龍)에 정좌계향(丁坐癸向)이 원칙이며 묘고향(墓庫向)의 출살(出殺)이기도 하다. 이때 외수구(外水口)가 건(乾)이라면 화국(火局)의 용(龍)으로 간인(艮寅) 갑묘(甲卯)까지는 아니더라도 을진(乙辰) 손사병오(巽巳丙午)의 좌선행룡(左旋行龍)이라는 정도는 입지(立地)한 정좌(丁坐)에서 추지할 수 있다. 그러니 병오룡(丙午龍)에 정좌(丁坐)의 혈이 되는데는 이도정시선수곤(離度丁時先秀坤)이 정측(正則)이다. 곤맥(坤脈)에 정좌(丁坐)의 혈을 지나는 경유수(庚酉水)가 간자상(艮字上)으로 흘러가는 것도 정측(正則)이다. 단 간(艮)으로 흘러가는 경유수(庚酉水)보다는 우변(右邊) 병오(丙午) 손사(巽巳)의 임관제왕(臨官帝旺)의 무곡수(武曲水)가 몇 십배 크고 장대(長大)하여야만 출살(出殺)이 되는 것이며, 좌수(左水)가 장대(長大)하다면 용수혈(龍水穴) 삼자(三者)의 불합(不合)이 분명하므로 이미 용(龍)은 사(死)하였으며 묘고(墓庫)의 도충(倒沖)이 되어서 상부상조의 기미가 보이지 않는다.

❖ **양협**(羊脇) : 정뇌(頂腦)의 모양이 줄기줄기 갈라져 내려서 흡사 양의 갈비뼈 모양을 한 형태.

❖ **양협**(陽峽) : 나지막하게 바짝 엎드린 과협(過峽). 뒷산의 오목한 곳에서 용맥(龍脈)이 뻗어 나온다.

❖ **양호상교**(兩虎相交) : 호랑이 두 마리가 나란히 붙어 서 있는 형국. 두 산의 크기와 생김새가 매우 비슷하며, 혈은 두 호랑이의 중간에 있고, 안산은 호랑이가 좋아하는 짐승이다.

❖ **양화**(陽火) : 양에 속하는 화(火). 천간은 병(丙)이 양화, 지지는 오(午)가 양화, 숫자로는 7이 양화이다.

❖ **얕고 평양지에 암석은** : 옛말에 얕은 곳의 암석은 태산(泰山)같이 간주한다.

❖ **어가수**(御街水) : 정음(淨陰)의 향(向)에는 간손수(艮巽水)가 어가수(御街水)이고, 정양(淨陽)의 향(向)에는 곤건수(坤乾水)가 어가수이다. 이 물이 백여 보 밖에서 길게 흐르면 매우 좋고 자손들이 높은 지위를 얻는다.

❖ **어관**(魚貫) : 여러 마리의 고기를 꿰어서 이어진 모양.

❖ **어구**(御溝) : 원국(垣局)을 에워싸서 흐르는 천강(川江).

❖ **어느 사격이든 산 너머로 예쁜 모습이면** : 어느 사격이든 산 너머로 예쁜 모습을 드러내는 것은 특수하게 보아도 된다. 또 귀사(貴砂)에 모양이 크고 둥글면 부(富)를 더 가산하고 형체가 웅장하면 높고 많고 크고 장구하고 명성이 있다고 풀이한다.

❖ **어대**(魚袋) : 금어대(金魚袋)를 말함. 당·송 때에 관직이 높으면 차는 기물을 말하고, 어대(魚袋)가 태위(兌位)에 있다면 경상(卿相)을 가히 기약하고, 천마(天馬)가 남방(南方)에 있다면 공후(公侯)에 이른다. 만약 어대(魚袋)의 사(砂)가 서방(西方) 태위(兌位)에 있으면 귀한 벼슬을 기약할 수 있으며, 천마(天馬)의 산이 높이 남방(午方)에 솟아난다면 공후(公侯)의 지위에 이르며, 어대(魚袋)나 천마사(天馬砂)는 귀하게 되는 것이다.

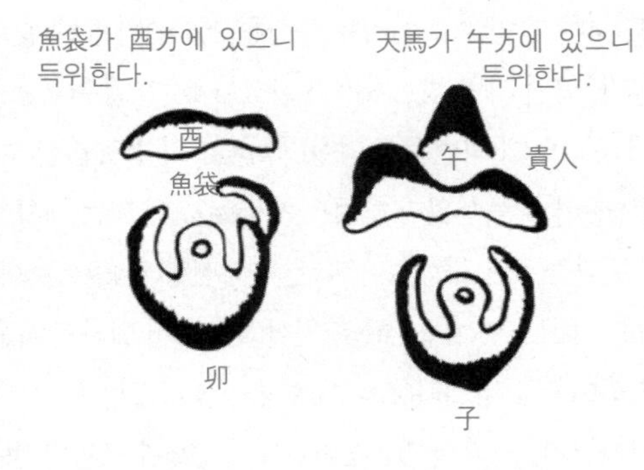

[魚袋得位] [天馬得位]

❖ **어대사**(魚袋砂) : 물고기 모양의 산봉우리를 어대(魚袋)라 부름. 어대사(魚袋砂)가 경유신방(庚酉辛方)에 있으면 관록이 끊어지지 않고 동방(東方)에 있으면 무인(巫人)이 나고 남방(南方)에 있으면 어부(魚夫)가 난다. 감계방(坎癸方) 또는 진술축미방(辰戌丑未方)에 있으면 객사한다.

❖ **어도**(御道) : 임금이 영혼을 영신(迎神)하여 모시고 들어가는 길을 말함.

❖ **어로사**(御爐砂) : 토(土) 금(金)이 상생되는 크고 둥그런 산모양의 귀사. 토성 위에 봉긋하게 솟은 어로사가 조안을 비추거나 현무사가 되면 부귀쌍전이 기약된다.

❖ **어류형**(魚類形) : 유어농파형(遊魚弄波形), 영리역수형(靈鯉逆水形), 비천오공형(飛天蜈蚣形) 등이 있다.

❖ **어린이 공부방 어떠한 규모가 좋은가** : 어린이의 공부방이 너무 넓으면 폐쇄적인 성격이 되거나 유달리 외로움을 타기도 하며 대인관계에서도 자신감이 없어져 사회 적응력이 낮아지기도 한다. 그러므로 어린이의 경우에는 어른들 기준보다 다소 좁은 공간을 공부방으로 쓰게 해야 심리적으로 안정되어 주의력이 산만해지지 않고 학업에 몰두 할 수가 있다.

❖ **어병**(御屛) : 산이 높고 평평하여 방정(方正)하고 양옆으로 차츰으로 내려지는 모양으로 조종산(祖宗山)의 좌우 가지를 쳐서 펼쳐나간 모습이 마치 병풍을 벌려놓은 것 같다는 뜻. 어병금대형(御屛錦帶形) 뒤에는 병풍을 치고 허리에는 높은 벼슬아치들의 허리띠인 금대(金帶)를 두른 형상으로 혈은 허리띠에 있으며 벼슬이 높고 부귀공명을 다 얻는다.

❖ **어병사**(御屛砂) : 혈 뒤쪽부터 병풍을 두른 듯 순하게 생긴 산들이 에워싸 내리는 사격의 형국. 제왕비(帝王妃)가 나고 목성이 연이어져 있기 때문에 마치 병풍을 세워놓은 듯 하지만 전체로 봐서는 토성형(土星形)으로 보인다. 안산(案山)이나 조산(朝山) 또는 혈 뒤에 서 있으면 높은 벼슬을 하고 여자는 왕비가 나온다.

❖ **어산사**(御傘砂) : 임금이나 귀인이 행차할 때 사용하는 양산모양의 산. 주름이 있으며 높고 특이하다.

❖ **어서대**(御書臺) : 낮고 작은 토성(土星)의 산이나 바위. 위는 평평하고 면은 바른 것으로 마치 임금의 책상과 같은 것을 말한다.

❖ **어옹고도**(魚翁鼓棹) : 어부의 북과 노의 형국. 혈은 배 닿는 선창에 있고, 안산은 걷어올린 그물이다.

❖ **어옹구증**(魚翁拘曾) : 고기 잡는 노인이 그물을 잡고 있는 형국. 혈은 그물 안에 있고, 안산은 물고기다.

❖ **어옹살망**(魚翁撒網) : 고기를 잡는 노인이 그물을 헤쳐 놓는 형국. 앞에 큰 냇물이나 강물이 흐르고 혈은 그물로 된 주머니에 있고 안산은 물고기이다. 이 형국의 명당은 자손들에게 부귀를 가져다준다.

❖ **어좌**(御座) : 산이 고대(高大)하고 가운데가 일어나서 높고 양쪽으로 넓게 퍼져 내린 모양.

❖ **어좌사**(御座砂) : 제좌사(帝座砂)라고도 하며 임금이 앉는 의자와 같은 형세의 산이나 바위를 말함. 가운데 봉우리는 귀인봉으로 특이하고 양쪽으로는 능선이 이어져 마치 의자의 팔걸이 같이 생겼다. 주변의 모든 산들이 머리를 숙이고 배알하듯이 있어야 하며 기울기나 파쇄(破碎)되어서는 안 된다.

❖ **어좌어병**(御座御屛) : 어좌어병은 내대(內臺)에 들어 한림(翰林)을 장악하고, 돈창돈고(頓槍頓鼓)는 외곤(外閫)을 진압하여 권세를 가지게 된다고 하여 어좌(御座)나 어병(御屛)의 형상이 있으면 문관(文官)이 나게 되어 내대(內臺)에 들어가 한림원의 사한직(詞翰職)을 장악하게 된다. 돈창(頓槍)이나 돈고(頓鼓)의 형상이 있다면 무관(武官)이 나오며, 외곤(外閫)을 진압하여 통병(統兵)의 권세를 잡을 것이다. 이러한 좌(座)나 병(屛), 창(槍)이나 고(鼓)의 산은 혹 앞에 있어 조대(朝對)하기도 하고 혹은 뒤에 있어 탁산(托山)을 만들기도 하므로 한마디로 표현하기란 어렵다.

❖ **어진 공부 꾼은 자기**(氣)**를 알아주는 지기**(知己)**가 아니면 허락하지 않는다** : 그래서 올바른 선비는 적덕(積德)으로 구산(求山)하는 것을 원칙으로 삼는다. 땅을 구함에 있어 학문적 술력(術力)을 먼저 택하여야 하고 또한 술자(術者)도 덕(德)있는 주인을 만나면 피차 길지(吉地)를 선택하기 어렵지 않다.

❖ **억지로 명당을 구하려 하지 말라** : 명사(明師)는 순수 장지(葬地)를 접하는데 진룡(眞龍)의 혈을 만나 비록 작더라도 반드시 쓰고 단지 진기(氣)가 모이면 귀(貴)할 뿐이다. 억지로 대지(大地)를 구하려고 하는데 대지명당(大地明堂)은 스스로 주인이 있다.

❖ **언월**(偃月) : 반달을 말함.

❖ **엘리베이터가 마주보고 있으면** : 풍수 이론에 따르면 이것은 개구살(開口殺)이라고 하여 운기를 나가게 한다. 엘리베이터나 계단은 출입구로서의 기능 그대로 해석되어 들어와서도 나간다는 의미가 있다. 더구나 마주보고 있으면 나가는 쪽이 많아질 것이다. 이런 경우 직장이나 사업에서 업무 실적을 다른 사람에게 빼앗기게 되거나 이야기만 오고갈 뿐 계획했던 대로 전혀 진척되지 않는 일이 일어난다.

❖ **여**(驪) : 사세(沙勢)가 고개를 아래로 숙인 모양으로 미려한 사(沙).

❖ **여근곡**(女根谷) : 산골짜기가 여자의 아랫배와 같이 탐스럽게 갈라져 있는 산을 말함. 이러한 지세에서는 여자의 기운이 강하고 남자들은 여자를 지나치게 좋아하게 되어 건강을 해칠 우려가 있다.

❖ **여기**(餘氣) : 주룡(主龍 : 혈이 있는 본신룡)의 기운이 아주 왕성하여, 혈을 맺은 뒤에도 수십 리 혹은 수리를 더 뻗어 나가 다시 작은 혈들을 맺어 놓는 것. 대룡(大龍)은 여기도 크므로 곳곳에 많은 혈이 깃들여서 용이 남은 기운을 토해낸 것. 용과 혈과 사안(砂案)은 다 남은 기운을 토한 증거가 있다. 즉 순전(脣氈)은 혈의 여기요, 지맥(枝脈)은 주룡(主龍)의 여기요, 관성(官星)은 조안

(朝案)의 여기요, 귀성(鬼星)은 주산(主山)의 여기인데, 이 여기(餘氣)가 있으면 기(氣)가 왕성하다는 증거이고 없으면 기가 부족하다는 증거이다.

❖ **여러 길이 맞부딪친 부위가 집 쪽을 향한 형국** : 여러 길이 맞부딪친 부위가 자기 집쪽을 향해 모여오는 형국은 주로 가장과 장자손에게 흉험이 발생한다.

❖ **여사상**(黎沙象) : 코끼리가 쟁기로 모래밭을 가는 형국. 앞에 큰 물이 흐르고, 혈은 코끼리의 머리에 있으며, 안산은 풀더미이다.

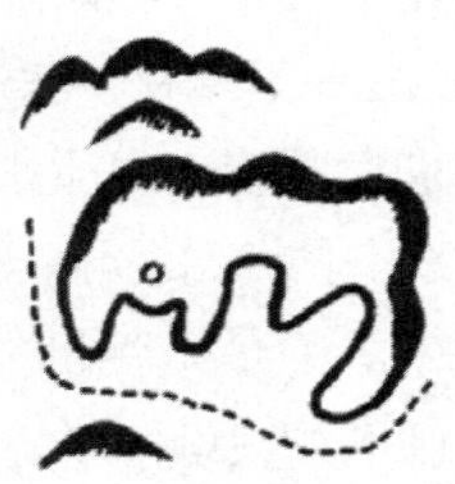

❖ **여산고**(女山高) : 손(巽)은 팔괘로 손괘(巽卦)이며 장녀(長女), 오(午)는 이괘(離卦)이며 중녀(中女), 유(酉)는 태괘(兌卦)이며 소녀로서 이 세 방향에 높고 수려한 봉우리가 있으면 여자들이 많아짐을 말한다. 또 여자들이 고귀해지며 손방(巽方) 이방(離方) 태방(兌方)의 삼방(三方)에 높고 수려한 봉우리가 있으면 딸이 많아지며 여자들이 고귀해진다.

❖ **여산구**(女山俱) : 동남쪽인 손(巽 : 장녀궁) 남쪽인 리(離 : 중녀궁) 서쪽인 태(兌 : 소녀궁)은 모두 여자를 관장하는 방위다. 이곳 모두에 청하고 단정한 산이 있으면 여자가 귀하게 된다. 반대로 이곳이 요함(凹陷)하고 공허하면 주로 여자들이 흉(凶)함을 당한다.

❖ **여성**(女星) : 미방(未方)에 있다. 미방(未方)의 봉우리가 아름다우면 여인으로 인하여 집안이 일어나고 몹시 높으면 꽃을 탐하다가 집안이 망하는 수가 있고 허하면 홀아비가 생긴다. 때는 계년(癸年)에 일어난다.

❖ **여성동료와의 대립은 분홍색 돼지로 해결한다** : 여성 동료와 일하기란 쉬운 일이 아니라 서로 잘 해나가다가도 한번 틀어지면 관계를 회복하기가 쉽지 않다. 그럴 때에는 분홍색 돼지를 이용하여 중개자 역할을 하게 만들자. 풍수에서 돼지는 평화의 상징이다. 게다가 여성을 아름답고 우아하게 하는 분홍색을 더함으로써 심각한 냉전 상황에 처한 기분을 서로 좋게 만들 수 있다. 구체적이 방법은 대립하고 있는 상대의 집 방향을 향해서 분홍 돼지를 놓으면 된다. 풍수와 관련된 장식물이 없다면 저금통이라도 좋다. 분홍 돼지가 가진 눈에 보이지 않는 힘이 평화의 사자가 되어 대립하고 있는 두 사람 사이를 좋게 해준다고 한다. 돼지는 기왕이면 복스러운 것을 선택하는 것이 좋다. 상대를 생각하면서 아침저녁으로 머리를 쓰다듬어 주는 것도 잊지 말라.

❖ **여자가 남자보다 기**(氣)**가 센 주택은** : 북서(北西)쪽이 알맞게 나온 집은 부하의 운이 좋게 되고 집주인의 운세가 호전되며 가정을 원만히 이끌어 간다. 서북쪽이 심하게 들어간 경우는 여자가 남자보다 기(氣)가 세어 남편 보기를 우습게 여기고 살림보다는 바깥으로 돌아다니기를 좋아한다.

❖ **역결**(逆結) : 뒤를 바라보며 맺힌 혈. 용맥(龍脈)이 뒤틀려 그 발원지, 태조산을 향하여 몸을 틀며 형국(形局)을 열고 거기 역시 태조산을 향하여 혈이 맺힌 것.

❖ **역겸순**(逆兼順) : 역으로 인접하여 온 내맥이 당국(堂局)에서 순(順)으로 접하여 혈을 받음이다. 용(龍)이 입수(入首)에 이르러서 역(逆)으로 일맥(一脈)을 꺾어 조산(祖山)의 꼭대기와 마주하여 재혈(截穴)을 이루며, 후면(後面)에 귀(鬼)가 있고 회두고조형(回頭顧祖形)이 된다. 귀(鬼)를 보고 작혈(作穴)하며 이두수(裏頭水)가 흐르기도 한다.

❖ **역겸천**(逆兼穿) : 내맥이 가로로(橫) 흘러와서 조산(祖山)을 바라보며 역(逆)으로 혈장을 만든 형국. 좌측으로나 우측으로나 상관이 없으며 맥이 측면의 한쪽으로 고조형(顧祖形)을 이루니 역(逆)으로 국(局)을 만들었고 횡(橫)으로 맥을 접하면 모두 역겸천(逆兼穿)이 된다.

❖ **역괘**(易卦) : 역(易)은 자연의 운행질서 및 삼라만상(森羅萬象)의 근본원리를 64괘의 틀 속에 넣은 것. 우주 안에 있는 모든 것은 서로 관련성을 갖고 상호작용을 한다. 천(天)의 기에 따라 지(地)의 품세가 이루어지고 또한 지의 기에 따라서 천의 형상도 바뀌어지게 된다. 즉 천의 운행이 지(地)에 영향을 주고, 지의 기는 천에 영향을 주어서 서로를 변화시키면서 순환을 이어가고 그 사이에 사람으로 대표되는 삼라만상이 천지의 교감에 영향을

받고 다시 천지에 영향을 미치게 된다. 이것을 상호교감작용이라고 한다. 이 교감작용을 끊임없이 되풀이하는 것이 도(道)이다. 주역에서 일음일양지위도(一陰一陽之謂道)라고 하여 낮이 가면 밤이 오고 밤이 새면 낮이 되는 이치가 곧 도이다. 역에는 변역(變易), 불역(不易), 호역(互易), 간역(簡易)의 뜻이 있다.

❖ **역국**(逆局)

① 순국(順局)의 반대로 지지(地支)와 방위와 구궁(九宮) 등을 거꾸로 돌려나가는 것.

② 물이 혈 앞에서 혈 뒤를 향해 흘러나가는 것.

❖ **역도**(易道) : 우주만물의 생성과 변화 발전하는 도(道)를 태극(太極)·음양(陰陽)·오행(五行)·사상(四象)·팔괘(八卦)의 원리에 대한 이치를 말한다.

❖ **역룡**(逆龍) : 봉우리가 기울어지고 다리가 거슬러 뻗어나가 움직임이 괴이하게 생긴 모습으로 마치 새가 거꾸로 나는 듯한 모습을 말하며, 역신(逆臣)이나 역적 등 반골(反骨) 기질이 나오게 된다. 12룡격(龍格)의 하나로 용맥이 순으로 뻗어온 것이 아니라 뒤로 거슬러지고 행도(行度)가 어긋난 용으로 흉격에 속한다. 이 용이 조산(祖山)을 떠난 이래로 차츰 낮아지는 게 옳은데 이와 반대로 높고 낮은 질서가 없고, 보호하는 산이 혈성(穴星)을 따르지 않으며, 청룡·백호가 좌우로 싸이지 않고 엉뚱한 곳으로 머리를 틀고, 용의 지각들이 거슬러 올라가는 물과 같고, 새가 거꾸로 나는 듯, 벌레가 뒷걸음질로 기어가는 형상과 같은 용을 말한다. 그러므로 그럴 듯한 혈성을 이루었다고 하여 역룡임을 모르고 장사지낸다면 인륜·도덕을 어기고 흉폭한 도적과, 법을 어겨 감옥에 가는 자손이 나온다고 한다.

❖ **역리사**(逆理砂) : 용호(龍虎)가 당판을 싸안지 않고 위는 가늘고 내려갈수록 굵어지거나 산 지각이 등을 보이고 돌아가는 것을 말한다. 역리사는 자식들이 불효하고 형제간에 골육상쟁하고 불화가 많으며 반역을 꾀하는 역적자(逆賊者)가 난다.

❖ **역리형**(逆理形) : 청룡·백호가 혈장으로 응기하지 않고 배역주(背逆走)의 모습을 띤 형국. 청룡이 배역하면 자손이 불효·불충·배반·불목한다. 백호가 배역하면 딸과 며느리가 불효·부정·배신하며 재물이 파산된다.

❖ **역마**(驛馬) : 신자진좌(申子辰坐)의 묘(墓)는 간인방(艮寅方)이, 해묘미좌(亥卯未坐)는 손사방(巽巳方)이, 사유축좌(巳酉丑坐)는 건해방(乾亥方)이, 인오술좌(寅午戌坐)는 곤신방(坤申方)이 역마자리다. 각 좌(坐)에 맞는 역마자리에 높고 수려한 봉우리가 있으면, 역마를 얻게 된다.

❖ **역마방**(驛馬方) : 역마는 속발부귀를 상징하는 매우 길한 방위다. 풍수지리에서는 좌(坐)를 기준으로 역마방에 천마사(天馬砂)가 있거나 또는 수려하고 특이한 사격이 있으면 매우 길하다. 신자진좌(申子辰坐)는 인방(寅方)이, 해묘미좌(亥卯未坐)는 사방(巳方)이, 인오술좌(寅午戌坐)는 신방(申方)이, 사유축좌(巳酉丑坐)는 해방(亥方)이 역마방위이다. 건(乾)은 오(午)방위에 천마사(天馬砂)가 있으면 좌향에 관계없이 속발부귀하는 역마사(驛馬砂)가 된다.

❖ **역마봉**(驛馬峰) : 좌(坐)를 기준하여 역마봉을 보기도 하는데 아래와 같다.

乾甲丁亥卯未坐 : 巳方, 艮丙辛寅午戌坐 : 申方

坤壬乙申子辰坐 : 寅方, 巽庚癸巳酉丑坐 : 亥方

甲乙巽山(庚辛巳向) : 巳方, 庚辛乾山(甲乙巽向) : 亥方

壬癸坤艮山(丙丁艮坤向) : 寅方, 丙丁山(壬癸向) : 申方

또는 건방(乾方)의 산을 천마산(天馬山)이라고도 함.

❖ **역마수**(驛馬水) : 좌(坐)를 기준하여 다음 방위로 득수(得水)하거나 지호수(池湖水)가 있으면 속발부귀한다.

坐	申子辰	寅午戌	巳酉丑	亥卯未
驛馬水	寅	申	亥	巳

❖ **역마일**(驛馬日) : 역마일에는 여행, 이사, 취임, 원정(遠征), 무역

(貿易) 등 외지에서 활동하는 일에는 모두 길하다. 역마일은 아래와 같다.

1, 5, 9월 : 申 2, 6, 10월 : 巳日

3, 7, 11월 : 寅 4, 8, 12월 : 亥日

가령 1, 5, 9월에는 임신(壬申), 갑신(甲申), 병신(丙申), 무신(戊申), 경신일(庚申日)이 모두 역마일이다.

❖ **역복**(易服) : 거상(居喪) 중이나 탈상(脫喪) 때에 옷을 갈아입는 일 또는 그 옷. 소상(小祥)에는 삼베옷을 반베 옷으로, 대상(大祥)에는 흰 갓과 직령(直領)으로, 담제(禫祭)에는 칠한 갓과 흰 도포(道袍)로, 길제(吉祭)에는 평상의 웃옷으로 갈아입음.

❖ **역복불식**(易服不食) : 부모가 죽었을 때 옷을 갈아입고 3일간 밥을 먹지 아니함.

❖ **역사건기형**(力士搴旗形) : 힘센 역사(力士)가 적군한테서 깃발을 빼앗는 형국. 역사처럼 생긴 산봉우리 앞에 깃발처럼 생긴 산이 있고, 혈은 깃발의 위쪽에 자리잡으며, 안산은 북이다.

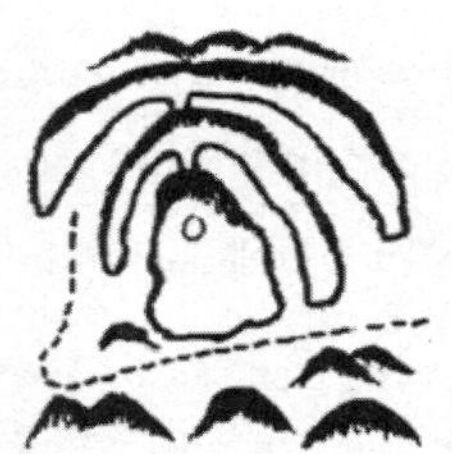

❖ **역수**(逆水) : 용(龍)의 반대방향으로 흘러 오르는 물.

① 물이 혈 앞 부위에서 흘러와 혈 뒤로 흘러나가는 것. 이를 역국(逆局)이라고도 한다.

② 거슬러 흐르는 물. 혈 앞에서 나가던 물이 사(沙)가 가로막으면 물이 바르게 나가지 못하고 굽어서 혈 앞으로 들어오게 되는 물.

③ 역수(逆水)가 조당(朝堂)에 오면 내당(來堂)의 설기(泄氣)를 불허하고, 번신(翻身)으로 작혈(作穴)하면 외면(外面)에서 따라와 회두(回頭)함이 간절하다. 관장(關藏)됨이 귀하며, 공결(空缺)을 가장 싫어한다. 역수(逆水)가 조당(朝堂)으로 흘러오면 참으로 귀하다. 음사(陰沙)가 차란(遮闌)하면 내당(內堂)을 충하여 들어옴을 막을 뿐만 아니라 본신(本身)의 기(氣)를 설기하지 못하도록 지켜준다. 산이 번신(翻身)으로 작혈(作穴)하면 본신(本身)에서는 용호(龍虎)가 없는 경우가 많다. 이 때는 외면의 산이 회두(回頭)하여 혈을 돌아보고 호종하여 줌을 간절히 바라게 된다. 그렇게 되면 관란(關闌)하여 감싸주므로 당국(堂局)은 긴밀하여 능히 기는 모이게 되어 길하다. 가장 싫은 것은 주위가 공결(空缺)하여 흩어지고 차란(遮闌)하여 호종함이 없으면, 여기는 풍취기산(風吹氣散)하는 곳이므로 흉한 곳이다.

혈장으로 모든 물이 들어오고 용은 구비치고 몸을 돌려 회룡고조로 작혈하였다.

❖ **역세**(逆勢) : 산의 형태가 주산의 방향과 다른 상태.

❖ **역룡**(逆龍) : 혈을 향해 행룡하는 용은 지각이 진행방향으로 뻗어 용과 혈을 감싸주지만 역룡은 지각이 뒤를 향해 역으로 뻗은 형국. 용과 혈을 배반하는 형상으로 혈을 결지하지 못하고, 이곳에 장사지내면 성질이 흉악하고 불효하고 도적질하고 반역하는 자손이 나온다.

❖ **역(易)의 원리** : 주역 계사전에, 태극이 있어 양의(兩儀)를 생(生)하고, 양의가 4상(四象)을 생하며, 사상이 팔괘를 이룬다. 태극(太極) 이전에는 천지도 없고 천지가 없으니 또한 만물이 있을 수가 없어 오직 일리(一理)가 있었을 뿐이다. 이 일리가 곧 태극이요, 태극이 곧 이기(理氣)의 근원이니 천지만상이 태극으로부터 화생(化生)하고 태극으로 반본(返本 : 근원으로 돌아감)한다. 풍수도 이기의 본원인 태극에 바탕을 두고 산천의 생성(生性)과 반본(返本)의 도를 본뜬 것이 나경이다. 만물의 근원인 태극이 한 번 동(動)하고 한번 정(靜)한 것이 양의(兩儀)이다. 이 음과 양이 서로 교합(이를 충화라고 한다)하여 사상(四象)을 생하고, 사상은 팔괘를 이루며, 팔괘가 거듭하여 64괘가 된다.

① **태극**(太極) : 태극은 삼라만상의 본원으로서 만상이 나오고 돌아가는 것이 모두 태극에 연유하며, 또한 만물을 함유한

다는 공간적인 의미와 처음부터 끝까지라는 시간적인 뜻을 포함하고 있다. 태자(太字)는 일(一)에서 이(二)가 생기고 그 이가 음양교합하여 또 다른 하나를 낳는다는 형상을 보여준다. 극(極)은 빠르게 분열하고 생장한다는 뜻을 가지고 있다. 따라서 태극설은 일원론적(一元論的) 삼원론(三原論)으로서 만상은 태극의 씨앗을 받아 생명활동을 하고 소멸되어서는 태극으로 돌아가므로, 태극은 만물의 부모 통체태극(統體太極)이며 만물은 태극의 소생 각구태극(各具太極)으로서 둘이면서 하나요 하나이면서 둘인 체용(體用)일 뿐이다. 이렇게 보면 태극이 생음양(生陰陽 : 이는 태극의 측면에서 본 것) 한다. 무극(無極)은 중심이 없어 처음과 마침이 없는 둥근상으로서 태극의 체이고, 태극은 중심이 있어 한 획을 이룬다. 처음과 마침이 있고 일생이(一生二)의 이치가 있어 무극의 용이다. 무극이 곧 태극이요 태극이 곧 무극이니 체용의 관계일 뿐이다. 태극의 양의가 서로 사귀어 하나의 씨눈을 생하니 유극(有極)으로서 태극의 도를 이룬다. 무극, 태극, 유극의 삼극이 삼이일(三而一)이요, 일이삼(一而三)임을 알 수가 있다. 태극과 관련 황극(皇極)이란 용어는 위에서 말한 유극의 형이상학적 지칭이다.

② **공간적인 뜻** : 극이 없는 것이 곧 태극, 무극이태극(無極而太極)이다. 이것은 틈〈간격(間隔)〉이 없음〈현미무간(顯微無間)〉을 뜻한다. 역서에서는 원재육합지외(遠在六合之外)하고 근재일신지중(近在一身之中)이라고 했다. 또 법성게에서는 일미진중함시방(一微塵中含十方)이라고 하였으며, 천부경에서는 일시무시일(一始無始一) 일종무종일(一終無終一)이라고 하였다. 이 모두가 태극의 공간적 뜻을 말한 것이다.

③ **시간적인 뜻** : 역서에서는 잠어순식(暫於瞬息)과 미어동정(微於動靜)에 막불유괘지상언(莫不有卦之象焉)하며 막불유효지의언(莫不有爻之義焉)이라고 하였고, 법성게에서는 무량원겁(無量遠劫)이라고 했으며, 천부경에서는 일묘연 만왕만래(一妙衍 萬往萬來)라고 했다. 이와 같이 태극은 무한의 공간성과 무량의 시간성을 의미하며, 우주도 태극안에 있고 미진(微塵) 안에도 태극이 있다.

❖ **역장**(逆杖) : 역이라 함은 내맥(來脈)이 거꾸로 흘러오고 거꾸로 혈장을 만든 것을 말한다. 조산(祖山)은 높이 솟아 청순하고, 낙맥(落脈)은 가늘고 예쁘며 험하지 않고 지각(枝脚)과 충사(沖沙)가 없으며, 용호(龍虎)가 열리고 조산(祖山)의 기세는 억누르지 아니하고, 조산과 상대함이 빈주(賓主)가 분명하고, 산중(山中)의 용세(龍勢)이나 내맥은 약하게 나와서 혈장은 강하게 맺어지므로 역장(逆杖)을 사용하게 된다.

❖ **역장**(逆葬)

- 입(入)향(鄕)조(祖) 주위, 고총(古冢) 주위, 생왕방(生旺方), 문중일가묘(門中一家墓), 별안 가까이 묘를 쓰면 안 된다. 해(害)가 자손에까지 미친다.
- 한 능선에 묘를 같은 좌(坐)로 쓰지 않는다. (之字玄字 형태로 쓴다.)

❖ **역전수법**(逆轉水法) : 역전(逆轉)이 생향(生向)이라면 오른쪽 물이 왼쪽으로 흘러 왼쪽 물이 돌아 오른쪽의 고(庫)로 나가는 것이다. 역전수법(逆轉水法)은 병향(丙向)이나 오향(午向)을 한다면 물이 손사방(巽巳方)에서 흘러와 병정곤경신건방(丙丁坤庚辛乾方)을 돌아 혈 뒤의 임계간인방(壬癸艮寅方)을 거쳐서 정갑자상(正甲字上)으로 나간다면 목욕방소수(沐浴方消水)가 된다. 이것이 역전수법(逆轉水法)으로 왼쪽 물이 오른쪽로 돌아 다시 왼쪽으로 돌아나가는 것이 마땅하다. 대부대귀한 집에 이러한 수법이 많다.

❖ **역학**(易學) : 주역(周易)의 원리 및 주역에 관계되는 것을 다룬 학문.

❖ **역행**(逆行) : 60갑자 순서를 거꾸로 돌려 나간다거나, 지지(地支) 순서를 거꾸로 붙이거나, 구궁 순서를 거꾸로 짚어나가거나, 방위를 반대방향으로 돌려나가는 것. 역국(逆局)·역비(逆飛)와 같음.

❖ **연간**(年干) : 태세(太歲)의 천간(天干) 또는 생년(生年)의 천간(天干).

❖ **연국**(烟局) : 기문둔갑법(奇門遁甲法)에서 시(時)를 기준하여 포국한 것을 칭함. 연국(烟局)은 ① 천반육의삼기(天盤六儀三奇) ② 시가팔문(時家八門) ③ 천봉구성(天蓬九星) ④ 직부구성(直符九星)의 4가지를 포국한다.

❖ **연두법**(年頭法) : 그 해의 첫달인 정월의 월건(月建)을 알아내는

방법. 즉 태세의 천간(天干: 歲干)을 기준하여 아래와 같은 공식에 의한다.

甲己之年: 丙寅頭 乙庚之年: 戊寅頭

丙辛之年: 庚寅頭 丁壬之年: 壬寅頭

戊癸之年: 甲寅頭

즉 태세가 갑(甲)이나 기(己)로 된 해는 정월(正月)을 병인(丙寅), 을(乙)이나 경(庚)이 되는 해는 정월(正月)을 무인(戊寅), 병(丙)이나 신(辛)이 되는 해는 5월을 갑인(甲寅)부터 시작하여 각각 60갑자 순서로 12월을 짚어나간다. 예를 들어 태세가 갑(甲)(갑자(甲子), 갑술(甲戌), 갑신(甲申), 갑오(甲午), 갑진(甲辰), 갑인(甲寅))이나 기(己)(기사(己巳), 기묘(己卯), 기해(己亥), 기유(己酉), 기미(己未))로 된 해는 정월을 병인(丙寅)부터 시작하여 2월에 정묘(丁卯), 3월에 무진(戊辰), 4월에 기사(己巳), 5월에 경오(庚午), 6월에 신미(辛未), 7월에 임신(壬申), 8월에 계유(癸酉), 9월에 갑술(甲戌), 10월에 을해(乙亥), 11월에 병자(丙子), 12월에 정축(丁丑)이 된다.

❖ **연만**(延蔓): 칡덩굴의 줄기가 마음대로 자라 어지럽게 엉긴 모양.

❖ **연목구어**(緣木求魚): 나무에 올라가서 고기를 구한다는 뜻으로 도저히 불가능한 일을 굳이 하려함을 비유한 말.

❖ **연못의 물은 맑아야**: 연못의 물은 달이 뜨면 달이 보이고 사람의 얼굴이 보여야하고 연못의 물이 탁(濁)하면 자손들이 음란하고 우환이 있게 되고 혈 앞에 물이 보이되 오는 물은 보이고 가는 물이 보이지 아니하면 백만거부(百萬巨富)가 부럽지 아니하다.

❖ **연못의 물이 황색이면 음란**(淫亂)**한 행위자 나온다**: 연지(蓮池) 못의 물이 흙탕물이면 자손들이 소년(少年)시절에 속병으로 고생하게 된다.

❖ **연못이나 우물 방위**: 연못이나 풀장, 우물은 절대 정남(正南) 쪽에는 만들지 않는다. 변고와 단명 및 집안의 우환 등 파괴의 재난이 닥는다.

❖ **연못이 있는 집은 담이 낮아야**: 건축설계사들의 견해에 따르면 아무리 견고하게 완전히 차단된 담이라 할지라도 그 높이가 다섯 자를 넘으면 별 효과가 없다고 한다. 먼지와 소음을 방지하는데 다섯 자 이상의 담은 효과가 없다는 것이다. 비교적 차량 통행이 많은 지역에서는 어른 목까지의 높이를 완전한 차단형으로 담을 쌓는 것이 좋으며, 고지대에서는 기초부터 꼭대기까지 통풍형으로 담을 만들면 비록 대문의 방향이 좋지 않은 곳에 자리잡고 있다 하더라도 그 흉상을 약화시킬 수 있는 이점이 있다. 대문의 위치와 방위를 여유 있게 잡을 수 있는 입지조건이 좋은 집에서는 비록 고지대의 집터라 하더라도 반차단·반통풍형의 판자 울타리나 철제 울타리를 하는 것이 바람직하다. 이것은 땅의 영기를 모을 수 있을 뿐 아니라 나쁜 기를 방출할 수도 있기 때문이다. 이러한 이치로 따져 볼 때 집안에 깊고 큰 연못이 있는 집은 담이 낮아야 한다. 만약 연못이 안채에 가까이 있거나 연못의 깊이가 2m이상일 경우, 또 면적이 넓거나 연못의 배수시설이 잘 안 되어 물이 괴어 있고 연못 쪽으로 집의 문, 즉 창문이나 출입문이 있는 경우 담이 높으면 틀림없이 집안에 좋지 않은 일이 생긴다. 따라서 집터가 평지거나 출입문(대문)의 제약이 적은 집에서는 절충식의 담이 이상적이고, 요철이 심한 집터에서는 통풍형이 가장 바람직하다. 만일 집터가 평지라면 담이 바로 묘지의 좌청룡 우백호의 역할을 하기 마련이므로 가장 이상적이라고 할 수 있다. 통풍형 울타리에서는 약점인 먼지와 소음을 완전히 차단하지 못하는 것 외에 방한상의 문제도 고려해야 한다. 그렇다고 해서 집의 벽 가까이에 담이 있다거나 높다고 해서 추위를 막아주는 것은 결코 아니다. 오히려 골목바람이 생겨서 더 추울 수도 있으며, 그늘을 만들어 한기를 배가할 수 있으므로 집의 방향은 매우 중요하다.

❖ **연못, 호수, 저수지 등을 향을 할 때는 보이는 부분의 중앙을 측정한다**: 호수나 저수지 또는 바다와 같이 큰 물이 있을 때는 보이는 부분의 중앙을 측정하면 된다. 이때 산에 가려서 안 보이는 부분은 제외되나 나무에 가려서 안 보이는 부분은 포함하지 않는다.

❖ **연방우사**(連房藕紗): 용(龍)이 화성(火星)을 기조(起祖)로 하여 우사(藕絲: 연뿌리를 쪼개면 나오는 가는 사선)로 낙맥이 되어 장천수(張天水)로 대장(大帳)을 벌리고 목성(木星)으로 낙맥(落脈)이 되어 만상아홀로 과맥(過脈)하여 옥개로 연맥(連脈)이 되어 미세한 생명협(生命峽: 과협이 유영무형으로 사람의 안목으로 볼 수 없

는 것)을 지나 다시 수장을 두르고 작혈(作穴)된 것을 말함.

❖ **연백**(年白) : 연(年)으로 닿는 자백구성(紫白九星)의 준말.

[年白早見表]

太歲 \ 三元	甲子 癸酉 壬午 辛卯 庚子 己酉 戊午	乙丑 甲戌 癸未 壬辰 辛丑 庚戌 己未	丙寅 乙亥 甲申 癸巳 壬寅 辛亥 庚申	丁卯 丙子 乙酉 甲午 癸卯 壬子 辛酉	戊辰 丁丑 丙戌 乙未 甲辰 癸丑 壬戌	己巳 戊寅 丁亥 丙申 乙巳 甲寅 癸亥	庚午 己卯 戊子 丁酉 丙午 乙卯	辛未 庚辰 己丑 戊戌 丁未 丙辰	壬申 申巳 庚寅 己亥 戊申 丁巳
上元	一白	九紫	八白	七赤	六白	五黃	四綠	三碧	二黑
中元	四綠	三碧	二黑	一白	九紫	八白	七赤	六白	五黃
下元	七赤	六白	五黃	四綠	三碧	二黑	一白	九紫	八白

※ 1864년(甲子)부터 1923(癸亥)까지는 上元

1924년(甲子)부터 1983(癸亥)까지는 中元

1984년(甲子)부터 2043(癸亥)까지는 下元이다.

가령 경오년(庚午年, 1990)이면 하원갑(下元甲)인데 경오(庚午)의 하원(下元)을 찾으면 일백(一白)이므로 일백(一白)을 중궁(中宮)에 넣고 구궁순(九宮順)으로 배치하면 이흑(二黑)이 건(乾), 삼벽(三碧)이 태(兌), 사록(四綠)이 간(艮), 오황(五黃)이 이(離), 육백(六白)이 감(坎), 칠적(七赤)이 곤(坤), 팔백(八白)이 진(震), 구자(九紫)가 손(巽)에 닿는다.

❖ **연복**(練服) : 소상(小祥)까지 입던 상복을 한번 세탁하여 담제(禫祭)까지 입는 상주의 상복. 공복과 연복에는 백색을 사용하게 한다.

❖ **연산역**(連山易) : 신농씨(神農氏) 때 사용된 역괘(易卦). 연산(連山)이란 구름이 산에서 솟아나듯 연면(連綿)이 끊어지지 않는다는 뜻을 가리키는 말로 간괘(艮卦)를 수위(首位)로 삼았다.

❖ **연소**(燕巢) : 제비의 둥지처럼 생긴 형국. 제비가 번식력이 강하기 때문에 연소형의 명당에 조상의 묘를 쓰면 자손들이 번창한다. 자손들은 지혜롭고 총명하며 인물이 깨끗하고 남들의 사랑을 많이 받으며, 부귀를 얻고 평안히 지낸다. 연소형의 혈은 제비둥지처럼 생긴 곳에 있으며, 안산은 대들보이며, 빨랫줄이 안산이 되기도 한다.

❖ **연소혈**(燕巢穴) : 제비집과 같은 형국. 제비는 처마나 절벽 끝에 집을 짓는다. 산중턱에 있고 내룡은 가파르다. 앞은 절벽이고 안산은 빨랫줄 같은 일자문성(一字文星)이 있어야 하고 먹이인 잠자리나 풀벌레 같은 사격이 주변에 있다. 주로 암자터에 많다.

❖ **연소형국**(燕巢形局) : 연소형국은 횡량안(橫樑案) 초충사(草虫砂) 연작사(燕雀砂) 등이면 제격이다.

❖ **연소혈형**(燕巢穴形) : 연소혈(燕巢穴)은 높은 산봉만(山峰巒)을 의지해서 결혈한다. 결혈(結穴)의 이치는 혈상(穴相) 앞에 가까이 전대안(錢帶案)이나 횡량안(橫樑案)이 있어야 진혈이다.

❖ **연애 운을 높이는 풍수** : 얼굴이 예쁘거나 스타일이 좋다는 것은 그 자체만으로 인기의 충분한 조건이 될 것이다. 그러나 그다지 미인은 아닌데도 남성들에게 대단히 인기가 있는 여성이 있다. 이와 같은 여성들의 공통점은 여성다운 분위기를 가지고 있다는 것이다. 실제로 꽃처럼 부드러운 분위기를 가진 여성이 차가운 느낌의 미인보다 남성으로부터 호감을 산다. 결국 제일 중요한 것은 부드러운 분위기와 우아함이다. 그런 의미에서 의식적으로라도 얼굴에 부드러운 미소가 감돌도록 부단한 노력이 필요하다.

❖ **연엽출수**(蓮葉出水) : 연잎으로 된 형국. 연잎은 연꽃보다 더 평평하고 물이 연잎을 휘감고 돌아가며 연잎은 혈을 찾기가 어렵다. 대개 잎의 중앙에 가장 좋은 혈이 맺히는데 연꽃이나 연잎 형국은 어느 곳이나 물을 끼고 있다. 물이 없으면 참된 연꽃, 연잎이라 할 수 없으며, 원래 있던 물이 사라지게 되면 매우 불길하다. 연화형의 명당은 귀인(貴人), 현인군자(賢人君子), 학자, 뛰어난 사업가 등이 배출되며, 자손들은 다방면에서 능력을 발휘하여 부귀를 얻고, 자손들의 용모도 수려하다. 여자 자손들의 얼굴은 꽃과 같이 아리땁다. 그로 인해 남들의 사랑을 많이 받게 된다.

❖ **연지박량**(燕子泊梁) : 새끼제비가 대들보에 앉아 있는 형국. 혈은 꼬리 위에 있고, 안산은 빨랫줄이다.

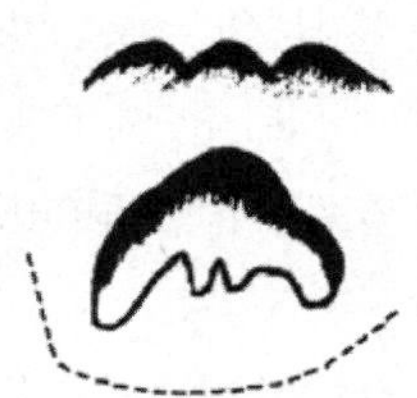

❖ **연제**(練祭) : 어머니가 먼저 돌아가고 아버지가 살아 있을 때에 1년만에 지내는 소상(小祥)을 한달 앞당겨서 지내는 제사.

❖ **연제사**(練祭祀) : 어머니가 먼저 돌아가고 아버지가 살아 있을 때 즉 부재모상(父在母喪)시의 소상(小祥). 부재모상에는 1주년에 지낼 소상을 11개월로, 2주년에 지낼 대상을 13개월로 당겨 지내고, 15개월에 담제(禫祭)를 지내는 바, 이 경우의 소상을 연제사(練祭祀)라 하고 연제사 뒤에 담제 때까지의 상복은 연복(練服).

❖ **연주**(連珠) : 물거품이 많이 나 있는 모양. 천주(穿珠)와 서로 같은 뜻이나 단지 곧게 관주(串珠)하면 불리하고 맥이 죽게 된다.

❖ **연주**(年柱) **결정** : 산운(山運)과 망명(亡命)의 삼합·육합 또는 녹·마·귀인년이 크게 유리하고 형·충·극·해(害)년은 꺼린다. 또한 화명(化命)의 공망년도 불길하다. 흉살은 삼살(三殺)·세파(歲破), 무기(戊己), 음부(陰符) 등은 가급적 피하는 것이 좋고, 만일 그런 살이 있다면 반드시 제압하여야 한다. 길흉은 대개 태세를 따른다고 하여 연주(年柱)를 아주 중요시한다.

❖ **연주 제1격**(連珠第一格) : 오성이 각각 자기 방위에 자리잡고 있는 것으로 연주격 중에서 가장 좋은 격식이다. 토성은 중앙에 있고, 화성은 남방에 있으며, 수성은 북방에 있고, 목성은 동방에, 금성은 서방에 솟아올랐다.

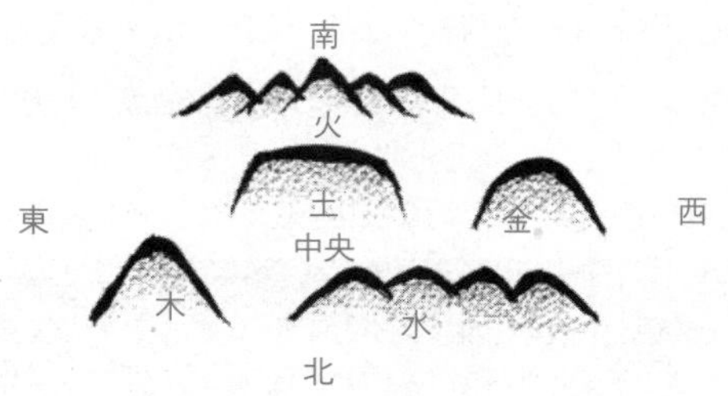

❖ **연주 제2격**(連珠第二格) : 방위와 오성이 상생관계에 있는 것. 북방은 수(水)이니 수(水)가 생(生)해 주는 목성(木星)이 있고, 남방은 화(火)이니 화(火)가 생(生)해 주는 토성(土星)이 있고, 동방은 목(木)이니 목(木)이 생(生)해 주는 화성(火星)이 있으며, 서방은 금(金)이니 금(金)이 생(生)해 주는 수성(水星)이 있으면 연주제2격이다. 또 오성(五星)이 방위를 생(生)해주는 배열도 연주 제2격이다. 이 경우, 북방에는 금성(金星)이, 남방에는 목성(木星)이, 서방에는 토성(土星)이, 동방에는 수성(水星)이, 중앙에는 화성(火星)이 자리잡았다. 연주 제2격도 지극히 귀한 격식이다.

❖ **연주 제3격**(連珠第三格) : 오성(五星)이 뒤에서부터 앞쪽으로 상생관계에 있는 것. 이 격식도 연주 제2격과 마찬가지로 귀하다.

❖ **연주 제4격**(連珠第四格) : 오성(五星)이 앞에서부터 뒤쪽으로 상생관계에 있는 것. 이 격식은 아들이 아버지를, 신하가 임금을 생(生)해 주는 형상이니 아주 길(吉)하다.

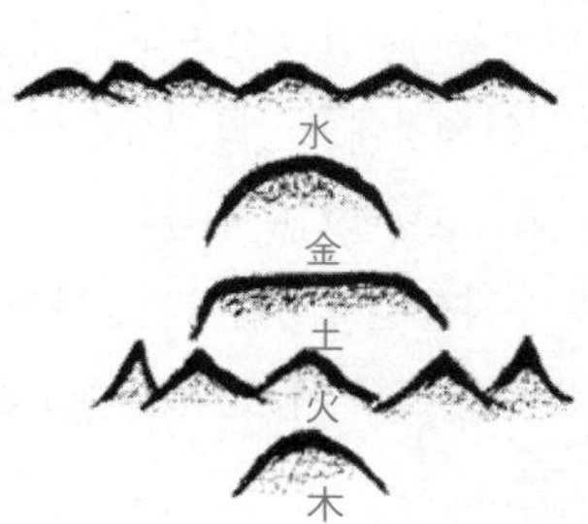

❖ **연주 제5격**(連珠第五格) : 뒤의 것이 앞의 것을 극(克)하는 형태로 오성(五星)이 배열된 격식. 아버지가 아들을 극하고, 임금이 신하를 극하는 형상이니 매우 불길하다. 여기에 묘를 쓰거나 집을 짓고 살면, 흉화(凶禍)를 입게 된다.

❖ **연주 제6격**(連珠第六格) : 앞의 산이 뒤의 산을 극하는 형태로 오성이 배열된 것. 이것은 아들이 아버지를 극하고, 신하가 임금을 극하는 형상이다.

❖ **연지**(硯池) : 물이 모여서 고인 상태. 지당(池塘).

❖ **연지**(年支) : 태세 및 생년의 지지(地支). 즉 자년(子年)·축년(丑年)·인년(寅年) 등과 자년생(子年生)·축년생(丑年生)·인년생(寅年生) 등을 말한다.

❖ **연지수**蓮池(水)**가 보이면** : 산속에 작은 연못이 보이면 어려서부터 내장병(內臟病)으로 요수(夭壽)하고 빈한(貧寒)하게 살게 된다.

❖ **연포**(煙包) : **연기에 쌓이다** : 연화도지(蓮花倒地) : 연꽃이 땅에 떨어진 형국. 평평한 땅이 있고 물이 그 땅을 휘감고 돌아가며, 평평한 중에도 조금씩 볼록하게 튀어나온 데가 바로 꽃술이며 혈처(穴處)이다. 혈이 여러 개 있을 수가 있고 안산은 화병이나 화분이다.

❖ **연화부수**(蓮花浮水) : 연꽃이 물에 떠 있는 형국. 냇물이나 강물이 연꽃을 휘감고 흘러가고 혈은 꽃의 중심, 화심(花心)에 있다. 볼록하게 나온 곳이 혈처(穴處)이며, 안산은 꽃병, 화분 등이다.

❖ **연화부수혈형**(蓮花浮水穴形) : 산포수회(山抱水回)로 호위되어 결혈하게 되어 연꽃 한송이가 물에 떠 있어 아름다운 형국. 이를 명혈이라 한다. 강물이 돌아야지 대지(大地) 결혈이고 개천물이 흐르는 것은 소지(小地) 결혈이다.

❖ **연화부수형**(蓮花浮水形) : 연화부수형은 환포수회(環抱水回)로 호위(護衛)하여 결혈(結穴)하게 된다. 연꽃 한 송이가 물에 떠있어 아름답다. 명혈(明穴)이다. 강물이 돌아야 대지(大地)이고 개천물이 흐르는 것은 소지(小地)이다.

❖ **연화출수**(蓮花出水) : 연꽃이 물가에서 피어난 형국. 앞에서 냇물이 휘감고 돌아가고 혈은 꽃술(꽃의 중심)에 있으며, 안산은 화분이다.

❖ **열장열병**(列帳列屛) : 장막이나 병풍처럼 넓고 모나고 길게 생긴 두 산이 마주 서 있는 형국.

❖ **염**(廉) : 땅 속에는 여러 가지 기운이 흐르고 있다. 좋은 기운도 있고 나쁜 기운도 있다. 혈은 좋은 기운이 흐르는 곳이다. 시신을 이곳에 매장하면 혈에 흐르는 좋은 기운으로 시신이 매우 깨끗하게 부패한다. 혈에서는 피부나 근육은 일찍 부패되어 없어지고 뼈만 노랗고 깨끗하게 오래 남는다. 이것을 황골이라고 부른다. 묏자리를 잘못 정하면 좋지 않은 기운에 의해 피해를 입는 경우가 생긴다. 유골에 물이 차거나, 나무 뿌리가 침범하는 현상을 염(廉)이라고 한다. 땅에 습기가 많아서 관 속에 물이 차는 것을 수렴(水廉)이라고 한다. 비교적 자주 있는 경우인데, 심지어 시신이 물에 둥둥 떠 있는 예도 있다. 이렇게 되면 시신이 까맣게 되고 불어서 매우 흉하다. 매장할 때는 물이 없다가 시간이 흐르면서 땅 속 수분 때문에 물이 발생하는 것이다. 이렇게 되면 후손들에게도 병이 생긴다. 시신에 나무뿌리가 감겨 있는 것을 목렴(木廉)이라고 한다. 이 때는 나무뿌리가 감긴 위치에 따라 후손들에게 나쁜 영향이 나타난다. 머리부분을 감고 있으면 후손들이 머리에 병을 앓는다. 나무뿌리가 눈을 뚫고 들어가 있으면 후손이 안질을 앓거나 두통·정신 질환을 앓는다. 나무 뿌리가 허리를 감싸고 있으면 허리를 다치는 환자가 생기고, 다리를 감고 있으면 하반신이 나빠지는 병을 앓는 후손이 있다. 시신이 불에 그을린 것처럼 새까맣게 변하는 경우를 화렴(火廉)이라고 한다. 이런 자리에 시신이 있으면 그 후손들은 정신 질환이나 각종 질병에 시달리게 된다. 시신이 곰팡이 같은 가는 털에 싸여 있는 경우를 모렴(毛廉)이라고 하며, 이런 경우에는 후손들이 피부병에 시달린다. 시신에 뱀·두더지·벌레들이 모여 있는 경우도 있다. 이러한 경우를 충렴(蟲廉)이라고 하는데 역시 후손들이 질병으로 고생한다.

❖ **염대일**(厭廗日) : 월염일(月厭日)의 대충궁(廗沖宮)인데 월염일과 같이 결혼식과 이사 입택(入宅)을 꺼린다.

정월 : 辰日	2월 : 卯日	3월 : 寅日
4월 : 丑日	5월 : 子日	6월 : 亥日
7월 : 戌日	8월 : 酉日	9월 : 申日
10월 : 未日	11월 : 午日	12월 : 巳日

❖ **염법**(廉法) : 수렴(水廉)·화렴(火廉)·충렴(虫廉)·빙렴(氷廉)이 침입하는 것. 즉 수렴이란 광중에 물이 드는 것, 화렴은 시신이 타 재가 되는 것, 목렴은 나무뿌리 같은 것이 관(棺)이나 시신을 얽어맨 것, 충렴이란 개미·거미·구더기 같은 것이 광중에 우글거리는 것, 빙렴은 광중에 성에가 돋는 것 등을 말한다.

❖ **염(廉)이 드는 경우**

① 곤을수(坤乙水)가 앞에서 명당을 지나면 광중(壙中)에 수렴(水廉)이 들고, 손사수(巽巳水)가 앞에서 대면하고 있으면 광중에 빙렴(氷廉 : 얼음)이 언다.

② 자계풍(子癸風)이 몰아치면 광중에 벌레가 들고, 건갑좌(乾甲坐)에 임(壬)파면 쥐가 들어 뼈를 옮긴다.

③ 경해미좌(庚亥未坐)에 간파(艮破)면 곤(坤)방8백자 아래로 시신이 옮겨지고(逃屍穴), 경해미좌(庚亥未坐)에 인(寅)파면 지호(地虎)가 시신을 먹게 된다.

④ 4고장이 낮고 꺼졌으면 번관(飜棺)하고 복시(覆屍)한데, 축간(丑艮)풍이 옆에서 들이치면 광풍소골(狂風消骨) 한다.

⑤ 병오풍(丙午風)이 직충하면 화염(火炎)이 들게 되고 산틈으로 야색수(野色水)는 나락뿌리, 우렁껍질 곤신풍(坤申風)이 요취(凹吹)하니 토염(土炎)이 무수하고 과거풍을 못 막으면 황충(黃蟲)이 가득하다.

⑥ 임감풍(壬坎風)을 못 막으면 목염목근(木炎木根) 얽혀 있고 신사(辰巳)방의 세장사(細長砂)는 무덤 안에 뱀이 든다.

❖ **염정**(廉貞) : 염정(廉貞)은 화성(火星)으로서 흉성(凶星)이나 천황성(天皇星)의 기조(起祖)가 되므로 해룡(亥龍)은 반드시 염정(廉貞)에서 기조(起祖)를 해야 진정한 귀룡(貴龍)이 될 수 있다. 천황룡(天皇龍)의 기조(起祖)를 밝히는 말로서 비록 내룡(來龍)이 천황혈위(天皇穴位)에 입수(入首)했다 할지라도 그 용(龍)의 기조(起祖)가 염정(廉貞)에서 생발(生發)하지 않았다면 결코 귀룡(貴龍)이라 할 수 없으며, 해룡(亥龍)이 반드시 염정위(廉貞位)에다 기조(起祖)를 하고 다시 좌선(左旋)으로 들어와야 진정한 귀룡(貴龍)이 될 수 있다는 뜻.

❖ **염정문무격**(廉貞文武格) : 문창이나 문곡이 수명(守命)하여 묘왕

하고 염정(廉貞)·무곡(武曲)이 비추면 이를 염정문무격이라 한다.

❖ **염정발조도**(廉貞發祖圖) : 지리법에 염정산이란 화산(火山)을 말한다. 대개 산의 으뜸인 태조산(太祖山)은 염정화(廉貞火)로 이루어졌다. 염정화산(廉貞火山)이 태조(太祖)가 되어 조종(祖宗) 부모를 거쳐 주산(主山)까지의 산의 내력이며, 사루하전(辭樓下殿)하고 속맥(束脈)이 되어오면서 봉요(蜂腰) 학슬(鶴膝)이며, 영송(迎送)하고 전호(纏護)하는 모습이다.

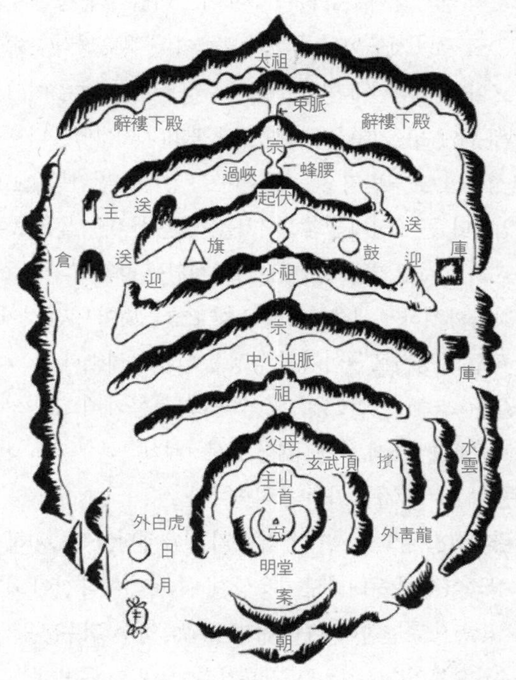

❖ **염정성**(廉貞星) : 화성의 변체. 화성 중에서 형상이 안 좋은 조성(燥星), 살성(殺星)과 비슷하다. 염정성에는 매우 흉흉한 기운이 감돌며 이 기운이 온갖 화를 불러온다. 염정성의 혈에 묘를 쓰거나 집을 짓고 살면, 사악(邪惡)하고 흉악무도한 자손들이 생겨난다. 그들은 예의를 모르며 난폭하고 간사하여 다른 사람들을 괴롭히고 흉포한 도적이 되어 만행을 저지르다 극형을 당한다. 또 어떤 자손은 호랑이에 물려 죽고 벼락을 맞으며, 화재로 재산을 탕진하기도 하고 피를 토하는 자손, 전염병에 걸리는 자손, 패가하여 고향을 떠나는 자손들도 생겨난다. 결국엔 자손이 끊기고 만다.

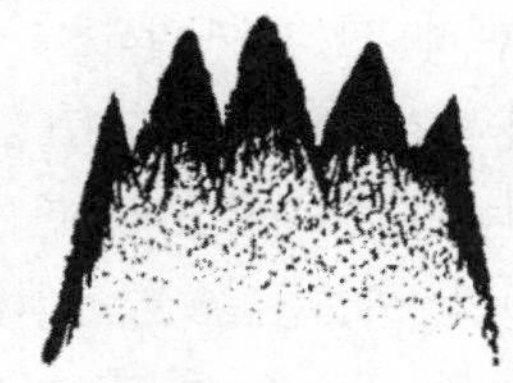

❖ **염정여벽혈**(廉貞犂鐴穴) : 염정성(廉貞星)은 화(火)로서 화기가 충천한 바위들이 날카롭고 뾰족하게 서 있어 마치 불꽃이 타오르는 모습과 같다. 산세가 험하여 감히 접근하기가 어려워 기가 세고 험하다. 이러한 곳에는 혈을 맺을 수 없으므로 염정성은 태조산이 대부분이지 소조산인 주산이 되는 경우는 극히 드물다. 그러나 예외적으로 주산이 되어 혈을 맺으면 대혈을 맺게 된다.

❖ **엿보이는 물이 양쪽으로 보이면** : 엿보이는 물이 양쪽으로 보이면 여자 중 장님이 출생하고 또 재물(財物) 손재(損財)가 있다.

❖ **영**(榮) : 무성함을 이름.

❖ **영가법문**(靈駕法門) : 영가(靈駕)시여! 생종하처래(生從何處來)며 사향하처거(死向何處去)요? 다시 말해서 어느 곳으로 쫓아 왔으며 또한 어느 곳으로 쫓아 가셨나이까? 생야일편부운기(生也一片浮雲起)이며 사야일편부운멸(死也一片浮雲滅)이라. 낳는다는 것은 한 조각 구름이 일어나는 것과 같고, 죽는다는 것은 한 조각 떴던 구름이 사그러지는 것과 같은 것입니다. 뜬 구름은 본래 자체(自体)가 실(實)다운 것이 없듯이 낳고 죽는 것 역시 부운(浮雲)과 같나이다. 그러나 그 가운데 한 물건이 있어 담연(湛然)히 생사(生死)를 따르지 않나니, 영가(靈駕)시여 돌이켜 한 물건이 무엇인지 알겠는가? 만약에 안다면은 한 물건이 어떤 것인고? (잠시 묵묵히 있다가) 끓는 불 더운 바람 천지(天地)를 무너뜨리니 깊고 고요한 백운(白雲) 사이에 있더라. 사람의 형상을 이루는 것은 지(地) 수(水) 화(火) 풍(風) 4대(四大)로 이루어진 것입니다. 사람이 죽어지면 털(髮)과 손톱, 발톱과 살과 뼈(皮肉筋骨)는 땅으로 돌아가고, 침(唾)과 콧물과 정기와 대소변 등은 물로 돌아가며, 더운 기운은 불로 돌아가고, 숨을 몰아쉬고 내시던 것은 바람으로 돌아가 버린다면 형체(形體)는 아무 것도 없는 것인데, 다만 4대[地水火風]를 구성하고 있던 주인공이 있어 어떤 것인지 모르고, 생사에 끌려 다니며 세인들이 이것을 일러

영혼이니 귀신이니 하지만 그렇게 말하는 자신, 즉 자기의 본체를 알지 못합니다. 지기(智氣)를 뽐내고 부(富)를 과시하고 직위를 번득이던 어떠한 인간도 그저 고삐 풀린 망아지처럼 천방지축하지만, 결국엔 자신의 모습도 모르고 사대의 껍데기에 끌려다니다 죽는 것입니다. 어느 종교인은 창조주가 있어 흙덩이를 빚어 영혼을 불어넣어 주었다고 하는데, 모두를 인정하고자 하나, 그 불어 넣어준 영혼이 대체 어떻게 생겼느냐 말입니다. 또 흙덩이는 누가 만들었으며, 한 발 더 나가 창조주라는 신(神)은 누가 만들었나 이것입니다. 또 창조신이 만든 것이 흰둥입니까? 검둥입니까? 흰둥이라 하더라도 4대를 의지한데 불과하고, 검둥이라 하더라도 4대를 의지한데 불과하며, 분명히 주인이 있기는 있는데, 알 수 없는 것입니다. 4대[地水火風]는 허무하여 가히 애석할 것이 없나니, 영가시여! 들으소서, 영가께서는 비롯(無始)함이 없이 다생(多生)겁을 내려오면서 지금 다시 멸(滅)할 때까지 무명(無明)이 행(行)을 반연하고, 행(行)은 식(識)을 반연하며, 식(識)은 명색(名色)을 반연하고, 또한 명색은 육입(六入) 곧 눈[眼], 귀[耳], 코[鼻], 혀[舌], 몸[身], 뜻[意]을 반연하며, 육입은 촉(觸 : 감촉)을 반연하고, 촉(觸)은 수(受)를 반연하고, 수는 애(愛)를 반연하고, 애는 취(取 : 형체의 시작)를 반연하며, 취는 유(有 : 이목구비 등의)를 반연하며, 유는 생(生)을 반연하고, 생(生)은 늙고 병들고 죽는 괴로움을 갖게 되었습니다. 영가시여, 만약에 무명(無明 : 근본을 모르기 때문에)이 멸(滅)하면 행(行)이 멸하고, 행이 멸하면 식(識)이 멸하고, 식이 멸하면 명색(名色)이 멸하고, 명색이 멸한 즉 육입(六入)이 멸하고, 육입이 멸한 즉 촉(觸)이 멸하고, 촉이 멸한 즉 수(受)가 멸하며, 수가 멸한 즉 애(愛)가 멸하고, 애가 멸한 즉 취(取)가 멸하고 취가 멸하면 유(有)가 멸하고, 유가 멸한 즉 생(生)이 멸하고, 생이 멸한 즉 늙고 병들고 죽는 등 모든 고통도 멸합니다. 영가시여, 제법(諸法)은 본자원성(本自圓成)하여 생사거래(生死去來)가 분명히 없거늘 무명업식(無明業識)에 쌓여 당신이 끌려 다니고 있는 것입니다. 영가시여, 제행(諸行)이 무상하여 낳고 죽고 하는 고통이 있습니다만 만약 낳고 죽는다는 자체를 멸한다면 생사거래(生死去來)가 어디 있습니까? 사대각리여몽중(四大各離女夢中)이요, 육진심식 본래공(六塵心識本來空)이며, 욕식불조회광처(欲識佛祖回光處)인데 일락서산월출동(日落西山月出東)이니라. 4대(地水火風)가 각각 흩어지는 것은 꿈을 꾸는 것과 같고, 육진심식[눈, 귀, 코, 혀, 몸, 뜻]은 본래 근본이 없어 공(空)한 것이라. 만약 자신의 진면목을 알고자 한다면 서산(西山)에 해가 지니 동산(東山)에 달이 뜨는 것과 같습니다. 시방(十方) 불법(佛法)이 소소영영(昭昭靈靈)하게 손바닥 사이에 있으며 만목청산(滿目青山)이라고 하지만 촌척(寸尺)의 나무도 없는 것이 이 도리입니다. 둥근 것도 아니요 모(方)난 것도 아니며, 삼각(三角)이 된 것도 장각(長角)이 된 것도 아닌데, 다만 분명할 뿐이며 부장부단(不長不短)이며 청황적백(青黃赤白)을 떠났다 하면 또한 불리(不離)하였으니 이것이 곧 생사(生死)를 받지 않는 물건이요, 영가의 진면목(眞面目)인 것입니다. 큰 스님이 말씀하시기를, 「산은 산이요, 물은 물이다」라고 하신 것도 영가의 그대로가 부처라는 말씀이니 이 몸뚱이 이것을 애석하게 생각마시고 오음(五陰)을 벗어 던진 것이오니 곧 해탈의 경지로 돌아가서 영생(永生)을 누리소서.

❖ **영결순**(永訣順) : 개식 : 상주 및 상제들의 분향 재배 : 고인의 약력 보고 : 조사 : 조객 분향 : 호상 인사 : 폐식.

❖ **영관**(伶官) : 악기를 다루는 벼슬아치.

❖ **영관취록법**(迎官取祿法) : 용과 수가 간괘배납(干卦配納)하면 비록 상극이 된다 하더라도 자웅상견(雌雄相見)이니 살이 되지 않고 관(官)으로 변한다. 예를 들면 묘(卯), 입수, 경수(庚水 : 수는 득수), 오룡임수(午龍壬水), 갑룡건수(甲龍乾水) 등이다.

❖ **영구출복형**(靈龜出伏形) : 산에서 내려온 신령스러운 거북이 들판이나 산아래에 엎드려 있는 모습을 연상시키는 형국. 혈은 거북의 등에 있고 조금 앞에는 물이 있어야 한다.

❖ **영구하산형**(靈龜下山形) : 신령스러운 거북이 산에서 내려오는 모습을 연상시키는 형국. 주산이나 혈장이 거북처럼 생겼고 머리는 산 아래 물가로 향한다. 거북과 관련된 혈은 거의 다 물가에 있으며 혈은 거북의 먹이인 소라, 개구리, 물고기 같은 형상의 사격이고 혈 앞에는 연못, 호수, 강, 논 등이 있어야 한다. 거북과 관련된 형국의 명당은 빼어난 인물을 배출하여 성현군자, 대학자, 대귀인, 대사업가 등이 나오고 건강 장수한다.

❖ **영귀고자**(靈龜顧子) : 신령스런 거북이 새끼를 돌아보는 형국. 혈은 거북의 눈이나 등에 있고, 안산은 새끼거북이다.

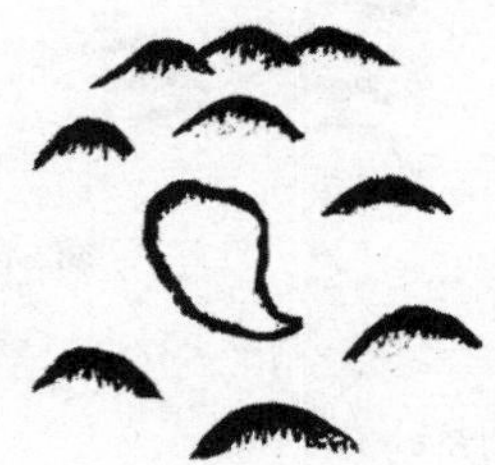

❖ **영귀예미**(靈龜曳尾) : 신령스런 거북이 꼬리를 끌고 다니는 형국. 혈은 등 위에 있고, 안산은 뱀이다.

❖ **영녕전**(永寧殿) : 종묘 내의 별전(別殿). 조천(祧遷)한 신주를 봉안하는 곳.

❖ **영단변송쌍변**(迎單邊送雙邊) : 영쌍변송단변과 마찬가지로 좋은 형태.

❖ **영리역수형**(靈鯉逆水形) : 신령스러운 잉어가 물을 거슬러 올라가는 모습을 연상시키는 형국. 혈은 잉어의 입이나 아가미에 있고, 안산은 작은 물고기 같은 사격이나 호수, 연못 또는 물결처럼 생긴 작은 야산이다.

❖ **영묘포서**(靈猫捕鼠) : 신령스런 고양이가 쥐를 잡는 형국. 고양이 형국의 명당은 사려가 깊고 신중한 사람들을 배출하고 지혜가 깊어 그로 인해 부귀를 얻는다. 이 형국의 혈은 고양이의 머리에 있고, 안산은 고양이가 잡는 쥐다.

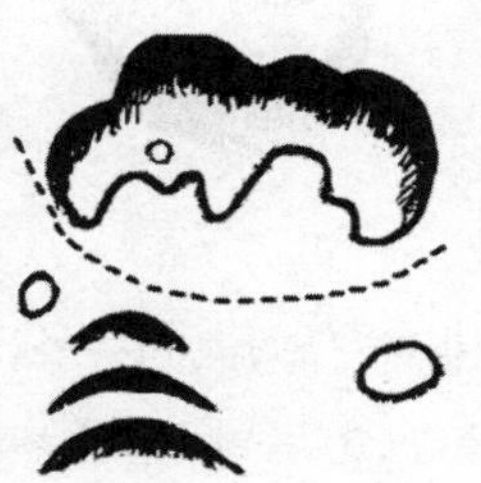

❖ **영라토주형**(靈螺吐珠形) : 신령스러운 소라나 다슬기가 구슬을 토하는 모습과 흡사한 형국. 혈은 소라의 입 중앙에 있고, 안산은 구슬 같은 사격이다.

❖ **영라하수형**(靈螺下水形) : 신령스러운 소라나 다슬기가 물 속으로 들어가는 형국. 청룡이나 백호 한쪽은 짧고 적은 반면에 한쪽은 여러겹으로 감싸주고 있어 마치 소라나 고등처럼 생긴 형상이다. 혈은 소라나 고등의 입 중앙 부분에 있다.

❖ **영방토주**(靈蚌吐珠) : 신령스런 조개가 구슬을 토하는 형국. 이 형국의 명당은 지혜가 출중한 인물을 배출하고 신동도 나오며, 자손들이 학문, 문장에 뛰어나서 이름을 날린다. 그로 인해 부귀(富貴)를 얻는다. 혈은 조개나 토한 구슬에 있다.

❖ **영변송변**(迎邊送邊) : 영과 송(送)이 반대 방향에서 엇갈려 뻗어 나온 것. 양쪽에서 과협을 보호해 주므로 좋은 영송이다. 또 역량이 크다.

❖ **영복**(迎福) : 영복이란 구복(救福)하는 방법으로 오산연운법(五山年運法), 통천규(通天竅), 주마육임법(走馬六壬法), 황도법(黃道法) 등이 있다. 대개 초장(初葬)에 있어서는 사망한지 7일내 불택길일(不擇吉日)이라 하여 중상일(重喪日), 중일(重日), 복일(復日)만 빼고 7일 내에는 연월일시의 사과(四課)에 따르겠지만 하관(下棺) 일시만 가려서 장사(葬事)하면 되고, 이장(移葬), 개장(改葬), 수묘(修墓) 등에는 택일에 특별한 신경을 써야 한다.

❖ **영서투창**(靈鼠投倉) : 신령스런 쥐가 먹을 것을 구하려고 창고로 들어가는 형국. 혈은 쥐의 배에 있으며, 안산은 창고이며, 혹은 고양이가 안산이 된다.

❖ **영송**(迎送) : 영송(迎送)이란, 과협을 사이에 두고, 앞산과 뒷산이 다정하게 팔을 뻗어 보내고 맞이하는 형국. 뒷산의 뻗은 팔을 보낸다 하여 송이라 하고, 앞산의 팔을 맞이한다 하여 영(迎)이라 부른다.

❖ **영송사**(迎送砂) : 과협을 바람과 물의 침범으로부터 보호하기 위한 것으로 용맥 양쪽에서 나온 작은 능선이 과협을 감싸 보호해 주는 형태. 과협에는 반드시 영송사가 있어야 진혈을 결지할 수 있다.

❖ **영신토기**(靈蜃吐氣) : 커다란 조개가 음식물을 토해 내는 것처럼 생긴 형국. 혈은 주산(主山) 아래 두둑한 곳에 있고 안산은 여기저기 무더기로 깔려 있는 돌이고 이 돌이 조개가 토해 낸 음식물이다.

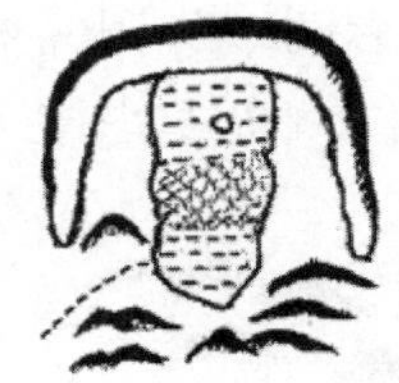

❖ **영쌍변송단변**(迎雙邊送單邊) : 보내는 송이 한 변에 하나 있고, 영(迎)이 한 변에 쌍으로 있는 형국. 이것 역시 영송이 양쪽에서 과협을 감싸주니 길하다.

❖ **영악**(靈幄) : 장사지낼 때에 영좌(靈座)를 모시기 위해서 임시로 설치한 장막.

❖ **영여**(靈輿) : 상여 앞에 고인의 영혼을 모시고 가는 가마.

❖ **영역**(塋域) : 산소, 묘소.

❖ **영상사**(嶺相砂) : 산봉(山峰)이 일자로 흐르다가 양끝이 지붕처럼 살짝 솟구쳐 오른 산 영상(嶺相)이 난다. 안산이면 더욱 좋다.

❖ **영좌**(靈座) : 신주(神主). 혼백을 모시어 놓은 자리. 궤정, 영정.

❖ **영청섭수**(迎淸攝秀) : 청수(淸秀)한 기를 받아들여 수려한 곳으로 당겨서 점혈(占穴)함을 말함.

❖ **옆으로 비정상적으로 긴 집은 흉하다** : 건물이 전후 축(軸)보다는 좌우 축이 비정상적으로 긴 집이 간혹 있는 집은 가족이 우환으로 고생하게 되는 경우가 많다. 아파트의 대부분이 이런 형태라고 볼 수 있으나 아파트는 집단주택이므로 가상의 이론을 그대로 적용시키기에는 무리가 있다.

❖ **예**(拽) : 끌어서 붙잡아 나가다.

❖ **예감** : 산릉제례(山陵祭禮)를 마친 후 축관(祝官)이 축문을 불사르는 곳으로 정자각(丁字閣) 뒤 북서쪽에 있다. 역시 초기에 조성된 왕릉에는 소전대석(燒錢臺石)이 있다.

❖ **예병**(曳兵) : 병사를 이끌다.

❖ **예장**(禮葬) : 정1품 이상의 문무관 및 공신이 졸(卒)하면 국가에서 예의를 갖추어 장례를 치르는 것으로 일종의 국장(國葬)이다. 이외의 예장 범위는 대체로 참찬·판서를 지낸 사람 또는 특지(特旨)가 있는 경우에 한하였다.

❖ **예천**(醴泉) : 예천의 물은 단술과 같이 달고, 이 물을 마시면 건강하게 장수를 누린다. 또 예천에는 성스러운 성인(聖人)의 기상이 감돈다. 혈 앞에 예천이 있고 산세가 수려하면 성현(聖賢)의 도(道)를 크게 이루는 인물이 배출되며 그렇지 않으면 거룩한 성인(聖人)의 은덕을 입는다.

❖ **예각은 왜 불리한가** : 예각은 불안과 질병을 가져오며 재난으로 인하여 망하고 가족도 사망한다. 왜 이런 말이 생겼을까. 원형은 온 가족이 단란하게 지냄과 만사가 원만해짐을 상징 할 뿐만 아니라 각이 없으므로 예각의 충격에서 벗어날 수 있다. 사각형은 안전감을 준다. 사각형에 있는 각은 둔각이어서 예각처럼 심각한 영양은 없다. 그러나 삼각형은 예각이 있으며 각이 첨예할수록 그것이 미치는 영향은 강하다. 그러므로 주택을 구입할 때는 집 주위에 예각이 없는지 살피고 만약 있다면 다른 주택을 선택하는 것이 좋다. 예각은 여러 종류가 있지만 대문을 향한 것이 가장 해롭다. 풍수학설에 의하면 곧바로 대문을 향한 예각(銳角)은 매우 많은 피해를 초래한다. 예를 들면 가족들이 병이 자주 들든지 재물 손실 등이 있다.

❖ **예각**(銳角)**이 보이는 곳에 이렇게 한다** : 뾰족한 것이 보이면 합판이나 널빤지를 세워서 가리도록 한다. 눈에 뜨이지 않도록 하는 것이 가장 좋은 방법이다. 이렇게만 해도 재난(災難)을 피하게 된다. 이러한 방법은 옛 풍수책 「노반경(魯班經)」에 쓰여 있다.

❖ **예로부터 지혜로운 사람은 높지도 낮지도 않은 땅을 골라 집을 짓고 살았다** : 이것이 풍수에서 말하는 비산비야이다. 산도 아니고 들도 아닌 곳이다. 그러나 현대에는 산업화와 공업화가 급속히 진행되면서 기대한 도시를 만들어 비산비야(非山非野)에서만 살 수 없다. 그러나 기술 발달로 노력에 따라 얼마든지 버려진 땅을 금사라기 땅으로 만들 수 있다. 그래도 불안은 남는다. 아무리 환경을 좋게 바꾸었다 해도 본래 좋은 것에는 못 미친다.

❖ **옛글에 묘유**(卯酉) **청정**(淸淨)**은 여귀**(女貴)**하고 자오**(子午) **활대**(活大)**는 무장**(武裝)**이라 했다** : 옛글에 묘유(卯酉 : 동서방위)에 청정(淸淨 : 맑고 맑으면) 여자가 귀(貴)하고 자오(子午 : 남북이 물 넓고)의 활대(活大)는 무장(武裝)이라 했다. 묘유 방위에서 청정한 물을 얻으면 병권(兵權)을 쥔 장군이 난다는 뜻이다. 생방득수(生方得水)는 백자천손지원(百子千孫之源)이라 했다. 즉 많은 자손을 얻으려면 장생방(長生方)에서 청정길수를 얻어야 한다.

❖ **옛날 묘 터를 보았던 사람들은 처음에는 자세히 보지 않는다** : 옛날 묘 터를 잘 보았던 사람들은 묘 터를 보되 처음에는 자세히 보지 않고 다만 그 땅의 수(水)가 있는지 만을 살폈다. 아무리 안산(案山)이나 들어오는 물이 좋아도 혈장(穴場)이 흉하면 그 좋은 안산 조산도 흉하게 작용하며 나쁜 안산, 조산(朝山)이라 할지라도 혈장이 좋으면 길(吉)하게 작용함을 풍수지리에 능한 일부 지사(地師)들 가운데 다른 것은 일체 보지 않고 혈(穴)만 보고서 자리의 좋고 나쁨을 살피는데 그 까닭은 이와 같은데서 연유한다. 혈이 제대로 되면 그 나머지 주변의 것들 청룡, 백호, 조산, 안산 물의 흐름이 모두 갖추어 지 때문이다. 이러한 극소수의 전문가들은 혈상(穴象)의 나가지 즉 와(窩), 겸(鉗), 유(乳), 돌(突)만 제대로 구분 할 줄 알면 개안(開眼)을 한데 든다고 말 할 정도이다. 그러므로 형세를 보는 것은 사람의 형체와 모습을 살피는 것과 같다. 그 형세 가운데서 산수(山水)의 길흉을 판단하는 것은 마치 사람의 마음속을 읽어내는 것과 같다. 그 형세 가운데 산수(山水)의 길흉(吉凶)을 판단함은 단순히 그것을 통해 취(取)하고 버림을 정하는 것 뿐 아니라 좌향(坐向)을 정하고 완전한 것을 추구하고, 모자라는 곳은 피하고, 높여야 할 곳은 보태고 낮아야 할 곳은 낮추는 등의 모든 일이 바로 여기에서 행해질 수 있는 것이다. 이것은 마치 어떤 사람의 착하고, 악하고, 어질고 그러지 못한 사람을 살핀 연후에 그것으로 친밀하게 지낼 것인지 말 것인지 여부를 정하는 것과 같다. 도한 눈으로 형세를 살피는 능력이 교묘하고 묘 터 공사를 할 능력이 갖추어져 있어서 완전함을 추구하고 모자라는 곳은 더하고 보완하고 높여야 할 곳은 더욱 높이고 낮아야 할 곳은 낮출 수 있다면 이것이 길(吉)함이다.

❖ **옛날이나 지금이나 풍수지관은 물을 좋아한다** : 옛날 성현들도

물을 중요시 했었다. 물이 모이는 곳에 주민도 많고 물이 분산되는 곳에 주민도 적다. 물이 깊은 곳의 주변에 사는 사람들은 심성(心性)이 깊다. 그러나 깊어도 폭이 넓은 물은 좋다. 좁고 얕은 물은 없는 것 보다는 좋지만 기왕이면 깊이와 모양 두 가지를 살펴야 한다.

❖ **옛말에 사람은 흙에서 태어나 흙으로 돌아간다고 했다** : 우리 몸은 흙속의 기로부터 생겨나 일생을 살다가 다시 본향인 흙속으로 돌아가게 되는 것이 대자연의 법칙이며 불변의 진리이다. 그래서 조상의 유골이 당속의 생기와 접하게 되면 누렇게 황골로 변하게 되고 생기가 유골에 응결되어 길한 기가 자손에게 미치게 되어 훌륭한 자손이 태어나 부귀(富貴)와 명문가(名文家)를 이루어 행복하게 사는 것이다.

❖ **옛말에 식사는 아무데서나 하더라도 잠자리는 가려서 자라는 말이 있다** : 사람뿐만 아니라 동물들도 잠자리는 상당히 신경을 쓴다. 특히 개들은 수맥(水脈)이 있는 곳에서는 절대 잠들지 않는다. 주인이 개집을 수맥이 있는 위치에 두게 되면 개는 집에서 자라고 두들겨 패도 주인이 있을 때는 들어가 있지만 잠잘 때 수맥이 없는 다른 장소로 옮겨서 잠을 자게 된다. 어린 아이들도 역시 수맥이 없는 곳에서 단잠을 취하게 되는데 어른들이 수맥이 있는 곳인 줄 모르고 자리를 갈아주면 보채며 잠을 잘 자지 않거나 잠이 들어도 금방 깨어난다. 또 한 밤새 수맥이 없는 곳으로 옮겨서 잠이 든다. 그래서 항상 일정한 자리까지 가서 그 곳에서 깊은 잠을 들게 되는 것이다.

❖ **옛말에 혈(묘)이란** : 혈(穴)이란 산지화(山之花)요 여수지실야(如樹之實也)라 했다. 위의 말과 같이 혈이란 산천(山川)정기(精氣)가 음양(陰陽)으로 배합되고 생기(生氣)가 있는 산수(山水)의 조화가 취회(聚會)되어 결혈된 곳을 말한다.

❖ **옛사람들은 묘 터를 잡았을 때는 반드시 그 형(形)을 밝혔다** : 그 형(形)은 날짐승이나 들짐승에 비유하고 혹은 사람에 비유하고 혹은 주산(主山)의 의미에 따라 취하기도 하고 혹 청룡, 백호의 의미에 따라 취하기도 하고 안산의 의미에 따라 취하기도 하였다. 그러나 형(形)을 따라 이름을 짓는데 의미 하는바는 각기 다르다. 그 이치는 심히 묘(妙)하여 이는 풍수의 요긴한 법이니 알아야 한다.

❖ **옛 사람들은 기(氣)를 먼저 살핀 다음 형상(形象)을 본다** : 먼저 기(氣)을 살피고 점혈(占穴)을 하는데 형상에 따라 이름을 붙이는데 정체(正體)와 정상(正像) 그리고 그 외의 모든 격(格)이 매우 많아 모두 알기가 어렵다. 그러나 근본은 하나이지만 만(萬)가지로 다르니 이것을 조화의 묘이다. 이른바 근본이 하나인 것은 형상이다. 이러한 즉 비록 형상에는 어두울 지라도 생기(生氣)를 잘 알면 와겸유돌(窩鉗乳突) 혈(穴)을 찾아도 재혈 하는데 걱정이 없을 것이다. 모든 형상은 둥글게 결응(決凝) 되는 것이 공통이며 또 혈상의 모양은 평평하고 계란을 뉘여 놓고 좁은 쪽을 위로하여 내려다보는 형상과 같은 모습니다.

❖ **오**(塢) : 길 험한 구덩이를 가리키는 말.

❖ **오간수**(五看首) : 다섯 번째는 혈(穴)의 입수(入首)를 보는 것이다. 입수(入首)가 건곤간손(乾坤艮巽)의 입수(入首)인가, 인신사해(寅申巳亥)의 입수(入首)인가, 신술축미(辰戌丑未)의 입수(入首)인가부터 확인을 하여야 하며, 이 같은 태포장입수(胎抱藏入首)는 지(地)의 입수(入首)이며, 갑경병임(甲庚丙壬), 을신정계(乙辛丁癸), 자오묘유(子午卯酉)의 입수(入首)는 천(天)의 입수(入首)가 된다. 포입수(抱入首)의 경우에는 중심에서 약간 백호쪽으로 하고, 장입수(藏入首)의 경우에는 중심에서 약간 청룡쪽으로 하고, 태입수(胎入首)의 경우에는 중심부 요(凹)를 따라서 정혈(定穴)한다. 또 양(陽)의 광(狂)은 신술축미(辰戌丑未)의 입수(入首)를 취하고, 음(陰)의 경(驚)은 인신사해(寅申巳亥)의 입수(入首)를 취한다. 대체로 태입수(胎入首)·포입수(抱入首)·장입수(藏入首)는 통지(通地)의 입수(入首)며 가장 많다.

❖ **오감**(五感)**치료**(治療) : 오감(五感)치료(治療)란 인간의 오감을 최대한 활용하여 병이나 통증을 치료하는 학문이다. 색채치료, 음악치료, 향기치료, 미각치료, 촉각치료가 있다.

첫째, 색채 색은 빨강 노랑 파랑 삼원색이 있으며 이중 두 가지를 섞으면 주황색 보라색 녹색 등의 2차색이 태어난다. 삼색을 모두 섞으면 검정색이 되어 버린다. 색의 성질은 ① 빨강 : 뜨거움 흥분 위험 정열 ② 주황 : 따뜻함 활동 식욕 ③ 노랑 : 따뜻함 희망 ④ 녹색 : 생명, 젊음 평화 ⑤ 파랑 : 차가움 깊음 ⑥ 보라

: 신비 ⑦ 흰색 밝음 청결 ⑧ 검정색 : 죽음

둘째, 청각치료 소리를 크게 나누자면 음악과 소음이 있다. 그리고 이것을 더 세밀하게 나누자면 ① 찢어지고 깨지고 긁힐 대 나는 소리 ② 괴선과 불협화음 등으로 흥분을 시키는 락(樂), 음악 ③ 새소리 매미소리 물 흐르는 소리 등의 자연소리가 있다. 우리의 병 치료에 음악을 가까이 해야 한다.

셋째, 후각치료는 냄새를 맡는 코를 통하여 향기라고 하면 꽃을 연상한다. 꽃은 그 모습과 색깔이 예쁘고 향기가 짙어 아름다움의 대명사로 사용되고 있다. 꽃을 활용한 치료 부분에서는 태양 광선이 강렬한 곳에서 자란 것일수록 향기가 짙고 살균력도 강하다. 향기는 혈액순환 심폐기능 등에 치료가 되고 향기는 뇌를 강렬하게 자극하여 식용 성욕은 물론이고 요즘은 구매욕이나 활동욕구까지 자극하는 연구가 진행되고 있다고 한다.

넷째, 미각치료는 맛보는 입을 통하여 맛에는 보통 달다, 쓰다, 시다, 맵다 또 발효식품인 천연조미료는 온갖 맛을 낸다. 식당 조리사는 미각치료사의 자질을 갖추게 될 것이다. 여기서 잠깐 입의 기능을 보자면 음식물 먹는 것 외에도 말하기 노래 부르기와 웃기가 있는데 미각 효과보다 말하고 노래 부르고 웃기의 효과가 더 큰 치료 효과가 있음을 알고 그 기능을 찾아보도록 한다.

다섯째, 촉각치료(만져보는 피부)는 피부를 자극하는 방법으로 본인 시술과 타인 시술이 있다. 온도를 맞추어 주는 일 목욕이나 춤 또는 운동은 본인시술이고 안마나 지압 침이나 마사지 등은 타인시술이다. 타인시술일 경우 시술자가 이성일 경우에 효과가 훨씬 더 크다. 치매환자에게 촉각을 활용하여 치료를 시켜주는 추억 요법이라는 것이 있는데 과거의 말소리나 노래 또는 특별한 추억속의 그림이나 냄새보다 우리 민족에게만 훨씬 효과가 좋아는 방법 한 가지가 최근 밝혀졌다. 어릴 때 가지고 놀던 장난감이나 애지중지했던 생활용품을 손에 쥐어주어 촉각을 자극하는 방법인데 그 효과가 뛰어나게 좋다는 것이다.

- 가족치유는 최근 세계의 학계는 모든 질병의 약80%는 마음으로부터 발생한다는 심인설(心因說)의 이론이 떠오르자 병을 치료하는 방법도 역시 마음을 먼저 다스려야 한다는 심치설(心治說)이 의사의 시술이나 약보다 훨씬 앞선다는 보고가 많다. 그 중 가장 두드러지게 나타나는 것이 가족치유이다.
- 한 겨울에 동상이 걸린 남성이 손과 발을 자르지 않으면 죽게 되는데 이때 애인이 마지막 한 가지 간청을 한 것이다. 환자와 함께 이불속에서 치료할 것이니 자리를 비켜 달라는 것이다. 의사들은 두 사람을 격리시켜 주었는데 두 사람은 옷을 몽땅 벗어버리고 맨살을 부비고 몸의 체온으로만 열을 전달한 것이다. 누구나 불가능하다고 생각했던 동상환자의 팔과 다리는 깨끗하게 재생시켰으니 의학적으로 어떻게 해석해야 되겠는가. 믿음과 희망 사랑의 힘으로 치유가 된 것이다.

❖ **오결룡**(五結龍) : 오결룡(五結龍)은 사락(四落)의 각 낙지(落地)에서 일어나는 용(龍)이다. 초락(初落), 중락(中落), 말락(末落), 분락(分落), 낙지(落地), 결혈(結穴)된 용(龍)을 오룡(五龍)이라고 하며, 직룡(直)龍), 횡룡(橫龍), 비룡(飛龍), 회룡(回龍), 잠룡(潛龍)의 오격(五格)으로 입수(入首)한다. 직룡(直龍)은 용의 머리 정상에서 속결(束結)해 바로 들어온다. 횡룡(橫龍)은 옆으로 낙지(落地)하여 결합된 혈룡(穴龍)이다. 회룡(回龍)은 산고개에 결혈(結穴)되며 굴곡과 기복의 변화를 이루고 머리를 돌려 조종산(祖宗山)을 쳐다보며 입수(入首)하는 용이다. 비룡(飛龍)은 위에 모인 기가 기이하게 평지에 결혈한다. 잠룡(潛龍)은 평지의 맥에 낙지(落地)하고 다시 일어나 입수한다. 삼정삼세(三停三勢)는 내룡(內龍), 조산(祖山), 안산(案山), 사성(砂星), 조응(朝應), 전호(纏護), 환포(環抱)의 산세(山勢)에 따라 정혈(定穴)한다. 즉 상정(上停), 중정(中停), 하정(下停)을 말하며, 천지인혈(天地人穴)에 상중하(上中下)로 정혈(定穴)한다. 다시 말해서 하늘은 상(上), 사람은 중(中), 땅은 하(下)에 정혈한다는 뜻이다.

❖ **오경**(五更)

① 초경(初更), 이경(二更), 삼경(三更), 사경(四更), 오경(五更)의 총칭.

초경 : 戌時(19~20시) **이경** : 亥時(21~22시)

삼경 : 子時(23~명일 0시) **사경** : 丑時(1~2시)

오경 : 寅時(3~4시)

② 하룻밤을 다섯으로 나눈 마지막 시간. 즉 새벽 4시경.

❖ **5계**(五戒) : 요금정(寥金精)의 5계(五戒)를 말함.

① 물이 다 빠져나간 곳을 취하면 패가(敗家)한다.
② 일척(釖脊 : 밋밋한 산) 용을 찾지 말라. 지사 지관을 해친다.
③ 혈 한쪽에 바람이 닿는 곳을 취하면 인정, 자손이 끊어진다.
④ 안산이 없는 것을 취하지 말라. 의식이 곤궁해진다.
⑤ 명당이 기울어져 넘어지면 가업이 패한다.

❖ **오공형**(蜈蚣形) : 오공혈형에는 지렁이가 안산(案山)으로 사(砂)가 되어 혈(穴)장(場)이 길어 배음이 약한 자는 잘 알지 못한다.

❖ **오귀삼살방위**(五鬼三煞方位) : 겁살(劫殺), 재살(災殺), 세 살(歲殺))

- 갑자진년(甲子辰年) 사오미방(巳午未方). 즉, 사(巳), 병(丙), 오(午), 정(丁), 미(未)의 남방.
- 해묘미년(亥卯未年) 신유술방(申酉戌方). 즉, 신(申), 경(庚), 유(酉), 신(辛), 술(戌)의 서방.
- 인오술년(寅午戌年) 해자축방(亥子丑方). 즉, 해(亥), 임(壬), 자(子), 계(癸), 축(丑)의 북방.
- 사유축년(巳酉丑年) 인묘진방(寅卯辰方).
- 즉, 인(寅), 갑(甲), 묘(卯), 을(乙), 진(辰)의 동방.
- 건(乾), 곤(坤), 간(艮), 손(巽)의 사간방(四間方)은 포함되어 있지 않다. 안방에서 120보(약 100m) 이상 되는 거리는 이에 구애받지 않는다.

❖ **오기조원**(五氣朝元) : 남방(南方)에 화성(火星)이 있고 북방(北方)에 수성(水星)이 있고 동방(東方)에 목성(木星)이 있고 서방(西方)에 금성(金星)이 자리잡았고 중앙에 토성(土星)이 있어 여기에 혈(穴)이 맺혀 있는 것을 말함.

❖ **오길성**(五吉星) : 탐랑성(貪狼星), 거문성(巨文星), 좌보성(左輔星), 무곡성(武曲星), 녹존성(祿存星)을 말함.

❖ **오동지**(梧桐枝) : 조산(祖山)에서 혈성(穴星)까지 이르는 용맥이 좌우로 뻗어나간 가지(枝脚)와 마디마디가 한결같은 것. 즉 양변의 있고 없는 것과, 길고 짧고, 크고 작은 것이 서로 같고, 정맥(正脈)이 중앙으로 뻗어 혈성까지 이른 것으로 상격의 땅이다. 이 용(龍)의 형상이 마치 오동(梧桐)나무 가지가 뻗어나간 것과 같다고 하여 오동지(梧桐枝)라는 별명을 붙인 것으로 대지(大地) 가운데도 최고의 격이라 한다.

[梧桐枝圖]

❖ **오룡쟁주**(五龍爭珠) : 다섯 마리 용이 구슬 하나를 놓고 서로 다투는 형국. 혈은 용의 이마, 코, 입에 있고, 안산은 구슬이다.

❖ **오마귀인봉**(五馬貴人峰) : 마(馬)의 무리속에 목성(木星)이 있는 형국. 여러 봉(峰)이 수려하면서 목성(木星)이 있으면 무인이 생(生)하고 없으면 부(富)가 된다고 한다. 만약에 파쇄되거나 난서(쥐 무리)되면 불길하다.

❖ **오맥**(午脈) : 산의 줄기가 오방(午方)에서 자방(子方)을 향해 곧게 내려간 것.

❖ **오목거울을 이용하는 방법은** : 오목거울은 거울에 비치는 형상(形狀)을 모두 반사해서 몰아내는 작용이 있다. 예각을 향해서 마주보도록 걸어 놓으면 된다.

❖ **오방수**(午方水) : 혈장(穴場)을 중심으로 하여 오방(午方)에 물이 있는 것 또는 오방(午方)에 득(得)이 되거나 파(破)가 되는 것.

❖ **오방(午方)의 산** : 오봉(午峯)과 더불어 병봉(丙峯), 정봉(丁峯)이 높고 수려하면 아주 고귀한 인물들이 배출된다. 또 이들과 호응하여 임자계방(壬子癸方)에도 높은 봉우리들이 솟아 있으면 공경(公卿)이 나오는데 병오방(丙午方)에 화성(火星 : 끝이 불꽃처럼 뾰족뾰족한 산봉우리)이 홀로 우뚝 치솟아 있으면 화재(火災)로 인한 화(禍)를 입는다. 단, 건임방(乾壬方)에 드높은 산이 있어 화성(火星)의 불기운(火氣)을 제압해 주면, 어질고 훌륭한

인재가 배출된다.

❖ **오방토룡제**(五方土龍祭) : 옛날 흙으로 만든 용(龍)을 동·서·남·북 중의 다섯 방향의 도로 상에 두고 이를 채찍질하며 하늘에 지내던 제사. 고려시대 이래의 기우(祈雨) 풍속임.

❖ **오방풍**(午方風) : 오방(午方)에서 혈처(穴處)로 불어오는 바람. 즉 혈장(穴場)에서 보아 오방(午方)쪽에 산이나 등성이 등이 없이 허하게 트여 있으면 그곳의 바람이 혈에 닿는다고 한다.

❖ **오복**(五服) : 다섯 가지의 상복과 그 입는 기간. 참최(斬衰), 재최(齋衰), 대공(大功), 소공(小功), 시마(緦麻)로 되어 있음.

❖ **오복**(五福) : 수(壽)·부(富)·강녕(康寧)·유호덕(攸好德)·고종명(考終命)의 다섯 가지 복을 칭함. 즉 수는 생명(또는 長壽), 부는 풍족, 강녕은 건강, 유호덕은 좋은 성품을 타고난 것, 고종명은 횡사·악사·객사 등을 하지 않고 명대로 살다가 편안히 죽는 것.

❖ **오부**(烏府) : 어사대(御士臺)를 말함.

❖ **오부일**(五富日) : 월가길신(月家吉神)의 하나로 건물을 짓거나 수리하고, 창고를 짓거나 금고(金庫)를 설치하거나, 은행에 예금·적금을 드는 일이며, 장사지내는 일 등에 모두 대길하다.

1, 5, 9월 : 亥	2, 6, 10월 : 寅
3, 7, 11월 : 巳	4, 8, 12월 : 申

가령 정월, 5월, 9월이면 매 해일(亥日) 즉 을해(乙亥), 정해(丁亥), 기해(己亥) 신해(辛亥) 계해일(癸亥日)이 오부일(五富日)이 된다.

❖ **오불장**(五不葬) : 다섯 가지 장사지내지 못하는 땅을 말하는데, 곽경순(郭景純)이 지은 장서(葬書)에 기록되어 있는 내용이다. ① 동산(童山) ② 단산(斷山) ③ 석산(石山) ④ 과산(過山) ⑤ 독산(獨山).

① 과산(過山)은 작혈(作穴)하기 위하여 맥을 끌고 가는 산이며 융기(隆氣)가 없는 행룡(行龍)이고, 단산(斷山)은 무너지거나 끊어진 산이며(결함없이 자연히 끊어진 산은 아님), 독산(獨山)은 주위 사방에서 보호해 주거나 이어진 맥이 없이 홀산으로 외롭게 노출되어 무정(無情)하고 단한(單寒)한 야산이고, 석산(石山)은 돌산을 말하며(혹 괴산(怪山)인 돌과 돌 사이의 토혈(土穴)은 길혈(吉穴)임), 동산은 초목이 자라지 않는 붉은 산으로 체백(體魄)을 모실 수 없는 땅(不葬山)이니 유념해야 한다.

② 산세가 거칠고 추악(醜惡)하며 돌을 많고 산이 너무 커서 유연하지 못한 조악한 산이나, 산세가 급하고 험악하며 등정이 어려운 준급(峻急)한 산, 산이 찌그러져 단정치 못한 핍산(逼山), 산의 옆면인 측산(側山)도 불장산(不葬山)이니 유념해야 한다.

❖ **오산**(五山)

① 동·서·남·북·중앙의 다섯 방위의 산.

② 묘나 건물의 좌(坐)에 의해 오행으로 구분한 오행좌(五行坐)로 금산(金山)·목산(木山)·수산(水山)·토산(土山)·화산(火山)의 다섯 가지.

❖ **오산년운**(五山年運) : 오산이란 금산(金山)·목산(木山)·화산(火山)·수산(水山)·토산(土山)의 오행(五行)에 소속된 산. 즉 좌(坐)로 24산(坐)이 홍범오행(洪範五行)으로 유년태세(流年太歲)의 납음오행(納音五行)의 극(克)을 받는가 아닌가를 살핀다. 만일 산운(山運:坐運)이 태세납음(太歲納音)의 극(克)을 받으면 불길(不吉)이라 한다. 그러나 새로 쓰는 묘나 건물이 태세납음의 극(克)을 받더라도 월이나 일이 시(時)의 납음오행이 산운을 극하는 태세 납음오행을 다시 극(克)해주면 그 극하는 살(殺)이 무력해지므로 무방하다. 뿐만 아니라 제주(祭主)나 망인의 생년 납음으로 태세납음오행을 극(克)해도 무방하다. 또는 진태양(眞太陽)·두태음(斗太陰)·삼원자백(三元紫白)·삼기(三奇)·녹마귀인(祿馬貴人)·통천규(通天竅)·주마육임(走馬六壬) 등의 길국(吉局)을 2위 이상 병합해서 쓰면 비록 산운(山運)이 극(克)을 받더라도 묘를 쓰는 일이나 건물을 짓는 데 있어 아무 해가 없다는 것이다.

五山(坐) / 年	金山 酉丁乾亥	木山 卯艮巳	火山 午壬丙乙	水山 甲寅辰巽 戌坎辛申	土山 癸丑坤庚未
甲己年	乙丑金運	辛未土運	甲戌火運	戊辰木運	戊辰木運
乙庚年	丁丑水運	癸未木運	丙戌土運	庚辰金運	庚辰金運
丙辛年	己丑火運	乙未金運	戊戌木運	壬辰木運	壬辰木運
丁壬年	辛丑土運	丁未水運	庚戌金運	甲辰火運	甲辰火運
戊癸年	癸丑木運	己未火運	壬戌水運	丙辰土運	丙辰土運

가령 병인년(丙寅年)에 묘좌(卯坐)를 놓는다면 병신년(丙辛年)의 목산(木山 : 卯艮巳)은 을미금운(乙未金運 : 沙中金)이요, 병인년

(丙寅年)은 납음오행이 화(火 : 爐中火)가 되어 화극금(火克金)으로 묘좌(卯坐)에 극(克)을 받으니 이를 연극(年克)이라 하여 불길(不吉)이다. 제주(祭主 : 만상주)나 망명(亡命 : 죽은 이)의 납음오행이 물이 된다면 수극화(水克火)로 산운을 극하는 살(殺)을 극(克)해 주므로 무관하다. 또는 납음오행(納音五行)이 물이 되는 월이나 일이나 시를 가려 써도 극하는 살(殺)을 제(制)하게 되어 무방하다.

❖ **오산년운법**(五山年運法) : 목산(木山), 화산(火山), 토산(土山), 금산(金山), 수산(水山)의 오좌(五坐)를 오산(五山)이라 칭하며, 목화토금수산(木火土金水山)의 산형(山形)을 음미함이 아니고 좌(坐)와 오행(五行)의 연관성을 의미하는 것이다. 오산년운법은 오산(五山)에 속한 좌(坐)가 행사(行事)하려는 연(年)에 따라 좌산(坐山)에 속하는 오행이 각각 다르게 되는 것이니 그 관계를 정확히 이해하고 그 좌산(坐山)에 속한 오행(五行)을 기준하여 그 좌산(坐山)의 오행과 행사(行事)하려는 연(年)의 납음오행(納音五行)과 생극관계(生剋關係)를 알고서 길흉을 판단하는 법이다. 홍범오행(洪範五行)으로 표시된 이장하려는 신산(新山)의 묘좌(墓坐)가 행사(行事)하려는 연(年)에 따라 산의 좌운(坐運)이 달라진다. 그 연(年)에 따라 달라진 산좌(山坐)의 운(運)이 행사년(行事年)의 납음오행(納音五行)으로 극(剋)을 받으면 그 산운(山運)은 불길하게 되어 이장할 수 없는 산운(山運)이 되는데 이 불길하게 된 신산(新山)의 묘좌(墓坐)에 운(運)을 다시 회생시켜 길좌운(吉坐運)으로 만드는 제어방법이었다. 그 방법이 바로 행사년월일시중(行事年月日時中) 행사년(行事年)의 납음오행(納音五行)이 산운(山運)을 극(剋)하는 연(年)의 납음오행(納音五行)을 극하면 제어가 되어 그 신산(新山)의 묘좌(墓坐)의 운(運)은 회생(回生)이 되어 길운으로 되는 이치이다.

❖ **오산년운활용례**(五山年運活用例) : 좌산(坐山)이 진간사좌(震艮巳坐)중에 연(年)이 갑년(甲年)이면 자인진년신술(子寅辰午申戌) 신미토운(辛未土運)이다. 이 토운(土運)이 연(年), 월(月), 일(日), 시(時)의 생(生)을 받으면 길(吉)하고 극(剋)을 받으면 흉(凶)하고 비화(比和)도 길(吉)로 본다.

❖ **오산운**(五山運) : 오산운(五山運) 또는 오산년운(五山年運)이라고도 함. 양택(陽宅) 및 음택(陰宅)에 있어 금수목화토(金水木火土)에 소속된 좌(坐)로써 연운(年運)을 보는 방법.

❖ **오상**(五常) : 인의예지신(仁義禮智信)의 다섯 가지 인륜을 말하며 또한 항상 필요한 다섯 가지 5상(五常)이 있다.

① **일왈룡 용요진**(一曰龍 龍要眞 : 용은 진을 요한다.) : 백몽린 주(白夢麟 註)에 용(龍)은 반드시 진실이 필요하다고 하였으니 어떠한 것이 진실인가? 염정화산(廉貞火山)으로 발조(發祖)함이다. 서(書)에 이르기를, 좋은 땅이란 염정(廉貞 : 화산)으로 조산(祖山)을 짓지 않는다면 그 관직이 오래 삼공(三公)에 이르지 못할 것이라 했다. 개자(介字)로 중심출맥(中心出脈)하여 궁궐처럼 장엄하게 개장(開帳:장막을 열고)하고 천장과협(穿帳過峽 : 장막을 뚫고 나오며 오목하게 생긴 고개)이 봉요학슬(蜂腰鶴膝 : 벌의 허리처럼 잘록하고 학의 무릎처럼 볼록한 모양)로 속기하고, 창고(倉庫), 기고(旗鼓)와 문필(文筆), 아도(衙刀)가 나열하고, 과협(過峽)중에 전호(纏護:얽히어 둘러싸 보호됨)가 중중(重重)하고, 영송(迎送:맞이하고 보냄)이 거듭해서 홀대홀소(忽大忽小:크기도 하고 작기도 하여 일정치 않은 모양)하고, 동(東)으로 또는 서(西)로 곡곡활동(曲曲活動:마음대로 굽어서 자유롭게 움직이는 모양)으로 속기(束氣)하여 일어남이 첨원방정(尖圓方正)하고, 좌우양대수(左右兩大水)가 교합환포(交合環抱)하여 유정(有情)하면 곧 이것이 진룡(眞龍)이다.

② **이왈혈 혈요적**(二曰穴 穴要的:혈은 적실해야 한다.) : 옛부터 이르기를, 용진혈적(龍眞穴的)이라는 말은, 진정 천금(千金)의 가치있는 말로서 용적혈편적(龍的穴便的)하면 부귀(富貴)가 쉬지 않는다고 했고, 부귀(富貴)가 용혈(龍穴)에 있으니 용(龍)의 중요함을 알면 혈(穴)도 알 것이니 바다 밑에 숨겨둔 보배같이 으뜸되는 비결(秘訣)이라 했다. 혈이 음양(陰陽)으로 나뉘어지고 음래양수(陰來陽收)하고 양래음수(陽來陰受)하며 요철(凹凸)이 분명하면 개점의당(盖粘依撞)과 탄토부침(呑吐浮沈)의 8법 중에서 가려 할 것이요, 입수기(入受氣)가 장(壯)하고 모양이 거북등과 같고 외운(外暈)과 내운(內暈)이 있고 혈토(穴土)가 오색(五色)으로 홍황자윤(紅黃滋潤)하면 진혈

(眞穴)이 맺은 것이니 이것이 곧 혈적(穴的)이 되는 것이다.

③ **삼왈사 사요수**(三曰沙 沙要秀 : 사는 수려해야 한다.) : 사수(沙秀)는 좌기(左旗), 우고(右鼓)와 전장(前帳), 후병(後屛)과 아미산(蛾眉山)이 면궁(眠弓)하고, 안(案)에 차륜축(車輪軸), 화개(花開), 금상(金箱), 옥인(玉印)과 전관(前官), 후귀(後鬼)와 좌전(左纏), 우호(右護)와 대창(帶倉), 대고(帶庫)와 집규집홀(執圭執忽)하고, 문필봉(文筆峰)이 고용(高聳)하고, 귀인(貴人)이 방(榜)을 들고, 귀인(貴人)이 전고(展誥)하며 대마(大馬), 소마(小馬)와 은병(銀屛), 잔저(盞箸)와 침고(枕靠)가 단정하며, 조대(朝對)가 분명하고 홀규(忽圭)가 나타나고 수봉(數峰)이 삽천(插天)하여 조배(朝拜)하며 당(堂)에 모여드는 것이다.

④ **사왈수 수요포**(四曰水 水要抱 : 물은 싸안아야 한다.) : 수포는 위에서 나뉘어져 아래에서 합하는 것이니, 대팔자(大八字)는 장외합(帳外合)이고, 소팔자(小八字)는 사외합(沙外合)이다. 하수(蝦鬚), 해안(蟹眼)과 금어(金魚), 우각(牛角)의 수(水)가 당(堂)앞에 모이면 옥대금성(玉帶金城)이니, 삼합(三合)이 모두 환포(環抱)이다. 옛부터 이르기를, 금성수(金星水)가 제일이니 부귀(富貴)가 길이 쉬지 않을 것이며, 옥대전요(玉帶纏腰)하면 귀(貴)함이 치렁치렁 그치지 않음이요, 금성수(金星水)로 환포(環抱)하면 부(富)함이 석숭(石崇)에 비(比)하리니, 사환수포(沙環水抱)하고 중중첩첩(重重疊疊)함이 천리래룡(千里來龍)은 천리요포(千里繞抱)하고 백리래룡(百里來龍)하게 되면 이것이 진결(眞結)함이니 수포(水抱)라고 하는 것이다.

⑤ **오왈향 향요길**(五曰向 向要吉 : 향은 길방이라야 한다.) : 향길(向吉)은 바로 생왕(生旺)을 말하는 것이다. 부귀(富貴)를 구할진대 생(生)을 버리고 왕향(旺向)을 하며, 후사를 도모할진대 왕(旺)을 버리고 생향(生向)을 하여, 향상(向上)에서 생왕수(生旺水)가 상당(上堂)함을 모두 거두어들이는 것이다. 사절수(死絶水)가 묘고(墓庫)로 흘러들어가면 다 길향(吉向)이 됨이다. 향(向)이 길(吉)하면 부귀가 극품(極品)하며 인정(人丁:인재와 장정)이 대왕(大旺)하고 충효현량(忠孝賢良)하고 90세의 노수(老壽)를 기약할 것이다. 경에 이르기를, '천리강산(千里江山)이 일향지간(一向之間)'이라 했다. 사절향(死絶向)을 한다 해도 사절룡(死絶龍)은 되지 않을 것이므로 향요길(向要吉)인 것이다.

❖ **오상**(五常)**과 오색**(五色) : 오행(五行)에는 성품과 색상이 있다.

木 : 성품 : 인(仁) 색상 : 청색(青) 방각 : 동쪽

火 : 성품 : 예(禮) 색상 : 적색(赤) 방각 : 남쪽

金 : 성품 : 의(義) 색상 : 백색(白) 방각 : 서쪽

水 : 성품 : 지(智) 색상 : 흑색(黑) 방각 : 북쪽

土 : 성품 : 신(信) 색상 : 황색(黃) 방각 : 중앙

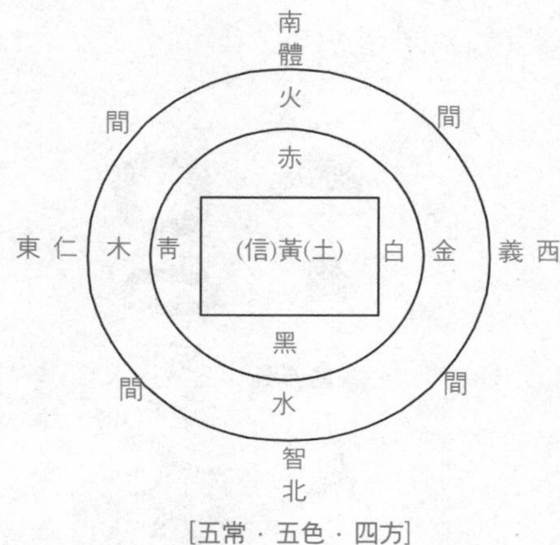

[五常 · 五色 · 四方]

❖ **오색**(五色) : 청(青)·황(黃)·적(赤)·백(白)·흑(黑)의 다섯 가지 색. 오색토(五色土)가 유(柔:부드러운 것)하면 절대 물이 생기지 않는다.

❖ **오색토**(五色土) : 오색토가 부드러우면 물이 생기지 않는다. 또 천광 할 때 오색토가 강하면 장사(葬事) 후 광중(壙中)에 물이 고일 염려가 있다.

❖ **오선위기형**(五仙圍碁形) · **선인위기형**(仙人圍碁形) : 오선위기형은 다섯 신선이 바둑판을 가운데 두고 바둑을 두고 있는 모습이라 하여 붙여진 이름이다. 신선처럼 생긴 탐랑성인 귀인봉 또는 바위가 있고 그 가운데 바둑판처럼 생긴 둔덕이나 일자문성(一字文星)이 있다. 혈은 바둑판에 해당되는 곳에 있어 혈판 주위에 수려한 작은 바위가 빙 둘러 있는 것도 신선으로 볼 수 있다.

❖ **오성**(五星) : 산의 모양을 성(星) 요(曜)로 부르는 경우가 있다. 이것은 산형(山形)을 오행(五行)에 배(配)할 경우나 구성(九星) 구요

(九曜)에 배(配)할 때에 붙이는 이름으로서 목성(木星)의 산이란 산형(山形)이 목형(木形) 목체(木體)를 이룬 것을 말하며, 금성(金星)의 산이란 산의 형태가 금체(金體)에 흡사한 산을 말한다. 이것을 성(星)이라고 부르는 까닭은 오행(五行)이 하늘에 있어서는 상(象)을 이루고 땅에 있어서는 모양(形)을 이룬다는 천지상형(天地象形)에 상응하는 원리에 따른 뜻이다.

① 목(木)·화(火)·토(土)·금(金)·수(水)의 오행성(五行星)인데 목성(木星)을 세성(歲星), 화성(火星)을 형혹성(熒惑星), 토성(土星)을 전성(塡星), 금성(金星)을 태백성(太白星), 수성(水星)을 진성(辰星)이라 별칭한다.

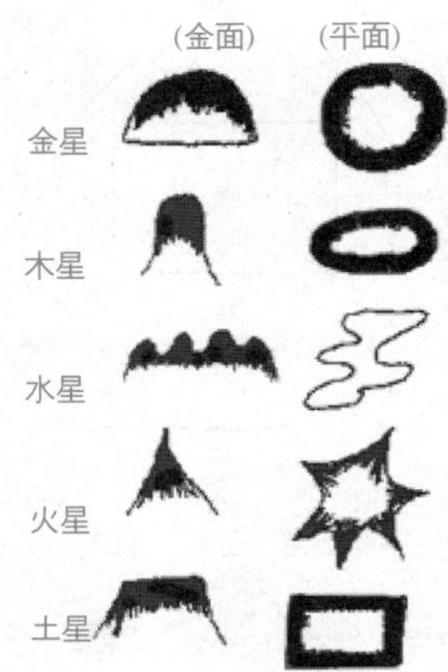

② 금(金)·목(木)·수(水)·화(火)·토(土)를 말한다. 산이 둥글면 금(金), 곧고 높이 솟으면 목(木), 굴곡하면 수(水), 뾰족하여 날카로우면 화(火), 모나고 평평하면 토(土)이다. 이것이 오성(五星)의 정체(正體)이다. 오성의 정체가 그대로 생긴 곳은 그리 흔하지 않다. 오행이 섞여서 된 것은 변체(變體)이다. 변체는 구성(九星)이라고 하며 혈산(穴山) 구성도 있고 용산(龍山) 구성도 있다. 구성가(九星歌)에 이르기를「탐랑(貪狼)은 홀을 세운 모양이요, 거문(巨門)은 병풍을 펴놓은 형이요, 문곡(文曲)은 버들가지 같고 돼지똥 마디 같고, 염정(廉貞)은 빗 또는 송곳니나 화살촉처럼 뾰족하며 찢어진 옷과도 같다. 무곡(武曲)은 꼭대기가 둥그렇게 불룩하고, 파군(破軍)은 갈빗뼈처럼 골진 판이요, 보필(輔弼)은 자웅(雌雄)으로 만월(滿月)과도 같다」라고 하였으며, 또한 구변가(九變歌)에「구성은 변체로서 아홉가지 모양이다. 그 이름이 ① 목화(木和) ② 연기(連氣) ③ 분기(分氣) ④ 개각산(開脚傘) ⑤ 궁각(弓脚) ⑥ 쌍조(雙爪) ⑦ 변번신교(變番身巧) ⑧ 측뇌(側腦) ⑨ 도신(倒身)으로 이상의 형상이 혼합되면 81의 형상을 이룬다」로 되어 있다. 혈산(穴山)은 구성가에 말하기를,「구성의 원자(元者)는 태양태음이니 둥글고 모나다. 둥글고 굽은 것은 금수(金水)가 되고, 목성(木星)은 곧아서 나무를 세운 것 같고, 천재혈(天財穴)의 작뇌는 토금의 체가 된다. 쌍뇌(雙腦)가 합한 형태는 금수(金水)가 되고, 평뇌(平腦)는 토성(土星)이다」라고 하였으니 다섯 가지 이름으로 분별할 수 있다. 머리는 둥글고 양쪽의 지각은 꼬리가 뾰족하면 천강체(天罡體)이고, 머리는 둥글고 지각(支脚)이 곧으면 고요성(孤曜星)이며, 불꽃같이 뾰족하여 창과 같으면 조화성(燥火星)이며, 혼돈하여 구불구불하면 소탕성(掃蕩星)이 되니 이러한 내국(內局)의 사자(四者)는 중요한 것이다. 구변가(九變歌)에서는「9개(九個)의 성신이 각각 변하여 9개의 본체가 된 것이니 첫째 개구(開口), 둘째 유(乳), 셋째 현(懸)이니 태극운(太極暈)의 중심원, 넷째 궁각(弓脚), 다섯째 쌍비(雙臂), 여섯째 단고(單股), 일곱째 측뇌(側腦), 여덟째 평(平), 아홉째 면(面)이 된다」라고 하여 주체가 되었다. 탐랑(貪狼)은 목성, 거문(巨門)은 토성, 무곡(武曲)은 금성, 문곡(文曲)은 수성, 염정(廉貞)은 화성, 녹존(祿存)은 토성, 파군(破軍)은 금성, 좌보(左輔)는 금성, 우필(右弼)은 수성이다. 혹 좌보(左輔)가 수성이라고 하는 것은 잘못이다. 태양금성(太陽金星)과 태음금성(太陰金星)이 있으며, 또한 금토성(金土星)과 금수체(金水體)와 금수성(金水星)과 자기목성(紫氣木星), 천재평뇌토성(天財平腦土星), 사뇌토금성(四腦土金星), 쌍뇌금수성(雙腦金水星), 천강금성(天罡金星), 고요금성(孤曜金星)과 소탕수성(掃蕩水星), 조화화성(燥火火星) 등은 어느 한 가지 성체(星體)는 아니다. 이상은 각각 구성구변(九星九變)이지만 실상은 오성을 떠날 수 없다. 소위 성상이 구변의 두각(頭却)은 변치 않는 것으로 만두(巒頭)라 부른다.

❖ **오성**(五星), **고산**(高山), **평강**(平岡), **평지**(平地), **삼격**(三格)

• **금성**(金星) : 고산(高山)의 금(金)은 쇠북(鍾)같고 가마(釜)도 같고 머리가 둥글어 기울어지지 않고 광채가 나고 살찌고 윤택함이 길하고, 평강(平岡)의 금은 삿갓(笠) 같고 두(斗 : 곡식되는 말) 같고 둥글고 구슬이 달린 듯함이 길하고, 평지의 금은 둥그런 사탕과 같고 살찌고 충만하여 현(弦 : 활)이 있고 능(稜 : 논두렁)도 있는 것이 길하다.

• **목성**(木星) : 고산(高山)의 목(木)은 높이 솟아 정연하게 우뚝 솟아 기울어지지 않음이 길하고, 평강의 목(木)은 가지가 완전하여 향하고 안고 뻗혀 지자(之字) 현자(玄字) 같은 것이 길하고, 평지의 목은 우아하여 아름답고 윤택함이 길하다.

• **수성**(水星) : 고산의 수(水)는 포(泡 : 거품) 같고 구부러지고 세(勢)가 펼친 장막 같고 종횡(縱橫)으로 펴 벌린 것이 길하고, 평강의 수(水)는 다리가 평평히 펴고 세(勢)가 떠다니는 구름과 같이 위이(逶迤 : 구불구불)하고 굽은 듯한 것이 길하며, 평지의 수(水)는 전(纏 : 얽히고)을 펴고 물결진 것이 계수(界水)를 둥그렇게 두르고 나직함도 앙(昂 : 오름)하는 것도 같은 것이 길하다.

• **화성**(火星) : 고산의 화(火)는 수려하고 뾰족하게 솟고 염염(炎炎 : 활활 타오르는 모양)히 공중을 불사르는 듯 조산(朝山)을 작(作)함이 길하고, 평강의 화(火)는 몸을 늘려 뻗치고 종횡으로 불꽃이 생긴 가운데 수성(水星)을 얻어 서로 이어진 것이 길하며, 평지의 화(火)는 날으고 뛰고 뒤쳐 밭 가운데서 요(曜)가 생기고 물 속에 돌(突)이 있으면 길하다.

• **토성**(土星) : 고산의 토(土)는 창고(倉庫)같고 병풍(屛風)같고 후중(厚重)하고 웅장하고 단정하고 모지고 평평한 것이 길하고, 평강의 토(土)는 궤(机)도 같고 구슬도 같고 무겁고 두껍고 탁하고 살쪄 기울어지지 않은 것이 길하며, 평지의 토(土)는 깎은 듯하고 모지고 두텁고 평평하고 가지런하고 높기도 하고 얕기도 한 것이 길하다.

❖ **오성귀원**(五星歸垣) : 서로 이어진 맥(脈)에서 솟아오르지는 않았으나 여주제일격처럼 오성(五星)이 각자 자기 방위에 솟아올랐으며, 가운데 토성(土星)에 혈이 맺혀 있는 것. 오성(五星)의 크기가 높이와 비슷하면 천하대명당(天下大明堂)이다. 여기에 묘를 쓰거나 집을 짓고 살면, 성현이나 군왕, 신동, 장원급제자가 나오며, 그들의 귀한 이름이 오래오래 길이 전해지게 된다.

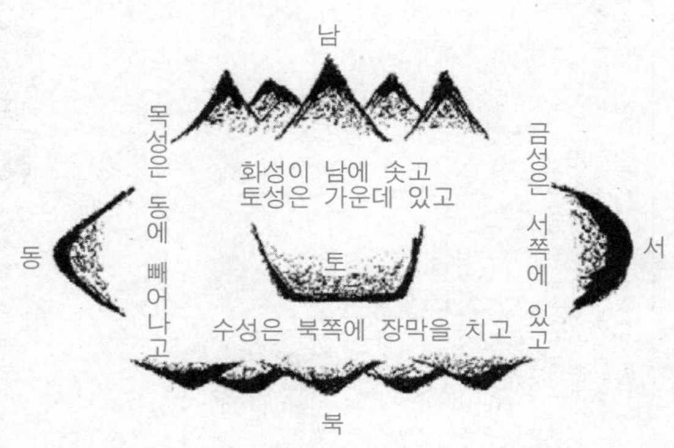

지리법에 오성(五星)이란 금형산(金形山) · 목형산(木形山) · 수형산(水形山) · 화형산(火形山) · 토형산(土形山)을 말한다. 귀원(歸垣)이란 제 위치로 돌아간다는 뜻이니, 「오성귀원」이란 오성이 각각 본 위치를 차지하고 있으면 「오성귀원」이 이루어지는 것이다. 이를 또 오기조원(五氣朝垣) 또는 오성승전(五星升殿)이라 하여 만에 하나도 얻기 힘든 지극히 귀한 땅이다. 즉 수성(水星)은 북(北)에, 목성(木星)은 동(東)에, 화성(火星)은 남(南)에, 금성(金星)은 서(西)에, 토성(土星)은 중앙에 위치하여 혈성(穴星)이 된 것이니, 이렇게 되어 성신이 바르고 크기와 거리가 비슷해야 합격이다. 만약 이러한 땅을 얻어 장사지낼 수 있다면 성현(聖賢)과 왕후(王侯)와 장상(將相)과 영웅호걸이 대대로 나온다 한다.

[五星歸垣圖]

❖ **오성귀원격**(五星歸垣格) : 다섯 가지 형태의 산이 오행상 꼭 있어야 할 방위.

❖ **오성도**(五星圖)

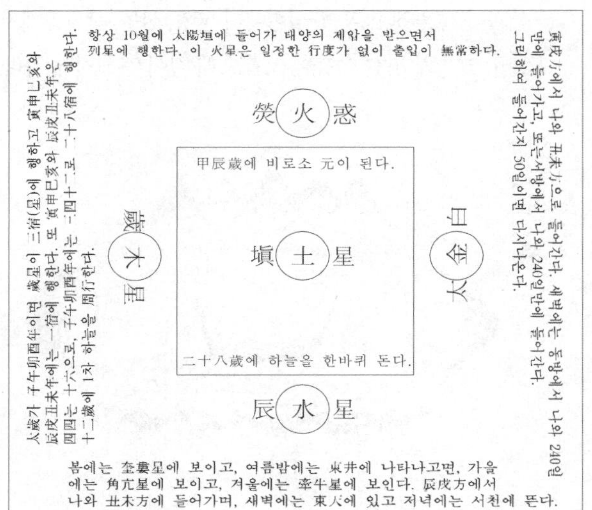

❖ **오성수**(五星水) : 오성수는 금(金)·목(木)·수(水)·화(火)·토(土)의 다섯 종류이다. 어느 형수(形水)이건 오성수가 모두 구비될 수는 없지만 간혹 천귀지혈(天貴地穴)에 오성수가 있을 수도 있다. 그러나 이것은 덕(德)을 많이 닦은 사람에게나 만난다 하였다. 오성수(五星水)가 있으면 효자 효부(孝子孝婦)에 사업이 불(盛火) 일어나듯 한다. 그러나 오성수를 모두 갖추려면 적덕(積德)을 쌓아야 하지만 상생수(相生水)만 있어도 길수(吉水)가 된다. 좌혈(坐穴)이 금혈(金穴)이거나 망자(亡者)가 납음오행으로 수(水)인 사람은 전면(前面)에 토수(土水) 즉 방수(方水)가 있으면 토생금(土生金)·금생수(金生水) 하는 것 등이다.

- 금생수(金生水) 수좌혈(水坐穴)에 원형수(圓形水)
- 화생수(火生水) 토좌혈(土坐穴)에 삼첨수(三尖水)
- 토생수(土生水) 금좌혈(金坐穴)에 방전수(方田水)
- 수생수(水生水) 목좌혈(木坐穴)에 상요수(上搖水)
- 목생수(木生水) 화좌혈(火坐穴)에 장방수(長方水)

위에 오성수(五星水)가 생생부지(生生不止)하면 자손중에 일급(一級) 벼슬하는 사람이 많이 나오고, 금생수(金生水)에 상생되면 고관(高官), 대작(大爵)이 출생하고 간혹 장군이 나와 국가에 공헌하는 큰일을 한다. 목생수(木生水)에 상생되면 대학자가 자손에 즐비하고 인물이 준수하며 수명이 장원하다. 수생수(水生水)에 상생되면 지혜총명하고 인신장대(人身長大)하여 남들이 존경하고 우러러본다. 화생토(火生土)에 상생되면 결단성이 강하고 의지가 굳은 사람이 많이 나오며 의리가 깊은 사람이 속출한다. 토생금(土生金)에 상생되면 거부장자(巨富長子)가 되며 금전이 귀한 줄 모르고 살아가는 자손이 많이 난다. 이상과 같이 합이 되면 좋으며 반대되면 후대는 반대로 흉을 받는다. 물을 다섯 가지의 오성(五星)으로 분류한다.

① **금성수**(金星水) : 금성형(金星形)의 물로서 가장 귀하다. 부귀쌍전(富貴雙全)하고 세상의 존경을 받고 충효현량(忠孝賢良)하며 의(義)로운 인물과 호남아가 난다.

② **목성수**(木星水) : 물이 성문처럼 되어 있다. 나무토막을 앞에 가로로 놓은 것처럼 곧고 길게 흐른다. 진룡(眞龍)하면 귀함은 있으나 부함은 말하기 어렵다. 성품이 곧고 강한 자손이 대대로 이어진다.

③ **수성수**(水星水) : 총명수려(聰明秀麗)하며 물에 얽히어서 성을 이루고 곡곡(曲曲)으로 굽어서 지나가면 돈이 남아돌고 의식(衣食)이 넉넉해진다. 진룡(眞龍)하면 권세를 잡고 벼슬한다.

④ **화성수**(火星水) : 화성(火星)으로 성문을 만들면 크게 상서롭지 못하다. 인성(人性)이 오만하고 강폭하다. 혈이 통실하여 둥글면 번개같이 성공하나 한번 패하면 잿더미같이 된다.

⑤ **토성수**(土星水) : 물이 성문을 만든다. 그 모양이 토성(土星)으로 단정하여 기울어지지 않으면 인정과 부귀를 겸하고 믿음이 강하며 대대로 이름을 얻는다.

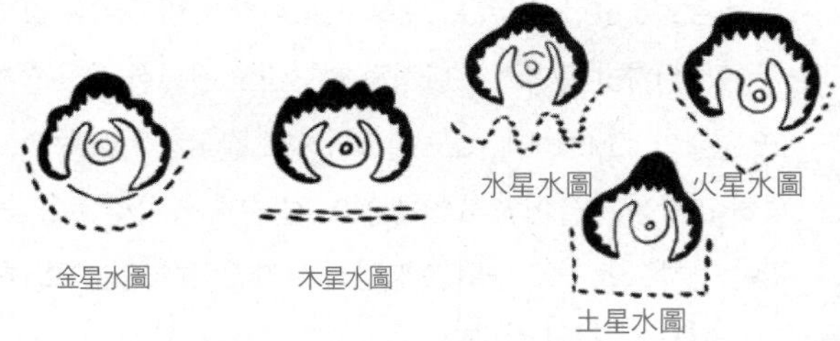

❖ **오성수법**(五城水法) : 용혈(龍穴)과 명당을 하나의 성곽의 물처럼 둘러싸고 있는 형태를 목(木), 화(火), 토(土), 금(金), 수(水)의 오행성형(五行星形)으로 분류하여 그 성정(性情)에 따라 길흉화복

을 점칠 수 있다. 대개 금성(金城)의 수(水), 수성(水城)의 수(水), 토성(土城)의 수(水)는 감싸는 모양이기 때문에 길로 보고, 목성의 수와 화성의 수는 직충(直沖), 사절(斜折), 횡평첨별(橫平尖瞥)하며 흉으로 판단한다. 즉 물의 형태가 환포융취(環抱融聚)와 같은 성(城)을 이루면 귀격(貴格)이고 반배직류(反背直流)의 수성(水城)은 흉격(凶格)이다.

❖ **오성수제**(五星受制) : 화수목금토(火水木金土)의 오성(五星)이 오행상(五行上) 자기를 극(克)하는 방위에 있는 것을 말함.

❖ **오성연주**(五星連珠) : 다섯 형태의 산봉우리가 구슬을 꿰어 놓은 것처럼 이어져 있는 것. 앞뒤의 산봉우리가 상생관계(相生關系)면 아주 길(吉)하고 상극관계(相克關系)면 매우 흉(凶)하다. 오행의 화(火)는 토(土)를 생(生)하고 금(金)을 극(克)하며, 방위는 남방(南方)에 속한다. 토(土)는 금(金)을 생(生)하고 수(水)를 극(克)하며, 방위는 중앙이다. 금(金)은 수(水)를 생(生)하며 목(木)을 극(克)하며, 방위는 서방(西方)이다. 수(水)는 목(木)을 생(生)하고 화(火)를 극(克)하며, 방위는 북방(北方)이다. 목(木)은 화(火)를 생(生)하며 토(土)를 극(克)하며, 방위는 동방(東方)이다.

❖ **오성연주격**(五星連珠格) : 오성(五星)이란 산의 모양이 금목수화토(金木水火土)의 오행격(五行格)의 형상을 이룬 것이요, 연주(連珠)란 「구슬을 꿰었다」는 뜻이니, 오성이 구슬로 꿴 듯이 일정한 거리와 간격을 두고 한 줄로 혹은 둥글게 모인 것을 말함. 즉 「오성취강격」은 전후 좌우에 있는 것을 막론하고 오성(五星)이 모두 둥글게 모여 있으면 격이 이루어지므로 방위나 생극관계나 서로간의 사이가 멀고 가까운 것을 구애하지 않지만, 연주격(連珠格)은 둥글게 모인 것을 요하지 않고 반드시 구슬을 연결시킨 것 같아야 하고 또는 상생되어야 길격이다.

- 제1격(第一格)은 중앙에 토(土)가 있어 좌로 토생금(土生金), 금생수(金生水), 수생목(水生木), 목생화(木生火), 화생토(火生土) 이렇게 끊임없이 상생되었을 뿐 아니라 토(土)는 중앙, 금(金)은 서, 화(火)는 북, 목(木)은 동, 수(水)는 남, 이렇게 정위(正位)에 있으니 비단「오성연주격」만 이루어진게 아니라 더 귀한 격인 오성조원격(五星朝垣格)이 이루어져 연주격 가운데 최상의 길격이다.
- 제2격(第二格)은 가운데 금성(金星)부터 시작하면 남의 수성(水星)에 금생수(金生水), 동의 목성(木星)에 수생목(水生木), 북의 화성(火星)에 목생화(木生火), 서의 토성(土星)에 화생토(火生土)로 상생(相生)되었으므로 지극히 귀하고 역량이 큰 땅이다.
- 제3격(第三格)은 순생격(純生格)으로, 남의 화산에서부터 화생토(火生土), 토생금(土生金), 금생수(金生水), 수생목(水生木)으로 연접하여 생(生)하고 생하였으므로 지극히 귀한 격이 되어 왕후장상(王侯將相)이 나오는 대지(大地)이다.
- 제4격(第四格)은 오성연생격(五星連生格)으로 아래에서부터 목생화(木生火), 화생토(火生土), 토생금(土生金), 금생수(金生水)로 생하고 생하여 나갔으므로 역시 지극히 귀한 땅이 되어 높은 관직에 오르는 자손이 대대로 나오는 곳이다.
- 제5격(第五格)은 위에서부터 아래로 수극화(水克火), 화극금(火克金), 금극목(金克木), 목극토(木克土) 이렇게 극(克)해 내려오므로 오성연주(五星連珠)는 이루어졌으나 아깝게도 상극되어 윗사람에게 박해를 박고 있는 형상이므로 취용을 못하는 격이다.
- 제6격(第六格)은 제5격(第五格)과 반대로 아래에서 위를 범하는 상으로 자식이 아비를 죽이고 신하가 임금을 해하는 흉격이니 역시 취용을 못한다. 그러므로 오성연주(五星連珠)가 이루었어도 상생되어야 진격이요 상극되면 파격이니 쓸모 없는 땅에 불과하다.

[연주제1격] [연주제2격] [연주제3격]

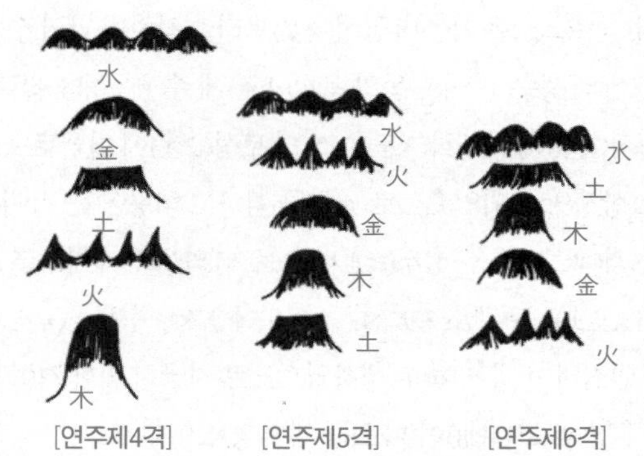

[연주제4격] [연주제5격] [연주제6격]

❖ **오성**(五城)**의 배성**(背城) : 배성(背城)은 혈을 등지고 뒤로 달아나는 형상의 물줄기. 배성수(背城水)는 어떤 형태이든 혈의 정기를 흩어 버리니 나쁘다. 혈 앞에 배성수가 있으면 자손들이 재산을 잃고 궁핍하게 지내며, 고향을 떠나 온갖 고초를 겪으며, 부자, 형제, 부부간에 불화하며 생이별도 하게 된다.

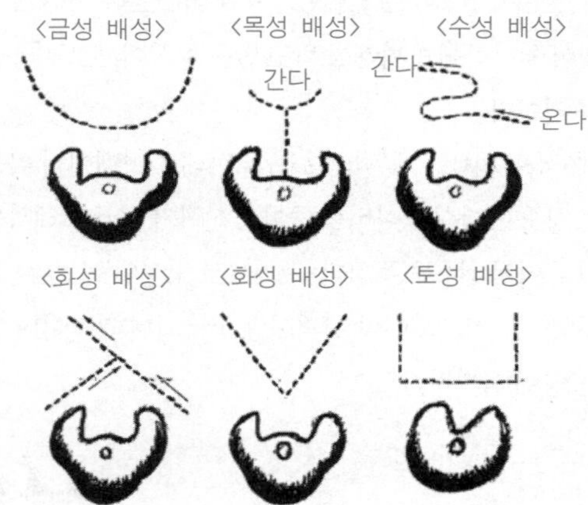

❖ **오성의 삼격** : 오성의 모양은 성신이 수려하고 광채가 있는 것을 청격(淸格), 살찌고 중후하며 단정한 것을 탁격(濁格), 그리고 추악하고 살기가 있는 것을 흉격(凶格)이라고 하여 길흉을 분별한다.

① **청격·탁격·흉격**

- **금성** : 청격은 관성(官星)이라고도 하며 문장·충정·정절을 뜻한다. 탁격은 위의(威儀)라 하며 권세, 재판의 직을 담당한다. 흉격은 여성(戾星)이라 하며 도적·살인·절손을 상징한다.
- **수성** : 청격은 수성(秀星)이라 하며 문장, 지혜와 기교, 청백의 뜻이 있다. 탁격은 유성(柔星)이라 하여 병고·요절·아첨을 뜻한다. 흉격은 탕성(蕩星)이라 하여 간음·요절·익사의 뜻이 있다.
- **목성** : 청격은 문성(文星)이라 하여 문장·명예·귀를 뜻한다. 탁격은 재성(才星)이라 하여 기예를 의미한다. 흉격은 형성(形星)이라 하여 잔병·불구·수형(受刑)의 뜻이 있다.
- **화성** : 청격은 현성(顯星)이라 하여 문장가와 큰 벼슬을 뜻한다. 탁격은 조성(燥星)이라 하여 간악·요절·흉사의 의미가 있다.
- **토성** : 청격은 존성(尊星)이라 하여 왕후·오복구비를 뜻한다. 탁격은 부성(富星)이라 하여 사람[후손]·거부를 상징한다. 흉격은 체성(滯星)이라 하여 옥사·질병을 뜻한다.

② **고산·평강·평지** : 또한 오성은 그 높낮이에 따라 고산(高山)·평강(平崗)·평지(平支)의 삼격으로 구분한다.

- **금성** : 고산은 머리가 둥글고 빛이 나며 윤택한 것이 길하다. 평강은 엎어놓은 삿갓 같고 받침이 둥근 것이 길하다. 평지는 광채가 나고 현릉(弦陵)이 있어야 길하다.
- **수성** : 고산은 개장하고 횡으로 널찍한 것이 길하다. 평강은 구불구불[之玄]하여 흐르는 물과 같은 것이 길하다. 평지는 자리를 깔아놓은 품세의 것이나 물결처럼 고저가 있어야 길하다.
- **목성** : 고산은 붓처럼 우뚝 서야 길하다. 평강은 이리저리 굴곡이 있어야 길하다. 평지는 약간 둥근 맛이 있게 곧고 마디마디 이어져 있어야 길하다.
- **화성** : 고산은 불꽃 같고 수려한 것이 길하다. 평강은 물과 균형이 맞아야 수화기제로서 길하다. 평지는 평탄한 가운데 요성(曜星)이거나, 물 속에 돌들로 이어져야 길하다.
- **토성** : 고산은 병풍 또는 창고와 같이 단정하게 모가 나야 길하다. 평강은 책상과 같은 모양이 후덕하고 둔중하게 보여야 길하다. 평지는 네모 반듯하고 높낮이가 있어야 길하다.

❖ **오성체**(五星體)**와 성질**

- **금성**(金星) : 금성(金星)의 체(體)는 둥글며 뾰족하지 않고 고요

하여 동(動)하지 않는다. 산세가 중(重)하고 고요하고 빛나고 둥글면 길(吉)하고, 산면(山面 : 앞)이 둥글고 살찌고 평평하고 반듯하면 길하다. 또는 산머리가 둥글고 가지런하고 살찌거나 윤택하면 길하고 산세가 뾰족하고 달아나고 와(窩)하거나 산면이 유동하고 빠르지 않거나 산머리가 기울어지고 부스럼 같거나 산다리가 깨어지고 부서지고 돌을 섞어 극락한 것 등은 모두 흉하다.

- **목성**(木星) : 목성(木星)의 체(體)는 곧고 모나지 않고 성질이 순하고 번창하다. 산체가 곧고 딱딱하고 청수하거나 산면이 광채가 있어 윤택하고 맑고 굳세거나 산이마가 곧고 깎은 듯하고 둥글고 고요한 것 등은 모두 길하며, 산세가 기울어지고 경사되고 흩어져 지저분하거나 산면이 무너지고 부서지거나 산다리가 부스럼 같고 기울어져 경사가 된 것 등은 모두 흉하다.
- **수성**(水星) : 수성(水星)의 체(體)는 움직이고 고요하지 않으며 성질은 침잠(沈潛 : 나직한 산)하여 아래로 향한다. 산세가 가로로 겹친 물결처럼 중첩되거나 산면이 포(泡 : 거품) 모양 같고 뇌뢰(磊磊 : 돌무더기)하거나 산 다리가 평평히 펴고 흘러 쏟아지는 듯한 것 등은 모두 길하며, 산세가 미끄러져 나가고 넓게 흩어지거나 산면이 평탄하게 흩어져 지저분하게 보이거나 기울어져 경사되고 능증(陵繒 : 험한 능)하거나 산다리가 탕연(蕩然 : 넓은 모양)하여 거두어들이지 않은 것 등은 모두 흉하다.
- **화성**(火星) : 화성(火星)의 체(體)는 날카롭고 화염(火炎) 같고 동(動)하고 둥글지 않으며, 성질은 활활 타는 것 같고 표묘(縹渺 : 아득하게 적은 것)하고 정(靜 : 맑고 고요한 것)하지 않다. 산세가 우뚝하게 높고 초준(峭峻 : 가파르고 높은 곳)이 동(動)하거나 산면이 평평하여 고요하고 아래가 넓거나 산다리가 날러 빗기고 요성(曜星)을 띤 것 등은 모두 길하며, 산세가 벗어 놓은 것, 탈각(脫却)을 지나지 못했거나 산정(山頂)이 지나치고 이마가 무너져 부서지거나 산다리가 뒤집히고 거슬리고 추루한 것 등은 모두 흉하다.
- **토성**(土星) : 토성(土星)의 체(體)는 모지고 어리고 반듯하며 성질은 후중(厚重)하고 느리다. 산세가 훈후하고 높고 웅장하거나 산면이 평평하여 반듯하고 솟아 있거나 산정이 모지고 평평하고 넓고 두터운 것 등은 모두 길(吉)하며, 산형이 이그러지고 경사되고 함(陷)하거나 산면이 부스럼 같이 뭉친 듯하고 깨어지고 함하거나 산이마가 둥글고 각(角)이 나고 연(軟)하고 겁기(怯氣) 있거나 산다리가 이끌어 나가고 파랑(波浪 : 물결) 같은 것 등은 모두 흉하다.
- **오성**(五星) : 오성(五星)이 너무 살찌거나 여윈 것은 마땅치 않다. 금(金)이 너무 살찌면 배부른 것이니 흉하고 너무 여위면 결함(缺陷)된 것이 흉하다. 목(木)이 너무 살찌면 닭 같으니 흉하고 너무 여위면 마른 것이니 흉하다. 수(水)가 너무 살찌면 탕(蕩)한 것이니 흉하고 너무 여위면 마른 것이니 흉하다. 화(火)가 너무 살찌면 멸(滅)하는 것이니 흉하고 너무 여위면 조(燥)한 것이니 흉하다. 토(土)가 너무 살찌면 막히는 것이니 흉하고 너무 여위면 함(陷)한 것이 흉이다.

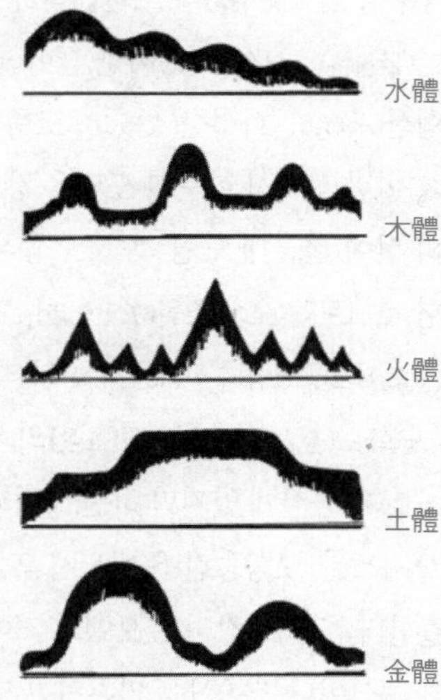

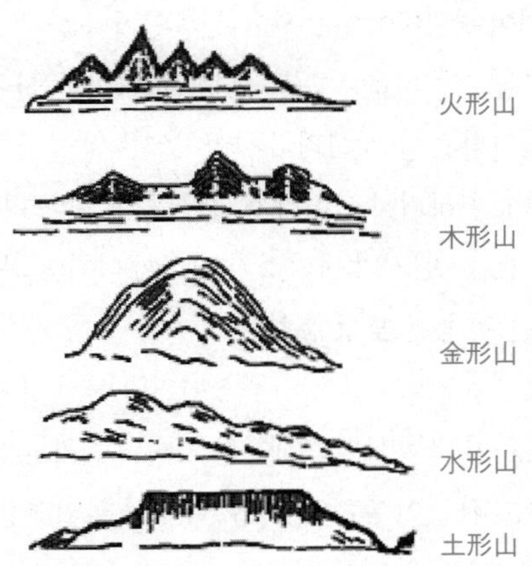

ㅇ

❖ **오성취강**(五星聚講) : 잘 생긴 오성(五星)이 한자리에 빽빽하게 모여 있는 것을 말함. 다섯 가지 형태의 산봉우리가 모여 선 모양이 흡사 성현(聖賢)들께서 한자리에 앉아 고담준론(高談俊論)을 나누는 것 같아 여기에 깃들인 명당혈은 귀하기 그지없으니, 성현(聖賢)과 왕후장상(王侯將相)과 고관대직을 배출한다.

❖ **오성취강격**(五星聚講格) : 오성(五星)이란 금형산(金形山)·목형산(木形山)·수형산(水形山)·화형산(火形山)·토형산(土形山)을 말한다. 취강(聚講)이란 모여서 학문과 도덕을 강론한다는 뜻으로 오성(五星)의 산이 한군데 모인 것을「오성취강격」이라 한다. 이와 비슷한 격으로는 오성조원(五星朝垣), 오성귀원(五星歸垣), 오기조원(五氣朝垣), 오성승전(五星升殿)의 격이 있다. 오성취강격은 금목수화토(金木水火土) 오성(五星)의 위치가 어느 곳에 있건 토성(土星)이 중앙에 있기만 하면 성립되지만, 오성조원(오성귀원·오기조원·오성승전)은 반드시 오성이 각각 제 위치에 있음을 말한다. 오성취강격은 오행의 격이 바르고 산이 수려해야 하며, 주산이나 조종산을 막론하고 토산(土山)이 중심이 되고, 기타 금목수화산(金木水火山)은 객산(客山)으로 되거나 본산의 뻗어난 가지가 이러한 형상을 이루거나 관계없이 오성만 갖추어지면 이 격이 이루어진다. 만약 이러한 땅을 점유한다면 성현(聖賢)이나 장상후비(將相后妃)가 나온다는 대귀지(大貴地)라 한다.

[오성취강도]

❖ **오성패원사**(五星霸元砂) : 혈은 중앙의 토성 밑에 있고, 북쪽의 현무(玄武)는 수성봉(水星峯), 앞은 남쪽의 화성봉(火星峯), 좌청룡은 동쪽의 목성봉(木星峯), 우백호는 서쪽의 금성봉(金星峯)으로 거대한 형국을 이루고 있으면 오기취합격(五氣聚合格)이라 하여 대길지(大吉地)이기 때문에 좀처럼 이런 형상은 보기 힘드는 왕후지지(王侯之地)로 본다.

❖ **오성혈**(五星穴)

• **목성혈**(木星穴) : 목성(木星)은 동방 생기(東方生氣)의 정(精)을 지닌 것이니 결혈(結穴)의 많음이 이에 지나지 않는다. 반드시 동북의 두 방향에 있는 것이라야 득지(得地)가 된다. 이 혈의 이름은 천혈(天穴), 신문혈(顖門穴), 조천랍촉혈(照天蠟燭穴)이라 한다. 모두 내맥(來脈)이 청진(清眞)하여 혈장(穴場)까지 이르고 이 산의 하면에는 결작(結作)이 없고 오직 이마에서 와(窩)를 열었으며, 다리 아래에 기맥(氣脈)이 또한 달려가지 않고 사방에 환포(環抱)가 있어서 진격(眞格)이 되었다. 이 혈은 일명(一名) 제혈(臍穴), 천파혈(天葩穴), 화심혈(花心穴) 또는 장군대좌혈(將軍大座穴)이라고 한다. 화훼(花卉)·과과(瓜菓)·옥척(玉尺)·옥편(玉鞭)은 일체 목기(木器)와 인형(人形)인데, 모두 목성(木星)의 결혈(結穴)이다. 인형(人形)의 제유(臍乳)가 모두 와혈(窩穴)에 있어 쓸 수 있지만 귀요(鬼曜)가 없고 장막(帳幕)이 끊인 것이 적지 않은데, 만일 이렇게 되지 않으면 거짓이다.

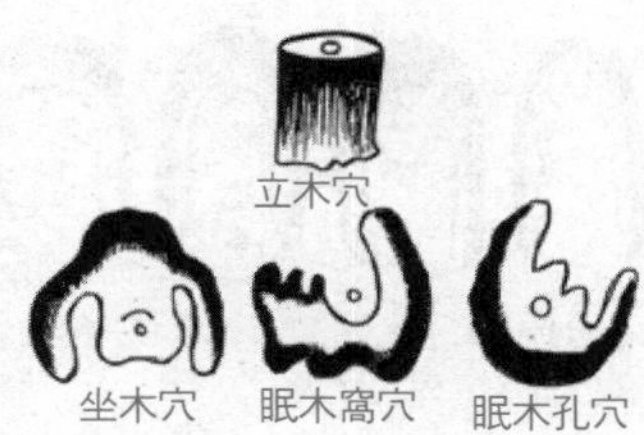

• **화성혈**(火星穴) : 화성(火星)은 열염(烈焰)하며 많이 결혈(結穴)되는 혈이 아니다. 그러나 그 가운데 애금전화(挨金剪火)와 수토제설(水土制洩)이 되어 반드시 화기(火氣)를 탈진(脫盡)하면 쓰임이 된다. 무릇 요기(曜氣)·기쟁(旗鎗)·문장(文章)·아도(牙刀)·비금(飛禽) 등은 이 모두 화성혈(火星穴)이 결국(結局)된 것이니 잘 가려서 합법해 쓰면 발달이 가장 빠르다.

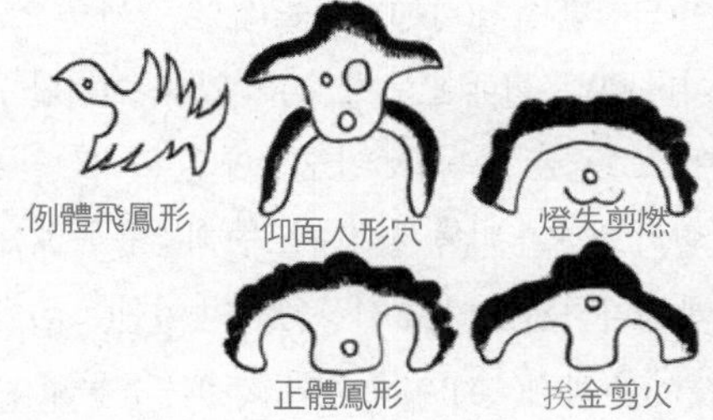

• **토성혈**(土星穴) : 순토(純土)는 화기가 없어 많이 결혈되지 못하며 그 결혈이 될지라도 반드시 금성(金星)을 의지해야 하므로 의자혈(依子穴)이라 한다. 방토(方土)가 대와(大窩)를 열었으나 돌(突)이 없고 또 유(乳)도 없다. 가운데로 각기(却氣)가 등등(騰騰)하니 이것이 인욕혈(茵褥穴)이다. 무릇 토성(土星)의 형상은 흔히 창(倉)과 고(庫)와 옥병(玉屛)·왕안(王案)·금상왕인(金箱王印)·포전(鋪)과 전석(展席)과 비조(飛詔)와 사문(赦文)과 연성(連城)으로 되어 있으니 모두 혈이 중앙에 있으며 간곤(艮坤) 두 방향에 있게 되나 극제(克制)를 받지 않은 것이 득지(得地)된 혈이다.

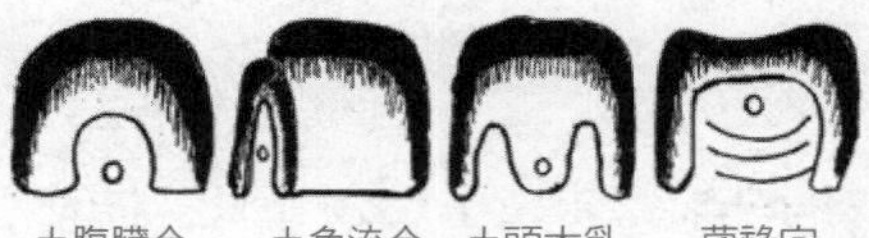

• **금성혈**(金星穴) : 금성(金星)은 강경하여 반드시 와구(窩口)를 벌린 곳에 안장한다. 위에 있는 것은 천혈(天穴), 가운데 있는 것은 인혈(人穴), 아래에 있는 것은 지혈(地穴)이다. 목성(木星)은 높은 데 비해 이 금성(金星)은 비교적 낮은 곳에 있으나, 또한 천혈(天穴)이다. 다리 아래에 맥이 나오지 않음이 이 금성(金星)의 진(眞)이다. 금형(金形)에 장(葬)하면 강기(剛氣)가 범하고, 목형(木形)에 안장하면 금극목(金克木)으로 수극(受克)하므로 금목(金木)의 중간에 안장함이 좋다. 무릇 형상이 혹 사자[獅]·코끼리[象]·범[虎]·달[月]·나팔[鑼]·아미(蛾眉)·금종(金鐘)·옥부(玉斧)·금전(金錢)·앙라(仰螺)·천마(天馬) 같은 것 등은 모두 금성(金星)이므로 화(火)의 극(克)을 받지 않아야 하니, 금토방(金土方)에 있는 것이 득지(得地)하여 길하다.

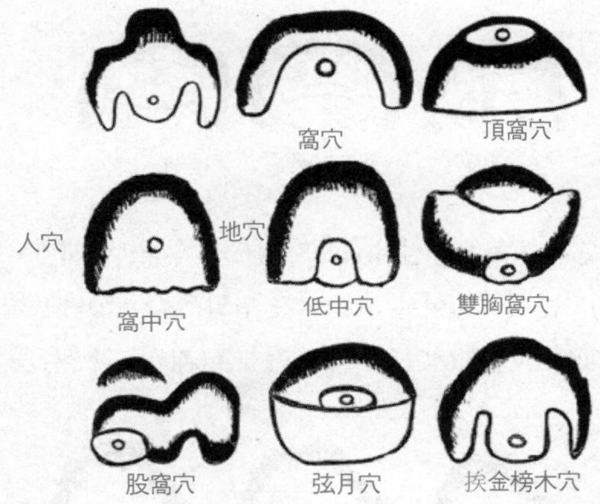

• **수성혈**(水星穴) : 수성(水星)은 유약(柔弱)하여 능히 스스로 결혈되지 못하므로 애금(挨金)하여 결혈(結穴)됨을 방모(傍母)라 하고 또 결혈(結穴)됨을 의자(倚子)라 하니, 이 수성혈(水星穴)이 서북방에 있으면 득지(得地)한다. 지간(枝幹)의 곡절이 물이 되었고 매화(梅花)로써 수포(水泡)가 되었다. 수신(水神)은 변화막측해서 상운(祥雲)과 금피(錦被)와 하피(霞披)와 풍번(風幡)과 매화(梅花)와 하엽(荷葉) 등도 되지만 다시 말하면 금목(金木)에 가까워야 유기(有氣)하다.

正水垂乳　蕩垂含疎　梅花穴　祥雲捧日　飛帛仙帶

• **와겸유돌**(窩鉗乳突) : 다음은 모두 와형혈(窩形穴)의 그림이다.

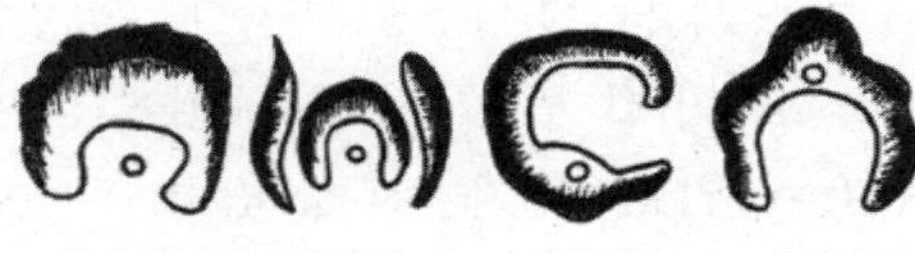

窩中穴　窩旁穴　窩脚穴　釣窩穴

다음은 모두 겸혈(鉗穴)의 그림이다.

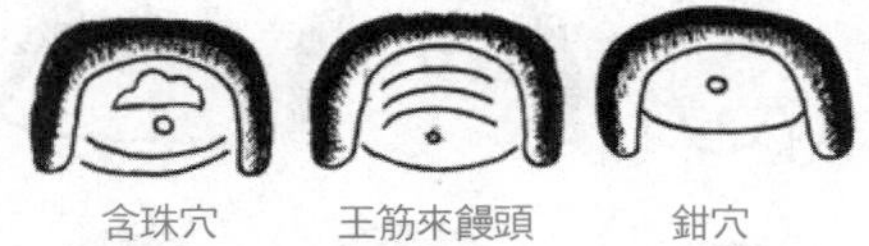

含珠穴　王筋來饅頭　鉗穴

무릇 겸혈(鉗穴)은 정기(頂氣)가 반드시 족하고 아래에도 합전(合)되는 곳이 있어야 진(眞)이다. 만일 정기(頂氣)가 부족하고 아래에도 합전(合)이 없으면 이는 누조(漏槽)로 안장을 못한다.

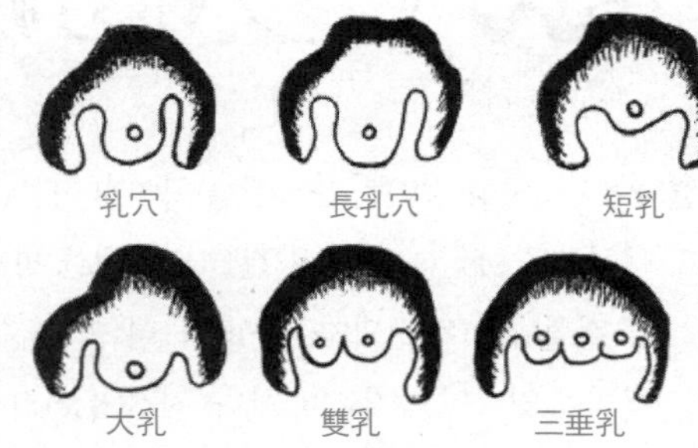

乳穴　長乳穴　短乳

大乳　雙乳　三垂乳

돌혈(突穴)에는 아래 그림과 같이 여러 가지의 형태가 있다.

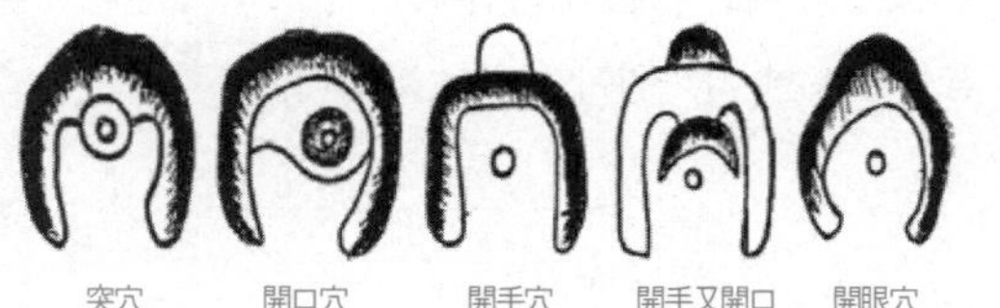

突穴　開口穴　開手穴　開手又開口　開眼穴

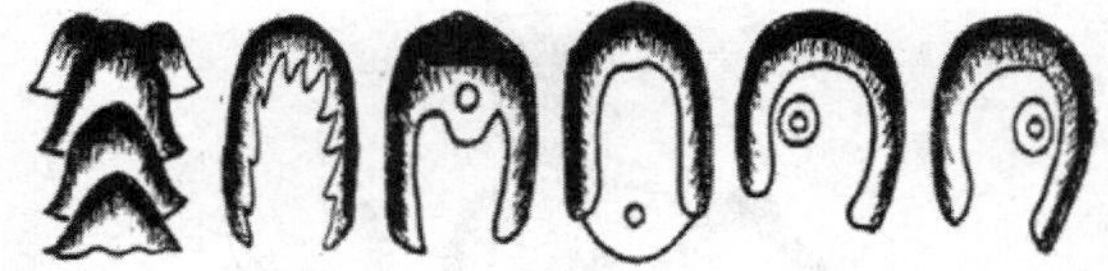

飛鵝展越　龍虎排衙　呑穴　吐穴　饒左減右　饒右減左

양수(兩手)와의 중척(中脊)이 합해서 원운(圓暈)을 이루었다. 현재 강척(岡脊) 위에 개혈(蓋穴)을 맺고 또는 압살운(壓殺暈)이라고도 하지만 다만 입풍(入風)이 닿지 않는 곳이라야 진(眞)이다. 유신(乳身)에 살(殺)이 있어 입혈(入穴)을 못하여 혈이 유(乳) 아래에 있으므로 점혈(粘穴)이다. 점(粘)에는 실점(實粘)·허점(虛粘)·탈점(脫粘)·포점(抛粘)이 있는데, 모두 입혈(入穴)하는 법이 각각 다르다. 유(乳)에 살(殺)이 있어 결혈(結穴)이 안 되지만 섬기(閃氣)가 유혈(乳穴) 곁에 있으므로 의혈(倚穴)이라 한다. 혈에 모두 살(殺)이 있다. 이것만 유독 요세(凹勢)이므로 평균혈(平均穴)이 중심에 있으니 당혈(撞穴)이라 한다. 혈의 형태가 비록 많으나 모두 와겸유돌(窩鉗乳突) 4단(四端)에 지나지 않으며 그 실상은 음양 이혈(二穴)이다. 대개 양혈(陽穴)은 와겸(窩鉗)이요 음혈(陰穴)은 유돌(乳突)이다. 양혈(陽穴)이 원(圓)한 것은 즉 와(窩)요, 긴 것은 즉 겸(鉗)이며 음혈(陰穴)의 긴 것은 즉 유(乳)요, 짧은 것은 즉 돌(突)이지만 그 작용됨은 탄토요감(呑吐饒減)과 개점의당(蓋粘倚撞)의 입법(入法)인데, 이 역시 음양의 이분용(二分用)이다. 그리고 탄토요감(呑吐饒減)은 양혈(陽穴)에만 쓰이는 장법(葬法)이고 개점의당(蓋粘倚撞)은 음혈(陰穴)에만 쓰이는 장법(葬法)이다. 이 입법(入法)의 용(用)은 또한 글 가운데 있는 영(迎)·생(生)·취(就)·왕(旺)의 법을 정할 줄 알면 지극히 간단하다.

蓋穴　倚穴　粘穴　撞穴

❖ **오성혈삼대격**(五星穴三大格) : 오성혈에는 대별하여 삼격(三格)이 있으니 정체(正體)와 측뇌(側腦)와 평면(平面)을 말한다.

① **정체**(正體) : 성신(星辰)의 머리와 면(面)이 단정하고 위품이

방정존귀하여 오행의 성신이 바른 상으로 청수하게 정기가 응결된 것은 상격으로 극귀를 낳고 탁한 것은 작은 부귀를 주관한다.

② **측뇌**(側腦) : 성진의 머리가 고르지 못하고 기울어진 형체로서 허(虛)한 뒤에 반드시 탁산(托山)이나 낙산(樂山)이 받쳐 주어야 결혈의 증거이다. 성체가 청수하면 상격으로 부귀가 오래 가고 탁하면 부만 누리게 된다.

③ **평면**(平面) : 입체(立體)가 아닌 평탄한 형체로서 성체가 청수하면 상격으로 부귀가 오래 가고 탁하면 부만 누리게 된다.

❖ **오성형**(五星形)**의 수성**(水城)

①번의 수성은 혈을 감싸는 듯하다가 곧 반별(反瞥)로 나가서 혈을 돌아보지 않으니 반길(半吉)하다.

②번의 수성은 만포(灣包)하지 않고 횡평(橫平)하게 잠깐 혈을 지나다가 곧 반별(反瞥)하여 가버리니 대흉(大凶)하다.

③번의 수성은 굴곡으로 원조(遠朝)하다가 혈 가까이에 와서 빗나가니 무정하고, 또한 급준유성(急峻有聲)하면 모두 불길하다.

④번의 수성은 직충(直沖)하다가 한쪽 옆으로 둘러싸고 돌아가니 유정(有情)하여 길하다. 물이 직래(直來)할 경우 당전에 요(曜)가 있어 수살(水殺)을 제살(制殺)하면 꺼리지 않는다.

⑤번의 수성은 비껴와서 조혈(朝穴)하지 않고 과혈(過穴)한 후에 문득 몸을 돌려 우정(有情)하니 처음에는 불리하다가 후에는 길하다.

⑥번의 수성은 ④번의 반대쪽으로 돌아 싸고 혈전에 사(砂)가 버티고 있어 직래함이 보이지 않으니 길격이다.

⑦번의 수성은 물이 비록 멀리서 곧게 오나 혈 가까이 와서 싸이고 모여서 깊이 출력(出力)함이니 역시 길격이다.

⑧번의 수성은 반궁역조(反弓逆趙)하니 흉하여 구제불능이다.

⑨번의 수성은 뾰족하여 무정한데다 안(案)이 있으나 당저(塘低)하다. 그런데 혈에서 첨파(尖破)를 볼 수 없고 외양(外洋)의 조수(朝秀)만 보이며 혈후(穴後)의 물이 오히려 본신(本身)을 싸고 도니 길하다.

⑩번의 수성은 용호도 없이 수성이 다리를 두들겨 끊었으니 비록 요신(遶身)하더라도 불길하다.

⑪번의 수성은 혈 아래 여기(餘氣)가 전무(全無)하고 수성은 할각(割脚)하니 주(主)는 빈곤하고 절사하고 대흉한다. 만약 상취혈(上聚穴)이고 혈하에 요(曜)가 있으면 이에 구애되지 않는다.

⑫번의 수성은 출국하여 외수(外水)로부터 타단(打斷)을 입어 물이 급히 흐르니 주(主)는 형살관송(刑殺官訟)하고 좌장우유(左長右幼)하므로 화응(禍應)이 거듭된다. 대개 문호가 막히지 않고 있기 때문이다.

또 물의 형세는 서로 교류하여 마치 베틀에서 베를 짜는 것처럼 왔다갔다 하면서 당전일처(堂前一處)에 모였다가 흘러 나갈 때도 파구처(破口處)에 한문(扞門)이나 화표(華表)와 같은 수구사(水口砂)가 있어 마치 자물쇠로 채운 듯 관쇄(關鎖)함을 요한다 하여 교(交), 쇄(鎖), 직(織), 결(結)은 길수요, 뚫고 헤쳐서 용호의 팔을 자르고, 당전을 할퀴고 나가거나 쏜살같이 빠르게 흐르거나 당심(堂心) 및 옆구리를 찔러 들어오는 것을 천(穿), 할(割), 전(箭), 사(射)로 분류하여 흉수로 본다. 또한 원진수(元辰水)가 횡수대강(橫水大江)으로 유입할 때는 선흉후길(先凶後吉)로써 길흉상반(吉凶相半)하고, 소량의 흉수가 대량의 길수와 합류하면 전길(全吉)로 변하며 그 반대일 경우에는 전흉(全凶)으로 변한다.

❖ **오수**(五數) : 1, 2, 3, 4, 5의 다섯 가지 숫자로 1은 수(水), 2는 화(火), 3은 목(木), 4는 금(金), 5는 토(土)에 속한다.

❖ **오수파국**(午水破局) : 묘유향(卯酉向)에 오수(午水)는 자손들이 음란하여 방탕한 생활을 한다. 그로 인해 감옥에도 가고 집을 나가기도 하고 아녀자가 외간 남자와 눈이 맞아 집을 나간다.

❖ **오술합** : 인오술(寅午戌)이 모두 만나면 삼합(三合)이지만 오(午)와 술(戌)이 만나도 합이 되어 오행은 화(火)로 화(化)한다. 12지시의 하나로 오전 11시부터 오후 1시전까지의 시간.

❖ **오악**(五嶽) : 오악(五嶽)이란, 입수(入首), 혈심(穴心), 좌우선익(左右蟬翼), 전순(氈脣)을 오악이라 하고, 한가지라도 미달되면 그 혈은 명혈(明穴)이 될 수 없다 하였다. 또 청룡·백호와 안산이 어느 한쪽으로도 기울지 않고 균형이 잡혀 있어야 명당이라 하고, 그 혈자리에는 말이 달려도 발자국 표가 보이지 않아야 하

며, 흙이 메마르거나 푸석거리는 느낌이 들만큼 힘이 없으면 명혈이 아니다 하고, 혈 부근에 토사가 흘러내려 사태가 나있으면 묘지에 양수가 들어간 증거이고 토질이 힘이 없어 푸석거리면 묘지가 바람을 맞은 증거이다.

① 오악이란 동쪽의 태산(泰山), 서쪽의 화산(華山), 남쪽의 형산(衡山), 북쪽의 항산(恒山), 중앙의 숭산(嵩山)을 지칭한 산이다.

② 팔공산, 태백산, 계룡산, 지리산, 토함산을 네 개의 꽃잎으로 삼고 화심(花心)에 해당하는 팔공산을 합친 것이다.

❖ **오악**(五嶽)**의 기상**(氣象)

① 입수(入首)는 정돌적취기(正突的聚氣)가 제일이면서 양명(陽明)해야 하고

②③ 좌우선익(左右蟬翼)은 어깨가 양명(陽明)하면서 모양은 우각(牛角)과 같아야 한다.

④ 혈상(穴相)은 계란형의 윤곽과 균형이 맞아야하며 색상이 밝으며 지면(地面)이 고루 강(强)해야 한다.

⑤ 전순(氈脣)은 모양이 단정하고 색상이 밝아야 한다.

❖ **오언금석**(五言金石 : **평양을 보는데만 그친다**)

• 평양지를 알고자 하면 만(滿)과 공(空)을 구분하라, 물이 능히 귀고(歸庫)하면 세상의 부귀로 흥륭한다.

• 진룡가룡(眞龍假龍)을 어떻게 분별해야 하는가, 혈의 돌처(突處)를 분간해 보면, 중수(衆水)가 일처(一處)로 돌아가면 중간이 높아지니 여기가 진결지(眞結地)이다.

• 진룡(眞龍)하고 혈적(穴的)하여 귀인이 임관방(臨官方)에 둘러서면, 벼슬이 삼공(三公)에 이른다.

• 평양지의 용법(龍法)이 윗들의 물이 아래로 감싸 교합하여 한 군데로 모이면, 여기는 진룡(眞龍)이 된다.

• 왼쪽은 장방궁(長房宮)이요, 뒤는 높고 앞은 기울어지면 형제 모두 손해가 있으나, 장자에게 가장 먼저 화(禍)가 나타난다.

• 오른쪽은 작은 아들이요, 앞은 높고 뒤는 낮으면 요수(夭壽)하고 아울러 패절한다. 어린 자식에게 화(禍)가 닥치며 부(富)하기가 어렵다.

• 앞이 높으면 가난함에 더욱 가난하고, 뒤가 낮으면 인정(人丁)이 끊어진다. 앞뒤 중간이 모두 높으면 패절하며 화(禍)가 반드시 난다.

• 앞의 가운데와 좌우가 낮으면, 형제 모두 궁(窮)하며 천(賤)해지며, 뒤의 가운데와 좌우가 높으면 집집마다 자손이 없어진다.

• 자손마다 고루 잘 되려면, 삼면이 고루 높아야 하고 중간부터 좌우로 높아지면 형제가 반드시 모두 같이 등과한다.

• 장원으로 급제하고 신동이 나려면 무덤 뒤의 좌우가 높아야 한다. '칠세아동능작부(七歲兒童能作賦)'요 '개개아손포학옹(個個兒孫飽學翁)'이다.(구성가)

• 형제 모두 패절함은 혈장 뒤의 양변이 낮고 앞은 기울어진 때문이다. 장사(葬事)후에 재산을 없애게 된다.

• 요수하는 것은 어떻게 정할까, 작뇌(作腦)의 뒤가 공결(空缺)하여 횡수(橫水)가 장대(長大)하면 물의 모양이 반궁형(反弓形)이 된다.

• 부귀함을 오래 지속하려면 평양지에서 무엇을 보면 될까, 본혈(本穴)이 합법하고 물이 외당(外堂)에서 중중하게 나타난다.

• 평양지에서는 귀봉(貴峰)이 드물지만 임관방(臨官方)에서 높고 수려하게 솟아나면 한원(翰苑)의 벼슬이 일어남을 가리킨다.

• 평양지에서 모든 중요한 비결은, 앞은 가득차고 뒤는 공결(空缺)하면 집집마다 화합하고 부귀하고 흥륭한다.

• 철혈(凸穴)은 사람을 해롭게 하지 않으면 단지, 수법이 합당함을 요(要)한다. 10개의 무덤 중에서 아홉 개는 발달하고 집집마다 영화를 누린다.

• 공(空 : 공허함)과 만(滿 : 가득함)에 합법치 못하면 열 중에 아홉 개는 가난하고 수법이 좋다 해도 부귀가 헛되게 된다.

❖ **오엽연화**(五葉蓮花) : 연꽃잎이 다섯 개가 있는 형국. 세 개, 네 개, 또는 훨씬 더 많이 있을 수도 있다. 이 경우엔 꽃잎 하나하나에 혈이 깃들이며, 안산은 화병, 화분, 물고기, 거북, 화환 등이다.

❖ **오원**(五元) : 일원(一元)은 甲子부터 乙亥까지 12위

이원(二元)은 丙子부터 丁亥까지 12위

삼원(三元)은 戊子부터 己亥까지 12위

사원(四元)은 庚子부터 辛亥까지 12위

오원(五元)은 壬子부터 癸亥까지 12위

오원은 12지지가 주재하고 맥기(脈氣)를 판별하는 것으로 천산

(穿山)과 투지(透地)에 이용된다.

❖ **오인합**(午寅合) : 지지(地支) 인오술(寅午戌)이 삼합(三合)이지만, 오(午)와 인(寅)이 만나도 오인(午寅)이 합(合)·반합·반회(半合·半會)를 이루어 오행(五行)은 화(火)가 된다.

❖ **오입수**(午入首) : 혈 바로 뒤의 용맥(龍脈)이 오방(午方)에서 자방(子方)을 향해 뻗어온 것.

❖ **오자원법**(五子元法) : 팔문팔방(八門八方)에 60갑자(六十甲子)를 빠르게 붙이는 법으로 갑자(甲子), 무자(戊子), 임자(壬子)는 간궁(艮宮)에 기(起)하고, 병자(丙子), 경자(庚子)는 감궁(坎宮)에 붙여 60갑자순을 팔문순(八門順)에 의해 배치한다.

❖ **오장**(五臟) : 신체 내부에 있는 다섯 가지 내장. 즉 간장·심장·비장·폐장·신장으로, 간장은 목(木), 심장은 화(火), 비장은 토(土), 폐장은 금(金), 신장은 수(水)에 속한다.

❖ **오장육부**(五臟六腑) : 오장(五臟)은 간장·심장·비장·폐장·신장을 말하고, 육부(六腑)란 소화계통의 여섯 가지 장기, 즉 대장·소장·위장·담·방광·삼초를 말한다. 그리고 대장은 금(金), 소장은 화(火), 위장은 토(土), 담장은 목(木), 방광은 수(水), 삼초는 화(火)에 속한다. 이 오장육부를 음양으로 구분하면 오장은 모두 음(陰)이고, 육부는 모두 양(陽)이 된다.

❖ **오정룡**(午正龍) : 자(子), 오(午), 묘(卯), 유(酉)를 사정(四正)이라 하므로 오룡(午龍)을 오정룡이라고도 한다.

❖ **오정미방풍**(午丁未方風) : 재앙이 중중하고 화재와 온역이 있다.

❖ **5주**(五柱)**4합**(四合)**1부**(一否)**란** : 5주(五柱)란 안방, 거실, 현간, 부엌, 화장실을 말한다. 4합(四合) 1부(一否)로 구분하는데 4합은 화(火)을 사용하는 공간 곧 따뜻한 기운을 갖고 있는 안방, 거실, 부엌, 현관을 말하고 1부는 화장실을 말한다. 4합 공간과 1부 공간은 서로 기운이 달리해야 한다. 4합은 동기(東氣), 1부는 서기(西氣) 반대로 1부가 동(東)기(氣)를 갖고 있으면 4합이 서(西)기(氣)를 갖고 있어야 한다. 동사명(東舍命)의 사람은 동사택(東舍宅)에 살고 같은 무리 서사명(西舍命)의 사람은 서사택(西舍宅)에 살면 좋다.

❖ **오좌**(午坐) : 오(午)는 오행(五行)으로 불(火)이며 작식화(作食火)이며 등명화(燈明火)이다. 좌(坐)는 넓지 말아야 하며 화산(火山) 줄기에 있으면 더욱 좋으며, 산형(山形)은 크지 말아야 하며 사토(沙土)가 혼합되고 좌(坐) 앞에 넓은 밭이 있으면 더욱 좋다. 오(午)는 동물로는 말에 해당하며 말은 지혜가 많아 안산(案山)이 높은 것을 싫어한다. 오좌(午坐)는 축봉(丑峯)이 높은 것을 더욱 싫어하며 주변에 두석봉(豆石峯)이 많은 것이 길격이다. 혈판은 너무 넓은 것은 못쓰며 불길(不吉)하다.

❖ **오좌자향**(午坐子向) : 건물 및 묘가 오방(午方)을 등지면 오좌(午坐)라고 하는데 오좌(午坐)를 놓으면 향(向)은 자방(子方)이 되므로 오좌(午坐) 또는 오좌자향(午坐子向)이라 한다.

❖ **오지**(五志) : 사람의 다섯 가지 감정. 즉 기쁘고, 성내고, 근심하고, 생각하고, 두려운 것.

❖ **오진수**(嗚珍水) : 물이 전굴곡(田屈曲)하거나 석벽(石壁)에서 물 떨어지는 소리가 나는 것을 말함인데 그 소리가 일정하게 나면서 북을 치는 것과 같은 소리가 나면 길하며, 악공(樂工)이 난다.

❖ **오천운**(五天運) : 천기대요(天機大要)에 기록되어 있는 것으로 오운(五運)이라고도 한다. 즉 십간화기(十干化氣)이며 천운(天運)의 사기(邪氣)가 유행(流行)함을 밝힌 것이다. 가령 갑자(甲子), 갑술(甲戌) 등 6갑세(甲歲)는 사간(邪干)이 수(水)이므로 수(水)가 되는 오행의 좌(坐)는 사용하지 못한다. 이를 천운공망(天運空亡)이라 하여 대흉으로 여긴다. 갑자(甲子), 갑술(甲戌) 갑신(甲申), 갑오(甲午), 갑진(甲辰), 갑인년(甲寅年)은 돈부지기(敦阜之紀)라 하여 세토(歲土)가 태과(太過)하여 음기(陰氣)가 성행한다. 그리고 사간(邪干)은 수(水:羽音)이니 수좌(水坐)를 꺼린다. 을해(乙亥), 을사(乙巳), 을년(乙年)은 종혁지기(從革之紀)로 세금(歲金)이 미약하고 화기(火氣)가 성행한다. 사간은 금(金:商音)이니 금좌(金坐)를 꺼린다. 병인(丙寅), 병자(丙子), 병신(丙申), 병오(丙午) 4병년(丙年)은 유연지기(流衍之氣)로 수(水)가 태과하므로 수기(水氣)가 성행하므로 사간이 화(火)(微音)이니 화좌(火坐)를 꺼린다. 정묘(丁卯), 정축(丁丑), 정유(丁酉), 정미(丁未) 4정년(丁年)은 위화지기(委和之紀)로 목(木)이 미약하고 금(金)이 성행하므로 사간이 목(木:角音)이 되니 목좌(木坐)를 꺼린다. 무인(戊寅), 무자(戊子), 무신(戊申), 무오(戊午) 4무년(戊年)은 혁회지기(赫會之紀)로 화(火)가 태왕하여 염서(炎暑)가 성행하니 사간이 금(金:商

音)이 되므로 금좌(金坐)를 꺼린다. 기사(己巳), 기묘(己卯), 기해(己亥), 기유(己酉)의 4기년(己年)은 비감지기(卑監之紀)로 토(土)가 미약하고 풍기(風氣: 즉 木) 왕성하니 사간이 토(土:宮音)가 되므로 토좌(土坐)를 꺼린다. 경진(庚辰), 경술(庚戌)의 2경년(庚年)은 견성지기(堅成之紀)로 금(金)이 왕성하니 사간이 목(木:角音)이 되므로 목좌(木坐)를 꺼린다. 신미(辛未), 신사(辛巳), 신해(辛亥), 신축(辛丑)의 4신년(辛年)은 학류지기(涸流之紀)로 습토가 왕성하고 수(水)가 미약하니 사간이 수(水:羽音)이므로 수좌(水坐)를 꺼린다. 임신(壬申), 임오(壬午), 임진(壬辰), 임인(壬寅), 임자(壬子), 임술(壬戌)의 6임년(壬年)은 발생지기(發生之紀)로 목(木)이 태과하여 풍기(風氣: 木)가 성행하므로 사간이 토(土:宫音)이므로 토좌(土坐)를 꺼린다. 계유(癸酉), 계미(癸未), 계묘(癸卯), 계축(癸丑)의 4계년(癸年)은 휴명지기(休明之紀)로 수(水)가 성행하므로 화(火)는 미약하므로 사간이 화(火:微音)이니 화좌(火坐)를 꺼린다.

❖ **오체형론**(五體形論) : 산의 체형(體形)은 오체형(五體形)으로 구별되는 바 모체(母體)는 입혈(立穴)되는 입수룡(入首龍) 자체로 형을 이룰 수도 있으나 대개는 현무(玄武) 또는 주산(主山)의 형태로 구분된다.

① 금체형(金體形)은 산형(山形)의 윗부분이 둥글고 아랫 부분이 넓게 퍼져 있어 마치 종(鍾)을 엎어놓은 것 같은 형태로 금속과 같이 수축력이 강한 기운을 발하니, 여기서 충직한 성품의 인물이나 부귀를 겸비한 인물이 배출되므로 남자는 재상(宰相)이나 대부(大富)가 탄생하고 자손들이 번창하며 여자는 국모나 미인이 나오게 된다.

② 수체형(水體形)은 산형(山形)이 굽이쳐 움직이는 파도의 모습을 취하고 있는 형태와 같다. 물과 같이 수직하강하는 기운을 발(發)하며 수재(秀才)와 청렴한 선비가 나오거나 문장가나 명필가가 나온다.

③ 목체형(木體形)은 산형(山形)이 마치 나무가 직립하듯이 솟은 형태다. 나무와 같이 수직으로 상승하는 기운을 발(發)하며 정직하고 덕망과 학덕이 있는 대학총장, 도서관장이 나온다.

④ 화체형(火體形)은 산형(山形)이 화염(火焰)처럼 아주 뾰족한 형태다. 불과 같이 확산하며 폭발하는 기운을 발(發)하며 성품이 강렬하고 개혁심이 있어 혁명유신(革命維新)의 주도지사(主導志士)인 혁명가가 나온다.

⑤ 토체형(土體形)은 산형(山形)이 평평한 대(臺)와 같은 형태다. 여러 가지 기운을 모두 포함하여 균형을 이루는 기운을 발(發)하며 성품이 덕성스럽고 중후(重厚)하니 크게 부귀하고 재무장관 또는 은행장이나 대기업인이 나온다.

❖ **오태극**(五太極) : 1과 2가 합한 3이 태극(太極)이요, 2와 3이 합한 5도 태극이니 태극환형(太極幻形)은 이 이치를 깊이 고구(考究)해야 한다.

❖ **오해위**(五害謂) : 단산(斷山), 석산(石山), 과산(過山), 독산(獨山)을 말함이다.

❖ **오행**(五行) : 만물을 조성하는 금(金)·목(木)·수(水)·화(火)·토(土)의 다섯 가지 원리.

• 正五行＝甲乙木, 丙丁火, 戊己土, 庚辛金, 壬癸水, 寅卯木, 巳午火, 辰戌丑未土, 申酉金, 亥子水

• 干合五行＝甲己合土, 乙庚合金, 丙辛合水, 丁壬合木, 戊癸合火

• 三合五行＝申子辰合水, 巳酉丑合金, 寅午戌合火, 亥卯未合木

• 六合五行＝子丑合土, 寅亥合木, 卯戌合火, 辰酉合金, 巳申合水, 午未合은 불변

• 洪範五行＝兌丁乾亥坐 : 金, 卯艮巳坐 : 木, 離壬丙乙坐 : 火, 甲寅辰巽戌坎辛申坐 : 水, 癸丑坤庚未坐 : 土

• 雙山五行＝乾甲丁亥卯未 : 木, 巽庚癸巳酉丑 : 金, 坤乙壬申子辰 : 水, 艮丙辛寅午戌 : 火

• 八卦五行＝乾金, 兌金, 離火, 震木, 巽木, 坎水, 艮土, 坤土

• 大玄空＝子寅辰乾乙丙 : 金, 卯巳丑艮庚丁 : 水, 午申戌坤辛壬 : 木, 酉亥未巽癸甲 : 火

• 小玄空＝丙丁乙酉 : 火, 甲癸亥艮 : 木, 乾坤卯午 : 金, 庚丑戌未 : 土, 子寅辰巳申巽辛壬 : 水

• 舊墓五行＝乾甲丁巽庚癸坐 : 金, 艮丙辛坤壬乙坐 : 木, 亥卯未巳酉丑坐 : 水, 申子辰寅午戌坐 : 火

이상 정오행(正五行)·간합(干合)·지합(支合)·팔괘오행(八卦五行) 등은 일반적으로 모두 쓰이지만 홍범(洪範)·쌍산(雙山)·대

현공(大玄空)·소현공(小玄空)·구묘오행(舊墓五行) 등은 오직 음택(擇日·地理)에만 쓰인다.

❖ **오행**(五行)**대한 형국**(形局－ 金木火水土形) : 금성형(金星形)에는 날짐승 형국이 많고 목화성(木火星)에는 사람의 형(形)이 많다. 수성(水星)에는 용사형(龍蛇形)이 많고 토성(土星)에는 짐승의 형이 많다. 그런데 물형(物形)은 단편적으로 이루어지는 것이 아니고 전체적인 꾸밈세를 보아야 한다. 예를 들면 둔군만마(屯軍萬馬) 기고사(旗鼓砂)에 벌여져 있으며 장군 형일 것이다.

❖ **오행개념**(五行槪念) : 무극(無極)에서 통일체(統一體)로 발전하는 과정이 태역(太易), 태초(太初), 태시(太始), 태소(太素)의 4단계를 거쳐 태극(太極)으로, 다시 음(陰)과 양(陽)의 두 가지 기운으로 갈라지고 다시 분합(分合)작용을 일으키므로 다섯가지 성질이 발생하게 된 것을 오행(五行)이라 한다. 행(行)이란 일진일퇴(一進一退)를 의미하는 것으로 왕(往)+래(來)=행(行)이란 공식으로 표시되며 일왕일래(一往一來)하는 모습이 오행운동(五行運動)의 규절(規節)이고 분합운동(分合運動)이므로 양(陽) 운동의 과정이 양중양(陽中陽)인 화(火)가 양중음(陽中陰)인 목(木)으로 분산하고, 음(陰)운동의 과정은 음중음(陰中陰)인 수(水)가 음중양(陰中陽)인 금(金)으로 분산할 수 있는 힘을 중화(中和)할 수 있는 토(土)의 작용으로 취산(聚散)할 수 있는 힘을 행(行)이라고 하는 것이다.

❖ **오행**(五行)**과 인간관계**(人間關係) : 우리 인간은 오행(五行) 속에 생활하고 있다. 나무와 쇠로 기둥과 문을 만들고 물로 흙을 비벼 벽과 지붕을 만들어 덮고 불을 지펴서 가정생활을 하고 있는 것이다. 5라고 하는 숫자는 무극이 1이오, 음양이 2이며, 천지인(天地人)이 3이며, 4방(四方 : 동서남북)이 4이며, 오행(五行 : 금수목화토)이 5로 규정되어 5까지를 기본을 5에 하나를 더하면 6갑(甲)이고, 5에다 둘을 더하면 7요(曜)이며, 5에다 셋을 더하면 팔괘(八卦)이고, 5에다 넷을 더하면 구성(九星)이며, 5에다 다섯을 더하면 10이 된다. 열십은 동서남북 사방팔방을 의미한다. 이와 같이 5를 근본으로 하는 사상(思想)은 오행뿐 아니라 오색(五色)·오미(五味)·오음(五音)·오장(五臟)·오복(五福)·오곡(五穀)·오상(五常)·오지(五指) 등 상관도는 부지기수이다. 인간의 체격에도 오장(五臟)이 있고 손에 다섯손가락과 발에 다섯발가락이 있는 것을 보면 인간은 소우주(小宇宙)임이 틀림없다. 얼굴에도 오강(五腔)이 있으니 귓구멍 2개, 눈구멍 2개, 입구멍 1개가 있어 오강(五腔)을 이루니 신비하기만 하다. 또 오지(五指)인 손에도 손가락 5개, 발가락도 5개로 구분되어 있다. 수(水)와 토(土)가 화합하면 생물이 발생하기 마련이다. 여름철에 비가 오면 땅 위에서 잡초가 난다. 이는 빗물과 땅이 화합하여 생기는 부산물이다. 빗물은 양(陽)이며 땅은 음(陰)이기 때문에 서로 화합하여 생물인 잡초가 생육(生育)된다. 하늘에서 내린 빗물과 태양빛과 흙에서 나오는 생기(生氣)가 이루기 때문에 초목(草木)이 발육(發育) 된다. 이 모두가 음양(陰陽)의 상배로 형성된 소산(所産)이다. 이 거대한 지구도 음양(陰陽)으로 구성되어 있다. 흙은 음(陰)이오, 암석은 양(陽)으로서 흙과 암석이 배합되어 있다. 음양(陰陽)이 화합하여 오행(五行)의 원리에 의하여 인간을 비롯한 우주만물이 봄에는 발생하고, 여름에는 성장하며, 가을에는 성숙하여 열매를 맺고, 겨울에는 고사하는 변화과정과 형상을 오행이라 한다. 인간도 역시 모태(母胎)에서 출산하여 소년에서 청년으로, 장년에서 노년으로 변화하는 것이 오행(五行)의 원리인 기(氣)의 변화에 의하여 계절이 변화하는 것으로 원형리정(元亨利貞)이라고도 한다. 봄은 오행으로는 목(木), 방위로는 동(東), 계절로는 봄이다. 여름은 오행(五行)으로는 화(火), 방위로는 남방(南方), 계절로는 하절(夏節)이다. 서방(西方)은 계절로는 가을, 오행으로는 금(金)이며, 방위로는 서방(西方)이다. 북방(北方)은 계절로는 겨울, 오행으로는 수(水), 방위로는 북방(北方)이다.

❖ **오행론**(五行論) : 목(木)·화(火)·토(土)·금(金)·수(水)를 오행이라 한다. 옛글에서 양변음합(陽變陰合), 사상생언(四象生焉), 5기유행(五氣流行), 팔괘성언(八卦成焉)으로 오행의 근원을 설명하고 있다. 즉 양이 변하고 음이 합하여 사상(四象)이 생하고 여기에서 다시 5기(木·火·土·金·水, 五行)가 유행하여 8괘를 이루었다고 한다. 다시 말하면 오행은 음양양의(陰陽兩儀)의 동정(動靜)과 사상의 변화 과정에서 자연발생한 천지만상의 본성이며 그 작용이법(作用理法)이다. 오행은 목·화·토·금·수라는 물질 그 자

체가 아니라 모든 물질의 성분을 다섯 몫으로 분류해 놓은 것을 뜻한다. 즉 오행은 동류성분(同類成分)과 그 이법의 현시적(顯示的) 기호이다. 성인이 말하기를, 오행천변만화(五行千變萬化) 불가승궁(不可勝窮), 다시 말하여 음양오행은 무처불입(無處不入) 즉 우주 안에 없는 곳이 없고 모든 사물에 관계하지 않은 것이 없다. 우선 모든 사물은 음과 양으로 분류되며 각기 특이한 오행성(五行性)을 지니고 있다. 하늘에는 양의 표상인 해와 음의 표상인 달과 각종 별이 있으며, 이 성신 또한 목성(木星), 화성(火星), 토성(土星), 금성(金星), 수성(水星) 등 오행성(五行星)으로 구분된다. 이 칠정성(七政星)은 천체(天體) 안에 있는 수 많은 모든 성신을 대표하는 별들이다. 땅에서는 낮(陽)과 밤(陰)이 구분되고 동(木), 서(金), 남(火), 북(水), 중앙(土)이 분별된다. 산에도 음산과 양산이 구분되며, 다시 목체산(木體山), 화체산(火體山), 토체산(土體山), 금체산(金體山), 수체산(水體山) 등 오행체산(五行體山)으로 구별한다. 사람 역시 건도(乾道)는 성남(成男)하고 곤도(坤道)는 성녀(成女)하여 음양남녀 구분하고, 사람의 장부(臟腑) 또한 오행으로 나뉘어 간장은 목(木), 심장은 화(火), 위장은 토(土), 폐장은 금(金), 신장은 수(水)이다. 그리하여 각기 인체의 특이한 생리작용을 하게 된다. 인간을 비롯한 만물은 이 음양과 오행의 이기작용(理氣作用)에 의해 태어나고 음양오행 안에서 살다가 다시 음양오행의 작용에 의해 사라지고 다시 이를 반복하는 것이 우주만물의 명운(命運)이다.

❖ **오행방위**(五行方位) : 오행에 소속된 방위를 말함. 즉 목(木)은 동방, 화(火)는 남방, 토(土)는 중앙, 금(金)은 서방, 수(水)는 북방이다.

東方 : 木(寅卯辰), 南方 : 火(巳午未)

中央 : 土

西方 : 金(申酉戌), 北方 : 水(亥子丑)

[五行方位]

五行	方位
水	子癸壬亥
木	寅甲卯乙巽
火	巳丙午丁
土	辰戌丑未艮坤
金	申庚酉辛乾

❖ **오행삼합**(五行三合)

• **삼합**(三合)

건 · 갑 · 정(乾甲丁) 해 · 묘 · 미(亥卯未)	삼합목(三合木)

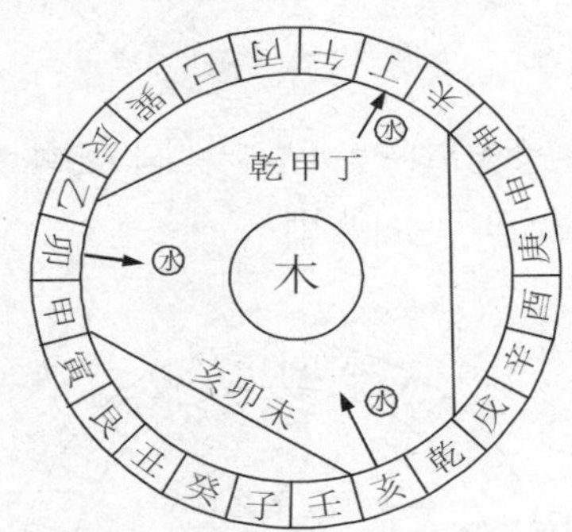

※ 물이 해방(亥方)과 묘방(卯方)에서 나와 중앙목(中央木)에 모여 미방(未方)으로 빠져야 한다.

[해묘미 삼합수]

간 · 병 · 신(艮丙辛) 인 · 오 · 술(寅午戌)	삼합화(三合火)

※ 물이 인방(寅方)과 오방(午方)에서 나와 중앙화(中央火)에서 모여 술방(戌方)으로 나가야 한다.

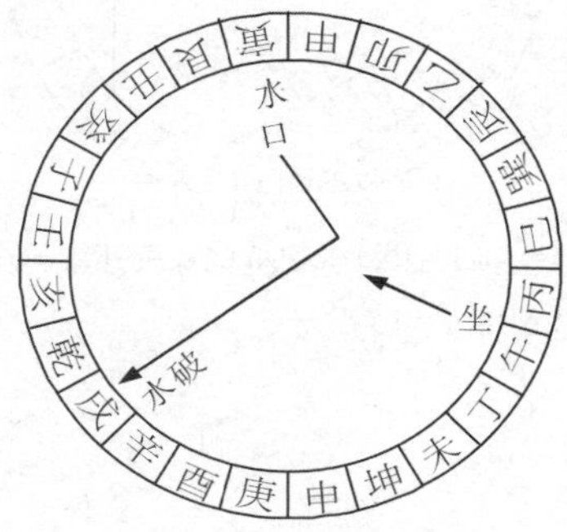

[인오술 삼합수]

손 · 경 · 계(巽庚癸) 사 · 유 · 축(巳酉丑)	삼합금(三合金)

※ 물이 사방(巳方)에서 나오고 유방(酉方)에서 나와 중앙금(中央金)에 모여 축방(丑方)으로 빠져야 한다.

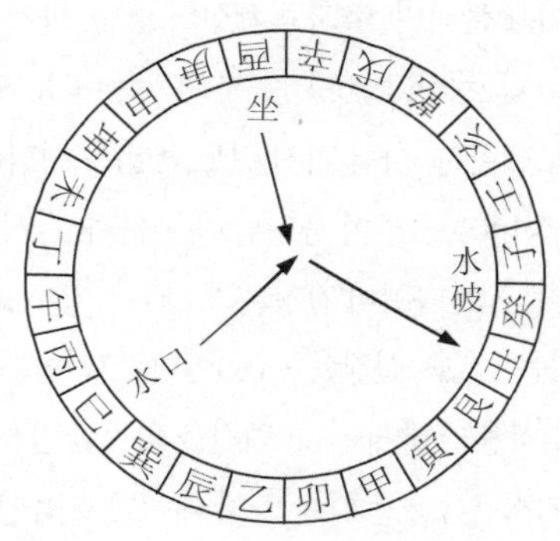

[사유축 삼합수]

곤 · 임 · 을(坤壬乙) 신 · 자 · 진(申子辰)	삼합수(三合水)

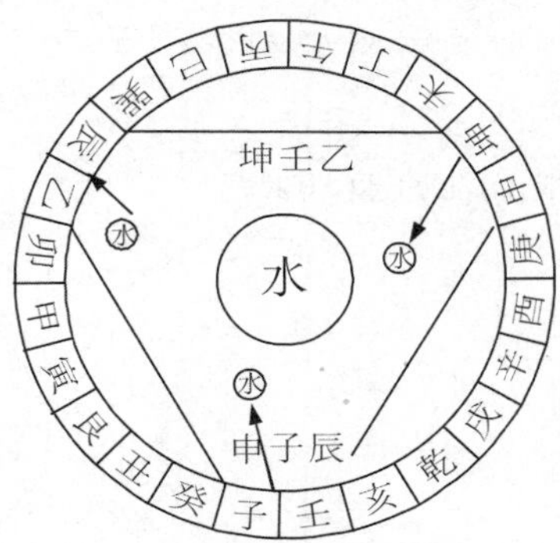

※ 물이 신방(申方)과 자방(子方)에서 나와 중앙수(中央水)에 모여 진방(辰方)으로 나가야 된다.

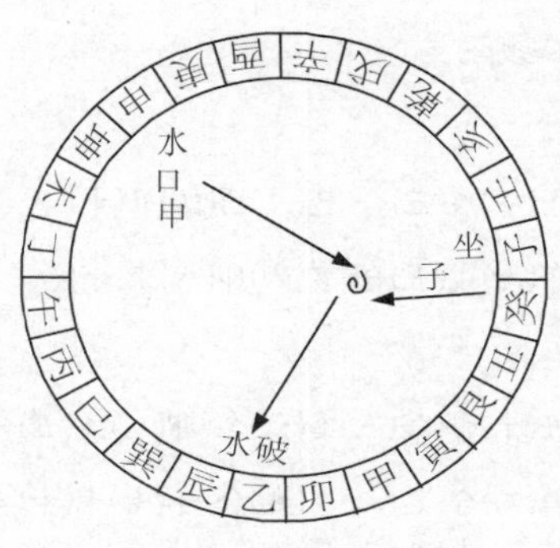

[신자진 삼합수]

❖ **오행상관관계**(五行相關關係)

- **상생**(相生) : 목생화(木生火), 화생토(火生土), 토생금(土生金), 금생수(金生水), 수생목(水生木)
- **상극**(相剋) : 수극화(水剋火), 화극금(火剋金), 금극목(金剋木), 목극토(木剋土), 토극수(土剋水)

❖ **오행생극**(五行生克) : 상생(相生)과 상극(相克).

❖ **오행생극지리**(五行生克之理) : 오행이 상생되고 상극되는 원리로 즉 금생수(金生水), 수생목(水生木), 목생화(木生火), 화생토(火生土), 토생금(土生金)과 금극목(金克木), 목극토(木克土), 토극수(土克水), 수극화(水克火), 화극금(火克金)이니 오행은 각각 그 하나를 생(生)해 주고 그 하나에게 생(生)을 받고, 그 하나를 극하고 그 하나에게 극(克)을 받으며, 오기(五氣)가 대등하게 균형을 이루는 것이다. 오행이 생(生)만 받으면 너무 성(盛)하여 못쓰고 오행이 극(克)만 받으면 기(氣)가 멸해 버린다. 천지만물 만사는 이 오행의 생극제화(生克制化)하는 이치에 의해 능히 생멸성쇠(生滅盛衰)의 작용을 이룩하는 것이다.

❖ **오행생왕법**(五行生旺法) : 포태법(胞胎法) 및 장생법(長生法)으로 따지는 요령은 아래와 같다.

목절어신일목(木絶於申一木)은 신(申)에 포(胞),
금절어인일금(金絶於寅一金)은 인(寅)에 포(胞),
화절어해일화(火絶於亥一火)는 해(亥)에 포(胞),
수절어사일수토(水絶於巳一水土)는 사(巳)에 포(胞)를 붙인다.
위와 같이 인신사해궁(寅申巳亥宮)에 각각 포(胞)를 붙여 포·태·양·생·욕·대·관·왕·쇠·병·사·장의 순서로 12지를 돌려 짚는다.

목장생해일목(木長生亥一木)은 해(亥)에 장생,
화장생인일화(火長生寅一火)는 인(寅)에 장생,
금장생사일금(金長生巳一金)은 사(巳)에 장생,
수토장생신일수(水土長生申一水)는 신(申)에 장생을 붙인다.
위와 같이 하여 포(胞)·태(胎)·양(養)·생(生)·욕(浴)·대(帶)·관(冠)·왕(旺)·쇠(衰)·병(病)·사(死)·장(葬)·묘고(墓庫) 12지를 돌려 짚는다. 다음은 음양을 구분하는 포태법과 장생법(長生法)이다.

양목(陽木)은 신(申)에 절궁(絶宮) 해(亥)에 생궁(生宮), 양화(陽火)는 해(亥)에 절궁(絶宮) 인(寅)에 생궁(生宮), 양금(陽金)은 인(寅)에 절궁(絶宮) 사(巳)에 생궁(生宮), 양수(陽水)는 사(巳)에 절궁(絶宮) 신(申)에 생궁(生宮), 음목(陰木)은 유(酉)에 절궁(絶宮) 오(午)에 생궁(生宮), 음화(陰火)는 자(子)에 절궁(絶宮) 유(酉)에 생궁(生宮), 음금(陰金)은 묘(卯)에 절궁(絶宮) 자(子)에 생궁(生宮), 음수(陰水)는 오(午)에 절궁(絶宮) 묘(卯)에 생궁(生宮). 양(陽)은 포(胞)·태(胎)·양(養)·생(生)·욕(浴)·대(帶)·관(冠)·왕(旺)·쇠(衰)·병(病)·사(死)·장(葬)의 순서로 12지를 순서로 돌리고, 음(陰)은 위 순서로 12지를 거꾸로 돌린다.

❖ **오행성**(五行性) : 목화토금수(木火土金水) 오행의 특성이다. 목(木)은 곧거나 굽게 자라는 성질이 있으므로 곡직(曲直)이라 하고, 화(火)는 위로 타올라 가는 성질이 있으므로 염상(炎上)이라 하고, 토(土)는 모든 생물을 심어 생장(生長)하는 성질이 있으므로 가색(稼穡)이라 하고, 금(金)은 혁신(革新)하는 성질이 있으므로 종혁(從革)이라 하고, 수(水)는 만물을 적시며 아래로 흘러가는 성질이 있으므로 윤하(潤下)라 한다.

❖ **오행소속**(五行所屬) : 오행의 소속은 아래와 같다.

- 干支 : 甲乙寅卯=木, 丙丁巳午=火, 戊己辰戌丑未=土, 庚辛申酉=金, 壬癸亥子=水
- 干合 : 甲己合化土, 乙庚合化金, 丙辛合化水, 丁壬合化木, 戊癸合化火
- 支三合 : 申子辰合水, 巳酉丑合金, 寅午戌火, 亥卯未合木.

- 支六合：子丑合土, 寅亥合木, 卯戌合火, 辰酉合金, 巳申合水, 午未合下變
- 數：一六水, 二七火, 三八木, 四九金, 五十土,
- 方位：東方木, 南方火, 中央土, 西方金, 北方水.
- 色：青色木, 赤色火, 黃色土, 白色金, 黑色水
- 節氣：春木, 夏火, 秋金, 冬水, 四季土
  寅卯月木(1, 2월)·巳午月火(4, 5월)·申酉月金(7, 8월)·亥子月水(10, 11월)·辰戌丑未月土(3, 6, 9, 12월).
- 八卦：乾金, 兌金, 離火, 震木, 巽木, 坎水, 艮土 坤土

ㅇ

❖ **오행**(五行) **수**(數)

一六=水 二七=火 三八=木 四九=金 五十=土

❖ **오행**(五行) **수**(數)**의 간지**(干支)：수(數)에는 음양(陰陽)이 있고, 오행이 있다. 이를 간지로 따져 형충파해(刑沖破害) 및 기타 신살(神殺)을 표출해 낼 수 있다. 1, 3, 5, 7, 9의 홀수는 양(陽)이다. 2, 4, 6, 8, 10의 짝수는 음(陰)이다. 오행은 一六水, 二七火, 三八木, 四九金, 五十土로서 자연적으로 아래와 같이 수(數)에 의해 간지 오행이 결정된다.

一數는 壬子數　二數는 丁巳火

三數는 甲寅木　四數는 辛酉金

五數는 戊辰戌土　六數는 癸亥水

七數는 丙午火　八數는 乙卯木

九數는 庚申金　十數는 己丑未土이다.

- **천간충**(天干沖)

  甲(三)庚(九)沖　乙(八)辛(四)沖

  丙(七)壬(一)沖　丁(二)癸(六)沖

  戊(五)己(十)沖.

- **지지충**(地支沖)

  子(一)午(七)沖　丑(十)未(十)沖　寅(三)申(九)沖

  巳(二)亥(六)沖　戌(五)辰(五)沖　卯(八)酉(四)沖

- **천간합**(天干合)

  甲(三)己(十)合　乙(八)庚(九)合　丙(七)辛(四)合

  丁(二)壬(一)合　戊(五)癸(六)合

- **지지합**(地支合)

  三合五行

  申(九)子(一)辰(五)合　巳(二)酉(四)丑(十)合

  寅(三)午(七)戌(五)合　亥(六)卯(八)未(十)合

  六合

  子(一)丑(十)合　寅(三)亥(六)合　卯(八)戌(五)合

  辰(五)酉(四)合　巳(二)申(九)合　午(七)未(十)合

- **형**(刑)

  寅(三) 巳(二) 申(九)刑 丑(十) 戌(五) 未(十)刑(三刑)

  子(一) 卯(八)相刑 子(一)는 卯(八) 卯(八)는 子(一)를 刑

  辰(五) 午(七) 酉(四) 亥(六)自刑 辰(五)은 辰(五)

  午(七)는 午(七) 酉(四)는 酉(四) 亥(六)는 亥(六)를 刑

- **해**(害)

  子(一) 未(十)害 丑(十) 午(七)害 寅(三) 巳(二)害

  卯(八)辰(五)害 申(九) 亥(六)害 酉(四) 戌(五)害

- **파**(破)

  子(一)酉(四)破　丑(十)辰(五)破　卯(八)午(七)破

  巳(二)申(九)破　戌(五)未(十)破　寅(三)亥(六)破

- **원진**(怨嗔)

  子(一)未(十)　丑(十)午(七)　寅(三)酉(四)

  卯(八)申(九)　辰(五)亥(六)　巳(二)戌(五)

- **복음**(伏吟)：六甲時(甲子 甲戌 甲申 甲午 甲辰 甲寅)는 육의(六儀) 삼기(三奇) 가운데 없으므로 복음(伏吟)이라 하여 지반(地盤)과 동일하게 천반(天盤)에도 기입한다. 또는 子子(一一) 丑丑(十十) 寅寅(三三) 이렇게 되어도 복음(伏吟)이다. 육의(六儀) 삼기(三奇)가 을을(乙乙) 병병(丙丙) 등으로 만나도 복음(伏吟)이라 한다.

- **천을귀인**(天乙貴人)

  甲戊庚日：丑(十)未(十)　乙己日：子(一)申(九)

  丙丁日：亥(六)酉(四)　辛日：寅(三)午(七)

  壬癸日：巳(二)卯(八)

- **건록**(乾祿)：천록(天祿) 또는 정록(正祿)이라고도 한다.

甲日寅(三)　乙日卯(八)　丙戊日巳(二)
丁巳日午(七)　庚日申(九)　辛日酉(四)
壬日亥(六)　癸日子(一)

• **양인살**(羊刃殺) : 양간일(陽干日)에만 적용한다. 갑일(甲日)은 묘(卯:八) 병무일(丙戊日)은 오(午:七) 경일(庚日)은 유(酉:四) 임일(壬日)은 자(子:一)

❖ **오행**(五行)**에 따른 질병론** : 질병의 증상을 분별·결정하는 것은 모름지기 오행의 배열로부터 추구한다.

• 금(金)은 해소와 천식 가래, 기운이 허해지는 것, 수척해지는 것, 종기와 악창, 혈담이 뭉치는 것, 고름이 생기는 것, 근육과 골절에 통증과 결림이 생기는 것.
• 목(木)은 사지의 무력, 중풍의 기운, 간과 담의 부실과 장해, 좌우 갈빗대 안쪽의 통증, 입과 눈이 비뚤어지거나 이상이 생기는 것.
• 화(火)는 두통과 뒷덜미 위쪽의 머리열, 입이 마르고 삼초(三焦 : 생식기)가 허약해짐, 말소리가 어눌하고 더듬고 떨리는 것, 가슴과 복부의 통증과 악창(惡瘡＝몹쓸병), 안과 질병 등의 장해가 생기는 것.
• 수(水)는 냉허(冷虛)에 관련된 질병, 정력의 쇠약 및 발기 불능, 유습(遺濕), 허한(虛汗), 허리와 신장 및 임질, 성병질환, 토사와 구역(쏟아지고 치솟아 오르는 종류) 및 제반 잡다한 질병이 생기는 것.
• 토(土)는 위장과 비장의 연약, 복부의 팽창으로 가득차 답답함. 황달, 종기, 부기, 핼쑥하고 기력이 없는 것, 유행성이나 급만성 질환이 생기는 것.
• 금목이 상극되면 흉험한 죽음, 허랑방탕한 생활, 난폭하거나 실성하는 등 광기를 가진 사람이 나온다.
• 수토가 상극되면 육친간의 불화, 반목과 말썽이 자주 생긴다.
• 토목이 상극되면 위장과 비장의 손상이나 복부와 내장에 관련된 질병 및 장해가 생긴다.
• 금수가 상극되면 관절, 근육의 장애 및 기력의 쇠퇴, 요통, 정력의 감퇴와 부전(不痊) 등의 재액이 침입한다.

❖ **오행용법상**(五行用法上)**의 사요**(四要)

① 극왕자(極旺者) 의생(宜生)이니 손상(損傷)함이 불가하다. 이는 한 오행(五行), 또는 성신(星神)이 왕극(旺極)하면 식신(食神) 상관(傷官)으로서 설기(洩氣)한다거나 관성(官星)으로 제극(制剋)함이 불가하며 오직 인수(印綬)로서 생(生)하여 줌이 옳다는 말이다.

② 태왕자(太旺者) 의설(宜洩)이니 관극(官剋)은 불가하다. 극왕(極旺)은 비록 아닐지라도 태왕(太旺)하면 이 또한 그 세(勢)에 순종해야 함을 말한다. 만약 강한 자와 맞서는 것은 불가하다는 것이니 식상(食傷)으로서 설기(洩氣)시킴을 가장 좋아한다는 말이다.

③ 극약자(極弱者) 의설(宜洩)이니 생조(生助)함은 불가하다. 약함이 극(極)에 도달하여 도저히 생기(生氣)능력이 없을 때 돕는다고 인수(印綬) 생(生)하여 주는 것은 불가하고 반드시 그 힘을 더욱 설기(洩氣)시켜 생기(生氣)가 발생하지 못하게 함이 옳다는 말이다.

④ 태약자(太弱者) 의극(宜剋)이니 방조(幇助)함은 불가하고 반드시 관성(官星)으로서 극(剋)하여 딴 생각을 품지 못하게 하여야 한다.

❖ **오행**(五行)**으로 본 육친법**(六親法)

① 생아자(生我者) 부모이니 정인(正印)이라 한다. 나를 낳아 줬으니 부모가 되는데 양대음(陽對陰)이거나 음대양(陰對陽)일 때는 음양(陰陽)이 정배(正配)되었으니 정인(正印)이라 하고, 음대음(陰對陰)이거나 양대양(陽對陽)일 때는 음양(陰陽)이 불배합(不配合)이니 편인(偏印)이라 한다. 목(木)으로 예(例) 하면,

甲陽木 對 癸陰水　正印
乙陰木 對 壬陽水　陰陽正配
甲陽木 對 壬陽水　偏印
乙陰木 對 癸陰水　陰陽不配

② 아생자(我生者) 자손이니 식신(食神)이거나 상관(傷官)이라 한다. 목(木)으로 예(例)하면,

甲陽木 對 丁陰火　　　食神(傷官)
乙陰木 對 丙陽火　　　陰陽正配
甲陽水 對 丙陽火　　　偏印
乙陰木 對 丁陰火　　　陰陽不配

③ 극아자(剋我者) 관청이니 정관(正官)이거나 편관(偏官)이라 한다(편관(偏官)을 칠살(七殺)이라고도 함). 목(木)으로 예(例)하면,

甲陽木 對 辛陰金　　　正官
乙陰木 對 庚陽金　　　陰陽正配
甲陽木 對 庚陽金　　　偏神
乙陰木 對 辛陰金　　　陰陽不配

④ 아극자(我剋者) 처재(妻財)이니 정재(正財) 편재(偏財)라 한다. 목(木)으로 예(例)하면,

甲陽木 對 己陰土　　　正財
乙陰木 對 戊陽土　　　陰陽正配
甲陽木 對 戊陽土　　　偏財
乙陰木 對 己陰土　　　陰陽不配

⑤ 비화자(比和者) 형제(兄弟)이니 비견(比肩)과 겁재(劫財)라 한다. 목(木)으로 예(例)하면,

甲陽木 對 乙陰木　　　劫財
乙陰木 對 甲陽木　　　陰陽正配
甲陽木 對 甲陽木　　　比肩
乙陰木 對 乙陰木　　　陰陽不配

[六親法 조견표]

日干 天干	甲	乙	丙	丁	戊	己	庚	辛	壬	癸
甲	비견	겁재	편인	정인	편관	정관	편재	정재	식신	상관
乙	겁재	비견	정인	편인	정관	편관	정재	편재	상관	식신
丙	식신	상관	비견	겁재	편인	정인	편관	정관	편재	정재
丁	상관	식신	겁재	비견	정인	편인	정관	편관	정재	편재
戊	편재	정재	식신	상관	비견	겁재	편인	정인	편관	정관
己	정재	편재	상관	식신	겁재	비견	정인	편인	정관	편관
庚	편관	정관	편재	정재	식신	상관	비견	겁재	편인	정인
辛	정관	편관	정재	편재	상관	식신	겁재	비견	정인	편인
壬	편인	정인	편관	정관	편재	정재	식신	상관	비견	겁재
癸	정인	편인	정관	편관	정재	편재	상관	식신	겁재	비견

❖ **오행(五行)의 기(氣)** : 목(木)은 생기(生氣), 화(火)는 왕기(旺氣), 토(土)는 돈기(頓氣), 금(金)은 숙살지기(肅殺之氣), 수(水)는 사기(死氣)라 한다.

❖ **오행의 상생(相生)과 상극(相剋)** : 오행은 상생과 상극 작용으로 조화만상(造化萬象)한다.

- 相生 : 木生火 → 火生土 → 土生金 → 金生水 → 水生木
- 相剋 : 木剋土 → 土剋水 → 水剋火 → 火剋金 → 金剋木

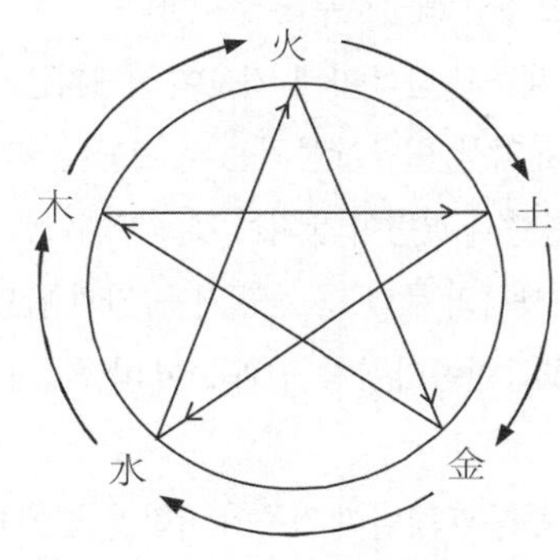

[상생과 상극]

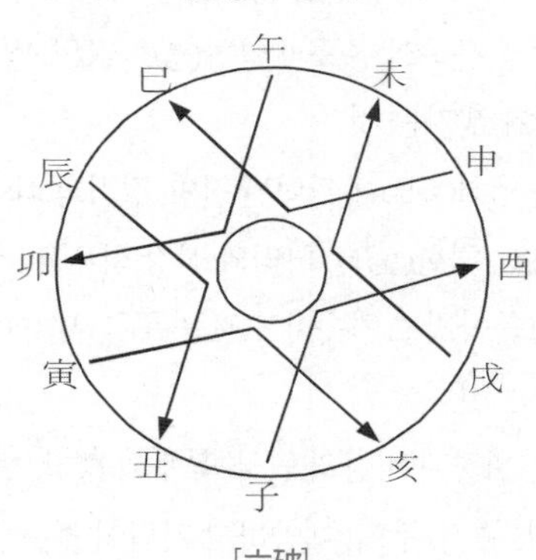

[六破]

❖ **오행의 설** : 오행설의 기초는 서경(書經)의 홍범구주(洪範九疇)에 있는 바 차례는 수·화·금·목·토로 되어 있다. 오행의 성격은 여러 해석이 있으나 민용오재(民用五材)라 하여 고대인(古代人)이 생활소재로 활용하였기 때문에 오행(五行)이라 했다는 설이 가장 유력하다. 따라서 민용오재의 배열도 사람의 생명의 유지에 직접적인 영향이 있는 수화(水火)로 시작하여 다음의 생활자재로서 목금(木金)이 있으며, 최후로 일체의 소재의 기본이 되는 토(土)가 이들을 주관하고 있다. 24방위에 오행을 배분한 것

을 보면 해임자계룡(亥壬子癸龍)은 북방의 수(水), 인갑묘을룡(寅甲卯乙龍)은 동방(東方)의 목, 사병오정룡(巳丙午丁龍)은 남방(南方)의 화(火), 신경유신룡(申庚酉辛龍)은 서방(西方)의 금(金), 진술축미룡(辰戌丑未龍)은 중앙의 토(土)이다. 그리고 곤룡(坤龍)은 서남간의 토(土)이고, 간룡(艮龍)은 동북간의 토(土)이며, 건룡(乾龍)은 서북간의 금(金)이고, 손룡(巽龍)은 동남간의 목(木)에 해당된다.

❖ **오행**(五行)**의 왕상사휴수**(旺相死休囚) : 어떤 오행을「나」라고 가정하면 나와 같은 것끼리 만나면 왕(旺), 나를 생(生)해 주는 오행을 만나면 상(相), 나를 극하는 오행을 만나면 사(死), 내가 극(克)하는 오행을 만나면 휴(休), 내가 생해 주는 오행을 만나면 수(囚)다. 왕(旺)이 가장 힘이 세고, 상(相)은 그 다음이며, 사(死)는 가장 힘이 쇠약하고, 수(囚)가 그 다음이며, 휴(休)가 그 다음이다.

	旺	相	死	休	囚
木	正, 2月	10, 11月	7, 8月	3, 6, 9, 12月	4, 5月
火	4, 5月	2月	10, 11月	7, 8月	3, 6, 9, 12月
土	3, 6, 9, 12月	4, 5月	正, 2月	10, 11月	7, 8月
金	7, 8月	3, 6, 9, 12月	4, 5月	正, 2月	10, 11月
水	10, 11月	7, 8月	3, 6, 9, 12月	4, 5月	正, 2月

❖ **오행**(五行)**의 왕쇠**(旺衰) : 오행이 왕(旺)하고 쇠(衰)하는 것. 오행이 왕하고 쇠하는 이치는 아래와 같다.

① 오행이 같은 오행끼리 합을 이루거나 다른 오행의 생(生)을 받으면 그 힘이 왕성해지고, 오행이 극(克)을 받거나 다른 오행에게 힘을 빼앗기면(洩泄) 쇠약해진다.

② 오행은 특히 절기에 의하여 왕쇠(旺衰)되는 영향력이 가장 크다.

❖ **오행의 절기** : 목(木)은 봄(春), 화(火)는 여름(夏), 토(土)는 사계(3, 6, 9, 12월), 금(金)은 가을(秋), 수(水)는 겨울(冬)에 속한다.

❖ **오행의 합충살형**(合沖煞形)

- **간합**(干合) : 갑기합토(甲己合土), 을경합금(乙庚合金), 병신합수(丙辛合水), 정임합목(丁壬合木), 무계합화(戊癸合火)
- **간충**(干沖) : 갑경충(甲庚沖), 을신충(乙辛沖), 병임충(丙壬沖), 정계충(丁癸沖), 무기충(戊己沖)
- **지합**(支合) : 3합회국(三合會局), 육합(六合).

❖ **오행의 화복**

- 동사택(東舍宅)은 양이라 귀(貴)의 발복을 한 후에 부(富)이다.
- 서사택(西舍宅)은 음이라 부(富)가 먼저하고 나중에 귀(貴)의 발복이다.
- 대문은 양으로 본다. 양은 귀(貴)와 남자로 간주한다.
- 정원은 음으로 본다. 음은 재(財)와 여자로 간주한다.
- 대문과 건물을 대하여 볼 때는 건물이 음이 된다.
- 대문을 음방위에 배속하면 부의 발복이 우선이다.
- 북향 자대문(子大門)에 부자나고 남향 오대문(午大門)에 부귀영화이다.
- 순양가상(純陽家相)에 초년은 속발(速發)이나 오래 되면 후손이 없고 부녀가 상한다.
- 순음(純陰)에 부발(富發)이나 오래 되면 부녀가 지가(持家)하고 손이 없다.
- 음을 극(克)하면 부녀가 상하고 양을 극(克)하면 남자가 상한다.
- 쌍금(雙金)이 목(木)을 극(克)하면 장남, 장녀가 사망이다. 화극금(火克金)에 소녀(少女), 노옹(老翁)을 상하게 하고, 토극수(土克水)에는 주인이 중풍병이 나며 소남(少男)이 상한다.
- 수화상극(水火相克)은 배합동택일 때는 길조의 변화로 간주하고 불배합사택일 때는 흉조로 추리한다.
- 불배합사택에 순음(純陰)은 질병이고, 순양(純陽)에 관재(官災), 재패(財敗)이다.
- 건물이 대문을 극하면 도적이 못 들고 대문이 건물을 극하면 주신(主身)이 상한다.
- 대문이 음방위이고 건물이 양방위에 배속하면 먼저 여아를 출산한다.
- 대문이 양방위이고 건물이 음일 때 먼저 생남할 것이다.

❖ **오행총론**(五行總論) : 지리법에 있어 오행의 명칭이 많은 것은 그 쓰이는 법이 각각 다르기 때문이다. 글에 이르기를 『사경(四經)이 맥(脈)을 찾는 데는 삼합(三合)을 따라야 하며, 삼원(三元)의 원공(元空)(휘(諱)를 피하기 위해 글 내용에 모두 원자(元字)를 쓴다)은 참되고 묘한 비결이니라』 하였고, 또 『사생(四生)의

삼합(三合)이 있는 바 이것이 천기(天機)요 쌍산오행(雙山五行)이 온전한 비결이라』 고 하였다. 오행의 이치가 하나이지만 사생삼합(四生三合)과 사경쌍산(四經雙山)과 원공향상(元空向上)의 오행으로 나누는 것은 각각 쓰이는 법이 같지 않으므로 그 이름도 다르게 붙인 것이다. 사경오행(四經五行)이 삼합오행(三合五行)과 같은 것은 사경(四經) 가운데 합이 됨으로써 이름을 붙였다. 즉 인오술(寅午戌)이 합하여 화국(火局)이 되고, 사유축(巳酉丑)이 합하여 금국(金局)이 되고, 신자진(申子辰)이 합하여 수국(水局)이 되고, 해묘미(亥卯未)가 합하여 목국(木局)이 되는데, 생(生:寅申巳亥)과 왕(旺:子午卯酉)과 묘(墓:辰戌丑未)가 상·중·하로 구성되어「삼합오행(三合五行)」이라 하고, 또는 네 모서리에 인신사해(寅申巳亥)의 사장생(四長生)이 있으므로「사생오행(四生五行)」이라 한다. 쌍산(雙山)이란 간지(干支) 두 글자를 한데 묶어 같이 삼합궁(三合宮)에 포함시킨다 해서 붙여진 명칭이다. 즉 간병신인오술(艮丙辛寅午戌:艮寅同宮, 丙午同宮, 辛戌同宮)은 3합(三合)으로 염정화(廉貞火), 손경계사유축(巽庚癸巳酉丑:巽巳同宮, 庚酉同宮, 癸丑同宮)은 3합(三合)으로 무곡금(武曲金), 곤임을신자진(坤壬乙申子辰:坤申同宮, 壬子同宮, 乙辰同宮)은 3합(三合)으로 무곡수(文曲水), 건갑정해묘미(乾甲丁亥卯未:乾亥同宮, 甲卯同宮, 丁未同宮)는 3합(三合)으로 탐랑목(貪狼木)이 되니, 이와 같이 두 글자(坐山)를 일궁(一宮)으로 합하여 쓰는 까닭에 쌍산(雙山)이라 하고 이 쌍산(雙山)이 3합(三合)해서 이루어진 오행이라 해서 쌍산오행(雙山五行)이라 한다.

원공오행(元空五行)이란 생궁(生宮)과 태궁(兌宮)으로 들어오며, 생궁(生宮)과 태궁(兌宮)으로 나가는 것으로 길흉을 정하므로, 이름을 붙인 것이다. 원공(元空)의「원(元)」은 신명의 변화를,「공(空)」은 의착한 곳이 없이 혈을 세우고 향(向)을 정하는 데 있어 전혀 허영(虛靈)(형체가 없이 영스러운 것)의 수법을 빙자해서 그 수성의 허영한 신명변화를 취해다 쓰는 까닭에 붙여진 이름이다. 향상오행(向上五行)은 양공(楊公筠松)·구빈(救貧)의 비결로서 이 법은 수구(水口)로 장생을 정하여 12궁을 돌려 짚어서 수(水)가 길방(吉方)이 아니면 쓰지 않는다. 그러므로 사궁(死宮)이 화하여 생이 되면 쓰게 되므로, 이는 절처봉생(絶處逢生)(오행의 절궁(絶宮)에서 생을 만남)하는 법이기도 한데 향(向)에 장생을 붙이므로「향상오행(向上五行)」이라 한다. 이 밖에도 홍범(洪範)과 천산(穿山), 투지(透地)와 12룡에 의한 만두(灣頭)의 이기(理氣) 등이 있으나 그 좋은 점도 있고 불가한 점도 있으니 모두 믿고 사용하기가 어렵다.

- **정오행**(正五行)

  해임자계(亥壬子癸) : 북방수(北方水)

  인갑묘을손(寅甲卯乙巽) : 동방목(東方木)

  사병오정(巳丙午丁) : 남방수(南方水)

  신경유신건(申庚酉辛乾) : 서방금(西方金)

  진술축미간곤(辰戌丑未艮坤) : 중앙토(中央土)

- **삼합오행**(三合五行)

  건갑정해묘미(乾甲丁亥卯未) 탐랑(貪狼) 동방목(木)

  간병신인오술(艮丙辛寅午戌) 염정(廉貞) 남방화(火)

  손경계사유축(巽庚癸巳酉丑) 무곡(武曲) 서방금(金)

  곤임을신자진(坤壬乙申子辰) 무곡(文曲) 북방수(水)

- **사장생오행**(四長生五行)

  갑목장생해(甲木長生亥) 정미수구(丁未水口)가 고묘궁(庫墓宮)

  병화장생인(丙火長生寅) 신술수구(辛戌水口)가 고묘궁(庫墓宮)

  경금장생사(庚金長生巳) 계축수구(癸丑水口)가 고묘궁(庫墓宮)

  임수장생신(壬水長生申) 을진수구(乙辰水口)가 고묘궁(庫墓宮)

  오른쪽은 양(陽)에 속하므로 좌편을 순행한다.

  을목장생오(乙木長生午) 신술수구(辛戌水口)가 고묘궁(庫墓宮)

  정화장생유(丁火長生酉) 을진수구(乙辰水口)가 고묘궁(庫墓宮)

  신금장생사(辛金長生巳) 계축수구(癸丑水口)가 고묘궁(庫墓宮)

계수장생묘(癸水長生卯) 정미수구(丁未水口)가 고묘궁(庫墓宮) 오른쪽은 음(陰)에 속하므로 우편을 역행한다.

• **쌍산오행**(雙山五行)

임자수(壬子水) 계축금(癸丑金) 간인화(艮寅火) 갑묘목(甲卯木) 을진수(乙辰水) 손사금(巽巳金)

병오화(丙午火) 정미목(丁未木) 곤신수(坤申水) 경유금(庚酉金) 신술화(辛戌火) 건해목(乾亥木)

• **원공오행**(元空五行)

소현공(小玄空)과 같으니 이는 평양(平洋)에 쓰임.

병정을유화(丙丁乙酉火) 건곤묘오금(乾坤卯午金)

해계간갑목(亥癸艮甲木) 술경축미토(戌庚丑未土)

자인진손사(子寅辰巽巳)와 신신임(申辛壬)은 목(木)

• **향상오행**(向上五行)

향(向)에다 장생을 일으켜 욕(浴)·대(帶)·관(冠)·왕(旺)·쇠(衰)·병(病)·사(死)·묘(墓)·절(絶)·태(胎)·강(羌)으로 돌려 짚는다. 예를 들면 인신사해(寅申巳亥)는 모두 생궁(生宮)으로 향(向)에다 인신사해(寅申巳亥)의 장생을 기함이요, 자오묘유(子午卯酉)는 모두 향(向)의 왕궁(旺宮)에 해당하니 향(向)에 제왕(帝旺)을 붙이는 데 반드시 본국(本局)의 수구(水口)로만 정하는 게 아니라 향(向)을 주로 하여 12궁을 돌려 짚는다. 그리하면 혹 쇠방(衰方)이나 녹존(祿存), 목욕(沐浴), 태방(胎方)에는 함께 고궁(庫宮)을 빌려 수(水)를 소제할 것이며, 정고(正庫)로 귀불적(歸不的)을 논하지 않는다.

❖ **오행통변법**(五行通變法) : 목(木) 화(火) 토(土) 금(金) 수(水) 오행은 모두 그 힘이 너무 왕(旺 : 太旺)하지도 않고 너무 약(弱 : 太弱)하지도 않고 적당해야 한다. 오행이 너무 왕(旺)하면 그 힘을 빼주어야 하고 너무 약하면 그 힘을 도와주어야 이상적이다. 금(金)은 비록 수(水)를 생(生)하나 금(金)이 너무 많으면 물이 탁해지고, 반대로 물이 많으면 금(金)이 물 속에 잠긴다. 토(土)가 능히 금(金)을 생(生)하나 토(土)가 너무 많으면 금(金)이 묻이고, 금(金)이 너무 많으면 토질이 변한다. 목(木)은 능히 화(火)를 생(生)하나 목(木)이 너무 많으면 불이 꺼지고, 화(火)가 너무 많으면 나무가 다 타버린다. 화(火)는 능히 토(土)를 생(生)하나 화(火)가 너무 많으면 토(土)가 건조해지고, 토(土)가 너무 많으면 불이 어두워진다. 수(水)는 능히 목(木)을 생(生)하나 물이 너무 많으면 나무가 뜨고, 목(木)이 너무 많으면 물이 줄어든다. 금(金)은 능히 목(木)을 극(克)하나 목(木)이 너무 많으면 쇠끝이 이그러지고, 목(木)은 능히 토(土)를 극하나 토(土)가 너무 많으면 나무가 꺾이고, 수(水)는 능히 화(火)를 극(克)하나 화(火)가 너무 많으면 물이 마르고, 화(火)는 능히 금(金)을 극하나 금(金)이 너무 많으면 물이 꺼지고, 토(土)는 능히 수(水)를 극하나 물이 너무 많으면 흙이 물에 씻겨나간다.

❖ **오행학**(五行學) : 오행의 이치를 다룬 학문 또는 오행의 생극비화(生克比和) 작용에 의하여 길흉(吉凶)을 판단하는 학문.

❖ **오향제**(五享祭) : 종묘에 드리는 1년간 5회(1월 상순, 4월 상순, 7월 상순, 10월 상순, 12월 상순, 12월 납일)의 제사.

❖ **오형체**(五形體) : 입수룡(入首龍) 자체(自體)나 현무(玄武) 또는 주산(主山)의 형태에 의한다.

① **금형**(金形)

㉠ 신궁(申宮)이나 건궁(乾宮 : 正五行金)이 맥기(脈氣)를 얻었다면 길하고, 좌향이 신(申), 경(庚), 유(酉), 신(辛), 건좌(乾坐－정오행중금(正五行中金)이면 본형(本形)의 기(氣)를 최대로 받았고, 임(壬), 자(子), 계(癸), 해(亥)인 수좌(水坐)도 길하다.

㉡ 사(巳), 유(酉), 축년(丑年－삼합오행금(三合五行金)에 발복하며 신(申), 자(子), 진년(辰年－삼합오행(三合五行)에도 길하다.

㉢ 열협(烈俠 : 남을 위한 의협심이 강함)하고 충직한 성품의 인물이 나와 부(富)와 귀(貴)를 겸비한다.

② **수형**(水形)

㉠ 해(亥), 임(壬), 자(子), 계좌(癸坐－正五行水)에 신(申), 자(子), 진년(辰年－三合五行水)에 발복한다.

㉡ 수재(秀才)의 지각인(智覺人 : 文章, 名筆) 및 준수하고 청렴한 선비 또는 귀한 여손(女孫)이 난다.

③ **목형**(木形)

㉠ 인(寅), 갑(甲), 묘(卯), 을(乙), 손좌(巽坐－正五行木)에 발복

한다.

ⓛ 정직하고 덕성있는 학덕과 관작(官爵)을 겸비한 학자가 난다.

④ **토형**(土形)

㉠ **형세**(形勢)

- **요자형**(凹字形) : 혈성(穴星)의 상부가 요자(凹字)와 비슷한 형태.
- **쌍뇌형**(雙腦形) : 요자(凹字)와 비슷하며 양쪽에 뿔이 나듯 솟아있는 형태.
- **평뇌형**(平腦形) : 완전히 일자(一字)와 같은 형태.

ⓛ 진(辰), 술(戌), 축(丑), 미(未), 간(艮), 곤좌(坤坐－正五行土)에 신(申), 자(子), 진년(辰年－三合五行水, 土)에 길하다.

ⓒ 성품이 덕성스럽고 중후하여 대부(大富) 대귀(大貴)한 은행장, 대기업인 및 인정이 대왕(大旺)한다.

⑤ **화형**(火形)

㉠ 사(巳), 병(丙), 오(午), 정좌(丁坐－正五行火)에 인(寅), 오(午), 술년(戌年－三合五行水)에 길하고, 속성속패(速成速敗)한다.

ⓛ 성품이 강렬하고 냉정하며 개혁지심(改革之心)이 있어 혁명, 유신의 주도자가 난다.

❖ **오호**(五戶) : 본룡(本龍)을 따라온 물이 나가는 곳으로 지호(地戶)라는 곳.

❖ **오호금양**(五虎擒羊) : 호랑이 다섯 마리가 양을 잡아먹으려고 쫓아가는 형국. 혈은 양의 귀에 있고, 안산은 사자가 되며, 이 사자 때문에 호랑이들이 양한테 함부로 달려들지 못한다.

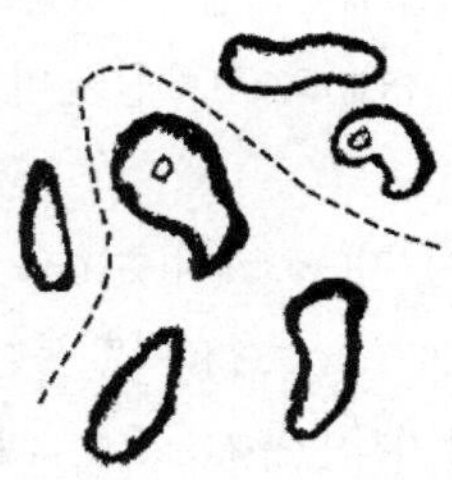

❖ **오호취회**(五虎聚會) : 호랑이 다섯 마리가 한 곳에 모여 있는 형국. 혈은 호랑이의 이마에 있고, 안산은 다른 호랑이나, 호랑이들이 쫓아가는 짐승이다.

❖ **오환육계**(五患六戒)

- 도로나 성곽은 옳지 아니하고(不可道路城郭) 신전이나 부처님 뒤에 하지 말라(莫爲神前佛後). 〈사당 앞이나 절간 뒤에 묘를 쓰지 말라는 뜻〉
- 태산이 처음 떨어진 데를 범하지 말고(不犯泰山初落), 팔풍(八風)이 사귀어 부는 데 경영하지 말라(勿營八交吹). 〈큰 산 밑이나 바람이 서로 마주치는데 묘를 쓰지 말라. 태산 밑은 요절하고 재산패(財産敗)하고 바람 교취(交吹)되는 곳은 벙어리 자손이 출생한다.〉
- 가장 칼을 띤 듯 바늘을 단 듯한 데를 꺼리고(最忌帶刀懸針) 절대로 무너지고 헤어진 깊은 구렁을 꺼리라(切忌崩敗深坑). 〈칼을 띤 곳은 관재구설(官災口舌)에 음행(淫行)나고, 무너진 곳 주변은 정신질환 나고, 깊은 구렁이 있는 산은 벙어리와 도적 자손이 나고, 이금치사(以金致死)에 패가한다.〉
- 칼 같은 물이나 충(沖)하는 물이 오는 것을 좋아하지 말고(莫好釗水沖水來), 도랑이나 못이나 경사진 데를 정하지 말라(莫定溝池傾瀉). 〈물이 충(沖)하면 급사와 파산이 많고 도랑이나 연못가에는 소년질병이 많이 난다.〉
- 스며드는 물이나 괴여 있는 물머리에 취(取)하지 말고(不取淋裏頭水), 기가 흩어지고 끊어지고 함(陷)한데 하지 말라(勿爲氣散絶陷). 〈이상과 같은 곳에 묘를 쓰면 재산패(財産敗)하고 내장병에 해마다 인패(人敗)가 두렵다.〉
- 더욱 뾰족하고 추하게 드러난 돌에 흠이 되고(尤缺露醜石), 매양 굴하지 아니한 죽은 산을 꺼리라(每忌不屈死山). 〈첨(尖)한 것은 가정불화요 추한 것은 비천자나고 관재구설이 많다.〉
- 좌공(左空)하고 우결(右缺)한 데는 경계하고(愼戒左空右缺), 마땅히 앞이 높고 뒤가 낮은 것을 금하라(當患前高後低). 〈좌공우결(左空右缺)은 관 속에 각종 염이 들고, 앞이 높은 것은 미자

(未子) 불효하고, 뒤가 낮은 것은 장자가 요절한다.〉

- 행로(行路) 옆구리가 뚫어진 것을 살펴 택하고(擇審行路穿臂), 용호첨두(龍虎尖頭)에 정함을 조심하라(愼定龍虎尖頭). 〈첨두(尖頭)에 혈이 아니면 일조파산(一朝破産)을 면하기 어렵다.〉

❖ **옥규사**(玉圭砂) : 옥규사는 주홀사와 비슷하나 각이져 있는 형국. 토성(土星)이 높이 솟은 것으로 산 정상이 평평하고 산신은 직각으로 된 것으로 기울거나 파쇄되지 않아야 한다.

❖ **옥궤**(玉几) : 사(沙)가 단정함을 표현한 말. 구슬과 궤처럼 생겨 기울지 않고 반듯한 모양이다. 이 형국은 옥(玉)으로 장식한 의자(사람이 앉는 안석)같이 생긴 것으로 혈은 중앙에 있고, 안산은 병풍이다.

❖ **옥근혈**(玉筋穴) : 겸혈(鉗穴)로서 혈 뒤쪽이 말구유처럼 생긴 괴혈.

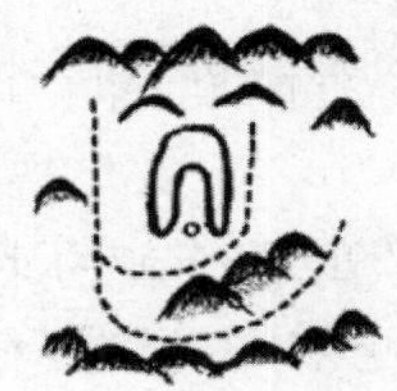

❖ **옥녀**(玉女) : 목성(木星)이 주산(主山)이고, 청룡이나 백호에 북(鼓)이 있어야 하며, 전안(前案)에 무동(舞童)이 있어야 신선이 작아지는 형태이다.

❖ **옥녀방차**(玉女紡車) : 아름다운 여인이 물레로 실을 뽑는 형국. 앞에 감도는 강물이 실로서, 혈은 옥녀의 젖가슴이나 배에 있고, 안산은 실꾸러미다.

❖ **옥녀봉**(玉女峰) : 깨끗하고 단정하며 둥그렇게 서 있는 봉우리. 산 중턱에서는 지각이 여러 갈래로 뻗어나가 마치 여자가 머리를 풀고 있는 모습과 같다.

❖ **옥녀산발형**(玉女散髮形) : 옥녀가 머리를 풀고 빗질을 하며 단장하는 형상. 주산은 옥녀봉이고 안산은 거울과 명경사(明鏡砂), 머리빗과 같은 옥소사(玉梳砂), 또는 화장대와 같은 장대사(粧臺砂), 꽃과 같은 화초사(花草砂) 등이 있어야 한다. 옥녀산발형은 여자가 머리를 풀었기 때문에 옥녀봉에서 사방으로 뻗은 지각이 많다. 머리카락에 해당되는 능선마다 혈을 맺을 수 있다.

❖ **옥녀직금**(玉女織錦) : 아름다운 여인이 비단을 짜는 형국. 미인이 베틀 위에 앉아 있는 모습으로 혈은 미인의 젖가슴이나 배에 자리잡고, 베를 짤 때 실을 넣어 두는 북이 안산이다.

❖ **옥녀탄금**(玉女彈琴) : 아리따운 여인이 거문고를 연주하는 형국. 미인처럼 생긴 봉우리 앞에 거문고처럼 생긴 산이 있으며, 혈은 거문고에 있고, 손가락으로 누르는 곳이 혈처(穴處)이며, 안산은 거문고를 올려놓는 금대(琴臺)다.

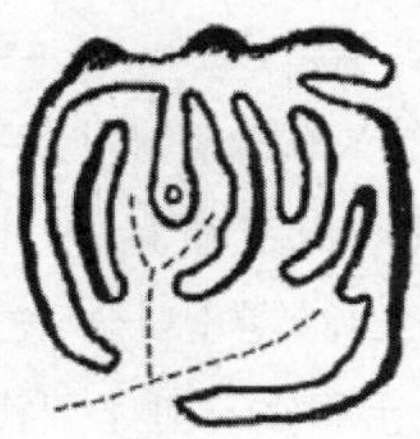

❖ **옥녀포금**(玉女抱琴) : 아름다운 여인이 거문고를 옆에 끼고 있는 형국. 미인처럼 생긴 봉우리 옆에 거문고처럼 생긴 봉우리가 있으며, 혈은 거문고에 자리잡고 손가락으로 누르는 곳이 혈처이며, 안산은 생황이나 퉁소다.

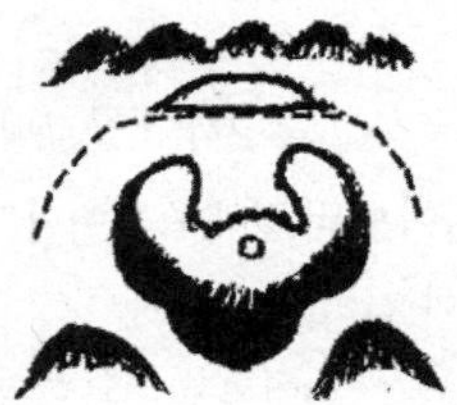

❖ **옥녀포사**(玉女抛梭) : 아름다운 여인이 베를 짜는 형국. 손에 북을 잡고 있으며, 혈은 북에 자리잡고 북의 중심이 혈처이며, 안산은 베틀의 망루다.

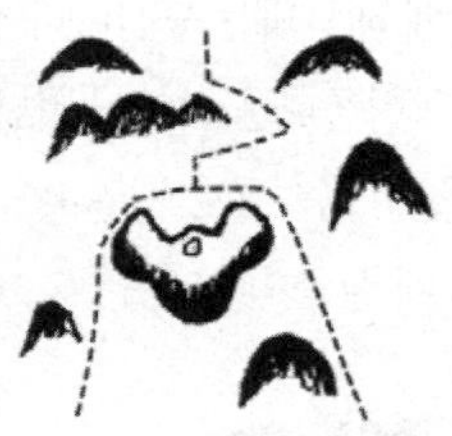

❖ **옥녀헌화**(玉女獻花) : 아리따운 여인이 꽃을 바치는 형국. 혈은 꽃에 있으며, 안산은 꽃을 받는 사람이다.

❖ **옥녀형국**(玉女形局) : 옥녀형국에는 옥녀탄금형(玉女彈琴形), 옥녀산발형(玉女散髮形), 옥녀단좌형(玉女端坐形), 옥녀개화형(玉女開花形), 옥녀직금형(玉女織錦形) 등이 있다. 형국론에 자주 등장하는 사람중에 옥녀(玉女)가 가장 많이 나오는데 옥녀는 절세미인이고 몸도 마음도 깨끗한 선녀쯤 되는 여자, 또 옥녀는 풍요와 자손의 번창을 상징하기도 한다. 일반적으로 옥녀가 언급되는 형국에서의 명당 자리는 주로 음부가 있는 부분이다. 옥녀개화형(玉女開花形)은 다리를 벌린 형국으로 이때 옥녀의 음부에 해당하는 부분에서 샘이 솟는 경우가 많다. 중요한 것은 그 샘물의 맑고 흐림과 냄새의 좋고 나쁨이 문제가 된다. 샘물이 맑고 냄새가 청결하면 두말 없이 명당이다. 그러나 반대로 물이 탁하거나 냄새가 고약하다면 묘를 쓸 자리가 아니다. 또한 옥녀가 머리를 풀어헤친 형국인 옥녀산발형(玉女散發形)이나 옥녀단좌형(玉女端坐形)은 옥녀가 화장을 하고 단정함을 가꾸기 위한 모습이니 명당이다. 이 경우에도 혈은 그녀의 음부가 있는 부분이다. 옥녀형국에 묘를 쓰면 모든 사람들이 부러워하는 자리에 오를 사람이나 요즈음 같으면 연예인 미스코리아 같은 미인도 출생한다. 옥녀단좌형이나 옥녀산발형은 화장을 하는 여자의 형국이므로 머리빗을 닮은 안산(案山)이 있어야 제격이다. 옆으로 거울을 상징하는 산이 있어주면 더욱 좋고 그 반대쪽으로 화장대를 상징하는 산이 있어 준다면 최고의 명당으로 본다.

❖ **옥당귀인**(玉堂貴人) : 병풍을 치듯이 여러 산이 둘러쌓인 가운데에 우뚝 솟아 있는 목산형(木山形)형국. 아주 훌륭한 문필가가 기약된다.

❖ **옥당귀인사**(玉堂貴人砂) : 화산형의 산 아래 수려하게 서 있는 목성형의 산봉. 옥당귀인사가 조안을 비추거나 주산 현무가 되면 한림학사가 나온다.

❖ **옥당금마**(玉堂金馬) : 귀인봉 뒤에는 어좌사가 있고 앞에는 천마사가 있는 형국. 청수단장하고 좌우가 균형이 있어야 한다. 이 형국에는 문장이 뛰어나 대과에 급제한다. 옥당(玉堂: 홍문관)으로 귀현(貴顯)한다.

❖ **옥당황도**(玉堂黃道) : 황도길신의 하나.

1, 7月 : 未日	2, 8月 : 酉日	3, 9月 : 亥日
4, 10月 : 丑日	5, 11月 : 卯日	6, 12月 : 巳日
子午日 : 卯時	丑未日 : 巳時	寅申日 : 未時
卯酉日 : 酉時	辰戌日 : 亥時	巳亥日 : 丑時

❖ **옥대**(玉帶) : 목성수(木星水)가 만포(彎抱)한 모양을 말함.

❖ **옥대사**(玉帶砂) : 산 아래물이 없는 높은 곳에 있으며 반달 또는 눈썹같이 생긴 태음금성체(太陰金星體)로 아미사와 비슷하다.

아미가 산 정상이 원형이라면 옥대는 약간 평평하다. 아미는 들판에 있어 물이 있는 곳에 있다면 옥대는 산위에 있어 물이 없다. 수려하고 단정해야 한다.

❖ **옥대현**(玉帶現) : 손신방(巽辛方)의 허리띠처럼 생긴 산봉우리를 옥대(玉帶)라 한다. 또 경유방(庚酉方)의 띠처럼 생긴 봉우리를 금대(金帶)라 한다. 금대·옥대가 있으면 자손들이 귀(貴)를 누린다.

❖ **옥련개문법**(玉輦開門法)[納甲論]

坐宅 爲主	坎癸 申辰	艮丙	震庚 亥未	離壬 寅戌	坤乙	兌正 巳丑	乾甲
福德○	申	亥	寅	丁	坎	酉	巳
瘟黃×	庚	壬	甲	未	癸	辛	丙
進財○	酉	子	卯	坤	丑	戌	午
長病×	辛	癸	乙	申	艮	乾	丁
訴訟×	戌	丑	辰	庚	寅	亥	未
官爵○	乾	艮	巽	酉	甲	壬	坤
官貴○	亥	寅	巳	辛	卯	子	申
自吊×	壬	甲	丙	戌	乙	癸	庚
旺生○	子	卯	午	乾	辰	丑	酉
興福○	癸	乙	丁	亥	巽	艮	辛
法場×	丑	辰	未	壬	巳	寅	戌
顚狂×	艮	巽	坤	子	丙	甲	乾
口告×	寅	巳	申	癸	午	卯	亥
旺靈○	甲	丙	庚	丑	丁	乙	壬
進田○	卯	午	酉	艮	未	辰	子
器泣×	乙	丁	辛	寅	坤	巽	癸
孤寡×	辰	未	戌	甲	申	巳	丑
榮昌○	巽	坤	乾	卯	庚	丙	艮
少亡×	巳	申	亥	乙	酉	午	寅
娼淫×	丙	庚	壬	辰	辛	丁	甲
親姻○	午	酉	子	巽	戌	未	卯
觀樂○	丁	辛	癸	巳	乾	坤	乙
敗絶×	未	戌	丑	丙	亥	申	辰
旺財○	坤	乾	艮	午	壬	庚	巽

❖ **옥룡자**(玉龍子) : 신라 말기의 스님으로 우리나라 풍수지리의 효시자이며, 불가에서는 도선(道詵)이라고 하는데, 도선 국사는 중국의 당나라에 들어가 풍수지리를 배워 오신 분이다.

❖ **옥상 위에 세탁물 건조대는 불길** : 모든 침구와 가구, 의복류는 건조와 통풍이 가장 용이한 부위에 배치함을 우선으로 하며 세탁물을 말려 건조시키는 장소를 옥상 위나 지붕 꼭대기에 설치하는 것은 구설, 손실 및 말썽, 우환 등 궂은 일이 발생되는 흉험지상이다.

❖ **옥순반**(玉筍班) : 옥(玉)으로 만든 장식품으로 곱고 아름답다는 뜻.

❖ **옥우일**(玉宇日) : 이날은 다른 길신과 같이 만나면 혼인, 연회, 건축, 가옥수리 등에 길하다고 한다.

1월 : 卯日　　2월 : 酉日　　3월 : 辰日

4월 : 戌日　　5월 : 巳日　　6월 : 亥日

7월 : 午日　　8월 : 子日　　9월 : 未日

10월 : 丑日　　11월 : 申日　　12월 : 寅日

❖ **옥인**(玉印) : 묘 주위에 있는 암반(큰 바위), 건물 등을 말함. 산이나 암석이 둥글고 작은 모양.

❖ **옥인사**(玉印砂) : 옥인은 둥글게 생긴 작은 산이나 바위가 마치 옥도장 모양으로 생긴 것을 말한다. 방인은 네모반듯한 도장과 같이 생긴 작은 산이나 바위를 말한다. 혈에 옥인사나 방인사가 있으면 임금의 도장인 옥쇄를 뜻한다.

❖ **옥인문성사**(玉印文星砂) : 둥근 모양과 사각 모양으로 된 산형. 조산(朝山)이나 안산(案山) 또는 혈(穴) 터 주위에 있게 되면 나라의 살림살이를 하는 재상이 기약되는 사다.

❖ **옥척**(玉尺) : 옥으로 만든 자처럼 생긴 형국. 혈은 그 중앙에 있고, 안산은 저울이다.

❖ **옥촉조천혈**(玉燭照天穴) : 옥촛대에 있는 촛불이 하늘을 밝게 비추는 형상. 주로 뾰족하게 생겨도 산 정상에는 넓게 좋은 흙이 있다. 제왕지지도 될 수 있고 위대한 학자, 종교가 등을 배출한다. 옥촉은 그 불빛이 천년 이상 지속된다고 하기에 발복이 오래 지속된다.

❖ **옥침**(玉枕) : 옥으로 장식한 베개같이 생긴 형국. 혈은 베개의 중

앙에 있고, 안산은 비단 이불이다.

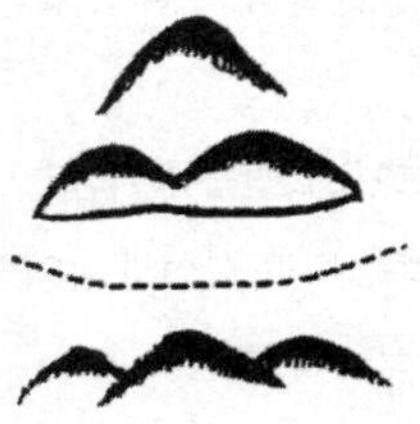

❖ **옥토망월**(玉兎望月) : 토끼가 달을 바라보고 있는 형국. 토끼 형국의 명당은 마음이 온순하고 깨끗한 사람들을 배출하며 온화하면서도 지혜로워 다른 사람들의 사랑을 받는다. 또 용모도 깨끗하고 아름다워 성품이 양순하고 지혜로우니 도와주고 이끌어 주는 사람이 많다. 그 덕으로 부귀를 얻는다. 혈은 토끼의 머리에 있고, 안산은 달이다.

❖ **옥하부수**(玉蝦浮水) : 새우가 물 위에 떠 있는 형국. 물이 가재를 휘감고 흐르며 혈은 가재의 눈이고, 안산은 가재가 먹는 조개다.

❖ **옥호주수형**(玉壺注水形) : 호리병에 물을 담고 있는 모습과 흡사한 형국. 혈장이 호리병처럼 생겼고 병 입구에는 병마개처럼 생긴 사격이 있다. 혈은 호리병의 볼록한 부분에 있으며 부귀쌍전한다.

❖ **옥호포계형**(玉狐捕鷄形) : 여우가 닭을 잡아먹기 위해서 뒤쫓는 모습을 연상시키는 형국. 작은 주산이 마치 여우머리처럼 생겼고, 혈은 이마에 있다. 안산은 닭이나 쥐같은 사격이 있어야 한다. 여우 형국은 사려 깊고 지혜가 깊어 모든 일에 실수하지 않는 사람을 배출하는데 꾀로써 부귀를 얻는다.

❖ **옥환**(玉環) : 옥가락지, 혹은 옥팔찌처럼 생긴 형국. 혈은 그 중앙에 있고, 안산은 허리띠다.

❖ **온돌방은 건강을 지켜준다** : 우리 조상들이 살았던 집은 건물의 외형보다는 아늑하고 따뜻한 온돌방, 아랫목에 집안 식구가 옹기종기 모여 앉아 화롯불에 군밤 구워먹은 모습이 연상된다. 하지만 요즘 건축방식에서는 이러한 정겨운 모습을 보기는 어렵다. 양택풍수에서는 주택기능 중에 자연과 인간과의 조화를 통한 건강과 질병의 자연 치유적인 기능을 중요시하여 주택을 지었다. 특히 일생의 2/3 이상을 온돌 바닥과 피부를 접촉하여 살아야 하는 온돌방에 대해서도 음양오행상 상생의 원칙을 적용하였다. 물은 나무를 살리고, 나무는 불을 살리고, 불은 흙을, 흙은 쇠를, 쇠는 물을 살린다는 수생목(水生木), 목생화(木生火), 화생토(火生土), 토생금(土生金), 금생수(金生水)라는 서로 살리는 상생의 원칙을 주택의 건축에도 도입하였던 것이다. 전통 가옥의 온돌 구조는 방바닥을 돌로 고이고 그 돌 위에 황토를 깔고 돌 밑은 불기운이 통하게 여러 갈래로 골을 만들어 아궁이에 불을 때면 화기가 안을 돌아 방바닥이 데워지고 방안이 더워지는 구조를 가지고 있다. 불을 때는 아궁이는 오행상 화(火)로 보기에 불을 살리는 나무를 때고 아궁이의 불은 돌과 흙으로 만든 온돌방을 살리는 화생토(火生土) 상생의 기운으로 승화되어 전통 온돌방이 거주자의 건강을 순리에 의해서 완벽하게 지켰던 것이다. 황토와 구들이 아궁이에서 때는 불과 작용하여 방사되는 원적외선과 자연소재에서 발산하는 기운이 인간의 건강을 지켜주는 역할을 하여 실제로 온통 사방을 황토로 만든 방에 온

돌바닥까지 흙으로 마감된 황토방에 들어가면 따뜻한 열기와 흙 냄새가 우리 몸에 와 닿는다. 자연친화적이고 건강지향적인 우리 고유의 온돌방 구조를 현대의 주택건축에 적극적으로 활용하는 지혜가 필요할 때다.

❖ **온역수**(瘟疫水) : 전염병을 말함. 묘향(卯向)에 술건수(戌乾水), 간향(艮向)에 미곤쌍행(未坤雙行 : 물이 미방과 곤방에 걸쳐 흐름), 유향(酉向)에 계축쌍행(癸丑雙行), 손향(巽向)에 술수(戌水), 오향(午向)에 간인쌍행(艮寅雙行), 자향(子向)에 병오쌍행(丙午雙行), 건향(乾向)에 묘수(卯水), 곤향(坤向)에 사수(巳水)면 자손들이 전염병에 걸린다.

❖ **온지증혈**(溫地證穴) : 용맥에 따뜻한 땅과 찬땅이 있는 바 이를 증거하여 점혈하는 곳을 말함. 온지증혈은 사람이 잘 느끼지 못하나 야생동물들은 따뜻한 땅을 식별하여 한겨울에 산짐승(토끼, 노루, 꿩)들은 따뜻한 땅을 찾아서 그 자리에서 매일 같이 배를 깔고 놀면서 일년내내 그 자리에 똥을 소복하게 싸놓고 놀다 간 자리를 발견할 수 있다. 이러한 곳이 온지증혈이다.

❖ **온천**(溫泉) : 따뜻한 물이 솟아 나오는 샘으로 탕천(湯泉)이라 불리기도 한다. 혈을 만든 용맥(龍脈)의 기운이 매우 왕성하여 물이 뜨거워진 것이다. 온천에는 큰 부귀(富貴)를 불러오는 정기가 서린다.

❖ **온황**(瘟癀) : 염병과 황달병.

❖ **온황살**(瘟癀殺) : 월가흉신(月家凶神)의 하나로 이날에 건물을 짓고 수리하고 질병을 치료하고 병문안가고 이사하는 데 꺼린다.

1월 : 未日　2월 : 戌日　3월 : 辰日
4월 : 寅日　5월 : 午日　6월 : 子日
7월 : 酉日　8월 : 申日　9월 : 巳日
10월 : 亥日　11월 : 丑日　12월 : 卯日

❖ **온황수**(瘟癀水) : 지리법에 온황수를 범하면 인정(人丁)이 쇠하고 질병이 따른다고 한다. 온황수는 아래와 같다.

감산(坎山)에 병오방수(丙午方水)
이산(離山)에 인간방수(寅艮方水)
곤산(坤山)에 사방수(巳方水)
태산(兌山)에 축계방수(丑癸方水)
진산(震山)에 건술방수(乾戌方水)
손산(巽山)에 건술방수(乾戌方水)
건산(乾山)에 묘방수(卯方水)
간산(艮山)에 미곤방수(未坤方水)

❖ **옹종**(臃腫) : 혈성(穴星)의 흉격으로 산이 수려하지 못하고 보기에 부스럼(종기) 같은 것이 생긴 듯 면이 울퉁불퉁 거칠어 깨끗치 못하고 돌무더기 두엄 무더기를 쌓아 놓은 것같이 추잡하고 거칠고 뚱뚱하여 와(窩) 겸(鉗)의 혈형이 없는 것. 거칠고 큰 부스럼 모양으로 와겸(窩鉗)이 열리지 않은 것이다. 무릇 성신(星辰)은 면이 벌려져 열리어 귀하고 옹종같고 거칠게 뚱뚱하고 너무 넓어 허영청하고 지리하게 번번하고 추악한 것을 꺼리는 것이니 이러한 곳은 점혈(占穴)함이 불가하다.

❖ **와**(窩) : 굴처럼 둥그렇게 가운데가 깊어진 모양.

❖ **와겸유돌**(窩鉗乳突) : 혈을 네 가지로 구분함에 음과 양으로 나누고 4상(태양, 소음, 태음, 소양)으로 나누니 와겸유돌(窩鉗乳突)로서 모든 산을 논할 수 있다.

① **와혈**(窩穴) : 좌우가 둥그렇게 둘러싸이고 중심의 혈을 보호한다. 형태가 완전히 둘러싼 것과 노출된 것이 있다.

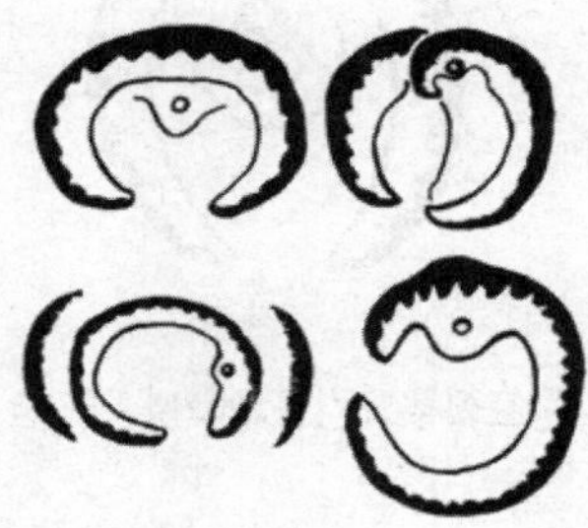

② **겸혈**(鉗穴) : 좌우의 사(沙)가 다리를 벌린 모양으로 뻗어내려 있으며 상부는 어깨처럼 약간 넓게 되었다. 겸혈(鉗穴)은 꼭대기에서 아래까지 기운이 있고 혈장(穴場)이 방진(方眞)하여 전(氈)이 아름답고 합수(合水)가 된다. 만약 작뇌(作腦)의 기운이 부족하면 아래에도 합과 전(氈)이 없다. 기운이 다 설기(泄氣)되니 가히 쓰지 못한다.

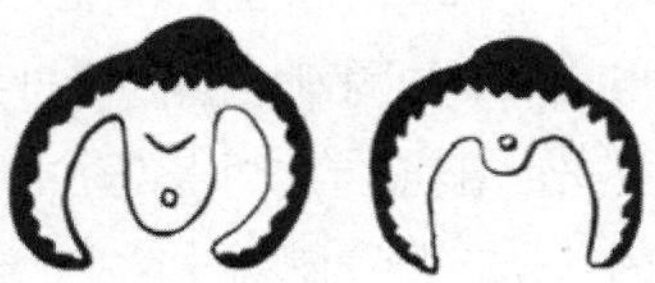

③ **유혈**(乳穴) : 혈장이 젖꼭지(縣乳)처럼 나오고 사방이 단정하고 양쪽이 환포하여야 한다.

④ **돌혈**(突穴) : 돌출된 혈인 만큼 반드시 풍취(風吹)를 받지 않아야 진혈(眞穴)이다. 좌우의 호사(護沙)가 잘 보호하고 요풍(凹風)이 없어야 한다.

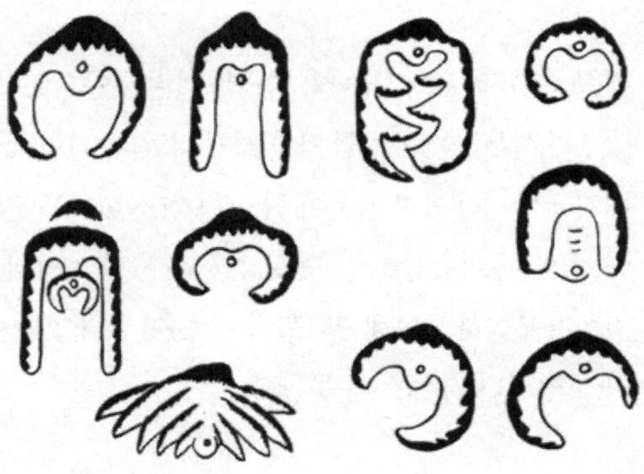

⑤ **개구개수탄토좌우요감도**(開口開手呑吐左右饒減圖)

❖ **와겸유돌**(窩鉗乳突) **사상이 있는데 생기(氣)는 이곳에서 뭉친다** : 천변만태(千變萬態)로 변하여 형상이 괴이(怪異)하여 사람의 눈과 마음을 놀라게 하는데 속사는 등한시 한다. 명사(明師)는 먼저 찰기(察氣)을 살피고 일반적인 형상이나 괴이한 형(形)도 잘 살펴본다.

❖ **와룡은산**(臥龍隱山) : 용이 산골짜기 깊은 곳에 숨어서 누워 있는 형국. 깊은 산중에 있으며, 혈은 용의 이마나 코에 있고, 안산은 구름, 번개, 안개 등이다.

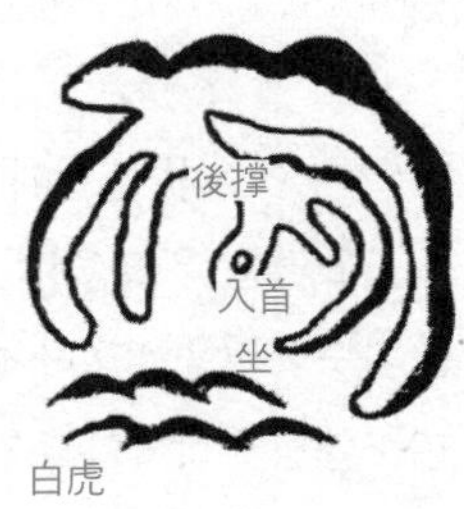

❖ **와사부사**(臥獅富砂) : 와사형(臥獅形)은 부귀한 성신이라 한다. 와사(臥獅)는 머리부분은 모나고 허리는 중첩되어 골이 꼬리는 넓으며 전중후경(前重後經)하고 토성체(土星體)로 되어 있으면서 가능한 먼 곳이나 수구(水口)에 있으면 길하다.

❖ **와사사**(臥獅砂) : 산이 마치 사자가 누워 있는 것 같은 모습의 형국. 사자형은 앞면이 각이 지고 머리가 크며, 허리는 좁고 꼬리가 넓고 앞이 무거운 듯하고 뒤가 가벼운 듯한 산을 말한다. 사자산은 가능한 먼 것이 좋고 가깝게 있으면 자손이 화를 당할 수 있다. 사자형태의 바위가 수구에 있으면 더욱 좋다.

❖ **와상**(窩象) : 와상은 움푹 들어간 요(凹)처로 삼태기 소쿠리 제비집 새집 소라 등 여러 형체가 있다. 연소혈(燕巢穴)은 높은 산 요(凹)처에 바람을 피할 수 있는 곳이나 횡룡결혈(橫龍結穴)등에 많이 있다. 특히 횡룡결혈에서는 활과 같이 한쪽 지각이 휘여감겨 활대와 같이 반원을 그리듯 능선이 감싸 안아야 하고 귀성(鬼星)과 낙산(落山)이 있으면 길하다. 귀성이나 낙산 중 하나만 있어도 혈이 되는데는 상관이 없다. 와상혈은 양 지각이나 선익이 활과 같이 안으로 굽어 들어와야 되고 지붕처마 같은 곳 즉 선익 밑에 공같이 받쳐주는 전순이 없으면 거짓된 것이다. 와혈

은 둥글고 맑아 활 같이 돌아간 능선이 밝아야 좋으며 움푹 들어간 곳에 평평하게 돌(突)한 곳이 있어야 진혈이 되는 것이다.

❖ **와상(窩象)의 재혈법(裁穴法)** : 후탱(後撑 : 뒤의 산)을 받치면서 정상적으로 갖춘 와혈(窩穴)이란 양혈로써 부판(富坂 : 부자될 묘자리)인 바, 이 도형도 부판(富坂)으로 되었으니 당판의 밑의 부분이 왕(旺)하여 산의 정기의 교류순환도 밑의 부분에서 순환되니 재혈에 있어서 정좌(正坐)를 취하는 것은 밑의 부분으로 위치하도록 좌(坐)를 정함이 정상적인 재혈이라 할 수 있다. 후탱(後撑)으로 뭉친 것은 입수취기(入首聚氣)가 아니고 정기(精氣)를 당판으로 운송하는 역할의 후탱(後撑)이다. 그러나 와혈상(窩穴象)에 뒤가 암석으로 된 입수취기(入首聚氣)라면 취기지점(聚氣地點)에 가까이 하여야 한다.

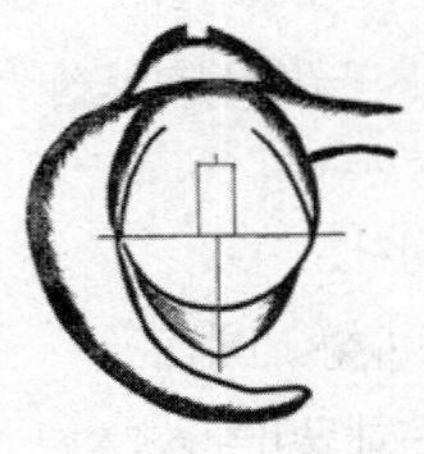

❖ **와시(臥尸)** : 부스럼 같이 추하고 단단하여 죽은 시체가 누워있는 것 같고 위이(꿈틀대는 모양)한 것이 없이 혈을 맺지 못하는 땅. 잘못 점혈하면 자손이 끊긴다.

❖ **와우(臥牛)** : 소가 누워 있는 형국. 산세가 풍후(豐厚)하고 유순하며, 소 형국의 명당들은 양순하고 근면한 사람들을 배출하고 자손들이 부지런히 노력하여 부귀를 얻으며, 와우형의 혈은 젖가슴에 있고, 안산은 풀 더미이며 또 근처에 외양간, 풀 더미, 코뚜레, 고삐 등이 있다.

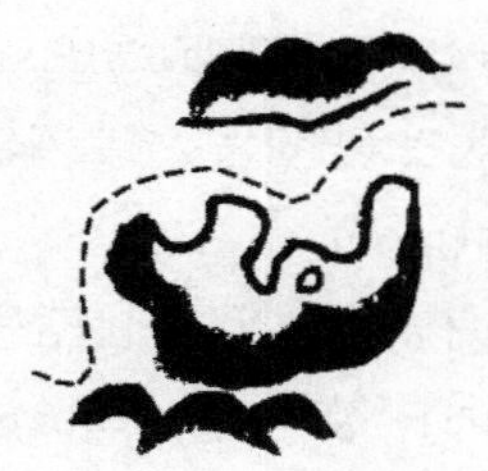

❖ **와우사(臥牛砂)** : 산이 마치 소가 누워 있는 것과 같은 모습. 소의 다리와 꼬리같은 능선도 있다. 와우형태의 산이 주산 현무가 되거나 안산이나 조산이 되면 좋다. 또 작은 산이나 바위가 수구에 있으면 더욱 좋다.

❖ **와우형(臥牛形)** : 소가 누워 있는 형세를 닮은 형국. 편안하게 누워 있는 소의 형국에서 묘자리는 입 부분이다. 소는 되새김을 하며 누워있는 소의 모습의 편안한 팔자가 있다. 그래서 구중지혈(口中之穴)이라 해서 가문이 번창하는 명당으로 치고 다음은 젖꼭지 부분이다. 젖이란 새끼를 키우는 중요한 부위이며 다만 이런 와우형에는 풀더미를 닮은 안산(案山)이 앞에 있어야 격을 갖춘 명당이다. 안산은 책을 보는 사람 앞에 놓인 책상처럼 크기가 작은 안산의 역할이 중요하다. 와우형에서 풀더미를 닮은 안산이 있어야 하듯 뱀이 기어나오는 형국에서는 그 앞에 개구리나 쥐를 닮은 안산이 있어야 하며, 북을 치고 춤을 추는 격고무지형(擊鼓舞之形)에서는 북채를 닮은 안산이 있어야 명당 구실을 하게 된다.

❖ **와장(窩藏)** : 둥그런 형태를 만들어 가운데가 아늑히 낮아서 바람을 피할 수 있는 곳으로 된 모양.

❖ **와혈의 전형적인 모습**

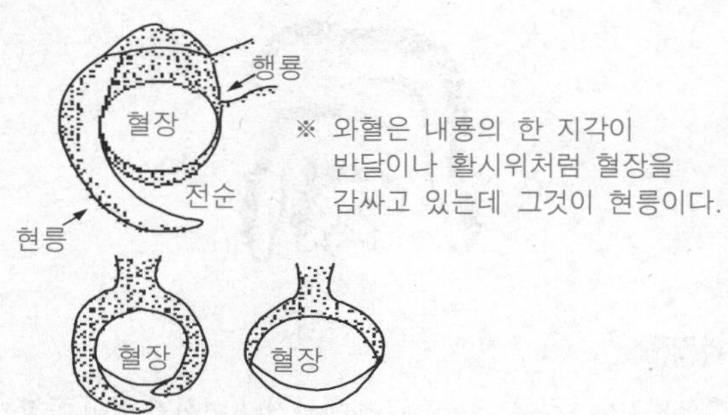

※ 와혈은 내룡의 한 지각이 반달이나 활시위처럼 혈장을 감싸고 있는데 그것이 현릉이다.

❖ **와혈(窩穴)에는 천광을 어떻게 파야하는가** : 심와(深窩)는 얕게 파고 천와(淺窩)는 깊게 파고 써야 맥(脈)에 접(接)하고 맥의 중앙을 뚫고 묘를 쓰면 사기(氣)을 범한다. 와중(窩中) 두툼한 가운데 파고 돌(突)한 곳이 있으면 커기 파야 한다.

❖ **와형(窩形)** : 오목한 형으로 9성 9변에서는 개구혈(開口穴)이 되며 사상은 태양이 된다. 굴혈(屈穴)·계와(鷄窩)·와저(窩底)·장심

(掌心)·선라(旋螺)·금분(金盆) 등은 모두 와형을 이르는 말이다. 혈성이 개구하여 혈을 맺는데 높은 산에서나 평지에서나 결혈이 가능하지만 주로 높은 산에 많다. 와형은 심와(深窩)·천와(淺窩)·협와(狹窩)·활와(闊窩)의 4격이 있다. 또 좌우에 뭉쳐진 것이 고른 것은 정격이 되고 좌우가 같지 않은 것은 변격이 되며, 좌우가 교합한 것은 장구와(藏口窩)라 하고 좌우가 서로 껴안지 못하는 것을 장구와(長口窩)라고 한다. 또 4격의 형에 각각 부앙(俯仰)이 있으니 내룡이 급하면 와중에 미유(微乳)가 있어서 혈거유맥(穴居乳脈)하고 면앙(面仰 : 맥선이 완만한 것)이며 와중에 미돌(微突)이 있어서 혈심은 돌에서 지는 것이니, 곧 음양교회(陰陽交會)인 것이다. 와형은 현릉(弦陵)이 분명하고 양국(兩掬)이 깊게 둘러싸야 하며 원정(圓淨)하여 와 안에 꽉 차 있는 것이 길인데, 이렇게 되면 반드시 순전에 대(臺)가 있게 마련이다. 사각(砂角)이 증거가 된다.

❖ **와형혈**(窩形穴) : 좌우가 서로 교합하여 장구와혈(藏口窩穴 : 감춘 듯 오목한 혈)로 형용이 제비집과 같은 혈.

❖ **와호**(臥虎) : 호랑이가 편안히 누워서 잠자는 형국. 산세가 의연하면서 온화하며, 혈은 호랑이의 이마나 허리 안품에 있다. 안산은 그물(호랑이를 잡으려고 쳐놓은 것)이나 창이다.

❖ **완경**(頑硬)

① 산 모양이 죽은 생선처럼 뻣뻣하거나 변화가 없이 곧장 뻗어나간 것을 말하며, 산의 형체가 죽고 곧게 뻗어 활동하는 기상이 없이 거칠고 완만하고 단단하고 급하고 억센 형세. 용은 살아 움직이는 것 같이 활발하고 생기가 있으며 부드럽고 아름다워야 길격이요, 죽은 나무와 같이 단단하고 투박하고 곧으면 생룡(生龍)이 아니다.

② 완경이란 산의 형체가 완강하게 억세고 단단하며 급하고 곧게 뻗어 활동성이 없는 것으로 높고 큰 것을 말함이 아니라, 땅이 거꾸러져 나가 급하고 곧고 억센 것으로 이런 곳은 원래 융결하지 않으니 재혈(裁穴)이 불가하다. 대개 혈이 맺는 곳은 완강하고 억세고 급하고 곧은 것을 꺼리는 바, 무릇 입혈은 활동하고 부드럽고 아름다운 것을 귀로 삼는다.

❖ **완경지** : 혈처의 입수(入首) 부근이 곧고 딱딱하여 마치 잘라놓은 나무토막같이 생긴 것. 기운이 융결되지 못하기 때문에 불길하며 이런 곳에 입장하면 패가망신한다.

❖ **완보**(緩步) : 천천히 걷는 걸음.

❖ **완장**(阮丈) : 남의 백부(伯父), 중부(中父), 숙부(叔父), 계부(季父)의 존칭.

❖ **완사명월형**(浣紗明月形) : 비단을 밝은 달빛 아래 깔아 놓은 것과 같은 형국. 혈은 비단에 있고 밝고 평평한 명당 주변에 해와 달 같은 사격이 있다. 부귀를 다하고 세상에 이름을 널리 알리는 자손이 많이 배출한다.

❖ **왕**(旺) : 물이 모여서 고인 곳.

❖ **왕궁**(旺宮) : 오행이 왕(旺)되는 곳.

- **갑을**(甲乙) **또는 해묘미목**(亥卯未木) : 묘궁(卯宮)
- **병자**(丙丁) **또는 인오술화**(寅午戌火) : 오궁(午宮)
- **무기토**(戊己土) : 오궁(午宮)
- **경신**(庚申) **또는 사유축금**(巳酉丑金) : 유궁(酉宮)
- **임계**(壬癸) **또는 신자진수**(申子辰水) : 자궁(子宮)
- 예컨대 갑을목(甲乙木)이나 해묘미목(亥卯未木)이 묘궁(卯宮)을 만나면 왕궁(旺宮)이라 한다.

❖ **왕거영생**(旺去迎生) : 물이 왕방(旺方)으로부터 와서 생향(生向)과 상배(相配)하고 정고(正庫)나 차고(借庫)로 흘러나가는 것을 말한다.

❖ **왕거충생**(旺去冲生) : 물이 왕방(旺方)으로부터 와서 생방(生方)으로 흘러 나가는 것을 말하는 것으로 재산은 있으나 자손이 없다.(유재무정(有財無丁))

❖ **왕기맥**(旺氣脈) : 나경 5층의 각 5쌍의 분금들 가운데 각각 두 번째 칸에 있는 병자(丙子), 정축(丁丑), 무인(戊寅), 기묘(己卯), 경진(庚辰), 신사(辛巳), 임오(壬午), 계미(癸未), 갑신(甲申), 을유(乙酉), 병

술(丙戌), 정해(丁亥)의 12개 방위는 왕기맥을 형성한다. 따라서 왕기맥 12방위는 모두 길격(吉格)의 방위로 생기맥(生氣脈) 12방위와 함께 체백을 하관하기에 최적의 방향으로 간주한다.

❖ **왕기방**(旺氣方) : 정사방(正四方)을 말함. 정동 20도, 정서 20도, 정북 20도를 말하며 기류가 거칠고 대기의 개성이 너무 강하여 토기방 다음으로 꺼리게 되나, 정동정남의 왕기방은 대체로 취해도 된다.

❖ **왕룡**(王龍) : 강하고 밝은 기운을 발하고 강체인 용에서 이루어지며, 큰 혈과 대명당을 이루는 용으로 단면이 좌우 균형을 이뤄 상하변화가 아름답다. 용 가운데 가장 이상적이다.

❖ **왕릉과 황릉의 차이** : 고종과 순종, 조선 왕조의 마지막 두 황제가 묻힌 곳을 홍유릉이라 한다. 그런데 금곡에 있는 홍유릉은 그 동안 우리가 보아 왔던 왕릉과는 사뭇 다르다. 1897년 국호를 대한제국으로 바꾸고 연호를 광무, 왕을 황제라 일컬었으므로 황릉이라 일컫는다. 우선 눈에 들어오는 커다란 차이는 다른 왕릉과 달리 정자각이 일(日)자로 된 침전이라는 것이다. 또한 문무석과 석상들이 봉분 주변에 배치되어 있는 왕릉과는 달리, 황릉은 석물들이 홍살문과 침전 사이에 도열해 있으며 석양·석호에서 코끼리·해태·사자·낙타·말 등의 거대한 석물들을 등장시켜 황릉으로서의 위엄을 갖추었다. 홍살문에서 침전에 이르는 돌길 또한 왕릉과는 달리 3등분하여 가운데를 높였다. 이는 중국 명나라 태조의 효릉을 본떠서 만든 것으로 황제의 능제를 따른 셈이다. 또한 문인석은 건릉과 유릉처럼 복두가 아니라 금관을 쓰고 있으며 키가 385센티미터로 왕릉의 문인석 중에서 가장 큰 체구를 자랑하며 무인석은 금관조복을 갖춰 입었고 모두 섬세하게 조각되어 있다. 그러나 침전을 지나 봉분으로 가면 석물들이 모두 침전 앞에 배치되어 있어 침전 앞의 웅장함에 비해 오히려 단출해 보인다. 망주석과 장명등, 그리고 상석만이 외따로 서 있을 뿐이다.

❖ **왕릉은 왕권의 상징이다** : 왕릉은 그야말로 명당의 상징이다. 한마디로 왕릉은 풍수의 비밀을 모두 간직하고 있다 해도 과언이 아니다. 왕릉은 민간의 무덤에 비해 그 시설이나 규모 면에서 엄청난 차이가 난다. 묘혈을 중심으로 좌우에 청룡과 백호, 뒤쪽에 내룡 곧 주산이 있고, 앞쪽은 평퍼짐한 내명당이 있으며, 다시 저 멀리 안산과 더불어 더 멀고 높은 곳에 아득히 바라다보이는 조산, 능원의 잘 가꾸어진 수목들, 이러한 조건을 두루 갖춘 땅에 자리잡은 왕릉은 차라리 한 폭의 그림이라 해도 과언이 아니다. 능(陵)은 황제, 황후, 황비 또는 왕, 왕후, 왕비의 무덤을 말하며, 원(園)은 세자, 세자비, 왕자, 왕자비 또는 같은 관계에 있는 왕이나 황제의 사친(생모인 빈궁)의 무덤을 가리키고, 묘란 폐위된 왕 및 그 사친, 혼인하지 못한 공주 및 옹주, 왕의 후궁 및 왕의 먼 조상들의 무덤을 이른다. 조선 왕조의 능은 북한에 있는 여덟 개를 제외하면, 서울을 중심으로 하여 개풍, 파주, 양주, 고양, 김포, 광주, 여주, 화성, 영월 등의 지역에 흩어져 있다. 개풍 정종의 후릉, 여주 세종의 영릉(英陵)과 효종의 영릉(寧陵), 그리고 영월 단종의 장릉을 제외하면 모두 서울을 중심으로 반경 백 리 안에 있다. 양주 지역을 제외하고 비교적 능, 원, 묘가 많이 그리고 집중적으로 분포되어 있는 곳으로는 서울의 서쪽인 고양 지역을 꼽을 수 있다. 이곳에는 서삼릉이나 서오릉처럼 동쪽 양주 지역의 동구릉에 비교될 만한 능지가 집단으로 조성되어 있는데, 특히 왕의 가족이나 친척들의 묘지가 많은 것이 특징이다.

❖ **왕릉**(王陵)**의 가장 특징은** : 왕릉은 하나같이 언덕바지나 구릉(丘陵)에 자리 잡고 있다. 따라서 웬만한 깊이에서도 물이 잘 나오지 않는다. 설사 매장 뒤에 물이 나온다 할지라도 이점을 감안하여 미리 충분한 대비를 한 것이다. 관(棺)을 안치한 석실(石室)이나 관 외부에 회를 바르고 다시 주위에 회를 16센티미터 정도의 두께로 쌓아 물기가 스며드는 것을 막았다.

❖ **왕릉의 상석은 혼령의 놀이터** : 민묘(民墓)에서는 봉분 앞에 설치한 상석에다 제물을 차려 제사를 지내지만, 왕릉의 경우는 상석이 아닌 정자각에서 제사를 지낸다. 이는 혼령이 무덤 앞 상석에 올라 흥겹게 술을 마시고 놀다 간다고 믿기 때문이다. 그래서 왕릉에서는 이를 상석이라 하지 않고 혼이 놀고 머무는 곳이라 하여 혼유석이라 한다. 또한 민묘의 경우에는 먼저 산신에게 제사를 지낸 뒤 조상에게 제사를 지내지만, 왕릉은 그 반대이다. 왕은 만인지상의 존재이기 때문에 왕릉에서 먼저 제사를

지낸 후, 능 밑에서 산신제를 올린다. 또한 왕릉은 정자각 오른쪽의 비각 안에 비를 세우지만, 민묘의 경우는 봉분과 상석 사이에 세우거나, 무덤 오른쪽에 세운다. 특히 정2품 이상의 관직을 지낸 사람은 신도비를 무덤 입구의 동쪽 길옆에 세우는데, 신은 동쪽에서 오기 때문에 이를 안내하기 위한 것이다. 왕릉의 경우 태조의 건원릉이나 태종의 헌릉처럼 초기에는 신도비를 세웠다. 그러나 문종 때 "예로부터 왕의 행적은 따로 실록에 기록되는데 굳이 사대부처럼 신도비를 세워 기록할 필요가 없다."는 신하들의 주장이 받아들여져, 이후부터는 능에 신도비를 세우지 않았다.

ㅇ

❖ **왕비사**(王妃砂) : 이 산형은 산정상이 암석으로 서기찬 형상으로서 족두리와도 같고 모란반개형과도 같으며 대귀격으로 미인이 태어나 왕비가 되고 자손은 부귀를 누리는 길사다.

❖ **왕사**(王謝) : 왕도(王導)와 사안(謝安)을 가리키는 말. 진(晉)나라 때의 사람으로 아주 귀하게 살았다고 이름난 사람.

❖ **왕사토**(旺沙土) : 강한 왕사토에 묘를 쓰게 되면 곱추가 자주 출생한다. 지기(地氣)는 황색이 근본이나 주위 보국세가 형성되지 못하여 천기와 지기가 융화되지 못하면 왕사토의 암석이다.

❖ **왕상**(旺相) : 어떤 오행이 월령(月令)과 비화된 것을 왕(旺)이라 하고 월령의 생(生)을 받은 것을 상(相)이라 한다. 즉 오행이 월건(月建)의 생부(生扶)를 받으면 왕상(旺相)이 되었다고 하는데 생(生)을 받은 것, 부(扶)는 비화된 것을 뜻한다. 즉 목(木)은 해자인묘월(亥子寅卯月), 화(火)는 인묘사오월(寅卯巳午月), 토(土)는 사오진술축미월(巳午辰戌丑未月), 금(金)은 진술축미신유월(辰戌丑未申酉月), 수(水)는 신유해자월(申酉亥子月)을 만나면 생부 또는 왕상되었다고 한다. 왕상이란 천간(天干)에 경신병정(庚辛丙丁)을 말하는데, 갑을(甲乙) 고(孤), 병정(丙丁) 왕(旺), 경신(庚辛) 상(相), 무기(戊己) 살요(殺曜), 임계(壬癸)는 허(虛)로서 이것을 고허왕상살요(孤虛旺相殺曜)라 하는데, 분금(分金)에는 왕상(旺相) 분금만 사용한다. 공망(空亡) 분금은 사용하여서는 안 된다.

❖ **왕양혈**(汪洋穴) : 넓은 못이나 호수 가운데에 있는 혈. 연잎처럼 가물가물 떠 있는 작은 섬에 진혈이 맺혀 있다.

❖ **왕지**(旺地) : 오행이 왕하는 곳. 즉 목(木)은 묘(卯), 화(火)는 오(午), 금(金)은 유(酉), 수(水)는 자궁(子宮)을 왕지라 한다.

❖ **외**(外) : 기가 발로(發露)한 곳.

❖ **외곤**(外閫) : 외무벼슬.

❖ **외공**(外拱) : 안산 밖의 조산이 공손하여 읍하는 모양.

❖ **외구**(外鉤) : 낚시처럼 굽어들었다는 말.

❖ **외명당**(外明堂) : 안산(案山) 밖과 안산 뒤에 있는 조산(朝山) 안의 넓은 땅.

❖ **외명부**(外命婦) : 왕족, 종친의 여자, 처 및 문무관의 처로서 그 부직(夫職)에 좇아 봉작을 받은 여자의 통칭. 왕족에는 공주, 옹주, 부부인(府夫人), 봉부인(奉夫人 = 유모), 군주(君主), 현주(縣主)가 있고, 종친의 처로서 부부인, 군부인(郡夫人) 등과 문무관의 처로서는 정경부인, 정부인, 숙부인, 숙인, 영인(令人), 공인(恭人), 의인(宜人), 안인(安人), 단인(端人), 유인(孺人) 등이 있다. 그러나 서자와 재가를 한 자에게는 작(爵)을 봉하지 아니하고 개가한 자의 봉작(封爵)은 추탈(追奪)한다. 왕비의 친어머니 세자의 딸과 종친으로서 2품 이상의 처는 읍호(邑號)를 병용(並用)한다.

❖ **외모**(外貌) : 혈의 모양과 사수(沙水)의 형태를 말함.

❖ **외반봉침**(外盤縫針) : 나경의 8층을 가리키며 물의 득파와 향을 잡는 데 사용한다. 외반봉침은 즉 외천반봉침(外天盤縫針)으로 양(陽)에 속하고, 부(夫)에 속하며, 천(天)에 속하고, 동(動)에 속한다. 천동수동(天動水動)하므로 입향수수(立向收水)에 사용한다.

❖ **외산강협**(外山扛峽) : 본신룡(本身龍) 양쪽의 지룡(枝龍)에서 솟아오른 봉우리가 과협을 호위하는 형세.

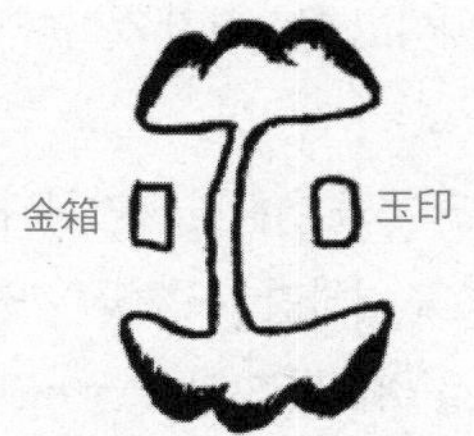

❖ **외산룡호**(外山龍虎) : 혈지의 본체로부터 직접 청룡· 백호가 뻗어 있지 않고 바깥쪽부터 청룡· 백호가 두 날개를 펼치고 있다. 게다가 하천의 흐름이 이와 같은 혈지(穴地)를 에워싸듯이 흘러 생기(生氣)가 흩어지는 것을 막고 길혈(吉穴)을 형성하고 있다. 이와 같은 사(砂)는 가합(假合)이라고 하며 본신룡호(本身龍虎)에 비해서 뒤떨어진다. 본신룡호는 맑고 고귀해서 유력하지만 외산룡호(外山龍虎)는 길흉화복(吉凶禍福)에 진폭이 있다는 결점을 부정할 수 없다.

❖ **외석강협**(外石扛峽) : 산봉우리가 아니고 바위로 된 강협으로 바위가 아름답게 생겨야 길하다.

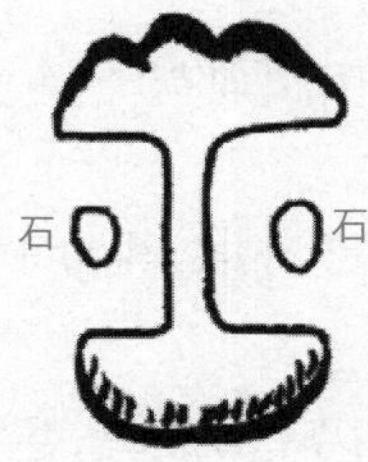

❖ **외종**(外從) : 외면의 산이 호종하여 따라오다.

❖ **외채집** : 몸채만으로 된 집으로서 우리나라 살림집들 가운데서 가장 단순하고 소박한 형식의 집. 외채 집은 부엌과 아랫방, 웃방 및 긴 토방으로 구성되었는데, 아랫방과 웃 방은 긴 통간으로 되어 있는 것이 일반적이다. 통간을 간벽으로 막는 경우에는 거기에 새문 또는 장지문을 내었다. 아랫방과 웃방에는 앞면에 가각 출입문 : 지게문이 있고 그 곁에 바라지문을 내었다. 중부지대의 외채집에서는 살림방의 측면에도 출입문을 설치하였다. 부엌에는 앞뒤에 출입문이 있고 앞문 곁에는 광창이 있었으며 부엌과 아랫방 사이에는 새문이 있었다. 외채집에는 보통 경리시설이 없으나 뜰 한구석에 허청간을 짓는 경우도 있었다. 이러한 외채집은 일반적으로 우리나라 서북부와 중남부에도 다른 형태의 주택과 함께 분포되어 있었다.

❖ **요**(繞) : 빙둘러 감싸는 것.

❖ **요**(拗) : 어그러지고 무너져 깎여진 모양.

❖ **요**(曜) : 청룡· 백호의 밖에서 기운차게 솟아나는 산. 청룡· 백호 끝부분에 소뿔 모양으로 돋아난 것을 요성(曜星)이라 한다. 요(曜)가 청룡· 백호안에 있어 혈에서 보이면 명요(明曜)라 하고, 청룡· 백호의 밖에 있어 혈에서 보이지 않으면 암요(暗曜)라 한다. 요(曜)가 청룡· 백호 중에 한 군데만 있으면 별로 기이할 것이 없으나 같은 모양으로 용호에 모두 있으면 아름다운 땅의 증거가 되므로, 요(曜)를 보고 그 안에 길지(吉地)가 있음을 알게 된다.

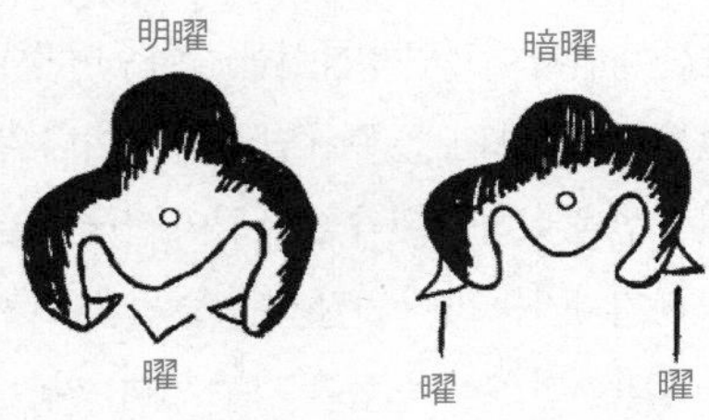

❖ **요감**(饒減) : 재혈(裁穴)하는 원칙의 하나로 부족한 것을 보태주고 넉넉한 것을 감하여 형세를 고르게 한다는 뜻.

❖ **요감법**(饒減法) : 진혈(眞穴)은 사상증혈(四象證穴), 태극(太極), 양의(兩儀), 원운증혈(圓暈證穴), 천심십도(穿心十導) 등에서 혈의 성국(成局)이 이루어진 결혈처(結穴處)를 요감(饒減)으로 정하고 재혈(裁穴)하는 법. 혈의 전후좌우에 조응(朝應), 전호(纏護), 환포(環抱), 조산(朝山), 안산(案山), 명당(明堂), 순전(脣氈), 수계(水界), 수세(水勢), 수구(水口), 개산(蓋山), 낙산(樂山), 귀산(鬼山), 청룡(青龍), 백호(白虎) 등의 성국(成局)이 잘 이루어져야 진혈(眞穴)이다. 그러나 청룡과 백호가 한쪽이 길거나 짧거나 많거나 적으면 요감법(饒減法)을 이용하여 잘 살핀다. 요감법(饒減法)이란 용(龍)이 요(饒)하면 감하고, 한쪽 용(龍)이 부족하면 더하는 방법으로 혈장(穴場)에서 밀고 당기듯이 조정한다. 즉 청룡이 많으면 요호감룡(饒虎減龍)을 하고, 백호가 많으면 요룡감호(饒龍減虎)로서 백호에서 감한다. 우주의 만물은 전후좌우 고저경중(高低輕重)의 균형이 맞아야만이 영구존재가 가능할 것이다.

풍수학상에서 요감법이란 전후좌우의 사(砂)가 명당국형(明堂局形)에 균형이 맞지 않았을 경우 세(勢)가 넉넉한 용세(龍勢)는 덜고 세(勢)가 부족한 용세(龍勢)는 보태서 균형조절된 혈장(穴場)의 위치에 점혈(點穴)을 하는 방법을 요감(饒減)이라 말한다.

❖ **요감정혈**(饒減定穴)

① 요감(饒減)은 보태고 뺀다는 뜻으로 부족한 곳은 요(饒 : 보탬)하고, 과다한 곳은 감(減 : 뺌)하여 정혈하는 것을 말함. 요감법(饒減法)은 음양의 정(精)을 소식(消息)하여 좌우의 사수(砂水)를 거두어 혈을 돌아보게 하는 것.

② 요감(饒減 : 한쪽이 넓고 한쪽이 좁은 곳)이란 청룡산이든 백호산이든 먼저 이른 산을 위주로 하고 송수(送水 : 파구)가 보이지 않아야 하며, 청룡산이 먼저 이르면 백호산을 감아주고 백호산이 먼저 이르면 청룡산을 감아주며 청룡쪽이 넉넉하여 그 혈이 반드시 오른쪽에 있게 할 것이니, 왼쪽에 혈이 되면 왼쪽 산을 취하여 왼쪽 산이 감아 싸는 것을 삼고 오른쪽 물이 빠져나가는 곳이 빗장 찌른 듯 됨을 요(要)하고 혈이 오른쪽에 있으면 오른쪽 산을 거두어(關 : 싸안는 것)삼고, 왼쪽 물이 궁(宮 : 묘)을 지나 파구가 빗장으로 잠기어진 듯 함을 보아 혈을 정하되 위로부터 내려오는 산에 넓은 곳을 취하여야 한다.

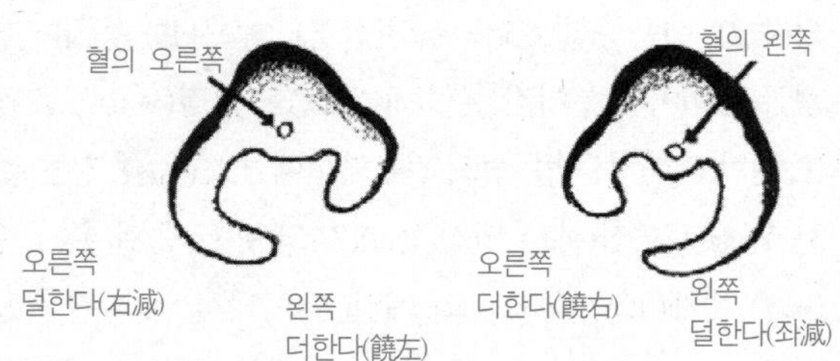

❖ **요강**(遶岡) : 얽어 보호해주는 사(砂)가 없어 바람이 닿고 물이 겁하며 또는 용이 지각(枝脚)이 없거나 혹은 도로가 혈장을 얽어두른 형세.

❖ **요결**(凹缺) : 요는 움푹 꺼진 것이고, 결은 낮아서 바람을 막지 못하는 것을 뜻함. 혈성의 흉격으로 땅이 움푹하게 패이거나 허물어진 곳이 있거나 잘려 결함이 있으며, 땅이 움푹하게 들어가고 부서지고 움푹 패이고 일그러진 것이다.

❖ **요금정육계**(寥金精六戒)

① 물이 다 빠져나간 곳을 취하면 패가한다.

② 칼등 같은 용(龍)을 취하면 지사(地師)까지 해를 입는다.

③ 바람이 닿는 혈을 취하면 인정이 끊어진다.

④ 안산(案山)이 없는 곳을 취하면 의식이 곤궁하다.

⑤ 명당이 기울어진 곳을 취하면 가업이 패망한다.

⑥ 용호비주(龍虎飛走)한 곳을 취하면 가족과 이별한다.

❖ **요금정에 거수지**(去水地)**에 묘를 쓰지마라** : 발 돌릴 사이도 없이 가계(加計)가 기울어진다.

- 묘 앞에 물이 곧게 달아나면 천석(千石) 재산도 하루아침에 흩어진다. 형제 불화에 인패(人敗) 걸식하는 자손이 난다.
- 파구가 멀고 득수(得水)가 가깝고 텅 비어 있으면 재물이 모여들지 않는다.
- 내거수(來去水) 및 종횡수(縱橫水)는 다 같이 지자(之字) 현자(玄字) 모양의 구곡수(九曲水)는 길(吉)하고 직수(直水)는 흉격(凶格)이다.
- 맑은 청명수(淸明水)는 길격(吉格)이요 탁하고 악취가 나면 흉격(凶格)이다.
- 물은 유유히 흘러야 길격이요 격(激)하게 소리나는 급류는 흉격이다.
- 혈을 감싸고도는 회류수(回流水)는 길격이요, 등지고 배반하면서 급류로 흘러가면 흉격이다.
- 혈 앞에 평평하게 고인 물은 길격이요 경사가 심해 급히 흐르면 흉격이다.
- 수왈(水曰) 녹(祿)이요 사왈(砂曰) 귀(貴)라 당판(堂板)의 결응(結凝)은 부(富)로 보고 양명(亮明)한 산은 귀(貴)로 보고 지룡(枝龍)은 처궁(妻宮)과 자손(子孫)으로 보고 주변 사(砂)의 유(有) 무정(無情)은 자손의 충효(忠孝)와 부귀(富貴)로 본다.
- 혈 앞에 물이 보이되 오는 물, 가는 물이 보이지 아니하면 백만거부(百萬巨富)가 부럽지 아니하다고 하였다.
- 수래(水來) 조(朝 : 보이면)하면 재물이 불어나고 수(水)가 혈(穴)을 에워싸면 기(氣)가 온전하고 명당에 모여 들면 후복(厚

福)하게 된다. 물이 현무(玄武)에 무여들면 자손이 영귀(榮貴)하고 장원(長遠)하게 된다.

- 대강(大江)이 평만(平滿)하면 왕(旺)하고 수심(水深)하면 복(福)이 많고 물이 잦아들면 복도 또한 많지 못하도다.
- 내수(來水)가 단(短)하고 거수(去水)가 장(長)하면 발복은 짧고 부자(富者)는 흉하고 빈한자(貧寒者)는 장수(長壽)하고 내수(來水)가 장(長)하고 거수(去水)가 단(短 : 짧으면)하면 부자는 장수하고 빈한자는 흉하다. 혹 자손 중에 부자(富者)가 먼저 망하는 사람이 있다.
- 내룡이 비록 짧아도 수구(水口(破口))가 장원(長遠)하면 발복(發福)이 끝이 없다.
- 대해수(大海水)가 가려짐이 없이 전면이 다 보이면 결혈(結穴)이 될 수 없으니 가려주는 사(砂)가 있어야 비로소 결혈이 된다. 만강수(萬江水) 대해수(大海水)도 가려주는 사(砂)가 있어야 길수(吉水)이고 계곡수는 길게 보이면 흉하다.
- 수(水)는 대개가 다 좋은 것으로 보나 거리는 1.5km 이내가 좋고 물의 전체가 보이는 것은 재물이 나가게 되고 물의 꼬리만 보일 듯 말 듯 한 것이 길수(吉水)로 재물이 쌓이게 된다.
- 명당의 발복은 수관재물(水官財物)이라 물이 모이는 곳이므로 주로 부(富)와 관련이 깊다. 명당이 평탄하면 물이 모여 들어 재물이 모이고 경사지면 물이 빠르게 흘러나가 재물도 빠르게 빠져나간다. 묘앞이 망망대해(茫茫大海)가 보이면 일조파산(一朝破産)의 불가장지(不可葬地)이다. 처(處)에서 물소리가 들리면 곡(哭)소리가 나게 된다. 북을 울리는 소리가 들려오면 자손이 위세당당하다.
- 혈 앞의 암석에서 샘물이 나는 것은 부(富)가 큰 것이고 혈 뒤의 암석에서 샘물이 나면 쌍둥이가 난다.
- 내룡 정상에 샘물이 나면 자손에게 중풍우환이 들고 묘 머리위에서 샘물이 나면 과부가 나며 기형아 출산도 있다. (물이 나지 않아도 억새풀이나 이 있는 곳)
- 곧은 골짜기에 샘물이 나면 도둑이 나고 선익(蟬翼) 밑에 샘물이 나면 안질병이 연(連)하여 나고 재물(財物) 인패(人敗), 병패(病敗) 가 연(連)하여 난다.

❖ **요(寥)금(金)정(精)오계(五戒)**

① 물이 다 빠져 나간 곳 패가(敗家)한다.

② 밋밋한 산의 용(龍)을 찾지마라. 지관(地官)이 해(害)를 당한다.

③ 혈(穴)의 한 쪽에 바람이 닿는 곳 인정(人丁) 자손이 끊어진다.

④ 안산이 없는 곳 재물 의식이 궁핍해 진다. 물이 고인 듯 보이면 부(富)해진다.

⑤ 명당이 기울어 진 곳 가업이 폐한다.

❖ **요금정(寥金精)의 혈면사병(穴面四病)**

① **관정맥**(貫頂脈) : 혈성의 머리 부분이 개면을 못하고 대나무처럼 곧은 것.

② **추족맥**(墜足脈) : 맥이 물속으로 빠져들어간 것.

③ **붕면**(繃面) : 횡생맥수조(橫生脈數條).

④ **포비**(飽肥) : 옹종인 것.

❖ **요금정(寥金精)이 말하는 흉사(凶砂)** : 요금정(寥金精)이 말하기를, "사살(砂殺)은 8가지가 있다."라고 말했다.

① **사**(射) : 혈을 향하여 쏘면 귀양, 징역을 의미한다.

② **심**(傪) **또는 규**(窺) : 산이 머리만 보이니 도적, 손재(損財)로 본다.

③ **파**(破) : 낭흔(浪痕)이 직접 보이면 음란, 실패, 주색잡기로 해석한다.

④ **충**(沖) : 산이 횡(橫)으로 와서 혈에 곧바로 꽂히는 것이니 타인의 일에 말려들어 화를 당하는 꼴이 된다.

⑤ **압**(壓) : 혈 앞의 사가 높아서 혈을 위압함이니 노복이 주인을 배반하고 깔보는 형태이다.

⑥ **반**(反) : 혈을 돌아보지 않고 배반한 것이니 영구히 떠돌아다니는 것이다.

⑦ **단**(斷) : 뇌하(腦下)에 횡랑(橫浪)이 저절로 생기는 것이니 참수 또는 행방불명을 의미한다.

⑧ **주**(走) : 산이 기울고 물 따라 달아나니 유랑불귀(流浪不歸)의 뜻이다.

❖ **요뇌천재토성**

- **정체** : 뇌는 원이요(圓而凹)하여 금토합형(金土合形)이며 몸은 방(方)하고 면은 평평하다. 혈은 첩척(貼脊)인데 혈 뒤에 반드

시 효순사(孝順砂)와 낙사(樂砂)가 있어야 한다. 앙와(仰窩)와 무낙(無樂) 그리고 요장(腰長)을 꺼린다. 제법 큰 시냇가나 큰 밭 주변에 혈을 맺는다.

- **개구** : 허리가 길면 안 된다. 형국은 귀인빙궤형(貴人憑机形).
- **현유** : 형국은 거호형(距虎形).
- **궁각** : 반룡형(蟠龍形).
- **쌍비** : 형국은 수상형(睡象形).
- **측뇌** : 갈마음천형(渴馬飮泉形).
- **몰골** : 형국은 장군납마형(將軍拉馬形).
- **측뇌** : 혈은 요변당혈(凹邊撞穴). 형국은 옥금형(玉琴形).

❖ **요대**(腰帶) : 허리에 매는 허리띠처럼 생긴 형국다. 혈은 머리띠의 중앙에 있고, 안산은 머리에 쓰는 두건이다.

❖ **요대수**(腰帶水) : 금성수(金城水)로서 안고 돌아가는 것이 마치 허리띠와 같은 것. 혈처를 안고 도는 물을 요대수라 부른다. 활처럼 완만히 감아 돌면 큰 부귀를 가져오며, 물줄기가 옥대(玉帶)처럼 가지런하고 둥글면 높은 지위를 얻게 된다. 또, 발복(發福)이 매우 빠르다. 용혈의 전면을 가로지르고 혈지를 에워싸듯이 흐르는 하천의 흐름을 말한다. 황제가 허리에 두르고 있는 옥대(玉帶)를 상기시키는 데서 이 명칭이 붙여졌다. 용혈의 전면 뿐만이 아니라 혈지(穴地)를 둘러싸듯이 흐르는 하천의 흐름에 의해서 생기(生氣)는 고갈(枯渴)되는 일이 없이 그 작용을 미친다. 원전에는 물이 옥대의 형상으로 흐르면 그 속도가 빨라진다고 했다.

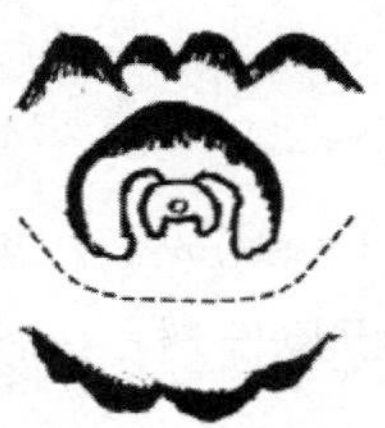

❖ **요도**(橈棹) : 돛대라는 뜻. 본룡(本龍)에서 가지쳐 나간 맥(脈)이 군데군데 우뚝우뚝 돛대처럼 봉우리가 솟은 것. 과협처(過峽處) 양쪽에 영송(迎送)형의 사각(砂角)이 있으면 길(吉)하다.

❖ **요도향**(橈棹向) : 지각(枝脚) 뒤로 향하면 용(龍)은 항상 가는 것이고, 지각(枝脚)이 앞으로 향하면 용(龍)은 이미 머물게 된다. 앞으로 향하면 순함이 있고 뒤로 향하면 역(逆)하게 되니 역(逆)한 즉 흉한 것이고 순한 즉 길한 것이다.

❖ **요락혈**(腰落穴) : 여기(餘氣)가 매우 커서 지룡(枝龍)이 수십 리에 걸쳐 뻗어 있는 괴혈. 이런 혈은 왕이나 제후를 배출한다.

❖ **요룡수**(繞龍水) : 결혈한 곳에서 두세 겹 감싸는 물로서 부귀가 연면한다.

❖ **요매수**(妖魅水) : 축수(丑水), 미수(未水)가 파국(破局)이면 귀신(鬼神)을 숭상하는 요사스런 무리가 나온다. 사도(邪道)에 빠진 종교인이 배출되어 다른 사람들을 꾀어 들이고 세상을 어지럽힌다. 어떤 자는 사교(邪敎)의 우두머리가 되어 혹세무민(惑世誣民)한다. 광신자·맹신자가 자꾸 생겨 집안이 어지러워지고, 형제·일가간에 불화(不和)한다.

❖ **요명살**(夭命殺) : 요명살 좌향에 묘를 쓰면 20일 내에 그 자손이 사망한다. 자오년(子午年)에는 경유신(庚酉辛), 좌 축미년(丑未年)에는 갑묘을좌(甲卯乙坐), 인신년(寅申年)에는 술건해좌(戌乾亥坐), 묘유년(卯酉年)에는 진손사좌향(辰巽巳坐向), 진술년(辰戌年)에 축간인좌(丑艮寅坐), 사해년(巳亥年)에는 미곤신좌(未坤申坐) 크게 꺼린다.

❖ **요산**(樂山)

① 지극히 산을 좋아함. 논어에서 인자요산(仁者樂山)을 인용함.
② 혈 뒤쪽에서 혈장(穴場)에 바로 응하여 받쳐주는 산. 직룡(直龍)에서 요산(樂山)을 요하지 않으나 횡룡혈(橫龍穴)이나 요

뇌, 측뇌, 몰골인 경우에는 요산(樂山)을 필요로 한다.

❖ **요살풍**(凹殺風) : 혈 뒤의 요풍(凹風)은 자손이 성하지 못하고, 혈 앞의 요풍(凹風)은 빈곤하고, 혈 왼쪽의 요풍(凹風)은 장손이 홀아비나 과부가 되고, 혈 오른쪽 요풍(凹風)은 재산이 파산하고, 혈 양쪽 어깨의 요풍(凹風)은 최악풍으로 자손에게 병이 많이 따르며 포악하거나 정신질환을 앓는다.

❖ **요성**(曜星) : 청룡·백호의 뒤에 있는 뾰족한 바위. 이것은 용호(龍虎)의 정기(精氣)가 왕성하여 밖으로 뿜어 나가 생긴 것으로 귀한 명당혈(明堂穴)에는 요성이 있게 마련이다. 요성이 없으면 대귀(大貴)를 얻기 어렵다. 혹 과거에 급제해도 높은 벼슬에 오르지 못한다. 요성은 또 혈과 가까이 있고 커야 좋다. 요성이 가까우면 가까울수록 발복(發福)이 그만큼 빠르다. 요성이 혈과 아주 가까이 있으면 소년에 장원급제하여 이름을 널리 떨치는 자손이 나오게 된다. 요성이 너무 작아도 높은 지위에 오르지 못한다.

① 청룡·백호 끝 부분에 우각(牛角 : 소뿔) 모양으로 돋아난 것. 요(曜)가 청룡·백호 안에 있어 혈에서 보이면(묘자리) 명요(明曜)라 하고, 청룡·백호의 밖에 있어 혈에서 보이지 않으면 암요(暗曜)라 한다. 요가 청룡·백호 중에 한군데만 있으면 별로 기이할 것이 없으나 같은 모양으로 용호에 모두 있으면 아름다운 땅의 증거가 되므로 요를 보고 그 안에 길지가 있음을 알게 된다.

② 용의 귀한 기가 왕성하여 출현한 것이다. 청룡·백호 밖이나 용의 몸체나 다리 혹은 혈 앞의 좌우에 혹은 명당 아래 또는 수구 등 어느 곳을 막론하고 용의 몸체에 붙은 뾰족한 산이나 바위를 총칭한다.

③ 요성(曜星)이란 혈 양쪽에 있는 바위나 청룡·백호 너머에 있는 산을 요성이라고도 한다.

④ 청룡·백호의 끝쪽에 붙은 예리한 사(砂)나 암석을 통칭하는데, 마치 손끝의 손톱과 같은 요소이므로 너무 크거나 작지 않고 적당함을 요한다.

⑤ 요성이란 좌우 청룡·백호 밖으로 있는 사(砂)를 말하는데, 뱀이나 용모양으로 생긴 것이 원칙이며 관, 귀, 금성에서 설명한 오성체(五星體)와 비슷한 것도 있으며, 걸쳐놓은 사다리 모양의 층층산이나 어병(御屛 : 군주 주위를 감싸는 병풍) 같은 것이 있으면 극품이다. 국(局)이 잘 갖추어진 곳에 반드시 요성이 있다.

❖ **요수**(樂水) : 지극히 물을 좋아함.

❖ **요수** : 조사(早死) 요절(夭折)

❖ **요수기**(腰受氣) : 기선이 허리 부위에서 접속하도록 향을 정하는 방법. 3궁 이상(45도 : 90도 내외)을 띄워서 옆으로 맺힌 것(=橫結)으로 좌요(左腰) 우요(右腰)의 구별이 있는데, 건입수(乾入首) 간좌(艮坐) 우요수기(右腰受氣)나 간입수(艮入首) 건좌(乾坐) 좌요수기(左腰受氣)의 예와 같은 경우 발음이 비교적 느리다.

❖ **요안일**(要安日) : 월가길신(月家吉神)의 하나로 이날에는 무슨 일을 하든지 복을 얻고 안락하다는 날. 특히 호주상속 및 양자(養子)를 세우는 일을 하면 대길하다.

正月寅　二月申　三月卯　四月酉
五月辰　六月戌　七月巳　八月亥
九月午　十月子　十一月未　十二月丑

1월이면 인일(寅日), 2월이면 신일(申日), 3월이면 묘일(卯日)이 요안일이다.

❖ **요연** : 확실하고 명백함.

❖ **요조탁사**(鷂鳥啄蛇) : 매가 뱀을 쪼는 형국. 혈은 날개 위에 있고, 안산은 매가 쪼아먹는 뱀이다. 매 형국의 명당에 조상의 묘를 쓰면 자손들이 용감하고 강직하며 부귀를 얻는다.

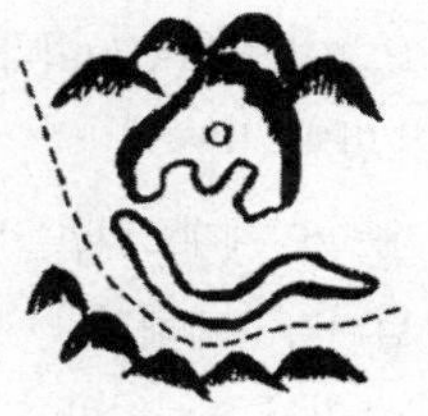

❖ **요질**(腰絰) : 상복을 입을 때에 허리에 감는 띠. 짚에 삼을 섞어서 굵은 동아줄 같이 만듦.

❖ **요탈혈** : 산세의 용줄기로서 산세가 아무리 좋고 힘차게 내려와도 산등이 칼날처럼 날카롭고 좌우 경사가 심하여 혈 자리 잡기가 비좁으면 이런 자리는 묘를 쓰지(만들다) 말아야 한다.

❖ **요포명당**(遶抱明堂) : 당기(堂氣)가 요포(遶抱)하여 수성(水城)으로 하여금 전신을 만곡(彎曲)하니 명당이므로 내당요(內堂遶)는 부귀가 유장(悠長)하다. 명당의 기를 감싸고 물이 만곡하여 수성(水城)이 완전하며, 기다란 산줄기와 물줄기가 혈 앞에서 혈을 둥글게 감싸주는 것이 요포명당이다. 요포명당이 앞에 있는 혈은 발복이 매우 빠르며 발복하여 얻은 부귀가 아주 오래 간다. 그런데 길게 흐르는 물줄기가 일직선으로 곧게 뻗으면 안 좋다. 참된 요포명당은 물줄기가 활처럼 휘어져 뻗어 간다.

❖ **요풍**(凹風) : 산의 양쪽머리가 높고 가운데 허리부분은 저함하여 흡사 요자(凹字)의 모양으로 되어 바람이 불어올 수 있는 상태. 바람이 언제나 허(虛)한 곳으로 불어오기 마련이므로 산이나 용맥이 요함(凹陷)하거나 트이면 오목한 곳이나 트인 골짜기에서 거센 바람이 몰아닥친다. 즉 요풍이란 오목한 곳에 불어오는 바람인데, 예를 들어 자방(子方)이 요(凹)하면 자방(子方)의 요풍(凹風)이라 한다. 요풍이란 산봉우리와 산봉우리 사이가 움푹 들어간 것이다. 이 요풍을 통해서 흉한 기운이 바람을 따라 침범한다. 요풍 때문에 생겨나는 화(禍)는 요풍의 방향에 따라 달라진다.

- **오간방**(午艮方) : 요풍이 오방(午方)이나 간방(艮方)에 있으면 셋째 아들이 눈이 멀게 된다.
- **축간방**(丑艮方) : 자손들이 대대로 형벌을 받는다. 또 물에 빠진다.
- **계신방**(癸辛方) : 남녀가 음란해진다.
- **축방**(丑方) : 군대에 가서 죽는 사람이 생긴다.
- **간방**(艮方) : 전염병에 걸리는 자손이 나온다.
- **인방**(寅方) : 호랑이에 물리는 자손이 나온다.
- **갑방**(甲方) : 자손 중에 길에서 죽는 사람이 생긴다.
- **묘을방**(卯乙方) : 양쪽 눈이 다 먼 사람이 나온다.
- **진손방**(辰巽方) : 체머리를 흔드는 사람이 생긴다. 중풍에 걸린다.
- **사병방**(巳丙方) : 뱀에 물리는 자손이 생긴다.
- **오정방**(午丁方) : 자손들이 화재(火災)를 당한다.
- **미방**(未方) : 힘들게 일하다 지쳐서 죽는 자손이 나온다. 해수병으로 고생하는 자손도 생긴다.
- **곤방**(坤方) : 자손들이 재판을 많이 한다. 관(官)에 불려가 재판을 받기도 한다.
- **경방**(庚方) : 난폭한 자손이 나온다. 횡포를 부리다가 그로 인해 패가망신한다.
- **유방**(酉方) : 눈병으로 고생한다. 시력이 약해 안경을 쓰는 자손이 많이 나온다.
- **술건방**(戌乾方) : 꼽추가 나온다. 흉악한 도적이 나오거나 도적으로부터 해를 입는다.
- **임해방**(壬亥方) : 자손들이 궁핍하게 지낸다.

❖ **요**(曜)**풍**(風) : 혈전(穴前) 혈후(穴後)에 요풍으로 충(冲)을 받으면 그의 자손이 빈한(貧寒)하고 단명(短命)하며 가산(家産)이 패(敗)하고 인정(人丁)이 끊어진다. 청룡(青龍) 사(砂)가 허(虛)하여 풍취(風吹 : 바람이 들어오면)되면 장자손방(長子孫方)에 패(敗)가 되고 백호사(白狐砂)가 허(虛)하여 풍취가 되면 소가방과 외자손(外子孫)이 패가(敗家)한다 하였다. 혈장(穴場)의 양견(兩肩 : 양어깨가) 허(虛 :비어있으면)하여 풍취(風吹)되면 절손(絶孫)한다고 하였고 양족방(兩足方 : 아래쪽이) 허(虛 : 비어있어 바람을 받으면)가 되면 가산(家産)이 탕진(蕩盡)된다고 하였다.

❖ **요혈**(腰穴) : 사람 몸에서 허리에 해당되는 혈. 용맥이 주산(主山)을 벗어나 길게 뻗었으며, 그 한가운데에 혈이 있다.

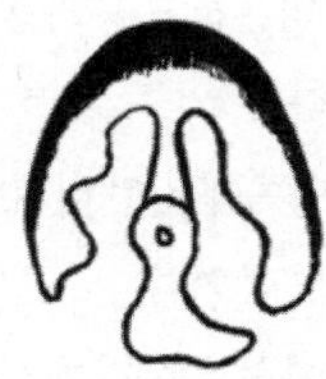

❖ **요횡수**(夭橫水) : 진술수(辰戌水)가 파국(破局)이 된 것을 말함. 큰 횡액(橫厄)을 불러오기 때문에 진수(辰水), 술수(戌水)가 파국이 되면 흉악무도한 사람이 나고 젊어서 일찍 요절하고 횡액을 많이 당한다. 무서운 사고를 입어 뼈가 으스러지고 몸이 으깨져 참혹하게 다치거나 죽기도 한다.

❖ **욕실 공간은 건조하게** : 예전의 재래식 화장실은 집에서 멀리 떨어질수록 좋았다. 대문과 서로 마주 보이는 곳도 피하라 하였고, 특히 대문 바로 옆에 화장실이 있는 집은 매우 흉(凶)하다 하여 드나들기를 꺼려했다. 대문과 서로 마주 보는 화장실은 대문을 들어서는 사람과 화장실에서 나오는 사람이 마주칠 경우 서로가 겸연쩍기 때문이며, 대문 바로 옆의 화장실은 그 집을 드나들 때마다 부패가스가 코를 자극하니 자연히 발길이 뜸해질 수밖에 없기 때문이다. 그 결과 드나드는 사람의 발길이 잦지 않으니 사람들과도 사이도 멀어지고 사회생활에서도 능률이 점점 저하되어 간다. 수세식 화장실은 분명 악취 발생요인을 위생적으로 처리한 좋은 실례다. 재래식 화장실이 위생적인 수세식으로 바뀌면서부터 화장실은 욕실과 같이 쓰는 한 공간으로 인식되어 집 내부로 들어온다. 이제 좁은 집에서는 공동으로 사용하는 화장실 한 개만 설치되는 반면, 넓은 집에서는 공동으로 사용하는 화장실과 프라이버시와 편리함을 추구하여 개개의 방마다 따로이 화장실을 설치하여 사용하는 경우도 많다. 화장실이 욕실과 겸하게 되면서부터 악취 발생은 없어졌지만 대신 물을 많이 쓰는 곳으로 그 성격이 바뀌었다. 방수와 배수시설을 완벽하게 할 필요가 생긴 것이다. 주택이 단층일 경우라도 방수와 배수시설이 완벽하지 않다면 오수(汚水)가 스며들어 악취가 나며 콘크리트도 약화시키고 철근까지 부식시킨다. 방수가 불량하면 오수가 스며들어 벽체의 미세한 틈을 타고 아래 시멘트와 철근을 부식시킨 독기(毒氣)를 방안으로 좋지 못한 기운을 뿜어댄다. 화장실은 환기가 잘 되도록 하고, 사용하지 않을 때는 건조한 상태로 유지하는 것이 생활의 지혜이다.

❖ **욕실은 배수와 환기가 잘 되어야 한다** : 주거 환경 중에서 가장 습기를 많이 받는 곳이 목욕실이다. 좋은 욕실이 되기 위해서는 첫째로 배수가 잘 되어야 하고, 둘째는 통풍과 환기가 잘 되어야 한다. 이 두 가지 조건 중의 어느 한 가지라도 문제가 생기게 되면 욕실에는 습기와 더운 공기가 빠져 나가지 못한 채 세균과 곰팡이 등의 원인이 되며 악취마저 진동하게 되므로 몹시 흉한 주택이 되고 만다. 풍수상으로 흉상(凶相)이 된다는 것은 그런 욕실의 흉기(凶氣)가 그곳을 드나드는 가족들의 호흡을 통해서 몸 안으로 흡수됨으로써 건강을 해치고 결국은 우환을 초래한다는 얘기이다. 따라서 욕실의 배수와 환기에 항상 신경을 써서 상쾌하고 밝은 느낌이 들도록 하는 것이 좋다. 예로부터 목욕탕(현대의 욕실)은 황천살방(黃泉殺方)에 설치하면 패가망신하게 된다고 하여 절대적으로 금하였다. 독자들이 욕실의 방위를 살필 때는 다음의 기준을 참고하도록 한다.

- 목욕탕이 동쪽에 있으면 길(吉)하다. 활력을 샘솟게 한다.
- 목욕탕이 남쪽에 있으면 안과질환과 심장병이 생기고 부모나 손윗 사람에게 근심이 생긴다.
- 목욕탕이 서쪽에 있으면 길흉이 반반이라서 반길반흉격이지만 여자나 복잡한 이성 관계로 인한 구설이 많게 된다.
- 목욕탕이 북쪽에 있으면 가장 흉하여 자손에게 나쁜 영향이 있고 정신이상자가 생기며 부부 사이에도 의심과 불화가 많아진다.
- 목욕탕이 남동쪽에 있으면 가정에 상서로운 기운이 가득해지고 매사에 부귀영화가 따른다.
- 목욕탕이 남서쪽에 있으면 주부(아내)에게 흉하고 위장병이나 고혈압 등의 질환을 유발한다.
- 목욕탕이 북동쪽에 있으면 자손에게 나쁜 영향을 미칠 뿐만 아니라 습진이나 수족과 관련된 불치병을 고통받으며 정신이상자가 생긴다.

❖ **욕실은 언제나 쓰고 난 뒤 물기가 없고 바람이 잘 통하도록 해야 한다** : 화장실 주방 욕실의 세 곳에 문제가 있는 것이다. 이는 이곳이 모두 물과 연관이 있기 때문이다. 만일 북쪽 방위에 욕실이 있다면 그 욕실에는 노란색이나 분홍색을 많이 두는 것이 나쁜 기(氣)를 완화 시키는 길이다. 수건이나 슬리퍼도 노란색이나 분홍색으로 바구면 좋다. 만일 서쪽 방위에 노란색이나 분홍색을 놓게 되면 출행하는 것을 좋아하고 외식(外食)을 자주 하게 된다. 이러한 낭비를 방지하려면 황색 계통으로 통일하고 커튼 등으로 해가 들지 못하도록 방지하여야 한다.

❖ **욕인**(褥裀) : 사람이 앉을 때 까는 요를 말함. 혈의 여기(餘氣)로 자리를 펼친 곳을 말한다.

❖ **욕처봉왕향 갑묘좌경유향**(浴處逢旺向 甲卯坐庚酉向) : 자왕향(自旺向)으로 좌선(左旋)의 임자룡(壬子龍)에 우선(右旋)의 신학당

수(辛學堂水)가 굴곡하면서 흘러 들어와서 병천간자상(丙天干字上)으로 흘러나가야 하며, 오(午)로 흘러나가면 도화살을 범하므로 대기(大忌)하며 손사방(巽巳方)으로 흐르면 충생(沖生)함으로 후사가 없어진다는 결과가 된다. 이때에 오(午)나 정방(丁方)이 보이지 않게 병(丙)에서 정(丁)으로 흘러가는 것은 가합(可合)하나 손사(巽巳)를 충생(沖生)하는 일이 있으면 다른 향으로 아예 입향(立向)을 바꾸는 것이 재화(災禍)를 다소나마 감소시킨다. 이와 같이 어디에서나 충생(沖生), 충록(沖祿), 파왕(破旺)은 있어서는 해만 있으며 재화(災禍)만 초래한다. 신자신(申子辰)의 국마(局馬)가 인방(寅方)에 있으며 수국(水局)의 임관해방(臨官亥方)은 지상(地上)의 천마방(天馬方)으로 비록 용처봉왕향(龍處逢旺向)으로 해방(亥方)이 병방(病方)이라 하나 유익하며 꼭 있어야 길창(吉昌)하는 데 큰 도움이 된다. 인(寅)은 수국(水局)의 마(馬)가 있는 곳이면서 갑록(甲祿)도 인(寅)에 있음으로 녹마(祿馬)가 없으면 녹산(祿山)만이라도 단수(端秀)하며 인방(寅方)이 공허하지 않아야 하는 것과 같이 모두를 살피며 찾아야 한다. 이상의 여러 조건으로 보아 3, 7 또는 2, 8의 가감(加減)의 분금(分金)은 꼭 취용(取用)치 않으면 진혈(眞穴)의 본능이 발휘치 못한다. 앞에서 혈장(穴場)의 유우수(有右水)가 계혈(界穴)한다는 것을 가벼이 넘기는 수가 욕처봉왕(浴處逢旺)이라는 자왕향(自旺向)에서는 더욱 유의치 않을 수가 없다. 계혈(界穴)하는 좌변수(左邊水)가 상당(上堂)하게 되면 파왕충록(破旺沖祿)이라는 황천(黃泉)의 대악살(大惡殺)을 범하는 것이니 우변수(右邊水)는 어디까지나 말 그대로 계혈(界穴)에서 그침으로 내수구(內水口)가 신(辛)이 되는 것은 당연하다. 갑묘좌(甲卯坐)에서도 손신봉(巽辛峰)이 서로 양자(兩者)가 상조(相照)하면 삼길육수(三吉六秀)도 되며, 이것만으로 손태을(巽太乙) 신천을(辛天乙)에 이르러 천태을(天太乙)의 결혈(結穴)이라고 하기도 할 만큼 손신(巽辛)은 귀사(貴砂)이다. 갑묘(甲卯)의 혈에 손신(巽辛)의 상조(相照)가 이와 같이 좋은 길사(吉砂)이고 다른 국(局)에서도 인인(人人)이 손신(巽辛)을 노래하는 만큼 유익한 것이며, 특히 욕처자왕향(浴處自旺向)은 욕방(浴方)을 왕향(旺向)으로 입혈(立穴)하고 절태방(絶胎方)이 다시 목욕방(沐浴方)으로 변하여 수구(水口)가 되는 진신수법(進神水法)이면서 또 청낭경(青囊經)의 문고소수법(文庫消水法)이기도 한 것이다.

❖ **욕처봉왕향 임자좌병오향**(浴處逢旺向 壬子坐丙午向) : 자왕향(自旺向)으로 좌선(左旋)의 경유룡(庚酉龍)에 좌선(左旋)의 정학당수(丁學堂水)가 굴곡(屈曲)하면서 흘러 들어와서 갑천간(甲天干)으로 흘러나가면서 절대로 묘(卯)나 인(寅)을 범치 말고 갑천간(甲天干)이 수구(水口)가 되어야 한다. 병오(丙午)의 금국목욕(金局沐浴)을 자왕(自旺)으로 변화함으로 간인(艮寅)은 생방(生方)으로 변화하고 갑묘(甲卯)는 목욕(沐浴)으로 변화하였으니 갑천간(甲天干)으로 흘러나가야 하며, 묘(卯)로 흘러가면 도화살(桃花殺)을 범함으로 대기(大忌)하며 간인(艮寅)으로 흐르면 충생(沖生)함으로 후사(後嗣)가 없어진다는 결과가 된다. 이때 묘(卯)나 을방(乙方)이 보이지 않게 갑(甲)에서 을(乙)로 흘러나가는 것은 가합(可合)하나 간인(艮寅)을 충생(沖生)하는 것은 있을 수 없는 것이다. 경유룡(庚酉龍)에서 해입도 임좌(亥入道 壬坐)가 정혈(正穴)이 되면 백호가 도두(到頭)함으로 높고 병사수(病死水)가 보이지 않으며 혈당(穴堂)은 좌우가 정방(丁方)으로 내수구(內水口)가 되는 것이니 위지쇠방(謂之衰方)으로 오고 감이 가합(可合)하다. 이 좌향에서 생기(生氣)의 손(巽)이 임관(臨官)의 녹방(祿方)으로 변하였으니 손수(巽水)가 조공(朝拱)하면 신동(神童)이 출생하게 되고, 오(午)의 천마방(天馬方)에 마산(馬山)이 있게 되면 최관(催官)이 가장 빠르게 성취하게 된다. 손(巽)의 임관녹수(臨官祿水)가 없고 손(巽)과 신봉(辛峰)이 서로 조대(照對)하였으면 육수(六秀)의 귀(貴)라 하며, 손태을(巽太乙)과 신천을(辛天乙)의 봉(峰)이 문필로 수출(秀出)하였으면 천을태을(天乙太乙)이 침운소(侵雲素)라고 극길(極吉)하다. 목욕(沐浴)이 자왕(自旺)이 되고 절태(絶胎)가 다시 목욕(沐浴)으로 변하는 이 수법(水法)은 청낭경(青囊經)의 문고소수(文庫消水)의 법이면서 또 갑(甲)은 본래가 금국(金局)의 녹존방이라 녹존(祿存)으로 수구(水口)가 되어서 물이 흘러나감으로 녹존류진패금어(祿存流盡佩金魚)라고도 하는 귀국(貴局)이다. 그러나 다소는 입혈(立穴)하기가 까다로워 함부로 입혈(立穴)키는 어려운 난점이 도사리고 있다.

❖ **용**(龍) : 풍수지리학에서 산줄기, 산맥을 일컫는 말. 산이 품고 있는

정기는 산줄기를 따라 흐르고 이는 기복을 거듭하며 길게 굽이쳐 뻗어 있기 때문에 변화무상한 산세가 기상과 흡사하여 그 형상이 용과 같다 하여 용이라 부른다. 모든 산맥(山脈)을 통칭한 술어.

① 평지보다 높이 솟아 있는 땅을 말한다. 용은 산을 말하기도 하고 산이 이어져 오는 지맥(枝脈)을 일컫기도 한다. 용(龍)이란 가상적인 동물 이름으로 두려움과 최고의 지위와 불가사의한 능력을 나타내며 받들어 추앙하는 마음을 불러 일으키며 풍수지리에서는 실제 살아있는 용(龍)에 비유한다.

② 용(龍)이란 내룡(來龍)의 산맥을 일컫는 말로서 풍수지리에서만이 전래되는 전용어이다. 내룡(來龍)의 산맥을 용(龍)이라 일컫는 이유는 내룡(來龍)의 산맥형상이 천형만태(千形萬態)로 굽어졌는가 하면 곧아졌고, 높아지는가 하면 가라앉고, 숨었는가 하면 다시 나타나고, 유순(柔順)한가 하면 거역하고, 엎드렸는가 하면 일어나는 이 모든 변화무상한 형상이 마치 용의 전설적인 변화와 흡사히 같다 하여 산래산거(山來山去)하는 산맥을 용(龍)이라 일컬어 사용하고 있다. 용(龍)에는 간룡(幹龍), 지룡(枝龍), 내룡(來龍)이 있다.

- **간룡**(幹龍) : 간룡(幹龍)이란 태조산(太祖山)으로부터 발맥(發脈)되는 용이 개장(開帳)되며 지엽적(枝葉的)으로 분지되어 나가는 용(龍)이 아니라 중출(中出)로 용맥(龍脈)이 뻗으며 용세(龍勢)의 총기운(總氣運)을 받는 주가 된 용(龍)을 말한다.
- **지용**(枝龍) : 조종산(祖宗山)으로부터 출맥(出脈)된 용(龍)이 개장천심(開帳穿心)하는 과정에서 분지(分枝)되는 용(龍)으로 간룡(幹龍)에서 가지로 형성되어 나가는 용(龍)을 말한다.
- **내룡**(來龍) : 조종산(祖宗山)으로부터 내려오는 용세(龍勢)가 총기운(總氣運)을 받고 중출맥(中出脈)으로 이어지며 명혈을 맺기 위하여 정기(精氣)가 취집(聚集)된 용(龍)을 내룡(來龍)이라 하며, 이 용(龍)에는 반드시 좋은 국(局)을 만나면 대명혈(大明穴)을 이루는 용(龍)을 말한다. 용(龍)이 고단(孤短)하면 생기(生氣)가 모이지 않고, 혈이 노출되면 사방으로부터 풍취(風吹)를 받게 되어 산기(散氣)가 되어 생기(生氣)가 모이지 않는다.
- **노룡**(奴龍)**과 눈룡**(嫩龍) : 노룡(奴龍)은 고산의 험한 석산(石山)으로 늙은 용(龍)으로 비유할 수 있고, 눈룡(嫩龍)은 굴곡이 유연한 낮은 산으로 젊은 용으로 비유할 수 있다. 노룡은 높고 험준한 석산(石山)이니 혈을 맺지 못하고 눈룡(嫩龍)은 낮은 산을 굴곡의 변화가 왕성하고 유연한 형상이 백태만상(百態萬象)이라, 형태가 변화할 때마다 다양한 형국으로 취혈(聚穴)이 되어 크고 작은 혈이 이루어지고, 노룡(奴龍)은 험준한 능선으로 고목의 뿌리나 굵은 줄기에 해당되는 고목에 꽃이 못피는 것과 같이 결혈(結穴)이 될 수가 없고, 눈룡(嫩龍)은 다양한 변화가 가능한 나무의 지엽(枝葉)과 같으니 열매가 맺기에 합당하니 조화롭고 아름다운 젊은 용(龍)으로 보아 결혈(結穴)이 가능하므로 정혈(定穴)을 함에 있어 가장 이상적인 취혈방법(取穴方法)은 노룡(奴龍)에서 눈룡(嫩龍)으로 변환(變換)되는 과정의 지점을 찾아 정혈(定穴)을 하는 것이 가장 이상적인 방법이다. 용(龍)의 장단에서 용(龍)이 길면 받는 발복(發福)도 길어서 오래가고 용(龍)이 너무 짧으면 기운이 작아서 복력(福力)도 장구(長久)하지 못하다 하였다.

❖ **용거**(龍去) : 청룡이 밖으로 나가는 모양.

❖ **용(龍)과 수(水)의 배합도**

① **화국을룡**(火局乙龍) : 인오술(寅午戌)과 간병신(艮丙辛)의 3합은 화국(火局)이므로 12포태법의 바깥은 병(丙)의 장생(長生)인 간인(艮寅)에서 시작하여 시계방향으로 돌아가는 수(水)의 장생법을 보고, 안쪽은 을(乙)의 장생(長生)인 오(午)에서 시작하여 반시계 방향으로 역행하는 용(龍)의 장생법이다.

② **수국신룡**(水局辛龍) : 수국신룡은 신자진(申子辰)과 곤임을(坤壬乙)의 3합 수국으로서 용과 수의 배합을 나타낸다. 바깥선인 임수(壬水)의 장생이 곤신(坤申)에 있으므로 시계방향으로 순행하면서 수(水)의 12포태법을 나타내고, 안쪽 신금(辛金)의 장생은 임자(壬子)에 있으므로 반시계방향으로 역행하면서 용(龍)의 12포태법을 표시한다. 안과 밖의 12포태법중 묘는 같고 생(生)과 왕(旺)은 서로 다르다.

③ **금국정룡**(金局丁龍) : 금국정룡은 지지 사유축(巳酉丑)과 천

간 손경계(巽庚癸)의 3합인 금국을 이루는 것으로서, 바깥 경금(庚金)의 장생은 손사(巽巳)에 있고 시계방향으로 순행하면서 수(水)의 12포태법을 관장하고, 안쪽 정화(丁火)의 장생은 경유(庚酉)에 있고 반시계방향으로 역행하면서 용(龍)의 12포태법을 관장한다. 묘는 용과 수의 방위가 같고 생(生)과 왕(旺)의 자리는 용과 수가 바뀌어 있다. 이하 6개좌만 합국이고 다른 향은 맞지 않는다.

- **건좌손향**(乾坐巽向), **해좌사향**(亥坐巳向) : 왕방인 우수가 왼쪽으로 흘러돌아 생방인 향 앞을 지나 정고(正庫)인 묘방으로 나간다. 그러므로 정생향(正生向)이다.
- **갑좌경향**(甲坐庚向), **묘좌유향**(卯坐酉向) : 생방의 좌수가 오른쪽으로 흘러 왕방인 향 앞을 돌아서 계축(癸丑) 묘방으로 나가므로 귀격인 정왕향(正旺向)이 된다.
- **정좌계향**(丁坐癸向), **미좌축향**(未坐丑向) : 생방과 관방의 양수가 함께 만나 간인(艮寅) 절방으로 나가면 길격인 정묘방(正墓方)이 된다.

④ **목국계룡**(木局癸龍) : 목국은 해묘미(亥卯未)와 건갑정(乾甲丁)의 3합목국으로서, 바깥 갑목(甲木)의 장생은 건해(乾亥)에 있으므로 시계방향으로 순행하여 수(水)의 12포태법을 보고, 안쪽 계수(癸水)의 장생은 갑묘(甲卯)에 있으므로 반시계방향으로 역행하여 용(龍)의 12포태법을 본다.

- **손좌건향**(巽坐乾向), **사좌해향**(巳坐亥向) : 왕방 우수가 왼쪽으로 흘러 생방을 지나 정미(丁未), 묘고(墓庫)로 나간다. 그러므로 귀격인 정생향(正生向)이 된다.
- **경좌갑향**(庚坐甲向), **유좌묘향**(酉坐卯向) : 생방의 좌수가 오른쪽으로 흘러 향을 돌아 묘고정미방(墓庫丁未方)을 나가니 정왕향(正旺向) 된다.

❖ **용**(龍)**과 입수**(入首)**와 좌**(坐) : 혈처(穴處)에 이르러 내룡(來龍)을 분별 못하고 좌향(坐向)을 경시(輕視)하여 크나큰 과오(過誤)를 범하고도 지사(地師)가 그 책임을 느끼지 못하지만 이를 두고서 적악자(積惡者) 필유화(必有禍)라는 말은 그 지사(地師)에게 재화(災禍)가 미친다는 것이다. 그러므로 천리행룡(千里行龍)을 논하는 것도 좋고 정기(精氣)를 논(論)하는 것도 당연하지만 긴요(緊要)한 것은 내룡(來龍)에 좌향(坐向)이 잘못되면 용맥(龍脈)이 손상(損傷)되면 체백(體魄)이 불(不)령(寧)하므로 그 자손에게 각종의 재화(災禍)가 이른다는 것이다.

❖ **용과 주변 산수가 흩어진 땅은 흉한 땅이다** : 용맥이 단단하게 뭉치어 오는 것이 아니라 질서 없이 퍼져서 오는 것을 말한다. 기가 한 곳으로 모이지 않으므로 허약해 보이며 주변 산수는 혈을 중심으로 잘 감아 감싸주는 것이 아니라 각기 다른 방향으로 흩어져 달아난다. 청룡·백호를 비롯한 주변 산들이 혈을 감싸주고 생기를 보호할 수 있어야 산 따라 흐르는 물도 자연히 혈을 보호하게 된다. 그런데 산이 등을 돌리고 달아나니 물도 달아나게 되며 생기가 전혀 보호를 받지 못하고 흩어지고 마는 것이다. 이러한 곳에 장사 지내면 재물이 달아나고 흩어져 가난하다.

❖ **용도**(龍圖)

① **염작조형도**(廉作祖形圖) : 다음의 그림은 완전한 용의 형상도이다. 태조산(太祖山)으로부터 결혈처(結穴處)에 이르기까지 대략적으로 잘 나타낸 그림이다.

② **흉룡도**(凶龍圖)

- **완룡**(頑龍) : 준조직경(蠢粗直硬 : 벌레처럼 조잡하여 활동성이 없으며 굳어 있음)하여 옹종완돈(臃腫頑頓 : 옹종하

고 딱딱하여 활동성이 없음)하고 기복이 없으니 이런 곳에 점혈(点穴)하면 패절한다.

- **번화룡**(飜花龍) : 지각(枝脚)이 뒤로 휘어져 돌아보는 정이 없다. 크게 역행함으로 불충불효하고 대흉하다.
- **겁살룡**(劫殺龍) : 조산을 떠난 후에 정맥(正脈)으로 내려오지 않고 맥이 겁탈되어 기를 벗어나서 풍취하여 탈기(脫氣)하였으니 크게 흉하다. 흉룡(凶龍)이 여러 가지로 많아 모두 그리기 어려우나 벌레처럼 뭉특하여 변화없이 곧게 굳어있고 산만하며 거두어들임이 없는 것이니, 기복과 전호(纏護)와 향포(向抱)함이 없으면 이러한 곳에서는 나경(羅經)을 놓아 볼 필요조차 없다.

③ **길룡도**(吉龍圖)

- **길룡도**(吉龍圖) : 중중(重重)으로 개장(開帳)하고 개자(介字)로 중심산맥 하였다.
- **생룡도**(生龍圖) : 환포유정하고 바람을 막고 생기가 넘친다.
- **순룡횡결도**(順龍橫結圖) : 산세가 은은하고 순하게 내려와서 결혈은 가로로 맺었다. 용의 형상이 변화막측하니 그림으로 다 표현하기란 어려운 일이다. 모두가 횡룡(橫龍), 순룡(順龍), 회룡(回龍)에 길흉(吉凶)이 있는 것은 아니다. 필요한 것은 속기(束氣)하고 입수처(入首處)가 참됨이 간절하다. 이기상(理氣上)으로 생왕(生旺)하면 대발(大發)한다.

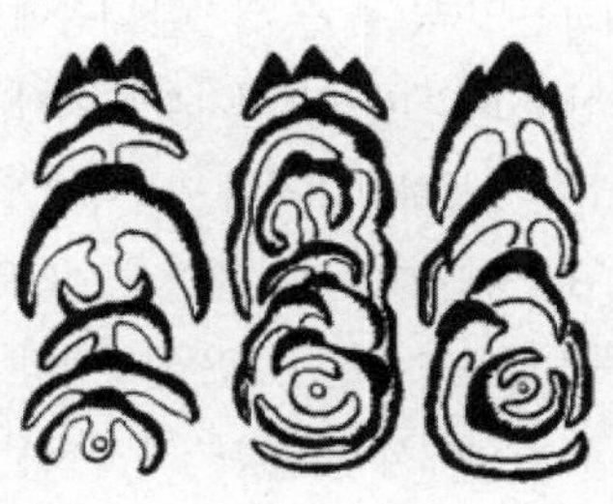

❖ **용론**(龍論) : 용이란 산맥 즉 지맥을 말하는 것으로 뻗어내린 산맥을 좌선룡(左旋龍), 왼쪽으로 뻗어내린 산맥을 우선룡(右旋龍)이라 한다. 곧게 뻗어 나간 산맥을 직룡(直龍), 뻗어 나가는 산맥이 방향을 바꾸어 돌아가는 맥로(脈路)를 회룡(回龍), 야산지대에 순순히 뻗어 나간 산맥을 순룡(順龍), 달리는 방향에서 다시 솟구쳐 되돌아 반대방향으로 뻗어나간 산맥을 역룡(逆龍)이라 한다. 이 모든 행룡은 어느 용이나 시발점이 있으며, 그것을 가리켜 조산(祖山)이라 한다. 조산이 있기 때문에 분맥이 있고 길게 뻗어 간 장룡(長龍), 짧게 끌고 온 단룡(短龍), 서리서리 뭉친 반룡(盤龍), 혹은 숨고 혹은 크고 혹은 작고 혹은 동쪽으로 혹은 서쪽으로 혹은 솟아오르고 혹은 엎드리고 혹은 넓고 혹은 얕고 혹은 구부리고 혹은 끊어져 있다. 행룡은 또한 수 십리 혹은 수 백리 수 천리에서 산맥이 끊어져 있다. 용이란 어느 낙맥(落脈)을 막론하고 조산(祖山) 즉 주산낙맥(主山落脈)을 중심으로 출맥하여 어떤 것은 일어서고 구부리고 열리고 닫히고 넓고 좁아서 천가지 만가지의 기복이 수려하게 변하며, 그 생김이 살이 찌고 원만하며 끝이 단정하여 음양이 분명하여야만 진룡진혈(眞龍眞穴)이라 이른다.

❖ **용루**(龍樓) : 화성룡(火星龍)의 정상이 삐죽삐죽하게 솟아있는 형상을 말함.

❖ **용루보전**(龍樓寶殿) : 태조산(太祖山)의 웅장하고 수려함이 마치 훌륭한 대궐처럼 생겼다는 뜻.

❖ **용루봉각귀인**(龍樓鳳閣貴人) : 장엄한 염정(廉貞) 화성(火星)에서 출발한 산이 토성(土星), 금성(金星), 수성(水星), 목성(木星) 순으로 나열된 것. 상생관계로 질서 정연하게 행룡하고 있으며 이는 최귀격(最貴格)이다. 태조산, 중조산, 소조산, 현무봉 등 내룡(來龍)이 이와 같이 되어 있거나 안산 또는 조산이 용루봉각귀인으로 되어 있으면 왕후장상지지(王侯將相之地)가 된다.

❖ **용마등공형**(龍馬登空形) : 머리는 용이고 몸은 말과 같이 생긴 용마가 하늘로 힘차게 올라가는 형국. 용맥은 비룡입수(飛龍入手)하고 주변의 산세는 구름처럼 생겼다.

❖ **용마루가 공격해 오는 주택** : 대문 밖의 외부 건물이나 도로가 자기집 중앙 부위를 공격해 오듯 길게 놓여지는 경우 안채와 바

깥채가 같은 용마루로 직통된 것. 안채의 중심 부위를 다른 건물의 지붕 용마루 끝 부위가 세로로 길게 치고 들어오는 형태는 불행, 파괴의 흉험과 인명의 손상, 질병, 사고 등 액화를 겪게 된다.

❖ **용맥**(龍脈)**을 따라 물이 보이거나 이곳에 두렵게 물이 들어오면** : 물이 두렵게 들어오면 극한 형륙에 처해지고 참혹한 앙화(殃禍)가 안방까지 미친다. 물이 오는 흉한 방위는 축인(丑寅)과 을진방(乙辰方)이고 후룡(後龍)의 방위론(方位論) 할 때는 정오행(正五行)으로 하는데 운용하는 법을 알면 매우 묘(妙)하다. 건방(乾方)의 용(龍)에서 진방(辰方)의 물이 보이면 흉(凶)이 길(吉)로 변한다. 묘방(卯方)과 유방(酉方)은 비록 도화수(桃花水)이나 물이 맑으면 여(女)자가 어질다. 목욕수(沐浴水)을 득수(得水)을 겸하면 자식은 병마에 탄식한다.

❖ **용맥의 단험** : 포 태맥은 장손, 순 정맥은 가운데 자손, 강 장맥은 막내와 서자를 주관한다. 주맥(主脈:포·태·정·장)이 한자리에 응하거나 절 각에 모이면 극귀(極貴)가 나며, 부와 권세를 얻는다. 주맥이 한자리에 응하면 가장지(可葬地)이다. 4태는 간지의 제왕(帝王), 천지의 사주(四柱), 만산의 시작이라는 점이다. 4태가 다른 맥과 만나서 이루는 형세는 4정을 만나면(呼四正) 통로가 되며, 4금을 만나면(呼四金:또는 藏) 개야(開野)하고, 4순을 만나면(呼四順) 더욱 강해지며(自旺), 4포를 만나면(呼四胞) 수기(收氣)하고, 4강을 만나면(呼四强) 통혈(通穴) 하니, 오른쪽으로는 불핍고장(不乏庫藏:辰戌丑未가 있다는 뜻)하여 부경(扶敬)하고, 왼쪽으로는 불핍장생(不乏長生:寅申巳亥가 있음)하여 봉령(奉令)한다.

❖ **용맥**(龍脈)**의 등급**

- **상급룡**(上級龍) : 임감(壬坎), 자계(子癸), 간인(艮寅), 갑묘(甲卯), 손사(巽巳), 건해(乾亥).
- **중급룡**(中級龍) : 을묘(乙卯), 병오(丙午), 오정(午丁), 곤신(坤申), 경태(庚兌), 신태(辛兌).
- **하급룡**(下級龍) : 계축(癸丑), 축간(丑艮), 을진(乙辰), 손진(巽辰), 정미(丁未), 곤미(坤未), 신술(辛戌), 건술(乾戌), 인갑(寅甲), 사병(巳丙), 경신(庚申), 해임(亥壬).

❖ **용맥**(龍脈)**의 특성** : 건곤간손(乾坤艮巽:사태(四胎) : 유우신(維隅神) : 장남흥(長男興) 만고영웅(萬古英雄)

- **인신사해**(寅申巳亥:사포(四抱, 生) : 장영정(長伶仃), 현인달사(賢人達士)
- **자오묘유**(子午卯酉:四正) : 매(媒) : 중남살(中男殺) 군성 출생(君聖出生)
- **갑경병임**(甲庚丙壬:四順) : 문(文) : 중남발(中男發) 만고여장(萬古女將)
- **을신정계**(乙辛丁癸:四强) : 무(武) : 소남강(小男强) 천하역사(天下力士)
- **진술축미**(辰戌丑未:四葬, 金) : 소남앙(小男殃) 석숭거부(石崇巨富)

❖ **용맥**(龍脈)**이란** : 산의 모양이 각양각색(各樣各色)이다. 대산소산(大山小山) 고산(高山) 저산(低山) 모든 산의 형세(形勢)가 용과 같은 형상(形相)이다.

❖ **용맥**(龍脈)**이 반쯤 잘려지거나 끊어지면** : 용은 산줄기를 말하고, 단(斷)은 잘려지거나 끊어진 것을 말한다. 즉 중간에 용맥이 반쯤 잘려지거나 또는 완전히 잘려진 것을 말하는데, 이때 잘려진 산에 산소나 건물을 지을 때 전후좌우를 둘러싸고 있는 산들에 도로를 내거나 토석을 채취하기 위해 크게 잘리거나 깎여진 곳으로서, 그 잘려진 곳을 정면으로 보고 집을 짓거나 묘를 쓰면 아주 흉하다. 게다가 청룡 줄기나 백호 줄기까지 잘려진 곳이 좌우로 있으면 백발백중 집안에 큰 피해를 당하게 된다.

❖ **용맥이 제일 좋은 맥** : 용맥(龍脈)이 조종산(祖宗山)에서 갈려 나올 때 중심을 뚫고 나온 것이어야 하며, 또한 뻗어 내려오는 형태가 출신으로부터 입수처(入首處)에 이르기까지 일어나고 엎드리고 굴곡하고 협(俠)을 지나서 꿈틀거리는 모습이 춤을 추듯 물찬 제비가 날 듯 천태만상으로 변화하고 중출(中出)하여야 용격(龍格) 중에서도 좋은 용맥이 된다.

❖ **용맥주**(龍脈主) : 용은 맥(脈)으로서 주를 삼으니 단행룡(單行龍)의 입로(入路)하는 일맥(一脈)을 위주한 다음에 입향분금(立向分金)으로서 수산(收山)의 마지막 절차를 마치나, 만약 내룡(來龍)의 주맥이 확실하지 못하거나 전혀 분간이 안 될 때에는 후룡(後龍)의 음양으로서 웅단(雄斷)하지만 역시 길흉을 논하기란 어려운 것이다. 무릇 혈은 향을 존중함은 일혈점정(一穴點定) 이후에 오는 길흉은 모두 향에서 발출(發出)하기 때문이다. 그러므로

용향이 박잡(駁雜)하면 흉으로 본다.

❖ **용반**(龍盤) : 제왕(帝王)의 밥상. 제왕(帝王)이라는 뜻.

❖ **용발**(聳拔) : 높이 솟아남.

❖ **용봉정상**(龍鳳呈祥) : 용과 봉황이 서로 마주보며 기뻐하는 형국. 용과 봉황 양쪽에 혈이 있는 경우가 많고, 안산은 마주 쳐다보는 상대방이다.

❖ **용분삼락**(龍分三落) : 초락룡(初落龍)은 조산(祖山)에서 떨어져 나와 조산(祖山) 가까운 곳에서 불쑥솟아 이마를 이루고 세(勢)를 내려오는 끝에 성신(星辰)을 일으킨 뒤 판국(板局)을 열어 결혈(結穴)이 되는 바, 조산(照山 : 소국한 案山)이 앞에 솟고 탁산(托山)이 벌리고 있으며, 혹 조산(祖山)이 악산(樂山)을 만들어 보강하고 청룡(左山) 백호(右山)가 명당을 보호하고 하수(河水)가 거듭되고 4산이 둘러싸여 주밀하게 되는 것이 모두 조산(祖山)이 불원(不遠)한 것이므로 초락(初落)이라 한다. 중락(中落)은 조산으로부터 떨어져 나오되 조산(祖山)에서 멀리 내려와 크게 구부렸다 적게 엎드렸다 하는 중간에서 홀연 높은 산에서 일어나 소조산(小祖山)을 삼고, 소조산(小祖山)으로부터 다시 떨어져 내려 혹 6·7절, 혹 10절(절은 솟은 곳을 일컬음)을 지나 두 번째 성신(星辰)을 일으켜 이마를 맺고 세(勢)를 내려 국(局)으로 떨어져 결인(結咽)하여 융결(融結)하는 것이니, 그 큰 본룡(本龍)은 스스로 세(勢)를 지어 멀리 가고 나뉜 줄기는 소조산(小祖山) 전에서 갈라지는 것인 바 이 개국(開局)한 곳이 다 하지 않으므로 중락(中落)이라 한다. 조산(照山)과 영산(迎山)은 앞에서 절하는 듯 하고 호종하는 산은 뒤에 막아 있고 그 나뉘어 가던 산이 혹 하수(下手)되고 혹 수구(水口)가 되고 혹 관란(關欄)이 되고 혹 탁락(托落)이 되고 혹 성곽(城廓)이 되는 것이다. 양공(楊公)이 말하기를, 대지(大地)는 모두 허리로부터 좇아 떨어지고 회전한 나머지 가지가 성곽을 만드는 것이라 하였다. 말락룡(末落龍)은 조산(祖山)으로부터 발하여 내려오면서 멀리 멀리 달려가는데 기복이 여러 번을 거듭하고, 동으로 달리고 서로 달려 산세가 장차 끝나려는 곳에 앞으로는 큰 강이나 큰 하수, 큰 시내, 큰 호수, 작은 냇물 등을 임하고, 산맥이 이미 끝이 되어 두 번 뻗어 갈 곳이 없는 것으로 장차 끝이 난 듯하면 아직 미진한 듯한 위치에 홀연 높은 산이 솟아 소조(小祖)를 삼고, 소조(小祖)로부터 다시 내려와 2, 3절에 곧 결항(結項)하고 산세를 아래로 뻗어 속기(續氣)하고 결인(結咽)하여 혈장(穴場)이 되는데, 혹 강호(江湖)와 시내를 웅거하고 혹 하산(下山)의 한 팔이 빗겨 난간을 만들거나 혹은 용신(龍身)을 뒤집어 거꾸로 그 대국(對局)을 벌린다. 물론 산수의 조공(朝貢)과 모든 격에 맞는 것은 중락(中落)의 혈장과 같다. 또는 위와 같이 되지 않고 평양지대(平洋地帶)로 벗어 떨어져 자취를 감추고 지주(地蛛 : 땅거미)가 다락 위에서 떨어지고, 유성(流星)이 은하수를 건너는 것 같이 되어 미미하게 나와 자취를 뛰고, 섬적(閃跡) 전(氈 : 솜털로 만든 모직물)을 펴서 혹은 앙장(仰掌 : 뒤집힌 손바닥) 혹은 금반(金盤) 혹은 금분(金盆)을 만들어 평지의 혈을 맺기도 하는데, 강하(江河)가 막고 있고 먼 산이 조응(朝應)하여 규모가 광대하고 국세(局勢)가 광활하여 모든 격에 갖추지 않은 것이 없게 된다. 요씨(寥氏)이르되, 말락룡(末落龍)이 곧 대진(大盡)이니 기세가 가장 호강하고 웅대한 것이라 하였다.

❖ **용사**(用事) : 장사(葬事).

❖ **용사**(庸師) : 잘 알지 못하는 지사(地師).

❖ **용사류형**(龍巳類形)**의 종류**

비룡승천형(飛龍昇天形) 청룡등천형(青龍登天形)
비룡등공형(飛龍登空形) 황룡도강형(黃龍渡江形)
갈룡망해형(渴龍望海形) 아룡음수형(兒龍飮水形)
노룡부주형(老龍附舟形) 황룡부주형(黃龍負舟形)
오룡쟁주형(五龍爭珠形) 쌍룡농주형(雙龍弄珠形)
비룡함주형(飛龍含珠形) 와룡음수형(臥龍陰水形)
회룡은산형(回龍隱山形) 운중반룡형(雲中蟠龍形)
생사축와형(生蛇逐蛙形) 초중반사형(草中蟠蛇形)
생사청와형(生蛇廳蛙形) 비룡등천형(飛龍登天形)

❖ **용사**(用事) **후의 발복시기**

① 지기(地氣)에 의한 발복시기를 살펴보면, 손 → 자 → 본인 → 부모 → 조부모 → 증조부모인 바, 본인이 자기의 부모님이나 또는 조부모님을 명당에 용사했다고 하면 용사 후에 태어난 자손이 그 명당의 지기(地氣)를 받는 것이므로 대개 4대 내에서 받게 된다고 한다. 그렇다면 손자, 증손 또는 현손이 지기를 받는다는 계산이 된다. 풍수격언(風水格言)에 4대 내에 한 자리씩만 길지(吉地)에 용사하면 가운은 유지된다고 하였다.

② 발복시기 계산을 본인 → 부모 → 조부모 → 증조부모 → 고조부모 → 현조부모로 볼 때 1대를 30년으로 치면 5대는 150년이나 지기(地氣)를 받는다.

❖ **용상**(龍上) **샘물이 나면**: 묘지 뒤쪽 입수지점에 샘물이 나면 장남풍(長男風)이요 혈(穴)두(頭)생수(生水)는 과부출(寡婦出)이라 하였다. 묘(墓)계절 밑에 샘물이 나면 그의 자손이 물에 빠져 죽고 전순하(氈脣下)에 하(下)에 샘물은 그의 자손이 부귀(富貴)하고 백호 안에 샘물이 있으면 자손이 음란(淫亂)이라 했다.

❖ **용상**(龍上)**팔살**(八殺) : 감룡(坎龍)에 진향(辰向) 곤룡(坤龍)에 묘향(卯向) 진룡(震龍)에 신향(申向) 손룡(巽龍)에 유향(酉向) 건룡(乾龍)에 오향(午向) 태룡(兌龍)에 사향(巳向) 간룡(艮龍)에 인향(寅向) 이룡(離龍)에 해향(亥向) 감룡(坎龍)에 진술향(辰戌向) 자좌(子坐)에 진술수(辰戌水)를 같이 살(殺)로 본다. 팔살(八殺)을 용맥(龍脈)에서 향(向)을 가리고 좌(坐)에서 물을 가리고 장리(葬理) 날짜를 잡을 때 용맥(龍脈)이나 좌(坐)에 살(殺)됨을 가린다. 다른 살(殺)도 이 예(例)와 같다.

❖ **용상팔살비애음**(龍上八殺悲哀吟) : 감(坎) 구덩이에 빠진들 용(龍) 내 알 바 아니로다. 곤(坤) 내궁을 넘보는 토끼 토(兎) 가 가소롭고, 진(震) 몸부림쳐도 후(候)지켜만 본 알미운 원숭이, 간(艮) 멈추어 서니 호(虎) 범의 행패가 두렵구나, 이(離) 자리 박차고 뛰어가니 저(猪) 돼지가 따르고, 손(巽) 양지쪽 동남방(東南方) 계(鷄) 닭들이 자리하고 조네, 건(乾) 힘들어 일했지만 마(馬) 천리준마(千里駿馬) 따를손가, 태(兌) 모여살자 원했건만 사(巳) 독사가 우글대네.

❖ **용상팔살좌**(龍上八殺坐)

감룡(坎龍) 술좌(戌坐), 간룡(艮龍) 신좌(申坐)

진룡(震龍) 인좌(寅坐), 손룡(巽龍) 묘좌(卯坐)

이룡(離龍) 사좌(巳坐), 곤룡(坤龍) 유좌(酉坐)

태룡(兌龍) 해좌(亥坐), 건룡(乾龍) 자좌(子坐)

이상의 좌(坐)는 용상팔살(龍上八殺)이니 대면(對面)의 향에서 상극을 받으므로 절대로 사용할 수 없다.

❖ **용세**(龍勢)**와 수세4국법**(水勢四局法) : 4국(四局)은 풍수지리에서 용세(龍勢)와 수세(水勢)의 생왕사절(生旺死絶)을 가늠하는 기본국(局)으로 특히 88향법(向法) 등에서는 필수적 이법(理法)이다. 4국의 분류는 계축(癸丑), 을진(乙辰), 정미(丁未), 신술(辛戌) 등 사고장위(四庫藏位)를 기준으로 한 금국(金局), 수국(水局), 목국(木局), 화국(火局) 등이다. 한편 사국(四局)은 용수음양(龍水陰陽)의 배합국(配合局)이다. 사국은 수동칙양(水動則陽)인 바 물은 양(陽)이요, 산정칙음(山靜則陰)인 바 용은 음이다. 그러므로 수세의 길흉 가름은 좌선순행(左旋順行)하고 용세의 길흉가름은 우선역행(右旋逆行)한다.

■ **사국**(四局)**의 용과 수세의 가름법**

• **금국정룡**(金局丁龍) : 계축(癸丑), 간인(艮寅), 갑묘(甲卯), 수구(水口)[두우납정경지기(斗牛納丁庚之氣)]이다.

 * **수세**(水勢) : 절(絶)[간인(艮寅)], 생(生)[손사(巽巳)], 대(帶)[정미 (丁未)], 왕(旺)[경유(庚酉)], 묘(墓)[계축(癸丑)]

 * **용세**(龍勢) : 절(絶)[임자(壬子)], 생(生)[경유(庚酉)], 대(帶)[정미(丁未)], 왕(旺)[손사(巽巳], 묘(墓)[계축(癸丑)]

• **수국신룡**(水局辛龍) : 을진(乙辰), 손사(巽巳), 병오(丙午), 수구(水口)[신임회이취진(辛壬會而聚辰)은 수국신룡(水局辛龍)]이다.

 * **수세**(水勢) :절(絶)[손사(巽巳)], 생(生)[곤신(坤申)], 대(帶)[신술(辛戌)], 왕(旺)[임자(壬子)], 묘(墓)[을진(乙辰)] *

 * **용세**(龍勢) :절(絶)[갑묘(甲卯)], 생(生)[임자(壬子)], 대(帶)[신술(辛戌)], 왕(旺)[곤신(坤申)], 묘(墓)[을진(乙辰)]

• **목국계룡**(木局癸龍) : 정미(丁未), 곤신(坤申), 경유(庚酉), 수구(水口)[금양수계갑지령(金羊收癸甲之靈)은 목국계룡(木局癸龍)]이다.

* **수세**(水勢) : 절(絶)[곤신(坤申)], 생(生)[건해(乾亥)], 대(帶)[계축(癸丑)], 왕(旺)[갑묘(甲卯)], 묘(墓)[정미(丁未)]
* **용세**(龍勢) : 절(絶)[병오(丙午)], 생(生)[갑묘(甲卯)], 대(帶)[계축(癸丑)], 왕(旺)[건해(乾亥)], 묘(墓)[정미(丁未)]

• **화국을룡**(火局乙龍) : 신술(辛戌), 건해(乾亥), 임자(壬子), 수구(水口)[을병교이추술(乙丙交而趨戌)은 화국을룡(火局乙龍)이다.

* **수세**(水勢) : 절(絶)[건해(乾亥)], 생(生)[간인(艮寅)], 대(帶)[을진(乙辰)], 왕(旺)[병오(丙午)], 묘(墓)[신술(辛戌)]

❖ **용세**(龍勢) : 절(絶)[경유(庚酉)], 생(生)[병오(丙午)], 대(帶)[을진(乙辰)], 왕(旺)[간인(艮寅)], 묘(墓)[신술(辛戌)]

수세의 생궁(生宮)은 용세의 왕궁(旺宮)이 되고, 왕궁은 용세의 생궁이 되며, 용세의 생궁은 수세의 왕궁이 되고, 왕궁은 수세의 생궁이 된다. 또 대궁(帶宮)과 수류동귀(水流同歸)하는 고장궁위(庫藏宮位)는 용과 수가 같은 궁위(宮位)이다.

❖ **용세와 형국** : 산의 작국이 길하고 혈의 형성이 흉한 것을 한가지로 말할 수는 없는 것이다. 세(勢)가 흉하고 혈형이 훌륭하면 오히려 복을 바랄 수 있고 세(勢)가 길하고 형이 흉한 즉 재앙을 불러들인다. 높은 산등성이에서는 가장 바람을 두려워하고 들판에서는 수법이 중요하다. 오는 것은 있어도 합하지 못하면 허리(虛痢)와 허명(虛名) 뿐이며 앞에서 친하게 맞이하고 뒤에서 다정하게 옹위하면 금옥(金玉)을 쌓고 살며 산이 혈에 대하여 바르게 조응(調應)하지 못하고 배반하면 힘이 가볍고 쌍룡(雙龍)이 은은히 합한 즉 기(氣)가 온전하고 역양이 크다. 용이 길하고 사격이 흉한 즉 세월이 오래가면 복이 감해지며 또한 용이 천하고 사격이 좋으면 당년에 흉사가 생기고 용이 생기가 왕성하면 음과 양의 기가 새로 상잡하여 무방하다. 래용(來龍)이 면면히 길게 왔으면 귀천맥(貴賤脈)이 병행(竝行)하여도 관계가 없으며 혈 앞에 평평한 명당이 없으면 귀를 하여도 녹(祿)이 박(薄)하며 안산(案山) 밖에 층층으로 공수(拱手)하는 조산이 없으면 몸은 부(富) 하나 마음이 어둡다. 용맥(龍脈)이 꾸벅꾸벅 봉이서고 미끄러지듯 크게 흘러와 조용하면 영웅이 나고 조금 일어나고 조금 엎드려 오면 넉넉한 요부(饒富)가 난다. 천관인(天關靭)이 적절히 밝고 엄숙하고 주봉과 안산이 높이 솟고 안산이 날개를 펴 춤추듯 하더라도 혈후에 온전한 맥이 없으면 가문(家門)이 길게 존속하지 못한다. 좌하(座下)에 단산(單山)이 있으면 남의 자식을 키우게 되며 문필봉이 솟으면 기특한 재사(才士)가 나오고 뛰어난 깃발이 홀로 높으면 훌륭한 무인이 나며 백호가 웅장하고 고봉이 죽순처럼 삐죽삐죽 드러나면 귀(貴)로 현달하나 화(禍)가 돌아오며 청룡이 단묘(端妙)하여 곱고 바위가 비석처럼 섰으면 왕비와 명필이 난다.

❖ **용수배합론**(龍水配合論) : 산은 땅의 음기(陰氣)요 물은 땅의 양기(陽氣)다. 음양 즉 산수가 배합하여야 진혈(眞穴)이 맺는 것이므로 한 용이 있으면 반드시 그 용을 짝하는 물이 있기 마련이다. 좌선(左旋 : 시계방향으로 도는 것)하는 용은 물이 반드시 우선(右旋 : 시계의 반대방향으로 도는 것)하여 사귀고, 우선하는 용은 그 물이 반드시 좌선하여 사귄다. 이는 남녀(陰陽)가 짝지어 부부가 되는 상이다. 만일 이렇게 되지 않고 산과 물이 서로 등져 달아나면 이는 진룡진혈(眞龍眞穴)이 아니라고 한다.

❖ **용수**(龍水)**의 생기복덕법**(生氣福德法) : 치묘(治墓)에 생기복덕법이라고 하기보다는 생기(生氣) 연년(延年)이라고 호칭하는 것이 타당하며, 선천팔괘(先天八卦)라고 하여도 무방하다. 이사, 택일, 출행(出行)일에서는 그날 행사일 일진(日辰)을 보았지만 치묘(治墓)에서는 산룡(山龍)과 입수(入首)와 물의 득파(得破) 방위를 보는 것이다. 한가지 유의할 것은 출행생기법(出行生氣法)과 치묘생기법(治墓生氣法)과 정혈생기법(定穴生氣法)이 각기 틀린다.

• **출행생기**(出行生氣) : 일상생기(一上生氣) · 이중천의(二中天醫) · 삼하절체(三下絶體) · 사중유혼(四中遊魂) · 오상화해(五上禍害) · 육중복덕(六中福德) · 칠하절명(七下絶命) · 팔중귀혼(八中歸魂)

• **치묘생기**(治墓生氣) : 일상생기(一上生氣) · 이중오귀(二中五鬼) · 삼하연년(三下延年) · 사중육살(四中六殺) · 오상화해(五上禍害) · 육중천록(六中天祿) · 칠하절명(七下絶命) · 팔중복위(八中伏位)

• **정혈생기**(定穴生氣) : 일상문곡 육살(一上文曲六殺) · 이중록존 화해(二中祿存禍害) · 삼하거문 천을(三下巨門天乙) · 사중탐랑 생기(四中貪狼生氣) · 오상염정 오귀(五上廉貞五鬼) · 육중파군 절명(六中破軍絶命) · 칠하무곡 연년(七下武曲延年) · 팔중복음 평평(八中伏吟平平) 등이다. 출행생기(出行生氣)로 일진을 보며 짚

어나가 복덕일(福德日)이나 생기일(生氣日) 또는 천의일(天醫日)이면 아주 대길일이고, 절체일(絶體日)이나 유혼일(遊魂日) 또는 귀혼일(歸魂日) 등은 무해무덕(無害無德)하며, 절명일(絶命日)이나 화해일(禍害日)은 아주 대흉일(大凶日)로 한다. 치묘생기(治墓生氣)는 역시 치묘일 일진을 보며, 짚어나가되 생기일(生氣日)이나 연년일(延年日) 또는 천록일(天祿日)은 대길일이며, 나머지 오기(五氣)는 대체로 흉일인데 육살(六殺)·절명(絶命)·화해(禍害)일은 더욱 대흉하다. 정혈생기(定穴生氣)는 일진과는 상관없이(일진도 보기도 함) 거문(巨門)이나 탐랑(貪狼) 또는 무곡(武曲)의 용(龍)이나 득파(得破)는 대길처(大吉處)며, 문곡(文曲)·녹존(祿存)·염정(廉貞)·파군(破軍)은 흉처(凶處)이다. 복음(伏吟)은 수평(水平) 지평(地坪)이라 하니 써도 가하다. 정혈생기를 알기 위해서는 먼저 팔괘의 분기법(分氣法)부터 알아야 한다. 정혈생기(定穴生氣)의 분기법(分氣法)은 많은 지사(地師)가 활용하고 있지만 꼭 이 분기법에 집착하여서는 안 된다. 이 정혈분기법을 제팔(第八)에 좌보(左補) 우필(右弼)을 따로 하여 구성법(九星法)이라고도 한다. 이 정혈분기법을 쓸 때는 먼저 부모산과 좌청(左青) 우백(右白)을 보고 현무(玄武) 주작(朱雀) 등이 아름다워 혈성이 매우 아름다운 곳을 찾은 다음에 써야지 산과 물이 불청(不清)하고 내룡거룡(來龍去龍)이 불미하면 아무리 정혈분기법이 좋아도 한갓 구족지화(拘足之靴)에 불과하다. 이 정혈분기법(定穴分氣法)에는 세 가지가 있다. 첫째 정혈분기법(定穴分氣法), 둘째 건천분기법(乾天分氣法), 셋째 곤지분기법(坤地分氣法)이 있는데 모두 상합(相合)하여 쓰면 좋으나 세 가지를 다 쓰면 용처(用處)가 없게 된다. 내룡(來龍)이나 입수(入水), 또는 득수(得水)나 파수(破水)의 행처를 보아 방위가 어느 분기법에 해당한가를 확실하게 하여 패철을 놓고 선정하여야 한다. 만약에 건갑입수(乾甲入首)나 건갑룡(乾甲龍) 또는 건갑에 득파(得破)면 건갑동궁(乾甲同宮)이니, 건삼련(乾三連☰)에서부터 시작하여 일상문곡(一上文曲) 이중록존(二中祿存)하며 짚어나간다. 건삼련(乾三連)부터 시작하였다면 건갑좌(乾甲座)에서 일상문곡(一上文曲)하니 건삼련(乾三連)에서 시지(示指)를 모지(母指)에서 떼어낸다. 건삼련은 시지(示指)·중지(中指)·약지(藥指)가 모두 붙은 상태이기 때문이다. 건삼련(乾三連☰)에서 모지(母指)에서 시지(示指)를 떼어내며 일상문곡하니 괘는 태상절(兌上絶☱)이 되며 태정사축방(台丁巳丑方)이 문곡(文曲)인 것이다. 다시 이중록존(二中祿存)하면 다시 모지에서 중지를 떼어내며 괘는 진하련(震下連☳)이 되며 진경해미(방震庚亥未方)이 녹존방(祿存方)이 된다. 이하도 이 괘를 모방하여 짚어나간다. 또한 물이 들어오는 곳(得水方)이 이임인술좌(離壬寅戌坐)라면 이임인술은 이허중(離虛中☲)이니 모지에 시지(示指)와 약지(藥指)만 붙고 가운데 손가락은 떨어진 상태이다. 이허중(离虛中☲) 상태에서 일상문곡(一上文曲)하면 시지(示指)가 모지(母指)에서 떨어지고 약지(藥指)만 모지와 붙어 있는 상태이니 진하련(震下連☳) 상태이면, 진·경·해·미(震庚亥未) 파수(破水)가 문곡(文曲)이 된다. 진하련(☳) 상태에서 이중록존(二中祿存)하면 떨어졌던 중지(中指)가 다시 모지와 붙은 상태가 되며 괘는 태상절(兌上絶☱)이 되며, 태·정·사·축방(兌丁巳丑方)이 녹존(祿存) 된다. 손가락을 짚고 떼는데는 항시 상·중·하 소리를 머리속에 유의할 것이다.

❖ **용신결혈상극**(龍身結穴相剋) : 이 형체는 오성(五星) 용신(龍身)이 주산(主山)으로부터 마디마디 상극(相剋)되어 결혈(結穴)되었으므로 반드시 재흉 환패하여 패가 망신하게 된다. 자손은 불충, 불효, 불의의 사람이 생기며 이른바 패망의 땅이라 하겠다. 그러나 상극체에 있어서도 전환 변화가 있어서 금성행룡(金星行龍)이 목성에 작혈(作穴)하면 금극목(金克木)으로 흉격이나 좌우로 화성을 얻어서 화성이 흉격을 제지하며 수성을 득하면 수성의 도움을 받아 흉이 길로 바뀌어 선패(先敗) 후성(後成)하므로 초패(初敗) 연후에 후성 재기하는 땅이 허다하므로 잘 살펴야 한다.

❖ **용신결혈상생**(龍身結穴相生) : 이 형체는 오성의 변화가 주산(主山)으로부터 결혈처까지 기복의 마디마디에 상생하여 결지(結地)되어 있어 부귀의 땅이요 충효예의의 자손이 속출하는 가히 대지(大地)라 한다.

- 참암(嶄岩)은 높고 험악한 암벽석산으로 불길한 땅이다.
- 산만(散漫)은 광활하고 평탄한 곳으로 기(氣)가 흩어진다.

- 완경(頑硬)은 산세가 완강직급하여 용(龍)의 활동이 불가능하므로 흉하다.
- 첨세(尖細)는 바늘끝처럼 날카롭고 뾰죽한 산으로 불길하다.
- 탕연(蕩軟)은 혈장(穴場)이 너무 넓어 기(氣)가 속결(束結)하지 못하는 흉한 땅으로 불길하다.
- 산의(散衣)는 산세가 흩어지고 끊어지며 떨어지는 땅으로 불길하다.
- 용두(龍頭)는 머리에 부스럼이 있는 것 같은 모양으로 생기가 없어 초목이 살지 못하는 쓸데없는 땅이다.
- 반시(反時)는 청룡과 백호가 역행하여 쓸 수 없는 땅이다.
- 호입명당(虎入明堂)은 백호가 바늘같이 뾰죽하여 혈을 찌를 듯한 땅으로 자손이 성하지 못하며 매우 흉하다.
- 사괴(死塊)는 생물이 죽어 있는 모양 같으며 흙을 뭉쳐놓은 것 같은 땅으로 생기가 없다.
- 대구(大口)는 와혈·겸혈(窩穴·鉗穴)과 같으나 지나치게 넓어 과대구형(過大口形)이라고도 한다. 기(氣)가 속결(束結)되지 않는 땅으로 불길하다. • 앙기(仰箕)는 와혈(窩穴)이 지나치게 커서 결혈(結穴)되지 못하는 불길한 땅이다.
- 굴함(窟陷)은 사방팔방이 높은 가운데 함(陷)한 곳으로 불길하다.
- 돌로(突露)는 주위에 산이 없으며 높이 돌출되어 생기가 없고, 혈이 없는 불장지(不葬地)이다.
- 단경(短頸)은 죽은 맥으로 입수(入首) 목이 짧으면서 크기만 하여 결혈(結穴)되지 못하는 땅이다.
- 현무벽립(玄武壁立)은 혈 뒤가 바람벽같이 높고 험준하여 좋지 않다. 그러나 혈의 앞과 좌우가 속기(束氣)와 조응(照應)되면 무방하다.
- 동두(童頭)는 머리에 부스럼이 생긴 것 같은 모양으로 생기가 없으니 초목이 살지 못하는 땅이다.
- 사충(死蟲)은 뱀이나 벌레가 죽어 있는 모양으로 생기가 없으니 불길하다.
- 단성(斷城)은 물과 땅이 끊어진 곳으로 불길한 땅이다.
- 당성(撞城)은 직수(直水)하여 혈을 충사(沖射)하는 불길한 땅을 말한다.
- 이향(離鄕)은 좌청룡과 우백호의 수계(水界)가 함께 떠나가는 불길한 땅이다.
- 과궁(過宮)은 기(氣)가 너무 지나쳐 기(氣)를 맺지 못하는 불길한 땅으로 속결(束結)이 불가능한 곳이다.

❖ **용(龍)을 알면** : 용을 알면 맥을 볼 줄 알고 기(氣)를 알면 가히 혈을 찾을 수 있다.

❖ **용을 알 수 있는 비결** : 용은 그 변화가 막측(莫測)하여 숨었는가 하면 나타나고, 크기도 하고 작기도 하고, 동으로 가기도 하고 서로 가기도 하고, 혹 일어나기도 하고 엎드리기도 하고, 높기도 하고 낮기도 하고, 구르기도 하고 끊어지기도 하여, 그 변화를 사람이 다 알아보기는 참으로 어렵다. 땅의 과협처(過峽處)에는 반드시 호위(護衛)가 있어야 하고, 용에는 용의 수염과 뿔과 머리와 눈이 있어야 하고, 땅이 장차 결처(結處)가 되려면 반드시 혈성이 일어나고 용호사(龍虎砂)가 있고 둥글게 솟아(毬簷) 하수(鰕鬚)와 해안(蟹眼)이 있어야 한다. 벌레처럼 조잡하고 경직(硬直)되면 겁살룡(劫殺龍)이니 논할 것도 없으나, 그 모양이 지극히 활발하고 아름다운 용이라도 장사한 뒤에, 또한 발복이 없다면 미옥(美玉)에도 티가 있다는 것과 같다. 입산하여 수구의 법을 살피고 먼저 금룡(金龍)의 동(動)과 부동(不動)을 보는 것이다. 4국의 무슨 용인가를 알자면, 수구가 신(辛)이나 건(乾)에 있다면 을룡(乙龍), 계(癸)나 간(艮)에 있으면 정룡(丁龍), 을(乙)이나 손(巽)에 있으면 신룡(辛龍), 정(丁)이나 곤(坤)에 있으면 계룡(癸龍)이다. 입수는 생왕(生旺)을 얻고 모양은 풍만하여야 한다. 을룡(乙龍)은 병오장생(丙午長生)과 간인제왕(艮寅帝旺)의 입수를 얻어야 하고, 정룡(丁龍)은 경유장생(庚酉長生)과 손사제왕(巽巳帝旺)의 입수를 얻어야 하고, 신룡(辛龍)은 임자장생방(壬子長生方)과 곤신제왕입수(坤申帝旺入首)를 얻어야 하고, 계룡(癸龍)은 갑묘장생(甲卯長生)과 건해제왕(乾亥帝旺)의 입수(入首)를 얻어야 하고, 형상(形象)이 또한 풍비원만(風肥圓滿)하여야 생기가 있는 것이니, 이것이 곧 도두일절(到頭一節)의 법이며 장승생기(葬乘生氣)의 법이다. 이렇게 되면 반드시 부하고 귀하게 되리니 의심할 필요가 없다. 대부귀(大富貴)의 용이라면 대부귀(大富

貴)로 발하고, 소부귀(小富貴)의 용이라면 소부귀(小富貴)로 발하므로, 용이 길고 아름다우면 발복(發福)도 길어지고, 용이 촉박하여 짧으면 발복(發福)도 오래가지 않는다. 사절(死絶)을 만나거나 또한 살을 범하면 안 된다. 앞에서 생왕(生旺)을 얻는 것과는 달리 감룡(坎龍)에는 술좌(戌坐), 간룡(艮龍)에는 신좌(申坐), 진룡(震龍)에는 인좌(寅坐), 손룡(巽龍)에는 묘좌(卯坐), 이룡(離龍)에는 사좌(巳坐), 곤룡(坤龍)에는 유좌(酉坐), 태룡(兌龍)에는 해좌(亥坐), 건룡(乾龍)에는 자좌(子坐), 이상의 좌(坐)는 용상팔살(龍上八殺)이니 대면(對面)의 향에서 상극(相剋)을 받으므로 절대로 사용할 수 없다. 귀룡(貴龍)도 위의 살(殺)에 들면 모든 것이 거짓이 되고 만다. 가벼우면 부귀가 멸하고 중하면 패절(敗絶)하게 된다. 용상팔살은 재물에 실패하고 재앙이 생기며, 형상으로 길하다고 하여 이렇게 향을 정하였다면 입수처(入首處)의 한 치의 차이를 알지 못한 것이니, 호리지차(毫厘之差)가 화복천리(禍福千里: 털끝만큼의 차이가 화와 복에는 천리)로서 묘결(妙訣)은 천금(千金)의 가치가 있는 것이다.

❖ **용위가 험안 암석이라면** : 자손에게 해가되는 것이요 묘 주변에 험한 돌이 산란(散亂)하면 가세(家勢)가 빈한(貧寒)하게 된다.

❖ **용을 알면 혈을 안다고 하였다** : 경에 이르기를 용을 알면 혈을 안다고 하였다. 혈을 아는 것은 가장 중요한 것이다. 그래서 용세에 잡초가 안나고 황토색 흙이 밝게 나타나고 토질이 강하고 양명한 곳이어야 주위에 결혈하는 것이다.

❖ **용(龍)을 찾는 대강(大綱)** : 제일 먼저 조종산(祖宗山)을 찾고, 관찰한 다음 흘러내린 용의 세(勢)를 찾고, 다음에 다시 혈을 맺은 주산(主山)을 찾고, 혈을 구하니 거기에서 오른편 백호를 잘 싸고 있는가 정밀히 살펴보고 또 왼편 청룡은 손모아 공손하게 읍하듯 호위함을 분별하고 그 다음에 앞에 있는 안산(案山)을 보아야 한다. 조종산(祖宗山)은 크고 높아야 하고, 오는 내룡(來龍)은 웅장하고 커야 하며, 혈을 맺은 성봉(星峯)은 수려해야 한다. 내룡(來龍)이 조종(祖宗)에서 떨어져 꺾어지고 방향을 바꿀 때에는 오행의 상생(相生)이 되어야 하고, 좌우에 용을 끼고 보내는 보협은 첩첩 여러 겹일수록 좋고, 행하는 법도는 활달하고 변통수가 있어야 하고, 용의 다리며 가지는 넓고 길게 펴나가야 좋고, 강하게 내려온 용(龍)이 가늘게 죄어들며 얕게 기운을 줄이며 전후에 보내고 마주잡듯 거팔자(去八字) 내팔자(來八字)로 활개를 펴서 영송하는 것을 과협(過峽)이라 한다. 과협은 앞뒤 영송도 다정하고 좌우에 보협도 조밀하게 첩첩이 쌓일수록 좋으며, 과협이 그와 같이 조밀하고 잘 포장되었으면 혈장(穴場)도 잘 짜여져 감추어 기가 모여들어야 한다. 사세(四勢)는 평화스러워야 하고, 청룡과 백호는 다정스럽게 에워싸야 좋고, 안산(案山)은 큰 새가 날개를 활짝 펴고 춤을 추듯 해야 좋은 것이며, 이런 것들은 용을 찾는 대강(大綱)이다.

❖ **용(龍)의 개장(開場)** : 주산과 혈 사이에 있는 주룡은 '개장(開帳)'과 '천심(穿心)'의 변화를 이루게 되는데, 개장이란 주산을 중심으로 좌우로 넓게 장막을 병풍처럼 넓게 펼친다는 뜻이다. 개장된 산의 형태는 마치 독수리가 날개를 좌우로 넓게 펼치고 있는 모습과도 같다. 좌우 양쪽 날개는 동일한 정점에서 출발하기도 하지만 서로 다른 정점에서 출발하기도 한다. 이 때 좌우 양날개가 동일한 지점에서 출발한 경우에는 십자맥이 되어 더욱 강한 혈을 이룬다. 천심이란 주산의 기운이 혈에 이르기까지 맥이 통하는 과정으로 주산의 기운이 혈까지 전달되기 위해서는 주봉의 기운이 강해야 하며 동시에 생룡이어야 한다. 용의 변화에 따라 '박환(剝換)'과 '과협(過峽)'으로 구분하기도 한다. 박환이란 강하고 험한 용이 부드러운 형태로 변화하는 과정을 말하고, 과협은 용으로 관통하는 기운이 혈을 이루기 위해서 통과하는 목과 같이 가늘고 강한 용을 말한다. 용의 형태가 바뀌면 기운의 종류도 강한 기운으로부터 생기로 변화된다. 과협은 강한 기운이 통과하면서 마치 끈으로 묶인 것 같은 형태를 이루고 있어 '속기(束氣)'라고도 한다. 용은 산봉우리를 뒤로 하고 낮은 지역을 향해 내려가는 성질을 갖고 있는데, 마디에서 받쳐 주는 힘의 진동에 의해 앞으로 진행하게 된다. 이 때 뒤에서 받쳐 주는 용을 '지각(枝脚)' 또는 '후장(後杖)'이라고 한다. 용의 힘은 지각의 크기에 따라 결정된다. 큰 지각을 갖고 있는 용은 강한 힘으로 전진하게 되며, 작은 지각을 갖고 있는 용은 뿌리를 갖지 못한 약한 용이 된다. 지각은 청룡이나 백호가 되기도 하는데, 지각이 하나의 봉우리를 일으킨 뒤에는 주룡으로 변해서 혈을

이루기도 한다. 이상적인 생룡은 대략 15m마다 한 절(節)을 이루고 있다. 절의 수는 곧 발복 기간을 의미하며, 한 절의 발복 기간은 30년이다. 절은 바위나 새로운 작은 가지로 마디를 이루고 있으므로 혈에서 주봉까지 생룡 길이가 45m면 3절이 되며, 300m면 20절이 된다. 그리고 혈에 연결된 용의 길이가 3절이면 90년 동안 발복했음을 의미한다. 용이 중간에서 끊겼으면 혈에서 끊긴 곳까지 절 수를 세서 발복 기간을 계산하는데, 끊어진 뒤에 있는 용은 계산하지 않는다. 각 산마다 절의 길이는 용에 따라 차이가 있기 때문에 혈에 연결된 용의 절 수는 직접 가서 살펴 보아야 한다.

❖ **용(龍)의 결국삼취**(結局三聚) : 용의 삼취에는 대취(大聚), 중취(中聚), 소취(小聚)의 세 가지가 있다.

① **대취국**(大聚局) : 대취국은 대도시가 되는 것으로 수천 수만리 산과 물이 크게 모인 큰 도시를 말함인데 산수가 아름답고 넓을수록 좋다.

② **중취국**(中聚局) : 중취국은 큰 고을(읍, 면, 시)이 되어 천리의 산수가 크게 모인 것이며 5~6십리의 산수가 크게 모이고 그 국이 넓고 수려하면 길하다.

③ **소취국**(小聚局) : 소취국에는 향촌의 양택(陽宅 : 시골 고향집)이 되는 곳으로 범위가 넓은 곳은 백리 혹 5~6십리, 1~2십리, 5~7리의 산수가 모인 것으로서 그 국이 단단하고 아름다울수록 양택에는 좋은 곳이며, 냇물이 마을을 휘감아 마르지 않고 흘러가는 물이 있으면 더욱 좋고, 안산(案山)에 금형산(金形山)이 있으면 부자가 많이 나오고, 필봉산(筆峯山)이 있으면 대학 교수가 많이 나온다.

❖ **용(龍)의 결인**(結咽)**과 속기**(束氣) : 용의 행도(行度)에서 결인(結咽 : 맥이 내려오다가 벌 허리처럼 좁고 가늘어진 것), 속기(束氣)는 내룡의 최종적 생동작용이며 용진혈적(龍眞穴的)의 표상이다. 풍수지리에서 결인(結咽)은 용맥의 외적 취속표상(外的聚束表象)이고, 속기(束氣)는 내적 생기취결(內的生氣聚結)이다. 내룡(來龍)이 결지(結地)를 위해 발조출맥(發祖出脈)한 연후에 여러 생동작용을 거쳐 최종적으로 혈장(穴場) 뒤에서 내적 속기와 외적 결인으로 기맥을 잘록하게 모아 묶어 혈장에 인맥통기(入脈通氣)하는 작용이다. 즉 용의 결인속기(結咽束氣)는 사람의 목(咽喉)과 같이 용과 혈을 이어주는 생명관이다.

❖ **용(龍)의 결혈오국**(結穴五局) : 용이 결혈(結穴)하여 국(局)을 만드는 것에 오격(五格)이 있는데 모두 물로써 이루어진 것을 말한다.

① **조수국**(朝水局) : 물이 앞으로 향하여 조향(朝向)하는 형국. 즉 몸을 뒤쳐 역으로 결혈(結穴)해서 당면(當面)에 조향하는 물을 받는 것으로 중요한 것은 묘자리가 높고 크고 그 가운데 남은 기가 있고 청룡·백호산이 가로막아 물로 하여금 묘 쪽으로 찔러오지 않게 함이 길하다. 또 물이 지(之)자나 현(玄)자로 굽어 흐르거나 혹은 한쪽에서 물이 묘를 감아 흘러가면 길하고 만일 급히 흘러 묘를 충사하면 대흉(大凶)하다. 오직 천혈(天穴 : 높은데 혈)과 앙고혈(仰高穴 : 높은데 묘)과 먼 곳의 물이 특히 조래(朝來)함이 두렵지 않으나 만일 혈장이 얕고 산이 낮아서 산과 물이 만나지 않으면 흉한 것이니 역국(逆局 : 물이 뒤돌아 오는 모습)이라 하여 모두 길한 것은 아니다. 대개 이 혈은 수구(水口) 사이에 많이 있는 묘자리나 물이 얽어 두르는 것이 길하다.

② **횡수국**(橫水局) : 묘 앞에서 물이 왼쪽으로 흘러가거나 혹은 오른쪽으로 와서 왼쪽으로 흘러가거나 혹은 수세(水勢)가 혈을 둥글게 싸안아 띠를 두르듯 되는 것을 말함. 또한 사(砂)가 역상(逆上)하여 두르고 물이 현무정(玄武頂 : 묘 뒤의 산)을 두르고 수구(水口)가 빗장 지른 듯 하면 더욱 길하다.

③ **거수국**(據水局) : 혈전(穴前) 묘 앞의 모든 물이 사방에서 모여 못이 되는 것을 말함. 용이 결혈(結穴 : 묘)하여 고요함으로 주(住 : 물이 멈추다)라고 하는데, 만일 깊은 못이 맑은 물로서 득수(得水)로 얻은 것이라면 대귀대부(大貴大富)하고 자손이 번창한다.

④ **거수국**(去水局) : 순수국(順水局)이라고도 하는데, 물이 혈전에서 흘러가는 것이니 반드시 뒷산이 먼데서 힘있게 광대하게 내려와 좌청룡·우백호가 주밀하고 수구(水口)가 사귀어 빗장지른 듯 해야 길하다. 인자수지(人子須知)에 말하기를, 산이 서로 사귀어 돌아오지 않고 혈장에 보이는 물이 탕연(蕩然 : 큰물)히 흘러가면 이런 수국에는 단연코 응결됨이 있

다 하였다. 대개 순수국(順水局)의 땅은 비록 응결됨이 있으나 재산이 늘지 않고 초년에는 흉하나 청룡이 화려하고 안산이 있으면 뒤에 비로소 벼슬하는 자손이 있으니, 이러한 곳에 함부로 점혈하지 말아야 한다.

⑤ **무수국**(無水局) : 묘 앞에 물이 없음을 말함. 다시 말하여 혈이 맺은 건파(乾坡 : 언덕, 고개)에 산세가 서리고 막히어 명당수(明堂水)를 보지 못하는 것이 무수국(無水局)이다. 건룡(乾龍) 혈은 대부분 좌우의 산이 횡(橫)으로 묘자리를 막아 물이 보이지 않거나 혹은 혈이 높이 있어 물을 볼 수 없는 것인데, 원래 산곡(山谷 : 산골짜기), 장풍향양(藏風向陽 : 바람을 감추고 양지바른 곳)이 귀한 묘 자리이다. 이러한 곳에서 자손들 중에 큰 인물이 대개 많이 나온다.

❖ **용(龍)의 공망**(空亡) : 공망론은 매우 복잡하여 세심한 주의 없이는 지나치기가 쉽지만 만두형세가 비록 왕성하여도 이기공망(理氣空亡)이면 죽은 용이다.

❖ **용(龍)의 과협**(過峽) : 과협(過峽)이란 용이 몸을 낮춰 엎드린 곳을 말함. 산봉우리와 산봉우리 사이, 산줄기가 움푹 들어간 곳이 과협으로 용의 좋고 나쁨, 길함과 불길함을 판단하려면, 과협도 꼭 살펴봐야 한다. 과협이 없는 산줄기에는 생기(生氣)가 깃들이지 않고, 과협이 있어도 잘생기지 않으면, 좋은 용이 아니다. 과협이 잘생긴 용이라야 훌륭한 명당혈(明堂穴)을 만든다. 빼어난 용은 과협이 많으며 생동감이 넘치고, 밋밋하게 뻗어간 산줄기에서는 생동감을 느낄 수 없다. 대부분의 과협은 생김새가 잘룩하여 벌의 허리, 학의 무릎과 흡사하다. 과협이 잘룩한 것은 지기(地氣)를 안으로 응축했기 때문이다. 그 잘룩하고 가느다란 몸에 기운을 갈무리했기 때문에, 과협은 바람이 위협하는 것을 무척 두려워한다. 과협이 바람을 안 타도록 옆에서 보호해 주는 산이나 물이 있어야 좋으며, 산과 물의 형상이 아름다워야 길하다. 과협이 중앙에 있으면 혈도 주산(主山)의 중앙에 맺으며, 오른쪽에 과협이 있으면 혈도 오른쪽에 생기고, 왼쪽에 있으면 혈 역시 왼쪽에 생긴다. 또 과협이 높으면 혈은 얕은 데 있고, 과협이 낮으면 혈은 반대로 높은 데 맺는다. 과협 중에는 평지(平地)에 납작 엎드린 평지협(平地峽)이 있는데 근래에는 끊기거나 파헤쳐진 평지협이 많아 큰 화를 입게 되니 잘 보호해야 한다.

❖ **용(龍)의 귀천**(貴賤) : 주룡에는 귀한 용과 천한 용이 있다. 혈의 결지는 귀룡(貴龍)에서 가능하고 천룡(賤龍)에서는 불가능하다. 귀룡은 생왕룡(生旺龍)으로 태조산에서 낙맥한 용이 중조산, 소조산, 현무봉을 거쳐 혈에 이르기까지의 행룡과정이 변화무쌍하게 활발한 용을 말한다. 기세가 있고 생동감이 넘치며 밝고 단단하다. 천룡(賤龍)은 산과 능선이 조잡 경직하고 겁살이 많아 용이 질서가 없고 변화 복잡하며, 변화가 다양하지 않고 음습하며 허약하다. 주로 귀룡을 호종하는 것으로 혈을 결지할 수 없다.

❖ **용(龍)의 기맥**(氣脈) : 맥(脈)이란 것은 산의 주체근본(主體根本)을 말하며, 맥(脈)으로서 산형(山形) 산체(山體)를 이룬다. 결혈에 있어서 맥(脈)은 맥(脈)이 기를 받아서 융화된 기맥(氣脈)을 말하며, 기맥(氣脈)은 숨어서 체(體)가 없으나 결혈할 용에는 동(動)하는 변화로써 기맥(氣脈)에 기복 또는 굴곡으로 변화하는 모습의 현상을 나타내니 그 색상이 광채가 있고 서기(瑞氣)가 나며 토질이 강하여 윤기가 있는 것을 볼 수 있고, 특이한 묘리(妙理)는 잡초가 없이 밝은 것이다.

❖ **용(龍)의 기복격**(起伏格) : 용에는 한 번 일어나고 한 번 엎드리고, 크게 수그러졌다 조금 미끄러졌다 하고, 끊어졌다 다시 이어져 일어나고, 일어났다가 다시 끊어지고, 혹은 높고 얕고 나직하고 솟은 듯한 가지가지의 형상이다. 복씨(卜氏)는 말하기를, 한 번 일어나고 한 번 엎드리고 끊어지고 또 끊어지면 용이 닿는 머리에 반드시 기이한 자취가 있는 것인 바, 성봉(星峰 : 성신된 봉우리)이 뇌락(磊落)하고 산세가 달리고 천봉(千峰)이 솟고 일만 고개가 우뚝우뚝 솟아 본체(本體)를 얻은 것이다 하였다.

❖ **용(龍)의 길흉**(吉凶) : 자룡(子龍) 중에 갑자룡(甲子龍)은 불길하다. 단 갑입수(甲入首)에 묘좌(卯坐) 또는 진좌(辰坐)가 되면 부귀영화도 한다. 만약 갑자룡에 경오충수(庚午沖水)가 명경수(明鏡水 : 은빛으로 보임)가 되어 조대(朝對)하면 광중(壙中)에 물이 들어 침수되며 사유축(巳酉丑)년에 대흉하다. 병자룡이나 경자룡은 대길룡(大吉龍)에 속하며, 부귀쌍전(富貴雙全)하고 인재(人財)

가 성하며 신자진년(申子辰年)에 크게 발복한다. 무자룡(戊子龍)은 불구덩이와 흡사하여 유랑자나 폐인이 많으며 나무 뿌리가 관내(棺內)에 들고 인오술년(寅午戌年)에 대흉하다. 정축룡(丁丑龍)이나 정축좌(丁丑坐)는 길룡(吉龍)에 속한다. 모든 일이 잘 풀리며 가족이 수명장원(壽命長遠)하고 부귀길창(富貴吉昌)한다. 신자진년(申子辰年)이 대길하다. 기축룡(己丑龍)이나 기축좌(己丑坐)는 대흉에 속한다. 아녀자는 간사하고 요사스러우며 남자는 무근자(無根子)가 속출하되 인오술년(寅午戌年)에 대흉하다. 신축룡좌(申丑龍坐)는 장사를 지낸 후 관재(官災)가 끊어지지 않으며 가족이 따르지 않는다. 만약 건방수(乾方水)를 조대(朝對)하면 관중(棺中)에 목근(木根)이 정침(正針)하므로 해묘미년(亥卯未年)이 대흉하다. 갑인룡좌(甲寅龍坐)는 한 세대는 흥왕하다가 차세대는 패하고, 다음은 또 흥하다 그후 세대는 몰락한다. 만약 곤방수(坤方水)를 보면 광중(壙中)이 불안하다. 병인룡좌(丙寅龍坐)는 평범하여 소부소길(小富小吉) 소빈소흉(小貧小凶)하다. 무인룡좌(戊寅龍坐)는 두령(頭領)이 속출하고 소년 등과하며 대길하다. 경인룡좌(庚寅龍坐)는 지대가 낮으면 관중(棺中)에 물이 들고 과부가 많이 나며 인륜이 패절한다. 임인룡좌(壬寅龍坐)는 대길하다. 을묘룡좌(乙卯龍坐)는 대흉좌(大凶坐)로써 고과(孤寡)가 속출하며 앉은뱅이 또는 곱추가 출생한다. 정묘룡좌(丁卯龍坐)는 평범하나 주색잡기와 안일하는 탕자가 속출하며 여자는 난산한다. 기묘계묘룡좌(己卯癸卯龍坐)는 평범하나, 만약 곤충이 나무 뿌리가 관중(棺中)에 들면 흉하다. 사유묘년(巳酉卯年)이 길하다. 신묘룡좌(辛卯龍坐)는 남자는 중혼(重婚)하고 여자는 재가하여 각성(各性)받이 자식이 있다. 갑진룡좌(甲辰龍坐)는 대길하여 항시 풍요로운 삶을 살며 언제나 가정이 화기애애하다. 병진(丙辰), 무진(戊辰), 임진(壬辰) 용은 대흉하니 쓰지 말 것이다. 을사룡좌(乙巳龍坐)는 평길(平吉)하니, 인오술년(寅午戌年) 밖에는 그저 무해무덕(無害無德)하다. 정사룡좌(丁巳龍坐)는 광중(壙中)에 개미나 벌레가 들기 쉬우며 구설(口舌)이 허다하다. 기사룡좌(己巳龍坐)는 해묘미년(亥卯未年) 밖에는 발복을 못한다. 혹 탈골되어 광중에 흩어져 지호식(地虎食)이 되어 잃어버리는 수가 있다. 신사룡좌(辛巳龍坐)는 없다고 한탄하지 않아도 장후 3년후부터 석숭이 부럽지 않다. 계사룡좌(癸巳龍坐)는 대흉하여 조장(造葬)시부터 화재가 발생하여 가산을 탕진한다. 갑오룡좌(甲午龍坐)는 사유축년(巳酉丑年)마다 대흉을 볼 것이며, 또한 재패(財敗)하고 절후(絶後)한다. 만약 갑오룡좌(甲午龍坐)에 용사(用事)하는 것을 보거든 간곡히 부탁하여 이장하여 후환을 덜어 주는 것도 공덕이다. 병오룡좌(丙午龍坐)는 가장 길하다. 사업이 흥왕(興旺)하고 사람마다 총명하며 모든 일마다 크게 성취되고 만인이 존안(尊顔)한다. 무오룡좌(戊午龍坐)도 매우 길한데 다만 자계수(子癸水)만 피하면 된다. 경오룡좌(庚午龍坐)는 자손이 창성하며 재왕(財旺)하여 대길하나 만약 갑인수(甲寅水)가 명경(明鏡) 조대하면 혹 단명자가 가끔 나올 것이다. 임오룡좌(壬午龍坐)도 부귀룡좌(富貴龍坐)라 3년 안에 경사가 잇다르게 된다. 을미룡좌(乙未龍坐)는 독수공방하며 소리없이 우는 자가 많이 나온다. 신미룡좌(辛未龍坐)는 부귀쌍전(富貴雙全)하고 간혹 영웅이 나온다. 기미룡좌(己未龍坐)는 간혹 횡사(横死) 압사)하는 자손이 생기며, 수장(水葬)되는 사람도 간혹 나오는 흉룡(凶龍)이다. 계미룡좌(癸未龍坐)는 부귀하면 단명하고, 장수하면 가난하다. 갑신룡좌(甲申龍坐)는 천우신조로 만사형통하다. 병신룡좌(丙申龍坐)는 자손이 단절되어 양자를 하나 역시 단절된다. 무신룡좌(戊申龍坐)는 귀인과 혼인하며 가정에 웃음이 가득하다. 경신룡좌(庚申龍坐)는 3대 과부가 출생한다. 임신룡좌(壬申龍坐)는 발복좌(發福坐)이나 적선을 많이 하여야 한다. 을유룡좌(乙酉龍坐)는 고반락반(苦半樂半)하며 평길(平吉)이다. 기유룡좌(己酉龍坐)는 신자진년(申子辰年)마다 큰 경사가 생긴다. 다만 을묘방수(乙卯方水)가 전래하면 반대로 흉이 된다. 신유룡좌(辛酉龍坐)는 한 대씩 건너 길하고 한 대씩 건너 궁핍하다. 계유룡좌(癸酉龍坐)는 부귀길창(富貴吉昌)하고 수명장원(壽命長遠)하여 대길하다. 갑술룡좌(甲戌龍坐)는 아예 쓰지를 말라. 병술룡좌(丙戌龍坐)는 국무위원 내지는 국회의원이 자주 나오며 법관도 다량 배출된다. 무술룡좌(戊戌龍坐)는 처자를 극(剋)하며 주색에 패절(敗絶)하여 패가한다. 경술룡좌(庚戌龍坐)는 매 3년 마다 등과하는 경사가 있게 된다. 만약 갑진수(甲辰水)가 조래(朝來)하면 단명자가 속출한다. 임술룡좌(壬戌龍坐)는 흉사

(凶死) 또는 결항치사(結項致死: 목매어 죽는 것)자가 생기며 대흉하다. 신해 계해룡좌(申亥癸亥龍坐)는 호사(好事)가 다중하고 사람마다 총명하다. 을해 기해룡좌(乙亥己亥龍坐)는 화마(火魔), 수마(水魔), 병마(病魔)가 끊이지 않는다. 이 용좌에 치산(治山)한 것을 보고 그냥 넘긴다면 지사(地師)도 횡사를 못 면한다.

❖ **용(龍)의 대간(大幹)** : 용의 대간(大幹)은 중국의 곤륜산(崑崙山)이다. 곤륜산은 꼭대기는 모지고 아래는 둥글다. 산의 주위가 대략 12,700리로서 산맥이 팔방으로 뻗어 있다. 건곤방(乾坤方)과 감리태(坎離兌)의 5방위의 용은 외방으로 들어가고, 간진손(艮震巽)의 3방위는 중국으로 들어오니, 이 세 개의 산맥이 대간(大幹)이라 할 수 있다. 황하가 진간(震艮)의 가운데 있고, 황하의 좌측에 산서(山西)가 있고, 북으로 산동(山東)이고, 산서(山西)의 반은 하남(河南)이다. 이것은 모두 간룡(幹龍)의 맥(脈)으로 감숙성, 사천성, 섬서성, 장안성, 호강성, 양강성, 낙양성을 이루었으니, 이것은 모두 진룡(眞龍)의 맥(脈)이다. 운남성, 귀주성, 복건성, 광동성, 광서성, 강서성은 모두 손룡(巽龍)의 맥이니 이것이 모두 대간룡(大幹龍)의 맥이다. 여기에서 5악 4독(五岳四瀆)의 크고 작은 명산이 일어났다. 가지로 비맥(臂脈)을 이루기도 하며, 모두 간지(幹支)를 만들고 대간(大幹), 소간(小幹)과 대지(大支), 소지(小支)로 또, 줄기 중에 가지가 되고 가지 중에 줄기가 되었다. 간중지(幹中支)란 것은 곤륜산이 간룡(幹龍)으로 출맥하니 이는 큰 귀룡(貴龍)으로 발조(發祖)함이고, 왼쪽에는 호종사(護從砂)가 있고 오른쪽에는 호위사(護衛砂)가 있어서 정 중심의 줄기로 그 왼쪽은 가지가 되고 오른쪽 또한 가지가 되므로 지룡(支龍)이 된다. 나머지 진손(震巽)의 이치도 이와 같다. 즉 염정(廉貞)으로 발조(發祖)한 뒤에 정 중심으로 내려온 것은 간룡(幹龍)이요, 좌우의 용은 지룡(支龍)이다. 이것이 지간(支幹)의 일정한 이치이다. 간룡(幹龍)은 중심으로 나오고 지룡(支龍)은 곁가지로 나오니, 간룡(幹龍)은 꼭대기가 단정하고 지룡(支龍)은 치우쳐 편사(偏斜)됨이다. 간룡(幹龍)은 양변이 호위하여 보내고 맞이함이 있고, 혹 건너고 혹 지나고 혹 행하고 혹 그치고 여러 용이 함께 따르고, 지룡(支龍)은 행동이 혹 왼쪽이 호위함이 있으면 오른쪽은 송(送)이 없고, 혹 오른쪽이 송(送)이 있으면 왼쪽은 호(護)가 없는 것이다. 항상 굽이굽이로 굽어서 돌아보면 진룡(眞龍)이며, 감히 떠나서 달아나면 진룡(眞龍)이 아닌 것이다. 그러므로 여러 산이 모두 크면 정룡(正龍)은 작고 여러 용이 모두 작으면 정룡(正龍)은 크다.

❖ **용의 등[背]과 면(面)** : 용의 등과 면은 산룡(山龍)의 유정하고 무정함을 구별하고 있다. 대개 면(面)이 되는 곳은 광채가 있고 정돈되고 단정하면서 수려하고 유정하게 보이나, 등[背]이 되는 곳은 낭떨어진데가 많고 부스러지고 험준하고 추하며 가지와 다리가 없고 꺼지고 여위어 무정하게 보인다. 대체로 등과 면은 조산(朝山)이나 호종(護從)하는 산에도 있고 혈이나 평지룡(平地龍)에도 모두 있다. 그리고 특히 정룡(正龍)은 장차 혈을 맺는 곳에 이르러서는 반드시 역행으로 일변(一邊)을 향하고 들어와 면(面)을 열고나서 혈을 맺게 되는데, 앞에는 편편하게 자리가 형성되고 좌우에서는 산들이 호위를 한다고 한다. 또 어떤 곳은 산이 고리 모양으로 두르기도 하고 물이 싸고돌거나 모인 곳이 용의 면(面)이 되기도 하는데, 혈을 찾을 때는 반드시 용의 면이 되는 유정한 곳에서 찾아야 한다.

❖ **용(龍)의 박환(剝換)** : 박환(剝換)이란 깎이어 바뀐다는 뜻으로 용의 변화되는 것을 말하며, 용의 형체가 급한 것은 완만한 것을 변하고, 큰 것은 작은 것으로 변하고, 굵은 것은 가는 것으로 변하고, 흉한 것은 길한 것으로 바뀌는 것은 모두 변화의 묘리(妙理)이다.

❖ **용의 배면** : 용의 배면이란 산도 앞과 등이 되는 뒷면이 있다. 즉 향(向)하고 등[背]진다는 말인데 향하는 것은 정(情)이 있어 유정한 것이며 등지는 것은 정이 없어 싫어하는 것이다. 주객(主客)이 유정하게 상대하고 청룡 백호가 서로 사양하여 순하게 환표하여 교쇄(交鎖) 되어 순풍이 감돌아 밝고 깨끗하게 수려하고 생기(生氣)가 있어 추하지 않으며 경사가 완만하여 국세가 너그럽고 화평하게 보산보국이 잘되어 혈이 있게 되면 국세내세는 명당국(明堂局)이 되어 양택지가 형성되어 크고 작은 인가와 마을을 이룬다. 토질 또한 양명한 생토질로써 농작물이 잘되어 풍족한 삶을 누리게 된다. 흐르는 물 또한 명당국을 감싸 안고 환포하여 흐른다. 반대로 등[背]이 되는 곳은 햇빛을 잘 받지 못

하여 토질 또한 생기가 없고 살풍이 충하여 검고 추하여 돌과 암석이 많으며 경사가 급하고 낭떠러지로 깨지고 함하고 험준하여 뒤로 돌아 앉아 보기가 흉하여 무정하다. 우지가 혈을 찾을 때에는 언제나 앞면인 산이 향하는 안쪽에서 찾아야지 등[背]뒤에는 혈이 없는 법이다.

❖ **용(龍)의 배향(配向)**

① **수산출살(收山出煞)에 관하여** : 용이 그 향을 얻음에 있어서 순정배합(純淨配合)한 것을 수산(收山)이라 하고, 물이 그 방(方)을 얻음에 있어서 적법함을 출살(出煞)이라 한다. 즉 득수(得水)는 길처방(吉處方)에서 오고 파수(破水)는 흉처방(凶處方)으로 나감을 출살(出煞)이라 한다. 용의 배향(配向)이 순(純)하냐 박(駁)하냐에 따라서 화복의 차이가 생긴다. 음양상견(陰陽相見)이란 음룡(陰龍)이 음향(陰向)을 배(配)하고 양룡(陽龍)이 양향(陽向)을 배(配)하고, 음룡(陰龍)이 양향(陽向)을 배(配)하고 양룡(陽龍)이 음향(陰向)을 배(配)함이 즉 향배(向配)가 순정(純淨)한 용은 상견(相見)이 되고, 향배(向配)가 박잡(駁雜)한 용은 상괴(相乖)가 된다. 그러므로 음양(陰陽)이 상견(相見)하면 복이 이르게 되고 음양이 상괴(上乖)하면 화를 초래하게 되니 음양(陰陽)이 산의 수불수(收不收)는 용향(龍向)의 순정박잡(純淨駁雜)에 달려 있다.

② **입로음양(入路陰陽)에 관하여** : 용의 향(向)을 배(配)하기에 앞서 먼저 입로(入路)의 음양(陰陽)을 찾아야 한다. 입로(入路)라는 것은 혈을 관통하는 용의 맥을 말함이니, 용이 아무리 장원(長遠)하더라도 이는 길흉과는 무관하여 혈 가운데 소용되는 부분은 입로의 몇 척에 불과하므로 아무리 천리내룡(千里來龍)일지라도 다만 도두팔척을 볼 뿐이다. 뿐만 아니라 음양(陰陽)의 길흉론잡(吉凶論雜)도 역시 입로(入路)의 음양으로서 격정되는 것이므로 입로(入路) 이전의 태조룡(太祖龍)을 비롯하여 소조(小祖) 이하의 후룡(後龍)도 거론할 필요조차 없다. 산은 행분(行分)에서 입로(入路)가 비롯되며 용은 오로지 입로(入路)가 주(主)가 되는 것이므로, 나반(羅盤)을 입로(入路)의 처(處)에 놓아 정침 24방위로서 입로(入路)를 격지(格之)하니 용이 자(字)를 좇아 입로(入路)했는가를 보아서 자(字)의 내룡(來龍)이라 격정(格定)한 다음, 양룡(陽龍)이라면 양향(陽向)으로 배(配)하고 음룡(陰龍)이라면 음향(陰向)으로 배(配)해야 한다. 그러나 내룡(來龍)은 대체로 단행(單行)하는 경우가 드물어 대개는 다유겸대(多有兼帶)하는 수가 많으니, 음양룡(陰陽龍)의 진위조차도 가려내기가 힘드는 경우가 많다. 용은 맥(脈)으로서 주를 삼으니 단행룡(單行龍)의 입로(入路)하는 한 맥을 위주한 다음에 입향분금(立向分金)으로서 수산(收山)의 마지막 절차를 마치는 것이다. 그러나 만약 내룡(來龍)의 주맥(主脈)이 확실하지 못하거나 전혀 분간이 안 될 때에는 후룡(後龍)의 음양(陰陽)으로서 추단(推斷)하지만 역시 길흉을 논하기란 어렵다. 무릇 혈은 향(向)을 존중함은 일혈점정(一穴點定) 이후에 오는 길흉은 모두 향에서 발출(發出)하기 때문이다. 그러므로 용향(龍向)이 박잡(駁雜)하면 흉으로 본다.

③ **용향(龍向)의 상배(相配)에 관하여** : 용향(龍向)의 상배법(相配法)은 선현(先賢)께서 정하여 그 요체(要諦)를 다섯 가지로 나누어 설파한 정음정양(淨陰淨陽), 팔괘정배(八卦定配), 납갑일기(納甲一氣), 삼합삼방(三合三方), 간지귀인(干支貴人)이다. 첫째의 정음정양(淨陰淨陽)은 음양순정(陰陽純淨)을 말함이요, 둘째의 팔괘배향(八卦配向)은 건갑룡(乾甲龍)이면 곤을향(坤乙向)이니 이는 부모정배지향(父母定配之向)이며, 진경해미룡(震庚亥未龍)이면 손신향(巽辛向)이니 이는 장남장녀 정배지향(定配之向)으로서 여타(餘他)의 납갑지룡(納甲之龍)도 다같은 납갑지향(納甲之向)을 만들되, 역시 순정(純淨)함을 원칙으로 한다. 셋째의 납갑일기(納甲一氣)는 감계신진룡(坎癸申辰龍)이면 감계신진향(坎癸申辰向)이니 이는 본괘자배향(本卦自配向)인 것이다. 넷째의 삼합삼방(三合三方)은 곤임을신자진룡(坤壬乙申子辰龍)이면 곤임을신자진향(坤壬乙申子辰向)으로 배(配)하니 이는 삼합삼방(三合三方)의 호상배합지향(互相配合之向)인 것이다. 다섯째의 간지귀인(干支貴人)이란 병정룡(丙丁龍)이면 해유향(亥酉向)이니 이는 용배귀인지향(龍配貴人之向)이 되지만, 그러나 여타(餘他)의 귀인지향(貴人之向)을 모두다 쓰지 못함은 비록 귀인지향(貴人

之向)일지라도 음양(陰陽)이 박잡(駁雜)하기 때문이니, 가령 임계룡(壬癸龍)의 귀인지향(貴人之向)은 사묘(巳卯)가 되지만 사묘(巳卯)는 음위(陰位)가 되고, 임계(壬癸)는 양룡(陽龍)이 되므로 박잡지위(駁雜之位)가 된다.

④ **정음정양룡배향**(淨陰淨陽龍配向) : 진경해미(震庚亥未), 태정사축(兌丁巳丑), 간병손신(艮丙)巽辛) 등의 12룡은 정음룡(淨陰龍)이므로 마땅히 정음향(淨陰向)인 12향으로 정배(定配)해야 하고, 이임인술(離壬寅戌), 감계신진(坎癸申辰), 건갑곤을(乾甲坤乙) 등의 12룡은 정양룡(淨陽龍)이므로 마땅히 정양향(淨陽向)인 12향으로 정배(定配)해야 한다. 용을 입향(立向)시키는 것은 용으로 하여금 그 배우자를 얻게 하기 위함이니 낙서(洛書)의 4기괘(四奇卦)는 4양괘(四陽卦)요, 낙서(洛書)의 4우괘(四偶卦)는 4음괘(四陰卦)이므로 기괘(奇卦)는 기괘(奇卦)와 더불어 배(配)하고, 우괘(偶卦)는 우괘(偶卦)와 더불어 배(配)하면 그 수(數)는 각각 그 짝수를 얻게 된다. 그 실례는 일감배구리(一坎配九離)하면 그 수가 10수가 되고, 이곤배육건(二坤配六乾)이면 그 수가 8수가 되니 또한 짝수를 얻게 된다. 이것은 정양지괘(淨陽之卦)일지라도 천지정위(天地定位)와 수화불상사(水火不相射) 등의 정배지위(定配之位)를 벗어나면 진정한 짝수를 얻을 수 없다는 것을 나타내기 위한 것이다. 그 실례로서 만약 같은 정양(淨陽)이라고 해서 일감배이곤(一坎配二坤)이라면 이는 3수(三數)가 되어 우수(偶數)를 얻지 못하니 비록 양배양(陽配陽)일지라도 낙서(洛書)의 정배향(定配向)을 벗어나면 진정한 짝수를 얻지 못한다. 그러므로 입향배룡(立向配龍)에 있어서는 무엇보다도 순정(純淨)해야 하지만 동시에 낙서(洛書)의 정배향(定配向)을 좇아 작배(作配)함이 최선의 방법이다. 이는 남녀가 제각기 제 연분을 만남을 가리켜 배우자라고 부르는 바도 여기에 있는 것이다. 4양(四陽)의 용은 모두 양향(陽向)으로 배(配)하되 역시 낙서(洛書)의 정배위(定配位)를 좇아 배(配)하고, 4음(四陰)의 용은 모두 음향(陰向)으로 배(配)하되 역시 낙서(洛書)의 정배위(定配位)를 좇아 배(配)하면 순음순양(純陰純陽)이라 하여 순정(純情)하다고 말한다. 용의 배향(配向)에 있어서는 진정한 배(配)가 되려면 그 합수(合數)에서 있어도 순정(純淨)함을 얻어야 한다는 것을 알아야 한다.

⑤ **기타** : 팔괘정배(八卦正配)를 다시 정리하자면, 건갑룡배(乾甲龍配) 곤을향(坤乙向), 곤을룡배(坤乙龍配) 건갑향(乾甲向), 진경해미룡배(震庚亥未龍配) 손신향(巽辛向), 손신룡배(巽辛龍配) 진경해미향(震庚亥未向), 감계신진룡배(坎癸申辰龍配) 이임인술향(離壬寅戌向), 이임인술룡배(離壬寅戌龍配) 감계신진향(坎癸申辰向), 간병룡배(艮丙龍配) 태정사축향(兌丁巳丑向), 태정사축룡배(兌丁巳丑龍配) 간병향(艮丙向)은 후천팔괘(後天八卦)로서 부모와 6자녀 사이의 배우를 이루니, 건곤이괘(乾坤二卦)는 부모정배(父母正配), 진손이괘(震巽二卦)는 장남장녀정배(長男長女正配), 감리이괘(坎離二卦)는 중남중녀정배(中男中女正配), 간태이괘(艮兌二卦)는 소남소녀정배(少男少女正配)이다. 납갑일기향(納甲一氣向)을 정리해보면, 건갑룡배(乾甲龍配) 건갑향(乾甲向)하고, 곤을룡배(坤乙龍配) 곤을향(坤乙向)하고, 진경해미룡배(震庚亥未龍配) 진경해미향(震庚亥未向)하고, 손신룡배(巽辛龍配) 손신향(巽辛向)하고 감계신진룡배(坎癸申辰龍配) 감계신진향(坎癸申辰向)하고, 이임인술룡배(離壬寅戌龍配) 이임인술향(離壬寅戌向)하고, 간병룡배(艮丙龍配) 간병향(艮丙向)하고, 태정사축룡배(兌丁巳丑龍配) 태정사축향(兌丁巳丑向)한다. 삼합룡(三合龍)의 배합은 역시 삼합향(三合向)이니 간병신인오술룡(艮丙申寅午戌龍)은 간병신인오술향(艮丙申寅午戌向)하고, 곤을임신자진룡(坤乙壬申子辰龍)은 곤을임신자진향(坤乙壬申子辰向)하고, 손경계사유축룡(巽庚癸巳酉丑龍)은 손경계사유축향(巽庚癸巳酉丑向)하고, 건갑정해묘미룡(乾甲丁亥卯未龍)은 건갑정해묘미향(乾甲丁亥卯未向)한다. 이상의 삼합지향(三合之向)은 비록 비배합지법(非配合之法)이라 할지라도 삼방(三方)이 삼합(三合)을 하여 그 정이 상련(相聯)하므로 그 향을 취해서 사용한다. 또한 귀인룡향(貴人龍向)에 관해서 보면, 병정룡(丙丁龍)에는 해유(亥酉)가 귀인이므로 해유향(亥酉向)으로 서고, 경룡(庚龍)은 축미향(丑未向)으로, 축미룡(丑未龍)은 경향(庚向)으로 서며, 을룡(乙龍)은 신자향(申子向)으로 서고, 신자룡(申子龍)에는 을향

(乙向)으로 서하지만 여타(餘他)의 간지귀인(干支貴人)은 음양이 박잡(駁雜)하여 입향(立向)이 불가하고, 신룡(辛龍)의 귀인인 오인(午寅)과 임계(壬癸)의 귀인인 사묘(巳卯)도 모두 음양이 박잡(駁雜)의 예가 되므로 입향(立向)이 불가하다. 그러므로 비록 귀인룡향(貴人龍向)이라 할지라도 배향이 가능한 귀인은 다만 병정룡(丙丁龍)의 귀인인 해유(亥酉)와 을룡(乙龍)의 귀인인 신자(申子)와 경룡(庚龍)의 귀인인 축미(丑未)뿐으로서 여타의 귀인방(貴人方)은 모두 입향불가지향(立向不可之鄕)이 된다. 그리고 녹마지향(祿馬之鄕)도 일부분을 제외하고는 거의가 다 합당하지 않으므로 사용하지 아니한다.

❖ 용(龍)의 변화와 기상(氣象)

① 용이란 것은 능히 변화하지 못하면 생룡(生龍)이 아니므로 살이 쪄서 살찐 데 떠나지 못하고 가늘고 파리한 데서 가늘고 파리한 데를 떠나지 못한 것(수(瘦)는 미약한 것)은 이에 변화를 이루지 못한 것이다. 그 일어난 곳의 시초를 보고 그 멈춘 곳의 마침을 살피어 그 용이 세 번 나누고 세 번 합한 연후에 멈추는 것이니, 용을 찾는 법에 있어서 수원(水源)에서 나눈 것은 이 용에 일어나는 시작이오, 물에 꼬리가 합친 것은 이 용이 멈춘 곳이다. 용이 가고 멈추는 형상을 알고자 하면 그 가는데서 어금니 같은 암석으로 나뉘어지고 손톱모양으로 펴서 변화하고 그 멈추는데, 어금니 같은 암석을 감추고 손톱모양으로 마치니 팔과 다리 같이 용호(龍虎)와 지각(枝脚)이 양명(陽明)하여 번들번들 빛난 후이면 용이 가는데 반드시 멀리 갈 것이오, 용호지각(龍虎枝脚)이 앞에 있으면 멈추는 데가 반드시 가까우므로 장차 가는 용은 앞의 것이 나르는 듯하여 따르고, 장차 그치는 용은 앞의 것이 읍하는 듯이 기대해야 용신(龍身)이 나온 처음에 반드시 자연으로 물이 나누는 길이 있고, 그 체(體)가 없어지는 즈음에 반드시 자연의 합수(合水)에 경계가 있으니 합한 것이 있고, 나눈 것이 없은 즉 그 내룡(來龍)이 밝지 못함이오, 나눈 것이 있고 합함이 없은 즉 그 멈춤이 참되지 못하니, 이와 같이 한 즉 용의 가고 멈춤을 가히 찾을 것이다.

② 용의 주산이 귀하면 자손도 역시 귀하고 주산이 천하면 자손도 역시 천해지는 것이니, 주산이 높고 밝으며 단정한 것이라야 귀한 것이고, 낮고 약하며 의지되고 비뚤어진 것이 천한 것이다. 무엇을 참됨이라 이르는가 하면 개장이 많고 협(峽)이 많아서 왼쪽으로 모시고 오른쪽으로 호위가 많아야 바람에 겁을 받지 않은 것이고, 무엇을 거짓이라 이르는가 하면 기봉(起峯)도 없고 기복함도 없고 왼쪽은 이그러지고 오른쪽은 허해서 바람부는 것이 많이 침노함을 말함이다. 용이 처음 기봉(起峰)하는데 한 뿌리가 만가지가 되어서 혹 곁으로 따라나가고 혹 정면으로 쫓아나가니 가운데 나온 것은 간룡(幹龍)이 되고, 곁에서 나온 가지는 지룡(支龍)이 되고, 한가운데서 나온 것이 제일이 되고, 곁으로 맥(脈)이 떨어진 것은 둘째가 되므로, 대지의 혈은 대개 허리 속으로 쫓아 혈장이 떨어져 생기는 것이다.

③ 대개 간룡(幹龍)이 지나가는 즈음에 한 지각(枝脚)이 곁으로부터 떨어져서 다시 기봉(起峰)을 이루어 앞으로 둘러막고 뒤로 옹위하여 장(帳)이 많고 협(峽)이 많아 그 이르는 곳에 대지가 되는 것이니, 이것이 원줄기 중의 귀한 지룡(支龍)이 되는 것이다. 지룡(支龍) 중에도 간룡(幹龍)이 있으니 기가 왕성한 자는 용의 낙맥(落脈)이 이미 봉산(奉山)에 한편 허리 사이로 나온 것이 왔다 갔다 굴곡(屈曲)하여 이르는 머리에 나와 결지(結地)가 되지 아니하고, 곁에서 한 맥(脈)이 있어 은은하고 미미하여 재 가운데 선(線)이나 풀 속의 뱀과 같은 형상으로 머리에 이르러 약간 미포를 일으키고, 명당국(明堂局)이 너그러이 펴지고, 조산(朝山)이 대하는 것이 공읍하고, 용호(龍虎)가 서로 사양하여 교차하고, 수구(水口)가 엄하게 빽빽하게 다져지고 4방(四方)의 국세(局勢)가 화평하게 명국(明局)을 이루면 이는 지룡(支龍)중의 지(支)에 결혈(結穴)이 되는 귀룡(貴龍)이다. 그러므로 고인이 이르되 용의 변화는 참으로 헤아리지 못하거늘 어찌 가히 하나만 가지고서 중심을 뚫어 나오는 것으로만 귀하다 하겠는가 하였다.

④ 대개 용맥(龍脈)이 맑다 하는 것은 깨끗하고 가는 것이고 탁(濁)하다 하는 것은 성글고 더러운 것이다. 기(氣)는 형상에 밝은 색이 있고 세(勢)란 것은 위엄이 있는 것이니, 용신(龍

身)에 저약(低弱)하고 기울고 비뚤어진 즉 깨끗하고 미묘한 빛은 낼 수 없고, 용신(龍身)의 맥(脈)이 기이함이 없는 즉 이 밝은 색이 형상에 투명함이 없고 시종함이나 옹위함이 많이 없는 즉 위의(威儀)의 엄함을 베풂이 없고, 모든 산이 파쇄되고 기울어진 데서 한 산이 단정하고 특이한 것은 맑아서 하나의 길한 사격(砂格)이 되며, 4방(四方)의 산이 추하게 눌리어 국내(局內)가 침음(浸陰)하고 바람이 8방(八方)으로 교취(交吹)하고 모든 산이 파하고 상한 것은 탁한 것을 이름이다. 용신(龍身)의 행도(行度)가 진중해야 의지하지도 않고 치우치지도 아니하고, 기봉(起峯)하여 미인성(美人星)을 이루고, 혹 용루(龍樓)와 봉각(鳳閣)이 일어나 정신이 밝고 수려한 것은 모두 산세의 기상이 있는 것이다.

⑤ 관산심혈(觀山尋穴)에 기라는 한 글자는 참으로 형용하기 어렵지만 주산에서 산이 나오는데 지각(枝脚)이 많이 나와서 왼쪽으로 가리우고 오른쪽으로 옹위하고, 혹 천을태을(天乙太乙)을 짓고, 주인봉(主印峯)이나 금상봉(金箱峯)이 되고, 좌우에 기쟁봉(旗錚峯)을 세우고, 영접하는 사(砂)와 전송하는 사(砂)가 있고, 가운데로 한 맥이 있어서 슬그머니 가니 고관(高官)이 말을 타고 옹위하는 자가 많아 위엄이 매우 있는 것과 같으니, 이것이 용의 형세이며, 그 결혈처(結穴處)에 미쳐서 후에서 오는 시종이 도로 안대가 되어서 수구(水口)를 지어 문을 막고, 모든 산과 모든 물이 천리(千里)를 멀다 않고 내조(來朝)하여 조금도 배반하는 형상이 없으니 모든 용을 길한 형세가 되는 것이다.

❖ **용의 변화와 발복기간** : 주산의 기운이 혈과 명당을 이루기 위해서는 주산과 혈사이 용이 끊어지지 않고 연결되어 기운이 통해야 한다. 주산에서 출발한 용의 기운이 혈까지 전달되기 위해서는 용 중간 중간이 일정한 형태와 변화 과정을 거쳐야 한다. 곧 산봉우리에서 혈까지 여러 형태로 변하면서 기운을 전달하는 통로를 이룬다. 이렇듯 용의 형태가 변화되어 있으면 기운을 통하는 생룡(生龍)이며, 용의 변화가 이루어지지 않고 직선으로만 연결되어 있으면 기운이 없는 용이거나 죽은 용, 곧 사룡(死龍)이 된다. 용이 갈 지(之) 자와 같은 형태를 이루고 있는 것은 '좌우 진행형'으로서, 뱀이 앞으로 나아가기 위해 구불구불 움직이는 형태와도 비슷하다. 사람의 걸음걸이도 발자국만 보면 왼쪽과 오른쪽으로 구불구불 변하면서 이런 형태를 이루고 있다. 사람은 발자국 사이 폭이 대략 60cm면 정상이라고 보고, 건강한 용은 15m를 한 걸음, 곧 한 폭으로 본다. 따라서 15m마다 왼쪽과 오른쪽에 발자국과 같은 형태의 변화를 이루며 앞으로 진행해 나가는 것을 가장 이상적인 변화 과정으로 본다. 용에 따라서는 걸음 폭이 20m를 넘는 경우도 있지만, 30m를 넘어도 변화가 없는 경우에는 사룡으로 해석한다. 왼쪽과 오른쪽으로 행하면서 이루는 변화 각도는 30도가 대표적이며, 힘이 강한 용일수록 변화 각도가 커 90도를 이루는 것도 있다. 반면 힘이 약한 용은 30도에 미치지 못하고, 사룡은 아예 변화 각도가 없다. 용이 솟아올랐다 떨어지고, 다시 솟아올랐다가 떨어지는 형태인 '상하 진행형'도 있다. 산의 능선이 높았다 낮아지고, 다시 높아졌다가 낮아지는 형태를 용이 승천하기 위해 움직이는 것과 동일하게 보고, 상하 운동을 진행하는 용이 강한 기운을 갖고 있다고 보며, 또 용이 내려오는 도중 한 마디에서 왼쪽·오른쪽·앞쪽 세 방향으로 뻗어 나가 내룡까지 합해 십자 모양을 이루는 것도 있다. 십자맥에서 주룡은 직선으로 내려가고 두 개의 맥은 왼쪽과 오른쪽을 동시에 뻗어 나가 백호를 이루게 되는데, 이러한 십자맥은 용의 기운이 매우 강한 경우에만 발생한다. 그래서 십자맥을 왕기(王氣)를 갖고 있는 용으로 해석해서, 왕이나 큰 재벌이 나온다고 본다.

❖ **용(龍)의 분론(分論)** : 산의 줄기나 기룡(岐龍) 등을 보아야 하는데, 간룡(幹龍)은 줄기가 큰 용을 간룡(幹龍)이라 하며, 이 간룡에는 대간(大幹)과 소간(小幹)이 있다. 줄기가 큰 것을 대간룡(大幹龍) 또는 그냥 대룡(大龍)이라 하며, 기룡(岐龍)을 소간룡(小幹龍) 또는 기룡(技龍)이라고 한다. 하나의 큰 산이 줄기를 뻗어오며 오행산(五行山)으로 변하기도 하는데, 그 산의 모형과 혈당(穴堂)의 모형이 생성되어야 한다. 개산(蓋山)은 현무정(玄武頂) 넘어 멀리 솟은 산이 개산으로 조산(照山)이라고도 하며 가까이 있으면 규산(規山)이 될 수도 있다. 낙룡(落龍)을 사(砂)라고도 하며, 모양과 장소에 따라 관(官)·귀(鬼)·수(獸)·금(禽)·요(曜)가

있다. 여기에서는 장소도 중요하지만 사(砂)의 모양을 보아 판단하는 것도 중요하다. 예를 들면 물이 흐르는 곳에 양옆으로 사(砂)가 나란히 서 있어 물이 그 사(砂) 사이로 흘러가면 곧 문사(門砂)가 되고, 문사(門砂) 가운데 있어 흐르는 물이 멈추었다 가게 하는 작은 사(砂)가 있으면 이것은 쇄사(鎖砂) 또는 유사(留砂)라 한다. 즉 문사(門砂)라 하면 이것은 한사(捍砂)라 하며 곧 자물쇠가 된다는 뜻이니 이것이 분명히 있어야 하는데 이러한 낙룡(落龍)을 한문(捍門)·화표(華表)·나성(羅星) 등이라고도 한다.

❖ **용의 삼락**(三落) : 조종산을 출맥한 용이 처음 결혈하는 경우를 초락처(初落處)라 하며 다시 행룡한 용이 중간에서 결혈하는 것을 중락처(中落處)라 하고 마지막에 결혈하는 곳은 말락처(末落處)다. 이를 용의 삼락(三落)이라고 한다. 용의 삼락은 마치 귀인이 많은 부하를 거느리고 집을 떠나 먼 여행을 가는 것과 같다. 여행 도중 날이 저물면 중간 숙소에서 여장을 풀고 쉬어 가는 것처럼 간룡(幹龍)의 행룡에 있어서도 중간 중간에 보국을 만들고 혈을 맺는다. 귀인이 머무르게 되면 많은 호위군사들이 숙소를 에워싸고 경호하듯이 용도 혈을 맺게 되면 주변 산과 물들이 모두 혈을 향해 감싸준다.

❖ **용(龍)의 삼세**(三勢) : 용은 그 높이에 따라, 산롱지세(山隴之勢)와 평강지세(平崗之勢), 그리고 평지지세(平地之勢)로 나뉜다.

- **산룡지세** : 고산 지대의 산 줄기이며 이를 고산룡이라 부르기도 한다. 고산룡은 기세가 강하고 기복이 심하며 산줄기들이 겹겹으로 펼쳐져 있으며 산봉우리들이 빽빽하게 솟아올라 있다.
- **평강지세** : 야산 지대의 용을 가리키며 평강룡이라 부르기도 한다. 평강룡은 고산룡에 비해 형상이 부드럽다. 온화하면서도 용이 꿈틀거리며 달려가듯이 이리저리 굽이쳐 뻗어가는 모습이 생기가 감돈다.
- **평지지세** : 야트막한 구릉지대의 용이며 이를 평지룡이라고 부르기도 한다. 평지룡이 평강룡이나 고산룡보다 훨씬 낮다고 해서 그 안에 담겨 있는 정기까지 약한 것은 아니다. 형상이 생기발랄하고 아름다우면 큰 정기가 깃들인다.

❖ **용의 3출맥 방향도**

❖ **용(龍)의 생김새에 따른 길흉의 영향** : 용은 개개의 모습에 따라 그 영향을 판단하는 것이다. 칼처럼 솟아오른 모습이면 크고 작은 흉화(凶禍)를 당하고, 돌아 달아난 듯한 모습이면 송사에 굴복하게 된다. 책상을 걸쳐놓은 모습이면 자손이 멸하거나 죽음을 당하게 되며, 책상 옆에 혈을 정하게 되면 그 가문이 멸하게 된다. 배가 뒤집혀 있는 모습이면 여자는 고질병으로 고생하게 되고, 남자는 옥살이를 하게 된다. 흐트러진 옷과 같은 모습이면 질투심 많은 여자가 나오고 처가 음란한 일을 하게 된다. 가마솥을 엎어놓은 것과 같은 모습이면 큰 부자가 나온다. 병풍을 사방으로 둘러싸고 중앙에 우뚝 솟은 모습이면 왕후가 나온다. 안전(案前)이 문을 닫은 모습이면 귀를 이루는 혈이다. 관(冠)을 단 것처럼 단정한 모습은 그의 자손들이 번창하며 잘살게 된다. 물이 없어 명당이 건조해 잿덩어리처럼 보이면 집안의 모든 기물이 화재로 잃게 된다. 제비집과 같은 모습이면 큰 인재가 나온다. 술잔처럼 생긴 모습의 묘 앞에서 서로 응수하여 포옹하는 모습이면 귀한 인재가 나오게 된다. 여러 마리의 말이 하늘에서 달려 내려오는 것과 같은 모습은 나라에 크게 쓸 인재가 태어난다. 산이 연결되어 마치 거센 물결처럼 기복이 있는 것은 큰 인물이 나온다. 하늘에서 용이 내려오고 앞에 물이 막아주고 모든 산이 구름처럼 보이면 큰 인물이 태어난다. 뱀이 놀라서 도망치는 모습이면 집안이 망한다. 창과 같은 모습이면 부하가 죽고 죄인이 되게 된다. 초목이 나지 않거나 잔디가 살지 않는 땅은 생기가 없는 혈이니 흉하다. 산소 바로 뒤에 고속도로가 나있으면 절손되기가 쉽다. 물이 직류하거나 묘 앞으로 대각선으로 흘러가거나 흘러와도 흉하다. 모양이 별로 없는 큰 돌들이 있는 것은 흉하고 그의 자손들이 천한 직업을 가지는 자손이 많아진

다. 산맥이 직류로 내려온 산에는 묘를 쓰면 흉하다. 들판에 혼자 홀로 우뚝 서있는 산은 흉하다. 천광(穿壙)을 할 적에 구덩이에서 칼날 같은 돌이 많이 나오면 흉하다. 산의 맥이 없는 곳에 함부로 혈을 정하지 말고 무연고 묘가 많은 곳에 함부로 혈을 정하지 말아야 한다.

❖ **용(龍)의 수혈삼등(受穴三等)** : 용에는 삼등(三等)의 구분이 있으니 정수(正受), 분수(分受), 방수(傍受)의 세 가지이다. 정수(正受)는 장구(長久)하고, 분수(分受)는 다음이요, 방수(傍受)는 삼등(三等)이다. 그러나 결작(結作)함이 참된 것이면 세 가지가 모두 길한 것이다.

① **정수혈(正受穴)** : 정수혈은 용세(龍勢)가 멀고도 멀어 비록 어금니와 발톱을 폈으나 일만 고개(萬峽)와 천산(千山)이 나의 소용(所用)되고 천리백리(千里百里)의 정기가 다 여기에 모여 특별히 정수혈(正受穴: 맥을 바르게 받은 혈)을 맺은 것이다. 그 역량이 가장 크고 발복이 가장 장구하다.

② **분수혈(分受穴)** : 분수혈은 용신 위에서 나뉘어 한 가지(枝) 성신(星辰)을 일으켜 지각(枝脚), 과협(過峽), 전호(纏護: 얽히고 보호받는 것)의 변화가 있어 모두 호위되고 스스로 문호(門戶)를 세우고 스스로 당국(當局)을 열어 형혈(形穴)을 맺고 다른 곳의 용신(用神)이 되지 않은 것이다. 다만 분수혈(分受穴)은 바른 가지가 아니고 나뉘어 떨어진 용으로 융결(融結)된 것이므로 분수혈(分受穴)이라 하는데, 그 역량은 용의 장단을 따라 능히 발복하나 정수혈(正受穴)의 길격(吉格)만은 못하다.

③ **방수혈(傍受穴)** : 산능선 곁에 붙어있는 작은 혈로서 방수혈이란 대개 정룡(正龍)의 왕성한 과협(過峽)이 된 곳에 지각(枝脚)과 요도(橈棹: 다시 맥이 생기기 위하여 준비하는 모습) 사이로 좇아 나오거나, 혹은 전탁(纏托: 얽히고 밀집한 것)하여 용의 우로 좇아온 것이거나, 혹은 용호(青龍白虎)의 남은 여기(餘氣)에 행한 곳에 작은 혈을 맺은 것이거나, 혹은 결성(結成)에서 세(勢)를 빌어 따로 문호(門戶)를 세우던 그 대소에 따라 형혈을 맺는 것인 바, 사방의 형세가 큰 것이나 다만 발복도 쉽고 패하기도 쉽다.

❖ **용의 양래음수와 음래양수** : 양래음수하고 음래양수라 함은 용맥과 혈상(穴相)과의 음양조화관계를 말한다. 즉 양룡으로 내려오면 음룡으로 받아 음룡으로 내려가다 양혈로 이어진다는 것이다. 양룡이란 '용여앙장시양래(龍如仰掌是陽來)'라 하였듯이 기봉(起峯)하여 개장(開帳)하면 마치 펼쳐놓은 병풍처럼 또는 봉(鳳)의 날개처럼 넓게 펼쳐서 준급하게 낙맥(落脈)한 용을 양룡이라 칭하며 평탄하면서 넓게 내려오는 용도 이에 속한다. 반대로 음룡이란 '형여복장시음래(形如覆掌是陰來)' 라 하였으니 마치 손등을 엎어놓은 것처럼 비교적 가늘고 긴 유(乳) 바닥처럼 생긴 용을 음룡이라 한다. 따라서 음룡하에서는 뇌두를 이루고, 그 아래에 양혈(와, 겸혈)이 생기고, 양룡하에서는 음혈(유, 돌혈)이 보통이다.

❖ **용(龍)의 여기(餘氣)** : 조산(祖山)으로부터 발기(發起)되어 행룡(行龍)되는 용맥(龍脈)은 원근좌우사(遠近左右砂)의 호종(護從)을 받아 왕성한 용은 정기(精氣) 또한 왕성하여 국세(局勢)를 만나 대지(大地)를 이루고도 용맥(龍脈)의 기운은 남아 다시 행룡(行龍)이 되며, 그 명당의 국세에 합당한 크고 작은 혈을 맺는 그 정기(精氣)를 용의 여기(餘氣)라 한다. 용의 여기(餘氣)는 산세에 따라 멀리도 가고 가까이도 가서 여기(餘氣)의 역량에 따라 결혈(結穴)이 되며 명당을 이룬다.

❖ **용의 은맥(隱脈)은 물을 보고 혈을 찾는다** : 기복 변화를 할 때마다 용의 등을 살짝 땅 위로 드러낼 때, 이 모양이 돌이 될 수도 있고 석골(石骨)이 될 수도 있다. 또 언덕이 되기도 하고 말의 발자국 같은 마적이 될 수도 있다. 이것이 땅 위에서 관찰할 수 있는 행룡의 흔적이다. 그러나 은맥(隱脈)은 보이지 않기 때문에 용맥을 보고 혈을 찾기는 사실상 어려우므로 물을 보고 찾을 수밖에 없다. 물은 용의 생기를 보호하기 때문에 용맥 양쪽에 도랑과 같은 물길이 있다. 논이나 밭에 도랑물이 나란히 흐르고 있으면 그 사이로 용맥이 지나고 있다고 생각하면 된다. 그리고 두 물이 합쳐지면 용맥은 더 이상 나가지 못하므로 멈추게 되는 곳이 용진처다. 대개 지기 뭉쳐 있기 때문에 약간 볼록하게 돌출된다. 비록 논 가운데 있지만 땅은 밝고 단단하며 모양이 거북이 등처럼 보이기도 한다. 이를 평지돌혈(平地突穴)이라고 한다. 마치 신령스러운 거북이가 진흙속에 들어가는 형세라 하여

금구몰니혈(金龜沒泥穴)이라고도 한다. 발복이 매우 커서 득재치산(得財治産)하여 거부가 될 수 있다. 그러나 오판하여 물이 침범하는 진흙 속에다 유골(체백)을 묻을 우려가 크다. 함부로 몰니혈을 취해서는안 된다.

❖ **용(龍)의 음양**(陰陽) : 지리법에 용맥(龍脈)의 솟고 함한 것으로 음양을 구분하는데 용맥의 돌(突 : 솟은 것)한 것을 음룡 또는 음맥이라 하고, 굴(屈 : 오목한 것)한 것을 양룡 또는 양맥이라 한다.

❖ **용(龍)의 입수**(入首) : 용의 입수(入首)는 조종산(祖宗山)으로부터 내려와 최종적으로 혈장접맥통기(穴場接脈通氣)하는 혈장 뒤 일절(一節)의 용맥을 용의 입수라 한다. 즉 입수는 용과 혈의 접속맥으로서 용의 입수 역시 용혈(龍穴)의 기식처(氣息處)이며 생명줄이므로 혈의 진가(眞假)와 생사는 오직 이 입수일절(入首一節)에 매여 있다. 그리하여 천리내룡(千里來龍)도 입수일절이 부실하면 허사가 되므로 입수처는 첫째 용과 혈의 접맥 연결이 확실하고 입수에 상처가 없어 유연하고 밝아야 한다. 한편 입수맥의 파상 단절이란 말은 입수가 파이고 끊어지는 것과 같은 형상이면 그 자손들이 가난하게 살다가 그마저 자손이 끊어진다고 한다.

❖ **용(龍)의 입수오격**(入首五格) : 입수(入首)란, 주산(主山)에서 혈로 뻗어 온 용맥(龍脈)의 끄트머리가 되며, 혈의 머리 부분이다. 입수는 그 형태에 따라서 직룡입수(直龍入首), 횡룡입수(橫龍入首), 비룡입수(飛龍入首), 잠룡입수(潛龍入首), 회룡입수(回龍入首) 등으로 나뉜다.

❖ **용(龍)의 주필**(駐蹕) : 사람이나 짐승이 먼 길을 가노라면 지쳐서 잠깐 쉬어 가듯 산도 뻗어 나가는 과정에서 잠깐 쉬는 것을 주필이라 한다. 이때 용이 잠시 머무르는 이 곳은 산이 봉우리를 일으키게 되는 곳이며, 용이 정지하여 쉬다가 가는 것도 같고 가지 않는 것도 같은 형세이다.

❖ **용(龍)의 지각**(枝脚) : 지각(枝脚)이란 본신룡(本身龍)에서 갈려 나간 산줄기를 가리킴. 지각이 어떻게 생겼느냐에 따라 본신룡의 정기(精氣)가 달라진다. 지각이 훌륭하면 본신룡의 정기도 빼어나고, 지각이 나쁘면 본신룡의 기운도 안좋다.

❖ **용(龍)의 출맥삼격**(出脈三格) : 용의 천(穿 : 뚫고), 낙(落 : 떨어지고), 전(纏 : 얽이고), 변함이 모두 출맥(出脈)이 있기 때문인데, 중출맥(中出脈), 우출맥(右出脈), 좌출맥(左出脈)이 세 가지 격이 있다. 요씨(寥氏)가 말하기를, 무릇 혈 뒤의 낙맥(落脈)이 중앙으로부터 나오는 맥이 가장 길하고, 좌편으로 나오는 맥은 약간 경(輕)하고, 우편으로 나오는 맥은 더욱 경한데, 아름답고 악하고 화복길흉(禍福吉凶)이 모두 여기에서 배태(胚胎)된다고 하였다.

① **중출맥**(中出脈) : 혈을 받은 용이 조산(祖山)을 떠난 뒤에 출신낙맥(出身落脈)과 과협(過峽) 및 혈장으로 떨어진 맥. 중간으로 나와 좌우가 고르고 선익(蟬翼)과 신서의 띠 모양이 껴 보호함이 정제(整齊)하다. 혹 장막을 편 가운데서 출맥한 것을 곧 천심맥(穿心脈)으로 병풍과 일산 등의 격을 만들고, 맥이 중앙으로 좇아 떨어져 혹 좌우에 펼쳐나가는 보호산(保護山)이 주밀하여 바람을 받지 않고, 물이 겁(怯 : 급한 것)하지 않으면 반드시 진기(眞氣)가 융결하여 주로 대부대귀(大富大貴)하고 현인군자와 광명정대한 선비를 배출한다.

② **좌출맥**(左出脈) : 용이 출신(出身)하여 발하는 맥 및 행도(行度), 과협(過峽), 인혈(人穴) 등에 처한 맥이 왼쪽을 좇아 나오는 바 산의 형모(形貌)는 좌편이 적고 오른쪽이 많아 고르지 못하다. 다만 선익(蟬翼)과 선대(仙帶) 및 밖으로부터 좇는 산과 비치고 응(應)하는 성신(星辰)이 모두 주밀하므로 앞으로 나아가 역시 혈장이 융결(融結)된 것이다. 그러나 방출맥(傍出脈 : 곁으로 나간 맥)으로 호종(護從)하는 산이 주밀치 못하면 결작(結作)함도 없다.

③ **우출맥**(右出脈) : 용이 출신(出身)하여 발(發)하는 맥과 행도(行度), 과협(過峽), 인혈(人穴) 등의 곳에 맥이 오른쪽을 좇아 떨어지고 산세 및 밖으로부터 호종하는 산과 조산(照山), 응산(應山)이 모두 주밀하므로 앞으로 가서 역시 결작(結作)함이 있다. 그러나 만일 방출맥(傍出脈)이 이와 같지 못하면 융결(融結)함과 추심(推尋)함이 없다.

❖ **용(龍)의 출신**(出身)**과 개장**(開帳) : 출신(出身)이란 용(龍)이 나뉘어 갈라지는 곳이다. 좋은 용은 출신부터 튼튼하고 아름답지만 출신이 약하거나 나쁜 용에는 훌륭한 명당혈(明堂穴)이 깃들이기 어렵다. 이런 용은 혈을 맺는다 해도 길지(吉地)가 아니니 굳이 따라가 찾을 필요가 없다. 조종산(祖宗山)의 기상이 힘차면,

거기에서 많은 용이 갈려 나온다. 그 중에서 중심이 되는 간룡(幹龍)은 여러 용의 가운데로 뻗어 나가며 멀리 길게 뻗친다. 용의 출신에서 평지룡은 기복이 완만하며 널찍하지만 고산룡은 기복이 급하고 산봉우리에 비해 가늘다. 개장(開帳)이란, 혈이 있는 본신룡에서 양쪽으로 뻗어 나간 지룡(枝龍: 산줄기)이 장막처럼 펼쳐져서 본신룡을 감싸 주는 것을 말하는데, 개장이 제대로 되어 있어야 귀(貴)한 용이다. 널따란 개장은 10여 리가 넘고, 짧은 것은 1, 2리에 달한다. 잘생긴 개장은 용이 날아가듯 힘차게 약동하며 가지런하게 뻗어 있다. 어떤 것은 갈지(之) 자, 검을 현(玄) 자 모양으로 굽이쳐 휘돈다. 개장(開帳)이 되었다 해도 지룡(枝龍)이 어수선하게 흩어진 것은 불길하다. 양쪽으로 지룡이 쭉쭉 뻗어 나갔으며, 그 중앙에 본신룡(本身龍)이 감싸여 있는 것이 개장천심(開帳穿心)으로 올바로 된 개장천심은 만나기가 쉽지 않고 참으로 귀한 용이라야 개장천심이 갖춰졌다. 옛 풍수가 요공(寥公)이 이르기를, 개장에서 뻗어 나온 용이 뭇 용 중에서 가장 힘이 있다고 했다. 개장의 양쪽 산줄기에 큰 바위가 있는 것을 귀하게 여겨 왼쪽에 놓인 바위를 천관(天關)이라 부르고, 오른쪽 바위를 지축(地軸)이라 한다. 천관과 지축은 본신룡(本身龍)을 뒤에서 튼튼히 받쳐 주는 기둥이다. 천관지축의 생김새가 거북이나 뱀머리, 혹은 구슬이나 도장의 형상이면 더욱 귀하고 아름답다.

❖ **용의 행지**(行止)**와 과룡**(過龍) : 풍수지리의 목적은 용맥에서 생기취결지(生氣聚結地) 즉 생기가 융결된 혈을 찾는데 있다. 혈은 용이 멈추지 않고 행룡하는 곳, 즉 과룡에서는 결지할 수 없다. 생기가 한 곳에 모이지 않고 흘러가기 때문이다. 용이 멈춘 곳, 즉 지(止)에서만 결지한다. 생기가 더 이상 나가지 못하고 그 자리에 모여 엉키기 때문이다. 행룡하는 과룡에서는 산들이 분주히 달아나고 물이 급하게 흐른다. 산과 물이 서로 멈추어 음양조화를 하지 못하면 생기를 융결할 수 없다. 주룡이 멈추면 주위의 호종하는 산들도 멈추며, 주룡의 생기가 뭉친 혈을 향하여 유정하게 돌아보며 감싸 안아준다. 산수동행(山水同行)하는 물 역시 모두 멈추고 한곳으로 모여 환포해 주게 되어 자연히 음양조화가 이루어져 생기가 융결된다.

❖ **용**(龍)**의 형세**(形勢) **12격**(格) : 「설천기(泄天機)」라는 지리서는 용(龍)을 다음의 열두 종류로 나누어 설명했다. 생룡(生龍)과 사룡(死龍), 강룡(强龍)과 약룡(弱龍), 순룡(順龍)과 역룡(逆龍), 진룡(進龍)과 퇴룡(退龍), 복룡(福龍)과 병(病)룡(龍), 거룡(去龍)과 살룡(殺龍), 생룡, 강룡, 순룡, 진룡, 복룡 이 다섯 용(龍)은 길(吉)한 용이고 나머지는 흉(凶)한 용이다.

❖ **용이기**(龍理氣)**의 생왕사절**(生旺死絶) : 지리법에서 용을 보는 데는 두 가지 중 용맥의 모양을 살펴 생왕사절을 아는 것과 이기법(理氣法)으로 생왕사절을 아는 방법이 있다. 이기법이란 나침반의 글자에 의해서 좌(坐)가 무슨 좌이고, 용이 무슨 글자에 해당하는 용이며, 물의 득파(得破)는 무슨 방위이며, 또 수구(水口)는 무슨 글자에 해당하는 방위인가 등으로 오행을 정하고 그 오행의 생극비화(生克比和) 관계, 포태법(胞胎法), 장생법(長生法) 등으로 길흉을 보며, 사수(砂水)의 방위와 길흉신(吉凶神) 등을 글자와 글자 관계로만 대조해 보는 법식을 모두 이기법(理氣法)이라 한다. 그러므로 포태법 또는 장생법으로 생왕사절을 따지려면 우선 오행부터 정해져야 한다.

① **신술건해임자수구**(辛戌乾亥壬子水口) : 화국을룡(火局乙龍)인데 이를 을병교이추술(乙丙交而趨戌)이라 한다.

② **계축간인갑묘수구**(癸丑艮寅甲卯水口) : 금국정룡(金局丁龍)인데 이를 두우납정경지기(斗牛納丁庚之氣)라 한다.

③ **을진손사병오수구**(乙辰巽巳丙午水口) : 수국신룡(水局辛龍)인데 이를 신임회이취진(辛壬會而聚辰)이라 한다.

④ **정미곤신경유수구**(丁未坤申庚酉水口) : 목국계룡(木局癸龍)인데 이를 금양수계갑지령(金羊收癸甲之靈)이라 한다.

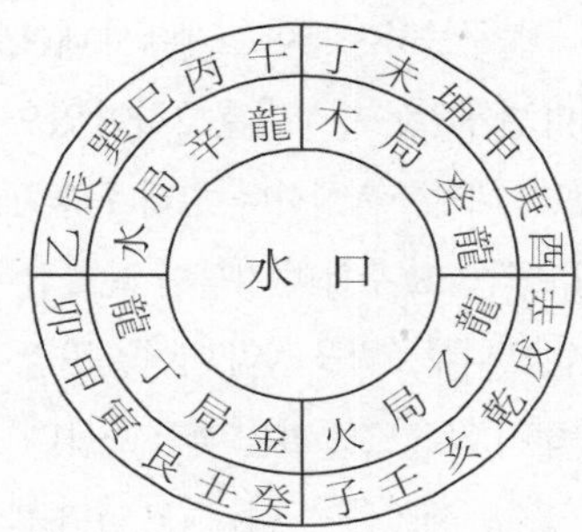

화국(火局)이니 금국(金局)이니 하는 것은 진술축미(辰戌丑未)를 취한 것이다. 즉 술(戌)은 화고(火庫), 축(丑)은 금고(金庫), 진(辰)은 수고(水庫), 목(木)은 목고(木庫)가 되어, 술(戌)은 병화(丙火), 축(丑)은 경금(庚金), 수(水)는 임수(壬水), 목(木)은 갑목(甲木)을 취용함이다. 용은 국(局)과 합을 취함이니, 을병합(乙丙合)·정경합(丁庚合)·신임합(辛壬合)·계갑합(癸甲合)이므로 화국(火局:丙)은 을룡(乙龍), 금국(金局:庚)은 정룡(丁龍), 수국(水局:壬)은 신룡(辛龍), 목국(木局:甲)은 계룡(癸龍)이라 한다. 간단히 말해 국(局)은 수구(水口)의 둘째 글자 진술축미(辰戌丑未:辛戌·癸丑·乙辰·丁未)의 삼합국(三合局)을 양간(陽干)으로 적용해서 이 양간의 합을 취하여 을룡(乙龍)이니 정룡(丁龍)이니 하는 것이다.

- **신술건해임자수구**(辛戌乾亥壬子水口) : 화국(火局)·화고(火庫)요, 병화(丙火). 을병합(乙丙合)으로 을룡(乙龍).
- **계축간인갑묘수구**(癸丑艮寅甲卯水口) : 금국(金局)·금고(金庫)요, 경금(庚金). 정병합(丁丙合)으로 정룡(丁龍).
- **을진손사병오수구**(乙辰巽巳丙午水口) : 수국(水局)·수고(水庫)요, 임수(壬水). 신임합(辛壬合)으로 신룡(辛龍).
- **정미곤신경유수구**(丁未坤申庚酉水口) : 목국(木局)·목고(木庫)요, 갑목(甲木). 계갑합(癸甲合)으로 계룡(癸龍). 그러므로 을병교이추술(乙丙交而趨戌)은 을병(乙丙)의 병화(丙火)를 취하여 화국(火局)이요, 을(乙)을 취하여 을룡(乙龍)이며, 신술(辛戌)의 술(戌)을 취하여 추술(趨戌)이라 한다. 두우납정경지기(斗牛納丁庚之氣)는 정경(丁庚)의 경(庚)을 취하여 금국(金局)이요, 정(丁)을 취하여 정룡(丁龍)이며, 계축(癸丑)의 축(丑)을 취하여 두우(斗牛:丑)라 한다. 신임회이취진(辛壬會而聚辰)은 신임(辛壬)의 임(壬)을 취하여 수국(水局)이요, 신(辛)을 취하여 신룡(辛龍)이며, 을진(乙辰)의 진(辰)을 취하여 취진(聚辰)이라 한다. 금양수계갑지령(金羊收癸甲之靈)은 계갑(癸甲)의 갑(甲)을 취하여 목국(木局)이요, 계(癸)를 취하여 계룡(癸龍)이며, 정미(丁未)의 미(未)를 취하여 금양(金羊:未)라 한다. 을정신계(乙丁辛癸)는 음(陰)이라 음(陰)은 장생(長生)을 역(逆)으로 붙여나가는 것이므로 을룡(乙龍)은 오(午), 정룡(丁龍)은 유(酉), 신룡(辛龍)은 자(子), 계룡(癸龍)은 묘(卯)에 장생(長生)을 붙여 12지 순서로 거꾸로 짚어나간다.

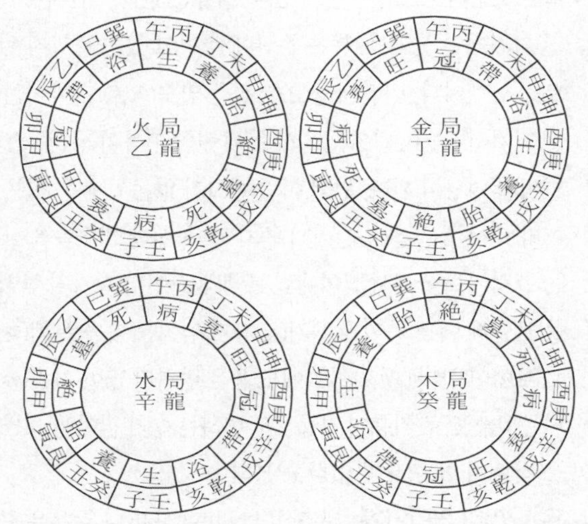

※ 나침반의 외반(外盤 : 縫針)으로는 水口의 방위를 보고, 내반(內盤 : 正針)으로는 龍·水口의 방위를 본다.

❖ **용이 끊어진 곳** : 성문절(城門絶)은 청룡과 백호가 요(凹)하여 바람을 맞은 요함지혈(凹陷地穴)로 흉하다. 이취절(犂嘴絶)은 부리같이 생긴 뾰죽한 산이 급히 내려와 쏘는 듯한 형세로 흉하다. 용두절(龍頭絶)은 겉으로는 전호(纏護)와 환포(環抱)가 되어 있는 듯하나 혈장의 혈룡(穴龍)이 모두 떨어지고 갈라져 생기 없는 형세로 흉하다. 건류절(乾流絶)은 횡룡(橫龍)의 와혈(窩穴)에 원진수(元辰水)가 혈의 건방(乾方) 뒤로 빠져나가는 형세로 흉하다. 마안절(馬眼絶)은 혈 뒤로 현무정(玄武頂)이 너무 높이 솟아 있으니 내룡(內龍)이 급하여 고독하고, 혈이 들어나 바람을 받은 형세로 불길하다. 노두절(鷺頭絶)은 죽은 용의 산세로 바늘처럼 뾰죽하고, 전호(纏護)와 환포(環抱)가 이어지지 않아 결혈(結穴)되지 못하니 불길하다. 복종절(覆鍾絶)은 종이 겹쳐 있는

형상으로 산세가 매우 급하여 결혈(結穴)되지 못하는 땅으로 불길하다. 건과절(乾寡絶)은 청룡, 백호, 순전(脣氈)이 모두 없으니 기(氣)가 없는 허혈지(虛穴地)이다. 지나가는 산으로 가혈(假穴)이니 불길하다. 대파절(大坡絶)은 평평한 땅으로 용맥(龍脈)이 끊어져 없고, 돌기(突起)와 속기(束氣)도 없으니 불길하다. 초룡절(初龍絶)은 혈이 전혀 보이지 않고, 물도 끊어진 흉룡(凶龍)으로 대흉하다.

❖ **용(龍)이란 간룡(幹龍), 지룡(枝龍), 내룡(來龍)** : 간룡이란 주산(主山)으로부터 흐르는 원줄기 산맥, 지룡은 원줄기 산맥에서 갈라진 가지격인 산맥, 내룡은 주산에서 혈이 있는 곳까지 이어져 오는 산맥이다. 여기서 중요한 점은 입수(入首) 가까이온 내룡은 거기서 4~50m 범위 안에서 두세 번쯤 기복이 생기는 변화가 있어야 명당이 된다. 만일 이런 변화가 없는 내룡은 직룡(直龍)이라 해서 죽은 용(死龍)이니 좋지 않다. 산맥의 흐름을 살필 때는 그것이 주산에서 뻗어내린 본맥(本脈)이냐 곁가지 산맥이냐를 보는데 어느 쪽이든 생기(生氣)가 넘치는 쪽을 본맥(幹龍)으로 보아야 한다. 옛 가르침에도 용은 변화가 많아 간룡(幹龍)이 지룡(地龍)으로 지룡이 간룡으로 변하는 수가 많아서 애써 간룡을 찾으려 할 필요가 없다고 본다.

❖ **용(龍)이란 무엇인가** : 태조산(太祖山)에서 떠나온 용은 혈까지 이르는 동안 천변만화(千變萬化)를 이룬다. 두 날개를 활짝 펼친 듯한 모양을 이루기도 하고, 장막을 펼친 듯도 하고, 나무의 줄기와 뿌리처럼 사방팔방으로 쭉쭉 뻗어 나가기도 하고, 때로는 깎이고 바뀌고 일어나고 엎드리고 이리 비실 저리 비실, 마치 뱀이 물을 헤치며 나아가는 모양도 있고, 끊어질 듯 이어지기도 하고 급히 내려오다가 느릿해지기도 하면서, 주간에 높고 낮고 크고 작고 아름답고 추한 여러 가지 형상의 산도 이루고, 평지도 건너고 강이며 개울도 건너서, 어떤 줄기는 나아가다 문득 끊기거나 멈추고, 어떤 용은 느릿느릿 백여 리를 뻗어나가다가 그치고, 행도(行度)가 급한 것은 불과 몇 리 지점에서 멈춘다. 용맥(龍脈)이 큰 것은 중요한 곳이 중앙으로 통하고, 그 다음은 지엽(枝葉)으로 행한다. 용이 조산(祖山)을 떠날 즈음에 봉우리가 수려하면 그 내려가는 맥도 훌륭함을 짐작할 수 있다. 용맥이 처음 떠날 때 구불구불하여 뱀이 고개에서 내려오는 것 같고 용의 양면에 매미 날개 같은 형상이 옹호하여 있으면 이러한 용맥 아래에서 반드시 대지를 형성한다. 그러나 맨 처음 뻗기 시작하는 곳이 여위고 약하고 추하며 기복이 없고 살아 움직이는 것 같은 형상이 없고 나무토막을 잘라 이어놓은 것 같으면 그 아래에 생기가 통하지 않으므로 혈을 맺지 못한다.

❖ **용자음유(龍子飮乳)** : 새끼용이 젖을 먹고 어미용의 품에 안겨 잠자는 형국. 혈은 어미용의 젖에 있고, 안산은 새끼용이다.

❖ **용자창강(龍子漲江)** : 어린 새끼용이 어미 곁을 떠나 넘치는 강물 속으로 들어가는 형국. 혈은 이마, 코, 입 등에 자리잡으며, 안산은 커다란 무지개다.

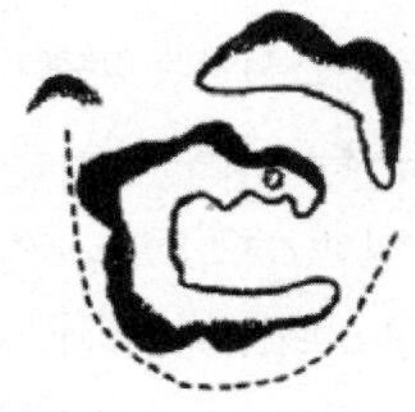

❖ **용조(龍祖)** : 용의 조상, 즉 태조산(太祖山)을 말함. 태조산은 용이 맨 처음 시작된 곳이므로 생기(生氣)의 근원이요 변화의 본(本)이다. 높이 솟은 것이 대궐 같고(龍樓), 평한 것이 대궐 앞 넓은 뜰(寶殿)과 같은 조산은 모두 존귀한 것이 된다. 용이 조산(祖山)이 있는 것은 나무에 뿌리가 있음과 같다. 뿌리가 크면 지엽이 무성하듯이 조산이 존귀하면 용의 형세가 웅장하여 멀리멀리 뻗어도 생기가 왕성하다. 이와 반대로 뿌리가 얕고 튼튼하지 못한 나무는 얼마 안 가서 지엽이 마르고, 조산이 존귀하지 못한 용은 역량이 부족하여 비록 뻗어나간 가지가 많을지라도 혈을 맺지 못한다.

❖ **용조귀칙자손귀 용조천칙자손천**(龍祖貴則子孫貴 龍祖賤則子孫賤) : 용의 조종산이 귀하면 자손이 귀하고 용의 조종산이 천하면 자손도 천하다.

❖ **용지**(龍池) : 진(辰) 자리에 자(子)를 붙여 순행(順行)으로 생년지에 이르는 곳이 용지성이다.

子生 : 辰　丑生 : 巳　寅生 : 午　卯生 : 未

辰生 : 申　巳生 : 酉　午生 : 戌　未生 : 亥

申生 : 子　酉生 : 丑　戌生 : 寅　亥生 : 卯

❖ **용진혈적**(龍眞穴的)**한 수변**(水邊) **혈은 발복이 크다** : 용진혈적한 수변혈은 주로 강가나 큰 연못가에 있다. 봄과 여름 물이 많을 때는 사방으로 말이 가득하여 혈이 있는 곳은 섬이 된다. 가을과 겨울물이 빠질 때는 섬이 땅과 연결된다. 물가에 있으므로 주변 땅은 축축하다. 그러나 혈처는 물의 상분하합(上分下合)이 잘 이루어져 전혀 비습(卑濕)하지 않다. 용진혈적한 수변혈은 발복이 커서 주로 큰 부를 가져다준다.

❖ **용이 크고 평평할 때** : 기맥(氣脈)을 바로보아 묘을 쓰지 못하면 수렴(水廉)이 든다. 산중(山中)에서 밝게 나타난 것은 맥(脈)이 되고 지중(地中)에서 살이져 움직이는 것이 기(氣)가 되는 것이다.

❖ **용입수**(龍入首) : 부모산(父母山)과 같은 뜻이나 부모산에서 혈성(穴星)에 이르는 용(龍)의 흐름을 뜻하기도 한다. 좌입수처(坐入首處)까지가 용에 해당한다. 최종의 맥에서 결혈처(結穴處)로 들어가는 종맥(終脈)이다.

❖ **용천**(湧泉) : 물이 거품이 일 정도로 평평 솟구쳐 오르는 샘을 말함. 용천은 산의 정기가 매우 왕성할 때 생겨나고 샘물과 함께 산의 정기가 밖으로 분출된다. 너무나 큰 정기를 품고 있기 때문에 용천이 있는 산에는 묘지 터가 맺히지 않는다. 묘지 터의 정기는 오로지 그 묘지 터에 묻히는 사람의 자손들에게만 전해지고 아무리 좋은 묘지 터라 해도 한 가문(家門)한테만 복(福)을 줄 뿐이다. 그런데 용천이 생길 정도로 품고 있는 정기가 큰 산은 일개 가문만을 위해서 솟아 오른게 아니며 그런 산에 깃든 정기는 아주 많은 사람들을 위해 쓰여지고 크나큰 복을 뭇사람들에게 골고루 나눠준다. 산세가 수려하며 용천이 있는 곳에는 하늘의 선령(仙靈)들이 머무르고 신비롭고 성스러운 기운이 크게 감돈다. 그 기운을 받아서 선인(仙人)·성인(聖人)들이 배출된다.

❖ **용천수**(蓉泉水) : 용천수는 좌혈(坐穴) 앞에서 솟아 빙글빙글 돌며 4방(四方)으로 가는 것이니 마치 술래를 가운데 놓고 수월래를 도는 것 같은데 물이 빨리 흩어지면 오히려 흉수(凶水)가 된다. 이 용천수가 있으면 만인을 먹여살리며 항상 두령급 자손이 출생한다. 이 물 외에도 포태수(胞胎水) 회향수(廻向水) 등 여러 가지 길수(吉水)가 있는데 이 길수는 갈지자(之)나 새을자(乙) 또는 취객의 걸음걸이 같은 몰이 최적 길수이다.

❖ **용천수**(湧泉水)

① 곧은 골짜기에서 나면 도적이 나고

② 선익(蟬翼) 밑에서 나면(안질병자) 나고

③ 당판(堂板) 밑에서 나면 익사자(溺死者)가 나고

④ 백호(白虎) 밑에서 나면 여자가 음란(淫亂)하고

⑤ 전순 밑에서 나면 부귀하게 되고

⑥ 득수(得水) 밑에서 나면 성현(聖賢)이 난다.

❖ **용천**(湧泉) **수기** : 발바닥에 있는 침구혈의 이름으로 기선(氣線)을 발바닥에 접속시키는 방법이다. 기선과 좌선은 겹쳐지게 되나 그 각은 180도가 되는 도기룡(倒騎龍)으로 해입수(亥入首) 사좌해향(巳坐亥向)으로 일명 속발혈이라고 한다.

❖ **용천8혈**(龍天八穴)

• **해묘미목생**(亥卯未木生) **해묘미좌**(亥卯未坐) **용혈**(龍穴)

곤을임좌(坤乙壬坐) 천혈(天穴)

인오술좌(寅午戌坐) 생혈(生穴)

간병신좌(艮丙辛坐) 지혈(地穴)

손경계좌(巽庚癸坐) 인혈(人穴)

건갑정좌(乾甲丁坐) 절혈(絶穴)

신자진좌(申子辰坐) 패혈(敗穴)

사유축좌(巳酉丑坐) 귀혈(鬼穴)

• **사유축금생**(巳酉丑金生) **사유축좌**(巳酉丑坐) **용혈**(龍穴)

간병신좌(艮丙辛坐) 천혈(天穴)

건갑정좌(乾甲丁坐) 인혈(人穴)

손경계좌(巽庚癸坐) 절혈(絶穴)

신자진좌(申子辰坐) 생혈(生穴)

곤을임좌(坤乙壬坐) 지혈(地穴)
인오술좌(寅午戌坐) 패혈(敗穴)
해묘미좌(亥卯未坐) 귀혈(鬼穴)

• **인오술화생**(寅午戌火生) **인오술좌**(寅午戌坐) **용혈**(龍穴)
건갑정좌(乾甲丁坐) 천혈(天穴)
곤을임좌(坤乙壬坐) 인혈(人穴)
간병신좌(艮丙申坐) 절혈(絶穴)
사유축좌(巳酉丑坐) 생혈(生穴)
손경계좌(巽庚癸坐) 지혈(地穴)
해묘미좌(亥卯未坐) 패혈(敗穴)
신자진좌(申子辰坐) 귀혈(鬼穴)

• **신자진수생**(申子辰水生) **신자진좌**(申子辰坐) **용혈**(龍穴)
손경계좌(巽庚癸坐) 천혈(天穴)
간병신좌(艮丙辛坐) 인혈(人穴)
곤을임좌(坤乙壬坐) 절혈(絶穴)
해묘미좌(亥卯未坐) 생혈(生穴)
건갑정좌(乾甲丁坐) 지혈(地穴)
사유축좌(巳酉丑坐) 패혈(敗穴)
인오술좌(寅午戌坐) 귀혈(鬼穴)

❖ **용천팔혈**(龍天八穴)**의 택좌법**(擇坐法) : 용천팔혈(龍天八穴)의 택좌법(擇坐法)은 용혈(龍穴), 생혈(生穴), 천혈(天穴), 지혈(地穴), 인혈(人穴)의 길혈(吉穴)과 패혈(敗穴), 절혈(絶穴), 귀혈(鬼穴)의 흉혈(凶穴)이 있다. 이 법은 좌(坐)를 택함에 있어 망인(亡人)과 좌(坐)에 연운(年運)을 맞추는 것으로 망인(亡人)의 생년(生年)의 태세(太勢)와 좌(坐)를 대조하여 길한 오혈(五穴)에 속하면 길혈(吉穴)이 되고 흉한 삼혈(三穴)에 속하면 흉혈(凶穴)이 되는 것을 말한다.

❖ **용추천**(龍湫泉) : 용추천이란 문룡(蚊龍)을 잉육(孕育)하는 굴(窟)을 말하는데, 날이 가물면 이곳에서 기우제(祈雨祭)를 지내는 곳이기도 하며, 항음(亢陰)의 곳으로서 귀신과 도깨비가 모여 회합(會合)하는 곳이라 하여 결작(結作)이 안 되는 곳이다.

❖ **용혈사수**(龍穴砂水) : 첫째, 산은 자손번창에 관한 일을 판단하고 물은 재물을 주관한다. 둘째, 내룡은 가계와 자손의 부귀빈천에 영향을 미친다. 셋째, 혈성(穴星)은 한 가문을 판단하는 자료이며 혈장은 한 가정에 관계되는 일에 작용한다. 넷째, 물은 재물과 여자에 관한 사항을 주관하나 경우에 따라서는 귀(貴)도 관계가 있다. 다섯째, 조종(祖宗)은 나(我), 요조 안산은 대인관계에 작용하며, 청룡·백호는 나를 보호하는 것들이다.

• **조종산**(祖宗山) : 집안의 내력과 배경 자손의 유기(有氣) 무기(無氣)를 판단한다. 조종산에 서기가 어려 있으면 재상이 배출된 명문대가임을 알 수 있다. 수려단아하면 문인이요 장엄하면 무인과 관련 있다.

• **내룡**(來龍) : 주로 혈통관계를 본다. 화복의 근본이 된다. 왕룡(旺龍)이면 자손의 수가 많다. 청룡쪽의 지각(枝角)이 왕성하면 적자(嫡子)가 복을 받고 남자들이 많이 태어나며, 백호쪽이 왕성한 기운을 지녔으면 서손(庶孫)이 복을 받고 여자들이 많이 배출된다. 공협(拱夾)에 문필봉 등이 솟아 있으면 문관이 나고, 기아 복이 있으면 무관이 나며, 창고사(倉庫砂)가 있으면 부호가 난다. 내룡이 혈성보다 빼어나게 아름답거나 대동하면 적손(適孫)이 뒤를 잇지만 혈성은 아름다운데 내룡이 쇠약하면 서손(庶孫)으로 승계된다. 내룡이 후덕하면 부자가 나고 청수하면 귀(貴)를 얻는다.

• **입수맥**(入首脈) : 주로 부부관계와 후계문제를 살피는데 작용한다. 입수맥(入首脈)이 광탕(廣蕩)하면 축첩을 하게 되고 한편으로 치우치게 아름답거나 모자라면 홀아비나 과부가 난다. 입수맥이 끊어졌으면 후손이 끊어진다.

• **혈장**(穴場) : 분방별(分房別 : 해당하는 자손을 가리킴) 화복을 판단하는 기준이다. 윗쪽이 살찌고 아랫쪽이 청수하면 맏이가 부자가 되고 막내아들이 귀하게 된다. 위는 아름답고 아래가 못생겼으면 맏이에게는 좋은 일이 막내에게는 흉한 일이 생긴다. 혈장을 3등분하여 중앙 부위는 가운데 자식의 길흉을 판단한다. 중앙이 살찌고 넓으면 부자가 나는 격이고 적고 단단하면 귀인이 난다. 윗부분은 귀천을 아랫쪽은 빈부를 판단하는 기준이다.

• **청룡·백호** : 청룡이 아름답고 백호가 열세이면 본손의 자손이 우수하고, 백호가 아름답고 청룡이 모자라면 외손이 뛰어난 기질을 보인다. 청룡의 허리가 끊어지고 어깨가 잘렸으면

이에 배속되는 후손 중 남자가 요절하고, 반대로 백호의 허리가 끊어지고 어깨가 잘려지게 생겼으면 사위가 요절한다. 청룡과 백호가 서로 경쟁하는 모양이면 형제간에 송사가 나고 서로 싸우는 모양이면 불목한다.

- **사(砂)의 모양** : 해당하는 부위의 분방(分房 : 해당하는 자손을 가리킴)에 해당 길흉이 생긴다. 천마면 귀히 되나 해외 근무가 많고 필사(筆砂)면 글재주가 타의 추종을 불허한다. 치마를 걸어놓은 모습(懸裙)이나 머리를 안고 있는 모양(抱頭)이면 옷벗기를 좋아하고 포옹하기를 즐기니 음탕한 후손이 난다. 검사(劍砂)면 도검으로 인해 죽거나 남을 죽이게 된다.
- **시신의 변화** : 바람을 맞으면 화염(火炎)이 들어 흑색으로 타고, 물이 관을 침범하면 수염(水炎)이 든다. 토질이 매우 약하면 목염(木炎)이 든다. 임두수(淋頭水)이면 수염(水炎)이 든다. 이때 위는 강하고 아래가 허약하면 습기가 없어서 해골이 바짝 마른다. 반면 위가 허약하고 아래는 토질이 강해 흘러든 물이 빠지지 못하면 광중에 물이 가득 차게 되어 시신이 엎어진다. 토질이 허한 곳에 괴상한 벌레(지네, 개미, 뱀, 쥐, 애벌레 등) 모양의 사(砂)가 있으면 해당하는 벌레가 시신에 생긴다.

❖ **용혈사수**(龍穴砂水) **음양이법**(陰陽理法) : 용혈사수 음양이법이 모두 합법하여야 한다. 만약 음양오행의 이법이 맞지 않으면 재앙이 따른다. 생왕한 용혈인데 이법이 좋지 않으면 발복은 한다할지라도 이법이 맞지 않은 만큼의 흉화를 받는다. 예를 들어 제왕지지 혈이 있다면 그 형세적인 발복으로 제왕이 되기는 하지만 음양이법이 좋지 않은 만큼 제왕으로서 역할을 제대로 할 수 없게 된다.

❖ **용혈수**(龍穴水)**의 삼중향**(三重向, 內外兩向說)**에 관하여** : 내외양향(內外兩向)이라는 것은 내향(內向)으로서는 용(龍)을 배(配)하고 외향(外向)으로서는 수(水)를 배(配)함을 말하니, 정침(正針)으로서는 용향(龍向)을 배(配)하여 수산(收山)을 하게 하고, 봉침(縫針)으로서는 양반(兩盤)을 귀중(貴中)하여 명당수수(明堂收水)를 하는 법을 말한다. 이는 당국(堂局)의 수향(水向)으로서는 배룡(配龍)이 불가능하므로 입수룡기(入首龍氣)는 당국(堂局)의 수향(水向)으로서는 용수이국(龍水二局)은 겸수(兼收)가 불능하기 때문에 이환(移換)하지 못한다. 그러므로 양향지법(兩向之法)이 필요한 것이다. 즉 내향(內向)이란 입수룡(入首龍)의 기선향(氣線向)을 말함이니 한마디로 말해서 입수룡(入首龍)의 대충방위(對沖方位)가 곧 내향(內向)이 된다. 가령 자룡(子龍)이 입수(入首)했다면 오(午)가 외향(外向)이 되고, 해룡(亥龍)이 입수(入首)했다면 사(巳)가 내향(內向)이 되는 것이다. 그러므로 내향(內向)은 용의 입수향(入首向)으로서 기선(氣線:龍)이 되고 외향(外向)으로서는 정침(正針)으로 배룡수산(配龍收山) 한 연후에 다시금 봉침(縫針)으로서는 음양수로(陰陽水路)를 쫓아 물로서 배향을 하게 되니, 엄격하게 말하자면 3중의 향(向)이 설정된다. 입수룡(入首龍)의 기선향(氣線向)(內向)이 그 하나요, 혈의 좌향(坐向:某山某向)이 그 둘이며, 내수(來水)의 음양수로향(陰陽水路向)이 그 셋째이므로 결과적으로는 3중의 향(向)이 된다. 구체적인 예를 들자면 자룡(子龍)이 입수(入首)했는데 수로(水路)가 우수도좌(右水到左)의 음국(陰局)이라면 양향(陽向)으로 정함이 불가능한데 만약 오향(午向)으로 입향(立向)한다면 이는 음양박잡(陰陽駁雜)이 되므로 오(午)를 용향(龍向)을 삼고자 해도 산수이국(山水二局)이 양룡음수(陽龍陰水)로서 같이 정함이 불가능하므로 불능입향(不能立向)이다. 또 한가지 불가능한 이유로는 자룡(子龍)에 오향(午向)은 직룡(直龍)에 직향(直向)이라 기충뇌산(氣沖腦散)의 위험이 따르게 되므로 절대로 불가능하다. 이와 같이 음양박잡(陰陽駁雜)에 기충뇌산(氣沖腦散)의 위험마저 따르게 되므로 직래직향(直來直向)(子龍午向)을 쓰지 못하게 된다. 이때에 산(穴)의 좌향(坐向)은 엄연히 따로 있고, 용향(龍向)과 수향(水向)이 각각 존재하므로 3중의 향(向)이라 하겠다. 임자계룡(壬子癸龍)은 일편양기(一片陽氣)로서 오향(午向)으로의 배룡(配龍)이 불가피한 것 같지만 결국 명당수(堂局水)가 국(局)을 이루지 못하므로 불가능하다. 왜냐하면 오향(午向)은 귀병(貴丙), 귀오(貴午)를 해도 모두 봉침(縫針)으로서는 양위(陽位)이므로 음수(陰數)인 명당수를 수국(收局)하지는 못한다. 그러므로 내향(內向) 하나만으로서는 수산출살(收山出煞)이 불가능하기에 일단 내입오향(內立午向)하여 용기(龍氣)를 배(配)함으로써 다시 외입(外立)으로 임산병향(壬山丙向)하고 거기에다 봉침(縫針)으로서

관사(貫巳)하므로 해서 수국(收局)이 가능하니 이로서 산수가 함께 수산출살(收山出煞)이 가능하게 된다. 그러므로 결국에 가서는 3중의 향(向)이 모두 쓰이게 된다. 즉 여기에서의 내외양향(內外兩向)이라 하는 것은 입수내룡(入首來龍)의 기선(氣線)을 말함이니 입수룡(入首龍)의 대충위(對沖位)가 곧 내향(內向)이 되고, 내룡(來龍)의 입수지처(入首之處)는 내좌(內坐)가 되는 셈이다. 그러나 내향(內向)은 입수룡좌(入首龍坐)와는 음양박잡(陰陽駁雜)이 되는 것도 불가피한 것이지만 외향(外向)은 내룡입수(來龍入首)의 음양(陰陽)에 따라 순정(純淨)하게 배향(配向)을 해야 하는 정배룡향(定配龍向)을 말하는 것이다.

內向：子山午向(子龍入首) 外向：壬山丙向(正針) 縫針貫巳.

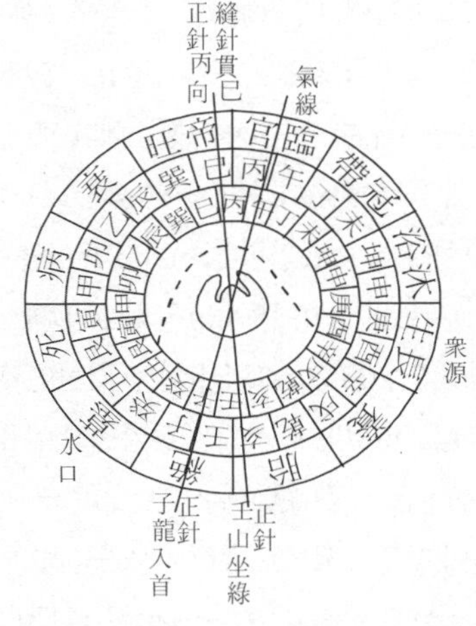

[右水到左陰局圖]

❖ **용혈(龍穴)의 길흉(吉凶)은 수(水)에 달려있고 수(水)의 길흉(吉凶)은 향(向)에 있다** : 혈처(穴處)의 유기(有氣), 무기(無氣), 주위사(周圍砂), 유정(有情), 무정(無情)을 보아야 하고 양공이 말하기를 하산(下山)이 중첩되면 대대로 빈곤을 모른다고 하였다.

❖ **용혈(龍穴)이 아름다우나** : 래룡(來龍)과 혈(穴)이 아름다우나 조산(朝山)의 입향(入向)의 적은 오차라도 범하게 되면 안으로 승기(氣)분금(乘氣分金)과 밖으로는 사수향배(砂水向背)가 상실되는 것이니 조금만 오차라도 범하면 흉(凶)하다.

❖ **용호(龍虎)** : 용과 범. 좌청룡·우백호. 즉 분묘의 주산(主山) 좌우의 내맥(來脈)을 이름.

❖ **용호개정(龍虎開淨)** : 양쪽이 열려 낮아진 후 다시 감싸 머무는 모습 등을 용호길격(龍虎吉格)으로 치고 있다.

❖ **용호교로(龍虎交路)** : 용호의 사이로 길이 교차되어 지나버리는 모습 등으로 흉격으로 본다. 교로는 길이 청룡·백호를 끊고 혈 앞에서 교차하여 있는 것. 이런 곳에 조상의 묘를 쓰면, 자손들 중에 자살하는 사람이 많이 생겨나고 사고로 죽거나 불구자가 되기도 하고, 감옥에 가는 자손, 중병을 앓는 자손들이 연달아 나온다.

❖ **용호교회(龍虎交會)** : 좌우가 둘러앉아 있는 모습.

❖ **용호내양산처(龍虎內養山處)** : 묘의 주산 좌우맥 안에 수목을 심고 가꾸어 놓는 곳.

❖ **용호단축(龍虎短縮)** : 청룡·백호가 너무 짧은 것. 너무 짧아서 혈처와 순전(脣氈)을 제대로 감싸주지 못한다. 이런 곳에 조상의 묘를 쓰면 자손들이 단명하고 과부·홀아비·고아가 많이 나온다. 또 외롭고 가난하게 지내며 자손들이 번성하지 않아 집안이 쓸쓸하다.

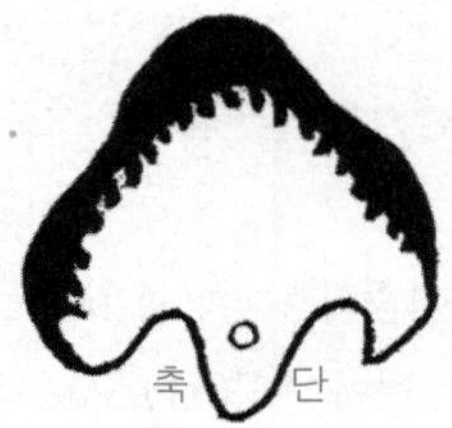

❖ **용호대검(龍虎帶劍)** : 곧고 튀어나온 모습.

❖ **용호대아도(龍虎帶芽刀)** : 한쪽은 둥그렇고 한쪽은 반듯한 모습.

❖ **용호대인(龍虎帶印)** : 좌우에 둔덕이 있는 것.

❖ **용호대홀인(龍虎帶笏印)** : 좌우에 둔덕을 받쳐들고 있는 모습.

❖ **용호반배(龍虎反背)** : 서로 반대로 등을 지고 있는 모습.

❖ **용호배반**(龍虎背反) : 청룡· 백호가 등을 돌려 거꾸로 달아난 것을 배반(背反)이라 한다. 이런 곳에 조상의 묘를 쓰면, 부자· 형제· 부부간에 불화하며, 부자· 형제· 부부가 서로 배반하는 일이 생겨 그 집안이 풍비박산한다. 또 자손 중에 역적이나 간사한 도적이 많이 나온다.

❖ **용호배아**(龍虎排衙) : 졸병이 마당에 나열한 모습과 같은 것.

❖ **용호비주**(龍虎飛走) : 청룡과 백호의 끝이 혈처를 감싸주지 않고, 옆으로 비껴 달아나는 모습을 하고 있는 형세. 이런 곳에 조상의 묘를 쓰면, 부자· 형제· 부부가 뿔뿔이 흩어져 살게 되며 가산을 탕진하고, 고향을 떠나 객지를 떠돌며 곤궁하게 지낸다.

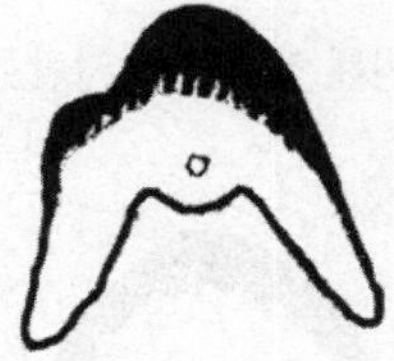

❖ **용호비정**(龍虎飛廷) : 안으로 감싸지 않고 밖으로 달아나는 모습.

❖ **용호비화**(龍虎比和) : 좌우로 고르며 너무 강하지도 약하지도 않은 모습.

❖ **용호산**(龍虎山) : 강서성 귀계현에 있는 산.

❖ **용호상강**(龍虎相降) : 용과 호랑이가 공손히 서로 마주 보는 형국. 혈은 호랑이의 이마에 있고, 안산은 마주 보는 용이다.

❖ **용호상사**(龍虎相射) : 좌우가 서로 예리한 모습으로 서로 쏘는 듯한 모습. 용호상사는 청룡· 백호의 끝이 날카롭고 서로 찌르려고 마주 달려드는 형국. 이런 곳에 조상의 묘를 쓰면, 자손들이 형제끼리 살인을 하게 되며, 또 전장(戰場)에서 죽는 자손들이 나온다.

❖ **용호상쟁**(龍虎相爭) : 용호 사이에 언덕이 있어 좌우에서 서로 다투는 모습이며, 청룡· 백호의 끝이 용호상투와 똑같이 생겼는데 그 사이에 작은 산봉우리나 둔덕이 있어 마치 이 작은 산봉우리를 서로 차지하려고 싸우는 것처럼 보인다. 이런 곳에 조상의 묘를 쓰면 재물 때문에 형제끼리 싸움을 하게 되고 재물을 서로 많이 차지하려고 싸우다가 결국 의절하고 만다. 또 자손 중에 눈이 상하는 사람들도 나오게 된다.

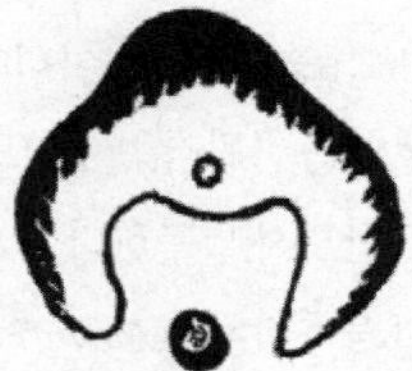

❖ **용호상투**(龍虎相鬪) : 양쪽이 높게 솟아 서로 맞대고 으르렁거리는 모습으로 청룡· 백호의 끝이 머리를 치켜세우고 정면으로 마주 보는 형국. 끝자락이 불쑥 솟아올라 높고 서로 부딪칠 듯 마주 대하고 있다. 청룡· 백호가 이렇게 생긴 곳에 조상의 묘를 쓰면 자손들이 불화(不和)한다.

❖ **용호성강**(龍虎成岡) : 청룡이나 백호가 높아 혈을 억누르는 것을 말함. 용맥과 혈지는 생기가 없어 허약한데 청룡· 백호의 기세

가 강하면 혈을 고압(高壓)한다. 이러한 곳에서는 병약한 자손이 나오며 주변 사람들의 기세에 눌려 기를 펴지 못한다. 결국 사람이 상하고 재산을 강탈당하는 화를 당한다.

❖ **용호손양**(龍虎孫讓) : 서로 다투지 않고 양보하는 모습.

❖ **용호순수**(龍虎順水) : 좌우가 물을 따라 흘러버리는 모습으로 청룡이나 백호가 물을 따라서 흘러 달아나는 것을 순수(順水)라 한다. 이렇게 되면 혈의 정기(精氣)가 흩어지니 좋지 않다. 이런 혈에 조상의 묘를 쓰면, 자손들이 재산을 탕진하고 패가하여 고향을 떠나게 되어 결국엔 자손이 끊기고 만다.

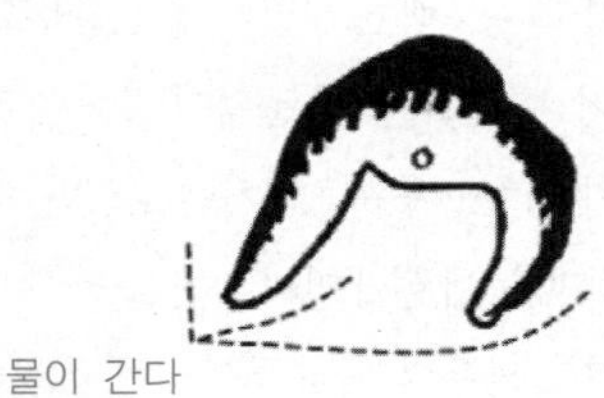

❖ **용호**(龍虎)**에 일자문성**(一字文星) : 청룡·백호에 일자문성(一字文星)은 삼길육수방위(三吉六秀方位)가 아니더라도 반드시 발복한다. 일자문성(一字文星)은 극귀격(極貴格)으로 간주하는 것이며, 전면이 아니더라도 반드시 발복한다.

❖ **용호작국**(龍虎作局) : 용호작국(龍虎作局)이란 결혈(結穴)에 있어서 근본이 되는 것으로 작국(作局)은 반드시 용호(龍虎) 단독으로 형성되어야 정상이 된다. 청룡작국(青龍作局)은 백호가 없어야 하고, 백호작국(白虎作局)은 청룡이 없어야 그 결혈에 좌(坐)가 정상화된다. 결혈에 보국(保局)은 내룡(來龍)에서 보내는 것이니 많이 보내며 용호중첩(龍虎重疊)으로 명당국(明堂局)이 형성되면 결응(結凝)이 더욱 커져서 명혈대지(明穴大地)가 형성되는 것이며, 주산(主山)의 기세가 내룡(來龍)과 용호(龍虎)의 작국(作局)으로 연관되어 일맥상통하니 부귀손(富貴孫)의 길흉화복은 그 혈가(穴家)에 자취가 다 나타난다.

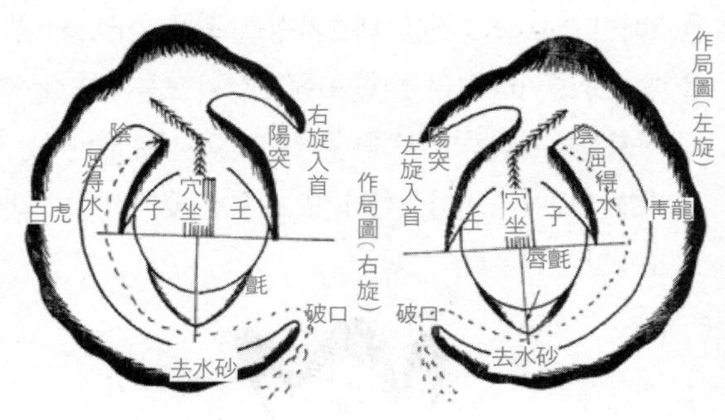

❖ **용호재전안산**(龍虎在前案山)**이면 가화백만장자출**(家貨百萬長者出)**이다** : 청룡이나 백호가 안산이 되면 가화백만장자출 고관(高官)이라 했다. 백호(白虎) 줄기나 청룡(青龍)줄기가 어느 한쪽이 안산으로 내려가 삼태봉(三太峰)이나 귀사(貴砂)를 만들면 그 집안에서는 재화(財貨)가 산처럼 쌓이고 고관(高官)이 나온다.

❖ **용호절비**(龍虎折臂) : 좌우가 팔이 잘린 것 같은 모습. 청룡·백호의 어느 한쪽이, 혹은 둘 모두 중간에 끊긴 것을 절비(折臂)라 한다. 이런 곳에 조상의 묘를 쓰면, 자손들이 중병을 앓고 사고도 많이 당하며 그로 인해 일찍 죽는 사람들이 많고 결국 자손이 끊긴다.

❖ **용호주안**(龍虎主案) : 청룡·백호가 너무 가깝고 산란(散亂)함을 꺼리며 물오리 머리처럼 생겨 앞을 가로질러 있으면 좋지 않으며, 산등성이가 바람에 날치듯 가볍게 보이면 꺼리는 것이니, 칼같은 봉(峯)이 뒤에 연봉(連峯)으로 서 있는 것을 취하지 말아야 한다. 안산(案山)이라 하는 것은 귀관(貴官)이 앞에 책상놓고 정사(政事)를 의논하는 의미이고, 사각(砂角)이란 것은 아랫 백성들이 임금에게 충성을 바치는 정(情)을 말함이요, 내안(內案)이 얕고 외안(外案)이 높으면 재(才)와 지(智)가 병행하여 나고, 앞 사각(砂角)이 감싸주면 영화와 복이 겸할 것이니 모든 산에 기운이 모여든 상황을 잘 살펴야 한다.

❖ **용호**(龍虎), **주작**(朱雀), **현무정**(玄武頂) : 용호와 주작, 현무는 혈의 좌우와 전후에 있는 산으로서 즉 혈의 왼쪽에 있는 산을 청룡봉(青龍峰), 오른쪽에 있는 산을 백호봉(白虎峰), 혈의 앞에 솟은 산을 주작봉(朱雀峰), 혈 바로 뒤의 봉우리를 현무정(玄武頂)이라 한다. 이는 동방은 청룡, 남방은 주작, 서방은 백호, 북방은 현무, 중앙은 구진성(句陳星)이 주관하는 의(義)를 딴 것이므로 혈장을 구진토성(句陳土星)이라 지칭할 수 있다. 이곳에서 동서남북이란 실제의 방위가 아니고 혈을 기준해서 왼쪽이 동, 오른쪽이 서, 앞이 남, 뒤가 북으로 보는 원칙을 적용하는 것이다. 그리고 주작을 안산(案山), 안산 밖의 산을 조산(朝山)이라 하고, 사방의 주변 산들을 조응산(朝應山)이라고도 한다.

❖ **용호증혈**(龍虎證穴) : 혈의 양 옆 산줄기인 청룡과 백호를 살펴보고, 혈의 위치를 정하는 것. 청룡이 힘차고 다정하게 감싸주는 형상이면 혈이 왼쪽에 깃들이고, 백호가 힘차고 다정하게 감싸주는 형상이면 혈이 오른쪽에 맺으며, 청룡·백호의 크기와 높이, 형상이 비슷하면 혈이 가운데에 생긴다. 청룡·백호가 낮으면 혈도 낮은 데에 있고 청룡·백호가 높으면 혈도 높은 데에 깃들인다. 청룡이 너무 높아 혈을 억누르는 격이면 혈은 청룡을 피하여 오른쪽에 생기고, 백호가 혈을 누르면 혈은 백호를 피하여 왼쪽에 있다. 만약 청룡이 없을 때는 물이 왼쪽을 호위하듯 감싸줘야 혈이 맺히고, 백호가 없을 때는 물이 오른쪽을 휘감아 줘야 혈이 생긴다.

① 청룡이 물을 걷으면 혈은 청룡 쪽에 위치하고, 백호가 물을 걷으면 혈 또한 백호 쪽으로 맺는다. 좌단고(左單股)면 혈은 좌측으로 지고, 우단고(右單股)면 혈 역시 우측으로 맺는다. 용·호산이 높으면 혈도 높은 곳에 위치하고, 용·호산이 낮으면 혈도 낮게 맺는다. 청룡·백호가 유정하고 높거나 낮지도 않으면 혈은 가운데로 진다.

② 용호(龍虎) 즉 청룡과 백호란 혈장의 호위구역(護衛區域)이다. 용호(龍虎)의 대소역량(大小力量)의 정도에 따라 결혈(結穴)에 영향을 미친다. 좌룡우호(左龍右虎)가 강하거나 유정(有情)하면 혈은 좌우측(左右側)으로 기울어서 맺고, 용호가 낮으면 바람을 피하기 위해 혈은 소명당(小明堂)에서 지혈(地穴)을 맺고, 높으면 억압을 피하기 위해 천혈(天穴)을 맺는다. 용호(龍虎)가 서로 유정(有情)하고 높지도 낮지도 않으면 중앙에서 인혈(人穴)을 맺는다. 용산(龍山)이 역수(逆水)하면 혈은 용산(龍山)에 의지하고, 호산(虎山)이 역수(逆水)하면 혈은 호산(虎山)에 의지한다.

❖ **용호추거**(龍虎推車) : 청룡·백호가 곧게 일직선으로 뻗은 형세. 마치 수레의 손잡이처럼 생겼는데 이런 곳에 조상의 묘를 쓰면, 자손들이 재산을 탕진한다. 생기는 재물보다 나가는 재물이 많아서 늘 빈곤하게 살며, 형제간에 정(情)이 없다.

❖ **용호화복론**(龍虎禍福論)

- 청룡은 양으로 아들로 보며, 백호는 음으로 딸, 며느리와 외손으로 본다.
- 용호의 끝이 밖으로 돌아가면 아들, 딸, 며느리가 불효한다.
- 청룡 상부 위에 암석이 있으면 재주 있는 선비나 역사 또는 장군이 난다.
- 청룡안에 달아나는 흉사가 있으면 자손이 걸식자가 난다.
- 청룡의 상부위가 단절되면 장자손의 대가 끊긴다.
- 가느다란 청룡이 머리가 커지면 어린아이가 제사를 지낸다.
- 청룡이 죽은 뱀과 같으면 그 자손이 객사한다.
- 청룡이 그쳤거나 불룩 솟으면 그 자손이 객사한다.
- 청룡밖에 눈썹같이 생긴 산이 있으면 그 자손이 눈이 멀게 된다.
- 청룡·백호가 가진런하면 형제간에 불화한다.
- 청룡이 험하고 역리되면 역적자가 난다.
- 청룡밖에 청수한 봉이 있으면 자손이 횡재한다.
- 백호봉이 둥글게 일어나면 여자손이 등과한다.
- 백호가 춤추는 옷소매 같으면 자손이 부귀한다.
- 백호 안에 주산이 있으면 자손부에 간부가 생긴다.

- 청룡·백호가 없으면 충염이 든다.
- 백호의 상부위가 험석이면 극빈자가 난다.
- 용호의 암석이 입을 벌리고 있으면 교통사고나 오사가 난다.
- 백호 허리에 귀한 돌이 있으면 덕망있는 인재가 난다.
- 백호산이 배거하면 본처를 버린다.
- 백호밖에 칠봉이 보이면 과거 급제가 그치지 않는다.
- 청룡이 불룩불룩 기봉하면 과거급제 거듭난다.
- 청룡 어깨에 귀석이 있으면 장군이 난다.
- 청룡·백호가 달아나듯 비주하면 본외손이 흩어져 산다.
- 청룡·백호가 서로 상충하면 집안이 어지럽고 싸움이 많다.
- 청룡·백호가 가지런히 양다리처럼 뻗어나가면 집안이 불화한다.
- 청룡·백호가 서로 상충하고 쏘는 듯 하면 내외손이 쟁탈, 살륙의 환이 일어난다.
- 백호봉이 혈을 위압하면 자식이 없다.
- 백호봉의 머리가 높고 날카로우면 말자나 외손이 관액의 화를 당한다.
- 청룡의 머리가 일어나면 귀한 벼슬을 한다.
- 청룡 머리에 비석 같은 귀석이 있으면 명필문장이나 왕후가 난다.
- 백호봉이 웅장하면 귀한 벼슬을 한다.
- 청룡이 왕성하면 본손, 외손의 경사가 있다.
- 청룡·백호가 감싸 안으면 일문단취(一門團聚)한다.
- 청룡·백호가 희미하면 본손, 외손이 잘 되지 않는다.
- 청룡·백호가 산거하면 본외손이 산거한다.
- 청룡·백호가 현군(縣裙)하면 본손, 외손이 음행한다.
- 청룡·백호가 돌아가면 본외손이 가난하게 산다.
- 청룡이 수려하면 본손들의 기세가 좋다.
- 백호산이 수려하면 외손들의 기세가 좋다.
- 청룡의 상부가 왕기하면 장손이 흥왕한다.
- 백호 상부가 왕기하면 큰 딸 자손이 발복한다.
- 청룡·백호 중부가 서거하면 중자나 중외손이 잘 된다.
- 청룡·백호 하부가 서거하면 말자나 막내딸이 잘 된다.

❖ **용호추차**(龍虎推車) : 좌우가 곧고 길어 사람이 차를 미는 모습.

❖ **용호항복**(龍虎降伏) : 낮게 부복하여 봉우리를 감싸 앉는 듯한 모습.

❖ **우**(右) : 백호산.

❖ **우**(牛) : 토우(土牛)를 가리킴. 즉 혈을 말한다.

❖ **우각**(牛角) : 소뿔처럼 생긴 모양으로 뾰족하게 드러난 곳이니 대개 돌로 뭉쳤다. 흔히 요(曜)가 이러한 모양으로 모르고 혈이라 하여 장사지내면 자손이 끊긴다고 한다. 혈 바로 뒤나 가까운 옆에 송아지뿔 모양으로 솟은 것이 있으면 이를 우각사(牛角砂)라 하여 매우 좋은 사(砂)로 보며, 또는 그 가운데 진혈이 있다는 증거다.

❖ **우간혈전장단**(又看穴前長短) : 혈전이 길게 나갔는가 짧은가를 보라는 뜻이다. 혈 앞에 전순(氈脣)을 말하는데 결혈 앞에 길어 전(氈)이 되었다면 국반급(國班級) 대지(大地)가 되고, 순(脣)으로 짧다면 소지(小地)결혈이다. 또한 혈전이 길게 빠져나가는 산능선으로 흐른다면 기룡(騎龍)이라 하여 망지(亡地)가 되어 골육상쟁(骨肉相爭)에 해를 당한다.

❖ **우단제**(右單提) : 우단제(右單提)란 백호가 오른쪽으로 감아 안산이 되는 것을 말하고, 좌단제(左單提)는 청룡이 왼쪽에서 감아 안산(案山)이 되는 모양을 말한다. 반대로 백호는 뻗었어도 청룡이 결여되고 양익(兩翼)이 빠져 있는 사(砂)를 말한다. 하천이 결여된 청룡 쪽으로부터 흘러와서 백호가 투구와 같은 형상으로 이 역수를 껴안으려고 하고 있다. 이것도 좌단제와 같은 모양으로 대길(大吉)의 사형(砂形)이 된다. 백호가 하관사(下關砂)의 역할을 수행하고 있다.

❖ **우득우파**(右得右破) : 물이 오른쪽에서 득수하여 혈을 감싸 안고 흐르지 못한 채 무정하게 오른쪽으로 빠져버리는 모습. 자연이 올바로 순환하지 못하는 흉지이다.

❖ **우리나라의 산줄기**

❖ **우리나라의 지형적인 풍수** : 우리나라 세계지도를 펼쳐 놓고 보면 건방(乾方)위이다. 중국이 백호(白虎)요 일본이 청룡으로 남자보다는 여자가 장남보다는 차자(次子)가 발복(發福)하는 형국(形局)이다 국토의 모양세가 머리 수(首)자와 닮았으며 달걀을 눕힌 모양이다. 우리나라 중심은 대전(大田)이고 혈(穴)자리는 공주(公州)라고 본다. 세계의 지배사를 보면 태고(太古)에는 힘으로 다음은 금력(金力)으로 후세(後世)는 두뇌(머리)로 지배하게 된다. 한국은 우수한 두뇌집단의 소유국으로 2030년 후에는 세계의 중심국이 될 것이다. 중국은 점차 약해지며 민족 별로 분열 될 것이다.

❖ **우단사연**(藕斷絲連) : 연뿌리와 같이 이어졌다 끊어졌다 하는 모양. 용의 1행도(行度)를 말함.

❖ **우뚝 선 빌딩사이에 있는 주택은 흉가이다** : 주택 사방에 우뚝 선 빌딩 틈새에 마치 적군에 포위되어 사면초가의 상태를 연상시키는 것이 있다.(특히 재건축 아파트 단지) 이래서 어떠한 일이든 자연스럽게 생각이 막히고 무엇을 해도 헛수고겠지 하는 소극적인 자세가 된다. 이것을 물리적으로 생각해도 수긍이 갈 것이다. 먼저 채광이 차단되므로 밝지 않은 상태가 되고 통기가 방해되어 마음이 후련하지 않고 무슨 일에 구애 받는 상태를 낳는다. 그것이 지능의 발전을 저해하고 질병에도 시달리게 되므로 원인은 채광과 통기의 방해에 있다고 보면 된다.

❖ **우마류형**(牛馬類形) : 갈마음수형(渴馬飮水形), 천마등천형(天馬登天形), 약마출동형(躍馬出洞形), 천마시풍형(天馬嘶風形), 주마탈안형(走馬脫鞍形), 와우형(臥牛形), 산상와우형(山上蝸牛形), 우면형(牛眠形), 서우망월형(犀牛望月形), 웅우간자형(雄牛趕雌形) 등이 있다. 산의 형상을 소나 말에 비유하여 혈을 찾는 것으로 주로 이마, 귀, 코, 젖 등으로 추정되는 곳에 결지한다. 이때는 풀더미를 상징하는 적초안(積草案), 밭을 상징하는 경전안(耕田案, 논밭), 쟁기 등을 상징하는 보습사, 여벽(犁鐴), 안장, 멍에 등과 같은 사격(砂格)이 있어야 한다.

❖ **우마사각**(牛馬四角) : 16, 26, 34, 53, 61, 62, 71세가 우마사각(牛馬四角)이다. 이 해의 축사를 신개축하면 육축(六畜)이 폐사(斃死)한다.

❖ **우물을 집안에 파면 흉** : 문간 주위에 우물을 파면 집안이 산란하고 사기와 잡기 때문에 우환과 재액의 낭패 및 손실이 생긴다.

❖ **우물이나 연못** : 집 앞에 우물이나 연못, 호수 등이 두 개 이상 있는 경우에는 줄초상의 터라고 하여 매우 좋지 않게 여긴다.

❖ **우반**(右畔) : 오른쪽에 있는 낮은 언덕.

❖ **우방**(尤防) : 더욱이 막아야 할 것을 가리킴.

❖ **우백호**(右白虎) : 백호는 혈(穴:墓)을 중심으로 하여 주산(主山)에서 오른쪽으로 뻗은 줄기를 백호라 하는데 향(向)으로는 서쪽을 말한다. 사람에 비유하면 오른쪽 팔을 지칭할 수 있는데 서쪽 기운(氣運)을 맡은 신으로써 땅으로는 생(生)·성(成)·사(死)·멸(滅) 중 사기(死氣)의 금(金)을 상징하고, 하늘로는 서쪽에 있는 일곱별 즉, 규(奎)·루(婁)·위(胃)·묘(昴)·필(畢)·자(觜)·삼(參) 등을 말한다. 혈 바로 옆에 있는 백호를 내백호(內白虎), 그 밖에 있는 것을 외백호(外白虎)라고 한다. 백호는 순발력이 있어 보여야 하며, 죽은 듯 자는 듯하거나 흠집이 있어 보이면 흉격(凶格)으로 혈보다 짧아도 안 되며, 끝봉에 큰 암석도 불미(不美)하다. 옆으로 뿔처럼 빠지면 더욱 흉하나 앞으로 감싸듯하면 길하다. 바람이 백호봉을 타고 넘어와 혈을 치는데 막지 못하게 얕아도 안 된다.

❖ **우부**(愚夫) : 보통의 사람들.

❖ **우비**(牛鼻) : 소의 코 모양 같음을 말하는데 높고 외롭게 드러나 보호함이 없으므로 바람을 받는다. 이러한 것을 범하면 전지(田地 : 소 먹이 논밭에 소 먹이 양식)를 다 소모한다.

❖ **우성**(牛星) : 곤미(坤未)방 사이에 있는 형국. 그 방위의 봉우리가 아름다우면 국부(國富)가 나고, 몹시 높으면 종교지도자가 나며, 허하면 걸식하는 자식이 출생한다. 때는 축년(丑年)이다.

❖ **우제**(雩祭) : 오랫동안 비가 내리지 않을 경우에 비를 청하는 기우제. 공양전(公羊傳 : 중국의 역사책인 춘추를 주석한 것)에 날씨가 가물면 임금이 친히 남교(南郊)에 나가 동남동녀 각 8인으로 하여금 비오라고 부르게 한 고사를 모방하여 동대문 밖 우사단(雩祀壇)에서 비를 비는 시제임. 우제는 4월 상순에 지낸다.

❖ **우제**(虞祭) : 장사지낸 뒤에 처음으로 지내는 제사, 초우(初虞), 재우(再虞), 삼우(三虞)의 총칭.

❖ **우출맥**(右出脈) : 주산의 우편에서 나오는 맥을 말하며 좌측에서 호종하는 사(砂)가 있고 우측은 없어 허한 맥으로 대개 결혈이 없다. 양옆의 사(砂)가 사주지 않으면 바람이 충(沖)하여 혈이 없다.

❖ **우필성**(右弼星) : 수성의 변체. 우필성은 생김새가 단정하고 아름다워 수성의 맑은 것인 수성(秀星)과 흡사하다. 우필성에 묘를 쓰거나 집을 짓고 살면, 총명하고 지혜로운 자손들이 나오고 성품이 효성스럽고 인자하여 형제간에 우애하고 이웃과 화목하게 지낸다. 또 학문을 좋아하여 관직에 오르며 부귀장수를 누리게 된다. 우필성의 대명당혈(大明堂穴)은 좌보성과 마찬가지로 부마와 왕비를 배출한다.

❖ **우필은맥미돌혈**(右弼隱脈微突穴) : 천상의 우필성(右弼星)은 육안으로 보이지 않는 별로서 그 기운을 받는 지상의 산맥도 보이지 않는다. 땅속이나 수중에 숨어 있으며 오행은 금(金)이다. 주룡이 지중의 은맥(隱脈)으로 행룡하기 때문에 용과 혈을 찾기 힘들다. 간혹 과협처, 결인속기처(結咽速氣處), 박환처 등 변화하는 곳에서 말발굽 같은 흔적이 나타난다. 그 흔적 사이로 맥이 연결되어 있어 미세한 용맥의 모습은 마치 뱀이 풀밭을 기어가는 듯하다. 이를 초중사행(草中蛇行)이라 한다. 그러나 은맥으로 행룡하는 용맥을 구분하기란 매우 어렵다. 작은 물줄기가 은맥을 사이에 두고 양쪽으로 흐르고 있는지를 살펴야 한다.

❖ **우피혈**(牛皮穴) : 소가죽처럼 밋밋하고 평평한 평지에 맺힌 괴혈. 언뜻 보면 아주 추하게 생겼지만 혈처에서 사방을 둘러보면, 산수가 매우 수려하다.

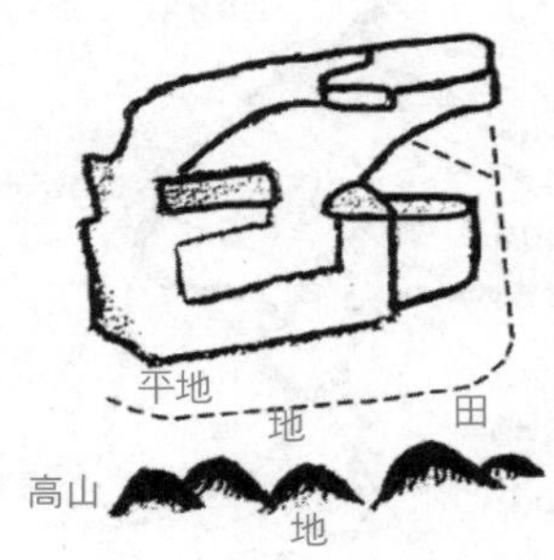

❖ **운구**(運柩)**와 노제**(路祭) : 영결식이 끝나면 명정(銘旌)이 선도(先導)가 되어 공포(功布), 만장(輓章), 요여(腰輿), 배행원(倍行員) 그리고 영구와 시종, 상제, 조객 등의 차례로 묘지를 향해 발인하는데, 이같은 절차는 상여로 운구할 때의 경우이다. 상여로 운구할 경우 묘지까지 가는 도중에서 이른바 거리제라 하여 노제(路祭)를 지내기도 하는데 이것은 고인과 친했던 조객이나 친척 중에서 뜻 있는 사람이 스스로 조전자(弔奠者)가 되어 제물을 준비하여 지낸다. 운구 도중 적당한 장소에 장막이나 병풍 등으로 제청을 꾸미고 영여(靈輿)를 모신 다음 그 앞에 제물을 차리고 상주 이하 여러 복인(服人)들이 늘어서면 조전자(弔奠者)는 분향하며 술잔을 올리고 꿇어앉아서 제문(祭文)을 읽고 모두 재배(再拜)한다. 그러나 이러한 노제는 요즈음은 지내지 않는 것이 보통이다. 특히 도시에서는 영구차를 이용하기 때문에 불가능하다.

- **천광**(穿壙)**과 고사**(告辭) : 천광이란 묘자리를 파는 일이며, 이것은 출상하기 전에 준비해야 한다. 이때 토지신(土地神)을 달래는 개토제(開土祭), 산신제(山神祭)를 지내는데 대개 인부들이 땅에 술을 뿌리고 말로써 지낸다. 그러나 의식을 갖추자면 주과(酒果)와 포해(脯醢) 등으로 제사상을 차리고 개토고사(開土告辭)를 읽는다. 이 경우 묘자리 원편에 남향하여 제사상을 차려놓고 고사자(告辭者)가 신위(神位) 앞에 북향하여 분향

하고 재배하며 술을 부어 놓고 개토고사를 읽은 뒤에 재배한다. 합장할 경우에는 남좌여우(男左女右)로 한다.

- **동강선영고사**(同剛先塋告辭) : 선산(先山)내에 장사하려면 먼저 선영(先塋)에서 고사지내는데 제일 윗대 어른이나 묘자리의 가장 가까운 분에게 지낸다.

❖ **운기**(運氣)**가 좋은 사람이 좋은 주택에 생활하면** : 가장 이상적인 관계라고 하겠다. 그러나 운기가 나쁜 사람도 길상(吉相)의 집에 생활하면 아무 재앙 없이 편안한 삶을 유지 할 수 있다. 한편 좋은 운기를 지닌 사람도 흉가(凶家)에서 생활하면 운기가 좋은 시기에도 발전이 없이 심신이 편치 못하게 되는 경우가 있다. 더욱이 나쁜 운기의 사람이 나쁜 집에 거처하면 집안이 망하여 가족은 뿔뿔이 흩어지게 되고 큰 재앙이 계속된다. 이처럼 양택풍수는 사람의 행과 불행을 가름하는 중요한 역할을 맡고 있다. 나쁜 집에서 생활하게 되면 지치고 피곤한 몸의 나쁜 기운을 빼내주기는커녕 나쁜 기운을 더한 것과 마찬가지이기 때문에 피로가 풀리지 않고 계속 누적되는 결과를 초래한다.

❖ **운명을 개선할 최적의 방법은 양택풍수** : 사람은 누구나 일생동안 행복한 생활을 하고자 하고 모두 건강한 육체를 가꾸어 무병장수하기를 원한다. 그리하여 고통없는 노년을 보내다가 임종을 맞아 이 세상을 떠나가게 되기를 바란다. 그런데 동양 역학의 관점에서 보자면 행복과 불행은 자신의 주어진 운명 및 운세 즉 선천운(先天運)에 의해 일생을 살아간다고 하는데, 여기에 후천적인 노력이 결합되어 행복한 일생을 살기도 하고 불행한 일생을 살기도 한다. 선천적 운명이란 사주, 관상, 손금이 있으며 후천적 운명에는 이름과 풍수지리가 있다. 그런데 이름은 자신의 의지가 아닌 부모의 의지에 의해 주어지므로 훗날 개명하기 전까지는 선천 운명과 같은 영향력을 행사한다. 풍수 이론은 산 사람의 집을 보는 양택풍수와 죽은 사람의 집(무덤) 유택을 보는 음택풍수가 있다. 양택은 생존자의 주거지로서 도읍, 촌락 등 집단적으로 생활을 영위할 환경에 자연이 주어진 산·수·풍·화의 취기된 곳이라야 한다. 또는 양택은 음택과는 다르게 지기보다는 주산(주변건물)이 잘 감싸 안아 주면서 일조량이 많아 온난하고 장풍득수가 잘 되며 주변환경에 중점을 두어야 하며, 환경과의 자연 조화를 최대한 유리하게 활용하는데 있다. 햇볕과 공기와 물과 지자기야말로 가장 근원적인 자연 환경이다. 자연 환경과 조화를 이루고 그것을 올바르게 활용함으로써 자신에게 주어진 생활 환경운세를 개선할 수 있다. 집이란 맑은 공기가 원활히 소통되고 햇볕이 잘 들며 맑고 깨끗한 물길이 집 주변을 감싸 흐르는 집, 그리고 생기를 방출하는 땅에 지어진 집이야말로 양택 명당이다.

❖ **운박영정국**(運泊永定局) : 양택(집짓는 일)과 음택(묘 쓰는 일)의 좌(坐)로 연월일시(年月日時)의 길국(吉局)을 가리는바, 이 법은 오직 달(月)의 길흉을 참고하는 정국이다. 길신이 많고 흉신이 없거나 있더라도 흉성이 미약한 달을 가려쓴다.

- **길흉신작용**(吉凶神作用) : 녹(祿:正祿·建祿) : 벼슬 부귀하고 재앙이 없음. 마(馬:驛馬) : 주인은 영전되고 자손은 과거에 급제한다. 귀(貴:貴人) : 소년에 벼슬하고 귀자를 낳으며 치부한다. 재(財:財星) : 자손이 큰 벼슬을 하고 서민은 치부한다. 생(生:長生) : 귀자를 두어 영귀하고 장수한다. 왕(旺:帝旺) : 벼슬이 오르고 자손이 귀히 되며 치부한다. 임관(臨官) : 조업을 능히 지키고 몸이 영귀하며 천을귀인을 만나면 공경의 지위에 오른다. 중(中:中宮) : 군자는 녹봉이 오르고 소인은 토지를 넓힌다.

- 申庚乾坐(陽金山·庚金司令)

丁脈未龍(陰火山·丁火司令)

年 / 月		甲己年 乙丑金運	乙庚年 丁丑水運	丙辛年 己丑火運	丁壬年 辛未土運	戊癸年 癸丑木運
正	坎	貴人死	旺比	貴人	旺財	祿相
二	離	咸池	祿祿咸	祿空旺比咸	貴相咸	夜咸池
三	艮	庫綠相劫殺	劫殺	生劫	貴劫比	刃冠臨財劫空
四	兌	帝旺比和	貴空相	財死	祿	
五	前坎 後巽	前馬空比 後財生歲殺刃	前貴冠臨馬相 後絶冠馬相	前庫財絶馬 後臨冠相歲殺	前刃冠臨馬 後絶庫空歲殺	前生馬 後貴歲殺比
六	中	中	中	中	中	
七	乾	空馬比	貴臨冠馬相	庫財絶馬	冠臨馬刃	生馬
八	兌	旺比	貴空相	財死	祿	
九	艮	庫絶劫相	劫殺	生劫	貴劫比	刃冠臨財劫空
十	離	咸池	祿財咸	祿旺空比咸	貴相咸	死咸
十一	前坎 後離	前貴死 後咸池	前比旺 後咸祿財	前貴 後祿比旺咸空	前旺財 後咸池貴相	前相祿死 後咸池
十二	艮	庫絶劫相	劫殺	生劫殺	貴比劫	刃冠臨財劫殺

- 亥壬子(陽山水·壬水司令)

艮辰戌(陰土山·戊土司令)

酉辛(陰金山·辛金司令) 同墓辰

月＼年		甲己年 戊辰木運	乙庚年 庚辰金運	丙辛年 壬辰水運	丁壬年 甲辰火運	戊癸年 丙辰土運
正	兌	咸	旺比	貴人	旺財	祿相
二	乾	生空符	祿祿咸	祿空旺比咸	貴相咸	夜咸池
三	中	中	中	中	中	中
四	坎	相	死	刃旺比		財空旺
五	前坎 後巽	前刃死災 後相	前災 後死	前災財空 後刃旺比	前旺比財	前刃相災 後財旺空
六	坤	財貴庫絶歲	祿貴冠臨 歲相空	生空歲	貴歲	生歲比
七	震	旺比	財	貴死	刃相空	死
八	巽	祿比劫	財生劫	貴庫絶劫	冠臨劫相	祿庫絶劫
九	中	中	中	中	中	中
十	乾	生空符	比符	祿冠臨符相	庫財絶符	貴冠臨符
十一	前兌 後震	前咸 後旺比	前刃空比旺咸 後財	前咸相 後貴死	前財死咸 後刃相空	前貴咸 後死
十二	坤	貴財庫絶歲	祿貴冠臨 歲相空	生空歲	貴歲	生歲比

• 巳午丙(陽火山·丙火司令)

乙卯巽(陰木山·乙木土司令) 同墓戌

月＼年		甲己年 戊辰木運	乙庚年 庚辰金運	丙辛年 壬辰水運	丁壬年 甲辰火運	戊癸年 丙辰土運
正	巽	冠臨符相	祿庫絶符	祿空符比	生財符	貴庫絶符
二	震	相刃咸	死咸	祿空旺比咸	貴相咸	貴死咸
三	坤	貴馬空	生馬比空	貴庫絶馬財	祿貴冠臨馬 相	生馬
四	坎	災殺	財旺災	相災	死災	財空旺
五	前離 後坎	前旺比 後財	前刃相空 後相旺災	前災財空 後刃旺比	前旺比財	前刃相災 後財旺空
六	坤	貴馬空	生馬比空	生空歲	貴歲	生歲比
七	震	相咸刃	死咸	貴死	刃相空	死
八	巽	冠臨符相	祿庫絶符	比祿空符	生財符	貴庫絶符
九	中	中	中	中	中	中
十	乾	庫財絶劫	冠臨劫貴	生劫	比劫	祿臨冠劫相
十一	前坎 後離	前災 後旺比	前財旺災 後相空刃	前相災 後刃死	前死災劫	前刃旺比 後災
十二	艮	祿貴生歲殺	比和歲殺	貴臨冠財 歲殺	貴相庫空 絶歲殺	空歲殺

• 寅甲(陽木山·甲木司令)

坤丑未(陰土山·己土司令)

癸(陰水山·陰水司令) 同墓未

月＼年		甲己年 辛未土運	乙庚年 癸未木運	丙辛年 乙未金運	丁壬年 丁未水運	戊癸年 己未火運
正	坎	財旺咸	祿相咸	貴死咸	旺比咸	貴空咸
二	離	相貴	死咸	祿空旺比咸	貴相咸	貴死咸
三	艮	貴符比	生馬比空	貴庫絶馬財	祿貴冠臨 馬相	生馬
四	兌	祿災	財旺災	相災	死災	財空旺
五	前乾 後巽	前刃空冠 歲臨 後庫絶馬	前刃相空 後相旺災	前災財空 後刃旺比	前旺比財	前刃相災 後財旺空
六	中	中	中	中	中	中
七	離	相貴	死		祿財	比祿旺
八	坎	旺財咸	祿相咸	貴死咸	旺比咸	貴咸空
九	坤	生比劫	庫財絶劫空	冠臨貴相劫	生刃劫	貴刃劫
十	震	死	貴比旺	祿財	空死	相
十一	前巽 後乾	前庫絶馬 後刃空冠 臨歲	前貴馬比 後生歲殺	前生刃空財馬 後歲比	前庫絶馬 後相貴冠 臨歲	前馬相臨 冠財 後庫絶歲
十二	中	中	中	中	中	中

❖ **운변초월**(雲邊初月) : 구름가에 떠 있는 달의 형국. 뒤쪽에 구름처럼 생긴 산줄기가 펼쳐져 있고 주산(主山)은 둥글며, 혈은 주산의 중심, 혹은 양쪽 모난 곳에 있다. 안산(案山)은 구름, 토끼, 두꺼비, 궁궐 등이다.

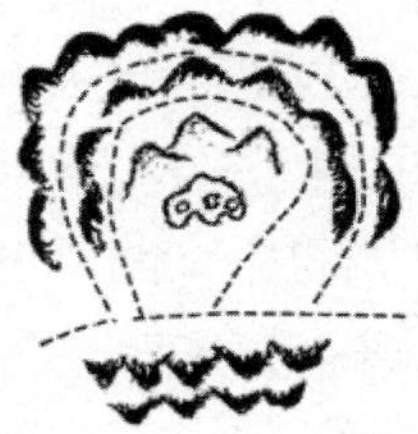

❖ **운우무산**(雲雨巫山) : 음탕함을 나타내는 말. 옛날 전국시대 초양왕(楚讓王)이 송옥(宋玉)과 함께 운몽(雲夢)에서 노닐 때, 고당관(高唐館) 위를 바라보니 이상한 구름이 피어오르고 갖가지 모양으로 변하고 있었다. 양왕(讓王)이 옥(玉)에게 물으니 옥(玉)이 아뢰기를, 「옛날 선왕이 운몽에서 노닐 적에 요염한 여인이

나타나 왕에게 "소첩은 무산(巫山)의 계집이온데 아침에는 구름이 되어 놀다가 저녁에는 비가 되어 놀고 있으니 아침이나 저녁이나 늘상 양대(陽臺 : 남성)의 아랫니오니이다."라고 하면서 그 여인과 함께 잠자리를 하는 꿈을 꾸었다」라고 한 말에서 음탕함을 비유하여 전하여진 말.

❖ **운중반룡형**(雲中蟠龍形) : 청룡·백호 중 하나가 둥글고 길게 혈을 감싸주고 있는데 구름 속에서 용이 똬리를 틀고 서려 있는 것과 흡사한 형국. 혈은 코와 입, 이마에 해당되는 부분에 있고, 안산은 꼬리 부분에 있으며 주변에 여의주와 구름같은 사격이 있어야 한다.

❖ **운중선좌형**(雲中仙座形) : 선인이 구름속에 앉아 있는 형국. 혈은 비교적 높은 곳에 위치해야 하며, 혈 아래와 주변에 구름과 같은 상운사(祥雲砂)가 신비롭게 있어야 한다.

❖ **운중선좌**(雲中仙坐) **호승예불형**(胡僧禮佛形)**이란** : 태극(太極) 금성체(金星體)로 생긴 봉(峰)이 4방산(方山)에 둘러싸여 단정히 앉아있고 운중선좌(雲中仙坐) 호승예불형이 되는 것이다.

❖ **운증**(雲蒸) : 사람의 기운이 구름의 기운처럼 모인 것에 비유함. 구름이 증기처럼 모임.

❖ **울**(鬱) : 산의 족(足)을 말함.

❖ **울창한 숲 속에도 명당은 있다** : 높고 푸른 숲으로 가득찬 배후산지는 풍수설이 지향하는 바이다. 그러나 실질공간은 이상적 환경으로만 충만된 것이 아니기에 차선책을 강구하여 보완을 서둘러 왔다. 고려 왕도의 주산이었던 송악도 본래부터 소나무가 우거져 있던 곳이 아니다. 강충이 고을 사람들과 함께 남쪽으로 옮겨와 살며 온 산야에 솔을 심음으로써 송악이 되었다. 결국 송악은 바위가 노출된 민둥산이었던 것이 솔을 심고 숲을 우거지게 공들이면서부터 탄생된 지명이다. 숲이 우거진 곳에도 명당이 있다.

❖ **움푹하게 꺼지고 결함이 있는 곳은 묘자리가 아니다** : 움푹하게 꺼지고 부서지고 깨지고 이지러져 골 바람이 많이 받는 땅으로, 혈이 결지하는 곳은 주변 산이 주밀하게 감싸주기 때문에 바람을 막아주지만 요결지(凹缺地)는 한쪽이 움푹하게 꺼지고 들어가 그곳으로 바람이 들어온다. 바람 중에서도 가장 해로운 골바람이 강하게 들어오기 때문에 흉하다. 이러한 곳에 장사지내면 사람이 상하지만 그러나 평지에서 혈을 맺으면 사방에 막아주는 산이 없어도 무방하다. 바람이 퍼져 오면 강혈하지 않기 때문에 큰 피해를 주지 않는다. 바람이 퍼져 오는 것은 두려워 하지 않아도 되나 한곳으로 몰아쳐서 오는 바람은 반드시 피해야 한다.

❖ **웅**(雄) : 양(陽)을 말함. 음양(陰陽)은 기운을 말한 것이며, 자웅(雌雄)은 그 형태를 말한 것이다.

❖ **웅계고시**(雄鷄鼓翅) : 수탉이 날개를 크게 치며 위엄을 뽐내는 형국. 앞에 적이 있기 때문이다. 혈은 부리 위에 자리잡고, 안산은 여우다. 여우가 적이다.

❖ **웅계권시**(雄鷄捲翅) : 수탉이 날개를 접는 형국. 혈은 부리 위에 있고, 안산은 새장이다. 닭이 집으로 돌아가 날개를 접고 휴식을 취하는 형국이기 때문이다.

❖ **웅우간자우**(雄牛趕雌牛) : 수소가 암소를 쫓아가는 형국. 암소의 뒤에 수소가 있고, 혈은 암소의 가슴에 자리잡으며, 안산은 풀더미다.

❖ **원**(援) : 끌어 인용함.

❖ **원**(垣) : 담장.

❖ **원**(原) : 원(源)과 같으며 산 머리의 다한 곳.

❖ **원**(園) : 왕세자 또는 왕세손으로 책봉된 뒤에 왕위에 오르지 못하고 사망한 분과 왕의 생모로 선왕비(先王妃)가 아닌 분의 묘소.

❖ **원고허왕상**(原孤虛旺相) : 건갑임리인술(乾甲壬離寅戌)은 양지양(陽之陽)이니 고(孤 : 甲壬孤), 곤을감계신진(坤乙坎癸申辰)은 양지

음(陽之陰)이니 허(虛 : 乙癸虛), 진경해미간병(震庚亥未艮丙)은 음지양이니 상(相 : 丁辛相), 무기(戊己)는 귀갑(龜甲) 공망이니 무기공(戊己空)이 된다. 72룡의 고허왕상은 정음정양으로 분별된다는 것을 알 수 있다. 그 이유는 원천적으로 팔괘납간의 9, 6충화(九六沖和 : 음양조화)에서 도출되었기 때문이다. 갑임(甲壬)이 고(孤)인 이유는 건괘(乾卦)의 납간이요, 건괘(乾卦)는 3효가 모두 양에 속하므로 중효(人爻)를 제거하고 상하 2효를 보면 2남무녀(二男無女)이니 음양이 상배하지 못하는 탓이다. 을계(乙癸)가 허(虛)인 이유는 을계(乙癸)는 곤괘(坤卦)의 납간이요, 곤괘(坤卦)는 순음(純陰)이니 중효를 제거하고 상하 2효를 보면 2녀무남(二女無男)이니 중허불구(中虛不媾)이기 때문이다. 병경(丙庚)이 왕(旺)인 이유는 간진(艮震)의 납간이니, 가운데 있는 중효를 제거하면 상하효가 음양 충합(沖合)하기 때문이다. 정신(丁辛)이 상(相)인 이유는 태손(兌巽)의 납간이기 때문이다. 무기(戊己)가 공망인 이유는 무기(戊己)는 감리(坎離)의 납간인 바 중효를 제거하면 상하양효가 순일하여 불교(不交)하므로 기불주입(氣不注入)하기 때문이다. 고허왕상의 법은 투지에서나 분금에서나 통용한다. 또한 풍수학에서는 고허와 공망을 피하고 왕상만을 택해서 사용한다.

❖ **원공오행**(元空五行) : 향상수(向上水) 구성수법(九星水法)에서 좌(坐) 수(水)를 원공오행으로 하여금 상생과 상극으로 길흉을 논하는 것.

木	火	土	金	水
癸亥艮甲	乙丙丁酉	未庚戌丑	乾坤卯午	壬子巽辛 寅申辰巳

❖ **원관동규가**(元關同竅歌) : 원(元)은 향(向)이요, 관(關)은 용(龍)이며, 규(竅)는 수구(水口)를 별칭함이다. 묘도(妙道)는 원관(元關: 向과 龍)의 한 가지 비결을 주로 함과 진정으로 원상의 천기(天機)가 규(竅:水口) 위에 분배되는 것을 알아야 하고, 천성(天星)이 납갑(納甲)에 병합되어야 하며, 장차 좌우수(左右水)의 원인을 알아보아야 한다. 먼저 수(水)가 향(向)에 이르러 어느 곳으로 흘러가고 관원(關元)의 조화를 수구(水口) 가운데서 구하여 안과 밖의 관원(關元)이 규(竅)와 함께 길격을 이루면 부귀가 대대로 끊기지 않는다. 일규(一竅)가 관(關:龍)을 통하여 중매를 지으면 원(元) 가운데 교구되는가를 보아 격을 구해야 한다. 만일 이 원관(元關)이 같이 교구되지 않으면 국(局)을 이루지 못하므로 불길하다. 생기가 거듭 관중으로 들어오면 삼공이 계속 나올 것이고, 관(關)이 뻗어내린 일절(一節)에 생왕을 만나면 대대로 영웅호걸이 나니, 음양이 순수하고 잡된 것을 막론하고 그 묘(墓)의 기(氣)가 어둡거나 공극받음을 꺼리게 된다.

❖ **원관통규**(元關通竅) : 원(元)은 향(向), 관(關)은 용(龍), 규(竅)는 수(水)를 말하는데, 이 세 가지의 향(向)과 용(龍)과 수(水)가 삼합(三合)을 이루어 통함을 말한다.

❖ **원국**(垣局) : 둥그런 둘레의 주위 국세.

❖ **원국**(垣局) : 원국은 일대간룡(一大幹龍)이 수백리 수천리를 행룡하다 진(盡)하면 필히 최상의 명당(明堂)을 결성하는 것을 말하는데 양택(陽宅)이 결혈되면 왕도처(王都處)가 되어 제왕지기(帝王之基)가 되며 음택(陰宅)으로 결혈되면 제왕이 탄생된다. 이와 같이 대간룡이 육상(陸上)에서 진(盡)하였을 때는 육상에 결국하나 육상에 머물지 못하고 해중(海中)으로 행룡하여 해중에 잠복하는 예가 많다. 이와 같은 명당의 최대자(最大者)를 원국(垣局)이라 한다.

❖ **원근사격**(遠近砂格) : 군왕사(君王砂)가 있으면 임금을 낳고, 어병왕사(御屛王砂)가 있으면 딸이 왕비가 되고, 영상사(領相砂)가 있으면 장·차관을 낳고, 지사사(知事砂)가 있으면 도지사를 낳고, 귀봉사(貴峰砂)가 있으면 군수를 낳고, 독봉사(獨峰砂)가 있으면 면장을 낳는다. 문현사(文賢砂)가 있으면 자손이 국전봉제자(國典奉祭者)가 되고, 문필사(文筆砂)가 있으면 자손이 문장명필이 되고, 부봉사(富峰砂)가 있으면 자손이 거부가 되고, 아미사(娥眉砂)가 있으면 자자손손 미인이 나온다.

❖ **원당명살**(源撞命殺) : 갑신년(甲申年) 병인월(丙寅月)에 운명한 병자(丙子) 망명(亡命)을 건좌(乾坐)로 작혈하는데, 병인(丙寅) 입중궁(入中宮)하면 정묘(丁卯), 병자(丙子), 을유(乙酉), 갑오(甲午), 계묘(癸卯), 임자(壬子), 신유(辛酉)의 상주가 있는데 건좌(乾坐)로 작혈하여 저촉이 되면 백일내에 필사(必死)라 하고, 중궁(中宮)에 떨어지는 병인(丙寅), 을해(乙亥), 갑신(甲申), 계사(癸巳), 임인

(壬寅), 신해(辛亥), 경신생(庚申生) 상주가 저촉되면 3년내에 필사(必死)라 한다.

❖ **원대**(遠大) : 산세가 큰 모양. 멀리 있고 큰 산세.

❖ **원두**(源頭) : 물이 처음으로 들어오는 곳.

❖ **원두석**(猿頭石)**이 주산**(主山)**을 보면** : 동물의 머리같은 암석 또는 돌이 있으면 그의 자손들에게 창질(瘡疾) 대풍병(大風病)이 두렵다.

❖ **원래외산**(遠來外山) : 물 건너 멀리에서 과협을 호위해 주는 강협으로 먼데서 온 바깥산이라 해서 원래외산(遠來外山)이라고 부른다.

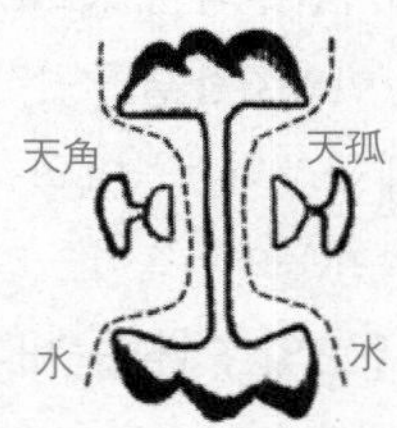

❖ **원무**(元武) : 元武란 역혈의 후방을 말함. 원무의 물은 이것이 용신(龍身) 정해진 혈성(穴星)은 모름지기 진(眞)을 간파해야 한다. 물이 쌓이면 필연적으로 용은 혈을 유하고 물이 흘러 기가 흩어지면 얼어붙는 것을 참을 수 없다. 수룡(水龍)을 더듬어 용혈을 찾아내려고 하면 하천의 흐름이 구불구불하고 에워싼 땅에 용혈을 발견할 수가 있다.

❖ **원벽문성**(圓壁文星) : 원벽문성이란 혈처(穴處)의 형(形)이 엷고 위가 평평하면서 미미한 원(圓)이 단(壇)으로 기이하게 되어 있으므로 이를 일명 태극혈(太極穴)이라고 한다. 이러한 혈처에는 장원급제하여 명성을 사해(四海)에 떨친다.

❖ **원상**(院相) : 왕이 승하하면 잠시 정부를 맡던 임시직. 신왕(新王)이 즉위하였으나 상중이므로 졸곡(卒哭)까지와 혹은 왕이 어려서 정무(政務)의 능력이 없을 때 대비의 섭정과 함께 중망이 있는 원로 재상급(元老宰相級) 또는 원임자(原任者) 중에서 몇 분의 원상을 뽑아 국사를 처결(處決)한다.

❖ **원심**(源深) : 산맥이 길게 내려온 사이에 물의 발원이 멀고 깊음.

❖ **원운**(圓暈)

① 땅이 바르고 단단하고 소복이 솟아 있는 곳으로 좋은 땅이다.

② 태극혈(太極穴)로서 진룡(眞龍) 아래에서 혈(穴)이 맺으리라 짐작되는 곳에 둥그스레한 모양이 아주 은미하여 슬쩍 보면 이러한 형상이 있는 듯하여 자세히 살펴보면 아무 것도 없는 것이니 이를 구첨(毬簷)·나문(羅紋)·토축(土縮)이라고도 한다. 운(暈) 위에는 물이 좌우로 갈라지고, 운 아래에 갈라졌던 물이 다시 합쳐지면 틀림없는 진격이다. 물이란 실제로 흐르는 물이 아니라 평면보다 약간 낮게 골이 진 것을 일컬음이니 한 치만 높아도 산이요, 한 치만 낮아도 물이 되는 원리이다.

❖ **원원**(源源) : 곳곳에서 나오는 물의 원류.

❖ **원**(圓)**은 하늘, 방**(方)**은 땅** : 원 (圓)은 하늘, 방(方)은 땅을 의미함. 그것을 사람이 쓰는 것이 천지인(天地人)이라고 하는 극히 자연스런 존재방식의 가치관을 유전자 속에 갖고 있는 것 같다. 삼각형은 그 세 개의 각이 반드시 예각이 되므로 그런 모양의 토지나 건축물은 세 방향으로 첨각충사(尖角衝射)의 흉 작용을 미치게 하는 것이 되고 싸움이나 긴장 분열을 가져오는 것이다.

❖ **원종공신**(原從功臣) : 각등의 정공신(正功臣) 이외에 작은 공로가 있는 자에게 주는 칭호.

❖ **원진**(元辰) : 혈 앞에서 발원(發源)하여 당면으로 나가는 물을 말함.

① 묘 앞에 똑바로 빠져나가는 물을 말하는데 아주 흉한 물이다.

② 청룡·백호 안의 혈 앞 합금처에 있는 물. 내달리거나 곧장 가는 것을 꺼리며 바깥의 산이 전수횡란(轉首橫欄)하여야 좋다.

③ 원진수(元辰水)는 혈전당심(穴前當心)에서 일직출거(一直出去)하는 흉수(凶水)이다. 이 원진수의 당심직거(當心直去)는 불융결지(不融結地)에 망신재패(亡身財敗)라 한다. 그러나 원진직출(元辰直出)도 그 전면에 횡절천호(橫截川湖) 혹은 횡와안산(橫臥案山)이 이를 횡란수용(橫欄收容)하면 선흉후길(先凶後吉)이라 한다. 한편 혈전출수(穴前出水)도 역시 지현구곡(之玄九曲)으로 굴곡완류(屈曲緩流)하면 이를 원진수라 하지 아니한다.

④ 원진수는 혈처의 앞과 청룡과 백호의 안쪽에서 바깥으로 빠져나가는 물이다. 이리저리 굽이치며 흘러나가야 좋고, 곧게 쭉 빠져나가면 나쁘다. 처음엔 곧게 빠져나갔으나, 나중

엔 혈처를 둥글게 감싸주는 물줄기와 합금이 되는 원진수도 있다. 이런 원진수가 있는 혈에 조상의 묘를 쓰면, 처음엔 화를 입지만 나중에는 복(福)을 누리게 된다. 앞에 안산이 솟아올라 원진수가 계속해서 곧게 흐르는 것을 막아 줘도 마찬가지다.

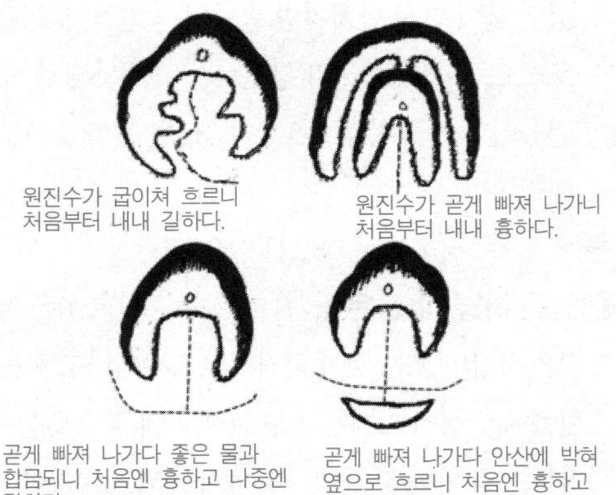

❖ **원진살**(怨嗔殺) : 자미(子未) 묘신(卯申) 축오(丑午) 인유(酉寅) 사술(巳戌)

❖ **원진수**(元辰水) : 원진수란 용호내(龍虎內)의 물로서 제2의 분합수(分合水)를 말한다. 이 물은 혈에서 가까운 본신(本身)에서 나오는 물이므로 물이 있건 없건 원진수(元辰水)라 한다. 원진수(元辰水)는 명당이 기울어 곧게 도망가는 것을 가장 꺼리는 것이니 좌우에 사(砂)가 막아서 지현(之玄)으로 굽이굽이 겹쳐 흐르게 하여야 아름다운 것이다. 고언(古言)에 "원진수(元辰水) 아끼기를 피 아끼듯 하라" 함이 이것이다. 원진자(元辰者)는 혈앞의 득수(得水)가 곧게 흘러나가는 것을 말하고, 수직직거(水直直去)는 수직무란(水直無闌) 등의 수로를 말한다. 즉 흔히 말하는 당문파(黨門破)라는 것으로 속패(速敗) 속망(速亡)하는 충격의 혈지(穴地)이다. 단 원진수라도 앞에 산이나 물을 얻어 산수가 만전횡란(彎轉橫闌)하게 돌아있으면 초년은 발음(發音)이 없다 하더라도 늦게는 길하여 지령(地靈)대로의 발복이 되어갈 것이다. 또한 복기낙룡입좌(伏起落龍入坐)의 격은 갖추어 있으되 오직 물 한줄기의 실격으로 결점이 있다면 인위적으로라도 축대를 쌓고 흙을 돋아서 재혈한다면 격을 낮추게 되어 길지가 되는 수도 있다. 여기에 산천 변화의 이치가 생하며 오행변화의 화(化)가 있게 된다.

❖ **원진직류혈**(元辰直流穴) : 용맥의 생기를 보호하면서 따라온 물을 원진수(元辰水)라 한다. 원진수는 혈장에 이르러 입수도두 뒤에서 선익을 따라 양변으로 갈라진다. 그리고 혈 앞 순전에서 다시 합한다. 원진수가 상분하합(上分下合)하면서 혈의 생기를 보호하는 것이다. 순전 아래에서 합수한 물은 하수사를 따라 지현자(之玄字)로 흘러나가야 혈의 생기를 더 보호할 수 있다. 이것이 일반적인 혈의 결지 방법이다. 만약 원진수가 지현자로 역수하지 않고 곧장 나가면 혈의 생기(生氣)도 물을 따라 곧장 빠져나가므로 흉하다. 이와 같은 물을 원진직거수(元辰直去水)라 한다. 그런데 이렇게 곧장 나간 물이 얼마가지 않아 큰 강이나 호수 또는 산을 만나면 물의 유속이 느려지고, 때에 따라서는 거꾸로 역류하는 경우도 있다. 이때는 비록 처음에는 흉했다 할지라도 나중에는 길해질 수 있다. 처음에는 혈의 생기를 제대로 보호하지 못했다가 나중에는 보호할 수 있는 것이다. 이와 같은 곳에서 맺는 혈을 원진직류혈이라 한다.

❖ **원탐랑**(圓貪狼) : 산정상이 원형으로 용립하였고 몸체(山身) 역시 지각(枝却)이 없는 무각(無脚)으로 단정수려한 형세. 원탐랑의 특징은 주로 평지에 탁연(卓然)히 용립하여 산의 형태가 사방 어디에서 보아도 원통형으로 똑 같다. 출맥시 활시위 같은 능선으로 현릉(弦陵)이 분명하다.

❖ **원협**(遠峽) : 몇 리, 혹은 십여 리가 넘게 멀리 뻗어 간 과협. 양쪽에서 호위해 주는 산줄기가 있어야 길하다. 바람을 맞아 기운이 흩어지기 때문에 호위하는 지룡(枝龍)이 과협에 비해 짧으면 불길하다.

❖ **원형**(圓形) : 부봉사격(富峯砂格)을 말함.

❖ **원형수**(圓形水) : 좌혈(坐穴) 앞에 타원형으로 모이거나 사방수(四方水)가 상충(相沖)되지 않고 서로 만나 돌아가는 형국으로

고시 합격하는 자손이 속출한다.

❖ **원형의 건물이 가까이에 있으면 길**(吉)**하다** : 풍수에서 둥근 것은 행복과 평화의 상징이다. 마음을 안정되게 하고 기력을 충실하게 한다. 도 팔괘(八卦)를 만든 것처럼 팔각형의 건물도 대길(大吉)이다. 반대로 삼각형의 건물 등이 있으면 흉(凶)작용이 강해진다.

❖ **원후채과**(猿猴採果) : 원숭이가 과일을 따는 형국. 원숭이 형국은 재주가 뛰어난 사람들을 배출하고 자손들이 영리하고 부지런하며 다방면에서 재주를 발휘하여 부귀를 얻는다. 혈은 원숭이의 명문(命門)에 있고, 안산은 과일과 과일나무이다.

❖ **원훈**(圓暈) : 둥그스름한 형(型) 승금(乘金) 태극훈(太極暈)

❖ **월견**(越肩) : 일명 규봉(窺峰)이라 하며, 청룡과 백호 건너편에서 혈을 향해 언뜻언뜻 넘겨다보는 산으로 마치 구경꾼이 담장을 넘어 방안을 들여다보는 형상이다.

❖ **월건법**(月建法)

갑기지년(甲己之年)에 병인두(丙寅頭)
을경지년(乙庚之年)에 무인두(戊寅頭)
병신지년(丙辛之年)에 경인두(庚寅頭)
정임지년(丁壬之年)에 임인두(壬寅頭)
무계지년(戊癸之年)에 갑인두(甲寅頭)

❖ **월견수**(越見水) : 산외수(山外水)가 묘지를 넘겨다보는 흉한 물. 혈지(穴地)를 에워싸고 있는 병장라성(屛帳羅城)의 저요처(低凹處)에서 산외강호수(山外江湖水) 등이 월견조살(越見照殺)하면 상정패재(傷丁敗財)와 가도혼란(家道混亂)이 있게 된다. 한편 각살방(却殺方)에서의 월견조살은 더욱 재화가 크지만 이 월견수(越見水)도 길격보국(吉格保局)에 진결용혈(眞結龍穴)이면 그 피해는 반감된다.

❖ **월공**(月空) : 월공일은 흉살이 모두 공망이 된다는 길일이다. 상장(上章)·기공(起工)·동토(動土) 등에 모두 길하다.

子年 : 午　丑年 : 未　寅年 : 申
卯年 : 酉　辰年 : 戌　巳年 : 亥
午年 : 子　未年 : 丑　申年 : 寅
酉年 : 卯　戌年 : 辰　亥年 : 巳
正, 5, 9月 : 壬　2, 6, 10月 : 庚
3, 7, 11月 : 丙　4, 8, 12月 : 甲

일진(日辰)과 방위를 본다. 가령 오일(午日)이 월공일이요 오방(午方)이 월공방이다. 또는 1, 5, 9월에는 임일(壬日)이 월공일이요 임방(壬方)이 월공방이다.

❖ **월덕**(月德)

신자(申子)진에 임(任) 인오술(寅午戌)에 병(丙)
사유축(巳酉丑)에 경(庚) 해묘미(亥卯未)에 갑(甲)

❖ **월두법**(月頭法) : 갑기년(甲己年)에 병인월두(丙寅月頭), 을경년(乙庚年)에 무인월두(戊寅月頭), 병신년(丙辛年)에 경인월두(庚寅月頭), 정임년(丁壬年)에 임인월두(壬寅月頭), 무계년(戊癸年)에 갑인월두(甲寅月頭).

❖ **월삼살**(月三殺) : 월지(月支)를 기준하여 정해지는 삼살일(三殺日) 및 삼살방(三殺方). 삼살일은 건축 및 가옥수리에 꺼리고, 삼살방은 가옥수리 및 장사지내는 일에 꺼린다.

正, 5, 9月 : 亥子日　2, 6, 10月 : 申酉日
3, 7, 11月 : 巳午日　4, 8, 12月 : 寅卯辰日

❖ **월수**(越水) : 청룡과 백호의 중간으로 건너편의 들판이나 물길이 바라다 보이는 것으로 그 곳으로 바람이 불어오므로 매우 흉하다 월수에 달빛이 비추어 그 반사 빛이 묘에 이르면 후손이 큰 재앙을 당한다.

❖ **월염일**(月厭日) : 흉일(凶日)의 하나로 이날에는 결혼식과 이사 입택(入宅)을 꺼린다.

1월 : 辰日　2월 : 卯日　3월 : 寅日
4월 : 丑日　5월 : 子日　6월 : 亥日
7월 : 戌日　8월 : 酉日　9월 : 申日
10월 : 未日　11월 : 午日　12월 : 巳日

❖ **월주**(月柱) **결정** : 산명(山命)에 유리한 달을 정해야 길함은 물론

이다. 첫째, 생왕(生旺) 득령(得令) 삼합보산(三合補山)이 길하다. 예를 들면 목산(木山)은 왕어춘(旺於春)하고 상어동(相於冬)이다. 둘째, 제살(制殺)이 가능하거나 본살(本殺) 자체가 휴수(休囚)되는 월건을 택하여야 한다. 예를 들면 묘방(卯方)이 살일 때 오월(午月)을 택하면 묘목(卯木)이 오(午)에서 죽는다. 셋째, 같은 값이면 다홍치마라고 태양 삼기 자백 녹 마 귀가 닿으면 더욱 유리하다(龍運이 主가 된다). 월령(月令)은 위권요(爲權要)라 하여 조명(造命)의 강목(綱目)이다.

❖ **월지**(月支) : 달의 지지(地支). 즉 1월은 인(寅), 2월은 묘(卯), 3월은 진(辰), 4월은 사(巳), 5월은 오(午), 6월은 미(未), 7월은 신(申), 8월은 유(酉), 9월은 술(戌), 10월은 해(亥), 11월은 자(子), 12월은 축월(丑月)이 된다. 이 월지(月支)는 어느 해를 막론하고 일정하다. 단 월간(月干)은 연월(年月)에 따라 다르다.

❖ **월재일**(月財日) : 월가길신(月家吉神)의 하나로 이날에 출행하면 횡재하고, 이사·건축·수리·장사지내는 일 등을 하면 재물이 자연 생긴다고 한다.

1, 7월 : 初九日 2, 8월 : 初三日
3, 9월 : 初四日 4, 10월 : 初二日
5, 11월 : 初七日 6, 12월 : 初六日

❖ **월출동호**(月出東湖) : 달이 동쪽 호수 위로 떠오르는 형국. 주산은 동그랗고 주산의 동쪽에 호수가 있으며, 혈은 주산의 중앙에 자리잡고, 안산(案山)은 구름이다.

❖ **월파방**(月破方) : 월지(月支)와 상충(相沖)되는 방위로 이 방위에서 집을 짓거나 수리하거나 공작(工作)을 아니한다.

1월 : 申方 2월 : 酉方 3월 : 戌方
4월 : 亥方 5월 : 子方 6월 : 丑方
7월 : 寅方 8월 : 卯方 9월 : 辰方
10월 : 巳方 11월 : 午方 12월 : 未方

❖ **월파일**(月破日) : 월지(月支)와 상충(相沖)되는 일진(日辰). 이날은 오직 집이나 담장을 허는 일이나 파약(破約), 파혼(破婚) 등에만 무방하고, 기타는 모두 흉하다.

1월 : 申日 2월 : 酉日 3월 : 戌日
4월 : 亥日 5월 : 子日 6월 : 丑日
7월 : 寅日 8월 : 卯日 9월 : 辰日
10월 : 巳日 11월 : 午日 12월 : 未日

❖ **월형(月形)은 용맥을 도우고 좌(坐)를 도우는 것이다** : 월형(月形)을 해서 파(破口)와 득수(得水)가 달라져서 해(害)를 입는 경우가 있다. 이것은 월형이 높아서 살(殺)이 되게 봉분의 높이를 막아서도 안된다. 또 낮아서 물이 흘러 들어와서도 안 되고 실수가 없어야 한다. 월형을 만들다 용맥을 상하는 일이 없어야 하고 입수(入首)를 상(傷)하게 해서도 안된다. 용맥(龍脈)을 도우고 좌(坐)를 도우는 것에 월형을 만드는 일이 되어야 하는 것이다. 풍수를 바로 배워 잘못되는 일이 없도록 하여야 한다.

❖ **위**(位) : 조정의 위를 이름.

❖ **위기**(爲奇) : 기이하여 귀함이 됨.

❖ **위루**(危樓) : 절 같은 곳에서 볼 수 있는 높고 험악한 누각.

❖ **위미**(委靡) : 산이나 용맥의 모양이 힘없이 넙적하게 넘어진 모습.

❖ **위성**(胃星) : 진방(辰方)에 있다. 진봉(辰峰)이 아름다우면 문관이 나고 높은 것은 무방하나 허하면 장사꾼이 난다. 때는 신년(辛年)에 응한다.

❖ **위성**(危星) : 오방(午方)에 있다. 오봉(午峰)이 아름답고 세 봉우리가 연이어 있으면 진위성(眞危星)이니 정승이 나고, 봉우리가 하나면 그 분야의 지방관이 나는데, 그 해는 임년(壬年)이다. 이는 위성의 정방위가 임방(壬方)이기 때문이다. 여기서 어느 임년(壬年)이냐 하는 것은 오(午)봉과 혈장의 거리와 크기를 참작한다. 오(午)봉이 지나치게 높으면 화재가 난다. 이는 위성의 오행이 화(火)이기 때문이다. 반대로 매우 허약하면 일찍 죽는다.

❖ **위신수**(衛身水) : 용혈(龍穴)이 기이하게도 홀연히 강호수위에 돌기돈부(突起墩阜)하여 진결(眞結)된 수중혈(水中穴)의 사반(四畔)을 만수호위(滿水護衛)하는 길수이다. 그 형국은 마치 고월침강형(孤月沈江形)이나 연화부수형(蓮花浮水形)과 같다. 한편 위신수 역시 불탁청정(不濁淸淨)하고 불학불분(不涸不湓 : 물이 퐁퐁 솟는 것)해야 대부귀현(大富貴顯)한다. 그러나 사반강호수

(四畔江湖水)의 회류급전(回流急轉) 혹은 유성탄류(有聲灘流)는 반위흉격(反爲凶格)이라 한다. 위신수란 혈을 사방에서 에워싼 물이다. 용맥이 물 밑으로 뻗어 가서 호수나 바다 가운데에 혈을 만들어 놓은 것이다. 주변에 다른 산이 없어도 혈을 둘러싼 물이 혈의 정기를 보호해 준다. 이런 혈에 조상의 묘를 쓰면 자손들이 대부·대귀를 얻게 된다. 그런데 물이 맑고 고요해야 길하지만 말라 버리거나 시끄럽게 소리를 내거나 흐리면 불길하다. 또 물이 밖으로 넘치며 그 넘치는 곳이 혈에서 훤히 보이는 것도 나쁘다.

❖ **위이**(逶迤) : 용맥이 비실비실 하여 마치 산 뱀이 꿈틀거리며 기어오는 모양과 같은 형상의 뜻.

❖ **위행진락**(僞行眞落) : 양룡으로 행도하다가 음국(陰局)으로 변한 것을 말한다. 음국으로 혈을 잡되 음기가 다하면 자리를 옮겨야 한다.

❖ **유**(遺) : 잃어버리는 것.

❖ **유**(有) : 유자(有字)는 혈을 말함.

❖ **유**(悠) : 멀리 아득히 보임.

❖ **유**(酉) : 12지의 10번째

- 지지 유(酉)로 구성되는 60갑자는 계유(癸酉), 을유(乙酉), 정유(丁酉), 기유(己酉), 신유(辛酉)의 5가지가 있다.
- 유(酉)는 12수 가운데 닭에 속한다.
- 유(酉)는 선천수(先天數)가 6, 후천수(後天數)는 4다.
- 유(酉)는 음금(陰金)인데 그 빛은 백색, 방위는 정유(正酉), 절기로는 중추(仲秋) 즉 8월에 속한다.
- 유(酉)는 진(辰)을 만나면 진유(辰酉)로 합(合: 六合·支合)을 이루어 오행은 금(金)으로 화(化)하고, 사(巳)를 만나면 사유(巳酉)로 반합(半合)이요, 축(丑)을 만나면 사축(巳丑)으로 반합이 되며, 사축(巳丑)을 모두 만나면 사유축(巳酉丑)이 삼합을 이루어 오행은 금(金)으로 화한다.
- 유(酉)는 술(戌)과 서로 해하고 또는 서로 뚫는(相穿) 성질이 있으며 인(寅)과는 원진(怨嗔)이다.

陰陽	五行	先天	後天	三合	六合		刑	破	亥	
陰	、金	六	四	巳丑	辰	卯	酉	子	戌	寅

❖ **유거**(攸居) : 살 수 있는 곳.

❖ **유귀**(流貴) : 즉 천을귀인(天乙貴人)이다.

갑무경년(甲戊庚年) : 축미궁(丑未宮)

을기년(乙己年) : 자신궁(子申宮)

병정년(丙丁年) : 해유궁(亥酉宮)

신년(辛年) : 인오궁(寅午宮)

임계년(壬癸年) : 사묘궁(巳卯宮)

가령 태세가 무진년(戊辰年)이라면 축(丑)과 미궁(未宮)에 유년천을귀인이 임한다.

❖ **유난히도 손님이 북적이는 가게나 음식점은 이러하다** : 상점이나 음식점은 하루 종일 가게 앞을 쓸고 닦아 항상 출입구 쪽이 환하고 깨끗했다. 이 때문에 손님들도 그 집에 들어서는 순간 환한 미소를 짓곤 한다. 사실 우리의 경험상으로도 같은 값이면 깨끗한 음식점에서 음식을 먹고 싶은 것이 인지상정이 아닌가. 손님들은 구질구질 하기보다는 깨끗하고 산뜻한 것을 바란다. 비단 가게에만 국한된 말이 아니다. 일반 가정도 마찬가지다. 아무리 늦은 저녁이라도 등불도 밝히지 않은 어두컴컴한 상점에 들어서겠는가. 그러나 밝고 따뜻하며 온화함이 느껴진다면 자신도 모르는 사이에 발걸음을 옮길 것이다. 저녁에는 반드시 불을 밝혀 밖을 환하게 해야 한다.

❖ **유냉지**(幽冷地) : 어둡고 찬 것을 유냉이라 한다. 골짜기가 깊고 음지(陰地)로 춥고 싸늘한 곳을 말한다. 용맥과 혈이 결지할 수 없는 땅이다. 주변 산이 높아 사방이 막혀있어 햇볕을 차단하므로 항상 어둡고 춥다. 이곳에서는 시신이 썩지 않는다. 매우 흉한 것이다. 길지에서는 생기를 받아 육탈이 빨리된다. 그러므로 뼈는 환골되어 깨끗하게 오래 보존된다. 유골이 생기를 받으면 좋은 기를 자손에게 발산하므로 동기감응으로 자손에게 전달되어 조상의 음덕을 받아 부귀왕정(富貴旺丁)하게 된다. 흔히

ㅇ

뼈대 있는 자손이란 여기에서 유래된다. 음랭한 곳에서 육탈이 되지 않으면 악기(惡氣)가 발산되어 동기감응으로 자손에게 피해를 준다.

❖ **유년**(酉年) : 태세(太歲)의 지지(地支)가 유(酉)로 구성된 해, 즉 계유(癸酉), 정유(丁酉), 기유(己酉), 신유년(辛酉年)의 합칭.

❖ **유년시절 환경이 평생을 좌우한다** : 맹자께서도 거처(居處) 즉 사는 곳은 그 곳에 사는 사람의 기(氣)를 변화시킨다고 하여 가상(家相)의 길흉을 중시했다. 양택풍수(陽宅風水)에서는 유년기에 받은 가상(家相)의 영향이 성장한 후에도 지속 된다고 보고 있다. 가령 가상학적으로 결함이 많은 집에서 아기가 태어나 5년이상 살다가 다른 집으로 이사를 갔다 하더라도 이미 받은 가상항적 흉작용이 영향을 미친다는 것이다. 그래서 성인이 된 후에도 주택의 결함과 관련된 질환(疾患)을 알거나 운세가 막혀 불운을 초래한다.

❖ **유년신살**(流年神殺) : 그 해의 태세(太歲)에 따라 운행(運行)하는 길신(吉神)과 흉살(凶殺)을 말함.

❖ **유니수**(流泥水) : 권렴수(捲簾水)처럼 혈 앞 명당이 경사져서 물이 급하게 쓸려 나가는 형국. 게다가 청룡과 백호가 물줄기를 따라 곧게 뻗어 있어, 물이 나가는 모습이 훤히 드러나 보인다. 유니수와 권렴수가 다른 점은, 권렴수는 명당이 층층으로 되어 있는데 반해, 유니수는 명당이 층이 없이 기울어 있다. 유니수가 있는 곳에 조상의 묘를 쓰거나 집을 짓고 살면 재산을 모두 날리며, 고향을 떠나 타향에서 온갖 고초를 겪게 되며 매우 궁핍하게 사는데 구제할 길이 없다. 혈지 부근에서 발하여 다시 혈지로부터 떠나가듯이 흘러가 버리는 하천의 흐름을 말한다. 이 경우 흘러가 버리는 하천의 수가 많을수록 용혈의 생기가 발산해 버려 흉(凶)이 된다. 유니수가 생기는 지형이라는 것은 명당에 결함이 있는 땅이 된다. 즉 명당의 안산(案山)의 형상이 앞장의 그림과 같은 지형에 많고 좋지 않다.

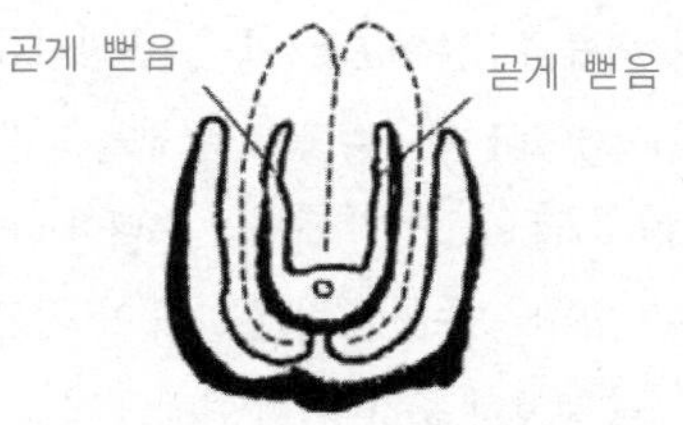

❖ **유두고모**(流犢顧母) : 젖먹이 송아지가 어미소를 바라보는 형국. 혈은 송아지의 이마에 있으며, 안산은 어미소다.

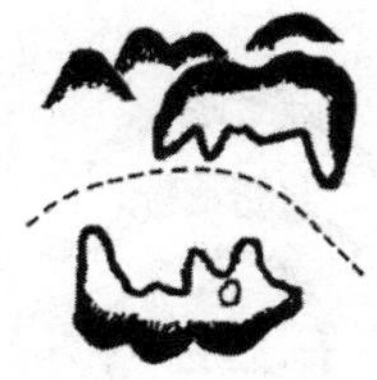

❖ **유득**(酉得) : 혈장(穴場)을 기준하여 물이 맨 처음 유방(酉方)에서 보이는 것.

❖ **유랭**(幽冷) : 깊고 찬 것으로 음랭(陰冷)한 땅을 말함. 이 유랭한 혈에 장사하면 냉기(冷氣)가 침범하여 시체가 썩지 않아 귀기(鬼氣)가 따른다. 이런 땅은 진맥이 없고 정혈(正穴)이 없으며 다만 사면으로 산만이 높아서 바람만이 닿지 않을 뿐 음란한 땅이므로 능히 시신을 모시지 못할 땅이다. 대개 혈을 맺는 땅은 유랭(幽冷)하여 차고 깊은 땅을 꺼리는 바 혈장이 온화하고 따뜻해야 생기(生氣)가 모이므로 귀로 삼는다. 유랭(幽冷)한 땅에 장사하면 대가 끊기는 것으로 자손이 태어나도 기르기 어렵다. 혈이 생기를 얻으면 따뜻하고 따뜻하면 피부는 화(化)하지만 해골은 장구히 보전되어 시신이 평안한 것이니 그 음덕으로 후손이 번창하고 제사가 끊기지 않는 바이다. 깊은 골짝 추운 음지이다. 이러한 혈지에 입장하면 무자양손(無子養孫)이 우려된다.

❖ **유랭형**(幽冷形) : 땅이 음(陰)하고 한냉(寒冷)한 곳을말함.

❖ **유록**(流祿) : 유년태세를 기준하여 정해지는 건록(建祿).

갑년(甲年) : 인(寅)　　을년(乙年) : 묘(卯)
병년(丙年) : 사(巳)　　정년(丁年) : 오(午)
무년(戊年) : 사(巳)　　기년(己年) : 오(午)
경년(庚年) : 신(申)　　신년(辛年) : 유(酉)

임년(壬年) : 해(亥)　　　계년(癸年) : 자(子)

무진년(戊辰年)이라면 사(巳) 자리에 유록(流祿)이 임한다.

❖ **유룡**(游龍) : 용이 물가에서 한가하게 노니는 형국. 혈은 용의 입, 이마, 코 등에 있고, 안산은 구름, 번개, 강, 호수, 연못, 구슬 등이다.

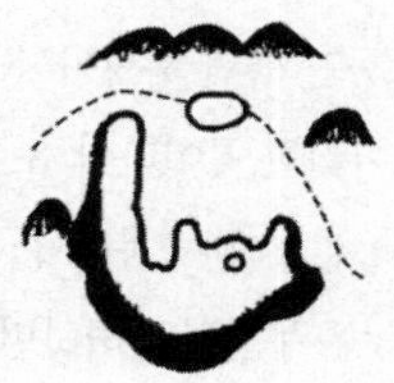

❖ **유리 창문이 많아지면 실내의 기운이 외부로 나간다** : 유리는 채광이 좋고 단순하고 깨끗한 장점도 있지만 유리창이 많아지면 실내 기운이 외부로 누출이 많아 불리하다. 그러므로 개구부는 면적이 적을수록 벽면은 두껍고 넓을수록 유리하다. 건물에 사용하는 재료들도 각각 고유한 기(氣)를 가지고 있으면 풍수로 보아 좋은 재료는 사람에게 따뜻한 느낌을 주는 목재나 흙이지만 건물의 안전을 위해서는 약간의 석재도 무난한데 목재나 흙, 벽돌 등 여러 가지 재료를 균형있게 사용하는 것이 바람직하다.

❖ **유맥**(酉脈) : 산의 줄기가 유방(酉方)에서 묘방(卯方)을 향해 뻗어 내려온 것.

❖ **유방**(酉方) : 24방의 하나로 정유방(正酉方) 유방(酉方)을 태방(兌方)이라고도 한다.

❖ **유방산**(酉方山) : 혈장(穴場)에서 보아 유방(酉方)에 산이 있는 것 또는 유방(酉方)에 있는 산.

❖ **유방수**(酉方水) : 혈장(穴場)을 중심으로 하여 유방(酉方)에 물이 있는 것 또는 유방(酉方)에 득(得)이 되거나 파(破)가 되는 것.

❖ **유방**(酉方)**의 산** : 유봉(酉峯)이 높고 수려하며, 손봉(巽峯)도 아름답고 드높으면, 임금의 총애를 받아 높은 지위에 오르는 인물이 나온다. 유방이 낮고 우묵하게 들어가면 전장에서 전사하는 사람이 생긴다. 유(酉)는 팔괘(八卦)로 소녀(少女)다. 손(巽)은 장녀(長女)이며, 오(午)는 중녀(中女)다. 그래서 손오유방(巽午酉方)의 봉우리가 수려하고 높으면 여자들이 고귀하게 된다.

❖ **유방풍**(酉方風) : 유방(酉方)에서 혈처(穴處)로 불어오는 바람 즉 혈장에서 보아 유방(酉方)쪽에 산이나 등성이 등이 없이 허하게 트여 있으면 그 곳의 바람이 혈에 와 닿는다고 한다. 유방풍은 자손이 빈궁하고 관운이 없다(단, 곤신임자계좌(坤申壬子癸坐)는 무해하다).

❖ **유배수**(流配水) : 오수(午水), 인수(寅水), 계수(癸水), 진수(辰水), 경신수(庚申水)가 파국이 되면 자손 중에 멀리 유배당하는 사람이 나온다. 요즘에는 형벌을 받아 먼 객지의 감옥에 갇히게 된다. 그렇지 않으면 형벌을 피해 멀리 도망가서 숨어산다.

❖ **유백온**(劉伯溫) : 명(明)나라 때의 인물로 적천수(滴天髓)라는 책을 지은 사람. 풍수학에도 이름이 높아 국사(國師)까지 되었다.

❖ **유봉채화**(遊蜂採花) : 벌이 꿀을 따며 돌아다니는 형국. 혈은 벌의 입에 있고, 안산은 꽃이나 꽃밭이다.

❖ **유산가**(遊山歌)

- 대개 혈이 참된 즉 하늘에서 감추고 땅에서 비밀히 하여 덕이 있는 사람을 기다린다(蓋眞穴則 天藏地秘 以待有德之人).
- 보양하여 효도하고 인을 행하여 많이 적선하면 남은 경사(慶事)의 집에 반드시 길지(吉地)를 얻음이 있나니라(養孝行仁多積善 餘慶之家必有德).
- 용은 집을 삼아서 이루었다 하면 혈은 여인이 되어 고요히 있나니라(龍爲家而設作 穴爲女而靜居).
- 그 집을 찾기에는 비록 쉽거니와 그 여인을 보기는 항상 어려우니라. (尋其家則雖易 見其女則尚難).
- 사람에 있어서 장사(葬事)에 생기(生氣)를 탄다고 한 것은 부귀영화를 정하여 가히 기약할 지니라 하였다(有人葬乘氣者 富貴榮華定可期).
- 말을 세상에 장사(葬事)하는 이에게 이르노니 혈은 산에서 높이 맺어 있으니 구함은 사람에게 있다(寄語也問營葬者 穴在高山求在人).
- 요즘음 사람들이 이를 사랑하여 가혈(假穴)을 꽂으로 잘못 본

다면 장사후에 돈과 재산을 패하는 것이 눈이 끓는 탕(湯)에 들어가 녹는 것과 같다(時人愛此花假穴 葬後錢財湯潑雪).

- 용신(龍身)에 또 살(殺)이 띠어 있는 것을 알지 못한 것은 그때 그 지사(地師)가 볼 적에 한쪽 눈이 먼 것 같다 하여 심히 우습더라 한다(不知龍身又帶殺 甚笑時師眼如瞎).
- 혈을 내리는데 모든 괘상과 예법을 보지 말 것이며 산에 올라 허리에 찬 나경(羅經)을 사용하지 말라 했다.(下穴不看諸卦例, 登山 勿用帶羅經).
- 어찌 나경으로 하여금 향(向)과 등배를 논하랴 붉은 단장으로 다만 족히 천기(天機)를 지향할 수 있나니라(安使盤針論向背 丹藜只足步天機).
- 높고 크고 넓은 집이 반공(半空)에 떠 있는 듯하고 옥(玉)판과 금문(金門)을 평지에서 거두운 듯하다(崇大廣廈 半天浮 玉局金門平地收). 〈좋은 보국형세(保局形勢)에 명혈대지(明穴大地)를 두고 읊은 구절이다〉
- 깊은 숲속에 봄이 돌아오니 꾀꼬리가 수풀을 뚫어 비치었고 대로(大路)에 먼지는 희미한데 붉은 노새가 달리도다(深林春返 穿黃鳥 大路塵迷躍紫騮). 〈혈상(穴象)이 밝아서 수풀 사이로도 비치며 마치 대로에 붉은 노새가 뛰는 모습과도 같다 하여 명당의 기상(氣象)을 두고 한 말이다〉
- 자고로 길지(吉地)는 드물게 있는 것이니 세 가지 흉하고 네 가지 길하다면 가히 장지로 쓸지니라(自古吉地希有 三凶四吉可用).
- 만약 정혈(正穴)을 얻지 못하면 양지(陽地)를 향한 장풍지지(葬風之地)에 장사(葬事)하라(若不得之正穴 埋向陽之藏風).

❖ **유산호**(遊山虎) : 호랑이가 산중에서 유유자적 노니는 형국. 산세가 부드러우면서도 웅장하며, 혈은 호랑이의 이마에 있고, 안산은 돼지, 양, 노루 등이다.

❖ **유상혈**(乳象穴) : 유상혈은 여자의 유방이나 젖소의 젖통 또는 고무풍선이나 공을 매달아 놓은 것 같은 형상으로 둥글고 풍만하여 유(乳)의 위가 밝고 빛나며 약간 고개를 숙인 듯 수두(垂頭)해야 한다. 또 유혈은 위아래가 둥글어 선익이 분명하여 양 선익이 당판을 싸않아야 하고 윤관이 분명하여 한 가운데 약간 돌(突)한 곳이 있으면 좋다. 대개 유혈은 선익이 당판에 붙어 공 같고 수박 껍질과 같이 둥근 당판을 싸안아 전순 부분이 둥글게 돌아가면 후부하다. 이러한 곳이라야 유혈의 명당이다.

❖ **유성**(柳星) : 축방(丑方)에 있다. 축봉(丑峰)이 기특하면 어진 선비가 나고 매우 높은 것은 무방하나 허하면 안방에 괴변이 생긴다. 그 해는 정년(丁年)이다.

❖ **유성궁과**(流星宮過) : 유성(流星)이 궁전 위로 지나가는 것처럼 생긴 형국. 산의 형상이 흡사 꼬리를 끌며 날아가는 것 같으며, 혈은 별의 꼬리 부분에 있고, 안산(案山)은 궁전, 은하수 등이다.

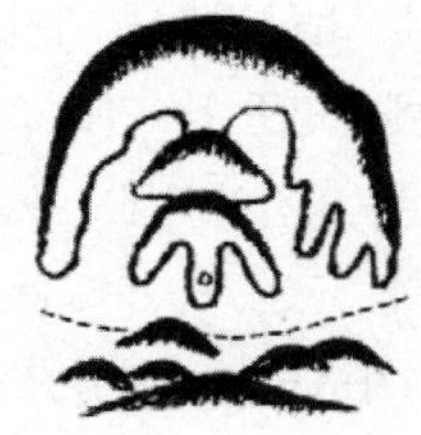

❖ **유성정혈법**(流星定穴法) : 생왕묘(生旺墓)의 입향법(立向法)을 말함.

❖ **유세무성자**(有勢無星者) : 산의 형세는 있고 덩어리가 없는 것은 귀함이 되지 못하고, 덩어리는 있으나 세가 없는 것은 대지(大地)가 되는 것을 얻을 수 없으니 무릇 수구(水口)에 100리가 되는 것도 있고 50리, 10리, 1리가 되는 것도 있으니 모름지기 높고 큼을 이용하여 긴관(緊關 : 교쇄포응)되었으면 그 안에 병되는 결점의 걱정이 없고 문호(水口)가 없으면 비록 모였으나 가세가 넉넉하지 못하게 된다.

❖ **유송무영**(有送無迎) : 보내는 송(送)만 있고, 맞이하는 영(迎)이 없는 것을 말함. 영(迎)이 없는 용은, 그만큼 기운이 약하지만 송(送)이 아주 길어서 과협을 보호해 주면 괜찮다.

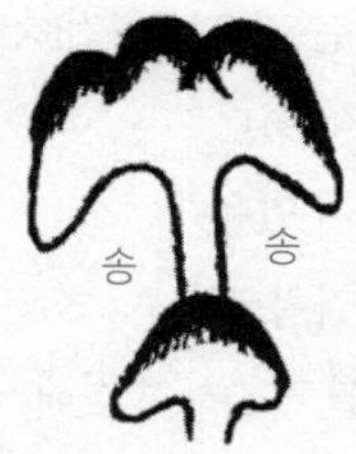

❖ **유수파국**(酉水破局) : 오향(午向)에 유수(酉水), 자향(子向)에 유수(酉水) : 자손들이 음란하여 온갖 추문을 일으킨다. 다른 남자, 다른 여자와 놀아나다 집을 나가기도 한다. 아녀자는 외간 남자와 정(情)을 통하여 남편을 해치고 달아난다.

❖ **유시사**(流尸砂) : 물에 빠져 떠내려가는 시체와 같은 형태의 산으로써 정면으로 보이거나 수로에 있으면 물에 빠져 죽거나 객사한다.

❖ **유식**(侑食) : 제사지낼 때에 삼헌작(三獻酌)과 상시(上匙)한 후에 제관(祭官)이 문 밖에 나와 문을 닫고 약 10분가량 기다리는 의식.

❖ **유신**(流神) : 물이 흘러나감을 말함.

❖ **유신**(有神) : 신이 있다는 말. 지리를 맡고 있는 신.

❖ **유신주기**(流神注氣) : 분금으로 제살(制殺)하는 법. 오수(午水)가 겸병(兼丙)하거나 또는 인오술(寅午戌) 3방수(三方水) 또는 을진수(乙辰水)는 음국을 파(破)하게 되어 주로 화재가 있으며, 인오술(寅午戌) 화왕(火旺) 연월(年月)에 응험한다. 그러므로 금정(金井) 중에 화(火)의 사궁(死宮)인 태금기(兌金氣)를 많이 넣어 해수(亥水)를 생하든가 또는 해(亥) 수기(水氣)를 주입하여 병오(丙午)의 화기(火氣)를 공제한다.

❖ **유심**(留心) : 마음에 둠. 유의함. 유심히 사방을 돌아보고 천천히 걸음으로 거듭 오르며 산수는 오직 그 오고 감의 완급이 같을 수 없기 때문에 혈지(穴地)를 보는 법이 필수적임. 유심히 사방을 돌아보고 먼저 내룡(來龍)을 살핀 다음 혈정(穴情)을 살피고, 다시 좌우전후와 당국사수(堂局沙水)를 살펴보아야 한다. 또한 천천히 늦은 걸음으로 자세히 보고 신중히 거듭 올라 다시 측정하라는 말.

❖ **유양**(流羊) : 유년태세를 기준하여 정해지는 양인궁(羊刃宮).

갑년(甲年) : 묘(卯)	을년(乙年) : 진(辰)
병년(丙年) : 오(午)	정년(丁年) : 미(未)
무년(戊年) : 오(午)	기년(己年) : 미(未)
경년(庚年) : 유(酉)	신년(辛年) : 술(戌)
임년(壬年) : 자(子)	계년(癸年) : 축(丑)

태세가 무진년(戊辰年)이라면 오(午) 자리가 유양(流羊)이다.

❖ **유어**(游魚) : 물 속에서 헤엄치는 물고기의 형국. 혈은 물고기의 눈에 있고, 안산은 이 물고기가 잡아먹는 작은 물고기, 혹은 그물이다.

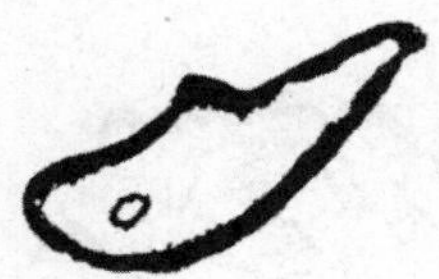

❖ **유어농파형**(遊魚弄波形) : 물고기가 파도를 타며 한가롭게 즐기고 있는 모습과 흡사한 형국. 혈은 물고기의 눈이나 입 부분에 있고, 안산은 작은 물고기나 그물 물결처럼 생긴 야산이다. 혈 앞에는 냇가나 파도가 치는 바다, 호수가 있다.

❖ **유영무송**(有迎無送) : 맞이하는 영만 있고, 보내는 송이 없는 것으로, 영이 튼튼하고 길어서 과협을 감싸주는 형상이면 길하다.

❖ **유유**(纍纍) : 계속 연이어진 모습.

❖ **유유**(流有) : 형세가 한쪽으로 흘러서 거두어들임이 없는 모양.

❖ **유아를 잠을 재웠을 때 저쪽으로 굴러가 잠을 자고 있다면** : 어머니가 2~3세 되는 유아를 잠을 재운다. 그러면 아이가 저쪽으로 굴러가 잠을 자고 있다. 이것은 수맥(水脈), 전자파(電磁波) 때문이다. 그래서 옛날 홍역을 치르다가 죽은 아이가 많았다. 또한 소아마비의 불치병이 걸린 아이도 90%가 수맥전자파 때문이라고 한다. 수맥파는 어린이에게 민감하다.

❖ **유일**(柔日) : 유일 6갑(六甲)의 10간중에서 을(乙), 정(丁), 기(己), 신(辛), 계(癸)의 날. 쌍일(雙日).

❖ **유입수**(酉入首) : 혈 바로 뒤의 용맥(龍脈)이 유방(酉方)에서 묘방(卯方)을 향해 뻗어온 것.

❖ **유자파**(酉子破) : 육파(六破)의 하나로 유(酉)와 자(子)는 서로 파(破)한다.

❖ **유장혈**(乳長穴) : 젖가슴 형태가 매우 곧고 긴 혈. 너무 길기 때문에 양 옆의 두둑한 언덕이 젖가슴을 감싸주지 못하고 대신 물이나 다른 산줄기가 보호해 준다.

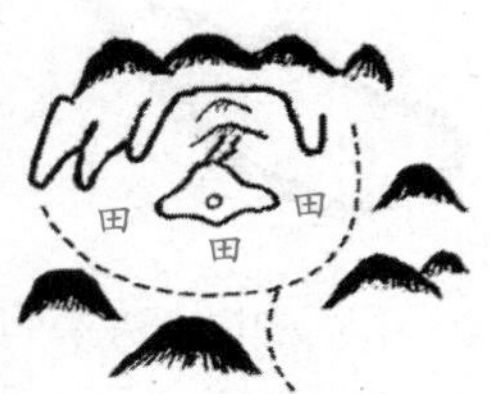

❖ **유재방**(流財方) : 세지흉신방(歲支凶神方)의 하나. 건물을 짓거나 수리하거나 흙을 다루는데 있어 이 방위를 범하면 토지와 재물의 손해가 있고 어린 식구에게 액이 미친다고 한다.

子年 : 乾戌方　丑年 : 未申方　寅年 : 子丑方

卯年 : 子丑方　辰年 : 子丑方　巳年 : 乾戌方

午年 : 乾戌方　未年 : 乾戌方　申年 : 子丑方

酉年 : 未申方　戌年 : 未申方　亥年 : 未申方

태세가 자년(子年)이면 건방(乾方), 술방(戌方) 두 방위가 유재방(流財方)이 된다.

❖ **유정룡**(酉正龍) : 자오묘유(子午卯酉)를 4정(四正)이라 하는데 유룡(酉龍)을 유정룡(酉正龍)이라고도 한다.

❖ **유좌**(酉坐) : 24좌(坐)의 하나. 묘나 건물 등이 유방(酉方) 즉 정유방(正酉方)을 등지고 묘방(卯方)을 향한 것. 유좌(酉坐)를 태좌(兌坐)라고도 한다. 유(酉)는 오행으로는 금(金)에 속하며, 차천(此釧)금에 해당하며 성기물(成器物)에 해당한다. 유좌(酉坐)는 고원지(高原地)는 불미하며 전장(田葬) 또는 비산비야(非山非野)에 정하는 것이 좋으며, 동네 근처에 정하여도 무방하다. 유좌(酉坐)는 사오정(巳午丁)에 입수(入首)하여 놓으면 당대에 멸망하고, 간임계(艮壬癸) 내룡(來龍)에 정좌(定坐)하면 당대에 크게 발복(發福)한다. 동물은 닭에 해당하며 닭은 발로 헤쳐내어 사(砂)는 버리고 곡식만 탐하는 것으로 혈전(穴前)이 너무 넓으면 다 새어 버리니 유의하여야 한다.

❖ **유준**(有準) : 표준된 법이 있음.

❖ **유추**(類推) : 유형에 따라 추리함.

❖ **유타**(流陀) : 유년태세를 기준하여 정해지는 타라궁(陀羅宮).

갑년(甲年) : 축(丑)　을년(乙年) : 인(寅)

병년(丙年) : 진(辰)　정년(丁年) : 사(巳)

무년(戊年) : 진(辰)　기년(己年) : 사(巳)

경년(庚年) : 미(未)　신년(辛年) : 신(申)

임년(壬年) : 술(戌)　계년(癸年) : 해(亥)

무진년(戊辰年)이라면 진(辰) 자리에 타라(陀羅)가 위치한다.

❖ **유택**(幽宅) : 죽은 사람의 집이란 뜻으로 무덤을 가리키는 말.

❖ **유택을 선정 할 때 사면이 아늑한 곳을 찾아라** : 사면(四面)이 아늑하면 바람을 피할 수 있고 태양이 밝게 드리워 따뜻하고 물이 침범하지 않으며 잔디가 잘 사는 땅을 선택하여 부모님 유택(幽宅)을 정하여 모셨을 때 분명한 효행의 길중(吉中)에도 가장 큰 효행일 것이다.

❖ **유학**(幼學) : 사대부의 자손으로서 벼슬하지 아니한 선비.

❖ **유혈**(乳穴) : 사람 몸으로 치면 여자의 젖가슴에 해당되는 혈. 똑같이 생긴 젖가슴 형태가 둘이 있으면, 둘 모두 진혈이다. 이 경우엔 두 혈 모두에 묘를 써야 크게 발복(發福)한다. 한쪽만 쓰게 되면 여기에 서린 좋은 기운이 남김없이 활짝 피어나기가 어렵다. 고산과 평지를 막론하고 모두 있다. 유혈은 두 가지 체(體)가 있는데, 그 하나는 혈 양쪽으로 두 팔을 벌려 껴안은 것이고 또 하나는 두 팔을 벌렸으나 껴안지 않은 형이다. 특히 이 혈은 단정함을 요함으로 어느 한쪽이 결함되거나 패이거나 지저분하게 늘어지면 좋지 않다. 유혈에는 장유(長乳), 단유(短乳), 대유(大乳), 소유(小乳), 쌍수유(雙垂乳), 3수유(三垂乳)의 6격이 있다. 6격이 모두 구부리고(府) 우러러보는(昻) 형상이 있는 바, 구부린 혈 아래에 내려 재혈하고 우러러보는 혈은 약간 올려 재혈해야 한다. 이러한 형(形)에는 뒤의 용이 길하고 입수가 분명하여 성신(星辰)이 아름다우면 귀격(貴格)이다.

• **장유**(長乳) : 유(乳)가 긴 혈이다. 너무 길면 맥의 생기가 살지

않아 소용이 없다. 대개 이러한 혈 상·중·하 세 곳에 안장하는 예가 많은데 완연히 평탄한 곳을 취하여 전후좌우 형세의 유무정(有無情)을 살펴 혈을 정해야지 혈장도 없는 경사지고 단단한 곳을 파내어 억지로 혈의 모양을 보기 좋게 만들려 해서는 소용없다. 이 혈은 두 다리가 안으로 바르게 싸이고 경사가 완만하고 단정해야만 길격이다. 길고 단단하고 거칠고 경사가 심하거나 가슴이 솟고 부스럼 딱지 같고 던져버린 죽통처럼 생긴 유(乳)는 진혈(眞穴)이 아니다.

- **단유**(短乳) : 유(乳)가 짧은 것으로, 너무 짧으면 힘이 적고 기운이 약하여 쓸모가 없다. 약간 짧더라도 계수(界水)가 갈라져 나간 물들이 분명하면 무방하다. 유가 너무 짧거나 경사가 심하거나 단단하거나 부스럼 딱지 같거나 계수가 분명치 않으면 유의 형상을 갖추었더라도 진혈(眞穴)이 아니다.
- **대유**(大乳) : 유가 특별히 큰 것인데, 너무 크면 자연 거칠거나 완만하거나 단정하지 못하여 불가하다.
- **소유**(小乳) : 유가 특히 작은 것을 말한다. 유가 너무 작으면 역량이 부족하고 기운이 약하여 불길하다. 유가 작은데다가 좌우의 형세가 웅장하여 혈을 누르는 듯 하면 더욱 불가하다.
- **쌍수유**(雙垂乳) : 한 혈장에 유(乳)가 두 개 있는 것인데, 크기와 길이가 고르면 모두 진혈이다. 만일 하나는 크고 하나는 작거나, 하나는 긴데 하나는 짧거나, 하나는 살찌고 하나는 여위고, 하나는 경사지고 하나는 단정한 것 등을 그 두 개의 유 가운데서 바르고 아름다운 것만 취해야 한다.
- **삼수유**(三垂乳) : 세 개의 유가 가지런히 있는 것을 말한다. 이 삼수유도 세 개의 유가 크기와 길이가 여위고 살찐 것이 비슷하면 모두 취할 수 있으나 그렇지 못하면 그 단정하고 아름다운 것만 취한다. 그리고 이 삼수유는 생기가 세 군데로 나뉘기 때문에 반드시 혈 뒤의 용기(龍氣)가 왕성해야지 미약하면 유는 단정해도 기운이 약하여 점혈(占穴)을 못한다.

❖ **유혈**(乳穴)**은 평지나 높은산 모두에 있다** : 유혈은 평지나 높은 산 모두에 있어 가장 많은 혈이다. 약간 볼록하게 돌출되어 있으므로 바람으로부터 노출되어 있다. 따라서 혈주변의 보호사가 조밀하게 감싸주고 있어야 한다. 유혈에는 선익의 형태에 따라 유회격(紐會格)과 불유회격(不紐會格) 두 가지가 있다. 유회격은 선익이 두 팔을 벌려 혈을 껴안은 형태이고, 불유회격은 선익이 좌우로 벌렸으나 혈을 껴안지 못한 팔자 모양이다.

❖ **유혈의 전형적인 모습**

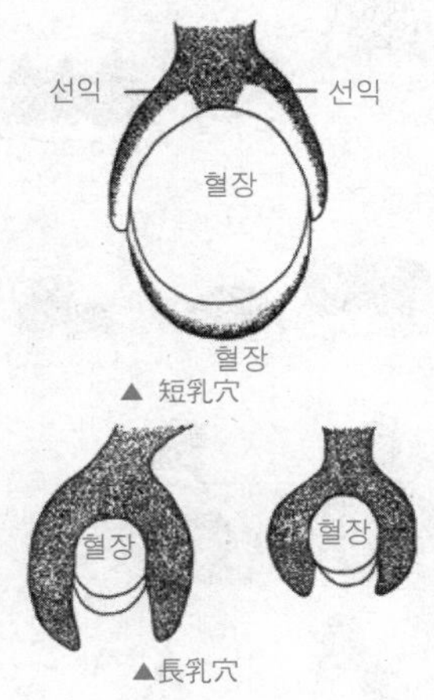

▲ 短乳穴

▲長乳穴

❖ **유형**(乳形) : 여자의 젖꼭지와 같은 형. 9성9변에서는 현유가 되며 사상에서는 소음(少陰)이 된다. 혈성이 양비(兩臂)를 벌리고 그 중간에 여자의 젖꼭지와 같은 혈장이 생기는 형으로 높은 산에서나 평지에서 혈을 맺는다. 유형에는 6격이 있다. 장유(長乳)·단유(短乳)·대유(大乳)·소유(小乳)는 정격이 되고 쌍수유(雙垂乳)·삼수유(三垂乳)는 변격이 된다. 각격에는 또한 두 가지씩의 체가 있다. 그 하나는 좌우 두 팔이 완전하게 겹쳐지게 감싼 것과 다른 하나는 두 팔이 감싸기는 했지만 서로 겹치지 못한 것이다. 또한 각 체마다 부앙(俯仰)의 구별이 있으니 신부(身府)하면 살에 주의하고 면앙(面仰)하면 접맥(接脈)에 신경써야 하는 법이다. 유형에서 유의할 점은 바람을 꺼리므로 직맥살(直脈殺)이 닿지 않을 것과 젖꼭지는 정중하여야 진짜이므로 만약 유두 자체가 굽은 것이면 산각(山脚)일 뿐이고 정혈은 아니라는 점이다. 또 지나치게 짧아도 가짜이다.

❖ **유형제사도**(類型諸砂圖)

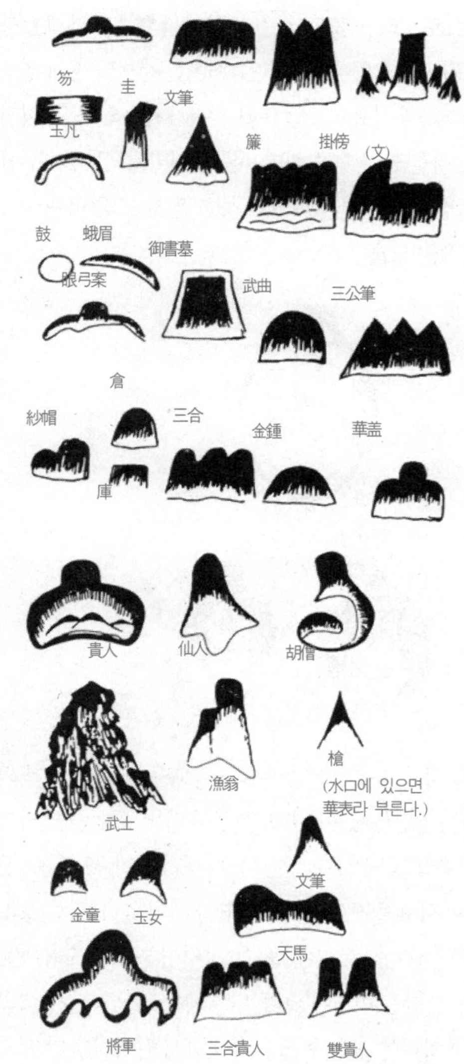

❖ **육갑부두법**(六甲符頭法) : 지리법 가운데 용에 육갑부두(六甲符頭)를 붙여 길흉을 참고하는 방법.

외반(外盤) : 격팔갑(隔八甲)

중반(中盤) : 선천갑(先天甲)

내반(內盤) : 후천갑(後天甲)

건곤간손(乾坤艮巽) : 외반(外盤)

사유축해묘미(巳酉丑亥卯未) : 선천룡(先天龍)

신자진인오술(申子辰寅午戌) : 후천룡(後天龍)

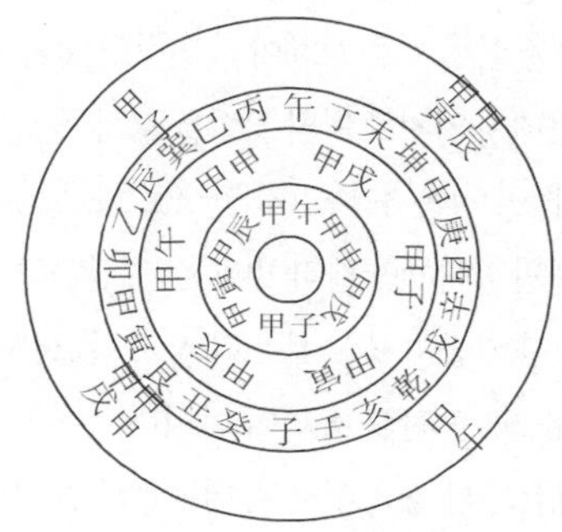

- 임자룡(壬子龍) 뒤에 건맥(乾脈)이 있으면 격팔 갑오(甲午)를 붙여 임자(壬子)에 경자(庚子)가 되고, 건맥(乾脈)이 없으면 후천갑자(後天甲子)를 붙여 임자(壬子)에 갑자(甲子)가 된다.
- 계자룡(癸子龍) 뒤에 간맥(艮脈)이 있으면 격팔 갑신(甲申)을 붙여 계자(癸子)에 무자(戊子)가 되고, 간맥(艮脈)이 없으면 후천갑자(後天甲子)를 붙여 자계(子癸)에 갑자(甲子)가 된다.
- 경유룡(庚酉龍) 뒤에 곤맥(坤脈)이 있으면 격팔 갑진(甲辰)이 부두가 되어 경유(庚酉)에 기유(己酉)가 되고, 곤맥(坤脈)이 없으면 선천갑자(先天甲子)가 부두가 되어 경유(庚酉)에 계유(癸酉)가 된다.
- 신유룡(辛酉龍) 뒤에 건맥(乾脈)이 있으면 격팔 갑오(甲午)를 부두로 하여 신유(辛酉)는 정유(丁酉)가 되고, 건맥(乾脈)이 없으면 갑자(甲子)를 붙여 신유(辛酉)는 계유(癸酉)로 된다.
- 병오룡(丙午龍) 뒤에 손맥(巽脈)이 있으면 격팔 갑자(甲子)를 부두로 하여 병오(丙午)는 경오(庚午)가 되고, 손맥(巽脈)이 없으면 후천갑오(後天甲午)를 기준하여 병오(丙午)는 갑오(甲午)가 된다.
- 정오룡(丁午龍) 뒤에 곤맥(坤脈)이 이 있으면 격팔 갑인(甲寅)이 부두가 되어 정오(丁午)가 무오(戊午)로 되고, 곤맥(坤脈)이 없으면 후천갑오(後天甲午)를 부두로 삼으니 정오(丁午)는 갑오(甲午)가 된다.
- 갑묘룡(甲卯龍) 뒤에 간맥(艮脈)이 있으면 격팔 갑술(甲戌)이 부두가 되니 갑오(甲午)는 기묘(己卯)가 되고, 간맥(艮脈)이 없으면 선천갑오(先天甲午)가 부두가 되어 갑묘(甲卯)는 계묘(癸

卯)가 된다.

- 을묘룡(乙卯龍) 뒤에 손맥(巽脈)이 있으면 격팔 갑자(甲子)를 붙여 을묘(乙卯)는 정묘(丁卯)가 되고, 손맥(巽脈)이 없으면 선천갑오(先天甲午)를 부두로 하여 을묘(乙卯)는 계묘룡(癸卯龍)이 된다. 이와 같이 하여 가령 갑자룡(甲子龍)이면 갑(甲)의 성질이, 병자룡(丙子龍)이면 병(丙)의 성질이, 무자룡(戊子龍)이면 무(戊)의 성질이, 경자룡(庚子龍)이면 경(庚)의 성질이, 임자룡(壬子龍)이면 임(壬)의 성질이 있다고 한다.

❖ **육건수**(六建水) : 좌향에 상관없이 다음 방위로 물이 득수하거나 지호수가 있으면 길하다.

六建水	天建水	地建水	人建水	財建水	祿建水	馬建水
方位	亥	艮	丁	卯	巽	丙
發福	得官長壽	得財致富	子孫繁昌	財物豊足	丁財發旺	車馬繁榮

❖ **육경**(六庚) : 천간이 경(庚)으로 된 것. 즉 경오(庚午), 경진(庚辰), 경인(庚寅), 경자(庚子), 경술(庚戌), 경신(庚申)을 합칭해 부르는 것.

❖ **육경년**(六庚年) : 천간이 경(庚)으로 된 해. 즉 경오(庚午), 경진(庚辰), 경인(庚寅), 경자(庚子), 경술(庚戌), 경신(庚申).

❖ **육경년생**(六庚年生) : 천간이 경(庚)으로 된 해에 출생한 사람.

❖ **육경시**(六庚時) : 경오(庚午), 경진(庚辰), 경인(庚寅), 경자(庚子), 경술(庚戌), 경신시(庚申時)를 합칭해 부르는 말.

❖ **육경시생**(六庚時生) : 천간이 경(庚)으로 된 시간에 출생한 사람.

❖ **육경일**(六庚日) : 일간(日干)이 경(庚)으로 된 날.

❖ **육경일생**(六庚日生) : 일간이 경(庚)으로 된 날에 출생한 사람.

❖ **육계**(六癸) : 천간이 계(癸)로 된 것. 즉 계유(癸酉), 계미(癸未), 계사(癸巳), 계묘(癸卯), 계축(癸丑), 계해(癸亥)의 여섯 계(癸)로 된 간지의 합칭.

❖ **육계**(六戒) : 지리법에 6가지 주의하여 장사지낼 수 없는 땅에 대한 것으로 요금정(寥金精)이 말한 내용이다.

- **첫째** : 거수지(去水地)에 하장(下葬)하지 말라. 이곳에 하장하면 가계가 패망한다.
- **둘째** : 칼등 같은 용맥에는 하장(下葬)하지 말라. 그 피해가 지관(地官)에게 미친다.
- **셋째** : 요풍혈(凹風穴)에는 하장(下葬)하지 말라. 인정(人丁)이 절명(絶命)되기 때문이다.
- **넷째** : 안산(案山)이 없는 곳은 하장(下葬)하지 말라. 반드시 의식이 걱정되기 때문이다.
- **다섯째** : 명당의 재혈시(裁穴時) 오차를 두렵게 생각하라. 이는 반드시 가업을 파(破)하리라.
- **여섯째** : 청룡·백호 없는 곳에 하장(下葬)하지 말라. 재산이 줄고 인구가 줄 것이다.

❖ **육계년**(六癸年) : 태세의 천간이 계(癸)로 구성된 해.

❖ **육계년생**(六癸年生) : 천간이 계(癸)로 된 해에 출생한 사람.

❖ **육계시**(六癸時) : 계유(癸酉), 계미(癸未), 계사(癸巳), 계묘(癸卯), 계축(癸丑), 계해(癸亥)의 6가지 계(癸)로 된 시간.

❖ **육계시생**(六癸時生) : 천간이 계(癸)로 된 시간에 출생한 사람.

❖ **육계일**(六癸日) : 계유(癸酉), 계미(癸未), 계사(癸巳), 계묘(癸卯), 계해일(癸亥日). 즉 일간이 계(癸)로 된 날.

❖ **육곡구수**(六谷九水) : 여러 골짜기 물이 명당 앞에 합쳐 모이면 대부지지(大富之地)라 한다. 그러므로 부(富)를 구하는데는 우선 여러 골짜기에서 많은 물이 모여 합하는 곳을 힘써 찾아야 한다. 또한 동쪽, 서쪽 물이 맑으면 여가 귀하고 남쪽, 북쪽 물이 많고 맑으면 무관이라 한다. 그러므로 수미제원(秀美才媛)의 귀한 딸을 얻는데는 맑고 깨끗한 청정수가 동서 방위에서 득수를 얻으면 미인 여자가 벼슬을 얻는다 하고, 남북 방위에서 득수를 얻으면 남자 자손이 무관으로 벼슬을 얻는다고 한다.

❖ **육곡수**(六曲水)**가 모여 합하면** : 구불구불한 물이 합쳐 역수(逆水)가 되면 가히 부자(富者)를 기약 할 수 있다. 장구(長久)한 발복(發福)에는 수전(水纏), 현무(玄武 : 물이 뒤로 감싸는 것)라 했다.

❖ **육기** : 일기(一氣)는 갑자부터 계유까지 천간 10위, 이기(二氣)는 갑술부터 계미까지 천간 10위, 삼기(三氣)는 갑신부터 계사까지 천간 10위, 사기(四氣)는 갑오부터 계묘까지 천간 10위, 오기(五氣)는 갑진부터 계축까지 천간 10위, 육기(六氣)는 갑인부터 계해까지 천간 10위. 육기는 천간이 주재하고 천성(天星)을 판별하는 것으로 분금(分金)과 태골(胎骨 : 소조산에서 입수산으로 들어오는 기)에 이용된다.

❖ **육례**(六禮)

① 인륜(人倫)의 대례(大禮) 곧 관(冠), 혼(婚), 상(喪), 제(祭), 향음주(鄕飮酒), 상견(相見)의 총칭.

② 혼인의 대례 곧 납채(納采), 문명(問名) 납길(納吉), 납폐(納幣), 청기(請期), 친영(親迎)의 총칭.

❖ **육부**(六府) : 지리법에서의 육부(六府)는 태양(太陽)·태음(太陰)·월패(月孛)·자기(紫氣)·계도(計都)·나후(羅睺)이니 이를 육요(六曜) 또는 삼태(三台)라고도 한다. 높고 큰 산 위의 편편한 곳에 오성형(五星形)을 띤 작은 봉우리가 솟으면 이에 해당하는데, 매우 귀격이지만 찾기가 어렵다. 즉 큰 산 위에 다시 솟은 봉우리의 모양이 약간 낮고 기울어진 금형(金形)이면 태음, 높은 금형(金形)은 태양, 목형(木形)이면 자기, 수형(水形)이면 월패, 화형(火形)이면 나후, 토형(土形)이면 계도라 한다.

❖ **육수**(六獸) : 청룡(青龍)·주작(朱雀)·구진(句陳)·등사(螣蛇)·백호(白虎)·현무(玄武)의 오방신장(五方神將)이다. 즉 갑을(甲乙)은 동방 청룡, 병정(丙丁)은 남방 주작, 무기(戊己)는 중앙 구진과 등사, 경신(庚辛)은 서방 백호, 임계(壬癸)는 북방 현무가 사령(司令)하였다. 또 갑을일(甲乙一)은 청룡, 병정일(丙丁日)은 주작, 무일(戊日)은 구진, 기일(己日)은 등사, 경신일(庚辛日)은 백호, 임계일(壬癸日)은 현무가 사령한다.

❖ **육수방**(六秀方) : 지리법에 간(艮)·병(丙)·손(巽)·신(辛)·태(兌)·정(丁)의 여섯 방위를 말함. 이곳에 모두 높은 산이 있으면 귀인이 천거하여 부귀를 얻는다고 한다. 의는 간(艮)이 병(丙)을 천거하고, 손(巽)이 신(辛)을 천거하고, 유(兌)가 정(丁)을 천거한다.

❖ **육신봉**(六神峯) : 본좌(本坐: 시신을 묻어야 하는 곳)를 목(木)으로 가정하여 육신에 비유하여 본다. 해·임·자·계(亥·壬·子·癸)봉은 아생봉(我生峯)이니, 곧 날 낳으신 부모 봉으로 이 산이 수려하면 충신 효자와 부귀가 양전(兩全)한다. 이 봉이 석산(石山)으로 험준하며 검은 빛을 띄면 대대로 고아가 된다. 갑·인·을·묘·손(甲·寅·乙·卯·巽)봉은 동기봉(同氣峯)이니 곧 형제 친구봉으로 이 봉(峯)이 수려하고 아름다우면 다재다예(多才多藝)한 자손과 국가에 명성을 떨친다. 이 봉이 험상하거나 칼날 같으면 원수가 생긴다. 사·병·오·정(巳·丙·午·丁)봉은 내가 다른이를 생조(生助)로 곧 설기봉(洩氣峯)이다. 이 봉은 나에 공력(功力)을 소비하니 자손이 질병이 많고 우애가 없으며, 대 끊기기 쉽다. 이 봉이 조복형이면 부하를 많이 거느리는 두목이 나온다. 경·신·신·유·건(庚·辛·申·酉·乾) 봉은 극아봉(剋我峯)이니 재살봉(災殺峯)으로 이 산이 위압(威壓)하면 부녀가 사통(私通)하고 부자가 불목(不睦)하며, 수형(受刑)을 받는 사람이 많이 나온다. 이 봉이 순(順)하여 조복하면 높은 관직을 받는 자손이 출생한다. 진·술·축·미·곤·간(辰·戌·丑·未·坤·艮)봉은 아극봉(我剋峯)이니 처재봉(妻財峯)으로 이 봉이 수려하면 노비전답이 구산(九山) 같고, 상업, 공업 등 모든 면에서 성공하며, 자손이 부귀를 얻는다. 이 봉이 딱딱하고 험상하면 과부나 악처가 생긴다.

❖ **육신오행**(六身五行) : 24산(山)을 6등분한 것으로 행룡(行龍)을 보는데 참고하면 된다.

건해(乾亥), 갑묘(甲卯), 정미(丁未) : 목(木)
간인(艮寅), 병오(丙午), 신술(辛戌) : 화(火)
곤신(坤申), 임자(壬子), 을진(乙辰) : 수(水)
손사(巽巳), 경유(庚酉), 계축(癸丑) : 금(金)

❖ **육십갑자**(六十甲子) : 천간(天干)의 첫 자(字)인 갑(甲)과 지지(支地)의 첫 자(字)인 자(子)로부터 순서대로 맞추어 나가는 것인데, 천간(天干)은 10자(字)이고 지지(支地)는 12자(字)이므로 천간(天干) 끝 자(字)인 계(癸)와 지지(支地)의 끝 자(字)인 해(亥)가 60번째에서 맞는다 해서 60갑자라 한다.

갑자(甲子) 을축(乙丑) 병인(丙寅) 정묘(丁卯)
무진(戊辰) 기사(己巳) 경오(庚午) 신미(辛未)
임신(壬申) 계유(癸酉) 갑술(甲戌) 을해(乙亥)
병자(丙子) 정축(丁丑) 무인(戊寅) 기묘(己卯)
경진(庚辰) 신사(辛巳) 임오(壬午) 계미(癸未)
갑신(甲申) 을유(乙酉) 병술(丙戌) 정해(丁亥)
무자(戊子) 기축(己丑) 경인(庚寅) 신묘(申卯)
임진(壬辰) 계사(癸巳) 갑오(甲午) 을미(乙未)
병신(丙申) 정유(丁酉) 무술(戊戌) 기해(己亥)
경자(庚子) 신축(辛丑) 임인(壬寅) 계묘(癸卯)
갑진(甲辰) 을사(乙巳) 병오(丙午) 정미(丁未)

무신(戊申) 기유(己酉) 경술(庚戌) 신해(辛亥)

임자(壬子) 계축(癸丑) 갑인(甲寅) 을묘(乙卯)

병진(丙辰) 정사(丁巳) 무오(戊午) 기미(己未)

경신(庚申) 신유(辛酉) 임술(壬戌) 계해(癸亥)

❖ **육십갑자 병납음**(六十甲子 幷納音) : 육십갑자에는 각기 오행(五行)이 매겨져 있는데 이를 납음오행(納音五行)이라고 한다.

갑자(甲子) 을축(乙축) : 해중금(海中金)

병인(丙寅) 정묘(丁卯) : 노중화(爐中火)

무진(戊辰) 기사(己巳) : 대림목(大林木)

경오(庚五) 신미(辛未) : 노방토(路旁土)

임신(壬申) 계유(癸酉) : 검봉금(劒鋒金)

갑술(甲戌) 을해(乙海) : 산두화(山頭火)

병자(丙子) 정축(丁丑) : 간하수(澗下水)

무인(戊寅) 기묘(己卯) : 성두토(城頭土)

경진(庚辰) 신사(辛巳) : 백납금(白鑞金)

임오(壬午) 계미(癸未) : 양류목(楊流木)

갑신(甲申) 을유(乙酉) : 천중수(泉中水)

병술(丙戌) 정해(丁亥) : 옥상토(屋上土)

무자(戊子) 기축(己丑) : 벽력화(霹靂火)

경인(庚寅) 신묘(辛卯) : 송백목(松栢木)

임진(壬辰) 계사(癸巳) : 장류수(長流水)

갑오(甲午) 을미(乙未) : 사중금(沙中金)

병신(丙申) 정유(丁酉) : 산하화(山下火)

무술(戊戌) 기해(己亥) : 평지목(平地木)

경자(庚子) 신축(辛丑) : 벽상토(壁上土)

임인(壬寅) 계묘(癸卯) : 금박금(金箔金)

갑진(甲辰) 을사(乙巳) : 복등화(覆燈火)

병오(丙午) 정미(丁未) : 천하수(天河水)

무신(戊申) 기유(己酉) : 대역토(大驛土)

경술(庚戌) 신해(辛亥) : 차천금(釵釧金)

임자(壬子) 계축(癸丑) : 상자목(桑柘木)

갑인(甲寅) 을묘(乙卯) : 대계수(大溪水)

병진(丙辰) 정사(丁巳) : 사중토(沙中土)

무오(戊午) 기미(己未) : 천상화(天上火)

경신(庚申) 신유(辛酉) : 석류목(石榴木)

임술(壬戌) 계해(癸亥) : 대해수(大海水)

❖ **육십갑자 정혈분금**(六十甲子 定穴分金)

▎**갑자명(甲子命)(망자)의 본명을 기준하여 분금을 정한다** : 갑자명은 갑자(甲子), 을축(乙丑), 해중금(海中金)하니 갑자명은 금좌(金坐)가 된다.

- **축산**(丑山) : 정축분금(丁丑分金), 정축 간하수(澗下水)하니 상생부지(相生不止)가 된다.
- **간산**(艮山) : 정축분금(丁丑分金), 역시 간하수의 귀혈이다.
- **간산**(艮山) : 신축분금(辛丑分金), 벽상토(壁上土)는 재문(財門)이니 귀혈이다.
- **인산**(寅山) : 경인분금(庚寅分金), 송백목(松栢木)은 분혈이다.
- **진산**(辰山) : 병진분금(丙辰分金), 사중토(沙中土)는 토생기재혈(土生氣財穴)이다.
- **진산**(辰山) : 경진분금(庚辰分金), 백납금(白鑞金)은 변화지니 귀혈이다.
- **손산**(巽山) : 병진분금(丙辰分金), 사중토(沙中土)는 중토(重土)하니 부귀혈이다.
- **유산**(酉山) : 신유분금(辛酉分金), 석류목(石榴木)의 재보혈이다.
- **곤산**(坤山) : 신축분금(辛丑分金), 노방토(路傍土)는 쌍합토(雙合土)이니 보배혈이다.
- **술산**(戌山) : 병술분금(丙戌分金), 옥상토(屋上土)는 만화무궁(萬化無窮)혈이다.
- **건산**(乾山) : 경술분금(庚戌分金), 차천금(釵釧金)은 변화무쌍한 혈이다.

▎**을축명**(乙丑命) : 을축명 역시 금좌(金坐)가 된다.

- **자산**(子山) : 병자분금(丙子分金), 간하수(澗下水)는 수토상부(水土相扶)의 귀혈이다.
- **곤산**(坤山) : 경미분금(庚未分金), 노방토(路傍土)는 토의 생기혈이니 귀혈이다.
- **경산**(庚山) : 경신분금(庚申分金), 석류목(石榴木)은 목재이

혈(木財利穴)이니 보혈이다.

- **유산**(酉山) : 신유분금(辛酉分金), 석류목은 음간(陰肝) 상대목이니 부귀혈이다.
- **신산**(辛山) : 신유분금(辛酉分金), 석류목은 양금 목재하니 진혈이다.
- **건산**(乾山) : 경술분금(庚戌分金), 차천금(釵釧金)은 금의화전(錦衣化錢)혈이니 부귀혈이다.
- **해산**(亥山) : 정해분금(丁亥分金), 옥상토(屋上土)는 토의 상생처니 역시 금좌 부혈이다.

▌**병인명**(丙寅命) : 병인명은 병인정묘, 노중화(爐中火)하니 병인명은 화좌(火坐)가 된다.

- **묘산**(卯山) : 정묘분금(丁卯分金), 노중화(爐中火)는 화중화(火中火)하니 길창혈이다.
- **진산**(辰山) : 병진분금(丙辰分金), 사중토(沙中土)는 화토(火土) 상생하니 보혈이다.
- **진산**(辰山) : 경진분금(庚辰分金), 백납금(白鑞金)은 금재(金財)니 칠보(七寶)혈이다.
- **병산**(丙山) : 정사분금(丁巳分金), 사중토(沙中土)는 화토불이(不離)하니 최고혈이다.
- **병산**(丙山) : 신사분금(辛巳分金), 백납금(白鑞金)은 재혈이니 부혈이다.
- **정산**(丁山) : 경오분금(庚午分金), 노방토(路傍土)는 화생토의 토 상생혈이니 귀혈이다.
- **유산**(酉山) : 신유분금(辛酉分金), 석류목(石榴木)은 목생(木生)이니 왕부(旺富)혈이다. 귀혈이다.
- **술산**(戌山) : 병술분금(丙戌分金), 옥상토(屋上土)는 토의 상생처니 귀혈이다.
- **손산**(巽山) : 병진분금(丙辰分金), 사중토(沙中土)는 상생상부(相生相扶)혈이니 귀혈이다.

▌**정묘명**(正卯命) : 정묘명(正卯命)은 병인 정묘 노중화 하니 이 역시 병인좌와 같이 화좌(火坐)가 된다.

- **간산**(艮山) : 신축분금(辛丑分金), 벽상토(壁上土)는 토화가 상생부지(相生不止)이니 귀혈이다.
- **진산**(辰山) : 병진분금(丙辰分金), 사중토(沙中土)는 분금되니 토의 상부(相扶)라야 귀혈이다.
- **진산**(辰山) : 경진분금(庚辰分金), 백납금(白鑞金)은 재리 부귀혈이니 부혈이다.
- **손산**(巽山) : 병진분금(丙辰分金), 사중토(沙中土)는 포용혈이니 귀혈이다.
- **손산**(巽山) : 경진분금(庚辰分金), 백납금(白鑞金)은 귀혈이니 부귀혈이다.
- **사산**(巳山) : 정사분금(丁巳分金), 사중토는 음사(陰巳)가 강합이니 귀혈이다.
- **건산**(乾山) : 경술분금(庚戌分金), 차천금(釵釧金)은 명리(名利) 쌍전혈이니 부귀혈이다.

▌**무진명**(戊辰命) : 무진명(戊辰命)은 무진 기사(戊辰 己巳) 대림목(大林木)하니 무진명은 목좌(木坐)가 된다.

- **자산**(子山) : 병자분금(丙子分金), 간하수(澗下水)는 수생(水生) 보혈(寶血)이니 부귀혈이다.
- **계산**(癸山) : 병자분금(丙子分金), 간하수(澗下水)는 부귀수생(富貴水生)이니 귀혈이다.
- **계산**(癸山) : 경자분금(庚子分金), 벽상토(壁上土)는 토재(土財) 이귀혈(利貴穴)이니 귀혈이다.
- **축산**(丑山) : 정축분금(丁丑分金), 간하수(澗下水)는 수생목(水生木)하니 귀혈이다.
- **간산**(艮山) : 정축분금(丁丑分金), 간하수(澗下水)는 수생 부귀혈이니 진혈이다.
- **간산**(艮山) : 신축분금(辛丑分金), 벽상토(壁上土)는 토재이혈(土財利穴)이니 부귀혈이다.
- **인산**(寅山) : 병인분금(丙寅分金), 노중화(爐中火)는 화와 상생 관계이니 진혈이다.
- **인산**(寅山) : 경인분금(庚寅分金), 송백목(松柏木)은 목(木)과 동등한 힘의 협력이니 진혈이다.
- **묘산**(卯山) : 정묘분금(丁卯分金), 노중화(爐中火)는 화와 상생하니 영락지(瓔珞地)이며 진혈이다.
- **곤산**(坤山) : 신미분금(辛未分金), 노방토(路傍土)는 토재(土

財) 이익혈이니 귀혈이다.

기사명(己巳命) : 기사명 역시 무진기사 대리목 하였으니 기사명도 목좌(木坐)이다.

- **자산**(子山) : 병자분금(丙子分金), 간하수(澗下水)는 수생성명혈(水生仙命穴)이니 귀혈이다.
- **축산**(丑山) : 정축분금(丁丑分金), 역시 간하수는 상부상조혈이니 진혈이다.
- **간산**(艮山) : 정축분금(丁丑分金), 수생(水生)은 왕혈(旺穴)이니 귀혈이다.
- **오산**(午山) : 병오분금(丙午分金), 천하수(天河水)는 조엽탐로(朝葉貪露)이니 귀혈이다.
- **미산**(未山) : 정미분금(丁未分金), 천하수(天河水)는 상생부귀(相生富貴)혈이니 귀혈이다.
- **곤산**(坤山) : 신미분금(辛未分金), 노방토(路傍土)는 토재(土財)니 부귀혈이다. 진혈이다.
- **축산**(丑山) : 병술분금(丙戌分金), 역시 토재 부귀혈이니 귀혈이다.
- **진산**(辰山) : 신해분금(辛亥分金), 작은 관(官)이니 고귀 혈이다.

경오명(庚午命) : 경오명(庚午命)은 경오신미(庚午 辛未)에 노방토(路傍土)이니 경오명은 토좌(土坐)가 된다.

- **간산**(艮山) : 신축분금(辛丑分金), 벽상토(壁上土)는 이중토(二重土)이니 곧 귀혈이다.
- **진산**(辰山) : 병진분금(丙辰分金), 사중토(沙中土) 역시 토중토(土中土)이니 권력의 혈이자 진혈이다.
- **진산**(辰山) : 경진분금(庚辰分金), 토금상생(土金相生)하니 이는 귀혈이다.
- **미산**(未山) : 정미분금(丁未分金), 천하수(天河水)는 수재(水財)에 속하여 대부귀혈이니 진혈이다.
- **곤산**(坤山) : 신미분금(辛未分金), 노방토(路傍土)는 본신명(本身命)과 동등하여 힘이 배가하니 진혈이다.
- **신산**(申山) : 병신분금(丙辛分金), 산하화(山下火)는 토와 상생력이 있어 화생력을 주니 진혈이다.
- **유산**(酉山) : 정유분금(丁酉分金), 산하와(山下火) 역시 상생상부(相生相扶)하니 귀혈이다.
- **술산**(戌山) : 병술분금(丙戌分金), 옥상토(屋上土)는 본신(本身)을 돕는 토이니 귀혈이다.

신미명(辛未命) : 신미명도 경오와 같이 노방토(路傍土)에 속하니 신미명도 토좌(土坐)이다.

- **자산**(子山) : 병자분금(丙子分金), 간하수(澗下水)는 수재(水財) 이익혈(利益穴)이니 귀혈이다.
- **간산**(艮山) : 신축분금(辛丑分金), 벽상토(壁上土)는 토의 왕화지(旺化地)이니 대길혈이다.
- **진산**(辰山) : 병진분금(丙辰分金), 사중토(沙中土)는 아군(我軍)이니 부격이다.
- **진산**(辰山) : 경진분금(庚辰分金), 백납금(白鑞金)은 상생상부(相生相扶)이니 길격이다.
- **사산**(巳山) : 정사분금(丁巳分金), 사중토(沙中土)는 중첩활력(重疊活力)이니 길혈이다.
- **오산**(午山) : 병오분금(丙午分金), 천하수(天河水)는 수재(水財)지처니 귀혈이다.
- **건산**(乾山) : 경술분금(庚戌分金), 차천금(釵釧金)은 금생상부(金生相扶)이니 진혈이다.
- **해산**(亥山) : 정해분금(丁亥分金), 옥상토(屋上土)는 토왕분이니 대길혈이다.
- **해산**(亥山) : 신해분금(辛亥分金), 차천금(釵釧金)은 상생상부(相生相扶)이니 대길처이다.

임신명(壬申命) : 임신명은 임신(壬申) 계유(癸酉) 검봉금(劒鋒金)하니 금좌(金坐)가 된다.

- **임산**(壬山) : 신해분금(辛亥分金), 차천금(釵釧金)은 상부(相扶)이니 부귀혈이다.
- **자산**(子山) : 병자분금(丙子分金), 간하수(澗下水)는 수의 상생지니 곧 귀혈이다.
- **계산**(癸山) : 병자분금(丙子分金), 역시 간하수의 귀혈이다.
- **축산**(丑山) : 정축분금(丁丑分金), 간하수(澗下水)는 수상생(水相生)이니 부혈이다.

- **간산**(艮山) : 정축분금(丁丑分金), 역시 간하수의 수생화(水生化)하니 귀혈이다.
- **진산**(辰山) : 병진분금(丙辰分金), 사중토(沙中土)는 생기처(生氣處)이니 진혈이다.
- **손산**(巽山) : 병진분금(丙辰分金), 역시 사중토의 음양상부(陰陽相扶)이니 대길혈이다.
- **유산**(酉山) : 신유분금(辛酉分金), 석류목(石榴木)은 목재이부(木財利富)혈이니 진혈이다.
- **술산**(戌山) : 병술분금(丙戌分金), 옥상토(屋上土)는 토생(土生) 부귀혈이니 진혈이다.
- **건산**(乾山) : 경술분금(庚戌分金), 차천금(釵釧金)은 형제혈이니 진혈이다.

▌계유명(癸酉命) : 계유명은 임신(壬申) 계유(癸酉) 검봉검(劒鋒金)이니 역시 금좌(金坐)가 된다.

- **자산**(子山) : 병자분금(丙子分金), 간하수(澗下水)는 수생(水生)혈이니 문귀(文貴)혈이다.
- **축산**(丑山) : 정축분금(丁丑分金), 역시 간하수이니 문수(文秀)혈이다.
- **간산**(艮山) : 정축분금(丁丑分金), 이 역시 간하수이니 귀혈이다.
- **손산**(巽山) : 경진분금(庚辰分金), 백납금(白鑞金)은 동기혈(同氣穴)이니 귀혈이다.
- **미산**(未山) : 정축분금(丁丑分金), 천하수(天河水)는 수생(水生) 화합혈이니 부귀혈이다.
- **곤산**(坤山) : 신미분금(辛未分金), 노방토(路傍土)는 수생(受牲) 왕대혈(旺大穴)이니 귀혈이다.
- **술산**(戌山) : 병술분금(丙戌分金), 옥상토(屋上土)는 상생이니 처리부혈이다.
- **건산**(乾山) : 경술분금(庚戌分金), 차천금(釵釧金)은 동화(同和)처이니 귀혈이다.
- **해산**(亥山) : 정해분금(丁亥分金), 옥상토(屋上土)는 수생(受生)이니 진혈이다.
- **해산**(亥山) : 신해분금(辛亥分金), 차천금(釵釧金)은 동기(同氣)혈이니 귀혈이다.

▌갑술명(甲戌命) : 갑술명은 갑술(甲戌) 을해(乙亥) 산두화(山頭火)하니 화좌(火坐)가 된다.

- **간산**(艮山) : 신축분금(辛丑分金), 벽상토(壁上土)는 왕상생지기이니 곧 보배혈이다.
- **인산**(寅山) : 병인분금(丙寅分金), 노중화(爐中火)는 화의 동기(同氣)이니 귀혈이다.
- **묘산**(卯山) : 정묘분금(丁卯分金), 노중화(爐中火)는 화왕(火旺)지니 대부격혈이다.
- **손산**(巽山) : 경진분금(庚辰分金), 백납금(白鑞金)은 금재(金財)가 보혈이니 진혈이다.
- **병산**(丙山) : 정사분금(丁巳分金), 사중토(沙中土)는 화토생하니 진귀혈이다.
- **병산**(丙山) : 신사분금(辛巳分金), 백납금(白鑞金)은 가보(家寶)만당혈이니 귀혈이다.
- **정산**(丁山) : 경오분금(庚午分金), 노방토(路傍土)는 토상생(土相生)이니 귀혈이다.
- **곤산**(坤山) : 신미분금(辛未分金), 노방토(路傍土)는 역시 상부(相扶)하니 부귀혈이다.
- **갑산**(甲山) : 병신분금(丙申分金), 산하화(山下火)는 화와 동기(同氣)격이니 거부혈이다.
- **유산**(酉山) : 정유분금(丁酉分金), 산하화(山下火) 역시 화왕(火旺)이니 길혈이다.
- **유산**(酉山) : 신유분금(辛酉分金), 석류목(石榴木)은 목생화왕(木生火旺)이니 진혈이다.

▌을해명(乙亥命) : 을해명은 갑술(甲戌) 을해(乙亥) 산두화(山頭火)하니 역시 화좌(火坐)이다.

- **간산**(艮山) : 신축분금(辛丑分金), 벽상토(壁上土)는 화생토이니 상생이라 귀혈이다.
- **갑산**(甲山) : 경인분금(庚寅分金), 송백목(松柏木)은 목생신왕(木生身旺)이니 대길혈이다.
- **묘산**(卯山) : 정묘분금(丁卯分金), 노중화(爐中火)는 화기(火氣) 승천하니 부혈이다.

- 묘산(卯山) : 신묘분금(辛卯分金), 송백목(松柏木)은 목생 화익(化益)이니 진혈이다.
- 진산(辰山) : 병진분금(丙辰分金), 사중토(沙中土)는 화토상생(火土相生)하여 대길혈이다.
- 진산(辰山) : 경진분금(庚辰分金), 백납금(白鑞金) 화극금(火剋金)은 금재(金財)이니 귀혈이다.
- 손산(巽山) : 병진분금(丙辰分金), 사중토(沙中土)는 토상생(土相生)이니 진혈이다.
- 곤산(坤山) : 신미분금(辛未分金), 노방토(路傍土)는 상부상생(相扶相生)이니 대길혈이다.
- 건산(乾山) : 경술분금(庚戌分金), 차천금(釵釧金)은 금재(金財)이니 부혈이다.

▌병자명(丙子命) : 병자명은 병자(丙子) 정축(丁丑) 간하수(澗河水)하니 수좌(水坐)가 된다.

- 인산(寅山) : 병인분금(丙寅分金), 노중화(爐中火)와 수극화(水剋火)는 화재(火財)이니 부혈이다.
- 인산(寅山) : 경인분금(庚寅分金), 송백목(松柏木)은 상생상부(相生相扶)이니 귀혈이다.
- 유산(酉山) : 정유분금(丁酉分金), 산하화(山下火)는 화재(火財)격이니 부귀혈이다.
- 유산(酉山) : 신유분금(辛酉分金), 석류목(石榴木)은 수목상생(水木相生)이니 진혈이다.
- 신산(申山) : 병신분금(丙申分金), 산하화(山下火)의 화(火)는 수(水)의 재(財)이니 부혈이다.

▌정축명(丁丑命) : 정축명은 병자(丙子) 정축(丁丑) 간하수(澗下水)이니 수좌(水坐)가 된다.

- 자산(子山) : 병자분금(丙子分金), 간하수(澗下水)는 동기(同氣)의 격이니 귀혈이다.
- 손산(巽山) : 경진분금(庚辰分金), 백납금(白鑞金)은 금생수(金生水)라 진혈이다.
- 경산(庚山) : 병신분금(丙申分金), 산하화(山下火)는 수(水)의 재(財)가 되니 부격이다.
- 경산(庚山) : 경신분금(庚申分金), 석류목(石榴木)은 상생상부(相生相扶)이니 진혈이다.
- 유산(酉山) : 정유분금(丁酉分金), 산하화(山下火)는 화재(火財)격이니 진혈이다.
- 유산(酉山) : 신유분금(辛酉分金), 석류목(石榴木)은 수의 상생(相生)을 받으니 귀격이다.
- 신산(辛山) : 정유분금(丁酉分金), 산하화(山下火)는 수(水)의 재(財)가 되니 부귀혈이다.
- 신산(辛山) : 신유분금(辛酉分金), 석류목은 수의 동생(同生)이니 귀혈이다.
- 건산(乾山) : 경술분금(庚戌分金), 차천금(釵釧金)은 금(金)의 생을 받으니 왕부(旺富) 부혈이다.
- 해산(亥山) : 신해분금(辛亥分金), 차천금(釵釧金)은 수왕(水旺)이니 귀혈이다.

▌무인명(戊寅命) : 무인명은 무인(戊寅) 기묘(己卯) 성두토(成頭土)이니 토좌(土坐)가 된다.

- 진산(辰山) : 병진분금(丙辰分金), 사중토(沙中土)는 토토조토(土土助土)하니 귀혈이다.
- 진산(辰山) : 경진분금(庚辰分金), 백납금(白鑞金)은 토생금(土生金)하니 진혈이다.
- 병산(丙山) : 정사분금(丁巳分金), 사중토(沙中土)는 토토가합이니 대부혈이다.
- 병산(丙山) : 신사분금(辛巳分金), 백납금(白鑞金)은 상생(相生)이니 귀혈이다.
- 오산(午山) : 병오분금(丙午分金), 천하수(天河水)는 수재(水財)이니 거부혈이다.
- 정산(丁山) : 병오분금(丙午分金), 천하수(天河水)는 역시 상재(相財)이니 진혈이다.
- 정산(丁山) : 경오분금(庚午分金), 노방토(路傍土)는 쌍토합이니 귀혈이다.
- 미산(未山) : 정미분금(丁未分金), 천하수(天河水)는 수재(水財)이니 대부혈이다.
- 유산(酉山) : 정유분금(丁酉分金), 산하화(山下火)는 동기(同氣)이니 천혈이다.

기묘명(己卯命) : 기묘명도 무인(戊寅) 기묘(己卯) 성두토(成頭土)이니 무인과 같은 토좌(土坐)이다.

- **자산**(子山) : 병자분금(丙子分金), 간하수(澗下水)의 수는 토재(土財)이니 귀혈이다.
- **축산**(丑山) : 정축분금(丁丑分金), 간하수는 수재(水財)에 속하니 귀혈이다.
- **간산**(艮山) : 정축분금(丁丑分金), 간하수(澗下水)는 득재(得財)이니 부혈이다.
- **간산**(艮山) : 신축분금(辛丑分金), 벽상토(壁上土)는 쌍토합이니 진혈이다.
- **진산**(辰山) : 병진분금(丙辰分金), 사중토(沙中土)는 동기(同氣)이니 귀혈이다.
- **진산**(辰山) : 경진분금(庚辰分金), 백납금(白鑞金)은 금토 상합하니 진혈이다.
- **사산**(巳山) : 정사분금(丁巳分金), 사중토(沙中土)는 토중토(土中土)이니 대부혈이다.
- **오산**(午山) : 병오분금(丙午分金), 천하수(天河水)는 수재(水財)이니 부혈이다.
- **미산**(未山) : 정미분금(丁未分金), 천하수(天河水)는 재의 근원이니 부귀혈이다.
- **건산**(乾山) : 경술분금(庚戌分金), 차천금(釵釧金)은 설신(洩身)이니 귀혈이다.
- **해산**(亥山) : 정해분금(丁亥分金), 옥상토(屋上土)는 토첩(土疊)이니 대부혈이다.
- **해산**(亥山) : 신해분금(辛亥分金), 차천금(釵釧金)은 토와 상생이니 귀혈이다.

경진명(庚辰命) : 경진명은 경진(庚辰) 신사(辛巳) 백납금(白鑞金)이니 금좌(金坐)가 된다.

- **임산**(壬山) : 신해분금(辛亥分金), 차천금(釵釧金)은 금우금(金佑金)이니 귀혈이다.
- **자산**(子山) : 병자분금(丙子分金), 간하수(澗下水)는 생생(生生)지이니 귀혈이다.
- **간산**(艮山) : 정축분금(丁丑分金), 간하수(澗下水)는 상생상부(相生相扶)이니 귀혈이다.
- **간산**(艮山) : 신축분금(辛丑分金), 벽상토(壁上土)는 생금혈지이니 부귀혈이다.
- **인산**(寅山) : 경진분금(庚辰分金), 송백목(松柏木)은 목재형(木財形)이니 부혈이다.
- **곤산**(坤山) : 신축분금(辛丑分金), 노방토(路傍土)는 토생금(土生金)이니 부혈이다.
- **유산**(酉山) : 신축분금(辛丑分金), 석류목(石榴木)은 목재(木財)이니 부혈이다.
- **건산**(乾山) : 경술분금(庚戌分金), 차천금(釵釧金)은 금상금(金上金)이니 부혈이다.

신사명(辛巳命) : 신사명은 경진(庚辰) 신사(辛巳) 백납금(白鑞金)은 금좌(金坐)가 된다.

- **자산**(子山) : 병자분금(丙子分金), 간하수(澗下水)는 수왕(水旺)이니 귀혈이다.
- **축산**(丑山) : 정축분금(丁丑分金), 간하수(澗下水) 역시 상생이니 귀혈이다.
- **간산**(艮山) : 정축분금(丁丑分金), 간하수(澗下水)는 상부(相扶)라 귀혈이다.
- **미산**(未山) : 정축분금(丁丑分金), 천하수(天河水)는 생귀(生貴)하니 귀혈이다.
- **곤산**(坤山) : 신미분금(辛未分金), 노방토(路傍土)는 토생금이니 신왕(身旺)이라 거부혈이다.
- **경산**(庚山) : 경신분금(庚申分金), 석류목(石榴木)은 목재(木財)이니 부귀혈이다.
- **유산**(酉山) : 신유분금(辛酉分金), 석류목(石榴木)은 역시 금리(金利)문이니 재혈이다.
- **신산**(辛山) : 신유분금(辛酉分金), 석류목(石榴木)은 생재(生財)이니 거부혈이다.
- **술산**(戌山) : 병술분금(丙戌分金), 옥상토(屋上土)는 신강(身强)이니 부혈이다.

임오명(壬午命) : 임오명은 임오(壬午) 계미(癸未) 양류목(楊柳木)이니 목좌(木坐)가 된다.

• **간산**(艮山) : 병인분금(丙寅分金), 노중화(爐中火)는 상생이라 귀혈이다.

• **묘산**(卯山) : 정묘분금(丁卯分金), 노중화(爐中火)는 양음(陽陰)이니 상부(相扶)라 귀혈이다.

• **손산**(巽山) : 병진분금(丙辰分金), 사중토(沙中土)는 토재(土財)이니 생춘이라 거부혈이다.

• **미산**(未山) : 정미분금(丁未分金), 천하수(天河水)는 수생(受生)하니 부혈이다.

• **묘산**(卯山) : 신미분금(辛未分金), 노방토(路傍土)는 토재(土財) 본리라 부혈이다.

• **술산**(戌山) : 병술분금(丙戌分金), 옥상토(屋上土)는 상호정록이니 길혈이다.

▌**계미명**(癸未命) : 계미명은 임오(壬午) 계미(癸未) 양류목(楊柳木)하니 목좌(木坐)가 된다.

• **자좌**(子坐) : 병자분금(丙子分金), 간하수(澗下水)는 상생의 힘이 되니 거부혈이다.

• **간좌**(艮坐) : 신축분금(辛丑分金), 벽상토(壁上土)는 토재(土財)라 부귀혈이다.

• **갑좌**(甲坐) : 경인분금(庚寅分金), 송백목(松柏木)은 목중목(木中木)이니 부혈이다.

• **묘좌**(卯坐) : 정묘분금(丁卯分金), 노중화(爐中火)는 화설(火洩)이니 귀혈이다.

• **을좌**(乙坐) : 정묘분금(丁卯分金), 노중화(爐中火)는 조우(助佑)의 힘이라 거부혈이다.

• **진좌**(辰坐) : 병진분금(丙辰分金), 사중토(沙中土)는 재생(財生)이니 부혈이다.

• **계좌**(癸坐) : 병진분금(丙辰分金), 사중토(沙中土)는 역토(力土)의 힘이라 부혈이다.

• **사좌**(巳坐) : 정사분금(丁巳分金), 사중토(沙中土)는 토재(土財)라 부혈이다.

• **오좌**(午坐) : 병오분금(丙午分金), 천하수(天河水)는 생력(生力)이니 귀혈이다.

• **해좌**(亥坐) : 정해분금(丁亥分金), 옥상토(屋上土)는 목재(木財)이니 거부혈이다.

▌**갑신명**(甲申命) : 갑신명은 갑신(甲申) 을유(乙酉) 천중수(泉中水)라 하니 수좌(水坐)이다.

• **임좌**(壬坐) : 신해분금(辛亥分金), 차천금(釵釧金)은 생생부지(生生不止)라 거부혈이다.

• **자좌**(子坐) : 병자분금(丙子分金), 간하수(澗下水)는 수부(水扶)라 귀혈이다.

• **계좌**(癸坐) : 병자분금(丙子分金), 간하수(澗下水)는 수생(水生)이니 귀혈이다.

• **묘좌**(卯坐) : 정묘분금(丁卯分金), 노중화(爐中火)는 화재(火財)니 부혈이다.

• **유좌**(酉坐) : 신해분금(辛亥分金), 석류목(石榴木)은 목상생(木相生)이니 귀혈이다.

• **유좌**(酉坐) : 정유분금(丁酉分金), 산하화(山下火)는 득재(得財)라 부귀혈이다.

▌**을유명**(乙酉命) : 을유명은 갑신(甲辛) 을유(乙酉) 천중수(泉中水)하니 수좌(水坐)이다.

• **자좌**(子坐) : 병자분금(丙子分金), 간하수(澗下水)는 수중수(水重水)이니 거부혈이다.

• **손좌**(巽坐) : 경진분금(庚辰分金), 백납금(白鑞金)은 아생(我生)이니 귀혈이다.

• **오좌**(午坐) : 병오분금(丙午分金), 천하수(天河水)는 조우(助佑)이니 귀혈이다.

• **건좌**(乾坐) : 경술분금(庚戌分金), 차천금(釵釧金)은 아생처(我生處)라 부혈이다.

• **해좌**(亥坐) : 신유분금(辛酉分金), 석류목(石榴木)은 설하나 문장혈이다.

• **해좌**(亥坐) : 신해분금(辛亥分金), 차천금(釵釧金)은 신강좌(身强坐)니 부혈이다.

▌**병술명**(丙戌命) : 병술명은 병술(丙戌) 정해(丁亥) 옥상토(屋上土)하니 토좌(土坐)가 된다.

• **간좌**(艮坐) : 신축분금(辛丑分金), 벽상토(壁上土)는 토상토(土上土)라 부귀혈이다.

- **병좌**(丙坐) : 정사분금(丁巳分金), 사중토(沙中土)는 조우(助佑)이니 부혈이다.
- **병좌**(丙坐) : 신사분금(辛巳分金), 백납금(白鑞金)은 설(洩)이지만 귀혈이다.
- **오좌**(午坐) : 병오분금(丙午分金), 천하수(天河水)는 수재(水財)이니 부귀혈이다.
- **정좌**(丁坐) : 경오분금(庚午分金), 노방토(路傍土)는 동등(同等)이니 부혈이다.
- **묘좌**(卯坐) : 신축분금(辛丑分金), 산하화(山下火)는 생토(生土)이니 강혈이다.
- **유좌**(酉坐) : 정유분금(丁酉分金), 산하화(山下火)는 동토조생(同土助生)이니 부혈이다.

▌**정해명**(丁亥命) : 정해명은 병술(丙戌) 정해(丁亥) 옥상토(屋上土)하니 토좌(土坐)이다.

- **축좌**(丑坐) : 정축분금(丁丑分金), 간하수(澗下水)는 수재(水財)이니 거부혈이다.
- **자좌**(子坐) : 병자분금(丙子分金), 간하수(澗下水)는 음토수재(陰土水財)이니 대부혈이다.
- **간좌**(艮坐) : 정축분금(丁丑分金), 간하수(澗下水)는 수재(水財)이니 부귀혈이다.
- **간좌**(艮坐) : 신축분금(辛丑分金), 벽상토(壁上土)는 토중토(土中土)이니 부혈이다.
- **진좌**(辰) : 병진분금(丙辰分金), 사중토(沙中土)는 신강(身强)이니 부혈이다.
- **진좌**(辰坐) : 경진분금(庚辰分金), 백납금(白鑞金)은 상부(相扶)이니 귀혈이다.
- **오좌**(午坐) : 병오분금(丙午分金), 천하수(天河水)는 익재(益財)이니 부귀혈이다.
- **오좌**(午坐) : 경오분금(庚午分金), 노방토(路傍土)는 힘이니 강혈이다.
- **정좌**(丁坐) : 병오분금(丙午分金), 천하수(天河水)는 수재(水財)이니 부혈이다.
- **정좌**(丁坐) : 경오분금(庚午分金), 노방토(路傍土)는 토강(土强)이니 부혈이다.
- **곤좌**(坤坐) : 신축분금(辛丑分金), 노방토(路傍土)는 음토익재(陰土益財)라 부귀혈이다.
- **갑좌**(甲坐) : 병신분금(丙申分金), 산하화(山下火)는 화생수(火生受)이니 강혈이다.
- **유좌**(酉坐) : 정유분금(丁酉分金), 산하화(山下火)는 토조(土助)이니 부귀혈이다.

▌**무자명**(戊子命) : 무자명은 무자(戊子) 기축(己丑) 벽력화(霹靂火)니 화좌(火坐)가 된다.

- **간좌**(艮坐) : 신축분금(辛丑分金), 벽상토(壁上土)는 화토(火土)이니 상생이자 귀혈이다.
- **인좌**(寅坐) : 병인분금(丙寅分金), 노중화(爐中火)는 역조(力助)이니 부혈이다.
- **인좌**(寅坐) : 경인분금(庚寅分金), 송백목(松柏木)은 조우(助佑)라 부혈이다.
- **진좌**(辰坐) : 병진분금(丙辰分金), 사중토(沙中土)는 생력(生力)이니 귀혈이다.
- **진좌**(辰坐) : 경진분금(庚辰分金), 백납금(白鑞金)은 금재(金財)라 부귀혈이다.
- **손좌**(巽坐) : 병진분금(丙辰分金), 사중토(沙中土)는 상생이니 귀혈이다.
- **묘좌**(卯坐) : 신미분금(辛未分金), 노방토(路傍土)는 조우(助佑)이니 귀혈이다.
- **신좌**(申坐) : 병신분금(丙申分金), 산하화(山下火)는 화중화(火中火)에 강혈이다.
- **유좌**(酉坐) : 정유분금(丁酉分金), 산하화(山下火)는 조우(助佑)니 강혈이다.
- **유좌**(酉坐) : 신유분금(辛酉分金), 석류목(石榴木)은 생화(生火)이니 부귀혈이다.
- **술좌**(戌坐) : 병술분금(丙戌分金), 옥상토(屋上土)는 상생력(相生力)이니 귀혈이다.
- **건좌**(乾坐) : 경술분금(庚戌分金), 차천금(釵釧金)은 금재(金財)이니 부귀혈이다.

▌**기축명**(己丑命) : 기축명은 무자(戊子) 기축(己丑) 벽력화(霹靂火)니 화좌(火坐)가 된다.

- **건좌**(乾坐) : 경진분금(庚辰分金), 백납금(白鑞金)은 익재(益財)라 부귀혈이다.
- **사좌**(巳坐) : 정사분금(丁巳分金), 사중토(沙中土)는 아생(我生)이니 귀혈이다. • 곤좌(坤坐) : 신축분금(辛丑分金), 노방토(路傍土)는 상부(相扶)이니 귀혈이다.
- **경좌**(庚坐) : 병신분금(丙申分金), 산하화(山下火)는 금재(金財)이니 부혈이다.
- **경좌**(庚坐) : 경신분금(庚申分金), 석류목(石榴木)은 아생(我生)이니 강혈이다.
- **유좌**(酉坐) : 신유분금(辛酉分金), 석류목(石榴木)은 부혈이다.
- **유좌**(酉坐) : 정유분금(丁酉分金), 산하화(山下火)는 화동화(火同火)이니 강혈이다.
- **건좌**(乾坐) : 경술분금(庚戌分金), 차천금(釵釧金)은 금재(金財)이니 부혈이다.

▌**경인명**(庚寅命) : 경인명은, 경인(庚寅) 신묘(辛卯) 송백목(松柏木)이니 목좌(木坐)가 된다.

- **묘좌**(卯坐 : 정묘분금(丁卯分金), 노중화(爐中火)는 상부(相扶)이니 귀혈이다.
- **진좌**(辰坐) : 병진분금(丙辰分金), 사중토(沙中土)는 토재(土財)이니 부혈이다.
- **손좌**(巽坐) : 병진분금(丙辰分金), 사중토(沙中土)는 익재(益財)이니 부귀혈이다.
- **병좌**(丙坐) : 사중토(沙中土)는 득부(得富)라 부혈이다.
- **오좌**(午坐) : 병오분금(丙午分金), 천하수(天河水)는 생아(生我)이니 부혈이다.
- **정좌**(丁坐) : 병오분금(丙午分金), 천하수(天河水)는 생아(生我)이니 귀혈이다.
- **정좌**(丁坐) : 경오분금(庚午分金), 노방토(路傍土)는 토재(土財)이니 부혈이다.
- **미좌**(未坐) : 정미분금(丁未分金), 천하수(天河水)는 생아(生我)이니 귀혈이다.
- **술좌**(戌坐) : 병술분금(丙戌分金), 옥상토(屋上土)는 토재(土財)이니 부혈이다.

▌**신묘명**(辛卯命) : 신묘명은 경인(庚寅) 신묘(辛卯) 송백목(松柏木)하니 목좌(木坐)가 된다.

- **축좌**(丑坐) : 정축분금(丁丑分金), 간하수(澗下水)는 상생수(相生水)이니 부혈이다.
- **간좌**(艮坐) : 정축분금(丁丑分金), 간하수(澗下水)는 상부(相扶)이니 부혈이다.
- **간좌**(艮坐) : 신축분금(辛丑分金), 벽상토(壁上土)는 토재(土財)니 대부혈이다.
- **진좌**(辰坐) : 병진분금(丙辰分金), 사중토(沙中土)는 토재(土財)니 대부혈이다.
- **손좌**(巽坐) : 병진분금(丙辰分金), 사중토(沙中土)니 부혈이다.
- **사좌**(巳坐) : 정사분금(丁巳分金), 사중토(沙中土)는 토재(土財)이니 대부혈이다.
- **오좌**(午坐) : 병오분금(丙午分金), 천하수(天河水)는 생아(生我)하니 귀혈이다.
- **해좌**(亥坐) : 정해분금(丁亥分金), 옥상토(屋上土)는 토재(토財)이니 부귀혈이다.

▌**임진명**(壬辰命) : 임진명은 임진(壬辰) 계사(癸巳) 장류수(長流水)하니 수좌(水坐)가 된다.

- **임좌**(壬坐) : 신해분금(辛亥分金), 차천금(釵釧金)하니 생아(生我)라 귀혈이다.
- **자좌**(子坐) : 병자분금(丙子分金), 간하수(澗下水)는 동기(同氣)라 강혈이다.
- **계좌**(癸坐) : 병자분금(丙子分金), 간하수(澗下水)는 동기(同氣)라 부강혈이다.
- **인좌**(寅坐) : 병인분금(丙寅分金), 노중화(爐中火)는 화재(火財)이니 부혈이다.
- **인좌**(寅坐) : 경인분금(庚寅分金), 송백목(松柏木)은 아생(我生)이니 문장혈이다.
- **묘좌**(卯坐) : 정묘분금(丁卯分金), 노중화(爐中火)는 화재(火財)니 부귀혈이다.

- **갑좌**(甲坐) : 병신분금(丙申分金), 산하화(山下火)는 화재(火財)니 거부혈이다.
- **유좌**(酉坐) : 정유분금(丁酉分金), 산하화(山下火)는 화재(火財)니 거부혈이다.
- **유좌**(酉坐) : 신유분금(辛酉分金), 석류목(石榴木)은 아생(我生)이니 문장혈이다.
- **건좌**(乾坐) : 경술분금(庚戌分金), 차천금(釵釧金)은 생아(生我)니 귀혈이다.

계사명(癸巳命) : 계사명은 임진(壬辰) 계사(癸巳) 장류수(長流水)니 수좌(水坐)가 된다.

- **자좌**(子坐) : 병자분금(丙子分金), 간하수(澗下水)는 동기(同氣)니 강혈이다.
- **오좌**(午坐) : 병오분금(丙午分金), 천하수(天河水)는 동기(同氣)니 강혈이다.
- **경좌**(庚坐) : 병신분금(丙申分金), 산하화(山下火)는 화재(火財)니 거부혈이다.
- **경좌**(庚坐) : 경신분금(庚申分金), 석류목(石榴木)은 아생(我生)이니 문장혈이다.
- **유좌**(酉坐) : 정유분금(丁酉分金), 산하화(山下火)는 화재(火財)이니 부귀혈이다.
- **유좌**(酉坐) : 신유분금(辛酉分金), 석류목(石榴木)은 아생(我生)이니 문장혈이다.
- **신좌**(辛坐) : 정유분금(丁酉分金), 산하화(山下火)는 화재(火財)라 거부혈이다.
- **신좌**(辛坐) : 신유분금(辛酉分金), 석류목(石榴木)은 아생(我生)이니 문장혈이다.

갑오명(甲午命) : 갑오명은 갑오(甲午) 을미(乙未) 사중금(沙中金)이니 금좌(金坐)가 된다.

- **인좌**(寅坐) : 경인분금(庚寅分金), 송백목(松柏木)은 목재(木財)니 부귀혈이다.
- **진좌**(辰坐) : 병진분금(丙辰分金), 사중토(沙中土)는 생아(生我)니 귀혈이다.
- **진좌**(辰坐) : 경진분금(庚辰分金), 백납금(白鑞金)은 동기(同氣)니 강혈이다.
- **손좌**(巽坐) : 병진분금(丙辰分金), 사중토(沙中土)는 생아(生我)니 귀혈이다.
- **손좌**(巽坐) : 경진분금(庚辰分金), 백납금(白鑞金)은 동기(同氣)니 강혈이다.
- **미좌**(未坐) : 정미분금(丁未分金), 천하수(濺河水)는 아생(我生)이니 문장혈이다.
- **곤좌**(坤坐) : 신미분금(辛未分金), 노방토(路傍土)는 생아(生我)니 귀혈이다.
- **유좌**(酉坐) : 신유분금(辛酉分金), 석류목(石榴木)은 목재(木財)니 부귀혈이다.
- **술좌**(戌坐) : 병술분금(丙戌分金), 옥상토(屋上土)는 생아(生我)니 귀혈이다.

을미명(乙未命) : 을미명은 갑오(甲午) 을미(乙未) 사중금(沙中金)이니 금좌(金坐)가 된다.

- **자좌**(子坐) : 병좌분금(丙子分金), 간하수(澗下水)는 아생(我生)이니 문장혈이다.
- **간좌**(艮坐) : 신축분금(辛丑分金), 벽상토(壁上土)는 생아(生我)니 귀혈이다.
- **갑좌**(甲坐) : 경인분금(庚寅分金), 송백목(松柏木)은 목재(木材)이니 부강혈이다.
- **을좌**(乙坐) : 신묘분금(辛卯分金), 송백목(松柏木)은 목재(木材)니 부귀혈이다.
- **진좌**(辰坐) : 병진분금(丙辰分金), 사중토(沙中土)는 생아(生我)니 귀혈이다.
- **진좌**(辰坐) : 경진분금(庚辰分金), 백납금(白鑞金)은 동기(同氣)니 강혈이다.
- **손좌**(巽坐) : 병진분금(丙辰分金), 사중토(沙中土)는 생아(生我)니 귀혈이다.
- **손좌**(巽坐) : 경진분금(庚辰分金), 백납금(白鑞金)은 동기(同氣)니 강혈이다.
- **건좌**(乾坐) : 경술분금(庚戌分金), 차천금(釵釧金)은 동기(同氣)니 강혈이다.

• **해좌**(亥坐) : 정해분금(丁亥分金), 옥상토(屋上土)는 생아(生我)니 귀혈이다.

• **해좌**(亥坐) : 신해분금(辛亥分金), 차천금(釵釧金)은 동기(同氣)니 강혈이다.

▌병신명(丙申命) : 병신명은 병신(丙申) 정유(丁酉) 산하화(山下火)니 화좌(火坐)가 된다.

• **진좌**(辰坐) : 병진분금(丙辰分金), 사중토(沙中土)는 아생(我生)이니 문장혈이다.

• **진좌**(辰坐) : 경진분금(庚辰分金), 백납금(白鑞金)은 금재(金財)니 거부혈이다.

• **묘좌**(卯坐) : 정묘분금(丁卯分金), 노중화(爐中火)는 동기(同氣)니 강혈이다.

• **손좌**(巽坐) : 병진분금(丙辰分金), 사중토(沙中土)는 아생(我生)이니 문장혈이다.

• **유좌**(酉坐) : 정유분금(丁酉分金), 산하화(山下火)는 동기(同氣)니 강혈이다.

• **유좌**(酉坐) : 신유분금(辛酉分金), 석류목(石榴木)은 생아(生我)니 귀혈이다.

• **무좌**(戊坐) : 병무분금(丙戌分金), 옥상토(屋上土)는 아생(我生)이니 문장혈이다.

• **건좌**(乾坐) : 경술분금(庚戌分金), 차천금(釵釧金)은 금재(金財)니 부귀혈이다.

▌정유명(丁酉命) : 정유명(丁酉命)은 병신(丙申) 정유(丁酉) 산하화(山下火)니 화좌(火坐)가 된다.

• **손좌**(巽坐) : 경진분금(庚辰分金), 백납금(白鑞金)은 금재(金財)니 거부혈이다.

• **사좌**(巳坐) : 정사분금(丁巳分金), 사중토(沙中土)는 아생(我生)이니 문장혈이다.

• **곤좌**(坤坐) : 신미분금(辛未分金), 노방토(路傍土)는 아생(我生)이니 문장혈이다.

• **술좌**(戌坐) : 병술분금(丙戌分金), 옥상토(屋上土)는 아생(我生)이니 문장혈이다.

• **건좌**(乾坐) : 경술분금(庚戌分金), 차천금(釵釧金)은 금재(金財)니 거부혈이다.

▌무술명(戊戌命) : 무술명은 무술(戊戌) 기해(己亥) 평지목(平地木)이니 목좌(木坐)가 된다.

• **간좌**(艮坐) : 신축분금(辛丑分金), 벽상토(壁上土)는 토재(土財)니 거부혈이다.

• **인좌**(寅坐) : 병인분금(丙寅分金), 노중화(爐中火)는 아생(我生)이니 문장혈이다.

• **인좌**(寅坐) : 경인분금(庚寅分金), 송백목(松柏木)은 동목(同木)이니 강혈이다.

• **묘좌**(卯坐) : 정묘분금(丁卯分金), 노중화(爐中火)는 아생(我生)이니 문장혈이다.

• **병좌**(丙坐) : 정사분금(丁巳分金), 사중토(沙中土)는 토재(土財)니 거부혈이다.

• **오좌**(午坐) : 병오분금(丙午分金), 천하수(天河水)는 생아(生我)니 귀혈이다.

• **정좌**(丁坐) : 병오분금(丙午分金), 천하수(天河水)는 생아(生我)니 귀혈이다.

• **정좌**(丁坐) : 경오분금(庚午分金), 노방토(路傍土)는 토재(土財)니 거부혈이다.

• **미좌**(未坐) : 정미분금(丁未分金), 천하수(天河水)는 아생(我生)이니 귀혈이다.

• **곤좌**(坤坐) : 신미분금(辛未分金), 노방토(路傍土)는 토재(土財)니 거부혈이다.

• **유좌**(酉坐) : 신유분금(辛酉分金), 석류목(石榴木)은 동목(同木)이니 강혈이다.

▌기해명(己亥命) : 기해명은 무술(戊戌) 기해(己亥) 평지목(平地木)이니 목좌가 된다.

• **자좌**(子坐) : 병자분금(丙子分金), 간하수(澗下水)는 생아(生我)니 귀혈이다.

• **축좌**(丑坐) : 정축분금(丁丑分金), 간하수(澗下水)는 생아(生我)이니 귀혈이다.

• **간좌**(艮坐) : 정축분금(丁丑分金), 간하수(澗下水)는 생아(生我)이니 귀혈이다.

- **간좌**(艮坐) : 신축분금(辛丑分金), 벽상토(壁上土)는 토재(土財)이니 거부혈이다.
- **갑좌**(甲坐) : 경인분금(庚寅分金), 송백목(松柏木)은 동기(同氣)이니 강혈이다.
- **묘좌**(卯坐) : 정묘분금(丁卯分金), 노중화(爐中火)는 아생(我生)이니 문장혈이다.
- **을좌**(乙坐) : 정묘분금(丁卯分金), 노중화(爐中火)는 아생(我生)이니 문장혈이다.
- **진좌**(辰坐) : 병진분금(丙辰分金), 사중토(沙中土)는 토재(土財)이니 거부혈이다.
- **손좌**(巽坐) : 병진분금(丙辰分金), 사중토(沙中土)는 토재(土財)이니 거부혈이다.
- **오좌**(午坐) : 병오분금(丙午分金), 천하수(天河水)는 아생(我生)이니 문장혈이다.
- **축좌**(丑坐) : 정축분금(丁丑分金), 천하수(天河水)는 아생(我生)이니 문장혈이다.

▌**경자명**(庚子命) : 경자명은 경자(庚子) 신축(辛丑) 벽상토(壁上土)이니 토좌(土坐)가 된다.

- **축좌**(丑坐) : 정축분금(丁丑分金), 간하수(澗下水)는 수재(水財)니 거부혈이다.
- **간좌**(艮坐) : 정축분금(丁丑分金), 간하수(澗下水)는 수재(水財)니 거부혈이다.
- **간좌**(艮坐) : 신축분금(辛丑分金), 벽상토(壁上土)는 토중토(土重土)니 강혈이다.
- **진좌**(辰坐) : 병진분금(丙辰分金), 사중토(沙中土)는 동기(同氣)이니 강혈이다.
- **신좌**(辛坐) : 경진분금(庚辰分金), 백납금(白鑞金)은 아생(我生)이니 문장혈이다.
- **묘좌**(卯坐) : 신미분금(辛未分金), 노방토(路傍土)는 동기(同氣)이니 강혈이다.
- **갑좌**(甲坐) : 병신분금(丙申分金), 산하화(山下火)는 생아(生我)이니 귀혈이다.
- **유좌**(酉坐) : 정유분금(丁酉分金), 산하화(山下火)는 생아(生我)이니 귀혈이다.
- **술좌**(戌坐) : 병술분금(丙戌分金), 옥상토(屋上土)는 동기(同氣)이니 강혈이다.
- **건좌**(乾坐) : 경술분금(庚戌分金), 차천금(釵釧金)은 아생(我生)이니 문장혈이다.

▌**신축명**(辛丑命) : 신축명은 경자(庚子) 신축(辛丑) 벽상토(壁上土)이니 토좌(土坐)가 된다.

- **자좌**(子坐) : 병자분금(丙子分金), 간하수(澗下水)는 수재(水財)이니 부귀혈이다.
- **사좌**(巳坐) : 정사분금(丁巳分金), 사중토(沙中土)는 동기(同氣)이니 강혈이다.
- **오좌**(午坐) : 병오분금(丙午分金), 천하수(天河水)는 수재(水財)이니 거부혈이다.
- **곤좌**(坤坐) : 신미분금(辛未分金), 노방토(路傍土)는 동기(同氣)이니 강혈이다.
- **경좌**(庚坐) : 병신분금(丙申分金), 산하화(山下火)는 생아(生我)이니 귀혈이다.
- **유좌**(酉坐) : 정유분금(丁酉分金), 산하화(山下火)는 생아(生我)이니 귀혈이다.
- **신좌**(辛坐) : 정유분금(丁酉分金), 산하화(山下火)는 생아(生我)이니 귀혈이다.
- **건좌**(乾坐) : 경술분금(庚戌分金), 차천금(釵釧金)은 아생(我生)이니 문장혈이다.
- **해좌**(亥坐) : 정해분금(丁亥分金), 옥상토(屋上土)는 동기(同氣)이니 강혈이다.

▌**임인명**(壬寅命) : 임인명은 임인(壬寅) 계묘(癸卯) 금박금(金箔金)이니 금좌(金坐)가 된다.

- **진좌**(辰坐) : 병진분금(丙辰分金), 사중토(沙中土)는 생아(生我)이니 귀혈이다.
- **진좌**(辰坐) : 경진분금(庚辰分金), 백납금(白鑞金)은 동기(同氣)이니 강혈이다.
- **손좌**(巽坐) : 병진분금(丙辰分金), 사중토(沙中土)는 생아(生我)이니 귀혈이다.

• **손좌**(巽坐) : 경진분금(庚辰分金), 백납금(白鑞金)은 동기(同氣)이니 강혈이다.

• **미좌**(未坐) : 정미분금(丁未分金), 천하수(天河水)는 아생(我生)이니 문장혈이다.

• **유좌**(酉坐) : 신유분금(辛酉分金), 석류목(石榴木)은 목재(木財)이니 거부혈이다.

• **술좌**(戌坐) : 병술분금(丙戌分金), 옥상토(屋上土)는 생아(生我)이니 귀혈이다.

▌계묘명(癸卯命) : 계묘명은 임인(壬寅) 계묘(癸卯) 금박금(金箔金)하니 금좌(金坐)가 된다.

• **축좌**(丑坐) : 정축분금(丁丑分金), 간하수(澗下水)는 아생(我生)이니 문장혈이다.

• **간좌**(艮坐) : 정축분금(丁丑分金), 간하수(澗下水)는 아생(我生)이니 문장혈이다.

• **진좌**(辰坐) : 병진분금(丙辰分金), 사중토(沙中土)는 생아(生我)이니 귀혈이다.

• **진좌**(辰坐) : 경진분금(庚辰分金), 백납금(白鑞金)은 조우(助佑)라 강혈이다.

• **손좌**(巽坐) : 병진분금(丙辰分金), 사중토(沙中土)는 생아(生我)이니 귀혈이다.

• **손좌**(巽坐) : 경진분금(庚辰分金), 백납금(白鑞金)은 동기(同氣)이니 강혈이다.

• **미좌**(未坐) : 정축분금(丁丑分金), 간하수(澗下水)는 아생(我生)이니 문장혈이다.

• **건좌**(乾坐) : 경술분금(庚戌分金), 차천금(釵釧金)은 동기(同氣)니 강혈이다.

• **해좌**(亥坐) : 정해분금(丁亥分金), 옥상토(屋上土)는 생아(生我)이니 귀혈이다.

• **해좌**(亥坐) : 신해분금(辛亥分金), 차천금(釵釧金)은 조우(助佑)이니 강혈이다.

▌갑진명(甲辰命) : 갑진명은 갑진(甲辰) 을사(乙巳) 복등화(覆燈火)하니 화좌(火坐)가 된다.

• **간좌**(艮坐) : 신축좌(辛丑坐), 벽상토(壁上土)는 아생(我生)이니 문장혈이다.

• **인좌**(寅坐) : 병인(丙寅), 노중화(爐中火)는 조우(助佑)이니 강혈이다.

• **인좌**(寅坐) : 경인분금(庚寅分金), 송백목(松柏木)은 생아(生我)이니 귀혈이다.

• **묘좌**(卯坐) : 정묘분금(丁卯分金), 노중화(爐中火)는 양화력(兩火力)이니 강혈이다.

• **신좌**(申坐) : 병신분금(丙申分金), 산하화(山下火)는 동기(同氣)이니 강혈이다.

• **건좌**(乾坐) : 경술분금(庚戌分金), 차천금(釵釧金)은 금재(金財)이니 대부혈이다.

• **유좌**(酉坐) : 정유분금(丁酉分金), 산하화(山下火)는 화중화(火中火)이니 강혈이다.

• **유좌**(酉坐) : 신유분금(辛酉分金), 석류목(石榴木)은 생아(生我)이니 귀혈이다.

▌을사명(乙巳命) : 을사명은 갑진(甲辰) 을사(乙巳) 복등화(覆燈火)니 화좌(火坐)가 된다.

• **곤좌**(坤坐) : 신미분금(辛未分金), 노방토(路傍土)는 상생이니 강혈이다.

• **경좌**(庚坐) : 병신분금(丙申分金), 산하화(山下火)는 상조(相助)이니 강혈이다.

• **유좌**(酉坐) : 정유분금(丁酉分金), 산하화(山下火)는 조우(助佑)이니 강혈이다.

• **유좌**(酉坐) : 신유분금(辛酉分金), 석류목(石榴木)은 생아(生我)이니 귀혈이다.

• **신좌**(辛坐) : 정유분금(丁酉分金), 산하화(山下火)는 동기(同氣)이니 강혈이다.

• **신좌**(辛坐) : 신유분금(辛酉分金), 석류목(石榴木)은 생아(生我)이니 귀혈이다.

• **술좌**(戌坐) : 병술분금(丙戌分金), 옥상토(屋上土)는 생아(生我)이니 귀혈이다.

▌병오명(丙午命) : 병오명은 병오(丙午) 정미(丁未) 천하수(天河水)이니 수좌(水坐)가 된다.

- **인좌**(寅坐) : 병인분금(丙寅分金), 노중화(爐中火)는 화재(火財)이니 부귀혈이다.
- **인좌**(寅坐) : 경인분금(庚寅分金), 송백목(松柏木)은 아생(我生)이니 문장혈이다.
- **묘좌**(卯坐) : 정묘분금(丁卯分金), 노중화(爐中火)는 동화(同火)이니 강혈이다.
- **손좌**(巽坐) : 경진분금(庚辰分金), 백납금(白鑞金)은 금재(金財)는 거부혈이다.
- **신좌**(申坐) : 병신분금(丙申分金), 산하화(山下火)는 동기(同氣)이니 강혈이다.
- **유좌**(酉坐) : 정유분금(丁酉分金), 산하화(山下火)는 조우(助佑)이니 강혈이다.
- **유좌**(酉坐) : 신유분금(辛酉分金), 석류목(石榴木)은 생아(生我)이니 귀혈이다.

▎정미명(丁未命) : 정미명은 병오(丙午) 정미(丁未) 천하수(天河水)이니 수좌(水坐)가 된다.

- **자좌**(子坐) : 병자분금(丙子分金), 간하수(澗下水)는 상부수(相扶水)니 강혈이다.
- **갑좌**(甲坐) : 경인분금(庚寅分金), 송백목(松柏木)은 아생(我生)이니 문장혈이다.
- **묘좌**(卯坐) : 정묘분금(丁卯分金), 노중화(爐中火)는 화재(火財)이니 거부혈이다.
- **을좌**(乙坐) : 정묘분금(丁卯分金), 노중화(爐中火)는 화재(火財)이니 거부혈이다.
- **을좌**(乙坐) : 신묘분금(辛卯分金), 송백목(松柏木)은 아생(我生)이니 문장혈이다.
- **손좌**(巽坐) : 경진분금(庚辰分金), 백납금(白鑞金)은 생아(生我)이니 귀혈이다.
- **오좌**(午坐) : 병오분금(丙午分金), 천하수(天河水)는 수중수(水重水)이니 강혈이다.
- **건좌**(乾坐) : 경술분금(庚戌分金), 차천금(釵釧金)은 생아(生我)이니 귀혈이다.
- **해좌**(亥坐) : 신해분금(辛亥分金), 차천금(釵釧金)은 생아(生我)이니 강혈이다.

▎무신명(戊申命) : 무신명은 무신(戊申) 기유(己酉) 대역토(大驛土)이니 토좌(土坐)가 된다.

- **임좌**(壬坐) : 신해분금(辛亥分金), 차천금(釵釧金)은 생아(生我)이니 귀혈이다.
- **자좌**(子坐) : 병자분금(丙子分金), 간하수(澗下水)는 수재(水財)이니 거부혈이다.
- **계좌**(癸坐) : 병자분금(丙子分金), 간하수(澗下水)는 수재(水財)이니 거부혈이다.
- **계좌**(癸坐) : 경자분금(庚子分金), 벽상토(壁上土)는 토재토(土財土)이니 신강혈이다.
- **간좌**(艮坐) : 정축분금(丁丑分金), 간하수(澗下水)는 수재(水財)이니 부귀혈이다.
- **축좌**(丑坐) : 정축분금(丁丑分金), 간하수(澗下水)는 수재(水財)이니 부귀혈이다.
- **진좌**(辰坐) : 병진분금(丙辰分金), 사중토(沙中土)는 조우(助佑)이니 강혈이다.
- **진좌**(辰坐) : 경진분금(庚辰分金), 백납금(白鑞金)은 아생(我生)이니 문장혈이다.
- **유좌**(酉坐) : 정유분금(丁酉分金), 산하화(山下火)는 생아(生我)이니 귀혈이다.
- **술좌**(戌坐) : 병술분금(丙戌分金), 옥상토(屋上土)는 상부(相扶)이니 강혈이다.
- **건좌**(乾坐) : 경술분금(庚戌分金), 차천금(釵釧金)은 아생(我生)이니 문장혈이다.

▎기유명(己酉命) : 기유명은 무신(戊申) 기유(己酉) 대역토(大驛土)이니 토좌(土坐)로서 강혈이다.

- **축좌**(丑坐) : 정축분금(丁丑分金), 간하수(澗下水)는 수재(水財)이니 거부혈이다.
- **간좌**(艮坐) : 정축분금(丁丑分金), 간하수(澗下水)는 수재(水財)이니 부귀혈이다.
- **사좌**(巳坐) : 정사분금(丁巳分金), 사중토(沙中土)는 상부(相扶)이니 강혈이다.

• **오좌**(午坐) : 병오분금(丙午分金), 천하수(天河水)는 수재(水財)이니 득부혈이다.

• **미좌**(未坐) : 정미분금(丁未分金), 천하수(天河水)는 수재(水財)이니 대부혈이다.

• **곤좌**(坤坐) : 신미분금(辛未分金), 노방토(路傍土)는 조우(助佑)이니 강혈이다.

• **신좌**(辛坐) : 정유분금(丁酉分金), 산하화(山下火)는 생아(生我)이니 귀혈이다.

• **술좌**(戌坐) : 병술분금(丙戌分金), 옥상토(屋上土)는 토중토(土重土)이니 강혈이다.

• **해좌**(亥坐) : 정해분금(丁亥分金), 옥상토(屋上土)는 상우(相佑)이니 강혈이다.

• **해좌**(亥坐) : 신해분금(辛亥分金), 차천금(釵釧金)은 아생(我生)이니 문장혈이다.

▌**경술명**(庚戌命) : 경술명은 경술(庚戌) 신해(辛亥) 차천금(釵釧金)이니 금좌(金坐)가 된다.

• **간좌**(艮坐) : 신축분금(辛丑分金), 벽상토(壁上土)는 생아(生我)이니 귀혈이다.

• **인좌**(寅坐) : 경인분금(庚寅分金), 송백목(松柏木)은 목재(木財)이니 부귀혈이다.

• **손좌**(巽坐) : 경진분금(庚辰分金), 백납금(白鑞金)은 상부(相扶)이니 강혈이다.

• **곤좌**(坤坐) : 신미분금(辛未分金), 노방토(路傍土)는 생아(生我)이니 귀혈이다.

• **유좌**(酉坐) : 신유분금(辛酉分金), 석류목(石榴木)은 목재(木財)이니 부귀혈이다.

▌**신해명**(辛亥命) : 신해명은 경술(庚戌) 신해(辛亥) 차천금(釵釧金)이니 금좌(金坐)가 된다.

• **자좌**(子坐) : 병자분금(丙子分金), 간하수(澗下水)는 아생(我生)이니 문장혈이다.

• **축좌**(丑坐) : 정축분금(丁丑分金), 간하수(澗下水)는 아생(我生)이니 문장혈이다.

• **간좌**(艮坐) : 정축분금(丁丑分金), 간하수(澗下水)는 아생(我生)이니 문장혈이다.

• **갑좌**(甲坐) : 경인분금(庚寅分金), 송백목(松柏木)은 목재(木財)이니 부귀혈이다.

• **을좌**(乙坐) : 신묘분금(辛卯分金), 송백목(松柏木)은 목재(木財)이니 거부혈이다.

• **진좌**(辰坐) : 병진분금(丙辰分金), 사중토(沙中土)는 생아(生我)이니 귀혈이다.

• **진좌**(辰坐) : 경진분금(庚辰分金), 백납금(白鑞金)은 동기(同氣)이니 강혈이다.

• **손좌**(巽坐) : 병진분금(丙辰分金), 사중토(沙中土)는 생아(生我)이니 귀혈이다.

• **미좌**(未坐) : 정미분금(丁未分金), 천하수(天河水)는 아생(我生)이니 문장혈이다.

▌**임자명**(壬子命) : 임자명은 임자(壬子) 계축(癸丑) 상자목(桑柘木)이니 목좌(木坐)가 된다.

• **축좌**(丑坐) : 정축분금(丁丑分金), 간하수(澗下水)는 생아(生我)이니 귀혈이다.

• **간좌**(艮坐) : 정축분금(丁丑分金), 간하수(澗下水)는 생아(生我)이니 귀혈이다.

• **인좌**(寅坐) : 병인분금(丙寅分金), 송백목(松柏木)은 동력(動力)이니 강혈이다.

• **묘좌**(卯坐) : 정묘분금(丁卯分金), 노중화(爐中火)는 아생(我生)이니 문장혈이다.

• **진좌**(辰坐) : 병진분금(丙辰分金), 사중토(沙中土)는 토재(土財)이니 부귀혈이다.

• **손좌**(巽坐) : 병진분금(丙辰分金), 사중토(沙中土)는 토재(土財)니 거부혈이다.

• **곤좌**(坤坐) : 신미분금(辛未分金), 노방토(路傍土)는 토재(土財)니 갑부혈이다.

▌**계축명**(癸丑命) : 계축명은 임자(壬子) 계축(癸丑) 상자목(桑柘木)이니 목좌(木坐)가 된다.

• **자좌**(子坐) : 병자분금(丙子分金), 간하수(澗下水)는 아생(我生)이니 문장혈이다.

- **사좌**(巳坐) : 정사분금(丁巳分金), 사중토(沙中土)는 토재(土財)니 부귀혈이다.
- **오좌**(午坐) : 병오분금(丙午分金), 천하수(天河水)는 생아(生我)이니 귀혈이다.
- **곤좌**(坤坐) : 신미분금(辛未分金), 노방토(路傍土)는 토재(土財)니 갑부혈이다.
- **해좌**(亥坐) : 정해분금(丁亥分金), 옥상토(屋上土)이니 토재(土財) 거부혈이다.

▌갑인명(甲寅命) : 갑인명은 갑인(甲寅) 을묘(乙卯) 대계수(大溪水)이니 수좌(水坐)가 된다.

- **묘좌**(卯坐) : 정묘분금(丁卯分金), 노중화(爐中火)는 화재(火財)이니 거부혈이다.
- **오좌**(午坐) : 병오분금(丙午分金), 천하수(天河水)는 아조(我助)이니 강혈이다.
- **정좌**(丁坐) : 병오분금(丙午分金), 천하수(天河水)는 동기(同氣)이니 강혈이다.
- **유좌**(酉坐) : 정유분금(丁酉分金), 산하화(山下火)는 화재(火財)이니 부귀혈이다.
- **유좌**(酉坐) : 신유분금(辛酉分金), 석류목(石榴木)은 아생(我生)이니 문장혈이다.

▌을묘명(乙卯命) : 을묘명은 갑인(甲寅) 을묘(乙卯) 대계수(大溪水)이니 수좌(水坐)가 된다.

- **손좌**(巽坐) : 경진분금(庚辰分金), 백납금(白鑞金)은 생아(生我)이니 귀혈이다.
- **건좌**(乾坐) : 경술분금(庚戌分金), 차천금(釵釧金)은 생아(生我)이니 귀혈이다.
- **해좌**(亥坐) : 신해분금(辛亥分金), 차천금(釵釧金)은 생아(生我)이니 귀혈이다.

▌병진명(丙辰命) : 병진명은 병진(丙辰) 정사(丁巳) 사중토(沙中土)니 토좌(土坐)가 된다.

- **임좌**(壬坐) : 신해분금(辛亥分金), 차천금(釵釧金)은 생아(生我)이니 귀혈이다.
- **자좌**(子坐) : 병자분금(丙子分金), 간하수(澗下水)는 수재(水財)니 거부혈이다.
- **계좌**(癸坐) : 병자분금(丙子分金), 간하수(澗下水)는 수재(水財)니 갑부혈이다.
- **계좌**(癸坐) : 병자분금(丙子分金), 벽상토(壁上土)는 토중토(土中土)이니 강혈이다.
- **축좌**(丑坐) : 정축분금(丁丑分金), 간하수(澗下水)는 수재(水財)니 거부혈이다.
- **간좌**(艮坐) : 정축분금(丁丑分金), 간하수(澗下水)는 수재(水財)니 부귀혈이다.
- **곤좌**(坤坐) : 신미분금(辛未分金), 노방토(路傍土)는 동기(同氣)이니 강혈이다.
- **유좌**(酉坐) : 정유분금(酉分金), 산하화(山下火)는 생아(生我)이니 귀혈이다.

▌정사명(丁巳命) : 정사명은 병진(丙辰) 정사(丁巳) 사중토(沙中土)는 토좌(土坐)가 된다.

- **자좌**(子坐) : 병자분금(丙子分金), 간하수(澗下水)는 수재(水財)니 거부혈이다.
- **축좌**(丑坐) : 정축분금(丁丑分金), 간하수(澗下水)는 수재(水財)니 부자혈이다.
- **간좌**(艮坐) : 정축분금(丁丑分金), 간하수(澗下水)는 수재(水財)니 거부혈이다.
- **오좌**(午坐) : 병오분금(丙午分金), 천하수(天河水)는 수재(水財)니 거부혈이다.
- **미좌**(未坐) : 정미분금(丁未分金), 천하수(天河水)는 수재(水財)니 거부혈이다.
- **곤좌**(坤坐) : 신미분금(辛未分金), 노방토(路傍土)는 동기(同氣)니 강혈이다.
- **경좌**(庚坐) : 병신분금(丙申分金), 산하화(山下火)는 생아(生我)이니 귀혈이다.
- **유좌**(酉坐) : 정유분금(丁酉分金), 산하화(山下火)는 생아(生我)이니 귀혈이다.
- **신좌**(辛坐) : 정유분금(丁酉分金), 산하화(山下火)는 생아(生我)이니 귀혈이다.

• **술좌**(戌坐) : 병술분금(丙戌分金), 옥상토(屋上土)는 조우(助佑)이니 강혈이다.

▎무오명(戊午命) : 무오명은 무오(戊午) 기미(機微) 천상화(天上火)하니 화좌(火坐)가 된다.

• **간좌**(艮山) : 신축분금(辛丑分金), 벽상토(壁上土)는 아생(我生)이니 문장혈이다.

• **묘좌**(卯坐) : 정묘분금(丁卯分金), 노중화(爐中火)는 상화(相火)이니 강혈이다.

• **인좌**(寅坐) : 병인분금(丙寅分金), 노중화(爐中火)는 상부(相扶)이니 강혈이다.

• **인좌**(寅坐) : 경인분금(庚寅分金), 송백목(松柏木)은 생아(生我)이니 귀혈이다.

• **진좌**(辰坐) : 병진분금(丙辰分金), 사중토(沙中土)는 아생(我生)이니 문장혈이다.

• **진좌**(辰坐) : 경진분금(庚辰分金), 백납금(白鑞金)은 금재(金財)이니 거부혈이다.

• **손좌**(巽坐) : 병진분금(丙辰分金), 사중토(沙中土)는 아생(我生)이니 문장혈이다.

• **손좌**(巽坐) : 경진분금(庚辰分金), 백납금(白鑞金)은 금재(金財)이니 부귀혈이다.

• **곤좌**(坤坐) : 신미분금(辛未分金), 노방토(路傍土)는 아생(我生)이니 문장혈이다.

• **신좌**(申坐) : 병신분금(丙申分金), 산하화(山下火)는 동기(同氣)이니 강혈이다.

• **유좌**(酉坐) : 정유분금(丁酉分金), 산하화(山下火)는 상부(相扶)이니 강혈이다.

• **유좌**(酉坐) : 신유분금(辛酉分金), 석류목(石榴木)은 생아(生我)이니 귀혈이다.

• **술좌**(戌坐) : 병술분금(丙戌分金), 옥상토(屋上土)는 아생(我生)이니 문장혈이다.

▎기미명(己未命) : 기미명은 무오(戊午) 기미(己未) 천상화(天上火)이니 화좌(火坐)가 된다.

• **간좌**(艮坐) : 신축분금(辛丑分金), 벽상토(壁上土)는 아생(我生)이니 문장혈이다.

• **갑좌**(甲坐) : 경인분금(庚寅分金), 송백목(松柏木)은 생아(生我)이니 귀혈이다.

• **묘좌**(卯坐) : 정묘분금(丁卯分金), 노중화(爐中火)는 화중화(火中火)이니 강혈이다.

• **을좌**(乙坐) : 정묘분금(丁卯分金), 노중화(爐中火)는 상조(相助)이니 강혈이다.

• **을좌**(乙坐) : 신묘분금(辛卯分金), 송백목(松柏木)은 생아(生我)이니 귀혈이다.

• **손좌**(巽坐) : 병진분금(丙辰分金), 사중토(沙中土)는 아생(我生)이니 문장혈이다.

• **손좌**(巽坐) : 경진분금(庚辰分金), 백납금(白鑞金)은 금재(金財)이니 거부혈이다.

• **진좌**(辰坐) : 병진분금(丙辰分金), 사중토(沙中土)는 아생(我生)이니 문장혈이다.

• **진좌**(辰坐) : 경진분금(庚辰分金), 백납금(白鑞金)은 금재(金財)이니 부귀혈이다.

• **사좌**(巳坐) : 정사분금(丁巳分金), 사중토(沙中土)는 아생(我生)이니 문장혈이다.

• **신좌**(申坐) : 병신분금(丙申分金), 산하화(山下火)는 동기(同氣)이니 강혈이다.

• **경좌**(庚坐) : 병신분금(丙申分金), 산하화(山下火)는 동기(同氣)이니 강혈이다.

• **경좌**(庚坐) : 경신분금(庚申分金), 석류목(石榴木)은 생아(生我)이니 귀혈이다.

• **유좌**(酉坐) : 정유분금(丁酉分金), 산하화(山下火)는 화봉화(火逢火)이니 강혈이다.

• **유좌**(酉坐) : 신축분금(辛丑分金), 석류목(石榴木)은 생아(生我)이니 귀혈이다.

• **신좌**(辛坐) : 정유분금(丁酉分金), 산하화(山下火)는 친화(親火)이니 강혈이다.

• **건좌**(乾坐) : 경술분금(庚戌分金), 차천금(釵釧金)은 금재(金財)이니 거부혈이다.

▌경신명(庚申命) : 경신명은 경신(庚申) 신유(辛酉) 석류목(石榴木)이니 목좌(木坐)가 된다.

- **자좌**(子坐) : 병자분금(丙子分金), 간하수(澗下水)는 생아(生我)이니 귀혈이다.
- **계좌**(癸坐) : 병자분금(丙子分金), 간하수(澗下水)는 생아(生我)이니 귀혈이다.
- **축좌**(丑坐) : 정축분금(丁丑分金), 간하수(澗下水)는 생아(生我)이니 귀혈이다.
- **간좌**(艮坐) : 정축분금(丁丑分金), 간하수(澗下水)는 생아(生我)이니 귀혈이다.
- **묘좌**(卯坐) : 정묘분금(丁卯分金), 노중화(爐中火)는 아생(我生)이니 문장혈이다.
- **진좌**(辰坐) : 병진분금(丙辰分金), 사중토(沙中土)는 토재(土財)이니 거부혈이다.
- **손좌**(巽坐) : 병진분금(丙辰分金), 사중토(沙中土)는 토재(土財)이니 부귀혈이다.
- **술좌**(戌坐) : 병술분금(丙戌分金), 옥상토(屋上土)는 토재(土財)이니 거부혈이다.

▌신유명(辛酉命) : 자좌(子坐) : 병자분금(丙子分金), 간하수(澗下水)는 생아(生我)이니 귀혈이다.

- **축좌**(丑坐) : 정축분금(丁丑分金), 간하수(澗下水)는 생아(生我)이니 귀혈이다.
- **간좌**(艮坐) : 정축분금(丁丑分金), 간하수(澗下水)는 생아(生我)이니 귀혈이다.
- **사좌**(巳坐) : 정사분금(丁巳分金), 사중토(沙中土)는 토재(土財)이니 거부혈이다.
- **오좌**(午坐) : 병오분금(丙午分金), 천하수(天河水)는 생아(生我)이니 귀혈이다.
- **술좌**(戌坐) : 병술분금(丙戌分金), 옥상토(屋上土)는 재보혈이다.
- **미좌**(未坐) : 정미분금(丁未分金), 천하수(天河水)는 생아(生我)이니 귀혈이다.
- **곤좌**(坤坐) : 신미분금(辛未分金), 노방토(路傍土)는 토재(土財)이니 갑부혈이다.
- **술좌**(戌坐) : 병술분금(丙戌分金), 옥상토(屋上土)는 토재(土財)이니 거부혈이다.
- **해좌**(亥坐) : 정해분금(丁亥分金), 옥상토(屋上土)는 토재(土財)이니 거부혈이다.

▌임술명(壬戌命) : 임술명은 임술(壬戌) 계해(癸亥) 대해수(大海水)이니 수좌(水坐)가 된다.

- **인좌**(寅坐) : 경인분금(庚寅分金), 송백목(松柏木)은 아생(我生)이니 문장혈이다.
- **묘좌**(卯坐) : 정묘분금(丁卯分金), 노중화(爐中火)는 화재(火財)이니 부귀혈이다.
- **손좌**(巽坐) : 경진분금(庚辰分金), 백납금(白鑞金)은 생아(生我)이니 귀혈이다.
- **병좌**(丙坐) : 신사분금(辛巳分金), 백납금(白鑞金)은 생아(生我)이니 귀혈이다.
- **오좌**(午坐) : 병오분금(丙午分金), 천하수(天河水)는 동기(同氣)이니 강혈이다.
- **신좌**(申坐) : 병신분금(丙申分金), 산하화(山下火)는 화재(火財)이니 부귀혈이다.
- **유좌**(酉坐) : 신축분금(辛丑分金), 석류목(石榴木)은 아생(我生)이니 문장혈이다.

▌계해명(癸亥命) : 계해명은 임술(壬戌) 계해(癸亥) 대해수(大海水)이니 수좌(水坐)가 된다. • 자좌(子坐) : 병자분금(丙子分金), 간하수(澗下水)는 동기(同氣)이니 강혈이다.

- **자좌**(子坐) : 병오분금(丙午分金), 천하수(天河水)는 수중반조(水中返照)하니 대귀혈이다.
- **신좌**(申坐) : 경인분금(庚寅分金), 송백목(松柏木)은 아생(我生) 문장혈이다.
- **묘좌**(卯坐) : 정묘분금(丁卯分金), 노중화(爐中火)는 화재(火財)이니 거부혈이다.
- **을좌**(乙坐) : 정묘분금(丁卯分金), 노중화(爐中火)는 화재(火財)이니 거부혈이다.
- **을좌**(乙坐) : 신묘분금(辛卯分金), 송백목(松柏木)은 아생(我

生)이니 문장혈이다.

- **병좌**(丙坐) : 병인분금(丙寅分金), 노중화(爐中火)는 생재(生財)혈이니 대부혈이다.
- **오좌**(午坐) : 병오분금(丙午分金), 천하수(天河水)는 상생(이니 강혈이다.
- **해좌**(亥坐) : 정해분금(丁亥分金), 옥상토(屋上土)는 재보혈(財宝穴)이니 대부혈이다. 이 외에 분금도 여기에 맞추어 하면 된다.

❖ **육의·삼기의 길흉**

- **무의**(戊儀) : 주로 전토(田土)를 주관한다. 길문(吉門)에 들면 길하다.
- **기의**(己儀) : 주로 산천을 주관한다. 그 방위에 산수가 있으면 좋은 땅이 많다.
- **경의**(庚儀) : 주로 백호 흉신을 주관한다. 그 방위에 흉사가 있으면 병란이나 호환을 당한다.
- **신의**(辛儀) : 주로 문장을 주관한다. 병(丙)기와 합하거나, 길문이 임하거나, 기이한 사(砂)를 얻으면 문장이 배출된다.
- **임의**(壬儀) : 주로 물로 인한 환란을 주관한다. 흉문(凶門)에 들거나 산수가 높으면 물로 인해 패가한다.
- **계의**(癸儀) : 주로 강하(江河)의 일을 주장한다. 흉문을 범하고 산수가 높은 벼슬을 하는 후손이 난다.
- **을기**(乙奇) : 일정(日精). 길문에 기이한 봉우리나 아름다운 물이 있으면 높은 벼슬을 하는 후손이 난다.
- **병기**(丙奇) : 월정(月精). 길문에 아름다운 봉우리나 좋은 사(砂)가 있으면 반드시 왕비를 낳는다.
- **정기**(丁奇) : 일정(日精). 길문에 기이한 사(砂)가 있으면 장수하고 문과급제자가 난다.
- **부두**(符頭) : 좋은 봉우리가 있으면 큰 부자가 나고 벼슬에 오른다.

❖ **육임재혈의 기초** : 입수 1절룡[穿山]의 절후로써 월장(月將)을 찾고 분금 천간으로 귀신을 추심하여 추길파흉하는 법이다.

① **월장을 정하는 법**

동지·소한룡은 子궁이니 월장 대길(大吉) (丑)
대한·입춘룡은 丑궁이니 월장 신후(神后) (子)
우수·경칩룡은 寅궁이니 월장 등명(登明) (亥)
춘분·청명룡은 卯궁이니 월장 하괴(河魁) (戌)
곡우·입하룡은 辰궁이니 월장 종괴(從魁) (酉)
소만·망종룡은 巳궁이니 월장 전송(傳送) (申)
하지·소서룡은 午궁이니 월장 소길(小吉) (未)
대서·입추룡은 未궁이니 월장 승광(勝光) (午)
처서·백로룡은 申궁이니 월장 태을(太乙) (巳)
추분·한로룡은 酉궁이니 월장 천강(天罡) (辰)
상강·입동룡은 戌궁이니 월장 태충(太沖) (卯)
소설·대설룡은 亥궁이니 월장 공조(工曹) (寅)

② 월장을 찾았으면 월장을 분배한다. 분금 지상(支上)에 천산을 기준하여 당해 월장을 배정하고 역행하여 12월장의 도림궁을 본다. 길흉은 다음과 같다.

- **등명**(음수) 亥 : 높고 빼어나면 문과급제하는 인재를 배출한다.
- **하괴**(양토) 戌 : 위압적이면 풍성(風聲)이 난다.
- **종괴**(음금) 酉 : 둥글고 후덕하면 왕비와 미녀를 배출한다.
- **전송**(양금) 申 : 높고 후덕하면 무장이 나고 자손이 많다.
- **소길**(음토) 未 : 낮으면 토지를 얻고 위압적이면 토지로 인해 소송이 있다.
- **승광**(양화) 午 : 빼어나면 영화를 누리고 고압적이면 화재를 만난다.
- **태을**(음화) 巳 : 맑고 빼어나게 개면했으면 수(壽)와 귀(貴)를 누린다.
- **천강**(양토) 辰 : 고압적이면 종이 주인을 살해한다.
- **태충**(음목) 卯 : 완벽하고 실하면 역마가 되고 허하면 가축이 번성하지 않는다.
- **공조**(양목) 寅 : 높으면 자손이 창성한다.
- **대길**(음토) 丑 : 고압적이면 서손이 발복하고 허하면 가난하다.
- **신후**(양목) 子 : 고압적이면 수재(水災)로 패가한다.

③ 월장을 배열하였으니 분금 천간으로 12귀신(貴神)이 있는 방위를 찾는다.

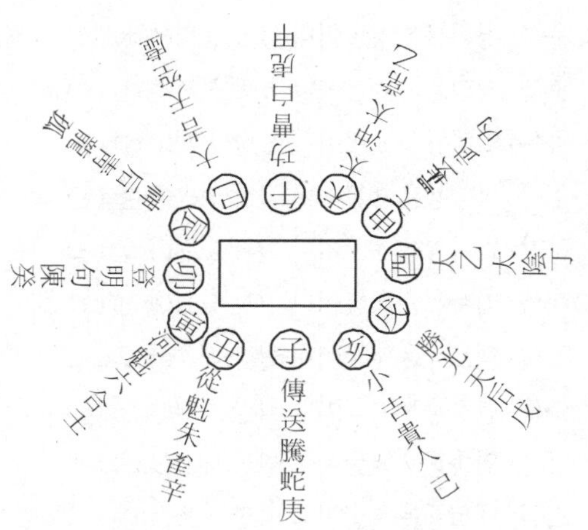

[월장 · 귀신 배열도]

묘정(卯正)중에서 유정(酉正)중까지는 양귀인(陽貴人)을 기준하여 순행하고, 유(酉)에서 묘(卯)까지는 음귀인(陰貴人)을 기준하여 역행하면 된다. 차례와 길흉은 다음과 같다.

- **귀인**(貴人) 丑토 : 청귀 · 문무를 배출.
- **등사**(騰蛇) 巳화 : 깜짝 놀랄 일이 생긴다.
- **주작**(朱雀) 午화 : 쟁송에 휘말린다.
- **육합**(六合) 卯목 : 좋은 혼인을 한다.
- **구진**(句陳) 辰토 : 부동산으로 부자된다.
- **청룡**(青龍) 人목 : 생산업에 종사한다.
- **천공**(天空) 戌토 : 공허하면 물에 빠져 죽는다.
- **백호**(白虎) 申금 : 상해를 입는다.
- **태상**(太常) 未토 : 부귀를 누린다.
- **현무**(玄武) 子수 : 도적을 맞는다.
- **태음**(太陰) 酉금 : 가슴 답답할 일이 생긴다.
- **천후**(天后) 亥수 : 전장의 피해를 보게 된다.

④ 월장과 귀신을 배열하였으면 해당 방위의 산과 물의 생극제화를 깊이 살핀다. 월장 · 귀신(貴神) · 분금의 관계를 예를 들어 설명한다.

- **경태**(庚兌)**룡 계유**(癸酉)**천산 정유**(丁酉)**분금** : 천간을 지지에 배당하면 분금 정유(丁酉)는 갑오(甲午)순중이다. 따라서 오(午)지지 위에 갑(甲)을 붙이고 순행하면 미(未)가 을(乙), 신(申)이 병(丙)…하여 묘(卯) 위에 계(癸)가 임하게 된다. 진사(辰巳)는 공망이 된다. 길흉을 판단하면 월장은 계유(癸酉)천산 추분 전이다. 따라서 백로 월장인 태을이 임하니 태을은 사(巳)화이다. 귀신분금 정유(丁酉) 양귀(陽貴)는 저(猪)로 해(亥)에서 귀(貴)를 시작하여 순행하면 태음이 분금에 오니 태음은 유(酉)금이며 분금좌궁으로도 유(酉)금이다. 그러므로 월장이 분금을 극하고 월장이 귀신을 극하니 뒷전에서 벌이는 요사한 일로 화를 입는 일이 생긴다. 초기 운에는 상처하고 아들 잃고 재물도 손해 본다. 그러나 천간인 정(丁)이 분금을 극하니, 재물이 생기고 1대가 지나면 축(丑)년에 태어난 사람이 군인으로 가문을 일으킨다. 축(丑)생인 까닭은 월장 태을 사(巳)화와 귀신 태음 유(酉)금이 서로 다투는데, 축(丑)이 오면, 사유축(巳酉丑) 삼합이 되고 사(巳)는 또한 유(酉)금의 장생궁이기 때문이다. 또한 안산(案山) 묘(卯)에는 등명 해(亥)와 구진 진(辰)이 있으니 해묘미(亥卯未)년에 태어난 사람이 크게 출세한다.

⑤ **개금정**(開金井 : 묘 자리를 파는 것) 때에 일어날 일기의 변화를 미리 판단하여 적절한 조치를 취한다. 갑을(甲乙)은 바람을 관장. 그 방위의 산이 당권(當權)하면 바람이 크게 일어나니 백호[申]나 전송[申]으로 제압한다. 병정(丙丁)은 불을 담당. 번개가 친다. 신후[子] 또는 등명[亥]으로 제지한다. 무기(戊己)는 운무(雲霧)를 담당. 운무가 매우 짙게 깔리면 공조[寅]나 태풍[卯]으로 제압한다. 경신(庚辛)은 병호(兵虎)를 관장. 표범이나 호랑이가 장난한다. 주작[午]이나 태을[巳]로 제압한다. 임계(壬癸)는 비와 눈을 주관한다. 비와 눈이 많이 온다. 태상[未]이나 귀인[丑]으로 제지한다.

❖ **육종지세분류법**(六種地勢分類法)

- **평강**(平崗) : 높은 산의 줄기가 갈려 내려오면서 가닥을 형성하여 중간 큰 줄기의 허리춤 부근에서 약간 더 나와 뭉쳐진 야산 언덕. • 평파(平坡) : 뒤는 산에 연결되고 앞은 물에 인접하여 앞이 열린 조그만 산언덕. • 평전(平田) : 높은 산이 끝줄기를 거두는 무렵에 떨어진 가닥들이 형성시킨 평평한 논밭지대.
- **평양**(平洋) : 산보다는 들에 가까우며 도랑이 있고 논밭이 둘

ㅇ

러진 지대에 놓여진 언덕바지.

- **평호**(平湖) : 큼지막한 산줄기가 흘러내리다 펼쳐 갈라지며 전방에 큰 호수를 품어들인 듯하되 앞쪽에 산이 보이지 않는 산언덕.
- **평원**(平原) : 옥야천리 끝없이 이어지는 들녘으로 일망주제 가로막힌 데가 없으면서 약간 편편한 동산언덕.

❖ **육친**(六親:六神) : 육친이란 오행의 상생상극비화의 원리를 육친관계에 연관시켜 상관관계를 표현한 것.

日干(甲木), 나[我]로 하고

甲木 : 甲木 : 比肩 : 일간과 음양이 같고 오행도 같은 것

甲木 : 乙木 : 劫災 : 일간과 음양이 다르고 오행이 같은 것

甲木 : 丙火 : 食神 : 일간이 생하되 음양이 같은 것

甲木 : 丁火 : 傷官 : 일간이 생하되 음양이 다른 것

甲木 : 戊土 : 偏官 : 일간이 극하되 음양이 같은 것

甲木 : 己土 : 正財 : 일간이 극하되 음양이 다른 것

甲木 : 庚金 : 偏官 : 일간을 극하되 음양이 같은 것

甲木 : 辛金 : 正官 : 일간을 극하되 음양이 다른 것

甲木 : 壬水 : 偏印 : 일간을 생하여 주는데 음양이 같은 것

甲木 : 癸水 : 正印 : 일간을 생하여 주는데 음양이 다른 것

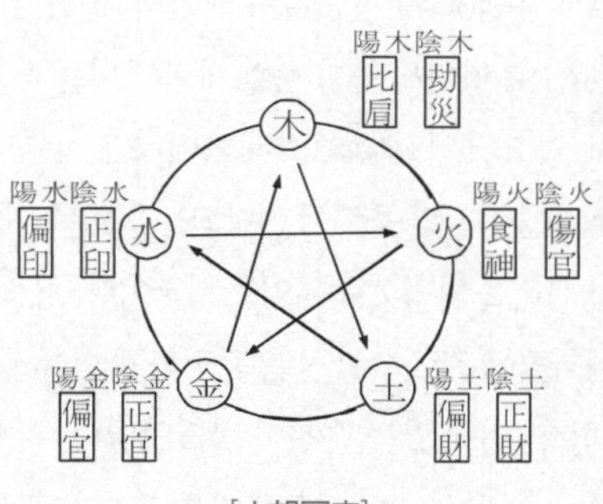

[六親圖表]

생아자(生我者) 부모는 나를 갑목(甲木)으로 하였을 때 갑목(甲木)을 생해주는 오행은 임수(壬水)나 계수(癸水)이니 수생목(水生木)하여 곧 임수(壬水)나 계수(癸水)는 부모가 되며, 오행이 다르고 음양이 같으면 편인(偏印)이 되고, 오행이 다르고 음양이 다르면 정인(正印:印綬)이 된다. 아생자(我生者) 자손은 갑목(甲木)이 생해주는 오행은 병화(丙火)나 정화(丁火)로 목생화(木生火)하여 곧 병화(丙火)나 정화(丁火)는 자손이 되고, 오행이 다르고 음양이 같으면 식신이 되고, 오행이 다르고 음양이 다르면 상관(傷官)이 된다. 극아자(剋我者) 관귀(官鬼)는 갑목(甲木)을 극하는 오행은 경금(庚金)이나 신금(辛金)으로 금극목(金剋木)하여 곧 경금(庚金)이나 신금(辛金)은 관귀(官鬼:殺)가 되고, 오행이 다르고 음양이 같으면 편관(偏官)이 되고, 오행이 다르고 음양이 다르면 정관(正官)이 된다. 아극자(我剋者) 처재(妻財)는 갑목(甲木)이 극하는 오행은 무토(戊土)와 기토(己土)로 목극토(木剋土)하여 곧 무토(戊土)나 기토(己土)는 처재(妻財)가 되고, 오행이 다르고 음양이 같으면 편재(偏財)가 되고, 오행이 다르고 음양이 다르면 정재(正財)가 된다. 비화자(比和者:肩) 형제는 갑목(甲木)이나 을목(乙木)을 만나는 것이니 오행이 같고 음양이 같으면 비견(比肩)이 되고, 오행이 같고 음양이 다르면 겁재(劫災)가 된다.

❖ **육해**(六害)**와 원진**(元嗔) : 서로 미워하고 해하므로 친할 수 없는 것이니, 매사에 막힘이 따르고 괴이한 일이 발생한다.

六害

支地	子 丑 寅 卯 申 酉
害	未 午 巳 辰 亥 戌

元嗔

支地	子 丑 寅 卯 辰 巳
元嗔	未 午 酉 申 亥 戌

❖ **윤년 윤월**(閏年 閏月) : 태양력(太陽曆)에서는 2월이 평년보다 하루더 많은 29일로 하고, 태음력(太陰曆)에서는 평년보다 한달을 더하여 윤달을 만듦.

❖ **윤달**[閏月] : 윤달[閏月]이란 태음력(太陰曆)에 있어서 날짜가 계절과 1개월의 차가 생길 때 그것을 조절하기 위해 두 번 거듭되는 달을 말한다. 태양력(太陽曆)에서는 2월이 평년보다 하루 더 많아 29일로 정하고 태음력에서는 양력과 맞추기 위하여 평년보다 한 달을 더하여 옛 풍속에서는 윤월을 '윤달, 공달, 군달, 덤달, 여벌달' 이라고도 하였다.

❖ **윤지완급**(輪之緩急) : 입수맥이 급하면 기준보다 5~7치 정도 아래도 내려서 쓰고, 반대로 완만하면 기준보다 5~7정도 위로 올려서 쓴다.

❖ **율려법**(律呂法;隔八相生) : 혈좌의 생궁에서 포(胞)를 시작으로 역행하여 후각(後角)의 하나는 생각(生角)이 되고 다른 하나는 왕

각(旺角)이 되어야 한다.(매 절마다 이렇게 되는 것이 좋다.) 예를 들자면 자좌(子坐)일 경우, 자(子)의 생궁은 사(巳)이므로(=巳生子) 사(巳)에서 역으로 포태양생의 12운성을 짚어가면 인(寅)이 생이 되고 술(戌)이 왕이 된다. 따라서 자좌(子坐)면 오향(午向)이 되니 향오(向午)와는 인오술(寅午戌) 삼합화국(三合火局)이 되고, 좌수(坐水(子는 水 : 雙山五行))와는 수화기제(水火旣濟)가 되어 생왕이다.

[六八律呂表]

4월(巳) 2월(卯) 12월(丑) 10월(亥) 8월(酉) 6월(未)	중려(中呂) 협종(夾鐘) 대려(大呂) 응종(應鐘) 남려(南呂) 임종(林鐘)	무사(無射) 이측(夷則) 연빈(莚賓) 고세(姑洗) 태족(太簇) 황종(黃鐘)	9월(戌) 7월(申) 5월(午) 3월(辰) 1월(寅) 11월(子)
陰月(支)	육려(六呂)	육율(六律)	陽月(支)
陰		陽	

동지를 기준으로 하여 율려(律呂)의 진동음계에 따른 것으로 황종(黃鐘)이 임종(林鐘)을 생하고 임종이 태족(太簇)을 생한다. 이것을 12지로 바꾸면 다음과 같다.

子生未 丑生申 寅生酉 卯生戌

辰生亥 巳生子 午生丑 未生寅

申生卯 酉生辰 戌生巳 亥生午

❖ **융저수**(融豬水) : 용호(龍虎)사이에 못이 있어 깊고 깨끗한 물이 흘러가지 않고 모여있으면 거부(巨富)와 귀현(貴顯)이 유구(悠久)하다. 이런 경우에는 전조(前朝)에 대살(帶殺)이 난잡해도 능히 제살(制殺)시킨다.

❖ **융취명당**(融聚明堂)

① 명당수(明堂水)가 혈전에 주머니 같은 천심지(天心地)에 모이는 형국.

② 혈장 주변국세가 안정되어 있으며 혈 앞으로 중수(衆水)가 모여드는 땅으로 혈장 왼쪽에 청룡, 오른쪽에 백호가 껴안을 듯 보호하며 사포수회(砂抱水回) 장풍이 잘된 혈장으로 생기가 흩어짐이 없이 아름답게 취기된 명당.

③ 융취명당이란 명당 부근이 움푹 패어 있거나 그릇 밑바닥을 생각하게 하는 형세로 그 곳에 하천의 흐름이 모여드는 땅을 말한다. 또 혈지를 왼쪽에 청룡, 오른쪽에 백호가 껴안 듯이 활 모양으로 뻗고 지키며 사(砂)수(水) 모두 장풍취수(藏風聚水)의 역할을 수행하고 있어 지룡(地龍)의 생기(生氣)가 흩어져 없어지는 것을 막고 있다.

❖ **은룡**(隱龍)

① 일반적인 용은 지면보다 높이 솟아올라 눈으로 쉽게 구분되는 반면 은룡은 땅 속에 숨어 있다. 은룡은 지면 아래에서 바위나 흙으로 연결되어 있으며 혈과 명당을 이루는 기운이 있다.

② 주산이 받쳐주어야 총명한 자손이 출생한다.(아니면 절손 된다.) 은룡은 대개 금계포란형(金鷄抱卵形)이 정기(精氣)가 많아서 부(富)의 발복이 크다. 장자손가(長子孫家)에 큰 벼슬을 하여 세도(勢道)하고 차자말자는 거부(巨富)가 나오고 부귀발복은 커지만 시작이 늦다. 그러나 발복은 끝나는 줄 모른다.

❖ **은병옥배사**(銀瓶玉杯砂) : 산이나 바위가 마치 옥으로 만든 술병이나 잔처럼 생긴 형태. 병은 있으나 잔이 없거나 잔은 있으나 병이 없으면 발복하지 못한다. 산이나 바위가 비교적 높고 크면 은병이고, 낮고 작으면 옥배다. 은병옥배사가 단아하고 수려한 안산과 조산이 되거나 혈 근처에 있으면 거부지지(巨富之地)가 된다.

❖ **은현**(隱顯) : 용맥(龍脈)이 숨겨져 있어서 잘 나타나지 아니함.

❖ **음낭혈**(陰囊穴) : 남자의 음낭(陰囊)에 해당되는 혈. 혈이 산기슭 낮은 데에 있고 조안산(朝案山)이 빼어나게 아름답다. 또한 음낭혈(陰囊穴)은 여자의 음부에 해당되는 혈이다. 주변산세가 마치 여자가 다리를 벌리고 누워있는 형국이다. 청룡과 백호가 다정하고 아늑하게 감아주고 물은 유정하게 혈을 환포해 주어야 한다. 특히 혈 밑에 있는 순전이 발달하였다.

❖ **음녀사**(淫女砂) : 안산(案山)에 거울이 있고 백호내(白虎內)에 단독으로 나가는 긴 사(砂)가 있으면 주로 음녀(淫女)가 생기는 형국.

❖ **음덕을 닦아야 길지를 얻는다** : 채문절공(蔡文節公)이 말하기를, 「적덕(積德)을 하는 것만이 좋은 땅을 구하는 근본이니, 무릇 사람이 자손만대의 경영을 하고자 하면 마땅히 공순하고, 겸손된 마음으로 처세(處世)하고, 남의 편리를 도모하고, 조금치도 도리에 합당치 않은 일은 행하지 말아야 백신(百神)이 감응하는 것이

니, 길지(吉地)를 가리는 일은 다음의 일이다. 그러므로 패역부도(悖逆不道)하고 불효불제(不孝不悌)하는 인간은 조물주에게 벌을 받을 것이니 무슨 소용이 있으리오」하였다. 문정공(文正公)은 말하기를,「돌이켜 보면 대개 어떤 사람은 길지(吉地)를 얻었으나 발복(發福)을 받지 못하고, 도리어 앙화(殃禍)를 당하는데 예가 있는데 그 이유는 대개 재혈(裁穴)의 잘못이거나 향법(向法)의 틀림이요, 또 혈 자리를 팔 때, 용과 혈을 상하여 길한 것이 흉으로 변한 것이며, 길지(吉地)를 얻고도 자기 고집을 세우고 량사(良師)의 말을 듣지 않는 것이다. 또는 길지(吉地)를 얻어 분명한 혈에 장사(葬事)를 하였으나 자손이 타인의 말을 듣고 이장하는 일로 발복이 되지 않는 바이니. 이것이 곧 덕을 쌓지 않은 사람이면 길지(吉地)를 얻고도 저절로 이장하게 되는 복이 없는 사람이며, 복이 있는 사람은 길지(吉地)를 제대로 얻어 보전하는 것이니 이는 반드시 적덕(積德)한 집안이다」라고 하였다.

❖ **음덕(蔭德)이란 선대(先代)의 후광(後光)** : 화복론(禍福論)을 주장하는 사람들의 말을 빌린다면 "명당에다 묘지를 쓰게 되면 그 후손에게 돌아오는 복" 을 음덕이라 한다. 음덕이란 아무에게나 풍수가 명당을 찾아준다고 해서 그 자손들에게 발복되는 덕이 아니라, 고인이 살아 생전에 남모르게 쌓았던 음덕이 고인이 영면(永眠)에 들고 난 후, 즉 "금잔디를 이불로 덮고 나서야 천지(天地)가 이를 밝혀내어 축복으로 후손들에게 그 덕을 되돌려 주는 것"이 올바른 해석이다.

❖ **음란패절주택(淫亂敗絶住宅)** : 사방의 처마가 치켜 떠들리고 흡사 두건으로 머리를 감아 올리는듯한 것과 혹은 한 채의 집에 아래 위에 놓인 방문이 서로 마주 보면서 중간에 대청이 없는 형태는 사람과 재물이 쇠퇴하고 관재, 구설, 투쟁, 말썽의 피해가 자주 생기며 오래 되면 파탄, 절망의 액화에 부딪치고 음란, 색정, 불량에 연관된 재난과 손상을 치르게 된다.

❖ **음래양수(陰來陽受), 양래음수(陽來陰受)** : 음(陰)이 오면 양(陽)이 받고 양(陽)이 오면 음(陰)이 받아주는 음양의 배합리법(配合理法).

❖ **음룡(陰龍)** : 산맥이나 맥의 형상이 엎어 놓은 손바닥(覆掌)같이 도두룩한 형세.

❖ **음맥(陰脈)** : 용맥(龍脈)이 도두룩 하게 뻗은 것.

❖ **음분(陰墳)** : 그늘진 무덤 또는 고총을 말함.

❖ **음사(陰邪)** : 음탕하고 간사하고 험악함을 말함.

❖ **음습산지사토(陰濕山之死土)는** : 목수렴이만관(木水廉而滿棺)이라 산이 음습하여 사토(死土)면 목렴과 수렴이 관속에 가득하면 재패(財敗), 인패(人敗), 내장병 환자가 많이 나온다.

❖ **음양(陰陽)** : 음지와 양지, 어두운 것과 밝은 것, 음의 상대는 양이요 양의 상대는 음이며, 강한 것을 양, 부드러운 것을 말함.

❖ **음양 수맥탐사봉으로 수맥을 찾는 방법**

① **탐사봉의 일반적인 모양** : 초보자는 일단 조금이나 힘을 주어도 잘 휘어지는 길이 33cm의 보통 철사 두 개와 볼펜 굵기의 길이가 5cm 정도 되는 파이프 두 개를 준비한다. 철사와 파이프의 길이가 일률적으로 정해진 것은 아니며 사람에 그 재질은 같은 것이 가장 좋으며 되도록 준비한 철사가 자유로이 움직일 수 있어야 한다. 철사의 한쪽 끝부분을 5cm 되는 지점에서 구부렸을 때 눈으로 보아서 철사의 긴 부분과 짧은 부분이 이루는 각이°90정도가 되어야 한다. 그런 다음 그것을 미리 준비한 파이프에 꽂는다. 그리고 철사의 나머지 한쪽 끝부분을 약간 말아주는데 이것은 철사의 수맥에 반응할 때 그 감도를 높여줄 수 있다. 중간 부분은 직선보다는 약간 휘어진 것이 유리하다. 보다 정밀한 수맥 탐사를 위해서는 특수하게 제작된 음양수맥탐사봉을 사용하는 것이 좋다. 음양수맥탐사봉은 우주만물의 기본인 음과 양의 기운을 기존의 수맥 탐사 도구에 불어넣음으로써 보다 효과적으로 수백을 찾을 수 있다는 원리를 그 출발로 하여 만들어진 것이다. 음기를 상징하는 금색의 탐사봉은 오른손에, 양기를 나타내는 백색의 탐사봉은 왼손에 쥐고서 다음에 제시하는 방법으로 수맥을 찾을 수 있다.

② **탐사봉을 쥐는 법** : 탐사봉은 거의 평행이 되도록 두 손을 이용하여 가슴 높이에서 수평으로 가볍게 들어준다. 초보자의 경우에는 약간 앞쪽으로 모아서 조금 숙여주는 것도 수맥 감지에 유리하다. 이때 주의할 것은 양손의 집게손가락이 정면을 향하고 수평을 유지하도록 해야 한다는 것이다. 탐사봉의 구부러진 부분이 집게손가락의 두 번째 마디에 닿

도록 하고 탐사봉의 짧은 쪽 끝은 엄지손가락 안쪽에 위치하도록 한다. 물론 탐사봉의 움직임은 자유로울 수 있도록 해야 한다. 탐사봉이 자유롭게 움직이는가를 알아보기 위해서는 다른 사람으로 하여금 약간 힘을 주어 탐사봉의 양쪽 끝을 쳐보게 하면 알 수 있다. 이때 탐사봉의 양끝이 수맥 위에서 반응하는 것처럼 안쪽으로 모여지면 된다. 만약 안으로 모였던 상태를 유지하지 않고 제자리로 돌아왔다면 그것은 손에 힘이 들어갔다는 표시이므로 주의해야 한다. 초보자는 탐사봉의 진동에 대한 확신이 약하다. 자기 손의 진동이 옮겨진 것인지 아니면 진짜 수맥에 대한 반응인지 감을 잡기 어려울 때가 많을 것이다. 무엇보다 심리적으로 가장 안정된 상태에서 나타난 반응이 정확하다. 이를 위해서는 고도의 정신집중과 부단한 노력을 끊임없이 요한다. 몸은 최대한 자연스럽게 하고서 팔꿈치는 겨드랑이에 붙이지 말고 약 5~7cm 정도의 간격을 두어 떼는 것이 좋다. 그러나 초보자는 자세가 익숙해질 때까지 팔꿈치를 가볍게 겨드랑이에 붙이는 것이 오히려 도움이 되는 경우도 있다. 양손 사이의 간격은 35cm 정도로 유지해준다.

③ **탐사봉 두 개를 이용하여 수맥을 찾는 법** : 먼저 마음이 차분해지도록 몸가짐을 편하게 하고 호흡을 가다듬어 안정을 취한다. 자세가 어느 정도 유지되면 평소 걷는 것처럼 보통 걸음으로 걷는다. 이때 절대로 탐사봉을 움직여서는 안 된다. 상하로의 움직임은 큰 상관이 없다 하겠지만 좌우로 흔들릴 경우에는 수맥 탐사가 불가능해진다. 걸음은 평상시 걷는 것을 기준으로 보폭이나 속도가 정해진다. 그러나 걸음의 너비나 속도에 따라 수맥 탐사봉의 반응이 달라진다는 것을 염두에 두어야 할 것이다. 양손에 각각 음양의 탐사봉을 들고 전후좌우로 움직이다 보면 탐사봉에 반응이 나타나기 시작할 것이다. 마치 자석의 양극간에 나타나는 자력처럼 탐사봉의 양끝이 자연스럽게 안쪽으로 몰리게 된다. 이러한 반응이 나타나는 지점에서 수직으로 파내려 간다면 확신하건대 수맥이 흐르고 있다. 그 정확한 지점은 탐사봉 양끝이 몰리는 지점이 아닌 걸음을 떼어 놓는 앞발의 위치이다. 최초로 수맥의 반응을 탐지한 지점을 축으로 하여 전후로 왔다갔다하다 보면 탐사봉이 다음으로 반응하는 곳이 있다. 이 두 지점을 일직선상으로 하여 왕복을 하다보면 어느 한쪽 방향에서만 반응을 감지할 수 있을 것이다. 수맥파는 진행 방향의 순반향에서 감지되는 것이 아니고 역방향에서 감지된다. 즉 수맥이 흐르는 방향으로 걸으면 반응이 나타나지 않지만, 거슬러 올라갈 경우에는 반드시 반응이 나타나는 것이다. 물줄기의 양끝 지점에서도 탐사봉은 반응한다. 이것은 물줄기의 중간이 아니라 가장자리 지점에서 수맥의 방사자력이 발산된다는 것을 나타내 주는데 이것으로도 수맥의 방향을 어느 정도는 판단할 수 있다.

④ **탐사봉 한 개로 수맥을 찾는 방법** : 음양수맥탐사봉 두 개를 이용하여 수맥을 탐지하는 것과 동일한 방법으로 하나의 탐사봉을 들고 수맥 위를 지나가도 똑같은 반응이 나타난다. 이때는 음기를 나타내는 금색의 탐사봉을 오른손에 들고 실시한다. 이렇게 연습을 하다가 어느 정도 익숙해지면 원거리 탐사까지도 가능하다. 즉 실제로 수맥이 흐르는 그 지점에 서 있지 않더라도 손만을 사용하여 눈에 보이지 않는 먼 곳의 수맥 탐사가 가능하다. 그것으로 자기 발 밑에 흐르고 있는 수맥이나 약수터의 진원지가 어디인지, 중도에 오염원은 없는지까지 파악할 수 있다. 또한 탐사봉과 왼손을 이용하여 상대방의 몸 어느 부위에 이상이 있는지도 알아낼 수 있다.

❖ **음양양의**(陰陽兩儀) : 음양은 태극(太極)의 동정(動靜)에서 생(生)한 것이니 상대적인 관계를 말한다. 무릇 우주의 만물은 복수적으로 대단히 많고 그 형상 또한 대단히 다양하지만 이 모두 한 태극(太極)에 연쇄적으로 인과관계를 맺고 있으며, 이것을 좀 더 쉽게 분류해보면 모두 음양관계로 되어 있지 않는 것이 없으며, 음양은 상대방을 인정하고 가치를 평가하는 기준이 되며 상대가 있으므로 존재하게 되고 상대를 인정해 줘야 인정받게 되는 묘(妙)하고도 절대적인 관계가 된다.

❖ **음양오행에 따른 색상** : 음(陰)의 색상은 검정색이고, 양(陽)의 색깔은 흰색이다. 그리고 오행이 가진 색상은 다음과 같다.

- 목(木) : 청색 및 초록색을 뜻한다. 방위는 동쪽이다.
- 화(火) : 빨간색을 뜻한다. 방위는 남쪽이다.
- 토(土) : 노락색을 뜻한다. 방위는 중앙이다.
- 금(金) : 백색을 뜻한다. 방위는 서쪽이다.
- 수(水) : 검은색을 뜻한다. 방위는 북쪽이다.

❖ **음양(陰陽)으로 정혈(定穴)** : 풍수지리에서는 산과 물로 음양을 구분한다. 용에는 용의 음양이 있고 혈에는 혈의 음양이 있다. 용혈(龍穴)에서는 살찌고 일어난 것이 음이고 여위고 꺼진 것은 양으로 보며 이것을 혈법의 음양이라 한다. 용신(龍身)에 혈을 정할 때 음룡이면 양혈이 마땅하고 양룡이면 음혈이 되어야 한다. 양룡에 양혈이나 음룡에 음혈은 비록 참다운 용혈이라 할지라도 결격(缺格)이 되어 발복에 차이가 상당하다고 본다.

❖ **음양(陰陽)은 만물 형성의 근원** : 기는 우주를 형성하고 있는 것이다. 무극(◯)과 태극(☯)의 상태에 있는 기가 만물을 형성하려면 먼저 반드시 양(—)과 음(--)으로 분리된다. 일설에 의하면 음양의 표시는 문자가 없었을 당시 남녀 생식기의 모양을 보고 남자인 양은 —로 여자인 음은 --으로 표시한 것에서 시작되었다 한다. 이를 효(爻)라고 부르며, 모든 만물은 음양으로 구분된다.

❖ **음양증혈(陰陽證穴)** : 음맥을 음룡(陰龍)으로 양맥(陽脈)을 양룡(陽龍)으로 구분하여 정혈하는 것을 말함. 용맥이 요(凹)한 곳이 양(陽)이 되고 용맥이 철(凸)하고 돌(突)한 곳이 음(陰)으로 이를 증거하여 정혈(定穴)하는 것을 말한다. 이와 같이 음룡(陰龍)으로 내려오다 양룡(陽龍)으로 변하고 양룡(陽龍)으로 내려오다 음룡(陰龍)으로 변하는 것을 생룡(生龍)의 이치라 하고, 이를 자웅(雌雄)의 형상이라고도 말한다. 양공(陽公)이 말하기를, 「자웅혈법(雌雄穴法)은 땅기운이 모이고 흩어지는 것을 말함이다」 하였다. 만일 땅기운이 위에서 안 맺으면 그 정기(精氣)는 반드시 아래로 모여 자혈(雌穴)을 맺고, 또 아래가 「땅기운이 모이지 않으면 정기(精氣)는 위로 모여 웅혈(雄穴)을 맺는다」 하였다. 여기에서 웅혈은 높은 곳에서 있는 천혈(天穴)이며, 자혈(雌穴)이란 낮은 곳에 있는 지혈(地穴)을 말함이다. 즉 산을 살펴보아 땅기운이 모이면 혈처를 정하고 흩어지면 버려야 한다. 대개 위의 땅기운이 흩어지면 아래에 모이므로 지혈(地穴)을 정하고 아래가 땅기운이 흩어지면 반드시 정기가 위에 모이므로 천혈(天穴)을 정하여야 한다.

❖ **음양풍수설에 의하면** : 집터와 그 방위 선택은 묘지 경우와 마찬가지로 동청룡(東靑龍), 서백호(西白虎), 남주작(南朱雀), 북현무(北玄武)등 환상적인 동물을 상징하는 지형들이 구비되어야 좋다는 것이다. 그것은 동서남북의 산이 사신(四神) 즉 사방을 지키는 수호신이 있다고 믿었기 때문이다. 이 미신을 믿던 사람들은 그러한 산들이 없는 경우는 인공적으로 가산(假山)을 만들기도 하였다.

❖ **음양최관수(陰陽催官水)** : 혈지(穴地)의 좌향(坐向)과는 무관하게 다음과 같은 방위로 물이 득수하거나 저수지, 호수 등이 있으면 음양최관수(陰陽催官水)로 길하다. 관직을 빨리 얻고 승진이 빠르다. 또한 뜻하지 않은 재산을 모으거나 명예를 얻는다.

	來蓄水방위	禍福
陰	艮 巽 震(=卯) 兌(=酉)	速發富貴한다
陽	丙 丁 庚 辛	發貴한다

❖ **음양택(陰陽宅)** : 음택과 양택을 합칭한 술어. 죽은 사람은 음계(陰界)에 속하고 산 사람은 양계(陽界)에 속하므로, 죽은 사람의 자리(묘)를 마련하는 모든 법을 음택(陰宅)이라 하고, 산 사람의 자리를 마련하는 모든 방법을 양택(陽宅)이라 한다.

❖ **음양풍(陰陽風)** : 지리법에 바람이란 실제 바람이 불어오건 말건 바람을 막아 보호하는 산이나 용이 없으면 바람이 닿는 것으로 간주하고, 어느 한쪽이 트이면 역시 그 트인 곳으로 바람이 불어온다 한다. 가령 사방에 막힌 곳이 없으면 사방풍이라 하고, 동쪽 묘방(卯方)이 요(凹)하거나 트이면 묘방풍(卯方風)이라 한다. 양풍은 이로울 게 없지만 크게 해롭지도 않으나 음풍은 가장 두려워 꺼리는 바람이다. 즉 요(凹)한 곳으로 바람이 들어와 통해 나가는 곳이 없으면 음풍이고, 넓게 트인 곳으로 들어와 바람이 흩어져 없어지면 양풍이다. 그러므로 강·바다·넓은 평원은 사방의 바람이 불어와도 소통되므로 양풍(陽風)이고, 한 변은 트이고 한 변은 막혔거나, 혹 객산(客山)이 구부러진 곳을

끊으면 바람이 빗겨 들어오므로 음풍(陰風)이라 한다. 즉 바람이 양지(陽地)인 인묘진사오미방(寅卯辰巳午未方)에서 불어오면 양풍(陽風)이라 하고, 음지(陰地)인 신유술해자축방(申酉戌亥子丑方)에서 불어오면 음풍(陰風)이라 한다.

❖ **음양혈**(陰陽穴) : 천지만물은 모두 음양으로 구분되어 있다. 예를 들어 하늘은 해와 달로 음양을 삼고, 사람은 남녀로 음양을 구분하며, 땅은 산과 물로 음양을 삼는다. 그런데 음과 양에는 또 양 가운데 음양이 있고, 음 가운데 음양이 있다. 산을 음이라 칭하여도 음인 산이 높은 것은 음이고, 낮은 곳은 양에 속한다. 음양의 도는 음양 두 기운을 교감하는데 묘가 있는 것이므로 음룡 아래에 양혈을 구하고, 양룡 아래에 음혈을 구하는 것이 정법이다. 만약 이와 같은 혈법의 원칙을 무시하고 음룡 아래에 음혈을 쓰고, 양룡 아래에 양혈을 쓰면 부부 생리사별에 자손이 창성하지 못하며 부귀를 누리지 못한다고 한다.

❖ **음주로 인해 객사(0하거나 음난(0등으로 보는 것은** : 청룡 백호가 높고 험석(險石)이면 음주(飮酒)로 망녕되어 객사한다. 험석은 관재(官災) , 구설(口舌), 불구자(不具者) 출산, 음란(淫亂)등으로 보는 것이다.

❖ **음천**(淫泉) : 천천(濺泉)이라고도 함. 마치 여자가 소변보는 것과 같이 구멍속에서 쏘듯이 나오는 샘물을 말한다. 이것은 음극(陰極)의 보살기(甫殺氣)가 발살(發殺)되는 것이므로 가장 흉하다. 이 근처에서는 혈을 찾지 말아야 한다.

❖ **음택**(陰宅) : 장법(葬法)을 말함. 장법이란 죽은 사람의 묘자리를 잡고, 묘를 쓰고, 비석을 세우고, 묘를 수리하는 것 등을 총칭함인데, 특히 풍수지리법에 맞추어 혈을 정하며, 또는 운(運)에 맞추어 택일하는 것 등을 음택이라 한다.

❖ **음택감정법**(陰宅鑑定法) : 한 묘터를 감정하는 데 있어서는 먼저 전후좌우의 산수의 형세를 살펴야 하는 것으로, 전후좌우란 주룡내세(主龍來勢)와 조안(朝案)과 청룡과 백호의 형태를 말하는 것이다. 그 다음 혈처에 이르러서는 득수(得水)와 파구(破口)를 파악하여, 큰 물줄기나 작은 물줄기가 어느 방위로부터 흘러내리기 시작하여 어느 방위로 흘러가느냐를 알아야 하니, 나침반을 묘정정중(墓頂正中)에 놓고 혈전내수구(穴前內水口)가 어느 곳에서 교합(交合)하는가를 보고, 귀고·불귀고(歸庫·不歸庫)와 천간·지지(天干·地支)와 황천수의 범부(犯否)에 관한 수동거래(水動去來)를 파악하고, 다음 천간향·지지향(天干向·地支向)에 따른 생왕·불생왕(生旺·不生旺)을 파악한 연후에, 모룡·모입수(某龍·某入首)의 생룡·사룡(生龍·死龍)과 용수(龍水)의 배합·불배합을 살펴본 다음, 귀인방위를 살피어 천간과 지지의 득위(得位)와 부득위(否得位)를 가려내야 한다. 생방(生方)의 유산무산(有山無山)과 유수무수(有水無水)를 살펴 유인정(有人丁)과 무인정(無人丁)을 분별하고, 왕방(旺方)의 유산무산(有山無山)과 유수무수(有水無水)를 살펴 유재무재(有財無財)를 식별하고, 천주산(天柱山)의 고저(高低)로 수명의 장단(長短)을 식별한 다음, 12궁(宮)·24산(山)·4유8간(四維八干)을 하나하나 살펴 형상의 좋고 나쁨을 가려 부혈(富穴)·귀혈(貴穴)을 구별하고, 혈난불난(穴暖不暖)과 풍취불취(風吹不吹)와 안면궁불면궁(案眠弓不眠弓)과 유하사무하사(維下砂無下砂)를 완전히 파악한 연후에 길지(吉地)는 단길(斷吉)하고 흉지는 단흉(斷凶)하면 된다.

❖ **음택**(陰宅)**과 양기**(陽氣) : 음택이란 죽은사람이 머무르는 묘지이다. 양기(氣)는 산 사람들이 머무르는 집터 마을터를 가리킨다. 시골의작은 마을뿐 아니라 커다란 도회지터도 양기라 부른다.

❖ **음택양택 명당(0은 잘못되면 소리 소문 없이 그 피해를 당한다** : 음양택풍수는 산세(山勢)와 물길 등을 살핀 후 드세고 찬바람이 없으며 당의 색이 밝고 아늑하며 따뜻한 기운이 느껴지는 곳에 주택, 묘자리를 찾는 것 그것이 음양택풍수이다. 양택 명당에 거주하던 사람이 이사를 가면 영향력이 중단되나 음택(묘)명당은 유골을 파내지 않는 한 영원하다. 음택명당은 잘못되면 자손이 소리 소문 없이 그 피해를 당한다. 음택은 입향(立向) 등 자연적 법칙에 어긋나거나 하면 안 된다. 양택은 입향은 물론 대문(大門)의 방향도 잘못되면 나쁜 일만 계속되다 패망한다. 양택 명당은 조건을 만들면 어느 정도 효과를 볼 수 있다. 양택풍수는 산세와 물길 등을 살핀 후 생기(氣)가 고이는 집터 액운을 막고 길운(吉運)을 불러들이는 집 모양 실내 공간 배치 색깔 등을 선택하여 금전적으로 건강하고 행복한 하루하루를 보낼 수 있는 집 한 채를 마련하는 것이 양택풍수이다. 풍수는 우선

내가 행복해야하고 자신의 운이 좋아지면 반드시 주위 사람들의 운도 좋아진다.

❖ **음택과 양택에 길한 연월시를 가리는법** : 사리제성압살정국(四利帝星壓殺定局)을 쓰는데 이는 음택과 양택에 길한 연월일시를 가리는 법의 하나다. 12길흉신(吉凶神) 가운데 8흉성(凶星)을 제하고 다만 4길진(四吉辰)만 기록한다. 이 길신(吉神)을 취용하면 모든 살을 제압하고 두터운 복록을 발한다고 한다.

年月日時	子	丑	寅	卯	辰	巳	午	未	申	酉	戌	亥
太陽	丑	寅	卯	辰	巳	午	未	申	酉	戌	亥	子
太陰	卯	辰	巳	午	未	申	酉	戌	亥	子	丑	寅
龍德	未	申	酉	戌	亥	子	丑	寅	卯	辰	巳	午
福德	酉	戌	亥	子	丑	寅	卯	辰	巳	午	未	申

자년(子年)이면 축묘미유(丑卯未酉) 월일시(月日時)를 쓴다. 자월(子月)이면 축묘미유(丑卯未酉) 연일시(年日時)를 쓴다. 자일(子日)이면 축묘미유(丑卯未酉) 연월시(年月時)를 쓴다. 자시(子時)면 축묘미유(丑卯未酉) 연월일(年月日) 중에 가려 쓰면 4길성(四吉星)에 해당하여 대길하다.

❖ **음택(陰宅) 명당(묘자리) 판단법** : 명당이라고 일컬어지는 자리는 봉분(封墳)이 깨끗하며 잔디가 잘 자란다. 봉분이 시간이 지나도 손상되지 않고 그대로이며 잔디가 빈틈없이 잘 자라고 있으면 일단 명당으로 판단해도 무방하다. 좋은 자리는 좋은 기가 충만하기 때문에 봉분이 깨끗하지만 그렇지 못한 자리는 지저분하다. 봉분의 일부나 전부가 꺼져 내려앉거나 잔디가 잘 자라지 못하거나 잔디가 일부 또는 전부가 죽어 없어지고 난 뒤에 쑥이나 억새풀이 봉분을 뒤덮는다든지, 그렇지 않으면 잡초가 자란다든지 아예 잡초조차도 자라지 않는 산소는 모두가 이른바 악(惡)터이다. 그리고 비석이나 상석이 기울어지기도 하는데 이러한 현상들은 모두 수맥의 영향으로 나타나는 현상들이다. 수맥이 있는 곳은 땅 속의 생기(生氣)가 다 빠져나가기 때문에 잔디가 살 수 없는 척박한 땅으로 변해 버리고, 수맥이 없다고 해도 토질이 나쁘거나 지기(地氣)가 나쁜 곳은 마찬가지로 봉분이 지저분하게 변한다. 이러한 터는 시신에 생기(生氣)의 공급이 중단되어 그 속에 묻힌 영혼은 불편함을 호소하게 되는데 이것이 후손에게 재앙으로 나타나는 것이다.

• **일반적인 길흉(吉凶) 판단법** : 살아 있는 사람은 자신이 살아가는 집이 휴식처이고, 가장 편안한 장소이다. 마찬가지로 죽은 자는 자신의 유골이 놓인 자리가 바로 살아 있는 사람에 비하면 곧 영혼이 편히 쉴 수 있는 집과 마찬가지다. 살아 있을 때는 특수한 초능력자 외에는 육체와 영혼이 절대로 분리될 수 없다. 그러나 죽으면 비로소 육체와 영혼이 분리된다. 그러나 살아 있을 때와 마찬가지로 죽어서도 육체와 영혼은 같은 주파수의 파장을 띠게 되며, 묘 자리가 좋지 않으면 육체의 주파수가 묘 자리의 나쁜 파장으로 인하여 주파수의 교란이 오게 되고 같은 주파수인 영혼의 주파수를 잡음이 섞인 나쁜 주파수로 만들어 버리기 때문에 영혼은 고통스럽고 불편한 것이다. 그래서 그런 곳에 자신을 묻은 자손을 원망하게 되고, 자신을 고통 속에서 해방시켜 달라는 메시지를 후손에게 보내게 되고, 그 후손은 우환과 재앙에 시달리게 되는 것이다. 묘 자리가 좋지 않음에도 불구하고 후손이 잘 된다면 그 후손은 자신의 조상 묘 자리가 좋아 자신이 잘되는 줄 알고 절대로 묘 자리를 건드리려고 하지 않는다. 그래서 후손에게 재앙을 안겨주는 것이다. 그러나 좋은 자리라면 그렇지 않다. 살아있는 사람도 남에게 은혜를 입었다든지 고마운 사람이 있으면 그 사람에게 고마움의 표시로 나에게 남들이 더욱 호감을 가지고 대하게 되며, 그로 인해 대인관계가 원만해져서 일이 쉽게 풀려나가게 되는 것이다. 반대로 나쁜 터에서 생활하는 사람은 향기 대신에 고약한 냄새가 베어 있어 누구나 이유 없이 자신을 기피하거나 싫어하게 되어 잘 되나가던 일도 꼬이게 되는 경우가 허다하다. 점포 역시 명당 터는 지나가는 향기가 나는 곳으로 자신도 모르게 사람들이 발길을 옮기게 하는 것과 마찬가지로 손님이 끊이지 않게 되는 것이다. 좋은 자리이면 상관없으나 자신이 살고 있는 집이나 근무하고 있는 사무실이 나쁘다는 것이 확인되었으면 난감해진다. 그렇다고 당장 자리를 옮기거나 이사를 간다는 것은 어려운 문제에 봉착하게 되는 경우가 허다하다. 그래서 나쁜 파장들을 좋

은 파장을 발생시켜 나쁜 파장이 자연 소멸되거나 중화·무력화시켜 버리면 되는 것이다.

❖ **음택은 자손의 부귀를, 양택은 거주자의 건강과 부귀를 관장한다**: 혈은 생기(生氣)를 융결한다. 음택의 경우 유골을 편안하게 하고 거기서 파장된 에너지는 유전인자가 똑같은 자손에게 전파되어 자손의 부귀빈천(富貴貧賤)을 관장한다. 양택의 경우는 혈에서 발생한 훈풍화기(薰風和氣)가 거주자의 건강과 생체리듬을 향상시켜 생활의 활력을 증대시킨다. 이와 같은 명당혈은 자연현상이며 신비한 것이다.

❖ **음택24산좌택일법**(陰宅二十四山坐擇日法)

• **임자계**(壬子癸) **삼좌**(三坐): 신자진(申子辰) 사유축일(巳酉丑日) 중에서 택일. 임진일 경신시(壬辰日 庚申時)는 신자진(申子辰) 삼합(三合)이고 5경명기성(五庚明氣星)이 광중(壙中)에 조림(照臨)하고 병신월(丙申月) 을사일(乙巳日) 정유시(丁酉時)면 을병정 삼기길성(乙丙丁 三奇吉星)이 조림(照臨)되고 부충자효(父忠子孝)에 부귀겸전(富貴兼全)이다. 신자(申子)는 부충자효(父忠子孝)요 을신자(乙申子)는 천을귀(天乙貴)로 대귀(大貴)하고, 을경(乙庚)은 고관(高官), 경을(庚乙)은 정재대부(正財大富)이다. 경금(庚金)이 생자수(生子水)하니 자손이 크게 번창하고, 임계(壬癸)의 이좌(二坐)도 동궁고무이(同宮故無異)다.

• **축간인**(丑艮寅) **삼좌**(三坐): 인오술 월일시(寅午戌月日時) 중에서 갑오월(甲午月) 신해일(辛亥日) 정미시(丁未時)는 갑축(甲丑)·갑미(甲未)·신인(辛寅)은 서로 보면 천을귀(天乙貴)로 대귀출(大貴出)이다. 인해(寅亥)는 합(合), 갑신(甲辛)은 고관(高官), 오미(午未)는 합(合), 대부(大富)이다. 인오(寅午)는 인수(印授)요, 자손이 크게 번창한다.

• **갑묘을**(甲卯乙) **삼좌**(三坐): 신자진 인오술(申子辰 寅午戌) 중에서 갑진월(甲辰月) 병자일(丙子日) 정묘시(丁卯時)는 을좌 병자일 정묘시(乙坐 丙子日 丁卯時)는 지상삼기(地上三奇)요, 갑병(甲丙)은 식신(食神)이니 대부(大富)요, 해묘미일(亥卯未日) 중에서 택일(擇日). 정미년(丁未年) 신해월(辛亥月) 기묘일(己卯日) 정미시(丁卯時)이면 해묘미(亥卯未)가 삼합(三合)이요, 오경명성 길성(五庚明星 吉星)이 광중(壙中)에 조림(照臨)되고, 혹은 망명인(亡命人)이 병술생(丙戌生)이면 을좌병술생(乙坐丙戌生)은 인수(印授)는 부자상생(父子相生)이다. 부충자효(父忠子孝)에 가도유서(家道有序)요 을좌병술생(乙坐丙戌生) 정묘시(丁卯時) 하관(下棺)은 을병정(乙丙丁) 삼기길성(三奇吉星)이 조림(照臨)되고, 을정(乙丁)은 식신(食神), 신월병술(辛月丙戌)은 정재(正財), 식신정재합(食神正財合)하면 대부장자(大富長子)가 난다. 정미년 신해월(丁未年 辛亥月)은 천을귀(天乙貴)로 명현군자(名賢君子)가 나온다. 정임 병망명(丁壬 丙亡命)이면 우묘(尤妙).

• **진손사**(辰巽巳) **삼좌**(三坐): 사유축일(巳酉丑日) 중에서 택일(擇日). 신유월(辛酉月) 기축일(己丑日) 기사시(己巳時)면 사유축(巳酉丑)이 삼합(三合) 오경명길성(五庚明吉星)이 광내조림(壙內照臨), 신유월 기축시(辛酉月 己丑時)면 기신(己辛)이 식신(食神)이요 대부(大富)이다. 갑신월(甲申月) 임자일(壬子日) 신미시(辛未時)면 망명(亡命)이 정해생(丁亥生)이면 진좌신월자일(辰坐申月子日)은 신자진(申子辰) 삼합(三合)이고, 사좌정해생(巳坐丁亥生) 녹마(祿馬)요, 정해생임자일(丁亥生壬子日) 정임(丁壬) 합(合)이며, 정관(正官)이고, 신갑(辛甲)이 정재(正財)요, 갑월미시(甲月未時)는 천을귀인(天乙貴人), 정관정재(正官正財)는 인귀(富貴)요, 천을귀(天乙貴)는 명현군자(名賢君子) 유길무흉(有吉無凶)이다.

• **병오정**(丙午丁) **삼좌**(三坐): 해묘미일(亥卯未日) 중에서 택일(擇日). 정묘월(丁卯月 갑오일(甲午日) 임신시(壬申時)면 정묘월 임신시(丁卯月 壬申時)는 정임합(丁壬合)이고 정관(正官)이고, 정재(正財) 정오(丁午)는 녹(祿)이고, 망명(亡命)이 기해생(己亥生)이면 정해(丁亥)는 천을귀인(天乙貴人)이고 갑기(甲己)는 정재(正財), 정관 정재(正官 正財)는 부(富)와 귀(貴)요, 천을귀인(天乙貴人) 성인군자(聖人君子)요, 망명(亡命). 신축생(辛丑生)이면 육신(六辛)은 오좌(午坐)와 천을귀합(天乙貴合)이고, 축오(丑午)는 화토상생(火土相生)이요, 인수(印授)이다. 부충자효지격(父忠子孝之格)이요 자손이 크게 번창함을 알 수 있다.

• **미곤신**(未坤申) **삼좌**(三坐): 신자진(申子辰) 해묘미일(亥卯未日) 중에서 갑진월(甲辰月) 임자일(壬子日) 정유시(丁酉時)면 신자진삼합(申子辰三合)이고 오경명성도좌(五庚明星到坐)고 일간

시간(日干時干)이 정임합(丁壬合)이요, 정관정재(正官正財). 미좌(未坐)에 갑진월(甲辰月)은 천을귀(天乙貴)요, 망명(亡命)이 기유생(己酉生)이면 갑기정관(甲己正官)이다.

- **경유신(庚酉辛) 삼좌(三坐)** : 인오술 신자진일(寅午戌 申子辰日) 중에서 병진월(丙辰月) 갑인일(甲寅日) 경오시(庚午時)면 병진월(丙辰月) 갑인일(甲寅日)은 갑병(甲丙) 식신(食神)이요, 병진월(丙辰月) 갑인일(甲寅日)은 천간식신(天干食神)이요, 지간황사대사(支干皇恩大赦)요, 사왕(四旺)이고 망명(亡命). 무인생(戊寅生)이면 대부대귀격(大富大貴格)이요 성현군자(聖賢君子)가 나온다. 경유신좌(庚酉辛坐)에 진(辰)을 보면 인수(印受)이다. 부충자효(父忠子孝)의 가도대성(家道大盛)이다. 무임생(戊壬生)이면 갑무경(甲戊庚) 천상삼기(天上三奇)로 성인군자필출무응(聖人君子必出無凝)이다. 장후 5~9년에 대발(大發).
- **술건해(戌乾亥) 삼좌(三坐)** : 인오술 사유축일(寅午戌 巳酉丑日) 중에서 갑인월(甲寅月) 정해일(丁亥日) 병오시(丙午時)면 인오술(寅午戌) 삼합(三合), 오경명성광중조림(五庚明星壙中照臨), 인해합(寅亥合) 갑인록(甲寅祿) 갑병식신(甲丙食神) 망명(亡命)이 신사생(辛巳生)이면 육신인(六辛寅)은 천을귀(天乙貴)라. 인진요안일(寅辰要安日)이다. 자손이 정관정재(正官正財) 천을식신(天乙食神) 등 구비(具備)하고 유길무흉(有吉無凶)하니 유경무우(有慶無憂)한다. 택일에 있어서도 장택(葬擇)이 가장 어렵다. 혼택(婚擇)은 불과 백년이요, 가택(家擇)은 불과 기백년이고, 장택(葬擇)만은 만년유택(萬年幽宅)이다. 무슨 택일이든지 순길은 없다. 순길이면 조화가 없다. 피(彼)가 아(我)를 극(克)하면 관재(官災)가 되지만 아(我)가 피(彼)를 극(克)하면 처재(妻財)가 된다. 갑신(甲辛)은 금극목(金克木)이라도 정관(正官)이 되고, 정경(丁庚)은 화극금(火克金)이라도 정재(正財)가 된다. 덮어놓고 상극은 불길하고 상생만 다 길하다고 못한다. 묘지에도 복치(伏雉)형은 응봉(鷹峯 : 매봉)이 보여야 취기(取氣)요, 오공형(蜈蚣形)은 화염(火炎)산이 보여야 취기(取氣)가 되고, 복구형(伏狗形)도 호봉(虎峯)이나 호암(虎岩)이 보여야 된다. 이것은 이기법(理氣法)이다. 여기서 유심(有心)과 무심(無心)이 있다. 사람도 무심코 있으면 사인(死人)과 갖고 상극성(相克性)이 있으면 정신을 차려서 용맹을 냄으로써 성공을 하여 천추 명전(名傳)이 된다. 산기(山氣)도 이와 같아 택일(擇日)에나 구산(求山)에나 대리소해(大利小害)가 있다.

❖ **음택풍수와 양택풍수** : 풍수지리학은 크게 집과 건물의 터를 잡는 양택풍수와 묘 자리를 잡는 음택풍수로 나뉜다. 양택은 산 사람의 거주이며 음택은 죽은 사람의 안장지(安葬地)이다 양택지와 음택지를 선정하는 방법은 크게 다를 것이 없으나 양택지가 음택지에 비해 대체로 보국(保局)이 크다고 하겠다. 우리나라는 조선 초기까지만 해도 도읍지와 마을터를 정해 집을 짓는 양택풍수가 발전하였다. 조선 중기 이후로는 유고의 조상숭배 사상과 더불어 음택풍수가 성행하였다. 풍수지라하면 단순히 개인의 뫼자리나 잡는 것으로 인식하기 쉬운데 결코 그렇지 않다. 현대 사회에 접어들면서 음택풍수보다 양택풍수가 더 빠른 속도로 광범이하게 발전하고 있다. 특히 도시화 된 지역에서는 터 잡기보다는 집의 형태와 구조에 치중하는 경향이 있다. 양택과 음택은 모두 지기(地氣)의 영향으로 발복(發福)이 나타난다. 음택은 발복의 속도가 느리지만 여러 자손에게 오랫동안 영향을 준다 반면에 양택은 그 집에서 태어나거나 성장한 사람 그리고 현재 거주하는 사람에 한해서 매우 빠르게 영향을 준다는 특성을 지고 있다.

❖ **음택풍수의 잘못된 관습** : 오늘날 우리 사회에는, 풍수지리에 대한 잘못된 인식과 관습들이 아직도 남아 있다. 그런 잘못된 인식과 관습은 오히려 진리인 양, 우리 주변에 일상적으로 뿌리깊이 남아 있는 묘지는 손대면 안 된다는 잘못된 인식에서 "함부로 손대면 안 된다."는 말은 참으로 당연한 말이다. 자연의 진리와 혈장의 자연법칙을 알지 못하고, 어림짐작으로 손을 댐으로 인하여, 그 피해를 당하는 사례들이 우리의 주변에 너무 많기 때문에, 대부분의 사람들이 "무조건 손대면 해를 본다."는 인식들을 하게 된 것임을 깨달아야 할 것이다. 그 예를 보면, 정확한 감정과 판단을 하지 못하여, 안정이 되어 있는 묘를 함부로 파서, 좋지도 못한 곳에 옮겼을 경우, 또 장법이 잘못되어 묘에 물이나 바람이 침입하여 산화되었거나 각종 석물로 치장을 하면서, 작업을 잘못하여, 묘에 물이나 바람이 들어 있을 경우 등 이러한 시행착

오는 그 상황에 따라 크고 작은 피해가 반드시 따르게 된다는 것을 유념해야 할 것이다. 다만 조상의 묘는 과학적이고, 합리적인 판단없이 함부로 손대서는 안 될 일일 뿐더러, 오히려 화를 자초하는 일이 되니 세심한 주의가 요구된다.

❖ **응험**(應驗) : 드러난 조짐이 맞는 것을 말한다.

❖ **음협**(陰峽) : 과협의 위치가 높은 것을 일컬음. 높은 등성이 산봉우리 사이에 있다.

❖ **응기**(應氣) : 안조산(案朝山)은 응기(應氣)하는 자세가 되어 회포유정(回抱有情)해야 한다. 모든 사격(砂格)은 밝게 조립하는 기상이라야 내 것이 된다. 주위의 천만산(千萬山)이 결혈지(結穴地) 하나만을 위하여 생긴 듯이 응기(應氣)되어야 명혈대지(明穴大地)의 기상이다.

❖ **의관리**(衣官吏) : 의관이란 산봉(山峰)이 의관리(衣官吏)와 같은 비유.

❖ **의관장**(衣官葬) : 사람이 언제 어디서 무엇을 하다가 실종된 사람을 말함. 이러한 사람은 어디서 죽었는지 언제 죽었는지 장소도 날짜도 모르는 사람에게 무덤을 만드는 것이다. 영혼을 자기 무덤이 없으면 쉬어 갈 곳이 없어 구천지하에서 헤맨다고 한다. 그래서 영혼이 자기 집에서 편히 쉴 수 있도록 의관장을 하는 것이다. 의관장은 밤나무를 깎아서 사람 시체 모양을 만들고, 수의를 입히고 일곱매 염을 하여 관에 모시고 명정(銘旌)을 쓴다. 학생 ○○○공(公) 휘(諱)(이름)지구(之柩)를 관 위에 덮고 매장한다. 이렇게 하면 영혼이 자기의 집이라고 편히 쉰다고 한다.

❖ **의분**(擬墳) : 가묘(假墓)를 만들어 놓고 후에 매장하는 것.(매년 벌초 산주인 몰래)

❖ **의사**(醫砂) **및 광학사**(廣學砂) : 청룡 밖에서 침같은 뾰족한 봉우리가 넘겨다 보면 의사가 나고, 축손(丑巽) 방위에서 긴 강물이 흘러오면 광학사(廣學砂)하여 박학다재한 인물이 배출된다고 한다. 이외에도 간방(艮方)의 산이 높으면 재물이 늘어나고, 축간(丑艮) 두 방위에 긴 강물이 맑고 넓으면 대학자가 배출되고, 청룡과 안산이 붓끝처럼 생긴 뾰족한 봉우리가 되면 문필봉(文筆峰)이라 하여 귀하게 본다. 그리고 건(乾), 곤(坤), 간(艮), 손(巽) 네 방위에 모두 아름답게 빼어난 산이 있으면 다복하지만 한 방위라도 산이 없으면 감복이 된다. 대체로 간(艮), 손(巽), 태(兌:酉) 방위의 산들이 높으면 부귀하고 자(子), 오(午) 방위의 산봉우리가 서로 유정하게 응대하고 있으면 부부가 화목하고, 신방(申方)에 세 봉우리(三峯)가 수려하게 빼어나면 5년 내에 대귀(大貴)하고, 정방(丁方)에 산들이 빼어나면 문장가가 배출된다.

❖ **의수배향법**(依水配向法) : 의수배향법에 의한 입향의 요령은 첫째, 먼저 수구파(水口破) 지점을 정확히 파악하여 12포태법(포(胞), 태(胎), 양(養), 장생(長生), 목욕(沐浴), 관대(冠帶), 임관(臨官), 제왕(帝旺), 쇠(衰), 병(病), 사(死), 묘(墓))상으로 장생(長生)향, 제왕(帝旺)향, 자생향, 자왕향, 관대(冠帶)향, 양(養)향, 쇠(衰)향을 세워야 한다. 둘째, 입수룡(入首龍)과 향이 용상팔살(龍上八殺) 나침반 제1선을 피하여야 한다. 셋째, 향이 황천살(黃泉殺: 나침반 제2선)의 수구와 도화살방(桃花殺方)의 물을 피하여야 한다. 넷째, 향이 충생파왕(沖生破旺) 폐살퇴신(閉殺退神)등을 피하여야 한다. 다섯째, 겁살(劫煞), 재살(災殺), 세살(歲殺)방에 흉사(凶砂)가 없어야 한다.

❖ **의자는 마음을 편안히 하고 여유있는 것이라야 한다** : 의자에 앉아 사업을 계획하고 구상 할 수가 있어야 하고 의자 아래는 꽃무늬가 정교하게 수놓아진 양탄자를 깔아 놓는 것이 좋다. 동쪽 방위에는 반드시 빨간 꽃을 장식하면 좋다 그것은 사업 운을 활발하게 하는 운기를 높이는 계기가 된다.

❖ **이**(狸) : 삵괭이로서 용호(龍虎)의 용신(龍身)이 달아난다는 뜻.

❖ **이귀문**(裏鬼門) : 집 방위 중에서 반드시 피해야 할 방위가 이귀문(裏鬼門) 방위다. 이귀문 방위는 말 그대로 귀신이 출입하는 흉한 방위로, 동북과 남서를 연결하는 대각선 방위, 좀더 정확하게 구분하면 패철상에서 계축(癸丑)의 중심과 정미(丁未)의 중심을 연결하는 방위를 말한다. 방위상으로 계와 축은 동기와 서기의 한계선이다. 곧 임자계(壬子癸)까지는 동기가 흐르는 동사택 방위고, 축간인(丑艮寅)부터는 서기가 흐르는 서사택 방위다. 또 정미 방위도 정방위는 병오정(丙午丁)의 동기가 흐르는 동사택 마지막 방위고, 미 방위부터는 서기가 흐르는 서사택 방위다. 동기와 서기는 서로 화합하지 않는 기운이므로, 흉한 방위가 된다. 이귀문 방위는 서로 상극 관계를 이룬다. 계는 오행

상 수(水) 방위인 반면, 축은 오행상 토(土) 방위로 서로 상극이다. 그러므로 계축과 정미를 연결하는 이귀문 방위나, 이 방위에 인접해 있는 축좌미향(丑座未向)·계좌정향(癸座丁向), 미좌축향(未座丑向)·정좌계향(丁座癸向)도 위험하므로 피하는 것이 좋다. 이귀문 방위를 피하기 위해서는 집이나 건물의 중심축을 이귀문 방위에 두지 말아야 하며, 안방과 화장실을 이귀문의 직선위에 두지 말아야 한다. 그러나 수세식 화장실은 크게 문제되지 않는다.

❖ **이금치사**(以金致死) : 작두로 사람의 목을 잘라 죽이는 것을 말함. 지세에서 가까이 있는 산 너머로 뒷면에 있는 산의 능선이 나란히 겹을 만들어 작두 형상을 이루고 있으면 이금치사와 같은 불행한 일을 당하게 된다. 이런 산이 있는 지세에 묘나 집을 지어서 살면 자동차 사이에 끼여 죽는다거나 기계 사이에 끼여 목숨을 잃는 불행한 일을 겪게 된다.

❖ **이기살**(理氣殺) : 지리서에 산수자연의 결함은 비로써 피해는 최소화할 수 있지만 연월일시의 흉살을 범하면 재앙은 면하기 어렵다고 전해져 오고 있다. 눈에 보이는 상형살은 노력 여하에 따라서는 피해를 줄여 활용이 되지만 시각적으로 눈에 보이지 않는 이기살은 오직 음양 오행 자연의 순리에 따른 연월일시의 양진(良辰)을 택하는 그 외의 방법은 없었다고 하였다. 좋은 명당길지를 얻었어도 행사일시가 불길하면 길혈흉장기여시동(吉穴凶葬棄與屍同)이라 하여 부모조상의 시신을 버린 것과 같다고 전해오고 있으며, 세시지괴재앙난면(歲時之乖災殃難免)이라고 장례 육흉(六凶)에 전해오는 등 장례행사에는 길일진의 소중함을 일깨워 주고 있다. 자연의 품에 태어나 살아가는 우리의 인간은 연월일시해재정(年月日時該載定)하니 하루가 다르게 바뀌가는 연월일시와는 길흉화복이 절대적 영향의 테두리안에서 살아가는 것이다. 이기살은 우리 인간이 자연을 대상으로 하고자 하는 모든 행사에 길일진(吉日辰)을 택해야 하며, 이에 반하면 재난이 따르는 것은 자연의 진리라 할 것이다. 이같이 이기살은 형기살과는 다르게 눈 앞에 나타나 있지는 않으나 음양 오행의 순리에 따라 생기(生氣)와 살기(殺氣)가 교차하는 바 생기복덕(生氣福德)의 길일진을 얻지 못하고 흉살을 범하게 되면 우환과 재앙이 따르는 등 음양 오행에 배치되는 무형의 이기적인 모든 흉살을 총칭하는 것이니, 노력과 정성으로 얻어진 좋은 명당 길지라도 생기복덕이 되는 길일진을 택하지 못하면 흉이 되니 최선을 다하여 유종의 미를 거두어야 할 것이다.

❖ **이기적수법**(理氣的水法) : 구성수법(九星水法) : 역시 나경편에서 남녀 생기복덕일(生氣福德日)을 선정하는 것처럼 인지선동법(人指先動法)을 사용하여 좌(坐)를 기준하여 정음정양(淨陰淨陽)으로 따져서 물의 득(得), 파(破)방위에 따라 길흉화복을 판별한다. 풍수지리에서 대체적으로 사용하고 있는 구성은 양구빈(楊救貧)의 재천구성(在天九星)과 요금정(廖金精)의 재지구성이다. 요금정의 재지구성은 태양(太陽), 태음(太陰), 금수(金水), 자기(紫氣), 천재(天財), 천강(天罡), 고요(孤曜), 조화(燥火), 소탕(掃蕩)성으로써 형기적(形氣的)으로 혈성(穴星)의 형태를 살펴보고 사(砂)의 귀천을 살피는데 중요하다. 그리고 양구빈의 재천구성은 북두칠성의 탐랑(貪狼), 거문(巨門), 녹존(祿存), 문곡(文曲), 염정(廉貞), 무곡(武曲), 파군(破軍)의 일곱성좌(星座)에 좌보성(左輔星)과 우필성(右弼星)을 합하여 구성(九星)으로 명명한 것인데, 좌보(左輔), 우필(右弼)을 하나로 묶어서 보필성(輔弼星)으로 하여 팔괘(八卦)에 대입시켜 사용하고 있다. 재천구성(在天九星)으로 좌(坐)와 득(得), 파수(破水) 관계는 다음과 같다.

① **일상파군**(一上破軍) : 파패(破敗)의 성으로써 물의 득(得) 파(破)가 파군성(破軍星)에 이르면 손재(損財), 객사까지 하는 흉성(凶星)이니 좌향(坐向)을 바꾸어야 한다.

② **이중녹존**(二中祿存) : 질병의 성으로써 녹존성방위(祿存星方位)의 득, 파수는 단명하여 결국에는 절손한다.

③ **삼하거문**(三下巨門) : 사령(司令)의 성으로써 거문성방위(巨文星方位)의 득, 파수는 위대한 지배자가 난다.

④ **사중탐랑**(四中貪狼) : 재백(財帛)의 성으로써 탐랑성방위(貪狼星方位)의 득, 파수는 부귀영화를 누리는 좌향이다.

⑤ **오상문곡**(五上文曲) : 문장(文章)의 성으로써 문장성방위(文章星方位)의 득, 파수는 문인이 나올 좌향이지만 부는 약하다.

⑥ **육중염정**(六中廉貞) : 흉살의 성으로써 염정성방위(廉貞星方位)의 득, 파수는 보일 때는 건달, 부랑아, 범죄자가 나오는

흉한 좌향이다.

⑦ **칠하무곡**(七下武曲) : 병권(兵權)의 성으로써 무곡성방위(武曲星方位)의 득, 파수는 장군이 배출되는 아주 길좌다.

⑧ **팔중보필**(八中輔弼) : 보필은 처음 시작한 괘로 돌아와 보조의 성으로써 보필성방위의 득, 파수는 보조자가 많으니 길좌로 본다. 결론적으로 정음정양으로 따져서 정음좌일 때는 정음방위의 수(水)는 길하고, 정양방위의 수는 흉하다. 마찬가지로 정양좌일 때의 경우는 그 반대가 된다.

❖ **이두수**(裏頭水) : 이두수성(裏頭水星)이 혈을 감싸서 둘러 있으면 온역(瘟疫)을 부르고 빈한고약(貧寒孤弱)하여 부진을 면치 못한다. 또한 기세가 허약한 용을 세찬 물이 감아돌면서 할퀴고 깎아 버리는 것을 말함. 이러한 곳에서는 상하고 가난해진다. 외형적으로 물이 잘 감아 주었다 하더라도 내부적으로 용혈이 약하면 이두수가 된다.

❖ **이로움을 받을 수 있는 색상은 어떤 것인가** : 음양을 떠나 공통적으로 이로움을 줄 수 있는 색상은 밝은 황토색과 연두색 계열의 색상이다. 이 두색상은 모든 사람에게 친화감 편안함 등의 기운을 선사한다.

❖ **이롱사**(耳聾砂) : 토성산(土星山)에서 건방(乾方)이나 술방(戌方)으로부터 요풍(凹風)이 닿게 되면 이롱사(耳聾砂)라 하여 귀머거리가 나고, 오미정(午未丁)방이 공허하고 진방(辰方)의 물과 손방(巽方)의 물이 이어지게 돌면 어눌사(語訥砂)라 하여 말을 더듬는 자손이 난다고 하였다.

❖ **이사** : 새로 집을 지어 놓은 집에 들어 가는 날(신옥 입택길일(新屋入宅吉日) : 새로 집을 짓고 맨처음 들어가 사는 데는 입택(入宅) 귀화일(歸火日)이니, 아래 기록된 일진이 대길하다.

갑자(甲子)일, 을축(乙丑), 무진(戊辰), 경오(庚午), 계유(癸酉), 경인(庚寅), 계사(癸巳), 경자(庚子), 계축(癸丑), 병인(丙寅), 정묘(丁卯), 기사(己巳), 신미(辛未), 갑술(甲戌), 을해(乙亥), 정축(丁丑), 계미(癸未), 갑신(甲申), 임진(壬辰), 을미(乙未), 경자(庚子), 임인(壬寅), 계묘(癸卯), 병오(丙午), 정미(丁未), 경술(庚戌), 계축(癸丑), 갑인(甲寅), 을묘(乙卯), 기미(己未), 경신(庚申), 신유(辛酉) 등인데, 생기(生氣), 천의(天宜), 복덕(福德)일이 같이 겸하면 더욱 좋다.

❖ **이사**(移徙) : **남쪽 길흉**(吉凶)

• **이사를 잘했을 경우**

· 명예를 얻고 지식을 넓힐 기회가 있다.

· 관공서에서 근무하는 사람은 성공률이 높다.

· 선견지명이 있고 결단력이 강해진다.

· 사업이 계획대로 잘 이루어진다.

• **이사를 잘못했을 경우**

· 문서로 사기를 당하여 손해를 본다.

· 주택에 화재를 입을 수 있다.

· 송사관계로 불리하다.

· 생이별이나 사별을 하는 경우가 있다.

· 가족이 흩어지는 일이 생긴다.

· 각종 질병(심장병, 두통병)으로 고생을 한다.

· 알코올중독자가 생기기 쉽다.

· 명예를 손상당하기 쉽다.

❖ **이사** : **납음오행으로 이사가는 일진** : 남녀별 연령을 찾아 생기 · 복덕 · 천의 등 길일을 택한다.

移徙 · 入宅 吉日	甲子 乙丑 丙寅 庚午 丁丑 乙酉 庚寅 壬辰 癸巳 乙未 壬寅 癸卯 丙午 庚戌 癸丑 乙卯 丙辰 丁巳 己未 庚申 驛馬 月恩 四相 및 出行吉日.
移徙 · 入宅 忌日 凶日	天賊日 受死日 月厭 家主本命日 = 즉 甲子生이면 甲子日 등 沖日 建 · 破 · 平 · 收日 = 建除十二神에 관한 것으로 曆書 참조 · 往亡日 · 赦日 巳日 · 人動日 · 人隔日 등.

❖ **이사**(移徙) : **동남쪽 길흉**(吉凶)

• **이사를 잘 갔을 경우**

· 주위사람으로부터 신임을 얻는다.

· 주위사람으로부터 인심을 얻는다.

· 교제폭이 넓어지며 환심을 얻는다.

· 매사가 성사되고 대인관계가 좋아진다.

· 미혼남녀는 혼담이 이루어지게 된다.

• **이사를 잘못했을 경우**

· 신용을 잃어 생활하는데 지장이 많다.

· 사업상에 실패를 자주 한다.

· 주위사람으로부터 거래상 손해를 본다.

· 호흡기 질환에 걸리기 쉽다.

· 위장병으로 고생한다.

❖ **이사**(移徙) : **동쪽 길흉**(吉凶)

• **이사를 잘했을 경우**

· 주위사람들로 인기가 높아진다.

· 화술이 좋아져 강연을 잘한다.

· 적극적인 성격이 길러진다.

· 주의사람으로부터 덕을 많이 본다.

· 기력이 왕성해 진다.

· 매사에 발전적인 징후가 나타난다.

• **이사를 잘못했을 경우**

· 사기에 걸려 구설수가 있다.

· 주의사람으로부터 피해를 본다.

· 매사가 잘 풀리지 않고 복잡해진다.

· 신경성 환자가 발생한다.

· 간장병 환자가 발생한다.

❖ **이사**(移徙) : **북동쪽 길흉**(吉凶)

• **이사를 잘했을 경우**

· 부동산으로 치부를 하게 된다.

· 친척간에 화목해지고 도움 받을 일이 생긴다.

· 저축을 많이 하여 재산이 모이게 된다.

· 잘 안 되던 일이 순조롭게 풀려 나간다.

· 가정이 더욱 화목해진다.

· 재산상속자가 생긴다.

· 혈액순환이 잘되어 건강이 좋아진다.

· 새로운 일을 시작하게 된다.

· 활동무대가 넓어진다.

· 중개를 잘하여 이득을 본다.

· 소규모의 영업이 대규모의 상업으로 된다.

· 자녀가 태어날 가능성이 높아진다.

· 정력이 왕성해 지고 젊어진다.

• **이사를 잘못했을 경우**

· 가운이 기울어진다.

· 재산을 잃을 뜻밖의 일이 생긴다.

· 영업을 하던 사람은 휴 · 폐업을 하게 된다.

· 봉급생활자는 실직을 하게 된다.

· 친인척과 불화가 생긴다.

· 상속자가 사망하게 된다.

· 과욕을 부리면 손해보기 쉽다.

· 가정불화가 생긴다.

· 사업을 하면 손해본다.

· 관절염으로 고생한다.

· 척추병이나 요통으로 고생한다.

❖ **이사**(移徙) : **서남쪽 길흉**(吉凶)

• **이사를 잘했을 경우**

· 실업자는 취직이 되고 영업이 잘된다.

· 부동산으로 이득을 본다.

· 주위사람으로부터 신임을 받는다.

• **이사를 잘못했을 경우**

· 생업에 적극성이 없다.

· 부동산관계로 손해를 본다.

· 비만증에 걸리기 쉽고, 내과질환으로 고생한다.

❖ **이사**(移徙) : **서북쪽 길흉**(吉凶)

• **이사를 잘했을 경우**

· 새로운 사업을 시작하여 성공한다.

· 자립정신이 왕성해 진다.

· 윗사람의 도움으로 집안이 잘된다.

· 매사에 행운이 뒤따른다.

· 투자하는 대로 실패하지 않고 성공한다.

· 실업자는 취직하기 쉽다.

· 추진력이 왕성해진다.

• **이사를 잘못했을 경우**

· 사업을 하면 실패하기 쉽다.

· 연구하는 사업은 손해를 본다.

· 관송(官訟)에 걸리기 쉽고 크게 상처를 입는다.

· 실물수가 있으니 사행행위를 금해야 한다.

· 교통사고를 부상당하기 쉬우며 뇌신경에 걸리기 쉽다.

· 사소한 일로 타인과 구설수에 오른다.

❖ 이사(移徙) : 서쪽 길흉(吉凶)

• **이사를 잘했을 경우**

· 젊은 여성으로 인하여 이득을 본다.

· 언변이 늘어나고 횡재를 얻는다.

· 인간관계가 원만해진다.

· 중개를 잘하여 이득을 보게 된다.

• **이사를 잘못했을 경우**

· 현금거래를 잘 못하여 손해를 보게 된다.

· 음란한 사건으로 집안이 시끄럽다.

· 식중독에 걸리기 쉽다.

· 호흡기질환 폐병으로 고생한다.

· 부주의로 건강상 상해를 입는다.

❖ 이사(移徙) : 연령별 방위조견표

연령	天祿	眼損	食神	徵破	五鬼	合食	進鬼	官印	退食
	O	X	O	X	X	O	X	O	X
(남) 1 10 19 28 37 46 55 64 73 (여) 1 11 20 29 38 47 56 65 74	동	동남	중앙	서북	서	동북	남	북	남서
(남) 2 11 20 29 38 47 56 65 74 (여) 3 12 21 30 39 48 57 66 75	서남	동	동남	중앙	서북	서	동북	남	북
(남) 3 12 21 30 39 48 57 66 75 (여) 4 13 22 31 40 49 58 67 76	북	서남	동	동남	중앙	서북	서	동북	남
(남) 4 13 22 31 40 49 58 67 76 (여) 5 14 23 32 41 50 59 68 77	남	북	서남	동	동남	중앙	서북	서	동북
(남) 5 14 23 32 41 50 59 68 77 (여) 6 15 24 33 42 51 60 69 78	동북	남	북	서남	동	동남	중앙	서북	서
(남) 6 15 24 33 42 51 60 69 78 (여) 7 16 25 34 43 52 61 70 79	서	동북	남	북	서남	동	동남	중앙	서북
(남) 7 16 25 34 43 52 61 70 79 (여) 8 17 26 35 44 53 62 71 80	서북	서	동북	남	북	서남	동	동남	중앙
(남) 8 17 26 35 44 53 62 71 80 (여) 9 18 27 36 45 54 63 72 81	중앙	서북	서	동북	남	북	서남	동	동남
(남) 9 18 27 36 45 54 63 72 81 (여) 1 19 28 37 46 55 64 73 82	동남	중앙	서북	서	동북	남	북	서남	동
	길	흉	길	흉	흉	길	흉	길	흉

❖ 이사 : 월별로 보는 좋은날

1月	2月	3月	4月	5月	6月
九日 壬辰日 丙辰日 丁未日 辛未日 甲子日	三日 甲子日 甲午日 乙丑日 乙未日	四日 丙寅日 庚午日 己巳日 壬寅日 甲子日	二日 癸卯日 甲午日 丙午日 庚午日 甲子日	七日 庚申日 甲申日 甲寅日 丁酉日 甲子日	六日 甲寅日 丁酉日 甲子日

7月	8月	9月	10月	11月	12月
九日 庚戌日 甲戌日 甲子日	三日 乙亥日 乙丑日 癸丑日 甲子日	四日 甲午日 甲申日 丙午日 甲子日	二日 甲子日 庚辰日 甲午日 戊子日 壬午日 癸丑日	七日 乙丑日 癸丑日 乙未日 丁丑日 丁未日 辛未日	六日 甲寅日 庚寅日 丁卯日 乙亥日 己亥日 辛亥日

❖ **이사 : 월별로 보는 흉한날**(月別移徙大凶日) : 다음 기재한 일진은 이사대흉일이니 이사를 하여서는 안 되는 날이다. 가령 정월은 술축사미인일(戌丑巳未寅日)에는 이사대흉일(移徙大凶日)이다.

日 \ 月	1月	2月	3月	4月	5月	6月	7月	8月	9月	10月	11月	12月
受死日	戌	辰	亥	巳	子	午	丑	未	寅	申	卯	酉
血支日	丑	寅	卯	辰	巳	午	未	申	酉	亥	亥	子
消滅日	巳	子	丑	申	卯	戌	亥	午	未	寅	酉	辰
未	戌	辰	寅	午	子	酉	申	巳	丑	丑	卯	
寅	午	酉	巳	午	卯	午	未	申				

❖ **이사 : 이안주당(移安周堂)보는 법** : 이는 이삿날 가리는데 돌려 집는 주당법(周堂法)이다. 이사하려는 일진이 지극히 대길하면 이 주당법을 무시해도 좋지만 반흉반길(半凶半吉)하여 결정짓기 어려운 경우 주당법에 맞으면 사용하고 주당법에 맞지 않으면 다른 날로 이사함이 가하다.

安 ○	利 ○	天 ○
災 ×		害 ×
師 ○	富 ○	殺 ×

돌려집는 요령은 음력으로 이사하려는 달(月)이 크면(大月) 안(安)자에다 초1일을 붙여 이(利)·천(天)·해(害)·살(殺)의 방향으로 순행하여 이사 당일까지 짚어나가고, 그 달이 작으면(小月) 천(天)자에다 초1일을 붙여 역으로 이(利)·안(安)·재(災)·사(師)를 향하여 이사 당일까지 짚어 나가는데, 그 당일에 머무는 곳이 그 날의 주당이다. 천(天)·이(利)·안(安)·사(師)·부(富)에 닿으면 길하고, 재일(災日)은 소흉(小凶)하며 살(殺)·해(害)일은 대흉(大凶)하다.

❖ **이사(移徙) : 입택(入宅), 이사방위** : 요즘 민가(民家)에서 이사하는 것을 보면 대개가 일요일, 공휴일, 음력 9일, 10일, 19일, 20일, 29일, 30일(그믐)은 손(巽)이 없는 날이라 해서 호주(戶主)의 생기복덕(生氣福德)이나 당일의 길흉도 보지 않고 이사하고 있다. 그리하여 29일이나 그믐날만 되면 너나없이 이사를 하느라고 이삿짐을 실은 차가 거리를 메울 정도다. 그리고 이사하는 방위만 해도 금년은 동(東)이 막혔느니 하고 그 막혔다는 대장군 삼살방(大將軍 三殺方) 방위로는 이사 못하는 줄 알고 있다. 그러나 이러한 관념은 모두 이치를 모르는데 그 태백살이 임하는 날짜와 방향은 1·2일에는 동방(東方), 3·4일은 남방(南方), 5·6일은 서방(西方), 7·8일은 북방(北方), 9·10일 천상(天上) 거(居)하는 바 비록 스무아흐렛날이나 그믐이 아니라도 태백살(太白殺)이 있는 방위만 피하면 된다. 또는 태백살이 닿지 않더라도 주인공의 화해(禍害), 절명(絶命)이 되거나 일진(日辰)이 천적(天賊), 수사(受死), 왕망(往亡), 귀기(歸忌)일 같은 흉신이 임하는 날은 대불길(大不吉)하다. 또는 방위에 있어서도 연운(年運)으로 대장군이나 삼살이 닿는 것보다 그 주인공의 연령상으로 오귀(五鬼), 안손(眼損), 진귀(進鬼), 퇴식방(退食方) 닿는 곳이 더 불리하므로 이사함에 있어서 첫째는 주인의 생기(生氣)법 및 일진의 길함을 얻어야 하고, 둘째 방위(方位)는 주인의 본명(本命 : 사주, 태어난 해, 나이)에 의한 길흉을 살펴서 이사하여야만 가하다.

❖ **이사 : 전통이사 풍속은 이러했다** : 우리 조상들은 이사를 할 때 이사 풍속을 지킴으로써 액운을 막고 길운을 부른다고 믿고 이를 반드시 지켜왔다.

① **이사 가기 전에 해야 할 풍속**

- 호주나 세대주, 장자의 나이, 운수, 날짜, 일진, 방위 등을 맞춰 이사한다.
- 세살(歲殺), 겁살(劫殺), 재살(災殺), 삼살방위(三殺方位), 대장군 방위에는 이사하지 않는다. 이사갈 때는 반드시 길한 날을 택일하여 간다.

② **이사 갈 때 제일 먼저 가지고 가는 것** : 솥 안에 요강을 넣어서 먼저 가지고 가는 것은 의미가 크다. 솥과 요강은 인간의 기본적인 생리현상을 담당하는 근본적인 기구로 생활이 순탄하게 영위되기를 바라는 뜻이다. 또 요강은 오줌을 뜻하는 것인데 이는 부정(不淨)을 억누르는 것이라고 믿고 제일 먼저 큰 방 한가운데 들여놓았다.

③ **이사를 해서 길시를 택해 솥을 거는 것은 무엇 때문인가** : 밥솥은 생명과 직접 관계가 있는 것으로 우대하였음은 물론이고 밥솥에 가득찬 밥은 풍년을 가져온다고 생각하였다. 또한 새로 이사를 하면 솥 거는 일을 중요시하였고 이것도 길일, 길시를 택하여 행하였다. 솥을 걸고 나면 이삿짐을 다 옮기질 않아도 이사를 한 것으로 쳤다.

④ **밥그릇에 쌀을 담고 가운데 촛불을 켜서 솥 안에 두는 것** : 쌀은 풍년을 비는 것이고, 이사한 집에 촛불과 쌀은 그 집의 가운(家運)의 융성과 온 가족의 늘 넉넉한 식량이 항상 솥 안에 가득하기를 기원하였다.

⑤ **대문 앞에 소금을 뿌리는 것** : 소금은 부정을 막는 뜻이 있으므로 대문간에 뿌려서 부정을 막고자 함이고, 소금자루를 맨 뒤에 가지고 나오는 것은 이사 떠나기 전 최후까지 흉액

을 막고자 함이다. 또 이사해서 먼저 소금을 뿌렸던 것은 이사온 집에 있을지도 모르는 부정을 막기 위해서이다.

⑥ **떡을 해서 농 안에 넣어간다** : 풍년을 기원하는 뜻이 담겨져 있다. 왜냐하면 풍년이 들지 않고는 떡을 해먹을 수가 없었기 때문이며, 붉은 팥떡을 해감으로써 농에 함께 붙어 올지도 모르는 악귀를 쫓고자 하는 의미도 있다.

⑦ **문구멍을 찢어놓고 가거나 방문을 열어놓고 간다** : 살던 집의 복이 찢어놓은 문구멍이나 열어놓은 문을 통하여 따라 나와서 함께 가기를 바라는 뜻에서였다.

⑧ **불씨를 꺼뜨리지 않고 살려서 가져 간다** : 우리의 선인들은 불을 재산신(財産神)으로 여겨 불씨가 꺼지면 재산이 메말라 집안이 망하는 것으로 여겼다. 그래서 불씨를 아주 중요시 하였다.

⑨ **장롱밑에 색으로 王자를 써 붙여 간다** : 이렇게 하면 악귀가 따라오지 못한다고 생각하였다. 그래서 귀신이 가장 무서워한다는 붉은 색으로 왕(王)자를 쓴 것은 왕권이 가장 큰 권력이므로 귀신도 겁을 먹고 따라오지 않으리라는 데서 비롯된 것이다.

⑩ **이사하는 집대문 위나 방문 위에 엄나무가시와 약쑥을 매다는 것** : 우리 민속에서 쑥이 가지는 의미는 그 비중이 크다. 단군신화에서부터 약쑥은 신비한 힘을 지니고 있었다. 약쑥과 은진쑥은 독특한 향내가 있으며 약효가 인정되어 한약재로 쓰일 뿐만 아니라 엄나무도 약재로 쓰이며 귀신이 독특한 가시 때문에 잡귀를 쫓아내는데 효력이 있는 영초(靈草)로 믿었다.

⑪ **바가지에 물을 떠 고추, 숯, 소금을 넣고 이사든 집 부엌에 두는 것** : 이는 바가지, 물, 고추, 숯, 소금이 주력을 이용하여 부엌을 정화하고자 함에서였다. 부엌신(조왕신)은 한 가정의 영속을 관장하는 만큼 대단히 중요시 하였으며 부엌은 식생활과 직접 관계가 있으므로 그만큼 청결을 요하는 곳이다.

⑫ **이사갈 때는 방을 쓸지 않는 것** : 이사를 하게 되면 못쓰는 물건이나 쓰레기가 많이 나오는데 이것은 지금까지 한 집안에서 생사고락을 같이 하여 온 물건들이 다 여기에는 눈에 안 보이는 복이 서려 있다고 믿었으며 쓸어내버림으로써 복을 버리는 결과가 된다고 생각하였던 것이다.

⑬ **이사를 들어갈 때는 맨 처음 어른이 들어가는 것** : 어른이 먼저 들어가는 것은 가택신(家宅神)에 대한 예의를 차리는 것이고 또 어른이 먼저 들어감으로써 악귀나 재액을 물리치고 재액을 당해도 어른이 당하겠다는 의지가 담겨 있다. 즉 어린이를 보호하는 본능적인 생각에서 비롯된 행위이다.

⑭ **이사 갈 때 찬밥, 식초, 식혜, 탁주는 가지고 가지 않았다** : 부자집에서야 찬밥을 먹을 리가 없다. 즉 찬밥이란 가난을 의미하는 것이므로 가난의 상징인 찬밥을 이사 가는 집에 가지고 가서 가난을 계승하고 싶지 않기 때문이다. 이사 가서 부자로 잘 살고 싶다는 소망이다. 식초, 식혜, 탁주 등은 잘 변하고 식초도 음식을 변하게 하는 뜻에서 가지고 가지 않았나 싶다. 이사 갈 때 방과 마당을 쓰는 빗자루는 가지고 가지 않는 것은 쓰러낸다고 하여 가지고 가지 않았다.

⑮ **집 뒤로는 이사를 가지 않는 것** : 옛날부터 집 뒤로는 이사를 가지 않는다고 하는 것은 집의 뒤쪽으로 이사하는 것은 가업번창의 퇴보로 생각하였기 때문에 집 뒤로 이사 가는 것은 금기로 여겼으며, 부모가 살고 있는 집 뒤쪽으로도 이사를 가지 않고 한 아파트에서도 부모는 아래층에 살고 있고 자식은 위층에 살고 있는 것은 옛날이나 지금이나 금기로 여기고 있다.

⑯ **이사 가서 팥죽을 뿌리는 것** : 이사 간 후 팥죽을 끓여서 집안에 뿌리는 것은, 우리 풍속에서 동짓날 악귀를 쫓아내기 위해서 팥죽을 온 집안에 뿌리는 이유와 같다. 귀신은 붉은 색을 무서워하므로 붉은 팥을 이용하였고, 이사 올 때 장롱속에 붉은 팥으로 떡고물을 만든 떡을 이웃과 함께 나누어 먹는 것도 그런 의미에서다. 지금도 이사를 하고 나면 이웃과 함께 떡을 나누어 먹는 것도 악귀를 쫓아낸다는 의미에서 유래된 것으로 본다.

⑰ **이사 간 첫날밤에 거꾸로 잠을 자리는 것** : 이것은 한 마디로 재액을 면하기 위해서이다. 우리 조상들은 잠을 잘 때 발이 따뜻해야 된다고 부엌의 반대 쪽으로 잠을 자는데 이사온

날 부엌 쪽으로 잠을 자게 하는 것은 무지몽매(無知蒙昧)한 인간들이니 가택신(家宅神)에게 너그럽게 보아 달라는 뜻에서이고, 이사온 처음 들여놓는 물건중에 요강을 방 한가운데 들여놓아 그 자리에서 대·소변을 보게 하는 것도 무지몽매한 인간들이니 앞으로 잘 보아 달라는 뜻에서 이와 같은 이사풍속이 이어진 듯 하다.

❖ **이사** : 지어 놓은 집(舊屋)에 이사 들어가는 날 : 구옥입택은 새로 집을 짓지 아니하고 다른 사람이 살고 있는 집을 사서 이사를 들어가는 것을 말한다.

춘삼월(春三月) : 갑인(甲寅)

하삼월(夏三月) : 병인(丙寅)

추삼월(秋三月) : 경인(庚寅)

동삼월(冬三月) : 임인(壬寅)이 좋다고 한다.

[이사가는 날 보는 생기복덕 조견표]

① 남자 보는 곳

구분 / 연령		生氣(吉)	天宜(吉)	絶體(平)	遊魂(平)	禍害(凶)	福德(吉)	絶命(凶)	歸魂(平)
一八	一二三四四五六 六四二〇八六四	卯	酉	子	未申	丑寅	辰巳	戌亥	午
九	一二三四四五六 七五三一九七五	丑寅	辰巳	戌亥	午	卯	酉	子	未申
二	一一二三四五五六 〇八六四二〇八六	戌亥	午	丑寅	辰巳	子	未申	卯	酉
三	一一二三四五五六 一九七五三一九七	酉	卯	未申	子	辰巳	丑寅	午	戌亥
四	一二二三四五六六 二〇八六四二〇八	辰巳	丑寅	午	戌亥	酉	卯	未申	子
五	一二二三四五六六 三一九七五三一九	未申	子	酉	卯	午	戌亥	辰巳	丑寅
六	一二三三四五六七 四二〇八六四二〇	午	戌亥	辰巳	丑寅	未申	子	酉	卯
七	一二三三四五六七 五三一九七五三一	子	未申	卯	酉	戌亥	午	丑寅	辰巳

② 여자 보는 곳

구분 / 연령		生氣(吉)	天宜(吉)	絶體(平)	遊魂(平)	禍害(凶)	福德(吉)	絶命(凶)	歸魂(平)
一八	一二三四四五六 六四二〇八六四	辰巳	丑寅	午	戌亥	酉	卯	未申	子
二九	一二三四四五六 七五三一九七五	酉	卯	未申	子	辰巳	丑寅	午	戌亥
三	一一二三四五五六 〇八六四二〇八六	戌亥	午	丑寅	辰巳	子	未申	卯	酉
四	一一二三四五五六 一九七五三一九七	丑寅	辰巳	戌亥	午	卯	酉	子	未申
五	一二二三四五六六 二〇八六四二〇八	卯	酉	子	未申	丑寅	辰巳	戌亥	午
六	一二二三四五六六 三一九七五三一九	子	未申	卯	酉	戌亥	午	丑寅	辰巳
七	一二三三四五六七 四二〇八六四二〇	午	戌亥	辰巳	丑寅	未申	子	酉	卯
	一二三三四五六七 五三一九七五三一	未申	子	酉	卯	午	戌亥	辰巳	丑寅

❖ **이사 각신정국 이렇게 본다**

月別	正	二	三	四	五	六	七	八	九	十	十一	十二
天德(〇)	丁	申	壬	辛	亥	甲	癸	寅	丙	乙	巳	庚
月德(〇)	丙	申	菴	庚	丙	甲	壬	庚	丙	甲	壬	庚
驛馬(〇)	申	巳	寅	亥	申	巳	寅	亥	申	巳	寅	亥
滿日(〇)	辰	巳	午	未	申	酉	戌	亥	子	丑	寅	卯
成日(〇)	戌	亥	子	丑	寅	卯	辰	巳	午	未	申	酉
開日(〇)	子	丑	寅	卯	辰	巳	午	未	申	酉	戌	亥
往亡(〇)	寅	巳	申	亥	寅	巳	申	亥	寅	巳	申	亥
天賊(〇)	辰	酉	寅	未	子	巳	戌	卯	申	丑	午	亥
受死(〇)	戌	辰	亥	巳	卯	子	午	丑	未	寅	申	酉
建日(×)	寅	卯	辰	巳	午	未	申	酉	戌	亥	子	丑
破日(×)	申	酉	戌	亥	子	丑	寅	卯	辰	巳	午	未
平日(×)	巳	午	未	申	酉	戌	亥	子	丑	寅	卯	辰
收日(×)	亥	子	丑	寅	卯	辰	巳	午	未	申	酉	戌
厭對(×)	辰	卯	寅	丑	子	亥	戌	酉	申	未	午	巳
天恩(〇)	甲子 乙丑 丙寅 丁卯 戊辰 己卯 庚辰 辛巳 壬午 癸未乙酉 庚戌 辛亥 壬子 癸丑											
伏斷日(×)	子日虛 丑日斗 寅日室 卯日女 辰日箕 巳日房 午日角 未日章 申日鬼 酉日觜 戌日胃 亥日壁(이 伏斷日은 民歷을 참고하라.)											
太白日	1 · 11 · 21日은 東方, 2 · 12 · 22日은 東南, 3 · 13 · 23日은 南方, 4 14 · 24日은 西南, 5 · 15 · 25日은 西方, 6 · 16 · 36日은 西北, 7 · 17 · 27日은 北方, 8 · 18 · 28日은 東北, 9 · 19 · 29日과 10 · 20 · 30일은 上天											

❖ 이사길흉 방위도표(移徙吉凶方位圖表)

연령(세)				
			東	中央
男		一二三四五六七八八 七六五四三二一〇九	八宮印 (吉)	一天祿 (吉)
女	九	一二三四五六七八九 八七六五四三二一〇		
男	九	一二三四五六七八九 八七六五四三二一〇	九退食 (凶)	二眼損 (凶)
女	一〇	二二三四五六七八九 九八七六五四三二一		
男	一〇	二二三四五六七八九 九八七六五四三二一	一天祿 (吉)	三食神 (吉)
女	一一	二二三四五六七八九 〇九八七六五四三二		
男	一一	二二三四五六七八九 〇九八七六五四三二	二眼損 (凶)	四徵破 (凶)
女	一二	二三三四五六七八九 一〇九八七六五四三		
男	一二	二三三四五六七八九 一〇九八七六五四三	三食神 (吉)	五鬼 (凶)
女	一三	二三四四五六七八九 二一〇九八七六五四		
男	一三	二三四四五六七察九 二一〇九八七六五四	四徵破 (凶)	六合食 (吉)
女	一四	二三四五五六七八九 三二一〇九八七六五		
男	一四	二三四五五六七八九 三二一〇九八七六五	五鬼 (凶)	七進鬼 (凶)
女	一五	二三四五六六七八九 四三二一〇九八七六		
男	一五	二三四五六六七八九 四三二一〇九八七六	六合食 (吉)	八宮印 (吉)
女	六	一二三四五六七八九 五四三二一〇九八七		
男	一六	二三四五六七七八九 五四三二一〇九八七	七進鬼 (凶)	九退食 (凶)
女	七	一二三四五六七八九 六五四三二一〇九八		

우편으로 이동

方位						
東北	北	北西	西	西南	南	南東
四徵破	六合食	二眼損	三食神	七進鬼	五五鬼	九退食
五五鬼	七進鬼	三食神	四徵破	八官人	六合食	一天祿
六合食	八官印	四徵破	五鬼鬼	九退食	七親鬼	二眼損
七進鬼	九退食	五五鬼	六合食	一天祿	八官印	三食神
八官印	一天祿	六合食	七進鬼	二眼損	九退食	四徵破
九退食	二眼損	七進鬼	八官印	三食神	一天祿	五五鬼
一天祿	三食神	八官印	九退食	四徵破	二眼損	六合食
二眼損	四徵破	九退食	一天祿	五五鬼	三食神	七進鬼
三食神	五五鬼	一天祿	二眼損	六合食	四徵破	八官印

- **일천록방**(一天祿方) : 재물이 생기고 관록을 얻는 방위이다.
- **이안손방**(二眼損方) : 눈이 멀게 되고 재산의 손실을 얻는 방위이다.
- **삼식신방**(三食神方) : 재산이 불어나고 매사에 대길한 방위이다.
- **사징파방**(四徵破方) : 패재하여 도적 당하고 사기 당하는 방위이다.
- **오귀방**(五鬼方) : 가택이 편치 못하고 질병이 많은 방위이다.
- **육합식방**(六合食方) : 부자가 되고 가정이 화목한 방위이다.
- **칠진귀방**(七進鬼方) : 관재구설이 있고 소송사건이 생기는 방위이다.
- **팔관인방**(八官印方) : 재수도 좋고 관록도 얻는 방위이다.
- **구퇴식방**(九退食方) : 재물이 쇠퇴되고 가정불화가 생기는 방위이다.

❖ 이사를 꺼리는 방위

흉방병	해당방위	
三殺方	寅 · 午 · 戌年……北方 해 · 卯 · 未年……西方	申 · 子 · 辰年……南方 巳 · 酉 · 丑年……東方
對將軍方	亥 · 子 · 丑年……西方 巳 · 午 · 未年……卯方	寅 · 卯 · 辰年……子方(북방) 申 · 酉 · 戌年……午方(남방)
月殺方	1 · 5 · 9月…丑方(북북동) 3 · 7 · 11月…未方(북북서)	2 · 6 · 10月…戌方(북서서) 4 · 8 · 12月…辰方(북동동)

❖ 이사를 가야 할 때 오후에 집을 보는 것은 금물 : 이사를 가야 할 때 우리는 보통 오후에 집을 구하러 다닌다. 그런데 오후에는 그 집이 정말로 생기(生氣)가 고이는지 아닌지의 여부를 알 수 없다. 더군다나 밤에 집을 보러 다니는 것은 더 바람직하지 않다. 회사에 출근해야 하므로 어쩔 수 없이 저녁이나 오후에 가게 된다면 이사가서 살집이 아침이나 오전에 햇볕을 제대로 받을 수 있는 방위와 구조를 갖고 있는지 확실하게 알 수가 없다. 풍수상으로는 해가 떠오르는 동쪽의 방위 남동쪽의 방위는 막히지 않고 열려 있어야 한다. 주택 자체적으로도 그 쪽에 창문이 있어서 활기찬 에너지를 받아들일 수 있어야 길상(吉相)이라고 여긴다. 아침 햇살이 집안에 제대로 들어오지 못해서 일출시간이 지났는데도 집안이 어두컴컴하고 그늘이 진 형상이라면 집안에 생기(生氣)가 고이지 못한다고 여겨 흉상으로 보는 것

이다. 따라서 집을 보러 다닐 때에는 가급적 오전9시에서 오후 1시 안팎을 택하는 것이 좋다. 오전 시간대에 들어가 보아서 전체적으로 느껴지는 기분이 편안하고 쾌적하며 알맞은 햇볕이 들어와 집안 분위기가 밝고 따스하다면 가히 좋은 집이라고 보아도 무방하다. 만약 오후에 집을 보러 다닐 경우엔 좋은 느낌이라든지 밝은 느낌에 함정이 있을 수 있다.

- **이사(移徙)를 잘못했을 경우**
  - · 교제대상 중에는 반드시 나쁜 사람이 끼어 있다.
  - · 음란한 정사사건이 발생한다.
  - · 돌발사고로 돈을 많이 써서 부채를 지게 된다.
  - · 임신부는 유산하기 쉽다.
  - · 생식기 질환으로 고생을 한다.

❖ **이사방위는 본명성을 꼭 봐야 한다** : 이사 방향을 결정하는 요인은 이사를 하고자 하는 주인을 기준으로 해서 그 사람의 본명성과 이사하고자 하는 해의 구궁의 위치를 가지고서 각 방위가 상징하고 있는 오행상의 관계에서(사대국 오행의 방법으로 오게 됨) 그해의 대장군 방이 되는 방위를 피하는 방법과, 그해의 지와 삼합국의 관계에서 서로 대칭이 되는 방위를 오귀삼살방이라 하여 피하는 방법 등으로 보게 되는 것으로써, 이는 남자가 1살이 되면, 동에서부터 시작하여 남동 : 중앙 : 북서 : 서 : 북동 : 남 : 북 : 남서 : 남동으로 순행하는 구궁의 순환에 따르게 되고, 여자는 1살이 되면 남동에서 시작하여 동 : 남동 : 중앙 : 북서 : 서 : 북동 : 남 : 북으로 운행하게 되는 이치를 가지고 이들이 가지고 있는 길흉의 관계를 따져서 좋고 나쁨을 가리는 방법이다.

❖ **이사방위 길흉속견표** : 소위 삼살대장군, 조객, 상문 등 흉살이 걸린 방향이라도 자기 기본 운이 길향일 때는 흉으로 보지 않는다. X표가 되어 있는 방향은 길방(吉方)이라도 절대 이사할 수 없다. 연락(連絡)이라 하여 해당자에게 대환란 내지 사망의 흉험 풍차 방위이다. 중앙방이 흉방일 때는 이동하는 것이 좋고 길방일 때는 움직이면 불리하다.

退食 흉	官印 길	進鬼 흉	合食 길	五鬼 흉	徵破 흉	食神 길	眼損 흉	天祿 길	길흉구분 / 남녀 연령	
서남	북	남	동북	서	서북	중앙	동남	동(X)	73 64 55 46 37 28 19 10 1	남
									74 65 56 47 38 29 20 11 2	녀
북	남	동북	서	서북	중앙	동남(X)	동	서남	74 65 56 47 38 29 20 11 2	남
									75 66 57 48 39 30 21 12 3	녀
남	동북	서	서북	중앙(X)	동남	동	서남	북	75 66 57 48 39 30 21 12 3	남
									76 67 58 49 40 31 22 13 4	녀
동북	서	서북(X)	중앙	동남	동	서남	북	남	76 67 58 49 40 31 22 13 4	남
									77 68 59 50 41 32 23 14 5	녀
서(X)	서북	중앙	동남	동	서남	북	남	동북	77 68 59 50 41 32 23 14 5	남
									78 69 60 51 42 33 24 15 6	녀
서북	중앙	동남	동	서남	북	남	동북(X)	서	78 69 60 51 42 33 24 15 6	남
									79 70 61 52 43 34 25 16 7	녀
중앙	동남	동	서남	북	남(X)	동북	서	서북	79 70 61 52 43 34 25 16 7	남
									80 71 62 53 44 35 26 17 8	녀
동남	동	서남	북(X)	남	동북	서	서북	중앙	80 71 62 53 44 35 26 17 8	남
									81 72 63 54 45 36 27 18 9	녀
동	서남	북(X)	남	동북	서	서북	중앙	동남	81 72 63 54 45 36 27 18 9	남
									1 73 64 55 46 37 28 19 10	녀

❖ **이사방위별 길흉해설 요약**

天祿	길	漸入佳境	得財得祿	娶妻遇夫	病者逢樂
		交際和合	望謀喜美	好事豊盛	貴人相逢
眼損	흉	草入火中	失物損財	家內風波	疾病官災
		離別口舌	子孫愁憂	求望不成	損傷身體
食神	길	暗去來明	所望順成	得財得祿	逢妻遇夫
		交際和合	貴人相逢	財物豊盛	榮華喜美
鼎破	흉	進退險難	損財失物	求望不順	疾病官災
		離別風波	落胎傷身	諸事障害	口舌是非
五鬼	흉	諸事不成	好事多魔	求望遲滯	損財失物
		疾病官災	口舌風波	離別分散	落胎破緣
合食	길	漸次順境	憂去樂到	得財得祿	遇妻逢夫
		姙娠出産	交際和合	所願順成	喜美吉事
進鬼	흉	損財失物	事事多滯	疾病口舌	官災是非
		背信欺瞞	親者反怨	離別分散	破緣困難
官印	길	得財得祿	昇進榮轉	遇夫娶妻	孕胎出産
		交際和合	求望順成	貴人好機	喜美好事
退食	흉	諸事後退	損失財物	口舌是非	官災離別
		疾病憂患	所願不盛	風波困境	損傷身體

❖ **이사방위 보는 법**

<table>
<tr><th></th><th>年齡</th><th></th><th>天祿
(O)</th><th>眼損
(X)</th><th>食神
(O)</th><th>徵破
(X)</th><th>五鬼
(X)</th><th>合食
(O)</th><th>進鬼
(X)</th><th>官印
(O)</th><th>退食
(X)</th></tr>
<tr><td>男</td><td>一二三四五六七
九八七六五四三</td><td>十
一</td><td rowspan="2">東</td><td rowspan="2">東南간</td><td rowspan="2">中</td><td rowspan="2">西北간</td><td rowspan="2">西</td><td rowspan="2">東北간</td><td rowspan="2">南</td><td rowspan="2">北</td><td rowspan="2">西南간</td></tr>
<tr><td>女</td><td>七六五四三二二十
四五六七八九〇一</td><td>二</td></tr>
<tr><td>男</td><td>十二二三四五六七
一十九八七六五四</td><td>二</td><td rowspan="2">西南간</td><td rowspan="2">東</td><td rowspan="2">東南간</td><td rowspan="2">中</td><td rowspan="2">西北간</td><td rowspan="2">西</td><td rowspan="2">東北간</td><td rowspan="2">南</td><td rowspan="2">北</td></tr>
<tr><td>女</td><td>十二三三四五六七
二一十九八七六五</td><td>三</td></tr>
<tr><td>男</td><td>十二三三四五六七
二一十九八七六五</td><td>三</td><td rowspan="2">北</td><td rowspan="2">西南간</td><td rowspan="2">東</td><td rowspan="2">東南간</td><td rowspan="2">中</td><td rowspan="2">西北간</td><td rowspan="2">西</td><td rowspan="2">東北간</td><td rowspan="2">南</td></tr>
<tr><td>女</td><td>十二三四四五六七
三二一十九八七六</td><td>四</td></tr>
<tr><td>男</td><td>十二三四四五六七
三二一十九八七六</td><td>四</td><td rowspan="2">南</td><td rowspan="2">北</td><td rowspan="2">西南간</td><td rowspan="2">東</td><td rowspan="2">東南간</td><td rowspan="2">中</td><td rowspan="2">西北간</td><td rowspan="2">西</td><td rowspan="2">東北간</td></tr>
<tr><td>女</td><td>十二三四五五六七
四三二一十九八七</td><td>五</td></tr>
<tr><td>男</td><td>十二三四五五六七
四三二一十九八七</td><td>五</td><td rowspan="2">東北간</td><td rowspan="2">南</td><td rowspan="2">北</td><td rowspan="2">西南간</td><td rowspan="2">東</td><td rowspan="2">東南간</td><td rowspan="2">中</td><td rowspan="2">西北간</td><td rowspan="2">西</td></tr>
<tr><td>女</td><td>十二三四五六六七
五四三二一十九八</td><td>六</td></tr>
</table>

<table>
<tr><th></th><th>年齡</th><th></th><th>天祿
(O)</th><th>眼損
(X)</th><th>食神
(O)</th><th>徵破
(X)</th><th>五鬼
(X)</th><th>合食
(O)</th><th>進鬼
(X)</th><th>官印
(O)</th><th>退食
(X)</th></tr>
<tr><td>男</td><td>十二三四五六六七
五四三二一十九八</td><td>六</td><td rowspan="2">西</td><td rowspan="2">東北간</td><td rowspan="2">南</td><td rowspan="2">北</td><td rowspan="2">西南간</td><td rowspan="2">東</td><td rowspan="2">東南간</td><td rowspan="2">中</td><td rowspan="2">西北간</td></tr>
<tr><td>女</td><td>十二三四五六七七
六五四三二一十九</td><td>七</td></tr>
<tr><td>男</td><td>十二三四五六七七
六五四三二一十九</td><td>七</td><td rowspan="2">西北간</td><td rowspan="2">西</td><td rowspan="2">東北간</td><td rowspan="2">南</td><td rowspan="2">北</td><td rowspan="2">西南간</td><td rowspan="2">東</td><td rowspan="2">東南간</td><td rowspan="2">中</td></tr>
<tr><td>女</td><td>十二三四五六七八
七六五四三二一十</td><td>八</td></tr>
<tr><td>男</td><td>十二三四五六七八
七六五四三二一十</td><td>八</td><td rowspan="2">中</td><td rowspan="2">西北간</td><td rowspan="2">西</td><td rowspan="2">東北간</td><td rowspan="2">南</td><td rowspan="2">北</td><td rowspan="2">西南간</td><td rowspan="2">東</td><td rowspan="2">東南간</td></tr>
<tr><td>女</td><td>十二三四五六七八
八七六五四三二一</td><td>九</td></tr>
<tr><td>男</td><td>十二三四五六七八
八七六五四三二一</td><td>九</td><td rowspan="2">東南간</td><td rowspan="2">中</td><td rowspan="2">西北간</td><td rowspan="2">西</td><td rowspan="2">東北간</td><td rowspan="2">南</td><td rowspan="2">北</td><td rowspan="2">西南간</td><td rowspan="2">東</td></tr>
<tr><td>女</td><td>十二三四五六七八
九八七六五四三二</td><td>十</td></tr>
</table>

❖ **이사방위 용천팔혈법**(龍天八穴法) : 집의 길흉은 팔택가상으로 종(宗)을 잡아서 판단하고, 이사방위에는 본명궁법으로 하는 것이 합법으로 팔혈법은 생년기준으로 좌를 보기도 하고 좌기준으로 24방위를 보기도 한다.

- **용혈**(龍穴) : 명예, 재물, 자손 모두 길하다.
- **천혈**(天穴) : 명예, 재물, 건강에 길하다.
- **파혈**(破穴) : 가난하고 자손을 못 두는 흉혈이다.
- **인혈**(人穴) : 대를 이어가며 재물이 넉넉하다. 길하다.
- **귀혈**(鬼穴) : 관재, 구설에 젊어서 죽는다. 흉하다.
- **지혈**(地穴) : 부귀, 건강, 모두 길하다.
- **생혈**(生穴) : 재물이 넉넉하고 자손도 많이 둔다. 길하다.
- **절혈**(絶穴) : 빈한하고 병을 앓는다. 후손이 없는 대흉이다.

❖ **이사 운**(移徙運)**과 주택**(住宅) : 생활의 곤경에서 헤매는 사람이 개운(開運)이 트이려면 이사를 잘 하는 것이 최선책이라 할 수 있다. 우연하게도 길방(吉方)으로 이사를 가게 되면 개운이 열려 매사가 만사형통하게 된다. 옛말에 이사 가서 3년 새집 짓고 3년 묘 쓰고 3년이 무사하면 좋으나, 3년 내에 유고가 있다 하여 이런 말이 있는 것이다. 방위로도 길방(吉方)과 흉방(凶方)이 있으며, 집에 수맥과 지기의 유무에도 절대 영향이 있다. 이와 같이 방위별로 흉방이 있고 길방이 있으며, 주택별로도 흉가가 있고 명가가 있는데 명가는 지기(땅기운)가 길이 2m, 폭 60cm로 모이는 집터이고 수맥이 통과하지 않는 집터이며, 흉가는 지기(땅기운)가 모이지 않고 수맥이 통과하는 집터이다. 그래서 지기가 모이는 자리를 찾으면 명가가 되고 수맥 있는 자리를 찾으면 흉가가 되므로 수맥이 지나가는 집에서 절대 생활해서는 안 되는 것은 흉가이기 때문이다. 부자로 사는 사람이 흉가로 이사를 가면 빈한(貧寒)하게 살게 되고, 빈한(貧寒)하게 살던 사람이 명가로 이사를 가면 부자가 되어 잘 살게 되므로 생활의 방향을 개척하는 것이 자연에 대한 지혜인 것이다. 이와 같이 자연이 우리에게 미치는 영향을 알고 좋은 곳으로는 찾아가고 나쁜 곳으로는 피하는 것이 생활의 지혜이며 수단과 방법이다. 길지(吉地)의 명가에서 사는 사람은 가족이 건강하고 의욕적으로 생활하기 때문에 부를 이루게 되지만 흉지(凶地)의 흉가에서 사는 사람은 가족의 건강악화로 각종 질병으로 병원신세를 져야 하므로 빚생활을 하게 된다. 이는 건강이 나빠져 무기력하게 생활하므로 빈곤한 생활을 하게 되기 때문이다. 이는 직장생활하는

데에도 적용되어 일터 사무직은 책상 놓은 자리, 기능직은 작업장에서 9~10시간 근무를 하기 때문에 그 자리가 어떠한가를 알아야 한다. 그 자리에 지기(땅기운)모이는 자리 같으면 잠시 근무하다 좋은 자리로 영전을 하게 되고, 그 자리가 흉지(凶地)로 나쁜 자리로 큰 수맥이 지나가거나 샘터로 수맥이 도는 자리 같으면 병을 얻게 되고, 직장에서 승진은 고사하고 나쁜 자리로 좌천을 가게 되거나 아니면 퇴출 대상자가 된다. 사무실에서 책상배치를 바꾸어보면 기분부터 달라짐을 느낄 것이다. 여기에서 수맥탐사에 따라 수맥 없는 곳으로 자리를 바꾸면 금상첨화이며, 직원끼리도 친소(親疎)관계가 변화하게 될 것이다. 자녀의 공부방도 바꾸면 반드시 어떠한 변화가 있을 것이며, 방을 바꾸는 것도 중요하지만 그 방에서도 방향과 위치를 바꾸는 것이 더 중요하다. 이렇게 개인의 운세도 판이하게 달라지는데 집을 바꾸고 이사하는 것은 대이동이라 아니할 수 없다. 경우에 따라 아주 큰 변화가 있을 것으로 믿는 것이다. 이사는 마치 나무를 옮겨 심는 것과 같은 이치로 좋은 땅에서 자라든 나무를 나쁜 땅 척박한 땅으로 옮겨 심으면 그 나무는 잘 자라지 않지만 반대로 나쁜 땅에서 자라던 나무를 좋은 땅으로 옮기면 무성하게 잘 자라게 되는 것과 같다.

❖ **이사는 나무를 옮겨 심는 것과 같다** : 좋은 땅 나쁜 당에 이사 가서 3년 세집 짓고, 3년 묘 쓰고, 3년 세 사람 들어오고 3년이란 말이 있다. 부자로 잘 살던 사람이 흉가로 이사 가면 빈한하게 살고 빈한한 사람이 명가(明家)에 이사 가면 부자로 잘 산다. 그래서 생활의 방향을 개척하는 것이 자연에 대한 지혜인 것이다. 이와 같이 자연이 우리에게 미치는 영향을 알고 좋은 곳으로 찾아가고 나쁜 곳을 피나는 것이 생활의 지혜이며 수단과 방법인 것이다. 셋방살이 하던 사람이 길방(吉方)으로 이사하여 길지(吉地)에서 오래 살면 곧 바로 자기집 마련이 빨라진다.

❖ **이사 불길일**(不吉日) : 이사를 하는 날로는 해(害)로운 날이므로 월(月)에서 해당되는 날짜를 가려주는 것이 좋다.

정월(正月) 인묘일(寅卯日), 이월(二月) 진일(辰日), 삼월(三月) 유일(酉日)(,) 사월(四月) 사일(巳日), 오월(五月) 묘일(卯日), 유월(六月) 자일(子日), 칠월(七月) 유일(酉日), 팔월(八月) 자일(子日), 구월(九月) 묘일(卯日), 시월(十月) 오일(午日), 십일월(十一月) 유일(酉日), 십이월(十二月) 묘일(卯日)

❖ **이사를 하기위해 집을 구할 때는 집이 오래 비어있는 집은 흉가이다** : 집을 구할 때에는 작은집이라도 그 집에서 돈을 몹아 큰 집을 사서 이사를 갔다면 그 집으로 이사하고 아무리 좋은 주택이라도 그 집에서 무서워서나 재산을 탕진 했다거나 또한 집이 오래 비어 있었으면 그 집으로 이사 가면 안 된다. 그 집에 살면 피해를 보기 때문이다.

❖ **이사하기 좋은 날** : 이사하기 좋은 날은 다음과 같다.

갑자(甲子), 을축(乙丑), 병인(丙寅), 경오(庚午),
정축(丁丑), 을유(乙酉), 경인(庚寅), 임진(壬辰),
계사(癸巳), 을미(乙未), 임인(壬寅), 계묘(癸卯),
병오(丙午), 경술(庚戌), 계축(癸丑), 을묘(乙卯),
병진(丙辰), 정사(丁巳), 기미(己未), 경신(庚申),
역마(驛馬), 월은(月恩), 사상(四相)

• **이사를 꺼리는 날** : 왕망(往亡), 천적(天賊), 수사(受死), 복단(伏斷), 월염(月厭), 가주본명(家主本命), 가령 호주가 경오생(庚午生)이라면 경오일(庚午日), 본명대충일(本命對沖日), 갑자생(甲子生), 경오일(庚午日), 건(建), 파(破), 평(平), 수일(收日)

• **입택 귀화일** : 입택이란 이사와 같은 말인데 이사는 오직 다른 곳으로 살림을 옮겨가 사는 것이나 입택(入宅)은 집을 떠난 사람이 자기 집으로 들어온다는 뜻도 되고 또는 새로 집을 짓고 처음으로 들어가서 사는 것을 말한다. 그리고 이 입택귀화일(入宅歸火日)은 조상의 신위(神位) 혹은 기타의 복신(福神)을 새로 이사한 집으로 옮겨 놓고 향을 올리는데 길(吉)한 날이다. 이날에도 이사하면 대길하다.

갑자(甲子), 을축(乙丑), 병인(丙寅), 정묘(丁卯),
기사(己巳), 경오(庚午), 신미(辛未), 갑술(甲戌),
을해(乙亥), 정축(丁丑), 계미(癸未), 갑신(甲申),
경인(庚寅), 임진(壬辰), 을미(乙未), 경자(庚子),
임인(壬寅), 계묘(癸卯), 병오(丙午), 정미(丁未),
경술(庚戌), 계축(癸丑), 갑인(甲寅), 을묘(乙卯),
기미(己未), 경신(庚申), 신유(辛酉), 천덕(天德),

월덕(月德), 천덕합(天德合), 천은(天恩), 황도(黃道), 모창(母倉), 역마(驛馬), 만(滿), 성(成), 개일(開日).

❖ **이십사방위 사법**(砂法)

① **자방**(子方)**의 산**: 자방의 산이 드높고 수려하며 건방(乾方)의 산이 홀로 우뚝 솟아 있으면 높은 지위에 오르는 사람이 나온다. 게다가 간방(艮方)에 붓처럼 생긴 봉우리들이 있고, 병오정방(丙午丁方)에 세 봉우리가 나란히 서 있으면 아주 고귀한 사람이 배출된다.

② **계방**(癸方)**의 산**: 계방에 높고 수려한 산이 있고, 그 산에 응(應)하여 자오묘방(子午卯方)에도 좋은 산이 서 있으면 훌륭한 인물이 나와 고귀하게 된다.

③ **축방**(丑方)**의 산**: 축미방(丑未方)에 둥그런 봉우리가 있으면서 을신봉(乙申峯)이 높으면 큰 부자가 나오고 간묘방(艮卯方)에 두 봉우리가 솟아올라 마주 바라보며 축방의 봉우리를 끼고 있으면, 훌륭한 무인(武人)이 나와 변방에서 나라를 지킨다. 또 과거에 급제하는 이가 연달아 나오고 자손이 번창하며, 재물이 풍부해진다. 축방의 봉우리가 네모반듯하거나, 직사각형의 바위가 우뚝 서 있으면 도학군자(道學君子)가 배출된다.

④ **간방**(艮方)**의 산**: 간방에 붓처럼 생긴 봉우리 셋이 하늘 높이 우뚝 솟아 있으면, 과거에 급제하는 사람이 나와 한 집단의 지도자가 된다. 만약 작고 나지막한 봉우리가 있으면, 재물이 많이 생긴다.

⑤ **인방**(寅方)**의 산**: 인갑봉(寅甲峯)이 드높고 웅장하며, 끝이 뾰족하고 수려하거나 두툼하고 둥글면 삼공(三公)이 나온다. 야트막하고 장방형(長方形)이거나 둥글면 이인(異人), 역학(易學)에 뛰어난 학자, 대무당(大巫堂) 등이 나와서 이름을 떨친다.

⑥ **갑방**(甲方)**의 산**: 갑봉(甲峯)이 빼어나면 부귀를 얻는다. 게다가 건봉(乾峯)까지 수려하고 드높이 솟았으면 더할 나위 없이 좋다. 여기에 더하여 곤봉(坤峯)이 붓처럼 생기면 장원급제하는 사람이 나온다. 갑봉(甲峯)이 훌륭하고 손방(巽方)에 쌍으로 된 두 봉우리가 보이면, 재상(宰相)이 나온다. 인갑봉(寅甲峯)이 도장처럼 둥글면 이인(異人)이 배출된다.

⑦ **묘방**(卯方)**의 산**: 묘방의 드높은 봉우리에는 영웅의 기상이 감돈다. 그 기상으로 영웅과 장상(將相)이 나온다. 또 장군이 배출되어 삼군(三軍)을 거느리며, 건봉(乾峯), 손봉(巽峯) 두 봉우리가 우뚝 솟아 서로 대치하고 있으면 문관(文官)이 나온다. 무용(武勇)은 빛을 발하지 못한다. 그리고 칼이나 방패처럼 생긴 미방(未方)의 봉우리가 드높이 솟아 있어 묘봉(卯峯)에 응하면, 위용(威勇)이 뛰어난 인물이 배출되고 뭇사람이 그의 부하가 된다.

⑧ **을방**(乙方)**의 산**: 을봉(乙峯)이 수려하며 우뚝 솟고 건곤간손봉(乾坤艮巽峯) 네 봉우리가 옆에서 호송해 주면 고귀한 인물이 나온다. 그런데 진손방(辰巽方)의 봉우리가 너무 높아 을봉을 억누르면 못쓴다.

⑨ **진방**(辰方)**의 산**: 진봉(辰峯)이 수려하며 높고 정봉(丁峯)이 우뚝 솟았으며 계봉(癸峯)이 뾰족하면 과거에 급제하는 이가 연달아 나온다. 또 장수(長壽)도 누리게 된다. 진봉이 높은 데다 곤봉(坤峯), 간봉(艮峯)도 높이 치솟으면 큰 부귀를 얻는다. 장원급제하는 사람도 배출된다. 게다가 신봉(辛峯)이 목형(木形: 타원형)이면, 지위가 극품(極品)에 이르며, 임금의 은총을 크게 입는다.

⑩ 손방(巽方)에 수려한 봉우리가 솟아 있으면 과거에 급제하는 사람이 나온다. 만약, 두 봉우리가 수려한 모습으로 나란히 서 있으면, 형제가 함께 과거에 급제한다. 그 두 봉우리가 하늘 높이 솟아 있으면, 형제 모두 이름을 널리 떨치고, 임금을 가까이 모신다. 손봉(巽峯)이 홀로 우뚝 서 있으면 경륜이 빼어난 경륜지사(經綸之士)를 배출하며 그 사람이 나라를 위해 큰일을 하고 대업을 이룩하여 뭇사람의 칭송을 받는다. 손방의 봉우리가 작고, 낮고, 둥글거나 모나면 귀(貴) 대신 부(富)를 얻게 된다. 그리고 손방에 멀리 떨어진 산봉우리들이 수려한 모습으로 줄지어 늘어서 있으면 박학한 학자, 재사(才士)가 나온다. 손방에 아미사(蛾眉砂: 눈썹처럼 생긴 봉우리)가 있거나 꽃처럼 생긴 봉우리가 있으면 남자는 고귀한 가문의 사위가 되고 여자는 고귀한 가문으로 시집간다. 왕의 사위나 왕비가 나오기도 한다. 손방의 수려하고 뾰족

한 문필봉은 뛰어난 학자, 문필가를 배출한다. 손방의 사(砂 : 산봉우리)는 무엇보다 학문과 관계가 깊다.

⑪ **사방**(巳方)**의 산** : 사봉(巳峯)이 붓끝처럼 뾰족하고 수려하여 드높으면 문무(文武)를 겸비한 영결(英傑)이 나오며 어질고 지혜롭고 용맹스런 인물이 나와서 이름을 떨친다. 사봉이 그러한 데다 진봉(辰峯)도 높고 수려하며 끝이 뾰족하면 관직이 극품(極品)에 이른다. 사방의 봉우리가 둥글고 높아도 훌륭한 인재가 배출된다. 또 갑경병인방(甲庚丙寅方)에 나지막하면서 둥글거나 네모난 봉우리들이 겹겹으로 있으면, 부(富)를 얻는다.

⑫ **병방**(丙方)**의 산** : 병봉(丙峯)이 수려하고 손봉(巽峯)이 드높으면 자손 중에 고관(高官)이 나오며, 자손들이 장수를 누리게 된다. 거기에다 정방(丁方)에 높고 수려한 봉우리가 있으면 큰 부귀를 누린다. 병봉이 잘 생기고 높으면서 간방(艮方)에 귀인봉(貴人峯 : 타원형의 봉우리)이 있으면 장원급제 하는 사람이 나온다.

⑬ **오방**(午方)**의 산** : 오봉(午峯)과 더불어 병봉(丙峯), 정봉(丁峯)이 높고 수려하면 아주 고귀한 인물들이 배출된다. 또 이들과 호응하여 임자계방(壬子癸方)에도 높은 봉우리들이 솟아 있으면 공경이 나온다. 그런데 병오방(丙午方)에 화성(火星 : 끝이 불꽃처럼 뾰족뾰족한 산봉우리)이 홀로 우뚝 치솟아 있으면 화재로 인한 화(禍)를 입는다. 단, 건임방(乾壬方)에 드높은 산이 있어 화성(火星)의 불기운을 제압해 주면, 어질고 훌륭한 인재가 배출된다.

⑭ **정방**(丁方)**의 산** : 정봉(丁峯)은 사람의 수명과 관계가 깊다. 정방에 높고 수려한 봉우리가 있으면 자손들이 장수하게 되고, 정봉에서 뿜어 나오는 정기가 많은 흉화(凶禍)를 물리쳐 준다. 정방과 더불어 병해간방(丙亥艮方)에도 수려하고 높은 봉우리가 있으면 자손들이 매우 귀하게 되고 큰 부귀를 얻으며 또 자손이 번창한다.

⑮ **미방**(未方)**의 산** : 미방과 더불어 진술축방(辰戌丑方)에 높고 수려한 봉우리가 있으면 훌륭한 학자, 도학군자, 장원급제자가 배출된다. ⑯ 곤방(坤方)의 산: 곤봉(坤峯)이 높고 단정하면 뭇사람의 우두머리가 되는 자손이 나온다. 산의 생김새가 빼어나게 수려하면 남자 중에 장군이 배출되고, 여자 중에 여걸이 생긴다. 곤방에 작은 봉우리들이 어지럽게 솟아 있으면 하급관리가 배출된다. 동그란 봉우리, 발우(스님들의 밥그릇)처럼 생긴 봉우리가 있으면 스님이 나온다. 또 곤방에 치마를 위로 걷어 올린 것처럼 보이는 봉우리가 있으면 여자들이 음란해진다.

⑯ **신방**(申方)**의 산** : 신봉(申峯)이 드높고 수려하면 장원급제자가 나오고, 뭇사람의 우두머리가 되는 사람도 배출된다. 만약 드높기는 하나 형상이 험악한 산봉우리가 있으면 흉악한 인물이 나와 도적떼의 괴수가 된다. 신방과 더불어 진술축미방(辰戌丑未方)에도 드높은 봉우리가 솟아올라 서로 호응하면 대학자, 대문장가가 배출되고, 그들이 관로(官路)에 나가 높은 지위를 얻는다.

⑰ **경방**(庚方)**의 산** : 묘방(卯方)처럼 경방에 높고 수려한 봉위가 있으면 영웅이 배출된다. 경봉(庚峯)이 둥글거나 칼·방패처럼 생기면 뛰어난 무인(武人)이 나오고 장군이 되어 변방에 나가 오랑캐를 무찌르고 이름이 사해(四海)에 알려진다. 경유신방(庚酉辛方)의 봉우리가 수려하면 대적할 자가 없는 영걸(英傑)이 나온다. 장군이 되면 무적지장(無敵之將)으로 위세를 떨치고 위엄이 하늘을 진동시키는 뇌성벽력과 같다. 그런데 경봉이 높기는 하나 험상궂게 생기면 흉악한 인물이 나와 나쁜 무리의 괴수가 되어 그로 인해 숱한 사람이 상(傷)한다. 크게 되면 나라의 역적이요, 작게 되면 도적떼의 두목으로 만행을 저지르다 비참하게 죽는다.

⑱ **유방**(酉方)**의 산** : 유봉(酉峯)이 높고 수려하며 손봉(巽峯)도 아름답고 드높으면, 임금의 총애를 받아 높은 지위에 오르는 인물이 나온다. 유방이 낮고 우묵하게 들어가면 전장에서 전사하는 사람이 생긴다. 유(酉)는 팔괘(八卦)로 소녀(少女)다. 손(巽)은 장녀(長女)이며, 오(午)는 중녀(中女)다. 그래서 손오유방(巽午酉方)의 봉우리가 수려하고 높으면 여자들이 고귀하게 된다.

⑲ **신방**(辛方)**의 산** : 신방(辛方)도 손방(巽方)처럼 학문·문필과

관계가 깊다. 신방의 수려하고 뾰족한 봉우리는 문필봉(文筆峯)이라 부른다. 문필봉이 있고 청룡·백호에 요성(曜星)이 비치면 장원급제하는 사람이 나오고 문장이 빼어난 문필가도 배출된다. 신봉(辛峯)이 수려한 듯하면서 약간 기울고 물이 비껴서 흘러가면 풍류를 좋아하는 여인들이 많이 나온다. 신방과 더불어 건간방(乾艮方)에도 높고 수려한 봉우리가 있으면 크나 큰 부귀를 얻으며 과거에 급제하는 사람이 많이 나온다.

⑳ **술방(戌方)의 산**: 술봉(戌峯)이 수려하고 높으며 건곤방(乾坤方)의 두 봉우리도 드높으면 문필·학문으로 후세에 이름을 남긴다. 그리고 손간방(巽艮方)의 두 봉우리가 수려한 모습으로 대치하고 있으면 충신·효자가 나온다. 술방에 수려한 봉우리가 높게 솟아오르고, 을신방(乙辛方)의 수려한 두 봉우리가 마주 서 있으면 과거에 급제하는 사람이 배출된다. 진봉(辰峯), 술봉(戌峯)이 드높아 마주 보고 있으면 부귀를 함께 얻는다.

㉑ **건방(乾方)의 산**: 건봉(乾峯)이 수려한 모습으로 하늘 높이 솟아올라 있으면 아주 고귀한 인물이 배출된다. 낮고 둥글며 단정하면 과거에 급제하는 사람들이 나온다. 건방에 낮고 작은 봉우리들이 어지럽게 흩어져 있으면 부호(富豪)가 나온다. 건봉(乾峯)이 홀로 드높이 우뚝 서 있으면 경륜지사가 나와서 나라를 위해 큰 공을 세우고 대업을 이뤄 이름을 널리 떨치며 삼군(三軍)을 통솔하는 인물도 배출된다. 벼슬이 삼공(三公)에 이르는 인물도 나오게 된다.

㉒ **해방(亥方)의 산**: 사해방(巳亥方)의 산봉우리가 높고 수려하면 관직이 극품에 이르는 인물이 나온다. 거기에 인갑방(寅甲方)의 봉우리가 수려한 모습으로 높이 솟아 있으면 과거에 급제하는 사람이 연달아 배출된다.

㉓ **임방(壬方)의 산**: 임봉(壬峯)이 수려한 모습으로 겹겹이 서 있으면 자손들이 대대로 부귀를 누린다. 임봉과 함께 오봉(午峯)이 수려한 모습으로 하늘 높이 솟아 있으면 과거에 급제하는 사람들이 나온다.

❖ **이십사방위 흙색**: 인신사해(寅申巳亥)의 사포(四胞)는 흙의 색이 묘하다. 진술축미(辰戌丑未)의 사금(四金)은 황토색이다. 태감(兌坎)은 백비석(白批石)이다. 을신정계(乙辛丁癸)의 사강(四强)은 호석(虎石)이 많다. 임병경신(壬丙庚申)의 사순(四順)은 백석(白石)이다. 사금국(四金局) 사포(四胞)의 운포(暈抱)의 아래 있는 땅은 오색토(五色土)로 단단하고 윤택하다. 술맥(戌脈)에서 온 건맥(乾脈)은 황색이고, 해맥(亥脈)에서 오면 백사(白沙)이다. 미맥(未脈)에서 온 곤맥(坤脈)은 청비석이고, 신맥(申脈)에서 오면 백사(白沙)이다. 진맥(辰脈)에서 온 손맥(巽脈)은 황토(黃土)이고, 미맥(未脈)에서 오면 자색토이다. 축맥(丑脈)에서 온 간맥(艮脈)은 흑색이고, 인맥(寅脈)에서 오면 청색이다.

❖ **이십사방풍**(二十四方風)

① 자방풍(子方風)이 불어오면 자손이 익사한다. 그러나 신좌인향(申坐寅向)의 혈은 자방풍(子方風)을 꺼리지 않는다.

② 계방풍(癸方風)에 혈을 쓰면 남녀간에 내란(內亂)이 있다. 단, 인신(寅申) 좌가 높으면 바람이 불어와도 무방하다.

③ 축방풍(丑方風)이 불어오면 중형벌(重刑罰)을 받고 도적이 나오며 재산이 파산된다. 그러나 해좌(亥坐), 간좌(艮坐), 손좌(巽坐), 사좌(巳坐), 병좌(丙坐), 정좌(丁坐), 미좌(未坐), 곤좌(坤坐)는 이 바람이 불어도 꺼리지 않는다.

④ 간방풍(艮方風)은 음양풍(陰陽風)을 막론하고 가장 흉하다. 소년이 전염병으로 죽고 무녀가 나온다. 특히 간방풍(艮方風)은 바람이 소통되어야지 그 앞을 막아 소통이 안 되면 더욱 흉하다.

⑤ 인방풍(寅方風)은 호랑이한테 사람이 상한다. 인방(寅方)이 요(凹)하면 진좌(辰坐)라야 액을 막아낸다.

⑥ 갑방풍(甲方風)은 후손 중 거리에서 객사하는 자가 생기고 관록(官祿)이 없으며 상처(喪妻)한다. 단 곤신술건(坤辛戌乾)좌는 이 바람이 무해하다.

⑦ 묘방풍(卯方風)이 불어오면 늙기도 전에 눈이 어두어(眼盲病) 이 때는 남자의 묘가 있을 좌측에 여자의 묘를 정혈(定穴) 할 때의 방위이다.

❖ **이십사산 길사**(吉砂)

① 사신전(四神全) 건곤간손(乾坤艮巽)을 사신(四神)이라고 한

다. 이 네 방향에 높고 수려한 산봉우리가 있으면 대귀(大貴)를 누린다. 네 곳에 모두 수려한 봉우리가 있어야지 한 곳만 빠져도 복록(福祿)이 크게 줄어든다. 그래서 사신(四神)이 모두 갖춰져야 한다는 뜻으로 사신전(四神全)이라 부른다.

② **팔장비**(八將備) : 간병손신유정묘경(艮丙巽辛酉丁卯庚)을 팔장(八將)이라 한다. 이 여덟 방향에 수려한 산봉우리가 높이 솟아올라 서로 어울리는 것을 팔장비라 부른다. 팔장비가 있으면, 자손들이 대부귀(大富貴)를 얻는다. 그런데 팔장이 빠짐없이 모두 갖춰지기가 매우 어렵다. 그 중에 한 두 개는 빠지는 경우가 많다. 한 두 개가 빠지면 그만큼 복록(福祿)도 줄어든다. 하지만 줄어든 복록 역시 대단하다.

③ **삼각치**(三角峙) : 간손유(艮巽酉)를 삼각(三角)이라고 부른다. 이 세 곳에 높고 수려한 봉우리가 있는 것을 삼각치(三角峙)라 한다. 삼각치가 있어도 자손들이 부귀를 누린다. 삼각치가 죽순처럼 우뚝우뚝 치솟으면 수많은 재물이 들어온다.

④ **사유열**(四維列) : 앞에 나온 사신(四神 : 건곤간손)에 드높고 수려한 봉우리가 있는 것을 사유열이라고도 한다. 사유열은 지극히 고귀한 인물들을 배출하며 자손들이 대귀(大貴)를 얻는다. 그런데 만약 건곤간손방(乾坤艮巽方)의 봉우리가 낮고 겹겹으로 솟아 있으면 큰 부자는 되나 귀(貴)는 크게 얻지 못한다.

⑤ **삼양기**(三陽起) : 손병정(巽丙丁)을 삼양(三陽)이라 한다. 손병정방(巽丙丁方)에 높고 수려한 봉우리가 있으면, 학문·문장이 뛰어나서 고귀하게 되는 인물이 나온다.

⑥ **팔국주**(八國周) : 갑경병임을신정계방(甲庚丙壬乙辛丁癸方)에 높고 수려한 봉우리가 있는 것을 팔국주라 부른다. 팔국주가 있으면 자손들이 대부귀(大富貴)를 얻는다. 그런데 팔국주 여덟 봉우리가 모두 갖춰지지 않고 한두 봉우리가 빠지는 경우도 있으면 역량이 그만큼 줄어들고 부귀(富貴)도 감해진다.

⑦ **사세고**(四勢高) : 인신사해방(寅申巳亥方)에 네 봉우리가 높고 수려한 모습으로 솟아 있는 것을 사세고라 한다. 사세고가 있으면 지극히 귀하게 되는 인물이 나온다. 높은 지위에 올라 많은 사람을 거느린다. 사세고는 네 봉우리가 모두 갖춰져서 제대로 된 것으로 한 봉우리만 빠져도 격식에 맞지 않는다.

⑧ **일월명**(日月明) : 오(午)는 해[日]이고, 자(子)는 달[月]이다. 자오방(子午方)에 수려한 두 봉우리가 우뚝 서서 마주 바라보는 것을 일월명이라고 한다. 일월명이 있으면 고귀한 인물이 배출된다. 그런데 오봉(午峯)은 드높고 자봉(子峯)은 약한 경우, 이 때 자방(子方) 쪽에서 흘러오는 물이 있어도 일월명이다. 물[水]이 산을 대신하는 것이다.

⑨ **자궁왕**(子宮旺) : 묘(卯)는 팔괘(八卦)로 진괘(震卦)며 장남(長男)이다. 자(子)는 감괘(坎卦)며 중남(中男)이다. 간(艮)은 간괘(艮卦)이고 소남(少男)이다. 묘자간방(卯子艮方)에 높은 봉우리가 솟았거나 많은 산봉우리들이 있으면 아들이 많아지며 고귀하게 된다. 만약 묘자간봉(卯子艮峯)이 없거나, 있어도 너무 낮고 약하면 아들이 매우 적어진다.

⑩ **여산고**(女山高) : 손(巽)은 팔괘로 손괘(巽卦)이며 장녀(長女)이고, 오(午)는 이괘(離卦)이며 중녀(中女)이며, 유(維)는 태괘(兌卦)이며 소녀(少女)다. 이 세 방향에 높고 수려한 봉우리가 있으면 여자들이 많아지며 여자들이 고귀해진다.

⑪ **재백풍**(財帛豊) : 간방(艮方)은 재물과 관계가 깊다. 간봉(艮峯)이 높고 크며 풍후(豊厚)하게 생기면, 많은 재물을 얻게 된다. 간방의 봉우리가 기울거나 빈약하게 생기면 재물이 흩어진다.

⑫ **수성숭**(壽星崇) : 정방(丁方)의 봉우리를 남극성(南極星)이라고 한다. 남극성은 노인성(老人星)이다. 그래서 정봉(丁峯)은 수명과 연관이 깊다. 정봉(丁峯)이 높고 수려하면 자손들이 장수한다.

⑬ **적사요인**(赤蛇遶印) : 사방(巳方)에 도장처럼 둥글게 생긴 봉우리가 솟아오른 것으로 이 봉우리가 있으면 귀(貴)를 얻는다.

⑭ **금마상계**(金馬上階) : 건방(乾方)에 솟아오른 말 형상의 산을 금마(金馬)라 한다. 또 오방(午方)에 솟아오른 말 형상의 산을 천마(天馬)라 부른다. 금마나 천마가 있고, 유봉(維峯)이 높게 서 있으면 대귀(大貴)를 누린다.

⑮ **삼화병수**(三火並水) : 병오정방(丙午丁方)은 남방(南方)이며 오행(五行)으로 불[火]이다. 병(丙)은 천간화(天干火), 오(午)

는 지록화(地祿火), 정(丁)은 인작화(人爵火)라 이른다. 병오정봉(丙午丁峯) 세 봉우리가 높고 수려하면 아주 고귀한 인물들이 나온다.

⑯ **태양승전**(太陽升殿) : 자오묘유(子午卯酉) 사방(四方)에 높고 둥그런 봉우리가 있는 것을 태양승전이라 한다. 태양승전이 있으면 최고의 극품에 오르는 인물이 배출되고 큰 부(富)를 얻는다.

⑰ **태음입묘**(太陰入廟) : 갑경병임(甲庚丙壬) 사방(四方)에 높고 둥근 봉우리가 있는 것을 태음입묘라 부른다. 태음입묘가 있으면 남자 중에 부마(駙馬 : 임금의 사위)가 나오고, 여자 중에 왕비가 배출된다.

⑱ **오기조원**(五氣朝元) : 남방에 화성(火星)이 있고, 북방에 수성(水星)이 있으며, 동방에 목성(木星)이 있고, 서방에 금성(金星)이 자리잡았으며, 중앙에 토성(土星)이 있어 여기에 혈이 맺혀 있는 것을 오기조원이라 한다. 각 방향에 오행(五行)으로 딱 맞는 봉우리가 있으니 그 정기가 엄청나다. 성인(聖人)이나 왕후장상(王侯將相)이 나오고, 죽어서 종묘나 사당에 모셔지는 인물들이 배출된다. 간방(艮方)과 건방(乾方) 두 방향에 드높고 수려한 봉우리가 서 있는 것을 녹마공후라 한다. 녹마공후가 있으면 자손들이 귀(貴)를 얻는다.

⑲ **천고진**(天鼓振) : 묘유간손방(卯酉艮巽方)에 있는 둥근 봉우리를 양고(陽鼓)라 부르고, 또 병정신방(丙丁辛方)에 있는 둥근 봉우리를 음고(陰鼓)라 이른다. 양고나 음고가 있으면 자손들이 귀(貴)를 누린다.

⑳ **문필수**(文筆秀) : 손신방(巽辛方)의 뾰족하고 수려한 봉우리를 문필봉(文筆峯)이라 한다. 문필봉이 있으면 자손들이 총명하고, 학문·문장을 잘한다. 뛰어난 학문·문장으로 존귀(尊貴)하게 되고 우등으로 과거에 급제하는 사람들도 나온다.

⑳ **어대새**(魚袋塞) : 물고기 모양의 산봉우리를 어대(魚袋)라 부른다. 경유신방(庚酉辛方)에 어대가 있고, 그것이 수구(水口 : 물이 나가는 곳)를 막고 있는 것을 어대새라 한다. 어대새가 있으면 자손들이 귀(貴)를 얻는다. ※ 옥대현(玉帶現) : 손신방(巽辛方)의 허리띠처럼 생긴 산봉우리를 옥대(玉帶)라 하며, 경유방(庚酉方)의 띠처럼 생긴 봉우리를 금대(金帶)라 한다. 금대·옥대가 있으면 자손들이 귀(貴)를 누린다. 병정경신방(丙丁庚辛方)에 있는 네모난 봉우리를 사문성(赦文星)이라 한다. 사문성이 있으면 나쁜 재앙이 물러간다. 혹, 다른 산이나 물이 흉하게 생겼어도 그 흉한 기운이 상당히 감해진다.

㉑ **마상어가**(馬上御街) : 손방(巽方)에 말 형상의 산이 있고 물이 그리로 흘러가면 고귀한 인물이 배출된다. 그가 높은 지위에 올라 임금을 가까이 모신다.

㉒ **귀삼천주**(貴參天柱) : 건봉(乾峯)을 삼천주(參天柱)라 한다. 건봉이 귀인봉(貴人峯 : 타원형의 봉우리)이고 드높이 솟아올랐으면 대귀(大貴)를 얻는다.

㉓ **녹마취**(祿馬聚) : 묘의 좌향(坐向 : 방향)에 따라 녹(祿)과 마(馬)가 있다. 이 녹마가 있으면 자손들이 귀(貴)를 누린다.

❖ **이십사산의 물명론장**(物名論葬) : 24산의 물명(物名)과 척촌(尺寸)은 자(子) 계(癸)는 쥐, 축(丑)은 소(牛), 간(艮)은 게(蟹), 인(寅)은 범, 갑(甲)은 여우(狐), 묘(卯)는 토끼, 을(乙)은 담비, 진(辰)은 용(龍), 손(巽)은 교룡, 사(巳)는 뱀(蛇), 오(午)는 말(馬), 정(丁)은 노루, 병(丙)은 사슴, 미(未)는 염소, 곤(坤)은 자라, 신(申)은 잔나비, 경(庚)은 까마귀(烏), 유(酉)는 닭, 신(辛)은 꿩(雉), 술(戌)은 개(狗), 건(乾)은 승냥이, 해(亥)는 돼지(猪), 임(壬)은 제비이다.

- 자좌(子坐)판은 대개 혈판이 유엽(柳葉)처럼 되어 있으면 격(格)이 맞다.
- 축좌(丑坐)판국은 대개 좌우전후에 암석이 있으면 재록(財祿)이 구족(具足)하고 산입구에 우형암석(牛形岩石)이 있으면 대길(大吉)하다.
- 간좌(艮坐)는 게(蟹). 지대가 습하고 평판이라야 길하고 묘에 석물(石物)을 하면 대단히 불길하여 사망 또는 병신불구자가 난다.
- 인(寅)은 호(虎). 범은 산지 영웅이나 의심이 많아서 산등으로만 다니므로 혈판국이 고원지(高原地)라야 진(眞)이 된다. 혈심(穴深)은 4척 8우 길하다.
- 갑좌(甲坐)는 호(狐). 여우는 호의만단(狐疑萬端)하니 혈재심처(穴在深處)라고 혈판국이 좀 우먹하여야 진(眞)이다. 혈심은 5척 2우 길하다.

- 묘좌(卯坐)는 토(兎). 토끼는 앞발이 짧고 뒷발은 길다. 혈판국이 돌(突)하고 앞이 급해야 진(眞)이다. 순전(脣氈)을 넓게 하면 불길하다. 산서(山書)에 묘좌(卯坐)에 순전(脣氈)이 길면 필패(必敗)라 한다. 혈심은 3척 8우 길하다.
- 을좌(乙坐)는 담비. 담비는 다람쥐 같은데 떼를 지어서 다니는데 크기는 토끼만 하고 매우 빨라서 능히 범을 잡는다고 한다. 혈판국은 좁고 돌(突)하면 진(眞)이다. 혈심은 4척 2우 길하다.
- 진좌(辰坐)는 용(龍). 용은 입수맥(入首脈)이 굴곡(屈曲)을 하고 그 오는 것이 장원(長遠)하고 혈판국이 유돌(乳突)이고 좌우에 양각사(兩角砂)가 있어야 진(眞)이다. 혈심은 4척 7우 길하다.
- 사좌(巳坐)는 뱀(蛇). 뱀은 역시 진좌(辰坐) 판국(板局)과 같으나 혈판좌우에 사각(砂角)은 없어야 진(眞)이다. 석물(石物)은 불길하다.
- 손좌(巽坐)는 교(蛟). 교룡은 동아뱀이다. 손좌(巽坐)판국은 와(窩)판국으로 연소형으로 되어 있으면 진(眞)이다. 혈심은 3척 8우 길하다.
- 병좌(丙坐)는 녹(鹿). 사슴은 혈판국이 고원(高原)하고 돌(突)하고 좁아야 진(眞)이다. 혈심(穴深)은 3척 7우 길하다.
- 오좌(午坐)는 말(馬). 오좌(午坐)판국은 넓은 것은 비혈(非穴)이고 혈판국이 좁고 사토(砂土)가 혼합되고 주룡(主龍)이 수척하여야 진(眞)이다. 우(牛)와 마형(馬形)을 분간할 때 산수자(山叟者)는 말(馬)이고 산비자(山肥者)는 소(牛)라 하였다. 혈심(穴深)은 3척 7우 길하다.
- 정좌(丁坐)는 장(獐). 노루는 앞발은 짧고 뒷발은 길다. 혈판국이 급하고 돌(突)하고 좁아야 진(眞)이다. 혈심은 4척 5우 길하다.
- 미좌(未坐)는 양(羊). 염소는 포선형(布扇形)이고 역재두(力在頭)라 하니 혈이 뇌정(腦頂)에 있으니 고원만두(高原巒頭)라야 진(眞)이다. 혈심은 4척 5우 길하다.
- 곤좌(坤坐)는 자라. 자라는 혈이 비습(卑濕)한 곳에 있으니 곤좌(坤坐) 판국이 와(窩)라야 하고 평탄지대(平坦地帶) 혈토(穴土)가 좀 습한 듯 하면 진(眞)이다. 혈심은 3척 5우 길 하다.
- 신좌(申坐)는 원(猿). 잔나비는 항상 높은 곳에 오르므로 혈은 고원지(高原地)에 전경(前境)이 광활하고 좌우 산세가 촉하면 진(眞)이다. 혈심은 3척 9우 길하다.
- 경좌(庚坐)는 오(烏). 까마귀는 혈이 높은 곳에 있고, 또는 노방(路傍)이라 주산이 고대하고 촉하고, 혈판국이 돌(突)하고 좁고, 안대전경(案對前境)이 광활하고, 토색은 황토면 진(眞)이다. 혈심은 4척 1우 길하다.
- 유좌(酉坐)는 계(鷄). 닭은 가축물이다. 대개는 인가(人家) 근처에 많이 있으므로 혈판국은 좁고 돌(突)하고 순전(脣氈)이 단축해야 진(眞)이다. 혈심은 4척 2우 길하다. 신좌(辛坐)는 치(雉). 꿩은 혈이 높은 곳에 있어 돌(突)하고 좁고 광내(壙內)가 강하고 사토(砂土)가 혼합이라야 진(眞)이다. 항상 방울소리를 싫어함으로 혈이 높은 곳에 있어 혈심은 4척 5우 길하다.
- 술좌(戌坐)는 개(狗). 개는 혈판국(穴版局)이 와(窩)라야 하고 산지슬평탄(山支膝平坦)하여야 진(眞)이다. 혈심은 3척 9우 길하다.
- 건좌(乾坐)는 늑대(狼). 늑대는 개(狗)와 근사하다. 느리기는 하지만 개보다 영리하다. 성질은 범과 비슷하고 고원지대로만 다닌다. 대개 건좌묘(乾坐墓)는 고원지가 많다. 혈심은 4척 2우 길하다.
- 해좌(亥坐)는 돼지(猪). 돼지는 혈이 비습(卑濕)한 곳에 있으므로 혈판국(穴板局)은 와(窩)라야 진(眞)이다. 혈심은 3척 8우 길하다.
- 임좌(壬坐)는 연(燕). 제비는 혈이 높은 곳에 있으므로 와(窩)판으로서 후면이 원장(垣墻)처럼 반월모양이고, 전면은 축대를 쌓은 것처럼 낭떠러지여야 하고, 안대(案對)가 광활하고 안산(案山)들이 꽃과 같이 보이면 제비로서 바로 연소형이 되면 진(眞)이다. 혈심은 3척 8우 길하다.
- 계좌(癸坐)는 박쥐인데 낮에는 보지 못한다. 그러므로 묘좌(墓坐) 뒷산이 높고 숙어진 것이 있어야 되고 혈심은 4척 2우가 길하다.

❖ **이십사산입수와 좌의 추리이법** : 임입수(壬入首), 자입수(子入首), 임좌, 자좌는 1개월 또는 1년이나 1대로도 화복을 추운하는 바 다음은 모두 이 같은 요령으로 추리한다.

① 계좌계입수(癸坐癸入首)는 6개월 6년 60년

② 축좌축입수(丑坐丑入首)는 10개월 10년 100년
③ 간좌간입수(艮坐艮入首)는 5개월 5년 50년
④ 인좌인입수(寅坐寅入首)는 3개월 3년 30년
⑤ 갑좌갑입수(甲坐甲入首)는 3개월 3년 30년
⑥ 묘좌묘입수(卯坐卯入首)는 8개월 8년 80년
⑦ 을좌을입수(乙坐乙入首)는 8개월 8년 80년
⑧ 진좌진입수(辰坐辰入首)는 5개월 5년 50년
⑨ 손좌손입수(巽坐巽入首)는 8개월 8년 0년
⑩ 사좌사입수(巳坐巳入首)는 2개월 2년 20년
⑪ 병좌병입수(丙坐丙入首)는 7개월 7년 70년
⑫ 오좌오입수(午坐午入首)는 7개월 7년 70년
⑬ 정좌정입수(丁坐丁入首)는 2개월 2년 20년
⑭ 미좌미입수(未坐未入水)는 10개월 10년 100년
⑮ 곤좌곤입수(坤坐坤入首)는 10개월 10년 100년
⑯ 신좌신입수(申坐申入首)는 9개월 9년 90년
⑰ 경좌경입수(庚坐庚入首)는 9개월 9년 90년
⑱ 유좌유입수(酉坐酉入首)는 4개월 4년 40년
⑲ 신좌신입수(辛坐辛入首)는 4개월 4년 40년
⑳ 술좌술입수(戌座戌入首)는 5개월 5년 50년
㉑ 건좌건입수(乾坐乾入首)는 9개월 9년 90년
㉒ 해좌해입수(亥坐亥入首)는 6개월 6년 60년

이상은 이기추운법으로 길국은 길운(吉運)이 발현하고 흉국은 횡액의 재화(災禍)가 따른다. 재물은 있으나 인정이 드물면 따뜻한 혈을 구하여 이장함이 길이요, 인정은 많으나 한빈하면 길방득수처에 점혈 이장함이 길하다.

❖ **이십사산 정오행**(二十四山正五行) : 24산 중에 수(水)가 4, 화(火)가 4, 금(金)이 5, 목(木)이 5, 토(土)만은 6위가 된다. 만물이 토(土) 중에서 생(生)하고 토(土) 중에서 마치기 때문에 1위가 더 있다고 한다. 동목(東木)은 인(仁)을 주로 하고, 서금(西金)은 의(義)를 주로 하며, 북수(北水)는 지(知)를 주로 하고, 남화(南火)는 예(禮)를 주로 하고, 중앙토(中央土)는 신(信)을 주로 한다.

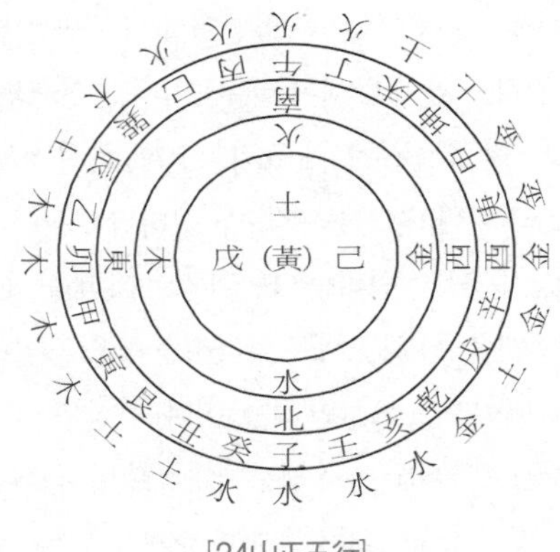

[24山正五行]

❖ **이십사산 흉사**(凶砂)

① **팔문결**(八門缺) : 건곤간손자오묘유방(乾坤艮巽子午卯酉方)은 모두 팔괘(八卦)에 들어간다. 이 여덟 방향이 오목하게 들어간 것(산봉우리가 높이 솟지 않아)을 팔문결이라 한다. 여덟 방향 모두에 높은 산봉우리가 없어, 그곳으로 바람이 몰아닥치면 혈의 정기가 산산이 흩어지고 만다. 그러니 자손들이 평안하게 지내기 어렵고 온갖 고초를 겪으며 가난하게 산다.

② **사살천권**(四殺擅權) : 진술축미(辰戌丑未) 네 방향에 험상궂으며 드높은 봉우리 네 개가 우뚝 서서 혈을 압박하는 것을 사살천권이라 한다. 사살천권은 아주 흉흉한 기운을 뿜으며 흉악무도한 사람을 배출한다. 악인(惡人)이 나와 역적이나 도적떼의 괴수가 되고 온갖 만행을 저지르다 비참하게 죽는다. 또 그 악인으로 인해 집안이 망한다.

③ **사금요**(四金凹) : 진술축미(辰戌丑未) 네 방향이 모두 움푹 들어간 것을 사금요라 한다. 사금요가 있으면 묘지 속의 관이 뒤집힌다. 그리고 자손들은 온갖 흉화(凶禍)를 입는다.

④ **삼화저**(三火抵) : 병오정방(丙午丁方) 세 방향 모두 움푹 들어간 것을 삼화저라 한다. 병오정 세 방향 모두에 높은 봉우리가 없으면 귀(貴)를 못 얻으며 비록 과거에 급제해도 높은 벼슬에 오르지 못한다. 그리고 집안이 쓸쓸하다.

⑤ **사신박**(四神剝) : 건곤간손방(乾坤艮巽方)에 기울어진 바위가 있는 것을 사신박이라고 한다. 사신박이 보이면 집안에 도덕이 바로 서지 못한다.

⑥ **괴강웅**(魁罡雄) : 진술축미방(辰戌丑未方)을 괴강이라 한다.

이 네 방향에 우악스런 봉우리가 너무 높이 솟아올라 혈을 누르는게 괴강웅으로 괴강웅이 있으면, 집을 나가 도적이 되는 자손이 생긴다.

⑦ **양관함**(陽關陷) : 양관(陽關)은 신방(申方)이다. 신방이 움푹 들어간 것을 양관함이라 한다. 양관함이 보이면 자손 중에 군대에 가서 죽는 사람이 나온다.

⑧ **자궁허**(子宮虛) : 자묘간방(子卯艮方)이 자궁이다. 이 세 방향이 움푹 들어가면 여자가 많고 남자가 적다.

⑨ **녹위결**(祿位缺) : 녹위(祿位)는 사오간해축방(巳午艮亥丑方)이다. 이 방향에 높은 산이 없으면 귀(貴)를 누리기 어렵고 학문·문장이 빼어나도 높은 지위에 오르지 못한다.

⑩ **금계평**(金階平) : 금계(金階)는 건유방(乾酉方)이다. 이 두 방향이 움푹 들어가도 귀(貴)를 얻지 못한다.

⑪ **문성저**(文星抵) : 문성(文星)은 손신봉(巽辛峯)이다. 손신방(巽辛方)이 낮고 우묵하면 비록 귀(貴)를 얻어도, 녹(祿)은 얻기 어렵다.

⑫ **천주절**(天柱折) : 천주(天柱)는 건봉(乾峯)이다. 건방(乾方)이 움푹 들어가면 젊어서 죽는 사람들이 생긴다. 술방(戌方)까지 낮으면 흉화(凶禍)가 더욱 크게 미치고 악적(惡賊 : 흉악한 도적), 악병(惡病)으로 인해 큰 고초를 겪는다.

⑬ **수산경**(壽山傾) : 수산(壽山)은 정봉(丁峯)이다. 정봉이 너무 낮거나 기울거나 깨지면 자손들이 젊어서 일찍 죽는다.

⑭ **천모휴**(天母虧) : 천모(天母)는 곤(坤)이다. 곤방(坤方)이 낮고 움푹하게 들어가면 과부가 생긴다.

⑮ **적기현**(賊旗現) : 진술방(辰戌方)에 있는 깃발처럼 생긴 산을 적기(賊旗 : 도적떼의 깃발)라 부른다. 적기가 있으면 자손 중에 큰 도둑이 나온다.

⑯ **살도출**(殺刀出) : 진술축미방(辰戌丑未方)의 옆으로 뾰족한 산을 살도(殺刀)라 한다. 살도가 있으면 자손 중에 강도가 나온다. 그렇지 않으면, 백정이 나와 짐승 죽이는 것을 업으로 삼는다.

⑰ **회록래**(回祿來) : 인오술방(寅午戌方)이 움푹 들어가면 바람을 따라서 흉흉한 기운이 들어온다. 그로 인해 자손들이 온갖 고초를 겪게 되고 갖가지 흉화(凶禍)를 입는다.

⑱ **형성압**(衡星壓) : 형성(衡星)은 묘봉(卯峯)이다. 묘방(卯方)의 봉우리가 우악스럽고 크면 혈을 짓누르므로 자손들이 윗사람의 도움과 사랑을 잘 못 받는다.

⑲ **창고도**(倉庫倒) : 진술축미(辰戌丑未) 네 방향을 사고(四庫)라고도 한다. 이 네 방향의 산이 깨지거나 비스듬히 기울어 있으면, 자손들이 궁핍하게 산다.

⑳ **재백산**(財帛散) : 간방(艮方)의 봉우리가 쓰러질 듯 기울었거나, 깨지고 부서졌거나, 어지럽게 흩어진 것을 재백산(財帛散)이라 한다. 재백산이 보이면, 이름 그대로 재무이 흩어져 가난하게 산다.

㉑ **횡시견사**(橫屍見砂) : 시체처럼 생긴 산이 보이면 젊어서 죽는 자손들이 나온다. 만약 진술축미자계방(辰戌丑未子癸方)에 그런 봉우리가 있으면 객지에서 객사하는 자손이 생긴다.

㉒ **타태사**(墮胎砂) : 자계축방(子癸丑方)에 있는 둥그런 둔덕을 타태사라 한다. 타태사가 있으면 여자들이 유산을 많이 하게 된다.

㉓ **오성수제**(五星受制) : 화수목금토(火水木金土) 오성(五星)이 오행상(五行上) 자기를 극(克)하는 방위에 있는 것을 오성수제라 한다. 화성(火星)은 물[水]의 방위인 북방(北方)에 있고, 수성(水星)은 흙[土]의 방위인 중앙에 있고 목성(木星)은 금(金)의 방위인 서쪽에 있고, 금성(金星)은 불[火]의 방위인 남방(南方)에 있으며 토성(土星)은 나무[木]의 방위인 동방에 있다. 오성(五星)이 자기를 극(克)하는 곳에 자리잡았으니 기운을 크게 떨치지 못한다. 형상이 아무리 수려하고 힘차다 해도 큰 부귀(富貴)를 얻기가 어렵다.

㉔ **녹무정위** : 각 좌(坐 : 묘지의 좌)에 해당되는 정록(正祿)의 자리(방위)에 수려한 봉우리가 없는 것을 녹무정위라 한다. 제자리에 정록이 없으면 귀(貴)를 누리기 어렵다. 갑좌(甲坐)의 정록은 인방(寅方)에 있고, 을좌(乙坐)의 정록은 묘방(卯方)에 있고, 병술좌(丙戌坐)의 정록은 사방(巳方)에 있고, 정사좌(丁巳坐)의 정록은 오방(午方)에 있고, 경좌(庚坐)의 정록은 신방(申方)에 있고, 신좌(辛坐)의 정록은 유방(酉方)에

있고, 임좌(壬坐)의 정록은 해방(亥方)에 있으며, 계좌(癸坐)의 정록은 자방(子方)에 있다.

❖ **이십팔수 길흉비결**(二十八宿 吉凶秘訣)

① **각**(角). **목요일 길흉**: 혼인과 건축 개축은 길하고 이장과 사초(莎草)와 입석은 불리하다.

② **항**(亢). **금요일 길흉**: 혼인은 공방(空房)수가 있고 성조(成造)를 하면 장남부부가 해롭고 매장은 중상(重喪)이 생긴다.

③ **저**(氐). **토요일 길흉**: 혼인과 건축, 개축은 길하고 매장과 사초(莎草)는 불리하다.

④ **방**(房). **일요일 길흉**: 매사에 길하고 오직 장사는 불리하다.

⑤ **심**(心). **월요일 길흉**: 제사에 모두 불리하다.

⑥ **미**(尾). **화요일 길흉**: 혼인과 건축, 개축 또는 개문(開門)에 길하다.

⑦ **기**(箕). **수요일 길흉**: 건축과 개축 그리고 사초(莎草), 안장(安葬) 또는 개문(開門)에 길하다.

⑧ **두**(斗). **목요일 길흉**: 기조(起造)와 장사(葬事)등 만사에 길하다.

⑨ **우**(牛). **금요일 길흉**: 제사가 불리하다.

⑩ **여**(女). **토요일 길흉**: 건축, 개축과 사초(莎草), 안장(安葬) 모두 불길하다.

⑪ **허**(虛). **일요일 길흉**: 매사에 길리(吉利)하나 오직 장사에 불리하다.

⑫ **위**(危). **월요일 길흉**: 건축, 개축과 장사(葬事), 개문(開門) 모두 불리하다.

⑬ **실**(室). **화요일 길흉**: 건축, 개축과 안장(安葬), 개문(開門) 모두 길하다.

⑭ **벽**(壁). **수요일 길흉**: 혼인과 기조(起造)와 사초(莎草), 안장(安葬)과 개문(開門)에 길하다.

⑮ **규**(奎). **목요일 길흉**: 기조(起造)와 공작에만 길하고 장사와 개문은 불리하다.

⑯ **루**(婁). **금요일 길흉**: 혼인과 기조(起造)와 사초(莎草), 안장(安葬)과 개문(開門) 모두 대길하다.

⑰ **위**(危). **토요일 길흉**: 건축, 개축과 안장(安葬)에 길하다.

⑱ **묘**(昴). **일요일 길흉**: 건축, 개축과 공작에만 길하고 혼인과 사초(莎草), 안장(安葬), 개문(開門)은 불리하다.

⑲ **필**(畢). **월요일 길흉**: 혼인과 건축, 개축, 개문(開門)에 대길하다.

⑳ **자**(觜). **화요일 길흉**: 오직 장사에만 길하고 제사에 불리하다.

㉑ **삼**(參). **수요일 길흉**: 오직 기조(起造)에는 길하고 장사와 혼인과 개문(開門)에 불리하다.

㉒ **정**(井). **목요일 길흉**: 건축, 개축과 개문(開門)에는 길하고 사초(莎草)와 안장(安葬)에는 흉(凶)하다.

㉓ **귀**(鬼). **금요일 길흉**: 사초(莎草), 안장(安葬)은 의(宜)하고 건축, 개축과 혼인, 개문(開門)에는 불리하다.

㉔ **유**(柳). **토요일 길흉**: 건축, 개축과 사초(莎草), 안장(安葬), 개문(開門)에 불길하다.

㉕ **성**(星). **일요일 길흉**: 매사에 불리하다.

㉖ **장**(張). **월요일 길흉**: 건축, 개축과 사초(莎草), 안장(安葬), 출행(出行)등에 길하다.

㉗ **익**(翼). **화요일 길흉**: 오직 사초(莎草), 안장(安葬), 입석(立石)은 길하고 건축, 개축 공작과 개업, 개문(開門)은 불리하다.

㉘ **진**(軫). **수요일 길흉**: 출행(出行)과 조선과 건축, 개축과 장사에 모두 길하다.

❖ **이십팔수방위산사형영**(二十八宿方位山砂形影) **초출시**(抄出詩)

① 손방(巽方)은 진성(軫星)에 수(水)가 되니 구인(蚯蚓)되고, 각성(角星)은 목(木)이 되니 교룡(蛟龍)이라, 산의 과협(過峽)이나 돌아가는 모양일세(巽軫水蚓角木蛟 山之過峽樣巡處). 진방(辰方)은 항성(亢星)에 금(金)이 되니 용(龍)이 되고 수성(壽星)은 그 다음이니, 인후(咽喉)나 혈뇌(穴腦)나 과협처(過峽處) 되네(辰亢金龍壽星次 咽喉到腦過峽處). 을방(乙方)은 저성(氐星)에 토(土)가 되니 담비(貉)되고 산형(山形)은 토체(土體)이니, 형상은 여우(狐)나 담비(貉)같음을 세상은 알지 못하네(乙氐土貂山土星 形似狐貉世不知). 묘방(卯方)은 방성(房星)에 일국(日局) 되니 토끼(兎) 되고 대화(大火)는 그 다음이니, 산의 둥근 모양이 마치 달(月)과 흡사하네(卯房日兎大火次 山之團圓形似月). 갑방(甲方)은 심성(心星)에 월국(月局) 되니 여우(狐) 되고

산은 모지고 둥그니, 깊은 못이나 물은 없을 것이네(甲心月狐山方圓 水之深澤無乃是). 인방(寅方)은 미성(尾星)에 화(火)가 되니 범(虎)이 되고 탁수(柝水)는 그 다음이라, 산이 태왕(太旺)하여 그 기세는 하늘을 찌르네(寅尾火虎柝水次 山之太旺勢通天). 간방(艮方)은 기성(箕星)에 수(水)가 되니 표범(豹)되고 두성(斗星)은 목(木)이 되니 해태(獬豸)라, 산의 과협(過峽)은 나비눈썹 같네(艮箕水豹斗木獬 山之過峽似蛾眉). 축방(丑方)은 여성에 토(土)가 되니 박쥐(蝠)임을 군자는 알지 못하고, 산은 중탁(重濁)하고 물은 귀겁(鬼劫)이네(丑牛金牛星記次 地雖過峽形日月). 자방(子方)은 허성(虛星)에 일국(日局) 되니 쥐(鼠)가 되고 현효(玄枵)는 그 다음이라, 산은 단원(團圓)하고 그 형체는 일월(日月)같네(子虛日鼠玄枵次 山之團圓形日月). 임방(壬方)은 위성(危星)에 월연(月燕)되니 그대가 어찌 자상(仔詳)히 알랴, 산은 층락(層落)하여 푸른 하늘아래 높이 솟았네(壬危月燕君可詳 山之層落聳碧霄). 해방(亥方)은 실성(室星)에 화(火)가 되니 돼지(猪) 되고 취자(聚觜)는 그 다음이라, 산은 태왕(太旺)하고 형체는 화개(華蓋)를 이루었네(亥室火猪聚觜次 山之太旺形華盖). 건방(乾方)은 벽성(壁星)에 수(雖)가 되니 원숭이(貐) 되고 규성(奎星)은 목(木)이 되니 이리(狼)라, 산은 과협(過峽)지고 어병(御屛) 둘렀네(乾壁水貐奎木狼 山之過峽似御屛). 술방(戌方)은 누성(婁星)에 금(金)이 되니 개(狗)가 되고 강루(降樓)는 그 다음이니, 하늘에서 내린 과협(過峽)은 기세가 금장(金帳) 둘렀네(戌婁金狗降婁次 天受過峽勢金帳). 신방(辛方)은 위성(胃星)에 토(土)가 되니 꿩이 됨을 군자가 어이 상세히 알고, 산은 단원(團圓)하고 그 형체는 유소(流蘇)같네(辛胃土雉君可詳 山之團圓形流蘇). 유방(酉方)은 묘성(昴星)에 일국(日局) 되니 닭(鷄)이 되고 대량(大梁)은 그 다음이라, 산은 단원(團圓)하고 그 형체는 복부(伏釜)같네(酉昴日鷄大梁次 山之團圓形伏釜). 신방(申方)은 자성(觜星)에 화(火)가 되니 원숭이 되고 실심(實深)은 그 다음이라, 산은 뾰족뾰족 마치 춤추는 것 같네(庚畢月烏赤加尋 山之太陰勢伏鑼). 곤방(坤方)은 삼성(參星)에 수(水)가 되니 원숭이 되고 정성(井星)은 목(木)이 되니 들개(犴)라, 땅은 과협(過峽)되어 쌍문(雙門)을 닫은 것 같네(坤參水猿井木犴 地受過峽雙門閉). 미방(未方)은 귀성(鬼星)에 금(金) 되니 양(羊)이 되고 순수(鶉首)는 그 다음이라, 산은 과협(過峽)지고 그 형체는 검(劒)같네(未鬼金羊鶉首次 山之過峽卽劒形). 정방(丁方)은 유성(柳星)에 토(土)가 되니 노루(獐) 되고 이는 천성(天星)이니, 산은 어병(御屛) 둘렀고 물은 삼척(三尺)이네(丁柳土獐是天星 山之御屛水三尺). 오방(午方)은 성성(星星)에 일국(日局)되니 말이 되고 순화(鶉火)는 그 다음이라, 산은 단원(團圓)하여 마치 솥을 머리에 이고 있는 것 같네(午星日馬鶉火次 山之團圓似戴鼎). 사방(巳方)은 익성(翼星)에 화(火)가 되니 뱀(蛇)이 되고 순미(鶉尾)는 그 다음이라, 산은 뾰족하게 높이 솟아 구름을 찌를 것 같네(丙張月鹿二十七宿 山之漲天勢弄笏).

② **토색 생물**(土色生物) : 각성(角星), 두성(斗星), 규성(奎星), 정성(井星)은 목국(木局)이라, 이는 혈의 징조가 열리는 것이니 입술 같네(角斗奎井木局 穴兆開而脣如). 황청색(黃青色)의 이사(泥砂) 속에는 단단한 옥석(玉石)이 있네(伊黃碧之泥砂與硬堅之玉石). 사반석중(四畔石中)의 혈토(穴土)에 작혈(作穴)하니 부귀쌍전(富貴雙全)이네(四畔石之中土 作兩穴而富貴). 삼오척(三五尺)에 생기 넘치니 혹 고기(古器)나 기왓장 나오네(三五尺而生氣或古器而瓦木). 오색토(五色土)가 상간(相間)하니 벽홍색(碧紅色)이 많으면 더욱 기묘(奇妙)하리(五色土而相間 碧紅多則尤奇). 항성(亢星), 누성(累星), 귀성(鬼星), 우성(牛星)은 금국(金局)이니 황벽색(黃碧色)의 진흙이네(亢婁鬼牛金局 出黃碧之土泥). 먼저 건조한 흙에 후에 윤택한 흙이라, 청황백색(青黃白色)은 더욱 진토(眞土)네(先看燥而後潤 青黃白者尤眞). 삼오척(三五尺)에 고기(古器) 나오고 혹은 생물의 집도 있네(三五尺而古器或巢穴之生物). 육칠척(六七尺)에 금(金) 도깨비 방망이 나오니 그 벼슬 가히 경상(卿相)에 이르네(六七尺而金鬼位可至於卿相). 자황토(紫黃土)도 역시 길하니 귀자(貴子) 얻고 부귀 누리네(紫黃土之亦吉 生貴子而富貴). 혹 물이 보여도 바로 흘러버릴 것이고, 후에 돌이 나오니 이게 바로 진혈(眞穴)이네(或見泉而卽瀉 後遇石而眞穴). 저성(氐星), 여성(女星), 위성(胃星)은 토국(土局)이니, 먼저 황토가 섞여 나온 후에 돌이 나오네(氐

女胃柳土局 先混黃而後石). 혹 청자색이나 분석 나오고, 혹은 회탄(灰炭)이나 와기(瓦器) 나오네(或青紫而粉石 或灰炭而瓦器). 삼오척(三五尺)에 오색토(五色土)요, 육칠척(六七尺)에 생물이네(三五尺而五色 六七尺而生物). 금은 그릇과 목근(木根)이요, 혹은 충렴(虫廉)과 의혈(蟻穴)이네(金銀器與木根 或虫廉而蟻穴). 청자황(青紫黃)의 삼맥(三脈)은 한결같이 부귀쌍전(富貴雙全)하겠네(青紫黃之三脈 一富貴而雙全). 방성(房星), 허성(虛星), 묘성(昴星), 성성(星星)은 일국(日局)이니, 청황적(青黃赤)의 사토(砂土) 나오네(房虛昴星日局 青黃赤之砂土). 일변(一邊)은 돌이요 일변(一邊)은 흙(土)이고, 혹은 사석(四石) 중에 토혈(土穴)이네(一邊石而一土 或四石而中土). 아래에 샘이 있으니 진혈(眞穴)이고, 흑색이 많으니 가장 귀(貴)하네(下有泉而眞穴 黑色多者最貴). 사오척(四五尺)에 생기(生氣)있고, 금옥기(金玉器)와 석와(石瓦) 나오네(四五尺而生氣 金玉器與石瓦). 적백색이 광원(光圓)하고, 혈후에는 돌이요, 혈전에는 물결이네(赤白毛之光圓 穴後石而前波). 심성(心星), 위성(危星), 필성(畢星), 장성(長星)은 월국(月局)이니, 청자백색(青紫白色)의 이사(泥沙)로세(心危畢張月局 青紫白之泥沙). 혈 중에는 이활토(膩滑土)요, 오색토(五色土) 나오니 극길(極吉)하네(穴中多於生膩 五色土者極吉). 신룡(神龍)은 장원이 나오고, 형체는 청아(清雅)하니 달인 나오네(神聳出於壯元 賢達人於清雅). 사오척(四五尺)에 황토가 섞이고, 혹은 생물이나 고기(古器)도 나오네(四五尺而混黃 或生物而古器). 흙이 원만치 않으니 돌이 섞이고, 혹은 목근(木根)이나 회탄(灰炭) 나오네(非土圓則石合 或木根與灰炭). 미성(尾星), 실성(室星), 자성(觜星), 익성(翼星)은 화국(火局)이니, 처음에는 굳고 단단한 초토(焦土) 나오네(尾室觜翼火局 初此見多焦頑). 삼오척(三五尺) 후에 자윤(滋潤)하고, 오척하(五尺下)에 굳고 단단하네(三五後而滋潤 有五尺而硬堅). 오척하(五尺下)에 생물이 나오고, 고기(古器)도 나오네(五尺下而生物及異常之古器). 적흑백색(赤黑白色)이 상간(相間)하고, 흑색이 많으니 더욱 귀하네(赤黑白兮常相間 黑色多者尤貴). 천맥(泉脈)은 나오다가 그치고, 일변(一邊)은 흙이요, 일변(一邊)은 돌이로세(有泉脈得止 一邊土異一石). 기성(箕星), 벽성(壁星), 삼성(參星), 진성(軫星)은 수국(水局)이니 청흑황색(青黑黃色)의 단단한 흙이로세(箕壁參軫水局 青黑黃止堅硬). 사오척(四五尺)에 오색토(五色土)요, 혹은 기름진 흙에 윤택하고 눅눅하네(四五尺之五色 或滋潤之漫渙). 깊이가 구척을 넘으면 불가하니 지나치게 뚫어 돌이 나오면 설기(泄氣)하겠네(深不可而九尺 枉透石而泄氣). 물(泉水)이 있어 생물이 나오면 도리어 혈이 상하니 불리하겠네(有泉水之生物 反傷穴而不利). 삼척하(三尺下)에 물이 있으니 해를 돌아(周年) 크게 해를 보겠네(三尺下有水後周年被其大發).

❖ **이십팔수 오행**(二十八宿五行) : 28수(宿)는 하늘의 주위에 분포하고 있는 28종의 별을 말한다. 이 성수(星宿)로 하늘로는 올바른 분도(分度)를 밝히고 전도(纏度)의 다과(多寡)를 알았으며, 땅에서는 절기(節氣)의 영축(盈縮)을 살폈으며 산천의 소사(消砂)를 담당하였고, 사람에 있어서는 음양과 길흉을 소식(消息)하였다.

- 角(二星)＝木, 亢(四星)＝金, 氐(四星), 房(四星) 二日, 心(三星)＝月, 尾(九星), 箕(四星)＝水, 이상 청룡 7수(七宿青龍)임.
- 斗(六星)＝木, 牛(六星)＝金, 女(四星)＝土, 虛(二星)＝日, 危(三星)＝月, 室(二星)＝火, 壁(二星)＝水, 이상 현무 7수(玄武七宿)임.
- 奎(十六星)＝木, 婁(三星)＝金, 胃(三星)＝土, (昴)(七星)＝日, 畢(八星)＝月, 觜(三星)＝火, 參(十星)＝水이니, 이상 백호 7수(白虎七宿)임.
- 井(八星)＝木, 鬼(五星)＝金, 柳(八星)＝土, 星(七星)＝日, 張(六星)＝日, 翼(二十星)＝火, 軫(四星)＝水, 이상 주작 7수(七宿朱雀)이다.

지리에서는 28수를 24방위에 배속(配屬)시켜 사(砂)를 격정(格定)하는데 자오묘유(子午卯酉)에만은 2수가 배속되도록 되어 있다.

❖ **이장**(移葬) : 천분(遷墳), 개장, 면례(緬禮)라고도 하며 이미 쓴 묘를 부득이한 사정으로 딴 곳으로 옮겨 쓰는 것을 말함. 현대에서는 국토개발의 차원에서 타의에 의해서 이장을 아니할 수 없는 경우라든지 기타 가정의 사정으로 이장의 예가 흔히들 발생한다.

① 이장 시에는 이장을 하는 주인공의 연운과 택일(擇日)시 택시(擇時)를 잘해야 한다.

② 이장하려면 먼저 산신제를 올려야 한다.
③ 만약 선영이 있으면 맨 먼저 선영에게 제를 올려야 한다.
④ 구묘(旧墓)에 반드시 제물을 진설하고 제를 지내야 한다.
⑤ 산신제는 다른 사람에게 올리게 하도록 한다.

• **구묘(旧墓)의 산신축**

維歲次 ○○年 ○○月 朔 ○○日○○

幼學 ○○(姓名) 敢昭告于

土地之神 今爲學生 (本貫姓氏)公 卜宅玆地

恐有他患 將啓窆遷于 他所 謹以 清酌脯果 祗薦于 神神其佑之 尚 饗

[해설] 유학 ○○○토지지신께 아뢰니다. ○○○공의 묘를 이곳에 두어 달리 후환이 있을까 두려워 다른 곳으로 옮기려 하니 도와주시기를 비오며 맑은 술과 음식을 올리오니 흠향하옵소서.

• **이장(移葬)=신묘(新墓)** : 새로 쓸 묘의 자리가 결정되면 일을 착수하기전 산신제를 올리고 선영이 부근에 있으면 먼저 선영 중 가장 웃어른에게 제를 드려야 한다. 새 묘를 쓸 자리가 합묘이면 먼저 쓴 묘에도 고하는 제를 드린다. 성분(成墳) 후는 평토제를 지내고 초우(初虞)를 묘소 앞에서 지낸다.

• **신묘의 산신축**

維歲次 ○○年 ○○月 朔 ○○日○○

幼學 ○○(姓名) 敢昭告于

土地之神 今爲(處士) ○○玉公 宅兆不利

將改葬于此 神其保佑 俾無後艱 謹以 清酌脯果 祗薦于 神 尚 饗

[해설] 유학 ○○○는 토지지신께 삼가 아룁니다. ○○○공의 묘소가 불리하여 이곳에 개장하기로 하였사오니 신령께서는 이를 도우시어 후일에 환난이 없게 하여 주시옵기 비오며 삼가 아뢰옵니다.

• **이장 시(移葬時)** : 이장 시에는 이장을 하기 위해 묘봉분을 파묘 후 유골은 후손들이 이물질을 제거하기 위한 솔과 탈지면, 소독수로 깨끗이 닦아서 모시되 유골의 위치와 순서에 오류가 범하지 않도록 세심한 주의와 정성을 다하여 정돈된 유골은 세상 바람을 다시 맞는다는 뜻에서 하룻밤을 후손과 같이 보내고 다음날 모시는 관행이 바람직하나 근래에 와서는 시간적인 이유와 변모하는 시류에 따라 파묘 당일에 옮겨 모시는 것이 당연한 것으로 되어 있다. 이 모두는 각자의 사정에 따라 진행하되 유골을 깨끗이 닦아서 모시는 것은 정성을 다해야 할 것이다. 모든 자손들이 직접 닦아서 조상의 유골을 정돈함은 조상에 대한 경건한 마음과 친근감이 다시금 새로워질 것이다.

이장(移葬), 신산신묘(新山新墓) : 신묘(新墓)라 하는 것은 이장을 해와서 합장하려는 묘를 말한다.

① 삼살(三殺)이 닿으면 합장 불가
② 좌살(坐殺)이 닿으면 합장 불가
③ **세파살(歲破殺)이 닿으면 합장 불가** : 합장년(合葬年)과 신산좌(新山坐)와 상충관계. 즉 자년(子年)에는 오일(午日) 오방(午方) 오좌(午坐)가 세파살(歲破殺)에 해당하며, 자생(子生)도 오일(午日) 오방(午方) 오좌(午坐)가 세파살(歲破殺)에 해당한다.

❖ **이장 운**(移葬運)

① **산중신법**(山(坐) 重喪法)

壬子癸丑丙午丁未坐 … 辰戌丑未年 大利
子午卯酉年 小利
寅申巳亥年 不利 … 重喪年

艮寅甲卯坤申庚兌坐 … 子午卯酉年 大利
寅申巳亥年 小利
辰戌丑未年 不利 … 重喪年

乙辰巽巳辛戌乾亥坐 … 寅申巳亥年 大利
辰戌丑未年 小利
子午卯酉年 不利 … 重喪年

② **망명중상년법**(亡命重喪年法)

子午卯酉生 亡命 … 子午卯酉年 重喪

辰戌丑未生 亡命 … 辰戌丑未年 重喪

寅申巳亥生 亡命 … 寅申巳亥年 重喪

망명출생년(亡命出生年)과 이장년(移葬年:子生의 子年)의 동일년은 대중상(大重喪), 상충된 해(子生에 午年)는 중중상(中重

喪), 이 외의 생년(生年)과 이장년(移葬年)은 소중상(小重喪)이므로 대 · 중중상년(大 · 中重喪年)만은 삼가야 한다.

춘(春:木) · 하(夏:火) · 추(秋:金) · 동(冬:水)의 이장일(移葬日) 오행과 신묘좌향(新墓坐向)의 오행과의 상생관계를 중시할 것이며, 춘계(春季) 3월의 토(土)는 봄의 목(木)과 더불어 적용하고 천사일(天赦日) 용사(用事)를 최대한 활용한다.

• 천사일(天赦日) … 春 … 戊寅日 夏 … 甲午日
秋 … 戊申日 冬 … 甲子日

• 山(坐) 重喪法 亡命 重喪年法 竝行大凶也

사람이 죽으면 땅으로 돌아가 땅과 일체가 되니 땅의 음양오행에 따라야 하므로 산(山:坐) 중상법(重喪法)을 반드시 중요시하여 활용해야 한다.

❖ **이장(移葬)은 이렇게 함이 좋다**

① 이장 시(移葬時) 천관을 판 후 마포(麻布)를 바닥에 깔고, 체백을 안치하여 초상 때와 같이 두상을 흙으로 고정시키고, 마포로 덮은 후 명정(銘旌)을 펴고, 천개(天蓋)를 토와(土瓦)로 덮고, 점토까지 매립한 후 생석회를 흙과 혼합하여 골고루 덮은 후 봉분을 만든다. 이때에 천관의 넓이는 30cm로 파서 안장(安葬)하면 토와(土瓦=平瓦) 너비가 34cm~36cm이므로 활용이 가능하다. 이같이 천개(天蓋)를 토와(土瓦)로 사용함은 광내의 습기를 조절 또는 제거할 수 있어 더욱 좋다. 고대에 옹관(甕棺)을 사용했던 까닭이 바로 여기에 있다. 원래 석관(石棺)은 고려초기에서 조선초까지 조개껍질을 불에 구워서 석회질 성분이 된 것을 빻아서 체로 친 가루를 술(淸酒)로 반죽하여 사용했고, 조선중엽부터는 석회원석(石灰原石)을 채취하여 이를 빻아서 체로 친 가루를 술(淸酒)로 반죽하여 사용함으로써 몇 백년이 지난 오늘날까지도 깨끗한 체백(體魄)을 볼 수 있었다.

② 초장(初葬)이나 육탈 이전의 이장시에도 토와(土瓦)로 별도 천개(天蓋)를 제작하여 사용하면 좋으나 대(竹)를 사용해도 깨끗이 부패되므로 무방하다.

③ 육탈(肉脫)이 안 되었을 때 체백을 깨끗하게 한다 하여 대칼을 사용, 체백을 추려냄은 잘 모르는 불효자의 소행이므로 현 상태대로 용사(用事)하여야 한다. 깨끗한 체백(體魄)과 진체백의 합장은 불가하다고 구전으로 널리 알려져 왔으나 이는 허무맹랑한 속설에 불과하다.

④ 속모태를 낼 수 없는 토질(粘土質), 부토(腐土)에는 절대로 용사하면 안 된다. 여기에 용사(用事)하면 보존이 불가능하며 단시일내에 손상이 되면서 그 영향이 즉시 자손에게 미친다.

❖ **이장(移葬)을 꼭 해야 할 경우 청조경(靑鳥經)**

① 아무 이유 없이 봉분(封墳)이 내려 앉는다.

② 무덤 위의 잔디가 말라 죽는다.

③ 집안에 음사(淫事)가 생기고 소년 죽음 과부가 생긴다.

④ 남녀에게 패역(悖逆), 부도(不道), 체형(體刑), 상해(傷害)가 거듭 생긴다.

⑤ 무고한 사망, 절손(絶孫), 가산치패(家産致敗), 송사(訟事)가 발생한다. 물, 불, 개미와 벌레 등으로 근심이 있을 경우 공자왈(孔子曰)

❖ **이장(移葬)택일을 잘못하면 상주가 죽는다** : 이장(移葬)은 장압살이 돌면 주상(主喪)이 반드시 죽으니 주의하여야 한다. 가령 갑자(甲子)일에 이장을 한다면 주상이 갑자생(甲子生)이면 나쁘고 또는 망명(亡命)이 갑자생(甲子生)이라도 갑자(甲子)일에 이장 못한다. 60갑자 모두가 동일하다. 또는 갑자일(甲子日)에 이장한다면 주상(主喪)이 경오생(庚午生)이면 천간지지(天干地支)가 모두 충(沖)이 되므로 이것을 호충(呼沖)이 걸렸다 하여 이장을 하면 대흉일(大凶日)이다. 천상일(天喪日) 못한다. 1, 2月:巳日, 3, 4月:午日, 5, 6月:寅日, 7, 8月:申日, 9, 10月:巳日, 11, 12月:戌日은 이장을 하지 말아야 한다. 이장을 한다면 장손이 사망하게 된다는 것을 꼭 명심하여야 한다.

❖ **이장(移葬)하려고 파묘(破墓)했을 경우 김이 피어 오르면 다시 덮어야 한다** : 이 말은 예전부터 전해져 내려오는 것은 파묘(破墓)를 하면 학이 나온다는 이야기는 김이 나온다는 말이다. 왜냐하면 묘자리는 기(氣)가 흐트러지지 않고 모일 수 있는 곳이어야 하는데 자갈이 많은 곳은 자갈과 흙 사이에 공극(空隙)이 생기게 마련이며, 이 공극을 통해 공기의 유통이 생기게 되어 기가 흩어지고 물이 흐르는 곳 역시 물이 스며들기 위해서는 미

세한 구멍이 생겨 그 구멍을 통해 기가 흩어진다. 그러나 그렇지 않고 좋은 자리는 지반이나 토양 자체가 안정되어 있어 기가 흐트러짐이 없고 안정되어 있기 마련이고, 이러한 곳에 조상을 모셨을 경우 시신이 썩기 시작하면 반드시 미생물의 작용에 의해 가스가 발생하기 마련인데, 그 가스가 빠져나가지 않고 그대로 있게 된다. 김이라는 것이 바로 이 시신이 썩으면서 발생하는 가스인 것과 땅 속에서 발산하는 온기인 것이다. 이러한 곳은 온돌방처럼 땅 바닥이 깨끗하게 바싹 말라 있다. 그래서 그 자리가 좋다는 것이며 그대로 다시 묻어도 발복한다.

❖ **이중삼중 중첩된 산** : 묘(墓) 전사(前砂)가 이중삼중 중첩된 산을 귀하게 여긴다. 산 봉(峯)이 많아서 혼잡하면 어느 봉으로 정대(正對)를 하여야 한다. 그중 가장 바른 산봉우리로 향을 하면 발복이 있게 된다. 오공구결(吳公口訣)에 전해 오기를 봉우리가 셋이 되면 가운데 봉(峯)으로 대하라 하였으니 신중함을 잊지 말아야 한다. 너무 많은 봉우리에는 조공하는 아름다운 봉으로 안대를 하고 쌍봉이 같이 아름다우면 향공중(向空中)을 정대함이 길하다 하였다. 또한 정대(正對)할 아름다운 봉이 멀리 있더라도 구애됨이 없으니 가까이 보면 수봉(秀峰)이라도 추하게 보이는 곳이 있고 비록 추한 산이라도 멀리서 보면 아름답게 보이는 것이다. 용혈(龍穴)이 아름다우나 조산(朝山)의 입향의 적은 오차라도 범하게 되면 승기분금(乘氣分金)과 밖으로는 사수향배(砂水向背)가 상실되는 것이니 조그만 오차도 범하면 흉이 된다.

❖ **이장(移葬)과 석물(石物)을 같이 하면 재앙이 있는가** : 옛말에 잘 되면 내가 잘난 탓이고 안 되면 조상 탓이란 말도 있지만 무조건 조상의 묘소 이장이 잘못 되었다고 미루는 것은 잘못된 처사이다. 우리가 살아가는 데는 사주의 운도 있다. 혹 대운이 끝나고 새로 맞이하는 교탈기에 대개 재앙을 보는 수도 있다. 이때 잘못하면 승고한 조상의 묘소를 탓하고 명당을 바로 헤아리지 못하여 다시 이장을 하는 등 경솔한 일을 저지를 수가 많다.

❖ **이장(移葬) 때 다시 봉분(封墳)을 봉축(封築)해야 하는 경우**

① 이장(移葬)시 검붉은 등나무 넝쿨이 관(시신)을 감싸고 있을 때(유골보호)

② 생기 있는 물건을 봤을 때(살아있는 동물 벌레 살생을 금할 것)

③ 물 구슬이 물렁물렁하고 온기(氣)가 있고 안개 같은 서기(瑞氣)가 있으면 봉축한다.

④ 유체(遺體)가 황골(黃骨)이 되어 있으면 길지(吉地)로 굳이 이장(移葬)을 할 필요가 없다. 백회(白灰)를 다시 붓고 덮어 봉분(封墳)을 지어 모시는 좋다.

- 삼구부동총(三九不動冢) 이장은 음력 3, 9월에는 삼가야 한다. (농번기)
- 이장(移葬) 시 시신(屍身)에 벌레가 있으면 살충제로 없애고 이장한다.
- 이장 시 구묘는 흙을 채우고 나무를 심어 자연을 보호(한다).
- 파묘(破墓)한 곳 그 자리에는 묘를 쓰지 못한다. (해(害))가 있다. 묘를 쓸 경우에는 원래 자리 ㅂ다 위쪽이나 좌우 쪽으로 비켜야 하고 천광(穿壙)(0을 깊게 해야 한다. 특히 아래에는 묘를 쓰지 못한다.
- 후손들이 편의위주로 파묘(破墓)해서 화장 후 납골당(納骨堂) 또는 이장(0하는 것은 피해야 한다. 반드시 그 후손들에게 재해(災害)가 있게 된다.

❖ **이장(移葬)은 구묘(旧墓)보다 신묘(新墓)가 3~4배 이상 좋아야 한다** : 옛날에는 사대부가 천장(遷葬) · 이장(移葬)을 했던 묘를 다시 파서 다른 곳으로 장사를 많이 하였다. 이장을 하기 위해 묘를 파면 뱀 · 구렁이 · 쥐 · 개구리 온갖 것이 우글거린다. 조개거미 등 집을 짓고 있다. 어떠한 곳에는 사람의 배설물이 쌓여 있기도 하다. 이장을 할 때 관속에 벌레가 들었거든 모기향을 뼈에 부려 벌레를 없앤 다음 이장을 한다. 옛날에는 뼈를 시루에 넣고 찧어서 벌레를 없애는 방법을 썼다. 이장(移葬)을 잘못하면 지관 지기를 그르치고 자손도 그르치게 하는 것이다.

❖ **이장(移葬)을 하고자 할 때** : 이장을 하고자 할 대 명당을 만났다면 택일을 할 것 없이 추운 겨울 날씨라도 빨리 할수록 좋은 것이다. 이를테면 추운 방에서 지내다 따뜻한 방으로 이사하는 것과 같은 이치가 되기 때문이다. 빠를수록 좋은 것이라 생각하면 된다. 이장을 할 때 황골을 보았으면 제자리에 다시 잘 모시고 더욱 더 백회로 잘 덮는다면 이보다 더 확실한 명당은 없을 것이다. 한번 파 보았다 하여 절대로 정기(精氣)가 나가는 것이 아니

다. 밥을 할 때 잘 되었나 보기 위해 한번 열어보는 이치와 같은 것으로 생각하면 된다.

❖ **이장(移葬) 합장(合葬)일 경우 신묘 구묘끼리 좌(坐)와 향(向)의 방위(方位)가 상극(相剋) 상충(相沖)은 꺼린다** : 비오고 구름이 많을 때는 구묘(舊墓)를 파서는 안 된다. 구묘를 뜯어 통문(通門)을 내어서도 안 된다. 흉사(凶事)를 자초하는 것이다.

❖ **이취절(犂觜絶)** : 날짐승의 부리같이 생긴 뾰족한 산이 급히 내려와 쏘는 듯한 형세.

❖ **이혼하고 파산하는 곳은** : 산이 지룡(枝龍) 능선(綾扇) 정상에 장사(葬事)하면 골육상쟁(骨肉相爭)에 이혼하고 파산하게 된다.

❖ **인간의 흥망성쇠(興亡盛衰)는 만물의 성장 과정과 같다** : 만물의 시듦의 좋고 나쁨, 수명의 길고 짧음은 모두가 그 받는바 기(氣)가 다르기 때문이다. 그러므로 무덤을 만들고 집을 짓는데 어찌 그 땅을 가리지 않겠는가. 땅을 고르는 법을 일일이 다 열거 할 수는 없지만 그러나 일찍이 곽경순은 토색에 대해 그 의미를 밝혀 놓았다. 흙은 가늘면서도 단단해야 하며 윤기가 있어야 하며 질펵해서는 안 된다. 했고 고기의 살과 옥을 잘랐을 때와 같이 영롱한 빛 오색(五色)을 발해야 한다고 하였다. 땅은 기름지고 물이 깊으며 풀은 울창하고 숲이 무성하면 그 귀(貴)하기가 천승(千乘)의 제후처럼 되고 부유(富裕)하기가 만금(萬金)의 부자처럼 된다고 하였다. 흙의 메마른 모양이 굴속의 말린 밤과 같고 습하기가 베어놓은 고기 살덩어리와 같고 물이 솟고 모래와 자갈이 있는 땅이라면 모두 흉택(凶宅)이다.

❖ **인걸(人傑)은 지령(地靈)이라** : 좋은 산천(山川)에서 명석한 인물이 나는 것은 너무도 당연한 것으로 대자연의 섭리이다.

❖ **인륜(人倫)을 어기는 자손이 나오는 것은** : 백호(白虎)가 뾰족 뾰족하고 비켜나가 머리가 일그러져 있으면 일륜을 어기는 자손이 나온다.

❖ **인목(印木)** : 전순(氈脣) 아래 목(木) 도장처럼 뾰족함을 구한다는 말.

❖ **인물유형(人物類形)** : 인물유형에는 상제봉조형(上帝奉朝形), 장군대좌형(將軍對坐形), 군신조회형(君臣朝會形), 장군출진형(將軍出陣形), 장군출사형(將軍出師形), 선인단좌형(仙人端坐形), 선인독서형(仙人讀書形), 선인취와형(仙人醉臥形), 선인격고형(仙人擊鼓形), 선인무수형(仙人舞袖形), 선인창가형(仙人唱歌形), 오선위기형(五仙圍碁形), 선녀등공형(仙女登空形), 옥녀단좌형(玉女端坐形), 옥녀탄금형(玉女彈琴形), 옥녀산발형(玉女散髮形), 운중선좌형(雲中仙座形), 옥녀봉반형(玉女奉盤形), 노승예불형(老僧禮佛形), 어옹수조형(漁翁垂釣熒熒), 어부산망형(漁夫散網形) 등이 있다.

❖ **인명부귀재천(人命富貴在天)이란** : 사람의 명과 부귀는 인력으로 억지로 만들어 지는 것이 아니라 하늘의 명에 달려 있다는 말이다.

❖ **인반중침(人盤中針) : 인반중침은 음정(陰靜)하는 땅 위의 기(氣)를 주관한다)** : 혈(穴:坐)에서 사(砂)의 방위를 볼 때 사용하는 나경(羅經)의 층이다. 방위측정의 기준은 지반정침(地盤正針)이다. 지반정침을 기준해서 역행(逆行)하여 7.5도를 돌려서 조정해 놓은 24방위를 말한다. 산이나 건물 등 지상에 튀어나온 것들 또는 하늘의 별들을 볼 때는 인반중침(人盤中針)으로 보면 된다.

❖ **인수(印綬)** : 갑(甲)에 계(癸), 을(乙)에 임(壬), 병(丙)에 을(乙), 정(丁)에 갑(甲), 무(戊)에 정(丁), 기(己)에 병(丙), 경(庚)에 기(己), 신(辛)에 무(戊), 임(壬)에 신(辛), 계(癸)에 경(庚)

❖ **인자수지장법 8요(人子須地葬法八要)**

① **시신은 오래 두지 말라** : 중상일(重喪日)과 중복일(重複日)만 피하여 5일 이내에 장사지내는 것이 좋다.

② **시신을 편히 모셔라** : 시신은 각종 염의 피해를 받지 않도록 길지를 택하여 정성껏 모시어라.

③ **파구터에 모시지 마라** : 묘를 모셨다가 옮겨간 자리는 아무리 길지라도 시신을 모시지 마라. 한 번 묘를 모셨다가 파낸 것은 산기되어 화는 받아도 복을 받기는 어렵다.

④ **조상의 묘 가까이에 모시지 마라** : 최근에는 가족묘를 한 곳으로 모시는 예가 많으나 여러 기를 한군데 모시게 되면 지기의 발현은 한 기에서 밖에 받지 못한다.

⑤ **대지(大地)를 구하려 하지 마라** : 대지명당에는 함정(陷井)의 가혈(假穴)이 많으니 잘못 점혈하면 절사되기 쉽다. 소명당

도 자손과 망인의 덕이 없이는 얻기 어려우며 비록 소명당이라도 진혈만 얻으면 부와 귀는 따를 것이다.

⑥ **현명한 지사(地師)를 구하라** : 인품을 갖춘 지사를 구하라. 금전에 현혹된 지사는 눈이 멀어 명당이 보이지 않는다.

⑦ **옛 선인의 격식에 따라 점혈하라** : 사신사와 사수(砂水)의 격에 맞는 곳을 점혈하라.

⑧ **까닭없이 묘를 옮겨 모시지 마라** : 화를 받기 쉽다.

❖ **인장봉**(印章峯) : 사(砂)가 도장처럼 둥글게 작은 산봉우리나 혹 큰돌이 수중에 보이거나 작은산이 원정(圓淨)하여 수중에 보이는 형국.

❖ **인재의 배출은** : 본산래룡(本山來龍)의 귀천(貴賤)에 달렸고 외조산(山外祖)이 없으면 귀(貴)를 이루지 못하는 수가 있다. 본산용신상(本山龍身上)의 길흉과 조안산(朝案山) 길흉이 상호 보완 관계가 되어야 한다.

❖ **인중혈**(人中穴) : 코밑과 입술 사이에 있는 약간 오목하게 들어간 부분. 인중혈은 산정상 아래 중턱에 맺는다. 즉 정상과 중간 사이인 중상(中上) 부분에 있어 주산 현무봉에서 급하게 내려온 용이 산중턱에서 갑자기 주저앉아 혈을 결지한다. 주로 괘등혈(掛燈穴)이나 연소혈(燕巢穴)이 이에 해당된다.

❖ **인테리어** : 같은 집이라도 새 가구를 들여 놓거나 가구의 배치를 달리 하거나 구조를 변경하거나 하면 전혀 새로운 기분을 느끼게 된다. 그러므로 우리는 무엇인가 새로운 기분을 느끼고 싶을 때는 집안의 인테리어를 바꾸거나 색깔을 바꾸게 된다. 같은 공간에서 느끼는 새로운 기분이 보이지도 잡히지도 않는 무엇이라고 설명 할 수 없는 느낌을 받는 새로운 기분 이것이 공간이 만들어 내는 기(氣)이다. 기는 땅에서 뿐만 아니라 수리가 살고 있는 집 건물 아파트 빌딩에서도 살아 움직이며 사람들에게 영향을 준다. 그러므로 좋은 기(氣)가 흐르는 공간에서 생활하면 삶도 활기가 넘치는 나쁜 기가 흐르는 공간에 오래 있으면 피곤하고 불안하게 되고 도한 건강도 잃게 된다. 인테리어에 풍수 개념과 원칙을 도입하는 것도 바로 이런 이유에서인데 생활공간이 건강해야 삶도 건강하고 행복해 질 수 있다.

❖ **인합사**(印盒砂) : 인(印)이란 귀인이 지니는 부신(符信)이니 귀인이 아니면 감히 쓰지 못하므로 관귀방(官貴方)에 이 인(印)이 있으면 귀인대인(貴人帶印)이라 하여 과갑(科甲)에 길한 귀격이다. 인(印)이 사방(巳方)에 있으면 적사요인(赤蛇繞印), 신방(申方)에 있으면 원봉인(猿捧印), 해방(亥方)에 있으면 원저공인(元猪拱印), 인방(寅方)에 있으면 백호괘인(白虎掛印)이라 한다. 또 인사(印砂)가 인색(印色)을 얻으면 현달하는데 수구(水口) 가운데 사면이 모두 물이면 글에「인(印)이 수면에 뜨면 문장이 나온다」하였고, 혹은 수구(水口)의 왼쪽이나 오른쪽의 용호(龍虎)밖에 있으면 천후대인(川後帶印)이라 하니, 반드시 인(印)은 물에 있는 것이 진(眞)이다. 물은 인색(印色)이니 혹 사석(砂石)이 있어도 가하며, 금룡(金龍)이 생수(生水)하여도 역시 인색(印色)이다. 또는 인(印)이란 비밀이 감추었다가 쓰는 것이므로 대개 내당(內堂)에 있는 것이 좋다.

❖ **인혈**(人穴) : 천(天) 지(地)의 중간에 혈이 맺혀 있는 것으로 진혈(眞穴)이면 부(富)와 귀(貴)가 따르는 것이니 안산(案山) 청룡·백호가 비등하고 명당 수계가 다 법도에 맞아야 하며, 위나 아래로 이동이 되면 기(氣)가 흩어져 못쓰게 된다.

❖ **인혈정혈**(人穴定穴)**은 이렇게 찾는다** : 사람의 몸에 있는 혈처를 지리와 연관시켜 혈을 찾는 방법이 인혈정혈법이다. 인혈정혈이란 산의 형태를 인체에 비유하여 표현한 것이다. 산이나 인간이나 모두 하나의 소우주로 볼 때 혈이 결지하는 것은 똑같은 이치라는 논리에서 붙여진 이름이다. 사람에게는 머리 정수리에 정문백회혈(頂門百會穴)을 비롯해서 이마의 수두혈(垂頭穴), 어깨와 늑골 사이의 견정혈(肩井穴), 풍만한 유방에는 내유혈(奶乳穴), 앞가슴 중심의 명치에는 당심혈(堂心穴), 배꼽에 있는 제륜혈(臍輪穴), 배꼽 밑 단전에 있는 단전혈(丹田穴), 국부에 있는 음낭혈(陰囊穴) 등 수많은 혈이 있다. 인혈정혈법은 산의 모양과 위치를 인체에 비유해서 혈을 정하는 방법으로 요금정(寥金精)선생의 정혈법의 하나다. 이때 사람의 두 팔과 같은 청룡·백호가 있으면 인혈정혈법을 사용한다. 그러나 청룡·백호가 없으면 손에 비유한 지장정혈(指掌定穴)을 사용하라고 하였다.

❖ **인홀**(印笏) : 길사명(吉砂名) 판자조각과 같이 낮은 토성(土星) 또는 목성산(木星山)

❖ **인후혈**(咽喉穴) : 사람의 목구멍, 인후에 해당되는 혈. 목구멍은 입 속에 감춰져 있으니, 혈도 깊숙한 곳에 그윽히 자리 잡았고, 혈의 앞쪽에는 편도처럼 생긴 산줄기들이 있어 이들이 혈처를 보호한다.

❖ **일간귀인법**(日干貴人法) : 귀인(貴人)은 먼저 일간(日干)을 보고, 일간(日干)이 갑(甲)이면 양(陽)은 귀인(貴人)이 축(丑)이고, 음(陰)은 귀인(貴人)이 곧 미(未)다. 일진(日辰)이 해(亥)에서 진(辰)까지는 양(陽)이고, 사(巳)에서 술(戌)까지는 음(陰)이다. 가령 계해국(癸亥局)에 일진(日辰)이 인(寅)으로 일수(一數)를 얻으면 임인(壬寅)이다. 또 인(寅)은 양(陽)에 속하니 임인(壬寅)은 양귀(陽貴)로서 사(巳)에 있다. 사(巳)는 태을장(太乙將)인즉 월장태을지하(月將太乙之下)에 귀인(貴人)을 일으켜 순행(順行)한다.

❖ **일급, 이급, 삼급 벼슬이 나는 곳은** : 청룡 백호가 5중 6중 첩첩 안고 있으며 에워싸면 이러한 곳에 자손들이 벼슬을 한다.

❖ **일기일복**(一起一伏) : 용은 한 번 일어나고 한 번 엎드리면 마디마디에 재혈(裁穴)이 가능하다.

❖ **일수재견**(一水再見) : 혈지를 감싸준 청룡·백호가 곳곳이 요함(凹陷)하여 보국 밖으로 흐르는 강하수가 두 번 세 번 비추는 것이다. 하나의 물이 여러 차례 월견조살(越見照殺)하므로 일수재견이라 하여 매우 흉한 것이다. 월견수가 여러번 보이면 가패관재(家敗官災)와 음란망신의 화가 있으므로 혈에서 월견수가 보이지 않도록 보완하여야 한다.

❖ **일월명**(日月明) : 오리(午离)는 일(日)이고, 자(子:坎)는 월이다. 자오방(子午方)에 수려한 두 봉우리가 우뚝 서서 마주 바라보는 것을 일월명(日月明)이라고 하며, 이러한 봉우리에 고귀한 인물이 배출된다. 그러나 오봉(午峯)은 높고 자봉(子峯)은 약한 경우 이때 자방(子方)에서 흘러오는 물이 있으면 일월명(日月明)이다. 물이 산을 대신하는 것이다.

❖ **일자문성사**(一字文星砂) : 앞에서 보면 토성체(土星體)이지만 산정상(山頂上)은 한일자 모양으로 풍만한 귀사형(貴砂形)이다. 주산(主山)·조산(朝山)·안산(案山)이 일자문성(一字文星)이면 부귀쌍전(富貴雙全)에 자손번창하는 사다. 일자문성은(一字文星)은 높이 솟고 일자(一字)가 짧은게 힘이 있고 긴 것은 힘이 약한 것이다. 일자문성(一字文星)이란 장관(長官) 봉이라 부르고, 일자(一字)가 후덕한 것은 학덕과 부가 되고, 용수(聳秀) 한 것은 극귀(極貴)요 일자문성(一字文星)에 대지결혈(大地結穴)이라면 어떠한 권세라도 집권할 수 있다.

❖ **일진돈시법**(日辰遁時法)

甲己日 甲子時 乙庚日 丙子時 丙辛日 戊子時 丁壬日 庚子時 戊癸日 壬子時

일진의 천간이 갑일(甲日)이나 기일(己日)인 때에는 자시(子時)를 갑자(甲子)로부터 시작하는 것이니, 자시(子時)는 갑자시(甲子時), 축시(丑時)는 을축시(乙丑時), 인시(寅時)는 병인시(丙寅時), 묘시(卯時)는 정묘시(丁卯時), 진시(辰時)는 무진시(戊辰時) 순으로 당일의 12개 지지시(地支時)의 천간자(天干字)를 알 수 있는 것이니, 을경(乙庚)일, 병신일(丙申日), 정임일(丁壬日), 무계일(戊癸日)도 같은 방법으로 미루어 알 수 있다. 황도(黃道)는 길하고 흑도(黑道)는 흉하다. 이 법으로 혼인, 이사, 기조(起造), 안장(安葬), 수영(修營), 파빈(破殯), 발인(發靷) 등의 길흉을 보는 법으로 이 황흑도의 활용법은 월에서 일진의 길흉을 볼 수 있고, 일진에서 시의 길흉을 찾을 수 있다.

[早見表]

時 / 日	子	丑	寅	卯	辰	巳	午	未	申	酉	戌	亥
甲己日	甲子	乙丑	丙寅	丁卯	戊辰	己巳	庚午	辛未	壬申	癸酉	甲戌	乙亥
乙庚日	丙子	丁丑	戊寅	己卯	庚辰	辛巳	壬午	癸未	甲申	乙酉	丙戌	丁亥
丙辛日	戊子	己丑	庚寅	辛卯	壬辰	癸巳	甲午	乙未	丙申	丁酉	戊戌	己亥
丁壬日	庚子	辛丑	壬寅	癸卯	甲辰	乙巳	丙午	丁未	戊申	己酉	庚戌	辛亥
戊癸日	壬子	癸丑	甲寅	乙卯	丙辰	丁巳	戊午	己未	庚申	辛酉	壬戌	癸亥

[黃道時로 入棺과 下棺하는 吉時]

日辰 / 黃道時	子	丑	寅	卯	辰	巳	午	未	申	酉	戌	亥
靑龍黃道	甲	戌	子	寅	辰	午	申	戌	子	寅	辰	午
明堂黃童	酉	亥	丑	卯	巳	未	酉	亥	丑	卯	巳	未
金匱黃道	子	寅	辰	午	申	戌	子	寅	辰	午	申	戌
天德黃道	丑	卯	巳	未	酉	亥	丑	卯	巳	未	酉	亥
玉堂黃道	卯	巳	未	酉	亥	丑	卯	巳	未	酉	亥	丑
司命黃道	午	申	戌	子	寅	辰	午	申	戌	子	寅	辰

[黃道黑道時 定局]

月別 \ 日辰	正	二	三	四	五	六	七	八	九	十	十一	十二
	寅	卯	辰	巳	午	未	申	酉	戌	亥	子	丑
靑龍黃道	子	寅	陳	午	申	戌	子	寅	辰	午	申	戌
明堂黃道	丑	卯	巳	未	酉	亥	丑	卯	巳	未	酉	亥
天刑黑道	寅	陳	午	申	戌	子	寅	辰	午	申	戌	子
朱雀黑道	卯	巳	未	酉	亥	丑	卯	巳	未	酉	亥	丑
金匱黃道	陳	午	申	戌	子	寅	辰	午	申	戌	子	寅
天德黃道	巳	未	酉	亥	丑	卯	巳	未	酉	亥	丑	卯
白虎黑道	午	申	戌	子	寅	辰	午	申	戌	子	寅	辰
玉堂黃道	未	酉	亥	丑	卯	巳	未	酉	亥	丑	卯	巳
天牢黑道	申	戌	子	寅	辰	午	申	戌	子	寅	辰	午
玄武黑道	酉	亥	丑	卯	巳	未	酉	亥	丑	卯	巳	未
司命黃道	戌	子	寅	辰	午	申	戌	子	寅	辰	午	申
句陳黑道	亥	丑	卯	巳	未	酉	亥	丑	卯	巳	未	酉

❖ **일자문성**(一字文星)**은 장관**(長官) **봉**(峰)**이라 한다** : 청룡(靑龍)백호(白虎) 에 일자문성은 극귀격(極貴格)으로 간주하는 것이다. 전면(前面)이 아니라도 반드시 발복(發福)한다. 외청룡(外靑龍)에 쌍태봉(雙台峰)은 일대후(一代後) 쌍둥이가 출생한다.

❖ **일의 능률이 오르지 않는다면** : 서쪽 벽에 노란색을 위주로 한 그림이나 사진을 걸어둔다. 또 동쪽에는 사과 토마토 등의 붉은 과일의 그 점이나 꽃그림을 걸어두면 일의 능률이 두 배 이상 오를 수 있다.

❖ **일출**(日出) **망월형**(望月形)**은** : 사격(砂格)에 가장 귀(貴)하게 보는 것은 앞이 가려 고운 모습만 보이는게 일품극귀(一品極貴) 격(格)으로 간주 한다.

❖ **임두수**(淋頭水) : 혈 뒤에 입맥(立脈)이 없이 골이 패여서 물이 혈상(穴上)으로 흐르는 것을 말함인데, 대개 물은 용맥(龍脈)을 경계짓는 것이지만 골이 패인 곳이라면 사실 혈이 아니다. 이런 곳은 인정이 끊기고, 마침내 절사(絶死)한다.

❖ **임산부가 있을 때의 주택** : 임산부가 있을 때는 집을 새로 짓거나 이사를 한다든지, 가옥의 수리를 한다든가, 집안의 큰 구조물을 변형시켜 옮겨 놓는 등 이동과 변경에 관련된 일은 매우 불길하며, 파괴와 재난 등 풍파가 발생한다. 화장실과 주방(아궁이)은 손대지 말아야 된다. 또한 묘지 이장도 하면 안 된다.

❖ **임신 중에 유산을 피하려면** : 유산(流産)을 피하려면 침대를 옮기거나 침대를 털어서도 안 되며 이사를 해서도 안 되고 조상 묘 사토나 이장(移葬)을 해서도 안된다.

❖ **입관길시**(入棺吉時) : 염(殮)을 끝마치면서 시신을 입관하는데 아래의 시(時)에 맞추어 입관을 하면 길하다.

子日 甲庚時　丑日 乙辛時　寅日 乙癸時

卯日 丙壬時　辰日 甲正時　巳日 乙庚時

午日 丁癸時　未日 乙辛時　申日 甲癸時

酉日 丁壬時　戌日 庚壬時　亥日 乙辛時

자일(子日)에 갑경시(甲庚時)하면 자일(子日)은 60갑자중 갑자(甲子), 병자(丙子), 술자(戊子), 경자(庚子), 임자(壬子)의 다섯 자일(子日)이 있고, 갑경시(甲庚時)는 갑(甲)은 갑신(甲申), 갑진(甲辰), 갑인(甲寅), 갑오(甲午), 갑술(甲戌)의 여섯 개의 시(時)가 있다. 즉 10간 갑병무경임(甲丙戊庚壬)의 양간(陽干)은 12지중 신자진(申子辰), 인오술(寅午戌)의 양지(陽支)와의 배합(配合)으로 이루어지고, 을정기신계(乙丁己辛癸) 음간(陰干)은 사유축(巳酉丑), 해묘미(亥卯未) 음지(陰支)와의 배합(配合)으로 이루어지니 모든 천간시(天干時)는 이와 같은 방법으로 이루어짐을 알 수 있다.

[天干의 合五行과 沖]

天干合五行	天干沖
甲己合化 土	甲庚 沖
乙庚合化 金	乙辛 沖
丙辛合化 水	丁癸 沖
丁壬合化 木	丙壬 沖
戊癸合化 火	丁癸 沖

[地支의 合五行과 沖]

地支合五行	地支沖
子丑合化 土	子午 沖
寅亥合化 木	丑未 沖
卯戌合化 火	寅申 沖
辰酉合化 金	卯酉 沖
巳申合火 水	辰戌 沖
午未合火 火	巳亥 沖

천간합(天干合) 오행의 상생법(相生法)으로 해당년의 월건천간자(月乾天干字)를 알 수 있고, 상극법(相剋法)으로 해당일의 시에 천간자(天干字)를 알 수 있다.

地支로 나타낸 月	寅	卯	辰	巳	午	未	申	酉	戌	亥	子	丑
數字로 나타낸 月	1月	2月	3月	4月	5月	6月	7月	8月	9月	10月	11月	12月
四季節	春			夏			秋			冬		

위의 도표로 1년 12개월을 12지로 알 수 있고 사계절이 구별되었다. 이 12지에 10천간(十天干)을 배합하여 한 주기를 이루는 60갑자년에 720개월의 월건(月建)이 돌아가고 있음을 알아야 하고, 이 월건(月建)이 배합형성(配合形成)되는 이치를 알아야 한다.

❖ **입산(入山)하면 제일 먼저 보아야 하는 것은** : 길흉(吉凶)은 수(水)에 달려 있고 물의 길흉은 향(向)0에 있다. 이래서 입산하면 제일 먼저 수구(水口)를 보아야 하고 그 다음 장풍(藏風)을 보아야 하는 것이다.

❖ **입석축(立石祝), 석물을 세우고 난후**

維歲次 ◯◯年 ◯月 朔◯◯日 ◯◯

孝子 ◯◯ 敢昭告于

顯考 處士 府君之墓 伏以 今具石物

用衛墓道 伏惟 尊靈 是憑是依

[해설] 아들◯◯는 아버님 묘에 삼가 아뢰옵니다. 이제야 석물을 마련하여 묘소에 설치하오니 존령께서는 이와 함께 편히 계시옵소서.

❖ **입세천혈(立勢天穴)** : 주산과 주변산들이 모두 높으면 산의 생기도 높은 곳에 모여 융결되고, 따라서 혈도 높은 산에 결지하는 것을 입세(立勢) 또는 천혈(天穴)이라고 한다. 천혈은 주산이 높으므로 청룡과 백호, 안산, 조산 등 주변산들이 모두 비슷하게 높다. 그래야 바람을 막아주고 보국의 기운이 안정된다. 혈에 있으면 마치 평지에 있는 것처럼 전혀 높다는 것을 느낄 수 없다. 천혈은 산꼭대기에서 머리를 숙여 아래를 굽어보는 듯하다. 주룡의 경사가 급하지 않고 완만하여야 진혈을 결지한다. 산 정상 부분에 결지하는 천혈에는 앙고혈(仰高穴), 빙고혈(凭高穴), 기룡혈(騎龍穴) 등이 있는데, 앙고혈은 산 정상에 맺는 것으로 아래에서 보면 마치 우러러 보는 것처럼 보인다 하여 붙여진 이름이다. 빙고혈은 산 정상에서 약간 내려와 주산에 기대어 결지한다 하여 붙여진 이름이며, 기룡혈은 주룡의 등마루에 섬룡입수(閃龍入首)하여 결지하는 것으로 혈이 용맥 위에 말을 타고 있는 듯하다 하여 붙여진 이름이다.

❖ **입수(入首)**

① 내룡(來龍)에서 혈처(穴處)로 들어오는 산맥의 머리를 말하는 것으로 혈이 이룩되는 가장 중요한 요인으로 과일의 꼭지와 같다.

② 용이 혈판으로 들어가는 머리로서 현무정(玄武頂)에서 혈판(穴坂)이 시작되는 바로 그 지점까지를 입수라고 한다. 입수는 내룡진처(來龍盡處)에 정기(精氣)가 취기응결(聚氣凝結)된 곳을 말한다. 입수는 형국의 국세에 의하여 보룡(保龍)도 되고 생기역량(生氣力量)이 평가가 되고 단 한 번의 변화현상으로 대명혈(大明穴)도 될 수 있고 소혈도 될 수 있다. 입수에는 취기입수(聚氣入首), 속기입수(束氣入首), 암석돌출입수(岩石突出入首)가 있는데, 취기입수(聚氣入首)는 무쇠솥을 엎어놓은 혈장과 같고, 거북등의 혈장과 같고, 꾸부린 꿩의 등과 같다고 비유되며, 속기입수(束氣入首)는 결인입수(結咽入首)라고도 하며, 기맥(氣脈)의 정기가 묶인 것과 같이 가늘어지면서 앞에 놓여진 혈판에 더 큰 명기를 전달하기 위하여 일단 움추려서 힘을 모아 발산할 준비 과정의 일부분으로 보면 되고, 암석돌출입수(岩石突出入首)는 입수에 암석이 돌출되거나 거북등의 형상과 같이 유연하게 나타나 있는 입수현상(入首現狀)을 말한다. 암석입수에서 나타나 있는 암석의 자체가 작고 노출된 부분이 거북등과 같이 아름다운 형상이 되었을 때 진혈이 결응(結應)되는 현상으로 본다. 입수의 관찰에는 내룡(來龍)의 마지막 2, 3절의 변화현상을 살펴봄이 중요하다. 만약 입수가 정석으로 아름답게 짧으면 생룡(生龍)으로, 무력하게 길면 사룡(死龍)으로 본다. 입수험석(入首險石)은 재난의 상징으로 보며, 석선(石線)은 냉맥(冷脈)으로 시신이 썩지 않으며 우수(雨水)의 광중침입(壙中侵

入)에 원인이 된다.

❖ **입수(入首)가 가울면** : 입수(入首)가 기울고 혈판(穴板)이 허(虛)하여 약(弱)하면 반드시 과부(寡婦)나 홀아비가 나서 고독하게 된다. 당판(堂板)이 허약(虛弱)하면 기형아(畸形兒)가 많이 난다.

❖ **입수(入首)가 이러하면** : 입수가 퍼지면 유처취첩(有妻取妾) 한다. 입수 토질이 무력하면 비천자(卑賤子)나 불구 자손이 나게 된다. 입수 맥이 없으면 자손이 요수(夭壽)하고 양자(養子)하게 된다.

❖ **입수(入首)가 좌(坐)를 극(剋)하면 멸망한다** : 가령 입수가 정오행(正五行)으로 금(金)이 되고 혈좌가 목(木)이라면 금극목(金剋木)·상극(相剋)이 되므로 대흉하다.

❖ **입수(入首)는 기(氣)선(氣線)을 납음오행(納音五行)으로 생(生)해 주어야 한다** : 입수는 나경오층(羅經五層) 천산칠십이용(穿山七十二龍)으로 재고 기선(氣線)은 투지 육십용(透地六十龍)으로 측정해야 되기 때문에 천산투지를 생해 주어야 된다. 그리고 투지(透地)는 혈좌(穴坐)를 생(生)해 주고 분금(分金)은 망명(亡命)을 생(生)해 주어야 된다. 이때 상생(相生)과 상극(相剋)관계를 확인하기위해 납음오행(納音五行)이 쓰인다. 납음오행 을 육친법(六親法) 또는 육신법이라고도 한다. 생아자길(生我者吉), 아생자흉(我生者凶), 아극자길(我剋者吉), 극아자흉(剋我者凶), 비화자길(比和者吉)

❖ **입수는 다양하게 이러하다**

- 정돌취기(氣)입수(正突聚氣入首) 광채(光彩)가 (0나면 삼공(三公)이 출생한다.
- 암석돌출입수(巖石突出入首)는 자손(子孫) 모두 권세지지(權勢之地)로 금시발복(今時發福) 한다.
- 입수에 흉암석(凶巖石) 이금치사(以金致死)로 일조파산(日朝破産) 한다.
- 입수상부(入首上部)가 돌출(突出)은 처궁(妻宮)이 나빠진다.
- 입수가 쇠잔(衰殘)하면 무세자손(無勢子孫)이 출생한다.
- 입수가 기울면 소인(小人)이 나고 과부나 홀아비가 출(出)한다.
- 입수가 험난(險難)하면 불량한 자손이 출(出)한다.
- 입수가 돌(突)하고 전순이 없으면 속성속패한다.
- 입수배입(入首背入)하면 형제불화, 상부자손(喪夫子孫)이 난다.
- 입수가 없으면 광중에 물이 들어 수렴이 돈다.
- 속기(氣)입수(速氣入首)는 장자(長子)보다 차자(次子)나 딸의 발복이 크다.
- 입수맥(入首脈)이 없으면 요수(夭壽)하고 양자(養子)한다.
- 입수가 무력(無力)하면 비천자(卑賤子)나 불구(不具)자손이 출생한다.
- 입수 후 단절 되면 자손이 없다.
- 입수가 넓으면 유처 취첩 한다.
- 직(直) 입수는 말자(末子)의 발복이 크다.
- 취기(氣) 입수(聚氣入首)는 장자(長子)(0의 발복이다.
- 기복입수(起伏入首)는 바가지를 엎어 놓은 것 같이 볼록해야 한다.
- 기복(起伏)의 형상은 짧을수록 입수변화가 강하고 역량이 많아 명혈(明穴)이다.
- 입수 2절(節)은 혈상일절(穴相一節)과 합치면 3절(三節)이다. 도반급(道班級)이 된다. 일절(一節)은 일대(一代) 30년, 2대(二代)는 육십년, 도지사 이상 장차관이 날 수 있다.
- 기복(起伏)이 짧을수록 강한 명혈이 되는 것이다.
- 입수가 한 쪽이 높고 낮고 하면 상처(喪妻)한다는 것이다.
- 입수 맥이 약하면 전순(氈脣)쪽으로 조금 당겨서 하고 전순이 약하면 입수 쪽으로 당기고, 청룡이 약하면 백호 쪽으로 당기고, 백호가 약하면 청룡 쪽으로 당겨 주어야 한다.
- 입수일절이 수려해야 길하다 오행도 일절만 상생(相生)하면 길(吉) 할 것이다.

❖ **입수는 여러 형제가 있더라도 장자만 발복한다**

- 입수(入首)(0는 장자 발복(長子發福)하고 여러 형제가 있더라도 장자만 발복한다. 입수에 암석이 노출 되었다면 작은 혈(穴) 자리도 판검사가 난다. 장손에게만 해당된다.
- 최고의 입수는 정돌취기(正突聚氣)는 철모를 엎어놓은 모양이다. 결혈에 있어서는 최고의 명혈이 되는 입수이다.

❖ **입수도두(入首倒頭)** : 사람에 비유하면 이마에 해당되고, 전기에 비유하면 집안에 있는 두꺼비집에 비유할 수 있는데, 혈 뒤의 볼록한 부분으로 산천정기의 취결처다. 태조산에서 출발한 용

은 행룡하면서 수많은 변화 과정을 거친다. 험한 기를 정제하고 순화시켜 깨끗한 생기를 얻기 위해서다. 이렇게 얻어진 생기는 바로 혈에 공급하기에 앞서 입수도두에다 정축(停蓄)해 놓는다. 생기가 응축(凝蓄)되었기 때문에 흙이 단단하면서도 유연하며 약간 둥그렇게 뭉쳐진 모습으로 밝고 깨끗하며 풍만해야 길격이다. 깨지고 부서지고 흉한 암석이 있으면 대흉하다.

❖ **입수맥**(入首脈) **험석**(險石)**은**: 입수맥에 험한 바위와 검은 돌들이 있으면 그의 자손에게 흉복통 심장병 위장병 또는 장자(長子)가 요절(夭折)한다.

❖ **입수부위**(入首部位) **비석비토암**(非石非土岩): 입수 부위의 좌우 선익이 비석비토의 바위가 많이 불규칙하게 붙어 있으면 곱추가 난다.

❖ **입수오격**(入首五格)

- **직룡입수**(直龍入首): 곧게 들어오는 용머리가 힘차고 당당하여 여기(餘氣)된 전순(氈脣)이 크게 형성되니 그것이 증거가 된다.
- **횡룡입수**(橫龍入首): 용신(龍身)이 종래(從來)가 아니요 횡(橫)으로 내룡(來龍)이 되며 입수는 방향이 바뀌면서 입수되는 형상으로 반드시 혈 앞의 전순(氈脣)의 흔적이 있어야 증거가 된다.
- **비룡입수**(飛龍入首): 용의 정기(精氣)가 머리를 들어 취기(聚氣)되어 혈이 맺어지는 혈로서 전후좌우에서 응하는 산사가 모두 높음으로 인하여 세(勢)가 상정(上停)에 모여 혈이 형성되는 혈을 말한다.
- **잠룡입수**(潛龍入首): 고산준령(高山峻嶺)의 용맥(龍脈)이 평지로 잠룡(潛龍)되며 혈을 맺는 평양지혈(平洋地穴)을 말한다.
- **회룡입수**(回龍入首): 용신(龍身)이 내룡(來龍)되어 구부러져 원(圓)의 반을 돌아 용맥(龍脈)이 조산(祖山)을 바라보며 혈을 맺는 혈로 회룡고조혈(回龍顧祖穴)이기도 하다.

❖ **입수, 일지대사입수법**(入首, 一指大師入首法)

- 건래건입수(乾來乾入首) 백의천자우백의정승출지(白衣天子又白衣政丞出地)
- 건내룡건입수해좌(乾來龍乾入首亥坐)에 삼정승출지(三政丞出地)
- 건내룡건입수술좌(乾來龍乾入首戌坐)에 3년내 절손(絶孫)
- 건내룡신입수유좌(乾來龍辛入首酉坐) 육경출지(六卿出地)
- 임내룡축입수자좌(壬來龍丑入首子坐) 필출부마지(必出駙馬地)
- 임내룡술입수해좌(壬來龍戌入首亥坐) 소과소부호탕음란(小科小富好湯淫亂) 임래용축입수계좌(壬來龍丑入首癸坐) 혼귀족선부후빈(婚貴族先富後貧)
- 해내룡건입수건좌(亥來龍乾入首乾坐) 만대길창지(萬代吉昌地)
- 해내룡건입수임좌(亥來龍乾入首壬坐) 보자보손지(保子保孫地)
- 자룡계래계입수자좌(子龍癸來癸入首子坐) 선빈후부지(先貧後富地)
- 자룡감래자입수자좌(子龍坎來子入首子坐) 출장입상지지(出將入相之地)
- 자룡임입수임좌(子龍壬入首壬坐) 양손봉사지(養孫奉祀地)
- 자룡자입수임좌(子龍子入首壬坐) 여음매주지(女淫賣酒地)
- 계룡감입수자좌(癸龍坎入首子坐) 부귀등과지(富貴登科地)
- 계룡계입수축좌(癸龍癸入首丑坐) 시수황골무후지(屍雖黃骨無后地)
- 계룡축입수간좌(癸龍丑入首艮坐) 대과대관필출지(大科大官必出地)
- 축내룡축입수계좌(丑來龍丑入首癸坐) 속발대부속패걸인(速發大富速敗乞人)
- 축내룡간입수간좌(丑來龍艮入首艮坐) 필출고관(必出高官)
- 간입수축좌(艮入首丑坐) 삼공출지(三公出地)
- 인입수인좌(寅入首寅坐) 창병음란(瘡病淫亂) 수귀음란(雖貴淫亂)
- 을입수인좌(乙入首寅坐) 필출구빈발재(必出救貧發財)
- 인입수간좌(寅入首艮坐) 속발대귀지지(速發大貴之地)
- 인입수갑좌(寅入首甲坐) 자손광란가패(子孫狂亂家敗)
- 병내룡을입수묘좌(丙來龍乙入首卯坐) 부귀지지(富貴之地)
- 묘룡묘래을입수묘좌(卯龍卯來乙入首卯坐) 천자지문지지(天子至門之地)
- 묘입수을좌(卯入首乙坐) 수부귀이흠요(雖富貴而欠夭)
- 묘입수갑좌(卯入首甲坐) 선부후빈부시이장가의(先富後貧富時移葬可宜)
- 묘입수진좌(卯入首辰坐) 3년내 필생귀지경지(必生貴之慶地)

- 진입수진좌(辰入首辰坐) 일품재상출지(一品宰相出地)
- 진입수갑좌(辰入首甲坐) 빈한무가지(貧寒無暇地)
- 진입수을좌(辰入首乙坐) 부귀영화지(富貴榮華地) 병래오입수병좌(丙來午入首丙坐) 필출고위막존지지(必出高位莫尊之地)
- 병래룡정입수병좌(丙來龍丁入首丙坐) 노직대과지지(老職大科之地)
- 병래병입수병좌(丙來丙入首丙坐) 삼공지지(三公之地) 전광걸식(顚狂乞食)
- 갑입수묘좌(甲入首卯坐) 만대부귀길창지(萬代富貴吉昌地)
- 갑입수진좌(甲入首辰坐) 부귀영창지(富貴榮昌地)
- 손사래룡을입수묘좌(巽巳來龍乙入首卯坐) 필출황후봉군지지(必出皇后封君之地)
- 손사내룡을입수진좌(巽巳來龍乙入首辰坐) 부귀등과지지(富貴登科之地)
- 손사래룡진입을좌(巽巳來龍辰入乙坐) 부귀쌍전지지(富貴雙全之地)
- 손입수을좌(巽入首乙坐) 빈한걸식지지(貧寒乞食之地)
- 손입수사좌(巽入首巳坐) 화상사교멸망지지(火傷蛇咬滅亡之地)
- 사입수손좌(巳入首巽坐) 부귀영화다자손지지(富貴榮華多子孫之地)
- 사입수병좌(巳入首丙坐) 관재광병지지(官災狂病之地)
- 병래용정입수병좌(丙來龍丁入首丙坐) 장후필출황후봉군지지(葬后必出皇后封君之地)
- 오입수정좌(午入首丁坐) 형제투음지지(兄弟鬪淫之地)
- 곤입수미좌(坤入未坐) 필출매주가인출지(必出賣酒佳人出地)
- 병입수사좌(丙入首巳坐) 선빈후부지지(先貧後富之地)
- 정입수정좌(丁入首丁坐) 뇌정음투(雷霆淫鬪)
- 정입수미좌(丁入首未坐) 부귀등과지지(富貴登科之地)
- 신입수곤좌(申入首坤坐) 관록대대부절지지(官祿代代不絶之地)
- 신내룡경좌(申來龍庚坐) 선부후귀대대무과지지(先富後貴代代武科之地)
- 유입수유좌(酉入首酉坐) 일품재상봉군지무관지지(一品宰相封君之武官之地)
- 유입수신좌(酉入首申坐) 관등무과호탕(官登武科好湯)
- 유입수신좌(酉入首辛坐) 필출녀장명만천하지지(必出女將名滿天下之地)
- 곤입수곤좌(坤入首坤坐) 고관다록지지(高官多祿之地)
- 곤입수신좌(坤入首申坐) 도적패흉흉지(盜賊敗凶凶地)
- 경입수신좌(庚入首申坐) 가환부절혹출전광자(家患不絶或出顚狂者)
- 경입수유좌(庚入首酉坐) 대대등과지지(代代登科之地)
- 미입수곤좌(未入首坤坐) 부귀길창(富貴吉昌)
- 미입수정좌(未入首丁坐) 보자손의식근면(保子孫衣食僅綿)
- 미입수신좌(未入首申坐) 빈한지지(貧寒之地)
- 술입수건좌(戌入首乾坐) 부귀등과(富貴登科)
- 술입수해좌(戌入首亥坐) 등과이음란(登科而淫亂)
- 술입수임좌(戌入首壬坐) 부귀영화지지(富貴榮華之地)

❖ **입수용맥**(入首龍脈)**이 험한 돌이라면** : 심장병과 위장의 아픔을 견디기 어렵다. 입수험석은 장자가 요절한다. 묘소 주변에 잡석이 있으면 조석으로 시비가 난다. 묘지(墓地) 좌우(左右)에 여울 소리가 나면 반드시 혈육(血肉)간(0에 서로 다투게 된다.

❖ **입수의 길흉은 이러하다**

- 입수일절(入首一節)은 30년 발복으로 보고 혈상(穴象)도 일절(一節)로 본다.
- 입수 맥에 암석이 노출 되었다면 작은 혈지라도 장자에게 판 · 검사가 난다.
- 속기 입수는 장자(長子)보다 차자(次子) 딸의 발복(發福)이 크다.
- 취기(聚氣) 입수는 장자의 발복이 직 입수는 말자(末子)의 발복이 크다.
- 입수 1절(節)이 수려해야 하다. 5행도도 일절만 상생하면 한 것이다.
- 입수 2절(節)(0은 혈상 1절(節)과 합처 3절(節)로 도관급(道官級) 벼슬이 난다.
- 쌍맥(雙脈) 입수에 취기(聚氣)가 왕(旺)하면 장자(長子) 발복에 장상(將相)이 하고 안산이 일자문성(一字文星)이면 쌍둥이가 장상(將相)이 된다.
- 정돌 입수(0에는 자손 모두가 크게 부귀 발복하는 대지(大地)(0가 결혈되는 것이다. 장자(長子)는 조금 작고 차자(次子)

는 속기(速氣)발복하고 외손(外孫)이 많이 받는다.

- 취기 없는 입수의 결혈에도 산형(山形), 산세(山勢) 에 따라 대소지(大小地)의 결혈은 있는 것이다.
- 입수가 밝은 것은 귀(貴)로 보고 암석 돌출(突出)은 권세(權勢)로 본다.
- 입수 취기(氣)는 장자(長子)가 크게 발복한다.
- 입수에 귀석(貴石)이 있으면 장손(長孫)에게 귀(貴)가 발복하고 적게 노출되어도 도반급(道班級) 결혈이요 또 금시(今時) 발복한다.
- 입수 토질이 무력(無力)하면 백병(百病)에 불구자가 태어난다.
- 천룡(賤龍)으로 입수가 퍼지면 유처(有妻)에 취첩(取妾)하고 비천자(卑賤子)가 출생한다.
- 입수의 생기가 없으면 차자가 발복하나 귀(貴) 관직(官職)은 없다.
- 입수 맥이 없으면 요수(夭壽)하게 되고 재물이 도패(盜敗) 한다.
- 입수 정기(精氣)가 당판(堂板)과 우(右) 선익(蟬翼)으로 나뉘어 통과하면 적자(赤子), 서자(庶子)가 생긴다.
- 입수가 솟고 전순(氈脣)이 허(虛)하면 속발(速發) 흥(興)하고 속패(速敗)하게 된다. 묘 터가 경사가 심한 곳이다.
- 입수 맥(脈)이 광탕(廣宕)하면 축첩(蓄妾)을 하게 되고 한편이 지나치게 수려하거나 모자라면 홀아비, 과부가 난다.
- 입수가 한 쪽이 높고 낮으면 상처(喪妻)하게 된다.(묘지 조성 시 보완해야)
- 입수 맥이 험석(石險)이라면 장자가 요절(夭折)하고 재패(財敗), 도패(盜敗)하고 처궁(妻宮)이 불길(不吉)하고 음란(淫亂), 질병(심장병, 위장병)이 생긴다.
- 입수에 흉한 암석은 이금치사(以金致死)로 일조 파산하게 된다.
- 입수 상부(上部)가 솟아 있으면[돌출(突出)] 처궁(妻宮)이 나빠진다.
- 입수가 쇠잔(衰孱)하면 무세(無勢)자손(子孫)이 출(出) 한다.
- 입수가 기울면 소인(小人)이 나고 과부(寡婦), 홀아비가 출(出)한다.
- 입수가 험난하면 불양자(不良者)가 나고 입수가 배입(背入)하면 상부(喪夫) 자손이 난다.
- 입수가 없으면 광중(壙中)에 물이 들어 수렴(水簾)이 든다.
- 입수 맥이 마당처럼 넓고 평탄하면 광중(壙中)에 침수(侵水)가 잘 된다.
- 입수의 맥이 없으면(뒤가 낮은 곳) 요수(夭壽)하고 양자(養子)를 두게 도니다.
- 입수 뒤가 낮은 것은 장자(長子) 급사(急死) 요절(夭折)이요 묘 앞이 들린 것은 말자(末子) 불효(不孝) 불충(不忠)이니라.
- 입수가 무력(無力)하면 비천자(卑賤子)나 불구자손이 난다.
- 입수 뒤가 단절되면 자손이 없게 된다.
- 입수가 밋밋하게 넓으면 유처(有妻) 취첩(取妾)하게 된다.
- 입수를 잘라서 절맥(絶脈) 묘를 쓴 것이라면 명혈(明穴)이라도 과일 꼭지를 자른 것과 같이 상(傷)해서 구실을 할 수가 없다. (묘 봉분 조성 시 장비로 파지 말고 긁어서 흙을 모을 것)
- 입수 뒤가 낮은 것은 장자(長子) 급사(急死)에 요절(夭折)이요. 묘 전(前) 낭떠러지는 말손(末孫)이 불효(不孝) 불충(不忠)하게 되고 자손들에게 급(急)한 일이 생기게 된다.
- 내룡(來龍) 맥이 결항형(結項形) 혈장(穴場)의 내룡(來龍)이 자루를 묶어 맨 모양)이라면 목을 메어 죽거나 교수형을 당하는 자손이 난다.
- 입수는 주산(主山) 겸 입수가 되는 것도 있고 주산(主山)에 바짝 붙어서 결혈(結穴)하는 곳도 있다.

❖ **입수추운법**(入首推運法) : 입수룡맥을 기준으로 후손에게 화복(禍福)의 영향을 받는다고 보는 이기 추운법.

- 임입수(壬入首)와 자입수(子入首)는 1개월이나 1년 또는 10년.
- 계입수(癸入首)와 해입수(亥入首)는 6개월이나 6년 또는 60년.
- 갑입수(甲入首)와 인입수(寅入首)는 3개월이나 3년 또는 30년.
- 을입수(乙入首)와 손(巽), 묘입수(卯入首)는 8개월이나 8년 또는 80년.
- 병입수(丙入首)와 오입수(午入首)는 7개월이나 7년 또는 70년.
- 정입수(丁入首)와 사입수(巳入首)는 2개월이나 2년 또는 20년.
- 간입수(艮入首)와 진(辰), 술입수(戌入首)는 5개월이나 5년 또는 50년.
- 곤입수(坤入首)와 축(丑), 미입수(未入首)는 10개월이나 10년 또는 100년.
- 경입수(庚入首)와 건(乾), 신입수(申入首)는 9개월이나 9년 또

는 90년.

- 신입수(辛入首)와 유입수(酉入首)는 4개월이나 4년 또는 40년으로 추리한다. 이상은 후천수로서 추리한 연대이다. 가령 임입수(壬入首)나 자입수(子入首)로 정혈이 되었으면 임자(壬子)는 후천수가 1이요, 양수이므로 1개월이나 1년 또는 10년으로 본다. 그러므로 길국(吉局)과 합을 이루면 1개월이나 1년 또는 10년에 부귀의 발복을 받고 흉국이면 1개월이나 1년 또는 10년에서부터 패망하는 것으로 추리한다.

❖ **입수화복론**(入首禍福論)

- 정돌취기입수는 자손 모두 부귀겸전한다.
- 정돌취기 입수가 반듯하여 수려하면 3공이 난다.
- 암석돌출입수는 자손 모두 권세지지로 금시 발복한다.
- 입수에 흉암석은 이금치사로 일조파산한다.
- 입수 위의 돌출은 처궁이 나빠 자손 패한다.
- 입수가 살풍을 맞으면 유골이 새까맣게 탄다.
- 입수가 기울면 소인이 나고 과부나 홀애비가 난다.
- 입수가 돌하고 전순이 없으면 속성속패한다.
- 입수가 없으면 광중에 물이 들어 수렴이 된다.
- 속기입수는 장자보다 차자나 딸의 발복이 크다.
- 입수에 맥이 없으면 요수하고 양자한다.
- 입수가 무력하면 비천자나 불구자손이 난다.
- 입수 위험한 암석의 돌출은 냉맥이 흘러 시신이 썩지 않는다.
- 입수 뒤가 끊어지면 자손이 없다.
- 입수가 약하면 장자의 발복이 적다.
- 입수가 넓으면 유처 취접한다.
- 입수가 직입수로 들어오면 말자의 발복이 크다.
- 속기입수는 장자의 발복이 적으며 자손도 독자를 둔다.
- 취기입수는 장자의 발복이다.
- 쌍맥 합취에 쌍둥이가 태어나 크게 성공한다.
- 입수가 광채나면 고귀한 자손이 난다.
- 입수가 10자로 되어 있으면 대귀자손이 난다.
- 입수가 상부(相符)하면 속발자손이 난다.
- 입수가 정돌(正乭)하면 현명하고 인자한 자손이 난다. 🀄 입수가 풍후(豊厚)하면 큰 부자 자손이 난다.
- 입수가 다지(多支)하면 자손이 흥성한다.
- 입수가 암석이면 특출한 자손이 난다.
- 입수가 단토(壇土)하면 부귀자손 난다.
- 입수가 횡곡(橫曲)하면 횡재하는 자손이 난다.
- 입수가 편왕(偏旺)하면 서출자손이 난다.
- 입수가 징약(微弱)하면 자손이 요절한다.
- 입수가 무기(無氣)하면 비천한 자손이 난다.
- 입수가 파산하면 재산 패하는 자손이 난다.
- 배수(背水)가 배입(背入)하면 형제간이 불화한다.
- 입수가 배반하면 상부(喪夫) 자손 난다.
- 입수가 경측(傾側)하면 상처자손 난다.
- 입수가 험난하면 불량한 자손 난다.
- 입수가 쇠잔하면 무세자손 난다.

❖ **입수처에 길상**(吉相)**의 암석 있는 것은 상격**(上格)**이다** : 입수처에 돼지 · 물개 · 황소같이 닮은 돌이 있으면 자손 모두에게 발복을 받는다. 혈전에 적은 물이라도 감싸 안아서 돌아 주는 것이 지리법에 명혈이이루어 지는 이치라고 했다.

❖ **입수처를 잘라서 묘를 쓰면 과일 꼭지를 자른 것과 같다** : 입수를 잘라서 묘를 쓴 것이라면 과일의 꼭지를 자르면 그 과일이 상(傷)해서 과일로서 구실을 할 수 없는 것과 같다. 입수 후가 낮은 것은 장자(長子) 급사(急死)나 요절(夭折)이요 묘 앞의 낭떠러지는 말손(末孫)에 불효 불충(不忠)이다.

❖ **입신출세**(立身出世) **하는 집터는 이러하다** : 집의 좌측에 물길이 흐르고 우측에 도로가 있으면 배후에 산이 둘러진 곳은 집안이 흥왕 번성하고 자손이 부귀 양명하는 입신출세와 영화를 누리게 된다.

❖ **입지**(入地) **공망일**(空亡日)

경오일(庚午日) 갑기망명(甲己亡命) 부장(不葬)

경진일(庚辰日) 을경망명(乙庚亡命) 부장(不葬)

경인일(庚寅日) 병신망명(丙辛亡命) 부장(不葬)

경술일(庚戌日) 정임망명(丁壬亡命) 부장(不葬)

경신일(庚申日) 무계망명(戊癸亡命) 부장(不葬)

❖ **자**(字) : 가명(家名) 외에 붙이는 성인의 별명. 남자 20세가 되어 관례(冠禮)를 행하여 성인이 되면 자(字)가 붙는다.

❖ **자**(雌) : 음(陰)을 말함.

❖ **자갈이나 잡석**(雜石)**의 땅은 묘지로서 흉하다** : 자갈이나 잡석이 많이 나오면 흙과 자갈 사이의 공간으로 인해 기가 다 빠져나가며 쉬운 말로 바람이 통할 수 있기 때문에 시신이 불편하다. 또한 관이 썩은 후에는 자갈이나 잡석이 유골로 떨어지면서 유골에 손상이 올 수도 있으므로 피해야 한다.

❖ **자궁허**(子宮虛) : 자묘간방(子卯艮方)이 자궁으로 이 세 방향이 움푹 들어가면 여자가 많고 남자가 적다.

❖ **자궁왕**(子宮旺) : 자묘간방(子卯艮方)은 자궁으로서 묘(卯)는 팔괘(八卦)로 진괘(震卦)며 장남(長男)이고, 자(子)는 감괘(坎卦)며 중남(中男)이며, 간(艮)은 간괘(艮卦)이고 소남(少男)이다. 묘자간방(卯子艮方)에 높은 봉우리가 솟았거나 많은 산봉우리들이 있으면 아들이 많아진다. 또 아들들이 고귀하게 된다. 만약 묘자간봉(卯子艮峯)이 없거나 있어도 너무 낮고 약하면 아들이 매우 적어진다.

❖ **자기목성**

- **정체** : 뇌는 원용(圓聳)하고 몸은 직(直)하며 면은 평평하다. 형국은 신홀혈(縉笏形)이다.
- **개구** : 형국은 귀인단좌형(貴人端坐形).
- **현유** : 형국은 미녀포경형(美女抱鏡形).
- **궁각** : 형국은 미녀포아형(美女抱兒形).
- **쌍비** : 형국은 선인무수형(仙人舞袖形).
- **단고** : 형국은 상비형(象鼻形).
- **측뇌** : 형국은 낙타사주형(駱駝卸主形).
- **몰골** : 형국은 선인측와형(仙人側臥形).
- **평면** : 용척에 혈을 맺는다. 형국은 횡적(橫笛) 또는 횡금형(橫琴形).

❖ **자녀들 공부방은 이러한 곳에** : 햇빛이 잘 드는 방을 어린이 방으로 하면 건강하고 명랑한 아이로 자란다. 그러나 해가 잘 들지 않으면 병이 나기 쉽거나 내성적인 성격이 되는 경우가 있으므로 주의해야 한다. 동쪽 방은 남자아이에게는 좋은 방위로 여자아이의 경우에는 말괄량이가 되는 경향이 있지만 자녀들의 공부방으로는 아주 좋다.

❖ **자동 조명등은 행운을 가져다 준다** : 옛날 조명시설은 등잔 등, 촛대, 꼬챙이 등이 있었다. 쓰지 않는 베란다나 창고 사람의 발길이 닿지 않는 구석일수록 밝은 조명등을 설치해야 한다. 자동조명등은 행운을 가져다준다.

❖ **자룡조모**(子龍朝母) : 어미용과 새끼용이 서로 마주 보는 형국. 두 용이 한 산맥으로 이어져 있고, 혈은 새끼룡의 이마나 코에 있으며, 안산은 어미용이다.

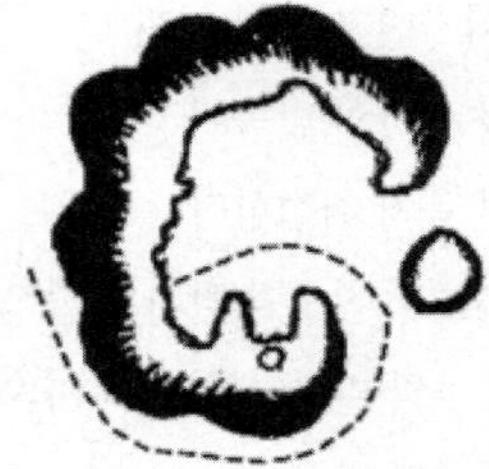

❖ **자룡환골**(子龍換骨) : 용의 형상이 아주 수려한 형국. 산세가 무척 빼어나 환골탈태(換骨奪胎)한 신선(神仙)의 용모와 흡사하다. 이 형국의 명당은 선인(仙人), 대도인(大道人)을 배출하며 대귀인(大貴人)도 나온다. 혈은 용의 이마나 코에 있고, 안산은 구름, 무지개 등이다.

❖ **자면사**(刺面砂) : 멀리서 보면 수려한 것 같으나 가깝게 보면 지저분하게 생긴 산을 말함. 마치 얼굴을 칼로 찌르고 그은 것 같고 상처에 반창고를 붙인 것처럼 흉한 암석이 덕지덕지 있다. 이런 산이 있으면 형을 받아 귀양가는 형국이며 자면사 아래 약사발같은 작은 바위가 있으면 사약을 받는다.

❖ **자미원**(紫微垣) : 북극성을 말함. 그 모양이 모든 별들이 싸고 있음을 혈에 비유하여 말하였음.

❖ **자미성**(紫薇星) : 자미성이란 내수구(內水口)와 외수구(外水口)를 구성하는 청룡과 백호를 말함.

❖ **자미제성정국**(紫微帝星定局) : 음택 및 양택에 좌(坐)로 연월일시를 가리는데 적용하는 길신(吉神)의 하나로서 이를 북신대제(北辰大帝)라 한다. 정국(定局)은 건제12신법(建除十二神法)으로 평정수개(平定收開) 닿는 곳이 바로 자미제성의 길국이다. 즉 평(平)은 천태(天台), 정(定)은 천괴(天魁), 수(收)는 천제(天帝), 개(開)는 천복(天福)이다. 이 길성이 좌(坐)와 향(向)에 모두 비치면 장군·태세(太歲)·신황(身皇)·정명(定命)·관부(官府)·혈인(血刃)·유재(流財)·금신살(金神殺)을 불문하고 마음놓고 집을 짓고, 수리하고, 묘 쓰는데 좋다고 한다.

[조견표]

年月日時	子	丑	寅	卯	辰	巳	午	未	申	酉	戌	亥
天台	甲	乙	巽	丙	丁	坤	庚	辛	乾	壬	癸	艮
[平]	卯	辰	巳	午	未	申	酉	戌	亥	子	丑	寅
天魁 [定]	乙辰	巽巳	丙午	丁未	坤申	庚酉	辛戌	乾亥	壬子	癸丑	艮寅	甲卯
天帝 [收]	庚酉	辛戌	乾亥	壬子	癸丑	艮寅	甲卯	乙辰	巽巳	丙午	丁未	坤申
天福 [開]	辛戌	乾亥	壬子	癸丑	艮寅	甲卯	乙辰	巽巳	丙午	丁未	坤申	庚酉

가령 자년(子年)·자월(子月)·자일(子日)·자시(子時)는 갑묘(甲卯), 을진(乙辰), 신술(辛戌), 경유좌(庚酉坐)에 천태·천괴·천제·천복의 길신이 임한다.

❖ **자방**(子方) : 24방위의 하나로 감방(坎方)이라고도 하며 정북방(正北方)이 된다.

❖ **자방산**(子方山)

① 혈장(穴場)에서 보아 자방(子方)에 있는 산을 가리킴.

② 자방의 산이 드높고 수려하고 건방(乾方)의 산이 홀로 우뚝 솟아 있으면 높은 지위에 오르는 사람이 나온다. 게다가 간방(艮方)에 붓처럼 생긴 봉우리들이 있고, 병오정방(丙午丁方)에 세 봉우리가 나란히 서 있으면 아주 고귀한 사람이 배출된다.

❖ **자방수**(子方水) : 혈장(穴場)에서 보아 자방(子方)에 물이 있는 것, 또는 자방(子方)에 득(得)이나 파(破)가 되는 것.

❖ **자방풍**(子方風) : 자손이 물에 빠진다. (다만 건좌(乾坐)에 자오풍(子方豊)은 무방하다) 또는 신좌 인향(申坐 寅向)은 자방(子方)의 요풍을 꺼리지 않는다. 자방(子方)에서 혈장(穴場)으로 불어오는 바람. 즉 혈장에서 보아 자방(子方)에 막힌 산 등이 없어 허(虛)하면 자연 자방(子方)의 바람이 닿는다고 한다.

❖ **자백구성**(紫白九星) : 구자(九紫)·일백(一白)·육백(六白)·팔백(八白)을 자백(紫白)이라 하고, 이흑(二黑)·삼벽(三碧)·사록(四綠)·오황(五黃)·칠적(七赤)을 합치면 아홉 가지이므로 합칭 자백구성(紫白九星) 또는 그냥 구성(九星)이라 한다.

❖ **자부동궁격**(紫府同宮格) : 자미(紫微)와 천부(天府)가 같이 인신궁(寅申宮)에 수명(守命)하면 자부동국격이라 한다.

❖ **자사각**(自四角) : 14, 23, 31, 32, 37, 41, 51, 60, 69가 자사각(自四角)이다. 이 해에는 가택의 신축이나 개수를 할 수 없다. 가패신망(家敗身亡)이 두렵다.

❖ **자생향**(自生向) : 용맥이 없고 안산이 없는 곳에 묘를 쓰는 것 원두막 논두렁을 보고 그것도 없으면 물이 흘러가는 것을 보고 향(向) 쓴다. 자손은 이어 갈 수 있으나 부귀(富貴)는 없다.

❖ **자생향 간인좌곤향 절처봉생향**(自生向 艮寅坐坤向 絶處逢生向) : 좌선룡(左旋龍)에 우선수(右旋水)가 배합이다. 무기경(戊己經)에

진원지곤(震源之坤) 곤원지진(坤源之震)의 곤(坤)은 유(酉)의 화기(化氣)며 진(震)이라는 4양(四陽)은 3음(三陰)이라는 곤(坤)이 격팔상생(隔八相生)으로 상생한다. 그러면 경록(庚祿)은 신(申)하고 갑록(甲祿)은 인(寅)에 있으니 간(艮)은 갑목(甲木)의 임관(臨官)으로 건해(乾亥)의 좌선룡(左旋龍)이 유포(踰抱)를 하고 간인좌곤신향(艮寅坐坤申向)의 자생향(自生向)을 입혈(立穴)하게 된다면 지극히 좋으나 목국(木局)의 자생향(自生向)은 대체로 계룡(癸龍) 또는 임룡(壬龍)에서 입혈(立穴)하는 것으로 계룡(癸龍)은 건(乾)에서 왕(旺)하는 것이니 건해(乾亥)에서 온 것이 바르나 건해(乾亥)와 계(癸)는 거리가 임(壬)과 계(癸)보다 몇 배가 아니라 몇 십배가 되기도 하기에 내룡(來龍)의 변화가 무쌍함으로 대체로 임자(壬子)에서 목국(木局)의 자생향(子生向)이 되고 있으니 임자(壬子)가 좌선(左旋)하면서 간인(艮寅)을 만나는 데는 계축(癸丑)이 개장(開帳)을 하는 것은 정칙(正則)이나 그렇치 못하면 계(癸)에서 돌아서면서 간인좌곤신향(艮寅坐坤申向)의 입혈(立穴)이 이루게 된다. 그러므로 정파(丁破)는 계룡(癸龍)이 아니면 입혈(立穴)치 못하나 임자(壬子)에서는 된다.

❖ **자생향 건해좌손사향 절처봉생향**(自生向 乾亥坐巽巳向 絶處逢生向) : 좌선룡(左旋龍)에 우선수(右旋水)가 배합이며 곤신룡(坤申龍) 또는 경유룡(庚酉龍)의 좌선룡(左旋龍)에서 특히 경유(庚酉)는 손사(巽巳)와는 3합(三合)이 되기도 함으로 비록 절처(絶處)라 하여도 경(庚)의 생(生)이 손사(巽巳)이니 스스로 생(生)할 수 있는 소지(素地)도 된다. 손사(巽巳)의 절처(絶處)를 스스로 자생(自生)시킴으로 목욕(沐浴)의 경유(庚酉)는 왕수(旺水)는 바꾸어졌으니 곤신수(坤申水)는 임관(臨官)이 되고, 정미수(丁未水)는 관대(冠帶)가 되고, 손사수(巽巳水)는 생기수(生氣水)가 되어서 모든 물이 같이 상당(上堂)하여 수국(水局)의 묘고을천간(墓庫乙天干)으로 흘러나가니, 이때 손사(巽巳)의 절방(絶方)이 생(生)으로 바뀌었으니 을진(乙辰)은 양(養)으로 변하였으니 하고 의문을 제기할 수도 있으나 이때는 절처(絶處)를 자생(自生)시키고 고(庫)만은 수국(水局)의 묘차(墓車)를 빌림으로 양공(楊公)의 건신법(進神法)이며, 또 괘(卦)로써 지상(地上)의 입혈(八穴)을 고정시키며 이를 노양혈(老陽穴)이 득위(得位)한 출살(出殺)로도 규정한 혈이기도 하다. 그러므로 이 을파(乙破)에서도 진신(進神)이 백호편에 있으므로 살기(殺氣)는 청룡편에 있으니 백호방(白虎方)의 진신수(進神水)가 장대함으로 출살(出殺)하게 되는 것이다. 건(乾)은 노부(老父)이며 노양(老陽)이다. 혈이 있는 곳이 경좌(庚坐) 유좌(酉坐)와 비슷하게 와겸(窩鉗)으로 되는 것이라 그릇을 엎어놓은 것처럼 다소 도도록 하여야 한다. 곤신(坤申)은 수국(水局)의 장생수(長生水)이며 손사자생향(巽巳自生向)으로서는 임관수(臨官水)가 되는 것이니 곤신수(坤申水)가 특별히 내조하면 영원히 군주를 보좌한다. 손사자생향(巽巳自生向)은 경유수(庚酉水)와 계축수(癸丑水)가 좌우에서 협래(夾來)하지 않으면 흉하며, 협래(夾來)하며 백호방의 진신수(進神水)가 장대(長大)하게 흘러들어야 참다운 수법이라고 한다. 만일 왼쪽 물이 장대(長大)하면 충생(沖生)하는 대살(大殺)이라고 하며 아주 극흉하다. 또 손사자생향(巽巳自生向)을 입혈(立穴)하고 장대한 오른쪽 물이 을천간(乙天干)으로 흘러가지 못하고 손천간(巽天干)으로 구불구불 흘러가면서 손사을진(巽巳乙辰)으로 흘러가든가 하면 무방하나 을진(乙辰)이 동궁(同宮)이라 하여 진(辰)을 범하던가 묘(卯)를 범하면서 구불구불 흘러가면 역시 흉하다. 오른쪽의 정미곤신방수(丁未坤申方水)가 구불구불 백보전란(百步轉欄)하며 흘러나가면 장생향(長生向)과 같이 인정(人丁)이 왕성하고 발부발귀(發富發貴)한다. 특히 당면출수(當面出水)라 하는 손사자생향(巽巳自生向)을 입혈(立穴)하고 손자상(巽子上)으로 거수(去水)하는 손파(巽破)는 용과 혈이 다소나마 초차(梢差)가 있게 되면 바로 소망하는 것이니 가벼이 쓸 수 없는 법이다.

❖ **자생향 곤신좌간인향 절처봉생향**(自生向 坤申坐艮寅向 絶處逢生向) : 좌선룡(左旋龍)에 우선수(右旋水)가 합법이니 손사(巽巳) 또는 병오(丙午)의 좌선룡(左旋龍)은 특히 병오(丙午)의 용은 간병(艮丙)이 합이 되기도 함으로 비록 절처(絶處)라도 병(丙)의 생(生)이 간인(艮寅)이니 스스로 자생할 수 있는 소지도 된다. 간(艮)의 절처(絶處)를 자생(自生)시킴으로 병오(丙午)는 목욕(沐浴)이 왕수(旺水)로 바뀌게 되니 손사(巽巳)는 임관수을진(臨官水乙辰)은 관대수(冠帶水), 간인(艮寅)은 생기수(生氣水)가 되어 같이 상당(上堂)하여 금국(金局)의 묘고 계천간(墓庫癸天干)으로

흘러가니 이때 간(艮)의 절(絶)이 생(生)으로 바뀌었으니 계(癸)가 양(養)이 아니냐 할 것이나 이때는 자생향(自生向)에 고(庫)만은 빌린 것으로 양공(楊公)의 14진신(進神)이며 팔괘로 지상의 입혈을 정하면서 이것을 노음혈(老陰穴)이 득위(得位)한 출살(出殺)이라고도 규정한 혈이다. 그러므로 이 계파(癸破)에서도 진신(進神)이 백호편에 있으므로 살기(殺氣)는 청룡편에 있으니 우편의 백호수가 장대하여야 한다. 곤(坤)은 노모(老母)이며 노음(老陰)이라 혈장(穴場)이 검척(劍脊)인 것을 모르고 정룡(頂龍)에 정혈(定穴)치 아니하고 아래로 정혈(定穴)하다가 실혈(失穴)하는 예 또한 많이 있음을 볼 수가 있다. 혈형(穴形)이 검척(劍脊)같으면 청룡·백호가 본신(本身)에 없으므로 버리는 것이나 이기상(理氣上)으로 곤(坤)은 노음(老陰)이다. 양기를 더 많이 받으려는 데는 용호(龍虎)가 본신(本身)에 있지 않고 원포(遠包) 하여야 하는 것 또한 자연의 정리이기도 한다. 이때에 손사수(巽巳水)가 특조(特朝)하면 손사(巽巳)는 금국(金局)의 장생수(長生水)가 되며, 또 자생향(自生向)으로서도 임관수(臨官水)가 되는 것이니 아주 절호(切好)함으로 고인이 종사천고 전좌군주(螽斯千古 轉佐君主)라 하는 것이다. 이 자생향(自生向)에는 병오수(丙午水)와 신술수(辛戌水)가 좌우에서 협래(夾來)하지 않으면 흉하며 의당 협래하는 것이며 오른쪽 물이 장대하게 흘러들어야 참다운 진수(眞水)라 한다. 만일 왼쪽물이 장대하면 충생대살(沖生大殺)이라고 하며 아주 극흉(極凶)한 것이다. 또 이 자생향(自生向)에서 장대(長大)한 오른쪽 물이 계천간(癸天干)으로 흘러나가지 못하고 간천간으로 구불구불 흘러가면서 특히 간인(艮寅)이 동궁(同宮)이나 인자(寅字)는 불범(不犯)하고 구불구불 백보전란(百步轉欄)하여서 나가면 역시 인정왕성(人丁旺盛)하고 발부발귀(發富發貴)한다. 만일에 용과 혈이 다소라도 초차(梢差)가 있게 되면 바로 소망(消亡)하는 법이니 간파(艮破)는 참으로 가벼히 쓸 수 없는 법이기도 한다.

❖ **자생향**(自生向) **물은 우수도좌**(右水倒左), **용은 좌선룡**(左旋龍)**이다**: 사국의 정고(正庫)인 묘궁(墓宮)으로 파구되고 본국 12포태로는 절향(絶向)이다. 이를 향상작국(向上作局)을 하면 생향(生向)이 되므로 자생향(自生向)이다. 생향이나 왕향은 묘궁 즉 정고로만 파구되어야 한다. 향상작국을 하면 타국의 묘궁을 빌려 파구되므로 파고소수(借庫消水)라고 한다. 남의 정고를 빌려서 스스로 생향을 만들었다 하여 자생향이라 부른다. 본국으로는 절향(絶向)이지만 향상으로는 생향(生向)이므로 절처봉생(絶處逢生)이란 용어를 쓴다. 물은 오른쪽 본국 목욕궁(沐浴宮)에서 득수(得水)하여 장생수(長生水), 양수(養水), 태수(胎水)의 기운을 가지고 혈 앞 명당에 모여 절향(絶向)에서 혈과 음양교합한다. 그리고 향 왼쪽 묘궁으로 파구된다. 그러나 향상작국(向上作局)을 하면 물의 득수처는 향상왕궁(向上旺宮)으로 향상임관수(向上臨官水), 향상관대수(向上冠帶水), 향상목욕수(向上沐浴水)의 기운이 되며 향상생궁(向上生宮)으로 파구된다. 물은 반드시 우수도좌(右水倒左)하여야 하며 좌선룡(左旋龍)이다. 용진혈적(龍眞穴的)에 자생향이면 조빈석부(朝賓夕富)에 부귀왕정(富貴旺丁)이라 하여 매우 길하다. 좌수도우(左水倒右)는 물이 혈을 감싸지 못하므로 대흉하다.

❖ **자생향 손사좌건해향 절처봉생향**(自生向 巽巳坐乾亥向 絶處逢生向) : 좌선룡(左旋龍)에 우선수(右旋水)가 배합이다. 간인룡(艮寅龍) 또는 갑묘룡(甲卯龍)의 좌선룡(左旋龍)에서 특히 갑묘(甲卯)는 건해(乾亥)와는 삼합이 되기도 하므로 비록 건해(乾亥)가 절처(絶處)라 하여도 갑묘(甲卯)는 건해(乾亥)와 생왕(生旺)이 되므로 스스로 생(生)할 수 있는 소지(素地)도 된다. 따라서 절처(絶處)를 스스로 자생(自生)시키므로 목욕(沐浴)의 갑묘(甲卯)는 왕수(旺水)로 바뀌어졌으니 간인(艮寅)은 임관수(臨官水)가 되고, 계(癸)는 관대수(冠帶水) 건해(乾亥)는 생기(生氣)가 되어서 모든 물이 같이 상당(上堂)하여 본래의 화국묘고신천간(火局墓庫辛天干)으로 흘러나간다. 이때 건해(乾亥)의 절방(絶方)이 생(生)으로 바뀌어졌으니 신술(辛戌)은 양(養)으로 변하였으니 하고 의문을 제기할 수 있으나 이때는 절처(絶處)를 자생(自生)시키고 고(庫)만은 본래의 화국(火局)의 고(庫)를 발림으로 양공(楊公)의 진신수법(進神水法)이며, 또 괘(卦)로 혈의 음양을 8종류로 분정(分定)하는 태음혈(太陰穴)이 득위출살(得位出殺)의 혈이기도 하다. 그러므로 이 신파(辛破)에서도 진신(進神)은 백호편에 있으므로 살기(殺氣)는 청룡편에 있으니 백호방의 진신수(進神水)가 장대하므

로 출살(出殺)된다. 손(巽)은 사(巳)와 동궁(同宮)이 되나 손(巽)은 도지목(倒地木)이며, 사(巳)는 시화(始火)로 손(巽)은 평제취기(平際聚氣)하니 지두(枝頭)에 혈이 있으므로 유돌(乳突)을 취하지 않아야 하고, 사(巳)는 유돌(乳突)에 있으므로 와겸(窩鉗)은 가혈(假穴)이요, 많은 바람이 멀리서 불어와야 하는 것이다. 손혈(巽穴)이 지두(枝頭)에 있는 것은 유돌(乳突)이 되면 닭의 울음소리가 닭의 목을 길게 빼냄으로 울음소리가 뻗어나는 것이니 지두(枝頭)가 있는 것은 손혈(巽穴)이요 유돌(乳突)로 된 혈은 사좌(巳坐)가 되는 것으로 손(巽)은 높은 곳에서 평평하여야 하는 것이다. 건오방(乾午方)은 천마방(天馬方)이니 건(乾)에 천마(天馬)가 있는 안(案)이 된다면 첨화격(添花格)이기도 하다. 장생향(長生向)과 같이 백호수(白虎水)가 장대하여야 한다. 신천간(辛天干)으로 흘러나가지 못하고 건천간(乾天干)으로 흘러나가는데 있어 술(戌)을 범하지 않아야 하며 신(辛)으로 흘러나가면서도 유(酉)나 술(戌)을 범하지 않아야 한다. 특히 당면출수(堂面出水)의 건(乾)으로 물이 흘러나가는 데는 용과 혈이 다소나마 차가 있게 되면 바로 소망(消亡)하는 것이니 어려운 법이다.

❖ **자성**(紫星) : 갑방(甲方)에 있다. 갑봉(甲峰)이 아름다우면 종교지도자가 난다. 그러나 지나치게 높으면 화재가 있고 허하면 장사꾼이 난다. 때는 신년(申年)에 응험한다.

❖ **자손 모두가 발복하려면** : 입수 취기(聚氣)가 보기 좋은 암석으로 되어 있다면 자손 모두에게 발복하고 아주 적게라도 입수 취기(氣) 되어야 명혈(明穴)이라고 할 수 있고 부귀겸전(富貴兼全)하게 된다. 자손 모두에게 똑같은 발복을 할 수 있다.

❖ **자손들이 모두 잘 되려면**

- 묘 자리는 만자는 높은 곳, 여자는 막아주는 것이 있는 자리가 좋다.
- 혈 자리는 양배추를 쪼개 놓은 것 박을 타 놓은 것 같으면 진혈(眞穴)이라 한다. 재물을 얻으려면 전순(氈脣) 앞에 용천수(湧泉水) 있는 곳을 찾아라.
- 학자 교수 문장가를 원하면 용호 안산에 화성 문필봉을 찾아라.
- 자손들이 고루 잘 되려면 청룡 백호 안산 삼면이 고르게 높아야 한다.

❖ **자손이 번성할 묘터는** : 땅이란 것은 완벽히 좋을 수 만은 없는 것이다. 그 경중(輕重)과 완급(緩急)을 살펴 따뜻한 묘자리를 구하면 된다. 따뜻하고 청룡이 있으면 자손이 번성할 묘터이다.

❖ **자손 번창의 혈**(穴)**을 얻고자 하면** : 번창의 혈을 얻고자 하면 힘써 물을 다스려야 한다. 한 산(山)의 피해는 많은 자손에게 재앙이 미치지만 천산(千山)이 길(吉)함은 하나의 수살(水殺)을 막을 수 없다. 즉 산(山)의 흉(凶)한 살(殺)보다 수살(水殺)이 더욱 두렵고 무섭기 때문에 혈(穴)을 구하려 할 때 우선 수살을 피해야 한다.

❖ **자손 분배 운**(子孫分配運)

탐낭(貪狼) 속(屬) 말자(末子) 장자(長子)
거문(巨門) 속(屬) 장자(長子) 중자(仲子)
녹존(祿存) 속(屬) 말자(末子)
문곡(文曲) 속(屬) 중자(仲子) 서자(庶子)
염정(廉貞) 속(屬) 중자(仲子) 외손(外孫) 노복(奴僕)
무곡(武曲) 속(屬) 중자(仲子) 제손(諸孫)
파군(破軍) 속屬 장자(長子) 육축(六畜)
복음(伏吟) 속(屬) 장자(長子)

❖ **자손에 상처**(喪妻)**하는 묘자리는 이러한 곳이다** : 묘 앞이나 옆에 보이는 산 능선 끝이 충(冲)을 받으면 자손에게 상처(喪妻)가 있다 하는데 산 끝 앞에 사시사철 마르지 않고 흘러가는 강물 있으면 자손에게 상처(喪妻)하는 일이 없다 하였으나 산 능선 끝에 바위가 있다면 상처(喪妻)를 피할 수 없다. 또 당판(堂板)에 결응(結凝)이 없이 축대(築臺)로 대신하면 홀아비가 되기 쉽다.

❖ **자손이 삼형제라면 길흉**(吉凶)**은 이러하다** : 청룡은 장남궁(長男宮)이요, 뒤쪽이 높고 앞쪽이 기울러지면 형제 모두 손해가 있으나 장자(長子)에게 가장 먼저 화(禍)가 있다. 백호(白虎)는 차자(次子)이요 앞이 높고 뒤가 낮으면 요수(夭壽)하고 패절한다. 또한 앞쪽에 좌우가 낮으면 형제 모두 빈궁(貧窮)하며 천(賤)하다.

❖ **자손이 홀아비로 아들·딸·며느리가, 부인·비서가 배신하는 것은** : 백호(白虎)가 배신(背信)해 가는데 장곡(長谷)이 되면 자손이 홀아비로 살게 되는 일이 있게 되고, 청룡·백호가 배신하면 아들·딸·며느리가 배신하며 묘앞에 보이는 산들이 배신하면 부인·비서 가장 신복한 부하나 친척들이 배신한다.

❖ **자수파국**(子水破局) : 남자들은 주색잡기에 빠져 방황하고 가정을 돌보지 않으니 집안이 화평한 날이 없으며 몇 년 내에 재산을 모두 날린다. 여자들도 음란하여 쾌락을 탐닉하고 집안 살림을 돌보지 않고 놀아난다.

❖ **자신감의 충만은 성공의 보증수표이다** : 자신감은 다른 사람들을 불러 모으는 깃발이 되어 그 깃발 아래로 많은 생운(生運)을 불러들인다. 자신감으로 충만한 사람 곁에는 항상 그에 동조하는 사람이 모여들어서 그와 같은 길을 걸으며 함께 사업을 대척해 간다. 당대의 수많은 세계적 인사들 중에는 때로 자신감이 지나쳐 큰 소리만 치는 것 같은 느낌을 주는 사람도 있다. 이들에게는 이미 성공을 거둔 일도 있고 또 지금도 열심히 노력 중인 일도 있다. 하지만 상황이야 어떻든 자신감이 그들에게 전진의 동력을 주어 아무도 오르지 못한 높은 봉우리에 감히 오르도록 했다.

❖ **자신이 살기에 편안하고 안전한 주택을 선택하라 진정한 좋은 주택이다** : 가령 하루하루 겨우 끼니를 이어가는 사람이 호화로운 서재(書齋)와 서고(書庫)가 있는 주택으로 이사를 했다면 어떻겠는가. 그에게는 커다란 부담으로 받아 들어져 어울리지 않는 모습일 것이다. 이는 보통 상식으로 알 수 있는 문제이며 주택풍수를 보아도 마찬가지라 거주자가 서로 잘 어울리는 것은 길상(吉相)의 주택임이 확실하다. 만약 풍수가 매우 좋은 주택이라도 거주자가 기분이 좋지 않거나 불편한 느낌뿐이어서 도무지 적응이 되지 않는다면 길상의 주택이 되지 못한다. 그러므로 길상의 주택이 되기 위한 조건은 대원칙과 기본 이론에 부합되면서 거주자와도 잘 맞는 주택이어야 한다. 그러므로 주택풍수를 판단할 때는 일반적으로 두 가지 상황이 있다. 즉 주택풍수가 매우 좋은 집이라 해도 거주자에게 적합하지 않은 경우와 풍수가 좋은 집이면서 거주자의 운세(運勢)와도 잘 어울리는 경우로 나눌 수 있다. 주택 풍수는 각각의 주택에 대해 또는 각각의 토지에 대해 그 길흉(吉凶)을 판단 할 뿐 그곳에 거주하는 사람에 대한 판단이 아니다. 좋은 주택이라 하더라도 누구나 다 그곳에 거주한다고 좋은 일이 생기는 것은 아니다. 이것이 바로 주택 풍수의 길흉을 고려하여 자기 자신에게 가장 적합한 주택을 선택해야 하는 이유다.

❖ **자신이 집 주위에 짓다가 만 흉측스러운 건물이 있으면 흉** : 자신이 살고 있는 집이 지기가 아무리 좋아도 집 주위에 혐오시설이나 건물을 짓다가 문제가 생겨서 흉측스럽게 변해 있는 건물이 있으면 그곳에서 좋지 않은 기운이 지속적으로 생성되어 바로 옆에 있는 자신의 집에도 영향을 미친다. 그 집에서 아무리 좋은 기운을 생성시켜도 외부에서 유입되는 탁기(濁氣)가 워낙 강하면 결국 좋지 않은 집으로 되어 버린다.

❖ **자약모강**(子弱母强) : 아들이 약하여도 어머니가 강하면 아들은 죽지 않는다는 비유.

❖ **자연적 명당, 구조**(構造) **명당** : 명당은 생기(生氣)가 많이 모여 있는 공간으로서 자연적 명당과 건축적 명당으로 구분된다. 자연적 명당은 산·강·사(砂)·혈토(穴土) 등의 자연적 조건, 구조(構造) 명당은 묘지 조성, 건축 조건은 건축물의 형태·방위, 배치·방법·대문·마당·도로 형태 등의 결합 의해 이루어진 명당을 말한다. 자연적 명당이라 해도 묘지 조성이나 건축을 잘못하면 지세(地勢)의 명당은 반감된다. 비록 자연적 명당이 아닌 장소라도 건축적 명당을 만들면 불행한 일을 면하게 된다. 어느 정도 편안하게 살 수 있다.

❖ **자연황천**(自然黃泉) : 자연의 흐름이 거꾸로 순환하는 경우로 외당이 좌선수인데 내당이 우선수이든가 외랑이 우선수인데 내랑이 좌선수인 경우이다. 자연황천에 걸린 내룡은 물이 차거나 바람이 침입하여 흉지가 된다.

❖ **자오침**(子午針) : 정침(正針)을 말함. 침이 만들어진 것은 황제(黃帝) 주공(周公)시대에 시작하였는데 황제 때는 지남침(指南針)이라 했고, 주공 때는 지남차(指南車)라 했다. 지남(指南)이라고 했을 때는 선천(先天)의 이기(理氣)를 사용하였다. 선천팔괘(先天八卦)는 건남(乾南) 곤북(坤北)으로 건(乾)은 금(金)이며 곤(坤)은 토(土)로 선천괘(先天卦)이다. 이 침(針)은 남쪽이 머리(首 : 위)이고 북쪽이 꼬리(尾 : 아래)이다. 한(漢)나라 장자방(張子房)에 이르러 12지를 사용했으며, 당(唐)나라 일행(一行)에 와서는 무기(戊己)의 두 간(干)을 중앙에 놓게 하고 8간(八干)에다 건곤간손(乾坤艮巽)을 첨가하여 24위(位)로 나누어서 천지의 사정(四正)을 중간에 두었다. 뒤에 정침(正針), 중침(中針), 봉침(縫針)의 설(設)을 완

수하니 자오(子午)를 정침(正針)으로 24위(位)를 나누어 정하였다. 24방위의 음양오행은 후천방위(後天方位)의 오행으로서 지반(地盤)이라 이름하고, 자계(子癸) 중침(中針) 24위가 역(曆)인 월령(月令)의 기후에 분배하여 천반(天盤)이라 이름하고, 자임(子壬) 봉침(縫針) 24위를 역가(曆家)의 태양중(太陽中) 기후의 과궁(過宮)하는 월령(月令)으로 인반(人盤)이라 이름하였다.

❖ **자왕봉**(子旺峰) : 진(震)은 장남(長男), 감(坎)은 중남(中男), 간(艮)은 소남(少男)이니 봉만(峰巒)이 많으면 주로 자손이 왕성함을 말함.

❖ **자왕향 갑묘좌경유향 절처봉왕향**(自旺向 甲卯坐庚酉向 絶處逢旺向) : 금국(金局)으로부터 수국(水局) 목국(木局)에 이르러서 정(正) 또는 변국(變局)의 자생향(自生向) 자왕향(自旺向)을 말하였다. 이 화국(火局)의 자왕향(自旺向) 갑좌(甲坐)나 묘좌(卯坐)도 손사(巽巳)의 우선(右旋)이 대부분이며 병오(丙午)로부터 국(局)을 이루기도 하며, 그 유형이 많을 수도 있으나 우선룡(右旋龍)에 좌선수(左旋水)가 합법이다. 화국(火局)의 사절(死節)이 봉왕(逢旺)하여 절처봉왕(絶處逢旺)이라 한다. 손사생기수(巽巳生氣水), 병오생기수(丙午生氣水), 정미관대수(丁未冠帶水), 곤신임관수(坤申臨官水)가 회합하여 향상(向上)에 상당(上堂)하여서 쇠천간신방(衰天干辛方)으로 귀거(歸去)하니 이도 생래회왕(生來會旺)의 양공진신수법(楊公進神水法)으로 총명한 아들이 난다. 경유왕수(庚酉旺水)와 곤신임관수(坤申臨官水)가 조공(朝拱)하면 식록이 만종(萬鍾)하며 자손이 번창한다.

❖ **자왕향 경유좌갑묘향 욕처봉왕향**(自旺向 庚酉坐甲卯向 浴處逢旺向) : 좌선룡(左旋龍)에 우선수(右旋水)가 배합이다. 이 용은 병오(丙午)며 을학당수(乙學堂水)가 굴곡하며 흘러들어와 목욕임천간(沐浴壬天干)으로 흘러나가야 하는 것이며, 자(子)로 흘러나가면 도화살을 범하므로 크게 꺼린다. 또 혹 건해방(乾亥方)으로 흘러나가면 충생(沖生)하므로 후사가 끊어진다. 이때에 자(子)나 계방(癸方)이 보이지 않게 임(壬)에서 계(癸)로 흘러가는 것은 가하나 계(癸)로 흘러나가는 것이 계(癸)가 관대방(冠帶方)이기 때문에 보여서는 입지정혈(立地定穴)이 불가하다. 또 건해생수(乾亥生水)가 임자(壬子)위로 흘러 나가야 하며 간수(艮水)가 공혈(拱穴)하게 되면 7세의 신동이 능히 글을 만든다. 또 간봉(艮峰)과 병봉(丙峰)이 서로가 응조(應照)하면 이는 삼길육수(三吉六秀)로서 최관귀인격(催官貴人格)이다.

❖ **자왕향**(自旺向) **물은 좌수도우**(左水倒右), **용은 우선룡이다** : 사국의 정고(正庫)로 파구되고 본국 12포태로는 사향(死向)인데 향상작국(向上作局)을 하여 향상왕향(向上旺向)을 자왕향(自旺向)이라 한다. 본국으로는 따지면 타국의 정고(正庫)를 빌려 파구되므로 차고소수(借庫消水)라 한다. 스스로 남의 정고를 빌려 왕향을 만들었으므로 자왕향(自旺向)이라 부른다. 본국으로는 사향(死向)이지만 향상으로는 왕향이므로 화사위자왕향(化死爲自旺向)이란 용어를 쓴다. 즉 사향이 변하여 왕향이 되었다는 뜻이다. 물은 좌측 본국 임관궁(臨官宮)에서 득수(得水)하여 제왕수(帝旺水), 쇠수(衰水), 병수(病水)의 기운을 가지고 혈앞 명당에 모여 사향(死向)에서 혈과 음양교합 후 향우측 묘궁으로 파구된다. 그러나 향상작국을 하면 물의 득수처(得水處)는 향상생궁(向上生宮)으로 향상목욕수(向上沐浴水), 향상관대수(向上冠帶水), 향상임관수(向上臨官水)의 기운이 되며, 향상왕궁(向上旺宮)에서 혈의 향과 만나 향상쇠궁(向上衰宮)으로 파구된다. 물은 반드시 좌수도우(左水倒右)하여야 하며 우선룡이다. 용진혈적(龍眞穴的)에 자왕향이면 남자는 총명하고 여자는 용모가 준수하여 부귀(富貴)를 다한다. 특히 재물이 넘치며 자손도 번창한다.

❖ **자웅상회**(雌雄象會) : 수코끼리와 암코끼리가 만나서 기뻐하는 형국. 두 코끼리의 생김새와 크기가 비슷하며, 혈은 코끼리의 머리 위에 있고, 안산은 상대방 코끼리다.

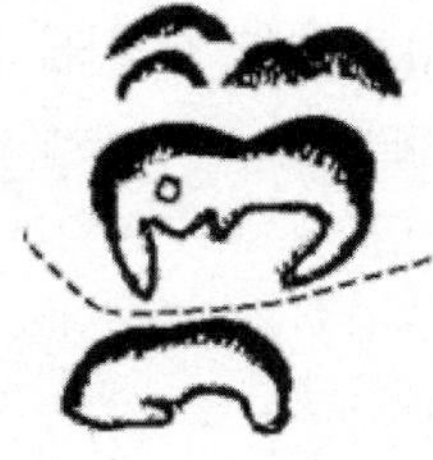

❖ **자웅정혈**(雌雄定穴) : 자혈(雌穴 : 암혈)은 음에 속하고 웅혈(雄穴 : 수혈)을 양에 속하는 것으로 음양은 그 기를 말하는 것이고, 자웅(雌雄)은 그 형을 말하는 것이다. 웅혈(雄穴)은 기가 위에 모

여 있는 것을 말하고 자혈(雌穴)은 기(氣)가 아래에 모인 것을 말하는 것이고, 웅혈은 천혈(天穴)이요 자혈(雌穴 : 낮은 곳)은 지혈(地穴)에 속한다. 자웅의 혈법은 그 정기가 반드시 하취(下聚)하여 자혈(雌穴)을 맺고 정기(精氣)가 흩어지면 그 정기가 반드시 상취(上聚)하여 웅혈을 맺는 바 자웅은 고저와 같은 것이다.

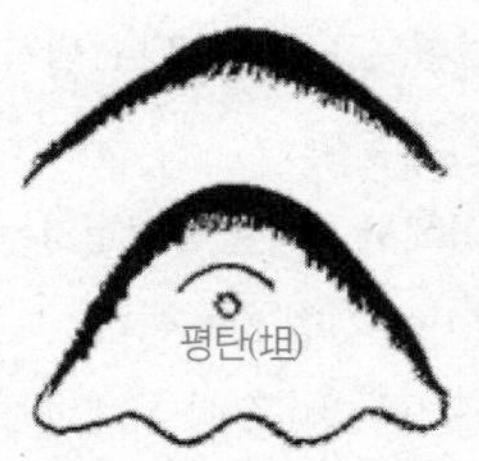

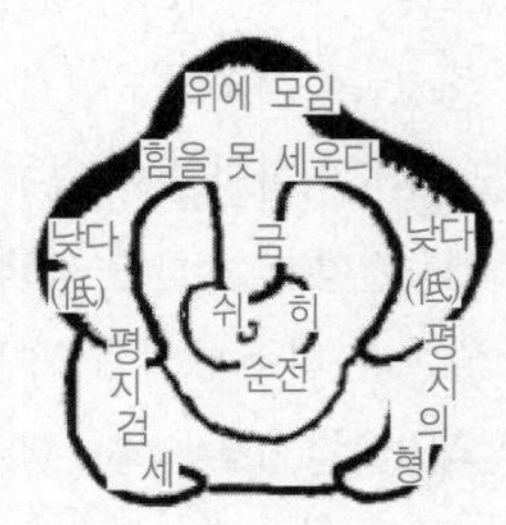

❖ **자일**(子日) : 지지(地支)가 자(子)로 된 날. 즉 갑자(甲子), 병자(丙子), 무자(戊子), 경자(庚子), 임자일(壬子日)의 합칭. 또는 쥐날.

❖ **자입수**(子入首) : 혈 바로 뒤의 용맥(龍脈)이 자방(子方)에서 오방(午方)을 향하여 혈로 이어진 것.

❖ **자정룡**(子正龍) : 자룡(子龍). 자오묘유(子午卯酉)를 사정(四正)이라 하므로 자룡을 자정룡(子正龍)이라고도 한다.

❖ **자조**(紫照) : 붉은 색깔에 금색으로 쓴 조서(照書).

❖ **자좌**(子坐) : 24좌(坐)의 하나로 정북(正北)을 등진 묘나 건물의 좌(坐). 즉 감좌(坎坐). 자(子)는 오행으로 수(水)에 속하며 양양(洋洋)한 바닷물에 비유되며 폭포수에도 비유된다. 꿈틀대는 내룡(來龍)에 좌가 되어야 하며, 안산(案山)보다도 안수(案水)에 더 자세히 하여야 하며, 안산은 얕고 안수는 넓고 광활하여야 하며, 큰 강이 있되 강물 빛이 보이지 말아야 하며, 가까운 강에서나 폭포에서는 소리가 들리지 말아야 한다. 혈심은 중앙에서 위로 약간 올려야 하며 일엽편주(一葉片舟)와 같은 곳이면 자(子)좌의 격(格)이 되었다고 볼 수 있다. 동물은 쥐(子)에 해당하며, 혈 뒤가 볼록 튀어나온 듯 한 것이 진국(眞局)이며, 약간 숨은 듯한 혈성(穴星)도 괜찮다.

❖ **자청진인**(紫淸眞人)**의 백옥섬사유혈**(白玉蟾四喩穴) : 자청진인(紫淸眞人)은 4가지를 삼가라고 경계하였다.

① 용은 비록 좋으나 혈이 없으면 있어도 없는거와 같다.

② 혈은 비록 좋으나 용이 없으면 진혈이라도 허(虛)와 같다.

③ 지(地)가 비록 길하나 장(葬)함에 법을 얻지 못하면 관귀(官貴)는 있어도 녹(祿)은 없다.

④ 지(地)가 비록 길(吉)하나 연월(年月)이 이로움을 잃으면 배는 있으나 돛대가 없는 거와 같다.

❖ **자해석**(自解石) : 산기슭 같은데 보면 모암(母岩)이 비바람을 맞고 버슬버슬 모래 같은 형세. 나무로 부셔도 가루가 되는 것으로 즉 스스로 풀어진 돌이다. 천기대요(天氣大要)에서는 천광(穿壙)하는데 자해석(自解石)을 쓰라고 하였다.

❖ **작국**(作局) : 주산(主山)에서 내려온 용세(龍勢)의 좌우 굴곡에 의하여 청룡 작국이나 백호 작국이 형성되어 결혈이 된다. 청룡은 없고 백호만 있어 백호 작국으로 결혈이 되는 경우도 있고 반대로 백호가 없고 청룡만 있어 청룡 작국이 되어 결혈이 되는 경우도 있다. 청룡이나 백호가 다 있어도 혈을 가장 가까이 근접하게 감싸 안아주는 것에 따라 청룡 작국이나 백호 작국이 이루어진다. 청룡이 혈을 가까이 근접하게 감싸 안고 돌아오면 청룡 작국이 되며 반대로 백호가 가까이 혈을 감사 안고 돌아오면 백호 작국이 된다. 청룡 작국이 되면 혈은 반대로 우선(右旋)으로 돌아 결혈이 되어 우측은 양(陽)으로 돌(突)하고 좌측은 음(陰)으로 굴(屈)하여 정상 작국이 되어 좌측이 득수(得水)가 되며 백호가 없을 경우 좌측 득수에서 나온 물은 혈을 안고 돌아 우측으로 흐르게 되는 것을 우단제(右單提)라 한다. 반대로 백호 작국이 되면 혈은 좌선(左旋)으로 돌아 결혈이 되어 좌측은 양(陽)으로 돌하고 우측은 음(陰)으로 굴(屈)하여 우측이 득수가 되어 득수에서 나온 물은 좌측으로 흐르게 되는데 청룡이 없을 경우 좌단제(左單提)라 한다. 청룡과 백호는 서로 양보하듯 사양하여 청룡이 안으로 돌면 백호는 청룡 밖으로 청룡을 안고 돌아 교쇄(交鎖)가 되어 용호중첩(龍虎重疊)으로 싸고 싸안아 명당국(明堂局)이 형성되면 그 안에 큰 명혈(名穴) 대지(大地)가 있게 된다. 청룡이나 백호 하나만 있어 단독 작국이 되면 혈은 더욱 강하게 뭉쳐져 귀한 결혈이 된다.

❖ **작국가**(作局哥) : 혹 청룡은 있고 백호가 없으며 혹 백호는 있고 청룡이 없으니, 청룡이 없으면 물이 왼쪽으로 오는 것이 필요하

고 백호가 없으면 물이 오른쪽으로 오는 것이 필요하니, 이른바 좌단제(左單提)는 백호작국(白虎作局)을 뜻하며 우단제격(右單提格)이란 청룡작국(青龍作局)을 말한다. 용처(龍虎)는 높아서 눌리면 좋지 못하고 용호(龍虎)가 왼쪽으로 끼고 긴히 호위하면 우룡(右龍)이 참되고 오른쪽으로 끼고 긴히 호위하면 좌룡(左龍)이 참된다. 청룡이나 백호 단독으로써 작국(作局)해야 그 용혈(龍穴)이 참된다. 위로부터 많은 사격(砂格)을 보내주어야 그 혈처(穴處)가 대지(大地)가 되고, 혈 앞을 하사(下砂)가 빽빽하게 걷어주어야 그 혈에 발복이 영구하다. 산맥이 오른쪽으로 나가면 혈상(穴象)은 왼쪽으로 좌정(坐定)하고 산맥이 왼쪽으로 나가면 혈상(穴象)은 오른쪽으로 좌정(坐定)한다. 만일 진룡(眞龍)에 혈이 자리를 정하였다면 당에 이르니 하늘에선 기이한 혈이라 중천에 한 점이 떠있는 것과 같다.

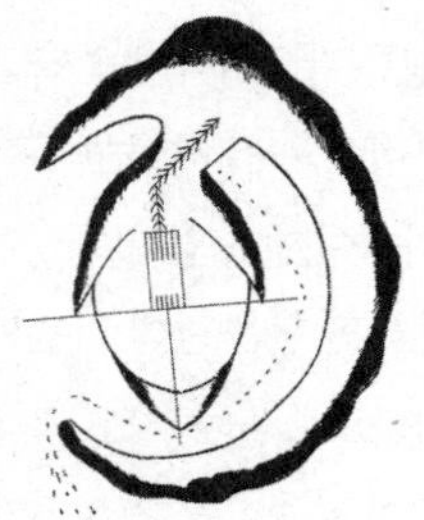

[작국도 좌선]

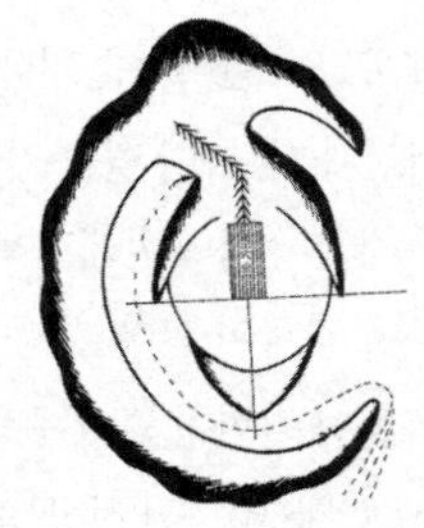

[작국도 우선]

- 작국(作局)없이 결혈(結穴)되는 것은 모두 괴(怪)혈(穴)에 속한다.
- 작국(作局) 없는 결혈은 대소(大小) 국세(局勢)로서 이루어진다.
- 몰골혈형(沒骨穴形)은 돌판으로 길게 빠져나와 머리를 들며 결혈되는 사두혈형(蛇頭穴形)이 있고 또 돌혈형(突穴形)도 괴혈(怪穴)이다. 고봉만두(高峰巒頭)에도 결혈 한다.
- 연소혈형(燕巢穴形)도 괴혈이다. 연소혈형은 높은 고봉(高峰)만을 의지해서 결혈한다. 결혈의 이치는 형상앞에 가까이 전대안산(錢帶案山)이나 혈상 앞에 돌 줄이 둘러있어 전대와 같다하여 천석갑부(千石甲富)가 출생하고 횡량 안산(橫樑案山)은 혈전을 암벽이 웅장하게 둘려서 부귀겸전(富貴兼全)에 삼공(三公) 서열의 대지(大地)이다.
- 비룡상천혈형(飛龍上天穴形)도 고산고처(高山高處)에서 작국없이 결혈되나 국세(局勢)가 높이 올라와 보국(保局)으로 안전하게 되어야 극귀격(極貴格)이다.
- 매화낙지혈은 비산비야에서 작국없이 비룡상천으로 돌출하여 결혈한다. 마치 매화꽃 한송이 떨어진 것 같다.
- 옛말에 평지돌혈처(平地突穴處)의 결혈대지(結穴大地)는 삼공(三公)이 나올 자리라 했다. 비산비야(非山非野)의 후덕(厚德)한 모습이 보국이 되어 대지결혈(大地結穴)이 되고 발복(發福)도 만대영화지지(萬代榮華之地)가 된다.
- 괘등혈형(掛燈穴形)은 고산고처에서 북향으로 결혈하는 것을 말한다. 하루 종일 햇볕이 있어야 진혈(眞穴)이다.

❖ **작약미발형**(芍藥未發形) : 작약꽃이나 장미꽃이 이제 피어나려고 꽃봉오리를 맺는 형국. 혈은 꽃 중심인 화심(花心)에 있고, 안산은 꽃잎이다. 주변에 작약 또는 장미줄기 같은 사격이 있다. 미발형은 비록 발복은 늦으나 오랫동안 유진된다.

❖ **작약지**(芍藥枝) : 기졸지(杞梓枝)처럼 양쪽의 산줄기가 엇갈려 뻗은 것. 어긋난 형태가 고르고 가지런하며 본신룡은 한가운데로 뻗었고 본신룡이 지각에 푹 감싸여 있다. 또 지각의 끝은 동굴에 휘어져 본신룡을 품어 안은 형국이다. 작약지는 오동지 못지 않게 길한 것으로 작약지의 혈에 묘를 쓰거나 집을 지으면, 자손이 창성하며 부귀를 누리게 되고 모든 자손이 골고루 복을 받는다.

❖ **작은 집터에 큰 집을 지으면 흉하다** : 집터는 작은데 집을 크게 지으면 흉하다. 집은 작은데 그 집에 사는 사람이 많으면 길하다.

❖ **작은 혈지**(穴地)**라도 맑고 밝으면 벼슬이 연하여 나온다** : 작은 혈(穴)자리라도 맑고 밝으며 파구(口破)가 관쇄되고 하수사(下水砂)가 둘러 주면 반드시 소년에 등과(登科)하고 부귀속발(富貴

速發)하며 자손 모두 효도하게 된다.

❖ **작칙일**(作厠日) : 변소·잿간 등을 짓는데 좋다는 날. 경진(庚辰), 병술(丙戌), 계사(癸巳), 임자(壬子), 기미(己未)·복단일(伏斷日)·천롱(天聾)·지아(地啞).

＊**기**(忌) : 정월 29일

❖ **잔주**(盞注) : 작은 산이 둥글고 평평한 모양을 말함.

❖ **잘 되면 자기 탓이요, 못되면 조상 탓이다 라는 말은** : 조상 묘자리라 나쁘면 옮겨져야 하는 그 일을 해줄 자손들이나 친척들에게 고통을 호소하는 방법으로 그들을 갖가지 재앙에 시달리게 만든다. 옛말에 잘되면 자기 탓이고, 못되면 조상 탓이다 라고 말이 잇듯이 잘되면 절대 자신을 좋은 곳으로 옮겨 주지 않기 때문이다.

❖ **잠관**(蠶官)·**잠실**(蠶室)·**잠명**(蠶命) : 세지흉신방(歲支凶神方)의 하나로, 이 방위에 집을 짓거나 수리하거나 잠사(蠶舍)를 지으면 잠업이 안 된다고 한다. 각 정국은 아래와 같다.

太歲	子	丑	寅	卯	辰	巳	午	未	申	酉	戌	亥
蠶官	未	未	戌	戌	戌	丑	丑	丑	辰	辰	辰	亥
蠶失	坤	坤	乾	乾	乾	艮	艮	艮	巽	巽	巽	坤
蠶命	申	申	亥	亥	亥	寅	寅	寅	巳	巳	巳	申

가령 태세가 자년(子年)이면 미방(未方)이 잠관방(蠶官方), 곤방(坤方)이 잠실방(蠶室方), 신방(申方)이 잠명방(蠶命方)이다.

❖ **잠두형**(蠶頭形) : 누에 머리형상으로 상전(桑田)이 있으면 더욱 길하고 효순한 부귀의 자손을 둔다.

❖ **잠룡**(簪龍) : 용이 물 속에 잠겨 있는 형국. 바로 앞에 호수, 못, 강 등이 있다. 혈은 용의 이마나 입, 코에 있고, 안산은 구슬, 물, 번개 등이다.

❖ **잠룡**(潛龍)**과 은룡**(隱龍)**의 입수**(入首) : 산맥이 밑으로 가라앉았다가 다시 솟으며 입수취기(入首聚氣)를 하는 것이다. 용세(龍勢) 보기가 어려우나 그 기상은 양명(陽明)하다. 취기(聚氣)를 입수의 기상은 대개 강하게 돌출되나 그 형상이 적어서 입수취기를 잘 살펴야 한다.

❖ **잠룡입수**(潛龍入首) : 혈이 야트막한 평지에 맺혀 있는 형국. 평지룡(平地龍)에 이런 입수가 많은데 평지에 오목하게 들어간 곳이 있거나 평지의 산줄기가 자물쇠처럼 빙 둘러있으면, 거기에 혈이 맺히고, 또 물이 혈을 빙 둘러 휘감아 줘야 명당이 된다. 평지룡의 명당은 대개 귀(貴)보다 부(富)를 먼저 누리게 된다. 주위에 잘생긴 산봉우리가 없고 물만 있으면, 귀(貴)는 못 누리고, 부(富)만 누리게 된다.

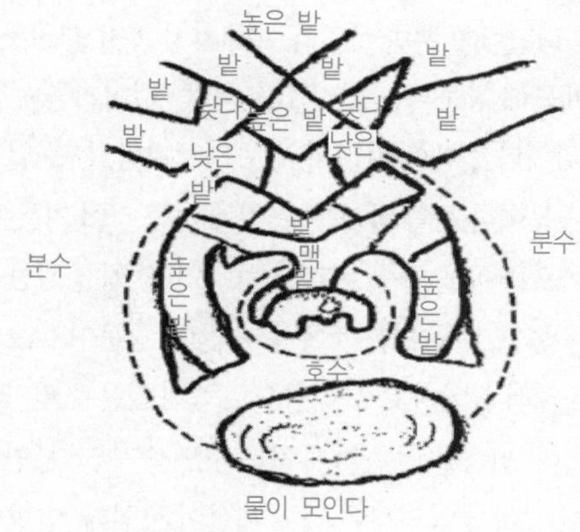

❖ **잠룡**(潛龍)**에 잠입수**(潛入首) : 잠룡(潛龍)은 용기(龍氣)가 평지에 흩어져서 결혈된 것이니 이른바 평지의 용이라 한다. 이러한 곳에는 입수(入首)를 분별하기가 어려우나 용신(龍身)을 자세히 살펴서 와(窩)에서 돌(突)을 찾는데 소홀함이 없으면 입수처(入首處)에 어떠한 형체를 표현하고 있을 것이라 하였다. 평지룡에는 혈처에서 수계(水界)가 분명해야 하며, 한 치가 높으면 산이고 한 치가 낮으면 물이라고 하였으나 중요한 것은 역시 내룡(來龍)에 좌향(坐向)이다. 수계(水界)를 살피는데는 사대국(四大局)으로 항상(向上)의 생왕방(生旺方)의 수(水)와 좌를 논하여 작혈(作穴)을 하고 또는 내룡을 살펴서 좌(坐)에 구성수법(九星水法)으로 하여금 법식에 어긋남이 없으면 발복은 늦더라도 재

화(災禍)는 피할 수 있다고 하였다. 그리고 평지룡은 대체로 사정(四正)으로 결혈이 되므로 망명에 저촉이 없으면 부(富)는 유여(有餘)하나 귀(貴)는 기약이 어려워도 재앙은 막을 수 있다고 하였다.

❖ **잠사각**(蠶四角) : 15, 25, 30, 35, 50, 54, 55, 65, 66, 70세가 잠사각(蠶四角)이다. 이 해에 가택의 신개축(新改築)은 폐농(廢農)으로 파재(破財)한다.

❖ **잠자리의 위치** : 잠자리는 창문이나 출입구 쪽은 피하는 것이 좋고, 벽에 의지하는 것이 바람직하다. 창문이 마주 뚫리는 중간에서 자는 것이 가장 나쁘다. 잠자리는 바람이 통과하는 자리에서 멀리 떨어져 있어야 한다. 창문은 바람이 통과하는 공간이므로 창문이 닫혀 있더라도 그 가까이에 잠자리가 있는 것은 좋지 않다. 머리가 창문 밑에 오는 것은 좋지 않다. 창문으로 바람이 들락날락할 뿐만 아니라 여러 가지 좋지 않은 소리들이 들리기 때문에 창문과는 멀리 할수록 좋다. 머리를 두는 방향은 방의 위치나 형태에 따라서 서로 다르지만, 몸을 일으켜 세웠을 때 창문이나 문을 바라볼 수 있게 하는 것이 기본이다. 기운이 들어오는 쪽을 마주 보고 자는 것이다. 침실 창문은 작은 듯한 것이 좋고, 너무 넓은 것은 좋지 않다. 창문이 넓으면 안정감이 부족해서 불안하고, 유리창으로 좋지 않은 소리가 들어오기 때문이다. 안방을 너무 밝게 하는 것도 좋지 않다. 안방은 어두운 감이 있어야 안정감이 있고 재산이 모인다. 안방이 너무 밝으면 기운이 흩어져 밖으로 나가 재물이 모이지 않는다.

❖ **잠장**(潛藏) : 용맥이 엎드려 있는 모양.

❖ **잡론**(雜論) : 장사는 생기(生氣)가 모이는 명당을 찾아 잡념을 정리하고 정성을 다하여 조심스럽게 장사하여야 할 것이며, 선대묘(先代墓)의 상위(上位)나 파구(破舊)터에 장사하지 말 것이며, 천수(泉水)나 우수(雨水) 기타의 혈판침입(穴坂侵入)이 없어야 하고 풍취(風吹)로부터 장풍(藏風)이 되어야 할 것이다. 장경(葬經)에 말하기를, 혈이 아무리 길(吉)하다 해도 장법(葬法)을 소홀이하여 지키지 아니하고 흉하면 시신은 버린 것과 같다 하였다. 천산만수(天山萬水)가 천형만태(天形萬態)의 형국(形局)으로 아름다워도 생기(生氣)가 모이지 않으면 소용이 없다. 장지로는 금산(金山), 수산(水山), 토산(土山)이 적절하고 화산(火山)은 적절치 못하며 형세가 높게 돌출된 산룡(山龍)에는 평지에 가까운 산기슭에 정기(精氣)가 결집한다. 산천정기(山川精氣)는 음양의 배합이 조화가 되어야 생육작용(生育作用)을 하니 동산이나 단산(斷山), 석산(石山), 과산(過山), 독산(獨山)의 오종산(五種山)에는 매장하지 말아야 할 것이다. 경에 이르기를 십산구수(十山九水)가 아무리 어우러졌어도 중출(中出)된 간룡(幹龍)이라야 진룡(眞龍)이 되어 귀한 것이며, 입수룡(入水龍)은 앞에서 맞이하고 호종(護從)하며 좌우에서 환포시위(環抱侍衛)하고 많은 물이 명당을 향하여 금대옥대(金帶玉帶)로 유입하고, 기이한 산봉(山峰)인 거북, 뱀, 인(印), 홀, 창, 칼, 기(旗), 북 등이 아름답게 벌어져 있어 마치 삼천분대(三千分臺)와 팔백연화(八百蓮花)가 모여 호종(護從)을 받는 용이 귀룡이 된다 하였다. 소조산봉(少祖山峯)이 높으면 귀(貴)한 인물이 나고 높고 둥글면 부(富)를 얻고, 거북등과 같이 솟아야 할 현무정(玄武頂)이 오목하게 파여 있으면 걸인이 나오고, 안산(案山)과 청룡사(青龍砂)의 뒤에 산봉우리가 뾰족하게 솟아있으면 문필봉(文筆峰)으로 문장과 권세를 얻게 되는 것이다. 묘지 좌우에서는 어느 한쪽이라도 물이 흐르는 여울소리가 나면 혈육간에 다투고, 험한 암석이 있으면 관재구설(官災口舌)이 생기고, 수구(水口)가 가까이에 사(砂)가 있으면 소년등과하고, 수구(水口)에 연못이 있으면 당대에 부귀를 얻고, 혈 앞에 아미사(蛾眉砂)가 있으면 왕비가 나고, 양수(兩水), 양사(兩砂)는 골육상쟁(骨肉相爭)을 하며 청룡배반(青龍背反)은 불효자가 나온다. 묘의 봉분(封墳) 좌우에 청태(青笞)가 끼었으면 침수된 것으로 보아야 하고, 입수(入首)가 마당처럼 넓고 평탄하면 침수가 된다. 간방산(艮方山)은 녹산(祿山)이니 재록(財祿)으로 보고, 건방산(乾方山)은 천마(天馬)요 손방산(巽方山), 신방산(辛方山)의 띠는 옥대(玉帶)요, 경유방(庚酉方)의 띠는 금대(金帶)라 한다. 부(賦)에 이르되 멀리 있는 천봉(千峯)의 아름다운 사(砂)는 혈 앞에 가로놓여서 흘러나가려는 기운을 거두어 들이는 면궁(眠弓)된 안산(案山)하나만 못하다 하였다. 평양지(平洋地)에서의 정혈(定穴)은 산만을 용으로 보는 것이 아니다. 수(水)를 주룡(主龍)으로 보고 작혈(作穴)을 하니 혈 뒤가 낮

은 것이다. 그리하여 평양지에서 정혈(定穴)의 법이 좌공조만(坐空朝滿)이 된다. 묘에 봉분(封墳)의 크기는 묘자리의 형편과 입수룡(入首龍)의 크기와 와형(窩形)의 크기 유형이 된 크기의 형편에 따라 모양이나 크기를 정하여야 한다. 대지명혈(大地明穴)은 좌(坐)에 의해서만 있는 것이 아니라 향(向)이 좋으면 가히 대지명혈(大地明穴)은 얻는 것이다. 혈토(穴土)는 비석비토(非石非土)로 홍황색(紅黃色)을 띤 포실포실 가루가 잘 되는 토질이 상격이다. 청룡은 양(陽)이니 장자손에 속하고, 백호는 음(陰)이니 딸외손 며느리에 속한다. 산지의 용은 용만이 보호받아야 할 산법을 유지 못하면 아무리 좋은 산이 가까이에 있어도 그 산들은 용혈(龍穴)을 위한 산이 아니요 오히려 그 용혈(龍穴)의 생기(生氣)를 뺏어지는 산이 되는 것이다.

• 용의 상부에 샘물이 나면 장남이 풍병이 들고 혈 머리에 물이 나면 집안에 과부가 난다(龍上泉水 長男風 穴頭生水 寡婦出).

• 순(脣)의 밑에 샘물이 있는 것은 물에 빠져 죽는 자가 생기고, 백호사(白虎砂) 밑에 샘물이 나면 음란한 여인이 생긴다(脣下泉井 入井死 虎下泉水 淫亂).

• 명당 앞에 암석이 있는 것은 부(富)와 귀(貴)를 얻을 징조요. 명당 뒤에 있는 암석은 쌍둥이가 나오는 징조이다(堂前岩石 甲富貴 後有岩石 雙生出).

• 안산(案山)이 모나고 가늘면 자손에서 목매는 자손이 생긴다(案山方之細腰 有子孫之結項).

• 입수(入首)가 돌(突)하고 전순(前脣)이 허하면 가문이 속히 흥했다 속히 패망한다(入首尖而脣虛 速發興而速敗).

• 무릇 고인의 장법(葬法)은 역시 어렵다. 강룡(崗龍)과 롱룡(壟龍)을 풍수지리법 면목으로 구분짓는 데는 눈을 현혹케 하고 마음을 혼란케 하는 것이니 그 장법(葬法)을 바로 알고 못 알고의 화복(禍福)의 차이는 공후(公侯)나 노복(奴僕)의 사이만치나 크다(夫古人之葬 盖亦難矣 崗壟之辨 目玄目惑心 禍福之差 侯虜有間). 즉 산룡(山龍)과 평양지룡(平洋地龍)을 고인의 장법(葬法)에 맞도록 정확하게 구분지어 정혈(定穴)을 할 수 있음은 참으로 어려운 것이니 장법(葬法)에 종사하는 자들은 학문의 축적과 형기(形氣)의 답습을 갖추지 못하고 장사에 임하여 착오를 범하면 그 화복의 차이는 참으로 크다는 것이다.

• 용이 진행하다 중간쯤 어느 부분에서 기가 축적되어 형상으로 나타나는데 그곳이 바로 용의 복(腹)이라 하여 배부분으로 보는 것이다. 그 배부분의 혈처(穴處)는 당연히 배꼽처(處)가 되는데 그 배꼽의 형상은 깊고 굽어서 명기(明氣)가 속발(速發)하지 않는 것이니 당대가 아니고 후대의 미치는데 그 복력(福力)은 크고 장원하며 금곡벽옥(金穀壁玉)의 음덕(蔭德)을 받을 것이나 만약 그 자리를 점혈(點穴)치 못하고 가슴이나 갈비부분에 점혈(點穴)을 하여 그 용혈의 정기를 상하게 되면 아침나절에 묘를 쓰고 저녁나절에 그 가문에서 통곡소리가 날 것이니 그 가문은 멸족이 되고 말 것이다(寃而中畜曰龍之腹 其臍深曲 必世 後福金穀壁玉 傷其胸脇 朝穴暮哭 其法滅族).

• 조상유골이 생기를 받게 되면 그 후손들은 음덕을 받게 된다(本骸得氣 遺體受淫). 즉, 선대의 조상을 풍수지리법에 합법한 명혈(明穴)을 찾아 효심으로 모시면 그 조상의 유골은 생기를 받아 안식을 누릴 것이고 그 자손들은 조상의 음덕으로 부귀영화를 누린다는 말이다.

• 탈조화(奪造化)란 신의 조화를 빼앗고 탈신공(奪神工)이란 신의 기공술법(技工術法)을 빼앗고 천명을 고칠 수 있는 극치의 경지에 학문을 얻어야 완벽한 명사가 된다는 것을 강조하고, 그런 연후에 지사(地師)로서 떳떳이 행세할 수 있음을 암시한 것이다(奪造化奪神工 改天命). 즉 지사(地師)는 신의 조화와 기공(起工)의 경지를 학식으로서 바라볼 수 있고 신의 창조능력으로 진행되는 모든 이치를 알아 차릴 수 있는 높은 경지의 학문을 가지고 산사에 임하라는 말이다.

• 내룡(來龍)의 기맥(氣脈)의 세가 와서 형국(形局)이 이루어지며 청기(淸氣)가 그치는 것으로 이를 일러 전기(全氣)라 하는 것이니 온전한 생기가 모인 땅에는 마땅이 그 땅에는 장사(葬事)를 모실 수 있다는 것이다. 즉 용이 가다 멈추는 곳에는 정기(精氣)도 멈추는 것이니 용이 멈추는 자리나 용이 안주하며 머무는 자리는 생기가 멈추는 것이니 묘터를 잡아도 가당하다는 이치와 같다(勢來形止 是謂全氣 全氣之地 當葬其止).

• 내룡(來龍)이 한번 웅크린 듯 엎드리고 한 번은 솟은 듯이 일어

ㅈ

나며 내려오는 용의 세력이 비단같이 아름다우며 장원하면 그 근원은 자천(自天)으로 볼 수 있다(一頓一起形 來勢綿遠 其原自天). 즉 태조산(太祖山)으로부터 발맥(發脈)하는 행룡(行龍)이 개장천심(開帳穿心)과 과협(過峽)을 거듭하며 중출맥(中出脈)으로 대복소기(大伏小起)하며 좌우로 전호(纏護)를 받으며 내룡(來龍)이 장원(長遠)하여 하늘에서 내는 명혈대지(明穴大地)가 이루어진다는 말이다.

- 용이나 형국(形局)의 형상이 배를 엎어놓은 형상이면 여자는 병들고 남자는 감옥에 간다(形如覆舟 女病男囚). 형상의 설명은 혈장(穴場)의 뒤가 가파르고 중간은 높고 양쪽은 아래로 늘어진 것 같이 쳐져 있는 모양의 혈을 말한다.
- 음양이 부합하고 천리지리(天理地理)가 서로 통하여 땅 속에서 생기가 싹트고 밖에서는 형기가 조화롭게 형성되는 것이니, 그 생기와 형기가 서로 합이 될 때 명혈(明穴)이 자성(自成)된다(陰陽附合 天地交通 內氣萌生 外氣形成 內外相乘 風水自成).
- 장사하는 원리가 본래 일어나고 같이 하고 그치고 하는 이치로 모든 풍수의 혈법이 이루어지는 것인데, 바람이 타면 생기는 사라지고 물의 경계를 만나게 되면 산룡을 타고 흐르는 정기(精氣)는 서게 되는 것이 풍수지리의 이치가 되는 것이다(葬者原其起乘其止 乘風則散 界水則止). 경에 말하기를, 혈길장흉(穴吉葬凶)이면 여염시동(與廉屍同)이라 했다. 이는 아무리 명혈대지(明穴大地)라도 장법(葬法:이기법(理氣法)과 택일법(擇日法))을 갖추지 못하면 시신을 버리는 것과 같다는 말이므로 양공(陽公)도 말하기를, 똑같은 명혈대지(明穴大地)에 묘를 만들면 장군이 나오고 다른 사람이 묘지를 만들면 강도가 나온다는 말은 지리와 이기(理氣)와 인사(人事)가 바르게 이루어졌을 때만이 명혈(明穴)의 음덕(蔭德)이 있는 것이고, 바르지를 못하면 혈은 파게 되고 도리어 화만 돌아온다는 이치를 말한다.
- 산룡은 크고 높은 용이니 혈이 될 수 있는 곳은 적고 낮은 봉에 특이한 묘혈(妙穴)이 잠겨있으니 그곳을 살피고, 평양지룡(平洋地龍)은 작고 낮은 곳을 말하는 것이니 혈이 될 수 있는 곳은 크고 높은 곳에서 특이한 묘혈(妙穴)이 잠겨져 있는 것이니 그곳을 살펴서 정혈(定穴)함이 바른 법이다(大則特小 小則特大). 이는 앞에서 유사한 취혈방법론(取穴方法論)이 많이 있었으나 그 모든 것은 음양론일색(陰陽論一色)으로 되어 있으나 위의 설명은 음양론(陰陽論)으로만 연관시켜 이해를 하는 것이 옳지 않다고 본다. 위에는 산리(山理)의 원형순리(原形順理)대로 취혈(取穴)하는 방법으로 보아지는 것이다.
- 급한데는 완만한 곳이 생(生)이요 급한 곳은 사(死)가 되고 완만한데는 생(生)이요 급한 곳이 사(死)가 된다(陰來陽受 陽來陰受 斜來正下 正來斜下 直者穴曲 曲者穴直 急來緩受 緩來急受 硬來軟下 高昂則托低 低平則托高). 위의 내용은 음양론(陰陽論)에 부합된 학설인 바 취혈법(取穴法)의 기본적인 학설이다.
- 용에 내룡(來龍)의 세가 가옥의 지붕이 겹쳐진 모양으로 하향되며 층을 이룬 것 같은 형상인 곳에 사신(四神)이 아름다우며, 명당이 넉넉한 땅에 초목(草木)이 무성함은 생기(生氣)가 응결된 땅이니 나라에 관부(官府)가 세워지기 넉넉한 땅으로 보는 것이다(勢如重屋 茂草喬木 開府建國).
- 풍수법이란 물을 얻는 것이 첫째요 그 다음이 바람을 감추는 것이다(風水法 得水爲上 藏風次之). 이는 용은 물을 만나야 멈추고 용이 멈추어야 생기가 취기(聚氣)되니, 즉 명당이 형성되고서야 장풍(藏風)이 필요한 것이니 장풍(藏風)이 다음인 것이다.
- 물이 샘나고 모래자갈이 많이 섞여 있는 땅은 명당이 될 수 없는 땅이니 흉지로 보는 것이 마땅하다(水泉沙礫 皆爲凶宅).

5종류의 불매장지(不埋葬地)는 동산(童山), 단산(斷山), 석산(石山), 과산(過山), 독산(獨山)이다.

- **동산**(童山) : 불생초목위동(不生草木爲童) 동산즉무의(童山則無依). 초목이 성장하지 못하는 땅은 성숙하지 못한 동자에 비유되어 음양의 생식불성(生殖不成)으로 기의 생성이 될 수 없는 곳을 말함이니, 의지하여 혈이 취기(聚氣)되기가 불가능한 땅이라는 말이다.
- **단산**(斷山) : 붕함항참위단(崩陷抗塹爲斷) 단산즉무기(斷山則無氣). 내룡(來龍)이 무너져 끊기듯이 저함(低陷)하고 갱첨(구덩이처럼)되어 끊기면 정기(精氣)를 동반하는 용이 끊긴 것이니 생기가 통할 수 없는 땅으로 의지할 혈이 취기(聚氣)되지 못한다는 이치이다.

• **석산**(石山) : 석산즉토불자(石山則土不滋). 석산이면 자양(滋養)스런 흙이 없는 땅이니 정기(精氣)가 불행하는 곳이니 생기가 취기(聚氣)될 수 없다는 이치이다.

• **과산**(過山) : 과산즉세불주(過山則勢不住). 내룡(來龍)의 세가 치닫기만 하고 멈추지를 않으면 정기(精氣)도 안주할 수가 없으니 혈은 없다는 이치를 말한 것이다.

• **독산**(獨山) : 독산즉무웅(獨山則無雄). 독산(獨山)은 자웅(雌雄)할 산이 없다는 말이니 음양의 배합을 이룰 수가 없는 땅이라는 말이다. 혈은 사신(四神)이 있어 전후좌우에서 회포(廻抱)하고 영접(迎接)하고 조읍(朝揖)하는 사(砂)가 있어야 하는 바, 없으면 풍취(風吹)를 받고 산기(散氣)가 되니 생기가 취기(聚氣)될 수 없는 것이다.

❖ **잡목 나무가 많은 곳** : 잡목 나무가 많은 숲이나 큰 나무 아래는 묘터가 아니다. 목근(木根)이 묘지로 침입하면 가산이 파산되는 것은 물론 근심을 면치 못하며 불치난치병(不治難治病)이 생긴다. 묘지 주변에는 나무뿌리가 접근하지 못하게 해야 한다.

❖ **잡석**(雜石)**에는 흉액**(凶厄)()**파산**(破産)**이 있게 된다** : 조토산(燥土山 – 습기가 없는 산)에는 정신질환자가 나고 편룡(片龍)에는 불구자손이 난다.

❖ **잡장**(雜章)

① 자계(子癸) 세장(細長) 아래에서는 독신 난 뒤 6대에 6형제 발복한다. 자(子)입수 자생(子生)이면 신자진(申子辰) 6수다.

② 신유(辛酉) 세장(細長) 아래에서는 3, 4대가 독자라.

③ 병경(丙庚)이 서로 다투면 문과요 해축(亥丑)이 서로 교차하면 무과이다. 병경(丙庚) 상쟁은 좌우각에 양(陽)좌면 부두로 좌가 병(丙)과 경(庚)이 된다. 해축상교(亥丑相交)는 해룡축좌(亥龍丑坐), 축룡해좌(丑龍亥坐)를 말한다.

④ 자계(子癸)국에 건훈(乾暈)이 있으면 기생력에 벼슬한다. 자계(子癸)는 천(賤)이요 건(乾)은 귀(貴)인 까닭이다.

⑤ 수목노편(水木盧鞭)에서 공명이 난다. 수목노편이란 평지판국에 통매(通媒)가 생긴 것을 말한다.

⑥ 3태(胎) 3교(交)면 대관(大官)이 난다.

⑦ 4태(胎) 통교(通交)하면 군왕이 난다.

⑧ 3정(正) 3교(交)는 문과가 많이 배출된다.

⑨ 4정(正) 통교는 백자천손이다.

⑩ 축오방(丑午方)에 뾰족한 돌이 있으면 소년 낙치(落齒) 한다.

⑪ 백호 안에 포암석(抱岩石)이면 자부(子婦)에게 간부(姦夫)가 있어 자식을 본다.

⑫ 자계(子癸)에서 안산이 미사(眉砂)면 기생이 난다.

⑬ 교수(交首)간에 4정이 상교(相交)하고 4정 입수 자좌면 현처가 집안을 이룬다. 교수란 주봉이나 입수봉을 말한다.

⑭ 간방(艮方)이 옆으로 누워 있으면 당년살인(當年殺人)이다. 간(艮)이 공업기술자를 뜻하기 때문이다.

⑮ 손좌(乾坐)에 손봉(巽峰)이 미사(眉砂)면 목공이 난다.

⑯ 안산이 기울어 있으면 자손이 일찍 죽는다.

❖ **장**(葬) : 장(藏)하는 것으로 감추다의 뜻. 장사.

❖ **장**(藏) : 선인(先人)의 유해를 갈무리하다의 뜻.

❖ **장**(掌) : 손바닥을 말함. 평평하여 연하고 완만한 맥을 이름.

❖ **장**(障) : 앞산이 장막(障幕)처럼 둘러진 모양. 출신의 장(障)은 용신(龍身)의 열장(列障)이며 장(障)은 면전의 열장(列障)이다. 장자미(張子微)는 바깥으로 보이는 귀인을 장막(障幕)이라고도 했다. 군대의 행렬처럼 펼쳐진 모양, 용의 왕성한 기운을 펴는 모양으로 병(屛)은 수려함이라면 장(障)이 된다. 장(障)과 출맥분지(出脈分枝)는 같지 않지만 분지(分枝)는 양수(兩手)가 향 앞으로 금자(今字)의 모양과 같고 장(障)은 양견(兩肩)이 횡(橫)으로 열려 일자(一字)의 모양과 같다. 열장(列障)의 장자(障字)는 개장(開帳)의 장자(帳字)와는 같지 않다. 열장(列障)은 높고 길게 안으로 굽어싸며 장(帳)은 높고 짧으며 모나게 보인다.

❖ **장검**(杖劍) : 용호에 칼 모양의 사(砂)가 붙은 것.

❖ **장과**(葬課) : 안장을 함에 있어 산좌변운(山坐變運)을 말함. 이 망명(亡命, 사망자)에 생년의 납음오행(納音五行)을 극(剋)하면 불길하고, 다음은 망인(亡人)의 생년에 지지(地支)와 일진(日辰)과 상충하면 불길하고, 일지(日支)의 납음오행(納音五行)이 망명(亡命)의 납음오행(納音五行)을 극(剋)하면 불길함을 말한다.

亡命癸酉金 丙辰土運이면 土生金
亡命癸酉 日辰丙子이면 酉子不沖
日辰丙子水 亡命癸酉金이면 金生水

❖ **장구**(葬口) : 구첨(毬簷) 아래 약간 오목한 곳이 있으면 이것이 곧 장구(葬口)요, 천연적으로 이루어진 진혈(眞穴)이니 가운데를 취하여 도장(倒杖 : 지팡이를 뉘어 놓는 것)한다. 즉 장구란 혈처(穴處)를 말한다.

❖ **장구혈**(藏龜穴) : 평지나 밭 가운데 있는 혈.

❖ **장군단좌**(將軍端坐) : 장군이 단정하게 앉아 있는 형국. 장군형의 봉우리는 삼각형에 가까우며 장구형 앞에는 칼처럼 생긴 산, 투구처럼 생긴 산, 깃발처럼 생긴 산, 도장처럼 생긴 산, 말처럼 생긴 산 등이 있다. 혈은 장군의 배꼽에 자리잡고, 안산은 깃발이다.

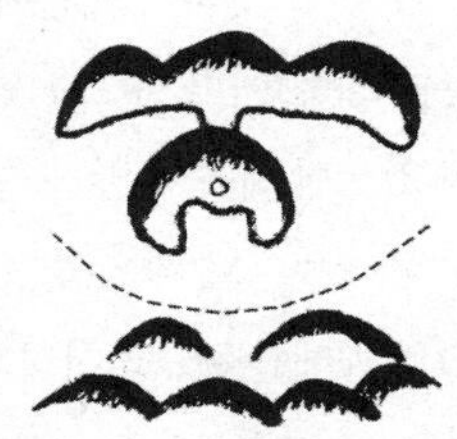

❖ **장군대좌형**(將軍大坐形) : 마주 앉은 장군형으로 두 개의 험준한 봉우리가 마주 서있는 형세를 이르는 말. 이러한 곳은 군사 전략상 방어에 유리한 지역으로 평화와 안정을 갈망하는 사람들에게 길지로 여겨졌다.

❖ **장군륵마**(將軍勒馬) : 장군이 말을 잡고 있는 형국. 장군처럼 생긴 봉우리 앞에 말처럼 생긴 봉우리가 있고, 혈은 말의 머리에 자리잡았으며, 안산은 북이나 깃발 등이다.

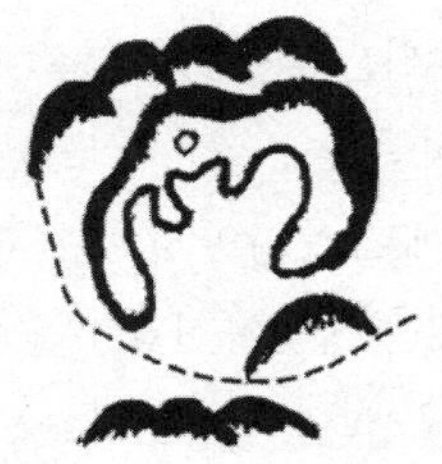

❖ **장군사갑**(將軍卸甲) : 장군이 갑옷을 벗고 앉아 있는 형국. 주변에 칼처럼 생긴 산줄기, 투구처럼 생긴 산봉우리, 도장처럼 생긴 산봉우리 등이 있다. 혈은 칼이나 장군의 배꼽에 자리잡고 안산은 군사, 깃발, 장막, 북 등이다.

❖ **장군사**(將軍砂) **장막사**(帳幕砂) : 용진혈적한 곳에 주산 현무봉 뒤로는 휘장을 친 것 같은 장막사(帳幕砂)가 있고 여기에 좌기우고(左旗右鼓) 즉 좌우 양측에는 군대의 깃발과 북같은 사격이 있다. 더욱이 무곡방인 태방(兌方)에는 투구봉이 있고 건방(乾方) 또는 오방(午方)에 천마사(天馬砂)가 있으면 병권을 장악하는 장군이 나온다.

❖ **장군안검**(將軍按劍) : 손으로 칼자루를 쓰다듬는 형국. 장군처럼 생긴 봉우리 옆에 칼처럼 생긴 산줄기가 있고, 혈은 칼자루나 칼에 자리잡으며 또 안산은 깃발, 북 등이다.

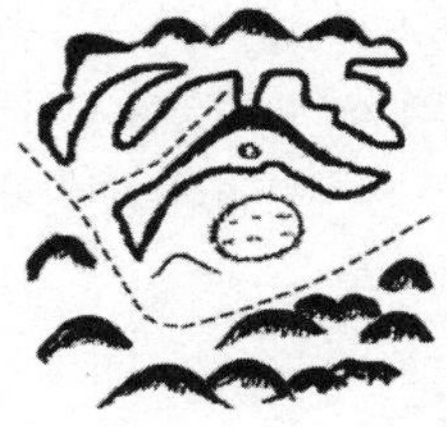

❖ **장군안검문인**(將軍按劍問因) : 장군이 칼을 차고 부하와 얘기를 나누는 형국. 장군처럼 생긴 봉우리옆에 칼처럼 생긴 산줄기가 있고 혈은 장군의 배꼽에 자리잡으며 안산은 군사, 깃발, 북 등이다.

❖ **장군약마부적**(將軍躍馬赴敵) : 장군이 말을 타고 적장과 싸우는 형국. 장군처럼 생긴 봉우리 앞에 말처럼 생긴 봉우리가 있고 혈은 말안장 아래쪽에 자리잡으며 안산은 북이나 깃발이다.

❖ **장군(將軍)의 자손을 원한다면** : 장군의 모습의 암석이 혈전(穴前－묘앞)에 특이하게 서 있다면 무과(武科)급제가 많이 배출된다.

❖ **장군출동**(將軍出動) : 장군이 군사를 거느리고 출동하는 형국. 장군처럼 생긴 봉우리 주변에 말처럼 생긴 봉우리, 깃발처럼 생긴 봉우리, 북처럼 생긴 봉우리, 칼이나 창처럼 생긴 봉우리 등이 있다. 혈은 장군의 배꼽에 자리잡으며 안산은 군사, 깃발, 장막 등이다.

❖ **장군출진형**(將軍出陳形) : 장군대좌형이나 장군단좌형과 비슷한 국세(局勢)이나 용과 사격(砂格)이 기세있게 앞으로 나가는 형상. 특이한 점은 깃발과 같은 산이나 북에 해당되는 산이 안산이 되어야 하며, 출전을 알리기 위해서는 깃발을 쳐들거나 북을 울려야 한다.

❖ **장군타구**(將軍打毬) : 장군이 공을 치며 노니는 형국. 장군처럼 생긴 봉우리 옆에 투구봉, 칼봉 등이 있고 혈을 장군의 무릎 위쪽에 자리잡으며 안산은 공이다.

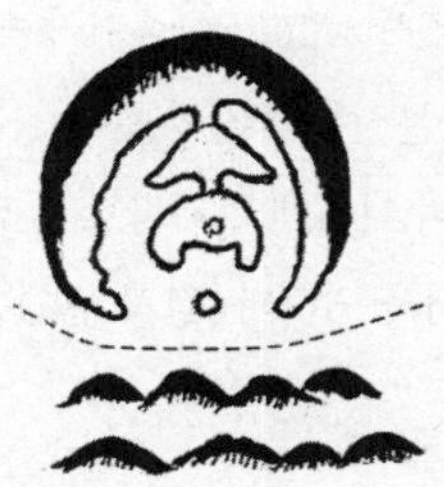

❖ **장군패인**(將軍佩印) : 장군이 도장을 차고 있는 형국. 장군 앞에 도장이 있고 혈은 장군의 배꼽에 자리잡으며 안산(案山)은 도장이다.

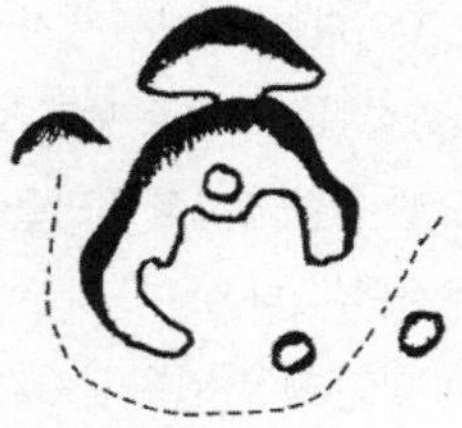

❖ **장군하마**(將軍下馬) : 장군이 말에서 내리는 형국. 장군처럼 생긴 봉우리 앞에 말처럼 생긴 봉우리가 있고, 혈은 장군의 배꼽에 자리잡으며 안산은 깃발이나 북이다.

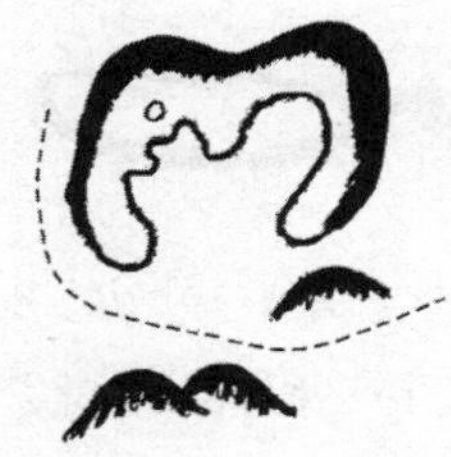

❖ **장군형국**(將軍形局) : 장군하면 모든 사람들이 부러워하는 대상으로 장군격고형(將軍擊鼓形), 장군출진형(將軍出進形), 장군대좌형(將軍大坐形), 장군패검형(將軍佩劍形) 등이 있다. 장군형국에도 장군을 따르는 부하들을 상징하는 안산이 있어야 한다. 장군격고형(將軍擊鼓形)에는 북을 상징하는 큰 암석이 있어야 하고 묘 좌우에 깃발을 꽂은 형국의 안산이 있어야 하지만 산이란 것이 어디 사람의 입맛에 맞게 모양새를 갖추어 있어주질 않는다. 그러나 장군형국이라도 안산이 없는 형국에 부하를 상징하는 인총(人總 : 사람이 모이는 시장)을 만들기도 한다.

❖ **장군패검형**(將軍佩劍形) : 묘의 양끝(청룡·백호)에 칼처럼 생긴 큰 바위가 있는 형국. 이런데는 발복(發福)도 크게 세 가지로 나눌 수 있는데 자오묘유좌(子午卯酉좌坐)에 형국이 제대로 갖추어지면 귀(貴 : 벼슬)를 상징하는 높은 벼슬이 나오고, 진술축미좌(辰戌丑未坐)에 제대로 갖추어지면 부자가, 인신사해좌(寅申巳亥坐)에 제대로 갖추어지면 자손이 번창한다고 여긴다. 그러

나 같은 산세를 보고도 보는 각도나 삶의 성격에 따라 서로 다른 해석을 내리기 일쑤다. 예를 들면 수산형국(水山形局)을 한 사람은 용이 꿈틀거린다. 한 사람은 뱀이 꿈틀거린다며 서로 다른 견해로 몰 수 있는 것이다. 제멋대로 생겨 있는 산천지세(山川地勢)를 사람마다 주관적인 시각으로 보고 엇비슷한 사물을 비유한다. 그럼에도 오랜 세월에 걸쳐 명당을 찾는 일에 형국론이 큰 몫을 해낸 것은 사실이다.

❖ **장궁**(張弓) : 활을 확 당긴 형국. 혈은 활시위에 있고 안산은 활을 넣어 두는 전대다.

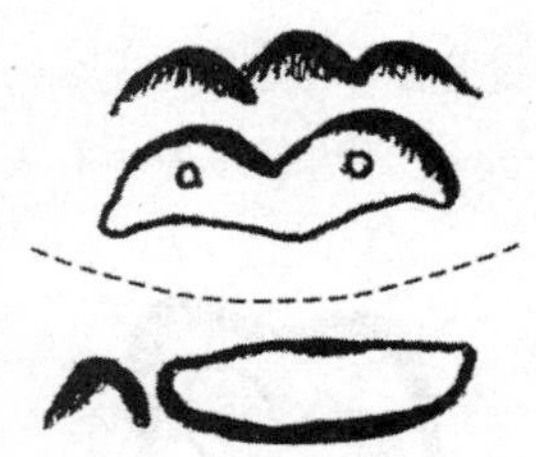

❖ **장귀출혈**(藏龜出穴) : 굴 속에 숨어 있던 거북이 밖으로 나온 형국. 청룡이나 백호가 한 바퀴 빙 휘돌아 있는 형세로서 혈은 거북의 눈 위쪽에 있고, 안산은 조산(朝山)이다.

❖ **장기**(杖碁) : 재최복(齋衰服)의 일종으로서 상장(喪杖)을 짚고 1년 동안 입는 복. 경국대전(經國大典) 예전(禮典)에 의하면 승중손(承重孫)이 조부가 재세(在世)하고 조모상을 당한 때와 가모(嫁母), 출모(出母), 서모(庶母) 등의 상에 입는 복임. 상장은 남상에는 죽장(竹杖)을, 부인상에는 동장(桐杖)을 사용함.

❖ **장남을 출세시키려면 동쪽을** : 옛날에도 궁궐에서 세자의 집은 동궁(東宮)이라 하였다. 동쪽은 아침 햇빛이 왕성한 기(氣)를 갖고 해가 뜬다. 이 우주 모든 만물들이 아침 햇볕에 자라난다. 그래서 세자를 동쪽 궁궐을 주어 다음 세대를 이어가게 했던 것이다. 그래서 자손이 번창하고 장남이 대성할 수 있는 방위가 가장 좋은 곳이 되며 정신노동을 하는 직업 즉 의사, 교수, 예술가 등에게 좋은 영향을 미치게 된다. 그러나 동쪽에 결함이 있게 되면 매사에 급한 마음으로 일을 그르치게 되기 쉽고 현실적인 것보다는 환상적인 생각으로 과대망상 증세에 빠지기 쉬우며 이러한 일로 해서 어떠한 사업을 진행하고자 할 때 신중하게 검토하지 못하고 진행부터 하게 되어 결국 시행착오를 범하게 된다. 적은 노력으로 투기에 끼어들어 손재(損財)를 당한다거나 가족간에 금전문제로 시비를 많이 일으키게 되는데, 특히 장남이 속을 썩여 부모의 마음이 편안하지 못하다.

❖ **장남**(長男)**이 요절**(夭折)**하는 곳은** : 청룡 상부위가 단절되면 장남이 일찍 죽고 청룡 중부위가 단절되면 중남이 요절한다. 백호는 여자쪽과 차손(次孫)으로 보는데 상부위(上部位)는 시어머니·큰딸·며느리는 백호 하부위 외손(外孫)은 백호 전체에 해당된다.

❖ **장노좌선**(長老坐禪) : 덕이 높은 고승(高僧)이 조용히 앉아 참선하고 있는 형국. 주변에 목탁, 발우, 염주 같은 스님들이 쓰는 물건이 있고, 혈은 스님의 배꼽에 자리잡으며, 안산은 염주나 지팡이, 혹은 구름이다.

❖ **장단불균**(長短不均) : 한쪽 지각은 길고 반대편 지각은 짧은 용의 형국. 짧은 쪽은 조산(祖山)의 산줄기가 호위해 주고 조산이 지각과 마찬가지로 본신룡을 감싸 주니 길하다. 지각이 짧다 해도 큰 흠이 안 되며 여러개의 지각보다 조종산(祖宗山) 하나가 감싸 주는 것이 더욱 귀하다. 정기(精氣) 또한 크다.

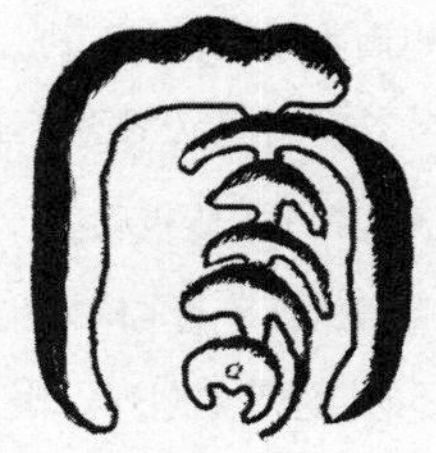

❖ **장대귀사**(粧臺貴砂) : 토성(土星) 아래에 토성이 첩첩이 옹호(擁護)한 아래에 금성(金星)이 있는 형상은 여인내가 거울 앞에 앉아 있는 것과 같다. 진룡(眞龍)의 혈에 존성(尊星)이 있으면 대귀(大貴)한 자손이 나오나 그렇지 못하면 여자가 귀(貴)히 된다고 한다.

❖ **장례(葬禮)날자에 망인(亡人)의 생년(生年)에 극(剋)과 유택(幽宅)에 극(剋)을 피해야 한다** : 장례 날짜를 정함에 있어서 망인의 생년(生年)에 극(剋)과 살(殺)을 피하고 유택(幽宅)의 좌향(坐向)에 극이나 살(殺)을 피하고 좌향이 물형(物形)에도 맞추고 자손(0에 운기(運氣)도 맞추어 명산(明山)으로 만들고 망인의 영혼이 자손에게 영광이 되게 하는 것이 지리를 배워서 아는 사람이라 할 수 있다.

❖ **장례 시 쪽박을 깨는 풍습** : 시신을 꽁꽁 묶어 깊이 매장했음에도 불구하고 시체가 온전하게 보존되지 않고, 머리와 다리의 위치가 바뀐다든지, 벌레들이 시체를 마구 갉아먹은 경우를 볼 수 있다. 무덤 속에서 일어난 이러한 현상을 우리 선조들은 바로 귀신과 악귀의 소행이라고 여겼다. 장사 때 시신을 방에서 내올 때 관의 머리쪽을 방의 네 귀퉁이에 세 번씩 맞추고 나온다. 그리고 문지방을 넘을 때는 '양밥' 이라 하여 바가지를 엎어 놓고 관으로 눌러 깨고 나온다. 요즈음은 박이 귀해 대신 플라스틱 바가지를 쓰기도 한다. 이는 줄초상을 피하기 위한 것이다. 그렇지 않으면 살을 겹처 맞아 또 한번 초상을 치르게 된다. 이처럼 박을 깨고 관을 내오는 풍습은, 박이 귀신을 물리치는 벽사의 상징이라고 믿었기 때문으로 박이 깨질 때 나는 소리이다. 귀신은 사람이 되고 싶어하고, 사람은 신이 되고 싶어하듯, 귀신은 사람과 성정이 비슷해 인간이 싫어하는 금속성의 마찰음이나 시끄러운 소리를 그 역시 혐오하므로 박을 깰 때 나는 소리로써 귀신을 쫓는 것이다. 정월 대보름날 집안 여기저기서 폭죽 터뜨리는 습속도 바로 소리로써 부정과 잡귀를 쫓기 위한 것이다. 그리고 박은 새로운 탄생과 부활을 의미하기도 한다. 즉 사자가 알을 상징하는 바가지를 깨고 다시 태어나라는 염원을 담고 있다. 이 같은 사실은 무덤의 모양에서도 찾아볼 수 있다. 무덤의 외형을 박처럼 둥글게 만든 것은 어미의 자궁에서 아기가 탄생하고, 새가 알을 깨고 부화하듯 무덤 속의 사자도 다시 소생하기를 바라는 마음에서 비롯된 것이라 할 수 있다.

❖ **장례축문**

- **초상축**(장지를 정하고 영구 전에 고유)

  今以得地 某郡某里(先塋局內면 某里先塋下) 某坐之原將以 某日 襄奉 (將以 某日 合窆于先妣 某貫某氏之墓) 敢昭告于

- **발인축**(발인 당일 영전에 고유)

  靈輀旣駕 往則幽宅 載陣遺禮 永訣終天

- **소상축**(대상축도 같음)

  維歲次 丙子 四月 甲寅朔 十五日 戊辰孝子 ◯◯ 敢昭告于 顯考學生府君 日月不居 奄及小祥 夙興夜處 哀慕不寧 謹以清酌 庶羞哀薦 常事尙 響

- **산신축**(초상시 천광작업하기 직전 산신에 고유)

  維歲次 丙子 四月 甲寅朔 十五日 戊辰幼學 ◯◯◯ 敢昭告于 士地之神 今爲學生某官 某公之墓 塋建宅兆 (合葬이면 合窆于某封 某氏之墓 神基保佑 俾無後艱 謹以清酌 脯醢祇薦 于神尙 響

- **평토제축**(조묘성분후 묘전에 고유)

  維歲次 丙子 四月 甲寅朔 十五日 戊辰孤子 ◯◯ 敢昭告于 顯考學生府君 謹以封土墳貌旣成形歸苍穸 體魄修寧 幽明逈隔 某天罔極 謹以清酌 庶垂哀薦 奠獻尙 響

- **신묘고유**(新墓告諭 : 성분 후 고묘축)

  維歲次 丙子四月甲寅朔十五日 戊辰孝子 ◯◯ 敢昭告于 顯考學生府君之墓 新改幽宅 事畢封塋伏惟尊靈 永安 體魄

- **산신축**(신산성분을 마치고 산신에 고유)

  維歲次 丙子四月甲寅朔十五日 戊辰幼學 ◯◯◯ 敢昭告于 土地之神 今爲 學生某官某公 ◯◯◯ 窆茲 幽宅 神基保佑 俾無後艱謹以清酌 脯醢祇薦于神尙 響

• **고선영축**(선산하 묘를 쓰려고 할 때 쓰기 직전에 고함)
維歲次 丙子四月甲寅朔十五日 戊辰 幾世孫 ◯◯ 敢昭告于
顯幾代祖考(無官則學生) 府君之墓 今爲 幾世孫 某官府君 以今月某日 塋建幽宅於 先祖之前 某坐某向 將改塋域 伏惟尊靈 不震不驚 謹以酒果用伸 虔告謹告

• **합장후고축**(合葬後告祝 : 합장 시 구묘에 고함)
維歲次 丙子四月甲寅朔十五日 戊辰孤哀子 ◯◯ 敢昭告于
顯考學生 府君之墓 (母先葬 즉 先妣로 함) 慈以先妣孺人 某貫某氏 合葬于左封塋 旣築舊宅兆 維新 禮洽從事悲號罔極 謹以清酌 用伸 虔告謹告

• **신보축**(新補祝 : 초상시 구묘를 옮겨 신묘에 같이 합장 시)
維歲次 丙子四月甲寅朔十五日 戊辰孝子 ◯◯ 敢昭告于
顯考學生 府君之墓 新改幽宅 合祔以 先妣 某貫某氏 事畢封塋 伏惟尊靈 永安體魄

• **합장고사축**(合葬告辭祝 : 합장 후 묘전에 고유)
維歲次 丙子四月甲寅朔十五日 戊辰孤哀子 ◯◯ 敢昭告于
顯考學生 府君之墓 慈以先妣孺人 某貫某氏 合葬于 左封塋 旣築舊宅兆維新 禮洽從事悲號罔極 謹以清酌 用新虔告 謹告

• **고묘축**(이장천장시 봉분을 개묘 직전에 고축)
維歲次 丙子四月甲寅朔十五日 戊辰孝子 ◯◯ 敢昭告于
顯考 某貫某公(顯妣孺人 某貫某氏) 葬于茲地 歲月滋久 體魄不寧 今將改葬 敢先破墳 伏惟尊靈 不震不驚

• **산신축**(개묘시 구묘를 파기 직전 산신에 고함)
維歲次 丙子四月甲寅朔十五日 戊辰幼學 ◯◯◯敢昭告于
土地之神 今爲學生某官某公 卜宅茲地 恐有他患 將啓窆遷于 他所 建茲宅兆神基保佑 俾無後艱謹以清酌 脯醢祇薦于神尙 饗

• **개사초고묘축**(사초하려는 묘에 고함)
維歲次 丙子四月甲寅朔十五日 戊辰孝子 ◯◯ 敢昭告于
顯考學生 府君之墓 伏以封築 不謹歲久 頹俾茲渭 吉日將加修葺 伏惟尊靈 勿震勿驚 謹以酒果 用伸 虔告謹告

• **산신축**(사초묘지 조묘를 마치고 산신에 고함)
維歲次 丙子四月甲寅朔十五日 戊辰孝子幼學 ◯◯ 敢昭告于
土地之伸 今爲學生 某官某公 某貫某氏 塚宅崩頹 將加修治 神基保佑俾無後艱 謹以酒果 祇薦于神尙 饗

• **당위사필고축**(사초를 마치고 묘전에 고함)
維歲次 丙子四月甲寅朔十五日 戊辰孝子 ◯◯ 敢昭告于
顯考學生 府君之墓 旣封旣莎 舊宅維新 伏惟尊靈 永世是寧

• **산신축**(개사초 하기 전에 산신에 고유함)
維世次 丙子四月甲寅朔十五日 戊辰幼學 ◯◯敢昭告于
土地之神 今爲學生 某官某公(비위면 某貫某氏) 府君之墓 宿草枯損 改修封塋 神基保佑謹以 酒果祇薦 于神尙 饗

• **입비석축**(비석을 세우고자 할 때 묘전에 고함)
維歲次 丙子四月甲寅朔十五日 戊辰孝子 ◯◯敢昭告于
顯考學生 府君之墓 今具石物 用衛墓道 伏惟尊靈 是憑是依

• **입석후축**(입비를 마치고)
維歲次 丙子四月甲寅朔十五日 戊辰孝子 ◯◯敢昭告于
顯考學生 府君之墓 伏以 今具石物 用衛墓道 伏惟尊靈 是憑是依

• **사토지축**(타소로 이천장시 산신에 고함)
維歲次 丙子四月甲寅朔十五日 戊辰幼學 ◯◯敢昭告于
土地之神 茲有學生 某官某公(孺人은 某貫某氏) 卜宅茲地 恐有他患 今將啓窆 遷于他所 謹以清酌 脯醢祇薦于神尙 饗

• **개사초 사토지축**(이장을 하지 않고 사초만 할 때 산신에 고함)
維歲次 丙子四月甲寅朔十五日 戊辰幼學 ◯◯敢昭告于
土地之神 今爲 某官某公(孺人은 某貫某氏) 府君 塚宅崩頹 將加修治 神基保佑俾 無後艱 謹以 酒果祇薦于神 尙 饗

• **개사초**(사초와 입석을 같이할 때 묘에 고함)
維歲次 丙子四月甲寅朔十五日 戊辰孝子 ◯◯敢昭告于
顯考學生 府君之墓 日月悠久 墓地崩壞 茲以吉辰 改封砂土 乃爲石物 而表塋域 謹以酒果 用伸奠獻 尙 饗

❖ **장례택일**(葬禮擇日) : 옛날 조선시대에는 왕은 5월장(五月葬), 경대부(卿大夫)는 3월장(三月葬), 평민은 유월장(踰月葬)을 하였고, 대부(大夫)는 3월장(三月葬)을 하였으나, 지금은 대개 3일장(三日葬), 서민은 순장(旬葬)을 많이 한다.

❖ **장례택일법 안장기일**(安葬忌日) : 안장기일(安葬忌日)에서 중상일(重喪日), 중일(重日), 복일(復日)을 가리는 법. 이 날은 초장(初葬)과 개장(改葬)을 막론하고 장사할 수 없는 날이지만 중일과

복일은 흉사에는 더욱 흉하고 길사에는 더욱 길하다고 하는 애매 모호한 항목이다. 그러한 바 중상일만은 절대적으로 피하고 중일과 복일은 다른길신(吉神)과 합궁(合宮)하여 사용하면 아무 탈이 없다고 하나 가리는 것이 무방하다고 본다.

[月家凶神日]

월별 구분	正月	2月	3月	4月	5月	6月	7月	8月	9月	10月	11月	12月
中喪日	甲	乙	巳	丙	丁	己	庚	辛	己	壬	癸	己
重 日	巳 亥	巳 亥	巳 亥	巳 亥	巳 亥	巳 亥	巳 亥	巳 亥	巳 亥	巳 亥	巳 亥	巳 亥
復 日	甲 庚	乙 辛	戊 己	丙 壬	丁 癸	戊 己	甲 庚	乙 辛	戊 己	丙 壬	丁 癸	戊 己

사일(巳日) 해일(亥日)은 불장(不葬)이라 하여 연중 모든 사해(巳亥)일은 중일(重日)이 된다.

❖ **장맥**(長脈) : 맥이 길면 기맥(氣脈)이 지나기 어려우니 반드시 중간에 포(泡 : 거품과 같거나 뱀이 두꺼비를 잡아먹는 모양)가 있어 기운을 이끌어 나가면 길(吉)하니 마땅히 살아 움직임이 좋고 딱딱하고 곧으면 사맥(死脈)이라 하여 불길하다. 대개 장맥(長脈)은 바람을 많이 받고 힘이 약하고 가늘어서 기(氣)가 모이지 않는다.

❖ **장명등**(長明燈) : 석상 바로 앞쪽에 설치하는 등. 사찰의 석등을 모방한 형식상 불을 밝히는 곳으로 명등석(明燈石)이라고도 한다.

❖ **장방**(長房) : 큰집 손(孫) 큰 아들.

❖ **장법**(葬法)

① 묘를 쓸 땅의 좋고 나쁜 것과, 연월일시의 길흉, 또는 모든 음택(陰宅)을 올바르게 하는 법칙.

② 장경에 이르기를 같은 길지에 여러 기를 모시었으나 발복을 얻은 묘와 발복을 얻지 못한 묘가 있는데 이는 재혈과 혈심과 하관시의 잘못으로 본다고 하였으며, 좌(坐)와 일월성신은 주천지고(周天之故)로 그 위치와 시간에 따라 조량광도인력(照量光度引力)은 수동적 변화가 되니 풍수에서 좌향의 역량은 지대하며, 장승생기(葬乘生氣)란 죽은 시신이 생기를 얻어야 한다는 뜻으로 우주공간에는 무한한 생기(生氣)의 힘이 존재하고 있으며 만물의 원동력이 되는 생기는 눈에 보이지도 않고 만져지지도 않지만 우주만물이 생존존재를 이어가는 한 영원히 없어지지 않는 불멸의 존재로 보았다. 이 같은 생기의 힘은 하늘에 있으면 천기(天氣)가 되고 땅에 있으면 지기(地氣)가 되고 대기권에 있으면 공기(空氣)가 되는 것이다. 이 같은 만물을 생육시키는 기를 풍수지리학에서는 생기(生氣)라고 한다. 우주공간에 가득하고 무한한 힘의 원천이 되는 생기의 위력은 만물을 새로운 생명으로 소생도 시키고 성장보육도 시키는 것이니, 생기는 우주와 함께 영원토록 불멸의 존재로 남는 것이다. 사람은 죽으면 영혼은 영원토록 영계(靈界)에 머물게 되고 시신만 남으니, 시신은 유주무영(有主無靈)하고 산천은 무주유영(無主有靈)하니 길지명산유령(吉地名山有靈)의 산천정기가 무령의 시신을 반겨 맞이하니 시신은 차산지영기(借山之靈氣)하여 교감배합(交感配合)으로 구정일석지지(構精一席之氣)하면 유골은 아름답고 영혼은 편안하니 음덕을 받은 자손들은 번창할 것이다. 아무리 명혈대지를 얻었다 해도 장법에서 작은 오류라도 범하게 되면 혈장은 산화되어 흉지로 변하여 발복은 바라기 어려운 것이다. 장법에는 입수 용맥의 좌우선 지기선(地氣線)에 따라 분금선(分金線)에 정확히 맞추어야 하는데 재혈(裁穴), 천광(穿壙), 하관(下棺), 회(灰)다지기 등 절차를 밟아야 한다.

❖ **장법(葬法)에 있어서 각종 살법(殺法)**

① **삼우살**(三虞殺) : 건좌작혈시(乾坐作穴時)에 장일(葬日) 입중궁하여 태세(太歲 : 당년)가 건궁(乾宮)일 때와 갑자(甲子)를 입중궁(入中宮)하여 주상의 나이가 건궁(乾宮)이 되면 3년 내에 반드시 죽는다.

② **망명회두살**(亡命回頭殺) : 위와 같이 병자망명(丙子亡命)을 건좌(乾坐)로 작혈하되 갑자(甲子)를 입중궁(入中宮)하여 상주들의 나이가 을축(乙丑), 갑술(甲戌), 계미(癸未), 임진(壬辰), 신축(辛丑), 경술(庚戌), 기미생(己未生)이 모두 건궁(乾宮)에 떨어지는 생갑(生甲)이 저촉되면 반드시 죽는다. ③ 원당명살(源撞命殺) : 갑신년(甲申年) 병인월(丙寅月)에 운명한 병자(丙子) 망명(亡命)을 건좌(乾坐)로 작혈하는데 병인(丙寅) 입중궁(入中宮)하면 정묘(丁卯), 병자(丙子), 을유(乙酉), 갑오(甲

午), 계묘(癸卯), 임자(壬子), 신유(辛酉)의 상주가 있는데 건좌(乾坐)로 작혈하여 저촉이 되면 백일내에 반드시 죽는다 하고, 중궁(中宮) 떨어지는 병인(丙寅), 을해(乙亥), 갑신(甲申), 계사(癸巳), 임인(壬寅), 신해(辛亥), 경신생(庚申生) 상주가 저촉되면 3년내에 반드시 죽는다.

❖ **장법**(葬法)**에 말하기를** : 음(陰)으로 왔으면 양(陽)으로 받고 양(陽)으로 왔으면 음(陰)으로 작혈(作穴)한다 하였다. 혹 처마 끝처럼 번듯하게 내려왔으면 공처럼 둥글게 맺으며 공처럼 둥글게 뚜렷이 들어왔으면 처마 같이 반반해 진다고 하였다. 양은 숨을 내쉬듯 내뿜으며 음은 숨을 들이 마시듯 서로 상대적이며 순(順)한 중에는 역(逆)을 취하고 역(逆)한 가운데는 순(順)을 취하니 다정스런 기운이 처마처럼 내려 왔으며 공처럼 둥근 기(氣)가 순수로 내리니 공식으로 표현 하자면 정(情), 의(倚), 당(撞)이 있으면 가법(架法 – 세우는 법)이나 절법(折法)으로 역수(逆受)하는 것이다.

❖ **장법**(葬法)**의 유례**

① **장사**(葬事)**일정**

- **왕**(王) : 5개월 장
- **경대부**(卿大夫) : 3개월 장
- **사대부**(士大夫) : 유월장(踰月葬)
- **서민**(庶民)**은 순장**(殉葬) : 10일 이내

② **묘지면적**

- **일품**(一品) : 90보(步) 이내
- **이품**(二品) : 80보(步)이내
- **삼품**(三品) : 70보(步))이내
- **사품**(四品) : 60보(步) 이내
- **오·육품** : 50보(步) 이내
- **칠품**(七品) **이하**(以下), **생원진사, 서민** : 10보(步) 이내(경지 목축지는 금함)
- **사자**(死者) **5등급** : 천자(天子), 황제(皇帝), 붕(崩), 제후(諸侯),왕(王), 훙, 대부(大夫), 졸(卒), 선비(先妣), 록(祿), 서민(庶民), 사망(死亡),)몽

❖ **장법**(葬法)**의 일반론**(一般論) : 와겸혈(窩鉗穴)에서는 6척을 넘게 파서 장(葬)하면 좋지 않다. 이는 혈심(穴心)을 지나쳤다 하는데, 때로는 특히 마사토(모래흙)에서는 6척 이상이 풍(風)의 침범을 막으며 천혈(天穴)은 깊이 장(葬)함이 길하다.

❖ **장사**(葬事) : 묘 쓰는 일. 즉 시신과 유골을 안장(安葬)하는 일. 지상에서 산자가 최선의 정성과 엄숙한 예의를 갖추어 사자(死者)를 지하로 영면행사(永眠行事)하는 행위로서 반드시 좋은 연월일시를 택하여 장사를 모시는 것 만이 산자의 도리일 것이다. 양택(陽宅)은 입택일시(入宅日時)가 중요하고 음택(陰宅)에는 장사(葬事) 연월일시가 제일 중요한 것이다. 장사를 비롯해 이장을 하는데 있어 일진(日辰)의 오행이 묘의 입수룡(入首龍)이나 좌(坐)의 오행을 극(剋)하면 황천일(黃泉日)이 된다.

❖ **장사관궁**(壯士關弓) : 힘이 센 장사가 화를 당기는 형국. 장사처럼 생긴 산봉우리 앞에 활처럼 생긴 산봉우리가 있고, 혈은 활에 자리잡으며 안산은 기삽일이나 북이다.

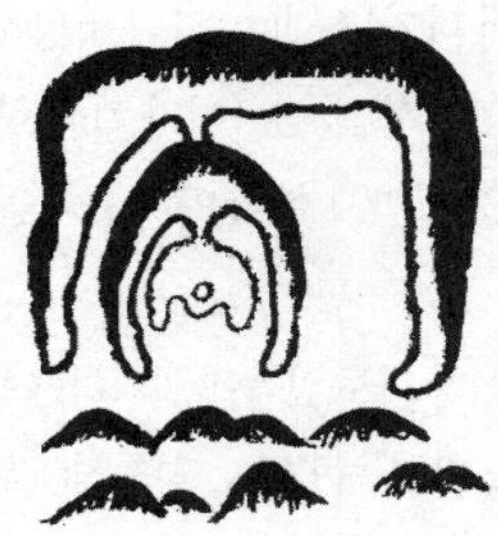

❖ **장사**(葬事)**날이 좋으면 자손이 길하다** : 장기(葬期)란 죽은 날부터 묘지에 안장할 때까지의 기간을 가리킨다. 사람이 죽어 장례를 치르기 위해서는 상복을 마련하거나 장지를 물색하는 등 해야 할 일이 많다. 따라서 그에 따른 준비 기간이 필요한 법이다. 요즈음은 3일장이 가장 보편적이지만 예전처럼 장삿날을 길흉에 따라 택하지 않더라도 사흘 정도의 시간적 여유는 있어야 장사를 제대로 치를 수 있기 때문이다. 조선 시대에는 왕은 5일 동안 입관하지 않고 두었다가 입관한 후 5개월 만에 장사지내며, 대부(大夫)는 3일 동안 입관하지 않고 두었다가 3개월 만에 장사지내고, 사대부는 1개월 만에 장사지내는 것이 법도였다. 이처럼 조선 시대에는 신분에 따라 장기를 정하여 장사를 치렀다. 그러나 이러한 신분에 따른 구분에도 불구하고 장기는 잘 지켜지

지 않았다. 태종 17년(1417년) 6월, 장기를 지키도록 하려는 조정의 노력을 왕조실록은 이렇게 적고 있다. 옛날에는 천자는 7개월, 제후는 5개월, 대부는 3개월, 선비는 1달을 넘겨 장사지냈는데, 이제는 간혹 해를 넘겨도 장사지내지 않는 자가 있으니 옛 제도에 어긋난다. 또 가장(假葬)을 한다고 시신을 묻지 않고 들판에 두고는 아무 해, 아무 달, 아무 일은 어느 아들, 어느 손자의 생일을 범하므로 그에게 해가 된다고 하면서, 그 자손의 이해만을 헤아리니, 자손이 많은 사람은 혹 2, 3년이 지나도록 장사지내지 못한 자도 또한 많게 된다. 만약 선비는 유월해서, 대부는 3개월에 장사지낸다면 상사가 미비할 것이니 이것 또한 염려된다. 그러나 전조의 말기에 3일장을 행한 자도 있었으니, 어찌 그 자손의 이해를 가림이 있었다 하겠는가? 이렇게 왕실에서도 정해진 장기 안에 장사지낼 것을 종용하는데도 민간 세속에서는 잘 지켜지지 않았다. 시신을 들에 가빈해 놓은 채 오로지 풍수설에 따라 자신의 이해득실만을 따져 2, 3년은 고사하고 심지어는 10년이 지나도록 장사를 지내지 않았다. 보다못해 조정에서는 장삿날과 장지를 조정에 보고하도록 하고, 만일 보고하지 않으면 상주와 택일을 한 사람, 묏자리를 정해 준 지관까지 모두 처벌하기도 하였다. 여기서 말한 가빈이란 현재도 일부 서남해 섬 지방에서 볼 수 있는 초분과 같은 가매장의 한 형태이다. 초분은 적어도 3년이 지나 육탈이 된 다음 길일(吉日)에 뼈만 추려 이차장을 치르는 장법이다. "태어난 시가 좋으면 팔자가 좋고, 장삿날이 좋으면 자손들이 좋다."는 속설에 따라 길일을 택해 장사를 지내고자 너도나도 장기를 지연시켰던 것이다. 그리고 때로는 길일을 잡기 위해 장기를 단축하기도 했다. 세조의 국상 때 임금은 5월장을 해야 함에도 불구하고 그 즈음에는 길한 날이 없다고 하여 장기를 앞당겨 3월장으로 하였다. 이처럼 장일에 대한 의식은 국가 대사인 국장에까지 영향을 미칠 만큼 사회적으로 큰 영향력을 갖고 있었다.

❖ **장사(葬事)에 있어서 좌향이 작은 차이라도 어긋나면 변화는 큰 것이다** : 장사(葬事)에 있어서 혈(穴)과 백골(白骨) 차이는 호리지차(毫厘之差)이나 길흉화복(吉凶禍福)의 차이에 변화는 크게 난다 하였다. 이는 혈의 격정(格定)을 가벼이 말라는 경고로 받아들여야 할 것이다. 양혈(陽穴)에는 음혈(陰穴)(0에 가서 점혈하고 음혈에는 양혈에 점혈하면 자손이 부귀(富貴)한다. 양룡에 양혈에 혈을 정하면 자녀들이 송사(訟事)가 많아지고 음룡에 음혈에 혈을 정하면 생이사별(生離死別)한다.

❖ **장사(葬事)에는 관불이맥(棺不離脈)이요 맥불이관(脈不離棺)이란 말이 있다** : 관은 맥을 떠나서는 안 되며 맥 또한 관을 떠나서는 안 된다는 말이다. 필히 생기가 흐르는 기맥을 타야 한다. 경(經)에 장승생기(葬乘生氣)하고 막승사기(莫乘死氣)라는 말이 있다. 장사에는 생기(生氣)를 타야하며 사기(死氣)는 타지 말라는 말이다. 장자(葬者)는 원기(氣)기(原基起)하여 승기(氣)지(乘其止)라는 말도 있는데 장사를 지낼 때에는 맥이 일어나는 곳을 찾아야 하며 맥이 그치는 곳에 장사(葬事)를 지내야 한다.

❖ **장사 지내는 일진(日辰)에 금계명일(金鷄鳴日)이 있다** : 십이지신(十二支神)에서 인오(寅午)가 화덕(火德)이기 때문에 금(金)의 광채를 상징하여 금계(金鷄)가 우는 날이라고 하고 옥견폐일(玉犬吠日) 십이지신(十二支神)에서 신유(申酉)가 금덕(金德)이기 때문에 옥(玉)의 윤기를 상징하여 옥견(玉犬)이 짖는 날이라 하는데 인오신유(寅午申酉)가 들어간 날에만 장사(葬事) 지낼 수 있다는 논리다. 이런 날에는 혼령이 위로는 부모도 부르지 못하고 아래로는 자손도 부르지 못한다고 한다. 그 이유는 음양(陰陽)이 서로 조응하고 흉신(凶神)이다. 잠복하기 때문이라고 한다.

❖ **장산지법(葬山之法)에 각종 생기(氣)**

- 생기(生氣)가 많으면 용세(龍勢)가 기복(起伏)하고 기(氣)가 적으면 용(龍)의 몸이 나약하다.
- 기(氣)가 순하면 주산(主山)이 수두하고 기(氣)가 역(逆)하면 거시(拒屍)한다.
- 기(氣) 모이면 혈(穴)성(星)이 단정하고 기(氣)가 거칠면 혈(穴)장(場)이 거칠고 무디다.
- 기(氣)가 멈추면 외(外)수(水)가 횡형(橫形)하고 기(氣)가 흉하면 원진수(元辰水)가 된다.
- 기(氣)가 모이면 용호(龍虎)가 만포하고 기(氣)가 세면 앞에 사(砂)가 비켜간다.
- 기(氣)가 무성하면 파구(破口)가 교쇄한다.

- 기(氣)가 흘러가면 오(五)호(戶) 파구가 광활하다.
- 기(氣)가 좋으면 길(吉)한 물이 앞으로 흘러오고 기(氣)가 약하면 흉한 사(砂)가 나타난다.
- 기(氣)가 아름다우면 요성(曜星)과 관성(官星)이 생기고 기(氣)가 약하면 귀성(鬼星)과 낙산(樂山)이 없다.
- 기(氣)가 왕성하면 혈(穴)에 전순(氈脣)이 있고 기(氣)가 짧으면 혈에 전(氈)이 없다.
- 기(氣)가 좋으면 명당이 좋고 기가 뒤섞이면 국면(局面)이 바르지 못하다. 풍수의 법은 모름지기 많은 말에 있는 것이 아니고 단지 생기(生氣)를 취하는데 있다. 기(氣)는 용(龍)을 따라 수 백리를 오는데 불과 한자리이다.

ㅈ

❖ **장사 택일을 잘 해야** : 산천에 작은 결함이 진룡(眞龍)의 후복(厚福)으로 덜함이 없으나 연월일시는 어느 부분만 잘못을 범하면 재앙이 따른다. 용혈사수(龍穴砂水)가 길하여도 재앙이 따르는 것은 연월일시에 흉을 범함을 깨닫지 못함이다 반드시 연월일시의 양진(良辰)을 구하라 하였다. 명당길지(明堂吉地)를 얻었어도 길일시를 얻지 못하면 복보다 화가 따르니 주의를 요한다. 길혈흉장기여시동(吉穴凶葬棄與屍同)이라 하여 시신을 버린 것과 같다 하였다.

❖ **장사함와형**(長蛇含蛙形) : 큰뱀이 개구리를 잡아삼키는 형국. 안산은 개구리에 해당되는 동그란 작은 산이나 바위가 있어야 하며 혈판이나 용은 마치 뱀이 개구리를 삼켜 배가 볼록한 것처럼 생겨야 한다.

❖ **장산 4과**(葬山四課) : 태골(胎骨), 천산, 투지, 분금, 극석(剋釋) 연월일 택일자 성명.

❖ **장산식수정혈**(長山食水定穴) : 입혈함에 있어 면전의 사수가 좌반(坐畔)으로 쫓아오면 좌변에 혈을 세우고, 산수가 우반(右畔)으로 쫓아오면 우변에 혈을 세울 것이며, 산수가 당면(當面)의 정중으로 쫓아오면 중심에 혈을 세우는 것이니 이는 다 장산식수(長山食水)로 혈을 정하는 법이다. 만약 이와 반대로 된다면 산수를 거두어들이지 못하여 흉하다. 입혈에는 영재접록(迎財接祿)을 요하니 재(財)가 있고 녹(祿)이 있으면 반드시 영접하고 혈로 돌아오게 해야 한다. 영접을 얻지 못하면 만중산(萬重山)이 있어도 공허하니 부질없으므로 천산만수(天山萬水)를 혈에서 소수(消水 : 호(好) 산수는 거두고 흉(凶) 산수는 피하는 것)하니 이 법을 써서 호산수(好山水)는 영접하여 혈장(穴場)으로 거두어들이고 살기가 있는 흉사수는 피하여 혈을 정해야 한다. 만일 소수(消水)를 얻지 못하면 비록 기산수수(奇山秀水)가 있어도 혈장에는 무용지물이며 또 어찌 발복을 기다리겠는가? 그러나 능히 장산식수법(長山食水法)으로 산수를 영접한다면 반드시 발복하여 영청읍수(迎淸揖秀)요 영관취록(迎官就祿)이니 벼슬을 맞이하고 녹을 취할 것이다. 진룡정혈(眞龍定穴)은 자연히 묵합(黙合)되어 강요를 허락하지 않는 법인데 만약 억지로 기산수수(奇山秀水)를 탐하여 공허하고 무기한 곳에 입혈하면 아무리 호산호수(好山好水)라 하더라도 발복이 응하지 않으니 소용이 없다.

❖ **장살** : 내맥이 완만하고 곧거나 급하지 않으며 딱딱하거나 험준하지 않아 혈성의 다리 아래 및 가까운 용·호산이 모두 원정하면 혈거중(穴居中)하여 장살로 정혈한다. 당법과 비슷하나 사살은 형(形)을 말하며 사장(四葬), 곧 개점의당(蓋粘倚撞)은 맥을 말하는 점이 다르다.

❖ **장살법**(藏殺法) : 살이 감추어진 곳에 정혈하는 방법. 흉살이 전혀 보이지 않는 곳에 혈을 정해야 하고 주룡은 험하거나 직선으로 급하지 않게 보여야 한다. 주로 완만하게 내려오는 용으로 청룡·백호를 비롯한 주변 산들은 험하거나 뾰족한 살이 없이 수려하고 양명해야 한다. 혈은 보국의 중앙에 위치하고 있다. 때문에 혈을 감싸고 있는 해무리나 달무리 같은 둥근 원형의 혈운을 마치 주룡이 밀어치는 것과 같은 모습으로 이를 당법(撞法)이라고도 한다.

❖ **장살혈**(藏殺穴) : 내맥(來脈)이 유양(悠揚 : 길게 나오는 것)하여 부직불급(不直不急)하고, 딱딱하지도 준엄하지도 않으며, 혈성 좌우의 용·호산(龍虎山)이 무첨무직(無尖無直)하여 둥글고 깨끗하니 이를 신살장복(神殺藏伏)이라 하여 살을 감춘 혈이다. 장(葬)할 때는 당법(撞法)을 쓰는 것이 좋으나 이는 맥이 아니라 형을 말한 것이다.

❖ **장생**(長生) : 12운성(運星)의 첫번째. 목(木)의 장생은 해(亥), 화

토(火土)의 장생은 인(寅), 금(金)의 장생은 사(巳), 수(水)의 장생은 신궁(申宮)이다. 또 음양을 구분하여 甲: 亥, 乙: 午, 丙: 寅, 丁: 酉, 戊: 寅, 己: 酉, 庚: 巳, 辛: 子, 壬: 申, 癸: 卯宮인데 오행이 장생을 얻으면 그 힘이 튼튼해지므로 오행의 생장궁(生長宮)이 된다.

❖ **장생법**(長生法) : 12운성(運星)의 정국(定局)을 따지는 방법. 하나는 음양을 막론하고 오행을 기준하여 장생(長生)을 기(起)하는 법과 일간(日干)의 오행과 음양에 따라 장생을 기(起)하되, 양간(陽干)은 순행(順行)하고 음간(陰干)은 역행하는 방법이 있다.

• **오행기준 장생법**

木長生 : 亥　　火土長生 : 寅

金長生 : 巳　　水生 : 申

十二神 / 五行	長生	沐浴	冠帶	臨官	帝旺	衰	病	死	墓	絶	胎	養
木 甲乙	亥	子	丑	寅	卯	辰	巳	午	未	申	酉	戌
火土 丙丁戊己	寅	卯	辰	巳	午	未	申	酉	戌	亥	子	丑
金 庚辛	巳	午	未	申	酉	戌	亥	子	丑	寅	卯	辰
水 壬癸	申	酉	戌	亥	子	丑	寅	卯	辰	巳	午	未

가령 갑을(甲乙)의 목(木)이면 장생을 해궁(亥宮)에 붙여 순행하는데, 자(子)에 목욕, 축(丑)에 관대, 인(寅)에 임관, 묘(卯)에 제왕, 진(辰)에 쇠, 사(巳)에 병, 오(午)에 사, 미(未)에 묘, 신(申)에 절, 유(酉)에 태, 술(戌)에 양이 된다. 이하 화토(火土)·금(金)·수(水)의 12신도 이와 같은 방법에 의해 돌려 짚는다.

• **일간 음양별 장생법**

甲木長生亥 : 장생을 亥에 붙여 12지를 순행한다.

乙木長生午 : 장생을 午에 붙여 12지를 역행한다.

丙火長生寅 : 장생을 寅에 붙여 12지를 순행한다.

丁火長生酉 : 장생을 酉에 붙여 12지를 역행한다.

戊土長生寅 : 장생을 寅에 붙여 12지를 순행한다.

己土長生酉 : 장생을 酉에 붙여 12지를 역행한다.

庚金長生巳 : 장생을 巳에 붙여 12지를 순행한다.

辛金長生子 : 장생을 子에 붙여 12지를 역행한다.

壬水長生子 : 장생을 申에 붙여 12지를 순행한다.

癸水長生卯 : 장생을 卯에 붙여 12지를 역행한다.

❖ **장생오행**(長生五行) **포태법**(胞胎法) : 장생오행(長生五行)은 12포태법(胞胎法) 운용에 필요한 오행이다. 양(陽)은 사우(四隅: 4방향) 인신사해(寅申巳亥)가 장생(長生)으로 좌선 순행(左旋順行: 왼편으로 돌리고)하고, 음(陰)은 사정방(四正方) 자오묘유(子午卯酉)가 장생으로 우선 역행(右旋逆行: 오른쪽 반대 방향으로 돌리고)한다.

❖ **장생향 간인좌곤신향**(長生向 艮寅坐坤申向) : 물은 을방(乙方)으로 흘러가는데 임자룡(壬子龍)에서 곤신의 장생향(長生向)을 입혈(立穴)하니 임관(臨官)의 건해방(乾亥方)은 빈틈이 없다 하였으니 좌선(左旋) 임자룡(壬子龍)에서 곤신(坤申)의 장생(長生)으로 입혈(立穴)하면 우선(右旋)의 임자제왕수(壬子帝旺水)가 상당(上堂)하여 을천간(乙天干)으로 흘러나가니 이를 왕거영생(旺去迎生)이라고 하는 용(龍)과 향(向)과 수(水)가 모두 생왕(生旺)으로 국(局)을 이루었다고 하는 만국생왕(滿局生旺)이라 한다. 그러므로 부와 귀를 겸비한 3합(三合)이 연주(聯珠)한 것으로 귀함이 비교할 바가 없다 하는 것이다. 곤신(坤申)의 탐랑성(貪狼星) 또는 장생봉(長生峰)이 있어서 혈을 비쳐주면 이는 빛나는 문장인이 나온다. 탐랑성(貪狼星)이라는 장생봉(長生峰)이 없고 장생수(長生水)가 조당(朝堂)하면 탐랑(貪狼)이 혈(穴) 앞으로 흘러들어오는 것으로 극귀(極貴)하다. 장생(長生)으로 입혈(立穴)하고 좌변(左邊)에 있는 갑을손병(甲乙巽丙)의 물이 있어서 도좌(到左)하게 되면 이것은 충생(沖生)함으로 아이와 소년이 패절하게 되므로 자상하게 살펴야 된다. 임자제왕수(壬子帝旺水)가 우선(右旋)으로 돌아서 을천간(乙天干)의 고묘방(庫墓方)으로 흘러나가게 되면 옥대(玉帶)로 안(案)이 되어서 허리를 감싸고 흐르니 금성수법(金城水法)이라고 한다. 임관(臨官)의 건해방(乾亥方)이 고대하든가 천마사(天馬砂)가 있으면 참으로 지극히 우미(尤美)함으로 인하여 오복이 만문(滿門)하며 처현자효(妻賢子孝)하며 부귀를 겸전하게 된다. 임자룡(壬子龍)에서 곤신향(坤申向)이라는 간인좌(艮寅坐)를 정혈(定穴)하는 데는 임자(壬子)의 좌선룡(左旋龍)에서 임자(壬子)는 통천(通天)의 맥이요, 간인(艮寅)은 통지(通地)의 맥이니 입혈(立穴)이 안전하나 더 나가서 건(乾)의 좌선룡(左旋龍)이 간(艮)을 만나는데 무기(戊己)의 좌선지룡 건우

간시(左旋之龍乾遇艮時)의 구절을 생각하게 되면 과연 용의 배합이 얼마나 지극한가를 느끼게 된다. 임자룡(壬子龍)에 간인좌 곤신향(艮寅坐坤申向)의 수국장생향(水局長生向)이 되는 데는 최소한 임자룡(壬子龍)이 좌선(左旋)함으로 있게 되는데, 정순강(正順强)의 낙맥(落脈)은 통천(通天)의 맥으로 근원이 죽었으니 즉 인(寅)을 만나야 유포(踰抱)가 되므로 계축(癸丑)은 물론이며 간인좌(艮寅坐)까지 혈이 있을 수 있음으로 삼기(三奇)의 귀룡(貴龍)이라고 하는 것이다. 그러면 좌선(左旋)의 임자룡(壬子龍)이 인(寅)을 만나지 못하고 계축(癸丑)의 개장(開帳)도 못하고 간(艮)을 만나서라면 이때는 계축(癸丑)은 물론이며 인좌(寅坐)도 불가하며 자못 간좌(艮坐)라는 하나만의 혈이 있다는 것이다.

❖ **장생향 건좌손향 해좌사향**(長生向 乾坐巽向 亥坐巳向) : 좌선(左旋)의 경룡(庚龍)에 우선(右旋)의 경유왕수(庚酉旺水)가 장생(長生)의 손사(巽巳)와 만나서 계천간자상(癸天干字上)으로 흘러가는 수구(水口)가 되었으므로 왕수(旺水)를 생방(生方)에서 영합(迎合)시켰으니 부귀가 겸전(兼全)하는 삼합(三合)의 연주격(聯珠格)이라 한다. 이때는 손사(巽巳)가 생방(生方)이며 을진(乙辰)은 양방(養方)이니 이 두 곳을 구궁(九宮)으로 탐랑목(貪狼木)의 생기방(生氣方)이라 하며, 장생수(長生水)가 있던가 탐랑봉(貪狼峰)이 건좌(乾坐) 해좌(亥坐)를 비쳐주게 되었으면 아주 문장이 뛰어난 자손이 이름을 날리게 된다. 특히 손봉(巽峰)은 귀인육수(貴人六秀)라고 하며 또는 문필이라고 하며 손(巽)의 문필사(文筆砂)가 신(辛)의 육수(六秀)와 같이 있으면 더욱 길창(吉昌)한다. 여기서 가장 주의할 것은 임자(壬子)의 사계축(死癸丑)의 묘간인(卯艮寅)의 절갑묘(絶甲卯)의 태수(胎水)가 손사방(巽巳方)으로 흘러들어 생방(生方)을 충(沖)하게 되면 주로 어린 아이를 잃게 되어서 패절하게 된다. 건해좌 손사향(乾亥坐 巽巳向)을 하고 묘고방(墓庫方)인 계천간자상(癸天干字上)으로 생왕수(生旺水)가 흘러나가는 것을 양공(楊公)의 14진신가업흥(十四進神家業興)이라고 하는 수법(水法)이며, 처가 현명하고 자손이 효도하며 오복이 가득하며 부귀를 겸전한다. 곤신방(坤申方)의 임관봉(臨官峰)은 녹산(祿山)이면서 귀인성(貴人星)이며 곤토(坤土)가 건금(乾金)을 생(生)하게 되니 금상첨화라 한다. 오(午)는 선천(先天)의 건(乾)이니 오방(午方)에 천마(天馬)가 있으면 벼슬도 빠르며 대발(大發)한다. 경유(庚酉)의 왕수(旺水)가 계천간(癸天干)으로 흐르는 데까지 다정한 금성수법(金成水法)은 더욱 아름답다.

❖ **장생향 곤신좌간인향**(長生向 坤申坐艮寅向) : 물(水)은 신방(辛方)으로 흘러나가는데 병오룡(丙午龍)에서 간인(艮寅)의 장생향(長生向)을 입혈(立穴)하니 임관손사방(臨官巽巳方)은 빈틈이 없으니 우선(右旋)의 병오왕수(丙午旺水)가 상당(上堂)하고 신방(辛方)으로 흘러가니 왕거영생(王去迎生)이라 하므로 생왕(生旺)으로 국(局)을 이룬 것은 만국생왕(滿局生旺)이라 한다. 그러므로 부와 귀를 겸전하는 삼합(三合)이 연주(聯珠)한 것으로 귀함이 비교할 바가 없다. 곤신좌 간인향(坤申坐 艮寅向)을 하고 간인(艮寅)의 탐랑성(貪狼星) 또는 장생봉(長生峰)이 있던가, 장생(長生)의 탐랑수(貪狼水)가 있던가, 장원마(壯元馬)의 사(砂)가 있다면 빛나는 문장인이 나온다. 간인향(艮寅向)을 하고 좌변(左邊)의 경신건임(庚辛乾壬)의 퇴신수(退神水)가 도당(到堂)하게 되면 이것은 충생(沖生)함으로 아이와 소년을 패절케 한다. 병오제왕수(丙午帝旺水)가 우선(右旋)으로 돌아서 묘고방(墓庫方)인 신천간(辛天干)으로 흘러나가면 옥대안(玉帶案)이 되어서 허리를 감싸고 흐르므로 금성수법(金城水法)이라고 한다. 임관손(臨官巽)에 문필사가 있던가, 아미사가 있든가 하였다면 왕비나 문장인이 나오는 우미(尤美)함으로 오복(五福)이 만문(滿門)하며 처현자효(妻賢子孝)하고 부귀도 겸전(兼全)케 된다. 병오룡(丙午龍)에서 곤신좌간인향(坤申坐艮寅向)을 정혈하는 데는 병오(丙午)의 좌선룡(左旋龍)에서 이 병오(丙午)는 통천(通天)의 맥이며 곤신(坤申)은 통지(通地)의 맥이니 입혈(立穴)이 아주 안전하나 더 나아가서 좌선지룡 손우곤시(左旋之龍 巽遇坤時)의 구절을 생각하게 되면 과연 용의 배합이 얼마나 지극한가를 생각하게 된다. 병오(丙午)의 용이 신(申)을 만나지 못하고 정미(丁未)의 개장(開帳)도 못하고 곤(坤)을 만난다면 이때는 정미(丁未)는 물론이며 신좌(申坐)도 불가하며 다만 곤좌(坤坐)라는 하나만의 혈이 있을 뿐이다. 이 두 가지 외에도 병오룡(丙午龍)에서 곤신좌(坤申坐)의 혈이 있을 수 있는 법이 말할 수 없이 많이 있으나 그 용의 취용(取用)의 또한 어려움이 있으므로 초보적이요 천(天)과 지

(地)의 맥의 출사입생(出師入生)의 처음의 뜻만을 말한 것이니 또 그 외에 과거 또는 미래 광룡(狂龍)과 경룡(驚龍)에서도 일포일장(一抱一藏)의 조화로 생성되는 것을 비롯하여 문귀룡(文貴龍)이나 무귀룡(武貴龍)으로부터 교구(交媾)의 육리(六理) 이외의 많은 교구(交媾)의 변화는 하나하나 다 말할 수 없지만 무기경(戊己經)의 뜻이 광대하다는 것을 알게 된다.

❖ **장생향 손사좌건해향**(長生向 巽巳坐乾亥向) : 좌선(左旋)의 갑룡(甲龍)에 우선(右旋)의 갑묘왕수(甲卯旺水)가 장생(長生)의 건해(乾亥)와 만나서 정천간자상(丁天干字上)으로 흘러가는 수구(水口)가 되었으므로 즉 갑묘왕수(甲卯旺水)가 장생(長生)의 건해(乾亥)와 영합(迎合)하였으므로 부귀가 겸전하는 삼합의 연주격(聯珠格)이라 한다. 이때에 목국(木局)에서 건해(乾亥)는 생방(生方)이며 신술(辛戌)은 양방(養方)이니 이 두 곳은 구궁(九宮)에서 탐랑목(貪狼木)이라는 생기방(生氣方)이라 하며, 장생수(長生水)가 있던가 탐랑봉(貪狼峰)이 손사좌(巽巳坐)를 비쳐주게 되었으면 아주 문장이 뛰어난 자손이 명성을 떨친다. 건(乾)은 생방(生方)이며 원래가 팔방마(八方馬) 중에서도 으뜸가는 천마방위(天馬方位)이며, 신방(辛方)은 양위(養位)이며 육수(六秀)의 방위이니 손신(巽辛)이 상조(相照)하면 우미(尤美)하다. 여기서 가장 주의할 것은 병오(丙午)의 사정미(死丁未)의 묘곤신(墓坤申)의 절경유(絶庚酉)의 태수(胎水)가 건해방(乾亥方)으로 흘러들어 충생(沖生)을 하게 되면 주로 어린 아이를 기르기가 힘겨우며 잃게도 되기에 패절(敗絶)의 위험이 있게 된다. 손사좌 건해향(巽巳坐 乾亥向)을 하고 묘고위 정미천간상(墓庫位 丁未天干上)으로 생수(生水)와 왕수(旺水)가 흘러들어나가는 것을 양공(楊公)이 진신(進神)으로 가업이 흥왕하는 수법이며 오복(五福)이 가득한 부(富)와 귀(貴)가 겸전하게 되는 것이다. 간인방(艮寅方)의 임관봉(臨官峰)은 관녹방(官祿方)이면서 삼길육수(三吉六秀)이기도 하다. 건해장생향(乾亥長生向)을 하고 갑묘왕수(甲卯旺水)가 정천간(丁天干)으로 흐르는데까지 다정한 금성수법(金城水法)은 더욱 우미(尤美)하다. 임관(臨官)의 간방(艮方)에 제모(載帽)가 있게 되면 참다운 귀인(貴人)이라 한다.

❖ **장서**(葬書) : 동진(東晉)의 곽박(郭璞)이 저술한 책. 청오경에 비하여 서책의 체제를 갖추고 있으며 내용도 확대되고 보다 구체적인 설명이 많다. 금낭경(錦囊經)으로도 불린다.

❖ **장서**(葬書)**에 보면** : 장서에 보면 승금(乘金)은 태극(太極)의 원운(圓暈)이 돌(突)한 것을 말하고 상수(相水)는 물이 팔자(八字)로 갈라졌다가 아래에서 합쳐진 소명당(小明堂)을 이룸으로서 원운을 사서 보호함이요.

❖ **장서의 5불가장**(五不可葬)

- **기이생화이 동산불가장**(氣以生和而 童山不可葬) : 초목이 살지 못하는 곳을 말함.
- **기인형이래 단산불가장**(氣因形以來 斷山不可葬) : 기맥이 접속되지 못한 곳.
- **기인토행이 석산불가장**(氣因土行而 石山不可葬) : 완경한 암반이 있는 곳.
- **기이세지이 과산불가장**(氣以勢止而 過山不可葬) : 청룡·백호가 수렴하지 못한 곳.
- **기이용회이 독산불가장**(氣以龍會而 獨山不可葬) : 단산(斷山)·고로(孤露) 등 무정한 곳을 이른다. 음양교구가 되지 못한 곳.

❖ **장서의 장유 6흉**(葬有六凶)

- **음양교착위일흉**(陰陽交錯爲一凶) : 음양교구가 되지 못한 것.
- **세시지려위이흉**(歲時之戾爲二凶) : 택일이 잘못 된 것.
- **역소도대위삼흉**(力小圖大爲三凶) : 지나치게 대지만을 구하려는 것.
- **빙복시세위사흉**(憑福恃勢爲四凶) : 관련과 금권으로 좋은 산을 구하려는 산.
- **잠상핍하위오흉**(潛上逼下爲五凶) : 기존의 다른 묘소 가까이 혈을 구하는 것.
- **변응괴견위육흉**(變應怪見爲六凶) : 장사지내려는데 괴사안 일이 생기는 것.

❖ **장성**(張星) : 자(子)방에 있음. 임(壬)봉이 아름다우면 도사가 나고 높은 것은 무방하나 허하면 화재나 유랑의 재앙이 있다. 특히 구두사(蚯頭砂)하면 간질병자가 난다. 사년(巳年)에 응험한다.

❖ **장성**(長星) : 흉신으로 무슨 일에나 이롭지 못하다.

正月 : 初七日　　2月 : 初四日

3月 : 初六日 4月 : 初九日
5月 : 十五日 6月 : 初十日
7月 : 初八日 8月 : 初二日
9月 : 初四日 10月 : 初三日
11月 : 十七日 12月 : 初九日

❖ **장손(長孫)과 차손(次孫) 금시(今時) 발복지는 이러하다** : 몬든 암석이 몽글몽글하게 꺼풀이 벗어지며 황색이 나야 귀석(貴石)이다. 혈상 입수(穴相入首) 귀석이 있으면 장손에게만 발복하고 입수의 귀석이 적게 노출되어도 도반금(道班金) 결혈이요, 금시 발복하게 된다. 혈상 좌측에 귀암(貴岩)은 차자손(次子孫)만 발복한다.

❖ **장수(葬需)** : 장례식 비용 또는 장례에 필요한 물품.

❖ **장수류증혈(長水流證穴)** : 용맥이 끊어지지 않고 길게 내려오고 맥 끝에 물이 모여 있는 곳을 증거하여 정혈하는 것을 말함. 혈을 정함에 있어 산수(山水)의 형세를 증거삼아 혈의 위치를 가리어 정하는 것을 말한다. 혈 앞에 반드시 물이 있는 것을 필요로 한다. 즉 전면의 산수가 왼쪽으로 흘러오면 혈을 왼쪽에 정하고 사수가 오른쪽으로 흘러들어오면 혈을 오른쪽에 정하여야 하며, 산수가 혈 앞의 한가운데로 흘러오면 혈을 중앙에 정하여야 한다. 경에 이르기를 「혈을 정할 때에는 재(財)를 맞도록 간방(艮方)을 정하여 혈장에서 이 향(向)을 취용(取龍)하라」 하였고, 천산만수(天山萬水)를 명당에서 자세히 관찰하여 길격(吉格)인 산수는 거두어드리고 나쁜 산수의 살기(殺氣)는 피하는 법을 사용하여 좋은 산 좋은 물이 있으면 정혈(定穴)하여야 한다. 만일 그렇지 못하면 수려한 산 청수(淸水)한 물이 있다 해도 진혈(眞穴)이 아니면 발복(發福)도 안 된다. 그러나 바른 혈과 참된 용은 자연법수(自然法水)에 맞도록 되어 있으므로 억지로 법에 맞추어 향(向)을 세워서는 안 된다. 만일 지혈(地穴)이 없는 땅에 억지로 기이하고 무기(無氣)한 용에 정혈을 하면 역시 발복을 바랄 수 없다.

❖ **장수(長壽)를 구하고자 하면** : 기맥(氣脈)이 웅장하고 약간 앞은 낮고 뒤는 높아야 하고 큰 물은 베고 있어야 한다.

❖ **장수수(長壽水)** : 간병태정(艮丙兌丁) : 남쪽에 있는 수성(壽星)은 노인별이라 하는데 춘분에는 병(丙)방에 위치하고, 추분에는 정(丁)방에 위치해 있다 하는 바와 같이 하늘에 있는 별의 위치에 맞도록 지극히 과학적으로 맞춘 것이다. 장수수는 좌향에 상관없이 2개 이상의 내축수(來蓄水)가 있으면 장수수로 길하고 고질병이나 중병에 걸렸던 사람도 건강을 회복한다.

❖ **장쇠(將衰)** : 장차 앞으로는 쇠하여짐.

❖ **장승생기(葬乘生氣)** : 장사(葬事)에는 생기(生氣)를 타고 사기(死氣)는 타지 말라 하니 용이 왕(旺)한 것이 맥이 왕(旺)한 것만 같지 못하고, 맥이 왕(旺)한 것이 기(氣)가 왕(旺)한 것만 같지 못한 것이니, 그 기맥(氣脈)을 지극히 자세히 살펴 장사(葬事)해야 한다.

❖ **장신복살(藏神伏殺)과 추길피흉(趨吉避凶)** : 풍수지리에는 산과 물의 모든 것이 진(眞)과 가(假)가 있고 선과 악이 있으며 귀천(貴賤)과 길흉이 있는 것은 자연의 이치이다. 이러한 자연의 이치를 요감법(饒減法) 내룡(來龍)과 혈이 입수(入首)를 생(生)하게 하고 망명(亡命)은 혈과의 상생이 되어야 하고, 혈을 논하는데는 구성(九星)으로 사(砂)와 수법(水法)을 논하고 형세를 살펴서 기좌(忌坐)에 어긋남이 없이 점혈(點穴)하는 방법으로 작혈(作穴)하면 진혈(眞穴)이 될 것이고 물형론(物形論)이나 사국파(四局破)에 매달려서 흉한 것을 피하지 못하면 가혈이 된다. 그러므로 흉한 것이 살(殺)이 되어 나쁜 작용을 못하도록 하는 것이 장신복살법(藏神伏殺法)이라 하고 흉(凶)한 것을 피하고 길(吉)한 것을 취하니 이를 추길피흉(趨吉避凶)이라 한다.

❖ **장신복살정혈(藏神伏殺定穴)** : 일명 추길피흉법(趨吉避凶法)이라고도 한다. 만물이 그러하듯 혈이란 것도 완전무결할 수 없으니, 용혈이 준수하여 용진혈적(龍眞穴的)이지만 혹은 면전에서 직사(直射)하거나 혹은 횡사(橫射)가 과신(過身)하여 혈장에서 보인다면 이것은 형살(刑殺)이라고 하여 꺼리는 바로써 이 살을 피하는 법은 나무를 심어 보이지 않게 하는 것, 또 뾰족한 것은 둥글게 되도록 공사를 하는 것도 한 방법이다. 이 밖에도 추길피흉의 방법으로는 공력(工力)을 사용하여 나에게 도움이 되도록 만들거나 또 이기(理氣)로 도움이 되게 하는 등 여러 가지 방술이 있다.

❖ **장심혈(掌心穴)** : 손바닥의 요(凹)한 둥우리 안에 결혈(結穴)하는

것인데 미유(微乳)나 돌(突)을 찾아 입혈한다. 선궁혈(仙宮穴)은 제혈(諸穴)이 되는 근본으로 손을 모로 세운 상태를 의미하는데, 좌수(左手)를 모로 세우고 보면 좌선궁(左仙宮), 우수(右手)를 모로 세우고 보면 우선궁(右仙宮)이 된다. 구혈(毬穴), 세회혈(細會穴), 단제혈(單提穴), 교풍혈(咬風穴) 등이 모두 선궁혈(仙宮穴)의 이명(異名)에 불과하며 변격(變格)을 말하는 것인데, 원장수(元長水)가 곧게 나가지 못하도록 혈 앞을 완전히 감싸주어 막아야 길혈(吉穴)에 든다.

❖ **장원필사**(壯元筆砂) : 방정한 일자문성(一字文星)에 우뚝 솟은 문필봉으로 된 귀사가 조안을 비추거나 귀인 임관방에 있으면 문명으로 이름을 떨치는 자손이 나온다. 이 외에 마상귀인사(馬上貴人砂), 장외귀인사(帳外貴人砂), 화개귀인사(華蓋貴人砂), 쌍봉귀인사(雙峯貴人砂), 문성귀인사(文星貴人砂), 일자문성사(一字文星砂), 옥문성사(玉文星砂), 제상필사(帝相筆砂), 삼공필사(三公筆砂), 탁기사(卓旗砂) 등이 있는데, 이 길사가 국안을 비추고 있거나 귀인방에 있으면 모두 길하다.

❖ **장외귀인**(帳外貴人) : 막외귀인(幕外貴人)이라고도 하며 수성체인 장막사 뒤에 서 있는 귀인봉을 말한다. 상격룡에는 과거급제하고 벼슬이 높아 대귀(大貴)한다.

❖ **장일**(葬日) : 장사를 지내는 날. 관원이 졸하면 4품 이상은 3개월, 5품 이하는 1개월이 지나야 장사한다. 묘지는 경계를 정하여 경작, 목축을 금하고 묘지 한계는 1품은 분묘(墳墓)를 중심으로 4면(面) 90보(步), 2품은 4면 80보, 3품은 4면 70보, 4품은 4면 60보, 5품 이하는 4면 50보, 7품 이하와 생원(生員), 진사는 4면 40보, 서민은 4면 10보. 예부터 장사일에 관한 숫자는 짝수를 잘 쓰지 않고 홀수를 써서 3, 5, 7, 9일 같이 지냈으며 가세나 신분 계급에 따라 장사일을 길게 정했으나 요즈음은 대체로 3일장(三日葬)을 지낸다.

❖ **장일**(葬日 : 葬事) **벼슬에 따라 했었다** : 왕(王)은 오월장(五月葬), 장관과 도지시급은 삼월장(三月葬), 사대부는(士大夫 : 양반) 유월장(踰月葬), 서민은 순장(旬葬 : 열흘 이내)을 했었다.

❖ **장입수**(長入首) : 입수용맥이 직선으로 긴 형세. 사맥(死脈)이 되기 쉬우며 중간에 봉요(蜂腰)나 학슬(鶴膝)이 있고 굴곡하면 혈을 맺을 수 있는데 반드시 바람을 막아 주는 산이 있어야 한다. 그러나 기가 느리고 약하므로 힘이 약한 입수룡이다.

❖ **장자승생기야**(葬者乘生氣也) : 장사라는 것은 생기를 받아야 한다.

❖ **장자 전응후강 좌회우포**(葬者 前應後岡 左回右抱) : 장사지낼 곳은 앞에서 안산 조산이 응하고 뒤에는 주산내룡 있고 좌청룡이 돌아 감싸고 우백호가 감싸주어야 한다.

❖ **장중계손법**(長仲季孫法) : 지리법에 의하면, 장손의 발복(發福)과 흥망은 좌(坐)와 용을 보고 구분한다. 즉 청룡이 좋으면 장손이 발복하고, 백호가 좋으면 차손이 발복하며, 또 청룡은 남손(男孫), 백호는 여손(女孫)이라고도 한다. 다음은 좌(坐)와 용(龍)으로 장손(長孫), 중손(仲孫), 계손(季孫)을 구분한다.

- **건곤간손 인신사해좌**(乾坤艮巽寅申巳亥坐) **및 용**(龍) : 장손(長孫)
- **임병경갑자오묘유좌**(壬丙庚甲子午卯酉坐) **및 용**(龍) : 중손(仲孫)
- **을신정계진술축미좌**(乙辛丁癸辰戌丑未坐) **및 용**(龍) : 계손(季孫)

또는 자손이 많을 때는 다음과 같이 구분한다.

- **건곤간손**(乾坤艮巽) : 장손(長孫)
- **인신사해**(寅申巳亥) : 장손(長孫)
- **자오묘유**(子午卯酉) : 중손(仲孫 : 둘째)
- **임병경갑**(壬丙庚甲) : 셋째
- **진술축미**(辰戌丑未) : 넷째
- **을신정계**(乙辛丁癸) : 막내로 보고 있다.

❖ **장중계손 추운법**(長仲季孫 推運法) : 건곤간손(乾坤艮巽) 사유와 인신사해(寅申巳亥) 사생지의 좌나 입수는 장손(長孫)으로 보고, 자오묘유(子午卯酉) 사왕지와 갑병경임사순(甲丙庚壬四順)지의 좌나입수는 중손으로 보고, 진술축미(辰戌丑未) 사고지나 을정계사강(乙丁辛癸四强)지의 좌나 입수는 계손으로 본다. 이상과 같이 장중계손 등 몇째 손에게 해당하는가를 보는 데는 좌와 입수, 사수(砂水)의 길흉과 좌선우선(左旋右旋)의 좌나 입수룡에 따라 어느 자손에게 강하게 작용하느냐를 보는 것이다. 수왈(水曰) 녹(祿)이요 사왈(砂曰) 귀라 양명한 산은 귀로 보고 당판의 결응은 부로, 지룡은 처궁과 자손으로 보고, 주변 사의 유무정은 자손의 충효와 유무정으로 본다. 사(砂)의 원근은 발복의 조만으로 본다. 보국이 높으면 비천자가 나고, 낮으면 세도를 누리는 자손

이 난다. 토색이 흙색무력하고 음습하면 흉산이고, 잡목·잡초·사석이 역리단절되거나 사태난산은 요사(夭死)와 백병이 나고, 토질이 단단하고 조윤하면 부귀하는 자손이 난다.

❖ **장지중요혈**(長枝中腰穴) : 용의 중간에 맺는 혈을 말함. 섬룡입수한 기룡혈도 이에 해당되는데 일반적인 혈은 용맥이 끝나는 지점에 있으며 과룡처에는 결지하지 않는다. 속안(俗眼)으로 보면 과룡처로 착각하기 쉽다. 기세가 너무 왕성한 용은 혈을 맺고도 그 기운을 일시에 다 거두어들이지 못하고 남은 여기(餘氣)가 더나가 산을 만들기도 하며, 수십리를 더나가는 것도 있다. 여기로 나간 산은 하수나 안산이 되기도 하고 수구의 한문(捍門)이 되기도 하며, 비록 나간다 하여도 다 혈을 보호하는 역할을 하기 때문에 길하다. 이와 같은 땅을 역량이 매우 커서 왕후장상지지(王後將相之地)의 대혈을 결지한다.

❖ **장타각**(長拖脚) : 다리를 길게 끌음. 내룡(來龍)이 직장(直長)하다는 뜻.

❖ **장택총론**(葬擇總論) : 장택법(葬擇法)은 장사택일(葬事擇日)에 필요한 법. 장사(葬事)에는 이장(移葬), 개장(改葬), 합장(合葬), 신장(新裝) 등이 있다. 장택론(葬擇論)은 그 학설과 방법론이 다양하지만 체계 있게 잘 정리되고 또 예부터 널리 실용되고 있는 것이 천기대요(天機大要)에 수록되어 있는 장법(葬法)이다.

- **입관길시**(入棺吉時) : 시신을 입관할 때 보는 시간으로서 천간(天干)의 시(時)를 사용한다. 자일(子日) : 갑(甲) : 경시(庚時), 축일(丑日) : 을(乙), : 신시(辛時), 인일(寅日) : 을(乙) : 계시(癸時), 묘일(卯日) : 병(丙) : 임시(壬時), 진일(辰壹) : 갑(甲) : 정시(丁時), 사일(巳日) : 을(乙) : 경시(庚時), 오일(午日) : 정(丁) : 계시(癸時), 미일(未日) : 을(乙) : 신시(辛時), 신일(申日) : 갑(甲) : 계시(癸時), 유일(酉日) : 정(丁) : 임시(壬時), 술일(戌日) : 경(庚) : 임시(壬時), 해일(亥日) : 을(乙) : 신시(辛時). 가령 자일(子日) [갑자(甲子), 병자(丙子), 무자(戊子), 경자(庚子), 임자(壬子)]의 입관길시(入棺吉時)는 갑(甲) 경시(庚時)인데 갑시(甲時)는 갑자(甲子), 갑인(甲寅), 갑진(甲辰), 갑오(甲午), 갑신(甲申), 갑술시(甲戌時)이며, 경시(庚時)는 경자(庚子), 경인(庚寅), 경진(庚辰), 경오(庚午), 경신(庚申), 경술시(庚戌時)를 말한다.

- **하관길시**(下棺吉時) : 이는 시신을 하관할 때 보는 시간으로써 황도시(黃道時)에 귀인시(貴人時)를 겸하면 좋으나 황도시만 가려 써도 좋다.

- **황도시**(黃道時)

  자오일(子午日) : 오신시(午申時)

  축미일(丑未日) : 사신시(巳申時)

  인신일(寅申日) : 진사미시(辰巳未時)

  묘유일(卯酉日) : 오미시(午未時)

  진술일(辰戌日) : 진사신시(辰巳申時)

  사해일(巳亥日) : 진오미시(辰午未時)

- **귀인시**(貴人時)

  갑술경일(甲戌庚日) : 미시(未時)

  을기일(乙己日) : 신시(申時)

  병정일(丙丁日) : 유시(酉時)

  신일(辛日) : 오시(午時)

  임계일(壬癸日) : 사시(巳時)

- **관**(棺) **피하는 법**(呼沖)

  이 정충(正沖)은 천간(天干)이 서로 같고 지지(地地)가 상충(相沖)되는 것으로 파빈(破殯 : 빈소를 열어 헤치는 것)하거나 입관시(入棺時)에 피한다. 그러나 녹마귀(祿馬貴), 정록(正祿), 역마(驛馬), 천을귀인(天乙貴人)을 만나면 정충(正沖)이 될지라도 관계 없다.

甲子生 : 甲午日	乙丑生 : 乙未日	丙寅生 : 丙申日
丁卯生 : 丁酉日	戊辰生 : 戊戌日	己巳生 : 己亥日
庚午生 : 庚子日	辛未生 : 辛丑日	壬申生 : 壬寅日
癸酉生 : 癸卯日	甲戌生 : 甲辰日	乙亥生 : 乙巳日
丙子生 : 丙午日	丁丑生 : 丁未日	戊寅生 : 戊申日
己卯生 : 己酉日	庚辰生 : 庚戌日	辛巳生 : 辛亥日
壬午生 : 壬子日	癸未生 : 癸丑日	甲申生 : 甲寅日
乙酉生 : 乙卯日	丙戌生 : 丙辰日	丁亥生 : 丁巳日
戊子生 : 戊午日	己丑生 : 己未日	庚寅生 : 庚申日
辛卯生 : 辛酉日	壬辰生 : 壬戌日	癸巳生 : 癸亥日

甲午生 : 甲子日　乙未生 : 乙丑日　丙申生 : 丙寅日

丁酉生 : 丁卯日　戊戌生 : 戊辰日　己亥生 : 己巳日

庚子生 : 庚午日　辛丑生 : 辛未日　壬寅生 : 壬申日

癸卯生 : 癸酉日　甲辰生 : 甲戌日　乙巳生 : 乙亥日

丙午生 : 丙子日　丁未生 : 丁丑日　戊申生 : 戊寅日

己酉生 : 己卯日　庚戌生 : 庚辰日　辛亥生 : 辛巳日

壬子生 : 壬午日　癸丑生 : 癸未日　甲寅生 : 甲申日

乙卯生 : 乙酉日　丙辰生 : 丙戌日　丁巳生 : 丁亥日

① **안장기일**(安葬忌日) : 중상일(重喪日), 중일(重日), 복일(復日)을 가리는 법으로 이 날은 초장(初葬)과 개장(改葬)을 막론하고 장사할 수 없는 날이다. 그러나 중일과 복일은 흉사에는 더욱 흉하고 길사에는 더욱 길하다고 하는 애매 모호한 항목이 있지만 중상일만은 절대적으로 피하고 중일과 복일은 다른 길신(吉神)과 합궁(合宮)하여 사용하면 아무 탈이 없다고 하나 가리는 것이 무방하다. 사일(巳日) 해일(亥日)은 불장(不葬)이라 하여 연중 모든 사해(巳亥)일은 중(重)이 된다.

[月家凶神日]

구분 \ 월별	1	2	3	4	5	6	7	8	9	10	11	12
中喪日	甲	乙	巳	丙	丁	己	庚	辛	己	生	癸	己
重　日	巳 亥	巳 亥	巳 亥	巳 亥	巳 亥	巳 亥	巳 亥	巳 亥	巳 亥	巳 亥	巳 亥	巳 亥
復　日	甲 庚	乙 辛	戊 己	丙 壬	丁 癸	戊 己	甲 庚	乙 辛	戊 己	丙 壬	丁 癸	戊 己

② **상사흉일**(喪事凶日) : 장사에 극히 흉한 날로서 중상일(重喪日) 외에도 팔좌일(八座日)로서 연가팔좌일(年家八座日)과 월가팔좌일(月家八座日)이 있다. 이 팔좌일(八座日)에 조장(造葬)하면 극히 해로운 바 있으니 이 날은 장사를 피해야 한다.

[年家八座日]

年 次	子	丑	寅	卯	辰	巳	午	未	申	酉	戌	亥
八座日	酉	戌	亥	子	丑	寅	卯	辰	巳	午	未	申

[月家八座日]

月 別	1	2	3	4	5	6	7	8	9	10	11	12
八座日	亥	子	丑	寅	卯	辰	巳	午	未	申	酉	戌

③ **안장길일**(安葬吉日)

- **정월** : 丙寅, 癸酉, 壬午, 乙酉, 丁酉, 丙午, 乙酉, 辛酉日
- **2월** : 丙寅, 壬申, 甲申, 庚寅, 丙申, 壬寅, 己未, 庚申日
- **3월** : 庚午, 壬申, 癸酉, 壬午, 甲申, 乙酉, 丙申, 丁酉, 丙午, 庚申, 辛酉日
- **4월** : 乙丑, 丙午, 癸酉, 丁丑, 壬午, 乙酉, 己丑, 甲午, 丁酉, 己酉, 辛酉日
- **5월** : 辛未, 壬申, 甲戌, 庚辰, 甲申, 庚寅, 丙申, 壬寅, 甲辰, 甲寅, 庚申日
- **6월** : 壬申, 癸酉, 乙亥, 癸未, 甲申, 乙酉, 庚寅, 辛卯, 乙未, 丙申, 壬寅, 丙午, 戊申, 甲寅, 庚申, 辛酉日
- **7월** : 壬申, 癸酉, 丙子, 壬午, 甲申, 乙酉, 壬辰, 丙申, 丁酉, 丙午, 己酉, 壬子, 丙辰日
- **8월** : 壬申, 癸酉, 甲申, 乙酉, 庚寅, 壬辰, 丙申, 壬人, 丙辰, 庚申, 辛酉日
- **9월** : 丙寅, 庚午, 辛未, 癸酉, 丙子, 壬辰, 甲戌, 壬午, 庚寅, 壬寅, 丙午, 辛亥, 戊午日
- **11월** : 壬申, 甲申, 庚寅, 壬辰, 丙申, 壬寅, 甲辰, 壬子, 甲寅, 庚申日
- **12월** : 丙寅, 壬申, 癸酉, 戊寅, 甲申, 乙酉, 庚寅, 丙申, 壬寅, 甲寅, 庚申日.

④ **입지공망일**(入地空亡日) : 연월을 막론하고 일진(日辰)이 경오일(庚午日)이면 갑기생(甲己生)(甲子, 甲戌, 己丑, 己卯 등)의 망인을 장사지내지 않는다.

- **경오일**(庚午日) : 甲生, 己生, 망명(亡命 : 죽은 사람), 불장(不葬 : 장사 지내지 않는다)
- **경인일**(庚寅日) : 丙生, 辛生, 亡命, 不葬
- **경신일**(庚申日) : 戊生, 癸生, 亡命, 不葬
- **경진일**(庚辰日) : 乙生, 庚生, 亡命, 不葬
- **경술일**(庚戌日) : 丁生, 壬生, 亡命, 不葬

⑤ **파토기일**(破土忌日) : 이장을 하기 위하여 구묘를 헤치거나 신묘를 쓰기 위하여 흙을 다루는 일.

[月別忌日 早見表]

月 / 日	1	2	3	4	5	6	7	8	9	10	11	12
破土忌日	亥	子	丑	寅	卯	辰	巳	午	未	申	酉	戌

⑥ **정상기방**(停喪忌方) : 혈처(穴處) 광중(壙中)을 기준해서 방위를 보는 바 상여(喪輿)와 관(棺) 등을 놓는데 기(忌)하는 방(方).

- **사유축일년**(巳酉丑日年) : 간방(艮方)
- **신자진일년**(申子辰日年) : 손방(巽方)
- **해묘미일년**(亥卯未日年) : 곤방(坤方)
- **인오술일년**(寅午戌日年) : 건방(乾方)

또는 입좌(入座), 중좌(重座), 보원살방(報苑殺方)이다.

年　月	子	丑	寅	卯	辰	巳	午	未	申	酉	戌	亥
入座方	酉	戌	亥	子	丑	寅	卯	辰	巳	午	未	申
重座方	癸	己	甲	乙	己	丙	丁	己	庚	辛	己	壬
報寃方	庚	丙	甲	壬	庚	丙	申	壬	庚	丙	甲	壬

⑦ **제주불복방**(祭主不伏方) : 제주(祭主) 또는 상주가 엎드려 절하면서 곡읍(哭泣)하는데 불길한 방위를 피하는 법. 겁살(劫殺), 재살(災殺), 세살방(歲殺方) 및 양도방(羊刀方) 즉 연삼살방(年三殺方), 일삼살방(日三殺方), 연양도방(年洋刀方)으로 삼살방(三殺方)과 양도방(羊刀方)은 다음과 같다.

- **삼살방**(三殺方)
  - **신자진년일**(申子辰年日) : 사오미방(巳午未方)
  - **사유축년일**(巳酉丑年日) : 인오진방(寅午辰方)
  - **해묘미년일**(亥卯未年日) : 신유술방(申酉戌方)
  - **인오술년일**(寅午戌年日) : 해자축방(亥子丑方)
- **양도방**(羊刀方)
  - **갑년일**(甲年日) : 묘방(卯方)
  - **을년일**(乙年日) : 진방(辰方)
  - **병무년일**(丙戊年日) : 오방(午方)
  - **정기년일**(丁己年日) : 유방(酉方)
  - **신년일**(辛年日) : 술방(戌方)
  - **임년일**(壬年日) : 자방(子方)
  - **계년일**(癸年日) : 축방(丑方)

⑧ **구묘동총년운법**(舊墓動塚年運法) : 본 연운법(年運法)은 구묘(舊墓)의 좌산(坐山)에 의한 이장(移葬) 및 개장(改葬), 합폄(合窆: 합장) 등의 길흉년운(吉凶年運)을 가리는 동총년운법이다. 다음 도표에서 대리년(大利年)과 소리년(小利年)의 당년동총(當年動塚)은 정재길리(丁財吉利)하고, 중상년(重喪年)은 인상손재(人傷損財)가 우려된다. 그러한 바 중상년(重喪年)에는 어떠한 동총(動塚)도 피해야 한다.

[舊墓動塚吉凶年運]

舊墓坐山				大利年	小利年	重喪年
壬子	癸丑	丙午	丁未坐	辰戌丑未年	子午卯酉年	寅申巳亥年
艮寅	甲卯	坤申	庚酉坐	子午卯酉年	寅申巳亥年	辰戌丑未年
乙辰	巽巳	辛戌	乾亥坐	寅申巳亥年	辰戌丑未年	子午卯酉年

⑨ **팔산도침살**법(八山刀砧煞法) : 동총당년(動塚當年)의 태세(太歲)와 좌산(坐山)에 의한 동총년운법(動塚年運法).

[五山年運表]

坐山 / 動塚年	金山 乾酉 亥丁	木山 巳卯 巳艮	火山 丙午 乙壬	水土山 丑辛庚未 戌辛癸申 甲寅巽辰子
甲己年	乙丑 金運	辛未 土運	甲戌 火運	戊辰 木運
乙庚年	丁丑 水運	癸未 木運	丙戌 土運	庚辰 金運
丙辛年	己丑 火運	乙未 金運	戊戌 木運	壬辰 水運
丁壬年	辛丑 土運	丁未 水運	庚戌 金運	甲辰 火運
戊癸年	癸丑 木運	己未 火運	壬戌 水運	丙辰 土運

인오술(寅午戌) 신자진년(申字辰年)은 병정임계좌산(丙丁壬癸坐山)이 도침살(刀砧煞)이다. 사유축(巳酉丑) 해묘미년(亥卯未年)은 갑을경신좌산(甲乙庚辛坐山)이 도참살이다. 위 도참살에 해당되는 좌산의 당년동총은 가급적 피한다. 그렇지 않으면 관재(官災)와 상정(傷丁)이 우려된다. 한편

본 연운법(年運法)은 신구묘(新舊墓)의 좌산이 다같이 이에 해당된다. 또한 오산년운법(五山年運法)은 새로운 장지(葬地)에서 각 좌산(坐山)의 이장년운(移葬年運)을 보는 동총년운법(動塚年運法)이다. 특히 산운(山運)은 홍범오행(洪範五行)을 사용하고 연운(年運)과 망명(亡命)의 본명은 납음오행(納音五行)을 사용한다. 당년 연운이 산을 생조(生助)하거나 혹은 비화(比和)하면 길리(吉利)하고, 이에 반해 연운(年運)이 산운(山運)을 제극(制剋)하거나 혹은 설기(泄氣)하면 그 장사는 불길하다. 단 망명의 본명 또는 당일 일진[납음오행(納音五行)]이 산운을 극(剋)하는 연운을 다시 제극하면 이에 구애받지 아니한다.

- **홍범오행**(洪範五行)

  甲寅辰巽 大江水 戌坎辛申 揔一同(水)

  辰艮巳山元屬(木)

  離壬丙乙火爲宗(火)

  兌丁乾亥金山處(金)

  癸丑坤庚未土窮(土) 坐는 오행이 土가 된다.

❖ **장포태법**(葬胞胎法) : 장포태법의 끝번째로 오행이 이 장궁(葬宮)에 들면 그 힘이 매우 약해진다.

年日	申子辰水	巳酉丑金	寅午戌火	亥卯未木
葬	辰	丑	戌	未

❖ **장풍**(藏風) : 혈 주변의 산들이 혈을 감싸 안아 기가 잘 보존되는 국세. 묘지의 위치를 잡을 때 산의 높이를 고려하여 장풍이 되도록 주의한다. 외부로부터의 거친 바람 기(氣)는 차단하고 순한 바람 기(氣)는 잘 취합(聚合)하여 순환시키는 것 주위의 산세 사신사(四神砂)를 보는 법(청룡, 백호, 현무, 주작)

❖ **장풍국의 개념도**

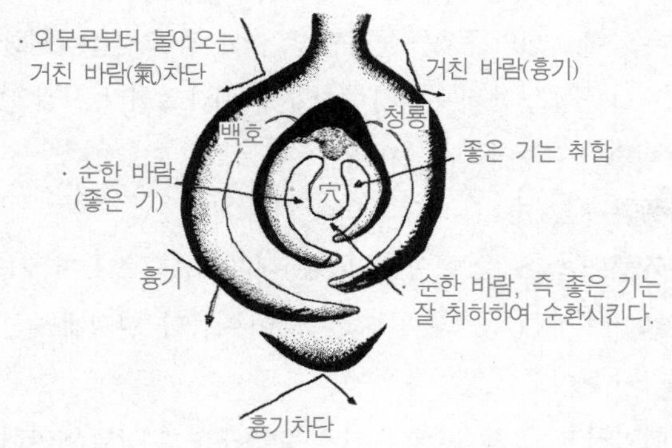

❖ **장풍득수**(藏風得水) : 사방이 둘러싸여 바람을 맞지 않아 생기가 흩어지지 않는 곳을 장풍이라 하고 생기가 용맥따라 흐르다가 물을 만나면 멈추게 되는 곳을 득수라 한다. 장풍과 득수가 있는 진혈을 길지(吉地)라 하여 장풍과 득수와 바람과 물을 합하여 풍수라 했다.

❖ **장풍법**(藏風法) : 풍수(風水)는 생기를 타는 것인데 생기는 바람을 타면 흩어진다. 생기를 타기 위해서는 생기가 멈추고 모여야 하지만 바람을 만나면 흩어져 없어지기 때문에 생기의 멈춤 모임을 위해서는 바람을 잘 주의하지 않으면 안 된다. 바람을 막으려면 병풍같은 것이 필요하다. 생기를 산일(散逸)시켜 버리는 바람도 역시 음양원기의 소산이다. 금낭경에서는 이를 부음양지기(夫陰陽之氣), 희이위풍(噫而爲風), 승이위운(升而爲雲), 항이위우(降而爲雨), 행호지중(行乎地中), 칙위생기(則爲生氣)라 하여 바람도 생기와 마찬가지로 음양 양기(陽氣)의 소생이라고 하였다. 따라서 바람도 역시 음양의 원기에 불과하고 자주 땅속에서 발하는 생기를 포함한 음양의 원기인 이 바람에서도 화순(化醇)을 도모할 수 있다. 또한 바람의 취급방법을 고인취지사불산(古人聚之使不散)이라 하고 있듯이 바람은 불어나가게 해서는 안 된다. 이를 모으면 화순이 된다. 풍법은 불어오는 바람을 거부하는 것이 아니라 불어나가는 바람을 막는 방법이다. 이처럼 바람이 불어오게 하고 나가지 못하게 하는 것이기 때문에 방풍(防風)이라 하지 않고 장풍(藏風)이라 한다. 즉 혈의 사방을 산으로 둘러싸고 그 중앙 분지에서 음양(陰陽) 양원(兩元)을

충화(冲和)하게 하여 생기가 충일하도록 꾀하려 한다. 이 사방을 둘러싸는 것을 풍수에서는 사(砂)라고 한다. 사(砂)라고 하는 것은 국혈(局穴)의 주위를 둘러싼 생기의 멈춤 모임을 촉진하고 그 순화를 돕는 산 및 언덕의 총칭을 사(砂)라고 한다. 사가 있어야 바람이 감추어지는 것이다.

❖ **장풍취기**(藏風聚氣) : 바람을 막아 기가 모임.

❖ **장풍탈맥**(藏風脫脈) : 혈의 고저(高低)에 관계없이 장풍지처(藏風之處)이며 계수(界水)의 중에 낮은 곳이 이롭다. 혈맥에는 일절 바람이 들어오지 않는다.

❖ **장하귀인**(帳下貴人) : 장막을 친 것 같은 수성체. 장막사 아래에 목성의 귀인봉이 있는데 청수 단정해야 한다. 상격룡이면 상서시종(上書侍從)과 금의옥대(錦衣玉帶)하여 임금을 가까이 모시는 높은 벼슬을 한다.

❖ **장혈척촌법**(葬穴尺寸法) : 24산(山)의 물명(物名 : 동물명)과 척촌(尺寸)은 자(子)는 쥐, 계(癸)는 빨쥐, 축(丑)은 소, 간(艮)은 긔(대긔), 인(寅), 범, 갑(甲)은 여우, 묘(卯)는 토끼, 을(乙)은 담비, 진(辰)은 용, 손(巽)은 교룡, 사(巳)는 뱀, 오(午)는 말, 정(丁)은 노루, 병(丙)은 사슴, 미(未)는 염소, 곤(坤)은 자라, 신(申)은 잔나비, 경(庚)은 까마귀, 유(酉)는 닭, 신(辛)은 꿩, 술(戌)은 개, 건(乾)은 승양, 해(亥)는 돼지, 임(壬)은 제비. 자좌(子坐)판은 대개 혈판(穴板)이 버드나무잎처럼 되어 있으면 격(格)이 맞다. 축좌판(丑坐板局)은 대개 좌우전후에 암석이 있으면 재록(財祿)이 구족(具足)하고 산의 입구에 우형암석(牛形岩石)이 있으면 대길하다. 간좌(艮坐)는 긔(대긔)는 지대가 습하고 평탄해야 길하고 묘에 석물(石物)을 하면 대단히 불길하여 사망 또는 병신불구자가 난다. 인좌(寅坐)는 범(호랑이)은 산지 영웅이나 의심이 많아서 산 등으로만 다니므로 혈판국(穴板局)이 고원지(高原地)라야 진(眞)이 된다. 혈심(穴深)은 4尺8寸, 갑좌(甲坐) 여우(狐)는 의심이 많으니 혈이 깊은 곳에 있으므로 혈판국이 좀 우먹여야 진으로 혈심 5尺2寸이다. 묘좌(卯坐) 토끼는 앞발이 짧고 뒷바른 길어 혈판국이 돌(突)하고 앞이 급해야 진이고, 순전(脣前)을 넓게 하면 불길하다. 혈심은 3尺8寸. 을좌(乙坐) 담비는 다람쥐 같은것으로 떼를 지어서 다니는데 크기는 토끼만하고 매우 빨라서 능히 범을 잡는다고 한다. 혈판국은 좁고 돌(突)하면 진으로 혈심은 4尺2寸이다. 진좌(辰坐) 용은 입수맥(入首脈)이 굴곡을 하고 기래(基來)가 장원(長遠)하고 혈판국의 유돌(乳突)이 좌우에 양각사가 있어야 진이고 혈심은 4尺7寸이다. 사좌(巳坐) 뱀은 역시 진좌판국과 같으나 혈판 좌우에 사각(砂角)은 없어야 진이며 석물(石物)은 불길하다. 손좌(巽坐) 교룡은 동아뱀으로 손좌판국은 와(窩) 판국의 연소형으로 되어 있으면 진으로 혈심은 3尺8寸이다. 병좌(丙坐) 사슴은 혈판국이 고원(高原)하고 돌(突)하고 좁아야 진으로 혈심(穴深)은 3尺7寸이다. 오좌(午坐) 말은 판국이 넓은 것은 비혈(非穴)이고 혈판국이 좁고 사토(砂土)가 혼합되고 주룡이 수척하여야 진(眞)이다. 우(牛)와 마(馬)형을 분간할 때 산수자(山叟者)는 마(馬)요 산비자(山肥者) 우(牛)라 하였다. 심혈 3尺7寸이다. 정좌(丁坐) 노루(獐)는 앞발은 짧고 뒷발은 길어 혈판국이 급하고 돌(突)하고 좁아야 진으로 혈심(穴深)은 4尺5寸이다. 미좌(未坐) 염소는 포선형(布扇形)이고 힘이 머리에 있고 고원만두(高原巒頭)라야 진이며 혈심은 4尺5寸이다. 곤좌(坤坐) 자라는 혈이 비습(卑濕)한 곳에 있으니 곤좌판국이 와(窩)라야 하고 평판지대 혈토가 좀 습한 듯 하면 진으로 혈심은 3尺5寸이다. 신좌(申坐) 잔나비는 항상 등고(登高)라 혈이 고원지(高原地)에 있어 전경이 광활하고 좌우산세가 촉(促)하면 진으로 혈심은 3尺9寸이다. 경좌(庚坐) 까마귀는 혈이 높은 곳과 노방(路傍)에 있으므로 주산이 높고 크며 빠르며 혈판국이 돌(突)하고 좁고 안대전경(案對前境)이 광활하고 토색은 황토색이면 진으로 혈심은 4尺1寸이다. 유좌(酉坐) 닭은 가축물이라 대개는 다작인가근처(多作人家近處)로서 혈판국은 좁고 돌하고 순전(脣氈)이 단축해야 진이며 혈심은 4尺2寸이다. 신좌(辛坐) 꿩은 혈이 높은 곳에 있으므로 돌(突)하고 좁고 광내가 강하고 사토(砂土)가 혼합해야만 진이다. 항상 혈심은 4尺5寸이다. 술조(戌坐) 개는 혈판국이 와(窩)라야 하고 산지슬평(山支膝平) 하여야 진으로 혈심 3尺9寸이다. 건좌(乾坐) 늑대는 개와 근사하여 느리기는 하지만 개보다 영리하다. 성질은 범과 비슷하고 고원지대로 만 다닌다. 대개 건좌묘(乾坐墓)는 고원지(高原地)가 많다. 혈심은 4尺2寸이다. 해좌(亥坐) 돼지는 혈이 비습(卑濕)한 곳에 있어

혈판국이 와(窩)라야 진으로 혈심은 3尺8寸이다. 임좌(壬坐) 제비는 혈이 높은 곳에 있어 혈판으로서 후면이 담장처럼 반월모양이고 전면은 축대를 쌓은 것처럼 낭떨어지여야 하고 안대(案對)가 광활(廣闊)하고 안산들이 꽃과 같이 보이면 제비로서 바로 연소형이 되면 진(眞)으로 혈심은 尺8寸이다.

❖ **장협**(長峽) : 길다란 과협의 형세. 곧고 길면 생기가 없어 나쁘고 굴곡이 있는 것이라야 생기가 깃들며 또 양쪽에 호위해 주는 산줄기가 있어야 길(吉)하다.

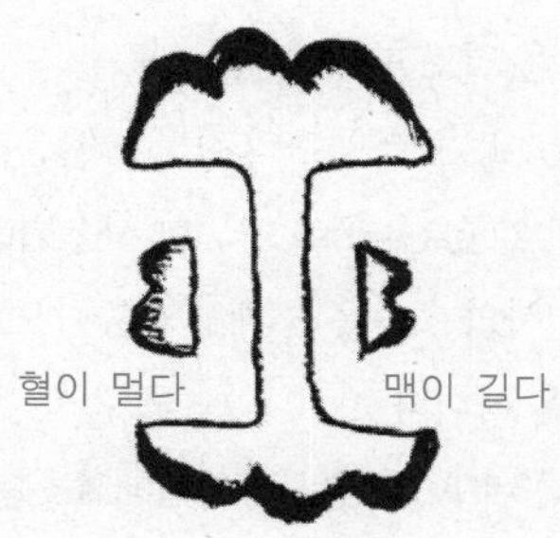

❖ **장호구**(張虎口) : 호랑이가 입을 벌린 모양.

❖ **장홍단천**(長虹旦天) : 긴 무지개가 하늘 높이 뻗쳐 있는 것처럼 생긴 형국. 산세가 수려하며 장엄하고, 혈은 뱀의 머리 비슷하게 생긴 곳에 있으며, 안산은 구름, 비, 바람 등으로 앞에 귀인봉(貴人峯)이 우뚝 솟아 있다.

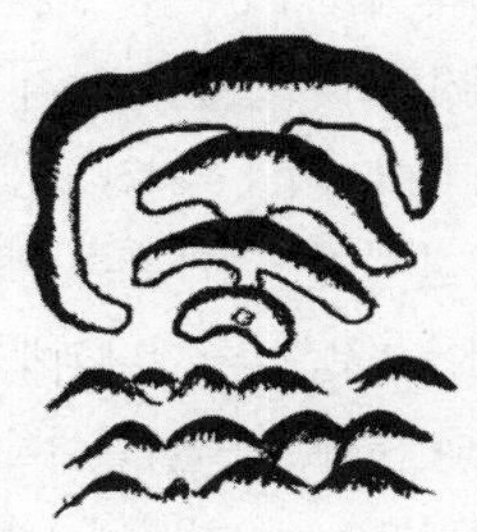

❖ **장홍음수**(長虹飮水) : 무지개가 물을 마시는 것처럼 생긴 형국. 산줄기들이 길게 길게 뻗어 있다. 혈은 물가에 있으며, 안산(案山)은 구름이다.

❖ **장후발복년대지법**(葬後發福年代知法) : 세상 사람들은 무엇이든지 미리 알기를 좋아하며, 미래를 앞당길 것을 발원한다. 치장에 있어서는 효·불효를 막론하고, 장사후 고인이 평안하기를 바라기도 하지만 흔히는 자손의 영광을 바라며, 명당이라면'언제쯤 발복(發福)하여 부귀영화를 누릴 수 있을까'하여 퍽 궁금하여 알고자 한다. 구성(九星)을 팔방(八方)에 맞추어 발복 연대를 보면, 탐랑(貪狼)·거문(巨文)·무곡(武曲)은 3×3하여 3년대 발복을 못하면 9년대에 크게 발복하는데, 그 이유는 탐랑은 목성(木星)이고 거문·녹존은 토성인데 장사년의 간지가 극(剋)을 하거나 망자가 탐랑·거문·녹존과 상충(相沖) 또는 상극(相剋)이면 발복 연대가 좀 늦어지는 것이며, 다른 것도 이에 준한다. 문곡(文曲)·녹존(祿存)·보필(補弼)은 5×5하여 5년대 발복을 못하면 25년이 걸리며, 파군(破軍)과 염정(廉貞)은 7×7하여 7년대 발복을 못하면 49년후가 되는데, 어쩌면 발복을 빠르게도 하지만 속성속패(速成速敗)한다. 보는 법은 좌에서 득수(得水)하는 곳을 찾아보면 된다.

❖ **장흉**(葬凶) : 장사(葬事)지내는 날의 흉함을 말함. 즉 연(年)이 흉하고 월(月)이 흉하고 일(日)이 흉하다는 것으로 천장(遷葬)의 흉(凶)함을 말하는 것은 아니고 점혈(點穴)의 법과 천장(遷葬)의 법은 여기에서 논하는 장흉(葬凶)이 아니다.

❖ **재기부두**(再起符頭) : 입수 후 15보 이내의 교지(交枝) 각(角)을 기준하여 부두를 붙인다. 예를 들면 건해(乾亥)용이 임자(壬子), 계축(癸丑), 갑인(甲寅)으로 입수하면 갑년순중(甲年旬中) 건위수(乾爲首)이므로 갑년(甲年) 부두가 된다. 자(子), 축(丑), 인(寅)은 갑오(甲午), 을미(乙未), 경자(庚子), 신축(辛丑), 임인(壬寅)이 된다. 만약에 입수 후 15보 이내에서 갑묘(甲卯)가 교지(交枝: 서로 사기고 뻗은 맥) 하면 갑묘(甲卯)는 갑무(甲戊)부두이다. 입수 자

(子), 축(丑), 인(寅)은 갑술(甲戌), 을해(乙亥), 병자(丙子), 정축(丁丑), 무인(戊寅)으로 변한다.(재기부두) 만약에 손사(巽巳)가 교지하면 손사(巽巳)는 갑자(甲子)부두이니 갑자(甲子), 을축(乙丑), 병인(丙寅)…으로 변한다. 여기에서 주의할 점은 계봉(界縫 : 경계선상)이 되면 좌·우선을 판단하여 해당하는 부두를 찾는다는 점이다. 즉 축간(丑艮)이면 갑신(甲申)부두이고, 간축(艮丑)이면 갑술(甲戌)부두가 된다. 부두순중에 천간 무(戊)나 기(己)가 붙으면 무기(戊己)공망이 된다.(예를 들면 갑자(甲子)부두에서는 辰, 巳)

❖ **재래식 화장실·축사·두엄·쓰레기 매립지는 흉하다** : 재래식 화장실이나 축사 퇴비와 배설물을 쌓아 놓았던 두엄·쓰레기 매립지 등은 악취와 부패 가스를 내뿜어 나쁜 영향을 미치므로 피하는 것이 좋다. 그러나 불가피할 경우에는 오물이 스며든 곳까지 완전히 흙을 파낸 다음 깨끗한 생토로 모토하여 철저히 다져 주어야 한다.

❖ **재물과 인재가 배출 되는 곳은** : 집의 좌우측 앞쪽 방향을 둥글게 굽어 도는 물길이 있는 터에서는 풍요로운 재물의 번성과 더불어 높은 지위(地位)에 올라 입신출세하는 인재가 배출된다.

❖ **재물**(財物)**을 많이 얻고자 하면** : 땅이란 것은 완벽히 좋을 수만은 없는 것이다. 그 경중(輕重)과 완급(緩急)을 살펴 물과 땅이 겸비된 터를 마땅히 찾아야 되는 것이다. 재물은 물과 백호가 좌우 한다.

❖ **재백산**(財帛山) : 간방(艮方)의 봉우리가 쓰러질 듯 기울었거나, 깨지고 부서졌거나, 어지럽게 흩어진 것을 말함. 재백산이 보이면, 이름 그대로 재물이 흩어져 가난하게 산다.

❖ **재백풍**(財帛豊) : 간(艮)을 재백(財帛)의 부(府)라 하므로 산만(山巒)이 고대하고 풍후(豊厚)하면서 봉만(峰巒)이 집회(集會)한 듯하면 주로 다재(多財)한다. 간방(艮方)은 재물과 관계가 깊으므로 간봉(艮峯)이 높고 크며 풍후(豊厚)하게 생기면, 많은 재물을 얻게 된다. 간방의 봉우리가 기울거나 빈약하게 생기면 재물이 흩어진다.

❖ **재보옥계수**(財寶玉階水) : 간방(艮方)이나 병방(丙方)에서 흘러 들어온 물이 정방(丁方)이나 유방(酉方)으로 빠져 나가는 것을 말함. 재보옥계수는 금어어가수처럼 길(吉)하며, 자손들이 관직과 녹(祿)을 갑자기 얻게 된다.

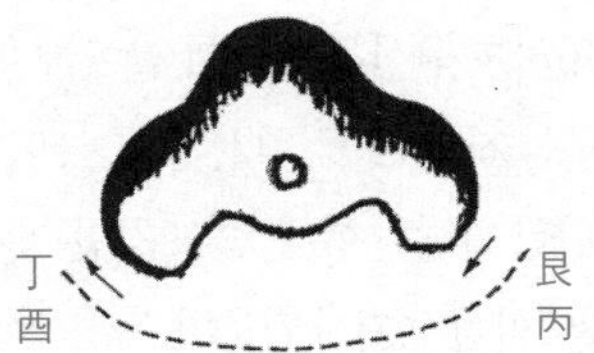

❖ **재산**(財山) : 좌우의 산이 가로로 엎드려 안으로 찾아든 모양을 말함. 그 형상은 별로 따지지 않는다.

❖ **재성보설법**(裁成輔泄法) : 풍수의 결작(結作)은 자연의 천조지설이지만 재성보설(裁成輔泄)이 가능한 사수법(砂水法)은 지사의 소관이므로 명사의 수준은 곧 재성의 능력으로 평가한다고 하여도 틀린 말은 아니다.

절위승진법(截僞乘眞法), 수진방위법(收眞放僞法)
이룡취향법(移龍就向法), 사룡취향법(捨龍就向法)
이룡환국법(移龍換局法), 승왕제살법(乘旺制殺法)
종살화권법(從殺化權法), 영관취록법(迎官取祿法)

❖ **재앙이 빈번한 주택**

- 본래 있었던 원채 건물의 좌측 방 뒷머리에다 작은 구조물(小屋)을 잇대어 만들면 인명의 손상, 자살, 고질병, 눈병창종(患目瘡腫)의 우환 및 재물 파탄과 낭패 등 흉험이 닥친다.
- 심하게 일그러지거나 비뚤어졌다든지 요철(凹凸)의 형태를 이루는 등 움푹 패어지거나 불거진 모양의 집 구조나 집터에서는 변고와 우환 및 불구자가 흔히 생기는 파괴형 구조다.
- 북쪽이 움푹 패어진 것은 불구자나 과부가 생기며 집안이 산란해지고 도박과 잡기로 재물이 흩어지며 객사하거나 자식이 없어 후대가 끊기는 등 우환과 변고가 자주 생기며 화장실이 그 쪽에 위치하면 정신질환자나 귀머거리가 생기기 쉽다.
- 남쪽이 패어진 곳에 화장실 및 하수구 등이 배치되면 눈병이나 시력장애 및 정신질환자와 장님이 생기기 쉽다.
- 서북쪽과 동북쪽이 움푹하게 패어진 형태의 집에서는 절름발이나 다리에 이상이 있는 불구자가 생기기 쉽다.
- 동남쪽과 서쪽 및 서북쪽에 남의 묘지라든가 화장실이 있다

든지 오물 저장소 또는 더러운 것을 쌓아 두게 되면 정신질환자와 신경성 질병이 생기기 쉽다.

- 동북쪽과 서남쪽의 화장실, 하수도, 두엄자리, 우물 등은 변고나 돌발 재난이 생기기 쉽다.
- 동쪽과 남쪽이 밝고 넓게 트이지 않고 앞이 막힌 집터에서는 매사 불성의 형국이다(묘지나 화장실 등도 마찬가지로 간주한다).
- 부엌(주방)이 집의 한가운데 위치하는 것은 장해 파괴 형국이다.
- 북쪽이 볼록하게 튀어나온 집은 재물이 빨리 늘고 자식들이 태어나도 두뇌가 좋다. 성공도 빨라 발전 부귀하나 지나치게 불쑥 솟아나오는 것은 부녀자가 가장을 업신여기거나 자기주장이 강해서 풍파가 생기고 바람을 피우는 등 끝내는 파괴 재난이 닿는 불길 구조이다.
- 연못이나 풀장, 우물은 절대 정남쪽에는 만들지 않는다. 변고와 단명 및 집안의 우환 등 파괴의 재난이 닿는다.
- 남쪽 방위에 결함이 있는 가옥이나 집터는 기관지 및 호흡기 질환, 폐기능 질병 및 폐암 계통의 병환이 발생하기 쉽다.
- 서남쪽 방위에 결함이 있는 가옥이나 집터는 위궤양, 변비, 위산과다, 위경련 및 복통, 복수가 차오르는 등 위암과 자궁암, 위장병 계통의 질환이 생기기 쉽다.
- 서북쪽 방위에 결함이 있는 가옥이나 집터는 두뇌 질환, 고혈압, 동맥경화, 피부질환, 알레르기성 계통의 질병이 생기기 쉽다.
- 셋방이라도 가옥의 서북쪽 방위에 들어오는 사람들의 경우는 들어올 때는 힘들어도 다른 곳으로 옮겨갈 때에는 형편이 나아지는 예가 십중팔구이다. 그러나 서북쪽 방위의 방은 셋방으로 빌려주면 알맹이는 남 주고 주인은 빈 껍데기만 차지하는 형국을 피할 수 없다.
- 적당히 볼록 솟아오른 것은 그 방위에 해당하는 길흉 영향자 및 가옥의 화복에 오히려 좋은 영향력을 행사하는 길상(吉祥)의 행운으로 간주한다.
- 항상 가옥의 세부 구조 및 길흉을 판단할 때에는 24방위마다 소속된 길흉 해당자가 누구인가와 팔괘의 주체요해에 대한 이론을 필수적으로 참고해서 일그러지거나 볼록하게 튀어나온 것 등의 갖가지 모양 및 구조에 대하여 차분한 검토와 길흉화복에 관한 고찰을 통한 최종적 판단에 임해야 한다.
- 바깥 대문을 열어 놓으면 부엌이 막바로 바라보이는 것은 불길형 구조로서 외부내곤(外富內困) 형국이며 가정의 살림살이가 어수선하여 좋지 않은 일들이 많이 발생되며 구설수와 집안 비밀이 밖으로 잘 흘러 나가는 비밀 누설 형상이므로 주방은 주출입문과 일직선으로 정면 배치가 되지 않고 가려져 안 보여야 길하다.
- 대체로 동남과 서북을 향해 놓여진 점포나 구조물은 발전이 더디고 장해와 곤란이 자주 생기며 부엌이나 주방이 서남쪽에 배치되는 경우와 화장실이나 변소가 놓여지는 것도 파괴액화 재난 형국이다.
- 집터는 앞쪽이 평평하고 시야가 넓게 열리는 것이 좋고 뒤쪽은 아늑하게 여유가 있어야 하며, 앞쪽은 지나치게 경사지지 말아야 되고 모양이 반듯하면서 좌우에 충분한 여유를 가지는 것이 좋다.
- 집터가 물이 잘 빠지지 않고 물이 고인다든지 습기가 지나치게 심한 경우와 남서쪽이나 동북쪽 방위에 배수구나 쓰레기장이 있는 경우는 우환이나 재난이 자주 발생하는 파괴 분산 형국이며, 어수선한 살림살이를 면하기 어려운 불길 형상이다.

❖ **재왕향**(帝旺向) **경유좌갑묘향**(庚酉坐甲卯向) : 정왕향(正旺向)이며 생방건해수(生方乾亥水)가 우선(右旋)의 건해룡(乾亥龍)이 배합되니 좌선(左旋)의 건해수(乾亥水)가 계(癸)의 관대수(冠帶水), 간인(艮寅)의 임관수(臨官水)가 모두 갑묘왕방(甲卯旺方)에 모여서 묘고방(墓庫方) 정자상(丁字上)으로 흘러나가는 것으로 생래회왕(生來會旺)이라 하며, 총명한 수재의 자손이 출생한다. 간인(艮寅)의 임관녹방(臨官祿方)에 재모(載帽)하고 또는 간인수(艮寅水)가 조당(朝堂)하면 소년에 장원하나 만일 간인(艮寅)의 임관녹위(臨官祿位)가 공허(空虛)하여 물이 흘러나가면 황천(黃泉)에서 말하는 소망패절(小亡敗絶)한다. 건(乾)의 천마사(天馬砂)가 있으면 최관(催官)이 가장 빠르며 왕향(旺向)의 수법을 양공(楊公)의 진신수법(進神水法)이라고 한다. 여기서도 분금을

하지 않으면 비록 진룡진혈(眞龍眞穴)이더라도 복력을 크게 감소시킨다. 병방(丙方)이 목국(木局)의 사방(死方)이라고 하나 간(艮)의 임관(臨官)의 귀인사(貴人砂) 또는 장원마(壯元馬)가 있게 되고 병봉(丙峰)이 수려하면 간병(艮丙)의 육수(六秀) 또한 대부대귀하는 것이며, 해묘미(亥卯未) 목국(木局)의 마(馬)는 손사방(巽巳方)에 있는 것으로 아름다운 것이며, 갑왕수(甲旺水)가 일작(一勺)이라도 있으면 천금(千金)의 보고(寶庫)와도 바꿀 수 없는 것이다.

❖ **재운과 부인덕을 보려면 서쪽이 길해야 한다** : 서쪽은 오행상 금의 방위이다. 여자의 운과 재운, 친구 등 관계된 일에 영향을 받는 곳으로서 서쪽이 좋으면 부인의 덕으로 재산을 모을 수도 있고 좋은 친구도 사귀게 되고 재운도 따르게 된다. 그 반면 서쪽이 보기에 흉하거나 요(凹)한 곳이 있거나 집의 벽에 금이 나 있거나 지붕에 비가 세는 곳이 있으면 재운이 오히려 패운이 될 수도 있으니 서쪽을 잘 살펴 보아야 한다. 목욕탕, 부엌, 화장실 등이 나 있으면 외형상 좋은 집도 그 효과를 얻을 수 없으며, 대지도 서쪽이 나온 모양에서 북동 방위가 나오거나 들어가 있다면 식구들이 흩어져 살게 된다.

❖ **재전**(裁剪) : 불필요하게 생긴 곳을 잘라서 좋게 만든다는 말.

❖ **재정**(財丁) : 재산과 인정. 자손을 말한다.

❖ **재정부귀혈**(財丁富貴穴) : 재정(財丁)의 혈은, 용진혈적(龍眞穴的)하고 명당융취(明堂融聚)하고 팔방불견요풍(八方不見凹風)하고 사수귀당(四水歸堂)하고 수취천심(水聚天心)하고 곡수지현(曲水之玄)하고 상사관(上砂寬)하고 하사취(下砂聚)하고 수구교아고용(水口交牙高聳)하고 관쇄중중(關鎖重重)하면 이는 재격(財格)이다. 용신건왕(龍身健旺)하고 곡굴활동(曲屈活動)하고 명당관광(明堂寬廣)하고 나성주밀(羅城周密)하고 산교수회(山交水會)하고 음양상배(陰陽相配)하면 이는 정격(丁格)이다. 양공(楊公)이 이르되, 「만산조진(萬山朝進)하고 백천동귀(百川同歸)하면 불출장상(不出將相)이라도 역산공후(亦山公侯)라」 하였고, 증공(曾公)은 이르기를, 「하사수진원두수(下砂收盡源頭水)면 가부두량금(家富斗量金)이요, 만봉정수조귀혈(萬峰呈秀朝歸穴)이면 재자상공배(才子相公輩)라」 하고, 「문귀(文貴)는 다봉투소(多峰透霄)요, 무귀(武貴)는 필기고조(必旗鼓照)요, 대부(大富)는 유수요포(惟水遶抱)라」 하였으니, 이는 부귀격(富貴格)이다.

❖ **재최**(齋衰) : 오복(五服) 중의 하나. 거친 생마포로 아랫단을 꿰매서 붙인 것. 모(母), 시가의 모, 조모, 증조모, 고조모, 계부, 적모, 계모, 양모(養母), 자모(慈母), 가모(嫁母), 출모(出母), 서모(庶母)와 출가녀가 본종(本宗)의 증조부모(曾祖父母), 고조부모(高祖父母)의 상(喪)에 입음. '자최'로도 읽음.

❖ **재최부장기**(齋衰不杖朞) : 재최복만 입고 상장(喪杖)을 짚지 않으며 1년간 입는 복.

❖ **재혈**(裁穴) : 입수(入首)하여 혈장(穴場)으로 들어온 용이 좌선혈장(左旋穴場), 우선혈장(右旋穴場), 직입수(直入首)혈장인가를 먼저 판단한 다음 혈 중심의 횡선(橫線)과 혈중심의 종선(縱線)을 정하여 천광(穿壙)할 표시를 한다. 최소한의 넓이로 천광을 해야하니 미리 분금을 넣어서 정밀하게 재혈하는 것이 좋으며 혈중심 종선의 왼쪽이나 오른쪽으로 치우치거나 혈중심 횡선의 중앙에 걸쳐지거나 또는 아래로 치우쳐서도 안 된다. 재혈은 패철로 장원한 천리내룡의 입수처를 살핀 다음 시신의 안장지점을 천광작업하기 위한 전단계로서 입수맥의 변화가 좌선인가, 우선인가, 직입수인가에 따라 종선(縱線)인 지기선과 횡선(橫線)인 선익(蟬翼) 양 끝부분에 관의 하부가 닿도록 세심한 주의를 요하며 한치의 오차도 잘못을 범하면 올바른 재혈이 되지 못한다. 재혈에는 자연 산리의 정혈법을 기본으로 하되 명당에 모인 혈장의 진기를 찾는데는 많은 어려움이 따르게 되어 기맥봉으로 지기맥 파장 감지법을 개발하여 얻어진 지식을 바탕으로 재혈을 함이 보편화되어 있다. 비혈지와 수맥의 피해를 최소화하기 위한 장례 행사에 대하여 법이 많으므로 처음 배우는 입장으로서는 어떤 법을 따라야 할지 표준을 잡을 수 없지만 가령, 합리적으로 내려온 맥이 혈 머리에 이르러 정미룡입수(丁未龍入首)라면, 이는 미(未)가 되어 고운(庫運)이라 할지 모르나 그런 것이 아니라 쌍산오행(雙山五行)을 적용하고 외반봉침(外盤縫針)을 기준 수구(水口)가 계축방(癸丑方)이면 두우(斗牛)는 정경(丁庚)의 기를 납(納)한다에 의거, 즉 금국정룡(金局丁龍)이며, 이미 정(丁)·경(庚)의 좌(坐)는 쓸 수 있는 좌(坐)로 단정을 내려

도 좋다. 왜냐하면 포태법(胞胎法)으로 정미(丁未)는 관대(冠帶)요, 경손사(庚巽巳)는 왕좌(旺坐)이니, 즉 계축파(癸丑破)에는 경유(庚酉)[生] 정미(丁未)[帶] 병오(丙午)[官] 손사(巽巳)[旺]의 8개 좌(坐)는 쓸 수 있는 자리다. 그런데 정미도두(丁未到頭)[入首]의 경우 미(未)는 그만두고 정좌(丁坐)로 재혈(裁穴)하는데 우선 양공(楊公)의 오자기론(五子氣論)에 의하면 갑자(甲子)순(旬)인 갑자(甲子)에서 을해(乙亥)까지는 냉기맥(冷氣脈)이니 고(孤)가 되고, 병자(丙子)에서 정해(丁亥)까지는 정기맥(正氣脈)이니 왕(旺)이 되며, 무자(戊子)에서 기해(己亥)까지는 패기맥(敗氣脈)이니 살(殺)이 되고, 경자(庚子)에서 신해(辛亥)까지는 왕기맥(旺氣脈)이니 상(相)이 되고, 임자(壬子)에서 계해(癸亥)까지는 퇴기맥(退氣脈)이니 허가 된다. 이 가운데서 병자기(丙子氣)만 왕상(旺相) 사용하므로 정좌(丁坐)에는 병자기(丙子氣)와 경자기(庚子氣)만 왕상(旺相) 사용하므로 정좌(丁坐)에는 병자기(丙子氣)로 따져 정축(丁丑), 무인(戊寅), 기묘(己卯), 경진(庚辰), 신사(辛巳), 임오(壬午), 계미(癸未)가 정정룡(正丁龍)이니 이와 같이 재혈하면 사람이 출생하여 장수 부귀한다. 다만 경방수(庚方水)가 보이면 해묘미년(亥卯未年)에 화액(禍厄)을 당한다 하였으니 경수(庚水)만 없고 전후좌우의 사(砂)와 법이 맞으면 좋은 땅이다. 그리고 재혈(裁穴)할 때 도두(到頭)로부터 산맥을 5등분하여 둘째 등분한 곳이나 넷째 등분한 곳에 병자기(丙子氣)에 좌(坐)를 정하고, 병자기(丙子氣)의 계미입수(癸未入首)에 정좌(丁坐)가 된다.

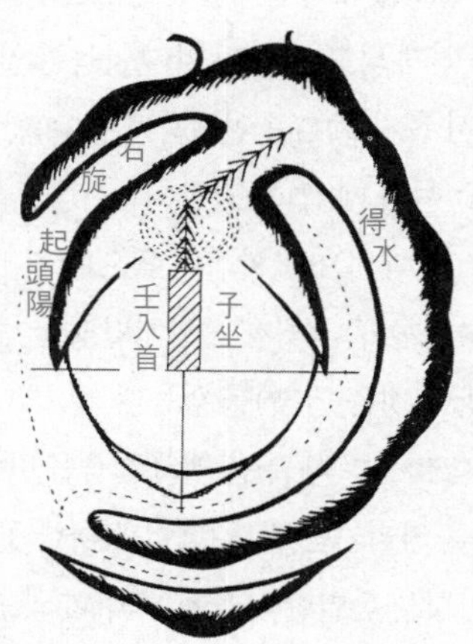

[재혈도(裁穴圖)]

❖ **재혈(裁穴)의 위치가 확정되면**: 천광(穿壙)의 작업을 시작하여야 된다. 이 작업을 할 대는 반드시 혈토(穴土)를 알아야 한다.

❖ **재혈(裁穴), 묘는 어떻게 써야 하는가**: 수십리 또는 수백리 때로는 수천리를 달려온 용이 하나의 혈을 맺고, 혈의 형태와 주변의 여건과 망자를 위주로 하는 장법 등을 참작하여 골해(骨骸)가 최대한 생기를 받기 위하여 마치 옷을 만드는 재단사가 양복지를 마름 하는 것과 같다고 비유되기 때문에 재혈이라 한다. 재혈(裁穴)은 순전히 지관의 능력이고 권한이며 막중한 책임이다. 구혈(救穴)은 잘 했는데 재혈을 잘못하여 흉을 자초한 예는 허다하다.

❖ **재혈법(裁穴法)**: 당판(當坂: 묘터혈)에 혈심(穴心)을 바로 찾아 최적(最適)의 안좌(安坐) 지점에 금정(金井)틀을 정확히 놓아 천광작업(穿壙作業)을 하도록 하는 것이 재혈의 방법이다. 재혈의 목적은 산천정기(山川精氣)가 시신에게 어떠한 방법이라도 몽땅 받을 수 있도록 재혈하는 것이다. 우선 재혈 방법은 입수(入首) 중심점과 전순(氈脣) 중심점에다 종선으로 실을 띄우고 다음은 두 선익(蟬翼) 끝부위에다 횡선(橫線)으로 실을 띄워서 종선과 횡선의 실의 교차지점에 관에 하단(下端)이 닿도록 하는 것은 대략적 기본 방법으로 하고, 재혈의 근본의 정밀방법은 입수정기 발초지처(入首精氣 發初之處)에 관이 닿도록 하는 것이다. 이와 같이 천광작업을 하자면 종토정(從土精)으로 작업을 해야 하며 산천정기를 몽땅 받도록 그 당판내의 어느 지점에다 좌(坐)를 정하느냐 하는 것이 제일 큰 문제이므로 재혈의 정좌(正坐)란 입수취기(入首聚氣)의 강한 부위 가까이 닿도록 좌(坐)를 정해야 한다.

❖ **재혈의 이모저모**: 재혈(裁穴)이란 정기(精氣)의 취기(聚氣) 지점을 바로 찾아서 취하는 것으로 정기(精氣)란 정돌취기(正突聚氣)로써 귀격(貴格)의 명혈(明穴)을 결혈(結穴)하기도 하고, 입수(入首)가 취기(聚氣) 없이도 부귀혈(富貴穴)을 결혈(結穴)하기도 하니, 취기(聚氣)된 혈상(穴象)은 취기지점(聚氣地點)에 닿도록 재혈(裁穴)하는 것이 정상적인 법이요, 취기(聚氣)없이 결혈(結穴)되는 곳은 당판(當坂) 하부위(下部位)에서 결응(結凝)이 커지면서 결혈(結穴)되고, 정기(精氣)는 당판(當坂) 하부위(下部位)에 순

경(循環)되니 하부위에 재혈(裁穴)함이 정상적인 정기(精氣)를 받는 방법이 된다.

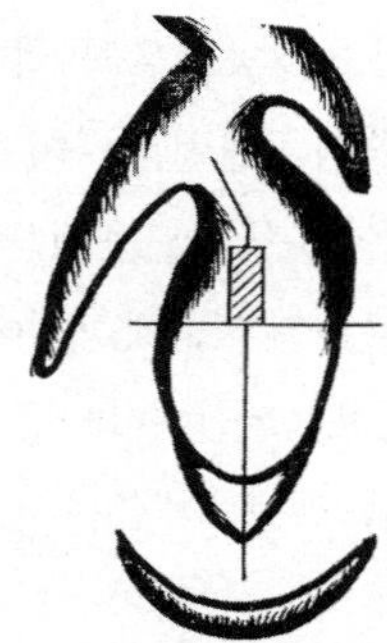

結疑이 적을 때는 入首部位에 가까이 裁穴해야 精氣를 받을 수 있다.

❖ **재회**(財賄) : 재물.

❖ **저**(瀦) : 정지함. 고여 있음. 물이 명당 앞이나 못, 호수 등에 모여듦.

❖ **저맥**(低脈) : 낮은 맥. 낮게 다리로 좇아 과맥(過脈) 득수(得水)가 분명하면 끊어진 것이 아니고 만일 분명치 않으면 이는 끊어진 맥으로 불길하다.

❖ **저성**(底星) : 술방(戌方)에 위치한다. 술봉(戌峰)이 삼태봉을 이루면 검찰총장급이 나고 몹시 높은 것은 무방하나 허하면 전쟁터에서 죽는다. 을년(乙年)에 발음한다.

❖ **저안**(著眼) : 눈으로 보다.

❖ **저여수**(沮如水) : 혈지(穴地) 주변에 질펀하게 번져있는 물. 언뜻 보아 물이 없는 것 같으나 밟으면 질퍽질퍽하고 그곳에 구덩이를 파면 물이 가득히 고이는 저습한 땅에 번져있는 흉한 물이다. 이는 용맥(龍脈)이 기쇠산맥(氣衰山脈) 혹은 지하수맥으로 인하여 자생(自生)한 습랭(濕冷)한 흉수로 가패손절(家敗孫絶)이 우려되는 흉한 물이다.

❖ **저입수**(低入首) : 잠룡입수(潛龍入首)와 같은 형태. 평지로 낙맥 후 은맥으로 행룡입수하여 혈을 결지한다. 물의 상분하합이 분명해야 하며 물이 혈 앞에서 팔자(八字)형태로 퍼지면 기를 모으지 못해 흉하다.

❖ **저축하기가 어렵다면** : 항상 지갑에 돈이 없고 저축하기가 어렵다면 침실의 서쪽 벽에 노란색 스탠드를 놓거나, 침실의 북쪽에 팥죽색이나 자주색 분홍색 스탠드를 놓도록 한다. 돈을 벌게 하는 풍수 비법은 안경이나 반지·귀고리·팔찌 등의 액세서리를 할 때 은(銀)으로 된 것을 선택하도록 한다.

❖ **적**(笛) : 산이 가로로 놓이고 작은 모양.

❖ **적기현**(賊旗現) : 진술방(辰戌方)에 있는 깃발처럼 생긴 산을 적기(賊旗 : 도적떼의 깃발)라 부름. 적기가 있으면 자손 중에 큰 도둑이 나온다.

❖ **적루**(滴漏) : 떨어지는 물방울.

❖ **적사요인**(赤蛇撓印) : 사(巳)를 적사(赤蛇)라 하였으니 도장을 세운 모양이 있으면 주로 귀인이 날 것이며, 그 도장이 평원(平圓)하여 허리에 매단듯하면 역시 귀격(貴格)이다. 적사요인은 사방(巳方)에 도장(印)처럼 둥글게 생긴 봉우리가 솟아오른 것으로 이 봉우리가 있으면 귀(貴)를 얻는다.

❖ **적석묘**(積石墓) : 신석기 시대에는 돌무지무덤(積石墓)이라고 하여 구덩이를 파거나 구덩이 없이 시신을 놓고 그 위에 돌을 쌓는 형태로 시신을 매장하였다. 시신의 머리는 동쪽으로 향하게 하고 사지를 쭉 펴서 눕힌 것으로 보이는데 이것은 태양과 생명과의 관계 영혼불멸사상이나 어떠한 내세관에 의하여 장례를 치른 것으로 볼 수 있다.

❖ **적선**(積善) : 착하고 좋은 일을 많이 하여 선을 쌓음.

❖ **적선은 반드시** : 적선은 반드시 길지(吉地)에 천장(遷葬)함을 얻고, 적악(積惡)은 도리어 흉지(凶地)를 잡아 온다고 하였음. 화복(禍福)은 흔히 자기가 구하여야 한다고 하였는데 대체적으로 사람이 좋은 일을 많이 하면 하늘이 반드시 길지(吉地)로 보답하여 길(吉)함을 얻게 되고, 사람이 만약 악독한 일만을 많이 하면 하늘이 반드시 흉지(凶地)를 연결하여 흉(凶)함을 초래하게 한다.

❖ **적세**(積世) : 여러 대(代)를 말함.

❖ **적요**(的要) : 절대적으로 확실히 필요한 것.

❖ **적이요인**(赤詑逸印) : 사방에 도장처럼 둥글게 생긴 봉우리가 솟아 오른 것. 이것은 귀(貴)를 얻는다.

❖ **적취증혈**(積聚證穴) : 적(積)은 맥의 접속을 말하고 취(聚)란 기의 머뭄(止聚)을 가리키는 말. 기맥이 적취한 곳에서만 혈이 생길 수 있다. 이것을 판별한 다음에는 뇌(腦)와 순(脣)을 살펴야 한다. 뇌에는 혈 뒤에 모여 있는 맥으로서 지극히 가늘고 땅 안으

로 잠적하기도 하여 겉으로는 찾아보기가 어려우나 반드시 땅 안에 증거가 있으며 대개 돌로 맥이 이어진다. 순이라고 하는 것은 혈 아래에 있는 남은 기를 말하는 것으로 크기는 4~8자(尺) 정도다. 이것은 쉽게 볼 수 있으나 이것 또한 진가의 판별을 어렵다. 만약 순이 뜨면(浮) 가짜요, 유탕(流蕩)하면 허(虛)가 된다. 기맥의 접속이 첫째, 뇌두(腦頭)가 둘째, 5보 내외의 순전이 셋째 증거이다. 뇌에는 음과 양의 구별없이 직입수(直入首)와 횡입수(橫入首)의 구분이 있으며 순전도 음과 양의 구별이 있다. 양순은 혈 앞의 넓이가 2, 3보에 길이는 4, 5보 정도이다. 높으면 8치 내외이고 낮으면 4치 이내로 금·목·수·화·토 중의 어느 한 모양새를 하고 있다. 음순은 혈전이 짧고 좌우 어느 한 편에서 가는 한 가지가 역수(逆水)로 혈을 감싼다. 또한 오행 중의 한 모양새를 하고 있다. 그러나 여기에서 주의할 점은 순전은 음양을 막론하고 수형이나 화형은 드물다는 점이다. 수순(水脣)은 재물이 없게 되고 화순(火脣)은 인명을 해친다. 그럼에도 이 수순이나 화순도 전순이 혈성을 오행으로 생하기만 하면 길하다고 본다.

❖ **적루방**(滴淚房)**이란 물이 떨어지는**[落水] **방을 말한다** : 큰방 처마 밑에 작은 문이 있는 작은 방을 적루방이라 한다. 큰방에서 작은 방에 물이 떨어지면[落水] 자손들이 슬피 울고, 몇몇 식구가 일찍 죽고, 많은 병이 생겨 치료하기가 매우 힘들다. 만약 오귀방(五鬼方)에 있으면 여러 아이들이 상하고 후손이 끊어지는 일이 있으니 절대로 삼가 할 것이다.

❖ **전**(前) : 결혈(結穴)한 곳.

❖ **전**(纏) : 감겨진 모양. 휘감아 싸는 것.

❖ **전**(轉) : 이리저리 굴러서 굽어 흐름.

❖ **전**(箭) : 물이 급하고 곧게 지나감. 화살이 지나가는 것 같은 모양.

❖ **전**(奠) : 장례전에 영좌(靈座)앞에 간단히 주과(酒果)를 차려 놓는 예식. 전(奠)은 초종중 성복제 이전까지는 돌아가신 분이라도 살았을 때와 같이 모신다는 뜻에서 포해(脯醢)를 올리는 일이다. 전을 올릴 때에는 따로 절을 하지 않고 제상과 시신을 가린 병풍 앞에 백지를 깐 다음 그 위에다 올린다. 반드시 포해가 아니더라도 평소에 즐기던 음식을 올려도 상관이 없으며 하루에 한번씩 다른 것으로 바꾸어도 좋다. 전으로 올리는 음식은 되도록 마른 음식이나 과일 등이 깨끗해서 좋다. 과일을 껍질을 벗기지 않고 아래위만 도려내어 쓰는데 여러 시간 놓아두는 것이므로 쉽게 변색하는 것, 냄새가 좋지 않은 것 등은 피하도록 한다. 또한 고인이 생전에 좋아하던 꽃 중에서 화려하지 않은 것을 골라 조촐하게 제상 양 옆에 꽂아 놓아 정결하고 엄숙한 분위기를 돋보이게 해야 하며, 상중이지만 꽃이 시들지 않도록 유의해야 한다.

❖ **전고귀인**(展誥貴人) : 목성귀인이 고축사(誥軸砂)나 전고사(展誥砂) 위로 우뚝 솟은 것. 모두 깨끗하고 단정해야 하며 한쪽으로 치우쳐 있으면 좋다. 상격룡이면 임금의 총애를 받아 높은 벼슬에 오르며 존경을 받는 인물이 된다.

❖ **전고사**(展誥砂) **고축사**(誥軸砂) : 토성인 일자문성(一字文星)의 양 끝에 첨각(尖角)이 붙어 있다. 일자의 길이가 길고 넓은 것을 전고사(展誥砂)라 하며 작고, 좁은 것은 고축사(誥軸砂)라 한다. 이러한 사격이 있으면 정승이 나온다 하여 정승사(政丞砂)라고도 한다.

❖ **전고후저**(前高後低)**는 흉**(凶)**이다** : 집의 전방이 높고 후방이 낮으면 기가 역방향으로 흘러가 버리기 때문에 사는 사람은 언제나 흐릿한 판단만 내리게 되어 인생이 쇠퇴해진다.

❖ **전고후저지**(前高後低地)**는 흉**(凶) : 항시(恒時) 불령(不寧)(0에 심측(甚則) 문호패절(門戶敗絶)이라 한다. 즉 주택지의 앞쪽이 높고 뒤쪽이 낮아 집터가 뒤로 기울면 항시 불안하고 심한 즉 자손이 불성 패절이라 한다. 그러한바 집터는 전후가 자연인 현상에서 평탄해야 태평안거(太平安居)에 전제가 창성한다.

❖ **전고후저**(前高後低) **주택은 이러하다** : 주택이 앞쪽으로는 높고, 뒤쪽으로는 낮은 경우에 흉(凶)하다. 우리가 벽에 등을 되고 있어야 정신적인 면으로는 안정을 찾고 신체적으로는 편안함을 느낄 것이다. 만약 벽을 쳐다보고 있다고 생각해보자 그러면 정신적으로는 답답하고 신체적으로는 불편함을 느끼게 되어 오랜 시간을 앉아 있지 못할 것이다. 양풍수에서는 이런 형태의 지형에 주택을 건축하여 살게 되면 기(氣)가 역방향으로 흘러 다녀 오랜 시간을 살게 되면 정신적으로 판단력이 흐려지고, 하는 일에 있어서 막히는 것이 많고, 정상적으로 될 일도 안 되

어 결국에는 안 좋은 결과를 낳을 수 있다.

❖ **전기**(殿旗) : 깃발이 활짝 펼쳐져 있는 형국. 혈이 있는 곳은 깃발이 적힌 글자이고, 안산은 북이다.

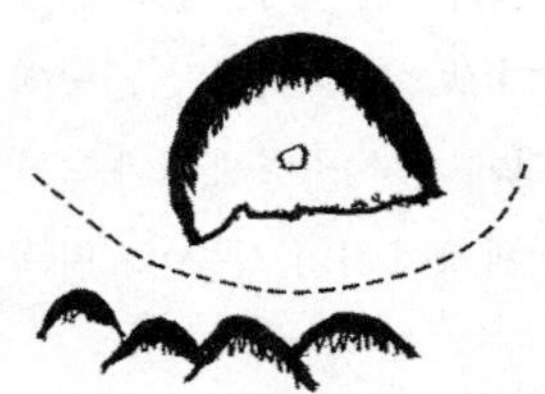

❖ **전도오행**(顚倒五行) : 역행하는 것을 말함. 좌선양룡(左旋陽龍)은 우선음수(右旋陰水)와 우선음룡(右旋陰龍)은 좌선양수(左旋陽水)와 상호배합(相互配合)하여 순역(順逆), 좌선우선(左旋右旋) 서로 회전(回傳)하여 동일한 묘고방(墓庫方)으로 선회한다. 또한 좌선룡입수(左旋龍入首)이지만 변작(變作)하여 우선룡결국(右旋龍結局)할 때가 있고, 우선룡입수(右旋龍入首)이지만 변작(變作)하여 좌선룡결국(左旋龍結局)할 때가 있다. 4대국(四大局)중 어느 일국(一局)의 수구(水口)를 찾아 좌우선수(左右旋水)의 변화에 따라 생왕묘(生旺墓), 정국향외(正局向外), 자생향(自生向), 자왕향(自旺向) 등의 제반향(諸般向)을 보아야 하며 이때 순역(順逆) 좌우순(左右旋) 회전한다는 의미에서 전도오행이라고 한다. 순역회전(順逆回傳) 24산에는 화갱(火坑)이 있으니 삼가야 한다. 예컨대 사(巳), 병오(丙午), 정좌선양화룡(丁左旋陽火龍)의 정고(正庫) 수구는 신술(辛戌)이다. 그러나 수구가 축방(丑方)이 되었을 때는 이는 변작(變作)하여 우선음(右旋陰) 화룡(火龍)이 되기 때문에 사유축(巳酉丑) 금국(金局) 삼합오행(三合五行)에 입향(立向)하여야 하는데, 양화룡(陽火龍)으로 오인 양화룡생왕(陽火龍生旺), 묘향(墓向) 즉 인오술(寅午戌) 입향(立向)을 하면 수불귀고(水不歸庫)하므로 화(禍)를 초래한다. 이를 화갱(火坑)이라 한다.

❖ **전두혈**(前頭穴) : 청룡과 백호의 머리부분을 말함.

❖ **전룡**(纏龍) : 혈을 둘러싸 주는 산.

❖ **전마**(轉磨) : 칼을 갈고 있는 형상을 말함.

❖ **전망사**(戰亡砂) : 주룡이 무기력하고 국제는 살기등등하고 청룡은 요함(凹陷)하며 무곡방인 태방(兌方)에 험한 칼같은 산이 용이나 혈을 찌르듯이 있는 형국. 이러한 곳에서는 자손이 전쟁터에 나가 전사한다.

❖ **전물**(奠物) : 제사에 쓰는 물건.

❖ **전배**(展拜) : 궁묘, 능침, 문묘 등에 참배함.

❖ **전빙**(全憑) : 온 힘을 들이다.

❖ **전사**(傳舍) : 역말. 역사(驛舍).

❖ **전상귀인**(殿上貴人) : 염정 화성체 아래 귀인봉이 있고 귀인봉 아래에 토성인 일자문성(一字文星)이 있는 형국. 3개의 산이 모두 청수단정해야 한다.

❖ **전상십위**(殿上十位) : 향교(鄕校)의 문묘(文廟)에 모신 10철(哲). 10철은 공자 문하의 10인의 수제자로 안회(顔回), 민자건(閔子騫), 염백우(冉伯牛), 중궁(仲弓), 재아(宰我), 자공(子貢), 염유(冉由), 자로(子路), 자유(子遊), 자하(子夏)를 이름.

❖ **전순**(氈脣) : 묘 앞에 평평한 땅을 말함.

① 혈판의 정기가 응결되고 넘치는 여기(餘氣)가 혈판 앞에 혹은 방석처럼 혹은 입술처럼 형성된 부분을 전순(氈脣)이라 한다. 여기(餘氣)로 이루어지는 전순(氈脣)은 혈장(穴場)을 받쳐주어 혈의 균형을 바르게 하여 또한 전순(氈脣)의 형태로 하여금 혈판의 좌향(坐向)에도 많은 부분을 유도한다. 모든 혈에는 크고 작은 차이는 있어도 그 형국에 마땅한 취기(聚氣)는 되고 그 취기(聚氣)의 여기(餘氣)는 작으면 순(脣)이 되고 크면 전(氈)이 된다. 순(脣)은 사람의 입술이나 새의 주둥이의 모양에 비유하고 적다는 것을 표현하고 있으며, 전(氈)은 침구의 요나 방석의 역할로 비유하고 크다함을 표현한 것이다.

② 전순은 상석 앞 절하는 자리와 그 앞의 평평한 자리 계절 바로 밑에 용천수(湧泉水)가 있으면 자손이 익사(溺死)할 수 있고 15m~20m 떨어져 있으면 자손이 부귀관운(富貴官運)이 발복(發福)한다.

❖ **전순론**(氈脣論) : 전순(氈脣)이란 혈판결응(穴坂結凝)에 여기(餘氣)로서 작순(作脣)된 것을 말함. 전순(氈脣)에도 기(氣)가 있어야 하고 대혈(大穴)에는 두레방석과 같은 전(氈)과 소혈(小穴)에 새주둥이와 같은 순(脣)이 당판(當坂)을 받아야 위의 혈이 참된

것이니 심혈(尋穴)하는데 혈증(穴證)으로 보는 것이다. 전순(氈脣)이 큰 것은 그 당판(當坂)에 설기(洩氣)가 된 것이오 적고 무력(無力)한 것은 허(虛)한 당판(當坂)일 것이다. 전순(氈脣)의 형태는 여러 가지나 그 중심점이 혈판의 좌향(坐向)에 추점이 된다. 재혈(裁穴) 시에도 초점(焦點)을 좌향(坐向)에 기본으로 하여 분금(分金)하는 것이다.

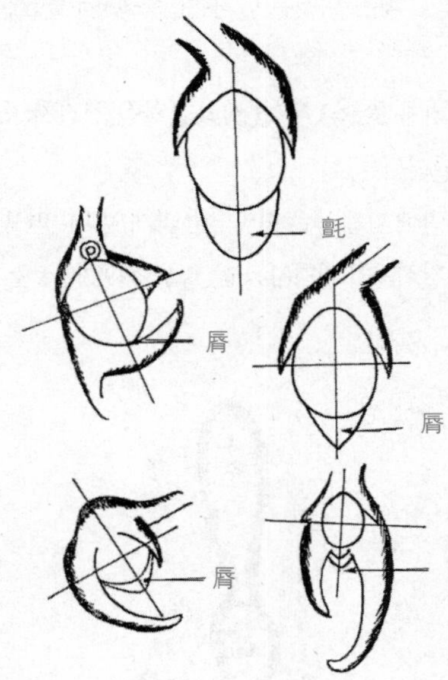

❖ **전순(氈脣)의 길흉(吉凶)은 이러하다**

- 전순(氈脣)이란 혈(穴)에 생기(生氣)가 있으면 여기(餘氣)가 있다. 여기(餘氣)란 것은 혈전(穴前)의 전순(氈脣)이다. 진룡(眞龍)의 혈은 반듯이 생기가 많다. 또한 결혈 후에는 다시 여기(餘氣)를 혈처(穴處)의 전순(氈脣)이 되고 이는 진결(眞結)에는 자연히 응한다. 만약에 전순이 없으면 이는 반드시 가혈(假穴)이다. 진룡의 혈은 또한 전순이 짧을 수도 있다. 대개 진맥(眞脈)으로 결혈한 후에는 혈의 옆으로 다시 한 가지를 뽑아 내명당(內明堂)을 둘러싸고 역수(逆水)하고 혈 여기(餘氣)가 이를 따라간다. 전(氈)이 비록 짧지만 이는 변격(變格)으로 전순이 있는 것보다 오히려 좋다.
- 평지에 돌혈(突穴)(0은 원운(圓暈)이 분명하여 혈의 여기(餘氣)가 전후좌우로 펼쳐져 있다. 전순이 부족하면 논할 바가 없다.
- 혈의 크기에 따라 전순의 크기도 달라야 한다. 혈 앞에 이 전순이 없으면 절손(絶孫)하게 된다.
- 전순이 짧으면 재물이 없고 총명한 자손이 나지 않고 너무 가깝게 있으면 급한 일이 생기고 너무 길면 걸식하는 자손이 난다.
- 묘 뒤가 낮고, 전순 앞이 높으면 불충불효자손이 난다. 술 취해 객사(客死)하는 자손이 난다.
- 묘가 있는 전순 바로 밑에 묘를 쓰게 되면 두 묘(墓) 전부 재해를 받게 되고 최소한 3미터 이상 띄어두고 쓸 것이다.
- 묘 앞이 아래로 낮고, 전순 앞이 급하면 재물이 모이지 않고 자손들에게 근심 걱정이 떠나질 않는다.
- 전순으로 돈대(墩臺)가 있어야 진(眞)이다. 즉 평지보다 높고 도톰해야 한다.
- 전순은 말자(末子)와 외손(外孫)이 발복하는 자리이다. 전순이 없으면 자손이 귀하고 살기가 고달파진다. 경사가 심해 축대를 쌓은 곳이다.
- 전순으로 결혈되면 국빈급이나 삼공(三公)이 난다.
- 전순은 모양이 단정하고 색상이 밝아야 한다. 지붕처마 같은 밑에 축구공 같은 받침이 없으면 비혈(非穴)이다.
- 전순이 허(虛)하고 입수가 돌(突)하면 자손이 속흥속패(速興速敗)하게 된다.

❖ **전순(氈脣), 길흉(吉凶), 화복(禍福)**

- 전순이 없으면 가혈(假穴)이다.
- 전순이 큰 것은 국반급의 혈(穴)이다.
- 전순이 파열되면 언청이가 난다.
- 전순 밑에 샘물이 보이면 부귀가 크게 발복한다.
- 전순이 적은 것은 향반급의 혈이다.
- 전순은 말자의 발복이다.
- 전순에 암석이 있으면 말자가 세도한다.
- 전순 좌우장곡은 집안에 재물이 없다.
- 전순이 공허하면 목수염이 가득하다.
- 전순이 없으면 자손이 없다.
- 전순이 길게 빠져 설기되면 걸식자가 난다.
- 전순이 급하면 오사한다.
- 전순이 떠들리면 말자가 불효한다.

❖ **전순으로 돈대가 있어야 진혈이다. 즉 도톰해야 한다**

- 전순은 말자(末子)와 외손(外孫)이 발복(發福)하는 자리이다. 전순이 없으면 자손이 없고 살기가 고달프다.
- 전으로 결혈(結穴)되면 국반급(國班級)이나 삼공(三公)이 출생한다.
- 순(脣)은 중소혈(中小穴)에 있는 것이다. 순은 새부리 같이 생겼다하여 순이라고 한다. 전순은 모양이 단정하고 색상이 밝아야 한다.
- 지붕처마 같은 밑에 공 같은 받침이 없으면 비혈(非穴)이다.
- 순혈(脣穴)의 상장하(上長下) 단(短) 무순(無脣)은 대나무통 자른 듯 혹은 발을 개고 앉은 다리처럼 혈(穴)하에 남은 여기(餘氣)가 없고 끊기면 후손이 없다. 좌우사격(左右砂格) 혈장을 둘러 안고 매미 날개 같은 선익(蟬翼)이 있어야 한다.

❖ **전순(氈脣)으로 보는 발복**

- 전순의 길이가 20미터 되는 명당 대지에서 역대 국왕·국부가 태어났다.
- 순(脣)으로 된 소지 명당에도 30년 발복(發福)에 군수 급 관장이나 부자가 난다.
- 전순이 없는 곳에 묘를 쓰면 청상(青孀)과부(寡婦)가 많이 나게 된다. 고서에 이르기를 산무여기(氣) 즉 필무자손(山無餘氣必卽無子孫)이라 묘를 쓴 당판 밑에 남은 기(氣)가 없으면 반드시 자손을 둘 수 없는 것이다.

❖ **전순(氈脣)이 짧으면** : 전순이 없으면 총명한 자손도 태어나지 않고 자손들이 가난하게 살게 된다. 묘지 앞 개절이 짧으면 후손들이 재물이 적고 총명한 자손도 태어나지 아니한다. 묘지가 높은 곳에는 전순이 넉넉하면 그의 후손이 부귀겸전(富貴兼全)한다.

❖ **전순 증혈**(氈脣證穴)

- 혈 밑에 남은 기운이 발로(發露) 된 것을 말한다.
- 순전(脣氈)은 마치 귀인(貴人)의 앞에 절하는 자리가 있는 것과 같다.
- 무릇 진룡(眞龍)이 결혈하는 곳에는 반드시 여기(餘氣)가 토로(吐露)되어 순전(脣氈)이 되므로 그곳에 혈(穴)이 머무른다. 전순이 있는 혈은 부귀국(富貴局)이 된다.

❖ **전순화복가**(氈脣禍福歌)

- 혈 앞이 급한 낭떠러지로 허(虛)하면 물에 떨어지거나 또한 말에 떨어져 죽게 된다(穴前下之急空 落水死與落馬).
- 혈 뒤가 낮고 전순(前脣)이 떠들렸다면 노중(路中)에서 술에 취하여 오사(誤死)하게 된다(腦後低而脣擧 醉中路於誤死).
- 입수(入首) 뒤가 낮은 것은 장자 급사(長子 急死)나 요절(夭折)이요, 묘 앞이 떠들인 것은 말자손(末子孫)에 불효불충(不孝不忠)이다.
- 산에는 지지자(地支字)가 길(吉)하고 물은 천간자(天干字)가 길(吉)함이 된다.
- 묘소(墓所) 앞에 토해 놓은 혓바닥이 곧게 자라나면 반드시 고향을 떠나가 걸식자가 된다(山以地支爲吉 水以天干爲吉 堂前吐舌直走).

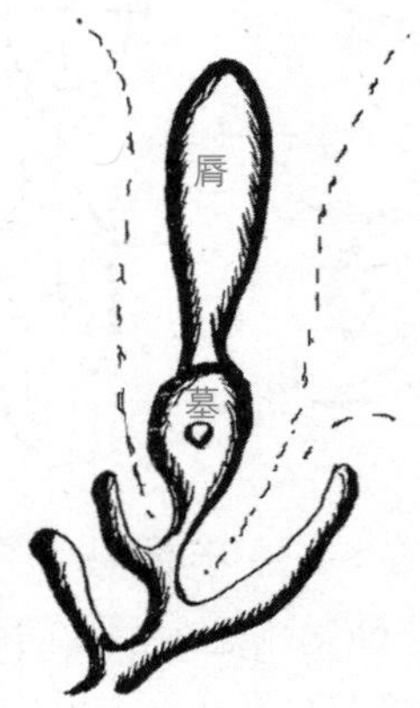

❖ **전순화복론**(氈脣禍福論)

- 전순이 없으면 가혈이다.
- 전순이 큰 것은 국반급의 혈이다.
- 전순이 적은 것은 향반급의 혈이다.
- 전순은 말자의 발복이다.
- 전순에 암석이 있으면 말자가 세도한다.
- 전순이 없으면 자손이 없다.
- 전순이 길게 빠져 설기되면 걸식자가 난다.
- 전순이 급하면 오사한다.
- 전순이 떠들리면 말자가 불효한다.
- 전순이 길게 빠져 설기되면 걸식자가 난다.

• 전순이 길게 빠져 양수 양파가 되면 형제가에 골육상쟁한다.
• 전순이 공허하면 목수염이 가득하다.
• 전순 좌우장곡은 집안에 재물이 없다.
• 전순 밑에 샘물이 보이면 부귀가 크게 발복한다.
• 전순이 파열되면 언청이가 난다.

❖ **전신주, 창문을 통해 바라보이는 전신주는 흉** : 창문을 통해 바라보이는 밖의 전신주나 빌딩의 각종 사기(邪氣)가 창문을 통해 들어 온다고 할 때 이것들을 물건이나 아니면 인테리어 장식 등으로 막거나 없애는 방법을 취해야만 한다. 이것을 가리켜 화살풍수(化殺風水)라 하여 나쁜 기를 죽이거나 돌려 보내는 수단으로 쓰이고 있다.

❖ **전신혈**(轉身穴) : 내려오던 용맥이 갑자기 방향을 바꾸는 혈. 혈을 정하는 법에 전신을 증거삼는 법으로 벽맥(劈脈 : 正龍에서 짧게 갈라진 용맥)이 곧게 내려오다가 문득 방향을 바꾸면 이곳에 혈을 정하는데 다만 성신(星辰)이 바닥을 열어 단정하고 겸하여 국세(局勢)를 얻어야 합격이다.

❖ **전심치지**(專心致知) : 풍수사란 본래 살신성인(殺身成人)까지는 못하여도 국가와 민족의 운명을 마음속에 간직하고 큰 일을 위해 봉사하는 직업이므로 모름지기 혈의 감별에만 전념하고 두 번 세 번 검토한 다음에 결정을 내려야 하되 냉정하게 사실을 밝혀 주어야 하며 오직 혈에만 마음을 전일하게 하여야 한다는 뜻.

❖ **전알**(展謁) : 태묘, 능침, 문묘에 참배하는 일.

❖ **전요**(纏繞) : 둘러감싸다.

❖ **전원무수**(纏元武水) : 부귀하고 벼슬이 높음을 뜻함.

❖ **전응후조**(前應後照) : 혈 앞의 안산 밖의 산을 전응(前應)이라 하고 현무의 봉우리 뒤에 있는 산을 후조(後照)라고 한다. 다른 말로 전조후개(前照後蓋) 혹은 전친후의(前親後倚), 보전용루(寶殿龍樓), 전장후병(殿帳後屛)이라고도 한다. 전응은 제2중 안산 및 3중 5중산이며 한층 한층 차례로 높으면서 단정하게 혈을 향해야 하며, 후조는 주산 뒤에서 귀한 모습으로 높게 서서 현무를 감싸주어야 하므로 어병(御屛)이나 장막과 같다. 회룡(回龍)결혈이나 횡룡(橫龍)결혈에서는 조종산이 후조산이 되지 않고 다른 줄기의 산 중에서 높고 존귀한 것이 후조가 된다. 그러므로 전응후조가 중첩이면 길한 것이다. 둘을 비교하면 후조가 전응보다 중요하다. 왼쪽 뒤의 산은 천주봉(天柱峰)이라 하고 천주(天柱)가 높고 아름다우면 수와 복을 누리며 인정이 창성한다.

❖ **전(前)에 살던 사람들이 망하여 나간 집 죽어나간 사람이 많은 집이나 전에 살던 사람들이 망하여 나간 집이던지 병이 들어 죽어나간 사람이 많은 집 이런 주택은 절대로 구입하지 않는 것이 좋다** : 값이 싸다고 하여 구입해 살게 되면 싸게 산 것 보다 몇 십 배 몇 백배의 손해를 볼 수 있는 주택이라 보면 된다. 만약 꼭 구입하고 싶을 경우에는 수맥(水脈)이 흘러가나 아니면 양택(陽宅) 풍수로 보았을 대 흉(凶)이 없는지를 보고 수맥이 흘러가면 구입하면 안 되고 양택풍수상(陽宅風水相)으로 보았을 때 고칠 수 있는 주택이면 구입해도 되지만 집 문제가 아니라 주변의 환경 영향으로 안 좋은 경우에는 고칠 수 없으므로 구입하면 안 될 것이다. 경매 나온 주택도 가급적이면 사지 않는 것이 좋을 것이다. 애환이 서려 있기 때문이다.

❖ **전이**(轉移) : 청룡·백호가 혈을 위호(衛護)하여 줌을 말함.

❖ **전작관**(奠酌官) : 헌작(獻酌)할 때에 헌관(獻官)이 술잔을 들고 있으면 작주관(酌酒官)이 술을 따르고 그 술잔을 받아 신위(神位) 앞에 올려놓는 제관(祭官).

❖ **전장**(田庄) : 논과 밭.

❖ **전저후고**(前低後高) : 앞이 낮고 뒤가 높은 토지는 기가 쌓이는 좋은 장소이다. 다만 산의 옆면처럼 극단적으로 경사가 진 장소는 좋지 않다. 주위보다 조금 높은 곳에 있으며 등뒤 지반이 두터운 장소가 좋다. 왜냐하면 지반이 두터우면 두터울수록 많은 기가 흐르고 그 집 밑에 쌓여가기 때문이다. 이 같은 지형의 토지는 우주에서 방출되어 오는 기를 모으는 데도 매우 적합하다. 집의 전방이 낮고 후방이 높으면 사는 사람의 인생은 발전하고 번성한다. 가족의 누구인가가 유명해지거나 신분이 높은 사람이 되기도 하여 풍족한 생활을 누리게 된다. 이 높다 낮다라는 것은 토지만 가리키는 것이 아니라 집의 모양도 후방이 높은 편이 좋다.

❖ **전조**(前朝) : 혈 앞의 조당.

❖ **전착후관**(前窄後寬), **전관후착**(前寬後窄) : 택지는 전형적인 전착

후관(앞은 좁고 뒤는 넓은 곳)의 모습으로 부귀를 누리고 인재를 배출할 택지인 반면에 전광후착(前廣後窄)으로 앞쪽이 넓고 뒤쪽이 좁은 택지는 재물이 빠져 나가고 곤궁하며 재능도 없어 사회적인 출세가 어렵다고 여겨 매우 흉하게 본다. 택지의 길상(吉相)은 네모반듯한 4각형의 지형이 좋으며 직사각형인 경우 비율이 1:2이하여야 좋은데 3:2를 가장 좋게 여긴다.

❖ **전편식**(全偏式) : 한 변에는 지각이 있고, 반대편에는 지각이 전혀 없는 용으로 지각이 있는 쪽은 앞이 되고 없는 쪽은 뒷등이 되며, 혈이 맺지 않고 단지 다른 용을 보호해 주는 역할만 하며 노룡(奴龍)이라 부른다. 비록 혈의 모양을 갖췄다 해도 좋은 혈이 아니다.

❖ **전향사**(典享司) : 연향(宴享), 제사(祭祀), 제물(祭物), 제기(祭器), 음선(飮膳), 의약(醫藥) 등에 관한 사항을 장리하는 예조(禮曹)의 보조기관.

❖ **전형적 득수국도**

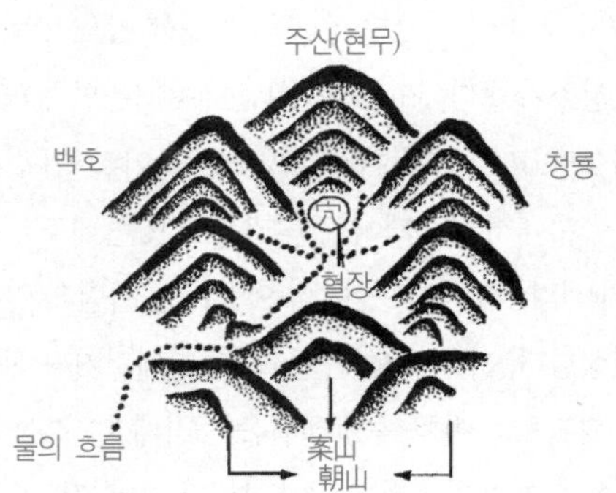

❖ **전형적인 장풍국도**

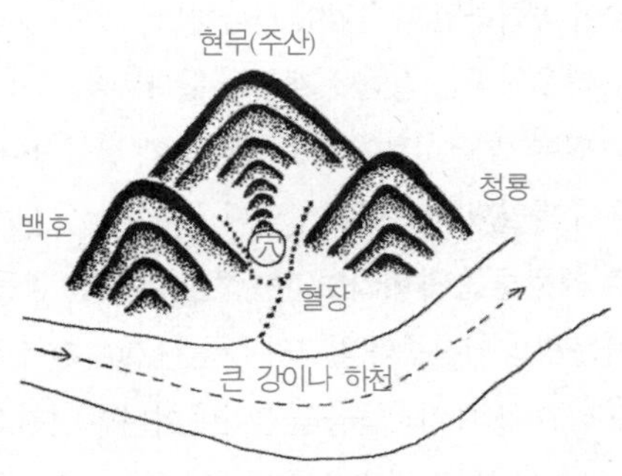

❖ **전호**(纏護) : 용을 마치 대귀인의 행차에 비유하여 귀인을 맞이하고 보내고 인도하고 보호하는 격. 내룡을 주변 산사가 보호하면 귀격이요 외롭고 허하면 빈천한 것으로 용신(龍身)을 보호하는 사(砂)로서 현무(玄武)가 혈판을 응기(應氣)하고 청룡·백호가 유정하게 환포하며 조산과 안산이 혈을 조배공읍(朝拜拱揖)하는 중사(衆砂)가 명당에 조화를 이루어 장풍득수가 아름다우면 전호가 잘된 곳이다. 전호는 지리법에 귀격이라 할 수 있는 용은 한 줄기로 외롭게 뻗어오는게 아니라 반드시 주룡(主龍)의 좌우에 다른 산들이 쫓아오며 호위하게 된다. 마치 귀인의 행차에 많은 시위병(侍衛兵)들이 에워싸 귀인을 보호함으로써 타의 침해를 막아주는 것 같이 귀한 용의 좌우에 다른 산들이 보호해 주면 바람을 막고 타의 흉살(凶殺)을 막아 줌으로써 대길(大吉)하다. 예를 들면 청룡·백호가 명혈(明穴)을 환포(環抱)하고, 현무정(玄武頂)이 혈판을 응해주고, 주작(朱雀)이 조(照)해주고, 낙산(樂山)이 혈장뒤의 공허함을 받쳐주고, 조산(朝山)이 혈장에 조배(朝拜)하고, 외청룡·외백호가 명당을 겹겹으로 환포(環抱)하는 이 모두의 역할을 전호(纏護)하는 중사(衆砂)가 요구된다.

❖ **전호(纏護)로 혈을 증거한다** : 전호란 혈처를 외롭지 않게 사(砂)가 겹겹으로 보호함을 말한다. 이는 신하가 고귀한 분의 신변에 안전을 지켜주는 형상을 말하지만 귀혈(貴穴)은 전호(纏護)가 주밀하여도 용호(龍虎)나 안산(案山)이 무정하게 등을 지면 안장이 불가라 하였다.

❖ **전호증혈**(纏護證穴) : 전호증혈은 지각의 형태를 보고 혈을 찾는 것이다. 본신룡(本身龍)을 호위해 주는 지각이 본신룡보다 길

면, 본신룡이 멈추는 곳에 혈이 맺는다. 지각이 본신룡보다 짧으면 본신룡의 안쪽에 혈이 깃들인다. 전호(纏護)란 둘러 보호한다는 의미로 마치 노복(奴僕)이 주인을 호위함과 같아 노복은 주인의 곁에서 멀리 떨어져도 안 되고 너무 바짝 붙어도 안 된다. 전호증혈(纏護證穴)의 이치는 주룡(主龍)이나 혈장을 외산(外山), 외봉(外峯)이 둘러싸는 것이니 송산(送山)이 짧으면 혈은 안에 있고 길면 송산(送山)이 다한 곳에 혈이 있다.

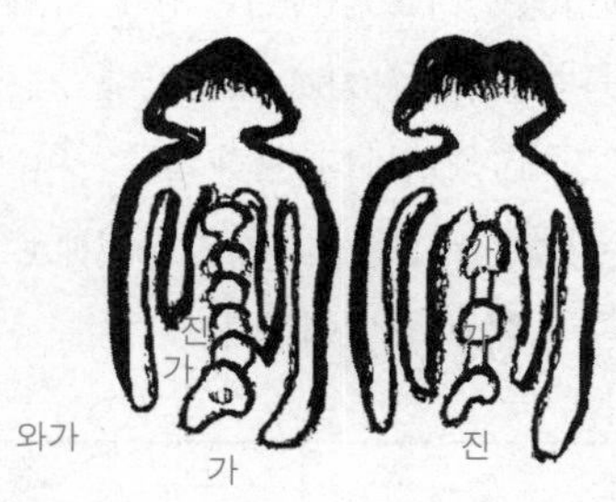

❖ **전화기와 편지함은 지살**(地殺) **방위에 둔다** : 대문에 설치하는 편지함이나 집안의 전화기는 지살(地殺)방위에 두는 것이 좋다. 늘 즐겁고 복이 넘치는 소식을 받을 수 있으며 아울러 가문을 자랑할 수 있는 공로패나 귀한 가구류, 신분을 설명하고 나타내는 가구나 물품(자격증·표창장·유공장·훈장·자신의 사진·빌딩의 간판·문패) 등은 지살(地殺) 방위에 두어야 운세를 길하게 하고 가문의 번창에 도움이 된다. 각 띠별 지살 방향은 다음과 같다.

① 원숭이·쥐·용띠생은 남서간(서남간)이 지살 방위.

② 뱀·닭·소띠생은 남동간(동남간)이 지살 방위.

③ 호랑이·말·개띠생은 북동간(동북간)이 지살 방위.

④ 돼지·토끼·양띠생은 북서간(서북간)이 지살 방위이다.

❖ **전후가 산에 쌓인 집** : 남북 양쪽 즉 집의 전후에 알맞게 산이 있으면 안정된 주거라고 볼 수 있다. 재산이 증가하고 풍족해지며 사람은 활동적이고 육체적으로도 건강한 사람이 되고 자손은 장수할 것이다.

❖ **절**(切) : 간절하다. 절실하다.

❖ **절**(截) : 끊어짐. 물길이 끊어져 흘러가지 못함.

❖ **절**(節) : 큰 산맥이 있으면 거기에서 작은 산맥들이 갈라져 뻗어나오고 큰 산맥과 작은 산맥이 갈라지는 곳을 말함. 절포(節泡), 수포(水泡), 나뭇가지의 마디, 오동나무의 가지같은 유형, 용신(龍身)의 일기일복(一起一伏), 좌절우곡(左折右曲)의 곳을 말함이다.

❖ **절각오공**(折角蜈蚣) : 지네의 뿔이 부러진 형국. 혈은 입의 한가운데에 있고, 안산은 지네가 잡아먹는 벌레들이다. 이 형국은 뿔이 부러졌으나 주위에 호위해 주는 산들이 있으므로 길(吉)하다.

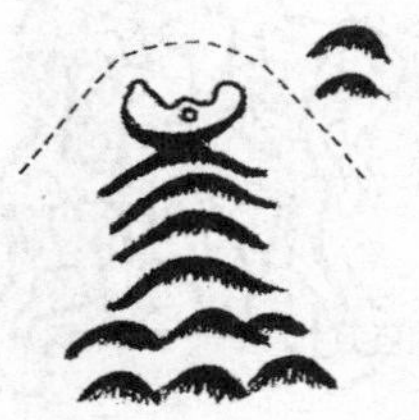

❖ **절곡금차**(折曲金釵) : 다리가 잘린 금비녀의 형국. 혈은 다리의 두툼한 부분에 있고 얼레빗이 안산(案山)이 된다.

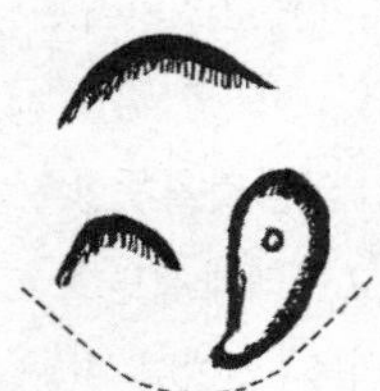

❖ **절기**(切忌) : 절대로 꺼리는 상태.

❖ **절기**(節氣)

① 24절기의 약칭.

② 입춘(立春)·경칩(驚蟄)·청명(清明)·입하(立夏)·망종(芒種)·소서(小暑)·입추(立秋)·백로(白露)·한로(寒露)·입동(立冬)·대설(大雪)·소한(小寒)의 12절. 이 절기일시부터 비로소 절기에 속한 그 달의 월건이 바뀐다.

❖ **절로공망**(截路空亡) : 출행하면 앞길에 장애물이 막혀 불기하다는 뜻. 일간(日干)을 기준하여 둔시법(遁時法 : 시간을 따져 나가는 법)으로 임계수(壬癸水)를 만나면 절로공망이 된다.

甲己日은 申酉方, 또는 申酉時(壬申 癸酉)

乙庚日은 午未方, 또는 午未時(壬午 癸未)

丙辛日은 辰巳方, 도는 辰巳時(壬辰 癸巳)

丁壬日은 寅卯方, 또는 寅卯時(壬寅 癸卯)

壬癸日은 子丑戌亥方, 또는 子丑戌亥時(壬子癸丑 壬戌癸亥)

❖ **절맥사**(絶脈砂) : 절맥사는 맥이 끊어진 것으로 산맥이 돌아 거수되면 밑에 있는 지각은 맥이 끊어지게 된다. 자손이 절손(絶孫)하게 된다.

❖ **절목**(節目) : 돌들이 서로 엉클어져 있어 덩굴처럼 보이는 것.

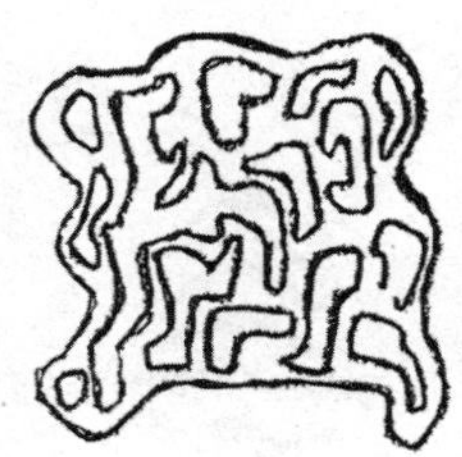

❖ **절반의 주택계량은 불길** : 주택의 일부분만을 헐어내서 모양을 개조하고 일부분은 예전 그대로 놔두는 절반의 개량은 재물 파괴, 식구 분산의 액화가 닿고 집안이 빈궁해지는 재난을 초래하는 불길 격이다.

❖ **절법**(折法) : 절법이란 끊는 것을 뜻함으로써 위에 서면 사(砂) 수(水)의 응함을 요하고 아래에 서면 용호가 조응하는 듯해야 된다. 가(架)는 정(正)의 심(深)이며 절(折)은 구(求)의 활(闊)이다. 구(求)는 천혈(天穴)과 같고, 정가(正架)는 인혈(人穴)과 같으며, 참(斬)은 지혈(地穴)과 같다. 절(截)이란 쪼갠다는 뜻으로써 쪼개면 생기가 열리고 생기는 식(息)의 직(直)에서 들어 나는데, 높으면 정(項)을 침범하고 낮으면 산기슭에 있기 때문에 족(足)을 쪼개는 것과 같다. 참(斬)의 식(息)은 토의(土意)가 많고, 절의 식(息)은 목의(木意)가 많다.

❖ **절벽 아래나 낭떠러지 근처에는 위험한 곳이다** : 절벽 근처나 낭떠러지 근처에 있는 주택에 살면 다재가곤(多災家困)하고 가환(家患)으로 편안할 날이 없다.

❖ **절벽이나 낭떠러지 주위 택지는 재난과 불행이 닥친다** : 절벽이나 낭떠러지 근처에 있는 택지는 위험에 노출되어 있다. 옛 글에서도 "절벽단애지상하는 다재패산장병불녕"이라 했다. 깎아지른 듯한 절벽 아래나 위는 지기가 모이거나 전달될 수 없으며 절벽을 타고 부는 바람은 강한 살풍(殺風)이 되어 거주자에게 온갖 재난과 불행, 질병을 가져다준다.

❖ **절비**(折譬) : 용호의 중간이 낮아서 팔이 잘려진 것처럼 보이는 모양.

❖ **절산사**(絶山砂) : 산이 끊어진 것. 후사(後嗣)가 끊어지고 후손이 없음.

❖ **절손사**(絶孫砂) : 주룡이 단맥(斷脈)되고 청룡이 요절하며 특히 장남궁인 진방(震方)이 요함(凹陷)한 형세. 이 때는 자손을 이어 가기가 힘들며 결국 절손(絶孫)되고 만다.

❖ **절수**(切須) : 절대로 간절히 필요한 것.

❖ **절(絶) 12운성**(運星) : 12운성(運星)의 10번째로 오행이 절궁(絶宮)에 들면 그 힘이 아주 없어진다.

五行	木		火		土		金		水	
絶	申		亥		亥		寅		巳	
日干	甲	乙	丙	丁	戊	己	庚	辛	壬	癸
絶	申	酉	亥	子	亥	子	寅	卯	巳	午

❖ **절용맥**(絶龍脈) **참관혈**(斬關穴) : 행룡(行龍)의 기맥(氣脈)을 베어 끊고 작혈(作穴)하는 것. 대개 용의 대세가 이미 갔으나 왕기(旺氣)가 잠깐 머물러 성신(星辰)이 되고 형혈(形穴)에 있어 가히 취할만 하므로 기를 베고 참맥(斬脈)을 하여 절(絶)을 쓰는 것이나 억지로 무리하게 참절(斬絶)해서 입혈(立穴)함은 아니다. 이 땅의 발복이 극히 쾌(快)하나 다만 오래 되지 못한 것은 용기(龍氣)가 다한 곳에 머물러 있는 기(氣)를 이용한 까닭이다. 혹 혈이 토피상(土皮上)에 있어 배토장(培土葬)하는 경우가 있다. 주자(朱子) 말씀에, 장천 사람들이 안장시(安葬時) 관을 지상에 놓고 배토장을 하는 이가 있다 하였는데 천장(遷葬)하는 법이 장천 사람만 그러한 것이 아니라 지토(地土)의 후박(厚薄)이 다름이 있고 용맥(龍脈)이 같지 않음이 있어 흙이 두껍고 맥이 잠긴 곳에는 깊이 파도 깊은 것이 아니요, 토박(土薄: 얕은 곳)하여 용맥이 뜬 곳에는 토피상 안장하고 객토로 봉분하는 일이 있는 것이다. 혹 혈이 돌 틈 사이에 있어 토기(土氣)가 통하게 되므로 돌 틈 사이에 장사(葬事)하는 예가 있다. 이것은 석산의 토혈인 바 석산에는 반드시 토혈이 있어야 진적(眞跡)이다. 양공(楊公)은 혈이

돌 틈 사이에 있다 하였으며, 자미(子微)는 반석(盤石)이 깔려 있는 곳에 천착(遷着)할 수 없으나 결혈(結穴) 되었다면 반석으로 안장하라 하였다. 또한 혈 앞에 유수가 곧게 흘러가도 공후(公侯)가 나오는 경우가 있다. 진룡대지(眞龍大地)는 중중첩첩(重重疊疊)하게 포위하여 정혈(正穴)이 산을 옹호하는 안에 있으므로 직류(直流)하는 물도 있으니 반드시 외면의 큰 하수(河水)와 큰 시내가 역으로 내조(來助: 반대, 멈춤)하거나 가로로 두르고 산맥이 거듭거듭 환포(環抱)하여 관소(關鎖)하므로 원진수(元辰水)가 직류하여 가더라도 흉(凶)하지 않고 오히려 길(吉)한 것이다. 요는 반드시 이 용이 길고 기운이 왕성하여 역량이 크고 양반(兩畔: 양두둑)의 산각(山脚)이 환포해서 물을 거두면 길하나, 만일 혈이 주밀치 못한 가운데 용이 짧으며 역량이 적으면 한 걸음의 직류수도 불가하다. 그리고 평양지대(平洋地帶)는 바람을 두려워하지 않으나 산곡(山谷)의 혈은 바람을 가장 꺼리는 것이니 싸서 감추는 것이 귀하다. 혹은 수십리 더 나아가는 산에 혈이 있는 경우가 있는데 대량은 기가 성하여 일시에 다 거두어 다하지 못하므로 결혈 뒤에 남은 기운의 산이 혹 수십리를 나아가 끝이 있는 것인 바, 이 땅은 역량이 가장 커서 속안(俗眼)이 보아도 반드시 용기가 멈추지 않아야 감히 점혈(占穴)을 꾀하지만 대복력(大福力)을 가진 혈은 반드시 대궁진처(大窮盡處: 산맥이 끝진 곳)에 있지 않는 것이다. 범월공(范越公)이 말하기를, 진룡이 나가는 곳은 물론 좌우가 옹위하고 결혈된 후 앞으로 나가는 산이 혹 안산(案山)도 되고 혹 좌우의 보장(補障)도 되고, 혹 수구(水口)의 한문(捍門: 수구에 쌍으로 서 있는 작은 산)도 되어 비록 미세한 것이지만 모두 본룡(本龍)의 쓰임이 되는 것이라 하였다.

❖ **절위승진법**(截僞乘眞法) : 예를 들면 신룡(辛龍) 입수가 우락변술(右落變戌) 하였다면 신(辛)은 진(眞)이요, 술(戌)은 위(僞)이다. 제고점혈(提高點穴)하여 승진신(乘眞辛)하고 하절위술(下截僞戌)하는 법이다.

❖ **절장**(截杖) : 절이라 함은 혈 앞의 토출된 여기(餘氣)가 불필요하면 이러한 기운을 잘라 버리는 것을 말한다. 좌우가 앞의 순전(脣氈)을 아름답게 싸안지 못할 때이다. 양수(兩水)가 함께 흘러와서 합쳐져 나가지만 용호(龍虎)의 밖으로 벗어나면 기(氣)가 흩어진다. 기(氣)를 취하려면 좌우의 산이 환포되도록 혈 앞의 새입부리같은 것을 잘라 버려서 혈이 정중(正中)이 되도록 하여야 하니 절장(截杖)을 쓰게 되는 것이다.

❖ **절처봉왕향**(絶處逢旺向) **경유좌갑묘향**(庚酉坐甲卯向) : 자왕향(自旺向)으로 우선(右旋)의 건해룡(乾亥龍)에 좌선(左旋)의 건해수(乾亥水)가 배합이다. 절처갑묘(絶處甲卯)가 왕(旺)을 만남으로 절처(絶處) 사방갑묘(死方甲卯)가 스스로 자왕(自旺)하게 되므로 본연의 수국임관(水局臨官)이 생방(生方)으로 변화함으로 건해생수(乾亥生水)가 계축관대수(癸丑冠帶水)와 갑록(甲祿)이 인(寅)에 있으니 간인(艮寅)은 임관방(臨官方)이 되고 건해생수(乾亥生水) 계축(癸丑)의 관대수(冠帶水)가 간인임관(艮寅臨官)에 회합하여서 쇠방을천간(衰方乙天干)으로 흘러나가니 이것 또한 생래회왕(生來會旺)이라는 양공(楊公)의 진신수법(進神水法)으로 총명한 자손이 난다. 여기서 갑(甲)의 왕수(旺水)와 간인(艮寅)의 임관녹수(臨官祿水)가 조공(朝拱)하여 빛을 내게 된다면 간(艮)은 향(向)의 녹수(祿水)이며, 삼길육수(三吉六秀)의 길수(吉秀)로서 반드시 신동이 날 것이며, 부귀가 만당(滿堂)하며 괴원(魁元)의 이름이 만세에 전하게 된다. 이같이 삼길육수(三吉六秀)의 방위며 임관녹수(臨官祿水)인 간방(艮方)으로 물이 흘러나가면 이것은 황천(黃泉)의 갑계향중휴견간(甲癸向中休見艮)이라는 충록(沖祿)의 대악(大惡)의 살인황천(殺人黃泉)이 되므로 자손도 재산도 같이 모두 멸하게 된다. 입혈(立穴)을 하고 우변수(右邊水)가 계혈(界穴)하면 진혈(眞穴)로서 극가(極佳)하다. 용과 혈이 수국(水局)으로 적중한 입혈(立穴)이라면 자손도 많으며 장수하며 대부대귀하다. 이 경유좌(庚酉坐) 갑묘향(甲卯向)은 고인께서 팔괘의 소음혈(小陰穴)이 득위(得位)하여 출살(出殺)한 것으로 혈 뒤에 안산(樂山)이 있게 되는 것은 또 자연의 순리이며 상결(上缺)하고 낙산(樂山)이 없다면 진혈(眞穴)이기에는 다소 미치지 못한다.

❖ **절처봉왕향**(絶處逢旺向) **병오좌임자향**(丙午坐壬子向) : 자왕향(自旺向)으로 우선(右旋)의 곤신룡(坤申龍)에 좌선(左旋)의 곤신수(坤申水)가 배합이다. 금국(金局)의 사절방(死絶方)인 임자(壬子)

가 봉왕(逢旺)함으로 절처(絶處)가 왕(旺)을 만남으로 이름하였다. 임자방(壬子方) 사절(死絶)이 봉왕(逢旺)하게 되면 금국(金局)의 임관방(臨官方) 곤신방(坤申方)이 생방(生方)으로 바뀌므로 곤신생수(坤申生水)가 신술관대수(辛戌冠帶水) 임록(壬祿)이 해(亥)에 있으니 건해(乾亥)가 임관(臨官)으로 바뀌어져서 건해수(乾亥水)가 곤신(坤申) 신술(申戌)과 회합(會合)하여서 쇠방천간(衰方天干) 계자상(癸字上)으로 흘러나가 생래회왕(生來會旺)이라는 양공(楊公)의 진신수법(進神水法)으로 총명한 자손이 난다. 또 임자(壬子)의 왕수(旺水)와 건해(乾亥)의 녹수(祿水)가 조공(朝拱)하여 빛나게 되면 임향수조유입건(壬向水朝流入乾)이라는 세세에 영현(英賢)이 나오며 자손이 번영하고 식록(食祿)이 만종(萬鍾)하게 된다. 이와 같이 건해록수(乾亥祿水)의 유입은 크게 번창하나 건해방(乾亥方)으로 물이 흘러나가면 신임수로파당(辛壬水路破當)이라는 충록(沖祿)의 대살인(大殺人)의 황천(黃泉)이 되므로 자손도 재산도 같이 멸하게 된다. 우변수(右邊水)가 계혈(界穴)하면 진혈(眞穴)로서 극가(極佳)하다. 용과 혈이 합국(合局)하는 입향(立向)이라면 자손도 많고 장수하며 대부대귀한다. 또 이 혈은 팔괘의 중음혈(中陰穴)이 출살(出殺)한 것으로 삼양(三陽)의 병오정(丙午丁)이 수출(秀出)함으로 혈형(穴形)이 화형(火形) 비슷하고 운수(雲水)의 대안(大案)이 이화(離火)와 상제(相制)하였다면 이것을 이룡대배(離龍大拜)라 하는 대귀격(大貴格)이기도 하니 한 차(差)도 없이 정룡(頂龍)에 바르게 정장(正葬)을 함으로 좌변에서 진신수(進神水)가 상당(上堂)하여 계자상(癸字上)으로 흘러나가는 것으로 반드시 문신(文臣) 재보(宰輔)가 나오는 것이나, 그 모두에서 하나라도 결함이 있게 되면 일발여뢰(一發如雷)하고 얼마 가지 않아서 일패여회(一敗如灰) 하는 수가 있다.

❖ **절처봉왕향**(絶處逢旺向) **임지좌병오향**(壬子坐丙午向) : 자왕향(自旺向)으로 우선(右旋)의 간인룡(艮寅龍)에 좌선(左旋)의 간인생수(艮寅生水)가 배합이다. 목국(木局)의 사절방(死絶方)인 병오(丙午)가 봉왕(逢旺)함으로 사절(死絶)이 왕(旺)을 만남으로 이름하였다. 이와 같이 사절(死絶)의 병오방(丙午方)이 봉왕(逢旺)하면 목국(木局)의 임관방(臨官方) 간인(艮寅)의 생수(生水)가 을(乙)의 관대수(冠帶水)와 손사임관수(巽巳臨官水)가 회합하여 쇠방천간정자상(衰方天干丁字上)으로 흘러나가니 생래회왕(生來會旺)이라는 양공(楊公)의 진신수법(進神水法)으로 총명한 자손이 나온다. 또 여기서 병왕수(丙旺水)가 손사녹수(巽巳祿水)와 같이 조공(朝拱)하여 빛나게 되면 손(巽)은 녹위(祿位)이며 삼길육수(三吉六秀)의 수(水)가 되니 반드시 신동이 나오고 부귀가 만당(滿堂)한다. 이 때 손(巽)으로 물이 흘러나가면 황천론(黃泉論)의 을병수방손수선(乙丙須防巽水先)이라는 대악(大惡)의 살인황천(殺人黃泉)으로 아이를 기르지 못하며 패절한다. 우변수(右邊水)가 계혈(界穴)하면 진혈(眞穴)로서 극가(極佳)하다. 용과 혈이 합국(合局)하는 입향(立向)이라면 자손이 많으며 장수하고 대부대귀하는 혈이다. 또 이 자왕향(自旺向)을 팔괘의 음양혈결(陰陽穴訣)에서 중양혈(中陽穴)이 득위(得位)함으로 출살(出殺)한 혈이라고 하며 향상(向上)에 불꽃처럼 첨봉(尖峰)이 수출(秀出)하게 되었으면 이를 이름하여 기제(旣濟)의 혈이라고 한다. 이같이 수화기제(水火旣濟)가 되었으면 오래도록 대대로 부귀(富貴)가 끊이지 않는다. 손(巽)은 임관위(臨官位)이며 삼길육수(三吉六秀)라 하며, 손(巽)은 일명 문창각(文昌閣)이라 하니 손(巽)에 문필봉이 있으며, 신봉(辛峰)이 같이 상조(相照)하면 참다운 진지(眞地)며, 오방(午方)에 천마(天馬)가 있으면 최관(催官)이 빠르며, 정(丁)은 학당(學堂)이며 노인성(老人星)이라고도 하니, 정봉(丁峰)이 수려하면 장수는 물론이며, 문과가 연면(連綿)하다. 반드시 3·7·2·8의 영록(迎祿)을 하여야 한다.

❖ **절태수**(絶胎水) **즉 녹존**(祿存) : 절태수(絶胎水)가 흘러들어오면 아이를 출산하지 못하던가 양육시키지도 못함으로 후사가 이어지지 못하니 살인황천(殺人黃泉)과 다르지 않다. 또 흘러서 들어오는 절태수(絶胎水)가 적지 않고 크다고 할 정도이면 여인이 음란으로 도망하기도 한다. 이와 같이 녹존(祿存)이라는 절태수(絶胎水)가 흘러들어오는 데는 입혈(立穴)이 불가하며 녹존방(祿存方)으로 흘러나가면 금어(金魚)를 찬다는 귀국(貴局)이 된다. 즉 양향(養向)에서 이 녹존(祿存)으로 물이 흘러나감으로 삼절(三折)로서 소신(小神)이 중신(中神)으로 들어가고, 중신(中神)이 다시 절방(絶方)인 대신방(大神方)으로 흘러나가서 귀국(貴

局)이 된다.

❖ **절태수**(絶胎水), **득수**(得水)**하면 흉하나 파구**(破口)**되면 높은 벼슬에 오른다** : 절궁(絶宮)과 태궁(胎宮)을 말한다. 절은 포라고도 하며 모든 형체가 절멸된 상태에서 이제 시작하려고 하는 단계다. 태(胎)는 내부적으로는 생명을 향해 나가려는 기운이나 외부적으로는 아무런 형상도 이루지 못한 단계다. 절궁이나 태궁에서 득수한 물이 혈 앞 명당으로 들어오면 아이가 생기지 않아 자손이 끊기며 아이가 있다 해도 기르기 힘들다. 부자간에는 불목(不睦)하고 부부간에는 불화하여 헤어진다. 절태수가 크면 여인이 음란하여 도망가고 작으면 소리 소문 없이 음란하다. 반대로 절궁으로 물이 파구되면 이른바 녹존유진패금어(祿存流盡佩金魚)다. 모든 자손이 발전하여 조정에 출사하여 높은 벼슬을 한다.

❖ **절향절류**(絶向絶流) **물은 우수도좌**(右水倒左) **좌선룡이다** : 절궁(絶宮)의 사유자(四維字) 건곤간손(乾坤艮巽)으로 물이 파구(破口)되고 본구 12포태의 절향(絶向)을 절향절류(絶向絶流)라 한다. 물은 혈 오른쪽에서 득수(得水)하여 명당에 모인 다음 혈 앞으로 파구(破口)되는 당문파(堂門破)로 좌선룡(左旋龍)이다. 혈 오른쪽 목욕궁(沐浴宮)에서 득수(得水)한 물이 장생수(長生水), 양수(養水), 태수(胎水)의 기운을 가지고 혈 앞에 모여 절향(絶向)에서 혈과 음양교합한다. 향 앞 절궁으로 물이 빠져나가므로 당문파(堂門破)라 하고 이 또한 당면출살법(堂面出殺法)이다. 당문파는 물이 곧장 빠져나가면 안 되고 구불구불하게 천천히 흘러가야 한다. 파구가 완벽하게 관쇄(關鎖)되어서 백보전란(百步轉欄)에 불견직거(不見直去)해야 한다. 용진혈적(龍眞穴的)에 절향절류는 대부대귀(大富大貴)에 인정흥왕(人丁興旺)한다. 용약비혈(龍弱非穴)이나 파구되는 물이 지지자(地支字)를 범하면 흉하다.

❖ **절혈35**(絶穴三十五) : 아래와 같은 흉살을 범하면 주로 재물이 없고 자손이 번창하지 않으며 심한 경우는 대가 끊기기도 한다.

- **복월**(覆月) : 혈형(穴形)이 엎어진 반달같아 외롭게 드러나고 배부르고 단단하면 혈을 받지 못한다.
- **우비**(牛鼻) : 소의 코 모양 같음을 말하는데 높고 외롭게 드러나 보호함이 없으므로 바람을 받는다. 이러한 것을 범하면 전지(田地 : 소 먹이 논밭에 소 먹이 양식)를 다 소모한다.
- **궁원**(窮源) : 물의 근원이 궁진한 것이니 용이 머무르지 않고 큰 산이 처음 발족한 곳이 객산(客山)의 웅장하므로 핍박을 받아 물의 근원이 막힌 것을 말함이다. 주로 재물이 없다.
- **우각**(牛角) : 뾰족하여 노출되어 마치 소뿔과 같고 험한 돌이 많다. 이를 요(曜)로 알고 잘못 점혈(占穴)하면 대가 끊긴다.
- **차고**(釵股) : 단단하고 들어난 비녀다리 모양인데 흉격이다.
- **대도**(帶刀) : 험준하고 단단하고 경사가 급하면 혈을 세울 곳이 없다.
- **도성**(倒城) : 물이 기울어져 급하게 쏟아져 나감이니 재물이 없어진다.
- **삼전**(三箭) : 세 줄기의 물이 곧고 급하게 쏟아져 오거나 나가는 것이니 흉격이다.
- **단성**(斷城) : 오는 물이 끊어지니 재물이 없어진다.
- **당성**(撞城) : 물이 곧게 혈로 쏟아옴을 말한다.
- **견성**(擙城) : 물이 한편으로 비껴 이끌어 나가는 곳이다.
- **사조**(四早) : 사방의 물이 곧게 흘러가서 한곳으로 주입(注入)하지 않음이다.
- **사두**(蛇頭) : 기가 사납고 살(殺)이 중한 가운데 와겸혈(窩鉗穴)이 열리지 않는 땅이다.
- **과성**(寡城) : 물이 혈 앞으로 너무 가까이 와서 남은 기운을 뽑아 내지 못하는 땅인데 온역(瘟疫)이 발동한다.
- **당미**(螳尾) : 뾰족하고 작고 또 길어 맥이 다하고 기운이 끊어진 곳이다.
- **부패**(浮牌) : 너무 넓어서 기운이 흩어지므로 결혈(結穴)되지 않는다. 그러나 용이 있는 아래에 양택을 짓는 것은 좋다.
- **요강**(遶岡) : 얽어 두르는 사(砂)가 없이 바람이 닿고 물이 접하거나 혹은 지각(枝脚)이 없거나 혹은 큰길이 혈장을 옭아매듯 두르면 불길하다.
- **이벽**(梨劈) : 높고 가파르고 아래가 뾰족하여 여러 곳의 바람이 닿고 감춰주는 것이 없음이니 흉격이다.
- **교검**(交劍) : 칼끝처럼 날카롭고 뾰족한 산이 양쪽에서 서로

ㅈ

찌르거나 물이 칼 모양으로 되어 서로 사귀면 크게 불길하니 주로 살상이 있고 귀양하고 형벌을 받는 흉혈이다.

- **사사**(死蛇) : 연약하게 가는 용이 굽어지지 않고 죽은 뱀처럼 곧게 뻗어 있으면 생기가 없는 땅으로 후손이 끊긴다.
- **수족**(垂足) : 사람이 다리를 꼬고 걸터앉은 형상이니 흉하다.
- **천패**(天敗) : 무너지고 푹 파인 곳은 기운이 패(敗)한 곳이므로 후손이 끊긴다.
- **현침**(懸針) : 큰 용이 내려와 다리를 늘어뜨린 것이 마치 달아맨 바늘처럼 뾰족하고 날카로운 것이니 결혈(結穴)되지 않는다. 모르고 안장하면 절사(絶嗣)한다.
- **혜첨**(鞋尖) : 약간 일어났더라도 외롭게 드러나 바람이 겁하고 물이 베는 것을 말함이니 흉격이다.
- **낭아**(狼牙) : 뾰족하게 들어난 땅이니 흉격이다.
- **이향**(離鄕) : 좌우의 산이 물을 따라 멀리 달아나 버린 것인데 불길하다.
- **궁**(弓) : 양쪽으로 내려뜨린 것인데 흉하다.
- **궁현**(弓弦) : 곧고 급한 것을 말함이니 흉하다.
- **서두**(鼠頭) : 뾰족하고 쪼그라진 혈성(穴星)을 칭하는 바 흉격이다.
- **과궁**(過宮) : 기운이 이미 지나가서 융결치 못하는 것 즉 과산(過山)이라 하여 흉격이다.
- **불축**(不蓄) : 음양이 사귀지 않고 계수(界水 : 나뉘어 나간 물)와 합수(合水)가 분명치 않으므로 생기가 흩어지고 거두지 못한다.
- **등루**(騰漏) : 기운이 날아가고 샌다는 뜻이다. 좌우가 결함되고 앞은 지나치게 넓고 뒤는 넘쳐서 생기를 바람이 불어 흩어지게 한다. 즉 용(龍 : 높은 용맥)의 잠긴 기운이 위로 올라가고 아래 가지의 뜬 기운은 밑으로 새어나가는 것인데 뼈가 썩어 자손이 멸하는 땅이다.
- **와시**(臥尸) : 부스럼 같이 추하고 단단하여 죽은 시체가 누워 있는 것 같고 꿈틀대는 모양이 없이 혈을 맺지 못하는 땅이다. 잘못 점혈하면 자손이 끊긴다.
- **채두**(釵頭) : 단단하고 뾰족한 것이다. 그리고 차지는 단단하고 노출된 곳인데 모두 흉격이다.
- 백호가 뾰족하게 빗겨 나가고 그 머리가 이그러지면 패륜아가 생겨난다. 술건(戌乾 : 서북간)이 공결된 것을(바르게 되어 있는 곳) 보충하면 경풍 환자가 생기고, 백호가 조그만 산을 안고 있으면 집안의 여인이 간부를 두며, 청룡이 작은 산을 안으면 양자를 두게 된다.

❖ **점**(點) : 지점을 가리킴. 지팡이를 써서 지점을 가리킴.

❖ **점**(粘) : 점철(粘綴)한다는 뜻. 맥이 웅장하고 급하여 성신(星辰)의 각하(脚下)에서 혈운(穴暈)을 맺으면 점법(粘法)을 사용하게 된다. 낮은 곳에 천광(穿壙)하여 하관(下棺)하게 되므로 물이 날 것을 항상 염려하여야 한다. 또한 노각(露脚)에 혈을 정함이 중요하고 좌우가 주거니 받거니 평화로와야 한다. 가장 겁나는 것은 혈장(穴場)의 배면(背面)이 축축히 젖어 있는 상태이다. 너무 나아가면 탈맥(脫脈)하게 되므로 허점(虛粘)이 된다. 축축한 물방울이 생길 정도로 허점(虛粘)이 되면 자라의 껍질이 생기게 되며 패절하고 만다. 그러나 차츰 맥이 모인 곳을 찾아 올라가서 천광하여 하관하게 되면 실점(實粘)이 되는 데 만약 후산(後山)이 너무 높고 험준한 곳에서 복종(覆鍾)이 되면 패절하게 된다.

❖ **점법장법**(粘法葬法) : 점법(粘法)이란 젓는다는 뜻으로써 점의 맥(脈)은 내(來)에서 시작하여 지(止)에 머무르며, 점법은 지(止)에서 시작하여 진(盡)에 머문다. 점상(粘上)을 점하(粘下)하면 내기(來氣)를 벗어나고 점하(粘下)할 것을 점상(粘上)하면 지기(止氣)를 잃는다. 하(下)가 박(薄)하면 점(粘)을 버리고 쓰지 않는다.

❖ **점전**(苫前) : 장사전에 상주(喪主) 앞에 쓰는 글.

❖ **점토가 많아 질퍽거리는 땅은 질병에 걸리기 쉽다** : 끈끈하게 찰진 점토질의 토양은 배수가 되지 않아 습기가 많고 질퍽거린다. 항상 음습하므로 건강을 해치기 쉽고 각종 병에 자주 걸린다. 자고 일어나면 개운하지 않고 몸이 무겁다. 이러한 곳에 오래 살면 의욕이 떨어져 일의 성과를 기대할 수 없다. 결국 파산하고 단명하고 만다.

❖ **점토질**(粘土質) : 물기가 증발하지도 않고 스며들지도 않는 토질.

❖ **점혈**(占穴) : 혈을 찾는 것. 혈이란 마치 인체의 경혈(經穴)과 같아서 경혈을 잘못 알고 혈이 아닌 곳에 침을 놓으면 목숨을 잃을 수도 있듯이 생기가 모이지 않는 곳에 시신을 묻으면 흉국으로

바뀌어 버릴 우려가 있으므로 가장 주의해야 한다.

❖ **점혈**(點穴) : 광중 혈을 정하는 것

❖ **점혈사격**(點穴四格) : 혈을 정하는 4가지 구분으로 개혈(蓋穴), 점혈(粘穴), 의혈(倚穴), 당혈(撞穴)이다. 그리고 혈에는 삼정(三停)이 있으니 높은 곳의 혈을 상정(上停) 또는 천혈(天穴)이라 하고, 높지도 낮지도 않은 중간의 혈을 중정(中停) 또는 인혈(人穴)이라 하고, 가장 낮은 곳에 있는 혈을 하정(下停) 또는 지혈(地穴)이라 한다. 즉 천혈을 정하는 것을 개법(蓋法) 또는 개혈(蓋穴)이라 하고, 인혈(人穴)의 중간에 점혈하는 것을 당혈(撞穴) 또는 당법(撞法)이라 하고, 중정(中停)의 왼쪽이나 오른쪽에 붙이는 혈을 의법(依法) 또는 기혈(倚穴)이라 하고, 하정(下停)인 지혈(地穴)에 정하는 혈을 점법(粘法) 또는 점혈(粘穴)이라 한다.

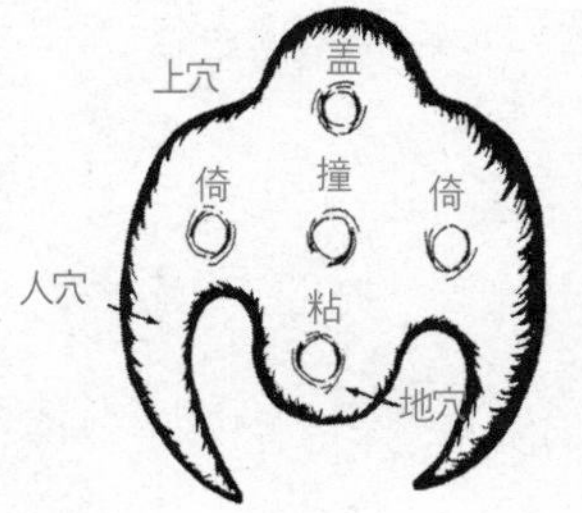

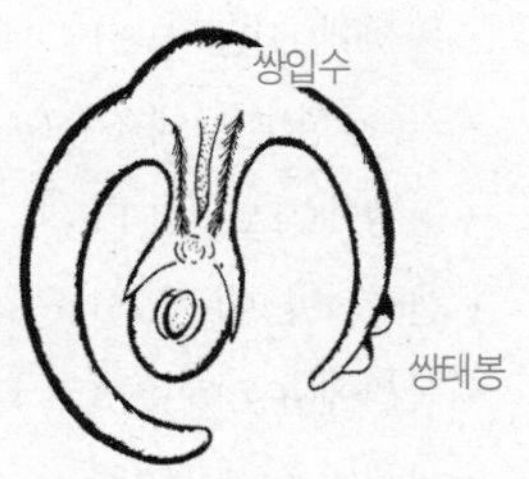

쌍둥이(雙胎兒)가 나는 산
입수가 쌍이니 쌍태아가 난다.

[축자 출산도]
원래의 입수가 있는 듯, 없는 듯 하면서도 축입수가 왕하고 규봉이 있다.

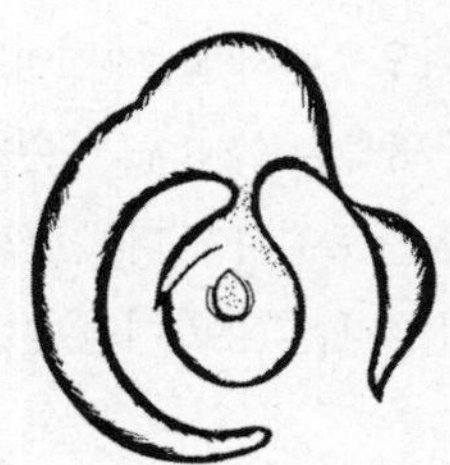

[외손봉사]
백호가 왕성하고 청룡은 끊어졌고 패철상 불배합이며 꽃받침이 없다.

[육손이(六指)가 나는 산]
태맥절에 암(岩)에 금이 갔다. 자손 중 6손가락이나 6발가락이 난다. 바위 금의 위치에 따라 좌우 수족을 분별하고 남·녀의 절수 음양으로 판정한다.

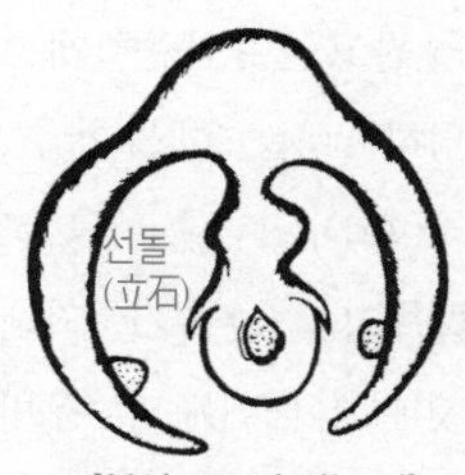

[봉사(盲子)가 나는 산]
순음 축간좌 또는 신유좌로서 서있는 돌이 있다. 돌의 좌·우로써 좌·우 눈을 가름하고 좌·우선으로 남·녀를 분별한다.

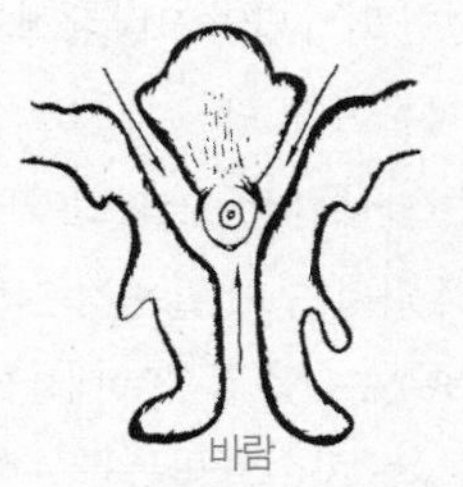

[벙어리 출산도]
삼곡풍이 충돌하고 산형은 배합형 같으나 패철상 불배합이다.

[언청이 출산도]
입수가 넓고 불배합 태맥절로서 안산이 언청이 모양이다. 그림과 같이 청석으로 물이 있다가 없다가 한다.

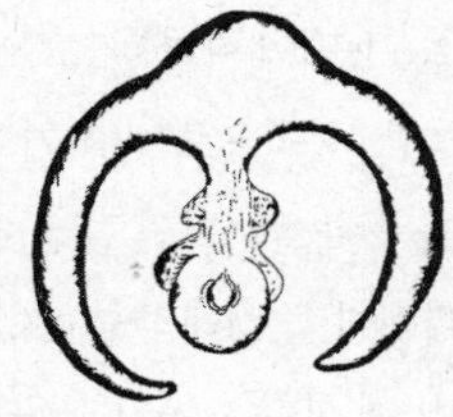

[곱추 출산도]
입수 뭉치와 혈의 뭉치가 겹붙은 것 같이 보이는 산. 남·녀는 입수혹의 좌우로써 분별한다.

❖ **점혈은 어떻게 해야 하나** : 3년심룡(尋龍)에 10년 점혈(點穴)한다거나, 10년 답산(踏山)에 20년 점혈(點穴)한다는 말이 있다. 망세심룡(望勢尋龍)보다는 등산점혈(登山點穴)이 더욱 어렵다는 말이다. 결혈시(結穴時)에 혈성(穴星) 즉 구첨(毬簷)을 보면 하나의 평탄한 와(窩)가 있으니 이를 장구(葬口) 즉 혈이라 한다. 태음혈(太陰穴)이면 혈처(穴處)가 반드시 미와처(微窩處), 태양혈(太陽穴)이면 와중미돌처(窩中微突處)가 있게 마련이다. 장구하(葬口下)를 세밀히 살피면 소명당(小明堂) 즉 박구(薄口)가 있다. 그리고 혈

을 싸고 돌아 은은하게 흐르는 금어계수(金魚界水)가 있어 소명당하(小明堂下)에서 합금(合襟)한다. 이 구첨(毬簷), 장구(葬口), 박구(薄口), 합금(合襟)을 4과(四科)라 하여 혈을 증명하게 된다.

❖ **접목법**(接木法) : 기종좌래(氣縱左來 : 기가 왼편을 따라 내려오는 것)면 이 때에는 좌후우박(左厚右薄 : 왼쪽은 두텁고 오른쪽은 얇은 것)한 법이니 즉 왼쪽은 두텁고 오른쪽은 얇은 법이므로 이때에는 관(棺)의 두침(頭枕)을 오른쪽으로 놓아야 하고, 만약 기종우래(氣縱右來)라면 반대로 오른쪽은 후(厚), 왼쪽은 박하므로 이때에는 방관시(放棺時 : 관을 놓을 때)에 두침을 왼쪽으로 치우치게 해야 한다. 대체로 접목시(接木時)에는 체백(體魄) 기입지처(氣入之處)와 직문(直門)하게 해서는 안 되니 만약 그러할 경우에는 기(氣)가 뇌(腦) 직충(直沖)하기 때문이다. 단 혈의 어느 한쪽 변에다 관을 놓을 경우 좌변접기는 대대발장(代代發長)이요 우변접기면 대대차손(발소)발복이라 하니 즉 이 말은 장손과 차손을 두고 하는 말이다. 대대발장(代代發長)은 장손이 대를 이어 발복함을 말하고 대대발소(代代發小)는 차손의 발복을 뜻한다. 천광(穿壙)을 좌우일변(左右一邊)으로 하게 되면 기(氣)가 귀(耳)를 통해 들어오므로 직충(直沖)은 마치 물고기의 벌린 입과도 같은 혈의 중앙부분에다가 천광(穿壙 : 체백을 모시는 구덩이)을 하는 것인데 이렇게 되면 곧 정직(正直)이라 기(氣)가 뇌(腦)를 충(沖)하게 되어 흉하다. 좌우변 접기는 용맥이 마치 물고기 입처럼 중앙부위에서 바로 내려오다가 어느 한쪽으로 기(氣)가 치우치는 것을 말한다. 기(氣)가 귀(耳)를 쫓아 들어가면 길(吉)하고, 기(氣)가 뇌(腦)를 쫓아 들어가면 이것이 곧 직래직충(直來直沖) 되므로 흉하다. 예를 들면 묘룡(卯龍)에 신향(辛向)인데 유수(流水)와 합작하여 다시 신향(辛向)으로 돌아 경(庚)을 거쳐 정방(丁方)으로 장류(長流)함을 말하고 또 물러앉은 묘산(卯山)이 유두(乳頭)처럼 밑으로 쳐져 있는데 약 10장(十杖)가량이나 전환(轉換)을 했다면 이 때에는 을산(乙山)의 우반각하(右畔脚下)에다 장(葬)을 해야 하므로 절묘한 방법이며, 이때는 반드시 후고(後高)하기 때문에 묘방(卯方)을 취하여 점혈해야 한다.

❖ **정**(情) : 성정(性情).

❖ **정**(停) : 기가 머무르는 상태.

❖ **정**(正) : 혈장을 얻을 수 있음을 말함.

❖ **정**(精) : 원정수려(圓淨秀麗)함을 말함.

❖ **정**(丁) : 10간(干)의 4번째.

- 정(丁)으로 구성되는 60갑자는 정묘(丁卯), 정축(丁丑), 정해(丁亥), 정유(丁酉), 정미(丁未), 정사(丁巳)의 6가지가 있다.
- 정(丁)은 음화(陰火)인데, 빛은 적색(赤色), 방위는 남방(南方), 절기로는 여름(夏)에 속한다.

❖ **정격**(定格) : 음양이 배합되어 완전하게 이루어진 혈장.

❖ **정관**(正官)

- 갑생(甲生)에 신(辛)
- 을생(乙生)에 경(庚)
- 병생에(丙生) 계(癸)
- 정생(丁生)에 임(壬)
- 무생에(戊生) 을(乙)
- 기(氣)생(己生)에 갑(甲)
- 경생에(庚生) 정(丁)
- 신생(辛生)에 병(丙)
- 임생에(壬生) 기(己)
- 계생(癸生)에 무(戊)

❖ **정관문수수**(正官文秀水) : 손방(巽方)에서 물이 길게 흘러 들어오는 것은 말함. 이 물이 합국(合局)이면 대대로 훌륭한 학자와 문인이 나오고 과거에 급제하여 이름을 날리는 자손들도 배출된다.

❖ **정관재백수**(正官財帛水) : 손방(巽方)에서 흘러 들어온 물이 유방(酉方)으로 갔다가, 다시 해방(亥方)으로 빠져 나가는 것을 말함. 이 물이 합국(合局)이면 숱한 재물을 얻게 된다.

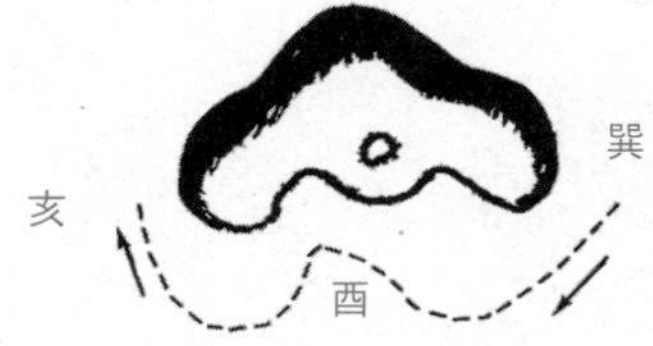

❖ **정교간직**(正交看直) : 사정(四正)은 세요(細腰)하여서 과협(過峽)이 되는 곳이니 끊길 정도로 짧아야 행룡(行龍)의 기가 멈추게 되니 즉 서두(鼠頭)처럼 짧아야 한다. 짧지 않고 길면 취기(聚氣)

가 아니라 행하는 것이다.

❖ **정당**(旌幢) : 정당이란 연 위의 휘장으로 좋다는 뜻.

❖ **정래사하**(正來斜下) **사래정하**(斜來正下) : 용이 바르게 오면 비켜서 점혈하고 비켜서 오면 바른 곳에 정혈해야 하고, 급래완수(急來緩受) 완래급수(緩來急受)는 급히 오는 용은 평탄한 곳에 혈을 정하고 완만하게 오는 용은 급한 곳에 정혈한다.

❖ **정려**(旌閭) : 특이한 행실에 대한 국가의 표창, 충신, 효자, 열녀들을 그들이 살던 고을에 정문을 세워 표창함.

❖ **정록**(正祿) : 정록(正祿)은 12장생(長生)의 임관궁(臨官宮)과 같다. 갑(甲)의 녹(祿)은 인(寅), 을(乙)의 녹은 신(申), 임(壬)의 녹은 해(亥), 계(癸)의 녹은 자(子)가 된다. 또는 간(艮)의 녹은 갑(甲), 손(巽)의 녹은 병(丙), 곤(坤)의 녹은 경(庚), 건(乾)의 녹은 임(壬)이라고도 한다. 위에 해당하는 녹산(祿山)은 풍만하고 첨원(尖圓)하며 방정하여야 하니 횡재하여 식록이 만종이 된다.

① 자오묘유좌(子午卯酉坐)는 간방(艮方)이 정록 자리다. 갑경병임좌(甲庚丙壬坐)는 계방(癸方)이 정록 자리며, 을신정계좌(乙辛丁癸坐)는 곤방(坤方)이 정록 자리다. 또 인신사해좌(寅申巳亥坐)는 건방(乾方)이 정록 자리다. 가령, 묘지의 좌(坐 : 머리 쪽 방향)가 자오묘유(子午卯酉)고 간방(艮方)에 높으면서 수려한 봉우리가 있으면, 정록을 얻은 게 된다. 묘지의 좌(坐)가 갑경병임(甲庚丙壬) 중 하나일 때는, 계방(癸方)에 높고 수려한 봉우리가 있어야 정록을 얻은 게 된다.

② 정록은 일나 아주 좋은 길방을 말하는데, 임향(壬向)에는 정록이 해방(亥方)에, 계향(癸向)에는 자방(子方)에, 갑향(甲向)에는 인방(寅方)에, 을향(乙向)에는 묘방(卯方)에, 병향(丙向)에는 진방(辰方)에, 정향(丁向)에는 사방(巳方)에, 술향(戌向)에는 오방(午方)에, 곤향(坤向)에는 미방(未方)에, 경향(庚向)에는 신방(申方)에, 신향(辛向)에는 유방(酉方)에 있다.

❖ **정룡**(正龍) : 정기(正氣)의 맥을 받아 중앙에 위치하여 다른 여러 산에 에워싸여져 있는 산을 말함. 용이 산봉우리와 강하게 연결되어 있으면서 변화가 아름다운 것을 정룡 또는 주룡(主龍)이라고 한다. 정룡은 혈을 이루는 용으로서, 주봉에서 혈까지 직접 연결되어 '내룡(來龍)' 이라고도 한다. 주룡이 생기를 발하며 앞으로 진행하기 위해서는 절점에서 왼쪽과 오른쪽에 작은 용을 만들며 진행해야 한다. 이 용은 조산(祖山)을 떠난 이후로 그 모습이 자연 존엄하고 활발하여 산룡이 꿈틀거리는 듯하고, 협(峽)을 지나는 곳에는 반드시 여러 산들이 양변에서 막아 보호함으로써 바람과 물이 충사(沖射)함을 받지 않고, 구불구불 생기(生氣)가 넘쳐 활동하고, 혹은 엎드렸다가 일어났다가 하고, 봉우리를 일으키면 단정 수려하며, 혈이 되는 곳에 이르기까지 용의 본신(本身)을 에워싸서 모두 사귀어 유정(有情)하다. 그러므로 이러한 용 밑에서만이 진혈(眞穴)이 맺게 된다.

❖ **정룡**(正龍)**과 방룡**(蒡龍) : 정룡(正龍)은 조종산에서 갈려 나간 여러 산줄기 중에서 중심이 되는 것이고, 방룡(蒡龍)은 곁가지로서 정룡을 옆에서 호위하는 역할을 한다. 방룡이 여러 길짐승이라면 정룡은 홀로 고고한 기린이요, 방룡이 여러 날짐승이라면 정룡은 봉황새라 할 수 있다. 또 방룡은 시종(侍從)이요 정룡은 주인이다. 정룡은 주룡(主龍)이라 부르기도 하고, 방룡을 빈룡(賓龍) 혹은 객룡(客龍)이라 일컫기도 한다. 좋은 명당혈은 주룡(主龍)과 객룡(客龍)이 다 잘생겼다. 객룡은 주룡을 호위하며 수족이 되어 주니 바람이 호랑이를 따르는 격이요, 구름이 용을 쫓는 모습과 흡사하다. 객룡이 주룡을 시위(侍衛)하는 것을 노종(奴從)이라 한다. 참된 진룡(眞龍) 좋은 혈에는 반드시 객룡(客龍)이 있어 서로 돕고 감싸 주며 다정히 마주 본다.

❖ **정룡**(正龍)**의 구분** : 많은 무리 용이 모두 작으면 높고 특별히 아름다워보이는 용이 진룡(眞龍)이다. 많은 용이 모두 크면 낮고 평탄하며 아름다운 용이 주룡(主龍)이 되는 것이며, 많은 무리 용이 모두 이끌고 연결되면 끊어졌다 이어졌다 하며 변화하는 용이 진룡(眞龍)이 된다. 많은 무리 용이 모두 이어졌다 끊어졌다 하면 이끌어 연결된 아름다운 용이 주룡(主龍)이 되는 것이다. 귀룡(貴龍)은 중출룡(中出龍)을 겹겹으로 에워싸고 기고(旗鼓)와 문필봉과 주위의 많은 호사가 조읍(朝揖)하고 금성(金星)이 안대(案帶)하고 염정화산(廉貞火山)으로 태조산(太祖山)이 발조(發祖)되고 과협의 변화가 아름다우며 송영(送迎)이 상생으로 다정하고 개장천심(開帳穿心)이 합법으로 중출(中出)된 용을 귀룡(貴龍)이라 할 수 있다. 부룡(富龍)은 용상(龍象)이 비후(肥

厚)하면서 용을 에워싸주는 장막(帳幕)은 많지 않아도 창상고궤(倉箱庫櫃)가 혈판을 향하여 기운이 감추어지고 장풍으로 취기(聚氣)가 되고 금성수(金星水)가 혈장을 둥글게 환포(環抱)하면 부룡(富龍)이 다. 혈장 위의 입수(入首)로부터 모체가 되는 주산(主山)까지 형성된 내룡(來龍)에는 중앙용(中央龍)으로 정기(精氣)가 통한다. 천리내룡(千里來龍)도 입수변화일절(入首變化一節)에 생사가 달렸으니 용의 대소장단(大小長短)을 논하지 말고 입수이삼절(入首二三節)에 나타나는 정기(精氣)의 행종(行蹤)으로 명당의 역량을 판단하여야 한다. 내룡(來龍)의 미약한 것을 탓하지 말고 보룡(保龍)의 세(勢)를 살피고 용의 왕쇠(旺衰)한 변화의 이치는 보룡(保龍)에 있으므로 용은 사미(蛇尾)와 같아도 보룡(保龍)의 세(勢)가 후덕하면 왕룡(旺龍)으로 간주한다. 용을 찾으려면 먼저 태조산(太祖山)의 정기(精氣)를 살펴야 한다. 용맥(龍脈)의 형세가 활동적이면 생룡이 되고, 용맥(龍脈)의 형세가 뻣뻣하게 굳었으면 사룡(死龍)이 되고, 내룡(來龍)의 형세가 급하면 완만한 곳이 생(生)이 되어 취혈이 가능하고 급한 곳은 사(死)가 되며, 반대로 내룡(來龍)의 형세가 완만하면 급한 곳이 생(生)이 되어 취혈이 가능하고 완만한 곳은 사(死)가 된다. 부룡(富龍)이란 산의 형태가 두텁고 토산으로 된 것이며, 귀룡(貴龍)은 산의 형태가 첩첩하며 길고 머리와 꼬리가 미려하게 잘생긴 산이며, 천룡(賤龍)은 상하가 없이 짤막하고 웅장하지 못한 것을 말한다. 사룡(死龍)은 기복이 없고 살아 움직이는 것 같이 활동형상이 없고 마치 잘라놓은 나무토막 같아 그 아래에는 생기가 통하지 않음으로 혈이 맺지 못한다.

❖ **정마**(正馬) : 건좌(乾坐)는 갑방(甲方), 곤좌(坤坐)는 을방(乙方), 손좌(巽坐)는 신방(辛方), 간좌(艮坐)는 병방(丙方)이 정마 자리다. 정마(正馬)를 얻으면 자손들이 문무(文武) 양쪽에서 큰일을 한다.

❖ **정맥**(正脈) : 여러 갈래로 뻗어나간 용맥 가운데 중심적이고 생기가 있는 맥. 정은 곧 가운데를 말함이나 성신(星辰)이 단정하고 맥이 중앙으로부터 나오고 양변(兩邊)의 산세가 균등하므로 정맥이라 하는데, 이 격(格)이 대길(大吉)하다.

❖ **정맥결**(正脈結) : 정맥으로 맺는 것. 후룡이 층층으로 박환하고 절절이 지각이 번연하여 좌우를 구불거리고 자취를 감추면서 행도가 무상하다가 판을 벌릴 곳에 이르러서는 웅장한 산봉우리를 만들어서 그 중간으로 한줄기의 기맥이 꿈틀꿈틀하며 내려오다가 다시 두어 절을 맺은 뒤에 혈성이 생기는 것이다. 바로 받아서 써도 당배인혈(撞背人穴)의 살기가 없어서 길하다.

❖ **정면이 타인의 집의 옆면과 마주보면** : 만일 우리 집의 정면이 타인의 집의 옆면과 마주 보고 있는 모습이라면 아이는 제멋대로 되고 부모에게 효도하지 않는다. 이와 같은 장소는 될 수 있는 대로 피해서 조금이라도 길의 요소가 있는 장소를 찾도록 한다.

❖ **정묘향**(正墓向) **물은 좌수도우**(左水倒右) **용은 우선룡**(右旋龍)**이다** : 사국의 절궁(絶宮) 즉 포궁(胞宮)으로 파구(破口)되고 본국 12포태의 묘향(墓向)을 정묘향(正墓向)이라고 한다. 물은 혈 왼쪽에서 득수(得水)하여 혈 앞에 명당을 지난 다음 오른쪽으로 파구(破口)되는 좌수도우(左水倒右)하여야 한다. 용은 우선룡(右旋龍)이다. 혈 왼쪽에 장대(長大)하나 제왕궁(帝旺宮)에서 득수한 물이 쇠방수(衰方水), 병수(病水), 사수(死水)의 기운을 가지고 혈 앞 명당에 모인다. 묘향(墓向)에서 혈에 기운을 공급해 주고 절궁(絶宮)으로 파구(破口)된다. 그리고 오른쪽 작은 소수(小水)는 장생궁(長生宮)에서 득수(得水)한 물이 양수(養水), 태수(胎水)의 기운을 가지고 절궁(絶宮)에서 서로 합수(合水)하여 파구(破口)된다. 좌우측 물이 혈을 감싸고 양수협출(兩水夾出)하므로 길한 형세다. 용진혈적(龍眞穴的)에 정묘향이면 큰 부귀(富貴)를 누릴 수 있으며 건강하고 장수하며, 복과 덕이 많다.

❖ **정문백회혈**(頂門百會穴) : 사람 몸의 정수리, 백회에 해당되는 혈. 혈이 꼭대기에 있고 혈처가 밖으로 드러났으니 물이나 주변의 산줄기가 잘 감싸줘야 진혈(眞穴)이다.

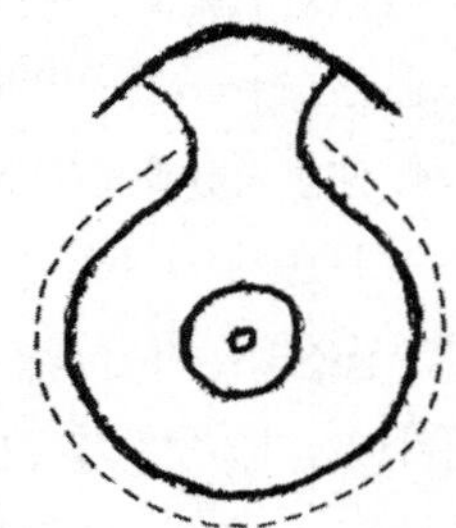

❖ **정미**(精微) : 정교하고도 미묘함.

❖ **정미시**(丁未時) : 태세의 간지가 정미(丁未)로 된 시간. 즉 일간(日干)이 정(丁)이나 임일(壬日)의 미시(未時).

❖ **정반정침**(正盤正針) : 묘지나 택지 또는 건물을 측정하고자 하는 곳에 먼저 패철을 수평으로 놓는다. 그 다음에 원 가운데 있는 자침이 자오선(子午線)과 일치하도록 조절한다. 보통 패철의 자침은 북쪽을 가리키는 곳에 구멍을 뚫어 놓았거나 빨강색으로 칠해 놓았다. 또 자오선에 선을 그려 놓아 자침을 일치시키는데 편리하도록 하였다. 자침의 구멍 뚫린 부분이 4층 자(子, 정북)의 중앙에 반대쪽은 4층 오(午, 정남)의 중앙에 일치 시키는 것을 패철의 정반정침(正盤正針)이라고 한다.

❖ **정방**(正房) : 집의 몸체.

❖ **정방**(丁方) : 24방(方)의 하나. 정남(正南)인 오방(午方 : 離方)에서 서(西)로 15도 당긴 방위.

❖ **정방수**(丁方水) : 혈장에서 볼 때 정방(丁方)에 물이 있는 것. 또는 정방(丁方)이 득파(得破)된 것.

❖ **정·방음부**(正·傍陰符) : 음택(陰宅) 및 양택(陽宅)의 흉살로 정음부는 양택에는 꺼리나 음택에는 무방하고, 방음부는 음택에는 꺼리나 양택에는 무방하다. 정국(定局)은 아래와 같다.

年月日時 / 區分	甲己 年月日時	乙庚 年月日時	丙辛 年月日時	丁壬 年月日時	戊癸 年月日時
正陰符	艮巽坐	乾兌坐	坤坎坐	離坐	震坐
傍陰符	丙辛坐	甲丁巳丑坐	乙癸辛辰坐	壬人戌坐	庚亥未坐

가령 태세가 갑(甲)이나 기년(己年)이면 간좌(艮坐)·손좌(巽坐)에 정음부살(正陰符殺)이고, 병좌(丙坐)·신좌(辛坐)가 방음부살(傍陰符殺)이다.

❖ **정방(丁方)의 산** : 정봉(丁峯)은 사람의 수명과 관계가 깊다. 정방에 높고 수려한 봉우리가 있으면, 자손들이 장수하게 되고 정봉에서 뻗어 나오는 정기가 많은 흉화(凶禍)를 물리쳐 준다. 정방과 더불어 병해간방(丙亥艮方)에도 수려하고 높은 봉우리가 있으면, 자손들이 매우 귀하게 되고 큰 부귀를 얻으며 자손이 번창한다.

❖ **정방풍**(丁方風) : 혈장에 정방(丁方)의 바람이 닿는 것.

❖ **정배합 3자 혼합법도**(正配合 三字混合法圖)

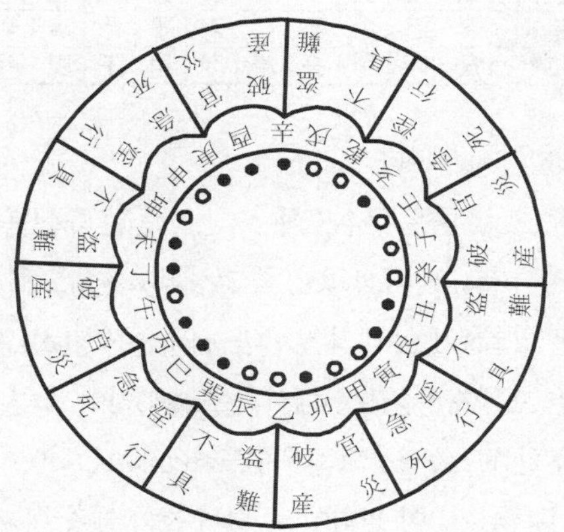

❖ **정법(正法)의 장법**(葬法) : 정법이란 가지런하다는 뜻으로써 와상(窩象)은 작거나 과대(過大)하면 원신(元神)이 진(眞)을 상(傷)하고 깊이 들어가면 연약한 체(體)를 무너뜨린다.

❖ **정부인**(貞夫人) : 조선조 때 정(正) 종(從) 2품의 문무관(文武官)의 아내의 봉작.

❖ **정비수**(穽臂水) : 혈의 좌우가 정세(穽洗)되어 있는 것을 말함. 좌정(左穽)은 장방(長方)에 화가 오고, 우가 뚫려 있으면 유방(酉房)에 화가 미친다. 또 주는 고질(痼疾), 길게 음란(淫亂)하고 고과(孤寡)된다.

❖ **정사각형 평면에서 기(氣)를 더 강하게 만들 수 있는 방법은** : 한쪽 평면을 볼록 튀어나오게 하는 것이다. 사면 모두 튀어 나와도 좋다. 다만 튀어 나온 부분이 벽면 중심이 되어야 한다. 이렇게 하면 실내 공간 기운(氣運)이 원활해진다.

❖ **정사시**(丁巳時) : 간지가 정사(丁巳)로 된 시간. 일간(日干)이 무(戊)나 계(癸)로 된 날의 사시(巳時).

❖ **정상**(停喪) : 상여가 잠시 쉬는 곳.

❖ **정상기방**(停喪忌方) : 혈처(穴處) 광중(壙中)을 기준해서 방위를 보는 바 상여(喪輿)와 관(棺) 등을 놓는데 꺼리는 방(方)이다.

- **사유축일년**(巳酉丑日年) : 간방(艮方)
- **신자진일년**(申子辰日年) : 손방(巽方)
- **해묘미일년**(亥卯未日年) : 곤방(坤方)
- **인오술일년**(寅午戌日年) : 건방(乾方)

또는 입좌(入座), 중좌(重座), 보원살방(報苑殺方)

年月	子	丑	寅	卯	辰	巳	午	未	申	酉	戌	亥
入座方	酉	戌	亥	子	丑	寅	卯	辰	巳	午	未	申
重座方	癸	己	甲	乙	己	丙	丁	己	庚	辛	己	壬
報苑方	庚	丙	甲	壬	庚	丙	甲	壬	庚	丙	甲	壬

❖ **정생**(定生) : 탄생하다.

❖ **정생향**(正生向) **물은 우수도좌**(右水倒左) **용은 좌선룡**(左旋龍)**이 원칙** : 사국(四局)의 묘궁(墓宮) 즉 고장궁(庫藏宮)으로 파구(破口)되고 본국(本局) 12포태의 생향(生向)을 정생향(正生向)이라 한다. 물은 오른쪽 왕궁(旺宮)에서 득수(得水)하여 혈 앞 명당을 지난 다음 왼쪽으로 파구되는 우수도좌(右水倒左)하여야 한다. 용은 좌선룡(左旋龍)이 원칙이다. 혈 오른쪽 제왕궁(帝旺宮)에서 득수한 물은 임관수(臨官水), 관대수(冠帶水), 목욕수(沐浴水)의 길한 기운을 가지고 혈 앞 명당에 모인다. 그리고 생향에서 혈에 좋은 기운을 공급해 주고 묘궁으로 파구된다. 이를 왕거영생(旺去迎生)이라 한다. 물이 12포태의 왕궁에서 득수하고 생궁에서 향과 만나 묘궁으로 파구되니 생왕묘(生旺墓) 삼합(三合)이 이루어진다. 이는 물이 혈을 금성으로 환포해주는 길한 형세다. 용진혈적(龍盡穴的)에 정생향이면 주로 부귀쌍전(富貴雙全)하며 아내는 어질고 자식은 효도하여 가정에 행복이 가득하다. 그러나 좌수도우(左水倒右)는 물이 혈을 감싸주지 못할 뿐만 아니라 소망패절(少亡敗絶)하며 가업이 도산하여 가난해진다.

❖ **정성**(井星) : 간(艮)방에 있다. 간봉(艮峰)이 아름다우면 공을 세우는 인물이 나지만 지나치게 높으면 가난으로 망하고 허하면 물과 불의 환란을 만난다. 미년(未年)에 그런 일이 있다.

❖ **정성과, 노력, 적덕을 해야 명당을 얻는다** : 길지(吉地)를 얻는 것은 연법(緣法)에 따라 얻어진 것이니 구하되 구하는 자의 노력에 따라 인연대로 얻는 것이므로 덕(德)을 쌓지 않고 공을 들이지 않고 탐한다고 구해지는 것이 아님을 깨닫고 정성과 노력한 만큼의 인연대로 얻어짐을 알아야 할 것이다.

❖ **정시**(丁時)

① 시(時)의 천간이 정(丁)으로 된 시간.

② 오후 1시.

③ 정야(丁夜), 즉 사경(四更)으로 새벽 1시~3시까지.

❖ **정시법**(定時法) : 12지에 매인 시간을 정하는 법. 오후 11시 1분에 자시(子時)가 시작되어 현재 시간의 2시간에 1지씩 붙이면 된다. 오후 11시~명일 오전 1시 = 子時, 오전 11시~오후 1시 = 午時, 오전 1시~오전 3시 = 丑時, 오후 3시~오후 5시 = 申時, 오전 3시~오전 5시 = 寅時, 오후 3시~오후 5시 = 申時, 오전 5시~오전 7시 = 卯時, 오후 5시~오후 7시 = 酉時, 오후 7시~오후 9시 = 戌時, 오전 7시~오전 9시 = 辰時, 오후 9시~오후 11시 = 亥時, 오전 9시~오전 11시 = 巳時.

시간의 간지를 붙이는 요령은 아래와 같다.

- 甲己日 : 甲子時부터 시작하여 乙丑 丙寅 丁卯
- 乙庚日 : 丙子時부터 시작하여 丁丑 戊寅 辛卯
- 丙辛日 : 戊子時부터 시작하여 己丑 庚寅 辛卯
- 丁壬日 : 庚子時부터 시작하여 辛丑 壬寅 癸卯
- 戊癸日 : 壬子時부터 시작하여 癸丑 甲寅 乙卯

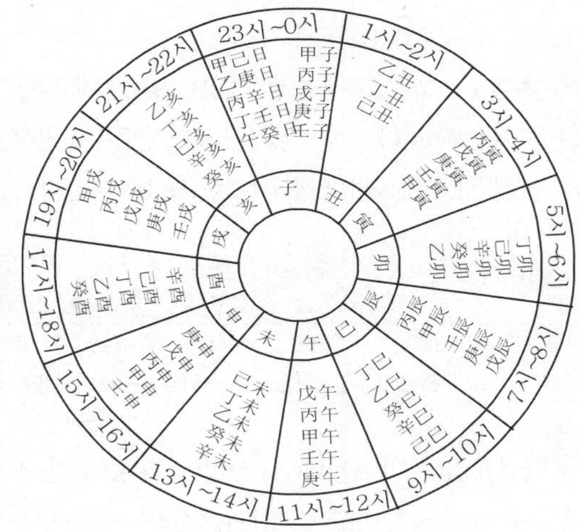

자시(子時)는 12지시의 첫 번째 시간이지만 그렇다고 하여 일진까지 자시(子時)가 시작되면서 바뀌는 게 아니다. 일진은 자정(子正)에 바뀌는 게 원칙이다. 그러므로 같은 자시(子時)라도 야자시(夜子時: 오후 11시~01시 전)와 주자시(晝子時: 오전 0시~1시 전)를 구분해야 한다. 가령 갑기일(甲己日)의 야자시(夜子時)라면 갑자시(甲子時)가 아니라 병자시(丙子時)가 된다. 왜냐하면 갑기일(甲己日)의 주자시(晝子時)부터 그날의 일진이 시작되는 까닭에 갑(甲)이나 기일(己日)로 바뀌려면 0시(子正)가 되어야 하고, 이 때부터 갑자시(甲子時)에 드니 을축(乙丑), 병인(丙寅), 정묘(丁卯), 무진(戊辰), 기사(己巳), 경오(庚午), 신미(辛未), 임신(壬申), 계유(癸酉), 갑술(甲戌), 을해(乙亥)로 나가다가, 다음 자시(子時)에는 아직 일진이 바뀌지 않았건만(0시 이전의 子時이므로) 을경일(乙庚日) 자시(子時)에 해당하는 병자시(丙子時)가 닿는다.

日干時	晝子	丑	寅	卯	辰	巳	午	未	申	酉	戌	亥	夜子
甲己日	甲子	乙丑	丙寅	丁卯	戊辰	己巳	庚午	辛未	壬申	癸酉	甲戌	乙亥	丙子
乙庚日	丙子	丁丑	戊寅	己卯	庚辰	辛巳	壬午	癸未	甲申	乙酉	丙戌	丁亥	戊子
丙辛日	戊子	己丑	庚寅	辛卯	壬辰	癸巳	甲午	乙未	丙申	丁酉	戊戌	己亥	庚子
丁壬日	庚子	辛丑	壬寅	癸卯	甲辰	乙巳	丙午	丁未	戊申	己酉	庚戌	辛亥	壬子
戊癸日	壬子	癸丑	甲寅	乙卯	丙辰	丁巳	戊午	己未	庚申	辛酉	壬戌	癸子	

❖ **정신**(精神) : 산세에서 흘러나오는 정기.

❖ **정실**(淨室) : 제관(祭官)의 재계(齋戒)를 위하여 깨끗이 마련한 방.

❖ **정심수덕**(正心修德) : 마음 씀씀이가 맑고 밝아야 풍수사이다. 모름지기 당지의 합도(合度) 여부에만 마음을 모아야 하고 능력을 과장하기 위한 점쟁이식도 안 되며 상대편의 신분에 마음이 달라져서도 안 된다. 만에 하나라도 남의 일을 망지에 소점하게 하면 풍수사 자신에게 화가 미침을 기억해야 한다. 혈이란 마음의 눈으로만 찾을 수가 있는 신령한 것이다. 명당은 신명(神明)의 소유이므로 풍수사 자신에게 도덕적으로 큰 결함이 있다면 명지를 주지 않게 된다.

❖ **정야시법**(定夜時法) : 옛날 시계가 없던 시절에는 일단 해가 지고 나면 시간이 어느 때인지 알기가 어려웠다. 시간을 알리기 위해 관(官)에서 경점(更點)을 쳤으나 경점 소리만으로는 12지시각을 알기 어렵다. 왜냐하면 절기에 따라 빨리 어둡기도 하고 늦게 어둡기도 하여 밤낮의 길이가 일정치 않기 때문이다. 예를 들어 낮이 가장 짧은 12월에는 오후 7~8시만 되면 이미 초경(初更)을 치지만 낮이 긴 5월에는 술시(戌時)면 아직도 날이 밝아 밤이라 할 수 없으므로 경점(更點)을 치지 아니한다. 이 정야시법도 오늘날에는 정확한 시계가 있기 때문에 필요성이 없다.

❖ **정언**(正言) : 정통한 경서(經書)의 이치에 합당한 말. 여기에서는 조명(造命)을 일컬음.

❖ **정양향(正養向) 물은 우수도좌(右水倒左) 좌선룡(左旋龍)이다** : 사국의 절궁(絶宮) 즉 포궁(胞宮)으로 파구되고 본국 12포태의 양향(養向)을 정양향(正養向)이라고 한다. 물은 혈 오른쪽에서 득수하여 혈 앞 명당을 지난 다음 왼쪽으로 파구(破口)되는 우수도좌(右水倒左)하여야 한다. 용은 좌선룡(左旋龍)이다. 혈 오른쪽 임관궁(臨官宮)에서 득수한 물은 관대수(冠帶水), 목욕수(沐浴水), 장생수(長生水)의 길한 기운을 가지고 혈 앞 명당에 모인다. 양향(養向)에서 혈에 기운을 공급해주고 절궁(絶宮)으로 파구(破口)된다. 이를 귀인녹마상어가(貴人祿馬上御街)라 하여 물은 혈을 금성으로 감싸주므로 길한 형세이다. 용진혈적(龍眞穴的)에 정양향이면 자손과 재물이 크게 번창하고 공명현달(功名顯達)과 부귀가 기약된다.

❖ **정오행**(正五行) : 오행은 금목수화토(金木水火土)를 말함.

① 天干五行

天干	甲	乙	丙	丁	戊	己	庚	辛	壬	癸
五行	木	木	火	火	土	土	金	金	水	水
陰陽	陽	陰	陽	陰	陽	陰	陽	陰	陽	陰

② 支地五行

支地	子	丑	寅	卯	辰	巳	午	未	申	酉	戌	亥
五行	水	土	木	木	土	火	火	土	金	金	土	水
陰陽	陽	陰	陽	陰	陽	陰	陽	陰	陽	陰	陽	陰
月別	11	12	1	2	3	4	5	6	7	8	9	10
띠	쥐	소	범	토	용	뱀	말	양	원숭이	닭	개	돼지

※ 자(子)를 감(坎), 오(午)는 이(離), 묘(卯)를 진(震), 유(酉)는 태(兌)이라고도 함.

❖ **정오행법(正五行法)에 의한 범살**(犯煞) : 자(子)는 수(水), 진(辰)은 토(土), 토극수(土克水)로서 통맥법상(通脈法上)으로는 사용이 가능하나 상세하지 않다.

곤(坤)은 토(土), 묘(卯)는 목(木), 목극토(木克土).

진(震)은 목(木), 신(申)은 금(金), 금극목(金克木).

간(艮)은 토(土), 인(寅)은 목(木), 목극토(木克土)로서 통맥법상(通脈法上)으로는 용사가능(用事可能)하나 상세하지 않다. 오(午)는 화(火), 해(亥)는 수(水)로서 수극화(水克火), 손(巽)은 목(木), 유(酉)는 금(金)이니 금극목(金克木)으로 통맥법상(通脈法上)으로 용사가능(用事可能)하나 상세하지 않다. 건(乾)은 금

(金), 오(午)는 화(火), 화극금(火克金), 태(兌)는 금(金), 사(巳)는 화(火)로서 화극금(火克金)이니 통맥법상(通脈法上)으로는 사용 가능하나 상세하지 않다.

❖ **정왕향**(正旺向) **물은 좌수도우**(左水倒右) **우선룡**(右旋龍)**이다** : 사국의 묘궁 즉 고장궁(庫藏宮)으로 파구되고 본국 12포태의 왕향(旺向)을 정왕향(正旺向)이라고 한다. 물은 왼쪽 생궁(生宮)에서 득수하여 혈 앞 명당을 지난 다음 오른쪽으로 파구되는 좌수도우(左水倒右)하여야 한다. 용은 우선룡이 원칙이다. 혈 왼쪽 장생궁(長生宮)에서 득수한 물은 목욕수(沐浴水), 관대수(冠帶水), 임관수(臨官水)의 길한 기운을 가지고 혈 앞 명당에 모인다. 왕향(旺向)에서 혈에 좋은 기운을 공급해 주고 묘궁으로 파구된다. 이를 생래회왕(生來會旺)이라 한다. 물이 12포태법의 생궁(生宮)에서 득수하고 왕궁(旺宮)에서 향과 만나 묘궁으로 파구되니 생왕묘(生旺墓) 삼합(三合)이 이루어진다. 이는 물이 혈을 금성으로 잘 감싸주는 길한 형상이다. 용진혈적(龍眞穴的)에 정왕향이면 부귀쌍전(富貴雙全)하고 반드시 총명한 영재가 출생하여 크게 현달한다. 자손은 번창하여 모두 부자가 된다. 그러나 우수도좌(右水倒左)는 물이 혈을 감싸주지 못하므로 크게 흉하다.

❖ **정원**(庭園)**과 택목**(宅木) : 주택과 정원은 남편과 아내에 비유될 수 있으며 그 비율은 2 : 1, 1 : 1, 1 : 2 정도가 안정적이며 1 : 3 이상이 되거나 아주 작으면 허한 상이 되므로 좋지 않다. 정원의 위치 또한 남향 건물의 앞 마당에 조성된 정원이 이상적이다. 정원은 흩어지지 않고 안정되어야 집안에도 훈훈한 기운이 감돈다. 뒷마당에 조성된 정원(庭園)은 첩(妾)과 숨은 재(財)를 의미하는데 후원이 앞의 정원보다 크고 넓으면 돈이 많은 후처를 맞이할 운이라 할 수 있다. 때문에 양택 원리에도 어긋나는 흉상이라 하겠다. 먼저 집(口) 복판에 나무(木)가 들어 있는 것은 곧 곤(困)자가 되므로 괴롭고 가난한 생활을 연상하게 되므로 기피했다. 또 과수(果樹)가 집의 좌우에 무성하면 병귀(病鬼)가 든다고 하여 어느 한쪽의 나무를 자르는 것이 관례였다. 큰 나무의 밑등에 집을 낮게 짓거나 문을 그 밑등에 대서 짓는 것도 기피했다. 특히 술방남서(戌方南西)에 큰 나무를 심는 것을 크게 꺼렸으며, 지붕 위를 임목(林木)이 덮으면 귀신이 온다 하여 기피했고, 문전의 고목(枯木)과 목음목(木陰木)도 기피했다. 동청(東青 : 木), 서백(西白 : 金), 남주(南朱 : 火), 북흑(北黑 : 水), 중황(中黃 : 土)의 연상에 따라 꽃의 색깔과 방위를 선택하여 심되 음양의 균형도 깨트리지 않고 상극을 피하고 오행상생의 원리를 살려려서 동도류(東桃柳), 서자유(西柘楡 즉 산뽕나무와 느릅나무), 남매조(南梅棗), 북내행(北奈杏 즉 능금나무와 은행나무)도 색과 방위를 고려하여 선정한 것이지만 예컨대 북이 틔여 흑기가 강한 집에는 붉은 꽃을 남쪽에 심지말고 북쪽에 심으면 집안에 온기가 돌며 조화가 된다는 것이다. 가상학적으로 어느 방위에 어떤 나무를 심을 수 있을 것인가를 보면,

- **전방위 길목**(全方位吉木) : 사철나무, 대추나무, 대나무, 라일락, 장미, 방향성화초(芳香性花草), 향나무.
- **동방 길목**(東方吉木) : 소나무, 매화나무, 은행나무.
- **서방 길목**(西方吉木) : 떡갈나무, 느릅나무, 대추나무, 석류.
- **남방 길목**(南方吉木) : 키가 작은 관목류(灌木類 : 2m 내외로 자라는 나무), 매화나무.
- **북방 길목**(北方吉木) : 키가 큰 교목(喬木 : 10m 이상 자라는 나무).
- **북동 길목**(北東吉木) : 관목류(灌木類), 매화나무.
- **남동 길목**(南東吉木) : 대추나무, 매화나무, 자양화, 뽕나무.
- **남서 길목**(南西吉木) : 대추나무, 목단, 작약, 매화, 구기자나무.
- **북서 길목**(北西吉木) : 측백나무, 은행나무, 느릅나무, 석류.

❖ **정원**(庭園) : 정원에 연못을 두고 있는 사람 중에 정상적인 사람은 거의 없다. 설영 사업이 잘 된다 해도 아내가 허약하거나 질병에 시달리지 않으면 아들이 죽는 등 가정문제가 끊이지 않는 경우가 많다. 그러므로 주택의 연못은 절대 금물이다.

❖ **정원수**(庭園樹)

① 주택을 지을 때 정원수를 심는 사람들 중에는 건강이나 생활의 활력소를 얻기 위함보다는 자신의 부(富)를 과시하기 위한 경우가 있는데 정원수로 고가(高價)의 관상목이 항상 좋은 것은 아니다. 정원수를 심을 때에는 방위라든가 기타 여러 가지의 조건에 알맞은 나무를 선택하는 것이 중요하다. 정원수는 높이 3m까지의 나무가 인체에 이로움을 주고 주택이나 건물에서 약 15m정도 떨어져 있어야 좋다고 한다.

지나치게 큰 나무는 집안에 들어오는 햇볕을 가리게 되어 있으면 불리하며, 너무 가까이 위치한 나무는 그 뿌리가 집터의 속가지 파고들어 좋지 않다. 또한 침실에 가까이 있는 정원수는 밤중에 탄산가스를 배출하므로 인체에 해롭다고 한다. 우리는 실생활에서 보온과 미적(美的) 기능을 하는 식물을 심음으로서 집안에 생기가 넘치고 외관상으로도 아름다움을 얻을 수 있다.

② 주택 안에 있는 각종 크고 작은 나무는 내정금초(內庭金草)라 해서 작은 약초 나무를 심었고 외정미수(外庭美樹)라 해서 담장 밖에 보기 좋고 아름다운 나무들이 있는 것은 그 집에 행운을 불어 들인다 했다. 그러나 울타리 안에 있는 고목 큰 나무는 햇볕을 가리우고 가족의 건강을 해치고 가운을 쇠퇴시키는 요수(妖樹)라 한다. 그러므로 집에 나무는 상록수 나무, 약초나무, 매실나무 등 작은 과일 나무를 심으면 좋을 것이다. 옛말에 울안 창송청죽 늘푸른 소나무와 대나무는 집에 재산을 이루어 주고 그 가문을 번창하게 해준다 했으나 너무 울창하면 도리어 가세를 쇠퇴시킨다고도 하였다. 큰 과일 나무는 집안에 사는 가족에게 지령과 근심을 준다고 하고, 지붕을 덮는 큰 나무가 백년이 넘었으면 함부로 나무를 베지 말라 하였다. 집에 심어도 좋은 나무는 대추나무, 석류나무, 매실나무, 앵두나무, 오죽대나무 등이다.

❖ **정원수나 기타 초목이 잘 자라지 못하는 집은 좋지 않다** : 마당에 나무를 심어도 유독 잘 자라지 못하거나 정원의 화초가 시들시들한 집일 경우에는 지질이 나쁘고 지기(地氣)가 탁하고 죽어 있다는 증거이므로 가족들에게 결코 좋지 않다. 모든 식물은 지력(地力)과 태양의 광합성 작용에 의해 살아가기 때문에 광합성 작용에 의해서 산소를 공급해 주는 자원이며 또한 녹색이 주는 정서적 안정감 등 우리 지구상에 없어서는 안 될 귀한 자원이다. 식물들의 특성에 따라 직접 햇빛을 받아야만 살 수 있는 식물과 간접 조사로써도 살 수 있는 식물로 크게 대별되게 된다. 이것을 양수(陽樹)와 음수(陰樹)로 구분하게 되며, 또 다른 분류로서는 키가 크게 자라는 나무와 작게 자라는 나무로 구분하는 관목(灌木)과 교목(喬木)으로 나누기도 하고, 낙엽수(落葉樹)로 분류할 수도 있으며, 잎의 생김새에 따라 침엽수와 활엽수로 나누기도 하며, 뿌리의 뻗는 모양과 토양의 특성에 따라서 자라는 나무를 구분하기도 하는 등 아주 여러 가지 측면에서 구분할 수 있게 된다. 이러한 여러 특성에 의해 분류되는 식물은 우선 자라는 특성에 따라 알맞은 선택이 필요하게 되며, 나무의 특성을 제대로 이해하지 못하고 심어 놓는다면 정원을 통해 얻으려는 효과보다는 해를 당하게 될 수 있는 요소가 많게 되므로 자기 땅에 맞는 적합 여부를 사전에 충분히 고려해야 한다.

❖ **정원은 네모 반듯해야 길상** : 대지 위에 집을 앉히고 난 나머지 공간이 정원이다. 좌, 우에 있거나 앞, 뒤에 있어도 성격이 달라지는 것은 아니지만 건물 앞쪽으로 있는 것이 원칙이다. 정원은 다른 말로 뜰이라고도 하지만 정확히 어원을 살펴보면 '특히 잘 가꾸어 놓은 넓은 뜰' 을 가리켜 정원이라 한다. 다시 말해, 정성을 들여야만 정원이란 호칭을 다는 것이며 비어 있는 공간이라고 해서 모두 정원은 아니란 뜻이다. 정성이 결핍된 그런 땅을 우리는 집 둘레에 편편하게 닦아놓은 빈 땅이라는 뜻으로 마당이라고 부른다. 이렇듯 정원과 마당은 한집안 식구들의 근면함과 직결되어 그 의미를 달리한다. 정원은 높낮이가 없이 반듯한 정방형(정사각형) 모양이 가장 이상적이다. 정사각형 대지 위에 ㄱ자 건물을 앉혔을 때도 정사각형 모양의 공간을 정원으로 만들 수 있다. 원형의 모양에 가장 근접한 정사각형 모양은 합리적이고도 택지의 효율성도 높일 수 있는 장점을 가지고 있기에 정원의 모양은 가능한 한 담장의 모양에 굴곡이 없는 반듯한 정사각형 모양으로 하라는 것이다. 공기의 순환이 불순하면 건강에 해를 입는다. 부속건물이 있을 때라도 본 건물과 부속건물 사이의 정원은 정사각형이 되어야 하며 정원 중심부는 불필요하게 많은 초목은 심지 말고 잔디공간으로만 남겨두는 것이 좋다. 나무와 화초는 담 벽을 따라 조성하되 정원 구석의 각진 부분에 큰 나무(지붕 높이보다 높지 않은 나무)를 심으면, 담으로 둘러싸인 사각형 모양의 정원은 원형에 가깝도록 유도되어 공기의 순환은 더욱 부드러워지고 아늑한 느낌마저 들게 된다. 정원석도 정원을 둥글게 만드는 데 한몫을 한다. 정원 구석에 나무 심을 공간을 정원보다 조금 높여 둥글게 만들

때 자연석을 조금만 이용하면 운치가 있다. 그러나 필요 이상으로 많은 양을 쓰거나 덩치가 큰 자연석을 쓰면 도리어 해롭다. 정원석은 흙에 비해서 햇볕에 쉽게 데워지고 쉽게 식어 낮에는 뜨거운 열기를 가졌다가 밤에는 싸늘한 기운을 발한다. 정원에 우물이나 연못이 있으면 불길하다. 수도가 들어오고 난 후에는 정원에 우물은 거의 사라졌으나 생활이 윤택해지면서부터 연못을 만드는 집이 많이 늘어났다. 전부터 사용해 왔던 우물이나 비상시를 대비해서 판 우물이 사시사철 항상 같은 수위를 보이며 식수로 사용하기에 적합하다면 이런 우물은 있는 것이 유익하다. 이것은 정확히 수맥이 지나가는 통로에 있으므로 큰 가뭄에도 수위가 내려가지 않고 그 집과 온 동네 사람들의 식수를 책임져 주기 때문이다. 우물 내부의 상태를 수시로 점검하고 잡물이 들어가지 못하도록 신경을 써서 자주 사용만 한다면 아무런 해가 없다. 반면에, 비가 내린 후에는 수위가 올랐다가 가뭄이 들면 밑바닥을 내보이는 우물은 없는 것이 차라리 속편하다. 이런 우물을 채우는 물은 건수(乾水 : 늘 솟는 물이 아니고 비가 내린 뒤에만 땅속에 스몄던 물이 한 때 솟아올라 괴는 물)라 해서 식수로는 부적합한 물로서 흉하다. 정원에 만든 연못도 항상 물이 고여 있는 부분이다. 고여 있는 물은 쉽게 썩기 마련이다. 연못의 물을 자주 갈아준다거나 항상 새로운 물이 흘러들도록 만들어 놓았다면 아무런 문제가 없고 정서적으로도 유익함을 주니 권장할 사항이라 하겠다. 우물과 마찬가지로 고여 있는 물에서 발산되는 부패가스가 인체에 심각한 영향을 준다. 호흡기를 통해 침입하여 건강을 해치고 피부에 들러붙어 피부병을 유발시킨다. 연못을 관리하기가 어려울 때는 물을 채워놓지 말고 건조한 상태를 유지하도록 해야 아무런 해가 없다.

❖ **정원(마당)이 정사각형이면 길(吉) 사택이고 직사각형이면 흉(凶) 사택이다**

- 현관 방문이 집의 중앙에 위치하면 흉 사택이 되고 방문과 방문이 일직선상(一直線上)에 마주하는 것도 좋지 않다. 한 쪽이 해가 된다.
- 대문이나 현관문이 맞지 않을 때는 곁문을 내어 흉을 피하라
- 대문은 안쪽이 밝고 평탄해야 좋다.
- 대문에 물이 새던지 기둥이 비뚤어지면 흉하다.
- 대문이 앞집과 서로 마주보게 되면 두 집중 한 집은 패가망신(敗家亡身)하게 된다.
- 대문이 흘러가는 시냇물처럼 성문(城門) 사찰(寺刹)과 직접 마주보면 집안에 병자(病者)가 생기고 흉한 일이 생긴다.
- 주택의 좌(坐)에서 볼 때 물의 흐름은 서출(西出) 동류(東流)가 길상(吉祥)이다.
- 자오곤민(子午坤民) 정방위(正方位) 대문이나 현관문을 내면 천해방위(天害方位)로 질병(疾病), 시비(是非), 인패(人敗), 우환(憂患)이 생긴다.
- 묘나 주택의 좌(坐)는 정 방위로 놓으면 안 된다. 약간 피해야 한다.
- 가상학(家相學)은 출입문 쪽을 남으로 보고 주인이 자리하는 쪽을 북으로 바라보는 쪽을 남으로 본다.
- 건물 전체의 방향은 남향 혹은 동남향을 보고 있어야 좋고 양(陽)의 기운(氣運)을 발산(發散)하는 아침 해의 영향을 듬뿍 받는 것이 좋다.
- 주택의 길흉은 동서사택(東西舍宅)의 배합(配合)보다 배산임수(背山臨水)가 우선이다.

❖ **정원에 연못이 있으면** : 정원에 연못을 두고 있는 사람 중에 정상적인 사람은 거의 없다. 설령 사업이 잘 된다 해도 아내가 허약하거나 질병에 시달리지 않으면 아들이 죽는 등 가정 문제가 끊이지 않는 경우가 많다. 그러므로 주택의 연못은 절대 금물이다.

❖ **정원을 돌로 단장하면 원인불명의 사고가 발생한다** : 정원을 돌로 단장하면 분위기가 훨씬 좋아진다. 그러나 돌의 수량·형상 돌과의 인연이 때로는 흉상을 초래한다. 돌이 끼치는 흉상(凶相)은 매우 위험하다. 정원을 가꾸기 위해 돌을 모으는 것이 취미인 사람들이 많다. 그러나 너무 많은 돌을 오히려 해(害)를 일으킬 뿐이다. 집과 정원의 미관이나 균형 등의 조건들을 자세히 살펴 정원의 돌이 너무 많은 듯하면 과감히 버려야 한다. 일단 정원의 돌 중에서 이상하게 생겼거나 소름이 끼치는 사람이나 짐승처럼 생긴 것들은 반드시 없애야 한다. 옛날 사람들은

정원의 돌이 낮에는 태양의 열을 흡수하고 밤에는 그 열을 방출하므로 돌을 너무 많이 가지고 있는 것은 좋지 않다고 여겼다. 그러나 사실 정원에 있는 돌의 금기는 환생할 수 없어 떠다니는 유령이나 동물의 정령이 종종 돌에 붙어 있기 때문이다. 그러므로 더더욱 주의해야 한다. 떠다니는 유령이 정원의 돌에 붙어 있기만 하면 흉상은 언제나 어디서나 일어 날 수 있으며 또 그 흉의 또한 매우 강하다. 질병이나 정신이상 등의 증상을 일으킬 뿐만 아니라 돌발사건이나 그 원인을 알 수 없는 피해까지도 당할 수 있다. 때로는 온갖 병이 자주 발생하고 사업의 성과가 끝없이 떨어지고 만다. 강변에서 돌을 주워 집으로 가져 온 것은 위험천만한 일이며 더욱이 남에게서 돌을 함부로 받지 말아야 하는 이유가 바로 여기에 있다. 동물을 닮은 돌은 집에 두지 말아야 한다.

❖ **정원 중심부에는 초목(草木)을 심지 말아야** : 정원 중심부는 불필하게 많은 초목은 심지 말고 잔디 공간으로만 남겨두는 것이 좋다. 나무와 화초는 담 벽을 따라 조성하되 정원 구석진 부분에 나무를 심으면 담으로 둘러싸인 사각형 모양의 정원은 원형에 가깝도록 심어야 공기의 순환이 더욱 부드러워지고 아늑한 느낌이 들게 심어야 한다. 정원석(庭園石)도 정원을 둥글게 만드는 데 한목을 해야 한다. 정원 구석에 나무를 심을 공간을 정원보다 조금 높여 둥글게 만들 때 자연석을 조금만 이용하면 운치가 있다. 그러나 필요 이상으로 많은 양을 쓰거나 덩치가 큰 자연석을 쓰면 도리어 해롭다. 집안에서 오래 살던 큰 나무를 자르게 되면 대흉하다. 또 키가 큰 나무를 정원에 많이 심으면 흉하고 대문 앞에 큰 나무가 있으면 집안에 불길한 일이 발생한다.

❖ **정월법**(定月法) : 달의 천지(天支)를 정하는 법. 월건의 천간(天干)은 태세의 천간에 따라 바뀌지만 월지(月支)는 아래와 같이 어느 해를 막론하고 일정하게 정해진다.

정월 : 寅月	2월 : 卯月	3월 : 辰月	4월 : 巳月
5월 : 午月	6월 : 未月	7월 : 申月	8월 : 酉月
9월 : 戌月	10월 : 亥月	11월 : 子月	12월 : 丑月

❖ **정위**(正位) : 정통의 신위 즉 부, 조, 증조, 고조, 고비의 신위(神位).

❖ **정음부**(正陰符) : 집짓고 수리하는 것을 꺼림.

甲己年(月日時同) : 艮巽坐 乙庚年(月日時同) : 乾酉坐 丙辛年(月日時同) : 坤子坐 丁壬年(月日時同) : 午坐 戊癸年(月日時同) : 卯坐

❖ **정음정양**(淨陰淨陽) : 정음은 간(艮), 병(丙), 진(震), 경해미(庚亥未), 손신(巽辛), 태정사축(兌丁巳丑)이고, 정양은 건갑(乾甲), 감계신진(坎癸申辰), 곤을(坤乙), 이임인술(離壬寅戌)을 말한다. 그 구분법은 쉽게 말해 팔괘의 초효와 3효가 같은 경우는 양이고, 다른 경우는 음이다. 예컨대 건(乾)은 초효, 3효가 모두 양이다. 정음정양(淨陰淨陽)은 많은 곳에서 널리 사용되고 있으며 특히 입수룡(入首龍)과 좌와 향의 관계에서 독특한 좌향법(坐向法)이 있다. 즉 입수룡(入首龍)이면 좌와 향도 정양좌(淨陽坐)와 정양향(淨陽向)이 되어야 합법이며 정음룡입수(淨陰龍入首)이면 정음좌(淨陰坐)와 정음향(淨陰向)이 합법이 되는 좌향법(坐向法)이다. 정음정양(淨陰淨陽)은 천간(天干) 10간중 무기(戊己)는 중앙토(中央土)로 빠지고 나머지 8간과 4유를 합한 12간과 지지(地支) 12지를 합한 24 천간(天干) 지지중(地支中) 정양(淨陽)은 자인진오신술(子寅辰午申戌) 갑을임계곤건(甲乙壬癸坤乾), 정양(淨陽)은 사유축해묘미(巳酉丑亥卯未) 병정경신간손(丙丁庚辛艮巽)이다. 위의 24방위는 앞에서 결정된 8방위에 귀속되는 것이다. 건곤리감(乾坤離坎)의 괘는 ☰☷☲☵로 정해져 있다. 이 괘에서 중간(爻)효를 빼면 ⚌⚏⚌⚏로 나타나는데 이 같이 상하의 효가 같으면 정양(淨陽)이 되고 간손태진(艮巽兌震)의 괘는 ☶☴☱☳로 정하여 있음에 중간(爻)효를 빼면 ⚍⚎⚎⚍로 나타나는데 이 같이 상하의 효가 같지 않으면 정음(淨陰)이 된다. 위의 설명에서 건곤리감(乾坤離坎)의 정양4방위(淨陽四方位)와 간손태진(艮巽兌震)의 정음4방위(淨陰四方位)의 8방위가 설명되었으나 24방위 중 8방위외의 16방위의 정음정양(淨陰淨陽)이 결정되는 법이 납갑팔괘법(納甲八卦法)으로 전24방위의 정음정양(淨陰淨陽)이 알 수 있게 된다.

❖ **정음정양법**(淨陰淨陽法)**으로 좌**(坐)**와 향**(向)**의 간정법**(看定法) : 정음정양법(淨陰淨陽法)으로 좌향(坐向)을 선택하는 방법은 양룡입수(陽龍入首)에는 정양좌(淨陽坐)와 정양향(淨陽向)을 하고 음룡입수(陰龍入首)에는 정음좌(淨陰坐)와 정음향(淨陰向)이 되어야만이 합법임을 말한다. 자룡입수(子龍入首)에 미파구(未破

口:丁未坤申庚酉)라면 목국(木局)에 속한다. 양룡입수(陽龍入首)에 미파구(未破口)의 좌(坐)와 향(向)을 정할 수 있는 좌향(坐向)은 장생(長生)의 갑묘궁좌(甲卯宮坐)와 관대의 계축궁좌(癸丑宮坐), 임궁(臨官)의 임자궁좌(壬子宮坐), 제왕(帝旺)의 건해궁좌(乾亥宮坐)가 있음을 포태법상(胞胎法上)으로 알 수 있다. 이 4개의 좌(坐)와 대칭되는 향(向)인 경유향(庚酉向), 정미향(丁未向), 병오향(丙午向), 손사향(巽巳向)을 좌향(坐向)별로 정음정양법(淨陰淨陽法)을 적용하여 음양(陰陽)을 선별확인하고 좌(坐)와 향(向)이 같은 정음(淨陰)이나 정양(淨陽)의 좌향(坐向)을 선택하되 입수(入首)가 양입수(陽入首)면 양좌(陽坐)와 양향(陽向)을 선택하고, 입수(入首)가 음입수(陰入首)면 음좌(陰坐)와 음향(陰向)을 선택함이 정음정양법(淨陰淨陽法)의 좌향(坐向) 격정법이다. 여기서 또 주의할 것은 입수룡(入首龍)과 좌향(坐向)과의 입수투지(入首透知)하는 기맥(氣脈)의 굴곡이 무리가 없는 60도 이내의 각도에서 자연스런 조화와 균형을 이룰 수 있도록 입수룡(入首龍)에 가장 가까운 합당한 좌향(坐向)이 선택되어야 할 것이다.

❖ **정음정양(淨陰淨陽)에서의 8요수(曜水)** : 24산을 정음정양으로 분류하여 각 괘에 배속시켜 8살의 방위에서 들어오는 물을 8요수(曜水)로 본다. 임자계(壬子癸)의 3산을 예로 들어보면, 임(壬)은 정음정양에서 리궁(籬宮)의 리임인술(籬壬寅戌)로 합하므로 임(壬)의 좌(坐)나 향(向)은 리괘(離卦)에 배속되니 리괘(離卦)에는 해(亥)의 방위가 8요수(曜水)가 된다. 자(子)는 감괘(坎卦)이니 자(子)의 좌향(坐向)에서는 진술(辰戌)의 방위가 8요수가 된다. 계(癸)는 감계신진(坎癸申辰)으로 감궁(坎宮)에 배속되니 역시 진술(辰戌)의 방위에서 들어오는 물이 8요수가 된 셈이다. 사(沙)를 보는 것도 역시 8요수와 같은 방법으로 보게 되며 살성(殺星)의 방위에 흉사(凶砂)나 악석(惡石)이 있게 되면 살성(殺星)의 사(砂)로 보게 된다. 8살의 택일(擇日)이란 좌(坐)나 향(向)에서 8살의 일진(日辰)이 됨을 말하는 것이니 좌향을 보아서 8살의 일진을 파하는 것이다.

❖ **정음정양(淨陰淨陽)으로 따져서 좌(坐)와 염(廉)관계** : 염(廉)이란 주로 음택일 경우에 묘 안에 목근(木根), 물, 벌레 등속이 침입하는 것을 말함인데, 먼저 형기적으로 보아야 하지만, 이기적으로도 음양배합이 안될 경우에 염이 침범한다고 한다.

• **정음좌(淨陰坐)일 때** : 간(艮)·병(丙)·손(巽)·신(辛)·유(酉)·정(丁)·사(巳)·축(丑)·묘(卯)·경(庚)·해(亥)·미(未)의 12좌

① 건(乾)·갑(甲)득, 파수는 목렴(木廉)이 침범한다.

② 곤(坤)·을(乙)득, 파수는 풍렴(風廉)이 침범한다.

③ 자(子)·계(癸)·신(申)·진(辰)득, 파수는 수렴(水廉)이 침범한다.

④ 오(午)·임(壬)·인(寅)·술(戌) 득 파수는 화렴(火廉)이 침범한다.

• **정양좌(淨陽坐)일 때** : 건(乾)·갑(甲)·곤(坤)·을(乙)·자(子)·계(癸)·신(申)·진(辰)·오(午)·임(壬)·인(寅)·술(戌)의 12좌

① 묘(卯)·경(庚)·해(亥)·미(未)득, 파수는 목렴(木廉)이 침범한다.

② 유(酉)·정(丁)·사(巳)·축(丑) 득, 파수는 화렴(火廉)이 침범한다.

③ 손(巽)·신(辛)방위의 득, 파수는 풍렴(風廉)이 침범한다.

④ 간(艮)·병(丙)방위의 득, 파수는 수렴(水廉)이 침범한다. 또 혈에서 봤을 때 용호(龍虎)의 허리에 물을 보면 염정(廉貞)이니 흉살로 보며, 자(子)·오(午)·묘(卯)유(酉)방위의 물은 도화수(桃花水)라 하고, 간(艮)·병(丙)·태(兌)·정(丁)방위의 물을 장수수(長壽水), 손(巽)·병(丙)·정(丁)방위의 물을 사문수(赦文水), 삼길육수수(三吉六秀水), 삼양수(三陽水) 등 좌향과 관계없이 단순하게 그 방위의 물을 보고 길흉을 판별하는 방법도 있지만, 신빙성이 결여되어 있다고 본다.

❖ **정음정양정국(淨陰淨陽定局)** : 24방위 및 좌향이 팔괘(八卦)에 소속시켜 동궁(同宮)으로 본다는 것.

乾甲同宮·坎癸申辰同宮·坤乙同宮·離壬寅戌同宮 / 이상은 정양(淨陽)
艮丙同宮·震庚亥未同宮·巽辛同宮·兌丁巳丑同宮 / 이상은 정음(淨陰)

건(乾)과 갑(甲)은 건괘(乾卦:☰), 감(坎)과 계(癸)와 신(申)과 진(辰)은 모두 감괘(坎卦:☵), 곤(坤)과 을(乙)은 곤괘(坤卦:☷), 이(離)와 임(壬)과 인술(寅戌)은 모두 이괘(離卦:☲)에 속하는데 정양(淨陽)이라 한다. 간(艮)과 병(丙)은 간괘(艮卦:☶), 진(震)과 경(庚)과 해(亥)와 미(未)는 모두 진괘(震卦:☳), 손(巽)과 신(辛)은

손괘(巽卦:☴), 태(兌)와 정(丁)과 사(巳)와 축(丑)은 모두 태괘(兌卦:☱)에 속하는데 정음(淨陰)이라 한다.

❖ **정음화**(丁陰火) : 천간 정(丁)은 음양으로는 음(陰), 오행은 화(火)에 속함.

❖ **정인**(正印) : 육신(六神)의 하나로 즉 인수(印綬).

❖ **정인시법**(定寅時法) : 옛날 시계가 없던 시절에 경점(更點)치는 소리와 날이 밝아 오는 것으로 인시(寅時)를 알아내는 방법의 하나로 써왔는데 정확성이 없을 뿐 아니라 지금은 시계가 많으므로 이를 취용할 것이 못된다.

❖ **정일**(丁日) : 천간이 정(丁)으로 구성된 날. 즉 정묘(丁卯), 정축(丁丑), 정해(丁亥), 정유(丁酉), 정미(丁未), 정사일(丁巳日)의 합칭.

❖ **정임년 임인두**(丁壬年壬寅頭) : 태세가 정임(丁壬)이 되는 해는 정월에 임인(壬寅)을 붙여 계묘(癸卯), 갑진(甲辰), 을사(乙巳), 병오(丙午), 정미(丁未), 무신(戊申), 기유(己酉), 갑술(甲戌), 신해(辛亥), 임자(壬子), 계축(癸丑)으로 돌려짚는 연두법(年頭法)의 하나.

❖ **정임야반생경자**(丁壬夜半生庚子) : 일간(日干)이 정(丁)과 임(壬)이 되는 날은 자시(子時)에 경자(庚子)를 붙여 신축(辛丑), 임인(壬寅), 계묘(癸卯), 갑진(甲辰), 을사(乙巳), 병오(丙午), 정미(丁未), 무신(戊申), 기유(己酉) 경술(庚戌) 신해(辛亥)로 돌려짚는 시두법의 하나.

❖ **정임일**(丁壬日) : 일진의 천간이 정(丁)과 임(壬)으로 구성된 날. 즉 정묘(丁卯), 정축(丁丑), 정해(丁亥), 정유(丁酉), 정자일(丁子日)을 합칭.

❖ **정입수**(丁入首) : 혈 뒤의 입수(入首)가 정방(丁方)에서 뻗어온 것.

❖ **정자각**(丁字閣) : 정자형(丁字形)의 맛배집으로 제관들이 산릉제(山陵祭)를 지내는 곳으로 제상, 향상, 축상, 촛대상, 신어상, 준소상을 비치하고 있음.

❖ **정자**(程子)**의 5환지**(五患地) : 정자(程子)는 중국 북송 시대의 유학자인 정이천(程伊川)을 말하는데 우주의 근본원리를 리(理)라 부르고 이기이원론(理氣二元論)의 철학을 수립하여 주자(朱子)에게 큰 영향을 준 인물로서 그는 택지나 묘지를 선정할 때 먼저 다섯 가지를 피해야 한다고 하였다.

① 후일에 도로가 생기지 않을 곳.

② 성곽(城郭)이 되지 않을 곳.

③ 도랑이나 연못, 저수지가 되지 않을 곳.

④ 권세가에게 빼앗기지 않을 곳.

⑤ 전답으로 개발되지 않을 곳.

❖ **정재**(正財)

- 갑생(甲生)에 기(己)
- 을생(乙生)에 무(戊)
- 병생(丙生)에 신(辛)
- 정생(丁生)에 경(庚)
- 무생(戊生)에 계(癸)
- 기(氣)생(己生)에 임(壬)
- 경생(庚生)에 을(乙)
- 신생(辛生)에 갑(甲)
- 임생(壬生)에 정(丁)
- 계생(癸生)에 병(丙)

❖ **정재대왕**(丁財大旺) : 사람과 재물이 크게 일어남.

❖ **정재불리**(丁財不利) : 인정과 재물이 이롭지 못함.

❖ **정저혈**(井底穴) : 우물 밑에 있는 괴혈. 이곳에 안장(安葬)하면 우물물이 마른다고 하는 전설이 있다.

❖ **정좌**(丁坐) : 24좌의 하나로 건물 및 묘의 좌가 정방(丁方)을 등진 것. 정(丁)은 오행(五行)으로 병(丙)과 같다. 정(丁)은 동물로는 노루이며 노루는 앞발은 짧고 뒷발은 길어 껑충껑충하여 경사진 곳에 좌혈(坐穴)이 좋다. 혈판은 참외 꼭지 같은 곳에 있는 것이 좋으며 정좌 혈성(丁坐穴星)이 끝이 풍후(豊厚)하면 불길하다.

❖ **정좌계향**(丁坐癸向) : 24좌향의 하나. 정좌(丁坐)는 정남인 오방(午方 : 離)에서 서쪽으로 15도 당긴 방위의 좌. 계향은 정좌의 반대방향.

❖ **정체**(正體) : 정체는 성신(星辰)의 두(頭)와 면(面)이 단정하고 규모가 존중(尊重)한 것이다. 무릇 정체(正體)의 혈성은 오행의 정기(精氣)를 모아 성신(星辰)의 정상이 청수한 것은 상격으로 극품(極品)의 귀(貴)를 주장하는 것이고, 성체(星體)가 용탁(龐濁)하면 정격(正格)은 아니나 또한 적은 귀(貴)와 거부를 주장하는 것이다.

❖ **정체룡**(正體龍) : 용의 형상이 반듯하고 단정한 형국. 혈은 용의 이마나 코에 있고, 안산은 구름, 번개, 구슬 등이며, 강과 호수 바다도 안(案)이 된다.

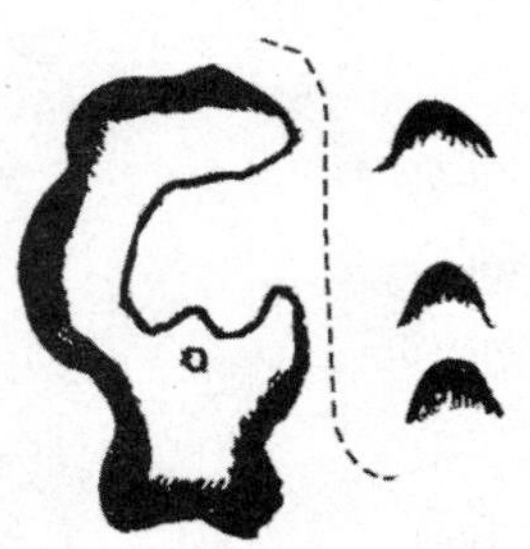

❖ **정초일**(定礎日) : 기지조성후(基地造成後) 기단정초(其壇定礎)도 길일(吉日)을 택함. 정초길일(定礎吉日)에는 갑자(甲子), 을축(乙丑), 병인(丙寅), 무진(戊辰), 기사(己巳), 경오(庚午), 신미(辛未), 갑술(甲戌), 을해(乙亥), 무인(戊寅), 을묘(乙卯), 신사(辛巳), 계미(癸未), 갑신(甲申), 정해(丁亥), 무자(戊子), 기축(己丑), 경인(庚寅), 계사(癸巳), 을미(乙未), 정유(丁酉), 무술(戊戌), 기해(己亥), 경자(庚子), 임인(壬寅), 계묘(癸卯), 무신(戊申), 기유(己酉), 임자(壬子), 계축(癸丑), 갑인(甲寅), 을묘(乙卯), 병진(丙辰), 정사(丁巳), 기미(己未), 경신(庚申), 신유일(辛酉日) 등이다.

❖ **정축시**(丁丑時) : 간지가 정축(丁丑)으로 되는 시간, 즉 일간(日干) 을(乙)과 경일(庚日)의 축시(丑時).

❖ **정충**(正沖) : 일진(日辰)과 생년(生年)의 천간이 같고 지지는 서로 충하면 정충이라 함.

❖ **정충법**(正沖法) : 장일(葬日)의 일진을 기준할 때 당사자의 생년태세(生年太歲)가 장사당일 일진과 천간지지(天干地支)가 상충되는 사람은 정충법(正沖法)에 해당되기 때문에 입관이나 하관할 때 피해야 된다. 꼭 피해서도 안 될 사람은 솔잎을 입에 물고 있으면 된다. 정충법(正沖法)은 생년의 태세와 그날의 일지(日支)가 천간(天干)이 같고 지지(地支)가 상충이 되는 자는 파빈입관(破殯入棺) 하관시에 잠시 피하여야함을 정충법이라 한다. 즉 甲子生 : 甲午日, 甲戌生 : 甲辰日, 甲申生 : 甲寅日, 乙丑生 : 乙未日, 乙亥生 : 乙巳日, 乙酉生 : 乙卯日, 丙寅生 : 丙辛日, 丙子生 : 丙午日, 丙戌生 : 丙辰日, 丁卯生 : 戊戌日, 丁丑生 : 丁未日, 丁亥生 : 丁巳日, 戊辰生 : 戊戌日, 戊寅生 : 戊申日, 戊子生 : 戊午日, 己巳生 : 己亥日, 己卯生 : 己酉日, 己丑生 : 己未日, 庚午生 : 庚子日, 庚辰生 : 庚戌日, 庚寅生 : 庚申日, 辛未生 : 辛丑日, 辛巳生 : 辛亥日, 辛卯生 : 辛酉日, 壬申生 : 壬寅日, 壬午生 : 壬子日, 壬辰生 : 壬戌日, 癸酉生 : 癸卯日, 癸未生 : 癸丑日, 癸巳生 : 癸亥日, 甲午生 : 甲子日, 甲辰生 : 甲戌日, 甲寅生 : 甲申日, 乙未生 : 乙丑日, 乙巳生 : 乙亥日, 乙卯生 : 乙酉日, 丙申生 : 丙寅日, 丙午生 : 丙子日, 丙辰生 : 丙戌日, 丁酉生 : 丁卯日, 丁未生 : 丁丑日, 丁巳生 : 丁亥日, 戊戌生 : 戊辰日, 戊申生 : 戊寅日, 戊午生 : 戊子日, 己亥生 : 己巳日, 己酉生 : 己卯日, 己未生 : 己丑日, 庚子生 : 庚午日, 庚戌生 : 庚辰日, 庚申生 : 庚寅日, 辛丑生 : 辛未日, 辛亥生 : 辛巳日, 辛酉生 : 辛卯日, 壬寅生 : 壬申日, 壬子生 : 壬午日, 壬戌生 : 壬辰日, 癸卯生 : 癸酉日, 癸丑生 : 癸未日, 癸亥生 : 癸巳日.

❖ **정침분금도**(正針分金圖) : 제1층 지반정침(地盤正針) 제2층 120분금(分金)중 병자(丙子), 경자(庚子), 정축(丁丑), 신축(辛丑)의 4분금선(分金線). 분금을 쓰는 궁극의 목적은 영생피살(永生避煞)과 생육지의(生育之義)에 있다. 따라서 분금은 천산(穿山), 투지(透之) 및 용향(龍向)과 수향(水向)에도 다같이 쓰이는 바 특히 고허(孤虛)와 살요(煞曜), 차착(差錯)과 공망(空亡) 등은 피해야 하며, 왕기(旺氣)와 생기(生氣) 그리고 주보선(珠寶線)만을 일맥관주(一脈貫注)하여 혈중관내(穴中棺內)에 도달하게 하는 것이 최대의 목적이다. 고허(孤虛) 왕상(旺相)을 상고(詳考)하건대 10간 가운데 갑임(甲壬)은 납어건괘(納於乾卦)하여 순양(純陽)이므로 무생육지기(無生育之氣)로 이를 고(孤)라 하고, 을계(乙癸)는 납어곤괘(納於坤卦)하여 순음(純陰)이므로 이도 역시 무생육지기(無生育之氣)로 이를 허(虛)라 하며, 무기(戊己)는 24산중에 그 체(體)가 전무(全無)하므로 이를 귀갑공망(龜甲空亡)이라 하여 쓰지 않고 오직 병정(丙丁)과 경신(庚辛) 4간(四干)만이 쓰이는 바, 그 연유는 경납(庚納)은 진(震)이고 신납(辛納)은 손(巽)이니, 경신(庚辛) 2간(二干)의 납괘(納卦)는 각각 상음하양(上陰下陽) 진괘(震卦)와 상양하음(上陽下陰) 손괘(巽卦)로 하음(下陰) 간괘(艮卦)로서 음양(陰陽)이 상배(相配)하니, 역시 생육지기(生育之氣)이므로 경정(庚丁) 2간(二干)을 왕(旺)이라 하고 병신(丙辛) 2간(二干)을 상(相)이라 하며, 왕상(旺相)은 음양충화지상(陰陽沖和之象)으로서, 생육(生育)과 조화지의(造化之義)가 자명(自明)하므로 오직 4

간(四干)의 간지가 낙재(落在)하는 선(線)만을 골라서 분금으로 취용하는 것이다.

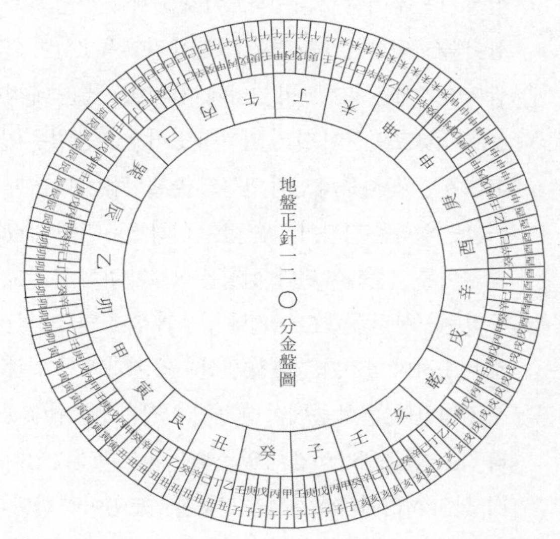

❖ **정침분금 자혈살**(正針分金 刺穴殺) : 정침분금((正針分金:丙申, 丙寅)이 갑자생(甲子生), 망명(亡命)하니 자혈살(刺穴殺)이 된다. 자혈살(刺穴殺)의 예로 정침(正針)의 분금이 병신(丙申), 병인(丙寅)인데 망명자(亡命者)가 갑자생(甲子生) 망명인(亡命人)이면 분금인 병신납음(丙申納音)이 산하화(山下火), 병인납음(丙寅納音)이 여중화(盧中火)가 되므로 화극금(火剋金)하여 자극혈살(刺剋穴殺)이 된다. 자혈살(刺穴殺)이란 정침분금의 오행이 망명자(亡命者)의 생년갑자(生年甲子) 납음(納音)을 극하는 것을 말한다.

❖ **정토색법**(定土色法) : 벽수(碧水)가 삼범(三犯)하면 청사력(青沙礫)이 나고, 황수(黃水)가 삼범(三犯)하면 진황토(眞黃土)가 나고, 백자(白紫)가 삼범(三犯)하면 진황토(眞黃土)가 난다. 적수(赤水)가 삼범(三犯)하면 청흑색(青黑色)이 나고, 녹수(綠水)가 삼범(三犯)하면 반드시 벽석(碧石)이 나고, 흑수(黑水)가 삼범(三犯)하면 토황흑(土黃黑)이 난다. 혈 중 토색(土色)을 아는 방법은 먼저 선천수(先天數)로 입수천산(入首穿山)을 놓고, 다음에 향(向)을 놓고, 또 수구수(水口數)를 합산하여 5로 제하고, 그리고 그 남는 수로 혈토색(穴土色)을 정한다. 다음에 조수수(朝水數)로 혈토변화색(穴土變化色)을 보는 것이니, 만약 조수수(朝水數)가 이삼조(二三朝) 혹은 사오조(四五朝)가 되면 그 오는 방위수(方位數)를 각각 원수에 가하여 5로 제하여 남는 수로 본다. 가령 자산오향(子山午向)에 진파신득(辰破申得)이면 자오(子午)는 18이고 진(辰)은 5이니 이를 합하면 23이 된다. 이 23을 5로 제하면 3이 남으니 이는 벽(碧)이 되고, 또 신7(申七)을 원수(元數) 3에 더하면 10이 되고, 이를 5로 제하면 5가 남으니 이는 황(黃)이요, 또 미(未)가 있으니 원수(元數) 3에 미8(未八)을 더하면 11이 되고 이를 5로 제하면 1이 남으니 이는 백(白)이다. 이리하여 삼색토(三色土)가 난다. 여타의 경우도 모두 다 이 예와 같다.

❖ **정파**(丁破) : 혈장에서 볼 때 나가는 물이 정방(丁方)에서 감춰진 것.

❖ **정해시**(丁亥時) : 간지가 정해(丁亥)로 된 시간. 즉 일간(日干)이 을(乙)과 경(庚)으로 된 날의 해시(亥時).

❖ **정확한 혈심(穴心)을 잡으려면 정심성의(正心誠意)로 반복해야** : 옛날 풍수 서적을 살펴보면 곳곳에 오직 정심성의로 반복하여 살핀다면 알 수 있다고 했다. 정심성의의 또한 정신수항을 하여 가능하다. 마음을 수항하지 않으면 수시로 여러 상황에 마음이 현옥되어 정확한 혈심을 잡을 수가 없다 뿐만 아니라 마음수항이 되지 않는 풍수사들은 저마다 빈 깡통처럼 자기가 제일이라고 법석을 떨며 자기를 과시하기 여념이 없다. 그러한 사람이 감평을 잘 한다고 해도 감평과 점혈은 별개라는 사실을 아는 사람은 그리 많지 않다. 즉 남의 묘나 집터에 대하여 비록 감정 평가는 잘 한다고 해도 좋은 명당자리를 잡는 능력은 없는 경우도 있다. 사람마다 사람 만나는 그런 저런 사람들이 있게 마련이다. 일반 사람들은 어떤 사람이 좋은 풍수사인가를 판별할 수 없다. 속이 찬 사람은 요란한 소리를 내지 않지만 아무런 말을 함부로 하지도 않는다. 현장에 그의 자손이 없다고 해서 함부로 감평을 하지 말아야 한다.

❖ **정혈개요** : 용의 세력이 생왕하고 입수가 분명하며 혈장에 들어와서는 뇌두(승금), 선익 및 순전, 태극운(원운) 등 혈체의 혈상이 확연하고, 혈면(穴面)에는 하수(蝦鬚), 구(毬)가 뚜렷하며, 귀사(貴砂)와 귀봉(貴峰)이 삼길육수방(三吉六秀方)에 높고 수려하며 생왕방에서 득수한 길수가 내외명당에 모여 합법거수하며

역수역관이 분명하면 진혈이 분명하다고 했다. 그러나 넓은 산속에서 정혈(定穴)이란 참으로 어려운 일이다. 그러므로 옛날부터 진혈은 '천장지비일석지지(天藏地秘一席之地)'라 했고 '삼년심룡(三年尋龍)에 십년점혈(十年点穴)'이라 하여 정혈의 어려움을 나타냈다. 결혈의 요건은 주룡과 사수의 조화 있는 합국(合局)에 있는 바, 산수가 취회(聚會)하고 생왕길룡과 귀사길수가 조화로운 곳에서 심혈득지(尋穴得地)하는 것이 정혈의 요령이다.

① **삼세정혈론**: 삼세(三勢)는 삼정(三停) 또는 삼재(三才)라고도 하는데, 산세의 입세(立勢), 좌세(座勢), 면세(眠勢)에 의한 정혈법이다. 대체적으로 기세가 생왕한 산에서는 천혈(天穴), 인혈(人穴), 지혈(地穴)의 천지인(天地人) 삼세의 결혈처가 있다. 즉 천혈을 입세, 인혈을 좌세, 지혈을 면세라 하며, 상정(上停), 중정(中停), 하정(下停)의 삼정으로 나누기도 한다. 즉 혈이 높은 곳에 있으면 상정을 취함이니 천혈이요, 높지도 낮지도 않은 중간에 있으면 중정을 취함이니 인혈이요, 낮은 곳에 있으면 하정을 취함이니 지혈이라 한다. 좌우의 용호산(청룡과 백호)이 낮고 안산과 조산들이 낮으며 혈 뒤의 주산이나 현무정이 얕으면 지혈을 취해야 되며, 혈을 낮은 곳에 정하면 재록(財錄)이 위주가 된다. 만약 이때 먼 산이 아름답게 보인다 하여 천혈이나 인혈을 취하면 불길하여 재산이 줄어든다. 더욱이 좌우 용호와 조안산이 모두 얕은데도 천혈을 취하면 혈만 유독 높아 외롭고 바람만 받게 되니 자손이 단명하여 젊은 과부가 생긴다. 좌우의 산과 안산이 높고 크면 천혈을 취해야 한다. 만약 인혈이나 지혈을 취하면 복록(福祿)이 박하고, 지혈을 취하면 전후좌우에서 압박을 받게 되니 자손이 쇠하고 기타의 재앙이 빈번하다. 좌우의 산과 안산이 높지도 낮지도 않으면 반드시 인혈을 취해야 재산이 부유할 것이다. 이 경우 혹 현무정에서 좌우로 갈라진 청룡·백호가 길고 물이 급류라 하여 지혈을 취하면 재물과는 무관하나 귀가 없고 자손이 왕성하지 못하다. 반대로 먼 산과 물과 사봉(砂峰)을 탐하여 천혈을 취하면 재산이 없어지고 고향을 떠나 방랑하게 된다. 천혈을 취하느냐, 인혈을 취하느냐, 지혈을 취하느냐 하는 문제는 좌우 청룡·백호가 낮거나 좌우의 산은 높은데 안산이 낮은 경우 상·중·하 삼정 가운데 어떤 것을 택하느냐가 문제다. 가령 좌우 용호산이 높고 안산이 낮을 경우, 안산이 멀고 용호산이 혈과 가깝다면 가까운 용호산의 높이에 따라 혈도 높은 데 정하고, 용호가 낮고 안산이 혈 앞 가까이 있어 높으면 혈은 인혈을 취해야 한다. 좌우의 산과 안산의 높고 낮음이 다를 때 혈에 미치는 영향은 가까이 있는 산이 더하므로 가까이 있는 산의 높이를 기준해야 된다. 천혈은 산세가 마치 선 같고 산봉우리는 구부린 듯하고 여기에 청룡과 백호 및 조안산이 서로 비슷하며 혈지가 평탄하며 산수의 기가 모두 위로 모여서 결혈한다. 천혈 중에서 산 정상 취결은 앙고혈(仰高穴)이라 하고, 산봉우리 아래에 있는 혈을 빙고혈(凭高穴)이라 하며, 산의 허리에서의 취결을 기룡혈(騎龍穴)이라 한다. 천혈은 내맥(來脈)이 평완함이 진이요, 급한 맥은 진이 아니다. 또 천혈은 비록 높은 곳에 있어도 혈장에 올라보면 마치 평지와 같이 모든 것이 안정되어 혈지가 높은 것을 느낄 수 없는 혈지이다. 인혈은 산의 형세가 앉아 있는 것 같고 산의 머리(봉우리)가 구부리고 우러러봄(쳐다봄)이 없으며, 출맥(出脈), 원운(圓暈), 결혈(結穴)이 모두 높지도 낮지도 않으며, 조응(안산과 조산)과 용호 등 사방의 형세가 서로 비등하고 명당과 수성이 다 중간에 응하여 모임으로 혈을 상하로 치우치면 기운이 흩어져 불길하다. 그런즉 혈을 맺는 곳은 주로 산의 허리 부분에 있다. 한편 내맥은 완하지도 급하지도 않아야 진이며 장살혈(藏殺穴) 한 가지의 체이기에 의법(倚法)을 사용한다. 지혈은 산세가 누워 있는 것 같고 산봉우리(머리)를 제치고 있는 것 같은 곳에 있는 혈이다. 출맥, 원운, 결혈이 다 낮으며 조응(조산과 안산)과 용호 등 전후좌우의 형세가 혈성(穴星)과 서로 비등하며 명당 수성등 모든 것이 다 낮게 취결하였다. 한편 이 지혈에는 주로 삼체(三體)가 있다. 즉 산록(山麓)에는 현유혈(懸乳穴), 성체(星體) 아래 산맥을 좀 떠난 곳에 결혈되는 탈살혈(脫殺穴), 평지 평전에 결혈되는 장구혈(藏龜穴)이 있다.

②**과협 정혈법** : 과협(過峽)을 보고 혈을 정하는 법이다. 아름다운 과협 밑에는 반드시 길혈이 맺히기 때문이다. 과협이 바르게 나가면 혈도 바르게 붙고 과협이 왼쪽으로 나가면 혈도 왼쪽에서 찾아야 하며, 과협이 오른쪽으로 나가면 혈도 오른쪽에 있으며, 과협이 짧으면 혈도 가까운 곳에 있고, 과협이 길면 혈도 먼 곳에 있으니 용과 협(峽)과 혈의 관련은 그만큼 밀접하다. 과협은 반듯한 것, 비껴나가는 것, 바르게 나가다 비껴나가기도 하고 여러 가지 형태가 있으나 협을 좇아 혈을 정한다. 과협이란 용맥에 생기가 뭉쳐진 증거이니 가령 협이 돌맥에 생기면 혈도 돌한 곳에 맺고, 협이 못이나 내(川)를 지나면 도수협(渡水峽)이라 하여 혈은 못이나 냇물 건너에 맺는다.

③**용호 정혈법** : 용호(龍虎)의 멈춘 곳을 보아 혈의 허실을 가늠하고 용호의 형세를 보아 혈의 위치와 좌우를 정한다. 청룡이 유력하면 혈을 청룡 쪽으로 의지하고 백호가 유력하거든 혈을 백호 쪽으로 의지하여 정한다. 또 용호가 얕으면 지혈을 택하고 용호가 높아 혈을 압박할 경우는 올라가 천혈을 택해야 한다. 그리고 용이 강하면 청룡을 좇고 백호가 강하거든 백호를 좇으라 하였으니 용호의 높고 낮음과 용세의 강약을 살펴 적절히 재혈해야 한다. 혈에서 가장 가까운 것이 청룡과 백호이고, 혈을 가장 먼저 다정하게 호위해주는 것도 용호(龍虎)이니 용호에 의한 정혈은 당연하다. 그리고 청룡이 더 장대할 경우는 거의 백호가 짧고 혈 쪽으로 굽으며, 청룡 쪽보다 약간 높아 그곳의 내당수가 과당(혈 앞을 지나)하여 청룡에 이르러 역관(역류)하게 되니 혈은 오른쪽 백호에 당겨 정한 것이 옳으며, 백호가 더 길고 높으면 그와 반대이다. 용호산이 다 높으면 혈도 높고 다 낮으면 혈도 낮은 곳에 정하는 것이 당연하되, 청룡은 높은데 백호가 낮거나 백호가 높은데 청룡이 낮으면 혈은 중간 인혈에 정하며, 청룡이 백호보다 유정(有情)하면 혈을 왼쪽 청룡쪽으로 당겨 정하고 반대로 백호산이 더 다정하면 혈을 오른쪽 백호쪽으로 당겨 정하되, 용호산이 다 다정하고 높지도 낮지도 않으면 혈을 중심점에 정해야 한다. 또 청룡은 있으나 백호가 없고 백호가 있으나 청룡이 없는 경우에는 청룡이 없으면 물이 왼쪽으로 둘러 수청룡의 역할을 해주어야 좋고, 백호가 없는 경우는 수백호가 있어야 된다.

④**안산정혈법** : 수려한 안산 봉우리가 왼쪽에 있으면 혈도 왼쪽에 있고 수려한 봉우리가 오른쪽에 있으면 혈도 오른쪽에 있다. 먼 곳의 조산이 비록 수려해도 가까운 안산이 중요하니 먼 조산을 취하지 않고 가까운 안산의 수려함과 유정함을 좇아 혈을 정해야 된다. 요는 가까운 안산과 수성(水城)과 혈 바로 뒤의 주산 및 현무정과 횡룡입수의 경우는 특히 낙산(樂山)과 용호가 아름답고 사방으로 살기가 없으면 유정함이니 길격이다. 용맥이 멀고 국(局)안으로 들어와서는 평평한 넓은 들에 이르러 결인과협(結咽過峽)한 후 고산이 우뚝 솟아 그 웅장한 기세가 한 지방의 으뜸이 된다. 조산의 장막(帳幕)이 크게 벌려 수십 리를 펼치고 중심맥이 왕자맥(王字脈)을 이루었으며, 입수목(入首目)에서 갑자기 높은 금체(金體)의 현무정을 이루고 그 아래에 혈을 맺으니 귀혈이 틀림없다. 혈상(穴相)은 유혈(乳穴)이며 곁으로 양요(兩曜)가 있고 용호가 유정하며, 특히 복두(幞頭) 모양의 안산이 혈 앞에 유정하게 조응하고 기(旗)·고(鼓)·검(劍)·인(印) 등 길사가 벌려 있으며, 안산 너머로 큰 강물이 둘렀다. 이 혈은 경맥으로 입수하여 유좌묘향(酉坐卯向)을 이루었으니 정음·정양법(淨陰·淨陽法)으로도 음입수 음향이기에 적법이며 장법에 맞으니 장군대좌혈이 분명하다.

⑤**명당에 의한 정혈법** : 진혈이 맺는 땅에는 명당의 길함이 증거가 된다. 대개 용을 찾는 법은 제일 먼저 생기가 통하는 주룡주맥을 찾아야 하고, 혈을 찾는 법은 먼저 명당의 형세를 살피는 것이 정혈법 중의 하나이다. 명당은 소명당과 대명당의 두 가지로 나누는 것이 보통이나 소·중·대의 세 가지로 나누어 설명하는 경우도 있다. 소명당은 혈장 내 원진수(元辰水)의 만나는 곳을 말하며, 중명당은 용호 내의 평평한 곳을 말하며, 대명당은 용호 밖 안산 안을 말함인데, 혈 앞에서 내수구에 이르는 용호 내의 마당을 합쳐서 소명당이라 하며, 소중(小中)을 합쳐서 설명하는 경우도 있다. 양공이 말하

기를, '명당이 방정(方正)하면 혈이 맺는다' 하였으니 특히 명당은 생기가 흩어지지 않도록 주위의 산(山)이나 수(水)가 주밀하게 감싸주고 배반하지 않고 다정하며 평탄해야 최길이니 그 길흉 여부는 곧 정혈의 기준이 된다.

⑥ **수세에 의한 정혈법** : 이는 물이 흐르는 형세를 증거삼아 혈의 위치를 정하는 법이다. 장경에는 '혈은 물의 길함을 얻는 것이 제일이다' 하였고, 양공은 '산을 보기 전에 먼저 물을 보라' 하였고, 또 '무릇 진룡과 정혈은 여러 곳의 물이 모인 곳에 있다' 하였다. 그러므로 물을 알지 못하면 혈을 논할 수 없다. 어떤 이는 혈을 찾을 때 물의 형세부터 살피고 수구에 따른 용의 생왕사절을 가늠한 뒤 용을 찾아 올라가면서 혈을 찾으나 이는 너무 단순한 심혈법이니, 물을 잘 살피기 위해서도 먼저 혈장이 될 만한 곳에 올라가 사방 용혈사수를 고루 둘러보고 물의 형세를 포함한 여러가지 혈증을 살피고 나서 점혈을 해야한다. 수세(水勢)를 살핌에 있어서 수세가 좌당(左堂)에 모이고 수성(水城)이 활처럼 왼쪽을 안고 감아주면 혈이 왼쪽에 있다는 증거이고, 물이 명당 오른쪽으로 모여서 감고 돌아가면 혈이 오른쪽에 있다는 증거이다. 또 수세가 정중(正中)으로 조입(朝入)하고 현자 모양으로 구불거리고 들어와 멈추거나, 좌우 수세가 고르게 회포하면 혈은 한가운데에 있다. 물이 만일 먼 곳에서 들어오면 대개 혈은 높은 곳에 있고, 원진수가 길게 흘러 나가고 국세가 순하면 혈은 얕은 곳에 있다. 물이 곧게 쏘아오면 충수(沖水)라 하여 불길하며, 물이 곧고 길게 거하면 직거수라 하여 불길하다.

⑦ **낙산정혈법** : 낙산(樂山)이라 함은 혈 뒤에 응락(應樂)하는 산을 말한다. 특히 횡룡으로 결혈(結穴)될 때에는 반드시 낙산이 있어야 한다. 만약 횡룡입수에서 낙산이 없으면 혈이 참되지 못하므로 낙산이 왼쪽에 있으면 혈도 왼쪽에 있고, 낙산이 오른쪽에 있으면 혈도 오른쪽에 있으며, 낙산이 중앙에 있으면 혈도 중앙에 있는 것이 원칙이다. 낙산은 가까운 것을 의지하는 것이며 낙산에 장단이 있으면 긴 것을 취하고, 낙산이 한쪽은 적고 한쪽은 많으면 많은 쪽을 취하며, 좌우에 낙산이 있으면 쌍혈이 맺기도 하며 하나의 혈만 결혈하기도 한다. 낙산이 너무 높아 억누르는 형세가 되면 안 된다. 이러한 때는 그 낙을 회피하여 입혈하여야 한다. 즉 왼쪽 산이 이와 같이 누르면 오른쪽에 입혈하고 오른쪽 산이 이와 같이 혈을 능명하면 왼쪽에 입혈하는 것이며, 앞산이 압혈(壓穴)하면 뒤로 물러나서 입혈하고, 뒷산이 압혈하면 앞으로 아나가서 입혈하며 낙산이라도 너무나 강하고 억누르면 피해야 된다.

⑧ **순전정혈법** : 순전(脣氈)이란 혈의 생기가 왕성하여 남은 기운이 위로 노출한 것인데, 큰 것은 전(氈)이라 하고 작은 것은 순(脣)이라 하지만 합칭하여 순전이라 한다. 순은 사람의 입술에 비유되고, 전은 사람의 턱에 비유되지만, 자리를 펴놓은 것 같다 하여 전이라 한다. 진룡의 혈이 맺는 곳에는 반드시 남은 기운을 뱉아(吐氣) 순전을 이루니 이는 천지자연의 이치이기 때문에 이러한 순전이 없으면 진혈이라 할 수 없다. 특히 횡룡의 혈에서는 혈의 증거로 반드시 순전과 낙산이 있어야 된다. 양공이 '귀룡으로 떨어진 아래에는 순전이 있고 순전 위에 맺는 혈은 부귀의 국(局)이라' 했으니 참으로 긴요한 혈 중의 하나임에 틀림이 없다. 순전은 귀인의 배석(拜席) 같고 승도(僧道)의 불단(佛壇)과도 같으니 순전이 확실하면 진룡에 진혈임을 알 수 있다. 순전은 알아내기 쉬운 곳도 있지만 우리 범안으로는 분별하기 어려운 곳이 많다. 순전과 첨(簷)을 동일하게 설명하기도 하나 첨은 혈 아래 상수(相水)의 교합처럼 안에 나타나는 집의 처마와 같으며, 순이나 전은 그 아래에 나타나는 여기(餘氣)의 발로이기 때문에 여러 가지 형태로 나타나니 주의 깊게 살펴야 된다.

⑨ **귀성정혈법** : 귀한 혈성 뒤에서 뻗은 맥이 다시 기봉(起峰)하였거나 혈 뒤에 뻗은 지각(枝脚)으로 직룡에서는 별로 볼 수 없고 횡룡이라야 이 귀성이 있다. 낙산과 혼동하기 쉬우나 낙산은 본신이나 객산으로도 이루어지는 것이지만 귀산은 반드시 직접 혈성 뒤에 붙어 있어야만 된다. 기봉(起峰)하지 않고 지각(枝脚)으로 이루어진 것이 낙산과 다른 점이다. 특히 귀성은 횡룡의 경우 심하게 기울어진 땅에 한하여 필요

로 하기 때문에 직룡으로 곧게 뻗어내린 경우는 이 귀성을 요하지 않는다. 그러므로 요공(寥公)이 '횡룡에 맺는 혈이라야 귀성이 필요하다' 하였다. 대개 횡룡으로 내려오며 치우친 요에 맺는 혈은 뒤에 귀산이 없으면 허하여 진기가 모이지 못하므로 반드시 귀를 의지하고, 귀가 없으면 결혈되지 않는다. 귀가 있어도 혈장이 바르지 못하고 기울어지면 귀가 도리어 혈의 기운을 탈출하므로 결혈되지 못한다. 따라서 귀성이 높으면 혈도 높은 곳에 정하고 귀가 낮으면 혈도 낮은 곳에 정하며, 귀가 왼쪽에 있으면 혈도 왼쪽에 있고, 귀가 오른쪽에 있으면 혈도 오른쪽에 정해야 한다. 이러한 점들은 낙산과 같으며 그뿐만 아니라 귀성이 너무 크거나 너무 높거나 너무 길면 혈을 압박하여 불길하니 이러한 점을 감안해야 할 것이다.

⑩ **전호에 의한 정혈법** : 혈이 외롭지 않게 둘러 보호함을 전호(纏護)라 한다. 전호의 뜻은 종이 주인 곁에 지켜 서서 보호함과 같고 고귀한 신분을 졸병들이 호위해줌과 같아서 귀혈을 맺으려면 반드시 전호가 주밀 할 수록 좋다. 그러므로 산에 올라 혈을 찾을 때 먼저 용호를 보고, 다음에 조안(朝案)을 보고, 다음에 물을 보고, 다음에 사(砂)를 보는 것은 이런 것들이 혈을 떠나지 않고 등지지도 않는가를 살피기 위함이다. 혈의 위치는 전호 밖으로 벗어나면 안 되지만 혈이 너무 깊숙이 있으면 아래로 모이는 기를 거두지 못하며 답답해서 못 쓰기 때문에, 전호하는 산이 좌우로 주밀하되 좌우의 산이 혈을 압박하지 않아야 되고 전호 밖으로 벗어나지 말아야 한다.

⑪ **사살을 피하는 정혈법** : 4살(四殺)이란 장살(藏殺)·압살(壓殺)·탈살(脫殺)·섬살(閃殺)을 말한다. 일반적으로 살이란 그 형체가 뾰족(尖)하고 날카롭고 준급하고 곧거나 단단(直硬)하고 억센(頑) 것 등을 살이라 칭하며, 내맥(來脈)이 입수결혈처(入首結穴處)에 살을 띤 것과 혈성 좌우 용호산에 살을 띤 것으로 구분한다.

- **장살혈**(藏殺穴) : 내맥이 완하하여 급하지 않고 경준(硬峻)하지 않으며 특히 혈에서 보이는 가까운 형세가 순하고 살이 없으면 이는 모든 살이 감추어진 것이므로 장살혈로 장사할 수 있다. 또 혈성 좌우 지각(枝脚)이나 혈에서 가까운 용호산이 둥글고 깨끗하며 뾰족하거나 곧은 것이 없으면 이는 살이 나타나지 않음이니 이도 장살혈에 해당된다.
- **압살혈**(壓殺穴) : 혈 아래가 직급(直急)하고 딱딱하여 살을 띠어도 혈이 높은 곳에 있어 말타는 것처럼 살을 누르는 형세가 되면 이는 압살혈이니 살이 혈에 굴복된 형상이므로 역시 길하다. 그리고 혈성 좌우의 지각 아래가 뾰족하거나 용호산이 뾰족하고 날카로운 곳이 보이면 이는 살이 외부로 나타남이니 이보다 높은 곳에 혈을 정하면 살을 누르게 되어 무방하다. '혈이 높은 곳에 있으면 모든 흉살이 굴복한다' 하였으니 이는 압살혈을 말한 것이다.

- **탈살혈**(脫殺穴) : 산의 기맥이 직급하고 우뚝하게 높아 살을 띠어도 혈이 아래로 낮게 내려가면 사방의 산세가 낮게 응하니 혈을 정해도 무방하다. 그리고 혈성의 형체가 준급하고 좌우가 얕으면 살이 좌우 얕은 곳으로 기운을 흘려버리게 되지만 그곳에서 훨씬 아래로 벗어나면 이도 역시 탈살혈이다.
- **섬살혈**(閃殺穴) : 혈성과 용호산의 좌우 한편이 뾰족하거나 직경 또는 준급하면 이는 살이 한쪽으로 노출함이니 살이 있는 쪽을 피하여 부드럽고 둥글고 순한 쪽에 혈을 정함이 곧 섬살혈이다. 또 혈성 아래로 뻗은 맥이 곧고 딱딱하고 뾰족하고 날카로워도 사방의 형세가 가운데로 모여들면 이는 섬살혈이니 혈을 가운데 인혈(人穴)로 정한다.

⑫ **천심십도 정혈법** : 혈을 중심으로 전후좌우로 사응지산(四應之山)이 있으면 천심십도(天心十道) 혈이라 한다. 즉 뒤에는 주산 또는 현무봉(玄武峰), 앞에는 조안산(朝案山), 좌우에는 협이봉(夾耳峰)이 수려하고 대등하게 용립(聳立)하여 혈장의 현무·주작·청룡·백호의 사신방(四神方)을 옹위하는 것을 말한다. 무릇 용진혈적하고 천심십도가 정확하면 반드시 진혈이며 발복이 유구하지만 천심십도도 사봉(四峰)의 대소 원근이 서로 비슷해야 정격이며 서로 어긋나면 이는 가격(假格)이다. 다만 네 산봉의 용모나 형상의 상이함은 구애받지 않지

만 네 산의 중심이 정확히 십도를 이루지 못하여도 진룡이면 나름대로 발복이 되고 십도혈이 아무리 정확하다 해도 용이 전이 아니면 허화(虛花)에 불과한 것이다.

⑬ **요감정혈법** : 요감(繞減)이란 넉넉한 것을 덜고 부족한 것은 보태는 것인데, 용혈사수의 형세를 요감 조정하여(음양의 조정) 기가 혈로 모이도록 하는데 있다. 쉽게 말한다면 용혈사수 등의 형세가 좌우로 고르지 못한 경우 산의 정기도 한쪽으로 치우치게 되므로 양쪽의 형세를 고르게 하여 정혈하는 방법이다. 구체적 방법은 청룡이 장대하면 혈을 왼쪽 청룡 쪽으로 당겨서 정혈하고 청룡에서 물이 역관토록 해야 오른쪽 물이 도좌(倒左)하여 역수하므로 혈지가 보강되고 수법 또한 합법이다. 백호가 청룡보다 장대하면 혈을 오른쪽 백호 쪽으로 당겨 세워야 된다. 백호가 역관(逆關)이 되어야 왼쪽 물이 도우(倒右)하여 역수하므로 혈지가 보강되고 수법 역시 합법일 것이다.

⑭ **선궁단제 정혈법** : 보편적으로 결지에는 양비(兩臂 : 양팔 청룡과 백호)가 같이 갖추어져 포혈(抱穴) 보기(保氣)함이 원칙이지만 한쪽만으로도 기타 요건만 충족되면 결지에 큰 지장은 없다. 한편 선궁(仙宮)과 단제(單提)의 다른 점은, 선궁은 한쪽 팔이 길고 한쪽 팔이 현저히 짧은 경우를 말하며, 단제는 한쪽 팔은 길고 한쪽 팔은 아주 없는 것을 말한다. 따라서 선궁이 단제에 비해 결지율이 높다. 좌우선궁과 좌우단제로 나눈다. 좌선궁은 청룡이 길어 우선수(右旋水)를 거두어 기를 거두고 우선궁은 선도한 백호가 좌선수를 거두어 수기한다. 좌단제는 왼쪽(청룡)에만 있고 백호가 없는 바 청룡으로 오른쪽에서 오는 우선수를 거두어 수기(修氣)하고, 우단제는 오른쪽 팔(백호)만 있고 왼팔이 없는 바 그 오른쪽 팔로 왼쪽에서 오는 좌선수를 거두어 들여 한쪽이 허한 혈장을 물로 대하여 수기성혈(收氣成穴)하는 것이다. 따라서 선궁이나 단제에서는 반드시 물이 공허한 쪽을 대신 감아주어야(포혈) 적격이며 그렇지 않으면 가선궁이요 가단제인 것이다. 즉 물이 수청룡 또는 수백호 역할을 해야 된다는 것이다.

⑮ **제신(諸身) 정혈법** : 소우주의 하나인 인체의 골절 요소에 비유하여 혈을 정하는 방법을 말한다. 이는 요금정(寥金精) 선사의 정혈법 중의 하나이며 대개 정문백회혈(頂門百會穴), 수두혈(垂頭穴), 견정혈(肩井穴), 내유혈(奶乳穴), 당심혈(當心穴), 제륜혈(臍輪穴), 단전혈(丹田穴), 요절혈(腰節穴), 방광혈(膀胱穴), 음낭혈(陰囊穴) 등이 있다. 그러나 이러한 혈들은 산의 이치를 인체의 요소에 비유하여 표현했을 뿐이다.

- **정문백회혈** : 산정(山頂)의 평탄한 요지 중에 돌이 있어 맺어진 혈로서 사방이 혈을 옹위해주어야 진격이며 그렇지 않으면 팔방 살풍이 취혈(吹穴)하여 흉한 혈지가 되기도 한다.
- **수두혈** : 이는 현무정에서 용이 급강하다가 급즉완(急則緩)으로 평지에 이르러 융결되는 재록(財祿)이 많은 길혈이다.
- **견정혈** : 인체의 어깨 아래에 비유되는 오목한 곳에 융결된 혈로서 혈지가 안정되고 용호가 회포하여 생기가 어깨의 오목한 곳에 뭉쳐 맺어진 혈이다. 혈상(穴相)은 와혈(窩穴)이 정격이다.
- **당심혈** : 이 혈은 인체의 앞가슴 중심에 비유되는 곳에 맺어진 혈로서 혈지는 사방 산세가 고루 단정하여 요감(饒減)이 필요 없는 길지로 이른바 인시하관(寅時下棺)에 묘시발복(인장묘발)한다는 속발지혈(速發之穴)이다. 와혈이 정격이다.
- **내유혈** : 풍만한 두 유방에 비유되는 곳에 융결되는 혈로서 보통 용의 기세가 왕성하여 쌍수양유(雙垂兩乳)하는 정재양발(丁財兩發)의 길격이다.
- **제륜혈** : 인체의 중심처인 배꼽에 비유되는 곳에 융결되는 혈로서 용맥과 혈의 기가 단정하고 용호가 확실하며 혈지가 평탄하면 진혈이다.
- **단전혈** : 인체의 중심부인 배꼽 아래 단전에 비유되는 곳에 맺어지며 부귀복록이 기약되는 혈이다. 다만 너무 높거나 낮으면 가짜 단전혈(丹田穴)이다.
- **요절혈** : 인체의 허리에 비유되는 곳에 융결되는 혈로서 혈지는 봉요(蜂腰)와 학슬(鶴膝)처럼 결인된 용의 허리에 해당되는 곳이며 혈상은 와(窩)가 정격이다. 여기 혈지에

생기가 뭉치고 용호가 회포하고 수세가 감아돌면 대길지에 해당된다.

- **방광혈** : 인체의 방광 위에 비유되는 곳에 융결되는 혈로서 혈지에 기가 모이고 용호가 회포하며 수세가 합법이면 진격이다.
- **음낭혈** : 인체의 음낭 국부에 비유되는 곳에 융결되는 혈로서 혈의 융결은 용진혈적에 혈하(穴下)에 순(脣)이 분명하고 용처(龍處) 및 안산과 조산, 수세가 서로 다정하고 이법에 합당하면 자손이 왕성하고 부귀를 이루는 귀혈이다.

⑯ **금수물형 정혈법** : 풍수지리의 물형론에서 말하는 금수(禽獸)는 주로 새와 짐승이 그 대상이 된다. 새의 종류에는는 봉황, 학, 꿩, 기러기, 까마귀 등의 비금류(飛禽類)의 산형(山形)이 그 대상이 되며, 짐승에서는 호랑이, 사자, 코끼리, 말, 소, 개, 쥐 등 사지수류(四肢獸類 : 네발짐승)가 주로 그 대상이 된다. 이 밖에도 수중어류로 거북, 잉어, 자라 등이 거론된다. 다만 조류 산형(山形)의 결혈처는 주로 벼슬(冠), 날개 안쪽(翼), 꼬리(尾) 부분이 되고 수류산형의 결혈처는 주로 코(鼻), 배(腹), 젖가슴(乳)에 해당되는 곳이다. 따라서 심혈시(尋穴時) 산형이 어떤 금수의 모양과 같을 때에 한해서 참고할 뿐 너무 남용하여 근본적인 정혈법을 무시해서는 안 된다.

❖ **정혈당중**(定穴當中) : 혈은 적중하여야 한다는 말. 생기의 결응처를 찾되 눈동자의 초점과 같이, 화경취화(火鏡取火)에 초점을 맞추는 것과 같이 아주 적은 오차도 있어서는 안 된다. 부부가 성교를 하여도 정확하게 사정이 되고 정충이 자궁 안에 상합하여야 태아가 착상하는 것과 같이 당중하지 못하면 출산은 불가능하다.

❖ **정혈법**(定穴法) : 정확한 혈처를 정하는 법으로 양택의 경우는 주건물이 들어설 자리에, 음택의 경우는 시신을 매장할 곳에 천광을 파는 자리이다. 심혈법(尋穴法)은 멀리서 바라보고 혈이 있을 만한 위치를 찾는 이론으로 심혈을 해서 그곳을 찾아들어갔으면 이제 생기가 뭉쳐 있는 정확한 혈 찾아야 한다. 즉 입수도두, 선익, 순전, 혈운 등이 분명하고 혈토가 나오는 혈을 정확하게 정하지 않으면 안 된다. 아무리 심혈을 잘했다 하더라도 정혈을 잘못하면 무용지물이 되고 만다. 어렵게 용진처(龍盡處)의 혈지를 찾았다 할지라도 혈토가 나오는 혈심이 아니면 모든 것이 허사가 되고 만다. 실제로 모든 혈의 결지 조건이 갖추어진 곳에서도 불과 몇자 사이로 혈심에서 어긋나 오점한 경우가 많이 있다.

❖ **제거**(帝車) : 결혈(結穴)한 당처(當處)가 어거(御車)와 같이 귀하게 생긴 것을 말함.

❖ **제길흉수도**(諸吉凶水圖)

- **선저수**(漩渚水) : 혈 앞에 못이 있어 물이 고인다. 당(堂)의 왕기(旺氣)가 전장(田庄)에 발(發)한다(一堂旺氣發田庄)하여 열 개의 무덤중에 아홉 개는 부귀하고 곡식이 썩을 정도로 남고 이재(利財)에도 넉넉히 남는다.

[漩渚水圖]

- **암공수**(暗拱水) : 출수혈중불견(出水穴中不見) 암공(暗拱)된 대강(大江)의 물이 앞의 작은 안산(案山)으로 곤(困)하여 혈에서는 보이지 않는다. 강직한 성품에 부왕(富旺)해진다. 식록과 오복을 갖추고 벼슬이 정승에 이르며 오래도록 번창한다.

[暗拱水圖]

- **조배수**(朝拜水) : 조당(朝堂)의 물이 층층으로 들어온다. 시사(時師)는 이러한 곳에서는 세심하게 재혈(裁穴)을 해야 한다. 혈장이 둥글어 적실(的實)하고 용진(龍眞)하면 장상공후(將相公侯)가 장차 나올 곳이다.

[朝拜水圖]

• **취천심**(取天心) : 모든 물이 한곳으로 모여들어온다. 수기(秀氣)가 있으면 재원(財源)이 만국(滿局)된 형상이다. 다시 입수내룡(入首來龍)이 생왕(生旺)하면 자손의 부귀가 천추(千秋)에 족(足)한다.

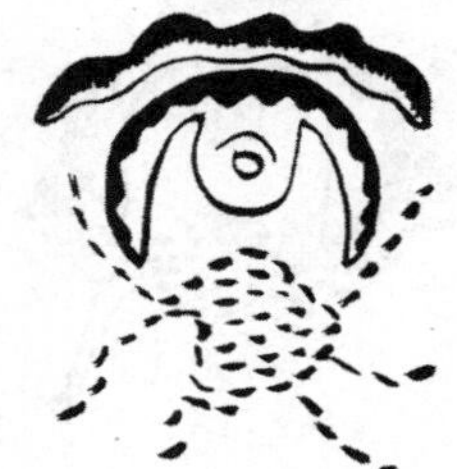
[取天心圖]

• **배아수**(拜衙水) : 청룡·백호가 양쪽에서 에워싸고(拜衙) 물이 곳곳에서 흘러온다. 혈장이 적실(的實)하면 부귀함을 모든 사람이 알게 되고 외관(外觀)이 수려하면 형제 모두 발달한다.

[拜衙水圖]

• **금차수**(金釵水) : 가로로 비슷하게 흐르고 곧게 흐르는 물이 교차하며 흐른다. 초년에는 발달을 기약하기 어려우나 외방(外方)의 사(沙)가 역사(逆沙)로 되어 혈을 보호한다면 부귀할 수 있다.

[金釵水圖]

• **천제수**(天梯水) : 하늘로 타고 오를 수 있는 사다리처럼 생긴 물의 모양으로 청운(靑雲)의 꿈을 하늘의 사다리를 타고 편안히 걸어 올라갈수 있다. 단지 용진(龍眞)해야 한다.

[天梯水圖]

• **옥계수**(玉階水) : 계단처럼 된 물줄기이다. 옥계수(玉階水) 뒤에 안사(案沙)가 보전이 되어야 계단을 타고 걸음을 걷는다. 두려운 것은 천룡(賤龍)이다.

[玉階水]

• **창판수**(倉板水) : 창판같은 밭이 혈 앞에 있으면 전장(田庄)을 많이 살 수 있다. 용과 수(水)가 배합이 잘 되면 부귀 면면(綿綿)해진다.

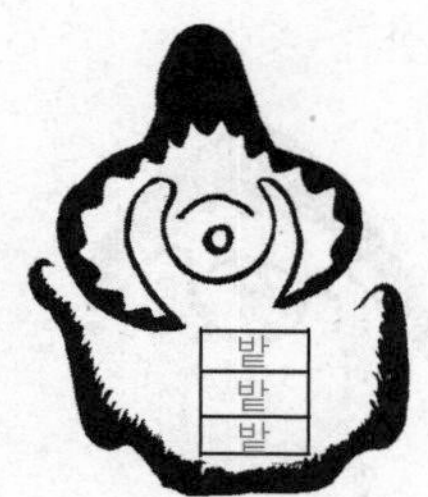

[倉板水]

• **파진수**(簸進水) : 쌀까부는 키처럼 된 형태에 둥그런 작은 흙더미(堆金積玉)의 안사(案沙)가 있다. 귀인천마(貴人天馬)가 득위(得位)하면 고관의 녹(祿)을 받는다.

[簸進水圖]

• **전원무수**(纏元武水) : 부귀와 벼슬이 족하며, 이 물은 현무정(玄武頂)에서 감돌아 나오는 만큼 귀고(鬼告)가 분명하여야 하며 혈장이 좋으면 재물이 산처럼 쌓인다.

[纏元武水圖]

• **입구수**(入口水) : 입구(入口)의 물은 묘(妙)하여 말로 표현하기가 어렵다. 역사(逆沙)가 가로막아 물이 관란(關欄)하여 돌아가면 이런 무덤은 발복이 가장 신속하다.

[入口水圖]

• **구곡수**(九曲水) : 구불구불 굽이굽이 굽어 오는 물로서 벼슬의 향기가 새롭고 단정한 용모에 조정에 들어가게 된다.

[九曲水圖]

• **전원수**(田源水) : 안산(案山)이 막혀 물이 관란(關欄)하며 많은 물과 밭이 있고, 물과 밭이 당(堂) 앞에 모이면 돈에 여유가 생기고, 가로로 질러 흐르는 물과 안(案)에 면궁(面弓)이 있으면 인정과 재물이 일어나고 부귀가 완전하다.

[田源水圖]

• **박면수**(撲面水) : 큰 물이 도도히 면전(面前)으로 치고 들어오며 대개 사(沙)가 없고 형세(形勢)는 될 듯 하나 쓸 수 없는 곳이다. 주인보다 찾아오는 손님의 위세가 더 당당하니 주약빈강(主弱賓强) 흉패(凶敗)하고 황음(荒淫)하여 슬픔이 끊이지 않는다.

[撲面水圖]

• **충심수**(沖心水) : 혈장의 앞 중심을 충(沖)하니 불량하다. 당면(當面)에서 곧고 길게 들어오는 물은 재물의 여유는 있을지라도 위장이나 복부의 병을 유발하고 이성간의 문제가 생기고 음란해진다.

[沖心水圖]

• **협두수**(脅頭水;裏頭水) : 한줄기의 물이 빙 돌아감이 이두수(裏頭水)이다. 혈장이 순음(純陰)으로 도움을 받을 곳이 없으니 실로 근심으로 인정(人丁)과 재물이 머물러 있지 아니한다. 이러한 곳을 금성수(金星水)라고 오인하지 말아야 한다.

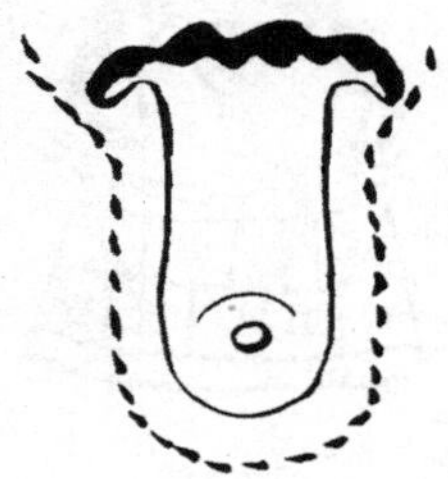

[脅頭水(裏頭水)圖]

• **사협수**(射脅水) : 바람에 휘날리듯 하게 옆에서 가로로 옆구리를 찔러오는 물로서, 용호(龍虎)는 숨어서 미미하고 용혈(龍穴)은 노출되어 질병이 이어지고 재화(災禍)가 끊이지 않으며 사방 각지를 배회한다.

[射脅水圖]

• **안우수**(案牛水) : 용호(龍虎)가 무정하여 물이 곧게 흘러 나간다. 고인이 이런 곳을 안우수(案牛水)라 하였으니 인정(人丁)과 재물을 모두 패(敗)함을 알지 않겠느냐고 했다. 재주는 있으나 곤고(困苦)하여진다.

[案牛水圖]

• **천비수**(穿臂水) : 용호(龍虎)가 모두 낮아서 함(陷)하니 물길이 통하였다. 비가 올 때만 물이 나갈 수 있으며 이곳은 흉하다. 왼쪽의 물이 크고 오른쪽의 물이 짧다면 재화(災禍)가 남자쪽으로 나누어지니 외로운 과부가 궁핍하게 병마와 싸우거나 음란하여진다.

[穿臂水圖]

• **사류수**(射流水) : 모든 물이 당국(堂局)을 돌아보지 않고 오는 듯 싶다가도 모두 달아난다. 고인이 말하기를 사비수(斜飛水)가 되면 큰 재앙이 일어난다고 했다.

[射流水圖]

• **반궁수**(反弓水) : 객지로 떠나고, 음란하고, 군병으로 멀리 가고, 도적이 생기고 하는 것이 명당을 외면하여 오는 물(反弓水) 때문이다. 수법의 유래가 이런 곳을 가장 꺼린다. 반도수(反跳水)가 되면 문맹자와 무전자(無錢者)가 나온다.

[反弓水圖]

• **직경수**(直傾水) : 물은 기울이듯 나가고 사(沙)는 날으듯 하여 혈을 돌아 볼 뜻이 전혀 없다. 사수(沙水)가 무정하여 혈이 의지할 곳이 없으니 고향을 등지나 누군가 구원해 주지도 않는다.

[直傾水圖]

• **할각수**(割脚水) : 비올 때만 샘물이 솟아나 흘러가면 용의 기운이 설기(洩氣)하니 결혈지(結穴地)가 아니다. 장후(葬後)에 인정과 재물이 쇠퇴하여지고 살육병탄과 고질병이 생긴다.

[割脚水圖]

• **누시수**(漏腮水) : 비올 때만 샘물이 솟아나 흘러가면 용의 기운을 설기(洩氣)하니 결혈지(結穴地)가 아니다. 장후(葬後)에 인정과 재물이 쇠퇴하여지고 살육병탄과 고질병이 생긴다.

[漏腮水圖]

• **임두수**(淋頭水) : 임두수(淋頭水)가 있으면 마음이 훌훌 도망간다. 가장 두려운 곳은 자(子), 오(午), 묘(卯), 유방(酉方)이다. 가운데로 도랑이 나 있으면 그 흉함이 들을까 말하기도 어렵다. 집집마다의 재화(災禍)소리가 높은 담장도 뛰어넘는 퉁소소리처럼 사방에 들린다.

[淋頭水圖]

• **분류수**(分流水) : 물이 팔자(八字)모양으로 나누어지면 부자(父子)가 각각 동서로 나누어짐이니 서로 돌보아 주지 않으며 굶주림으로 날마다 동분서주하게 된다.

[分流水圖]

• **경어수**(傾御水) : 기울어지듯 층층으로 물이 나가면 이런 곳은 당기(堂氣)가 뭉치지 않는다. 젊은이가 요수(夭壽)하여 외로운 과부가 홀로 시름하며 집안의 재물도 지키지 못하게 된다.

[傾御水圖]

• **파천심**(破天心) : 십자(十字)의 형태로 물이 머무르지 않고 모두 흘러 나가니 사(沙)는 뾰족하여 앞으로 뻗었다. 천심(天心)을 깬 것이니 진짜 나쁘다. 재물은 패(敗)하고 사람이 상(傷)하며 횡사(橫死)가 있게 된다.

[破天心圖]

❖ **제도**(齊到) : 청룡·백호가 가지런히 함께 성옴을 말함.

❖ **제라**(提籮) : 청룡이나 백호의 끝부분이 밖으로 향하고 혹이 달린 모양. 거지가 그릇을 들고 밥을 비는 모양.

❖ **제륜혈**(臍輪穴) : 사람의 가장 중심에 있는 배꼽에 비유되는 혈. 용혈을 비롯하여 주변 산세가 고르고 둥글며 혈지는 평탄하고, 혈은 돌중유와(突中有窩)한 곳에 있다.

❖ **제륜혈 배꼽에 비유되는 혈** : 제륜혈은 사람의 가장 중심에 있는 배꼽에 비유되는 혈이다. 용혈을 비롯하여 주변 산세가 고르고 둥글며 혈지는 평탄하다. 혈은 돌중유와한 곳에 있다.

❖ **제2선의 황천살**(黃泉殺)**은 향살로서 향을 볼 때에** : 황천살로 그 방향으로 수(水)나 풍(風)이 들어오거나 나가면 황천살을 받는 것을 말한다. 풍의 살을 받는다 함은 혈판(穴坂)을 풍으로부터 막아야 할 주위의 사(砂)가 장풍(藏風)을 할 수 없다 함을 말한다.

❖ **제리사**(提籬砂) : 낡고, 허술한 키나 광주리 같은 흉한 몰골의 산. 이런 사가 정면으로 보이면 사람이 상하고 재산이 파하여 빈한하여 걸인이 된다.

❖ **제물**(祭物) **진설**(陳設)**은 이렇게 한다** : 주인 이하가 제소(祭所)에 촛불을 밝히되 날이 밝으면 촛불을 끄고 실과 접시는 탁자 남쪽 끝에 놓도록 한다. 마른것과 포혜(脯醯)는 서로 사이를 두되 그 다음 줄에 놓는다. 잔반과 초접시는 북쪽 끝에 진설하고 잔을 서쪽에 놓는다.

① **조과**(造果) : 유과(油果) 또는 엽과(葉果)를 쓴다.
② **과실**(果實) : 밤, 대추, 곶감, 배, 은행 등을 쓰되 적으면 3가지 많아도 5가지 이상을 쓰지 않는다.
③ **포**(脯) : 문어, 전복 등 마른 고기를 쓴다. 적으면 2가지 많아도 5가지 이상은 쓰지 않는다.
④ **혜**(醯) : 원래 식혜를 쓰지만 적을 써도 좋다.
⑤ **좌반**(佐飯) : 조기를 쓴다. 아울러 김을 쓰기 마련이다.
⑥ **숙채**(熟菜) : 익힌 나물은 2가지 내지 3가지를 쓴다.
⑦ **심채**(沈菜) : 김치는 2가지 내지 3가지를 쓴다.
⑧ **저채**(沮菜) : 장, 김치를 쓴다.
⑨ **어물**(魚物) : 생선을 쓴다.
⑩ **육물**(肉物) : 간회(肝膾) 혹은 천엽(牛膾) 등을 쓴다.

⑪ **청장**(淸醬) : 간장을 쓴다.

⑫ **떡**(甁) : 떡은 낮으면 다섯 켜, 높아도 일곱켜 정도만 차린다.

⑬ **적**(炙) : 육물 생선 등으로 만들되 적으면 다섯 꼬챙이 많아도 일곱 꼬챙이 이상 쓰지 않는다. 만약 일곱 꼬챙이를 쓸 경우에는 초헌(初獻) 때 세 꼬챙이, 아헌(亞獻) 때 두 꼬챙이, 종헌(終獻) 때에 두 꼬챙이 쓴다.

⑭ **초**(醋) : 초를 쓴다.

⑮ **탕**(湯) : 육물, 생선, 포, 대합, 홍합 등으로 만들되 단탕(單湯)·3탕·5탕으로 형편에 따라 쓴다. 진설하는 방식에는 여러 가지가 있었으며 재물은 가세의 형편에 따라서 차리며 비록 적은 재물이지만 정성으로 지내야 된다는 제례의 근본 사상이다.

❖ **제복**(臍腹) : 배꼽부위.

❖ **제사일**(祭祀日) : 이 날은 기일제(忌日祭) 혹은 명절제(名節祭)·시제(時祭)가 아닌 기복이나 안택(安宅) 등을 목적으로 하여 날을 받아 지내는 제사에 적용된다.

- **길일**(吉日) : 甲子 乙丑 丁卯 戊辰 辛未 壬申 癸酉 甲戌 丁丑 己卯 庚辰 壬午 甲申 乙酉 丙戌 丁亥 己丑 辛卯 甲午 乙未 丙申 丁酉 乙巳 丙午 丁未 戊申 己酉 庚戌 乙卯 丙辰 丁巳 戊午 己未 辛酉 癸亥·보호(普護)·복생(福生)·성심(聖心)·경안(敬安)·천은(天恩)·천월덕(天月德) 및 합일(合日)
- **기일**(忌日) : 寅日(寅不祭祀)·천구일(天狗日)·천구하식시(天狗下食時)·천적(天賊)·수사일(受死日)

❖ **제사 파제**(祭祀罷祭) **날 축문**(祝文) : 奠祭變更於戌時告由文
顯◯◯諱日復臨 追遠感時 不勝永慕 將奉戌時 不勝永慕 伏惟 自古祭禮 奠于子正 從俗時制 將奉戌時 玆以虔告謹告 尙饗

❖ **제살법**(制殺法) : 삼살(三殺) : 망인(亡人)의 생년 및 상주생년(喪主生年)의 납음오행으로 제살(制殺)하거나 당년 연월일시 납음오행으로 제살(制殺)한다. 예를 들어 무인년(戊寅年)은 삼살(三殺)이 해자축수방(亥子丑水方)이므로 수살(水殺)이다. 만약 망인이나 상주생년(喪主生年)의 납음오행이 경오(庚午), 신미(辛未), 무인(戊寅), 기묘(己卯) 등의 토명(土命)이면 토극수(土克水)하여 제살(制殺)된다. 또 연월일시의 납음이 토(土)에 해당하여도 해자축수(亥子丑水) 삼살(三殺)이 제(制)해진다.

- **향살**(向殺)·천관수(天官符)·자퇴(炙退) : 장매(葬埋)에는 꺼리지 않고 양택에만 꺼린다.
- **연극**(年克) : 태세(太歲)의 납음이 산운(山運)을 극하면 연극(年克)인데 새로 쓰는 묘의 좌(坐)가 연극(年克)이 되면 좋지 않다. 그러나 태세납음(太歲納音)이 산운(山運)을 극하여 연극(年克)이 될 경우 망인(亡人)이나 제주생년(祭主生年)의 납음오행이 태세납음(太歲納音)을 극하거나 행사월일시(行事月日時) 납음이 태세납음을 다시 극해 주면 제살되어 무방하다. 예를 들어 이임병을(離壬丙乙)의 네 개의 좌(坐)는 홍범오행(洪範五行)이 화산(火山)인데 무인년(戊寅年)에 임술(壬戌) 수운(水運)으로 무인(戊寅), 태세(太歲), 성두토(城頭土)의 극을 받으므로 연극(年克)이다. 즉 토(土)가 살(殺)인데 망인(亡人)·상주(喪主)·월일시(月日時)의 납음이 토(土)를 극하는 무진(戊辰), 기사(己巳), 임년(壬年), 계미(癸未), 경인(庚寅), 신묘(辛卯)의 목(木)에 해당하면 목극토(木克土)로 토살(土殺)이 제거된다. 음택·양택에 있어 흉살을 범하면 불길한데, 흉살이 있더라도 부득이 용사(用事)해야 될 경우에는 반드시 아래에 설명하는 제살법으로 살을 제한 뒤 사용한다.
- **산운**(山運)이 극을 받을 경우(즉 年克) : 연월일시의 납음오행 및 망인(亡人) 또는 제주(祭主) 본명의 납음오행, 또는 양택에 있어 가주본명(家主本命)의 납음오행으로 제(制)한다.
- **방정음부**(傍正陰符) : 살(殺)이 휴수(休囚)되는 절기를 이용하거나 제주(祭主)의 효살(梟殺), 또는 칠살(七殺)로 제한다.
- **산가곤룡**(山家困龍) : 통천규·주마육임·천하전운·사리제성 등과 합국되면 제살된다.
- 모든 관부살(官符殺:天官符·地官符·山家官符 등) 삼기제성·통천규·주마육임을 만나거나 납음으로 제한다.
- **산가혈인**(山家血刃) : 삼기제성·천덕·월덕 및 통천규·주마육임·천하전운 가운데 두어가지 길신을 만나면 제살된다.
- **장군전**(將軍箭) : 천하전운이 같이 닿거나 연월일시의 납음으로 제살한다.
- 모든 나후(羅候 : 순산나후(巡山羅候)·좌산나후(坐山羅候))는

일명 머리 없는 화성(無頭火星)이라 하여 일백수(一白水)나 삼합수(三合水)로 제살한다.

- **황천구퇴**(黃天灸退) : 천덕·월덕·녹마귀인이 임하면 제살된다.
- **부천공망**(浮天空亡) : 천덕·월덕 및 월재 혹은 기타의 길신이 같이 임하면 제살된다.
- **타겁혈인**(打劫血刃) : 월재·생기일이면 무방하다.
- **태음살**(太陰殺) : 세덕(歲德) 및 삼합오행으로 제살한다.
- **삼살**(三殺:劫殺·災殺·歲殺) : 연월일시의 납음 및 본명(本命:亡人, 祭主, 家主의 生) 납음으로 제살하며, 천덕·월덕·세덕·천하전운·삼기제성·녹마귀인·사리제성·태양 등 길신 가운데 2, 3위가 같이 임하면 제살된다.
- **좌살**(坐殺)·**향살**(向殺) : 천하전운·사리제성·진태양·천덕·월덕·세덕·녹마귀인 등 길신이 많이 임하면 제살된다.
- **구천주작**(九天朱雀) : 사리제성·잰태양·천하전운·녹마귀인 등이 같이 임하면 제살된다.
- **태세**(太歲) : 천덕·월덕·세덕·녹마귀인 등이 같이 임하고, 월일시의 납음으로 제살한다.
- **팔산도침**(八山刀砧) : 통천규·주마육임·천월덕·세덕·녹마귀인 등 길성이 많이 임하면 제살된다.
- **대모**(大耗) : 통천규·주마육임·천하전운·삼기제성·일백(一白) 등 길성이 같이 임하면 해가 없다.

❖ **제석**(除夕) : 음력 선달 그믐날.

❖ **제수신일**(祭水神日) : 수신(水神)이란 「물귀신」이 아니라 선신(善神)인 용왕신(龍王神)·하백신(河伯神)을 말하는데, 우물·강·호수·바다 등에 가서 제사를 지내는 일을 합칭 수신제(水神祭)라 한다. 길한 날은 경오(庚午), 신미(辛未), 임신(壬申), 계유(癸酉), 갑술(甲戌), 경자(庚子), 신유일(辛酉日), 또는 제(除)·만(滿)·집(執)·성(成)·개일(開日) 등이다.

❖ **제신상천일**(諸神上天日) : 이장(移葬)·합장(合葬)하고, 비석 세우고, 상석(床石)놓고, 떼 입히고, 봉분(封墳)돋우는 일 등에 날을 가리지 않고 무조건 무방한 날로서(다만, 동총운(動塚運)에서 중상운(重喪運)에 해당되지 않을 경우) 한식일(寒食日), 청명일(清明日)은 모든 신이 조회(朝會)하러 하늘로 올라가기 때문이고, 대한(大寒) 후 5일부터 입춘전 2일은 신구세신(神舊歲神)들이 교체되는 기간이므로 이상의 날을 범해도 무방하다고 한다.

❖ **제실설치방위법**(祭室設置方位法) : 제실설치방위법이란, 기방(忌方), 상문방(喪門方), 조객방(弔客方)이다. 상문(喪門) 조객(弔客)의 양방은 대기(大忌)하니 사용하지 말아야 한다. 방위를 보는 법은 큰방 문설주에서 패철을 놓고 측정한다. 만일 상문 조객방에 빈소를 만들면 연내에 중상질병이 있다 한다. 빈소 조견표는 다음과 같다.

年支	子	丑	寅	卯	辰	巳	午	未	申	酉	戌	亥
喪門	寅	卯	辰	巳	午	未	申	酉	戌	亥	子	丑
弔客	戌	亥	子	丑	寅	卯	辰	巳	午	未	申	酉

❖ **제언색수일**(堤堰塞水日) : 방축을 쌓고 물을 막는 데 좋다는 날. 복단일(伏斷日)·폐일(閉日)

기(忌) : 壬日(壬不決水)·촉수룡일(觸水龍日)·개일(開日)·파일(破日)

❖ **제와지내불생교룡**(蹄窪之內不生蛟龍) : 소나 말의 발자국에 괴인 물에서는 용이 나지 않는다는 뜻으로, 산천(山川)도 아무렇게나 생긴 곳에서는 대인(大人)이 나지 않는다는 말로서, 명산(明山)에 명당(明堂)이면 대인(大人)이 나고 천산(賤山)이나 호무산(葫畝山 : 쑥밭산)에서는 천인(賤人)이 난다는 말.

❖ **제왕**(帝旺) : 12운성(運星)의 5번째로 오행이 제왕궁에 놓이면 그 힘이 왕성해진다.

❖ **제왕궁의 정국**

五行	木		火		土		金		水	
帝旺	卯		午		午		酉		子	
日干	甲	乙	丙	丁	戊	己	庚	辛	壬	癸
帝旺	卯	寅	午	巳	午	巳	酉	申	子	亥

❖ **제왕수**(帝旺水) : 제왕수(帝旺水)의 굴곡입당(屈曲入堂)은 관고작중(官高爵重) 금곡풍성(金穀豊盛)이라 한다. 제왕수는 생양수(生養水)와 더불어 3대길수(三大吉水)로서 제왕수가 내조취면전(來朝聚面前)이면 벼슬은 높고 재산 또한 풍족하지만 가장 두려운 것은 이른바 제왕상위(帝旺上位) 격산유거(激散流去)이다. 그런즉 석숭(石崇) 같은 천하의 거부도 일조패산(一朝敗産)이라 한다.

❖ **제왕수**(帝旺水) **즉 무곡**(武曲) : 갑경병임(甲庚丙壬)이 제왕방(帝旺方)으로써 그 방위의 물이 내조(來朝)하든가 면전에 이르러 정취하면 자자손손이 다같이 복을 받아서 왕기(旺氣)로 인하여 관작(官爵)이 후중(厚重)하여 그 이름을 떨치며 금전과 곡물이 풍영(豐盈)하여 부자가 된다. 그러나 혹 자오묘유자(子午卯酉字)위로 왕수(旺水)가 흘러들어오면 셋째 자손이 아주 불미하며, 제왕방(帝旺方)으로 물이 흘러나가면 자손이 모두 빈한(貧寒)하므로 그곳으로 물이 흘러나가든가 그곳이 공허하게 되었다면 입혈(立穴)하지 말든가 다른 좌향으로 입향(立向)을 입수(入首)에 따라서 달리하는 것이 상책이다.

❖ **제왕향 갑묘좌 경유향**(帝旺向 甲卯坐庚酉向) : 정왕향(正旺向)이며 우선(右旋)의 손룡(巽龍)에 좌선(左旋)의 생방손수(生方巽水)가 경유왕수(庚酉旺水)와 같이 모여서 묘고위 계천간자(墓庫位癸天干字) 위로 흘러감으로 총명한 자손이 나며, 생방(生方)인 손(巽)에 문필사(文筆砂)의 봉(峰)이 있고 신방(辛方)의 거문수(巨門水)가 있든가 신봉(辛峰)의 손(巽)이 문필(文筆)과 마주보게 되면 거문(巨文)의 재사(才士)가 대대로 난다. 곤(坤)은 관록방(官祿方)이면서 토(土)에 속하여 토(土)는 금(金)을 나게 하니 곤위(坤位)에 재모(在帽)하고 오정방(午丁方)에 금마산(金馬山)이 있으면 극가(極佳)하다. 귀인사(貴人砂)의 종류가 비록 많으나 손(巽)의 문필사(文筆砂)와 곤상(坤上)의 귀인(貴人)있는 것이 제일 길지이다. 이 좌향에 이 수법을 양공(楊公)의 진신수법(進神水法)이라 하며 자자손손이 충효현량하며 대부대귀(大富大貴)하는 법이다. 특히 영록(迎祿)하는 3, 7 또는 2, 8 가감(加減)의 분금을 하지 않으면 복력(福力)을 크게 감소시키는 것을 각별히 유념하여야 한다.

❖ **제왕향 병오좌 임좌향**(帝旺向 丙午坐壬子向) : 금국(金局)에서와 같이 우선(右旋)의 곤룡(坤龍)에 좌선(左旋)의 생방곤수(生方坤水)가 임자왕위(壬子旺位)에서 같이 모여서 묘고위(墓庫位)인 을천간자(乙天干字) 위로 흘러감으로 생래회왕(生來會旺)이라는 국(局)으로 총명한 자손이 나게 된다. 건(乾)은 임관방(臨官方)이니 임관(臨官)의 녹수(祿水)가 조공(朝拱)하든가 임자왕위(壬子旺位)로 유입하면 영현지자(英賢之子)가 나며 아이의 이름이 널리 떨치게 된다. 임관(臨官)과 왕위(旺位)의 관왕록수(官旺祿水)는 유입하여야 하는 것인데 흘러나가면 신임수로 일당건(辛壬水路 日當乾)이라고 하는 대악(大惡)의 살인황천(殺人黃泉)이 되는 것으로 극히 흉하다. 이와 같이 임자향(壬子向)으로 입혈(立穴)하고 관왕수(官旺水)는 단일작(單一勺)의 물이라도 황금과 같이 귀중한 것이니 3, 7 또는 2, 8의 분금으로 그 녹(祿)을 영입하지 않으면 복력(福力)을 크게 감하는 결과가 되니 반드시 영록(迎祿)하여야 한다. 곤(坤)은 통지(通地)의 맥이며 곤룡(坤龍)에서 병오좌 임자향(丙午坐 壬子向)으로 입혈은 정리이다. 이 곤룡(坤龍)이 병오(丙午)와 배합은 허다하며 보기도 용이하나 우선(右旋)의 건룡(乾龍)이 곤(坤)과 배합하게 된다면 이는 건(乾)의 천(天)과 곤(坤)의 지(地)가 만나서 귀중한 배합이 된다. 이것은 건(乾)과 곤(坤)의 거리가 지형에 따라서 다를 수 있으나 기본적으로 경유(庚酉)와 곤(坤)이 만나는 것보다 아주 먼 거리가 있어야 정당한 배합을 이룰 수 있다. 건룡(乾龍)이 곤(坤)을 만나기 앞서 신경(申庚)의 돌(突)이 없게 되면 곤(坤)은 미곤신(未坤申)의 삼기(三奇)가 불통(不通)하게 되므로 곤좌(坤坐)라는 한 개의 혈만 있게 되는 것이니 건룡(乾龍)이 곤(坤)을 만나기 앞서 신경(申庚)의 돌기(突奇)가 있으므로 유장(喩藏)을 하게 되므로 미곤신(未坤申)의 혈이 있게 된다. 장생향(長生向)에서 여러 가지의 용의 배합의 변화가 있는 것처럼 이 제왕향(帝旺向)의 곤룡(坤龍)의 변화도 많다. 병오좌(丙午坐)는 북향이라 손병정(巽丙丁)이라는 삼양봉(三陽峰)이 단수(端秀)하여야 하기에 남향과 같이 청룡·백호가 꽉 짜이면 바람이 막히므로 불가하다. 병오(丙午)가 동궁(同宮)이지마는 병(丙)은 기화(起火)로 그 모양이 오(午)의 치화(熾火)처럼 크지를 못하며, 원래가 화(火)라는 불은 바람이 없으면 잘 타오르지 못함으로 바람이 있어야 득기(得氣)하는 것이니, 병좌(丙坐)는 유돌(乳突)에 혈이 있으며 혈형(穴形)이 살짝 퇴기(堆氣)가 있는 것이므로 백리(百里)바람이 불어들어야 하며, 남향과 같이 와겸(窩鉗)으로 장풍(藏風)이 되게 되면 가혈(假穴)이니 쓰지 말아야 한다. 오좌(午坐)의 혈은 청룡·백호가 회포(回抱)하는 사이에서 세(細)하고 미(微)한 곳에 있으므로 얼핏보면 기(氣)가 있는 것 같기도 하며 없는 것 같기도 하기 때문

ㅈ

에 평평치도 못한 것이니 병좌(丙坐)와는 달리 그 욕평미평(欲平未平)한데서 유돌(乳突)의 기(氣)가 없다면 정혈(定穴)하는 것이며, 유돌(乳突)의 기(氣)가 있으면 오좌(午坐)가 아니다. 24산 중 북향의 혈이 정지(定地)하기가 가장 어려운 것으로 고인이 난지자염(難知者炎)이라고도 하였다. 누구나 촛불을 켜놓고 보게 되면 불의 상부(上部)는 검으며 중부(中部)는 적색이며 하부(下部)는 가장 맑으며 가장 강하다. 이로 미루어 상과 하에서 정혈(定穴)치 말아야 하며 중부위(中部位)에 정혈(定穴)하는 것이 온당한 작혈(作穴)이라 할 수 있으나, 막상 입지(立地)하고 보면 어려운 가운데에서 또 어렵다는 것을 직감(直感)하게 된다.

❖ **제왕향 임자좌 병오향**(帝旺向 壬子坐丙午向) : 우선(右旋)의 간룡(艮龍)에 좌선(左旋)의 생방간수(生方艮水)가 병오왕위(丙午旺位)에 같이 모여서 신천간자(辛天干字) 위로 흘러감으로 생래회왕(生來會旺)이라는 국(局)이며 총명한 자손이 나온다. 손(巽)은 임관방(壬官方)이니 임관(臨官)의 녹위(祿位)가 조공(朝拱)하면서 병오방(丙午方)으로 유입하여야 하는 것인데 만일 임관위(臨官位)로 물이 흘러나가면 녹(祿)을 파(破)하는 것이니 을병수방손수선(乙丙須妨巽水先)이라는 대악(大惡)의 살인황천(殺人黃泉)이 되므로 극히 흉하다. 이와 같기에 병오왕향(丙午旺向)으로 입혈(立穴)하고 손수(巽水)나 병수(丙水)가 단일작(單一勺)의 물이라도 황금과 같이 귀한 것이니 3·7, 2·8의 분금으로 그 녹(祿)을 영입하지 않으면 복력을 크게 감하는 결과가 되니 반드시 영록(迎祿)하여야 한다. 간(艮)은 통지(通地)의 맥이며 간룡(艮龍)에서 임자좌 병오향(壬子坐 丙午向)으로 입혈(立穴)은 용향(龍向)이 생(生)하고 왕(旺)하므로 3합(三合)의 정리이다. 간룡(艮龍)이 임자(壬子)와 배합은 허다하며 보기도 용이하나 손(巽)과 간(艮)의 배합은 다소 드물며 귀중한 배합이다. 손(巽)과 간(艮)의 거리가 지형에 따라서 다를 수 있으나 간(艮)과 임자(壬子)가 만나는 것보다 손간(巽艮)의 배합에 그 사이의 변화가 각각 다를 수도 있으므로 간손(艮巽)의 거리가 멀어지는 것이다. 손룡(巽龍)이 간(艮)을 만나기에 앞서 인갑(寅甲)의 돌(突)이 없게 된다면 간(艮)은 축간인(丑艮寅)이라는 삼기(三奇)가 불통(不通)하게 되어 간좌(艮坐)라는 한 개의 혈만 있게 되고, 손룡(巽龍)이 간(艮)을 만나기 앞서 인갑(寅甲)의 돌기(突氣)가 있으므로 유장(踰藏)이 이루어져 축간인(丑艮寅)이라는 통기(通氣)가 이루어진 삼기(三奇)의 맥이 된다. 대체로 손간(巽艮)의 교구(交媾)에서 보다 병오왕향(丙午旺向)은 간인(艮寅)의 우선룡(右旋龍)에 많다. 병오향(丙午向)에서 임자(壬子)가 동궁(同宮)이나 임(壬)은 끝없는 대해(大海) 중에 있는 것처럼 그 정기(精氣)가 평안하여야 하니, 유돌(乳突)에 혈이 있으나 자좌(子坐)는 그 중에서도 낮은 곳에서 혈 앞에는 운(暈)이 포혈(抱穴)하므로 진혈(眞穴)이라 한다. 자(子)는 혈장이 유돌(乳突)보다 낮아야 하므로 임자좌(壬子坐)의 혈은 대체로 와겸(窩鉗)에는 가혈(假穴)이 대부분이다.

❖ **제원갑자**(濟元甲子) : 맨 처음 갑자(甲子)가 시작된 연월일시를 말하는데, 서기 1983년(癸亥)을 기준하여 10, 155, 940년 전의 해, 60갑자로 169, 265, 갑자 전이 된다. 이 해 동짓달(子月) 동지일(冬至日)을 기준하여 갑자년(甲子年) 갑자월(甲子月) 갑자일(甲子日) 갑자시(甲子時)가 되어 지금까지 순환되고 있으며 앞으로도 영원히 60갑자가 연월일시에 순환되어 가는 것이다. 그리하여 이 제원갑자(濟元甲子)부터 연월일시에 상원갑(上元甲)이 시작되어 중원(中元)·하원(下元), 다시 상(上)·중(中)·하원(下元)으로 연속된다.

❖ **제좌성**(帝座星) : 하늘에는 자미원(紫微垣)·태미원(太微垣)·천시원(天市垣)의 삼원(三垣)이 있고, 28수(宿) 가운데 항수(亢宿)와 심수(心宿) 부근에 각각 제좌성(帝座星)이 있어 천체(天體)를 다스린다고 한다.

❖ **제주불복방**(祭主不伏方) : 상주불복방이라고도 한다. 제주불복이란 상주(喪主)가 엎드려 절하지 않는 방위이니 궤연(几筵:상청 또는 지청이라고도 함)을 설치하거나 상여를 놓을 때 이를 참작해서 피해야 한다. 즉 연월을 기준하여 삼살방(三殺方)과 양인방(羊刃方)을 향하지 않도록 한다.

[三殺方]

年月 / 三殺	申子辰	巳酉丑	寅午戌	亥卯未
劫殺	巳	寅	亥	申
災殺	午	卯	子	酉
歲殺	未	辰	丑	戌

[羊刃方]

年干	甲	乙	丙	丁	戊	己	庚	辛	壬	癸
羊刃方	卯	辰	午	未	午	未	酉	戌	子	丑

❖ **제혈**(臍穴) : 사람 몸의 배꼽에 해당되는 혈. 주산(主山)의 꼭대기에서 혈로 내려오는 용맥(龍脈)이 웅장하고 반듯하며 둥글고 혈처(穴處)가 사람의 배처럼 두두룩하며 너부죽하다. 그 한가운데에 혈이 있으며 청룡과 백호는 혈처를 바짝 감아 준다.

❖ **조**(照) : 흉한 것이 혈에 비친다는 뜻. 명당의 물이 고갈되어 바닥이 거북등처럼 갈라진 것을 말함. 혈처는 용맥을 호종하면서 따라오는 물이 있기 때문에 아무리 가물어도 물이 마르지 않는다. 그런데 명당은 물론 호수나 연못물까지 메말라 바닥이 갈라진다면 이는 매우 흉한 것이다. 주로 나병이나 정신질환자와 같은 불치병에 걸린 자손이 나오며, 개미가 묘에 침입하여 유골을 괴롭히며, 질병으로 재산을 탕진한다.

❖ **조**(釣) : 조(釣)란 삼합(三合)으로 신자진(申子辰), 곤임을(坤壬乙), 해묘미(亥卯未), 건갑정(乾甲丁), 인오술(寅午戌), 간병신(艮丙辛), 사유축(巳酉丑), 손경계(巽庚癸) 등을 말하기도 한다.

❖ **조**(燥) : 건조하다는 말로써 혈 중에 건조한 기운이 있다는 말. 위치가 높아 습하지 않은 곳.

❖ **조**(粗) : 벌레처럼 꿈틀대며 곧고 딱딱한 모양.

❖ **조객**(弔客) : 유년태세의 연지(年支)를 기준한다.

子年 : 戌　丑年 : 亥　寅年 : 子　卯年 : 丑

辰年 : 寅　巳年 : 卯　午年 : 辰　未年 : 巳

申年 : 午　酉年 : 未　戌年 : 申　亥年 : 酉

가령 유년태세가 무진년(戊辰年)이라면 인(寅)자리에 조객(弔客)이 위치한다.

❖ **조경수(造景樹)는 뒤틀린 것은 흉하다** : 집 안마당에는 집 높이보다 키가 큰 나무를 두어서는 안 된다. 나무가 집보다 높다면 집을 누르고 있는 형국이 되고 큰 나무의 뿌리는 상당한 범위를 차지하기 때문에 그 집의 기초를 건드릴 수도 있다. 또한 큰 나무로 인해 상대적으로 집이 작아 보이고 결과적으로 집의 기를 누르게 된다. 또한 나무는 땅의 기운을 흡입하고 사는 식물인데 나무가 상대적으로 크면 지기의 대부분을 나무에게 빼앗겨 버린다. 그래서 상대적으로 집에 필요한 지기가 부족해지는 결과를 초래하며, 항상 그늘을 만들기 때문에 습하고 축축하기 쉽고 충분한 채광을 확보하기가 힘들어질 수도 있다. 또한 뒤틀림이 심한 나무를 심는 것도 좋지 않다. 조경수는 많이 뒤틀린 것이 값이 나가지만 뒤틀린 조경수는 그만큼 스트레스를 많이 받은 나무이고 그러한 나무는 좋은 기를 분출하기 어렵다. 또한 뒤틀리려는 기가 집 안에 미쳐 뒤틀리는 일이 많아질 수도 있다. 거실이나 안방에서 자주 바라보이는 곳에 시야를 가리는 나무가 있다면 즉시 없애야 한다. 눈에 보이는 것이 답답하면 마음 또한 답답해서 심장병이 생기는 경우가 허다하다. 집 안에는 절대로 키 큰 나무를 두어서는 안 된다.

❖ **조구봉**(趙九峰) : 청(淸)나라 말엽 때의 인물로 지리오결(地理五訣)을 지은 사람.

❖ **조기토질**(燥氣土質) : 빗물이 침하하는 곳에 있는 토질. 수기(水氣)가 전혀 없으니 기 또한 없다.

❖ **조대**(朝對) : 앞으로 보이는 산과 혈장과의 상대.

❖ **조락**(凋落) : 나무가 시들어 잎이 떨어짐.

❖ **조래수**(朝來水) : 안산(案山)에서 시작하여 취한 듯 좌혈(坐穴) 앞을 거쳐 우선(右旋) 또는 좌선(左旋)하되 급하지 않게 흐르는 물. 뱀과 같이 새을(乙)자 모양으로 흘러서 좌혈 앞을 머물 듯 소리 없이 가다가 돌아가면 이곳에서 최고의 영웅호걸(英雄豪傑)이 나오는 곳이다. 안산(案山)이나 조산(朝山) 쪽에서 명당을 향해 흘러오는 물을 뜻하며, 조래수가 곧바로 명당을 향해 달려오듯 흘러오는 것은 좋지 않지만 굴곡을 보이며 흐르는 것은 길하다. 보통 재물과 직접적인 관련이 있다.

❖ **조룡**(祖龍) : 용이 시발(始發)하는 산정(山頂) 또는 산체(山體) 조

산(祖山).

❖ **조룡수**(朝龍水) : 주작으로부터 묘혈에 이르는 것으로서 두세 겹이나 또는 여러 겹으로 둘러싸는 것은 부귀를 보장하는 것이 된다.

❖ **조리형** : 쌀을 이는 데 쓰는 조리와 같은 형국. 부의 상징인 조리는 엎어지면 쌀이 모두 쏟아지므로 재산의 탕진을 의미한다. 혈은 복조리 안에 있고 주변에 쌀가마와 가마솥 같은 사격이다.

❖ **조묘파쇄**(造廟破碎) : 사당을 세우거나 신상 등을 세우는 데 꺼리는 날과 방위.

寅日·申日·巳日·亥日·辰日·戌日·神號日·귀곡일(鬼哭日)·태세방(太歲方)·장군전(將軍箭)·신황(身皇)·정명방(定命方).

❖ **조문법**(造門法) : 문내는 법. 매년 12월 중 계축일(癸丑日)에 문을 만들어 달면 도둑이 들지 않는다고 한다. 청룡방(青龍方 : 卯方)에 문을 내면 부귀장수하고, 마굿간을 지으면 육축이 성하고, 부엌을 내면 의식이 풍족하다. 대덕방(大德方 : 申方)에 창고를 지으면 재물이 족하고, 가축이 잘 된다. 금궤방(金匱方 : 未方)이나 옥당방(玉堂方 : 戌方)에 창문을 내면 자손이 발전하고, 구진방(句陳方 : 寅方)에 방앗간을 지으면 의식이 족하나, 문을 내면 재산이 없어지고, 부엌을 내면 화재와 구설이요, 우물을 파면 대길하다. 백호방(白虎方 : 酉方)에 문을 달면 흉하고, 외양간을 지으면 가축이 범에게 물려가거나 도둑이 들어 끌고 간다. 천뇌방(天牢方 : 亥方)에 방을 꾸미면 집안이 점차 빈궁해지고, 부엌을 내면 목매어 죽는 자손이 생겨난다. 현무방(玄武方 : 子方)에 문을 내면 재산이 자연 소모되거나 도둑을 크게 맞고, 사명방(司命方 : 丑方)에 문을 내면 음란한 부녀자가 생겨나고, 부엌을 내면 싸움이 자주 일어나고, 송사와 사가 연달아 생겨나며, 천형방(天刑方 : 巳方)에 방앗간을 지으면 흉하고, 부엌을 내면 화재를 당하고, 우물을 파면 물에 빠져 죽는 근심이 있다. 명당방(明堂方 : 辰方)에 사당을 지으면 자손이 흥하고, 방앗간을 지으면 가축이 안 된다. 주작방(朱雀方 : 午方)에 부엌을 내면 화재와 구설이요, 우물을 파면 길하다. 출입문이 저절로 열렸다가 닫혔다가 하면 3년내에 상액(喪厄)이 있을 것이다.

❖ **조문예식**(弔問禮式)

① 조객은 먼저 고인의 영좌 앞에 나아가 향을 피우고 잔을 올린 후 곡하면서 두 번 절하고 상주에게 절한다. 이때 상주는 맞절한다.

② 망인이 평소에 면식이 없거나 여자일 경우에는 영좌 앞에 절하지 않고 상주에게만 절하는데 이는 현대사회에서는 잘못된 상식이니 영좌 앞에 절하는 것이 마땅하다.

③ 재래에는 조객이 상주의 손아래 사람이면 조객이 먼저 절하고 상주의 손위 사람이면 상주가 먼저 절해야 하는데 이것이 역시 현대사회에서는 상주와 조객이 맞절하는 것이 옳다.

④ 곡은 상주는 '아이고아이고' 또는 '애고애고(哀苦)'라 하고 조객은 '허희허희(噓唏)' 또는 '어이어이'라 한다. 그러나 현대에는 어이어이라고 통일되었다 해도 과언이 아니며 아예 전혀 곡을 하지 않고 절 두 번만 한다.

❖ **조문일**(造門日) : 출입문(出入門)을 내거나, 달거나, 문을 만드는 데 좋은 날.

甲子 乙丑 辛未 癸酉 甲戌 壬午 甲申 乙酉 戊子 己丑 辛卯 癸巳 乙未 己亥 庚子 壬寅 戊申 壬子 甲寅 丙辰 戊午日 및 황도(皇道)·생기(生氣)·천덕(天德)·월덕(月德)·천월덕합(天月德合)·만(滿)·성(成)·개일(開).

• **기**(忌) : 春3月 : 東方門·夏3月 : 南方門·秋3月 : 西方門·冬3月 : 北方門

❖ **조명**(照明) : 자연의 좋은 기(氣)는 건강을 지켜주므로 실내를 자연 조명으로 밝게 해주어야 한다. 밝은 조명은 자연의 왕성한 기운을 모은다. 실내에는 밝은 색상으로 꾸미고 어두운 현관에는 갓이 붙어있는 조명기구가 효과적이다. 조명은 형광등 보다는 백열등으로 된 간접 조명이 좋으며 간접 조명이 여의치 않으면 백열등이라도 켜서 온화하고 부드러운 분위기를 만드는 것이 좋다.

❖ **조배사**(朝拜砂) : 안사(案砂)가 혈을 보고 절을 하는 듯한 것을 말함. 정조사(正朝砂)는 일봉(一峰)이 높아서 부(父)같고 양변 좌봉(左峰)이 양자격(兩子格)으로 부자 3인(父子三人)이 바르고 온공(溫拱)하게 혈을 향하여 정립(鼎立)하는 것을 말하며, 절요(切要)하다고 한다. 사조사(斜朝砂)는 향(向)을 비켜서 혈을 위하지 않고 무정하며 혹은 배혈(背穴)하는 듯한 것을 말한다. 횡조사(橫朝砂)는 넘어진 도지목성(倒地木星)과 같으며 내거(來去)를 분별

할 수 없는 것을 말한다. 정조사(正朝砂), 사조사(斜朝砂), 횡조사(橫朝砂)가 모두 정(情)을 두고 가는 듯하여야 대지대발(大地大發)하고 소지소발(小地小發)한다. 또한 정조(正朝)란, 아득한 곳에서 달려나와 혈 앞에서 높아지고 차츰 낮아지니, 일어나고 낮아짐이 양변에 작은 봉(峰)이 붙어 있어서 흡사 사람이 서로 읍(揖)한 것 같은 형상이며, 일명 진보산(進寶山)이라고도 하며 대귀대부(大貴大富)가 나온다. 사조(斜朝)란, 한쪽으로 비슷하여 혈 앞에 이르러서 점점 높아지며 한 봉우리로 만들었다가 점점 서서히 낮아진다. 횡조(橫朝)란, 형태가 목성(木星)과 같아서 혈 앞에 횡(橫)으로 놓였으니, 오는 곳과 가는 곳이 분간이 없어서 있는 것도 같고 가는 것도 같은 것이다. 세 가지 조산(朝山)은 유정(有情)하면 대발(大發)하여 부귀한다.

❖ **조배산**(朝拜山) : 조배사(朝拜砂)와 같음. 혈 앞에 있는 산이 혈을 보고 허리를 굽혀 절하는 모습을 하고 있으면, 이는 하인이 주인의 명령을 받기 위해 대령(待令)하는 형상과 같다고 하여 귀격으로 여긴다. 그러나 비록 혈 앞에 산이 있더라도 바깥쪽으로 재껴진 듯 거만하게 보이는 산은 조배산이라 할 수 없으며, 하인이 주인에게 불공(不恭)한 형상이므로 흉격이다.

❖ **조법**(弔法) : 조(弔)란 맨다는 뜻으로써 생기를 들어올리는 것이니 식(息)의 하에서 달아남을 말한다. 생기의 반은 식체(息體)의 족(足)에 있고 반은 관(觀)에 있다. 일음(一陰)이 성하면 일양(一陽)이 생겨서 교감하여 형을 이루며 완성되면 혈을 이룬다. 조(弔)는 점(粘)과 비슷하니 점(粘)이 조(弔)의 수(壽)요, 조(弔)는 점(粘)의 기(氣)다. 또 조는 추(墜)와 비슷하여 추의 반이고, 추(墜)는 조(弔)의 전(全)이다.

❖ **조봉**(朝峰) : 먼 곳에서 보이는 산봉(山峰).

❖ **조분**(祖墳) : 선대 조상들의 무덤.

❖ **조산**(照山) : 주산(主山) 뒤에 따로 솟아 있는 산.

❖ **조산**(朝山)

① 안산 너머로 멀리 높게 솟은 산. 혈을 임금에 비유하고, 혈 앞에 있는 산들을 신하에 비유하니 신하가 임금 앞에서 조회(朝會)하는 형상을 취하여 붙인 이름이다. 그러므로 조산(朝山)은 혈을 향하여 공손한 태도로 오긋해 보이는 산이라야 길격이고, 가까운 곳에 높고 우람하게 솟아 있으면 이는 신하가 임금을 능멸하고, 하인이 그 주인을 업신여기는 형상이므로 불가하다. 또는 조산이 반대방향으로 재껴진 듯 보이면 하인이 주인을 배반하는 형상이고, 신하가 임금을 멀리 하려는 형상이므로 불길하다.

② 조산은 청룡 백호 안산을 제외한 혈에서 보이는 모든 산을 말하는데 안산과 마찬가지로 유정(有情)하게 혈을 응기하여야 한다. 멀고 높은 산을 통틀어 조산(朝山)이라고 한다. 조산의 형태도 천차만별이나 일자문성(一字文星)이 특이하면 장상(將相)이 나며 암석의 사격이 특립하여 서기(瑞氣)하는 것은 제왕사격(帝王砂格)으로 보며 문필봉이 있으면 명필 문장의 학자나 선생님이 많이 배출되며 특이하게 하늘로 치솟아 찌를 듯 서기하면 왕후장상(王侯將相)이 배출되며 둥그런 부분이 있으면 거부(巨富)가 난다. 천을태을(天乙太乙)로 높이 치솟아 있으면 신장(神將)이나 영웅호걸이 나온다. 조산은 높고 낮게 중중첩첩으로 혈을 싸안고 돌아야 명혈이 결혈(結穴)된다. 조산이 높으면 혈도 높은 곳에 위치하고 조산이 낮으면 혈 또한 낮게 결혈이 된다. 조산이 너무 높아 혈을 억압하고 짓누르는 듯한 형상이 되면 좋지 않다. 조산은 머리가 개져서도 안 되며 안산은 얼굴이 깨져서도 안 된다. 아무리 좋은 길사의 조산이 있더라도 혈이 된 후에 필요한 것이며 혈이 안되면 다 소용이 없다. 또한 제 아무리 좋은 진혈이라도 안산이나 조산이 없으면 부귀를 이루지 못하므로 혈의 대소와 안산 조산 등의 기룡과 보국 국세를 종합하여 화복(禍福)을 논해야 한다.

❖ **조산**(祖山) : 태조산(太祖山)에서 줄기가 뻗어 오다가 문득 뭉친 듯 크고 높은 산. 근엄한 할아버지가 양반다리를 하고 앉아 있는 듯한 산으로 주변의 산들을 위압하기 보다는 자애로써 어루만지듯 하여야 하며, 산 자체가 삐뚤어지거나 기울지 말아야 하며, 산색(山色)이 죽었거나 오행 중 어느 한가지에 치우치면 안된다. 물론 본산(本山)은 오행이 뚜렷하여야 하지만 뻗어 나온 줄기를 말하는 것이다. 조산(祖山)도 주변에 대중소(大中小)의 산들이 많이 있으며 곳곳에 마을이 많이 있어야 품격이 높다.

조산이 곧 주산(主山)이라고도 하지만 주산은 곧 입수되는 것이 주산(主山)이다. 혈을 통하여 태조산(太祖山), 소조산(小祖山), 조산(祖山) 등이 모두 갖춰 있어야 길격(吉格)이다. 태조산이나 조산 또는 부모산도 없이 곧 주산(主山)에서부터 시작되는 산도 있지만 성봉(星峯)이 확실하여야 하며 산등성이를 입수룡(入首龍)으로 잘못 알면 안 된다.

❖ **조산**(朝山)**과 대산**(對山) : 혈 앞의 사(砂)의 일종으로서 안산에 비하여 고대(高大)한 산으로 마치 빈객이 주인에게 절을 하는 것과 같고 신(九星)의 산 또는 구요(久曜)의 산이라고 부른다. 구성(九星)은 빈랑(貧狼＝木星의 變體), 거문(巨門＝土星의 變體), 녹존(祿存＝土星의 變體), 문곡(文曲＝水星의 變體), 염정(廉貞＝火星의 變體), 무곡(武曲＝金星의 變體), 파군(破軍＝金星의 體), 좌보(左輔＝金星의 變體), 우필(右弼＝金星의 變體) 등으로서 오성(五星)의 정체(正體)에서 변형된 것이다. 구요(九曜)란 다시 구성(九星)에서 변형된 것으로서, 태양(太陽), 태음(太陰), 금수(金水), 기천재(氣天財), 천강(天罡), 손요(孫曜), 조토(燥土), 소탕(掃蕩) 아홉 가지가 있다.

❖ **조산**(朝山)**과 안산**(案山)**이 없는 괴혈에도 정혈한다** : 진룡(眞龍)의 정혈에 주산(主山)이 있고 조안(朝案)이 있어야 법식에 맞는 법이나 안대(案對)가 없으면 주(主)만 있고 빈(賓)이 없다 하여 버리는 바가 있으니 중수(衆水)가 융주(融注)하여 모이고 사수(射水)가 없고 살풍이 닿지 않으면 만경파(萬頃波)가 보국의 명당 주위를 안아주니 평원무조안(平原無朝案)도 길혈이 된다. 이 모든 괴혈에는 천장지비(天藏地秘)의 산룡(山龍)의 변태에 따라 무궁한 것이다.

❖ **조산 난잡** : 내룡이 길고 멀면 앞에 있는 산 또한 중첩하게 된다. 전사(前砂)는 물론 여러 겹으로 층층을 이루는 중에 아름답고 기이하면 귀한 것이지만 그러나 산봉우리들이 너무 많아 이것도 조산이 될 만하고 저것도 조산이 될 만하여 특이한 봉이 없으면 결국 정을 주는 것이 아니니 이를 난잡이라고 한다. 그러므로 여러 산 중에 한 봉우리가 특이하고 아름다워 혈과 마주 대해야 길하다. 예컨대 세 봉우리 중에 두 봉우리는 높고 한 봉우리는 낮으면 낮은 봉이 조산이 되고, 두 봉우리가 서로 마주 서 있으면 그 사이 빈 곳을 바른 조산처가 된다. 혈에 전사(前砂)는 이중삼중 중첩됨을 귀히 여겨 봉우리가 많아서 혼잡하면 어느 봉으로 정대(正對)를 하여야 바른 것인가는 주의가 요구된다. 오공구결(吳公口訣)에 전해 오기를, 봉우리가 셋이 되면 가운데 봉으로 대하라 하였으니 신중함을 잊지 말아야 한다. 너무 많은 봉우리에는 조공하는 아름다운 봉으로 안대를 하고 쌍봉이 같이 아름다우면 향공중(向空中)을 정대(正對)함이 길하다. 또한 정대(正對)할 아름다운 봉이 멀리 있더라도 구애됨이 없으니 가까이 보면 수봉(秀峰)이라도 후한 것이 보이는 것이 있고 비록 추한 산이라도 멀리서 보면 아름답게만 보이게 된다. 용혈(龍穴)이 아름다우나 조산의 입향의 적은 오차라도 범하게 되면 안으로 승기분금(乘氣分金)과 밖으로는 사수향배(砂水向背)가 상실되는 것이니 조그만 오차도 범하면 흉이 된다.

❖ **조산도**

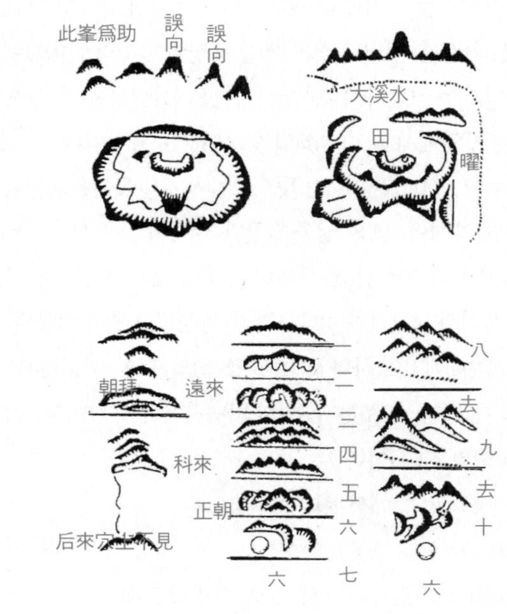

❖ **조산**(朝山)**에도 세 종류가 있다** : 안산 너머에서 혈과 마주한 산들을 가리키며, 유정하게 혈을 향하는 것이 마치 신하가 조정에 나와 군왕을 대하는 것과 같고 자식이 부모를 봉양함과 같으며, 혹은 부부가 서로 좋아하는 것과 같은 것이다. 혈성에서 바라다보면 모든 산들이 특이한 모습을 단정하게 혈을 향하고 있어

야 하며, 그 크기와 장엄함이 용혈과 서로 비슷해야 길상이다. 용과 혈이 모두 진짜인 경우에는 조산도 역시 좋은 것이 지리의 이치다. 조산의 종류에는 특조산(特朝山)·횡조산(橫朝山)·위조산(僞朝山) 등이 있다. 특조산은 먼 곳으로부터 두 개의 물줄기가 끼고 내려와 엎드려 절하듯이 혈 앞에 당도하는 것으로 상격으로 친다. 횡조산은 장막을 펴서 유정하게 혈을 대하거나 혹은 양쪽 끝이 혈을 호위하면서 음악을 연주하는 상이면 비록 앞에 있는 산이 옆으로 지나가도 지각이 머리를 숙이고 엎드려 배알하는 형세니 길상이다. 위조산은 봉우리들은 비록 아름답지만 전체 흐름이 혈을 피해 곧장 어디론가 나아가 무정한 형세를 취한 것이다. 이는 혈을 향해 정을 줄 의사가 없으므로 흉상으로 일명 추조산(墜朝山)이라고도 한다. 조산이 없이도 혈을 맺는 것이 가능하다. 이 경우는 안산이 단정해야 하고 바깥 명당에 물이 모일 수 있어야 한다. 혹 평원에서는 평원으로 조산을 삼으니 조금만 높아도 조산이라고 한다. 그러므로 선사는 "유산(有山)이면 향산(向山)하고 무산(無山)이면 향수(向水)한다"고 했다. 조산에서 유념할 점은 조산의 원근과 용혈의 역량과 상칭하는 것이다. 용혈이 천리의 역량이면 천리 밖의 조산도 영향을 미치지만 용혈이 짧으면 멀리 있는 조산의 길흉은 전혀 영향이 없다는 점이다.

❖ **조산(朝山)에 혹 돌로 된 추악한 봉우리가 있는가 보라** : 혹 삐뚤어진 외로운 산봉우리가 있거나 혹 무너지고 떨어지는 듯한 형상이 있든지 혹 엿보고 넘겨 보이는 모양이 있거나 이상한 돌과 괴이한 바위가 산위에나 산 밑에 보인다든지 혹은 긴 골짜기로 된 충사(沖砂)가 전후좌우(前後左右)에 보이는 것이 있으면 묘이므로 집을 지어 살 수 없다.

❖ **조산(朝山)은 혈성(穴星)에 어떤 작용을 하는가** : 조산(朝山)의 작용으로써는 혈지(穴地)에 호응하는 것이 알려져 있다. 혈성(穴星)은 주(主: 주인), 조산은 빈(賓: 손님)의 관계에 있다. 주인이 있어도 손님이 없으면 명당으로써 지세의 용량·품격·경향성을 높일 수 없다. 이는 대개 명당의 형세는 혈지에 점혈할 때에 조산이나 안산의 구비여건, 길흉판단에 따라 모든 조건이 부가되어 오기 때문이다. 풍수학의 어떤 유파(流派)는 조산의 존재가 혈지에 미치는 영향이 크다고 생각하고 조산의 형세가 나쁘면 불길하며, 다른 유파는 조산(朝山)이 혈지에 미치는 영향을 그다지 중요하지 않다고 본다. 원전(原典)에는 조산이 없다고 하더라도 산은 역시 존귀하다 라고 되어 있는 것으로도 알 수 있다. 북방의 형세와 남방의 형세와의 차이로부터 유파의 차이가 생긴 것이다. 즉 산지인가 평원인가의 지형(地形)·지세(地勢)에 따라서 명당의 길흉판단도 또 바뀌야 하지만 산지가 풍부한 땅에서는 역시 조산과 혈성(穴星)과의 관련은 무시할 수 없으며 세밀히 관찰하지 않으면 안 된다. 평원이나 광야만 있고 산지가 드문 지역에서는 조산(朝山)을 구하려 해도 얻을 수 없어 용혈(龍穴)과의 관련을 중시한다 해도 별 방법이 없기 때문에 그것을 부정하는 경향이 강해졌다고 여겨진다. 그래도 고서에 약간 높기만 해도 곧 산으로 한다 라는 기재로 보아 조산·안산이 있는 편이 낫다는 것을 암암리에 인정한 것이라고 생각한다. 그러므로 평야나 광야의 일대에서는 혈 앞에 혈지보다 높은 초지(草地)나 밭둑 암석이라도 그것을 조산이나 안산으로 보기도 한다라고 하였다.

❖ **조산(朝山)의 머리(頭)가 양(羊)의 발톱같으면** : 조산(朝山)의 머리가 두 손가락을 벌린 것이 양의 발굽 같으면 자손이 오역하여 불효(不孝), 불제(不悌)한다.

❖ **조산(朝山)이 전무(全無)하면** : 이때에는 청룡이 안산 대신 감아주면 조작조산(造作朝山)이지만 이방지사(二房之砂)가 될 수가 있다.

❖ **조산·종산(祖山·宗山)** : 그 혈에서 가장 멀고 높은 산을 조산이라 하며, 가까우면서 높은 산을 종산이라 한다.

❖ **조산증혈(朝山證穴)** : 조산이 높으면 혈장도 높은 곳에 위치하고 조산이 낮으면 혈장은 낮은 곳에 있게 마련이다. 조산이 가까우면 능압당하게 되니 혈장은 높게 있어야 천혈(天穴)이 된다. 조산이 멀리 있으면 기가 흩어지기 쉬우니 혈은 낮은 곳에 위치, 기를 모아야 지혈(地穴)이 된다. 왼쪽의 사(砂)가 수려하고 대응하면 향은 왼쪽으로 잡아야 하고, 오른쪽의 산들이 좋으면 향은 오른쪽으로 잡게 된다. 만약 원근이 다를 경우에는 가까운 것이 우선한다. 외양이 수려함에 현혹되어 혈장과 기맥을 잃게 되는 실수가 있으므로 조산증혈의 원칙은 가까운 것이 주

안점이 된다. 유정이란 흐르는 물이 감싸고 향산(向山=좌향)이 합법하여 뒤의 낙사(樂砂)가 반드시 대응하고 사방 주위가 주밀한 것을 말한다. 만약 외양의 수려함만을 탐하다 보면 반드시 가까운 것의 불합리함을 보지 못하는 실수를 범하게 된다. 조산증혈은 조안산(朝案山)을 보고 혈이 어디에 있는지 판단하는 것이다. 감룡경(撼龍經)에, 비록 진룡(眞龍)을 찾기는 쉬워도 혈은 바로 찾아내기 어렵다. 진룡에는 틀림없이 진혈이 있지만 찾기가 어려우니 먼저 조안(朝案)을 살펴보아야 한다. 조안산이 높으면 혈도 높은 곳에 있고, 조안산이 낮으면 혈도 낮은 데 있다. 혈의 위치가 낮고 조안이 높으면, 혈이 조안의 압박을 받아 그런 곳에는 큰 정기(精氣)가 서리지 못한다. 반면에 혈의 위치가 높고, 조안이 낮으면, 앞이 허(虛)하여 기운이 흐트러지고, 큰 정기가 모이지 못한다. 그러므로 조안이 높으면 진혈을 높은 데서 찾고, 조안이 낮으면 낮은 곳에서 찾으라고 하였다. 조안이 높은 경우, 혈이 높은 데와 낮은 곳에 함께 맺기도 한다. 이 때는 높은 혈이 정혈(正穴), 진혈(眞穴)로서 제일 큰 정기가 모인다. 낮은 곳의 혈은 높은 혈의 기운이 남아서 만든 것으로 높은 혈의 여기(餘氣)가 아래로 흘러내려 다시 모인 것이니 역량이 높은 혈에 훨씬 못 미친다. 또 조안의 생김새가 오른쪽이 빼어나면 혈이 오른쪽에 깃들이고 왼쪽이 아름다우면 혈도 왼쪽에 맺는다. 조안증혈법(朝案證穴法)으로 혈을 찾을 때는 모름지기 가까운 안산(案山)을 위주로 봐야 한다. 조산(朝山)의 고저(高低) 원근 좌우정(左右正)에 따라 혈의 고저 지혈(地穴) 천혈(天穴) 좌우정향(左右正向)이 결정된다. 조산(朝山)이 높든지 혹은 가까우면 혈을 억누를 우려가 있고, 억눌린 혈은 조화를 이룰 수 없다. 조산(朝山)이 낮든지 혹은 멀면 국내의 기가 흩어지기 쉽기 때문에 생기의 융결이 충분치 못한다. 그러므로 생기가 융결하는 곳의 위치에 따라 그 결처(結處)를 달리하므로 원근이 서로 부합되면 더욱 좋은 것이나 만약 부합치 못하면 마땅히 유정(有情)한 근안활법(近案活法)으로 정혈(定穴)을 해야 한다.

❖ **조상묘**(祖上墓)**의 용맥을 파지 말라** : 용맥을 파게 되면 내룡(來龍) 천착(穿鑿)을 가장 꺼리는 것이니 왕기(旺氣)가 상하게 된다. 조상묘 뒤쪽 내룡 근처를 파는 것은 화를 자초한 것이 되니 용맥을 상하여 지기를 산기시키는 것은 삼가야 한다. 아름다움만을 탐하여 함부로 헐거나 담을 쌓고 월지(月池: 연못)를 파고 패방(牌坊)을 세우고 망주(望柱)나 건정(乾亭) 등은 화를 초래하는 일이 되니 삼가해야 한다.

❖ **조상묘의 이장과 후손 참여** : 조상의 묘를 이장할 때에 후손이 직접 참여하면 안 된다는 잘못된 관행은 한마디로 불효하고, 불경스러운 자손이라 하겠다. 이장을 할 때는, 유골의 한 매듭 뼈라도 제 위치에 정돈이 되지 않으면, 그 부위의 기가 이상이 생기면 자손에게도 그 부위에 이상이 있게 된다. 이장현장에서는 후손들이 모두 참여하게 하여, 소독약품과 솔로 유골에 불순물을 손수 제거하게 하여야 한다. 이것이야말로 사람의 도리를 하는 근원적인 아름다운 모습일 뿐만 아니라, 자손들이 손수 닦아서 직접 확인하고 정성을 다하여, 부모와 조상의 유골을 안장하여야 한다.

❖ **조상 묘 한 기**(基)**만 잘 쓰면 부자와 권세가 발복한다** : 조부모 부모의 유골을 명당 길지에 잘 모셔서 그 자손들이 발복(發福)을 받아 부귀영화를 누리게 되었다는 미담(美談)은 오늘날에 미신 같이 떠다니는 허무 낭설이 아니다. 우리나라에서만 더 많이 이루어질 수 있었던 풍수사상이며 오랜 역사 속에 쌓아올린 우리 조상들의 경험과 학적, 생활철학으로 보아야 할 것이다.

❖ **조상산소 사초**(砂草) **뒤 고유축**

維歲次◯年 ◯月 朔◯일 ◯◯

孝曾孫◯◯ 敢昭告于

顯曾祖考處士(曾祖妣孺人◯◯氏◯◯) 府君之墓 日月悠久 墓地崩壞 茲以吉辰 改封莎土 仍立石物 而表塋域 謹以 淸酌脯果 用伸奠獻 尙饗

[해설] 증손자◯◯는 증조할아버지의 묘에 삼가 아뢰옵니다. 오랜 세월이 흘러 묘소가 허물어졌음으로 좋은 날을 받아 사토를 하고 아울러 석물을 세워 묘역을 표하였사오니 삼가 제수를 올리오니 흠향하옵소서.

❖ **조상에너지와 자손에너지의 관계** : 우주 속에 존재하는 태양계는 우주의 에너지장 내에 있고, 우리가 살고 있는 지구는 태양계의 에너지장 내에 있으며, 지구 안에 존재하는 모든 개체는

지구의 에너지장 내에 존재한다. 따라서 지구상에 있는 우리 인간은 조상과 자손이 동일한 유전인자이기 때문에 동일한 에너지 인자를 갖고 있음으로 서로 상생과 상극관계를 가지면서 삶과 죽음의 현상이 연속되고 있다. 우리의 육신은 백여 종에 달하는 에너지 원소의 집합체로 되어 있기 때문에 다른 개체로부터 서로 영향을 받으면서 살고 있다. 특히 조상과 자손의 관계는 같은 에너지 인자이기 때문에 그 에너지의 파장은 조상과 자손간의 상생과 상극 현상이 가장 강하게 작용된다. 특히 인간만이 간직하는 영적 인자(靈的 因子)는 죽음과 동시에 육신에서 떠나 소멸되어버리기 때문에 영적 인자가 살아 있을 때 작동했던 생명 에너지가 있어 이성이 작용한다. 천기(天氣 : 陽氣)를 흡수하여 정신을 관장하고, 땅에서는 지기를 흡수하여 육체를 관장하는 백(魄 : 넋)을 조성한다고 혼과 백을 분리해서 풀이하고 있다. 따라서 자식이 아무리 미운 일을 해도 피해를 가할 수 없는 것이 부모의 이성이었으며 부모 자식간에 상극 에너지가 작동하는 것을 억제할 수 있는 것이 부모의 정신 에너지(이성)이다. 그러나 사후에는 정신 에너지가 없어지고 백골 에너지만 남기 때문에 같은 에너지 인자를 지닌 자손에게 상생과 상극의 구별없이 유골의 환경(혈의 길흉) 여하에 따라 그대로 반영되어 버린다. 풍수지리학을 과학적으로 추구하려 들면 자꾸만 어려워지기 때문에 지금 이 시점에서 완전무결한 과학적 해명은 어려운 일이지만 많은 사람들이 초심리학 또는 심령과학의 연구에 주력하고 있기 때문에 이에 대한 과학적 접근도 급진적으로 이루어질 것으로 예상된다.

❖ **조상의 슬기가 배어있는 건물 배치** : 건물배치는 지세가 생긴 대로 배산임수, 전저후고 원칙에 맞도록 배치하되 대지의 모양에 따라 정원의 모양을 고려하여 배합가상(配合家相)으로 해야 한다. 또 좋은 대지에 길상의 건물을 독채로 세우는 것보다는 본채 건물보다 조금 낮은 부속건물을 세우는 것이 더욱 좋다. 대문은 귀(貴)로 본다. 그러므로 대문 주위는 항상 청결을 유지하도록 해야 하며 건물에 비해서 너무 작거나 크면 흉상(凶相)이니 건물의 크기에 어울리도록 세워야 한다. 그리고 대문 옆에 화장실이 있다면 바로 철거해야 하며 부속건물이 있다면 내외문을 설치하는 것이 바람직하다. 본 건물을 부속건물이 ㅁ자형으로 둘러싼 배치는 전착후관의 뜻이 있으며 네모반듯한 정원에서 기의 조화를 이용한 조상의 슬기가 깃들어 있는 좋은 배치방법이다.

❖ **조상(祖上)의 체백(體魄)은 나무 뿌리와 같다** : 대개 모든 사람의 부모는 나무 뿌리와 같은 것이니 뿌리가 견고하면 가지가 무성하므로 부모의 체해(體骸)가 안녕하면 자손도 역시 안녕하고, 부모의 체백에 물, 바람, 뱀, 개미, 쥐가 침노하면 자손에게도 해가 되어 마르고 괴로운 질병이 많이 나게 된다. 산에는 생기가 있어 체백이 광정(光淨)하면 자손도 역시 편안하고 영화를 누리게 된다. 땅에 연속된 맥이 없어 체백이 소골되면 자손도 역시 편안하지 못해 패절(敗絶)하게 된다. 조상과 부모가 편안한 곳에 안장되지 못하면 자손에게 흉화가 따르게 된다.

❖ **조상의 산소(山所)가 명당인지를 알려면** : 주산(主山), 안산(案山), 조산(朝山)은 물을 보지만 그보다 먼저 풀을 보고 토양이 좋은지 여부를 알아야 한다. 땅은 그 지역적 특성에 따라 인간을 변화시킨다.

❖ **조상 중에는 명당에 모셔진 조상이 있는가 하면 좋지 못한 지세(地勢)에 모셔진 조상도 있다** : 후손에게는 좋은 산소(山所)의 기운과 나쁜 산소의 기운(氣運)이 동시에 전해진다. 또 후손들 가운데서도 사람에 따라 그 영향을 특별히 많이 받는 자손과 그렇지 못한 사람이 있다. 조상 산소에는 부모, 조부모, 증조부모, 고조부모등 여러 기(基)가 있는 만큼 후손들은 대부분 여러 기운을 함께 받게 되어 좋은 일과 나쁜 일이 동시에 일어나기도 하는 것이다. 행복한 순간에 행복한 일이 일어날 수도 있으며 불행한 순간에 행복한 일이 일어날 수도 있으며 불행한 순간에 행복한 일이 일어나기도 하는 것이다. 아무리 좋은 혈자리라도 발복 기간이 무산한 것은 아니고 일정한 기간이 지난 후에는 그 효력이 조금씩 감소한다. 혈의 발복 기간은 혈판(穴坂) 구성 요소와 청룡 백호 같은 사신사(四神砂) 그리고 혈에 연결된 길이에 따라 결정된다.

❖ **조선시대 관리를 등용하는 과거시험에 음양과(陰陽科)가 있었다** : 풍수지리는 조선사회의 전문 기술직으로 대우를 받았다.

조선시대 관리를 등용하는 과거시험의 잡과에 음양과가 포함된 것이다. 양반이 볼 수 있는 문과와 무과 외에 중인(中人)이 볼 수 있는 잡과시험은 역과(譯科: 한학, 몽학, 왜학, 여진학), 의과(醫科), 율과(律科), 음양과가 있다. 음양과는 영의정이 겸임하는 관상감(觀象監)의 주관 아래 천문학, 과학, 지리학으로 나뉘었다. 지리학 시험은 3년마다 보는 식년시(式年試)에 초시(初試)에 4명을 선출하고 복시(覆試)에 2명을 뽑았다. 이들은 궁궐 및 왕릉의 선정과 이전 등에 관한 실무를 담당하였다. 흔히 지관(地官)이라는 칭호는 이들을 말한다.

❖ **조선시대에 왕릉은 이렇게 꾸몄다**

- **곡담**: 궁궐의 담장을 모방하여 능상 주위를 동서북쪽의 3면에 담장을 두르는데 둥글게 쌓은 담.
- **능상**(陵上): 봉토와 사토로 조성된 반구형으로서 민간 묘제에서는 봉분, 산소, 분상, 무덤이라 함.
- **병풍석**(屛風石): 능상 주위를 12면으로 빙 두른 것으로 사대석(莎臺石) 또는 호석(護石)이라고 함.
- **석상**(石床): 능상 앞 상계단 중앙에 설치된 일명 혼유석(魂遊石)이라고도 함.
- **장명등**(長明燈): 석상 바로 앞쪽에 설치하는데 사찰의 석등을 모방한 형식상 불을 밝히는 곳으로 명등석(明燈石)이라고도 함.
- **비각**(碑閣): 신도비(神道碑) 또는 비갈(碑碣)을 보호하는 집으로 정자각 왼쪽에 있으며 왕과 왕비의 일대기가 써 있음.
- **정자각**(丁字閣): 정자(丁字)형의 맞배집으로 제관들이 산릉제례를 지내는 곳으로 제상, 향상, 축상, 촛대상, 신어상, 준소상을 배치함.
- **신계**(神階): 영혼이 신도를 거쳐 정자각으로 오르는 섬돌로서 양쪽에 석고(石鼓)가 있음.
- **동계**(東階): 제관들이 산릉 제례를 하기 위해 오르내리는 장대석 계단이다.
- **서계**(西階): 축관이 축문을 불사르러 오르내리는 계단.
- **신교**(神橋): 영혼이 정자각 창호를 지나 현궁(민간에서는 유택 또는 음택이라 한다)으로 가는 다리.
- **신도**(神道): 영혼이 신문을 통과하여 들어가는 길로서 어도(御道)보다 약간 높음.
- **어도**(御道): 임금이 영혼을 영신(迎神)하여 모시고 들어가는 길을 말함.
- **참배석**(參拜石): 신도를 중심으로 좌우에 넓은 박석(薄石)으로 깔아 놓았는데 궁궐의 정전에서 조회하는 것을 모방하여 정자각 동쪽은 문관이, 서쪽은 무관과 종친들이 산릉 제례 때 참배하는 자리를 말함.
- **망로위**(望路位): 사헌부 감찰이 예감에서 축관이 축문을 불사르는 곳으로 정자각 뒤 북서쪽에 있음. 초기에 조성된 왕릉에는 소전대석(燒錢臺石)이 있음.
- **신문**(神門): 영혼이 출입하는 문으로 홍문(紅門) 또는 홍살문(紅殺門)이라고도 함.
- **예감**: 산릉 제례를 마친 후 축관(祝官)이 축문을 불사르는 곳으로 정자각 뒤 북서쪽에 있다. 역시 초기에 조성된 것임.
- **산신석**(山神石): 산릉 제례 후 산신에게 제사지내는 장방형의 관석으로 정자각 뒤 북동쪽에 있고 민간 묘제에서는 산소 뒤 북동쪽에 있음.
- **수라간**(水喇間): 원래는 몽골어인데 음식을 차리는 부엌으로 정자각 우측에 한 칸 방으로 지은 집을 말함
- **수복방**(守僕房): 능 수호군(守護軍)으로 땔나무 채취를 금하기 위하여 정자각 좌측에 한 칸 방으로 지은 집을 말함.
- **금천교**(禁川橋): 궁궐의 금천교를 모방하여 석축으로 축조한 다리로서 내금천교와 외금천교가 있음.
- **곤신지**(坤申池): 궁궐의 연못을 모방하여 석축으로 축조한 연못을 말함.
- **재실**(齋室): 산릉 제례를 하기 위하여 3일 전에 제관들이 목욕재계하는 곳으로 좌우에 각각 향을 보관하는 향대청(香大廳)과 제기를 보관하는 전사청(典祀廳)이 있음.
- **참도**(參道): 임금이 능행차하는 참배 도로로서 신문 앞까지 이어진 길을 말함.

❖ **조선시대 유교식 장례**: 조선 시대에는 주자가례(朱子家禮)를 기준으로 하여 국가에서 적극적으로 권장한 유교식 장례가 지배적이었다. 유교식 장례는 대체로 초혼(招魂), 수시(收屍), 염습

(殮襲), 장지(葬地), 장일(葬日)의 선택, 지석(誌石) 준비가 끝난 뒤에 토광에 관을 넣어 회곽을 만들고 봉토분을 만드는 절차로 이루어졌다. 즉 운명이 확인되면 홑이불로 사자(死者)의 몸을 덮은 뒤 생전에 가까이 지내던 사람이 사자가 생전에 입던 옷을 마당에서 흔들며 해동 조선국 ○○도 ○○군 ○○면 ○○성씨 이름을 부른 뒤 지붕 위에 던져두었다가 그 옷으로 시체를 덮는다. 그뒤 시신이 굳기 전에 주물러서 곧게 편뒤 머리를 남쪽에 두도록 하여 시상판(屍床板)에 옮긴다. 그리고 시신을 씻기고 수의를 입힌 뒤 이불로 싸고 베로 묶어 입관하는 각 과정이 형식을 갖춰 이루어졌다.

❖ **조수**(潮水) : 명당으로 향하여 오는 물을 말함. 혈 앞으로 곧장 오는 물(特來)로서 순룡(順龍)이 몸을 돌려 역수(逆水)의 혈을 만든 곳으로 다가오는 물이 만곡(灣曲)·유양(悠揚)·심완(深緩)하면 지극히 아름다운 것이고, 만약 직충(直沖)하거나 사급(射急)하거나 물소리가 요란하면(有聲) 오히려 흉이다.

❖ **조수국**(朝水局) : 물이 묘 앞으로 들어오는 형국. 뻗어 나가는 용의 몸체를 뒤집어 역세로 혈이 이루어지는 경우에 물이 들어오는 것은 굴곡을 이루거나 조용해 들어와야 좋고 직사로 쏘는 듯이 들어오는 것은 흉수이다. 밖에서 혈 앞으로 흘러 들어오는 물을 조수(朝水)라 부른다. 조수는 혈처(穴處)를 감싸 안 듯 둥글게 휘돌아 흘러야 좋다. 또 물이 깊고 풍부할수록 큰 정기가 서린다. 직선으로 곧게 흐르거나, 물소리가 크게 나면 흉한 기운을 뿜는다.

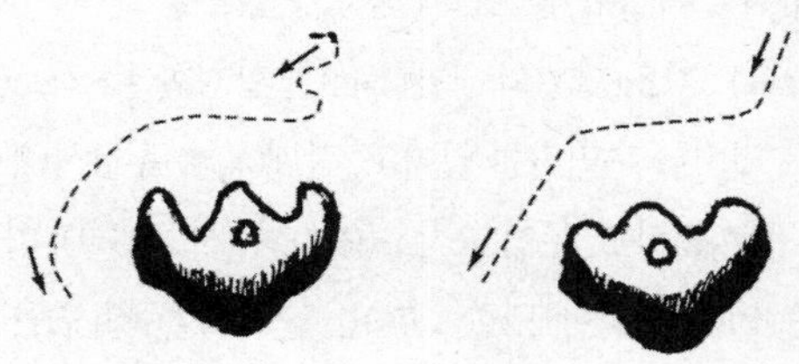

❖ **조아박전**(鳥鴉泊田) : 까마귀가 밭에 내려앉아 잠자는 형국. 혈은 까마귀의 머리쪽에 있고, 안산은 시체, 혹은 새장이다.

❖ **조악**(粗惡) : 조잡하고 흉악스런 모양. 조악이란 혈성(穴星)의 흉격(凶格)으로 산세가 거칠고 웅대하고 험악하고 바위와 돌이 많고 산봉우리가 지나치게 높고 크고 가파른 것 등을 말하고, 산봉우리가 너무 커서 우악스럽고 아름답고 부드럽지 못한 것이다. 산도 외세가 조악하면 내기(內氣) 또한 혼탁하기 때문에 이러한 곳에 입장하면 무도(無道)한 후손으로 인하여 패가망신하게 된다. 대개 혈을 맺는 곳은 거칠고 추악한 것을 꺼리는 바 혈성(穴星)이 아름답고 부드럽고 빛이 나고 가늘고 교(巧)한 것을 귀(貴)로 삼는다. 산세가 거칠고 웅대하고, 험악하고, 바위와 돌이 많고, 잔봉우리가 지나치게 높고 크고 가파른 것, 산의 생김새가 거칠고 잡스러워 품위가 없는 것, 또 우악스럽고 험상궂은 것을 조악(粗惡)이라 한다. 형상이 조악한 산에는 좋은 혈이 생기지 않는다. 여기에 묘를 쓰거나 집을 짓고 살면, 그 생김새와 같은 온갖 화(禍)를 당하게 된다.

❖ **조악지**(粗惡地) : 조악은 산세가 조잡스럽고 추악하고 흉한 암석과 산봉우리가 너무 커서 우악스럽고 아름답지 못한 모습을 말한다. 대개 산을 보는 것은 사람의 상(相)을 보는 것과 같으므로 얼굴 모습이 누추하면 마음도 음험하고 불량하듯이 산도 같은 이치다. 산 모양이 맑고 수려하면 인물도 수려한 인물이 나오지만 산 모양이 추악하면 추악한 인물이 배출된다. 이는 죽은 자의 무덤을 잡는 것에만 해당되는 것이 아니고 지방 향리(鄕吏)까지도 산 모양에 따라 그곳에 사는 사람의 성격이라든지 외모가 결정된다.

❖ **조안**(朝案) : 혈을 향하여 굽은 듯이 생긴 안산을 말함. 조안은 혈 앞에 있는 산을 총칭하는 말로 조산(朝山)과 안산(案山)을 합성한 말이다. 안산이란 혈장에서 가깝게 있는 작은 산이요, 조산이란 안산 밖에 멀리 있는 높고 큰 산이다. 안산이 갖추어지

면 혈 앞의 물을 거두는 것이 주밀하여 원진수(元辰水)의 곧게 나아감과 내명당의 툭 터짐을 막아줌으로 자연히 안에 있는 기가 응결하게 된다. 조산이 있으면 배대(配對)가 상위(相位)하여 외명당이 핍착하지 않고 외기가 매우 왕성한 것이다. 조안이 온전히 구비되면 내외명당의 당국이 구비된다. 용호가 배아교포(排牙交抱)하여 안의 기가 융취하고 원진수가 곧게 뻗어흐르는 것이 아니면 비록 안산이 없다 하더라도 안산이 하여야 할 요건, 즉 내기융결이 되었으니 결혈이 가능하고, 조산이 없다 하더라도 용의 기가 매우 왕성하고 나성(羅城)이 주밀하면 기국(氣局)이 광대한 것이 된다.

❖ **조안증혈**(朝案證穴)

- 멀리 있는 조산보다 가까이 있는 안산(案山)이 유정(有情)한가를 위주로 해야 한다.
- 조산이 높으면 혈(穴)도 높은 곳에 있고, 낮으면 낮은 곳에 있다.
- 수응(秀應)하는 산이 왼쪽에 있으면 혈도 왼쪽에 있고, 오른쪽에 있으면 혈도 오른쪽에 있다.
- 조산이 높고 가까워 혈을 누른듯하면 혈필(穴必) 상취(上聚)로 천혈(天穴)을 택해야 한다.
- 안산의 고저(高低)는 높으면 눈썹 정도로, 낮으면 가슴 정도가 가장 알맞다.

❖ **조안정설**(朝案定說) : 조안(朝案)은 혈 앞에 있는 산을 말하고 앞에 있는 산을 안산이라고 하며 안산 뒤에 있는 산을 조산이라 한다. 안산이 있으면 앞이 허하지 않고 수습이 되며 주밀하여 사방이 단아하게 보이면 가히 좋다고 할 수 있고, 조산이 있으면 더욱 당국(當局)이 빛을 발하며 조산과 안산이 겸비한 것은 가히 격을 갖춘 산이다. 간혹 조산은 있으나 안산이 없고 안산은 있으나 조산이 없는 땅이 있으나 크게 구애됨은 없다.

❖ **조안증좌**(朝案證佐) : 안산과 조산이 높으면 혈 또한 높아야 하고, 조산과 안산이 낮으면 혈 또한 낮아야 하고, 조산과 안산이 가까우면 혈을 억누를 것이니 반드시 뒤로 물러나 천혈(天穴)을 찾아야 하고, 조안이 멀면 기(氣)가 새어 나가므로 혈을 반드시 앞으로 나아가 낮은 곳에서 찾아야 한다. 또한 조산이 수려해도 취하지 말고 가까운 근안(近案)이 정답게 대면하는 것을 위주로 취해야 한다.

❖ **조(朝)읍(揖)** : 안산이 절을 하는 산세(山勢)를 말한다.

❖ **조입수세**(朝入水勢) : 물이 들어오는 것이 보이는 수세(水勢)를 말한다.

❖ **조왕상천일**(竈王上天日) : 조왕신이 하늘도 올라간다는 날. 이날에 조왕 즉 부엌을 수리하거나, 부엌에서 흙을 다루거나, 부엌을 깨끗이 청소하는 일을 하면 길하다고 한다.

❖ **조왕수리일**(竈王修理日) : 동토일(動土日)이나 조왕상천일(竈王上天日)을 사용하면 길하다.

❖ **조왕제**(竈王祭) : 조왕하강일을 사용하고 인일(寅日)·천구일(天狗日) 및 천구하식일(天狗下食日) 및 천덕(天德)·복단일(伏斷日)을 피한다.

❖ **조왕하강일**(竈王下降日) : 조왕신(竈王神)이 천상에서 인간세상으로 하강한다는 날인데, 이날에 조왕제를 지내면 길하다고 한다.

甲子 乙丑 丁卯 癸酉 乙亥 庚辰 乙酉 丙戌 戊子 壬辰 甲午 丙申 癸卯 甲辰 壬寅 乙卯日

❖ **조웅**(粗雄) : 조악하고 웅급함.

❖ **조읍**(朝揖) : 집의 본채를 향하여 둥그렇게 가지런히 둘러서는 모양.

❖ **조응**(朝應) : 혈 앞의 산이나 물이 혈을 향하여 공손한 태도를 지는 것 같이 보이는 것.

❖ **조의문구**(吊儀文句) : 부의(賻儀), 조의(吊儀), 근조(謹弔), 전의(奠儀), 향촉대(香燭代), 향전(香奠), 지촉대(紙燭代), 저의(楮儀).

❖ **조잡**(組雜) : 거칠고 잡스러워 품위가 없음을 뜻함.

❖ **조장**(造葬) : 기조(起造)와 장매(葬理)를 합칭한 말. 기조(起造)란 건물을 짓거나 수리하는 일이고, 장매(葬理)란 장사(葬事)지내고, 이장(移葬)하고, 무덤 고치고(修墳), 즉 사초(莎草), 비석 세우고 하는 일 등을 말함. 또한 조(造)는 양택(陽宅), 장(葬)은 음택(陰宅)이라고도 한다.

❖ **조장월**(造葬月) : 집짓고 묘를 쓰는 데 좋고 나쁜 달을 가리는 법.

❖ **조장일**(造醬日) : 간장 · 고추장 등을 담그는 날, 누룩 빚고 메주 쑤는 일 등에 좋다는 날. 정묘(丁卯) 병인(丙寅) 병오(丙午) · 천덕합(天德合) · 월덕합(月德合) · 오일(午日) · 만(滿) · 성(成) · 개일(開日)

❖ **조정동**(趙廷棟) : 생몰년 미상의 풍수가로 지리오결(地理五訣)을 저술하였다. 용, 혈, 사, 수에 향법(向法)까지 추가하여 오결이라 명명하였다.

❖ **조조축**(朝祖祝) : 영구를 내 모신다는 뜻으로 사당에 고함. 영천지령신불류금봉(永遷之靈神不留今奉) 차추차식천조도(車柩車式遷祖圖)라 읽는다.

❖ **조종**(祖宗) : 주산을 만들어낸 후면의 산. 산의 으뜸되는 산. 근본되는 산.

❖ **조종**(祖種)**과 부모** : 용이 처음 출발하는 곳에 솟아오른 높고 큰 산을 태조산(太祖山)이라 부른다. 그리고 태조산에서 주산(主山)에 이를 때까지 중간중간에 높이 솟아오른 산을 소조(少祖)라 한다. 사람의 조상으로 치면, 소조는 가까운 조상이라 할 수 있다. 사람에겐 조부모 다음에 부모가 있듯이 산도 그렇다. 주산의 바로 뒤에 솟아오른 산을 부모라 일컫는다. 사람은 잉태하여 어머니의 태(胎) 속에서 열 달간 자란다. 산에도 태가 있다. 부모산에서 주산으로 뻗어간 맥을 태라고 부른다. 또 그 맥기운을 응축하느라 잘록해진 곳을 식(息)이라 한다. 아기가 엄마의 태 속에 잉태하듯이, 주산이 부모산으로 인하여 생겨나니, 주산의 꼭대기 머리 부분을 잉(孕)이라 부른다. 그리고 혈이 맺힌 곳을 육(育)이라고 한다. 사람으로 볼 때, 혈이란 세상에 태어난 아기와 같기 때문에 그렇게 부르는 것이다.

❖ **조종산**(祖宗山) : 혈이 있으면, 혈 뒤에 그 혈을 만들어 준 산이 있게 마련이며, 또 이 산을 솟아올린 산줄기를 거슬러 따라가면 뿌리가 되는 산이 나오는데 근원이 되는 산을 조종산(祖宗山)이라 부른다. 사람에겐 부모가 있고, 조부모와 숱한 조상들이 있다. 자꾸 거슬러 올라가면, 민족의 시조(始祖)를 지나 인류의 첫 번째 조상에까지 이른다. 산도 마찬가지다. 동양의 뭇 산줄기들은 모두 히말라야에서 갈라져 나왔다. 그러니까 히말라야는 동양 뭇 산의 시조산(始祖山)이다. 우리나라 뭇 산들의 뿌리는 백두산이니, 백두산은 우리 나라 제산(諸山)의 중시조(中始祖)다. ① 태조산(太祖山)·소조산(少祖山)·종산(宗山)·조산(祖山) 등을 모두 합칭한 말이다. 혈(穴)의 맨 처음 근원이 되는 산으로 가장 높고 가장 큰 산이 태조산, 태조산에서 주산(主山) 사이에 이르는 동안 태조산 다음으로 높고 큰 산이 소조산, 주산에 이르는 사이 태조·소조의 맥을 이어 소조 다음으로 높고 크게 솟은 산이 종산(宗山), 부모산 뒤에 부모산보다 높이 솟은 산이 조산(祖山), 주산(主山) 뒤에 주산보다 높은 산이 부모산(父母山), 혈이 직접 맺는 산이 주산이다. 사람에 비유하면 시조(始祖)가 태조산이요, 중시조(中始祖)가 소조산, 시조에서 중시조, 중시조에서 조부(祖父)까지 종(宗)으로 내려온 종조(宗祖)가 종산(宗山), 조부모가 조산이요, 보모가 부모산, 자신이 주산이라 할 수 있다. 그러나 산의 계통이 이와 같다 함이지 산도 사람처럼 반드시 자기·부모·조부모·종조·중시조·시조로 이루어지는 것은 아니다. 혹 이렇게 되어 있는 경우도 있겠지만 대개는 태조산·소조산·주산만은 분명히 갖추어져 있으나, 부모산이 없는 경우도 있고, 조산이 없는 경우도 있고, 종산이라 칭할 만한 산이 없이 태조산에서 소조산, 주산으로 이어지는 경우도 있다.

- 조종산(祖宗山), 내룡(來龍), 기복(起伏), 입수(入首), 좌향(坐向)
- 조종산(祖宗山)은 크고 높아야 하고, 내룡(來龍)은 웅장하고, 혈(穴)을 맺는 성봉(星峰)은 수려(秀麗)해야 한다.
- 내룡(來龍)이 조종(祖宗)에서 꺾어지고 방향을 바꿀 때에는 오행(五行)의 상생(相生)이 되어야 한다.
- 좌향(坐向)을 잡을 때에는 용맥(龍脈)과 생기(生氣)가 우선이고 용맥과 생기의 흐름을 먼저 보고 좌향을 따라 맞추는 것이다. 어느 지점을 혈처(穴處)로 해서 좌향을 잡을 것인가 세심

한 주의를 기울여야 하는 것이다.

- 기복(起伏), 입수(入首)는 바가지를 엎어놓은 듯 볼록해야 정돌취기(正突聚氣)로 최고의 명혈(名穴)이 되는 것이다. 기복의 형상은 짧을수록 입수 변화가 강하고 역량(力量)이 많아 명혈이다.
- 기복의 색상은 서기(瑞氣)와 광채가 나야하고 서기는 강한 석비례로 형성되어 잡초가 나지 못하고 밝은 황색을 내는 토질을 말한다. 광채는 볼록한 형상의 박환(薄換)된 암석이 섞여 있으면서 자연히 황색의 광채가 나는 것이다.
- 기복이 짧을수록 강한 명혈이 되는 것이다.
- 정돌취기(正突聚氣) 입수(入首)에 광채가 나면 삼공(三公)이 출(出)한다. 암석 돌출(突出) 입수는 자손 모두 권세(權勢) 지기(之氣)로 금시(今時) 발복(發福)한다.
- 용맥(龍脈)이 크게 오고 봉(峰)이 서고 미끌어지듯 크게 흘러 왔으면 능히 영웅이 출(出)하고, 맥이 조금 일어나고, 수산(水山)이 적게 엎드려 왔으면 겨우 넉넉한 소부(小富)가 출(出)한다.
- 입수 취기가 적게라도 취기가 되어야 명혈이라 할 수 있고, 부귀겸전(富貴兼全)하게 되고 자손 모두에게 발복할 수 있다.
- 내룡(來龍) 입수 과협지처(過峽之處)에 나경을 놓고 어떠한 용맥(龍脈)의 입수(入首)인가를 분간 할 적에 토색(土色)도 결정지워 지는 것이다.
- 은용(隱龍)은 대개 금계포란형(金鷄抱卵形)으로 정기(精氣)가 많아서 부(富)의 발복(發福)이 크고 장손(長孫) 쪽에는 큰 벼슬 세도(勢道)가 차손말자(次孫末子) 쪽에는 거부(巨富)가 난다. 부귀 발복은 크지만 시작이 늦고 끝이 없다.
- 잠룡(潛龍)과 은룡(隱龍)의 입수맥(入首脈)이 밑으로 가라앉았다가 다시 솟으면 입수취기(氣)를 하는 것이다. 용세(龍勢)보기가 어려우나 그 기상(氣象)은 양명(亮明)하다. 취기(聚氣)된 입수는 대개 강하게 돌출되나 그 형상이 적어서 세밀히 살펴야 한다.
- 입수맥(入首脈)이 약하면 전순(氈脣) 쪽으로 당겨서 하고 전순이 약하면 입수 쪽으로 청룡쪽이 약하면 백호 쪽으로 백호 쪽이 약하면 청룡 쪽으로 당겨서 묘를 보완·조성하여야 한다.
- 입수 용이 생왕(生旺)을 얻고 향(向)이 생왕(生旺)을 얻어 생룡(生龍)에 생왕(生旺) 왕룡(旺龍)에 왕향(旺向)으로 순리 배합되도록 입향(立向)을 하는 방법 즉 이 향법(向法)은 입수의 생왕이 좌(坐)와의 이어짐이 아니요 향(向)의 생왕과 순리 배합하며 명혈대지(名穴大地)를 이루는 것을 말한다.
- 내룡(來龍) 입수에 주름이 잡힌 곳에 (묘 바로 뒤에 여러 골이 생겨 소의 갈비 같은 주름이 잡힌 곳) 묘를 쓰는 법을 범하면 지사(地士)가 징역의 형벌을 받는다.
- 혈자리의 흙이 마사토로 맑고 홍황색(紅黃色)이 나오면 길지(吉地)이나 검은색이 나오면 묘를 쓸 수 없는 곳이다. 주름이 잡혀 흙이 단단하고 무른 곳은 수맥(水脈)이 있다.

❖ **조진명당**(朝進明堂) : 주로 해수나 호수 같은 주주만경(注注萬頃)의 당전조수(堂前朝水)가 혈로 조입(朝入)하는 형국을 말하는 명당인데, 방향이 적중하면 지귀(至貴)한 것으로 전답이 천백으로 연결되는 고을에서 으뜸가는 거부가 나고 극위(極位)의 중신이 난다. 혈전조(穴前朝)의 전원수가 당전내(堂前內)로 유입하면 재록(財錄)이 쉽게 발하여 조빈석부(朝貧夕富)의 대부가 나는 물이다. 조진명당은 여러 갈래의 물이 혈 앞에 모여든 형세로서, 이러한 경우는 큰 부자가 나는 것이니 특히 밭이나 논의 무리 층층으로 높은 곳에서 아래로 혈 앞에 당도하면 더욱 좋다. 앞에서 다가오는 물이 혈장으로 드는 것인데 한 단계씩 낮아지면 더욱 길하다.

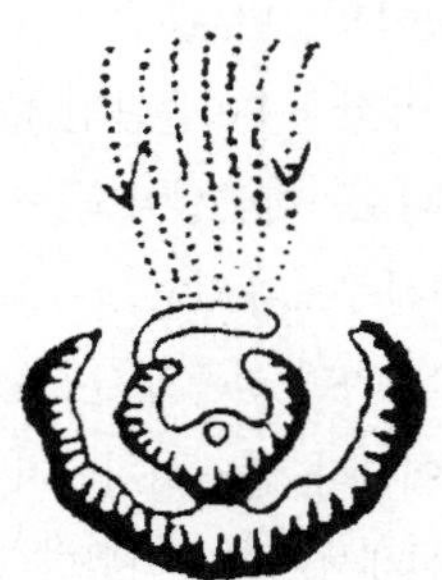

❖ **조짐**(兆朕) : 길흉이 일어날 동기가 보이는 변화현상.

❖ **조차**(造次) : 급히, 급작스런 모양. 허구된 모양. 논어에 있는 문장을 인용하였음.

❖ **조천결**(朝天結) : 산꼭대기에 맺는 것. 선녀봉촉(仙女奉燭)이나 천

마번제형(天馬飜蹄形)으로 간룡이 지나가는 도중에 별도로 산 위에 판을 짠 경우를 말한다. 전후좌우의 산들이 치밀하게 감싸주어서 바람을 막아주어야 혈이 되며, 속발하기는 하나 오래 가지를 못하고 절손의 우려가 있으니 경솔하게 취할 바가 아니다.

❖ **조해**(朝海) : 안전(案前)의 제산(諸山)이 파도(波濤)와 같다 함을 말함.

❖ **조화성**

- **정체** : 몸은 뾰족하거나 기울어진 형세고 면은 살이 많이 쪘다. 혈은 파동처에 맺는다.
- **개구** : 몸은 정체와 같고 면은 평평하다. 형국은 영기형(令旗形).
- **현유** : 형국은 출진주기형(出陣走旗形)
- **궁각** : 형국은 영자기형(令字旗形).
- **측뇌** : 형국은 기형(旗形). 혈은 기의 꼬리에 있다.
- **몰골** : 형국은 한우출란형(寒牛出欄形).
- **평면** : 형국은 상아형(象牙形). 혈은 와중유돌처(窩中有突處)에 진이다.

❖ **조회수**(朝懷水) : 전조내수(前朝來水)가 굴곡입회(屈曲入懷)하는 길수(吉水). 용진혈적(龍眞穴的)에 조회수가 유입회포(流入懷抱)하면 주로 속발부귀(速發富貴)한다. 조회수는 혈 앞쪽에서 혈을 향해 굽이굽이 휘돌며 흘러오는 물이다. 그 모습이 다정하며 따뜻하니 좋은 기운이 감돌고, 많은 복(福)을 불러오며, 또 복이 오는 것도 매우 빠르다. 앞에 조회수가 보이는 혈에 조상의 묘를 쓰면 자손들이 곧 복을 받는다. 아주 가난하게 살던 사람도 몇 년 안가서 풍족한 생활을 하게 된다. 또, 물이 많으면 많을수록 들어오는 부귀(富貴)도 커진다.

❖ **조회신상개광일**(調繪神像開光日) : 신상(神像)이나 불상(佛像) 등을 만들거나, 그리거나, 세우거나, 안치(安置)하는 데 아래 일진(日辰)과 날짜를 사용하면 길하다고 한다.

癸未 乙未 丁酉 甲辰 庚戌 辛亥 丙辰 戊午日

春秋日 : 위(危) · 심(心) · 필(畢) · 장숙(張宿)

夏冬日 : 방(房) · 허(虛) · 성(星) · 묘숙(昴宿)

기(忌) : 신호일(神號日) · 귀곡일(鬼哭日) · 신격일(神隔日) · 귀격일(鬼隔日)

❖ **족보를 간행 또는 증수하는 절차** : 족보를 편찬하는데는 그 순서가 정해져 있지 않고 편찬위원회에서 의결하는 보규에 따라 편찬하는 것이 원칙이지만 대개 아래 순서에 의해 구성하는 것이 상례로 되어 있다. ① 서문 ② 묘소도(墓所圖) ③ 영정과 유적 ④ 세덕(世德) ⑤ 족보창간 및 수보 연대표 ⑥ 범례 ⑦ 행렬표 ⑧ 득성(得姓) 및 득관(得貫) 세전록(世傳錄) ⑨ 관향체명록(貫鄕遞名錄) ⑩ 세계도표 ⑪ 계보도(손록(孫錄)) ⑫ 발문 ⑬ 부록. 이외에 보규 또는 편찬위원회의 결의로 다른 사항을 추가하기도 한다.

❖ **족보**(族譜)**에 글씨 기록은 이렇게 한다** : 족보란 족속의 세계를 적은 책 세지(世誌), 성보(姓譜), 씨보(氏譜)를 말함. 간행위원회 구성임원을 둔다. 도찬(塗竄 : 글자를 쓰는 사람) ◯명, 교정(校正) 약간명, 총무, 재무, 수단유사(收單有司)는 각 소파별(小派別)로 선출된 임원은 규정과 규칙을 정한다. 범례 명(名◯◯), 만약 족보 호적 두 개의 이름이면 일명(一名◯◯), 사후(死後) · 일휘(一諱◯◯), 일운(一云◯◯), 자(字◯◯), 호(號◯◯), 관직(官職◯◯◯), 학위(學位◯◯), 학벌(學閥◯◯), 저서(著書◯◯◯), 중요이력(重要履歷◯◯◯) 사가의 근래의 관직(私家의 近來 官職◯◯◯), 친외손의 관직, 실제의 생년월일, 조상묘(祖上墓), 좌향(坐向), 주소, 비상석유무(碑床石有無), 본인의 효(孝) 상패, 간략한 내력 등을 규정한다.

❖ **족장**(族葬) : 한 내룡에 여러 명의 조상을 위에서 아래쪽으로 나란히 모시는 장법(葬法)으로 조선시대에 생긴 매장풍습이다.

❖ **존**(尊) : 손가락의 중지(中指)를 말함. 혈의 정위치.

❖ **존제당전**(尊帝堂前) : 병정방(丙丁方)에 쌍봉(雙峰)이 있게 되면 이를 일러 존제당전(尊帝堂前)이라 하며 주로 귀인이 난다.

❖ **존제성정국**(尊帝星定局) : 존성(尊星)과 제성(帝星)의 합칭. 존성은 천을(天乙)이고, 제성은 태을(太乙)이라 하며 이를 천하운(天河運)이라고도 한다. 이는 음택 및 양택에 있어 좌(坐)를 기준 연

월일시에 이 두 길성이 닿게 하는 것인데, 이 길성을 취용하면 능히 흉살을 제압한다고 한다. 연월일시에 존성·제성이 닿는 정국은 아래와 같다.

① **연국**(年局) : 연가존제정국(年家尊帝定局)이라 한다. 상원(上元)과 하원갑자(下元甲子)는 존성을 건궁(乾宮)에 붙이고, 중원갑자(中元甲子)는 존성을 감궁(坎宮)에 붙여 구궁(九宮)을 순행(順行)하되 단 중궁(中宮)은 건너뛴다. 그리하여 일단 존성의 위치가 정해지면 옥인(玉印)·제성(帝星)·옥청(玉淸)의 길신의 위치가 이 존성(尊星)에 따라 정해지는데, 요령은 존성의 위치에서 팔방순(八方順)을 한 칸씩 건너 옥인·제성·옥청을 배치하면 된다. 가령 서기 1988년은 태세가 무진(戊辰)인데 하원갑자(下元甲子)에 속하므로 갑자(甲子)를 건궁(乾宮)에 붙여 구궁(九宮)을 돌리면 을축(乙丑)이 태(兌), 병인(丙寅)이 간(艮), 정묘(丁卯)가 이(離), 무진년(戊辰年)에 감궁(坎宮)이니 감이 존성이요, 팔방순(八方順)으로 한 칸 건너 진궁(震宮)이 옥인(玉印), 또 한 칸 건너 이궁(離宮)에 제성(帝星), 또 한 칸 건너 태궁(兌宮)에 옥청(玉淸)이 위치한다. 그러므로 하원(下元) 무진년(戊辰年)은 감좌(坎坐)·진좌(辰坐)·태좌(兌坐)·이좌(離坐)에 존성·옥인·옥청·제성의 길성이 닿게 되는 것이다.

[연국조견표]

		尊星	玉印	帝星	玉淸
甲壬庚戊丙甲壬庚	上下元	乾	艮	巽	坤
子申辰子申辰子申	中元	坎	震	離	兌
乙癸辛己丁乙癸辛	上下元	兌	坎	震	離
丑酉巳丑酉巳丑酉	中元	坤	乾	艮	巽
丙甲壬庚戊丙甲壬	上下元	艮	巽	坤	乾
寅戌午寅戌午寅戌	中元	艮	巽	坤	乾
丁乙癸辛己丁乙癸	上下元	離	兌	坎	震
卯亥未卯亥未卯亥	中元	巽	坤	乾	艮
戊丙甲壬庚戊丙	上下元	坎	震	離	兌
辰子申辰子申辰	中元	乾	艮	巽	坤
己丁乙癸辛己丁	上下元	坤	乾	艮	巽
巳丑酉巳丑酉巳	中元	兌	坎	震	離
庚戊丙甲壬庚戊	上下元	震	離	兌	坎
午寅戌午寅戌午	中元	艮	巽	坤	乾
辛己丁乙癸辛己	上下元	巽	坤	乾	艮
未卯亥未卯亥未	中元	離	兌	坎	震

② **월국**(月局) : 월가존제정국(月家尊帝定局)이라 한다. 갑병무경임(甲丙戊庚壬)의 양년(陽年)에는 정월을 간궁(艮宮)에 일으켜 구궁(九宮)을 돌리고, 을정기신계(乙丁己辛癸)의 음년(陰年)에는 정월을 진궁(震宮)에 붙여 구궁(九宮)을 돌리되 해당되는 달에 이르는 곳이 존성이다. 존성이 일단 정해지면 팔방(八方) 순서로 옥인(玉印)·제성(帝星)·옥청(玉淸)의 길신이 배치된다.

[월국조견표]

	甲丙戊庚壬年				乙丁己辛癸年			
	尊星	玉印	帝星	玉淸	尊星	玉印	帝星	玉淸
正月	艮	巽	坤	乾	震	離	兌	坎
二月	離	兌	坎	震	巽	坤	乾	艮
三月	坎	震	離	兌	乾	艮	巽	坤
四月	坤	乾	艮	巽	兌	坎	震	離
五月	震	離	兌	坎	艮	巽	坤	乾
六月	巽	坤	乾	艮	離	兌	坎	震
七月	乾	艮	巽	坤	坎	震	離	兌
八月	兌	坎	震	離	坤	乾	艮	巽
九月	艮	巽	坤	乾	震	離	兌	坎
十月	離	兌	坎	震	巽	坤	乾	艮
十一月	坎	震	離	兌	乾	艮	巽	坤
十二月	坤	乾	艮	巽	兌	坎	震	離

③ **일국**(日局) : 일가존제정국(日家尊帝定局)이라 한다. 양둔(陽遁:冬至後)에는 건궁(乾宮)에 갑자일(甲子日)을 붙이고 음둔(陰遁:夏至後)에는 감궁(坎宮)에 갑자(甲子)를 붙여 구궁(九宮) 순서로 돌려짚어(단 中宮은 건너고) 일진(日辰)에 해당되는 곳이 존성(尊星)이요, 존성이 안치되면 팔방순(八方順)을 한 칸 건너 옥인(玉印)·제성(帝星)·옥청(玉淸)을 배치한다.

[일국조견표]

		尊星	玉印	帝星	玉淸
甲壬庚戊丙甲壬庚	陽遁	乾	艮	巽	坤
子申辰子申辰子申	陰遁	坎	震	離	兌
乙癸辛己丁乙癸辛	陽遁	兌	坎	震	離
丑酉巳丑酉巳丑酉	陰遁	坤	乾	艮	巽
丙甲壬庚戊丙甲壬	陽遁	艮	巽	坤	乾
寅戌午寅戌午寅戌	陰遁	艮	巽	坤	乾
丁乙癸辛己丁乙癸	陽遁	離	兌	坎	震
卯亥未卯亥未卯亥	陰遁	巽	坤	乾	艮
戊丙甲壬庚戊丙	陽遁	坎	震	離	兌
辰子申辰子申辰	陰遁	乾	艮	巽	坤
己丁乙癸辛己丁	陽遁	坤	乾	艮	巽
巳丑酉巳丑酉巳	陰遁	兌	坎	震	離
庚戊丙甲壬庚戊	陽遁	震	離	兌	坎
午寅戌午寅戌午	陰遁	艮	巽	坤	乾
辛己丁乙癸辛己	陽遁	巽	坤	乾	艮
未卯亥未卯亥未	陰遁	離	兌	坎	震

④ **시국**(時局) : 시가존제정국(時家尊帝定局)이라 한다. 갑일(甲日)에서 무일(戊日)까지는 존성을 건궁(乾宮)에 붙이고 기일(己日)부터 계일(癸日)까지는 존성을 감궁(坎宮)에 붙여 구궁(九宮)을 돌려짚는데 존성이 임하는 곳에서 팔방순(八方順)으로 한 칸 건너 옥인(玉印), 한 칸 건너 제성(帝星), 한 칸 건너 옥청(玉清)이 위치한다.

[사국조견표]

		尊星	玉印	帝星	玉淸
甲壬庚戊丙甲壬庚	甲日~戊日	乾	艮	巽	坤
子申辰子申辰子申	己日~癸日	坎	震	離	兌
乙癸辛己丁乙癸辛	甲日~戊日	兌	坎	震	離
丑酉巳丑酉巳丑酉	己日~癸日	坤	乾	艮	巽
丙甲壬庚戊丙甲壬	甲日~戊日	艮	巽	坤	乾
寅戌午寅戌午寅戌	己日~癸日	艮	巽	坤	乾
丁乙癸辛己丁乙癸	甲日~戊日	離	兌	坎	震
卯亥未卯亥未卯亥	己日~癸日	巽	坤	乾	艮
戊丙甲壬庚戊丙	甲日~戊日	坎	震	離	兌
辰子申辰子申辰	己日~癸日	乾	艮	巽	坤
己丁乙癸辛己丁	甲日~戊日	坤	乾	艮	巽
巳丑酉巳丑酉巳	己日~癸日	兌	坎	震	離
庚戊丙甲壬庚戊	甲日~戊日	震	離	兌	坎
午寅戌午寅戌午	己日~癸日	艮	巽	坤	乾
辛己丁乙癸辛己	甲日~戊日	巽	坤	乾	艮
未卯亥未卯亥未	己日~癸日	離	兌	坎	震

가령 정묘일(丁卯日) 오시(午時)라면 갑일(甲日)~무일(戊日) 사이에 해당하고, 정묘일 오시(午時)는 병오시(丙午時), 존성이 간(艮:丑艮寅)·손(巽:未坤申)·건(乾:戌乾亥)좌에 존성·옥인·제성·옥청의 길성이 비치게 된다. 또 경신일(庚申日) 진시(辰時)라면 경일(庚日) 진시(辰時)는 경진시(庚辰時)요, 경일(庚日)은 기일(己日)~계일(癸日) 사이에 속하니 존성이 감(坎), 옥인이 진(震), 제성이 이(離), 옥청이 태(兌)에 임하니, 경신일(庚申日) 경진시(庚辰時)는 감(坎:壬子癸)·진(震:甲卯乙)·이(離:丙午丁)·태(兌:庚酉辛)좌에 존성·옥인·제성·옥청의 길신이 임한다.

❖ **졸곡**(卒哭) : 삼우가 지난 뒤, 즉 사람이 죽은지 3개월만에 오는 첫 정일(丁日)이나 해일(亥日)에 지내는 제사. 요즈음 1년 탈상에서 49일 탈상을 하기 위해 졸곡제(卒哭祭)를 소상(小祥)으로 대행하기도 한다.

❖ **졸곡 때 읽는 축문**

維歲次干支 某月 干支朔 某日干支 孤子某 敢昭告于

顯考某官府君 日月不居 奄及卒哭 夙興夜處 哀慕不寧 謹以清酌 庶

羞成事 尚饗

[해설] ○○해 ○○달 ○○날에 고자 ○○는 감히 고하나이다. 아버님 돌아가시고 어언 졸곡에 이르렀습니다. 밤낮으로 슬피 사모하여 편할 수가 없어 삼가 맑은 술과 여러 음식을 올리며 명일이 제일임을 알리오니 흠향하소서.

❖ **종**(鍾) : 모이다. 모여서다.

❖ **종**(踵) : 발 뒤꿈치를 말함. 자취. 행적

❖ **종각**(腫脚) : 산의 뿌리가 혹처럼 튀어난 부분.

❖ **종교 건물** : 외국에서 발생되어 한국에 들어온 불교와 기독교는 한국 전통 종교와 함께 매우 중요한 자리를 차지하고 있다.

- **불교건물** : 삼국 시대에 전래된 불교는 오랜 기간에 걸쳐 사회 전반에 영향을 미쳤다. 대표적인 불교 건물은 사찰의 대웅전이다. 대웅전의 일반 형태는 앞면 길이가 길고 건물 깊이는 짧은 직사각형이다. 이런 건물은 앞에서 보기에는 넓어 보이지만 안으로 들어가면 깊이가 얕아서 왼쪽이나 오른쪽으로 공간이 길게 벌어진 형태를 이룬다. 더욱이 대웅전 중심에 불상이 자리잡고 있는 상태에서 스님이 설법을 하면 신자가 좌우로 분산된다. 이것은 곧 사람들이 분열됨을 의미한다. 좌우로 긴 법당 건물 형태는 산의 형태로는 수산에 속한다. 수산은 중심에 모이는 기운이 약하고 좌우로 분산되는 기운이 강해 약체에 속한다. 또한 대웅전 지붕은 늘어진 곡선 형태를 이루고 있으며, 지붕 정상 부분은 낮고 좌우 양쪽은 높다. 이런 지붕 형태는 기운이 중심에 모이지 않고 좌우로 분산된다. 태국의 사찰 건물은 우리나라와 정반대 구조를 이루고 있다. 입구쪽은 앞면 길이가 짧고 깊이는 매우 깊다. 이런 건물에서는 내부 깊은 곳에 기운이 모여 단결하는 힘이 강하다. 그래서인지 태국에서는 불교지도자가 정치적 지도자보다 존경받으며, 승려들도 높이 숭상받는다.
- **기독교 건물** : 천주교 성당이나 개신교 교회는 모두 앞면 길이는 짧은 반면 깊이는 긴 ㅡ자형을 이루고 있다. 이런 평면은

산의 형태로 보면 주인격 산에 해당되어 중심에 왕성한 기운이 모인다. 강한 기운이 모이는 공간에서는 그곳에 있는 사람들도 서로 단결하는 힘이 강하다. 지붕 형태는 중심 부분이 뾰족하게 솟아 한 정점을 이루고 있다. 이 정점은 기운을 한 곳으로 밀집시켜, 사람들을 한 점으로 모이게 하지만 이러한 지붕 형태는 배타적인 기운으로 나타나는 결점을 갖고 있다.

- **그 밖의 종교 건물**: 지구상에는 다양한 종교가 있다. 이러한 종교 건물의 지붕은 중심점에 기운을 모으는 형태를 이루며, 평면은 정사각형으로서 중심 공간을 이룬다. 우리나라도 불교가 전래된 초기 사찰 건물은 일반 대웅전 모습과 다르다. 불교 초기 건물로 꼽히는 부석사 무량수전의 경우, 일반사찰 불상 배치와 전혀 다른 구조로 흡사 교회 건물과 같은 배치를 이루고 있다. 그러나 건물 형태는 후대에 오면서 점차 좌우로 길고 깊이가 짧은 횡방향으로 변한다.

❖ **종교적인 물건이나 가구는 천살방을 피해서**: 종교와 관련된 물건이나 가구, 등, 가령 염주나 묵주, 찬송가책, 부적, 이런 것들이 넣어진 서랍이나 함, 불상이나 예수의 십자가상은 천살(天煞)방향을 피해서 놓아야 탈이 없다. 그런데 천살방(天煞方)은 띠마다 다르다.

① 원숭이·쥐·용띠생들은 남서간(서남간)이 천살방이다.
② 뱀·닭·소띠생들은 남동간(동남간)이 천살방이다.
③ 호랑이·말·개띠생들은 북동간(동북간)이 천살방이다.
④ 돼지·토끼·양띠생들은 북서간(서북간)이 천살방이다.

❖ **종산**(宗山): 태조산에서 소조산 사이, 그리고 소조산에서 주산(主山) 사이에 중심맥을 이어오면서 높은 봉우리를 이룬 산을 말함. 종산(宗山)은 대개 태조산으로부터 출맥(出脈)되어 세 번 정도 솟은 봉만을 종산(宗山)으로 보며, 반드시 출맥(出脈) 개장하여 지맥(枝脈)을 이루고 천심(穿心)하여 원용이 되는 중출맥(中出脈)을 분별하고, 과협으로 용의 역량을 고시하며, 종산(宗山)을 이루고 멈출줄 모르는 용맥(龍脈)은 소조산 너머에 이루어질 혈장을 향하여 달리는 것이다. 종산(宗山)은 소조산보다 높을 수도 있고 낮을 수도 있으며, 종산(宗山)의 존재가 있을 수도 있고 없을 수도 있다.

❖ **종살화권법**(從殺化權法): 입수가 물의 살을 받게 되면 물과 후룡을 합국시키는 방법.

❖ **좋은 땅은 비석비토**(非石非土)**이다**: 옛글에서도 말하기를 연속 여러 날 비가와도 진 수렁이 되지 않고, 신발에 흙이 묻지 않으며, 연속 날씨가 가물어도 먼지 나지 않은 땅이 좋은 땅이다. 비석비토는 돌보다 약하고 흙 보다 강하다.

❖ **좋은 땅은 이러하다**: 좋은 혈토(穴土 – 좋은 땅)는 비가 많이 내렸을 때라도 진창이 되지 않고, 신발에 흙이 묻지 않고, 날씨가 아무리 가물어도 먼지가 안 나는 곳이 가장 좋은 땅이다. 또한 조건으로는 땅의 색이 맑고 밝아야 하며, 산은 반드시 멀리서 보아도 맑게 빼어나 보이고, 가까이 있으면 맑고 깨끗하며, 사람이 한번만 보아도 기쁨을 느껴야 하고, 울퉁불퉁한 밉살스런 모양이 없으면 좋은 것이다.

❖ **좋은 명당**(明堂): 교쇄명당은 명당의 양쪽에 산봉우리와 산줄기들이 겹겹으로 있어, 그들이 혈 앞을 거듭 둘러싼 것이다. 겹겹이 솟아오른 산봉우리나 산줄기가 혈을 감싸 주니, 혈의 정기가 전혀 새나가지 않으므로 지극히 귀한 명당이다. 교쇄명당에는 외산(外山) 교쇄명당과 내산(內山) 교쇄명당이 있다. 내산 교쇄명당은 본신(本身)에서 뻗어 나온 청룡·백호가 겹겹으로 포개져 있는 것이고, 외산 교쇄명당은 본신룡(本身龍)이 아닌 다른 산줄기가 뻗어와 혈 앞을 겹겹으로 감싸 준 것으로 두 격식 모두 훌륭하다. 앞에 교쇄명당이 있는 혈은 큰 부자와 고귀하게 되는 사람을 배출하고 또 발복이 아주 빠르며 부귀가 매우 오래 유지된다.

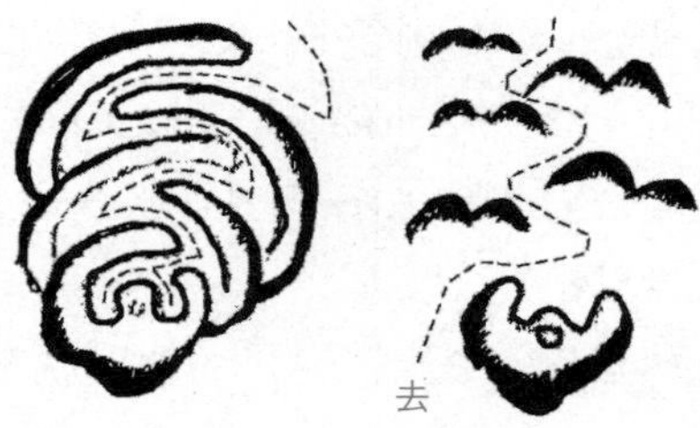

산봉우리·산줄기가 겹겹으로 포개져 솟았으니, 교쇄명당의 물은 갈지(之)자, 검을 현(玄)자 형태로 굽이굽이 휘돌아 흘러간다. 그리고 물이 나가는 모습이 전혀 안 보인다. 그 때문에 혈의 정기가 하나도 새나가지 않는다.

❖ **좋은 물이라도 배거(背去)하면 흉한 물이 된다**: 비록 물이 좋더라도 배거하면 흉한 물이 되는 것이다. 산이 사(射)하고 물이 충(沖)하면 재앙(災殃)이 생기고 산이 뾰족하고 물이 깊으면 발복하고, 묘 앞에 물이 흩어져 나가면 자손들이 빈궁하고 형제가 불화한다.

❖ **좋은 사주(四柱)와 관상(觀相)을 가지고 타고났다 해도**: 좋지 못한 집과 집터에서 살다 보면 제 아무리 좋은 사주와 관상을 타고 태어났다 해도 좋지 못한 집터나 주택에 살게 되면 좋지 않은 영향력으로 인해 신체적인 허약을 도모하는 일의 실패 등 불운이 다치게 될 것이다.

❖ **좋은 지질(地質)과 흉(凶)한 지질은 이러하다**

- 흙의 색깔이 황색이고 약간 흰 부분을 함유하고 있는 윤기 있는 지질은 사는 사람에게 건강과 재복을 준다.
- 흙의 색깔이 황색과 흙색을 겸한 윤기 있는 지질은 사는 사람에게 행운을 준다.
- 흙의 색깔이 자색(紫色)을 띈 윤기(氣)있는 지질은 명예와 재복(財福)을 부른다.
- 흙이 단단하고 자연히 윤기(氣)가 있는 지질은 번창할 기상(氣象)으로 건강을 가져다준다.
- 흙이 단단하지 않아도 조석으로 적절한 습기가 생기는 지질은 번영을 부르는 기상이다.
- 흙이 단단하고 윤기가 적은 지질은 주거지로서 사용하는데 번영 할 지상이다.
- 아침저녁으로 적절한 습기가 생기는 지질은 흙이 좀 단단하지 않아도 번영을 부르는 이다.
- 모래땅은 번영 할 지상이라고 말 할 수 없으나 초목이 잘 자라는 땅이라면 지장이 없다.
- 검푸른 빛을 띄고 찰기가 있는 지질에서 살면 건강을 해칠 뿐 아니라 번영을 전혀 기대할 수 없다.(진흙땅)
- 재(災)와 같은 먼지가 있는 땅은 주거지나 사업장으로서도 부적당하다.
- 흙이 단단하지 못하고 그냥 무너지는 땅은 모든 것이 불안정하게 된다.
- 흙의 색깔이 검붉고 마치 초토(焦土)와 같은 토질은 뜻밖에 난을 당하는 쇠퇴의 기상이다.
- 지질이 특기가 없고 뽀얗게 보이는 토질은 정신적인 안정이 없게 된다.
- 초목이 전혀 나지 않거나 난다 해도 적게 나는 토질은 주거지로서 건강이 나빠지고 사업장은 점차 파탄을 초래하게 된다.

❖ **좋은 집터**: 복거론(卜居論)에 보면 앞이 높고 뒤가 낮으면 북향집이 되어 집안이 망하고, 뒤가 높고 앞이 낮으면 우마(牛馬)가 번식한다고 했다. 또 사면이 높고 가운데가 낮으면 비록 부자일지라도 점점 가난해지므로 차라리 평탄한 것이 좋다고 했다. 사면이 높다는 것은 그만큼 그 집터가 좁은 국면에 위치해 있다는 뜻이며 좁은 국면은 생활터전이 좋다는 뜻이다. 집의 동쪽에서 흐르는 물이 강과 바다로 들어가면 좋으나, 동서쪽에 큰 길이 있으면 가난하고, 북쪽에 큰 길을 두면 나쁘고, 남쪽에 큰 길이 있으면 부귀를 누린다고 했다. 주거지 땅은 윤기가 있어야 하고 기름지며 햇볕이 잘 드는 양명(陽明)한 곳이라야 하며, 그렇지 않은 곳은 나쁘다고 판단했다.

❖ **좋은 집이란 기(氣)가 충만(充滿)한 곳이다**: 좋은 기(氣)가 모여있는 곳은 사람이 수면을 취하면서 무의식 상태로 잠을 자더라도 편안한 상태로 잠을 이루게 해준다. 정신과 육체적인 노동으로 지치고 피곤한 몸에서 나쁜 기운(氣運)을 빼내고 좋은 기운을 불어 넣어 잠이 깨어났을 때 활기찬 하루를 영위 할 수 있도록 해준다.

❖ **좋은 집터는 국세(局勢)가 고루고 원만해야 한다**: 좋은 집터에는 흙의 색이 밝으며 윤이 나고 남향(南向)에 좋은 기운(氣運)이 충만하면 좋은 집터이다. 앞에 못이 있고 뒤에는 야트막한 산이 있는 곳은 발부지지(發富之地)라고 한다. 즉 택지의 뒤에는 아담한 현무(玄武)가 있고 앞에는 맑은 지호(池湖)가 있으면 자손이 많고 부(富)을 쌓는 곳이다.

❖ **좋은 주택지는 이러하다**: 주택지 앞쪽에서부터 후면(後面)으로 차츰 좌우 폭이 벌어지며 넓어지는 곳은 부귀(富貴)와 번창이 따르고 재물복록(財物福祿)과 자손(子孫)이 흥왕하고 입신양

명(立身揚名)하는 융성을 누린다.

❖ **좋은 토지를 선택하려면** : 택서(宅書)에서는 주택을 인간에 비유하여 지형이나 지세는 사람의 신체, 물은 혈관, 토지는 가죽이나 살, 초목은 모발, 문과 외벽은 모자와 의복이라 하므로 집을 짓는데는 모든 요소를 전부 고려하지 않으면 안 된다. 신체 그 자체가 되어야 할 집의 장소를 결정할 때에는 배산면수(背山面水), 좌북조남(坐北朝南), 전저후고(前底後高), 지표건조(地表乾燥), 배수편리(排水便利), 수목왕성(壽木旺盛)의 6가지 항목을 참고하여 정한다.

❖ **좋은 혈토**(穴土) : 좋은 땅이란 비가 내렸을 때라도 진창이 되지 않고 개인 날이 계속되었을 때도 먼지가 안 나는 곳이 가장 좋은 땅이다.

❖ **좌**(坐) : 건물 및 묘(墓)의 향(向)의 반대 방향. 건물을 정당(正當 : 안방·中堂)을 기준하여 앞이 향(向)이고, 뒤가 좌(坐)가 되며, 묘는 시신의 머리를 둔 곳이 좌(坐)이고, 다리를 뻗은 곳이 향(向)이 된다.

❖ **좌감우요룡**(左減右繞龍) : 청룡쪽은 부족하고 백호쪽은 혈처를 보호하여 안면에 이르면 차자손과 딸자식의 길창지가 된 형국.

❖ **좌고우저**(左高右低)**는 흉이다** : 왼쪽이 높고 오른쪽이 낮은 집이면 사는 사람의 번영이 정체하고 차차 몰락해가고 주인이 집을 나가버릴 가능성이 있다. 백호가 청룡보다도 힘을 가지게 되므로 청룡이 시기를 해서 전체의 균형이 깨져 버린다.

❖ **좌공**(坐空) : 혈장 뒤가 허하여 낮음.

❖ **좌공조만**(坐空朝滿) : 평야지혈(平野地穴)에서는 혈휴가 허하고 안산이 높아야 문장재사(文章才士)가 나오는 좋은 길지라는 말.

❖ **좌공혈**(坐空穴) : 홀로 외로이 떨어진 산에 있는 혈. 혈성의 뒤에 받쳐 주는 산이 없고 홀로 떨어져 있으니 호위해 주는 산도 별로 없고 바람이 사방에서 몰아치지만 혈처가 있는 곳은 바람을 타지 않으며 물이 다정하게 감싸 주기도 한다.

❖ **좌기우고**(左旗右鼓) : 용진혈적한 곳에 좌측은 군대의 깃발같은 산이 있고 우측에는 북 같은 산이나 바위가 있다. 이러한 혈은 나라의 병권을 장악하는 무장이 나온다. 특히 장막을 쳐 놓은 것 같은 사격이 현무봉 뒤에 있거나 안산이나 조산에 있으면 좋다. 여기에 좌기우고가 있으면 무장출신으로 재상에 오른다. 이를 출장입상(出將入相)한다고 한다.

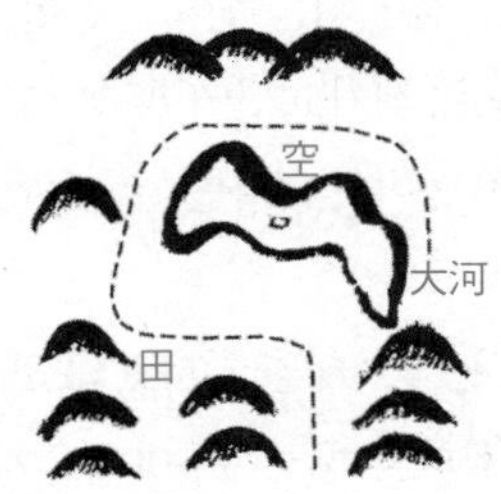

❖ **좌단제**(左單提) : 청룡은 뻗었으나 백호가 없고 양익(兩翼)이 없는 사(砂)를 말함. 하천이 빠져 있는 백호쪽으로부터 흘러와서 청룡이 투구와 같은 형상으로 이 역수(逆水)를 껴안으려고 하고 있는 사형(砂形)은 흉이 되지 않을 뿐만 아니라 도리어 길(吉)이다. 이 경우 청룡이 하관사(下關砂)로써 영수취재(迎水聚財)를 형성하여 부귀발복(富貴發福)의 땅이 된다.

❖ **좌단제격**(左單提格) : 청룡사가 없고 백호사(白虎砂)로 작국(作局)이 되고 왼쪽에서 수래(水來)하고 혈판(穴坂)을 안고 돌아주는 수사(水砂)가 청룡사를 대신하여 이루어지는 명당을 말함. 우단제격은 백호사(白虎砂)가 작고 청룡사(青龍砂)로 작국(作局)이 되어 오른쪽에서 수래(水來)하여 혈판을 안고 돌아주는 수사가 백호를 대신하여 작혈되는 것을 말한다.

❖ **좌도**(左倒)**와 우도**(右倒) : 수로(水路)를 말하는 것으로 소수(消水)의 운로(雲路)라 1, 3, 7, 9의 4정상(正上)이면 이를 우수도좌국(右水到左局)이라 하고, 소수(消水)의 운로(雲路)가 2, 4, 6, 8의 4우상(隅上)이면 이를 좌수도우국(左水倒右局)이라고 한다.

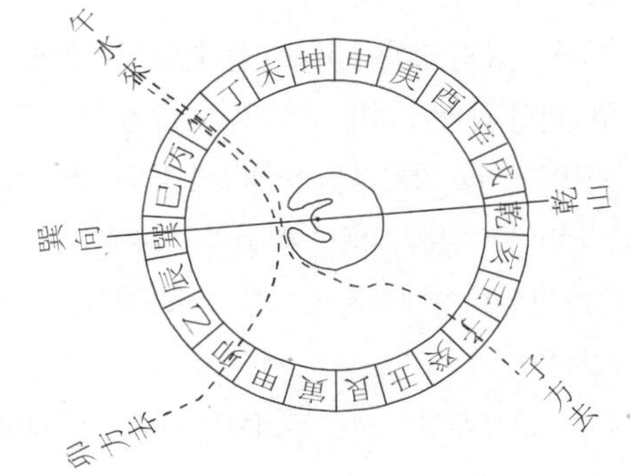

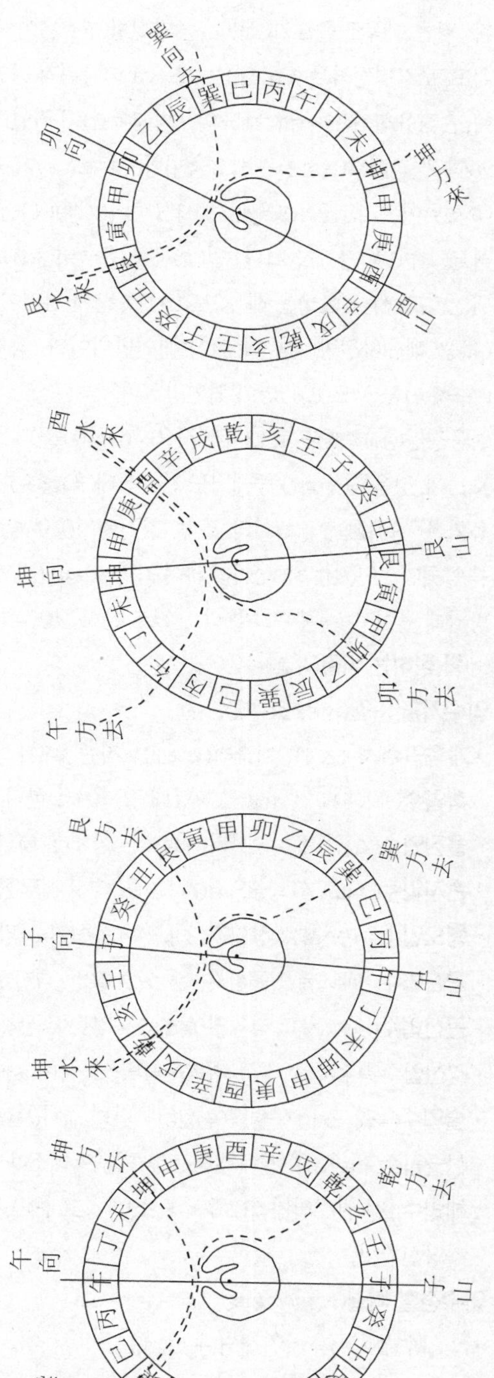

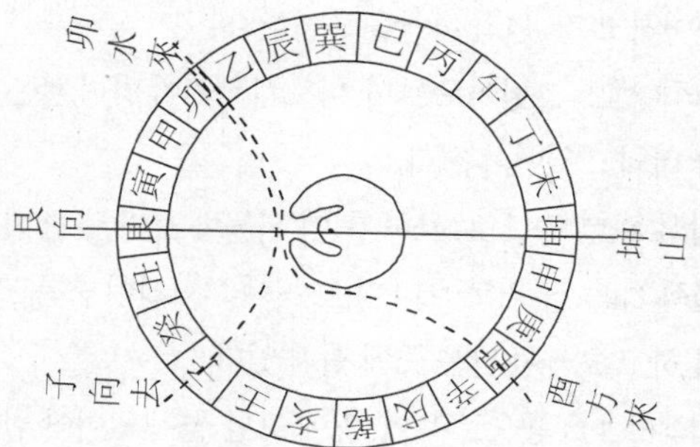

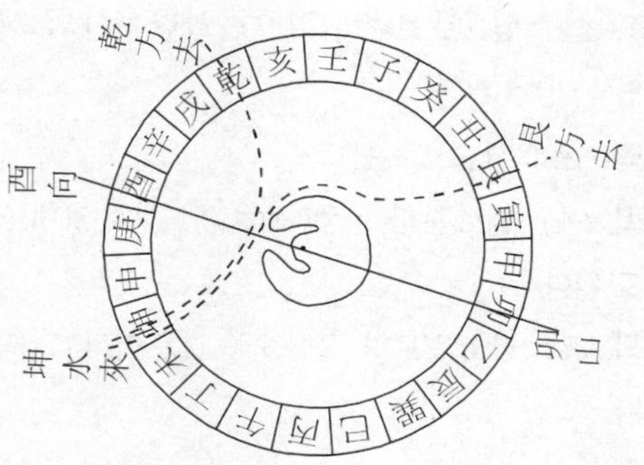

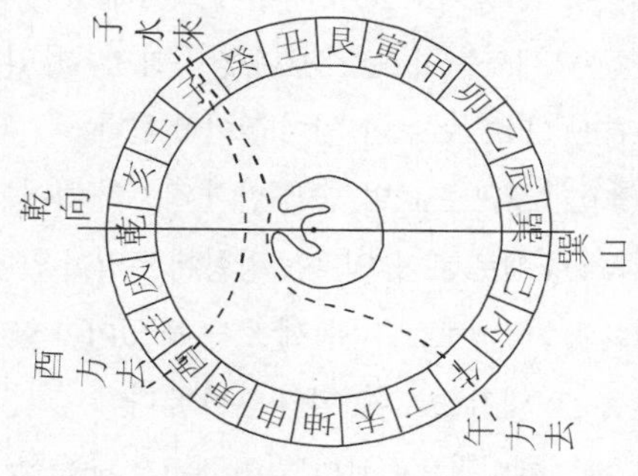

[左右水倒의 실례도]

❖ 좌(坐)로 동물의 모습으로 보는 법

- **자좌**(子坐) : 쥐로 보며, 훔쳐 먹는 성질이 있기 때문에 앞의 먹이를 보아 혈을 따진다.
- **계좌**(癸坐) : 박쥐로 보며, 새와 동물의 영역을 오가기 때문에 여럿이 함께 가는 동물이다.
- **축좌**(丑坐) : 소로 보며, 되새김을 하므로 아래쪽과 머리 부분, 멍에 부분, 젖꼭지 부분에 혈이 있다.
- **간좌**(艮坐) : 사자 또는 바닷게로 보며, 진(辰)에서 오는 바람을

싫어하고 경(庚)의 바람을 좋아한다.

- **인좌**(寅坐) : 호랑이로 보며, 바르게 생겨야 하며 낮은 곳에 우뚝 버티고 있어야 한다.
- **갑좌**(甲坐) : 여우로 보며, 혈이 뒤돌아 보며 있게 된다.
- **을좌**(乙坐) : 담비로 보며, 어느 곳에 의탁하여 숨은 모습이어야 하고 초목이 많은 곳에 혈이 있다.
- **진좌**(辰坐) : 용으로 보며, 앞에 모난 돌이 있어야 한다.
- **손좌**(巽坐) : 용으로 보며, 앞에 모난 돌이 있어야 한다.
- **사좌**(巳坐) : 뱀으로 보며, 급히 오면 놀란 뱀이 되고 완만하게 오면 산 뱀이 된다.
- **병좌**(丙坐) : 사슴으로 본다.
- **오좌**(午坐) : 말로 본다. • 정좌(丁坐) : 노루로 보며, 꼬리가 짧아도 된다.
- **미좌**(未坐) : 염소로 보며, 직접 오는 것은 꺼리고 곡혈(曲穴)이 좋다.
- **곤좌**(坤坐) : 들개로 보며, 등마루가 두텁고 살쪄야 한다.
- **신좌**(申坐) : 원숭이로 보며, 강변에 의지해 있어야 한다.
- **경좌**(庚坐) : 새 또는 까마귀로 보며, 쌍 등의 먹이가 있어야 한다.
- **유좌**(酉坐) : 닭으로 보며, 앞이 짧아야 한다.
- **신좌**(申坐) : 꿩으로 보며, 숨을 만한 장소가 있어야 한다.
- **술좌**(戌座) : 개로 보며, 엿보는 방향에 트임이 있어야 한다.
- **건좌**(乾坐) : 늑대로 보며, 함께 오는 게 있어야 한다.
- **해좌**(亥坐) : 돼지로 보며, 혈의 앞이 짧다.
- **임좌**(壬坐) : 제비집으로 보며, 앞이 짧고 일자 문성(文星)이 되어야 한다.

❖ **좌록귀인**(坐祿貴人) : 가장 길(吉)하며 용상(龍上)의 녹(綠)과 향상(向上)의 귀봉(貴峰)이 높으면 빛이 난다. 비유하건대 임룡(壬龍)에 병향(丙向)의 귀(貴)는 해방(亥方)에 있게 된다. 귀인좌록(貴人坐祿)이 심히 길하니 향상(向上)의 녹(祿)과 용상(龍上)의 귀(貴)가 피차 일반으로 함께 빛난다.

❖ **좌(坐)를 기준으로 귀인사(貴人砂)를 보는 것은**

① 갑좌(甲坐)로 놓았을 때 축(丑)방위, 또는 미(未)방위에 아름다운 산봉이 솟아 있으면 갑좌의 귀인사(貴人砂)가 되어 좋다 : 같은 이치로 을묘좌(乙卯坐)는 자신방(子申方)이 귀인방위고, 오간병정좌(午艮丙丁坐)는 해유(亥酉)방위가 귀인방위며, 손경유신좌(巽庚酉辛坐)는 인오방(寅午方)이 귀인방(貴人方)이다. 건해좌(乾亥坐)는 사묘축미방(巳卯丑未方)이 귀인방(貴人方)이고, 진곤좌(辰坤坐)는 사묘축좌(巳卯丑坐)는 인오사묘(寅午巳卯)가 귀인이다. 인(寅)은 해유축미(亥酉丑未)가 귀인이고, 사술(巳戌)은 해유인오(亥酉寅午)가 귀인이며, 미(未)는 해유자신방(亥酉子申方)이 귀인방위이며, 임자계좌(壬子癸坐)는 사묘(巳卯)방이 귀인방위다.

② 정음정양(淨陰淨陽)으로 따져서 정음룡(淨陰龍)을 더욱 길로 보는데, 정음룡(淨陰龍) 중에서도 간손진태(艮巽震兌)방위를 음최관구인(陰催官貴人)이라 하고, 경신병정(庚辛丙丁)방위를 양최관귀인(陽催官貴人)이라 하여 좌향(坐向) 관계 없이 이 방위에 높이 솟은 봉우리를 더욱 길로 본다.

❖ **좌(坐)를 정하는 비결**(秘訣)

① **입수기혈 비결**(入首氣穴秘訣)

- **계축입수**(癸丑入首) : 계축좌(癸丑坐) = 장손 3대가 망한다.
- **축입수**(丑入首) : 간좌(艮坐) = 당대 절사(絶祀)한다.
- **을진입수**(乙辰入首) : 손사좌(巽巳坐) = 상처(喪妻)한다.
- **손사입수**(巽巳入首) : 병오좌(丙午坐) = 즉시 패망한다.
- **병오입수**(丙午入首) : 정미좌(丁未坐) = 유아가 사망한다.
- **곤신입수**(坤申入首) : 곤신좌(坤申坐) = 질병, 객사한다.
- **곤신입수**(坤申入首) : 경유좌(庚酉坐) = 장손이 상해한다.
- **경신입수**(庚申入首) : 신유좌(辛酉坐) = 음독사(飮毒死)한다.
- **술입수**(辛戌入首) : 신술좌(辛戌坐) = 당대 절사(絶祀)한다.
- **신술입수**(辛戌入首) : 건해좌(乾亥坐) = 가문의 대소가 망한다.
- **해입수**(亥入首) : 임자좌(壬子坐) = 소년 청고(靑孤)하고 패가망신한다.

② **입수정혈 비결**(入首定穴秘訣)

- 임입수(壬入首) = 자간신좌(子艮辛坐)
- 자입수(子入首) = 간좌(艮坐)
- 계입수(癸入首) = 자간좌(子艮坐)
- 축입수(丑入首) = 임좌(壬坐)

- 간입수(艮入首) = 계임신인묘건해축좌(癸壬申寅卯乾亥丑坐)
- 인입수(寅入首) = 간인좌(艮寅坐)
- 갑입수(甲入首) = 간손인좌(艮巽寅坐)
- 묘입수(卯入首) = 갑을계좌(甲乙癸坐)
- 을입수(乙入首) = 간묘좌(艮卯坐)
- 진입수(辰入首) = 간손좌(艮巽坐)
- 손입수(巽入首) = 을사곤좌(乙巳坤坐)
- 사입수(巳入首) = 사좌(巳坐)
- 병입수(丙利水) = 갑을사곤좌(甲乙巳坤坐)
- 오입수(午入首) = 병정좌(丙丁坐)
- 정입수(丁入首) = 사곤좌(巳坤坐)
- 미입수(未入首) = 곤좌(坤坐)
- 곤입수(坤入首) = 정좌(丁坐)
- 신입수(申入首) = 정계좌(丁癸坐)
- 경입수(庚入首) = 곤유좌(坤酉坐)
- 유입수(酉入首) = 곤건해좌(坤乾亥坐)
- 술입수(戌入首) = 신좌(辛坐)
- 건입수(乾入首) = 신좌(辛坐)
- 해입수(亥入首) = 임계축유건좌(壬癸丑酉乾坐)

❖ **좌(坐)를 정하는 요령** : 먼저 혈처를 정해놓고 다음은 망인(亡人)의 태세(太歲)를 알아서 갑자생(甲子生)이라면 납음이 해중금(海中金)이므로 자좌(子坐)를 놓을 때 분금을 병자(丙子)에 맞추면 납음이 수(水)이므로 갑자생(甲子生)의 금(金)과 수생금(水生金)되므로 상생이 되어 진혈(眞穴)이 된다. 또 경자(庚子) 분금은 납음이 토(土)이므로 갑자생(甲子生)의 금(金)과 토생금(土生金)이 되어 역시 가혈(可穴)이다. 그 다음은 풍법(風法), 수법(水法), 각종 살법(殺法), 기좌법(忌坐法), 황천좌(黃泉坐), 멸문좌(滅門坐)를 적용하여 정혈하여야 한다.

❖ **좌법(坐法)** : 건물 및 묘의 좌(坐)를 정하는 법. 좌(坐)가 정해지면 자연 향(向)도 정해지므로 좌법에 맞으면 향법도 맞고, 향법에 맞으면 좌법도 맞지만 그 원리상으로는 차이가 있어 좌법이 따로 있고 향법이 따로 있다. 그러므로 좌법·향법을 모두 맞추는 게 올바른 좌향을 정하는 요령이라 할 수 있다. 뿐 아니라 좌향법을 맞추었다 하더라도 혈성(穴星) 전후좌후 주위환경에 따라 흉한 살성(殺星)을 피해야 하므로 수법(水法)·용법(龍法)·사격(砂格) 등의 모든 길흉관계를 자세히 살핀 뒤 좌향을 정하는게 원칙이다.

❖ **좌보성(左輔星)** : 금성의 변체. 좌보성의 형상은 단아하여 무곡성처럼 좋은 기운을 품고 있다. 좌보성의 혈에 묘를 쓰거나 집을 짓고 살면, 자손들의 성품이 인자하고 효성스럽고 형제간에 우애하며 이웃과 화목하게 지낸다. 또 자손들이 총명하여 학문을 즐기고 과거에 급제하며 부귀장수를 누리며 안락하게 산다. 좌보성의 대명당혈(大明堂穴)은 부마(駙馬)나 왕비를 배출한다.

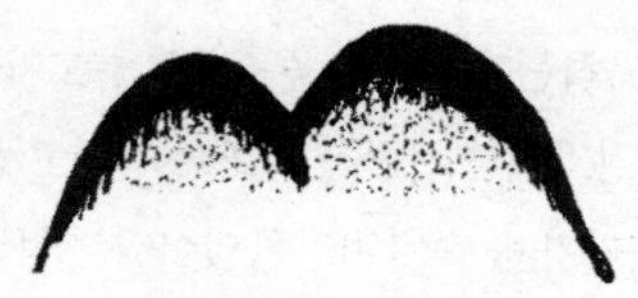

❖ **좌보우필(左輔友弼)** : 보필(友弼)은 혈처의 오른쪽과 왼쪽에 두 산이 우뚝 솟아 서로 대치하고 있는 형국. 두 산의 높이와 크기, 원근이 같으면 아주 좋다. 보필에는 여덟 가지 격식이 있다. 좌보우필은 용혈의 좌우에 두 산이 있어서 보호함인데, 고저, 대소, 원근이 서로 균형을 유지하여야 하며, 이들은 모두 좌우를 호종시위(護從侍衛)함을 귀로 본다. 후룡의 좌우에 있는 것을 천을태을(天乙太乙)이라 하고, 과협(過峽)의 좌우에 있는 것을 천각천고(天角天孤)라 하고, 명당의 좌우에 있는 것을 천관지축(天關地軸)이라고 하며, 수구(水口)의 좌우에 있는 것을 금요(金曜)라고 하는데, 이들은 모두 보필의 역할을 맡은 것은 용혈의 중요한 증거가 되는 산들이다. 혈장의 좌우에 있는 특별나게 솟은 봉으로서 협이대치(夾耳對峙)하여야 길하며, 좌우 산의 높낮이, 대소, 원근이 서로 비등해야 한다. 태양·태음산이 치솟은 것은 일월협조(日月夾照)라 하고, 붓이나 기와 같이 혼자 서 있는 것은 문무시위(文武侍衛)라 하며, 네모지고 평평한 것은 열장열병(列帳列屛)이라 하는데, 중중첩첩하여 높이 치솟은 산들이 혈장을 모시고 있는 형세다. 이 시위산이 뒤에서 오는 용의 발신처의 좌우에 있으면 천을태을(天乙太乙)이 되고 과협의 좌우에 있으면 천각천

호(天角天弧)라 하며, 전조의 좌우에 있으면 금요집법(金曜執法)이라 하고, 또 명당의 좌우에 있으면 천관지축(天關地軸)이라 하고, 수구의 좌우에 있으면 화표한문(華表捍門)이라 한다. 만약 좌우가 균형을 이루지 못하면 보필로 취급하지 않는다.

❖ **좌북조남**(坐北朝南) : 남향의 햇빛이 잘 드는 장소로 겨울은 북에서 덮쳐오는 한기를 피할 수 있고, 여름은 남에서 뭉쳐오는 생기를 잡아넣을 수가 있으니 집이나 토지도 인간과 마찬가지로 자연의 기후에 아주 민감해서 인간이 괴롭다고 생각하는 천후(天候)나 장소는 집에도 좋지 않다. 생기라 함은 인간이 지니고 있는 좋은 에너지인 것이다. 생기가 가득찬 장소에는 자연히 사람이 모이고 그 덕택으로 점점 생기가 증가하며, 그 반대로 사기(死氣)라고 하는 것은 인간을 흉으로 끌고가는 나쁜 기로서 사기가 있는 장소에는 사람은 가까이 가려고 하지 않는다.

❖ **좌사**(坐獅) : 사자가 숲 속에 편안히 앉아있는 형국. 한가하게 노닐며, 혈은 사자의 머리(이마)에 있고, 안산은 사자가 가지고 노는 곳이다.

❖ **좌산관부**(坐山官符) : 세간흉신(歲干凶神)의 하나로 건물 및 묘의 좌(坐)에 이 살이 있으면 관재·시비가 따르고 인정(人丁)이 망한다고 한다.

甲己年 : 戌坐　乙庚年 : 申坐　丙辛年 : 午坐

丁壬年 : 辰坐　戊癸年 : 寅坐

❖ **좌산나후**(坐山羅候) : 세지흉신(歲支凶神)의 하나로 음양택(陰陽宅 : 장매(葬埋)·기조(起造))에 있어 이 날 하면 관재(官災)가 생기고 따른다고 한다.

子年 : 6일	丑年 : 8월	寅年 : 3일	卯年 : 9일
辰年 : 7일	巳年 : 2일	午年 : 2일	未年 : 8일
申年 : 1일	酉年 : 1일	戌年 : 4일	亥年 : 6일

❖ **좌살**(坐殺) : 건물 및 묘의 좌(坐)를 꺼림. 묘를 쓰거나 건물을 짓는데 이에 해당되는 좌(坐)를 놓지 아니한다(단, 이를 해당되는 향은 무관하다).

申子辰年 : 丙子方　巳酉丑年 : 甲乙方

寅午戌年 : 壬癸方　亥卯未年 : 庚辛方

가령 신자진년(申子辰年)은 병정방(丙丁方)이 좌살(坐殺)이니 건물 및 묘를 병정좌(丙丁坐)로 놓지 아니한다.

❖ **좌선**(左旋)**과 우선**(右旋) : 풍수지리에서는 격룡법(格龍法)에 좌선(左旋)이면 천간좌(天干坐)를 하고 우선(右旋)이면 지지좌(地支坐)를 하는 것이 합법으로 되어 있다. 여기서 우선(右旋)은 순행한다 했고 순행은 시계바늘 방향으로 도는 것을 순행이라 했으며 순행함을 우선(右旋)한다고 기정사실로 되어 있고, 그 반대로 좌선(左旋)은 역행한다 했고 역행은 시계바늘 방향의 반대방향으로 도는 것을 역행이라 했으며 역행함을 좌선(左旋)이라 했다.

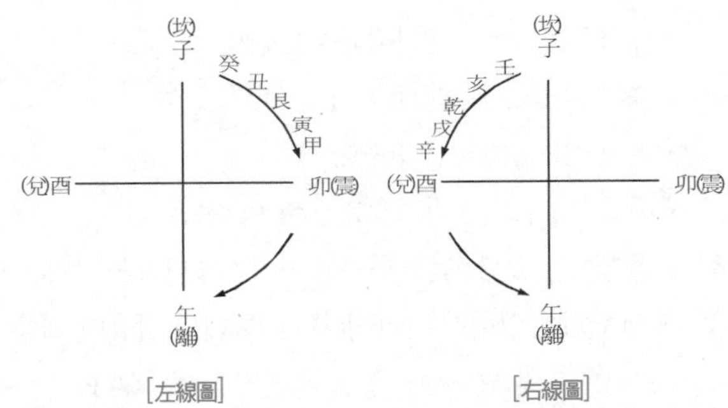

[左線圖]　[右線圖]

예를 들어 감룡(坎龍)이 입수하여 오른쪽으로 돌아 좌선(左旋)되어서 혈을 맺었다면 혈장에 오는 맥(脈)이 건(乾)이나 임(壬)이나 신좌(辛坐)가 될 것이며(左旋은 天干坐) 내맥감룡(來脈坎龍)이 왼쪽으로 돌아 우선(右旋)되어서 혈을 맺었다면 축(丑)이나 인좌(寅坐)가 될 것이다(右旋은 地支坐). 또한 남쪽을 가고 있는 사람이 몸을 돌려 동쪽향을 하고 있다면 이것을 왼쪽으로 돈다고 하는 것이며 좌선(左旋)이 되고 남쪽을 가고 있는 사람이 몸을 돌리어 서쪽을 향하고 있다면 이것은 오른쪽으로 도는 것으로 우선(右旋)이 되는 것이다.

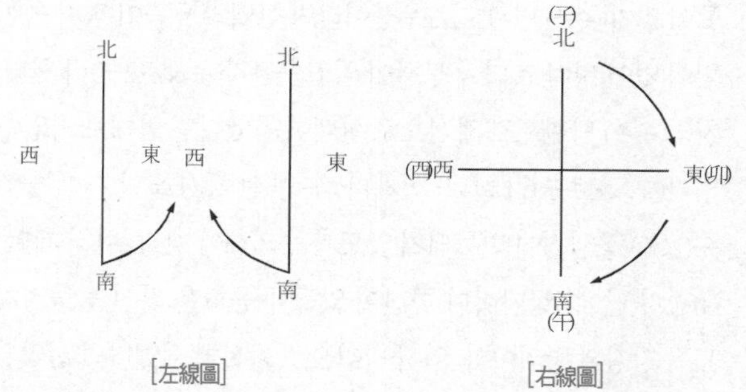

[左線圖] [右線圖]

북에서 동으로 동에서 남으로 도는 것을 순행이라 하며 우선이라 한다. 위 도표에서 보면 북의 자위(子位)를 기점으로 하여 좌청룡편(左青龍便)으로 돌고 있는데 우선(右旋)이라 하니 자칫 혼돈하기 쉽지만 정확히 생각하면 북의 자위(子位)에서 동의 묘위(卯位)와 남의 오위(午位)를 지나 우백호편(右白虎便)으로 돌아가고 있음을 볼 수 있으니 우선(右旋)이 되고, 시계바늘 방향으로 도는 것이 순행이며 순행은 우선(右旋)이라 기정사실로 되어 있으니 우선(右旋)이 된다. 또 오른쪽인 건해임편(乾亥壬便)의 내룡(來龍)의 여력에 밀리어 갑묘방위(甲卯方位)로 돌아 병오방위(丙午方位)를 지나 정미곤신경유편(丁未坤申庚酉便)으로 선회하니 오른쪽에서 미는 내룡(來龍)의 힘이 시발(始發)이 되어 오른쪽으로 밀어 주었으니 우선(右旋)이라고도 합리화될 수 있다.

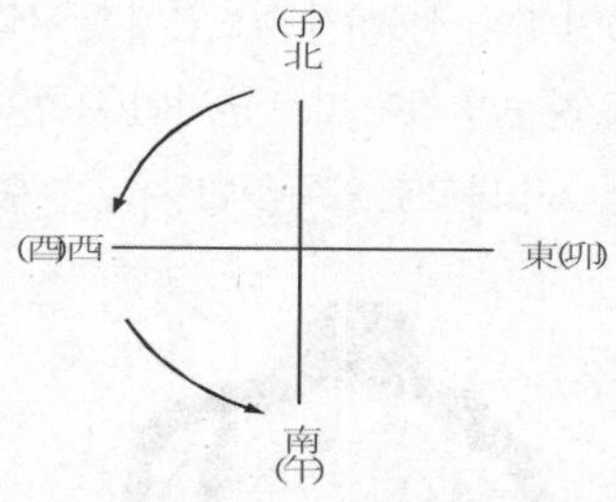

북에서 서로 돌고 서에서 남으로 도는 것을 역행이라 하며 좌선(左旋)이라 한다. 위의 도표를 보면 북의 자위(子位)를 기점으로 하여 우백호편(右白虎便)으로 돌고 있는데 좌선(左旋)이라 하니 자칫 혼돈하기 쉽지만 정확히 생각하면 북의 자위(子位)에서 서의 유위(酉位)와 남(南)의 오위(午位)를 지나 좌청룡편(左青龍便)으로 돌아가고 있음을 볼 수 있으니 좌선(左旋)이 되고 시계바늘 방향의 반대방향으로 도는 것이 역행이라 하며 역행은 좌선(左旋)이라 기정사실로 되어 있으니 좌선(左旋)이 된다. 또 왼쪽인 간축계편(艮丑癸便)의 내룡(來龍)의 여력에 밀려 경유방위(庚酉方位)로 돌아 병오방위(丙午方位)를 지나 손사(巽巳), 을진(乙辰), 갑묘편(甲卯便)으로 선회하니 왼쪽에서 미는 내룡(來龍)의 힘이 시발(始發)이 되어 오른쪽으로 밀어 주었으니 좌선(左旋)이라고도 합리화될 수 있다.

❖ **좌선우선음양룡수론**(左旋右旋陰陽龍水論) : 지리의 도(道)가 음양(陰陽)을 벗어나지 않음이니, 양(陽)이라면 왼쪽의 맥(脈)이고, 음(陰)이라면 오른쪽의 맥이다. 수(水)는 움직이는 것이니 정(靜)하지 아니하여 양상(陽象)이 되고, 천도(天道)가 좌선수(左旋水)는 장생(長生)이 왼쪽에서 오른쪽으로 순행하여 일어난다. 용(龍)은 정(靜)하여 움직이지 아니하니 음상(陰象)이 되고, 지도에서 우선룡(右旋龍)이니 장생(長生)이 오른쪽에서 왼쪽으로 역행하여 일어난다. 좌선양룡(左旋陽龍)은 우선음수(右旋陰水)와 짝이 되고, 우선음룡(右旋陰龍)은 좌선양수(左旋陽水)와 배필이 됨이 마땅하다. 즉 경유룡(庚酉龍)이 정동(正東:卯)으로 행할 것 같으면 양쪽에서 용(龍)과 수(水)가 따를 것이며, 남쪽을 향하면 용수(龍水)가 왼쪽으로 돌아가므로 좌선(左旋)이요, 북쪽을 향하면 용수(龍水)가 또한 오른쪽으로 돌 것이니 우선(右旋)으로 짝을 짓는다. 가장 중요한 것은 결혈처(結穴處)와 수구(水口)가 합법하면 부귀가 발(發)하는 것이니 좌선(左旋)과 우선(右旋)에 있는 것은 아니다.

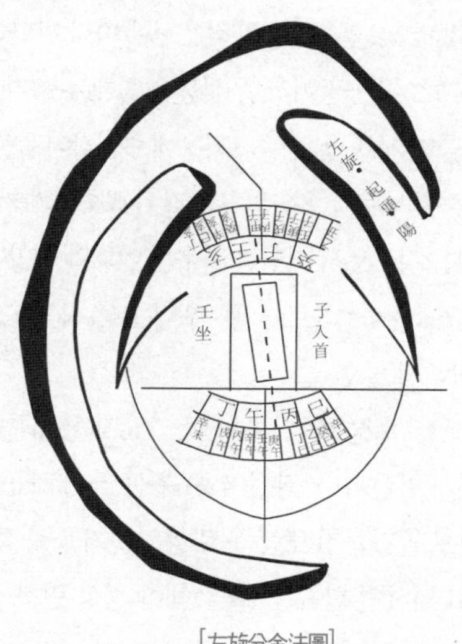

[左旋分金法圖]

❖ **좌세**(坐勢), **인혈은 이러한 곳이다** : 주산과 혈 주변의 산이 높지도 낮지도 않고 마치 산이 앉아 있는 모습이라 하여 좌세(坐勢)라 한다. 또 천혈과 지혈을 비교하면 산중턱에 생기가 모여 결지하므로 인혈이라고 한다. 주룡의 경사는 급하지도 완만하지도 않은 중간 상태로 청룡·백호, 안산·조산 등의 주변 산들의 높이가 적절하여 바람을 막아주고 안정감이 있는 혈지가 인혈이다. 혈을 맺는 곳은 산요처(山腰處)로서 주변 산들이 높지도 낮지도 않으면 산중턱에서 혈을 찾아야 한다.

❖ **좌실조공**(坐實朝空) : 혈이 높고 조안이 낮음을 말함.

❖ **좌**(坐)**와 향**(向)**을 정할 때 용맥**(龍脈)**과 기**(氣)**가 우선이다**

- 용맥에 따른 생기의 흐름을 먼저 보고 좌향(坐向)에 따라 맞추는 것이다. 기(氣)의 흐름을 무시하고좌향을 먼저 정하면 자손중에 무능한 사람이 나고 여러 어려움을 당하게 된다.
- 혈처를 어느 지점으로 정해 좌향을 잡을 것인가 세심함을 기울여야 한다.
- 혈처가 평원이나 넓은 광야에 있을 때에는 작은 산 능선과 지맥이 거듭 둘러 쳐진 형세를 하고 있거나 혹은 물이 감아서 돌아 기(氣)가 그 가운데 모여야 하고, 물을 관찰함에 있어 그 정의를 찾는다는 말은 곧 그 혈처에 물이 모여들고 둘러싸고 멈추어져 있는지 여부를 살펴보는 것을 말한다.

❖ **좌우동궁격**(左右同宮格) : 좌보(左輔)와 우필(右弼)이 명궁에 같이 있거나 모두 명궁을 조(照)하면 좌우동궁격이라 한다.

❖ **좌우선공망**(左右旋空亡) : 용의 좌우선에 따라 판단하는 법. 좌선룡은 갑을(甲乙)이 공망이고, 우선룡은 임계(壬癸)가 공망이 된다.

❖ **좌우에 돌출한 사**(左右突出砂) : 좌우에 주먹같이 돌출한 산머리가 용혈을 향하여 누르거나 혹은 창끝 같이 뾰족한 사가 용혈을 향하여 쏘고 있는 것으로서 이러한 경우는 인패와 재앙이 생긴다.

❖ **좌우창곡**(左右昌曲) : 좌보(左補)·우필(右弼)·문창(文昌)·문곡(文曲)을 합칭해서 줄인 말.

❖ **좌우선**(左右旋) **측정법**(測定法) : 어느 묘지(墓地)를 불구하고 좌우선이 있기 마련이다. 좌선(左旋) 우선(右旋) 하는 것은 산맥의 흐름이 좌로 돌았는지 또는 우로 돌았는지를 측정하는 것으로 한쪽이 굴(屈)하면 한쪽은 돌(突)해야 정상 변화가 된다. 예를 들어 임자(壬子) 당판으로 우선이라면 산맥의 흐름이 임자 쪽이 힘이 있어 왕하고 더 후부하여 임입수좌자(壬入首坐子)라 한다. 자임(子壬) 당판으로 좌선으로 산맥이 돌았다면 반대로 자입수임자(子入首壬子)라 한다. 언제나 좌·우선 측정을 할 때에는 입수(入首) 중심점이 변동되지 않도록 주의해야 한다. 나경 제5선 60갑자 난에 5글자마다 공난이 있는데 공난은 좌선을 측정하도록 지정된 방위이다. 임자 당판으로 좌선이 되었다면 선익위 굴곡부위가 나경 5선 임자(壬子)에서 굴절되어 양(陽)으로 돌(突)처가 되어야 하고 계자(癸子)공난에서 음(陰)으로 굴(屈)처가 되어야 정상 변화가 된다.

❖ **좌저우고**(左低右高)**는 늘 길하다** : 왼쪽이 낮고 오른쪽이 높은 집은 유복한 인생을 불러온다. 특히 장남이 출세하고 장래에는 부모의 노고에 대한 보답을 할 것으로 청룡과 백호가 여기에 관계된다. 청룡은 힘이 세고 백호는 약한 것의 상징이며 백호(우)보다는 청룡(좌)이 믿음직스럽게 자기를 고수하는 것이 보기에도 자연스럽기에 집도 그것에 맞춰 세우도록 한다.

❖ **좌입수**(坐入首) : 혈처(穴處)를 만들기 위해 최종적으로 지기(地氣)를 응결시킨 곳 바로 윗 용을 용입수(龍入首)라 한다.

❖ **좌청룡·우백호**(左青龍·右白虎) : 혈을 기준하여 왼쪽에 있는 용맥(龍脈)을 청룡이라 하고, 오른쪽에 있는 용맥을 백호라 한다. 원칙상 동(東)이 청룡, 서(西)가 백호인데 혈 뒤를 북(北)으로, 앞을 남(南)으로 하는 법칙을 따르면 자연 왼쪽이 동(東)이 되고, 오른쪽이 서(西)가 되므로 왼쪽을 청룡, 오른쪽을 백호라 한다.

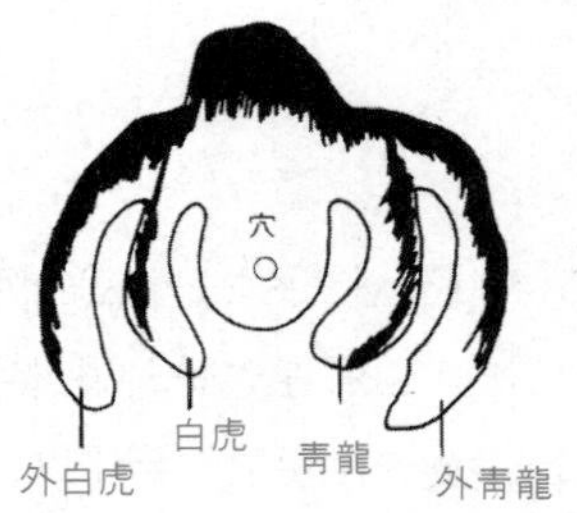

❖ **좌출맥**(左出脈) : 맥이 좌측으로 나온 것.

❖ **좌향**(坐向) : 가옥이나 묘가 앞으로 향하는 곳이 향(向)이고 향의 반대방향이 좌(坐)가 되는데, 묘는 시신의 머리를 향하는 곳이 좌(坐)요 발을 향하는 곳이 향(向)이다. 곧 수신(水神)의 절지(絶

地)가 되므로 행여라도 좌처(坐處)가 절지(絶地)에 앉지 않았는가를 살펴야 한다는 뜻이다. 만약 좌처(坐處)가 절지(絶地)에 떨어지면 큰 흉이 닥치므로 크게 피해야 한다. 시신이 놓여 있는 방향이나 건축물이 세워진 방향을 좌향이라 부른다. 시신의 경우에는 머리쪽이 좌(坐), 발쪽이 향(向)이다. 건축물은 위쪽이 좌, 앞쪽이 향이다.

❖ **좌향**(坐向)**과 방위**(方位) : 좌(坐)라 함은 혈의 중심 즉 관(棺)을 묻는 곳, 위쪽을 좌(坐)라 하고 아래쪽 앞을 향(向)이라 한다. 좌향(坐向)은 일직선상이 되며 좌가 결정되면 향이 결정된다. 이와 같이 묘의 좌법(坐法)에 맞추어 안장(安葬)한다.

- 무덤이 산세의 흐름, 즉 용이 내려오는 방향을 따라 산줄기(용)의 끝부분에 쓰여졌는데 이로 인해 진혈(眞穴)의 조건에 부합되는 좌향(坐向) 정하기의 모범을 보인다.

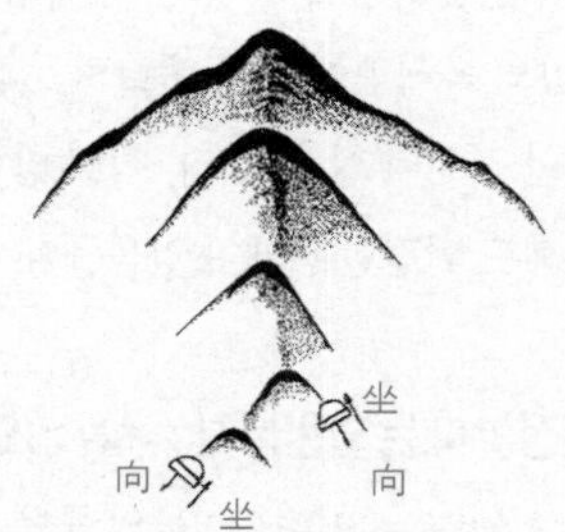

[가장 잘된 무덤의 坐向]

- 산줄기가 이어지는 중간부분에 무덤이 쓰여졌는데에 비해서는 다소 좋지 않은 좌향 선택이지만 용맥(龍脈)의 방향과 일치하는 방향이므로 그저 무난한 선택이라고 볼 수 있다.

[중간 정도 수준의 무덤 坐向]

- 용맥의 방향과 상관없이 쓰여졌을 뿐만 아니라 용맥, 즉 산줄기가 이어지고 있는 중간부분에 좌향을 정했으므로 무덤의 방향이 좋지 않지만 이런 위치 및 방향에 자리잡은 묘지가 의외로 많다.

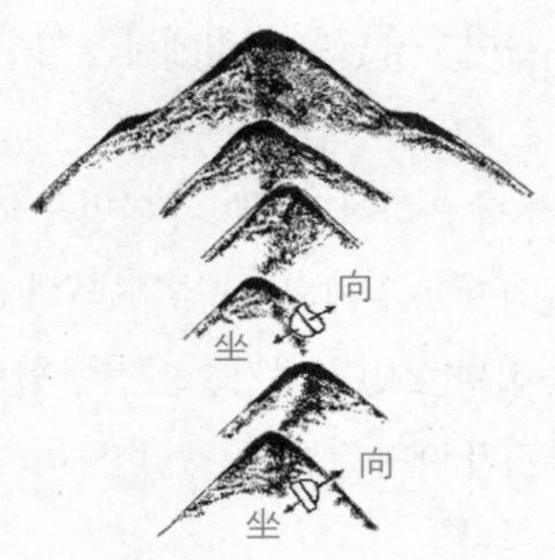

[잘못 선정된 무덤의 坐向]

❖ **좌향론**(坐向論) : 형세(形勢) 형국론(形局論)에 의해 터가 정해지면 4대국(大局) 포태법(胞胎法)으로 득수(得水) 파구(破口)를 측정, 좌향(坐向)을 정하는 이론, 용(龍)에도 향(向)에 따라 생왕사절(生旺死絶)이 붙고 혈(穴)에서도 향(向)에 의해 유·무기(有·無氣)를 알며 사(砂)에는 향(向)으로 그 득위(得位)를 짐작하고 는 향(向)으로 그 길흉(吉凶)을 알게 된다.

❖ **좌향법**(坐向法) : 건물 및 묘의 좌향을 정하는 법.

❖ **좌향**(坐向) **선정기준**

① 입수를 기준으로 좌우 90° 이내를 좌방위로 선정한다. 좌우 90° 이후의 방위는 쓸 수 없다. 왜냐하면 90° 이후는 경사진 곳으로 이곳에 망인의 머리를 두면 조화를 이루지 못하는 형태이기 때문이다.

② 정음정양법에 의한 방위를 사용한다. 좌(坐)와 득(得)의 방위가 정음정양이어야 한다. 다른 법에 의하지 않고 정음정양만 맞아도 쓸 수 있다고 할만큼 중요하다. 즉 좌가 양(陽)이면 득도 양(陽) 방위여야 하고 좌가 음이면 득도 음(陰) 방위여야 한다.

③ 팔요황천살(八曜黃泉殺)을 피해야 한다. 즉 용맥(입수)방위에 물, 바람 등의 기운이 오행을 극하는 8방위에 있는 것을 피해야 한다. 또한 팔로사로황천살(八路四路黃泉殺)을 피해야 한다. 즉 좌(坐) 방위에 물이나 바람의 기운이 들어오는 것을 피해야 한다.

④ 국세가 뚜렷한 지역에서는 포태법으로 좌를 쓴다. 포태법으로 보기 전에 십장생법에서 파구가 생(生)방위면 좌(坐)의 방위를 바꾸어 포태법에 적합한 위치를 선정한다.

⑤ 국세가 이루어지지 않은 지역에서는 입수좌법(入首坐法)을 쓴다.

⑥ 구묘생왕법에 의하여 생방이나 왕방을 피하도록 한다. 아울러 구묘의 향과 일치되는 방위도 피하도록 한다. 그러나 이와 같은 좌향(坐向) 선정기준 이전에 혈토(穴土)의 색깔이 차지고 윤기가 나며 밀도가 강한 비토비석과 4국 국세가 선행되어야 한다.

❖ **좌향(坐向)은 산과 수(水)의 형세를 보고 정한다** : 명당은 자연스레 어우러진 산과 물의 형세를 보고 정한다. 그러나 거기에 들어서는 혈의 방향은 산수가 갖고 있는 24방위의 음양과 오행의 기에 맞도록 하지 않으면 안 된다. 즉 무덤의 방향은 흐르는 물의 위치와 궁합이 맞아야 한다. 여기에서 소위 풍수를 구성하는 세 요소인 산·수·방위가 생겨나게 됐다. 정해진 혈에 어떤 방위로 안치할 것인가를 다루는 것, 그것이 좌향론으로서 최종 목표물인 구체적인 입지점의 혈을 찾기 위해 간룡법 → 장풍법 → 득수법 → 정혈법 등 풍수의 터 잡기 원리를 한 단계씩 밟으며 잡아 놓은 혈에 어떻게 안치하느냐 하는 것이다. 방위를 따지는 좌향론에서는 방위를 분별하는 나침반이 필수 도구로서 감각이나 눈으로 판단하던 풍수에서 과학적인 풍수로의 전환을 이루는 계기가 되었다. 좌향(坐向)이란 혈의 중심을 이른다. 음택에서는 관을 묻는 곳을 '좌(坐)'라 하고, 이 좌가 정면으로 향하는 방위를 '향(向)'이라 한다. 곧 좌와 향은 일직선상에 놓이게 된다. 좌라는 것은 결국 중심이고, 향은 좌의 정면에 해당하는 방위를 가리키는 것이다. 풍수에서는 방위를 말할 때 동서남북이라는 명칭을 쓰지 않고 4괘·8간·12지를 결합한 24방위의 명칭을 사용한다. 즉, 자오묘유(子午卯酉)가 동서남북인 셈이다. 이러한 방위는 패철이라 부르는 나침반으로 알 수 있다. 속담에 "상주는 지관한테 속고, 지관은 패철에 속는다." 하였다. 좌향론이 풍수 술법 중 가장 어렵다고 해도 과언이 아니다. 그러나 어쩌면 이것이 바로 풍수의 묘미로서 좌향을 볼 때 가장 중시하는 것은 음양의 배합이다. 그러면 향의 음향 배합은 어떻게 이루어질까?

- 서북쪽이 높고 수려하면 부귀하고 무궁하다.
- 북방에 깊은 우물이 있으면 대대로 충효가 나온다.
- 동북쪽 봉우리가 풍부하고 수려하면 열녀와 효자가 대대로 나온다.
- 서북쪽이 풍부하고 수려하면 당대에 발복한다.
- 동남방에 긴 골짜기가 있으면 자손이 연달아 죽는다.
- 서남방이 뾰족하면 자손이 서로 다툰다.
- 서북방에 깊은 샘이 있으면 음란한 자손이 생긴다.
- 주산 밖에 바위가 있으면 힘센 역사가 나온다. 이처럼 풍수에서는 좌향에 따라 길흉화복이 달라진다고 보았다. 이 길흉화복은 좌향의 음양 배합이 제대로 이루어졌느냐 혹은 그렇지 못하느냐에 따라 엇갈리게 될 것이다. 좌향론에서 예기하는 24방위는 태양의 움직임에 따라 변화하는 4계절과 24계절기를 담아 표현한 것이라 할 수 있다. 이런 방위 개념은 좌향론이 기후, 풍토와도 밀접한 관계가 있음을 보여 주는 것이라 할 수 있다.

❖ **좌향(坐向)을 결정할 때는 외반봉침(外盤縫針)으로 한다** : 88향법은 의수입향법(衣水立向法)이다. 즉 물의 좋은 기운을 의지하여 향을 세운다. 물은 나경반 8층 천반봉침으로 측정하는데 향을 4층 지반정침으로 하면 반위(7.5도) 차이가 생긴다. 향이 물의 정확한 기운을 얻을 수 없으므로 의수입향법은 8층 천반봉침으로 좌향을 결정한다. 이를 제외한 모든 이법들은 제4선 지반정침으로 한다.

❖ **좌향(坐向)을 잡을 때는 용맥(龍脈)과 생기(生氣)가 우선이다** : 좌향(坐向)을 잡을 때는 용맥에 따른 생기(生氣)의 흐름을 먼저 보고 좌향에 따라 맞추는 것이다. 기(氣)의 흐름을 무시하고 좌향이 먼저 되면 여러 가지 문제가 생기게 되며, 자손 중 무능한 사람이 나오거나 어려움을 당하게 되기 때문에 어느 지점을 혈처(穴處)로 해 좌향을 제대로 잡을 것인지에 세심한 주의를 기울여야 한다.

❖ **좌호(坐虎)** : 호랑이가 웅크리고 앉은 형국. 기세가 당당하며 헌

걸차며, 혈은 호랑이의 젖가슴에 있고, 안산은 창으로 창이 호랑이를 노리고 있는 형국이다.

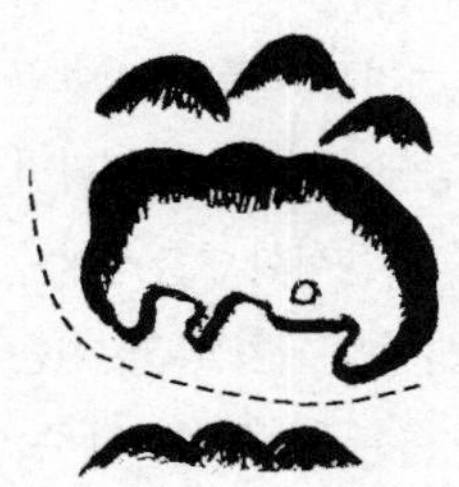

❖ **주**(主) : 혈의 주산(主山).

❖ **주**(珠) : 사(沙)의 모양이 둥글고 반듯하여 주옥과 같은 것.

❖ **주**(柱) : 주공(柱工)이라고 하며 비파를 타는 기러기의 발을 말함.

❖ **주**(稠) : 주밀함을 말함.

❖ **주**(走) : 산이 기울어 물을 따라 가는 것.(방탕아, 가출자가 생긴다.) 청룡·백호 등 보국에 있는 모든 산들이 용과 혈을 보호하지 않고 사방으로 흩어져 달아나는 것을 말한다. 이것은 배신과 파산을 당하여 결국 고향을 떠나게 된다. 산과 물이 비주(飛走)하면 유탕(遊蕩)하여 때가 되어도 귀가를 생각지 아니한다.

❖ **주간**(晝間) : 해가 동쪽의 수평으로 뜨면서 서쪽의 수평으로 지는 순간까지의 시간.

❖ **주객수교합론**(主客水交合論) : 혈이 좌선(左旋)으로 되면 우선수(右旋水)가 배합이 되며 혈이 우선(右旋)으로 되면 좌선수(左旋水)가 배합이 된다. 혈이 입수(入首)까지를 천관(天關)이라 하며 혈 앞의 순(脣)을 지축(地軸)이라 한다. 천관(天關)의 혈당수(穴堂水)가 좌선(左旋)의 혈에서는 우선(右旋)으로 우선(右旋)의 혈에서는 좌선(左旋)으로 그 혈을 안아주는 듯이 싸서 포혈(砲穴)을 하고, 외당수(外堂水)와 교합하는 것을 나누어 혈당수(穴堂水)를 주수(主水)라 하고 외당수(外堂水)를 객수(客水)라 한다. 좌선룡(左旋龍)에 좌선혈(左旋穴) 또는 우선룡(右旋龍)에 우선혈(右旋穴)의 경우는 혈 뒤의 천관(天關)이 혈 앞의 지축(地軸)에 비하여 넓으며, 좌선룡(左旋龍)에 우선혈(右旋穴) 또는 우선룡(右旋龍)에 좌선혈(左旋穴)의 경우에는 혈(穴)과 천관(天關) 사이보다 혈 밑의 지축(地軸)이 넓으며 이때는 천관(天關)의 혈당수(穴堂水)가 없을 정도로 미소(微小)하여 혈 앞을 안아준 물보다 적기에 객수(客水)와 교합하더라도 충분한 기(氣)가 취회(聚會)하지 못하니 먹고는 지내며 자손을 전계(傳繼)하는 것이다. 좌선룡(左旋龍)에 좌선혈(左旋穴)이나 우선룡(右旋龍)에 우선혈(右旋穴)이 되면 천관(天關)의 물이 많은 만큼 혈당수(穴堂水)가 위로 기울어져 천관수(天關水)와 교합하면 자손이 많으며 부귀(富貴)하게 된다. 그러므로 88향진결(八十八向眞訣)에서 말한 내파(內破), 중파(中破), 외파(外破) 중에서 먼저 선취제신(先取諸身)이라는 역의 원리에서 내파(內破)로 주단(主斷)하라고 한 것이며, 중파(中破) 외파(外破)까지가 같이 적중되면 그 이상 바랄 것이 없다. 그 내룡(來龍)에 비하여 혈당수(穴堂水)가 위로 기울어진다면 즉 좌선룡(左旋龍)에 좌선혈(左旋穴)과 우선룡(右旋龍)에 우선혈(右旋穴)이라 그늘에서 자라난 식물과 태양을 많이 받은 식물과 생장에 조만(早晩)이 있듯이 귀엽게 공자(公子) 대우로 자라난 자식보다 갖은 인고(忍苦)로 자라난 자식이 크게 출세하는 것과 같은 이치이다.

❖ **주거 공간** : 사람마다 옷 입는 치수가 다르듯 집도 마찬가지이며 부(富)와 권위를 과시하기 위해 넓고 큰 집만을 찾는 요즘 세태(世態)에서 더더욱 자기에 알맞은 집을 고르는 것은 무엇보다도 중요하다. 일인당 적당한 집 면적은 5~10평으로 보통 6평을 기준으로 하는데 사람들로 인해 약간 비좁게 느껴지는 정도의 넓이가 발전하는 집이다. 집이 가지는 기능 가운데 가장 중요한 것은 편안한 휴식을 제공해서 낮 동안에 쌓인 피로를 풀어주는 것이다. 그러므로 충분한 수면을 취하지 못하면 생산적인 활동을 할 수가 없다. 또한 생기(生氣)가 많은 공간에서 잠을 자면 충전이 잘되고 그렇지 못하면 왕성한 활동을 할 수가 없다. 이런 기능을 충실하게 해내는 곳이 바로 침실이다. 따라서 집에서 가장 생기가 많이 모이는 곳에 부부의 침실 곧 안방을 배치해야 한다. 대부분의 집들은 햇볕이 많이 쪼이는 남쪽 창문가 한쪽 구석에 안방이 위치하고 있는데 최근에는 안방의 독립성을 위해 가장 구석진 장소에 배치하는 경향이 많다. 그러나 구석진 공간에는 생기가 모이지 못하기 때문에 안방으로는 적당하지 못하다. 생기는 중심에 모인다. 안방의 조명과 채광은 집 분위

기에 많은 영향을 준다. 안방이 밝으면 집도 밝아진다. 요즈음은 안방 창문을 일부러 크게 만드는 추세인데 이는 주인과 식구들이 서로 격의 없이 화목하게 지내고 개방적인 분위기를 만든다는 점에서는 매우 효과적이지만 부(富)를 축적하는 면에서는 그리 바람직하지 못하다.

❖ **주거 공간은 자신에게 유리하게 꾸며야** : 주택 풍수는 무조건 생활풍수 이론을 따르기만 하면 좋은 운이 저절로 들어온다는 것보다는 자신과 어울리는 집안 분위기를 만들어 주면 그 안에서 생활하는 본인은 당연히 기분이 좋아지고 쉽게 피로가 풀려 건강하고 기분 좋게 살아갈 수 있다. 자신에게 유리한 기운을 모으는 풍수의 방법에 따라 자신이 손수 구민 집에서 살게 되면 행복해질 것이고 따라서 매사에 능률이 오를 것은 당연하다. 현대의 주부들은 대부분 살림살이가 점차 커지는 규모를 보다 큰 평수의 아파트로 이사를 가거나 큰집을 사들이는 것으로 인식하여 넓은 집에 대해서 무조건적인 호감을 가지거나 집을 인간의 영혼과 정신 삶 그 자체를 담고 있는 큰 그릇으로 크기가 너무 커도 너무 작아도 좋지 않다. 사람이 사는 공간 즉 생활의 터전으로서 알맞은 주택의 크기는 5인 가족이면 25평에서 35평 정도의 집이 알맞다.

❖ **주거지 이상적 지형** : 집터를 선택함에는 산을 등지고 물을 바라보면(背山面水) 사람의 마음이 포근해지며(人心閒和) 흘러온 산줄기는 힘차고 수려하게 펼쳐지고, 물줄기가 둥글게 굽이돌아 감싸 흐르고 앞에 열린 터전이 넓고 클수록 복력이 광대하며, 물이 들어와서 빠져나가는 곳이 굴곡을 거두어 들며 감추어져야 만금을 쌓아놓은 부귀(萬金富貴)를 이룰 수 있다고 하였다.

❖ **주(主)는 안방이나 거실이 되어야 한다** : 주(主)라고 하는 것은 주택 내부에서 가장 중심이 되는 공간(장소)을 뜻하며 높은 곳, 넓은 곳, 힘(氣)이 뭉쳐 있는 곳이 주의 위치가 된다. 현재의 가옥 구조상으로 본다면 마땅히 주인이 거처하는 안방이 되거나 아니면 거실이 중심이 되어야 한다. 그렇지만 주(主)는 가옥의 형태에 따라 고정불변의 특성이 있으며, 안방이 동쪽에 있다거나 남쪽에 있다고 해서 이리저리 옮겨다니는 것이 아니다. 따라서 가옥의 설계시 주의 위치에 안방이나 거실을 배치시킬 필요가 있다. 높은 곳의 주란, 예를 들면 옥상으로 올라가는 계단실 옥탑 바로 옆에 방을 만들고 그곳에 사람이 거주할 경우를 두고 일컫는 말로써, 옥탑 바로 옆방의 위치가 주가 된다는 말이다. ㅡ자집이든 ㄱ자 집이든, 아니면 불규칙 형태의 집이건 간에 상관없이 위층에다 방을 만들었다면 그 방이 주의 위치가 된다. 넓은 곳의 주란, 정확한 주를 정할 수 없는 불규칙적인 형태를 가진 주택에서 주의 위치를 판별하는 방법으로, 내부 구조상 평면적이 가장 넓은 곳, 즉 거실이 주의 위치가 된다. 힘이 뭉쳐 있는 곳의 주란, 직사각형의 ㅡ자집은 정 가운데가 주의 위치가 되고 ㄱ가 집은 꺾인 부분이 주의 위치가 되는, 다시 말하면 주의 위치가 고정불변인 주택을 말하는 것이다. 가로 세로의 비율이 1:2가 넘지 않는 직사각의 나무토막은 부러뜨리기가 매우 힘들며, 대나무의 마디나 나무의 꺾이는 부분은 다른 부분과는 비교가 되지 않을 정도로 단단하다는 것이 주의 위치가 고정불변이 되는 이유다. 현대 주택에서는 주의 위치를 이와 같이 판별하지만 우리 전통한옥과 새로이 짓는 한옥의 주는 어떻게 판별을 할까. 현대 주택과는 달리 한옥은 나무를 써서 기둥과 보를 만들고 그 위에 서까래를 걸치고 기와를 덮는 구조로 되어 있다. 평면 모양은 중부지방까지는 거의가 ㅡ자가 ㄱ자 모양이며, 북쪽으로 갈수록 ㅁ자 형태를 보인다. 그렇다면, ㅡ자집은 가운데가 주가 되며 ㄱ자 집은 꺾인 부분이 주가 되고, ㅁ자집은 꺾인 부분이 네 군데가 되니 전부 다 주가 되지 않고 한옥은 거의 대부분이 대청마루 있는 곳이 주가 된다. 한옥은 삼량(三樑), 오량(五樑), 드물게는 칠량(七樑)의 구조로도 지어지는데 그 구조가 훤하게 보이는 곳이 바로 대청이다. 대청에서 올려다 보면 천장 맨 윗부분을 가로질러 놓여 있는 기다란 부재가 있는데 그곳 중앙에는 거의가 상량문이 적혀 있다. 한옥에서는 바로 그곳이 주의 위치다. 간혹 새로 짓는 한옥 중에서 대청이 없는 평면 형태를 가진 집이 있는데, 그런 집은 대청이 없는 것으로 간주하고 앞에서 찾는 방법으로 주를 찾으면 된다.

❖ **주당**(周堂) : 주당살이라고도 하는데 일반적으로 흔히 주당만 알고 있으나 주당에는 혼인주당, 이사주당, 신행주당, 안장주당(安葬周堂) 등이 있다. 주당살은 혼인·신행·이사·안장 등의 행사를

함에 있어 각각 날짜에 따라 닿는 곳이 다르며, 주당살을 피해야 될 경우가 있고, 주당살이 있어도 무방한 경우가 있다.

❖ **주당**(主堂) **상문살**(喪門殺) : 상가(喪家), 문상(問喪), 이장(移葬)한 집을 찾아 간 후(後)에 초기 감기 몸살 증세를 보이는 것.

① 방안에 건 고추 5~7개를 쑥·소금과 함께 태우면 환자가 재채기를 하게 되면 상문살(喪門殺)이 나가 버린다. 심한 사람도 회복된다.

② 북어·미나리·소금을 상에 올려놓고 30분 정도 후에 환자 본인이 상을 들고 나가 난폭하게 내리친 후 곧장 뒤돌아오면 회복이 된다.

❖ **주룡**(主龍) : 주룡(主龍)은 태조산으로부터 맥기통하여 혈장까지 뻗어 내려온 능선을 주룡(主龍), 내룡(來龍), 용맥(龍脈) 또는 그저 용(龍)이라 부르기도 한다. 그러나 풍수지리학적으로는 모든 능선 중에서 묘지 혹은 점혈 예정지 혹 혈의 융결지가 소재하는 능선만을 일괄하여 주룡(主龍)이라 한다.

❖ **주룡은 혈의 모체태반**(母體胎盤)**과 같다** : 어머니 뱃속의 태아는 탯줄을 통해 모든 양분을 전달받아 성장한다. 마찬가지로 혈도 용맥을 통해 산천정기를 전달받아 존재한다. 만약 용맥이 없거나 병이 들어 부실하거나 허약하면 결코 진혈(眞穴)을 맺을 수 없다. 이와 같은 용맥은 조종산인 태조산에서 출발하여 중조산, 소조산, 현무봉을 거쳐서 혈까지 내려 온다. 마치 사람이 시조로부터 나와 중시조 할아버지, 아버지, 자식으로 이어지는 이치와 같다. 식물에 비유한다면 뿌리(태조산)에서 나와 줄기(주룡)를 통하여 가지(중조산)를 뻗고 다시 새가지(소조산)에서 꽃봉오리(현무봉)가 되어 꽃과 과일(혈)을 맺는 이치다.

❖ **주마육임**(走馬六壬) : 집을 짓거나 묘를 쓰기 위해 연월일시를 가리는데 있어 좌(坐)를 기준하는 바 통천규와 이 주마육임법만 맞추면 일체의 흉살을 꺼리지 않는다는 길성이다. 정국(定局)이 가장 쉬운 것은 양산(陽山)에 양연월일시(陽年月日時)를 쓰고, 음산(陰山)에 음연월일시(陰年月日時)를 쓰면 바로 주마육임법에 맞는다.

- 陽山 : 壬子 艮寅 乙辰 丙午 坤申 辛戌坐 / 이상은 모두 子寅辰午申戌 年月日時를 가려 쓴다.
- 陰山 : 癸丑 甲卯 巽巳 丁未 庚酉 坤亥坐 / 이상은 모두 丑卯巳未酉亥 年月日時 가운데서 가려 쓴다.

❖ **주마탈안형**(走馬脫鞍形) : 달리던 말이 잠시 쉬기 위해서 안장을 벗어 놓고 있는 형국. 주산은 천마산이고, 안산은 말안장이나 풀더미 같은 적초안(積草案)이 있어야 한다. 또 주변에 말 주인인 귀인봉도 있다.

❖ **주마퇴조**(走馬退朝) : 달리는 말이 궁궐에서 물러나는 형국. 말의 뒤에 궁궐이 있으며 혈은 말에 올라탈 때 발을 올려놓는 곳에 자리잡고, 안산은 채찍이다.

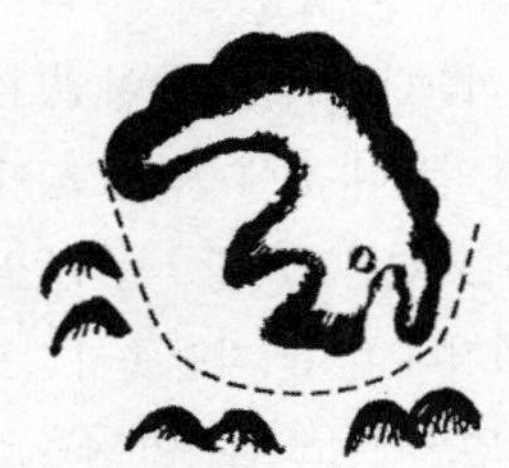

❖ **주맥수**(注脈水) : 혈 앞에 못이나 호수가 있고, 물 밑으로 혈에서 이어 나간 용맥이 뻗어 안산(案山)이나 관성(官星), 요성(曜星) 등을 빚어 올렸을 경우, 그 호수물을 주맥수(注脈水)라 부르며 앙천호(仰天湖)라 부르기도 한다. 사시사철 물이 마르지 않으면 아주 귀하고 좋은 기운이 서리며 그 기운으로 인해 사람들이 많은 복을 누린다. 그런데 고였던 물이 말라 버리면 반대로 흉화를 입게 된다. 주맥수는 용세가 강하여 용맥 중간에 천호(天湖)가 있고 그 위에 결혈한 것이니 사계절 마르지 않으면 진기가 융결된 곳이며 천호가 있고 다시 용맥이 이어져 안(案)이 되면 크게 귀(貴)한다.

❖ **주문**(朱門) : 훌륭한 집안을 말함.

❖ **주밀**(周密) : 무슨 일이든 빈구석이 없고 자세함.

❖ **주밀명당**(周密明堂) : 주위 사방에 빈 곳이나 잘록한 곳이 없이 공고하여 바람을 받지 않으며 생기가 스스로 모임.

[周密明堂]

주밀명당은 혈 앞에 수많은 봉우리들이 빽빽하게 솟아오른 것이다. 뭇산이 둘러쌌으니 요풍(凹風; 산봉우리 사이가 움푹 들어간 것)도 없고, 허술한 곳이나 빈틈이 없다. 그러니 혈의 정기가 전혀 새나가질 않는다. 혈에 생기(生氣)가 충만하니 발복하여 부귀를 얻게 되고 건강하게 장수를 누린다. 그런데 만약 어느 한쪽이 허술하거나 이지러지면 좋지 않으므로 화(火)를 입게 된다. 부귀를 얻으면서도 간간이 나쁜 일을 당한다.

명당외곽사위(明堂外廓四圍)가 무요공고(無凹拱固)하여 설기(洩氣)됨이 없이 생기가 취결(聚結)된 명당이다. 주의할 것은 요결(凹結)을 주밀(周密)로 보면 안 된다.

❖ **주방 꾸미기** : 음식을 조리하는 주방은 가족의 건강과 금전 운에 영향을 미치는 중요한 공간이다. 주방이 지저분하면 생명력과 금전 운에 손상을 받게 되므로 항상 청결하게 관리해야 한다. 또한 화(火)의 기운을 가지고 있는 가스와 수(水)의 기운을 지닌 물이 공존하는 곳이므로 음양이 맞게 인테리어를 하는 것이 중요한 예를 들어 물 주위에 불[火]의 기운을 지닌 플라스틱 제품을 놓거나 가스레인지 옆에 정수기를 설치하는 것은 운세를 악화 시키는 결과를 가져오기 쉽다. 주방의 창문에 커튼이 없으면 금전 운이 밖으로 달아나 버리기가 쉬운데 주방은 항상 밝은 상태를 유지하는 것이 좋다. 때문에 커튼은 태양 광선을 차단하는 소재로 되어 있는 것은 피한다. 주방에 흰색 도자기 그릇은 음양의 조화가 깨지기 쉬운 주방에서는 기(氣)를 조절해주는 중요한 역할을 한다. 물 주위에서 사용하는 도자기 그릇은 흰색을 선택하고 디자인도 통일하는 것이 좋으며 주방기구들도 물 주위에는 놓지 않는 것이 좋다.

❖ **주방 부엌의 공간은 정갈하게** : 의·식·주가 중요했던 시절에는 의·식·주 어느 것 하나 소홀히 할 수 없는 필수불가결한 요소였다. 과학이 발달하고 농업생산 기술이 발달하여 곡식의 증산이 가능해지면서부터는 식량 걱정은 점차 감소하는 추세로 돌아섰다. 또한 생활도 윤택해지면서 주방의 기능도 예전과는 비교가 될 수 없는 수준으로 향상되었다. 나무나 연탄을 사용하여 난방과 조리를 했던 재래식 부엌의 구조는 그 성격상 마루나 방바닥보다 낮은 위치에 있었으며, 당연히 내부와 단절된 외부공간에 가까운 성격을 띠고 있었다. 그러나 이제는 난방의 역할은 가스가 분담하고, 주방은 음식물 조리와 식사를 하는 공간으로 그 성격이 바뀌면서 거의 거실에 가까운 역할을 하게 되었다. 반면에, 음식물 조리시 발생하는 냄새와 연기는 식구들의 건강에 도움을 주지 않는다. 자연적으로 환기가 되도록 창문을 이상적인 구조로 설치하거나 강제로 오염된 공기를 환기시설을 통해 외부로 배출시킬 필요가 있다. 더럽혀진 공기가 장시간 집안 내부에 정체된다면 식구들의 정신과 육체 건강은 많은 장해를 받게 되므로 이를 위해 주방공간과 거실공간을 차단시키는 문을 설치하면 된다. 이 방법도 완전무결하지는 않지만 없는 것보다는 훨씬 좋다. 주방이 좁아 보여 답답하다고 기존

의 문을 떼어내고 주방과 거실을 하나의 공간으로 만든 예가 많은데 다시 한번 심사숙고할 필요가 있다. 주방과 거실이 분리되지 않고 하나의 공간으로 이루어진다면, 그 평면 모습은 가로 세로의 비율이 1:2이상이 되어 좁고 긴 형상을 보이거나 불규칙한 형태를 지니게 되니 가상으로 따져봐도 좋지가 않다. 이것은 집안 내부 각 실의 공간도 황금비율에 근접한 형태로 분할하는 것이 좋기 때문이다.

❖ **주방이 남쪽에 있으면 가지고 있던 돈도 야금야금 다 써버리게 된다** : 예방책으로 먼저 남쪽에 위치한 부엌에 관엽 식물을 놓는 것이 좋다. 남(南)쪽의 기(氣)를 완화시켜 주기 때문이다. 싱크대나 가스레인지는 항상 번쩍 번쩍 빛나도록 닦으라 했다. 또 서쪽 현관은 노란색 꽃으로 장식하고 거실에 있는 어항을 동쪽이나 동남쪽에 놓도록 한다.

❖ **주변 다른 건물에 비하여 별난 건물이라면** : 근처의 주변 다른 건물 등에 비하여 별난 형태가 드높이 치솟아 오르든지 중간 부위가 튀어나오거나 거창한 건축 골격 내지 구조는 집안에 시끄러운 말썽과 손실 파란 및 불상사가 빚어지는 흉액지사이다.

❖ **주변 산들의 모양을 살펴보아야** : 풍수지리에서는 혈을 제외한 주변의 모든 산과 바위를 사격 또는 사라고 한다. 만약 주변 산들이 깨끗하고 반듯하게 잘생겼으면 귀한 인물을 배출할 것이다. 둥글고 풍만하면 부자(富者)가 태어날 땅이다. 험하고 부서지고 기울고 무정하게 배반하는 산들만 있다면 파멸을 초래하는 흉지(凶地)이다. 좋은 묘 자리를 구하고자 하면 깨끗하고 아름다운 산들이 사방을 잘 감싸주는 땅을 구하라.

❖ **주변산세를 물이 대신하여 청룡·백호, 안산 역할을 해주면 대명당이다** : 용진혈적(龍眞穴的) 한 곳이라면 비록 주변 산세가 없다 하더라도 혈을 맺을 수가 있다. 이때는 반드시 물이 그 역할을 대신해 주어야 한다. 물은 기(氣)를 가두어 흩어지지 않게 하는 성질이 있다. 청룡·백호 대신 하천이 있으면 이를 수청룡(水青龍) 수백호(水白虎)라 한다. 안산 대신 연못이나 호수가 있으면 수안산(水案山)이라 한다. 조산(朝山)을 물이 대신하면 조수사(朝水砂)라고 한다. 이들 모두를 물이 대신한다고 표현한다. 청룡·백호가 한쪽에만 있고 한쪽이 없으면 없는 쪽을 물이 대신하는 경우도 있다. 무룡호무안산혈(無龍虎無案山穴)은 주로 논밭 같은 평지에 있다. 청룡·백호, 안산 등이 없으므로 보통 사람들이 쉽게 찾을 수 없다. 그래서 이를 천장지비(天藏地秘)라고 한다. 그러나 기세가 똑같은 용혈에서는 청룡·백호, 안산이 있는 것이 없는 것보다는 더 길하다.

❖ **주변에 물소리가 들리면 여인의 울음소리가 날 수 있다** : 주변에 물소리가 들리면 지기가 흩어지고 물과 바람이 교란된다. 이곳에 거주자나 묘의 자손은 성품이 음란하거나 질병으로 고생한다. 더구나 물소리가 마치 사람이 우는 듯하게 들리면 가세는 기울고 상을 당한다고 한다. 물소리는 계곡의 경사도가 급하여 만들어지는 것이므로 물이 급하게 흐르고 계곡을 따라 흐르는 바람은 벽에 부딪혀 기를 광폭하게 하고 울부짖는 소리를 낸다.

❖ **주변 환경이 밝으면 사람이 현달(顯達)하다** : 양택·음택에서도 주변 환경이 밝으면 사람이 현달(顯達)하고 주변이 어두우면 사람도 어리석고, 주변이 수려하면 수복(壽福)하고 산이나 주변이 첨악(尖惡)하면 살상(殺傷)을 좋아하고 산이 물을 따라 달아나면 사람이 오랫동안 안정하게 살지 못하는 것이다.

❖ **주보혈(珠寶穴)의 사용은** : 나경(羅經)을 만두(灣頭)에 놓고 입수된 용이 만두에서 어느 방향으로 뻗어나가 혈에 관혈했는가를 정확하게 살펴보는데 만약, 9층 투지60룡 중에서 주보혈(珠寶穴)인 신해투지룡(辛亥透地龍)으로 인도되었다면, 금투지룡(金透地龍 : 신해(辛亥)는 납음오행으로 金이므로)으로써 해좌룡(亥坐龍 : 해(亥)의 정오행(正五行)은 水가 되므로) 그대로, 해좌(亥坐)·사향(巳向)을 놓아도 오행생극관계(五行生剋關係)는 무난하지만 사신이 투지룡(透地龍)의 기를 직선으로 받으면 뇌살(腦殺)이라 하여 장법에서는 꺼린다. 그러기 때문에 신해투지(辛亥透地)를 우선(右旋)시켜서 좌이승기(左耳乘氣)로 정해토기(丁亥土氣)를 투득(透得)하여 건좌손향(乾坐巽向)을 놓으면, 건좌룡(乾坐龍)의 생혈(生穴)이 되어 어김없이 발복한다. 만약에 을해화룡(乙亥火龍)으로 좌선(左旋)하면 을해화(乙亥火)가 신해금투지(辛亥金透地)를 극하여 해를 입게 된다. 투지룡(透地龍)이 우선(右旋)이든, 좌선(左旋)이든 간에 신해금투지(辛亥金透地)가 우선(右旋)하여 정해토기(丁亥土氣)를 투득(透得)하는 것처럼 처음 투지룡

(透地龍)을 생조(生助 : 인수(印綬)·비견(比肩))하면 길하고, 극하거나 설기(洩氣)시키면 흉하다. 또 투지(透地)를 좌선(左旋)시켜서 우이(右耳)나 우요(右腰)를 승기(乘氣)하든, 우선(右旋)시켜서 좌이(左耳)나 좌요(左腰)를 승기(乘氣)시키든 간에 중요한 것은 이때 좌(坐)가 포태법(胞胎法)에 합당해야 된다. 늘 염두에 둬야 되는 것은 좌(坐)는 주인이기 때문에 투지(透地)의 납음오행과 좌(坐)는 정오행(正五行)으로 따져서 투지(透知)가 좌(坐)를 생조(生助)하면 길하고, 극하거나 설기(洩氣)하면 흉하다.

❖ **주봉의 기운과 그 영향** : 혈의 기운은 주봉(主峰)의 기운이 용을 통해서 모여서 이루어지며 주봉이 힘차면 혈에도 강한 기운이 모인다. 그래서 주봉의 형태나 그 기운은 혈의 기운을 가늠하는 데 중요한 기준이 된다. 산 정상은 그 모양이 각각 다르고, 땅 기운이 모두 모여 있는 곳이므로 정상이 아름답게 생긴 산이 기운도 좋다고 보며, 생기가 있는 명당도 이러한 곳에 구성된다. 산 정상이 험하거나 불안하면 주변 땅의 기운도 그다지 좋지 않아서, 이러한 곳에서는 명당을 찾기가 매우 어렵다. 산봉우리 가운데 가장 높은 것을 보통 주산이라고 한다. 산봉우리는 갓 피어나는 꽃봉오리처럼 원형이고 탐스러운 형태가 가장 좋다. 산에 골짜기가 많으면 늙은 호박처럼 줄기가 많이 있어서 생기가 부족한 산으로 본다.

- 주봉이 신성하면 훌륭한 인물이 배출된다.
- 주봉의 기운이 왕성하면 강력한 지도자가 배출된다.
- 주봉이 맑은 기운을 발산하면 고급 공무원이 배출된다.
- 주봉이 아름다우면 영웅이 태어난다.
- 주봉이 후부(厚富)하면 재벌이 배출된다.
- 주봉이 흩어져 있으면 천한 자손이 태어난다.
- 주봉이 무기력하면 나약한 자손이 태어난다.
- 주봉이 산란하면 불화하는 자손이 태어난다.
- 주봉이 험악하면 흉한 자손이 태어난다.
- 주봉이 힘이 약하면 약한 사람이 태어난다.
- 주봉의 기운이 음습하면 도적이 태어난다.

❖ **주비**(肘譬) : 팔이 밖으로 굽지 않고 안으로 굽는 모양.

❖ **주비사**(走飛砂) : 달아나는 백호쪽 여자가 바람이 나고, 청룡쪽 남자가 타향살이, 장자(長子)쪽에 요절(夭折)하게 된다.

❖ **주사**(株絲) : 지형이 거미줄같이 가늘고 미미하여 보일 듯 말 듯 하나 이것이 바로 생기가 이어진 증거가 된다.

❖ **주사**(蛛絲) : 과맥이 미세하여 거미가 줄을 친 것처럼 가늘어 알기 어려움을 말함. 과맥이 미세하게 물거품처럼 부풀어서 끊어졌다가 다시 이어져서 그 형태가 말이 걸어간 형태로 말발굽처럼 이어지는 상태로서 평지에서의 맥을 말함이며, 바위나 돌맹이로 이어지는 형태는 참이 아니나 내(川)를 건널 때에는 암반으로 과맥하기도 한다.

❖ **주산**(主山) : 지리법에서 혈이 맺는 산을 말하는데 주산 뒤에 부모산이 따로 있는 경우도 있고, 부모산이 주산이 되는 수도 있고, 부모산이 없이 조산(朝山)이 직접 주산이 되는 수도 있고, 조산이 없이 그냥 펀펀하게 맥이 내려오다가 그 혈이 맺는 경우도 있다. 혈성(穴星)을 모으는데는 주산이 제일 중요하다. 아무리 종가가 명망이 높고 후덕하여도 자신이 병들고 약하면 부귀공명도 다 부질 없는 것이다. 설사 조산(祖山)이나 부모산(父母山) 등이 나쁘더라도 주산(主山)이 아름다우면 자손 덕(德)으로 부모가 안위되듯이 첫째는 주산이 아름다워야 한다. 주산은 그리 높을 필요가 없으며 그리 넓지 않아도 된다. 부모산에서 슬그머니 일어나 옆으로 약간 향하여 혈성(穴星)을 맺는 것이 최고의 주산(主山)인데, 혹 비바람에 쓸려 무더기를 이룬 곳에 혈인가 하여 그곳이 주산이 되는 줄 알아서는 크게 그르치니 유의하여야 한다. 주산은 혈성(穴星)을 포태(胞胎)한 곳이니 무엇보다도 주산(主山)에 신경을 쓰고 줄기를 잘 찾아야 한다. 혈 뒤에 혈과 가장 가까이 있는 산을 말하며 마을 뒷산이 맥을 이루며 구불구불 내려와 마을 뒤에서 그치게 되면 그곳에는 여러 개의 묘지들이 있게 되는데 주산이 얼마나 힘차고 아름답게 혈까지 맥이 이어졌는가 하는 것이 매우 중요하고 혈에 미치는 영향은 매우 크다.

❖ **주산**(主山)**과 후산**(後山) : 주산과 후산은 내룡맥절(來龍脈節) 중에서 혈 뒤에 높이 솟아난 산으로 대개 마을이나 묘 뒤에 산이 있는 것을 뜻한다. 이런 산 밑에 마을이 있으면 마을을 진호(鎭護) 한다는 뜻에서 진산(鎭山)이라고 부른다.

❖ **주산봉(主山峰)이 아름답게 둥글면 복록(福祿)을 겸하고 장수(長壽)한다** : 큰 인물이 많이 나고 관직에 나가 세도(勢道)하게 된다. 혈장(穴場)이 강하고 작국(作局)이 분명하면 부귀(富貴)가 운수(運數)가운데 나타난다. 부관(富坂)이 강한 것은 귀(貴)와 속발(速發)로 보는 것이니 부귀속발(富貴速發)하게 된다.

❖ **주산봉이 천석(賤石)이면** : 천(賤)한 자손을 두고 미약하면 집이 많은 자손을 두고 멀리 있으면 후대 자손이 발복하고 가까이 있으면 당대자손 발복한다.

❖ **주산(主山)의 길사(吉砂)는 이러하다**

- 주봉(主峰)이 아름다우면 영웅이 난다.
- 주봉이 후부(厚富)하면 재벌이 난다.
- 주봉이 산재해 있으면 천(賤)한 자손이 난다.
- 주봉이 산란(散亂)하면 자손들이 불화(不和)한다.
- 주봉이 험악하면 흉(凶)한 자손이 난다.
- 주봉이 약(弱)하면 약(弱)한 자손이 난다.
- 주산(主山)이 높으면 무해지(無害地)라도 그 자손은 장수한다.
- 주산이 둥글고 후덕하면 부귀겸전(富貴兼全)한다.
- 주산이 밝으면 귀격혈(貴格穴)이 생긴다. 또 자손들의 권세(權勢)이다.
- 주산이 낮으면 소지(小地)의 결혈이다.
- 주산겸 입수(入首)가 되는 것이 있고 주산에 바짝 붙어서 결혈하는 곳도 있다.
- 주산이 하늘을 찌르듯 높이서서 혈(穴)에 응기(應氣)하면 자손이 장수하게 된다.
- 주산이 높고 둥글고 후덕(厚德)하고 청룡 백호가 안산(案山)까지 길게 감아주어야 발복(發福)이 끝이 없다.
- 주산의 봉우리는 갓 피어나는 꽃 봉우리처럼 원형이고 탐스러운 형태가 가장 길상(吉相)이다.
- 주산 봉이 신성(神聖)하면 훌륭한 인물이 난다.
- 주산 현무(玄武) 당혈(堂穴) 용호(龍虎)가 좋고 안산(案山)이 멀면 자손들이 멀리 객지에 나가 살아야 발복을 빨리 받는다.
- 주산 봉이 왕기(旺氣)하면 임금을 낳고, 서기(瑞氣)하면 자손이 태평재상(太平宰相)이 되고, 고기(高氣)하면 문관(文官)에 오른다.
- 주산이 우뚝하면 용사(勇士), 달사(達士)가 되고, 이 후부(厚富)하면 자손이 거부(巨富)가 되고, 양명(亮明)하면 자손이 명인지사(名人志士)가 되고, 주산이 수려(秀麗)하면 자손이 영웅호걸이 나고 주산이 충천하면 자손이 문장명필가(文章名筆家)가 난다.
- 주산 봉이 북과 같은 암석이라면 대대로 군장(軍將)이 나고 주산이 아름답고 둥글면 복록(福祿)을 겸하고 장수하며 큰 인물이 많이 나고 관직에 나가 세도(勢道)하게 된다.
- 주산의 맥은 은은하게 내려와야 하고 이마처럼 솟아 있는 곳에 생룡(生龍)을 찾아 기(氣)가 모이는 곳에 결혈을 정해야 한다.
- 주산에 봉산(封山)이 있고 옥인(玉印)이 있으면 군(君)에 봉함을 받는다.
- 주산에 천갑(天甲)이 있고 안산(案山)에 삼태(三台)가 있고 청룡이 삼태봉(三台峰)이면 에 정승(政丞)이 난다.
- 주산 뒤 협(峡) 사이에 천각(天閣)과 삼태형(三台形)이 있으면 3대에 정승이 난다.
- 주산 봉우리가 많이 보이면 자손들이 왕성한다.
- 주산 봉이 맑은 기운이 발산되면 자손에 고위관직이 난다.
- 주산 이 둥글고 높으면 장수(長壽)에 부귀(富貴)한다.(둥근 것은 부(富)요. 높은 것은 귀(貴)이다.)
- 주산이 수려하게 솟고 혈장이 밝으면 귀한 자손이 난다.
- 주산의 능선이 크면 기(氣)도 많이 받는다.
- 주산이 고귀(高貴)하면 자손이 문관(文官)에 오르고 충천(沖天)하면 자손이 문장명필(文章名筆)이 되고 양명(亮明)하면 자손이 명인지사(名人志士)가 되고 우뚝하면 용사(勇士), 달사(達士)가 되고 파산(破散)이면 조상을 욕보이는 불효 자손이 난다.
- 주산이 병풍을 사방으로 두른 듯하면 애첩(愛妾)이 생기고 장자(長子)가 좋다. 또 중앙에 우뚝 솟은 모습이면 왕후(王后)가 난다.
- 주산이 가마솥을 엎어 놓은 듯한 모습이면 길사(吉砂)로 큰 부자가 난다.
- 주산이 아름다우면 후대에 자손이 복을 받고 가까이 있으면

당대에 발복(發福)하고 음기(陰氣)하면 도둑질 하는 자손을 두게 되고 주산봉이 없으면 장손(長孫)이 없게 된다.

❖ **주산(主山)의 길흉(吉凶)을 이러하다**

- 태조산(太祖山)이 높고 수려하면 영재 자손이 난다.
- 태조산이 한쪽으로 기울면 소인(小人)이 출생한다.
- 태조산이 단정(端正)하면 군자(君子)가 난다.
- 주산이 하늘을 찌르듯 높이 솟으면 문장 자손이 출생한다.
- 주산이 암석으로 기이하면 특출한 자손이 난다.
- 주산이 높이 솟아 혈(穴)을 응기하면 자손이 장수(長壽)한다.
- 주산 뒤에 규봉이 비치면 도적 자손이 난다.
- 주산이 후부하면 부자 자손이 난다.
- 주산이 바르고 순하면 충신 효자 자손이 난다.
- 주산이 독봉산이면 외로운 독자가 난다.
- 주산에 가지가 많으면 잔손이 많다.
- 주산이 산란하면 광란(狂亂) 자손이 난다.
- 주산이 암석이면 명장(名將) 자손이 난다.
- 주산이 미약하면 천한 자손이 난다.
- 주산이 천석이면 비천한 자손이 난다.
- 주산이 배반하면 조상 덕(德)이 없다.
- 주산이 험악하면 악한 자손이 난다.
- 주산이 높이 솟고 묶여 떨어지면 귀한 자손이 출생한다.
- 주산이 깨지면 낙명 자손이 난다.

❖ **주산(主山)의 영기(靈氣)** : 주산봉(主山峰)이 왕기(旺氣)하면 임금님을 낳고, 서기(瑞氣)하면 자손이 태평 재상이 되고, 수려하면 자손이 영웅호걸이 되고, 고귀하면 자손이 문관에 오르고, 장엄하면 자손이 무관에 오른다. 주산봉(主山峰)이 충천하면 자손이 문장명필이 되고, 후부(厚富)하면 자손이 거부가 되고, 양명(陽明)하면 자손이 명인지사가 되고, 우뚝하면 자손이 용사달사가 되고, 파산이면 자손이 조상을 욕보이고, 무기하면 자손의 세력이 약하고, 산란하면 자손이 불화하고, 험악하면 자손이 추해진다. 주산봉(主山峰)이 천석(賤石)이면 천한 자손을 두고, 미약하면 겁이 많은 자손을 두고, 멀리 있으면 후대 자손이 복을 받고, 가까이 있으면 당대에 자손이 발복하고, 음기(陰氣)하면 도둑질 하는 자손을 두고, 주산봉(主山峰)이 없으면 주관자가 없다.

❖ **주산용(主山龍), 국세(局勢), 형국 등이 시원치 못하면** : 주산용(主山龍), 국세, 형국 등이 시원치 못하여 혈장(穴場), 용맥(龍脈), 지기(地氣), 응결(凝結) 되지 못한 곳에 터를 잡을 때는 안산만을 중심으로 보고 향상오행(向上五行), 자생향분금(自生向分金)을 맞출 수도 있다. 후에 출생 할 자손을 보는 것이다. 자생향(自生向) 용맥(龍脈)이 없고 안산이 없는 곳에 묘를 쓸 때 원두막 논두렁을 보고 그것도 없으면 물이 흘러가는 것을 보고 향(向)을 쓴다. 자손은 이어 갈 수 있으나 부귀(富貴)는 없다.

❖ **주산(主山)의 흉사(凶砂)는 이러하다**

- 주산이 파산(破散)이면 자손이 조상을 욕보이고 주산이 무기(無氣)하면 자손이 세력이 약하다.
- 주산에 칼 같은 암석이 있으면 자소에게 목을 자르는 참형(斬刑)이 두렵다. 또 화재(火災), 관재구설(官災口舌)이 연이어 나고 교통사고가 두렵다.(흉석(凶石)이므로 파내어 묻어야 한다.)
- 주산이 산란하면 자손이 불화하고 음란(淫亂)하고 빈한(貧寒)하다.
- 주산이 험석(險石)이면 자손이 추(醜)해진다.
- 주산이 천석(賤石)이면 자손이 천(賤)해진다.
- 주산이 미약(微弱)하면 겁이 많은 자손을 둔다.
- 주산이 아름다우면 후대(後代)에 자손이 복을 받고, 가까이 있으면 당대에 발복하고, 음기(氣)하면 도둑질하는 자손을 두게 되고, 주산봉이 없으면 장손이 없게 된다.
- 주산, 현무(玄武), 당혈(堂穴), 용호(龍虎)가 좋고, 안산(案山)이 멀면 자손들이 멀리 객지(客地)에 나가 살아야 발복(發福)을 빨리 받는다.

❖ **주산이 고귀(高貴)하고 양명(亮明)하면** : 주산이 고귀하면 자손이 문관에 오르고 주산봉이 충천하면 자손이 문장 명필 되고, 주산이 양명(亮明)하면 자손이 명인지사가 되고, 주산이 우뚝하면 자손이 용사 달사가 되며, 주산이 파산이면 조상 욕보이는 자손이 출생한다.

❖ **주산**(主山)**이 거문**(巨文) **토성**(土星)**일 경우** : 주룡은 일자문성(一字文星)의 중간에서 횡으로 출맥한다. 짧은 거리를 행룡하면서 중간중간에 소원봉을 만든다. 혈을 맺을 때는 마치 병풍을 친 듯한 옥병사를 만든다. 그리고 아래에다 겸혈(鉗穴)인 겸차혈(鉗釵穴)을 결지한다.

❖ **주산**(主山)**이 녹존**(祿存) **토성**(土星)**일 경우** : 수많은 능선 중에서 밑으로 내려갈수록 두꺼워지고 기세있게 변화하는 능선이 주룡이다. 그리고 수려하고 단아한 소원봉(小圓峰)을 형성한다. 겸혈(鉗穴)인 소치혈(梳齒穴)과 겸차혈(鉗釵穴)을 결지하는 곳을 찾는다.

❖ **주산이 둥글면** : 주산이 둥글면 가까이 혈(穴)이 맺고, 주산이 길면 먼 곳에서 혈이 맺는다.

❖ **주산**(主山)**이 무곡**(武曲) **금성**(金星)**일 경우** : 주룡은 사(梭)와 인(印), 월교(月皎) 모양의 소원봉을 이루며 행룡한다. 소원봉 아래 닭둥지 같은 원와혈(圓窩穴)을 결지하는 곳을 찾는다.

❖ **주산**(主山)**이 문곡**(文曲) **수성**(水星)**일 경우** : 미미한 반봉으로 행룡하여 손바닥과 같은 혈장을 만든다. 중앙 부분의 오목하게 들어간 부분처럼 와혈(窩穴)을 찾는다. 이것이 장심혈(掌心穴)이다.

❖ **주산이 미약하면 겁이 많은 자손을 둔다** : 아름다운 주산이 있으면 후대에 자손이 복을 받고 가까이 있으면 당대에 자손이 발복하고 음기(陰氣)하면 도둑질하는 자손을 두고 주산봉이 없으면 주관자(主管者)가 없다.

❖ **주산봉이 왕기**(旺氣)**하면 임금을 낳는다** : 서기(瑞氣)하면 자손이 태평재상(太平宰相)이 되고 고귀(高貴)하면 자손이 문관에 오르고 주산이 장엄(莊嚴)하면 무관(武官)에 오른다.

❖ **주산**(主山)**이 염정**(廉貞) **화성**(火星)**일 경우** : 우선 화개삼봉(華蓋三峰)을 만든다. 그중 가운데 봉우리에서 출발한 능선을 따라 회룡고조(回龍顧祖)한 용맥을 찾는다. 쟁기 보습 같은 여벽혈(犁壁穴)이 진혈처다.

❖ **주산**(主山)**이 좌보**(左輔) **토성**(土星)**일 경우** : 하나는 높고 하나는 낮은 봉우리가 나란히 있는 모습이다. 두건과 같은 복두형(幞頭形)의 산에서 주룡(主龍)은 급하게 아래로 내려온다. 그러다가 산중턱에서 옆으로 횡룡입수하여 반와혈(半窩穴)인 괘등혈(掛燈穴)을 맺는다. 산 아래 내려와서는 삿갓을 엎어놓은 듯한 산에 혈이 있다. 주로 횡룡 입수하여 결지한다. 와혈(窩穴)인 연소혈(燕巢穴)을 찾는다.

❖ **주산**(主山)**이 탐랑**(貪狼) **목성**(木星)**일 경우** : 양변으로 청룡과 백호능선을 길게 뻗고 그 가운데로 중심맥이 출발한다. 개장천심하기 때문에 주룡은 산중턱에서 주로 출발한다. 청룡과 백호의 호위를 받으며 약 20~30리 정도 행룡하는 것이 일반적이다. 능선이 끝나는 지점인 용진처(龍盡處)에 이르러 유혈(乳穴)인 유두혈(乳頭穴)을 찾는다.

❖ **주산이 후부**(厚富)**하면 자손이 부자가 된다** : 주산이 양명(陽明)하면 자손이 명인(名人) 지사(志士)가 되고 주산이 우뚝하면 용사(勇士) 달사(達士)가 되고 주산이 사산(沙山)이면 자손이 조상을 욕보이고 주산이 무기(無氣)하면 자손의 세력이 약하고 주산이 산란하면 자손이 불화하고 주산이 험악하면 자손이 추해진다.

❖ **주산 형세가 부족하면 안산을 중심하여 정하라** : 주산 용세(勢龍), 국세(局勢), 형국(形局) 등이 시원치 못하여 혈장 용맥지기(龍脈地氣) 응결 되지 못한 곳에 터를 잡을 대는 향상오행(向上五行), 자생향(自生向), 분금을 맞출 수도 있다. 또 주산용세(主山龍勢)가 부족하면 안산 만을 중심하여 향(向)을 정한다. 미래에 출생할 자손을 보는 것이다. 이러한 분금법을 자생향(自生向) 분금이라 한다.

❖ **주서**(奏書) : 유년태세(流年太歲)로 보는 방위신(方位神)의 하나인데, 이 주서는 길신(吉神)으로서 문서(文書)·학문 계통에 좋은 작용을 한다. 주서방은 아래와 같다.

亥子丑年 : 坤方　　寅卯辰年 : 艮方

巳午未年 : 巽方　　申酉戌年 : 坤方

가령 해자축(亥子丑) 3년간은 주서신(奏書神)이 서북쪽의 건방(乾方)에 위치한다.

❖ **주옥집**(朱玉集) : 주옥집에서는 작혈시(作穴時) 재물을 원한다면 간봉(艮峰)을 맞이하고, 관록(官綠)을 원하면 손봉(巽峰)을 접하지만 그렇지 못하면 부질없는 만중산만 있을 뿐이라 하였다. 이는 혈을 임자(壬子)로 작혈하면 간봉(艮峰)은 염정(廉貞 : 정신질환이나 난폭한 자손이 나온다)이고 손봉(巽峰)은 무곡(武曲 :

무관이 고위직에 오른다)이다. 만약에 자좌(子坐)로 작혈(作穴)하면 간봉(艮峰)은 거문(巨門: 공직생활에 거부가 된다)이 되고 손봉(巽峰)은 탐랑(貪狼: 국귀한 자손이 나온다)이 된다. 그러므로 혈처에서는 흠이 되는 살성을 길성으로 거하게 하는 것이 요감법(饒減法)이며 장신복살(藏神伏殺)법이다. 그리고 수려한 봉만이라도 보이는 지점에 따라서 다르다. 낮은 곳에서 보아 추한 것이 높은 곳에서 보면 수려하게 보이고 오른편에서 보아 추하던 것이 왼편에서 보아 아름다운 것이다.

❖ **주인 인격을 나타내는 담장**: 담은 양택을 전문으로 하는 지사나 현대 가상학자들 모두가 주택의 품위와 주인의 인격을 나타내는 것으로 보고 있다. 삼국사기에 의하면 신라에서는 담장의 높이를 6두품은 여덟 자, 5두품은 일곱 자, 4두품 이하 일반 백성들의 집은 여섯 자가 넘지 못하게 규정했다는 기록도 있다. 집에 비해 담을 높이 쳐서 집이 담에 눌릴 경우 가난해질 상으로 보는 것은 가상의 상식에 속한다. 풍수에서는 담이 가족의 운세에 지대한 영향을 미친다고 보고 있으며, 동양철학에서는 흔히 높은 것은 양(陽) 낮은 것은(陰)으로 간주하는데 반하여, 주택의 담에 있어서는 높은 것을 음상(陰相) 낮은 것을 양상(陽相)으로 보고 있다. 이것은 상대적 원리로서 담이 높으면 집이 작아 보이고 반대로 담이 낮으면 집이 커 보이기 때문이다. 결국 집과 담이 조화를 이뤄야 한다는 것인데, 이것을 기준으로 길흉이 판가름난다. 그런데 바람이 통할 수 있는 울타리는 비교적 높아도 흉상으로 보지 않는다. 따라서 꼭 현실적으로 담을 높이해야 할 필요가 있을 경우 집이 평지에 위치했을 때는 약 1m 정도, 어른의 허리 높이까지는 시멘트나 돌로 담을 쌓고 그 이상의 높이는 판자나 철제를 이용하여 통풍이 되도록 하면 음상을 면할 수 있다. 만일 집이 높은 곳에 위치해 있고 사람이 다니는 길이 아래에 있다면 대지기반에서부터 꼭대기까지 모두 통풍형을 울타리나 담을 쌓는 것이 이상적이다.

❖ **주자시 야자시**(晝子時夜子時): 자시(子時)는 오후 11시에 시작되고 날짜는 오전 0시(子正)에 바뀌어 시작된다. 2시간 사이에 자시(子時)는 전날(子初)과 다음날(子正)에 이어지는 까닭에 날짜나 일진(日辰)으로는 2일 간에 든다. 그러므로 자시(子時)하면 어느 날에 해당하는 자시(子時)냐가 문제되므로 이를 엄밀히 구분하려면 주자시·야자시를 따져야 한다. 원칙상 주간은 해가 뜨면서 해가 지기 전까지이고, 야간은 지면서 해가 뜨기 전까지이지만, 편리상 오전을 주간으로 하고 오후를 야간으로 간주하여 자시(子時)에 대한 시간을 구분한다.

❖ **주작**(朱雀): 주작은 혈의 앞쪽에 있는 산들을 가리킨다. 바로 앞에서 혈과 마주 보고 있는 산은 안산, 앞쪽에서 좀 멀리 떨어진 산들은 조산(朝山), 조산과 안산을 합쳐 조안(朝案)이라 일컫는다.

① 신은 육신(六神)의 하나로 병정일(丙丁日)의 사령신(司令神)이다. 즉 갑을일(甲乙日)은 청룡, 병정일(丙丁日)은 주작(朱雀), 무일(戊日)은 구진(句陳), 기일(己日)은 등사(騰蛇), 경신일(庚辛日)은 백호, 임계일(壬癸日)은 현무(玄武)가 사령함. 오방신(五方神) 가운데 남방신(南方神)으로 주작봉(朱雀峰)이다.

② 주작은 혈성(穴墓)을 중심으로 하여 혈의 앞산을 가리킨다. 향(向)으로는 남쪽을 말하며 사람의 얼굴에 비유하면 코가 혈이라면 인중과 입과 턱이 있는 쪽이 주작이라 하는데, 남쪽 기운을 맡은 신으로써 땅으로는 생성사멸(生成死滅) 중 성기(成氣)의 화(火)를 상징하고, 하늘로는 남쪽에 있는 일곱별 즉 정(井)·귀(鬼)·유(柳)·성(星)·장(張)·익(翼)·진(軫) 등을 말한다. 주작(朱雀)은 학이 춤을 추는 형상이어야 하고 주산에서 내려쏘는 물을 부드럽게 마구 주는 듯 하여야 한다. 주작은 너무 웅장하거나 무정(無情)하여서는 안 된다. 주작은 안산(案山)이나 조산(朝山)으로 보는 사람도 있으나 확실히 구분되어야 한다. 청룡·백호·현무(玄武)·주작(朱雀) 등을 오행상으로 각방을 따라 목(木)·화(火)·금(金)·수(水) 등으로 나누었지만 꼭 그 위치에 있어야 하는 것은 아니다. 28수(宿) 별의 명칭은 참고만 하면 되지 중점을 둘 필요는 없다.

③ 주작이라 함은 앞에 있는 안산(案山)을 말하며, 안산은 공작이 날개를 펴고 춤을 추는 듯 감돌아 있어서 주객이 상대방에 다정한 모양으로 되어 있음을 필요로 한다. 이에 반하여 안산이 등을 진 숭거(勝去)의 형상이면 좋지 않은 것이다.

❖ **주작봉**(朱雀峰): 혈 앞 가까운 곳에 있는 안산(案山)을 말함. 앞은 남이요 뒤는 북으로 보는 원칙에 의하여 남방에 솟은 산이라 해

서 병정(丙丁)의 주작지신(朱雀之神)의 이름을 취하여 안산을 주작봉이라 별칭한 것이다.

❖ **주작수**(朱雀水) : 혈의 앞쪽을 가로질러서 흐르는 물을 말함. 주작수 역시 완만하게 유유히 흘러야 좋은 기운을 뿜는다. 직선으로 곧게 흐르면 흉한 기운을 뿜어 많은 흉화(凶禍)를 불러오고, 혈 앞에서 잠시 멈추는 것처럼 모여야 좋다. 멈추지 않고 곧게 급히 흘러가면 불길하며 물소리가 너무 커서 시끄럽게 들려도 나쁘다.

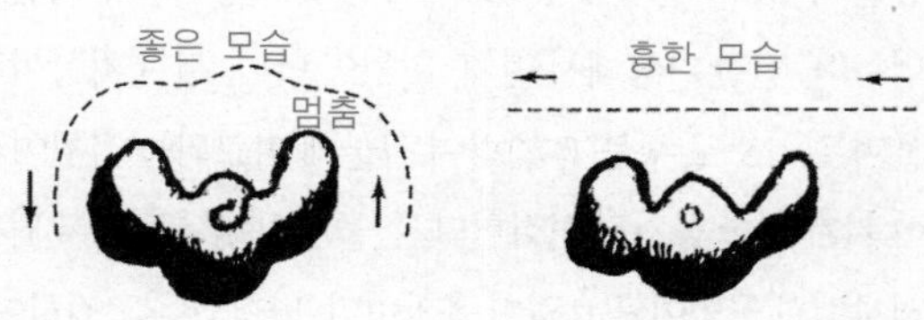

❖ **주작안산**(朱雀案山) : 현무(玄武)의 상대적인 남쪽을 주작이라 하고 또 주산에서 바로 맞은 편에 있는 산을 안산(案山)이라 하는 바, 현무 주산의 안산을 말함. 또 안산이 유정하고 아름다우면 자손이 예절바르고 두터우면 효자가 태어나고, 안산이 너무 높거나 험상궂고 거칠어도 자식의 성품이 거칠고 난폭하며 부모에게 이기려 들고 불손하다. 안산이 아름다우면 자손의 사회적인 신망이 두텁고 출세하며 많은 신화와 고용인을 거느린다. 안산이 등을 돌리고 앉아 있거나 달아나면 사회나 인간으로부터 배신을 당하며 인덕이 없다. 안산이 없으면 재산이 모이지 않는다. 안산이 아름답지 못하고 여자의 치마주름처럼 너덜거리면 며느리가 현숙하지 못하고 바람이 난다. 안산이 무너지면 자손이 무너지고 재물도 무너진다. 안산은 미래를 지향하는 것으로서 향(向)을 잡는데 쓰이므로 주로 손자를 의미하기도 하니 잘 골라서 향(向)으로 사용하여야 한다.

❖ **주작흑도**(朱雀黑道) : 흑도흉신의 하나로 아래와 같다.

1, 7월 : 卯日	2, 8월 : 巳日	3, 9월 : 未日
4, 12월 : 酉日	5, 11월 : 亥日	6, 12월 : 丑日
子午日 : 亥時	丑未日 : 丑時	寅申日 : 卯時
卯酉日 : 巳時	辰戌日 : 未時	巳亥日 : 酉時

❖ **주전수**(走箭水) : 좌혈(坐穴) 앞에서 안산(案山)을 향하여 화살처럼 곧게 나가는 것. 주전수가 있으면, 재산은 하루아침에 흩어지고 가족은 동서(東西) 사방으로 이별한다.

❖ **주출입문 위치상의 기본 길흉 분별도**

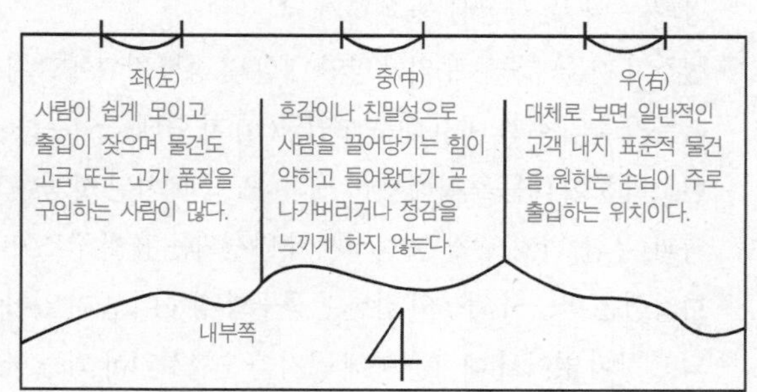

- 외부활동을 많이 하는 직업을 가진 사람일수록 이사로 영향력을 덜 받고 내근직 고정업무 종사자와 항시 동일 직장, 동일 사업 운영자일수록 길흉의 파급 범위가 무거워진다.
- 이사하는 거리가 멀어질수록 그 영향력 또한 깊고 커지며 직경 백보 이내에서는 크게 변화가 없고 천 보 이상 되면 어느 정도 효과가 눈에 드러나며 약삼천 보가 넘으면 확실한 길흉이 명확하게 갈린다.
- 이사하는 날은 초기 3개월 중 21일 내외가 가장 강력한 길흉의 영향력이 나타나고, 이사하는 달은 8년 중 초반의 1년이 가장 강력한 길흉의 영향력을 나타내며, 이사하는 해는 1갑자 60년 동안의 초반기 12년이 가장 강력한 길흉의 영향력을 나타낸다.
- 전체적 면적이 넓지 못하더라도 총지휘자 및 주요 통솔권자의 자리는 확실 단정히 배치되어야 길상이다.
- 집은 크고 식솔이 적은 경우, 웅장한 대문에 비해 본건물은 빈약하고 보잘 것이 없는 경우, 대문과 창문의 배치가 산만한 것, 우물과 화장실, 부엌이 적절한 위치에 놓여 있지 않은 것, 집터에 빈 구석이 많아 공허한 경우 파괴, 손실 및 장해, 우환 등 궂은 일이 발생된다.
- 가옥의 중앙부위에 부엌, 화장실, 우물, 욕실 등이 배치되거나 평소 쓰지 않는 빈방이 있는 것은 우환·손실 및 불상사가 발생되는 환란·파탄의 형상이다.
- 주방과 부엌은 주로 정동에서 동남방 사이를 길상(吉相)으로

분류하고, 욕실은 남북을 흉상으로, 정동과 동남 방위 배치를 길상으로 따진다.

- 변소가 주택의 정북 방위에 설치되었거나 북향한 화장실도 낭패, 손재 및 불상사 등 액화가 닿는다.
- 변소가 건물의 중앙 부위나 방안 내실 및 정북 방위에 설치된 다든지 출입 현관 내지 대문과 입구(口) 자 형태를 이루는 것, 변소의 문이 대문을 향해 빤히 드러나도록 배치된 것 등은 다 파괴, 우환, 말썽, 손실 등 불상사가 발생되는 흉액 구조이다.
- 화장실은 반드시 외부와 접한 통풍구와 창문이 뚫려 있어야 되고 창이 없어서 내실을 통해 공기를 순환시켜야 되는 구조는 우환과 손재 및 사고, 말썽 등 장해와 궂은 일을 치르게 되는 흉험지상으로 간주한다.
- 천장이 낮고 비좁은 방과 자주 사용치 않는 지하실 깊숙이 들어가 우묵하게 배치된 화장실 등은 흉험·파탄의 궂은 일이 생기는 불기형국이다.
- 한 곳에 오래 거주한 사람과 지어진 지 오래 된 건물일수록 이사와 변동에 의한 길흉반응이 신속하게 나타난다.
- 주택의 대문과 현관을 일직선상으로 하지 않는다. 대문으로 들어가서 바로 정면에 현관이 있으면 애써서 집에 쌓인 기(氣)가 밖으로 흘러버린다. 이것을 누기(漏氣)라고 하여 반드시 피해야 한다. 대문과 현관은 가급적 위치를 바꾸도록 해야 한다. 특히 문 현관 방의 문이 일직선으로 되어 있으면 운세는 하강의 길로 가게 된다.

❖ **주택**: 집은 우리가 건강한 생활을 유지하고 휴식과 안정을 얻는 데 가장 중요한 기본 공간이다. 그러므로 집이 건강하고 생기(氣)가 넘쳐야 그 속에 사는 사람들 역시 건강하고 활기차게 생활 할 수가 있다.

❖ **주택가상배치의 길흉**: 길한 건물배치에서 부귀가 나는 법이다.

- 건물배치는 지세가 생긴 대로 배산임수와 전저후고(前低後高)해야 길하다.
- 대지의 형태에 따라 건물의 상을 구상하되 정원의 상을 고려하여 배합가상으로 한다.
- 길한 대지에 길상이라도 독채만 세우는 것은 외로운 상이다. 부속건물이 낮게 배치되어야 한다.
- 대문은 귀로 보는 것이니 대문의 상이 화려해야 경사가 겹치게 된다. 대문은 건물에 비해 크거나 작아도 흉상이다. 부속 건물에다 내외문을 설치하는 것이 바람직하다. 옛날의 솟을 대문도 귀에 뜻을 두어 이룩된 것이다.
- 옛날의 대가집을 구자형(口字形)으로 배치한 것은 전착후관(前窄後寬)에 뜻이 있고, 정원에서 기의 조화를 이용했으니 지리를 숭상한 시대의 일이다.
- 궁궐에 부속건물을 3면으로 배치한 것도 양택법에 의한 가상법이다. 길한 가상에서 인재·미인이 난다. 길한 가상이란 건물이 길상으로 후부(厚富)하며 건물에 비교되는 정원이 되어야 기가 길한 공기로 변화한다. 건물배치에서 흉상이 되면 동서사택의 구별이 필요없이 흉가이다. 남향만을 고집하여 3면이 정원이 되면 공기순환이 불순하여 인체에 해로운 공기이니 정시의 장해가 된다. 앞의 건물이 높고 뒤 주택이 작고 낮으면 큰 건물에 부닥치는 바람이 질풍이 되어 해로운 것이다.
- 건물이 충(沖)하면 사람이 상한다.
- 한 원내 두 건물이 같이 배치되면 재패(財敗)·파산한다.
- 정원이 좌우에 위치하면 처궁(妻宮)이 불길하고 산재한다.
- 앞의 건물과 뒷 건물 사이가 협소하면 외부의 길한 공기도 내부에 들어와 흉충으로 변화되는 가운데 비천자(卑賤者)가 출생하게 되는 것이다. 두뇌가 좋아지는 것은 수안시(睡眠時) 기(氣)의 조화된 정기를 호흡하는데서 이루어진다.

❖ **주택개보수**(住宅改補修) **절대금물**

- 건축된 지 얼마 안 되는 집은 수리하여도 무방하나 가급적 않는 것이 좋다.
- 단층건물에서 살다가 중간에 2층 건물을 증축하는 것은 삼가야 한다.
- 집을 지은 지 오래된 집은 증·개축을 않는 것이 좋다. 만약 증·개축을 하였을 경우 주인의 생년과 증·개축하는 년도에 따라 주인에게 반드시 액운이 뒤따른다. 다행히 사람에게 액운이 없으면 집에서 기르는 가축이라도 상해 입는 일이 생긴다.
- 옛날 집이라도 이사한 지 얼마 안 되는 집 식구에게는 영향이

적다.

- 오래 살던 집 본채의 밑에 지하실을 만들면 반드시 각종 재난이 뒤따른다.
- 집의 내부를 크게 개축하는 공사나 기둥과 벽을 많이 수리하는 공사는 끝난 후에 사고가 잘 난다. 공사기간 중 주인이 그 집에 거주했을 경우 반드시 적중된다.
- 대문을 옮기면 반드시 무슨 일이 생기는데 나쁜 곳으로 옮기게 되면 바로 영향이 온다. 대문의 수리와 이전이 가장 영향력이 크다.
- 집의 외부를 수리하는 것이 내부를 수리하는 것보다 영향력이 적다. 즉 부속건물 같은 것은 큰 영향이 없다.

❖ **주택과 묘지에도 삼란(三亂), 삼재(三災)가 있다**: 병화란(兵火亂) 화적떼, 마적떼, 해적떼이다. 풍수해란(風水害亂) 자연재해(自然災害) 굶주림이고 재화란(火災亂), 역질(疫疾), 전염병, 천연두(天然痘)를 삼재(三災)라는 것이 있듯이 주택전(住宅前), 묘지전(墓地前)에 삼란 삼재가 있다. 이것을 보는 방법이 바로 안산의 용맥이 잘려지거나 끊어지거나 혹은 일그러 지거나 하는 것으로 파탄(破綻)하는 것이다. 그래서 만일 주택 앞이나 묘 앞에서 잘려진 곳이 보이면 나쁜 기(氣)가 나올 때 묘나 주택 또는 건물이 이것을 받게 되면 이것이 삼란(三亂) 삼재(三災)인 화금풍살(火金風殺)이라고 한다.

❖ **주택 건물의 평면 형태가 좋지 않을 때 이렇게 바꾼다**: 흉가는 주택이나 건물의 평면 형태에 의해 발생하는 경우가 많다. 一자 형이나 ㄱ자와 같은 장방형 주택은 기운이 좌측과 우측으로 분산되어 흉가가 되기 쉬우므로 건물 조건에 따라 다음과 같은 방법으로 증축하면 좋은 집이 된다. • 정사각형 평면으로 증축한다. 건물의 평면 형태가 장방형이거나 ㄱ자 경우에는 중심 부분의 전면이나 후면을 증축하여 정사각형에 가까운 가로와 세로의 비율이 5 : 6 = 5 : 7 = 3 : 5의 평면 이하로 정사각형에 가깝도록 한다. 이런 공간에서는 중심 부분에 에너지가 모여 흉한 기운이 사라지고 밝은 기(氣)가 모여 명당이 된다. 만일 건물의 후면에 공지가 있을 경우에는 후면으로 붙여서 증축하는 것이 좋다.

- 한옥의 ㅁ자 주택은 주택 중심 상부에 지붕을 높게 덮어서 건물 전체가 정사각형 평면이 되게 한다.
- 평면이 삼각형을 이루고 있는 부분은 철거하거나 정사각형으로 만든다. 一자 평면의 길이가 매우 길어서 정사각형으로 만들기 어려운 건물은 중심 부분의 길이를, 학이 날개를 편듯한 평면 형태로 증축한다(鶴翼陣).
- 주택이나 점포 등을 왼쪽이나 오른쪽으로 증축하여 장방형(長方形)이나 ㄱ자 등의 형태가 되면 기가 좌우로 분산되어 흉가로 변하는 경우가 많다. 또한 직선의 기존 건물에 二자 형태로 나란히 별도의 건물을 증축하면 건물 사이에 바람이 통과하여 흉가가 된다. 별도 건물을 증축하는 경우에는 정사각형 내부에 우물정자 형태로 증축하는 것이 가장 이상적이다.

❖ **주택과 가족수**: 사람이 집을 누르면 집안 형세가 좋아지고 집이 사람을 누르면 액운이 온다는 옛말과 같이 주택이 가족수에 비해 지나치게 넓고 크면 그 집에 사는 사람들은 크고 넓은 그 집의 기세에 눌려 기쇠심약하고 흉액이 빈번하며, 이와 반대로 집에 가족수가 지나치게 많으면 이 또한 소심하고 옹졸한 병질자가 나타나기도 하며 가세가 빈곤함이 따르기도 한다.

❖ **주택과 대지가 음양조화를 이루어야 한다**: 요즘 대도시는 어디를 가더라도 만원이다. 한 치도 발을 들여놓을 수 없는 주택과 아파트 그리고 빌딩, 거기다 도시 교통난의 가중으로 대기오염이 가득 찬 이런 주거환경에서 주택의 좋고 나쁨을 논하는 것 자체가 아무런 의미를 갖지 못한다. 그러나 예부터 음식은 가려먹지 않아야 복을 받는다고 했고 이사와 잠은 가려 자야 발복을 받는다 했다. 이사를 잘못 했거나 집을 잘못 사서 병을 얻기도 하고 대문을 잘못 내어 갓 태어난 아기가 기형아기로 태어났다는 말도 가끔 듣는다. 양택도 크게 보아 음택(묘지) 이론과 다를 바가 없다. 굳이 나눈다면 대지를 중심으로 기지론(基地論)과 가상학으로 살펴봐야 하는데, 대지의 경우 음택은 묘지 중심의 맥을 중요시하고, 양택은 보국(保局)을 중요시한다. 도시의 경우 자기 집 주위의 다른 주택이 청룡·백호, 안산의 역할을 하고 있으며, 앞이 탁 트여 경치가 좋고 좌우에 알맞은 건물이 있어 바람을 막아 주므로 겨울은 춥지 않고 여름은 시원한 터와

집이 좋다. 풍수에서는 팔택가상법(八宅家相法)을 논하는데, 팔택가상법은 동4택(東四宅) 서4택(西四宅)을 말한다. 동4택은 양택의 3요소를 일컫는 대문과 안방·주방이 있는 집을 뜻하고, 서4택은 모여 있는 집들을 말하는데, 이 기준에 맞추어 좋고 나쁨을 가린다. 택지를 구입할 때는 무엇보다도 쓰레기 매립장이나 낮은 곳을 모은 땅이 아니어야 하며, 물이 나는 곳, 매운 땅, 습기가 많거나 급경사를 깎아내린 곳 등의 집터는 좋지 않다. 옛날에 전쟁터나 가축도살장, 묘지를 파낸 곳, 감옥이 있었던 곳이라면 더욱 피해야 한다. 가옥과 대지는 서로 음과 양의 조화를 이루어야 한다. 가령 대지가 넓으면 집 또한 커야 하고 대지가 좋으면 집은 작아도 되는 것이 원칙이지만 땅이 좁아 마당을 없애고 건물만 꽉 차게 짓는 도시 주택에서 행복을 추구한다는 것은 있을 수 없다. 가옥의 지붕은 사람의 머리 모양과 같아서 외관상 복잡하거나 너무 높아도 흉상이다. 지붕은 평범한 것이어야 하고 가옥의 구조는 머리부분인 안방과 허리나 다리 부위인 부엌이 분명해야 한다. 대문의 모양은 가옥과 비교하여 너무 크지도 작지도 않아야 하고, 문을 열고 닫는 방향은 울타리 안에 있는 문과 같지 말아야 하고 이웃집 대문과 마주보면 좋지 않다. 도시의 집들 중에는 집은 조그마한데 울타리는 높게 쌓은데다가 도둑 침입을 막기 위해 철조망까지 쳐놓고 있는 집을 볼 수 있는데 이것은 좋은 현상이 아니다. 담은 집보다 낮아야 통풍이 잘 되어 습기와 건조함을 방지할 수 있어 쾌적한 생활을 누릴 수 있는데 담장이 높다면 그만큼 통풍의 장애를 많이 받게 된다.

❖ **주택과 묘지** : 주택이 살아 있는 사람들의 안식처라면 무덤은 죽은 사람들의 안식처라고 할 수 있다. 생(生)과 사(死)가 공존하는 인간살이지만 생사 그 자체는 서로 반대편에 서 있어서 상극이 된다. 따라서 생기(生氣)와 사기(死氣)는 상극이므로 주택의 가까운 주변에 묘가 있으면 사기(死氣)가 집으로 들어와 불운을 재촉한다고 본다. 이런 까닭에 우리 선조들은 조상의 묘는 생전에 주택으로부터 멀리 떨어진 것을 선호하였다. 묘지를 쓸 때 주의할 사항은 다음과 같다.

- 무덤 뒤에 주택이 있으면 패가망신하게 된다.
- 주택을 무덤 구총(연고가 없는 묘) 위에 집을 지으면 자손이 죽게 된다.
- 주택의 북동간에 가까운 공동묘지가 있으면 어린 아이가 죽는 경우가 많아진다.
- 공동묘지를 파내고 아파트를 지어놓은 곳에서 투신 자살하는 사람이 생기고 가세가 점점 기울어지고 각종 병자가 많이 생긴다.
- 파묘한 자리에 집을 짓게 되면 조졸자가 생기고 가세도 점점 기울어진다.
- 무덤 앞에 집을 지으면 그집 자손이 온 집안 식구들이 각종 질병이나 교통사고사 등을 당하게 된다.

❖ **주택과 산** : 자신이 살고 있는 집 주변의 산은 어떤 영향을 미치고, 또한 산세의 길흉에 따라 인간상 반영되는 길흉·화복은 어떤 것들이 있는가.

① 산이 수려하여 그 위용이 아름다우면 무병장수하고 복록을 누린다.
② 마치 병졸이 진을 치고 있는 듯한 형상을 보이는 산세가 집을 둘러싸고 있으면 무예로 장차 그 이름을 빛내게 된다.
③ 등을 돌리고 있는 듯한 형국의 산이 집 가까이 있으면 집안에 사기, 배신을 당하는 일이 자주 있게 된다.
④ 산세가 한쪽으로 몰려 있으면 아첨하는 사람이 많이 난다.
⑤ 산의 자태가 아름답고 빼어나면 미인과 존귀한 인물이 난다.
⑥ 산봉우리가 서로 등을 대고 있는 형국이면 떠돌이 생활을 하는 이가 생기고 여자는 바람이 난다.
⑦ 산세가 흐트러져 있고 산란해 보이면 방탕한 사람이 생긴다.
⑧ 산 끝이 들쑥날쑥하면 전염병에 약해지고 화재가 발생하기 쉽다.
⑨ 산봉우리가 옆으로 기울어져서 기우뚱한 형상이면 집안 후손 중에서도 도적이 생긴다.
⑩ 또한 산 하나가 외롭게 우뚝 솟아 집 주변에 서 있으면 장차 집안에 독신주의자가 나고 외로운 생활을 할 이가 생긴다.
⑪ 붓 모양으로 산의 정중앙이 몹시 부풀어 있으면 집안에 모난 성질을 가진 자가 생긴다.

⑫ 집 주변에 산이 쌍으로 봉우리가 보이면 쌍둥이 형제가 태어나고 가마솥 엎어 놓은 듯한 산봉우리가 가깝게 있으면 큰 부자가 나온다.

⑬ 집 앞에 안산이 일자문성(一字文星)이나 목산(木山)이 있으면 고관대작의 벼슬이나 대학 교수가 배출된다.

⑭ 집 가까이 험악하게 생긴 바위산이 있으면 천한 자식이 태어나고 가세도 점점 기울어진다.

❖ **주택 규모나 면적에 비해 요란한 장식물은 흉하다** : 주택 규모나 면적에 비해 너무 요란 복잡하게 장식물을 들여 놓거나 현란한 치장을 하는 것은 재물을 파괴 및 우환 손실이 발생되는 흉상(凶相)이다.

❖ **주택 길흉사택 간택법**

• **길사택**(吉舍宅) : 사면이 같은 사각대지에 어울리는 건축배치이다. ㄱ자형 건물이 허한 상 같이 보이나 정원이 길상으로 어울리니 길한 가상이 된다. 패철위치는 정원중심이다. 곤(坤)·유(酉)·건(乾)방위까지 건물이니 길한 배치의 가상이다. 기점이 신방위(辛方位)로 유건혼합기두(酉乾混合起頭)가 된 것이다. 양토(陽土)와 쌍금(雙金)이 상생하니 부귀겸전(富貴兼全)의 속발이다. 자방위(子方位)에 방이고 금수상생(金水相生)이니 주인의 사업·진급 등의 길한 변화가 많아진다. 자는 타궁으로 충(沖)이 길한 변화가 된다.

• **흉사택**(凶舍宅) : 술방(戌方)이 기점이니 건유방위(乾酉方位)가 합해 주가 되는 데다 묘대문(卯大門)으로 불배합가상이 되었다. 곤간쌍토(坤艮雙土)와 묘목상극(卯木相克)에 허한 묘목(卯木)을 강한 유건(酉乾)의 쌍금(雙金)이 묘목을 극하니 묘장남(卯長男)은 입주 3년 8개월만에 쌍금에 의해 이금치사(以金致死)하게 된다. 자방위는 욕실방위로 허하니 수생목(水生木)으로 묘목을 돕지 못한다.

❖ **주택 길흉상의 기준법** : 주택은 건물평면이나 외형의 전면과 측면의 입상을 대소에 따라 원형에 기준을 두어 원형에 꽉 차면 길한 상이요, 좁고 길고 높아서 원형에 부족하거나 벗어나는 것은 불길한 상이다. 주택의 평면대지는 정사각형이 원형에 가장 가까우나 전후에 분별없이 불길하니, 정사각형에다 3분의 1을 더한 3분의 4가 되는 건물평면의 형이 되어야 길상이 된다. 정원의 상은 정사각형이 길한 형이다. 공기의 원형순환에서 인체의 이로운 정기로 변화된다. 좁고 길수록 공기는 흉풍(凶風)으로 변하는 관계이다. 아파트는 3층 이하의 공기가 길하나, 보국형세(保局形勢)에 따라 다르다. 젊은층의 건강자는 불길한 공기의 감각을 모르나, 허약자는 불길한 공기에 민감하여 질병이 올 수 있다. 사람이 활동할 때는 인체에 침입하는 불길한 공해를 이겨내는 자체력이 있으나, 잠을 잘 때는 불길한 공기를 마시는 데 오래도록 누적되면 많은 장해가 된다. 길한 공기에서 피로회복과 정신피로가 해소되어야 정신의 건강으로 자손도 귀한 인물이 태어날 수 있다. 이는 가상법의 음양 상생상극(相生相克)에 조화이치로 공기순환이 조절되는 것이니 우리 보금자리의 가옥은 길한 가상법에 맞추어 살아야 할 것이다.

❖ **주택 남쪽향을 찾아라** : 집의 택지는 정사각형, 직사각형, 부저형 등 여러 가지이고, 향도 동향, 서향, 남향, 북향 등 다양하다. 풍수에서 집을 구할 때 땅의 형상은 적당한 직사각형에 향은 남향이고 남쪽에 여유 있는 공지가 있으면 가장 좋은 것으로 본다. 남쪽은 공적인 일, 윗사람 명예 등과 같은 의미를 지닌 곳이기 때문에 이곳이 알맞게 돌출이 되면 윗사람으로부터 도움을 받거나 인정을 받게 되어 빠른 성공을 가져오게 된다. 이것은 현대 건축 이론에서도 마찬가지로서 남향 대지 앞에 공지가 있으면 많은 이점이 있다. 우선 햇빛을 하루 종일 받아들일 수 있다는 점이다. 채광은 집을 따뜻하고 밝게 해주며 실내의 습기를 거두어 주기 때문에 위생적으로 좋다. 양옥이나 한옥 아파트의 창문이 거의 남쪽으로 나있는 것도 그 때문이다. 그래서 사람은 겨울에는 따뜻한 곳에, 여름에는 시원한 곳에서 운기 백배해지고, 늘 집에 있는 주부나 아이들의 판단력이 좋아져서 항상 집이 건전한 사고를 갖고 고상한 취미를 갖고 심신이 건강하게 되는 집이 되는데, 반대로 흉상(지나치게 돌출 되거나 꺼진 경우)에는 윗사람과 다투는 일이 많아 평탄한 직장 생활을 할 수 없고 판단력이 흐려지고 성급함과 외형에 치우치는 성격으로 변하게 되는 수도 있다.

❖ 주택 내 배치와 수리의 길흉(吉凶)은 이러하다

- 새 집을 지을 때 헌 나무를 쓰면 패가망신하게 된다.
- 헌 집을 새 나무로 수리해도 흉가(凶家)가 된다.
- 살고 있는 집을 개축 할 경우 입추 전 18일 간은 피한다.
- 살고 있던 집을 증축 1층 2층으로, 방을 확장 1개를 2개로, 대문 이동 수리 등 주인에게 우환 재물 손해가 난다.
- 현관에서 거울이 바로 보이면 좋지 않다.
- 집안의 가구는 둥근 것이 가족의 화목(和睦)이 좋아진다.
- 집안에 동물의 그림은 좋지 않다. 노란색의 꽃그림이 좋다
- 벽시계는 팔각형으로 황금색으로 목재 테두리로 동쪽 창에 옆에 걸어라. 집의 기(氣) 삼라만상(森羅萬象)의 기(氣)를 조정하는 역할을 한다. 즉 방위별 운세가 팔방위 이듯 풍수의 세계관일 뿐 아니라 기(氣)가 안정되는 도형이다.
- 침대는 벽에 붙이지 마라. 기(氣)의 통로를 막아서 좋지 않다.(20cm 정도 띄울 것)
- 침대나 방바닥에 잘 때도 잠자리의 위치는 남좌(男左), 여우(女右)가 좋다.
- 침실 가까이 큰 나무가 있으면 인체에 해가 된다. – 야간에 탄산가스 배출된다.
- 침대 머리 맡 가까이 관상수나 꽃병을 두면 좋지 않다.
- 침대 머리와 거울이 마주 보면 해(害)된다. – 두통, 불면증이 온다.
- 집에 거울과 거울이 서로 마주보게 놓으면 좋지 않다.
- 커튼은 너무 두꺼우면 기(氣)가 차단되어 좋지 않다. 밝은 색, 황금색, 분홍색이 좋다.
- 가구의 색은 원목색(여성에게) 노란색 황금색이 좋다 – 금전운이 온다.
- 귀금속·돈·통장은 북쪽이나 동쪽에 청색의 보자기로 보관하라.
- 집의 남쪽 방위에 녹색 오렌지색의 스텐드를 두면 좋다. (수험생, 직장승진)
- 집의 서쪽 벽이 금이 가면 즉시 보수하라 – 금전 운이 빠진다.
- 어항은 거실의 동쪽이나 동남쪽에 두는 게 좋다.
- 욕실이 북쪽에 있을 때는 노랑색 수건으로 기(氣)를 완화시켜 준다.
- 장남(長男)을 출세시키려면 동쪽 방이 좋고 동쪽으로 약간 나은 집이 더욱 좋다.
- 아들의 방은 동쪽이 좋다. 떠오르는 태양의 에너지와 일찍 기상하고 건강에도 좋다. 딸은 동쪽에 두면 말괄량이가 된다.
- 대학입시생은 문창귀인방(文昌貴人方)을 집의 중심에서 우(右)로 120도 방향에 위치 한 방을 사용하라.
- 창문 쪽으로 책상을 놓으면 정신 집중이 안 된다.(천살방위에 놓아라.)
- 남편의 재능이 빛을 발휘하게 하려면 또는 자녀들의 성적을 향상 시키려면 창조와 발명·창의력 에너지를 주는 남쪽방위에 침실을 두고 침실의 남쪽에 녹색·오렌지색 계열의 스탠드를 두면 좋다.
- 재운과 부인 덕을 보려면 서쪽이 길해야 한다. 그 방위로 여자의 운 재운 친구 등이 관계된다. 화장실 목욕탕 벽에 금이 가거나 지붕이 새면 흉상이다.
- 사업 운을 크게 발전시키려면 침대를 동쪽으로 두는 것이 좋다. 신선한 기운과 활력·근면·성장·성공 같은 기운이 동쪽에 있기 때문이다.
- 현관과 거실 주방에는 항상 꽃이 있어야 행운이 있다.
- 재운(財運)과 부인 덕을 보려면 서쪽이 길(吉)해야 한다.
- 서쪽에 화장실 주방 벽이 금 간 곳이 있으면 흉하다. – 재물이 샌다.
- 집이 서쪽을 보는데 전면에 대로가 있으면 재물과 사업이 속기할 형이다.
- 황색의 노란 꽃은 금전 운을 한층 더 높여준다. 또한 성격도 한층 더 밝게 해주는 힘이 있다. 황금은 재물 운은 서쪽에 있다. 항상 서쪽을 노란 꽃이나 그림으로 장식해 두면 좋다. 황국 해바라기 노란 장미·철쭉 등이 좋다.
- 사무실이나 책상 좌측에 붉은 꽃의 화분을 두면 항상 머리가 맑고 좋은 기를 받아 에너지가 넘치고 매사 형통하게 된다.
- 생가(生家)(산부인과 병원) 유년기(氣)의 집터가 좋아야 큰 인물이 난다. 인간의 인격이 형성되는 시기(氣)는 9세 이내에

99%가 결정된다고 한다.

- 거실의 풍수는 현관문·주방·창문과 소파의 4가지 위치를 보고 그 중에 소파의 위치가 기류에 중요한 작용을 하게 된다.
- 소파의 위치는 거실의 기를 원활하게 유통시킬 수 있어야 한다. 색상은 크기에 따라 밝고 중후한 색이 좋다.
- 화장실은 음기(陰氣)이므로 집안의 다른 양기(陽氣)를 억제하게 된다. 그러므로 항상 밝고 쾌적해야 한다. (를 두어 공기를 정화시키는 것도 좋다.)
- 화장실은 위치가 중요하고 동북간[간(艮)방위] [남서간[곤방(坤方)]에는 두지 않는다[귀문(鬼門)]. 남향도 피해야 한다. [水剋火)]
- 가정 운을 좋게 하려면 쪽(방위)와 쪽 (방위)을 깨끗이 하고 조명은 밝게 화장실을 청결하게 하고 을 내지마라[귀신출입문]. 색은 흰색이 좋다. 남쪽은 물을 없애고 통풍이 잘 되도록 하고 녹색 식물을 놓아둔다. 침실은 조용하고 온기가 있어야 한다.
- 집에도 주인이 중앙에 자리하고 기둥방의 숫자는 홀수가 좋고 성공의 방위는 남향의 창문에 달려있다. 밝게 하라.
- 새 집에 들어가 부인이 병(의부증, 신경성질환)이 있는 경우는 새 집의 주방·가스레인지·하수구가 간(艮) 곤(坤)방위(귀방위 출입문)에 위치한 경우이다. 주방을 다른 방위로 옮기면 회복된다.
- 신혼 초의 길상은 북쪽에 있다. 북쪽이 알맞게 나온 터는 2세 운은 좋다.
- 신혼 초에는 평탄한 지대에 주택을 갖고 있어야 아들을 얻고 재물을 모을 수 있으며 집의 뒤가 조금 나은 곳이 좋다.
- 집의 대지가 울퉁불퉁하고 경사진 곳이면 딸이 많고, 집에서 육교나 다리가 보이면 재물이 모이지 않는다.
- 임신 중에 집수리나 가구 이동을 하지마라. – 태아에 해(害)가 미친다.(유산)
- 주방은 (북)쪽이 길(吉)하다.
- 주방이 서쪽에 있는 경우 오랜 기간이 지나고 나면 재운이 쇠퇴하게 된다. 그러므로 서쪽의 주방은 빛이 들지 않도록 창문이나 문을 가리는 것이 좋고 환풍은 잘 되도록 해야 좋다.
- 식탁은 원형이 좋다. 집이 대체적으로 사각형이기 때문에 음양의 조화를 이루게 된다.(원형은 양의 기운 사각형의 기운이다.)
- 주방의 물과 가스는 될수록 멀리 있는 게 좋다.
- 집 안에 냄새 제거 : 담배 – 원두커피, 곰팡이 – 녹차 잎, 잡냄새 – 촛불
- 주택에 창문이 너무 넓으면 좋지 않다. – 복이 빠져 나간다.
- 방문과 마주보는 창이 있으면 좋지 않다 – 커튼으로 가릴 것.
- 현관과 주방의 문이 마주보면 재물에 손해가 난다.
- 주방의 가스레인지가 외부 문과 마주보면 흉하다.
- 주방의 싱크대와 가스레인지는 멀리 있어야 좋다.
- 주방문과 침실 문이 마주 보면 흉하다.
- 창고 문과 대문이 마주보면 재물이 빠져 나간다.
- 실내가 너무 밝은 것도 좋지 않다. – 기가 새어 나간다.
- 현관은 집 전체의 운을 정한다. 복이 출입하는 곳이다.
- 현관은 집 전체의 운을 정한다. 복이 출입하는 곳이다.
- 현관 정면에 거울을 걸어두면 흉하게 된다. 들어오는 복도 되돌아 나가게 된다. 그림은 좋다.
- 현관 출입문에서 문이나 창문이 바로 나 있으면 재물 운이 나간다.
- 현관문에 종이나 소리가 나는 물건을 장식해두면 좋다. – 기(氣)를 흐르게 한다.
- 현관은 항상 밝고 깨끗이 하고 화초(하얀 꽃)로 가꾸어 놓으면 좋다.
- 현관에 수석 옥돌 등 장식물을 놓아두면 좋다.
- 신발을 포개어 벗어 놓는 사람은 바람기가 있다.
- 거실은 보다 밝은 것이 좋다. – 포근한 분위기 화목하다.
- 동쪽의 방은 아들에게는 좋으나 딸은 말괄량이 성격이 된다.
- 대문 앞 도로가 기울어 진 곳은 좋지 않다. 묘 앞의 전순(氈脣)과 같다.
- 도로 쪽으로 머리를 두고 자면 좋지 않다.
- 집 천장은 조금 높은 것이 좋다. – 안정감, 진취적 기운
- 천장은 돔 형태가 가장 이상적이다 – 기(氣)가 집중되며 재물

ㅈ

이 생기고 출세한다.

❖ **주택 뒤쪽에 산이 감싸주면 부자(富者)로 잘 살 수 있다** : 집의 배후(背後)를 감싸는 뒷산이 둘러졌을 경우는 재물과 식솔이 번성하고 풍부한 복록과 안정을 누리게 되며 자손 중에 만석 거부가 나온다.

❖ **주택 뒤에 골짜기는 건강과 재물이 모이지 않는다** : 골짜기는 물과 바람이 강하게 흐르는 곳이다. 골짜기에 있는 택지는 물과 바람이 충사(沖射)하므로 살상이 날수도 있다. 산에서 부는 바람은 온도가 낮은 곳에서 높은 곳으로 골자기를 따라 이동한다. 낮에는 햇볕을 받아 산 정상의 온도가 높으므로 바람은 아래에서 위로 부는 곡풍(谷風)이 형성된다. 밤에는 산위가 아래보다 온도가 낮으므로 산위에서 아래로 부는 산풍(山風)이 형성된다. 밤낮으로 바람의 방향이 바뀌는 곳이 골짜기이므로 여기는 사람이 살기에 적합하지 않다. 이러한 곳에서 오래 살면 살풍(殺風), 살수(殺水)로 건강이 나빠지고 정신질환자가 생기며, 심하면 요절이 우려되며 재물도 모이지 않는다.

❖ **주택모양이 남북으로 길면** : 남북이 길고 동서(東西) 너비가 좁으면서 단정한 구도는 부귀(富貴)와 안정(安靜)을 누리고 자손이 높은 지위에 오르는 등 가문이 번창·융성한다.

❖ **주택, 물소리와 바람소리, 고압선, 지전류를 피해야 한다** : 명당에서는 산이 바람을 막아 잔잔한 바람이 불고, 물소리도 바람소리도 들리지 않고 사람들의 마음을 평화롭고 포근하고 아늑한 느낌을 준다. 그러나 산 후면에 위치한 지세(地勢)에서는 바람이 강할 뿐만 아니라 바람소리, 물소리가 흉하고 무서워 사람들의 마음을 불안하게 한다. 특히 밤에 몰아치는 비바람소리와 산짐승 같은 동물들의 울음소리가 흉하게 들리는 주택 묘터에서는 정신질환자가 발생하기도 한다. 시골 외딴 농가 중의 흉가는 대부분 나지막한 야산의 후면에 위치하고 있거나 언덕 난간바지에 있어 바람이 강하게 불면 동시에 흉한 소리가 공통적으로 들린다. 그리고 강한 전류가 흐르고 있는 지역은 주거 공간으로 적합하지 않다. 특히 고압선 바로 아래에 있는 주택은 사람에게 좋지 않은 영향을 주므로 가급적 피하는 것이 좋다. 하늘의 공기 중에 통하고 있는 전기는 천둥이나 번개를 일으키고 벼락은 땅이 갖고 있는 전기에 흡수되어 분산된다. 이처럼 지표면과 지하에 흐르고 있는 것을 지전류(地電流)라고 하는데, 지하에 흐르는 지전류의 양은 위치에 따라 강하게 흐르는 곳과 약하게 흐르는 곳 등 일정하지 않다. 침실 위치를 지전류가 강하게 흐르는 곳에 둔 채 오랫동안 생활하게 되면 여러 종류의 질병에 걸린다. 또한 집에서 기르는 고양이들은 강한 지전류를 좋아해 지전류가 흐르는 곳에 모여든다고 하지만 침실 하부에 흐르는 지전류를 피하기 위해서 건물을 새로 지을 수 없는 일이다. 다만 기존의 건물에서 그대로 살되 동시에 지전류에 의한 피해를 방지해야 할 것이다.

❖ **주택 밑에 주차장을 만들면 지기(地氣)가 흩어진다** : 최근 주차난 때문에 1층이나 지하에 주차장을 만드는 경우가 늘고 있다. 주택 바로 밑이 공간이면 지기가 흩어진다. 이런 가상을 가진 주택은 가세가 점점 기울어진다. 개인 주택의 경우 벽돌이나 석재로 막아서 주차장을 폐쇄하는 방법이 최선이다. 공공주택인 경우는 가능한 주차장 위쪽은 피하는 것이 좋다.

❖ **주택(住宅), 산능선 위는 흉하다** : 산의 능선 위나 능선 높이 이상으로 집이나 건물을 지어서는 안 된다. 호박이나 수박이 많이 달려도 제 넝쿨 위에서 크는 것은 하나도 없는 것과 같이 집이나 산소도 넝쿨과 같은 능선을 반드시 피해서 지어야 한다. 능선 끝은 산 길이라 하는데 송곳과 같아 산맥이 흘러 송곳니 모양같이 끝은 집터나 묘지는 부적격이다.

❖ **주택, 좋은 주택의 배치는 어떻게 활용되는가** : 예로부터 집의 내용에 따라 5허 5실(五虛五實)이라 하였는데, 집은 작은데 사람이 많이 살거나, 집에 비해 문이 외소한 편이거나, 담장이 튼튼하거나, 작은 집에 육축 등을 많이 기르거나, 동남쪽으로 물이 흐르는 가상을 5실이라 하고, 집은 큰데 사는 사람이 별로없이 허성해 보이거나, 담장이 완전치 못하고 금이 가서 기울어지거나, 대문이 유난히 크거나, 우물이 제자리에 나있지 않은 집 등을 5허라고 한다. 이러한 원리에서도 주택이란, 사람이 사는데 알맞아야 한다. 주택은 어디까지나 사는 동안의 휴식공간이란 개념으로 이해되어야 한다. 휴식 공간 중에서도 가장 편안하게 쉬는 곳, 즉 잠을 자는 방안이 가장 세심한 배려가 되어야 한다.

잠을 잘 때 숙면을 하느냐, 하지 못하느냐에 따라서 피로가 풀리기도 하고 축적되기도 하기 때문이다. 보통 꿈자리가 뒤숭숭하여 잠을 자주 설친다거나 아침에 일어나도 몸이 거뜬하지 않고 계속 나른하다거나 하는 것은 우선 방의 배치상에 문제점이 있다고 보는 것이 좋다. 이와 같은 경우는 방이 위치한 곳이 수맥이 흐른다거나 강한 자력대 위에 놓인 경우가 많다. 따라서 반드시 잠을 자는 방은 지구자기의 영향관계와 집기 등의 전기적 작용 등을 고려해야 한다. 방은 대체적으로 부부나 주인이 거처하는 안방과 자녀들이 지내는 자녀방, 노인이 거처하는 방 등 사용자에 따라 각기 정해져 있다. 조선시대는 왕손 중 다음 대를 이을 장손이 거처하는 곳을 동궁이라 불렀는데, 이는 방위학에서 동쪽의 상징이 장남 등을 뜻하는 주역사상에서 유래된 것으로 궁중의 동쪽에 장남의 거처를 만들게 된 후부터 불리게 된 것이다. 주택에서 방과 부엌 등의 배치에 대한 평면계획을 세울 때는 건물의 중심선을 기준으로 해서 어느 방위에 속하는가를 따져 적부를 가리며 기존의 건물인 경우는 개축이나 용도를 바꿔 알맞도록 사용하여야 한다. 주택은 모든 방이나 구조물의 배치를 건물의 중심을 기준으로 보는 것처럼 중앙부는 집안에서 제일 중요한 부분이 되므로 이곳이 잘 활용되지 않는 빈방으로 방치된다거나 화장실이나 부엌, 목욕탕, 창고 등과 같은 것이 위치하면 아주 나쁜 영향을 집안 전체에 미치게 된다. 집안이 노인이나 어린아이가 있는 경우는 동남쪽이나 남쪽에 위치한 방을 사용토록 하는 것이 가장 이상적인 배치가 된다. 주인의 방은 가능한 주방에서 멀리 떨어진 곳에 위치하는게 좋은데 방위로 침실을 정한다면 동쪽이나 동남쪽이 이상적인 방향이다. 서재나 공부방 등 조용하면서도 집중력과 혼자만의 공간으로 이용하고자 하는 방은 북서쪽이 제일 좋은 곳이다.

❖ **주택에 물(河)과 길(道)이 어떻게 미치는가** : 가상학에서는 하천이나 길을 같은 개념으로 보고 있다. 그 이유는 하천의 경우에서는 물이 퇴적과 침식을 일으키는 요인이 되므로 수리학적인 측면에서 볼 때 저지대가 된다거나 물이 굽어지는 곳은 침식과 침수의 영향을 받게 되기 때문이다. 길의 경우에서는 사람이 통행하고 차가 주행하는 곳이기 때문에 통행하는 사물이나 사람과 관련지어 생각해 보면 일반도로에서 볼 수 있는 안내표지 중에 '급커브 조심' 이라는 표지는 커브길에서 일정한 속도가 유지되지 않으면 관성에 의해 진행하던 방향으로 차가 쏠리거나 전복을 당하게 된다. 그러므로 급커브가 되는 곳은 생각지도 않은 교통사고를 당하게 되기도 하고 통행하는 길과 집이 마주쳐 있게 되면 너나 할 것 없이 자연적으로 마주치게 되는 집을 쳐다보게 되므로 괜한 호기심을 유발하기도 하여 도둑을 불러들일 수도 있게 된다. 또한 바람의 이동은 어느 장애물에 부딪치게 될 때 방해를 받지 않는 곳의 바람과 합류하여 그 세기가 더욱 강하게 되어서 흐르기 때문에 골목이나 하천변은 바람이 항상 다른 곳에 비해 강하게 흐른다. 그러므로 주변의 먼지까지도 함께 휩쓸어 가므로 강한 외기(外氣)의 침범과 함께 먼지 등의 공해까지 받아들이는 요소가 된다.

- 양택(陽宅)에서 물은 재록(財祿)을 주관하는 요소가 되므로 물의 흐름이 맑고 흐림에 따라 길흉이 다르다.
- 물의 흐름은 멈추지 않고 흐르되 급하지 않게 흘러야 된다.
- 물의 색은 속이 훤히 들여다보일 듯 맑아야 한다.
- 물이 오는 모습은 관망하듯 완만한 곡선으로 감싸 안고 있어야 한다.
- 물이 공격하듯 정면으로 들어오면 침수나 침식의 해를 당하게 된다.
- 복개된 하수 위에 건물을 지으면 침수, 침하, 부패한 공기의 악영향을 받게 된다.
- 길이나 물이 갈라져 흐르는 곳의 삼각지는 침수, 침식 등 외부로부터 예기치 않은 피해를 당하게 된다.
- 길이 꺾어지는(마주치는) 곳에 집이 있게 되면 여러 가지로 불리하게 된다.
- 막다른 골목길을 마주쳐 집이 위치하면 역시 예기치 않은 재난을 겪게 된다. 그림의 ①과 같이 건물의 좌우를 감싸안은 듯 하고, 있는 모습을 겸수지격(鉗水地格)이라 부르며, 이렇게 생긴 곳에서는 타인으로부터 긍정적인 이해와 협심을 받아 모든 일이 순조롭게 진행되고 특히 금전등 재운이 크게 따르는 주택이 되게 된다. 그림 ②는 도로가 건물의 좌측에서 건물의 뒤쪽으로 감싸도는 형국으로 이두성격(裏頭城格)이라 하는데, 이러한 형국을 갖게 되면 후손이 있다 할지라도 대를 이을 수 없게 되고, 양자를 들이거나 법적인 절차를 밟아야만 상속이 되는 땅이 되고 만다. 특히 이러한 집은 처음엔 제법 땅땅거리는 것 같지만 주택의 복이 당대에서 소모되는 대지가 되기 때문에 중도에서 심하게 소모가 일어나는 곳이 된다. 그림 ③은 건물의 우측으로부터 길이 와서 좌우를 활처럼 감싸고 있는 모습으로 음사수격(陰賜水格)이라고 부르는데, 일반적으로 아주 좋은 격이라 하고 도모하는 일이나 생활이 안락함을 누릴 수 있는 주택이라고 보는 속설이 있기도 하나, 실제로는 뜻하지 않는 일을 자주 겪게 되고 눈물을 흘릴 일이 많아지게 되는 터가 된다. 이러한 주택의 격국은 가운이 장구하게 지탱되지 못하는 주택이 된다. 그림 ④는 주택의 앞으로부터 S자로 구불거리며 주택의 어느 한편을 감싸도는 형태로 금구격(金鉤格)이라 부르며, 새로이 시작하고자 하는 일이나 계획했던 일이 막힘이 없이 진행되는 주택이 된다. 대인관계에서도 탁월한 인기를 누리게 되며 몸과 마음이 항상 편안하게 되는 큰 발전을 얻는 주택상이 된다. 그림 ⑤는 건물의 뒤쪽으로부터 감싸고 들어와 마치 한 팔로 감싸 안은 듯한 모습으로 금구전포격(金鉤轉抱格)이라고 부르는데, 이러한 모습을 갖게 되면 금전적으로 매우 민감한 영향력을 받는 곳이 되고 투기성이나 위험이 약간 따르는 사업에서 발군의 힘을 발휘하여 남보다 먼저 선수를 쳐서 승률을 갖게 되는 사업장이나 사업가의 주택으로 안성맞춤이 되는 곳이 된다. 그림 ⑥은 역시 같은 이름을 가지면서도 약간 다른 모습을 보여주는데, 주택의 한편으로는 뻗어 나가면서 다른 한편으로는 건물을 감싸 안고 있는 경우도 같은 명칭으로 불리고 있다. 이러한 주택은 금전운 보다는 집안의 장구한 번영을 가져오는 종가집이나 가문의 일문을 열어가는 주택이 된다. 즉 잠재적 능력이 길러져서 새로운 분야에 크게 이름을 날리고 집안이나 국가에 크게 이바지할 재량을 길러내는 인물이 나오는 집이 되는데, 연구기관이나 학교 등 백년 대계를 도모하는 단체나 기관이 이러한 모습을 갖춘다면 가히 국내에 유수한 인걸을 배출할 명문이 된다. 그림 ⑦은 도로가 자동차의 크랭크 축처럼 꺾어진 모습으로 절수격(折水格)이라 부르는데, 다음에 부를 곡수(曲水)와 유사한 모습이지만 정리가 잘된 도심에서 쉽게 볼 수 있는 모습이다. 이러한 곳에 입지한 건물은 풍수사상에서 양택은 땅의 기를 받아 살면서 인걸을 길러 낸다는 지령인걸(地靈人傑)이라는 표현의 대표적인 형국이 된다. 즉 불같이 일어나고 불같이 망하는 흥망성쇠가 속전속결로 일어나길 바라는 현대인에게는 좀 답답하게 여길지 몰라도 백년대계를 꿈꾸고 천리길도 한 걸음부터라는 정신이 투철한 중인과 같이 듬직한 사람에게 알맞은 터이다. 운세가 평범하게 한 걸음씩 발전해 나가는 청년의 이상을 펼치는데 아주 이상적인 주택으로써 오랫동안 거주하면 후손중에 일문을 빛낼 출중한 인물을 배출하는 터가 된다. 그림 ⑧은 길이 두 갈래로 오는 모습

인데 이러한 모습을 삼절수격(三折水格)이라고 부른다. 이러한 모습도 역시 그 생김새의 변화에 따라 길흉이 크게 다름을 알아야 한다. 흔히 다 흉격으로 보고 있지만 만약 좌우에서 모여 굽이굽이 치며 나가는 모습이 된다면 기세가 큰 길함을 얻게 되는 집이 되고, 반대로 직접 쏘듯이 와서 갈라진다면 그야말로 인망패절되는 흉격이 되므로 그 생김새와 오고가는 변화를 먼저 살핀 후 길흉을 논해야 하는 격국이 된다. 그림 ⑨는 건물 주위를 ㄷ자 형태로 감싼 모습으로 이러한 모습도 택지 정리가 잘된 구역에서 흔하게 접할 수 있는 도로요건이 되는데, 이러한 격국을 회룡격(廻龍格)이라고 부른다. 이런 모습을 맥의 기가 응집이 되는 곳이라 하여 부귀가 따르고 영속적으로 좋은 일이 일어나는 터전으로서 더욱 그 길함이 더하여 몇 대를 걸쳐 부귀와 뜻이 이뤄지는 명당이 된다. 그림 ⑩은 건물의 앞으로 큰 도로가 횡으로 진가는 모습인데 주로 도시의 가로변에서 흔하게 볼 수 있는 모습으로서 이러한 모습을 횡직수격(橫直水格)이라고 부른다. 사실 이러한 위치는 주택보다는 상가 등의 건물에 많은데 주거만을 위한 주택의 경우는 별로 이로움이 없다. 특히 인간적인 교제관계가 원만치 못하며 재운도 크게 따르지 못하는 곳이 된다. 주택으로 보다는 사무실 등 일반의 공공목적 건물에서나 그런데로 명맥을 유지하지만 골목길도 없이 노천 시장의 좌판처럼 길이 쫙 흘러 간다면 더욱 별로 큰 이로움이 없기는 상가에서도 마찬가지가 된다. 그림 ⑪은 도로가 택지를 향해 오다가 반대로 구부러져 나가는 모습으로 반구격(反鉤格)이라 부르는데, 일반적으로 양택이나 음택에서 물의 격국을 논할 때 나쁜 영향을 받는 곳의 대표적인 모습 중의 하나가 된다. 우선 그 응험을 들어보면 지체부자유자가 나온다거나 정신질환자가 나온다거나 송사(訟事)가 그치지 않는 등 이로움이 한점 없는 집이 되며, 장기 거주하는 동안 일가문이 없어지는 흉지로 치는 것이다.

❖ **주택에 밝은 조명은 기를 활성화시킨다** : 집안 분위기가 어두침침하다면 반드시 조명을 밝게 해 주어야 하고 조명이 미치지 않는 구석이 있다면 전등을 새로 설치해서 집안 전체가 환한 느낌이 들도록 해야 한다. 조명(전등)은 태양의 역할을 하는 풍수 도구라고 말할 수 있다. 빛이 닿지 않는 곳은 항상 습하고 어두컴컴하여 왠지 모를 한기나 사기를 형성시킨다. 그런 좋지 않은 가운데 가족들이 오랫동안 노출된 채 숨을 쉬고 잠을 자고 식사를 한다면 자신도 모르는 사이에 건강이 악화되고 매사에 자신이 없어져서 생활에 활기를 잃으며 대인 관계에 문제가 생기고 발전운이 막히게 된다. 거울이 기(氣)를 유도하고 끌어들이는 풍수적 도구였듯이 조명 또한 풍수적 효과를 발휘하여 지나쳐 가는 생기를 끌어온다. 뿐만 아니라 생기는 흐름을 촉진시켜 집안에 맑고 부드러우며 따뜻한 기운을 넘치게 한다.

❖ **주택에 조명(照明)은 풍수 비보책으로 쓰여진다** : 풍수에서는 사람에게 해로운 기가 머문 공간에서 장시간 생활할 경우엔 그 곳에 있던 사람에게서도 똑같이 해로운 기운이 방출된다고 보기 때문에 가족들이 특별한 이유를 모른 채 주부를 기피하여 밖으로 돌거나 가족간의 불화가 심해질 수 있다고 본다. 조명(照明)은 이 밖에도 여러 가지 풍수 비보책으로 쓰여진다. 가령 요철(凹凸)이 있는 구조로 설계된 집일 경우엔 빠져나간 귀퉁이나 깎여진 구석에 외등을 설치함으로써 깎인 부분을 보상하는 장치로 주택 풍수에서 움푹 들어간 귀퉁이 부분은 기의 순환이 안되거나 조화롭지 못한 기운이 감돈다. 따라서 움푹 들어간 귀퉁이 부분의 결여된 기운을 보완하기 위한 장치로 깎인 부분에 조각상이나 정원석을 놓고 관상수를 심기로 하며 외등을 켜서 밝히기도 하는데 밝은 전등은 꺾인 구석을 밝혀서 기의 순환을 돕고 모서리에서 방출되는 예리한 기를 부드럽게 완화시켜 줌으로써 풍수 인테리어에서 자주 이용되고 있다. 밝은 전등은 약간 비탈진 곳에 지어진 집의 풍수 보완책으로도 쓰여진다.

❖ **주택 앞에 솟는 샘물이 있으면** : 남자가 적게 나고 좌우에 깊은 연못이 있으면 주로 무후(無後)한다. 또 자손이 모두에 내장질환이 초년에 많이 생긴다.

❖ **주택은 가족수에 알맞아야 한다** : 인간은 누구나 한평생을 가족과 함께 행복하게 살고 싶어한다. 그러나 경제적으로 여유롭지 못했던 과거에는 주택을 단지 잠이나 자는 공간으로 생각하여 주택의 면적이나 질적인 측면은 등한시해왔다. 그러나 경제적

여유가 생기고 사람답게 살려는 욕구가 팽배해 갈수록 크고 좋은 집, 편리한 집을 찾는 성향이 높아졌다. 하지만 이제는 그 도가 지나쳐 무조건 큰 집에 살고 보자는 것이 일반적인 사회현상으로 되어 버렸다. 가족은 3~4명에 불과한데 방이 5~6개나 되는 50~60평 이상의 주택에서 거주하는 것은 부의 과시를 떠나서 여러 가지 문제가 발생한다. 주택은 인간에게 좋은 기운을 만들어 주며 가족들을 활기차게 해주는 역할을 하는 것이라고 할 수 있다. 주택은 옷으로도 비유할 수가 있다. 옷은 자기 체형에 맞아야 편안하며 효용 가치가 있어 아무리 좋은 옷이라도 몸에 맞지 않으면 불편하고 거추장스러운 것과 같이 주택도 무작정 큰 것만이 능사는 아니다. 적정한 평수의 주택은 인간에게 편안함과 소진된 원기를 자연스럽게 충전시켜주는 역할을 한다. 필요 이상으로 큰 주택은 인간이 주택의 기운을 받는 것이 아니라 역으로 거주자가 주택의 기운에 눌려 원기가 손상되므로 지나치게 큰 평수의 주택은 풍수에서도 피했던 것이다. 빈 방에 귀신이 있다고 하는 속담이 있듯이 방을 오랫동안 비웠다가 방문을 열어보면 섬뜩함을 느낀다. 자주 사용하지 않는 방은 통풍도 안 되고 청소도 소홀하여 습기와 먼지 등이 쌓여 위생적으로 불결하다. 모름지기 방은 사용하여야 하고 약간은 비좁은 듯한 공간에서 오밀조밀 모여 지내야 인간답게 사는 맛이 나는 것이다. 또한 주택에 빈 공간이 많으면 허전하기도 하지만 관리비도 많이 들고 심리적으로 정서가 불안해진다. 특히 장년 이상의 노년층에서는 더욱더 고독함을 느낀다. 따라서 주택의 면적을 무시할 수 없다. 현대 주택의 적정면적은 우리 나라의 경우 1인당 5~6평 정도가 가장 알맞은 주택이라고 한다. 부의 과시도 좋지만 자신에게 맞는 적정한 거주공간을 차지하고 삶을 영위하는 것이 경제적인 삶을 사는 지혜라고 할 수 있다.

❖ **주택은 같은 구조라도 놓이는 위치에 따라 길흉이 다르다**: 주택단지나 아파트의 경우에서는 거의 같은 배치로 설계되어 있기 때문에 한결같이 영향이 같지 않느냐 하겠지만 우리가 양택(陽宅)에서 자연 과학적으로 고려되는 상황이 햇빛과의 영향관계, 대기의 순환관계, 자력과의 관계로 대별할 수 있다. 양택(陽宅)의 양(陽)이 의미하는 햇빛과의 관계부터 살펴보면 하지(夏至) 때 비치는 정오의 태양의 입사각이 대략 77.30° 정도가 되지만 동지 때는 약 31° 밖에 이르지 않게 된다. 이러한 영향관계에서 지붕이나 처마 담이 미치는 주택 자체가 가지게 되는 전체적인 영향력을 검토해 보면 왜 가상학이 자연 과학과 밀접한 관계가 있게 되느냐를 쉽게 이해할 수 있게 된다. 즉 그림의 ①에서 보는 것과 같이 네모난 형태의 주택을 짓게 되는 경우 정남북의 선상이나 동서의 선상에 놓이게 되는 것보다는 약간 엇비슷하게 놓이는 것이 햇볕을 받는데 유리하게 된다는 것을 알 수 있게 된다. 그림의 ② 와 같이 "ㄱ" 자 형태의 경우에서는 凹의 부분이 정동(正東)향과 정서(正西), 정남(正南)을 향하게 된 경우에는 어느 부분이나 골고루 햇볕을 받게 되나 나머지 부분을 향하게 되는 경우는 어느 한 부분에 그림자가 겨울철에 계속 지게 된다는 경우를 알 수 있게 되며, 그림에서 "ㄱ" 자의 형태에서는 凹의 부분이 동남향과 남서향이 된 경우에만 골고루 햇빛을 받게 되고, 다른 경우는 그림자가 항시 지는 곳이 있게 됨을 알 수 있다. 그러므로 같은 구조라 하더라도 놓이는 위치, 택향(宅向)에 따라 서로 길흉이 다르게 미친다.

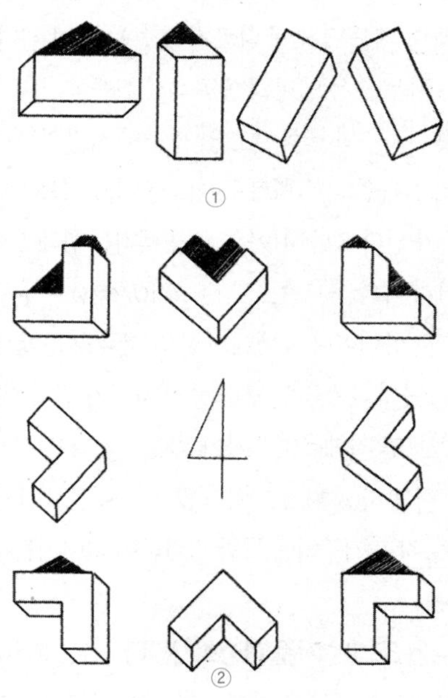

[주택구조 방위길흉]

❖ **주택은 방위와 음양이 조화되어야 한다**: 땅 표면에 흐르는 기(氣)도 음(陰)과 양(陽)으로 구분된다. 음은 남동 진손사(辰巽巳), 정남 병오정(丙午丁), 남서 미곤신(未坤申), 정서 경유신(庚酉辛)으로 여성을 의미하고, 양(陽)은 북서 술건해(戌乾亥), 정북 임자계(壬子癸), 북동 축간인(丑艮寅), 정동 갑묘을(甲卯乙)로 남성을 의미한다. 이 음양의 4개 방위는 제각각 기운의 젊음과 노쇠함으로 구분, 음인 남동은 장녀, 정남은 중녀, 남서는 노모, 정서는 소녀의 방위로 구분되고, 양인 북서는 노부, 정북은 중남, 북동은 소남, 정동은 가장 왕성한 남자의 기운이 흐르는 방위로서 장남으로 각각 구분된다. 주택 마당의 중심점에서 보아 건물의 방위가 남성 방위인 정북, 북동, 정동에 있을 때는 주택 내부에 남성의 기운을 갖게 되고, 반대로 남서, 정남, 정서, 남동이면 여성의 기운을 갖게 된다. 대문도 마찬가지로 적용된다. 주택에 있어서 건물과 대문의 의미를 구분하면 건물은 장기적으로 머물러 있어서 마치 주인과 같고 대문은 외부로부터 들어오는 손님과 같은 관계로 구분된다. 일반적으로 음양이론(陰陽理論)에서 음은 서로 결합하기를 좋아하므로 마찬가지로 주택의 기운이 남성의 기운일 경우에는 대문으로 여성의 기운이 들어오면 행운이 따르고, 그렇지 않고 같은 남성 기운이라면 서로 배척하여 좋지 못하다. 예컨대 건물 중심이 정북, 즉 임자계 방위에 있고 대문이 정남, 즉 병오정 방위에 있을 경우에는 건물이 중남으로 남성 기운이며 대문은 중녀로 여성 기운이다. 이 경우에는 남성과 여성이 서로 좋아하는 관계이므로 생기(生氣)를 만들어 좋은 집이 되지만 임자계(壬子癸)에 건물에 있어서 대문의 방위가 북서, 즉 술건해(戌乾亥) 방위에 있는 경우의 대문은 노부의 기운이며 건물은 중남의 남성의 기운으로 건물과 대문이 서로 배척하는 관계가 된다. 건물과 대문이 남성, 여성의 기운을 갖고 서로 어울려 생기를 이룰 때 이것이 어울리는 과정에서 남성 아닌 여성의 늙고 젊음은 전혀 구애받지 않는다. 가령 건물이 축간인인 소남 방위이고 대문이 미곤신의 노모 방위이면 소남과 노모가 서로 어울려서 생기를 이루는 좋은 공간이 된다. 또 건물과 대문이 중남과 중녀(또는 중녀와 중남)일 경우에는 음양의 결합이 급히 발생하여 이른바 속발하게 된다. 그러나 북서의 노양 방위와 노모 방위 사이에는 서로 행복한 공간을 이루며 음양의 결함이 천천히 이루어지게 된다.

❖ **주택은 부모가 거주하는 택지내에서 아들 대의 집을 별개로 지으면 좋지 않다**: 형제간에 분가한 후에 본가의 집터(택지)에 다시 새집을 지어서는 안 된다. 동일한 택지 내에 두 채의 집을 짓게 될 경우 어느 누구를 막론하고 두 집 모두에게 흉기가 미쳐서 가문이 패망하게 된다. 한편 자신이 살고 있는 집이 주변의 집들보다 유독 높아서 우뚝 솟아 보인다면 집안에 풍파가 끊이지 않고 재물운도 따르지 않아서 점차 흉가로 전락하고 만다. 독불장군처럼 저홀로 우뚝 솟아있는 집은 겨울의 한랭한 북서풍이 크고 작은 바람과 폭염에 확연히 노출됨으로써 좋지 않은 자연의 작용을 받게 되고 그로 인해 가족 구성원 모두에게 해가 미치게 된다. 더구나 이웃 집에 비해 너무 높다보니 햇빛을 가로막아서 이웃의 불만을 사게 되고 또 시각적인 문제 등으로 여러 가지 불편함을 주게 되니 이러한 것들이 인간관계에서 보이지 않는 불화감을 조성하므로 그 좋지 않은 영향력이 은연중에 자신의 집에 흉기로 작용하며, 주변의 집에 비해 홀로 우뚝 솟아 있는 집은 주위와의 평형을 깨뜨리게 됨으로써 불행을 자초하게 된다.

❖ **주택은 산 능선 위는 흉(凶)하다**: 산의 능선 위나 능선 높이 이상으로 집이나 건물을 지어서는 안 된다. 호박이나 수박이 그렇게 많이 달려도 제 넝쿨 위에서 크는 것은 하나도 없는 것과 같은 이치다. 주택이나 산도 넝쿨과 같은 능선을 반드시 피해서 지어야 한다. 또한 능선 끝도 안 된다. 능선 끝은 산도(山道)라 하는데 송곳과 같다. 그리고 산맥(山脈)이 흘러 송곳니 모양같이 끝은 집터나 묘지는 부적격이다.

❖ **주택은 인간의 건강과 정신등에 영향을 미친다**: 채광(採光)이 좋을 뿐만 아니라 공기(氣)도 잘 통하는 방은 거주자에게 건강을 선물해준다. 즉 추위와 더위, 비와 바람, 습도 등 대자연 현상이 인체에 영향을 미치지 않도록 거주자를 보호해 주는 것이다. 이처럼 거주자를 유쾌하고 편안하게 생활할 수 있도록 해주는 주택이라면 좋은 주택에 속한다.

❖ **주택은 실내가 골고루 밝은 주택으로 지어야 한다**: 주택에서

각방은 채광이나 환기가 제대로 되어 있지 않으면 부유하는 세균과 먼지에 의해 자외선 소독이 차단되어 공기가 오염되고 건강에 영향을 끼친다. 이러한 방들은 대개 처음 이 집에 들어가는 사람들에게 답답함을 느끼게 한다. 주택에는 채광과 조명이 주거 공간과 호흡을 같이 하도록 해야 한다. 채광에는 자연채광과 인공조명의 두 가지가 있는데, 자연채광은 자연조명이라고도 하며 햇빛을 광원(光源)으로 한다. 창문의 주목적은 채광과 통풍이다. 고층 건물에서는 채광상 아래층일수록 창문을 조금 크게 만들어야 하는데, 채광과 창문의 관계는 다음과 같다.

① 창문의 높이를 일정하게 하고 창문의 폭을 증가시킬 때 어느 한도까지는 실내의 조명도가 증가되지만 그 이상은 증가되지 않는다.

② 창문의 폭을 넓게 하고 높이를 증가시키면 실내조명도가 증가한다.

③ 창문의 면적을 고정하고 그 위치를 변화시킬 때 창문의 높이가 높아질수록 조명도 증가한다. 일정한 높이, 즉 앙각(仰角)이 45이상이면 오히려 조명도가 감소된다.

④ 창문의 면적은 변화시키지 않고 위치를 상하로 이동시킬 때 창문이 낮으면 창문 가까운 부근은 조명도가 크지만 창문에서 먼 부분은 어둡다. 대개 창의 위치가 높으면 창가는 어둡다.

⑤ 동일한 면적의 창이라도 폭이 넓고 높이가 낮은 창보다 폭이 좁고 상하가 긴 창문이 거실 내부까지 밝다.

❖ **주택은 여름에는 시원하고 겨울에는 따뜻해야** : 주택은 인간이 생활하는데 필수적 공간으로 신선한 공기를 마실 수 있고 햇볕이 잘 들어 여름에는 시원하고 겨울에는 따뜻하여 온 가족이 편안하게 쉴 수 있어야 한다. 우리는 인생의 절반 이상을 집에서 보내므로 그 중요성은 새삼 말 할 필요가 없다. 인간은 의식적이든 무의식적이든 자연의 섭리에 순응하면서 살아간다. 일반적으로 인간이 인생의 절반 이상을 집에서 지내면서 생기(生氣)를 받는 것이 무엇보다도 필요하기 때문에 집의 형태와 위치 방향을 중요 시 하는데 좀 더 세분하여 대문, 안방, 부엌을 양택삼요결(陽宅三要訣)이라고 한다.

❖ **주택은 채광과 환기가 잘 되어야 한다** : 동쪽이 높고 서쪽이 낮은 집이나 남쪽이 높고 북쪽이 낮은 집은 채광과 환기가 제대로 되지 않는다. 동쪽이 높다는 말은 아침의 밝은 기운을 받을 수 없다는 말이며, 서쪽이 낮다는 말은 충만된 기(氣)가 아닌 쇠락하는 기운인 오후 태양의 기운을 오랫동안 받게 된다는 것과 다름이 없다. 또한 남쪽이 높다는 것은 인간에게 필요한 태양에너지를 충분히 받을 수 없는 것과 마찬가지이고, 북쪽이 낮으면 북서풍의 영향으로 늘 냉기가 도는 그런 집이 되기 쉽다.

❖ **주택은 큰데 사는 사람이 적으면** : 주택의 거실과 방은 크고 많은데 그 집에 사는 식구들이 적은 것은 흉험, 재난에 불길하게 되므로 가능한 한 사람이 방을 여러 개 쓰도록 노력해야 한다. 여러 식구가 모여 살면서 다소 비좁은 듯 싶게 지내는 것이 빠른 발전 형통의 비결이다.

❖ **주택은 향(向)이 중요하다** : 향(向)은 바로 정기(精氣)가 태양의 기(氣)를 얼마나 받을 수 있느냐의 문제로서 우리 나라 지형조건상 남향집이 좋은 것은 누구나 다 아는 사실이다. 북향집은 별로 없겠지만 어둡고 햇볕이 들기 힘들고 집이 추우며, 동향집은 해가 뜰 때 잠깐 햇볕을 볼 수 있으나 하루종일 햇볕이 없어 어둡고, 특히 여름에는 해가 뜰 무렵에는 햇볕이 집안 깊숙하게 들어오기 때문에 상당히 덥다. 서향집은 동향집과 반대이지만 해가 질 무렵의 여름 햇볕은 질소가 많이 함유되어 견디기 힘들 정도로 후덥지근하다.

❖ **주택을 마련할 때는 교통과 대지의 값만으로 따져 결정해서는 안 된다** : 교통이 편리하고 주택이 외국의 주택처럼 들어가고 나오는 것이라면 멋있다고 하여 얼른 사게 되는데 요철이 심한 대지나 주택에서는 그만큼 변화무쌍한 인생살이를 하게 된다. 대지가 아무리 반듯하더라도 접해 있는 이웃집들이 들쭉날쭉하면 담을 쌓아도 꾸불꾸불한데 가급적이면 요철(凹凸)이 없는 택지가 좋다.

❖ **주택의 정면이 타인의 집 옆면과 마주보이면** : 아이들은 제멋대로 되고 부모에게 효도하지 않는다. 이와 같은 장소는 될 수 있는 대로 피해서 길(吉)의 요소가 있는 장소를 찾도록 한다.

❖ **주택 주변에 도로 S자로 꺾어진 형국이면** : 길이 S자로 꺾어지는 곳에 집이 있게 되면 여러 가지로 재앙(災殃)이 있게 된다.

❖ **주택지로서 피해야 할 터**

- 암석 · 자갈이 많은 땅
- 점토 · 진흙땅 섞은 땅 질병이 많다.
- 먼지가 많고 푸석푸석한 땅 발전이 없다.
- 뾰족한 첨각 웅덩이 기울어진 편각 바로 보이면 투신자살 물에 빠져 죽는 운이다.
- 대로변 교차로는 주택으로 부적합하나 상가는 좋다.
- 큰 나무 밑 고압 전주나 철탑 주위는 기가 없어지므로 피해야 한다.
- 골짜기를 메운 땅은 수맥 풍의 해를 입는다.
- 큰 공장 터를 주택단지로 변경 된 곳도 부적합하다.
- 쓰레기 화장실 축사 등 매립지는 건강상 해롭다.
- 큰 고목나무 자리 원인모를 질병이 생긴다.
- 골짜기(빈 계곡)의 바람을 받는 곳은 해롭다.
- 물이나 도로가 곧 바로 치고 들어오거나 배반하는 땅(물이 들어오는데 고인 듯이 보이는 물은 크고 작든 간에 길수(吉水)로 부(富)가 쌓인다.
- 산 능선(稜線)이 날카롭게 지르는 땅은 피한다.
- 집터가 경사진 곳 좌로 기울면 남자가 만성질환이 있게 되고 집터가 우측으로 기울면 여자가 만성질환이 있게 된다.
- 후저전고(後低前高 – 뒤가 낮고 앞이 높은 곳)는 항시 불안하다 경사가 급한 곳은 재물을 잃게 된다.
- 도로 아래에 이는 집 재앙이 끊어지지 않는다.

❖ **주택지 좌우에 경사가 지면** : 주택 우측으로 경사가 지면 그 집에 사는 여자 가족이 만성질환이 있다. 경사가 심하면 십이삼년 쯤 되면 사망한다. 좌측으로 기울면 그 집에 사는 남자가 만성질환이 있으며 경사가 급하면 사망한다. 주택지 우측에 계곡이 있으면 그 집에 사는 부인이 제 명대로 못살고 사망한다. 좌측으로 계곡이 있으면 남자가 요절(夭折)한다.

❖ **주택지가 남서쪽이 심하게 들어가면** : 주택 남서쪽 곤(坤)방위이에 심하게 들어가면 주부(主婦)가 신경통 · 부인병 · 위장병 등 만성적인 질병이 있게 되고 남편은 집에 들어오기 싫어한다. 남서쪽은 약간 튀어나오면 좋다.

❖ **주택지에 고층 아파트가 한 채 있는 경우** : 주택지에 높은 아파트가 한 채가 있는 경우나 허허벌판에 주택이 한 채가 외로이 있는 경우 이런 집에 오랜 시간을 살게 되면 고독하다는 생각을 많이 하게 된다. 가족들 간에도 다정하고 화목한 것보다는 왠지 적막한 느낌이 들고 가족 간에 사람이 부족하다는 느낌을 받게 된다. 자식들은 학교에서 외톨이가 되기 쉽고 요즘말로 왕따[따돌림]를 당하기 쉽다고 할 수 있을 것이다. 집안의 가장이 사업을 하게 되면 대인관계가 좋지 않아 찾아오는 사람이 없고 시간이 흐르면서 쇠(衰)하여 가다가 결국에는 문을 닫을 수밖에 없는 것이다. 세상을 살아가는데 있어 사람들과의 만남 없이 살아간다면 이 주택에 사는 사람을 행운일 것이다. 그러나 산다는 것은 사람들과의 만남과 그 만남으로 삶을 살아간다 해도 될 정도로 대인관계라는 것은 인생을 살아가는데 있어서 중요하다고 말 할 수 있을 것이다. 이런 주택에 살게 되면 독불장군격으로 본인도 모르게 행동하여 사람들로부터 외면당할 수 있다. 그러므로 무슨 행동을 하던지 다른 사람들의 생각과 입장을 이해하고 남들을 배려한 상태에서 행동을 하여야 사람들과의 대인관계를 원만하게 하면서 살아 갈 수 있을 것이다.

❖ **주택을 짓다보면 삼각형 방이 생기면 흉** : 주택을 지으면서 부인들의 기호에 맞게 하다 보면 삼각이 나는 방이 생길 수 있다. 이러한 곳을 그대로 두면 흉가가 되기 쉬우므로 삼각이 진 모서리에 가구를 타원형으로 맞추어 끼워주고 그 타원형 가구에 도자기나 술병 같은 것을 놓아주면 보기도 좋을 뿐더러 각은 없어지고 원형으로 보이게 되므로 좋은 주택이 될 수 있다.

❖ **주택의 목재와 가구의 위 · 아래가 맞아야 한다** : 주택의 자재에 있어서 특히 주의하여야 할 것은 그 자재의 위 · 아래를 확실히 구분하여 사용하여야 한다. 즉 기둥을 세울 때 나무를 거꾸로 세우면 안 되고 가구나 문틀, 문 등도 자재의 위 · 아래를 구분하여 사용하여야 한다. 이것은 매우 과학적인 이야기로서 나무는 아랫부분이 굵고 단단하기 때문에 윗부분을 아래로 하여 기둥을 세우면 무게 중심이 위로 가고 또 단단하지 않은 부분이 땅과 주춧돌과 연결되어 있어 썩기 쉽다. 목재는 주변의 습기를 먹은 상태에서 대기의 대류에 따라 수분이 자연스럽게 위쪽으로 빨려

들어가서 증발하여야 하는데 거꾸로 놓게 되면 위쪽으로 빨려 나가는 현상이 더디게 일어나 나무에 수분이 오래 남게 되어 부피가 늘어나 뒤틀리게 되고 부패의 속도도 빨라지게 된다. 또 나무에는 양목(陽木)과 음목(陰木)이 있어 기둥, 문틀, 대들보와 같이 중요한 부위에는 양목을 사용하는 것이 좋다. 양목의 성질은 무른 듯 하면서도 송진과 같은 부패에 내구력이 있어 질기고 탄력성이 우수한 반면 가구재로 사용되는 음목은 잡목을 말한다. 주택 내부의 가구는 보통 화려하지 않고 검소한 것을 길상이라 한다. 그러나 무엇보다 중요한 것은 주인과 가구와의 조화를 이루어야 한다. 첫째, 사회적 지위와 경제력에 어울리지 않는 호화스럽고 사치스러운 소비성 가구를 갖추어 놓고 사는 집은 가난해 진다. 둘째, 신분은 다소 떨어지더라도 집안의 가구가 생산적이고 효용이 높으면 비록 그 가구들이 신분에 맞지 않는 조금 부담스러운 것이라 하더라도 풍족한 생활을 할 수 있다. 셋째, 경제력이 있고 신분이 높은 데도 불구하고 가구가 값이 너무 비싸다고 싸구려 가구만 사용하는 집은 파산할 가능성이 있다. 넷째, 경제력이 있고 신분이 높으면 그것이 비록 사치품이고 화려한 경우라도 집안에 들여놓고 생활하는 것이 좋다. 이상 가구의 선택에 있어 자신의 신분과 경제력에 맞는 것이 좋으며 너무 궁색할 필요가 없으며, 조금 무리하더라도 그것의 효용가치가 높으면 가구로서 사용하는 것이 좋다.

❖ **주택을 선택할 때는 반드시 통풍이 잘 되어야 한다**: 주택을 선택 할 때는 반드시 건강과 정신적인 면을 고려해야 한다. 이 두 가지 조건이 모두 좋다면 거주자의 심신도 건강을 얻게 되는 것이다. 좀 더 구체적으로 살펴보면 통풍이 잘되는 방은 항상 신선한 공기(氣)를 호흡할 수 있으므로 두뇌회전이 빠르고 유쾌하며 소화도 잘되어 심신의 건강에도 도움이 된다.

❖ **주택의 길흉**

- 물의 흐름은 멈추지 않고 급하지 않게 서서히 흘러야 한다.
- 물의 색은 훤히 들여다보일 듯 맑아야 한다.
- 물이 오는 모습은 관망하듯 완만한 곡선으로 감싸 안아야 한다.
- 길이 꺾어지거나 마주치는 곳에 집이 있으면 불리하다.
- 막다른 골목에 집이 있으면 예기치 않은 재난을 당한다.

❖ **주택의 방위에 따른 길흉은 어떻게 보는가**: 주택의 출입구나 창문은 외부 공기와 빛을 받아들이는 통로의 역할을 한다. 즉 남쪽에 강이나 바다가 있는 지형·지세에서 남쪽의 창문은 뜨거운 햇빛과 바다의 기운, 강물의 기운을 동시에 받아들이게 되며, 서쪽에 산이 있는 지세(地勢)·지형(地形)에서 서향을 하고 있는 개구부는 산의 기운과 서풍을 동시에 받아들이게 된다. 이처럼 주택은 창문과 환기통이 있는 쪽, 앞(面)하고 있는 방위에 따라 내부 공기의 성질이 달라진다. 따라서 동일한 면적의 주택이라 해도 배치된 방위의 기운에 의해 실내 분위기가 달라지며 그 결과 주택에서 사는 사람들의 정신적·육체적 영향도 달라진다. 주택을 비롯한 건물 방위의 길흉 분석은 8방위로 해석한다. 8방위는 주역의 팔괘와 그 의미가 같은데 360° 의 원주를 8등분해서 동서남북의 4방위와 그 사이의 4방위로 이루어져 있다. 8방위는 정북(正北), 정남(正南), 정동(正東), 정서(正西), 북동(北東), 남동(南東), 남서(南西), 북서(北西)로서 각각 45° 씩 구분하고 있다. 45° 의 8방위를 다시 3등분하면 24방위가 된다. 따라서 24방위의 한 방위는 15° 가 된다. 24방위는 북쪽의 자(子)에서부터 시계 방향으로 계(癸), 축(丑), 간(艮), 인(寅), 갑(甲), 묘(卯), 을(乙), 진(辰), 손(巽), 사(巳), 병(丙), 오(午), 정(丁), 미(未), 곤(坤), 신(申), 경(庚), 유(酉), 신(辛), 술(戌), 건(乾), 해(亥), 임(壬) 등의 24자로 표시한다. 24방위는 천간(天干) 12방위와 지지(地支)방위로 구성되어 있다. 천기에 흐르는 기운, 즉 천간(天干)은 갑(甲), 을(乙), 병(丙), 정(丁), 경신임계(庚辛壬癸), 무(戊), 기(己)를 제외하고 대신 건(乾), 곤(坤), 간(艮), 손(巽)을 포함시켰다. 지기(地氣)에 흐르는 기운, 즉 지지(地支)는 자(子), 축(丑), 인(寅), 묘(卯), 진(辰), 사(巳), 오(午), 미(未), 신(申), 유(酉), 술(戌), 해(亥)이다.

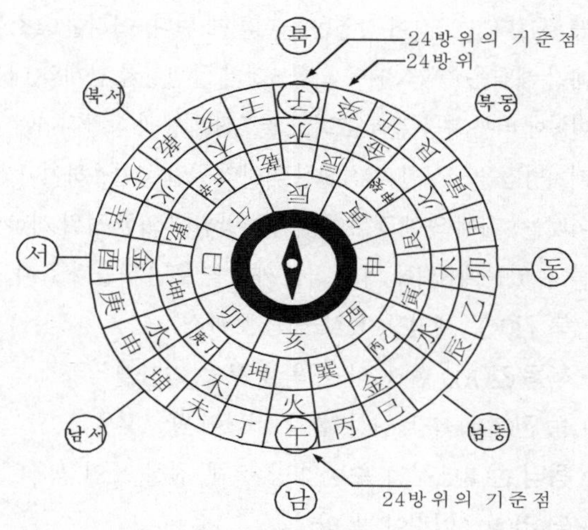

[패철의 8방위와 24방위]

방위를 측정할 때는 나경을 사용하게 되는데 나경 방위는 자석이 가리키는 북쪽을 자(子)자로 그리고 남쪽은 오(午)자로 표시하여 자오(子午)를 연결하는 선을 방위의 중심선으로 한다. 24방위는 자오선을 중심을 천기와 지기는 각각 한 방위씩 섞여 마치 남자와 여자가 짝을 이루며 둘러 앉아 있는 형태와 같다. 또 24방위는 1년 24절후와도 그 맥을 같이 하고 있어 나경의 한 방위가 1년의 한 절후의 변화 과정과 일치한다. 나경을 사용해 주택이나 묘자리의 방위는 좌향(坐向)으로 나타낸다. 주택의 좌향을 측정하는 방법은 다음과 같은 순서에 의한다.

① 건물 중심점(한옥일 경우에는 대청 마루 중앙)에 나경이 수평을 유지하도록 놓는다.

② 나경 내부를 들여다보고 자석이 북과 남을 향해 멈추도록 잠시 기다린다.

③ 자석이 남과 북을 가리키고 정지된 나경을 가만히 도려 나경의 자(子)자와 오(午)자의 연결선이 자석의 북과 남의 글자와 일치하게 한다. 이렇게 되면 자석 북쪽이 자(子)자에 일치하고 남쪽 끝은 오(午)자에 일치된다.

④ 건물 후면의 중심점을 정한다.

⑤ 나경 24방위의 글자 중에서 건물 후면의 중심점에 가장 가까운 방위 글자가 건물의 좌(坐)가 된다.

⑥ 나경에서 좌의 반대편 즉 마주보는 글자가 이 건물의 향(向)이 된다. 좌와 향은 180를 이루어 반대 반향을 나타내고 있다. 건물 방위가 정남향인 경우에는 자좌오향(子坐午向)이 되며, 반대로 정북향이면 오좌자향(午坐子向)이 된다. 또 건물이 정동향이면 유좌묘향(酉坐卯向)이 되고 정서향이면 묘좌유향(卯坐酉向)이 된다. 건물이 동서남북의 중간 방위일 경우에도 나경에 나타난 글자에 의해 좌향을 구분한다. 주택의 방위를 보는 것은 좌향을 구분하기 위한 것도 있지만 보다 근본적인 것은 좌향에 의한 기(氣)를 구분함으로써 주택의 길흉을 분석하기 위함이다. 주택은 외부 방위를 측정하기도 하고 내부 방위를 측정하기도 한다. 일반적으로 주택 방위라고 하는 것은 외부 방위를 말하는데 마당의 중심점에서 건물과 대문 등 건물 방위를 측정한다. 내부 방위는 안방이나 화장실, 현관, 부엌 등이 배치된 방위에 의한 기(氣)를 해석하는 것으로 주택 내부의 중심점에서 각 방의 방위를 측정한다. 그러나 주택의 방위에 의한 기운을 정확하게 분석하기 위해서는 외부와 내부 방위를 함께 봐야 한다. 주택 방위는 크게 동사택(東四宅), 서사택(西四宅)으로 구분된다. 동사택(東四宅)은 동기(東氣)가 흐르는 집이고, 서사택(西四宅)은 서기(西氣)가 흐르는 집을 말한다. 이 구분은 마당 중심에서 주택의 중심점을 방위로 측정해 중심 부분이 동기의 방위인가, 서기의 방위인가로 구분한다. 동기가 흐르는 방위는 8방위중 정동(正東), 남동(南東), 정남(正南), 정북(正北)의 4개 방위이며, 서기가 흐르는 방위는 정서(正西), 남서(南西), 북서(北西), 북동(北東)의 4개 방위이다. 나경의 24방위로 볼 때는 동사택의 방위는 정동이 갑묘을(甲卯乙), 동서는 진손사(辰巽巳), 정남은 병오정(丙午丁), 정북은 임자계(壬子癸)이다. 서사택의 방위로는 정서가 경유신(庚酉辛), 남서는 미곤신(未坤申), 북서는 술건해(戌乾亥), 북동은 축간인(丑艮寅)이다. 동기는 상승하는 기운, 서기는 하강하는 기운을 각각 갖고 있어 그 성질이 정반대이므로 서로 멀리 떨어져 있어야 좋다. 이것은 마치 인체 혈관에서 동맥과 정맥이 구분되는 것과 같이 동기와 서기가 한 주택 안에서 같이 흐를 경우에는 그 집안에 좋지 못한 일이 발생한다. 주택 중심부

에는 동기이든, 서기이든 한 가지 기운만 모여 있는 것이 좋으며 만일 동기와 서기가 혼합되어 있다면 기운이 탁해서 흉가가 된다. 대문도 주택이 자리한 방위만큼 중요하여 단순히 사람이 출입하는 공간만이 아니라 대기 중의 바람을 집 안팎으로 들여보내는 중요한 역할을 한다. 대문으로 좋은 바람이 들어오면 그 집에 좋은 기운이 흐르게 되고, 나쁜 바람이 들어오면 좋지 않은 기운이 흐르게 된다. 대문의 방위도 주택 방위를 볼 때와 같이 마당 중심에서 대문이 있는 곳을 나경으로 측정하는데 대문 위치가 동기에 있으면 동사택, 서에 있으면 서사택이다. 건물이 동사택인 경우에는 대문도 동사택인 것이 좋고 서사택인 주택에는 대문도 서사택인 것이 좋다. 그러나 건물과 대문이 서로 다른 사택의 기운일 경우에는 좋지 못하다.

❖ **주택의 사면(四面)이 도로인 경우** : 주택지의 네 면이 완전히 도로에 둘러싸였다면 그것은 대흉상(大凶相)이다. 네 변(邊)이 모두 도로에 둘러싸인 주택지는 매우 희귀한 일 같지만 절대 발생하지 않는 것도 아니다. 네 면의 도로에 둘러싸인 주택은 흉상(凶相) 중에서도 가장 좋지 않은 대흉상(大凶相)이며 하복부에서부터 통증이 생긴다. 이러한 동쪽과 남쪽을 남기고 막아 버려야 한다. 이러한 곳이 아파트일 경우 고층에 살면 흉(凶)은 조금은 면한다. 이것은 거리가 멀면 흉상이 적은 것이다.

❖ **주택의 주위는 적당한 넓이의 도로가 좋다** : 택지는 음(陰)이고 도로는 양(陽)이다. 음과 양이 항상 균형을 이루고 조화가 되어야 길한 택지가 된다. 택지는 작은데 도로가 넓으면 음(陰)이 작고 양(陽)이 커 조화가 되지 않는다. 반대로 택지는 넓은데 도로가 좁아도 좋지 않다.

❖ **주택의 사용 목적에 따른 공간 배치 방법은** : 가족의 구성 입장에 따라 생활을 하려면 취사도 해야 하고, 화장실, 욕실 등 생활에 필요한 여러 요소들을 적재적소에 배치함으로써 주거 생활을 편리하게 누릴 수 있게 된다. 그런데 이들 요소들은 주거 생활에 편리를 도모함과 동시에 잡다한 물건들의 설치를 필요로 하며 이에 따른 소음과 공해의 요인이 되기도 하기 때문에 각각의 특성에 따라 적절하게 배치하지 않게 되면 편리함을 도모하는 것보다는 도리어 악영향을 미치게 된다. 이러한 요소들의 배치 개념은 8괘(八卦)에 의한 5행의 상생상극 관계와 대기의 이동에 따른 통풍 관계 그리고 일조관계 등과 상관지어져 기본 배치방법을 구상한 후 적절한 위치의 공간을 활용하여야 한다. 이것을 8괘에 의한 정위 개념과 24방위에 의한 정위 개념으로 볼 수 있는데 8괘에 의한 정위 개념을 보면 다음과 같다.

- **북 감**(坎) : 세면장, 욕실, 식품 보관소
- **북동 간**(艮) : 현관, 식당, 욕실, 부엌, 가사실
- **동 진**(震) : 식당, 침실, 현관, 어린이 방
- **동남 손**(巽) : 부엌, 주방의 방, 서재, 침실, 노인 방
- **남 리**(離) : 어린이 방, 안방
- **남서 곤**(坤) : 현관, 응접실, 가재도구실
- **서 태**(兌) : 침실, 세면장 • 서북 건(乾) : 현관, 차고, 아버지 방, 가재도구, 욕실.

❖ **주택의 생활관습** : 사람들이 집을 짓고 쓰고 사는데서 생활관습은 일반적으로 자연지리적 조건과 함께 당대사회의 생산력 발전과 계급적 제관계, 사람들의 정신생활을 여러모로 반영한다. 조선조 주택생활관습은 사회발전과 계급적 측면에서 볼 때 크게 두 가지로 나누어진다. 그 하나는 백성들의 자주적인 지향과 요구를 반영하여 이루어진 아름답고 진보적인 생활관습이며, 다른 하나는 당대사회의 시대적 및 계급적 제한성을 반영하여 이루어진 미신적이며 뒤떨어진 생활관습이다. 물론 이 두 측면을 명백히 가르기 힘든 관습도 있고 비록 진보적인 관습이라 하여도 거기에는 뒤떨어지고 낙후한 부문이 있기 마련이다. 아름답고 진보적인 주택생활관습으로서는 집을 짓고 쓰고 사는 데서 이웃 사이에 서로 도우며 예의범절이 바르고 집을 알뜰히 꾸리는 생활관습 등을 들 수 있다. 이웃에서 집을 지을 때면 집터를 닦는 일로부터 시작하여 집을 다 지을 때까지 자기들의 생활형편에 맞게 도와주는 것을 이웃간에 지켜야 할 도덕적 의무로, 예의범절이 바른 소행으로 여겼다. 이리하여 집을 지을 때 서로 돕는 일은 주로 자원적으로 진행하였으며 따라서 집을 짓는 일을 도와주는 데서도 자기 일처럼 성심성의를 다하였다. 집터를 닦은 다음 집을 지을 때에도 이웃간에 품앗이를 두어 서

로 도왔다. 집을 짓는 일을 도울 때 작업분담도 돕는 사람의 기능과 의사에 따라 진행되었다. 집을 다 지은 다음 집들이를 할 때에도 이웃에 지켜진 도덕적 미풍이 있었다. 집들이를 할 때에 이웃이 떨쳐나서 이삿짐을 날라다 주거나 새 살림에 도움이 될 수 있는 간단한 일용품 등을 가져다주는 것을 하나의 예절로 여겼으며 또 주인은 이웃들에게 간단한 음식을 대접하는 것으로서 그에 보답하였다. 집짓기나 집들이에 반영된 아름다운 예의도덕은 이웃간에 화목하게 사는 것을 전통적인 미풍으로 지켜온 우리 민족적 특성의 발현이었다. 또한 방의 아랫목으로 노인이나 웃사람에게 권하고 젊은이들은 웃목이나 웃방에 자리를 차지하는 것은 아름다운 도덕이었다. 이것은 따뜻한 아랫목이 늙은이들에게 차례지게 함으로써 웃어른들을 존경하며 그들에게 보다 좋은 생활조건을 마련해주려는 마음씨를 그대로 반영한 관습이라고 할 수 있다. 또한 이웃집을 방문할 때 반드시 밖에서 주인을 찾고 안에서 응답이 있을 때에만 집안으로 들어가 인사를 하며 주인이 권하는데 따라 자리에 앉아서 용무를 보는 것을 예절로 지켜왔다. 특히 귀한 손님을 맞을 때에는 돗자리를 권하였는데 이것은 손님을 우대하는 전통적인 미풍의 발현이었다. 아름다운 관습은 집을 알뜰히 꾸리는데서도 표현되었다. 방안장식은 방안의 구조에 따라 설치하는 여러 가지 설비와 가구들, 장식품들과 방안의 크기에 맞게 하였다. 부뚜막은 항상 정결하게 내여 윤기가 돌게 하였다. 조앙간은 황토칠을 하고 대우광까지 내여 알뜰하게 거두었다. 이와 같이 방안구조에 맞게 여러 가지 방법으로 방안과 부엌을 알뜰히 거두고 장식한 것은 깨끗한 것을 좋아하는 우리 생활기호와 취미를 반영한 것이었다. 조선조 시기 주택생활관습에는 당시의 시대적 조건과 봉건양반귀족들의 생활적 요구와 취미, 봉건적인 가족제도를 반영한 낡고 뒤떨어진 생활관습들도 적지 않았다. 그것은 집자리 선택과 성조택일을 비롯한 집짓기에서 지켜진 여러 가지의 미신 행위와 미신적인 시설물들을 갖추어 놓은데서 나타났다. 조선조 시기 집자리선택과 성조택일은 집을 짓는데서 중시되었다. 그것은 당시 사람들이 집자리와 성조일을 잘못 선택하면 큰재앙을 입는다고 생각하였기 때문이다. 집자리는 원래 오랜 생활경험에서 출발하여 지형이 알맞춤하고 통풍이 잘되고 경치가 좋은 곳을 고려하여 선택되었다. 집터선정에서는 집자리앞의 지형이 놓은 것, 묘지나 큰바위가 바라보이는 곳, 사당앞이나 절간 뒤 그리고 형장(사형장), 야장간, 도자기가마터 등은 집자리로서는 적당치 못한 것으로 대단히 꺼렸다. 성조택일은 음양오행설에 의하여 진행되었다. 주택건설의 중요단계 즉 집터닦기, 주초놓기, 기둥세우기, 보올리기, 입택(집들이)의 해, 달, 날짜, 시간을 음양오행설에 맞추어 정하였다.

❖ **주택의 실내 공간** : 만약 공간을 세 칸으로 나누는 경우에는 가운데 칸을 가장 넓게 하고, 좌우의 칸은 약간 작게하는 것이 생기(生氣)를 만드는 방법이며, 실내 공간을 다섯 칸으로 나누는 경우에는 중심부분에 큰 공간을 두고 좌우에 작은 공간을 만들어야 한다. 그러나 실내 공간을 네 칸이나 여섯 칸 등 짝수로 나누는 것은 좋지 않다.

❖ **주택의 운기는 주변 환경에 따라서 변한다** : 주택 앞이나 옆에 쓰레기 집합소가 있는 것은 심리적으로도 미관상으로도 좋지 않지만 풍수적인 관점에서 보아도 좋지 않다. 이처럼 토지나 도로 외에도 자신의 주택 주변이 어떤 환경인가에 따라 운기(運氣)가 크게 변한다.

❖ **주택의 이용관습과 꾸림새** : 조선시대 사람들의 생활적 요구가 높아지고 건축, 수공업 등이 발전함에 따라 주택의 방과 가구, 설비들 뿐 아니라 그 배치와 이용에서도 변화발전이 이루어지게 된다. 주택의 방을 비롯한 각 부분들을 관습적으로 어떻게 꾸리고 이용하는가 하는 것은 주택생활풍습의 중요한 내용을 이룬다.

- **살림방과 부엌** : 주택에서 살림방이라고 할 때 큰방(또는 안방), 웃방, 새방, 사랑방, 행랑방 등을 말하며, 대청과 같은 마루방도 포함된다. 이 방들의 이용과 설비를 보면, 큰방이라는 말에는 규모가 크다는 의미와 함께 가장 중심적인 방이라는 의미도 포함되어 있다. 또한 큰방은 안방이라고도 하는데 이 말은 외통집인 경우에 바깥채에 있는 방에 비하여 안에 있는 방이라는 뜻이며 또 주로 여자들이 이용하는 방이라는 뜻도 포함되어 있다. 그러나 양통집에서 안방이라는 것은 안쪽 줄에 배치된 방이라는 말이며 이 경우에 안방은 외통집에서

의 웃방과 가깝고 양통집에서의 정주간은 외통집에서의 큰 방 또는 안방에 가깝다. 큰방은 이용률이 가장 높은 방이다. 이 방에 가족이 모여 앉는 경우가 많았으며 식사도 대체로 이 방에서 하였다. 이 방을 이용하는데서 일정한 관습적인 질서가 있었다. 즉 한 집에서 몇 세대가 모여 사는 경우에 이 방에서 주로 늙은 세대와 그 어린 아이 또는 어린 손자들이 모여 살고 젊은이들은 다른 방에서 살았다. 큰방은 어린 손자들이 모여 살고 젊은이들은 다른 방에서 살았다. 큰방은 가정생활에서 중심적인 역할을 한 것만큼 거기에서 살림살이에 필요한 서랍과 가구들이 집중되었다. 이 방에는 보통 농짝, 궤짝, 선반, 시렁, 횃대 등이 있었다. 농짝, 궤짝은 방바닥에서 약간 높이 벽면에 설치하며 선반 또는 시렁도 역시 벽에 붙여 만든 것이었다. 횃대는 농짝이 없는 아랫벽 또는 웃벽에 다는 것이 보통이었다. 농짝위에 궤를 놓고 그 위에 이불, 요, 베개 등 침구들을 곱게 쌓아놓았다. 선반은 판자로 만든 시렁과 같은 시설인데 서류함을 비롯한 각종 함, 광주리, 손도구들을 올려놓았다. 또한 횃대는 가느다란 나무의 양끝을 노끈으로 매서 벽에 달아매는 것으로서 거기에는 일상적으로 입는 여러 가지 옷을 걸어놓았다. 웃방, 새방 및 딴방들은 대체로 젊은 부부(아들과 며느리)들이 이용하였으며 또한 결혼하기 전의 자녀들이 거처하기도 하였다. 젊은 부부가 주로 이용하는 것만큼 결혼 때에 장만한 장, 궤 등 새로운 물건들이 놓이게 되며 비교적 깨끗하고 아름답게 꾸려졌다. 또한 글공부를 하는 자녀들이 있는 가정에서는 이런 방들 가운데서 그 어느 하나를 글방으로 이용하였다. 사랑방은 보통 가장인 늙은 노인(남자)이 이용하면서 손님을 접대하거나 동리의 노인들이 모여서 놀며 이야기하는 방으로 이용되었다.

- **온돌과 굴뚝** : 온돌(구들)은 우리나라의 독특한 난방시설로서 조선조 중기에 이르러 전국적으로 보급되었다고 할 수 있다. 고려시기에는 온돌이 개성 이북지방에 보급되어 있었던 것이 조선조 시기에 와서 그 이남으로 급속히 보급 확대되었다. 15~16세기 초 개성 이남지방에서 온돌은 처음에는 병치료용으로 이용되거나 노인들이 거처하는 곳으로 되어 있었다.

- **문과 조명시설** : 우리나라 주택의 문은 대체로 세 살문에 창호지를 발랐기 때문에 출입문으로서의 시설 뿐 아니라 채광도 겸하였다. 살림방의 문으로서는 큰방의 앞뒷문, 웃방과 맏웃방문이 있으며 모두 같은 형태였다.

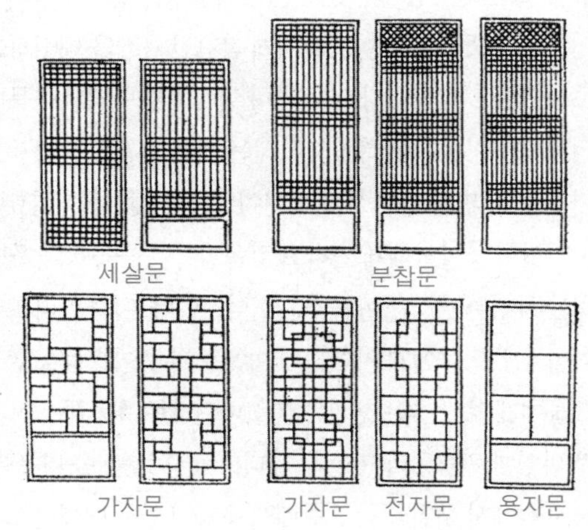

이 문들은 보통 단짝으로 된 세살문으로서 그 어느 한쪽을 돌쩌귀로 문틀에 연결하여 여닫게 되어 있다. 이것을 지게문이라고 하였다. 출입문은 단짝 뿐 아니라 두 짝 또는 그 이상으로 된 것(사첩복합문)도 있었다. 살림방에는 지게문과 함께 미닫이덧문이 있었고 그 밖에 또 바라지, 되창, 환기창, 정지문 등이 있었다. 미닫이는 보통 쌍문으로 하며 낮에는 미닫이만 닫고 지게문은 열어놓았다. 실례로 겹칠 수 있게 만든 두 개 이상의 문짝으로 된 분합문이나 3, 4첩으로 된 분합문을 들 수 있다. 4첩분합문은 평상시에는 좌우쪽의 문짝을 고정시키고 가운데 두 개의 문짝만을 여닫는데 결국 그것은 쌍문형식으로 된다. 그러나 대사가 있을 때나 여름철에는 두 짝씩 좌우로 접어서 천반에 올려 단다. 이 문을 접어올리면 몇 개의 방이 하나의 큰 공간을 이루게 되는 것이었다. 미닫이의 문살은 지게문과 달랐다.

- **주택의 장식과 정원, 경리시설** : 우리 조상들은 민족적 감정과 정서에 맞게 주택을 장식하고 정원을 알뜰히 꾸리는 좋은 풍습을 지켜왔다. 주택장식이라고 할 때 집안팎을 여러 가지 가구를 비롯하여 조각, 그림 등으로 장식하는 것을 말한다.

방안은 서화를 비롯한 실내비품을 장식하였다. 여기서 눈에 띄는 것은 십장생을 수놓은 수예품이다. 그것을 일정한 크기의 액틀에 넣어서 벽에 걸어놓았다. 방안에는 또한 십장생을 묘사한 경첩장식이 붙은 궤, 장 등을 한쪽에 배려하고 그 위에는 이불과 마구리에 수놓은 베개 등을 곱게 쌓아놓고 수놓은 이불보를 씌워 아름답게 치장하였다. 생활형편이 나은 집들에서는 그밖에 탁자와 나전공예품으로서 방안을 다양하게 장식하는 경우도 있었다. 부유한 양반, 지주, 상인 계층은 화려하게 장식한 장과 농, 병풍까지 둘러쳤으며 꽃무늬돗자리도 깔았다. 그밖에 공예품, 수예품들로 장식을 하였다. 주택의 외부장식으로서 기둥과 벽체, 난간과 지붕장식을 들 수 있다. 기둥과 벽체에는 설명절을 계기로 행복을 염원하는 글을 써서 붙이는 준첩자가 하나의 장식으로 되었다. 일정하게 부유한 계층의 주택인 경우에 난간마루가 있는데 난간 자체가 하나의 장식으로 되며 거기에 또 일정한 무늬를 조각하여 장식하였다. 지붕장식은 기와집인 경우에만 하였다. 조선기와집에는 처마 끝에 막새기와를 썼는데 거기에는 여러 가지 무늬를 새겼다. 지붕등마루 양 끝에 치미를 다는데 그것은 새의 꼬리 모양으로 생긴 것이었다. 지붕에는 또 박공장식이 있었다. 박공에는 여러 가지 무늬를 돋치고 박공밑 즉 중단을 기와장과 횟가루로서 장식하거나 또는 표면에 횟가루를 바르고 복 복(福), 목숨 수(壽), 쌍 희(囍)와 같은 글자를 쓰기도 하였다. 벽담장식은 벽담을 쌓을 때 돌을 여러 가지 모양으로 나타나게 하였다. 자연석을 원형 또는 능형으로 쌓기도 하고 벽담에 박공판에 새긴 글자 같은 것을 큼직하게 새겨 넣기도 하였다. 우리나라 주택 특히 농촌주택에서 울타리는 거의 필수적인 것으로 되어왔다. 울타리에는 담, 판자 또는 엮은 울타리 등이 있었다. 담은 벽담과 같은 형식이었고 울타리는 참나무, 버드나무, 싸리나무, 수수대 등으로 엮은 것인데, 여러 가지 형식으로 엮은 울타리는 그 자체가 일정한 무늬를 이루고 하나의 좋은 장식으로 되었다. 울타리 부근에 봄과 여름철에 꽃이 피거나 열매가 달리는 넝쿨종류의 식물을 심어서 울타리에 오르게 하여 풍경을 돋구기에도 하였다. 담장과 울타리로 주택을 장식하는 풍습은 15세기에도 앞선 시기와 같았다.

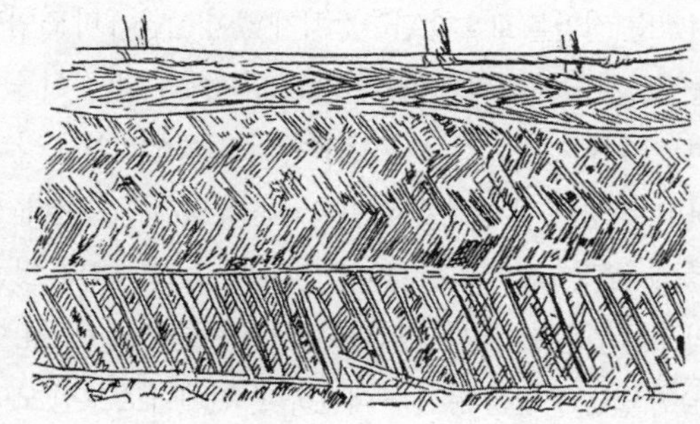

[울타리]

『세종실록』에 섬나무와 갈대로 울타리를 하였다는 기록이 전하는 것으로 보아 이조초기에는 전시기부터 계승되어온 나무와 풀 등으로 울타리를 아름답게 둘러치는 풍습이 있었다는 것을 알 수 있다. 다음으로 집의 이용과 꾸림새에서 많은 공통성과 지방적 특성을 띠고 있는 것이다. 주택의 유형에 따라 방들의 배치는 각이하나 그 이용에서는 큰 차이가 없다. 큰방 또는 아랫방, 안방, 웃방, 사랑방, 행랑방, 부엌, 광 등은 그 이용풍습은 같았다. 그리고 방의 설비와 갖춤새에서도 롱다리, 선반, 시렁, 횃대 등을 비롯하여 온돌시설과 부뚜막형태, 문의 형태와 정원꾸림새 등에서 그 공통성을 찾아보게 되는데, 이것은 단일 민족으로서의 조선 사람의 주택의 이용관습과 꾸림새의 공통성을 의미하는 것이다. 그러나 우리나라 주택형태는 시대적 특성에 맞게 이루어짐으로써 그 이용과 꾸림새에서도 지방에 따라 일정한 차이가 있었다. 문의 배치와 그 수, 환기창의 유무, 깔개와 재료, 굴뚝의 형태, 정주간과 봉당, 조명설비, 조앙간 등에서 그 지방적 특성을 찾아 보게 된다. 이것은 기후풍토조건과 재료원천 그리고 전통적으로 내려오는 지방적인 생활관습과 관련되는 것이었으나 결국은 자연조건을 합리적으로 이용하기 위한 서민들의 창조적 지혜의 반영이기도 하였다.

❖ **주택의 중심부가 공간으로 비워지면 흉** : 주택의 중심부가 완전히 공간으로 비워져 있는 것이나 한 쪽으로 서너 칸의 방이 늘어서서 배열된 것은 풍파 흉험이 발생되는 파괴 형국이다.

❖ **주택의 출입문 길흉방** : 출입문은 집안의 거울로 중요한 역할을

한다. 그런데 출입문 시설이 허약하다든지, 방향이 잘못된다거나 또는 집안을 보호할 완충장치가 없이 손님이 바로 안방으로 들어오게 되면 대비할 여유가 없어 당황하게 된다. 이를 풍수에서는 가좌(家坐)를 잡는다고 하며, 가좌는 집이 앉은 방위를 뜻하고, 문방은 집 중앙에서 본 출입문의 방위를 말한다. 방위로 볼 때 오귀(五鬼), 화해(禍害), 절명(絶命), 육살(六殺)이 닿은 방위의 출입문은 흉하고, 귀혼(歸魂), 생기(生氣), 천을(天乙), 연년(延年)이 닿은 출입문 방위는 대길하다. 현대어로 보면 오귀(五歸)는 보이지 않는 귀신과 악몽, 박테리아 세균 등을 말하고, 화해(禍害)는 부인과 자녀로 하여금 금전이 밖으로 나가 손해를 보는 것을 말하며, 절명(絶命)은 음주, 오락, 도박, 색으로 건강을 나쁘게 하는 것, 육살(六殺)은 고발, 고소, 다툼, 이간질, 말다툼 등 우환과 다툼의 살을 만드는 것을 말한다. 또한, 귀혼(歸魂)은 좋은 꿈과 희망을 가지게 하는 것, 생기(生氣)는 부모가 건강하고 아내가 사랑스러우며 자녀가 건강하여 가화만사성 하는 것, 천을(天乙)은 귀하고 좋은 손님이 찾아오는 것, 연년(延年)은 무병장수하는 것을 말한다. 이처럼 출입문은 중요한 역할을 한다.

❖ **주택이 도로 아래 낮은 곳에 있으면** : 집이 길 아래 낮은 집터는 재산이 늘지 않고 집 뒤에 길이 있으면 집안의 근심 걱정이 떠날 날이 없다.

❖ **주택이 절벽바위 근처나 낭떠러지 근처의 집** : 집이 바위근처나 낭떠러지 근처 위험한 곳에 있는 주택에 살면 재해가 자주 일어나고 그 가족이 병고에 시달리는 가족이 발생한다. 그러한 바 안전과 재산을 지키기 위해 절벽 아래와 위 또는 낭떠러지 근처에 있는 집터는 취하지 말아야 한다.

❖ **주택지를 상세히 살펴야 할 요건**

① 주택지의 앞쪽이 높고 뒤쪽이 낮아 집터가 뒤로 기울면 항시 불안하고 심한즉 자손이 불성패절이라 한다. 그래서 집터는 전후가 자연적인 현상에서 평탄해야 태평안거에 전재가 창성한다.

② 집터의 동쪽이 높고 서쪽이 낮아 집터가 동서로 기울면 재물의 손재와 관료를 바라보기 어려울 것이다. 이러한 바 집터는 동서가 평탄해야 재물도 얻고 벼슬도 얻게 된다.

③ 집터의 남쪽이 높고 북쪽이 낮아 남북이 기울면 매사에 어려운 일이 많아지고 패가 빈곤하고 종종 맹인이 출생한다. 그러한 바 집터는 남북이 평평해야 안거치부(安居致富)하는 것이다.

④ 집터가 팔풍이 취돌(吹突 : 높은 곳)에 외롭게 노출되면 사람이 포악하고 관재 소송이 끊어지지 아니하면 빈곤하게 살아간다. 그러한 바 집터는 바람을 타지 않아야 하고 물을 피하는 곳이라야 한다.

⑤ 길 아래 낮은 집터는 가산이 늘지 않고 집 뒤에 길이 있으면 집안의 근심 걱정이 떠날 날이 없다. 그러한 바 길 아래 낮은 주택지는 취하지 말아야 한다. 이러한 집터나 집에 살면 모든 일이 하는 것마다 풀리지 아니한다.

⑥ 절벽 위나 절벽 아래에나 낭떠러지 근처 위험한 곳에 있는 주택에 살면 다재가곤(多災家困)하고 가환(家患)으로 편안할 날이 없다.

⑦ 신당 앞 절 뒤 산신제단과 옛 감옥터, 옛 전쟁터는 양택지로서는 옳지 못하며 재앙이 있으므로 짓지 말아야 한다.

❖ **주택지의 네 면이 도로에 둘러싸이면 흉가** : 택지의 네 면이 완전히 도로에 둘러싸였다면 그것은 대흉상이다. 네 면이 모두 도로에 둘러싸인 택지는 매우 희귀한 일 같지만 절대 발생하지 않는 것도 아니다. 이러한 주택은 흉상 중에도 흉상이다. 또한 세 면이 도로인 주택도 흉상이다.

❖ **주택지 이러하면 흉하다** : 비탈진 곳에 주택지는 좋지 않으며, 주택 정면에 뾰족한 산, 언덕, 도로, 오폐수인 연못 등이 있는 주택은 좋지 않은 주택이고, 건물에도 또한 혼이 있으므로 헌집을 수리한 식당은 적자운영이 되고 제일가는 요리사를 채용해도 허사다. 주택 사방이 단정 반듯하지 않고 굴곡져 불거지거나 마당에 큰 나무 혹 마당 가운데 벽돌로 화단을 만든 것 등은 흉하다. 대문 앞쪽이 밝고 평탄해야 길하다.

❖ **주택, 지형중심과 일치시키도록 한다** : 주택은 물론 일반적인 건물도 산의 지형 중심의 좋은 기(氣)를 받고 지형 형태와 조화를 이루도록 배치하는 것이 가장 이상적이다. 산이 있는 지형의 주택 배치는 산 정상으로부터 내려와 능선 중심과 평탄한 중심축에 주택을 일치시키고 배산임수 원칙을 따른다. 이렇게 배치

를 하게 되면 지기(地氣)를 많이 받는 장점이 있을 뿐만 아니라 산 형태와 건물 형태가 아름답게 조화를 이루어 좋은 분위기를 만든다. 여러 개의 건물이 들어설 경우에는 그 중 가장 크고 중심적인 건물이 산 중심과 지형 중심에 일치되도록 하고 그 좌우에 부속 건물을 배치한다. 부속 건물은 중심 건물과 마당을 중심에 두고 네 면에서 마당을 향하도록 배치하여 정(井)자 형태가 되도록 한다. 이러한 배치는 중심 건물을 기준으로 부속 건물이 좌청룡, 우백호, 전주작 역할을 하는 매우 좋은 형태이다.

❖ **주택풍수는 가족의 평생 행복을 좌우한다** : 사람에게는 인상(人相), 면상(面相), 수상(手相) 등이 있다는 것은 누구나 잘 알고 있을 것이다. 그러나 우리가 살고 있는 주택에도 가상(家相) 풍수가 있다는 것을 아는 사람은 그다지 많지 않다. 한 채의 가옥이 자리 잡은 위치나 겉모습 또는 대문의 구조 그리고 실내에 있는 침실 주방 칸막이의 배치 등에서 그 주택의 길흉화복(吉凶禍福)을 판단 할 수가 있다. 이것이 바로 주택풍수이다. 어떤 사람은 풍수를 단순히 미신이라고 치부해 버리거나 예로부터 전해져 오는 과학적 근거가 없어 믿을 것이 못된다고 생각하는 사람도 많다. 이런 생각을 가지고 있다면 그것은 확실히 잘못된 생각이다. 가령 편안하고 안전하며 멋있는 집에 거주하고 있다면 매우 유쾌하여 모든 일에 의욕이 넘치지만, 그 반대로 햇빛도 들지 않고 어둠침침한 방에 살고 있다면 항상 불쾌한 기분으로 타인과 다투거나 가족들과도 화목하게 지내지 못할 것이다.

❖ **주택풍수로 가운(家運)을 알 수 있다** : 인류뿐만이 아니라. 동물들도 자기 자신에게 알맞은 환경을 찾아서 거주한다. 그 환경이 그들의 생명과 밀접한 관계가 있기 때문이다. 일반적으로 동물들은 가장 안전한 곳을 골라 보금자리로 삼는다. 그곳은 먹이도 풍족하여 적에게도 쉽게 노출되지 않아서 자식을 키우기에 안성맞춤인 곳이다. 이러한 행동은 단지 동물적 본능에서 기인된 것이다. 동물에게는 주택풍수에 대한 지식이 전혀 없기 때문에 만약 이런 본능마저 없었다면 이미 오래전에 멸종되어 현재 지구상 존재하는 동물은 아마 없을 것이다. 이와 마찬가지로 인간들이 주거형태도 그곳에 거주하는 사람의 일평생에 매우 큰 영향을 맡기게 된다.

❖ **주택 풍수에서 흉으로 보는 주택은 어떤 것인가** : 마루나 방은 문턱이 지면 안 되며 방에는 선반을 달지 않아야 한다. 대문과 현관은 마주 보지 않아야 하고 방문과 방문이 서로 마주보거나 현관문과 방문, 부엌문 등이 마주 보아서도 안 된다. 이러한 것들은 막연한 듯 하지만 우리 선조들이 살아오면서 터득한 경험론이다. 마루나 방문턱이 지게 하는 것을 흉상으로 보는 것은 방의 턱이나 문턱이 높으면 발에 걸려 넘어지기 쉬워서 사고 발생의 원인이 되기 때문이며, 집안에서 이동할 때 항시 문턱의 높이를 생각하며 걷기 때문에 심리적으로도 불안하고 특히 어린이나 노인들이 있는 집은 유의해야 한다. 풍수에서 선반을 다는 것은 가상에서 흉으로 본다. 선반은 손이 닿기 어려운 높은 곳에 위치해 있어서 먼지가 많이 쌓이고 습기도 많아 위생상 좋지 않다. 선반이 많은 방에서 생활하면 쌓였었던 먼지가 바람에 날려 건강에도 좋지 않다. 그래서 속담에 선반이 달려 있는 방에는 병자가 생긴다는 말도 있다. 요즘 같으면 장롱이 선반을 대신하기도 하는데 장롱과 천장 사이의 공간이 선반과 같은 역할을 하게 되면 좋지 않다. 풍수상으로는 건물 자체에 천장까지 맞닿는 장롱이 좋을 것 같고, 대문과 현관문도 마주 보지 않아야 좋다. 누구나 집에 있으면 가벼운 몸가짐을 하게 되는데 어느 날 갑자기 손님이 오신다면 옷을 입고 손님을 맞이할 여유가 없다. 또한 괴한이 침입했다 하더라도 피할 곳이 없어 난감하게 되고, 거실과 부엌이 바로 보이면 부녀자들이 노출되어 몸가짐도 불편하고 거실에 앉아 있는 남자 손님의 시선도 좋지 못하며, 앉아있는 좌석에서 안방이나 내방에 놓여 있는 고가품 등이 훤히 들여다보여 견물생심으로 도난의 우려도 있다.

❖ **주택, 한국의 전통 주택 평면의 기운 분석** : 우리 나라 전통적인 주택은 ㄱ·ㄴ·ㄷ자 형태로서 모두 ㅡ자형 평면에서 좌우로 연장된 것으로 건물 내부 기운의 분포 상황은 ㅡ자와 동일하다. 이러한 구조는 외관상 실제의 면적보다 크게 보이고 태양광선에 의한 채광이나 환기 등이 잘 되며 외부 마당과의 연결도 쉽다. ㅡ자형 구조는 오행상으로는 수산(水山)에 속하며, 품격으로는 보조격, 체형으로는 약체에 속하는데, 이러한 형태는 중심 부분의 깊이가 좁고 좌우가 긴 장방형을 이루는 것이 특징이

다. 따라서 좌우로 분산되는 힘은 강한 반면 중심부에 모이는 힘이 미약하다. 일반적으로 중심은 생명체를 유지하는데 가장 소중한 기운이 모이는 공간이다. 중심의 기운이 약한 건축 공간에서는 사람들이 정신적인 중심을 잃고 방황하게 된다. 뿐만 아니라 개인주의가 팽배하고 분열과 분당이 계속된다. 건물 전체 길이는 외부와 접촉하는 관계를 뜻하는데 전면이 긴 一자형 평면은 외부로의 지출이 많음을 나타낸다. 그리고 건물 깊이는 자체적인 능력을 뜻하는데 전통 주택의 구조는 깊이가 얕으므로 자체 능력이 부족함을 나타낸다. 마치 비어 있는 호주머니와 같은 형상이다. 생기가 이루어지는 공간은 음과 양의 회전운동이 일어나야 하는데 그러기 위해서는 정사각형이나 원형의 구조를 갖고 있어야 한다. 또 좌우 기운이 서로 공존하기 위해서는 깊이와 길이의 비율이 1:2 미만을 이루고 있어야 하는데 전통 주택은 1:3 이상의 비율로서 생기를 이루지 못하여 흉가의 형태로 구분된다.

❖ **주택, 흉가를 피하는 요령** : 주택지를 고를 때에는 다음 사항을 피해야 한다. 이러한 곳의 주택에 거주하면 반드시 사고팔난의 피해를 보게 된다.

- 묘의 부근이나 구묘(舊墓)가 있던 곳은 피해야 한다.
- 물소리가 요란하고 바람소리가 심한 곳은 피해야 한다.
- 땅이 거칠고 푸석푸석하거나 습기가 많은 땅은 피한다.
- 주변을 감싸주는 것이 없이 외롭게 노출되는 곳은 피한다.
- 언덕 밑이나 절벽 가까이 있는 곳은 피한다.
- 초목이 잘 자라지 않는 곳은 피한다.
- 길이나 물이 집 쪽으로 향해 있거나 정면으로 빠져나가는 곳은 피한다.
- 패망했거나 불이 난 집터는 피한다.
- 사람이 죽고 무서우며, 기분이 안 맞는 집은 피해야 한다.
- 대장간이나 물레방아 터는 피한다.
- 뒤쪽이 낮거나 움푹패인 곳은 피한다.
- 앞에 높은 집이나 언덕이 있는 곳은 피한다.
- 집 뒤의 내려오는 맥을 잘라 도로를 내거나 또는 수로가 나면 후손 중에 사상자가 나오다.
- 도로가 집의 좌·우편으로 개설된 곳은 피한다.
- 도시주택의 경우 좌측도로가 나면 남자 손이 불리하고 우측 도로가 있으면 여자 손에 불리하다.
- 정남향에 수로나 개천이 흐르는 곳은 피한다.
- 대지의 동·남쪽에 높은 산이 막고 있는 곳은 피한다.
- 북·서쪽이 대지보다 낮은 곳은 피해야 한다.
- 정남향 집에 정남향 대문이 있는 집은 피해야 한다.
- 위 집은 대형화재로 인명이 사상하게 된다.

❖ **주택 후면(後面)에 지붕을 연접(連接)해서는 안 된다** : 주택 후면에 연접해서 지붕을 이어 덮는 구조물을 만들면 인명의 낭패·손실 및 재물이 흩어지고 파괴와 액화가 따라든다. 집 후면에 창고나 부속 건물을 축조하는 것은 집안 살림이 번성하지 않고 손실과 장해 등 말썽과 낭패가 자주 발생한다.

❖ **주택 흉지도 주택 설계를 잘하면 길상** : 자연환경적인 택지 위에 축조되는 주택 건축물도 자연과 얼마나 조화를 잘 되느냐에 따라서 길상이 되기도 하고 흉상이 되기도 한다. 그러므로 건축물은 애초부터 잘 설계하면 집터의 부족함도 보완하고 풍수상 좋은 가상을 만들 수 있다. 사람도 이목구비가 적절히 조화되어야 좋은 상이 되듯이 건축물에도 각기의 용도에 따라서 적절히 배치하고 외형상으로도 모양을 주어야 좋은 건물이 된다. 풍수에서 가상학상 건축물을 지을 때 대문이 집에 비해서 너무 크거나 작으면 안 된다. 부엌과 거실이 마주보고 있어도 좋지 않으며, 몸체 보다 행랑채가 높거나 커도 좋지 않다. 또한 남향집만을 선호하다보니 뒤쪽이 낮고, 앞쪽이 높은 택지에 주택 설계를 할 때는 출입문만이라도 낮은 곳에서 들어갈 수 있도록 설계를 해야 할 것이고, 주택지가 한쪽은 좁고 한쪽은 넓은 곳이면 좁은 곳으로 대문을 내주면 길상의 주택이 된다. 또 건물을 지을 때 내부 구조도 중요하지만 외형적으로 나타나는 형상도 중시해야 한다. 옛날에 우리 조상들이 지어놓은 건축물을 보면 외적인 표현에 신경을 많이 쓴 것을 볼 수 있지만 현대의 건축물들을 보면 기계로 찍어내듯이 지어진 것 같다. 예술적 감각을 떠나서 황량하기까지 하다. 건축물의 용도에 따라 외관의 표시를 내는 것도 건축물의 가치를 창출하는 방법이기도 하다. 일반적으로 똑같

이 지은 건축물도 외부로 보이는 가상에 따라 풍수에서는 길흉이 달라진다고 여긴다. 조선시대 실학자 이중환(李重煥)은 복거총론(伏居總論)에서 사람의 살 곳을 정할 때는 지리, 생활하는 도리, 인심, 산수 등이 유기적으로 결합되어 있는가를 살펴보라고 하였다. 이것은 곧 음양오행이 결합된 그 집에 거주하는 사람에게 힘과 행복을 주고 불행을 막는 지혜인 것이다.

❖ **주필**(駐蹕) : 달려가던 용이 잠시 멈추는 것을 말함. 용이 멈추면 거기에 높고 큰 산이 솟아오른다. 주필의 산은 특별히 웅대하여 주변의 뭇 산 위에 우뚝 솟아 있다. 이 산을 주각성신(柱脚星辰)이라 부르기도 한다. 주필의 산에서는 여러 용들이 갈라져 나가는데 이 용들은 모두 그 주필의 산을 조종(祖宗)으로 삼는다. 주필의 역량에 따라 거기서 뻗어 나간 용맥(龍脈)의 길이가 달라진다. 큰 주필은 기운이 장대해서 용맥이 수백 리 혹은 천 리가 넘게 뻗어가고 그 끝에 큰 도회지터를 만든다. 좀 작은 주필의 용맥은 백여 리를 치달려 커다란 주군(州郡)의 도읍터를 만들어 놓는다. 더욱 작은 것은 수십 리 혹은 몇 리를 뻗는다. 수십리 되는 용의 끝에는 작은 주군(州郡)의 도읍터가 맺힌다. 몇 리를 뻗어 간 용의 끝자락에는 작은 마을터가 생긴다.

❖ **주필산**(駐蹕山) : 보통 소간룡(小幹龍)에서 대지룡(大支龍)을 낳는 산을 말함. 간룡(幹龍)이 잠시 쉬어가면서 주위에 다시 새로운 용을 새끼치는 산으로 대지룡(大支龍)의 태조산이 된다. 주필산이 혈이 맺혀 있지 않고 계속해서 뻗어 나가게 되면 이 산은 잠깐 쉬어가는 산이 되는 것이니 이것을 흔히 주필산이라고도 하고 혹은 원조(遠祖)라고도 한다.

❖ **주홀사**(柱笏砂) : 목성(木星)으로 우뚝 솟은 산이나 바위를 뜻하며 정상이 평정하거나 약간 둥굴고 넓적하다. 마치 조정에서 조회를 할 때 신하가 손에 들고 있는 홀과 같은 모습으로 청수 단정하면서 기울거나 파쇄되지 않아야 한다.

❖ **죽고타사**(竹篙打蛇) : 대나무 막대로 뱀을 때리는 형국. 뱀이 놀라서 도망치는 것처럼 보이며, 혈은 뱀의 머리에 있고, 안산은 뱀을 때리는 막대다.

❖ **준**(餕) : 제사 지내고 음복을 겸하여 음식먹는 의식.

❖ **준급**(峻急) : 산세가 거칠고 급하고 험하여 능히 등림(登臨)하기 어려운 산형. 혈이 맺는 땅은 평탄하고 부드럽고 늦은 것이 귀(貴)하고, 준급(峻急)하고 낭떠러지가 많고 곧고 단단함을 피한다. 준급한 산은 본래 기운을 받지 못하고 응결하지 못하는 바 그렇다고 해서 억지로 인력으로 깎아 내리고 쌓고 파내고 하여 혈을 정하는 것은 오히려 화패(禍敗)가 사람을 상하고 관재송사(官災訟事) 및 험한 일이 많이 일어난다. 만일 산이 준급한 중에도 홀연 평탄한 곳이 있다면 이는 귀혈(貴穴)인 바, 혹 위가 준급하고 아래가 평탄하면 혈은 평탄한 곳에 있어 길가(吉佳)하여 처음에는 흉하고 나중에 발복(發福)이 된다.

❖ **죽음의 다섯 등급의 신분에 따라 명칭이 있다** : 천자(天子)가 죽으면 붕(崩 : 황제)이라 하고, 제후(諸侯)는 훙(薨), 대부(大夫)는 졸(卒), 선비는 록(祿), 서인(庶人)은 사망(死亡)이라 했다.

❖ **준급경도사격**(準急傾倒砂格) : 산세가 급하고 기울고 거꾸러진 흉한 사격이다. 이러한 흉사가 조안하면 가산이 속패하고 도둑이 난다.

❖ **준초**(峻峭) : 높이 솟아나 험하고 가파른 형상.

❖ **중고**(中高)**는 흉**(凶)**이다** : 집의 한가운데가 높고 전후가 낮으면 부부간에 싸움이 그치지 않는다. 이것은 집의 중심이 들고 일어나서 기초가 불안정한 탓이다.

❖ **중등**(重登) : 거듭 올라가다.

❖ **중락맥혈**(中落脈穴) : 처음 시발한 맥에서 험하고 급박하고 살벌한 기운을 초락처 부근에서 벗어버리고 참으로 웅장하고 왕성한 기세가 재주껏 흥청거리다가 기운이 혈처에 온전히 쏟아져서 맺는 혈. 혈 가운데 혈토가 반드시 다른 흙과 달라 기이한 빛

이 나고 또한 본신(本身)으로부터 지각(枝脚)이 많이 생겨 왼쪽에 청룡도 되고 오른쪽에 백호도 되며, 안산도 되고 수구(水口)를 엄히 막는 한문(捍門)이 되거나 천관지인사(天關地靭砂)가 되어 지키나 그 역량이 가장 무겁고 존엄하므로 대귀(大富)와 대귀(大貴)가 발복되어 복력(福力)이 오래하여 그치지 않는다.

❖ **중락지격**(中落之格) : 중간 자리에 떨어진 혈. 요락(허리에 떨어짐)이라고도 한다. 다른 지맥들이 모두 혈처의 성곽을 이루고 있으며 길한 기운이 그곳으로부터 흘러들며 모든 자손들이 오래도록 부유하고 귀해진다.

❖ **중룡상회**(衆龍相會) : 여러 용이 한데 모여 있는 형국. 혈은 입에 있고, 안산은 강물, 호수, 구름, 번개 등이다.

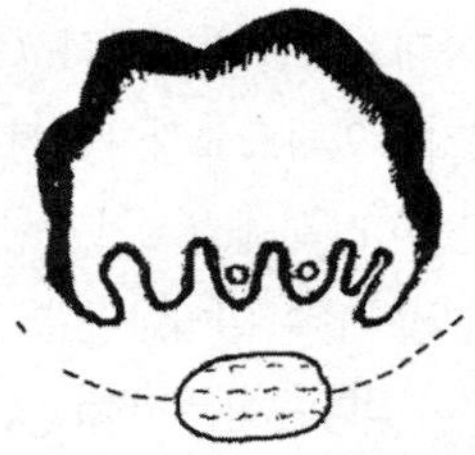

❖ **중명당**(中明堂)

① 훌륭한 묘자리·집터자리로되 대명당(大明堂)에 미치지는 못하고 소명당(小明堂)보다 더 훌륭한 땅.

② 청룡·백호 밖으로 안산(案山)안의 넓은 지역. 중명당은 청룡·백호 안에 입혈(立穴)하되 서로 교회(交會)함을 요하나 그렇지 않으면 실소납(失消納 : 立向消水法)하게 된다.

❖ **중복**(重複) **풀이** : 시신이 굳지 않고 흐물흐물함. 이는 줄초상이 난다하여 풀이를 꼭 해야 한다. 수탉을 관에 놓는 예가 있다.

❖ **중사**(衆砂) : 산이 겹겹이 둘러 있는 산세(山勢)를 말한다.

❖ **중사출초**(衆蛇出草) : 여러 뱀이 풀섶에서 나오는 형국. 뱀처럼 생긴 산줄기가 많으며 혈은 뱀의 머리에 있고, 안산은 뱀이 잡아먹는 짐승이다.

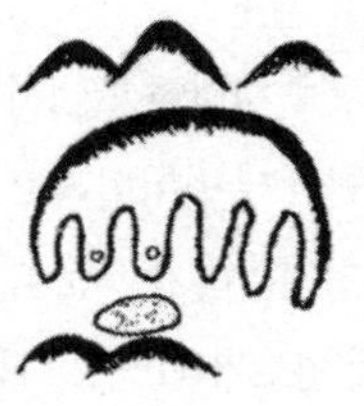

❖ **중산**(衆山) : 여러 산, 모든 산.

❖ **중상**(重喪)**과 복일**(服日), **중일**(重日) : 중상일(重喪日), 복일(服日), 중일(重日)은 신장(新葬)과 구장(舊葬)을 막론하고 장사에는 반드시 피하여야 한다. 특히 신장에는 중상일(重喪日)로 인하여 2, 3, 4, 5일장이 정해지는 것이 상례이다.

正월 甲庚 巳亥日	7월 甲庚 巳亥日
2월 乙辛 巳亥日	8월 乙辛 巳亥日
3월 戊己 巳亥日	9월 戊己 巳亥日
4월 丙壬 巳亥日	10월 丙壬 巳亥日
5월 丁癸 巳亥日	11월 丁癸 巳亥日
6월 戊己 巳亥日	12월 戊己 巳亥日

殺 \ 月	正	二	三	四	五	六	七	八	九	十	十一	十二
重喪日	甲	乙	己	丙	丁	己	庚	辛	己	壬	癸	己
服 日	甲庚	乙辛	戊己	丙壬	丁癸	戊己	甲庚	乙辛	戊己	丙壬	丁癸	戊己
重 日	巳亥	巳亥	巳亥	巳亥	巳亥	巳亥	巳亥	巳亥	巳亥	巳亥	巳亥	巳亥

❖ **중상월**(重喪月) : 子年: 酉月 丑年: 戌月 寅年: 亥月 卯年: 子月 辰年: 丑月 巳年: 寅月 午年: 卯月 未年: 辰月 申年: 巳月 酉年: 午月 戌年: 未月 亥年: 申月 이상 개장하면 인패(人敗)의 흉사가 발생한다.

❖ **중상**(重喪日)**의 살**(殺)**을 제하는 방법** : 신장(新葬)이나 개장(改葬)을 함에 있어 예정일이 중상일(重喪日)이어서 장사가 곤란할 시 백지나 황지에 아래의 4자를 경명주사로 쓰되, 하기 해당월에 속한 4자를 두 장 써서 한 장은 염할 때 시신가슴에 넣고, 한 장은 하관시 광중(壙中) 맨 밑바닥 중간점에 놓고 하관하면 중상(重喪) 복살(服殺)이 제살(除殺)되어 길하게 됨을 말하는 것이다.

- **1, 2, 6, 9, 12월** : 육경천형(六庚天形)
- **3월** : 육신천정(六辛天廷)
- **4월** : 육임천뢰(六壬天牢)
- **5월** : 육계천옥(六癸天獄)
- **7월** : 육갑천복(六甲天福)
- **8월** : 육을천덕(六乙天德)
- **10월** : 육병천양(六丙天陽)
- **11월** : 육임천음(六壬天陰)

❖ **중성공월**(衆星拱月) : 달 옆에 수많은 별들이 흩어져 있는 형국. 달처럼 생긴 주산(主山)이 밭이나 평평한 들판에 솟아올라 있으며 혈은 주산의 중앙에 자리잡고, 안산(案山)은 구름이나 은하수다.

❖ **중수**(衆水) : 여러 갈래 가지의 물. 여러 갈래의 물줄기가 순류(順流)하여 나가버리고, 또한 산만하면 기(氣)가 응결할 수 없게 되므로 결단코 무지(無地)이다. 이런 곳은 신경써서 다시 볼 필요가 없다. 사방의 산이 벽처럼 가파르고 조악(粗惡)하여 높고 웅장하면 반드시 혈장을 맺을 수 없는 것이다. 이런 곳은 다시 눈을 돌려 새로 볼 필요가 없는 곳이다.

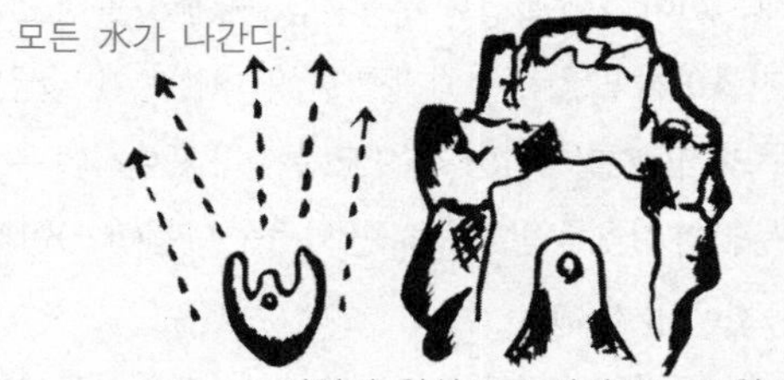

사면이 암석으로 가파르고 조악하다.

❖ **중양절**(重陽節) : 음력 9월 9일을 말함. 사람이 바깥에 나가 실종된 사람을 찾지 못하면 음력 9월 9일에 제사를 많이 지내 준다.

❖ **중장제살법**(重葬制殺法) : 백지로 함을 만들고 황지에다 이하 4자를 주서(朱書)로 써서 함 가운데에 넣고 관상(棺上)에 배치하면 길(吉)하다고 한다. 정월, 2월, 6월, 9월, 12월은 육경천형(六庚天刑), 3월은 육신천연(六辛天延), 4월은 육임천뢰(六任天牢), 5월은 육계천옥(六癸天獄), 7월은 육갑천복(六甲天福), 8월은 육을천덕(六乙天德), 10월은 육병천양(六丙天陽), 12월은 육정천음(六丁天陰)이라 쓴다.

❖ **중조산**(中祖山) : 기세충천(氣勢衝天)하나 염정 태조산에서 출맥한 용이 크게 낙맥한 후 다시 기봉하여 제일성을 이룬다. 그리고 용의 구성과 오행정신을 부여 받은 다음 다시 출맥하여 행룡(行龍)한다. 그러나 아직 그 기운이 정제되지 않아 살기등등하게 험하고 억세다. 결혈(結穴)하는 데는 정제되고 순화된 용이 필요하며 험하고 억센 용을 정제 순화시켜야만 한다. 험한 급(煞)을 제거하기 위해서는 박환(剝換)과 개장(開帳), 천심(穿心) 등과 같은 여러 변화가 필요하다. 이 역할을 하는 것이 중조산(中祖山)이다.

❖ **중첩**(重疊) : 봉우리 너머로 거듭 봉우리가 솟아남.

❖ **중출맥**(中出脈) : 조종산을 떠난 뒤 혈장으로 떨어진 낙맥(落脈)이 모두 중앙으로 나오면서 좌우의 보국을 받는 개장천심맥(開張穿深脈). 좌우에서 보호하는 산이 주밀하면서 바람이 닿지 않고 직래(直來)하는 수충(水沖)을 받지 않아야 한다.

❖ **중취국**(中聚局) : 큰 고을(읍, 면, 시)이 되어 천리의 산수가 크게 모인 것이며, 5~6십리의 산수가 크게 모이고 그 국이 넓고 수려하면 길(吉)하다.

❖ **중풍 환자가 발생한 곳에는 수맥이 흐른다** : 땅 속을 흐르는 수맥에서도 기가 발산되는데 이 수맥에서 나오는 기는 우리 인간과 동·식물은 물론 건축물에도 커다란 영향을 미친다. 집이나 산소 자리에 수맥이 지나치게 되면 그 수맥이 발산하는 나쁜 기로 인해 집안에 큰 화를 당하게 된다. 또 방 밑으로 수맥이 지나가면 방바닥이나 벽이 갈라지고 그 방에서 기거하는 사람의 건강도 해친다. 나이가 많은 노인이 수맥 위에 기거하게 되면 중풍이 오며, 신경이 예민한 사람일 경우 정신질환까지도 올 수 있다. 또 공부하는 학생의 경우에 정신집중이 잘 안 되고 잠을 자도 몸이 편치 않아 꿈을 많이 꾸게 되고 아침에 잘못 일어나며 그 방에 들어가기를 싫어하게 된다. 인체에 해로운 수맥의 기가 방사되기 때문이다.

❖ **증개축(增改築)에 도기를 두루 살핀다** : 집의 증개축을 생각하고 있는 사람은 증개축은 신축과는 달라서 헌것과 새것이 맞아야 하므로 그것이 잘 조화되도록 손질을 해야 한다.

❖ **증광시**(增廣詩) : 나라에 경사가 있을 때 실시한 과거로 태종 1년에 처음 실시된 이래 임금이 등극할 때 축하의 의미로 즉위한 해 또는 그 이듬해에 실시되었으나 선조 때부터 확대되어 나라

에 경사가 있을 때마다 시행되었다.

❖ **증조부 산소에서 영향이 시작된다** : 후손에게 영향을 줄 수 있는 조상은 3, 4대까지로 보는 것이 타당하다. 살아 있는 사람에게 영향을 주는 것은 증조부 산소에서 시작한다. 사람의 초년기운을 증조부모와 그 이전 조상 산소의 영향을 많이 받는다. 중년에 들어선 뒤에는 조부모 산소의 영향을 받고 말년에는 부모님 산소의 영향을 많이 받는다. 가까운 조상일수록 그 영향은 크게 작용한다.

❖ **증직**(贈職) : 종2품 이상의 벼슬을 한 사람의 부친·조부·증조부 또는 공신·충신·효자 및 학행이 높은 사람에게 죽은 뒤 관직과 품계를 추증하는 것.

❖ **증혈론**(證穴論) : 증혈(證穴) 또는 혈증(穴證)이란 진혈의 증거이다. 각종 심혈법(尋穴法)과 정혈법(定穴法)에 의해서 혈을 찾았으면 이 혈이 진혈(眞穴)인지 가혈(假穴)인지를 재확인해 볼 필요가 있다. 진룡(眞龍)의 결혈(結穴)에는 여러 조건이 갖추어져야 하며, 진혈(眞穴) 여부를 가늠하는 것이 증혈론(證穴論)이다. 증혈론은 혈의 진가 여부를 확인하는 것 이외에도 심룡과 정혈의 한 방법이기도 하다. 혈의 여부를 가늠하는 방법은 혈에서 가까운 곳부터 검토하여 점차 먼곳으로 검토해 나간다. 여러 가지 증혈법은 심혈법과 정혈법의 이론을 재차 설명한 것으로 수 없이 많은 방법이 있다. 주의할 점은 한가지만 가지고 혈의 진가 여부를 가늠해서는 안 되며, 몇 가지를 복합적으로 비교하고 검토하여 혈의 진가 여부를 판단해야 실수가 없다.

❖ **증혈법대강**(證穴法大綱)

- 혈(穴)의 앞에서 구하면 조안(朝案)이 아름답고 명당이 바르고 수세(水勢)가 모였는가를 살펴야 한다.
- 혈의 뒤에서 구하면 낙산(樂山)과 귀성(鬼星)이 사귀어 있고 좌우의 청룡 백호가 유정(有情)하며 전호(纏護)가 있어 얽어 보호하는가를 살펴야 한다.
- 혈의 밑에서 구하면 전순(氈脣)이 반듯한가를 살펴야 한다.
- 사방(四方)에서 혈을 구하면 십도(十道)가 정확한가를 살펴야 한다.
- 분합(分合)에서 구하면 나누고 합한 것이 정확한가를 살펴야 한다.

❖ **지**(支) : 지지(地支) 또는 12지의 준말. 자축인묘진사오미신유술해(子丑寅卯辰巳午未申酉戌亥)를 그냥 지(支)라 한다.

❖ **지**(止) : 맥이 맺어진 곳. 용맥(龍脈)은 초락(初落)이라 하며 여기가 결혈(結穴)하는 지점이다. 지(止)란 곳은 용의 끝이란 곳이 아니고 혈이 맺어진 곳을 뜻한다.

❖ **지각**(枝脚) : 본룡(本龍)에서 가지쳐 나간 용맥(龍脈).

❖ **지각**(枝脚)**과 요도**(僥棹) : 한 나무의 가지가 분지되고, 모든 동물에 다리가 나뉘어져 있듯 용신(龍身)이 분맥(分脈)됨을 지각이라 하며, 한 배의 노나 돗대에 비유한 말로서 산봉의 형상이 우뚝우뚝하게 솟아 있어 마치 배에 세워진 돗대에 비유된 말이 요도(僥棹)이다. 조산으로부터 분맥(分脈)된 용맥(龍脈)이 개장천심(開帳穿心)으로 지각(枝脚)이 되어 다시 분맥(分脈)되고 과협(過峽)으로 기복을 거듭하며 우뚝우뚝 산봉이 솟으니 그것이 요도(僥棹)와 같다 하여 붙여진 말이다. 또한 요도(僥棹)는 조산으로부터 일어나 행룡(行龍)되며 분맥(分脈)된 지각(枝脚)이나 중출된 원맥(元脈)이 그에 합당한 개장천심(開帳穿心)을 하고 과협(過峽)을 거듭하며 많은 형상의 독특한 용사(龍砂)가 발생되는데 이 모두의 사(砂)를 지각(枝脚) 요도(僥棹)라 표현하여 부르므로 용신(龍身)의 전호를 받지 못하면 외로운 단룡(單龍)이 되니 명혈의 응결은 불가하다.

❖ **지각단**(枝脚短) : 지각이 아주 짧게 뻗은 용. 지각은 모름지기 길어야 좋지만 짧아도 마디마디 양쪽으로 고르게 잘 뻗었으며, 옆에서 호위해 주는 산줄기가 있으면 길하다. 이런 용은 그 형상이 흡사 지네의 몸과 같아서 옆에서 호위해 주는 산이 없으면 좋지 않다. 외롭게 벗어져서 기운이 흩어지기 때문이다.

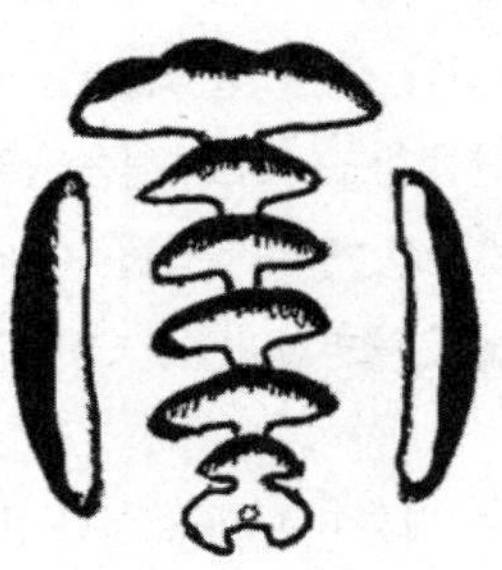

❖ **지각**(枝脚), **요도**(僥棹), **전호**(纏護), **오성**(五星) : 태조산(太祖山)에서 조산에 이르는 행룡(行龍)은 그 행도가 천변만화하여 기복, 굴절, 굴곡, 고저, 강약, 완급, 속기, 무기, 절 등이 따른다. 행룡(行龍)의 취기(聚氣) 가운데 생기는 지각(枝脚)과 요도(僥棹)에 의하여 약동하면 강룡(强龍)이고 그렇지 못하면 약룡(弱龍)이다. 요도(僥棹)의 기맥(氣脈), 취기(聚氣), 속기(束氣) 등의 힘을 받아 지각(枝脚)이 일어나 생기므로 요도(僥棹)가 없는 지각(枝脚)은 가룡(假龍)이다. 전호(纏護)는 혈을 호송하는 역할을 하는 산으로 길고 짧은 전호(纏護)와 크고 작은 단소(短小), 대룡(大龍), 길고 큰 전호(纏護)가 있다. 지나치게 크거나 지나치게 작은 것은 좋지 않으며 수려하고 정(情)이 있는 길게 행룡(行龍)하는 전호가 있어야 진혈(眞穴)이 결혈된다. 오성(五星)은 수목화토금을 말한다. 정체(正體)는 오행(五行) 본체가 변한 금산이 목산이고, 겸체(兼體)는 금산과 토산 가운데 있는 용을 말하고, 친체(襯體)는 다른 성신(星辰)에 접해 쌓여 있는 정체(正體)를 말한다. 즉 요도(僥棹)가 강하면 지각(枝脚)도 절(節)과 기복의 힘이 활발하여 취기(聚氣)가 형성된다. 그러므로 지각 위의 분기점에서 요도(僥棹)의 형태를 살펴야 한다.

❖ **지간룡**(枝幹龍) : 지룡(地龍)과 간룡(幹龍)이란 것은 바른즉 이것이 간룡(幹龍)이 되는 것이 산리(山理)이며, 곁에 붙은즉 지룡(枝龍)이 된다. 긴룡에 맺은 혈지(穴地)에는 부귀발복(富貴發福)이 유원(悠遠)하고, 지룡(地龍)의 결혈(結穴)은 부귀(富貴)가 쉽게 지나가는 것이다.

❖ **지격일**(地隔日) : 월가흉신(月家凶神)의 하나. 이 날은 초목(草木)·곡식을 심고, 뿌리는 일과 장사지내는(묘 쓰는) 일을 꺼린다.

• 正, 7月 : 辰日 • 2, 8月 : 寅日 • 3, 9月 : 子日
• 4, 10月 : 戌日 • 5, 11月 : 申日 • 6, 12月 : 午日

❖ **지관**(地官) : 지리학의 전문적인 지식이 있거나 전문적인 업으로 집터 또는 묘자리를 잡는 사람. 지사(地師). 지리의 이치로 길흉을 알 수 있는 사람을 높여 부르는 말. 옛날 조정에서 지리를 맡아보던 관원.

❖ **지관**(地官)**은 세 가지 어려움이 있다** : 첫째는 마음을 비우면서 무언(無言)이 어렵다. 진룡진혈(眞龍眞穴)은 천장지비(天藏地秘)로 남모르게 감추어 소중히 간직하여 귀신을 기다리는 혈처인데 경솔하게 덕이 없는 사람에게 점혈(點穴)을 해서는 안 되고 또한 폐백을 많이 받는다고 내어주어도 안 되고 친한 사이라고 가르쳐 주어도 안 된다고 하니 참으로 어려운 일이다. 둘째는 개안이 되기가 어렵다. 풍수지리는 자연과 무언의 대화라고 하였다. 그 대화를 하려면 마음을 비우면 눈이 밝게 열려서 그냥 알 수가 있다고 하였다. 이는 선인이나 할 수가 있는 생이지지(生而知之)이다. 또한 성현의 학문에 참뜻을 터득하기 위하여 산을 오르는 노고를 아끼지 않으면 마음이 밝게 열려서 자연의 조화를 읽을 수 있는 지혜에 이르는 것이 학이지지(學而知之)이다. 셋째는 학문을 바르게 알고 전하는게 어렵다. 세상 사람들은 땅을 구하는 일이 어려운 것으로 알지만 정작 산의 진리를 아는 지관을 만나는 것이 어려운 것임을 알지 못한다. 성현의 학문에는 산을 구하는데는 부귀로도 어렵고 권세로도 어려운 것이다 하였다. 산의 진가를 가리는 것은 성현의 학문으로 하여금 바로 전달할 수 있는 지혜를 터득하여 털끝만한 과오라도 범하지 말라는 성현의 말씀을 세상사람들은 모른다.

❖ **지관**(地官)**은 이장을 함부로 하지 말라** : 지관(地官)이 이장을 잘못하게 하면 자기를 그르치고 자손을 그르치게 한 자가 많으니 섣불리 이장을 하지 말아야 한다. 이장이란 옮겨 가는 땅이 두세 배 이상 좋은 명당터라야 이장을 할 수 있다.

❖ **지관**(地官)**의 계층**(階層) : 지관은 그 감여능력(堪輿能力) 수준에 따라 신안(神眼), 법안(法眼), 도안(道眼)으로 분류한다.

① **신안**(神眼) : 신안은 신(神 = 雜神)의 계시를 받아서 순간적으로 땅 속을 들여다 볼 수는 있으나 이는 접신(接神)으로 인한 신통력에 의지한 것으로 명당을 가려잡을 수 있는 능력은 없다.

② **법안**(法眼) : 법안이란 학문적인 이론과 과학적인 해석의 바탕 위에 실재와 자신의 경험을 더하여 땅의 이치를 터득한 지관을 말한다.

③ **도안**(道眼) : 도안이란 법안(法眼)의 기초 위에 만물의 이치를 깨달아 영적으로 통달하고 있는 지관을 말한다.

❖ **지관(地官)이 이러한 날(일진)에 묘터를 보아주면 지관이 사망한다**

- 1月 5月 9月 : 寅方天尸
- 3月 7月 11月 : 申方天尸 丑方地尸
- 2月 6月 10月 : 巳方天尸 戌方地尸
- 4月 8月 12月 : 亥方天尸 辰方地尸

임오일(壬午日) 묘터의 혈을 보아주면 지관(地官)이 사망한다. 그것도 사시(巳時)에 자일(子日) 축일(丑日) 지사로서 터를 잡아주면 지관(地官)이 나쁘다. 매월 초6일, 16일, 26일터 잡아주면 지사(地師)가 사망한다.

❖ **지관부**(地官符) : 세지흉신(歲支凶神)의 하나로 묘를 쓰거나 건물을 짓는데 이 좌(坐)를 꺼리며, 또는 이 방위에 동토·수리 등을 꺼린다.

子年 : 辰　丑年 : 巳　寅年 : 午

卯年 : 未　辰年 : 申　巳年 : 酉

午年 : 戌　未年 : 亥　申年 : 子

酉年 : 丑　戌年 : 寅　亥年 : 卯

❖ **지극간**(支克干) : 60갑자 가운데 지지가 천간을 극(克)하는 것으로 이를 벌(伐)이라 한다. 아래의 12가지가 있다.

庚午　丙子　戊寅　己卯　辛巳　癸未

甲申　乙酉　丁亥　壬辰　癸丑　壬戌

이상의 것은 모두 지지오행이 천간오행을 극하고 있다.

❖ **지기**(地氣) : 지기는 산맥(山脈)을 따라 일직선으로 흐른다.

❖ **지기(地氣)는 집과 묘지에서 받는다** : 사람에게 있어서 기(氣)의 원동력은 세 가지이다. 곡기, 천기, 지기이다. 곡기는 음식물을 통해서, 천기는 태양 열이나 공기에 의해서, 지기는 잠을 자면서 받는다. 이 지기(地氣)가 양택과 음택(陰宅)에 모두 중요한 기운이다. 음택은 특히 지기가 중요하다. 살아있는 사람은 이 세 가지 기를 모두 받지만 음택은 지기만을 받기 때문에 그 영향력이 배가 된다.

❖ **지기(地氣)가 모여있는 자리는 이러하다** : 지기(地氣) 모이는 자리는 일반 눈으로도 자세히 투시해보면, 그 위치는 흙의 색깔을 보아서도 약간 다른 색이 나타나고 그 땅 위에 자란 풀을 보아도 알 수 있다. 흙의 색깔은 혈처로 보이는 곳은 딴 곳보다 약간 노란 색깔을 띠고 있어 구분하기 쉬우며, 또한 그곳은 뒤가 높거나 양 옆이 가로막혀 있음을 알 수 있을 것이다. 그 자리는 지평을 이룬 것이라 해도 약간 솟아 있어 밥솥을 엎어놓은 것 같이 되어 있고 밥그릇의 뚜껑을 엎어 놓은 것 같이 소복한 형태를 이루고 있다. 그 자리가 깊이 2m이며 폭 60m가 되는 혈처이다. 이 자리는 지형이 천연적으로 만들어져 있어 일반인의 눈으로도 관심 깊게 살펴보면 알 수 있을 것이다. 또한 그 위치에서 자란 풀은 유심히 살펴보면 딴 곳은 풀이 많이 자라 있지만 그곳은 풀이 자라지 않고 풀이 드믄드믄 나 있는 것을 볼 수 있을 것이다. 이곳은 대명당의 경우를 말하는 것이다.

❖ **지기(地氣)가 흉(凶)하면 수목(樹木)이 고불탕고불타하게 자란다** : 지기(地氣)가 길(吉)하면 수목(樹木)이 곧게 자란다. 지기(地氣)가 좋은 곳에 조금만 잠을 자고나도 피로가 풀리고 지기(地氣)가 흉(凶)한 곳에 아무리 잠을 자고 나도 피곤한 것이다. 묘 자리에는 지기에 의해 명당이 결정된다.

❖ **지기(地氣)는 지상(地上)으로부터 얼마쯤 왕성하게 흡수되는가** : 집의 지기(地氣)는 지상으로부터 약 90cm쯤 되는 부근에서 가장 왕성하게 흡수된다. 그러므로 만약 자신의 주택이 1층이나 단층의 단독 주택이라면 바닥에 이불을 깔고 잠을 자는 것 보다 침대를 쓰는 것이 좋다. 만약 일반 침대가 맞지 않는다면 황토나 맥반석 침대라도 바꿔 쓰는 게 좋고 그나마도 어렵다면 바닥에 요를 겹처 깔아서 온돌의 좋은 기(氣)를 흡수해야 한다. 그리고 생기(生氣)와 지기(地氣)의 기운을 방출하는 황토색 계열의 장판을 깔면 지기를 흡수하는데 도움을 준다.

❖ **지기(地氣)의 깊이는 어느 정도에서 발산하는가** : 지기(地氣)는 바람을 타면 흩어지고 물을 만나면 머무른다. 또한 지기(地氣)는 굳은 땅에서는 얕은 곳에 모이고 두터운 땅에서는 깊은 곳에 기가 모인다. 이러한 지기(地氣)가 많이 모이는 곳에 집을 짓고 살면 부귀영화를 누리고 지기(地氣)가 모이지 않는 곳에서 살면 빈천화해(貧賤禍害)로 살게 된다. 지나간 것을…: '지나간 것을 인(因)하여 오는 것을 추측하고, 지금에 준하여 옛 것을 참작하니라' 양택(陽宅)에서는 국세(局勢)가 활대함을 귀하다 한 것

은 예부터이다. 충족히 징험하여 양택(陽宅)을 논할 때에, 지나간 경험으로 미래를 추측할 수 있으며, 현재를 기준으로 삼아서 지나간 옛 일들을 참작하여 가슴으로 헤아려야 한다 하였다.

❖ **지당수**(池塘水) : 저수지 혹은 연못 혹은 물웅덩이에 고여 있는 물. 이 물은 청정(淸淨)은 길수(吉水)이나 더러운 물은 흉수이다. 지당수는 주변제수(周邊諸水), 취주집적(聚注集積) 혹은 지하수가 용출하여 저수지에 고인 물이다. 혈 앞에 지당수가 징청불학(澄淸不涸)하면 왕정치부(旺丁致富)하는 길수(吉水)이다. 한편 이 지당수도 원칙적으로 설묘(設墓) 전에 자생취수지(自生聚水地)는 길격(吉格)이나 설묘(設墓) 뒤에 인력개당(人力開塘)은 도리어 용혈생기(龍穴生氣)의 누설이 우려되는 바 흉격이다. 또 기준의 자생지당(自生地堂塘)의 설묘(設墓) 후에 매몰은 재앙을 자초한다고 한다. 그러나 냄새나는 물 등 오탁수(汚濁水)가 모여서 흘러 들어와 불결한 지호(池湖)는 오히려 이를 매몰함이 가당하다.

❖ **지당정혈**(指掌定穴) : 혈성이 두 팔을 갖추지 못하였을 경우에는 무지(拇指)와 인지(人指)로써 산 모양과 대비하여 혈을 정하는 법을 말함. 두 손가락 사이 곧 합곡철을 구혈(逑穴)이라고 하여 좋은 것으로 보고 무지 제일절처(拇指第一節處)를 대부혈(大富穴)이라 한다. 인지 제일절처(人指第一節處)는 홍기혈(紅旗穴)이라고 하여 길한 것이고, 인지 제이절처를 곡지혈(曲池穴)이라 하여 또한 길한 곳으로 본다. 무지 제이절처 이하와 인지 삼절 이하는 머리가 없고 아래 끝이 뾰족하니 흉한 것이다.

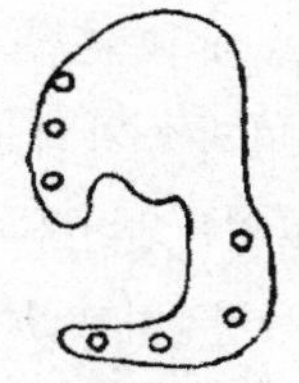
指掌定穴圖

逑穴(合谷)

大富穴(拇一節)

紅旗穴(人一節)

曲池穴(人二節)

❖ **지대의 경사가 심한 곳** : 지대가 평평하지 않고 경사가 심한 곳, 또는 낮게 들어간 곳, 울퉁불퉁하거나 대지가 기울어서 동일 건물에 한쪽은 높고 한쪽은 낮아서 층이 지는 터에 집을 짓거나 방을 배치하는 것은 손재, 파탄 및 말썽, 우환의 불길형국이다.

❖ **지대의 중간 부위가 높이 솟은 곳은** : 건물의 앞면과 뒷면은 지대가 낮고 중간 부위가 높게 솟았는데 그 튀어 오른 부위에다 방을 들이는 것은 재물, 파탄 및 우환, 낭패가 발생되는 액화 형태다.

❖ **지덕**(枝德) : 연신방(年神方)의 하나. 이 방위에 집을 짓거나, 달아내거나, 흙을 다루면 모든 흉살을 능히 제(制)하여 아무런 탈이 생기기 않는다고 한다. 지덕방은 아래와 같다.

子年 : 巳方	丑年 : 午方	寅年 : 未方
卯年 : 申方	辰年 : 酉方	巳年 : 戌方
午年 : 亥方	未年 : 子方	申年 : 丑方
酉年 : 寅方	戌年 : 卯方	亥年 : 辰方

가령 태새가 병자(丙子), 무자(戊子) 등 자(子)가 되는 해는 자방(子方)이 지덕방(枝德方)이다.

❖ **지덕일**(枝德日) : 길신으로 이날에는 흙 다루는 일과 장매(葬埋)에 길하다고 한다.

正月 : 未日	2月 : 申日	3月 : 酉日
4月 : 戌日	5月 : 亥日	6月 : 子日
7月 : 丑日	8月 : 寅日	9月 : 卯日
10月 : 辰日	11月 : 巳日	12月 : 午日

❖ **지랑일**(地囊日) : 월가흉신(月家凶神)의 하나로 집터를 닦고, 흙을 붙이고, 우물을 파고, 연못을 파고, 흙은 운반하는 일 등에 모두 꺼린다.

正月 : 庚子 · 庚午日	2月 : 癸未 · 癸丑日
3月 : 甲子 · 甲寅日	4月 : 己卯 · 己丑日
5月 : 戊辰 · 戊午日	6月 : 癸未 · 癸巳日
7月 : 丙寅 · 丙申日	8月 : 丁卯 · 丁巳日
9月 : 戊辰 · 戊子日	10月 : 庚子 · 庚戌日
11月 : 辛未 · 辛酉日	12月 : 乙酉 · 乙未日

❖ **지룡**(支龍) : 주룡(主龍)에서 가지쳐 나간 용맥(龍脈), 또는 평지룡(平地龍)을 일컬음. 그러나 지룡(枝龍)에 왕(旺)한 것이 있으면

혹 수십리 가지를 내고 입사귀를 내서 역량이 또한 커지는 것이니 이것은 지룡(枝龍)이 간룡(幹龍)이 되는 용의 이치이다. 용의 변화는 간룡(幹龍)으로 화함이 있고 지룡(枝龍)이 간룡(幹龍)으로 화(化)함이 있으니, 간룡(幹龍)이 봉(峰)을 일으키지 아니하면 지룡(枝龍)이 형세가 크지 못하니 봉(峰)이 일어남에 용은 머물고자 하고, 세(勢)가 크면 화(化)하여 간룡(幹龍)이 되니, 지룡(枝龍)이 왕(旺)하면 용이 가고, 간룡(幹龍)도 늙으면 용이 쉬는 것으로 용을 찾을 때 기필코 온전히 정간(正幹)만 찾지 말아야 한다. 다만 조종산(祖宗山)이 될 무리에서 뛰어나게 빠져나와야 용신(龍身)의 기(氣)가 왕(旺)하고 산수가 회집(會集)하면 대지(大地)가 된다. 지룡은 높은 산과 평지의 구분이다. 용의 힘이 세거나 약한 것이나 그 귀천에는 양자 간에 차등이 없고 형세에 있어서 산봉우리와 평지의 차이가 있으므로 용의 성정(性情)을 판별하는 방술이 다르다. 농룡은 높은 산이기에 그 성봉과 형세 및 맥락이 분명하여 비교적 찾기 쉬운 편이고, 지룡은 광활한 평야이므로 맥을 찾기가 쉽지 않다. 농룡은 기복이 있어 힘있게 보이는 것이 좋고, 지룡은 단절이 없이 은은하면서도 물이 갈라지는 것이 분명해야 합격이다. 또한 농룡은 높게 솟아 있으므로 바람을 싫어하고, 지룡은 땅 속으로 숨어서 기복이 없기 때문에 물이 차는 것을 싫어한다. 따라서 농룡은 산 끝에 혈을 맺고 지룡은 맥마루에서 혈을 맺는 것이 보통이지만, 실제로는 그 모습이 다양하므로 눈 밝은 지사가 아니고는 속기 쉽다. 간룡하는 법이 지룡의 분별기법에 지나지 아니한다고 할 정도로 지룡의 판별은 풍수에서 중요한 관문이다. 지룡과 같은 농룡이 있는가 하면 농룡 같은 지룡이 있다. 또는 지룡으로 오다가 농룡에서 혈을 맺기도 하고 농룡으로 오다가 지룡으로 변하는 경우도 있다. 또는 농룡은 안에 있고 지룡은 밖에 있기도 하며 그 반대의 경우도 있다. 이 밖에도 강지약롱(強支弱壟), 급지완롱(急支緩壟), 평지융롱(平地隆壟), 석지토롱(石支土壟) 등이 있다.

❖ **지리**(地理) : 지형과 지세를 보고 길흉을 판단하는 학문.

❖ **지리가**(地理家) : 풍수지리학을 배우는 사람, 또는 행세하는 사람들의 총칭.

❖ **지리나성**(地理羅城) : 나성이란 혈의 전후좌우와 주위 24방에 나열된 산을 말한다. 양택의 나성은 관대함을 필요로 하나 음택의 나성은 긴소(緊小)함을 필요로 하며, 외고내저(外高內低)하고 관수향래(關水向來)함을 요한다. 전후에 첩첩이 기봉(起峰)한 것을 전차후옹(前遮後擁)이라 하고, 출신좌우(出身左右)에 기봉(起峰)한 것을 천을태을(天乙太乙)이라 하며, 과룡처(過龍處)의 좌우에 기봉한 것을 좌보우필(左輔右弼)이라 하고, 명당처의 좌우에 기봉한 것을 금오옥토(金烏玉兎)이라 한다. 이것은 모두 대치하여 있는 것으로, 총칭하여 사신팔장(四神八將)이라 한다.

❖ **지리법**(地理法)**의 3강**(綱) : 기맥(氣脈), 명당(明堂), 파구(破口)를 지리법의 삼강이라 한다. 기맥(氣脈)은 용맥(龍脈)의 생기(氣)유무(生氣有無), 부귀(富貴)빈천(貧賤)을 논하고, 명당의 사(砂)수(水)로 땅의 아름답고 추한 것을 살피며, 파구의 방위(方位)로 용의 입수(入首)와 향(向)의 생왕사절(生旺死絶)을 보는 것이 가장 중요하다.

❖ **지리비요**(地理秘要)

① **양락유와**(陽落有窩) : 지맥이 앙장(仰掌)과 같으며 간략한 와(窩)가 생김. : 양(陽)으로 떨어졌으면 손바닥을 쳐들고 있는 모습으로 지리에서는 일반적인 관행과는 반대로 되는 것이다.

② **음락유척**(陰落有脊) : 지맥형이 도척 같으며 복장(覆掌)한 모양임. : 칼등 모양으로 손을 엎어놓은 형태.

③ **양래음수**(陽來陰受) : 앙장(仰掌)이 양래(陽來)이니 복장(覆掌)으로 받아야 음수(陰受)임. : 앙장하고 있는 부분 속에 복장하고 있어야 한다.

④ **음래양작**(陰來陽作) : 복장(覆掌)이 음룡(陰龍)이므로 음극양생(陰極陽生)하는 이치에 따라 혈에 이르면 와(窩)가 되고 용구(龍口)가 있어야 됨. : 음은 받아들이고 양은 발산하는 것이기에 만들어 씀. 복장하고 있는 속에서 앙장하고 있어야 하며 서로 마주치는 부분이 혈이다. 복장하고 있는 부분을 장구로 잘못 판단하기 쉽다.

⑤ **상유삼분**(上有三分) : 입수가 초임으로 자(字)의 산등이고 철변(凸邊)이 두 번째요, 구첨(毬簷)의 반(畔 : 밭두둑)이(처마끝에서 동그랗게 나눠짐) 세 번째임. : 혈판내에서 혈 위는 반드시 3등분하여 물이 합쳐진다.

⑥ **하유삼합**(下有三合) : 용두삼분(龍頭三分)이고 하두(下頭)는 삼합(三合)으로 하두류(下頭流)하고 선익에서 합금(合襟)하고 청룡·백호에 호거(好去)하여 모(茅)에 탐한다. : 혈 아래에서 세 번 합쳐짐(구첨에서 흐르는 물, 철변(凸邊)에서 흐르는 물, 입수에서 흐르는 물).

⑦ **개자삼의**(个字三義) : 용의 정상에 삼의(三義)가 있고 좌우의 이름은 용호(龍虎)가 되고 맥은 기복이 되어 흘러야 타당하고, 형은 개자(个字)가 바르게 침하여야 함.

⑧ **대소팔자**(大小八字) : 대소팔자(大小八字)의 적(跡)이 분명하면 길지가 되고 각(脚)이 짧은 것보다는 길어야 함.

⑨ **첩신**(貼身)**선익**(蟬翼) : 몸에 붙어 있는 선익으로 십전도를 볼 때 절대적인 기준이 된다.

- **금어**(金魚) : 암익(暗翼 : 날개가 거의 보이지 않을 정도로 날개가 희미하게 보인 경우).
- **쌍익**(雙翼) : 용호(龍虎)처럼 양쪽이 뚜렷한 것.
- **연익**(軟翼) : 물이 흘러보아야 알 수 있는 것.

⑩ **전친영접**(前親迎接) : 합금과 하대(下對)는 유정하여야 하고 전대와 합금은 가까이 맞아야 한다. 단정하여야 하고 편기는 없다. : 분수되어 합쳐지는 부분(옷섶)과 혈처와는 정면으로 되어 다정하게 보여야 하고 한쪽으로 기우러져 있으면 안 되며, 장구는 옆으로도 올 수 있다.

⑪ **정구가절**(正求架折) : 정구(正求)나 가절(架折)이 되면 기(氣)가 흘러 가버리고 성신(星辰)이 정출(正出)하여 정구(正求)가 됨. : 혈처 위에 정구(실경 가래같은 것)가 있어 가로 놓여져 있어야 하는데 정구가 끊어지거나 바르지 못하면 좋지 않으며 대표적으로 종(鍾)형상에서 뚜렷이 나타난다.

⑫ **후의방송**(後倚放送) : 후침(後枕) 또는 구첨(毬簷)이 고아 보낸 것 같으면 불가하고 구첨(毬簷)이 뒤에 의지하면 편안하다. 불편 불의는 단정해야 함. : 앞에는 구첨이 있어야 하고, 뒤에는 목침이 있어야 한다.

⑬ **장구**(葬口) : 구첨의 아래에 약생와(略生窩)로 장구가 없으면 정혈이 아니고, 이것이 천연(天然)이면 진정혈(眞正穴)이다. 장구(葬口)앞에서 도장(倒杖)이 되어 있으면 물이 흩어지기에 가혈(假穴)이다.

⑭ **구첨**(毬簷) : 혈에 이르러 성신(星辰)이 괴(塊)가 경(硬)전하여 구첨상이 같으면 천연이다. 비원(肥圓 : 살찐 것 같으면서도 동구렇게)하고 융결하게 단정하며 장구의 면전에 와서 머무른다.

⑮ **나문**(羅紋) : 결혈된 성신(星辰)이 굴레통(와)을 엎어 놓은 것 같으며 복와(覆窩)가 입을 벌리고 있는 것과 같거나 와(窩)처럼 생김. 추녀 끝에 공처럼 둥구러워야 훈각으로 되어 있다. 복와는 굴레통이 엎어져 있는 것 같다. 언뜻 보기엔 훈각이 와처럼 생김.

⑯ **토축**(土縮) : 결혈된 성신이 구개하고 있는 순하(脣下)에 생퇴(흙덩이 퇴)되며 양극음생(陽極陰生)한 곳에 흙이 오구러진 곳 복배(覆杯)가 생긴 것 같다. 순전 밑에는 흙덩어리처럼 두두룩하게 퇴가 생겨야 하고 복배(覆杯)는 퇴가 술잔 엎어 놓은 것 같다.

⑰ **도장방관**(倒杖放棺) : 10도가 머물러야 하고 장구가 편안한 곳. 크고 곧은 장(杖)이 거꾸러진 사이이며(10도 중심에서 장구까지가 작대기 하나가 놓여진 정도의 = 4×9자), 구첨의 하합금(下合襟)의 위에 방관한다. : 10도가 이루어져야 하고 장구가 분명해야 하며 구첨과 합금되는 곳에 방관하여야 한다.

⑱ **급즉용요**(急則用饒) : 급한 즉 두터운 곳을 쓴 것으로 용이 급하게 오면 제일 두꺼운 곳에 재혈한다. 구첨에서 5~6치에 재혈함. ※ 완즉용급(緩則用急) 급처(急處)가 이롭다. : 완만한 곳에서는 꼬챙이 꽂혀진 곳과 같은 곳을 찾음.

⑲ **장충탈맥**(藏風脫脈) : 혈의 고저에 관계없이 장풍지처(藏風之處)이며 계수의 중에 낮은 곳이 이롭다. : 혈액에는 바람이 들어오지 않는다.

⑳ **기사애생**(棄死挨生) : 내룡의 강약이 분명하고 혈이 된 것이 후정하고(혈처가 풍후하고) 사(砂)의 명암과 물이 긴요하면(포위하고) 애생기사(挨生棄死)한 혈에도 정(精)이 있다. : 죽음을 포기하지 않으면 모든 것이 생하게 된다.

㉑ **혈정천심**(穴情淺深) : 고산에서는 명당과 같이(명당의 깊이까지) 할 수도 있고 평지에서는 깊지 않는 1척도 편안하다.

❖ **지리사과**(地理四科) : 용·혈·사·수(龍·穴·砂·水)의 4자를 말함. 이 4과자(四科者)는 지리에 있어서 실로 중요한 위치를 차지하는 것으로 천하횡행(天下橫行)에 불리진종(不離眞宗)이다. 용이 요함은 비란무봉(飛鸞舞鳳)이요, 성신단정(星辰端正)이요, 영송중중(迎送重重)이요, 탁필돈검(卓筆頓撿)이요, 승도좌선(僧道坐禪)이다. 혈이 요함은 성신존중(星辰尊重)이요, 흉성장병(凶星藏屛)이요, 차장팔풍(遮藏八風)이요, 사정명당(四正明堂)이요, 유포유리(有包有裏)이다. 사(砂)가 요함은 둔군옹종(屯軍擁從)이요, 조영유정(朝迎有情)이요, 둔기천봉(屯起千峰)이요, 은병잔주(銀甁盞注)요, 옥대금어(玉帶金魚)이다. 수(水)가 요함은 생사출동(生蛇出洞)이요, 여사과경(如蛇過經)이요, 형여면궁(形如眠弓)이요, 조양수강(朝陽秀江)이요, 지현굴곡(之玄屈曲)이다.

❖ **지리사령**(地理四靈) : 관·귀·금·요(官鬼禽曜)를 말함.

- 관성(官星)은 안산의 배후에 있는 봉우리를 말하는 것으로, 관성에는 명암2격(明暗二格)이 있다. 명자(明者)는 관봉(官峯)이 혈에서 보이는 것으로 이를 현면관(現面官)이라 하고, 암자(暗者)는 관봉(官峯) 혈에서 보이지 않는 것을 말한다. 관봉(官峯)은 머리를 돌리어 회두(回頭)함을 필요로 하는 것으로, 회두한 즉 조혈(照穴)의 상으로 약 득혈(得穴)에 관봉이 없으면 귀지(貴地)는 못된다.
- 귀성(鬼星)은 혈 후에 있는 봉우리를 말하는 것으로, 이 귀성은 취신포혈(就身抱穴)함을 필요로 하는 것으로, 태장(太長)한 즉 도기(盜氣)하므로 불가하다. 만약 득혈에 귀성이 없으면 귀지(貴地)는 못된다.
- 금성(禽星)은 소산암석(小山岩石)의 작은 봉우리를 말하는 것으로, 혹은 협의 양변에 있고, 혹은 용의 요도상(橈棹上)에 있고, 혹은 혈의 전후좌우에 있는데, 대자(大者)를 가리켜 창고성(倉庫星)이라 한다. 이 성(星)이 있으면 발부(發富)하는 것으로, 만약 수구지간(水口之間)에 있은 즉 나성(羅星)이라 하며, 색수구(塞水口)하므로 부(富)하게 된다. 그러나 명당용호(明堂龍虎) 안에 있으면 불길한 것이니, 만약 명당(明堂) 안에 있으면 환안산(患眼山)이요, 용호(龍虎) 안에 있으면 포양산(抱養山)이요, 혈 앞에 있으면 타태산(墮胎山)으로 모두 불길하다. 만약 득혈에 금성(禽星)이 없으면 불영지지(不榮之地)이다.
- 요성(曜星)은 용호(龍虎)의 밖에 있는 사를 말하는 것으로, 이 요성에는 명암양격(明暗兩格)이 있다. 명자(明者)는 용호취두(龍虎嘴頭)에 발출(發出)한 산을 말하고, 명요(明曜)는 횡우혈전(橫于穴前)자를 말하며, 암요(暗曜)는 용호지후(龍虎之後)에 발출한 사(砂)를 말하는 것으로, 이 삼자는 모두 귀룡발현(貴龍發現)의 수기(秀氣)이다. 수구사(水口砂)에는 나성(羅星)·금성(禽星)·수성(獸星)·한문(捍門)·화표(華表)·북신(北辰) 등의 사가 있는 것으로, 이들 사성(砂星)이 수구에 있은 즉 수구의 더 없는 미(美)라 하겠다. 나성(羅星)은 수구에 있는 소석산돈(小石山墩)으로, 흘러나가는 물을 막아 내기(內氣)를 거둬들이는 물(物)로서 귀성(貴星)이다. 금수성(禽獸星)은 수구지산(水口之山)이 짐승형을 이룬 산으로, 그 형상이 마치 사상파문(獅象把門)이나 구사파문(龜蛇把門)같은 것을 말한다. 금수성 중에도 금성은 저소(低小)하고, 수성은 높고 큰 것으로, 이 성(星)이 상배(相配)함을 사(妙)로 삼는다. 일변산은 사형(獅形)을 이루고, 또 일변산은 상형(象形)을 이루면, 이르기를 사상파수구(獅象把水口)라 한다. 만약 단사단상(單獅單象)인 즉 그 역량이 약하다. 수성(獸星)의 형은 변태가 불일하여 호형(虎形)이나 인형(麟形) 등의 형도 있지만, 대개는 사형이나 상형이 많다. 한문(捍門)은 두 산이 수구양변(水口兩邊)에 대치하여 있는 것을 말하고, 화표(華表)는 목성(木星)이 수구양변에 대치하여 있는 것을 말하는 것으로, 태음태양(太陰太陽)이 상대해 있으면 일월한문(日月捍門)으로 지존지지(至尊之地)이고, 양목(兩木)이 상대해 있으면 화표한문(華表捍門)으로 청귀지직(淸貴之職)이요, 만약 일목성(一木星)이 있어도 역시 화표(華表)이다. 북신(北辰)은 수구에 큰 산이나 높고 큰 석산(石山)이 존엄정립(尊嚴挺立)하여 독고우중(獨高于衆)한 것을 말한다. 북신일성(北辰一星)은 천중존(天中尊)으로, 제왕지지(帝王之地)가 아니면 없는 법이다.

❖ **지리사미**(地理四美) : 첫째 나성주밀(羅城周密), 둘째 좌우환포(左右環抱), 셋째 관왕조당(官旺朝堂), 넷째 기왕토비(氣旺土肥)한 것을 말함.

❖ 지리사법 인반중침(地理砂法人盤中針)

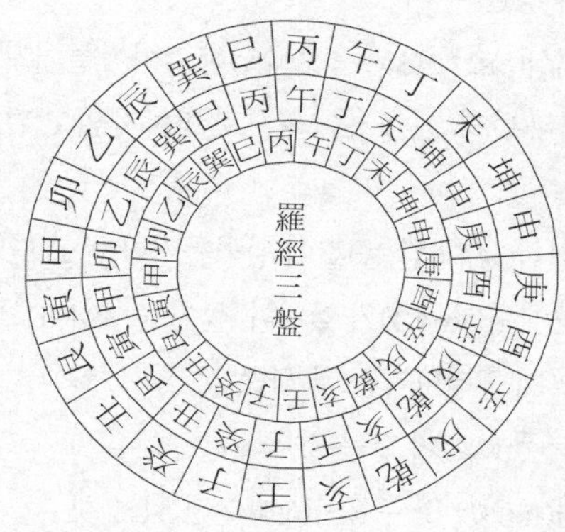

1층 : 지반정침(地盤正針) 24산

2층 : 인반중침(人盤中針) 24산

3층 : 천반봉침(天盤縫針) 24산

4층 : 인반중침(人盤中針) 5행

• **인반중침5행상해**(人盤中針五行詳解)

자오묘유태양화(子午卯酉太陽火),

갑경병임태음화(甲庚丙壬太陰火).

건곤간손본속목(乾坤干巽本屬木),

을신정계편속토(乙辛正癸編屬土).

진술축미금(辰戌丑未 金).

인신사해수(寅申巳亥 水).

• **발사결**(撥砂訣) : 중침(中針)의 주산(主山)을 기준하여 생극제화(生剋制和)로서 육친(六親)을 부(賦)한다. 극아살(剋我煞)은 관귀(官鬼)를 말하니 곧 사(砂)가 관귀(官鬼)가 되어 주산(主山)을 극(剋)함을 말하고, 살사(殺砂)를 보게 되면 화절(禍絶)을 면할 수 없으니 크게 흉(凶)하다. 아생설기(我生洩氣)는 모정(耗精)이라 하니 주산(主山)이 생(生)하는 사(砂)로서 이 또한 주산(主山)의 기(氣)를 태진(胎盡)시키므로 가도(家道)가 점차 표령(飄零)해짐을 면하지 못하므로 역시 크게 흉(凶)하다. 아극노사(我剋奴砂)는 정편재성(正偏財星)을 말하는 것으로서 즉 재백(財帛)에 해당되므로 길사(吉砂)라 한다. 비화(比和)란 주산(主山)의 동기지사(同氣之砂)로서 왕(旺)할 수 밖에 없으므로 왕사(旺砂)라 하니 길(吉)하다.

❖ 지리사세(地理四勢) : 주작(朱雀)·현무(玄武)·청룡(青龍)·백호(白虎)의 4자를 말함.

① 주작은 혈전지산(穴前之山)을 말하며, 주작은 공작이 날개를 펴고 춤을 추는 듯 감돌아 있어, 주객이 상대함에 다정한 현상으로 되어 있음을 필요로 한다. 이에 반하여 주작이 등을 지거나 승거(勝去)하는 형상이면 불미(不美)한 것이다.

② 현무는 혈후지산(穴後之山)을 말하며, 수두저복(垂頭低伏)함을 필요로 한다. 반면, 너무 태장(太長)한즉 도기(盜氣)하므로 불가한 것이다.

③ 청룡은 혈의 왼쪽 산을 말하는 것으로, 꿈틀꿈틀 굽어 감도는 듯 혈을 호위하는 형상을 필요로 한다. 반면 앙두압혈(昻頭壓穴)이면 질주(疾主)라 한다.

④ 백호는 혈의 오른쪽 산을 말하는 것으로, 산세가 치닫지 않는 형세로 순순히 엎드려 혈을 호위하는 형상을 필요로 한다. 청룡은 약한 것을 꺼리고 백호는 강한 것을 꺼리므로, 백호는 순복위혈(順伏衛穴)함이 길하다. 반면 앙두시혈(昻頭視穴)이면 함시(啣屍)라 한다. 용호(龍虎)가 반배(反背)하거나 직거(直去)하면 이향패절(離鄉敗絶)하고, 첨사(尖射)한즉 주로 사송(詞訟)·도형(徒刑)·살상(殺傷)의 흉액이 따른다. 만약 무주작(無朱雀)이면 수취명당(水聚明堂)을 필요로 하고, 무현무(無玄武)면 후기풍부(後氣豊富)함을 필요로 한다. 또, 무청룡(無青龍)이면 수요좌반(水繞左畔)을 필요로 하고, 무백호(無白虎)면 수전우반(水纏右畔)함을 필요로 한다. 주작은 특래조아(特來朝我)함을 귀(貴)로 삼는데, 쌍봉이면 중간대공(中間對空)하고 세 봉우리면 중봉안대(中峰案臺)하며, 현무

가 쌍봉이면 침공(枕空)하고 세 봉우리면 침중(枕中)한다.

❖ **지리삼강**(地理三綱) : 기맥(氣脈)·명당(明堂)·수구(水口)의 3자를 말하는 것으로 기맥은 부귀빈천지강(富貴貧賤之綱), 명당은 사수미악지강(砂水美惡之綱), 수구는 생왕사절지강(生旺死絶之綱)이다.

❖ **지리상수**(地理嘗水) : 물맛으로 가히 그 지맥의 미악(美惡)을 알 수 있는데 이를 상수지법(嘗水之法)이라 한다. 고산이면 계간수(溪澗水)의 맛을 보고, 평양지면 정천수(井泉水)의 맛을 보아 미악(美惡)을 식별하는 것이니, 즉 물맛이 향기로우면 문귀(文貴)할 땅이요, 물맛이 감미로우면 부후(富厚)할 땅이요, 물맛이 달콤하면서 매운 맛을 띠면 무귀(武貴)할 땅임을 알 수 있다. 그러나 신맛과 쓴맛이면 다 길지(吉地)가 못되는 것이다. 또, 물이 맑으면 좋고, 물이 탁하면 꺼리며, 겨울에 따뜻하고 여름에 찬물은 모두 좋다. 혈 앞 좌우에 천수(泉水)가 있어 항시 물이 괴거나 마르지 않고 물맛이 향기롭고 기색(氣色)이 맑으면 양음천(養蔭泉)이라 하며 주로 청귀(清貴)하고 문명을 날릴 인물이 배출되는데, 만약 물맛이 신맛과 쓴맛이며 기색마저 탁하면 용우(庸愚)한 인물이 나온다.

❖ **지리설에 산** : 산이 있으면 산을 논하고 산이 없으면 물을 논하게 되니 수지(水池) 즉 연못이 산봉(山峯)이 되며 봇도랑물이 문필봉(文筆峯)이 된다.

❖ **지리설에 평양지**(平洋地) : 평양지(平洋地)는 역수(逆水)와 역사(逆砂)가 있는 것이 가장 좋은 땅으로 평양지에서 가장 좋은 것이 금성수(金城水)와 만궁안(灣弓案)이다. 금성수는 주로 부(富)하며 만궁안은 주로 귀(貴)하다.

❖ **지리연회집**(地理演會集) **조안변**(朝案變) : 내룡(來龍)에서 혈 맺을 때 안산(案山)과 조산(朝山)이 있어야 귀함이 된다는 것을 항상 논하는 것이나 그러나 조산(朝山)은 있으나 안산(案山)이 없는 것도 있고 안산은 있으나 조산(朝山)이 없는 것도 있으며 또 안산조산(案山朝山)이 모두 없는 것도 있으니 오직 물이 명당 중에 모이는 것을 취하여 쓰면 된다.

❖ **지리오결**(地理五訣) : 조정동(趙廷桐)이 저술한 책으로 용혈사수(龍穴砂水)에 향법(向法)을 강조하여 오결(五訣)을 만듬.

❖ **지리의 십악**(十惡) : 지리법에 10가지 나쁜 것으로 십악불선(十惡不善)이라 칭한다.

- 용이 겁살(劫殺 : 過峽되는 곳에 험한 암석이 늘어져 있는 것)을 띠었거나 반역(返逆 : 용이 앞으로 향하지 않고 뒤로 향한 것) 된 것.
- 용이 검척(劍脊 : 칼 등)같이 날카롭거나 곧고 단단한 것.
- 혈 부근에 흉사(凶砂)가 있거나, 물이 충사(冲射 : 곧게 흘러오거나 곧게 흘러나가는 것)하는 것.
- 혈에 요풍(凹風)이 닿는 것.
- 탐두사(探頭砂) 및 추흉사(追胸砂)가 있는 것.
- 청룡·백호가 반대방향으로 머리를 돌려 혈을 등지는 것(反脊無情), 또는 안산(案山)이 뒤로 젖혀진 듯이 무정하게 서 있는 것.
- 물이 혈의 갈비(脇)를 쏘아 오거나 반궁(反弓 : 활을 반대로 뉘어 놓은 모습)처럼 무정하게 흐르는 것.
- 물이 황천방(黃泉方)으로 흐르는 것.
- 물이 생방(生方)을 충하거나 왕방(旺方)으로 빠져 나가도록 향(向)을 세운 것.
- 물이 고방(庫方)으로 나가지 않고 또 퇴신(退神)이 되도록 향을 세우지 말 것.

❖ **지리의 오상**(五常) : 용(龍)·혈(穴)·사(砂)·수(水)·향(向)을 말함. 진혈(眞穴)에 아름답고 수려한 사격(砂格)과 좋은 물과 혈 앞에 안산(案山)·조산(朝山) 및 기타 안사(案砂)가 아름다워야 된다는 뜻이다. 먼저 물이 흘러나오는 곳 즉, 수구(水口)를 보고 다음에 들의 형세를 본 다음에 산의 모양을 보고 흙의 빛깔을 본다. 멀리 보이는 높은 산과 물 즉, 조산(朝山)은 주산·안산·청룡·백호에서 멀리 떨어져 있는 산이 집터나 묘터(穴) 주위를 싸고 있는 높고 큰 산을 말한다. 물이 흘러 나오는 곳이 엉성하고 넓기만 한 곳은 비록 좋은 밭과 넓은 집이 있다 해도 다음 세대까지 살지 못하고 흩어지게 되므로 집터를 잡으려면 반드시 수구가 꼭 닫힌 듯하고 그 안에 들이 펼쳐진 곳을 골라야 한다. 그러나 산중에서는 수구(水口)가 닫힌 곳을 쉽게 구할 수 있지만 들판에서는 수구가 굳게 닫힌 곳을 찾기 어려우니 반드시 거슬러 흘러드는 물이 있어야 한다. 마을 앞에 큰 내(川)가 마을을 휘감아 돌

고 물이 마르지 않고 계속 흐르는 곳은 항상 맑고 밝은 기(氣)가 충만하다고 여긴다. 사방의 산이 높아서 해가 늦게 뜨고 일찍 지며 밤에는 북두칠성 마저 보이지 않는 곳은 가장 꺼려지는 곳으로 맑고 밝은 빛이 적고 찬 기운이 쉽게 침입하여 잡귀가 모여 들어 사람을 병들게 하기 쉽다. 따라서 산골에 사는 것이 대체로 들에서 사는 것보다 못하다. 그래서 집터는 묘자리와는 달리 물이 있어야 한다. 물은 재물의 운과 관계가 깊어서 비록 산중이라도 시냇물이 모여있는 곳이면 대를 이어 오래도록 살 터가 되지만, 앞으로 뻗어나온 산맥에 추악한 바위나 산봉우리가 있거나 혹은 기울어진 외로운 봉 위가 무너지고 떨어지는 듯한 형상을 하거나, 또는 엿보고 넘겨보는 모양이 있거나, 이상한 돌과 괴이한 바위가 산 위에서나 아래에서 보이고, 또 집 뒤가 낮고 앞이 높은 곳은 사람이 살 곳이 못 된다. 산은 멀리 떨어져 있으면 맑고 고와 보이고 가까이 있으면 밝고 깨끗해 보여서 한 번 바라보면 기쁨을 느끼게 하여야 좋으며, 앞으로 마을을 휘감아 도는 물은 작은 개울이라도 좋다.

❖ **지리조안**(地理朝案) : 조안은 안산과 조산을 말함. 안산은 근혈지대산(近穴之對山)을 말하고 조산은 안외지원산(案外之遠山)을 말하는 것으로, 즉 안산은 혈 가까이 있는 산봉으로 좀 낮고 작은 산을 말하고, 조산은 안산 너머에 있는 산봉으로 좀 멀고 높은 산을 말한다. 안산이 있으면 혈전수습(穴前收拾)이 주밀하고, 조산이 있으면 당국이 더욱 빛을 발하는 것으로, 조산과 안산을 겸비한즉 가히 격을 갖춘 땅이라 하겠다. 안산은 용혈의 기(氣)를 안으로 거둬들이는 물(物)로서, 만환포혈(彎環抱穴)한 것이 가장 좋은 격으로, 옥대면궁안(玉帶眠弓案)이 최상이며, 회금안(檜琴案)이 그 다음이다. 조산은 가까운즉 개면유정(開面有情)함이 좋고, 먼즉 수려단교(秀麗端巧)함이 좋다.

❖ **지리총론**(地理總論) : 지리 전반에 걸쳐 얘기함. 지리(地理)의 도(道)가 사람과 동일하니 삼강(三綱)과 오상(五常), 사미(四美), 십악(十惡)이 있다.

1. **삼총**(三總) : 세가지 불가분의 관계
   일왈기맥위부귀빈천지강(一曰氣脈爲富貴貧賤之綱) ; 첫째, 기맥은 부귀빈천의 벼리이다.

백몽린(白夢麟) 주에 인품은 음양오행이 기(氣)에서 나온다고 하였다. 그러므로 장(葬)에는 생기(生氣)를 타는 것이니, 기(氣)는 곧 맥(脈)이요, 맥(脈)은 곧 용이다. 귀룡(貴龍)인즉 귀하게 되고, 부룡(富龍)인즉 부자가 되며, 천룡(賤龍)이면 천하게 되며, 빈룡(貧龍)이면 가난하게 되니, 옛말에 부귀가 용혈(龍穴)에 있으니 용은 뿌리로서 근본이 되고 사수(沙水)는 가지로서 지엽(枝葉)이 된다. 단지 혈 앞의 기맥을 살펴 혈 앞에 가까이 사(沙)가 있으면 부귀하게 되고 혈 밑에 단정한 기운이 없으면 면전에 만산(萬山)이 중첩되어도 소용이 없는 것이다. 토(土)는 기(氣)의 모체(母體)이다. 흙이 있으면 기(氣)는 있는 것이다. 토비(土肥)하면 기(氣)가 장(壯)하고 기장(氣壯)하면 맥진(脈眞)하니, 만물은 흙에서 생(生)하기 때문이다. 기(氣)가 있고 없고는 오로지 과협(過峽)을 보라. 과협(過峽)이 일선(一線)으로 짤막하고 또는 봉요학슬(蜂腰鶴膝)로 용이 속기(束起)하면 득기(得氣)하고 방정(方正)하면 결지(結地)하게 된다. 만약 용이 기운이 없는 것은 속기(束氣)하지 못한 것이니, 요(要)는 속기(束氣)함과 속기(束氣)하지 못함을 아는 것은 만물의 결실함이 꼭지가 있음과 같음이다. 귀룡은 거듭거듭 장막을 치고, 천룡은 장막이 없고 웅장하기만 하다. 귀룡은 중심으로 맥이 뻗어 나오고, 부룡은 곁가지 줄기가 많다. 장막이 많으면 귀함이 많고, 삼중 이상 거듭되면 부호의 모양이다. 창고사와 상궤사가 있으면 자손이 가지런하고, 좌우를 헤치고 나온 혈은 반드시 부귀한다. 명당을 볼 때 사(沙)가 명당을 증명하고 수는 혈을 증명한다. 명당이 손바닥같이 아늑하면 집안이 부하여 금덩이가 쌓이게 된다. 명당은 만마를 수용할 수 있어야 하고 수구는 배가 다닐 수 없을 정도로 좁아야 한다고 하였다. 또 말하기를, 명당이 기(氣)를 통하여 받았느냐 받지 못했느냐를 먼저 보라고 했다. 명당에는 관기(管氣 : 빼어나게 노출된 기운)가 중요하니 부귀(富貴)가 천추(千秋)에 족하므로 장풍취기(藏風聚氣 : 바람을 막아주어 기가 모임)가 곧 관기(管氣)이다. 대개 명당이란, 관청(官廳)으로 비교하면 대당(大堂) 앞에 절하는 곳이다. 뒤에도 대당(大堂)이 있고 청(廳)을 둘러싸고 2중3중으로 되어 있으니, 명당으로 치자면 혈성(穴星)이 후산(後山)을 의지하는 것으로 소조산(小祖山)이 병풍을 펼치는 것이고, 절하는 곳의 왼쪽에는 이조(吏曹), 호조(戶曹)가 있고, 오른쪽에는 병조(兵曹), 형조(刑曹), 공조(工曹)가 있는 것이다. 곧 명당 앞에 좌우로 용호사(龍虎沙)가 있어서 층층이 환포(環抱)하고 중중호위(重重護衛)하여 개장(開帳)하고 손을 벌려 안음이다. 앞으로는 대문과 담장이 둘러처져 있으니, 명당의 앞으로 용의 여기(餘氣)인 전순(氈脣)이 있고, 앞에 대하는 안산(案山)과 조산(朝山)이 있음이다.

❖ **지리학**(地理學) : 양택(陽宅) 및 음택(陰宅)을 응용함에 있어 산과 용과 맥(脈)과 입수(入首)·혈·좌(坐)·물·바람·사(砂) 등의 길흉을 설명하고, 명당을 잡는 방법을 설명한 학문. 쉽게 말하여 명사가 될 수 있는 지리법의 모든 학문. 이 지리학에 대해 예로부터 전해지고 있는 서적 및 학술은 청오경(靑烏經)·산해경(山海經)·장경(葬經)·용수경(龍水經 : 靑囊經)·흠정협기(欽定協紀 : 擇日書)·옥척경(玉尺經)·현묘경(玄妙經)·피간로담경(披肝露膽經)·사탄자(四彈子)·감여론(堪輿論)·정기일통(正紀一統)·천기회원(天機會元)·지리불구인(地理不求人)·설심부(雪心賦)·옥수경(玉髓經)·평지오성(平地五星)·산양지미(山洋指迷)·지리정종(地理正宗)·심씨지학(沈氏地學)·인자수지(人子須知)·무학비기(無學秘記 : 失傳)·복구분법(卜舊墳法)·일편금(一片金)등이 있다.

❖ **지리학설로 구별하면** : 지리학설로 구별하면 평양과 산지는 부동(不同)하므로 산지는 산봉을 귀인이라 하고 평양지는 산이 없으니 면전에 요(凹)가 있으면 귀인(貴人)이라 하고, 요가 없고 철(凸)이 있어도 귀인(貴人)이라 이른다.

❖ **지리학의 전래** : 원래 이 풍수지리사상은 고대 중국의 황하문명시대에 발상 전래하여 온 것이다. 중국에서는 예부터 치산치수(治山治水)를 하여 안락(安樂)한 인간생활을 하기 위하여 자연발생적으로 풍수지리사상이 생겨났을 것이라는 견해가 많다. 생활의 편리한 점은 살기 좋은 기름진 땅을 찾고 또한 향천(香泉)의 좋은 물을 찾는 것이며, 세찬 바람을 피하여 살고 싶은 마음은 예나 지금이나 동일하다. 현실적인 면에서 생활적인 면에서나 정신적인 면으로도 풍수지리 음양(陰陽) 오행사상으로 발전하여진 것 같다. 옛 문헌을 참작하여 보면 진나라 시대에 주선도(朱仙桃)란 역리학자(易理學者)는 삽산기(插山記)라는 책을 저술하여 여기에다 명당(明堂)자리 보는 비법을 밝혀서 후세에 남기니 그것이 곧 청오경(靑烏經)이다. 그 후 한나라 시대의 장자방은 청랑정경(靑囊正經)에 풍수지리의 비법을 수록하였다. 진나라 시대로부터 발원(發源)된 풍수지리학설은 한나라 시대에 이어 오다가 진나라 곽경순(郭景純)은 장서를 저술하였으며, 당나라 시대에 이르러서는 금랑경(錦囊經)이라고 하여 황실에서만 적용하였다 한다. 금랑경이란 그 비법이 기록된 책을 비단주머니에 넣어 역대 황제가 대대로 전수하여 물려 받았던 것으로 일반에게는 그다지 많이 알려지지 않고 있었으나 양구빈의 제자였던 증문천이 용수경(龍水經) 즉 금랑경을 유청전(劉靑田)은 옥척경(玉尺經)과 용수경(龍水經)을 주해(註解)하고 일반에게 널리 알려지게 되었다.

❖ **지리학적인 음양론** : 지리법에 있어 음양을 구분하는가. 이에 대해 양균송(楊均松)은 용 또는 지형의 높고, 일어나고, 등성이 지고, 여위고, 굳센 것으로 음을 삼고, 혈의 복장형(覆掌形)과 유(乳)와 돌(突)한 것으로 음을 삼고, 사(砂)의 돌(突)한 부분과 등(脊)으로 음을 삼고, 물의 장원(長遠)함과 급히 흐르는 것으로 음을 삼으며, 반대로 용의 얕고 평탄하고 살찌고 넓은 것으로 양(陽)을 삼고, 혈의 젖혀진 손바닥(仰掌) 모양과 와(窩)와 겸(鉗)으로 양을 삼고, 사(砂)의 굽은 곳과 요(凹)한 곳과 앞면으로 양을 삼고, 물의 짧고 가깝고 느린 것으로 양을 삼는 반면, 요금정(寥金精)은 모두 양공이 주장한 것과 정반대로 철(凸)한 것으로 양을 삼고, 요(凹)한 것으로 음을 삼는다고 하였다. 주문공(朱文公)이 말하기를 「하늘의 도(天之道 : 즉 陽界)는 양은 강하고 음은 유순함이니 수컷으로 양을 삼고 암컷으로 음을 삼는 것이지만, 땅의 도(地之道 : 즉 陰界)는 음이 강하고 양이 유약한 것이므로 수컷이 음이 되고 암컷이 양이 된다」 하였다.

❖ **지반정침**(地盤正針) : 지반정침(地盤正針)은 자오묘유(子午卯酉)의 사정방위(四正方位)와 인신사해(寅申巳亥)의 사생방위(四生方位) 그리고 진술축미(辰戌丑未)의 사고방위(四庫[藏葬]方位)로 된 12지지방위와 10천간 중에 무기(戊己)를 빼고, 갑을병정경신임

계(甲乙丙丁庚辛壬癸)의 8간과 건곤간손(乾坤艮巽)의 사유(四維)를 합하여 24방위가 천지정방위(天地正方位)로 정해진 것으로써 모든 방위의 기본이며, 나경에서 기본층이다. 24방위를 360도에 분정해 놓았으니 1개 방위는 15도가 되고, 쌍산으로 따지면 360도가 12방위니까 1개 방위가 30도가 된다. 또 360도를 8개 방위로 나누면, 1개 방위는 45도가 되고 8괘로 1개 방위는 24방위로 된 3개 방위를 합한 것과 같다. 지반정침(地盤正針)은 지기(地氣)를 주관하며, 입수룡(入首龍)을 보고 좌향(坐向)과 양택(陽宅) 및 음택(陰宅)의 방위를 결정하는데 사용한다. 자(子)와 오(午)는 10도로 대칭으로 놓여 있다. 좌(坐)를 오(午)로 정하면 오좌자향(午坐子向)이 되어 항상 좌(坐)와 향(向)은 대칭관계다.

❖ **지반정침**(地盤正針) **120분금**: 내층은 지반정침(地盤正針), 외층은 120분금. 지방정침(地盤正針) 120분금은 입향(立向)에 전용(專用)되며, 피귀영신(避鬼迎神)을 가린다. 분금법은 24산을 12궁으로 나눈 다음 매 1궁(一宮)마다 다같이 10분금을 설(設)했으니 곧 자계동궁(子癸同宮)으로 시작한 다음 먼저 자위(子位)의 15도 공간에 갑자(甲子), 병자(丙子), 무자(戊子), 경자(庚子), 임자(壬子) 순으로 5자를 일포(一布) 한 다음에 재차 계축(癸丑)의 공간에서도 역시 갑자(甲子)부터 임자(壬子)까지의 5자를 배포한다. 이렇게 24방위에 5자를 분포하여 120분금이 되지만 그러나 이 가운데서 병경정신(丙庚丁辛)의 4간만을 전용(專用)하게 된다.

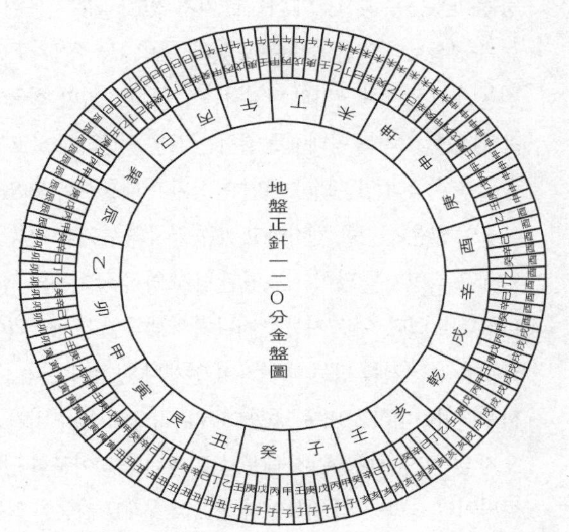

❖ **지반정침**(之盤正針) **24**: 분금은 한마디로 음택의 좌향을 설정하는 경계선을 말하는 것이니 매 괘의 도수는 45도선이 되고 24산 중의 매 산의 도수는 15도가 된다. 그러나 아무리 광활한 대지라도 그 경계는 1개선에 불과한 것처럼 음택의 좌향을 잡음에 있어서도 1괘(一卦) 25도의 전체가 다 향이 될 수는 없는 것이며, 또 매 산의 15도가 다 같이 향이 될 수도 없는 것이다. 분금은 24산을 자계(子癸), 축간(丑艮), 인갑(寅甲), 묘을(卯乙), 진손(辰巽), 사병(巳丙), 오정(午丁), 미곤(未坤), 신경(申庚), 유신(酉辛), 술건(戌乾), 임해(壬亥) 등 12궁으로 축산(縮刪)한 다음에 매 궁(宮)마다 다같이 10분금하니 120분금이 된다. 그러나 이 5자원(五子元)의 간지(干支)가 모두다 분금에 쓰이는 것은 아니고 다만 병정(丙丁) 2간, 경신(庚辛) 2간에 해당하는 간지(干支)만이 분금에 쓰인다.

❖ **지방서식의 실례**

- **어머니**: 顯妣孺人某貫某氏神位
- **아버지**: 顯考某官某公府君神位
- **조모**: 顯祖妣孺人某貫某氏神位
- **조부**: 顯祖考某官某公府君神位
- **증조모**: 顯曾祖妣孺人某貫某氏神位
- **증조부**: 顯曾祖考某官某公府君神位
- **고조모**: 顯高祖妣孺人某貫某氏神位
- **남편**: 顯霹某官某公府君神位
- **망처**: 亡妻貫某氏神位
- **외조모**: 顯外祖妣孺人某貫某氏神位
- **외조부**: 顯外祖考某官某公府君神位
- **삼촌숙모**: 顯伯叔母孺人某貫某氏神位
- **삼촌숙부**: 顯伯叔父某官某公府君神位

❖ **지방의 특성에 따라 유자를 심으면 탱자가 될 수도 있다**: 남쪽 지방의 유자를 북쪽지방에 가져다 심으면 탱자가 된다는 말이 있다. 이것은 땅과 기후에 따라 똑같은 씨앗이라도 그 결과에 차이가 있다는 뜻으로 풍수에서 시신(屍身)을 모시는 장소에 따라 지기(地氣)가 다르게 변화한다.

❖ **지붕개조**: 지붕은 건물의 기운을 모아 주는 공간이다. 따라서

지붕 형태는 명당과 흉가를 구분짓는 가장 중요한 요인이다. 지붕을 개조할 때는 어느 한쪽만 높고 낮으면 기운이 분산되기 때문에 지붕 좌우 균형을 맞추도록 한다. 용마루 길이는 짧게 한다. 지붕은 중심 부분에 기운이 모이는 형태를 이루고 있어야 하기 때문에 용마루 길이가 긴 집은 기운이 분산되어 흉가가 되고, 용마루 길이가 짧은 집은 기운이 중심에 모여 명당이 된다. 피라미드 형태나 원형 돔 지붕처럼 중심 부분이 짧은 지붕은 대표적인 명당 지붕이다. 평탄한 슬래브 지붕은 중심점이 아예 없어 좋지 못하고, 한옥 기와지붕은 용마루 길이가 긴 반면 중심 부분이 낮고 좌우가 높아 기운이 분산되는 흉가 형태다.

❖ **지붕, 명당과 흉가의 지붕 형태** : 산의 형태를 축소하면 지붕의 형태가 된다. 산의 형태에 대한 이론을 지붕에 적용시키면, 지붕 중심 부분에 기운이 모이는 형태가 명당형 지붕이다. 지붕 중심 공간이 빈약해서 기운이 모이지 않는 지붕은 흉가 지붕으로 구분된다. 명당형 지붕 구조로는 돔 지붕이 가장 대표적이다. 돔은 알과 형태가 같아 생기가 가장 많이 모이기 때문이다. 세계적으로 봐도 많은 사람들에게 사랑받는 건물은 대부분 둥근 지붕, 곧 돔 지붕으로 되어 있다. 돔 지붕 외에 초가지붕·모임지붕·피라미드형 지붕도 명당형이다. 흉가 지붕으로는 중심은 낮고 좌우가 높은 한옥 기와지붕, 중심 부분이 낮은 지붕, ㅡ자형 평슬래브 아파트 지붕, 그리고 나비 날개처럼 중심이 낮고 좌·우가 높게 올라간 일명 버터플라이 지붕 등이 있다.

❖ **지붕보다 높은 나무가 집안에 있으면 좋지 않다** : 나무가 크다는 것은 나무 뿌리가 상대적으로 크다는 것을 의미하며 나무 뿌리 때문에 살고 있는 사람으로 가는 기가 차단되기 때문에 높은 나무가 집안에 있으면 좋지 않다.

❖ **지붕, 세계 각국 지붕의 기운**

- 한국 기와지붕의 기운은 안정적이며 고요한 특징을 갖고 있으나, 동시에 아래로 내려가는 형태를 이루고 있다. 특히 중심 부분이 낮고 좌우가 높은 형태는 기운이 좌우로 분산되는 것을 의미하는데, 이러한 기와지붕의 기운에 의해 한옥 기와집에 사는 사람들이 분당과 분열이 심하고 단결심이 부족하다고 보여진다.
- 일본 집 지붕의 평면 형태는 전체적으로 정사각형에 가깝고, 지붕은 피라미드처럼 중심 부분이 뾰족하게 올라와 모임 지붕 형태를 이루고 있다. 이러한 일본 집 구조는 지진이 났을 때 발생되는 횡력에 대항하는 데는 매우 효과적이고 중심점이 높아 집이 기운이 중심에 모이는 장점을 갖고 있다. 일본 집 형태를 산에 적용하면 목산의 강체에 해당되며, 동시에 주인격 산에 해당된다. 일본식 집 공간에서는 중심에 기운이 집중되듯 사람도 모두 중심을 갖고 단결하게 된다. 지붕 형태가 피라미드처럼 하늘을 향해 뾰족하게 솟아 있는 형태는 진취적이며 공격적인 기운을 나타낸다. 이런 집에서 사는 사람들은 전쟁과 같은 죄악을 저지르기도 하지만, 단결된 힘을 경제력이나 문화적인 방면으로 돌리면 크게 발전할 수 있다.
- 중국식 기와지붕은 용마루 선이 직선으로 수평을 이뤄 길게 연결되어 있다. 중국식 지붕 선은 우리나라 곡선과는 달리 처지거나 오그라든 형태가 아니다. 토산의 중체에 속하며, 보조격에 해당한다. 지붕 형태에 의해 중국은 외국을 향해 나가는 진취적인 기사보다는 중심을 유지하려는 보수적이고 균형 잡힌 기운을 갖는다. 용마루 중심이 처지지 않고 직선을 이루고 있어 분열하는 기운은 적은 편이다.
- 한국·중국·일본 집의 형태상 특징은 지붕 용마루 선에서 단적으로 나타난다. 중국 지붕 용마루는 수평선을 이루고, 한국 지붕 용마루는 수평선보다 아래로 쳐져 있고, 일본 지붕 용마루는 수평선보다 훨씬 높게 솟아 있다. 동양3국 중에서는 일본 건물이 가장 강한 생기와 단결하는 힘을 갖고 있다. 한국 건물은 힘 없이 처지는 형태에 분열하는 기운을 강하게 갖고 있다. 중국은 한국과 일본의 중간인 안정된 형태를 이루고 있다.
- 지붕이 많은 면적을 차지하고 있는 영국의 튜더식 전통 건축 양식은 식민지를 많이 거느렸던 당시 영국 국민들의 기운을 나타내고 있다. 이런 지붕은 지나치게 뾰족한 기운이 많아 평화로운 분위기를 만들지 못하며 언제나 공격적이다.
- 사우디아라비아를 비롯, 중동 여러 나라 집 지붕은 비가 거의 오지 않는 기후 때문인지 대부분 흙과 나무를 이용한 평탄한 모양이다. 중동 지역 지붕이나 현대식 슬래브 지붕이 있는 집

은 음양 이론으로 분석하면, 기와집이나 초가집과 다른 기운으로 이해된다. 건물 형태 가운데 벽은 낮은 곳에 있어 음에 해당하고, 지붕은 높은 곳에 있어 양에 해당한다. 평슬래브 지붕은 외형상 지붕을 이루는 공간이 없고 모두 납작하다. 이는 음양으로 보면 양에 해당되는 공간이 없는 것과 같다. 사람은 몸이 음이고, 얼굴이 양이다. 또 몸은 육체를 나타내고, 얼굴은 마음을 나타낸다. 따라서 평슬래브 구조는 육체는 있지만 마음이 없는 것과 같다. 이 현상은 물질만을 추구하고, 사람 사이에 이루어지는 아름다운 정신이나 따뜻한 마음은 전혀 가치를 인정하지 않는 형태로 나타낸다.

- 조선 시대 말기에 제정 러시아 공관으로 쓸 목적으로 러시아 사람들에 의해 운현궁 안에 지어진 건물은 소련식 지붕의 모양이다. 건물 구조는 정사각형 평면 위에 둥그런 지붕이어서 마치 송이와 같은 형태를 이루고 있다. 이런 형태는 지붕 중심 부분에 집중적으로 기운이 모여 강한 힘을 갖게 된다. 당시 강한 국력을 갖고 있던 러시아의 분위기를 잘 나타내고 있다.

❖ **지붕, 오행으로 본 지붕 형태** : 산의 형태 중에서 주인격 산, 강체·중체 산은 명당을 이룬다. 그러나 보조격 산과 약체·병체 산은 중심에 기운이 모이지 않아 명당을 이루지 못한다. 지붕 형태에 대한 분석은 산의 형태에 대한 이론을 적용함으로써 가능하다. 산의 형태를 오행으로 구분하듯이 지붕 형태도 오행으로 구분된다.

- 피라미드처럼 한 정점을 갖고 솟아 있는 지붕을 말한다. 목산의 기운과 같이 목산 지붕에서는 기운이 수직 상승하며 중심에 집중된다. 일본식 건물에 이 형태가 많으며, 이것은 주로 명당형태이다.
- 지붕 정상 용마루 선이 아래로 처진 지붕을 말한다. 대체로 차분하고 안정되어 평화로운 분위기를 이루고 있는 장점이 있는 반면, 기운이 좌우로 분산돼서 중심에 모이는 힘이 없다. 한국 전통 기와 지붕이 대표적인 경우인데, 용마루 중심 부분이 아래로 처져 있어 흉가 형태다.
- 돔과 같은 원형 지붕으로, 가장 이상적인 지붕 형태다. 중심에 기운을 집중시키는 힘이 강해 사람들을 단결시킨다. 이슬람교 건물과 인도 타지마할이 대표적이다. 우리나라 초가지붕도 금산 지붕에 속하며 명당 형태다.
- 뾰족한 지붕을 말하는데, 화산이 불을 상징하는 만큼 이런 지붕은 기운을 상승시키는 효과가 있다. 공격적인 기운이 강하며, 기독교 계통 건물에서 많이 볼 수 있는 형태다.
- 지붕면이 위로 갈수록 좁아지면서 평면은 사각형을 이룬 형태다.

❖ **지붕은 건물의 기운을 모아주는 형태로 지어야 한다** : 집 지붕의 형태는 명당(明堂)과 흉가(凶家)를 구분 짓는 가장 중요한 요인이다. 지붕을 개조할 때는 지붕 좌우 균형을 맞추도록 한다. 어느 한쪽만 높고 낮으면 기운이 분산되기 때문이다. 용마루 길이는 짧게 한다. 지붕은 중심부분에 기운이 모이는 형태를 이루고 있어야 한다. 용마루 길이가 긴 집은 기운이 분산되어 흉가가 되고 용마루 길이가 짧은 집은 기운이 중심에 모여 명당이 된다. 피라미드 형태나 원형 돔 지붕처럼 중심부분이 짧은 지붕은 대표적인 명당 지붕이다. 평탄한 슬래브 지붕은 중심점이 아예 없어 좋지 못하고 한옥 기와지붕은 용마루 길이가 긴 반면 중심 부분이 낮고 좌우가 높아 기운이 분산되는 흉가(凶家) 형태이다.

❖ **지붕, 자연과 어울리는 지붕** : 산이 많은 지역에서는 건물이 산과 닮아 서로 유기적인 관계를 이루는 것이 좋다. 한국은 산이 많아 집도 산의 형태와 조화를 이룬 초가집이나 기와집이었다. 산의 품속에 들어앉은 듯한 기와지붕은 산과 모양이 잘 어울리고, 특히 치켜올린 추녀의 곡선은 버선코와 비슷하다. 또 산봉우리와 봉우리 사이를 연결하는 능선은 기와지붕의 처지는 곡선과 조화를 이뤄 자연 경관의 운치를 더욱 높여 준다. 초가지붕은 바가지를 엎어 놓은 것 같기도 하고 둥근 모양이 송이 같기도 하다. 초가는 둥글둥글한 능선을 배경으로 하면 더욱 평화스러운 풍경을 이룬다. 기와지붕 구조에서 길게 뻗어 나온 처마는 일본이나 중국 건물과 비슷하다. 유럽 건물들은 대부분 처마를 내뻗지 않아서 지붕이 그다지 크게 느껴지지 않지만 한국의 기와지붕은 곡선형이고 중국이나 일본의 기와지붕은 직선형이다. 한국의 기와지붕은 곡선 형태를 만들기 위해 더 많은 목재와 흙이 사용되어 지붕 무게가 다른 나라 것보다 훨씬 무겁다는 것이 특징이며, 아궁이와 온돌 같은 주요 부분도 독특

한 구조를 이루고 있다. 이렇듯 한국 전통 가옥은 산과 조화를 이루면서 아름다운 형태를 추구해 왔다. 자연의 형태 중에서 취할 수 있는 아름다움은 다양하다. 그 아름다움의 기운은 서로 다르다. 아침에 떠오르는 태양이나 저녁에 지는 태양은 모두 아름답다. 그러나 기는 서로 다르다. 아침 태양은 생명체가 활발하게 일어나는 아름다움이지만 석양의 아름다움은 활동을 정지하는 고요함의 아름다움이다.

❖ **지붕처마 끝이나 집과 바짝 붙어 큰 교목이 자라는 것은 우환, 장해, 손실 등 흉험(凶險)의 지상(地相)이다**: 울타리나 담장 쪽에 자라는 수목(樹木)은 그 나무가 뿌리 채 뽑혀 넘어져도 주택이나 건물의 골조와 맞부딪치지 않을 만큼 충분한 거리가 주어져야 하며, 현관문이나 대문의 정면에 거목(巨木)이나 전봇대가 있는 것도 액운과 재난 파괴의 구조이다.

❖ **지붕형식**: 지붕은 주택을 비와 눈으로부터 보호하는 역할을 할 뿐 아니라 그의 겉모양을 나타내는 한 부분이므로 지붕은 주택의 유형과 형태에 따라 자기의 독특한 형식을 가진다. 그러나 지붕재료들은 주택의 유형과 형태에는 관계없이 대체로 지방적 특성을 띤다. 즉 벼농사를 많이 하는 지대에서는 볏짚을 이용재료로 하였으며 나무가 많은 산간지대에서는 주로 나무기와 이용하였던 것이다. 지붕은 주택의 외형을 잘 나타내는 부분인 것만큼 그 형식과 재료이용에서 빈부의 차이도 반영하였다. 조선조 시기의 지붕형식은 배집 지붕, 우진각 지붕, 합각 지붕으로 나누어볼 수 있다.

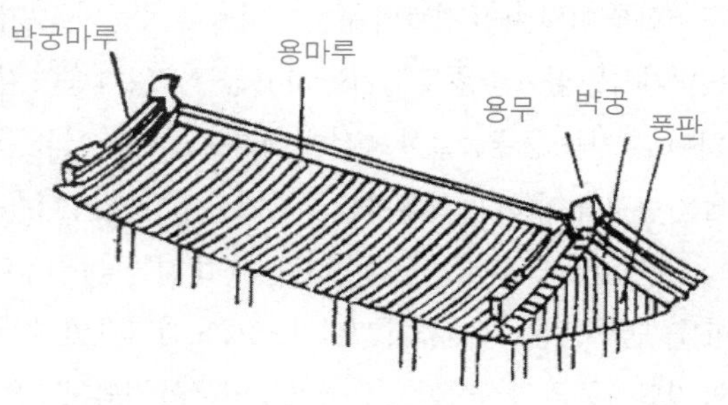

[배집 지붕]

배집 지붕은 좌우가 수직으로 잘라짐으로써 지붕면이 앞면과 뒷면으로 이루어진다. 이 지붕은 대들보의 중심에 대공을 세우고 그 위에 용마루를 놓고 앞면과 뒷면에 서까래를 건 다음 그 위에 산자를 엮고 지붕 전체면에 10~15cm정도의 두께로 진흙을 까는데 이것을 '진새친다'고 하였다. 진새치기가 끝나면 그 위에 이영을 잇는다. 그리고 이 지붕형식에는 그 좌우에 '풍우나래' 즉 비바람으로부터 벽체를 보호하기 위한 나래를 만들어 달았다. 배집 지붕은 우리나라 서북부인 대동강 이북지역에 주로 보급되었으며 외채집과 쌍채집 형태의 집들이 분포되어 있는 지대와 기본적으로 일치하므로 서북부형주택의 지붕형식이라고 할 수 있다.

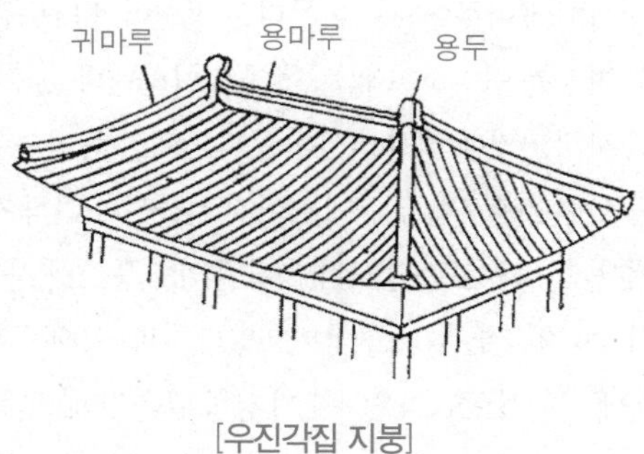

[우진각집 지붕]

우진각집 지붕은 두 개의 지붕면을 가진 배집 지붕과는 달리 4개의 지붕면으로 되어 있는데 평면으로 보면 앞면과 뒷면은 사다리꼴형을 이루고 좌우측 두 면은 삼각형을 이룬다. 우진각집 지붕은 배집 지붕에 비하여 좌우에 두 개의 면이 더 첨가 된 것만큼 배집에서 본 바와 같은 '풍우나래'를 달지 않았다. 또 우진각집 지붕은 4면으로 되어 있는 것만큼 용마루가 주택의 길이보다 훨씬 짧고 그 대신 중도리, 멍에도리 등이 설치되며 서까래를 거는 형식이 일정하지 않았다. 우진각 지붕은 우리나라 일반주택에서 가장 많이 적용된 지붕형식으로서 서북부를 제외한 모든 지역에 다른 지붕형식과 함께 널리 분포되어 있다.

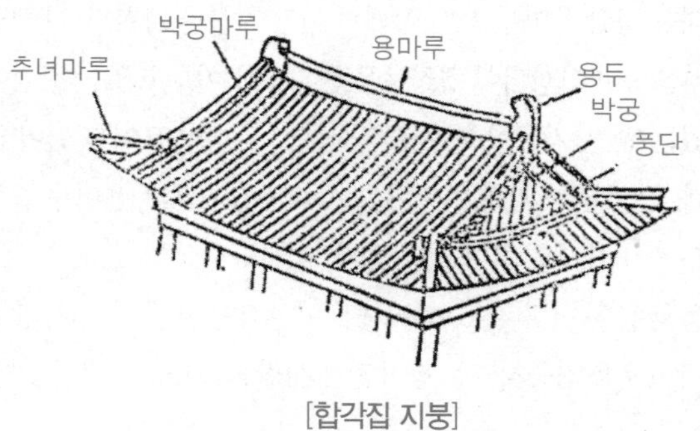

[합각집 지붕]

합각집 지붕은 배집 지붕과 우진각 지붕이 배합된 것으로서 우리나라 지붕형식 가운데서 가장 복잡한 구조를 가졌다. 합각지붕의 밑 부분은 우진각집 지붕형식으로 되어 있고 그 윗부분은 배집 지붕형식으로 되었는데, 우진각집 지붕 위에 배집 지붕을 덧올려 놓은 것으로서 가장 아름답고 우아한 지붕형식이라고 할 수 있다. 합각 지붕은 일반사람들이 주택에서는 적었고 양반귀족들은 집과 절간, 관청 건물들에 많이 적용되었다. 그러므로 지난 시기 합각 지붕은 주요 도시들과 주로 남북조선 일대에 많았다. 지붕은 또한 이영재료에 따라 크게 기와지붕과 초가지붕으로 나누어 볼 수 있다. 기와지붕에는 조선기와 지붕, 평기와(외기와) 지붕, 돌기와 지붕, 나무기와 지붕이 있었다. 조선기와는 암키와의 수키와로 되어 있어 지붕에 올리면 마루와 골이 선명하고 곡선이 은근하게 이루어진다. 조선기와는 주로 합각 지붕에 많이 올렸는데 원래 장중하면서도 지붕의 선들이 경쾌한 곡선미를 나타낸다. 평기와는 암키와와 수키와가 없는데서 흔히 외기와라고 하였으며 또 조선기와처럼 골의 설이 선명하지 못한로부터 평기와라고도 하였다. 돌기와는 지붕에 흙을 깔고 놓는데 먼저 처마 끝에서부터 나란히 몇 줄 놓고 그사이에 생긴 틈을 또 기와로 메우는 방법으로 잇는다. 이렇게 전체 지붕면을 잇고 등마루, 내림새마루, 처네마루를 기와장과 흙으로 덧쌓아서 그 선이 두드러지게 하면서 동시에 일정한 곡선을 이루게 한다. 나무기와는 산간지대에서 많이 쓰였다. 나무기와는 통나무를 쪼개서 만드는데 그 크기는 3~4cm두께의 판자를 길이 30~45cm, 너비 20~25cm정도 되게 하였다. 나무기와를 잇는 방법은 돌기와를 잇는 방법과 비슷하다. 그러나 나무기와는 가벼우므로 그것이 바람에 날리지 않도록 돌로 드문드문 지질러놓는 것이 다른 점이다. 이 밖에 산간지대에서 나무껍질과 새초를 지붕재료로 사용하였다. 초가지붕은 볏짚, 조짚, 새초와 같은 것으로 이영을 이은 것이다. 이 지붕은 이영을 잇는 방법에 따라서 비늘이영 지붕과 사슬이영 지붕으로 나눌 수 있다. 비늘이영은 그 모양이 고기비늘과 같다 하여 불리워진 이름이다. 이 이영은 볏짚의 그루 쪽을 밖으로 한뼘 정도 내놓고 나래를 엮는 방법으로 만들었다. 지붕의 앞면과 뒷면을 덮을 수 있을 정도로 길고 넓은 두 개의 나래를 엮어서 지붕을 덮었다. 비늘이영은 주로 배집 지붕에 이었다. 사슬이영은 짚그루터기는 안으로 들어가고 짚초리는 밖으로 내놓으면서 잇는 방법이다. 사슬이영은 비늘이영에서와 같이 비늘이 생기는 것이 아니라 표면이 매끈하였다. 사슬이영은 새끼로 고정시키는데 비늘이영의 경우와는 달리 약 50cm간격으로 새끼그물형식으로 이영을 고정시켰다. 사슬이영은 우리나라의 서북부를 제외한 모든 지역에 가장 많이 보급된 초가이영 형식이며 기본적으로 우진 각 지붕에 쓰였다. 그러므로 사슬이영이 보급된 지역은 우진각 집이 보급된 지역과 일치하는 것이다. 결국 초가지붕형식은 지붕의 구조형식에 의존되며 그 지방의 기후풍토조건에 따라 부분적인 차이가 있었던 것이다.

❖ **지붕 형태와 기운** : 지붕은 건물 기운이 모여 있는 곳이다. 그러므로 지붕 형태에 따라 건물의 기운이 달라진다. 명당형 지붕은 건물 중심에 기운이 모이는 형태를 말한다. 원형 돔지붕이나 피라미드형 모임 지붕이 대표적인 명당형 지붕으로 이런 구조에서는 기운이 중심점 한곳으로 모여 명당을 이룬다. 한옥 기와집은 긴 용마루를 갖고 있어 지붕 중심은 낮고 좌우는 높이 솟아 있다. 이렇게 용마루가 긴 건물은 기운이 중심에 모이지 않고 좌우로 분산되어 생기가 부족해서 흉가가 된다.

❖ **지사**(地師) : 속칭 지관(地官)이라고도 부르는데 산세(山勢)와 지세(地勢), 수세(水勢) 등을 관찰하고 풍수법(風水法)에 밝아 음택(陰宅 : 墓의 穴을 정하는 것)과 양택(陽宅 : 집터를 잡는 것)에 밝은 사람, 또는 그것을 직업으로 하는 사람의 명칭.

❖ **지사사**(知事砂) : 산봉(山峰)이 일자(一字)로 한쪽 끝이 지붕처럼 살짝 솟구쳐 오른 산이 있으면 국회의원 도지사 급이 출(出)한다.

❖ **지살**(地殺) : 12살(殺)의 3번째로 지살이 드는 정국은 아래와 같다.

年日	申子辰水	巳酉丑金	寅午戌火	亥卯未木
地殺	午	卯	子	酉

가령 신자진(申子辰) 연일(年日)에는 오자(午字)가 있으면 지살인데, 지살이란 땅살(준 역마)이라 하며, 또 땅은 어머니요 여자를 상징하는 살(殺)이기도 하다.

❖ **지삼합**(支三合) : 12지에는 3개의 지(支)끼리 합을 이루는 것이 있으니, 즉 신자진(申子辰)이 합, 사유축(巳酉丑)이 합, 인오술(寅午戌)이 합, 해묘미(亥卯未)가 합이다.

申子辰合, 巳酉丑合, 寅午戌合, 亥卯未合

[三合圖]

❖ **지생천**(支生天) : 지지가 천간을 생하는 것으로 갑자(甲子), 병인(丙寅), 정묘(丁卯), 기사(己巳), 신미(辛未), 임신(壬申), 계유(癸酉), 을해(乙亥), 경진(庚辰), 신축(辛丑), 경술(庚戌), 무오(戊午)의 12가지가 있는데 이를 지생간(支生干)이라고도 한다. 천간이 지지에 장생(長生)을 놓은 것으로 병인(丙寅), 무인(戊寅), 임신(壬申)의 3가지가 있다(火土長生寅·壬水長生申). 일주(日主)가 이 장생위에 생조(生助)함이 없으면 오직 이 장생지(長生地)만이 정신의 집결처가 되므로 장생지가 충(沖)을 만나면 뿌리가 뽑히고 정신이 분산되어 크게 불길하다.

❖ **지서**(支庶) : 지자(支子)와 서자.

❖ **지석**(誌石)

① 죽은 사람의 성명, 생졸월일(生卒月日), 행적, 무덤의 좌향 등을 기록하여 무덤 앞에 묻는 판석(版石), 도판(陶板).

② 후일(後日) 묘의 표징(表徵)으로 돌·회벽·사기그릇 등에 죽은 사람의 관직과 성명·출생·졸일(卒日)·생전의 이력을 무덤이 있는 곳에 좌향을 새겨 묻는 것을 말한다. 돌 두 개를 하나는 상개(上蓋)로 하고, 돌 하나는 하저(下底)로 한다. 상하 두 개 돌을 포개서 묘 앞에 묻는다. 내용은 돌 상개(上蓋)에는 ○○군수(郡守)○○박(朴)공(公)휘(諱)○○지묘(之墓)라 새기고 하저(下底)에는 ○○박공(朴公)○○자(字)○○호(號)○○군(郡)○○면(面)○○리(里) 고위(高位) 휘(諱) 학생(學生) 배(配) ○○○씨(氏) ○○인(人) 모년(某年)○모월(某月)○○모일시(某日時)○○졸(卒) 관직(官職)·약력(略歷)·출가 등을 기록하고 그 외는 남자와 같다.

❖ **지석**(誌石)**과 자해석**(自解石) : 지석은 묘지며 봉분 안에 동봉하게 되어서 영구보전하는 것, 또는 관직이 있으면 관직을 기입하나 없으면 學生 金海公某라 하고 某年月日 某年月日殞命 某年月日所葬.

坐向을 기록하고 길이 8척 정도에 이상 각자(刻字)를 새기고 주사(朱砂)를 들기름으로 반죽하여 각자를 붉은 글씨로 써서 벼루뚜껑같이 만든 천개(天蓋)를 마치고 그 위에 반듯이 놓고 성분(成墳)하면 가하다. 비석은 파괴되어 없어져도 지석(誌石)은 보전된다. 여기에 같이 곁들여 천광(穿鑛)을 본바닥이 나오도록 다시 파내고 시신을 모시고, 상하 좌우를 깨끗한 흙으로 시신이 묻힐 정도로 채우고, 가급이면 목판(木板)으로 천개(天蓋)를 하고, 광중(鑛中)에서 파낸 흙과 자해석(自解石) 또는 석회(石灰)와 섞인 흙을 가루로 만들어 이때는 약간의 물을 뿌려서 습기가 있게 하여 천개목판(天蓋木板) 위에 깔며, 이때는 나무로 다지기를 못하니 들어가서 발로 야무지게 다지기를 역시 7, 8척 정도 다지고 명정 운하를 발 있는 곳에 지석(誌石)을 놓고 성분(成墳)한다. 광중(鑛中)에 자해석(自解石)이나 석회와 혼합하는 흙에는 돌, 나무뿌리가 같이 섞여서 들어가서는 안 된다. 산기슭 같은 데 보면 모암(母岩)이 비바람을 맞고 버슬버슬 모래 같은 것이 자해(自解)로서 나무로 부셔도 가루가 되는 것으로 스스로 풀어진 돌이다. 천기대요(天機大要)에서는 천광(穿壙)하는데 자해석(自解石)을 쓰라고 하였으나 자해석(自解石)을 구하기가 힘이 들기에 일반적으로 생석회(生石灰)를 사다가 하루 전에 물을 뿌려 가루를 만들었다가 사용하는 것이 안전하며 소석회(消石灰)를 사용하기도 한다. 정성인은 조개껍질을 분(粉)가루같이 만들어 사용하기도 한다.

❖ **지성**(枝盛) : 산맥의 흐른 줄기줄기가 여러 개로 큰 모양.

❖ **지세**(地勢) **판단의 6가지**

① 동쪽(왼쪽)이 높고 서쪽(우측)이 낮은 동고서저(東高西低)의 택지는 생기(生氣)가 차차 쇠해져서 재물이 점점 줄어들게 되므로 피해야 한다. 반대인 경우 부귀를 누린다.

② 집의 남쪽(앞쪽)이 높고 북쪽이 낮은 남고북저(南高北低)의 집은 가문이 쇠락하여져 전멸케 되나 반대로 북쪽이 높고 남쪽이 낮은 집은 가문에서 영웅호걸이 배출되고 가축의 생육도 좋다.

③ 북서쪽이 높고 남동쪽이 낮은 집은 지세(地勢)로서는 가장 길지(吉地)이므로 점점 재산이 축적되고 가운(家運)이 열려서 화목한 가정을 이루어 간다. 반대로 북서(北西)가 낮고 남동(南東)이 높으면 가세가 기울게 된다.

④ 택지의 중심부가 주변에 비해 솟아오른 듯한 곳은 처음에는 길(吉)하여 재산이 쌓이게 되지만 어느 시기가 지나면 서서히 재물이 유실되어 없어지므로 피해야 한다.

⑤ 택지 중심부가 주변에 비해 꺼져있는 듯한 곳도 좋지 않는데 배수가 잘 안되고 바람과 화재 등의 피해를 입게 되어 가운이 점차 쇠락하고 병자(病者)가 발생하게 된다.

⑥ 북쪽 서쪽 동쪽 3면이 높고 남쪽만 낮은 경우에는 대체적으로 무난한 택지에 속하지만 화(火)로 인한 화재의 피해를 입기 쉬우므로 이점을 주의해야 한다.

❖ **지속**(遲速) : 더디게 발복하고 속히 발복하는 일.

❖ **지신하강일**(地神下降日) : 지신이 하강한다는 날.
매월 3일 · 7일 · 15일 · 22일 · 26일.

❖ **지신제**(地神祭) **지내는 날** : 제사일 및 기복일(祈福日) 가운데서 일진(日辰)을 가리고 지신하강일(地神下降日)을 겸하면 좋다.
忌 : 지명일(地鳴日) 및 천적(天賊) · 수사(受死) · 복단일(伏斷日) · 천구일(天狗日) · 천구하식시(天狗下食時) · 인일(寅日) · 건(乾) · 파(破) · 평(平) · 수일(收日)

❖ **지아일**(地啞日) : 땅에 있는 모든 신이 벙어리가 되는 날. 즉 아무런 영향력을 행사하지 않는 날이니 무엇을 하든 간에 무방하므로 이 날은 천롱일과 같이 집 고치고, 수리하고, 흙 다루는 일 등에 특히 좋다.

乙丑 丁卯 辛巳 乙未 己亥 辛丑 辛亥 癸丑 辛酉日

❖ **지양**(支陽) : 자(子), 인(寅), 진(辰), 오(午), 신(申), 술(戌)을 지지의 양(陽) 또는 양지(陽支)라 한다.

❖ **지운정국법**(地運定局法) : 이 기조법(起造法)은 일명 4정8국(四正八局)이라 하여 주로 성조택좌(成造擇坐)에 인용하는 법이다. 예부터 연궁(年宮)의 극제(剋制)가 없으면 이 법만으로도 안심하고 성조(成造)할 수 있는 좋은 성조법(成造法)이라 한다.

[四正大通坐向(地運定局)]

起 造 年	四正坐向(大吉亨通)
子午卯酉年	癸丑 乙辰 丁未 辛戌 坐向
寅申巳亥年	壬子 甲卯 丙午 庚酉 坐向
辰戌丑未年	艮寅 巽巳 坤申 乾亥 坐向

예컨대 임신년(壬申年)의 신축가택은 좌향을 임자(壬子), 갑묘(甲卯), 병오(丙午), 경유(庚酉), 좌향 중에서 택정입향(擇定立向)하면 대길형통하고, 계유년(癸酉年)의 신축가택은 좌향을 계축(癸丑), 을진(乙辰), 정미(丁未), 신술(辛戌) 좌향 중에서 택정입향(擇定立向)하면 대길형통하며, 갑술년(甲戌年)의 신축가택은 좌향을 간인(艮寅), 손사(巽巳), 곤신(坤申), 건해(乾亥) 좌향 중에서 택정입향(擇定立向)하면 대길형통한다.

❖ **지유십귀사**(地有十貴砂)

- 일귀(一貴)는 청룡쌍옹수려(青龍雙擁秀麗)
- 이귀(二貴)는 용호고용유정(龍虎高聳有情)
- 삼귀(三貴)는 항아청수(嫦娥清秀)
- 사귀(四貴)는 기고원봉(旗鼓圓峰)
- 오귀(五貴)는 연전필가(硯前筆架)
- 육귀(六貴)는 관고복종(官誥覆鍾)
- 칠귀(七貴)는 원생백호(圓生白虎)
- 팔귀(八貴)는 돈필조영(頓筆朝迎)
- 구귀(九貴)는 병좌관요(屛座官曜)
- 십귀(十貴)는 수구중중(水口重重)이다.

❖ **지유십부사**(地有十富砂)

- 일부(一富)는 명당관광환공(明堂寬廣環拱)
- 이부(二富)는 빈주유정상영(賓主有情相迎)

- 삼부(三富)는 용강호복(龍降虎伏)
- 사부(砂富)는 주작현종(朱雀顯鍾)
- 오부(五富)는 산봉용수(山峰聳秀)
- 육부(六富)는 사수구당(四水歸堂)
- 칠부(七富)는 산산전각(山山轉脚)
- 팔부(八富)는 영령원풍(嶺嶺圓豊)
- 구부(九富)는 용고포호(龍高抱虎)
- 십부(十富)는 수구긴폐(水口緊閉)이다.

❖ **지유십분대**(地有十分大) : "지유십분대(地有十分大)요 혈유만분괴(穴有萬分怪)라." 한 것처럼 혈이 크면 클수록 괴(怪)는 더욱 심하여 경지에 도달된 철사(哲師)라도 쉽게 알아보기가 힘든 경우가 있으나, 조화는 용을 통하여 밖에 나타나므로 용을 정확히 찾을 수 있다면 혈은 저절로 얻을 수 있다는 것을 명심하여야 한다. 괴혈(怪穴)은 용이 아름다워야 가한 것이니 후룡(後龍)을 살펴서 그 진가를 분별하여야 한다.

❖ **지유십빈사**(地有十貧砂)

- 일빈(一貧)은 수구불쇄(水口不鎖)
- 이빈(二貧)은 수락공망(水落空亡)
- 삼빈(三貧)은 성문파루(城門破漏)
- 사빈(四貧)은 수파직류(水破直流)
- 오빈(五貧)은 배후앙와(背後仰瓦)
- 육빈(六貧)은 사수무정(四水無情)
- 칠빈(七貧)은 수파천심(水破天心)
- 팔빈(八貧)은 잔잔수곡(潺潺水哭)
- 구빈(九貧)은 사고불응(四顧不應)
- 십빈(十貧)은 고맥독룡(孤脈獨龍)이다.

❖ **지유십천사**(地有十賤砂)

- 일천(一賤)은 팔풍취혈(八風吹穴)
- 이천(二賤)은 주작소색(朱雀消索)
- 삼천(三賤)은 청룡비거(青龍飛去)
- 사천(四賤)은 수구분류(水口分流)
- 오천(五賤)은 파두요미(擺頭搖尾)
- 육천(六賤)은 전후천풍(前後穿風)
- 칠천(七賤)은 산비수주(山飛水走)
- 팔천(八賤)은 좌우개공(左右皆空)
- 구천(九賤)은 산붕산열(山崩山裂)
- 십천(十賤)은 유주무빈(有主無賓)이다.

❖ **지육합**(支六合) : 지지육합으로 그냥 지합(支合) 또는 육합이라고도 한다. 12지에는 2개의 지(支)끼리 만나면 서로 합을 이루는 것이 있으니 즉 자축(子丑)이 합, 인해(寅亥)가 합, 묘술(卯戌)이 합, 진유(辰酉)가 합, 사신(巳申)이 합, 오미(午未)가 합이다.

子丑合, 寅亥合, 卯戌合, 辰酉合, 巳申合, 午未合

[支六合圖]

❖ **지육충**(支六冲) : 지충(支冲) 또는 육충(六冲)과 같음.
子 : 午 丑 : 未 寅 : 申 卯 : 酉 辰 : 戌 巳 : 亥

❖ **지음**(支陰) : 축(丑), 묘(卯), 사(巳), 미(未), 유(酉), 해(亥)를 지지의 음(陰) 또는 음지(陰支)라 한다.

❖ **지자**(之字) : 지자(之字)는 그대로 갈 지(之)자 모양의 봉홍이다. 검을 현(玄)자 모양으로 휘어진 것도 있다.

❖ **지자기**(地磁氣) : 지구 그 자체가 하나의 거대한 자석이라고 일컬어질 만큼 지구는 자기장(磁氣場)의 영향력을 받고 사람은 평

생동안 산다는 것을 나타냄. 여기에 집터에 관한 풍수를 뜻하는 양택(陽宅) 풍수는 바로 햇볕을 받는 터를 가리키는 것이다. 따라서 집터와 그 주변의 땅이 신선한 대기를 통해 알맞은 햇볕을 받아들임으로써 식물의 생장촉진 병균의 살균작용 등이 일어나게 되는 것이다.

❖ **지자요수**(智者樂水) **인자요산**(仁者樂山) : 하늘은 사람을 낳고 땅은 혈을 만드니 수(水)와 산(山)은 지(智)와 인(仁)이 좋아하는 바이다. 즉 지혜로운 것은 요수(樂水)이고 인자한 것은 요산(樂山)이니 이러한 이치는 가히 사람이 취하는 바로써 수기(秀氣)가 뻗치는 길지(吉地)는 반드시 선인(善人)이 구하게 될 것이다. 하늘이 사람을 낳으면 하나의 혈을 줄 것이고, 땅은 하나의 혈을 만들면 한 사람이 돌아가게 할 것이니 그 영화와 부귀가 다 여기에 달려 있다.

❖ **지장정혈법**(指掌定穴法) : 사람의 손바닥과 손가락에 견줘 정혈을 찾는 법. 지장정혈법으로 혈을 찾는 요령은 먼저 엄지손가락과 검지손가락을 오므려 놓은 것에 주산(主山)과 청룡·백호를 비교한다. 엄지손가락 끝에서 집게(검지)손가락 끝까지 일곱 개의 혈이 생긴다. 일곱 개의 혈 중에서 네 개는 좋은 혈이고 세 혈은 흉하다. 좋은 혈 중에서도 엄지손가락 밑에 있는 혈이 가장 빼어나서 귀(貴)를 불러오는 귀혈(貴穴)이다. 집게손가락 끝마디 부분에는 부(富)를 불러오는 대부혈(大富穴)이 깃들인다. 집게손가락 첫째 마디에는 홍기혈(紅旗穴)이 있어 이 혈도 좋은 혈이다. 집게손가락의 끝부분에 있는 혈을 절혈(絶穴)이라 하여 아주 흉한 혈이다. 또 구혈(毬穴)은 엄지손가락과 집게손가락 중간에 있는데 좋은 혈이다.

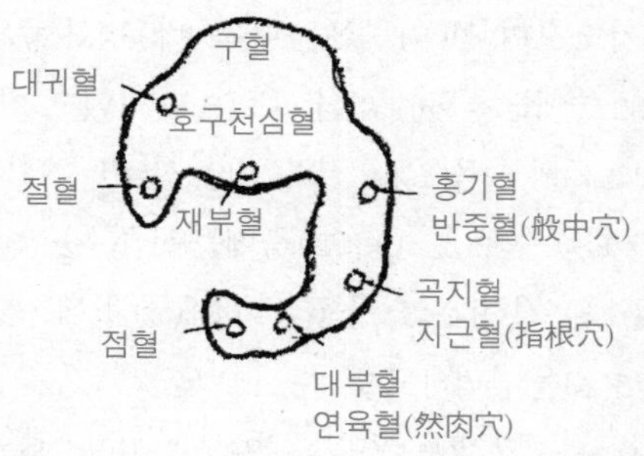

❖ **지전류가 흐르는 곳은** : 명당에서는 산에 막혀 바람이 잔잔하게 불고 바람 소리도 평화롭게 울려서 사람 마음을 즐겁게 한다. 그러나 산 뒤에 위치한 지세에는 바람이 강할 뿐만 아니라, 바람 소리가 흉하고 무서워 사람을 불안하게 한다. 특히 밤에 몰아치는 비바람 소리와 고양이 같은 동물 울음소리가 흉하게 들리는 집에서는 정신 질환자가 생기기도 한다. 시골 외딴 마을에서도 흉가는 대부분 나지막한 야산 뒤에 위치하고 있어 바람이 강하게 불고 흉한 소리가 들린다는 공통점을 갖고 있다. 강한 전류가 흐르는 지역도 주거 공간으로 적합하지 않다. 대기 중에 있는 전기는 천둥이나 번개를 일으키고, 벼락은 땅이 갖고 있는 전기에 흡수되어 분산된다. 이처럼 지표면과 지하에 흐르는 전기를 지전류(地電流)로서 위치에 따라 강하게 흐르는 곳도 있고 약하게 흐르는 곳도 있어 그 양이 일정하지 않다. 지전류가 강하게 흐르는 곳에 침실을 둔 채 오래 생활하면 여러 질병에 걸린다. 또한 강한 지전류가 병원 지하를 통과하는 경우, 그 위에 있는 환자들은 병세가 악화되며, 침실 밑으로 지전류가 흐른다고 해도 그 이유만으로 건물을 새로 지을 수는 없는 일이다. 그대로 살면서 지전류 피해를 다른 쪽으로 흐르게 하는 기구가 개발되었다고 한다.

❖ **지주**(砥柱) : 숫돌과 같은 암석을 말함.

❖ **지주**(蜘蛛) : 거미처럼 생긴 형국. 혈은 거미의 입에 있고, 안산은 거미가 잡아먹는 벌레들이다.

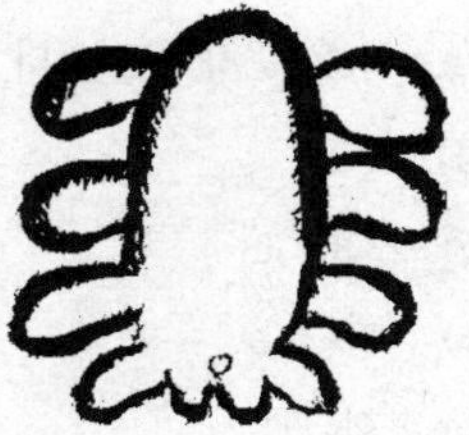

❖ **지주결망**(蜘蛛結網) : 거미가 그물을 얽어매는 것처럼 생긴 형국. 혈은 거미의 둥 위에 있고 거미가 잡아 먹는 벌레들이 안산이 된다.

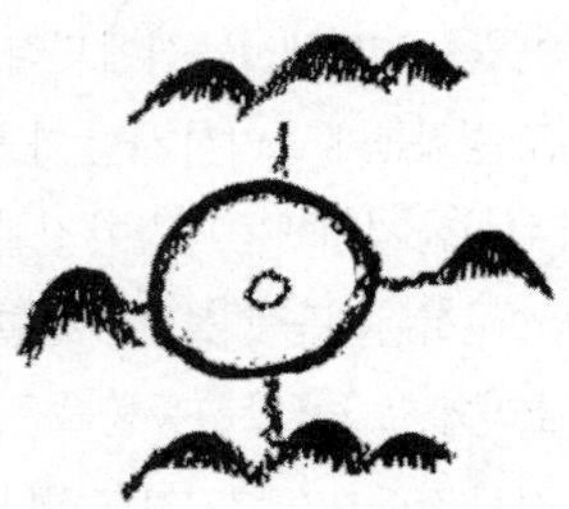

❖ **지주장망형**(蜘蛛張網形) : 백호방이 공허한데 조응사(照應砂)가 혈처를 보호하므로 하나라도 나무랄데가 없는 아름다운 혈처. 그러나 중요한 것은 좌향과 망명에 저촉이 없어야 복분을 다할 것이다.

❖ **지지**(地支) : 간(干)은 위에 있고 지(支)는 아래에 있으니 땅을 상징하여 지지(地支)라 한다.

❖ **지지룡**(地支龍)**은 쓰지 않는다** : 지지(地支)는 본시 기(氣)가 탁한 데다. 살(煞)이 중(重)한데 경차(更次; 살이~거듭됨) 3합(三合)을 지으면 그 세(勢)가 크게 지나가서 흉을 발(發)할까 우려하기 때문에 특히 지지(地支)의 3합향(三合向)만은 피해야만 한다. 그러나 지지향(地支向)에도 장처(長處)는 있으니 그것은 역량이 간유방(艮維方)이 향보다 훨씬 무거울 뿐만 아니라 지구력 있기 때문에 그 역량은 음면(蔭綿; 이어지고)하고, 유원(悠遠)하여 최관편(催官篇)의 조건을 얻지 못해도 선용(選用)함이 마땅하다. 다만 기충뇌산(氣冲腦散; 正來龍 正坐向 不可)만은 피하지 않으면 안 된다.

❖ **지지3형**(地支三刑) : 3형(三形) 혹은 지형(支刑)과 같은 뜻인데 모든 지형(支刑)을 포함한 말도 되고, 그냥 인사신 3형(寅巳申三刑) · 축술미 3형(丑戌未三刑)을 뜻하기도 한다.

❖ **지지삼합**(地支三合)

신자진합(申子辰合) 수화(水化)

사유축합(巳酉丑合) 금화(金化)

인오술합(寅午戌合) 화화(火化)

해묘미합(亥卯未合) 목화(木化)

❖ **지지상천**(地支相穿) : 육천(六穿) 또는 지육천(支六穿), 또는 그냥 육천(六穿)이라고도 한다. 자오(子午) 상천, 축미(丑未) 상천, 인신(寅申) 상천, 묘진(卯辰) 상천, 신해(申亥) 상천, 유술(酉戌) 상천으로 망자의 본명과 주산(周山)을 비하여 보는 것이다.

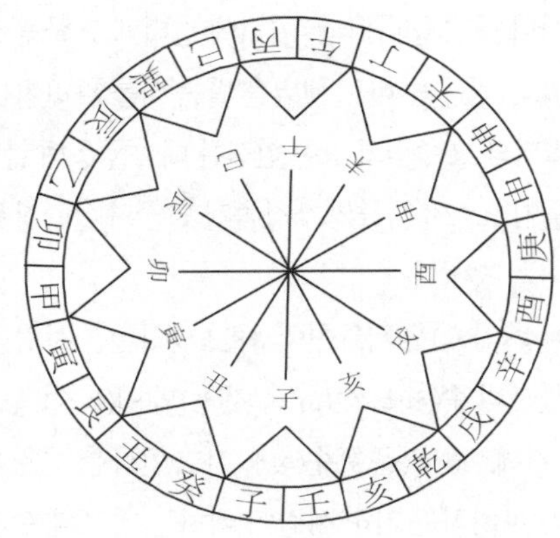

❖ **지지상충**(地支相冲) : 지충(支冲). 12지는 서로 만나면 충하는 것이 있다. 즉 자오(子午)가 만나면 충, 축미(丑未)가 만나면 충(冲), 인신(寅申)이 만나면 충, 묘유(卯酉)가 만나면 충, 진술(辰戌)이 만나면 충, 사해(巳亥)가 만나면 충이다.

子午相冲　丑未相冲　寅申相冲

卯酉相冲　辰戌相冲　巳亥相冲

❖ **지지상형**(地支相刑) : 2개의 지(支)가 서로 형(刑) 관계를 이루는 것(子卯相刑). 또는 그냥 지지(地支)끼리 형(刑)이 되는 것. 전체(寅巳申 · 丑戌未 · 子卯 · 辰辰 · 午午 · 酉酉 · 亥亥)를 말하기도 한다.

❖ **지지암장**(地支暗藏(藏干 · 暗干)) : 자 : 계(子 : 癸), 축 : 기신계(丑 : 己辛癸), 인 : 갑병무(寅 : 甲丙戊), 묘 : 을(卯 : 乙), 진 : 무계을(辰 : 戊癸乙), 사 : 병경무(巳 : 丙庚戊), 오 : 정기(午 : 丁己), 미 : 기을정(未 : 己乙丁), 신 : 경임무(申 : 庚壬戊), 유 : 신(酉 : 辛), 술 : 무정신(戊丁辛), 신 : 임갑(亥 : 壬甲)이 암장(暗藏)되었다. 지지(地支) 가운데 하나 내지 둘 셋의 천간을 지니고 있다는 뜻. 즉 지지 자(子)에는 천간 계수(癸水)를 간직하고, 축(丑) 중에는 기토(己土), 신금(辛金), 계수(癸水)가 있으며, 인(寅) 중에는 갑목(甲木) 병화(丙火) 무토(戊土), 묘(卯) 중에는 정화(丁火)와 기토(己土)가 있고, 미(未) 중에는 기토(己土)와 을목(乙木), 정화(丁火), 신(辛) 중에는 경금(庚金), 임수(壬水), 무토(戊土), 유(酉) 중에는 신금(辛金), 술(戌) 중에는 무토(戊土), 정화(丁火), 신금(辛金), 해(亥) 중에는 임수(壬水)와 갑목(甲木)을 간직하고 있다.

❖ **지지양**(地支陽) : 양지(陽支) 또는 지양(支陽)이라고도 하는데 자인진오신술(子寅辰午申戌)을 말한다.

❖ **지지(地支) 열두 띠로 보는 행운의 풍수 방위**

- **중앙** : 호랑이띠, 소띠, 개띠, 양띠는 중앙이 행운의 방위이다. 이들 네 띠들의 모든 행운과 불행은 살고 있는 집의 중앙에 있다. 만약 중앙에 화장실, 주방, 욕실 등 물이 흘러가는 수구(水口)가 있다면 좋은 운을 쇠퇴시킬 것이다. 행운의 기(氣)는 현관에서 중앙으로 흐른 후 안방으로 전진한다. 다시 중앙에 하수를 발생하는 공간을 배치하는 것은 흉상이다.
- **동쪽** : 범띠, 토끼띠, 양띠는 동쪽이 행운의 방위이다. 동쪽은 정신에너지의 방향이다. 동쪽에 창이 있으면 아침 햇살이 들어와 좋은 방이 된다. 만약 아침 햇살이 들어올 수 없다면 행운의 운파(運波)는 저조해질 것이다. 비록 그렇다고는 해도 동쪽 벽에 아침 햇살을 상징하는 그림이나 사과 같은 붉은 색 과일의 그림 혹은 소년·소녀의 노는 모습이 찍힌 달력이나 그림을 걸어 둔다면 역시 동쪽의 힘을 증강시킬 수 있을 것이다.
- **남쪽** : 범띠와 말띠는 남쪽이 행운의 방위이다. 아름다움, 독특한 영감, 사교성의 힘, 교육, 폭력, 재판 등의 방면에 강한 작용을 한다. 이 방향으로 창문이 있어서 남쪽의 전망이 좋고, 통풍이 잘 되는 것이다. 만약 이러한 조건을 갖추지 않았다면 남쪽으로 면한 벽에 바닷가 풍경이 보이는 그림이나 여름철의 풍경을 나타낸 그림 등을 장식함으로써 남쪽의 기운을 보충시킨다.
- **북쪽** : 쥐띠와 소띠는 북쪽이 행운의 방위이다. 북쪽은 사람과 사람간의 신뢰감, 부지런함, 저축성 등을 주관하는 방위이다. 따라서 금전관리에 안전을 기하려면 통장이나 인감, 보험증서, 토지문서 등을 북쪽에 두는 것이 가장 좋다. 아울러 북쪽 벽에는 호수를 배경으로 한 풍경화나 벽화, 달력 등으로 장식하는 것이 좋다.
- **북동쪽** : 뱀띠와 소띠는 북동쪽이 행운의 방위이다. 전직하여 성공을 거두거나 전세가 역전되는 작용을 하는 방위이므로 한마디로 말해서 변화와 변혁의 방위이다. 북동쪽으로 창문이 있다면 너무 많이 열어 젖혀서 생기와 힘을 없애버리지 않도록 주의한다. 특히 이 방위에는 쓰레기통 같은 것은 놓지 않도록 한다. 또한 화장실을 배치해서도 흉하다.
- **남동쪽** : 용띠와 뱀띠는 남동쪽이 행운의 방위이다. 특히 남동 방위는 연애 운을 상승시켜 주므로 혼기를 앞둔 자녀들이 이 남동쪽의 방을 쓴다면 좋은 인연을 만날 수 있을 것이다. 또한 이 방위에 창문이 있다면 상쾌한 화풍(和風)이 끊임없이 들어와 대인관계도 원만하게 하고 천생배필을 만나도록 생기를 불어넣을 것이다.
- **남서쪽** : 닭띠와 원숭이띠는 남서쪽이 행운의 방위이다. 어떤 사람이 만약 끈기나 의지력이 없어서 고정적으로 한 직장에 오래 붙어 있지 못한다거나 체력이 떨어지면 방에 노란색이나 황금색의 꽃을 꽂아두면 좋다. 관엽수 식물류도 좋다. 화병이나 화분을 놓을 때 남서 방향으로 위치를 잡는다.
- **서쪽** : 닭띠와 모든 띠가 해당된다. 서쪽은 돈을 원한다면 금전운과 상생이 맞는 서쪽의 파워를 방에 가득 채울 것, 서쪽의 파워는 노란색, 황금색으로 영양을 주어서 증강시키거나 방에 노란색 열매를 맺는 그림이나 장식이나 혹은 노란색 그림이 절반인 것이나 혹은 조화도 괜찮다. 이것을 걸어 놓으면 금전운을 불러들일 수 있다.
- **북서쪽** : 닭띠와 개띠, 돼지띠는 북서쪽이 행운의 방향이다. 성공의 관건을 쥐고 있는 방향이 북서방위이다. 만약 직장 상사에게 주목받지 못한다거나 권태감을 느낀다면 북서쪽을 점검해 보라. 무의식 중에 낡은 옷가지들이나 폐품, 쓰레기 같은 것을 쌓아 두고 있는지도 모른다. 즉 창고나 쓰레기 집결지 같은 곳으로 옮기는 것이 개선책이다. 이런 식으로 정리를 새롭게 해서 북서쪽을 깨끗하게 사용하다 보면 사회적인 입신양명은 저절로 다가올 것이다. 이상의 설명을 참조한다면 실내의 공간 및 가구 장식물의 배치가 얼마나 중요한지 알 수 있었을 것이다.

❖ **지지오행(地支五行)** : 지지에 속한 오행은 아래와 같다.

子水 丑土 寅木 卯木 辰土 巳火 午火

未土 申金 酉金 戌土 亥水(亥子水 寅卯木 巳午火 申酉金 辰戌丑未土)

❖ **지지육해(地支六害)** : 해(害)는 은혜 가운데에서 원수가 되어 해롭다는 뜻이다. 거추장스럽고 장애물이 잇달아 일어나는 형태

를 말한다. 자미해(子未害), 축오해(丑午害), 인사해(寅巳害), 묘진해(卯辰害), 해신해(亥申害), 유술해(酉戌害).

❖ **지지음**(地支陰) : 음지(陰支) 또는 지음(支陰)이라고도 하는데 축묘사미유해(丑卯巳未酉亥)를 말한다.

❖ **지지음양**(地支陰陽) : 지지에는 음양의 구분이 있다. 즉 자인진오신술(子寅辰午申戌)은 양에 속하고, 축묘사미유해(丑卯巳未酉亥)는 음에 속한다.

❖ **지지음양오행**(地支陰陽五行) : 지지에 따른 음양과 오행은 아래와 같다.

子	丑	寅	卯	辰	巳	午	未	申	酉	戌	亥
양	음	양	음	양	음	양	음	양	음	양	음
水	土	木	木	土	火	火	土	金	金	土	水

❖ **지지장간**(地支藏干) : 지지 가운데 천간을 간직하고 있음.

❖ **지지충**(地支冲) : 지충(支冲) 또는 지지상충(地支相冲)과 같은 뜻. 음양이 같은 지지(地支)끼리 서로 마주 보면 충을 한다. 간충(干冲)이 가지가 흔들릴 정도의 충돌이라면 지충(地沖)은 뿌리가 흔들려 상할 정도의 강한 충돌이다. 그러므로 그 화(禍)가 더욱 심하다. 자오충(子午冲), 축미충(丑未冲), 인신충(寅申冲), 묘유충(卯酉冲), 진술충(辰戌冲), 사행충(巳亥冲).

지지합(地支合) 육합(六合)
자축합(子丑合) 토화(土化)
오미합(午美合) 화화(火化)
사신합(巳申合) 수화(水化)
진유합(辰酉合) 금화(金化)
묘술합(卯戌合) 화화(火化)
인해합(寅亥合) 목화(木化)

❖ **지지해**(地支害) : 지해(支害) 또는 지지육해(地支六害)와 같은 뜻.

❖ **지지호지**(知之好之) : 지지나 호지나 다같이 지리를 말한다. 지지(知之)는 배워서 아는 자이고, 호지(好之)는 착함을 뜻한다.

❖ **지현굴곡**(之玄屈曲) : 지자(之字· 현자(玄字) 모양의 구불구불한 용(龍) 또는 물을 말한다.

❖ **지창**(地倉) : 연신방(年神方)의 하나로 희신방(喜神方)인데 천창방(天倉方)과 마찬가지로 이 방위에 집을 짓거나, 달아내거나, 수리하거나, 창고를 지으면 재복(財福)이 이른다고 한다. 지창방은 아래와 같다.

子酉年 : 辰戌　　丑己亥年 : 寅申　　寅申年 : 子午
卯年 : 巳亥　　辰午戌年 : 卯酉　　未年 : 丑未

가령 자년(子年)이나 유년(酉年)에는 진술(辰戌) 두 방위가 지창방(支倉方)이다.

❖ **지처**(止處) : 산이 마지막으로 그치는 곳.

❖ **지축**(地軸) : 혈장 앞에서 나가는 물. 지축이란 청룡과 백호가 내도(來到)하는 종점을 말함. 즉 수구처(水口處).

❖ **지파**(地破) : 육파(六破)· 지지파(地支破) 또는 그냥 파(破)라고도 하는데, 지지가 서로 만나면 파(破)하는 것이 있다. 즉 자유파(子酉破)· 축진파(丑辰破)· 인해파(寅亥破)· 묘오파(卯午破)· 사신파(巳申破)· 술미파(戌未破).

❖ **지파일**(地破日) : 월가흉신(月家凶神)의 하나로 일명 팔좌(八座)라고도 하는데 집수리에 흙 다루는 일과, 우물파는 일, 무덤을 헐거나 광중(壙中)파는 일을 꺼린다.

正月 : 亥日　　2月 : 子日　　3月 : 丑日
4月 : 寅日　　5月 : 卯日　　6月 : 辰日
7月 : 巳日　　8月 : 午日　　9月 : 未日
10月 : 申日　　11月 : 酉日　　12月 : 戌日

❖ **지표건조 배수편리**(地表乾燥排水便利) : 지면이 건조하고 배수의 편리가 좋은 것도 좋은 장소의 조건이다. 습지나 질펵질펵한 토지에는 여러 가지 더러운 기가 머물러 있고 만성적으로 더러운 기를 내보낸다. 이 기는 인간의 신체에 악영향을 미치고 건강을 해칠 수도 있기에 이 질펵질펵한 장소를 풍수에서는 사기(死氣)의 장소라고 부른다.

❖ **지하실을 이용하려면 신중하게** : 지하실은 건축의 효율성을 높여서 공간 활용도를 극대화시킨다. 차고나 보일러실, 창고 등으로 활용되는데 지면보다 아래로 내려가기 때문에 지하실은 보통 음침하고 습기가 많이 차 있는 편이다. 지하실의 길흉상은 다음과 같다.

• 지하실이 주택의 북서쪽이나 북쪽에만 있는 경우는 흉상으

로서 불길하다.
- 이미 살던 집에 지하실을 새로 파면 흉상이 되어 불길하다.
- 지하실이 주택에 비해서 너무 넓고 깊으면 집이 기울어지거나 갈라지고 그 결과 가운이 쇠퇴하여져서 가족들이 뿔뿔이 흩어지게 된다.

❖ **지합**(地合) : 지지삼합(地支三合)·지지육합(地支六合)을 합칭한 것.

❖ **지합오행**(地合五行) : 지지(地支)끼리 삼합(三合) 또는 육합(六合)하여 이루어진 오행. 삼합은 신자진합수(申子辰合水)·사유축합금(巳酉丑合金)·인오술합화(寅五戌合火)·해묘미합목(亥卯未合木), 육합은 자축합토(子丑合土)·인해합목(寅亥合木)·묘술합화(卯戌合火)·진유합금(辰酉合金)·사신합수(巳申合水)가 된다.

❖ **지현**(之玄) : 내룡(來龍)이 바로 입수(入首)로 옮겨지려고 하는데 그 맥형(脈形)이 갈 지(之)자와 같고 혹은 검을 현(玄)자와 같이 굴곡되어 뻗어 온 곳을 말한다. 물의 굴곡이 지(之)자의 모양이나 현(玄)자의 모양으로 굽어 있음을 말하며 물이 구비구비 굽어서 흐르는 모양을 말함.

❖ **지혈**(地穴) : 지혈은 산세가 누은 것 같고 성신(星辰) 머리가 제껴진 것 같은데 출맥(出脈)이 결혈(結穴)과 원운(圓暈)이 다 얕고 조응(朝應 : 안산)과 용호와 4방(四方)과 수성이 건(件)마다 응하니 이는 산과 물이 아래에 모인 것이므로 위로 모이면 흩어진다. 이 지혈(地穴)에도 그 체(體)가 셋이 있으니, 산기슭에 있는 것은 현유혈(顯乳穴), 성신(星辰) 아래에 있는 것은 탈살혈(脫殺穴)로 그 성체(星體) 아래 교일수(交鈤水 : 물이 천천히)는 달의 형용을 감춘 거북 같은 것으로서 이른바 수변(水邊)에 핀 꽃이 수중에서 붉은 것이라 마땅히 점법(粘法)을 쓴 것이다. 그리고 평지와 밭 가운데 있는 것은 장구혈(藏龜穴)로 이는 당법(撞法)을 쓸 것이며, 지형은 물에 내려오는 맥이 모두 급한 것이다. 이 혈은 득수가 가깝고 법에 맞고 명당이 단정하지 못하면 가(可)혈이 아니다. 또 장법에 보면, 높은 산의 혈은 물을 논하지 않는다 하고, 또 혈법에서는 상정(上頂 : 천혈)의 혈은 호강하는 인물이 태어나고 용호(龍虎)가 높은 산을 우러러 보면 물이 없어도 관계없다 하였다.

❖ **지형**(支刑) : 지지가 서로 만나면 형하는 것.
- **인사신삼형**(寅巳申三刑) : 인(寅)은 사(巳)를 형하고, 사(巳)는 신(申)을 형하고, 신(申)은 인(寅)을 형하는 것.
- **축술미삼형**(丑戌未三刑) : 축(丑)은 술(戌)을 형하고, 술(戌)을 미(未)를 형하고, 미(未)는 축(丑)을 형하는 것.
- **자묘상형**(子卯相刑) : 자(子)는 묘(卯)를 형하고, 묘(卯)는 자(子)를 형하는 것.
- **진오해자형**(辰午亥自刑) : 진(辰)은 진(辰)끼리, 오(午)는 오(午)끼리, 유(酉)는 유(酉)끼리, 해(亥)는 해(亥)끼리 형하는 것.

❖ **지형**(地形) : 지형은 크게 보아 둥근 것(圓), 네모진 것(方), 세모진 것(角)으로 나눈다. 그러나 원형은 거의 없고 대부분 방형과 각형이다. 이중 가장 좋은 것은 장방형과 정방형이며, 90도 이하의 예각을 이룬 것은 좋지 않다. 방형에는 정확함, 부지런함, 완고함의 뜻이 있고, 삼각형에는 기민함, 예리함, 성냄, 미침(狂)의 뜻이 있다. 원형의 터에는 살림이 아닌 공공의 건물이 좋다.

❖ **지형 및 도로에 따른 길흉**
- **길흉상교전이격**(吉凶相交轉移格) : 돌아나가는 물길의 발원지 부위가 약간 꺾여져서 가옥의 중심부의를 향해 직사(直射)한 경우 흉험과 파괴 등 재난과 장해가 발생된다.
- **원지부귀인수격**(圓池富貴人秀格) : 둥글고 맑은 연못이나 방죽은 풍부한 재물과 높은 지위를 얻어 입신출세할 재능 있는 인물이 나오고 자손들의 인품이 준수, 청명하다.
- **방지등귀장권격**(方池登貴掌權格) : 모양이 단정하며 모서리가 각이 진 연못이나 방죽은 높은 지위를 차지하고 권력을 행사하는 귀한 신분에 오를 걸출한 인물이 나오나 형체가 훼손되어 기울고 일그러질 경우는 인명과 재물의 파괴, 불상사고, 객사, 신병, 우환, 장해 등 풍파와 험난이 닥친다.
- **고관등귀향수격**(高官登貴享受格) : 집터 주위를 살짝 감싸고 돌아나가 본류와 합쳐지는 물길이 있으면 장차 입신 양명하고 귀한 신분에 오르는 자제가 배출되어 부귀를 누린다.
- **문장재사양명격**(文章才士揚名格) : 문장과 재사가 배출되어 입신양명하고 부귀를 누리게 된다. 물길이 왼쪽으로 감아돌면 지위와 명예 쪽에 귀함이 더하고 오른쪽으로 감아돌면 재물 쪽에 더 유족한 이로움을 누린다.

- **파패재손흉액격**(破敗財孫凶厄格) : 가옥의 측면 부위에 위치한 연못이나 호수 창극(蒼戟)의 모양을 닮은 것은 집안에 손재, 신병과 말썽, 장해 및 자손들에게 돌발사고나 불행, 낭패 등 궂은 일이 닥친다.
- **인재파괴재화격**(人財破壞災禍格) : 창극(槍戟)의 모양을 닮은 연못이나 호수로 흐르는 물이 되짚어올라 유입되었다가 빠져나오는 형태는 재물과 사람의 손상, 낭패와 파괴, 우환, 사고, 불행 등 흉험을 겪는다.
- **퇴재인사파패격**(退材人死破敗格) : 재물이 흩어지고 집안에 흉험한 사고 및 재난과 손실이 발생되는 왼쪽에 물길이 있으면 주로 가장에게 파괴, 신병 등 낭패가 생기고 오른쪽에 물길이 있으면 자손에게 돌발사고나 실족 추락사의 흉액이 닿는다.
- **강곡사류부귀격**(强曲斜流富貴格) : 빠른 물살이 좌충우돌의 곡선을 그리며 흐르면 풍족한 살림의 안정과 명예의 흥왕 등 부귀를 누리게 된다.
- **택서남유구 부귀융창**(宅西南有丘 富貴隆昌) **자손득명망 영달입신**(子孫得名望 榮達立身) : 집의 서남쪽 곤방(坤方)이 구릉지(丘陵地)에 접해 있는 터는 부귀영달하여 입신출세하고 자손 중에 널리 명망을 떨치는 인재가 나온다.
- **택동북유구 번영부귀**(宅東北有丘 繁榮富貴) : 집의 동북쪽 간방(艮方)이 구릉지에 접해 있는 터는 유성·발전하여 부귀영화를 누리고 많은 재물과 높은 명예를 지니는 출세자가 생긴다.
- **택전유류수 후유구분**(宅前有流水 後有丘墳) : 가업종산실 풍파재앙(家業終散失 風破災殃) : 집의 앞쪽에 흐르는 물길이 있고 뒤쪽의 구릉지에 분묘가 있는 터는 재산 파탄 및 식솔들의 분산, 사고, 말썽, 손실 등 풍파와 재앙이 닥친다.
- **택동측고분 산재병상**(宅東側孤墳 散財病傷) : 집의 동쪽 부위나 왼쪽 옆으로 분묘가 있는 터는 집안이 산란하고 재물이 흩어지며 우환, 말썽, 신병, 사고 등 궂은 일이 발생하게 된다.
- **택동변대산 고과빈궁**(宅東邊大山 孤寡貧窮) **번다조재난 구설손실**(煩多遭災難 口舌損失) : 집의 동쪽이 큰 산과 접해 있는 터는 재난과 손실, 말썽, 장해 등 궂은 일이 많이 생기고 고독과 빈궁을 면키 힘들다.
- **택전후산협 가빈고독**(宅前後山狹 家貧孤獨) **범형죄투도 파괴이산**(犯刑罪偸盜 破壞離散) : 집의 앞뒤로 산줄기가 근범해 있는 터는 집안 사람이 빈궁옹색함을 면키 힘들고 불량과 범죄를 저지르고 형벌을 받는 사람이 생기며 파괴, 우환, 분산과 장해 및 풍파가 따른다.
- **서남지부족 후방정제**(西南地不足 後方整齊) **융성부귀영 선인양복**(隆成富貴榮 庶人良卜) : 집앞 전면 오른쪽 모서리 동남 방위가 부족하고 뒤쪽이 단정·반듯한 곳은 집안이 융성하고 부귀영화를 누리며 식솔들 중에 뛰어난 점술객(占術客)이 생긴다.
- **옥후지부족 전정방관**(屋後地不足 前正方寬) **자손흥부귀 재전풍성**(子孫興富貴 財錢豊盛) : 집의 후면 오른쪽변 동북 방위 모서리가 부족한 곳은 점차 발전·번성하여 슬하 자손이 흥왕·부귀하고 재물이 풍부하며 안정과 영화를 누린다.
- **동북인묘공 가부인귀**(東北寅卯空 家富人貴) **장보재전창 번영안강**(長保財錢昌 繁榮安康) : 집의 후면 왼쪽 모서리가 부족한 곳은 재물이 번성하고 명예와 지위가 높아지며 오랫동안 부귀와 풍요로운 번영 및 안정을 누린다.
- **사면평방원 부귀번창**(四面平方圓 富貴繁昌) : 전후 좌우 사면이 평평하고 단정·반듯하며 주변이 원만한 터는 집안이 번성·안정되고 부귀와 영화를 누린다.
- **택재융기원구 중앙구대**(宅在隆起圓丘 中央高大) **녹재인흥왕 등귀양명**(祿財人興旺 登貴揚名) : 둥글게 솟아오른 언덕바지의 중심 부위에 크고 높게 지어진 타원형 건축물은 재물과 복록이 흥왕하고 사람이 귀하게 되어 입신출세, 번영한다.
- **주지서고동저 공흥재풍**(周地西高東低 工興財豊) : 집 주변의 지세가 서쪽은 높고 동쪽이 낮은 구도는 대략 공업류가 흥왕하는 터로 재물이 번성하며 후대에는 큰 부호(富豪)가 나온다.
- **택동남당지 부귀손영**(宅東南塘池 富貴孫榮) : 집의 동남쪽 진사(辰巳) 방위에 방죽이나 연못이 있는 터는 가업이 번성·발전하고 자손이 준수·총명하며 부귀 영화를 누리게 된다.
- **택서변수지 산재인패**(宅西邊水池 散財人敗) : 집의 서쪽 방위 부근에 연못이나 방죽 등 물길이 있는 터는 재물이 흩어지고 집안에 풍파, 손실, 장해 및 인명의 낭패, 위험 등 궂은 일이 생긴다.

- **택서북수지 재파인산**(宅西北水池 財破人散) **초부후빈궁 재화비읍**(初富後貧窮 災禍悲泣) : 집의 서북쪽 방위에 연못 내지 방죽 등 물길이 있는 터는 재물과 인명의 낭패, 손상 및 재난과 우환, 사고, 병액 등 액화와 불행이 닥친다.
- **택형남북장 동서협정**(宅形南北長 東西狹正) **장이방정길 부귀영달**(長而方整吉 富貴榮達) : 집모양이 남북으로 길고 동서 너비가 좁으면서 단정한 구도는 부귀와 안정을 누리고 자손이 높은 지위에 오르는 등 가문이 번창·융성한다.
- **택형남면향 좌단우장**(宅形南面向 左短右長) **군자의식흥 전재풍성**(君子衣食興 錢財興盛) : 집이 남향으로 왼쪽 앞변 모서리가 짧고 오른쪽 전면이 반듯·단정하면 의식과 복록이 흥왕하고 재물이 풍성해진다.
- **동남지부족 진사공허**(東南地不足 辰巳空虛) **가도번창안 흥왕부귀**(家道繁昌安 興旺富貴) : 집의 앞쪽 동남 방위가 부족한 곳은 진사(辰巳) 방위가 공허한 것으로 집안 살림이 융성·번창하여 부귀와 안정을 누린다.
- **택배북유구 등관풍재**(宅背北有丘 登官豊財) **군자득관록 평민재흥**(君子得官祿 平民財興) : 집의 배후 정북 방위가 구릉지에 접해 있는 터는 관록과 재물이 번창하며 군자는 명예와 지위를 획득하고 평민은 재물의 흥왕을 누린다.
- **택배서북구 흥왕융성**(宅背西北丘 興旺隆盛) **후손등대관 부귀양명**(後孫登大官 富貴揚名) : 집의 배후 서북 방위가 구릉지에 접해 있는 터는 부귀·번창하고 가문 흥왕하며 후손들이 출세양명하여 고관대작의 귀한 신분에 오른다.
- **택남북유구 길흉교차**(宅南北有丘 吉凶交叉) **반희반악지 일득일실**(半喜半惡地 一得一失) : 집의 전면과 후면인 정남과 정북방위가 구릉지에 접해 있는 터는 길흉이 교차하여 득실상반의 희비가 엇갈리는 도구이다.
- **전우단좌장 선부후빈**(前右短左長 先富後貧) 재산인허파 식솔병우(財散人虛破 食率病患) : 집 앞 전면 오른쪽 서남 방위가 부족한 곳은 재물이 흩어지고 사람이 번성하지 않는 낭패와 파탄이 생기며 신병, 사고 등 불행이 생기고 어리석은 자손들이 나온다.
- **택전협후관 부귀융성**(宅前狹後寬 富貴隆盛) **재록자손흥 입신양명**(財祿子孫興 立身揚名) : 앞쪽에서부터 후면으로 차츰 좌우쪽이 벌어지며 넓어지는 곳은 부귀와 번창이 따르고 재물 복록과 자손이 흥왕하고 입신양명하는 융성을 누린다.
- **곤수류동북 장사대귀**(坤水流東北 將相大貴) : 서남쪽 곤 방위에서 동북을 향해 흘러드는 물길이 있는 집터는 장상(將相), 방백(方伯) 등 크게 출세 영달하여 부귀 양명하는 걸출한 인물이 나온다.
- **택전광후협 인재파손**(宅前廣後狹 人財破損) **다조재풍파 고난우환**(多遭災風破 苦難憂患) : 집의 전면 부위로 갈수록 점차 좁아지는 곳은 재물과 인명의 손실, 파괴 및 재난과 풍파가 발생되어 우환과 불행을 겪는다.
- **택좌우환수 재풍인귀**(宅左右環水 財豊人貴) : 집의 좌우측 방향을 둥글게 굽이도는 물길이 있는 터에서는 풍요로운 재물의 번성과 더불어 높은 지위에 올라 입신출세하는 인재가 배출된다.
- **진사수사오 초부후빈**(辰巳水射午 初富後貧) : 동남쪽 진사 방위에서 정남을 향해 흐르는 물길이 있으면 초반기에는 풍족할 수 있어도 뒤에는 빈궁과 곤고의 장해 및 재난을 치르게 된다.
- **동남서북고 서남동북평**(東南西北高 西南東北平) **간곤지평원 융성부귀영**(艮坤地平原 隆盛富貴榮) : 동남과 서북이 높고 서남과 동북이 평탄한 집터는 부귀 번성하고 입신 영달하는 풍요를 누린다.
- **지동남방평 서남방유강**(地東南方平 西南方有崗) **북동북서북 고륭부귀흥**(北東北西北 高隆富貴興) : 동남쪽은 평평하고 서남쪽은 산자락에 붙어 이어지고 정북과 서북, 동북이 높은 집터는 집안 사람과 식솔이 번성하고 자손들 중에 걸출 호협한 인재가 배출된다.
- **택양변저하 후면고기**(宅兩邊低下 後面高起) **고독이별병 인산재파**(孤獨離別病 人散財破) : 집의 후면 부위는 높다랗게 돌기하였으나 좌우로 내려오면서 양 측면이 낮아지며 내리막이 되는 곳은 고독, 이별, 신병 및 재물 파탄과 풍파, 장해 등 불상사가 발행한다. 옛 사람들이 집을 지을 때는 4척 5촌(옛날의 거

리 단위는 현대와 차이가 있다.)을 일보로 하며 매 한 걸음마다 길흉의 분변을 가하였으니 일보건원길(一步建元吉), 이보제명당(二步除名堂), 삼보만천형(三步滿天刑), 사보평권설(四步平卷舌), 오보정금거(五步定金巨), 육보집천덕(六步執天德), 칠보파충살(七步破沖殺), 십일보개생기(十一步開生氣), 십이보폐재화(十二步閉災禍)의 기준을 정하고 만평수폐(滿平收閉)의 위치를 침범치 않았으며, 무수히 많은 가택의 길흉 분별법이 있으나 실제 그 본지(本旨)는 알고 보면 다 한 뿌리로 거슬러 올라가게 되는 경우가 비일비재하다.

- **택전횡관도 풍부복록**(宅前橫貫道 豊富福祿) : 집 앞으로 동서(좌우)를 관통하여 가로놓여진 도로가 있는 곳은 풍부한 가업의 융성과 안정 및 부귀 영달의 복록이 따르게 된다.
- **택전후유산응 좌수우사**(宅前後有山膺 左水右沙) **혹우구사좌지 개부귀영**(或右丘沙左池 皆富貴榮) : 집의 전후 방위에 산이 서로 호응하고 왼쪽의 물과 오른쪽의 자갈밭 내지 모래사장이 있거나 혹은 오른쪽에 사구(沙丘)가 있고 왼쪽에 연못이나 방죽이 있는 곳은 부귀장수하고 입신영달하는 번성을 누린다.
- **택문전대산 재인파산**(宅門前大山 財人破散) : 집 앞에 큰 산이 높여져 전방을 갑갑하게 가로막은 터는 재물이 흩어지고 사람이 손상되는 장해 및 우환, 낭패 등 궂은 일이 생긴다.
- **택옥배유산 재성복풍**(宅屋背有山 財盛福豊) : 집의 배후를 감싸는 뒷산이 둘러졌을 경우는 재물과 식솔이 번성하고 풍부한 복록과 안정을 누리게 되며 자손 중에 만석 거부가 나온다.
- **건지다림여권음 구하중사가인**(乾地多林女眷淫 溝河重死佳人) **수류곤지방가모 후대자손빈곤**(水流坤地放家母 後代子孫貧困) : 건 방위에 수림이 무성하면 여자 식솔들이 음란·불량하고 개천 내지 도랑이 있으면 젊은 사람이 요절 사망하는 불행이 따르고, 곤방위로 흐르는 물길은 모친이나 부녀자에 흉험이나 낭패를 겪게 되며 후대의 자손들은 게으르고 빈궁해진다.
- **택동북고강 재부손귀**(宅東北高崗 財富孫貴) : 집의 동북쪽 방향이 산자락에 접하고 남쪽이 차츰 낮아지는 터는 재물이 풍성해지고 자손이 귀히 되어 높은 지위에 오르게 된다.
- **택전후유사구 부귀번성**(宅前後有沙丘 富貴繁盛) : 집의 전면과 후면 방위 쪽에 높다란 사구(沙丘)가 형성되어 있는 곳은 재물이 흥왕·번창하고 높은 지위와 명예를 차지하여 입신양명하는 인물이 배출된다.
- **택간고강건구 서남유지**(宅艮高崗乾丘 西南酉池) **입신번성가업 부귀손흥**(立身繁盛家業 富貴孫興) : 집의 동북 방위에 높은 산비탈이 있고 서북 방위에 구릉이 형성되고 서남 방위에 연못이나 방죽이 있는 곳은 집안이 흥왕·번창하고 자손이 입신출세하여 부귀를 누린다.
- **택남부북강 동수서도**(宅南阜北崗 東水西道) **가업번성영 부귀흥왕**(家業繁盛榮 富貴興旺) : 남쪽에 높은 언덕고개가 있고 북쪽이 산비탈에 접하여 왼쪽으로 물이 흐르고 오른쪽으로 도로가 있는 곳은 가업이 번성하며 부귀영화와 입신출세 등 흥왕을 누리게 된다.
- **택인근유묘사 구분당사**(宅隣近有廟祠 丘墳堂寺) 불관동서남북 백보내흉(不管東西南北 百步內凶) : 집 부근 백 보 이내에 인접해 있는 사찰, 묘당, 언덕바지, 분묘, 교회 등의 건물은 동서남북을 불문하고 어디에 위치하든 흉험과 재난, 파괴, 불운 등 액화를 발생케 한다.
- **택서북도곡 초부후빈**(宅西北道曲 初富後貧) : 집의 서북쪽 방향을 감아돌아 빠지는 도로가 있는 곳은 초반기는 융성·번창을 유지하나 대개 길게 유지되지 않고 낭패와 손실, 장해 등 불운과 풍파를 치르게 된다.
- **택좌변로과 선부후궁**(宅左邊路過 先富後窮) : 집의 왼쪽 전방에서부터 후방에까지 이어져 통하는 도로가 있는 곳은 시일이 오래 경과할수록 곤궁과 옹색이 더해지고 우환과 장해를 겪게 된다.
- **택동북도곡 초길후흉**(宅東北道曲 初吉後凶) : 집의 동북쪽 방향을 감아돌아 빠지는 도로가 있는 곳은 초반기는 융성과 안정을 누리지만 시일이 경과하면 점차 낭패 및 장해와 빈곤을 치르게 된다.
- **택서측구분 북유무림**(宅西側丘墳 北有茂林) **옥사육십보 문정복심**(屋舍六十步 門庭福深) : 집의 서쪽 방위 언덕바지에 분묘가 있어도 북쪽 방위에 수림이 무성하면 안방 60보 위치에 문을

설치하게 되면 풍부한 복록과 영화를 누리며 부귀와 안정을 향유한다.

- **택전양방수림 건구부간강**(宅前兩方樹林 乾丘阜艮崗) **자손입신양명 가업번성**(子孫立身揚名 家業繁盛) : 집 앞 좌우측 전방에 수림이 무성하고 서북방 쪽에 높은 언덕 고개가 있고 동북방 쪽에 산비탈이 있으면 가업이 번성·부귀하고 크게 입신출세하는 자손이 나온다.
- **택간소림고분 신병파재**(宅艮小林孤墳 身病破財) **백보이내유즉치롱아자**(百步以內有則 痴聾啞者) : 집의 동북쪽 방위에 작은 나무숲이 있고 쓸쓸한 분묘가 있는 곳은 파괴, 신병, 낭패, 손실 등 흉액이 많고 백 보 이내일 때 벙어리, 귀머거리, 정신이상자 같은 불구자가 생긴다.
- **택주위상풍수 파상인재**(宅周圍桑楓樹 破傷人財) : 집 주위에 뽕나무나 단풍나무를 여러 그루 심는 것은 흉험, 사고, 신병, 재난 및 재물의 낭패와 인명의 손상, 실패 등 액화를 부른다.
- **택남수북산 동류선도**(宅南水北山 東流西道) **사신전부귀 남준여현**(四神全富貴 男俊女賢) : 집의 남쪽에 물이 담기고 북쪽에 산이 있으며 서쪽에 도로가 있고 동쪽에 흐르는 물길이 있는 곳은 집안이 부귀번성하며 출세양명하고 남자는 호협준수하고 여자는 현명양순한 인재들이 배출된다.
- **택좌수우도 배후유산**(宅左水右道 背後有山) **용호대현무 부귀영달**(龍虎帶玄武 富貴榮達) : 집의 왼쪽에 물길이 흐르고 오른쪽에 도로가 있으며 배후에 산이 둘러진 곳은 집안이 흥왕·번성하고 자손이 부귀양명하는 입신출세와 영화를 누리게 된다.
- **택사방유분림 인재파패**(宅四方有墳林 人財破敗) : 집 주위 사방에 분묘와 수림이 가까이 인접해 있는 곳은 재물의 실패와 장해, 손실 및 인명의 낭패와 신병, 사고 등 불행이 닥치게 된다.
- **택전좌우구릉 동북간도**(宅前左右丘陵 東北艮道) 산재인불성 우환다패(散財人不盛 憂患多敗) : 집 앞의 후면 동북 방위에 도로가 나있는 곳은 재물이 흩어지고 식솔이 번성하지 않으며 우환과 낭패, 손실, 장해 등 궂은 일을 겪는다.
- **주위사면수림 재파병귀**(周圍四面樹林 財破病鬼) : 주위 사방을 수림이 감싸고 있는 곳은 외관상은 좋을지 모르나 재물이 흩어지고 집안이 산란하며 신병, 사고, 우환, 말썽 등 궂은 일이 발생한다.
- **북도직충후문 파패재병**(北道直沖後門 破敗災病) : 집의 북쪽 방향으로 뻗어 있는 도로가 후문과 일직선을 형성하는 곳은 실패와 파탄, 말썽, 장해 및 질병, 사고 흉험을 치르게 된다.
- **전도접각충문 재파손패**(前道接角沖門 財破孫敗) : 집 앞 전방에 좌우측에서 뻗어온 도로가 접하면서 첨각을 이룬 부분이 대문과 부딪치는 것은 재물이 흩어지고 집안에 우환과 장해, 말썽 및 자손의 낭패와 손실 등 흉액이 발생하게 된다.

❖ **지호불식일**(地虎不食日) : 초상·이장을 막론하고 이날과 명폐일(鳴吠日)을 가려 쓰면 길하다.

壬申 癸酉 壬午 甲申 乙酉 壬辰 丁酉

丙午 己酉 丙辰 己未 庚申 辛酉日

❖ **지화일**(地火日) : 화일(火日)의 하나. 천화일(天火日) 보다는 작용력이 훨씬 약하지만 어쨌든 화일인 만큼 지붕을 덮고, 부엌을 고치는 일, 불 다루는 일 등을 피하는 것이 좋다.

正月 : 戌日	2月 : 酉日	3月 : 申日
4月 : 未日	5月 : 午日	6月 : 巳日
7月 : 辰日	8月 : 卯日	9月 : 寅日
10月 : 丑日	11月 : 子日	12月 : 亥日

❖ **직**(直) : 곧게 뻗어나온 것.

❖ **직**(織) : 물의 오고 가는 지현굴곡(之玄屈曲)을 말함. 베를 짜는 것(가로세로) 같음.

❖ **직거**(直去) : 쭉 곧게 나가는 모양.

❖ **직경명당**(直傾明堂) : 명당에 해당되는 땅에 경사져서 사(砂)나 수(水)가 기울고 있는 쪽으로 기를 발산해서 생기(生氣)를 멈춰 둘 수 없는 땅을 말함. 명당은 기울어진 것을 제일 싫어한다. 기울어져 있으면 수기(水氣)가 흘러와도 사(砂)의 경사의 정도에 따라서 달아나 버리기 때문이다. 태조산에 발한 지룡(地龍)의 생기가 소조산(小祖山) 부모산(父母山)으로 승계되어도 이와 같은 명당이면 조상으로부터 혈통을 단절하게 된다. 명당의 혈판이 방정하고 평탄하지 못하여 사수(砂水)가 한쪽으로 기울어서 생기가 혈장에 머물지 못하고 설기되는 땅이다.

❖ **직룡**(直龍) : 용이 전혀 변화하지 못하고 직선으로 늘어진 형태를 말함. 용의 기본 마디가 15m인데, 30m 이상을 변화 없이 직선으로 뻗은 용으로서 대표적인 사룡이다.

❖ **직룡**(直龍) : 곧게 내려온 산, 묘를 쓸 수 없다.

❖ **직룡입수**(直龍入首) : 주산의 한가운데로 맥이 곧게 뻗어 내려온 것으로 여러 입수 중에서 제일 좋은 입수이다. 주산의 중심에서 곧게 뻗었기 때문에 기운과 세력이 매우 크므로 이런 입수의 혈에 묘를 쓰거나 집을 지으면 대복(大福)을 받는다. 그런데 혹 발복(發福)이 좀 늦을 수도 있다. 그러나 당배룡(撞背龍)의 입수는 조산의 기세가 웅대하고 주산은 단정하여 여기(餘氣)가 있어야 하고 입수에는 정기가 충만하여야 길지라고들 하나 분명한 것은 사태(四胎:乾艮坤巽)와 팔로(八路:甲庚丙壬 乙辛丁癸)라야 당배룡이 가하다. 그리고 사정룡(四正龍)에 사태좌(四胎坐)는 불가하고 사정룡(四正龍)에 사정좌(四正坐)는 이상치부(以商致富)에 만대자손 길창지이나 임감룡(壬坎龍)에 계좌(癸坐), 계감룡(癸坎龍)에 임좌(壬坐), 불치병자나 불구자 또는 아들이 없는 자손이 있으므로 내룡에 좌향이 중요함을 인지하여야 한다.

❖ **직류혈**(直流穴) : 혈 앞에서 물이 곧게 빠져 나가는 괴혈. 물이 곧게 나가는 것은 생기가 새어 나가는 것이어서 안 좋게 보이나 직류혈의 경우는 다르다. 물이 나가는 곳의 양쪽에 산이 빽빽하게 솟아 있어야 좋고, 이 혈에 묘를 쓰면 그 자손 중에 공후(公侯)가 나온다.

❖ **직맥**(直脈) : 곧은 맥은 불길하고 사맥(死脈)이라도 곧아도 짧은 맥은 길한 맥이다.

❖ **직승**(直繩) : 혈 앞에서 물이 곧게 나아가는 모습이 줄과 같음을 이름.

❖ **직자곡혈**(直者曲穴) **곡자직혈**(曲者直穴) : 곧게 들어오는 용맥은 굽은 곳에 혈을 정하고, 굽어서 들어온 용에서는 곧은 곳에서 혈을 정한다.

❖ **직탐랑**(直貪狼) : 용이 조종산에서 낙맥하여 행룡을 하다보면 평지도 지날 수 있다. 이를 밭을 뚫고 행룡한다고 하여 천전(穿田)이라고 한다. 이때 평지에서 마치 포승줄처럼 미미하게 기복한 것으로 직탐랑을 도지목체(倒地木體)라고도 한다.

❖ **직협**(直峽) : 일직선으로 곧게 뻗은 과협. 이 직협은 짧고 정중앙에 있어야 좋으며 너무 길면 생기가 약하다.

❖ **직협**(直峽)**과 과협**(過峽) : 죽은 뱀과 같이 곧고 딱딱하여 변화가 없으면 흉한 과협이다. 일직선처럼 보이지만 중간 부분이 벌의 허리인 봉요처럼 잘룩하거나 학의 무릎인 학슬 같이 마디가 있으면 길한 과협이다.

❖ **진**(陳) : 진을 치고 줄을 선 모양.

❖ **진가**(眞假) : 참과 거짓. 의의상으로 따진다면 시비(是非)·흑백(黑白)·정사(正邪)와 같이 천양지차가 있으나 모든 사물 가운데 얼핏 판별하기 어려운 것이 진과 가다. 이 세상의 만사만물(萬事萬物)에는 모두가 반드시 진과 가의 구분이 있다. 진(眞)이란 사물의 순정(純正)한 것이요, 가(假)란 순정하지 못한 사물이 하필 진(眞)을 모방함으로써 가(假)를 진으로 오인하기 쉬운 것이 가(假)의 특징이다. 만물의 형상은 그만두고라도 사람의 언어·행동도 참(眞)을 위장한 거짓으로 해독을 끼치는 경우가 허다하므로 사물의 참과 거짓을 분명히 구분할 줄 아는 지식과 안목을 넓혀야 한다.

❖ **진격**(眞格) : 부격(富格)이나 귀격(貴格) 등 길격(吉格)을 이루는 조건에 바르게 부합된 것.

❖ **진기**(眞氣)**가 모인 곳은 명당이 넓지 않다** : 진기가 모인 곳은 명당이 넓지 않다. 외명당은 넓어도 괜찮으나 혈 앞의 내명당은 저전(低田), 소수(小水), 영천(靈泉), 지호취주(池湖聚柱) 등이 있어 진혈이 맺힌다. 명당은 너무 넓으면 꺼리는 바 반드시 산이 횡관(橫關)하여 내기(內氣)를 머무르게 하고 원진수(元辰水)가 명당에 모이거나 밖의 물이 멀리서 조향(朝向)하거나 물이 횡(橫)으로 띠를 두루면 비록 명당이 넓어도 무방하다.

❖ **진년**(辰年) : 태세의 지지(地支)가 진(辰)으로 구성된 해. 무진(戊辰), 경진(庚辰), 임진(壬辰), 갑진(甲辰), 병진년(丙辰年)의 합칭.

❖ **진득**(辰得) : 혈장에서 보아 물이 맨 처음 진방(辰方)에서 들어온 것.

❖ **진룡**(辰龍) : 24룡의 하나로 산이 용맥(龍脈)의 진방(辰方)에서 술방(戌方)으로 뻗어온 것.

❖ **진룡**(眞龍) : 산의 정기(精氣)가 살아 있어 혈이 응결되는 용으로, 이 용은 조종산(祖宗山)이 특이하고, 뻗어나가는 출신행도(出身

行度)가 개장천심(開帳穿心)하면서 활발하게 움직이고, 성봉(星峰)들이 수려하고, 지각(枝脚)과 요도(橈棹)가 있고, 일어났다가 엎드리고(起伏), 수그렸다가 미끄러져 나가고, 나쁜 것이 깎아 바뀌어(剝換) 좋은 것으로 변하고, 과협(過峽)이 있고, 좌우에 용을 따라 오면서 보호하는 산이 있고, 혈장(穴場)이 분명하고, 명당은 평정(平正)하고, 안산(案山)이 조공(朝貢 : 穴을 향하여 고개를 수그리는 듯한 모습)하고, 물이 유정하여 모든 것이 격에 맞는 용이다.

❖ **진룡**(進龍) : 12룡격(龍格)의 하나로 용의 형세가 앞으로 활발하게 전진하는 형상의 용을 말함. 이 용은 좌우의 지각(枝脚)이 고르며 행도(行度)의 차서가 있으며, 조산(祖山)을 떠난 이후로 봉우리마다 준이(俊異)하고, 질서가 정연하며, 봉황이 날개를 펴고 차차 날아가는 듯한 것을 진룡이라 한다. 매우 길격의 용으로 문장이 빛나고 부귀가 장구하며 자손이 대대로 창성하는 용이다.

❖ **진룡**(眞龍) : 용(龍)의 표면이 풍성하게 차있고 용색(龍色)이 충열하고 체모(體貌)가 단정하고 태도가 한아하고 박환으로 탈사하고 마디마디가 괴이하게 그르면 이것을 이른바 진룡이라 한다.

❖ **진룡**(眞龍)**과 가룡**(假龍) : 귀한 용(貴龍), 참된 용(眞龍)은 조종산(祖宗山)과 부모산, 용맥(龍脈과 과협(過峽), 지각(枝脚), 주산(主山), 입수(入首) 등이 두루 잘생겼다. 그런데 언뜻 보면 귀룡(貴龍)·진룡(眞龍) 같으나, 자세히 살펴보면 흠이 있는 용으로 이런 용을 가룡(假龍)이라 부른다. 가룡은 진룡의 여러 조건들을 두루 구비하고 있어서 진룡과 혼동하기 쉽다. 지각, 과협, 기복 등이 그럴싸하지만 자세히 살펴보면 그 모든 것들이 격식에 맞지 않는다. 수려하지 않고, 어딘가 흠이 있고, 지각은 길게 뻗었으나 산봉우리들이 아름답지 않고 달아나는 형상이다. 과협은 생기가 약하다. 기복 역시 약동감이 부족하다.

❖ **진룡**(眞龍) **대지**(大地)**란 공후**(公侯) **장상지지**(將相之地)**라 한다** : 진룡(眞龍)은 은은(隱隱)하면서 씩씩하고 살아 등천(登天)하는 용이 날듯하고 봉황(鳳凰)이 노닐 듯 하고 구름이 층층으로 옹위하듯 파도가 겹겹 물결치듯 기이하고 신령(神靈)스런 좌치가 있다.

❖ **진룡**(眞龍)**을 알려면 먼저 래룡**(來龍)**을 보라** : 진룡(眞龍)은 악수(惡水)가 나오지 않고 좋은 물은 악룡(惡龍)을 향해 흐르지 않는다 하였으니 참되도다. 이 말이 척룡(尺龍) 일절(一節)의 법을 모르고야 어지 진룡을 알 수 있으랴 먼저 래용(來龍)을 보라 하였다.

❖ **진룡**(眞龍)**의 형상**(形象)**은 주산**(主山)**에서** : 명혈대지(明穴大地)는 주산(主山)에서 2~3봉이 그 정상을 나타내는데 만두(巒頭 – 봉우리)가 앞을 향해 머리를 숙인 듯 하고 낮게 드리우며 몰래 진기(眞氣)를 혈(묘)에 주입시킨다. 생기(氣)가 혈중에 가득하면 혈의 기(氣)가 머물러 쌓이고 진룡이 높게 성신(星辰)을 일으키고 기상(氣象)이 오르면 이는 보기가 쉬우므로 고인(古人)들은 세(勢)를 바라보고 용(龍)을 찾으면 수비다고 하였다. 진혈은 생기를 몰래 감추고 형상은 괴이한 것이 많아 이를 보기가 어려우므로 고인들은 점혈(占穴)하기가 어렵다고 하였다.

❖ **진룡맥**(辰龍脈) : 진방(辰方)으로부터 뻗어내려간 용맥(龍脈).

❖ **진맥**(辰脈) : 산의 줄기가 진방(辰方)에서 뻗어내려온 것.

❖ **진맥**(眞脈)**은 생기**(氣)**를 안으로 머금고 밖으로 아름답다** : 진맥(眞脈)은 아름다운 모양이 나타나므로 자세히 살펴보면 자연히 변별할 수가 있다. 또한 맥형(脈形)은 하나가 아니고 혹은 살아있는 뱀 같고, 혹은 벌의 허리와 같고, 혹은 학의 무릎과 같고, 혹은 꿰어 놓은 구슬 같고, 혹은 갈대로 만든 채찍 같고, 혹은 진맥은 다시 뇌를 일으킨다.

❖ **진묘해**(辰卯害) : 6해(害)의 하나로 진(辰)과 묘(卯)는 서로 해(害)한다.

❖ **진무대좌**(眞武大坐) : 무인이 위엄 있는 자태로 단정히 앉아 있는 형국. 주변에 칼이나 창처럼 생겨 주변에 칼이나 창처럼 생긴 산봉우리가 있고, 혈은 무인의 배꼽에 자리잡고 있으며, 안산은 거북, 뱀, 칼 등이다.

❖ **진무안검**(眞武按劍) : 무인(武人)이 손으로 칼을 쓰다듬는 형국. 무인의 옆에 칼처럼 생긴 산줄기가 뻗어 있으며 혈은 무인의 배꼽에 자리잡고 북, 깃발 등이 안산이 된다.

❖ **진무좌단답귀**(眞武坐壇踏龜) : 무인이 단에 앉아 거북을 밟고 있는 형국. 무인 옆에 칼이나 활처럼 생긴 산으로 혈은 무인의 배꼽에 자리잡고, 안산은 거북이다.

❖ **진방**(震方) : 진괘(震卦)에 속하는 방위. 즉 묘방(卯方)이며 동방(東方). 갑묘을(甲卯乙) 삼방(三方)의 합칭.

❖ **진방**(辰方) **24방위의 하나로 동남간방인 손방**(巽方)**에서 동쪽으로 15도 당긴 방위** : 진방(震方) 동쪽(卯方) : 4계절에서는 봄에 해당하고, 하루에서는 묘시(卯時)의 아침에 해당하며, 인물로는 젊은 장남에 해당하는 궁이다. 생명과 번식의 힘이 왕성하고 청춘의 활력이 넘친다는 뜻을 담고 있다. 90° 정중(正中)에서 ±22.5° 의 45° 를 관장하는 궁이다. 24방위로는 갑(甲), 묘(卯), 을(乙)에 해당한다. 길궁(吉宮)이면 발전, 창조력, 활동력, 공정성을 두루 갖추어 성공하고 흉궁이면 쇠퇴, 허약, 조급 화재, 다리병, 우울증, 강련 등의 화(禍)가 미친다.

❖ **진방상**(震方山) : 혈장을 중심으로 하여 진방(震方)에 있는 산. 혈장에서 볼 때 진봉(辰峯)이 수려하며 높고 정봉(丁峯)이 우뚝 솟았으며 계봉(癸峯)이 뾰족하면 과거에 급제하는 이가 연달아 나오며, 장수도 누리게 된다. 진봉이 높은 데가 곤봉(坤峯), 간봉(艮峯)도 높이 치솟으면 큰 부귀를 얻는다. 장원급제하는 사람도 배출된다. 게다가 신봉(辛峯)이 목형(木形 ; 타원형)이면, 지위가 가장 높은 직위에 이른다. 또 임금의 은총을 크게 입는다.

❖ **진방수**(辰方水) : 혈장에서 보아 진방(辰方)에 물이 있는 것. 또 진방(辰方)이 득(得)이나 파(破)가 되는 것.

① 혈장을 중심하여 진방(震方)에 물이 있거나 보이는 것.

② 진방(震方) 쪽에서 물이 보이거나(得) 나가는 물이 지방에서 감춰진 것(破).

❖ **진방풍**(震方風) : 진방(震方 : 卯方)에서 혈장을 향하여 불어오는 바람. 혈을 중심으로 하여 진방(震方)쪽에서 산이나 등성이 등으로 막힌 것이 없이 허하게 트이면 그곳(震方)의 바람이 혈에 닿는다고 한다. 남자는 질병이 따르고 여자는 사통(私通)한다. 오직 사병정축간묘좌(巳丙丁丑艮卯坐)는 해가 없다.

❖ **진사**(眞砂) : 혈에는 주위의 모든 사(砂)가 중하지만 가장 중한 것은 그 중에 구(毬)에 있는 우각사(牛角砂)와 선익사(蟬翼砂)가 없으면 기(氣)가 한랭하다.

❖ **진산**(鎭山) : 소조산 밑에 마을이 있으면 난리를 진압하여 마을을 지킨다 하여 붙여진 산이름이다.

❖ **진산**(辰山) : 24산의 하나로 즉 진좌(辰坐)와 같은 뜻.

① 진좌(震坐) 또는 묘좌(卯坐)와 같음.

② 갑묘을(甲卯乙) 삼방(三方)의 좌(坐)를 합칭.

❖ **진성**(軫星) : 해방(亥方)에 있다. 해방(亥方)에 4봉우리가 있으면 장관급이 나고 높은 것은 무방하나 허하면 무덤 속에 지렁이가 가득하다. 구인사(蚯蚓砂)면 음악인이 나는데 사년(巳年)에 응험하다.

❖ **진수정법**(唇守正法) : 진수(唇守)란 자임(子壬)·자계(子癸)·묘갑(卯甲)·묘을(卯乙)·오병(午丙)·오정(午丁)·유신(酉辛)의 좌우선 팔정룡(左右旋八正龍)이 왼쪽 또는 오른쪽으로 전(轉)하다가 다시 본룡(本龍)으로 돌아오는 것으로 이 역시 혈법(穴法)의 대자(大者)이다.

- 자정룡(子正龍)이 임(壬)을 거쳐 건해술맥(乾亥戌脈)으로 나가다가 왼쪽으로 계축간인맥(癸丑艮寅脈)으로 전(轉)하고 다시 임자맥(壬子脈)으로 나오면 임자좌(壬子坐)를 놓는다.
- 자정룡(子正龍)이 계축간인맥(癸丑艮寅脈)으로 좌선(左旋)하다가 건해신술(乾亥辛戌)로 오른쪽으로 전(轉)하고 다시 자계맥(子癸脈)으로 나오면 그 아래에 자계좌(子癸坐)를 놓는다.
- 묘갑룡(卯甲龍)이 인간축맥(寅艮丑脈)으로 우선(右旋)하다가 진손사맥(辰巽巳脈)으로 왼쪽으로 전(轉)한 뒤 다시 묘갑맥(卯甲脈)으로 나오면 그 아래에 혈을 정하고 묘갑좌(卯甲坐)를 놓는다.
- 묘정룡(卯正龍)이 진손사맥(辰巽巳脈)으로 좌선(左旋)하다가 인간축(寅艮丑)으로 오른쪽으로 전(轉)하고 다시 묘을맥(卯乙脈)으로 나오면 그 아래에 혈을 정하고 묘을좌(卯乙坐)를 놓는다.
- 오병룡(午丙龍)이 사손진을(巳巽辰乙)로 좌선(左旋)하다가 미곤신(未坤申)으로 오른쪽으로 전(轉)한 뒤 다시 오병맥(午丙脈)으로 나오면 그 아래에 혈을 정하고 오병좌(午丙坐)를 놓는다.
- 유경룡(酉庚龍)이 갑곤미(甲坤未)로 우선(右旋)하다가 술건해(戌乾亥)로 왼쪽으로 전(轉) 한 뒤 다시 유경맥(酉庚脈)으로 나오면 그 아래에 혈을 정하고 유경좌(酉庚坐)를 놓는다.
- 유신룡(酉辛龍)이 술건해(戌乾亥)로 좌선(左旋)하다가 신곤미맥(申坤未脈)으로 오른쪽으로 전(轉)한 뒤 다시 유신맥(酉辛脈)으로 나오면 그 아래에 혈을 정하고 유신좌(酉辛坐)를 놓는다.
- 오정룡(午丁龍)이 미곤신(未坤申)으로 좌선(左旋)하다가 사손진(巳巽辰)으로 오른쪽으로 전(轉)한 뒤 다시 오정맥(午正脈)

으로 나오면 그 아래 혈을 정하고 오병좌(午丙坐)를 놓는다.

❖ **진술축미방**(辰戌丑未方)**의 금성체**(金星體) : 진술축미방의 금성체는 흔군사(掀裙砂)가 되어 음행(淫行)을 면치 못하니 길방(吉方)이 아닌 흉방(凶方)에서의 운이 자손에게는 죽음에 이르게 되거나 불구가 되고 패륜(悖倫)으로 고생한다.

❖ **진술축미파구**(辰戌丑未破口) : 칠언시(七言詩 : 고시(古詩)에 포태법(胞胎法)을 노래하였다

① **금양수갑계지령**(金羊收甲癸之靈) : 금(金)은 수식어며 양(羊)은 미(未)를 의미하고, 계(癸)와 갑(甲)은 포태를 말하며, 이 말은 '계포태(癸胞胎)와 갑포태(甲胞胎)는 미파구(未破口)에서 영(靈)이 되어 만난다.' 라고 하여 5층 지반정침으로 정미(丁未)와 같은 줄 3층에 계(癸), 갑(甲)을 표시하였다. 미파구에서는 계(癸)는 음(陰)이니 계룡(癸龍)이 정룡(正龍)이요, 갑(甲)은 양(陽)이니 갑득수(甲得水)가 길수(吉水)라고 할 수 있다.

② **을병교이추술**(乙丙交而趨戌) : 을포태(乙胞胎)와 병포태(丙胞胎)는 술(戌)에서 묘로써 기(氣)가 합친다는 뜻으로써 나경 5층 신술(辛戌)과 같은 3층 줄에 을병(乙丙)을 표시하였다. 술파구에서 을(乙)은 음(陰)이니 을룡(乙龍)이 상격룡(上格龍)이며, 병(丙)은 양(陽)이니 병득(丙得)이 최길수(最吉水)라고 할 수 있다.

③ **두우납정경지기**(斗牛納丁庚之氣) : 소는 축(丑)을 뜻하는 것이니, 정포태(丁胞胎)와 경포태(庚胞胎)가 축(丑)에서 묘로서 기(氣)가 만난다는 뜻이다. 그러므로 5층 지반정침의 계축(癸丑) 방위와 같은 줄 3층에 정경(丁庚)을 표시하였다. 축파구에서 정(丁)은 음(陰)이니 정룡(丁龍)이 상격룡(上格龍)이고, 경득수(庚得水)가 최길수(最吉水)라고 할 수 있다.

④ **신임회이취진**(辛壬檜而聚辰) : 신포태(辛胞胎)와 임포태(壬胞胎)는 진(辰)에서 묘로 만난다는 뜻이다. 그러므로 5층 지반정침 을진방위(乙辰方位) 줄 3층에 신임(辛壬)을 표시했다. 진방에서 신룡(辛龍)을 최귀로 삼고, 임득수(壬得水)을 최길(最吉)로 본다는 뜻도 된다.

❖ **진신수**(進神水) **퇴신수**(退神水) : 생입극출(生入剋出)은 진신으로 길하고 생출극입(生出剋入)은 퇴신으로 흉하다. 즉 물이 혈 앞 명당으로 들어올 때는 좌가 상생하는 방위어야 하고 나가는 곳은 좌가 파구를 상극해야 길하다. 이를 진신수라 한다. 만약 좌가 파구를 상생하거나 득수처가 좌를 상극하면 흉하다. 이를 퇴신수라 한다. 예를 들어 자좌(子坐)는 오행이 수(水)다. 이때 오행이 금(金)인 건(乾)이나 신(申)에서 득수하는 물은 금생수(金生水)하므로 좌를 상생해 준다. 이는 생입(生入)에 해당되므로 진신수로 길하다. 오행이 화(火)인 오(午)로 파구되는 물은 토극수(土剋水)하므로 좌가 파구를 상극한다. 이는 극출(剋出)에 해당되므로 역시 진신수로 길하다. 그러나 오행이 목(木)인 묘(卯)나 손(巽)으로 파구하는 물은 수생목(水生木)으로 좌가 파구를 상생한다. 이는 생출(生出)에 해당되므로 퇴신수로 흉하다. 오행이 토(土)인 곤(坤), 진(辰), 술(戌) 방위에서 득수하는 물은 토극수(土剋水)로 좌를 상극한다. 이는 극입(剋入)에 해당되므로 퇴신수로 흉하다. 진신수는 향을 기준으로 물의 득수와 파구의 길흉을 판단하는 법이다.

❖ **진신합**(辰申合) : 진(辰)은 신(申)을 만나면 반삼합(半三合)이 된다. 신자진(申子辰)이 삼합(三合).

❖ **진양목**(震陽木) : 진괘(震卦)는 맨 아래 양획(陽劃)을 택하여 양(陽)이 되고, 오행은 동방(東方)의 목(木)이므로 진괘(震卦)를 양목(陽木)이라 한다.

❖ **진언**(陳言) : 조금도 이치를 연구함이 없는 말들.

❖ **진유합**(辰酉合) : 진(辰)과 유(酉)는 육합(六合)이 된다.

❖ **진유합금**(辰酉合金) : 진(辰)과 유(酉)가 육합(六合)을 이루어 그 오행은 금(金)이 된다.

❖ **진읍**(眞揖) : 산두(山頭)와 산각(山脚)이 완전하게 읍하는 모양.

❖ **진응수**(眞凝水) : 혈 앞에서 솟아오르는 샘물. 혈을 만들어 놓은 용맥(龍脈 ; 산줄기)의 기운이 왕성하기 때문에 샘물이 뿜어 나오는 것이다. 좋은 샘은 참된 혈에만 생기며, 물이 맑고 물맛이 좋다. 또 물이 힘차게 솟아오르되 소리가 없어야 훌륭한 샘이다. 좋은 샘을 끼고 있는 혈에 조상의 묘를 쓰면 자손들이 부귀를 누리며 장수한다. 또 아주 높은 지위에 오르는 사람도 배출된다.

① 진응수(眞凝水)는 진결지(眞結地)의 진수(眞水)이다. 용세(龍勢)가 극히 생왕(生旺)하여 결혈(結穴) 후에도 수기부진(秀氣

不盡)하여 혈 앞 혹은 좌우방에서 발천(發泉)하는 길수이다. 이 진응수는 진결대지(眞結大地)의 증좌(證佐)이며 대부현귀(大富顯貴)가 기약되는 길수이다. 이 진응수(眞凝水) 또한 징청감미(澄清甘味)하고 추동불학(秋冬不涸)에 춘하불분(春夏不溢)해야 진격(眞格)이다.

② 진응수는 혈 앞에 모이는 물로 추동(秋冬)에도 마르지 않고 춘하(春夏)에도 넘치지 않으면서 웅덩이에 모여 고요하게 물소리가 없어야 하며, 이것이 영천(靈泉)이라고도 한다. 삼공(三公)의 벼슬을 얻는 대격(大格)의 길수(吉水)이다.

❖ **진인구일**(進人口日) : 식구(食口 : 人口)를 늘이는 날로 양자녀(養子女)를 들이는 일, 혹은 남의 식구를 기숙(寄宿)시키는데 좋다는 날. 천덕(天德)·월덕(月德)·월은(月恩)·삼합(三合)·육합(六合)·천월덕합일(天月德合日)

忌 : 수사(受死)·치사(致死)·귀기(歸忌)·왕망(往亡)·월해(月害)·건(建)·파(破)·평(平)·폐일(閉日)·인동일(人動日) 및 인격일(人隔日).

❖ **진입수**(辰入首) : 혈 바로 뒤의 용맥(龍脈)이 진방(辰方)에서 들어온 것.

❖ **진자합**(辰子合) : 신자진(申子辰)이 삼합(三合)이다. 그러나 진(辰)은 자(子)를 만나면 진자(辰子)로 합하고, 신(申)을 만나면 신진(申辰)으로 합하는데 이를 반회(半會) 또는 반합(半合)이라고도 한다. 합화(合化)한 오행은 모두 수(水)가 된다.

❖ **진정**(辰正) : 오전 8시부터 9시가 되기 전 사이, 즉 오전 8시.

❖ **진제성정국**(眞帝星定局) : 음택에 적용한다. 이 기성이 12절 시각부터 하루에 한번씩 행하여 만 30일 2해에 1궁(宮)을 다 행한다. 대략 주천도수(周天度數)는 365도 4분의 1을 360도로 축소하여 매 1궁(一宮)에 30일씩 나누어 취용하도록 맞춘 것이므로 대륜도(大輪圖 : 佩鐵) 1분금에 3도씩 주관한다. 즉 입춘일부터 경칩 전일까지는「진제성」이 간좌(艮坐:下半)·인좌(寅坐)·갑좌(甲坐:上半)에 비치고, 경칩일부터 청명 전날까지는 진제성이 갑좌(甲坐:下半)·인좌(寅坐)·을좌(乙坐:下半)에 비친다는 뜻이다.

- **입춘~경칩 전** : 艮下半부터 甲上半까지 30일
- **경칩~청명 전** : 甲下半부터 乙上半까지 30일
- **청명~입하 전** : 乙下半부터 巽上半까지 30일
- **입하~망종 전** : 巽下半부터 丙上半까지 30일
- **망종~소서 전** : 丙下半부터 丁上半까지 30일
- **소서~입추 전** : 丁下半부터 坤上半까지 30일
- **입추~백로 전** : 坤下半부터 庚上半까지 30일
- **백로~한로 전** : 庚下半부터 辛上半까지 30일
- **한로~입동 전** : 辛下半부터 乾上半까지 30일
- **입동~입춘 전** : 癸下半부터 艮上半까지 30일

❖ **진좌**(辰坐) : 24좌(坐)의 하나로 건물 및 묘를 동남간방인 손방(巽方)에서 동쪽으로 15° 당긴 방위를 등진 것.

❖ **진좌**(震坐) : 묘좌(卯坐). 건물 및 묘의 좌(坐)를 진방(震方)으로 놓은 것. 진(辰)은 토(土)에 해당하며 광토(廣土)·습토(濕土)에 해당한다. 진좌를 맺기까지는 내룡(來龍)이 길게 흘러 살아 움직이는 듯 하여야 하며, 굴곡이 꿈틀대고 머리를 하늘로 오를 듯 쳐든 곳에 좌를 맺어야 진좌(眞坐)며, 진(辰)은 동물로 용에 해당하니 용은 상상수(想想獸)로서 은현(隱現)을 동시에 하고 좌우에 여의주와 같은 작은 봉(峯)이나 바위가 있으면 아주 좋으며, 진입수(辰入首)에 이 좌를 놓으면 용천(龍天)하는 상의 자식을 둔다. 이 좌의 앞에는 상석 등 모든 석물(石物)은 하지 말아야 하며, 중석(重石)으로 비석을 세우면 가솔(家率)이 흉액(凶厄)을 면하기 어려우며, 산봉(山峰)에 항상 안개가 동아리를 트는 산의 줄기면 진좌가 더욱 발복(發福)한다.

❖ **진좌술향**(辰坐戌向) : 묘나 건물 등의 좌(坐)가 진방(辰方)이면 그 향(向:앞 면)은 술방(戌方)이 된다.

❖ **진좌태향**(辰坐兌向) : 건물 및 묘를 진좌(辰坐)로 놓으면 반드시 태향(兌向)이 된다. 즉 묘좌유향(卯坐酉向)이다.

❖ **진태양전차**(眞太陽躔次) : 태양(太陽)은 모든 성신(星辰) 가운데 으뜸(天子)이므로 태양이 좌산(坐山)에 비치도록 하면 식구와 재물이 늘고 관록(官祿)이 이른다고 한다.

❖ **진태양정국**(眞太陽定局) : 천기대요(天機大要) 내용에 있는 태양주천(太陽周天)인데, 태양이 천도(天度)를 운행함에 따라 4시 24전의 변화가 있고, 천체(天體) 28수(宿)의 도수 및 24산 각 분금에 비추는 때를 사용하면 모든 흉살(凶殺)이 사라지고 만사대길하

다는 것이다.

❖ **진태음두모정국**(眞太陰斗母定局) : 태음이란 달(月)로서 후비(后妃)의 상(象)을 지칭한다. 태양이 별 가운데 천자(天子)라 하면 태음은 황후(皇后)이니 태양과 더불어 능히 천지(天地)의 모든 흉살을 제복(制伏)하고, 특히 구랑성(九浪星)과 소아살(小兒殺) 및 여러 방면의 화성(火星)을 제복한다. 그러므로 조장(造葬)에 있어 이 태음성(太陰星)이 혈좌(穴坐)에 비치면 이장·건옥 등에 대길(大吉)하다.

❖ **진파**(辰破) : 혈장에서 보아 흘러나가는 물이 진방(辰方)에서 감춰진 것.

❖ **진향**(辰向) : 24향의 하나로, 묘나 건물의 앞이 진방(辰方)으로 향한 것. 즉 술좌(戌座).

❖ **진향**(震向) : 건물 및 묘를 진방(震方 : 卯方)으로 앞을 향한 것. 즉 묘향(卯向)이며 유좌(酉坐 : 兌坐)다.

❖ **진혈**(眞穴) : 산이 둘러싸서 아늑히 보호받을 수 있는 자리.

❖ **진혈**(眞血)

- 진혈은 진룡에 깃들인다.
- 진혈 앞에는 아름다운 조안이 있다과 대면하고 있는 산과 수(물)
- 진혈은 혈(穴) 앞 쪽의 명당이 평탄하고 바르다.
- 진혈의 뒤에는 낙산(樂山)이 솟아올랐고 귀(鬼)가 뻗어 나갔다.
- 진혈은 청룡 백호가 아름답다.(포옹하듯 다정한 모양)
- 물이 합(合)하고 나누어지는 경계가 분명해야 한다.
- 묘자리는 용맥입수유무(龍脈入首有無)를 먼저 살펴야 한다.
- 묘 자리 는 단단하고 밝고 바르고 깨끗해야 한다.(기(氣)가 모이는 곳)
- **비석비토** : 공기돌 왕모래 같은 누런빛이 물기가 없고 귀하다.
- 둥글고 윤기 있는 돌산 소나무 곧은 나무가 있는 곳은 하다.
- 명혈(名穴)은 장사(葬事) 후(後) 5년 이내에 시신(屍身)의 육탈(肉脫)이 모두 되고 유골(遺骨)은 황금색으로 깨끗하게 변하여 있는 곳이 명혈(名穴)이다. 또 이장(移葬)시(時) 에 검은 색이 된 유골을 혈(穴)에다 다시 묻고 1년 후에 다시 파 보면 황골로 변하여 있다.

❖ **진혈명당**(眞穴明堂)**에는 꼭 표석**(表石)**들이 있다** : 진혈의 혈상(穴相)에는 기(氣)가 강(强)하여 잡초가 나지 못한다. 또 토질이 유(柔)하더라도 보통 토질과 달라서 풀이 나지 않으며 잔디가 잘 자란다.

❖ **진혈**(眞穴)**에는 풀이 듬성듬성 자란다** : 구절초(들국화)가 피는 자리는 묘를 쓸 수 있다. 봄에 초목이 다른 곳보다 더디게 싹이 트는 것은 명당의 생기라 볼 수 있다. 봄에 다른 곳보다 잎이 연하게 보이는 곳은 명당의 생기로 볼 수 있다.

❖ **진혈**(眞穴)**의 길흉 탐색법** : 진룡(眞龍)에 진혈을 논하는데는 천리행룡(千里行龍)을 고집하면서 물형이나 오행에 여념하여 용과 혈이 입수를 생(生)하고 혈과 망명의 상생을 경시하여 작혈된 혈처가 비일비재하다. 성현의 말씀에, 내룡이 입수를 생하면 귀한 자손을 얻고, 혈이 입수를 생하면 부모에 효도하고 나라에 충성하는 자손이 난다. 그러나 내룡이 입수를 극(剋)하면 부모 형제간에 상쟁(相爭)하고, 입수가 용을 극하면 자손이 패역(悖逆)한다 하고, 또한 혈이 입수를 극하면 필시 후손이 불사하리라 하였다. 사로(四路)나 팔로룡(八路龍)에 황천좌(黃泉坐)를 범하면 장자손은 상망에 모녀과부 동거하니 절사될까 두렵고, 차자손은 흩어져 불귀라 하였다 지사들의 오해로 과오를 범하는 곳이 축간룡에 갑묘좌(甲卯坐)나 갑묘룡(甲卯龍)에 간좌(艮坐)이다. 만약에 이렇게 작혈되면 10년내 향화부절(香火不絶)이라 하였다. 혈처를 논하는데 있어 대체적으로 주봉에 바윗돌이 있으면 입수에서 바윗돌을 살펴야 하고 술건해(戌乾亥)나 임자계(壬子癸), 축간인(丑艮寅)의 내룡은 대체로 입수처에 바윗돌이 있을 것이다. 갑묘을(甲卯乙), 진손사(辰巽巳), 병오정(丙午丁)의 내룡은 돌이 없는 것이 원칙이나 진룡(眞龍)에 진혈(眞穴)이 되면 입수에 반드시 돌이 있을 것이다. 미곤신(未坤申)이나 경유신(庚酉辛)의 내룡은 연한 가절석에 단토가 되므로 천광시(穿壙時)에 황토는 없을 것이다.

❖ **진혈**(眞穴)**의 증거** : 진혈의 증거란 전후좌우의 산수에 따라서 진혈이 어디 있는지 확인하는 방법이다.

① **조산증혈**(朝山證穴) : 조산의 멀고 가까움과 높고 낮음 등에 따라서 판단하는 혈의 확인 방법. 원래 천혈(天穴)은 산의 꼭대기에 있고, 지혈(地穴)은 산기슭에 있으며, 인혈(人穴)은

산 중턱에 있다. 조산이 높고 가까우면 혈을 누를 염려가 있고, 조산이 낮거나 멀다면 국안의 기가 흩어지기 쉬워 융결이 되지 않는다.

- 조산이 높으면 혈도 위에 있고 조산이 낮으면 혈은 낮다.
- 조산이 가깝게 있으면 혈은 천혈이고 조산이 멀다면 혈은 지혈이다.
- 조산이 왼쪽에 있으면 혈은 좌향이고 조산이 오른쪽에 있다면 혈은 우향이며, 조산이 정면에 있으면 혈 또한 정면에 있다.

② **전수증혈**(前水證穴) : 혈 앞으로 굽어도는 물로써 진혈을 찾고자 하는 방법이다. 우선 물이 감도는 명당은 평평해야 하며 한쪽으로 쓰러져 있어서는 생기가 융결되지 않고 수세가 좌우에서 모여들어 혈처를 끌어안는다면 그 중앙이 정혈이 된다. 물이 멀리서 시작되어 넓게 오는 것은 혈도 높게 결혈되고 물의 힘이 순하고 혈 앞을 조용히 낮게 오는 것은 결혈도 낮게 맺어진다.

③ **낙산증혈**(樂山證穴) : 낙산은 혈의 뒤에서 기대거나 의지하는 산을 말하는데 낙산의 귀성이 없다면 그곳에 빈틈이 생겨서 생기를 융취하지 못한다. 낙산이 왼쪽에 있으면 혈은 왼쪽에서 결혈하고 오른쪽에 있으면 혈은 오른쪽에서 결혈된다. 낙산이 좌우 양변이거나 사방에 있으면 혈은 혈처의 중앙에서 결혈이 된다. 귀성이 오른쪽을 받쳐주면 오른쪽, 왼쪽을 받쳐주면 왼쪽, 양옆에서 끌어안아주면 혈은 중앙에서 맺어진다.

④ **용호증혈**(龍虎證穴) : 용호는 혈처를 호위하고 있는 청룡과 백호인데 용호가 없다면 결혈은 되지 않는다. 용호와 혈의 관계에서 좌청룡이 강하거나 유정하면 혈은 왼쪽에서 결혈되고, 우백호가 강하거나 유정하면 혈은 오른쪽에서 결혈이 되고, 용호가 낮다면 혈은 낮고, 용호가 높다면 혈은 역시 높게 결혈된다.

⑤ **천심십도증혈**(天心十道證穴) : 전후좌우에서 조응하는 산을 기준으로 결혈을 결정하는 것으로서 4응의 산에는 뒤에 있는 개산(蓋山), 앞에 있는 조산(朝山), 좌우에 있는 협이(夾耳)를 말한다. 진혈을 알자면 이 네 산을 십자형으로 선을 그었을 때 그 중심이어야 하며 이때 산의 고저와 치우침이 있어서는 안 된다.

⑥ **분합증혈**(分合證穴) : 혈 뒤에서 갈라진 수맥이 혈 앞에서 합치되는 것을 보고 혈을 알자는 방법. 여러 가지 형태가 있으나 분합이 있으면 진혈이 맺어진 것으로 보아 중요시한다.

❖ **진형진**(辰刑辰) : 진(辰)은 진(辰)끼리 형(刑)한다.

❖ **진해원진**(辰亥怨嗔) : 진(辰)과 해(亥), 즉 용과 돼지는 서로 싫어하는 원진(怨嗔)관계다.

❖ **진행위락**(眞行爲落) : 조산으로부터 음(陰)으로 행동하다가 입수처에서 양(陽)으로 변한 것을 말한다. 양기를 취하여 양국(陽局)으로 혈을 잡되 양맥기가 다하면 옮겨야 한다.

❖ **진흙땅에는 묘를 쓸 수 없다** : 진흙땅에는 묘를 쓸 수 없다. 만약 천광(穿壙)해서 검은 흙이 나오면 별도의 마사토로 복토를 해서 재혈하면 당대는 자손이 돈 걱정 없이 잘 살 수 있다.

❖ **진흙, 자갈 모래땅은 지기(地氣)를 얻을 수 없다** : 자갈이 많이 섞인 땅 모래가 많이 들어 있는 땅은 흙의 공극(空隙)이 크므로 흙과 흙 사이로 물과 바람이 드나들어 지기가 모일 수 없는 땅이다. 이러한 곳에서는 재산도 쉽게 소멸 할 뿐 아니라 건강도 크게 해치게 된다. 오래가지 못한다는 뜻으로 사상누각(砂上樓閣)이라는 말도 있다. 진흙황토 땅은 지기가 뭉쳐지지 않는 땅이다. 재산의 손실을 낳고 사람이 상(傷)한다.

❖ **진혈은 일정한 윤곽이 있다** : 진혈은 일정한 균형이 있어서 혈상(穴相)이라 한다. 또 묘 쓸 자리를 주로 말하고 가장 작은 혈상은 폭이 3미터에 종선이 5미터정도 명혈(明穴)이 있다. 제일 큰 혈상은 폭이 9미터에 종선이 12미터로 큰 것이 있으나 여기서 더 지나치게 크고 작은 것은 비혈(非穴)이다.

❖ **진혈의 혈상에는 기(氣)가 강(强)하다** : 진혈의 혈상에는 기가 강하여 잡초가 나지 못하며 또 토질이 부드럽고 보통 토질과 달라서 풀이 나지 않는다. 개미와 땅벌은 지기를 감지한다. 지기(地氣)가 있는 곳은 가마솥을 엎어 놓은 듯이 땅이 약간 솟아있는 듯 보이고, 초목이 다른 곳보다 적게 자라고 있다. 겨울에 눈이 내리면 일찍 녹는다. 따뜻한 지기(地氣)가 올라오기 때문이다.

❖ **진혈은 이러하다**

① 진혈은 진룡에 깃들인다.

② 진혈 앞에는 아름다운 조안산(朝案山)이 있다.(주산(主山)과 대면하고 있는 산과 물)

③ 진혈은 혈(穴) 앞쪽의 명당이 평탄하고 바르다.

④ 진혈의 뒤에는 낙산(樂山)이 솟아올랐고 귀(鬼)가 뻗어 나갔다.

⑤ 진혈은 청룡 백호가 아름답다.(포옹하듯 다정한 모양)

⑥ 물이 합(合)하고 나누어지는 경계가 분명해야 한다. 묘 자리는 용맥 입수유무(入首有無)를 먼저 살펴야 한다.

⑦ 묘 자리는 단단하고 밝고 바르고 깨끗해야 하고 (기(氣)가 모이는 곳) 비석비토(非石非土)로 공기돌·왕모래 같은 누런빛이 물기가 없고 귀하다.

❖ **질단**(跌斷) : 지리법의 술어. 즉 용이 내려오면서 미끄러지고 끊어짐.

❖ **질병이 끊이지 않고 가족이 화목하지 못한 경우** : 정원에 있는 연못의 영향이므로 빨리 매워야 한다. 호화주택에 거주하는 가정의 80%정도가 남에게 말 할 수 없는 문제들을 갖고 있다. 예를 들면 노인이나 여주인이 오랫동안 입원하는가 하면 시력 장애자나 정신적으로 쇠약한 어린아이가 가정이 화목하지 못한 경우가 있다. 이 현상은 대부분 연못에 있다. 몇몇 집을 제외하고는 집 정원 내에 있는 연못은 메워 버리는 것이 좋다. 정원에 위치한 연못은 거의 죽어있는 연못이다. 그러므로 이 연못의 물은 당연히 부패되어 사람의 건강에 나쁜 영향을 주기 마련이다. 그와 동시에 환생하지 못한 많은 영혼들은 대부분 이처럼 습도가 높은 저수지나 연못 같은 곳을 좋아한다. 일단 이런 경우들이 연못에 모이기만 하면 수시로 재해를 일으킬 수 있다. 이 역시 흉상을 조성하는 정원이다. 그러나 알맞은 방법으로 연못을 메우기만 하면 흉상을 피할 수 있다. 연못은 메우기 전에 먼저 물부터 없애야 하고 지상(地上)으로 작은 구멍을 두어야 한다.

❖ **질색명당**(窒塞明堂) : 명당 중에 돌무더기이나 흙무더기가 있어서 시원하지 못하고 답답한 것으로 질색명당은 혈 바로 앞에 작은 둔덕이 있고, 그 둔덕이 앞을 꽉 가로막아 시야가 매우 좁은 것이다. 높다란 안산 대신에 작은 둔덕이 앞에 버티고 있다는 점이 핍착명당과 다르다. 이 질색명당 역시 핍착명당처럼 흉하다. 질색명당의 혈은 성품이 옹졸한 소인배를 배출하며 편협하고 완고하고 욕심 많은 사람들이 나온다. 또 앞을 가로막은 둔덕이 둥그렇게 생겼으면 여자들이 산고를 심하게 겪으며 낙태도 많이 하고, 눈병으로 고생하는 사람도 생겨난다. 만약 청룡과 백호가 서로 마주 보고 그 중간에 둔덕이 있으면 형제간에 우애를 못한다. 그런데 둔덕이 예쁘고, 앞을 가로막지 않아 시야가 훤히 트이면 오히려 매우 좋다.

❖ **질주**(疾主) : 혈장을 얕보고 미워함. 용·호산이 높으면 혈장을 얕본다는 말.

❖ **질하**(跌下) : 높은 산봉으로부터 썩내려와 서라는 뜻. 고저대소(高低大小), 굴곡활동(屈曲活動)이라는 뜻.

❖ **짐승같이 생긴 암석은 모두 흉(凶)한 것이다** : 묘지(墓地)에서 짐승같이 생긴 암석이 검은 암석이라면 이금치사(以金致死)로 보는 것이다. 또 매사에 불성하고 비천(卑賤)하게 살게 된다.

❖ **집 가까이 험준한 산이 있으면** : 산이 험악하고 가까이에서 집을 누르는 듯하면 다질(多疾) 단명(短命)에 불발정재(不發丁財)하고 산의 능선(稜線)이 집을 직충(直沖)하거나 산 계곡이 직격(直擊)하면 역시 인상패가 한다.

❖ **집 근처에 넓은 호수가 거울처럼 비치는 곳은 좋다** : 계곡물이 모여 완만하게 조용하고 길게 흐르면 좋고 똑바로 급하게 흐르거나 소리를 내어 흐르는 곳은 흉(凶)하다. 물의 흐름이 둥글게 감싸 흐르면 좋다. 물의 모양이 단정하며 모서리가 각이 진 연못이나 방죽은 높은 지위를 차지하고 권력을 행사하는 귀한 신분에 오를 걸출한 인물이 나오나 형체가 훼손되어 기울고 일그러질 경우는 인명과 재물의 파괴·불상사고·객사·신병·우환·장해 등 풍파와 험난이 닥친다.

❖ **집 뒤쪽에 산 앞쪽에 물 서쪽에 언덕 동쪽에 도로가 있는 곳** : 집안이 부귀 번성하며 출새 양명하고 남자는 호기롭고 의협심이 강하고 여자는 현명 양순(良順) 한 인재들이 배출된다.

❖ **집 마당에다 커다란 인조 돌덩이나 연못을 파거나 콘크리트로 완전 포장을 하면 흉(凶)하다** : 집 마당에 커다란 인조 돌덩이나 자연석 등을 들여다 쌓아 올려 모양을 내는 것과 연못을 파거나 자가 수도 펌프 관을 박아 매설하는 것, 콘크리트로 마당을 완

전히 포장해 버리든지 자갈들을 깔아 덮는 것과, 군데군데 디딤돌이나 탑등(塔燈)·사람·동물 모양 등 석조물을 설치해 놓은 것 인조가산(人造假山) 및 축대를 쌓아 조경하는 것 들은 대체로 파괴와 말썽·우환·손실·질병·사고와 재난 및 궂은 일이 발생되는 흉험(凶險) 지상으로 간주 한다. 뿐만 아니라 정절(貞節)을 지킨 여성을 기리는 열녀비(烈女碑)도 수없이 많았다. 뒷마당에는 장독대를 만들고 빨래를 너는 등 부엌이 연장된 작업 공간이었다. 그런데 이처럼 뒷마당이 있는 집 구조는 음양 이론으로 보아 음이 건물 앞면과 뒷면에 분산되어 있어 이집 남성에게 본부인 외에 다른 여성이 다르게 되는 경향이 있다.

❖ **집안 곳곳에 항상 꽃을 장식하면 좋다** : 꽃은 좋은 기(氣)를 불러들인다. 꽃 봉우리가 크고 화려한 것이 좋으며 생화가 좋으나 부득이 할 때는 조화도 괜찮다. 조화는 생화의 1/4효과 있고 빨강·노랑·파랑·흰색이 좋고 집 서쪽에 노란색 열매 그림이나 사진 등은 금전(金錢)이 들어온다.

❖ **집안을 바꾸면 운이 바뀐다** : 좋은 집터에 건물이 있다고 해서 무조건 행운과 성공을 얻을 수 있는 것은 아니다. 명당이라고 하는 집터에 주택이라고 해도 방위에 적합한 구조를 갖고 있지 않으면 기(氣)의 흐름이 달라진다는 것이다. 마찬가지로 주위와 조화가 되어 있지 않은 건물은 진정한 의미에서 집터의 에너지를 얻을 수 없다. 지형과 지세가 명당이라 하더라도 건물의 형태와 방위 주변 환경이 적절하지 못하면 명당으로서의 구실을 하지 못한다.

❖ **집 안에 심으면 좋은 나무가 있다** : 좋은 나무는 매화나무·성류나무는 총명한 자식을 두고, 철쭉나무·양두나무·구기자·약초나무·목단·연산홍·관목류 등은 2미터 이내에 심으라고 하였다. 정원수는 주택 안에 있는 각종 크고 작은 나무는 예부터 내정금초(內庭金草)라 함은 작은 약초나무를 심는다 했고, 외정미수(外庭美樹)라 함은 담장 밖에 보기 좋고 아름다운 나무들이 있는 것은 그 집에 행운을 불러들인다 했다. 그러나 울안에 있는 고목과 큰 나무는 햇볕을 가리고 가족의 건강을 해치며 가운을 쇠퇴시키는 요수(妖樹)라 한다. 그러므로 집에 나무는 상록수나 약초나무·매실나무 등 작은 과일나무를 심으면 좋은 것이라 하였다.

❖ **집안의 조명(照明)은 밝아야** : 집안의 분위기가 어두침침하다면 반드시 조명을 밝게 해주어야 하고, 조명이 미치지 않는 구석이 있다면 전등을 새로 설치해서 집안 전체가 환한 느낌이 들도록 해야 한다. 거울이 생기(生氣)를 끌어들이듯이 조명 또한 지나치는 생기를 끌어와서 집안의 생기를 고양시키고 흐름을 촉진시켜 집안을 맑고 부드럽게 하며 따뜻한 기운이 넘치게 한다. 현관문을 열었을 때 자동센서가 부착되어 환한 전등이 켜진 집과 현관문을 열었을 때 어두워서 앞을 분간하기 힘든 집은 발전의 정도가 다르게 나타난다. 물론 조명 효과 하나만으로 기운이 발전하는지 아닌지를 논한다는 것은 너무 극단적인 비교이지만 그렇게 어둡거나 환한 상태로 5년 넘게 살아간다면 분명히 생활의 차이가 난다.

❖ **집 앞에는 들판이 펼쳐야** : 많은 주택 앞에는 들판과 강물이 활[弓]처럼 마을을 둘러 흐른다면 얼마나 좋으랴. 주변 환경이 좋아야 하며 집 앞 전경이 좋아야 한다.

❖ **집 앞이 높으면** : 주택지의 앞쪽이 높고 뒤쪽이 집터가 뒤로 기울면 항시 불안하고 심하면 자손이 불성패절(不盛敗絶)하며 도한 4방(方)의 8풍이 심하게 불고, 외롭게 노출되면 사람이 포악하고, 불식관재(不息官災)에 곤궁핍손(困窮乏孫)하게 된다.

❖ **집 앞에 솟는 샘물이 있으면** : 남자가 적게 출생하고 좌우에 깊은 연못이 있으면 주로 무후(無後)한다. 또한 자손 모두 내장질환이 초년에 많이 생긴다.

❖ **집에서 가꾸어도 좋은 나무와 나쁜 나무**

- 회나무는 잡귀를 막아주는 수호목(守護木)으로 좋다. 대추·석류·앵두나무는 어디든지 좋다. 향나무는 담장을 따라 한두 그루 정도면 좋다.
- 모과나무는 습기를 없애므로 좋지 않다.
- 오동나무는 집에 있으면 재물 손실이 있다.
- 구기자는 우물가에 심으면 장수한다.
- 복숭아나무는 잡귀를 불러들인다. 좋지 않다. 집에 심는 나무는 약초목이 좋다.
- 집 주위에 대나무는 어릴 때는 재운이 따르나 울창해지고 대나

무가 집을 덮고 누르게 되면 재운이 쇠퇴하게 되므로 좋지 않다.

- 집 주위에 뽕나무 · 단풍나무가 많으면 크게 자란 후 가족들이 만성질환에 시달리게 된다.
- 큰 나무가 가옥의 처마나 대문을 덮으면 귀신이 모여 든다고 하여 장수목(長壽木)은 심지 않는 것이 좋다.
- 집터가 넓다고 해서 사방에 나무를 심던지 넓게 사용하면 재물이 흩어지게 된다. 집터와 알맞게 경계를 지어 구분하는 것이 좋다.

❖ **집을 볼 때 살펴야 할 것**

- 막다른 골목의 안집은 좋지 않다. 수로(水路)를 막은 것으로 충사(沖射)를 받게 된다. 골목이 자기 소유면 문제가 없다. 집을 높여 짓고 대문을 중앙에서 비켜 세운다.
- 생로가 아닌 매립지는 좋지 않다. 땅의 기(氣)는 생토(生土)에만 있다. 생토가 나올 때까지 파내고 그 위에 짓는다.
- 골짜기를 매립해 복토한 땅은 수맥과 바람의 해를 바로 입는다.
- 늪지 · 개천 · 호수 · 연못을 매립한 땅은 건강에 해가 있다.
- 산을 절개한 땅은 재물이 흩어지고 정신질환자가 난다.
- 고목(古木)이 서있던 자리의 땅은 원인불명의 질환에 시달린다.
- 암석 자갈이 많은 땅은 살기가 있어 흉지(凶地)이다.
- 진흙(점토)이 많아 질퍽질퍽한 땅은 질병에 걸리기 쉽다.
- 집 안에 집 보다 높은 나무가 있는 집은 흉하고 나무가 크게 되면 집에 그늘져 항상 습하고 공기 정화에도 좋지 않고 뿌리가 자라 집에 해를 끼치게 된다. 밑으로 파고든다.
- 전에 살던 사람이 망해서 나간 집은 운이 쇠한 집이다.
- 집 안에 연못이 있는 집은 고인물이 질병의 근원이 된다.
- 두 집을 터서 한 집으로 만든 집 대문이 두 개이면 기(氣)가 나누어진다.
- 대문에서 현관문 · 안방문 · 부엌문이 바로 보이면 좋지 않다. – 도난 우려
- 집 앞에 솟는 샘물이 있으면 자손에 남자가 적게 난다.
- 집 근처 넓은 호수나 잔잔히 흐르는 계곡이 있는 곳은 좋다.
- 집 좌우측에 연못이 있으면 자손이 귀(貴)하며 우환(憂患)이 생긴다.(속병)
- 집 앞이 3면이 도로인 경우는 좋지 않다. 주택은 한 면이 좋다.
- 집을 살 때 오랫동안 비워 둔 집, 환자가 있는 집, 사업에 망한 집, 자살 사고가 있는 집, 경매 나온 집 등은 사면 불길하다.
- 집의 앞에 솟는 샘물이 있으면 남자가 귀하고 좌우에 연못이 있으면 자손이 귀하고 무후(無後)에 우환(憂患)이 있다.
- 집이 오른쪽에 높은 건물이, 왼쪽에 낮은 건물이 있으면 길(吉)하다.
- 집 뒤에 도로가 있으면 근심 · 걱정이 떠나지 않는다.
- 집 가까이 높고 험준한 산이 있으면 질병이 많고 단명에 자손이 귀하고 재물이 없다. (산의 계곡이 직충해 오면 더욱 해롭다.)
- 집의 동쪽에 큰 산과 접해 있는 터는 재난과 구설 · 장해 등 궂은 일이 많이 생기고 고독과 빈궁을 면하기 어렵다.
- 집의 앞뒤로 산줄기가 근접해 있는 터는 집안사람이 빈궁 · 옹색함을 면하기 어렵고 불량범죄를 저지르고 형벌을 받는 사람이 생기며 파괴 · 우환 · 문란과 장해 및 풍파가 따른다.
- 집 앞의 전면 오른쪽 모서리 동남 방위가 부족하고 뒤쪽이 단정 · 반듯한 곳은 집안이 융성하고 부귀영화를 누리며 식솔들 중에 뛰어난 점술가가 난다.
- 집의 후면 우측 변 동북방위 모서리가 부족한 곳은 점차 발전 · 번성하여 슬하 자손이 흥왕 · 부귀하고 재물이 풍부하며 안정과 영화를 누린다.
- 집 주위에 원형 · 팔각형 건물은 길하고 삼각형 큰 주차장이 있으면 좋지 않다.
- 집이나 산소의 운기는 주변의 환경에 따라 변한다.
- 집 주위에 쓰레기장 또는 혐오시설 · 도로 · 교회 · 사찰 등은 좋지 않다.
- 집터가 다른 집보다 조금 높으면 재물이 점차적으로 빠져 나간다.
- 집터의 가운데가 조금 높으면 아들이 귀하고 딸이 많다.
- 집터의 가운데가 꺼져 있는 곳도 우환이 생기고 가운이 쇠퇴해 진다.
- 집터가 뒤가 낮고 앞이 높으면 북향이 되고 집안이 망한다.
- 남향집에 좌저우고(左低右高)하면 장남이 출세하여 부모에 효도하고 유복하게 된다.

- 집터의 동북간, 남서간 방위에 결각(끊기거나 비뚤어 진 곳)이 있으면 사회에 나가 영향력을 행사하지 못한다.
- 길이나 물이 집 쪽을 향해 정면으로 충(沖)하거나 빠져 나가는 곳은 피한다.
- 집 근처에 넓은 호수가 거울처럼 비치는 곳은 길하다. 계곡물이 모여 완만하게 조용하고 길게 흐르면 길(吉)하고 똑바로 급하게 흐르거나 흐르는 물소리가 나면 흉(凶)하다.
- 주택·묘지에서 물은 서출동류(西出東流)가 길(吉)하며 천천히 흐르고 맑아야 길(吉)하다.
- 물이 둥글게 감싸 흐르면 하다. 물이 좌측으로 감아 돌면 와명예쪽에 함이 더하고 우측으로 감아 돌면 재물쪽에 더 이로움을 누린다.
- 전면보다 안으로가 길고 후면(後面)에 문이 있으면 좋은 집이다.
- 도로를 등지고 있는 집은 근심·걱정이 떠나지 않는다.
- 집 좌측에 물이 흐르고 우측에 도로가 있으면 길(吉)하다.
- 집터 4면이 도로로 둘려 쌓여 있으면 대흉지(大凶地)이다.
- 다른 집의 모서리가 바로 보이면 좋지 않다. 거울 판자로 기(氣)를 반사시키면 된다. 대문을 치고 들어오면 해(害)가 더욱 많다.
- 주방이 남쪽에 있으면 화재의 위험이 많다. – 관엽수로 가리는 게 좋다.
- 집에서 바로 교회의 십자가·사찰 등이 보이면 좋지 않으므로 가려주는 것이 좋다.
- 묘지 가까운 곳에 주택은 좋지 않다. 묘지를 가려서도 안 된다.
- 묘 뒤에 있는 주택은 패가망신(敗家亡身)하고 묘 보다 집이 높아 가리게 되면 재해(災害)를 당한다.
- 주택의 북동간(北東間) [간방이귀문(艮方二鬼門)] 가까이나 공동묘지(共同墓地)가 있으면 소년사(少年死)가 많아진다.

❖ **집을 지을 때 흙이 모자라 주위를 파서 기(氣)을 상(傷)하게 해서는 아니된다**: 될 수 있으면 사용할 흙이 모자랄 때는 그 근처에서 가져다 사용하는 것이 좋을 것이다. 특히 집을 지을 때는 혈판(穴坂) 근처의 흙을 가져와 사용 하더라도 본바닥을 파고 상(傷)하게 해서는 안 된다.

❖ **집을 지은 지 오래된 건물 일수록**: 한 곳에 오래 거주한 사람과 집을 지은 지 오래된 건물일수록 이사(移徙)와 변동에 의한 길흉(吉凶) 반응이 신속하게 나타난다.

❖ **집을 처음 지을 때 개기제(開基祭)을 지냈다**: 집터에서 첫 작업을 하는 것인데 택일(擇日)하여 개기제(開基祭)을 지냈는데 그 제사(祭祀)는 집터에 흙을 열삽정도 파서 놓고 그 주위에 왼 세끼 줄을 둘러치고 약간의 술과 음식을 갖추어 놓은 다음 신(神)에게 첫 작업시작을 알리는 축문(祝文)을 읽는 것이다. 이것은 땅에 귀신(鬼神)이 있다고 생각해서 땅을 파헤친다는 것을 알리는 것이다.

❖ **집의 건물에 좌향을 놓는데 흉한 날**: 황천구퇴(皇天灸退)는 유년 태세 흉신(凶神)방위의 하나로 이 구퇴방에 건물의 향방(向方) 놓는 것을 꺼린다. 황천구퇴 향(방위)은 아래와 같다.

신자진년(申子辰年):卯向, 사유축년(巳酉丑年):子向

인오술년(寅午戌年):酉向, 해묘미년(亥卯未年):午向

가령 태세가 신자진년 묘향이 구퇴방이며, 천덕(天德), 월덕(月德), 녹마귀인(祿馬貴人)이 임하면 제살된다.

❖ **집의 동쪽에 큰 산과 접해 있는 집터는 흉(凶)하다**: 재난과 손실·말썽·장해 등 궂은 일이 많이 생기고, 고독과 빈궁을 면하기 어렵다. 또 집의 앞뒤로 산줄기가 근범(近犯)해 있는 터는 집안사람이 빈궁·옹색함을 면하기 힘들고 불량과 범죄를 저지르고 형벌을 받는 사람이 생기며 파괴·우환·분산과 장해 및 풍파가 따른다.

❖ **집의 방위 찾기**: 풍수를 알기 위해서는 방위부터 알아야 한다. 풍수학에서 쓰는 전문 용어 좌향(坐向) 좌산(坐山)에 대해 간략하나마 설명해두고자 한다. 대문이나 현관이 향해 있는 쪽, 즉 집의 앞쪽을 향(向)이라 하고 집의 뒤쪽을 좌라고 한다. 좌와 향은 반드시 직선이 되어있다. 향이란 사람의 얼굴과 마찬가지로 숨을 쉬거나 내뿜거나 하는 쪽이고 좌는 정반대의 등 쪽이라 건물이나 방의 문이 중아에 있든 좌우에 있든 관계없다. 집의 앞과 뒤라는 뜻이다.

❖ **집의 배후를 감싸주는 산이 있으면 대길(大吉)하다**: 주택의 뒤를 감싸주는 뒷산이 둘러졌을 경우 재물과 식솔(食率)이 전성하고 풍부한 복록(福祿)과 안정을 누리게 되며 자손 중에 만석거부(萬石巨富)가 나온다.

❖ **집의 운기를 강하게 하려면** : 아무리 풍수학적으로 부엌의 방위가 좋아서 재물 운이 쌓이기 좋고 침대의 위치가 잘 배치되어 있다고 해도 현관을 열었을 때 지저분하거나 어둡다면 밖에서 유입된 생기가 잘 흐르지 못하게 된다. 때문에 기(氣)가 잘 흐르도록 정리 정돈하여 밝고 청결하게 유지하는 것이 중요하다.

❖ **집의 좌(坐)는 이렇게 놓는다** : 양택(陽宅)의 좌는 단자(單字)의 정좌(正坐) 만이 허용되며 두자 간의 좌향은 주인이 자주 바뀌게 되므로 흉(凶)하다.

陽宅坐向運

子午卯酉年 － 辰戌丑未乙辛丁癸坐 向吉

辰戌丑未年 － 庚申巳亥乾坤艮巽坐 向吉

寅申巳亥年 － 子午卯酉甲庚丙壬坐 向吉

❖ **집의 전면(全面)부위가 넓고, 뒤쪽이 좁은 주택은** : 집의 전면 부위가 뒤쪽으로 점차 좁아지는 주택은 재물과 인명의 손실파괴 및 재난과 풍파가 발생되어 우환과 불행을 겪는다.

❖ **집, 길상의 집은 이러하다**

① 집을 지을 때 방의 수나 기둥의 수가 홀수라야만 길하다.

② 남향의 집에 서편향(특히 서쪽에 안방을 들이면)을 만들면 길하다.

③ 집의 뒤쪽에 출입구가 있으면 길상이다.

④ 집터를 보았을 때 정면의 폭보다 안쪽의 길이가 길면 좋다고 할 수 있다.

⑤ 집 주인의 방은 중앙에 자리하면 길하다.

❖ **집, 나쁜 기가 흐르는 집** : 나쁜 기가 집안 곳곳을 흘러 다니는 집은 사람이 살기에 적당치 않다. 나쁜 기(氣)가 흐르는데는 여러 가지 원인이 있을 수 있다.

① 집 주변을 둘러싸고 있는 전후좌우의 국세(局勢)를 말하는데 가령 산과 들, 건물, 강, 도로 등이 집을 포근하게 감싸주지 못하여 이로운 생기가 모여들기 힘든 집.

② 죽은 땅에 집을 지었을 경우 죽은 땅이란 집 뒤쪽으로 흘러 내려온 힘찬 산줄기의 기맥(氣脈)이 집터로 연결되지 못하고 끊어져 있는 집을 가리킨다.

③ 집터 아래로 수맥이 흐르는 집.

④ 예전에 공동묘지였거나 감옥, 전쟁터, 소 도살장, 묘터, 매립장, 절터, 교회터, 서당터였던 곳에 지어진 집.

❖ **집, 나쁜 집 가려내는 요령**

① **막다른 골목집은 좋지 않다** : 양택에서 길은 물을 의미하는 것으로 막다른 골목집은 길을 막았다는 의미이며 바로 물을 막은 결과와 같다. 또한 물을 막은 것은 수침을 받는 것이며 결국 수력에 무너지므로 패가를 의미한다.

② **생토(生土)가 아닌 매립지는 좋지 않다** : 땅의 기(氣)는 흙과 암반 바로 윗층으로 흐르며 생토로 이어지기 마련이다. 따라서 풍수지리 이론은 땅의 기는 생토에만 있는 것으로 간주하여 기가 없는 매립토 위의 주택은 기를 받지 못한다고 생각하여 좋지 않게 여긴다. 이것은 양택의 원칙론일 뿐, 그 길흉은 알 수 없지만 현재에도 도시계획상 매립지는 얼마든지 있으며 그 집에서 사는 사람들이 좋지 않다고 보는 것은 타당성이 있다. 그러나 기초를 생토에 세우도록 노력해야 하며 여건이 맞지 않아 땅의 운기를 받지 못할 때는 방위상의 운기감응이라도 얻어야 한다는 것은 집의 형태는 물론이고 위치 방향에 따라 기를 얻을 수 있다고 보는 이론이다.

③ **집안에 지붕보다 높은 나무가 있으면 좋지 않다** : 나무가 크다는 것은 나무뿌리가 상대적으로 크다는 것을 의미하며 이는 집의 생기를 나무가 받아 거주자들에게 무익하다는 뜻이다. 실제로도 집안에 큰 나무가 있으면 번개와 낙뢰를 맞을 가능성이 크며 벌레들이 들끓어 병을 옮겨올 수도 있다. 뿐만 아니라 집이 나무 그늘에 가려져서 항상 습하고 음지가 되어 집안을 침울하게 만들 우려가 많다. 풍수지리에서는 또 나뭇가지가 집 바깥쪽으로 뻗어나가면 조상의 음덕을 받는다고 풀이하기도 하는데 그러한 반면에 간교한 종이 나온다고 보고 있다.

④ **망해서 나간 집은 좋지 않다** : 미신 같은 얘기라고 생각할 사람이 있을지 모르나 그 집을 사기 전에 망한 이유를 찾아보면 틀림없이 집의 좌향이나 대문의 위치, 안방, 부엌 등의 배합에 그 연유가 있음을 볼 수 있다.

⑤ **연못이 마당에 있으면 좋지 않다** : 단독 주택에서 우물이나

연못이 마당에 있다면 그 집터는 바로 수맥이 지나는 집이나 물이 고일 수 있는 습지이므로 좋지 않다. 시골에 가면 아무리 넓은 마당을 가졌다 해도 우물을 집 앞에 파지 않고 동네 우물을 길어다 먹는 것을 종종 볼 수 있는데 이것 또한 이러한 논리에 입각한 것이다. 도시에서도 마당에 연못이 있을 경우에 조금만 관리를 소홀히 하면 물은 썩게 마련이고 썩은 물이 마당에 있으면 질병을 유도하기 쉽다. 이런 집들을 방문해 보면 식솔들이 거의가 신경통을 앓고 있는 것을 흔히 볼 수 있다.

⑥ **기존 두 집의 담을 터서 한 집으로 사용하면 좋지 않다**: 이것은 출입문이 두 개임을 뜻한다. 그런데 문은 바로 모든 기(氣) 또는 도로, 물의 의미를 지니고 있으므로 기가 들어와 쌓이지 않고 나가버릴 우려가 있으며 문이 두 개면 주인이 둘이 되어서 집안 꼴이 안 된다. 합리적으로 불편하다는 뜻도 있지만 두 집을 가졌다는 것은 그만큼 재력이 있다는 실증이며, 재산이 많다 보면 주인의 외방출입이 잦을 수 있고, 그러다 보면 안주인이 둘이 될 수 있다는 해석도 나온다.

⑦ **형과 동생이 이웃에 나란히 집을 가지고 살면 좋지 않다**: 풍수지리에 보면 한 혈장에 둘을 넣지 말라는 격언이 있다. 이것은 음택에서 합장을 하지 말라는 뜻인데 하나의 기를 둘이서 받으면 그만큼 양이 반분되기 때문이다. 따라서 부득이한 경우가 아니면 합장하지 말고 따로따로 모셔 많은 기를 받아야 자손이 잘 된다는 이론이다.

⑧ **대문에서 안방이나 부엌문이 보이면 좋지 않다**: 대문은 바로 물의 입구를 뜻하므로 안방이 직수(直水)가 되어도 좋지 않고 부엌 또한 마찬가지다. 실생활에 있어서도 외인이나 내방객의 눈에 안방이 들여다 보이면 견물생심 도난의 우려가 있고, 부엌이 바로 보이면 딸이나 마누라가 외부와 연결되어 음탕한 일이 일어날 수도 있다.

⑨ **벽에 금이 가거나 물이 스며들면 좋지 않다**: 기초공사가 부실하다는 것을 뜻하며 배수가 안 된 집이니 붕괴 우려가 있는 것은 당연한 일이다.

⑩ **집이 어둡고 그늘지면 나쁘다**: 집이 어둡다는 것은 방향이 나쁘다는 뜻이며 그늘이 진다는 것은 앞서 예를 든 여러 조건과 같은 이치이다. 집 앞에 큰 빌딩이 가렸다든지 집 옆에 큰집이 가려 있어도 집은 자연 어둡게 되고 자연 그 집의 운기는 쇠퇴해 지는 것이다.

⑪ **주택 내부를 바꾸어야 할 경우**: 주택 내부 중심 부분에는 거실이나 안방과 같이 가장 넓은 방이 자리잡고 있어야 좋다. 안방이나 거실 등 큰방이 좌우 한쪽에 있다면 기가 한쪽으로 쏠리기 때문이다. 내부 중심에 작은 방이 있는 것도 좋지 않으므로 중심에 큰 공간을 두고 내부 공간의 기운을 안정시키도록 한다. 방의 형태는 정사각형이 가장 좋으며 단변과 장변의 길이가 1:1:7(=3.5)까지를 좋은 형태로 본다. 그러나 1:2 이상의 장방형(長方形)은 좋지 못하다. 장방형이거나 ㄱ자 형태의 방은 정방형에 가까운 형태로 바꾸도록 한다. 천장은 중심이 낮거나 좌우가 불균형하면 균형을 잃고 기(氣)가 분산되므로 중심 부분을 높게 한다. 안방은 주택 내부에서 가장 생기가 많이 모이는 곳에 위치하고 있어야 좋으므로 구석진 방을 안방으로 하고 있거나 방위적으로 좋지 못한 방을 안방으로 하고 있다면 위치를 바꾸도록 한다. 또 화장실이 주택 중심에 있는 경우는 구석으로 옮긴다. 현관 위치가 잘못되어 있다면 현관 위치를 변경하여 주택 내부의 기운을 생기로 변화시키도록 한다. 대문은 안정감이 있으면서 울타리 중심점이나 외부에서 잘 보이는 곳에 있어야 좋다. 도로나 건물 모퉁이 부분에 대문이 있을 경우 눈에는 잘 띄지만 안정감이 없어 좋지 못한다. 대문은 건물 방위와도 잘 맞는 곳에 있어야 하므로 건물 방위에 따라 변경한다. 현관 역시 방위에 따라 좋지 않은 경우에는 바꾼다.

❖ **집, 남쪽의 공터는 길상**(吉相): 남쪽은 팔괘(八卦)의 방향으로 보아서 이(離)에 해당되는데 옛날에는 집터의 남쪽에 빈터가 있으면 길하다 하였다. 현대에도 이러한 집터를 길하게 보는 것은 동일하지만 오늘날에는 여러 가지 여건상 누구나 남쪽에 공지가 있는 남향 집에서만 살 수 없다는 어려움이 있다.

❖ **집, 남향집에 대한 선호**: 우리 나라는 동쪽이 낮고 서쪽이 높아야 택지에 생기(生氣)가 융결되어 가문이 번창하고 부귀영화를

누린다고 한다. 또한 남쪽이 낮고 북쪽이 높아야 집안에 인재가 나고 영웅호걸이 배출된다고 한다.

❖ 집 대문의 배치 방위에 따른 길흉 분석표

① 남향집의 길흉 분석표

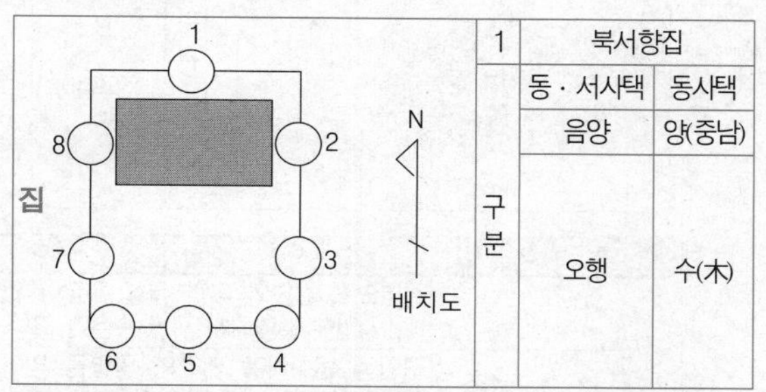

	번호	대문위치	해석	평점
대문	1	북	집안이 화평하며 자손과 재물이 늘어난다.	60
	2	북동	건강과 재산을 모두 잃는다. 식구들 사이에 불화가 발생하며 불의의 사고로 생명을 잃게 되기도 한다.	0
	3	동	집안사람이 건강하며 발전한다. 착하고 의로운 사람이 배출된다. 남녀 모두 좋다.	80
	4	남동	집안 식구가 모두 건강하며 부자가 되고 출세를 한다. 가장 이상적인 집이다.	100
	5	남	덕행과 학식이 높고 건강과 재물이 늘어난다. 아들과 손자가 효성스럽다.	80
	6	남서	건강과 재산을 잃는다.	20
	7	서	식구끼리 불신하고 다른 집 식구가 따라서 불편해진다.	30
	8	북서	건강과 재산을 잃는다. 여성은 외롭다.	10

② 남서향집의 길흉 분석표

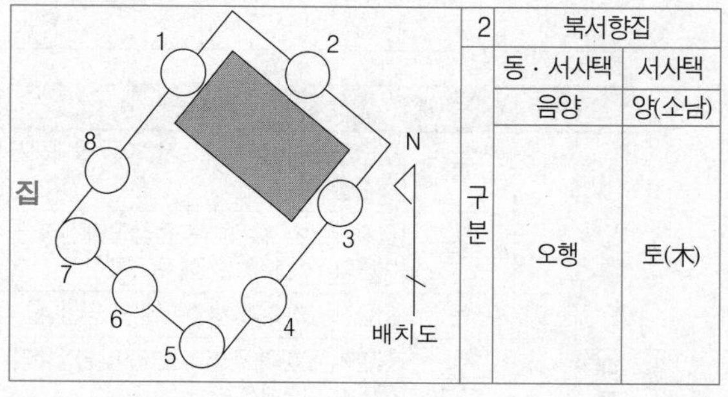

	번호	대문위치	해석	평점
대문	1	북	건강을 잃으면 나아가 생명까지 위험하다. 재물 이 빠져 나간다.	0
	2	북동	매사가 순조롭다. 남성의 주장이 강하다.	70
	3	동	건강과 재산을 모두 잃는다. 남성 사이에 싸움이 일어난다. 사람이 죽게 되기도 한다.	0
	4	남동	건강과 재산이 모두 빈약하다.	20
	5	남	초년에는 좋은 듯하나 시간이 가면서 불화가 발생한다. 여성 문제가 생긴다.	40
	6	남서	집안이 번창한다. 남녀 모두 건강하다.	90
	7	서	남녀 모두 훌륭하게 출세한다. 건강과 재산이 풍족해진다. 서사택 가운데 가장 이상적인 구조다.	100
	8	북서	건강을 얻고 재물이 늘어난다.	80

③ 서향집의 길흉 분석표

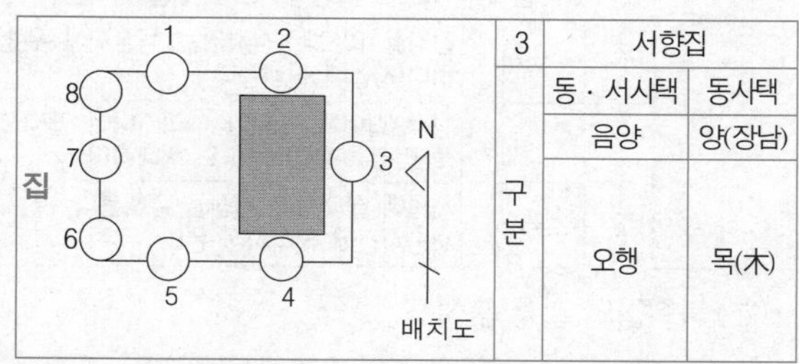

	번호	대문위치	해석	평점
대문	1	북	경사스러운 일이 많다. 승진이 잘되고 출세가 빠르다.	80
	2	북동	건강을 잃는다. 집안에 불화가 일어나고 아내가 고생한다.	0
	3	동	부귀가 겸전한다.	70
	4	남동	재산이 크게 일어나고 기운이 크게 빛난다.	90
	5	남	건강과 재산이 모두 크게 발전한다. 가족이 화목하며 효자가 나온다.	100
	6	남서	모자(母子) 관계가 특히 나쁘며 불화가 계속된다.	20
	7	서	건강과 재산이 모두 나간다.	20
	8	북서	흉사가 생겨 인명과 재산을 잃어버린다.	0

④ 북서향집의 길흉 분석표

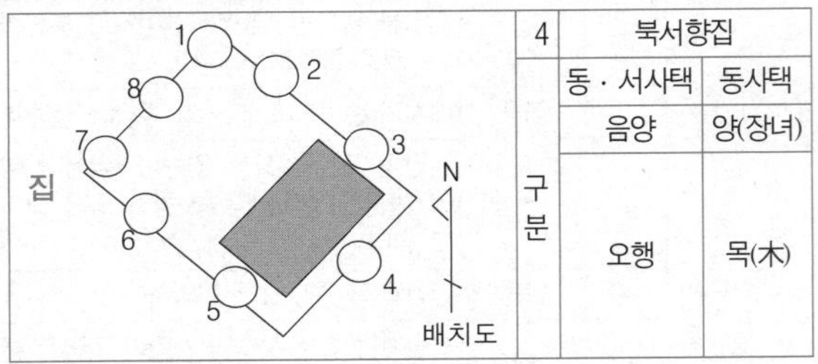

4	북서향집	
구분	동 · 서사택	동사택
	음양	양(장녀)
	오행	목(木)

	번호	대문위치	해석	평점
대문	1	북	건강과 부귀를 겸한 최고의 집이다.	100
	2	북동	각종 질병에 시달린다. 단명한다.	20
	3	동	가난하던 살림이 갑자기 일어난다. 집안이 건강과 부귀를 갖춘다.	90
	4	남동	재산과 건강이 안정을 이루며 발전을 거듭한다.	70
	5	남	남녀 모두 현명하고 부귀를 겸비한다.	80
	6	남서	건강을 잃으며 심지어는 목숨까지 위험하다.사업에 실패한다.	0
	7	서	항상 집안에 불과가 따라다니며 질병으로 건강을 잃고 목숨도 위태롭다.	0
	8	북서	사업에 실패하고 재산을 손해본다. 소송사건에 불리하게 된다.	20

⑤ 북향집의 길흉 분석표

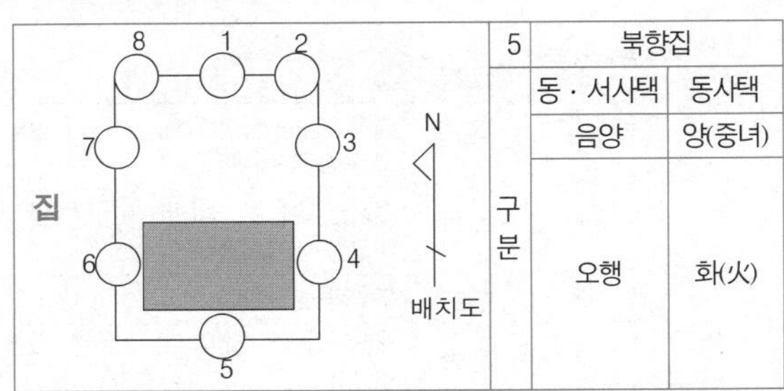

5	북향집	
구분	동 · 서사택	동사택
	음양	양(중녀)
	오행	화(火)

	번호	대문위치	해석	평점
대문	1	북	가정이 화목하며 재산이 늘어난다. 건강과 출세가 저절로 이루어진다.	80
	2	북동	건강을 잃고 재산도 손해를 본다.	40
	3	동	아들이 모두 출세한다. 집안이 화목하고 부귀가 항상 따라다닌다.	100
	4	남동	부귀가 겸전하며 사업에 성공한다.	80
	5	남	건강과 재산이 차츰 일어난다.	70
	6	남서	남자들은 명이 짧거나 가출하고 집안에 질병이 따른다.	20
	7	서	질병으로 많은 식구가 고생하고 죽는다. 재산은 저절로 줄어든다.	0
	8	북서	건강과 재산이 모두 불길하다.	20

⑥ 북동향집의 길흉 분석표

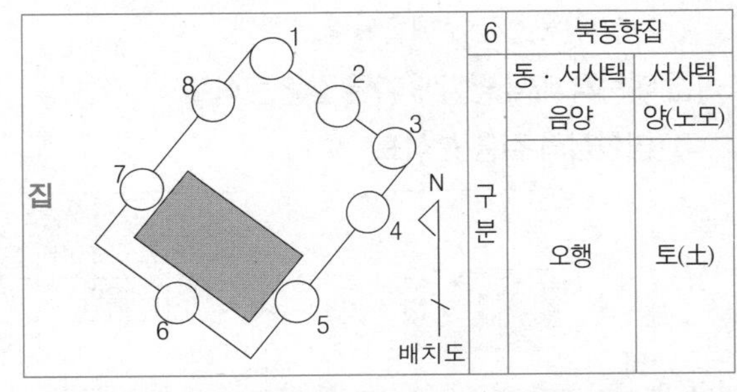

6	북동향집	
구분	동 · 서사택	서사택
	음양	양(노모)
	오행	토(土)

	번호	대문위치	해석	평점
대문	1	북	질병으로 집안의 대가 끊길 위험이 있다. 사업에 실패해서 재산 손실이 크다.	20
	2	북동	집안이 번창하며 지위와 공명을 얻어 주변에서 높이 칭송 받는다.	90
	3	동	지병과 사고가 연발하며 재산을 잃어 궁해진다.	10
	4	남동	각종 질병으로 생명이 단축된다. 우환과 소송이 겹쳐 재산을 모두 탕진한다.	0
	5	남	집안에 불화가 있고 질병으로 고생한다.	10
	6	남서	건강과 재산이 좋아지며 생활이 안정된다. 사업이 크게 번창한다.	70
	7	서	집안이 화목하며 입신 출세가 잇따른다.	80
	8	북서	아들이 모두 출세하고 건강과 명예를 얻는다. 사업에 성공해서 재산이 는다.	100

⑦ 동향집의 길흉 분석표

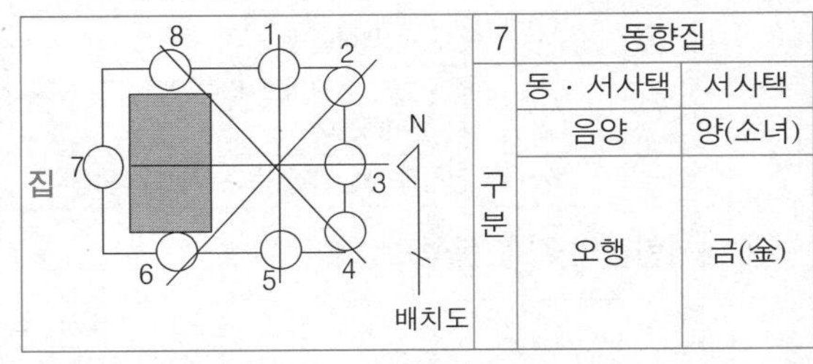

7	동향집	
구분	동 · 서사택	서사택
	음양	양(소녀)
	오행	금(金)

	번호	대문위치	해석	평점
대문	1	북	질병으로 고생한다. 사업에 실패해서 재산을 잃는다.	40
	2	북동	갑자기 입신 출세하며 건강와 재산이 늘어난다. 소년이 초기에 유명해진다.	100
	3	동	외롭게 고생하며 불행한 일을 당한다.	20
	4	남동	집안에 우환과 질병이 연이어 발생한다. 생명이 위험해진다.	0
	5	남	사고로 재산과 건강, 생명까지 잃는다.	0
	6	남서	건강과 재산이 모두 발전한다.	80
	7	서	안정적으로 발전한다.	70
	8	북서	사업이 성공적으로 이루어진다. 명예를 얻게 된다.	90

⑧ 남동향집의 길흉 분석표

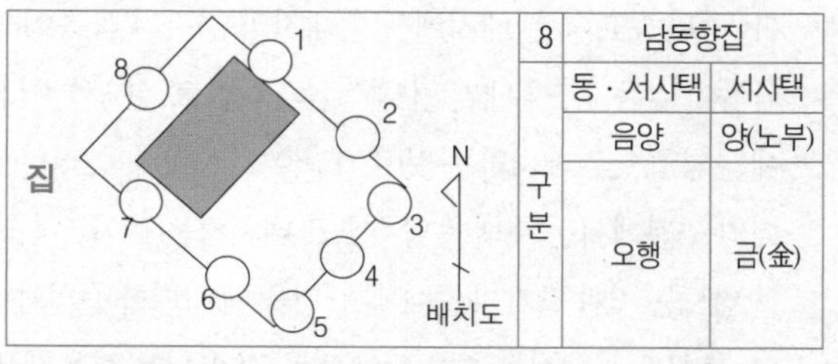

8	남동향집	
구분	동 · 서사택	서사택
	음양	양(노부)
	오행	금(金)

	번호	대문위치	해석	평점
대문	1	북	질병으로 고생하고 사업에 운이 없다.	20
	2	북동	집안이 화목하고 재산이 늘어난다. 남성 위주가 되며 여성은 외롭다.	80
	3	동	불의의 사건으로 건강과 재산을 잃는다. 질병도 계속된다.	0
	4	남동	불행한 사건이 계속된다. 재산과 명예를 잃고 생명까지 잃게 된다.	20
	5	남	질병과 우환으로 고생한다. 하는 일마다 손해를 본다.	20
	6	남서	남녀 모두 장수하며 훌륭한 자손을 둔다. 재산이 늘고 사업 운이 저절로 열린다.	100
	7	서	집안이 화목하며 출세가 연속된다. 재물이 저절로 모인다.	80
	8	북서	안정적으로 일이 추진된다. 건강과 재산이 점차 늘어난다. 오래 갈수록 좋다.	70

❖ **집 두 채 헐어 합치면 흉하다** : 가상비전집에 따르면 이웃에 있는 집을 사서 한 채로 쓰기 위해 경계를 헐고 한 집으로 쓰면 극히 흉하다고 하며 가운이 점차 쇠퇴해지고 마침내는 가세가 기울어 집안에서 하는 사업까지 악운을 만나게 된다고 한다. 특히 두 집 사이의 기둥을 잘라 구조를 변경하면 극히 흉하고 심하면 사람이 죽는 재해를 당하는 수도 있다. 만일 구조를 반드시 변경해야 한다면 아예 기둥을 뽑고 새로 기둥을 갈아 넣는 것이 좋다고 이르고 있다. 건축의 공간으로 해석해 보면 한 집으로는 비좁기 때문에 생활공간을 넓힌 것인데 실제 두 집을 터서 살아 보면 모든 구조가 두 집용으로 되어 있기 때문에 건평만 넓지 쓸모가 적다는 것을 알게 된다. 방은 그 숫자가 많아졌는지 모르겠지만 부엌, 변소, 욕실 등 부속실은 두 개 이상이 되어 반드시 없는 공간으로 남게 된다. 즉 건평의 면적은 두 배가 되었으나 편리한 생활공간은 두 배가 될 수 없다는 것이다. 이런 불필요한 공간을 다른 용도로 개조하려면 반드시 개축해야 하고 개축하다 보면 주택의 모든 구조를 재배치하지 않으면 안 되게 된다. 또 생활면에서 부엌의 경우를 생각해 보면 원래 부엌은 작은 집에 알맞게 꾸며졌던 만큼 역시 비좁고 불편한 경우가 생기게 마련이다.

❖ **집 뒤나 마을 뒤에 물 없는 계곡 있으면** : 시골이나 도시를 막론하고 집 뒤쪽에 물이 없는 계곡이 있는 주택에 거주하면 생활이 어려울 수도 있다.

❖ **집 뒤로 골짜기가 있으면 흉하다** : 도시나 농촌이나 집 뒤로 골짜기가 있는 마을이나 개인 가정집이나 재산이 넉넉하게 잘 사는 집 없고 고귀한 인물이 태어나지 않는다. 특히 문중의 재실을 지어서도 안 된다. 그 문중의 자손들에게도 영향을 받는다.

❖ **집 뒤에 산이 있되 이러한 산세는 흉하다** : 첫째, 먼저 집 뒤의 산이 마치 음택(陰宅)에서 말하는 규봉(窺)처럼 자신의 집을 보거나 들여 다 보고 있는 것 같은 경우는 집안에 도둑이 들어 손재가 겹친다고 여긴다. 둘째, 지나치게 경사가 급하고 뾰족한 산이 집 뒤에 있는 것도 흉하다고 보며, 집 근처 돌이나 바위로 된 언덕이 있는 곳도 흉하다고 여긴다. 그런 산세가 보이거나 곁에 있으면 경제적으로 윤택한 생활을 누리기가 어렵고 사고나 살상 등의 변고를 겪게 된다고 간주한다.

❖ **집 뒤쪽으로 산이 있고 앞으로는 물이 있어야 좋다** : 자신이 살고 있는 집 뒤쪽으로 산이 있거나 알맞은 구릉(언덕)이 있으면 매섭게 불어오는 바람이나 찬 겨울바람(북서풍)으로부터 안전한 차단막이 형성되는 것과 같아 집의 생기(生氣)를 이롭게 한다. 등 뒤가 허전하면 뭔가 불안하게 생각되는 사람들의 심리가 그대로 주택에 나타나게 되고 또 집 뒤의 산은 든든한 버팀목과 같은 것이다.

❖ **집 모양의 허와 실** : 황제택경(皇帝宅經)에 가상에는 오허(五虛)와 오실(五實)이 있다고 되어 있다.

• **오허**(五虛)

① 집은 큰데 식구가 적은 것.

② 대문은 크고 집이 작은 것.

③ 창문이나 담장이 부실한 것.

④ 우물이나 부엌에 제자리에 있지 않은 것. ⑤ 대지는 넓은데 건물이 작은 것.

- **오실**(五實)
  ① 집은 작은데 식구가 많은 것.
  ② 집 규모에 비하여 문이 작은 것.
  ③ 담장이 반듯한 것.
  ④ 집은 작은데 가축이 많은 것.
  ⑤ 물이 동남쪽으로 흐르는 것.

❖ **집의 담장이 높지 않아야** : 작고 볼품 없는 집에 지나치게 담장이 높을 경우 생기가 고이지 못한다. 또 높고 큰 집이면서 담장이 없거나 너무 낮은 경우에도 생기(生氣)가 흐르지 못한다. 외부의 순화되지 않은 기운이 집안을 휘젓고 다니기 때문이다. 담장은 높이가 적당해야만 외부의 기와 실내의 기를 교류시켜 주는 매개체로서 제 역할을 다할 수 있다. 사람의 키보다 약간 높은 정도가 적당하지만 집의 크기와 높이에 따라 더 낮아질 수도 높아질 수도 있다.

❖ **집의 뒤쪽에서부터 좌우로 물이 급하게 흘러 집 앞에서 합류하는 것은 좋지 않다** : 좌청룡의 개념으로 흐르는 동쪽의 물길은 주택의 취기(聚氣)에 좋지만 좌우의 양쪽으로 물이 급하게 흐른다면 지기(地氣)가 집터에 고이지 못하고 흐르는 물에 휩쓸려 소멸되므로 매우 흉하다. 아울러 이 좌우의 물길이 흉격(凶格)인 채로 집 앞에서 합류하는 경우에는 그 흉성이 더욱 커지므로 이런 장소 또한 피해야 한다.

❖ **집, 배산임수론** : 배산임수란 산을 등지고 낮은 곳을 향하라는 뜻. 배산임수를 거역하면 흉가가 된다. 도시에서는 택지 선택에 있어서 높은 언덕은 불길하고 낮은 언덕은 길하나 농촌에서는 낮은 언덕도 불길한 것이니 국세(지형)가 미약한 관계이기 때문이다. 도시에서는 높은 언덕일 때는 언덕 아래를 선택하고 낮은 보국이라도 되었는가 살펴 언덕을 뒤로 두고 낮은 곳을 향해야 배산임수가 된다. 평지에서도 주택의 정원이 길보다 낮은 주택은 흉가로 본다. 배산임수란 살풍(골짝바람)을 피하고 보국된(사방이 둘러 싸인 곳) 택지의 안정을 찾아 천기지기(天氣地氣)의 조화된 정기로써 가족의 건강과 수명장수가 약속되는 길한 배치 방법이다.

❖ **집, 배산임수 원칙에 따라 집을 지어야 한다** : 남향 집은 햇빛을 가장 많이 받는 집으로서 주택의 대표적인 배치방법 중 하나이다. 평탄하고 넓은 대지에서나 대지의 경사가 북쪽이 높으면 남쪽이 낮은 땅, 즉 대지 형태가 남과 북으로 길게 늘어진 경우에는 남향으로 배치하는 것이 가장 이상적이다. 그러나 이외의 대지 조건에서는 주택을 남향으로 배치하는 것이 오히려 흉가를 만드는 것과 같기 때문에 집을 지을 때 각별한 주의가 필요하다. 특히 도심에서는 좁은 땅에 집을 짓게 되는 경우가 많기 때문에 남향보다 생기를 더욱 많이 받을 수 있는 주택의 배치 방법을 적용시켜야 한다. 배산임수 배치방법은 한국의 전통 건축의 가장 대표적인 방법이다. 궁궐과 사찰은 물론 소규모 주택에 이르기까지 대부분의 건물은 배산임수 배치방법을 적용했으며, 이것은 오늘날까지 가장 이상적인 배치방법으로 이용되고 있다. 즉 지면에서 약간이라도 높은 부분에 건물을 짓고 지대가 낮은 쪽에 마당을 설치함으로써 내려다 보도록 하는 배치를 말한다. 그리고 지면의 고저(高低)가 확실하게 구분되지 않거나 강이나 바다 등이 직접 보이지 않는 지세에서는 빗물이 흘러 내려가는 방향을 낮은 쪽으로 하여 마당을 설치함으로써 건물에서 빗물이 내려가는 쪽을 바라보도록 배치한다. 생기는 강물과 육지가 음과 양으로 조화를 이루는 낮은 지역에서 발생되어 바람을 타고 지상으로 옮겨진다. 생기 있는 바람을 받아들이기 위해서는 집이 생기가 불어오는 쪽을 향하고 있어야 한다. 물이 내려가는 낮은 쪽을 향해 집이 들어선 경우가 바로 생기를 많이 불러들이는 형태이다. 남쪽 지면이 높고 북쪽 지면이 낮은 대지에서는 지면이 높은 남쪽이 건물 후면이 되고 지면이 낮은 북쪽이 건물의 전면이 되는 북향 배치가 배산임수에 따른 배치 방법이다. 북향으로 배치를 해야만 북쪽에서 불어오는 생기를 받아들일 수 있기 때문이다. 만일 이런 지세에서 남향집을 짓는다면 남쪽의 햇빛을 많이 받아들이는 장점은 있지만 지대가 낮은 건물 뒷면을 석축이나 콘크리트로 받치고 집을 짓기 때문에 집이 뒤로 넘어지는 형태를 하고 있다. 이런 형태의 건물에서 앞을 보면 정면에 높은 산이 가로막고 있어 중압감을 느끼게 되고 산이 하늘을 가로막아 넓은 하늘을 바라볼 수 없다. 물론 하늘로부터 마당을 통해 들어오는 생기의 양도 부족해 주택

내부에는 불행한 기운으로 가득차게 된다. 또 북쪽에서 불어오는 생기를 막고 반대쪽을 바라보고 있는 형상이기 때문에 오히려 생기를 빼앗기게 될 뿐만 아니라 산으로 올라가는 바람이 주택 내부에서 회오리 바람을 발생시켜 주택의 기운을 빼앗아 가게 된다. 이런 집에서 살게 되면 우선 건강을 잃게 되고 경쟁력을 상실해 직업을 잃거나 손해를 보는 등의 여러 가지 불행한 일을 겪게 된다.

❖ **집 부근** : 집 부근에 법원, 사찰, 교회, 금속류의 공장, 군부대 등이 있는 곳은 왕성하고 강력한 지기(地氣)가 자신의 집터에 고인 지기를 누르게 되므로 가족들 가운데 병약자나 방탕아가 생기기 쉽다. 이것은 풍수지리학적인 추정일 뿐이지 과학적인 자료는 산출된 것이 없다.

❖ **집, 빈방에 귀신 있다는 설은** : 예로부터 우리 조상들은 사는 사람에 비해 주택의 규모가 너무 클 경우엔 빈방에 귀신 있다면서 꺼려하고 그런 집을 흉상(凶相)으로 여겼다. 가족 수에 비해 실내 공간이 너무 넓을 경우엔 집안 구석구석까지 사람의 온기가 미치기 힘들고 그만큼 쓰지 않는 공간을 비워두는 공간이 생기게 마련이다. 모든 동양적 사유는 음양(陰陽)의 조화를 이루는데 근본 목적이 있다. 집안의 공간 전체는 생활 터전이긴 하지만 그 자체는 가만히 놓여 있어서 움직이지 못하는 부동의 것이다. 따라서 집 자체는 음(陰)의 성질이며, 공간을 활용하여 의식주를 해결하고 휴식을 취하며 내일을 준비하느라 늘 움직이는 사람은 유동적인 존재로서 사람은 양(陽)의 성질이다. 그런데 사람의 수에 비해 평수가 너무 커서 빈 공간사람의 손길이 가지 않고 발길이 닿지 않는 공간이 있을 경우엔 사람의 온기 즉 양기(陽氣)에 비해 공간에서 방출되는 음기(陰氣)가 너무 강해져서 음양의 조화가 깨진다. 결국 집안에 생기(生氣)가 흐르지 못하여 건강을 해치고 운기(運氣)를 가로막는 나쁜 기가 흐르게 되는 것이다.

❖ **집, 살기 좋은 집이란** : 주택은 인간에게 있어 생활하는데 필수적인 공간이다. 주택은 신선한 공기를 마실 수 있고, 햇빛 잘드는 집, 여름에 시원한 바람과 겨울에 따뜻하고 온 가족이 편안히 쉴 수 있는 공간이어야 한다. 일반적으로 인간이 절반 이상을 주택에서 생기를 받는 것도 중요하지만 집의 형태와 위치 방향을 더욱 중요시하며 좀더 세분하여 대문, 안방, 부엌 등을 보는데 이것을 양택3요결(陽宅三要訣)이라 부른다. 양택3요결은 중국의 지리오결의 저자인 조구봉이 주장한 이론으로 모든 주택은 동사택(東舍宅), 서사택(西舍宅) 즉 8방위에서 둘로 나누고 여기에 앞서 말한 대문, 안방, 부엌 등 배치 방식을 따지는 내용으로 양택풍수의 근간이 되고 있다. 즉 북과 서쪽이 높고 남과 동이 낮으면서 평탄하고 안정감이 있는 따뜻한 집, 도로에 인접해 있어 교통이 편리한 집, 전망이 좋은 집이 가장 좋은 주택이다. 막다른 골목의 집, 생토가 아닌 매립지의 집, 산을 마구잡이로 능선을 깎아 지은 집, 기존 두 집의 담을 터서 한 집으로 사용하는 집, 형체가 이웃하여 나란히 사는 집, 대문에서 안방과 부엌문이 보이는 집, 벽에 금이 가거나 물이 스며드는 집, 어둡고 그늘진 집 등은 좋은 집이 아니라 하였다.

❖ **집 수리하는 날, 천롱일**(天聾日) : 하늘의 모든 신이 귀가 먹었다는 날이니 말하자면 길흉 간에 아무런 작용을 하지 않는다는 날이다. 그러므로 이날에는 흙 다루고 집을 고치고 짓는데 아무 해가 없다. 병인(丙寅), 무진(戊辰), 병자(丙子), 병신(丙申), 경자(庚子), 임자(壬子), 병진(丙辰) 일이다.

❖ **집 수리 하는데 좋은 방위(천재방**(天財方)) : 유년태세(流年太歲)에 의하여 재신(財神)이 임하는 방위. 이 방위에 양택(陽宅 : 집짓고 수리하고 흙 다루는 일 등)을 하면 재수가 대길하다고 한다.

甲乙年 : 亥子方　　丙丁年 : 寅卯方

戊己年 : 巳午方　　庚辛年 : 辰戌丑未方

壬癸年 : 申酉方

❖ **집안 내부에 수석을 많이 두는 것은 좋지 않다** : 돌은 더운 여름이면 스스로 높은 온도까지 오르기도 하고 겨울에는 땅의 온도보다 훨씬 더 차가워지기도 하는 물질이다. 즉 여름에는 집의 기온을 더욱 높일 수 있고 겨울에는 집의 기온을 낮춘다는 것과 같다. 수석이 집의 내부가 아닌 정원에 둔다면 문제없으나 내부에 둔다면 여름에는 무더위를 더 느끼고 겨울에는 섬뜩한 싸늘함을 느낄 것이다.

❖ **집안 어른의 가구는 육해살 방위에 둔다** : 할아버지, 할머니, 아

버지, 어머니 등과 같이 집안의 어른들이 쓰거나 썼던 가구는 육해살(六害煞) 방위에 두는 것이 좋다. 그럴 경우 생존시에는 집안을 화목하게 하여 온 가족들에게 이로움을 주고 사망한 후에도 동기감응의 원리가 적용되어 항상 자식(후손)들을 보호하고 운세상으로도 큰 도움을 준다고 풀이한다. 육해살 방위는 항상 깨끗이 청소하여 두되 불길한 일이 자주 생길 경우엔 소금을 약간 뿌리면 곧 귀한 손님이 들어오고 운세도 개선되어 복된 생활을 할 수 있다.

❖ **집 안쪽으로 문이 열리는 구조가 재산을 불린다** : 건축법규상 문은 활짝 열었을 때 도로 경계선을 넘지 말도록 규정되어 있으니 대지의 손실을 고려하더라도 집 안쪽으로 열리게 하는 것이 유리하며, 또 그렇게 여는 것이 바깥쪽으로 여는 것보다 좋은 방법이다. 밖으로 대문을 열면 집안의 재산이 밖으로 흩어져 나가는 반면, 안으로 열리는 대문은 재산을 불려주는 요인을 집안으로 끌어들이는 흡인력이 있다는 것이다. 또한 정원을 청소할 경우에도 대문 쪽에서부터 비질을 시작하여 내부 쪽으로 쓸어들어가는 방법을 택하며, 내부에서 대문 쪽으로 쓸어나가는 방식은 재산이 이러한 문은 드나들기에 불편하기 짝이 없으니 이웃간의 왕래도 줄어들며 결국에는 찾아오는 이도 없이 식구들만 드나드는 집으로 전락한다. 또한 머리와 허리 다치기가 다반사며 그 집에 사는 식구 모두가 점점 비굴해져 간다. 이런 쪽문은 대문 설계시 애당초 계획을 하지 않아야 되며, 현재 쪽문을 사용하고 있다면 즉시 사용을 중단하고 아예 폐쇄하는 것이 현명한 방법이다. 사람만 출입하는 대문과 차량이 드나드는 차고문이 따로 있을때 차고문은 필요없고 대문만 필요하다면, 부피가 큰 물건도 쉽게 들여오고 내갈 수 있도록 두 쪽이 한 조가 되는 문과 사람이 출입하는 문이 따로 구획되어 있는 것이 좋다.

❖ **집안에 동물 박제를 두는 것은 좋지 않다** : 수맥 진단이나 오링테스트를 할 때 사진만으로도 그 반응이 가능한 것은 사진이라도 사진에 나와 있는 물체에 대한 고유의 기(氣)가 묻어 있기 때문에 가능한 것인데, 생명이 끊어진 동물 박제라고 하지만 그 나름의 기(氣)는 지니고 있다. 더구나 정상적인 죽음에 의한 것이 아니고 포수가 잡은 동물은 더욱 살기를 띠게 된다. 특히 병약자나 어린이 임산부 등은 특별히 기(氣)에 민감한 사람들은 조금이라도 기의 흐름이나 상황이 달라지면 예민하게 반응한다. 그리고 낮 시간 동안에는 항상 자신의 집에 있는 물건이니까 그런 의식을 하고 있겠지만 밤에 무심코 잠에서 깨어났을 때 박제된 동물을 바라보게 된다면 얼마나 섬뜩하겠는가. 그리고 표범 무늬의 천이나 동물의 털로 된 깔판 등 죽은 동물을 연상시키는 소재는 흉한 기운을 불러오고 건강운을 떨어뜨린다. 특히 애완 동물을 기르는 집이 늘어나는 추세이지만 개를 소재로 한 달력이나 그림도 좋은 소재가 아니다. 현관이나 다른 공간도 마찬가지로 모든 동물의 그림은 좋지 않다고 생각하면 된다. 어떤 집은 호랑이 그림을 선호하는 경우가 있으나 버리는 것이 좋다.

❖ **집안에 햇볕이 잘 들지 않은 집** : 집안에 햇볕이 잘 들지 않거나 그늘이 많이 지는 구조일 경우 거주인들은 심리적으로 우울하고 소심한 성향을 갖게 된다. 이는 음기(陰氣)가 강해져 음양의 조화가 깨지기 때문이다. 풍수 인테리어에서는 이런 경우 양기(陽氣)를 보충해 주어서 기의 흐름을 순화하고 활성화시켜 준다. 그 방법으로는 밝은 조명을 설치하고 온화하고 밝은 느낌의 벽지를 선택하도록 한다. 밝은 조명은 풍수상 태양의 역할을 하며 밝은 색상의 벽지는 실내에 흐르는 탁한 기를 맑게 순화시켜 준다고 본다.

❖ **집안이 어두우면 조명등으로 보완** : 집안에서 태양 역할을 하는 것이 조명이다. 따라서 집안에 창문의 면적이 좁거나 적어서 빛이 잘 들어오지 않는 경우 밝은 조명등을 설치하여 태양의 역할을 대신하게 한다. 가게 출입문이 지나치게 작으면 드나드는 손님들에게 압박을 주어 매상이 떨어지게 된다. 이럴 경우에는 가게 출입문이나 안의 벽면에 넓은 통거울을 부착하여 풍수적 결함을 보완하도록 한다. 시각적으로도 훨씬 넓어 보일 뿐만 아니라 가게 안의 탁한 기운을 맑게 순화시켜 주므로 손님이 늘어나고 주인의 운세도 한결 개선될 것이다. 특히 현관문과 벽이 바짝 붙은 답답한 구조의 현관이라면 가족들의 발전운을 막는 결과가 된다. 승진, 출세, 대인관계, 진학 등에서 막힘이 많으므로 풍수적인 보완책이 필요하다. 현관 측면 벽에 거울을 부착하고 현관의 조명등을 항상 밝게 하면 밖에서 들어오는 행운

이 순조롭게 집안으로 들어올 것이며 장판지와 도배지를 조명이 되는 색으로 하면 더욱 좋다.

❖ **집 안팎의 청소가 불량하면 가족간 불화** : 집안의 청소가 불량하고 집 주변도 청결하지 못한 경우라면 탁한 기가 가족들에게 영향을 미치므로 가족간에 불화가 심해지고 자녀의 품행이 불량해지며 배우자가 외도나 불륜을 일삼을 수 있다.

❖ **집에서 아름다운 소리와 안정된 진동** : 집에서는 여러 가지 진동과 소리가 발생한다. 이 중에는 사람의 귀에 들리거나 감지되는 것도 있지만 그렇지 못한 것들도 있다. 건물이 전체적으로 중심을 갖고 있으면 아름다운 진동과 소리를 갖게 된다. 그러나 불균형 상태나 중심이 빈약한 상태에서는 불안한 소리가 난다. 흉한 소리가 나는 집은 흉가가 된다. 문짝이나 창문 등을 열고 닫을 때도 소리가 나는데, 알루미늄 새시나 유리 긁히는 소리 등이 기분 나쁘게 날 때는 즉시 수리해야 한다.

❖ **집에 수맥이 있을 경우** : 집터에 수맥이 흐를 경우 우선 잠을 자는 방위를 바꾸어 자보고 그래도 차도가 없으면 동판을 깔아 수맥의 기를 차단시키고 산소 자리가 나빠서 수맥이 흐르면 이장을 하여야 할 것이다.

❖ **집 유년기에 받은 기가 성장한 후에도 지속된다** : 양택풍수에서는 유년기에 받은 가상의 영향이 성장한 후에도 지속된다고 보고 있다. 가령 가상학적으로 결함이 많은 집에서 아기가 태어나 5년 이상 살다가 다른 집으로 이사를 갔다 하더라도 이미 받은 가상학적 흉작용이 영향을 미친다는 것이다. 그래서 성인이 된 이후에 주택의 결함과 관련된 질환을 앓거나 운세가 막히는 불운을 초래한다고 한다.

❖ **집은 거주하는 사람의 수와 성격에 맞아야 한다** : 평소에 공부에 흥미가 없고 친구들과 어울려 다니기를 좋아하는 아이나 각종 모임이란 모임은 빠지지 않고 나가기를 좋아하는 주부들을 살펴보면 집이 너무 커 혼자 있으면 허전한 느낌을 준다든가, 그 반대로 가재도구가 이 구석 저 구석 쌓여 있을 만큼 좁은 집에서 생활하는 경우가 많다고 한다. 이와 같은 집은 거주하는 사람의 수와 성격에 맞는 적당한 높이와 크기가 중요하게 고려되어야 한다. 또 좁은 방이 많으면 자손에게 안 좋다고도 한다. 생활하는 주거공간의 방은 모두 사람이 거주하여야 좋고 주택 내부에 비어 있는 방이 있으면 좋지 못하다. 가끔 찾아오는 가족이나 손님을 위한 방은 평상시 비어 있게 된다. 이런 방은 빈 방문을 열 때 마치 귀신이 들어가 살고 있는 것과 같은 느낌을 받을 수 있는데 이것은 나쁜 기운이 몸을 엄습해 오는 것에 대한 자체적인 방어를 하는 무의식적인 반사동작으로 해석된다. 그러므로 집안에 빈방이 있으면 흉사가 일어난다고 하였다. 빈방이 있을 때는 책장이나 책상을 넣어 놓고 그 방에서 공부를 하든지 책을 가지러 출입하든지, 옷장이나 자고난 이불 같은 것을 빈방에 넣어 놓고 매일 몇 번이고 빈방에 출입할 수 있게끔 내부 가재도구를 배치하면 식구가 적어도 빈방에서 냉한 기운이 없어지고 훈기 있는 주택이 된다.

❖ **집은 산의 중심과 일치** : 집은 물론 일반 건물도 산의 좋은 기운을 받고, 산 형태와 조화를 이루도록 배치하는 것이 가장 이상적이다. 산이 있는 지역에서는 산 정상에서 내려온 능선과 집 중심 축을 일치시키고, 배산임수 원칙을 따른다. 이렇게 배치하면 지기를 많이 받을 수 있다는 장점이 있을 뿐만 아니라, 산과 건물 형태가 아름답게 조화를 이뤄 좋은 분위기를 만든다. 건물이 여러 개 들어설 경우에는 가장 크고 중요한 건물이 산 중심과 일치되도록 하고, 그 좌우에 부속 건물을 배치한다. 부속 건물은 중심 건물과 마당을 중심에 두고, 사면에서 마당을 향하게 배치해서 우물 정(井)자 형태가 되도록 한다. 이러한 배치는 중심 건물을 기준으로 부속 건물이 청룡·백호·주작 역할을 하는 매우 좋은 형태인데, 예로부터 궁궐·사찰·서원·향교 등이 이러한 배치 방법을 썼다.

❖ **집은 정면보다 뒷면이 길어야 좋다** : 정면의 폭 즉 현관이 있는 쪽의 폭보다 집 안쪽의 길이가 긴 집은 오래도록 유복하게 번영하는 길상(吉相)의 집이 된다. 이와 반대로 정면의 폭이 더 넓은 집은 흉상(凶相)이니 주의해야 한다.

❖ **집은 제3의 태반** : 원시 시대 사람들은 굴 속에서 살거나 땅에 구멍을 파고 살았다. 그 때는 땅 속이 바로 집이었다. 그러다 점점 땅 위로 올라와 오늘날과 같은 건물을 만들게 되었다. 땅은 생명체를 낳고 키워 주는 어머니와 같다. 하늘을 아버지로, 땅

을 어머니로 보는 음양 이론도 땅이 갖고 있는 모성적인 기능에서 출발했다. 세상에 태어난 사람은 집안에서 살면서 자연의 기를 직접 받아들인다. 집은 사람의 기운을 충전시켜 주는 공간이다. 사람은 잠을 자지 못하면 기운이 없어서 아무 활동도 할 수 없다. 잠을 자는 것은 단순히 쉬는 것 외에 다음 날을 위한 충전의 의미가 크다. 육체가 잠자는 동안에도 영혼은 쉬지 않고 무한한 공간과 영적인 교류를 통해 새로운 영감과 힘을 얻는다. 집안 기운은 집의 형태와 방위, 주변 산과 강 등에서 생기는 바람, 귀에는 들리지 않는 여러 소리와 진동, 전자기파 등 여러 힘이 어우러져 이뤄진다. 집은 자연의 공기를 사람의 숨결처럼, 태양 빛을 심장의 맥박처럼 받아들임으로써 생명력을 갖게 된다. 부모의 태반이 생명체를 낳고 키워주듯 집도 사람을 그 안에서 낳고 성장하게 한다. 그러므로 자연은 모든 생명체의 1차 태반이며, 어머니는 2차 태반, 집이나 고향은 3차 태반이며, 집을 둘러싸고 있는 도시와 국가는 4차 태반이라고 볼 수 있다.

❖ **집은 하늘을 바라보도록 배치한다** : 집은 규모가 같은 것끼리 어울려 있는 것이 좋다. 서로 비슷한 것끼리 어울리는게 아름다운 것은 비단 집 뿐만은 아니지만 특히 집은 햇빛과 바람의 영향을 많이 받는 것인 만큼 더욱 중요하다. 큰 건물 옆에 집을 짓게 되면 큰 건물에서 발생하는 바람에 의해 집의 기운을 빼앗기고 길이가 긴 건물은 스스로 바람을 만들어 강한 바람을 불게 한다. 이런 위치에 집을 짓게 되면 마치 거대한 바람의 통로 속에 갇혀 있는 것과 같은 형상이 된다. 또한 큰 건물 옆에 있는 작은 집에서는 넓은 하늘을 바라볼 수 없게 된다. 하늘 대신 높은 건물이 주택의 전면을 가로막고 있기 때문이다. 하늘은 생기를 보내 주는 가장 중요한 공간이다. 이런 집에서는 불행한 일이 연속적으로 발생한다. 집을 지을 때는 넓은 하늘을 바라볼 수 있도록 배치하는 것이 가장 바람직하다.

❖ **집을 사고자 할 때 처음 감각이 편안하고 안온하면 좋은 집** : 이미 지어진 집을 사고자 할 때는 처음 그곳에 들어서면서 느끼게 되는 초감각이 중요하다. 이 초감각은 마음을 편안하게 하고 욕심을 버리고 자연과 마음이 일치할 때 나타난다. 우리가 처음 만난 사람과 대면에서 느끼는 것과 같다고 보면 된다. 즉 첫인상이 그 사람의 인격을 나타내듯이 순수한 느낌이 느껴지는 곳이 우리가 살기 좋은 집터이다.

❖ **집을 수리하거나 집 짓지 아니한다(천화일(天火日))** : 택일에 쓰이는 신살의 하나로 천화일에는 집을 수리하거나 짓지 아니한다. 특히 부엌을 고치지 않고 집을 덮지 아니한다.

정, 5, 9月 : 자일(子日)　　2, 6, 10月 : 묘일(卯日)

3, 7, 11月 : 오일(午日)　　4, 8, 12月 : 유일(酉日)

❖ **집을 지을 때 길년운**(吉年運) **보는 법** : · 자생(子生) : 쥐띠생은 갑(甲), 정(丁), 무(戊), 기(己), 임(壬), 계(癸)년이 길년이다.

- **축생**(丑生) : 소띠생은 병(丙), 정(丁), 무(戊), 신(辛), 임(壬), 계(癸)년이 길년이다.
- **인생**(寅生) : 범띠생은 병(丙), 정(丁), 무(戊), 신(辛), 임(壬), 계(癸)년이 길년이다.
- **묘생**(卯生) : 토끼띠 생은 을(乙), 병(丙), 정(丁), 경(庚), 신(辛), 임(壬)년이 길년이다.
- **진생**(辰生) : 용띠생은 을(乙), 병(丙), 정(丁), 경(庚), 신(辛), 임(壬)년이 길년이다.
- **사생**(巳生) : 뱀띠생은 갑(甲), 을(乙), 병(丙), 기(己), 경(庚), 신(辛)년이 길년이다.
- **오생**(午生) : 말띠생은 갑(甲), 을(乙), 병(丙), 기(己), 경(庚), 신(辛)년이 길년이다.
- **미생**(未生) : 염소띠는 을(乙), 병(丙), 기(己), 경(庚), 임(壬), 계(癸)년이 길년이다.
- **신생**(申生) : 원숭이띠는 갑(甲), 을(乙), 무(戊), 기(己), 경(庚), 계(癸)년이 길년이다.
- **유생**(酉生) : 닭띠생은 갑(甲), 정(丁), 무(戊), 기(己), 임(壬), 계(癸)년이 길년이다.
- **술생**(戌生) : 개띠생은 갑(甲), 을(乙), 무(戊), 기(己), 경(庚), 계(癸)년이 길년이다.
- **해생**(亥生) : 돼지띠생은 갑(甲), 정(丁), 무(戊), 기(己), 임(壬), 계(癸)년이 길년이다.

❖ **집을 지을 때 방의 수를 홀수는 생기를 더한다** : 동양에서도 예로부터 방을 짝수보다 홀수를 길하게 여겼다. 홀수에 대한 의

식적 배경 때문인지 몰라도 집을 지을 때 방의 수를 3개 5개…식으로 홀수로 앉혔고 기둥이나 간사리도 홀수로 설계했다. 또한 주택의 생기를 더해 주는 방법으로는 집안이 번성하기 위해서 가장의 방은 외진 구석이나 어두운 곳을 피해서 가장 밝고 넓으며 주택의 중심이 되는 곳이어야 한다. 예로부터 생기택(生氣宅)은 남향집에 서쪽의 안방을 최고로 여겼으며 집 뒤쪽으로 출입구가 있는 것을 길하게 여겼다. 하지만 집과 담장이 지나치게 바짝 붙어 있는 집 집안의 실내 장식이 과도하게 요란하고 화려한 집은 발전운이 막히거나 가풍이 문란해지고 환자가 생기므로 흉상이라고 하였다.

❖ **집을 지을 때 어디를 바라보면 좋은가** : 집을 지을 때 산을 등지고 물을 바라보고 지어야만 즉 풍수 용어로 배산임수가 되는 것이다. 사람이 살아가는 데 큰 사고와 우환없이 평탄하다. 산을 등지고 북향이나 서향으로 집을 지으면 건강을 해칠 뿐 아니라 재물도 잃게 된다. 우선 내가 살고 있는 집터가 바르고 튼실해야만 좋은 것도 받아 들이고 복도 찾아드는 것이다.

❖ **집을 짓거나 묘를 쓰기 위해 택일(주마육임(走馬六壬))** : 집을 짓거나 묘를 쓰기 위해 연월일시(年月日時)를 가리는데 있어 좌(坐)를 기준하는 바 통천규와 이 주마육임법만 맞추면 일체의 흉살을 꺼리지 않는다는 길성(吉星)이다. 정국(定局)이 가장 쉬운 것은 양산(陽山)에 양년월일시(陽年月日時)를 쓰고 음산(陰山)에 음년월일시(陰年月日時)를 쓰면 바로 주마육임법(走馬六壬法)에 맞는다.

- **양산**(陽山) : 임자(壬子), 을진(乙辰), 병오(丙午), 곤신(坤申), 신술(辛戌), 좌(坐). 이상은 모두 자인진오신술(子寅辰午申戌) 연월일시(年月日時)를 가려쓴다.
- **음산**(陰山) : 계축(癸丑) 갑묘(甲卯), 손사(巽巳), 정미(丁未), 경유(庚酉), 건해(乾亥), 좌(坐). 이상은 모두 축묘사미유해(丑卯巳未酉亥) 연월일시(年月日時) 가운데서 가려쓴다.

❖ **집을 짓거나 묘를 쓰거나 이에 해당되는 좌(坐)를 놓지 아니한다** : 묘를 쓰거나 집을 짓거나 이에 해당되는 좌(坐)를 놓지 아니한다.

- **신자진년** : 병정좌(申子辰年:丙丁坐)
- **사유축년** : 갑을좌(巳酉丑生:甲乙坐)
- **인오술년** : 임계좌(寅午戌年:壬癸坐)
- **해묘미년** : 경신좌(亥卯未年:庚辛坐)

가령, 신자진년(申子辰年)에 병정좌(丙丁坐)가 좌살(坐殺)이니 건물 및 묘를 쓸 때 좌를 놓지 아니한다.

❖ **집의 바깥쪽을 개축하면 흉(凶)** : 집의 한가운데가 헌것이고 바깥 쪽이 새것인 집은 그다지 좋지 않다. 오래 되고 역사가 있는 것은 그 자체가 기를 발하게 된다. 만일 새것이 그것을 덮어 감추어버리면 기는 머물다가 더 깊숙이 들어가 버린다.

❖ **집의 방 구조가 맞지 않는다** : 생활풍수란 주어진 여건에서 최선의 결과를 얻자는 데 목적이 있다. 예를 들어 이미 지어진 집의 방 구조가 풍수에 맞지 않는다 하여 집을 부수고 다시 지을 것이 아니라 그 상황에서 가구의 배치를 바꾼다거나 방의 용도만 변화시켜도 충분한 효과를 볼 수 있다. 생활풍수의 원리는 결코 미신이 아니며 매우 과학적이고 합리적이며 과학문명이 극치에 달한 서양에서도 자연환경공학의 분야로 자리 잡아가고 있다.

❖ **집의 방 배정은 내성적인 사람에게 큰 방을** : 평소에 소심하고 내성적인 사람이라면 좀더 넓은 방에 인테리어를 화려하게 꾸미는 것이 좋다. 넓은 공간에서 거주하면 심리적으로 대범해지고 활달해지게 되고, 반대로 방이 지나치게 넓고 클 경우엔 주의력이 산만해지고 마음이 차분하게 안정되지 않아 사람이 가벼워 보이고 수선스러우며 과대망상증에 사로잡히기 십상이다. 그렇다고 해서 어린아이들에게도 큰 방을 배정해서 담력을 기르고 활달한 성격을 갖게 하라는 말은 아니다. 어린 아이들이 너무 넓은 방에서 혼자 잘 경우 즉 자신의 공부방이 너무 넓을 경우엔 오히려 폐쇄적인 성격을 갖거나 유달리 외로움을 타기도 하며 대인 관계에 자신이 없어져서 사회적으로 적응력이 낮아질 수도 있다. 어린이의 경우엔 어른들 기준보다 다소 좁은 공간을 공부방으로 쓰게 해야 심리적으로 안정되어 주의력이 산만해지지 않고 학업에 몰두할 수 있다. 성격이 소심하고 집안에만 틀어 박혀 있는 형태의 어린이라면 공부방의 분위기를 밝고 온화하게 해 준다. 그리고 공부방은 아침의 햇볕이 잘 들어오는 동쪽 방위에 오게 하고 동쪽으로 적당한 크기의 창문

이 있으면 좋다. 동쪽은 만물의 시작과 활력의 근원인 태양이 떠오르는 방위이므로 심신에 양기(陽氣)를 불어넣어 쾌활한 성격으로 탈바꿈 시키는데 일조할 수 있다. 지나치게 넓은 평수의 집은 집안의 공간이 넓어서 가족 구성원 각자의 사생활이 충분히 보장될 만한 여유가 있을 경우에는 한동안은 좋을 수도 있지만 그런 생활이 오래 계속되다 보면 정신적으로 좋지 않다.

❖ **집의 방위** : 일반적으로 한국적인 방위 선호도를 보면, 계절의 기후 즉, 태양과의 관계에서 정동에서부터 정서까지의 방위라 할 수 있으며 이를 오행상의 상생상극의 관계에서 설명하,며 방위는 20방위에서 6방, 12방위가 있으나 8방과 4방의 기준에서 간략히 말하고 있다.

❖ **집의 북쪽에 결함이 없으면 자손번성** : 북쪽은 추운 곳으로 사람을 오그라들게 한다. 오행으로는 물(水星)에 해당하고, 검은색을 의미하며 짠맛을 나타낸다. 계절로는 겨울을 뜻하며 12월, 즉 자월(子月)이 되고 오후 11시부터 다음날 새벽 1시까지를 가리켜 숫자 1과 6을 상징한다. 괘명은 감(坎), 괘체는 수(水), 괘성은 빠진다는 뜻의 함(陷)이다. 인물로는 둘째아들·철학자·승려·외교가·임신부로도 보고 인체상으로는 신장(부신 포함)·성기·방광·자궁 등의 생식기관을 상징한다. 오행이 물을 상징하므로 물의 성질에 따른 각종 연상암시가 돌출될 수 있으며, 그 중요 상징은 흐름·모임·시작·사귐·곤란·낮음·어두움·구멍·가난·질별·도적·색정·화합·애정·평화·생식력 등을 의미한다. 집의 북쪽에 장점만 있고 결함이 없으면 식구들이 건강하고 자손이 번성할 것을 암시한다.

❖ **집의 사주**(四柱) : 대문(大門), 큰방(房), 부엌, 변소. 나경을 택지의 중심부에 놓고 ① 문(門)대문, ② 안방(主), ③ 부엌(灶), ④ 동사택(東四宅)이나 서사택(西四宅) 중 한가지 방위로 되면 길가(吉家)이고 3개 중 하나가 다른 사택(四宅)에 있으면 흉가이니, 이 원리는 주역(周易)의 발생원리의 근거인 바 태극(太極)이 변하여 양의(兩儀)가 되고, 이가 다시 변하여 사상(四象)이 되고, 이가 더 변하면 건곤간손(乾坤艮巽) 자오묘유(子(坎)午(離)卯(震)酉(兌))의 8방이다.

❖ **집의 중심은 왜 찾아야 하는가** : 집의 중심을 잡기 위한 방법으로써 가장 손쉬운 방법은 어느 모형을 각 모서리마다 들어보면 무게의 중심이 되는 수직선을 구하게 된다. 네모반듯한 모양이나 삼각형을 이루고 있는 경우는 각 모서리를 서로 교차하여 만나게 되는 점이 중심점이 되며, 삼각형의 경우는 한 변의 절반이 되는 지점과 꼭지점에 이르는 선이 서로 교차되는 중심이 된다. 어느 한 부분이 그 변의 길이보다 절반 못미치게 길쭉한 모습으로 튀어나오거나 들어간 경우는 이를 무시하고 각 변의 절반이 되는 곳끼리 서로 교차시켜 만나는 지점이 중심이다. 어느 한 변의 절반이 되거나 들어간 부분이 절반이 되는 경우는 그 나오거나 들어간 부분을 2분할해서 사격형을 완성해 놓은 후 각 변의 절반이 되는 지점끼리 교차되는 지점을 찾으면 중심이 되고, 마름모꼴인 경우는 각 변의 중심점을 찾아 서로 교차시켜 만나는 점이 된다.

❖ **집의 중앙을 개축하면 길**(吉)**하다** : 집의 중앙이 새것이고 바깥쪽이 헌 건물이라면 이것은 좋다. 오래된 것이 살고 있는 사람을 보호해 준다.

❖ **집의 한쪽을 개축하면 길**(吉) : 집의 한쪽은 새것이고 다른 한쪽이 헌집은 좋다. 먹을 것이 곤란한 정도의 가난함을 경험할 일은 없을 것이다.

❖ **집의 한쪽을 떼내면 흉**(凶) : 어떤 이유에서인지 집의 한쪽만을 부수어서 마당으로 만들어 버리는 사람이 있는데 그것은 매우 좋지 않은 일이다. 가족 중 불의의 사고를 당하는 사람이 생길 것이다.

❖ **집의 한쪽이 움푹 들어가서 부족해진 곳 보완해야** : 가령 집의 한쪽 귀퉁이가 없는데 그 근처에 창고나 차고와 같은 보조 건물이 있다면 그 건물과 집 사이를 샛길이나 낭하로 연결해 주어야 한다. 이렇게 하면 움푹 들어가서 부족해진 한쪽의 방위 에너지를 대신 보완할 수 있다. 이것은 어디까지나 상징적인 의미가 있지만 두 건물 사이가 이어지는 형상이기 때문에 기의 흐름이 개선되는 것이다. 만약 창고나 차고도 없는데 어느 한 방위가 깎여 들어간 집이라면 들어간 부분에 조각상이나 정원석 등을 설치함으로써 비어 있는 부분을 상징적으로 보완할 수 있다. 이러한 방법으로 풍수적인 결함을 보완한다면 시각적으로 보았

을 때 주택의 모양이 균형을 이루고 조화를 이룰 수 있게 된다. 그리고 궁극적으로는 기의 흐름을 개선하여 생기(生氣)가 연결된 집에서 살 수 있게 된다. 그 결과 매사 활기가 넘치고 순조롭게 발전해 갈 수 있게 된다.

❖ **집이나 집터의 요철(凹凸)모양에 따른 길흉(吉凶)** : 집이나 집터의 외형은 대개 사각형 직사각형 정사각형의 모양이 많고 ㄱ자형, ㄴ자형, ㄷ자형 등으로 구분된다. 이렇게 집터의 외형이 사각형을 제외한 나머지의 모양으로 되어 있을 때는 집터의 튀어나옴과 들어감과 오목하고 볼록한 요철의 만결(滿缺) 등의 용어로 표현한다. 일반적으로 가상학에서는 집이나 집터의 외형이 사각형상으로 네모반듯하면 길상(吉相)의 지형(地形)으로 여기고 들어가고 튀어나온 요철이 심하면 흉상(凶相)의 지형(地形)으로 간주한다. 집터의 외형을 집터만으로 명칭하여 모양을 보았을 때 평면도상의 외형이건, 입체적인 외형이건, 튀어나온 부분을 한문으로 만(滿) 혹 철(凸)이라고 하고, 들어가 있는 부분을 결(缺) 혹은 요(凹)라고 한다. 보편적인 사각형상의 생긴 집은 우리들이 흔히 볼 수 있는 가장 보편적이 외형이다. 이런 집에 거주하게 되면 자녀들이 장성하여 사회로 나갔을 때 취직운이 좋고 승진이나 출세 면에서도 유리하다고 한다. 아울러 덕이 많고 현자(賢者)의 지혜를 겸비한 자녀가 나오게 되며 경제적으로도 안정을 이룰 수 있으므로 일반 주택의 외형으로 가장 권장할 만하다고 하겠다. 그런데 사각형의 집이라고 해서 모두 좋은 것은 아니다. 이상적인 사각형의 집터는 직사각형이 되어도 한쪽 변의 길이가 이웃한 다른 한 변의 길이와 비교했을 때 2:3정도의 비율이 되는 것이 적당하다. 이런 정사각형의 택지에서는 은퇴(隱退)한 고령자(高齡者)층이 기거한다면 대체로 무난하다고 하겠다.

❖ **집이 도로보다 낮으면 좋지 않다** : 도로보다 낮은 곳에 위치하면 차량의 소음과 먼지가 항상 집안으로 들어오게 되어 공기가 좋지 않고 차량 통행이 빈번한 관계로 차량 통행에 따른 진동이 집 안에 그대로 전달되어 벽이 금이 가거나 내구성이 나빠지게 된다. 그리고 운전부주의에 따른 사고의 위험도 도사리게 되며 집의 지붕으로 차가 날아들 수도 있는 위험도 안고 있다. 그리고 도로 위를 통행하는 사람들이 집의 내부를 들여다 볼 수 있어 사생활에도 좋지 않은 나쁜 점이 있다.

❖ **집이 오래 비어 있었으면 이사(移徙)를 가지 말아야** : 아무리 좋은 주택이라도 이사를 위하여 집을 구할 때는 작은 집이라도 그 집에서 돈을 모아 큰 집을 사서 이사 갔다면 그 집으로 이사하고 아무리 좋은 집이라도 그 집에서 무서워서 못 살고 집이 비어 있으면 그 집으로 이사를 가면 안 된다. 그 집에 살면 피해를 보기 때문이다. 재산손실을 많이 받는다.

❖ **집, 이러한 집이나 집터는 좋지 않다**

- 공동묘지 터였거나 파 묘터 묘지 근처의 땅
- 산골짜기의 흐름이 집의 정면으로 흐르는 땅
- 절벽이나 언덕의 바로 근처에 있거나 적사풍이 불어오는 땅
- 토색이 어둡고 습기나 물기가 고여 질척거리는 땅, 물이 나는 땅
- 집의 사방이 허전하여 감싸주는 국세를 갖추지 못한 땅
- 집의 전방이 높고 뒤가 낮은 땅
- 집 앞에 있는 도로나 물길이 마치 주택을 향해 달려오듯이 뻗어 있는 땅
- 공동 창고나 방앗간처럼 공용으로 이용되었던 땅
- 도살장으로 사용했던 땅
- 집 앞에 산이 있고 뒤가 밋밋하거나 길이 있어 자동차나 사람이 많이 다니는 땅
- 남쪽을 향하여 대로가 쭉 뻗어있는 땅
- 매립지의 땅
- 집의 동쪽으로 큰 산이 막고 있어서 아침 햇볕을 받지 못하는 땅. 이러한 땅들은 피하는 것이 좋다.

❖ **집이 주변 집들보다 유독 높은 집은 흉가** : 자신이 살고 있는 집이 주변의 집들보다 유독 높아서 우뚝 솟아 보인다면 집안에 풍파가 끊이지 않고 재물운도 따르지 않아서 점차 흉가로 전락하고 만다. 독불장군처럼 저 홀로 우뚝 솟아 있는 집은 겨울의 한랭한 북서풍 크고 작은 바람과 폭염에 확연히 노출됨으로써 좋지 않은 자연의 작용을 받게 되고 그로 인해 가족 구성원 모두에게 해가 미치게 된다.

❖ **집이 크면 냉기가 흐른다** : 누구든지 집을 비워두고 한동안 다른

곳에 살다가 돌아온 경험을 갖고 있을 것이다. 처음 문을 열고 들어가 사람이 살지 않던 빈방에 들어갈 때 한순간 밀려오는 서늘한 한기 같은 것을 느꼈을 것이다. 집이 너무 커서 빈 공간이 생길 경우 이와 같은 한기 냉기가 자신도 모르는 사이에 실내를 흘러다니며 가족들에게 영향을 미치게 된다. 넓은 집이 결코 좋은 것만은 아니다.

❖ **집 자리에 있어서의 명당은 무엇인가** : 풍수지리는 크게 음택(陰宅)과 양택(陽宅)으로 분류되는데 음택은 죽은 사람이 있는 집이요, 양택은 산 사람이 사는 집을 말한다. 문자 그대로 양기는 집터를, 양택은 집을 말하는 것으로 생각하면 풍수지리상의 양택론(陽宅論)을 이해하는데 큰 착오는 없을 것이다. 여러 가지 풍수서에 따르면 양기와 양택은 엄격히 구분되어 사용되고 있음을 알 수 있다고 지적하고, 양기는 도읍지 또는 군현과 취락지를 말할 때 사용되며, 양택은 개인의 집을 다룰 때 사용된다고 정의한다. 이것은 묘지나 집터를 잡을 때 똑같은 이치로 보는 데서 출발한다. 다시 말해서 양택이든, 음택이든 그 조산(祖山), 내룡(來龍), 과(過), 협(峽), 기(起), 정(頂), 청룡, 백호, 조산, 안산, 나성(羅城), 수구 등은 똑같이 보면서도 양택의 경우는 그 혈장이 넓어야 하고, 음택의 경우는 혈장이 꽉짜이게 좁아야 한다는 것이다. 이것은 소위 양지는 면이요, 음지는 선이라는 뜻이다. 그리하여 혈장이 넓으면 도읍지, 그보다 작으면 주읍, 그리고 아주 작으면 향촌, 그 보다 더 작으면 주택이 들어서고, 그보다 더 작으면 무덤이 된다는 이론이다. 양택은 이런 땅의 생기를 받는 것도 중요하지만 집의 형태와 위치, 방향을 더 중요시하며 더 세분하면 집의 대문, 안방, 부엌 등을 보는데 이것을 양택 3요결(陽宅三要訣)이라 부른다.

❖ **집, 적당한 넓이** : 사람마다 옷 입는 치수가 다른 것은 몸 크기가 다르기 때문이다. 집도 마찬가지다. 부와 권위를 과시하기 위해 넓고 큰 집만을 찾는 요즘에는 더더욱 자기에게 알맞은 집을 고르는 것이 중요하다. 풍수로 볼 때, 1인당 적정한 집 면적은 6평이다. 따라서 독신자라면 6평에 사는 것이 가장 바람직하고, 부부만 살 경우에는 12평, 4인 가족이 살 때는 24평이 가장 적당하다. 부부 두 사람만 살면서 40평 정도 되는 넓은 집에 살면 빈 방이 많아 집안에 생기가 잘 돌지 않으며, 지나치게 넓은 공간으로 인해 허전함과 불안감을 느끼게 된다. 사람들로 인해 약간 비좁게 느껴지는 정도 넓이가 발전하는 집이다. 1인당 적정 주거 면적이 6평인 것은 우리나라에만 적용되는 것은 아니다. 가까운 일본에서도 그들은 우리나라에 비해 훨씬 작은 면적을 사용하고 있다. 독일의 주거 공간 면적도 1인당 6평을 넘지 않는 것으로 알려져 있다. 비교적 넓은 주거 면적을 사용하고 있는 미국도 응접실은 물론 당구장이나 탁구장 등 여러 기능을 모두 독립된 방으로 만들어 사용하고 있기 때문에 주거 공간만을 본다면 비슷한 수준이다.

❖ **집, 전착후관**(前窄後寬) : 전착후관이란 출입하는 곳이 좁으면서 정원에 들어서면 건물에 비하여 정원이 안정감이 감돌아야지만 후관(後寬: 뒤가 넓은 곳)이라 하여 정원의 안정을 말하며, 공기조화의 정기에 뜻을 둔 것이다. 대지의 형태는 네모반듯하고, 향한 곳으로 배가 되어야 건물을 세우고도 길한 정원의 상이 될 수 있다. 또 내당 건물을 위주로 하여 보호 건물이 좌우, 전면으로 낮게 배치하여 건물에다 내외문을 한다면 전착후관이 된다. 양택 3요결에 이르기를 전착후관(前窄後寬)에 부귀여산(富貴如山)이요, 전광후착(前廣後窄)에 재물이 모이지 않는다고 했다.

❖ **집 정면보다 뒷면이 길어야 좋다** : 집을 사고자 할 때 처음 감각이 편안하고 안온하면 좋은 집이다. 이미 지어진 집을 사고자 할 때는 처음 그곳에 들어서면 느끼게 되는 초감각이 중요하다. 이 초감각은 마음을 편안하게 하고 욕심을 버리고 자연과 마음이 일치할 때 나타난다. 우리가 처음만난 사람과 대면해서 느끼는 것과 같다고 보면 된다. 즉 첫인상이 그 사람의 인격을 나타내듯이 순수한 느낌이 느껴지는 곳이 우리가 살기 좋은 집터이다.

❖ **집 주위에 대나무가 푸르면 재운이 있게 된다** : 양택대전(陽宅大全)에 보면 집 주위에 대나무가 푸르면 재운(財運)이 생긴다고 적혀있다. 다시 말하면 대나무나 관상이나 풍수에 모두 적합한 실물이다. 대나무가 너무 크고 우거져서 집을 덮을 정도면 좋지 않다.

❖ **집 주위에 무덤이 있으면** : 만약 이웃은 평안하고 주택 풍수에도

문제가 없는데 자신의 집에만 사고(事故)가 연달아 발생하면 그 집터가 옛날에 무덤이 아닌가 의심해 볼 필요가 있다. 옛날에는 자신의 집정원에 무덤을 만드는 경우가 많았다. 이때 인간 세상에 미련이 있는 사자(死者)는 줄 곧 그 자리를 떠나지 않고 머물러 있다. 또한 아파트에서 불항한 일이 계속 발생하거나 요절자(夭折者)가 생기고 또한 집에서도 사고와 원인불명의 질환이 발생하거나 다른 집에서는 회사가 도산하는 바람에 실업을 당하는 등 나쁜 일이 꼬리에 꼬리를 물고 발생할 경우 주민들은 불안에 휩싸일 것이다. 이러한 곳은 무덤의 터이다. 이러한 곳에는 매일 집과 주위에 소금을 뿌려 재화(災禍)가 일어나지 않도록 빌어야 한다. 만약 신단(神壇)에 공양했던 소금을 사용하면 더욱 좋다.

❖ **집 주위에 뽕나무 단풍나무는 좋지 않다** : 집 주위에 뽕나무 단풍나무를 여러 그루 심는 것은 흉험사고·신병·재난 및 재물의 낭패, 인명의 손상, 실패 등의 액화(厄禍)를 부른다.

❖ **집 주위 사방(四方)에 수림(樹林)이 감싸고 있는 곳은 좋은 곳이 아니다** : 외간상(外看相)은 좋을지 모르나 재물(財物)이 흩어지고 집안이 산란하며 신병사고·우환·말썽 등 궂은 일이 발생한다.

❖ **집, 좋은 주택이란 무엇을 말함인가** : 집은 우리 인간이 거대한 우주 속에서 자연의 변화에 따라 순행하면서 그 변화에 따른 영향을 가장 최소화되도록 해주는 또 하나의 작은 우주가 주택의 개념이다. 단순하게 벽과 지붕이 있는 구조물이 들어 선다고 다 사람이 살 수 있는 주거환경은 아니다. 인간이 살기 위해선 단 1분만 호흡하지 못해도 살 수 없는 공기의 청정도와 순환관계 그리고 자연의 급작스런 변화에 대처할 수 있는 입지 관계 등이 고려되어야 하는데, 그렇지 못하고 쓰레기 매립장에 흙을 덮어 만든다거나 건축물 퇴적층, 농지토적층이 발달된 곳에 택지를 개발하는 사례가 많다보니 홍수 때 붕괴되고 지하로부터 유기되는 각종 유해가스가 나오고 있는 환경에서 살도록 만들어진 결과가 되어버렸다. 주거환경이란 경관을 말하는 쪽보다는 토양 대기, 일조 등과 관련된 환경쪽에 훨씬 비중이 크다는 것을 알아야 되므로 좋은 주택의 개념은 좋은 재료로 균형있게 지어지고 주변 경관이 수려하고 토양과 좋은 공기가 있는 환경에 있는 주택이 더욱 좋은 주택으로 보게 된다. 모름지기 인간은 양기에 사는 동물이므로 하늘 즉 양광(陽光)의 발원처가 잘 보이지 않는 곳에서는 살지 말아야 하며, 사방으로 산이 높아 해뜨는 것을 보기 어렵고 일찍 해가 지며 북두칠성을 보기 어려운 곳은 병이 많이 발생하게 된다. 전래되는 좋은 주거에 대한 평가 방법을 보면 흙의 빛깔이 좋지 않으면 인재가 없고, 땅색이 좋고 샘물이 맑고 깨끗하면 살만한 곳이고, 물을 재물의 관리로 보기 때문에 지금까지 집성촌이나 유명한 명촌은 물가에 있게 되고 비록 산속이라 할 지라도 물이 있으면 살만한 곳으로 봤다. 그리고 산속의 터는 비거나 흠집이 있거나 움푹 패이거나 꺼진 곳이 없어야 하며, 받쳐주는 기슭이 힘이 있고 단단해야 하며, 강물이나 계곡에 의지하여 평평하게 됨을 최고로 보고 바람을 막받아 들인다거나 좁은 터를 넓게 하려고 함부로 굴착하면 도리어 나쁜 터가 되는 것이다.

❖ **집, 좋은 주택이란 용혈사수 개념에서 비롯된다** : 세 살 버릇이 여든 간다는 말이 있듯이 기초가 튼튼해야 한다란 것은 특히 주택에서 나온 말이라 생각된다. 기초란 집이 지어 지는 집터 자체를 단단하게 고르고 닦아서 주택의 무게를 감당할 수 있도록 해야 하는 것이다. 양택에 있어서 좋은 집을 짓기 위해서는 먼저 좋은 터, 즉 택지를 고르는 것이 가장 중요하다. 우선 좋은 택지가 되기 위해서는 사신, 사인, 용(龍), 혈(穴), 사(砂), 수(水)의 배경을 갖추어야 한다. 다시 말해서 청룡, 백호, 현무, 주작, 득수, 득파를 의미하는 것이다. 택지를 둘러싸고 있는 주변의 산세, 언덕, 높은 빌딩, 조경 시설 등이 모두 양택 풍수에서는 사신사 혹은 보호사(保護砂)의 개념에 속한다. 주변에 산이나 언덕, 빌딩 등이 전혀 없고 빈 들판에 저 홀로 서 있는 나무와 같은 형국의 택지라면 일월풍우(日月風雨)에 무방비로 노출되는 격이 되므로 흉하다. 좋은 택지를 고르는 두 번째의 조건으로는 택지의 어느 한쪽도 전혀 기울어지지 않고 평평한 땅이어야 한다. 쉽게 말해 택지의 어느 한쪽이 움푹 꺼져 있거나 솟아 있지 않고 평평하고 고르게 닦여 있어야 한다. 또한 동쪽이 낮고, 서쪽이 높으면 생기를 받아 부귀영화를 누린다고 본다. 이와 같은 맥락에서 남쪽이 낮고, 북쪽이 높으면 영웅호걸이 배출되는

ㅈ

땅이라고 하였다. 그러나 남쪽이 높고 북쪽이 낮은 경우와 동쪽이 높고 서쪽이 낮은 경우에는 생기(生氣)가 쇠진한 땅이 되어 재산이 점차 줄고 출세하기가 어려워진다고 하겠다. 이것은 양택풍수에서 북고남저(北高南低) 혹은 북서고(北西高), 남동저(南東低)의 지형을 중요시하였던 데서 비롯된 것이다. 우리들의 전통 가옥이 북서쪽을 등진 채 남향의 구조로 된 것은 한절기인 겨울에 대륙으로부터 불어오는 차가운 북서풍을 막고 남동쪽의 싱싱한 햇볕과 기운을 끌어들여 효과적으로 온도를 조절하고자 하는 목적이 있었다. 그리고 택지의 사방이 높고 중심부가 낮은 경우에는 처음은 흥하여 재물이 모이나 후반으로 갈수록 운세가 불리해지고 재물이 소실되므로 택지로서는 좋지 않다. 또 동쪽과 서쪽, 북쪽의 집터가 높은데 비해 남쪽이 낮으면 대체적으로 화재를 당하기 쉽다.

❖ **집, 좋은 집은 과연 있는가** : 인간은 어디에서나 살다가 보면 정들고 그 정든 곳이 바로 가장 좋은 집이라고 생각했었고 좋은 집에 대한 인간들의 욕구는 옛날부터 지금까지 계속되어 왔다. 우리 인간은 의식적이든 무의식적이든 자연의 법칙에 순응하면서 사는 것이 가장 자연적이기 때문에 그 변화에 따른 영향을 가장 조화롭게 해주는 것이 바로 주택이며, 이렇게 볼 때 주택은 인간에게 있어 작은 우주이다. 그러나 요즘의 주택들을 보면 그러한 자연법칙을 무시하고 인간들이 편리한대로 지어지고 있다. 예로부터 들이 넓고 햇볕과 바람이 잘 들고 물이 맑고 흙이 깨끗하고 주변 산세들이 아름답고 수려하면 큰 인물이 난다 하였고, 강물이 맑고 휘어감아 흐르는 곳에 사는 사람은 심성이 너그럽고, 산이 깊고 깨끗한 물이 흐르는 곳에 사는 사람은 힘이 센 장수가 난다 하였다.

❖ **집, 좋은 집이라야 영웅호걸이 나온다** : 구한말에만 해도 풍수지리에서는 복거백제(卜居百制)라 하여 집 한 채 짓는데 100가지의 제약을 받으며 지어야 했다. 벼슬이 2품 이상되는 양반은 40칸 이하, 3품 이하는 30칸 이하, 상민은 10칸 이하로 지어야함은 말할 것도 없고, 왕궁을 내려다볼 만큼 높은 곳에 지어서도 안 되었다. 이것은 통치상의 문제라고 칠 수 있겠지만 대문을 남으로 내서는 안 되며, 만일 집터가 서쪽이 높고 동쪽이 낮으면 돈은 생기지만 인물이 죽고, 앞이 높고 뒤가 낮으면 후손이 없다는 등 모두 양택론에 의해서 행하였다. 또 남북이 길고 동서가 좁으면 길하나 그렇지 않으면 흉하다고 한다. 집터의 모태 모양이 끝이 둥글면 급제하고, 끝이 모나면 도둑이 든다고 보았으며, 잘 부는 풍향이 자풍(子風)이면 아들이 물에 빠져 죽고, 계풍(癸風)이면 가문의 부녀자가 바람이 나며, 묘풍(卯風)은 객사하며, 곤풍(坤風)은 방사의 재미를 못본다고 정해져 있었다. 집터는 물론 삽질 하나, 못질 하나까지도 모두 피방(避方) 투성이었다. 어찌보면 모두가 좋은 집이라야 영웅호걸이 나온다는 풍수지리의 사상에서 나온 것인지도 모른다. 특히 임금이 태어난 생가의 풍수적 전설이 이를 더욱 부채질 했다고 볼 수 있다.

❖ **집 주변에 이런 것이 있으면 좋지 않다**

첫째, 집 앞이나 뒤 좌우에 폭포가 있는 곳일 경우에는 집터에 뭉쳐 있는 생기(生氣)를 흩어지게 하여 가족 가운데 성품이 음란하거나 안질로 고생할 사람을 배출시킨다. 더구나 경사 각도가 급하고 바람을 정면으로 받아 계곡이나 폭포의 물소리가 계속 들리는 곳이나 경사가 급하거나 집터가 기울어진 곳이나 높은 곳에 있는 집은 가세를 기울게 하고 집안이 화목하지 못하다.

둘째, 집 부근에 교회, 사찰, 교도소나 법원, 금속류의 공장, 군부대, 학교, 관청 등 내 집보다 큰집(빌딩) 등이 있는 곳은 왕성하고 강력한 지기(地氣)가 자신의 집터에 고인 지기를 누르게 되므로 가족들 가운데 병약자나 방탕아가 출생하기 쉽다고 여긴다.

셋째, 집 앞에 우물이나 연못, 호수 등이 두 개 이상 있는 곳은 좋지 않다.

❖ **집 지붕보다 높은 나무가 서 있으면** : 집 앞에 지붕보다 높은 나무가 서 있으면 좋지 않다. 햇빛을 차단하기 때문에 집안이 음습하고 음침하며 병균이 번식할 수 있으며 여름 벼락에 피해를 입을 수 있고 태풍에 나무가 쓰러지면 집이 파손될 우려가 있기 때문이다.

❖ **집 지붕은 좌우 균형을 맞추고 용마루를 짧게 한다** : 지붕은 건물의 기운을 모아 주는 공간이다. 따라서 지붕 형태는 명당과 흉가를 구분 짓는 가장 중요한 요인이 된다. 어느 한쪽만 높고

낮다면 불균형한 형태로서 기운이 분산되기 때문에 지붕을 개조할 때는 지붕 좌우 양쪽의 균형을 맞추도록 한다. 또 용마루 길이는 짧게 한다. 지붕은 중심 부분에 기운이 모이는 형태를 이루고 있어야 한다. 용마루 길이가 긴 집은 기운이 분산되어 흉가가 되고 용마루 길이가 짧은 기운이 중심에 모여 명당이 된다. 피라미드 형태나 원형의 돔 지붕과 같이 중심 부분이 짧은 지붕은 대표적인 명당 지붕이다. 평탄한 슬래브 지붕은 기운의 중심점이 없어 좋지 못하고 한옥의 기와 지붕은 용마루 길이가 긴 반면, 중심 부분이 낮고 좌우가 높아 기운이 분산되는 흉가 형태이다. 오히려 중심 부분을 높게 하는 것이 기운을 모아 주는 효과가 크다.

❖ **집 짓고 묘 쓰는데 길하다**(녹마귀인정국(祿馬貴人定局) : 녹마귀인이란 정록(正祿 : 健祿·天祿), 역마(驛馬), 천을귀인(天乙貴人)을 합칭함이다. 당년 태세와 가주와 망인의 생년을 기준 녹마귀인(祿馬貴人)이 어떻게 닿는가를 보는 방법이다. 녹마귀인이 좌향(坐向)에 임하면 집짓고 묘 쓰는데 대길하다.

❖ **집짓고 묘 쓰는데 제살법**(制殺法) : 기조(起造)와 장매(葬埋)에 있어 흉살(凶殺)이 범하면 분리하여 택용하지 못한다. 그런데 이 흉신악살(凶神惡殺)을 모두 피하려면 상당한 시일이 걸리거나 도저히 피하지 못하는 경우가 많은데 그렇다고 해서 무조건 흉신악살(凶神惡殺)이 닿는 날에 택용(擇用)할 수도 없다. 그러나 비록 흉신악살(凶神惡殺)이라도 제살(制殺)해서 쓰는 묘리(妙理)가 있으니 이 점을 잘 알아서 적절히 응용해야 한다.

❖ **집 짓고 집 수리하는 날**(지아일(地啞日 : 병어리된 날)) : 땅에 있는 모든 산이 벙어리가 되는 날, 즉 아무런 영향력을 행사하지 않는 날이니 무엇을 하든 간에 무방하다. 그러므로 이 지아일은 천용일과 같이 집 짓고, 집 고치고 수리하고 흙 다루는 일 등에 특히 좋다. 을축(乙丑), 정묘(丁卯), 신사(辛巳), 을미(乙未), 기해(己亥), 신축(辛丑), 신해(辛亥), 계축(癸丑), 신유(辛酉) 일이다.

❖ **집 짓고 흙 다루는데 흉한 날**(천전지전살(天轉地轉殺)) : 사시흉신(四時凶神)의 하나로 이 날에 흙다루고 집 짓고 장사지내는 일 등을 꺼린다.

春三月 : 癸卯 辛卯日 夏三月 : 丙午 戊午
秋三月 : 辛酉 癸酉 冬三月 : 壬子 丙子일이다.

❖ **집 짓는 나무와 토지의 선별법** : 나무는 그 본래의 성질에 따라서 양목(陽木)과 음목(陰木)으로 구분한다. 양목이란 언뜻 보아서는 무른 듯하여 약할 것 같지만 질 자체가 탄력성이 강하고 질겨서 좀처럼 부러지지 않는 나무를 말한다. 소나무나, 잣나무, 삼나무와 같은 것들이 이런 양목에 속한다. 주택을 지을 때 중요시되는 기둥이나 대들보, 문틀 등의 기본 골격들은 대개가 이런 양목을 사용하도록 권장되었는데 그 튼튼함과 탄력성 때문이다. 그리고 기둥을 세울 때는 나무를 거꾸로 세우지 않도록 주의해야 하는데 나무의 무게가 많이 나가는 쪽을 아래로 하고 무게가 좀더 가벼운 쪽을 위로 향하게 해야 한다. 따라서 무게가 많이 나가는 쪽이 위로 갈 경우엔 틀이 불안정하여 주택이 쉽게 무너질 수 있기 때문에 조상들은 선험적으로 그것을 체득한 후 양택(陽宅)이론을 통해서 후손들에게 경호하고 있다고 봐야 할 것이다. 나무가 거꾸로 세워질 경우, 안정성에도 문제가 있지만 무엇보다도 나무의 부패 속도에 의한 병균의 침입이 따르는 등으로 자연적인 문제도 발생하게 된다. 이렇게 하여 집의 기둥이나 대들보에 좀벌레가 생긴다면 얼마 가지 않아서 가족 중에서 얼굴을 다치거나 악성종양이 생겨서 오랫동안 고생하며 사는 사람이 나온다고 하므로 주의해야 할 것이다.

❖ **집 짓는 운**(成造運) **길흉 속견표** : 연령이 잠사각(蠶死角)이나 자기사각(自己死角)에 들면 대흉, 부모사각(父母死角)은 부모가 있으면 못 쓰고, 처자사각(妻子死角)은 처가 있으면 못 쓰고, 우마사각(牛馬死角)은 축사만 짓지 못한다.

- **성조길년**(成造吉年) : 일반적으로 집 짓는데 길(吉)한 해이다.

  乙丑, 戊辰, 庚午, 乙酉, 丙戌, 己丑, 庚寅, 辛卯, 癸巳, 乙未, 戊戌, 庚子, 乙卯, 丙辰, 己未, 庚申, 辛酉, 癸亥

  매년 12개월마다 그 달의 생기방(生氣方)과 사기방(死氣方)이 있어 생기 방위를 수축건조(修築建造)하거나 동토(動土)를 행할 경우에 복록과 융성이 도래하고 사기 방위를 건드리게 되면 흉액과 재난이 발생케 된다.

- **매월별 생기방 길방과 사기 흉방**

  正月 : 生氣佐子癸(北), 死氣佐午丁(南)

2月 : 生氣佐丑艮(東北), 死氣佐未坤(西南)

3月 : 生氣佐寅甲(東), 死氣佐申庚(西)

4月 : 生氣佐卯乙(東), 死氣佐酉辛(酉)

5月 : 生氣佐辰巽(東南), 死氣佐戌乾(西北)

6月 生氣佐巳丙(南), 死氣佐亥壬(北)

7月 : 生氣佐午丁(南), 死氣佐子癸(北)

8月 : 生氣佐未坤(西南), 死氣佐丑艮(東北)

9月 : 生氣佐申庚(西), 死氣佐寅甲(東)

10月 : 生氣佐酉辛(西), 死氣佐卯乙(東)

11月 : 生氣佐戌乾(西北), 死氣佐辰巽(東南)

12月 : 生氣佐亥壬(北), 死氣佐巳丙(南)

• **매월별 토기 충액방**(土氣沖厄方)

正月 : 土氣沖丁未方　　2月 : 土氣沖坤方

3月 : 土氣沖壬亥方　　4月 : 土氣沖辛戌方

5月 : 土氣沖乾方(西北)　　6月 : 土氣沖寅甲方

7月 : 土氣沖癸丑方　　8月 : 土氣沖艮方

9月 : 土氣沖丙巳方　　10月 : 土氣沖辰乙方

11月 : 土氣沖巽方(東南)　　11月 : 土氣沖申庚方

❖ **집 짓는 재목을 거꾸로 기둥을 세우면 흉**(凶) : 왜소한 가옥에 비해 출입하는 대문이 너무 큰 것과 재목을 뿌리 쪽이 하늘로 향하도록 거꾸로 박아서 기둥을 만들거나 재질이나 모양이 굽어지거나 비뜰어진 것을 사용하는 것은 재난과 풍파 및 파괴 등의 액화가 발생하게 된다.

❖ **집 천장은 원형 형태가 가장 좋다** : 주택의 천장 높이는 약 24m(약 8자)이며 아파트에서는 2.3m인 것이 일반적이다. 천장을 낮게 하는 것은 에너지 절약 차원도 있지만 아파트인 경우에는 가능한 한 많은 층수를 세우기 위한 목적이 더 크다. 그러나 이상적인 천장 높이는 방의 가로, 세로 길이가 각각 3m라면 천장 높이도 3m로 전체적인 공간 형태가 정육각형 형태인 것이 가장 이상적이다. 정육각형 형태의 공간은 구형을 이룸으로써 내부에서 천기(天氣)와 지기(地氣)가 회전하기에 가장 좋은 공간으로 생기(生氣)가 가장 많이 발생한다. 음양이론(陰陽理論)으로 볼 때 천장이 높으면 사람에게 높은 이상을 갖게 하고 천장이 낮으면 이상이 부족하고 현실적이며 물질적인 가치만을 추구하게 된다. 그러나 지나치게 높은 것도 기운이 모아지지 않아 좋지 않다. 또 천장이 높은 건물은 높은 위상을 나타내며 천장이 낮은 건물은 현실 위주의 건물이다. 많은 사람들을 단결시키기 위해서는 역사, 버스터미널, 비행장, 대합실 등의 건물 천장을 높게 하는 것이 바람직하다. 은행 내부는 들어서면 기운이 가득 차 있는 것을 느끼게 된다. 일반적으로 사무실의 천장 높이는 2.4m인데, 음양 이론에 따라 분석하면 이 높이는 현실적인 기운이 담기는 공간이며, 그 이상 천장이 높을 때는 그 위의 기운을 이상적인 기운으로 본다. 은행은 일반 사무실과 달라 5m의 높이를 기준으로 하고 있다. 이렇듯 높은 이상적인 기운은 일반 종교적인 기운과도 동일하다. 즉 성당이나 교회, 사찰들의 천장은 모두 높은데 그 안에 들어서면 무한한 이상과 기운을 느끼게 된다. 은행의 천장이 높다 보니 은행 업무는 일반적인 개인 업무보다는 국가 경제의 중심적인 역할을 하는 숭고한 업무로 느껴지게 되고, 이곳을 찾는 사람들에게 신뢰감을 준다. 증권회사의 천장은 일반 회사의 천장 높이와 같은데 경제의 중추적 역할을 하기 위해서는 은행 천장을 본받을 필요가 있다는 생각이 든다.

① **중심 부분이 높은 천장은 길하다** : 천장 중심 부분이 높은 곳은 기운을 중심에 모이게 함으로써 생기를 이루게 한다. 따라서 이런 천장이 있는 방에서는 분위기가 안정되고 진취적인 기상이 발전을 이룬다.

② **중심 부분이 낮은 천장은 흉하다** : 천장 형태가 중심 부분은 낮고 가장자리가 높으면 기운이 중심에 모이지 않고 분산된다. 그래서 이런 천장 형태의 방에서는 분열이 자주 일어난다.

③ **대부분의 천장 형태인 평탄한 천장은 무난하다** : 그러나 이런 평탄한 천장도 실제 공사를 할 때는 중심 부분을 약 6cm 정도 높여서 시각상 안정감을 갖게 한다. 실제로 수평으로 시공한다면 천장 중심 부분이 낮게 처진 것처럼 보여 불안감을 조성한다.

④ **중심에 대들보가 내려온 천장은 불길하다** : 천장 중심 부분

은 높아야 좋다. 그러나 두 개의 방을 연결하여 하나의 방으로 사용하는 경우에는 방 중심 천장에 대들보와 같은 구조물이 내려오는 경우도 있다. 이처럼 천장 중심이 낮게 내려오면 기운이 좌우로 분산되어 좋지 않다.

⑤ **천장 좌우 높이가 다르면 불길하다** : 천장은 피라미드와 같이 중심이 높고 주변을 낮게 함으로써 균형을 이루는 것이 좋다. 그러나 천장 일부분은 높고 다른 한쪽이 낮아 좌우 불균형인 천장은 안정감이 없고 기운이 분산되어 좋지 않다.

⑥ **돔형 천장이 가장 이상적이다** : 천장은 생기(生氣)를 이루는 형태가 가장 이상적이다. 원형의 돔과 같은 형태로 중심 부분이 둥글고 높은 천장이 바로 이런 경우에 해당된다. 이런 천장에서는 생기가 모임으로써 재물과 출세가 보장된다.

❖ **집터가 경사가 급한 곳은 재물이 모이지 않는다** : 집터로 피해야 할 곳은 경사가 급한 곳이다. 집 앞이나 옆이 경사가 심하면 물이 급하게 흘러 내려가 지기가 집터에 모이지 못하고 소멸되어 버린다. 풍수지리에서는 수관재물이라 하여 물은 재산을 관장하는데 물이 급하게 흘러 내려가면 재산도 역시 빠르게 빠져나간다.

❖ **집터가 곤방위(坤方位)가 부족하면 재물이 흩어진다** : 집 앞 전면 우측 서남 곤방위(坤方位)가 부족한 곳은 재물이 흩어지고 사람이 번성하지 않는 낭패와 파탄이 생기며 신병사고 등 불행이 있게 되고 어리석은 자손들이 출생한다.

❖ **집터가 기울면** : 집터가 좌측으로 기울면 가 만성질환이 있게 되고, 우측으로 기울면 가 만성질환이 있다.

❖ **집터가 남쪽이 높고 북쪽이 낮으면** : 다재다난(多災多難)에 다출안맹(多出眼盲)이다. 즉 집터의 남쪽이 높고 북쪽이 낮아 남북이 기울면 매사다난(每事多難)에 패가빈곤(敗家貧困)하고 종종 맹인이 출생한다. 이러한 집터는 남북이 평탄해야 가족들이 편안하고 재산이 일어난다.

❖ **집터가 높은 곳에 있는 주택** : 집터가 팔풍이 불어 닥치고 외롭게 노출되면 사람이 포악하고 관재수가 일어나고 그 가족들이 빈곤하게 산다고 한다. 이러한 바 집터는 바람이 감추어야 하고 동남쪽이 확 트여야 좋은 주택이다.

❖ **집터가 높은 곳은 이러하다** : 택지가 홀로 돌출되어 사방팔방(四方八方)으로부터 불어오는 바람을 맞는 것을 팔풍받이라고 한다. 팔풍받이의 택지는 생기가 흩어지게 되므로 사람이 포악하게 되고, 정신질환이 있으며 관재가 빈발한다. 뿐만 아니라 재산 손실이 많아 가난해지고 집안이 망한다.

❖ **집터가 동쪽이 높고 서쪽이 낮으면** : 집터가 동쪽이 높고 서쪽이 낮아 집터가 동서로 기울면 재물손재나 그 가족의 관직이나 명예가 떨어지기 쉽다. 집터는 동서가 평탄하고 앞이 조금 낮은 곳에 살면 재물과 벼슬을 얻게 된다.

❖ **집터가 뒤가 낮고 앞이 높으면 항시 불안한 곳이다** : 택지가 앞쪽이 높고 뒤쪽이 낮아 뒤로 기울어진 곳은 항시 불안하여 시간이 지날수록 가산(家産)이 망하고 심한 즉 패절한다. 사람의 등뒤가 낮으면 언제 뒤로 넘어질지 모르는 불안감에 업무를 편히 볼 수 없다. 집터도 마찬가지다. 항상 뒤를 받쳐줌으로써 든든한 등받이 역할을 해주는 산이나 언덕을 배경으로 해야 안정감이 있다.

❖ **집터가 명당 택지는 이러한 곳이다** : 명당 택지는 우선 산자수명(山紫水明 – 산이 아름답고 물이 맑은 곳)하고 배산임수(背山臨水 – 물이 뒤쪽에서 앞으로 흐르는 곳)에 산하(山下)가 유정하며 광창포국(廣暢抱局 – 넓고 길고 주변이 않은 듯)한 길국명지(吉局明地)인 도읍이나 촌락에서 고른다. 택지균평원만(宅地均平圓滿 – 넓게 고르게 평탄하고 약간 소복한 듯)하고 토색이 자윤하고 남향에 양명(陽明)하고 훈풍화기(氣)(薰風和氣 – 훈훈한 바람과 기가 있는 곳)가 충만한 곳이 조은 집터가 될 수 있는 것이다. 전지후강발부지지(前地後岡發富之地 – 앞에 못이 있고 뒤에 뫼등산이 있는 곳에 큰 부자가 된다)라고 한다. 즉 택지 뒤쪽에는 아담한 산이 있고 앞쪽에는 맑은 연못이 있으면 큰 부자가 되는 터전이다. 큰 부자를 원한다면 이러한 택지를 힘써 구함이 지름길이다. 그리고 금호장강 군자지지라고 한 즉, 맑고 넓은 호수나 길고 맑은 강하(江下)의 호반과 천변에 집을 짓고 사는 사람은 성품이 너그럽고 덕망이 높은 군자라 한다.

❖ **집터가 방정(方正)하고 원만(圓滿)하면** : 집터가 네모반듯하고 모난 데가 없이 둥근 것은 정재창성(丁財昌盛 : 자손과 재물이 번

창)하고 가화형통(家和亨通)하고 식산가부(殖産家富 – 재물이 크게)는 재물이 많이 불어나 큰 부자가 된다.

❖ **집터가 북동쪽이 튀어나온 터는 길(吉)하다** : 북동쪽의 대지가 보기 좋을 정도로 약간 튀어나온 땅은 재산이 모일 뿐 아니라 상속재산을 받을 수 있다. 그러나 지나치게 북동쪽이 높으면 불구자나 신경통, 중풍 등 원인불명의 병에 걸리기 쉽다.

❖ **집터가 앞이 높고 뒤가 낮으면** : 집터가 앞이 높고 뒤가 낮은 곳에 주택을 지어 살면 항시 불안하고 근심걱정이 많고 재산도 모이지 아니하며 자손 키우기도 힘든다.

❖ **집터가 양 측면이 낮아지며 내리막이 된 곳은 흉하다** : 집의 후면(後面) 부위는 높다랗게 돌기 하였으나 좌우로 내려오면서 양 측면이 낮아지며 내리막이 되는 곳은 고독·이별·신병 및 재물 파탄과 풍파·장해 등 불상사가 발생한다.

❖ **집터가 좋은 곳 나쁜 곳, 손쉽게 알아 내는 방법** : 집터에 좋은 기가 나오는 곳 즉 명당자리를 손쉽게 알아보는 방법은 우선 삽 길이만큼 땅을 파고 그 곳에 푸른 솔잎 한 묶음을 묻어 두었다가 6개월쯤 뒤에 파보아서 까맣게 변해 있으면 나쁜 기가 흐르는 곳이고 누렇게 변해 있으면 좋은 기가 흐르는 곳이다.

❖ **집터가 평탄하고 가득차면** : 정재창성(丁財昌盛) 자손이 많고 재물이 창고에 가득차고 안거고수(安居高壽) 편안하게 장수하고 집 앞이 평탄하면 대발치부(大發致富) 큰 부자로 살게 되고 인정(人丁)이 흥왕(興旺)하고 택지가 방정원만(方正圓滿) 반듯하고, 둥글고, 가득차면, 단조롭고, 꺼진대가 없고 들어간 데가 없는 터를 선택하라.

❖ **집터가 한 쪽 부위가 부족한 터는 이러하다** : 집 앞 전면 오른쪽 모서리 동남 방위가 부족하고 뒤쪽이 단정·반듯한 곳은 집안이 융성하고 부귀영화를 누리며 식솔들 중에 뛰어난 점술객이 생기며 집의 후면 우측 변 동북 방위 모서리가 부족한 곳은 점차 발전·번성하여 슬하의 자손이 흥왕(興旺) 부귀(富貴)하고 재물이 풍부하며 안정과 영화를 누린다. 집의 전후좌우(前後左右)가 평탄하고 단정·반듯하며 주변이 원만한 터는 집안이 번성하고 부귀영화를 누린다.

❖ **집터는 따뜻해야 한다** : 단독주택이나 아파트는 북이나 북서쪽에 등을 대고 남쪽이나 동남향을 하고 있었으면 자연히 따뜻하고 통풍이 잘되고 밝다. 즉 배산임수(背山臨水)

❖ **집터로 피해야 할 5대 흉살지(凶殺地)** : 첫째, 골바람을 받는 땅. 둘째, 물이 곧장 치고 들어오거나 배반하는 땅. 셋째, 험준한 산이나 바위가 있는 땅. 넷째, 산 능선(稜線)이 날카롭게 찌르는 땅. 다섯째, 깨지고 부서진 땅

❖ **집터, 긴 골짜기 지세** : 두 산의 능성이 서로 평행을 이루며 길게 뻗어 내려가는 사이에 전체적으로 직사각형을 이루는 들판이 있는 지세는 계곡에서 많이 나타나는데, 계곡 사이로 부는 바람이 강하고 하늘과 땅의 기운이 회전 운동을 못해서 생기가 모이지 않는다. 이런 지역에 집을 짓고 살면 중풍에 걸리기 쉽다.

❖ **집터를 고를 때는 큰 강이나 바닷가를 멀리 해야** : 집터를 고를 때는 큰 강이나 바닷가를 멀리 하는 것이 바람직하다. 시골 강가 경치 좋은 곳에 정자를 지어 놓은 것을 쉽게 볼 수 있다. 정자는 사람들이 모여서 더위를 식히고 시원한 바람을 쏘이는 쾌적한 공간으로서 대체로 강이 시원하게 바라보이는 곳에 세운다. 그러나 이러한 정자 위치도 명당하고는 거리가 멀다. 정자는 바람을 쏘이는 공간은 되지만 바람을 받아들이는 공간은 되지 못하기 때문이다. 따라서 밤에 정자에서 잠을 자서는 안 된다. 바람에 사람의 기운도 날아가기 때문이다. 그러므로 정자 터와 같이 전망 좋고 시원한 곳은 경치는 좋아도 명당 터나 집터로는 좋지 않다. 산소 자리도 강가나 바닷가는 좋지 않다.

❖ **집터, 삼거리 같은 형태의 지세** : 왼쪽과 오른쪽에 있는 산 사이에 골짜기를 이루고 있고 그 골짜기 끝 부분에 다른 산이 놓여 있어서 마치 Y자 같은 형태나 삼거리 같은 형태를 이루는 지세의 들판에는 바람이 빠르게 불고 땅과 하늘이 기운이 회전운동을 일으키지 못해 생기가 발생하지 않는다. 특히 Y자 중심부에서는 언제나 급한 바람이 부딪치게 되므로 이런 곳은 매우 위험한 자리다. 이런 터에 집을 지으면 벙어리가 되거나 건강을 잃고 가족 사이에 불화를 면치 못한다.

❖ **집터, 아래에 급경사지고 골이 저 있는 집터는** : 밤낮없이 불어오는 매서운 골바람에 의한 바람은 음곡자생풍(陰谷自生風)이라 하여 부지불식간에 인망손재(人亡損財)하고 불식다재(不息

多災)한다. 더욱이 서북건해(西北乾亥)풍은 그 피해가 극심하다.

❖ **집터, 언덕과 분지의 땅은 흉상이다** : 집이 들어설 땅은 비가 와도 물이 잘 빠지고 바람과 폭풍에 쉽게 노출되지 않아야 한다. 따라서 집터는 평평하되 주변보다 약간 높은 듯한 땅이 좋다. 언덕처럼 솟아오른 곳에 중심부가 오도록 지어진 집은 마치 무인도에 혼자 들어간 것 같아서 흉상으로 여긴다. 이런 집은 재산이 차차 없어지고 가정 불화가 끊이지 않는다고 한다. 마찬가지로 집이 지어진 땅이 속으로 패인 듯하거나 분지처럼 들어가 있는 집은 비가 와도 배수가 잘 안 된다. 따라서 집안에 항상 습기가 차서 가족들의 건강도 나빠지고 점차 가운이 쇠퇴하므로 좋지 않다. 특히 택지가 솟아오른 땅에 지어진 집은 보호해 줄 만한 국세를 갖추지 못하는 확률이 높다. 특히 후손들에게 불리하게 작용하여 자손이 끊기거나 후손대에 기운이 쇠퇴하여 멸문지화를 당할 수도 있다고 한다.

❖ **집터와 주택은 외형을 먼저 보라** : 필지와 주택을 외형으로 구분하는 방법은 대체적으로 구성의 상의(相意)에 의한 가옥의 만결(滿缺)의 판단법과 거의 유사하다. 실제적으로 이해되어야 할 사항은 집터의 모양이나 주택의 모양이 어떠하든 간에 요철이 많은 것은 그만큼 복잡한 일을 당하게 된다는 것을 알아야 하며, 마음대로 필지를 분할할 수도 없는 일이다. 택지가 필지의 구분이 복잡하게 되었다 하더라도 주변이 경계를 만들고 있지 않으면 별문제가 없으며, 단지 경계를 담으로 둘러치게 되는 경우에서부터 문제점이 시작된다. 즉, 필지의 구분이 되는 담이 없는 상태에서는 네모 반듯한 땅이라도 인접한 건물에 요철이 심하게 만들어져 있게 된다면 역시 인접 건물의 모양에 따라 결국 택지가 같은 영향을 받게 된다. 인접 건물과의 영향은 생각보다 더 많은 작용을 미치고 있는 것으로 본다.

❖ **집터와 집 건물의 비례** : 집터와 그 위에 세워질 건조물의 상호 비례는 가주(家主)의 길흉화복(吉凶禍福)과 직결된다. 그 까닭은 음양의 대등상배의 원리에 있다. 즉 집터는 크고 집이 적은 것은 허장성세(虛張成歲)에 빈발흉사(頻發凶事)하고 집터는 적은데 집이 큰 것은 비록 재물은 보전되나 큰 발전은 없다. 이러한 바 집터의 넓이와 건조물의 크기는 형평해야 한다. 또한 양택학에서는 이를 일배건(一配建) 이배정(二配庭)이라 하여 전체 대지의 3분의 1은 건조물을 세우고 나머지 3분의 2는 정원공간으로 배정하는 것이 주택의 이상적 활용법이다.

❖ **집터의 강한 기운을 이기면 뜻밖의 인물로 출세한다** : 집터의 강한 기(氣)를 이기지 못하면 미치거나 불이의 사고로 부르는 일이 나타난다. 그러나 기(氣)가 강(强)한 집터에는 타성(他姓)이 들어가 살면 강한 기(氣)를 이겨 영웅(英雄) 호걸(豪傑)이 날 수 있다.

❖ **집터의 길흉의 기본 이치는** : 집터는 험준하고 평이한 것을 나누고 지맥의 세력이 흘러오고 치달려 나아가다 멈춘 곳을 살펴서 누대를 일으키고, 정원을 지을 만해 보이는 혈법이 구비되는 시초라고 해석한다. 수구(水口)는 견고해야 재물이 흥왕하고 용맥(龍脈)의 줄거리가 많이 흔들리면 변천과 동요가 잦은 법이고, 명당은 드넓고 평탄하며 도로는 둥근 고리 같아야 길상이요, 원바탕 터전의 형세와 입국 명당 물길의 굴곡(水曲)이 높고 낮음(卑高), 넓고 좁은 대문과 마당 등을 가옥에다 견주어 판별하되, 백호(우측지맥)는 맞받아치는 충돌을 기피하고 청룡(좌측지맥)은 내리는 압박이 가해짐을 기피하는 바, 완급(緩急), 부침(浮沈)과 기복, 얽히고 설켜 밀고 당김(纏托), 조산(朝山)·안산(案山)과 도로와 수구(水口), 청룡·백호, 외곽·내곽의 깊고 얕음 멀고 가까움(천심원근:淺深遠近), 제반 허실(虛實) 등속을 정밀 상세하게 연구 검토해야 된다.

❖ **집터의 모양**

① 길모퉁이 삼각형은 대흉하다.

② 다각형의 잉여 대지도 흉상이다.

③ 凸볼록으로 어느 한 편에서나 1과 같은 모양은 망할 망(亡)자가 될 수 있어 흉하다.

④ 대문 앞에 큰 나무가 서게 되면 오늘 날에는 운치를 먼저 생각하게 되나 집안의 양기가 들어옴을 막아 흉하다.

⑤ 집터의 북서편에 큰 나무가 있으면 그 집을 지키고 행복을 준다고 한다.

⑥ 옆으로 북서편에 큰 나무가 있으면 그 집을 지키고 행복을 준다고 한다.

⑦ 마당 가운데 큰 나무도 곤할 곤(困)자가 되니 흉이 된다.

⑧ 마당 가운데 연못이 있어도 흉하다.

⑨ 정원에 돌을 지나치게 심으면 음기를 불러 집안이 쇠한다.

❖ **집터의 묘지시신은 정성들여 이장** : 최근에는 도시 근교의 공동묘지가 대규모 아파트 단지로 변하는 경우가 더러 있다. 이런 경우, 지하에 묻혀 있던 시신들은 모두 정성들여 이장하거나 화장해야 한다. 간혹 오래 되어 흔적조차 없는 묏자리에 시신이 묻혀 있는 상태로 공사가 진행될 수도 있는데, 이런 경우에는 결과적으로 시신 위에 집을 짓는 것이 되어 불행한 일이 가끔 일어난다.

❖ **집터의 위치**

① 맥(脈)이 줄기찬 현무로 집의 북쪽 위치는 거북이 등과 같이 복스럽고 단단해 보임이 좋다.

② 동서로 좌청룡·우백호가 뚜렷이 뻗어야 한다. 어느 한쪽이 끊기던지 기울면 좋지 않다.

③ 국(局)의 이룸이 바람을 가두고 물을 가두고 물을 얻는 조화를 이루어야 한다. 비단 집의 위치 뿐만이 아니라 마을을 형성할 때도 중요한 여건이 된다.

④ 동, 동남, 남쪽은 평지이며 앞은 트이어 있어야 발복(發福)한다.

⑤ 동북, 북, 북서쪽은 높은 지대인 것이 좋으며 남서쪽은 너무 높지 않아야 된다.

⑥ 서쪽은 낮은 편보다 높아도 된다.

⑦ 등성마루가 끝난 벼랑밑, 즉 산등이가 급하게 비탈진 언덕 아래 집의 위치는 좋지 않다.

⑧ 산골짜기의 목, 즉 홍수나 산사태에 휩쓸릴 위험이 항시 따른다고 생각되는 곳은 피해야 한다. 앞이 낮고 뒤가 높으면 무난한 터.

⑨ 길이 막다른 끝집은 흉하다.

⑩ 사회환경, 자연환경으로 습지, 무덤, 연못, 저수지 등에 너무 가까운 곳도 피함이 좋다.

❖ **집터의 토질**

① 수기토질(水氣土質)로만 된 곳은 흉하나 사토질(沙土質)과 배합된 곳이면 무방하다.

② 사토질(沙土質)은 역시 나쁘나 점토질, 수기토질과 배합된 것이면 무방하다.

③ 조기토질(躁氣土質)만은 역시 나쁘다. 수기토질이 조금만 가미되어도 무방하다.

④ 점토질만으로 된 것도 별로이다.

⑤ 매축토질(埋築土質)은 특히 흉하다.

❖ **집터의 흙을 선별하는 방법** : 집을 짓기 전에 중요한 것은 택지를 구하는 것이며 택지를 선정할 때 우선시할 것은 집터의 토질이 좋은지 나쁜지를 살펴보는 것이다. 말 그대로 흙의 질, 집터로 쓰일 땅의 질을 보는 일이 중요하다고 하는데 토질의 길흉은 그곳에 집을 짓고 살게 될 사람들의 길흉사에 적지 않은 영향력을 미친다고 하므로 땅의 기초를 다진다는 마음으로 좋은 흙(땅)과 나쁜 흙을 판별해 보기로 한다.

- 집터로 쓸 땅은 흙의 빛깔이 누르스름하고 적당히 습기가 배어 있어서 척박하지 않고 윤기가 느껴지는 곳이 길지이며 이런 땅에 집을 짓고 살게 되면 부귀공명한다.
- 집터의 흙이 거무스름하고 토양이 퍼석퍼석한 것은 토질 자체에 아무런 생기(힘)가 없다는 것이므로 좋지 않다.
- 집터의 흙이 까맣게 타서 그을려져 있다면 흉격(凶格)으로서 이런 곳에 집을 짓고 살 경우엔 가족들이 단명한다.
- 집터의 흙이 워낙 비옥하여서 비료를 따로 쓰지 않아도 계절별로 초목이 잘 자라는 곳은 훌륭한 택지에 속하며 명당 주택이 될 수 있다.
- 집터로 쓰일 땅의 흙이 습기가 너무 많아서 질퍽거린다면 흉지로서 신장과 혈압 계통에 불리한 영향을 미친다.
- 집터로 쓰일 땅(택지) 속으로 물이 흐르고 있다면 흉격이며 그런 땅에 집을 짓고 살 경우엔 집안에 음란한 행위를 일삼는 자가 나온다.

❖ **집터와 주택이 복잡한 곳은** : 이러한 집터와 주택은 흉한 집터 주택이라 재앙이 빈번하고 재산과 인명 손실이 우려된다.

❖ **집터 자투리 땅은 흉가 터** : 대도시에서는 주택업자들이 자투리 땅을 구입하여 깊은 곳은 메워 주택을 건축하여 매매를 하는데 이러한 땅의 주택에 오래 살게 되면 자투리땅과 같이 일상생활

도 자투리가 되기 쉽다.

❖ **집터, 좋은 집터 자리 고르기** : 풍수지리에서는 양택3요결(陽宅三要訣)을 인간생활에 가장 중요한 법으로 보고 이 법에 따르면 자연에 순응하는 것으로 천지이치에 맞아 부귀가 약속되는 것이며, 그렇지 않으면 비천과 궁색이 따른다고 보고 있다. 우선 좋은 집에 대한 개념은 첫째, 따뜻해야 한다. 풍수지리가 자연의 섭리를 이용하고자 하는 학문임을 감안한다면 양택에서 풍(風)은 적절한 공기의 소통을 도모하고 맞바람을 막아야 한다는 의미가 있다. 그런데 기온을 따뜻하게 하려면 집의 방향이 남향이어야 하므로 집은 북이나 북서쪽에 등을 대고 남쪽이나 동남향을 하고 있으면 자연히 따뜻하기 마련이다. 만일 그 반대 방향이면 우리나라의 경우 겨울에는 북서풍이, 여름에는 동남풍이 불어오기 때문에 겨울이면 춥고 여름이면 오히려 덥다. 자연적으로 따뜻하다는 것은 밝은 것을 의미한다. 그러므로 그늘져 어둡거나 음침한 집은 일차적으로 가격면에서 불리하지 않을 수 없다. 둘째, 햇볕과 안정감이 있어야 한다. 생기(生氣)는 땅에서만 받는 것이 아니라 태양으로부터도 받는다. 또는 모든 생물은 햇볕을 필요로 하는데 같은 햇볕이라도 기(氣)가 일어나는 아침 햇볕을 받아야 한다. 저녁 햇볕은 오히려 생기를 잃게 한다. 안정감이란 대지의 형태뿐 아니라 건물 자체에도 적용된다. 이를테면 교회 건물 같이 뾰족한 것은 교회같이 특수한 의미에서는 가치가 있을는지 모르지만 보통 가정집으로서는 부적격하다. 경사가 심하여 불안한 형태의 가옥이 매매 때 그 가치성이 떨어지는 것 또한 바로 이러한 연유 때문이다. 셋째, 교통이 편리해야 한다. 아무리 좋은 명당이라도 사람이 쓸 수 있을 때 명당이다. 다시 말하면 이용 가치가 없는 물건은 아무리 좋은 물건이라도 효용가치가 없다는 것이다. 따라서 교통이 좋아야 귀한 손님도 오고 복도 들어온다. 교통의 중심지는 바로 상권이 발달하고 인간생활의 중심이 되기 때문이다. 넷째, 도로에 인접해야 한다. 교통이 편리하다는 것과 일맥 상통하지만 교통이 편리하다고 해도 부지연장과 같은 위치는 바람직하지 못하다. 대지의 사면 중에서 최소한 한 면만은 도로에 접해야 하는데 그 보다 더 좋은 것은 도로의 교차점으로 코너가 되는 대지이다. 풍수지리에서는 물이 만나는 주위에 혈이 있는 것으로 본다. 그런데 양택에서는 도로를 바로 그러한 물로 보기 때문에 도로가 만나는 곳에 양택이 있는 것으로 간주한다. 다섯째, 집 앞의 전경이 좋아야 한다. 활동의 근원지이며 성장의 요람인 주택의 전경은 그 집에 사는 인간에게 정신적인 안정과 정서적으로 좋은 영향을 주어 건전한 사고를 하게 만든다. 그리하여 건전한 사고의 인간은 정신적 질환이 없어 건강하고 오래 산다.

❖ **집터, 좋은 집터 조건과 건축물의 가상** : 사람의 인상에서는 인격, 성품, 지나온 생활환경까지도 표출된다. 그러기에 첫 만남에 인상만 보고도 상대방을 좋다, 나쁘다고 대부분 판단하게 된다. 마찬가지로 집이나 건물도 그 나름대로의 가상이라고 하여 풍수에서 중시하는 바이며, 가상에 따라서 흉상이 되기도 하고 길상이 되기도 한다. 가상은 택지의 위치와 모양, 건축물의 방향, 내부구조 등 외형에 의해서 영향을 받는다. 이렇듯 가상은 다양한 요인에 의해서 표현되는 것이다. 풍수에서 가상의 기초는 집터를 잡는데 있다고 하듯이 집터는 이미 자연적으로 고정된 환경으로 집터의 형상에 따라서 거주자에게 결정적으로 길흉의 영향을 끼치는 것이다. 집터에서 길상은 동쪽이 낮고 서쪽이 높은 대지, 남동쪽이 낮고 북서쪽이 높은 대지, 앞쪽이 낮고 뒤쪽이 높은 대지이다. 그리고 주변 환경에 따른 것은 남쪽에 충분한 공터가 확보된 대지와 동남쪽으로 강이나 호수 등 물이 있는 곳을 길상으로 본다. 이와 반대로 되어 있는 형상은 흉상으로 보아 풍수에서는 피한다.

❖ **집터 주변 사방이 높고 가운데가 낮은 곳** : 집터의 사방이 높고 가운데가 낮은 경우에는 비록 현재 부자로 살고 있어도 점차 재물이 유실되므로 좋지 않다.

❖ **집, 풍수지리로 집을 고르는 방법** : 풍수학적으로 이사방향을 결정하고자 할 때는 전체성을 두고서 이사 가고자 하는 집을 선정할 때 가고자 하는 집이 자기와 맞는 집이 되는가를 살피는 일이 가장 선행되어야 한다. 첫째, 집의 외형을 보고서 어느 쪽이 들어가고 나왔는가를 따지는 방법을 적용해서 살펴야 한다. 이때는 각각의 방위별로 들어가고 나온 부분이 미치는 영향을

알아내는 방법인데, 동북과 남서 방위로 움푹한 형상은 피하는 것이 상책이다. 둘째, 대문을 봤을 때 대문이 낡아 삐거덕거리거나 녹이 슬었다면 개수가 가능한가를 살핀 다음 대문과 현관이 나란히 놓여 있다면 피하는 것이 역시 현명하다. 셋째, 2층 구조로 된 주택인 경우 계단이 집안을 가로질러 중앙으로 나 있다면 역시 불합격점이 된다. 넷째, 집안의 방중 북서쪽에 위치한 곳에 방이 있거든 절대로 남에게 세를 내어 주지 말아야 한다. 다섯째, 현관과 마주쳐서 화장실문이 나 있다면 역시 좋지 않은 것이다. 여섯째, 집의 앞을 가까이서 높이 막고 있는 건물이 있는 것도 안 된다. 일곱째, 도로가 대문을 향해 와 닿는다거나 위로부터 아래로 내려오는 골목에서 갈림길이 된다거나 못 받아들이는 길이면 역시 좋지 않다. 여덟째, 담장이나 벽체 등이 금이 나 있는 곳이 있다면 수맥과 연관하여 생각하고 그곳에 방이 있다면 분명히 그 집안에 중풍환자 등 만성적 고질환자가 있나를 알아보아 있거나 있었다면 틀림없는 수맥의 영향을 받는 집이기도 하다. 아홉째, 대지의 생김새가 네모난 모습이 아니고 울퉁불퉁한 모습이 많으면 많을수록 복잡한 일이 많이 일어나는 집이 된다. 열째, 대지의 앞쪽이 절벽처럼 낙차가 심하거나 반대로 앞쪽이 높거나 또는 어느 한쪽으로 기울어져 있다면 역시 별로 이로움이 적은 집이다. 이 밖에도 자기의 본명성과 상관관계가 되는 방위의 길택(吉宅)을 고르면 더 큰 효과를 볼 수 있다. 예로써 자기의 본명성이 일백수(一白水)성이 된다면 당연히 북향의 길상 주택이거나 북쪽의 길상 주택을 찾는다면 흔히 북향집이라서 시세보다 떨어지는 집이지만 일백수(一白水)성인 사람이 살게 된다면 다른 집에서 살 때보다 훨씬 많은 재산의 증식과 가족의 번영을 누릴 수 있는 주택이다.

[九宮圖]

四 綠	九 紫	二 黑
三 碧	五 黃	七 赤
八 白	一 白	六 白

巽 辰巳 木	離 午 火	坤 未申 土
震 卯 木		兌 酉 金
艮 丑寅 土	次 子 水	乾 亥戌 金

巽 長女	離 中 女	坤 母
震 長男		兌 少女
艮 少男	次 中男	乾 父

❖ **집, 풍수학상 나쁘다는 집은 어떤 것인가** : 동북, 남서 방위가 움푹한 현상을 한 집대문과 현관이 마주 보는 집, 현관과 마주쳐서 화장실문이 나있는 집, 집안을 가로질러 2층으로 오르는 계단이 놓여 있는 집, 집 앞을 가까이서 높이 막고 있는 건물이 있는 집, 대지 앞에 낭떠러지가 있는 집처럼 낙차가 심하거나 높아 어느 한쪽이 기울여져 있는 집, 담장이나 벽체에 금이 간 집, 앞집의 용마루가 바로 보이는 집, 대문과 대문이 마주 보는 집, 앞집의 모서리가 마주보는 집, 앞집 터의 삼각형된 부분이 마주치는 집, 집 앞의 도로가 내집을 향해 들어오는 것 같은 모습의 집, 바로 집 뒤에 도로가 있어 인적과 차량이 끊어지지 않는 집, 집 뒤의 산맥(능선)이 바로 집을 향하여 있는 집, 집 앞에 개울물이 집을 향해 찌르고 있는 모습의 집, 집 옆이나 앞에 큰 바위가 험하게 생긴 모습이 있는 집, 집 가까이 교회나 성당, 사찰, 법원, 교도소, 학교, 관청, 도살장, 화장터, 묘지, 매립지 등이 있는 집은 풍수학상 좋지 않다고 보고 있다. 주택의 입지도 잘 보아야 하는데 사람이 생기를 얻고 살기 위해서는 양기, 즉 햇빛을 잘 받아들이는 곳에 살아야 한다. 햇빛을 받아들이는 곳이라 함은 하늘이 잘 보이고 일월풍우를 잘 받는 들이 넓은 곳을 말한다.

❖ **집, 풍수학상으로 좋은 집** : 주택의 왼쪽으로 물이 흐르고(청룡) 오른쪽으로 긴 도로가 나 있으며(백호), 앞에는 연못 등이 있고 주작(앞쪽)에는 얕으막한 구릉이 있고 솥뚜껑 같은 산이 보이고, 집 뒤쪽은 얕으막한 산이 있으면 최상의 귀지라 하여 큰 저택의 조경은 이 원리를 따서 만들고 있다. 택지의 지세가 동고서저(東高西低)이면 집에 생기가 없고, 서고동저(西高東低)면 주택에는 부자가 나오고, 후고전저(後高前低)면 우마가 많고 영웅호걸이 나오게 되고, 사면이 높고 중앙이 움푹 꺼지면 처음에는 부유하나 나중에 가난하게 된다고 말한다. 또 사방이 평탄하면 보통 좋은 택지라고 보면 된다. 동서로 길고 남쪽이 짧으면 처음에는 흉하나 나중에 길하게 되고, 왼쪽이 짧고 오른쪽이 길면 자손이 귀하게 되며, 앞이 넓고 뒤가 낮으면 가난하게 된다고 말한다. 특히 성황당이나 사당, 불당 앞에 집을 짓거나 다 부서진 집, 무덤 파낸 곳, 교차로 사이 물이 마주치는 곳은 흉지라고 말해지고 있다. 지하로 수맥이 흐르는 경우에는 신경불안 증세

가 나타나게 되며 불임증, 신경통 등도 발생하게 된다. 다른 곳에서는 잠을 잘 자던 사람이 어떤 방에서 자면 잠이 안 오고 잠을 설치는 경우 수맥을 한번쯤 의심해 볼 필요가 있다. 또 벽이나 벽체가 갈라진 곳도 수맥의 영향이 크다. 마당에 집의 지붕보다 높은 나무가 있어도 좋지 않으며, 가정집 대문이 집 중앙을 보고 있는 집도 좋지 않은 집이다. 집은 대지와 건물과의 공간 배분에 있어 집의 외기(外氣)와 내기(內氣)간의 원활한 순환을 염두에 두어야 한다. 좌우 벽이 담장의 구실을 하면서 앞뒤로 공간을 많이 남긴 집은 흉사가 많다. 또한 주택을 지을 때 대지가 삼각형인 경우나 한쪽 모서리가 칼끝처럼 더 나간 대지에는 터가 아깝다는 생각을 말고 원형으로 집을 지어주면 길한 주택이 된다. 주택의 3요결(대문, 안방, 주방)로 보아 위치가 좋아야 좋은 집이라 할 수 있으며, 주택의 방향도 남향, 동향, 동남향, 북서향일 경우에 좋은 방향이라고 본다. 그러나 주택의 방향이 북동향, 남서향, 서향, 북향의 주택이라 하여 무조건 나쁜 것만은 아니다. 사는 사람에 따라서 오히려 이 방향의 주택이 좋을 수 있다. 좋은 집은 일반적으로 어떤 집이라고 말할 수는 없지만 그것이 절대적인 것은 아니며 상대적이란 것을 알아야 한다.

❖ **집홀규귀인**(執笏圭貴人) : 귀인봉 근처에 홀사(笏砂)나 옥규사(玉圭砂)가 있어 마치 귀인이 임금을 배알할 때 홀 또는 규를 들고 있는 형상. 상격이면 상서(上書)가 되어 조정에서 임금과 국사를 논한다.

❖ **집, 흉상의 집은 이러하다**

① 집안의 방문들은 큰데 방이 작으면 기운이 쇠퇴하고 흉하다.

② 문짝이 문틀과 맞지 않고 뒤틀리면 가정불화가 잦다.

③ 집과 담 사이의 거리가 너무 좁으면 흉하다.

④ 실내장식을 지나치게 많이 하고 화려하면 병이 자주 오고 성패가 잦다.

⑤ 침실이 대문과 일직선상에 있을 경우와 또 부엌이 가까이 있을 경우 흉하다.

❖ **징응**(澄凝) : 맑은 물이 혈 앞에 모여드는 것을 말한다.

❖ **차**(釵) : 혈의 수두(垂頭)가 목성(木星)으로 내려온 모양.

❖ **차고**(釵袴) : 단단하고 딱딱한 땅이 마치 비녀 다리 같이 생겨 맥이 다한 곳.

❖ **차고**(借庫) : 자생향과 자왕향의 경우에 용은 본국으로 수국의 용을 그대로 쓰되 물은 본국이 아닌 타국의 수를 빌리는 것을 말한다. 즉 어떤 여자가 약혼을 했는데 갑자기 남자가 죽었을 경우 할 수 없이 다른 남자를 택하여 결혼을 하는 것과 같은 이치이다.

❖ **차고 문은 귀문(鬼門)과 남북을 향하지 않도록 한다** : 차고의 문이 귀문(남서와 북동)과 남북에 있으면 가족의 누군가가 불의의 사고로 사망할지도 모른다. 귀문은 귀신이 드나드는 문이므로 피하지 않으면 안 되고, 남과 북은 자오(子午)라고 해서 천지(天地)의 마음이 쉬는 곳이다. 여기에 문을 달면 천지의 기를 받을 수가 없다.

❖ **차고**(借庫) **봉침**(縫針) : 「을병교이추술(乙丙交而趨戌), 신임회이취진(辛壬會而聚辰), 두우(斗牛) 축(丑) 납정경지기(納丁庚之氣), 금양(金羊) 미(未) 수계갑지령(收癸甲之靈)」이라고 했는데 이것은 팔간(八干)이 사묘궁(四墓宮)에서 정지하는 것이 정상이므로, 을병(乙丙)은 술상(戌上)이 묘고(墓庫)가 되고, 신임(辛壬)은 진상(辰上)에서, 정경(丁庚)은 축상(丑上)에서, 갑계(甲癸)는 미상(未上)에서 직각 관대(冠帶)를 맞게 된다. 그러므로 을음(乙陰), 병양(丙陽)은 술상(戌上)과 진상(辰上)에서 음양상배(陰陽相配)를 하게 되고, 신임(辛壬)은 진상(辰上)과 술상(戌上)에서, 전경(丁庚)은 축상(丑上)과 미상(未上)에서, 갑계(甲癸)는 술상(戌上)과 축상(丑上)에서 직각 음양상배(陰陽相配)를 하게 된다. 이와 같이 팔간(八干)이 직각 동일한 이지(李支) 진술출미(辰戌出未) 위에서 음양상배(陰陽相配)를 하게 되는 것은 정호상합(情好相合)하여 생육(生育)의 공을 이룩하기 위함이다. 차고수출(借庫水出)은 정고수출(正庫水出)이 불가능할 경우에 한해서만 취하는 일종의 비상조치다.

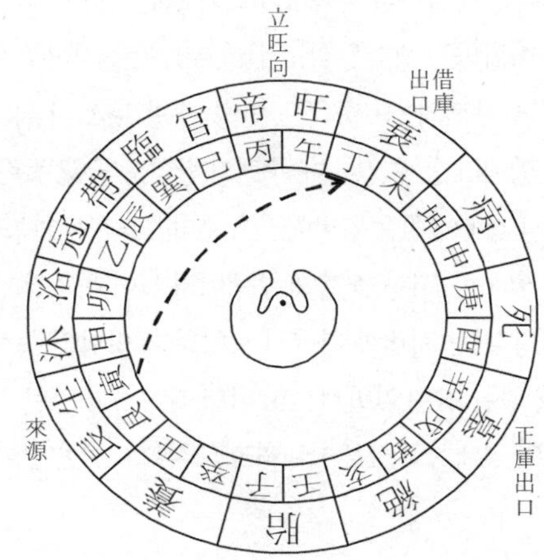

[借庫水出 : 丙午向에 左水到右, 陽干丙火氣]

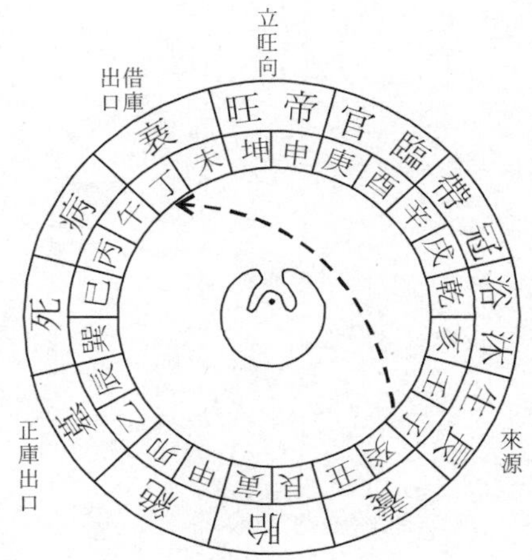

[借庫水出 : 坤申向에 右水到左, 陰干申金氣]

병화(丙火)와 신금(辛金)이 축상(丑上)에서 동시에 양(養)을 맞고, 미상(未上)에서 다시 쇠(衰)를 맞으니 이로서 음양(陰陽)이 상회(相會)하여 수출쇠향(水出衰鄕)에 차고소수(借庫消收)가 가능하니, 여타의 간(干)도 음양쇠향(陰陽衰鄕)에서 각기 상회(相會)가 되므로 쇠향(衰鄕)이 차고소수지(借庫消收地)가 되는 것이지만, 그러나 수성형국(水城形局)에 따라 정고수출(正庫水出)과 차고수출(借庫水出)이 달라지는 것이다. 즉 정고수출(正庫水出)의 예는 횡수성형국(橫水城形局)과 조수성(朝水城)과 직거성(直去城)을 포함한 형국의 경우이고, 사수성형국(斜水城形局)이나 순수성형국(順水城形局)의 경우에 한해서는 불가불 차고소수(借庫消水)를 하지 않을 수가 없다.

❖ **차고의 방향과 위치** : 차고도 역시 집의 일부로서

- 문과 차고는 일직선상에 놓여선 안 된다. 이것은 천심살(穿心殺)이라고 하여 집 주인이 사고당할 위험을 내포하고 있기 때문이다.
- 집 뒤에 차고가 있으면 안 된다. 집 뒤에 차고가 있다는 것은 도둑이 들 것을 시사하고 있다. 집 뒤는 등과 같아서 사각(死角)이기 때문이다. 당연히 재산은 생각만큼 모아지지 않을 것이다.
- 차고 문은 귀문(鬼門)과 남북을 향하지 않도록 한다. 차고의 문이 귀문(남서와 북동)과 남북에 있으면 가족의 누군가가 불의의 사고로 사망할지도 모른다. 귀문은 귀신이 드나드는 문이므로 피하지 않으면 안 되고 남과 북은 자오(子午)라고 해서 천지(天地)의 마음이 쉬는 곳이다. 여기에 문을 달면 천지의 기를 받을 수가 없다.

❖ **차돌이 줄을 이어 지나가면** : 천광을 하는데 부서진 차돌이 줄을 이어 지나가면 그게 바로 수맥(水脈)이라는 것이다.

❖ **차두**(釵頭) : 단단하고 뾰족한 땅. 차지는 단단하고 노출된 곳인데 모두 흉격이다.

❖ **차락**(借樂) : 본신룡(本身龍)에서 뻗어 나온 산줄기가 혈 뒤에 산봉우리를 빚어 올린 것. 틀락에 버금가는 것으로, 차락이 있는 혈에 묘를 써도 자손들이 부귀장수를 누린다.

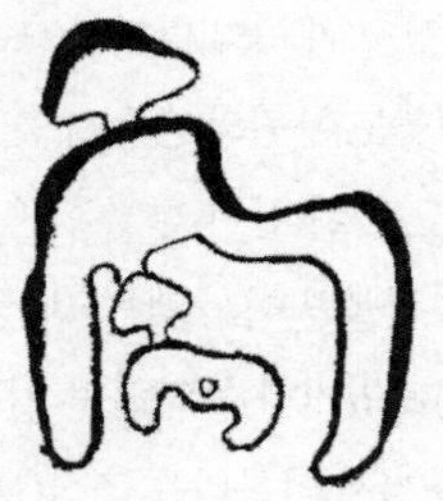

❖ **차록차마**(借祿借馬) : 병좌(丙坐)는 손방(巽方)이 녹마방(祿馬方)이고, 임좌(壬坐)는 건방(乾方)이 녹마방이다. 갑좌(甲坐)는 간방(艮方)이 녹마방이며, 경좌(庚坐)는 곤방(坤方)이 녹마방이다. 각 좌에 맞는 방향에 높고 수려한 봉우리가 있으면, 녹마(祿馬)를 빌렸다는 뜻으로 차록차마라 한다.

坐	丙	壬	甲	庚
方位	巽	乾	艮	坤

좌향에 상관없이 건(乾)이나 오(午)방에 천마사가 있으면 속발부귀한다. 건방에 있는 것을 금마(金馬), 오방에 있는 것을 천마라 한다. 설사 천마사가 아니더라도 이곳에 귀하게 생긴 봉우리가 있으면 길하다. 이는 발복이 매우 빠르다.

❖ **차마법**(借馬法) : 차마법을 차록법(借祿法)이라고도 한다. 역마를 빌리는 법과 녹(祿)을 빌리는 법이 같으므로 녹마(祿馬)라 한다.

① 병(丙)이 손(巽)을 빌리는 것은 손사(巽巳)가 가지고 있는 녹마를 빌리기 위함이다(丙借巽爲祿馬場).

② 임(壬)이 건(乾)을 빌리는 것은 건해(乾亥)가 가지고 있는 녹마를 빌리기 위함이다(壬借乾爲祿馬鄕).

③ 갑(甲)이 간(艮)을 빌리는 것은 간인(艮寅)이 가지고 있는 녹마를 빌리기 위함이다(甲借艮爲祿馬位).

④ 경(庚)이 곤(坤)을 빌리는 것은 간인이 가지고 있는 녹마를 빌리기 위함이다(庚借坤位祿馬當). 그리고 자생향(自生向)이나 자왕향(自旺向)이 정국(政局)의 녹마를 빌리면 부귀속발(富貴速發)한다.

❖ **차마사법**(借馬砂法) : 갑차간인방마(甲借艮寅方馬), 병차손사방마(丙借巽巳方馬), 경차곤신방마(庚借坤申方馬), 임차건해방마(壬借乾亥方馬). 위의 차마법(借馬法)은 금수목화국(金水木火局)에 정위

마사(正位馬砂)가 없을 때 녹위방마사(綠位方馬砂)가 수미(秀美)하면 차마하여 입향도 부귀의 손을 두는 길사의 차법이다.

❖ **차아**(嵯峨) : 암석으로 된 산이 높고 험준한 모양.

❖ **차조결**(借朝結) : 조산을 빌어서 맺는 것. 정락(正落)하여 가까운 안산이 벽립(壁立)하였거나 능압하면 일발즉지(一發卽止)하는 법이다. 좌향을 옮겨서 아름다운 조산(朝山)으로 안산을 삼게 된 혈이다.

❖ **찬**(竄) : 달아남.

❖ **찬검**(攢劍) : 장성이 칼을 차고 있는 형상.

❖ **찬성형**(攢星形) : 별들이 옹기종기 모여 있는 것처럼 생긴 형국. 주산(主山)은 삼각형으로 혈은 주산의 중앙에 있고, 안산(案山)은 구름이다.

❖ **찰기안계**(察記眼界) : 혈에서 보이는 곳만 따지고 보이지 않는 곳은 수법에서도 구태여 따질 필요가 없는 것이 원칙이지만 예외로 현무(玄武)를 둘러싸고 있는 수(水)라든가 보이지 않지만 혈을 팔로 감싸안은 듯한 형세의 물 등은 대길지(大吉地)에서 흔히 볼 수 있는 물이니, 이런 경우에도 참작하는 요령을 알고 있어야 한다. 고서에 득수위상장풍차지(得水爲上藏風次之)라 하여 좋은 땅을 구하려거든 용호사(龍虎砂) 보다도 먼저 길수(吉水)를 얻는데 힘쓰라고 하였으며, 부자가 되고자 하거든 여러 곳의 물이 명당 앞에 모여들어 합수되는 곳을 찾을 것이며, 아름다운 딸을 낳고 싶으면 묘유방(卯酉方)에서 대강이 흘러 들어오는 곳을 애써 구하라고 하였다.

❖ **참**(塹) : 도랑이 구덩이가 된 모양.

❖ **참관**(斬關) : 혈 앞에 큰 강이나 평야가 있어서 청룡과 백호가 혈을 완전히 요포(繞抱)하지 아니함을 말함.

❖ **참관혈**(斬關穴) : 지리법 중에 교혈(巧穴)의 하나. 행룡(行龍)의 중간 지점에 기(氣)를 베고(斬), 맥(脈)을 끊어 혈을 만드는 경우도 있는데 참관혈은 용맥이 끊겨 있는 괴혈이다. 보통 혈의 경우 용맥이 끊어지면 생기가 흘러들지 않아서 진혈이 못되지만 참관혈은 이와 달라서 생기가 땅 속으로 통한다.

❖ **참도**(參道) : 임금이 능행차하는 참배 도로로서 신문 앞까지 이어진 길을 말한다.

❖ **참배석**(參拜石) : 신도를 중심으로 좌우에 넓은 박석(薄石)으로 깔아 놓았는데, 궁궐의 정전에서 조회하는 것을 모방하여 정자각 동쪽은 문관이, 서쪽은 무관과 종친들이 산릉제례(山陵祭禮) 때 참배하는 자리를 말한다.

❖ **참법**(斬法) **장법**(葬法) : 참(斬)이란 끊는다는 뜻으로서 생기를 끊으니 생기는 식(息)의 횡(橫)에서 나타나며 양(量)이 박하기 때문에 높아도 정(頂)을 침범해서는 안 된다. 또한 바닥은 차기 때문에 낮아도 족(足)에 가까우면 안 된다. 참(斬)이 아래면 위를 잃을까 두렵고 위면 아래를 잃을까 두렵다. 또 가운데 있으면 좌우를 잃을까 두렵고 좌우에 있으면 중심을 잃을까 두렵다.

❖ **참신**(參神) : 신위에 절하여 뵘. 제사를 지낼 때 처음으로 절함.

❖ **참암**(讒岩) : 혈처에 임하여 흉한 암석이 있거나 또는 지친 석골이 가까이 있는 것으로 흉살이 된다. 혈이 맺는 주산(主山)은 너무 높지 말아야 한다. 만약 산이 아득히 높고 절벽지거나, 바위로 가파르게 이루어져 무서워 보이는 산은 흉격이다. 가파른, 급한이란 혈입(穴入)한 곳이 돌이 나오고 아득히 높아 무서운 형산이다. 장서에 말하기를, 기(氣)는 흙으로써 모이나 석산은 장사하지 못한다 하였다. 오공(吳公)은 말하기를, 안장하려면 흙으로 된 살찐 땅을 가리어 묘를 쓸 것이요. 참암(讒巖 : 가파른 바위산)하여 거칠고 웅장하고 추악한 것을 피하지 않고 그릇 점혈

하면 흉살(凶殺)이 있을 것이라 하였다.

❖ **참암**(嶄岩) : 당혈(當穴)된 곳에 검고 험악한 돌이 나오거나 높고 무서운 형상의 바위가 있는 것을 말함. 대개 혈을 맺고 있는 곳은 거칠고 추악하고 험악하고 돌이 나오고 무서운 형상의 바위가 있는 것을 꺼리는 바, 혈처는 흙으로 된 살찐 땅을 귀로 삼는다.

❖ **참암살**(巉巖殺) : 뿌리박힌 크고 험한 바위가 흉석인 용을 누르거나 혈장을 눌러서 극히 흉한 살이 되는 것을 말함. 참암살이 혈장을 누르면 사람과 재물의 실패가 따른다. 특히 입수에서 누르면 자손이 끊어진다.

❖ **참차**(參差) : 가지런하지 못한 모양.

❖ **참초**(斬草) **파토일**(破土日)

- 1월 : 庚午, 丁卯, 壬午日
- 2월 : 庚午, 壬午, 甲午, 丙午日
- 3월 : 壬申, 甲申日
- 4월 : 甲子, 乙丑, 丁卯, 庚午, 庚辰, 壬午, 辛卯, 壬辰, 癸卯, 甲辰, 癸丑, 庚子日
- 5월 : 壬寅, 癸丑, 甲寅日
- 6월 : 丁卯, 壬申, 甲申, 癸卯, 辛卯, 丙申, 乙卯日
- 7월 : 甲子, 丁卯, 己卯, 壬午, 乙卯, 壬辰, 辛卯, 癸卯, 丙午日
- 8월 : 乙丑, 壬辰, 甲辰, 癸丑日
- 9월 : 庚午, 壬午, 辛卯, 癸卯, 丁卯, 丙午, 乙卯日
- 10월 : 甲子, 庚午, 辛未, 丁卯, 辛卯, 乙卯日
- 11월 : 壬申, 甲申, 乙未, 丙申, 戊辰日
- 12월 : 壬申, 甲申, 丙申, 壬寅, 甲寅, 庚申日

❖ **참최**(斬衰) : 오복(五服)의 하나. 거친 베로 지으며 아랫단을 꿰메지 않은 상복(喪服)으로 부(父), 남편 시가(媤家)의 부(父), 승중손(承重孫)이 조부, 증조부, 고조부의 상에 입으며 기간은 3년임.

❖ **참파토**(斬破土) : 혈장에서 작업이 시작되는 일시와 선파 방.

❖ **참형**(參形) : 오성의 하나로 된 성체가 아니고 여러 가지의 성(星)으로 섞여진 형상.

❖ **창**(槍) : 문필봉(文筆峯).

❖ **창**(倉) : 산이 비만하여 통실하고 꼭대기를 삼각형으로 뾰족한 모양.

❖ **창고**(倉庫) : 창고사(倉庫砂). 창(倉)은 작은 산이 둥근 것, 고(庫)는 작은 산이 네모진 것. 부격사(富格砂)에 속하는 길사(吉砂)다.

❖ **창고사**(倉庫砂) : 창고사(倉庫砂)나 부봉(富峯), 기고사(旗鼓砂), 일자문성(一字文星)이 양변으로 두른 것은 부(富)와 귀(貴)가 쌍전한 형국.

❖ **창고궤사**(倉庫櫃砂) : 창고사(倉庫砂)는 금형체(金形體)이고 고궤사(庫櫃砂)는 토성체(土星體)다. 조(朝)·안(案)·산(山)·녹(祿)·간(艮), 병(丙)방위에 창고고궤사(倉庫庫櫃砂)가 솟아 있으면 거부가 나고, 만약 수구(水口)를 관쇄(關鎖)하면 더욱 대부가 되는 부의 사다.

❖ **창고나 부속건물을 집 뒤쪽에 설치는 흉** : 집의 후면부에다 창고나 부속건물을 축조하는 것은 집안 살림이 번성하지 않고 손실과 장해 등 말썽과 낭패가 자주 발생한다.

❖ **창고는 주택보다 작게 지어야 길상** : 집이 들어서고 대지 위에 창고를 지을 경우, 풍수지리상으로는 사신사(四神砂)를 논할 때 이용되는 사격(砂格)이 바로 창고가 되므로 배치상의 주의를 요한다. 그래서 같은 대지에 창고가 있다면 사(砂)로 간주하여 그 길흉(吉凶) 작용력을 살피게 되는데 내용을 파악하면 다음과 같다.

- 창고가 주택의 서쪽에 있는 경우는 흉상이다.
- 창고 위에 주거 공간을 설치하면 흉상이 되어 불길하다.
- 창고의 지붕은 동서로 경사지고 들보가 남북으로 이어진 형태가 길상이며 이런 구조여야만 복록을 누린다.
- 창고가 주택의 규모에 비하여 너무 크다면 흉상으로서 가문이 번창하지 못하고 외부의 간섭과 영향력으로 점차 세력을 잃게 된다.

❖ **창고는 화(火)의 방향에** : 마당에 설치하는 창고는 그 속성상 토(土)에 속하므로 기본적으로는 화(火)의 방향이 좋고 목(木)의 방향은 피한다. 이는 오행의 관계에서 화(火)는 토(土)의 부모이고 목(木)은 토(土)의 천적이기 때문이다. 따라서 토(土)의 속성은 필연적으로 불의 방향과 상성(相性)이 좋고 역으로 목(木)의 방향과는 알맞지 않다. 목(木)과는 전혀 관계가 없는 남동에서 북에 걸친 적당한 장소에 설치하고 다만 집 뒤에 설치하지 않도

록 주의한다. 만일 집 뒤에 창고가 있으면 생각지 않은 불행이 일어나서 가족의 수도 줄어들고 재운도 감소한다.

❖ **창고를 짓거나 집을 수리할 때** : 천재성(天財星) : 이 천재가 닿는 일진(日辰)이나 방위에 창고를 짓거나 수선하고 기타 흙다루고 집수리하는 일 등을 하면 재수가 대통하다는 것이다. 천재성은 아래와 같다.

- **갑을년**(甲乙年) : 해자(亥子)
- **병정년**(丙丁年) : 인묘(寅卯)
- **무기년**(戊己年) : 사오(巳午)
- **경신년**(庚辛年) : 진술축미(辰戌丑未)
- **임계년**(壬癸年) : 신유방(申酉方)

가령 태세의 천간이 갑이나 을이 되는 해는 해일(亥日), 자일(子日) 또는 해(亥), 자(子)방위가 천재방위이다.

❖ **창고문이 외부를 향한 형국은 흉** : 창고문이 외부를 향해 대문 방향으로 놓여질 경우 집안이 퇴패하고 우환, 병고의 불행이 닥친다.

❖ **창룡음수**(蒼龍飮水) : 푸르른 용이 물을 마시는 형국. 혈은 용의 코에 있고 봉황이 안산(案山)이 된다.

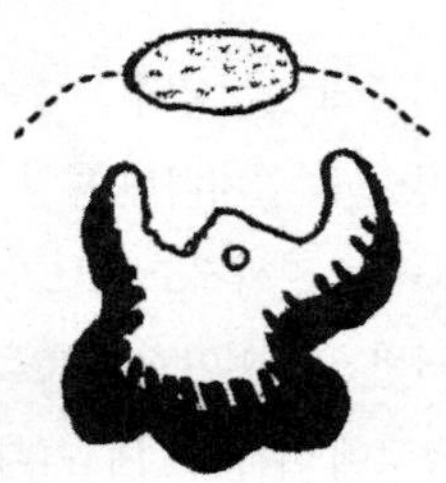

❖ **창룡창수**(蒼龍漲水) : 푸른 용이 넘치는 강물 속으로 들어가는 형국. 큰 강물이 휘돌아 흐르며 혈은 용의 이마에 있고, 안산은 구슬, 무지개, 큰 강 등이다.

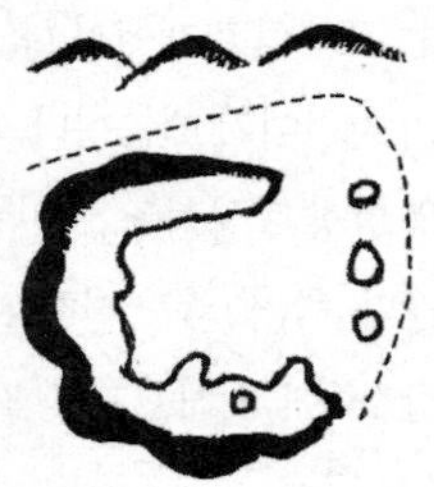

❖ **창문** : 창문은 채광이나 실내외 공기의 순환 바깥 경관의 조망을 위한 목적으로 사용되는 한편 자연의 기운을 집안으로 받아들이는 통로 역할도 한다. 최근 들어 건물의 규모가 커지면서 건물 벽 전체를 유리로 하는 것은 좋지 못하다. 개구부는 외부 생명력을 받아들일 수 있도록 설치하는 것이 이상적이다. 그러므로 창문은 햇볕과 바람이 들어오는 동남 방향으로 만드는 것이 좋은데 바람이 불어오는 쪽을 향해 창문을 열면 실내가 바람을 마주하게 되어 바람이 실내에 생기(生氣)를 만들어 준다. 그러나 창문을 바람이 지나가는 서북쪽을 바라보는 면에 두면 실내 기운을 빼앗는 형상이 되므로 좋지 않다.

❖ **창문 등이 집 한 쪽 방향에 많이 몰려 있는 경우 발전 향상의 진도가 더디다** : 대문과 현관 방문 및 창문 등이 주로 한쪽 방향에 많이 몰려있는 경우는 발전 향상의 진도가 더디고 장애와 손실이 자주 발생되는 장해를 치른다.

❖ **창문을 마주 보거나 등지고 앉지 않는다** : 창문을 마주보고 있거나 등지고 있는 것도 집중력을 떨어뜨린다. 창문과 옆으로 앉는 것이 좋다. 불가피할 경우 블라인드 등을 쳐서 밖의 강한 기운이 들지 않도록 한다.

❖ **창문 개구부** : 창문은 채광이나 실내외 공기의 순환, 바깥 경관의 조망을 위한 목적으로 사용되는 한편, 자연 기운을 집 안으로 받아들이는 통로 역할을 한다. 현대에 건물 규모가 커지면서 건물 벽 전체를 유리로 하는 등 개구부의 형태가 차츰 중요해지고 있다. 개구부는 외부 생명력을 받아들일 수 있도록 설치하는 것이 이상적이다.

❖ **창문과 출입문 위치** : 창문은 햇빛과 바람이 들어오는 방향으로 만든다. 그러나 구조상 외부로 면하는 벽이 한 면밖에 없으면 여기에 창문을 설치할 수밖에 없다. 창문이 두 외벽에 설치된 경우에는 주된 창문을 바람이 불어오는 쪽을 향해 열어야 좋다. 바람이 불어오는 쪽을 향해 열면, 실내가 바람을 마주하게 되며, 이 경우 바람이 실내에 생기를 만들어 준다. 창문을 바람이 지나가는 옆이나 지나가는 쪽을 바라보는 면에 두면 실내 기운을 빼앗는 형상이 되므로 좋지 않다. 바람이 실내 기운을 훑어 나가기 때문에 실내 압력이 약해지고, 실내 압력이 약해지면 기

운이 약해져 이곳에 사는 사람들이 기운을 잃기 때문이다. 출입문 또한 바람이 불어오는 쪽에 있으면, 출입문이 열리는 순간 바람이 들어와서 실내에 압력이 강해지고 강해진 압력은 사람에게 기운을 넣어 준다. 바람이 빠져나가는 쪽으로 출입구가 있으면 바람의 기운이 실내 기운을 빼앗아 가기 때문에 압력이 약해지고, 사람도 기운이 빠진다. 물가에 있는 집은 지세가 낮은 물가에서 올라오는 바람을 좋은 바람으로 보기 때문에 올라오는 바람을 마주하는 쪽에 출입문과 창문을 만드는게 좋다. 창문은 벽 중심에 설치하는 것이 가장 이상적이므로 벽에서 발생하는 진동이나 바람 소리가 아름답게 울린다. 창문이 한쪽에 치우쳐 있거나 모서리에 있으면 진동이나 바람 소리가 불안정해진다. 따라서 두 벽면에 걸쳐 있는, 이른바 코너 창문은 좋지 않다.

❖ **창문, 남동쪽 창문은 벽보다 튀어 나온 것이 좋다** : 현대의 주택에서 창문은 공기가 드나들며 빛을 받아들이는 등의 실용적인 목적 외에도 미관상으로도 중요한 역할을 한다. 어떤 주택의 경우는 미관상의 배려가 더 중시되고 있기도 하다. 그러나 양택풍수에서는 창문의 방위나 드나드는 것도 세심한 배려를 해야 한다.

❖ **창문에 등을 향해서는 안 된다** : 창문을 등지고 앉아 있는 것은 좋지 않다. 창문도 문과 같이 기의 입구이므로 등은 무방비 상태로 여러 종류의 기에 휘말리게 된다. 창문으로부터 통해 들어온 더운 기나 차가운 기는 목 근육에 파고든다. 이렇게 되면 신체의 건강에도 나쁜 영향을 미친다. 또 사무실에 들어온 사람에 대해 자신이 역광의 위치에 있다면 어둡고 차가우며 음산한 기의 얼굴로 보인다. 사업상 타인의 눈에 비치는 이미지는 상당히 중요하다. 만일 음기가 내포된 이미지를 한번 지니게 되면 고치기가 어렵다. 그러므로 될 수 있는 대로 얼굴을 창문쪽으로 향하고 밝은 인상을 주도록 한다. 그러나 이 장소가 방안에서 가장 좋은 장소라고 생각될 때에는 창문에 엷은 색의 커텐이나 블라인드를 달아서 빛을 부드럽게 하면 좋을 것이다. 커텐은 방을 아름답게 할 뿐 아니라 창문으로부터의 기도 부드럽게 걸러 준다.

❖ **창문은 건물의 눈이다** : 창(눈)은 건물 외관을 구성하는 주요 요소일 뿐 아니라 가상의 운세를 나타내는 주요 요소가 되기도 한다. 창은 원시시대부터 햇볕이나 공기를 집안에 빨아들여 그 집에서 생활하는 사람들의 건강과 향락을 유지시켜 주는 역할을 했기 때문이다. 창은 말할 것도 없이 개방부로서 열림을 뜻하고, 그 열림은 그 집에 사는 사람들의 운세가 소모되거나 쇠퇴하는 것을 암시함으로 가상적으로 볼 때는 열림이 없는 것이 좋다. 그래서 창은 적을수록 좋다는 이론이다. 그러나 창이 하나도 없는 집에서는 사람이 오래 견뎌내지 못한다. 가상의 기본은 집안의 공기와 집밖의 공기가 항상 같은 상태로 유지되는 것을 원칙으로 하고 있다. 집안의 공기가 햇볕을 포함한 영양있는 공기(양기)여야 하는 이유는 공기 속에 들어 있는 신선한 기(氣)가 육체와 정신을 살찌게 한다고 보기 때문이다. 부패된 공기 즉 잡균이 많이 들어 있는 방안의 공기는 인간의 운명도 부패시킨다. 이런 공기가 집안에 고여 있지 않도록 하는 것이 창문이다. 이를 위해 큰창을 내면 될 것 같지만 꼭 그렇지만은 않다. 공기 소통에서 중요한 점은 작더라도 서로 마주 보는 창을 내는 것이다. 창이 크면 오히려 안정감을 잃고 만다.

❖ **창문은 벽 중심에 설치해야** : 창문은 벽 중심에 설치하는 것이 가장 이상적이다. 그래야만 벽에서 발생하는 진동이나 바람 소리가 아름답게 울린다. 창문이 한 쪽으로 치우치거나 모서리에 있으면 진동이나 바람 소리가 불안정해진다.

❖ **창문은 어떤 방향에 있어야 길한가** : 창문은 공기가 들어오거나 나가면서 생기(生氣)와 사기(死氣) 혹은 흉기(凶氣)가 교류되는 통로이자 구멍이다. 또한 햇빛에 의한 화기(火氣)가 스며들어가서 음침한 곳을 밝게 해주는 중개자 역할을 하기도 한다. 뿐만 아니라 집안에서(실내에서) 바깥세상을 굽어다 볼 때 사용되는 시각적인 통로역할을 하고 있으므로 창문의 방향은 그 위치가 어디인지에 따라서 인생의 길흉화복을 좌우하는 영향력을 갖고 있으며, 창문이 위치하는 방향에 따라서 다음과 같은 영향을 받게 된다.

- 창문을 동쪽으로 내면 원하는 일이 성취된다.
- 창문을 남쪽으로 내면 가업이 번창하여 가문의 부귀영화가 계속된다.
- 창문을 서쪽으로 내면 여자로 인한 구설수가 따르고 재물이 흩어진다.

- 창문을 북쪽으로 내면 안과질환이 자주 발생한다.
- 창문을 남동쪽으로 내면 온 가족에게 활력이 넘치고 가문이 부귀창성한다.
- 창문을 남서쪽으로 내면 재난과 질병이 따르고 부인은 산부인과 질환에 걸릴 확률이 높다.
- 창문을 북동쪽으로 내면 기운이 차츰 쇠퇴하여져서 흉한 결과를 초래한다.
- 창문이 지나치게 많으면 가정의 내기(內氣)가 안정되지 않아서 가족들이 밖으로 나돌고 부녀자의 바깥출입이 많아진다.
- 서향(西向) 집일 경우에는 남으로 창문을 내면 길하다.

❖ **창문은 주택의 기(氣)통로** : 창문의 크기는 벽면에 따라야 한다. 벽면은 작은데 창문이 커서도 안 되며 벽면은 큰데 창문이 작아서도 기의 흐름이 차단될 수도 있다. 창문의 크기는 벽면 전체의 1/3이 가장 알맞은 문으로 보고 있다. 창문은 위 아래로 열고 닫는 것보다 안쪽이든, 바깥쪽이든 옆으로 밀리는 것이 더 좋다. 그런 창문은 최대량의 기(氣)가 흘러 들어와 내부에서 순환할 수 있기 때문에 거주자의 기와 사업기회를 증진시킨다. 출입구도 기의 흐름에 방해물이 되어서는 안 된다. 창문의 크기와 내부에 있는 문들과의 배치관계 역시 집안의 기의 흐름을 결정하는데 중요하다. 가정의 화목은 문과 창문의 크기와 수의 조화에 따라 결정된다. 더욱이 출입문과 창문 관계는 부모와 자식간의 관계나 세대간의 관계와 같다. 문은(부모의 입) 창문(자식의 입) 보다 반드시 더 강한 인상을 주어야 하는데 그렇게 되지 못하면 자식이 부모에게 반항하는 일이 생기게 된다. 문에 대한 창문의 비율은 가정의 조화에도 영향을 미친다. 하나의 창문은 좋은 반면 세 개 이상은 가족을 논쟁으로 몰고 간다. 사공이 많으면 배가 산으로 올라가듯이 창문이 너무 많은 집은 자식들이 자주 대들거나 반발을 하게 된다. 창문이 너무 커도 가정이 뒤숭숭해질 수 있다. 왜냐하면 자식이 부모의 말을 듣지 않게 되기 때문이다. 그러나 창문이 크다고 할지라도 창문자체에 구획이 많이 되어 있거나 창살이 많으면 괜찮다고 본다.

❖ **창문을 동쪽으로 내면 원하는 일을 성취한다** : 창문을 남쪽으로 내면 가업이 번창하여 가문(家門)의 부귀영화(富貴榮華)가 계속된다. 창문을 서쪽으로 내면 여자로 인한 구설수가 따르고 재물이 흩어진다. 창문이 남서(南西)쪽으로 내면 재난과 질병이 따르고 산부인과 질환에 걸릴 확률이 높다. 창문은 남동(南東)쪽으로 내면 온 가족에게 활력이 넘치고 부귀창성(富貴昌盛)한다.

❖ **창문에서 육교 같은 난간이 보이면** : 풍수에서는 겸도살(鎌刀殺) 낫이라 하여 사기(邪氣)가 있다고 본다. 현기증·불면·불안·어깨 결림·요통·관절통·위장병·피로감 등을 느끼게 된다. 이는 육교의 사기(邪氣)가 침범하여 이상을 가져온다. 이러한 흉상은 공포심을 자아내어 불안심리를 한층 더 가중시키고 심기와 신기를 해치게 된다. 그러므로 육교 근처에 집을 구하는 것은 삼가는 것이 좋다. 그러나 난처럼 잎사귀가 있는 화분이나 장미·연꽃·안개꽃 같은 화분을 창문 아래에 두면 사약을 막을 수 있다고 한다.

❖ **창문의 방위** : 주택을 지을 때 창문의 설계를 동남쪽에는 따뜻한 바람이 들어오기 때문에 문을 많이 내고 큰 창문을 내야 한다. 북서쪽 문은 찬바람이 들어오기 때문에 개수도 줄이고 창문도 적게 내어야 한다. 방안은 밝을수록 좋은 것 같지만 창문이 너무 많아 밝은 집에는 낮에 사람이 있지 않고 자꾸 집밖으로 나가고 싶어한다. 도시여성들이 외출이 잦은 것은 도시건축물이 창문이 많은 관계로 방안이 밝아서 그러한 현상이 나타나는 것이다.

❖ **창문의 크기** : 창문은 바람과 빛을 받아들이기 위해 꼭 필요한 부분이다. 그러나 창문이 너무 넓으면 오히려 실내 기운이 밖으로 빠져 나가는 현상을 빚는다. 그러므로 지나치게 넓은 것은 좋지 못하다. 벽 한 면을 기준으로 창문 면적이 50%를 넘으면 기운이 빠져 나가는 형태다. 창문 면적은 작을수록 좋고, 따라서 실내가 너무 밝은 것보다 오히려 약간 어두운 듯한 것이 좋다. 실내가 너무 밝으면 기운이 분산되어 기가 빠지지만, 약간 어두운 곳에서는 음기가 모여서 오히려 생기를 이룬다. 요즘 들어 유리창 면적이 조금씩 넓어지는 것이 특징인데, 기운이 쉽게 빠져 나가기 때문에 좋지 않다. 더구나 창문 재질로 주로 쓰는 유리에서는 좋지 않는 소리나 진동이 발생한다. 그러므로 유리창이 넓을수록 실내 기운에 좋지 않은 영향을 미친다. 유리는 기운을 통과시키기만 하고, 사람에게 기를 전달하는 성질이 없

기 때문이다.

❖ **창문의 형태** : 개구부는 크게 수직형과 수평형으로 나누는데, 수직형이 기운을 회전하는 데 더 유리하다. 실내에는 종류가 다른 개구부가 여러 개 있을 수 있지만 개구부들의 형태가 같아야 효과적이다. 개구부의 형태가 같으면 같은 종류의 소리가 나지만, 수직형과 수평형이 함께 있으면서 서로 어울리지 못하는 소리가 나기 때문이다. 창문 형태에 따라서도 기운이 달라진다. 창문은 수평형이 일반적인데, 폭은 넓으면서 높이는 낮아서 차분하고 안정적인 기운을 준다. 오행 기운으로 분석하면 수(水)에 해당하며, 나무 형태에 비유하면 죽어 쓰러진 나무를 의미한다. 물을 닮아 차분하여 정적인 분위기지만 진취적인 기상은 부족하다. 창문 폭은 좁은 데 비해 높이는 높은 창문은 수직 형태를 이룬다. 천장이 높은 공간에서는 수직형 창문을 설치하기 쉬워 흔히 교회나 성당 등에서 이런 창문을 만든다. 천장이 낮은 일반 집이나 사무실에서 수직형 창문을 설치하려면 창문 폭을 좁게 하고 방바닥에서 천장까지 닿도록 만들어야 하는 어려운 점이 있다. 수직형 창문은 오행으로는 목(木)에 해당된다. 나무는 상승하는 기운을 갖고 있으므로, 이런 창문은 살아 있는 나무와 같이 하늘로 올라가려는 활동적인 기운을 갖고 있다. 개인 집이나 사무실에 이런 창문을 설치하면 좀더 활동적이고 생동적인 분위기를 이끌어낼 수 있다. 창문 폭과 높이가 같은 정사각형 창문은 오행으로는 토(土)에 속한다. 흙은 균형 감각과 포용력을 갖고 있으므로 정사각형 창문은 수직과 수평 두 기운이 서로 균형을 이룬다. 수평 창문보다는 생동감을 주고, 수직 창문보다는 안정감을 준다. 원형 창문은 오행으로는 금(金)에 해당되며, 계절에 비하면 곡식을 여물게 하는 가을과 같다. 원형은 구심력과 수축력을 의미한다. 또 둥근 형태는 음양으로 보면 하늘을 의미한다. 따라서 원형 창문은 무한한 힘과 생명력을 갖게 한다. 삼각형 창문은 오행으로는 화(火)에 해당된다. 불은 폭발하며 확산되는 기운을 갖고 있다. 삼각형 창문은 폭발·투쟁·상처 등을 의미한다.

❖ **창문이 너무 넓으면 좋지 않다** : 창문은 바람과 빛을 받아들이기 위해 꼭 필요한 부분이다. 그러나 창문이 너무 넓으면 오히려 실내 기운이 밖으로 빠져 나가는 현상이 생긴다. 그러므로 지나치게 넓은 것은 좋지 않은데 벽 한 쪽 면을 기준으로 창문의 면적이 1/3을 넘으면 기운이 빠져 나가는 형태이다.

❖ **창판수**(倉板水) : 논밭의 물이 혈 앞에서 다가오는 것. 혈 앞에 평평한 돌이 있으며, 들판의 논에 고여서 흐르는 물을 창판수라 한다. 이 물은 논의 여기 저기에서 솟아 나오기 때문에 가물 때도 마르지 않는다. 또 지면이 평탄해서 항상 천천히 흐른다. 혈 앞에 창판수가 있어도 큰 부귀를 얻는다. 또 물이 멈춰 있는 것처럼 고요히 흐르기 때문에 그 부귀가 빨리 없어지지 않는다.

❖ **채단**(采緞) : 혼인 때 신랑집에서 신부집으로 미리 보내는 청색 홍색 등의 치마 저고리.

❖ **채봉영선**(綵鳳迎仙) : 아름다운 봉황이 신선을 맞이하는 형국. 혈은 봉황의 머리에 있다. 머리가 밑에 내려와 있고 신선에게 절을 하는 것으로, 안산은 신선이다.

❖ **책상방위, 잠자리 방위** : 모든 수험생들, 모든 선거 주자들은 자신이 쓰는 책상의 방향을 어느 쪽으로 놓느냐, 어느 쪽으로 머리를 두고 잠을 자느냐에 따라서 경쟁에서 살아 남아 최고가 될 수 있는지는 자신이 쓰는 책상이 놓여지는 위치나 잠을 자는 방

위를 잘 선택해서 적극적으로 행운을 불러 들여야 한다. 도표에서 제시한 천살과 반안살 방위는 각 띠별로 책상이나 잠자는 방위로 놓았을 때 잠을 잘 때 유리한 운기를 받을 수 있는 위치를 말한다. 선거를 앞둔 예비 주자(후보)들은 자신이 쓰는 책상을 천살 방향으로 놓도록 하고 집에서 잠을 잘 때는 반안살 방향으로 머리가 가게 잠을 자도록 한다. 또한 반안살 방향으로 잠을 자게 되면 건강해지고 본인이 하고자 하는 일들이 잘 풀려 가기도 하고 사업도 잘 되고 병이 있는 사람도 병의 치료가 되는 방위이기도 한다. 물론 선거를 돕는 참모진의 책상들 또한 참모진의 띠에 따라서 천살방향에 배치한다. 여타 후보들과의 숨가쁜 경쟁관계에서도 풍수상의 강력한 파워, 즉 풍수 에너지에 힘입어 당당히 1위로 당선될 수 있을 것이다. 물론 책상 방향, 잠자는 방위만으로 풍수상의 개운법을 모두 실행한 것은 아니므로 그것이 선거의 당락을 좌우하는 요소라고 감히 단언할 수는 없지만 그러나 역학적인 원칙들 위에 인간적인 정성과 노력이 있고 행운을 불러오는 요소들을 한 가지 한 가지씩 실천하다보면 반드시 목표를 이룰 수 있을 것이다. 그 사람의 주변에 있는 모든 사람들이 성원을 보내고 노력을 다했을 때에야 행운은 급상승된다. 또한 고등고시나 사법고시를 준비 중인 사람들도 마찬가지이다. 가령 원숭이띠인 어떤 사람이 고등고시를 준비하고 있다면 자신이 매일 시험공부하는 책상의 방위를 행운의 방향인 천살방향에 놓도록 하고 행운의 방위인 잠자는 반안살 방위로 머리를 두고 잠을 자도록 한다. 학교 도서관에 입실해도 본인의 천살 방위 쪽으로 놓여 있는 도서관을 찾는 것이 효과적이다. 또한 집에서 책상없이 공부를 할 때도 본인의 행운방위인 천살방향쪽으로 보고 공부를 하도록 하고 반안살 방향으로 잠을 자게 되면 기억력도 상승되고 건강도 양호해서 좋은 결과를 얻게 될 것이다. 대학입시를 준비하는 수험생이나 성적이 떨어지는 열등생도 자신의 공부방에서 행운의 방위 천살 방위가 어느 쪽인지 살핀 후 거기에 책상을 놓으면 된다.

[띠별로 보는 방위표]

띠	천살방위, 책상방위	반안살 방위, 잠자는 방위
호랑이띠	북동간	남서간
말띠	〃	〃
개띠	〃	〃
원숭이띠	남서간	북동간
쥐띠	〃	〃
용띠	〃	〃
돼지띠	북서간	남동간
토끼띠	〃	〃
양띠	〃	〃
뱀띠	남동간	북서간
닭띠	〃	〃
소띠	〃	〃

❖ **책상위치** : 책상은 출입문 방위에 따라 출입문이 서사택이면 서사택 방위에 배치하고, 동사택이면 동사택 방위에 배치한다. 곧 창문이나 출입구에서 먼 자리에 두고 이런 자리 중에서도 벽면에 의지하고 서로 사택이 같은 자리를 구하는 것이 좋다. 사무실 책임자 자리는 제일 좋은 방위에 설치하도록 한다. 책임자가 능률적으로 일할 수 있어야 다른 사람들의 능률도 좋아질 수 있기 때문이다.

❖ **책상은 간지(干支)에 맞춘다** : 책상은 본인의 간지(干支)에 맞추는 것도 중요하며, 이것은 전통적인 방법으로 풍수지리상 가장 흔하게 쓰는 방법이다.

❖ **책상은 문에서 떨어진 장소에 놓는다** : 소음을 피하고 누구인가가 들여다보는 것을 피하기 위해서, 또 문에서 생기(生氣), 사기(死氣) 모두 구별 없이 파고 들어오므로 어느 정도의 거리를 유지하여 사기가 직접 신체에 부딪치는 것을 피하는데 놓는다.

❖ **책상은 벽을 등지고 앉도록 놓는다** : 벽에 등을 대고 있으면 기대는 것이 있어서 안정감이 생기고 밖의 소음에 정신이 산란해지는 일이 없다. 밖에서 들여다 볼 염려도 없어서 일에 집중할 수가 있다.

❖ **책상은 창문 옆에 놓는다** : 등 뒤에 벽이 있고 책상옆면에 창문이 있는 것이 가장 좋은 위치다.

❖ **책상을 건물을 받쳐주는 기둥을 등지게 놓지 않는다** : 건물 기둥이 있는 곳은 책상을 놓지 않는다. 기둥은 건물을 받쳐주고 있는 것이다. 무거운 하중이 전달되므로 강한 중력이 작용한다.

책상을 기둥에 붙이거나 등지고 있으면 기(氣)를 빼앗기고 만다. 더구나 기둥 모서리 쪽은 더욱 흉(凶)하므로 피해야 한다. 기둥 모서리 쪽에 관엽식물을 놓으면 악기(惡氣)를 완화시켜준다.

❖ **책상의 배치** : 책상이 출입문을 정면으로 바라보지 않도록 하고 창문을 등지고 않지도 말고 건물의 기둥도 등지고 않지 말아야 한다. 또한 순화되지 않은 외부 기(機)가 직충하면서 들어오면 흉하다. 사람들의 출입이 잦아 산만해지므로 일의 능률이 오르지 않는다. 또한 다른 사람의 시선에 무방비 상태로 노출되어 기(氣)를 빼앗기게 된다.

❖ **책상 배치는 앞 사람의 등이 보이지 않도록 해야 좋다** : 사람의 등이 보이지 않도록 배치한다. 사람의 등을 보게 되면 아무리 상사라 할지라도 등을 노려보고 있다면 어떤 기분이 들겠는가. 자연히 뒷사람에게 신경이 쓰이게 된다. 얼굴이 마주 보이게 배치하는 것이 좋다. 불가피한 경우라면 앞사람이 보이지 않도록 칸막이를 해야 한다.

❖ **책상의 옆면은 문으로 향한다** : 밖으로부터의 여러 가지의 기가 직접 부딪치지 못하도록 책상의 모퉁이를 문쪽으로 향해서 놓는다.

❖ **처사각**(妻四角) : 19, 28, 42, 43, 46, 56, 64세가 처사각(妻四角)이다. 이 해의 가택의 신개축은 처첩(妻妾)의 신상에 좋지 않다.

❖ **처서**(處暑) : 24절기 가운데 14번째. 7월 중기(中氣)이며, 양력으로는 매년 8월 23일~24일 사이에 든다. 처서가 되면서부터 더위가 한고비 지나고 초목은 극도로 성하며 백곡(百穀)의 성장이 거의 판단되어, 즉 그 해의 농사가 처서 때면 풍년인지 아닌지를 알 수 있게 된다.

❖ **처음 라경반**(羅經盤) **만들었을 당시는** : 나경반을 만들었을 당시는 남과 북을 가리키는 자석에 의하여 사방위만을 분별하다가 십이방위(方位)를 구별하였고 후대에 이르러 360도의 원(圓)을 15도식 나누는 24방위의 나경반이 만들어 졌다. 그 후 후현(後賢)들의 부단(不斷)한 연구 노력에 의하여 36층 나침반이 설명되어 사용해 왔다.

❖ **처처절절**(凄凄切切) : 물 흐르는 소리가 슬프게 들리는 표현.

❖ **척룡**(脊龍) : 약하고 가늘게 내려온 용. 이러한 용에 묘 터를 잡아주면 지관이 해를 받는다고 함.

❖ **척룡법**(尺龍法) : 용(龍) 재는 법. 무릇 용이 변화막측하고 은현(隱顯; 숨었다 나타났다)이 무상한 것이, 즉 산의 형상이다. 조산(祖山)을 일으키고 조산(祖山)에서 종산(宗山)을 나뉨에 절도가 무상하여 천 줄기 만 줄기의 변태가 무궁하며, 행도(行度)가 이리 구르고 저리 구르므로 그 정서를 알기가 어렵고, 성정이 궤휼하고 은현(隱顯)치 않으므로 찾아내는 일과 정혈(正穴)이 머무는 곳을 찾기 어렵다. 형을 살피는 데는 조종(祖宗)의 진면을 잃지 않으므로 비록 천리를 행하더라도 이 조산(祖山)과 맺은 혈맥이 서로 응함이 내룡(來龍)의 진면목이다. 법으로는 사길천성(四吉天星)의 위치를 잃지 않는 까닭으로 음양은 부잡(不雜)하여 부험(符驗)이 가향(加響)하므로 이치의 진전(眞詮)이 된다. 옛적에 요공(蓼公)이 4법을 만들어 마음속으로 그 용의 대요(大要)를 감정하였는데, 천성(天星)으로 긍계(肯綮)을 삼았는데 긍계(肯綮)란 근육이 맺힌 곳으로 가장 좋은 것이 거문(巨門)이 조산(祖山)을 일으킨 것이다. 변작(變作)한 것은 무곡(武曲)이 들어와 노전(路轉)으로 탐랑(貪狼)으로 들어가고 다시 거문(巨門)이 되어 출면(出面)한 것은 상지상격(上之上格)으로서 백자천손(百子千孫)과 만대영화지(萬代榮華地)이고, 탐랑(貪狼)이 조산(祖山)을 일으켜 변하여 거문(巨門)으로 들어가고 노전(路轉)하여 무곡(武曲)이 되며 다시 탐랑(貪狼)이 되어 출면한 것이 상지중격(上之中格)이니 역시 부귀쌍전하는 땅이며, 무곡(武曲)이 조산(祖山)을 일으며 탐랑(貪狼)으로 전입(轉入)하다가 다시 무곡(武曲)으로 출면한 것은 상지하격(上之下格)으로써 준수한 인물이 나오고 출장입상(出將入相)하는 땅이며, 혹은 염정(廉貞)이 조산(祖山)을 일으켜 무곡(武曲)으로 굴러 떨어지다가 중간에서 탐랑(貪狼)이 되었다가 다시 거문(巨門)으로 출면한 것은 중지상격(中之上格)으로 역시 백자천손(百子千孫)이 창성하며, 거문(巨門)이 조산(祖山)을 일으켜 염정(廉貞)으로 변했다가 무곡(武曲)으로 굴러 떨어지고 다시 탐랑(貪狼)으로 출면한 것은 중지중격(中之中格)이니 또한 부귀하는 땅이며, 염정(廉貞)이 조산(祖山)을 일으켜 삼길성(三吉星)으로 굴러 들어와 그 노중(路中)에서 문곡(文曲)으로 변해 가지고 출면한 것은 중지하격(中之下格)이

니 문장재사(文章才士)가 나는 땅이다. 이상은 모두 용의 진(眞)이다. 그리고 또 용신(龍身)이 목화형(木火形)을 이루어 높이 솟고 응락이 특달(特達)하며 사길수(四吉水)가 내조(來朝)하면 귀격(貴格)이다. 또는 용이 쌍행하면 물도 반드시 교류하는 것은 자연 이치이며, 쌍행한 양맥이 함께 통하고 쌍수가 함께 합하게 된다. 그러므로 경(經)에 이르기를, '진룡(眞龍)은 악수(惡水)가 나오지 않고 좋은 물은 악룡(惡龍)을 향해 흐르지 않는다'하였다. 반드시 먼저 내룡(來龍)을 좇아 오는 바가 만일 오른쪽으로 되었으면 오른쪽을 위주하고, 왼쪽으로 되었으면 왼쪽을 위주하며, 북으로 왔으면 북을 위주로 하고, 남으로 왔으면 남을 위주한다. 맥이 만일 평포(平脯)하였으면 점법(粘法)을 써서 그 내산(來山)을 점(粘)으로 볼 것이며, 만일 용이 사락(斜落 ; 비껴 떨어짐)하고 평(平)하면 의법(倚法)을 쓰되 그 가장 높은 곳을 의지하여 혈을 세우면 비록 평파천리(平坡千里)와 단애(斷崖)가 천척(千尺)일지라도, 가히 어느 맥의 길성(吉星)과 흉성(凶星)을 알아서 그 사(死)는 버리고 생(生)은 취하며, 그 흉(凶)은 피하고 길(吉)은 추(趨)하면 거의 그르치는 바가 없다.

❖ **척척**(隻隻) : 날개의 하나 하나.

❖ **천**(賤) : 노복을 말한 것으로 사(沙)를 이름.

❖ **천**(穿) : 물이 뚫고 나가니 명당의 기운을 파괴함. 또는 청룡이나 백호를 끊고서 지나감.

❖ **천가**(天家) : 도시의 많은 집들. 인구의 밀집지대.

❖ **천간생년 기좌**(天干生年 忌坐) : 해로운 좌.

- 甲生 : 午壬寅卯乙坐忌 坤申坐 女多 男小
- 乙生 : 亥卯乙坐忌 辛酉坐 女多
- 丙生 : 寅甲坐忌 壬亥坐 女多 男小
- 丁生 : 卯乙戌巳丙坐忌 午丁坐 女多
- 戊生 : 午庚申辰戌坐忌 卯丁坐 女多
- 庚生 : 癸辛酉坐忌 辰戌坐 女多 男小
- 辛生 : 丑未卯坐忌 五丁坐 女多 男小
- 壬生 : 卯庚申坐忌 丑未坐 女多 男小
- 癸生 : 寅甲坐忌 丑未坐 女多 男小

• **천간오행**(天干五行) : 풍수를 알려면 먼저 각 오행부터 외워야 한다.

甲乙	丙丁	戊己	庚申	壬癸
(木)	(火)	(土)	(金)	(水)

• **지지오행**(地支五行)

寅卯	辰戌丑未	巳午	申酉	亥子
(木)	(土)	(火)	(金)	(水)

• **총 오행**(總五行)

甲·寅·乙·卯·巽·震＝木

巳·丙·午·丁·離＝火

庚·申·辛·酉·乾·兌＝金

辰·戌·丑·未·坤·艮＝土

亥·壬·子·癸·坎＝水

❖ **천간음양순역생왕사절표**(天干陰陽順逆生旺死絶表) : 12운성(運星) 또는 천간십이장생(天干十二長生)이라고도 함. 천간을 음양으로 구분하여 생왕사절(生旺死絶)을 도표로 작성하면 아래와 같다.

<table>
<tr><td>甲｜絶
乙｜胎</td><td>丙｜病
丁｜浴</td><td>戊｜病
申
己｜浴</td><td>庚｜祿
辛｜旺</td><td>壬｜生
癸｜死</td><td>甲｜墓
乙｜養</td><td>丙｜衰
丁｜帶</td><td>戊｜衰
未
己｜帶</td><td>庚｜帶
辛｜衰</td><td>壬｜養
癸｜墓</td><td>甲｜死
乙｜生</td><td>丙｜旺
丁｜祿</td><td>戊｜旺
午
己｜祿</td><td>庚｜浴
辛｜病</td><td>壬｜胎
癸｜絶</td><td>甲｜病
乙｜浴</td><td>丙｜祿
丁｜旺</td><td>戊｜祿
巳
己｜旺</td><td>庚｜生
辛｜死</td><td>壬｜絶
癸｜胎</td></tr>
<tr><td>甲｜胎
乙｜絶</td><td>丙｜死
丁｜生</td><td>戊｜死
酉
己｜生</td><td>庚｜旺
辛｜祿</td><td>壬｜浴
癸｜病</td><td colspan="5" rowspan="2">(右)와 같이
(長生)을 붙여
(陽干)은
(12宮)
을 順行하고
陰干은 12宮을
逆行한다.</td><td rowspan="2">甲木長生｜亥
乙木長生｜午</td><td rowspan="2">丙火長生｜寅
丁火長生｜酉</td><td rowspan="2">戊土長生｜寅
己土長生｜酉</td><td rowspan="2">庚金長生｜巳
辛金長生｜子</td><td rowspan="2">壬水長生｜申
癸水長生｜卯</td><td>甲｜衰
乙｜帶</td><td>丙｜帶
丁｜衰</td><td>戊｜帶
辰
己｜衰</td><td>庚｜養
辛｜墓</td><td>壬｜墓
癸｜養</td></tr>
<tr><td>甲｜養
乙｜墓</td><td>丙｜墓
丁｜養</td><td>戊｜墓
戌
己｜養</td><td>庚｜衰
辛｜帶</td><td>壬｜帶
癸｜病</td><td>甲｜旺
乙｜祿</td><td>丙｜浴
丁｜病</td><td>戊｜浴
卯
己｜病</td><td>庚｜胎
辛｜絶</td><td>壬｜死
癸｜生</td></tr>
<tr><td>甲｜生
乙｜死</td><td>丙｜絶
丁｜胎</td><td>戊｜絶
亥
己｜胎</td><td>庚｜病
辛｜浴</td><td>壬｜冠
癸｜旺</td><td>甲｜浴
乙｜病</td><td>丙｜胎
丁｜絶</td><td>壬｜胎
子
己｜絶</td><td>庚｜死
辛｜生</td><td>壬｜旺
癸｜祿</td><td>甲｜帶
乙｜衰</td><td>丙｜養
丁｜卯</td><td>戊｜養
丑
己｜卯</td><td>庚｜卯
辛｜養</td><td>壬｜衰
癸｜帶</td><td>甲｜祿
官
乙｜旺</td><td>丙｜生
丁｜死</td><td>戊｜生
寅
己｜死</td><td>庚｜病
辛｜胎</td><td>壬｜絶
癸｜浴</td></tr>
</table>

❖ **천간지지방위**(天干地支方位)**의 암석의 길흉**(吉凶)**은 이러하다**

- 묘 앞 오미방(午未方)에 삼척석(三尺石)이 있으면 성현(聖賢)이 나고 둥근 바위가 있으면 관록(官祿)이 당년(當年)에 속발(速發)한다.
- 건술방(乾戌方)에 돼지머리 같은 암석이 있으면 불치병·간질병이 생기고 곤방(坤方)에 노인같은 암석이 있으면 과부(寡婦)가 생기고 걸식(乞食)하게 된다.
- 묘방(卯方)에 큰 암석이 있으면 눈 먼 자손이 생기고 곤방(坤方)에 와우석(臥牛石)이 있으면 소년 횡사(橫死)할 우려가 있다.
- 유방(酉方)의 흉석(凶石)은 말녀(末女)가 음란(淫亂)하게 된다.
- 감방(坎方)·계방(癸方) 북쪽에 입석은 벼슬, 암석은 음란녀(淫亂女)·과부가 난다. 간방(艮方 : 동북간) 에 입석(立石)은 효자·충신 이 나고 축방(丑方 : 북쪽에 가까운 동북간)에 은 부귀(富貴)를 암석(巖石)은 단명(短命)하고 대흉길(大凶吉)이다.
- 인신사해(寅申巳亥)방(동서남북 가까운 곳)에 입석(立石)은 흉사로 후사(後嗣)가 끊기게 된다.
- 손방(巽方 : 남동간)입석은 길사(吉砂)로 문필가(文筆家)가 난다.
- 신방(申方 : 남서간 서쪽)에 입석(立石)은 문장가(文章家)가 나고 암석(巖石)은 음란녀(淫亂女)가 난다.
- 경태방(庚兌方 : 서쪽)에 입석이면 길사(吉砂)로 보며, 삼봉(三峰)이면 충신(忠臣)이 난다.
- 술해(戌亥) 북서간 방의 입석도 길사로 자손이 성(盛)하고 높이 출세한다.

❖ **천간지지사유**(天干地支四維)

- 天干 : 甲乙 丙丁 戊己 庚辛 壬癸
- 地支 : 子丑 寅卯 辰巳 午未 申酉 戌亥
- 四維 : 艮巽 坤乾

천간(天干)은 10간(十干)이고 지지(地支)는 12지(支)이다. 이 천간(天干) 지지(地支)는 조화로운 천(天)과 지(地)의 대신이니 필요한 용도에 따라 조화하는 것이다. 풍수지리에서는 알맞게 합하여 12간을 만들어 지지12지(地支十二支)와 배합(配合)하여 다양하게 활용이 되고 있다. 위와 같이 천간(天干) 10간(干)을 양(陽)이라 하고 지지(地支) 12지지를 음(陰)이라 하며 양(陽)과 음(陰)을 순서로 배합하여 60갑자를 이루었다.

❖ **천간지지**(天干地支)**와 음양오행**(陰陽五行) : 사유팔간(四維八干)과 12지는 천(天)과 지(地)를 상징하며 천지(天地)의 기운과 음양오행(陰陽五行)의 조화는 상생하고 상극하고 조화로이 배합하니, 동방에서 해가 솟아오르고 유방(酉方)으로 해가 기울어지고, 우주공간의 만물은 끊임없이 나타나고 또 사라지고, 조화로운 자연속에서 윤회의 법칙은 머물고 쉬지 않으며, 현재도 미래도 끊임없을 것이니 바로 천지조화인 것이다. 오행은 이름이 고정적으로 하나가 아니고, 종류가 매우 많으며 따라서 쓰이는 것도 다양하다. 그러니 천간지지(天干地支)로 이루어지는 60갑자로부터 기술된 간지정배합(동궁)법 (干支正配合(同宮)法), 간지불배합법(干支否配合法), 삼자혼합정배합법(三字混合正配合法), 삼자혼합불배합법(三字混合否配合法), 사자천간지지좌향법(死者天干支地坐向法), 오행(五行)과 오행(五行)의 상생상극(相生相剋), 정오행(正午行), 삼합오행(三合五行), 쌍산오행(雙山五行), 사대국오행(四大局五行), 납음오행(納音五行), 홍범오행(洪範五行), 성수오행(星宿五行)등의 구성법(構成法)이 많이 있다.

❖ **천간충**(天干冲) : 천간 즉 10간(干)은 서로 만나면 충(冲)하는 것이 있다. 즉 갑(甲)과 경(庚)이 만나면 충(冲), 을(乙)과 신(辛)이 만나면 충(冲), 병(丙)과 임(壬)이 만나면 충(冲), 정(丁)과 계(癸)가 만나면 충(冲), 무(戊)가 기(己)가 만나면 충(冲)이 된다. 이 천간의 충은 양과 양, 음과 음이 만나 서로 상극관계를 이루게 된다.

❖ **천간합**(天干合)

갑기(氣)합(甲己 : (中正之合) 토화(土化)

을경합(乙庚 : (仁義之合) 금화(金化)

병신합(丙辛 : (威嚴之合) 수화(水化)

정임합(丁壬 : (仁壽之合) 목화(木化)

무계합(戊癸 : (無情之合) 화화(火化)

❖ **천갈일**(泉渴日) : 이날에 우물을 파거나 수리하면 물이 마른다는 날이니 아래와 같다.

辛巳 己丑 庚寅 壬辰 戊申日

❖ **천강**(川江) : 중국의 양자강(揚子江)을 말함.

❖ **천강혈**(天罡穴) : 너무 높아 하늘에 별만 보이는 혈을 말함.

❖ **천건혈**(泉乾穴) : 넓은 샘에 혈이 생긴 것. 샘에다 묘를 쓰는데, 묘를 쓰고 나면 신기하게도 물이 말라 버린다.

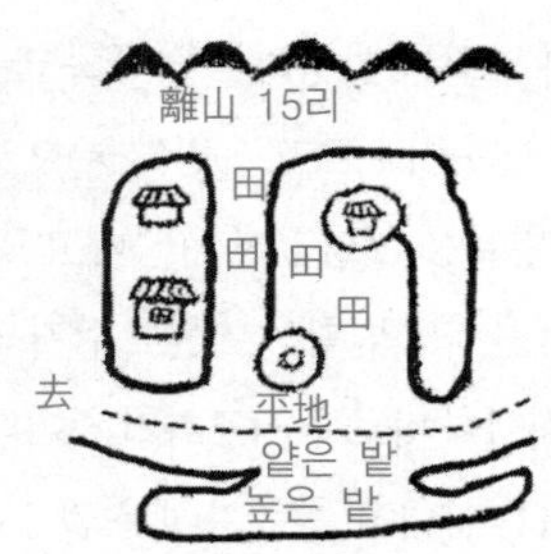

❖ **천경**(天傾) : 터가 경사지고 흘러 쏟아지며 사방의 물길이 빠져나가기만 하는 것으로 용신이 머물지 않음. 천경을 범하면 재물이 흩어지고 실패와 파탄의 액화가 있게 된다.

❖ **천고**(天枯) : 초목이 메마르고 산 거죽이 거칠며 굳어 뭉쳐지고 볼에 지진 듯이 검푸르며 험하고 곱지 않은 것. 용신이 흉액 낭패에 떨어지고 천고를 범하면 자손들이 요절, 사망, 돌변, 급화를 겪는 액화가 있다.

❖ **천고진**(天鼓振) : 묘우간손방(卯酉艮巽方)에 있는 둥근 봉우리를 양고(陽鼓)라 부르고, 병정신방(丙丁辛方)에 있는 둥근 봉우리를 음고(陰鼓)라 이른다. 양고나 음고가 있으면 자손들이 귀(貴)를 누린다.

❖ **천고천각**(天孤天角) : 내룡(來龍)의 오른쪽과 왼쪽에 두 산이 아주 우뚝 솟아 있는 것.

❖ **천곡**(天哭) : 오(午) 자리에 자(子)를 붙여 역행으로 생년지에 이르는 곳이 천곡성이다.

子生 : 午　丑生 : 巳　寅生 : 辰　卯生 : 卯

辰生 : 寅　巳生 : 丑　午生 : 子　未生 : 亥

申生 : 戌　酉生 : 酉　戌生 : 申　亥生 : 未

❖ **천과**(天戈) : 염정화성(廉貞火星)의 첨염(尖燄)한 정상(頂上)을 말함. 용루(龍樓)를 말함.

❖ **천관**(天關) : 청룡과 백호가 혈을 감싸서 주는 끝부분 즉 수구(水口)를 이루는 곳이며, 혈장 앞에서 흘러오는 물이다.

❖ **천관귀인**(天官貴人) : 천관귀인이 닿는 날(혹은 귀인방위)에 일을 행하면 문무겸전하고 부귀쌍전하는 자손을 얻는다고 한다. 사주에 이 천관귀인이 있으면 관직으로 출세하는데, 특히 시(時)에 있는 것이 더욱 좋다. 천관귀인은 아래와 같다.

甲年 : 未　乙年 : 辰　丙年 : 巳

丁年 : 寅酉　戊年 : 卯戌　己年 : 酉卯

庚年 : 亥　辛年 : 申　壬年 : 戌寅

癸年 : 午

택일에는 오직 태세의 천간(天干)으로 일진(日辰) 및 방위를 보고 사주신살(四柱神殺)로 쓰일 때는 연간(年干) 혹은 일간(日干)을 모두 기준한다.

❖ **천관부**(天官符) : 건물의 좌를 꺼리고 이 방위에 수작(修作)을 꺼림.

❖ **천관지축**(天關地軸) : 명당(혈 앞 평평한 곳)의 오른쪽과 왼쪽에 두 산이 마주 서 있는 것이다.

❖ **천관·천복**(千官·天福) : 천관은 천관귀인이요, 천복은 천복귀인이다.

생년 / 구분	甲	乙	丙	丁	戊	己	庚	辛	壬	癸
千官	未	辰	己	寅	卯	酉	亥	酉	戌	午
天福	酉	申	子	亥	卯	寅	午	己	午	己

❖ **천광**(穿壙) : 광(壙)을 팜. 땅을 파서 관을 넣는 곳을 이름. 산의 지층은 보편적으로 다섯가지 층으로 본다.

① **표피층**(表皮層) : 풀과 나무가 뿌리를 박고 자라는 산화된 토질층이 흙은 대개 부식토이다.

② **맥피토층**(脈皮土層) : 흙이 붉으면서 조금 단단해지는 층이다. 맥근층을 보호하고 있다.

③ **맥근토층**(脈筋土層) : 혈심토(穴心土)로서 소위 혈토(穴土)가 있는 토질층이다.

④ **맥골층**(脈骨層) : 산의 뼈대로서 주로 암석으로 형성되어 있다.

⑤ **맥골심**(脈骨心) : 뼈대의 중심부에서 가장 강한 암석이다. 온 지구가 한덩이로 연결된 층이다. 천광(穿壙)은 맥근토층의 중심까지 파야 한다. 이 맥근토층의 중심으로 산맥의 에너지가 흐른다. 혈토는 그 조직이 단단하고 윤기가 있으며 비

석비토(非石非土)로서 다색(多色)할 수록 좋다. 토질층이 얕은것도 있고 두터운 것도 있으므로 천광(穿壙)을 할 때에는 주의 깊게 관찰해서 맥근토층의 중심까지 뚫어야 최선의 에너지를 받을 수 있다. 천광을 할 때는 절대 포크레인 등의 중장비는 사용하지 말아야 한다. 왜냐하면 중장비 기사들이 자기의 힘만 생각하고 마구잡이로 천광을 하다보니 혈심토를 파괴시킨다. 천광은 조심스럽게 정성을 다하고 마치 수술을 하듯이 최선을 다해야 한다. 또한 무슨 좌향에는 혈심의 깊이가 몇 자(尺)라고 공식을 정해 놓은 경우도 있지만 지질층이 두텁고 얕음이 각각 다르므로 그런 공식에 의해 혈심의 깊이를 결정하는 것은 비합리적이다.

❖ **천광**(穿壙) : 구덩이를 파는 것. 풍수의 고유 권한으로 상주(喪主)도 간섭 못한다.

❖ **천광**(穿壙), **왕릉은 얼마나 깊이 파나** : 왕릉의 깊이는 얼마나 될까? 일반적으로 보통 무덤들은 4자(1.2m) 정도의 깊이로 파며, 아무리 깊은 것도 6자(1.8m)를 넘지 않는다. 흔히 민간에서는 무덤을 팔 때 "상투 끝이 보일락 말락 할 때까지만 파라."라는 속설이 있어 깊이 묻는 것을 꺼린다. 그러나 왕릉은 10자(3.1m) 정도 파고 시신을 묻는다. 보통 무덤에 비해 배가 넘는다. 무엇 때문에 왕릉은 10자나 파는 걸까? 임금 '왕(王)'자가 '십(十)'자의 상하를 막은 모양이기 때문에 10자 깊이가 바로 왕기(王氣)를 받는 위치라고 알려져 있다. 그래서 왕기는 땅 속 10자 깊이에서 난다고 믿었던 것이다. 이러한 믿음이 일반에 알려지면 너도 나도 이 방법을 따라 할 터이니 왕릉에 참여했던 지관들 사이에서는 이를 비밀로 하는 것이 불문율로 전해져 왔다고 한다. 그러나 이러한 속설과는 상관없이 왕릉을 이처럼 깊게 판 것은 중국의 깊게 묻는 심장법(深葬法)을 따른 것이다. 중국에서는 황제의 능이 도굴 당하지 않도록 깊게 묻는 심장법을 써 왔다. 첫째, 10자 정도의 깊이에 시신을 묻으면 빗물이나 습기가 이르지 못해 온기를 보존해 줄 뿐만 아니라, 한기도 막아 주어 겨울에도 시신이 어는 것을 방지해 준다. 둘째, 깊게 묻으면 무덤 속에 벌레나 뱀, 개구리, 나무뿌리 등이 침범하지 못하기 때문에 시신을 온전하게 보존할 수 있다. 셋째, 깊게 묻었기 때문에 도굴을 방지할 수 있다. 얕게 묻으면 도굴로 인하여 부장품의 도난은 물론 시신까지 해를 입을 수 있기 때문이다. 그러나 왕릉에 비해 일반 무덤들은 대개 얕게 판다. 그것도 왕릉의 절반도 안 되게 파고 시신을 묻는다. 만일 깊게 팔 경우 물이 나올 가능성이 그만큼 더 커지기 때문이다. 그래서 지관들은 자신이 잡아 준 묏자리에서 물이 나올 것을 염려해서 가능하면 얕게 파도록 한다. 조선 시대 왕릉의 가장 큰 특징은 하나같이 언덕바지나 구릉에 자리 잡고 있어서 웬만한 깊이에서도 물이 잘 나오지 않으며 설사 매장 뒤에 물이 나온다 할지라도 이 점을 감안하여 미리 충분한 대비를 하였다. 관을 안치한 석실이나 관 외부에 회를 바르고 다시 주위에 회를 16cm 정도의 두께로 쌓아 물기가 스며드는 것을 막았다.

❖ **천광, 옛날에는 직급**(職級)**의 신분에 따라 했었다** : 천광, 고룡(高龍)에서는 천장(淺葬)이 불가(不可)하고 평지룡에서는 심장(深藏)이 불가하니 천장이 가(可)하다. 와겸혈(窩鉗穴)에는 천장(淺葬)(얕게)을 해야 하고 유돌혈(乳突穴)에는 심장(深藏)(깊게)을 해야 한다. 천광을 다 파놓고 두드리면 북을 치는 듯한 맑고 투명한 소리가 나야 좋은 혈(穴) 자리이다. 천광 혈토는 조직이 단단해야 한다. 임금(王)은 열자정도 천광을 했으며 일반 사대부(士大夫)는 상투 끝이 보일락 말락 파라고 한 것이다.

첫째, 열자 정도의 깊이에는 시신(屍身)을 묻으면 빗물이나 습기가 이르지 못해 온기를 보존해 줄 뿐만 아니라 한기(寒氣)도 막아주어 겨울에 시신이 어는 것을 방지해준다.

둘째, 깊게 묻으면 무덤 속에 벌레나 뱀·개구리·나무뿌리 등 침범하지 못하기 때문에 시신을 온전하게 보존 할 수 있다.

셋째, 깊게 묻었기 때문에 도굴을 방지 할 수 있다. 얕게 묻으면 도굴로 인하여 부장품의 도난은 물론 시신(屍身)까지 해(害)를 입을 수 있기 때문이다. 요즈음 얕게 파는 것은 지관들이 자신이 잡아준 묘 자리에 물이 날까 염려가 되어서 얕게 파도록 한다. 비석비토(非石非土)는 삽을 밟으면 5cm정도 들어가야 비석비토이다.

❖ **천광은 혈**(穴)**의 진토**(眞土)**가 나올 때까지 파내려가야 한다** : 천광은 겉흙 부토(腐土)를 걷어내고 새 흙 생토(生土)를 찾는다. 생

토에서 혈토(穴土)의 진토가 나올 때가지 파내려가야 한다. 조장(造葬)은 진토에 하는 것이다. 파혈(破穴)이 된다. 그러므로 혈(穴)의 길이를 미리 정할 수 없다. 다시 말하면 부토와 생토의 두께는 좌(坐)산에 따라 일정하게 정해져 있는 게 아니다. 지형지세(地形地勢)와 수목(樹木) 성고(盛枯)에 따라 각기 다르게 층상구조(層狀構造)로 되어 있는 것이 지질(地質)의 원리이며 풍수지리의 원칙이다. 그리고 혈심은 지나침 보다 모자람이 실수가 적다는 것이다. 천광이 깊으면 지나친다.

❖ **천광을 파다보면 돌이 나오는 곳이 있다** : 이럴 때는 이리저리 고운 토질을 따라서 파야한다. 고운 토질은 정혈(正穴)이다. 천광을 할 때 입수맥(入首脈)이 약하면 전순(氈脣)으로 댕기고 청룡이 약하면 백호쪽으로 당긴다. 백호가 약하면 청룡 쪽으로 당겨라.

❖ **천광을 팔 때 오색토**(五色土)**가 나오면** : 천광을 팔 때 혈토(穴土) 오색토 가장 좋다고 하는 것은 세상만사가 오행의 작용이라고 말하는 것이다. 단색(單色)이 제일이라 천광의 오색토가 강(强)하면 장사(葬事) 후 물이 고일 염려가 있다.

❖ **천광을 하다 금방 암반**(巖盤)**이 노출되는 곳이라면** : 인위적으로 배수(排水)가 잘되는 양질의 흙으로(교환)하는 방법도 생각해 보아야 한다. 흙이 배수가 잘되지 못하면 오렴(五廉)의 침범을 받으므로 배수 방법을 꼭 검토해야 한다.

❖ **천광을 할 때 토색을 보면서 해야** : 천광을 하는데 3~4척(尺)까지는 황색으로 단색 밑에 쥐[鼠] 색이 30cm정도 있으면 20cm만 더 천광하고 하관을 해야 한다. 이런 곳이 좋은 곳이다. 혈토(穴土)가 미세한 곳의 토질이 강하여서 파여 나오는 것이 돌덩어리 같지만 손으로 꽉 쥐어도 콩가루 같이 부서지며 미세하고, 쥐색의 혈토는 삽으로 팔 수 있게 유(柔)하고 혈토가 강한 것이 부서져 미세한 것은 귀(貴)로 본다. 삽이 들어갈 정도로 시작부터 유(柔)한 것은 부(富)로 간주한다. 강유를 박론하고 색이 밝은 것은 속발(速發)로 간주한다.

❖ **천광**(穿壙), **종토정의 천광법** : 천광은 재혈이 끝나면 천광을 해야 하는데 혈형(穴形)과 좌(坐)에 따라 심천(深淺)을 달리하지만 일반적으로 표피토층(나무가 뿌리내리고 자라는 부식토)과 맥피토(풍한 서습을 막아주는 토층)층은 혈심(穴心)의 혈토를 보호하는 토층으로 비교적 조직의 밀도가 단단한 토질로 되어 있고, 그 하부에 혈심토층(건조하지도 않고 습하지도 않으며 비석비석토로 윤기가 있으면서 콩가루 같은 토층), 오색토(五色土)의 마사토층이 나오도록 파야 되는데(4척 내지 5척에서부터 7척 내지 10척까지가 있다.) 주의 깊게 작업을 해야 하며, 최단 시간에 관을 안치할 수 있는 최소의 면적을 중장비가 아닌 사람의 손으로 작업을 하는 것이 가장 바람직스러운 방법이다. 다만 입수맥이 약하면 전순 쪽으로 조금 당겨서 하고, 전순이 약하면 입수 쪽으로 당기고, 청룡이 약하면 백호 쪽으로 당기고, 백호가 약하면 청룡 쪽으로 당겨주어야 한다.

• **옥룡자 천광법**(玉龍子 穿壙法)

임오좌(壬午坐) : 6.4척

자계좌(子癸坐) : 5.1척

을묘미축경좌(乙卯尾丑庚坐) : 8.4척

간신좌(艮申坐) : 7.5척

인좌(寅坐) : 7.3척

갑진곤손좌(甲辰坤巽坐) : 9.2척

사해좌(巳亥坐) : 4.8척

병좌(丙坐) : 7.1척

신좌(辛坐) : 7.8척

술건좌(戌乾坐) : 5.5척

천괴 · 천월(天魁 · 天鉞) : 천을귀인(天乙貴人)을 말함.

구분 / 생년	甲	乙	丙	丁	戊	己	庚	辛	壬	癸
天魁	丑	子	亥	酉	未	申	未	午	巳	卯
天鉞	未	申	酉	亥	丑	子	丑	寅	卯	巳

갑무경생(甲戊庚生) 축미궁(丑未宮)

을기생(乙己生) 자신궁(子申宮)

병정생(丙丁生) 해유궁(亥酉宮)

병신생(丙辛生) 해오궁(亥午宮)

임계생(壬癸生) 사묘궁(巳卯宮).

❖ **천교혈**(天巧穴) : 높은 산마루에 있는 혈. 얼핏 보기에는 아주 첩

첩 산 위에 혈을 붙일 곳이 없을 것처럼 생각되지만 당처에 임하면 활연히 넓은 국이 평지와 같아서 만경전답을 개간할 수 있고, 사면팔방이 삼천분대(三千粉袋) 팔백연화(八白煙花)로서 성곽이 주밀하고, 조산과 낙사가 겹겹이어서 전연 높다는 느낌이 없는 곳이다.

❖ **천교혈에 장사지내면 왕후장상이 난다** : 천교혈은 천기는 하림(下臨)하고 지기(地氣)는 상승하여 서로 융합하는 곳에 있다. 그 역량이 대단히 커서 상격룡(上格龍)에서는 제왕지지(帝王之地)가 되고, 중격룡(中格龍)에서는 장상지지(將相之地)가 되며, 하격룡(下格龍)은 감히 천교혈을 맺을 수 없다. 천교혈에 장사지내면 신동이라 불리는 똑똑한 자손이 나와 장원급제하고 나라의 큰 인재가 되며 자자손손 관록이 끊이지 않는다.

❖ **천구**(天衢) : 어가(御街)를 말함.

❖ **천구**(天狗) : 산 겨드랑이가 바깥쪽을 향해 외부로 호응하여 맥이 머물 구석이 없고 길처가 열려지지 않는 것으로 용신이 등을 돌리고 있는 것을 말함. 천구를 범하면 자손들이 험악하고 패역해지는 액화가 있다.

❖ **천구성과 지구성**

① 구성(九星)은 천상구성(天上九星)과 지상구성(地上九星)으로 구분한다. 단, 지상구성(地上九星)은 주로 오형체(五形體)를 말한다.

② **천상구성**(天上九星:楊救貧) : 탐랑(貪狼), 거문(巨門), 녹존(祿存), 문곡(文曲), 염정(廉貞), 무곡(武曲), 파군(破軍), 좌보성(左輔星), 우필성(右弼星)

③ **지상오체**(地上五體) : 금형(金形), 수형(水形), 목형(木形), 화형(火形), 토형(土形)

④ **오형체**(五形體) : 이는 형기적(形氣的)으로 혈성(穴星)의 형태를 살피고 좌향(坐向)을 결정하는데 참고가 되며, 물형(物形)을 살펴 부(富)와 귀(貴)의 도량(度量)을 가늠할 수 있고, 형기론(形氣論)과 이기론(理氣論)의 연결이라고 할 수 있다.

⑤ 구성(九星)이라 함은 북두칠성에서 나온 말로서 북두칠성의 일곱 개의 별에 이름을 붙이고 북두성 자루 부분의 양 옆으로 보필하는 성신(星辰)을 하나씩 더하여 아홉개의 별을 구성(九星)이라 한다.

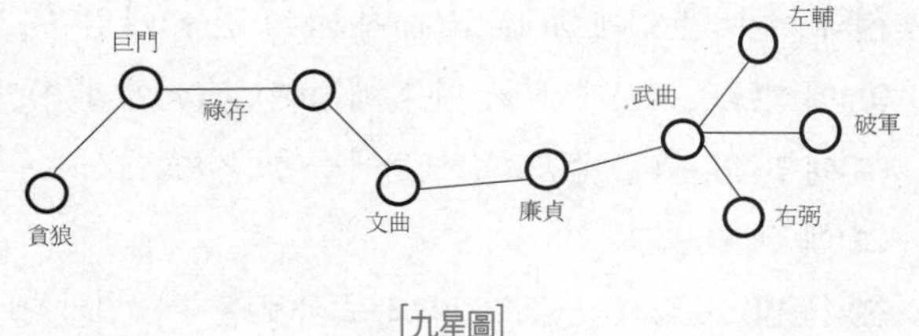

[九星圖]

❖ **천구축**(遷柩祝) : 영구를 내 모실 때 읽는 축. 금천구취여감고(今遷柩就輿敢告)라 읽는다.

❖ **천궁**(天穹) : 땅과 터가 떨어진 모양이 적막 고단하고 혓바닥을 토해 늘어뜨린 듯한 것으로 용맥의 기가 모이지 않는 것을 말함. 천궁을 범하면 자손들이 고독 적막해지는 액화가 있다. 천궁은 사면이 낮게 수그러들어 온갖 바람 기운이 서로 밀고 제끼며 불어오는 것으로 용맥의 기가 일정치 않음.

❖ **천기구성**(天機九星) : 지리법의 혈성(穴星)에 태양(太陽), 태음(太陰), 금수(金水), 자기(紫氣), 천재(天財), 천강(天罡), 고요(孤曜), 조화(燥火), 소탕(掃蕩)을 천기구성이라 함. 태양은 높은 금형(金形), 태음은 조각난 금형(金形), 금수는 금형(金形), 수형(水形)이 붙어 있는 것, 자기는 목형(木形), 천재는 토성(土星), 천강은 머리는 금형(金形)에 다리는 화형(火形), 고요는 토금(土金) 중간형, 조화는 화성(火星), 소탕은 수형(水形)이다.

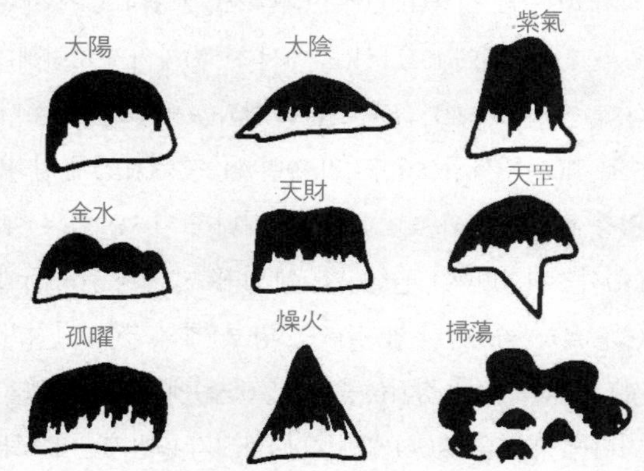

❖ **천기사**(賤旗砂) : 첨예한 산봉우리가 깃발처럼 서 있어 마치 돈기사(頓旗砂)와 비슷하게 보이나 천기사는 깨지고 비틀어져 추

악한 형태의 산을 말한다.

❖ **천덕**(天德) : 인(寅)에 정(丁), 묘(卯)에 신(申), 진(辰)에 임(壬), 사(巳)에 신(辛), 오(午)에 해(亥), 미(未)에 갑(甲), 신(申)에 계(癸), 유(酉)에 인(寅), 술(戌)에 병(丙), 해(亥)에 을(乙), 자(子)에 사(巳), 축(丑)에 경(庚).

❖ **천덕룡법**(天德龍法) : 용을 이기(理氣)로 좌(坐)를 놓는 법의 하나. 여기에서 천덕(天德)이란 이기(理氣)의 조화이니 즉 4정(四正 : 子午卯酉)이 4태(四胎 : 乾坤艮巽)를 좇아 15도수(度數) 및 5도수를 이루는 것이요, 또는 8간(干 : 甲乙丙丁庚辛壬癸)이 8지(支 : 寅申巳亥辰戌丑未)의 포장(胞藏 : 寅申巳亥가 胞요, 辰戌丑未가 藏이다.)을 좇아 금목수화(金木水火)의 납고(納庫 : 辰戌丑未)에 숨으니 그 이치가 심원(深遠)하고 그 덕이 광대하다. 즉 아래와 같다. 자룡(子龍)에 손좌(巽坐), 손룡(巽龍)에 자좌(子坐:子一 · 巽五로 합이 5요, 자(子)에서 손(巽)이 10번째). 묘룡(卯龍)에 곤좌(坤坐), 곤룡(坤龍)에 묘좌(卯坐:卯三 · 坤二로 합이 5요, 묘(卯)에서 곤(坤)까지가 10번째). 오룡(午龍)에 건좌(乾坐), 건룡(乾龍)에 오좌(午坐:午九 · 乾六로 합이 15요, 오(午)에서 건(乾)까지가 10번째). 유룡(酉龍)에 간좌(艮坐), 간룡(艮龍)에 유좌(酉坐:酉七 · 艮八이니 합이 15요, 유(酉)에서 간(艮)까지가 10번째). 인룡(寅龍)에 정좌(丁坐), 정룡(丁龍)에 인좌(寅坐:寅三 · 丁二이니 합이 5요, 인(寅)에서 정(丁)까지는 10번째). 신룡(申龍)에 계좌(癸坐), 계룡(癸龍)에 신좌(申坐:申七 · 癸)까지가 10번째). 사룡(巳龍)에 신좌(辛坐), 신룡(辛龍)에 사좌(巳坐:巳九 · 辛六인 합이 15요, 사(巳)에서 신(辛)까지가 10번째). 계룡(癸龍)에 을좌(乙坐), 을룡(乙龍)에 해좌(亥坐:亥一 · 乙四이니 합이 5요, 해(亥)에서 을(乙)까지가 10번째). 진룡(辰龍)에 임좌(壬坐), 임룡(壬龍)에 진좌(辰坐:辰四 · 壬一이니 합이 5요 임(壬)에서 진(辰)까지가 10번째). 술룡(戌龍)에 병좌(丙坐), 병룡(丙龍)에 술좌(戌坐:戌六 · 丙九이니 합이 15요, 병(丙)에서 술(戌)까지가 10번째). 출룡(出龍)에 경좌(庚坐), 경룡(庚龍)에 축좌(丑坐:丑八 · 庚七이니 합이 15요, 경(庚)에서 축(丑)까지가 10번째). 미룡(未龍)에 갑좌(甲坐), 갑룡(甲龍)에 미좌(未坐:未二 · 甲三이니 합이 5요, 갑(甲)에서 미(未)까지가 10번째).

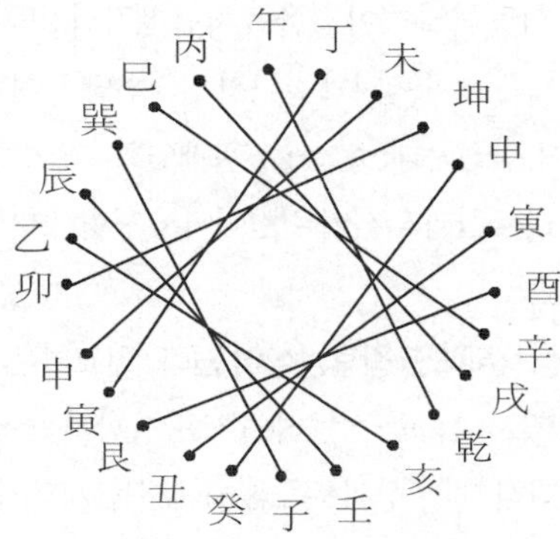

해임자 1(亥壬子 一), 계축간 8(癸丑艮 八), 인갑묘 3(寅甲卯 三), 을진손 4(乙辰巽 四), 사병오 9(巳丙午 九), 정미곤 2(丁未坤 二), 신경유 7(申庚酉 七), 신술건 6(辛戌乾 六)

그러므로 지리를 구하는 자가 이 천덕용법을 취용하면 복덕(福德)이 민속(敏速)하게 된다. 5도수 및 15도수는 다음과 같다.

- **감**(坎) · **손**(巽) : 감(坎)은 1이요, 손(巽)은 4이니 그 합은 5가 된다.
- **진**(震) · **곤**(坤) : 진(震)은 3이요, 곤(坤)은 2이니 그 합은 5가 된다.
- **이**(離) · **건**(乾) : 이(離)는 9요, 건(乾)은 6이니 그 합은 15가 된다.
- **태**(兌) · **간**(艮) : 태(兌)는 7이요, 간(艮)은 8이니 그 합은 15가 된다.

❖ **천덕합**(天德合) : 월가길신(月家吉神)의 하나로 천덕귀인이 닿는 곳과 간합(干合) 또는 육합(六合)이 되는 곳인데 그 작용력은 천덕귀인과 같다.

正月 : 壬	2月 : 巳	3月 : 丁
4月 : 丙	5月 : 寅	6月 : 己
7月 : 戊	8月 : 亥	9月 : 辛
10月 : 庚	11月 : 申	12月 : 乙

가령 정월이면 임일(壬日), 임방(壬方)이 천덕합일(天德合日) 또는 천덕합방(天德合方)이다.

❖ **천덕합일**(天德合日) : 천덕귀인(天德貴人)과 합(合 : 干合 및 支合)이 되는 날.

❖ **천도**(天度)**와 지운**(地運) : 만고불역(萬古不易)으로 사람의 지혜로서 상세히 보기는 어려움. 천만산야에 있는 풀과 나무, 초경(草徑) 감겨 올라감을 보면 백발백중으로 좌선으로 회전하였으니 영이 없는 식물도 자연의 순리를 따른다.

❖ **천라지망**(天羅地網) : 진(辰)이 천라(天羅)요, 술(戌)이 지망(地網)이다. 혹은 진사(辰巳)를 합쳐 천라궁이라 하고, 술해(戌亥)를 합쳐 지망궁이라고도 한다. 진술(辰戌)을 또한 괴강(魁罡)이라고도 하는데, 괴강성(魁罡星), 경진(庚辰), 경술(庚戌), 임진(壬辰), 임술(壬戌)(임술(壬戌)이 아니고 무술(戊戌)이라는 설도 있음)은 모두 진술(辰戌)로 되기 때문이다. 병정(丙丁)의 화일생(火日生)은 술(戌)이 묘요 해(亥)가 절궁(絶宮)이며, 임계(壬癸)의 수목생(水目生)은 진(辰)이 묘요 사(巳)가 절궁(絶宮)이므로 모두 묘절(墓絶)에 묻히고 끊어져 천라지망의 흉성이라고도 한다. 이 이론을 따른다면 갑을일(甲乙日)과 경신일생(庚辛日生)은 천라지망에 해당되지 않는다고 보아야 한다. 남자는 천라를 꺼리고 여자는 지망을 꺼린다.

❖ **천룡**(賤龍)

① 용의 형태가 단정하지 못하고 분산된 기운을 갖고 있고, 기운이 음습해서 잡초가 무성하게 자란다.

② 번화룡(飜花龍)과 겁살룡(劫殺龍)과 반궁형(反弓形)의 사(沙)와 좌우양변에 전호(纏護)가 없으며 아미사(峨眉沙)와 사모사(紗帽沙)가 거짓으로 늘어진 것.

❖ **천룡일**(天聾日) : 병인(丙寅), 병자(丙子), 병진(丙辰), 병신(丙申), 무진(戊辰), 경자(庚子), 임자(壬子)일.

❖ **천류**(泉流) : 샘물의 흐름. 솟아남.

❖ **천마**(天馬)

① 한쪽 머리는 높고 다른 한쪽은 낮게 깔리는 모양이 말과 같은 모양을 말함. 토색이 나쁘며 바람든 땅같이 푸석푸석 어설프고 단단치 않은 것. 용신이 비청 각박하여 천마를 범하면 자손들이 가난하고 비청해지는 액화가 있다.

② **역마**(驛馬)

申子辰生 : 寅 巳酉丑生 : 亥

寅午戌生 : 申 亥卯未生 : 巳

산의 모양이 하늘을 나는 용마와 같다하여 붙여진 이름이다. 건방위(乾方位)·오방위(午方位)·녹마귀인방(祿馬貴人方)·안산(案山)·조산(朝山)방위에 천마사(天馬砂)가 있으면 최관마사(崔官馬砂) 격에 해당되기 때문에 속발부귀(速發富貴)하는 사다.

❖ **천마방위**(天馬方位) : 동방의 진궁(震宮)에 역마가 있으면 청총마(青驄馬)라 하고, 남방 금궁(禽宮)의 역마를 역토연전마(赤兎練箭馬)라 한다.

❖ **천마사**(天馬砂) : 말은 빠른 동물로 그 형상이 말과 같으면 천마(天馬)라 한다. 이는 또 최관(崔官) 최귀(崔貴)의 성(星)으로 사유축(巳酉丑)은 마거해(馬居亥), 신자진(申子辰)은 마거인(馬居寅), 인오술(寅午戌)은 마거신(馬居申), 해묘미(亥卯未)는 마거사(馬居巳)로, 이 마국(馬局)은 본국(本局)의 향(向)으로 정하는 바, 마위(馬位)에 마형(馬形)이 있으면 더욱 길하여 이를 진마(眞馬)라 하니 가장 유력한 것이다. 말(馬)이 남에 있으면 연지마(胭脂馬), 서에 있으면 옥총마(玉驄馬), 북에 있으면 오조마(烏雕馬), 동에 있으면 청총마(青驄馬)라 하는 바, 만일 병오정방(丙午丁方)에 천마(天馬)가 있으면 득위라 한다. 임좌병향(壬坐丙向)에 정방(丁方)이나 신방(辛方)으로 수출(水出)하면 높은 벼슬이 속하여 과갑(科甲)에 유리하다. 오(午)는 제왕(帝旺)이며 마(馬)가 되고, 건해(乾亥)에 천마가 있으면 건(乾)은 천구(天廐)니, 천구(天廐)와 천마는 진천마(眞天馬)로서 병좌임향(丙座壬向)에 계방(癸方)으로 수출(水出)이면 사유축(巳酉丑) 본국(本局)의 마(馬)와 합하는데, 여기에다 향으로 임관귀(臨官貴)·옥당귀(玉堂貴)가 있으면 귀인이 말을 탄 형상이라 과갑(科甲)에 대길하므로 오방(午方)과 건방(乾方)의 마(馬)는 사국중(四局中)의 정마(正馬)요, 진마(眞馬)가 된다. 마(馬)가 귀기(貴氣)가 되는 것은 당연하지만 득위한 마(馬)와 비교하면 그 경중이 같지 않다. 마(馬)는 앞에 있어야 좋고 귀인은 뒤에 있는 것이 마땅하지만, 만일 마봉(馬峯) 앞에 또 소봉(小峯)이 있으면 이 소봉(小峯)은 마부격이 되어 역시 귀인이다. 천마사가 상격룡(上格龍)이면 발복이 빠르고 지방장관이나 변방의 장수로 많이 나아가고, 중격룡(中格龍)이면 군수나 지방관청의 관리가 되며, 천격룡(賤格龍)이면 병졸이나 목마지기가 된다.

❖ **천마섭운**(天馬躡雲) : 하늘의 말이 구름 위로 올라가 날아가는 형국. 주변의 산세가 구름처럼 생겼으며, 혈은 안장 아래 발을 올려놓은 곳에 있고, 채찍이 안산이다.

❖ **천마시풍**(天馬嘶風) : 말이 길게 울부짖는 형국. 말 형국의 명당도 용맹스런 사람들을 배출하며, 자손들이 문무(文武)를 겸비하여 공(功)을 세우고 부귀를 얻는다. 혈은 안장 아래 발을 올려놓는 곳에 있고, 안산은 채찍이다.

❖ **천마입구형**(天馬入廐形) : 말이 마구간(외양간)에 들어가는 모습의 형국. 주산은 천마산으로 주변에 마구간과 말구유 풀 더미 같은 사격이 있다.

❖ **천마형**(天馬形) : 혈에서 바라보아 산의 모양이 그림과 같이 생겼으면 이를 천마산(天馬山)이라 하는데, 이러한 산이 역마방(驛馬方)에 있으면 이는 진마(眞馬)라 하여 더욱 길격으로 다룬다.

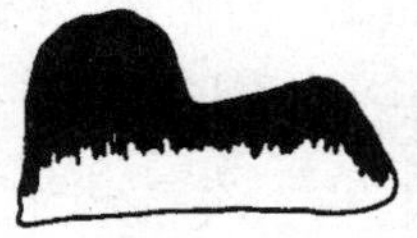

❖ **천마형국**(天馬形局) : 천마형국은 삼태안(三台案), 귀인안(貴人案), 금안사(金鞍砂), 상운사(祥雲砂) 등이 제격이다.

❖ **천모휴**(天母虧) : 천모(天母)는 곤(坤)이다. 곤방(坤方)이 낮고 움푹하게 들어가면 과부가 생긴다.

❖ **천무일**(天巫日) : 길신(吉神)으로 작용력은 미약하나 다른 길신과 같은 날이 되면 매사에 이롭다.

正月 : 辰日	2月 : 巳日	3月 : 午日
4月 : 未日	5月 : 申日	6月 : 酉日
7月 : 戌日	8月 : 亥日	9月 : 子日
10月 : 丑日	11月 : 寅日	12月 : 卯日

❖ **천문(天文)의 술어** : 옛날 천문학에서 쓰이던 술어.

- **정형**(鼎形) : 솥발처럼 생긴 것. 즉 삼각형.
- **천관**(天關) : 하늘의 출입문.
- **명암흑**(明暗黑) : 명(明)은 별빛이 찬란한 것, 암(暗)은 별빛이 희미한 것, 별빛이 아주 어두워 보일 듯 말 듯한 형태를 표현한 말.
- **동효**(動搖) : 별빛이 칼날처럼 뻗쳐나간 것.
- **실도**(失度) : 별의 운행 동수가 어긋난 것. 정상보다 빠르거나 느리거나 거꾸로 운행하는 것.
- **운조**(運祚) : 나라의 운수.
- **병혁**(兵革) : 전쟁이 일어남.
- **조빙**(朝聘) : 조(朝)는 작은 나라가 큰 나라에 조공(朝貢)하는 일이고, 빙(聘)은 나라와 나라끼리 서로 예방하는 것.
- **관량**(關梁) : 성의 관문과 다리 등 요새를 칭함.
- **한로**(旱潦) : 한(旱)은 가뭄, 노(潦)는 장마.
- **월식**(月蝕·月食) : 태양과 지구와 달이 일직선으로 되었을 때 나타나는 현상으로 태양의 빛을 지구가 가려 달빛이 보이지 않는 현상. 이 월식에는 개기월식과 부분월식이 있다.
- **일식**(日蝕·日食) : 태양과 달과 지구가 일직선으로 있으면 태양빛이 달에 가려 보이지 않는 현상. 이 일식에는 개기일식과 부분일식, 그리고 금환일식이 있다.
- **일운**(日暈) : 해무리.
- **월운**(月暈) : 달무리.
- **희생**(犧牲) : 제사를 지내거나 잔치를 베풀기 위해 잡은 돼지·소·양 등을 칭함.
- **사시화**(四時和) : 봄·여름·가을·겨울의 기온이 적당한 것. 즉 봄에는 따뜻하고, 여름에는 덥고, 가을에는 시원하고, 겨울에는 추우면 사시순화(四時順和)라 한다.

- **패성**(孛星) : 흉성.
- **제명**(齊明) : 날이 완전히 밝은 것.
- **혜성**(慧星) : 흉성.
- **초사**(超舍) : 별이 제자리를 뛰어넘는 것.
- **퇴사**(退舍) : 별이 제자리에서 후퇴함.
- **명멸**(明滅) : 별빛이 미약하게 가물거려 보일 듯 말 듯함.
- **동도**(同度) : 별과 별이 경도 혹은 위도가 같은 것.
- **사**(舍) : 별의 제자리.
- **범**(犯) : 별이 별 가까이 이르러 빛줄기가 거의 닿을 듯한 것.
- **엄**(掩) : 그곳에 이르러 별의 빛을 소멸시키는 것.
- **식**(食) : 그 갓(邊)을 침범하기 시작하여 차츰 그 가운데까지 먹어 들어가는 것.
- **탄**(呑) : 위로부터 내려가서 그 빛을 덮어 가리우는 것.
- **성식월**(星食月) : 별이 달 가운데를 엄습함.
- **월식성**(月食星) : 달이 별 가까이 이르러 별빛이 소멸됨.
- **박**(薄) : 별과 별이 서로 핍박함.
- **동사**(同舍) : 두 별의 별자리가 같음. 또는 두 별이 똑같이 운행하는 것.
- **합**(合) : 별과 별이 거의 맞닿음.
- **수**(宿) : 별 이름. 또는 제자리에서 12일 이상 자리를 옮기지 않고 멈추어 있음.
- **거**(居) : 별이 제자리에 있음.
- **수**(守) : 그 별의 곁을 떠나지 않고 의지하여 따라 다님. 또는 제자리를 그대로 지키고 있는 것.
- **승**(乘) : 별이 위에서 아래로 누르는 듯하는 형상.
- **능**(凌) : 별이 아래에서 위로 곧게 올라가는 것.
- **착도**(錯度) : 별의 운행도수가 어긋난 것.
- **영**(盈) : 일정한 도수를 넘어서는 것.
- **축**(縮) : 일정한 도수보다 느리게 가는 것.
- **순**(順) : 별이 서쪽에서 동쪽으로 도는 것.
- **역**(逆) : 별이 동쪽에서 서쪽으로 도는 것.
- **복**(伏) : 별빛이 태양빛에 가려 보이지 않음.
- **경천**(經天) : 하늘을 한바퀴 도는 것.
- **초원**(梢遠) : 차츰 멀어짐.
- **칠요**(七曜) : 월(月)·화(火)·수(水)·목(木)·금(金)·토성(土星).
- **실행**(失行) : 별의 운행이 잘못됨.
- **암폐불명**(闇蔽不明) : 별이 어떤 장애물에 가려 빛이 희미한 것.
- **천하**(天河) : 은하수.
- **은한**(銀漢) : 은하수.

❖ **천문지호**(天門地戶) : 일명 삼문호(三門戶)라고도 함. 혈의 좌우에 있는 청룡·백호를 불문하고 물이 오는 쪽이 천문(天門), 물이 나가는 쪽이 지호(地戶)이다. 물이 나가는 쪽은 감추어서 물이 빠져 나가는 것이 보이지 않아야 길한 것이니 합당하면 발복이 면면할 것이다. 천문은 물이 오는 방향을 말하며 지호는 물이 가는 방향을 말한다. 물이 왼쪽에서 와서 오른쪽으로 나가면 청룡쪽이 천문이 되고 백호 쪽이 지호가 된다. 물이 오른쪽에서 와서 왼쪽으로 나간다면 백호 쪽이 천문이 되고 청룡 쪽이 지호가 된다. 이를 삼문오호(三門五戶)라고도 한다. 천문은 넓어 산과 물이 맑아야 하고 지호는 밀폐된 듯하여야 좋다. 그 형세는 마치 장막을 친 것과 같아야 하고 혈장에서 물이 빠져나가는 것이 보이지 않아야 한다. 반대로 천문이 좁고 지호가 넓으면 이는 물이 서로 모이지 못한 것으로 이런 곳은 진짜 혈이 없다. 전응과 후조가 혈장을 중심에 두고 주위로 서로 연결된 것을 나성 또는 원국이라 한다. 중중첩첩하여 높게 주위를 감싸되 일층 또 이층으로 점점 높아지고 둥근형을 이뤄야 길하다. 이는 흡사 성을 쌓은 것과 비슷하다고 하여 나성이라 하며, 뭇별이 원성(하늘의 별 중에 왕인 자미성자리)을 호위하고 있는 것과 같다고 하여 원국이라 한다. 나성과 원국은 말은 달라도 뜻은 같다. 궁색하지 않게 넉넉하고 주위가 원형을 이뤄 물이 나간 곳이 어디인지 분간할 수 없는 것이 상격이다.

❖ **천문학**(天文學) : 천체(天體)의 본질, 크기, 거리, 위치와 운행도수(運行度數) 및 다른 천체와의 관계 등을 연구하는 학문.

- **28수**(宿)

  각(角)·항(亢)·저(氐)·방(房)·심(心)·미(尾)·기(箕)·두(斗)·우(牛)·여(女)·허(虛)·위(危)·실(室)·벽(壁)·규(奎)·루(婁)·위(胃)·묘(昴)·필(畢)·자(觜)·삼(參)·정(井)·귀(鬼)·유(柳)·

성(星)·장(張)·익(翼)·진(軫)인데, 위치와 도수(度數)는 다음 도표와 같다.

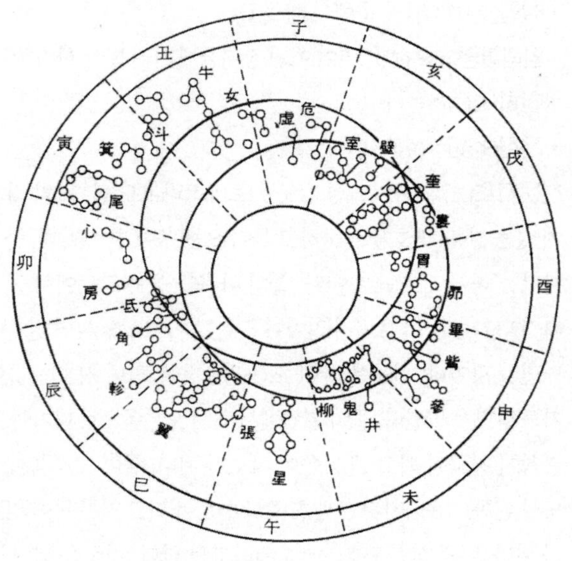

[蓋天圖]

• **28수주재**(宿主宰)

① **각수 적색**(角宿 赤色) : 만물의 조화를 주관하고 임금의 위신을 세우는 별인데 그 문이 천문(天門)으로 이 각수(角宿)는 4성(四星)으로 되어 있다.

② **혈수**(穴宿) : 4개의 별로 되어 있으며 적색(赤色). 천자(天子)의 내조(內朝)를 맡고 천하 경대부(卿大夫)의 치정(治政)을 총괄적으로 다스린다. 또는 질역(疾疫)을 주장하는 별이다.

③ **저수**(氐宿) : 4개의 별로 되어 있으며 적색으로 이 별은 주로 후비(后妃)의 부(府)에서 일한다.

④ **방수**(房宿) : 7개의 별로 되어 있으며 적색인데, 이는 천자(天子)가 정사를 선포하는 궁(宮)이다.

⑤ **심수**(心宿) : 3개의 별로 되어 있으며, 일명 대화(大火)라 하는데 역시 적색(赤色)이다. 천왕(天王)의 정위(正位)로서 3개의 별 가운데 가운데 별이 황제별(皇帝星)이고 앞의 별이 태자(太子)이며, 뒤의 별이 황제의 서자(庶子)라 한다.

⑥ **미수**(尾宿) : 9개의 별로 되어 있으며 적색이다. 후비(后妃)가 거처하는 부(府)라 하니 동(動)하면 천하(天下)가 요란해진다.

⑦ **기수**(箕宿) : 4개의 별로 되어 있으며 적색(赤色)이다. 후궁(後宮) 또는 후비(后妃)의 부(府)라 한다.

⑧ **두수**(斗宿) : 6개의 별로 되어 있고 적색으로 천기성(天璣星)이라고도 한다. 승상(丞相)과 태재(太宰)의 지위를 주장하고, 또는 일부 지방을 관장(管掌)한다.

⑨ **우수**(牛宿) : 7개의 별로 되어 있고 적색으로 희생(犧牲)의 일과 도로 및 오곡(五穀)에 관한 것을 주장하는 별이다.

⑩ **여수**(女宿) : 4개의 별로 형성되고 적색이다. 포백(布帛)의 재제(裁制)와 가취(嫁娶) 등을 주장한다.

⑪ **허수**(虛宿) : 2개의 별로 되어 있고 적색인데 총재(冢裁)의 상(象)이다. 북방의 고을을 맡아 관장하고, 또는 묘당(廟堂)의 제사를 맡으며, 풍운(風雲)과 주검, 장사지내는 일, 곡읍(哭泣) 등을 주장하는 별이다.

⑫ **위수**(危宿) : 3개의 별로 되어 있으며 적색이다. 옥택(屋宅)의 수장(收藏)과 풍우(風雨) 및 제례(祭禮)에 관한 것을 주장하며, 또는 총재(塚裁)의 책임을 맡아 천하의 사장곡읍(死藏哭泣)에 관한 일을 주관한다.

⑬ **실수**(室宿) : 8개의 별로 되어 있으며 적색이다. 태묘(太廟)와 천자의 궁(宮)이라 하고, 또는 군량을 쌓아두는 부(府)가 되며, 토목공사 등을 주장한다.

⑭ **벽수**(壁宿) : 2개의 별로 되어 있고 적색이다. 문장과 도서를 비밀리에 감추어 두는 곳이라 하며, 토목공사를 주장하는 별이다.

⑮ **규수**(奎宿) : 17개의 별로 되어 있으며, 일명은 천고(天庫)라 하고 또는 봉시(封豕)라 하는데, 천자의 무기(武器)를 두는 창고로 병사(兵事)와 개울을 주장한다.

⑯ **누수**(婁宿) : 3개의 별로 도어 있고 적색인데 천옥(天獄)의 별이다. 목초(牧草)와 희생(犧牲)으로 교사(郊祀)에 공급하는 것을 맡고, 또는 군병을 징집하며, 기타 군중을 취합하는 일을 맡는다.

⑰ **위수**(胃宿) : 3개의 별로 되어 있고 적색이다. 하늘의 주방(廚房)이며 오곡을 저장하는 창고다. 또는 도적과 반역의 무리를 토벌하는 일을 맡아 다스린다.

구분	위치	도수	혼중(昏中)	기타
角	辰方	12度	芒種 때 昏中	木
亢	辰方	9度	夏至 때 昏中	金
氐	辰方(14度) 卯方(2度)	16度	小暑 때 昏中	土
房	卯方	6度		日
心	卯方	6度		月
尾	寅方	19度	大暑 · 立春 때 昏中	火
箕	寅方	11度		水
斗	寅方(8度) 丑方(16度)	24度	白露 · 秋分 때 昏中	木
牛	丑方	7度	寒露 때 昏中	金
女	丑方(8度) 子方(2度)	10度		土
虛	子方	9度	立冬 때 昏中	日
危	子方(3度) 丑方(13度)	16度	小雪 때 昏中	月
室	亥方	17度	大雪 때 昏中	火
壁	亥方	9度	冬至 때 昏中	水
奎	戌方	16.5度	小寒 때 昏中	木
婁	戌方	11度		金
胃	酉方	14度	小寒 때 昏中	土
昴	酉方	11度	立春 때 昏中	日
畢	酉方(10度) 申方(7度)	17度	雨水 때 昏中	月
觜	申方	0.5度		火
参	申方	0.5度		水
井	未方	33度		木
鬼	未方	2度		金
柳	未方(10度) 午方(4度)	14度		土
星	午方	7度		日
張	午方(2度) 巳方(15度)	17度		月
翼	巳方	19度	立夏때 昏中	火
軫	辰方	18度		水

⑱ **묘수**(昴宿) : 7개의 별로 되어 있고 적색인데 하늘의 눈과 귀와 같은 별이다. 송옥(訟獄)에 관한 일과 주대(奏對) 및 구설을 주장한다.

⑲ **필수**(畢宿) : 9개의 별로 되어 있으며 적색이다. 변방의 병사를 관리하고, 사냥하는 일을 주장한다.

⑳ **자수**(觜宿) : 3개의 별로 되어 있고 적색이다. 행군시의 고식을 쌓아두는 부(府)가 되며, 군사들의 움직이는 동태를 감시 주관한다.

㉑ **삼수**(參宿) : 10개의 별로 이루어진 것으로 적색인데 살벌(殺伐)에 관한 것을 주장한다. 또한 천옥(天獄)이라는 별이니 죄인을 참살하는 일과 도량형과 변방의 성지를 관리한다. 중앙의 세 별은 호국과 선비 및 이협(夷狹) 등의 오랑캐 나라를 주장하며, 7개의 별은 모두 변방의 군병을 주장한다.

㉒ **정수**(井宿) : 7개의 별로 구성되었으며 적색이다. 천수(泉水)를 주장하고, 제후(諸侯)와 임금의 친척과 삼공(三公)의 지위와 법령의 공평을 주관한다.

㉓ **귀수**(鬼宿) : 4개의 별로 되어 있고 적색(赤色)이다. 사물을 밝히고 간모(奸謀)를 파헤치며, 제사와 질병·사망 등을 맡아 관리한다. 동북의 한 별은 적마(積馬)를 주장하고, 동남의 한 별은 적병(積兵)을 주장하며, 서북의 한 별은 금옥(金玉) 쌓아두는 것을 주장하고, 서남의 한 별은 포백(布帛)을 주장한다. 그리고 가운데 한 별은 적시(積尸)라 하는 별이니 질병·곡읍 및 병화(兵火) 등 흉한 일을 주장한다.

㉔ **유수**(柳宿) : 8개의 별로 되어 있고 적색이다. 하늘의 주방(廚房)이며 임금이 먹는 음식을 간직해 두는 창고며, 술과 안주·반찬 등을 관리하는 별이다. 뇌우(雷雨)와 공장(工匠)을 주관한다.

㉕ **성수**(星宿) : 7개의 별로 되어 있고 적색이다. 주작(朱雀)의 목이라 하며, 문명의 순수(淳粹)라 하며 우의(羽儀)의 곳이니 의복의 문채를 주장하고, 급한 병사와 도적에 관한 일을 주관한다.

㉖ **장수**(張宿) : 6개의 별로 되어 있고 적색이다. 진보금옥(珍寶金玉)과 종묘에 쓰이는 물건 및 천자의 내궁(內宮)에 있는 의복 또는 먼 곳에서 들어오는 공물을 두는 창고, 음식 등을 관리하며, 상(賞)을 주는 일에 관해서 주관하는 별이다.

㉗ **익수**(翼宿) : 22개의 별로 되어 있고 적색이다. 이는 천자의 악부(樂府)로서 배회하며 즐기는 일과, 문물과 성명을 주장하고, 또는 삼공(三公)의 치도(治道)와 문적 등을 관리하

고, 먼 곳에서 들어오는 공물을 취급 관장한다.

㉘ **진수**(軫宿) : 6개의 별로 되어 있고 적색이다. 거마(車馬)의 물건 신는 것과 도적·전벌(戰伐) 등과 사상(死喪)에 관해 관리하며, 풍우(風雨) 등을 주관한다.

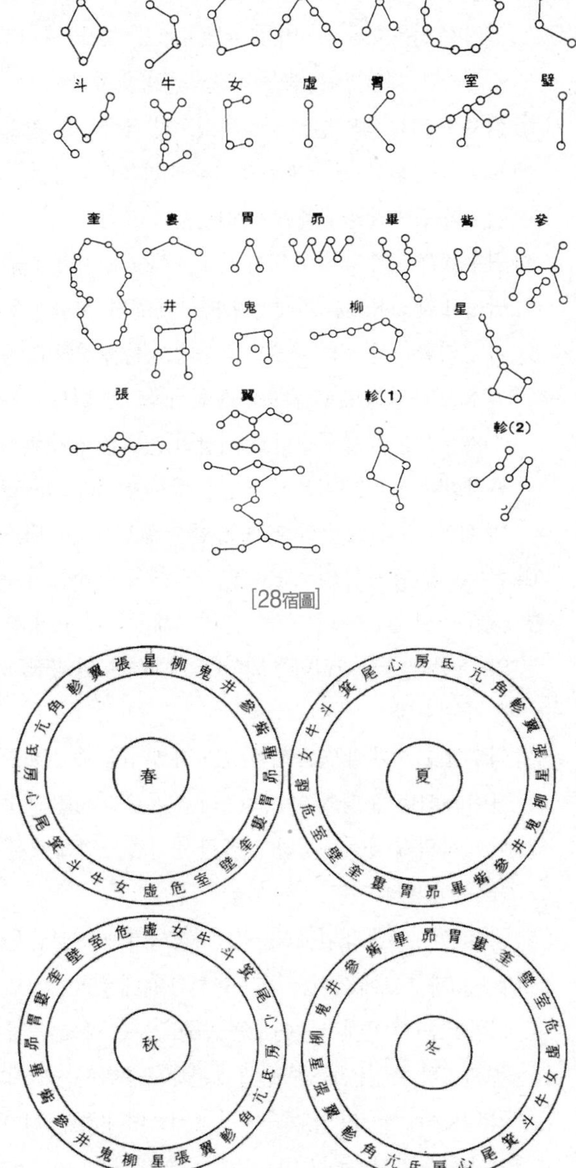

[28宿圖]

[28宿 運行圖]

• **주요성신**(主要星辰)

① **자미원**(紫薇垣) : 자미원은 천추북극성(天樞北極星)을 중심으로 나열된 모든 성좌(星座)를 칭함인데 중앙에 있는 큰 별을 천황태제(天皇太帝)라 한다(즉 天子 별이며 주성(主星)이다). 구진(句陳) 6개의 별이 천황태제를 호위하듯 둘러 있다. 자미원(紫薇垣) 가까이 있는 성신은 대략 태자별(太子星)·서자별(庶子星)·후비(后妃)·상승(上丞)·소승(小丞)·상충(上衡)·소충(少衡)·상재(上宰) 등의 별과 오곡(五穀)을 맡은 별들이 둘러 있다(三公의 별도 자미원 안에 있다).

② **북극성**(北極星) : 북극성은 천추(天樞)이니 무리별들은 이 북극성(일명 杻星)을 중심으로 운행하되(동에서 서로) 오직 북극성만은 제자리에서 위치를 바꾸지 않는다. 그러므로 공자(孔子)는 「북신(北辰)이 그 자리에 있고 무리별들이 북극성을 향하여 조공(朝貢)하느니라」 하였다.

③ **화개**(華蓋) : 화개(華蓋)란 일산(日傘 : 햇볕을 가리는 물건)이란 뜻인데 16개의 별들이 모여 일산 모양을 이루며 제성(帝星 : 大黃太帝)을 받쳐주는 형상을 하고 있다.

④ **좌추성**(左樞星) : 8개의 별이 모여 이루어진 것으로 천황태제(天皇太帝)의 왼쪽에서 호위하는 별이다.

⑤ **우추성**(右樞星) : 7개의 별로 되어 있는데 천황태제의 오른쪽에서 좌추성과 같이 천자별을 호위한다.

⑥ **문창**(文昌) : 6개의 별이 모여 이루어졌는데 상장(上將)·차장(次將)·상서(尙書)·사예(司隷)·사규(司竅) 등이 모두 이에 속한다.

⑦ **북두칠성**(北斗七星) : 칠정(七政)의 추기(樞機)요 음양의 본원(本源)이다. 4시를 정하고 오행을 조화하며, 기강(紀綱)을 정하고, 호령을 주장한다. 맨 첫머리에서 4번째 별까지를 합쳐 괴(魁)라 하고, 5번째부터 7번째 별까지는 표(杓)라 한다. 또는 1번째로부터 4번째 별은 선기(璇璣)라 칭하고, 5번째부터 7번째 별은 옥형(玉衡)이라 칭한다. 제1성(第一星)은 추성(樞星)이며 정성(正星)이니 양덕(陽德)을 주장하여 천자(天子)의 상(象)이며, 또는 하늘(天)이라 하고 일(日)을 주장한다. 제3성(第三星)은 기(璣)라 하는데 법령

을 맡고 화해(禍害)를 주장하여, 또 인(人)이라 하고 화(火)를 주장한다. 제4성(第四星)은 권(權)이며 벌성(伐星)이므로 무도한 자를 정벌하는 주(主)가 되며, 또는 시(時)가 되고 수(水)를 주장한다. 제5성(第五星)은 옥형(玉衡)이고 살성(殺星)이며 음(音)인 바 상을 도와 죄 있는 자를 주살(誅殺)하며 토(土)를 주관한다. 제6성(第六星)은 요광(搖光)이고 부성(部星)이며 응성(應星)인데, 여(呂)가 되고 병(兵)을 맡았으며 금(金)을 주관한다.

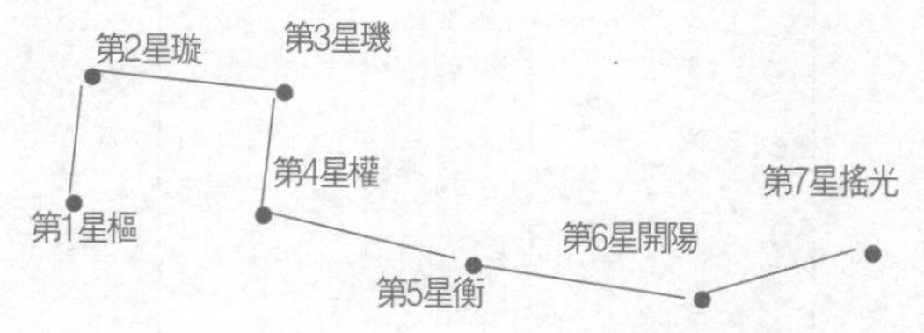

⑧ **태미원**(太微垣) : 하늘의 북쪽에 벌려 있는 별의 집단이다. 이 태미원 안에 있는 제좌성(帝座星)·태자성(太子星)·삼공성(三公星)이 있고, 또는 상장(上將)·차장(次將)·호분지사(虎賁之士)·오제후(五諸侯)·구경대부(九卿大夫)·박사(博士)·처사(處士) 등의 별이 있다고 한다.

⑨ **천시원**(天市垣) : 하늘 동북쪽에 모여 있는 별의 집단이다. 이 천시원에도 제성(帝星)과 제후별(諸侯星)·보필성(輔弼星)·종정(宗正 : 帝星의 친족)과 열국성(列國星)과 기타 여러 가지 별이 나열되어 있다.

⑩ **제좌성**(帝座星) : 제좌성이란 그 원(垣) 가운데 가장 우두머리인 황제별(皇帝星)이다. 그러므로 자미원(紫薇垣)·태미원(太微垣)·천시원(天市垣)에 각각 제좌(帝座)가 있으며, 항성(亢星) 윗부분의 대각성(大角星)과 심성(心星)의 중간 부분에 제좌(帝座)가 있어 하늘에는 모두 5개의 제좌성(帝座星)이 있다고 한다.

⑪ **오성**(五星) : 금수화목토(金水火木土) 오행에 소속된 별이다. 목성(木星)은 세성(歲星)이라 하며, 섭제(攝提) 중화응성(重華應星), 경성(經星), 기성(紀星)이라 호칭한다. 목성(木星)은 12년에 걸쳐 하늘을 한바퀴 돌고, 태세와 더불어 서로 응하므로 세성(歲星)이라 한다. 목성(木星)은 도덕을 주관하고 봄을 주관하는데 날짜로는 갑을(甲乙), 진(辰)은 인묘(寅卯), 괘(卦)는 진손(辰巽), 음(音)은 각성(角聲)을 발하고, 수(數)는 3인, 제(帝)는 태호(太皞), 신(神)은 구망(句芒)이라 한다. 세성(歲星 : 즉 수성(水星))이 있는 곳에는 그 나라가 축복을 받지만 만약 역행하면 도리어 재앙이 심하다. 그리고 세성(歲星)은 천하 제후와 인군(人君)의 잘못을 다스리며, 제(濟)와 오(吳) 동쪽의 나라를 관장하고, 오곡(五穀)을 주장한다. 원사(元史)에 이르되 「세성(歲星)은 83년에 7번을 도는 바, 일과 합도(合度)가 76이니 398일 88각에 태양과 한 차례 회합한다」 하였다. 화성(火星)은 형혹성(熒惑星)이라 별칭하며, 적성(赤星), 벌성(罰星), 집법(執法), 천후(天候)요, 남방의 주작(朱雀)의 신으로 화(化)의 정(精)이다. 화성(火星)은 여름을 맡고, 그 일은 병정(丙丁)이요, 진(辰)은 사오(巳午), 괘는 이(離), 음은 치음, 수는 27, 제(帝)는 염제(炎帝), 신은 축융(祝融)이라 한다. 화성(火星) 즉 형혹성은 사상(死喪)을 주장하고, 천하 군신의 잘못과 악행·교만·사치·문란·요망한 짓을 다스리며, 성패와 과실을 살펴 군왕에게 경고하는 성신이다. 오월(吳越) 이남의 여러 나라를 맡아 그 나라의 잘잘못을 살펴 화복(禍福)을 내린다. 원사(元史)에 이르기를 「형혹성(熒惑星)은 77년만에 42번 하늘을 도는데 태양과 도수가 합해지는 횟수는 37차다. 무릇 779일 92각의 100분의 1각 90분에 태양과 한 차례 도수가 맞아간다」 하였다. 토성(土星)은 진성(塡星)이라 하며, 또는 지후(祗侯 : 땅을 맡아 다스리는 제후(諸侯))라 한다. 구진(句陳)이요 토(土)의 정(精)인데 4계(四季 : 辰戌丑未月)를 주관하는데, 그 일은 무기(戊己), 진(辰)은 진술축미(辰戌丑未), 괘는 간곤(艮坤), 소리는 궁음(宮音), 수(數)는 5·10이다. 그리고 임금은 황제(皇帝)요, 신(神)은 후토(后土)이니 여주(女主)의 상(象)이다. 토공(土功)과 무리를 취합하는 일이며 기강을 바로잡고, 천하 여주(女主)의 잘못을 살펴 경계한다. 원사(元史)에 이르기를 「이 진성(塡星)은 55년만에 2번 하늘을 돈다. 태양과 합도(合度)되는 것이 57이니 378일 9각 나머지 1각 100분의 16에 합한다」 하였다. 금성(金星)은 별명이 태백

성(太白星)으로 은성(殷盛), 태정(太正)·영성(營星)·명성(明星)·관성(觀星)·천위(天威)·태호(太皡)·중성(衆星)·상성(相星)·태효(太囂)·대상(大桑)·서성(序星) 등으로 칭하고, 새벽에 동쪽 하늘에 나타나면 계명성(啓明星)이라 하고, 저녁에 서쪽 하늘에 나타나면 장경성(長庚星)이라 한다. 금성(金星)은 또 백호지신(白虎之神)이요 금(金)의 정(精)이며 대장군의 상이니 형살(刑殺)을 주관한다. 절기로는 가을, 날은 경신(庚辛)에 속하고, 진(辰)은 신유(辛酉), 괘는 건태(乾兌), 소리는 상음(商音), 수(數)는 4·9다. 그 임금은 소호(少昊), 신(神)은 욕수(蓐收)라 한다. 원사(元史)에 이르기를 「태백은 항상 태양과 가까이 있으면, 1년에 한 차례 하늘을 돌고 8년에 5번 태양과 합했다가 물러나고 다시 합하는 것이 5번이니 무릇 583일 90각, 나머지 100분의 26에 태양과 순합(順合) 또는 역합(逆合)한다」 하였다. 수성(水星)은 별명이 진성(辰星)으로 안조(安調)·세극(細隙)·능성(能星)·구성(鉤星)·사농(司農)·면성(免星)·소무(小武)·정성(鼎星)·소상(小爽) 등으로 칭하고, 북방의 현무지신(玄武之神)이며 수(水)의 정(精)이다. 새벽에는 동쪽, 저녁에는 서쪽으로 태양을 따라 다니면서 그때를 어기지 않으므로 진성(辰星)이라 이름하였다. 진성(辰星) 즉 수성(水星)은 재상의 상이요, 정위(廷尉)의 직품이 되어 법과 살벌(殺伐)과 싸움하는 것을 주관한다. 수(水)는 겨울을 맡고, 일(日)은 임계(壬癸), 진(辰) 해자(亥子)다. 그가 섬기는 임금은 전욱(顓頊), 신(神)은 현명(玄冥)이다. 소리는 우음(羽音)을 발하고, 그 수는 1, 6, 괘는 감괘(坎卦)인데 형옥과 험조(險阻)한 일을 주장한다. 원사(元史)에 이르기를 「진성(辰星)은 그 행도(行度)가 태양을 항상 가까이 따라다니면서 1년에 1번 하늘을 돈다. 46년 사이에 태양과 도수를 합하는 것이 145번이고 물러났다가 다시 합하는 횟수도 역시 그러하다. 무릇 115일 87각외 100분의 60분만에 태양과 순역(順逆)으로 합한다」 하였다.

五星	別名	帝名	神名	五神
木星	歲星(攝提·重華·應星·經星·紀星)	太昊	句芒	青龍
火星	熒惑星(赤星·罰星·執法·天候)	炎帝	祝融	失雀
土星	塡星(地候)	皇帝	后土	句陳
金星	太白星(殷星·太正·營星·明星·天威	少昊	蓐收	白虎
水星	辰星(安調·細極·能星·鉤星·少武)	顓頊	玄冥	玄武

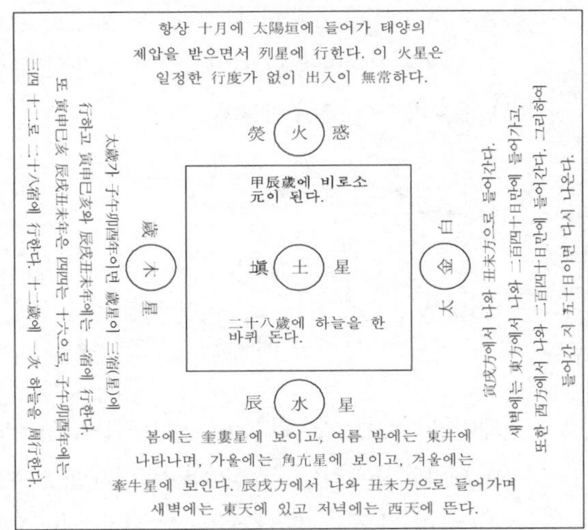

[오성도]

⑫ **요성**(妖星) : 목화토금수(木火土金水) 오성(五星)이 괴이하게 변한 것.

⑬ **객성**(客星) : 다섯이 있는데 주백성(周伯星)·노자성(老子星)·왕봉서성(王蓬絮星)·국황성(國皇星) 등(1성은 미상)이다. 이 객성이 유난히 반짝거리며 빛을 발하면 국운이 불길한 징조라 한다.

⑭ **유성**(流星) : 길게 빛이 흐르는 별이다.

⑮ **비성**(飛星) : 유성과 반대로 빛이 아래에서 위로 올라가면서 흘러비치는 별이다. ⑯ 혜성(慧星) : 오성(五星)의 정(精)으로 그 형상이 비나 나뭇가지와 흡사한데 이 혜성이 나타나면 불길한 징조라 한다.

⑯ **패성**(孛星) : 빛이 사방으로 몇 줄기 흘러나가는 별을 패성이라 하는데, 혜성과 같이 이 별이 나타나면 나라에 불길한 일이 생길 징조라 한다.

❖ **천박**(淺薄) : 산수(山水)에서 취기(聚氣)와 만곡(彎曲)을 보건대,

그 역량이 어떠한가를 살필 수 있다. 역량이 적고 천박하면 사람도 천박한 사람이 나오고, 역량이 크고 관평(寬平)하면 사람도 또한 관평한 사람이 나온다. 대체로 사람의 선악(善惡)과 추미(醜美)와 부귀빈천(富貴貧賤)은 산수(山水)의 기운에 연유하여 결정되는 것이다.

❖ **천반봉침**(天盤縫針) : 혈에서 물의 방위를 볼 때 사용하는 나경층.
① 나경삼반(羅經三盤) 내반 : 지반정침(內盤 : 地盤正針) 중반 : 인반중침(中盤 : 人盤中針) 외반 : 천반봉침(外盤 : 天盤縫針).
② 쌍산오행(천반봉침)(雙山五行(天盤縫針)) 임자(壬子), 계축(癸丑), 간인(艮寅), 갑묘(甲卯), 을진(乙辰), 손사(巽巳), 병오(丙午), 정미(丁未), 곤신(坤申), 경유(庚酉), 신술(辛戌), 건해(乾亥).
③ 팔간장생오행(천반봉침)(八干長生五行(天盤縫針))

❖ **천반봉침은 양동하는 천기를 주관한다** : 혈에서 물의 방위를 볼 때 사용하는 나경(羅經) 층이다. 지반정침(地盤正針)의 자오(子午)는 천반봉침(天盤縫針)의 임자(壬子)와 병오(丙午)의 중간에 봉(縫)하였으므로 봉침(縫針)이라 한다. 지반정침을 기준해서 7.5도를 순행(順行)하여 돌려서 우리가 물을 볼 때 시각차를 보완해서 만들어 놓은 24방위를 나경(羅經) 8층에 표시한 것이다. 물의 득(得)·파(破)와 평지보다 들어간 곳이나 살풍(殺風)이 불어오는 방위 그리고 별(星) 위의 하늘이나 향(向)을 볼 때는 천반봉침(天盤縫針)으로 본다.

❖ **천반봉침120분금**(天盤縫針百二十分金) : 내반제1층(內盤第一層)은 지반정침(地盤正針), 내반제2층(內盤第二層)은 정침120분금(正針百二十分金), 내반제3층(內盤第三層)은 천반봉침(天盤縫針), 외반제4층(外盤第四層)은 봉침120분금(縫針百二十分金), 지반정침120분금(地盤正針百二十分金)은 입향(立向)에 전용(專用)하니 피귀영신지룡(避鬼迎神之用)이요, 천반봉침120분금(天反縫針百二十分金)은 물의 입향지용(立向之用)에 납음오행의 극망명지(剋亡命之) 납음오행 여부에 관한 전용(轉用)이다.

❖ **천배**(穿排) : 꿴 구슬이 배열하여 있음.

❖ **천별임하**(天鱉臨河) : 자라가 하늘에서 내려와 물가로 기어가는 형국. 자라 형국은 자손에게 미치는 영향이 거북형과 비슷하다. 혈은 자라의 등에 있고 안산은 구름이다. 하늘에서 내려왔기 때문에 앞에 구름이 있다.

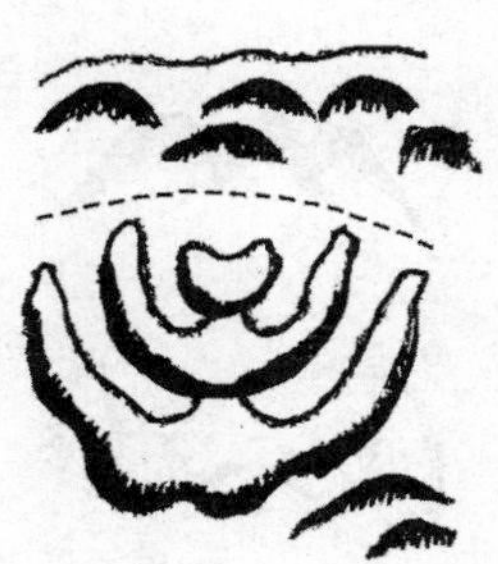

❖ **천봉산**(千峰山)**이 좋은 물 하나만 못하다** : 천봉산이 한 사람을 구하지 못하고 한물은 능히 백자손(百子孫)을 발복(發福)게 하고 비록 흉한 물이라도 감싸 안아주면 좋은 물이 되는 것이다.

❖ **천분**(遷墳) **연두살**(年頭殺) : 이 살산(殺山)은 천분(遷墳)과 가토(加土)를 하지 말아야 한다. 을진(乙辰) 신술산(辛戌山) 구극파묘즉무해(舊極破墓則無害)하므로 이를 가지고 있어야 한다.

- 子年 : 坎癸申辰, 離壬寅戌山
- 丑寅年 : 乾甲, 坤乙山
- 卯年 : 艮丙, 兌丁巳丑山
- 辰巳年 : 坤乙, 乾甲山,
- 午年 : 離壬寅戌, 坎癸申辰山
- 未申年 : 兌丁巳丑, 艮丙山
- 酉年 : 巽辛, 震庚亥未山
- 戌亥年 : 震庚亥未, 巽辛山

❖ **천비수**(穿臂水) : 혈의 양 옆 산줄기, 청룡과 백호를 관통하여 흐르는 물. 청룡·백호가 아주 끊기고 물이 흐르는 것은 지극히 흉하다. 끊기지는 않고 굴을 뚫어도 청룡·백호의 기운이 새어 나가니 불길하다. 혈에서 천비수가 보이면, 비명횡사하는 사람, 요절하는 사람, 불치병에 걸리는 사람, 자살하는 사람 등이 나온다. 또, 음란하여 남의 손가락질을 받는 사람도 생긴다. 어떤 자손은 불의의 사고로 불구가 되기도 한다. 천비수가 왼쪽에 있으면 장손이나 어른이 그 화(禍)를 입으며, 오른쪽에 있으면 지손(支孫 : 아랫자손)이나 여손(女孫 : 여자 자손) 혹은 어린이가 해

를 입는다. 그리고 많은 사람들이 불의에 목숨을 잃으니 고아와 과부가 많이 생겨난다.

❖ **천사**(天師) : 하늘의 이치를 통달한 고매한 사람.

❖ **천사**(賤砂) : 모양이 보기에 누추하고 무정한 것을 말함. 이것 또한 제자리를 잡아야만 힘을 쓴다. 헌화사(獻花砂)는 도화(桃花)방위, 규봉(窺峰)은 적귀(賊鬼)방위, 살도사(殺刀砂)는 겁살방위, 관시사(棺屍砂)는 조객방위가 각각 그 자리다. 또한 먼 거리에 있는 것이 가까운 거리에 있는 것보다 힘이 덜 미친다. 사(砂)는 청룡이나 백호에 있는 것을 지밀(至密)이라 하고, 외당에 있으면 입회(入懷)라고 하며, 먼 곳에 있으면 조림(照臨)이라고 한다.

❖ **천사보두**(天師步斗) : 임금의 군대가 징을 치며 행진하는 형국. 주변에 북, 꽹과리, 깃발 모양의 산들이 있으며, 혈은 징의 중심에 자리잡고, 안산은 칼이다.

❖ **천사상길일**(天赦上吉日) : 천은·모창·대명과 같이 4대길일(四大吉日)의 하나로, 이날을 사용하면 모든 재앙과 죄가 소멸된다는 길일.

正, 2, 3月(春) : 戊寅日	4, 5, 6月(夏) : 甲午日
7, 8, 9月(秋) : 戊申日	10, 11, 12月(冬) : 甲子日

가령 입춘부터 입하 전까지가 춘삼월에 속하는데 이 기간에는 무인일(戊寅日)이 천사(天赦)의 길신(吉神)이다.

❖ **천산이 길하여도 수살 하나를 막을 수 없다** : 즉 산의 흉(凶)한 살보다 수살(水殺)이 더욱 두렵고 무섭다. 혈(穴)을 구하고자 할 때는 우선 수살을 피해야 한다.

❖ **천산 72룡**(穿山七二龍) : 지반정침(地盤正針)을 기준으로 배분하여 땅을 본다는 뜻으로 지기(地紀)라 한다. 쌍산 12지지(雙山十二地支)를 각각 1개 방위에 납음오행(納音五行) 60개 중 5개씩과 빈칸 1개씩 합이 각각 6등분씩 72룡을 만들어 놓았다. 이것은 납음오행(納音五行) 60가지와 빈칸 12칸으로 도합(都合) 72칸으로 천산 72룡(穿山七十二龍 중 한 개의 용)은 5도씩이다. 천산 72룡(穿山七十二龍)은 입수룡(入首龍)을 좀 더 세밀하게 측정하여 길흉을 구별하는데 사용하는 방위로써 만두(灣頭 : 聚氣處 또는 分水脊上)에서 나경(羅經)을 놓고, 먼저 5층 지반정침(地盤正針)으로 입수맥(入首脈)을 정한 후에 좀더 자세하게 천산 72룡으로 측정한다. 천산 72룡의 분금은 5층 지반정침(地盤正針)의 1개좌(坐)에 3칸씩 나뉘어 있는데 천간좌(天干坐)일 경우에는 입수맥(入首脈)을 가운데 빈칸으로 들어오게 인도하고, 지지좌(地支坐)인 경우에는 양쪽 칸으로 입맥(入脈)하도록 인도해야 한다. 그 이유로는, 정음정양(淨陰淨陽)으로 따져서 5층 지반정침(地盤正針)에 있는 좌(坐)의 오행과 6층 천산 7룡상에 납음오행(納音五行)의 천간(天干)하고의 관계가 음과 양이나, 양과 음의 관계면 길하고, 양과 양이나 음과 음의 관계면 흉이기 때문이다.

① 빈칸 12개는 전부 다 사용할 수 있다.

② 60갑자 중에서 갑자순(甲子順) 12칸으로 들어온 용맥(龍脈)은 냉기살맥(冷氣殺脈)이라 하여 사용할 수 없다. 부득이한 경우에는 갑자(甲子)·갑술(甲戌)·기사(己巳)·을해(乙亥) 용은 소길(小吉)하니 사용해도 무방하다.

③ 병자순(丙子順) 12칸으로 입맥한 용은 왕기맥(旺氣脈)이라 하여 전룡(全龍) 다 사용할 수 있는 정기맥룡(正氣脈龍)이라 한다.

④ 무자순(戊子順) 12칸으로 입맥(入脈)한 용은 패기 또는 사기이다. 무기살맥(無氣殺脈)의 용이라 하여 전룡(全龍) 모두 전혀 사용할 수 없다.

⑤ 경자순(庚子順) 12칸으로 입맥한 용은 상기맥(相氣脈)이라 하여 전룡 다 사용할 수 있는 왕기맥룡(旺氣脈龍)이라 한다.

⑥ 임자순(壬子順) 12칸으로 들어온 용은 퇴기맥(退氣脈)이라 하여 사용할 수 없으나 부득이한 경우에는 계축(癸丑)·갑인(甲寅)·을묘(乙卯)·병진(丙辰)·기미(己未)·경신(庚申)·임술(壬戌)로 들어온 용은 소길(小吉)하니 사용해도 무방하다.

❖ **천산 72룡반**(穿山七十二龍盤) : 내반(內盤) : 천산72룡(穿山七十二龍), 외반(外盤) : 지반정침(地盤正針)

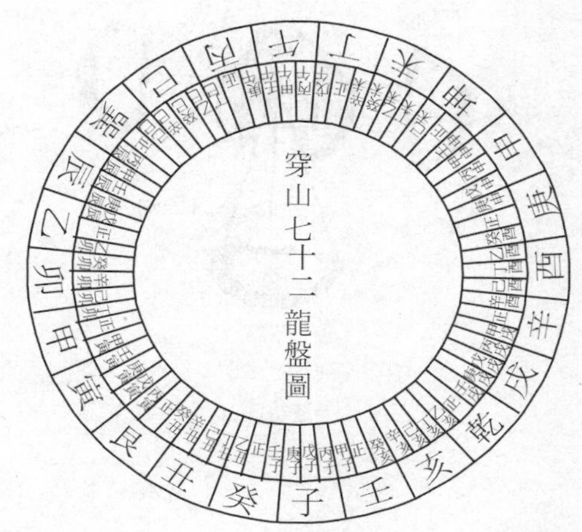

❖ **천살**(天殺) : 천살은 그 땅이 뇌성벽력이나 지진 등의 천재지변의 영향을 받는 것으로 용신이 두려워함. 천살을 범하면 자손들의 수심과 곤란의 액화가 있다.

❖ **천상귀인봉**(天上貴人峰) : 천마사의 등에 목성(木星)이 있는 것을 말하는 것. 이를 인고마저(人高馬底)라 하는데, 말보다는 사람의 형상인 봉이 높아야 하고, 기절(旗節 : 깃발같은 砂)과 의종(儀從 : 御街행차에 따르는 시종과 같은 형상의 사)이 서로 일치하여 잘 어울리면 문무 겸전한 인재가 출하여 공훈이 숭고하다.

❖ **천상일**(天喪日) : 이날을 장매(葬埋)를 꺼린다.

正, 2月 : 巳日　　3, 4月 : 午日

5, 6月 : 未日　　7, 8月 : 申日

9, 10月 : 酉日　　11, 12月 : 戌日

❖ **천상천하 대공망일**(天上天下 大空亡日) : 모든 흉신(凶神)이 작동하지 못하는 날. 이 날을 가려 천장(遷葬), 수묘(修墓), 합폄(合窆) 등 묘사(墓事)를 하면 흉살을 피할 수가 있다.

甲申日　甲戌日　甲午日　癸未日

乙丑日　乙酉日　壬辰日　癸巳日

乙亥日　壬寅日　癸卯日　壬子日

❖ **천성법**(天星法) : 칠정오행으로 혈심처에 하반침하여 혈좌를 기준으로 전후좌우를 보는 법. 전면의 사(砂)가 화복(禍福)에 지대한 영향을 미치므로 생아자(生我者)는 식신인데 주로 부동산 위주로 부(富)를 이룩하며 미모의 자손이 많이 난다. 아극자(我克者)는 재성(財星)이니 부호가 나고 노복(奴僕)이 충실하다. 비화자(比和者=比我者)는 우형(友兄)이니 재발(財發)하고 등과한다. 극아자(克我者)는 칠살(七殺)이니 인패(人敗)가 난다. 설아자(泄我者)는 문장 공명이 혁혁하다고 판단한다. 생왕방(生旺方)의 사(砂)가 유력하여야 길하며 병패방(病敗方)의 사는 무력하여야 길하다.

❖ **천성24위내**(天星二十四位內) : 나경(羅經) 24위내(位內)에 사봉(砂峯)이 고용(高聳; 산이 높이 솟음)하고 체정(體正; 산이 바르고) 봉원(峯圓; 산봉이 둥글고) 하면 이를 귀사(貴砂)라 한다. 만약 양택에서 이와 같으면 대왕(大旺)하여 인정번왕(人丁繁旺)하고 부귀(富貴)가 겸전(兼全)하며 음택이 이를 만나 만약 무수의(無水蟻)라면 발복(發福)이 유구(悠久)하다. 다시금 발사(撥砂)에서 생왕(生旺) 노사(奴砂)가 되면 대귀발천(大貴發遷)이라 한다.

❖ **천수**(泉水) : 가천(嘉泉)이라고도 하며, 가천수는 사시절 물의 양이 똑같다. 겨울에는 따뜻하고 더울 때는 물이 차고 시원하고 맑고 밝으면서 물맛은 감미(甘味)가 느껴지는 물로서 진응수(眞應水)다. 양택에서 이같은 천정수(泉井水)를 식수로 하면 부와 수를 누리게 된다.

❖ **천습**(天濕) : 터가 많은 물기를 담고 있어 풀이 상하고 밑에서 습기가 배어 올라오며 부패한 냄새를 풍기는 것. 용신이 불길하여 천습을 범하면 질병 우황과 불상사가 닥친다.

❖ **천시**(天市) : 대궐 내의 4대문(四大門)을 말함.

❖ **천심**(天心) : 명당의 중심을 가리킨 말. 가장 중심을 가리키는 뜻으로 혈을 이르는 말.

❖ **천심**(穿心) : 용맥이 좌우 한쪽으로 치우침이 없이 중심으로 뚫

고 내려온 맥. 천심이란 용맥이 중심을 뚫고 혈장(穴場)까지 나온 것을 말한다.

❖ **천심**(淺深) : 지리에서 천심법(淺深法)은 대단히 중요하다. 왜냐하면 얕게 써야 할 곳에 깊이 쓰면 생기가 위로 지나가고 깊이 써야 할 곳에 얕히 쓰면 생기가 밑으로 지나가기 때문에 수계(水界)나 합금(合襟), 소명당(小明堂) 등으로 정하기도 하고 구성으로 척촌(尺寸)을 정하기도 하고, 팔괘(八卦)로 음양을 나누어 정하기도 하고, 조응(朝應)으로 정하기도 하고, 또 운심운현(暈心暈弦)으로 정하기도 하는데, 이 모두 마땅치 못한 것이다. 오직 고용에서는 천장(淺葬)이 불가하니 마땅히 심장(深葬)할 것이고, 평지룡(平支龍)에서는 심장(深葬)이 불가하니 천장(淺葬)이 가하다. 또 혈의 음양으로 보면 와겸(窩鉗)은 형개(形開)이니 양(陽)이므로 생기(生氣)가 정(淨)하여 천장(淺葬)해야 하며, 유돌(乳突)은 형합(形合)이므로 음이니 생기가 심하여 심장(深葬)하여야 한다. 또한 사위(四衛)의 산이 높으면 혈도 높으며 천장(淺葬)해야 하고, 사위(四衛)의 산이 낮으면 혈도 낮으며 심장(深葬)하여야 함이 정론이다.

❖ **천심개장**(穿心開帳) : 조산(祖山)을 내려 오면서 활짝 열고 주맥은 한쪽이 치우침 없는 것.

❖ **천심수**(天心水) : 혈 앞 명당의 한가운데 있는 물을 천심수(天心水)라 한다. 천심(天心)에 물이 모이면 큰 부귀를 얻는다. 이렇게 물이 모이는 것을 수취천심(水聚天心)이라 한다. 반대로 천심의 물이 곧게 빠져 나가면 재물이 흩어지며, 자손이 끊긴다. 이런 현상을 수파천심(水破天心)이라 한다.

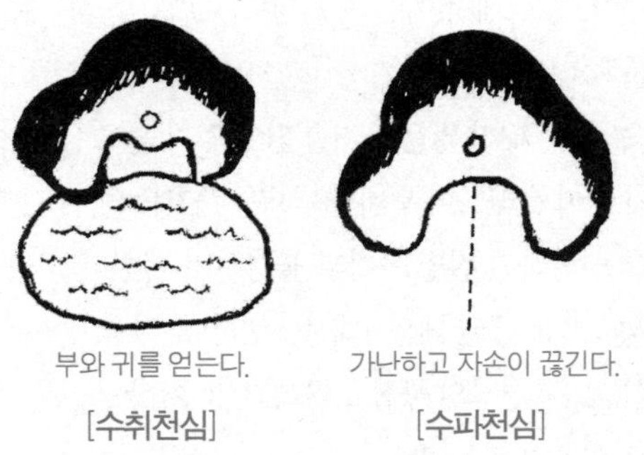

[수취천심] [수파천심]

❖ **천심십도증혈**(天心十道證穴) : 천심십도란 혈심의 전후좌우에 있는 바깥 산이 서로 대응되는 것을 말한다. 뒤편에 있는 것을 개산(蓋山)이라 하고, 앞편은 조산(朝山), 좌우 양 옆은 협이산(夾耳山)이라고 한다. 개·조산은 좌우 어느 한편과 어긋나서는 안 되고 협이산은 앞뒤가 안 맞아도 안 된다. 즉 십자로 정확하게 대응해야 한다는 것이다.

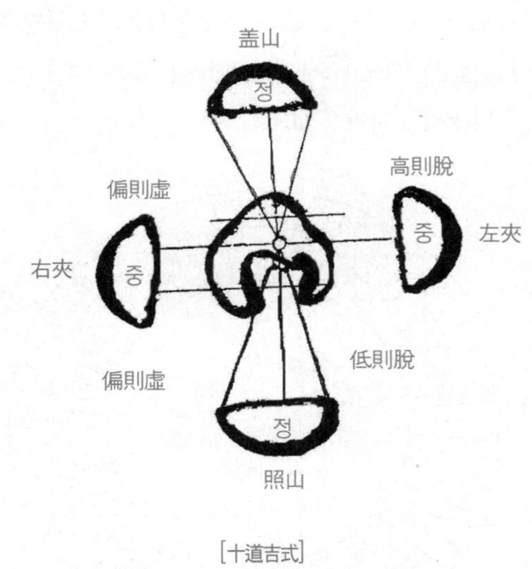

[十道吉式]

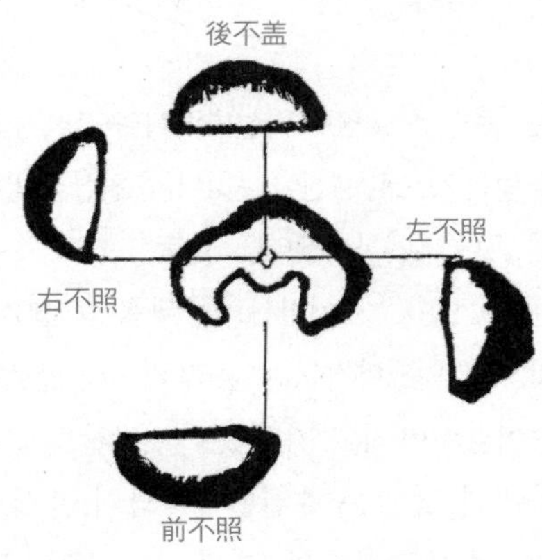

[十道凶式]

① 천심십도(天心十道)는 전후좌우 4산(四山)의 응(應)을 말하는 것이다. 4산(四山)의 응(應)이란 뒤에는 개산(蓋山), 앞에는 조산(照山), 좌우에 협이(夾耳)한 산이 있는 것으로 사응등대(四應登對), 개조공협(蓋照拱夾)이라고도 한다. 대체로 진혈(眞穴)에는 4조(四照)가 있어 그 중심(天心)에서 맺게 되므로

혈이 진결(眞結)하는 곳을 알려면 먼저 이 개조공협(蓋照拱夾)을 보아야 한다. 탁옥집(琢玉集)에 이르기를, "천기(天機)가 발로된 진맥처(眞脈處)는 십자봉(十字峰)을 근거로 삼는다."하였다.

② 혈운(穴暈)이 정중(正中)한 것을 일러 천심이라 한다. 옛날 사람들은 용을 찾아 혈을 정할 때 지팡이를 잡고 스스로 용이 이른 곳을 찾아 국(局)이 이루어 모인 곳에 기(氣)가 그치고 수(水)가 교회(交會)한 곳에 작혈을 이와 같은 방법으로 지팡이의 끝으로 혈을 정하였다. 지팡이(杖)의 끝이 가리키는 곳에 당(堂)의 기(氣)가 합하고 조안(朝案 : 조산과 안산) 정중(正中)하면 좋은 곳이 되며, 장(杖 : 지팡이)을 아래로 하여 몸을 돌려 다시 바라보면 장(杖)의 머리가 가리키는 곳에 용의 기(氣)를 맞이하여 얻은 것이니, 주성(主星)을 잃지 아니하고 성두(星頭)에서 내린 기가 혈운을 감싸 안아서 혈장(穴場)을 다 이룬 곳이다. 만약 하합(下合)은 되어 있으나 상(上)이 불합이면 또 걸음을 옮겨서 살펴 보다 성두(星頭)에서 내리는 기로(氣路)에 다시 장(杖)으로 상(上)을 정하여 확인한 후에 이에 몸을 돌려 전순(氈脣)과 안(案)을 바라본다. 당기(堂氣)를 얻어서 맞이한 것인지 아닌지를 확인하고 조안(朝案 : 조산안산)을 잃은 것인지 아닌 것인지 확인한다. 만약 또 상합(上合)이고 하불합(下不合)이면 반드시 이에 혈운이 거짓으로 돌아 있는 것이다. 이것을 도장법(倒杖法)이라 한다. 즉 합기(合氣)가 되면 이에 진산(眞山), 진수(眞水), 진좌(眞坐), 진향(眞向)으로 나경(羅經)을 쓸 필요가 없다. 천심십도증혈(天心十道證穴)이 이미 정해지면 좌(坐)와 전순이 다시 좌우가 좁아진 것 같으나 만약 좌(坐)가 있고 전순이 있으면 좁아진 것이 아니다. 즉 상하가 반드시 차가 없고 또 조금씩 걸음을 옮겨보면 상하가 조금 가까워 보이나 급지(及至)에 좌(坐)가 있고 전순(氈脣)이 있으니 좁은 것이 또 있는 것 같다. 좌우와 상하가 차이가 없으니 이것을 천심이라 한다. 천심에 안관(安棺)하여 바로 누이면 또한 정당한 영(靈)과 백(魄)이 있는 곳으로 이를 진룡정혈(眞龍正穴)이라 한다. 종전달후(從前達後)가 되면 이것이 일직(一直)이 되고 종좌달우(從左達右)가 되니 이것을 일횡(一橫)이라 한다. 횡(橫)과 직(直)의 사이에 일개(一介)의 십자(十字)가 되니 이것을 교자(校子)라 한다. 교(校)는 바로 잡는 것을 말한다. 이것을 일러 천성십도(天星十道)라 하여 혈을 정하는 요긴한 정법(正法)이라 한다. 옛사람들은 자못 지팡이를 응용하였으나 지금 사람은 사용하지 않는다. 그 대신 진중(眞中)에 표 말뚝을 세우고 입수쪽에 표(標)를 세우고 좌우가 좁게 각기 표를 세워 노끈을 상하좌우에 끌어매어 일개교자를 정하는 것을 준승법(準繩法)이라 한다. 그 헤아림을 비교하여 십자(十字)가 단정하고 상하좌우가 차가 없지만 나경(羅經)을 응용하여 십자(十字)를 비교하여 교자(校子)를 정하기도 한다. 이와 같이 되면 십도의 중표(中標)는 이미 정해져 있으므로 상하좌우를 바라보아도 천심의 차이가 없으니 직(直)의 가운데 진혈(眞穴)이 있는 것이다. 이를 준자법(蠢子法) 또는 실단적법(實端的法)이라 한다. 십자(十字)의 중표(中標)를 일명 마제표(磨臍標)라 한다. 혈운(穴暈)이 좁고 넓은 것을 헤아려서 노끈으로 매어 규격을 정해 혈을 정하고 광중(壙中)을 이루게 된다.

❖ **천심십도봉**(天心十道峰)**이 서 있으면** : 묘지 사방(四方)으로 봉(峰)이 귀(貴)하게 서 있다면 이에 자손이 반드시 귀(貴)하게 된다. 십도봉(十道峰)이 서로 대하면 대지(大地)의 결혈(結穴)이 있다. 당판외(當坂外)의 팔방위(八方位)에 나타난 봉(峰)이 없으면 흉지(凶地)이다.

❖ **천옥**(天獄) : 천옥은 지대가 깊이 패어들어 침침한 굴 속에 들어앉은 듯 외부가 밝고 시원하게 트이지 않은 것으로 용신이 어둡고 갑갑하고 조산(朝山)이 보이지 않는다. 천옥을 범하면 자손들이 어리석고 답답해지는 액화가 있다.

❖ **천옥사**(天獄砂) : 사방으로 높은 산들이 에워싸고 있어 우물처럼 패인(빠진) 형국. 천옥사가 있는 곳에 묘를 쓰면 후손들이 옥사(獄死)를 하거나 압사하여 차에 깔려 죽거나 역사(轢死)를 당하기 쉽다. 묘 자리 뿐만 아니라 이러한 동네도 비천한 신분의 자손을 낳게 된다.

❖ **천우불수총길일**(天牛不守塚吉日) : 동토(動土), 이장(移葬), 수묘(修墓) 등에 좋은 날.

경오일(庚午日) 신미일(辛未日) 임신일(壬申日)
계유일(癸酉日) 무인일(戊寅日) 기묘일(己卯日)
임오일(壬午日) 계미일(癸未日) 갑신일(甲申日)
을유일(乙酉日) 갑오일(甲午日) 을미일(乙未日)
병신일(丙申日) 정유일(丁酉日) 임인일(壬人日)
계묘일(癸卯日) 병오일(丙午日) 정미일(丁未日)
무신일(戊申日) 기유일(己酉日) 경신일(庚申日)
신유일(辛酉日)

❖ **천월덕**(天月德) : 성인군자의 덕도 길신(吉神) 가운데서 으뜸이 된다. 특히 중요한 것은 재앙을 소산(消散)시킬 수 있는 것은 물론 다른 흉살(凶殺)을 제화(制化)시키는 능력을 갖춘 것으로 택일시(擇日時)에 널리 활용되고 있다.

① **세간천덕**

天干 / 天德	갑	을	병	정	무	기	경	신	임	계
歲天德 歲天德合	갑 사	경 을	병 신	임 정	무 계	갑 을	경 을	병 신	임 정	무 계

이는 음양(陰陽)이 교회(交會)하므로 백복(百福)을 불러주는 길신(吉神)이며 백사(百事)가 다 길하나 특히 조장에 더욱 길하다고 한다. 다른 덕과 겹쳐서 사용하여야 한다. 위는 택일기 당년의 연간으로 월간이나 일진을 찾아보는 것이다.

② **세지천월덕**(歲支天月德)

세지 / 천월덕	자	축	인	묘	진	사	오	미	신	유	술	해
세지천덕 세지천덕합 세지월덕 세지월덕합	손 신 임 정	경 을 경 을	정 임 병 신	곤 사 갑 기	임 정 임 정	신 병 경 을	건 인 병 신	갑 사 갑 사	계 무 임 정	간 해 경 을	병 신 병 신	을 경 갑 을

이는 택일시 당년 연지(年支)로서 월일을 보는데 백사(百事)에 다 사용되며 소원을 크게 이루어 준다고 한다.

③ **월가천월덕**(月家天月德) : 이는 간지(干支)를 따지지 아니하고 음력달로서 보는 천월덕(天月德)을 말한다.

월별 / 천월덕	正	2	3	4	5	6	7	8	9	10	11	12
月天德 月天德合 月德 月德合	丁 壬 丙 辛	申 巳 甲 巳	壬 丁 壬 丁	辛 丙 庚 乙	亥 寅 丙 辛	甲 己 甲 己	癸 戊 壬 丁	寅 亥 丙 辛	丙 辛 丙 辛	乙 庚 甲 己	己 甲 壬 丁	庚 乙 庚 乙

위는 월별로 구분하여 보는 것인데 백사(百事)에 다 길하나 특히 조장(造葬)에 많이 쓰이는 대길신(大吉神)이다.

④ **일덕**(日德) : 이는 일의 간지로서 보는 것인데 연월일시 등에서 찾는 것이다. 이 역시 역량은 같은 것이다.

日刊 / 德	甲	乙	丙	丁	戊	己	庚	辛	壬	癸
日德	寅	申	巳	亥	巳	寅	申	巳	亥	巳

日支 / 德	子	丑	寅	卯	辰	巳	午	未	申	酉	戌	亥
日支德	巳	午	未	申	酉	戌	亥	子	丑	寅	卯	辰

❖ **천월덕법**(天月德法) : 용과 좌와 파의 관계가 천덕(天德), 월덕(月德), 월덕합(月德合), 월덕공(月德空)이 되도록 하는 방식. 천도행룡(天道行龍), 인도행룡(人道行龍), 일월행룡(日月行龍), 도덕룡(道德龍)이 있다.

① **천덕** : 자통손(子通巽) 오통건(午通乾) 묘통곤(卯通坤) 유통간(酉通艮) 인통정(寅通丁) 사통신(巳通辛) 신통계(申通癸) 해통을(亥通乙) 진통임(辰通壬) 술통병(戌通丙) 축통경(丑通庚) 미통갑(未通甲).

② **월덕**

- 인오술(寅午戌) 월덕재병(月德在丙)(월덕합신(月德合辛) 월덕공임(月德空壬))
- 신자진(申子辰) 월덕재임(月德在壬)(월덕합정(月德合丁) 월덕공병(月德空丙))
- 해묘미(亥卯未) 월덕재갑(月德在甲) (월덕공경(月德空庚))
- 사유축(巳酉丑) 월덕재경(月德在庚) (월덕합을(月德合乙) 월덕공병(月德空丙))

❖ **천은상길일**(天恩上吉日) : 이날은 매사에 대길인데 특히 기복(祈福)·출행·이사·결혼식·건축·가옥수리·취임(就任)·상장(上章) 등에 길하며, 아래와 같은 일진(日辰)을 말한다. 갑자(甲子), 을

축(乙丑), 병인(丙寅), 정묘(丁卯), 무진(戊辰), 기묘(己卯), 경진(庚辰), 신사(辛巳), 임오(壬午), 계미(癸未), 기유(己酉), 경술(庚戌), 신해(辛亥), 임자(壬子), 계축(癸丑)일.

❖ **천을귀인**(天乙貴人)

① 귀인(貴人)이 있는 방위. 3대길신(吉神) 가운데서도 으뜸으로 치는 길신(吉神)이다.

貴人 \ 天干	甲	乙	丙	丁	戊	己	庚	辛	壬	癸
陽 貴	未	申	酉	亥	丑	子	丑	寅	卯	巳
陰 貴	丑	子	亥	酉	未	申	未	午	巳	卯

귀는 양귀(陽貴)와 음귀(陰貴)로 구분되는데 양귀(陽貴)는 동지(冬至)로부터 다음해 하지(夏至)까지 사용하고, 음귀는 하지로부터 동지까지 사용하는 것이 원칙이다. 그러나 귀인은 길신(吉神)이라 하여 음양에 관계없이 혼용하고 있다.

② 갑무경(甲戊庚)에 축미(丑未), 을기(乙己)에 자신(子申), 병정(丙丁)에 해유(亥酉), 신(辛)에 오인(午寅), 임계(壬癸)에 묘사(卯巳).

❖ **천을귀인법**(天乙貴人法) : 천을귀인(天乙貴人)은 음귀(陰貴)와 양귀(陽貴) 두 가지로 구분하는데, 양귀는 선천(先天)의 곤궁(坤宮)이요, 후천의 감궁(坎宮)이요, 후천의 곤궁(坤宮)인 신(申), 갑(甲)을 붙여 12방을 역행한다. 천을귀인(天乙貴人)이란 그 간(干) 자체가 귀한 것이 아니라 그 간(干)이 합을 만나는 자리(支位)가 귀한 것이다. 양귀는 자에 갑을 붙여 합을 부르면 갑기합(甲己合)으로 기(己)가 자에 이르니 기의 양귀가 자에 닿고(乙己 : 子申), 을은 축궁(丑宮)에 임하니 을경합((乙庚合)으로 을(乙)과 합(合)되는 경(庚)이 축(丑)에 이르므로 경(庚)의 귀인이 축(丑)이고(甲戊庚 : 丑未), 병(丙)은 인궁(寅宮)에 닿고 병신(丙辛)이 합이니 신(辛)의 귀인은 인(寅)이요, 정(丁)은 묘(卯)에 닿고 정합임(丁合壬)이니 임(壬)의 귀인이 묘(卯)요, 진(辰)은 천라궁(天羅宮)이라 이곳에 천을귀인이 임하지 않으므로 진궁(辰宮)을 건너 사(巳)에 무(戊)가 이르러 계(癸)를 합하니 계(癸)의 귀인이 사(巳)요, 오궁(午宮)은 자(子)와의 상충(陽貴 起하는 자리)이므로 오(午)를 넘어 미(未)에 기(己)를 붙이니 기(己)와 갑(甲)을 합하여 갑(甲)의 귀인이 미(未)요, 신(申)은 경(庚)이 닿고 경합을(庚合乙)로 을(乙)의 귀인이 신(申)이요, 유(酉)에 신(辛)이 닿고 신합병(辛合丙)으로 병(丙)의 귀인이 유(酉)요, 술(戌)은 지망궁(地網宮)으로 역시 천을귀인이 임하지 않으므로 술궁(戌宮)을 건너 임(壬)이 해(亥)에 닿고 임합정(壬合丁)으로 임(壬)의 귀인이 해(亥)요, 자위(子位)는 천을이 거듭하지 않는 원칙에 의하여 자(子)를 건너 축궁(丑宮)에 계(癸)가 닿고, 계합무(癸合戊)로 무(戊)의 귀인인 축궁(丑宮)이다. 음귀는 신궁(申宮)에 갑(甲)을 붙여 12지 순서를 거슬러 붙이는데 갑기합(甲己合)으로 기(己)의 귀인이 신궁(申宮)이다. 이 음귀도 순서만 다를 뿐 양귀(陽貴)의 예와 같다.

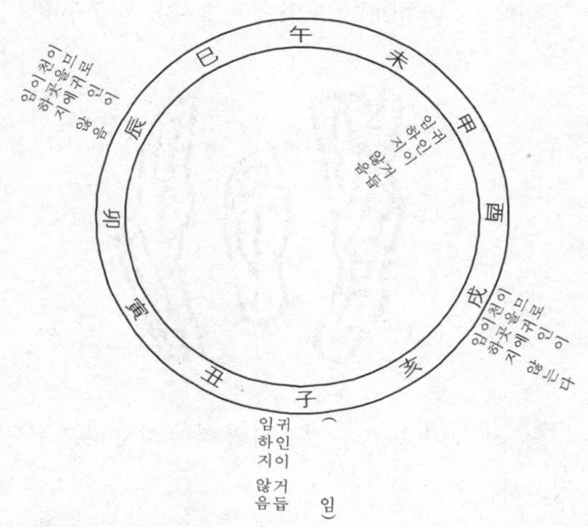

구분	甲	乙	丙	丁	戊	己	庚	辛	壬	癸
陽貴	未	申	酉	亥	丑	子	丑	寅	卯	巳
陰貴	丑	子	亥	酉	未	申	未	午	巳	卯

❖ **천을·태을**(天乙·太乙) : 주산(主山) 뒤에 양쪽으로 높게 우뚝 솟은 봉우리 둘이 있는 것. 왼쪽 봉우리를 천을귀인봉, 오른쪽 봉우리를 태을귀인봉이라 하여 지극히 귀한 땅임.

주산을 보호하는 천을과 태을성이 높이 솟아나 있다.

❖ **천을**(天乙)·**태을**(太乙) : 천을 태을 안산이나 주산에 삼봉인 경우 장관급 자손이 난다.

❖ **천의일**(天宜日) : 생기복덕(生氣福德) 길신(吉神)의 하나이며, 월가길신(月家吉神)의 하나로 대개 천의일(天醫日)이라 한다. 이날에는 병원 및 의사 선택, 그리고 질병을 치료받거나 약을 먹으면 효험이 있다는 날이다.

正月 : 丑日	2月 : 寅日	3月 : 卯日
4月 : 辰日	5月 : 巳日	6月 : 午日
7月 : 未日	8月 : 申日	9月 : 酉日
10月 : 戌日	11月 : 亥日	12月 : 子日

❖ **천자**(川字) : 내천(川)자 모양으로 줄지어 선 봉우리.

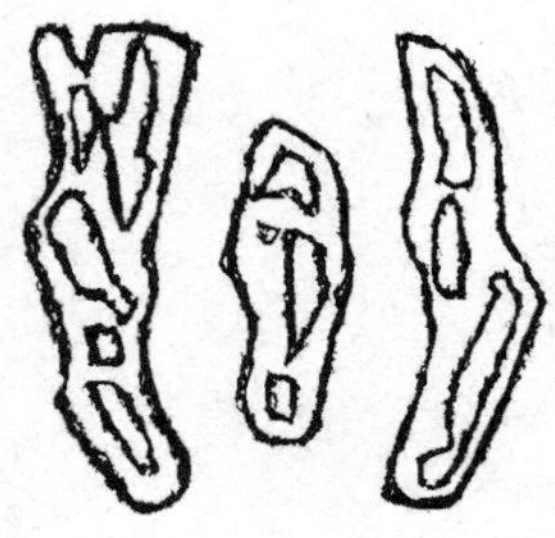

❖ **천장**(遷葬) : 이장(移葬). 썼던 묘를 다시 파서 다른 곳으로 옮겨 장사하는 것.

❖ **천장**(穿杖) : 맥이 옆으로(橫) 들어와 혈장에 이르러서 바르고 가늘게 들어온 것. 팔소매처럼 용맥(龍脈)이 돌아 흘러와 허리춤에 혈을 받는다. 후룡(後龍)은 곧게 흘러 오지만 가로로 혈장을 맺으니 용맥은 가로로(橫) 놓이게 되며 옆으로 흘러와서 바르게 혈장을 만들기도 한다. 앞으로는 조안(粗安)이 있고, 뒤로는 조산(祖山)이 있고, 용호(龍虎)가 환포하고, 조당(祖堂)에 만수(滿水)가 취적(聚積)하고, 허리춤에 맥이 접하게 된다. 정중간 부분에 입혈(立穴)하게 되니 천장(穿杖)을 쓰게 된다.

❖ **천장**(穿帳) : 개장(開帳)되어 앞으로 뚫고 나온 듯 한 맥(脈)으로 다시 한번 개장(開帳)을 하기도 하고입수맥(入首脈)이 되기도 한다.

❖ **천장설계** : 평면이 결정된 뒤에는 벽을 쌓고 그 위에 천장이 올라간다. 생기를 만든다는 목적에서 보면 실내 공간을 정육각형, 곧 알 모양으로 만드는 것이 가장 이상적이다. 정육면체 공간에서는 바람이 수평적·수직적으로 제일 쉽게 회전할 수 있기 때문에 가장 이상적인 생기를 만든다. 평면 비율이 3:5정도면 천장 높이는 3과 5의 중간인 4정도를 이상적으로 보며, 비율이 3:4:5정도면 원형과 가깝다고 본다. 정육면체 실내에서는 그 기운을 상하로 구분해서, 중심점부터 밑에는 음기가 고이고, 위로는 양기가 모여서 전체적으로 음양이 균형을 이룬다. 음양의 균형과 회전은 생기를 만드는 핵심이다. 정육면체의 공간이 오랫동안 많은 사람들에게 아름다운 건물로 사랑받고 있는 것도 공간에서 발생되는 생기가 원인이라고 본다. 음양이론으로 볼 때 천장이 높으면 사람에게 높은 이상을 갖게 하고, 천장이 낮으면 이상이 부족하고 현실적이며 물질적인 가치만을 추구하게 된다. 또한 사람들을 단결시키기 위해서는 역사·버스 터미널·비행장 대합실 같은 건물 천장을 높게 하는 것이 바람직하다.

- **중심 부분이 높은 천장** : 천장 중심 부분이 높으면 기운이 중심에 모아 생기를 이루게 한다. 이런 천장이 있는 방에서는 분위기가 안정되고 진취적인 기상이 생겨 발전을 이룬다.
- **중심 부분이 낮은 천장** : 중심부분은 낮고 가장자리가 높은 천장은 기운이 중심에 모이지 않고 분산된다. 이런 천장이 있는 방에서는 분열이 자주 일어난다.
- **평탄한 천장** : 제일 흔한 형태로 무난하다. 평탄한 천장도 실제 공사 할 때는 중심 부분을 높여서 외관상 안정감을 갖게 한다.
- **중심에 대들보가 내려온 천장** : 천장 중심은 높아야 좋다. 그러나 두 방을 연결해서 사용하는 경우에는 방 중심 천장에 대들보 같은 구조물이 내려오는 경우도 있다. 이처럼 천장 중심이 낮게 내려오면 기운이 좌우로 분산되어 좋지 않다.
- **좌우 높이가 다른 천장** : 천장은 피라미드처럼 중심이 높고 주변은 낮으면서 균형을 이루는 것이 좋다. 천장 일부는 높고 다른 한쪽이 낮아 좌우 높이가 다르면 안정감이 없고, 기운이 분산되어 좋지 않다.
- **돔형 천장** : 천장은 생기를 이루는 형태가 가장 이상적이다. 원형돔처럼 중심 부분이 둥글고 높은 천장이 바로 이 경우에 해당된다. 이런 천장에서는 생기가 모여 재물과 출세가 보장된다.

❖ **천장지비**(天藏地秘) : 하늘이 감추어 둔 지지. 대부분 돌(바위 자갈)로 덮혀 있기 때문에 돌을 치우고 혈을 찾는다. 천장지비란 "하늘은 감추고 땅은 비밀로 한다"는 말이다. 그래서 사람들의 눈에 쉽게 띄지 않는 곳에 감추어져 있으며 아무나 쉽게 찾아낼 수 없는 것이 또한 명당이다. 하늘이 있어서 그들 풍수의 눈을 가리어 못보게 할 것이고, 땅은 수맥 위를 명당으로 보이도록 위장하여 그들을 현혹하고 혼동하도록 하는 것이 곧 천장지비(天藏地秘)로 볼 수 있다.

❖ **천재방**(天財方) : 유년태세(流年太歲)에 의하여 재신(財神)이 임하는 방위. 이 방위에 양택(陽宅)을 하면 재수가 대길하다고 한다.

甲乙年 ： 亥子方　　丙丁年 ： 寅卯方

戊己年 ： 巳午方　　庚辛年 ： 辰戌丑未方

壬癸年 ： 申酉方

❖ **천전지전살**(天戰地轉殺) : 사시흉신(四時凶神)의 하나로 이날 흙 다루고 집 짓고 장사지내는 일 등을 꺼린다.

春三月 : 癸卯 · 辛卯　　夏三月 : 丙午 · 戊午

秋三月 : 辛酉 · 癸酉　　冬三月 : 壬子 · 丙子日

❖ **천전협**(穿田峽) : 논이나 밭등 평지를 지나가는 협. 땅 속으로 맥이 지나기 때문에 쉽게 보이지 않으며, 말의 발자국 같은 흔적이 있고, 맥이 연결되면서 생긴 실뱀 같은 흔적이 있다.

❖ **천정**(天定) : 하늘이 정한다.

❖ **천정(天井)의 구조** : 방의 천정이 너무 낮으면 거주자에게 소심(小心), 소극(小極), 침체(沈滯), 우둔(愚鈍) 등 좋지 못한 심리만 조장시키는 것이 된다. 반대로 방이 좁은 방에서 살면 우울해지고 고독하며 옹졸해지며 질투와 욕심 등의 심리가 조장된다. 천정이 적당하게 높으면 고상한 마음 정의감, 공정심 등이 생기는 반면, 반대로 천정이 너무 높은 방에서 살면 허세를 부리게 되고 불안정한 심리로 생활하게 된다. 적당하게 넓은 방에서 살면 원만, 명랑, 적극성, 포용력 등의 심리가 생기지만 너무 넓은 방에서 살면 불안정 나태심 소극적인 심리로 생활하게 된다.

❖ **천정의 높이가 적당해야 심신이 쾌적하다** : 천정은 우리들의 눈높이로부터 약 15°~20° 사이에 머무는 것이 시선을 가장 편안하게 받아들여서 좋다고 한다. 일반적으로 천정이 방의 규모에 비해서 지나치게 낮은 곳에서 기거하면 성격이 소심해지고 소극적이 될 뿐만 아니라 편협함과 완고함이 두드러지므로 비뚤어진 사람, 음울한 사고의 소유자, 우둔한 사고와 비굴한 성격을 나타내는 사람이 될 수 있다. 반대로 천정이 방의 규모에 비해서 너무 높다면 심리적으로 불안정해져서 과욕과 허세를 부리며 헛된 망상에 빠지므로 흉상(凶相)으로 여긴다. 주택의 규모에 비례해서 적당한 높이로 천정을 만들어야 그곳에 거주하는 가족들이 모두 쾌적감을 느낄 것이다.

❖ **천정이 높으면** : 집의 천장이 높으면 사람에게 높은 이상을 가지게 하고 천장이 낮으면 이상이 부족하고 현실 적이며 물질적인 가치만을 추구하게 된다. 그러나 지나치게 높으면 기운이 모이지 않는다. 천장의 중심 부분이 높으면 기운을 중심에 모아 생기(生氣)를 이런 천장이 있는 방에서는 분위기가 안정되고 진취적인 기상이 생겨 발전을 이룬다.

❖ **천정일**(穿井日) : 우물을 파는 데 보는 날과 방위.

甲子 乙丑 癸酉 丙子 壬午 癸未 甲申 乙酉 丁亥 戊子 癸巳 甲午 乙未 戊戌 庚子 辛丑 午庚 乙巳 巳酉 辛亥 癸丑 丁巳 戊午 巳未 庚申 辛酉 癸亥日

황도(黃道) 천월덕(天月德) 천월덕합일(天月德合日) 생기(生氣) 성(成) 개일(開日) 또는 인묘진사방(寅卯辰巳方)이 길(吉). 세관교승일(歲關交承日)은 방위 불문함. 기(忌, 꺼리는날) 흑도(黑道), 천적(天賊), 수사(受死), 토온(土瘟), 토기(土忌), 토부(土府), 지당(地塘), 비염살(飛廉殺), 구공(九空), 수격(水隔), 수명(水鳴), 정사폐(正四廢), 도침일(刀砧日), 천지전살(天地輾殺), 천갈일(泉渴日), 천폐일(泉閉日), 토왕용사후(土王用事後), 대모(大耗), 소모(小耗), 건(建), 파(破), 평(平), 수(收), 폐일(閉日), 삼살방(三殺方), 대장군(大將軍), 묘일(卯日).

❖ **천주**(穿珠) : 구슬같이 둥그런 봉우리가 생겨나옴.

❖ **천주**(天柱) : 뒷편의 주산(主山)을 가리킴. 여기에서는 건해(乾亥)의 산을 천주(天柱)라고 하는 것은 아니다. 천주는 주산(主山)을 말하고 또 방위로는 건방(乾方)을 말하기도 한다. 천주가 높이 솟았으면 명대로 오래 살 수 있다.

❖ **천주절**(天柱折) : 천주(天柱)는 건봉(乾峯)이다. 건방(乾方)이 움

푹 들어가면 젊어서 죽는 사람들이 생긴다. 술방(戌方)까지 낮으면 흉화(凶禍)가 더욱 크게 미친다. 악적(惡賊 ; 흉악한 도적), 악병(惡病)으로 인해 큰 고초를 겪는다.

❖ **천중쇄**(千重鎖) : 전산(纏山)이 많다는 뜻.

❖ **천지대흉살**(天地大凶殺) : 해자축생(亥子丑生)으로 술건해좌(戌乾亥坐)를 꺼리며, 인묘진생(寅卯辰生)은 축간인좌(丑艮寅坐)를 꺼리며, 사오미생(巳午未生)은 진손사좌(辰巽巳坐)를 꺼리며, 신유술생(申酉戌生)은 미곤신좌(未坤申坐)를 꺼린다.

❖ **천지수**(天池水) : 용신상(龍身上)에 있는 못으로 높은 산의 정상이나 과협단처, 평지 용신상의 호수 등으로 일명 천한수(天漢水) 또는 천횡수(天橫水)라 한다. 다른 하나는 과협상의 좌우에 두 못이 있고 맥이 두 못 사이 가운데로 나오면 좌시우위(左侍右衛)라고 하여 모두 귀한 기가 면면히 이어진다고 본다. 산꼭대기에 물이 있다는 것은 그 산의 정기가 매우 충만함을 뜻하니 아주 길하다. 대단히 큰 정기를 품은 산들이 머리에 못과 호수를 이고 있다. 못이 길고 클수록 그 기상(氣象)도 크다. 천지수(天池水)는 사시사철 마르지 않아야 좋다. 또 빗물이 고여서 생긴 못보다 밑에서 물이 용솟음쳐 뿜어 나와 생겨난 못이 훨씬 더 아름다운 정기를 품는다. 천지의 물이 마르면 사람들이 많은 재화(災火)를 입는다. 물이 마른다는 것은 산의 정기가 쇠약해졌음을 뜻한다. 사철 마르지 않는 천지의 정기는 극히 귀하여 사람들에게 큰 복을 가져다 준다. 산봉우리 꼭대기가 아니라 양쪽 산봉우리 사이의 능선 꼭대기에 있는 못도 있으며 이를 양음(養陰)이라 하고 과협(過狹)의 양쪽에 못 두 개가 있는 경우에는 이를 시위(侍衛)라 부른다. 양음과 시위도 천지와 마찬가지로 극히 귀하다.

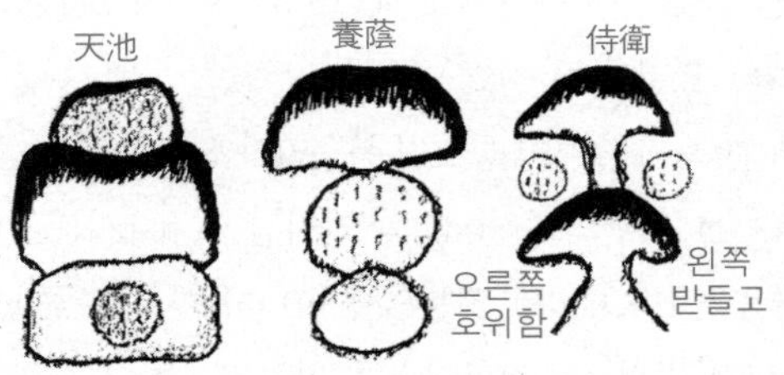

❖ **천지인**(天地人)**의 삼재론**(三才論) : 자오묘유(子午卯酉)는 천(天)이며 진술축미(辰戌丑未)는 지(地)며 인신사해(寅申巳亥)는 인(人)이다. 천(天)이 있고 지(地)가 없으면 상모(喪母)하므로 타인이 집을 지킨다는 것이니 필시 양자(養子)할 것이다. 지(地)가 있고 천(天)이 없으면 상부격(喪父格)이다. 인(人)이 있고 지(地)도 천(天)도 없다면 의식이 없는 것이니 걸식할 것이다. 그러니 천지인의 삼재가 구비되어야 만대를 전한다.

❖ **천지황무**(天地荒蕪) : 사시흉신(四時凶神)의 하나로 이 날이나 이 방위는 무기무성(無氣無成)이라 하여 음양택을 모두 꺼린다.

春三月 : 巳酉丑　　夏三月 : 申子辰

秋三月 : 亥卯未　　冬三月 : 寅午戌

춘삼월(정월·2월·3월)이면 사유축일(巳酉丑日)이 천지황무일, 사유축방(巳酉丑方)이 천지황무방이다.

❖ **천전협**(穿田峽) : 고협과 반대되는 과협. 평지에 납작 엎드려 있어 밭이 된 곳이 많으며, 얕기는 해도 양 옆보다 가운데가 두둑하게 솟은 모양이 분명해야 좋다.

❖ **천참살**(天斬殺) : 두 빌딩 사이에 생긴 좁고 긴 틈새. 모양이 마치 하늘에서 두 쪽으로 자른 듯 하다 하여 이르는 말. 가옥이 만약 천참살과 마주 하고 있으면 피(血)의 재해를 입을 수가 있으며, 그 틈 사이가 길면 길수록 흉하고 험하기 때문에 천참살이 있는 가옥을 피해야 한다. 그러나 틈새의 뒷면에 다른 한 채의 건축물이 서 있어 그 사이를 메워버리면 괜찮다.

❖ **천창**(天倉) : 연신방(年神方)의 하나로 희신방(喜神方)이다. 이 방위에 창고를 짓거나, 수리하는 데 특히 길하고, 기타 및 증축·수리에 길하다.

子年 : 辰	丑年 : 卯	寅年 : 寅	卯年 : 丑
辰年 : 子	巳年 : 亥	午年 : 戌	未年 : 酉
申年 : 申	酉年 : 未	戌年 : 午	亥年 : 巳

가령 태세가 자년(子年)이면 진방(辰方)이 천창방이다.

❖ **천천**(濺泉) : 구멍에서 물줄기가 쏘는 것처럼 뿜어 나오는 샘. 물이 너무 차서 그 주변에는 초목들도 살지 못하고 천천 근처에는 좋은 혈이 맺히지 않는다. 천천(濺泉)은 돌틈이나 언덕의 구멍 속에서 쏘는 것처럼 나오는 물이니 여자의 용변(用便) 상태라고도 한다. 특수하게 냉렬(冷洌)되는 것이므로 가장 흉수(凶水)이다. 이 근처의 용기(龍氣)는 천천수(濺泉水)로 모두 빨려 들어가 혈이 없고 양택에서도 이 천(泉)이 있으면 부녀자들이 바람을 피운다고 한다. 식수로도 불길하다.

❖ **천충**(天沖) : 사면이 낮게 수그러들어 온갖 바람 기운이 서로 밀고 제끼며 불어오는 것으로 용맥의 기가 일정치 않음. 천충을 범하면 자손들이 허랑 방탕의 액화가 있게 된다.

❖ **천패**(天敗) : 땅이 홍수와 폭우로 인해 휩쓸려 흩어질 우려가 있는 것. 용신이 불안하므로 천패를 범하면 자손들이 유실 분산의 액화가 있다. 무너지고 합하면 기운이 패하여 못쓴다. 고집하고 장사지내면 자손이 끊긴다.

❖ **천폐일**(天閉日) : 이 날에 우물을 파거나 고치면 물이 잘 나오지 않거나 폐수(廢水)가 된다는 날.

戊辰　辛巳　己丑　庚寅　甲寅日

❖ **천풍혈**(天風穴) : 혈이 외관상 노출되어 팔풍(八風)이 닿는 것 같지만 혈장에 오르고 보면 따뜻하게 장풍(藏風)이 되는 곳. 즉 멀리서 바라보면 높은 곳에 위치하여 살풍(殺風)이 닿을 것 같지만 당판에 이르면 아늑하고 따뜻하게 감추어진 혈장이다. 이 혈은 산정(山頂)에 결혈되어 있으나 올라가보면 양편 어깨가 바람을 가리우고 따뜻한 기분이 드는 안정되고 온난한 곳이다. 천풍혈은 청룡·백호가 제대로 갖춰지지 않아 혈처가 외롭게 드러난 것이지만 사방에 다른 산들이 둘러 싸고 있어 혈처가 전혀 바람을 타지 않고 사방팔방에서 바람이 몰아쳐도 혈처에는 범접하지 못한다. 한겨울에도 혈에 오르면 따뜻하다.

❖ **천하탁수**(天蝦濯水) : 새우가 물을 튀기며 노는 형국. 혈 앞에 물이 있으며, 혈은 머리의 중앙에 있고, 안산은 못이나 호수, 혹은 구슬이다.

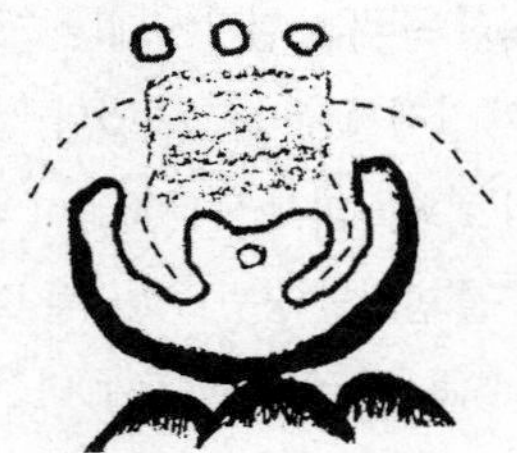

❖ **천허**(天虛) : 생년지와 대충(對沖)되는 자리. 즉 오(午)에 자(子)를 붙여 순행으로 생년지에 닿는 곳이 천허성이다.

子生 : 午	丑生 : 未	寅生 : 申	卯生 : 酉
辰生 : 戌	巳生 : 亥	午生 : 子	未生 : 丑
申生 : 寅	酉生 : 卯	戌生 : 辰	亥生 : 巳

❖ **천혈**(賤穴)

① 천격에 속하는 나쁜 묘자리. 묘를 쓰면 자손이 빈천해진다는 묘자리.

② 열 개의 천혈(賤穴) 중에 아홉 개는 반궁(反弓)으로서 천혈은 산세가 서 있는 것 같고, 머리가 구부린 듯 하고, 출맥(出脈)과 맞이하는 혈과 원운(圓暈)을 이루어 높고 안대용호(案帶龍虎)와 4방(四方)의 형세가 서로 비등하고, 명당 수성이 건건(件件)마다 서로 응하는 혈 앞 평지가 있는데, 이 모두 산과 물이 위에 모인 것이다. 만일 혈 아래로 모이면 흩어진다. 이 혈에는 그 체(體)가 또 셋이 있으니 산 위에 있는 것은 앙고혈(仰高穴), 성신(星辰)이 머리 아래에 있는 빙고혈(凭高穴), 산 등에 있는 기형혈(騎形穴 : 산을 기댄듯)이다. 이는 당법(撞法 : 부딪친듯)을 쓰는데 혈이 비록 높으나 올라가보면 국(局)이 평지와 같이 높아도 높은 줄 모르는 듯한 혈이라야 된다.

❖ **천희**(天喜) : 유(酉) 자리에 자(子)를 붙여 역행으로 생년지에 닿는 곳이 천희성으로 즉 홍란성의 대충궁(對沖宮)이다.

子生 : 酉	丑生 : 申	寅生 : 未	卯生 : 午
辰生 : 巳	巳生 : 辰	午生 : 卯	未生 : 寅
申生 : 丑	酉生 : 子	戌生 : 亥	亥生 : 戌

❖ **천혈**(賤穴)**은 이러한 곳이다** : 천혈 열 개중에 9개는 반궁(反弓)이다. 도화수(桃花水)가 옆구리를 흉(凶)하고 목욕수(沐浴水)이며 이것이 도화수이다.

❖ **철기 시대 널무덤과 독무덤** : 철기 시대는 주로 널무덤과 독무덤을 통하여 당시의 장례를 추측할 수 있다. 널무덤은 지하에 수직으로 장방형의 토광을 파고 시신을 눕혀 묻는 매장법을 쓰며 크기로 보아 부부를 합장한 경우도 있었을 것으로 짐작된다. 독무덤의 크기는 펴 묻기, 굽혀 묻기 모두 다양한 토기인 독을 관으로 사용하여 독을 수직 또는 수평으로 묻는데 그 방향은 동향, 동남향, 동북향이었다.

❖ **철쇄계금우**(鐵鎖繫金牛) : 소를 쇄사슬로 동여맨 형국. 혈은 소의 이마에 있고, 안산은 쇄사슬이다.

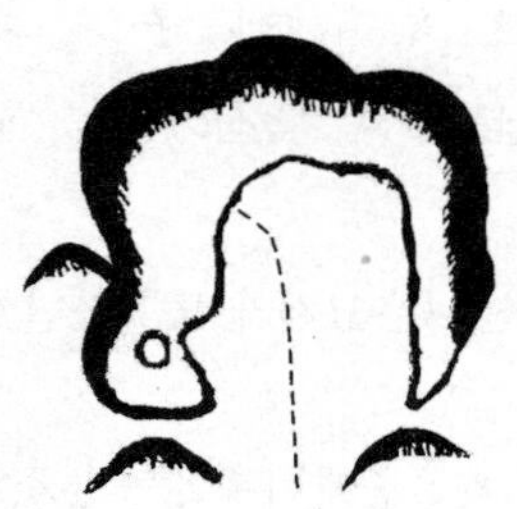

❖ **철장**(綴杖) : 철이란 실로 옷을 꿰메어 만든다는 것이다. 맥이 가늘게 실처럼 흘러서 혈장으로 들어오고 용세(龍勢)는 웅장하다. 맥이 급하면 혈을 맺음이 강건하므로 가장 아래에 결혈(結穴)하며 용맥이 끝날 즈음에 입혈(入穴)하게 되니 철장을 쓰게 된다.

❖ **철탑이나 삼각형 지붕이 보이면 건강을 해친다** : 도시의 건물은 그 높낮이가 들쑥날쑥 천차만별이다. 높은 건물 옆에 조그맣게 붙어 있는 집은 풍수상 좋지 않다. 집 창문을 통해서 탑이나 철탑 교회의 뾰족한 탑처럼 피라미드 건물이나 옆집 건물이 날카로운 대각으로 보이면 건강에 좋지 않은 영향을 미친다. 불이나 살기를 떠올리게 되어 공포를 느끼게 할 수 있기 때문이다. 이 같은 불안심리는 뇌리에 각인되어 자신도 모르는 사이에 건강을 해치게 되는 것이다. 객관적으로 보면 별 것 아닌 것처럼 생각되지만 공포가 누적되면 사기(邪氣)가 전신에 전율을 이루게 된다. 이 때문에 밤마다 기침소리가 들려오고 가래 끓는 소리를 듣게 된다. 이와 같은 증상이 나타나면 밝은 날 창밖이나 문을 자세히 살펴 볼 필요 있다. 그것은 피라미드식 건물이나 뾰족한 탑 심각 모서리하고 할 첨각이 원인이다. 이것들은 편안한 정신에 일종의 위화감을 줄 수 있기 때문이다. 동양 의학에서 항상 불안이나 공포 상태에 빠지면 신기(氣)(腎氣 : 콩팥)가 쇠해진다고 본다. 이 신기는 곧 폐기와 연결이 되어 있으므로 자연히 만성기관지 증세를 나타나게 하여 기침이나 가래를 끓게 한다고 한다. 이때에는 용(龍)이나 거북과 같은 조형물을 창밖으로 내다보도록 장식하면 증세가 사라진다. 이 모형들이 사기(邪氣)을 대체하기 때문이다. 또 밖이 보이는 창문에는 따뜻하고 아늑한 난색(暖色) 노란·빨간 꽃 즉 노랑·주황·빨강 등 밝은 색으로 커튼을 바꾸는 것이 좋다. 그리고 창문 쪽에는 철쭉·춘란·도라지꽃 화분을 놓아두면 효과가 있을 것이다. 철쭉이나 도라지꽃은 화사하고 따뜻한 색상이고 춘란은 기(氣)를 보충함에 효과가 있다고 한다.

❖ **첨**(尖) : 뾰족한 것.

❖ **첨란**(尖亂) : 불꽃처럼 굽어진 모양.

❖ **첨리파쇄**(尖利破碎) : 뾰족하고 날카롭고 깨지고 부서진 것으로 용이 살(殺)을 띠고, 비끼고 거꾸러지고 기울어져 용이 추하고 졸렬함을 말함.

❖ **첨사**(尖射) : 뾰족하게 찔러 들어오는 모양.

❖ **첨사형**(尖射形) : 조안산(朝安山)끝이 뾰족하니 첨사하게 되면 상처나 손재 관재 구설이 있게 되고 첨사가 둘이면 상처를 두 번 당하게 된다. 특히 첨사지점에 암석이 비치면 상처당하는 것이고, 암석이 없는 첨사는 질병 손재고, 규봉이 조림하면 상처, 도적, 사기, 관재 구설이 난다.

❖ **첨산**(尖山) : 뾰족한 산. 첨산(尖山)이 수려하게 솟아나면 단지 일봉양봉(一峰兩峰)으로 사라져야 하고, 곡수(曲水)가 내조(來朝)하면 대간소간(大澗小澗)을 논하지 않는다. 위에서 이어진 조산(朝山)은 특이함을 요하는 데 흔하지 않으며, 만약 뾰족한 산이 수려하게 특출나서 여러 산보다 가장 높은 봉우리 다음 옆으로는 봉우리, 두 봉우리가 차츰 낮아져 사라지면 귀함은 충족한다. 조산(朝山)이 없다면 조당(朝堂)의 물을 보아야 한다. 물이 곡절(曲折)

하여 내조(來朝)한다면, 그 대소(大小)를 논할 필요는 없다.

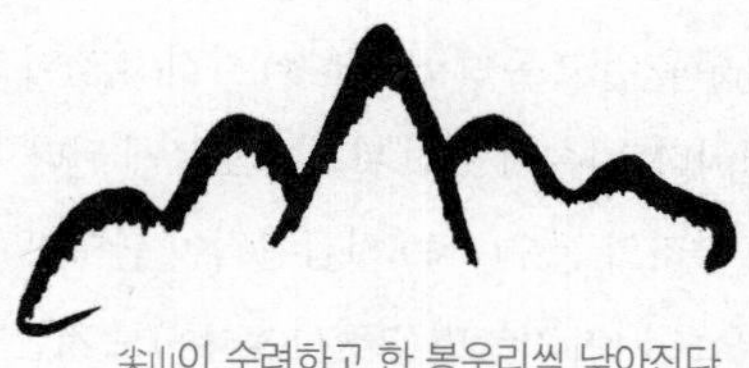

尖山이 수려하고 한 봉우리씩 낮아진다.

❖ **첨세**(尖細) : 혈성(穴星)이 뾰족하고 날카롭고 몹시 가는 것. 흉격으로 생기(生氣)가 모이지 않는다. 첨세(尖細)라 함은 당혈(當穴 : 묘자리)된 곳이 날카롭고 미세함이다. 동덕창(董德彰)이 말하기를, 뾰족하고 날카롭고 미세한 것은 생기가 보이지 않으므로 흉하나 혹 큰 산이 용이 평평한 넓은 언덕으로 내려가 기운이 뾰족한 곳으로 모이는 경우가 있는데, 이는 뾰족한 곳에 돌(突)이 기(起)하고 다시 감구가 있어 포옹(抱擁: 안아 싸임)되어야 가하다 하였다. 대개 혈을 맺는 곳은 뾰족하고 날카롭고 미세한 것을 꺼리는바, 혈장이 둥글고 바르며 다시 겸구(鉗口)가 있어 포옹하는 것을 귀(貴)로 삼는다. 첨세지는 혈지가 너무 뾰족하고 가늘어서 생기가 머무를 수 없는 흉지이므로 이곳에 입장하면 재앙이 계속된다.

❖ **첨염**(尖焰) : 산이 바위덩어리로 삐죽삐죽한 불꽃같은 형상.

❖ **첨원방정**(尖圓方貞) : 산세의 모영 뾰족하고, 둥글고, 평탄하고 바른 것을 말한다.

❖ **첨탐랑**(尖貪狼) : 산정상이 죽순과 같이 뾰족하게 용립한 산으로 몸체에 지각이 없이 단정 수려하다.

❖ **청귀문성**(清貴文星) : 금성(金星)을 말함. 이 금성은 부드럽고 교묘하여 섬세하게 되어야 하고 파쇄되거나 한쪽으로 기울진 것은 꺼린다. 상격룡에는 한원(翰苑)이 청귀(清貴)하여 명망을 널리 떨치고, 중격룡은 허명불귀(虛名不貴)하나 청렴결백한 자손이 출생하고 여자에게 귀인이 많으며, 하격룡(下格龍)에는 총명한 자손이나 종교인이 나온다.

❖ **청나라 시대 풍수지리** : 청나라 때의 풍수지리학은 택일에 의해서 운명을 바꿀 수 있다는 조명택일(造命擇日)을 중요시여기면서 장택론(葬擇論)을 발전시켰다. 이 당시 왕도형(王道亨)이 작성한 나경투해(羅經透解)는 나경의 사용 방법과 원리를 해석한 것으로 오늘날 사용하고 있는 모든 나경의 지침서가 되고 있다. 최초의 나경반은 단지 8개 방위로만 간단하게 사용되다가 점점 발전되어 24방위까지 세분되어 명나라 중엽까지 사용되었다. 청나라 때에 이르러서 나경에 여러 학설이 도입되면서 더욱 세밀하고 복잡해져 오늘에 이르고 있다. 청나라 때는 세간에 많은 풍수지리학 문헌들이 난립하여 위서(僞書)에 대한 논란이 많았다고 한다.

❖ **청동기시대 토장묘**(土葬墓) **돌무덤**(石棺墓) : 청동기시대에는 구덩무덤, 널무덤, 고인돌, 돌무덤 등에 시신을 매장하였다. 구덩무덤은 돌무더기 무덤처럼 동쪽에 머리를 두어 시신을 눕히는 매장법이고, 널무덤은 천광을 파고 시신을 안치하는 것이다. 고인돌은 북방식과 남방식이 있는데 북방식은 4개의 판석을 세워서 장방형의 돌방을 구성하고 그 위에 거대한 뚜껑을 올려놓은 탁자식으로 매장 부분이 지상에 노출되어 있다. 남방식은 지하에 돌방을 만들고 그 위에 뚜껑을 올려놓는 것으로 매장 부분이 지하에 있다. 고인돌의 매장 부분은 몇 개를 제외하고는 매우 작아서 무릎을 꿇린(굴장:屈葬)체 옆으로 뉘어 있는 인골이 발견되었고 또한 작은 크기의 것이 많이 발견되는 것으로 보아 세골장(洗骨葬)과 같은 특수한 장례가 행해졌을 것으로 짐작되기도 한다. 돌무덤은 지하에 돌널(石棺)을 만들고 그 안에 시신을 펴묻기(伸展葬)를 하거나 굽혀묻기를 하는데 봉토나 뚜껑돌이 없어서 지상에서는 쉽게 발견되지 않는다.

❖ **청룡**(青龍) : 청룡산은 묘지의 왼쪽 산 능선이 묘지를 가까이 감아 주는 산을 좌청룡이라 한다. 그 밖의 산을 외청룡(外青龍)이라 한다.

① 오방신(五方神)의 하나로 동방의 사령신(司令神). 동방은 진(震)이요 진은 용으로 동방은 갑을방(甲乙方)이요 빛은 푸르므로 이를 취하여 동방신 또는 갑을(甲乙)을 청룡이라 한다.

② 지리법에서는 좌청룡·우백호라 하여 혈 왼쪽에 있는 용맥을 청룡이라 하고, 오른쪽에 있는 용맥을 백호라 한다.

❖ **청룡**(青龍)**과 백호**(白虎) : 청룡은 혈의 왼쪽에 있는 산줄기로서 혈에서 앞을 향해 서서 왼쪽이다. 백호는 혈의 오른쪽에 있는

산줄기다. 혈을 사이에 두고 청룡과 백호가 서로 마주 본다. 청룡·백호가 여러 줄기 있을 때는, 안쪽 것을 내청룡(內靑龍)·내백호(內白虎), 바깥쪽 것을 외청룡(外靑龍)·외백호(外白虎)라 부른다. 청룡과 백호는 혈판(穴坂)을 궁포(弓抱)로 교쇄(交鎖)하여 호위하는 산맥을 말하는 것이며, 청룡·백호는 두 팔을 활짝 벌려 무엇을 감싸안으려는 형상으로 유정(有情)하여야 하며 말단이 우각(牛角)과 같이 생겨야 상격(上格)으로 본다. 예부터 풍수설에서 혈을 중심으로 하여 좌우에 산맥이 사(砂)를 일러서 호위(護衛)한다고 했고 전후에 산을 일러서 명당을 조응한다 전해 오는 바 이것이 바로 사수호신(四守護神)이요, 청룡·백호·현무·주작을 칭하는 말이다. 청룡·백호의 어깨가 낮거나 또는 청룡·백호의 허리가 낮으면 바람이 충사(沖射)하여 명혈(明穴)의 기(氣)가 산기(散氣)되어 화를 필연적으로 입게 된다 하였다. 청룡·백호의 상부위(上部位)에 입석(立石)이 있으면 문장에 능통한 선비가 배출된다 하였고, 청룡산의 상부위(上部位)가 절단되면 장자손에 대가 끊기고, 청룡산맥이 바늘과 같이 가느다란 사(砂)라면 매일 조석으로 시비가 난다고 하였다. 청룡이 그쳤다가 불쑥 솟으면 그 자손이 객사하게 되고, 청룡이 등을 보이며 돌아가면 부부가 불화하고 생이별을 하게 된다 하였다. 청룡산맥이 험하고 역리가 되면 자손 중에 역적이 난다 했다. 백호봉이 둥글게 일어나면 외손이 등과가 이루어진다고 하며, 백호산 안에 주산이 있으면 자부(子婦), 손부(孫婦) 중 과부가 생긴다 하고, 백호산이 배반하면 정처(正妻)를 버리고 가출하게 된다 하였다. 청룡산맥 밖에 봉이 있으면 자손에게 횡재수가 있고, 백호산 허리가 끊어지면 비참한 형벌이 있게 된다. 청룡의 말미는 우각과 같아야 상격이고 말미가 반거(盤踞)하면 주인을 사시(斜視)하는 호위병의 자세로 보여 혈을 기만하는 형이 되어 불길하고, 백호의 말미는 준거함이 상격이고 쳐들어 무엇을 제압하는 형상이 되면 혈은 위압을 받으니 불길하므로 청룡은 완연하여야 하고 백호는 준거하여야 한다. 청룡과 백호는 중중첩첩(重重疊疊)으로 명혈을 환포함이 아름답다 하였다. 그로 인하여 내명당, 중명당, 대명당이 형성되기도 하고 대지의 혈도 소지의 혈도 이루어지기도 한다.

❖ **청룡**(靑龍) **길사**(吉砂)

- 청룡은 본 뒷산에서 뻗어 내려온 용맥(龍脈)이 최고이다.
- 청룡이 향(向)을 감고 돌면 극귀(極貴) 사격(砂格)이 되어 정승(政丞) 서열이다. 자손이 고위 관직에 오르게 된다. 향을 간신히 넘어도 향리의 군수(郡守) 하급관직이 난다.
- 청룡이 쌍으로 되어 가늘면 영전사(榮轉砂)로 자손이 영귀(榮貴)하게 된다.
- 청룡 안에 쌍우물·호수·못 같은 것이 있으면 크게 부귀(富貴)한다.
- 청룡이 유기(有氣)하고 길다란 암석이 있으면 큰 인물이 난다.
- 청룡 위에 진성축미방(辰戌丑未方)에 이 벌려 솟아있으면 대대로 충신이 난다.
- 청룡 밖에 침(針)이 보이면 횡재수(橫財手)가 있다.
- 청룡 방에 침 같이 뾰족한 산이 엿보고 있으면 의사가 난다.
- 청룡에 입석(立石)이 있으면 선비 문장가(文章家)가 나온다.
- 청룡 끝에 큰 입석이 있으면 큰 인물이 난다.
- 청룡에 일자문성(一字文星)은 극(極) 귀격(貴格)으로 간주하며 전면(全面)이 아니더라도 반드시 발복(發福)한다.
- 청룡이 순행(順行) 귀격(貴格)이면 효자 충신이 나고 양명(亮明)한다.
- 청룡에 관기(官旗: 우뚝한 봉우리)가 있으면 장자(長子)가 귀(貴)하게 된다.
- 청룡 어깨 부위에 귀암(貴巖)이 있으면 천하장사 장군이 난다.
- 청룡 끝에 말개구(末開口)면 독서사(讀書砂)라 자손이 연이어 문장제사(文章弟士)가 난다.
- 청룡 명당 변(邊)은 유세사인석(有細砂印石)은 자손이 허리에 도장(圖章)을 차고 다닌다.(결재자)
- 청룡의 끝 부위가 안산으로 되면 금시발복(今時發福)에 장관급이 난다.
- 청룡 어깨에 귀(貴)한 암석이 있으면 자손에 역사(力士)가 나고 무관(武官) 장군이 많이 난다.

❖ **청룡 끝에 암석은**: 청룡 끝에 홍황·백색으로 돼지등·황소등 같이 생긴 바위가 있으면 큰 인물이 배출된다.

❖ **청룡방**(青龍方)

① 동방(東方), 또는 갑을방(甲乙方)을 말함.

② 월지길신(月支吉神)의 하나로 출행·행선(行船) 등에 길하다고 한다.

1월 : 壬子方 **2월** : 癸丑方 **3월** : 艮寅方

4월 : 甲卯方 **5월** : 乙辰方 **6월** : 巽巳方

7월 : 丙午方 **8월** : 丁未方 **7월** : 坤申方

10월 : 庚酉方 **11월** : 辛戌方 **12월** : 乾亥方

❖ **청룡·백호가 달아나면** : 청룡·백호가 바깥으로 달아나면 자손과 재산이 파한다.

❖ **청룡·백호가 어느 한쪽이 안산이 되면** : 풍수에서 쓰는 말로서 용호재전안(龍虎在前案)이면 가화백만출고관(家貨百萬出高官)이라 했다. 이는 청룡 줄기나 백호 줄기나 어느 한쪽이 안산으로 내려가 삼태봉이나 귀사를 만들면 그 집안에서는 재화(財貨)가 산처럼 쌓이고 고관이 나온다는 뜻이다.

❖ **청룡 백호가 낮으면** : 청룡 백호가 낮으면 바람을 피하여 낮은 곳(地穴)을 찾고 높으면 누르는 것을 피하여 높은 곳(천혈)을 찾아야 한다.

❖ **청룡 백호가 단절되면** : 청룡 백호가 국가 시책으로 인해 도로가 나면서 끊어지면 그의 자손들이 다리 절단 자손이 나게 된다.

❖ **청룡 백호가 안산 끝 부위가 되면** : 만약 청룡 백호 끝 부위가 안산으로 되면 금시발복(今時發福)에 장관급이 출생하고 일자문성(一字文星)되면 국무총리나 대통령이 출생한다.

❖ **청룡 백호가 안산되면** : 청룡이든 백호든 안산 향(向)을 넘어서면 가화백만출(家貨百萬出 : 금은보화가 집안에 가득)차고 고관(高官)이라 했다. 청룡 줄기나 백호 줄기나 어느 한 쪽이 안산으로 내려가 삼태봉(三台峰)이나 귀사(貴砂)를 만들면 그 집안에서는 재화가 산처럼 쌓이고 높은 벼슬을 한다고 하였다.

❖ **청룡 백호가 높고 낮음이 다를 때에는** : 좌우 용호(청룡 백호) 산이 높고 낮음이 다를 때에는 혈(穴)에 미치는 영향이 가까이 있는 산이 더 많으므로 그 산을 기준하여 점혈(占穴) 함이 타당하다.

❖ **청룡 백호가 온전해도 흉지(凶地)가 있다**

• 묘터가 혈이 맺었는가를 알고자 하면 만물의 근원인 입수(入首)의 유무(有無)를 먼저 살펴보라.

• 혈맥이 크면 작은 산맥을 의심하고 높은 곳의 결혈은 충사(沖砂)를 논하지 않는다. 넓은 강 건너의 충사는 관계하지 않는다. 또한 큰 능선의 결혈은 작은 충사는 관계하지 않는다.

• 내명당만 있고 외명당이 없으면 발복(發福) 기간이 오래가지 못한다.

• 청룡 백호가 없는데도 명당이 있고 반대로 청룡 백호가 온전해도 흉지(凶地)가 될 수 있다. 그래서 혈(穴)자리가 중요하다고 할 수 있다.

❖ **청룡 어깨가 귀(貴)한 암석이라면 자손에 역사(力士)가 출생한다** : 요즈음 같으면 장군이 많이 배출된다. 청룡은 친손(親孫)으로 보고 백호는 외손(外孫)으로 간주한다.

❖ **청룡 백호 어느 한 쪽이 안산이면** : 청룡 백호가 한쪽이 안산으로 내려가 (청룡 백호 재전안산(在前案山)) 삼태봉(三台峰)이나 귀사(貴砂)를 만들면 백만장자(百萬長者)에 고관(高官)이 난다.

❖ **청룡 백호가 죽순(竹筍) 같으면** : 청룡 백호가 죽순같이 뾰족하면 문필봉(文筆峰)이라 문신(文臣) 각료 출신이 많이 나온다.

❖ **청룡 백호가 험하고 골짜기가 길면 상(喪)을 당한다** : 청룡 백호가 험하고 길면 자손 중에 상(喪)을 당하는 변이 있게 된다. 험한 것은 관재(官災) 구설(口舌)로 보고 긴 골짜기는 음란한 것과 도적(盜賊) 자손이 나서 칼을 들게 된다.

❖ **청룡 백호 끝 부위가 돌아가면** : 청룡 백호 끝 부위가 좌우로 돌아가면 골육상쟁(骨肉相爭)이 일어난다.

❖ **청룡이든, 백호든 어느 한쪽이 향(向)을 넘어서야** : 향선(向線)을 넘어서야 명당(明堂)이 될 수 있다. 이러한 곳은 극귀격(極貴格)이므로 삼공(三公)이 날 수 있다. 또 어느 한 쪽이 향선을 간신이 넘어도 결혈로 보는 것이다. 만약 향선에까지 싸지 못하면 비혈(非穴)로 간주한다.

❖ **청룡 백호에 험한 돌이 있으면** : 청룡과 백호에 험한 암석이나 돌이 있으면 음주(飮酒)로 객사(客死) 또는 험석과 바위는 관재구설(官災口舌) 불구자(不具者)가 출생하고 음란(淫亂)으로 보는 것이다.

❖ **청룡 백호 내면이 험악하면** : 청룡 내면에 험악하면 음행(淫行)

자손이 많이 나고 관재(官災)나 구설(口舌)이 끊이지 않는다.

❖ **청룡 백호 능선에 화형석 줄을 이으면** : 청룡 백호 능선에 거문돌이 줄지어 있으면 안맹자(眼盲者 : 장님)이 연달아 태어나며 청룡 백호 내면이 험악하면 음행(淫行) 자손이 많이 나고 관재구설(官災口舌)이 끊이지 않는다. 청룡 백호 끝이 좌우로 돌아가면 골육상쟁 아들·딸들이 불효·불충하게 된다.

❖ **청룡·백호의 길흉** : 장자미(張子微)가 말하기를, 청룡이 가늘고 머리만 크면 자손이 요절하는 화가 미친다 하고, 청룡이 윗부분이 끊어지면 장자와 장손이 대가 끊어진다 하였고, 청룡 모습이 죽은 뱀처럼 늘어져 보이면 후손이 가난을 면할 수 없게 된다 하였고, 백호 안에 높은 봉우리가 있으면 바람 피우는 자손이 있다 하였고, 백호 윗 부분이 솟구쳐 돌아앉은 형국이면 큰 며느리가 아랫 부분이 솟아 오르면 막내며느리가 집을 버리고 도망을 간다 하였다. 백호 부근에 험한 바위가 보이면 그 자손이 가난뱅이 신세를 면할 길이 없다 하였고, 백호 그 자체 능선이 거칠고 들쑥날쑥하면 고부간에 갈등이 심해진다 하였고, 백호 모양이 춤추는 소매자락을 닮았으면 자손이 부귀를 누린다 하고, 혈에는 양배추를 쪼개 놓은 것 같으나 박을 타 놓은 것 같으면 진혈이라 하고, 혈의 흙은 부드러워야 하고 바깥쪽 흙은 강해야 하며 비석비토라야 진혈이 명혈이라 하였다.

❖ **청룡 백호의 길흉화복(吉凶禍福)은 이러하다**

- 청룡은 양(陽)으로 아들로 보며, 백호는 음(陰)으로 딸·며느리와 외손으로 본다.
- 청룡 상부 위에 암석이 있으면 재주 있는 선비나 역사(力士) 또는 장군(將軍)이 나온다.
- 청룡 백호의 끝이 밖으로 돌아가면 아들·딸·며느리가 불효한다.
- 청룡 안에 달아나는 흉사(凶事)가 있으면 자손이 걸식자(乞食者)가 난다.
- 청룡이 험하고 역리 되면 역적자가 난다.
- 청룡의 상부위가 단절되면 장자손(長子孫)의 대가 끊긴다.
- 청룡 백호가 가지런하면 형제간에 불화한다.
- 가느다란 청룡이 머리가 커지면 어린아이가 제사를 지낸다.
- 청룡이 그쳤거나 불룩 솟으면 그 자손이 객사한다.
- 청룡이 죽은 뱀과 같으면 그 자손이 객사한다.
- 청룡 밖에 눈썹같이 생긴 산이 있으면 그 자손이 눈이 멀게 된다.
- 청룡 백호가 서로 상충(相沖)하고 쏘는 듯하면 내외손이 쟁탈·살육·지환이 난다.
- 청룡 백호가 가지런히 양다리처럼 뻗어나가면 집안이 불화한다.
- 청룡 밖에 청수한 봉이 있으면 자손이 횡재한다.
- 청룡 백호가 없으면 충염이 든다.
- 청룡이 불룩불룩 기봉하면 과거급제 거듭난다.
- 청룡 어깨에 귀석이 있으면 장군이 난다.
- 청룡 백호가 달아나듯 비주하면 본(本)외손(外孫)이 흩어져 산다.
- 청룡 백호가 서로 상충(相沖)하면 집안이 어지럽고 싸움이 많다.
- 청룡의 머리가 일어나면 귀한 벼슬을 한다.
- 청룡 머리에 비석 같은 귀석이 있으면 명필문장이나 왕후가 난다.
- 청룡이 왕성하면 본손 외손의 경사가 있다.
- 청룡 백호가 감싸 안으면 일문단취(一門團聚)한다.
- 청룡 백호가 희미하면 본손(本孫)·외손(外孫)이 잘되지 않는다.
- 청룡 백호가 산거(散去)하면 본외손이 산거한다.
- 청룡 백호가 현군(懸裙)하면 본손 외손이 음행한다.
- 청룡 백호가 돌아가면 본외손이 가난하게 산다.
- 청룡이 수려하면 본손들의 기세가 좋다.
- 청룡의 상부가 왕기하면 장손이 흥왕(興旺)한다.
- 청룡 백호 중부가 서거하면 중자나 중외손이 잘된다.
- 청룡 백호 하부가 서거하면 말자나 막내딸이 잘된다.
- 백호봉이 둥글게 일어나면 여자손(女子孫)이 등과 한다.
- 백호가 춤추는 옷소매 같으면 자손이 부귀(富貴)한다.
- 백호 안에 주산이 있으면 자손부에 간부가 생긴다.
- 백호의 상부위가 험석이면 극빈자가 난다.
- 백호 허리에 귀한 돌이 있으면 덕망 있는 인재가 난다.

- 백호산이 배거(背去)하면 본처를 버린다.
- 백호밖에 칠봉이 보이면 과거 급제가 그치지 않는다.
- 백호봉이 혈을 위압하면 자식이 없다.
- 백호봉의 머리가 높고 날카로우면 말자나 외손이 관액의 화를 당한다.
- 백호봉이 웅장하면 귀한 벼슬을 한다.
- 백호산이 수려하면 외손들의 기세가 좋다.
- 백호상부가 왕기(旺氣)하면 큰 딸 자손이 발복한다.

❖ **청룡·백호를 보고 정혈을 어떻게 하나** : 청룡·백호가 높으면 천혈(天穴)에 정혈(定穴)하고 청룡과 백호가 얕으면 지혈(地穴)에 정혈(定穴)한다. 만일 청룡이 짧거나 없으면 오른쪽으로 당겨서 정혈하고 물의 흐름을 잡아서 청룡에 대치한다. 백호가 없거나 짧으면 왼쪽으로 밀어서 정혈하고 물을 백호의 대역이 될 수 있게 한다. 청룡이 수려하고 유정(有情)하면 왼쪽으로 정혈하고 백호가 수려하고 유정(有情)하면 오른쪽으로 정혈한다. 청룡이 밀어내는 기운이 많으면 백호에 의탁하여 정혈하고 백호가 압세하는 기운이 많으면 청룡에 의지하여 정혈하고 청룡과 백호가 모두 유정하면 중앙에 정혈(定穴)한다. 청룡은 있으나 백호가 없으면 우궁수세(右宮水勢)로 당겨서 정혈하고 백호는 있으나 청룡(青龍)이 없으면 좌궁수세(左宮水勢)에 대치해서 정혈하고, 청룡과 백호는 없는데 기복과 속기(束氣)가 있으면 괴혈(怪穴)이니 세심히 살펴 결혈(結穴)된 곳을 찾는다. 행룡(行龍)의 강약과 기복 절(節) 언덕의 용맥(龍脈)은 행룡의 변화가 있으니 국궁의 세를 잘 살펴서 응용하고 대치하여 결혈된 곳을 찾아야 한다. 결혈(結穴)은 정혈, 기혈, 괴혈에서 이루어진다는 것을 명심해야 하고, 청룡과 백호의 영향에 따라 혈좌를 밀고 당기며 요감법(饒減法)으로 정혈한다.

❖ **청룡·백호의 사(砂)와 혈(穴)**

- 주산이 높고 둥글고 후덕(厚德)하고 청룡 백호가 안산(案山)까지 길게 감아주어야 발복(發福)이 끝이 없다.
- 청룡 백호사가 높으면 혈은 높은 곳에 있고, 낮으면 낮은 곳에 혈이 있다. 청룡이 좋고 백호사가 약하면 본손(장자)에 좋고, 백호사가 좋고 청룡사가 약하면 차손·외손에 좋다.
- 청룡 백호가 왕성하면 본손·외손 모두 경사 나고 감싸들면 일문단취(一門團聚)한다.
- 청룡 백호가 곧고 길면 참되지 못하고 짧으면 혈을 맺지 못한다.
- 청룡 백호의 어병사(御兵砂)가 멀리 있으면 혈에서 산이 가까이 보이도록 봉분(封墳)을 크게 높이하고 중간의 전답(田畓) 계곡이 안 보이도록 하면 된다.
- 청룡 백호가 단독으로 작국(作局)이 되어야 정상적인 작국이라고 본다.
- 청룡 작국은 우선(右旋) 입수(入首)라 하고 백호 작국은 좌선(左旋) 입수(入首)라고 한다.
- 작국(作局)에 청룡 백호가 한 곳에서 생겨나 작국이 되면 비정상으로 진혈(眞穴)이 될 수 없다. 풍수 속담에 '꼭지가 썩었다' 하는 것이 바로 이것을 말한다.
- 백호 작국 청룡이 없이 백호만 있는 곳으로 반드시 백호 득수(得水)에 청룡 쪽으로 수(水)가 흘러야 쓸 수 있다. (青龍作局 반대는 青龍得水)
- 백호사의 상부위(上部位)는 시어머니·며느리로, 중부위(中部位)는 딸로 보며 전체는 외손에도 영향을 미친다.
- 결혈 작국이란 둥글게 환포(環抱)되어야 한다.
- 백호 작국이면 청룡이 증조봉(曾祖峰)이나 태조봉(太祖峰)에서 어병사(御兵砂)로 내려와 큰 국세(局勢)가 되었다면 대지혈(大地穴)이 되는 것이다. 어병사는 가까울수록 좋은 것이다.
- 청룡이나 백호 중 어느 한 쪽이던 향(向)을 넘어서야 명당(明堂)이 될 수 있다. 이러한 곳은 극(極) 귀격(貴格)으로 삼공(三公)이 날 수도 있다.
- 또한 산세(山勢)가 밝으며 단정하고 엄숙하면 군자가 귀한 관직에 오르고 산수(山水)가 거칠고 혼탁한 기운이 들여 모였으면 서민들에게 재산이 많아진다.
- 백호로 작국이 되었다면 혈(穴)의 결응(結凝)이 크고 강하고 양명하게 되는 것이다. 결응이 강하면 세도(勢道)할 자손이 나고 양명(亮明)한 것은 귀한 인물이 나며 결응이 큰 것은 거부(巨富)가 난다.
- 백호가 곱게 포옹(抱擁)되어 있으면 외손도 발복하고 백호 상

부위(上部位)가 기봉(起峰)하면 딸이 벼슬하고, 후덕(厚德)하면 현모양처(賢母良妻)가 들어오며, 어깨에 귀암이 서기하면 제왕비가 난다.

- 백호사가 크게 걸쳐 작국되면 복록이 스스로 오는 것이 있음이라.
- 백호작국으로 결혈되면 부의 혈장이 많고 외손 발복으로도 보는 것이다.

❖ **청룡 백호의 암석에 길흉(吉凶)이 이러하다**

- 청룡 어깨에 귀(貴)한 암석이 있으면 자손에 역사(力士)가 나고 무관 장군이 많이 난다.
- 고사(古事)에 청룡 백호의 능선(稜線)이 암석으로 톱날 같으면 장님이 많이 난다. 또 관재구설로 인하여 재패(財敗)·인패(人敗)등의 화를 급히 당하게 된다.
- 청룡 백호 허리가 치석(齒石)이면 소년에 이가 다 빠지고 또 가사불화(家事不和)에 파산이 우려된다.
- 청룡 어깨 쪽에 입석(立石)에 동물상이 있으면 소년사(少年死)가 많다.
- 청룡 명당(明堂) 변(邊)은 유세사인석(有細砂印石)은 자손이 허리에 도장(圖章)을 차고 다닌다. (결재자)

❖ **청룡에 입석이 있으면 선비가 나오고 청룡 끝에 큰 입석이 있으면 큰 인물이 나온다**

- 백호 내에 흉석이 있으면 불손한 인물이 나온다.
- 백호 내에 쌍입석 검은 바위가 있으면 호사(虎死 : 교통사고 전사) 당한다.
- 백호 내에 작은 바위가 있으면 간부(奸婦)가 생기고 백호 상부(上部)가 험석(險石)이면 가난을 면 할 수 없다.
- 백호 상부위가 귀암석(貴巖石)에 서기(瑞氣)하면 재왕비가 난다.
- 백호 안에 넓고 평평한 암석이 있으면 군수(郡守)급이 난다.
- 청룡 백호에 있는 암석에 푸른 이끼가 있다면 자손에게 문둥병이 대대로 나게 된다.
- 청룡에 우뚝 솟은 입석은 무관이 난다. 백호에 우뚝 솟은 입석은 사기(詐欺)를 당하게 되는 흉석(凶石)이다.
- 청룡에 귀암석(貴巖石)은 장손(長孫)에서 좌의정(左議政)이 나고 백호에 귀암석(貴巖石)이면 차손(次孫)에서 우의정(右議政)이 나며 청룡 백호 어깨에 병풍같은 귀암석이면 장군(將軍) 장성(將星)이 난다.
- 백호 내 중부위(中部位)에 크고 작은 암석이 있으면 큰 며느리에게 디스크나 암 질환이 있고 백호 내 손가락 같이 생긴 검은 바위가 있으면 차손(次孫)집 자손에게 손가락이 기계에 잘린다.
- 청룡 백호 밖에 귀(貴)한 산봉(山峰)이 있으면 자손에게 횡재수(橫財數)가 있다.

❖ **청룡, 백호, 안산, 조산, 명당, 물 등이 조화를 이루면 좋은 보국** : 좋은 보국이란 혈을 중심으로 청룡, 백호, 안산, 조산, 명당, 물 등 주변의 모든 것들이 취합한 것을 말한다. 혈을 찾고자 할 때는 주변의 모든 산과 물이 어느 산줄기를 향해 있는지를 살펴야 한다. 멀리서 그 산을 바라보면 용맥이 기세 왕성하게 변화하는 것을 볼 수 있다. 대부분 용맥의 끝인 용진처(龍盡處)에 혈이 있다.

❖ **청룡사**(靑龍砂) : 장자(長子)와 문장을 상징함.

❖ **청룡사**(靑龍砂)**가 약하면** : 청룡사가 연약하고 무정(無情)하면 장방(長房 : 장남)이 떨어지니 고과(孤寡 : 과부)가 된다.

❖ **청룡사에 도로가 나면서 허리가 끊어지면** : 자손중에 목이 잘리는 형벌이 있게 된다.

❖ **청룡의 길흉론** : 가는 청룡이 머리만 커지면 어린 아이가 제사를 받들게 되고 자손이 요절하고, 청룡 안에 따라다니는 듯한 흉사(凶砂)가 있으면 자손에 결식함이 있게 되고, 청룡 상부위에 입석이 있으면 문장에다 재주 있는 선비가 배출되고, 청룡산이 죽은 뱀과 같으면 그 자손이 가난하고, 청룡산이 바늘같이 가는 사(砂)라면 매일 아침저녁으로 가족간에 시비가 난다 하고, 청룡에 굼벵이 같은 벌레사가 있다면 타성을 양자를 삼아서 제사를 받들게 되고, 청룡이 그쳤다 불쑥 솟으면 그 자손이 객사하게 되고, 청룡산이 등을 보이며 돌아가면 부부가 화합하지 못하여 생이별하게 되고, 청룡어깨가 낮아 물이 넘겨다 보이면 남자 자손에게 패(敗)하는 일이 많이 있게 되고, 청룡밖의 눈썹같이 생긴 산은 그 자손이 눈이 멀게 되고, 청룡·백호의 머리 부위가 어느 한쪽이 껴안지 않고 가지런하다면 반드시 형제간에 불화가 있게 되고, 청룡·백호가 단독으로 작국(作局)이 안 되면 양수

양파(兩水 兩破)가 되어 골육상쟁하게 되고, 청룡·백호 앞이 대문을 닫은 듯 하지 않고 앞이 환하게 열리면 버는 돈보다 쓰는 돈이 많아진다 하고, 청룡산이 겹산으로 머리가 봉우리라면 자손이 도적을 만나 죽게 되고, 청룡사가 험하고 거꾸로 달아나는 모습이면 그의 자손이 역적이 난다 하였다.

❖ **청룡이 단절 되면** : 청룡이 단절되어 규봉(窺峰)이 보이면 묘쓰고 삼년 내에 남자가 절명(絶命)한다. 청룡 상부위는 장자부위 장자(長子)가 요절(夭折)한다.

❖ **청룡이 물을 거스리면** : 청룡이 물을 거스리면 혈(穴)이 왼쪽에 의지하고 백호가 물을 거슬리면 혈이 오른쪽에 의지한다. 청룡 백호가 낮으면 바람을 피하여 낮은 곳을 찾고 높으면 누르는 것을 피하여 높은 곳을 찾아야 한다.

❖ **청룡이 배신(背身)하고 물이 양쪽으로 갈라지면** : 부자(父子)가 서로 객지(客地)에서 이별하게 된다. 양수양파(兩水兩破)는 골육상쟁(骨肉相爭)이요 청룡 배신(背身)은 자손들의 불효로 본다.

❖ **청룡이 순행하면** : 양명(陽明)한 청룡이 순행하면서 귀격(貴格)이면 효자 충신으로 간주(看做)한다.

❖ **청룡찬회(青龍鑽懷)** : 날카롭고 뾰족한 청룡끝이 혈장을 향해 찌르고 들어오는 것을 말함. 혈이 날카로운 송곳에 찔리고 있는 모습이다. 청룡이 혈을 찬회(鑽懷)하면 자손이 큰 화를 당한다. 특히 장손이 크게 당하며 만약 백호 쪽을 찬회하면 지손과 여자들이 주로 당한다.

❖ **청룡황도(青龍黃道)** : 6개의 황도 가운데 하나.

- 正七月 : 子日
- 二八月 : 寅日
- 三九月 : 辰日
- 四十月 : 午日
- 五十一月 : 申日
- 六十二月 : 戌日
- 子午日 : 申時
- 丑未日 : 戌時
- 寅甲日 : 子時
- 卯酉日 : 寅時
- 辰戌日 : 辰時
- 巳亥日 : 午時

❖ **청룡 흉사(凶事)는 이러하다**

- 청룡이 낮으면 자손이 귀하다 (절손독자(絶孫獨子))
- 청룡의 허리가 낮아 풍(風)이 치면 혈(穴)이 맺지 못해 자손이 귀하다.
- 청룡의 머리가 크고 아래쪽이 가늘 장자(長子)가 요절(夭折) 양자(養子)가 봉제사(奉祭祀)하게 된다.
- 청룡이 역(逆)하면 달아나는 형국(形局)이면 역적(逆賊)·걸식(乞食)·자손(子孫)이 나온다.
- 청룡이 혈(穴)을 배반하면 장남이 가난하고 고독하다. 백호사(白虎砂)는 차자(次子) 딸이 재물(財物)손재(損財)가 있다.
- 청룡의 어깨가 끊어지면 장자(長子)쪽에 대(代)가 끊긴다. (자손 절손(絶孫))
- 청룡 밖의 산이 눈썹처럼 생겼으면 자손의 눈이 멀게 된다.
- 청룡 어깨 쪽에 입석(立石)(동물상)이 있으면 소년사(少年死)가 많다.
- 청룡의 허리가 잘리면 자손 중에 참수형(斬首形)을 당한다.
- 청룡 뒤의 규산(窺山)이 있으면 자손이 성하지 못하다.
- 청룡 쪽에 규산(窺山)이 보이면 자손이 귀하다
- 외청룡(外青龍)에 쌍태봉이 있으면 일대(一代) 후에 쌍둥이가 난다.
- 청룡의 끝이 끊어지고 뾰족하게 솟으면 자손들이 객사(客死)하게 된다.
- 청룡 끝이 화형산(火形山)이 충살(沖殺)로 보이면 관재구설(官災口舌)이 많이 난다.
- 청룡 백호 안에 양두사(兩頭砂 : 사람머리 같은 봉우리나 암석이 쌍으로) 있으면 풍병(風病)과 간질병(癎疾病)이 생긴다.
- 청룡과 백호 끝 부위가 좌우로 돌아가면 골육상쟁(骨肉相爭)에 불효·불충이 난다.
- 청룡의 끝자락이 백호에게 찔리면 여자에게 배신 당하게 된다.
- 청룡 백호가 온전해도 혈 앞에 골이 깊게 빠지면 재물이 나간다.
- 청룡사가 바늘처럼 가늘다면 매일 조석(朝夕)으로 시비(是非)가 끊이지 않는다. (빈곤하다.)
- 청룡 백호 안산에서 혈을 보고 산맥이나 수(水)가 바로 충(沖)해오면 사람이 죽거나 상하게 된다.
- 청룡사(青龍砂)가 낮고 청룡사 밖에 물이 보이면 또 백호사가 낮고 밖으로 물이 보이면 청춘과부(青春寡婦)를 어찌 막으리, 남자 손(孫)이 요절(夭折)한다.

- 청룡 백호사에 푸른 이끼가 나있다면 문둥이 병자가 난다.
- 청룡이 배신하고 물이 양쪽으로 갈라지면 부자(父子)가 객지(客地)에서 이별(離別)하게 된다.
- 청룡 백호 안산이 배면사(背面砂) 뒤로 돌아가거나 주비사(走飛砂) 향(向)을 향해 달아나면 대흉(大凶)하다.
- 청룡 백호 안산 너머로 물이 보이면 사(砂)에 해당되는 자손(子孫)이 끊어진다.
- 청룡 백호 안산에서 혈(穴)을 보고 산맥이나 물 없는 빈계곡이나 물(水)이 바로 충(沖)해 오면 사람이 죽거나 상하게 된다.
- 청룡 백호 사(砂)가 단절(斷切)되면 다리를 다치는 자손이 난다.
- 청룡 백호 산형(山形)이 톱발과 같으면 장사(葬事) 지낸 후에 가사불화(家事不和)로 속패(速敗)를 보고 자손이 칼날에 죽게 된다.
- 청룡은 장남궁(長男宮)으로 후고(後高)에 앞이 옆으로 기울어지면 형제 모두 해(害)가 있으나 장자(長子)에게 가장 먼저 화(禍)가 미친다. 백호는 차자(次子)요 전고후저(前高後低) 하면 요수(夭壽)하고 패절(敗切)하게 된다. 앞쪽이 좌우가 낮으면 형제 모두 빈궁(貧窮)하게 된다. 자손이 고루 잘 되려면 삼면(三面)이 고루 높아야 하고 중간부터 좌우로 높아지면 형제가 반드시 모두 같이 등과(登科) 한다.
- 청룡 허리에 산사태가 나면 좌우 다리에 절름발이가 나게 된다. 또 남자들이 음란(淫亂)한 일이 많이 나고 여러 가지 불구자(不具者)가 날까 염려 된다. 또 묘지에 물이 날 수도 있다.
- 청룡 백호의 꼬리가 배신(背信)해서 돌아가면 [배궁(背弓)] 옥중(獄中)에 갇혀 죽게 되고 자식들이 불효(不孝)하게 된다.
- 청룡이 낮으면 홀아비가 많이 나고, 백호가 낮으면 과부가 많이 나고, 동쪽이 높고 서쪽이 낮으면 집에 노인이 없게 된다.

❖ **청룡회수격**(青龍回首格) : 천반(天盤) 술(戌)에 지반(地盤) 병(丙)이 있으면 청룡회수격(青龍回首格) 혹은 청룡반수격(青龍返首格)이라 한다.

❖ **청명**(清明) : 24절기(節氣) 가운데 5번째. 양력으로는 매년 4월 4~5일에 들며 이 무렵이면 완전히 일기가 따뜻해지고 온갖 꽃이 아름답게 피는 화창한 봄이라 하겠다.

❖ **청명·한식에 성묘를 하고 이장을 왜 하는가** : 청명은 농가에서는 한 해의 농사를 시작하기 위해 논과 밭둑에 가래질을 하는 날이다. 중국의 세시풍속을 기록한 『형초세시기』 에 따르면 "춘추 시대 진나라 사람 개자추가 국란을 당해 진의 문공과 함께 국외로 망명하여 방랑 생활을 하였다. 배가 고파 거의 죽게 된 문공을 개자추가 자신의 넙적다리 살을 베어 먹여 살렸으나, 나라를 찾아 왕위에 오른 문공이 거들떠보지 않자, 노래를 지어 부르며 늙은 어머니를 모시고 개산에 은둔하였다. 문공이 뉘우치고 나오라고 아무리 불러도 개자추가 나오지 않자, 그를 나오게 하기 위해 산에 불을 질러 버리니 개자추가 홀어머니와 함께 나무를 껴안고 죽었다. 문공이 애도하는 뜻에서 그가 죽은 3월 5일에 사람들로 하여금 불을 피우지 못하게 하고 찬 음식을 먹었다"고 한다. 개자추가 불에 타 죽었기 때문에 불을 피우는 것을 꺼렸으며, 또 이날은 모든 신령이 불을 피우지 않는다고 하여 찬밥을 먹는 풍속이 생겼다고 한다. 한편 동지가 지난 지 백여 일 정도되면 일기가 바람이 심하고 건조해 불이 나기 쉬운 때이므로 불을 금하게 된 것이라고 한다. 한식은 24절기에는 들어 있지 않으나 설, 단오, 추석과 함께 4대 명절의 하나로 여겨 나라에서는 종묘와 각 능에 제향하고, 민간에서는 주, 과, 포와 떡, 탕, 적 등의 제물을 차려 제사를 지냈다. 또 여러 가지 제물을 마련하여 성묘를 하거나, 겨울을 나면서 산소가 상한 곳이 있으면 이를 손질하고 주위에 나무를 심기도 한다. 특히 묘자리가 좋지 않다거나 부득이한 사정으로 묘를 이장해야 하는 경우에도 이날을 잡아서 한다. 그렇다면 무엇 때문에 비석을 세우고 무덤을 고치고 옮기는 일 등을 청명이나 한식 또는 윤달에 했을까? 이때는 신들이 하늘로 올라가는 날이기 때문에 어떤 일을 해도 부정을 타지 않고 동티가 나지 않는다. 그래서 집안의 물건을 움직이거나 고치고 짓고 이사하는 일, 또 묘의 풀을 깎거나 옮기는 일 모두 이날 한다. 만일 하루에 일을 마치지 못하면 한식에 끝내야 한다. 윤달은 '공달' '덤달'. '여벌달' 등의 여러 가지 이름을 갖고 있다. 거저 생긴 달, 덤으로 생긴 달이라는 뜻이다. 거저 생긴 달인만큼 아무런 액운도 없으리라 믿었던 것이다. 윤달에 궂은 일을 하려는 것은 윤달이 덤으로 얻은 공달이

라, 이때는 청명이나 한식처럼 신들이 모두 하늘로 올라가 일을 보지 않기 때문에 어떤 일을 해도 무방하다는 속신에서 비롯된 것이다. 『청오경』에 따르면 이장 조건으로 첫째, 아무런 이유 없이 무덤이 가라앉거나 봉분 위의 풀이 말라 죽을 때, 이런 경우는 마땅히 무덤 안을 살펴보아야 한다. 봉분의 풀이나 잔디가 처음부터 자라지 않은 것이 아니라 잘 자라다가 도중에 말라 죽은 것이라면 반드시 이장을 고려해 보아야 한다. 둘째, 집안에 간음 같은 좋지 않은 일이 생기거나 젊은 사람이 죽거나, 고아, 과부가 생길 때 남녀의 패륜이나 상해가 자주 일어날 때, 혹은 무고한 사망과 절손, 가산 몰락 송사 등 흉한 일이 자주 일어날 경우에는 이장이나 개장을 고려해 보아야 한다. 셋째, 좋지 않은 곳이라 해서 무덤을 팠다고 해도 안개가 피어오르는 듯한 상서로운 서기가 있으면 다시 묻어야 한다. 예컨대 광중에 온기가 있거나 안개 같은 김이 서려 있다든지, 혈 가운데 건조하여 개미 같은 벌레들이 없을 때는 지체 없이 파던 무덤을 다시 덮고 이장을 중지해야 한다. 또한 묘를 쓴 뒤 자손이 번성하거나 집안이 잘 된 묘는 옮기지 말아야 하고, 한번 무덤이 있었던 자리는 아무리 좋은 곳이라 하더라도 다시 묘를 써서는 안 된다. 옛 무덤 자리에 다시 묘를 쓰면 후손에게 복이 되지 않는다.

❖ **청명·한식일**(清明·寒食日) : 청명은 24절기의 하나로 한식(寒食) 하루 전날이거나 때로는 한식과 같은 날이 된다. 한식은 동지로부터 105일째 되는 날로 음력 3월에 들며 양력으로는 4월 5~6일 경이 된다. 이 날은 제신(諸神)이 상천(上天)하기 때문에 이장(移葬), 입석(立石), 수체(修砌), 수묘(修墓), 개분(改墳)에 길하다.

❖ **청삼**(青衫) : 조회의 복장으로 받쳐입은 웃옷.

❖ **청오경**(青烏經) : 한(漢)나라 청오자의 저서로서 장서(葬書)의 원전. 당나라 양균송(楊筠松 : 호는 救貧)이 주석을 달았다.

① **계감룡**(癸坎龍) : 임감입수(壬坎入首)는 자손이 상업으로 부를 이룬다. 계감룡(癸坎龍)은 계자룡(癸子龍)과 같고 감(坎)은 자(子)와 같고, 태(兌)는 유(酉)와 같다. 계축입수좌(癸丑入首坐)는 오래된 묘가 겹겹이 엉켜 자손이 없는 자리로 외손이 제사를 모신다. 간인입수좌(艮寅入首坐)는 향불이 없는 자리로 대가 끊긴다. 을묘입수좌(乙卯入首坐)는 곱추가 생기면 간혹 불에 타 죽는 사람도 있다. 을진입수좌(乙辰入首坐)는 천하면 노비가 되고, 귀하면 원님의 지위에 오른다. 손사입수좌(巽巳入首坐)는 관노가 나온다. 정미입수좌(丁未入首坐)는 3대에 가서 망한다. 곤신입수좌(坤申入首坐)는 크게 놀랄 일이 생기며 병들어 죽는다.

② **축간룡**(丑艮龍) : 임감입수좌(壬坎入首坐)는 속발속진으로 당대에 발복한다. 계축입수좌(癸丑入首坐)는 재물이 있으면 자손이 없고, 자손이 있으면 재물이 없다. 간인입수좌(艮寅入首坐)는 먼저 문과가 나오고 후에 무과가 나온다. 갑묘입수좌(甲卯入首坐)는 애꾸가 나온다. 을진입수좌(乙辰入首坐)는 당대에 진사가 나오며 4대에 부를 이루나 장손이 물에 빠져 죽는다. 손사입수좌(巽巳入首坐)는 첩에게서 귀한 자손이 나오고, 당대에 원님의 지위에 오르는 사람이 있다. 병오입수좌(丙午入首坐)는 뒤에 손사발원맥(巽巳發源脈)이 있으면 4대 자손이 무과대직에 올라 아홉 곳에서 대단한 벼슬을 한다. 곤신입수좌(坤申入首坐)는 3대에 걸쳐 열녀와 효자가 나온다. 경태입수좌(庚兌入首坐)는 경유입수(庚酉入首)와 같다. 4대 자손이 무과에 급제하며, 간혹 기능인이 나오기도 한다. 신술입수좌(辛戌入首坐)는 4대에서 부를 이루며 5대 자손이 문과에 급제하나, 화재나 해수병 등으로 망하며 대가 끊긴다.

③ **간인룡**(艮寅龍) : 임감입수좌(壬坎入首坐)는 총명하며 재능이 있으며 일찍 죽는다. 계축입수좌(癸丑入首坐)는 정축, 기축에 연이어 과부가 생기고, 양자가 대를 잇는다. 간혹 천석군이 나오거나 늙도록 벼슬을 하는 사람이 있다. 갑묘입수좌(甲卯入首坐)는 당대에 자손을 두지 못하니 외손이 제사를 모신다. 을진입수좌(乙辰入首坐)는 여자가 담장을 넘어 음행을 저지르고, 양자가 제사를 모신다. 손사입수좌(巽巳入首坐)는 4대 장손은 무관에 오르나 많은 자손들이 곤장을 맞아 죽는다. 병오입수좌(丙午入首坐)는 쌍으로 과부가 생긴다. 정미입수좌(丁未入首坐)는 효자와 열녀가 나온다. 경태입수좌(庚兌入首坐)는 여자 자손에게 질병이 많으며 벙어리가 생긴다. 간혹 대장장이가 나오기도 한다. 신술입수좌(辛戌入首坐)는 화재로 망하며 양자가 제사를 모신다. 건해입수좌(乾亥入首

坐)는 자손이 많으며 부자가 되고, 4, 5형제 자손이 대대로 무과에 급제한다.

④ **갑묘룡**(甲卯龍) : 임감입수좌(壬坎入首坐)는 환자가 많으며 등이 굽은 사람이나 곱추가 나온다. 계축입수좌(癸丑入首坐)는 장님이 나온다. 간인입수좌(艮寅入首坐)는 과부가 많이 생기며 3대 과부가 함께 살아간다. 을묘입수좌(乙卯入首坐)는 상업이나 사업으로 부를 이룬다. 을진입수좌(乙辰入首坐)는 3대에 망하나 을진입수(乙辰入首) 후 근처에 간인맥(艮寅脈)이 있으면 4형제의 자손이 대를 잇는다. 손사입수좌(巽巳入首坐)는 4대 장손이 무과에 오르나 집안에 참혹한 죽음이 끊이지 않는다. 병오입수좌(丙午入首坐)는 전후처에서 6형제를 얻으며 자손이 번창한다. 정미입수좌(丁未入首坐)는 3대 자손이 벼락에 맞아 죽는다. 곤신입수좌(坤申入首坐)는 사업으로 부를 이루나 3대에서 망한다. 신술입수좌(辛戌入首坐)는 장님이 나온다. 해입수좌(亥入首坐)는 3대에서 무과가 나오는데 뒤에 있는 맥에 정미각(丁未角)이 있으면 8형제가 모두 과거에 급제한다.

⑤ **손진룡**(巽辰龍) : 임감입수좌(壬坎入首坐)는 당대에 발복하여 고위관직에 오른다. 계축입수좌(癸丑入首坐)는 3대 3형제가 모두 큰 부자가 되나 장손에게 자손이 없다. 간인입수좌(艮寅入首坐)는 5대 5형제 중 인재가 많으며 장손이 문관에 오른다. 을묘입수좌(乙卯入首坐)는 대대로 2, 3형제를 두며, 축간맥(丑艮脈)이 옆으로 들어오면 형제들이 모두 큰 부자가 된다. 복입묘(復入卯) 을진입수좌(乙辰入首坐)는 5대에 걸쳐 형제가 많으며 재능 있는 자손이 나온다. 손사입수좌(巽巳入首坐)는 먼저 문관이 나오고 후에 무관이 나오는 자리로 문무겸전한다. 병오입수좌(丙午入首坐)는 젊은 나이에 죽는 경우가 많지만 산맥이 곤신맥(坤申脈)으로 바뀌면 4, 5형제를 둔다. 정미입수좌(丁未入首坐)는 과부가 결혼을 하면 그 과부로 인하여 재산을 얻는다. 곤신입수좌(坤申入首坐)는 6대 장손이 진사가 되나 곤신입수(坤申入首)가 길면 5대에서 망한다. 경태입수좌(庚兌入首坐)는 3대에서 효자가 나오나 그 효자에게는 자손이 없다. 병오박환(丙午剝換)은 손진룡(巽辰龍)이 병오(丙午)로 끊어지며 바뀌어진 곳에 길게 신술맥(辛戌脈)에 건해좌(乾亥坐)를 잡으면 충효공신, 영웅장사가 나온다.

⑥ **손사룡**(巽巳龍) : 임감입수좌(壬坎入首坐)는 당대에 진사가 나오며, 효행하는 자손과 식복이 많다. 계축입수좌(癸丑入首坐)는 4대 직손이 망하며 장손에게 자손이 없다. 자손은 2, 3형제가 양자로 대를 잇는다. 간인입수좌(艮寅入首坐)는 처형을 받는 자손이 많고, 간혹 장님이나 절름발이가 나온다. 갑묘입수좌(甲卯入首坐)는 당대에 사람이 죽는다. 을진입수좌(乙辰入首坐)는 4, 5대에서 질병으로 망한다. 사병입수좌(巳丙入首坐)는 자손이 있으면 재물이 없고, 자손이 없으면 재산이 있다. 병오입수좌(丙午入首坐)는 쌍과부가 생긴다. 정미입수좌(丁未入首坐)는 3대에서 망하며 양자가 제사를 모신다. 곤신입수좌(坤申入首坐)는 6대에서 자손이 진사에 오르며 자손에게 식복이 따른다. 경태입수좌(庚兌入首坐)는 4대에서 망한다. 신술입수좌(辛戌入首坐)는 당대에 망하며 요절한다. 마술사, 무녀, 무당 등이 나온다.

⑦ **오정룡**(午丁龍) : 계축입수좌(癸丑入首坐)는 뒤에 손사발원맥(巽巳發源脈)이 있으면 3대 자손이 무관대직에 오르지만 양자가 제사를 모신다. 간인입수좌(艮寅入首坐)는 대대로 3형제를 두고 식복이 따른다. 을묘입수좌(乙卯入首坐)는 전후처 사이에서 3, 4형제를 두며 연이어 문장가가 나온다. 을진입수좌(乙辰入首坐)는 대대로 4, 5형제를 두며 재능 있는 사람은 일찍 죽고 중손은 객사한다. 손사입수좌(巽巳入首坐)는 자손에게 질환이 많이 따르며 절름발이가 생긴다. 병오입수좌(丙午入首坐)는 사업으로 부를 이룬다. 정미입수좌(丁未入首坐)는 간혹 물에 빠져 죽는 사람이 있으며 외손이 제사를 모신다. 곤신입수좌(坤申入首坐)는 당대에 딸을 6명 두며 간혹 아들 4형제를 두기도 하지만 곱추가 있다. 신태입수좌(辛兌入首坐)는 간혹 4형제를 두며 식복이 있지만 질병이 끊이지 않는다. 신술입수좌(辛戌入首坐)는 착한 아내를 얻으며 아내의 재산으로 살림을 꾸려간다. 건해입수좌(乾亥入首坐)는 자손들이 효도하며 이학자가 나온다.

⑧ **정미룡**(丁未龍) : 임감입수좌(壬坎入首坐)는 당대에 망한다.

계축입수좌(癸丑入首坐)는 승려나 백정이 나온다. 을묘입수좌(乙卯入首坐)는 3대에서 효자와 열녀가 나온다. 을진입수좌(乙辰入首坐)는 계감맥(癸坎脈)이 옆으로 뻗어나가면 3대 자손이 벼락맞아 죽는다. 손사입수좌(巽巳入首坐)는 과부와 결혼하여 재물을 얻는다. 곤신입수좌(坤申入首坐)는 오좌(午坐)는 대대로 양자를 둔다. 사입수(巳入首)는 오(午)에 녹(祿)이 있기 때문이다. 경태입수좌(庚兌入首坐)는 말을 더듬는 자손이 많고, 신술맥(辛戌脈)이 넘어 들어오면 전후처에서 6형제를 둔다. 천한 자손에게 길하며 귀해진다. 신술입수좌(辛戌入首坐)는 4대에서 부를 이루나 장손에게 자손이 없다. 계축맥(癸丑脈)이 왕성하게 들어오면 큰 도둑이 나온다. 건해입수좌(乾亥入首坐)는 3대에서 무과가 나온다. 만일 갑묘각(甲卯角)이 있으면 연이어 장원급제하는 자손이 나온다.

⑨ **곤신룡**(坤申龍) : 임감입수좌(壬坎入首坐)는 임신(壬申)의 쌍덕으로 진사가 나온다. 그러나 자(子)와 곤(坤)이 불통하여 막히니 2대에서 망한다. 계축입수좌(癸丑入首坐)는 여자로 인하여 살인이 일어나고 음독자살하는 사람도 있다. 간인판(艮寅坂)은 돌 위에 묘를 쓰면 수족질환이 연이어 일어난다. 갑묘입수좌(甲卯入首坐)는 상업으로 부자가 되나 군인의 칼에 죽는 경우도 있다. 을진입수좌(乙辰入首坐)는 3대에서 장손이 망하며 양자가 제사를 모신다. 손사입수좌(巽巳入首坐)는 후처 자손에게 길하고, 손사맥(巽巳脈) 뒤에 건해각(乾亥角)이 있으면 3대의 8형제가 8대에 걸쳐 대소과에 급제한다. 병오입수좌(丙午入首坐)는 쌍과부가 생긴다. 만일 손진각(巽辰角)이 있으면 대대로 4, 5형제가 시제를 지낸다. 정미입수좌(丁未入首坐)는 대대로 형제를 두는데 연이어 과부가 생기고 5대에서 망한다. 곤신정미(坤申丁未)는 모두 순양인 무기(戊己)이다. 경태입수좌(庚兌入首坐)는 아들이 없으며 딸 둘이 제사를 모신다. 신술입수좌(辛戌入首坐)는 직손이 망하여 양자가 제사를 모시고 음란한 일이 끊이지 않는다. 건해입수좌(乾亥入首坐)는 대대로 4형제를 둔다. 만일 임좌(壬坐)를 잡으면 진사에 오른다.

⑩ **경태룡**(庚兌龍) : 임감입수좌(壬坎入首坐)는 대대로 전후처에서 형제를 두고 집안에 흠(欠)이 있다. 계축입수좌(癸丑入首坐)는 대대로 4형제가 연이어 무과에 오르지만 직손에게는 자손이 없다. 간인입수좌(艮寅入首坐)는 공업으로 부를 이루나 3대에서 망한다. 을진입수좌(乙辰入首坐)는 언챙이와 치아가 드러난 사람이 많이 나온다. 손사입수좌(巽巳入首坐)는 4대 자손이 무과에 오르고, 뒤에 건해각(乾亥角)이 있으면 7, 8대 자손이 모두 대소과에 급제한다. 병오입수좌(丙午入首坐)는 모두 문무과에 낙방하고, 현직자는 면직이나 파직되며 정신질환과 객사가 따른다. 정미입수좌(丁未入首坐)는 시신이 엎어지고 뒤집히는 불길한 자리이다. 곤신입수좌(坤申入首坐)는 3대 과부가 함께 산다. 신태입수좌(辛兌入首坐)는 상업이나 사업으로 부를 이룬다. 신술입수좌(辛戌入首坐)는 젊은 사람의 죽음이 계속되지만, 혈이 곤신경(坤申庚)으로 내려오면 대대로 3, 4형제에서 많은 자손이 번창하며 유복자손이 더 발복한다. 건해입수좌(乾亥入首坐)는 3·4형제를 두며, 4대 자손에서 진사가 나온다.

⑪ **건술룡**(乾戌龍) : 계임감입수좌(癸壬坎入首坐)는 2대에서 진사가 나오나 3대에서 모두 고향을 떠난다. 축간입수좌(丑艮入首坐)는 4대에서 부를 이루나 해수병으로 장손에게 자손이 없으며, 간혹 불에 타서 죽는 사람도 있다. 간인입수좌(艮寅入首坐)는 5대의 후처 자손에게 길하다. 을묘입수좌(乙卯入首坐)는 젊은 나이에 눈을 다쳐 맹인이 나온다. 임감박화(壬坎剝換)은 을진맥(乙辰脈)의 언덕 손자좌(巽巳坐)에 묘를 쓰면 대대로 충신, 열녀, 절사공신, 영웅이 나온다. 병오입수좌(丙午入首坐)는 5대에서 관직자가 일곱 곳에서 나온다. 정미입수좌(丁未入首坐)는 4대에서 부를 이루나 장손에게 자손이 없고 형제간에 재산싸움이 일어나며 화재로 망한다. 곤신입수좌(坤申入首坐)는 당대에 3남 3녀를 두게 되며 자손이 번창한다. 신태입수좌(辛兌入首坐)는 3남매를 두며 70까지 장수한다. 만일 곤신맥(坤申脈)이 넘어들어 오면 전후처에서 얻은 4, 6형제가 모두 큰 부자가 된다. 복입유술(復入酉戌)은 5, 7형제가 문과에 급제하며 연이어 자손들이 급제한다. 건해입수좌(乾亥入首坐)는 먼저 문관이 나오고 후에

무관이 나온다. 대대로 2, 3형제를 두나 6대에 가서 고향을 떠난다.

⑫ **건해룡**(乾亥龍) : 임감입수좌(壬坎入首坐)는 홀아비가 쌍으로 나온다. 계축작국(癸丑作局)에 자리를 정하면 3, 4형제가 무과에 오르지만 장손에게 자손이 없어 양자로 대를 잇는다. 간인입수좌(艮寅入首坐)는 대대로 3, 4형제를 둔다. 만일 간인(艮寅) 뒤에 곤신각(坤申角)이 있으면 5, 6대에서 대소과에 급제하나 7대에서 나라를 그르치는 난적이 나온다. 갑묘입수좌(甲卯入首坐)는 소년기에 죽는 사람이 많으며 3대에서 망한다. 을진입수좌(乙辰入首坐)는 당대에서 망하나 만일 손사맥(巽巳脈)과 간인맥(艮寅脈)이 혈을 안고 돌면 3, 4형제가 모두 무관대직에 오른다. 병오입수좌(丙午入首坐)는 5대에서 문관과 이학자가 나온다. 정미입수좌(丁未入首坐)는 3대에서 양자가 제사를 모신다. 곤신입수좌(坤申入首坐)는 노년에 아내를 얻게 되며 식복이 따른다. 경태입수좌(庚兌入首坐)는 당대에 사람이 죽는다. 신술입수좌(辛戌入首坐)는 5대에서 망하지만 축간맥(丑艮脈)이 옆으로 들어오면 5대 5형제가 문과에 오르며 큰 부자가 된다. 임해입수좌(壬亥入首坐)는 자손이 있으면 재물이 없고 재산이 있으면 자손이 없다.

❖ **청오경**(青鳥經)**에는 풍수에서 말하는 기**(氣)**는 흙에서 잘 통한다** : 기(氣)는 흙에서는 잘 통하나 돌 암석에는 흐르지 않는다. 그래서 암석에는 묘를 쓰지 않는다고 설명하고 있다.

❖ **청오경**(青鳥經)**에서는 진룡진혈**(眞龍眞穴)**을 눈으로 살피고** : 진룡진혈은 눈으로 살피고 마음으로 깨달아 만약에 이를 능히 깨달으면 천하를 횡행(橫行)한다고 말하였고 양구빈(陽救貧)은 세상이 내려오고 풍습이 바뀌니 대지(大地)를 만나도 가볍게 허락하지 말라 하였다. 또한 대지를 허락하는 것은 가짜 혈로 사람을 속이는 것보다 오히려 나쁘다. 보통 진혈은 비록 작더라도 가볍게 허락하면 안 되는데 하물며 대지는 당연하고도 남는다. 명월주(明月珠)를 어둠속에 던지는 것과 같으니 신중하고 신중하라고 하였다.

❖ **청오경**(青鳥經)**의 안산론**(案山論) : 안산(案山)은 혈을 응기(應氣)하는 사격으로서 모양이 단정하여 기(氣)가 머물러야 하며, 모양은 서로 마주 대하여 절하는 듯 읍하는 듯 공수(拱手)하는 듯하면 길(吉)하고 매우 긴 것과 짧은 것은 모두 불길하여 안산의 형이 아닌 것이라 혈처가 높고 즉 마땅히 안산(案山])의 위치가 먼 것이오 혈처가 얕은즉 가까운 것이 당연한 것이라 하였다. 조산(朝山)은 주산전면(主山前面)에 응기한 산을 말하니 비유하면 이에 군왕이 정치를 하는데 대신들이 나아가 배알하는 것과 같으므로 이를 조산(朝山)이라 한다.

❖ **청오경의 이장천장법**(青鳥經移葬遷葬法)

① 무덤봉분에 풀이 말라 죽으면 이장하라.

② 까닭 모르게 봉분이 가라앉으면 이장하라.

③ 장후(葬後) 변사자가 있으면 이장하라.

④ 장후 패륜, 중죄인, 불구자가 나오면 옮겨야 한다.

⑤ 가족의 변사, 사업의 실패, 가산의 몰락이 있으면 옮겨야 한다.

⑥ 정부개발 정책에 따라 부득이 옮겨야 할 경우는 옮겨야 한다.

⑦ 후손이 번성한 오래된 묘는 개장하지 마라.

- **정자왈**(程子曰) : 땅이 아름다우면 그 땅에 묻힌 유골도 아름답고 후손은 복을 받는다.
- **공자왈**(孔子曰) : 생전은 예로써 섬기고, 시신은 예로써 장사지내고, 사후는 예로써 제사하라.
- **주자왈**(朱子曰) : 땅이 산화하면 목렴, 수렴, 풍렴, 모렴, 충렴 등으로 시신은 흉하고 후손은 멸한다고 하였다.
- **다산왈**(茶山曰) : 시신은 거적에 싸거나 비단에 싸거나 말이 없다. 마지막 효는 장법에 있다. 정성을 들여 잘 모시어라. 후손이 길하느니라.
- **문정공왈**(文正公曰) : 길지를 얻었으나 장사 마무리를 정성들여 하라. 재혈(裁穴)과 분금 잘못으로 한치의 오차만 범하여도 복을 받기보다는 화를 받기 쉬우니라 하였다.

❖ **청오선의 10불상**(十不相) : 청오선(青鳥仙)은 다음 열가지를 삼가 경계하라 하였다.

① **일불상**(一不相) **조완추석**(祖頑醜石) : 혈을 보는데 첫 번째로 피해야 할 것은 용혈과 청룡·백호 등 주변 산세가 거칠고 딱딱하여 무디고 더럽고 추잡한 흉석이 많이 있는 곳이다.

② **이불상**(二不相) **급수쟁류**(急水爭流) : 골짜기가 경사가 심하

여 물이 급하게 소용돌이 치면서 내려오면 매우 흉하니 피해야 한다.

③ **삼불상**(三不相) **궁원절경**(窮源絶境) : 궁원(窮源)은 궁벽진 언덕이니 진룡(眞龍)이 있을 수 없다. 절경 또한 용맥과 산이 끊겨 괴암석으로 날카롭게 서 있는 땅이다. 이러한 곳은 혈을 결지하지 못한다.

④ **사불상**(四不相) **단독룡두**(單獨龍頭) : 단산독룡(單山獨龍)은 주변에 보호하는 산이 없다. 외롭게 홀로 돌출한 곳은 바람의 피해를 많이 받아 결지불능이다.

⑤ **오불상**(五不相) **신전불후**(神前佛後) : 신당 앞이나 절 뒤에는 고음과양(孤陰寡陽)하여 음기가 너무 강하기 때문에 집터나 묘지로 쓰지 마라. 대개 신당이나 절은 혈지에 자리잡았다. 앞은 합수지점이고 뒤는 입수룡과 과룡이기 때문에 혈지로는 부적합하다.

⑥ **육불상**(六不相) **묘택휴수**(墓宅休囚) : 파묘자리나 패가한 집터와 감옥 자리는 비록 길혈일지라도 기운이 쇠퇴했기 때문에 발복하지 못한다.

⑦ **칠불상**(七不相) **산강요란**(山岡潦亂) : 산세가 흩어지고 제각각으로 비주(飛走)하여 달아나 무정한 곳은 결지 불능이다.

⑧ **팔불상**(八不相) **풍수비수**(風水悲愁) : 산이 거칠고 웅장하여 다정한 것이 없으며 물이 험하고 급하여 요동치는 소리가 심하게 나고 바람이 맞불어서 울부짖는 소리가 나는 땅은 흉지다.

⑨ **구불상**(九不相) **좌하저연**(坐下低軟) : 주산은 높고 밝아 생왕하나 혈 아래는 낮고 연약하여 푹 꺼지고 결함이 많은 것은 기맥이 없는 사지이므로 피해야 한다.

⑩ **십불상**(十不相) **용호첨두**(龍虎尖頭) : 청룡이나 백호의 끝이 날카롭고 뾰족하여 혈을 향해 찌르는 형상이거나 청룡·백호 두 끝이 서로 마주보고 싸우고 다투는 모습이면 흉하다.

❖ **청오자**(靑烏子) : 청오경을 저술한 중국 한(漢) 나라 때의 풍수가.

❖ **청학포란형**(靑鶴抱卵形), **학소포란형**(鶴巢抱卵形) : 봉황포란형(鳳凰抱卵形)과 비슷하나 봉황에 비해 용혈이 다소 약하고 국세도 다소 작은 것을 말한다. 주산이 빼어난 탐랑목성체로 혈은 청학 가슴 부분이나 날개 안쪽 익간(翼間)에 있고, 안산은 청학 알이다. 학과 관련된 명당은 학처럼 성격이 고고하고 인품이 훌륭하며 학문과 문장이 출중한 자손을 배출한 관직에 나가 지위가 매우 높아지더라도 성품이 맑아서 사람들의 사랑과 존경을 받는다. 현인, 귀인을 배출하며 부귀쌍전한다.

❖ **청학하전형**(靑鶴下田形) : 청학이 구슬을 찾아 밭에 내려온 형국. 주룡은 부리이며 혈은 부리 끝이나 이마에 해당되는 곳에 있다. 안산은 구슬과 같이 둥근 산이다.

❖ **청호**(靑虎)**의 화복가**(禍福歌) : 청룡 밖에 봉우리가 있으면 자손에 횡재수(橫材數)가 있다. 백호사(白虎砂)에 허리가 끊어지면 자손에게 비참하고 끔찍한 형벌이 있게 된다. 백호 외에 칠봉이 있으면 문무의 과거가 그치지 않는다. 청룡사의 허리가 끊어지면 자손 중에 목이 잘리는 형벌이 있게 된다. 천봉(千峰)이 한 사람을 구하지 못하고 한 물은 능히 백자손(百子孫)을 증언한다. 비록 물이 길(吉)하더라도 배거(背去)하면 흉이 되고 비록 흉하나 포래(抱來)하면 길함이 된다. 산이 사(射)하고 물이 충(沖)하면 재앙이 생기고 산이 뾰족하고 물이 깊으면 발복한다. 묘(墓) 앞의 물이 산거(散去)하면 빈궁하고 형제불화(兄弟不和) 있으며 연못물이 황색이면 음란하게 된다. 또 자손들이 소년 시절에 속병으로 고생하게 된다.

❖ **체**(滯) : 잠기어 오랫동안 막혀있는 상태.

❖ **체백**(體魄) : 죽은지 오래된 송장 또는 땅 속에 묻은 송장.

❖ **체천**(遞遷) : 봉사손(奉祀孫)의 대수(代數)가 다한 신주(神主)를 최장방(最長房)이 제사를 받들게 하려고 그 집으로 옮기는 일.

❖ **초가지붕과 기와지붕의 기운에 의한 차이** : 기와지붕은 벽면과 지붕의 연결 관계에 있어서 구조나 재료가 전혀 다른 형태를 이루고 있으므로 변화가 많고 그 구분이 엄격하다. 특히 기와지붕 용마루의 가장 높은 부분은 왼쪽과 오른쪽으로 분리되어 있어서 중심력을 약하게 하는 한편 왼쪽과 오른쪽의 투쟁을 나타낸다. 그래서 권력 싸움을 벌이게 된다. 기와집에 있어서 지붕과 벽면의 상하식 구분관계는 산에서 발생되는 수직적 계급의식과 병합되어 더욱 확고한 상하 계급의식으로 나타난다. 특권을 쥐고 있던 양반계층이 기와집에서 살았기 때문에 이들의 권위

의식이 더욱 강하게 작용했던 것이다. 또 기와집의 지붕은 전면이나 후변이 모두 처지는 곡선을 이루고 있으나 이들 곡선의 중심적 위치는 각각 다르다. 즉 전면 지붕면의 중심점은 상부에 있고 후면 지붕면의 중심점은 후면 지붕의 상부에 위치한다. 주택 내부에서 중심적 위치가 서로 상반되는 것은 마치 사람이 서로 등을 맞댄 형태를 이루게 되는데 그것은 의견 충돌과 분열을 일으킨다. 그러나 초가지붕 구조는 상하 관계를 유지하면서도 서로 알맞은 조화를 이루고 있다. 초가지붕의 기운이 한 점으로 밀집하는 현상을 사람들은 하나로 단결하게 한다. 초가지붕에서 생활하는 일반 서민들은 이웃을 생각하되 순수한 하나의 마음만을 갖고 있었고 국가와 민족을 생각하는 마음도 동일했다. 초가집에서는 가족간에 노소동락하는 따뜻한 인정을 갖고 서로 아끼는 마음이 있었다. 초가지붕은 송이버섯과 같이 하늘을 향해 올라가는 형태를 이루고 있다. 초가지붕은 둥근형태로 건물을 부드럽게 감싸고 있고 이런 형태에선 내부에 중심 기운이 모인다. 그래서 초가집에서 생활하는 사람들은 현실적인 생활에 적응하는 능력이 강하고 근면하며 생산적인 활동을 한다. 그러나 기와지붕은 지붕이 벽면에 지나치게 무겁고 중심이 분산되어 있다. 지붕이 지나치게 큰 형태는 권력행사가 지나치게 많음을 의미하며 이것은 곧 권력의 횡포를 뜻한다. 결과적으로 나라를 바로 이끌어야할 양반들은 기와집에 살면서 노동과 생산을 천하게 여기고 공리공론의 문치주의로 국가를 문약하게 만들었으며 중심 사상을 갖지 못하고 외세의 침입을 자초해 나라를 망하게 만들었다고 볼 수 있다.

❖ **초가을에 잔디가 먼저 노랗게 변하는 곳이 명혈이다**: 겨울에 잔디의 색상이 베이지 색으로 밝게 보이며 황금빛이 난다. 초목의 생기(生氣)가 있는 것은 봄에 풀잎이나 나뭇잎이 다른 곳의 초목에 비해 더디게 새싹이 트는 곳이 명당의 생기라 볼 수 있다.

❖ **초각**(初刻) : 초(初)와 정(正). 매 시간의 15분전.

❖ **초락**(初落) : 산이 처음 발족하여 내려오려 할 때 그 지점이 앞이나 뒤나 오른쪽이나 왼쪽이나 급하게 벽처럼 서 있는 곳. 뾰족뾰족한 바위가 솟아있고 무섭고 험한 기세만 있는 곳이며, 그곳에 바로 첫 번째 떨어진 혈이다. 혈이 맺으려면 곱고 친근한 기운이 잘 융화되어야 한다. 이렇게 험한 곳에 혈을 정하면 일시적 발복은 있을지라도 귀와 수를 누리지 못한다.

❖ **초락지격**(初落之格) : 처음 자리에 떨어진 혈. 태조산의 머리가 막바로 떨어져 내려 혈처(穴處)를 이룬 것으로 사방의 산이 치밀하게 둘러싸 시립하고 있다. 빨리 부유해지고 귀해지지만 태조산으로부터 흘러내린 용맥의 길이가 길지 않아 용기(龍氣)가 짧아서 오래가지 못한다.

❖ **초락혈**(初落穴) : 처음 산이 솟아올라 시발하여 내려오려고 할 때에 아직 박환(剝換)이 되지 않아 전후좌후(前後左後)가 급하고 암벽으로 되어있어 삐죽삐죽한 바위나 암석으로 솟아있어 기세가 험악하고 무섭고 두려우며 살기(殺氣)가 있는 곳으로 지세가 평탄하고 바람이 없어 기운이 온화하면 산천정기가 잠시 머물러 혈이 맺히게 되는데 험악지처에 혈이 맺히게 되면 화평한 기운이 없어 일시적으로 잠깐 발복은 하지만 오래가지 못하여 잠간동안 부를 누려 잘살게 되지만 부귀가 유구(悠久)하지 못한다.

❖ **초례청 놓는 방위** : 구식혼인(舊式婚姻)에는 초례상(醮禮床)을 설치하고 신랑·신부가 그 양쪽에 서서 전안식(奠雁式)을 올린다. 이 초례상을 설치할 때 피하는 방위는 태백살(太白殺) 방위인데 아래와 같다.

- 1, 2日 : 東方
- 3, 4日 : 南方
- 5, 6日 : 西方
- 7, 8日 : 北方
- 9, 10日 : 上天

태백살(太白殺)을 속칭 「손」이라 하는데 가령 1일, 11일, 21일과, 2일, 12일, 22일은 「손」이 동고에 있으므로 안방을 중심으로 하여 이 방위에 초례상을 놓지 아니하며, 또는 신랑·신부가 서로 이 방위를 향하여 서서 절하지 않도록 해야 된다는 것이다.

❖ **초룡절**(初龍絶) : 맥(脈)도 없고 혈형(穴形)도 없으며 산이 거칠고 물이 짧으며 용도 없는 땅으로 극히 흉하다.

❖ **초목(草木)으로 본 기상**(氣象) : 생룡(生龍)은 초목의 색깔이 연두색으로 보이고 나무도 곧게 자라며, 사룡(死龍)의 초목은 짙은 녹색으로 모이며 나무도 무성하게 자란다. 그리고 흩어진 잡초들이 많이 무성하게 있다.

❖ **초목을 보고 명당을 찾을 때에는**: 초목을 보고 명당길지(明堂吉

地)를 찾을 때는 모든 초목들이 연두색이 짙게 나는 노란 빛을 많이 띈 색상이 있는 산(山)에 가야 있는 것이다. 또한 나무는 곧고 나무껍질이 얇으며 다른 곳 보다 나무키가 적다. 잡초들은 듬성듬성 나있으며 색상이 베이지 색으로 밝게 보이며 황금빛이 난다.

❖ **초목의 잎이 오골오골하면** : 초목의 잎이 오골오골하면 암석(巖石)으로 이루어진 곳이다. 이와 같은 곳은 불가장지(不可葬地)이다. 또 용세(龍勢)가 잡초의 넝쿨로 우거진 곳은 잡석으로 이루어졌거나 추악(醜惡)하고 음습(陰濕)한 곳은 불가장지이다. 묘지에 잡초가 많은 곳은 망지이다.

❖ **초사**(草蛇) : 여러 산 가운데서 지현의 맥으로 노도지각없이 달려나오는 용맥.

❖ **초사회선**(草絲灰線) : 평평한 용이나 당이 보일 듯 말 듯 미미하게 생기(生氣)가 이어진 흔적의 하나. 풀 속의 뱀과 잿속의 실에 비유하여 자세히 살피지 않으면 알기 어렵다.

❖ **초상**(初喪) **때 실을 쥐고 있는 상주는** : 예부터 친자는 부상(父喪) 때는 대나무 작지를 짚고 모상(母喪) 때는 오동나무와 버드나무 작지를 짚고 곡을 하는데, 손에 실이나 노끈을 잡고 상주 노릇을 하는 상주는 촌수가 조금 멀던가 아니면 자식이 있는데도 수양자(收養子)를 하여 기른 양아들이 지팡이 대신 실 또는 노끈을 잡고 곡을 하였다.

❖ **초상**(初喪) **때에 명주베는 불가**

① 손톱 한 조각에서부터 두발(頭髮) 한 가닥에 이르기까지 어느 것 하나 부모님의 체백(體魄) 아닌 것이 없다. 그러므로 사전에 신후지(身後地)를 잡았다가 바로 그곳에 용사(用事)함이 원칙이다.

② 옛날부터 수의(壽衣)는 명주를 많이 사용하였으나 명주는 부패하지 않고 체백(體魄)에 달라붙으므로 절대로 좋지 않다. 수의는 반드시 마포만을 사용해야 한다.

③ 목관(木棺)을 제거하고 용사(用事)해야 한다.

❖ **초신접기**(招神接氣) : 기문둔갑법(奇門遁甲法) 또는 홍연진결(洪烟眞訣)에서 사용되는 술어. 기문둔갑법을 응용하려면 먼저 명반(明盤)을 작성해야 되는데 이 초신접기(招神接氣)는 명반을 작성하는 과정에서 반드시 알아두어야 한다. 명반을 작성하는 법식 가운데는 24절과 일진(日辰)을 대조, 어느 절기에 속하는 무슨 국(局)인가를 정해서 육의(六儀)·삼기(三奇) 및 기타를 포국(布局)하게 되어 있다. 홍연진결(洪烟眞訣)에 의하여 초신(招神)이란 초(招)는 '지나갔다', '넘어섰다'는 뜻이고, 신은 '부두(符頭)'를 말함이다. 접기(接氣)의 접은 영접함이고, 기는 절기(節氣)라는 뜻이다. 즉 부두(符頭)가 절기보다 먼저 이른 것이 초신이고, 절기가 부두보다 먼저 이른 것이 접기가 된다. 여기에서 절기란 입춘(立春)·우수(雨水)등 24절의 명칭이고, 부두(符頭)란 상원부두(上元符頭) 즉 갑자(甲子), 기묘(己卯), 갑오(甲午), 기유(己酉)일을 칭함이다.

• **상중상원**(上中上元)

上元符頭	中元符頭	下元符頭
甲子日(5일간)	己巳日(5일간)	甲戌日(5일간)
己卯日(5일간)	甲申日(5일간)	己丑日(5일간)
甲午日(5일간)	己亥日(5일간)	甲辰日(5일간)
己酉日(5일간)	甲寅日(5일간)	己未日(5일간)

갑자(甲子), 기묘(己卯), 갑오(甲午), 기유(己酉)일은 상원부두(上元符頭)이니 이날부터 상원(上元)이 시작되어 이하 5일이 상원(上元)에 속하고, 기사(己巳), 갑신(甲申)이 중원(中元)에 포함되며, 갑술(甲戌), 기축(己丑), 갑진(甲辰), 기미(己未)일은 하원부두(下元符頭)이니 이날부터 하원(下元)에 들어 5일간 포함된다.

• **절기보다 부두**(符頭)**가 먼저 든 예**

갑자상원부두(甲子上元符頭)

乙丑

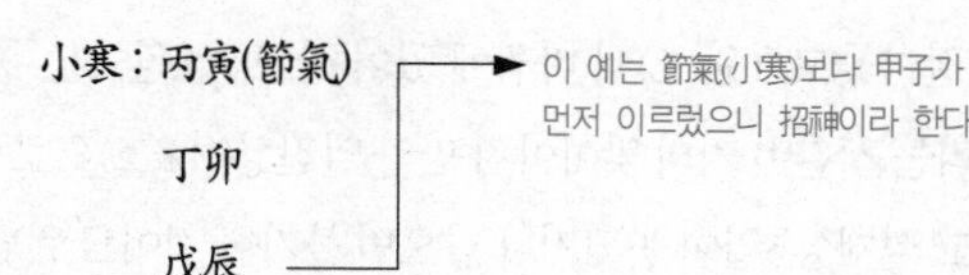

• **부두보다 절기가 먼저 든 예**

立夏 : 辛卯(節氣)
壬辰
癸巳
甲午(上元符頭)
乙未
丙申

이 예는 符頭(甲午)보다 節氣(立夏)가 앞당겨 들었으므로 接氣라 한다.

• **절기와 부두가 같이 든 예**

丁丑
戊寅
春分 : 己卯(符頭·節氣 同日)
庚辰

이 예는 節氣와 符頭가 같은 날에 든 것인데 이런 경우를 「正授奇」이라 한다.

그런데 1년의 일수는 약 365일 6시간 상중하원(上中下元), 3원(元)의 주기는 1원(元)이 5일씩 15일이므로 1년에 24번이 순환교차되면 3원(元)의 1주기보다 절기일수가 매 절기마다 5시간 정도 남는다. 그러므로 절기가 삼원부두와 같은 날 시작되었다고 하더라도 5시간 이상의 차가 생겨 계속 나가다 보면 자연적으로 절기보다 부두가 먼저 이르게 되는 것이며, 오래 진행할수록 부두와 절기간의 차이가 멀어지므로 어떤 때에는 중원부터 절기가 들고 어떤 때에는 하원부터 절기가 들어 절과 삼원이 착란(錯亂)해져 도무지 어느 절기에 해당하는 부두인지 알 수 없고, 이렇게 되면 도수가 맞지 않아 정확한 포국(布局)이 이루어질 수 없는 것이다. 그리고 또 한 점은 3원(元)이 갈마들고, 1원(元)씩 바뀜에 있어 반드시 1원5일(一元五日)이라는 시간이 거의 맞아야지 만약 일진상(日辰上)으로 5일간이고 실제상 5일이 못되거나 남으면 불가한 것이므로 남으면 떼어내고(이를 折局이라 한다) 부족하면 보충해야 일수를 맞추는 것은 초신접기(招神接氣)에 의한 절국보국법(折局補局法)이고, 절기와 3원(元)의 도수를 조정하는 것은 치윤법(置閏法)이라야 한다.

• **치윤법**(置閏法) : 1년은 12월이요, 매월에 두 절기가 있어 합 24절이며, 한 절기에는 상중하 3원이 든다. 1년의 일수가 약 365일로 정확히 떨어진다면 절기와 3원(元)의 도수가 언제나 일정하게 되므로 구태여 초신(招神)이니 접기(接氣)니 하고 따질 필요가 없고, 또는 윤국(閏局)을 두어 도수를 조정해 나갈 필요도 없다. 가정해서 1년이 360일이고 동지일에 갑자(甲子)가 든다고 하면 다음 절기 소한에 기묘상원부두(己卯上元符頭)가 들고, 다음 절기 대한에 갑오상원부두(甲午上元符頭)가 들면 다음 절기 입춘에 갑오(甲午), 다음 절기 우수에 기유상원부두가 들어 절과 상원부두가 제대로 맞아 들어가므로 다음해 동지일에 다시 갑자일(甲子日)이 되어 상원(上元)이 시작될 것이다. 그러나 1년의 일수가 360일이 아닌 365일과 4분의 1일이라는 태양 도수 관계로 1년에 5일 5분의 1이라는 날수와 시간이 남게 된다(1년에 60갑자가 6번 들고, 일갑자(一甲子)에 3원(元)이 4번 번갈아 든다). 그리고 태양도수(太陽度數)는 약 4분의 1이라는 시간이 남는 관계로 4년에 한 차례 윤일을 두어 매 신자진년(申子辰年:서기 연대로 4로 나누어지는 해와 400으로 나누어지는 해. 단 4로 나누어져도 100으로 나누어지는 해에 한해서는 윤이 아니고 평년으로 정한다)에는 2월 28일을 29일로 쓰고 있다. 윤을 두는데 있어 일정한 원칙이 있다. ① 초신은 10일을 넘지 않는 한계 내에 멈추고, ② 접기는 5일이 넘지 않도록 하며, ③ 윤은 반드시 망종 후 하지 전과 대설 후 동지 전에만 든다. 이상과 같은 원칙을 적용하면 대개 절보다 부두가 8일에서 10일이 먼저 이를 때의 망종이나 대설 뒤에 윤(閏)을 둔다는 뜻인데, 실제 이를 계산하여 맞추다 보면 가령 망종 후에 윤(閏)을 두자니 8일이 못 되고, 대설 뒤 두자니 10일이 훨씬 넘어 어느 절기 뒤에 두는 것이 적합할지 가늠하기 곤란할 경우가 많다. 그러므로 원칙은 그러해도 실제는 그렇게만 맞출 수 없는 것이어서 융통적으로 8일에서 12일 초과를 한계범위로 정하여 윤을 두면 무난하다.

❖ **초월임지**(初月臨池) : 초승달이 높은 곳에서 못(池)이나 호수를 내려다보는 형국. 둥그런 주산(主山) 아래에 못이나 호수가 있으며, 혈은 주산의 중앙에 자리잡고 구름이 안산(案山)이다. 주

산(主山)이 물 가운데 있으면 참으로 좋다.

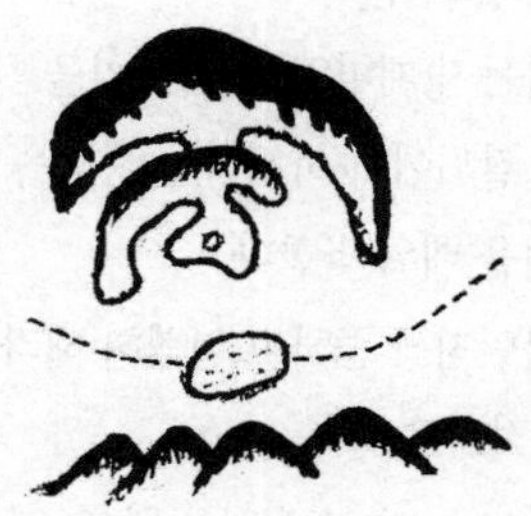

❖ **초장**(草葬) : 짚(葉)으로 싸서 가매장(假埋葬)함.

❖ **초장용사는 이렇게**

① 손톱 한 조각에서부터 한 올에 이르기까지 어느 것 하나 부모님의 체백(體魄)이 아닌 것이 없다. 그러므로 조상의 체백은 한 조각이라도 분실됨이 없이 영구히 완벽하게 모셔야 한다. 그러기 위해서는 사전에 신후지지(身後之地)를 점지하여 그곳에 용사함이 원칙이다.

② 초장이라도 목관을 제거하고 용사하는 것이 좋다. 그 이유는 입관할 때 관내에 체백을 고정시키기 위하여 투입한 옷가지 등이 4~5년 지나면 먼저 부패하고, 체백이 탈골되면서 두상이 비뚤어져 당초의 좌향이 달라지게 되므로 좋지 못한 영향이 7~8년 후에 자손에게 미치기 때문이다. 그러므로 관(棺)을 제거하고 소모태(小母態)에 안장한 후 흙은 부패하지 않으니 흙으로 두상을 움직이지 않도록 고정시켜야 한다.

③ 천개(天蓋)는 대(竹)로 하면 좋다. 대는 깨끗하게 부패하기 때문이다. 천개를 대 대신 토와(土瓦) 또는 붕판(棚板)을 크게 제작하여 사용하면 금상첨화일 것이다.

④ 초장(初葬)시 명정(銘旌)을 관 위에 덮고 성분하는 예가 허다하다. 그러나 현재 사용하고 있는 명정은 화학섬유로서 오랫동안 부패하지 않고 체백을 싸고 있게 되어 습기를 조절할 수 없다. 그러므로 체백이 쉽게 부패하면서 새까맣게 되므로 절대로 사용하지 말고 소각시켜야 한다. 꼭 필요한 때는 한지로 별도로 만들어 활용하는 것이 좋을 것이다.

⑤ 체백을 안장하기 위해서는 천광(穿壙)을 완전히 매립한 후(粘土까지 매립) 화학용 생석회(生石灰=强石灰) 7~8포를 흙과 혼합하여 팠던 곳을 골고루 덮고 그 위에 봉(封)을 짓는 것이 가장 좋다. 이 방법은 건수(乾水)를 방지하게 되어 유택을 장기간 보존하는 가장 좋은 용법이다.

❖ **초중반사형**(草中蟠蛇形) : 뱀이 풀밭에서 똬리를 틀 듯 주룡이 둥글게 회돌았거나 청룡·백호 한쪽이 가늘고 길게 혈을 감싸준 형국. 주로 평지나 야산과 같이 낮은 곳에 있으며 주변에 개구리 쥐, 새, 두꺼비와 같은 작은 산이나 바위가 있어야 한다.

❖ **초지**(稍遲) : 조금 더디다.

❖ **초초**(迢迢) : 멀고 아득한 모양.

❖ **초피**(鍬皮) : 산세가 곧고 급하고 살기를 두려워하므로 껍질을 파내어 안장함을 말함.

❖ **초피혈**(鍬皮穴) : 파초의 잎새처럼 생긴 괴혈. 청룡·백호가 갖춰지지 않아 언뜻 보면 혈 같지 않으며 물이 청룡·백호를 대신해 준다.

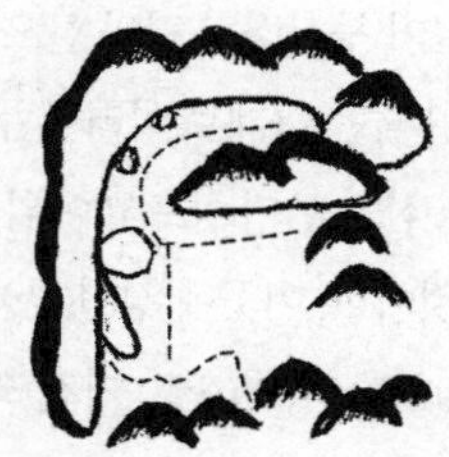

❖ **초혼**(招魂) : 혼(魂)을 부름. 사람이 죽었을 때 그 사람이 생시에 입던 저고리를 왼손에 들고 오른손은 허리에 대어 지붕에 올라서거나 마당에서 북쪽을 향해 "해동 조선국 ○○시 ○○구 ○○동 ○○이름을 부르며, 옷 가져가소, 옷가져가소" 하고 복 복 복 세 번 부르는 일은 죽은 혼을 불러도 살아나지 못하는 까닭에 이 일이 끝나고 발상함.

❖ **초혼장**(招魂葬) : 큰 사고로 인하여 사람의 시체를 찾지 못할 경우 돌아가신 날짜나 장소는 잘 아는데 시체를 찾지 못했을 경우 혼을 청하여 시체를 밤나무로 만든 시체처럼 염을 하여 장례를 하는 것을 말함. 혼령이 무덤이 없으면 구천지하에 헤매고 다닌다고 해서 무덤을 만들어 주는 것을 초혼장이라고 한다. 또한 사람들이 실묘(失墓)를 하거나 부모, 조상의 시신이나 유골을 찾지를 못한 사정이 있어 자손된 도리로 초혼을 하는 경우가 있

는 것인데, 이것은 유골이 땅 속에 들어서는 것보다는 못해도 5 내지 6, 7할은 그 효력을 발생할 수 있도록 할 수가 있다. 유골을 재래종의 밤나무로 깎아서 15cm 내지 20cm 내외가 되도록 해서 음지에서 말린 후 나무의 뿌리 부분이 되는 곳을 상(上: 시신의 머리부분)으로 하고 나무 줄기가 하늘 쪽으로 한 부분을 아래(시신의 다리부분)로 해서 유골을 대신하고, 삼베나 한지로 염을 하고 명정에 본관과 생년을 써서 유택에 모실 때에 초혼을 하고는 하관을 하면 된다. 그리고 초혼장을 생장이나 유골장과 같이 하지 못하게 하는 일은 하늘에서 금하는 법이고 초혼장 부부가 쌍분으로나 다른 곳에 정혈을 해서 모시는 것이 좋은 방법이다.

❖ **촌토**(寸土) : 조금의 작은 흙.

❖ **총두**(摠頭) : 머리가 헌다는 뜻. 검고 흰모래와 돌이 섞여 나무가 자라지 않고 오직 누런 풀과 거친 풀과 가시만 우거져 사람에 비하면 머리에 털이 무지러진 것과 같으며, 또 사람은 기혈(氣血)이 패하여 살이 죽은 관계로 이러한 두창(頭瘡)이 생기는 것과 같이 땅에도 용신(龍身)이 마르고 여위고 기맥이 허약하므로 이 형이 생기는 것이니, 이곳에 정혈(定穴)하면 세업을 패하고 자손도 쇠잔(衰殘)한다. 사골(沙骨: 자갈)의 산은 본시 기맥이 마르고 여위어 단단해도 돌도 아니고 거칠어도 흙이 아니므로 흩어져 자갈 모래가 되어 아롱져서 마치 사람이 맥(脈)과 육(肉)이 없는 것 같이 초목이 성하지 못하고 말라 죽는다. 이 용은 반드시 성신(星辰)을 띠지 않고 나아가서는 우뚝하고 혈이 맺는 곳은 추사(醜砂)하여 자갈 모래가 앞에 가득하고 축축하게 젖어 사람이 나오면 용속비루(庸俗卑陋)하고 우악(愚惡)할 뿐 아니라 부와 귀도 없으며 부인은 난산하고 재물이 쇠퇴하고 인정(人丁)이 불성(不盛)하여 마침내 절사(絶嗣) 한다.

❖ **총무부 직원(경리)은 입구에서 먼곳에 앉는다** : 회사의 이익을 향상시키기 위해서는 경리 담당자의 책상 위치가 중요하다. 경리 담당자(또는 해당부서)는 회사의 자금을 쥐고 있는 매우 중요한 사람으로 가능하면 입구에서 멀리 떨어진 곳에 앉는 것이 좋다. 풍수에서는 먼 쪽에 있는 [기(氣)] 재물운(財物運)을 불러들이기 쉽다고 여기기 때문이다. 이것은 풍수뿐만 아니라 범죄 예방 측면에서도 당연 하다고 할 수 있다.

❖ **최고경영자의 마음가짐**

- 무슨 일을 하든지 재미있게 하는 일을 찾아라.
- 나는 반드시 잘되어야 하겠다는 생각을 가져라.
- 잘 사는 방법을 배워야 한다.
- 무슨 일을 하던지 꾸준하고 열심히 해라.
- 생활은 규칙적으로 하라.
- 남과 같이 자고 놀면 언제 일을 할 수 있느냐.
- 보이지 않고 만질 수 없어도 뿌린 대로 거둔다.
- 내 힘으로 일어서야 한다.
- 부자의 생각으로 살아간다.
- 모든 일의 원인은 자신으로부터 찾아라.
- 결정적 만남을 소중히 하라.
- 실험 정신 도전 정신(자신감)이 필요하다.
- 성공 경험을 쌓아라. : 작은 것부터
- 무슨 일이든 처음 시작 할 때의 마음을 가져라.
- 손에 책을 놓지마라.
- 도전 정신이 필요하다. 거듭 도전하라.
- 선택과 집중을 하라.
- 많은 일을 하려면 조직의 상단에 서야 한다.
- 모든 일은 신이 들려야 한다. 때로는 미쳐야 한다.
- 감동은 자기 스스로 만들어야 한다.
- 인생은 건너뜀이 없다. 반듯하게 생각하라.

❖ **최관귀인**(催官貴人) : 최관귀는 주로 용맥을 주관하며 진혈(眞穴)을 결지할 수 있는 진격용맥과 봉우리를 말함.

- **음** : 최관귀인(催官貴人) = 손태간진(巽兌艮震) 방위 용맥봉.
- **양** : 최관귀인(催官貴人) = 신정병경(辛丁丙庚) 방위 용맥봉.

❖ **최관수**(催官水) : 삼양(三陽)을 가려서 하는 말. 삼양(三陽)이란 곤손, 병, 정의 남방수(南方水)를 말함. 물이 맑고 사(砂)가 수려하면 높은 벼슬하는 자손이 나고, 양선수(陽璇水)가 조안(朝案)으로 흐르면 문필이 나고 소년이 과제장(科第場)에서 문장을 자랑한다.

❖ **최량**(最良)**의 토지** : 집을 짓는데 있어 최량의 토지는 고금도서

집성(古今圖書集成)에서 왼쪽에 흐르는 물(流水)이 청룡이고, 앞의 연못은 주작(朱雀)이고, 뒤의 구릉은 현무(玄武)가 최량의 땅이라고 한다. 결국 왼쪽에는 강, 오른쪽에는 길, 정면에는 연못, 뒤에는 언덕이나 산이 있는 장소야말로 집을 짓는데 최량의 장소라는 것이다.

❖ **최복**(衰服) : 상주들이 거상(居喪) 중에 입는 거친 삼베로 만든 상복(喪服). 참최(斬衰)와 재최(齋衰) 때 입음. 상복의 아랫단을 꿰멘 것을 재최, 그렇지 아니한 것은 참최라 함.

❖ **최상의 주택지는 이러하다** : 주택지의 뒤쪽면은 차차로 높아져 구릉(丘陵)을 형상하고 앞쪽 면은 점차 낮아지면 평평한 구조를 이루며, 전면(前面)에 널따란 공지(空地)가 있는 것이 최상이다.

❖ **추**(錘) : 손을 가슴에 위치하고 팔을 들고 체크한다. 묘봉분에서 속으로 입력한다. 여자면 시계방향으로 돌아다오. 남자면 좌우로 흔들려 달라고 입력 한다. 다음 추를 가지고 측정하면 된다. 50 : 50

❖ **추길피흉장신복살정혈법**(趨吉避凶藏神伏殺定穴法) : 흉하고 나쁜 것은 피하고, 길(吉)하고 좋은 것을 좇아 혈을 정하는 법. 진혈은 흉한 것을 멀리 하고 길한 것을 가까이 한다. 만약 왼쪽 산이 너무 높아서 혈처를 압박하는 형상이면, 진혈(眞穴)은 이것을 피하여 오른쪽에 있다. 오른쪽 산이 압박하면 왼쪽에 깃들인다. 왼쪽 산이 깨져 보기 흉하면 진혈은 오른쪽으로 피한다. 왼쪽의 물이 날아오는 화살처럼 곧게 달려와도 진혈이 오른쪽에 있고, 오른쪽 산이 추하게 생기고 왼쪽 산이 아름다우면 혈은 왼쪽에 있다. 왼쪽 산이 달아나고 오른쪽 산이 감싸 주면 혈은 오른쪽에 깃들인다. 진혈은 이렇게 생김새가 반듯하고, 다정하고, 아름다운 것들을 좇아 자리를 잡는다.

❖ **추법**(墜法) **장법**(葬法) : 추(墜)란 떨어진다는 의미로써 높이 오르면 고(枯)한 데로 치우치고 밑으로 내려가면 편박(偏迫)한 데로 빠진다. 위로 오르되 정맥(頂脈)은 불가하고 정(頂)을 취하되 현(弦)을 벗어나지 않으면 내의(來意)가 전일(專一)하고 생의(生意)가 이루어진다. 점과 비슷하나 점은 추(墜)의 전(全)이고 추는 점의 반(半)이다. 조(弔)는 천혈과 같고, 참(斬)과 절(截)은 인혈(人穴)과 같으며, 추(墜)는 지혈(地穴)과 같으니, 천지인(天地人)은 대경(大徑)이요, 조(弔)·참(斬)·절(截)·추(墜)는 대법이다.

❖ **추분**(秋分) : 24절기 가운데 16번째. 8월의 중기이며 가을의 한가운데로서 이 무렵이면 낮과 밤의 길이가 거의 같다. 추분부터 사음(四陰)이 생하는데 양력으로는 매년 9월 23~24일 사이에 든다.

❖ **추사**(趨舍) : 버릴 것과 취할 것.

❖ **추삼월**(秋三月) : 7월(申)·8월(酉)·9월(戌)의 석달을 추삼월이라 하는데, 원칙적으로 입추일(立秋日)부터 입동 전날까지의 사이가 가을 절기에 속한다.

❖ **추석**(秋夕) : 음력 8월 15일. 이날을 팔월 대보름 또는 중추절 또는 한가위 또는 가배회(嘉俳會)라고도 한다. 이날은 신라 때부터 명절로 정해졌는데 일년 가운데 가장 큰 명절로 일컬어 왔다. 이때는 대개 햇곡식이 누릇누릇 익어갈 무렵이므로 머지 않아 수확을 한다고 하여 미리 햇곡식을 장만하여 떡과 메를 만들어 조상에 모여 황계백주(黃鷄白酒)를 마시며 이날을 즐긴다.

❖ **추생추왕**(趨生趨旺) : 생(生)을 좇고 왕(旺)을 좇아야 함을 논함. 음룡(陰龍 : 生龍)과 자생향(自生向)은 모두 왕(旺)을 좇으니 우선수(右旋水)가 도좌(到左)하여 향하고 왕룡(旺龍)은 자왕향(自旺向)과 같이 생(生)을 좇아 좌선수(左旋水)가 도우(到右)하여 향(向)을 정하여야 진(眞)이 된다. 음(陰)을 음으로 논하고 양(陽)을 양으로만 논하지 말고 오행상생(五行相生)이 더욱 중요함을 알아야 한다.

① **빈룡**(貧龍) : 빈룡(가난한 용)은 큰 벌레처럼 흉하게 혈이 노출되고 목성수(木城水)나 사비수(砂飛水)가 달아나 막음이 없으며 기가 흩어져 혈두(穴頭)에 바람이 불어 그치지 않을 것이다.

② **천룡**(賤龍) : 천룡(천한 용)은 번화(飜花 : 거꾸로 된 용)와 겁살(劫殺 : 음기의 殺龍)과 반궁형(反弓形)의 산이 있으며 좌우 양변에 부축하고 보호함이 없으면 아미사(峨眉砂)와 사모사(紗帽砂)가 가사(假沙 : 거짓 용)로 된 것을 말하는 것이다.

③ **귀룡**(貴龍) : 귀룡(귀한 용)은 겹겹이 장막을 두르고 기고(旗鼓)와 문필과 길사(吉砂)가 나열되어 조배(朝拜)하고 문필이 안산을 이루고 염정발조(廉貞發祖)하여 과협(過峽)과 송영(送迎)이 귀함을 이르는 것이다.

④ **부룡**(富龍) : 부룡(富龍 : 부자가 되는 용)은 비만하고 장막(帳幕)이 적으며 창(倉), 상(箱), 고궤사(庫櫃砂)가 용신(龍身)을 따르면서 기와 장풍을 거두며 금성수(金城水)가 와혈(窩穴)을 감돌면 나라가 대적하지 못할 정도로 부가 넘친다.

❖ **추악**(醜惡)**준증**(峻嶒) : 산이 높고 급하고 악하며 거칠어 추악(醜惡)하게 보이는 산 부장산(不葬山)이다.

❖ **추악대살사격**(醜惡帶殺砂格) : 산의 형태가 험하고 돌이 돌출한 악산으로 살기가 감돌고 험악한 산. 이러한 사가 조안을 비추고 있으면 사람과 재산에 재앙이 생긴다.

❖ **추운**(推運) : 입수(立首)를 기준으로 연수와 대수(代數)를 보는 것. 예를 들어 임입수(壬入首) 임좌(壬坐)는 1대 1년이고, 해입수(亥入首) 해좌(亥坐)는 6대 6년의 혈에 따라 길흉이 나타난다.

[推運表]

壬入首	1대	1년	丙入首	7	7
子入首	1	1	午入首	7	7
癸入首	6	6	丁入首	2	2
丑入首	10	10	未入首	10	10
艮入首	5	5	坤入首	10	10
寅入首	3	3	申入首	9	9
甲入首	3	3	庚入首	9	9
卯入首	8	8	酉入首	4	4
乙入首	8	8	辛入首	4	4
辰入首	5	5	戌入首	5	5
巽入首	8	8	乾入首	9	9
巳入首	2	2	亥入首	6	6

❖ **추운법**(推運法) : 좌향(坐向), 입수맥(入首脈), 주산(主山), 현무(玄武), 주작(朱雀), 청룡(青龍), 백호(白虎), 수세(水勢) 등 주변사의 길흉(吉凶)에 따라 천태(千態)로 구분된다. 산세가 험준, 추악, 음습하고 질풍(疾風)이 상충한 곳에 재앙이 속출하며, 비천자(卑賤者)가 태어나고, 양명후부(陽明厚富)하면서 조윤(調潤)한 곳에서는 부귀하는 자손이 태어나게 됨을 산리(山理)요, 자연이 우리 인간에 베풀어주는 선(善)이요 진리이다.

❖ **추운법**(推運法) **입수**(入首)**를 기준으로 년수**(年數)**와 대수**(代數)**를 보는 것 이다** : 임입수(壬入首) 임좌(壬坐)는 1대 1년이고 해입수해좌(亥入首亥坐)는 6대 6년 혈(穴)에 따라 길흉(吉凶)이 나타난다. 임입수 1대 1년, 자입수(子入首) 1대1년, 계입수(癸入首) 6대 6년, 축입수(丑入首) 10대 10년, 간입수(艮入首) 5대5년, 인입수(寅入首) 3대 3년, 묘입수(卯入首) 8대 8년 이와 같이 보는 것이다. 또 임자혈(壬子穴)이면 신자진(申子辰) 연월일시에 태(胎)어나는 자손이 되는 것이다. 백호 상부(上部)는 시어머니·며느리 중부(中部)는 딸 백호 전체는 외손으로 보는 것이다. 백사토(白沙土)에는 꼽추자손이 출생한다. 묘 봉분과 상석(床石) 사이를 가로를 그어서 백호 상부위(上部位)는 딸과 시어머니로 보고 그 하부위(下部位)는 며느리로 보는 것이다.

❖ **추졸혈**(醜拙穴) : 혈 주변의 땅이 추하고 추한 돌들이 많이 있는 혈. 이런 곳에 묘를 쓰게 되면 자손들이 천박하므로 묘를 쓰지 말아야 하며, 혈 자리는 깨끗하고 단정한 곳에 맺는 것이 원칙이다.

❖ **추차**(推車) : 용호가 곧게 뻗어 마치 두 손을 펴서 수레를 미는 것과 같은 모양.

❖ **추창** : 미끄러짐.

❖ **추흉**(搥胸) : 용호(龍虎)가 가슴의 높이에서 둥글게 뭉쳐져서 주먹을 움켜쥔 모양.

❖ **추흉사**(推胸砂) : 혈처를 좌우에서 망치로 가슴을 치는 것과 같은 형상을 말함. 오른쪽에 추흉사가 있으면 둘째 아들이나 딸에게 화해를 입으며 왼쪽에는 장손이 화해 보게 된다.

❖ **축**(丑) : 12지 가운데 2번째.

- 지지(地支) 축으로 구성되는 60갑자는 을축(乙丑), 정축(丁丑), 기축(己丑), 신축(辛丑), 계축(癸丑)의 5가지가 있다.
- 축은 음토(陰土)인데 빛은 황색이요 방위는 북이며, 절기로는 겨울이고 달로는 12월에 속한다.
- 축은 선천수(先天數)가 5이요, 후천수(後天數)는 10이다.
- 축은 자(子)를 만나면 자축(子丑)이 합하여 오행은 토(土)가 되고, 사유(巳酉)를 만나면 사유축(巳酉丑)이 3합하여 오행은 금(金)이 된다.
- 축은 금(金)의 고(庫) 또는 묘가 되므로 축(丑)은 사고(四庫) 또는 사묘(四墓) 혹은 사장(四葬)의 하나다.

• 축은 미(未)와 축미(丑未)로 상충(相冲)이요, 술(戌)과는 축술(丑戌)로 상형(相刑)이 되고, 진(辰)과는 축진(丑辰)으로 파(破)가 되며, 오(午)를 만나면 서로 해하고 또는 오(午)와 원진(怨嗔)이 된다.

陰陽	五行	先天數	後天數	三合	六合	冲	刑	破	害	怨嗔
陰	土	八	十	巳酉	子	未	戌	辰	午	午

❖ **축대**(築臺)**로 묘지 조성을 하면** : 결응(結凝)이 없는 묘 자리에 축대로 대신하여 명당을 만들면 그의 자손이 홀아비가 되기 쉽고 축대를 쌓고 외지(外地)에서 흙을 갖다 쌓고 모으면 비천자(卑賤者)가 출생한다.

❖ **축득**(丑得) : 혈장(穴場)을 기준하여 물이 맨 처음 축방(丑方)에서 보이는 것을 말함.

❖ **축룡**(丑龍) : 산의 용맥(龍脈)이 축방(丑方)에서 미방(未方)으로 뻗은 것.

❖ **축맥**(丑脈) : 산의 줄기(脈)가 축방(丑方)에서 뻗어내려온 것.

❖ **축미상천**(丑未相穿) : 축(丑)과 미(未)는 서로 만나면 뚫는(穿) 성질이 있다.

❖ **축미상충**(丑未相冲) : 축(丑)과 미(未)는 서로 만나면 충(冲)한다.

❖ **축방**(丑方) : 24방위의 하나로 정북(正北)인 자방(子方)에서 동(東)으로 30° 당긴 방위 또는 동북간방(東北間方)인 간방(艮方)에서 북(北)으로 15° 당긴 방위.

❖ **축방산**(丑方山)

① 혈장(穴場)에서 보아 축방(丑方)에 산이 있는 것을 가리킴.

② 축미방(丑未方)에 둥그런 봉우리가 있으면서 을신봉(乙辛峯)이 높으면 큰 부자가 나온다. 간묘방(艮卯方)에 두 봉우리가 솟아올라 마주 바라보며 축방의 봉우리가 끼고 있으면, 훌륭한 무인(武人)이 나와 변방에서 나라를 지킨다. 또 과거에 급제하는 이가 연달아 나오고 자손이 번창하며, 재물이 풍부해진다. 축방의 봉우리가 네모반듯하거나, 직사각형의 바위가 우뚝 서 있으면 도학군자(道學君子)가 배출된다.

❖ **축방수**(丑方水) : 혈장(穴場)에서 보아 축방(丑方)에 물이 있는 것. 또는 축방(丑方)이 득(得)이나 파(破)가 되는 것을 일컬음.

❖ **축방풍**(丑方風) : 중형을 받고 도적이 나오며 재산이 망하는 것. 그러나 해간손병정미경좌(亥艮巽丙丁未庚坐)는 해가 없다고 한다. 축방(丑方)에서 혈장(穴場)으로 불어오는 바람. 즉 혈장에서 바라보아 축방(丑方)에 산이나 등성이 등으로 막힌 것이 없이 허(虛)하면 그곳(丑方)의 바람이 혈에 닿는다고 한다.

❖ **축사**(畜舍) **짓는날** : 외양간 짓는 날이다. 갑자(甲子), 정묘(丁卯), 신미(辛未), 을해(乙亥), 기묘(己卯), 갑신(甲申), 임진(壬辰), 을사(乙巳), 임자(壬子)일.

❖ **축술미삼형**(丑戌未三刑) : 축(丑)과 술(戌)과 미(未)는 삼형(三刑) 관계. 즉 축(丑)은 술(戌)을 형하고, 술(戌)은 미(未)를 형하고, 미(未)는 축(丑)을 형한다.

❖ **축월안장길일**(逐月安葬吉日) : 안장이란 장사(葬事) 즉 묘를 쓰는 일이다. 초상(初喪)에도 이날을 가릴 수 있으면 더욱 좋고, 특히 이장(면례)에는 이날을 가리되 반드시 길신(吉神) 2, 3위와 합국(合局)해야 하고, 건(乾)·파(破)·괴강(魁罡)·중상(重傷)·중복일(重復日)·팔좌(八座)·전살(轉殺)·지랑일(地囊日)·백호·사시대모(四時大耗)·빙소와해·음차·양착 및 평(平)·수(收)·개일(開日)을 범하지 않으면 면례 장사하는데 무방하다. 다만 월령(月令)의 좋은 것을 만나고 묘운(墓運)의 극(克)을 받지 않으면 된다.

월	길일
정월	丙寅 癸酉 壬午 乙酉 丁酉 丙午 己酉 辛酉日
2월	丙寅 壬申 甲申 庚寅 丙申 壬寅 己未 庚申日
3월	壬申 癸酉 壬午 甲申 乙酉 丙申 丁酉 丙午 庚申 辛酉 庚午日
4월	乙丑 庚午 癸酉 丁丑 乙酉 己丑 甲午 丁酉 己酉 辛酉日
5월	辛未 壬申 甲戌 庚辰 甲申 庚寅 丙申 壬寅 甲寅 庚申日
6월	癸酉 乙亥 壬申 癸未 甲申 乙酉 庚寅 辛卯 丙申 乙未 壬寅 丙午 戊申 甲寅 庚申 辛酉日
7월	壬申 癸酉 丙子 壬午 甲申 乙酉 壬辰 丙申 丁酉 丙午 己酉 壬子 丙辰日
8월	壬申 癸酉 己巳 甲申 庚寅 壬辰 丙申 壬寅 乙巳 乙酉 丙辰 丁巳 庚申 辛酉日
9월	丙寅 庚午 甲戌 壬午 庚寅 壬寅 丙午 辛亥 戊午日
10월	甲子 庚午 辛未 癸酉 丙子 壬午 壬辰 甲午 乙未 甲辰 丙午 丙辰 庚子日
11월	壬申 甲申 庚寅 壬辰 丙申 壬寅 甲辰 壬子 甲寅 庚申日
12월	丙寅 壬申 癸酉 戊寅 申甲 乙酉 庚寅 丙申 壬寅 甲寅 庚申日

❖ **축월참초파토일**(逐月斬草破土日) : 장지의 초목을 정리하고 천광(穿壙)을 할 수 있는 길일을 선택하는 법으로 중상중복일(重喪重復日)을 피하하면 길하다.

[逐月斬草破土日]

정월	丁卯 庚午 壬午
2월	庚午 壬午 甲午 丙午
3월	壬甲 甲申
4월	甲子 乙丑 丁卯 庚午 壬午 辛卯 壬辰 癸卯 甲辰 癸丑 庚辰
5월	壬寅 癸丑 甲寅
6월	丁卯 壬申 甲申 癸卯 辛卯 丙申 乙卯
7월	甲子 丁卯 己卯 壬辰 辛卯 壬午 癸卯 乙卯 丙午
8월	乙丑 壬辰 甲辰 癸丑
9월	丁卯 庚午 壬午 辛卯 癸卯 丙午 乙卯
10월	甲子 丁卯 庚午 辛未 辛卯 乙卯
11월	戊辰 壬申 甲申 乙未 丙申
12월	壬申 甲申 丙申 壬寅 甲寅 庚申

❖ **축장**(縮杖) : 축이란 기가 산꼭대기에 뭉쳐 있고 맥의 흘러옴이 그쳤다가 혈장을 융결한 곳. 사방의 산이 높이 뭉쳐서 호위하면 기(氣)는 반드시 높은 곳에서 모이게 되고, 비록 맥이 끊어진 듯 하지만 기(氣)는 뭉쳐진 혈장에서 모여 있는 것이다. 혈장이 모든 살성(殺星)을 제압할 수 있으므로 축장(縮杖)을 사용하여야 한다.

❖ **축좌**(丑坐) : 축(丑)은 오행으로 토(土)에 해당하며 동토(凍土)이다. 축토는 아직 불성기(不成器)의 토(土)이므로 본성(本性)인 동토(凍土)의 성품을 지키려 하고 약간 습한 것도 꺼리지 않으며 약간의 음지(陰地)도 상관 없는 것이다. 동물로는 소(丑牛)에 해당하며, 소의 좌(坐)에는 좌우 혹은 전에 암석이 있으면 노적봉(露積峯)이라 하여 대귀좌(大貴坐)가 된다. 축좌(丑坐)는 사방의 바람이 닿지 말아야 하며 습하여도, 음침하여서도 안 된다. 혈은 소 잔등이 모양으로 편편하여야 한다.

❖ **축좌미향**(丑坐未向) : 축좌에는 혈의 전후좌우에 암석이 있으면 재물을 얻고 입수에 와우형(臥牛形) 암석이면 더욱 길하다. 그리고 시초(蓍草 : 귀쑥)가 잘자라는 낮은 지대(地帶)로 소위 먹이를 얻으니 길하다. 혈심은 3척 정도면 된다.

❖ **출각**(出脚) : 주룡(主龍)에서 따로 뻗어 맥(脈)을 이룸을 말함.

❖ **출구**(出口) : 도당수의 흘러가는 곳을 말함. 수구라고 하며 굴곡 우회하여 물이 깊이 모이는 것이 좋다.

❖ **출굴사**(出屈蛇) : 뱀이 굴에서 나오는 형국. 혈은 뱀의 머리에 있고, 안산은 거북, 조개 등이다.

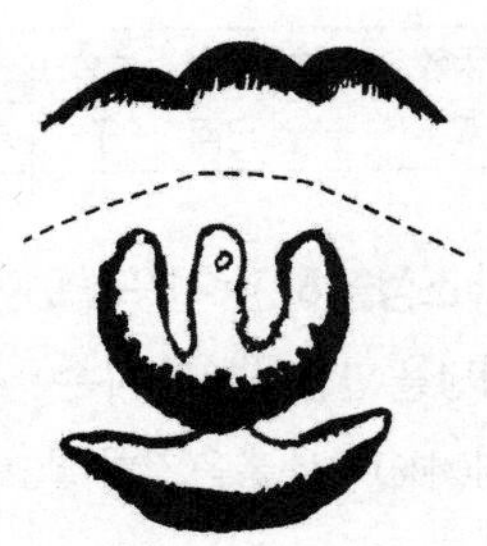

❖ **출대**(出帶) : 산이 출맥(出脈)한다는 뜻

❖ **출맥삼격** : 용의 천락(穿落)과 전변의 형태에 따른 분류로 중출맥·좌출맥·우출맥의 3격으로 나눠 역량의 경중·대소를 판단하는 지표로 삼는다.

❖ **출맥중심출맥**(出脈中心出脈) : 하나의 산이 개장(開帳)을 하고서도 여기(餘氣)가 남아 다시 산을 만들기 위해 돌출하여 나온 듯한 맥(脈)을 말하며, 이것이 산 중간쯤에 나온 것을 중심출맥(中心出脈)이라 한다.

❖ **출생지가 좋아야 큰 인물 난다** : 동물들도 새끼를 낳을 때는 장소를 가리는 법이다. 아이를 낳을 대는 좋은 터를 골라야 하는데 오늘날 대부분 병원에서 낳기 때문에 쉽지가 않다. 그러므로 어느 병원이 터가 좋은지를 미리 알아 놓는 지혜가 필요하다. 아울러 산후조리원도 좋은 장소 택해야 한다.

❖ **출세**(出世)**하려면** : 양택 풍수에서는 주택의 실제 모양이 실내 공간뿐만 아니라 집이 들어선 택지의 모양에 의해서도 가상학적인 길흉을 따지고 그에 따른 운세도 예견하기도 한다. 이는 방위의 작용력과 밀집한 관계가 있다. 가령 인기를 얻어 생업을 유지하고 명예를 얻는 배우나 탤런트, 가수 등은 대지가 남동쪽으로 튀어나온 땅을 택하라고 하였을 때 이는 남동쪽의 방위상의 작용력이 인기와 유행, 대인관계 등에 미치기 때문이다. 남쪽 집터가 알맞게 튀어나와 있어야 출세한다.

❖ **출입문은 항상 청결하고 튼튼하게** : 주택이나 사무실, 상점 등

인간이 생활을 영위하는 장소(공간)에서 가장 중요하고 정성을 들여야 하는 곳이 출입문이다. 출입문은 항상 귀가 출입하는 장소로 보아야 한다. 따라서 출입문 주위는 청결한 상태를 유지하도록 해야 하며 잡스러운 물건은 절대로 놓아두어서는 안 된다. 잠시라도 필요 없는 물건은 방치하지 말고 적당량의 화분을 필요 여하에 따라 놓아두는 것이 기(氣)의 상승효과를 높여주는 좋은 방법이다. 출입문은 개개의 공간 규모에 어울리는 크기로 보이면 흉하다. 금속재나 목재를 사용해서 견고하게 만들어야 하며 깨지기 쉬운 유리문은 가급적 피하도록 한다. 출입문을 여닫을 때 생기는 기분 나쁜 소리는 출입하는 사람의 신경을 거스르는 요소로 작용하니 문을 바로 잡거나 윤활유를 발라주어 문을 여닫는 데 힘이 들지 않도록 신경을 써야 한다. 열리는 방향은 내부 쪽으로만 열리도록 하면 길(吉)하다 하겠으니, 건축법규상 긴급구난시 대피를 위해서 밖으로만 열리는 구조의 출입문을 의무적으로 달아야 하는 곳을 제외하고 안으로 열리는 출입문을 설치하여야 한다.

❖ **출입문을 등지고 앉지 않아야 한다** : 문을 등지고 앉지 않는다. 등 뒤가 허전하면 심리적인 불안감이 생긴다. 외부 손님의 출입을 바로 살필 수 없어 업무의 효율성도 떨어진다. 책상은 벽을 등지고 출입문이 대각선으로 보이는 곳이 가장 좋다.

❖ **출입문 정면에 창문이 있으면 돈이 모이지 않는다** : 현관이나 출입문 정면에서 바로 보이는 창문이 있거든 가리개 또는 선팅이나 커튼 등으로 막아주면 좋고 가리개 양쪽에 녹색화분을 놓아 직진하는 강한 기(氣)를 차단하여 흐름을 막도록 한다. 밤에는 두꺼운 커튼으로 막아 주어라.

❖ **출입문 쪽은 가능한 책상을 배치하지 않는 것이 좋다** : 문과 가까이 있는 책상도 좋지 않다. 사람의 출입이 빈번하여 집중력이 저하된다. 가능하면 출입문 쪽은 여유 공간으로 남겨놓는 것이 좋다.

❖ **출입하는 통로 윗면을 다락으로 만들면 흉(凶)하다** : 출입문 뒤에 다락으로 사용하는 것은 풍파와 재난이 발생되어 장해를 치르게 되는 액화의 구도이다.

❖ **출진기**(出陣旗) : 뾰족한 산이 여러 개가 연이어서 높고 낮게 열으로 나열되고 산각(山脚)을 내려 뻗친 모양.

❖ **출행길일**(出行吉日) : 갑자(甲子), 을축(乙丑), 병인(丙寅), 정묘(丁卯), 무진(戊辰), 경오(庚午), 신미(辛未), 갑술(甲戌), 을해(乙亥), 정축(丁丑), 기묘(己卯), 갑신(甲申), 병술(丙戌), 기축(己丑), 경인(庚寅), 신묘(辛卯), 갑오(甲午), 을미(乙未), 경자(庚子), 신축(辛丑), 임인(壬寅), 계묘(癸卯), 병오(丙午), 정미(丁未), 기유(己酉), 임자(壬子), 계축(癸丑), 갑인(甲寅), 을묘(乙卯), 경신(庚申), 신유(辛酉), 임술(壬戌), 계해(癸亥)일.

❖ **충**(冲) : 상충(相冲)의 준말. 충(冲)에는 간충(干冲 : 天干冲)과 지충(支冲)이 있다. 충(冲)이란 서로 싸운다, 서로 대립한다, 서로 찌른다고 하는 적대관계를 의미한다.

❖ **충**(衝) : 돌기의 사가 있어 용혈을 충격하는 것으로서 이런 경우는 자손이 상한다.

❖ **충광**(充廣) : 넓게 확충하다.

❖ **충극**(冲剋) : 간(干)이나 지(支)를 충(冲)과 극(克)을 같이 하는 것, 혹은 어떤 오행이 어떤 오행을 극하는 것.

干 : 갑경충극(甲庚冲剋)　을신충극(乙辛冲克)
　병임충극(丙壬冲克)　정계충극(丁癸冲剋)

(경(庚)이 갑(甲)을 충극, 신(辛)이 을(乙)을 충극, 임(壬)이 병(丙)을 충극, 계(癸)가 정(丁)을 충극한다. 단 무기충(戊己冲)은 충(冲)이 작용되지만 극(克)이 아니므로 충극(冲剋)에는 해당되지 않는다)

支 : 子 → 午　寅 ← 申　卯 ← 酉　巳 ← 亥

(자(子)가 오(午)를 충극하고, 신(申)이 인(寅)을 충극하고, 유(酉)가 묘(卯)를 충극하고, 해(亥)가 사(巳)를 충극한다. 단 진술충(辰戌冲)과 축미충(丑未冲)은 오행이 같으므로 충(冲)은 이루어지나 극은 작용되지 않는다).

❖ **충당수**(衝堂水) : 주전수(走箭水)와는 반대로 안산(案山) 쪽에서 곧게 쫓아와 좌혈(坐穴)을 충(冲)하는 물. 충당수가 있으면 소년과부가 많이 생기며 칼에 찔리거나 총에 상하여 죽거나 형장(刑場)에 이슬과 같이 사라질 자손이 생긴다. 또 협심증 등에 고생하는 자손이 많이 생긴다.

❖ **충렴**(蟲廉) : 충렴은 관속에 이 세상에서 볼 수 있는 모든 벌레가

다 들어 있는 것을 말한다. 이런 위치의 땅 속도 마찬가지로 통풍이 잘 안 되면 관 속에는 어김없이 곤충이 나온다. 왕거미, 지렁이, 개구리 등이 혈 중에 침입하는 것을 충렴이라 한다. 충렴 역시 습기, 온도, 산소 등 벌레들이 서식하기에 알맞은 혈 중에 침입한다. 즉 진혈이 아닐 경우에 충렴이 생기기 때문에 진혈을 보장하는 혈토가 확인되면 충렴 역시 염려할 필요가 없다. 이와 같은 충렴은 손재와 질병의 근원이 된다. 이장을 많이 지켜 본 사람들은 산형에 따라 다르긴 해도 이 세상에서 볼 수 있는 온갖 벌레가 무덤 속에 다 들어 있는 걸 보고 놀란다. 뱀, 구렁이는 말할 것도 없고 쥐새끼들이 우글거리는 경우도 있다. 그리고 더러는 소나무관에서 생겨나는 자치라는 벌레도 있다. 요즘엔 이런 벌레가 들어 있으면 모기향을 뼈에 뿌려 벌레를 없앤 다음 이장을 하기도 한다. 그러나 살충제가 없었던 옛날에는 뼈를 시루에 넣고 쪄서 벌레를 없애는 방법을 썼다. 이렇게 자치나 땅 속에서 살 수 있는 뱀, 구렁이는 그런대로 광중(壙中)에 있을 수 있다고 상상할 수 있는데 어떻게 밀폐된 곳에 쥐새끼들이 들어 있는지는 불가사의한 일이다. 특히 어미쥐가 없는데 어떻게 새끼쥐가 존재하며 어둡고 밀폐된 공간에서 무엇을 먹고 사는지도 신기한 일이다. 이런 쥐새끼들은 관뚜껑을 열고 햇볕을 받으면 거의가 녹아 없어져 버리는데 이 또한 신기한 일이다. 다음으로 많이 나오는 것이 지네, 개구리, 조개, 거미 등 집을 짓고 살고 있다. 더욱 신비한 것은 사람의 배설물이 쌓여 있는걸 볼 때다. 사람은 운명할 때 거의가 배내똥을 다 배설한다. 그래서 노환인 사람이 의식불명인 상태에서 배설하면 임종이 다가왔음을 짐작하기도 한다. 무덤에 변이 있다는 건 사람은 죽었어도 내장활동은 한동안 계속됐다고 볼 수밖에 없다. 아무튼 충렴의 일부 현상은 신비투성이다. 광중 속의 충렴이 생기는 이유는 여러 가지가 있겠으나 풍수지리설 전문용어로는 묘자리가 음절불배합(陰節不配合)으로 음기(陰氣)가 집중된 곳에 생긴다고 보고 있다.

❖ **충록황천수**(沖祿黃泉水) : 녹(祿)방위에서 들어오는 물은 꺼리지 않으나 나가는 물이 녹방을 범함을 말함. 충록황천은 향상(向上)의 녹위(祿位)로 수거(水去)하여 녹방위를 충파(沖破)함을 말함.
을진향에 기갑묘파(忌甲卯破) 을록재묘(乙祿在卯)
정미향에 기병오파(忌丙午破) 정록재오(丁祿在午)
신술향에 기경유파(忌庚酉破) 신록재유(辛祿在酉)
계축향에 기임자파(忌壬子破) 계록재자(癸祿在子)
앞은 12운성 중 관록방(官祿方)을 말하며 사대국수법상(四大局水法上)으로 볼 때 파구가 향상(向上)의 일위전이 되는 관방으로 물이 나가는 수구를 말하는데, 12운성상 인생의 가장 전성기인 청장년의 녹을 받는 시기를 충하니 인정이 상하고 재물이 궁해지는 이치로서, 수(壽)를 누리면 한빈하고 재물을 얻으면 요절하게 되어 무후절사를 맞게 된다.

❖ **충사**(沖砂) : 험상궂게 생긴 바위나 규봉(窺峯)을 말함. 규봉은 다른 산 뒤에서 살짝 솟아올라 혈을 엿보는 봉우리다. 그 형상이 마치 도둑이 남의 집을 엿보는 것과 같다. 충사도 위치에 따라 자손에게 미치는 화(禍)가 달라진다.

① **자축방**(子丑方) : 자축방(子丑方)에 충사가 있으면 자손 중에 살인하는 자가 나온다. 거기에다 백호 위에 규봉(窺峯)이 보이면 살인을 하고 사형당한다.

② **간인방**(艮寅方) : 간인방(艮寅方)에 우악스런 바위가 우뚝 서 있으면 청맹과부(보기에는 눈이 멀쩡하나 못 보는 사람)가 나온다.

③ **갑묘방**(甲卯方) : 갑묘방에 충사가 있으면 화재를 많이 당한다.

④ **을진방**(乙辰方) : 을진방에 충사가 있으면, 물에 빠져 죽는 사람이나 약 먹고 죽는 사람이 생긴다.

⑤ **손방**(巽方) : 손방에 충사가 있으면 천한 사람이 나오고, 자살하는 사람도 생긴다.

⑥ **병오방**(丙午方) : 병오방에 충사가 있으면 맹인(盲人)이 생긴다. 또 묘를 쓴지 10년 안에 급사하는 사람이 나온다.

⑦ **사방**(巳方) : 사방에 충사가 있으면 천한 사람이 나온다.

⑧ **정미방**(丁未方) : 정미방에 충사가 있으면 묘를 쓴지 10년 안에 호주(戶主)가 죽는다.

⑨ **곤신방**(坤申方) : 곤신방에 충사가 있으면 집안이 늘 불안하다. 근심 · 걱정거리가 자꾸 생긴다.

⑩ **경유방**(庚酉方) : 경유방에 많은 돌이 있으면 부인네가 음란해지고, 바람을 피워 집안이 휘청거린다.

⑪ **신술방**(辛戌方) : 신술방에 충사가 있으면 급사하는 사람들이 생겨난다.

⑫ **건해방**(乾亥方) : 건해방에 돼지머리같이 생긴 바위가 있으면 나병환자가 나온다. 또 건해방의 안산(案山)이 층층대나 밭두둑 모양이면, 사팔뜨기와 애꾸눈이 생긴다.

⑬ **진방**(辰方) : 진방에 긴 바위가 있으면 한쪽 눈이 머는 자손이 생긴다.

❖ **충사명당**(沖射明堂) : 혈지의 왼쪽에 청룡, 오른쪽에 백호가 활형으로 구부러져 생기가 흩어져 없어지는 것을 막고는 있지만 혈 앞에 사취(砂嘴)가 혈을 목표로 화살을 쏘듯이 위치하고 형성된 땅을 말한다. 이것은 오로지 사취가 혈을 충사(沖射)하고 있는 형상이므로 혈지에 대해서 포용하는 형상은 아니기 때문에 혈지의 생기는 항상 누군가에게 위협을 받고 있는 것 같다. 하천의 흐름에 싸여 있으면 다소는 흉의(凶意)가 경감되지만 위험을 잉태한 지형이 되어 좋지 않다.

❖ **충사첨리사격**(衝射尖利砂格) : 청룡·백호 끝이 송곳같이 뾰족하게 생겼거나 주먹을 쥔 것처럼 생긴 형국. 이러한 산이 혈을 치거나 쏘는 형태로 있으면 사람이 상하고 온갖 재앙이 끊이지 않는다.

❖ **충사해조수**(衝射解照水) : 충(衝)은 물길이 용과 혈을 치듯이 찌른다는 뜻으로 곧장 흘러오는 물이 용과 혈을 찌르듯이 맞부딪치는 것을 말한다. 길흉방위를 막론하고 극히 흉하다. 주로 사람이 상하고 재산은 망한다.

❖ **충살**(衝殺) : 혈 주변의 높은 산과 깊은 계곡이 사납게 혈장을 치는 것을 말함. 혈은 낮은데 높은 산이 험하게 혈을 억누르면 압살이라고 한다. 깊고 가파른 골짜기가 혈장을 향해 곧장 나 있고, 날카로운 산 모서리가 혈장을 찌르듯 있으면 충살이라고 한다. 이들 살은 매우 심한 피해를 가져다 준다. 집을 짓거나 장사를 지낼 때 반드시 피해야 하며, 그렇지 않으면 온갖 흉화를 일으켜 결국 망하게 하고, 인명피해가 크다. 충살이 왼쪽 청룡쪽에 있으면 장손이 먼저 망하고 오른쪽 백호쪽에 있으면 딸과 지손이 먼저 망한다. 앞쪽에서 충살이 있으면 둘째, 다섯째 자손이 큰 피해를 입는다.

❖ **충살**(沖殺) : 산 능선이 혈을 찔러오는 곳 상처(喪妻)하게 된다.

❖ **충수혈**(沖水穴) : 교혈(巧穴)의 하나. 물이 혈을 향하여 곧게 쏘아오면 흉격이지만 이 혈은 물이 충사(沖射)하되 혈 앞에 석요(石曜 : 큰 돌이 있는 것)가 물길을 막고 있거나 청룡 및 백호가 머리를 틀어 쏘아 오는 물을 막아주면 무방하다. 혈은 전방으로부터 하천이 흘러오거나 명당을 향해서 곧장 흘러 꽂히는 것 같은 하천의 흐름을 말한다. 용혈을 향해서 곧장 흘러들어오는 하천의 생기(生氣)를 멈추게 하는 작용을 미치게 하지 않을 뿐만이 아니라 명당 주변의 생기를 위협하는 것으로 풍수학상 몹시 꺼리는 현상이다.

❖ **충심수**(沖心水) : 급류나 직수가 혈처로 곧게 들어오는 것. 혹자는 이를 특조라 하나 이는 충수가 되는 것이므로 이러한 곳에 작혈을 하면 질병에 빈한하다. 직충수에 바람과 함께 봉분이 흩어지고 청태가 끼인다.

❖ **충심수 바깥쪽에서 혈을 향해 일직선으로 곧게 흘러오는 물로서 곧게 흐르는 물에는 아주 흉한 기운이 서린다** : 그 흉기(凶氣)가 혈을 향해 칼날처럼 무섭게 뻗쳐 오니 매우 불길하다. 혈 앞에 충심수가 있으면 비명횡사하는 사람이 나오고, 재산을 탕진하고 아주 곤궁하게 지내는 사람도 생기며, 사고를 당하여 고생하기도 한다.

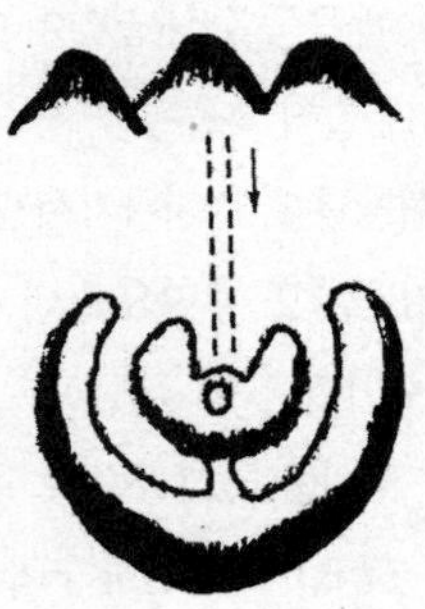

❖ **충(沖)의 견**(見) : 4정(四正), 4유(四維), 4고(四庫)의 정오행(正五行)으로 보는 것. 4정충(四正沖)이란 자오묘유충(子午卯酉冲)을 말하고, 4생충(四生冲)이란 인신사해충(寅申巳亥冲)을 말하며, 4고충(四庫冲)이란 진술축미충(辰戌丑未冲)을 말한다.

❖ **충천촉**(冲天燭) : 촛불이 하늘 높이 서 있는 형국. 혈은 불빛의 중심에 있고 촛대가 안산이다.

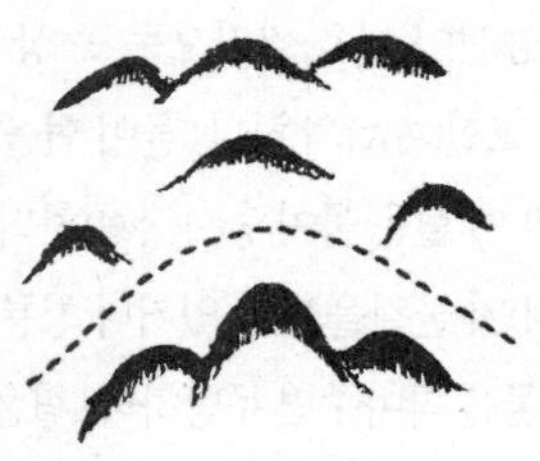

❖ **충충**(衝沖) : 충(衝)은 청룡이나 백호 끝이 주먹과 같이 돌기하여 혈장을 치는 형상이고, 충(沖)은 송곳 같이 날카로운 청룡·백호 끝이 혈장을 찌르듯 향해 있는 것을 말한다. 이것은 사람을 상하게 하고 재산을 망하게 하며, 또 남의 일에 말려 들어 화를 당한다.

❖ **충파**(沖破)

① 충(沖)이나 파(破)가 된다는 뜻.

② 지충(支沖)을 그냥 충파(沖破)라고도 한다.

❖ **취객수**(醉客水) : 좌혈(坐穴) 뒤에서 갈지(之)자로 시작하여 좌혈 앞에서는 새을(乙)자로 흘러가는 물. 당(堂) 앞에서 한바퀴 돌아 흘러가면 더없이 좋으며 관문이 있어 보초사(步哨砂)가 가운데 있으면 대길지가 된다. 왜냐하면 보초사가 있으므로 급히 흐르지 못하고 물이 한숨 돌리기 때문이며 충사(冲射)하는 물은 흉수(凶水)이기 때문이다.

❖ **취기**(醉氣) : 지리법에 협(峽) 뒤에 결혈(結穴)됨이니 용세가 이끌고 연하여 모이는 곳에 문득 길성(吉星)이 솟으면 진기가 이곳에 융결된다. 이 협 뒤에 혈이 맺을 경우 아직 거칠고 강한 기세가 다 벗지 못하여 과협을 등지고 지나가서 성곽이 되어 혈성을 얽어 보호하고 남은 기운이 또 혈 앞으로 더 나아가 고리하여 안는 것이라야 진격(眞格)이다.

❖ **취기**(氣)**수**(聚氣水) : 생기(生氣)가 모이고 혈 앞으로 조용히 모이는 물이니 대길수(大吉水)이다. 진응수(鎭應水) 융취수(融聚水)

❖ **취기혈증**(聚氣穴證) : 입수(入首) 다음에 약간 돌출하여 기가 모인 자리가 있는 곳을 취기처(聚氣處) 또는 만두(灣頭)라 하고 일명 분수척상(分水脊上) 또는 작뇌(作腦)라 부르기도 한다. 취기처(聚氣處)가 있으면 그 아래에 입혈처(入穴處)가 있다. 입혈처(入穴處)가 협소하면 쓸 만한 혈이 되지 못한다. 이곳이 평평하게 넓어질 때 혈을 맺는다.

❖ **취길피흉**(取吉避凶) **정혈법** : 산과 물은 길한 것도 있지만 흉한 것도 있다. 혈은 길한 것을 취하고 흉한 것은 피하여 결지하는 것이 원칙이다. 혈을 정혈할 때 전후좌우로 움직이면서 흉한 것이 적게 보이고 길한 것이 많이 보이는 쪽을 향해 혈을 정혈해야 한다.

❖ **취면수**(聚面水) : 여러 골에서 나오는 물이 혈 앞에서 모이는 것. 취면수(聚面水)는 진결길국(眞結吉局)의 혈전당면(穴前堂面)에 제수융취(諸水融聚)하는 길수이다. 그리하여 징청명활(澄清明活)의 제수가 융취천심(融聚天心)이면 수법 중에서 상격(上格)으로 부귀병발(富貴竝發)한다. 한편 제수단취(諸受團聚)하여 혈 앞에서 양취(襄聚)하고 심축(深蓄)한 물이 유완하류(悠緩下流)하면 이를 탕흉수(盪胸水)라 하여 치부가 기약되는 길수이다. 물이 고요히 멈추면 그곳에 큰 기운이 쌓이므로 여러 물 중에 고이는 물을 제일 귀하게 여기고 고이는 물의 크기에 따라 들어오는 부귀의 크기도 달라진다. 그런데 물이 흐르면 오히려 나쁘다. 흐린 물에는 사람들을 우매하게 만들고 병들게 하는 흉기(凶氣)가 서린다.

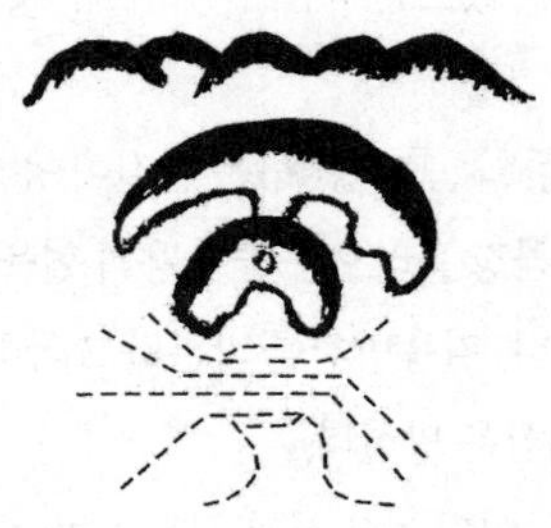

❖ **취발**(驟發) : 갑작스레 발복하다.

❖ **취산정혈**(聚散定穴) : 생기(生氣)가 모이면 길하고 흩어지면 흉하므로 입혈의 법은 당연히 그 기가 모인 곳을 살펴 정해야 된다. 그러나 취(聚)·산(散)에도 대세(大勢)의 취산(聚山)과 혈장(穴場)의 취산이 있는 바, 소위 대세의 취산은 중산(衆山)이 둥그렇게 모이고, 중수(衆水)가 돌아보며, 나성(羅城)이 주밀하여 기가 융결(融結)하므로 공허한 것을 보하므로 대세의 모임이 있는 것을 보고 그 혈을 받는 산을 살펴서 보아야 한다. 또한 그 맥이 어느 곳에서 일어나 어느 곳에서 그치는가를 보아, 그 그치는 곳에

혹 와굴(窩窟 : 오목한 것), 수유(垂乳 : 드리운 것), 개구(開口 : 입을 연 것), 토순(吐脣 : 餘氣를 내뱉은 것), 겸(鉗 : 삼태기), 포(泡 : 물거품) 등을 보아 주위의 산들이 옹호하면서 따르고, 하수(下水)가 분명하고, 상분하합(上分下合)하며 전응후락(前應後樂)해야 진기(眞氣)가 융결(融結)된다. 이런 곳은 자연히 명당수(明堂水)가 모여들어 못, 호수, 시내, 전원수(田園水) 등을 이루고 멈춘다. 진기가 모이는 곳은 명당이 넓지 않다. 외명당(外明堂)은 넓어도 괜찮으나 혈 앞의 내명당(內明堂)은 저전(低田)·소수(小水)·영천(靈泉)·지호취주(池湖聚柱) 등이 있어 진혈이 맺힌다. 명당은 너무 넓으면 꺼리는 바, 반드시 산이 횡관(橫關)하여 내기(內氣)를 머무르게 하고 원진수(元辰水)가 명당에 모이거나 밖의 물이 멀리서 조향(朝向)하거나 물이 횡(橫)으로 띠를 두르면 비록 명당이 넓어도 무방하다. '명당이 말 만 필을 용납할 수 있다(明堂容萬馬)' 는 말은 위와 같은 맥락에서 나온 것이다. 취(聚), 산(散), 정혈(定穴)을 할 때, 기맥(氣脈)을 자세히 살펴서 다음을 참작하여 혈은 풍요로운 곳을 택하고 공허한 곳은 버린다. 맥이 상취(上聚)하면 혈은 높은 것이 좋고, 기맥(氣脈)이 하취(下聚)하면 혈은 낮은 곳이 좋으며, 기맥이 중취(中聚)하면 혈은 가운데가 좋고, 기맥이 좌취(左聚)하면 혈도 왼쪽에서 있는 것이 좋다. 기맥이 우취(右聚)하면 혈은 오른쪽에 있는 것이 좋다.

❖ **취산정혈법**(聚散定穴法) : 자웅정혈법과 비슷한 것으로 기운이 모인 것을 보고 혈을 찾는데, 다만 자웅정혈법은 높고 낮음에 따라 웅혈(雄穴)과 자혈(雌穴)로 나누는데, 취산정혈법은 높낮이만 따지지 않고 어디든 기(氣)가 뭉친 곳을 밝혀 혈을 찾는다. 기가 왼쪽에 모이면 혈도 왼쪽에 깃들이고, 오른쪽에 모이면 혈 역시 오른쪽에 깃들인다. 또 사방의 산들이 빽빽이 호위해 주고, 물이 감아 도는 곳에 기가 모인다. 물이 곧게 달아나거나 산봉우리들이 제대로 호위해 주지 않는 곳은 기가 흩어지는 곳이다.

❖ **취수**(聚水) : 조수는 혈을 곧게 쏘고 깎고 충격할 염려가 있으나 이 혈전취수는 고요히 모이기 때문에 그러한 살기(殺氣)가 없기 때문에 길하다. 수는 본시 동물이기 때문에 청중에서 기묘함을 취하는 것이 정리이다. 따라서 혈 앞으로 취수함은 거만자재(巨萬資材)가 부러울 것이 없으니 천년동안 마르지 않는 재물을 갖게 된다. 진응수(鎭應水)와 천심수(天心水)가 비슷하나 진응수는 혈 앞으로 천수(泉水)가 모이는 것이고, 천심수(天心水)는 명당중정처(明堂中正處)로 모이는 수를 말한다.

① 취수는 길수로써 조수가 길하나 불여수취(不如水聚)라고 하여 상격수다. 담수(潭水)가 깊게 혈 앞에 보이되 오는 물, 가는 물이 보이지 아니하면 백만거부가 부러울 것이 없다고 하였다. 그러므로 혈 앞에 모이는 물은 깊게 모이는 것이 고요해져서 귀의 증거가 되는 것이다. 깊게 모이는 물은 사계절 융주(融注)되므로 천년동안 마르지 않으면 재물 또한 천년의 부를 누리게 되는 득수 중의 상격이다. 고여있는 물을 말한다.

② 혈 앞에 깊은 연못이 있어 오는 물과 빠져나가는 물이 혈에서 보이지 않는 것을 말한다. 조수(朝水)보다 더욱 길하다. 그러나 이 물이 더러워지면 오히려 흉이 된다.

③ 사방의 물이 흘러와 모인 것을 취수(聚水)라 한다. 취수에는 연못물, 저수지물, 호수(湖水) 등이 있다. 모두 좋은 물이다. 물이 모이듯 좋은 정기가 모여서 혈로 뻗쳐 와 많은 복을 불러들인다. 모여 있는 물은 정기는 재물과 관련이 깊다고 했다. 물이 많이 모여 있으면, 그만큼 많은 재물을 불러온다. 깊고 큰 물은 잘 마르지 않으니 그와 마찬가지로 재물이 늘 풍족하게 들어온다. 고였던 물이 마르면 재물도 따라서 흩어진다. 그런데 고인 물은 흐려지기가 쉽고 물이 오염되어 흐린 물에는 나쁜 기운이 서린다. 물이 아무리 많아도 흐리면 안 좋다. 오히려 재앙만 불러올 따름이다. 물은 모름지기 맑아야 아름다운 기운을 뿜고 복을 가져다 준다.

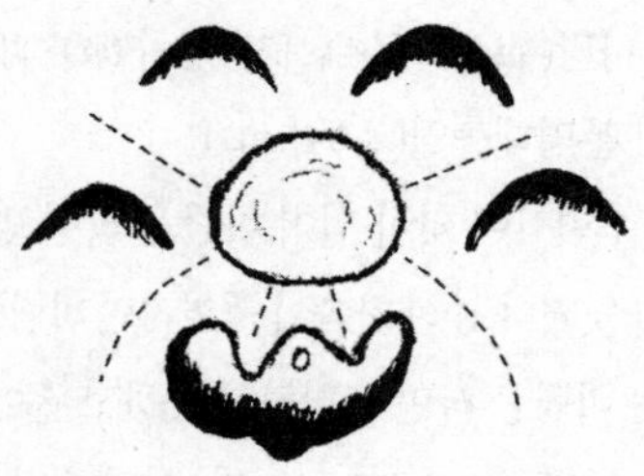

❖ **취수**(聚水) : 묘앞에 물이 모여 있다. 나가는 곳.

❖ **취신생안**(就身生案) : 안산이 혈장의 주산에서 내려 이어짐.

❖ **취예수**(臭穢水) : 각종 오물이 썩어 냄새가 진동하는 더러운 물. 이 오탁(汚濁)한 취예수가 용혈(龍穴) 주변 웅덩이에 고이거나 혹은 개천에 흘러 들어오면 다발질병(多發疾病)과 가운쇠퇴(家運衰退)가 심히 우려되는 흉수이다.

❖ **취옹도지**(醉翁倒地) : 술 취한 노인이 땅에 쓰러져 잠든 형국. 신선이 취하여 잠자는 형국과 비슷하고, 안산은 술병, 술잔 등이다.

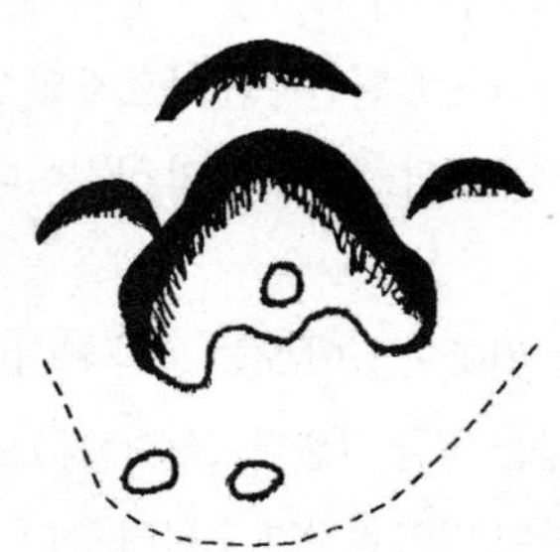

❖ **취일과**(聚一窠) : 한 둥지를 이룬다. 즉 혈을 이룬다는 뜻.

❖ **취임일**(就任日) : 상관 부임일로 취임(就任)을 옛날에는 부임(赴任)이라 하였다. 이날은 취임식 및 지방관직에 취임(부임)하는데 보는 날이다.

吉日 : 甲子 丙寅 丁卯 戊辰 己巳 乙亥 庚午 丙子 己卯 壬午 甲申 乙酉 丙戌 戊子 癸巳 己亥 庚子 壬寅 丙午 戊申 庚戌 辛亥 壬子 癸丑 庚申 辛酉日

천사(天赦) · 천은(天恩) · 월은(月恩) · 황도(黃道) · 천월덕(天月德) 및 합일(合日) · 역마(驛馬) · 왕일(旺日) · 관민일(官民日) · 본명록마일(本命祿馬日) · 상일(相日) · 수일(守日)

忌日 : 수사(受死) · 복단(伏斷) · 귀기(歸忌) · 왕망(往亡) · 천적(天賊) · 천옥(天獄) · 나망(羅網) · 파(破) · 평(平) · 수(收) · 폐일(閉日) · 본명일(本命日) 및 본명대충일(本命對冲日).

❖ **취태**(吹胎) : 주변산이 낮아 혈이 바람을 많이 받는 것을 말함. 청룡 · 백호가 낮거나 능선 한쪽이 푹꺼지면 바람이 사납게 불어온다. 생기는 바람을 타면 융결하지 못하고 흩어져 버린다. 생기 없는 땅은 무기공망(無氣空亡)하다. 이러한 땅에 집을 짓거나 장사를 지내면 병이 많고 사람이 상한다.

❖ **취토**(取土) : 묘를 만들기 위해 흙을 파는 곳. 보묘(補墓)는 생토방(生土方), 조분(造墳)은 사토방(死土方). 상주가 하관할 때 길한 방위 쪽의 흙을 상복 자락에 받아 곡을 하면서 체백(體魄)위에서 세 번 취토 취토 취토 하면서 흙은 붇는 것.

❖ **취토방**(取土方) : 묘를 쓸 때 하관(下棺)이 끝나면 광중(壙中)을 메우기 전에 먼저 생방(生方)의 흙을 몇 삽 떠 넣고 광중에 흙을 채워 봉분(封墳)하는 관습이 있는데, 흙을 취하는 방위는 아래와 같다.

月 別	正	2	3	4	5	6	7	8	9	10	11	12
生土方	子	巳	卯辰	午	申	戌	午	未	酉	午	申	戌
死土方	午	亥	戌亥	子	寅	辰	子	丑	卯	子	寅	辰

가령 정월이면 자방(子方(壬子))의 흙이 생토니 길하고, 오방(午方)의 흙은 사토가 되어 불길하다. 광중안을 메울 때 길방(吉方)의 흙을 약간 취하여 넣는다.

年	子	丑	寅	卯	辰	巳	午	未	申	酉	戌	亥
吉方	申	戌	子	巳	卯辰	午	申	戌	午	未	酉	午

- **임자좌**(壬子坐) : 임손사방(壬巽巳方)
- **병오좌**(丙午坐) : 병건해방(丙乾亥方)
- **계축좌**(癸丑坐) : 경방(庚方)
- **정미좌**(丁未坐) : 갑계방(甲癸方)
- **사인좌**(巳寅坐) : 병정방(丙丁方)
- **곤신좌**(坤申坐) : 임계방(壬癸方)
- **갑묘좌**(甲卯坐) : 갑곤갑방(甲坤甲方)
- **경유좌**(庚酉坐) : 경간인방(庚艮寅方)
- **을진좌**(乙辰坐) : 임방(壬方)
- **신술좌**(辛戌坐) : 병방(丙方)
- **손사좌**(巽巳坐) : 경신방(庚辛方)
- **건해좌**(乾亥坐) : 갑을방(甲乙方)

❖ **취회**(聚會) : 앞 쪽에 산도 · 물도 모이는 곳

❖ **측뇌**(側腦) : 성신(星辰)의 두뇌가 기울어져 형체도 기울어진 형국. 무릇 측뇌(側腦) 혈성(穴星)의 머리가 같지 않아도 혈이 융결되지 않으나 다만 뛰고 교(巧)하고 기이하게 감추므로 반드시

탁산(托山)과 낙산(樂山)으로서 증거를 삼는 것이니, 만일 성체(星體)가 청수(清秀)하면 상격(上格)이라 귀하여 진관이 있다. 그러나 만일 성체가 용탁(龍濁)하면 정격이 아니므로 인색하고 간사하고 괴휼하여 치부함을 주장하는 것이다.

❖ **측라**(側螺) : 소라가 비스듬히 돌아누운 형국. 소라의 입 중앙에 혈이 있다.

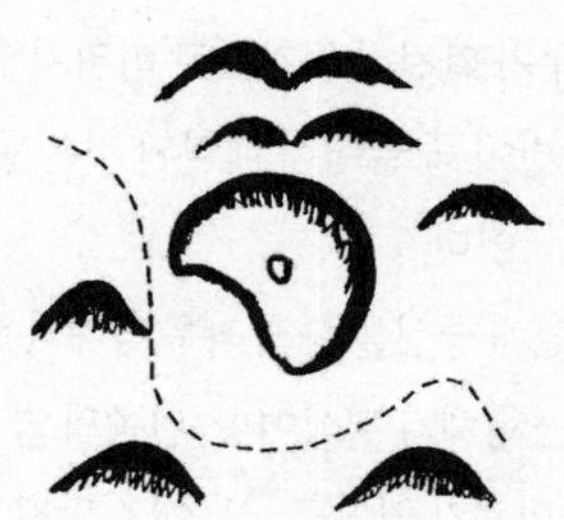

❖ **측뢰**(側罍) : 술잔을 기울여 놓은 형국. 혈은 술잔의 중앙에 있고 안산은 엎어 놓은 술잔이다.

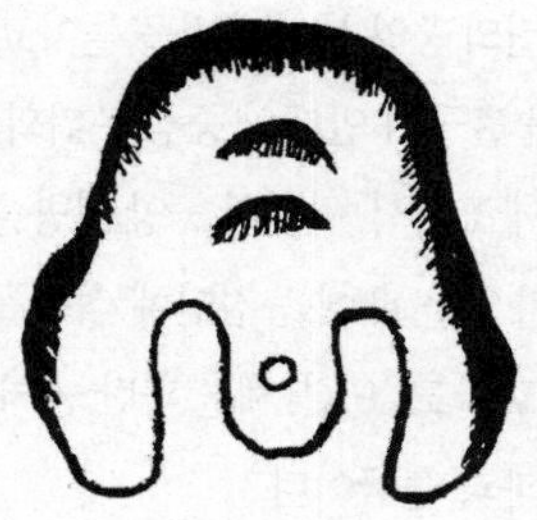

❖ **측면**(側面) : 측로(側露)를 나타낸 말로서 산의 바깥에서 측면에 붙어 내민 산.

❖ **측면적 구도의 주택지 길흉**

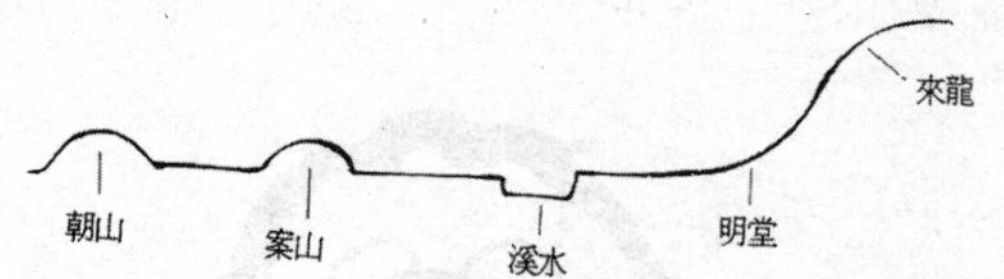

• 경사가 심한 비탈 부위를 깎아서 집터를 조성하는 것과 마당 끝머리 아래쪽 부위가 내리막져 비탈 형태를 이루어 앞이 끊어진 터에서는 재난·구설·손실 및 불행사가 발생하게 된다.

• 건축물이 낭떠러지를 앞둔 것도 불길·파괴 형국이지만 급경사 내지 드높은 절벽이나 축대가 전후 좌우에 인접하였든지 계곡의 출입구 주위를 가로막는 형태일 경우 낭패, 파탄, 흉험 등 불행한 사태가 닥치게 된다.

• 주택지의 뒤쪽 면은 차차로 높아져 구릉(丘陵)을 형성하고 앞쪽 면은 점차 낮아지면서 평평한 구조를 이루며 전면에 넓다란 공지(空地)가 있는 것이 최상이다.

• 삼각형태를 이룬 건축물과 대지 및 어느 한쪽 부위가 움푹 꺼지거나 튀어나와 불거진 것, 정면에서 바라볼 때 우뚝 치솟든지 쏙 들어가 요철(凹凸)의 형상을 띠는 건물이나 집 외장(外裝) 등속은 집안이 산란해지고 우환·손실·파탄 및 불행지사 발생될 형상이다.

• 좌우의 양볼이 협착한 대지 위에다 건축물을 덩그러니 크게 지어서 방(房) 옆 길이가 아주 널따랗게 대칭이 배치하는 것은 흉험·파괴의 형국이다.

• 건물의 앞면과 뒷면은 지대가 낮고 중간 부위가 높게 솟았는데 그 튀어 오른 부위에다 방을 들이는 것은 재물 파탄 및 우환, 낭패가 발생되는 액화 형태다.

• 지대(地帶)가 평평하지 않고 경사가 심한 곳 또는 낮게 들어간 곳, 울퉁불퉁하거나 대지가 기울어서 동일 건물에 한쪽은 높고 한쪽은 낮아서 층이 지는 터에 집을 짓거나 방을 배치하는 것(지하실 주택과 방은 본래 좋지 않다.)은 손재 파탄 및 말썽·우환의 불길 형국이다.

• 집을 짓거나 수리한다든지 신·개축과 보수에 관련된 일에 손댈 경우, 임산부가 있을 경우는 차후 흉험 및 불행사 등 재난이 발생될 우려가 매우 높다.

• 동북 방위 또는 서북 방위 쪽으로 쑥 들어가거나 툭 튀어 불거진 지형이나 건축물은 흉험과 파괴의 형국이다.

• 건축물이 들어서는 땅이 메말라 버석거리고 끈기와 습기가 전혀 없는 경우와 건물을 짓기 위해 대지를 조성할 때 옛 우물이나 수렁·사궁창 등을 메워 터를 닦고 그 위치에 방(부엌, 화장실)을 배치하거나 집터의 하부에 나무의 뿌리나 고목 등치가 매몰되었을 경우 우환·사고 및 재물 파탄과 구설, 말썽 등 흉험이 발생된다.

• 습기가 많은 대지라도 흙을 두껍게 메워 성토를 튼튼히 하면

ㅊ

고층건물을 짓더라도 흉험은 닿지 않는다.

- 본래 있었던 건물을 개축해 방이나 주방, 화장실 등을 설치하는 것은 재난과 손실, 우환 등 파괴가 작용되는 불상사의 형국이다.
- 두 칸이었던 주택의 방벽을 헐어서 한 칸으로 병합하는 경우와 심한 바람 받는 구조의 주택 형태는 집안에 풍파 및 재난, 손실의 액화가 발생하게 된다.
- 단층의 가옥을 헐어 이층으로 개조 증축한다든지 집안 내부를 크게 뜯어고치거나 건물 상부의 평평한 부위에다 구조물을 설치하는 것과 대문 및 화장실, 부엌 등을 수리 개조할 때는 십중팔구 재난이나 우환, 말썽과 파괴, 손실 등 궂은 일이 발생되기 때문에 길흉 분별에 각별히 신중해야 한다.
- 주택의 규모나 면적에 비해 너무 요란 복잡하게 장식물을 들여 놓거나 현란한 치장을 하는 것은 재물 파괴 및 우환·손실이 발생되는 흉상이다.
- 주택의 거실과 방은 크고 많은데 그 집에 사는 식구들이 적은 것은 흉험재난의 불길 형국이고 가능한 한 여러 식구가 모여 살면서 다소 비좁은 듯싶게 지내는 것이 빠른 발전과 형통의 비결이다.
- 주택은 주로 남쪽을 바라보는 구조가 이로우며 거실과 방도 약간 속이 깊어 보이도록 직사각형이 되는 것이 길하고, 반대로 좌우의 볼이 넓고 안으로의 깊이가 짧은 형태는 불리하다.
- 옆으로 좌우 폭이 매우 넓으면서 앞과 뒤의 길이가 짧은 구조는 도시의 아파트나 맨션, 연립주택 등에 흔한데 대개 우환, 사고 및 낭패, 손실과 말썽, 구설이 많이 발생되는 흉액지상으로 분류한다.
- 집을 길게 뻗은 일직선 형태로는 짓지 않는다. 근친 형제가 불목하고 오역패륜의 부랑자가 생긴다.
- 집을 고무래 정(丁)자 형태로 축조하면 재물이 흩어지고 집안 식솔의 신병, 우환, 사고, 단명 등 불행사를 겪게 된다.
- 한 채의 주택에는 본시 두 칸이 아니면 다섯 칸의 구도를 길상(吉相)으로 나눈다. 세 칸, 네 칸, 여덟 칸 등은 모두 흉액이 발생하는 불길의 구도이다.(예를 들어, 큰 방이 작은 방의 두 곱 이상이 되는데 같은 방위에 배치되는 것도 우환과 낭패가 발생되는 불길 형태로 간주한다.)
- 거실을 중심하여 각 대소의 방을 분산배치하는 것이 이상적이고 가장이 거처하는 주실(主室 : 안방)의 위치가 주택의 주요 부위에 놓이는 것이 길상(吉相)이다.(그래서 부엌, 안방, 뒷방의 구조로 집을 짓는 것이다.)
- 주택의 중심부가 완전히 공간으로 비워져 있는 것이나 한 편에 서너 칸의 방이 죽 늘어서 배열된 것은 풍파·흉험이 발생되는 파괴 형국이다.
- 어떤 집이든 안채 중심을 향해 좌우 옆채가 종(縱)으로 늘어서 모시고 받드는 형체가 길상이며, 왼쪽의 옆채는 있으나 오른쪽 옆채(설령 형체가 있어도 구도에 걸맞지 않으면 역시 흉험이 닿는다.)가 없을 경우는 백호가 말라드는(白虎枯敗) 형국이고, 오른쪽은 있고 왼쪽 옆채가 없을 경우 순음(純陰)의 형국으로 인명 사고·재물 파탄·요절·신병 및 사람의 손상과 낭패가 발생되며, 집의 중앙 부위에 방을 들이고 양쪽에 옆채를 지었더라도 정문 출구가 안채의 중심 부위와 마주 놓여진 것은 불길·액화의 구조여서, 원채의 중앙 전방을 가로막아 차단하는 부속건물이 없을 때에는 집안에 식솔들의 우환·신병 및 손상·불행하고 불고, 요절, 재물 파탄 등 제반 낭패와 재난을 모면키 힘든 파괴 형국이다.

❖ **측유**(側乳) : 젖가슴 형태가 한쪽에 치우쳐 있는 유혈(乳穴)을 말함. 측유는 한쪽으로 치우쳐 변(邊 ; 양 옆의 산줄기나 언덕)의 형태가 모호하기 때문에 변 대신 다른 산줄기들이 혈처를 잘 감싸 줘야 진혈이 된다.

❖ **측장혈**(側掌穴) : 측장혈은 선궁혈이나 단재혈과 같은 이치인데

단지 한쪽 옆으로 몸을 돌려 개구하여 낙산을 의지하여 결혈(結穴)한 것이다. 이는 완전 선궁(仙宮)이 안 되었으므로 원진수(元辰水)가 쭉 빠져 나가지 못하도록 독립된 산이 수구(水口)를 막아주는 것이다.

❖ **층계실 배치** : 2층 집의 내부 층계는 1층과 2층을 연결하고, 다시 옥상이나 물탱크실로 연결된다. 이처럼 천장이 수직으로 높이 통해 있는 층계실은 집안 기운이 밖으로 배출되는 통로가 된다. 따라서 층계에 의한 기운 분산을 막기 위해서는 층계실 입구에 출입문을 설치해 바람의 손실을 최대한 억제하는 것이 좋다.

❖ **치**(値) : 만남을 말함.

❖ **치**(峙) : 높이 솟아난 모양.

❖ **치사일**(致死日) : 흉신으로 작용력은 미약하나 먼 여행과 사람들이는 일을 피한다. 정국(定局)은 천리일과 같다.

- 正五九月 ： 酉日
- 二六十月 ： 午日
- 三七十一月 ： 卯日
- 四八十二月 ： 子日

❖ **친소**(親疎) : 친한 것과 소원한 것.

❖ **칠군하림일**(七君下臨日) : 칠군이란 북두칠성(北斗七星)을 말하나 소위 대성군(大星君), 원성군(元星君), 진성군(眞星君), 유성군(繆星君), 사성군(四星君), 기성군(紀星君), 개성군(開星君)으로 부르기도 한다. 옛날 하늘에 기도하고, 산에 기도할 때 모두 이 칠군하림일(七君下臨日)을 사용했다. 이날에 주인공의 생기·복덕·천의일을 가려 본명의 녹마귀인일(錄馬貴人日) 가운데 하나를 택하고, 또 천월덕(天月德)을 겸하도록 하면 칠성 제사에 길한 날이 된다.

忌 : 복단일(伏斷日)·천적(天賊)·월파(月破)·폐일(閉日)·본명육해일(本命六害日)

- **매월** ： 초3일　초7일　15일　27일
- **정월** ： 22일·26일
- **2월** ： 초8일·22일·26일
- **3월** ： 초8일·22일·26일
- **4월** ： 초8일·22일·26일
- **5월** ： 초8일·22일·26일
- **6월** ： 초8일·22일·26일
- **7월** ： 22일
- **8월** ： 초8일·11일·17일·22일
- **9월** ： 초8일·19일·22일
- **10월** ： 초8일·22일·28일
- **11월** ： 초8일·15일·25일
- **12월** ： 26일

❖ **칠살**(七殺)

甲生 庚, 乙生 辛, 丙生 壬, 丁生 癸, 戊生 甲,

己生 乙, 庚生 丙, 辛生 丁, 壬生 戊, 癸生 己.

모든 일에서와 마찬가지로 장리에서 천간(天干)에 칠살(七殺)을 주는 일보다 지지(地支) 사람이, 살아서는 천간(天干)에 칠살(七殺)을 자손이 받고, 죽어서는 지지(地支)가 자손에 영향을 주는 것이 강하게 나타난다. 칠살을 주는 장례일이나 좌(坐)는 삼가지 않으면 자손이 죽거나 불구가 되거나 백사(百事)가 이루어지는 일이 없다. 칠살(七殺)을 받는 것에서는 자손이 당하는 일이라서 자손에 불구가 되는 일이 벌어지고, 죽거나 고통을 받고 재물을 잃게 되고 나중에 불구자손이나 가정을 불행으로 몰고 가는 원인이 된다. 상충(相沖)과 중상(重喪)과 원진(怨眞) 칠살(七殺)이 장리에서 대살로서 지리를 아는 사람으로써는 범할 수가 없는 일이다.

❖ **칠살일**(七殺日) : 이날은 흉신일(凶神日)로 국가에서는 행군을 꺼리고, 일반에서는 행선(行船)·건축·혼인 등을 꺼리는데, 각(角)·항(亢)·규(奎)·누(婁)·귀(鬼)·우(牛)·성(星)의 7개의 성수(星宿)가 닿는 날을 칠살일이라 한다.

❖ **칠살조두격**(七殺朝斗格) : 칠살이 명궁에 거하여 묘왕(廟旺)하면 칠살조두격이라 한다.

❖ **칠석**(七夕) : 음력 칠월 초이렛날. 세시풍속에는 이날에 옷을 널어 말린다. 중국 당(唐)나라 때 시골의 부녀자들은 직녀의 재주를 받기 위해 황혼 무렵에 외(瓜) 등의 과일을 차려놓고 축원을 한 뒤 다음 날 새벽에 가 보아서 차려놓은 음식 위에 거미줄이 쳐 있으면 직녀의 재주를 받았다고 하여 기뻐한다. 또 이날이 되면 견우와 직녀가 오작교를 타고 은하수를 건너가 두 남녀성(男女星)이 만나는 날이라는 전설이 있다.

❖ **칠성예배일**(七星禮拜日) : 칠성에게 예배를 드리면 좋다는 날.

- **정월 초10일** : 검은머리가 다시 나니, 건강해진다.
- **2월 초6일** : 재앙이 사라지고 복을 얻는다.
- **3월 초8일** : 옥에서 풀려나오고, 위험을 피하게 된다.
- **4월 초7일** : 소원하는 바를 모두 얻고 이룬다.
- **5월 초2일** : 질병이 없이 장수한다.
- **6월 27일** : 구하는 바가 여의하다.
- **7월 초5일** : 장수부귀(長壽富貴)한다.
- **8월 25일** : 우환이 사라진다.
- **9월 초9일** : 송사(訟事)가 끝나거나 이긴다.
- **10월 20일** : 금은 재물이 이른다.
- **11월 초3일** : 재물을 많이 얻는다.
- **12월 22일** : 부귀하고 다복하게 된다.

❖ **칠성제**(七星祭) **지내는 날** : 주인공의 생기·복덕·천의일에 칠군하림일과 칠성하강일 가운데서 날짜를 가리되 기복일(祈福日) 및 제사일(祭祀日)의 길신(吉神)을 취하고, 기일을 피하면 된다.

❖ **칠성판**(七星板) : 관(棺) 속 바닥이나 천광 바닥에 깐판. 얇은 널조각의 북두칠성을 본따서 일곱 구멍을 뚫어 그 위에 한지와 삼베를 깔아서 일곱 매로 체백을 묶어서 땅 속에 모신다. 주로 이장할 때 많이 사용한다.

❖ **칠성판은 잡귀를 막아 준다** : 수백 년 된 묘를 파 보면 관 속에서 북두칠성 모양의 구멍이 뚫린 관 크기의 판자가 많이 나온다. 이를 칠성판이라 한다. 예전에는 보통 관속에 칠성판을 깔고 차조를 태운 재를 4cm 정도 깐 다음 그 위에 시신을 안치했다. 관 바닥에 이렇게 조를 태운 재와 칠성판을 까는 무슨 이유는 재는 수천 년이 지나도 변하지 않으며, 사물로서 정령이 없기에 시신에서 해가 되는 개미나 벌레 등과 같은 생물의 침범을 막아 주는 성질을 가지고 있기 때문이며, 또 덜 탄 재에는 화성이 남아 있어 물기가 스며들지 않는다고 한다. 그래서 관 바닥에 차조를 태운 재를 깔아 물이 스며드는 것을 방지하여 습기를 없애 주고, 나무뿌리의 침범을 막아 시신을 온전하게 보존하고자 하였다. 또한 입관 후 시신에서 분비되는 수액을 흡수해 주고, 매장 후에는 유골이 썩어 없어지지 않도록 하였다. 칠성판은 관에 들어갈 정도의 크기로 만드는데, 5푼 정도 두께의 송판에 북두칠성 모양으로 일곱 개의 구멍을 뚫은 다음 옻칠을 한다. 칠성판은 전한(前漢) 때 왕망이 북두칠성의 위엄을 빌어 군대를 통솔하기 위해, 열 가마나 되는 구리로 두 자 반 정도의 북두 모양을 만들어 '위두(威斗)'라 하고, 자신이 출입할 때마다 이것을 지고 뒤따르게 한데서 비롯되었다. 그래서 후세 사람들은 이 위두를 묘지에 묻어 지하의 사귀를 누르고자 하였다. 칠성판에 북두칠성 모양의 구멍을 뚫는 것은 북두신(北斗神)에게 빌어 죽음을 구제받기 위한 것이다. 즉, 북두는 죽음을 관장하고, 남두는 산 자를 관장한다. 따라서 관 바닥에 칠성판을 깔아 죽음을 구원받고, 묘광의 사귀를 쫓고자 하였다. 그러나 석관을 주로 쓰던 고려 시대에는 칠성판은 쓰이지 않았다. 칠성판이 거의 필수적으로 쓰이게 된 것은 상례를 주자가례에 의거해 치르기 시작한 조선 초부터였다. 또, 광중의 잡귀를 쫓는 것으로 방상씨(方相氏)라는 것이 있다. 방상씨는 망나니가 도사처럼 관복을 입고 방상씨 가면을 쓴 다음 한 손엔 창을, 다른 한 손엔 도끼를 들고 상여 좌우에 서서 길을 인도하는 것이다. 4품 이상인 관원의 장례에는 눈이 네 개의 방상씨를 쓰고, 5품 이하는 눈이 두 개만 달린 방상씨를 쓴다. 왕비의 국상에서는 네 개의 방상씨가 각기 네 대의 수레를 타고 발인 행렬 앞 양쪽에서 잡귀를 막으며 길을 안내한다. 영구가 장지에 도착하면, 먼저 방상씨가 광중으로 들어가 창으로 광중의 네 구석을 쳐서 잡귀를 몰아내고 시신을 안치한다. 우리 나라의 방상씨 가면은 신라 때 능인 경우 호우총에서 처음으로 출토된 바 있다. 고려에서는 섣달 그믐 전날 밤 구나의식(驅儺儀式 : 잡귀를 쫓는 의식)에 사용되었다. 구나 규제에 따르면, 악공 22명 중 방상씨 한 사람은 네 눈이 달린 황금빛 탈을 쓰고, 곰 가죽으로 만든 검정옷에 붉은 치마를 입고, 오른손에 창을, 왼손에는 방패를 들고 역귀를 쫓아낸다고 하였다. 이처럼 상사에 주로 방상씨를 세우는 것은 영구와 광중에 드는 잡귀를 쫓기 위한 것이다.

❖ **칠성하강일**(七星下降日) : 만복진결(萬福眞訣)에 기록된 칠성하강일은 아래와 같다.

壬申 癸酉 甲戌 乙亥 丙子 己丑 庚寅 辛卯 戊戌

己亥 壬人 癸卯 甲辰 乙巳 丁未 戊申 己酉 戊午

己未 庚申 辛酉

❖ **72후배국**(七十二侯配局) : 24룡이 각 용마다 3개의 산을 가지고 있으니 모두 72룡이 되어 72후(侯)에 응한다. 72룡은 기문육임(奇門六壬)의 변화를 주도하는 것으로서 지극히 오묘하고 변전하는 이치가 있다. 그 이치를 통변(通變)하면 요절자라도 목숨을 늘리게 할 수 있고, 비천자라도 귀하게 되며, 후손이 없는 자는 제사를 잇게 된다. 비록 진짜혈이 아니더라도 구빈구인(救貧救人)이 가능하며, 진룡적혈(眞龍的穴)이면 크게 번성한다. 팔문(八門)과 구성(九星)은 정위치에 있으면서도 또한 수시로 변동하여 육의삼기(六儀三奇)가 수궁역처(隨宮易處)한다. 배국(排局)의 방법은 음양 18국이다.

❖ **72배후국표**

子龍	丙子 大雪一局	戊子 冬至一局	庚子 冬至一局
癸龍	壬子 冬至四局	正癸 小寒二局	乙丑 小寒八局
丑龍	丁丑 小寒五局	己丑 大寒三局	辛丑 大寒九局
艮龍	癸丑 大寒六局	正艮 立春八局	丙寅 立春五局
寅龍	戊寅 立春二局	庚寅 雨水九局	壬寅 雨水六局
甲龍	甲寅 雨水三局	正艮 驚蟄一局	丁卯 驚蟄七局
卯龍	己卯 驚蟄四局	辛卯 春分三局	癸卯 春分九局
乙龍	乙卯 春分六局	正卯 淸明四局	戊辰 淸明一局
辰龍	庚辰 淸明七局	壬辰 穀雨八局	甲辰 穀雨二局
巽龍	丙辰 穀雨八局	正巽 立夏四局	己巳 立夏一局
巳龍	辛巳 立夏七局	癸巳 小滿五局	乙巳 小滿二局
丙龍	丁巳 小滿八局	正丙 芒種六局	庚午 芒種三局
午龍	壬午 芒種九局	甲午 夏至九局	丙午 夏至三局
丁龍	戊午 夏至六局	正丁 小暑八局	辛未 小暑二局
未龍	癸未 小暑五局	乙未 大暑七局	丁未 大暑一局
坤龍	己未 大暑巳局	正坤 立秋二局	壬申 立秋五局
申龍	甲申 立秋八局	丙申 處暑一局	戊申 處暑四局
庚龍	庚申 處暑七局	正庚 白雪九局	癸酉 白雪三局
酉龍	乙酉 白露六局	丁酉 秋分七局	己酉 秋分一局
辛龍	辛酉 秋分四局	正辛 寒露六局	甲戌 寒露九局
戌龍	丙戌 寒露三局	戊戌 霜降五局	庚戌 霜降八局
乾龍	壬戌 霜降二局	正乾 立冬六局	乙亥 立冬九局
亥龍	丁亥 立冬三局	己亥 小雪五局	辛亥 小雪八局
壬龍	癸亥 小雪二局	正壬 大雪四局	甲子 大雪七局

❖ **칠흉혈**(七凶穴) : 지리법에 혈을 살필 때 7가지 흉혈(凶穴)에 해당하면 취하지 못한다고 하였다.

- 이마를 꿰어 나온 맥이 펀펀하게 내려간 것.
- 유(乳)는 길고, 용호(龍虎)가 매우 짧으면 태(胎)가 노출되었다 함이니 바람이 겁하므로 불길하다.
- 혈의 면이 생기가 없이 완만하고 딱딱해 보이는 것.
- 대소(大小)가 분명치 않은 것.
- 혈의 면이 쭈그러지거나 혹 곧고 부서진 것.
- 혈이 허하거나 맥이 끊어진 것.
- 혈성이 곧고 긴 것.

❖ **침**(針) : 목각(木脚)을 가리키는 말로써 나경의 오방(五方)을 가리키는 말은 아니다.

❖ **침대는 문이 보이는 장소에 놓는다** : 침대를 옆으로 둘 때에는 자연스럽게 방의 문이 보이는 장소가 좋다. 문충(門沖)은 물론 벽에 머리를 향했다 하더라도 문쪽의 벽에 놓는 것은 그다지 좋지 않다.

❖ **침대 머리와 벽 사이가 벌어져 있으면** : 침대 머리는 벽 쪽을 향해 놓은 것이 가장 좋다. 단 침대 머리 쪽과 벽 간격이 지나치게 넓지 않게 해라.

❖ **침대 위로 수맥**(水脈)**이 지나가면** : 정상인도 수맥이 흐르는 자리에서 취침하면 고혈압 환자로 된다. 인간은 취침 시에는 온몸이 다 쉬기 때문에 심장만 박동하는데, 오히려 수맥파가 몸을 충하니 건강이 나빠지는 것은 불 보듯 뻔하다. 이 수맥파의 위력은 큰 것이어서 땅 속에 큰 수맥이 지나가면 땅 위의 큰 바위도 갈라지는 것을 볼 수 있다. 큰 수맥이 지나가면 이를 피해야 한다. 특히 수맥 밑으로 수맥이 지나가면 건물에 균열이 생기고 주택, 창고, 공공건물, 아파트 등 모든 건물 그리고 포장도로, 주차장 등 어느 곳이든지 균열이 간다. 균혈된 지하에는 반드시 수맥이 지나가는 곳이다.

❖ **침두사**(琛頭砂) : 큰산 뒤에 숨어서 머리만 살짝 내밀고 있어 마치 도적이 남의 집을 엿보고 있는 모양. 일명 규산살(窺山殺)이라 하여 심히 꺼리는 사에 속한다. 규산의 모양도 다양하여 그 형체에 따라 해석도 달라지겠으나, 규산은 대부분 도적이나 손재(損財)로 해석한 규산(窺山)이 멀리 떨어져 있어 희미하게 보

이면 그 영향 또한 크지 않다.

❖ **침룡**(枕龍) : 용맥이 입수한 맥을 정(正)으로 의지함.

❖ **침묘**(寢廟) : 종묘(宗廟)의 별칭. 옛날의 종묘제도에 앞은 묘라 이르고 뒤는 침이라 이름하였다.

❖ **침수혈**(侵水穴) : 묘의 좌향이 진술축미(辰戌丑未)좌이거나 자오묘유(子午卯酉)좌가 될 때 정면에서 오는 물줄기가 있으면 3년 내에 침수가 되고 묘봉분이 주위보다 낮거나 묘 좌우에 청태(青苔)나 수초가 무성하면 침수가 된다.

❖ **침실 가까이에 나무가 있으면 인체에 해로워** : 담과 집을 보완하는 것이 정원수다. 특히 집터가 나무 없이 삭막하면 땅의 기가 소멸된다고 믿어 더욱더 그 욕구를 충족시키려 한다. 정원수는 산소를 배축하고 인간이 배출한 탄산가스를 흡수하여 인간에게 신선한 공기를 공급한다. 밤에 생긴다. 인간은 밤에도 산소를 마시고 탄산가스를 배출하지만 나무는 낮과는 반대로 밤에는 인간에게 해로운 탄산가스를 배출하기 때문에 나무가 침실 가까이 있는 것을 좋지 않게 여기며, 이유도 유해성분의 가스가 창문이나 출입문을 통해 침실로 들어오면 수면중인 사람에게 나쁜 영향을 주기 때문이다. 너무 큰 나무가 집안에 있는 것은 상식적으로 생각해도 좋을 리가 없다. 햇볕을 가려 채광에도 문제가 있을 뿐 아니라 태풍에 쓰러지면 집이 상하기 쉽고 벼락에도 위험하다. 또한 여름철에 잎이 무성하면 해충이 몰릴 염려도 있고, 부리가 많은 거목인 경우 집의 기초에 압력을 가해 집을 약하게 할 수도 있을 뿐 아니라 땅의 생기를 모두 흡수하므로 사람들이 생기를 적게 받을 우려가 있다.

❖ **침실은 우리 인생의 1/3을 침실에서 보낸다** : 침실은 우리 인생에서 매우 종요한 위치를 차지하는 곳이라 할 수 있다. 침실은 잠을 자는 장소일 뿐 아니라 생식의 장소이며, 어떤 때는 병실이자 해산의 장소, 화장(化粧)을 하는 곳은 진지하게 이야기를 나누는 장소 등이 될 수도 있다. 침실은 조용히 누워 휴식을 하는 방이므로 몇 가지 요건을 갖추어야 한다. 첫째, 조용해야 하고 둘째, 온정이 있어야 한다. 셋째, 위생적이고 건강에 도움을 주어야 한다. 침실은 하루의 피로를 말끔히 풀어 주는 곳이고 또 다음날의 활력을 배양하는 곳이므로 그 위치가 중요하다. 침실이 대문·주방·응접실 등과 가까이 있다거나 대문과 일직 선상에 놓여 있다면 정서에도 도움을 줄 수가 없다.

❖ **침실은 자신의 생기(生氣)의 충전소** : 침실에서 가장 중요한 것은 잠자는 방향이다. 잠자는 방위에 따라 직업 운, 가정 운 전체가 좌우된다. 흔히 침대 방위는 남쪽이 가장 좋다고 알고 있으나 방위에 상관없이 침실 창문 쪽으로 침대 머리를 두거나 침실 방문을 약간 대각선으로 바라보는 것이다. 불가피한 경우에는 침대를 창문과 나란히 놓는 것도 괜찮다.

❖ **침실의 기(氣)는 항상 원활하게 순환되어야 한다** : 외부 거친 기(氣)가 곧바로 들이치지 않는 곳이어야 좋다. 그러기 위해선 침대 옆면이 벽에 바짝 붙어서는 안되고 적어도 20~30cm가량 벽에서 떨어져 있어야 기(氣)가 원활하게 소통된다. 더구나 침대가 벽이 붙어 있으면 벽의 재료 시멘트 벽돌 철근에서 방출되는 해로운 운을 그대로 받게 되므로 좋지 않다. 또한 방문을 여렀을 때 일직선상으로 침대가 보이면 매우 나쁘다. 밖의 차갑고 거친 기(氣)가 바로 침대를 겨눈 듯이 들어치기 때문에 건강이 나빠지고 부부사이도 멀어지게 되며 사업이나 일도 잘 풀리지 않는다.

❖ **침실의 침대는 어떻게 놓는 것이 좋은가** : 침실이란 부부가 잠을 자는 안방을 말한다. 옛날에는 모든 사람들이 안방에 잠을 자고는 이불을 개서 장롱속이나 쌀뒤주 위에 올려놓기도 하고 손님이 오면 손님맞이도 안방에서 맞이하고 식사도 안방에서 손님과 함께 했었다. 따라서 전통적인 양택론에서 안방과 부엌, 대문을 가리켜 삼요(三要)라 했다. 특히 부부의 안방인 침실은 가상학(家相學)적으로 방위에 기를 가장 많이 받는 것으로 알려져 있다. 가족을 부양하는 만큼 기가 집중되는 것은 당연한 이치인지도 모른다. 안방의 가상학적 길흉은 부부의 성공과 발전, 건강운뿐만 아니라 가족 전체의 운세, 길흉에까지 그 영향력을 미치고 있다. 그렇기 때문에 침대의 위치를 결정하고 장식물을 배치할 때는 가장 신경을 많이 써야 할 부분이기도 한 것이다. 일반적으로 안방의 방문과 현관문이 일직선으로 마주보지 않아야 하며 거실에서 보았을 때도 너무 방안이 훤하게 보여도 좋지 않다. 첫째, 침대는 문과 일치하게 놓아서도 안 되고 침대를 벽

에 붙여서도 안 된다. 침대를 벽면에 바짝 붙이게 되면 방안에 흘러다니는 길흉 작용을 하는 기의 흐름이 차단되어서 풍수상의 에너지를 제대로 받을 수 없게 되기 때문이다. 침대는 문과 대각선으로 놓여 있되 벽에서 약간 떨어져 있도록 배치하는 것이 가상학(家相學)에서 권장하는 이상적인 배치 방법이다. 둘째, 침대 머리가 창문과 수평으로 놓아서 창문과 맞닿아 있어서는 안 된다. 왜냐하면 방안을 흘러다니는 독특한 풍수의 에너지를 발산하는 기(氣)는 창문을 통해서 들어오기도 하고 빠져 나가도 하기 때문이다. 만약 침대 머리가 창문과 수평으로 있고 더군다나 창문이 있는 벽에 침대가 바짝 붙어 있다면 신체 부위 중 가장 중요한 역할을 하고 있는 머리가 기의 출입 통로가 되어서 숙면을 취할 수 없게 될 뿐만 아니라 정신이 산만해지고 그 결과 전반적인 운세까지 흐트러지는 폐해를 초래한다. 불가피하게 침대 머리를 창문 쪽이나 창문과 평행으로 놓아야 할 경우에는 침대 사이에 작은 탁자나 의자를 놓아서 공간을 약간이라도 만들어 주는 것이 좋다. 이러한 풍수 개운법을 실행하게 되면 가상의 흉상(凶相)이 미치는 부정적인 영향력이 줄어들어서 정신적으로 집중이 잘되고 수면시에도 길기로부터 보호받을 수 있게 될 것이다.

❖ **침실의 침대는 어느 방위가 좋은가** : 침실은 사람들이 생활의 3분의 1을 보내면서 피로를 풀고 휴식을 취하는 곳이므로 그 중요도는 이루 말할 수 없다. 따라서 침실은 현관문에서 가능한 한 먼 쪽에 두는 것이 원칙이다. 대문이나 현관문과 가까우면 항상 다른 사람이 나타날까 무의식적으로 경계하게 되며 그 결과 깊은 잠을 못 이루게 되어 건강을 해칠 염려가 있기 때문이다.

❖ **침실의 8방위 길흉** : 침실의 기능은 수면에도 있지만 생식을 도모하는 곳이기도 하다. 이 기능을 충족시키기 위해서는 외부와의 차단이 필요하고, 집 안에서도 사생활이 보장되어야 하며, 안전한 곳이어야 한다. 이런 조건을 갖추기 위해 풍수에서는 역시 방위를 중요시했다.

① **동쪽의 침실** : 신선한 기가 활동력을 치솟게 해서 의욕이 충만한 생활을 하게 하는 특히 젊은 부부들에게 아주 좋은 방위의 침실이다.

② **동남쪽의 침실** : 모든 일을 순조롭게 발전시켜 성공할 수 있는 암시의 방위다. 교우관계도 넓어지고 독신자가 이 방위의 침실을 쓰면 좋은 인연을 맺을 가능성이 많아진다.

③ **남쪽의 침실** : 이 방위의 침실은 잠을 편히 잘 수 없는 곳으로 볼 수 있으므로 침실로는 부적당하다. 항상 정신이 불안하거나 심장 혈압, 눈에 관한 병을 앓을 확률이 높다.

④ **남서쪽의 침실** : 하숙생 등 식객이나 가족이 아닌 사람은 괜찮으나 가장의 침실로는 맞지 않는다.

⑤ **서쪽의 침실** : 이 방위의 침실을 쓰는 사람은 헛된 소비를 잘하거나 돈 씀씀이가 해퍼진다고 본다. 향락적인 분위기가 생기는 등 바람직스럽지 못한 결과가 많다.

⑥ **서북쪽의 침실** : 동쪽이나 동남쪽의 침실처럼 자는 사람에게 행동과 의욕을 샘솟게 하며 가장의 침실로는 최고로 치는 방위이다. 이 방위에 침실이 없으면 조그마한 골방이라도 만들어 가장이 귀가해서 편안히 혼자 쓸 수 있는 방을 마련해 주면 스트레스 해소에 도움이 된다.

⑦ **북쪽의 침실** : 아침은 물론 저녁에도 해가 들지 않아 가장 편안히 잘 수 있는 침실로 본다. 다만 냉기와 습기에 주의하고 그 나름대로의 설비에 신경을 써야 한다.

⑧ **북동쪽의 침실** : 이 방위는 변화의 장소라는 별명이 붙을 정도로 기분의 기복이 심하게 생기는 장소다.

❖ **침실에 대들보가 있으면** : 대들보는 첨각충사와 같은 것으로 사람에게 흉(凶) 작용을 미친다. 특히 얼굴위에 있는 대들보는 최악이다. (개선책) 즉시 침대 위치를 옮기기가 어려울 경우에는 베개 위치만이라도 바꾼다.

❖ **칩룡산천**(蟄龍山天) : 움츠리고 있던 용이 기상을 떨치며 하늘로 날아오르는 형국. 시야가 탁 트여 전망이 매우 넓으며 경치가 아주 아름답다. 앞에 숱한 산들이 보이고 혈은 용의 코, 이마에 있으며, 안산은 구름이다.

ㅋ

❖ **칸막이는 이렇게 하는 것이 좋다**: 막이를 할 경우라면 정사각형이 바람직하며 직사각형의 경우 가로 세로의 비율은 3:5가 좋다. 평면의 비율이 정사각형에서 직사각형으로 길어질 경우 그 비율이 1:2가 되는 순간부터는 기운(氣運)이 좌우(左右)로 분리되어 바람의 효과적인 회전이 불가능해 지는데 기운이 분리되는 공간은 생기가 부족하게 된다. 공간의 성격상 정사각형과 직사각형의 중간 정도인 공간 즉 가로세로의 비율이 3:5인 경우가 무난한 평면 공간이다.

❖ **칼 같은 요성이 혈지에 있으면 보검이 되지만 비혈지에 있으면 흉기가 된다**: 요성의 생김새는 다양하나 대개 사격이 뾰족하고 날카로운 것은 흉성(凶星)이 많으므로 요성의 구분은 쉽지 않지만 이를 구분하는 기준은 용과 혈에서 찾아야 한다. 똑같이 뾰족한 것이라도 용진혈적(龍眞穴的)한 곳에서는 길한 요성이 되고 비혈지에서는 흉한 살성이 된다. 즉 장군이나 높은 관직에 있는 사람이 칼을 차고 있으면 귀인을 상징하는 보검이 되나 강도나 깡패같은 빈천한 사람이 칼을 가지고 있으면 흉측한 흉기가 된다. 똑같은 칼이라도 귀인은 귀한 일에 사용하지만 천한 사람은 흉악무도한 일에 사용하는 것과 같다.

❖ **커튼**: 침실에는 반드시 밝은 색상 커튼을 설치하면 좋다. 커튼을 설치하면 자연의 좋은 기운이 창문을 통해서 나가기가 쉽다. 커튼은 통기성과 보온성이 높은 소재를 선택하고 항상 깨끗이 세탁하여 사용하도록 한다.

❖ **크게 세도(勢道) 할 자리**: 흙색이 밝고 귀(貴)한 암석(巖石)이 붙어 있으면 크게 세도할 자리이다. 흙이 반드시 밝으면 자손이 귀하게 되고 돌도 섞여 있으면 세도하게 된다.

❖ **크고 웅장한 자재나 설계로 멋을 내는 경우**: 큰 건물 골조에 어울리지 않게 왜소하거나 연약한 재목을 사용하는 것과 작은 건물 또는 협소한 면적과 장소에 너무 크고 웅장한 자재나 설계로 치장해서 멋을 내는 경우, 가령 도회지 주택이나 시골 초가집 형체로 장식하는 것은 말썽·파탄 및 장해 우환 등 궂은 일이 생기는 불길한 형태이다.

❖ **커튼을 달 때는**: 커튼 천이 속이 환히 들여다보이는 것이 아니라 완전히 차광되는 커튼으로 하는 것이 좋다. 두꺼운 천으로 주택의 기(氣)가 새나가는 것을 최대한 막는 것이다.

❖ **큰 건물에 둘러싸인 집**: 주택 주변에 큰 빌딩이나 아파트가 둘러싸인 것처럼 되어 있는 주택을 말하는데, 이런 형태에서의 주택은 일조량이 부족하고 의 통풍이 되지 않아 순환이 어렵게 된다. 그러므로 생기가 생성되지 않아 흉(凶)의 에너지만 만들어져 주택에 거주하는 사람에게 안 좋은 영향을 준다. 이런 형태의 주택에 살게 되면 발전성이 없고 항상 그 자리에 안주(安住)하려고 하게 된다. 인생이 살다보면 강하게 추진력을 발휘하여 모험을 할 때도 있어야 하는데 이런 형태에서 오랜 시간을 살게 되면 추진력도 없고 노력하려 하지도 않고 그냥 그때의 시간을 편하게 보내려고 모든 행동을 하기 때문에 성공하기가 힘든 주택이라 보면 된다. 누군가에 항상 의지하려고만 하고 도와줄 때만 기다리는 노력이란 단어와는 인연이 없는 주택이다. 이런 주택에 사는 가족은 정신적으로 무언가로부터 압박을 받는 느낌을 받게 되어 안정을 찾지 못하고 항상 불안감을 느끼며 살게 된다. 그로 인해서 건강이 약해지고 쇠(衰)해져 병원을 자주 찾게 된다. 그러나 장소는 장사하는 상가(商街) 자리도 적합하다고 할 수 없다.

❖ **큰길이 굽어 주택을 향할 경우 음란과 질병이 있게 된다**: 큰길의 굽어진 각이 곧바로 대문을 향했을 때 풍수학에서는 풀을 베는 낫이 허리를 자른다고 한다. 이 경우 「양십서」에서는 종종

집안에 음란한 일이 발생하거나 가족의 화재 질병 사망까지도 생긴다고 쓰여 있다. 「팔택명경(八宅明鏡)」에서도 이와 같은 경우는 기운이 흉하다고 쓰여 있다. 이때에는 오목거울을 걸어두면 예방 할 수가 있다.

❖ **큰 길가나 도로가 교차되는 곳**: 큰 길가는 오고가는 차량이나 통행인이 너무 많아서 소음이나 먼지에 시달리게 되므로 양기(陽氣)가 너무 세서 거꾸로 악영향을 가져 온다. 삼거리도 마찬가지로 주택에는 적합하지 않다. T자길이나 Y자길의 교차점에 직면하고 있으면 강풍에 휩싸여서 피해를 보거나 화재가 일어나기 쉽다. 이것은 사기(死氣)가 있는 장소이므로 단순하게 도로의 모양만 보아도 차가 집으로 밀고 들어오는 형상임을 알 수 있다. 만일 동쪽이나 북쪽에 도로가 있으면 차차 가정의 재정이 기울어지며, 길이 남쪽으로나 있으면 여유 있는 생활을 누릴 수 있다. 막다른 골목의 마주친 곳은 좋지 않으므로 인간이 발하는 생기(生氣)가 좀 처럼 흘러들어오지 않아 사기가 강하고 재앙의 근원이 된다. 이런 장소는 잠재적으로 나쁜 기가 많이 흐르고 있어서 집을 지으면 그 영향을 직접 받는다. 특히 절벽 바로 가까이에 있으면 살고 있는 사람은 병약하기 쉽다.

❖ **큰 길에서 마주 보이는 집**: 큰 길에서 마주 보이는 집의 사람들은 많이 죽거나 아프며 어디든지 간에 골목집도 마찬가지이다. 또 큰길 끝이나 골목 막다른 곳에 집이 있어서 앞에서 오는 살기를 모두 받는다거나 하면 이는 양택상으로 아주 꺼리는 살이 되는데 묘한 것은 사람은 많이 죽어도 재산이 모이는 집이 있는가 하면 반대로 사람이 안 죽으면 재산이 흩어지는 집도 있다.

❖ **큰 나무가 지붕처마 끝에 바짝붙어 있으면 흉**: 지붕 처마끝이나 집과 바짝 들어붙어 큰 교목(喬木)이 자라는 것은 우환, 장해, 손실 등 흉험지상이고 울타리나 담장가에 자라는 수목은 그 나무가 뿌리째 뽑혀 넘어져도 주택이나 건물의 골조와 맞부딪치기 않을 만큼 충분한 거리가 주어져야 하며, 현관문이나 대문의 정면에 거목(巨木)이나 전봇대가 있는 경우도 액운 파괴의 재난 구조이다.

❖ **큰 나무 밑에 집을 피한다**: 큰 나무 밑이나 가까운 주택은 좋지 않다. 이것은 햇볕이 가리어질 뿐만 아니라 지기(地氣)가 허약해져 건강에 매우 좋지 못하다. 큰 나무의 기는 사람의 기(氣)를 누른다.

❖ **큰 도로를 끼고 있는 집이나 아파트는 좋지 않다**: 음택에서 묘터 바로 옆으로 큰 강이 지나는 것을 아주 흉하게 여기는데 이는 장마철에 강물이 범람할 우려가 항상 있기 마련이기 때문이다. 집도 역시 큰 도로변은 차량의 소음으로 인해 항상 시끄럽고 차량의 빈번한 이동에 따른 먼지도 역시 집 안으로 많이 들어오게 된다.

❖ **큰 산 아래에 집터**: 큰 산 아래에 자리잡을 경우 산의 정상으로부터 30° 이하의 경사 각도를 피하며 안정적이고 이상적인 지기(地氣)를 얻기 위해서는 60° 정도의 각도가 좋다. 형세가 안 좋은 악산이 가까이 보이는 곳을 피한다. 역시 악성(惡性)인 살기를 맞받게 되기 때문에 집안에 흉한 일이 생긴다.

❖ **큰 산이 가까이 있어 혈을 압박하는 것**: 크고 높은 산이 혈 가까이 우뚝솟아 혈을 압박하는 것을 말한다. 이것은 혈의 기운을 무기력하게 만들고 자손 또한 무기력하여 발전이 없다. 부하가 주인을 배반하거나 아랫사람이 윗사람을 깔보게 된다.

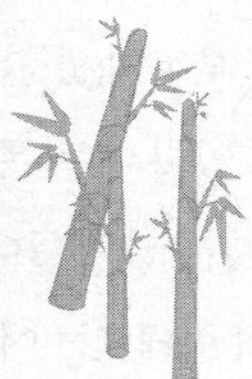

❖ **타봉모**(駝峯侔) : 산이 낙타의 등과 비슷한 형세.

❖ **타위**(打圍) : 멀리 위요(圍繞)함. 빙둘여 말목을 침.

❖ **타인(他人)의 첫눈에 안방과 부엌이 보이면 좋지 않다** : 현관에 들어서자마자 바로 안방이 보인다거나 화장실 · 부엌이 정면으로 보이는 것은 좋지 않다. 안방이나 부엌 같은 공간은 남에게 보여주기 꺼려하는 공간이기 때문에 좋지 않고, 화장실은 집에서 가장 좋지 않은 기운이 발생하는 곳이므로 첫눈에 그러한 공간이 노출 된다는 것은 좋지 않은 탁한 기운이 방문자에게 바로 영향을 미쳐 그 집의 이미지까지 나빠질 수 있다.

❖ **타태**(墮胎) : 낙태.

❖ **타태수**(墮胎水) : 타태(墮胎)란 낙태, 유산으로 자계수(子癸水)와 손사수(巽巳水)가 파국이 되면 부인네들이 낙태를 자주 한다.

❖ **탁**(托) : 혈의 후산. 일명 낙산(樂山)이라고도 하며 혈 뒤의 고산을 말한다.

❖ **탁기**(卓旗) : 화성(火星)으로 두면(頭面)이 각(脚)을 뻗어 높이 솟아난 모양. 즉 깃발 모양이다. 높은 봉(峯)에 족(足)이 길게 춤추어 뻗으면 초군기(招軍旗)가 되고, 양족(兩足)으로 나누어져 열리면 전기(展旗)가 된다. 기두(旗頭)가 역수(逆水)가 되면 상격(上格)이 되며 진기(進旗) 또는 승기(勝旗)라 하고 기두(旗頭)가 순수(順水)가 되면 하격(下格)이니 퇴기(退旗)나 패기(敗旗)라 한다. 기타로서는 합기(合旗), 봉혈기(鳳穴旗), 독각기(獨脚旗), 도지기(倒地旗)와 같은 유형이 있어 이는 목(木)이나 화(火)의 성신(星辰)으로 족(足)이 변출(變出)된 것들이다.

❖ **탁기사**(卓旗砂) : 기(旗)의 형태로는 여러 가지가 있으나 그 중 탁기(卓期)는 군기(軍旗)가 펄럭이는 듯이 목성이 나열해 서 있는 형태다. 조(朝), 안(案), 산 또는 길 방위에 우뚝 서 있으면 장군이 나오는 사다.

❖ **탁락**(托樂) : 탁산(托山)과 낙산(樂山) 혈 뒤에 의지가 될 만한 산을 말한다.

❖ **탁립**(卓立) : 우뚝 솟음.

❖ **탁산**(托山) : 청룡 · 백호 밖으로 솟은 산.

❖ **탁탁**(卓卓) : 높이 솟아난 모양.

❖ **탄**(憚) : 꺼리고 어려운 일을 가리킨 말.

❖ **탄**(呑) : 입에 물고 있다는 뜻. 수포혈(水泡穴)이라면 수포(水泡)의 앞에 천광(穿鑛)하여 포(泡)밑에 하관(下棺)하게 된다. 수포(水泡)를 입이라 보면 입에다 관을 물고 있는 모양과 같은 형상이 됨을 말한다. 수포란 물이 퐁퐁 솟아나서 물거품이 되는 모양으로 동그랗게 된 모양이 연결로 이어지는 형상을 혈에 비유한 말. 수포혈(水泡穴)에서는 정뇌(頂腦; 꼭대기)를 깨뜨리면 안 된다. 정뇌(頂腦)를 깨뜨리면 기(氣)가 누설되므로 정뇌에서 내려와 탄장(呑葬)을 취용함이 가장 합법하며 이러한 장법을 천주탄장(穿珠呑葬)이라고도 한다.

❖ **탄토부침**(呑吐浮沈) : 탄(呑)이란 좌우 용호(龍虎) 안으로 깊숙한 곳에 있는 혈이고, 토(吐)는 혈성이 목을 쑥 빼내어 거의 용호 밖으로 돌출한 혈이고, 부(浮)란 도두룩하게 솟은 부위에 있는 혈이고, 침(沈)이란 오목한 곳에 있는 혈이다. 이를 와(窩) · 겸(鉗) · 유(乳) · 돌(突)의 사상혈(四象穴)에 비하면 탄(呑)은 겸혈(鉗穴),

토(吐)는 돌혈(突穴), 부(浮)는 유혈(乳穴), 침(沈)은 와혈(窩穴)이라 할 수 있다.

❖ **탄토요감**(呑吐饒減)**의 취혈장법** : 탄(呑)은 침(沈)으로 가라앉은 상태, 토(吐)는 부(浮)함이고, 솟은 것이 아니고 평으로 떠있는 상태, 요(饒)는 과요, 감(減)은 부족이니 이 4형의 상태에서 지리법의 섭리를 찾아 취혈장사(取穴葬事)하는 방법. 그러나 탄(呑)하여 자리가 너무 가라 앉았으면 토(吐)한 편으로 당기어 취혈(取穴) 장사가 마땅하고, 또 토(吐)하여 자리가 너무 떠있으면 탄(呑)한 편으로 당기어 취혈장사(取穴葬事)함이 마땅하고, 과요(過饒)하면 감한 편으로, 과감(過減)하면 요(饒)한 편으로 당기어 취혈장사(取穴葬事)함이 마땅하다는 이치를 말한 것으로 탄토(呑吐)는 상하의 이동의 장법이고, 요감(饒減)은 좌우이동의 장법이다.

❖ **탈국별창**(脫局別創) : 산이 살기(殺氣)를 벗어나서 별도로 새 국(局)을 창출하였으면 가히 장사를 지낼 것이지만 사격(砂格)이 순수로 반주(反走)한 곳은 분묘를 편히 모시지 못할 곳이다. 이 같은 혈은 형태가 누에나비가 고치에서 벗어 나오는 형, 굼벵이나 매미가 껍질을 벗어나는 형, 황사가 기(氣)를 토하는 형, 신령한 달팽이가 고기를 토하는 형, 미인이나 신선이 털방석을 펴는 형, 신선이 바둑을 두는 형, 단봉(丹鳳)이 책을 물고 있는 형, 장군이 거문고를 타는 형, 귀인이 인(印)을 쓰는 형, 원숭이가 그림자를 잡는 형, 신령스런 거북이 새끼를 바라보는 형, 사자가 공을 희롱하는 형 등 모두 산에서 떨어져 별도로 국(局)을 짓고 맺는 것이니 천지에서는 완전한 공덕(功德)만 지을 수 없고 혈도 순길(純吉)혈만 맺지 않는 것이다.

❖ **탈룡취국**(脫龍就局) : 관규(關竅)가 통하지 않으면 향을 보아 정하되 탈룡취국(脫龍就局)함이 속임수가 아니지만 관(棺)을 안치할 때 진맥(眞脈)을 떠나면 인정이 적으므로 한혈(扦穴)할 때 술사(術師)는 맥도(脈屠)함을 인정해야 한다. 용국(龍局)이 상합하면 대지이지만 관규(關竅)가 통하지 않으면 향 세우기가 곤란하나 다만 수구(水口)가 위주이니 본룡(本龍)을 불구하고 쓰는 것으로 이것이 탈룡취국(脫龍就局)이다. 탈룡(脫龍)되는 까닭에 공(空)이라 하고, 수구(水口)를 위주하는 까닭에 현(玄)이니 이로써 현공(玄空)의 의가 생긴 다. 입향함에 있어 생왕묘(生旺墓)의 셋 가운데서 정하되 용이 불합해도 향상삼합(向上三合)이 자연 온전해야 하나 세상에 천하기는 48국도(局圖)에 관현규(關玄竅) 3건(三件)이 같이 삼합(三合)한다 한 말은 옳지 못하다. 용이 벗어나면 맥도 벗어나는 관계로 인맥도(認脈屠)라 한다.

❖ **탈룡혈**(脫龍穴) : 물줄기가 사방을 둘러싸고 있어 혈처가 용맥에서 떨어져 나온 것처럼 보이는 괴혈. 실은 용맥이 물 속을 지나 혈에 이른다.

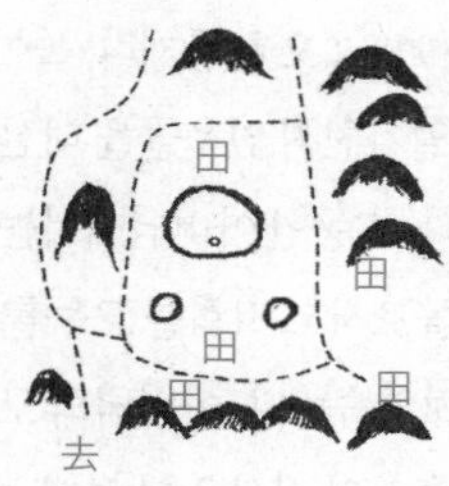

❖ **탈사**(脫卸) : 흉한 것을 벗어버리고 길한 모양으로 나온 것.

❖ **탈살**(脫殺) : 내맥이 급하고 산세가 험준하여 사응(四應)이 아래에 모이면 혈은 평지 낮은 곳에 있으니 탈살하여 정혈하는 법. 탈살법에는 네 종류가 있으니 응락(應樂)이 증거가 되는데 혈성각(穴星脚)은 철혈(綴穴)이고, 철혈보다 한 자리 낮은 곳은 점혈(粘穴)이 되며, 점혈보다 한 자리 낮은 곳은 접혈(接穴)이고, 두 자리 낮은 곳은 포혈(抛穴)이라고 한다. 탈살에서는 후산(後山)은 용이 되고 혈성은 평지이니 탈맥 여부를 자세히 살펴야 한다. 탈살이 곧 탈맥과 동일한 것이 아니라는 점에 유의해야 한다.

❖ **탈살혈**(脫殺穴) : 흉한 것을 벗어 던지고 길한 모습으로 되어 있는 혈을 말함. 내맥(來脈)이 급하고 산세가 준엄한데 4세가 하취(下聚)하면 신살분찬(神殺奔竄)이라 하여 살이 멀리까지 달아나기 때문에 그 살을 탈피하여 사용하는 혈이라 하여 탈살혈법(脫殺穴法)이라 하는데 점법(粘法)이 가합하나 이는 맥이 아니고 형

을 말한 것이다. 내맥(來脈)이 4살로 정혈하는 법은 4살혈에 또 4체(四體)가 있으니 철혈(綴穴)·점혈(粘穴)·접혈(接穴)·포혈(抱穴)이 그것이다.

① **철혈**(綴穴) : 성신(星辰)의 다리를 모아 가깝게 붙이는 것으로써 뒷산으로 혈성을 삼는다.

② **점혈**(粘穴) : 철혈(綴穴) 아래 1위가 점혈(粘穴)이니 모두 뒷산으로 혈성을 삼는다.

③ **접혈**(接穴) : 점혈(粘穴)아래 1위가 접혈(接穴)이니 후산(後山)으로 용격(龍格)을 삼고 평평한 언덕으로 혈성을 삼으며 술잔이 가득 찬 것 같은 형상이 있어야 가합하다.

④ **포혈**(抱穴) : 접혈(接穴) 아래 1위가 포혈(抱穴)이다. 특징은 접혈과 같다.

❖ **탈상**(脫喪) : 부모의 3년상을 마침.

❖ **탈상제 축문**(脫喪祭祝文) : 오호 통재라. 돌아가신 아버님 영전에 저희 아들 딸들은 일가친척 친우들을 대신하여 삼가 명복을 비는 제문을 올립니다. 그동안 아버님께서는 어려운 가정의 장남으로써 동생들을 돌보시고 저희를 모두를 출가시켜 사회의 동량으로써 자라게 하였습니다. 아버님의 모든 것을 바쳐 저희들을 이끌어 주시고 혼신의 정성을 다 하신 하늘과 같은 은덕으로 이제 겨우 아버님 은혜의 만분의 일이라도 효를 하고자 하였으나 이렇게 뜻밖으로 운명을 당하고 보니 저희들은 광명을 읽고 어둠을 헤매게 되었습니다. 머리를 조아려 크게 탄식을 하옵니다. 하늘을 부르자니 하늘이 높아서 호소할 수 없고 땅을 두드리니 땅이 두터워 하소연 할 수 없습니다. 나뭇가지에 스치는 바람도 슬퍼하고 달빛도 안타까워 빈 문을 스치며 태양도 애처러워 빛을 잃은 듯 하옵니다. 오호 통재라. 아버님! 아픔이 이밖에 또 어디 있사오며 슬픔이 이에 더 비할 데 있사오리까. 아버님! 부처님 말씀에 본래 생과 사가 따로 있을 수 없어 영원한 법열을 택하는 윤회과정이라고 하였으니 부디 사바세계 희노애락의 고통을 버리시고 저희들에 대한 미련을 버리시고 극락세계에 안주하시기를 엎드려 비옵니다. 원하옵건대 아버님께서는 저희들이 나아가는 길에 영광을 주시어 흐린 물결에 들지 말게 하시고 악의 구렁에 들지 말게 하시고 모든 재앙과 불행의 시련을 뛰어 넘게 하여 주시와 가운은 날로 번창하게 하시고 살아계시는 어머니 건강도 지켜주시고 저희 자손들에게 지혜와 용기도 함께 주시기를 간절히 바라옵니다. 삼가 아버님 영전에 맹세를 올리옵니다. 저희들은 형제애를 더욱 두텁게 하여 서로 돕는 형제가 될 것이며 어머님께 아버님 생전에 못다한 효도 함께 다할 것이며 아버님이 그러했듯이 집안의 장손으로써 책임을 다할 것을 맹세하오니 부디 극락세계에 안주하여 주옵소서. 아버님 영혼이시여! 저희들 아들 딸 일가친척들은 지극한 정성을 다하여 우러러 삼가 분향을 올리오니 감응하옵소서. 복유상향.

❖ **탈상축**(脫喪祝 : 百日祝)

① 삼년봉상(三年奉喪) 어례지당(於禮至當) 시제유한(時制有限) 백일단상(百日短喪) 금일철빈(今日撤殯) 건고근고(虔告謹告).

② 維歲次 干支年干支月干支朔◯◯日干支 孤子◯◯ 敢昭告于 顯考處士府君 日月不居 奄及脫喪 夙興夜處 哀慕不寧 三年奉喪 於禮至當 事勢不逮(魂魄墳墓)謹以 淸酌庶羞 哀薦祥事 尙饗

[해설] 아들 ◯◯ 삼가 아뢰옵니다. 아버님 돌아가신지 벌써 탈상이 되었습니다. 밤낮으로 슬피 사모하여 마음이 편할 수 없으며 3년을 봉상하여야 하오나 시속에 따라 혼은 묘소로 돌아가시기 바라오며 이에 맑은 술과 여러 가지 음식으로 전을 올리오니 흠향 하시옵소서.

- 엄급탈상(奄及脫喪) 대신 백일이면 엄급백상(奄及百喪) 식으로 하면 된다.
- 혼백분묘(魂魄墳墓) 대신 화장이었을 때는 혼백선경(魂魄仙境) = 영혼이 신선의 세계에 계시기를 대체하면 된다.

❖ **탐**(探) : 산이 사람의 눈썹 부분처럼 보이는 것. 규봉으로서 조안이나 용호의 뒤에서 객산이 산머리를 내밀고 혈지를 넘보는 산은 도적 봉으로써 도벽있는 자손이 나오거나 손재한다.

❖ **탐두**(探頭) : 산의 바깥에서 머리만 약간 내밀고 올라온 모양.

❖ **탐두사**(探頭砂) : 혈처(穴處)를 좌우에서 망치로 머리를 내려 치는 것과 같은 형상을 말함. 좌측에 탐두사가 있으면 장손이, 우측에 탐두사가 있으면 둘째 자손이 재물로 피해를 입는다.

❖ **탐두천사**(探頭賤砂) : 작은 산이나 큰 산 뒤에서나 위나 옆으로 조금 내다보는 형상을 말함. 마치 어린 아기가 어머니 등에서

머리를 내밀어 무엇을 본다는 것과 같다는 것이다.

❖ **탐두혈**(探頭穴) : 조그만 봉우리가 산너머로 머리를 살짝 내밀고 혈을 훔쳐보는 것을 말함. 마치 도둑이 담장 밖에서 고개를 내밀고 집안을 엿보는 모습과 같아 규봉(窺峰) 또는 규산(窺山)이라고도 하는데 흔히 도적봉이라고 한다. 혈에서 규봉이 보이면 도벽 자손이 나오거나 크게 도적을 당하여 실물손재(失物損財)한다.

❖ **탐랑구성반**(貪狼九星盤)

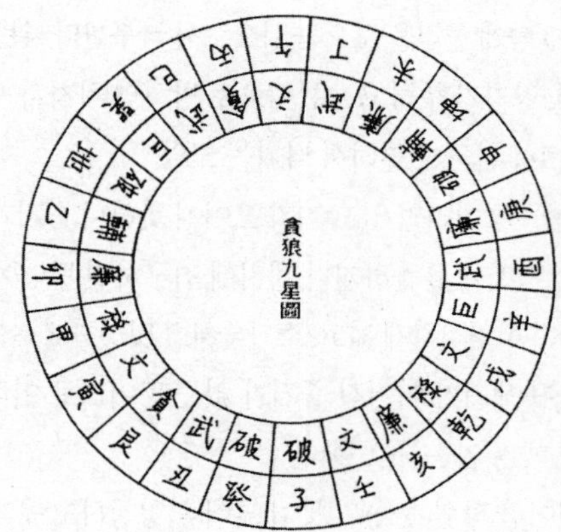

곤괘(坤卦)를 좇아서 번기(翻起)를 한다. 곤괘(坤卦)의 상효(上爻)가 변하면 간괘(艮卦)가 되고, 간괘(艮卦)의 중효(中爻)가 변하면 손괘(巽卦)가 된다. 다시 손괘(巽卦)의 하효(下爻)가 변하면 건괘(乾卦)가 되고, 건괘(乾卦)의 중효(中爻)가 변하면 이괘(離卦)가 된다. 이괘(離卦)의 상효(上爻)가 변하면 진괘(震卦)가 되고, 진괘(震卦)의 중효(中爻)가 변하면 태괘(兌卦)가 된다. 태괘(兌卦)의 하효(下爻)가 변하면 감괘(坎卦)가 되고, 감괘(坎卦)의 중효(中爻)가 변하면 다시 곤괘(坤卦)로 되돌아온다.

간(艮)	☶	탐랑(貪狼)	진(震)	☳	염정(廉貞)
손(巽)	☴	거문(巨門)	태(兌)	☱	무곡(武曲)
건(乾)	☰	녹존(祿存)	감(坎)	☵	파군(破軍)
이(離)	☲	문곡(文曲)	곤(坤)	☷	보필(輔弼)

간궁(艮宮)에서 탐랑(貪狼)을 기(起)하면 손궁(巽宮)은 거문(巨門)이 되고, 건궁(乾宮)은 녹존(祿存)이, 이궁(離宮)은 문곡(文曲)이, 진궁(震宮)은 염정(廉貞)이, 태궁(兌宮)은 무곡(武曲)이, 감궁(坎宮)은 파군(破軍)이, 곤궁(坤宮)은 다시 보필(輔弼)로 돌아간다. 8간(干)의 구성배위(九星配位)는 납갑(納甲)으로 정해지니, 간납병(艮納丙)은 탐랑(貪狼), 손납신(巽納辛)은 거문(巨門), 건납갑(乾納甲)은 녹존(祿存), 이납임인술(離納壬寅戌)은 문곡(文曲), 진납경해미(震納庚亥未)는 염정(廉貞), 태납정사축(兌納丁己丑)은 무곡(武曲), 감납계신진(坎納癸申辰)은 파군(破軍), 곤납을(坤納乙)은 보필(輔弼)이 된다.

❖ **탐랑성**(貪狼星) : 탐랑성은 목성으로 맑은 것인 문성(文星)처럼 형상이 깨끗하고 죽순같이 곧고 가지런하게 솟아올랐다. 탐랑성의 혈에 묘를 쓰거나 집을 짓고 살면, 학문에 출중한 자손이 나오며 학문에 힘써 관직에 오르고 나라의 녹(祿)을 받고 부귀를 함께 누리며 큰 화(禍)를 입지 않는다. 자손은 크게 번창하며 자손들의 성품은 지혜롭고 효성스럽고 형제간에 우애가 좋으며 뜻이 올 것이다.

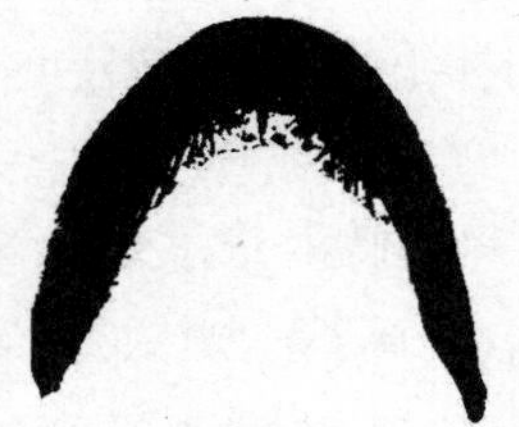

❖ **탐랑유두혈**(貪狼乳頭穴) : 탐랑성은 소조산인 주산이 죽순처럼 생겨 단아하고 수려한 산을 말한다. 산중턱에 지각이 없으며 반듯하고 깨끗하다. 원통형처럼 생긴 산을 귀인봉이라 하고 삼각형 모양으로 정상이 붓끝처럼 뾰족하게 생긴 것을 문필봉이라 한다. 오행은 목이다.

❖ **탐생망극**(貪生忘剋) : 생(生)을 탐하여 다른 오행을 극하지 않음. 이는 오행이 생(生)하는 것과 극(剋)하는 것 두 가지가 있을 때는 생(生)하는 것에 먼저 마음이 끌려 타를 극할 겨를이 없다는 뜻이다. 오행뿐만 아니라 만물의 이치가 다 같다. 탐생망극은 아래와 같은 경우에 이루어진다.

목(木)이 토(土)를 극하려는데 화(火)가 있는 것, 화(火)가 금(金)

을 극하려는데 토(土)가 있는 것, 토(土)가 수(水)를 극하려는데 금(金)이 있는 것, 금(金)이 목(木)을 극하려는데 수(水)가 있는 것, 수(水)가 화(火)를 극하려는데 목(木)이 있는 것, 명리(命理)의 육친(六親)으로 탐생망극이 되는 경우는 다음과 같다.

- 비겁(比劫)이 식상(食傷)을 만나면 재(財)를 극하지 않는다.
- 식상이 재성을 만나면 관살(官殺)을 극하지 않는다.
- 재성이 관살을 만나면 인수(印綬)를 극하지 않는다.
- 관살이 인수를 만나면 일간(日干) 및 비겁을 극하지 않는다.
- 인수가 비겁을 만나면 식상을 극하지 않는다. 고로 비겁은 식상을 생(生)하고 재성을 극하며, 식상은 재성을 생(生)하고 관살을 극하며, 재성은 관살을 생(生)하고 인수를 극하며, 관살은 인수를 생하고 일간(日干) 및 비겁을 극하며, 인수는 일간(日干)·비겁을 생(生)하고 식상을 극하는 오행생극(五行生克) 관계가 이루어지기 때문이다.

❖ **탐합망극**(貪合忘剋) : 합을 탐하여 다른 오행을 극하지 않는다는 뜻. 오행 즉 천간(天干)이나 지지(地支)가 간합(干合)이나 지합(支合: 六合)을 만나면 극(剋)보다 합을 좋아하여 극하려는 자가 있더라도 그를 극하지 아니한다. 탐합망극이 이루어지는 것은 아래와 같다.

甲木이 土를 극하려는데 己를 만난 것(甲己合)
乙木이 土를 극하려는데 庚을 만난 것(乙庚合)
丙火가 金을 극하려는데 辛을 만난 것(丙辛合)
丁火가 金을 극하려는데 壬을 만난 것(丁壬合)
戊土가 水를 극하려는데 癸를 만난 것(戊癸合)
己土가 水를 극하려는데 甲을 만난 것(甲己合)
庚金이 木을 극하려는데 乙을 만난 것(乙庚合)
辛金이 木을 극하려는데 丙을 만난 것(丙辛合)
壬水가 火를 극하려는데 丁을 만난 것(丁壬合)
癸水가 火를 극하려는데 戊를 만난 것(戊癸合)
子水가 火를 극하려는데 丑을 만난 것(戊癸合)
丑土가 水를 극하려는데 子를 만난 것(子丑合)
寅木이 土를 극하려는데 亥를 만난 것(寅亥合)
卯木이 土를 극하려는데 戌을 만난 것(卯戌合)
辰土가 水를 극하려는데 酉를 만난 것(辰酉合)
巳火가 金을 극하려는데 申을 만난 것(巳申合)
午火가 金을 극하려는데 未를 만난 것(午未合)
申金이 木을 극하려는데 辰을 만난 것(辰酉合)
戌土가 水를 극하려는데 卯를 만난 것(卯戌合)
亥水가 火를 극하려는데 寅을 만난 것(寅亥合)

❖ **탕건석**(宕巾石) : 명당은 땅을 팠을 때 관 크기의 바위가 나오는데 이 바위를 탕건석 또는 탕건암이라 한다.

❖ **탕뇌수**(湯腦水) : 수세(水勢)가 혈 앞 주머니 속에 모이는 것을 말함. 이(裏) 속에 물건을 모으는 상으로서 극부한다. 왼쪽으로 탕(湯)하면, 장자가 부하고 오른쪽으로 탕하면 차자가 부귀한다.

❖ **탕연**(蕩然) : 훤하게 열려서 나가는 모양.

❖ **탕연**(湯軟) : 덩어리만 있고 기가 모이지 못하니 습기가 많은 질편한 것. 평지에 돌출하거나 평지에 겸구하면 탕연이 아니다.

① 혈성이 허영청하게 넓고, 소가죽처럼 밋밋하게 늘어지고 판판하여 생기가 이어진 증거가 없는 땅이므로 이러한 곳은 혈이 맺지 않는다고 한다.

② 탕연이란 당혈(堂穴)된 곳이 넓어 휘영청하고 우피(牛皮)처럼 연(軟)하고 늘어지고 판판한 것이다. 입혈이란 곳이 묶여 모이는 것이 생기가 있으므로 좋다. 꺼리는 것은 탕연하여 죽은 덩이와 같음에 평지에 가장 꺼리는 것이니 잘못 안조(安兆)하면 심수(沈水)의 염려가 있을 뿐 아니라 재산이 소모하고 인정이 끊어지게 되는 흉한 곳이니 조심해야 한다. 그러나 평지에 돌(突)한 곳이 있거나 겸구(鉗口)가 있으면 이것은 기(氣)가 흩어졌다가 다시 모이는 곳으로 길하다.

❖ **탕연지**(蕩軟地) : 혈지가 너무 낮거나 넓어서 물이 들어올 염려가 있고 비만 오면 질퍽거리는 땅을 말한다. 진흙투성이의 질퍽한 땅은 흙이 거무튀튀하게 죽은 색이므로 생기가 없다는 뜻이다. 이런 곳은 비만 오면 물이 쉽게 빠지지 않아 물의 침범을 받는다. 혈처가 질퍽하고 무른 곳이면 생기가 모이지 않기 때문에 불길하다. 이런 곳에 장사(葬事) 지내면 패가망신한다. 그러나 평전(平田)에 은맥(隱脈)으로 내룡(來龍)하여 생기가 모이면 주위가 질퍽한 땅이라도 미돌(微突)하여 금구몰니혈(金龜沒泥穴)

같은 길혈(吉穴)을 맺을 수 있다.

❖ **탕천**(湯泉) : 온천수를 말함. 용의 왕기(旺氣)가 융화되어 물이 되고 그 물이 다시 백반과 유황에 의하여 불열되여 생긴다 하니 혈을 맺지 못하므로 온천이 있는 곳엔 수구(水口)도 관폐되지 아니하므로 땅을 찾지 말라 하였다.

❖ **탕흉수**(盪胸水) : 취면수(聚面水)처럼 혈의 앞쪽에 모이는 물. 취면수와 다른 점은 주머니 속에 물건이 들어가듯, 혈이 모인 물속에 들어가는 것처럼 보이는 것이다. 앞에 탕흉수가 있는 혈에 조상의 묘를 쓰면 자손들이 대부를 얻는다. 또 이 물이 왼쪽으로 움직이면 그 부가 오래 유지되나 오른쪽으로 움직이면 그리 오래 가지 못한다.

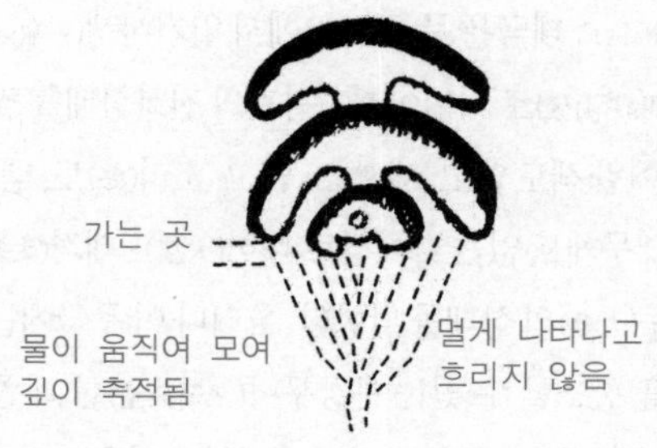

❖ **태**(兌) : 서방(西方) 유위(酉位).

❖ **태**(胎) : 12운성(運星)의 11번째이며 포태법(胞胎法) 정국의 2번째로 오행이 태(胎)에 들면 그 힘이 미약해진다.

[12運星]

五行	木		火		土		金		水	
胎	酉		子		子		卯		午	
日干	甲	乙	丙	丁	戊	己	庚	辛	壬	癸
胎	酉	申	子	亥	子	亥	卯	卯	午	己

[胞胎法]

年日	申子辰水	巳酉丑金	寅午戌火	亥卯未木
胎	酉	子	子	卯

혈을 가리키는 말로서 부인이 잉태한 것에 비유한다. 용호(龍虎)가 태(胎)를 보호하여야 하며 만약 태가 돌로(突露)하면 누태(漏胎)가 된다.

❖ **태공조어**(太公釣魚) : 낚시꾼이 낚싯대를 드리우고 물고기를 낚는 형국. 앞에 큰물이 흐르며 혈은 낚싯바늘 뒤쪽이고, 안산 물고기, 낚싯대다.

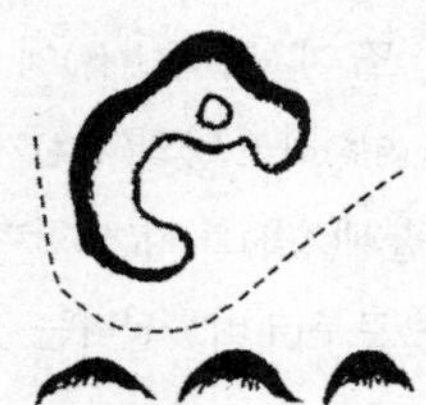

❖ **태교간겸**(胎交看鉗) : 건곤간손(乾坤艮巽)의 태(胎)는 호기(好起)하는 것이니 기(起)를 하면 개(開)를 함으로 음양이 균형을 이루는 것인데 개구(開口)를 아니하면 순음(純陰)으로 양(陽)이 없음으로 배교(配交)가 되지 못한다. 그러니 우그러지는 모양의 겸(鉗)을 이루는 데가 정혈(正穴)이 된다. 상(上)의 6간(六看), 즉 1간분(一看分), 2간교(二看交), 3간굴(三看屈), 4간금(四看金), 5간수(五看首), 6간국(六看局)은 돌(突)·직(直)·곡(曲)·회(會)·요(凹)·겸(鉗)으로 혈성(穴星)을 구분하는 것이니 이상의 12간(看)을 볼 줄 알면 그는 고대 중국의 곽박(郭璞), 양구빈(楊救貧), 증문선(曾文仙) 같은 분과 같다 할 수 있다. 12간(看)을 우리 같은 속인들은 불가하다 할 수 있다.

❖ **태극**(太極) : 우주만물이 창시된 근원의 본체로 무극(無極)에서 일기시행(一氣始生)하여 음양양의(陰陽兩儀)로 나뉠 때까지의 상태.

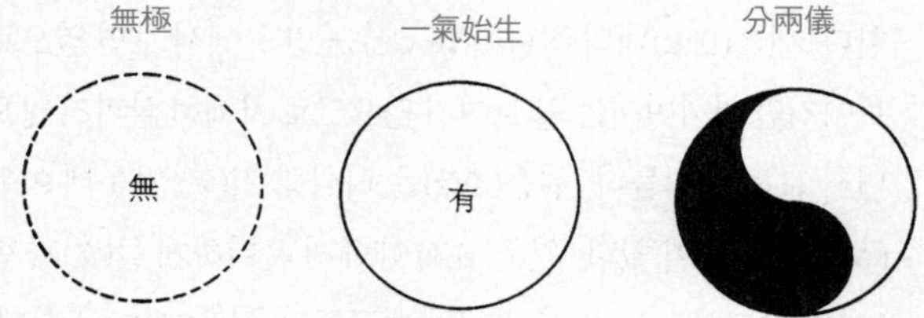

태극(太極)이란 만물이 한 태극을 모두 갖고 있는 것으로 사물이 창조되기 이전의 주체를 말하므로 태극은 음양의 본체가 되고 이기의 근원이 된다. 주자(周子)의 태극도설에 보면 "무극(無極)이 태극이며 태극이 동(動)하면 양을 생(生)하고 동(動)이 극에 달하면 정이 되며 정이 되면 음을 생(生)하게 된다. 동(動)

과 정(靜)은 각각 그 뿌리를 태극에 두고 동정이기(動靜二氣)가 상합하여 양의(兩儀)가 되며 양의(兩儀)는 금목수화토(金木水火土)를 생(生)하여 5기(氣)를 4시(時)에 순포(順布)하여서 유행하게 한다." 하였다. 또 계사전(繫辭傳)에 "역유태극(易有太極)이니 시생양의(是生兩儀)하고 양의(兩儀)가 사상(四象)을 생(生)하며 사상(四象)이 팔괘(八卦)를 생(生)한다" 하였으니 음양이 기설은 모두 태극으로부터 비롯된다는 것을 설명하고 있다.

❖ **태극괘해도표**(太極卦解圖表)

太極	兩儀	四象	八卦	八卦	八卦爻	太極卦	血肉	方位
太極	陰	太陰	坤	坤	☷	坤 三切	老母	南西間
			艮	艮	☶	艮 上連	小男	北東間
		少陽	坎	子	☵	坎 中連	中男	北
			巽	巽	☴	巽 下切	長女	南東間
	陽	少陰	震	卯	☳	震 下連	長男	東
			離	午	☲	離 虛中	中女	南
		太陽	兌	酉	☱	兌 上切	少女	西
			乾	乾	☰	乾 三連	老父	北西間

혈에는 와(窩), 겸(鉗), 유(乳), 돌(突) 이외에 태극혈(太極穴), 양의혈(兩儀穴), 괴혈(怪穴), 기형혈(奇形穴), 기룡혈(騎龍穴), 석산혈(石山穴), 수중혈(水中穴)이 있다. 태극혈(太極穴)은 원운(圓暈)에 혈이 형성된 것을 말한다. 원운(圓暈) 내의 혈은 대지에 있는 용의 조화로 인하여 결혈된 것으로 귀한 진혈(眞穴)을 찾기 어렵다. 원운(圓暈)이란 달무리나 해무리 모양으로 둥근 것을 말한다. 원운(圓暈)내의 결혈지(訣穴地)는 먼 곳에서 보면 옆으로 보이지만 가까이서는 잘 보이지 않으므로 자세히 살피지 않으면 구분하기 힘들다. 원운(圓暈)은 하나의 기(氣) 가운데 이원(二元)의 음양이 있다. 원운(圓暈) 내에서 은미하게 돌(突)과 함(陷)이 상교하고, 음양이 발생하여 포굴작용(泡窟作用)을 한다. 즉 물이 동화를 일으켜 양(陽)이 조용한 가운데 음기(陰氣)를 발생하며, 수계분합(水界分合)이 일어나 흔적이 생긴다 그러므로 태극혈(太極穴)이라고 생각되면 먼저 수계(水界) 흔적을 찾아야 한다. 태극혈(太極穴)의 흔적에는 구담형(球膽形), 합금형(合襟形), 나문형(羅紋形), 토축형(土縮形), 앙부형(仰俯形) 등이 있다. 구담형(球膽形)은 둥근 모양으로 쓸개와 같은 원운(圓暈)의 혈이다. 합금형(合襟形)은 나뉘어진 윗물이 아래에서 합치는 형상이다. 옷을 여미는 듯한 작용의 조화로 생기는데, 상분하합(上分下合) 작용이라고 한다. 나문형(羅紋形)은 평평한 지면에 돌굴(突屈)의 흔적은 없지만 새그물 모양의 흔적이 있는 혈이다. 다시 말해 땅이 솟은 흔적이 없는 혈이다. 토축형(土縮形)은 토문형(土紋形)으로 흙의 무늬를 말하며, 좌우상하가 결합된 원운(圓暈)이다. 즉 결합된 흙무늬 흔적이다. 앙부형(仰俯形)은 굽은 모양의 작은 구멍에 음양 작용의 흔적이 있는 원운(圓暈)의 혈을 말한다. 혈운(穴暈)이 불꽃처럼 뾰족한 형태는 태극혈(太極穴)인 것 같아도 취기(聚氣)를 이루지 못한 살충혈(殺沖穴)로 가혈지(假穴地)이다.

❖ **태극론**(太極論) : 태극은 무극(無極)에서 일기시생(一氣始生)하여 음양양의(陰陽兩儀)로 나뉘어지기까지의 진화상태를 말함이다. 무극(無極)이란 색도 없고, 체(體)도 없고, 소리(聲)도, 냄새(臭)도, 기운(氣)도, 무게도 없는 그야말로 태허(太虛)·태적(太寂)·태공(太空)·태무(太無)의 상태를 말한다. 그러나 이 무극에는 우주의 천지만물을 창조할 수 있는 무궁무량(無窮無量)한 태원(太元)을 간직하고 있는 무(無)이며, 단 한가지 미미한 기운도 섞이지 않은 최시이전(最始以前)의 주체(主體)이며, 즉 무(無) 그것이다.

- **일기시생**(一氣始生) : 무극에서 비로소 일기(一氣)가 생하니 역시 우주 삼라만상의 모체(母體)이며 역시 체(體)도 질도 색도 없는 오직 일기(一氣)뿐인 상태이나, 무극에서 훨씬 진화된 상태요, 음양(陰陽)을 대이원(大二元)으로 나뉘기 전의 상태며, 아직 동(動)하기 전의 정적인 상태이나, 즉 이때는 이미 유(有)에 속한다.
- **분양의**(分兩儀) : 일기(一氣)인 태극(太極)에서 동(動)과 정(靜)이 생겨 양의(兩儀)로 나뉘니 동한 것은 양(陽)이 되고 정(靜)한 것은 음(陰)이 되어 태극이 되었는데, 역시 우주의 만물만상(萬物萬象)이 창조되기 바로 전까지의 상태가 태극에 속하는 것이다. 그리하여 양(陽)의 밝은 것은 하늘을 상징하고, 음(陰)의 어두운 것은 땅을 상징하며, 천지·만물·만상이 이 음양의 조화로 생성되는 것은 물론이요, 단 일물일사(一物一事)에도 음양으로 분류되어 있지 않은 것이 없다. 계사전(繫辭傳)

에 이르기를 "역(易)에 태극이 있어 이에 양의(兩儀)를 낳고, 양의가 사상(四象)을 낳고, 사상이 팔괘(八卦)를 낳는다." 하였다. 주자(周子)는 태극도에 대하여 "우주만물(宇宙萬物) 창시의 근원인 태극이 동(動)함에 양(陽)을 낳고, 정(靜)하여 음(陰)을 낳았다. 이 음양으로 나뉜 것이 양의(兩儀)인 바 양이 변하고 음이 합하여 사상(四象)을 낳고, 목화토금수(木火土金水) 5기(五氣 : 五行)가 유행(流行)하여 팔괘(八卦)가 되었다. 이 8괘가 또 거듭 포개어 64괘(卦)가 되었으니, 대개 음양은 일기(一氣)인 태극에서 비롯되고, 태극은 본래 무극(無極)에서 비롯됨이다. 이 무극의 진리(眞理)와 음양오행의 정기(精氣)가 교묘히 합하고 응결하여 건도(乾道 : 즉 陽)는 남자가 되고, 곤도(坤道 : 즉 陰)는 여자가 되었다. 따라서 오직 사람은 그 음양오행 가운데도 가장 영묘(靈妙)한 수기(秀氣)를 타고 났으므로 가장 영묘한 지혜가 있으며, 뿐 아니라 형체가 으뜸으로 갖추어지고 정신이 특이하며, 이 정신에서 이름새[知]가 발달하여 선악의 구분이 있고, 만가지 일도 창조해 나가는 것이다." 하였다.

❖ **태극**(太極)**으로 혈을 정한다** : 태극으로 정혈(定穴)하는 법은 천혈장(千穴場) 중에 돌아다 보면 둥그스럼한 것, 즉 원운(圓暈)이 미묘하고 막연하고 은은하고 현저한 사이에 있으니 이것을 태극(太極)이라 한다. 태극운(太極暈) 위에는 양쪽으로 나뉘고 운(暈 : 무리) 아래에는 물이 합하는 것이니, 물이란 흐르는 물이 아니라 약간 얕은 곳을 말하는데, 한 치 높은 곳을 산이라 하고 한 치 얕은 곳을 물이라 하며, 물이 합한 곳은 소명당(小明堂)으로 그 넓은 것을 구애하지 않고 다만 사람이 옆으로 누울만한 곳이 있으면 되는 것이며, 둥글면 생기(生氣)가 안으로 모이므로 길하다. 다만 후룡(後龍)이 심히 아름답고 혈장(穴場)이 요체되어야 하고, 또는 혈장이 은은하고 기괴하여 모호한 듯 하나 대개 진룡(眞龍)의 대지(大地)는 이에 산천영기(山川靈氣)가 모인 바 조화를 감추고 귀신(鬼神)이 맡은 바이니, 명사(明師)가 아니면 가리지 못하고, 후덕(厚德)한 이가 아니면 얻지 못하고, 다복(多福)한 이가 아니면 능히 신용하지 않는다. 채문정(蔡文正)공이 말하기를, "단정한 혈의 한 국(局)은 사람이 알기 쉬우나 기괴한 형체나 결함 있는 국(局)은 가리기도 어렵고 믿기도 어렵다. 대개 천지조화를 감춘 것은 올바른 형체로 나타나지 않고 사람에게는 추한 형상을 보이니 완석(頑石)가운데 미옥(美玉)을 감춘 것과 같으므로 보통 지사(地師)로서는 알기 어렵다" 하였다.

❖ **태극혈**(太極穴) : 혈형(穴形)이 둥그스럼한 원운(圓暈)을 이룬 것. 이 혈의 특징은 '은(隱)·미(微)·방(彷)·불(彿)하다' 하였으니, 둥그스럼한 것이 은은하고 미미하여 있는 것도 같고 아닌 것도 같아, 멀리서 보면 이러한 운(暈)이 있는 듯해서 가까이 가서 보면 없고, 곁에서 보면 드러나고 다가서서 보면 있는지 없는지 애매모호하나, 실상은 있는 것이 바로 태극혈의 신비라 한다. 이 태극운(太極暈) 위에는 물이 양쪽으로 나뉘고 아래에는 물이 합친다.

❖ **태극혈**(太極穴)**로 혈을 정한다** : 혈을 정하는데는 본신룡이 주산으로 이어져 혈까지 입혈되면서 양이 오면 음이 받고 음이 오면 양이 받고 바르게 오면 빗겨서 점혈하는 정래사하(正來斜下) 빗겨서 들어오면 바르게 점혈하는 사래정하(斜來正下)한다. 또 곧은 맥에는 혈은 굽은 데서 맺고 굽은 맥의 혈은 곧은 데서 맺으며, 준급한 용은 완만한 데 붙이고 느린 맥은 급하게 떨어진 곳에 맺으며, 연하게 오는 용은 단단한 곳에 혈을 정하고 딱딱한 용은 연한 곳에 정혈하고, 산이 낮으면 얕고 도두룩한 곳에서 혈을 찾는 것은 용을 보아 결혈처를 알아내는 기본이요 원칙이다. 그러나 상하좌우 치우친 데가 없이 정혈을 재혈하는 데는 와겸유돌(窩鉗乳突)의 4대혈형(四大穴形)이나 태극(太極)과 양의(兩儀)의 증거가 있어야 한다. 이 가운데서 태극은 형상이 둥근 것으로 용맥을 타고 내려오면서 진혈이 응결되는 지점에는 보일 듯 말 듯 은미한 원운이 있으면 바로 이것이 태극혈이다. 태극의 진혈은 해무리처럼 은미하게 둥그스레하며 물이 양쪽으로 갈라져 흐르다가 원운이 아래서 다시 합해진 소명당(小明堂) 안이라고도 할 수 있는데 너무 넓으면 태극혈이 아니다. 다만 사람이 옆으로 누울 만한 정도의 넓이면 된다. 평지보다 도두룩한 원운(圓暈)이 음이 되고 평지보다 낮은 원운이 양이 된다. 그러나 자세히 살피면 함(陷) 한가운데 약간 솟은 포(泡)가 생기고 도두룩한 가운데 굴(屈)한 곳이 있으니 이는 태극이 동(動)하여

양이 되고 정(靜)하여 음이 되며 양중에 음이 생(生)하고 음중에 양이 생(生)한다. 양혈에는 금정(金井)을 얕게 함이 좋고 음혈에는 금정(金井)을 깊게 하는 게 좋다. 장서(葬書)에 승금(乘金) 상수(相水) 혈토(穴土) 인목(印木)이란 말이 있는데 이는 태극의 원운(圓暈)을 가리키는 말로서 승금은 태극의 원운이 돌(突)한 것을 말함이요 상수는 물이 팔자로 갈라졌다가 아래에서 합쳐 소명당을 이룸으로서 원운을 싸서 보호함이고, 혈토는 중앙에서 기울지 않고 얕고 깊은 모양을 적당히 알맞게 파는 것이요 인목은 혈 아래에 전순이 둥글고 뾰족함을 구하는 것이다. 여기서 화를 논하지 않음은 화형(火形)은 뾰족하고 날카로워 살(殺)을 띠고 있으므로 화형에는 결혈이 되지 않기 때문이다.

❖ **태극(太極)혈(穴)은 용맥(龍脈)을 타고** : 용맥이 내려오면서 혈(穴) 취결(聚結)되는 곳에 보일 듯 말 듯 은미(隱微)한 원운(圓運)이 있으면 이것이 바로 태극(太極)혈이 되는 것이다. 그러므로 본래 태극은 둥그스름한 원운이 미미(微微)하며 막연하고 은은(隱隱)하게 보일 듯 말 듯 한 것이 태극인 것이다. 참된 태극은 그 원운 위에서 물[水]이 양분되어 흐르다가 원운 아래에서 다시 합해진 안이 태극혈이 된다. 흐른다는 물은 흐르는 물이 아니요 또한 도랑처럼 완연한 물길이 생긴 것도 아니다. 몇 촌(寸)에서 2~3척(尺)의 너비로 일촌 · 이촌 정도 얕으면 물로 보는 것이다. 이 물이 나뉘었다 합해지는 원의 안에 사람이 옆으로 누울만한 정도의 넓이로 형성되고 음(陰)이든 양(陽)이든 일기로 원운이 이루어진 것이 태극혈이 되는 것이다.

❖ **택일(擇日) 길일시(吉日時)을 얻지 못하면 복(福)보다 화(禍)가 따른다** : 명당길지(明堂吉地)을 얻었어도 택일(擇日) 길일시(吉日時)를 얻지 못하면 복보다 화가 다르니 주의를 요한다. 시신(屍身)을 버리는 것과 같다. 재물을 많이 얻고자하면 땅이란 완벽히 좋을 수만은 없는 것이다. 그 경중(輕重)과 완급(緩急)을 살펴 물과 땅이 겸비된 터를 마땅히 찾아야 되는 것이다. 재물은 수(水)와 백호 좌우한다.

❖ **택지를 대각선으로 비껴가는 도로는 좋지 않다** : 택지 옆에서 이어진 도로가 앞으로 오지 않고 대각선으로 비켜가는 곳은 마치 청룡이나 백호가 비주한 것과 같다. 이러한 곳에서는 재산이 모일 수 없다.

❖ **택지를 매입할 때는 신중한 판단이 우선되어야 한다**

첫째, 외형적으로 언뜻 보아 경사각도가 크지 않은 곳은 선택하라.

둘째, 북쪽이 높고 남쪽이 낮은 곳, 혹 북서쪽이 높고 남동쪽이 낮은 곳을 선택하라.

셋째. 솟아오른 듯 하거나 움푹 꺼진 듯한 지형(地形)은 피해야 한다.

넷째, 자신의 집 앞쪽으로 고층빌딩이나 건물이 들어선 경우에는 그 건물로 인한 그늘이 자신의 집 창문에까지 드리워지지 않으면 무방하다.

❖ **택지보다 높은 도로는 좋지 않다**: 택지가 도로보다 낮으면 비가 왔을 때 도로 위를 흐르던 오염된 물이 집으로 침범할 수 있고 평상 시 도로의 온갖 오염된 먼지와 매연 등이 집으로 들어와 집안의 기를 혼탁하게 한다. 가족들의 건강을 해치고 뜻하지 않은 흉화의 우려가 있다.

❖ **택지사면이 도로에 둘러쌓이면 흉가**: 사람이 많이 살면 다소 면할 수 있으나 서북쪽 도로는 막는 것이 좋다. 주인은 맨 윗 층에 살면 땅과 거리가 멀어 다소 흉을 면할 수 있다. 이러한 곳에 심하면 사람이 죽는다. 또 하반신에 갑자기 통증이 발생한다.

❖ **택지보다 낮은 도로가 좋다**: 앞에 나 있는 도로가 택지보다 낮아야 배수가 잘되고 도로에서 나오는 매연과 먼지 소음 등의 피해를 줄일 수 있다.

❖ **택지에 도로가 평탄하게 평행으로 나있으면 좋다**: 반듯한 도로가 택지 앞에 평행으로 나있으며 경사지지 않고 평탄하면 완만하게 굽어준 것보다는 못하지만 길(吉)한 형태다.

❖ **택지의 경사에 따른**

- 북고(北高) 남저(南低)는 영웅호걸이 나고 가축 사육에도 좋다.
- 북서고(北西高) 남동저(南東低) 점차적으로 발복(發福)하며 부귀영화를 누린다.
- 서고(西高) 동저(東低) 점차 부귀한다.
- 동고(東高) 서저(西低) 생기(氣)가 점차적으로 줄어들고 쇠(衰)하게 된다.

- 남고(南高) 북저(北低) 어려운 일이 많고 빈곤(貧困)하고 맹인(盲人)이 난다.
- 4방(方)이 평탄하면 일반적인 길지이다.
- 집의 서남(西南)방위가 허(虛)하면 재물이 없고 우환(憂患)에 다 어리석은 자손이 난다.

❖ **택지의 삼면(三面)이 도로인 경우**: 3면 도로인 경우 한 면은 막아주어야 한다. 온 가족이 종종 아무런 이유 없이 사고와 상처를 입는 경우가 있다. 삼면(三面)의 주택이 여러 주택이 있어도 좋지 않다.

❖ **택지 전착후관(前窄後寬) 전관 후착(前寬後窄)은**: 택지는 전형적인 전착후관(앞은 좁고 뒤는 넓은 곳)의 모습으로 부귀(富貴)을 누리고 인재(人才)를 배출할 택지인 반면에 전광후착(前廣後窄)으로 앞쪽이 넓고 뒤쪽이 좁은 택지는 재물이 빠져나가고 곤궁하며 재능도 없어 사회적인 출세가 어렵다고 여겨 매우 흉(凶)하게 본다. 택지의 길상(吉相)은 네모 반듯한 4각형의 지형이 좋으며 직사각형인 경우 비율이 1:2이하여야 좋은데, 3:2를 가장 좋게 여긴다.

❖ **택지의 요철(凹凸)에 따른**: 집이나 집터의 외형은 대개 사각형 · 직사각형 · 정사각형의 모양이 많고 기억자형 · 니은자형 · 디귿자형 등으로 구분되나 이렇게 사각형을 제외한 나머지 모양으로 되었을 때는 튀어나옴과 들어감, 오목과 볼록, 만결(滿缺) 등의 용어로 표현한다. 일반적으로 네모반듯하면[사각형(四角形)] 길상(吉相)의 지형으로 여기고 들어가고 나오고 요철이 심하면 흉상(凶相)의 지형으로 간주한다. 보편적인 사각형 길상(吉相)의 집에 거주하면 자녀들이 장성하여 사회에 나갔을 때 취직 · 승진 · 출세 면에서도 유리하고 아울러 덕이 많고 현자(賢者)의 지혜를 겸비한 자녀가 출생하게 되며 경제적으로도 안정을 이룰 수 있으므로 주택의 외형으로 가장 권장할만하다고 한다.

❖ **택지주위가 빠지고 꺼지면**: 집터 주위가 거지고 빠지면 밤낮없이 불어오는 매서운 골바람[곡풍(谷風)]도 피해야 한다. 이는 부지불식간(不知不識間)에 인망손재(人亡損財)하고 불식다재(不息多災) 한다고 한다.

❖ **택지의 한 모퉁이가 결각(缺角)진 경우**: 결각이란 택지의 한 변이 2/3정도 움푹 들어간 현상으로 흉상이다. 돌출은 거의 길상에 속하지만 결각은 어느 방위든 흉상(凶相)에 속한 동북간(艮) · 남서간(艮) 방위가 결각이다. 결각이 있는 택지에 거주해도 건강에는 큰 문제가 없지만 가족 구성원들이 사회에서 좀처럼 영향을 발휘하기 힘들다. 아무리 열심히 일을 해도 승진이 안 된다. 이러한 곳에는 길상(吉相)으로 바꾸기 위해서는, 택지의 결각이 있는 방위(方位)에 건축물을 이용하여 돌출 효과를 준다. 동방위(東方位)가 결각이라면 바로 그 동방위에 돌출된 건축물을 짓는다. 동북간(艮)과 서남곤방위(西南坤方位)가 결각일 때는 그 방위에 돌출된 건축물을 지어서는 안 된다. 이 방위는 귀문(鬼門)방위이기 때문이다.

❖ **택지 판단의 6가지 지침**

① 동쪽이 높고 서쪽이 낮은 동고서저(東高西低)의 는 생기(氣)가 차차 쇠(衰)하여져 재물이 줄어들게 되므로 피해야 한다. 반대로 서고동저(西高東低)의 는 차차 부귀를 누린다.

② 남쪽이 높고 북쪽이 낮은 남고북저(南高北低)의 집은 가문(家門)이 쇠락(衰落)하여져 절멸패(切滅敗)되나 반대로 북고남저(北高南低)의 집은 가문에서 영웅호걸이 나고 가축의 생육에도 길하다.

③ 북서쪽이 높고 남동쪽이 낮은 집은 지세(地勢)로서 가장 길지(吉地)이므로 점점 재산이 축적되고 가운(家運)이 열려서 화목한 가정을 이루어 간다. 반대로 북서쪽이 낮고 남동쪽이 높으면 가세(家勢)가 기울게 된다.

④ 택지의 중심부가 주변에 비해 솟아 오른 듯 한곳은 처음에는 길(吉)하여 재산이 쌓이게 되지만 어느 시기가 지나면 서서히 재물이 유실 되어 없어지므로 피해야 한다.

⑤ 택지 중심부가 주변에 비해 꺼져 있는 듯한 곳도 좋지 않다. 배수가 잘 안되고 바람과 화재등의 피해를 입게 되어 가운(家運)이 점차 쇠락하고 병자(病者)가 발생하게 된다.

⑥ 북서동쪽 3면이 높고 남쪽만 낮은 경우에는 대체적으로 무난한 택지이나 불로 인한 화재의 피해를 입기 쉬우므로 이 점을 주의해야 한다.

❖ **태기방(泰氣方)**: 정사간방인 동남간, 서남간, 서북간, 동북간방

과 정사방인 정동, 정남, 정서, 정북방의 사이 25도씩 말하는데, 대체로 냉한난서(冷寒暖署)가 조화를 얻는 방위라 보고 인간에게 유리한 방위로 본다.

❖ **태묘**(太廟) : 역대 임금과 왕비의 위패를 모시고 대제를 거행하는 종묘(宗廟).

❖ **태미**(太微) : 원국(垣局)이 방정(方正)함을 말함.

❖ **태방**(兌方)

① 태괘(太卦)가 속한 방위. 즉 유방(酉方)이며 서방(西方)이다.

② 경유신(庚酉辛) 세 방위의 합칭. 가을의 계절이며, 하루 중에서는 유시(酉時)의 시간대이며 24방위로는 경유신(庚酉辛)에 해당하니 270도에서 ±22.5도의 45도를 관장하는 궁이다. 뜨거웠던 햇빛이 서늘해지고 만물은 성장을 멈추고 안정을 찾는 결실(살기)의 대기가 작용한다. 천고마비로 여름에 쇠약해진 체력을 회복하고 월동준비를 위하여 방향을 전환하는 시기이다. 길궁이 되면 물질 금전의 수입이 늘고 생활이 풍부해진다. 한편 예술면에서도 향상이 있다. 흉궁이면 불만, 낭비, 색정, 구설, 사치 등으로 중도 좌절한다. 인체에는 호흡기계통병, 구강계통병, 두통성병 등의 위험이 있다.

❖ **태방산**(兌方山) : 혈장(穴場)을 기준하여 태방(兌方)에 보이는 산.

❖ **태방수**(兌方水)

① 혈장(穴場)을 중심하여 태방에 물이 있거나 보이는 것.

② 흘러 들어오는 물이 맨 처음 태방쪽에서 보이거나(得), 나가는 물이 태방쪽에서 감춰진 것(破).

❖ **태방풍**(兌方風) : 태방(兌方)에서 혈장(穴場)을 향하여 불어오는 바람. 혈을 중심으로 하여 태방쪽에 산이나 등성이 등이 없이 트여 있으면 그곳의 바람이 혈에 닿는다고 한다.

❖ **태백살**(太白殺) : 속칭 손이라 하는데 이 손이 있는 방위로 이사(또는 入宅)하는 것을 꺼리고, 또는 혼인식에 초례상 설치하는 것을 피해야 된다.

1·2日 : 東方 3·4日 : 南方 5·6日 : 西方

7·8日 : 北方 9·10日 : 上天

가령 초1일과 초2일, 11일과 12일, 21일과 22일은 손이 동방에 있으므로 이 방위를 위와 같은 일에 꺼리는 것이다.

❖ **태산**(泰山) : 산이름. 오악의 하나로 산동성(山東省) 태안부(泰安付)에 있음. 부산에서 출발한 용세가 지룡(支龍)으로 국(局)을 맺어서 그 산족(山足)에 사방의 수(水)가 교회(交會)하여 흐르는 곳에 성인(聖人)인 공자(孔子)의 택묘가 있다. 이는 세상에 전하여 짐이 가장 오래 되었고 자손도 가장 번성하였다. 용호산(龍虎山)에 이르러, 산세가 완전히 긴밀하고 당국(堂局)은 장풍(藏風)이 되어서 바람이 불지 않으니 장대사(張大師) 진인(眞人)이 세상에 있을 때에, 여기에서 세습을 이어 쇠퇴하지 않았으니 선포장춘(仙圃長春)이 되었다.

❖ **태세방**(太歲方) : 연지(年支)와 같은 지(支)의 방위. 이 방위에 건물을 짓거나, 수리하거나, 흙을 다루는 데 꺼린다.

子年 : 子 丑年 : 丑 寅年 : 寅 卯年 : 卯

辰年 : 辰 巳年 : 巳 午年 : 午 未年 : 未

申年 : 申 酉年 : 酉 戌年 : 戌 亥年 : 亥

가령 자년(子年)이면 자방(子方), 축년(丑年)이면 축방(丑方)을 태세방(太歲)이라 한다.

❖ **태세수**(太歲數) : 태세에 속한 수(數). 태세수에는 여러 가지가 있는데, 선후천(先後天) 및 중천(中天)에 의한 간지수(干支數), 간지의 순서로 정해진 태세간지수, 대정수법(大定數法)에 의한 태세수 등이 있다.

❖ **태세압본명**(太歲壓本命) : 오직 이장(移葬)에만 참고하는 것으로, 이장하려는 해의 태세를 중궁(中宮)에 넣고 구궁(九宮)을 돌려 짚되 중궁(中宮)에 드는 사람은 태세압본명이라 하여 불길로 본다. 뿐 아니라 납음오행으로 태세가 본명을 극해도 역시 불길로 본다.

❖ **태식잉육**(胎息孕育)

① 태식잉육(胎息孕育)이란 혈성(穴星) 뒤에 도두룩하게 솟은 봉우리가 태(胎)요, 태 아래 결인(結咽 : 목뼈가 불쑥 솟은 것 같은 모양 이것을 속기(束氣)라고도 한다)된 것을 식(息)이라 하고, 혈 뒤에 도두룩한 것 즉 현무정(玄武頂)을 잉(孕)이라 하고, 혈을 육(育)이라 한다. 이와 같이 태(胎), 식(息), 잉(孕), 육(育)이 분명하게 있으면 반드시 생기가 융결되고 있다는 증거라 한다.

② 태(胎)와 식(息)에는 혈을 맺기 위하여 행룡(行龍)이 현무정(玄武頂)을 이루고 물의 분합(分合)이 생긴다. 삼분삼합(三分三合)으로 대팔자(大八字)는 외명당(外明堂)에서 이루어지고 소팔자(小八字)는 소명당(小明堂)에서 분합(分合)된다. 즉 용의 초락(初落), 중락(中落), 말락(末落), 분락(分落)이 태식잉육(胎息孕育)을 융결하는 것이다. 태(胎)는 부모산 아래 떨어지는 시분락(始分落)이고, 식(息)은 태맥(胎脈) 아래에 속기맥(束氣脈)의 기복이 이어져 생긴 좁고 긴 곡선과 같은 용이고, 잉(孕)은 식(息) 아래에 떨어진 맥으로 현무정(玄武頂)의 성신(星辰)으로 혈 뒤의 높은 산에 입수하며, 육(育)은 잉(孕) 아래에서 융결되어 결혈(結穴)된 혈장을 말한다. 진결혈지(眞結穴地)는 삼분삼합(三分三合)과 계맥(界脈)의 분계가 뚜렷하게 형성된 곳이어야 한다. 그렇지 못하면 가혈(假穴)에 지나지 않는다. 수계(水界)는 혈뒤에서 나온 물이 혈 아래에서 합치는 삼분삼합(三分三合)을 뜻한다. 그러나 간혹 혈의 좌우에서 합수(合水)가 이루어지기도 한다.

③ 태식잉육은 부모산에서 낙맥(落脈)이 시작되면서 완전히 속기되기 바로 전의 가늘어지기 시작하는 부분을 태(胎)라 하고, 태(胎)아래 완전히 가늘어져 부풀은 것을 묶어 놓은 듯 잘룩한 부분을 식(息)이라 하며, 다시 묶인데서 풀리듯 굵어지며 성신(星辰)을 일으켜 도두룩하게 봉우리를 이룬 곳을 잉(孕)이라 하니, 바로 이곳이 혈에서 가장 가까운 봉우리가 되는 현무정(玄武頂)이 된다. 이곳을 잉부(孕婦)의 복만형태(腹滿形態)로 비유할 수 있으며 잉(孕)의 밑으로 입수를 거쳐 혈이 결작되는 당판을 육(育)이라 하는 것이다. 태식잉육(胎息孕育)은 부모산에서 혈판까지의 짧은 거리에서 형태의 변화를 거듭하며 오묘한 산리(山理)가 함축된 부분으로 천리내룡(千里來龍)에 비유될 수 없는 참으로 중요한 부분이 된다. 지상에서 맨 처음으로 몸을 일으켜 웅위(雄偉)한 언덕을 일으키니 태조산(太祖山)이 되고 이 태조산(太祖山)에서 시분맥(始分脈)이 되어 뻗어나가는 용맥(龍脈)이 다시 높은 봉만을 이루니 종산(宗山)이라 부르고, 또 다시 출맥(出脈)하여 많은 과정을 겪으며 장차 혈의 결작(結作)을 향하여 진행하다 아름답게 우뚝 솟은 산봉을 소조산(少祖山)이라고 부른다. 이 소조산(少祖山)은 산천정기를 모두 함축하고 원천적인 힘으로 혈판을 향하여 정기를 이루고 태식잉육을 거쳐 대지의 혈을 이룬다. 즉 염정화산(廉貞火山)에 웅위(雄偉)하고 귀격(貴格)인 태조산(太祖山)으로부터 분맥된 용맥(龍脈)은 박환(剝換)을 거듭하며 금산(金山)이나 수산(水山)으로 변형되며, 종산(宗山)이 솟고 개장하며 지각이 이루어지고 천심(穿心)하며 중출맥(中出脈)이 생성되고 과협(過峽)하며 정기의 활성을 돋아주고 굴곡(屈曲)하고 기복(起伏)하는 용맥(龍脈)을 다시 소조산(少祖山)을 솟아놓고 용맥(龍脈)은 부모산으로 이어진다. 부모산에서 개장된 지각은 외청룡(外靑龍)·외백호(外白虎)가 되며 혈장을 중으로 환포(環抱)하고 태식잉육(胎息孕育)을 거쳐 대지의 혈은 이루어지는 것이다.

❖ 태양금성

- **정체**: 머리는 둥글고 몸은 높으며 얼굴은 평평하고 다리는 없고 혈은 가운데 있다. 복종형국(伏鐘形局)으로 큰 강가에 혈을 맺는다.
- **개구**: 머리와 몸은 정체와 같고 좌우에 다리가 있다. 구중(口中)이 원정(圓靜)하고 와내충융(窩內充融)하여야 한다. 4살을 피해 혈을 잡아야 한다. 연소형국(燕巢形局)이 많다. 원두수미(源頭水尾)에서 혈을 맺는다.
- **현유**: 개구와 형체가 같다. 다만 젖꼭지 형태로 볼록한 부분에 유의해야 한다. 혈 역시 젖꼭지에 있다. 사람의 형상을 띠고 있으며 강이나 큰물가의 평지에 혈을 맺는다.
- **궁각**: 개구와 형태가 비슷하나 다리 사이에 혈을 지니고 있다. 한쪽 다리가 길고 다른 쪽이 짧으면 긴쪽으로 혈을 맺는다. 다리가 서로 교차하면 가운데서 혈을 찾아야 하나 다리는

반드시 역전하여야 한다. 두 다리가 눈높이보다 높으면 흉이다. 원두수미에서 낙맥하고 용의 등이나 산의 허리에서 혈을 맺는다. 형국은 선인교족형이 많다.

- **앙비** : 머리나 몸의 정체와 비슷하나 두 겹 이상의 팔을 벌리고 있는 점이 다르다. 4살을 피해 혈을 잡되 안산이 가깝고 양팔이 모두 성신을 감싸안아야 한다. 팔이 곧게 뻗거나 원진수(元辰水)가 곧게 빠져나가면 흉이다. 큰 시냇가를 좋아하며 여러 산들 사이에서 혈을 맺는다. 형국은 봉황전상형(鳳凰展翔形)이 많다.
- **단고** : 머리와 몸은 크고 둥글다. 다만 한쪽에만 다리가 있다. 혈을 머리 아래 맺는다. 반드시 한쪽 다리가 몸을 감싸야 한다. 바람이 혈을 침범하거나 물이 면전에서 나가면 흉이다. 큰 시냇가의 용이 다한 곳에 혈을 맺기 좋아한다. 형국은 행상형(行象形)이 많다.
- **측뇌** : 정체와 비슷하나 한 봉우리는 높고 한 봉우리는 낮으며 어깨높은 봉우리와 낮은 봉우리 중간 아래 젖이 달려 있다. 좌락입혈(坐樂入穴)하며 혈거금수회처(穴居金水會處)다. 안산이 앞에서 도망가거나 텅 빈 것은 흉이다. 수구 근처 용의 허리에 혈을 맺는다. 형국은 하산호형(下山虎形)이 많다.
- **몰골** : 측뇌와 그 모습이 비슷하나 젖이 없다는 점이 다르다. 기맥은 좌우로 숨어서 움직이므로 개구(開口)로 증거를 삼아야 한다. 큰 산과 작은 산이 만나는 곳에 혈을 맺는다. 명당 앞이 좁게 조여져야 하고 뒤에 낙성이 있어야 한다. 간룡의 끝 두 강물이 서로 합하는 곳에 혈을 맺는다. 형국은 출란형(出欄形)이 많다.
- **평면** : 몸은 원형을 이루고 얼굴은 평평하다. 심중유돌(心中有突)이며 돌처(突處)가 혈자리다. 시냇가나 길가에 즐겨 혈자리를 갖춘다. 형국은 금반형(金盤形)이 많다.

❖ **태양력**(太陽曆) : 지구의 공자전(公自轉)과 태양도수(太陽度數)를 측정하여 이를 기본으로 만든 역서(曆書).

❖ **태양력법**(太陽曆法) : 지구가 태양의 둘레를 한 번 도는[公轉] 시간이 1년이다. 1년의 시간 길이는 365,242196인 바 이를 시·분·초까지 셈하면 365일 5시간 49분 12초에 해당한다. 이 시간을 1년 12개월로 나누어 1, 3, 5, 7, 8, 10 12개월은 대월(大月)로 만들어 31일로 하고, 4, 6, 9, 11월을 소월(小月)로 정하여 30일로 하였으며, 오직 2월에 한해서는 28일로 하고 4년마다 한번씩 윤년수를 두어 28일은 29일로 하였다. 그러나 윤년을 두었다고 하여 시간이 정확히 태양도수와 같은 게 아니므로 서기 연대가 4로 나누어지는 해를 윤년으로 하되, 4로 나누어져도 100으로 나누어지는 해는 평년으로, 그리고 400으로 나누어지는 해는 윤년으로 하니 3300년 후에 1일이 생기므로 춘분을 다시 3월 21로 바로잡도록 하였다.

• **평년**(平年) **365일**	**윤년**(閏年)**366일**
1月大 31일	7月大 31일
2月平 28일(윤년이면 29일)	8月大 31일
3月大 31일	9月小 30일
4月小 30일	10月大 31일
5月大 31일	11月小 30일
6月小 30일	12月大 31일

이 월(月)의 대소(大小)는 어느 해를 막론하고 일정하며, 단 윤년에만 2월 28일을 29일로 한다.

- 이 태양력의 시초는 쥴리어스력인데 이 쥴리어스력(曆)의 1년은 365. 25일이므로 4년마다 일의 윤일(閏日)을 두도록 되어 있다. 그러나 이것만으로는 실제의 태양년(太陽年)의 도수와 차이가 크므로 이에 보충 치윤법(置閏法)을 확정하여 현재 쓰고 있는 그레고리력을 채택하였다.
- **쥴리어스역**(Julian Calendar) : 쥴리어스 케자르(Julius Caesar)는 알렉산드리아의 천문학자 소시게네스(Sosigenes)의 충고에 의하여 로마력을 개정, 평년을 365일로 하고 4년에 1회씩 윤년을 두어 366일로 하였다. 이것이 B.C. 46년부터 실시된 태양력의 시초인 쥴리어스력이다. 당시 월의 대소 구분은 1, 3, 5, 7, 9, 11일이고, 나머지 달 2, 4, 6, 8, 10, 12월은 30일까지이며, 평년이면 2월을 29일, 윤년이면 2월을 30일로 하였다가 쥴리어스의 생질인 아우구스트 케자르(Augustus Caesar)가 로마황제로 있을 때 쥴리어스의 July(7월)는 31일까지 있는데, 자기의 생일 달인 August(8월)는 30일의 작은 달이라 해서 이

를 31일까지로 고치고, 따라서 9, 11월은 30일까지, 10, 12월은 31일까지로 하여 2월이 평년이면 28일, 윤년이면 29일로 만들어 현행 12월의 대소와 날수가 결정된 것이다. 쥴리어스력의 평균 1년은 365. 25일이므로 실제 태양년과의 차는 매년 대략 365. 25일=365. 2422일=0.0078일=11분 14초로 되어 128년만에 1일의 차가 생긴다. B.C. 325년 니케아(Nicaea) 회의가 개최되던 해에는 춘분이 3월 22일로 되고, 1582년 로마법왕 그레고리 13세(Gregory XIII)의 시대에는 3월 11일로 되었다.

- **그레고리역**(Gregorian Calendar) : 1582년 10월에 법왕 그레고리 13세의 명령으로 역면(曆面)에서 10일을 끊어버리고 10월 4일 다음날을 15일로 하여 아래와 같이 치윤법(置閏法)을 개정하였다. ① 서기년수가 4로 나누어지는 해는 윤년. ② 단 서기년수가 4로 나누어지더라고 100으로 나누어지면 평년. ③ 서기년수가 400으로 나누어지는 해는 윤년. 위와 같이 한 결과 400년 사이에 97회의 윤년이 들므로 400년간을 합산해서 평균 1년의 길이는 365. 25일 : (3일/400)=365.2425일=265일 5시 49분 12시로 되고, 태양년과의 차는 매년 0. 0003일(26초)로 되어 3300년 후에 1일의 차가 생긴다. 그러므로 3300년 후에는 춘분을 다시 3월 21일로 정하기로 하였다. 이 그레고리력이 현재 우리가 사용하고 있는 표준 태양력법이다.

❖ **태양승전**(太陽升殿) : 자오묘유(子午卯酉)의 사방(四方)에 높고 둥그런 봉우리가 있는 것을 말함. 태양승전이 있으면 최고의 극품에 오르는 인물이 배출되고 큰 부(富)를 얻는다.

❖ **태양정화**(太陽正火) : 소위 병오정(丙午丁) 삼화(三火)를 말하며 육수(六秀)라고 하는 것은 병오정(丙午丁) 삼화(三火)의 납갑지처(納甲之處)인 간태(艮兌)와 오화(午火)의 본방(本方)인 이궁(離宮)을 통털어서 말한다. 또 삼화(三火)를 28수(宿)로는 장(張) 성(星) 유(柳)에 해당하니, 즉 병(丙)은 장(張)이요, 오(午)는 성(星)(一名馬)이며, 정(丁)은 유(柳)가 된다. 삼화(三火) 육수(六秀)가 독점을 하게 되면 이를 가리켜 원괴(元魁)라고 하니 장(張) 유(柳) 성(星)의 도(度)는 모두 이에 해당하는 수도(宿度)인 것이다.

❖ **태양태음주마육임법**(太陽太陰走馬六壬法)

- **신후**(神后) : 주로 양성(陽星)의 수덕(手德)이며 이 좌향(坐向)으로 사는 집이면 새로운 집의 축조, 구입, 재물이 생기는 좌향이면서 특히 신자진(辛子辰)년에 육축(六畜)까지도 흥성할 수 있다.
- **대길**(大吉) : 주로 음성(陰星)의 토덕(土德)이며 이 방위에 해당하는 사람은 120일내 우마(牛馬)를 손실, 1년 이내에 자연히 부녀(婦女)가 불합(不合), 재산도 어지러워진다. 자오묘유(子午卯酉)년이나 인신사해(寅申巳亥)년에 병재(病災)가 있든가 진술축미(辰戌丑未)년에 우마(牛馬)나 재물에 손실이 되기도 한다.
- **공조**(工曹) : 양성(陽星)의 목덕(木德)이며 귀인을 상봉한다든가 재물이 왕성하여지며 인신사해(寅申巳亥)에 더욱 유익하다.
- **태충**(太沖) : 주로 음성(陰星)의 목덕(木德)이며 남녀가 음란하게 되고, 전택(田宅)의 손실, 생이별하든가 하는 악조건이며 해묘미(亥卯未年)년은 재화(災禍)가 더욱 심하여 혹은 패가할 수도 있다.
- **천강**(天罡) : 주로 양성(陽星)의 토덕(土德)이며 횡재를 하든가 전장(田庄)이 증식되든가 하며 이 좌향으로 집을 지으면 60일 이내에 스스로 우마(牛馬)를 얻게 되든가 귀자(貴子)를 얻을 수도 있다.
- **태을**(太乙) : 주로 음성(陰星)의 화덕(火德)이며 이 좌(坐)의 집은 대부분은 산패(散敗)하며 또는 인신사해(寅申巳亥)년에 관재(官災)가 있든가 진술축미(辰戌丑未)에 살생(殺生)이 생긴다든가 묘(卯)년이나 유(酉)년에 장자(長子)가 봉적(逢賊)하든가 우마(牛馬)를 손실하든가 혹은 진술축미(辰戌丑未)년에 인정에 손실이 있을 수도 있다.
- **승광**(勝光) : 주로 양성(陽星)의 화덕(火德)이며 이 좌향에 먼저 등마(登馬) 금옥(金玉)의 영광을 누리는 관계로 자연 그 이름이 사방에 떨칠 것이며, 인오술(寅午戌)은 더욱 빛이 나며 횡재하든가 우마(牛馬)가 증식된다.
- **소길**(小吉) : 주로 음성(陰星)의 토덕(土德)이며 이 좌향은 재물이 손산(損散)되든가 손명(損命)하기도 하는 것이며 인오술(寅午戌)년은 특히 인정(人丁)이 불의의 손실이 생기든가 사유축(巳酉丑)년에 전택(田宅)의 손실이 있든가 혹은 신자진(申子

辰)에 대패(大敗)할 수도 있다.

- **전송**(傳送) : 주로 양성(陽星)의 금덕(金德)이며 이 좌향에 살면 전택(田宅)의 증식은 물론이며 특히 사유축(巳酉丑)년에 진재(進財) 또는 등과하기도 하며 조가(造家)하는 사람은 인정(人丁)이 많아지며 자오묘유(子午卯酉)년에 크게 발응(發應)하기도 한다.
- **종괴**(從魁) : 주로 음성(陰星)의 금덕(金德)이며 이 집에는 관재(官災)가 발생한다든가 가모(家母)에 대하여서는 불순하는 일이 생긴다든가 사유축(巳酉丑)년은 소자(小子)에 유해하다든가 쟁송(爭訟)이 생기든가 하면서 자오묘유(子午卯酉)년은 대패(大敗)의 염려가 있다.
- **하괴**(河魁) : 주로 양성(陽星)의 토덕(土德)이며 이 집은 단시일에 스스로 우마(牛馬)의 증식이나 재물을 얻게 되며 연내에 귀동자(貴童子)를 출산이 되기도 하며 120일 이내에 큰 도움이 스스로 있게 되며 신자진(申子辰)년은 더욱 큰 발복(發福)이 있다.
- **등명**(登明) : 주로 음성(陰星)의 수덕(水德)이며 이 집은 어미가 선망하며 장자손(長子孫)에 재해(災害)나 손재(損財) 또는 관재(官災)가 있을 수 있으며 인신사해(寅申巳亥)년에 병재(病災)가 있으며 특히 묘유(卯酉)년이나 진축미(辰丑未)년에 관재(官災)가 심할 수 있다.

❖ **태원**(太原) : 지명을 말함.

❖ **태월산출법**(胎月算出法) : 기태법(起胎法)이라고도 함. 가장 쉬운 방법은 생월(生月)의 간지(干支)에서 60갑자 순서를 거꾸로 10위를 거슬리면 태월(胎月)이 된다. 연해자평(淵海子平)에서는 기태법(起胎法)을 다음과 같은 요령에 의하라고 하였다. 즉 출생한 월지(月支)에서 4위를 더 나아가면 태월지(胎月支)라 하였고, 이 월지에서 다시 1위를 후퇴하여 생월간(生月干)과 합하고 이것을 1위를 나아가면 이가 곧 태월(胎月)이라 하였다.

生月		前四位		一位後退		生月干合		一位前進
甲子月	→	丑寅卯	→	寅	→	甲寅	→	乙卯月

❖ **태월조견표**(胎月早見表) : 생월을 기준하여 태월(胎月)을 빠르게 찾는 도표.

[조건표]

生月	胎月	生月	胎月	生月	胎月	生月	胎月	生月	胎月
甲子	乙卯	丙子	丁卯	戊子	己卯	庚子	辛卯	壬子	癸卯
乙丑	丙辰	丁丑	戊辰	己丑	庚辰	辛丑	壬辰	癸丑	甲辰
丙寅	丁巳	戊寅	己巳	庚寅	辛巳	壬寅	癸巳	甲寅	乙巳
丁卯	戊午	己卯	庚午	辛卯	壬午	癸卯	甲午	乙卯	丙午
戊辰	己未	庚辰	辛未	壬辰	癸未	甲辰	乙未	丙辰	丁未
己巳	庚申	辛巳	壬申	癸巳	甲申	乙巳	丙申	丁巳	戊申
庚午	辛酉	壬午	癸酉	甲午	乙酉	丙午	丁酉	戊午	己酉
辛未	壬戌	癸未	甲戌	乙未	丙戌	丁未	戊戌	己未	庚戌
壬申	癸亥	甲申	乙亥	丙申	丁亥	戊申	己亥	庚申	辛亥
癸酉	甲子	乙酉	丙子	丁酉	戊子	己酉	庚子	辛酉	壬子
甲戌	乙丑	丙戌	丁丑	戊戌	己丑	庚戌	辛丑	壬戌	癸丑
乙亥	丙寅	丁亥	戊寅	己亥	庚寅	辛亥	壬寅	癸亥	甲寅

❖ **태음**(太陰) : 아미형(蛾眉形)의 나지막한 봉우리로서 금성체(金星體)를 말함.

❖ **태음금성**(太陰金星)

- **정체** : 뇌(腦)는 원이방(圓而方)하고 몸은 낮으며 면(面)은 평평하다. 얕은 밭 주변이나 큰 언덕에 혈을 맺는다. 또 큰 강이나 물가에 혈이 진다. 형국은 반월형(半月形)이 많다.
- **개구** : 형국은 복토형(伏兎形).
- **현유** : 형국은 방해형(螃蟹形), 우면형(牛眠形).
- **궁각** : 형국은 창룡권미형(蒼龍卷尾形).
- **쌍비** : 천심(天心)에 혈이 자리한다. 형국은 금계고익형(金鷄鼓翼形).
- **단고** : 형국은 금구형(金鉤形).
- **측뇌** : 형국은 방해형(螃蟹形).
- **평면** : 높은 산이나 평지에서 혈이 맺는다. 형국은 보경형(寶鏡形).

❖ **태음입묘**(太陰入廟) : 갑경병임(甲庚丙壬) 네 방위에 높고 둥근 봉우리가 있는 것. 태음입묘가 있으면 남자 중에 부마(駙馬)가 나오고, 여자 중에 왕비가 배출된다.

❖ **태음살**(太陰殺) : 세지흉신방(歲支凶神方)의 하나. 이 방위에 건물을 짓고, 수리하고, 건물을 향을 놓는 데 꺼린다.

子年 : 亥　　丑年 : 子　　寅年 : 丑　　卯年 : 寅

辰年 : 卯　巳年 : 辰　午年 : 巳　未年 : 午

申年 : 未　酉年 : 申　戌年 : 酉　亥年 : 戌

❖ **태잡**(太雜) : 너무 혼잡스러움.

❖ **태조산**(太祖山) : 가장 높고 큰 산으로 한 지방 및 몇 개 고을의 으뜸이 되는 산. 이 산은 대개 염정화(廉貞火)로 되거나 장천수(張天水)로 이루어지는 것이니 수화(水火) 두 가지 형을 갖추지 못하면 태조산(太祖山)이 될 수 없다. 이 산은 높고 크고 웅위(雄偉)하여 그 줄기가 수십리 혹은 수백리를 뻗어나가면서 수많은 자손 산들을 거느리고 있다. 그러므로 이 태조산은 위연히 높고 커서 항상 운무(雲霧)에 싸이고 그 자태가 너무 장엄하여 마치 극히 고귀한 신분이 저만치에서 바라보고 있는 것 같아 저절로 고개가 숙여진다. 즉 태조산은 혈의 맨 처음 근원이 되는 산이다.

❖ **태좌진향**(兌坐震向) : 건물 및 묘가 태방을 등지면 그 향은 진향(震向)이므로 태좌진향 또는 유좌묘향(酉坐卯向)이라 한다.

❖ **태진**(胎盡) : 자못 다하다.

❖ **태향 갑묘좌경유향**(胎向 甲卯坐庚酉向) : 좌선룡(左旋龍)에 우선수(右旋水)가 배합이다. 무기경(戊己經)에 진도갑시선수간(震度甲時先秀艮)이라는 용의 행도를 생각하여야 한다. 혹은 건해(乾亥), 임자(壬子), 계축(癸丑), 간인(艮寅)으로 행하며 유포(踰抱)로 용이 되기도 하나 일반적으로 인갑(寅甲)이 동궁(同宮)은 아니나 갑록(甲祿)이 인(寅)에 있으며 진도갑시선수간(進度甲時先秀艮)으로 인입수 갑좌(寅入首 甲坐)가 되어서 태천간경자상(胎天干庚字上)으로 간인임관수(艮寅壬官水)가 신(申)과 유(酉)를 범하지 않고 구불구불 경자상(庚字上)으로 흘러가는 것이며, 이때는 반드시 좌변(左邊)의 정미묘고수(丁未墓庫水)가 협보(夾輔)하는 것인데 정미수(丁未水)는 세소(細小)하고 간인수(艮寅水)는 장대하여야 하는 것이며, 정미수(丁未水)가 장대하면 아무리 그 용이 생동(生動)하였더라도 입혈(立穴)하지 않아야 한다. 이같이 용과 수(水)가 바르게 배합되는 진혈(眞穴)로 대부대귀(大富大貴)하나 혹은 단명으로 과부가 생긴다는 것이 큰 결점이다. 용과 혈이 적중하지 않게 되면 바로 패절한다. 혹 정미수(丁未水)가 상당(上堂)하여서 구불구불 경자상(庚字上)으로 흘러가면 이것은 생왕수(生旺水)가 상당(上堂)하지 못하는 견동토우(牽動土牛)라고 하는 것이며, 비록 자손은 있으나 가도(家道)가 빈한(貧寒)함을 면하기 어렵다. 간인(艮寅)의 임관수(臨官水)가 상당(上堂)하면서 신술(辛戌)의 양수(養水)와 건해(乾亥)의 장생수(長生水)가 같이 도달하면 아름다운 것이므로 그 진신수(進神水)는 많고 적은 것을 가지지 아니하고 한 가닥이더라도 있는 것이면 대길(大吉)하다. 탐랑(貪狼)의 건(乾)과 같이 상당(上堂)하는 것을 화살생권(化殺生權)이라고도 한다.

❖ **태향 경유좌갑묘향**(胎向 庚酉坐甲卯向) : 좌선룡(左旋龍)에 우선수(右旋水)가 배합이다. 여기서도 무기경(戊己經)의 태도경시선수곤(兌度庚時先秀坤)이라는 행도(行度)의 용을 생각하여야 한다. 혹은 손사(巽巳), 병오(丙午), 정미(丁未), 곤신(坤申)을 유포(踰抱)로 그 용이 되기도 하나 일반적으로 태도경시선수곤(兌度庚時先秀坤)이며 경신동궁(庚申同宮)은 아니다 경록(庚祿)이 신(申)에 있음으로 신입경좌(申入庚坐)가 되어서 태천간갑자상(胎天干甲字上)으로 곤신임관수(坤申臨官水)가 인(寅)과 묘(卯)를 범하지 않고 구불구불 갑자상(甲字上)으로 흘러가는 것이며, 이때는 반드시 계축(癸丑)의 묘고수(墓庫水)가 청룡방(青龍方)에서 협보(夾輔)하는 것인데 묘고수(墓庫水)는 세소(細小)하여야 하며 곤수(坤水)는 장대하여야 하는 것이며, 좌수(左水)가 장대하면 아무리 용이 생동(生動)하였더라도 입혈(立穴)하지 않아야 한다. 이와 같이 용수(龍水)가 바르게 배합하는 진혈(眞穴)로 대부대귀하나 간혹 단명하여서 과부가 생기는 것이 큰 결점으로 용혈(龍穴)이 적중하지 않게 되면 바로 패절(敗絶)한다. 혹 좌수(左水)인 계축수(癸丑水)가 상당(上堂)하여서 구불구불 갑자상(甲子上)으로 흘러나가면 이것 또한 생왕수(生旺水)가 상당(上堂)하지 못하는 견동토우(牽動土牛)라고 하는 것이며 자손은 있으나 가도(家道)가 빈한(貧寒)하게 된다. 곤신(坤申)의 임관수(臨官水)가 상당(上堂)하면서 을진(乙辰)의 양수(養水)와 손사(巽巳)의 생수(生水)가 같이 도달하면 아름다운 것이므로 한 가닥이라도 좋은 것이다.

❖ **태향 병오향임자좌**(胎向 丙午向壬子坐) : 좌선룡(左旋龍)에 우선수(右旋水)가 배합이다. 여기서도 무기경(戊己經)의 이도병시선수손(離度丙時先秀巽)이라는 좌우호교(左右互交)라는 행룡(行龍)의 법도를 먼저 생각하여야 한다. 혹은 간인(艮寅), 갑묘(甲卯), 을

진(乙辰), 손사(巽巳)로 유포(踰抱)하는 행도(行度)로 되기도 하나 일반적으로 이도병시선수손(離度丙時先秀巽)이라는 호교(呼交)로 사병(巳丙)이 동궁(同宮)은 아니나 병록(丙祿)은 사(巳)에 있으며 또 유포(踰抱)라는 뜻도 내포하므로 사입병좌(巳入丙坐)를 하고 태(胎)의 천간(天干)인 임자상으로 손사임관수(巽巳臨官水)가 해(亥)와 자(子)를 범하지 말고 흘러나가며 이때 왼쪽의 신술묘고수(辛戌墓庫水)가 반드시 협보(夾輔)하여 임(壬)에서 만나게 되는 것이며 오른쪽의 임관수(臨官水)보다 신술(辛戌)이 아주 세소(細小)하여야 하는 것이며, 반대로 신술(辛戌)의 묘고수(墓庫水)가 장대하다면 아무리 그 용이 생동(生動)하였더라도 태향(胎向)을 입혈(立穴)치 말아야 한다. 이와 같이 태향(胎向)을 하고 용과 혈과 수(水)가 모두 안전하고서도 간혹 단명한 자손으로 과부가 생기는 것이 태향(胎向)의 결점이다. 이와 같은데도 용혈(龍穴)이 적합치 않은데 가벼이 입혈(立穴)하는 것은 패절(敗絶)하는 것이다. 또 신술묘고수(辛戌墓庫水)가 상당(上堂)하여 임자상(壬字上)으로 다정하게 흘러가더라도 생왕수(生旺水)가 상당(上堂)하지 못하는 것을 견동토우(牽動土牛)라고 하는 흉한 것으로 비록 자손만은 있으나 가도(家道)가 극빈하다. 손사임관수(巽巳臨官水)가 상당(上堂)하면서 계양수(癸養水) 간생수(艮生水)가 같이 상당(上堂)하면 아름다우니 한 가닥의 물도 아름다운 것이다. 다시 말하면 신술묘고수(辛戌墓庫水)는 협보(夾輔)에 그쳐야 하며 상당(上堂)은 절기(絶忌)하여야 한다.

❖ **태향 임지좌병오향**(胎向 壬子坐丙午向) : 좌선룡(左旋龍)에 우선수(右旋水)가 배합이다. 여기에서도 무기경(戊己經)의 감도임시선수건(坎度壬時先秀乾)이라는 좌우호교(左右呼交)라는 행룡(行龍)의 법도를 생각하여야 한다. 혹은 곤신(坤申), 경유(庚酉), 신술(辛戌), 건해(乾亥)로의 유포(踰抱)라는 뜻도 내포함으로 해입수(亥入首)에 임좌병향(壬坐丙向)을 하고 태(胎)의 천간(天干)인 병자상(丙子上)으로 건해임관록수(乾亥臨官祿水)가 사(巳)와 오(午)를 범하지 않하고 흘러나가며 이때 청룡방의 을진묘고수(乙辰墓庫水)가 반드시 협보(夾輔)하며 병(丙)에서 만나게 되는 것이며, 임관녹수(臨官祿水)보다 을진수(乙辰水)가 아주 세소(細小)하여야 하는 것이며, 반대로 을진(乙辰)의 묘고수(墓庫水)가 장대하면 아무리 그 용이 생동(生動)하였더라도 태향(胎向)을 입혈(立穴)치 말아야 한다. 이와 같이 용과 수(水)가 갖추어 바르게 배합된 진혈(眞穴)이 대부대귀(大富大貴)를 이루나 간혹 단명의 관계로 과부가 생기는 것이 태향(胎向)의 결점이다. 이같은 관계는 용혈이 적중되지 않는데 가벼이 입혈(立穴)하다가 패절하는 위험성이 있기도 한다. 또 을진묘고수(乙辰墓庫水)가 상당(上堂)하여서 병자상(丙字上)으로 다정하게 흘러가더라도 생왕수(生旺水)가 상당(上堂)하지 못하는 견동토우(牽動土牛)라고 하는 흉한 것으로 비록 자손은 있으나 가도(家道)가 극빈(極貧)하다. 건해임관수(乾亥臨官水)가 상당(上堂)하면서 정미양수(丁未養水)와 곤신생수(坤申生水)가 같이 상당(上堂)하면 아름다운 것이니 한 가닥의 물도 아름답다. 다시 말하면 을진 묘고수(乙辰 墓庫水)는 협보(夾輔)에서 그쳐야 하며 상당(上堂)은 절기(切忌)하여야 한다.

❖ **태호복희씨**(太昊伏義氏) : 성(姓)은 풍씨(風氏)로서 포희씨(庖義氏)라고도 한다. 진(陳 : 河南省), 지금의 회양현(淮陽縣)에 도읍하여 재위(在位) 150년, 15대(무릇 1360년간)를 이어왔다고 한다. 풍성(風姓)은 손위풍(巽爲風)이고 풍(風)은 목(木)으로써 동서의 대표격인 목성(木姓)이다. 복희씨는 하늘을 대신하여 태양의 정기(精氣)를 받아 탄생하였으므로 대천이왕(代天而王)이라 하며 성덕(聖德)이 있고 발기가 일월(日月)과 같아 태호씨(太昊氏)라 일컬었다. 포희씨(庖義氏)란 짐승의 훈련·양육이라는 방법과, 고기를 잡아 화식(火食) 생활을 가르친 것으로부터 붙여진 이름이라고도 한다. 특히 복희씨는 역(易)의 원조로서 사상(四象)·팔괘(八卦)의 괘상(卦象)과 문자(文字)를 창시한 분이라 한다. 설(說)에 의하면 복희씨 때에 용마(龍馬)가 하(河)에서 하도(河圖)를 등에 지고 나왔는데, 복희씨가 이 하도의 원리를 풀어 선천팔괘(先天八卦)를 만들었고, 육갑(六甲)을 창시하여 만사만물의 생성하는 원리며 인간의 길흉화복에 이르기까지 역(易)의 기본적 원리를 마련한 분이라 한다.

❖ **태허일**(太虛日) : 흉일로 구재(求財)·약혼·혼인·계약·회의·여행 등을 꺼린다.

春三月 : 戌亥子日	夏三月 : 丑寅卯日
秋三月 : 辰巳午日	冬三月 : 未申酉日

❖ **택**(宅) : 음·양택(陰陽宅)을 가리킴.

❖ **택상**(宅相)**의 빈부** : 주택이나 건물의 모양에도 빈상(貧相) 즉 불안하고 가난하게 보이는 모양과 부상(富相) 즉 안정되고 넉넉하게 보이는 모양이 있다. 주택이나 건물의 모양을 동그란 원 모양에 넣을 때 건축면적 즉 평면도, 정면도, 측면도 등이 서로 크게 차이가 나지 않고 안정되어 원안에 가득차게 되면 부상(富相)이요, 일부분만 차고 나머지는 텅 비어 있으며 균형이 잡히지 않고 보기에도 어쩐지 불안정한 모양은 빈상(貧相)이다. 교회의 십자가, 칼모양, 뾰족탑 등의 건너편에 있는 건물에는 유리나 거울을 부착하여 불운을 막는 처방을 내리고 있다. 또 주택이나 건물의 중심이 높아야 길하며 반대로 중심이 낮고 좌우가 높으면 서로 좌우가 대립하여 싸우는 모양이므로 흉하다. 풍수지리상으로는 지기(地氣)를 충분히 받을 수 있도록 단독 주택의 경우는 1, 2층이 좋고 높아도 3, 4층 정도가 적당하다고 본다. 물론 일조권을 고려하여 햇빛을 받을 수 있도록 짓는 것이 좋다. 그러나 주택은 지나치게 고명하게 짓지 않아야 한다. 양(陽)이 성하면 백(魄)을 상한다. 또 심하게 비암(卑暗)치도 말아야 하다. 음(陰)이 너무 성하면 혼을 상하게 된다. 밝으면 커튼을 내리고 어두우면 이것을 걷어올리는 것이 좋다. 도선밀기(道詵密記)에 희산(稀山)에는 고루(高樓), 다산(多山)에는 평옥(平屋)이라 하여, 음양조화를 꾀하였는데, 우리나라는 다산(陽)이므로 고옥(高屋 : 陽)을 세우면 좋지 않다고 했다. 황제택경(黃帝宅經)에 나오는 오실오허(五實五虛)를 주생활의 현장처럼 지켜왔다. 집에 오실(五實)이 갖추어지면 그 집에 사는 사람들은 부귀하게 된다는 것이니 1실 : 집이 작고 사람이 많이 살 때(宅小人多), 2실 : 집이 크고 문이 작을 때(宅大門小), 3실 : 담벽이 두텁고 높을 때(墻院完全), 4실 : 집이 작고 육축(六畜)이 많을 때(宅小六畜多), 5실 : 하수구가 동남쪽으로 흐를 때(宅水溝東南流)이다. 그리고 집에 오허(五虛)가 있으면 그 집에 사는 사람들은 곤궁하고 패가하는 것으로 알고 기피하여 왔으니 1허 : 집이 크고 사는 사람이 적을 때(宅大人少), 2허 : 집 문이 큰데 비해 집이 작을 때(宅門大內小), 3허 : 담벽이 허술할 때(墻院不完), 4허 : 샘과 부엌이 적처(適處)에 있지 않을 때(井灶不處), 5허 : 집터가 너른데 집이 작을 때(虛地多屋少 庭院廣)이다.

❖ **택일**(擇日) : 좋은 날을 가림. 인자수지(人子須知)에 보면 지리장법(地理葬法)의 4요(四要)를 "용진(龍眞), 혈정(穴正), 장선(葬善), 시의(時宜)" 라 하였고 또 "용진혈정(龍眞穴正)하고 사수(砂水)까지도 모두 길한데 재앙은 연월일시가 흉함을 범했기 때문" 에 생긴다 하였다.

❖ **택일**(擇日)**과 장택**(葬擇) : 택일에 있어서 길일과 흉일을 다가려서 택일을 하자면 참으로 복잡하여 택일을 할 수가 없으니 가장 중요하고 효과적인 택일법만을 골라서 활용하는 것이 마땅하다. 산향(山向)의 살(殺)은 247이나 된다. 이 모든 살(殺)을 다 피할 수는 없고 다만 경중을 참작하여 택일을 하는 것이 바른길이다. 공망일(空亡日)의 행사는 백사(百事)에 있어 피할 것은 없어 해는 무해하나 좋은 날을 잡아 길운을 받는 것과 같이 조운(助運)이 되지는 않는다. 한식일에 행사를 하다가 일을 맞추지 못했을 경우 청명일(淸明日)에 그일을 끝 맞춤하면 길하게 된다고 하였다. 이장에는 까다로운 장법 때문에 운을 맞추어 택일을 하자면 기일을 여유있게 두고 택일함이 보편타당하나 초상은 흉장(凶葬)이라 하여 장법에서도 일체불문하고 장사하라 하였다. 이장은 초상의 흉장(凶葬)과 달라서 그 무덤에 손을 댈 수 있나 없나를 살펴야 하고 좌(坐)를 택함에 있어 망인과 좌(坐)가 운이 맞어야 하는 것이니 망인이 출생한 태세와 좌(坐)를 대조하여 길흉을 분별하고 삼살(三殺) 및 기타의 흉살(凶殺)을 피하여야 하며, 택일은 반드시 새로 쓰는 묘의 좌(坐)에 의하여 택일을 해야 하는 것이다. 좌(坐)를 택함에 있어 망인의 생년과 좌(坐)가 서로 운이 맞아야 하는 것이니 망인이 출생한 태세(太歲)와 좌(坐)를 대조하여 길한 좌(坐)는 택하고 흉한 좌(坐)는 버리는 것이다. 이장을 함에 있어 합장을 할 경우에는 구묘의 광중(壙中)을 건드리지 않는 것이 좋다. 이장하기 위해서는 새로 쓰는 묘의 좌(坐)와 망인의 본명으로 운을 보는 것이 가장 중요하다. 양택(陽宅)에서는 이사드는 날과 시가 중요하고 음택(陰宅)에서는 장사지내는 연월일시가 중요하다. 때문에 비록 용혈사수(龍穴砂水)가 길한 명당을 만난다 해도 장사년월일시가 흉하다면 묘의 운이 불합화하니 사절쇠병(死絶衰病)을 면할 수가 없다. 양택

(陽宅)에서 가장 큰 살(殺)은 삼살(三殺 : 劫殺, 災殺, 歲殺)이다. 합장을 하는데는 중상운(重喪運)을 가리고 새로 쓰는 묘가 그해에 삼살(三殺)과 좌살(坐殺) 세파(歲破)가 걸리나를 살펴야 한다. 기타 긴요하고 효과적인 법을 가리어 활용하되 합장은 언제나 먼저 쓴 묘의 왼쪽이나 오른쪽에 새로 시신을 안장하는 것을 말하는 것이니 그 안장하는 방위에 삼살(三殺:堂年太歲基準) 및 생왕방(生旺方)이 저촉되지 않게 하는 것이 중요하고 또 먼저 쓴 묘와 새로 합장하려는 망인의 생년과 살(殺)이 되지 않아야 한다. 초상에서는 운을 보지 않으며, 이장에서는 연월일시의 운을 보는 것이 합법이다. 초상에서 3일, 5일, 7일, 9일 장으로 장례를 지내는 것은 관습이지 규정에 있어서 행해지고 있는 것은 아니다. 초상(初終時)에는 중상일(重喪日), 중일(重日), 복일(腹日)을 피하여야 한다.

❖ **택일 시간을 정하는 법** : 시간을 정하는 법도 역시 월간(月干)을 정하는 방법과 비슷하다. 시간을 정하는 방법도 되고 사주학의 시주를 정하는 방법도 된다. 갑일(甲日)과 기일(己日)에는 자시(子時)라면 갑자시(甲子時)가 되고 축시(丑時)라면 을축시(乙丑時)가 된다.

時干 / 日干	子時	丑時	寅時	卯時	辰時	巳時	午時	未時	申時	酉時	戌時	亥時
甲己日	甲子	乙丑	丙寅	丁卯	戊辰	己巳	庚午	辛未	壬申	癸酉	甲戌	乙亥
乙庚日	丙子	丁丑	戊寅	己卯	庚辰	辛巳	壬午	癸未	甲申	乙酉	丙戌	丁亥
丙辛日	戊子	己丑	庚寅	辛卯	壬辰	癸巳	甲午	乙未	丙申	丁酉	戊戌	己亥
丁壬日	庚子	辛丑	壬寅	癸卯	甲辰	乙巳	丙午	丁未	戊申	己酉	庚戌	辛亥
戊癸日	壬子	癸丑	甲寅	乙卯	丙辰	丁巳	戊午	己未	庚申	辛酉	己戌	癸亥

❖ **택일 일간을 정하는 법** : 도표에서 보듯이 갑년(甲年)과 기년(己年)의 정월의 월간(月干)은 병(丙)이 되고, 2월의 월간은 정(丁)이 된다. 월간을 볼 뿐만 아니라 사주학에서 월주(月柱)를 정하는데 있어서도 필요하다. 즉 사주연주천간(四柱年柱天干)이 을(乙)이나 경(庚)이며, 생월이 정월생이라면 월주(月柱)는 무인(戊寅)이 되는 것이다.

월 별	1월	2월	3월	4월	5월	6월	7월	8월	9월	10월	11월	12월
月年 / 候節	立春	驚蟄	淸明	立夏	芒種	小暑	立秋	白露	寒露	立冬	大雪	小寒
甲己年	丙寅	丁卯	戊辰	己巳	庚午	辛未	壬申	癸酉	甲戌	乙亥	丙子	丁丑
乙庚年	戊寅	己卯	庚辰	辛巳	壬午	癸未	甲申	乙酉	丙戌	丁亥	戊子	임畜
丙辛年	庚寅	辛卯	壬辰	癸巳	甲午	乙未	丙申	丁酉	戊戌	己亥	庚子	辛丑
丁壬年	壬寅	癸卯	甲辰	乙巳	丙午	丁未	戊申	己酉	庚戌	辛亥	壬子	癸丑
戊癸年	甲寅	乙卯	丙辰	丁巳	戊午	己未	庚申	辛酉	壬戌	癸亥	甲子	乙丑

❖ **택일하는 요령** : ① 연운(年運)을 보는 법으로 연(年)의 길흉을 선택하고, ② 월운(月運)을 보는 법으로 월(月)의 길흉을 선택하고, ③ 일운(日運)을 보는 법으로 일(日)의 길흉을 선택하고, ④ 시운(時運)을 보는 법으로 시(時)의 길흉을 선택하여 연월일시의 정법한 하나의 택일을 완성하는 요령이다. 즉 한 행사의 택일을 함에 있어 어떠한 택일법 하나로 연운(年運), 월운(月運), 일운(日運), 시운(時運)을 완성할까 생각하지 말고 여러 법중 한 법에서 연운(年運)을 찾고, 또 한 법에서 월운(月運)을 찾고, 또 한 법에서 일운(日運)을 찾고, 또 시운(時運)을 찾아 한 행사의 택일(擇日)을 완성하는 요령도 방법이다.

❖ **택조**(宅兆) : 장사(葬事) 지내는 곳(땅).

❖ **택지를 선별하는 요령**

- 택지는 새 땅이어야 하고 매립한 땅은 불가하다.
- 돌출한 땅은 주택을 지어서 안 된다.
- 주위 사방을 막아주지 않는 곳은 택지로 불가하다.
- 움푹 패어 있는 곳은 택지로 불가하다.
- 묘 터에 주택을 지으면 불가하다.
- 화장실 터에 주택을 지으면 불가하다.
- 물소리, 바람소리 나는 곳에 택지는 불가하다.
- 사찰, 교회, 부근의 주택도 불가하다.
- 직통도로의 막다른 주택도 불가하다.
- 주택건물을 향하여 직선도로가 건물을 충하면 불길하다.
- 주택 뒤로 도로가 나있으면 불가하다.
- 주택 뒤에 우물이나 못이 있으면 불가하다.
- 주택 뒤에 수로가 옆으로 흘러가면 불가하다.
- 주택 내에 큰 나무가 있어도 불가하다.

• 주택 내에 연못이 있어도 불가하다.
• 건물 내에 지기(땅기운)모이는 곳을 선별하면 명가이다.
• 건물 내에 수맥이 지나가면 흉가이다.
• 뒤가 높고, 앞이 낮아야 길지이다.
• 뒤가 낮고, 앞이 높으면 안 좋은 것이다.
• 동남쪽이 낮아야 좋고, 서북쪽이 높아야 좋다.
• 동남쪽이 높고, 서북쪽이 낮으면 안 좋은 것이다.
• 집 앞에 새파란 물이 모여 있으면 대 길지이다.

❖ **택지와 좌향** : 음택[묘소]은 좌(坐)를 위주로 하여 택지를 결정하나 양택[집터]을 결정할 때에는 향을 위주로 하여 택지를 정한다. 이는 24방위별로 각각 응험(應驗)이 있기 때문이다. 그러므로 남향집이라면 지남철(指南鐵)의 상좌(上座)를 북쪽 자(子)에 놓고 하향(下向)을 남쪽 오향(午向)에 맞추면 남향집이 된다. 반대로 북향집을 지으려면 상좌(上座)를 남쪽 오(午)에 놓고 하향(下向)을 북쪽 자향(子向)에 맞추면 북향집이 된다.

❖ **택지의 모양에 따라 환경도 다르게 된다** : 풍수지리에서 사신사의 개념인 청룡, 백호, 현무, 주작의 상징적 의미와 배경을 설명에 의해 이해하기란 힘들지만 양택에서도 택지의 모양에 따라 미치는 환경이 다르게 되는데, 이것은 그 땅이 어느 쪽으로 기울어져 있느냐에 따라 판단하는 방법과 어느 쪽이 길고 어느 쪽이 짧느냐로 보는 방법과 필지의 외형의 요철상태 등으로 보는 방법이 대중을 이룬다. 어느 한쪽도 전혀 기울어지지 않고 거울처럼 평평한 것은 사실상 만들기도 힘들겠지만 대체적으로 평탄한 경우를 길상(吉相)으로 보고 있다.

❖ **택지(宅地)의 5실 5허론(五實五虛論)**

• **다섯 가지 실함(五實)**

① 집이 적고 식구가 많은 것이 첫 번째 실함이 됨(宅小人多一爲實).
② 집이 크고 문이 작은 것이 두 번째 실함이 됨(宅大門小二爲實).
③ 담장과 후원이 완전한 것이 세 번째 실함이 됨(墻院完全三爲實).
④ 집이 작고 기르는 가축이 많은 것이 네 번째 실함이 됨(宅小畜多四爲實).
⑤ 집을 낀 개울물이 동쪽에서 남쪽으로 흐르는 것이 다섯 째 실함이 됨(宅水溝東南流五).

• **다섯 가지 허함(五虛)**

① 집은 크고 식구가 적은 것이 첫 번째 허함이 됨(宅大人小一爲虛).
② 집이나 문이 크고 내부가 작은 거시 두 번째 허함이 됨(宅門大內小二虛).
③ 담장과 후원이 불완 미흡한 것이 세 번째 허함이 됨(墻院不完三爲虛).
④ 우물과 부엌의 자리가 잘못된 것이 네 번째 허함이 됨(井灶不處四爲虛).
⑤ 땅이 많은데 집이 옹졸하고 정원이 드넓은 것이 다섯째 허함이 됨(地多屋小庭院廣五).

❖ **택지의 좋은 토질** : 좋은 택지의 토질은 배수가 잘되는 비석비토(非石非土)의 생토를 최고로 친다. 이런 토질이어야 기(氣)의 조화가 원활하여 정신이 맑아지고 육체적인 건강도 보장되며 건강한 정신에서 고귀한 인물도 배출된다. 택지는 넓은 도로에서 많이 떨어진 주거지역을 택할 것이며 소음이 없고 땅을 타고 울려오는 진동이 없는 곳을 택해야 한다. 특히 땅을 타고 울리는 진동이 있는 곳에서 생활을 하면 수면시 조금씩 스트레스가 축적되어 좋지 않은 징조가 나타나며 심하면 정신적 장애와 임산부일 경우에는 유산과 기형아의 출산도 염려되므로 각별한 관심을 요한다.

❖ **터 앞면이 좁아드는 대지** : 앞면이 좁아드는 대지일 경우에는 그곳에 화초를 심거나 샛길을 내서 곡면을 만들도록 한다. 이렇게 되면 마치 돈주머니와 비슷한 모습이 연출되어 재물이 모이게 된다.

❖ **토(吐)** : 반쯤을 토(吐)하고 있다는 뜻. 고산(高山)에서 수유혈(垂乳穴)로 경사가 심하면 관의 머리 부분의 반쯤은 광 안에 들어가고 아래의 반쯤은 밖에 노출되게 된다. 그러면 이때 객토(客土)를 덮어서 봉분을 만들게 되면 반은 입안에 머금고 반은 토(吐)하고 있는 형상이 됨을 토장이라고 말한다. 수유혈(垂乳穴)의 체(體)는 뒤는 높고 앞은 낮으므로 관곽이 전체적으로 광중에

들어가게 된다면, 관의 머리부분은 너무 깊이 굴속에 들어가게 되므로 냉기를 범하게 되기 때문에, 오로지 토장(吐葬)을 취용함이 가장 합법하다.

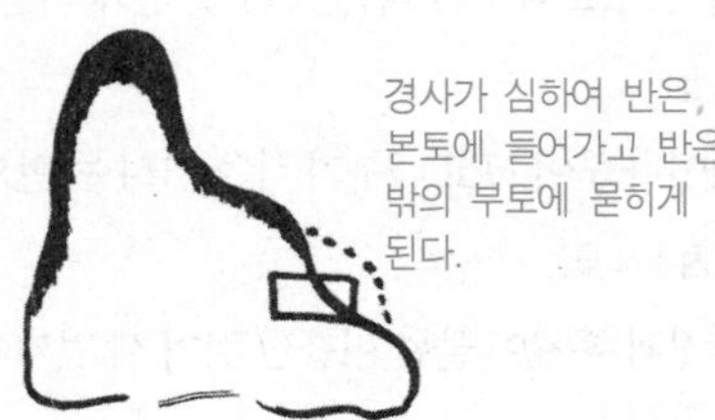

❖ **토금일**(土禁日) : 월가흉신(月家凶神)의 하나. 동토(動土)와 옛 무덤파는 일, 새로 쓰기 위해 광중을 파는 일 등을 꺼린다.

春三月 : 亥日　　夏三月 : 寅日

秋三月 : 巳日　　冬三月 : 申日

입춘일부터 입하 전 날까지는 춘삼월인데, 이 사이에는 매 해일(亥日) 즉 을해(乙亥), 신해(辛亥), 정해(丁亥), 기해(己亥), 계해(癸亥)일이 모두 토금일이다.

❖ **토기방**(土氣方) : 정사간방(正四間方)을 말함. 동남간 20도, 서남간 20도, 서북간 20도, 동북간 20도를 말함인데, 건(乾)방 서북간의 20도, 곤(坤)방 서남간의 20도를 꺼리나 그 외의 토기방은 무난하다. 이 토기방을 남녀귀문방(男女鬼文方)이라 하여 남자는 추위에 약하고 여자는 더위에 약하므로 붙여진 이름이다. 이 귀문방은 산소가 가장 희박한 방위라 사람의 마음과 몸을 약화시킨다고 본 것이다.

❖ **토기일**(土忌日) : 월가흉신(月家凶神)의 하나. 이 날에는 흙을 다루고, 집터를 닦고, 땅 고르고, 우물파는 일 등에 모두 꺼린다.

正月 : 寅日　2月 : 巳日　3月 : 申日

4月 : 亥日　5月 : 卯日　6月 : 午日

7月 : 酉日　8月 : 子日　9月 : 辰日

10月 : 未日　11月 : 戌日　12月 : 丑日

❖ **토부**(土府) : 음양택(陰陽宅)을 막론하고 모두 흙다루는 일을 꺼린다.

正月 : 丑日　2月 : 巳日　3月 : 酉日

4月 : 寅日　5月 : 午日　6月 : 戌日

7月 : 卯日　8月 : 未日　9月 : 亥日

10月 : 辰日　11月 : 申日　12月 : 子日

❖ **토붕**(土崩) : 흙더미가 무너짐.

❖ **토산**(土山) : 토형산. 평평하고 그 형체가 순후(純厚)하며 행룡(行龍) 낙맥(落脈)에 있어서 만류옥병금화고축(晩流玉屛金畵誥軸)의 형국으로 혈처가 높이 있어서 진혈(眞穴)로 득지한다면 발음(發音)이 대개 청규하게 되고, 얕고도 작은 자리는 목민(牧民)의 관이 연출하고, 토성이 이어 나갔으면 반드시 부국(富國)으로 된다.

❖ **토색론**(土色論) : 토색은 오색으로 구분하였으나 혈로서는 구애받지 않는다. 고서에 보면 청색이나 흑색일지라도 생기가 동하는 것은 물론이며 이름나나 대혈이 있었음을 알 수 있지만 확실한 것은 진혈의 토이기 때문에 그 주변의 토색과는 현저하게 다르고 토질도 부드러우면서도 깔깔한 맛이 있는 콩고물 같은 혈토가 대부분으로 되어 있다.

❖ **토색전간룡과협**(土色專看龍過峽) : 혈 가운데 토색(土色)은 내룡(來龍)이 입수(入首)하는 과협지처(過峽之處)에 나경(羅經)을 놓고 용이 입수(入首)함인가를 분간할 적에 토색(土色)도 이미 결정이 지어진다. 간내탐랑목룡래(艮內貪狼木龍來)면 혈토(穴土)는 반드시 청색이다. 손신거문토룡래(巽辛巨門土龍來)면 혈토는 반드시 황색이다. 건갑녹존토룡래(乾甲祿存土龍來)면 혈토는 반드시 황색이다. 이임인오술문곡수룡래(離壬寅午戌文曲水龍來)면 혈토는 반드시 흑색이다. 진경해묘미경정화룡래(震庚亥卯未兼貞火龍來)면 혈토는 반드시 홍색이다. 태정사유축무곡금룡래(兌丁巳酉丑武曲金龍來)면 혈토는 반드시 백색이다. 감계신자진파군금룡래(坎癸申子辰破軍金龍來)면 혈토는 반드시 백색이다. 곤을보필토룡래(坤乙輔弼土龍來)면 혈토는 반드시 청황색이다. 혈토가 황색에 윤기가 광윤하면 가장 길고, 건점토(乾粘土)에 흑색이면 아주 흉하다. 또한 혈토가 후하면 길하고 견경(堅硬)하면 흉하고 완석(頑石)이 있어도 역시 흉하다.

❖ **토생금**(土生金) : 오행상생의 하나. 즉 토(土)는 금(金)을 생한다.

❖ **토수상극**(土水相克) : 토(土)와 수(水)는 오행상으로 상극관계이다.

❖ **토성체**(土星體)**가 진술축미방**(辰戌丑未方)**에 있으면** : 진술축미방에 토성체가 객관사(客棺砂)가 되어있으면 객사(客死)를 면치 못하고 칼의 모양을 한 산(山)이나 형(形)이 있으면 살도(殺刀)가 된다.

❖ **토온일**(土瘟日) : 월가흉신(月家凶神)의 하나. 이 날은 건물에 흙을 다루거나, 흙을 파거나, 장사지낼 때 광중을 파거나, 옛 무덤을 허는 일등에 모두 꺼린다.

正月 : 辰日	2月 : 巳日	3月 : 午日
4月 : 未日	5月 : 申日	6月 : 酉日
7月 : 戌日	8月 : 亥日	9月 : 子日
10月 : 丑日	11月 : 寅日	12月 : 卯日

❖ **토산**(土山) : 흙으로만 된 산.

❖ **토설**(吐舌) : 혈 앞의 여기(餘氣)가 길게 나온 모양.

❖ **토설혈**(吐舌穴) : 좌우룡처(左右龍處)가 짧은 혈. 가운데 혈장(穴場)만 내밀어 독출(獨出)하니 기(氣)를 감추지 못하여 풍취(風吹)하고 수겁(水劫)을 받으며, 집안이 패(敗)하고 인패(人敗)도 보게 된다.

❖ **토성** : 순토(純土)는 화기(火氣)가 없으면 혈을 맺을 수 없고 반드시 자(子)에 의해 결혈한다. 토복장금(土腹藏金)·토각유금(土角流金)·토두목각(土頭木脚) 혹은 방토(方土)가 개대와(開大窩)하고 유돌(乳突)이 없으면 인욕혈(裀褥穴)로 맺는다. 무릇 토성은 창(倉)·고(庫)·병(屛)·옥안(玉案)·금상(金箱)·옥인(玉印)·규(圭) 등의 형이 매우 많다. 산형(山型)은 평평하고 혈장은 모난 것이 보통이다.

① **맑은 것**(淸) : 깨끗하게 잘생긴 토성(土星)은 존성(尊星)이라 부른다. 존성은 후덕한 기운, 대복(大福)의 기운을 품고 있다. 이 기운이 왕후장상(王侯將相), 대현군자(大賢君子) 등을 배출한다. 존성의 정기(精氣)를 받는 사람은 오복(五福)을 누리며 나라에 충고하고 큰 공(功)을 세운다.

② **흐린 것**(濁) : 토성의 흐린 것은 부성(富星)이다. 부성은 창고나 노적가리처럼 생겼 으므로 재물의 기운이 가득 서린다. 부성의 정기를 받는 사람은 부유하게 살며, 수명이 길고, 자손을 많이 둔다.

③ **흉한 것**(凶) : 토성이 흉하게 생겼으며 체성(滯星)이라 부른다. 체성은 어리석은 사람, 유약한 사람, 병약한 사람, 감옥에 가는 사람 등을 배출한다.

❖ **토성수**(土城水) : 직각으로 곧게 흐르는 물줄기. 물줄기가 혈처(穴處)를 감싸 주는 형상이면 길하고 등지고 흐르거나 반쪽만 주는 것은 불길하다. 혈을 감싸며 흐르는 토성수를 바른 토성이라고 하고 반쪽만 감싸 주거나 등지고 달아나는 토성은 등진 토성이다.

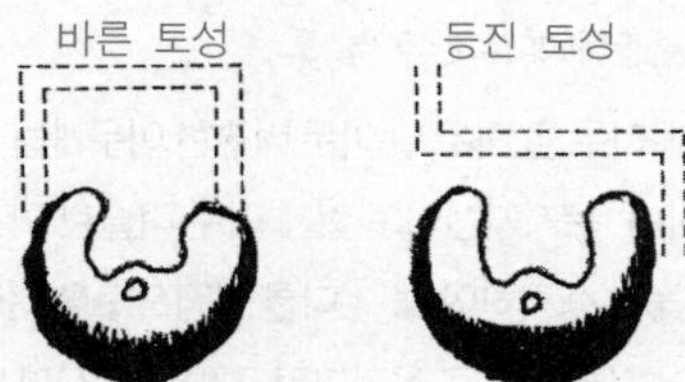

❖ **토우**(土牛) : 혈을 가리키는 말.

❖ **토왕일**(土旺日) : 1년에 4차례 드는데 매년 입춘·입하·입추·입동의 4절기를 기준하여 대략 18~19일 전에 든다. 이 토왕일부터 다음 절기일(四入節, 즉 입춘·입하·입추·입동)까지는 음양택(陰陽宅)을 막론하고 일체 흙다루는 일, 동토(動土), 묘지, 수리, 천정(穿井) 및 안장(安葬), 사초(莎草), 입비(立碑)를 꺼린다고 한다.

❖ **토(土)의 형상인 산** : 토의 형산(形山)은 평평하고 묵직한 느낌을 주는 용으로 일자문성(一字文星)에 속한다. 물형(物形)으로는 개, 범, 말, 소, 사슴 따위 동물이 여기에 속한다. 혈의 위치는 동물에 따라 다양하다.

❖ **토자망월**(兎子望月) : 아기 토끼가 엄마 품에 안겨서 달을 바라보는 형국. 달이 동쪽에 있으면 더욱 좋으며 혈은 아기토끼의 이마에 있고, 안산은 개다. 개가 토끼를 지켜 준다.

❖ **토정비결**(土亭秘訣) : 토정 이지함(土亭李之函)이 저술한 1년 신수를 보는 책으로 생년·생월·생일로 따져 태세(太歲)·월건(月建)·일진(日辰)이라는 숫자를 산출하여 정초(正初)면 그 해의 신수를 보도록 꾸며 놓았음.

❖ **토지신에게 제사지내는 축문**

維歲次干支 某月干支朔 某日干支 某官 姓名 敢昭故于

土地之神 兹有 某親某官 卜宅兹地 恐有他患 將啓窆 遷于他所 謹以

清酌脯醯 祗薦于神 其佑之神 尚 饗

[해석] 아무 해 아무 달 아무 날 아무 벼슬한 아무개는 감히 밝게 고하옵나이다. 토지지신이여 이제 아무 벼슬한 어른의 묘를 이곳에 써 놓고 생각하여 보니 다른 걱정으로 염려되어 장차 묘혈을 열어 다른 곳으로 옮겨가려고 하오니 신께서 도와 주소서.

❖ **토질의 기**(氣) : 토질에도 생기(生氣)와 사기(死氣)가 있다. 생기(生氣)로는 윤기(潤氣) 있는 토(土)로서 적색, 자황색, 황색, 백색에 강한 것을 말하며, 사토(死土)란 음습(陰濕)하거나 모래와 같이 무력한 조토(操土)를 말한다.

❖ **토질이 다르면 각각의 토질에서 발생하는 기운도 다르다** : 산수(山水)의 울림 진동소리 그리고 수맥(水脈)등은 땅이 갖고 있는 기운(氣運) 중 한 부분이며 이들 기운은 사람의 건강과 깊은 관련을 맺고 있다. 이러한 지면(地面)의 위치에 따라 지기(地氣)가 다르다. 사람의 생리현상은 지면(地面)기운(氣運)에 의하여 서로 다른 반응을 일으킨다.

❖ **토축**(土縮) : 진룡(眞龍) 아래에는 반드시 생기가 뭉쳐 혈이 맺게 된다. 생기가 뭉친 곳이 바로 혈인데 미미한 증거가 있기 마련이다. 원운(圓暈)은 혈의 증거의 하나로써 요(凸)한 원운 가운데 굴(窟 : 凸)이 있으면 이것을 토축이라 하여 더욱 귀기(貴奇)한 혈로 취급한다.

❖ **토토비화**(土土比和) : 토(土)와 토(土)는 오행이 같으므로 비화(比和)라 한다.

❖ **토피상혈**(土皮上穴)**에도 정혈한다** : 토피혈에는 배토장(培土葬)으로 하관한다. 이는 지기가 지표 가까이 부상되어 있으니 천광을 하게 되면 기(氣)를 상하니 표토(表土)에 하장하고 객토로 배토하여 안장함을 말한다. 용맥에는 후박(厚薄)이 있는 바 토후(土厚)한 용맥에는 기(氣)가 깊이 머물고 토박(土薄)한 용맥에는 너무 깊으면 기(氣)를 상하니 1.5척 정도로 정하되 물이 스며들지 않도록 장법에 세심한 주의를 한다.

❖ **토피혈**(土皮穴) : 땅의 정기(精氣)가 흙 위에 융결되는 곳. 이럴 때는 땅을 파지 않고 시신을 안치한 뒤 객토(客土)로 봉분하게 되는데 이를 배토장(培土葬)이라 한다.

❖ **통맥**(通脈)**과 교구**(交媾)

① 만두형세가 아름다워도 사하의 맥이 교구하지 못하든가 또한 상하가 통성(通性)하였어도 음양이 교구하지 못하면 그저 생맥(生脈)이요, 생근(生根)일 뿐이지 혈이라는 열매는 맺지 못한다. 통맥과 교구의 판단에는 여러 가지 방술이 있으나, 선후천 통맥법·일월소식법(日月消息法)·육팔율려법(六八律呂法)·사선음양법(四旋陰陽法)이 그 대표적이다.

• **선후천 통맥법** : 용의 마디에 있어 앞의 마디와 뒤의 마디가 팔괘납갑(八卦納甲)으로 선후천 상견(相見)을 이루는 것을 말한다.

건(乾＝甲)과 이(離＝壬寅戌)·간(艮＝丙)
이(離＝壬寅戌)와 진(震＝庚亥未)·건(乾＝甲)
진(震＝庚亥未)과 간(艮＝丙)·이(離＝壬寅戌)
간(艮＝丙)과 건(乾＝甲)·진(震＝庚亥未)
곤(坤＝乙)과 감(坎＝癸申辰)·손(巽＝辛)
감(坎＝癸申辰)과 태(兌＝丁巳丑)·곤(坤＝乙)
태(兌＝丁巳丑)와 손(巽＝辛)·감(坎＝癸申辰
손(巽＝辛)과 곤(坤＝乙)·태(兌＝丁巳丑)이다.

乾↔艮↔震↔離↔乾

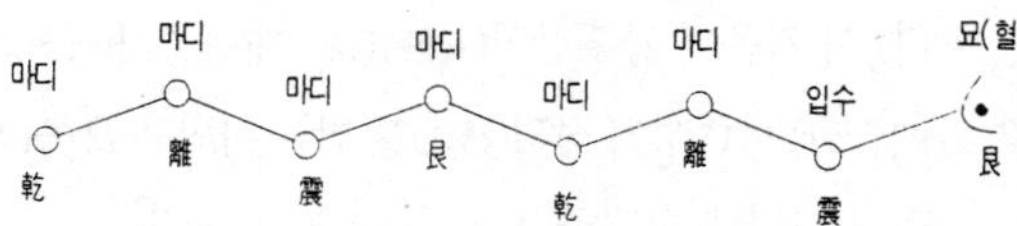

坤↔巽↔兌↔坎↔坤

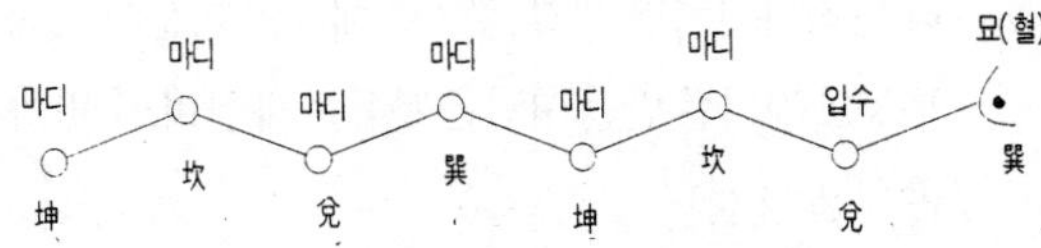

• **일월소식법** : 기가 차 오른 것[息]을 길[吉]로 하고 이지러

지는 것[消]을 흉으로 하는 원리이다. 선후천 통맥법과 병용한다. 선천팔괘 배위(配位)의 그림에서 시계방향으로 차오르는 반시계 방향으로 이지러진다. 즉 건식손(乾息巽), 손식간(巽息艮), 간식곤(艮息坤), 곤식진(坤息震), 진식태(震息兌), 태식건(兌息乾)으로 된다. 여기서 감리(坎離)는 해와 달의 출입문이므로 소식이 없다.

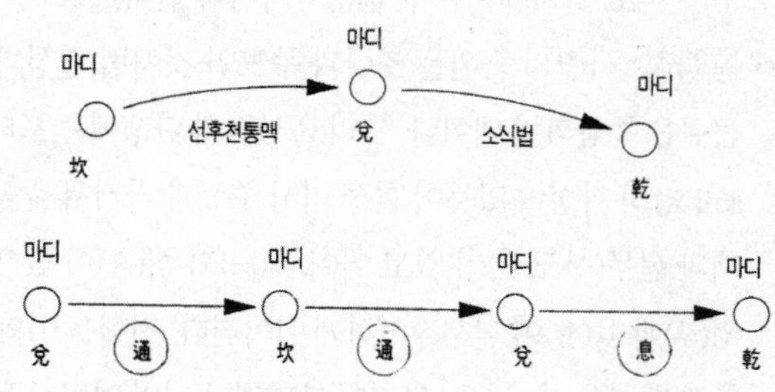

- **육팔율려법**(六八律呂法) : 윗마디와 아랫마디가 율려법(律呂法)으로 생(生)이나 왕(旺)이 되면 통맥이 된다. 또는 마디와 용이 쌍산오행으로 상생(相生)하고 위쪽의 지각이 율려로 아래 용의 생·왕이 되어도 통맥한다.

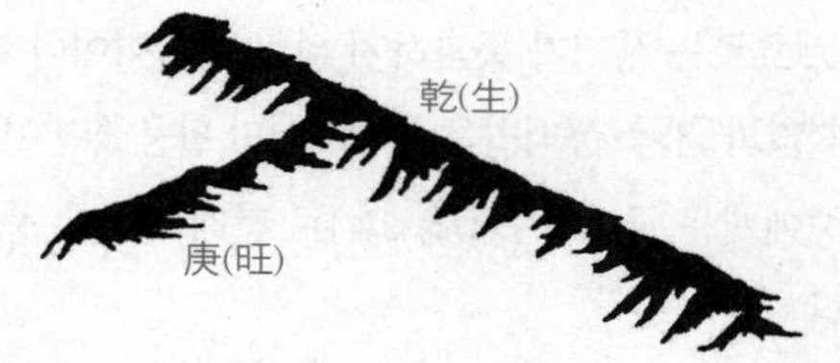

위 그림에서 건(乾)과 경(庚)을 대비하여 살펴보면, 건의 율려 생궁(生宮)은 을(乙)이다. 그러므로 을(乙)에서 기포(起胞)하여 역행하면 갑(甲)이 태(胎)·간(艮)이 양(養), 계(癸)가 생(生), 임(壬)이 욕(浴), 건(乾)이 대(帶), 신(辛)이 관(官), 경(庚)이 왕(旺)이 된다. 또한 경(庚)의 율려생궁은 간(艮)이니 간(艮)에서 기포하여 역행하면 계(癸)가 태(胎), 임(壬)이 양(陽), 건(乾)이 생(生)이 된다. 나머지도 이와 같다.

위 그림은 건(乾:木) 마디에서 신(辛:火)으로 나아가 경(庚:金)으로 마디를 이루고, 다음 다시 곤(坤:水)으로 나아가 정(丁:木) 마디를 만들고 여기서 곤을(坤乙:水) 각을 벌린 후, 병(丙:火)으로 이뤄진 것을 말한다.

- **사선음양교구법** : 사선에는 4태맥(乾坤艮巽)을 기준으로 24산을 4개 집단으로 나누고 각 집단에는 금·목·수·화의 오행이 갖추어짐은 물론이고, 음·양과 신(申)과 사(巳)와 손(巽)과 금(金)이 고루 갖추어져 있다.

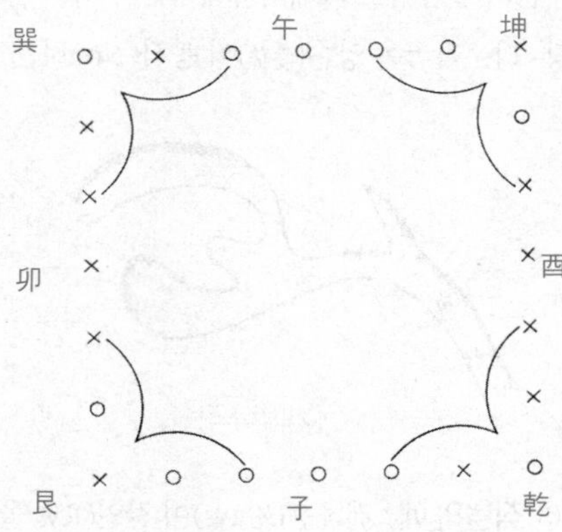

① **좌선·우선법과 배합** : 건(乾:陽之頭)·손(巽:陽之尾)은 곤(坤:陰之首)·간(艮:陰之尾)과 교구하여야 혈을 맺게 된다. 예를 들면 건(乾)이 해(亥)로 돌아오면 인(寅)을 만나야 교구가 되고, 건(乾)이 술(戌)로 돌아오면 목(未)를 만나야 교구하고, 손룡(巽龍)이 사(巳)로 돌아가면 신(申)을 만나야 교구하고, 손룡(巽龍)이 진(辰)으로 돌아가면 축(丑)에 가서야 교구가 되고, 간룡(艮龍)이 인(寅)으로 돌아가면 사(巳)에 가서 교구하고, 간(艮)이 축(丑)으로 돌아가면 술(戌)에 가서야 교구가 된다. 건해(乾亥)와 간인

(艮寅)은 선후천 통맥이요, 임감(壬坎)과 경태(庚兌)도 선후천 통맥이다. 갑묘(甲卯)와 병오(丙午)도 또한 선후천 배합이다.

② **삼방론**(三方論 : 一面之龍法) : 일면(一面) 육기맥(六氣脈)이 팔자(八字)로 격(格)을 이룬다.

• 북방일면지룡(北方一面之龍)인 건해(乾亥), 임자(壬子), 계축(癸丑), 간인(艮寅) 입수좌선(入首左旋)하고, 간축(艮丑), 계자(癸子), 임해(壬亥), 건술(乾戌) 입수우선(入首右旋)하고, 동방일면지룡(東方一面之龍)인 간인(艮寅), 갑묘(甲卯), 을진(乙辰), 손사(巽巳) 입수하고, 남방일면지룡(南方一面之龍)인 손사(巽巳), 병오(丙午), 정미(丁未), 곤신(坤申) 입수하고, 서방일면지룡(西方一面之龍)인 곤신(坤申), 경유(庚酉), 신술(辛戌), 건해(乾亥) 입수한다. 이 법은 타장(他藏), 타포(他胞)와 본매(本媒), 가매(假媒)를 구별하는 법이다. 본매작국(本媒作局)은 본처손이 발음하고 가매작국에서는 후처손이 발복한다. 타장·타포작국은 양손(養孫)이 봉사(奉祀)하게 된다.

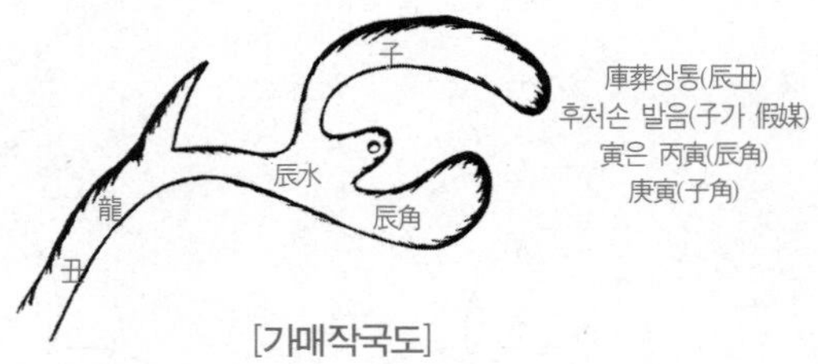

[가매작국도]

③ **작혈의 예** : 건해룡(乾亥龍)이 간인(艮寅)을 만나고 간인(艮寅)으로 입수하면 임자(壬子)·을진좌(乙辰坐) 또는 임자(壬子)·을진각(乙辰角)이 있으면 간인좌(艮寅坐)(이하 같은 이치로 추리).

艮寅龍이 乾亥로 입수하면 庚酉, 癸丑坐
坤申龍이 巽巳로 입수하면 甲卯, 丁未坐
巽巳龍이 坤申으로 입수하면 丙午·辛戌坐
壬子龍이 庚兌로 입수하면 乾亥, 丁未坐
庚兌龍이 壬子로 입수하면 艮寅, 辛戌坐
丙午龍이 甲卯로 입수하면 巽巳, 癸丑坐
甲卯龍이 丙午로 입수하면 坤申, 乙辰坐
乙辰龍이 癸丑으로 입수하면 乾亥, 甲卯坐
癸丑龍이 乙辰으로 입수하면 艮寅, 丙午坐
辛戌龍이 丁未로 입수하면 巽巳, 庚兌坐
丁未龍이 辛戌로 입수하면 坤申, 壬子坐

이 사선의 법은 선후천 통맥법에도 맞는 지리법(地理法)의 조종이다. 후룡에서는 음양교구(陰陽交媾)가 필요하고 혈처에서는 순음순양이어야 한다.

❖ **통맥법** : 사람의 근원은 조상과 부모인 것처럼 혈성과 혈장의 근원은 주산과 용맥이다. 그리고 사람의 탄생에는 포태양생(胞胎養生)의 과정이 있듯이 혈성 역시 주산과 거기서 출발하는 용맥과 현무(부모산)가 있고 이어 태(胎)와 식(息)이 있으며 다시 잉(孕)과 육(育)이 질서정연하게 이어진다. 진혈은 이와 같은 내룡과 혈성을 이어주는 과정이 분명해야 되며 이처럼 통맥(通脈)과 접기(接氣)에 의해 이루어지는 방법과 과정을 지리학에서는 통맥법 또는 입수법이라 한다 이 통맥은 혈성을 탄생시키는 탯줄이요 생명선이다. 그런즉 통맥과 입수는 용혈의 생명선으로 혈장의 생사왕절(生死旺絶)이 달려 있다 할 수 있으므로 내룡과 혈장 간의 용맥과 기맥이 다 외형적 연결뿐만이 아니라 내면적으로 흐르는 생기가 통과하기 위한 연결이어야 된다.

❖ **통맥법과 명당** : 통맥법은 궁중에서만 활용했던 이론으로, 일반 대중에게는 구전심수(口傳心授)로 전래되어 온 풍수학의 정설이다.

① 통맥법은 내룡의 방향에 따라 생룡(生龍)과 사룡(死龍), 귀룡(貴龍 : 文人出)과 천룡(賤龍 : 武人出), 도덕룡(道德龍 : 賢人出)과 천도룡(天道龍 : 聖人出)으로 구별하며, 태조산에서 주산을 거쳐 명당까지의 내맥의 지기가 선천적인 인품을 형성하게 되는데 여기에는 적당한 안산이 갖추어져야 함은 필수적인 요건이다.

② 사룡(死龍)의 토질(土質)을 보면 혈토가 아닌 퇴적토 또는 공기가 통하지 않는 점질토로 지층이 구성되어 있다. 이런 곳에 용사하면 시일이 흐름에 따라 자손이 영쇄해지면서 무후절손(無後絶孫)이 된다. 그러므로 풍수학에서는 형기론이 주론이고 이기론이 형기론을 뒷받침하는 이론에 불과한 것이다.

③ 흉살은, 용법에는 용상팔살(龍上八殺)이 있고, 수법에는 황천살(黃泉殺)이 있다.

④ 안산은 명당을 조응하는 사각으로, 단정하고 유정하며 신하가 임금을 향해서 두 손 모아 공손하게 읍하는 것 같아야 진결(陳結)로 명당이 갖추어야할 필수조건이다. 이는 자손번창에 긴요한 역할을 하며 만약 안산이 없거나 산만하면 허화(虛花)이므로 대를 잇지 못하고 자손들이 무능하면서 서서히 무후절손(無後絶孫)의 불행을 맞게 된다. 구산을 할 때는 안산을 먼저 살핀 후 혈처를 찾고, 특히 안산이 높고 멀면 혈처도 높이 작혈하는 것이니 이는 자연섭리의 이치를 터득하는 데서 찾는 것이다. 또한 입수룡과 파구(破口)의 형태를 보고 국내의 혈의 대소를 알 수 있고, 사각의 형태와 안산의 방향에 의하여 명당의 위치를 알 수 있다. 대혈은 대개 부모산의 사등선(四等線) 위에 작혈되며 높은 곳은 상충살(相沖殺)을 많이 받을 수도 있지만 많은 사각(砂角)들이 조응해 주어 더 많은 지기(地氣)를 누리게 된다.

⑤ 미이라의 형성은 대개 사룡(死龍)의 용맥(龍脈)에서만 발굴되는데 이는 토질이 건조하여 체백(體魄)이 명태처럼 마른 후 공기가 차단되는 점질토에서 형성된 것으로 추정된다.

❖ **통일신라시대 무덤** : 왕릉으로 전해지는 작은 규모의 봉토분이 많이 남아 있으며 봉토 주위에 호석(護石)을 두른 것이 특색.

❖ **통천규첩법**(通天窺捷法) : 하늘에 통하는 빠른 길이라는 뜻. 본 첩법에 합국용사(合局用事)하면 그 응험(應驗)이 확실하고 속발(束發)하므로 본 첩법은 여러 장법 중에서도 비교적 중히 쓰인 법으로 소현(小顯), 소중(小重), 대길(大吉), 진전(進田), 청룡(靑龍), 소화(小火), 대화(大火), 대중(大重), 영재(迎財), 진보(進寶), 고주(庫珠), 대주(大州) 등 12성위(星位)로 되어 있다. 이 중에서 대길, 진전, 청룡, 영재, 지보, 고주 등 6성위(六星位)는 길성(吉星)이요, 소현, 소중, 소화, 대화, 대중, 대주 등 6성위는 흉성이다. 그러므로 조장(造葬)에는 대길, 진전에는 청룡, 영재, 진보, 고주 등 6길성만을 취용하고 나머지 6흉성은 기피한다. 이 6길성이 좌산(坐山)과 합국(合局)되는 연월일시에 조장하면 능히 제살구복(制殺求福)할 수가 있으며, 본 첩법의 용사(用事)는 12배합좌산(十二配合坐山)으로 하며, 또 조장년월일시의 선정도 동일한 방법으로 한다. 그러므로 가급적 삼합(三合)이 되는 연월일시에 조장(造葬)하면 육길성(六吉星)이 동시에 같은 좌산에 조임(照臨)하는 때를 놓치지 않고 장사(葬事)할 수가 있다.

❖ **통천규첩 조견표**

造葬年月日時	大吉	進田	靑龍	迎財	進寶	庫珠
申子辰年月日時	艮寅坐	甲卯左	乙辰坐	坤申坐	庚酉坐	申戌坐
亥卯未年月日時	巽巳坐	丙午坐	丁未坐	乾亥坐	壬子坐	癸丑坐
寅午戌年月日時	坤申坐	庚酉坐	申戌坐	艮寅坐	甲卯坐	乙辰坐
巳酉丑年月日時	乾亥坐	壬子坐	癸丑坐	巽巳坐	丙午坐	丁未坐

❖ **통천규정국**(通天窺定局) : 음택과 양택에 있어 좌(坐)로 연월일시를 정하는 길신의 하나. 이 정국은 원래 소현(小縣)·소중(小重)·대길(大吉)·진전(進田)·청룡(靑龍)·소화(小火)·대화(大火)·대중(大重)·영재(迎財)·진보(進寶)·고주(庫珠)·대주(大州)의 12신살(神殺)이 있으나 그 가운데 대길·진전·청룡·영재·진보·고주만이 길성이다.

吉神 / 年月日時	大吉	進田	靑龍	迎財	進寶	庫珠
申子辰 年月日時	艮寅	甲卯	乙辰	坤申	庚酉	辛戌
巳酉丑 年月日時	乾亥	壬子	癸丑	巽巳	丙午	丁未
寅午戌 年月日時	坤申	庚酉	辛戌	艮寅	甲卯	乙辰
亥卯未 年月日時	巽巳	丙午	丁未	乾亥	壬子	癸丑

가령 신자진(申子辰) 연월일시는 대길[艮寅]·진전[甲卯]·청룡[乙辰]·영재[坤申]·진보[庚酉]·신술[辛戌]·고주[庫珠]의 12좌가 길신이므로 이를 맞춰 집을 짓고 묘를 쓰면 대길하다.

❖ **퇴**(堆) : 돌출된 모양.

❖ **퇴기맥**(退氣脈) : 나경 제5층의 천산72룡(72분금)에서 각 5쌍의 분금 가운데 각각 다섯 번째 칸에 있는 임자(壬子), 계축(癸丑), 갑인(甲寅), 을묘(乙卯), 병진(丙辰), 정사(丁巳), 무오(戊午), 기미(己未), 경신(庚申), 신유(辛酉), 임술(壬戌), 계해(癸亥), 무오(戊午), 기미(己未), 경신(庚申), 신유(辛酉), 임술(壬戌), 계해(癸亥)의 방위로 흐르는 내룡의 용맥은 쇠퇴한 기맥을 형성하여 하관 방향으로 좋지 않다. 이 방위 가운데서도 계축, 갑인, 을묘, 병진, 기미, 경신, 임술의 7개 기맥은 특히 좋지 않은 흉격으로 분류하며,

그 나머지의 5개 기맥(氣脈)은 길흉상반(吉凶相半)되므로 다른 조건들과 비교하여 가려 쓸 수 있다.

❖ **퇴룡**(退龍) : 12룡격(龍格)가운데 하나로 흉격(凶格) 용. 이 용은 성신(星辰)이 엷고도 뾰족하며, 뻗어나가는 지각(枝脚)이 차례가 없고, 행도(行度)에서 뒤로 물러나고 있는 용이다. 이 용은 조산(祖山)에서 맥이 나오는 처음부터 근본 정기(精氣)가 없고, 무엇에 겁을 먹고 뒤로 물러나는 형상과 같고, 처음은 작고 차츰 나아가면서 성신봉이 높고 커져서 마치 키가 큰 사람부터 차례로 세워놓은 것도 같고, 배가 썰물을 따라 뒤로 물러나가는 것과 같은 형상이다.

[退龍圖]

❖ **퇴사**(退卸) : 용맥이 돈질(頓跌)하여 구르고 꺾이어서 짐을 벗어나게 되면 조악(粗惡)하고 늙은 용이 평탄한 용으로 젊고 예쁘게 바뀌는 모양. 퇴사란 짐을 지고 물러섰다 쇠였다 하는 모양으로 용의 행도(行度)가 굴곡(屈曲)하고 활동함을 말함.

❖ **퇴신수**(退神水) : 향을 기준으로 퇴신수(退神水) 방위로 파구되면 길하고 득수(得水)하면 흉하다.

- 사향(巳向)에 정파(丁破)면 속발부귀(速發富貴)한다.
- 오향(午向)에 병파(丙破)면 속발부귀(速發富貴)한다.
- 유향(酉向)에 신파(辛破)면 부귀와 금은보화가 충족하다.
- 신향(辛向)에 축파(丑破)면 전답과 가축이 풍부하다.
- 술향(戌向)에 건파(乾破)면 금은보화가 산같이 쌓인다.
- 축향(丑向)에 간파(艮破)면 부귀와 명예를 널리 떨친다.
- 건향(乾向)에 건파(乾破)면 부귀쌍전(富貴雙全)한다.
- 묘향(卯向)에 을파(乙破)면 많은 재물이 스스로 모인다.
- 진향(辰向)에 손파(巽破)면 부귀가 계속 이어진다.
- 손향(巽向)에 손파(巽破)면 득관치부한다.

❖ **퇴육사**(堆肉砂) : 산이나 바위가 마치 고깃덩어리 형상과 같은 것을 말함. 산과 바위가 중중첩첩으로 있으나 모두 파쇄되고 질서가 없어 보기에 더럽고 지저분하여 흉하다. 만약 깨지지 않고 반듯한 모양이면 부자가 된다.

❖ **퇴전필사**(退田筆砂) : 청룡·백호의 끝이 날카롭게 생겼으며 혈을 감싸주지 못하고 산이 달아나니 물도 혈을 감싸주지 않고 달아나는 형국. 퇴전필사는 전답을 팔아 없애는 형세라 하여 붙여진 이름으로 한 치의 땅도 소유하지 못한다. 대개 이향(離鄕)하여 걸식(乞食)한다. 만약 첨예한 청룡·백호의 끝이 밖으로 향하지 않고 안으로 혈장을 찌르듯이 있으면 인명을 살상하여 패가망신하게 된다.

❖ **투부혈**(鬪斧穴) : 언월도를 들고 적과 싸우는 것처럼 생긴 괴혈.

❖ **투송필사**(鬪訟筆砂) : 혈 앞이나 좌우에 날카로운 능선이 서로 찌르고 싸우는 것 같은 형국. 혈 앞에 이러한 사격이 있으면 쟁투(爭鬪)의 응(應)이 있어 형제 불화하고 송사하기를 좋아한다.

❖ **투수일**(偸修日) : 이 날은 지난 해의 신이 떠나고 새해의 신은 아직 나오지 않은 1년 중에 공망(空亡)이므로 만사에 꺼리는 것이 없는 날. 다만 길성의 내조(來助)가 없을 뿐이며 대한 후 7일 입춘전 5일인데 그날이 최길이고 투수일의 전후 1일이 차길이다. 한식과 청명도 투수일과 같은 경우이다. 1년의 마지막인 대한(大寒)에서 입춘(立春) 사이에 드는 것은 1년 동안 주관하던 모든 신(神)은 장차 떠나고, 신년에 부임하는 신은 아직 이르지 않은 때이므로 길흉간에 작용이 없다. 즉 1년 중 공망이 드는 기간이니 백사에 꺼리지 않는다.

❖ **투신익사자**(投身溺死者)**가 생기는 주택** : 멀찌감치 보이는 인가

나 건축물의 첨각(尖角)이라든지 낮게 패어들어 함몰된 부분 혹은 기울어진 경사 부위가 자기 집 중심부에 맞닿는 것과 전후방의 누대나 다락건물 하면부(下面部)가 낮으면서 패어서 함몰되고 계단이 튀어 오르듯 돌출되어 있으면 투신이나 익사의 죽음을 맞는 사람이 생긴다.

❖ **투우**(鬪牛) : 두 마리 소가 서로 싸우는 형국. 소처럼 생긴 산봉우리가 둘이며 크기와 모양이 비슷하다. 혈은 소의 배에 있고 안산은 싸우는 상대방이다.

❖ **투이**(透迤) : 내룡(來龍)이 좌우의 균형을 이루지 못하고 비실거리며 내려오는 용을 말함.

❖ **투지 60룡**(透地六十龍) : 투지 60룡은 입수맥의 순잡(純雜)과 분수(分數)의 많고 적음을 살피는데 쓰인다. 정침 24산은 강(綱)이 되고 60룡은 기(紀)가 된다. 60룡은 갑자(甲子)가 시작하는 자리는 정침 임(壬)의 초(初)에 해당한다. 임(壬)은 감(坎)궁에 속한다. 후천의 감(坎)궁은 선천의 곤(坤)궁이다. 곤(坤)은 지(地)이므로 투지라고 이름한다. 투지는 천산과 더불어 표리의 관계를 이룬다. 투지라고 명명하는 이유는 투(透)는 현투(顯透)라는 뜻이 있고, 지(地)에는 오기(午氣)가 땅 속에 주행하여 만물을 발생케 한다는 뜻이 담겨 있. 투지 60룡의 사용법은 천룡(穿龍)과 수기(受氣)의 2개 방법으로 크게 나눈다. 먼저 내맥 입수 혈성 뒤 분수척상에서 나경을 높고 내맥 입수가 60룡 중 어느 용에 속하는가를 천장(穿定)하여 길흉을 판단하는 법이다. 첫째, 음양의 순잡을 살핀다. 24산이 비록 귀음천양(貴陰賤陽)이라고는 하지만 산들은 각각 행룡이 가능하고 산마다 입혈이 가능하므로 양룡이라고 하여 버릴 수 없다. 따라서 투지 60룡으로 37 · 정(正) · 반(半)의 분수(分數)를 측정하여 양이 많으면 양에 따르고 음이 많으면 음에 따른다. 둘째, 투지납음과 천산납음의 상위작용(相爲作用)을 본다. 예를 들어 내맥입수가 천산(穿山) 신해룡(辛亥龍)이라면 납음은 금(金)에 속하고 애우좌수(埃右左受)하면 건(乾)과 손(巽)향을 하게 된다. 이 때에 투지가 정해(丁亥)기를 얻으면 정해(丁亥)는 토(土)에 속하며 건룡(乾龍)의 정기(正氣)다. 그러므로 좌혈 토(土)가 입수 내룡 신해금(辛亥金)을 생하니 혈이 용을 생하여 길하다고 판단한다. 만약에 투지가 을해(乙亥)기를 얻으면 (3戌7乾) 화좌혈(火坐穴)로 신해금(辛亥金)룡을 극하게 되니 혈이 용을 극하여 흉하게 된다. 또는 투지가 기해(己亥)기를 얻으면 건해(乾亥)로서 살요(殺曜)가 되니 이를 화갱(火坑)이라 한다. 60룡의 기를 살피는 것은 12지로 1룡에 5기가 있으나 그 중에서 왕상(旺相)은 병자(丙子)일순과 경자(庚子)일순의 24기이다. 이를 24주보(珠寶)라고 하며 모두 길한 것이다. 갑자(甲子)일순과 임자(壬子)일순, 무자(戊子)일순 합하여 36기가 되는데 이는 모두 차착관살(差錯關殺)이 되어 흉으로 본다. 셋째, 괘례(卦例)를 살피는데 있어 천산은 본괘가 되고 투지는 내괘가 된다. 혈 뒤 입수처에서 삼기(三奇)가 도래하는 궁에 수로(水路)가 오고 가는지 사길(四吉)이 도래하는 궁에 뛰어나고 아름다운 봉우리가 있는지를 살핀다. 또 자부재관(子不財官)이 임하는 궁에 좋은 봉우리가 있는지 또는 녹마귀인은 제자리에 있는지 등의 여부를 살펴보고 기길(寄吉)이 입혈하였으면 천조지설의 아름다운 국이니 그대로 재혈하면 길하다. 넷째, 금기금괘(禽寄金卦)에 대해 살펴보면, 여기서 금(金)이란 관국성수(管局星宿)이고, 기(寄)는 삼기와 사길이며 금(金)은 분금이고 괘(掛)는 괘례를 말한다. 입수(入首)는 투지맥으로서 구궁둔취(九宮遁取)하여 삼기는 어느 궁에 있고 사길(金水日月)은 어느 궁에 있으며 육친인정(六親人丁)과 녹마귀인이 어느 궁에 입하는지를 살펴보는 법이다. 이른바 사길이 산을 수렴하고, 삼기의 수가 따르면 영관취록(迎官就祿)하여 고허(孤虛)가 물러가고 왕상(旺相)의 기운을 탄다. 귀갑(龜甲)이 병풍처럼 둘러있어 추길피흉하면 이 모두가 금괘(金卦)의 현묘(玄妙)요 장법의 세기(細技)가 된다. 또한 살(殺)이 24산에 있는 것은 명살(明殺)이며 60분금과 365도 중에 있으면 암살(暗殺)이라고 하며, 사(砂)와 수(水)의 오고 감에 나타나면 형살(刑殺)이 되고, 연월일시에 숨어 있으면 성살(星殺)

이 된다. 그러나 이런 살(殺)들이 맥 혈에 있다 하여도 향상(向上)에서 합법하면 본기를 상하게 하지는 못한다. 그러므로 용혈에서 불합격하면 향상(向上)에서 소납하는 기법이 있다.

❖ **투지영축 60룡**(透地盈縮六十龍) : 투지 60룡은 360도 지반정침 24방위를 납음오행(納音五行) 60갑자와 동일하게 60등분하였기 때문에 지반정침으로 1개의 좌가 2.5등분, 즉 쌍산 12방위 중 1개 방위를 5칸씩으로 나누어 나경 9층에 배치한 용으로써, 천산 72룡으로 들어온 용이 어느 방향으로 뻗어나가는가를 투지 60룡으로 구별하여 길흉을 판별하게 되는 것이다. 여기서 주목할 것은 둘다 장(葬)할 때 사용하는 법으로써 만두(灣頭)에 나경(羅經)을 놓고 보는데 천산 72룡은 들어오는 맥의 길흉을 보는 것이고, 투지 60룡은 나가는 맥의 길흉을 보는 것이다. 그러므로 천산과 투지는 만두(灣頭)를 중심하여 반대방향의 용이다. 투지 60룡의 길흉을 따지는 방법도 천산 72룡에서와 같이 60갑자 중에 갑자순(甲子順)은 냉기맥(冷氣脈) 또는 허맥(虛脈)·차착공망맥(差錯空亡脈)이라 하여 사용할 수 없고, 무자순(戊子順)도 화갱맥(火坑脈)으로써 패기맥(敗氣脈) 또는 살맥(煞脈)이라 하여 사용불가하며, 임자순(壬子順) 역시 퇴기맥(退氣脈) 또는 차착공망맥(差錯空亡脈)이라 하여 사용할 수 없다.

❖ **특락**(特樂) : 멀리서 뻗어 온 다른 용(龍)의 끝에 치솟아 혈을 받쳐주는 형세. 뒤에 특락이 솟아오른 혈에 조상의 묘를 쓰면, 빠르게 갑자기 발복하여 자손들이 부귀를 얻고 또 장수를 누리며 자손이 크게 번창한다.

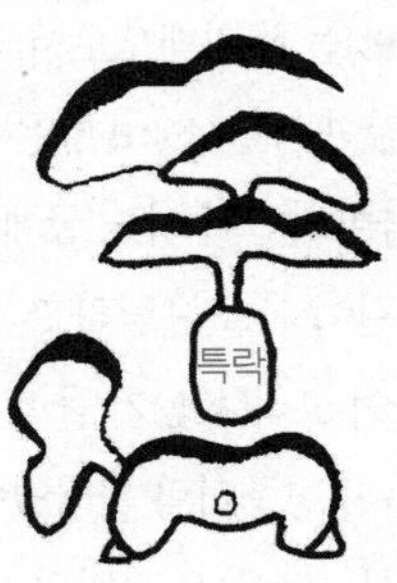

❖ **특이조산**(特異朝山) : 안산(案山)은 빈주(賓主)가 서로 이끌어 주어야 귀한 것인데, 그렇지 못하면 특이한 조산(朝山)을 구하여 상대하여야 한다. 대체로 주인은 귀한 손님이 있어야 만이 주인이 높은 존재가 나타나게 된다. 빈주(賓主)가 일반으로 유정하면 소리의 음성도 높이가 같게 되며 서로 함께 의논하며 일을 구사하게 된다.

조산(朝山)이 알맞게 대조하였다.

[特異朝山]

조산(朝山)이 훨씬 높아서 대조를 이루지 못했다.

[十分厚壟]

❖ **특정한 원색을 지나치게 강조하는 것은 좋지 않다** : 침실이나 안방에 딸려 있는 화장실은 방위의 길흉(吉凶)을 떠나서 해롭다는 것을 염두에 두고 화장실 출입문 옆에 난(蘭)을 놓거나 화장실 문 정면에 붉은 계열의 꽃그림을 놓아 나쁜 기운을 차단 해주는 것이 좋다. 남향(南向) 화장실을 피하는 것이 좋으며 강한 화(火)의 기운과 화장실 수(水)의 기운이 상극으로 심장병·과민성 대장증세·만성위염 등의 질병이 발생 할 수도 있다. 서남쪽에는 인체의 배에 해당하므로 지저분하거나 배수가 안 되면 거주자 모두 배탈·변비·치질·맹장염 등의 유발될 가능성이 높다고 한다. 동쪽에 화분을 놓아두면 흉한 기운을 줄일 수 있다.

❖ **파**(坡) : 평평하고 넓은 언덕.

❖ **파**(破)

① 투정(透頂)하였거나 깨진 것.(음란한 일이 생긴다.)

② 지파(支破)·육파(六破)의 준말.

③ 지리법에 물(水)이 흘러 나가다가 감춰지는 곳.

④ 주위의 산들이 파열손괴되어 살기가 있으면 혈도 없고 자손들이 상한다.

❖ **파각혈**(擺脚穴) : 서 있는 사람의 발목 바로 아래(복숭아뼈)에 해당되는 혈. 서 있는 사람의 발이니 청룡·백호가 짧아서 혈처를 감싸주지 못한 대신 외산(外山)이나 물이 혈처를 보호해 준다.

❖ **파광**(破壙) **터** : 구광(舊壙) 터를 쓰는데 경험이 없으면 팠던 그 자리를 잘 가셔내고 밑을 1~2자 가량 더 파고 쓴다면 도로 생자리나 다름없다. 썼던 자리 기분 나쁘다하여 한 금정 올려 쓰는 수도 있는데 이것이 잘못하면 혈이 파괴되는 이치라 할 수 있다. 만약 위에다 다시 팔대는 먼저 광중과 다음 파는 광중 사이가 6자 이상 넘을 다시 팔 조건이 되는 것이고, 만약 4자 사이를 두고 또다시 광중을 판다면 광중과 광중사이가 가까워서 명혈이 파괴되는 것이다. 명혈은 2~3 썼던 흔적이 있을 수 있으니 구광(舊壙) 터를 세심한 주위가 필요하다. 구광(舊壙) 터를 다시 팔 때는 생자리를 다치지 않도록 조심하고 원래 팠던 자리를 찾아놓는다.

❖ **파구**(破口)**가 없을 때** : 파구(破口)를 전혀 분간하기 어려울 때 좌향(坐向) 결정은 투지룡(透地龍)을 사용하는 방법이 있고, 입수룡(入首龍)의 좌선 또는 우선을 따져서 간접적으로 포태법(胞胎法)의 사대국(四大局)을 유추해석하여 사용하는 방법이 있다. 이때 대입하는 오행은 삼합오행(三合五行) 또는 정오행(正五行)으로 쓰는데 정오행(正五行)을 사용하는 것이 합리적이다. 예를 들면 갑(甲) 입수룡(入首龍)이면서 용이 좌선으로 들어왔으면 양목절어 기포신금[陽木絶(胞)於起胞(絶)申金] 순행(順行)에 해당되니 신(申)에 포(胞)가 붙고, 유(酉)에 태(胎)…와 같은 식으로 순행(順行)으로 돌려서 미파구(未破口)가 되니 목국(木局)으로 따진다. 또 갑(甲) 입수룡(入首龍)이면서 우선(右旋)으로 입맥했다면, 음목절어기포유금[陰木絶(胞)於起胞(絶)酉金] 역행에 해당되니 포(胞)가 유(酉)에 붙고, 태(胎)는 신(申)…이런 식으로 역행으로 돌아가서 술파구(戌破口)가 되니 화국(火局)으로 따진다. 이때 진(辰)·술(戌)·축(丑)·미(未)는 토(土)로써 전부 수(水)로 변환시키면 수국(水局) 또는 목국(木局)이 되어 술(戌)이나축룡(丑龍)은 인정되지만 진(辰)이나 미룡(未龍)은 인맥(人脈) 쪽으로 파구가 만들어지는 것은 불합리한 이론으로써 마땅히 수정되어야 한다. 그러니 토(土)를 사대국(四大局)과 같은 방위오행(方位五行)으로 귀속할 때는 화(火) 또는 수(水)로 꼭 고집할 일이 못된다.

❖ **파국수**(破局水) : 파국이란 양국에 음득수나 음국에 양득수로 국과 득이 음양박잡인 경우를 말한다.

❖ **파군불파**(破軍不破) : 파군성(破軍星)이 주산(主山)을 반배(反背)하고 행타(行他)하지 아니 하였다는 뜻.

❖ **파군성**(破軍星) : 금성의 변체. 형상이 아주 험상궂어 금성의 흉한 것인 여성(厲星)과 매우 흡사하다. 파군성은 여성처럼 흉한 기운을 품고 이 기운이 흉포한 사람들을 배출한다. 파군성에 묘

를 쓰거나 집을 짓고 살면, 악인이 나와서 노략질, 강도질을 하고 도박에 빠지고 남들과 잘 싸우며 재판을 자주 하며 패가망신한다. 또 벙어리가 생기고 어려서 죽는 사람이 많아 결국 자손이 끊기고 만다.

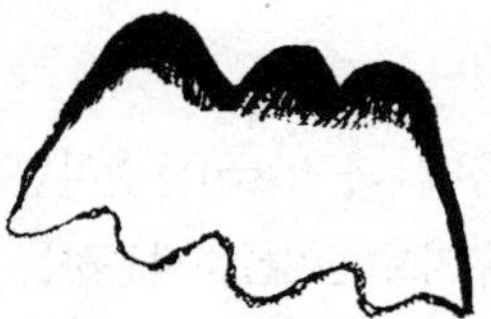

❖ **파군첨창혈**(破軍尖槍穴) : 파군성(破軍星)의 형태는 뾰족하고 날카로운 석봉(石峰)들이 횡렬로 길게 서 있는 것을 말한다. 앞쪽은 높고 뒤로 갈수록 낮아 마치 바람에 나부끼는 깃발과 같은 형상으로 매우 험준한 산에 골짜기가 깊고 가파르다.

❖ **파두**(破頭) : 혈 바로 뒤 입수도두가 깨진 것. 입수도두는 용맥을 따라 전달된 생기가 들어가기에 앞서 일단 멈추고 모이는 곳이다. 청룡·백호를 비롯해서 주변 산세가 유정하게 혈을 감싸주었다 할지라도 입수도두가 파손되면 기는 흩어져 혈을 결지하지 못한다. 자손들이 병이 많고 상하여 결국 절손(絶孫)될 우려가 있다.

❖ **파망사**(破網砂) : 산이 찢기고 흐트러져 몰골 사나운 헌 그물 더미같이 생긴 흉한 사격. 상격룡(上格龍)에 무관(武官)이 되고 중격룡(中格龍)에 가업이 흥할 수 있지만 악질 자손이 나와 결국 망신한다.

❖ **파면**(破面)

① 혈성의 얼굴을 굴착했거나 돌 또는 흙을 팜으로 얼굴이 파쇄된 것. 만약 상한 도가 경미하여 기를 발설하지 아니한 상태면 보수하여 쓸 수도 있다.

② 파면이란 당혈(當穴)된 곳의 혈성(穴星)의 머리나 면이 움푹 패이고 함하고 부서져서 온전치 못한 것을 말한다. 대개 혈을 맺는 곳은 혈처(穴處)가 파쇄(破碎)된 것을 꺼리는 바 혈장(穴場)이 완전하고 튼튼한 것을 귀로 삼는다. 만약 부서진 혈에서 돌을 파내고 흙을 돋구면 맥이 상하고 기(氣)가 누설되어 자손이 쇠(衰)하고 빈한하며 심지어는 자손이 끊어지는 흉화가 있다. 또 한 유두(乳頭)에 수십 장의 묘를 써도 혈장이 파쇄되므로 비록 진룡진혈(眞龍眞穴)이라 할지라도 쓸모 없는 땅이 되고 만다.

③ 혈이 될만한 곳이나 혈성의 머리·면 등이 움푹 패이거나, 함하거나, 부서지거나, 흙과 돌이 섞여 자갈 바탕으로 되었거나, 흙이 푸석하여 마치 파헤쳤다가 다시 돋운 것과 같은 것.

④ 파면이란 당혈(當穴)되는 곳 혈성(穴星)의 머리나 앞에(面) 움푹 패이고 빠지고(陷) 부서지고 흙과 돌이 썩었거나 토산(土山)으로만 되었거나 혈성(穴星)이 온전하지 못한 것이다. 혈장(穴場)은 완전하고 튼튼함이 귀(貴)하고 파쇄(破碎)됨을 꺼리고 묘자리가 부서진 곳은 용맥(龍脈)의 귀천진가(貴賤眞假)를 막론하고 흉하다. 만일 용맥이 귀하고 안산(案山)이 유정(有情)하고 명당과 수성(水星) 모두 훌륭한 경우 혈이 파쇄되었다면 모르는 사람은 그 다른 격의 훌륭함을 보고 인품만 소비하며 묘를 쓰는 헛된 노력만 할 뿐이다. 또는 모든 격(格)이 위와 같이 길(吉)하더라도 속사(俗師)의 잘못으로 맥을 상(傷)하고 기(氣)를 세게 만들면 역시 혈이 파쇄된 것으로 효용이 없다. 명당경(明堂經)에 말하기를, 부서진 혈에 돌을 파내고 흙을 취하여 돋구면 산신이 놀랠 뿐 아니라 맥이 상하고 기가 누설되어 주로 인정을 상하고 빈한(貧寒)하다. 혹 약간 파내어 맥과 기를 상하지 않도록 보수하면 결함을 구원하는 것이 되므로 가(可)하다. 장경(葬經)에 말하기를, 용맥(龍脈)을 파헤치거나 혹 깊고 넓게 파면 맥이 상하고 혈이 흩어지므로 흉하다. 그러나 이렇게 하는 까닭은 반드시 청룡·백호가 좋은 듯하고 안산(案山)과 사수(砂水)가 수려하여 혈장(穴場)의 흠결만을 보충하려고 하는 일이겠으나 이는 오히려 좋지 못하니 자손이 쇠(衰)하고 심지어는 손이 끊어지는 흉화(凶禍)가 있다. 또는 일종의 진룡(眞龍)으로 혈장을 괴이(怪異)한 길지(吉地)라 칭하나 재혈(裁穴)을 바르게 하지 못하면 화패(禍敗)가 생길 것이다. 만약에 땅을 깊이 파면 왕기(旺氣)가 기울어져 혈이 이미 상하고 지맥(地脈)이 흩어져 쓰지 못하게 된다. 그러므로 장자미(張子微)가 말하기를, 함부

로 파서 함부로 묻는 자는 현무(玄武 : 뒤가 죽는 것)가 죽어서 가히 다시 쓰지 못하리라 하였으니, 만일 한 유두(乳頭)에 수십장의 묘를 쓰면 파쇄(破碎)되어 비록 진룡정혈(眞龍正穴)이라도 소용이 없다. 혈법(穴法)에는 심천(深淺)의 정리가 있으므로 얕게 할 곳을 깊이 파면 기(氣)가 위로 지나가고, 깊이 팔 곳을 얕게 파면 기가 아래로 지나가는 것이다. 요씨(寥氏)가 말하기를, 만일 태극(太極)의 운(暈)을 부수면 물개미가 관(棺)에 가득할 것이요, 재혈(裁穴)을 잘못하면 사업이 퇴패하고 절사(絶嗣)하리니 삼가야 한다 하였다.

❖ **파면형**(破面形) : 명당에 혈장(穴場)의 바닥(地面)이 푹 패인 것을 파면형(破面形)이라 하여 기혈(忌穴)으로 용맥(龍脈)을 파헤치거나 넓게 파면 용맥이 상(傷)하고 생기(生氣)가 흩어지므로 흉(凶)하다.

❖ **파묘**(破墓)

① 개장(改葬) 또는 합폄(合窆)할 목적으로 무덤을 허는 것.

② 새로운 묘 앞에 주과포혜를 차리고 향을 피운 다음 분향하고 재배하면 축관이 북쪽으로 꿇어 앉아서 고한다. 축관이 고사를 마치고 제사가 끝나면 그때부터 묘를 파기 시작하는데 묘의 서쪽부터 괭이로 한 번 찍고 파묘(破墓) 이어 또 한번 찍고 파묘하면서 사방을 찍은 다음에 흙을 파낸다. 관을 들어낼 때는 흩어지지 않게 조심스럽게 하여 준비한 칠성판 위에 관을 올려 놓는다. 대개의 경우 관은 삭아서 없어지고 형체만 남은 시체를 칠성판에 놓게 되는데 이것을 긴 베로 칠성판과 함께 머리에서부터 차례로 감아 내려온다. 이때의 베를 감포(龕布)라고 하며 칠성판에는 붓으로 북두칠성을 그려 놓는다. 발인에서 하관까지의 의식은 처음 장사 때와 같고 또한 개장한 새묘지에 옮겨 놓으면 역시 토신제를 드려야 한다. 축문도 초상 때와 같은데 새로 묘지를 고친다는 부분인 신개유택(新改幽宅)만 다를 뿐이다.

❖ **파묘개토시**(破墓開土時) **길방**(吉方)

춘삼월(春三月) 오방(午方)

하삼월(夏三月) 자방(子方)

추삼월(秋三月) 묘방(卯方)

동삼월(冬三月) 유방(酉方)

파묘숙살방(破墓宿殺方) : 살(殺)을 잠재우는 방위.

춘(春) : 미방(未方)	하(夏) : 술방(戌方)
추(秋) : 축방(丑方)	동(冬) : 진방(辰方)

❖ **파묘살론**(破墓殺論)

• **파묘숙살법**(破墓宿殺法) : 살(殺)을 잠재우는 방위.

춘(春) : 미방(未方)	하(夏) : 술방(戌方)
추(秋) : 축방(丑方)	동(冬) : 진방(辰方)

• 편의상 수방(首方) 족방(足方) 복방(復方[시신과는 무관(無關)]) 등으로 구분하여 각각 칭하고 각 방(方) 중에서 복방(復方)을 선파(先破)하면 길(吉)하다. 춘기(春期) 3개월은 유방수(酉方首) 묘방족(卯方足) 오방복(午方腹) 자방배(子方背)임에 길방(吉方)인 복방(腹方)은 오방(午方)이다. 하기(夏期) 3개월은 묘방수(卯方首) 유방족(酉方足) 자방복(子方腹) 오방배(午方背)임에 길방(吉方)인 복방(腹方)은 자방(子方)이다. 추기(秋期) 3개월은 오방수(午方首) 자방족(子方足) 묘방복(卯方腹) 유방배(酉方背)임에 길방(吉方)인 복방(腹方)은 묘방(卯方)이다. 동기(冬期) 3개월은 자방수(子方首) 오방족(午方足) 유방복(酉方腹) 묘방배(卯方背)임에 길방(吉方)인 복방(腹方)은 유방(酉方)이다.

❖ **파묘**(破墓)**의 산신축**(山神祝)

維歲次 ○○年 ○○月 ○○朔 ○○日 ○○日辰

某官某 ○○○ 敢昭告于

土地之神 今爲 ○○○公 孺人 ○○○氏

宅兆不利 葬改他所 神其保于 俾無後艱

謹以清酌 酒果祗薦 于神 尙 饗

❖ **파묘축**(破墓祝)

維歲次○年○月干支朔○日孝玄孫○○敢昭告于

顯高祖考 (本貫 姓)公 葬于玆地 歲月滋久

體魄不寧 今葬改葬 敢先破墳 伏惟 尊靈

不震不驚

[해설] 고손자 ○○는 삼가 아룁니다.

고조 할아버님을 이곳에 장사지낸지 오래 되어서 체백이 편하지 못할까 염려되어 다른 곳으로 옮겨 모시고자 감히 먼저 무덤을 파오니 존령께서는 놀라지 마옵소서.

❖ **파묘**(破墓)**하여 옮긴 묘소에서 읽는 축문**

維歲次干支某月干支朔日干支 某親某官 敢昭告于

顯◯◯某親某官府君之墓 新改幽宅 事畢封榮 伏維 尊靈 永安體魄

[해설] 아무 해 아무 달 아무 날 아무 벼슬한 아무개는 감히 밝게 고하옵나이다. 아무 벼슬한 아무개씨의 묘를 새로 마련하여 봉분을 마쳤습니다. 엎드려 바라옵건대 존령께서는 영원히 체백을 편안히 하시옵소서.

❖ **파빈길일**(破殯吉日) : 파빈이란 이장(移葬) 및 합폄(合窆)하기 위해 구묘(舊墓)를 헐어내는 일인데 좋은 일진(日辰)은 아래와 같다.

辛未 甲戌 乙亥 丁丑 戊寅 丙子 甲申

乙酉 己卯 壬午 戊子 甲午 乙未 己酉

壬子 癸丑 乙卯 己未 庚戌 辛酉日

❖ **파빈방**(破殯方) : 묘를 옮겨 쓰거나(移葬·遷墓·緬禮)·합장(合葬)하기 위해 구묘(舊墓)를 팔 때 어디서부터 먼저 파야 좋은가를 보는 법.

申子辰時 : 東方 巳酉丑時 : 南方

寅午戌時 : 西方 亥卯未時 : 北方

❖ **파산사**(破傘砂) : 산봉은 아름다우나 산중턱부터 파쇄(破碎)되어 난잡한 산형. 정면에서 보이면 사람이 상하고 재산도 파하고 살생을 좋아한다. 파산사(破産砂)는 주산이 되어도 불가하고 특히 용호(龍虎)나 안면(案面)에 있으면 되는 일이 없으며 만사(萬事)에 패하니 길지(吉地)를 구하여 옮기면 재화는 막을 수 있다.

❖ **파살**(破殺)

① 파살(破殺)은 살국파산(煞局破山)에 의한 흉살(凶煞)이다. 즉, 가택주변(家宅周邊)이 파열(破裂)하여 목불인견(目不忍見)에 풍수광란(風水狂亂)하면 패가정상(敗家丁傷)에 다음광란(多淫狂亂)한다. 그러한 바, 살국파산지(煞局破山地)의 택지선정은 절대 불가한 일이다. 그렇지 않으면 재앙이 끊이지 않는다.

② 혈지의 파열에 의한 흉살을 말하며 혈장 주변이 무기력한 토질로 긴 세월 동안 모진 바람과 물에 의해 파열된 땅을 말한다. 이와 같은 흉한 모습의 땅이 혈장을 가깝게 압살하면 이를 파살이라고 하며 이러한 혈지파살은 가까울수록 빠르게 재산을 망하게 하고 패가한다.

③ 파살(破殺) 해살(害殺)은 사주(四柱)에서나 결혼일에서 꺼리는 것은 상식이다. 장리(葬理)에서는 장례일에 참고하는 것이 좋다. 인수(印綬), 정록(正祿), 식신(食神), 정관(正官), 정재(正財), 사주(四柱)에서도 쓰고 기조, 수리, 개업, 결혼 등 다방면으로 날짜를 잡는데 쓰인다.

❖ **파수론**(破水論) : 진방금(震方金)이 삼길(三吉)을 만나면 장남이 먼저 망하고, 감방수(坎方水)가 삼길(三吉)을 만나면 중남이 먼저 망하고, 간방목(艮方木)이 삼길(三吉)을 만나면 소남이 먼저 망하고, 손방수(巽方水)가 삼길(三吉)을 만나면 종부(宗婦)가 먼저 망하고, 이방금(離方金)이 삼길(三吉)을 만나면 중부(中婦)가 먼저 망하고, 태방화(兌方火)가 삼길(三吉)을 만나면 소부(小婦)가 먼저 망한다. 파구(破口)에 삼길수(三吉水)를 만나면 흉이 되지만 파(破)가 되는 것이 아니고 득수(得水)가 된다면 망하는 것이 아니고 발운(發運)이 된다. 진(震)은 장남위(長男位), 감(坎)은 중남위(中男位), 간(艮)은 소남위(小南位)인 때문이고, 손(巽)은 장녀위(長女位), 이(離)는 중녀위(中女位), 태(兌)는 소녀위(小女位)이기 때문에 여손(女孫)이 해당된 운에 종부(宗婦), 중부(中婦), 소부(小婦)가 해당된다.

❖ **파쇄**(破碎) : 유년흉신의 하나로 이 날을 범하면 매사 불리하다고 하는데 아래와 같다.

子年 : 午 丑年 : 未 寅年 : 申 卯年 : 酉

辰年 : 戌 巳年 : 亥 午年 : 子 未年 : 丑

申年 : 寅 酉年 : 卯 戌年 : 辰 亥年 : 巳

❖ **파쇄명당**(破碎明堂)

① 명당 중에 울퉁불퉁하거나 뾰족한 돌 등이 있어 깨끗하지 못

한 것.

② 파쇄명당은 여기저기 파헤쳐지고 깨지고 이지러진 명당이다. 어디는 울퉁불퉁 튀어나오고 어느 곳은 움푹움푹 파였으며, 바윗덩이들이 어지럽게 흐트러져 있어 보기에 너저분하고 추하다. 파쇄명당의 혈에 조상의 묘를 쓰거나 집을 짓고 살면 재앙이 그치지 않아 중병을 앓는 사람, 비명(非命)에 죽는 사람들이 나온다. 그리하여 고아와 과부, 홀아비가 생겨나고 도적질을 하는 사람도 자꾸 나오며 젊어서 요절하는 사람이 속출한다. 또한 갖가지 재앙으로 인해 가세가 급격히 기울며 자손들이 재산을 잃고 온갖 고초를 겪는다. 파쇄명당은 명당 중에서 가장 흉한 명당이다.

③ 돌(突), 굴(窟), 첨(尖)하여 돌이 많고 부정한 명당을 말함인데 이런 곳에서는 백사무성(百事無成)에 재화(災禍), 도적이 나고 가도(家道)가 서지 않고 과부의 환(患)이 있고 산업이 퇴패하니 아주 불길하다.

❖ **파쇄수삭사격**(破碎瘦削砂格) : 산이 깨지고 무너지고 골이 지고 뼈만 앙상하게 남은 파리하게 비쩍 마른 산을 말함. 이러한 사격이 혈에 비추면 파산하여 빈궁을 벗어날 수 없고 매사에 어려운 일이 겹쳐 헤어나지를 못한다.

❖ **파옥 · 훼원**(破屋毁垣) : 헌 건물이나 담장 등을 헐어내는 데 마땅한 날.

破日 : 月破日

庚午, 丁卯, 壬午, 甲午, 丙午, 壬申, 甲申, 甲者, 乙丑, 庚辰, 辛卯, 壬辰, 癸卯, 壬寅, 癸丑, 甲寅, 辛卯, 丙申, 乙卯, 甲辰, 辛未, 庚申

❖ **파조공망**(破祖空亡) : 이 공망이 사주에 있으면 주로 조업(祖業)을 파(破)한다고 한다. 공망은 아래와 같으나, 작용력이 희박한 것으로 본다.

甲乙日 : 午　　丙丁日 : 申　　戊己日 : 戌

庚辛日 : 子　　壬癸日 : 寅

❖ **파졸수척사격**(破踤瘦瘠砂格) : 산의 형태가 깨어지고 무너지고 골지고 뼈만 앙상한 산으로서 이러한 사가 조안을 비추고 있으면 파산, 빈곤 등의 재앙이 따른다.

❖ **파주천석**(破廚賤石) : 흉물스럽고 파쇄(破碎)되어 있는 돌. 이는 매사에 불길하지만 다만 수구(水口)에 있으면 파절(破截 : 통행인이 많은 곳에서 파수를 보는 것)이 되므로 길하다고 한다.

❖ **파토기일**(破土忌日) : 이장을 하기 위해 무덤을 헐거나, 묘를 쓰기 위해 땅을 파거나, 묘를 수리하는 일 등에 꺼리는 날. 밀일(密日) · 중일(重日) · 복일(復日) · 토부(土符) · 지랑일(地裏日) 및 토왕용사 · 건 · 파 · 평 · 수일.

月 / 日	正	2	3	4	5	6	7	8	9	10	11	12
破土忌日	亥	子	丑	寅	卯	辰	巳	午	未	申	酉	戌

❖ **파패오귀**(破敗五鬼) : 흙 다루고, 수선하고, 집을 달아내는 것을 꺼리는데, 범하면 실패와 손재며 불상사가 생긴다고 한다.

❖ **판사필**(判死筆) : 혹 서있기도 하고 혹은 누워있기도 하는데 조잡하게 뭉쳐져서 수려하지 못한 모양을 말함. 수(水)로 볼 때에는 역수(逆水)로 들어오면 진전필(進田筆)이라고 하며 순수(順水)로 나가면 퇴전필(退田筆)이라고 한다. 들어올 때는 혈의 대면(對面)에서 정면(正面)으로 쏘고 들어오면 직충(直沖)이 되므로 흉하고 옆으로 비켜나게 수수(收水)하면 길하다.

❖ **팔간기**(八干氣) : 쌍산오행(雙山五行)으로 산기(山氣)와 수기(水

氣)가 하나는 좌선하고 다른 하나는 우선하다가 같은 이불에서 만나게 되는데(: 회귀어금(會歸於衾)은 부부교구(夫婦交媾)의 원리이다.) 산이나 물이 좌선하면 양간기(甲庚丙壬)이고 우선하면 음간기(乙辛丁癸)이다. 그러므로 산이 양이면 물은 음이 되고 물이 양이면 산이 음이 된다. 산과 물은 서로 반대 방향으로 돌아야만 혈을 맺기 때문이다. 따라서 출수구(出水口)로 판을 정하는 법과 입수 간기(干氣)로 정국(定局)하는 법이 있다.

① 을병교이추술(乙丙交而趨戌 : 을(乙)간기와 병(丙)간기가 술금(戌衾)에서 만남)은 화국(火局). 파(破)가 신술건해임자(辛戌乾亥壬子)로 나가면 화국(火局)이다. 입수는 목기(木氣) 우선(右旋) 또는 화기(火氣) 좌선이 된다. 이 화국에서 좌선하는 산이나 물은 병(丙)간기가 되고 우선하는 산이나 물은 을(乙)간기가 된다. 좌와 득은 간기의 생, 왕, 관, 양, 쇠 중에서 각각 하나가 되고 파는 묘, 포, 태와 쇠 또는 욕이 되면 합격이다. 예를 들어 인(寅)좌 오(午)득 신(辛)파라면 화국이다. 을(乙)간기와 병(丙)간기의 교구이다. 물이 좌선하였다면 병(丙)간기가 된다. 물이 병(丙)간기가 되면 산은 자연히 을(乙)간기가 되어 좌인(坐寅)은 을(乙)간기의 왕(旺)이고 병(丙)간기의 생(生)이다. 득오(得午)는 을(乙)간기의 생, 병(丙)간기의 왕이고, 신파(辛破)는 을(乙), 병(丙)간기가 같이 묘이다. 즉 산 을(乙)간기는 왕좌(旺坐) 생득(生得) 묘파(墓破)가 되고 물 병(丙)간기는 생좌 왕득 묘파가 되어서 길격이다. 여기서 우리는 산의 왕궁은 물의 생궁이며 물의 왕궁은 산의 생궁이란 것을 알게 된다.(水之生處 山之旺處 山之生處 水之旺處).

② **신임회이취진**(辛壬會而聚辰)**은 수국**(水局) : 신(辛)간기와 임(壬)간기는 진(辰)에서 만난다.

③ **두우납정경지기**(斗牛納丁庚之氣)**는 금국**(金局) : 정(丁)간기와 경(庚)간기는 축(丑)에서 만난다. 여기서 두(斗)는 축궁(丑宮)의 28수명(宿名), 우(牛) 역시 축(丑)을 의미한다.

④ **금양수계갑지령**(金羊收癸甲之靈)**은 목국**(木局) : 계(癸)간기와 갑(甲)간기는 미(未)에서 만난다. 금양(金羊)에서 금은 미(未)의 칠정오행, 양(羊) 역시 미(未)를 뜻한다.

❖ **팔간오행기**(八干五行氣)

① **갑목기**(甲木氣[**봉침**(縫針)])

② **병화기**(丙火氣[**봉침**(縫針)])

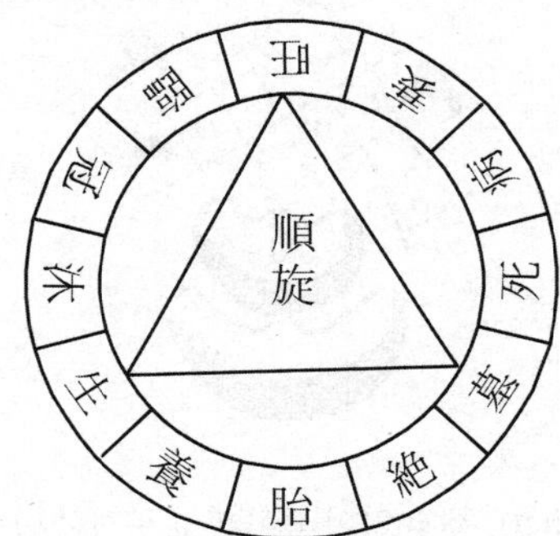

③ **경금기**(庚金氣[**봉침**(縫針)])

④ **임수기**(壬水氣[**봉침**(縫針)])

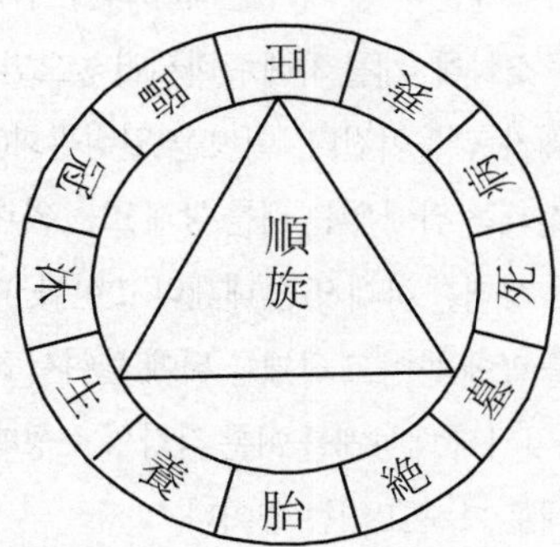

⑤ **계수기**(癸水氣[**봉침**(縫針)])

⑥ **을목기**(乙木氣[**봉침**(縫針)])

⑦ **정화기**(丁火氣[**봉침**(縫針)])

⑧ **신금기**(辛金氣[**봉침**(縫針)])

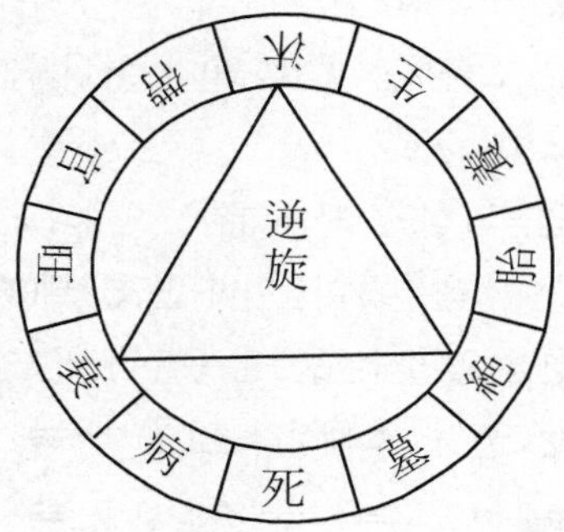

❖ **팔간장생**(八干長生)

① 갑목(甲木)은 장생(長生) 재해(在亥)
② 병화(丙火)는 장생(長生) 재인(在寅)
③ 경금(庚金)은 장생(長生) 재사(在巳)
④ 임수(壬水)는 장생(長生) 재신(在申)
⑤ 계수(癸水)는 장생(長生) 재묘(在卯)
⑥ 을목(乙木)은 장생(長生) 재오(在午)
⑦ 정화(丁火)는 장생(長生) 재유(在酉)
⑧ 신금(辛金)은 장생(長生) 재자(在子)

❖ **팔곡**(八穀) : 벼(稻), 기장(黍), 보리(小麥), 밀(大麥), 콩(大豆), 팥(小豆), 조(粟) ,삼(麻) 등 8가지 곡식.

❖ **팔괘**(八卦)

① 건감간진손이곤태(乾坎艮震巽離坤兌)의 여덟괘로서 후천팔괘를 말한다. 팔괘로 나누어지는 것이 하나의 괘에 세 개의

방위가 배속되어 팔괘에 24방위가 된다. 음양오행의 생극하는 이치를 알면 마음대로 추길피흉(趨吉避凶)을 선택할 수 있게 된다.

② 태극이 일변하여 양의가 되고 양의가 재변하여 사상이 된다. 이에서 더 나아가 삼변하여 이룬 것이 팔괘다. 이 과정을 삼변성도(三變成道)라고 한다. 분화는 일매생이(一每生二)이나 과정은 삼변으로 완성된다. 이것을 삼재(三才)의 법칙이라고 한다. 따라서 역은 음양과 삼재를 기본으로 하여 성립한 것이다. 삼재는 천 · 지 · 인이며 만상을 삼재로 대칭한다. 팔괘의 세 효는 삼재의 원리에 따라서 정해진다. 생성의 차서(次序 : 體)는 천 · 지 · 인으로 나타나고, 현상의 위차(位次 : 用)는 천 · 인 · 지로서 차서는 체가 되고 위차는 용이 된다. 또 차서는 시간적 의미이고 위차는 공간적 의미를 담고 있다.

③ **팔괘의 명칭과 상** : 1에서 8까지는 생성의 순서이고 건(乾) · 태(兌) · 곤(坤)은 괘의 이름이며, 천(天) · 택(澤) · 지(地)는 의미를 뜻한다. 또 건삼련(乾三連) 등은 괘의 모양을 일컫는다.

건삼련(乾三連) 天 : ☰ 태상절(兌上絶) 澤 : ☱

이허중(離虛中) 火 : ☲ 진하련(震下連) 雷 : ☳

손하절(巽下絶) 風 : ☴ 감중련(坎中連) 水 : ☵

간상련(艮上連) 山 : ☶ 곤삼절(坤三絶) 地 : ☷

④ **속성** : 팔괘를 사상으로 분류하는 방법은 생성원인에 따르는 방법(體)과 현상에 의한 방법(用)으로 나눈다. 첫째, 원인에 따른 분류는 태음(⚏)에서 분화된 괘가 곤(坤) · 간(艮)이고, 소양(⚎)에서 분화된 괘가 감(坎) · 손(巽)이다. 또 소음(⚍)에서 분화된 괘가 진(震) · 이(離)이고, 태양(⚌)에서 분화된 괘가 건(乾) · 태(兌)이다. 둘째, 현상에 의한 분류는 건(乾)은 양이 셋이므로 9(3×3)로서 노양(老陽)이요, 곤(坤)은 음이 셋이므로 6(2×3)으로서 노음(老陰)이다. 진(震) · 감(坎) · 간(艮)은 일양이음(一陽二陰)이니 7(3+2×2)로서 소양(少陽)에 속하며, 손(巽) · 이(離) · 태(兌)는 일음이양(一陰二陽)이니 8(2+3×2)로서 소음(少陰)에 속한다. 그러나 일반적으로 작용을 중시하여 두 번째 방법을 많이 사용한다.

⑤ **대성 64괘**(大成六十四卦)**와 괘의 변화** : 소성괘인 팔괘가 거듭하여 이루어진다. 한 괘가 본체가 되어 아래에 있고 위에 있는 괘는 소성괘 8개를 차례로 바꾸어 놓으면 매괘마다 8개의 대성괘가 만들어진다. 이것을 일정팔회(一貞八悔)라고 한다. 대성괘는 위에 있는 괘를 상괘 또는 외괘라 하고 아래에 있는 소성괘를 하괘 또는 내괘라고 한다. 대성괘의 명칭은 상괘를 앞에 붙이고 하괘를 뒤에 붙여서 하나의 괘이름이 된다. 여기서 대성괘를 이룬 각각의 소성괘는 본래의 성질을 그대로 가지고 있는 것이다.

- **지괘**(之卦) : 효가 동하여 변해가는 괘로서 본괘는 현재의 상황(體를 뜻함)을 말하며 지괘는 진행하여 가는 과정(用을 뜻함)을 뜻한다.
- **호괘**(互卦) : 초효와 상효를 떼어버리고 2, 3, 4효로 하괘를 만들고 3, 4, 5효로 상괘를 만들어서 이루어진다. 성격과 재질을 판단한다.
- **배합괘**(配合卦) : 6개의 효 모두를 반대되는 음 · 양효로 바꾸어서 만든다. 음양의 재질이 바뀜으로 인해 나타나는 변화를 판단한다.
- **착종괘**(錯綜卦) : 상괘와 하괘를 그대로 바꾸어서 이루어진다.
- **도전괘**(倒轉卦) : 괘 전체를 180° 반대편에서 볼 때 달라지는 괘를 말한다. 64괘 중에 도전괘가 28개이고 부도전괘(不倒轉卦)가 8개다.

⑥ 팔괘(八卦)는 사상(四象)에서 다시 일기(一奇) 일우(一偶)를 생(生)한 것을 말한다. 그 순위는 건일(乾一), 태이(兌二), 진사(震四), 손오(巽五), 감육(坎六), 간칠(艮七), 곤팔(坤八)로 된다. 이를 다시 배(倍)하기를 거듭해서 64괘(卦)가 되는 것이다.

[伏羲八卦次序]

<table>
<tr><td>一</td><td>二</td><td>三</td><td>四</td><td>五</td><td>六</td><td>七</td><td>八</td><td></td></tr>
<tr><td>乾</td><td>兌</td><td>離</td><td>震</td><td>巽</td><td>坎</td><td>艮</td><td>坤</td><td>八卦</td></tr>
<tr><td colspan="2">太陽</td><td colspan="2">少陰</td><td colspan="2">少陽</td><td colspan="2">太陰</td><td>四象</td></tr>
<tr><td colspan="4">陽</td><td colspan="4">陰</td><td>兩儀</td></tr>
<tr><td colspan="8">太極</td><td></td></tr>
</table>

⑦ **선천팔괘**(先天八卦) : 복희씨(伏羲氏)의 선천팔괘(先天八卦)는 건남(乾南), 곤북(坤北), 이동(離東), 감서(坎西), 태동남(兌東南), 진동북(震東北), 손서남(巽西南), 간유북(艮酉北)으로 되어 있는 것을 말한다.

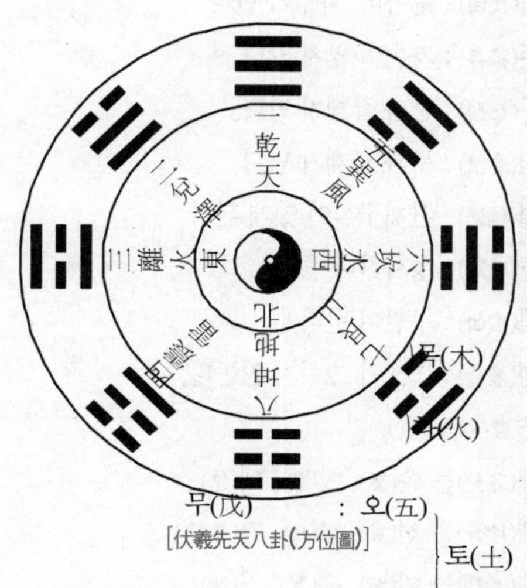

[伏羲先天八卦(方位圖)]

무(戊) : 오(五)
토(土)
목(木)
화(火)
금(金)

건남(乾南) 천(天)과 곤북(坤北) 지(地)로 천지(天地)의 위치가 정하여지니, 감서(坎西) 수(水)와 이동(離東) 화(火)가 서로 뒤엉켜 싸우매, 손(巽) 서남(西南)에서 바람[風]이 일고 진(震) 동북(東北)에서는 우레[雷]가 치더라. 그 후 팔방(八方)은 간(艮) 서북(西北)으로 높은 곳은 산이 되고 태(兌) 동남(東南)으로 낮은 곳은 못[澤]이 된다. 양기(陽氣)는 진사(震四)에서 출발하여 이삼(離三)과 태이(兌二)를 지나 건일(乾一)에 이르니 이것이 순행(順行)이 되고, 음기(陰氣)는 손오(巽五)에서 출발하여 감육(坎六)과 간칠(艮七)을 지나 곤팔(坤八)에 이르니 이것이 역행(逆行)이라 한다. 이와 함께 선천팔괘(先天八卦[伏義八卦])의 차서(坎序)가 결정되었다.

⑧ **후천팔괘**(後天八卦) : 이는 문왕(文王)의 후천팔괘(後天八卦)를 말한다. 만물생성의 기운을 주재하시는 하느님([재(宰)])이 진방(震方)으로 나오셔서 ([만물의 탄생을 말함]) 손(巽:3, 4월) 방(方)에서 가지런하게 정돈하고, 이(離[여름])방(方)에서 형체를 모두 이루어 놓고(빛깔을 갖춤), 곤방(坤方:7, 8월)에서 일을 많이 하여 여물게 하고, 태(兌[가을])방(方)에서 성숙된 만물을 수확하며 기뻐하고, 건(乾:9, 10월)방(方)에서 싸운다 함은 음기(陰氣)와 양기(陽氣)가 교체됨을 조화시킨다는 말이고, 감방(坎方[겨울])에서 수고한다 함은 추위에 얼지 않도록 생기(生氣)를 안으로 귀장(歸裝)시킨다는 말이고, 간(艮:12, 정월)방(方)에서는 겨울과 봄이 교체되는 시기이니 내장(內藏)시켰던 새 생명을 싹트게 한다 하니, 간방(艮方)은 만물의 발생기임과 동시에 종말기임을 말한다. 천도(天道)의 순환은 이와 같이 끊임없음을 말한 것이다.

[文王后天八卦(方位圖)]

坤(母)			坤(母)		
上爻	-	兌	艮	-	上爻
二爻	-	離	坎	-	二爻
初爻	-	巽	震	-	初爻
兌	離	巽	艮	坎	震
☱	☲	☴	☶	☵	☳
得坤上爻(少女)	得坤二爻(中女)	得坤初爻(長女)	得乾上爻(少女)	得乾二爻(中女)	得乾初爻(長女)

[文王八卦(次序圖)]

⑨ **간지**(干支)**의 선후천수**(先後天數)

• **선천수**(先天數)

갑기자오(甲己子午) : 구(九)

을경축미(乙庚丑未) : 팔(八)

병신인신(丙辛寅申) : 칠(七)

정임묘유(丁壬卯酉) : 육(六)

무계진술(戊癸辰戌) : 오(五)

사해(巳亥) : 사(四)

- **후천수**(後天數)

갑인(甲寅) : 삼(三)

을묘(乙卯) : 팔(八)

병오(丙午) : 칠(七)

정사(丁巳) : 이(二)

진(辰)

술(戌)

축미(丑未) : 십(十)

기독(己獨) : 백(百)

경신(庚申) : 구(九)

신유(辛酉) : 사(四)

임자(壬子) : 일(一)

계해(癸亥) : 육(六)

❖ **팔괘납갑**(八卦納甲)**의 내외괘**(內外卦)

- **건금궁**(乾金宮) **내괘**(內卦) : 갑자(甲子) 갑인(甲寅) 갑진(甲辰). 외괘(外卦) : 임오(壬午) 임신(壬申) 임술(壬戌).
- **간토궁**(艮土宮) **내괘**(內卦) : 병진(丙辰) 병오(丙午) 병신(丙申). 외괘(外卦) : 병자(丙子) 병인(丙寅) 병술(丙戌).
- **진목궁**(震木宮) **내괘**(內卦) : 경자(庚子) 경인(庚寅) 경진(庚辰). 외괘(外卦) : 경오(庚午) 경신(庚申) 경술(庚戌).
- **손목궁**(巽木宮) **내괘**(內卦) : 신축(辛丑) 신유(辛酉) 신해(辛亥). 외괘(外卦) : 신묘(辛卯) 신사(辛巳) 신미(辛未).
- **이화궁**(離火宮) **내괘**(內卦) : 기축(己丑) 기묘(己卯) 기해(己亥). 외괘(外卦) : 기사(己巳) 기미(己未) 기유(己酉).
- **곤토궁**(坤土宮) **내괘**(內卦) : 을묘(乙卯) 을사(乙巳) 을미(乙未). 외괘(外卦) : 계축(癸丑) 계유(癸酉) 계해(癸亥).
- **태금궁**(兌金宮) **병괘**(內卦) : 정축(丁丑) 정묘(丁卯) 정사(丁巳). 외괘(外卦) 정미(丁未) 정유(丁酉) 정해(丁亥).

❖ **팔괘변요법**(八卦變曜法) : 수사(收砂)에는 자미악(紫微岳) 괘를 쓴다. 이를 알기 쉽게 변요(變曜) 하자면 혈향을 기준으로 문(文), 녹(祿), 거(巨), 탐(貪), 보(輔), 파(破), 무(武), 염(廉)의 순서로 한다. 길흉은 다음과 같다.

- **문곡**(文曲) : 홀아비, 과부가 난다.
- **녹존**(祿存) : 자손이 많지 않다.
- **거문**(巨門) : 문과 급제가 난다.
- **탐랑**(貪狼) : 무과 급제가 난다.
- **보필**(輔弼) : 관재구설이 있게 된다.
- **파군**(破軍) : 횡사한다.
- **무곡**(武曲) : 무관이 난다.
- **염정**(廉貞) : 병고가 그치지 않는다.

❖ **팔괘변효**(八卦變爻)

- 건괘(乾卦)는 손(巽), 이(離), 태(兌)
- 곤괘(坤卦)는 진(震), 감(坎), 간(艮)
- 간괘(艮卦)는 이(離), 손(巽), 곤(坤)
- 손괘(巽卦)는 건(乾), 간(艮), 감(坎)
- 감괘(坎卦)는 태(兌), 곤(坤), 손(巽)
- 이괘(離卦)는 간(艮), 건(乾), 진(震)
- 진괘(震卦)는 곤(坤), 태(兌), 이(離)
- 태괘(兌卦)는 감(坎), 진(震), 건(乾)

❖ **팔괘상극**(八卦相克)

- 건괘(乾卦)가 화(火, 離)의 극을 받으면 늙은 호주에게 액이 있다.
- 감좌(坎坐)가 간(艮), 곤토(坤土)의 극을 받으면 중남(中男)과 소년이 크게 다쳐 불구되기 쉽다.
- 진좌(震坐)가 건금(乾金) 또는 태금(兌金)의 극을 받으면 장남에게 액이 있다.
- 손좌(巽坐)가 건금(乾金) 또는 태금(兌金)의 극을 받으면 장녀가 손상한다.
- 이좌(離坐)가 감수(坎水)의 극을 받으면 부녀자 또는 중녀(中女)에게 액이 있다.
- 곤토(坤土)가 진목(震木)이나 손목(巽木)의 극을 받으면 늙은 노모가 상하거나 장부(長婦)가 상한다.

• 간토(艮土)가 진목(震木)이나 손목(巽木)의 극을 받으면 끝 자손에게 액이 있다. • 태금(兌金)이 이화(離火)의 극을 받으면 막내며느리나 소녀(小女)에게 액이 있다.

❖ **팔괘십간형국**(八卦十干形局)

① **팔괘형국**(八卦形局)

- **태**(兌) : 조봉(祖峯)에 이 형국이 있으면 이는 대장지지(大將之地)다. 혈은 중앙에 진다.
- **진**(震) : 조봉(祖峯)에 이 형국이 있으면 이는 부귀쌍전지지(富貴雙全之地)다. 혈은 아래쪽에 진다.
- **건**(乾) : 조봉(祖峯)에 이 형국이 있으면 이는 왕후지지(王侯之地)다. 혈은 중하(中下)에 진다.
- **손**(巽) : 조봉(祖峯)에 이 형국이 있으면 이는 지귀지지(至貴之地)다. 혈은 가운데에 진다.
- **감**(坎) : 조봉(祖峯)에 이 형국이 있으면 이는 모신변사지지(謀臣辯士之地)다. 혈은 가운데에 진다.
- **이**(離) : 조봉(祖峯)에 이 형국이 있으면 이는 문장지지(文章之地)다. 혈은 가운데에 진다.
- **간**(艮) : 조봉(祖峯)에 이 형국이 있으면 이는 부귀지지(富貴之地)다. 혈은 아래쪽에 진다.
- **곤**(坤) : 조봉(祖峯)에 이 형국이 있으면 이는 왕비지지(王妃之地)다. 혈은 가운데에 진다.

② **십간형국**(十干形局)

- **갑**(甲) : 조봉(祖峯)에 이 형국이 있으면 내룡(來龍)은 우선(右旋)한다. 혈은 가운데에 진다.
- **을**(乙) : 조봉(祖峯)에 이 형국이 있으면 내룡(來龍)은 중앙을 취한다. 혈은 중정(中頂)에 진다.
- **병**(丙) : 조봉(祖峯)에 이 형국이 있으면 내룡(來龍)은 가운데를 취한다. 혈은 직하(直下)에 진다.
- **정**(丁) : 조봉(祖峯)에 이 형국이 있으면 내룡(來龍)은 아래에서 취한다. 혈은 직하(直下)에 진다.
- **무**(戊) : 조봉(祖峯)에 이 형국이 있으면 내룡(來龍)은 횡출봉(橫出峯)에서 취한다. 혈은 십자(十字) 중에 진다.
- **기**(己) : 조봉(祖峯)에 이 형국이 있으면 이는 극귀지지(極貴之地)다. 내룡(來龍)은 길게 나간 것을 취한다. 혈처(穴處)는 짧게 진다.
- **경**(庚) : 조봉(祖峯)에 이 형국이 있으면 내룡(來龍)은 중을 취한다. 혈처(穴處)는 중하(中下)에 진다.
- **신**(辛) : 조봉(祖峯)에 이 형국이 있으면 내룡(來龍)은 하(下)를 취한다. 혈처(穴處)는 중(中)에 진다.
- **임**(壬) : 조봉(祖峯)에 이 형국이 있으면 용, 혈 다 같이 중지하(中之下)를 취한다.
- **계**(癸) : 조봉(祖峯)에 이 형국이 있으면 내룡(來龍)은 하팔자(下八字)를 취한다. 혈처(穴處)는 6자(六字)를 취한다.
- **산**(山) : 의 형체(形體)는 팔괘(八卦)와 10간으로 되지 않은 것이 없고, 그 형체는 횡(橫)이나 도(倒)로 되어 있어 속안(俗眼)은 분별하기가 어렵다.

❖ **팔괘**(八卦)**의 방위** : 팔괘가 소속된 방위.

- **건**(乾) : 서북(西北[술해궁(戌亥宮)])
- **태**(兌) : 서(西[유궁(酉宮)])
- **이**(離) : 남(南[오궁(午宮)])
- **진**(震) : 동(東[묘궁(卯宮)])
- **손**(巽) : 동남(東南[진사궁(辰巳宮)])
- **감**(坎) : 북(北[자궁(子宮)])
- **간**(艮) : 동북(東北[축인궁(丑寅宮)])
- **곤**(坤) : 서남(西南[미신궁(未申宮)])

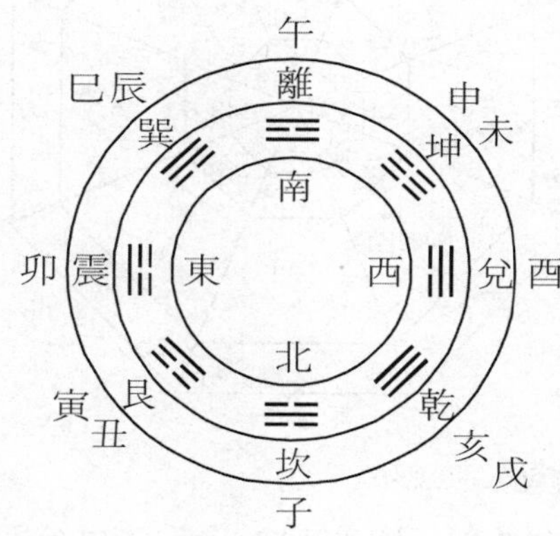

❖ 팔괘(八卦)의 순서와 소속

- **일건천**(一乾天) : 一은 건괘(乾卦), 건은 하늘(天).
- **이태택**(二兌澤) : 二는 태괘(兌卦), 태는 못(澤).
- **삼이화**(三離火) : 三은 이괘(離卦), 이는 불(火).
- **사진뢰**(四震雷) : 四는 진괘(震卦), 진은 우레(雷).
- **오손풍**(五巽風) : 五는 손괘(巽卦), 손은 바람(風).
- **육감수**(六坎水) : 六은 감괘(坎卦), 감은 물(水).
- **칠간산**(七艮山) : 七은 간괘(艮卦), 간은 산(山).
- **팔곤지**(八坤地) : 八은 곤괘(坤卦), 곤은 땅(地).

❖ 팔괘(八卦)의 음양오행(陰陽五行)

- **건양금**(乾陽金) : 건괘는 양에 속하고 오행은 금.
- **태음금**(兌陰金) : 태괘는 음에 속하고 오행은 금.
- **이음화**(離陰火) : 이괘는 음에 속하고 오행은 화.
- **진양목**(震陽木) : 진괘는 양에 속하고 오행은 목.
- **손음목**(巽陰木) : 손괘는 음에 속하고 오행은 목.
- **감양수**(坎陽水) : 감괘는 양에 속하고 오행은 수.
- **간양토**(艮陽土) : 간괘는 양에 속하고 오행은 토.
- **곤음토**(坤陰土) : 곤괘는 음에 속하고 오행은 토.

❖ 팔괘의 해석도

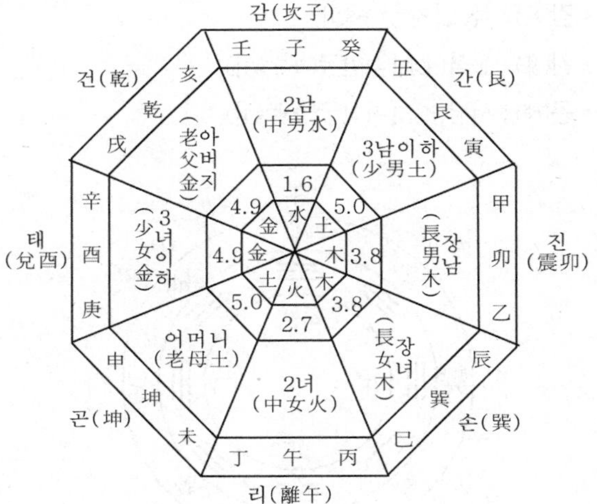

❖ 팔괘정배향(八卦正配向)

- 건갑룡(乾甲龍)은 곤을방(坤乙方)으로 유향(酉向)을 하면 정배향(正配向)이 되고, 곤을룡(坤乙龍)은 건갑방(乾甲方)으로 배향(配向)을 하면 역시 정배향(正配向)이 된다.
- 진경해미룡(震庚亥未龍)은 손신방(巽辛方)으로 배향(配向)을 하면 정배향(正配向)이 되고 손신룡(巽辛龍)은 진경해미방(震庚亥未方)으로 배향(配向)을 하면 정배향(正配向)이 된다.
- 감계신진룡(坎癸申辰龍)은 이임인술방(離壬寅戌方)으로 배향(配向)을 해야 정배향(正配向)이 되고, 이임인술룡(離壬寅戌龍)은 감계신진방(坎癸申辰方)으로 배향(配向)을 해야 정배향(正配向)이 된다.
- 간병룡(艮丙龍)은 태정사축방(兌丁巳丑方)으로 배향(配向)을 해야 정배향(正配向)이 되고, 태정사축룡(兌丁巳丑龍)은 간병향(艮丙向)으로 배향(配向)을 해야 정배향(正配向)이 된다.

❖ 팔괘정좌법(八卦定坐法) : 입수(入首)와 좌(坐)가 후천팔괘(後天八卦)로 서로 배합되어 상길(相吉)하다고 보는 입수정좌법(入首定坐法).

- **건갑**(乾甲) : 곤을(坤乙) 건괘(乾卦)는 하늘을 상징하고 곤괘(坤卦)는 땅을 상징하여 천지(天地)가 배합(配合)되므로 서로 상길(相吉)하다.
- **진경해미**(震庚亥未) : 손신(巽辛) 진괘(震卦)는 우레[雷]이고 손괘(巽卦)는 바람을 나타내므로 뇌풍상박격(雷風相搏格)으로 서로 상길(相吉)하다.
- **감계신진**(坎癸申辰) : 이임인술(離壬寅戌) 감괘(坎卦)는 물[水]이고 이괘(離卦)는 불을 나타내므로 수화불상사(水火不相射)로 호상(互相)되어서 상길(相吉)하다.
- **간병**(艮丙) : 태정사출(兌丁巳丑) 간괘(艮卦)는 산 태괘(兌卦)는 못을 나타내므로 산택(山澤)은 통기(通氣)하여 호생지덕(好生之德)으로 상길(相吉)하다.

❖ 팔괘혈(八卦穴)

① **노양혈득위출살도**(老陽穴得位出殺圖: 노양(☰)혈이 득위하여 출살함).

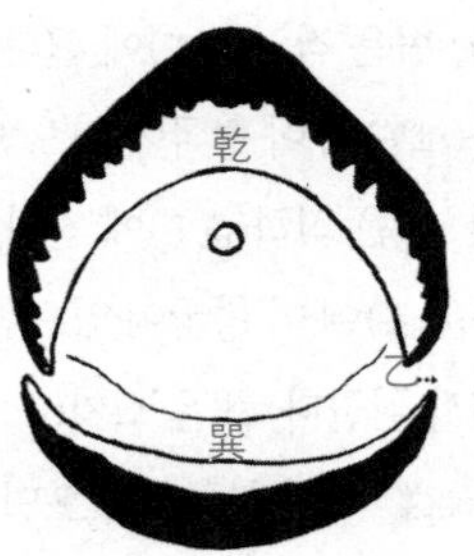

건해좌 손사향(乾亥坐 巽巳向)은 우수(右水)가 왼쪽으로 흘러 을진방(乙辰方)으로 나가고 앞에 아미형(蛾眉形)의 안산(案山)이다. 노양(老陽)의 혈은 종을 엎어놓은 것처럼 둥실하니 장군대좌(將軍大坐)와 같다. 건좌(乾坐)로 득위(得位)하면 자손이 삼공(三公)에 이른다. 노양(老陽)은 견강(堅剛)한 기상이다. 결혈(結穴)함이 종을 엎어놓은 것처럼 반달같다. 혹 크기가 사람이 만든 것처럼 단정하여 혈에 유돌(乳突)이 없다. 건좌(乾坐)를 하면 노양(老陽)이 득위(得位)함이니 진신(進神)이 오른쪽에 있고 살신(殺神)이 좌에 있으니 우변수(右變水)가 전면의 조당(朝堂)에 모여 을진방(乙辰方)으로 흘러나가면 반드시 지극히 높은 벼슬을 하고 장차 정승에 오른다.

② **노음혈득위출살도**(老陰穴得位出殺圖 : 노음(☷)혈이 득위하여 출살함).

곤좌 간향(坤坐 艮向)을 하고 우수(右水)가 왼쪽으로 흘러서 계방(癸方)으로 나가고 앞의 간방(艮方)에 사모안(紗帽案)이 있다. 노음혈(老陰穴)은 검척형혈(劍脊形穴)이다. 외래(外來)의 용호(龍虎)가 주합(湊合)하여 이루어진다. 좌(坐)의 곤신(坤申)에서 득위(得位)하면 오래도록 부귀하고 인정(人丁)이 왕하여진다. 노음(老陰)은 중후한 기운이다. 혈의 모양이 검척형(劍脊形)이며 본신(本身)에서는 용호(龍虎)가 없고 외산(外山)에서 거듭거듭으로 주합(湊合)하였다. 정곤신좌(正坤申坐)를 하고 득위(得位)를 하면 진신(進神)이 오른쪽에 있고, 살기(殺氣)가 좌에 있으니 중요한 것은 진신수(進神水)이다. 진신수(進神水)가 상당(上堂)하여 왼쪽 계자(癸子)로 나가면 부귀가 면장(綿長)하고 인정(人丁)이 대왕(大旺)하다.

③ 태양혈득위출살도(太陽穴得位出殺圖 : 태양(☰)혈이 득위하여 출살함).

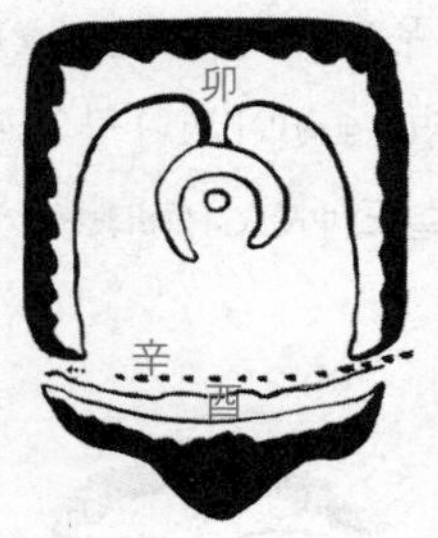

정동(正東)에 좌(坐)하여 정서(正西)로 향을 함이니 진좌(震(卯)坐) 태향(兌(酉)向)이다. 좌수(左水)가 오른쪽으로 흘러 신방(辛方)으로 나가며 앞에 복형(蝠形)이 안(案)이다. 태양결혈(太陽結穴)은 그 모양이 뒤를 쳐다보도록 가파르고 본신(本身)에서 용호(龍虎)가 나오며 개구(開口)하여 중간에 유돌(乳突)이 없다. 진궁좌(震宮坐)로 득위(得位)하니 진신수(進神水)가 왼쪽에 있고 살기(殺氣)가 오른쪽에 있으며 좌변수(左邊水)가 과당(過堂)하여 신방(辛方)으로 나가니 부귀가 쌍전하며 위세와 덕을 떨치게 된다.

④ **태음혈득위출살도**(太陰穴得位出殺圖: 태음(☴)혈이 득위하여 출살함).

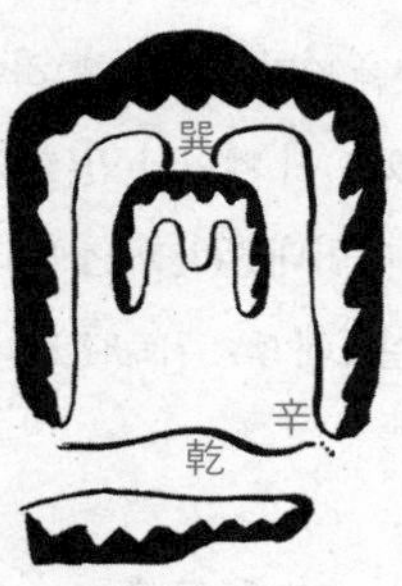

손사좌(巽巳坐)에 건해향(乾亥向)이니 우수(右水)가 왼쪽으로 돌아 신방(辛方)으로 나가고 면전(面前)에 천마산(天馬山)이 안(案)이다. 태음혈(太陰穴)은 목(木)에 속하니 손궁(巽宮)의 하절(下絶)에 해당한다. 손사좌(巽巳坐)가 본궁이며 자손이 부귀다복해진다. 손(巽)은 장녀(長女)이며 목(木)에 속한다. 손괘(巽卦)는 아래가 끊어지니 그 결혈(結穴)이 유두(乳頭)가 짧아 끝이 나오지 않는다. 손사좌(巽巳坐)를 하고 득위(得位)하면 진신수(進神水)가 오른쪽에 있고 살신(殺神)이 좌에 있다. 우수(右水)가 과당(過堂)하여 신방(辛方)으로 나가면 자생향(自生向)이 되니 부와 귀가 쌍전한다.

⑤ **중양혈득위출살도**(中陽穴得位出殺圖 : 중양(☵)혈이 득위하여 출살함).

감좌(坎坐) 이향(離向)을 하고 좌수(左水)가 오른쪽으로 흘러가니 물이 정방(丁方)으로 나간다. 앞에는 뾰족한 봉우리가 안(案)으로 수화기제혈(水火旣濟穴)이다. 중양혈(中陽穴)은 중간 효(爻)가 양(陽)으로 길어 흡사 임자(壬字)의 모양과 같다. 중양결혈(中陽結穴)은 개수(開手)함이 길어 임자(壬字) 모양과 같다. 감궁(坎宮)의 좌(坐)에 득위(得位)를 하고, 왼쪽의 진신수(進神水)가 상당(上堂)하여 정자상(丁字上)으로 나가고, 문봉(文峰)이 빼어난 안(案)을 한다면 수화기제혈(水火旣濟穴)로 대귀대현(大貴大賢)이 끊임없이 난다.

⑥ **중음혈득위출살도**(中陰穴得位出殺圖 : 중음(☲)혈이 득위하여 출살함).

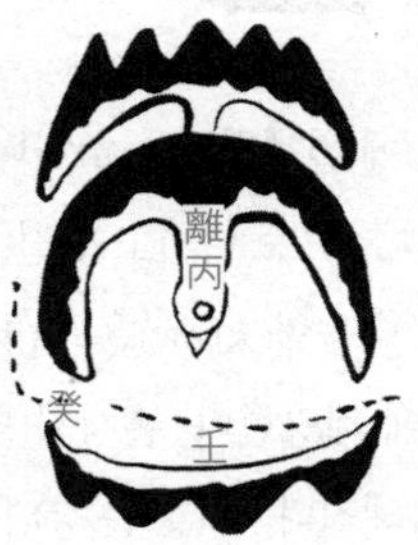

이궁(離宮)에 좌(坐)하여 감궁(坎宮)을 향(向)으로 하니 좌수(左水)가 오른쪽의 계방(癸方)으로 나가니 앞면이 넓고 운수(雲水)가 있다. 이(離)는 중녀(中女)이니 중음(中陰)에 속한다. 결혈(結穴)도 화자(火字)의 형태를 이룬다. 이룡(離龍)은 큰절을 하는 형태이니 주로 귀하다. 필요한 것은 운수(雲水)와 혈장(穴場)을 누를 만큼의 큰 용의 기세이다. 이(離)는 화성(火星)이니 밖은 밝으나 안은 도리어 어두우므로 중음(中陰)에 속한다. 혈성(穴星)은 화형(火形)으로 맺는다. 남방(南方)에 거(居)하면 득위(得位)를 하는 것이니 반드시 후면(後面)의 입수(入首)가 병자(丙字)로 내려와야 한다. 대면(對面)에 운수대안(雲水大案)이 있어야 하며 이룡(離龍)이 큰절을 하는 형태라야 한다. 옳게 장사(葬事)하자면 왼쪽의 진신수(進神水)가 상당(上堂)하여 계자(癸字)의 위로 나가면 화(火)의 강렬한 불꽃의 살기(殺氣)도 사라진다. 반드시 문신(文臣)과 재상(宰相)이 나지만 한모양이라도 틀리게 되면 번개처럼 패절하여 재가 될 것이니 신중히 해야 한다.

⑦ **소음혈득위출살도**(小陰穴得位出殺圖 : 소음(☱)혈이 득위하여 출살함).

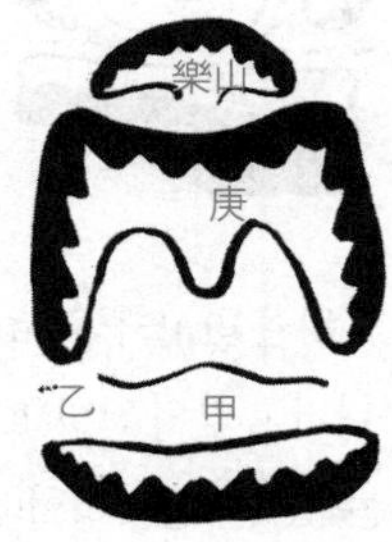

정서(正西)의 좌(坐)에서 정동향(正東向)을 하고 좌수(左水)가 오른쪽으로 흘러 을진방(乙辰方)으로 나가며 앞면에 옥척(玉尺)이 안(案)이다. 태(兌)는 소음(小陰)으로 금(金)에 속하며 그 결혈이 와중(窩中)에 유(乳)로 나온다. 괘(卦)가 상(上)이 음(陰)으로 결(缺)하므로 주로 작뇌(作腦) 부분이 요함(凹陷)하니 귀(鬼)가 있으므로 낙산(樂山)을 얻어야 한다. 만약 경유(庚酉) 이자(二字)의 입도(入道)를 얻으면 득지(得地)를 함이니 진신수(進神水)가 왼쪽이면 살기(殺氣)가 오른쪽이다. 용맥(龍脈)을 따라 장사(葬事)를 한다면 먼저 좌변수(左邊水)가 상당(上堂)하여 오른쪽으로 나가면 인정(人丁)과 재물이 왕(旺)하며 급제자가 만문(滿門)한다.

⑧ **소양혈득위출살도**(小陽穴得位出殺圖 : 소양(☳)혈이 득위하여 출살함).

간인좌(艮寅坐)에 곤신향(坤申向)이니 우수(右水)가 왼쪽으로 흘러 정미방(丁未方)으로 나가고 앞면에 삼태(三台)가 안(案)이다. 토성(土星)의 각(角)에 작은 와(窩)를 이루고 노음(老陰)이 개구(開口)하여 소양(小陽)을 이룬다. 간인룡(艮寅龍)으로 득위(得位)하면 부귀하고 인정(人丁)이 발(發)한다. 간(艮)은 소남(小男)이며 토(土)에 속하므로 그 결혈(結穴)함이 각(角)으로 맺으니 토성(土星)이다. 혹 소와(小窩)도 있다. 소위 음(陰)이 다하면 양(陽)이 생(生)한다. 만약 간인(艮寅)으로 좌(坐)하고 득지(得地)를 하면 진신(進神)이 오른쪽에 있으며 살기(殺氣)가 왼쪽에 있다. 용에 순응해 장사(葬事)하고 오른쪽의 진신수(進神水)가 과당(過堂)하여 정미방(丁未方)으로 나가고 삼태(三台)를 안(案)으로 하면 인정(人丁)이 대왕(大旺)하고 부귀가 쌍전한다. 중요한 것은 음혈(陰穴)은 생(生)이 음방(陰方)에 있고 양혈(陽穴)은 생(生)이 양방(陽方)에 있다. 이렇게 득지득위(得地得位)하여 혈 앞의 살수(殺水)를 몰아나가면 출살(出殺)하니 부귀(富貴)가 신속하게 나며 백발백중한다.

❖ **팔괘정혈**(八卦定穴) : 산의 모양새를 팔괘의 음(陰)·양효(陽爻)에 대비하여 택기특달(擇其特達)로 정혈하는 법.

- **건괘산**(乾卦山) : 순평하여 맥이 없으니 혈 또한 없다.
- **곤괘산**(坤卦山) : 준험하고 수척하니 혈이 없다.
- **이괘산**(離卦山) : 상하가 양이고 중간에 음이 생겼으니 공(工)자형이다. 혈은 중간 음효 자리에 진다(봉요형[蜂腰形] : 세산[細山]).
- **감괘산**(坎卦山) : 아(亞)자 모양의 산이다. 혈은 중간 양효처에 맺는다(학슬형[鶴膝形] : 거산[巨山]).
- **손괘산**(巽卦山) : 아래가 뾰족하니 뾰족한 곳(尖處)에 혈이 맺는다(풍산[豊山]).
- **진괘산**(震卦山) : 정(丁)자형으로 위 양효처에 혈이 맺는다(직산[直山]).
- **태괘산**(兌卦山) : 철(凸)자형으로 상음효처(上陰爻處)에 혈이 맺는다(원산[圓山]).

❖ **팔곡**(八穀) : 벼[稻], 기장[黍], 보리[小麥], 밀[大麥], 콩[大豆], 팥[小豆], 조[粟], 삼[麻] 등 8가지 곡식.

❖ **팔국**(八局) : 팔방(八方)을 가리킴.

❖ **팔국주**(八局周) : 갑경병임을신정계방(甲庚丙壬乙辛丁癸方)에 높고 수려한 봉우리가 있는 것을 팔국주라 부름. 팔국주가 있으면 자손들이 대부귀(大富貴)를 얻는데 팔국주 여덟 봉우리가 모두 갖춰지지 않고 한두 봉우리가 빠지는 경우도 있으면 역량이 그만큼 줄어들고 부귀(富貴)도 감해진다.

❖ **팔귀사**(八貴砂) : 육수봉(六秀峰)에 묘(卯), 경(庚) 2개 방위에 더하여 귀봉(貴峰)이 솟으면 팔귀봉(八貴峰) 또는 팔장성봉(八將星峰)이라 하여 부귀의 길사다.

❖ **팔대황천**(八大黃泉) : 팔대황천에는 살인황천(殺人黃泉)과 구빈황천(救貧黃泉)이 있다. 살인황천은 생아(生兒)를 불육(不育)하며 잉태하지 못하니 불생아(不生兒)하고 재록(財祿)이 공허(空虛)하다. 구빈황천은 조빈모부(朝貧暮富)하여 부귀쌍전(富貴雙全)한다. 갑경병임향(甲庚丙壬向)을 하고 건곤간손위(乾坤艮巽位)의 녹수(祿水)가 내도(來到)하면 영록(迎祿)을 하니 구빈황천이고, 나가면 충파녹위(冲破祿位)하니 살인황천이다. 을신정계양향(乙辛丁癸養向)을 하고 건곤간손위의 생수(生水)가 내도하면 영생(迎生)을 하니 구빈황천이요 나가면 충파생위(冲破生位)하니 살인황천이다. 을신정계묘향(乙辛丁癸墓向)을 하고 건곤간손위의 절수(絶水)가 내도하면 충파묘위(冲破墓位)를 하니 살

인황천이요 나가면 수산출살(收山出殺)하니 구빈황천이다.

❖ **팔로황천반**(八路黃泉盤)

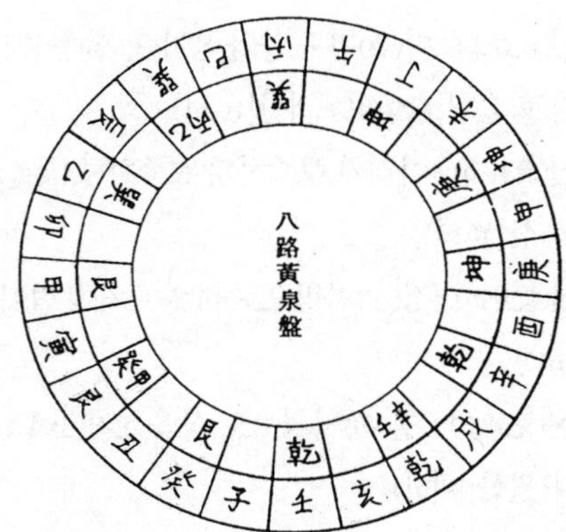

① **입경향**(立庚向), **기수류출곤신위**(忌水流出坤申位) : 경향(庚向)에는 곤신방(坤申方)의 수출(水出)을 꺼린다.

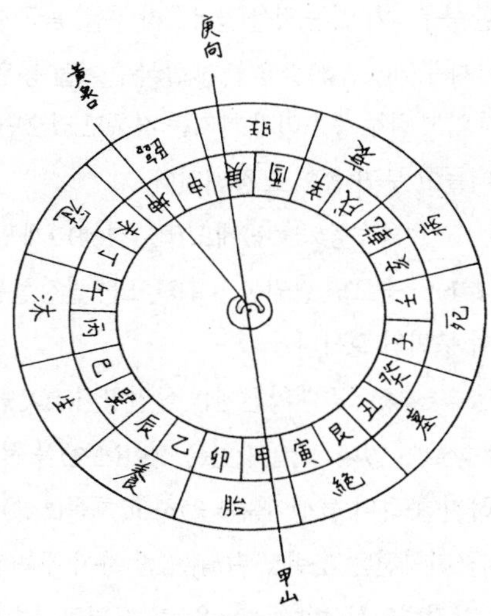

② **입정향**(立丁向), **기수류출곤신위**(忌水流出坤申位) : 정향(丁向)에는 곤신방(坤申方)의 수출(水出)을 꺼린다.

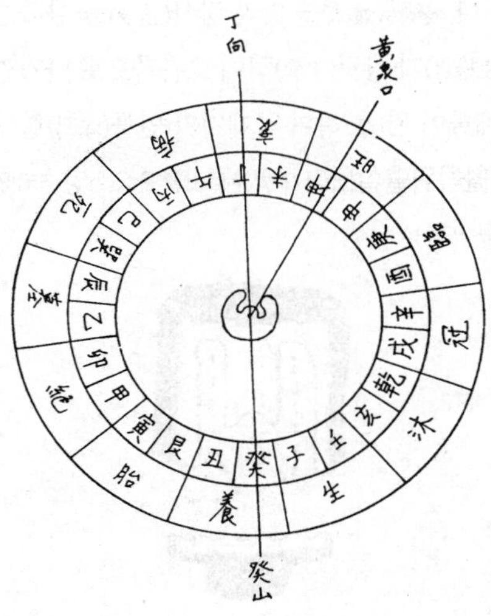

③ **입병향**(立丙向), **기수류출손사위**(忌水流出巽巳位) : 병향(丙向)에는 손사방(巽巳方)의 수출(水出)을 꺼린다.

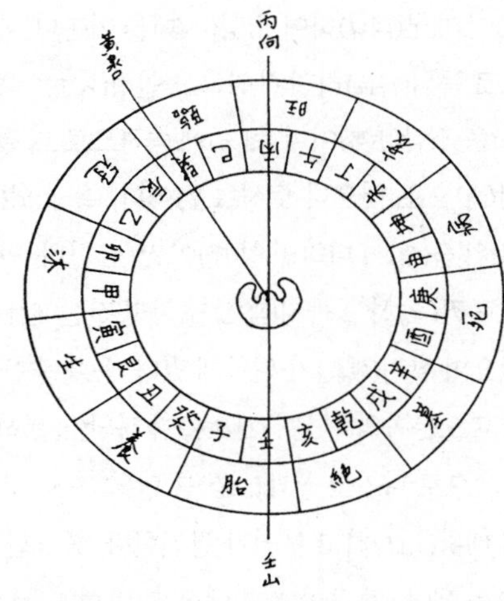

④ **입을향**(立乙向), **기수류출손사위**(忌水流出巽巳位) : 을향(乙向)에는 손사방(巽巳方)의 수출(水出)을 꺼린다.

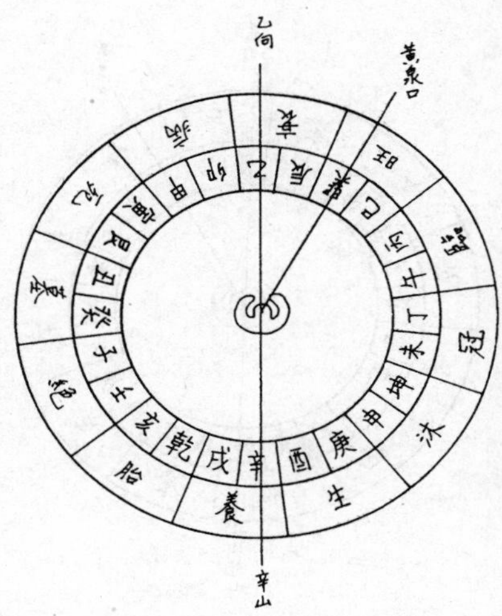

⑤ **입갑향**(立甲向), **기수류출간인위**(忌水流出艮寅位) : 갑향(甲向)에는 간인방(艮寅方)의 수출(水出)을 꺼린다.

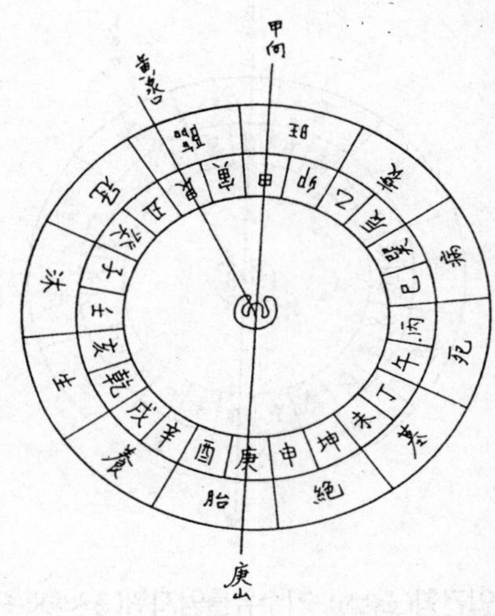

⑥ **입계향**(立癸向), **기수류출간인위**(忌水流出艮寅位) : 계향(癸向)에는 간인방(艮寅方)의 수출(水出)을 꺼린다.

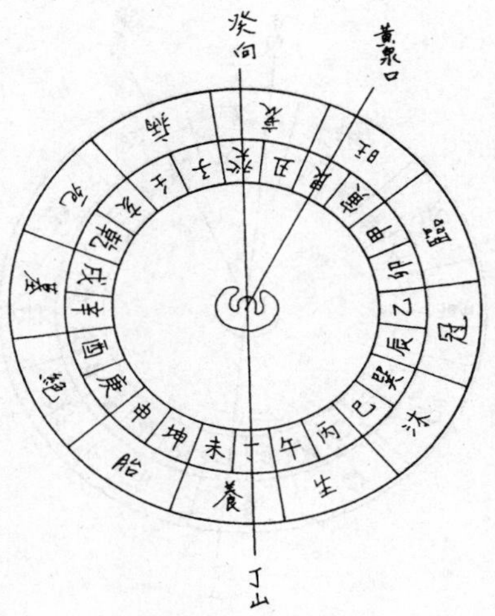

⑦ **입임향**(立壬向), **기수류출건해위**(忌水流出乾亥位) : 임향(壬向)에는 건해위(乾亥位)의 수출(水出)을 꺼린다.

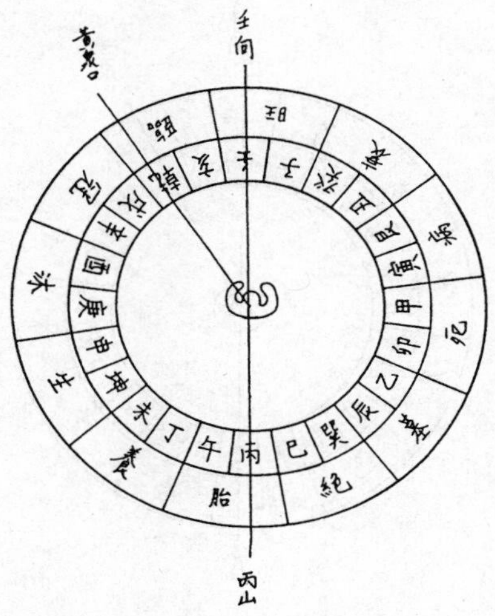

⑧ **입신향**(立辛向), **기수류출건해위**(忌水流出乾亥位) : 신향(辛向)에는 건해위(乾亥位)의 수출(水出)을 꺼린다.

⑨ **입곤향(立坤向), 기수류출경유위**(忌水流出庚酉位) : 곤향(坤向)에는 경유방(庚酉方)의 수출(水出)을 꺼린다.

⑩ **입손향**(立巽向), **기수류출병오위**(忌水流出丙午位) : 손향(巽向)에는 병오방(丙午方)의 수출(水出)을 꺼린다.

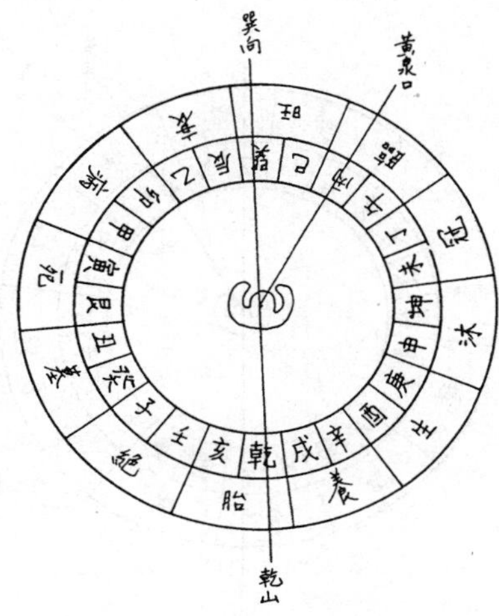

⑪ **입간향**(立艮向), **기수류출갑묘위**(忌水流出甲卯位) : 간향(艮向)에는 갑묘방(甲卯方)의 수출(水出)을 꺼린다.

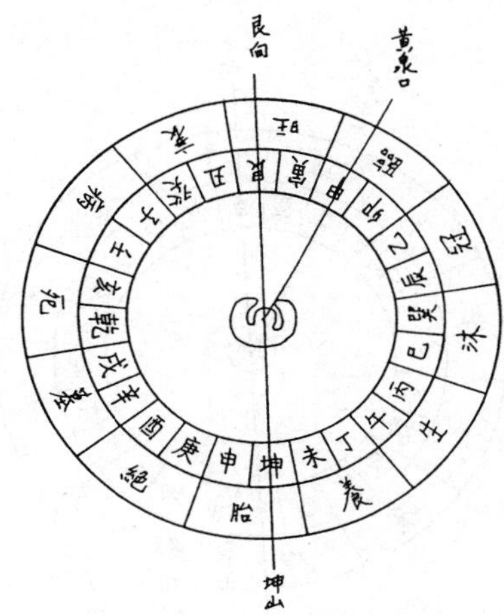

⑫ **입건향**(立乾向), **기수유출임자위**(忌水流出壬子位) : 건향(乾向)에는 임자방(壬子方)의 수출(水出)을 꺼린다.

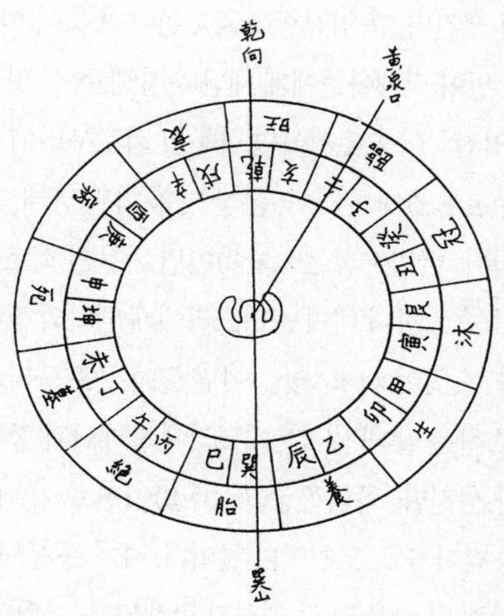

❖ **팔문**(八門) : 분금이 소속한 부두(符頭)의 소속궁(所屬宮)의 정위팔문(正位八門)으로서 이를 분금 자리의 궁에 옮긴 뒤 음양둔(陰陽遁)을 구별하지 않고 순서대로 포진한다. 예를 들어 천산 무자(戊子) 병자(丙子) 분금이면, 무자(戊子)는 동지일국룡(冬至一局龍)이고 병자(丙子) 분금은 갑술(甲戌)순중에 속하니 부두는 갑술(甲戌)이며 갑술(甲戌)은 2궁에 있다. 동지는 양둔(陽遁)이니 갑술(甲戌) 2궁에서 순행하면 을해(乙亥)가 3궁, 병자(丙子)가 4궁이 된다. 4궁에 부두 갑술(甲戌)이 자리한 2궁의 정위문(正位門)인 사문(死門)이 옮겨온다. 4궁에 사문(死門)이 있으면 나머지 팔문도 자연히 순서대로 옮기게 된다. 팔문의 길흉을 보는 법은 첫째, 망명(亡命)이 어느 궁에 있는가를 본다. 상문(傷門)이나 사문(死門)에 있고 구성의 금성(禽星)이 함께 임하면 화염(火炎)이 든다. 둘째, 자손의 생명(生命)이 어느 궁에 있는가를 본다. 상문 · 사문과 경(庚)이나 계(癸)가 함께 오면 흉하고 개휴생경(開休生景) 4문과 삼기(三奇)가 도림하면 길하다. 혈좌에서는 개휴생경 4문이 길하고 좌가 두문(杜門)에 있어도 길성이 임하면 길하며 좌가 사문에 있어도 입수가 길문(吉門)이면 길하다. 득수는 개휴생경(開休生景)문이 길하고, 사(死) · 두문(杜門)이 길하며, 상(傷) · 경(驚) 2문은 불가하다.

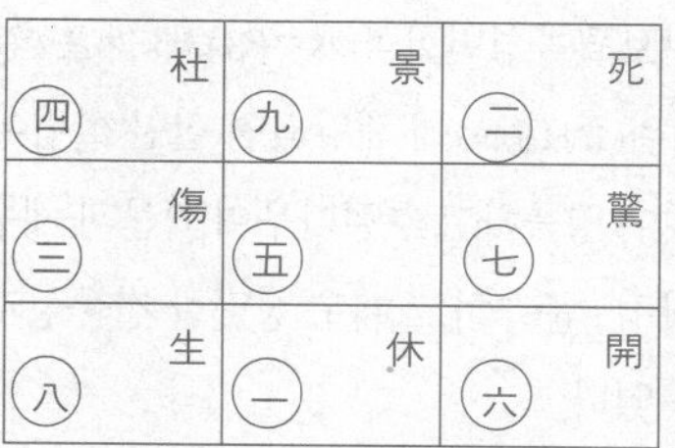

杜 ④	景 ⑨	死 ②
傷 ③	⑤	驚 ⑦
生 ⑧	休 ①	開 ⑥

[八門正位圖]

分金 丙子 死 四 甲午	驚 九	符頭 開 二 甲戌
乙亥 景 三 甲申	五 甲辰	休 七
杜 八	傷 一 甲子	生 六 甲寅

[戊子龍 丙子分金 八門圖]

기문법(奇門法)에 적용되는 술어로 생문(生門) · 상문(傷門) · 두문(杜門) · 경문(景門) · 사문(死門) · 경문(驚門) · 개문(開門) · 휴문(休門)을 합칭함이다.

❖ **팔문결**(八門缺) : 건곤간손자오묘유방(乾坤艮巽子午卯酉方)은 모두 팔괘(八卦)에 들어가므로 이 여덟 방향이 오목하게 들어간 것(산봉우리가 높이 솟지 않아)을 팔문결이라 함. 여덟 방향 모두에 높은 산봉우리가 없어, 그곳으로 바람이 몰아닥치면 혈의 정기가 산산이 흩어지고 만다. 그러니 자손들이 평안하게 지내기 어렵고 온갖 고초를 겪으며 가난하게 살며 높은 벼슬아치의 집이라 해도 굶어 죽는 사람이 나온다.

❖ **팔문구성길흉**(八門九星吉凶 : 생기복덕법을 적용한다)

일상생기탐랑목성길(一上生氣貪狼木星吉)
이중오귀염정화성흉(二中五鬼廉貞火星凶)
삼하연년무곡금성길(三下延年武曲金星吉)
사중육살문곡수성흉(四中六殺文曲水星凶)
오상화해녹존토성흉(五上禍害祿存土星凶)
육중복덕천의거문토성길(六中福德天醫巨門土星吉)
칠하절명파군금성흉(七下絶命破軍金星凶)

팔중복위보필목성변화복(八中伏位輔弼木星變禍福)

- 탐랑성위(貪狼星位)에 해당되면 집안 살림이 융성해지고 아들 서넛이 영특하고 호걸다우며 학문과 재주가 뛰어나고 인품이 단정·준수하고 매우 정밀한 전문성과 백사에 통하는 영화가 있다.
- 거문성위(巨門星位)에 해당되면 사람과 재물이 흥왕하고 공로와 명망을 세상에 드날리며 의학과 종교 등에 발전·번창을 누리게 되며 자손들이 총명하고 지혜가 깊고 부귀를 이룬다.
- 녹존성위(祿存星位)에 해당되면 사람이 쇠잔해지고 자손이 잘되지 않으며 젊은이가 줄어들고 파탄과 장해가 많이 생기며 후대가 끊기거나 배우자를 잘못 만나든지 소실을 보게 된다.
- 문곡성위(文曲星位)에 해당되면 파탄과 환란을 치르며 마구잡이로 살거나 작첩이산(作妾離散)하는 사람이 생기고 범죄를 저지르거나 형벌을 받는 등 오역(忤逆)과 부모나 조상의 유업이나 재산을 탕진하게 된다.
- 염정성위(廉貞星位)에 해당되면 자식들로 인해서 집안이 패가 영락하여 빈궁해지고 난폭하거나 흉악하고 못된 짓을 저질러 파괴와 재난을 치르게 되며 잡기(雜技)와 투쟁이 형벌과 범죄를 부르게 된다.
- 무곡성위(武曲星位)에 해당되면 집안 살림이 번성하고 준수·호방한 인재가 나오며 무관 계통의 출세자와 어질고 효성스러우며 백물(百物)에 통하는 재주와 전문 능력이 뛰어난 자제가 배출되나 작은 부인을 얻거나 재혼하는 경우가 흔히 생긴다.
- 파군성위(破軍星位)에 해당되면 집안에 질병과 쇠잔, 손재, 사고, 우환 등 불상사 및 자식의 수명이 짧고 여자들은 고난과 풍상을 많이 치르며 불행과 장해를 겪게 된다.
- 보필성위(輔弼星位)에 해당되면 여타의 제반 구조와 대조하여 그 형세에 따른 길흉간의 분석을 통해 길격(吉格)과 흉격(凶格)으로 나눈다.
- **각궁성 오행상극론**(各宮星 五行相克論) : 화입건궁(火入乾宮)이면 쇠가 불로부터의 상극을 받아 가장이나 노옹(老翁)에게 흉험과 손상 등 액화가 생긴다. 토입감궁(土入坎宮)이면 물이 흙으로부터의 상극을 받아 작은 아들에게 낭패와 재난, 손실 등 흉험이 생긴다. 목입간궁(木入艮宮)이면 흙이 나무로부터의 상극을 받아 막내아들에게 재난과 장해, 손실 및 액화가 생긴다. 금입진궁(金入震宮)이면 나무가 쇠로부터의 상극을 받아 장자손(長子孫)에게 파탄, 손상 및 흉험과 낭패, 우환 등 불행이 생긴다. 금입손궁(金入巽宮)이면 나무가 쇠로부터의 상극을 받아 주로 장녀 내지 큰며느리에게 액화와 장해 등 낭패가 생긴다. 수입이궁(水入離宮)이면 불이 물로부터의 상극을 받아 주로 작은 딸 내지 작은며느리에게 재난과 장해 및 손실 등 낭패가 생긴다. 목입곤궁(木入坤宮)이면 흙이 나무로부터의 상극을 받아 주로 모친이나 할머니, 나이 든 부녀자들에게 우환과 장해 및 궂은 일 등 액화가 발생된다. 화입태궁(火入兌宮)이면 쇠가 불로부터의 상극을 받아 주로 막내딸이나 어린 계집아이, 미혼의 젊은 여자 등에게 재난과 말썽, 흉험 등 불상사와 낭패가 생긴다.
- **구성분방흥패론**(九星分房興敗論) : 탐랑성 위치에 방을 배치하면 장자손이 흥왕하고 가업이 번창한다. 거문성 위치에 방을 배치하면 가업과 명망이 융성하고 부귀겸전한다. 무곡성 위치에 방을 배치하면 살림은 번창하나 재혼 내지 소실을 두는 경우가 많으며 막내 자식에게 해가 많다. 문곡성 위치에 방을 배치하면 실패, 파탄과 불행이 닥치며 중간 자식에게 낭패가 많다. 녹존성 위치에 방을 배치하면 식솔의 쇠패·장해 및 풍파와 젊은 사람들에게 불행한 액화가 생긴다. 파군성과 염정성 위치에 방을 배치하면 장자손의 불행·파탄 및 형벌, 단명 등 액화와 낭패가 따른다.
- 각기 오행상의 물(水 : 1)·불(火 : 2)·나무(木 : 3)·쇠(金 : 4)·흙(土 : 5)을 자세히 분별하여 숫자를 분석토록 하면 화복의 추산(推算)으로 밝히지 못할 것이 없다. 탐랑성은 다섯 아들을 두고, 거문성은 세 아들을 두며, 무곡성은 네 아들을 두고, 염정성은 독자 내지 형제를 두며, 문곡성은 근근히 독자를 얻고, 파군성은 후대가 끊기는 낭패나 홀아비 또는 과부가 생기며, 녹존성은 인품이 단정·준수하되 수명이 짧거나 자식에게 장해가 닥치며, 보필성은 형제 또는 독신의 수다.
- 순음지격(純陰之格)일 경우는 해마다 우환과 질병의 액화가

생기고, 순양지격(純陽之格)일 경우는 재물과 명예는 흥성해도 자손이 낭패 내지 불상사를 겪게 된다.

- 안에서 밖을 상극해 들이치면 도적이 침입하지 못하고 밖에서 안을 상극해 들이치면 신병과 손재 등 낭패가 생기는데 음(陰)이 양궁(陽宮)에 들어오면 여자에게 먼저 생기고, 양(陽)이 음궁(陰宮)에 들어오면 남자에게 먼저 생긴다.
- **동사(東四) 서사(西四) 팔택(八宅)의 길흉성 소속** : 음양이 올바로 배치되어 갖춰짐은 연년(延年)에 있고, 순음과 순양이 구비되어 매어짐은 천의(天醫)에 있으며, 음양이 서로 융합되어 배열됨은 생기(生氣)에 있다. 순음과 순양이 상극되어 흉험함은 오귀(五鬼)에 있고, 음과 양이 상극되면서 아울러 순양과 상생되며, 순음과 상생됨은 절명(絶命)과 육살(六殺)에 있는 바, 이는 동택(東宅)과 서택(西宅)이 서로 혼잡된 경우이다.
- **오귀(五鬼)로부터 천궁(穿宮 : 뚫림)을 당할 때** : 염정(簾貞)이 건(乾)과 태(兌)의 금궁에 들어가면 젊은 사람과 아이들에게 낭패와 손상 또는 불행한 일이 여러 차례 거듭하여 닥치고 집안이 산란하고 불안정해진다. 염정(簾貞)이 감(坎)의 수궁에 들어가면 작은 아들에게 액운과 파탄 등 재앙이 생기고 장자와 아이들에게도 질병이나 사고·손상 및 사망 등의 흉험이 닥치게 된다. 염정(簾貞)이 진(震)과 손(巽)의 목궁에 들어가면 해마다 집안에 낭패와 손재, 말썽이 발생하여 사람과 재물이 흩어지고 실패가 닥치며 남녀간에 불상사나 피해 등 흉험을 치르게 된다. 염정(簾貞)이 보필(輔弼)의 본궁(本宮)에 들어오면 초반기에는 가업이 융성·번창하며 소실(小室)을 두거나 바람도 피우고 영화로움이 따르나, 뒤에는 장자손이 권리를 독점하고 재물을 탕진하며 집안에 실패와 재난 등 액화를 겪게 된다. 염정(簾貞)이 간(艮)과 곤(坤)의 토궁에 들어오면 재물과 우마육축이 쇠퇴하며 살림에 장해와 실패가 자주 생기고 고난과 풍파가 닥치게 되며 서남에서 다섯 사람, 동북에서 세 사람의 손상과 불상사 및 궂은 일을 치르게 된다.
- **흥왕하고 쇠패하는 해(興廢年)의 분변론** : 생기(生氣)와 보필(輔弼)은 해묘미(亥卯未)의 해, 연년(延年)과 절명(絶命)은 사유축(巳酉丑)의 해, 천의(天醫), 녹존(祿存), 오귀(五鬼)는 인오술(寅午戌)의 해, 문곡(文曲)은 신자진(申子辰)의 해에 길흉이 발현한다.
- **같은 건물에 구조가 층층이 같은 집(變宅)의 해당 성위(星位)와 병용하는 바른 오행의 예** : 동택(動宅)의 범위는 5층에서 그치기 때문에 해당 번성(番星)의 정오행을 잘 활용할 줄 알아야 된다. 거문(巨門)은 무곡(武曲)을 생하고, 무곡은 문곡(文曲)을 생하며, 문곡은 탐랑(貪狼)을 생하고, 탐랑은 염정(簾貞)을 생하며, 염정은 거문(巨門)을 생하는 것이 그것인데, 길(吉)도 흉을 생성하고 흉도 길을 생성하는 것으로 변택(變宅)의 이론과는 동일치 아니함을 유념해야 한다.
- **같은 건물에 구조가 층층이 다른 집(變宅)의 해당 성위(星位)와 병용하는 쌍금(雙金), 쌍목(雙木), 쌍토(雙土)의 예** : 변택(變宅)의 범위는 10층까지 가서야 그치기 때문에 해당 번성(番星)을 확정지을 수는 없고 동택(動宅)과 같은 예를 채용하되 쌍금, 쌍목, 쌍토 등을 주시한다. 머리층(頭層)이 탐랑(貪狼)에 속했다면 2층은 보필(輔弼)이 되고 보필은 염정(簾貞)을 생하고 염정은 녹존(祿存)을 생하는데 먼저 녹존을 사용하며 다음 거문(巨門)을 사용한다. 거문은 무곡(武曲)을 생하는데 먼저 무곡을 사용하고 다음 파군(破軍)을 사용한다. 파군은 문곡(文曲)을 생하며 문곡은 보필(輔弼)을 생하는데, 먼저 보필을 사용하고 다음 탐랑(貪狼)을 사용한다. 길(吉)은 흉을 생하지 않고 흉은 길을 생하지 않으나, 단 6층부터는 쌍층(雙層)이 된 것으로 계산하여 7층은 두 층, 8층은 세 층, 9층은 네 층, 10층은 다섯 층이 겹치는 것으로 간주한다. 목토금은 변화에 따라 구별이 확연하나 물과 불은 독단의 기질이 강하고 본질을 음과 양으로 나누기 어렵기 때문이다.

❖ **팔문신장**(八門神將) : 팔문(八門)의 각 명칭을 팔문신장(八門神將)으로도 부름.

❖ **팔문신장**(八門神將)**의 위치**

- **기본 정위(基本定位)** : 이는 일진(日辰)과 시간에 관계없이 팔문신장(八門神將)의 본래 위치로서 생문(生門)은 간궁(艮宮), 상문(傷門)은 진궁(震宮), 두문(杜門)은 손궁(巽宮), 경문(景門)은 이궁(離宮), 사문(死門)은 곤궁(坤宮), 경문(驚門)은 태궁(兌宮),

개문(開門)은 건궁(乾宮), 휴문(休門)은 감궁(坎宮)이 기본 위치다. 그리고 오행(五行)은 생문이 토(土), 경문(驚門)·두문(杜門)이 목(木), 경문(景門)은 화(火), 사문(死門)은 토(土), 경문(驚門)·개문(開門)은 금(金), 휴문은 수(水)에 속한다.

杜門	景門	死門
傷門		驚門
生門	休門	開門

• **일기팔문**(日家八門) : 동지 후 하지 전은 양둔(陽遁)이라 하고, 하지 후 동지 전이면 음둔(陰遁)이다. 간(艮)은 동북, 진(震)은 동, 손(巽)은 동남, 태(兌)는 서, 건(乾)은 서북, 감(坎)은 북방이다. 가령 일진(日辰)이 무인일(戊寅日)이고, 동지 후 하지 전이라면 생문(生門)이 감(坎), 상문(傷門)이 건(乾), 두문(杜門)이 진(震), 경문(景門)이 곤(坤), 사문(死門)이 간(艮), 경문(驚門)이 태(兌), 개문(開門)이 손(巽), 휴문(休門)이 곤방(坤方)에 위치한다.

生門	艮	艮	兌	坤	巽	震	離	乾	坎	坎	乾	離	震	巽	坤	兌
傷門	兌	坤	巽	震	離	乾	坎	坎	乾	離	震	巽	坤	兌	艮	艮
杜門	巽	震	離	乾	坎	坎	乾	離	震	巽	坤	兌	艮	艮	兌	坤
景門	離	乾	坎	坎	乾	離	震	巽	坤	兌	艮	艮	兌	坤	巽	震
死門	坎	坎	乾	離	震	巽	坤	兌	艮	艮	兌	坤	巽	震	離	乾
驚門	乾	離	震	巽	坤	兌	艮	艮	兌	坤	巽	震	離	乾	坎	坎
開門	震	巽	坤	兌	艮	艮	兌	坤	巽	震	離	乾	坎	坎	乾	離
休門	坤	乾	艮	艮	兌	坤	巽	震	離	乾	坎	坎	乾	離	震	巽

❖ **팔문오행**(八門五行) : 구궁(九宮)에다 포진(布陣)하여 그 방위의 길흉(吉凶)을 알아보는 방법으로 그 순서는 아래와 같다.

① **생문**(生門) : 토(土)　② **상문**(傷門) : 목(木)
③ **두문**(杜門) : 화(火)　④ **사문**(死門) : 토(土)
⑤ **경문**(驚門) : 금(金)　⑥ **개문**(開門) : 금(金)
⑦ **휴문**(休門) : 수(水)

❖ **팔방**(八方) : 동(東)·서(西)·남(南)·북(北) 사방에다 각 사유(四維), 즉 간방(間方)을 넣어 팔방이라 하며, 팔유(八維) 또는 팔굉(八紘)이라고도 한다. 팔굉은 동쪽을 상야(桑野), 서쪽을 혼야(混野), 남쪽을 반호(反戶), 북쪽을 위우(委羽), 동북간을 황토(荒土), 동남간을 중안(衆案), 서북간을 사소(沙所), 서남간을 화토(火土)라고 하기도 한다.

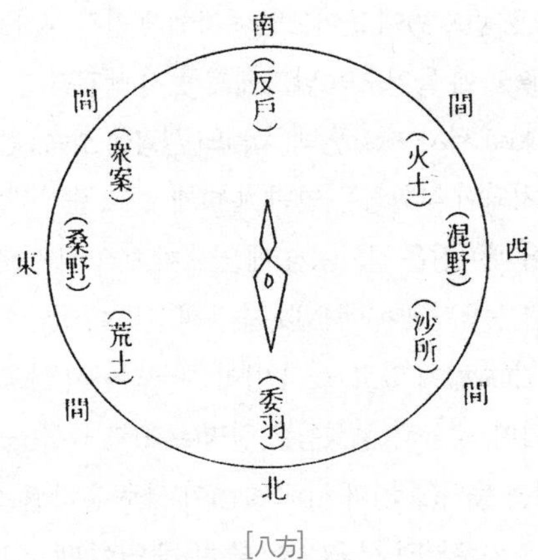

[八方]

❖ **팔방마위**(八方馬位) : 동방의 진궁(震宮)에 역마가 있으면 청총마(青驄馬)라 하고, 남방이궁(南方離宮)에 역마가 있으면 천마(天馬), 서방태궁(西方兌宮)에 역마가 있으면 백마(白馬 또는 金馬), 북방감궁의 역마를 오추마(烏騅馬 또는 계마)라 하며, 또 건해방에 있는 역마를 어사마(御史馬) 또는 천마(天馬)라고도 부르고, 간궁의 역마를 장원마(壯元馬)라 하며, 곤궁의 역마를 재상마(宰相馬), 손궁의 역마를 무안마(撫安馬)라 한다.

❖ **팔방위**(八方位) : 동·서·남·북, 사정방(四正方)과 동북·동남·서남·서북의 간방(間方)이니 자오묘유(子午卯酉)의 사정(四正)과 건곤간손방(乾坤艮巽方), 또 팔괘로는 감북(坎北)·이남(離南)·진동(震東)·태서(兌西)·건서북(乾西北)·곤서남(坤西南)·간동북(艮東北)·손동남(巽東南)이다.

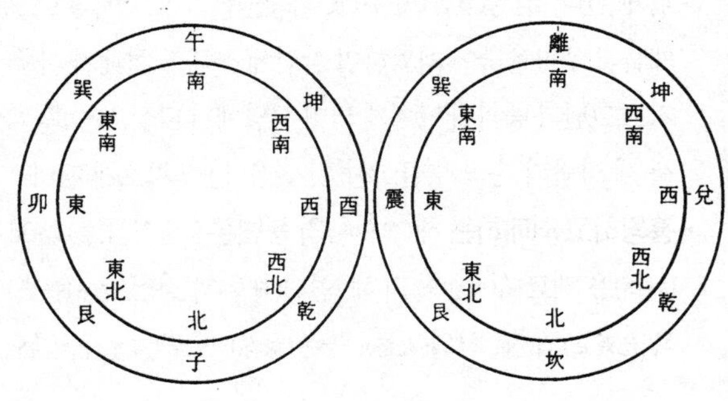

❖ **팔방위도표**(八方位圖表)

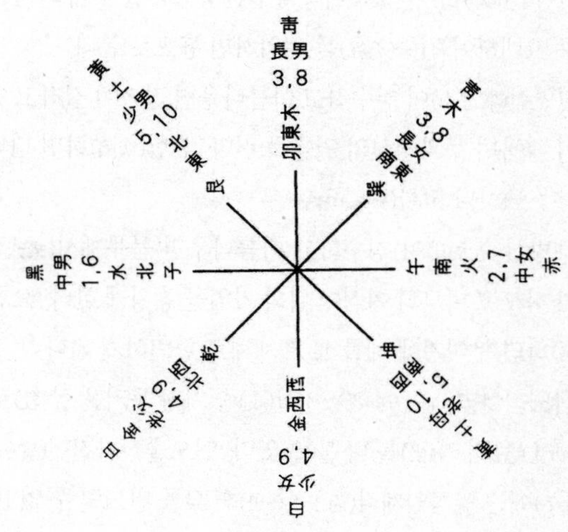

八方位	方位	五行	河洛數	血肉	八卦爻	陰陽	色	
壬子癸	北	水	1, 6	中男	☵	陽	黑	智
丑艮寅	北東	土	5, 10	少男	☶	陽	黃	信
甲卯乙	東	木	3, 8	長男	☳	陽	青	仁
辰巽巳	南東	木	3, 8	長女	☴	陰	青	
丙午丁	南	火	2, 7	中女	☲	陰	赤	禮
未坤申	南西	土	5, 10	老母	☷	陰	黃	信
庚酉辛	西	金	4, 9	少女	☱	陰	白	義
戌乾亥	北西	金	4, 9	老父	☰	陽	白	

❖ **팔방위**(八方位)**의 음양**(陰陽)

坎(壬子癸) 中男 陽 艮(丑艮寅) 少男 陽

離(丙午丁) 中女 陰 巽(辰巽巳) 長女 陰

震(甲卯乙) 長男 陽 坤(未坤申) 老母 陰

兌(庚酉辛) 少女 陰 乾(戌乾亥) 老父 陽

八方位		五行			河洛數	八卦
壬子癸	北	水	中男	陽	1, 6	☵
丑艮寅	北東間	土	少男	陽	5, 0	☶
甲卯乙	東	木	長男	陽	3, 8	☳
辰巽巳	南東間	木	長女	陰	3, 8	☴
丙午丁	南	火	中女	陰	2, 7	☲
未坤申	南西間	土	老母	陰	5, 0	☷
庚酉辛	西	金	少女	陰	4, 9	☱
戌乾亥	北西間	金	老父	陽	4, 9	☰

❖ **팔불상**(八不相) : 청오경(青烏經)에서 말한 여덟가지 묘를 쓰지 못하는 원칙.

① **불상조완추석**(不相粗碗醜石) : 거칠고 완만하고 추한 돌을 상(傷)하지 말라. 완만한 돌과 거칠고 추한 돌이 용신 및 혈에 있으면 좋지 않다.

② **불상고단용두**(不相高短龍頭) : 높은 산 정상에 묘를 쓰지 말라.

③ **불상신전불후**(不相神前佛後) : 사당 앞과 절 뒤로 이러한 가까운 곳에는 장사하지 말라. 그러나 멀리 떨어져 있는 산들이 국을 이루어주면 무방하다.

④ **불상묘택휴수**(不相墓宅休囚) : 대개 땅에는 성쇠해지는 바가 있으므로 한참 성할 때는 비록 작은 혈이라도 능히 발복되고 쇠패할 때는 대지라 해도 소용이 없다. 그러므로 옛날에 부귀했던 땅일지라도 지금은 초목이 우거져 있거나 옛날 있었던 파구(破舊) 터 같은 곳이나 또는 만방장안(萬方長安)의 변화하였던 땅을 취하지 말라.

⑤ **불상 산강요란**(不相山岡瞭亂) : 산세와 언덕 같은 곳이 달아나고 어지러워 가지가지가 무정한 곳을 취하여 안장하지 말라.

⑥ **불상풍수비수**(不相風水悲愁) : 산이 거칠고 웅장하여 아름답지 않고 물이 준급하여 요란한 소리가 들리고 겸하여 바람부는 소리가 울부짖는 것 같이 들리고, 혹은 호수와 냇물 사이와 아득한 옛날 전쟁터라도 음택 · 양택을 취하지 말라.

⑦ **불상좌하저련**(不相坐下低連) : 주산(主山)은 기가 왕성함이 좋은 것인데 만일 나즈막하고 연하면 기맥이 없어 사기(死氣)가 되는 것이니 취하지 말라.

⑧ **불상용호첨두**(不相龍虎尖頭) : 청룡이나 백호의 머리가 뾰족하여 싸우는 듯하면 흉한 것인데, 그러나 뾰족해도 찌르지도 싸우지도 않게 되는 것은 흔히 요성(曜星)이 발로한 것이니 흉이 아니다. 양공(楊公)이 말하기를, 뾰족함이 바늘같이 양쪽에서 혈장(穴場)을 쓰고 찌르면 흉하니라 하였다. 장원대수(長遠大水)가 지자형(之字形)으로 굽어서 향 앞으로 유입되면 부귀(富貴)가 증진되고 작은 물도 수복(壽福)을 같이 누린다. 협곡(峽谷)은 순풍(順風)의 말을 살풍(殺風)으로 교환(交換)시키니 음택(陰宅)이나 양택(陽宅)에서 협곡(峽谷)을 통과하는

바람의 향방(向方)을 면밀히 살펴야 할 것이다. 명혈(名穴)이 되는 증거는 혈장(穴場)의 모양과 전후좌우에 나열된 중사(衆砂)로 증거가 되는 것이다. 혈 앞은 조안(朝安)과 물, 명당(明堂)과 전순(氈脣)이 증거가 되고, 혈의 뒤에는 현무정(玄武頂)과 주산(主山) 낙산(落山)이 증거가 되고, 혈의 좌우에는 청룡과 백호가 증거가 된다. 이 모든 증거를 정확히 기본으로 하여 정혈(定穴)에 임한다면 만무일실(萬無一失)할 것이다.

❖ **팔산기풍**(八山忌風) : 바람이 닿는 것을 꺼리는 것.

- **간산**(艮山[축간인좌(丑艮寅坐)]) : 손방풍(巽方風)
- **손산**(巽山[진손사좌(辰巽巳坐)]) : 건방풍(乾方風)
- **곤산**(坤山[미곤신좌(未坤申坐)]) : 진방풍(震方風)
- **감산**(坎山[임자계좌(壬子癸坐)]) : 간방풍(艮方風)
- **진산**(震山[갑묘을좌(甲卯乙坐)]) : 건방풍(乾方風)
- **이산**(離山[병오정좌(丙午丁坐)]) : 곤방풍(坤方風)
- **태산**(兌山[경유신좌(庚酉辛坐)]) : 감방풍(坎方風)
- **곤산**(乾山[술건해좌(戌乾亥坐)]) : 이방풍(離方風)

이상과 같이 음풍(陰風 『음양풍』)이 닿으면 소골(消骨)하여 진흙같이 된다 하였다.

❖ **팔산길흉**(八山吉凶)

- 건방산(乾方山)이 아름답고 청수하면 인정(자손)이 왕하고 수(壽)와 귀(貴)를 누리게 되지만 요함(凹陷)하면 인정을 얻기 어렵고 수와 귀를 누리지 못한다.
- 곤방산(坤方山)이 아름답고 청수하면 인정(人丁)이 왕하고 부녀자가 장수하며 요함(凹陷)하면 인패재패 요사(夭死)의 부녀손(婦女孫)이 나온다.
- 간방산(艮方山)이 아름답고 청수하면 소년등과하며 횡재를 얻으며 요함(凹陷)하면 풍병의 손이 나오고 인패재패로 고한(孤寒)하다.
- 손방산(巽方山)이 아름답고 청수하면 귀인달사(貴人達士)가 나오고 문필봉이 조림하면 어사 사위를 보는 길사다. 요함(凹陷)하면 요사(夭死)의 부녀자가 나온다.
- 감방산(坎方山)이 높고 청수하면 수와 귀와 부를 누리는 충효손이 나오고 요함(凹陷)하면 요절로 인패재패로 한빈(가난)한 손이 나온다.
- 이방산(離方山)이 낮고 아름다우면 충효손을 두게 되지만 너무 고대하여 천주(天柱)를 억압하면 흉으로 본다.
- 진방산(震方山)이 청수하고 아름다우면 장손이 길하고 인정이 왕하며 무과출신의 귀를 누린다. 요함(凹陷)하면 다녀생(多女生)하나 고한(孤寒)하다.
- 태방산(兌方山)이 청수하고 아름다우면 문무재사(文武才士)가 나오고 미모의 여식이 나와 가업을 흥왕케 한다. 요함(凹陷)하면 부녀자에 해를 보고 재패로 한빈하게 된다.

❖ **팔산도침살법**(八山刀砧殺法) : 살(殺)중 가장 무거운 살(殺)로 신구(新舊) 묘의 좌(坐)를 다 볼 수 있다. 인오술신자진년(寅午戌申子辰年)에는 병정임계좌(丙丁壬癸坐)의 묘를 건드릴 수 없고, 좌(坐)를 놓아도 안 된다. 사유축해묘미년(巳酉丑亥墓未年)에는 갑을경신좌(甲乙庚辛坐)의 묘를 건드릴 수 없고 좌(坐)를 놓아도 안 된다.

❖ **팔산론**(八山論) : 건산(乾山)은 천주(天柱)이니 혈 위가 높고 크고 풍만하면 장수하고, 혈 뒤의 모양이 천마 같으면 벼슬이 빠르며 귀하되고 장수한다. 감산(坎山)은 음양이 비로소 나뉘는 곳이니 높고 크고 풍만하면 성실한 사람이 나오고 부귀하며 충효현량(忠孝賢良)하나, 만일 감산(坎山)이 저함(低陷)하면 북방의 찬 바람이 불어오므로 빈궁하여 재물이 모이지 않고, 만일 혈 뒤가 낮고 함하면 빈궁하고 요수(夭壽)한다. 또는 청룡이 저함하면 장방(長房)에 자손은 있으나 재(財)가 없고 백호가 저함하면 소방(小房) 자손이 노고가 많고 불리하다. 이(离)는 눈에 비유함이니 이산(离山)이 높고 크고 비만하면 눈병이 자주 생기고 중녀(中女)와 여인에게 불리하다. 금산도 감산과 마찬가지로 음양이 비로소 나뉘는 곳이지만 이곳은 오히려 고대(高大)함을 꺼린다. 간산(艮山)은 천시(天市)가 되고 가족으로는 소남에 해당한다. 양산이 고대하고 비만하면 부하고 인정이 크게 왕하며 소아(小兒)는 건강하고 무역으로 횡재한다. 만일 이곳이 저함하면 충질 환자가 많이 생긴다. 진산(震山)이 고대 비만하면 아들이 많고 딸이 적은데 무사가 나오고 성품이 곧으나 이곳이 저함하면 인정이 번창하지 않아 딸이 많고 아들이 적다. 청룡이 저함

하면 장방이 요수하고 인정이 쇠하여 자손 없는 사람이 많이 생긴다. 손산(巽山)이 고대하고 수려하면 특히 딸이 귀히 되는데 청수한 사람이 출생하고 과갑(科甲)도 나오니, 이것이 바로 육수최귀산(六秀催貴山)이다. 그러나 저함하면 부인이 단명하고, 이 방위의 먼 산이 청수하면 훌륭한 사위를 얻고 외손이 발복한다. 곤(坤)은 노모다. 이 곳이 고대 비만하면 부녀자가 오래 살고 인정(人丁)이 왕하며 부자가 된다. 태(兌)는 소녀다. 삼길(三吉)과 육수방(六秀方)의 산이 고대하면 문무의 명사가 나오고, 과갑(科甲)이 나오며, 그 집안에 훌륭한 여자가 많이 나온다. 자손이 용모가 수려하고 총명하며 부귀하는데, 만일 이곳이 저함하면 특히 부녀가 단명하며 여자는 많고 남자는 귀하다. 좌(坐)가 정북 또는 정남향으로 놓으면 수기(水氣)를 품(稟)하는 것이니, 이방산(离方山)이 높고 커서 혈을 누르면 맹인이 생기는 재앙이 있으며, 좌(坐)가 정동 또는 정서향으로 놓으면 목기(木氣)를 품함이니 태방산(兌方山)이 고대하여 혈을 누르고 또 내조(來朝)하는 물이 있으면 다리나 허리, 허벅지 등의 질환으로 고생하는 사람이 많이 생긴다. 사유(四維[건(乾), 곤(坤), 간(艮), 손(巽)])의 8간(壬丙庚甲乙辛丁癸)산은 살찌고 원만하고 청수하게 높이 솟으면 대개 괴원(魁元 : 우두머리)과 과갑(科甲)이 많이 나온다.

❖ **팔살수**(八煞水) : 간향(艮向)에 인수(寅水), 인향(寅向)에 간수(艮水), 묘향(卯向)에 을수(乙水), 을향(乙向)에 묘수(卯水), 손향(巽向)에 진수(辰水), 진향(辰向)에 손수(巽水), 병향(丙向)에 오수(午水), 오향(午向)에 병수(丙水), 미향(未向)에 곤수(坤水), 곤향(坤向)에 미수(未水), 신향(申向)에 경수(庚水), 경향(庚向)에 신수(申水), 유향(酉向)에 신수(辛水), 신향(辛向)에 유수(酉水), 갑향(甲向)에 묘수(卯水), 묘향(卯向)에 갑수(甲水)를 팔살수(八煞水)라 한다. 팔살수는 황천수(黃泉水)나 팔요수(八曜水) 못지 않게 흉하다. 팔살수는 유향신수(酉向辛水)와 신향유수(辛向酉水)를 빼고는 모두 파국(破局)이다. 유향신수와 신향유수만은 합국(合局)이다. 신(辛)도 유(酉)도 정음(淨陰)이다. 정음정양법으로 좌향(坐向)과 득파(得破)의 조화가 잘 맞지만 자손들이 부귀를 얻으면서도 아내를 극(剋)하고 부인네들이 일찍 죽는다.

❖ **팔요살룡**(八曜殺龍) : 지리법에 아래와 같은 용(龍)과 물의 득파(得破)를 범하면 크게 흉하여 재혈(裁穴)을 아니한다는 것이다.

- **임방룡**(壬方龍) : 을진방수(乙辰方水)
- **곤신룡**(坤申龍) : 갑묘방수(甲卯方水)
- **을묘룡**(乙卯龍) : 곤신방수(坤申方水)
- **손사룡**(巽巳龍) : 경유방수(庚酉方水)
- **건해룡**(乾亥龍) : 병오방수(丙午方水)
- **경유룡**(庚酉龍) : 손사방수(巽巳方水)
- **오정룡**(午丁龍) : 건해방수(乾亥方水)
- **축간룡**(丑艮龍) : 인갑방수(寅甲方水)
- **감룡**(坎龍) : 진방수(辰方水)
- **곤룡**(坤龍) : 묘방수(卯方水)
- **진룡**(震龍) : 신방수(申方水)
- **손룡**(巽龍) : 유방수(酉方水)
- **건룡**(乾龍) : 오방수(午方水)
- **유룡**(酉龍) : 사방수(巳方水)
- **간룡**(艮龍) : 인방수(寅方水)
- **이룡**(離龍) : 해방수(亥方水)

이상과 같은 살을 범하면 자손을 형(形)하고 아내를 형(刑)한다고 한다.

❖ **팔십팔향**(八十八向) : 지리오결(地理五訣)과 직지원진(直指原眞)에 수록되어 있는 향법(向法)으로 향향발미(向向發微)라고도 한다. 이 법은 사대수구(四大水口 : 즉 을[乙]·신[辛]·정[丁]·계[癸])에 의한 오행으로 장생(長生)을 일으켜 목욕(沐浴)·관대(冠帶)·임관(臨官)·제왕(帝旺)·쇠(衰)·병(病)·사(死)·묘(墓)·절(絶)·태(兌)·양(養)의 12신(神) 가운데 어떤 것에 해당하는 향(向)인가를 짚어보는 방법으로, 길향(吉向)을 취하고 흉향(凶向)을 피하는 것이 이 향법의 목적이다.

신술건해임자수구(辛戌乾亥壬子水口[**을병교이추술**(乙丙交而趨戌)] : 화국을룡(火局乙龍)

[辛戌乾亥壬子水口]

을진손사병오수구(乙辰巽巳丙午水口[**신임회이취진**(辛壬會而聚辰)]) : 수국신룡(水局辛龍)

[乙辰巽巳丙午水口]

계축간인갑묘수구(癸丑艮寅甲卯水口[**두우납정경지기**(斗牛納丁庚之氣)]) : 금국정룡(金局丁龍)

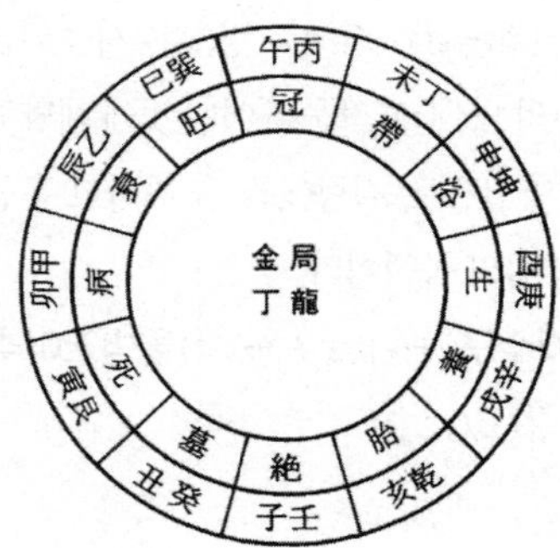

[癸丑艮寅甲卯水口]

정미곤신경유수구(丁未坤申庚酉水口[**금양수계갑지영**(金羊收癸甲之靈)]) : 목국계룡(木局癸龍)

[丁未坤申庚酉水口]

① **길수**(吉水[**길향**(吉向)])

- **정왕향**(正旺向)

  임좌병향(壬坐丙向) · 자좌오향(子坐午向)에 신술방수구(辛戌方水口[화국(火局)])

  병좌임향(丙坐壬向) · 오좌자향(午坐子向)에 을진방수구(乙辰方水口[수국(水局)])

  경좌갑향(庚坐甲向) · 유좌묘향(酉坐卯向)에 정미방수구(丁未方水口[목국(木局)])

  갑좌경향(甲坐庚向) · 묘좌유향(卯坐酉向)에 계축방수구(癸丑方水口[금국(金局)])

  이상은 정왕향(正旺向) 또는 제왕향(帝旺向)이라 하는데 우선룡(右旋龍 : 시계 반대방향으로 도는 용)에 좌선수(左旋水 : 시계 방향으로 도는 물)라야 합법인데 생방(生方)의 물이 왕방(旺方)에서 합한다. 이를 탐랑직보천강백년이수지지(貪狼直步天罡百年頤壽之地)라 하여 크게 부귀하고 인물이 창성하며 모든 자손들이 발복이 면면하여 충신 효자와 어진 이가 나오고 장수한다는 길향(吉向)이다.

- **자왕향**(自旺向)

  갑좌경향(甲坐庚向) · 묘좌유향(卯坐酉向)에 신술수구(辛戌水口[火 기준])

  경좌갑향(庚坐甲向) · 유좌묘향(酉坐卯向)에 을진수구(乙辰水口[水 기준])

  임좌병향(壬坐丙向) · 병좌임향(丙坐壬向)에 정미수구(丁

未水口[木 기준])

오좌자향(午坐子向)·자좌오향(子坐午向)에 계축수구(癸丑水口[金 기준])

이상을 자왕향(自旺向) 또는 절처봉왕향(絶處逢旺向)이라 한다. 이 향은 우선룡에 우수(右水)가 왼쪽으로 향해 나가야만 합법이다. 생방(生方)의 물이 관대·임관수와 회합해서 쇠방(衰方)·천간방(天干方)으로 나가니, 이는 바로 양구빈(楊救貧)의 진신수법(進神水法)이며 생(生)으로 와서 왕(旺)에 모이니 총명한 자손들이 많이 생겨나 집안을 부귀문중으로 일으키며 오복이 가득하다.

• **정생향**(正生向)

곤좌간향(坤坐艮向)·신좌인향(申坐寅向)에 신술수구(辛戌水口)

건좌손향(乾坐巽向)·해좌사향(亥坐巳向)에 계축수구(癸丑水口)

간좌곤향(艮坐坤向)·인좌신향(寅坐申向)에 을진수구(乙辰水口)

손좌건향(巽坐乾向)·사좌해향(巳坐亥向)에 정미수구(丁未水口)

이상은 정생향(正生向) 또는 장생향(長生向)이라고도 하는데 좌선룡(左旋龍)에 우선수(右旋水)가 합법이며 왕방(旺方)의 물이 묘방(墓方)으로 흘러가니 이른바 왕거영생(旺去迎生)이요 삼합연주격(三合連珠格)을 이룬 향으로 부귀가 지극하다. 만일 장생방의 물이 혈에 내조(內助)하면 종사천고보좌성군(螽斯千古補佐聖君)이라는 글귀에 해당하여 부귀가 쌍전하고 오복이 가득하며, 부녀자는 현숙하고 자손마다 효도하며 방방(房房)이 모두 발복한다고 한다.

• **자생향**(自生向)

손좌건향(巽坐乾向)·사좌해향(巳坐亥向)에 신술수구(辛戌水口[火 기준])

곤좌간향(坤坐艮向)·신좌인향(申坐寅向)에 계축수구(癸丑水口[金 기준])

건좌손향(乾坐巽向)·해좌사향(亥坐巳向)에 을진수구(乙辰水口[水 기준])

간좌곤향(艮坐坤向)·인좌신향(寅坐申向)에 정미수구(丁未水口[木 기준])

이상은 자생향(自生向) 또는 절처봉생향(絶處逢生向)이라고도 하는데 좌선하는 용에 우선하는 물이라야 합법이며, 왕방의 물이 천간자(天干字) 묘방(墓方)으로 나가면 이를 차고소수(借庫消水: 庫方으로 물이 나감)하는 양공(楊公)의 구빈진신수법(救貧進神水法)이라 하여 부귀가 극진하다고 한다. 게다가 장생방의 물이 내조하면 종사천고좌보성군(螽斯千古佐補聖君)이란 글귀에 해당하여 극품의 부귀를 누린다. 그러므로 이 향은 부귀 장수하고 인구가 왕성하며, 장손·차손을 막론하고 모든 자손들이 크게 발복한다는 길향(吉向)이다.

• **정양향**(正養向)

정좌계향(丁坐癸向)·미좌축향(未坐丑向)에 신룡수구(辛龍水口[화국(火局)])

신좌을향(辛坐乙向)·술좌진향(戌坐辰向)에 계축수구(癸丑水口[금국(金局)])

계좌정향(癸坐丁向)·축좌미향(丑坐未向)에 을진수구(乙辰水口[수국(水局)])

을좌신향(乙坐辛向)·진좌술향(辰坐戌向)에 정미수구(丁未水口[목국(木局)])

이상은 정양향(正養向) 또는 그냥 양향(養向)이라 하는데 좌선(左旋)하는 용에 우선(右旋)하는 물이라야 합법이다. 왕방(旺方)의 물이 절방(絶方: 건곤간손자[乾坤艮巽字])으로 돌아나가면 삼합연주(三合連珠)에 삼절녹마(三折祿馬)요 양공(楊公)의 구빈진신수법(救貧進神水法)이라 한다. 충신 효자가 나오고 공명(功名)을 크게 발하며 자손마다 발복이 장원(長遠)하다는 길향(吉向)이다.

• **정묘향**(正墓向)

을좌신향(乙坐辛向)·진좌술향(辰坐戌向)에 신룡수구(辛龍水口[화국(火局)])

정좌계향(丁坐癸向)·미좌축향(未坐丑向)에 계축수구(癸丑水口[금국(金局)])

신좌을향(辛坐乙向)·술좌진향(戌坐辰向)에 을진수구(乙辰水口[수국(水局)])

계좌정향(癸坐丁向)·축좌미향(丑坐未向)에 정미수구(丁未水口[목국(木局)])

이상을 정묘향(正墓向) 또는 묘고향(墓庫向)이라고도 하는데 우선(右旋)하는 용에 좌선하는 물이라야 합법이다. 왕방(旺方)의 물이 절방(絶方)으로 나가면 부귀문장이 발하고, 생방(生方)의 물이 절방으로 나가되 인신사해(寅申巳亥)를 범하지 말고 건곤간손(乾坤艮巽)으로 나가면 묘고출살(墓庫出殺)이라 하여 매우 좋게 보는 것이며, 또 왕방의 물이 자오묘유(子午卯酉)를 범하지 말고 임병경갑(壬丙庚甲)의 목욕방(沐浴方)으로 나가면 녹존유진패금어(祿存流盡佩金魚)라는 글귀에 해당하여 귀격이라 한다. 단 평양지(平洋地)라야 좋고 고산(高山)은 마땅치 않다.

• **태향**(胎向)

병좌임향(丙坐壬向)·오좌자향(午坐子向)에 신룡수구(辛龍水口[화국(火局)])

경좌갑향(庚坐甲向)·유좌묘향(酉坐卯向)에 계축수구(癸丑水口[금국(金局)])

임좌병향(壬坐丙向)·자좌오향(子坐午向)에 을진수구(乙辰水口[수국(水局)])

갑좌경향(甲坐庚向)·묘좌유향(卯坐酉向)에 정미수구(丁未水口[목국(木局)])

이상은 모두 태향(胎向)이라 하는데 좌선룡(左旋龍)에 우선수(右旋水)가 합법이다. 즉 이 향은 임관방(臨官方)에서 오는 물이 태방(胎方)으로 나가되 자오묘유방(子午卯酉方)을 범하지 말고 반드시 임경병갑(壬庚丙甲) 천간방으로 나가되 왼편에서 오는 물이 가늘게 흘러 백보전란(百步轉欄 : 물이 곧게 흘러가다가 백보쯤 밖에서 90각도로 꺾여져 흘러나가는 것)하여야 한다. 이와 같이 되면 크게 부귀한다고 하나 진룡·진혈이 아니면 자손이 끊길 우려가 있으므로 함부로 이 향을 놓아서는 안 된다고 한다.

• **쇠향**(衰向)

계좌정향(癸坐丁向)·축좌미향(丑坐未向)에 신룡수구(辛龍水口[화국(火局)])

을좌신향(乙坐辛向)·진좌술향(辰坐戌向)에 계축수구(癸丑水口[금국(金局)])

정좌계향(丁坐癸向)·미좌축향(未坐丑向)에 을진수구(乙辰水口[수국(水局)])

신좌을향(辛坐乙向)·술좌진향(戌坐辰向)에 정미수구(丁未水口[목국(木局)])

이상은 모두 쇠향(衰向)인데 우선룡(右旋龍)에 좌선수(左旋水)가 합법이다. 임관방(臨官方)의 물이 향인 거문수(巨門水)와 합해서 태방(胎方)으로 나가되 향의 진술축미(辰戌丑未)와 태방의 자오묘유(子午卯酉)를 범하지 말고, 을신정계향(乙辛丁癸向)에서 흘러와 임병경갑(壬丙庚甲) 천간글자 닿는 곳으로 나가면 이른바 녹존유진패금어(祿存流盡佩金魚)라 하여 부귀·문장에 급제하는 자손이 많이 나오며 크게 발복한다. 그러나 진룡·진혈이 아니면 자손이 끊기는 위험이 있으니 함부로 놓지 못하는 향이다.

向 ＼ 水口		辛戌乾亥壬子(火局乙龍)	癸丑艮寅甲卯(金局丁龍)	乙辰巽巳丙午(水局辛龍)	丁未坤申庚酉(木局癸龍)
長生	正生 自生	艮寅(丙午) 乾亥	巽巳(庚酉) 艮寅	坤申(壬子) 巽巳	乾亥(甲卯) 坤申
沐浴		甲卯(巽巳)	丙午(坤申)	庚酉(乾亥)	壬子(艮寅)
冠帶		乙辰(乙辰)	丁未(丁未)	辛戌(辛戌)	癸丑(癸丑)
臨官		巽巳(甲卯)	坤申(丙午)	乾亥(庚酉)	艮寅(壬子)
帝旺	正旺 自旺	丙午(艮寅) 庚酉	庚酉(巽巳) 壬子	壬子(坤申) 甲卯	甲卯(乾亥) 丙午
衰向		丁未(癸丑)	辛戌(乙辰)	癸丑(丁未)	乙辰(辛戌)
病向		坤申(壬子)	乾亥(甲卯)	艮寅(丙午)	乙辰(辛戌)
死向		庚酉(乾亥)	壬子(艮寅)	甲卯(巽巳)	丙午(坤申)
墓向		辛戌(辛戌)	癸丑(癸丑)	乙辰(乙辰)	丁未(丁未)
絶向		乾亥(庚酉)	艮寅(壬子)	巽巳(甲卯)	坤申(丙午)
胎向		壬子(坤申)	甲卯(乾亥)	丙午(艮寅)	庚酉(巽巳)
養向		癸丑(丁未)	乙辰(辛戌)	丁未(癸丑)	辛戌(乙辰)

• **자왕향**(自旺向)**에 목욕방소수**(沐浴方消水)

병(丙)·오향(午向)에 갑방수출(甲方水出[묘방(卯方)]을

범하지 않음)

임(壬)·자향(子向)에 경방수출(庚方水出[유방(酉方)]을 범하지 않음)

경(庚)·유향(酉向)에 병방수출(丙方水出[오방(午方)]을 범하지 않음)

갑(甲)·묘향(卯向)에 임방수출(壬方水出[자방(子方)]을 범하지 않음)

이상은 물이 왼쪽에서 오른쪽으로 흘러야 합격이다.

곤(坤)·신향(申向)에 경방수출(庚方水出[유방(酉方)]을 범하지 않음)

간(艮)·인향(寅向)에 갑방수출(甲方水出[묘방(卯方)]을 범하지 않음)

건(乾)·해향(亥向)에 임방수출(壬方水出[자방(子方)]을 범하지 않음)

손(巽)·사향(巳向)에 병방수출(丙方水出[오방(午方)]을 범하지 않음)

이상은 자왕향(自旺向)을 놓고 물이 목욕방으로 나가되 자오묘유(子午卯酉)의 지지자(地支字)를 범하지 말고 오직 임병경갑(壬丙庚甲 天干字)으로 바르게 나가면 이를 녹존유진패금어(祿存流盡佩金魚)라는 귀격에 해당하여 부귀 쌍전하고 자손이 창성한다는 것이다. 그러나 자오묘유 지지자(子午卯酉 地支字)를 조금만 범하면 패가하고 자손도 끊긴다고 하니 함부로 취하지 못하는 향법이요 수법이다.

• **쇠향(衰向)에 목욕방출수(沐浴方出水)**

정(丁)·미향(未向)에 임방수출(壬方水出[자방(子方)]을 범하지 않음)

신(辛)·술향(戌向)에 갑방수출(甲方水出[묘방(卯方)]을 범하지 않음)

계(癸)·축향(丑向)에 병방수출(丙方水出[오방(午方)]을 범하지 않음)

을(乙)·진향(辰向)에 경방수출(庚方水出[유방(酉方)]을 범하지 않음)

정미향(丁未向)에 정방수(丁方水), 신술향(辛戌向)에 신방수(辛方水), 계축향(癸丑向)에 계방수(癸方水), 을진향(乙辰向)에 을진방(乙辰方)의 물이 당(堂)에 내조(內朝)하여 임갑병경(壬甲丙庚)의 목욕방으로 나가는 것인데, 왼쪽에서 오른쪽으로 돌아나가야 합격이다. 이 향은 크게 부귀하고 수복을 누리는 길격이지만 다만 자오묘유(子午卯酉)로 출수(出水)되지 말아야 하고, 또 평양지(平洋地)라야 한다. 산지(山地: 높은 용)는 좌공조만(坐空朝滿: 뒤는 허하고 앞은 도두룩함)되어 불길하니 자오묘유(子午卯酉)를 범하거나, 산지의 혈은 패망하고 자손이 끊기므로 함부로 세우지 못하는 향이라 한다.

• **태향(胎向)에 녹존방소수(祿存方消水)**

임(壬)·자방(子方)에 임방수(壬方水)

갑묘향(甲卯向)에 갑방수(甲方水)

병(丙)·오향(午向)에 병방수(丙方水)

경유향(庚酉向)에 경방수(庚方水)

녹존방(祿存方)이란 향으로 정록(正祿)이 되는 방위다. 물이 임관방(臨官方)에서와 태방(胎方)으로 나가면 자연 녹존방소수(祿存方消水)가 되는데 반드시 자오묘유(子午卯酉)를 범하지 말고 정확하게 임경병갑천간방(壬庚丙甲天干方)으로 흘러가야 하며, 왼쪽의 물이 오른쪽으로 나가되 오른쪽 물은 장대하고 왼쪽의 물은 가늘고 작아야 하며, 물이 곧게 흘러가다가 수구(水口) 백보 가량 떨어진 지점에서 90도 방위로 꺾어져 나가야(백보전란[百步轉欄]) 길격(吉格)이다.

② **흉수(凶水[흉향(凶向)])**

• **살인대황천수(殺人大黃泉水)**

병(丙)·오향(午向)에 손사방수출(巽巳方水出)

임(壬)·자향(子向)에 건해방수출(乾亥方水出)

경(庚)·유향(酉向)에 곤신방수출(坤申方水出)

갑(甲)·묘향(卯向)에 간인방수출(艮寅方水出)

이상의 향(向)과 물을 범하면 다 키우고 가르쳐 놓은 자손을 잃으며 여러 가지 악질이 발생하는데, 둘째 자손부터 재앙을 입고 차차로 그 액이 미친다고 한다.

- **충록소황천수**(沖祿小黃泉水)

정(丁) · 미향(未向)에 병오방수출(丙午方水出)
계(癸) · 축향(丑向)에 임자방수출(壬子方水出)
신(辛) · 술향(戌向)에 경유방수출(庚酉方水出)
을(乙) · 경향(辰向)에 갑묘방수출(甲卯方水出)
이상의 향과 물을 범하면 자손들이 궁핍하고 소년 주검이 있으며 과부가 생겨나는 흉살이라 한다.

- **교여불급수**(交如不及水)

곤(坤) · 신향(申向)에 간인(艮寅) · 갑묘방(甲卯方) 수출(水出)
간(艮) · 인향(寅向)에 곤신(坤申) · 경유방(庚酉方) 수출(水出)
건(乾) · 해향(亥向)에 손사(巽巳) · 병오방(丙午方) 수출(水出)
손(巽) · 사향(巳向)에 건해(乾亥) · 임자방(壬子方) 수출(水出)
이상은 모두 관향(官向)에 절 · 태방(絕胎方)으로 물이 나가는 것이니 단명하고 재물이 없으며 발복되지 않는 흉향흉수(凶向凶水)라 한다.
병(丙) · 오향(午向)에 경유방수출(庚酉方水出)
임(壬) · 자향(子向)에 갑묘방수출(甲卯方水出)
경(庚) · 유향(酉向)에 임자방수출(壬子方水出)
갑(甲) · 묘향(卯向)에 병오방수출(丙午方水出)
이상은 사향(死向)에 태방(胎方)으로 물이 나가는 것이니 자손이 있으면 재물이 없고, 재물이 있으면 자손이 없으며, 혹 공명(功名)을 얻더라도 단명하고 병약하여 장수를 못하는 흉살이다.

- **단명과숙수**(短命寡宿水)

병(丙) · 오향(午向)에 곤신방수출(坤申方水出)
임(壬) · 자향(子向)에 간인방수출(艮寅方水出)
경(庚) · 유향(酉向)에 건해방수출(乾亥方水出)
갑(甲) · 묘향(卯向)에 손사방수출(巽巳方水出)
이상은 모두 사향(死向)에 절방(絕方)으로 물이 빠져나가는 것인데, 재산이 없어지고 남정(男丁)이 일찍 죽어 과부가 많이 생겨나며, 종래는 대가 끊기는 흉살이다. 해수(咳嗽) · 토담(吐痰) · 실혈(失血) · 노질(癆疾) 등의 병으로 셋째 자손이 먼저 액을 입고 차차로 모든 자손에게 액이 미친다고 한다. 태향(胎向)에 묘고방(墓庫方)으로 물이 나가면 이를 충파향상관대수(沖破向上冠帶水)라 하는데 청춘남녀가 사망하고 재산이 없어지며, 오랜 세월 뒤에는 자손이 끊긴다고 한다. 왕향(旺向)에 태방(胎方)으로 물이 나가면 이를 충파태신수(沖破胎神水)라 하는데, 처음에는 발복하는 듯하다가 오랜 뒤에는 재산이 없어지고 자손이 끊긴다. 곤신향(坤申向)에 병오수(丙午水), 간인향(艮寅向)에 임자수(壬子水), 건해향(乾亥向)에 경유수(庚酉水), 손사향(巽巳向)에 갑묘방(甲卯方) 수출(水出)이면 자손이 요수(夭壽)하거나 재산이 없다. 목욕향(沐浴向)에 물이 묘고방(墓庫方)으로 나가면 소아(小兒)가 상하고 재물이 없어지며 자손이 끊기는 수도 있다. 병향(病向)에 절방(絕方)으로 물이 나가면 이를 충파향상임관수(沖破向上臨官水)라 하는데 다 키워놓은 자식을 잃고 질병이 따르며 재산이 없어지는 흉살이다. 왕향(旺向)에 절방(絕方)으로 물이 나가면 이를 과궁수(過宮水)라 하는데 처음에는 인정(人丁)도 있고 수한도 누리다가 종래는 재산도 망하고 흉해진다. 목욕향(沐浴向)에 절방으로 물이 나가면 이를 왕거충생수(旺去沖生水)라 하는데 비록 재산은 있으나 자손이 없는 흉격이다. 병향(病向)에 태방(胎方)으로 물이 나가면 이를 생래파왕(生來破旺)이라 하는데 재산이 구름같이 흩어지고, 처음에는 발복하는 듯하다가 오랜 뒤에는 패망한다.

- **기타 흉향흉수**(凶向凶水)

생향(生向)에 절방수출(絕方水出)
관대향(冠帶向)에 묘고방수출(墓庫方水出)
쇠향(衰向)에 묘방수출(墓方水出)
질향(疾向)에 묘방수출(墓方水出)
관향(冠向)에 묘방수출(墓方水出)
묘향(墓向)에 쇠방수출(衰方水出)

向 및 水口 / 水口	壬子	癸丑	艮寅	甲卯	乙辰	巽巳	丙午	丁未	坤申	庚酉	辛戌	乾亥
辛戌乾亥壬子 (火局乙龍)	胎	養	生	浴	帶	冠	旺	衰	病	死	墓	絶
癸丑艮寅甲卯 (金局丁龍)	死	墓	絶	胎	養	生	浴	帶	冠	旺	衰	病
乙辰巽巳丙午 (水局辛龍)	旺	衰	病	死	墓	絶	胎	養	生	浴	帶	冠
丁未坤申庚酉 (木局癸龍)	浴	帶	冠	旺	衰	病	死	墓	絶	胎	養	生

❖ **팔요살**(八曜煞) : 팔괘(八卦)의 관귀효(官鬼爻)로서 가장 흉한 살(殺)로서 비록 음양(陰陽)이 불박(不駁)해도 입향(立向)은 불가하다. 만약 잘못하여 팔요살(八曜煞)을 범하면 반드시 횡화(橫禍)를 만나고 만다. 자룡(子龍)은 진술방(辰戌方)의 입향(立向)이 불가하고, 곤룡(坤龍)은 묘방(卯方)으로 입향(立向)을 하지 못한다. 묘룡(卯龍)은 신방(申方)으로 입향(立向)이 불가하고, 손룡(巽龍)은 유방(酉方)으로 입향(立向)하면 팔요살(八曜煞)을 범하게 되니 불가하고, 건룡(乾龍)은 오방(午方)으로 입향(立向)하면 역시 팔요살(八曜煞)을 범하게 된다. 유룡(酉龍)은 사방(巳方)으로의 입향(立向)이 불가하고, 간룡(艮龍)은 인방(寅方)으로 입향(立向)이 불가하며, 오룡(午龍)은 해방(亥方)으로 입향(立向)이 불가하니 모두다 팔요살방(八曜煞方)이 되기 때문이다.

❖ **팔요살룡**(八曜殺龍) : 용과 입수(入首)가 팔요살이 되는 경우.

임감(壬坎)룡이 을진(乙辰) 입수(入首)
곤신(坤申)룡이 갑묘(甲卯) 입수(入首)
을묘(乙卯)룡이 곤신(坤申) 입수(入首)
손사(巽巳)룡이 경태(庚兌) 입수(入首)
건해(乾亥)룡이 병오(丙午) 입수(入首)
경태(庚兌)룡이 손사(巽巳) 입수(入首)
오정(午丁)룡이 건해(乾亥) 입수(入首)
축간(丑艮)룡이 인갑(寅甲) 입수(入首)
형옥(刑獄) 공망이니 형무소에 가거나 유배된다.

❖ **팔요수**(八曜水)

① 일명 형륙살(刑戮殺)이라고도 하는데 혈을 기준하여 물이 들어오는 방위와 나가는 방위를 꺼리는데, 이 살을 범하면 형상(形傷)의 액이 있다고 한다.

감산(坎山[임자계좌(壬子癸坐)]) : 진방수(辰方水)
간산(艮山[축간인좌(丑艮寅坐)]) : 인방수(寅方水)
진산(震山[갑묘을좌(甲卯乙坐)]) : 신방수(申方水)
손산(巽山[진손사좌(辰巽巳坐)]) : 유방수(酉方水)
이산(離山[병오정좌(丙午丁坐)]) : 해방수(亥方水)
곤산(坤山[미곤신좌(未坤申坐)]) : 묘방수(卯方水)
태산(兌山[경유신좌(庚酉辛坐)]) : 사방수(巳方水)
건산(乾山[술건해좌(戌乾亥坐)]) : 오방수(午方水)

가령 감산(坎山) 즉 임자계좌(壬子癸坐)는 혈 중앙에 나침반을 놓고 물의 들어오고(來 : 得) 나가는(去 : 破) 방위를 보아 진방(辰方)에서 물이 보이거나 진방(辰方)으로 물이 나가면 팔요수살(八曜水殺)이 된다.

② 간좌(艮坐)에 인수(寅水), 유좌(酉坐)에 사수(巳水), 손좌(巽坐)에 유수(酉水), 묘좌(卯坐)에 신수(申水), 건좌(乾坐)에 오수(午水), 오좌(午坐)에 해수(亥水), 곤좌(坤坐)에 묘수(卯水), 자좌(子坐)에 진수(辰水)를 팔요수(八曜水)라고 한다. 팔요수는 좌(坐)와 득파(得破)가 오행으로 상극관계에 있는 것으로 득파의 오행이 좌를 극(剋)한다. 간(艮)은 오행으로 토(土), 인(寅)은 목(木)으로 목극토(木克土)이니 인수(寅水)가 간좌(艮坐)를 극한다. 다른 것들도 이와 마찬가지다. 팔요수도 황천수(黃泉水)처럼 아주 흉하다. 자손들이 횡액(橫厄)을 자주 당하며 젊어서 일찍 죽고 갖가지 고초를 겪는다. 그런데 팔요수라 해도 정음정양법(淨陰淨陽法)에 따라 합국(合局)이 되는 것은 흉하지 않는다. 간좌(艮坐)는 향이 곤(坤)이다. 곤(坤)은 정양(正陽)이다. 인(寅)도 정양이니 간좌(艮坐)에 인수(寅水)는 오히려 길(吉)하다. 또 유좌(酉坐)는 향이 묘향(卯向)이다. 묘(卯)는 정음(淨陰)이다. 사(巳)도 정음이다. 그러니 유좌(酉坐)에 사수(巳水)는 팔요수라 해도 흉하지 않다. 곤좌(坤坐)와 자좌(子坐)도 그렇다. 곤좌(坤坐)는 향(向)이 간향(艮向)이다. 간(艮)은 정음이다. 묘(卯) 역시 정음이니 곤좌(坤坐)에 묘수(卯水)는 합국(合局)이 되어 길(吉)하다. 그리고 자좌(子坐)는 향(向)이 오향(午向)이다. 오(午)는 정양이다. 진(辰)도 정양이다. 그러니 자좌(子坐)에 진수(辰水)는 합국(合局)이다. 그래서 흉화

(凶禍)를 입지 않는다.

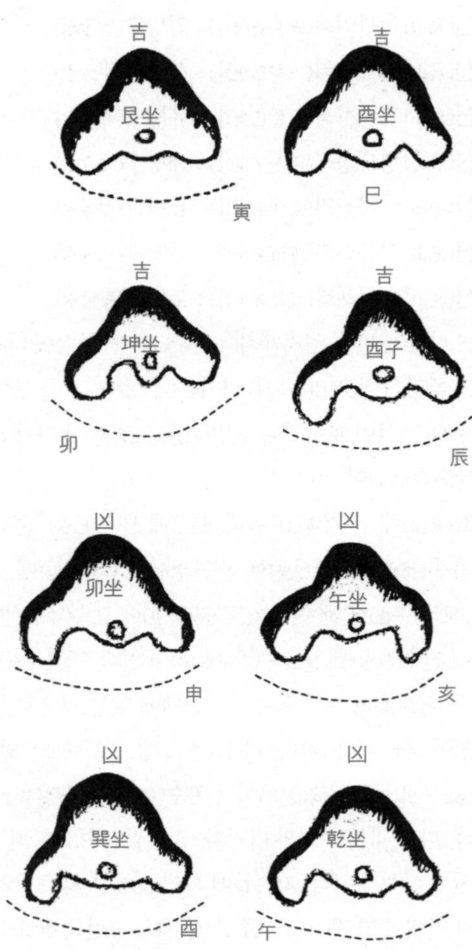

❖ **팔요수법**(八曜水法) : 자산진수(子山辰水), 간산인수(艮山寅水), 묘산신수(卯山申水), 손산태수(巽山兌水), 오산해수(午山亥水), 곤산묘수(坤山卯水), 유산사수(酉山巳水), 건산오수(乾山午水)은 팔요수(八曜水) 해당된다.

자(子[임자계(壬子癸) : 사선(四線)])좌(坐[산(山)])에 진(辰[일선(一線)])수(水)는 사선(四線)의 진방(辰方)에 파(破)나 물이 비치면(요수[曜水]) 흉한 즉 물이 관에 들어온다. 이는 일명 형륙살(刑戮殺)로 형액(刑厄)과 살상(殺傷)이 속출하는데 양택과 음택 동시에 활용한다. 또한 자좌오향(子坐午向) 일선(一線)의 해(亥)는 사선(四線[정침(正針)])의 해방위(亥方位)쪽으로 내려가는 산줄기에 골이 파져 있으며 지하수가 흐르고 있다. 즉 수만관중(水滿棺中)이다. 그러나 단단히 뭉쳐있으면 혈에는 지하수가 흐르지 않는다.

❖ **팔요황천살룡**(八曜黃泉殺龍) : 용법 중에서 가장 흉한 악살로 황천살(黃泉殺)이라고도 부르는데 혈에서 좌향(坐向)을 정할 때 제일 먼저 점검해 보아야 한다. 팔요황천살룡은 혈의 향이 입수룡을 극하는 것으로 관살(官殺)이라고도 한다. 측정방법은 ① 나의 4층 지반정침(地盤正針)으로 입수도두에서 입수 1절룡을 측정한다. ② 혈의 중심에서 나경의 4층 지반정침으로 좌향을 측정한다. ③ 혈의 향이 입수 1절룡을 극하는지를 살펴본다. 예를 들어 임자계룡(壬子癸龍)은 감괘(坎卦)에 해당된다. 오행은 팔괘오행으로 양수(陽水)다. 수(水)를 극하는 것은 토(土)다. 12지지의 정오행 중 양토(陽土)는 진(辰)과 술(戌)이다. 따라서 입수일절룡(入首一節龍)이 임룡(壬龍), 자룡(子龍), 계룡(癸龍)에 해당되면 술좌진향(戌坐辰向)이 황천살(黃泉殺)을 받기 때문에 술좌진향(戌坐辰向)을 놓을 수 없다. 만약 입수일절룡(入首一節龍)이 술건해(戌乾亥) 세 궁위(宮位)이 다 화극금(火剋金) 하므로 12지지의 정오행(正五行)이 양화(陽火)인 오(午)가 금(金)을 극한다. 그러므로 관살(官殺)이 되는 자좌오향(子坐午向)을 놓을 수 없다. 팔요황천살룡은 나경의 1층에 표시되어 있다. 관살(官殺) 즉 황천살(黃泉殺)이라는 것은 오행이 상극(相剋)하면서 음양이 같은 것을 말한다.

❖ **팔요황천풍**(八曜黃泉風) : 입수룡(入首龍)을 기준하여 팔요황천살에 해당되는 방위가 흉하면 극심한 피해를 입는다. 황천살 방위가 요함(凹陷)하거나 흉한 골짜기가 있어 살풍(殺風)이 불어오면 황천풍이다. 인상손재(人傷損財)하여 사람이 상하고 재산이 망한다.

入首龍	坎 壬子癸	艮 丑艮寅	震 甲卯乙	巽 震巽巳	離 丙午丁	坤 未坤申	兌 庚酉辛	乾 戌乾亥
黃泉風	辰戌	寅	申	酉	亥	卯	巳	午

❖ **팔자수**(八字水) : 혈 앞에서 물이 갈라져 나가는 모양이 팔자(八字)와 같음.

❖ **팔장**(八將) : 간병(艮丙) 손신(巽辛) 태정(兌丁) 진경(震庚)을 이른 말이며, 출장입상(出將入相)은 진경봉(震庚峰)의 도움이고, 손신

(巽辛)이 상대(相對)하면 문장인이 나올 것이며, 간병봉(艮丙峰)이 탁수(卓秀)하면 창고(倉庫)가 언제나 영만(盈滿)하고, 태정(兌丁)이 단장하였으면 왕비가 나온다.

❖ **팔장비**(八將備) : 간병손신유정묘경(艮丙巽辛酉丁卯庚)을 팔장(八將)이라 함. 이 여덟 방향에 수려한 산봉우리가 높이 솟아올라 서로 어울리는 것을 팔장비라 부른다. 팔장비가 있으면, 자손들이 대부귀(大富貴)를 얻는다. 그런데 팔장이 빠짐없이 모두 갖춰지기가 매우 어렵고 그 중에 한두 개는 빠지는 경우가 많다. 한두 개가 빠지면 그만큼 복록(福祿)도 줄어들지만 줄어든 복록 역시 대단하다.

❖ **팔풍**(八風) : 팔방(八方)의 산에서 부는 바람.

❖ **팔혈**(八穴)**의 길흉**(吉凶)

- **용혈**(龍穴) : 힘차게 움직이는 혈. 명예, 재물, 자손 모두 길하다.
- **천혈**(天穴) : 높고 아름다운 곳. 명예, 재물, 건강에 길하다.
- **파혈**(破穴) : 구덩이가 깨지고 허물어진 곳이 많다. 가난하고 자손을 못 두는 흉혈이다.
- **인혈**(人穴) : 사람이 누어 있는 형상이다. 대를 이어가면서 재물이 넉넉하다.
- **귀혈**(鬼穴) : 산이 괴상하게 생긴 형상이다. 관재 구설 젊어서 죽는 자손이 있다.
- **지혈**(地穴) : 평탄하고 밝은 땅이다. 부귀, 건강 모두 길하다.
- **생혈**(生穴) : 초목이 무성하게 잘 자란다. 재물이 넉넉하고 자손도 많이 둔다.
- **절혈**(絶穴) : 산의 맥이 끊어진 혈이다. 빈한하고 병을 앓는다. 후손이 없는 혈이다.

❖ **팔혈차고법**(八穴借庫法) : **팔괘의 팔혈이 자생자왕하는 법** : 건맥(乾脈)이 노양(老陽)으로 결혈(結穴)하면 손향(巽向)을 하게 된다. 수구(水口)가 을방(乙方)으로 나가면 세상에 창달한다. 을(乙)은 수국(水局)의 정고(正庫)이다. 손(巽)은 절방(絶方)이 되나 향상(向上)에서 스스로 생(生)을 이룬다. 우수(右水)가 왼쪽으로 나가고 본국(本局)의 정고(正庫)를 빌리니 차고(借庫)하여 절처봉생(絶處逢生)하는 자생향(自生向)으로 양공구빈진신수법(楊公救貧進神水法)이다. 감(坎)의 맥(脈)은 병오향(丙午向)을 하게 되면, 감(坎)은 중양(中陽)이 되므로 중양혈(中陽穴)이 된다. 정방(丁方)으로 물이 흘러 나가면 대발상(大發祥)한다. 정(丁)은 목국(木局)의 정고(正庫)이다. 병오(丙午)는 사(死)에 속하나 향상(向上)에서 스스로 왕(旺)을 얻는다. 좌수(左水)가 오른쪽으로 흘러 향상(向上)의 쇠방(衰方)이며 본국의 정고(正庫)로 물이 나가게 되므로 시(詩)에 말하는 오직 쇠방으로는 수구와 득수가 모두 가능하다(唯有衰方可去來)고 노래한 양공구빈(楊公救貧)의 진신수법(進神水法)이다. 간혈(艮穴)에는 신향(神向)을 하게 되고 수구(水口)가 정방(丁方)으로 나가면 아이들이 명랑하고 집안이 흥한다. 정(丁)은 목국(木局)의 정고(正庫)요 곤신(坤申)은 절방(絶方)이 되나 향상(向上)에서 스스로 생(生)을 얻는다. 우수(右水)가 왼쪽으로 나가고 본국(本局)의 정고(正庫)를 빌리니, 차고(借庫)하여 절처봉생(絶處逢生)하는 자생향(自生向)이 된다. 진맥(震脈)은 장남혈(長男穴)로서 경유향(庚酉向)을 하게 된다. 수구(水口)가 신방(辛方)으로 나가면 사당(祠堂)과 행랑채의 그릇이 가지런하여 복(福)이 된다. 경유(庚酉)는 본 화국(火局)의 사(死)에 속하나 향상(向上)에서 스스로 왕(旺)을 이룬다. 수구(水口) 신(辛)은 화국(火局)의 정고(正庫)요 향상(向上)의 쇠방(衰方)이 된다. 좌변수(左邊水)가 오른쪽으로 나가니 시(詩)에 해당하고 양공구빈(楊公救貧)의 진신수법(進神水法)이다. 손(巽)으로 내려온 혈맥(穴脈)에는 건향(乾向)을 하게 된다. 물이 신방(辛方)으로 나가면 장원급제의 경사가 있다. 수구(水口)가 신방(辛方)이니 화국(火局)이다. 건해(乾亥)는 절방(絶方)이나 향상(向上)에서 생(生)을 스스로 얻는다. 신수구(辛水口)는 본국(本局(火))의 고(庫)이다. 향상(向上)에서 본국(本局)의 고(庫)를 빌리고 향상(向上)에서 생(生)을 이루는 절처봉생향(絶處逢生向)이 되는 자생향(自生向)이니 양공구빈진신수법(楊公救貧進神水法)이다. 이혈(離穴)의 맥(脈)은 중녀(中女)이니, 임향(壬向)을 하고 물이 계방(癸方)으로 흘러나가면 오래도록 횡재를 하게 된다. 수구(水口)가 계방(癸方)이 되면 향상(向上)의 쇠방(衰方)이요, 본국(本局)인 금국(金局)의 정고(正庫)이다. 임자향(壬子向)을 하게 되면 임자(壬子)는 본국(本局)의 사(死)가 되나 향상(向上)으로는 스스로 왕(旺)을 이룬다. 본국(本局[金])의 고(庫)를 차고(借庫)하고 향상(向上)

의 왕(旺)을 취하였으니 자왕향(自旺向)이 된다. 시(詩)에 '오직 쇠방으로 수구와 득수가 모두 가능하다(唯有衰方可去來)'고 노래한 양공진신수법(楊公進神水法)이다. 곤혈(坤穴)은 간향(艮向)을 하고 곤(坤)은 노음(老陰)에 속한다. 계방(癸方)으로 물이 흘러나가면 복과 재물이 매양 생긴다. 계방(癸方)은 금국(金局)이요, 간인방(艮寅方)은 절방(絶方)이다. 곤신좌 간인향(坤申坐 艮寅向)은 비록 절방(絶方)이긴 하나 향상(向上)으로 생(生)이 된다. 향상(向上)의 생(生)을 취하고, 우수(右水)가 왼쪽으로 흘러 계방(癸方)으로 나가면 금국(金局)의 고(庫)를 빌리니 차고소수(借庫消水)한다. 절처(絶處)에서 봉생(逢生)하는 자생향(自生向)으로 양공구빈(楊公救貧)의 진신수법(眞神水法)이다. 태궁혈(兌宮穴)에 수구(水口)가 을(乙)로 돌아나가면 갑향(甲向)을 하여야 복록이 일어난다. 태궁(兌宮)은 경유(庚酉)이니 태궁(兌宮)의 혈에서는 갑묘향(甲卯向)을 하게 된다. 을(乙)로 수구(水口)가 되니 수국(水局)이다. 갑묘(甲卯)는 수국(水局)의 사(死)에 해당하나 향상(向上)에서 스스로 왕(旺)이 된다. 을(乙)은 향상(向上)으로 쇠방(衰方)이나 본국(本局)에서 정고(正庫)이다. 좌변수(左邊水)가 혈 앞을 돌아 오른쪽으로 나가면 본국(本局)의 고(庫)를 차고(借庫)함이 되고 스스로 왕향(旺向)을 하니 자왕향(自旺向)이 된다. 시(詩)에 '오직 쇠방으로 수구와 득수가 모두 가능하다(唯有衰方可去來)'고 양공구빈(陽公救貧)의 진신수법(進神水法)이다.

❖ **팔흉사**(八凶砂)

①**사사**(射砂) : 혈처의 어느 방위에서든 뾰족하게 밀고 들어오는 것으로 특히 바위등을 진찰해야 하며 이때에는 절사(絶嗣)한다.

②**탐사**(探砂 : 규봉, 도봉) : 담 너머로 넘어다보는 형으로 자손도벽이나 도적피해가 남.

③**파사**(破砂) : 혈압이나 뒤에 난의상(亂衣象)이 보임. 물결모양이나 구름형상과는 구별되어야 함.

④**충사**(沖砂) : 양쪽에서 찌르는 형상(앞, 뒤, 양쪽에 상관없이) 바위가 충하고 있어도 안 좋음.

⑤**압사**(壓砂) : 혈처 앞에 안산이 없이 큰산이 꽉 박혀 있는 것으로 천옥(賤屋)이다. 안산이 있다면 괜찮다.

⑥**반사**(反砂) : 산이 혈을 요위하지 않고 배반하고 감.

⑦**주사**(走砂) : 혈처 앞에서 물이 똑바로 흘러 가버림.

⑧**단사**(斷砂) : 용이 끊어진 것으로 특히 수맥이 끊긴 것은 안 됨.

❖ **패기맥**(敗氣脈) : 패기맥(敗氣脈)을 형성하는 무자순(戊子旬) 나경 제5층 각 4쌍의 분금들 가운데 각각 세 번째 칸에 있는 무자(戊子), 기축(己丑), 경인(庚寅), 신묘(辛卯), 임진(壬辰), 계사(癸巳), 갑오(甲午), 을미(乙未), 병신(丙申), 정유(丁酉), 무술(戊戌), 기해(己亥)의 12개 방위로 흐르는 내룡의 흐름은 구갑공망(龜甲空亡)이라고 여겨 대흉지격(大凶之格)으로 여긴다. 하관의 방향으로 매우 불리하다.

❖ **패섭**(擺摺) : 용의 형태를 표현하는 술어. 즉 겹겹으로 연결되면서 벌려 나간다는 뜻.

❖ **패역수**(悖逆水) : 진술수(辰戌水) 파국이면 패역무도(悖逆無道)한 자손들이 생긴다. 부모에 불효하고 나라에 반역한다. 그러다가 형벌을 받거나 일찍 죽는다.

❖ **패예**(擺拽) : 용의 형태를 표현하는 술어. 즉 사방으로 이끌어 나간 것을 가리킴.

❖ **패철**(佩鐵) : 패철을 나침반(羅針盤), 또는 나경(羅經), 또는 패철윤도(佩鐵輪圖)라고도 한다.

❖ **패철 활용법** : 나경 항목 참조.

❖ **패파일**(敗破日) : 흉신일(凶神日)의 하나로 건축·기계조립·회사창설·물건 만드는 일(工作)·약혼 등에 모두 꺼린다. 패파일은 아래와 같다.

- 正, 7月 : 신(申)
- 2, 8月 : 술(戌)
- 3, 9月 : 자(子)
- 4, 10月 : 인(寅)
- 5, 11月 : 진(辰)
- 6, 12月 : 오(午)

가령 정월과 7월에는 신일(申日), 즉 임신(壬申,) 갑신(甲申), 병신(丙申), 무신(戊申), 경신일(庚申日)이 모두 패파일(敗破日)이다.

❖ **편룡**(片龍) : 단면상 왼쪽이나 오른쪽 한쪽이 급경사를 이뤄 좌우 균형을 잃은 용을 말함. 기운이 충분히 통하지 못해 혼자 사는 사람이 많은 지세다.

❖ **편맥**(偏脈) : 왼쪽이나 오른쪽으로 나와 산세가 고르지 못하고 가볍게 생긴 맥을 말함.

❖ **편맥결**(偏脈結) : 옆맥으로 맺는 것. 입수처의 산봉우리가 우람하고 경사가 급하여 바로 혈을 맺지 못하고 다시 하나의 눈맥(嫩脈)이 살짝 옆으로 떨어지면서 소기소복(小起小伏)하고 희미하게 나가다가 반드시 역국(逆局)으로 혈이 생긴다. 이것이 지중간기(枝中幹氣)이다.

❖ **편심**(便尋) : 마땅함을 구하다.

❖ **편승**(偏勝) : 산이 좋으면 물이, 물이 좋으면 산이 좋지 못하여 산과 물중에 하나만 좋은 것.

❖ **편입수**(偏入首) : 입수가 한편으로 치우쳐서 들어오는 용으로서 불구, 단명손을 두거나 상처하기 쉽다. 또한 현무봉에서 용이 출발할 때 왼쪽이나 오른쪽 한쪽으로 치우쳐 출맥한다. 입수할 때도 입수도두의 한쪽으로 치우쳐 입맥한다. 주룡 좌우의 산세가 균등하지 못하며 대체로 힘이 약한 입수룡이다.

❖ **편출맥**(偏出脈) : 용맥이 중심으로 나오지 않고 왼쪽이나 오른쪽, 한쪽으로 치우쳐 나온 것.

❖ **편측명당**(偏側明堂) : 명당의 형세가 기울어져 한쪽은 높고 한쪽은 낮아 고르지 못한 것.

① 편측명당은 사방의 세력이 고르지 않은 것이다. 높은 곳이 있는가 하면 낮은 곳이 있고, 긴 쪽이 있는가 하면 짧은 쪽도 있다. 또 한쪽은 수려한데 다른 쪽은 추하게 생겨 균형을 잃고 조화롭지 않은 형상을 하고 있다. 마치 부부가 불화하는 것과 같다. 그러니 길흉(吉凶)이 반반이다. 편측명당의 혈에 조상의 묘를 쓰거나 집을 짓고 살면, 잘되는 자손이 있는가 하면 아주 박복한 자손도 나온다. 귀(貴)하게 되는 자손도 있고 천하게 되는 자손도 있다. 어떤 자손은 부귀를 누리고 또 어떤 자손은 궁핍하게 지낸다. 건강하게 오래 사는 이도 나오고 젊어서 요절하는 사람도 생긴다.

② 마당이 한쪽으로만 치우친 것을 말함인데 이런 곳에서는 처자가 불화한다.

❖ **편측혈**(偏側穴) : 혈성의 머리가 심하게 옆으로 기운 괴혈. 그런데 막상 혈에서 보면 기운 모습이 아름답다.

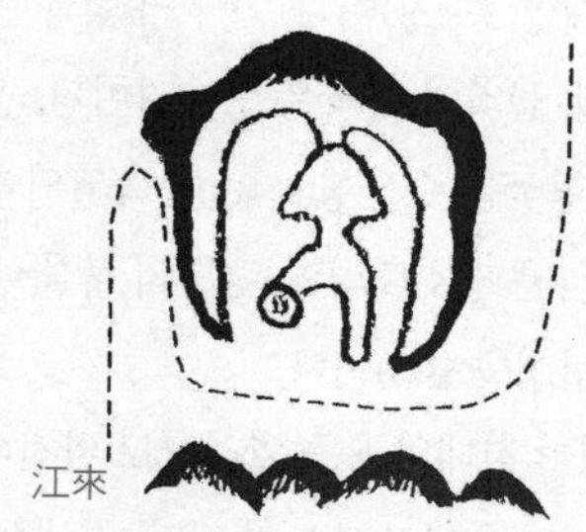

❖ **평강**(平崗) : 높은 산의 줄기가 갈려 내려오면서 가닥을 형성하여 중간 큰 줄기의 허리춤 부근에서 약간 더 나와 뭉쳐진 야산 언덕.

❖ **평강룡**(平岡龍) : 평평한 등성이로 내려온 용.

❖ **평강지세**(平崗之勢) : 야산지대의 용을 가리키고 평강룡(平崗龍)이라 일컫기도 한다. 평강룡은 고산룡에 비해 형상이 부드럽고 온화하면서도, 용이 꿈틀거리며 달려가듯이 이리저리 굽이쳐 뻗어가는 모습에 생기(生氣)가 감돈다.

❖ **평광결**(平廣結) : 넓은 평지에서 맺는 것. 천지조화의 흔적은 비밀로 하는 것이 근본정신이므로 대귀(大貴)의 혈은 결혈할 곳이 천륜영(天輪影)이나 또는 태극운으로 미미한 형적이 있을 뿐 아

주 추졸(醜拙)하여 꿈틀거린 중에 약간 오목하거나 약간 볼록하여 겨우 관 하나 용납할 정도로 맺게 된다. 천리행룡에 혈재일석지간(穴在一席之間)이다. 만약에 평장(平長)하거나 광활할 뿐 태극운이 없다면 이는 기완처(氣緩處)이다.

❖ **평기**(平基) : 집터를 닦고 길을 만들고, 땅을 고르는 일. 기지일(基地日)과 같이 쓰임.

❖ **평뇌천재토성** : 뇌는 방(方)하고 몸은 좁으며 면은 평평하다. 방평(方平)하고 기복이 없으면 혈을 맺을 수 없고, 중심이 수주(垂珠)하거나 돌출해야 진혈로서, 형국의 큰 것은 어병형(御屛形), 작은 것은 옥궤형(玉机形)이다. 개구의 형국은 옥궤형, 현유의 형국은 우면형, 궁각의 형국은 창룡권미형, 쌍비의 형국은 복호형, 단고의 형국은 수상형(睡象形), 측뇌의 형국은 낙타음수형, 몰골의 형국은 맹호출림형, 평면의 볼록 나온 곳에 혈을 맺는 형국은 방반형(方盤形)이다.

❖ **평룡**(平龍) : 평야 지대의 용을 말하므로 완전히 평지로서 비교적 낮게 이루어진 용이라고 보면 된다. 경에 이르기를, 한 치만 높아도 산이요, 한 치만 낮아도 물로 본다고 하였다. 평지룡(平地龍)은 알아보기가 어렵기 때문에 물이 흐르는 것을 보고 용의 행적을 간단히 아는 방법은 두 물줄기가 합하는 곳에 용이 끝나고 물이 감싸는 곳에 산이 내밀고 있다는 것을 착안하여 보면 알 수 있다.

❖ **평분60분금**(平分六十分金) : 60분금은 즉 투지 60룡이다. 이는 천산 72룡의 표(表)가 되고 120분금의 이(离)가 된다. 혈좌의 음양 차착과 육갑납음과 수법을 논하는데 사용한다.

❖ **평사**(平沙) : 평평한 들판, 조그마한 언덕, 또는 산들로 이루어져 거의 평지를 만든 곳.

❖ **평사낙안형**(平沙落雁形) : 하늘을 날던 기러기가 먹이를 찾아 강가의 모래사장에 앉거나 물속으로 들어가는 형국. 큰 강이나 호수가 혈을 감싸주고 있는 안쪽에 모래사장이 있어야 하며, 혈은 기러기 부리에 있다. 안산은 물고기 같은 사격으로 부귀쌍전(富貴雙全)한다.

❖ **평사하안형**(平沙下雁形) : 기러기가 모래사장에 내려 앉는 형국으로 귀인 자손을 두게 된다.

❖ **평수격**(平受格) : 산맥이 평원광야(平原廣野) 사이에 바라보는 곳으로 떨어져 서로 이끌고 서로 연이어 미미하게 체세(體歲)가 있는 것. 복씨(卜氏)는 말하기를, 세(歲)가 물결치는 것 같으면서 어찌 높이 서 있는 봉우리의 형세뿐이랴 하였으니, 요는 평평한 가운데 돌(突)이 있는 것을 본체(本體)라 한다.

❖ **평신**(平身) : 엎드려 절한 뒤에 몸을 그 전대로 펴는 일.

❖ **평양**(平洋)

① 산이라 할 수 없는 넓고 편편한 땅.

② 산보다는 들에 가까우며 도랑이 있고 논밭이 둘러진 지대에 놓여진 언덕바지.

❖ **평양결**(平洋訣)

① 평양에서 혈을 찾아 정하는 법을 기록한 비결.

② 들판에 맺는 것. 한줄기의 가는 맥이 숨었다가 보였다가 하면서 좌우로 꿈틀거리는 것. 수법에 따라서 혈을 맺는다. 평지의 관란은 물이다.

❖ **평양**(平洋)**과 평지변**(平地辨) : 우리나라 땅으로 볼 때 평양은 대전 이하 전라남북도와 경상남북도의 연해지에 해당된다. 이곳은 물이 유여(有餘)하나 산은 부족이니, 양(洋)은 정(正)히 수(水) 중에 있으므로 장법(葬法)이 얕은 곳에다 배토(培土)함이 적합하다 하였고, 석문공(昔文公)은 말하기를, "평양(平洋)은 오직 호수가 있어야 아름답고 개착(開鑿)함이 불가하니 그 촌토(寸土)의 아래를 수(水)로 보는 바, 매양 봄에 배토장(培土葬)을 한 사람이 발복이 속하고 음복(陰福)이 길다" 하였다. 우리나라의 지세(地勢)도 지방에 따라 각각 다른 바, 북은 평지가 많고, 남은 평양이 많으니, 각자 적절하게 분변할 일이다.

❖ **평양귀인녹마**(平洋貴人祿馬) : 평양은 산지와는 같지 아니하다. 산지는 산봉이 귀인을 만드는 것이 중요하고 평지는 그렇지 아니하다. 면전(面前)에 철(凸)이 있으면 이것이 귀봉(貴峰)이 되고, 철(凸)이 없으면 물로 귀봉을 논한다. 산이 있으면 산으로 논하고 산이 없으면 물로 논하니, 못이 곧 산봉이 되고 작은 개울은 문필이 된다. 병오향(丙午向)을 하게 되면, 물이 유방상(酉方上)에서 흘러와 혈 앞에 이르러 만포(灣抱)되어 손방(巽方)을 거쳐 갑자상(甲字上)으로 흘러가면, 손자상(巽字上)과 병자상(丙字

上), 정자상(丁字上)의 이 세 곳에 세 개의 길이 나서 작은 도랑, 작은 하천이나, 혹은 홍수나, 아니면 건천수든 간에 면궁(眠弓)의 안(案)이 만들어질 것이니, 이것이 삼봉(三峰)이 꽂힌 것으로 삼태(三台)로도 보고 필가(筆架)로도 본다. 병오정(丙午丁)이 뛰어난 것으로 보며, 수(壽)를 논한다면 남쪽에서부터 흘러오니 필시 남방이 높게 된다. 병오향(丙午向)을 하고 갑자(甲字)로 출수(出水)하니, '녹존유진패금어(祿存流盡佩金魚)'에 합당하며 혈앞이 높으니 좌공조만(坐空朝滿)의 법에 합당하며 반드시 대발부귀한다. 귀인을 논한다면 손사(巽巳)는 임관귀(臨官貴), 좌산귀(坐山貴), 육수귀(六秀貴), 녹산귀(祿山貴)이니 손(巽) 하나의 작은 도랑이 네 개의 귀인이 된다. 이것이 진귀인(眞貴人)이 되는 것이다. 또한 임관위(臨官位)의 물이 취적함이니 구성가(九星歌)에 '녹마조원희기신(祿馬朝元喜氣新)'이라 하였다. 병자상(丙字上)의 작은 도랑은 제왕수(帝旺水)가 되니 '병임도국신괘주의(丙壬到局身掛朱衣)'라 했고, 구성가에서 '제왕조래취면전(帝旺朝來聚面前)'이면 '일당왕기발전장(一堂旺氣發田庄)'이라, '관고장중위명현(官高爵重威名顯)'이요 '금각풍영유잉전(金穀豊盈有剩錢)'이라 했다. 또한 문필문봉이 되기도 한다. 정자상(丁字上)의 작은 도랑은 구성가에서 '쇠방관국거문성(衰方觀局巨門星)' 이니 '학당수도발총명(學堂水到發聰明)'이라 했고, 정(丁)은 남극노인성(南極老人星)이며 또한 문성(文星)이기도 하니 문인에 오르고 춘추제(春秋祭)에 오르는 것이 바로 이 정(丁)방이라는 뜻이다. 오(午)는 천마(天馬)가 되고 천마산(天馬山)이 있으면 귀함이 가장 속하게 온다.

❖ 평양부귀정수법(平洋富貴丁壽法)

- 정왕(丁旺)을 구하려면 생향(生向)을 하라. 생방(生方)이 고대(高大)하고 생수(生水)가 조래(朝來)하고 혈성이 특기(特起)하고 생수(生水)가 귀고(歸庫)하면 필발천정(必發千丁)이니, 후사를 도모할 때는 기왕영생향(棄旺迎生向)하라.
- 대부(大富)하면 왕향(旺向)을 하라. 왕방(旺方)이 고대(高大)하고 왕수(旺水)가 특조(特朝)하여야 한다. 조수일작(朝水一勺)이라도 가히 치부하는 것으로, 명당 앞에 취축(聚蓄)하면 더욱 좋다. 그러므로, 이르기를 명당여장심(明堂如掌心)이면 가부두량금(家富斗量金)이라 하였다. 또, 혈전요부(穴前要富)는 반드시 면궁안(眠弓案)을 얻음이라 하였다. 그러므로 손을 벌려 안산을 부여잡을 듯(신수묘착안[伸手摸着案])하면 적전천만관(積錢千萬貫)이라 하였다. 또한, 하사(下砂)가 역수(逆水)를 하니, 역수일척(逆水一尺)이라도 가히 치부(致富)한다. 나가는 물은 반드시 빙글빙글 돌아 귀고(歸庫)함을 요하니, 부재(富財)는 재왕수(財旺水)가 귀고함을 얻어야 한다. 그러므로, 부(富)를 도모할 때는 기생조왕향(棄生朝旺向)하라.
- 대귀(大貴)를 하면 임관방(臨官方)의 봉우리가 수려하고 높으며, 임관수가 특조(特朝)함을 요(要)하는 바, 또한 수호(水湖)가 취적하거나 역마귀·좌산귀 등도 있는데, 혈성이 특기(特起)함을 요한다. 만약 혈성이 저소(低小)를 하면 무력하므로 발귀(發貴)하지 못한다. 귀인이 만약 삼길육수(三吉六秀)방에서 만나면 필발한원(必發翰苑)하며 좌공조만(坐空朝滿)법을 요하나 물이 귀고(歸庫)하지 않으면 아니된다.
- 수고(壽高)하면 기맥이 웅장하고 전고후저(前高後低)하여, 침대수(枕大水)라야 하니, 물은 즉 산이라 천주고이수팽조(天柱高而壽彭祖)라 하며 혈 뒤가 즉 천주가 된다. 물이 귀고(歸庫)하거나 귀절(歸絶)함을 요하며, 혹 건방(乾方)에 지당(池塘)이나 수구(水溝)가 있으면 장수한다. 만약 병사소수(病死消水)면 교여불급(交如不及)이니 단명한다.
- 평양지는 역수(逆水)와 역사(逆砂)가 있는 것이 가장 좋다. 대개 평양지는 직류직거(直流直去)함이 많은 바, 역수사(逆水砂)가 있으면 물 흐름이 반드시 빙글빙글 돌아 유정하게 흐르게 마련이다. 또, 창도사(鎗刀砂)·진전필(進田筆)·도지홀(倒地笏) 등의 사(砂)가 있으면 반드시 진혈대지(眞穴大地)이니, 다시 수법이 합국이면 문무관이 배출되고 부귀할 땅이다.
- 평양지에 가장 길한 것은 팔간방(八干方)에 조수(朝水)가 있음이니, 지세가 반드시 높으면 조만법(朝滿法)에 합당하고, 향(後) 뒤로 물이 나가는 것이 반드시 저함(低陷)하면 좌공법(坐空法)에 합당한데, 글에서 말하기를, 약지위관부후(若知爲官富厚)는 정시수전현무(定是水纏玄武)라 하였으니 즉 조수가 가장 길하다.

- 평양지에서 가장 아름다운 좌는 금성수(金城水)와 면궁안(眠弓案)이니, 금성수는 주로 부(富)하고 면궁안은 주로 귀(貴)하며 겸출여수(兼出女秀)한다. 또, 혈전층층고향(穴前層層高向)의 법에 합당한 것이 가장 귀하다.
- 평양지에서는 오직 양공의 구궁수법이 가장 응험이 빠르다. 구궁수(九宮水)로 화복(禍福)을 판단하면 그 영험이 귀신 같으나, 만약 좌공조만(坐空朝滿)법을 알지 못하면 그 응험이 맞지 않으니 반드시 두 가지를 병용(並用)하여야 한다.

❖ **평양수**(平洋水) : 평탄하게 흐르며 충사(沖射)나 흉살이 없이 혈앞을 유정하게 조혈도당(朝穴到堂)하면 길하다.

❖ **평양수구론**(平洋水口論) : 평양(平洋)의 결(結)은 비록 고산대령(高山大嶺)이 없어도 한문(捍門)이 화표(華表)하고 수구(水口)가 진거(鎭居)를 만들며 또는 나가는 물의 현자(玄字) 모양이 나를 향하여 뜻을 머무르고자 하는 듯하며, 양변의 사두(砂頭)가 교아직결(交牙織結)하여 환히 곧게 흘러가는 세(勢)가 보이지 않는 것이 아름답다. 물 중에 옥인(玉印)·금상(金箱)·일자(一字)·삼태(三台)·문필(文筆) 등의 진신사(進神砂)가 있으면 더욱 귀중하다. 혹, 양변에 고대한 돈부(墩阜)가 대치한 것과 혹 일산(一山)이 독립하고 석량(石梁)이 횡절(橫截)한 것을 얻기가 어렵지만 땅은 국내(局內)에서 결(結)하고 화복은 국(局) 밖에서 나타나는 까닭에 한묵(翰墨)의 기(器)를 보아 교수(交秀)의 결(結)을 알고, 개위(介冑)의 구(具)를 보고서 무변(武弁)의 결(結)을 알며, 창고(倉庫)의 상으로 율진전후(栗陳錢朽)[곡식과 돈의 유무를 알고, 구학간장(龜鶴盂杖)을 보아 승도담공(僧道談空)임을 알 수 있다. 또 관긴(寬緊)으로 그 취산(聚散)을 알고, 우직(紆直)으로 그 아속(雅俗)을 알고, 중수(重數)의 다과로 향복의 유면(悠綿)을 알고, 사두(砂頭)의 향배(向背)로 그 인정의 순박을 알 수 있는 까닭에, 순수(順水)가 비장(飛長)하면 이향도입(離鄉逃込)하고, 첨사(尖斜)하고 투쟁하면 쟁전살상(爭轉殺傷)하며, 호아가유(虎牙枷杻)이면 사송형옥(詞訟刑獄)을 당하고, 흔군무신(掀裙舞身)하면 운우사정(雲雨私情[간통(姦通)])하며, 겸구기창(鎌鉤旗鎗)이면 천유적술(穿窬謫戌)[귀양살이]하는 것이니, 소위 문내에 군자가 있고 문외에 소인이 있는 형상과 같다. 입산하여 수구(水口)를 찾을 때 수구(水口)와 명당으로 자세히 살펴 입향(立向)하여야 한다.

❖ **평양입향수수법**(平洋立向收水法) : 무릇 혈장(穴場)에 올라 이미 혈도(穴道)를 정하고 물이 어느 방(方)으로 좇아 발원하고 당(堂)에 이르러 어느 방(方)으로 나가는가를 살펴 나경격(羅經格)에 정방위와 맞추어 수국(水局)과 합하면 수국격식(水局格式)으로 거두고, 금국(金局)과 합하면 금국(金局)으로, 목국(木局)은 목국(木局)으로, 화국(火局)은 화국식(火局式)으로 거두는 것이 소위 물을 알아 입향하는 것이 된다. 요컨대 태(胎)·양(養)·장생(長生)·관대(冠帶)·임관(臨官)·제왕(帝旺)에서 좇아 오고 쇠(衰)·병(病)·사(死)·묘(墓)·절방(絶方)으로 따라 나가면 이는 생왕방(生旺方)으로 와서 수사방(囚死方)으로 나가는 것이 된다. 태(胎)·양(養)·장생수(長生水)가 오면 인정(人丁)이 대왕(大旺)하고, 관대(冠帶)·임관수(臨官水)가 조당(朝堂)하여 수구(水口)로 모이면 왕신취국(旺神取局)이니 재록이 유구(攸久)하다. 또한 생방수(生方水)가 왕방수(旺方水)와 같이 돌아 나가면 인정(人丁)과 재(財)가 모두 길(吉)하지만 일일 유수(流水)가 양(養)·장생(長生)·임관방(臨官方)을 충파(沖破)하면 타태요절(墮胎夭折)하고, 유수가 왕방(旺方)을 파(破)하면 재복이 소모(消耗)되며, 묘고수(墓庫水)가 유래(流來)면 인정(人丁)이 끊기고 목욕수(沐浴水)가 오면 음란무치(淫亂無恥)한 것이니, 그 응(應)이 틀림없다. 옥천경(玉天經)에 이르기를, "평양(平洋)에는 마땅히 물을 안 뒤에 입향할지니 향상에 납수(納水)하고 소수(消水)함이다." 대개 수(水)의 방위는 원래 길흉이 없으나 향의 전이(이렇게도 놓고 저렇게도 놓는 것)로 화복이 따르게 된다. 가령 일로수(一路水)가 손사방(巽巳方)으로부터 신경유(申庚酉)를 거쳐 축간방(丑艮方)으로 나간다면 이는 금국(金局)에 해당하는 수법인데, 만일 손사(巽巳)로 입향하면 인정(人丁)만이 왕(旺)하지만 경유(庚酉)로 입향하면 인재가 모두 왕(旺)한다. 조거수(朝去水)를 따라 계축향(癸丑向)을 세워 좌우두포(左右兜抱)가 유신(流申)과 직견(直牽)치 않으면 능히 발재(發財)하고 인정(人丁)도 왕(旺)한다. 대개 생왕수(生旺水)가 혈 앞으로 반드시 지나는 것은 이 수(水)가 금국(金局)인만큼 금국수(金局收)를 수(收)함에서이다. 만일 화국향(火局向)을 세울 경우 장생수(長生收)가 당으로 오르지 않으면 인정(人丁)이

영체(零替)한다. 수국(水局)으로 입향하면 생왕이 모두 입국치 않으므로 정재(丁財)가 같이 불발하고, 또는 절수(絶水)가 도당(到堂)하여 생왕(生旺)이 배절(背絶)된다. 그 나머지 국(局)도 같은 예로 추구한다.

❖ **평양입혈론**(平洋立穴論) : 산은 어느 곳을 막론하고 하나의 조종이 있으니 먼저 그 조종이 어디에서 일어나고 수원(水源)이 어느 곳에서 발하여 어디에서 나뉘며 어디에서 입로(入路)하고 어디에서 합하였는가와, 사(砂)는 어느 곳에서 교(交)하였는지를 찾으면 물이 온 곳을 알 것이니, 이 배면수(背面水)가 합하는 곳이 바로 정면이다. 또 용을 따라 물이 따라옴이 어디로 향하고 호룡사(護龍砂)가 어디로 만포(彎抱)하였나를 보아서 사수(砂水)의 유정 무정을 판단할지니 이 용이 무정하면 용이 아님을 알게 된다. 이미 용과 사수(砂水)를 알게 된 뒤에 한 걸음 한 걸음 자세히 살피고 마디마디 추구하여 양병(兩浜) 좌우에 대쇄형(對鎖形)이 팔자(八字)같고 또 비만(批挽)하고 반역의 세(勢)가 없는가를 보아야 하니, 이것이, 즉 용이 과협하는 곳이다. 그 협이 많을수록 용신(龍神)이 더욱 귀한 것이니 협에 이르러 중출맥(中出脈)이 되고 양쪽의 형세가 고르며 횡으로 장(帳)을 크게 열은 것은 지극히 귀한 용이다. 다만 과협에 가장 긴요한 것은 양변에서 끼고 좇는 것이니, 끼고 좇지 않으면 바람이 닿고 물이 겁(劫)하여 절대 성지(成地)가 안 된다. 또 협에 끊어져 나가는 물이 있는 경우는, 대개 진맥에는 과수(過水)와 좌우에 반드시 사수강(砂水扛)이 있으니, 수중으로 보내어 반드시 미고(微高)한 척(脊)이 있어서 겨울에도 그 물이 물 밑의 흙을 온(溫)하게 한다. 이미 과협되어 건너온 용이 수신적(水身的)임을 알면서 확실히 차질이 없게 한 뒤에 그 도두(到頭)를 찾는 바, 진룡(眞龍)이 도두(到頭)함에는 결혈(結穴) 좌우에 반드시 양고두(兩股兜)가 있고 병계(浜界)에 기맥(氣脈)을 보내어 입혈(入穴)한다. 혈 앞에 반드시 저소한 명당이 있고 좌우에 용을 따라 온 물이 국(局)에 이르러 서로 교하고, 앞에는 안(案)을 따라 생긴 사(砂)와 횡란(橫欄)의 물이 만환(灣環)하여 혈을 조(朝)하고 또는 사위(四圍)에 호송(護送)하는 사(砂)가 모두 회두주차(回頭駐箚)로 유정(有情)하며 명당이 평정하고, 수구(水口)는 교아(交牙)하고 앞에는 두수(兜收)가 보이고 뒤로는 공송(拱送)이 있어, 좌사(左砂)는 오른쪽으로 향하고 우사(右砂)는 왼쪽으로 향하며, 혈은 천심(天心)에 머무름이 마치 귀인이 아(衙)에 앉고 대장이 등단함과 같아서 공아(拱衙)치 않음이 없음이 바로 천연의 결국이다. 혹 대괴(大塊)에 평전도두(平田到頭)가 있고, 좌우불개(左右不開)한 것도 있고, 계수(界水)가 겨우 혈 앞에 있어 낮은 밭에다 소명당(少明堂)을 만드는데, 즉 이 소명당(少明堂)에다 혈을 정한다. 혹은 기(氣)가 각상(角上)으로 돌아가는 것이 있고 다만 일병(一浜)이 있어 계맥외(界脈外)의 용수(龍水)를 차수(借隨)해서 계한(界限)을 이룬 것은 이 각상(角上)에 천혈(扦穴)하는 곳이다. 혹, 극히 천두(扦頭)가 있어 바로 보아 끝이 없는 곳에다가 사면에 각각 기맥(氣脈)이 나누어지고 계수(界水)가 갖추고 있는 경우 이것이 즉 수맥천혈(隨脈扦穴)이지만 다만 내룡(來龍)에 일변생기(一邊生氣)가 머무르지 않는 곳이 있으면 천혈(扦穴)을 못한다. 혹 용이 앞으로부터 와서 국면(局面)이 앞에 있어 반(反)한 것은 이를 도기용혈법(到騎龍穴法)으로 천(扦)하지만 다만 외양(外洋)으로 대수(大水)의 주축(注畜)이 있어야 한다. 그렇지 않으면 재록이 모산(耗散)한다. 혹 결혈(結穴)한 뒤에 여기(餘氣)가 그치지 않아 도도히 앞으로 향해 가는 것은 다만 양쪽의 사수(砂水)가 협보(夾輔)로 유정하고 주축(駐畜)이 생긴 곳을 찾아 순기용혈법(順騎龍穴法)으로 천(扦)하는 바, 이는 여기(餘氣)가 비양(飛揚)하고 주도(走逃)하며 만전(挽轉)치 않아서 나를 위하여 작업을 하는 것이므로 아름답다. 또는 안(案) 밖에서 용수(龍水)가 교회(交會)함을 따라 거룡(去龍)이 나를 위해 작(作)하지 않으며 외수(外水)가 불교(不交)하면 이는 과룡(過龍)이니 천(扦)하면 반드시 절손(絶孫)한다. 또 물을 따라 반선결반(盤旋結蟠)한 용혈(龍穴)과 순수내룡(順水來龍)이 역회(逆回)하여 고조혈(顧朝穴)로 맺은 경우와, 양수(兩水)가 맺어 도두(到頭)로 보내어 순수결혈(順水結穴)한 경우와, 중대(衆大)와 특소(特小), 중소(衆小)와 특대(特大)한 것과 흩어진 가운데 기(氣)가 모이고, 모인 가운데서 특히 취한 것과 물이 직협(直夾)하여 횡(橫)을 취하고, 횡래(橫來)하여 직(直)을 취한 것과, 정중에 편(偏)을 취하고 편중(偏中)에서 정(正)을 취하는 것 등이 같지 않다. 요(要)는 체(體)에 있어서 산수의 성정을 알고

그 향배(向背)와 개합(開闔)을 잘 알며 그 모이고 흩어지는 기운을 살피고, 그 생기(生氣)가 멈추는 곳을 알아서 정혈(定穴)을 하는 것이지만, 평양지(平洋地)는 형상이 앙장(仰掌)과 같아 이에 양기(陽氣)는 유여(有餘)해도 음기(陰氣)는 부족이 되니 도두(到頭)에 반드시 미미하게 솟아 음기(陰氣)가 보인 뒤에야 비로소 천혈(扦穴)해야 하니 이는 양래음수(陽來陰受)의 법이다. 만약 낮고 평한 곳에 입혈(立穴)하려면 독양(獨陽)은 불생해도 뚜렷하게 사수(砂水)가 유정하면 잠시 온포(溫飽)(유족[有足])해도 결국 패절한다. 그러므로 곽경순(郭景純)이 말하기를, 「은은하게 솟은 땅은 길(吉)이 그 가운데 있다」 하였고, 장자미(張子微)는, 「평양(平洋)에 점차 낮아지고 점점 내려간 곳은 장(葬)하면 반드시 절(絶)한다」 하였으며, 복즉외(卜則巍)는 말하기, 「평양에는 일철(一凸)이 기(奇)가 된다」 하고 또 「악한 땅이란 이수항변(泥水抗邊)에서 혈을 찾는 일이다」 하며, 또 「평양에는 득수(得水)가 우선이 되니 득수(得水)가 자연 법이 되므로 원수(遠水)로 득수(得水)를 삼아도 불가하고 근수(近水)로 득수(得水)를 삼아도 또한 잘못이며, 역수(逆水)로 득수(得水)함도 아니요, 순수역수(順水逆水)는 더욱 아니고, 가까운 대수(大水)의 득수(得水)도 진실로 아니요, 가까운 산수로 득수함도 또한 아니다」 하였다. 대개 천지의 이(理)는 태과(太過)함도 없고 불급(不及)함도 없으니 오직 중화(中和)됨이 귀하므로 여기(餘氣)가 필요하나 할각(割脚)된 까닭이다. 원수(遠水)는 명당보다 낮아야 하나 기(氣)가 흩어지고, 가까운 대수(大水)는 혈이 뒤로 물러남이 마땅하나 탕흉(蕩胸)[압혈(壓穴)]이 되고, 가까운 소수(小水)는 혈(穴)이 점출(點出)함이 마땅하지만 물이 보이지 않아야 한다. 역수(逆水)는 가까운 안(案)이 있음을 요하나 직충(直沖)이 되고, 순수(順水)는 물이 교아(交牙)됨을 요하나 자웅이 불교(不交)하는 관계로 역수(逆水)에는 마땅히 조(朝)가 현자(玄字) 모양으로 전절해야 좋고 내사(來射)함이 화살 같으면 진(眞)이 아니다. 또 횡수(橫水)가 당을 지나면 환포됨을 요하니 대(帶)같이 생겨 곧게 오는 것이 현(弦)과 같으면 역시 득수(得水)가 아니다. 또 대수(大水)는 급히 흘러 향(向) 앞으로 모이지 않으면 좋지 않고 소수(小水)는 우영(紆縈)함이 새끼와 같되 전요(纏繞)하지 않으면 비격(非格)이다. 심지어는 십자형(十字形)과 교검(交劍)·반궁(反弓)·요역(拗逆)·사비(斜飛)·권렴(捲簾)과 내소거대(來小去大)·분류절파(分流折派)·중심독천(衆深獨淺), 병취외산(丙聚外散)·색탁미취(色濁味臭)·천흉사협(踐胸射脅), 탕배회방(蕩背回房)·교담용추(蛟潭龍湫)·비명단급(悲鳴湍急) 등은 모두 흉격이니 잘 점검하여 한 가지라도 착오를 범하면 정중(井中)에 멀어짐과 같다. 또 수로의 출입을 자세히 분변한 뒤에 입향소납(立向消納)하되 오직 내수(來水)가 생왕방(生旺方)을 거두면서 거수(去水)의 휴수(休囚)된 위(位)를 발하는 것이라야 바로 득법이다. 좌금선사(左襟仙師)가 말하기를, 「물을 알아 입조(立朝)할 때에 저것은 길하고, 이것은 흉한 것 등의 응(應)이 있으니 삼합련주(三合聯珠)가 실로 단서를 부르며 상서의 재(宰)를 맞이한다」 하였다. 이 평양수결(平洋水訣)은 당초에 추류(推類)치 못하면 변통이 안 된다.

❖ **평양(平洋)에 대부(大富)** : 대부(大富)가 되고자 하면 왕향(旺向)을 하고 왕방(旺方)이 고대(高大)하여 왕수(旺水)가 힘차게 흘러들면 조당(朝堂)의 물은 곧 부(富)를 이룬다. 명당 앞에 물이 모여들면 옛말에 명당여장심(明堂如掌心 : 명당이 손바닥처럼 가운데가 깊어 사방의 수가 모여듦) 하면 가부두량금(家富斗量金 : 집이 부하여 금(金)이 많이 있다는 말)이라 했다. 부자가 되고자 하면 혈 앞에 면궁(眠弓)의 안(案)을 얻어야 한다는 말은 안산이 가까워야 한다는 것이다.

❖ **평양지보사안귀인법(平洋地補沙案貴人法)** : 평양지의 사와 안·귀인을 보수하는 법 : • 평양은 높은 봉우리가 없으니 돌처(突處)가 있으면 용수(龍水)가 배합함이다. 임관방(臨官方)에 귀인(貴人)이 없으면 적법하게 보수를 하는 것이 마땅하다. 혈 앞에 안(案)이 없다면 혈 바로 앞 100보밖에 흙더미를 만들어 놓는다. 혹 옥궤, 면궁, 아미가 삼합하면 복성(福星)을 펼침이니 반드시 과갑(科甲)한다. 삼길육수방에 있을 것 같으면 속발(速發)한다.

• 평양지 사법(沙法)은 산지(山地)의 사법(沙法)과는 다르다. 산지(山地)에서는 바로 서 있는 형태 그대로를 보며, 평양지에서는 옆으로 있는 상태를 본다. 양쪽으로 길이 나있으면 토각(土角)을 끼고 있는 것이고, 기고, 도창, 규홀, 창고 등을 보는 것이 도지문필(倒地文筆 : 문필이 누워있는 상태), 도지기성

(倒地旗星 : 깃대가 누워있는 상태)으로 보니 집과 지붕, 사당이 문필기고가 된다. 또한 창고, 기고, 인성을 봄이 평양의 돌(突)인 것이니 물이 대소문고(大小文庫)로 돌아나가면 산지(山地)의 발달함과 한가지로 보게 된다.

• 평양지에 혈 앞에 물은 면궁수(眠弓水)가 필요하며 혈 뒤의 물은 반궁수(反弓水)가 긴요하다. 면궁수(眠弓水)라 하나 이두수(裏頭水)가 되면 불길하다. 혈 뒤의 반궁수(反弓水)는 혈 뒤가 낮게 되니 '개개아손회독서(個個兒孫會讀書)'라고 그 길함을 말했다. 혈의 좌우에 많은 물이 한곳으로 모여 나가면 뒤가 점점 낮아지고, 앞의 물은 점점 높아지며 혈장도 우뚝 높으면 여기는 대지(大地)이다. 발복이 가장 오래간다.

• 평양지 용은 물과 분리될 수 없고 물은 용과 떨어질 수 없으니 용은 물을 얻음으로 살아나게 된다. 좌공조만(坐空朝滿)의 법을 사용하는 것이 횡좌룡(橫坐龍), 도기룡(倒騎龍), 지각(支脚)으로 내려온 용에 흘러가는 물이 높은 곳에서 오면, 흘러가는 곳을 베개로 베고 가로로 흐르는 물은 낮은 곳이 된다. 생(生), 왕(旺), 묘(墓), 양(養), 자생(自生), 자왕(自旺) 등의 6개 향중에 합하게 하여 향을 한다. 여러 물이 고(庫)로 나가면 왼쪽이든 오른쪽이든, 어느 곳이 먼저이든 나중이든, 역수이든 순수이든 논하지 말고 혈장(穴場)이 된 곳과 나가는 물이 고(庫)로 된 것이 중요하다. 대발부귀하고 물이 차란(遮攔)하면 더욱 발복하게 된다. 손사향(巽巳向)을 한다면 손방(巽方)에서 물이 흘러와서 곤신방(坤申方)을 거쳐 건해(乾亥) 임자방(壬子方)을 지나 계축(癸丑)의 정고(正庫)로 나간다면 혹 왼쪽의 을(乙) 갑(甲) 간방(艮方)의 물이 흘러들어 계축방(癸丑方)에서 합하여 나가면 대부대귀하고 인정(人丁)이 흥왕한다. 역전수법(逆轉水法)이라고 하는 역전(逆轉)은 생향(生向)이라면 우수(右水)가 왼쪽으로 흘러 좌수(左水)가 돌아 오른쪽의 고(庫)로 나가는 것이다. 역전수법(逆轉水法)은 병향(丙向)이나 오향(午向)을 한다면 물이 손사방(巽巳方)에서 흘러와 병정곤경신건방(丙丁坤庚辛乾方)을 돌아 혈 뒤의 임계간인방(壬癸艮寅方)을 거쳐서 정갑자상(正甲字上)으로 나간다면 목욕방소수(沐浴方消水)가 된다. 이것이 역전수법(逆轉水法)이라 하니 좌수(左水)가 오른쪽으로 돌아 다시 왼쪽으로 돌아나가는 것이 마땅하다. 대부대귀한 집에 이러한 수법이 많다.

❖ **평양지부귀정수사법**(平洋地富貴丁壽四法) : 평양지에서 부귀와 인재와 수를 보는 법

• 인정(人丁)을 구할진대, 생향(生向)을 하고 생방(生方)이 고대(高大)하여 생수(生水)가 흘러들고, 앞은 높고 뒤는 낮고, 혈성(穴星)은 우뚝 솟아나서 생수(生水)가 고(庫)로 돌아나가면 일천(一千) 인정(人丁)이 나서 발(發)한다.

• 대부(大富)를 구하고자하면, 왕향(旺向)을 하고 왕방(旺方)이 고대(高大)하여 왕수(旺水)가 힘차게 흘러들면 조당(朝堂)의 물은 곧 부(富)를 이룬다. 명당 앞에 모여들면 옛말에 '명당여장심(明堂如掌心 : 명당이 손바닥처럼 가운데가 깊어 사방의 물이 모여듬)'하면 '가부두량금(家富斗量金 : 집이 부하여 금(金)이 많이 있다는 말)'이라 했다. 부(富)함을 바라거든 혈 앞에 면궁(眠弓)의 안(案)을 얻음이 긴요하다. 옛말에 '신수모간안(伸手摸看案 : 손을 뻗쳐 안(案)이 잡힐 듯 보임. 가깝다는 말)' '적전천만관(積錢千萬貫 : 돈을 천만관이나 쌓는다)'이라고 했다. 하사(下沙)가 중요하다는 것은 역수(逆水)이다. 역수(逆水)의 일척(一尺)은 부를 이룰 수 있으며 나가는 물의 흐름은 고(庫)로 돌아나감이 중요하다. 그러므로 부한 재물은 고(庫)로 돌아나감이 중요하니 축재(蓄財)는 곧 물에 있는 것이다.

• 대귀(大貴)를 구하고자 한다면 임관방(臨官方)에 수려한 봉우리가 높이 솟아야 하고 임관수(臨官水)가 크게 흘러와야 하니, 혹 취축하고 일마귀(馹馬貴)와 좌산귀(坐山貴)가 향상(向上)에서 일어나고 천원봉(薦元峰)이 투출(透出)하고 혈성(穴星)이 힘차게 일어나 높이 솟아야 한다. 만약 혈성(穴星)이 낮거나 작아서 무력하면 대귀(大貴)는 되지 않는다. 귀인방(貴人方)이 삼길육수(三吉六秀)를 만나면 한원(翰苑)의 벼슬에 오르고 좌공조만(坐空朝滿)하다고 해도 물이 고(庫)로 돌아가지 못하면 발복하지 못한다.

• 장수(長壽)를 구하고자 하면, 기맥(氣脈)이 웅장하고 앞은 높고 뒤는 낮아야 하며, 큰물을 뒤에 베고 있어야 한다(물은 곧 산이다). 천주산(天柱山 : 乾方山)이 높으면 팽조(彭祖)처럼 오

래 살고 혈 뒤에 천주(天柱)가 있고 물이 귀고(歸庫)하던가 절방(絶方)이나 건방(乾方)에 못이나 개울이 있으면 수(壽)할 수 있다. 만약 병사방(病死方)으로 소수(消水)되면 물이 고(庫)에까지 미치지 못함이니 수(壽)할 수 없게 된다.

• 평양지에서 기와굽는 가마가 일마방(馹馬方)에 있으면 최관귀인(催官貴人)이 된다. 가마의 모양과 연기는 발귀(發貴)가 최속(最速)하여 향 앞의 등촉과 같다 하겠다. 어사가 되고 병부나 형부에 벼슬하며 작은 벼슬로는 사옥이나 무직의 형부에 이름을 얻고, 정방(丁方)에 있으면 전리(典吏)로 출사(出仕)하고, 병오정(丙午丁)의 3자(字)에 있으면 매사에 독점으로 선두를 달린다. 평양지에서 역수사(逆水沙)가 가장 좋다. 대개, 평양의 물은 직류직거(直流直去)하니 역수사(逆水沙)가 있으면 나가는 물이 반드시 회류(回流)하게 된다. 또 이르기를, 원두수(源頭水)가 물을 거두어들이면 세간의 전장(田庄)을 모두 사들인다고 하였다. 또 이르기를, 창도(槍刀)라 함은 필봉이기도 하며 홀(笏)을 거꾸로 세운 모양이기도 하니 이러한 사(沙)가 있으면 반드시 진혈대지(眞穴大地)이다. 여기에다 수법이 합국하다면 문무(文武)가 나며 부(富)하고 또 귀(貴)하니 참으로 아름다운 곳이다.

• 평양지에서 가장 길한 것은 8간으로 들어오는 물(朝水)이 있으면 지세(地勢)가 높으니 조만(朝滿: 조안[朝案]이 높아 물이 혈장으로 흘러 들어옴)의 합법함이다. 향의 뒤로 나가면 뒤가 저함한 것이니 좌공(坐空: 혈장 뒤가 허하여 낮음)의 합당한 법이니, 서에 이르기를, 벼슬이나 부의 깊이를 알고자 하면 물이 전원무수(纏元武水)인가를 정하여라고 했으니 조수(朝水)가 가장 길한 것이다.

• 평양지에서 가장 아름다운 것은, 금성수(金星水)에 면궁안(眠弓案)이다. 금성수(金星水)는 부자가 되고 면궁안(眠弓案)은 귀하게 된다. 아울러 뛰어난 여식이 나고 또한 향 앞에서 층층이 높아지면 합법한 곳이 된다. • 평양지에서 대원공오행(大元空五行)과 14진신수법(進神水法)에 합당하면 단연코 불발(不發)함이 없다. 생(生), 왕(旺), 묘향(墓向)에서 천간지지(天干地支)의 오행이 같지 않다. 원공(元空)에 합하면 발복하나 원공(元空)에 불합(不合)하고도 14진신(進神)에 합당하면 또한 불발(不發)함이 없으니 가히 양공(楊公)의 수법을 보면 이것이 모든 수법의 원조(元祖)가 된다. 산지(山地)가 평양(平洋)과 더불어 다같이 따라야 하나 원공(元空)만 쓸 것 같으면 평양은 가하나 산지(山地)는 영향이 적다.

• 평양지에서 볼 것이 없으면 양공(楊公)의 구궁수법(九宮水法)을 사용함이 가장 효과적이다. 구궁수법(九宮水法)을 알면 사람의 화복(禍福)을 귀신같이 단정짓는다. 간단한 수법(水法)인 좌공조만(坐空朝滿)의 법을 조금도 알지 못하면 절대 맞지 않을 것이니 수법(水法)과 좌공조만(坐空朝滿)의 법을 함께 사용하여야 한다.

• 평양지에서 건곤간손방(乾坤艮巽方)에 물이 힘차게 들어온다면 생방(生方)이나 임관방(臨官方)이 되어 고(庫)로 나가면 방방(房房[아들마다])이 다 발달하며 장방(長房)은 더욱 성하다. 만약 인신사해(寅申巳亥)의 지지(地支)로 크게 흐르면 장방은 아름다운 가운데서도 부족함이 생겨 장자(長子)가 요수(夭壽)하는 일이 생기고 흉함이 많아진다. 서(書)에 이르기를, '인신사해장령정(寅申巳亥長零丁)'이라 한 것이니 인신사해(寅申巳亥)는 장방의 장정이 없어진다고 했다.

• 평양지에서 갑경병임(甲庚丙壬)의 사왕수(四旺水)가 특별나게 들어와서 고(庫)로 돌아나가면 크게 부귀를 발한다. 둘째가 더욱 성하고 자오묘유(子午卯酉)의 지지상(地支上)에서 들어오면 둘째가 화를 받는다. 요절, 절사, 흉사하며 자오묘유(子午卯酉)를 범하는 것은 중남(中男)에게 살이 되는 것이다.

• 평양지에서 을신정계(乙辛丁癸)의 물이 특별나게 흘러 쇠방(衰方)이나 양방(養方), 관대방(冠帶方)에 있으면 일등으로 급제하고 신동이 난다. 소남(少男)이 먼저 발복한다. '을신정계소남강(乙辛丁癸小男强)'이라고 한 말이 바로 이 말이다. 만약 진술축미방(辰戌丑未方)에서 흘러오면 소방(小房)이 부족하다. 서(書)에 이르기를, '진술축미소남앙(辰戌丑未小男殃)'이라 했으니 진술축미(辰戌丑未)는 소남(小男)이 재앙을 받는다고 했다. 이처럼 불길한데다가 다시 사수(斜水), 사로(斜路), 탐두산(探頭山)이 있다면 사관(仕官)의 집에서 도적이 나리니,

이것은 다 병이 되기 때문이다. 대개 진술축미(辰戌丑未)는 사괴강(四魁罡)이니 그 성질이 사나웁다. 또 여기는 태양이 출입하는 곳이니 천라지망(天羅地網: 득수와 파구)의 방위인 까닭이다. 이상의 갑경병임(甲庚丙壬), 을신정계(乙辛丁癸), 건곤간손(乾坤艮巽) 12자(字)는 모두 양(陽)에 속하니 동(動)이므로 길방에 있어야 하고 마땅히 물이 흘러옴이 있어야 한다. 수구(水口)는 마땅히 여기 12자상(字上)으로 물이 나가게 되면 이름하여 천간방수(天干放水)라 하며 길하며 흉함이 없다. 자오묘유(子午卯酉), 진술축미(辰戌丑未), 인신사해(寅申巳亥) 12자(字)는 음(陰)에 속하니 주로 정(靜)하다. 만약 길방에서 물이 들어와 지지(地支)로 유동(流動)한다면 비록 부귀발복하나 아름다운 가운데에 부족됨이 있게 되고, 만약 병사(病死)의 흉방에 있다면 관이 뒤집히고 거꾸로 되어 풍질의 유전병과 빈곤하며 단명한다. 만약 진술축미방(辰戌丑未方)에서 물이 단정하게 흘러오면 유동황천(流動黃泉)이 되고, 물이 나가면 충동황천(沖動黃泉)이 된다. 만약 정축(停蓄)하여 고요한 물이 조혈(照穴)하면 사고황천(四庫黃泉)이 된다. 비록 귀고(歸庫)하여 합국(合局)이라고 하나 부귀발복한다 해도 좋은 가운데 흉함이 있어 형륙(刑戮)의 대화(大禍)를 만나게 된다.

❖ **평양지 성분[봉분]** : 평양지는 묘의 성분(봉분)을 높게 해야 하고 묘 뒤에는 흙을 돋우어서는 안 된다. 평양지에는 뒤가 조금이라도 낮아야 발복이 있다.

❖ **평양진결**(平洋眞訣) : 평양지에서 진혈(眞穴)은 좌공조만(坐空朝滿)과 도기룡(倒騎龍)이고, 장차 생왕수(生旺水)가 훌륭히 귀고(歸庫)하면 만대자손이 훌륭하게 된다. 고금(古今)으로 지리를 강론한 자가 많지만, 산지(山地)는 진진하게 애기를 하여 재미가 있으나 평양지는 그러하지 못하다.

❖ **평양혈**(平洋穴) : 평양의 용은 알아보기가 어려워 옛부터 말하기를 평지에는 용을 보지말라 하였다. 물이 감으면 이것이 용의 자취이니 물이 왼쪽으로부터 흘러들어오면 용도 왼쪽에서 오고 물이 오른쪽에서 오면 용도 오른쪽에서 오니, 양수(兩水)가 서로 모이는 곳이 과협속기처(過峽束氣處)로서 양구 교합처가 바로 용이 결작된 곳이다. 평양혈은 넓고 평탄한 평지에 있는 괴혈이다. 혈처만 좀 볼록하게 나오고 주변은 평평하다. 앞에 물이 있는 경우엔 그 물이 혈처를 감싸 안 듯 휘감아 돈다.

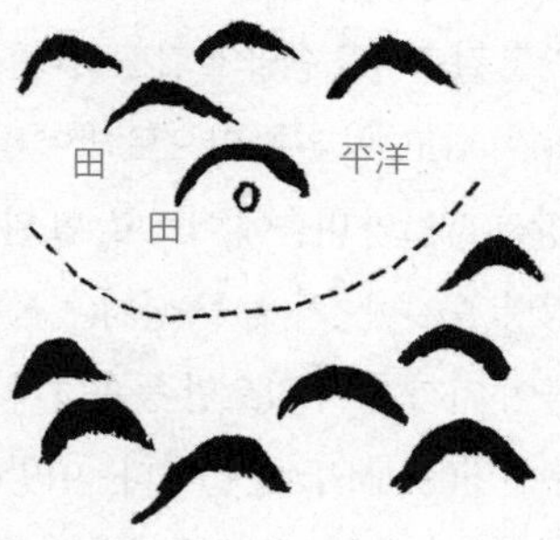

❖ **평양혈법 35**(平洋穴法 三十五)

• 밭이 높고 물을 보지 못하는 혈이다. 왼쪽이 높으니 장자의 자손이 없어지고 힘들게 살아간다. 혈의 오른쪽이 1척이라도 낮으니 둘째는 자손이 많고 복력이 도도하게 많다. 혈의 왼쪽에 높은 밭은 쓸모 없는 땅이니 장자에게 다리를 절게 하고 눈을 멀게 한다. 혈 앞의 향이 높아지니 금은을 구하고 혈 뒤의 곳이 높으니 자손이 끊어진다. 평양지의 중요함은 좌공조만(坐空朝滿)이니 혈 앞이 높고 혈 뒤가 낮아야 한다. 혈에서 중요한 것은 혈장이 높이 솟아 사방팔방에 바람을 받고 물을 보아야 하니 순수(順水)이든 역수(逆水)이든 논할 것이 없이 단지 중요한 것은 귀고(歸庫)가 중요하니 산지(山地)와는 반대로 간별한다.

• 혈의 오른쪽의 논밭이 높고 높아지면 둘째가 빈궁하여지고 요수(夭壽)하며 걱정소리가 난다. 혈 오른쪽의 밭들이 2척 정도로 높아지면 둘째는 패절하게 되고 굶주리게 된다. 혈 오른쪽의 전지(田地)가 점점 높아지면 둘째 남아가 아름답고, 혈 오른쪽 뒤의 전지(田地)가 높아지고 퉁실하면 둘째가 실패하여 울음소리가 들리고, 명당이 조각달처럼 낮아지면 둘째가 의식(衣食)이 없어진다. 혈 앞의 명당이 오른쪽으로 높아지면 둘째집 과부가 부자되고, 혈 뒤의 왼쪽이 갈수록 낮아지면 장자(長子)는 오래 살고 보배가 그득하게 된다. 혈 왼쪽이 3척이나 4척으로 낮아지면 장방(長房)이 상서(尙書)벼슬에 이른다. 혈 왼쪽이 3척으로 낮아지고 물이 흐르며 소리가 나면 장방(長房)

의 자손이 세 번이나 상처하고, 혈 앞의 명당이 오른쪽으로 높아지면 장방이 부귀하여 창고가 가득하고, 혈 왼쪽의 물이 삼차로 막혀돌면 장방(長房)의 자손이 정승에 오른다.

• 시를 드리운 것 같으며 초승달 같기도 하다. 장방(長房)이 2대에 공경(公卿)이 나고, 혈 왼쪽 앞으로 밭이 점점 낮아지면 장방(長房)이 상서(尙書)의 벼슬에 이르고, 혈 왼쪽 옆이 3척으로 낮아지면 장방(長房)이 3처(妻)를 상처(喪妻)하고, 혈 왼쪽이 낮아지고 물이 가까이 서 있으면 등과하게 된다.

• 금구괘월우선형(金鉤掛月右旋形)이다. 이방(二房)의 자손이 공경(公卿)에 오르고 혈 오른쪽이 차차 낮아지면 이방(二房)이 상서(尙書)의 벼슬에 오른다. 혈 왼쪽 옆이 3척으로 낮아지면 이방(二房)이 상처(喪妻)를 하고, 혈 오른쪽에 가까이 큰 물이 있으면 이방(二房)이 등과하고, 혈 오른쪽이 물이 깊게 뻗어 있으면 이방(二房)이 공후백작(公侯伯爵)의 벼슬에 오른다.

• 혈 왼쪽의 무덤 뒤가 낮으면 장방(長房)의 자손이 백수(百壽)를 하고 혈 왼쪽의 무덤가가 높아지면 장방(長房) 자손이 반드시 적막해진다. 혈 왼쪽의 무덤 앞이 1척씩 높아지면 장방(長房)의 자손이 창고가 가득하고 혈 오른쪽의 무덤 뒤가 한군데가 높아지면 이방(二房) 자손이 요수(夭壽)하고 가난하며, 혈 오른쪽의 무덤 뒤로 한군데가 낮아지면 이방(二房)의 인정(人丁)이 왕성함을 의심치 않는다. 혈 오른쪽의 무덤 앞이 한군데가 낮아지면 이방(二房)이 반드시 의식이 부족하다.

• 혈 왼쪽의 천주(天柱)가 높이 솟으면 장방(長房)의 명이 짧고 혈 오른쪽의 천주(天柱)가 낮아서 바람이 불면 이방(二房)이 반드시 장수하는 노인이 난다.

• 혈 왼쪽의 천주(天柱)가 낮아지고 풍취하면 장방(長房)이 백세의 장수하는 늙은이가 나고, 혈 오른쪽의 천주(天柱)가 높고 높으면 이방(二房)의 수(壽)가 단명하니 요수(夭壽)하게 되는 살(殺)이다.

• 물가의 작은 혈은 물을 향하여 조안(朝案)이 되면 물과의 거리가 1장 5척(一丈五尺) 정도라도 충분하다. 물가의 작은 혈이 밭을 향하여 조안(朝案)이 되면 1장 5척(一丈五尺)만 물가에서 떨어지면 되는 것으로 이러한 곳에 점혈하면 자손의 부귀가 오래도록 면면하고 집안에 부(富)함을 알 수 있고 명당에 재고(財庫)가 있고 면전(面前)에 창고가 있으면 대대로 부(富)하여 풍요롭게 된다. 혈 앞의 좌우에 작은 물이라도 있으면 역시 창고로 볼 수 있다.

• 혈 왼쪽의 곁에 높은 흙무더기가 있으면 장방(長房)이 절고 눈이 멀어진다. 혈 오른쪽이 멀리 약간 높은 곳이 있다면 이방(二房)이 눈은 좋으나 걸을 때 다리를 들고 다닌다.

• 시사(時師)가 추흉(搥胸)의 곳을 알지 못하는 수가 많고 낮으면 사람이 손으로 눈물을 닦는 것이고, 이러한 모양에 장사(葬事)한다면 아들이 죽어 울음소리가 가업으로 만나게 된다.

• 혈 왼쪽의 위가 높고 넓으면 장방(長房)이 끊어짐을 가히 점칠 수 있고 혈 오른쪽이 뾰족하고 또한 적으면 인정(人丁)과 재물이 모두 왕성하다. 안사(案砂)가 양변이 뾰족하면 송사가 끊어지지 아니하고 또한 반궁(反弓)의 형태가 되면 주로 객사를 당한다.

• 혈 앞이 새 입처럼 뾰족하고 낮아지면 자손마다 실패하여 의식이 없어지고 혈 뒤가 밭이 높아 기(氣)가 감추어지면 자손마다 패절하여 동서(東西)로 달아나게 된다.

• 혈 뒤가 밭이 낮아서 풍취(風吹)를 받으면 장방(長房)·둘째는 백세의 수를 하고, 양쪽변이 낮으면 장방·둘째가 인정(人丁)이 왕하고, 혈 앞의 명당이 높아지면 장(長)·둘째 양방(兩房) 모두 금보화가 있게 된다.

• 왼쪽 집홀(執笏)은 장방(長房)이 정승이 되고 오른쪽 집홀(執笏)은 둘째가 어사(御使)가 난다. 좌우집홀(左右執笏)은 곧 물이 문필로 나타난 것이다.

• 오른쪽의 추흉(搥胸)은 인명이 전사하고 왼쪽의 추흉(搥胸)은 장남의 명(命)이 흉하다. 혈 왼쪽의 수필(水筆)이 1자(一字)로 흘러가면 장방(長房)이 도로에서 횡사하고 오른쪽이 이렇게 되면 이방(二房)이 횡사한다.

• 혈 왼쪽에서 봉우리를 헤치고 나오는 물은 삼공(三公)에 이르고 허리를 감도는 물이 혈에서 가까이 짧게 있으면 혈은 방진(方眞)하다. 대개 사(砂)가 밖으로 뻗쳐 나가면 크게 왕성하다. 혈 왼쪽에 홀필수(笏筆水)가 있어 흐르면 더욱 묘하나 화살 갈

으면 도리어 흉하다.

- 혈쪽으로 부채가 펴진 듯한 향은 퇴패(退敗)하게 되고 명당이 부채를 쳐다보는 모양은 관직에 있어 법을 다스리며, 명당이 부채를 거꾸로 하여 각(角)이 되면 집안이 기울어진다.
- 혈 앞에 곧은 두둑이 깔리면 절름발이와 유괴를 당하고 혈 왼쪽 뒤에 밭두둑이 있으면 눈을 다치게 되며 혈 오른쪽도 또한 같다.
- 혈 앞이 불꽃이나 부채처럼 뾰족하면 자손이 도헌관(都憲官)이 되고 당외(堂外)가 높아지면 또한 발귀한다.
- 혈 왼쪽의 밭이 뾰족이 낮으면 장방(長房)이 삼공(三公)이 나고, 혈 왼쪽 앞의 밭이 뾰족하고 높으면 장방(長房)의 복(福)이 도도하게 되며, 혈 오른쪽의 밭이 새입처럼 뾰족하여 낮으면 이방(二房)이 팔순의 수를 하게 된다. 혈 오른쪽의 밭이 앞으로 뾰족하고 높으면 이방(二房)이 부(富)하여 집안이 넉넉하게 된다.
- 혈 왼쪽의 천주(天柱)쪽이 점점 낮아지면 장방(長房)이 백세의 장수를 하고, 혈 왼쪽이 점차로 낮아지면 장방(長房)의 자손이 아주 왕성해지고, 혈 왼쪽의 앞부분이 높아지고 꽉차면 장방(長房)의 부(富)함이 비할 데 없다. 혈 오른쪽의 천주(天柱)가 높이 솟아나면 요수(夭壽)하여 오래 살지 못하고, 혈 오른쪽의 앞부분이 뾰족하고 낮아지면 둘째가 의식이 부족해진다.
- 혈 오른쪽이 높고 또한 비만하면 이방(二房) 자손이 곤고하게 되고 혈은 높아서 부채형이며 명당은 낮으면 장사 후 10여년에 모든 자손이 의식이 풍족해지게 된다. 다만 오래된 후에 재앙이 있게 되어 근심이 따르게 된다. 외당(外堂)이 높은 것은 길하나 내당(內堂)이 높은 것은 흉하다.
- 혈 뒤가 높고 낮음으로써 수의 장단(長短)을 가리고 왼쪽·오른쪽이 길고 짧음으로 장·차남의 길흉을 아는 것이니, 혈장이 낮아서 바람이 통하지 않으면 자손이 끊어져 종사가 없어진다. 시사(時師)가 평양의 절요함을 알지 못하여 왼쪽은 높고 향이 낮은 곳을 정혈(正穴)이라 하고 만약 이러한 곳에 장사(葬事)한다면 후대의 자손이 반드시 끊어지게 된다.
- 혈 왼쪽의 천주(天柱)가 높아지면 장방(長房)이 요수하여 수하지 못하고, 혈 왼쪽이 높아지면 장방(長房)이 자식이 없어지고 요절을 하며, 혈 왼쪽의 앞이 낮아지면 장방(長房)이 의식이 없어지고 혈 오른쪽의 천주(天柱)가 점점 낮아지면 둘째의 자손이 흥왕한다. 혈 오른쪽의 명당 앞이 높아지면 둘째의 부(富)가 족하여진다.
- 혈 뒤의 밭이 낮고 한편으로 공허(空虛)하면 장(長)·이(二) 양방(兩房)이 오래 살아 할아버지가 되고 혈 중의 좌우 양쪽이 낮으면 장(長)·이(二) 양방(兩房)의 자손이 여유가 있게 된다. 혈 앞의 명당이 하나같이 높아지면 장(長)·이(二) 양방(兩房)이 부호(富豪)가 난다.
- 혈 오른쪽의 앞이 낮아서 구불구불 못이 있으면 둘째는 사방으로 객지를 떠돌고, 혈 왼쪽에 출진하는 기(旗)가 있으면 장방(長房)이 급제를 하게 된다. 혈 뒤가 높고 앞에 깃발이 있으면 등과하지만 단명하다.
- 혈 왼쪽 옆의 무덤가가 진칠 때의 깃발이 있으면 장방(長房)이 군병으로 죽게 되니 마땅치 못하고, 혈 오른쪽의 무덤 앞에 깃발이 있으면 이방(二房)이 등과하게 된다.
- 혈 오른쪽의 큰 물이 굽이쳐 3장(三丈)이 막히면 이방(二房)이 독서로 금방(金榜)에 오른다. 혈 앞의 들판이 점점 낮아지면 해가 갈수록 점차로 가난해지고 혈 뒤의 절맥(節脈)이 높으면 장(長)·이(二) 양방(兩房)이 요수(夭壽)를 면키 어렵다.
- 물가에 치우친 혈이 생기가 가득하면 자손이 등과함이 오래도록 차질이 없다. 형(形)이 방게같아 연꽃의 심과 같으니 정혈(正穴)로서 능히 귀함을 자랑할 수 있다. 혈 뒤의 물이 곧게 충하여 들어오면 장(長)·이(二) 양방(兩房)이 삼공(三公)의 위(位)에 오른다. 혈 왼쪽에서 물이 흘러나오면 장방(長房)이 횡재하며 등과한다. 오른쪽의 혈 곁으로 물줄기가 나오면 이방(二房)이 의식이 풍족하다.
- 혈 뒤의 하수(河水)가 곧게 흘러와 충하면 장(長)·이(二) 양방(兩房)이 모두 3공(三公)의 벼슬에 오르고, 혈 왼쪽으로 낮아서 묘소에 오르내리는 길이 나면 장방(長房)이 어명(御命)을 받드는 벼슬에 오르고, 오른쪽이라면 이방(二房)의 의식이 풍족하다.
- 혈 왼쪽의 반궁(反弓)은 무정한 뜻으로 장방(長房)이 험한 길

에서 귀신에 홀려 속임을 당한다. 혈 왼쪽의 밭둑길이 2장 정도 뻗어 있으면 장방(長房)이 딸만 낳아 자손이 귀하고, 혈 오른쪽의 반궁(反弓)이 무덤처럼 작게 있으면 이방(二房)의 자손이 집안이 엎어진다. 혈 오른쪽의 전장(田庄)이 5장(五丈)정도의 거리에 있으면 이방(二房)의 자손이 인정(人丁)이 왕하고 자손이 많게 된다.

- 혈 왼쪽의 면궁(眠弓)이 좋게 많이 있으면 장방(長房)이 부(富)하고 또한 등과한다. 혈 오른쪽의 밭둑길이 2장(二丈) 정도 겨우 이어지면 이방(二房)이 딸이 많고 명랑하다. 혈 오른쪽의 흙무더기가 면궁(眠弓)으로 만들어지면 2방(二房)의 부귀가 군왕과 같고, 혈 왼쪽의 밭둑길이 5장(五丈)이나 뻗친다면 장방(長房)의 인정(人丁)이 왕하고 자손도 많다.
- 혈 뒤가 낮아서 꺼지면 부귀하고 혈 뒤가 바람이 불어닥치면 발복한다.
- 혈 바깥쪽은 높고 안쪽은 낮으면 장심(掌心)과 같으니 시사(時師)가 자칫 압흉(壓胸)으로 오인하게 되므로 길인(吉人)이라야 이런 곳을 얻게 되고 부귀하여 성가(成家)하고 만세(萬世)를 지낸다.
- 혈 뒤의 많은 물이 곧게 흘러 충하니 장차남 모두 부귀하리라. 혈 좌우에서 물을 만나니 장방(長房)의 자손이 왕의 곁에서 명을 받드는 귀함을 얻게 된다.

❖ **평원**(平原) : 옥야천리 끝없이 이어지는 들녘으로 일망무제 가로막힌 데가 없으면서 약간 편편한 동산언덕.

❖ **평전**(平田) : 높은 산이 끝 줄기를 거두는 무렵에 떨어진 자락들이 형성시킨 평평한 논밭지대.

❖ **평전수**(平田水)

① 일명 창판수(倉板水)라 하여 혈전평전(穴前平田) 논에 번번하게 고여 있는 물이다. 이 평지수전(平地水田)은 강호수(江湖水)에 못지 않게 좋은 명당수(明堂水)로 최부최귀(催富催貴)가 기약되는 길수(吉水)이다.

② 평전수(平田水)는 논에 모여 흐르는 물이다. 논바닥이 마르지 않고 늘 축축하게 젖어 있으며 천천히 한가하게 흘러야 좋다. 또 논의 전체적인 형태가 혈처를 둥글게 감싸 줘야 길하다. 논의 형태가 일직선으로 곧게 생겼거나 등을 돌린 모습이면 흉한 기운이 서리고 경사가 심하여 물이 급하게 흘러내려도 안 좋다.

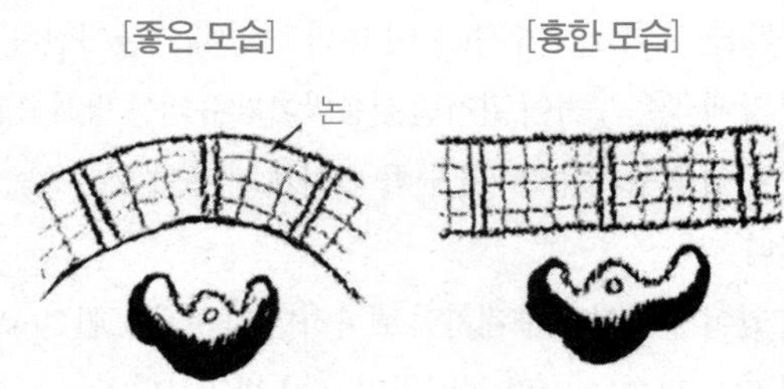

❖ **평전혈**(平田穴) : 평양혈과 비슷한 혈. 평양혈보다는 좀 좁은 평지(平地), 혹은 밭 가운데에 있는 혈. 사방이 평평하고 혈처만 볼록하다.

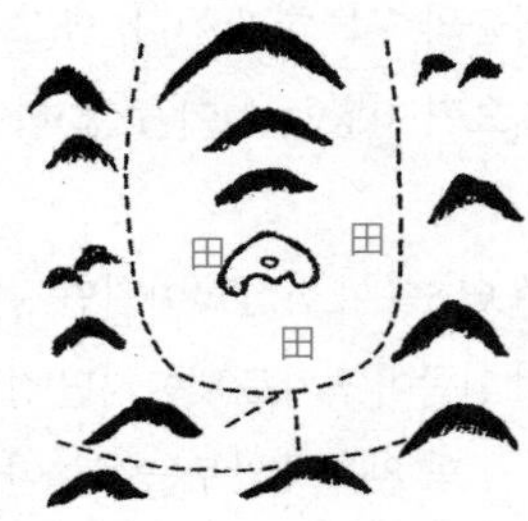

❖ **평지**(平地) : 산이 아닌 평평한 땅.

❖ **평지결**(平地訣 : 平陽訣) : 평원의 땅은 용기(龍氣)가 후중한데 땅속에 기맥이 엎드려 강하의 반(畔)과 호침(湖浸)의 곁에 결성하여 면체(眠體 : 누운 것)로 고리하여 모인 당국에 그 기세와 역량이 산강(山岡)에 맺은 것과는 다르다. 대개 용의 행도(行度)가 여러 굽이로 굴곡하면서 취회(聚會)함이 몇 천리를 뻗어 조(朝)와 응(應)과 병위(屛衛)와 관란(關闌)이 많으니 이러한 것들이 특이하게 생긴 사(砂)이고, 수국(水局)의 환요(環遶)라 한다. 또한 주박(湊泊)함이 가차(假借)가 아닌 바, 그 일사(一砂)의 수기(秀氣)가 강만(岡巒)을 이루어 수리(數里)를 지나가고 일수(一水)의 만이 개울 여러 단계를 지나면서 흘러가니 그 형상을 찾을 때 그 응(應)과 낙(樂)의 결합(契合)을 보고 그 동용(動用)에 중요한 곳을 알아서 천연적인 교(巧)를 동명(洞明)하고 성규(成規)함을 조심스럽게 지키면 증좌(證佐)는 끝난다. 그러나 만일 석반(石盤)

이 나오고 혈법(穴法)이 불분명하면 가볍게 손대지 못한다. 귀(貴)를 빌고 박물(博物)할 때 천생의 성정을 알아야 하며 또는 심교(心巧)로써 조화의 비장을 터득하여 형과 혈(穴)과 수수(收水)와 수산(收山)을 알며 복선(福善)의 현기(玄機)를 모으면 자인(慈仁)의 의곡(懿曲)을 이룬다. 무릇 평지의 용은 골절이 개합(開合)하고 맥척(脈脊)이 관(串)을 꾀어 고산(高山)과 다름이 없다. 고산룡(高山龍)은 뚜렷이 나타나 보이므로 성정이 노출되어 보기가 쉬우나 평지룡(平地龍)은 척맥(脊脈)이 깊이 잠기고 성정은 은닉되어서 보기가 어려울 뿐 아니라 결혈(結穴)이 밝기도 하고 어둡기도 하여 일정하지 않아 개론하기가 어렵다. 북룡(北龍)은 산이 물을 나르므로 마땅히 취기(就氣)는 편(偏)으로 하고 취수(就水)는 전(專)으로 하며, 반대로 남룡(南龍)은 물이 산보다 나으므로 마땅히 취수(就水)를 편(偏)으로 하고 취기(就氣)를 전(專)으로 해야 한다. 기(氣)를 체(體)로 삼으면 강장(强壯)한 인물이 나오고, 물을 용(用)으로 하면 부요(富饒)한 인물이 나온다. 이 남북의 평지가 서로 장단점이 있어 법을 겸용하지 않는 것이니, 체(體)를 편(偏)으로 할 때는 그 용수(用水)를 구해야 하는바, 소위 1촌(一寸)이 낮으면 수(水)가 되고, 용(用)을 편(偏)으로 할 때는 그 산의 체(體)를 구해야 하는바, 소위 1촌(一寸)이 높아도 산으로 정한다. 평지혈(平地穴)은 모호하여 천택(扦擇)하기가 가장 어렵다. 평지를 알려면 우선 높은 산을 볼 줄 알아야 하니 평지 중 높은 것을 알면 이미 평을 아는 것이 된다. 대개 높은 산의 오성(五星)은 수체(竪體: 세워진 것으로 형상을 봄)이고, 평지의 오성(五星)은 와체(臥體: 누워 있는 것으로 형상을 분별)이니, 가지를 나누고 결후(結喉)된 것과 개장출맥(開帳出脈)의 순역(順逆)이며 영송(迎送)이 고산(高山) 평지가 일반이다. 평지의 와체(臥體)로 오행의 형을 구할 때는, 즉 취수(就水)의 혈을 얻는 것이지만 북으로 실혈(失穴)이 되면 오직 토후(土厚)의 강(剛)한 것을 취하며, 남으로 실룡(失龍)이 되면 오히려 수취(水聚)에 미루어 보아야 하니, 이것이 남북 용에 따라 다르게 쓰는 대체적 형격이다. 대개 점혈할 때 입수(入首)된 머리에 올라 그 용이 오는 세력이 어느 곳으로 가고, 당국이 어느 곳에 모였는가와, 이 성신(星辰)이 어느 혈정에 맺은 것과, 또 필요한 것은 기정(起頂)과 개면(開面)과 수족의 수렴된 형체를 찾는 일이다. 이 모든 것이 진적(眞的)이며 또 그 맥의 무엇이 생(生)이고 무엇이 사(死)이며, 어떤 것이 호사(護砂)이고 어떤 것이 정맥(正脈)인가를 분별해야 한다. 맥은 솟은 곳이 음(陰)이며, 낮은 곳이 양(陽)이다. 그러므로 음양을 크게 나누면, 고산(高山)은 음(陰)이고 평양(平洋)은 양(陽)이니, 음양의 변통이 이 원칙에서 벗어나지 않는다. 유파(乳坡)는 절아(節芽), 소치(梳齒), 이벽(犂鐴), 과순(戈盾) 등이 음에 속하는 혈이니, 능엽(稜壓)과 진구(唇口)에 재혈(裁穴)하여 그 양을 취하고, 와겸(窩鉗)은 선장(仙掌), 연소(鷰巢), 계소(鷄巢), 포전(鋪), 동랑(動浪)의 류(類)로 양에 속하니, 주포(珠泡)나 현돌(弦突)에 가려 그 음(陰: 솟은 곳)을 취하는 바, 소위「양래음수(陽來陰受)하고 음래양수(陰來陽受)」의 원칙이다. 양수(陽受)는 개면(開面)을 요하고 음수(陰受)도 개면(開面)을 요하지만 돌(突)이 있어도 혈면(穴面)이 없으면 이는 허가(虛假)로 소위 음중유양(陰中有陽)이라 그 양을 취하고, 돌(突)하여 면이 없는 음은 범하지 말아야 한다. 무릇 성신(星辰)의 결(結)은 정면에는 그 가운데를 취하고 측면은 그 각을 취하여 횡으로 떨어지면 그 세(勢)를 취할 것이요, 섬(閃)으로 떨어지면 의맥(倚脈)하여 평준토(平準土)하여 정(頂)에 장(葬)하며, 돌면(突面)은 진(唇)에 붙이고 거슬러 도는 형세를 구취(鉤取)하며, 굽은 곳에는 단교(短巧)한 경(頸)을 취하고, 맥이 크게 넓적하면 기(氣)가 흩어지니 그 현(弦[窩] 비슷한 곳)을 취하고, 맥이 크게 조웅(粗雄)하면 기급(氣急)이니 그 살(殺)을 섬멸(閃滅)하며, 맥이 크게 쭉 뻗은 곳은 기(氣)가 느리니 그 급한 곳을 취하고, 맥이 크게 단축(短縮)하면 기(氣)가 작으니 그 성한 곳을 가리고, 맥이 크게 난잡하면 기(氣)의 자취가 없으니 그 특이하게 수려한 곳에 점혈하면, 맥이 크게 퍼져 나간 경우는 수기(收氣)가 없으니, 그 전체적인 것을 살펴 적당해 보이는 곳에 점혈해야 한다. 과모(戈矛)에는 머리가 커야 가하고, 소치(梳齒)에는 절파(節坡)에, 평지에는 개와(開窩)된 곳에, 평전(平田)에는 개구(開口)된 곳에 정한다. 또 상하가 모두 뾰족하면 맥이 아니요, 위가 제윤(齊潤)치 못하면 기(氣)가 없고, 와(窩)가 좁아 뇌박(腦薄)하면 와(窩)가 아니라 수조(水槽)요, 유(乳)가 서 있어도 조경(粗硬)하면 유(乳)가 아니라 음살(陰殺)이며, 현릉(弦稜)한 것이 불분명하면 모두 가형(假形)의 혈이 맺지 않는 땅이다. 평양(平洋)과 고산(高山)의 땅은 모두 하수(蝦鬚)가 있어서 혈의 증거가 되는데, 이 하수수(蝦鬚水)란 즉 건류수(乾流水 : 물이 없는 것)이니 혈 뒤에서 팔자(八字)로 갈려 혈 아래에서 합수(合水)되어 하수(蝦鬚)모양이 환포된 것을 말한다. 하수(蝦鬚)가 하나는 길고 하나는 짧은 것은 항 앞인데 그 머리를 안아 돌아다보고 또 행하면 수직(鬚直)이요, 왕(往)하면 수포(鬚抱)이며, 장수(長鬚)를 길게 뻗쳤다 오므렸다 하는 것은 물(物)을 먹는 형상이다. 수(鬚)로써 입에 먹이를 넣으므로 무릇 유돌혈(乳突穴)은 기맥(氣脈)의 긴 모양이 하두(蝦頭)와 같아서 좌우에 희미한 흔적이 있다. 소수(小水)가 위로 좇아 분개(分開)되어(八字모양) 소명당(小明堂)으로 합한 것이 마치 하수포(蝦鬚抱)가 물건을 입 안으로 넣는 것 같으므로 하수수(蝦鬚水)라 한다. 특히, 평양혈(平洋穴)에는 이 하수수(蝦鬚水)를 전적으로 인정한다. 이 하수수(蝦鬚水) 이외에 반드시 양고(兩股)로 벌린 미미한 사(砂)가 환포(環抱)하여 머무른 것을 선익(蟬翼)이라 한다. 설심부(雪心賦)에 이르기를,「선익(蟬翼)·하수(蝦鬚)·금어수(金魚水)의 세 가지는 맥(脈)이 양쪽으로 나온 것이 선익사(蟬翼砂)요, 양고(兩股)로 좁게 나온 것이 하수(蝦水)」라 하였다. 또 금어수(金魚水)란 대동소이(大同小異)한데 즉 물고기가 물을 먹을 때는 모두 입으로 들이켜 양쪽 아가미로 나오는 것인데 오직 금어(金魚)만은 양쪽 아가미로 물을 먹고 입으로 내놓으므로 유돌혈(乳突穴)은 여기(餘氣)가 짧은 것이 금어(金魚)의 주둥이와 같아 그 양변의 미미한 물이 위로부터 갈라져 소명당(小明堂)으로 합하는 것이 마치 금어(金魚)가 아가미로 물을 마시는 것과 같다 하여 금어수(金魚水)라 하였지만, 그 실은 혈장에 계맥(界脈)의 수기(收氣)가 상분하합(上分下合)한 건류(乾流)의 작은 물이므로, 탁옥부(琢玉賦)에 이르되,「위에서 나뉜 형상이 하수(蝦鬚)요, 아래에서 합한 것이 금어(金魚)」라 하였다. 또 이 밖에 해안수(蟹眼水)라는 것이 있으니, 물건을 보는 눈이 없고 풀이 쑥 돋아난 것이 많으니 오직 해안(蟹眼)은 관활(寬闊)하고 깊이 숨어 두 발을 환포(環抱)하면서 다닌다. 또 옆으로 좌행할 때는 왼쪽 눈이 밝고 우행(右行)할 때는 오른쪽 눈이 밝으므로 무른 와엽(窩靨)에 결혈(結穴)되고 중간에 원진(圓唇)이 미토(微吐)함이 게의 배꼽 모양과 같으니 이것이 바로 땅의 묘한 이치다. 대부분 물에는 삼기(三奇)가 있으니, 조(朝)와 취(聚)와 요(遶)가 그것이다. 또는 땅이 관횡(寬橫)한 곳에는 수(水)를 논하지 않았으니, 이는 타고(他顧)의 우수(憂水)가 있음이며, 땅이 대성(大盛)하여 사(砂)가 불급(不及)한 것은 리종(履宗)의 화(禍[종가가 망]함) 있음이니 소수(小水)는 긴밀해야 하고 대수(大水)는 둥글어야 한다. 그러나 대수(大水)가 있는 근처에서는 혈을 찾지 말아야 한다. 만일 대수(大水) 가까이 혈을 정하면 장후에 사람이 끊인다. 소수(小水)의 어지럽게 생긴 곳의 기이한 자취가 있는 곳에 자리를 잡으면 삼공(三公)이 나온다. 글에 이르기를,「앞에는 반월 같고 뒤에는 결환(缺環 : 반쪽 고리) 같아 좌우가 궁형(弓形)이면 취수(就水)의 혈을 알 수 있다」또 이르기를,「평양(平洋)과 산지가 무엇으로 종적을 삼는가, 수(水)를 인정한용이 된다」하였으며, 또 이르기를,「장귀섬적(藏龜閃跡)이니 갑중(甲中)에 수요(水遶)가 있는 것이 진룡(眞龍)이다. 이 용은 용이 수(水)를 떠나지 않고 수(水)가 혈을 떠나지 않는다」하였다.

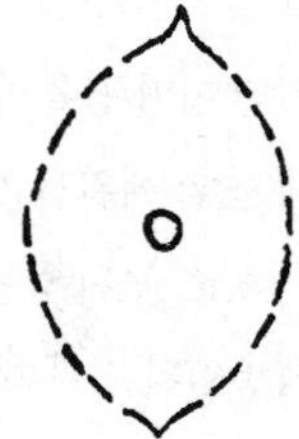

❖ **평지룡**(平地龍)

① 평지로 뻗어나간 용맥.

② 평지룡은 평강룡보다 더욱 부드럽게 보인다. 유유히 뻗어 가는 모습이 약한 듯하면서도 평화롭다. 평지룡이 평강룡이나 고산룡보다 훨씬 낮다고 해서, 그 안에 담겨 있는 정기까지 약한 것은 아니다. 형상이 생기발랄하고 아름다우면 큰 정기가 깃들인다. 무릇 용에 깃들인 정기는 그 형상에 따라 크기가 달

라진다.

❖ **평지**(平地) **토귀**(土貴) : 땅이 귀하려면 평평하고 바르고 흙이 귀하려면 지맥이 있어야 한다. 넓고 평평한 평양의 형국을 이룬 땅은 지맥이 낮아 미미한 기복을 형성한다. 높은 기복을 이루면서 힘찬 기세를 하고 있는 산룡보다 더 강한 기운을 간직하고 있다. 그러므로 평양에 결혈한 것을 더욱 귀하게 여긴다. 평양에 융기하여 미미한 기복을 형성하고 있는 지룡은 평평하고 완만하면서 유연하게 움직이는 형세다. 물의 경계나 물줄기가 모여 만나서 멈추는 곳을 사방이 둘러 싸여 조영을 이루므로 음양이 상응하면서 왕성한 생기가 결집된다. 평아에서 지룡은 매우 귀한 것이다. 산형과 토맥이 떨어진 곳은 반드시 평탄한 땅이 있어야 하며 평탄한 땅이 없으면 산세나 토맥이 머물지 않으니 혈이 아니다. 귀한 흙은 지맥이 있으니 이는 평평하고 넓은 곳에 매장하여야 하는데 체득하기가 극히 어렵다.

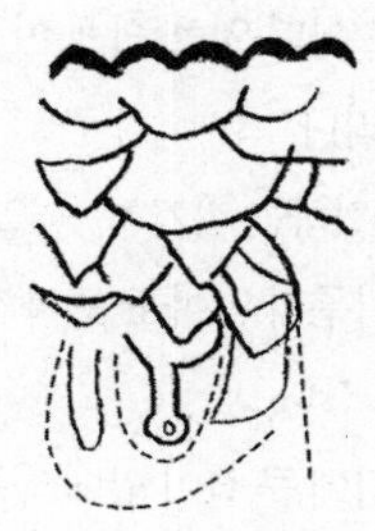

❖ **평지혈**(平地穴) : 넓은 논밭과 같은 평지에 맺는 혈. 주변에 감싸주는 산이 없이 사방이 평평하며, 혈처(穴處)만 볼록하게 돌출되어 있어 바람을 많이 받을 것 같다. 혈은 산세가 잘 감싸주어야 춥고 거센 바람을 막아 생기를 보전할 수 있다. 항상 따듯하고 온화한 가운데에 혈을 맺는 법이다. 일반적으로 사방이 탁 트여 바람을 받는 곳은 혈을 맺을 수 없는 곳이다. 혈은 바람을 받는 것을 가장 싫어하기 때문이다. 그래서 청룡·백호 등 주변 사격이 없으면 형의 생기(生氣)는 흩어지고 만다.

❖ **평탄명당**(平坦明堂)

① 평평하고 모나지 않으며 높낮이의 구별이 없는 명당.

② 평탄명당은 혈 앞 내명당의 가운데가 열려 있고, 그 앞쪽에 평탄한 구릉이 펼쳐진 것이다. 높은 곳, 낮은 곳이 복잡하게 섞이지 않고, 명당 전체가 똑 고르니 매우 깨끗한 기운이 서린다. 지극히 좋은 명당이다. 앞에 평탄명당이 있는 혈은 고귀한 인물을 배출한다. 공후(公侯)와 장상(將相)들이 나온다. 또 명당에 따뜻하고 밝은 기운이 가득 감도니 자손들이 평안하게 산다.

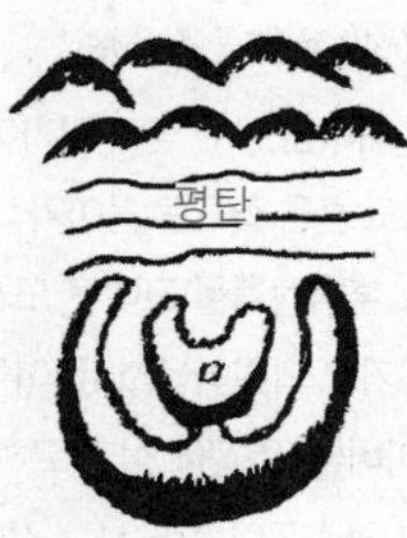

❖ **평탐랑**(平貪狼) : 산정상이 거문 토성과 같이 일자(一字)로 되어 방체(方體)로 보인다. 목(木)이 누워 있다 하여 와목(臥木) 또는 와탐(臥貪)이라고 한다. 형체는 거문성과 비슷하나 일자(一字) 모양의 양끝이 약간 높고 중간이 낮다. 거문성과 구별은 평탐(平貪)은 일자형의 끝 부분에서 출맥한 반면 거문(巨門)은 일자형의 중간에서 출맥한다.

❖ **평토제**(平土祭)

①성분(成墳)이 끝나면 올리는데 제로서 평토축을 읽는데 이를 성분축(成墳祝), 제주축(題主祝), 위령축(慰靈祝)이라 한다.

②선영이나 개인 산소에 모실 때는 봉분이 완료되고 물길 등 제반사항이 끝난 뒤 하는 것이 통례이나 요즈음은 봉분 전이라도 지반과 평형을 이루면 먼저 평토제를 올리고 봉분을 완성하는 경우도 있다.

③공원묘원은 지반이 평형을 이루게 하고 평토제를 올리고 상

제 및 조객이 철수한 뒤 공원묘원 측에서 봉분 및 뒷정리를 한다.

④ 지방(地方)과 가문에 따라 평토제 전에 신주(神主)를 모시고 혼백을 이 때 묘에 묻는 사례가 있으나 현대에는 거의 행하지 않고 삼우 때 혼백을 묻든지 다른 신위를 준비하여 묻는다.

⑤ 혼백 대신 신위(神位)를 묻을 때는 지방(紙榜) 쓸 때 크기면 된다. 여자일 경우는 지방 쓰는 양식과 같이 해도 된다.

⑥ 한글로 지방 쓰는 양식으로 해도 된다.

❖ **평토축 예**

維歲次 辛未六月癸未朔) 初七日 己丑

孤子 ○○ 敢昭告于

顯考學生府君 密陽朴公 形歸窀穸 神返室堂

神主未成 魂魄乃存 伏惟尊靈 是憑是依

[해설] 고애자 ○○는 아버님 신위 앞에 삼가아뢰옵니다. 형체는 무덤으로 들어가시고 혼은 집으로 돌아가십니다. 신주를 아직 마련하지 못하였고 혼백상자를 그대로 모시오니 엎드려 비옵는바 존령께서는 여기에 의존하옵소서. 아들 〈또는 손자〉 ○○ 아버님(또는 할아버님) 영전에 삼가 고하나이다. 오늘 이곳에 유택을 마련하였으니 고이 잠드시고 길이 명복을 누리소서.

❖ **평파**(平破) : 뒤는 산에 연결되고 앞은 물에 인접하여 앞이 열린 조그만 산언덕.

❖ **평평하고 경사가 없는 산은 좋다** : 집 뒤에 경사가 없는 산이 있는 것은 길조로서 순조롭게 재산이 늘어나고 생활이 풍요로워진다.

❖ **평호**(平湖) : 큼지막한 산줄기가 흘러내리다 펼쳐 갈려지며 전방에 큰 호수를 품어들인 듯하되 앞쪽에 산이 보이지 않는 산언덕.

❖ **폐**(廢) : 갇혔다가 떠난 다음을 말함.

❖ **폐문색로**(閉門塞路) : 출입하던 문을 막아 없애거나 길을 막는데 마땅한 날.

복단일(伏斷日) · 폐일(閉日) / 기(忌) : 병인(丙寅) 기사(己巳) 경오(庚午) 정사(丁巳) · 사폐일(四閉日)

❖ **폐수관**(廢水管) **배수구**(排水口)**에 대해서** : 인간은 눈에 띄지 않는 일에 대해서는 매우 순조로울 것이라고 믿는 경향이 있다. 이런 예는 건축물의 경우에 단적으로 나타난다. 건축물의 외관에 대해서는 무척 관심을 갖지만 지하에 묻혀 있는 배수관에 대해서는 전혀 무관심한 것이 한 예다. 자신이 살고 있는 주택 지하에 배수관이 어떤 식으로 연결되어 있는지 아는 사람은 특별한 경우를 제외하고는 아마 없을 것이다. 그러나 배수관이 주택의 어느 방위에 배치되었는지 집 중심점에서 자세히 살펴보아야 한다. 혹시 대흉상의 방위에 놓여 있어서 가족의 건강에 무서운 영향을 미칠 수도 있기 때문이다. 배수관은 오염된 물을 배설하는 관을 말한다. 물론 이런 관에는 더러운 여러 물질이 붙어 있어서 불결한 혼백들이 아주 쉽게 다가갈 수 있다. 물론 이것은 매우 위험한 일이다. 배수관이 정문 앞이나 문의 안쪽을 통과하는 것도 역시 흉상이다. 배수관이 이곳을 통과하므로 불결한 혼백들이 쉽게 집안으로 들어오게 된다. 문이나 정문을 길상에 설치했다 하더라도 배수관이 이곳을 통과하면 대흉상으로 변한다. 이렇게 되면 전신이 병들고 열정마저 상실하여 운세까지 영향을 입는다. 그러므로 어떤 일을 쉽게 이루어지지 않는다.

❖ **포**(布) : 열다. 벌리다.

❖ **포**(泡) : 생기를 충전하는 취기처. 즉 일직선의 내룡이나 요도각이 30도 변화를 이루지 않아도 포가 형성되면 생룡으로 본다. 빗물의 물버끔과 같다.

❖ **포견사**(抱肩砂) : 뒤에 큰 산이 앞에 있는 작은 산을 끌어안아 불칙한 물골의 산형. 정면으로 보이게 되면 음란하고, 여식이 창녀나 기생으로 나간다.

❖ **포구**(抱毬) : 장채 직장(直長)하여서 무력하다는 뜻.

❖ **포궁**(胞宮) : 포가 닿는 자리.

❖ **포교간곡**(抱交看曲) : 포(抱)는 인신사해(寅申巳亥)이며 포(抱)의 혈은 굽은 데에 있다. 포(抱)는 그 성(性)이 유각(乳脚)이라 회두(回頭)하는 것이니 불회(不回)하면 기(氣)가 머물지 못하기에 회곡(回曲)한데 혈이 있다.

❖ **포두산**(抱頭山) : 안(案) 밖에 있는 산이 서로 껴안아 두 사람의 머리가 서로 포옹한 것 같은 모양.

❖ **포리**(包裏) : 가운데를 에워싼다는 말.

❖ **폭면수**(瀑面水) : 혈성(穴星)은 낮고 적은데 수세(水勢)가 웅대하여 혈을 억누르는 흉수(凶水).

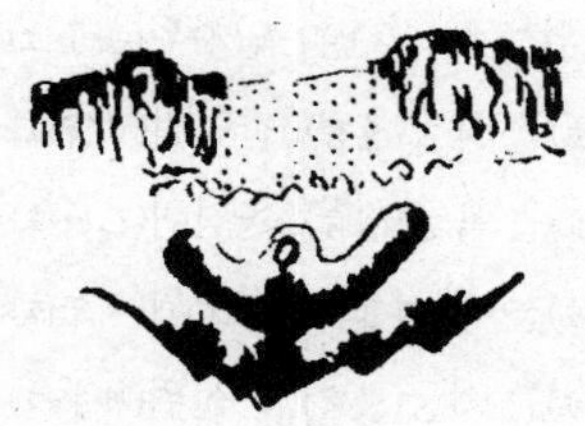

❖ **포사**(抛梭) : 지형(地形)을 설명하는 술어의 하나. 「던진 북」 즉 베 짜는 북같이 생긴 지형이 가느다랗게 이어진 맥이, 또한 북(梭) 끝에 매달려 있는 실처럼 매우 가늘고 미미하다는 뜻.

❖ **포신**(抱身) : 포신(抱身)이란 수세(水勢)가 묘를 에워싸면 혈은 좋고 용신(龍身)의 기맥(氣脈)은 순수하며 장사 후에 그 집은 부귀를 누리는 일이 많고 자손은 뛰어나게 높은 벼슬을 얻는다. 용혈에 해당되는 장소에 분묘를 세울 때 그 땅을 하천이 둘러싸듯이 흐르고 있으면 수룡환포(水龍環抱)로 그 집의 자손은 사회적으로 높은 지위가 약속되며 금전적으로도 혜택을 받고 가문이 번창한다는 의미이다.

❖ **포태법**(胞胎法) : 포태(胞胎) 12신(神) 정국을 따지는 법.

年　月	申子辰 水	巳酉丑 金	寅午戌 火	亥卯未 木
	巳	寅	亥	申

- **금절어인**(金絶於寅) **3합금**(三合金) : 사유축(巳酉丑)은 인(寅)에 포(胞)
- **목절어신**(木絶於申) **3합목**(三合木) : 해묘미(亥卯未)는 신(申)에 포(胞)
- **수절어사**(水絶於巳) **3합수**(三合水) : 신자진(申子辰)은 사(巳)에 포(胞)
- **화절어해**(火絶於亥) **3합화**(三合火) : 인오술(寅午戌)은 해(亥)에 포(胞)를 각각 붙여 포(胞), 태(胎), 양(養), 생(生), 욕(浴), 대(帶), 관(冠), 왕(旺), 쇠(衰), 병(病), 사(死), 장(葬)의 순서를 12지 순서대로 돌려 짚는다.

12支神 / 五行	胞	胎	養	生	浴	帶	冠	旺	衰	病	死	葬
巳酉丑 金	寅	卯	辰	巳	午	未	申	酉	戌	亥	子	丑
亥卯未 木	申	酉	戌	亥	子	丑	寅	卯	辰	巳	午	未
申子辰 土水	巳	午	未	申	酉	戌	亥	子	丑	寅	卯	辰
寅午戌 火	亥	子	丑	寅	卯	辰	巳	午	未	申	酉	戌

❖ **포태수법의 용법** : 포태수법(胞胎水法)의 용법에는 대체적으로 수구기준(水口基準)의 사국법(四局法), 향상작국법(向上作局法), 양순음역(陽順陰逆)의 사국법이 있다. 이 세 법은 다 같이 금국(金局), 수국(水局), 목국(木局), 화국(火局) 등 4국(四局)을 바탕으로 하고 천간지지(天干地支)를 1궁위(宮位)로 배합한 12궁위(宮位)로 운용한다.

① **수구기준**(水口基準)**의 4국법** : 본항 4국법은 포태수법(胞胎水法)의 대종(大宗)이며 또한 기본으로 작국방법(作局方法)은 24위 12배합궁위를 금수목화 4국으로 분정(分定)한다. 그 분정 기준과 방법은 다음과 같다.

- 계축(癸丑) 간인(艮寅) 갑묘(甲卯) 위상(位上) 나가는 물은 금국(金局).
- 을진(乙辰) 손사(巽巳) 병오(丙午) 위상(位上) 거수(去水)는 수국(水局).
- 정미(丁未) 곤신(坤申) 경유(庚酉) 위상(位上) 나가는 물은 목국(木局).
- 신술(辛戌) 건해(乾亥) 임자(壬子) 위상(位上) 나가는 물은 화국(火局)이다. 수구위(水口位)는 원칙적으로 진(辰), 술(戌), 축(丑), 미(未) 사고장위(四庫藏位)가 정법이다. 그러나 사국분국(四局分局)의 원칙상 고장위(庫藏位)에 연계되는 절태(絶胎) 2궁위(二宮位)의 유거(流去)도 역시 동국(同局)으로 인정한다. 다음은 각국 12위에 12포태를 배정부궁(配定附宮)하는 일이다. 첫째 기포점(起胞點)을 찾는다. 각국마다 각기 다른 기포점이 있다. 금국(金局)의 기포는 간인위(艮寅位)에 하고, 수국(水局)의 기포는 손사위(巽巳位)에서 한다. 목국(木局)의 기포는 곤신위(坤申位)에서 하고, 화국(火局)의 기포는 건해위(乾亥位)에서 한다. 그 다음은 각국의 기포위(起胞位)에서 12포태를 순서대로 12배합위에다 하나하나 붙여 나가면 최후 궁위(宮位)가 묘궁(墓宮)으로 귀착된다. 예컨대 명당수(明堂水)가 계축(癸丑) 혹은 간인 갑묘위(艮寅 甲卯位) 중에서 어느 궁위의 유파(流破)도 이는 금국(金局)이다. 금국은 간인위(艮寅位)에서 기포(起胞)하므로 간인위는 절궁(絶宮), 갑묘위(甲卯位)는 태궁(胎宮), 을진위(乙辰位)는 양

ㅍ

궁(養宮), 손사위(巽巳位)는 생궁(生宮), 병오위(丙午位)는 욕궁(浴宮), 정미위(丁未位)는 대궁(帶宮), 곤신위(坤申位)는 관궁(官宮), 경유위(庚酉位)는 왕궁(旺宮), 신술위(辛戌位)는 쇠궁(衰宮), 건해위(乾亥位)는 병궁(病宮), 임자위(壬子位)는 사궁(死宮), 계축위(癸丑位)는 묘궁(墓宮)이다.

局 / 12神星 / 破口	火局 辛戌 乾亥 庚酉	木局 丁未 坤申 丙午	水局 乙辰 巽巳 甲卯	金局 癸丑 艮寅 壬子
胞	乾亥	坤申	巽巳	艮寅
胎	壬子	庚酉	丙午	甲卯
養	癸丑	辛戌	丁未	乙辰
生	艮寅	乾亥	坤申	巽巳
浴	甲卯	壬子	庚酉	丙午
帶	乙辰	癸丑	辛戌	丁未
官	巽巳	艮寅	乾亥	坤申
旺	丙午	甲卯	壬子	庚酉
衰	丁未	乙辰	癸丑	辛戌
病	坤申	巽巳	艮寅	乾亥
死	庚酉	丙午	甲卯	壬子
墓	辛戌	丁未	乙辰	癸丑

[四局 十二宮位]

局 / 得破口 / 水口	火局 辛戌 乾亥 壬子	木局 丁未 坤申 庚酉	水局 乙辰 巽巳 丙午	金局 癸丑 艮寅 甲卯
壬子	胎	浴	旺	死
癸丑	養	帶	衰	墓
艮寅	生	官	病	胞
甲卯	浴	旺	死	胎
乙辰	帶	衰	墓	養
巽巳	官	病	胞	生
丙午	旺	死	胎	浴
丁未	衰	墓	養	帶
坤申	病	胞	生	官
庚酉	死	胎	浴	旺
辛戌	墓	養	帶	衰
乾亥	胞	生	官	病

예컨대 간인득(艮寅得) 신술파(辛戌破)라 가정하면 국(局)은 화국(火局)이요 기포(起胞)는 건해위(乾亥位)에서 한다. 그런 즉 건해위는 절궁(絶宮), 임자위(壬子位)는 태궁(胎宮), 계축위(癸丑位)는 양궁(養宮), 간인위(艮寅位)는 생궁(生宮), 갑묘위(甲卯位)는 욕궁(浴宮), 을진위(乙辰位)는 대궁(帶宮), 손사위(巽巳位)는 관궁(官宮), 병오위(丙午位)는 왕궁(旺宮), 정미위(丁未位)는 쇠궁(衰宮), 곤신위(坤申位)는 병궁(病宮), 경유위(庚酉位)는 사궁(死宮), 신술위(辛戌位)는 묘궁(墓宮)이다. 그래서 화국(火局)의 간인득(艮寅得) 신술파(辛戌破)는 생궁득수(生宮得水)에 묘궁거수(墓宮去水)가 된다. 즉 이른바 생득장파(生得藏破)하여 왕정부귀(旺丁富貴)의 길득(吉得) 길파(吉破)이다.

❖ **폭면수**(瀑面水) : 폭포수처럼 위에서 아래로 쏟아져 내리는 물. 쏟아지는 물은 웅장한데 혈성(穴星 : 혈이 있는 산)은 얇고 작으며, 물이 혈과 혈성을 압박하고 짓누르는 형상이다. 혈 앞에 이런 물이 있으면 젊은 사람들이 많이 죽게 되어 자손이 번성하지 못한다. 결국엔 자손이 끊기어 집안이 망한다.

❖ **폭포수**(瀑布水) : 높은 석벽(石壁)에서 많은 물이 쏟아 떨어지는 사납고 무서운 물. 그 굉음 또한 천지를 진동하는 듯한 물로서 패가상정(敗家傷丁)의 흉수(凶水)인 바, 폭포수 근처에서의 구혈(求穴)은 결코 옳지 못한 일이다.

❖ **표석**(標石) : 진혈을 증명하는 바위나 돌 등을 가리킴.

❖ **풍경소리는 흉기(凶氣)를 분산시킨다** : 출입구나 대문에 매단 풍경이나 작은 종 맑은 소리를 내는 모든 도구들은 단순한 장식품으로서의 가치 뿐만 아니라 외부에서 들어오는 거칠고 순화되지 않은 흉기(凶氣)를 분산시키거나 약화 시켜서 기(氣)의 흐름을 조절하는 도구로서의 가치도 있다. 맑고 고운 소리로 생기(生氣)를 상승 시킨다.

❖ **풍(風)과 혈(穴)** : 바람의 영향으로 진혈(眞穴)의 성국(成局)을 일

으키는 것은 현무정(玄武頂)과 주작(朱雀), 조산(朝山), 안산(案山), 좌청룡, 우백호, 성산(星山)의 혈이 조응(朝應)하여 혈장이 성국(成局)되는 곳을 순풍혈내회도(順風穴來回到)라 하여 장풍(藏風)과 진혈(眞穴)이 이루어진다. 그러나 살충풍(殺沖風)이 충사(沖砂)하면 결혈(結穴)되지 못한다. 양풍(陽風)은 순풍(順風), 장풍(藏風), 온풍(溫風)을 말하고 넓은 평지에서 사방으로 왕래하는 바람이다. 음풍(陰風)은 혈 앞이 공허하여 요풍(凹風)으로 변하여 불어오는 바람으로 살풍(殺風)이며, 혈 뒤가 공허해도 요살풍(凹殺風)이 분다. 청룡과 백호가 요(凹)하고 공허하면 요음풍(凹陰風)이다. 음협직래풍(陰陜直來風)은 불어오는 바람이 변하여 살풍(殺風)이 된다. 좁은 협산(陜山)을 큰 산이 가로막아 행룡(行龍)과 바람을 막아 생긴 바람을 냉한음풍(冷寒陰風)이라 하며 대흉하다. 바람을 오행으로 보면 동풍(東風) 목(木)은 온풍(溫風), 서풍(西風) 금은 냉풍((冷風), 남풍(南風) 화(火)는 열풍(熱風), 북풍(北風) 수(水)는 한풍(寒風), 중앙풍(中央風) 토(土)는 중토풍(中土風)이라 한다.

❖ **풍렴**(風廉) : 관 속에 바람이 드는 경우. 바람의 방향과 좌향을 잘못 맞춘 경우 서북쪽에서 오는 북서풍을 맞는 경우로 자손들에게 피해를 준다. 뼈가 검게 변하고 자손들이 풍병에 걸린다. 풍렴은 바람을 맞았고 하는 것인데 무덤의 좌우의 형세가 끊겼거나 산세가 한쪽으로 기운 형세에 무덤을 쓰면 틀림없이 생긴다. 주위의 나무뿌리가 바람에 흙이 날려 드러난 경우 곤신풍(坤申風)이라고 한다. 곤신풍을 맞으면 시신은 새까맣게 되며 뼈도 마찬가지다. 무덤에 따라서는 부분적 풍렴을 맞는 경우도 있는데 허리 부분만 까맣게 되고 다른 부위는 멀쩡하게 그대로 있는 경우이다.

❖ **풍살**(風煞) : 택지의 사위(四圍)가 요함(凹陷)하여 밤낮없이 불어오는 매서운 골바람(谷風)에 의한 흉살(凶煞). 이 풍살(風煞)을 일명 음곡자생풍(陰谷自生風)이라 하여 부지불식간에 인망손재(人亡損財)하고 불식다재(不息多災)한다. 더욱이 서북건해풍(西北乾亥風)은 그 피해가 극심하므로 이를 힘써 피풍제살(避風制煞)해야 한다. 요결곡풍(凹缺谷風), 즉 음곡자생풍(陰谷自生風)은 이와 같이 매우 두렵고 무서운 흉악한 바람인 반면 평원평지(平原平地)의 바람은 크게 두려워할 게 없다. 바람의 방풍(防風) 또는 장풍(藏風)의 조화는 풍수지리의 기본이다. 즉 풍살은 혈지의 팔방 주위에서 공허하고 낮은 곳이 있으면 그곳에서 매서운 곡풍(谷風)이 혈지를 직사하게 된다. 비록 혈지에 불어온 바람이라도 평지풍(平地風)은 큰 피해를 주지 못하나 혈장양변에서의 요곡풍(凹谷風)과 건해풍(乾亥風)이나 간방(艮方)에서 부는 바람이 제일 흉하다. 관재에 절손 패가한다. 또한 주변 산세가 혈을 감싸고 보호해주는 것이 없어 방풍(防風)과 장풍(藏風)이 되지 않는 곳이다. 사방팔방으로부터 불어오는 바람을 속수무책으로 받으므로 풍살(風殺)이라 한다.

❖ **풍성수**(風聲水) : 바람을 피운다. 즉 음란으로 인하여 말썽이 많게 된다는 뜻. 양국(陽局)에 손사수(巽巳水), 음국(陰局)에 곤신수(坤申水)이다. 손사수(巽巳水), 묘수(卯水), 곤수(坤水), 오자수(午子水)가 파국(破局)이 된 것을 풍성수(風聲水)라고 한다.

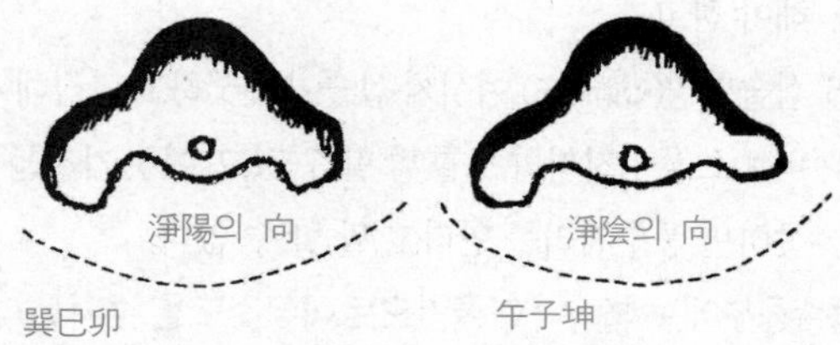

손사수(巽巳水)와 묘수(卯水)는 정음(淨陰)이므로 정양(淨陽)의 향(向)을 만나면 파국이다. 곤수(坤水)와 오자수(午子水)는 정양(淨陽)이므로 정음의 향(向)을 만나면 파국(破局)이다. 풍성수가 있으면 자손들이 음란하여 문제를 일으키며 방탕하게 살고 음탕한 짓을 잘한다. 그로 인해 부끄러운 소문이 널리 퍼져 명예를 잃는다.

❖ **풍수**(風水)

① 중국 후한(後漢) 말에 일어난 음양 오행설(陰陽五行說)에 기초하여 집 무덤 같은 것의 방위, 지형 등의 좋고 나쁨이 사람의 화복(禍福)에 절대적 관계를 갖는다는 한 가지 학설. 우리 나라는 신라말부터 여기에 심취하였음.

② 산법(山法) 또는 지리법의 대명사로 불리는 술어. 옛날 지리법의 권위자였던 곽림종(郭林宗)이 말하기를, 「장사(葬事)를 바르게 행하려면 땅의 생기(生氣)를 취해야 하는데, 생기가

오는 곳은 물이 인도하고, 기운이 그치는 곳은 물이 함께 한다. 그리고 기운이 모이는 곳에는 바람이 닿지 않는 것이니 물이 인도하고 바람이 감춰야 한다」하였으므로 바람과 물은 지리법의 요체가 되어「풍수」라 칭한 것이다.

③ 음양가(陰陽家), 지사(地師), 감여(堪輿), 형가(刑家), 지리(地理), 청낭(青囊), 청조술(青鳥術) 등으로도 불린다.

❖ **풍수 공부하려면 명심다독단정**(心明多讀端正)**해야**

① 명사전수(名師傳授) 첫째 명사를 만나 전수 받아야 하고

② 심령지교(心靈智巧) 둘째 마음이 지혜롭고 정교하여야 하고

③ 다간선적(多看仙跡) 셋째 선인(先人)들이 점혈한 자취를 많이 보아야 하고

④ 독서명리(讀書明理) 넷째 좋은 서적을 많이 읽어 이치에 밝아야 하고

⑤ 전심치지(專心致志) 다섯째 전적으로 뜻을 모아 여기에 정진해야 하고

⑥ 심술단정(心術端正) 여섯째 심술이 깨끗하고 단정해야 한다. 비로소 풍수지리의 도를 말 할 수 있고, 여섯 가지를 갖추지 못하면 풍수지리를 안다고 말 할 수 없다.

❖ **풍수공부에는 책이나 이론만으로 아무것도 할 수가 없다** : 풍수공부는 이론만으로는 아무것도 할 수 없다. 그야말로 옥내명사(屋內明師)가 될 뿐이다. 옥내명사란 현장에 가지 않고 글이나 말로써 풍수지리에 관하여 천지에 모르는 것이 없는 것처럼 떠들어 대는 사람을 말한다. 우리들은 흔히 풍수공부는 이론 공부가 우선인 것처럼 알고 있으나 풍수 공부는 현장 공부로 시작해서 현장 공부로 끝난다고 했다. 현장을 모르면 흉지를 명당으로 명당을 흉지로 잘 못 안다.

❖ **풍수는 냉정하게 사실을 밝혀 주어야 한다** : 풍수사(風水師)란 본래 살신성인(殺身成仁- 목숨을 다 바치는 것)까지는 못하여도 국가와 민족의 운명을 마음속에 간직하고 큰일을 위해 봉사하는 직업이다. 모름지기 혈(穴)의 감별에만 전념하고 두 번 세 번 검토한 다음에 결정을 내려야 하되 냉정하게 사실을 밝혀 주어야 한다. 오직 혈에만 마음을 전일하게 하여야 한다. 풍수는 아홉 가지를 잘 해도 하나를 실수하면 일을 다 그르친다. 전심하여야 한다.

❖ **풍수는 묘지 · 주택을 선정하는 데만 국한 된 것이 아니다**

• 풍수는 원래 묘지의 길흉을 선정하는 것으로 선조(先祖)를 존중하는 관념이 강한 조상들의 풍속 습관에서 태어난 것이다. 그것이 후에 묘지의 상(相)을 보는 것만이 아니라 살고 있는 사람들의 택지의 길흉을 판단하는 데에도 사용되고 있는 것이다.

• 풍수의 원래 뜻은 고서(古書)에 바람을 감춰서 물을 얻는다라고 쓰여 있는 것처럼 주위가 산으로 둘러 쌓여있어 열풍이 불어드는 것 같은 곳 가까이에 냇물이나 호수 등이 있어 우물을 파도 가장 좋은 물이 얻어질 것 같은 토지가 가장 좋다는 것이다. 이런 것을 풍수라고 이해하는 사고방식도 나타나고 있다.

• 옛날부터 역사적 사업이라고 할 만한 것 중에서 가장 시간이 걸렸던 것이 수도를 세우기 위한 토지를 결정하는 일이었다. 풍수지리, 양택(陽宅)이라고 불리는 세 가지의 학문을 자유자재로 사용해서 토지를 선정했던 것은 말할 필요도 없다.

• 오늘 날에는 이세가지의 학문을 한 덩어리로 하여 풍수학이라고 부르고 있다. 이와 같이 풍수는 눈에 보이지 않는 대자연의 에너지로서 기(氣)를 눈에 보이는 지상의 조형공간에 의해서 판단 평가 해보다 좋게 변화시켜 그곳에 사는 사람들의 건강이나 운명까지도 창조하는 것이다. 그 본래의 목적을 어디까지나 행운을 부르고 악운(惡運)을 피하는 입지법이며 주택설계의 계획인 인테리어 디자인과 같은 것이다.

• 풍수학이란 택지나 건물 등의 놓인 지형이나 방위 · 지질 등에 의해서 이 생기(生氣) · 사기(死氣)의 흐름을 정확이 파악 · 판단 · 평가해서 길흉을 알아내어 인간과 환경과의 양호한 관계를 실현하는 시스템이다. 기(氣)의 흐름은 사람이 잠을 자는 위치와 방의 가구배치 인테리어의 이르기까지 미묘하면서도 정확히 사람의 건강이나 운명에 강력한 영향력을 행사한다.

❖ **풍수는 미신이 아니다** : 풍수는 미신이 아니라는 사실과 매우 과학적이고 합리적이며 과학 문명이 극치 달한 서양에서 매우 심취되어 자연환경공학의 분야로 자리 잡아가고 있다. 풍수 자연과학의 한 분야이다. 자연현상 연구를 활발히 해야 한다.

❖ **풍수는 사람이 스승이 아니고 자연이 스승이다** : 풍수는 명당을

찾을 대는 무언(無言)의 대화를 해야 하고 지관(地官)의 마음이 밝아야 찾는다.

❖ **풍수(風水)는 욕심을 버려야**: 풍수(風水)는 욕심을 버리고 자연의 섭리를 잘 살피고 따르며, 순천(順天)하며 살아야 한다. 또한 풍수는 윤리와 도덕을 충실히 지켜 나가야 하며 도덕적 기준도 높아져야 한다. 선불리 알아듣고 화를 부르는 사람이 되지 않도록 매사에 신중을 가해야 하며, 편견된 판단으로 선의의 피해를 주지 않도록 항상 깊이 생각하고 올바른 판단을 할 수 있어야 한다. 그렇게 되기 위해서는 기감을 터득하는 것이 필수조건이다. 기란 우선 내공(內功)과 외공(外功)으로 분류하여 설명할 수 있으며, 기감 터득에는 외공수련보다 내공수련을 열심히 해야 한다. 소우주인 자신을 바로 알게 되면 대우주의 운기는 자연스럽게 감지할 수 있게 된다. 기를 감지할 수 있는 능력이 생기면 고전의 말씀들이 하나 둘씩 터득되는 법이며, 그 첫 단계로 풍수가 갖추어야 할 풍기와 수기를 먼저 감지할 수 있게 된다. 풍기는 기감을 모르는 사람들도 지세를 보고 대충 짐작할 수는 있으나, 풍기를 정확하게 감지하게 되면 식물의 성장이나 곤충들의 생활조건 등을 쉽게 구별할 수 있게 된다. 다음 수기(水氣)는 수맥의 크기와 흐르는 방향, 그리고 그 위치와 깊이, 수량 등을 감지할 수 있어야만 수맥이 인간에게 미치는 영향력을 계산할 수 있으며, 이를 우리 일상생활에서도 유익하게 활용할 수 있는 것인가 아닌가를 판단할 수 있게 된다. 그 다음으로 지기(地氣)를 감지할 수 있게 되고, 더욱 숙련되면 기의 청탁을 구분할 수도 있는데, 청탁에 따라서 유익하게 활용될 곳인지 아니면 무익한 곳인지를 식별할 수 있는 단계까지 올라서야 된다. 하지만 풍기와 수기, 지기를 알고 나서도 청탁을 바로 가릴 수 없다면 섣불리 길흉화복 운운하지 못하는 것이니 아직도 부족한 부분이 있다는 뜻이다. 이는 천기(天氣)를 감지하지 못하기 때문이며, 천기를 감지하게 되면 자연스럽게 청탁을 느낄 수 있게 된다. 풍수가 이러한 경지에 이르게 되면 자연히 모든 것을 조심하게 되고 함부로 사용할 수가 없게 되며, 자신이 이러한 경지에 이르렀다면 천기가 무엇인지도 알 수 있다. 이러한 능력은 많은 사람들을 위해 활용하고 봉사해야 하며 교만해지는 실수를 범해서는 안 된다. 특히 음택풍수는 지금까지 완전하게 자연으로 돌아가지 않은 음택 선점자(陰宅先占者:古塚)를 물리적 힘이 없다고 함부로 파헤치거나 다루어서는 안 된다. 고총(古塚)을 무시하는 행위는 강도 행각과 다를 바 없으니, 후손들이 돌보지 않는다고 마구 다루어서는 안 된다.

❖ **풍수는 자신의 언행(言行)에 끝가지 책임져야 한다**: 지관(地官)은 과거를 알아맞히는 것보다 좋은 자리를 잡아줌으로서 그 사람의 운명과 살아가는 모습을 지켜보며 연구하는 자세를 가져야 한다.

❖ **풍수학상으로 좋은 최상의 길지(吉地)**

- 좌 청룡에 물이 흘러오고
- 우 백호에 긴 도로가 나있고
- 전(前) 주작(朱雀)에 얕은 청수(淸水)의 연못이 야트막한 구릉이 있고 솥뚜껑 같은 산(山)이 보이고
- 후(後)주산(主山)이 건물보다 높이 솟은 산이 있다면 최상의 길지(吉地)이다.
- 집터가 감싸주는 뒷산이 둘러져 있을 경우 식솔이 번성하고 풍부한 복록과 안정을 누리게 되고 자손 중에 만석 거부가 난다.
- 집 앞으로 동서 좌우를 관통하여 가로 놓인 도로가 있는 곳은 풍부한 가업의 융성 안정 및 부귀영달의 복록이 따르게 된다.
- 집의 전후 방위에서 산이 서로 호응하고 좌측의 물과 우측의 자갈 밭 모래사장이 있거나 혹은 오른쪽에 모래언덕이 있고 왼쪽에 연못이나 방죽이 있는 곳은 부귀(富貴)·장수(長壽)하고 자손이 번성한다.
- 집의 동북쪽이 산자락에 접하고 남쪽이 차차 낮아지는 집터는 재물이 융성해지고 자손이 귀하게 되고 높이 된다.
- 남향 주택이 빛을 많이 받아 좋지만 지세의 자연스러운 세에 맞추어 배산임수에 청룡 백호 현무 주작을 맞추어 방위를 정하면 좋은 터가 된다.
- 집의 좌우에 굽어 도는(환포) 도로나 강물이 있으면 부(富)를 얻는다.

❖ **풍수라고 칭한 유래는**: 옛날 지리법에 대명사로 불리는 권위자

곽임종(郭林宗)이 말하기를 장사(葬事)를 바르게 향(向)하려면 땅의 생기(生氣)를 취해야 하는데 생기가 오는 곳은 수(水)가 인도하고 기운(氣運)이 그치는 물이 함께한다. 그리고 기운이 모이는 곳에는 바람이 닿지 않은 것이니 수(水)가 인도하고 바람이 감춰야 한다 하였으므로 바람과 물은 지리법의 요체가 되어 풍수라 칭한 것이다.

❖ **풍수란** : 풍수란 자연과 인간의 길흉(吉凶)을 알아보고 연구하는 학문이다. 풍수란 장풍득수(藏風得水)의 준말로 바람을 막아 감추어진 곳 즉 기(氣)가 모이는 곳 물을 얻을 수 있는 곳 그래서 공기·수기(水氣)·양광(陽光)등의 조화가 잘 이루어져야 한다.

❖ **풍수란 이러한 것이다** : 풍수란 원래 묘지의 길흉(吉凶)을 선정하는 것으로 선조를 존중하는 관념이 강한 조상들의 풍속습관에서 태어난 것이다. 후에 묘지의 상(相)을 보는 것만이 아니라 살고 있는 사람들의 택지의 길흉을 판단하는 데에도 사용되고 있는 것이다. 풍수의 원래 뜻은 바람을 감춰서 물을 얻는다 라고 쓰여 있는 것처럼 주위가 산으로 둘러 쌓여있어 열풍이 불어주는 것 같은 곳 가까이에 냇물이나 호수 등이 있어 우물을 파도 가장 좋은 물이 얻어질 것 같은 토지가 가장 좋다는 것이다.

❖ **풍수론**(風水論) : 땅의 기(氣)가 흐르는 것이기 때문에 지리에는 용을 중하게 여긴다. 물(水)은 모여야 좋고 바람(風)은 흩어져야 마땅하다. 물을 사용하는 법은 길수도 있고 흉수도 있으나, 바람의 피해는 음택에서 크게 꺼리므로 비록 용이 진혈(眞穴)이고 사(砂)가 고리하고 물이 포용해서 길국(吉局)을 이루었다 할지라도 혈에 한 줄기 바람이 불어오고 보면 설사 아주 못쓰게 되지는 않을지라도 한차례 파패(破敗)의 재앙은 면키 어렵다. 이 바람에는 여덟 가지(八風)가 있다.

① 혈 앞으로 요풍(凹風)이 불어오는 것이니 명당이 경각되어 안사(案砂: 혈 앞에 산·등이에 등이 있는 것)가 없어 당기(堂氣)가 거두지 못하여 토천(土芊)을 견동(牽動)하므로 빈궁·실패·절사하게 된다.

② 혈 뒤에 닿는 요풍(凹風)이다. 혈 뒤가 봉만(峯巒) 등으로 가리운 것이 없이 허하면 강풍이 몰아닥치는 바 그 자손이 단명하여 번창하지 못한다.

③ 혈 왼쪽에서 불어오는 요풍(凹風)인 청룡방(青龍方)의 용사(龍砂)가 없거나 있더라도 연약하면 이 바람이 닿는 것이니 장손이 홀아비 또는 과부가 생긴다.

④ 혈 오른쪽의 요풍(凹風)이란 백호방(白虎方)이 공결(空缺)하여 보호함이 없는 것으로 끝 자손이 패망하거나 요절하여 대가 끊어진다.

⑤ 혈 왼쪽 끝에서 불어오는 요풍(凹風)이니 태식(胎息)과 잉육(孕育)의 왼쪽 부분이 가리운 것이 없으면 이에 해당하는 바 혈장이 좋더라도 패절하는 자손이 생긴다.

⑥ 혈 오른쪽 끝이 허하면 요풍(凹風)이 불어오는 것이니, 위와 마찬가지로 패절하는 자손이 생긴다.

⑦, ⑧은 혈 양족(兩足)에서 불어오는 요풍(凹風)이니 자손이 조배(朝拜)하는 곳이 낮고 함(陷)하므로 당국이 충사(沖射)되지 않아도 수구(水口)가 사비(斜飛)하니 재산을 탕진함은 필연한 이치다. 그리고 바람 가운데 가장 꺼리는 것은 간방풍(艮方風)이다. 인방(寅方)에 기성(箕星)이 닿으면 기(箕)는 바람을 일으키는 것이므로, 즉 용수(龍水)의 생왕이 풍탄(風癱)과 전광(顚狂)의 병을 면키 어려우며, 만일 또 원(元)과 규(竅)가 통하지 않으면 패절하여 그 해가 더욱 심하다.

❖ **풍수무전미**(風水無全美) : 풍수(風水)는 아무리 좋은 길지라도 결함이 있는 것이니 조화도 전공(全功)이 없고 성인도 전능이 없으니 진룡(眞龍)이면 혹 혈이 졸(拙)하고 용혈(龍穴)은 아름다우나 사수(砂水)에 결함이 있는 것이니 이 모두는 명혈에도 결함이 있음을 뜻한다.

❖ **풍수 발복기간** : 풍수 발복은 1대 30년, 큰 자리는 300~500년, 더 큰 자리는 1000년, 이러한 집안을 뼈대 있는 집안이라 한다.

❖ **풍수여관상 말과 같이 풍수법은 관상을 보는 법과 같이 보라** : 추악한 용모를 가진 사람은 그 마음도 역시 불량하고 흉악함이 많은 것과 같이 산형(山形)이 추악하면 사람이 태어나되 추악하고 산형이 고우면 사람도 청수(淸秀)하고 선량하며 인물도 또한 아름다운 법이다.

❖ **풍수에서 예각**(銳角)**은 왜 불리한가** : 예각은 불안과 질병을 가져오며 재난으로 인하여 망하고 가족도 사망한다. 왜 이런 말이

생겼을까. 원형은 온 가족이 단단하게 지냄과 만사가 원만해짐을 상징 할 뿐만 아니라 각이 없으므로 예각의 충격에서 벗어날 수 있다. 사각형은 안전감을 준다. 사각형에 있는 갓은 둔각이어서 예각처럼 심각한 영향은 없다. 그러나 삼각형은 예각이 있으며 각이 첨예 할수록 그것이 미치는 영향은 강하다. 그러므로 주택을 구입할 때는 집주위에 예각이 없는지 살피고 만약 있다면 다른 주택을 선택하는 것이 좋다. 예각은 여러 종류가 있지만 대문을 향한 것이 가장 해롭다. 풍수학설에 의하면 곧바로 대문을 향한 예각은 매우 많은 피해를 초래한다. 예를 들면 가족들이 병이 자주 들든지 재물손실 등이 있다.

❖ **풍수(風水)에 쓰이는 기본용어**

- **음지**(陰地) : 죽은 이의 묘지가 자리한 어느 정도의 공간이다. 시신이 묻힌 묘는 음택(陰宅)이라고 한다.
- **양지**(陽地) : 동내나 도시의 터를 말하며 한 채의 집은 양택(陽宅)이라고 한다.
- **용** : 기복(起伏)하고 굴곡하는 능선을 말한다. 흡사 용이 조화를 부리는 것처럼 변한다는 뜻에서 비롯됐다. 또 용은 구름과 물을 필수로 한다는 뜻을 담고 있다.
- **맥**(脈) : 용은 산 모양에 따른 것이고 맥은 생기(生氣)의 측면에서 이름지은 것이다. 비유하자면 용이 팔이나 다리라면 맥은 경락(經絡)이나 신경혈관이라고 할 수 있다. 산의 분수척(分水脊 : 물이 갈라지는 선)이 맥의 길이다. 따라서 맥에는 가지가 없다.
- **절**(節) : 마디라는 뜻. 산을 나무에 비유하자면 마디는 한해 동안에 자랄 싹이 트는 곳으로 용맥이 일기일복(一起一伏)하거나 좌굴우곡(左屈右曲)하면서 가지를 분출하여 새싹이 돋는 부위에 해당한다.
- **기**(氣) : 사람의 기가 12개의 경락을 따라서 흐르듯이 산과 물의 기도 용을 따라서 흐르기도 하고 멈추기도 한다. 또 기는 생왕(生旺)한 기와 패절(敗絶)한 기로 구분하나 자세하게는 역괘(易卦)와 오행으로 구분하고 흐름과 멈춤을 판별한다.
- **영**(影) : 물체에 따라 그림자가 생기듯이 앞에서 말한 기(氣) 역시 그림자를 만든다. 그러나 얼핏 보아서는 없는 것으로 여겨지므로 마음의 눈으로 조용하고 조심있게 살피면 있는 듯 하다가 없고 없는 듯 하다가 보이곤 한다.
- **혈** : 침구학(鍼灸學)에서 따온 말로 경락의 요처인 침을 꼽는 자리를 뜻한다. 풍수에서는 기(氣)가 모이는 곳으로서 묘를 쓰거나 집을 짓는 자리를 말한다.
- **태조산**(太祖山) : 용맥이 시작되는 산으로 사람에게 있어 시조 할아버지와 같다.
- **소조산**(少祖山) : 주산(主山)이라고도 한다. 태조산에서 시작한 산줄기가 행도(行度 : 높았다 낮았다 혹은 넓어졌다가 좁아졌다 하면서 움직이는 산의 모습) 하다가 판을 만들기 위해 재기성봉(再起星峰 : 용이 가다가 다시 일으킨 산봉우리)하고 판(국이라고도 한다)을 짜기 위해 개장(開帳 : 좌우로 양팔을 벌려서 혈자리를 포옹하는 것)하는 산으로서 사람에게 있어 할아버지와 같다.
- **부모산**(父母山) : 혈을 맺는 산(穴星이라고 함)의 일절(一節 : 한 마디) 뒤에서 다시 봉우리를 이룬 산. 사람에게 있어 부모와 같다. 부모산을 주산이라고 할 경우도 있다.
- **입수**(入首) : 부모산과 혈성(穴星)을 잇는 일련의 맥을 말한다. 풍수에서 가장 중요한 부분이다. 입수라고 하는 것은 혈성을 용의 머리 부분에 비유하고 용맥을 용의 몸통 부위에 비유하여 목(項 : 즉 입수) 부위에 해당한다는 뜻과 생사의 요긴처라는 뜻에서 붙여진 이름이다. 항간에서는 뒤에 설명할 승금(乘金)과 입수를 혼동하는 경우가 있으나 입수는 용에 해당하고 승금은 혈의 소속임을 구별할 줄 알아야 한다.
- **혈성**(穴星) : 용의 머리 부분에 해당하는 산으로서 혈이 소속된 산의 성체(星體)를 가리킨다.
- **용호**(龍虎) : 혈의 좌우에 있는 산으로서 사람의 두 팔과 같다. 앞을 향했을 때 왼팔을 청룡이라 하고 오른팔을 백호라고 한다.
- **명당** : 혈 앞에 물이 모이는 곳. 양택의 마당에 해당하는 곳으로 소 · 중 · 대의 구별이 있다.
- **사**(砂) : 국(局 : 판)의 전후 좌우에 있는 산과 물을 모두 가리킨다.
- **득파**(得破) : 판 안으로 물이 처음 들어오는 지점을 득(得)이라 하고 판 안에서 판 밖으로 물이 흘러 빠지는 지점을 파(破)라고 한다. 내득내파(內得內破)와 외득외파(外得外破)의 구별이

있다.

- **안산**(案山) : 혈 앞에 가장 가까운 산. 사람이 사용하는 책상과 같다.
- **조산**(朝山) : 안산 너머에 있는 산들을 모두 가리킨다.

❖ **풍수에서 장사**(葬事) **택일**(擇日) **이론은 이러했다** : 농경 사회에서 바쁜 농번기를 피하자는 목적 예측 불가능한 기상관계를 통계적으로 살펴 눈비가 오지 않은 날을 택하려고 하였던 데에서 기인한 것으로 보인다.

❖ **풍수에서 좋은 집과 나쁜 집은 이러하다** : 풍수에서는 이 양택삼요결(三要訣)을 인간생활의 가장 중요한 법으로 보고 있다. 그러므로 이 법에 따르면 자연에 순응하는 것이므로 천지의 이치에 맞아 부귀(富貴)를 누기로 그렇지 않으면 흉하다고 한다. 이러한 것들은 종합해보면 북(北)과 서(西)가 높고 남(南)과 동(東)이 낮으면서 평평한 안정감이 있는 따뜻한 집 도로에 인접해 교통이 편리한 집 정망이 좋은 집이 가장 좋은 주택이나 그리고 막다른 골목 집, 생가(生家)가 아닌 매립지의 집, 산의 능선을 마구 깎아 지은 집, 두 집의 담을 터서 한 집으로 만든 집, 형제가 이웃하여 나란히 사는 집, 대문에서 안방과 부엌문이 보이는 집, 벽에 금이 가거나 물이 스며드는 집, 어둡고 그늘진 집, 등은 좋은 주택이 아니다. 또한 집터나 집을 선택하거나 서로 건축할 때에는 반드시 지켜야 할 삼대간법(三大看法)이 있다. 첫째, 배산임수(背山臨水)하면 건강 장수(長壽)하고 둘째, 전저후고(前低後高)하면 출세(出世)영웅(英雄)하며 셋째, 전착후관(前窄後寬)하면 부귀여산(富貴如山)이라 했다.

❖ **풍수**(風水)**와 양택**(陽宅) : 땅 위에서 생활하는 인간에게 삶에 있어 필수적인 입는 것과 먹는 것 그리고 거주 터전인 주거공간의 터전을 제공해 준다. 사람들이 추구하는 삶의 목표는 살아 있는 동안 보다 나은 의식주를 해결하려는 데 있다. 이 중 주거공간이란 개념 속에는 가택은 물론 생산과 휴식을 담당하는 모든 구조물이 포함된다. 가택은 사람들이 그들의 가족과 함께 먹고 자고 활동하는 공동체적 삶의 터전이다. 가(家)란 글자를 파자(破字)해 보면 갓머리(혹은 집면) 아래 돼지 시(豕)로 나뉜다. 위의 부수는 집의 형상이기도 하지만 한편으로는 시작됨을 보여주고 있다. 또 시(豕)자에는 자손들과의 혈연적 상의(象意)와 같이 먹고 산다는 경제적 의미가 함께 담겨 있다. 따라서 가(家)는 식(食)과 색(色) 그리고 인간다운 절차를 한 글자에 표시한 상의문자(象意文字)이다. 풍수학은 원래가 우리의 생활공간에 대한 연구에서부터 출발한 학문이다. 우리가 사는 집을 풍수학적으로 제대로 고르는 데에는 일반적으로 운기(運氣)와 주거의 관계로 보면 된다. 운기가 좋은 사람이 좋은 집(吉宅)에서 생활하면 가장 이상적인 관계이다. 그러나 운기가 나쁜 사람도 길상의 집에서 생활하면 아무 재앙 없이 편안한 삶을 유지할 수 있다. 한편 좋은 운기를 지닌 사람도 흉가에서 생활하면 운기가 약해질 때에는 재앙이 생기고 운기가 좋은 시기에도 발전이 없이 심신이 편치 못하게 되는 경우가 있다. 더욱이 나쁜 운기의 사람이 나쁜 집에 거처하면 집안이 망하여 가족은 뿔뿔이 흩어지게 되고 큰 재앙이 계속된다. 이처럼 양택풍수는 사람의 행과 불행을 가름하는 중요한 역할을 맡고 있다. 사람의 행 불행은 선천적으로 가지고 태어난 운기와 후천적으로 생활하는 사이에 받게 되는 접기(接氣 : 간접방법과 직접방법이 있음)가 서로 작용(: 沖和)하여 나타나는 현상을 보아 판단한다.

❖ **풍수요역**(風水要逆) : 세상에 길은 다르나 리(理)가 동귀(同歸)하는 일이 두 가지가 있으니 수양가(修養家)의 단법(丹法)과 지리가(地理家)의 장법(藏法)이 그것이다. 지리(地理)에서 말하는 역(逆)이란 원칙적으로 수(水)의 흐름을 기준으로 하여 용(龍)이나 국(局)이 역수(逆水)됨을 말하는 것인데, 가령 모두가 크면 소(小)를 취한다든지 모두가 작으면 대(大)를 찾는다거나, 높은 데서는 낮은 곳을, 낮은 곳에서는 높은 곳을, 장(長)에서는 단(短)을, 단(短)한 중(中)에서는 장(長)함을, 급(急)한 곳에서는 완(緩)함을, 완(緩)함에서는 급(急)함을, 석산(石山)에서는 토(土)를, 토산(土山)에서는 석산(石山)을, 정(正)으로 오면 사(斜)로, 사(斜)로 오면 정(正)으로, 음(陰)에서는 양(陽)을, 양(陽)에서는 음(陰)을, 돌(突)에서는 와(窩)를, 와(窩)에서는 돌(突)을, 강중(强中)에서는 약(弱)을, 약중(弱中)에서는 강(强)을, 강중(剛中)에서는 유(柔)를, 유중(柔中)에서는 강(剛)을, 포(飽)에서는 기(飢)를, 기(飢)에서는 포(飽)를 취(取)하여야 함이 그것이다. 또 산본정물(山本

靜物)이니 동처(動處)에 기(奇)가 있고 수본동물(水本動物)이니 정처(靜處)에 묘(妙)함이 있다. 이는 역(逆)의 이치로서 이것을 전도설(顚倒說)이라고도 한다.

❖ **풍수의 기**(氣) : 풍수의 기(氣)는 생기(生氣), 사기(死氣), 음기(陰氣), 양기(陽氣), 토기(土氣), 지기(地氣), 승기(乘氣), 취기(聚氣), 납기(納氣), 기맥(氣脈), 기모(氣母) 등으로 나뉘어진다. 그리고 산 사람이나 죽은 사람이나 생기가 있으면 길(吉)이 있다는 것으로 간주한다.

❖ **풍수**(風水)**의 4과** : 용(龍) · 혈(穴) · 사(砂) · 수(水) 이 네 가지를 가리킨다. 용은 산맥의 흐름을 혈은 기가 모인 곳을 말한다. 혈의 주위를 혈장이라 하며 사는 혈의 전후좌우에 있는 산 그리고 수는 혈의 앞을 흐르는 물의 모양을 말한다.

❖ **풍수의 삼매**(三昧) : 지리학설이 너무나도 복잡하여 어느 학설이 정전이냐는 쉽게 판단하기 어렵지만 첫째 천성이기와 만두형세 중 어느 것에 치중하느냐, 둘째 삼반삼침의 옳은 사용법은 무엇이냐, 셋째 각 오행의 정확한 적용 방법은 무엇인가 이 세 가지 문제를 풍수의 삼매라 한다.

❖ **풍수지리**(風水地理)

① 지형(地形)이나 방위의 길흉(吉凶) 판단하여 죽은 사람을 매장하는데 적당한 장소를 가려서 구하는 이론.

② 집 터 및 묘 터를 고르는 데 있어 풍법(風法) · 수법(水法) · 지리법(地理法) 등에 의한다는 말. 풍수지리법의 준말.

❖ **풍수지리 공부를 하다보면** : 명당이 아닌 곳을 명당으로 알면 알수록 어렵게 느껴지는 것이 풍수지리이기에 중도에 포기하는 사람도 상당히 많다. 그것이 전통 풍수지리의 한계이다.

❖ **풍수지리는 언어로는 상세히 설명이 어렵다** : 풍수지리는 제자는 스승에게 배울 수 없고, 스승은 제자를 깨우쳐 줄 수 없다. 스승과 제자는 마음에서 마음으로 전하고 눈에서 눈으로 전하는 연후에 묘한 이치를 알 것이다. 만약 진기(眞氣)가 모인 곳을 안다면 신기한 술법은 정말로 비교할 곳이 없을 것이다.

❖ **풍수지리에서는 혈**(穴)**을 주인으로 삼고 사**(砂)**를 호위하는 시종으로 삼는다** : 혈을 주인으로 삼고 사를 호위하는 시종(侍從)으로 삼기 때문에 사의 태도에 따라서 길흉(吉凶)이 결정되는 것이다. 따라서 용혈(龍穴)이 좋아야 함은 물론이지만 사가 흉하면 혈이 아무리 좋아도 큰 발복은 기대하지 못한다. 양택에서도 마찬가지여서 산이 밝으면 사람이 현달(顯達)하고 산이 어두우면 사람도 어리석고 산이 수려(秀麗)하면 사람이 수복(壽福)하고 산이 첨악(尖惡)하면 살상(殺傷)을 좋아하고 산이 물을 따라 달아나면 사람이 오랫동안 안정하고 살지 못하고 또 사의 미악(美惡)을 보면 바르고 둥글고 피부가 곱고 다정하며 광채(光彩)가 나는 것은 길사로 보고 깨지고 패이고 기울러지고 추악하고 무정한 것을 흉사(凶事)라 한다. 용혈은 좋은데 사가 따르지 못하면 사람은 똑똑한데 출세가 없고 혹 귀는 한다 해도 이름을 내지 못하며 사는 훌륭하나 용혈이 따르지 못하면 외손(外孫)과 양자(養子)쪽으로 발복은 있으나 본손(本孫)이 어리석게 되는 것이다.

❖ **풍수지법**(風水之法) : 풍수에서는 득수(得水)가 상(上)이 되고 다음이 장풍으로 바람을 감추는 장풍보다 득수가 즉 길수(吉水)를 얻는데 더욱 주력함이 중요한 것을 말함.

❖ **풍수지법 득수위상 장풍차지**(風水之法 得水爲上 藏風次之) : 풍수의 법술은 득수가 으뜸이고 장풍이 다음이다. 풍수지리법으로 길지를 찾는 비법은 먼저 물의 분합이 잘 이루어짐을 알아야 하고 바람을 맞았는지 여부를 알아야 한다. 풍수의 비법은 득수 여부를 먼저 보고 다음에 장풍 여부를 본다.

❖ **풍수학**(風水學) : 명당길지(明堂吉地), 즉 좋은 묘자리를 구하는 방법을 논한 학문.

❖ **풍수학적으로 집터의 명당을 찾아야 한다** : 현재 우리나라의 양택 명당의 분포를 보면 기존의 양택 명당은 대부분 개발로 인해 많이 파손되고 현재 남아 있는 양택 명당은 개발이 안 된 시골이나 과수원 등에 약간 남아 있는데 택리지에서 언급한 것처럼 생이에 불리하여 사용이 되지 않고 있다. 양택 명당은 음택 명당처럼 좁게 뭉쳐져 있는 것이 아니라 지표면에 넓게 퍼져 있는데 그곳에 집을 짓고 살면 그곳에 사는 동안 양택 명당의 영향을 받아 모든 면에서 발달을 하게 된다. 그러나 이제는 명당을 찾아 집을 짓고 산다는 것이 어렵기 때문에 가능하면 주위에 여건이 풍수학적으로 타당한 곳을 찾아 주거지(住居地)로 삼는 것이 바람직하다.

❖ **풍취**(風吹) : 전호(纏護)가 되고 장풍(藏風)이 되어야할 명당이 주위의 호사(護砂)가 허(虛)하여 풍(風)을 받아 정기(精氣)가 산기(散氣)됨을 말함. 풍취(風吹)가 혈에 미치는 영향은 참으로 크다. 명당은 많은 호사(護砂)가 아래 위에서 조응(照應)하고 좌우에서 궁포교쇄(弓抱交鎖)하여 풍취(風吹)로부터 보호가 되어야 진혈(眞穴)이 응결(凝結)된다. 만약 혈전혈후(穴前穴後)에 요풍(曜風)으로 충(沖)을 받으면 빈한(貧寒)하고 단명하며 가산이 패(敗)하고 인정(人丁)이 절(絶)하게 된다. 청룡사(青龍砂)가 허(虛)하여 풍취(風吹)가 되면 장자손방(長子孫房)의 패(敗)가 되고, 백호사(白虎砂)가 허(虛)하여 풍취(風吹)가 되면 소가방(小家房)과 외자손(外子孫)의 패(敗)가 된다. 혈장의 양견(兩肩)이 허(虛)하여 풍취(風吹)가 되면 절손(絶孫)한다 하였고, 양족방(兩足方)의 허(虛)로 풍취(風吹)가 되면 가산(家産)이 탕진된다 하였다.

❖ **풍취나대**(風吹羅帶) : 허리띠가 바람에 휘날리는 형국. 혈은 위쪽에 깃들이며 안산은 수를 놓은 장막, 혹은 머리에 쓰는 두건이다.

❖ **풍취론**(風吹論) : 바람이 불어오면 기(氣)가 흩어지므로 풍(風)의 해(害)는 음택에서 가장 꺼리는 것이다. 그러므로 진룡진혈(眞龍眞穴)에 사수(砂水)가 비록 아름다워도 바람이 불어오면 기지(棄地)는 아니더라도 파패(破敗)는 면하기 어렵다.

- 혈 앞에서 요풍(凹風)이 불어오면 명당이 기울어지고 안사(案砂)가 있지 않고 당기(堂氣)를 거둬들이지 못하므로 빈궁패절한다.
- 혈 뒤에서 요풍(凹風)이 불어오면 반드시 무기무고(無氣無靠)하고 혈성불기(穴星不起)하니, 빈한하고 단명하며 자손이 적다.
- 혈 왼쪽에서 바람이 불어오면 반드시 청룡이 연약하고 무정한 것이니, 장방(長房)이 영정(零丁)하고 고과(孤寡)가 나온다.
- 혈 오른쪽에서 바람이 불어오면 반드시 백호가 공결불호(空缺不護)하니 소방(少房)이 요망한다.
- 혈의 양견(兩肩)에서 바람이 불어오면 반드시 태식잉육이 수상(受傷)하니, 비록 좋은 땅이라 하더라도 반드시 패절한다.
- 혈의 양족방(兩足方)에서 바람이 불어오면, 즉 자손이 조배진공(朝拜進貢)하는 곳이 저함(低陷)하므로 당국(堂局)을 충사(沖射)하지 않으며 수구가 사비(斜飛)할 것이니 반드시 탕진가산한다.

❖ **풍취양류형**(風吹楊柳形) : 버들가지가 바람에 휘날리는 것처럼 생긴 형국. 청룡·백호가 길며 겹겹으로 뻗어서 혈은 끝에 있고 숲, 냇물, 꾀꼬리 등이 안산(案山)이 된다.

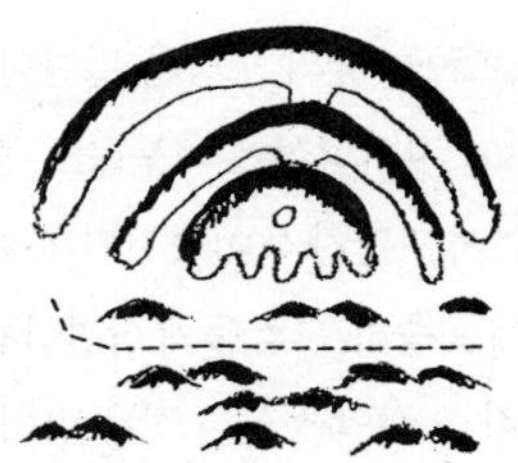

❖ **파구**(破口)**가 멀고 텅 비어 있으면 재물이 모이지 않는다** : 조선 후기의 실학자 이중환은 「택리지」에서 사람이 살 곳을 택할 때에는 먼저 지리(地理)를 살피라고 하였다. 생리(生利)가 좋고, 지리가 좋고, 지리가 못하면, 오래 살 곳이 못된다고 하였다. 지리 중에서도 첫째 파구를 보고 잠기어 관쇄 되었는지를 살펴라. 만약 수구가 어지럽게 넓고, 텅 비어 넓으면 사람과 재물이 자연히 흩어지고 없어져 망하게 된다고 하였다.

❖ **파구**(破口) **각종 파구는 이러하다**

- 파구사지(砂之) 근접은 필소년지등과(必少年之登科)라 파구사가 가까이 있으면 반드시 젊은 나이에 벼슬하고 파구 하사(下砂)가 가까이 둘러주면 소년 등과 또는 부귀속발하고 효도하게 된다.
- 파구을 볼 때는 혈장(穴場)에서 가장 가까운 파구를 보고 그 외의 먼 곳은 보지 않는다.
- 파구에 큰 목형산(木形山)이 있으면 대대(代代)로 과거 급제 한다.
- 파구에 수(水)답(논)이 있으면 그의 자손이 조회(朝會) 받는 자

손이 많이 난다.

- 파구는 천간방위(天干方位)로 되어있는 것은 상격(上格)으로 친다. 지지방위는 중격으로 보며 흉방(凶方)은 더욱 흉하게 본다. 덕수(德水)는 어디서 오던 당판(當坂) 앞을 지나야 득수(得水)라 한다.
- 파구 밖에 부봉사격(富峰砂格)이 서있으면 자손이 연하여 결제하는 도장을 차게 된다. 내파구는 속발(速發)을 보고 외파구는 대발복(大發福)으로 보는 것이다.
- 파구수가 이견수(二見水 - 물이 두 번 보이면 부부가 한날한시에 사망하고 도적과 사기(詐欺)로 파산한다.
- 파구처에 이요사(魑曜砂)는 소원봉(小圓峰 - 벌과 같은 봉우리)은 자손이 부귀하고 파구처에 적게 보이는 연지수눈 귀로 보는 것이다.
- 파구 근방에 연못의 물이 옆으로 적게 비치면 자손이 벼슬길에 많이 오른다.
- 양수(兩水) 양(兩)파구에는 골육상쟁(骨肉相爭)하게 된다.
- 파구에 산과 바위가 쌍으로 맞이하여 문을 막아주면 파구에 독봉이 있다면 화려한 벼슬과 임명서를 받는다. 파구를 막아주는 것은 재물이 모이는 것으로 보고 독봉사(獨峰砂)가 되는 것은 대국세(大局勢)의 형세이다.
- 파구외(外) 원봉(圓峰)이면 자손이 부귀겸전(富貴兼全) 한다.
- 파구수로 장손(長孫)·중손(中孫)·말손(末孫)을 볼 때는 이렇게 본다. 장손은 건곤간손(乾坤艮巽) 방위·인신사해(寅申巳亥) 방위, 중손은 갑경병임(甲庚丙壬)·자오묘유(子午卯酉) 방위, 말손(末孫)은 을신정계(乙辛丁癸)·진술축미(辰戌丑未)로 본다.
- 파구수(水)가 산란(散亂 - 물이 흩어져 나가면)하면 역수(逆水)하여도 흉하고 물이 혈(穴)을 배반하면 가운(家運)이 빈한(貧寒) 쇠퇴(衰退)한다.
- 파구에 양대석(兩大石)은 대대(代代)로 충신(忠信)이 출생한다.
- 파구 앞에 큰 봉우리가 있으면 대대(代代)로 과거(科擧)에 이름이 나게 된다. 파구 앞에 대봉(大峰)이 있는 것은 혈(穴)의 국세(局勢)가 큰 곳에 있는 것이니 크게 발복(發福)하는 것이다.
- **겹사** : 내파구는 속발복(速發福)을, 외파구는 대발복(大發福)을, 파구에 누워있는 와우석(臥牛石)이면 자손이 귀(貴)하게 되고, 첨원봉사(尖圓峰砂) 있으면 부(富)와 귀(貴) 두 복(福)을 같이 받는다.
  - 양득수(兩得水), 양파구(兩破口)라면 불화(不和)하고 생이별이 있게 된다. 양수 양파에 골육상쟁(骨肉相爭)하게 된다.
  - 파구하사(破口下砂)가 가까이 둘러주면 반드시 소년(少年)이 등과(登科)하게 된다. 또 부귀(富貴)속발(速發)하며 자손도 효도한다.
  - 파구 앞에 깊은 연못이 있으면 대대로 부자(富者)의 이름이 연(連)하여 나고 파구심연(深淵)은 당대(當代)에 부귀속발하게 된다.
  - 파구 밖에 부봉사격(富峰砂格)이 있으면 자손이 연이어 결재(決裁)하는 도장을 차게 된다. 원봉(圓峰)은 부봉사격이 수려하면 귀(貴)로 보는 것이다.

❖ **파구(破口)내에 귀(貴)한 암석(巖石)이 있으면** : 가문(家門)에 벼슬이 끊어지지 않는다. 높은 벼슬에 오르게 되어 세도(勢道)하게 되며 부귀속발로 본다.

❖ **파구(破口)는 가까운 파구만 보는 것이다** : 파구는 먼 곳은 보지 않는다. 천간방위(天干方位)가 상길지(上吉地), 지지방위(地支方位)가 중길지(中吉地)이다. 파구는 지지방위를 범하지 말아야 한다. 백보(百步) 이내(以內) 소수(消水)해야 길한 것이다.

❖ **파구는 혈장에서 가장 가까워야**

- 파구는 혈장에서 가장 가까운 파구를 보고 그의 먼 곳은 보지 않는다.
- 파구는 천간방위(天干方位)로 난 것은 상격(上格)으로 지지방위(地支方位)으로 난 것은 중격(中格)으로 흉한 방위로 난 것은 더욱 흉격(凶格)이다.
- 득수(得水)가 어디서 오던 당판(堂板) 앞을 지나야 파구라 한다.
- 파구 밖에 부봉(富峰)이 있으면 결재(決裁)하는 도장을 차는 자손(子孫)이 연하여 난다.
- 명당의 형국에 따라 파구의 원근(遠近)은 이루어지고 청룡 는 백호 첩첩으로 내 파구와 외 파구가 이루어지는 것이니 내 파구는 속발하고 외 파구는 재(再) 발복(發福)한다.

❖ **파구를 중심으로 사국(四局)을 결정한다**: 목(木) 화(火) 토(土) 금(金) 수(水) 오행 중 토(土)는 중앙을 나타내므로 빠지고 목국 화국 금국 수국의 사국을 가지고 운용한다. 각국의 결정은 보국(保局) 안에서 물이 빠져나가는 파구를 기준으로 한다.

목국은 정미(丁未) 곤신(坤申) 경유(庚酉)다.

화국은 신술(辛戌) 건해(乾亥) 임자(壬子)다.

금국은 계축(癸丑) 간인(艮寅) 갑묘(甲卯)다.

수국은 을진(乙辰) 손사(巽巳) 병오(丙午)다.

❖ **파구수(水)가 두 번 보이면**: 한물이 파구수가 되어 두 번 나타나 보이면 부부가 한날한시에 같이 죽는다. 또 도적을 당하거나 사기(詐欺)를 당해· 파산하게 된다. 엿보이는 물이 양쪽으로 보이면 자녀 중에 눈뜨고 못 보는 장님이 출생하며 재물에 손실이 있다.

❖ **파구 앞에 깊은 연못이 있으면 대대로로 부귀(富貴)가 연이어 난다**

- 혈전에 광활(廣闊)하게 보이는 물은 충(沖)이라 하지 않는다. 작은 물이 충(沖)하는 것이다.
- 혈처에서 물소리가 들리면 곡(哭)소리가 나게 된다. 북을 울리는 소리가 들려오면 자손이 위세 당당하다.
- 혈 앞의 암석에서 샘물이 나는 것은 부(富)가 큰 것이고 혈 뒤의 암석에서 샘물이 나면 쌍둥이가 태어난다.
- 혈 앞에 물이 보이되 오고 가는 물이 보이지 아니하면 백만거부(百萬巨富)가 부럽지 아니하다고 하였다.
- 혈장에 환포(環抱)되어야 할 물이 없어도 조(朝) 안산(案山)이 중첩(重疊)되면 혈은 이루어진다고 하였다. 명당안의 마당을 물로 보기 때문이다.
- 수래(水來)하면 재물이 불어나고, 수가 혈을 에워싸면 기(氣)가 온전하고 명당에 모여 들면 후복(厚福)하게 된다. 물이 현무(玄武)에 모여 들면 자손이 영귀(榮貴)하고 장원(長遠)하게 된다.
- 득수(得水)(물의 처음 발원처)와 합(合)(여러 곳의 물이 모이는 곳)과 파구(물이 흘러 나가다 모습을 감추는 곳)를 말한다.
- 물은 여러 곳에서 득수(得水)하여 한곳으로 흘러가야 길(吉)하며, 나누어지면 흉하다.
- 물은 수심(水深)이 깊고 수량(水量)이 많아야 길(吉)하고, 얕고 적으면 흉이다. 단 산세(山勢)와 조화를 이루어야 한다.
- 물은 깨끗하고 맑아야 길(吉)하고, 탁(濁)하고 오폐수(汚廢水)는 흉(凶)이다.
- 물은 유유히 흘러야 길(吉)하고 급류(急流)에 격(激)한 소리가 나면 흉(凶)이다.
- 물이 혈을 감싸고도는 회류수(回流水)는 길(吉)하고 등지고 배반하면 흉이다.
- 물이 혈을 포옹(抱擁)하면 길(吉)하고 혈(穴)을 화살처럼 충(沖)하면 흉이다.
- 혈 앞에 논에 고여 있는 물은 평전수(平田水)또는 창판수(倉板水)라 하여 길(吉)하고 경사가 심해 급히 흐르면 흉이다.
- 파구에 산과 바위와 쌍으로 마주 볼 때 쌍으로 대하여 문(門)을 막아주며 파구에 독봉(獨峰)까지 있다면 화려(華麗)한 관직의 임명서를 받는다.
- 파구(수구) 밖에 둥근 봉우리가 서있으면 자손이 연(連)하여 결재(決裁)하는 도장을 차게 된다. 원봉(圓峰)은 부봉사(富峰砂)·귀봉사(貴峰砂)도 된다.
- 파구를 막아주는 것은 재물이 모이는 것으로 보고 독봉사(獨峰砂)가 있는 것을 대국세(大局勢)에나 있는 형국이다.
- 비록 길지(吉地)라 하더라도 첨사(尖砂)가 있으면 충(沖)하는 것으로 흉사(凶砂)이고 비혈(非穴)이라도 수려하고 귀(貴)하면 길(吉)한 것이다.
- 파구 앞에 깊은 연못이 있으면 대대로로 부귀(富貴)가 연이어 난다. 심연(深淵)은 당대(當代)에 부귀(富貴)가 속발(速發)하게 된다.
- 파구 앞에 봉우리가 있으면 대대로 관직에 이름이 나게 된다.
- 파구 앞에 목형(木形)의 화표(華表)의 큰 봉우리가 보이면 대지(大地)의 결혈(結穴)이다.
- 파구 앞에 둥글고 후덕한 부봉사가 있으면 대대로 높은 관직의 자손이 난다.
- 파구의 물이 두 번 나타나면 부부(夫婦)가 같은 때에 함께 죽게 된다. 또 도적을 당하거나 사기를 당해 파산한다.
- 엿 보이는 물이 양쪽으로 보이면 여자 중에 장님이 나고 재물

에 손해가 있다.

- 파구는 혈에서 보이지 않는 것이 좋다. 재물이 빠져 나간다. (나무심기 등 보완해야 한다.)
- 파구에는 들어난 형질 화표라도 혈에서 보이지 않는 것이 길(吉)하다.
- 산사태가 난 곳을 보고 묘를 쓰면 3년 후에 광중(壙中)에 물이 난다.
- 광중(壙中)에 물이 난다고 묘 앞쪽에 구덩이를 파면 재물이 빠져나가게 된다.
- 묘의 양 옆을 파서 작은 돌로 채워두면 물이 차차 빠져 나간다.
- 광중(壙中)에 샘물이 나면 패가(敗家) 절손(絶孫)하게 되고 재패(財敗)·인패(人敗)·병패(病敗)가 있게 된다.
- 금성(禽星) 나성(羅星) 파구처에 있는 금성(禽星) 소원봉(小圓峰)은 자손이 부귀(富貴)하게 된다.
- 파구처에 옆으로 적게 보이는 연지수(蓮池水)는 귀(貴)로 벼슬이 자손에 이른다.
- 한 여름에 손이 시릴 정도의 찬물이 나는 곳은 죽음의 기(氣)를 받은 곳으로 융결되지 않아 기(氣)가 새어 나가 가산(家産)을 탕진(蕩盡)하게 된다.
- 화표(華表)·망두석(望石頭)·코끼리·사자·거북 같은 산이나 암석은 모든 격(格)중에서 하나만 있었도 속발하게 되어 많은 것을 구(求)할 필요가 없다.
- 파구에 산과 바위가 쌍으로 대(對)하여 문을 막아주는 독봉이 있다면 화려한 벼슬과 임명서를 받는다.
- 청룡사가 낮고 청룡사 밖에 물이 보이면 또 백호사가 낮고 밖으로 물이 보이면 청춘과부(靑春寡婦)를 막을 수 없으며, 남자손(孫)이 요절(夭折)하게 된다.
- 파구가 산란(散亂)하거나 역수(逆水)하여도 종쇠(終衰)하고 물이 혈을 배반하면 가운 빈한(貧寒)하고 쇠퇴(衰退)한다.
- 파구에 양대석(兩大石)은 대대로 충신(忠臣)이 난다.
- 파구가 일그러지고 넓고 텅 비어 있으면 사람과 재물이 자연히 흩어지고 없어져 망하게 된다. 비록 지금은 부자라도 다음 세대까지 잇지 못한다.
- 파구 앞에 큰 봉우리가 있는 것은 혈의 국세(局勢)가 큰 것으로 크게 발복하고 대대로 과거에 이름이 나게 된다.
- 파구 내에 귀암석이 서있으면 가문(家門)에 벼슬이 연이어 끊어지지 않고 높은 관직에 세도하게 되고 부귀 속발(速發)한다.
- **겹사** : 내 파구는 속발을, 외 파구는 대(大) 발복을 누워있는 와우석(臥牛石)이면 자손이 귀하게 되고 첨원봉사는 부(富)와 귀(貴)를 같이 받는다.
- 수구(水口)가 양(兩) 득수(得水) 양 파구라면 집안이 불화하고 생이별이 있게 된다. 양수 양사에 골육상쟁이 있게 한다.

❖ **파구에 길흉**(吉凶)**은 이러하다**

- 파구 앞에 수답(水畓)이 많이 보이면 높은 관직에 진출하는 자손이 많이 난다.
- 파구 앞에 깊은 연못이 있으면 대대로 부자(富者)가 연)이어 난다.
- 파구 앞에 산봉우리가 있으면 로 관직에 이름이 나게된다.
- 파구 앞에 목형의 화표의 큰산 봉우리가 봉이면 의 결혈이다.
- 파구 앞에 둥글고 후덕한 부봉사가 있으면 로 높은 관직의 자손이 난다.
- 파구에는 드러난 형질 화표라도 혈에서 보이지 않는 것이 하다
- 파구는 황천 라고 보지 않는다.

❖ **파면지**(破面地) : 파면이란 혈성(穴星)의 머리인 뇌두 선익 순전 혈토면이 움푹 파이거나 부서져 온전치 못한 곳을 말한다. 이것은 인공적으로 파면된 것도 해당되는데 용맥(龍脈)을 파헤치거나 깊고 넓게 파면 맥이 상하고 혈이 흩어져 흉하니 생기가 누설되어 기(氣)가 흩어진다. 화(禍)만 있고 복(福)이 없는 매우 흉한 땅이 된다. 파면이나 파묘(破墓)된 땅은 생기가 누설 되었거나 함부로 혈장을 파손하는 경우가 많다. 그러나 파 묘 터도 명혈(名穴)은 있을 수 있다.

❖ **파살** : 도로 등 끊기는 사세, 모든 것이 무너진다.

❖ **팔각형 시계** : 시계의 모양은 가지각색이다. 그 중 팔각형은 집의 기(氣)를 조정하는 역할을 한다. 즉 방위별 운세가 8방위 이듯이 팔각형은 풍수의 세계관일 뿐만 아니라 기(氣)가 안정되는 도형이다. 팔각이란 삼라만상을 나타내고 생기(生氣)를 최

대한 받아들이는 역할을 한다고 볼 수 있다. 방안에 팔각형의 물건을 놓아두면 가정(家庭) 운(運)을 전반적으로 조정해 준다. 특히 팔각형 시계를 이용하면 집안의 막힌 기(氣)를 뚫어 준다. 다시 말해 나쁜 기운을 몰아내고 신선한 기(氣)를 받아들일 수가 있는 것이다. 특히 시계의 테두리는 목재(木材)로 된 팔각형이라면 더더욱 좋다. 이러한 팔각형 시계를 벽에도 좋고 탁상시계로 사용해도 무방하다.

❖ **팔방**(八方) **천마사법**(天馬砂法)

감궁북방오추마(坎宮北方烏騅馬)

간궁동북간방장원마(艮東宮北間方壯元馬)

진(묘)궁동방(震(卯)宮東方 靑驄馬)

손궁동남간방(巽宮東南間方) 안무마(按撫馬)

리궁남방(離(午)宮南方) 적토마(赤土馬)

곤궁서남간방(坤宮西南間方) 재상마(宰相馬)

태궁서방(兌(酉)宮西方) 백마(白馬)

건궁서북간방(乾宮西北間方) 천마(天馬)

위의 팔방마(八方馬)는 수려하고 아름다우면 모두 길사(吉砂)이다. 이중에서도 건방마(乾方馬)와 리방적토마(離方赤土馬) 사(砂)가 천마사(天馬砂)라고 하여 최 귀격으로 본다.

❖ **팔요살풍**(八曜殺風)**에는** : 백골(魄骨)이 불에 탄 듯이 숯검정같이 되고 무게도 가볍다. 또한 좁은 계곡에서 닥치는 질풍(疾風)이 살풍이 되어 시신(屍身)이 3년 내에 육탈이 다 되고 백골이 가볍고 숯검정같이 되는 것도 그 자손모두 가세(家勢)가 몰락해가는 형세이다.

❖ **팔요풍**(八曜風)**이란** : 지상 공간에 가득 차있는 공기(空氣)인 것이다. 바람에도 음양풍(陰陽風) 있고 순풍(順風)과 질풍(疾風)이 있다. 순풍(順風)은 길풍(吉風)이요. 질풍은 흉풍(凶風)이요 살풍(殺風)인 것이다. 순풍이 되자면 산이 나성산(羅城山)이 둥글게 성(城)을 이룬 것이 잘되어서 명당국세(明堂局勢)의 좋은 환경이 되었을 때 순풍이 되어서 공기의 흐름도 왕성해진다.

❖ **패가절손**(敗家絶孫) **하는 것은 이러하다** : 묘의 광중(壙中)에서 샘물이 나는 것이요 질병이 많이 나는 것은 광중(壙中)에 물이 들어가는 것이다. 광중에 물은 재패(財敗)·인패(人敗)·병패(病敗)로 보는 것이다.

❖ **편룡**(片龍) : 산이 끊어진 듯한 산으로 장애자가 출생한다.

❖ **편입수**(片入首) **서자발복지**(庶子發福地)

- 정기가 우측 선익으로 쏠리면 소실을 두게 되며 후처(後妻) 소생이 발복(發福)을 다 받게 된다.
- 좌측이 적게나마 있으면 적자(嫡子)·서자(庶子)가 생기게 된다.
- 서자(庶子)는 왕(旺)하게 발복하고 적자(嫡子)는 무해하다.
- 비혈(非穴)에 우선익이 왕하면 후처 소생과 일생을 같이한다.

❖ **평야**(平野)**에 천광**(穿壙)**을 할 때에는** : 평탄한 곳이나 평양지에 묘를 쓸 때에 천광 파기가 어렵거든 객토(客土)을 부어 묘을 써도 되고, 원기(氣)가 그친 곳에 물이 나거든 숯을 묻고 묘를 써도 된다. 깊이 팔 대 얇게 파면 건수화재(乾水火災), 어찌하리 얇게 팔 때 깊이 파면 수만광중(水滿壙中) 어이하리.

❖ **평양지**(平洋地)**에 역수**(逆水)**와 역사**(逆砂)**는** : 넓고 평탄한 지역에 역수(逆水)와 역사(逆砂)가 있는 것은 가장 좋다. 대개 평양지는 직류직거(直流直去) 함이 많은바 역수 역사가 있으면 물 흐름이 반드시 빙글빙글 도라 유정하게 흐르게 마련이다. 또 창도사(刀砂)·진전필(進田筆)·도지홀(倒地笏) 등의 사가 있으면 반드시 진혈대지(眞穴大地)이니 다시 수법(水法)이 합국(合局)이면 문무관(文武官)이 배출되고 부귀(富貴)할 땅이다.

❖ **평양**(平洋)**에는 용**(龍)**과 수**(水)**가 함께 한다** : 수(水)가 감으면 이것이 참다운 자취이다. 수(水)가 좌(左) 왼쪽으로부터 흘러 들어오면 용(龍)도 좌측에서 오고 물이 우측에서 오면 용(龍)도 우에서 오니 양수(兩水)가 서로 모이는 곳이 즉 이것이 과협(過峽) 속기처(束氣處)이니 양수가 교합처(交合處)이 바로 용이 결작된 곳이다. 음양으로 나누어지는 것은 수(水)를 대면(對面)해서 자세(仔細)히 살펴서 정해야 한다. 이것이 평양지를 보는 묘결(妙訣)이다.

❖ **평양지에는 묘지 조성을 할 때 흙더미를 높게 해야 한다** : 묘 뒤에 흙을 갖다 돋우어 물(水)이 닿지 말아야하고 월형(月形)을 만들면 인정(人丁 : 자손)이 불리하다. 만약 4면에 물이 없으면 한쪽 평지에 곧 물이 흐르는 도랑이 물이 되고 도로가 사(砂)가 된다. 낮은 곳은 물이 되고 높은 곳은 사(社)가 된다. 향(向)을 잡을 때는 방옥(房屋)·사랑·마을·큰 집·장터·담장 등을 안산(案山)

을 만들고 봉(峰)을 만들어 놓게도 한다. 작은 고개라도 있으면 평양지로 볼 수 없다.

❖ **평양지에 안산이 없다면** : 평양지에 안산이 없다면 100보(步) 밖에 흙더미를 만들어 놓는다. 혹 옥괘 면궁 아미가 삼합하면 복성을 펼침이니 반드시 과갑한다. 가 있으면 속발한다. 집과 지붕 사당이 문필사(文筆砂)가 된다.

❖ **평장**(平葬) : 남의 산에 몰래 묘를 쓰고 봉분을 만들지 않는 것을 말한다.

❖ **평평한 산기슭에 묘 자리는** : 평평한 산기슭에 한쪽에 치우친 종적을 찾아 취(取)하면 잠시는 부(富)를 기약 할 수 있다. 또 만대(萬代)에 걸쳐 장구(長久)한 발복을 바라거든 역수(逆水)로 된 용을 찾아야 한다. 백년발복(百年發福)은 순수국(順水侷)이 마땅하다.

❖ **피마일**(披麻日) : 이 날에는 혼인 · 입택(入宅 : 새로 집짓고 들어감) · 이사 등을 꺼린다.

- 정, 5, 9월 : 子 • 2, 6, 10월 : 酉
- 3, 7, 11월 : 午 • 4, 8, 12월 : 卯

가령 정월과 9월에는 갑자(甲子), 병자(丙子), 무자(戊子), 경자(庚子), 임자일(壬子日)이 모두 피마일(披麻日)이다.

❖ **피발**(被髮) : 풀어놓은 머리털을 박장하다는 뜻.

❖ **필**(筆) : 산이 뾰족하게 솟아난 모양.

❖ **필성**(畢星) : 묘(卯)방에 있다. 묘(卯)봉이 아름다우면 장수가 나고 금오사(金烏砂)면 효자가 난다. 허하면 물로 인해 패가한다. 음험은 경년(庚年)에 일어난다.

❖ **필요 없는 물건은 쌓아두지 말라** : 자기 집을 생기가 흐르는 좋은 공간으로 만들기 위해서는 집 내부의 배치뿐만 아니라 크기나 모양 또한 중요하다. 많은 사람들이 넓은 집을 선호하지만 풍수로 볼 때 넓이는 아무 의미가 없다. 집을 꾸미고 가꿀 때는 우선 필요 없는 물건은 쌓아두지 말고 과감히 처분하고 빈 공간이 없게 집을 최대한 활용해서 생기(生氣)로 가득 찬 느낌을 주도록 해야 한다. 새로운 에너지를 충전하고 휴식과 안전을 얻기 위해서는 무조건 넓다고 좋은 것이 아니고 자신이 생활하는데 꼭 필요한 공간만 있으면 된다.

❖ **필진사**(筆陳砂) : 붓과 같은 문필봉 서너 개가 일렬로 서 있는 것을 말함. 모두 깨끗하고 단정해야 하는데 이때 가운데 봉우리가 가장 높고 좌우 봉우리가 점차 낮으면 더욱 좋다. 상격룡(上格龍)에 부자 · 형제 · 숙질이 동과등제(同科登第)하여 함께 문명(文名)한다. 중격룡(中格龍)은 일가대소(一家大小)가 문명(文名)이 있다. 그러나 과거(科擧)에는 나가지 못한다. 천격룡(賤格龍)에는 화공(畵工)이나 법사(法師)가 나온다.

❖ **핍착**(逼窄) : 좁고 경사지며 삐뚤어진 곳.

❖ **핍착명당**(逼窄明堂) : 안산이 가까이서 압박하고 명당 전체가 매우 협소한 것. 이런 명당이 있는 혈은 완고하고 우매한 사람을 배출한다. 욕심 많은 자와 흉악무도한 인물도 배출한다. 핍착명당이라 해도 용혈(龍穴)이 훌륭하면 부귀를 얻을 수 있다. 조상의 묘를 쓰거나 집을 짓고 산 지 얼마 안 되어 금세 발복한다. 그러나 그 복이 얼마 가지 못한다. 불꽃처럼 빨리 왔다가 곧 물러가니 속성속패의 땅이다. 또 비록 부귀는 얻을지라도 사람의 됨됨이가 고약하다. 오직 돈과 권세만 눈이 멀어 나쁜 짓을 많이 저지른다. 부정하게 돈을 벌고, 권세를 휘둘러 약한 사람을 괴롭힌다. 자신도 더 큰 권세를 지닌 자에게 눌려 지낸다.

❖ **핍천명당**(穿明堂) : 안(案)이 혈 앞에 너무 가깝게 있어 당국이 협소한 것. 용혈이 진(眞)이면 작은 혈은 얻을 수 있으나 협(狹)하여 족히 취할 수는 없다.

❖ **핍혈**(逼穴) : 청룡이나 백호, 또는 안산이 혈을 쳐들어오는 모양.

❖ **하관**(下棺) : 관을 광중에 내림. 하관(下棺)을 할 때에는 분금을 잘 맞추어야 하고, 이장일 경우에는 유골을 각기 부위의 위치에 잘 맞추어야 한다. 그리고 혈심에서 나온 혈토를 부드럽게 해서 체백(體魄)을 약 15cm 정도 덮고 그 위로부터 석회(石灰) 다지기를 한다. 물은 한 번 파놓은 땅 속에는 아무리 잘 다져 놓아도 들어가기 쉬우므로 각별히 잘 다져야 한다.

❖ **하관**(下棺)**과 성분**(成墳)

① 하관은 시간을 맞추어 천천히 내려놓으며 좌향(坐向)을 바르게 하여 흙으로 관 주위만을 채운다. 고인의 본관, 성명의 신위를 세긴 지석(誌石)을 놓는데 요즈음은 대개가 생략한다.

② 그리고 산신 즉 지신(地神)에게 드리는 현(玄=검은색 또는 파란색) 훈(纁=빨강색)을 넣는데 현훈은 산신 즉 지신에게 드리는 폐백(幣帛)이다. 그리고 운아(雲亞)를 넣는다.

③ 현운(玄雲)은 관의 동쪽 시신의 왼쪽가슴 부위이고 운아(雲亞)는 서쪽인데 아래편이다. 봉분은 실제 좌향에 관계없이 앞쪽 제수를 놓는 상석(床石)쪽을 남이라 한다.

④ 공포나 깨끗한 질배로 관을 닦고 명정(銘旌)으로 관을 덮은 뒤 상제가 차례로 두루마기나 옷자락으로 흙을 받아 관의 상·중·하로 세 번 흙을 덮는다.

⑤ 묘를 성분할 때는 묘의 중앙에 막대를 세우고 막대에 긴 끈을 묶고 끈의 끝을 잡아 원을 그리며 봉분을 하는데 이 때 모든 상제들은 흙을 다지는 뜻에서 밟아주어야 한다.

- 막대를 가운데 세우고 끈을 메는 것은 봉분의 중심과 원을 봉분에 응용하고자 함인데 공원묘지에서는 이와 관계없이 돈을 꽂는 방편으로 응용하고 있다.
- 현대에는 지석(誌石) 대신 석관(石棺)으로 이중관을 하는데 이것도 재고하여야 할 것이다. 사람은 운명과 동시 우주의 지수화풍(地水火風)으로 변하며 하관과 동시 우주의 지수(地水)로 화하는 것이다. 그래서 지방에 따라서는 관뚜껑을 벗겨 흙으로 충관(充棺=관을 채운다)을 하는 곳도 있고 관을 사용치 않고 칠성판만 사용하여 몰관하는 곳도 있다. 그런데 요즈음은 충관을 화장지로 채우는 곳도 있는데 이것이 좋지 않다. 물론 석관으로 자연의 융해작용을 막는 역리(逆理)를 자행하고 있어 안타깝다. 나무뿌리와 충을 막는다는 뜻도 되겠으나 오랜 보존의 염원한 방법으론 문제가 있다.
- 합장 시(合葬時) 남자를 상주가 절을 하기 위해 서 있는 자세에서 바라볼 때 왼쪽에 모시고 여자를 오른쪽에 모시는데 이 때에는 먼저 쓴 묘에 고하여야 한다(즉 제를 지내야 한다.).
- 선영(先塋)에 새 묘를 쓸 때도 선영 중 맨 웃어른에게 선영제(先塋祭)를 올려야한다.

〈합장시 구묘고사축(合葬時旧墓告辭祝)〉

維歲次 ○○○○○月○○朔○○日○○

孤哀子 ○○ 敢昭告于

顯考(處士府君)之墓 今以先妣孺人○○(本貫)

○氏 將於庚辰 ○月 ○日 行合葬之禮 敢伸虔告

[해석] 고애자 ○○는 아버님 묘에 삼가 아뢰옵니다. 이제는 돌아가신 어머님 ○○○(본관 성)를 ○년 ○월 ○일에 합장하는 예를 행하겠기에 비통함을 이기지 못하여 감히 아뢰나이다(고애자(孤哀子)는 양부모를 다 여윈 자식, 고자(孤子)는 아버지만 돌아갔을 때, 애자(哀子)는 어머니가 먼저 돌아갔을 때).

❖ **하관길시**(下棺吉時) : 시신을 하관할 때 보는 시간으로써 황도시(黃道時)에 귀인시(貴人時)를 겸하면 좋으나 황도시만 가려 써도 좋다.

- **황도시**(黃道時)

자오일(子午日) : 오신시(午申時)

축미일(丑未日) : 사신시(巳申時)

인신일(寅申日) : 진사미시(辰巳未時)

묘유일(卯酉日) : 오미시(午未時)

진술일(辰戌日) : 진사신시(辰巳申時)

사해일(巳亥日) : 진오미시(辰午未時)

• 귀인시(貴人時)

갑술경일(甲戌庚日) : 미시(未時)

을기일(乙己日) : 신시(申時)

병정일(丙丁日) : 유시(酉時)

신일(辛日) : 오시(午時)

임계일(壬癸日) : 사시(巳時)

❖ **하관시(下棺時) 피해야 할 사람** : 장지에 동참하였어도 그 순간을 보지 말아야 할 사람은 다음과 같다.

① 정충에 닿는 사람, 즉 일간(日干)과 생년간(生年干)이 같고 일지와 생년지가 충하는 사람. 가령 갑자일(甲子日), 경오생(庚午生)이나 을미일(乙未日), 신축생(辛丑生)이나 병신일(丙申日), 임인생(壬寅生)이나 정묘일(丁卯日), 계유생(癸酉生)과 같은 경우는 피한다.

② 순충에 닿는 사람, 즉 순충은 일지와 생년지가 지지상충하는 사람과 천간이 충하는 사람, 가령 갑자일(甲子日), 경오생(庚午生), 을축생(乙丑日)에 신미생(辛未生), 병술일(丙戌日)에 임진생(壬辰生) 등이다. 곧 천간과 지지가 충하거나 지지끼리 충하는 사람은 관이 광중 땅바닥에 닿는 순간만 피하는 것이다.

❖ **하관(下官) 자리를 정할 때** : 하관 자리를 정할 때에 보는 것으로 120용(龍) 중 48용(龍) 만을 취용(取用)한다. 48용(龍) 왕기맥(旺氣脈 : 丙子旬 재물과) 생기맥(生氣脈 : 庚子旬 자손)은 길격(吉格)이고, 냉기맥(冷氣脈) · 패기맥(敗氣脈) · 퇴기맥(退氣脈)은 흉격이다.

❖ **한국의 십승지(十勝地)**

• 정감록 비결에 있는 재난을 피할 수 있는 곳

• 경북 영주시 풍기읍 금계촌

• 경남 합천국 가야면 만수동

• 경북 예천군 용문면 금당독 북쪽

• 경북 봉화군 춘양면

• 전북 남원시 운봉읍 두류산

• 전북 무주군 무풍면

• 충북 보은군 속리산면 증정 부근

• 전북 부안군 변산면 호암 동쪽

• 충남 공주시 유구읍 마곡

• 강원 영월군 영월읍 정동 상류

• 경북 상주시 화북면 (속리산에서 행정구역 개편으로 보은군과 분할)

❖ **하관(下官)할 때 솔잎을 입에 물고 있는 것은** : 하관 할 때 망인의 생년 천간지지나 당일 일진의 천간지지가 충(沖), 상충이 되는 사람을 하관을 보지 말라고 지관이 말한다. 그러나 상주나 백관은 상충이 되어도 하관을 보아야 할 때 솔잎을 입에 물고 있으면 망인의 혼령이 접근하지 못하여 주당이 걸리지 않는다고 한다.

❖ **하괴(下魁)** : 세지흉신(歲支凶神)의 하나로 이 살은 천강(天罡)과 같이 매사 불리라고 하는데, 정국(定局)은 천강의 충(沖)되는 궁(宮)으로 아래와 같다.

子年 : 戌	丑年 : 酉	寅年 : 申
卯年 : 未	辰年 : 午	巳年 : 巳
午年 : 辰	未年 : 卯	申年 : 寅
酉年 : 丑	戌年 : 子	亥年 : 亥

가령 태세가 자년(子年)이면 술일(戌日)이 하괴일, 술방(戌方)이 하괴방이다.

❖ **하남십불장(河南十不葬)**

① 악기흉산(惡氣凶山)

② 쇠기산산(衰氣散山)

③ 고봉첨산(高峰尖山)

④ 음습심산(陰濕深山)

⑤ 고룡배산(高龍背山)

⑥ 급기광산(急氣狂山)

⑦ 설기주산(洩氣走山)

⑧ 무연독산(無連獨山)

⑨ 무토석산(無土石山)

⑩ 무맥평지(無脈平地)

❖ **하남특수산형10도**(河南特殊山形十圖)

① 적자, 서자가 나는 산

①번 입수기운이 ②번 혈심과 ③번 선익으로 나누어서 가기 때문에 적 · 서가 난다.

② 독자, 양자가 나는 산

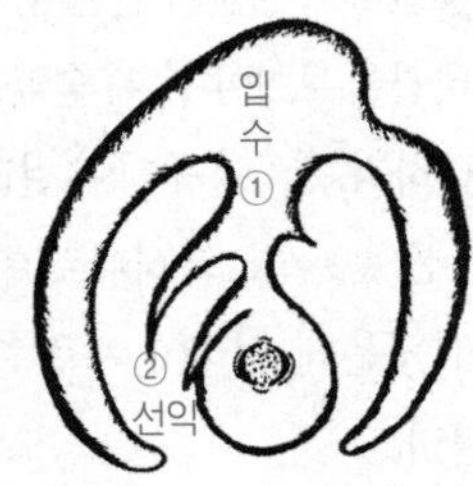

①번 지점이 끊어지면 양자 ②번 지점이 약하면 독자

③ 쌍둥이가 나는 산

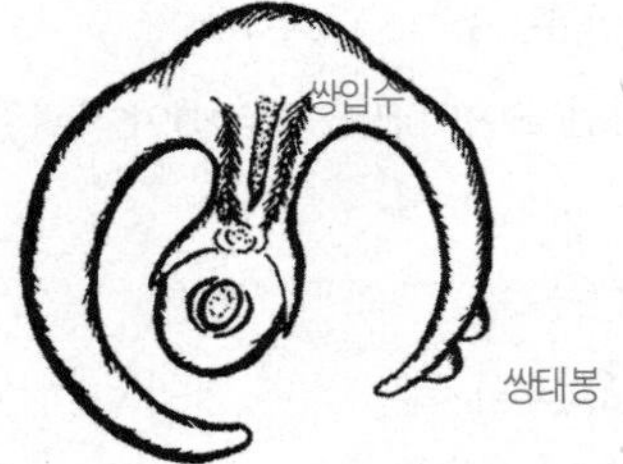

입수가 쌍이니 쌍태아가 난다.

④ 측자 출산도

원래의 입수가 있는 듯, 없는 듯 하면서도 측입수가 왕하고 규봉이 있다.

⑤ 외손봉사

백호가 왕성하고 청룡은 끊어졌고 패철상 불배합이며 꽃받침이 없다.

⑥ 육손이(六指)가 나는 산

태맥절에 금이 갔다. 자손 중 6손가락이나 6발가락이 난다. 금의 위치에 따라 좌우 수족을 분별하고 남 · 녀의 분별은 절수 음양으로 판정한다.

⑦ 봉사(盲子)가 나는 산

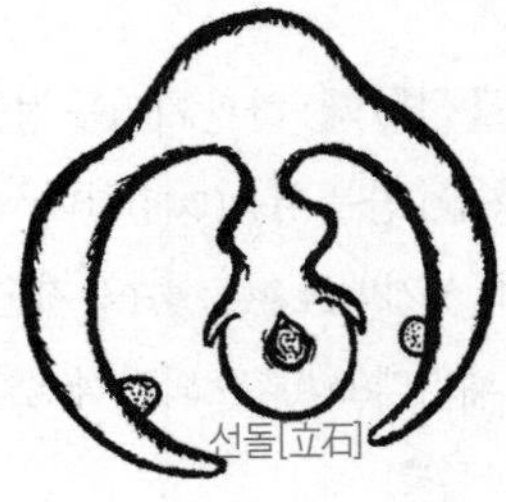

순음 축간좌 또는 신유좌로서 서있는 돌이 있다. 돌의 좌 · 우로써 좌 · 우 눈을 가름하고 좌 · 우선으로 남 · 녀 분별한다.

⑧ 벙어리 출산도

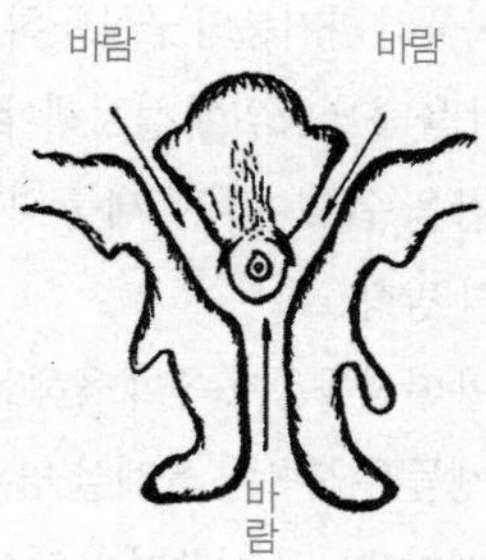

삼곡풍이 충돌하고 산형은 배합형 같으나 패철상 불배합이다.

⑨ 언청이 출산도

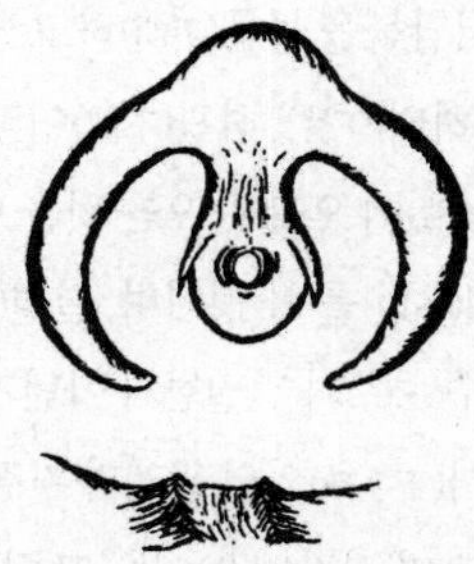

입수가 넓고 불배합 태맥절로서 안산이 언청이 모양이다.
그림과 같이 청석으로 물이 있다가 없다가 한다.

⑩ 꼽추 출산도

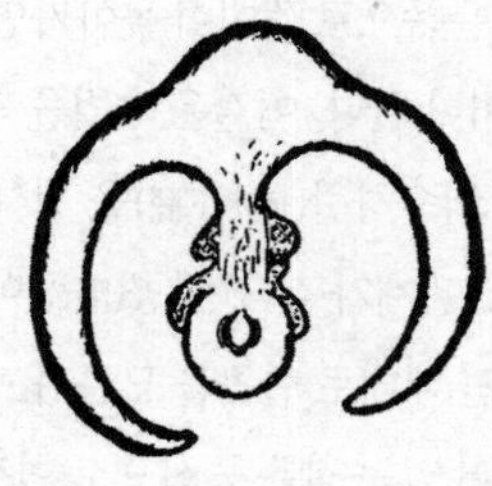

입수 뭉치와 혈의 뭉치가 겹붙은 것 같이 보이는 산.
남·녀는 입수혹의 좌우로써 분별한다.

❖ **하도**(河圖) : 하도는 하수 속에서 나온 용마(龍馬)의 등에 그려진 그림을 말 복희씨(伏羲氏)가 하도를 보고 8괘를 만들고 황제씨(黃帝氏)는 이를 받아서 60갑자를 작성하였다 하니 자연수의 시초가 된다.

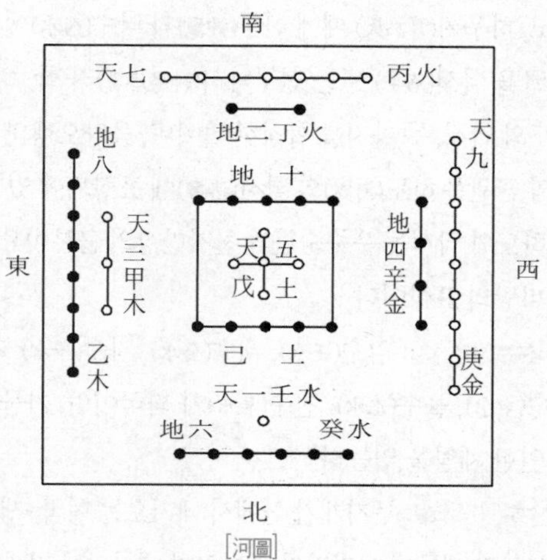

[河圖]

천1(天一)로 양임수(陽壬水)를 생하여 북에 거하니 지6(地六)으로 음계수(陰癸水)를 생하여 합성하고, 천3(天三)의 양갑목(陽甲木)이 동에 거하니 지8(地八)로 음을목(陰乙木)이 합성하고, 천5(天五)로 양무토(陽戊土)가 중앙에 거하매 지10(地十)으로 기음토(己陰土)가 합성하고, 천7(天七)로 양병화(陽丙火)가 남에 거하매 지2(地二)로 정음화(丁陰火)가 합성하였고, 천9(天九)로 양경금(陽庚金)이 서에 거하매, 지4(地四)로 음금(陰金)인 신(辛)이 합성하였다. 이에서 10천간이 나왔으며 천수(天數)는 합이 25요 지수(止水)는 30이 되어 천지수(天地數)는 모두 55수가 되니 이것이 하도(河圖)의 수이다.

[河圖의 數]

數 / 區分	1	2	3	4	5	6	7	8	9	10
五行	水	火	木	金	土	水	火	木	金	土
陰陽	陽	陰	陽	陰	陽	陰	陽	陰	陽	陰
天地	天	地	天	地	天	地	天	地	天	地
天干	壬	丁	甲	辛	戊	癸	丙	乙	庚	己
地支	子	巳	寅	酉	辰戌	亥	午	卯	申	丑未
	體 生數(基本數) 先天數					用 成數(作用數) 後天數				

① 양수의 합은 25
② 음수의 합은 30 } 합 55수이니 이를 우주의 본체수라 한다.

❖ **하도낙서**(河圖洛書) : 복희씨(伏羲氏) 때에 용마(龍馬)가 하수(河水)에서 지고 나온 그림을 하도(河圖) 또는 용마하도(龍馬河圖)라

하고, 하우씨(夏禹氏) 때에 신구(神龜)가 낙수(落水)에서 지고 나온 글을 낙서(洛書) 또는 신구낙서(神龜洛書)라 함. 하도낙서는 하도와 낙서, 두 가지를 합칭한 말이며, 음양오행의 무궁한 철리와 근원은 하도(河圖)와 낙서(洛書)에 표상되어 있다. 그러므로 하도와 낙서는 우주순환과 천지만상의 근본이요 음양오행의 바탕의 표상이다.

❖ **하박수**(河泊水) : 임수(壬水), 계수(癸水), 자수(子水), 경수(庚水), 신수(申水), 을수(乙水), 진수(辰水)가 파국이면, 가뭄이나 홍수로 인한 재앙을 입는다.

❖ **하산홍**(下山虹) : 무지개가 산에서 내려오는 형국. 생기(生氣)가 왕성하기 때문에 이리저리 굽이치며 내려와야 진짜 무지개다. 혈은 무지개의 끝부분에 있고, 안산은 장구벌레, 삼밭이다.

❖ **하소하사**(下小下砂) : 물은 역수(逆收)함을 요하는 바 역수(逆收)함을 하소하사(下小下砂)라 하고, 소하사(小下砂)는 물이 역으로 포태(胞胎)함이며, 물이 순(順)으로 가면 하대하사(下大下砂)라 한다.

❖ **하수**(下手) : 역수사(逆水沙)를 말함. 혈장을 가로막아 내려지는 사(沙).

❖ **하수**(蝦鬚) : 혈 양쪽에 선익(蟬翼)이 있으면 혈과 선익 사이에 혈을 경계하는 미미한 물길이 자연 생기게 되니, 이 미미한 물길은 아주 가늘고 작아 마치 새우수염과 같다. 이 선익, 하수는 명혈(名穴)의 증거가 된다.

❖ **하수구가 막힌 운세 불길해진다** : 일반 주택이나 영업을 하는 집은 하수구가 막히면 절대로 운세가 좋아 질 수 없다. 어느 집이건 간에 우환이 끊이지 않고 가정불화를 자주 겪는다면 집의 하수구나 화장실의 오물들이 제대로 통수(通水)되지 않을 가능성이 높다. 그러므로 파산, 이혼이라는 극단적인 상황에 빠질 수도 있다.

❖ **하수구는 육해살**(六害煞) **방위가 좋다** : 일반 주택이나 영업을 하는 집은 하수구가 막히면 절대로 운세가 좋아질 수 없다. 어느 집이건 간에 우환이 끊이지 않고 가정불화를 자주 겪는다면 집의 하수구나 화장실의 오물들이 제대로 통수(通水)되지 않을 가능성이 높다. 그러므로 파산, 이혼이라는 극단적인 상황에 빠질 수도 있다. 이런 부담감이 큰 하수구이지만 만약 설치된 방위가 육해살 방위라면 하수의 악취도 덜하고 흉기(凶氣)도 감소되므로 좋다. 아울러 환기통의 구실을 하는 창문이나 분합문 등의 가구들 역시 육해살 방위에 설치해야 좋다. 이럴 경우 매사 행운을 쉽게 잡을 수 있어서 운세를 역전시킬 수도 있다.

각 띠별로 육해살 방향.

① 원숭이 · 쥐 · 용띠생들은 동쪽이 육해살 방위이다.

② 뱀 · 닭 · 소띠생들은 북쪽이 육해살 방위이다.

③ 호랑이 · 말 · 개띠생들은 서쪽이 육해살 방위이다.

④ 돼지 · 토끼 · 양띠생들은 남쪽이 육해살 방위이다.

❖ **하수사**(下手砂)

① 하수사란 동서남북을 불문(不問)하고 물이 나가는 곳을 하수(下手) 또는 하비(下臂), 하관(下關)이라 한다. 옛사람이 말하기를 후룡(後龍)이 오고 안 오는 것을 보지 말고, 하수(下手)의 회(回) 불회(不回)를 볼 것이며, 결혈(結穴)이 완전한가를 보지 말고 하수(下手)가 긴밀한가 아닌가를 보라 하였다. 대개 혈은 하수사(下手砂)와의 관계가 가장 긴절(緊切)하다. 하관(下關)이 있으면 결작(結作)이 있고 하관이 없으면 결작이 없는 것이며, 하관이 중첩되면 결작이 크고 하관이 공광(空曠)하면 결지(結地)가 없는 것이다.

② 좌하수(左下手)가 되고 좌비룡산이 역수하여 우백호보다 길어야 하고, 오른쪽으로 꺾이어 돌아가면 우비(右臂) 백호가 청룡보다 길어야 한다. 이같은 수법을 역관이라 하여 길한 것이다. 또한 역수하관(逆水下關)을 재사(財砂)라고 하여 후손의 재물과도 관계가 깊다. 양공(陽公)이 말하기를, 하산(下山)이 중첩되면 대대로 빈곤을 모른다고 하였다. 하수사는 혈 아래에 붙어 있는 작은 능선으로 혈장을 지탱해주는 역할을 하고, 용맥을 보호하면서 따라온 원진수(元辰水)가 직류(直流)하지 않도록 해주는 역할도 한다. 원진수가 곧장 빠져나가면 혈의 생기를 뺍아 나가기 때문에 원진직거(元辰直去)가 되어 매우 흉하다. 원진수의 직거를 막아주고 혈의 생기를 보호하는 것이 하수사(下水砂)이다.

❖ **하수수**(蝦鬚水) : 혈 앞을 장포(長抱)하여 만곡(灣曲)을 이룬 표언(表言)이니, 하(蝦)는 개구리와 같은 찰머구리며 모든 수염은 입

술(脣)에 있으나 하(蝦)는 특이하게도 경(頸[목])부에 있으며, 하나는 길고 하나는 짧았으며, 먹이(餌)를 입(口)에 넣는데는 단수(短鬚)로 넣으나 그 먹이를 입(口) 앞까지는 장수(長鬚)로 잡아 당기니 그 형상은 바로 유돌(乳突)에 있는 이고(二股)와 서로 비슷하여 그를 보고 취용한 것이다. 유돌(乳突)의 혈은 이 같은 것이 대부분이며 만약에 양수(兩鬚)의 길이가 같으면 도리어 반길(反吉)하는 것이니 참다운 하수(蝦鬚)가 아니다. 또 이 양수(兩鬚)의 사(砂)는 가늘고 미미하면서도 장수(長鬚)의 사(砂)가 혈 앞을 감싸고 있는데도 일반적으로 이것이 혈을 만드는 것을 모르고 취용치 않는 사람은 한낱 찰머구리 수염이야말로 천금(千金)의 하수(蝦鬚)라 할 수 있을 것이다. 즉 내룡(來龍)이 혈을 만들려고 취정(聚精)의 유돌(乳突)로 결뇌(結腦)를 하고서 다소곳이 개구(開口)를 하므로 손바닥과 같은 모양으로 앙장(仰掌)과 같으면 양(陽)의 목성(本性)이 나타난 것이니, 시간을 가지고 몇 십 번이고 하수(蝦鬚)의 유무(有無)를 확인하여야 하며, 혹은 와(窩) 중의 유(乳)에서도 있을 수가 있으니 어느 유돌(乳突)에서나 눈을 바로 뜨고 찾아본다면 그다지 큰 착오는 없을 것이다. 혈처의 양쪽에서 여러 갈래의 물줄기가 흘러내려와 혈 앞에서 합쳐지는 모습이 흡사 새우의 수염과 같은 것을 하수수라 한다. 여러 개의 물줄기가 혈을 겹겹으로 둘러싸고 보호하니 매우 귀하며 혈의 정기가 흩어지지 않고 잘 갈무리된다. 이렇게 혈 위에서 갈라진 물이 혈 앞에서 하나로 만나는 것을 합금이라고도 한다. 저고리의 앞가슴 옷깃이 합쳐지는 것과 흡사하기 때문에 이런 이름을 얻게 된 것이다.

❖ **하엽**(荷葉) : 연꽃잎 모양의 형국. 하엽(荷葉)에는 가히 무겁게 신지 못하고, 참외넝쿨은 근근히 작게 만드니 연꽃잎의 모양과 같은 곳에는 기(氣)가 박력(薄力)하여 작으므로 장사(葬事)를 많이 지냄은 옳지 못하다. 작은 배에다가 너무 무거운 짐을 실으면 견디지 못하게 되는 것과 같다. 수성(水星)이 평지(平地)에서 구불구불 굽어 있어 참외넝쿨과 같으면 가지마다 꽃이 피고 마디마다 싹이 돋아날 것이니, 그 혈장은 하나가 아니다. 그러나 기(氣)가 미력(微力)하고 작으므로 크게 천광(穿鑛)함은 옳지 않고 근근히 작게 만들어야 형세에 맞게 된다.

❖ **하엽개금귀**(荷葉蓋金龜) : 거북이 푸른 연잎을 덮고 있는 형국. 혈은 등에 있으며, 안산은 연잎으로 연잎이 우아하고 아름답게 생겼다.

❖ **하우**(何迂) : 어찌하여 멀기만 하냐. 이치가 혼미하여 알 수가 없다는 말.

❖ **하우씨**(夏禹氏) : 하(夏)나라 우(禹) 임금의 약칭으로 제우(帝禹)라고도 한다. 성은 사씨, 이름은 문명(文明)인데 순(舜) 임금의 명을 받아 9년 홍수(洪水)에 치산치수(治山治水)하여 백성들을 도탄(塗炭)에서 구하였으므로, 그의 업적이 지금까지 전해지고 있다. 순임금에게 제위(帝位)를 이어받아 요순(堯舜)의 왕도정치(王道政治)를 계승하였다. 약3000년경의 인물. 하우씨(夏禹氏) 때에 낙수(洛水)에서 신귀(神龜)가 이상한 그림을 지고 나왔는데 소위 낙서(洛書)다. 하우씨는 이 그림의 원리를 깨달아 이로써 9년 홍수에 치산치수의 공적을 이루었다고 한다.

❖ **하지**(夏至) : 24절기 가운데 10번째. 음력 5월의 중기(中氣)며 여름의 한중간 절기로 이 무렵에는 낮의 길이가 가장 길고, 밤의 길이가 가장 짧다. 하지가 되면 양(陽)이 극(極)하고 일음(一陰)이 생하니 동지에 일양(一陽)이 비로소 생하여 하지에 이르러 양기가 극성하였다가, 하지가 드는 시간부터 일음(一陰)이 생하며 차차로 음(陰)이 자라나간다. 하지는 양력으로 6월 21~22일 사이에 든다.

❖ **하지석**(下誌石) : 하지석은 묘소 앞쪽에 묻는데 먼저 광중(壙中) 가까운 곳에 묵직한 돌을 펴고 사방에 돌을 돌려서 그 위를 덮거나 나무 토막을 촘촘히 깔아 넣는다.

❖ **하천과 가까이 있는 곳은 좋지 않다** : 하천은 항상 범람의 여지가 있는 곳이다. 평상시에는 물이 거의 흐르지 않다가도 홍수가 날 정도로 많은 비가 오면 하천은 범람하게 되며, 몇십 년 만에 하천이 범람한다고 하더라도 재산과 귀중한 생명을 일시에 잃어버릴 수 있다. 특히 우리 나라는 장마철에는 연중 강수량의 절반에 가까운 정도로 많은 비가 내리기 때문에 제방을 막아서 물의 범람을 막았다고 하더라도 집중호우가 내리게 되면 제방이 범람하지 말라는 법이 없듯이 하천 근처에 사는 사람들은 그런 불안감을 항상 안고 살아가야 하는 것이다.

❖ **학교**: 우리 나라 사람들은 자녀 교육을 위해서라면 어떤 희생이라도 감수하는 교육열을 보여 왔다. 그래서 예로부터 스승을 부모나 왕처럼 존경해, '군사부일체(君師父一體)'라고 했다. 학교가 갖고 있는 기운은 학교에서 생활하는 학생과 교사 모두에게 전해진다. 학교에서 배운 내용이 평생 동안 사람에게 영향을 주듯, 학교의 기운도 평생 생활에 영향을 준다. 학교 분위기는 학교 건물 형태에서 일어나므로, 학교 건물 형태를 분석함으로써 학생과 교사가 받는 기운을 구분할 수 있다. 학교 건물은 모두 비슷한 형태다. 대부분 남쪽을 향해 교실이 복도와 함께 길게 연결되어 있고, 교실 한 개 크기는 가로 7.5m, 세로 9m로 20.41평이며, 복도 폭은 2.5m가 일반적이다. 교실은 1층에 12개를 직선으로 배치하고, 좌우 중간에는 현관과 층계를 설치해서 학교 전체 길이는 9m×14교실=126m가 되고, 건물 폭은 복도까지 포함해 9.5m가 된다. 이처럼 학교 건물은 깊이에 대한 길이의 비율이 1:13으로 깊이가 매우 짧은 一자형을 이룬다. 대학에서도 차츰 복도 양쪽에 건물을 배치하는 중복도식 교사를 짓고 있는데, 이 경우에도 복도 폭은 3m 내외다. 또 강의실에 비해 복도가 좁고, 양쪽에 연결된 강의실 수가 많아 건물은 전체적으로 一자형을 이룬다. 이렇듯 학교 건물은 초등학교에서 대학교까지 비슷하며, 학교 부지는 조건에 따라 一자형부터 ㄱ자나 ㄷ자로 변형되기도 하지만 기본 개념은 얼마 전부터 학교 배치를 현대화하기 위해 교육부에서 직선 교사를 ㄱ자·ㄷ자·ㅁ자 등으로 길이를 줄인 형태를 권장하고 있다. 여기서 제시하고 있는 초등학교 교사에 대한 새로운 계획이나 대학교에서 사용되는 중복도식 교실 배치 방법은 기존 형태에서 매우 발전된 것이기는 하지만, 여전히 직선 형태를 벗어나지 못함으로써 기운의 중심점이 없는 상태다. ㅁ자형 교실 배치는 중심 부분에 지붕이 없어서 기운이 분산되기는 一자형 건물과 같다. 一자형 학교 건물은 산의 형태 가운데 수산에 속하며 보조격이다. 이런 형태는 기운이 좌우로 분산되고, 약체다. 이런 형태는 사대주의가 발생하고, 기운을 모으지 못하기 때문에 개인주의가 팽배해진다. 따라서 학교가 사회 공동의 이익보다 개인주의를 가르치게 되고, 학생이나 교수는 개인적인 성향이 많아진다. 뿐만 아니라 금전 만능주의에 빠질 우려가 크고, 학문과 지조를 잃게 된다. 학교 건물을 명당 형태로 만들려면, 기운이 중심에 모이는 주인격산 형태라야 한다. 평면은 정사각형에 가까워야 하고, 직선형이어도 앞면 길이와 깊이의 비율이 1:2미만이어야 한다. 一자형 평면에서 중심 부분이 정사각형으로 넓으면 기운이 모인다. 이런 형태를 만들기 위해서는 교실을 직선으로 많이 연결하는 것보다는, 짧게 연결하되 건물 동 수를 늘리는 것이 바람직하다. 또 복도폭은 가급적 넓게 해서 건물 기운이 복도에 모이게 하는 것이 좋은데, 이상적인 복도 폭은 6m 또는 그 이상이 좋다. 넓은 복도 공간은 참고자료 열람실이나 휴식 공간으로 이용하면 된다. 지붕은 지금처럼 평지붕이 아닌 모임지붕 형태나 돔 지붕, 초기 지붕(초가지붕+기와지붕) 형태로 기운이 중심에 모이고, 주변에 있는 산과 조화를 이루며 한국적인 사상이 담겨 있으면 매우 바람직하다.

❖ **학생의 공부에 정신집중 잘 안 되면**: 공부하는 학생의 경우에는 정신집중이 잘 안 되고 잠을 자도 몸이 편치 않아 꿈을 많이 꾸게 되고 아침에 잘못 일어나며 그 방에 들어가기를 싫어하게 되면 인체에 해로운 수맥의 기가 방사되기 때문이니 잠 자리 방위를 바꾸어 자보면 달라질 것이다.

❖ **학소**(鶴巢): 학이 둥지에 깃들인 형국. 청룡·백호가 한 바퀴 둥글게 휘감고 돌아 둥지처럼 보이며, 혈은 학의 가슴 위에 있고, 안산은 알이나 구름, 혹은 둥지의 테두리다.

❖ **학슬**(鶴膝): 학의 무릎처럼 가늘다가 중간이 볼록하게 속기(束氣)된 출맥(出脈)으로 기(氣)가 강(强)함을 나타내 보인다.

❖ **학조혈**(鶴爪穴): 주변의 산세가 학의 발톱처럼 생긴 형국. 또 혈처는 볼록하게 나오질 않고 평평하여 밖에서 언뜻 보기엔 아주 추하게 생긴 혈이지만 혈처에 이르러 사방의 산세를 둘러보면, 밖에서 볼 때와는 전혀 다르게 수려하고 아름답다.

❖ **한**(捍): 에워싼 모양.

❖ **한 건물 내에 사무실과 공장이 같이 있는 경우**: 부지가 협소한 소규모 공장은 대개 하나의 건물 속에 공장과 사무공간이 같이 있는 모습을 하고 있다. 그 형식을 구분하면, 먼저 건물을 출입하는 문이 있고 사무실로 들어가는 문이 따로 설치되어 있는 경

우와, 공장은 건물 한쪽 벽을 터서 셔터만 설치하여 외기(外氣)와 바로 접하고 따로이 사무실만 출입하는 문이 설치되어 있는 경우이다. ㅡ자 모습을 가진 공장은 공장과 사무실 공간을 하나인 것으로 간주하고 건물의 중심인 출입문의 방향을 재어보고 공장 출입문과 동사택 방향의 범위 내에 사무실 공간을 배치시킨다. 그리고 한 번 더 사무실 내부 중심인 사무실 출입문과 동사택 방향의 범위 내에 회사 대표자와 사무직원의 자리를 정하면 된다. 공장이 외기와 차단되지 못하고 개방되어 있는 경우에는 사무실 내부의 중심인 출입문 방향을 재어보고 사무실 출입문과 동사택 방향의 범위 내에 대표자와 사무직원의 자리를 정하면 된다.

❖ **한문**(捍門) : 수구(水口)의 양쪽에 대치하여 지켜주는 산으로 그 형태를 깃발, 북, 시종, 군졸, 천마(天馬), 북극성, 거북, 자라, 뱀 등과 같은 사(砂)를 으뜸으로 친다. 수구(水口)가 한문(捍門)으로 꽉 막아주는 것을 상길(上吉)로 본다.

① 한문(捍門)은 수구문(水口門)에 양쪽산이 대치하여 문호(門戶)의 호한(護捍)과 같은 것을 말하는 것이며, 그 특징은 성형(成形)되는 것이 가장 좋은 것으로, 가령 일월(日月), 거북, 사자 등 형상이 귀격이고 구중십중(九重十重)으로 있는 것이므로 한문은 반드시 하나 또는 두 개의 금혈(禁穴)을 맺게 되어 주(主), 왕후(王侯), 재상(宰相) 등의 귀가 있다 한다.

② 수구의 양쪽 물가에 산이나 바위가 마주 보고 서 있는 것으로 마치 대궐 문을 지키는 수문장과 같은 모습으로 물의 직거를 막아준다. 수구(水口 : 破口)가 보국(保局)의 대문 또는 출입문이라면 한문은 그 대문의 양쪽 문기둥 즉 문설주에 해당된다. 한문의 형태가 기이하고 존엄하여 마치 대궐문 양쪽에 서 있는 사자상 같거나, 해나 달 모양이거나, 깃발 또는 북 모양으로 생기고, 그 간격이 조각배 하나 지날 수 없는 불능통주(不能通舟)로 좁다면 파구(破口)안에는 백세부귀(百世富貴)가 기약되는 대혈이 있다는 증거가 된다.

③ 양쪽의 산이 함께 솟아나 대치되어 있는 모양으로 수구에 있는 사를 말한다. 일설에는 화표(華表)만 있으면 능히 수구(水口)의 문을 막으니 반드시 양쪽이나 한쪽이나 구애받을 필요는 없다고 하였다.

④ 수구(水口)의 귀사(貴砂)로써 수구 양쪽에 튼튼한 산이나 바위가 마주 보고 서 있어 물목(水門)을 지킴으로써 명당을 지나 흘러나가는 모든 물이 한문 사이로 조붓하게 빠져나가게 된다. 대지(大地)라야 이러한 한문이 있다고 한다.

⑤ 수구 사이에 문설주와 같이 산이 서로 대치하고 있으며 세 종류로서 반드시 구체적 모양(日月·구사(龜蛇)·기고(旗鼓)·사상(獅象))을 갖춰야 한다. 첫째는 혈 앞 좌우에 대문과 같이 단정하게 자리하여 전사(前砂)를 방입(放入)하고 외부의 산과 물이 절하듯 하는 것이다. 둘째는 혈 앞의 좌우에 두 산이 마치 문을 열어놓은 듯하여 물이 그 사이로 흘러가되 발원처와 빠져나가는 곳이 보이지 않고 또한 외양수(外洋水)가 정면에서 다가오든가 아니면 큰 강이 횡으로 감고 돌아가 내당을 조밀하게 감싸주는 것이다. 셋째는 횡수(橫水)가 출구 좌우에 문을 세워 그 문 안으로 물이 흘러가는 것이어야 한다.

⑥ 수구를 사이에 두고 양쪽에 산들이 맞서 있어서, 화표는 두 산이 특별히 치솟아 올랐는데 비해 한문은 그렇게 높지가 않아 깃발, 북, 해, 달, 귀인, 뱀, 말, 나성(羅城), 거북, 뱀 등 한 문에는 여러 형상이 있다.

❖ **한번 오고** : 한번 오고 한번 가는 것이 복(福)이 있고 재앙이 있고, 한번 급하고 한번 완한 것이 이로움이 있고 해로움이 있어 물이 소리없이 암공(暗拱)함이 길하다고 하였으니 혹 하나의 산과 하나의 물이 유정하게 돌아오면 자손은 복이 있고, 무정하여 등돌리고 가버리면 자손은 재앙이 생긴다. 그러므로 일래일거(一來一去)가 복이 되고 재앙이 되는 것이다. 혹 하나의 산, 한 군데의 물이 평평하고 완만하다면 완만한 것은 이로움이 되고 쏟아져 나가는 것은 해로움이 된다. 일급일완(一急一緩)에서 이로움과 해로움을 찾는다.

❖ **한식**(寒食)**과 청명**(淸明) : 이 날은 모든 신이 상천하여 이장(移葬), 입석(立石), 수묘(修墓), 사초(莎草), 개분(改墳)하여도 무해대길(無害大吉)하다는 날이다. 한식은 동지일 후 105일이요 청명은 한식전일 혹은 한식일과 같은 날이 되는 날이다.

❖ **한식**(寒食)**의 유래** : 중국의 열국시(列國時)에 진(晉)나라 문공(文

ㅎ

公)이 임금이 되기 전 망명(亡命)하여 타국으로 전전하며 갖은 고생을 겪었다. 문공을 따라간 10여 인(人)의 신하들은 문공을 위하여 헤아릴 수 없는 고생을 감수하였던 까닭에 드디어 문공은 본국으로 돌아와 헌공(獻公)의 뒤를 이어 임금의 자리에 올랐다. 고로 문공(文公 : 임금이 되기 전은 公子 重耳)은 임금이 되자 고생한 여러 공신들에게 상과 벼슬을 내렸는데, 하필이면 가장 공이 컸던 개자추(介子推)에게는 이러한 은상(恩賞)이 내려지지 않았다. 당시 개자추가 자기 집에 돌아와 노모를 공양하느라 조정에 없었던 탓인지는 몰라도 임금은 개자추를 잊고 말았다. 이를 어느 신하가 개자추에게 상이 없음이 유감임을 왕에게 아뢰자 문공은 깜짝 놀라 자기의 실책을 깨닫고는 개자추에게 높은 벼슬과 상을 주려고 불렀으나 개자추는 오지 않았다. 개자추는 오히려 쑥스럽고 불쾌하게 생각하여 노모를 등에 업고 집을 떠나 면산(綿山) 속으로 가서 몸을 숨겼다. 왕(文公)은 그 소식을 듣고 모든 사람과 더불어 사흘간이나 면산 속을 뒤져 찾아보았으나 그를 찾을 수가 없었다. 왕이 낙심하는 것을 보자 어느 신하가 고하기를, 면산 사방에 불을 지르면 개자추가 하는 수 없이 나올 것입니다, 하여 왕은 그럴 듯이 여긴 나머지 이를 허락하여 불을 놓았으나 개자추는 끝내 나오지 않고 불에 타 죽고 말았다. 문공은 몹시 슬퍼하며 개자추의 충절을 빛내고자 매년 이날이 되면 불을 피우지 않고 하루를 지내며 그의 영혼을 위로하였다. 개자추가 불에 타서 죽은 날이 동지 후 105일이라, 매양 이날은 불기운 없이 찬음식을 먹는다고 하여 한식일이라 불리워지고 있음이 오늘까지 전래되어온 것이다.

❖ **한아도강**(寒鴉渡江) : 추운 겨울에 까마귀가 강을 건너는 형국. 앞에 호수나 강물이 있으며, 혈은 부리 위에 자리잡고, 안산은 사람의 시체, 혹은 물고기나 짐승의 시체다.

❖ **한아하전**(寒鴉下田) : 추운 겨울에 까마귀가 밭으로 내려온 형국. 머리가 주산(主山)의 아래쪽에 있다. 혈은 머리 위에 자리잡고, 안산은 물 위에 떠 있는 시체, 죽은 생선이나 짐승이다.

❖ **한옥, 고인돌에서 유래된 한옥의 지붕형태** : 약 2천~4천년 전에 세워진 고인돌은 고대인들의 무덤 양식으로 가까운 중국이나 일본에서도 그 형태를 찾아 보기 드문 매우 독특한 구조를 갖고 있다. 그런데 이 고인돌의 입지를 분석해 보면 대부분 배산임수 배치를 이루고 있어서 이미 그 당시에도 풍수지리 이론을 적용했음을 알 수 있게 한다. 죽은 사람집인 고인돌과 산 사람들의 집인 초가집은 사람의 사는 집이라는 의미적 공통점 외에 형태면에서도 매우 유사하므로 고인돌이 한국 고대 건축의 원형임을 알 수 있게 한다. 즉 고인돌의 덮개석은 받침석보다 커서 중압감을 갖게 하는데 초가지붕 역시 크기가 벽체보다 훨씬 넓음으로써 전체적으로 안정감을 주고 있다. 일반적으로 고인돌이라고 하면 죽은 사람의 체백을 보호하고 제사를 지내는 공간으로 생각하지만 그 보다 더 중요한 점은 고인돌이 죽은 사람의 영혼을 하늘나라로 보내는 이별의 공간이라는 점에 있다. 그것은 왕과 같은 집권자가 죽을 때가 되면 미리 만들어 놓은 평탄하고 넓은 고인돌 상부에 편안하게 모시고 죽음을 기다리도록 했다는 것에서 짐작할 수 있다. 고인돌 위에서 살아 있을 동안 왕은 여러 사람의 시주를 받았고 숨이 끊어지면 영혼이 하늘로 올라갈 수 있도록 산자들이 명복을 빌었다. 영혼이 완전히 빠져나가면 산자들은 체백을 고인돌 하부에 묻고 흙과 돌로 보호했다. 시신을 안전하게 보호하기 위해서 거대한 돌을 사용하되 받침돌 간격을 좁게 했다. 지금도 사람이 죽으면 후손이나 친지중 한 사람이 지붕 위로 올라가 고인이 입었던 옷을 하늘 높이 휘두르며 하늘에 고인의 죽음을 알리며 이러한 습관과 맥을 잇고 있다. 따라서 지붕은 인간의 영혼을 하늘로 올려 보내는 배웅의 공간이며 하늘과 인간을 연결하는 만남의 공간이다.

❖ **한옥, 음양으로 분석한 한옥의 지붕형태** : 한옥 구조는 크게 벽면과 지붕으로 구분된다. 이러한 한옥 형태를 음양 이론으로 분석하면 벽면은 하부에 있어서 음이 되고 지붕은 상부에 있어서 양이 된다. 음과 양은 기운이 서로 비슷할 때 균형과 발전을 이룬다. 만일 음이나 양이 한쪽만 지나치게 크면 균형을 이루지 못한 채 어느 한쪽으로 치우치게 되어 발전을 이루지 못한다. 전통적인 한옥 기와집의 구조는 지붕 무게가 벽면 무게보다 훨씬 무겁기 때문에 기운이 지붕에만 모이는 형상을 이루고 있다. 이런 공간에서는 양이 음의 기운을 압도하므로 양이 모든 권한을 갖게 되고 음은 종속적이게 된다. 또 기와집은 외관상으로 볼 때도 힘

이 상부로부터 하부로 내려가는 하향식 형태를 이루고 있다. 기와집의 하향식 공간 형태는 상하 계급 질서를 상징한다. 왕과 신하는 계급으로 구분되며 권력은 상부의 왕에게 있다. 집안에서 형제간에도 장유유서로 질서를 이루며 장남은 아버지를 대신하여 다른 형제들 위에 앉는다. 이처럼 상하 계급질서는 힘의 근원을 상부에 두게 된다. 지붕 구조가 비교적 작은 서구식 건축물은 벽체가 구조물의 중심을 이루고 있어서 외형적으로 벽체는 크게 나타나는 반면 지붕은 크게 보이지 않는다. 이런 형태는 기운이 건물 벽체로부터 지붕으로 올라가는 상향식 계급을 뜻하며 권력은 국민에 의해 만들어짐을 뜻한다. 그러나 우리나라는 양반과 서민의 계급이 뚜렷하고 엄격했으며 양반의 세도는 일반 시민들을 학대하는 큰 무기와도 같았다. 누구나 잘 살기 위해서는 출세를 해야만 했고 출세를 하고 나면 감투를 썼다. 그 감투는 곧 절대적인 권력을 상징했다. 과거시험은 출세를 위한 가장 확실한 지름길이었으며 그 시험에 합격하기 위해 농업이나 상업 등 생업에 대해서는 전혀 공부하지 않았고 공부할 필요도 없었다. 직업도 사·농·공 순서를 두어 선비와 같이 글을 읽는 사람을 가장 훌륭한 인격으로 보고 상업에 종사하는 사람들은 천하게 여겼다. 이런 현상은 기와지붕에서 지붕 이상을 의미하고 벽체는 현실을 의미하는 것과 일맥 상통한다. 사람을 음양으로 구분하면 남성은 양이 되고 여성은 음이 된다. 건물에서 높은 곳에 있는 지붕은 양이 되고, 낮은 곳인 벽체는 음이 된다. 조선 시대의 남성 위주 사회는 유교사상에 그 원인이 있지만 풍수로 해석할 때는 한옥 구조와 무관하지 않다고 보여진다. 즉 남성을 상징하는 지붕이 여성을 상징하는 벽체보다 지나치게 높고 큰 상부 위주의 공간 형태에서 비롯되었다고 보는 것이다. 한옥 구조에서 양을 뜻하는 지붕이 음을 뜻하는 벽체보다 기운이 크다. 따라서 마음이 육체의 주인이 되고 육체는 마음을 담는 그릇이 됨으로써 육체보다 마음을 중요시했다. 그래서 남자는 지조를 위해, 여자는 정조를 위해 육체를 버리는 것을 아까워하지 않았다. 기와로 용마루를 공사할 경우 용마루 곡선을 자연스럽게 하기 위해 목수는 용마루가 올라설 지붕 양쪽 끝부분에 새끼줄을 잡고 서서 적당히 늘어뜨린 후에 자연스럽게 늘어뜨려진 형태를 따라 용마루를 만든다. 이처럼 자연스럽게 늘어진 곡선으로 용마루를 만들다 보니 외관상 부드러울 뿐만 아니라 주변의 산과도 조화를 이룬다. 그러나 이처럼 늘어진 곡선형태는 마치 지붕이 무거운 물체에 눌려 땅바닥으로 내려앉는 듯한 모습과도 유사한 하향성 지붕곡선을 이루고 있다. 이러한 기와 지붕을 산에 비교하면 중심이 처져 있는 산과 같아 기운이 중심에 모이지 않고 좌우측으로 분산된다. 중심이 처진 기와지붕의 형태는 국가 운영을 담당하는 중심적인 위치에 있는 왕의 권력이 허약한 반면 좌우측에 있는 신하가 큰 힘을 갖고 좌파·우파로의 분열을 뜻한다. 또한 한옥의 기와지붕 형태를 매화낙지(梅花落枝) 형국이라고도 하는데 이것은 매화가 가지에서 떨어져 나가는 형태를 말한다. 일반적으로 꽃의 형태는 꽃을 피우기 전에 동그란 형태를 이루면서 꽃잎들이 모두 꽃의 중심 부분을 향해 곡면을 이루고 있다. 그러나 꽃이 만발하게 되면 꽃잎의 끝부분은 뒤로 넘어가서 곡면의 중심부는 꽃의 외부가 된다. 즉 꽃잎은 곡면 중심점을 내부에 갖고 있을 때 생명력이 있으며 중심점이 외부에 있으면 생명이 없는 낙화가 되는 것이다. 또한 기와 지붕의 처진 곡선 형태는 돛단배의 돛과 같은 모양으로 바람을 많이 받는 형태를 이루고 있다. 돛단배는 바람을 많이 받을수록 빨리 갈 수 있으므로 가급적 바람을 많이 받도록 만들어진다. 그러나 지붕이 바람을 많이 받는 것은 좋지 않다. 바람을 많이 받는 지붕은 외부에 의해 움직이는 것을 뜻하며 곧 자기중심이 상실되는 것을 의미한다. 기와지붕이 여러 개 모여 있는 형태는 꽃잎이 물에 떠내려가는 낙화유수 형국으로 본다. 떨어진 꽃은 이미 생명력을 잃었는데 그것마저 흘러감으로써 이별과 슬픔을 나타낸다. 주택 내부에서 중심점 위치가 서로 상반되면 마치 사람이 등을 맞댄 형태를 이루게 되며 글 결과 의견 충돌과 분열이 발생된다. 기와지붕에 반해 초가지붕은 풍수적으로 매우 좋은 형태를 갖추고 있다. 초가지붕 형태를 산에 비교하면 주인격 강체의 산이다. 즉 중심력이 강한 구형(球形)의 형태로서 금형(金形)의 산 형태를 이루고 있다. 구형(球形) 건축물은 서양 건축물에도 나타나는데 일명 돔형이 그것이다. 다만 돔형 구조가 원형의 지붕 내부를 비워둔 데 반해 초가지붕에는 빈 공간이 없다는 것이 차이점이다. 이러한 돔형 구조는 기운이 중심에 모여 강한 생기가 발생된다. 이 생기는 사람을 육체적·정신적으로 건강하게 하고 특히 영적인 능력을 높이며, 뚜렷한 중심 사상과 단결심을 갖게 한다. 초가 지붕의 곡선은 중심이 높고 좌우가 낮아짐으로써 전체적으로 하늘로 솟아오르는 형태를 이루고 있다. 이러한 구조는 하늘을 숭상하고 하늘의 뜻에 순종하는 종교적인 분위기를 만들어낸다. 또 초가지붕의 처마는 기와집에 비해 훨씬 짧아서 벽체와 지붕이 음과 양으로 서로 조화를 이루고 있으며 상하 관계를 유지하면서 화합하는 기운을 갖는다.

❖ **한우불출란**(寒牛不出欄) : 겨울에 소가 외양간에서 나오지 않는 형국. 뒤에 외양간이 있으며, 혈은 소의 이마에 자리잡고, 안산은 풀더미다.

❖ **한원규월**(寒猿叫月) : 추운 겨울에 원숭이가 달을 보고 우짖는 형국. 혈은 명문에 있으며 하늘에 떠 있는 달이 안산이 된다.

❖ **한 채의 주택에 짝수로 칸을 하지 않는다** : 한 채의 주택에는 본시 두 칸이 아니면 다섯 칸의 구도를 길상(吉相)으로 나눈다. 세 칸, 네 칸, 여덟 칸 등은 모두 흉액이 발생하는 불길의 구도이다. 예를 들어 큰 방이 작은 방의 두 곱 이상이 되는데 같은 방위에 배치되는 것도 우환과 낭패가 발생되는 불길 형태로 간주한다.

❖ **한파향화**(寒婆向火) : 추운 겨울에 할머니가 불을 쪼이는 형국. 혈은 할머니의 코에 있고 안산은 화로다.

❖ **할**(割) : 혈 앞의 명당을 깎아서 지나가는 물. 할각수(割脚水). 혈 앞의 여기(餘氣)를 물이 치고 들어와 훑어지나감.

❖ **할각수**(割脚水) : 혈의 정기가 왕성하지 않아 여기(餘氣)가 없으니, 혈의 바로 앞부분을 허물어뜨리며 흐르는 물을 할각수라 한다. 혈 앞 순전(혈 앞쪽으로 약간 뻗은 산줄기)의 흙이 자꾸 물에 씻겨 나가 순전이 허물어지면 혈의 정기가 흩어져 버린다. 이런 혈에 조상의 묘를 쓰면 자손들이 매우 가난하게 살고 또 병약하여 일찍 죽게 된다. 결국 자손이 끊기고 집안이 망한다. 그런데 물이 순전을 씻고 지나가도 순전이 단단한 바위로 돼 있어 훼손되지 않으면 괜찮다. 혈이 아주 높이 떨어져 있어도 화(禍)를 입지 않는다.

❖ **함**(函) : 휙둘러서 싸안다.

❖ **함자**(銜字)**와 휘자**(諱字) : 오늘날과 달리 옛날 선비들은 어렸을 때는 아명(兒名)을 썼고 성장하여 관례(冠禮)를 치르고 나면 관명(冠名)을 사용하였다. 관명은 항렬에 따라서 짓는다. 그리고 이름 대신 사용하는 자(字)와 별호(別號) 등이 있다. 또한 웃어른에게는 이름이라고 하지 않고 생존한 분일 경우는 함자, 작고한 분일 경우는 휘자라고 한다.

❖ **함지**(咸池)

① 해가 미역감는다는 천상(天上)의 못. 곧 해가 지는 곳. 서목바다.

② 도화살(桃花殺)로서 아래와 같다.

申子辰生 : 酉	巳酉丑生 : 午
寅午戌生 : 卯	亥卯未生 : 子

❖ **합**(合) : 모든 합의 총칭. 합에는 간합(干合 : 天干合)·지합(支合·三合·六合)·암합(暗合·地支에 암장된 干이 合을 이루는 것) 등이 있다. 합이란 서로 배합이 되는 것으로 남녀의 합, 음양의 합, 물질의 합, 성격의 합, 의사의 합 등 서로 만나 좋아하는 관계라 할 수 있다.

❖ **합**(蛤) : 조게와 같이 용호(龍虎)의 산형(山形)이 저평(低平)하다는 뜻.

❖ **합겸**(合鉗) : 양쪽 겸이 길게 뻗어 가 끝에서 다시 만나는 것. 이렇게 양쪽 겸이 만나는 곳에 혈이 맺힌다. 어떤 합겸은 혈의 뒤쪽이 말구유처럼 길고 우묵하게 생겨 이를 옥저협만두형(玉箸夾饅頭形 : 옥 젓가락에 낀 만두의 형국)이라 부르며, 양쪽 겸의 끝에서 작은 가지가 뻗어 나간 가지를 요(曜)라 부른다. 요가 있으면 더욱 귀한 혈이다.

❖ **합국**(合局)

① 지리법에 용과 혈과 사(砂)와 수(水)가 모두 길격에 맞도록 하면 합국되었다 한다.

② 삼합국(三合局)의 준말. 즉 신자진(申子辰)은 수국(水局), 사유축(巳酉丑)은 금국(金局), 인오술(寅午戌)은 화국(火局), 해묘미(亥卯未)는 목국(木局)이니 이 모두 합국(合局)이다.

❖ **합금**(合襟) : 혈 위에서 두 갈래로 팔자(八字)처럼 나뉘었던 물이 혈 아래에서 합쳐지는 곳을 말함. 즉 합수(合水). 합금(合襟)이란 결혈의 한 방법이며 혈증이다. 위에서 나누어진 물이 혈 앞에

서 다시 합수하는 것을 합금(한복 저고리 깃이 만나는 곳)이라 하며 수구(破)를 설명할 때 합금지처라 함은 청룡과 백호 또는 안산과 서로 만난 곳에서 물의 흐름이 보이지 않게 된 곳을 합금지처 또는 물의 불견지처(不見之處)라 한다. 첫째, 혈장 내 원진수(상수)는 뇌두 아래 구에서 좌우로 분수하여 좌선혈장에서는 백호 쪽 원진수가 과당하여 혈 앞에서 합수하며(합금) 그를 금어수(金魚水)라고도 한다. 2차로는 현무정에서 개장하여 생긴 청룡 및 백호와 본신룡과의 사이에서 생긴 내당수가 좌선룡에서는 우선내당수가 과당하여 보다 장대한 청룡에서 역관한 물의 끝(보이지 않게 된 곳)을 내수구(내파 또는 2차합금지처)라 하며, 3차는 외산에서 흐르는 청룡이나 백호 밖의 물(외당수)의 끝을 외수구라 하며 그곳을 3차합금지처라 한다. 이러한 합금은 진혈 및 길흉화복과 직결되기 때문에 정혈에 앞서 반드시 확인해야 할 사항이다.

❖ **합금수**(合金水) : 내룡의 호종수(護從水)와 혈장의 보호수가 상분계수(上分界水)에 혈하교합수(穴下交合水)가 계지(界之)하는 것으로, 이를 상분하합(上分下合) 혹은 합금(合金)이라 한다. 이 합금처(合金處)가 이른바 내명당(內明堂)이다. 혈의 확실한 융결(融結)에는 삼분삼합(三分三合) 즉 세 번의 상분하합(上分下合)이 분명해야 한다. 제1분합(分合)은 혈장을 전후상하 분합하는 구첨분합(毬簷分合)이고, 제2분합은 부모산에서 분계하고 용호 사이에서 교합하는 용호분합(龍虎分合)이며, 제3분합은 소조산(小祖山)에서 분계하고 용호 밖에서 교합하는 산수대회분합(山水大會分合)이다. 이 분합은 산수교합(山水交合), 음양교합(陰陽交合)으로 용혈(龍穴)을 보호하고 내기(內氣)를 보존하여 혈지(穴地)를 진결시키는 중요한 결지작용(結地作用)이다.

① 혈전계맥(穴前界脈)의 상분하합(上分下合)을 말한다. 그 형상이 마치 저고리의 깃이 교합하는 것과 같다고 하여 이름을 얻었다. 합금수는 매우 중요한 것이므로 완전한 이해를 필요로 한다. 맥이라고 하는 것은 내려오면 분수를 이루고 그치려면 합수가 이뤄지는 법이므로 혈을 맺으려면 삼분삼합(三分三合)이 되어야 한다. 일분합은 혈장 자체 전후의 분합을 말하고, 이분합은 초절산으로부터 청룡·백호 사이의 분합을 말한다. 삼분합은 소조산으로부터 산수대회간(山水大會間)의 분합을 말한다. 이를 자세히 설명하면 일합은 소명당이 되고, 이합은 내명당, 삼합은 외명당이 된다. 내계수(內界水)의 분합으로 기맥의 모임을 살펴서 정혈을 하고, 외계수의 분합으로 국세의 취산을 살펴서 명당의 기를 평한다. 내계분합을 천취(天聚), 외계분합을 인취(人聚), 외명당수의 분합을 지취(地聚)라고 한다. 만약 상분하고 하합이 없으면 실경(失經)이라 하여 마치 여자의 붕루(崩漏)와 같은 현상이며 위에서 나누어짐이 없이 아래에서 합하면 맥이 온 것이 아니니 모두 혈을 맺는 것이 아니다. 일분합은 혈장 안에 떨어진 빗물[極暈水]이 분산되지 않고 은은히 흘러서 묘 앞 부위(상석자리)로 모였다가 합금 사이(葬口라고 한다)로 흘러가는 것이다. 이것을 개자(介字), 삼차(三叉), 해안(蟹眼), 선익(蟬翼), 구첨(毬簷), 꽃받침 등등 여러 가지 표현을 쓰고 있으나 모두가 일분합을 가리키는 말이다. 혈의 진짜와 가짜를 가리는 핵심이 된다.

② 합금수는 혈뒤에서 계수를 이루어 나뉘어 내려와 혈앞에서 합하는 것이니 합금이라고 하며 3분합으로도 이루어진 것이다. 즉 소명당에서 합하는 물은 소분합이 되고, 중명당에서 합하는 물은 2분합이 되고, 중명당 밖에서 합하는 물은 대분합이 된다. 이것을 천지인(天地人) 삼재로 구분하면 혈장수를 천취수(天聚水)라고 하며, 중명당에서 합수되는 것을 지취수(地聚水)라고 하여 모두 자웅수를 이룬 것이다.

❖ **합기혈**(合氣穴) : 양쪽에서 뻗어온 두 용[龍脈]이 혈처에 이르러 생기를 합하는 혈이 합기혈이다. 그 생기가 매우 크고 강하다.

❖ **합수**(合水)

① 두 갈래로 나뉘었던 물이 한군데로 합친 것. 혈 위에서 팔자(八字) 모양으로 나뉘어 흐르다가 아래에서 다시 합쳐지면 그 안에 반드시 진혈(眞穴)이 맺는다. 이 합수를 합금(合襟) 또는 금어수(金魚水)라 한다.

② 혈에서 볼 때 여러 곳에서 물이 흘러와 명당 앞 한 곳으로 모임. 이렇게 되면 매우 길격수(吉格水)가 된다.

❖ **합수머리** : 두 줄기의 물이 합치는 그 언저리를 합수머리 혹은

ㅎ

양수머리라 할 때 이때의 머리는 부근 가장자리의 뜻으로 쓰여지고 있다. 머리의 원래의 뜻은 두 줄기의 물이 합쳐서 한 줄기가 되어 내려가면 Y자를 그리고 이 Y자의 V부분은 산봉우리에서 내려오는 한가닥의 등성이를 따라 함께 내려오던 양쪽의 계곡이 합쳐서 그 등성이를 가두고 더 이상 앞으로 나아가지 못하게 하고 있는 형국. 산과 물이 완전히 융합되어 원래 이런 곳을 머리라 했는데 후세에 와서는 알기 쉽게 합수머리 또는 양수머리라 부르게 되었다.

❖ **합수목**(合壽木) : 나이가 많아 세상을 떠날 날이 멀지 않다고 생각되면 사람에 따라서는 죽어서 들어갈 관이나 무덤(假墓, 生墳)을 미리 마련해 두는 경우가 있는데, 아무 해 아무 날이나 만드는 게 아니라 법에 의하여 해와 날짜를 가리게 된다. 아래의 길일을 가리되 반드시 최시살(催屍殺)과 유혼년(遊魂年)을 피해야 한다.

천덕(天德)·월덕(月德)·월공(月空)·주인공 본명 납음상생일(本命納音相生日)·사폐일(四廢日)·공망일(空亡日)·복단일(伏斷日)·생분(生墳)에 통천규(通天竅)·주마육임(走馬六任)

忌: 최시살(催屍殺)·유혼년(遊魂年)·천강(天罡)·하괴(下魁)·건(建)·파일(破日)·생분(生墳)에만 토온(土瘟) 전살

- **최시살 정국**(催屍殺定局) : 구빈 양균송(救貧楊筠松)의 비법. 40, 43, 46, 49, 52, 55, 58, 61, 64, 67, 70, 73, 76, 79, 82, 85, 88, 91세에 최시살이 닿는다. 갑자(甲子), 갑술순중생(甲戌旬中生) 남녀(男女) : 40세를 진궁(辰宮)에, 갑신(甲申), 갑오순중생(甲午旬中生) 남녀(男女) : 40세를 축궁(丑宮)에, 갑진순중생(甲辰旬中生) 남녀(男女) : 술(戌) : 40세를 술궁(戌宮)에, 갑인순중생(甲寅旬中生) 남녀(男女) : 미(未) : 40세를 미궁(未宮)에 붙여 각각 나이를 돌려짚다가 나이가 진술축미(辰戌丑未)의 토궁(土宮)에 이르면 최시살(催屍殺)이니 이 나이를 피해야 한다.
- **유혼년정국**(遊魂年定局) : 묘행 진인(妙行眞人)의 비법.

  子午卯酉生 : 子午卯酉年日을 꺼린다.

  辰戌丑未生 : 辰戌丑未年日을 꺼린다.

  寅申巳亥生 : 寅申巳亥年日을 꺼린다.
- **수목안치길방**(壽木安置吉方) : 천덕(天德)·월덕(月德)·월공방(月空方)이다.

❖ **합연**(溘然) : 자연이란 뜻.

❖ **합오**(合五) **합십**(合十)**에 관하여** : 경(經)에 말하기를, 오리산(五里山)이란 곧 합오지법(合五之法)을 뜻하니, 용의 배향과 산의 수수(收水)가 합하여 모두 5가 되게 하는 법으로서, 이룡배합(以龍配合)의 일가가 합하면 5가 되고, 이래수배좌산(以來水配坐山)도 역시 합하면 5가 되게 해야 하며, 따라서 용과 향을 주(主)라 하고 내수(來水)와 좌산(坐山)을 빈(賓)이라 한다. 예를 들어 1백자룡(一白子龍)에 입손향(立巽向)이라면, 자1(子一)에 손사(巽四)를 합하면 5가 되니 곧 주5(主五)요, 수오수류(收午水流)에서 좌산건방(坐山乾方)에 이르는 최관수(催官水)의 5위(五位)는 9가 되고 좌산위(坐山位)의 건(乾)은 6이 되므로 합하면 이 도 또한 15로서 역시 합5가 되니 이를 빈(賓)이라 하며, 빈주(賓主)가 서로 교접(交接)하는 형국이 된다. 또 한 예로서는 6백건룡(六白建龍)이 입오향(立午向)인데 건룡(乾龍)은 6이 되고 오향(午向)은 9가 되므로 이를 합하면 또 15가 되니 곧 합5라 이를 주라 하고, 또 손수(巽水)가 흘러 좌산(坐山)인 자방(子方)의 최관수(催官水)에 달하면 이도 또한 손4(巽四)에 자1(子一)로서 합5가 되며 이를 또 빈(賓)이라 하니, 빈주(賓主)가 서로 교접(交接)하는 형상이 된다. 합10에 관해서는 5와 10은 8괘(八卦)의 혼백(魂魄)이라고 할 수가 있으므로 5, 10은 수산출살(收山出煞)의 밀의(密意)가 함장(含藏)되어 있는 곳이며 또한 현공대오행(玄空大五行)의 정수(精髓)가 깃들인 곳이기도 하다. 합10의 예를 들면, 자룡(子龍)에 손향(巽向)인데 오수(午水)에 건산(乾山)일 때에는 자위(子位)에서 순진하면 손위(巽位)에서 10위(十位)를 얻게 되고, 또 오수(午水)에 건산(乾山)이므로 오위(午位)에서 순진(順進)하면 건위(乾位)에 가서 10위(十位)를 얻게 된다. 또한 건룡오향(乾龍午向)에 자산손수(子山巽水)라면 이때는 건룡위(乾龍位)에서 오향위(午向位)까지를 역진(逆進)해가서 오상향위(午上向位)에서 10수를 얻게 되고, 또 손수(巽水)에서 자산(子山)까지도 같은 방법으로 역진(逆進)해가면 자산위(子山位)에서 10수를 얻게 되니 이는 오십동도지묘리(五十同途之妙理)이다. 합십지법(合十之法)은 용수(龍水)가 사정(四正)이면 순진십위(順進十位)하고, 사우(四隅)면 역퇴십위(逆退十位)하니 이는 소위 오십동도(五十同途)의 수산출

살지밀지(收山出煞之密旨)라고 한다.

❖ **합장**(合葬) : 합장(合葬), 합폄(合窆), 합묘(合墓)라고도 하는데 이 합장을 하고자 할 때는 다음의 네 가지 조건이 맞아야 한다. ① 동총법(動塚法)을 보아서 중상이나 중일 운이 닿지 않아야 구묘(舊墓)를 파서 광중을 지울 수 있고, ② 먼저 쓴 묘의 생왕방(生旺方)이나 당년 태세 기준 삼살방에 닿지 않은 방위의 좌우측이라야 하고, ③ 새로 쓰는 묘는 구묘에다 합장하게 되므로 구묘가 장사지내는 당년태세 운으로 삼살(三殺), 좌살(坐殺), 세파좌(歲破坐)가 되지 않아야 하며, ④ 구묘와 새로 합장하려는 망인(亡人)의 생년으로 보아 무후좌(無後坐) 멸문좌(滅門坐) 등 살이 닿지 않아야 한다. 합장(合葬)은 합묘(合墓) 또는 동택(同宅)이라고도 하는데 구묘(舊墓)에 새로운 시신을 모시는 것은 막문동서(莫門東西)하고 불택길일(不擇吉日)하여도 크게 탈이 없지만, 구묘(舊墓)를 신묘(新墓)에 옮기거나 구묘(舊墓)끼리 파서 옮기는 것은 신중히 하여야 한다. 첫째 옮겨 가는 쪽이 좌살(坐殺)·겁살(劫煞)·세살(歲殺) 등 삼살이 닿지 말아야 하며, 망자(亡者) 또는 양좌(兩坐)가 오행이 상극되지 말아야 하며, 연(年)이 충(冲)을 부르지 말아야 한다. 모든 것이 구비되어도 비 또는 눈이 올 때에 구묘를 파서는 안 되며 또한 구묘를 뚫어 통문(通門)을 내어서는 더욱 흉사(凶事)를 자초(自招)한다. 만약에 통문을 내면 구묘의 정기가 새어 버리며, 수광신(守壙神)이 놀래어 혼비백산하여 패가망신하는 것이다. 둘째, 동총법(動塚法)을 보아 구묘에 삽질을 하여도 무방한가를 보아야 한다. 아무리 오행이 맞고 좌향이 상응한다 하여도 무덤에 삽질을 하면 침살(針殺)이 되어 낙사(落死)·압사(壓死) 등이 생기며, 절손(絶孫)될까 염려하여 반드시 동총법(動塚法)을 보아서 삽질을 하여야 한다. 셋째는 시파(始破)하는데 선처(先處)를 택하여야 한다. 다시 말해서 첫 삽질을 하는데 어느 방향을 먼저 파야 시신이 안위(安位)하는가 하는 것이다. 유의할 것은 자오묘유(子午卯酉)의 향을 먼저 시삽하여야 하며, 진술축미(辰戌丑未)방은 복살(伏殺)이 있어 불길하다. 넷째는 공망일을 택하여 쓰는 것도 이장하는데 필요하다. 만약에 이것을 모두 보기가 힘이 들거나 부득이한 경우는 산왕경(山王經)을 독송(讀誦)하고 나무아미타불을 백팔번을 외우면 오방내외(五方內外)의 신(神)이 안위(安慰)되는 것이다.

❖ **합장**(合葬)

- 부인이 먼저 죽으면 후에 남편은 합장이 가능하나 남편이 먼저 죽으면 후에 부인은 합장 불가능하다. 쌍분(雙墳) 전후장(前後葬), 상하장(上下葬) 할 수 있다.
- 이장(移葬)인 경우는 합장(合葬)이 가능하다.
- 합장할 때는 남자 쪽을 약 20cm정도 얕게(밑으로) 모신다.
- 체백이 안보이도록 가운데를 가린다.(관 뚜껑 자손이 해가 된다.)
- 구묘에 통문을 내면 절대 안 된다.(구묘의 체백을 봐서도 안 된다.)

❖ **합장고사**(合掌告祀) : 합장할 때 고하는 고사

維 年號幾年 歲次干支 幾月干支 干支幾日 孤哀子某 敢昭告于 顯考學生府君之墓今以先妣孺人(○○)氏 將於○年○月○日行合葬之禮敢伸虔告

❖ **합장**(合葬)**과 쌍봉**(雙封)

① 혈처의 면적은 대개 3척×6척인 반평이므로 그 가운데 20cm의 간격을 두고 양편으로 30cm의 속모태를 파면 합장이 가능하니 두 분을 한 혈처에 용사함이 가장 적합하다.

② 현재 용사되어 있는 쌍봉들을 보면 대개 쌍봉의 균형을 맞추려고 천심십도(天心十道)를 무시한 채 혈처는 가운데 두고 양편으로 용사한 묘들이 대다수이며 이런 묘를 볼 때마다 아쉬움이 많다. 차라리 이럴 바에는 한 분은 혈처에 모시고 한 분은 옆에 쌍봉으로 모심이 타당할 것이며 또한 두 분을 각각 명당을 잡아 모시면 더 좋을 수가 있겠지만 그렇지 못할 바에는 한 혈처에 두 분을 같이 모심이 더욱 합리적일 것이다.

③ 쌍봉으로 모실 자리는 맥이 분지되고 분지된 각 맥에서 혈처가 조성됨으로써 쌍봉처가 형성되나 일맥에서는 일개의 혈처만이 형성됨을 지관이라면 숙지해야 할 것이다.

❖ **합장시구묘고사축**(合葬時旧墓告辭祝)

維歲次庚辰○月己丑朔初四日壬辰 孤哀子 ○○ 敢昭告于 顯考(處士府君)之墓 今以先妣孺人 ○○(本貫) ○氏 將於庚辰 ○月○日 行合葬之禮 敢伸虔告

[해설] 고애자 ○○는 아버님 묘에 삼가 아뢰옵니다. 이제는 돌아가신 어머님 ○○○(본관 성)를 ○년 ○월 ○일에 합장하는 예를 행하겠기에 비통함을 이기지 못하여 감히 아뢰나이다.

❖ **합폄**(合窆) : 부부의 체백(體魄)을 한 곳에 함께 매장(埋葬)하는 것을 말한다.

❖ **항기사**(降旗砂)**와 패기사**(敗旗砂) : 항기사(降旗砂)는 산이 땅에 깔려 있으면서 파쇄(破碎)되고 요함(凹陷)한 것으로 산머리는 혈을 향하나 지각은 밖을 향해 비주한 것이다. 패기사(敗旗砂)는 역시 땅에 깔려 있으면서 파쇄되고 요함한 것이나 항기사와 다르게 지각이 비주하지 않고 혈을 감싸주고 있다. 패기사가 보다는 흉함이 적으나 모두 전쟁에 나가 패하는 형상이다. 항기사가 있으면 전쟁에 패하고 항복하는 반면에 패기사는 패하기는 하지만 항복은 하지 않는다. 만약 사격이 땅에 깔려 있지 않고 당당하게 우뚝 솟아 있으면 전기사(戰旗砂)가 된다. 이때는 전쟁에 나가 승리한다. 상격룡(上格龍)은 출장입상(出將入相)하고 전군을 위엄있게 통솔한다. 중격룡(中格龍) 중간 장교가 되어 전공을 세운다. 천격룡(賤格龍)은 병졸로 참전하여 공을 세우게 된다. 그러나 항기사와 패기사는 흉하다.

❖ **항복**(降伏) : 낮게 내려가 엎드려 사랑하듯이 혈을 감싼 것.

❖ **항성**(亢星) : 술건(戌乾)방 사이에 위치한다. 술건(戌乾) 사이에 있는 봉우리가 4중으로 되어 있으면 대통령 비서실장급의 보좌관이 난다. 봉우리가 몹시 높으면 성품이 지나치게 강하고 허하면 병고를 만난다. 진년(辰年)에 응험한다.

❖ **해**(害) : 서로 만나면 해친다는 뜻. 12지에는 서로 해(害)하는 것이 있어 이를 지해(支害) 또는 육해(六害)라고 한다.

子↔未　　丑↔巳　　寅↔巳

卯↔辰　　申↔亥　　酉↔戌

❖ **해**(亥) : 12지의 맨 끝번.

- 지지 해(亥)로 구성되는 60갑자는 을해(乙亥), 정해(丁亥), 기해(己亥), 신해(辛亥), 계해(癸亥)의 5가지가 있다.
- 해(亥)는 12수가 가운데 돼지에 속한다.
- 해(亥)는 선천수(先天數)가 4요, 후천수(後天數)는 6이다.
- 해(亥)는 음수(陰數)인데 그 빛은 흑색이며, 방위는 북방에 속하고, 절기로는 맹동(孟冬) 즉 10월이다.
- 해(亥)는 인(寅)을 만나면 인해(寅亥)로 6합(支合)하여 오행은 목(木)이 되고, 묘(卯)와는 해묘합(亥卯合), 미(未)와는 해미합(亥未合), 그리고 묘미(卯未)를 만나면 해묘미(亥卯未)로 삼합(三合)하여 오행은 모두 목(木)이 된다.
- 해(亥)는 사(巳)와 사해(巳亥)가 상충(相沖)이요, 해(亥)끼리 만나면 해(亥)와 해(亥)가 형(刑)하는데 이를 자형(自刑)이라 하고, 인(寅)을 만나면 인해(寅亥)로 파(破 : 六破·支破)가 된다.
- 해(亥)는 서로 해(害)하고 또는 서로 뚫는(相穿) 성질이 있으며, 진(辰)과는 원진(怨嗔)이 된다.

陰陽	五行	先天數	後天數	三合	六合	冲	刑	破	害	怨嗔
陰	水	四	六	卯未	寅	巳	亥	寅	申	辰

❖ **해간론**(亥艮論) : 지리법에 용이 해간(亥艮)으로 먹으면 가장 귀한 땅이라 한다. 그러나 모든 용법과 혈법에 맞은 뒤에 해간(亥艮)이 좋은 것이므로 용과 혈이 거짓이면 쓸 데 없는 것이니 해간(亥艮)에 구애받지 말아야 한다.

❖ **해년**(亥年) : 태세(太歲)의 지지(地支)가 해(亥)로 구성된 해. 즉 을해(乙亥), 정해(丁亥), 기해(己亥), 신해(辛亥), 계해년(癸亥年)의 합칭.

❖ **해득**(亥得) : 혈장을 기준하여 물이 맨 처음 해방(亥方)에서 보이는 것.

❖ **해라출식**(海螺出食) : 소라가 밥을 먹으러 밖으로 나오는 형국. 혈은 소리의 중앙에 있고, 안산은 놀고 있는 물고기다.

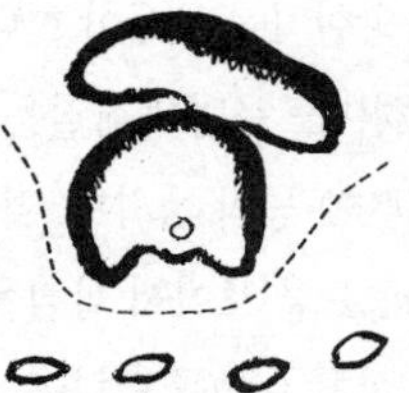

❖ **해라토주**(海螺土珠) : 바다의 소라가 구슬을 토하는 형국. 혈은 소라의 중앙에 있고, 안산은 구슬이다.

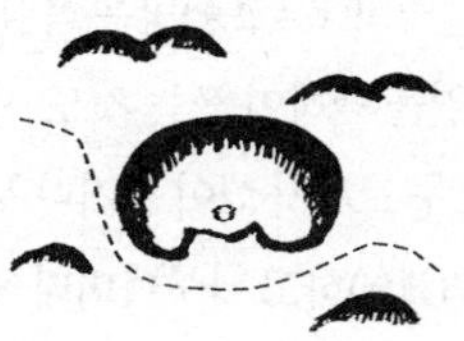

❖ **해라흡일**(海螺吸日) : 바다의 소라가 해를 바라보며 숨을 들이마시는 형국. 혈은 소라의 중앙에 있고, 안산은 해이다.

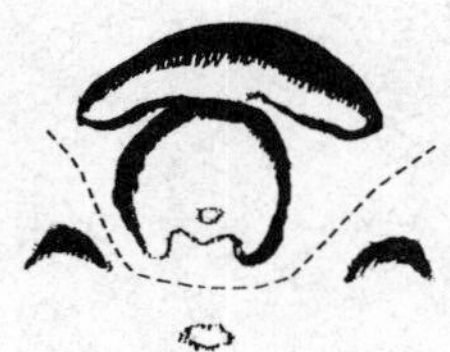

❖ **해랑**(海駺) : 물개처럼 생긴 형국. 혈은 물개의 눈에 있고, 안산은 물개가 노는 물이나 물개가 잡아먹는 물고기다.

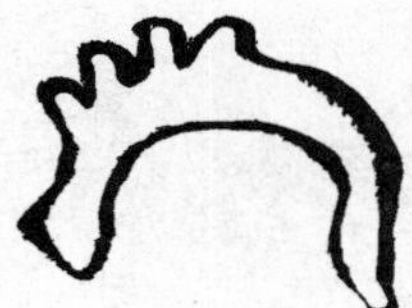

❖ **해로운 기(氣)가 모여드는 나쁜 집** : 도로변이나 길이 교차되는 곳은 좋지 않다. 온 가족이 하루 일과를 끝내고 돌아와 휴식을 취해야 할 집이 큰길 옆이나 길이 교차되는 지점의 부근에 있으면 아침·저녁으로 오가는 차량 및 행인들 소음과 먼지 등으로 주택으로서의 제 기능을 발휘할 수 없게 된다.

❖ **해룡**(亥龍) : 산의 용맥(龍脈)이 해방(亥方)에서 사방(巳方)으로 뻗어 내려온 것.

❖ **해룡맥**(亥龍脈) : 해룡(亥龍)과 뜻이 같음.

❖ **해만수**(海灣水) : 임해용혈(臨海龍穴)의 전조해만(前朝海灣 : 묘 앞에 바닷물)이 가득차 있는 물. 이 해만명당수(海灣明堂水)와 용혈(龍穴)의 기세가 서로 비슷해야 한다. 만약 바다는 광막한데 용혈이 미약하면 산수형세(山水形勢)가 고르지 못하여 불성진결(不成眞結)에 다재다난이라 한다. 그러므로 임해용혈(臨海龍穴)은 기세상등(氣勢相等)에 해조만국(海潮滿局)이면 길격해수(吉格海水)로서 대부대귀(大富大貴)가 기약된다. 즉 임해용혈은 전조(前朝)의 해상명당(海上明堂)을 용·호(龍虎)가 좌우를 환요회포(環繞回抱)하여 성국명당(成局明堂)하고 그곳에 육해양수(陸海兩水)가 회집만수(會集滿水)하여 왕양호탕(汪洋浩蕩)하면 반드시 큰 부자와 귀인이 발현한다고 한다.

❖ **해목혈**(蟹目穴)**은 계의 눈과 같다 하여 해목혈이라 한다** : 해목혈은 혈상윤곽(穴相輪廓)에 귀석(貴石)의 돌출로 혈상(穴相)의 윤곽이 더 있는 것을 말한다. 결혈이 처음으로 이루어진 곳은 해목의 윤곽이 돌줄로 살아서 진혈(眞穴)이 분명함을 더해준다. 해목혈상은 기(氣)가 강(强)하여 발복이 금시(今時) 발복지지(發福之地)라 한다. 혈상은 고서(古書)에는 상분하합(上分下合)이라고 말하였다. 위에서 나눠고 밑에서 와서 합하여 계란 같은 모양의 윤곽을 뜻한 말이다. 혈상의 기상(氣象)은 양명(陽明)해야 한다. 혈토(穴土)는 비석비토(非石非土) 석비례 또는 마사토라야 하며 윤기(潤氣)가 있어야 하고 색상은 밝아야 해목(蟹目)의 진혈이 될 수 있다. 또 토질이 윤기가 없고 건조하여 무력한 토질은 사토(死土)라 하여 진혈의 혈상이 될 수 없다. 혈상의 좌우균형이 자르게 되어 있어야 하고 상하의 경사가 너무 심한 것은 매달린 형이 되어 불가하다. 사태형상(沙汰形相)의 주위는 고루 강해야 하며 한 곳이라도 사태(沙汰)가 난 흔적이 있는 것은 황천수(黃泉水)의 침입이 된 것이다.

❖ **해묘미삼합**(亥卯未三合) : 해(亥)와 묘(卯)와 미(未)는 해묘미(亥卯未)로 삼합(三合)을 이루어 오행은 목(木)이 된다.

❖ **해묘합**(亥卯合) : 해묘미(亥卯未)가 삼합이지만 해(亥)는 묘(卯)만을 만나도 해묘(亥卯)로 반합(半合 - 또는 半會)하여 오행은 목(木)이 된다.

❖ **해미합**(亥未合) : 해묘미(亥卯未)가 삼합이지만 해(亥)는 미(未)만 만나도 해미(亥未)로 반합(半合) 또는 半(會)하여 오행은 미(未)가 된다.

❖ **해방**(亥方) : 24방(方)의 하나로 서북간방인 건방(乾方)에서 북으로 15° 당긴 방위.

❖ **해방산**(亥方山) : 혈장에서 보아 해방(亥方)에 산이 있는 것. 또는 해방(亥方)에 있는 산.

❖ **해방**(亥方)**의 산** : 사해방(巳亥方)의 산봉우리가 높고 수려하면 관직이 극품에 이르는 인물이 나온다. 거기에 인갑방(寅甲方)의 봉우리가 수려한 모습으로 높이 솟아 있으면, 과거에 급제하는 사람이 연달아 배출된다.

❖ **해방풍**(亥方風) : 해방(亥方)에서 혈장으로 불어오는 바람. 즉 혈장

에서 보아 해방(亥方)에 산이나 등성이 등이 없이 허하게 트여 있으면 그곳의 바람이 혈에 닿는다고 한다. 육축의 손해가 크고 도적에 실물하여 재산이 흩어진다(다만 庚酉辛丑艮坐는 무방하다).

❖ **해복**(蟹蝠) : 게처럼 생긴 형국. 해복형의 혈은 대개 게의 눈에 있고, 안산은 게의 입에서 뿜어 나온 거품, 게가 잡는 물고기 등이다.

❖ **해복형**(蟹腹形 : 꽃게가 엎드려 있는 형상) : 산세가 하천이나 바다에 사는 게가 엎드려 있는 모습과 흡사하다. 혈은 게의 눈에 있고, 안산은 게의 입에서 나오는 거품이나 게가 잡아먹는 물고기 같은 사격이다. 청룡·백호는 게의 앞발로 짧다. 가재 형국이나 게의 형국은 비슷하나 혈장과 앞으로 뻗은 청룡·백호가 길면 가재 형국이고, 짧고 둥글면 게 형국이다. 게는 번식력이 강한 동물로 게 형국은 많은 자손이 크게 번창하는 길한 형국이다. 성현군자, 대귀인, 대학자, 대사업가 등 훌륭한 인물들이 무수히 배출된다. 또 많은 자손들이 골고루 복을 받는다.

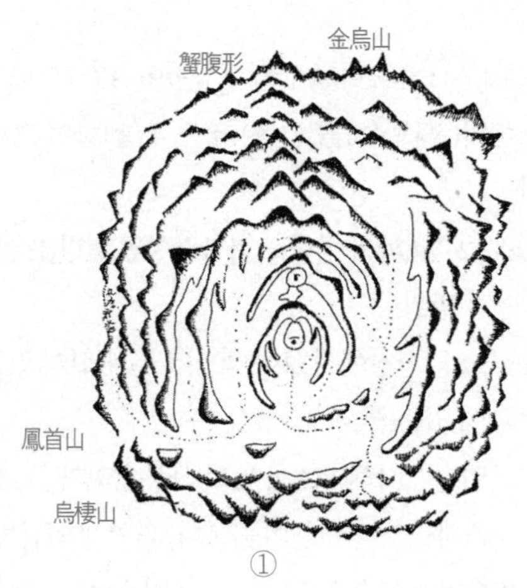

①

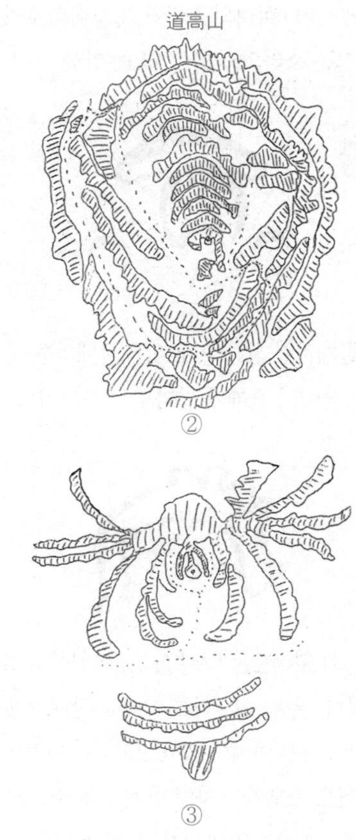

②

③

ㅎ

❖ **해살**(害殺) : 자미(子未), 축오(丑午), 인사(寅巳), 묘진(卯辰), 유술(酉戌), 신해(申亥)

❖ **해신**(解神) : 월가길신(月家吉神)의 하나. 이날은 모든 흉살을 해소시킨다는 날이니 매사에 흠이 없다.

正, 2월 : 申	3, 4월 : 戌	5, 6월 : 子
7, 8월 : 寅	9, 10월 : 辰	11, 12월 : 午

가령 정월과 2월, 두 달에는 임신(壬申), 갑신(甲申), 병신(丙申), 무신(戊申), 경신일(庚申日)이 해신이다.

❖ **해신천**(亥申穿) : 해(亥)와 신(申)은 서로 뚫는[相穿] 성질이 있다.

❖ **해안**(蟹眼) : 혈 뒤에서 팔자(八字) 모양으로 물이 두 갈래로 나뉘는 게눈의 형국. 그 바로 밑에 명혈(名穴)이 있다는 증거다.

❖ **해안수**(蟹眼水) : 게(蟹)는 눈이 크고 깊어 관활(寬闊)하다고도 하고 심장(深藏)하였으며 배꼽(臍)같기도 하니, 그 순상(脣上)의 양옆에 있는 소계수(小界水)가 바로 해안수(蟹眼水)와 같으며, 그

가 순전(脣前)에서 합류하고 좌 또는 우로 흐르는 데를 보고서 입혈하여야 한다. 그러니 하수수(蝦鬚水)는 근취제신(近取諸身)으로 가까이서 취하나 해안수(蟹眼水)는 하수수(蝦鬚水)보다는 원취제물(遠取諸物)이라는 다소 거리가 있는 정의를 하고 있다.

❖ **해인파**(亥寅破) : 해(亥)와 인(寅)은 서로 파(破)한다.

❖ **해일**(亥日) : 지지가 해(亥)로 된 날. 즉 을해(乙亥), 정해(丁亥), 기해(己亥), 신해(辛亥), 계해일(癸亥日)의 합칭.

❖ **해입수**(亥入首) : 혈 바로 뒤의 용맥(龍脈)이 해방(亥方)에서 사방(巳方)을 향해 뻗어 내려온 것.

❖ **해자축방**(亥子丑方) : 북방(北方)을 가리킴.

❖ **해정**(亥正) : 오후 10시부터 11시가 되기 전 사이. 즉 오후 10시.

❖ **해조수**(海潮水) : 바다는 여러 강물이 모이는 곳이니 수세가 취합하면 용세가 크게 멈추므로 간룡은 바닷가에서 융결하는 수가 많으며 대지가 되고, 해조는 백색을 길로 친다. 해조수는 바닷물이다. 바닷물은 물 중에서 가장 큰 물이다. 그런 만큼 품고 있는 기운도 웅대(雄大)하다. 또 큰 용(龍; 산줄기)은 대부분 바다와 만나서 멈춘다. 큰 용과 바다가 만나는 곳에는 매우 웅장한 기운이 서린다. 그 기운으로 크나큰 명당혈(明堂穴)이 생긴다. 이런 혈에 조상의 묘를 쓰면, 자손들이 대부(大富)·대귀(大貴)를 얻게 된다. 왕후(王侯 : 왕이나 제후)도 나온다.

❖ **해좌**(亥坐) : 24좌(坐)의 하나로 묘나 건물 등이 해방(亥方 : 서북간방에서 북으로 15° 당긴 방위)을 등진 것.

❖ **해좌사향**(亥坐巳向) : 묘나 건물 등이 해방(亥方)을 등지고 사방(巳方)을 향함.

❖ **해진원진**(亥辰怨嗔) : 해(亥)와 진(辰), 즉 돼지와 용은 서로 미워하는 원진(怨嗔)이다.

❖ **해초**(亥初) : 오후 9시부터 10시가 되기 전 사이. 즉 오후 9시.

❖ **해파**(亥破) : 지리법에 물(水: 도랑·개울·내·강물)이 해방(亥方)으로 흘러 나가는 것. 또는 해방(亥方)에서 보이지 않는 것을 말함.

❖ **해하농주**(海河弄珠) : 새우가 구슬을 가지고 노는 형국. 혈은 머리의 중앙에 있으며, 청룡·백호는 가재의 수염이고, 안산은 가재가 갖고 노는 구슬이다.

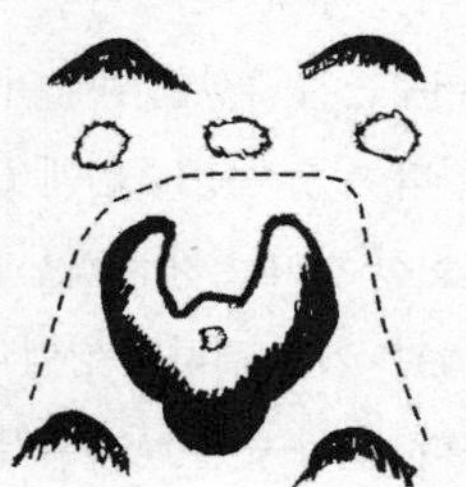

❖ **해하희수**(海蝦戱水) : 새우가 물에서 노는 형국. 앞에 호수나 못, 또는 논이 있으며, 혈은 가재의 머리 중앙에 있고, 예쁜 구슬이 안산이 된다.

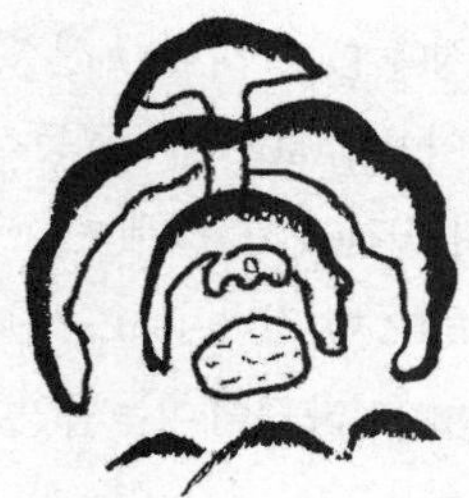

❖ **해향**(亥向) : 묘나 건물이 해방(亥方)을 향한 것.

❖ **해형해**(亥刑亥) : 해(亥)가 또 해(亥)를 만나면 해(亥)끼리 형(刑)하는데, 이를 자형(自刑)이라 한다.

❖ **행룡과협**(行龍過峽) : 과협(過峽)이란 두 산을 서로 이어서 맥(脈)이 두 산의 중심을 통하게 하는 인후(咽喉 : 목구멍)와 같은 것을 말한다. 용법에 있어서는 먼저 성봉(星峰)을 본 연후에 반드시 협(峽)을 살펴야 하며 사람에게 비한다면 목구멍과도 같은 것이다. 용의 참된 자취는 감추었다 다시 나타나는데 그 뜻이 있으므로 과협(過峽)은 목구멍을 통해서 두 산을 서로 묶어 기가 통하게 하는 작용을 하는 것으로서 그 형상이 다양한 것이나 학의 무릎, 벌의 허리 등의 모양을 귀하게 여긴다. 과협(過峽)은 또 단소하고 긴결함을 좋게 여기고 양변에서 호위해주는 것을 귀

하게 여긴다. 용이 과협을 갖지 못하면 이는 결함(缺陷)을 벗어나지 못하는 것으로서 곧 사경(死硬)의 상태이다. 가장 긴요한 것은 도두(到頭)가 결혈(結穴)하는 일절(一節)의 협(峽; 좁은곳, 小祖와 主山의 사이)으로서 짧게 뚫고 들어온 것이 가장 유력하다. 그러므로 중심부분에다 나경(羅經)을 지반정침24산(地盤正針24山)으로서 방위를 격지(格之)하여 용이 어느 곳을 쫓아와서 어느 글자 위에 머무는지 측정한 후에 어느 자의 내룡(來龍)이란 것을 밝혀야 한다. 무릇 내룡(來龍)에 있어서 가장 좋은 것은 단청과맥(單清過脈)한 것이고 쌍청(雙清)한 것은 그 다음인데, 단행과맥(單行過脈)은 가장 귀하나 쌍행과맥(雙行過脈)은 유길유흉(有吉有凶)하다. 만약 순음(純陰)이거나 순양(純陽)으로서 과맥(過脈)한 것은 차길(次吉)로 보니 이것이 쌍청과맥이다. 음양(陰陽)이 박잡(駁雜)하여 분별할 수 없는 상태에서 과맥을 했다면 이는 흉한 것이니 곧 신술(辛戌), 건해(乾亥), 해임(亥壬), 축계(丑癸), 간인(艮寅), 갑묘(甲卯), 묘을(卯乙), 진손(辰巽), 손사(巽巳), 병오(丙午), 오정(午丁), 미신(未申), 신경(申庚), 유신(酉辛) 등으로서 이는 음양이 박잡(駁雜)하여 균등 살룡(殺龍)이기 때문에 흉하다. 그러나 술건(戌乾), 자계(子癸), 축간(丑艮), 인갑(寅甲), 을진(乙辰), 사병(巳丙), 정미(丁未), 곤신(坤申), 경유(庚酉) 등을 쌍청과맥(雙清過脈)이라 하여 이는 음양이 불박(不駁)하므로 균속차길(均屬次吉)하다.

❖ **행룡론**(行龍論) : 산을 어찌 용이라 하는가. 64괘(卦)가 6룡(龍)이라는 6효(爻)로 변화하듯이 산도 여섯 글자의 모양으로 변화하였으니 용이라 한다. 그러므로 활동하듯이 기대하고 굴신하며 귀인(貴人)의 행보와 같은 용은 정룡(正龍)이며, 천인(賤人)과도 같이 난행(亂行)함은 광룡(狂龍)이며, 사인(死人)과도 같이 경와(硬臥)하여 쓰러질 듯 짧아진 듯하면 사룡(死龍)이라 한다.

❖ **행룡(行龍)의 성분과 형태** : 용의 여지(餘枝)는 큰 산의 큰 용이 기가 왕성하여 여지(餘枝)가 생기는 곳에 결혈하는 것을 말한다. 장룡(長龍)은 큰 줄기의 대간룡(大幹龍)으로 수도나 대도시를 이루는 곳이다. 단룡(短龍)은 개장천심(開帳穿心)의 행룡이 그 기복의 변화와 활동이 활발하고 청룡과 백호, 조산과 안산이 조응하는 곳이다. 가룡(假龍)은 개장(開帳)되는 듯한 용으로 활동이 활발하지 못하여 천심(穿心)과 전호(纏護)가 조응이 되지 않는 곳이다. 천룡(賤龍)은 행룡이 바르지 못하고 기울어져 기복이 분명하지 않은 용이다. 귀룡(貴龍)은 진룡(眞龍)과 같이 대룡(大龍)의 개장천심(開帳穿心)이 잘 이루어지며 맥을 중심으로 유지하면서 전호조응(纏護朝應) 되어 서는 용이다. 용이 오고가는 과룡에는 혈을 맺지 못하고 항상 멈추는 용이 결혈된다. 용의 분벽(分劈)이란 용이 나누어지는 것을 말하는데 이곳에 지맥이 생기며 횡룡(橫龍)이 자리를 잡는다. 빈주(賓主)는 용을 보호하는 용신인데 보호함이 없으면 흉하다. 빈(賓)은 혈을 이루기 위한 행룡(行龍)을 조응하는 것이고 주(主)는 행룡(行龍)이 결혈하여 정혈되는 것을 말한다. 용의 노종(奴從)이란 행룡(行龍)하는 주룡(主龍)을 전호(纏護) 조안 대응하는 것이다. 용의 뒤에는 혈이 없으니 용의 앞에 혈을 맺는다. 그러므로 행룡의 방향을 잘 살펴 용이 가는 뒤쪽을 잘못 보는 일이 없도록 주의해야 한다.

❖ **행산상**(行山象) : 코끼리가 천천히 걸어 다니는 형국. 혈은 양쪽 어금니의 중간에 있으며, 안산은 풀더미이고 이 형국의 형상은 코끼리의 등이 약간 우묵하게 들어갔다.

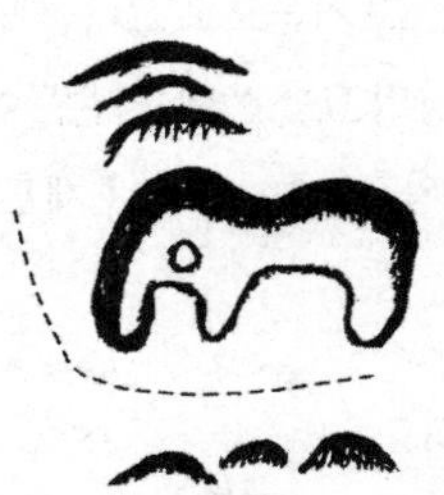

❖ **행업장**(行業章)

① 공업기술자는 간인국(艮寅局)에서 난다. 갑묘(甲卯) 간인(艮寅)에는 목공, 계축(癸丑) 간인(艮寅)에서는 철공이다.

② 상업은 실조(失祖)의 용 아래에서 난다. 신태룡(辛兌龍)이 경유(庚酉)로 변한 경우이거나 자계룡(子癸龍)이 임자(壬子)로 변한 아래에 묘를 쓰는 경우.

③ 관리는 축간룡(丑艮龍) 건해국(乾亥局), 곤미(坤未)룡 손사국(巽巳局)에서 난다.

④ 나졸(하급관리)은 해임국(亥壬局) 신경국(申庚局)에 생각(生角) 왕각(旺角) 아래에서 난다.

⑤ 연예인(탤런트 등)은 해임(亥壬) 인갑(寅甲) 아래에서 난다. 병룡(病龍)도 천덕, 월덕이 상통하면 연예인으로 출세한다.

⑥ 무당은 신유(辛酉) 판국(局)에서 난다. 이 경우는 음란으로 재산을 탕진하기도 한다.

⑦ 살인자는 4정맥이 없이 4태나 4장국과 연결되거나 4금방(四金方)에 도검사(刀劍砂) 있는 경우, 자오묘유(子午卯酉) 없이 진술축미국(辰戌丑未局)에 4태만 있는 용을 말한다.

⑧ 건해룡(乾亥龍) 신술국(辛戌局)이 정미(丁未) 수(輪; 넘어지는 것, 떨어지는 것)나 손사룡(巽巳龍)이 을진국(乙辰局)에 계축 수(輪)면 선상패가(船商敗家)한다. 수(輪)는 뒤로 넘어간다는 뜻으로 부두법에서 나온 법이다.

❖ **행우룡**(行雨龍) : 용이 비를 맞으면서 천천히 움직이는 형국. 혈은 입에 깃들이고, 안산은 무지개나 구름이다.

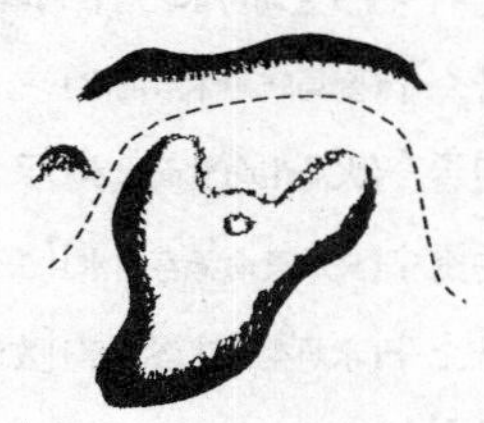

❖ **행운이 들어오는 길일**(吉日)**을 택하라** : 전통적인 풍수학에서는 길일(吉日) 길시(吉時)를 택해서 이사나 공사를 해야 한다는 규정이 있다. 생각난 날이 길일이라는 말도 있기는 하지만 풍수에는 해당되지 않는 말이다. 여러분도 좋은 날을 택해서 많은 복을 불러들이기 바란다.

❖ **행지**(行止) : 용이 달려가는 것을 행(行), 마지막에 멈추는 것을 지(止)라고 한다. 달려가는 용에는 혈이 맺히지 않는다. 혈은 오로지 용이 멈추는 곳을 먼저 알아야 한다. 용은 산줄기니, 산줄기가 끝나는 곳이 바로 용이 멈추는 곳이다. 용이 멈추면 주변의 물이 그 앞으로 모여들고 사방의 산들이 용을 반갑게 맞이하듯 바짝 다가선다. 여러 산과 물이 모여드는 곳에서 용이 긴 여정을 마치고 혈을 맺어 놓는다.

❖ **행지오공**(行地蜈蚣) : 지네가 논과 밭으로 내려온 형국. 마디마디가 깨끗하고 파헤쳐지거나 찢겨진 곳이 없어야 좋다. 혈은 지네의 입 한가운데에 있고, 안산은 벌레들이다.

❖ **행주형국**(行舟形局) : 삼로안(三櫓案 - 망보는 수레) 대강안 등이 있다. 산이 에워싸 있다. 합천해인사가 행주 형국이고, 칠곡군 지면 웃갓마을 이수성 전총리 생가터 마을이 행주 형국이다.

❖ **행주형 지세** : 행주형(行舟形)은 강물을 따라 형성되는 명당의 대표적인 형태다. 행주형 지세는 강가에 물이 굽이쳐서 그 지역이 마치 배의 형태 또는 반달과 같은 형태의 지역을 말한다. 행주형은 흘러내려 가는 강물을 마주보고 퍼올리는 숟가락 또는 배 형태를 이루고 있다. 숟가락은 직선으로 긴 손잡이 부분과 볼록하게 패어 있는 부분으로 이루어져 있는데, 움푹하게 패어 음식물이 고이는 부분이 바로 명당에 해당한다. 배의 형태로 보면, 상부에 가까운 부분이 명당이 되며 하부는 명당이 되어 있다. 이 휘어 나가는 부분이 수구가 된다.

❖ **햇볕 잘 든다고 만사형통의 집 아니다** : 햇볕을 잘 받는 집은 의사가 필요 없다는 말이 있다. 사람이 건강하고 쾌적한 주거생활을 하기 위한 첫째 조건이 양지바른 집이다. 그런데 이 양지바른 집을 흔히 태양의 직사광선이 잘 들어오는 집으로 해석하는 사람들이 있다. 그러나 이런 집은 생각과는 달리 병자가 자주 생기거나 급사하는 사람 또 사업이 부진하고 파산할 염려가 많다고 본다. 양지바른 집의 참뜻은 집 주위의 땅이 햇볕을 많이 받아 적당히 건조하고 일광에 의해서 살균이 되는 양(陽)의 기를 가진 공기가 들어오는 집을 말한다. 늘 축축한 습기를 머금고 있는 집 주위의 땅에서는 음기가 생기게 마련이고 이런 음기가 집 안으로 들어오면 그 집에 사는 사람들의 운기를 빼앗아 좋지 않은 영향을 주는 것은 상상하기 어렵지 않다. 그래서 정원의 큰 나무나 직사광선이 들어오는 커다란 창문도 너무 크면 흉상으로 본다. 우리의 주택을 광택이라고 하지 않고 양택이라고 부르는 이유도 여기에 있다. 빛보다는 볕이 중요한 것이다. 물론 빛과 볕은 어느 의미로는 구별이 잘 안 되지만 너무 밝은 집은 편안히 쉬기에는 불편한 공간이다. 즉 활동하기에는 좋지만 활동을 위해 힘을 저축하고 생기를 돋우기 위해 휴식을 하기에는 알맞지 않다. 햇빛은 창문이 아무리 작다 해도 비스듬한 각도에서 직진해 들어온다. 서향집이 좋지 않다는 이유도 여기에 있다. 그런데 창

이 크고 광선이 직접 실내로 들어오면 빛이 비치는 부분과 비치지 않는 부분 사이에 명암이 생겨 실내온도에도 차이가 생기게 마련이다. 이 차이에 의해 공기가 이동하여 보이지 않는 소용돌이가 방 안에서 생긴다. 이렇게 실내 공기가 변하는 것은 휴식하는 사람에게 악영향을 주는 것은 말할 것도 없다. 사람이 잠을 자는 동안에도 몸 안에서는 미약하나마 모든 기관이 활동하고 있는데 이 기혈의 운행은 공기상태에 따라 크게 좌우된다. 기혈의 운행에는 조용한 균형이 유지되는 것이 이상적이다. 찬 돌을 베고 자다가 입이 돌아갔다는 말도 있듯이 실내가 온화하지 못하면 기혈의 운행에 장애를 가져오고 건강을 해치게 된다. 또 정신면에서도 동요를 가져와 침착성을 잃어 냉정한 판단력을 마비시키는 결과를 가져오기도 한다.

❖ **향**(逈) : 멀리 있는 모양.

❖ **향**(嚮) : 울려 퍼지다.

❖ **향**(向) : 건물 및 묘의 정면(正面)으로 앞을 바라보는 곳이 향이다. 좌(坐)의 반대. 옛사람이 향을 말한 사법(砂法)이 미묘한 바 원정(圓淨)하여 향을 맞이함은 길조요 추악한 것으로 향을 하면 흉함으로 달려가는 징조라 했다. 향의 산은 묘를 향해 반가운 손님을 맞이하듯 안아 주어야 한다.

❖ **향결**(向訣) : 선천 운에는 나라로는 군왕이 신민(臣民)을 다스렸고, 지리로는 묘를 높은 산과 높은 언덕 혹은 봉만(峰巒) 위에 섰으니, 선천운에는 권위를 주장하는 시대로 좌혈(坐穴)을 표준해서 용(龍), 입수(入首), 좌혈(坐穴), 사격(砂格), 득수(得水), 파구(破口)를 보았으며, 문왕 이후 지리운에는 진술축미(辰戌丑未)의 사고장(四庫葬)으로 파구(破口)를 정하여 향을 위주로 용(龍), 입수(入首), 좌혈(坐穴), 사격(砂格)과 득파(得破)와 안대(案對)를 보는 것이니, 이것이 즉 향결(向訣)의 쌍산오행(雙山五行) 방식이다. 지리에는 예로부터 용과 혈은 논하여 왔고 후현들이 사(砂)와 수(水)를 첨가하였는데, 이에 대하여 여러 문서가 거의 분명치 못하나, 이 향결(向訣)은 사람들이 표준으로 삼아 사용해 왔다. 즉, 사룡(死龍)을 버리고 생룡(生龍)을 취하며, 가혈(假穴)을 버리고 진혈(眞穴)을 취하며, 흉사(凶砂)를 버리고 길사(吉砂)를 택하며, 악수(惡水)를 버리고 호수(好水)를 택하는 방법이다. 이는 모두 향에 달렸는데, 용으로 말하면 향에 생왕사절(生旺死絶)이 붙고, 혈로는 향에 그 유기(有氣)와 무기(無氣)를 알며, 사(砂)에는 향으로 그 득위와 부득위를 짐작하고, 수(水)는 향(向)으로 그 살인황천(殺人黃泉)과 구빈법(救貧法)을 알게 되니 이 네 가지는 모두 향이 정해지면 향을 기준하여 알게 된다. 대지는 어느 곳이든지 다 생방(生方)이고 향이 좋다. 이는 사고(四庫)를 네 가지로 나누어서 국(局)과 용(龍)을 정하여 포태법(胞胎法)으로 길흉을 판단하되 수구(水口)가 잘못되면 재산을 실패하거나 절사(絶嗣)라 하였다.

- 화국병생룡(火局丙生龍)에 수구(水口)를 배합해서 입향(立向)하는 법
- 수국임룡(水局壬龍)에 용수(龍水)를 배합(配合)하는 입향법(立向法)
- 금국용수배합위향론(金局用水配合位向論)
- 금국왕향목욕소수(金局旺向沐浴消水)
- 화국생향당면출수(火局生向堂面出水)[艮艮水水]
- 화국쇠향녹존소수(火局衰向祿存消水)[壬子水口]
- 수국생향목욕소수(水局生向沐浴消水)[左水倒右·巳丙水口]
- 금국태향태방출수(金局胎向胎方出水)[右水倒左·寅甲水口] 등이 있다.

❖ **향결병언**(向訣竝言) : 용의 첫째 근본으로 향에서 생왕사절(生旺死絶)을 찾고, 혈의 첫째 근본으로 향에서 유기무기(有氣無氣)함을 찾고, 사(砂)의 첫째 근본으로 향에서 득위(得位)와 부득위(不得位)를 찾고, 수(水)의 첫째 근본으로 능히 그 살인황천(殺人黃泉)과 구빈황천(救貧黃泉)을 찾는 것이다.

❖ **향과 좌를 정하는 방법**

① 천연적으로 용혈사수(龍穴砂水)가 합법으로 어우러져 명당이 이루어지고 합리적으로 국세와 입향(立向)이 섭리한대로 사람이 찾아 향을 세우는 방법 즉, 천장지비(天藏地秘)된 명혈대지(明穴大地)를 자연히 섭리한대로 지사(地師)가 혈을 찾고 향을 세움을 말하는 것이다.

② 입수룡(入首龍)이 생왕(生旺)을 얻고 향이 생왕(生旺)을 얻어 생룡(生龍)에 생향(生向), 왕룡(旺龍)에 왕향(旺向)으로 순리

배합되도록 입향(立向)을 하는 방법 즉, 이 향법은 입수의 생왕(生旺)이 좌(坐)와의 이어짐이 아니요 향의 생왕(生旺)과 순리배합하며 명혈대지를 이루는 것이다.

③ 향을 정하고 나서 12운성으로 용혈사수(龍穴砂水)의 생왕(生旺)을 취하고 사절(死絶)은 버려서 합법한 국세(局勢)와 생왕(生旺)한 사수(砂水)가 향을 더욱 아름답게 증거하는 방법 즉, 이 향법은 아름다운 용혈사수(龍穴砂水)의 조응배읍(照應拜揖)으로 향을 더욱 생왕(生旺)케 하는 향법.

④ 향을 정함에 있어 수려한 원정봉을 선택 맞이하여 향을 정하는 방법 즉, 아름다운 원정봉이나 나를 유익하게 하는 길사를 찾아 향을 세우면 흉조가 되는 향법을 말하는 것이니 향으로만 길흉을 삼고 타의 법에 구애받지 않는 법을 말한다.

⑤ 4대국 5행의 포태법(胞胎法)으로 파구에 의하여 좌(坐)와 향(向)을 정하고 생왕사절(生旺死絶)을 취사하는 방법 즉, 용수(龍水)의 만법은 4대국에 있다 하였으니 포태법의 생왕묘(生旺墓)의 3합을 얻어 좌(坐)와 향(向)을 정하는데 좌(坐)를 위주로 하는 방법과 향을 위주로 생왕(生旺)을 얻는 방법 중 선택하는 법을 말한다.

⑥ 정음정양법(淨陰淨陽法)으로 좌(坐)와 향을 정하는 방법 즉, 이기(理氣)에서 정음정양(淨陰淨陽)으로 좌향(坐向)을 정하는 방법은 양입수(陽入首)는 양좌양향(陽坐陽向)을 하고 음입수(陰入首)는 음좌음향(陰坐陰向)을 하는 방법으로 이기(理氣)의 정음정양(淨陰淨陽)의 좌향(坐向)법을 참고하기 바란다.

⑦ 용천8혈(龍天八穴 : 坐와 망인의 생년이 연운으로 龍天地人穴에 맞으면 길이 되고 敗絶鬼穴에 맞으면 불길로 되는 법이다.) 5산년운(五山年運)은 목화토금수(木火土金水) 5산에 각각 속하여 있는 산좌(山坐)는 홍범오행(洪範五行)으로 이루어져 있으며 그 산운(山運)은 행사년에 의하여 달라지는 바 그 달라진 산운(山運)의 오행이 행사년의 납음5행의 생을 받으면 길이요 극을 받으면 불길이 되는 법이다. 이외에도 유사한 법이 많이 있으나 이 많은 법이 다 필요한 것이 아니다. 또 이 모든 법은 택일법이냐 택좌법이냐 할 때 두 가지 다라고 대답할 수 밖에 없을 것 같다. 왜냐하면 혈길장흉(穴吉葬凶)이면 여엽시동(輿葉屍同)이라 했으니 택일과 택좌는 따로 할 수 없는 이치이기 때문이다. 즉 좌(坐)를 정하자면 행사하는 연월일시와의 운이 맞아야 유골이 혈의 생기를 받아 유골은 안식을 누리고 자손은 음덕을 받는 것이니, 좌(坐)를 정하고 행사년과 운을 보아 운이 맞지 않을 경우 좌(坐)를 고수하자면 행사년을 변경해야 할 것이요, 행사년이 불가피했을 경우 좌(坐)가 변경되는 수밖에 없는 것이 이 모든 법의 활용이다. 물론 용천8혈(龍天八穴)과 같이 좌(坐)와 망명에 생년태세와의 연운(年運)으로 좌(坐)를 택하는 방법도 있다. 그러나 이 법은 구묘와 망명태세가 몇 년에서 수십년수백년이 될 수도 있으니 망명의 생년태세를 알 수 있음은 그리 쉬운 일이 아니며 확실성도 부족할 것이니 합당한 방법으로 볼 수만은 없을 것이다.

❖ **향교**(香橋) : 종묘대제(宗廟大祭)를 거행할 때에 향축을 진배하기 위하여 특별히 가설한 다리. 성묘의 향교는 황성문의 예에 준한다.

❖ **향기 나는 꽃은 인간을 매료시키는 힘이 있다** : 하얀 백자 항아리에 꽃잎을 담아놓고 그 향을 즐기면 이 도자기가 역시 인간 유대 관계를 좋게 하는 작용을 한다. 향기는 풍수상으로 기(氣)를 안정시켜 기운(氣運)을 향상 시킨다고 한다. 그러나 반드시 백자 항아리 밑에는 소금을 펴고 그 위에 항아리를 놓도록 한다. 이 때문에 향이 좋은 기(氣)로 바뀌게 된다. 이 항아리는 동남 방위에 놓고 꽃이며 밝은 조명과 함께 두면 더욱 좋다.

❖ **향도**(香徒) : 상여를 메는 사람, 상여꾼.

❖ **향로**(香爐) : 산이 둥글고 돌출 된 모양. 앞면과 뒷면. 바라보는 곳과 반대의 곳.

❖ **향배**(向配) : 향(向)하고 등진 것을 살펴 혈을 정한다. 향(向)하고 등진 것[背]이란 산천의 유정무정(有情無情)이다. 대개 지리의 의(義)는 인사(人事)와 비슷한 것으로 나에게 향(向)하는 자는 서로 유정(有情)하게 사귀는 뜻이 있고, 나를 등지는 자는 반드시 싫어하고 버리어 무정(無情)하게 돌아보지 않는 것과 같이 혈도 마찬가지다. 혈을 살피는 법은 주객이 유정(有情)하게 되는 상태이고, 용호(龍虎)가 포위(抱圍)하여 다른 곳을 돌아다 보지 않

으며 수성(水城)이 몸을 안고 빗겨 달아나지 않으면 당기(堂氣)가 융결된다. 비록 산과 물과 용호(龍虎), 명당(明堂), 안산(案山)을 같이 한 것이 다만 지척 사이라 할지라도 위의 모든 것이 혹 높고 얕고 혹 왼쪽으로 치우치고 오른쪽으로 기울어지게 되는 부분은 정혈(正穴)이 아니다.

❖ **향배서리**(香陪書吏) : 향과 제문(祭文)을 받들고 헌관(獻官)에 수행하는 서리.

❖ **향배정혈법**(向背定穴法) : 주변 산수(山水)의 생김새를 보고 혈을 찾는 법. 진혈을 호위하는 산과 물들은 다정한 모습으로 진혈을 바라본다. 이것이 향(向)이다. 그런데 진혈이 아닌 곳을 둘러싼 산과 물은 생김새가 다정하지 않다. 옆으로 기울거나 비뚜름히 돌아앉거나 등을 돌려 달아난 모습이다. 이것이 배(背)다. 진혈의 주산(主山)은 어머니가 아기를 품어 안듯이 따뜻한 모습으로 혈처를 내려다본다. 혈처는 주산(主山)에 아늑히 기대어 있다. 진혈의 청룡·백호는 아기를 안고 있는 어머니의 팔과 같다. 산줄기가 혈처 쪽으로 다정하게 굽어져 혈처를 감싸 준다. 청룡·백호가 앞으로 곧게 뻗었거나 옆으로 달아나는 형상이면 진혈(眞穴)이 아니다. 진혈의 조산(朝山)과 안산(案山)은 손님이 주인을 대하듯 단정하고 온화하게 서 있다. 너무 높아 혈처를 억누르지도 않고, 너무 낮아 허전하게 보이지도 않는다. 약간 고개를 숙인 것처럼 주산(主山)보다 낮으며 은은하게 혈처를 호위한다. 안산(案山)·조산(朝山)의 생김새가 비뚜름하거나, 너무 높거나, 너무 낮으면 진혈이 아니다. 향배라 하는 것은 향하고(向), 다시 말하면 친하고(有情) 배반한(背) 것을 말하는 것으로 달리 말하면 산천(山川)의 유정 무정을 말하는 것이며, 옛사람이 말하기를, 지리와 인사(人事)는 비슷하여 나에게 향하는 사람은 유정하여 사귈 뜻이 있는 사람이고 나를 등지를 사람은 나를 싫어하여 무정하게 돌아가듯 산천도 마찬가지이다. 청룡·백호가 감싸주고 수성(水城)이 포옹하여 비켜 달아나지 않으면 당기가 뭉쳐 있게 마련이니, 이는 다 산수(山水)의 정이 서로 혈을 향하여 사귀는 뜻이 있다 하는 것이다.

❖ **향법**(向法) : 약 2110년 전 한대(漢代)에 풍수서(風水書)의 원조, 청오경(靑烏經)의 향정음양(向定陰陽)에서 "향은 음양을 가려서 어그러짐 없이 끊는 것처럼 정해야 한다. 만약 털끝만큼이라도 차이가 나면 천리가 어그러지게 된다."라고 하여 향의 중요성을 강조하였다. 그후 풍수지리 이기의 원전인 청낭경(靑囊經)에서도 향정음양의 원리를 찾아 볼 수 있고, 당대에 양균송(楊筠松) 선생이 향법을 만들어 사용하여 많은 백성들을 가난에서 구해주었다고 하여 양구빈 선생으로 불렸다고 한다. 향법은 용(龍)·혈(穴)·사(砂)·수(水)의 종합적 묘법으로써 용의 근본인 생왕사절(生旺死絶)과 사(砂)의 근본인 득위(得位) 부득위(不得位)와 무의 근본인 구빈황천(救貧黃泉)과 살인황천(殺人黃泉)을 향법에서 찾으라고 하였다.

❖ **향법에서 지켜야 할 규칙**

① **포태법에 의해 운용한다** : 나경편에서는 포태법을 4대국으로 나누어서 금국(金局)·목국(木局)·화국(火局)·수국(水局)의 각각 90도 방위 어디로든 물이 나가면 파구를 하나로 잡아서 양포태는 순행으로 돌리고 음포태는 역행으로 돌려서 길흉을 판단했는데, 여기서는 하나의 국(局)에서 묘파구(墓破口), 절파구(絶破口), 태파구(胎破口)로 나누어서 보는 것이 다를 뿐이다.

② **천반봉침으로 방위를 측정하기 때문에 순행한다** : 용은 을신정계(乙辛丁癸), 수(水)는 갑경병임(甲庚丙壬)이란 표현을 포태법의 4대국에 목국의 금양수갑계지령(金羊收甲癸之靈), 화국의 을병교이추술(乙丙交而趨戌), 금국의 두우납정경지기(斗牛納丁庚之氣), 수국의 신임회이취진(辛壬會而聚辰)으로 하고 있는데, 향법도 이 네 가지 법칙의 범주 안에 있는 것이다.

③ **향법의 원리는 용과 물(水)이 배합하는 것이다** : 물(양포태)의 왕(旺)은 용(음포태)의 생(生)이 되고 용의 왕(旺)은 물(水)의 생(生)이다.

④ **입향(入向)하는 데 있어 물의 내거(來去)·좌선(左旋)·우선(右旋)을 관찰하는 것이 중요하다** : 의수입향(依水立向)이라 하더라도 모든 물이 다 해당되는 것은 물론 아니고, 혈에서 제일 가까운 내당으로 거쳐가는 물을 위주로 한다. 그리고 물의 좌선(左旋) 또는 우선(右旋)에 따라 화복은 천양지차로 다르므로 좌우에서 물이 동시에 흘러와 당전에서 합수될 때는

파구의 모양이나 물의 양 등을 고려하여 합당하고 정확하게 결정해야 한다.

⑤ 진신수법(進神水法)에 합법이 제일이다.

㉠ **정국향**(正局向) : 정생향(正生向)·자생향(自生向)·정왕향(正旺向)·자왕향(自旺向)·정양향(正養向)·정묘향(正墓向)의 6가지로써 각 향에 천간 1향, 지지 1향, 1국에 12향씩 4대국이니 48향은 양구빈의 진신수법(進神水法) 정국향(正局向)이다. 파구에서 물이 출수할 때도 천간자(天干字) 방위로 물이 나가는 것이 원칙이지만 정국향은 최고 좋은 향이기 때문에 지지자를 범하는 등 사용함에 있어 약간의 오류가 있어도 무방하며 팔발부귀왕정(八發富貴旺丁)한다.

㉡ **변국향**(變局向) : 절향절파(絶向絶破), 태향태파(胎向胎破), 목욕소수(沐浴消水), 문고소수(文庫消水), 쇠향(衰向)의 5가지 향으로써 쌍산동궁(雙山同宮) 각 2향이니까 일국에 10향씩 4대국이니 40향은 양공구빈(陽公救貧)의 진신수법 변국향이다. 변국향은 입향(立向)을 함에 있어 합국이면 발복하지만 출수할 때 지지자를 범하던가 하는 약간의 오차가 있어도 그 피해가 대단하니 사용함에 있어서 신중해야 한다.

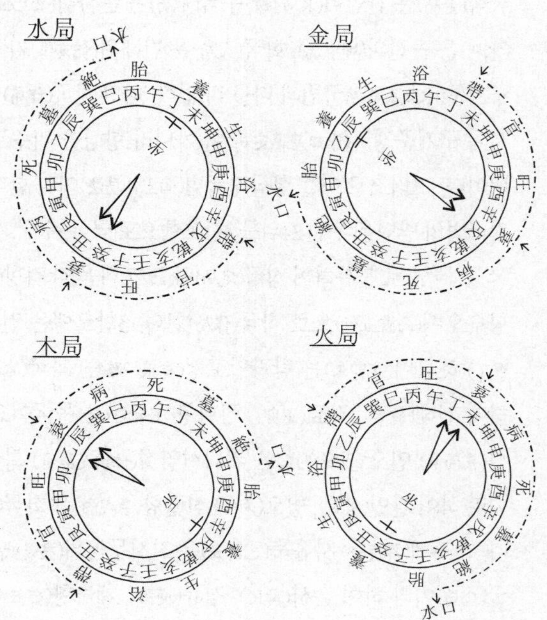

⑥ **쇠향**(衰向) : 갑경병임(甲庚丙壬) 파구(破口) 좌선수(左旋水)로 쇠향(衰向), 대득수(帶得水), 쇠득수(衰得水)를 말한다. 특히 쇠향(衰向)은 좌공조만(坐空朝滿)의 평양지에서 사용하는 향법으로 물이 앞쪽에서 들어와서 혈 뒤로 나간다. 역시, 천간자수파에 향법에 합국이면 부귀하지만 용혈이 부실하면 입향에 조금만 흠이 있어도 패절하니 신중해야 한다. 건물 및 묘의 향(向)을 놓는 법으로 좌(坐)를 정하면 자연 향(向)이 정해지고, 또 향을 정하면 자연 좌(坐)가 정해지므로 여러 가지 좌법 및 향법을 맞추어야 올바른 좌향을 정하여야 한다.

❖ **향살**(向殺) : 묘를 쓰거나 건물을 짓는 데 있어 이에 해당되는 방위에 향(向)을 놓지 아니한다. 향살방은 아래와 같다.

申子辰年 : 壬癸方　　巳酉丑年 : 庚辛方

寅午戌年 : 丙丁方　　亥卯未年 : 甲乙方

가령 태세가 신자진년(申子辰年)이면 임계방(壬癸方)이 향살이니, 이 방위에 건물 및 묘의 향을 놓지 못한다.

❖ **향상법**(向上法) : 이 법은 변용의 방법으로 좌(坐) 대신 향(向)을 주산(主山)으로 하여 향, 득파의 12운성을 보는 것이다. 괘기입향도 불가능하고 육팔율려법으로도 입향이 불가능할 경우에 한하여 불가피하게 쓰는 최하등의 방법. 속칭 법장지(法葬地 : 혈이 아닌 곳)에서 피살(避殺)만을 고려한 입향법이고 음양과 좌 우선은 구별하지 않고 양포태만 쓴다.

❖ **향상수법**(向上水法) : 향상(向上)이란 생향(生向), 왕향(旺向), 쇠향(衰向)의 3향을 일컫는 말인데 물은 천상에서 와서 천상으로 가는 것이기 때문에 모든 수법은 향상(向上)을 기준으로 되어 있다. 수법은 첫째 포태법에 맞아야 하고, 다음으로 음양에 맞으며, 셋째로 3향수법(三向水法)에 맞으면 더 바랄 것이 없으며, 득수(得水)도 함께 길해야 하며, 득수(得水)는 음양과 보성수법(輔星水法)이 좋으며, 3길6수수(三吉六秀水)도 많이 사용되고 있다. 선천국(先天局)=선천수법(先天水法)은 좌수(左水)가 오른쪽으로 이를 경우는 인신사해(寅申巳亥)에서 절(絶)을 기하고 우수(右水)가 왼쪽으로 이를 경우는 자오묘유(子午卯酉)에서 절(絶)을 기하여 생향(生向)이 되는 경우인데 이때 물은 반드시 욕방(浴方)으로만 흘러가야 하며, 만약 지나치면 대관왕방(帶官旺方)

ㅎ

이 되어 불합이다. 이는 선천(先天)으로 절처(絶處)가 후천(後天)의 생지(生地)가 된다는 논리에서 사용되는 법이다. 둘째로 후천국은 좌수(左水)가 오른쪽으로 이를 때는 인신사해(寅申巳亥)에서 생(生)을 기하고 우수(右水)가 오른쪽으로 이를 때는 자오묘유(子午卯酉)에서 생(生)을 기하여 왕향(旺向)이나 쇠향(衰向)이 될 경우 합법하는데, 이때 물은 쇠방(衰方)이나 묘고방(墓庫方)으로 흘러가야 한다. 이 수법은 물이 발원하는 곳은 장생방(長生方)이며 모이는 곳은 왕방(旺方)이며 흘러가는 곳은 묘고방(墓庫方)이어야 한다는 논법이다. 혹인은 쇠향(衰向)의 경우에 병수구(病水口)도 쓰는데 차고(借庫)인 쇠방(衰方)을 넘어서면 묘고(墓庫)로 흘러가야 함이 원칙이다.

❖ **향상오행**(向上五行) : 향(向)으로 장생법(長生法)을 붙이는 것인데, 4대국법(四大局法)으로 사절(死絶)이 되는 향(向)을 생왕(生旺)이 되게 하는데 이 법의 묘가 있다. 즉 4대수국(四大水局)에 의해 절(絶)이 되는 향은 이 법으로 자생향(自生向)이요, 사(死)가 되는 향은 이 법으로 자왕향(自旺向)이 되므로 이를 절처봉생향(絶處逢生向) 또는 사처봉왕향(死處逢旺向)이라 한다. 따라서 자생향(自生向)은 향상의 왕수(旺水)가 양방(養方)으로 나가면 이를 양파(養破)라 하지 않고, 사대국법의 고방(庫方)이 되므로 이를 차고소수(借車消水)라 하는 양구빈(楊救貧)의 진신수법(進神水法)이며, 자왕향(自旺向)은 향상의 생방수가 쇠방(衰方)으로 나가면 이를 쇠파(衰破)라 하지 않고 사대국의 묘고방(墓庫方)이 되므로 이 역시 차고소수(借庫消水)의 양구빈의 진신수법이라 하여 귀격이 된다.

❖ **향상(向上)으로 녹방위(祿方位)에 귀봉(貴峯)이 솟으면 부귀(富貴)한다**

- 향상으로 녹방위에 귀봉이 솟으면 부귀왕정하는 사다.
  ① **정록**(正祿) : 임(壬)의 녹은 해(亥)에 있고, 계(癸)의 녹은 자(子)에 있다. 병(丙)의 녹은 사(巳)에 있고, 정(丁)의 녹은 오(午)에 있다. 경(庚)의 녹은 갑(甲)에 있고, 신(辛)의 녹은 유(酉)에 있다. 갑(甲)의 녹은 인(寅)에 있고, 을(乙)의 녹은 묘(卯)에 있다.
  ② **차록**(借祿) : 갑(甲)의 차록(借祿)은 간(艮)에 있고, 경(庚)의 차록은 곤(坤)에 있다. 병(丙)의 차록은 손(巽)에 있고, 임(壬)의 차록은 건(乾)에 있다.
- **마사**(馬砂) : 좌향 또는 용으로 본다.
  ① **팔괘 방위의 마사**(馬砂) : 건(乾)방위의 마는 어사마(御使馬), 이(離)방위의 마는 연지마(烟指馬), 곤(坤)방위의 마는 재상마(宰相馬), 손(巽)방위의 마는 무안마(憮按馬), 진(震)방위의 마는 청총마(靑驄馬), 간(艮)방위의 마는 장원마(壯元馬), 태(兌)방위의 마는 백마, 감(坎)방위의 마는 오치마(烏騅馬)다. 위의 8개 방위에 마형(馬形)의 사(砂)는 다 길로 보지만, 건(乾)방위와 이(離)방위의 마를 더욱 귀사(貴砂)로 친다.
  ② **녹마사**(綠馬砂) : 녹의 방위에 마형태(馬形態)의 사가 있으면 속발부귀(速發富貴)한다.
  ③ **역마사**(驛馬砂) : 삼합 또는 4대국과 12신살법으로봐서 역마살방위(驛馬殺方位)에 마형(馬形)의 산봉이 있으면 부귀가 속발하고, 마위에 귀인이 앉아 있으면 더욱 좋다.

❖ **향상작국**(向上作局) **4국법** : 향상작국(向上作局), 4국법(四局法) 역시 배합 12쌍산위(配合十二雙山位)를 금국(金局), 수국(水局), 목국(木局), 화국(火局) 등 4국으로 나누고, 기포점(起胞點) 또한 금국(金局)은 간인위(艮寅位), 수국(水局)은 손사위(巽巳位), 목국(木局)은 곤신위(坤申爲), 화국(火局)은 건해위(乾亥位)가 됨은 수구기준(水口基準) 4국법과 다를 바 없다. 다만 작국(作局)에 있어서 수구기준정국(水口基準定局)이 아니라 향상을 위주로 한 것뿐이다. 그러므로 이를 향상작국법(向上作局法)이라 한다. 향상작국법의 방법은 우선 24위를 3합오행으로 금국, 수국, 목국, 화국 등 4국으로 분류하여 정국(定局)하고 그 다음 각 좌향(坐向)을 향수오행(向首五行)으로 작국(作局)한다. 3합오행은 건갑정(乾甲丁) 해묘미(亥卯未)는 탐랑일로행(貪狼一路行) 목국(木局)이라 하여 건해(乾亥), 갑묘(甲卯), 정미향(丁未向)은 목국이요, 간병신(艮丙辛) 인오술(寅午戌)은 위위시염정(位位是廉貞) 화국(火局)이라 하여 간인(艮寅), 병오(丙午) 신술향(辛戌向)은 화국(火局)이다. 손경계(巽庚癸) 사유축(巳酉丑)은 진시무곡위(盡是武曲位) 금국(金局)이라 하여 손사(巽巳), 경유(庚酉), 계축향(癸丑向)은 금

국(金局)이요, 곤임을(坤壬乙) 신자진(申子辰)은 문곡종두출(文曲從頭出) 수국(水局)이라 하여 곤신(坤申), 임자(壬子), 을진향(乙辰向)은 수국이다. 그러므로 임좌병향(壬坐丙向)은 화국(火局)으로 건해위(乾亥位)에서 기포(起胞)하고, 묘좌유향(卯坐酉向)은 금국(金局)으로 간인위(艮寅位)에서 기포하며, 계좌정향(癸坐丁向)은 목국(木局)으로 곤신위(坤申位)에서 기포하고, 인좌신향(寅坐申向) 수국(水局)인 바 손사위(巽巳位)에서 기포한다. 본 향상 4국법(向上四局法)도 배합 12쌍산(配合十二雙山)에 12포태의 궁위(宮位)를 좌선분궁(左旋分宮)하는 방법과 그에 의한 길흉화복을 도출하는 방법에 있어서는 수구기준 4국법과 같다. 한편 내룡기준(來龍基準) 정오행(正五行)으로 목국(木局), 화국(火局), 금국(金局), 수국(水局)을 분국(分局)하고 좌선룡(左旋龍)은 양포태(陽胞胎)를 적용하여 인(寅), 신(申), 사(巳), 해위(亥位)에서 기포순행(起胞順行)하고, 우선룡(右旋龍)은 음포태(陰胞胎)를 적용하여 자(子), 오(午), 묘(卯), 유위(酉位)에서 기포역행(起胞逆行)으로 12궁(宮)을 부궁(附宮)하여 입수정향(入首定向)과 수수소납(收水消納)하는 정오행룡(正五行龍) 4국법(四局法)도 있다. 인(寅), 갑(甲), 묘(卯), 을(乙), 손룡(巽龍)은 동방목룡(東方木龍)에 속하는 바, 좌선룡은 갑목양룡(甲木陽龍)으로 신(申)에서 기포(起胞) 순행(順行)하고, 우선룡은 을음목룡(乙陰木龍)인 바 유(酉)에서 기포 역행한다. 신(申), 경(庚), 유(酉), 신(辛), 건룡(乾龍)은 유방금룡(西方金龍)에 속하는 바, 좌선룡은 양경금룡(陽庚金龍)으로 인(寅)에서 기포 순행하고, 우선룡은 음신금룡(陰辛金龍)인 바 묘(卯)에서 기포 역행한다. 해(亥), 임(壬), 자(子), 계룡(癸龍)은 북방수룡(北方水龍)에 속하는 바, 좌선룡은 양임수룡(陽壬水龍)으로 사(巳)에서 기포 순행하고, 우선룡은 음계수룡(陰癸水龍)인 바 오(午)에서 기포 역행한다. 곤(坤), 간(艮), 진(辰), 술(戌), 축(丑), 미룡(未龍)은 중앙토(中央土)에 속하는 바, 좌선룡은 무토양룡(戊土陽龍)으로 사(巳)에서 기포 순행하고, 우선룡은 기토음룡(己土陰龍)인 바 오(午)에서 기포 역행한다.

❖ **향수**(向首＝坐向) : 산형(山形)은 음래양수하고 양래음수하여야 한다. 용이 양이면 혈장은 음으로 지고 용이 음이면 혈장은 양으로 진다. 다시 혈장이 양이면 음을 찾고 혈장이 음이면 양이 당중(當中)이다. 예를 들면 와겸(窩鉗)에서는 미돌처(微突處)가 있고 유돌(乳突)에는 미저처(微低處)가 있다. 이곳이 태극운에 해당하는 곳인데 이 위치에 삼격이 있다. 혈성두(穴星頭)에서 직선으로 된 것[直落]과 측방에서 교차된 것[側受]과 회저한 후에 된 것[回結]이다. 다음에는 혈장이 양이면 조안(朝案)은 음이 되고, 혈장이 음이면 조안은 양이 되어야 한다. 이것이 산형의 음래양수, 양래음수의 빈주상대(賓主相對)를 말함이다. 나경상으로는 입수가 음이면 음향하며, 입수가 양이면 양향하여야 한다. 예컨대 자입수 신향(子入首 申向), 해입수 병향(亥入首 丙向)과 같다.

❖ **향(向)을 기준으로 국(局)을 정하라, 때는 삼합오행(三合五行)한다** : 향을 기준으로 사국(四局)을 정하는 것을 향상작국(向上作局)이라 한다. 이때 오행은 삼합오행(三合五行)이다. 해묘미(亥卯未)는 목국(木局)이므로 향이 건해(乾亥), 갑묘(甲卯), 정미(丁未)일 때는 향상목국(向上木局)이 된다. 인오술(寅午戌)은 화(火)이므로 간인(艮寅), 병오(丙午), 신술(辛戌)일 때는 향상화국(向上火局)이다. 사유축(巳酉丑)은 금(金)이므로 손사(巽巳), 경유(庚酉), 계축(癸丑)은 향상금국(向上金局)이 된다. 신자진(申子辰)은 수(水)이므로 곤신(坤申), 임자(壬子), 을진(乙辰) 향은 향상수국(向上水局)이다.

❖ **향을 정할 때 알아야 할 조건** : 나경의 외반(八線外盤針)으로 수구를 확인하고, 내반(四書線內盤正針)으로 용맥과 입수를 확인하고, 명당의 형국이 조화롭게 주밀한가를 확인하고, 귀(貴)는 어느 방에 있나 임관방(臨官方)에 아름다운 봉이 있나를 확인하고, 귀(貴)한 방위에 아름다운 산을 찾아 향을 정할 수 있다. 용상에서 전방을 살펴보아 귀인방(貴人方)에 쓰고자 하는 귀한 원정봉으로 향을 세우고, 만약 그렇지 못하면 회수귀고(廻水歸庫)하는 물을 보고 입향을 할 수 있다. 이는 임의 명당의 천연국세(天然局勢)가 향이 정해져 있으며 용혈사수(龍穴砂水)의 생왕(生旺)이 향에 합법하여 있음을 바르게 찾아 정혈입향을 해야 함이 먼저이고, 다음으로 4대국오행(四大局五行)으로 파구(破口)에 의하여 좌(坐)와 향(向)을 정하는 포태법으로 향(向)을 정함이 그 다음으로도 생각할 수 있으나, 지사의 국세판단(局勢判斷)으로 취사선택이 되어야 할 것이다. 인정의 왕성을 바라면 왕향(旺向)을

을 버리고 생왕(生旺)을 하고, 대부자가 되기를 원하면 생향(生向)을 버리고 왕향(旺向)을 하라는 말이다.

❖ **향이**(向異) : 판이하게 다름.

❖ **향이 중요하다 향은 정기(精氣)인 태양의 기(氣)를 많이 받아야 한다** : 향도 중요하다. 향은 바로 정기(精氣)인 태양의 기를 얼마나 받을 수 있느냐의 문제이다. 우리나라 지형 조건상 남향(南向)집이 좋은 것은 누구나 다 아는 사실이다. 여름에는 햇볕이 덜 들어오고 겨울에는 햇빛이 깊숙이 들어오기 때문이다.

❖ **향축**(香祝) : 제사에 쓰는 향과 축문(祝文).

❖ **향향발미**(向向發微) : 지리오결(地理五訣)과 지리직지원진(地理直指原眞)에서 논한 향법(向法)이며, 88향법(八十八向法)이다. 향마다 발달하고 또는 발복하지 못하는 미묘함을 나타낸다.

① 임좌병향 자좌오향에서 12수구 길흉판단법

- 좌수(左水)가 오른쪽으로 흘러 신술방(辛戌方)으로 나가니 정왕향(正旺向)을 하였다. 삼합연주(三合聯珠 : 生方, 旺方, 墓方의 물은 三合이다) 귀무가(貴無價 : 귀함을 값으로는 칠 수 없다는 말)라 하였으며 양공(楊公)의 구빈진신(救貧進神)으로 생래회왕(生來會旺 : 생방수가 왕방에서 모임)하였다. 옥대(玉帶)가 전요(纏腰)하는 금성수법(金星水法)이니 대부대귀하고 인정창성(人丁昌盛)하며 충효현량(忠孝賢良)하다. 남녀 모두 오래 살고 자식마다 발복하여 면원(綿遠)한다. 만약 왕방(旺方:병오)의 산이 비만하여 통실하고 왕방수(旺方水:병오)가 모여들면 큰 부자가 된다.
- 좌수(左水)가 오른쪽으로 흘러 정미방(丁未方)으로 나가니 자왕향(自旺向)이 된다. 쇠방으로는 물이 나가도 되고 들어와도 좋다 하였으므로 발부발귀하고 오래 살고 인정(人丁)이 왕(旺)한다.
- 우수(右水)가 왼쪽으로 흘러 갑자(甲字)로 나가면 목욕방소수(沐浴方消水)이다. '녹존류진패금어(祿存流盡佩金魚)'라 하며 부귀쌍전하고 인정흥왕(人丁興旺)한다. 인(寅)이나 묘(卯)자를 범하면 음란하고 패절하므로 함부로 사용하지 못한다.
- 물이 손사방(巽巳方)으로 흘러나가면 향상(向上)으로 임관(臨官)을 충파한다. 살인대황천을 범한 것이니 다 큰 아들이 상(喪)을 당하고 패절하며, 절름발이, 피부병, 혈압, 노질, 토혈 등의 증세가 있으며, 먼저 둘째 집이 상하고 나머지 집에도 파급된다.
- 물이 을진방(乙辰方)으로 흐르면 향상(向上)으로 관대방(冠帶方)을 충파한다. 어린 유년기의 총명한 아들이 상하고 재산이 패하며 오래되면 패절한다.
- 물이 계축방(癸丑方)으로 나가면 향상(向上)의 양위(養位)를 충파한다. 어린아이들이 상하고 재물을 패하고 후사가 끊어진다. 퇴신(退神)으로 목욕불립향(沐浴不立向)이다.
- 물이 임자(壬子)로 나가면 향상(向上)의 태신(胎神)을 충파한다. 낙태를 하며 사람을 상한다. 초년에는 인정과 재물에 차질이 생기다가 오래되면 패절한다. 이런 곳을 과궁수(過宮水:묘고를 지났음)라 하니 수(壽)를 한다면 재물은 없어진다.
- 물이 건해방(乾亥方)으로 나가면 과궁수(過宮水)라 한다. 이 수법은 초년에는 장정(壯丁)과 수(壽)를 하지만 재물은 없다. 물이 고(庫)로 돌아나가지 않기 때문이다.
- 물이 경유방(庚酉方)으로 나가면 묘고까지 가지 못한다. 살림살이를 패하고 후사가 끝난다. 초년에는 또한 조금 이로움을 보나 먼저 셋째가 상하고 장정은 있어도 재물이 없으며 재물이 있으면 장정이 없다. 공명(功名)하게 되면 피를 보고 요수한다. 향상(向上)의 사방(死方)으로 소수(消水)하기 때문에 복록과 수를 가지런히 가질 수 없다.
- 물이 곤신(坤申)의 병방(病方)으로 나가면 명이 짧고 과부가 된다. 남자가 수(壽)를 하지 못하니 반드시 과부가 집안에 득실거린다. 산업이 패하고 절사(絶嗣)하며 해소, 토담, 노질 등이 침범한다. 병사(病死)의 흉방을 범하였기 때문에 먼저 셋째가 패하고 다음으로 모두 망하게 된다.
- 물이 간인방(艮寅方)으로 나가면 왕방에서 생방으로 나간다. 비록 재물은 있으나 소아를 키우기 어렵다. 부하여도 자손이 없으므로 열에 아홉은 절사한다. 먼저 장방이 패절하고 다음으로 형제가 패절한다.

• 우수(右水)가 왼쪽으로 흐르고 향상(向上)의 병자(丙字)로 나가며 오자(午字)를 침범하지 말아야 한다. 오직 백보전란(百步轉欄)하여야 하며 수국(水局)의 태향태파(胎向胎破)에 합당하다. 출살(出殺)한다고 할 수 있으며 태위(胎位)를 충파한다고 하지 않는다. 대부대귀하며 인정이 흥왕하나 중간에 혹 수(壽)를 하지 못한 자가 생기므로 어린 과부가 가끔 난다. 만약 용진혈적(龍眞穴的)하지 못하고 장후에 패하지 아니하면 절사하니 가벼이 사용하지 못한다.

• 만약 이것이 12도와 반대로 좌수(左水)가 오른쪽으로 흘러 병오방(丙午方)으로 나가면 도리어 생래파왕(生來破旺)이 된다. 인정(人丁)이 있으나 재물이 없어지고 가난하여진다. 태향태방출수(胎向胎方出水)라고 자칫 그릇되기 쉬운 곳이다.

② 계좌정향 축좌미향의 12수구 길흉판단법

• 우수(右水)가 왼쪽으로 흘러 손사방(巽巳方)으로 나가니 정양향(正養向)이다. '귀인녹마상어가(貴人祿馬上御街)'라고 하며 인정(人丁)과 재물이 왕(旺)하고 공명현달하여 발복이 면원한다. 충효현량한 자손이 나고 남녀 모두 장수한다. 아들마다 발달하지만 셋째가 더욱 발달한다. 딸들도 모두 뛰어나며 지리의 향 중에서 제일 길한 향지이다.

• 좌수(左水)가 흘러 곤방(坤方)으로 나가니 목국(木局)의 묘향(墓向)이 된다. 정향을 하고 곤방으로 물이 나간다면 큰 부자가 된다. 발부발귀하고 인정(人丁)이 대왕하며 복수쌍전한다.

• 물이 병오방(丙午方)으로 나가니 향상(向上)의 녹위(祿位:丁祿은 午)를 충파하는 것으로 소황천(小黃泉)이 된다. 궁핍하고 요수하며 과부가 난다. 이 황천묘(黃泉墓)는 무수히 구묘를 보아도 간혹 수(壽)를 하는 사람이 있기도 하였지만 여러 형제가 많아도 결국은 핍사하고 곤궁하여 부자는 없다. 미자상(未字上)을 침범하고 쟁도(鎗刀)와 악석(惡石)이 있으면 횡포하여 투쟁을 좋아하는 자손이 난다.

• 물이 을진방(乙辰方)으로 나가니 퇴신(退神)을 범하였다. 초년은 인정(人丁)이 발하나 재물은 크게 흉하다.

• 물이 갑묘방(甲卯方)으로 나가니 초년은 간혹 인정이 발하나 오래 되면 수(壽)가 짧고 손(孫)이 끊어지고 재산을 패한다.

• 물이 간인방(艮寅方)으로 나가니 재물을 패하고 어린아이를 키우기 힘들고 남녀 요수하며 핍사한다. 먼저 장방(큰집, 큰아들)이 패하고 다음으로 동생들이 패한다.

• 물이 계축방(癸丑方)으로 나가니 퇴신(退神)을 범하였고 관대불립향(冠帶不立向)에 해당한다. 요망하며 패절한다.

• 물이 건해방(乾亥方)으로 나가니 인정(人丁)과 재물이 날로 쇠하여지고 심하면 절사하게 된다.

• 물이 신술방(辛戌方)으로 나가니 쇠불입향(衰不立向)에 해당하고 인정(人丁)과 재물이 불발한다.

• 물이 경유방(庚酉方)으로 나가니 정이 지나치며 구영(舊塋)들을 시험해 보면 간혹 초년 발부발귀하는 자가 있으나 또한 불발하는 자도 있으며 혹 수를 하는 자도 있고 혹은 단명하는 자도 있다. 길흉이 상반하며 오래 되면 불리하다. 인정(人丁)은 있으나 재물이 없다.

• 우수(右水)가 왼쪽으로 흘러 향(向)의 정자(丁字)로 나가면 절수(絶水)가 도충묘고(倒冲墓庫(絶方水가 墓庫로 나감))하는 것이다. '정경곤상시황천(丁庚坤上是黃泉)' (살인대황천)이 여기에 해당한다.

• 향(向)의 정방수(丁方水)가 조당(朝堂)으로 흘러 들어와서 오른쪽으로 돌아 혈 뒤의 임자(壬字) 천간(天干)으로 자자(子字)를 범하지 말고 나가면 '녹존류진패금어(祿存流盡佩金魚)' 라 하며 발부발귀 복수쌍전한다. 다만, 이 향(向)에 이 물은 평양지에서 발복하며 산지에서는 패절한다. 어찌하여 그런가 하면 평양지는 중요한 것이 좌공조만(坐空朝滿: 혈장 뒤로는 허하고 조안은 높은 것)하여 물이 임자(壬字)로 나가면 혈의 뒤는 반드시 저함하니 평양지에서는 혈장 뒤가 1자씩 낮아지면 자손들마다 글공부를 잘하여 길하다고 하였다. 앞향의 정방수(丁方水)가 들어오면 앞이 반드시 높을 것이니 평양지에서는 앞이 높아야 한다는 말에 해당하여 금은(金銀)이 쌓이고 쌀이 창고에 진진하다고 했다. 산지(山地)에서는 좌만조공(坐滿朝空 : 혈장

의 뒤로는 높고 조안은 낮음)이 중요하니 혈 뒤가 꺼져있는 상태를 가장 꺼린다. 만약 정방수(丁方水)가 들어와 임자(壬字)로 흘러나가면 반드시 앞이 높고 뒤가 낮을 것이니 용호가 풍취를 받으면 자손이 드물 것이다. 평양(平洋)은 발복하나 산지(山地)는 패절하게 된다.

- 좌수(左水)가 오른쪽으로 흘러서 정방(丁方)으로 나가며 미자(未字)를 범하지 말고 백보전란(百步轉欄)하면 대부대귀(大富大貴)한다. 그러나 세심히 살펴야 하며 함부로 사용치 못한다. 약간만 차이가 있어도 황천(黃泉)을 범하니 패절(敗絶)한다.

③ 간좌곤향 인좌신향의 12수구 길흉판단법

- 우수(右水)가 왼쪽으로 흘러 을진방(乙辰方)으로 나가면, 삼합이 회합하는 정생향(正生向)으로 왕방에서 생방으로 흘러옴이다. 금성수(金星水)가 옥대전요(玉帶纏腰: 둥그렇게 돌아흐름)하니, 14개의 진신(辰神)은 집안이 흥한다고 했다. 아내는 어질고 아들은 효도하며 오복이 집안에 가득하고 부귀가 쌍전한다.
- 우수(右水)가 왼쪽으로 흘러 정미방(丁未方)으로 나가면 차고소수 자생향(借庫消水 自生向)이며 양공(楊公)의 구빈진신수법(救貧進神水法)이다. 목국(木局)의 양위(養位)를 충파한다고 논하지 않으며 부귀하고 장수하며 인정(人丁)이 대왕한다. 차남이 먼저 발복한다.
- 좌수(左水)가 오른쪽으로 흘러 경방(庚方)으로 나가면 문고소수(文庫消水)가 된다. 양공(楊公)의 진신수법(進神水法)이며 '녹존류진패금어(祿存流盡佩金魚: 녹존방으로 물이 나가면 벼슬을 한다)' 라는 말이 곧 이것이다. 부귀하여 복수쌍전하지만 약간이라도 차질이 있으면 패절하니 가벼이 함부로 사용할 수 없으며 용진혈적(龍眞穴的)해야 무방하다.
- 물이 병오방(丙午方)으로 나가면 태신방(胎神方)을 충파하는 것이다. 초년에는 간혹 인정(人丁)과 재물이 왕하고 장수하기도 하지만 오래 되면 낙태하고 절사하며 가도(家道)가 곤궁하여 불리하다.
- 물이 손사방(巽巳方)으로 나가니 과궁수(過宮水)라 부르며 정(情)이 지나치다. 초년에는 인정(人丁)과 장수를 하나 나중에는 불발하며 곤궁하고 청렴하다.
- 물이 갑묘방(甲卯方)으로 나가니 교여불급(交如不及)이다. 장수하지 못하고 재물을 패하고 불발한다.
- 물이 간인방(艮寅方)으로 나가니 또한 교여불급수(交如不及水)이다. 병이 많고 패절하며 불발한다.
- 물이 계축방(癸丑方)으로 나가니 퇴신(退神)을 범하였다. 임관불립향(臨官不立向)이니 패하지 않으면 절손된다.
- 물이 임자방(壬子方)으로 나가면 생방(生方)에서 들어와 왕방(旺方)으로 나감이 된다. 집이 씻은 듯이 가난하다. 초년에는 인정(人丁)이 발하나 오래 되면 요수(夭壽)하며 불길해진다.
- 물이 신술방(辛戌方)으로 나가니 병불립향(病不立向)에 해당하고 퇴신수법(退神水法)이다. 향상(向上)으로 논하면 관대(冠帶)를 충파한다. 총명한 어린 아들이 상하게 되고 패절하며 불길하다.
- 물이 건해방(乾亥方)으로 나가면 향상(向上)의 임관방(臨官方)을 충파한다. 다 큰 아들을 상하게 하고 핍사, 요수, 패재한다. 피를 흘리고 노질로 대흉하다.
- 우수(右水)가 장대하여 왼쪽의 곤방(坤方)으로 나간다. 지지신자(地支申字)를 침범하지 말고 백보전란(百步轉欄)하면 대부대귀하고 인정(人丁)이 흥왕한다. 용혈(龍穴)이 조금이라도 차질이 있다면 패절하게 되니 가히 함부로 사용하지 못한다.
- 좌수(左水)가 오른쪽으로 당면인 곤방(坤方)으로 나간다. 묘절수(墓絶水)가 생방(生方)을 충하는 대살(大殺)을 범하였으니 패절한다. 신자(申字)로 나간다면 더욱 흉하다.

④ 갑좌경향 묘좌유향의 12수구 길흉판단법

- 좌수(左水)가 오른쪽으로 흘러 계축방(癸丑方)으로 나가니 정왕향(正旺向)을 하였다. 삼합연주귀무가(三合聯珠貴無價:生方, 旺方, 墓方의 물은 삼합으로 귀함을 값으로는 칠 수 없을 정도로 크다)라 하였으며, 양공(楊公)의 구빈진신(救貧進神)으로 생방수(生方水)가 왕방(旺方)에서 모였다. 옥

대(玉帶)가 전요(纏腰)하는 금성수법(金星水法)이니 대부대귀하고 인정(人丁)창성하며 충효현량하다. 남녀 모두 오래 살고 자식마다 발복하여 면원한다. 만약 왕방(旺方)의 산이 비만하여 통실하고 왕방수(旺方水)가 모여들면 큰 부자가 된다.

- 좌수(左水)가 오른쪽으로 흘러 신술방(辛戌方)으로 나가니 자왕향(自旺向)이 된다. '유유쇠방가거래(惟有衰方可去來)'에 합당하고 발부발귀하고 오래 살고 인정(人丁)이 왕한다.
- 우수(右水)가 왼쪽으로 흘러 병자(丙字)로 나가니 목욕방소수(沐浴方消水)이다. '녹존류진패금어(祿存流盡佩金魚)'라 하며 부귀쌍전하고 인정(人丁)흥왕한다. 오(午)나 사(巳)자를 범하면 음란하고 패절하니 함부로 사용하지 못한다.
- 물이 곤신방(坤申方)으로 흘러 나가니 향상(向上)으로 임관(臨官)을 충파한다. '살인대황천(殺人大黃泉)'을 범한 것이니 다 큰 아들이 상을 당하고 패절하며 절름발이, 피부병, 혈압, 노질, 토혈 등의 증세가 있으면, 먼저 둘째 집이 상하고 나머지 집에도 파급된다.
- 물이 정미방(丁未方)으로 흐르니 향상(向上)으로 관대방(冠帶方)을 충파한다. 어린 유년기의 총명한 아들이 상하게 되고, 아울러 규중의 부녀와 딸들이 상하고, 재산이 패하며 오래 되면 패절한다.
- 물이 을진방(乙辰方)으로 나가니 향상(向上)의 양위(養位)를 충파한다. 어린아이들이 상하고 재물을 패하고 후사가 끊어진다. 퇴신(退神)으로 목욕불립향(沐浴不立向)이다.
- 물이 갑묘(甲卯)로 나가니 향상(向上)의 태신(胎神)을 충파한다. 낙태를 하며 사람을 상한다. 초년에는 인정(人丁)과 재물에 차질이 생기다가 오래 되면 패절하며 이런 곳을 과궁수(過宮水)라 하니 수(壽)를 한다면 재물은 없어진다.
- 물이 간인방(艮寅方)으로 나가니 과궁수(過宮水)라 하니 정이 지나치다. 이 수법은 초년에는 장정(壯丁)과 수(壽)를 하지만 물이 고(庫)로 돌아나가지 않기 때문에 재물이 없다.
- 물이 임자방(壬子方)으로 나가니 교여불급(交如不及)이다. 살림살이를 패하고 후사가 끝나며, 초년에는 또한 조금 이로움을 보나 먼저 셋째가 상하고 장정(壯丁)은 있어도 재물이 없고 재물이 있으면 장정이 없다. 공명하게 되면 피를 보고 요수(夭壽)하니 향상(向上)의 사방(死方)으로 소수(消水)하기 때문에 복록과 수(壽)를 가지런히 가질 수 없다.
- 물이 건해(乾亥)의 병방(病方)으로 나가니 단명과숙수(短命寡宿水)이다. 남자가 수(壽)를 하지 못하니 반드시 과부가 집안에 득실거린다. 산업이 패하고 절사(絶嗣)하며 해소, 토담, 노질 등이 침범한다. 병사(病死)의 흉방(凶方)을 범하였기 때문에 먼저 셋째가 패하고 다음으로 모두 망하게 된다.
- 물이 손사방(巽巳方)으로 나가니 왕거충생(旺去冲生)이다. 비록 재물은 있으나 소아를 키우기 어렵다. 부(富)하여도 자손이 없으니 열에 아홉은 절사한다. 먼저 장방이 패절하고 다음으로 형제가 패절한다.
- 우수(右水)가 왼쪽으로 흐른다. 향상(向上)의 경자(庚字)로 나가며 유(酉)자를 침범하지 말아야 한다. 오직 백보전란(百步轉欄)하여야 하며 좌수(左水)가 세소(細小)하여 작아야 목국(木局)의 태향태파(胎向胎破)에 합당한다. 출살(出殺)한다고 할 수 있으며 태위(胎位)를 충파한다고 하지 않는다. 대부대귀하며 인정이 흥왕하나, 중간에 혹 수(壽)를 하지 못한 자가 생기므로 어린 과부가 가끔 난다. 만약 용진혈적(龍眞穴的)하지 못하다면 장후에 패하지 아니하면 절사하니 가벼이 사용하지 못한다.
- 좌수(左水)가 오른쪽으로 흘러 경방(庚方)으로 나가거나 당면으로 직거(直去)하면 도리어 생래파왕(生來破旺)이 된다. 이렇게 된 곳을 견동토우(牽動土牛)라 하며 태향태파(胎向胎破)라고 할 수 없다. 인정(人丁)이 있으나 재물이 없어 가난하다. 태향태방출수(胎向胎方出水)라고 자칫 그릇되기 쉬운 곳이다.

⑤ 을좌신향 진좌술향의 12수구 길흉판단법

- 우수(右水)가 왼쪽으로 흘러 곤신방(坤申方)으로 나가니 정양향(正養向)이다. '귀인녹마상어가(貴人祿馬上御街)'라고 하며 인정(人丁)과 재물이 왕하고 공명현달하여 발복

이 면원한다. 충효현량한 자손이 나고 남녀 모두 장수한다. 아들마다 발달하지만 셋째가 더욱 발달한다. 딸들도 모두 뛰어나다.

- 좌수(左水)가 흘러 건해방(乾亥方)으로 나가니 화국(火局)의 묘향(墓向)이 된다. 신향을 하고 건방으로 물이 나가면 큰 부자가 됨이란 바로 이 향(向)이다. 발부발귀하고 인정(人丁)이 대왕하며 복수 쌍전한다.
- 물이 경유방(庚酉方)으로 나가니 향상(向上)의 녹위(祿位:辛祿은 酉)를 충파하는 것으로 소황천(小黃泉)이 된다. 궁핍하고 요수하며 과부가 난다. 이 황천묘는 간혹 수(壽)를 하는 사람이 있기도 하지만 여러 형제가 많아도 결국은 핍사하고 곤궁하여 부자는 없게 된다. 술자상(戌字上)을 침범하고 쟁도(鎗刀)와 악석(惡石)이 있으면 횡포하여 투쟁을 좋아하는 자손이 난다.
- 물이 정미방(丁未方)으로 나가니 퇴신(退神)을 범하였다. 초년은 인정(人丁)이 발하나 재물은 대흉하다.
- 물이 병오방(丙午方)으로 나가니 초년은 간혹 인정(人丁)이 있게 되니 오래 되면 수(壽)가 짧고 손(孫)이 끊어지고 재산을 패한다.
- 물이 손사방(巽巳方)으로 나가니 재물을 패하고 어린아이를 키우기 힘들다. 남녀 요수(夭壽)하며 핍사(乏死)한다. 먼저 장방(長房)이 패하고 다음으로 동생들이 패한다.
- 물이 을진방(乙辰方)으로 나가니 퇴신(退神)을 범하였고 '관대불립향(冠帶不立向)'에 해당한다. 요망하며 패절한다.
- 물이 간인방(艮寅方)으로 나가니 인정(人丁)과 재물이 날로 쇠하여지고 심하면 절사하게 된다.
- 물이 계축방(癸丑方)으로 나가니 쇠불립향(衰不立向)에 해당하고 인정(人丁)과 재물이 불발한다.
- 물이 임자방(壬子方)으로 나가니 정이 지나치다. 구영(舊塋)들을 시험해 보면 간혹 초년 발부발귀하는 자가 있으나 또한 불발하는 자도 있으며 혹 수(壽)를 하는 자도 있고 혹은 단명하는 자도 있다. 길흉이 상반하며 오래되면 불리하다. 인정(人丁)은 있으나 재물이 없다.
- 좌수(左水)가 오른쪽으로 흘러 향(向)의 신자(辛字)로 정확히 나가고 술자(戌字)를 범하지 말고 백보전란(百步轉欄)하여 나가면 대부대귀한다. 그러나 조금의 차질이라도 있다면 패절하게 되니 가벼이 사용할 수 없다.
- 향(向)의 신방수(辛方水)가 조당(朝堂)으로 흘러 들어와서 오른쪽으로 돌아 혈 뒤의 갑자(甲字) 천간으로 묘자(卯字)를 범하지 말고 나가면 '녹존류진패금어(祿存流盡佩金魚)'라 하며 발부발귀 복수쌍전한다. 다만 이 향(向)에 이 물은 평양지에서 발복하며 산지에서는 패절한다.
- 우수(右水)가 왼쪽으로 흘러서 향상(向上)의 신자방(辛字方)으로 나가면 도충묘고(倒冲墓庫)의 황천(黃泉)을 범하니 패절한다.

⑥ 손좌건향 사좌해향의 12수구 길흉판단법

- 우수(右水)가 왼족으로 흘러 정미방(丁未方)으로 나가면 세 방이 회합하는 정생향(正生向)으로 '왕거영생(旺去迎生)'이다. 금성수(金星水)가 옥대전요(玉帶纏腰)하니 '십사진신가업흥(十四進神家業興)'이라고 한다. 아내는 어질고 아들은 효도하며 오복이 집안에 가득하고 부귀가 쌍전한다. 아들마다 골고루 발달한다.
- 우수(右水)가 왼쪽으로 흘러 신술방(辛戌方)으로 나가니 차고소수자생향(借庫消水自生向)이며 양공의 구빈진신수법이다. 목국(木局)의 양위(養位)를 충파한다고 논하지 않으며, 부귀하고 장수하며 인정(人丁)이 대왕(大旺)하고 발복이 유구히 오래간다.
- 좌수(左水)가 오른쪽으로 흘러 임방(壬方)으로 나가면 문고소수(文庫消水)가 된다. 양공(楊公)의 진신수법(進神水法)이며 서(書)에 말하는 '녹존류진패금어(祿存流盡佩金魚)'라는 말이 곧 이것이다. 부귀하여 복수쌍전하지만 약간이라도 차질이 있으면 패절하니 가벼이 함부로 사용할 수 없으며 용진혈적(龍眞穴的)해야 무방하다.
- 물이 경유방(庚酉方)으로 나가면 태신(胎神)을 충파한다. 초년에는 간혹 인정(人丁)과 재물이 왕성하고 장수하기도 하지만, 오래 되면 낙태하고 절사하며 가도(家道)가 곤궁

하여 불리하다.

- 물이 곤신방(坤申方)으로 나가니 과궁수(過宮水)라 부르며 정이 지나치다. 초년에는 인정과 장수를 하나 나중에는 불발하며 곤궁하고 청렴하다.
- 물이 병오방(丙午方)으로 나가니 교여불급(交如不及)이다. 장수하지 못하고 재물을 패하고 불발한다.
- 물이 손사방(巽巳方)으로 나가니 또한 교여불급수(交如不及水)이다. 병이 많고 패절하며 불발한다.
- 물이 을진방(乙辰方)으로 나가니 퇴신(退神)을 범하였다. 임관불립향(臨官不立向)이니 패하지 않으면 절손된다.
- 물이 갑묘방(甲卯方)으로 나가면 생방(生方)에서 들어와 왕방(旺方)으로 나가게 된다. 집이 씻은 듯이 가난하다. 초년에는 인정(人丁)이 있게 되나 오래 되면 요수(夭壽)하며 불길해진다.
- 물이 계축방(癸丑方)으로 나가니 병불립향(病不立向)에 해당하고 퇴신수법(退神水法)이다. 향상(向上)으로 논하면 관대(冠帶)를 충파한다. 총명한 어린 아들이 상하게 되고 아름다운 지어미가가 상하게 된다.
- 물이 간인방(艮寅方)으로 나가면 향상(向上)의 임관방(臨官方)을 충파한다. 다 큰 아들을 상하게 하고 핍사, 요수, 패재한다. 피를 흘리고 노질로 대흉하다.
- 우수(右水)가 장대하여 왼쪽의 건방(乾方)으로 나가면 지지해자(地支亥字)를 침범하지 말고 백보전란(百步轉欄)하면 대부대귀하고 인정(人丁)이 흥왕한다. 용혈(龍穴)이 조금이라도 차질이 있다면 패절하게 되니 가히 함부로 사용하지 못한다.
- 좌수(左水)가 장대하여 왼쪽으로 당면인 건방(乾方)으로 나가면 묘절수(墓絶水)가 생방(生方)을 충하는 대살(大殺)을 범하였으니 패절한다. 해자(亥字)로 나간다면 더욱 흉하다.

⑦ 병좌임향 오좌자향의 12수구 길흉판단법

- 좌수(左水)가 오른쪽으로 흘러 을진방(乙辰方)으로 나가니 정왕향(正旺向)이다. '삼합연주 귀무가(三合聯珠 貴無價 : 生方, 旺方, 墓方의 물이 삼합하면 귀함을 값으로는 칠 수 없을 정도로 크다)'라 하였으며 양공(楊公)의 구빈진신(救貧進神)으로 생래회왕(生來會旺)하였다.
- 좌수(左水)가 오른쪽으로 흘러 계축방(癸丑方)으로 나가니 자왕향(自旺向)이 된다. 시(詩)의 '유유쇠방가거래(惟有衰方可去來)' 에 합당하여 양공구빈의 진신수법(進神水法)이다. 발부발귀하며 오래 살고 인정(人丁)이 왕한다.
- 우수(右水)가 왼쪽으로 흘러 경자(庚字)로 나가니 목욕방소수(沐浴方消水)이다. '녹존류진패금어(祿存流盡佩金魚)'라 하며 부귀쌍전하고 인정(人丁)흥왕한다. 신(申)이나 유(酉)자를 범하면 음란하고 패절하니 함부로 사용하지 못한다.
- 물이 건해방(乾亥方)으로 흘러나가니 향상(向上)으로 임관(臨官)을 충파한다. 살인대황천을 범한 것이니 다 큰 아들이 상을 당하고 패절하며 절름발이, 피부병, 혈압, 노질, 토혈 등의 증세가 있으며, 먼저 둘째 집이 상하고 나머지에도 파급된다.
- 물이 신술방(辛戌方)으로 흐르니 향상(向上)으로 관대방(冠帶方)을 충파한다. 어린 유년기의 총명한 아들이 상하게 되고, 아울러 규중의 부녀와 딸들이 상하고, 재산이 패하며 오래 되면 패절한다.
- 물이 정미방(丁未方)으로 나가니 향상(向上)의 양위(養位)를 충파한다. 어린아이들이 상하고 재물을 패하고 후사가 끊어진다. 퇴신으로 '목욕불립향(沐浴不立向)'이다.
- 물이 병오(丙午)로 나가니 향상(向上)의 태신(胎神)을 충파한다. 낙태를 하며 사람을 상한다. 초년에는 인정(人丁)과 재물에 차질이 생기다가 오래 되면 패절하며, 이런 곳을 과궁수(過宮水)라 하니 수(壽)를 한다면 재물은 없어진다.
- 물이 손사방(巽巳方)으로 나가니 과궁수(過宮水)로서 정이 지나치다. 물이 고(庫)로 돌아나가지 않기 때문에 이 수법은 초년에는 장정과 수(壽)를 하지만 재물이 없다.
- 물이 갑묘방(甲卯方)으로 나가니 교여불급(交如不及)이다. 살림살이를 패하고 후사가 끝난다. 초년에는 또한 조금 이로움을 보나, 먼저 셋째가 상하고 장정은 있어도 재물

이 없고 재물이 있으면 장정이 없다. 향상(向上)의 사방(死方)으로 소수(消水)하기 때문에 공명하게 되면 피를 보고 요수(夭壽)하니 복록과 수(壽)를 가지런히 가질 수 없다.

- 물이 간인(艮寅)의 병방(病方)으로 나가니 단명과숙수(短命過宿水)이다. 남자가 수(壽)를 하지 못하니 반드시 과부가 집안에 득실거린다. 산업이 패하고 절사하며 해소, 토담, 노질 등이 침범한다. 병사의 흉방을 범하였기 때문에 먼저 셋째가 패하고 다음으로 모두 망하게 된다.
- 물이 곤신방(坤申方)으로 나가니 왕거충생(旺去沖生)이다. 비록 재물은 있으나 어린아이를 키우기 어렵다. 부(富)하여도 자손이 없으니 열에 아홉은 절사한다. 먼저 장방이 패절하고 다음으로 형제가 패절한다.
- 우수(右水)가 왼쪽으로 흘러 향상(向上)의 임자(壬字)로 나가며 자자(子字)를 침범하지 말아야 한다. 오직 백보전란(百步轉欄)하여야 하며 화국(火局)의 태향태파(胎向胎破)에 합당하다. 출살(出殺)한다고 할 수 있으며 태위(胎位)를 충파한다고 하지 않는다. 대부대귀하며 인정(人丁)이 흥왕하나, 중간에 혹 수(壽)를 하지 못한 자가 생기므로 어린 과부가 가끔 난다. 만약 용진혈적(龍眞穴的)하지 못하다면 장후에 패하지 아니하면 절사하므로 가벼이 사용하지 못한다.
- 만약 이것이 좌수가 오른쪽으로 흘러 임자방(壬字方)으로 나가거나 당면으로 곧게 나가면 도리어 생래파왕(生來破旺)이 된다. 인정(人丁)이 있으나 재물이 없어지니 가도(家道)가 곤궁해진다. 이름하여 견동토우(牽動土牛)라 하며 태향태파(胎向胎破)가 되지 아니한다. 태향태방출수(胎向胎方出水)라고 자칫 그릇되기 쉬운 곳이다.

⑧ 정좌계향 미좌축향의 12수구 길흉판단법

- 우수(右水)가 왼쪽으로 흘러 건해방(乾亥方)으로 나가니 정양향(正養向)이다. '귀인녹마상어가(貴人祿馬上御街)'라고 하며 양공구빈의 진신수법(進神水法)이다. 인정(人丁)과 재물이 왕하고 공명현달하여 발복이 면원한다. 충효현량한 자손이 나고 남녀 모두 장수한다. 아들마다 발달하지만 셋째가 더욱 발달한다. 딸들도 모두 뛰어나다.
- 좌수(左水)가 흘러와 간인방(艮寅方)으로 나가니 금국(金局)의 묘향(墓向)이 된다. 서(書)에 이르기를, 계방수가 간방으로 나가면 문장이 난다란 바로 이 향(向)이다. 발부발귀하고 인정(人丁)이 대왕하며 복수쌍전한다. 오래 되면 풍질이 나고, 고치면 또 난다.
- 물이 임자방(壬子方)으로 나가니 향상(向上)의 녹위(祿位:癸祿은 子)를 충파하는 것으로 소황천(小黃泉)이 된다. 궁핍하고 요수하며 과부가 난다. 이 황천묘(黃泉墓)는 무수히 구묘를 경험해 보아도 혹간 수(壽)를 하는 사람이 있기도 하지만 여러 형제가 많아도 결국은 핍사하고 곤궁하여 부자는 없다. 축자상(丑字上)을 침범하고 쟁도(鎗刀)와 악석(惡石)이 있으면 횡포하여 투쟁을 좋아하는 자손이 난다.
- 물이 신술방(辛戌方)으로 나가니 퇴신(退神)을 범하였다. 초년은 인정(人丁)이 발하나 재물은 대흉하다. 공명은 불리하나 평안하여 수(壽)는 할 수 있다.
- 물이 경유방(庚酉方)으로 나가니 초년은 간혹 인정(人丁)과 재물이 발하나 오래 되면 수가 짧고 손이 적어지고 재산을 패한다.
- 물이 곤신방(坤申方)으로 나가니 재물을 패하고 어린아이를 키우기 힘들다. 남녀 요수(夭壽)하며 핍사한다. 먼저 장방이 패하고 다음으로 동생들이 패한다.
- 물이 정미방(丁未方)으로 나가니 퇴신(退神)을 범하였고 '관대불립향(冠帶不立向)'에 해당한다. 요망(夭亡)하며 패절한다.
- 물이 손사방(巽巳方)으로 나가니 인정(人丁)과 재물이 날로 쇠하여지고 차차 절사하게 된다.
- 물이 을진방(乙辰方)으로 나가니 쇠불립향(衰不立向)에 해당하고 인정(人丁)과 재물이 없게 된다.
- 물이 갑묘방(甲卯方)으로 나가니 정이 지나치다. 구묘들을 시험해 보면 간혹 초년 발부발귀하는 자가 있으나, 또한 불발하는 자도 있으며, 혹 수(壽)를 하는 자도 있고, 혹은 단명하는 자도 있다. 길흉이 상반하나 오래 되면 불리하다. 인정(人丁)은 있으나 재물이 없다.

ㅎ

• 좌수(左水)가 오른쪽으로 흘러 향(向)의 계자(癸字)로 나가고 백보전란(百步轉欄)하면 대부대귀한다. 그러나 약간의 잘못이라도 있으면 패절하기 쉬우니 함부로 사용하기 어렵다.

• 향(向)의 계방수(癸方水)가 조당(朝堂)으로 흘러 들어와서 오른쪽으로 돌아 혈 뒤의 병자(丙字) 천간(天干)으로 오자(午字)를 범하지 말고 나가면 '녹존류진패금어(祿存流盡佩金魚)'라 하며 발부발귀 복수쌍전한다.

• 우수(右水)가 왼쪽으로 흘러서 계방(癸方)으로 나가니 당면으로 곧게 나간다. 묘고(墓庫)를 도충하니 견동토우(牽動土牛(되지 않는 일을 억지로 끌어붙이려 함))다. 서(書)에 이르기를, '갑계향중우견간(甲癸向中憂見艮)'(황천대살)이 바로 이것이다. 황천을 범하니 패절한다.

⑨ 곤좌간향 신좌인향의 12수구 길흉판단법

• 우수(右水)가 왼쪽으로 흘러 신술방(辛戌方)으로 나가면 삼합이 회합하는 정생향(正生向)으로 왕거영생(旺去迎生)이다. 금성수(金星水)가 옥대전요(玉帶纏腰)하니 '14진신가업흥(十四進神家業興)'이라고 한다. 아내는 어질고 아들은 효도하며 오복이 집안에 가득하고 부귀가 쌍전하고 집집마다 잘 된다.

• 우수(右水)가 왼쪽으로 흘러 계축방(癸丑方)으로 나가니 차고소수 자생향(借庫消水 自生向)이며 양공(楊公)의 구빈진신수법(救貧進神水法)이다. 본국(本局)의 양위(養位)를 충파한다고 논하지 않으며 부귀하고 장수하며 인정(人丁)이 대왕한다. 차남이 먼저 발복하지만 용(龍)과 사(沙)가 아름답다면 장방(長房)이 먼저 발달하기도 한다.

• 좌수(左水)가 오른쪽으로 흘러 갑방(甲方)으로 나가면 문고소수(文庫消水)가 된다. 양공(楊公)의 진신수법(進神水法)이며, '녹존류진패금어(祿存流盡佩金魚)'이다. 부귀하여 복수쌍전하지만 약간이라도 차질이 있으면 패절하니 가벼이 함부로 사용할 수 없으며 용진혈적(龍眞穴的)해야 무방하다.

• 물이 임자방(壬子方)으로 나가면 태신(胎神)을 충파하는 것이다. 초년에는 간혹 인정(人丁)과 재물이 왕하고 장수하기도 하지만 오래 되면 낙태하고 절사하며 가도(家道)가 곤궁하여 불리하다. 수(壽)를 하면 곤궁해지는 것은 물이 고(庫)로 나가지 않기 때문이다.

• 물이 건해방(乾亥方)으로 나가니 과궁수(過宮水)라 부르며 정이 지나치다. 초년에는 인정(人丁)이 왕하고 장수를 하나 나중에는 불발하며 곤궁하고 청렴하다.

• 물이 경유방(庚酉方)으로 나가니 교여불급(交如不及)이다. 장수하지 못하고 재물을 패하고 불발한다.

• 물이 곤신방(坤申方)으로 나가니 또한 교여불급수(交如不及水)이다. 병이 많고 패절하며 불발한다.

• 물이 정미방(丁未方)으로 나가니 퇴신(退神)을 범하였다. '임관불립향(臨官不立向)'이니 패하지 않으면 절손된다.

• 물이 병오방(丙午方)으로 나가면 생방(生方)에서 들어와 왕방(旺方)으로 나가게 된다. 집이 씻은 듯이 가난하다. 초년에는 인정(人丁)이 있게 되나 오래 되면 요수(夭壽)하며 불길해진다.

• 물이 을진방(乙辰方)으로 나가니 '병불립향(病不立向)'에 해당하고 퇴신수법(退神水法)이다. 향상(向上)으로 논하면 관대(冠帶)를 충파한다. 총명한 어린 아들이 상하게 된다. 패절하며 불길하다.

• 물이 손사방(巽巳方)으로 나가면 향상(向上)의 임관방(臨官方)을 충파한다. 다 큰 아들을 상하게 하고 필사, 요수, 재물을 패한다. 피를 흘리고 노질로 대흉하다.

• 우수(右水)가 장대하여 왼쪽의 간방(艮方)으로 나가면 지지인자(地支寅字)를 침범하지 말고 백보전란(百步轉欄)하면 대부대귀하고 인정(人丁)이 흥왕한다. 용혈(龍穴)이 조금이라도 차질이 있다면 패절하게 되니 함부로 사용하지 못한다.

• 좌수(左水)가 오른쪽으로 당면인 간방(艮方)으로 나가면, 묘절수(墓絶水)가 생방(生方)을 충하는 대살을 범하였으니 패절한다. 인자(寅字)로 나간다면 더욱 흉하다.

⑩ 경좌갑향 유좌묘향에서 12수구 길흉판단법

• 좌수(左水)가 오른쪽으로 흘러 정미방(丁未方)으로 나가니 정왕향(正旺向)을 하였다. 삼합연주귀무가(三合聯珠貴無價:生方, 旺方, 墓方의 물은 삼합으로 귀함을 값으로는 칠 수

없다)라고 하였으며, 양공(楊公)의 구빈진신(救貧進神)으로 생래회왕(生來會旺 : 생방수가 왕방에서 모임)하였다. 옥대(玉帶)가 전요(纏腰)하는 금성수법(金星水法)이니 대부대귀하고 인정(人丁) 창성하며 충효현량하다. 남녀 모두 오래 살고 자식마다 발복하며 면원한다.

- 좌수(左水)가 오른쪽으로 흘러 을진방(乙辰方)으로 나가니 자왕향(自旺向)이 된다. 시(詩)의 '유유쇠방가거래(惟有衰方可去來)'에 합당하고 양공(楊公)의 구빈진신수법(救貧進神水法)으로 발부발귀하고 오래 살고 인정(人丁)이 왕한다. 간방수(艮方水)가 들어오면 삼길육수의 물이 되어 비상한 인재와 문장이 나고 급제한다.
- 우수(右水)가 왼쪽으로 흘러 임자(壬字)로 나가니 목욕방소수(沐浴方消水)이다. '녹존류진패금어(祿存流盡佩金魚)'라 하며 부귀쌍전하고 인정(人丁)흥왕한다. 자자(子字)나 해자(亥字)를 범하면 패절하니 함부로 사용하지 못한다.
- 물이 간인방(艮寅方)으로 흘러나가니 향상(向上)으로 임관(臨官)을 충파한다. 살인대황천을 범한 것이니, 다 큰 아들이 상을 당하고, 관재(官災)로 살림을 날리고, 아울러 절름발이, 피부병, 혈압, 노질, 토혈 등의 증세가 있으며, 먼저 둘째 집이 상하고 나머지 집에도 파급된다.
- 물이 계축방(癸丑方)으로 흐르니 향상(向上)으로 관대방(冠帶方)을 충파한다. 어린 유년기의 총명한 아들이 상하게 되고, 아울러 규중의 부녀와 딸들이 상하고 재산도 오래 되면 패절한다.
- 물이 신술방(辛戌方)으로 나가니 향상(向上)의 양위(養位)를 충파한다. 어린 아이들이 상하고 재물을 패하고 후사가 끊어진다. 퇴신(退神)으로 목욕불립향(沐浴不立向)이다.
- 물이 경유(庚酉)로 나가니 향상(向上)의 태신(胎神)을 충파한다. 낙태를 하며 사람을 상한다. 초년에는 인정(人丁)과 재물에 차질이 생기다가 오래되면 패절하며, 이런 곳을 과궁수(過宮水)라 하니 수(壽)를 한다면 재물은 없어진다. 작은집, 셋째가 불리하다.
- 물이 곤신방(坤申方)으로 나가니 과궁수(過宮水)로서 정이 지나치다. 물이 고(庫)로 돌아나가지 않기 때문에 이 수법은 초년에는 장정과 수(壽)를 하지만 재물이 없다.
- 물이 병오방(丙午方)으로 나가니 교여불급(交如不及)이다. 요망하고 절사하며 살림살이를 패한다. 과부가 모여 살며 또한 조금 이로움을 보나, 먼저 셋째가 상하고, 장정은 있어도 재물이 없고, 재물이 있으면 장정이 없다. 공명하게 되면 피를 보고 요수(夭壽)하니 향상(向上)의 사방(死方)으로 소수(消水)하기 때문에 복록과 수(壽)를 가지런히 가질 수 없다.
- 물이 손사(巽巳)의 병방(病方)으로 나가니 단명과숙수(短命寡宿水)이다. 남자가 수(壽)를 하지 못하니 반드시 과부가 집안에 득실거린다. 산업이 패하고 절사하며 해소, 토담, 노질 등이 침범한다. 먼저 셋째가 패하고 다음으로 모두 망하게 된다. 병사(病死)의 흉방을 범하였기 때문에 흉함이 일어나는 것이다.
- 물이 건해방(乾亥方)으로 나가니 왕거충생(旺去冲生)이다. 비록 재물은 있으나 어린아이를 키우기 어렵다. 부하여도 장정이 없게 되며 열에 아홉은 절사한다. 먼저 장방(長房)이 패절하고 다음으로 형제가 패절한다.
- 우수(右水)가 장대하여 왼쪽으로 흘러 향상(向上)의 갑자(甲字)로 나가며 묘자(卯字)를 침범하지 말아야 한다. 오직 백보전란(百步轉欄)하여야 하며 금국(金局)의 태향태파(胎向胎破)에 합당하다. 출살(出殺)한다고 할 수 있으며 태위(胎位)를 충파한다고 하지 않는다. 대부대귀하며 인정(人丁)이 흥왕하나 중간에 혹 수(壽)를 하지 못한 자가 생기므로 어린 과부가 가끔 난다. 만약 용진혈적(龍眞穴的)하지 못하다면 장후에 패하지 아니하면 절사하니 가벼이 사용하지 못한다.
- 만약 이것이 좌수(左水)가 오른쪽으로 흘러 갑자방(甲字方)이나 혹은 당면으로 나가면 도리어 생래파왕(生來破旺)이 되어 견동토우(牽動土牛)이다. 태향태파(胎向胎破)라고 논할 수 없으며 인정(人丁)이 있으나 재물이 없어지고 가난하여진다. 태향태방출수(胎向胎方出水)라고 자칫 그릇되

기 쉬운 곳이다.

⑪ 신좌을향 술좌진항에서 12수구 길흉판단법

- 우수(右水)가 왼쪽으로 흘러 간인방(艮寅方)으로 나가니 정양향(正養向)이다. '귀인녹마상어가(貴人祿馬上御街)'라고 하며 인정(人丁)과 재물이 왕하고 공명현달하여 발복이 면원한다. 충효현량한 자손이 나고 남녀 모두 장수한다. 아들마다 발달하지만 셋째가 더욱 발달한다. 딸들도 모두 뛰어나다.
- 좌수(左水)가 흘러 손사방(巽巳方)으로 나가니 수국(水局)의 묘향(墓向)이 된다. 서(書)에 이르기를, '을향을 하고 을방수가 손방으로 나가면 부귀한다.'란 바로 이 향(向)이다. 발부발귀하고 인정(人丁)이 대왕하며 복수쌍전한다.
- 물이 갑묘방(甲卯方)으로 나가니 향상(向上)의 녹위(祿位:乙祿은 卯)를 충파하는 것으로 소황천(小黃泉)이 된다. 궁핍하고 요수(夭壽)하며 과부가 난다. 이 황천묘는 간혹 수(壽)를 하는 사람이 있기도 하지만, 여러 형제가 많아도 결국은 핍사하고 곤궁하여 부자는 없게 된다. 진자상(辰字上)을 침범하고 쟁도(鎗刀)와 악석(惡石)이 있으면 횡폭하여 투쟁을 좋아하는 자손이 난다.
- 물이 계축방(癸丑方)으로 나가니 퇴신을 범하였다. 초년은 인정(人丁)이 발하고 수(壽)를 하나 재물은 대흉하다.
- 물이 임자방(壬子方)으로 나가니 초년은 간혹 인정(人丁)이 발하나 오래 되면 수(壽)가 짧고 자손이 적어지고 재산을 패한다.
- 물이 건해방(乾亥方)으로 나가니 재물을 패하고 어린아이를 키우기 힘들다. 남녀 요수(夭壽)하며 핍사한다. 먼저 장방(長房)이 패하고 다음으로 동생들이 패한다.
- 물이 신술방(辛戌方)으로 나가니 퇴신(退神)을 범하였고 관대불립향(冠帶不立向)에 해당한다. 요망(夭亡)하며 패절한다.
- 물이 곤신방(坤申方)으로 나가니 인정(人丁)과 재물이 날로 쇠하여지고 심하면 절사하게 된다.
- 물이 정미방(丁未方)으로 나가니 '쇠불립향(衰不立向)'에 해당하고 인정(人丁)과 재물이 불발한다.
- 물이 병오방(丙午方)으로 나가니 정이 지나치다. 구영들을 시험해 보면 간혹 초년 발부발귀하는 자가 있으나 또한 불발하는 자도 있으며, 혹 수(壽)를 하는 자도 있고 혹은 단명하는 자도 있다. 길흉이 상반하며 오래 되면 불리하다. 인정(人丁)은 있으나 재물이 없다.
- 좌수(左水)가 오른쪽으로 흘러 향(向)의 을자(乙字)로 나가며 진자(辰字)를 범하지 않고 백보전란(百步轉欄)하면 부귀하게 되며 약간이라도 차질이 있다면 화를 입는다.
- 향(向)의 을방수(乙方水)가 조당(朝堂)으로 흘러 들어와서 오른쪽으로 돌아 혈 뒤의 경자 천간(庚字 天干)으로 유자(酉字)를 범하지 말고 나가면 '녹존류진패금어(祿存流盡佩金魚)'라 하며 발부발귀 복수쌍전한다. 다만 이 향(向)에 이수(壽)는 평양지에서 발복하며 산지에서는 패절한다.
- 우수(右水)가 왼쪽으로 흘러서 향상(向上)의 을방(乙方)으로 나가면 도충묘고(倒冲墓庫)에 해당한다. 당면으로 곧게 나가도 견동토우(牽動土牛)이다. 서(書)에 이르기를, 을병수방손수선(乙丙須防巽水先 : 살인대황천)이라 한 것이 이것이다. 황천살을 범하였으니 패절한다.

⑫ 건좌손향 해좌사향에서 12수구 길흉판단법

- 우수(右水)가 왼쪽으로 흘러 계축방(癸丑方)으로 나가면 삼합이 회합하는 정생향(正生向)으로 왕거영생(旺去迎生)하는 구빈수법(救貧水法)이다. 금성수(金星水)가 옥대전요(玉帶纏腰)하니, 서(書)에 이르기를, '14진신가업흥(十四進神家業興)'이라고 한다. 아내는 어질고 아들은 효도하며 오복이 집안에 가득하고 부귀가 쌍전한다. 자손마다 발달한다.
- 우수(右水)가 왼쪽으로 흘러 을진방(乙辰方)으로 나가면 차고소수(借庫消水) 자생향(自生向)이며 양공(楊公)의 구빈진신수법(救貧進神水法)이다. 본국(本局)의 양위(養位)를 충파한다고 논하지 않으며, 부귀하고 장수하며 인정(人丁)이 대왕한다. 차남이 먼저 발복하지만 용(龍)과 사(沙)가 좋으면 장방(長房)이 먼저 발달하기도 한다.
- 좌수(左水)가 오른쪽으로 흘러 병오방(丙午方)으로 나가면 문고소수(文庫消水)가 된다. 양공(楊公)의 진신수법(進神水

法)이며, 서(書)에 말하는 '녹존류진패금어(祿存流盡佩金魚)'라는 말이 곧 이것이다. 부귀하여 복수쌍전하지만 약간이라도 차질이 있으면 패절하니 가벼이 함부로 사용할 수 없으며 용진혈적(龍眞穴的)해야 무방하다.

- 물이 갑묘방(甲卯方)으로 나가면 태신(胎神)을 충파하는 것이다. 초년에는 간혹 인정(人丁)과 재물이 왕하고 장수하기도 하지만 물이 고(庫)로 나가지 않기 때문에 오래 되면 낙태하고 절사하며 가도(家道)가 곤궁하여 불리하다.
- 물이 간인방(艮寅方)으로 나가니 과궁수(過宮水)라 부르며 정이 지나치다. 초년에는 인정(人丁)과 장수를 하나 나중에는 불발하여 곤궁하고 공명이 불리하다.
- 물이 임자방(壬子方)으로 나가니 교여불급(交如不及)이다. 장수하지 못하고 재물을 패하고 불발한다.
- 물이 건해방(乾亥方)으로 나가니 또한 교여불급수(交如不及水)이다. 병이 많고 패절하며 불발한다.
- 물이 신술방(辛戌方)으로 나가니 '10개의 퇴신은 재앙이 귀신같이 일어남'이라 했다. 임관불립향(臨官不立向)이니 패하지 않으면 절손된다.
- 물이 경유방(庚酉方)으로 나가면 생방(生方)에서 들어와 왕방으로 나가게 되어 집이 곤궁하다. 초년에는 인정(人丁)이 있게 되나 오래 되면 요수(夭壽)하며 불길해진다.
- 물이 정미방(丁未方)으로 나가니 병불립향(病不立向)에 해당하고 퇴신수법(退神水法)이다. 향상으로 논하면 관대(冠帶)를 충파한다. 총명한 어린 아들이 상하게 되고 아울러 아름다운 부녀자가 상하고 패절하며 불길해진다.
- 물이 곤신방(坤申方)으로 나가면 향상(向上)의 임관방(臨官方)을 충파한다. 다 큰 아들을 상하게 하고 핍사, 요수, 패재한다. 피를 흘리고 노질로 대흉하다.
- 우수(右水)가 장대하여 왼쪽의 손방(巽方)으로 나간다. 사자(巳字)를 침범하지 말고 백보전란(百步轉欄)하면 대부대귀하고 인정(人丁)이 흥왕한다. 남녀 모두 장수한다. 용혈(龍穴)이 조금이라도 차질이 있다면 패절하게 되니 가히 함부로 사용하지 못한다.
- 좌수(左水)가 장대하여 오른쪽으로 당면인 손사방(巽巳方)으로 나가니 묘절수(墓絶水)가 생방(生方)을 충하는 대살을 범하였으니 패절한다. 이러한 곳은 생향(生向)이 아니다. 사자(巳字)로 나간다면 더욱 흉하다.

❖ **허공**(虛拱) : 거짓으로 받드는 듯이 보임.

❖ **허락**(虛樂) : 낙산이 아예 없거나 있어도 너무 허약한 것. 산이 아주 낮거나 옆으로 비껴나 있어서 허락은 혈을 제대로 받쳐 주지 못한다. 그러니 이곳은 진혈(眞穴)이 아니다.

❖ **허모**(虛耗) : 산세가 허약하여 뱀이나 쥐가 혈을 상하는 곳. 대개 혈을 맺는 곳은 땅이 허하고 푸석푸석하면 개미, 벌레, 굼벵이, 뱀, 쥐 등이 뚫고 뒤져서 지맥이 누설되므로 흙이 허하고 기가 산모(散耗)되어 있음을 꺼리는 바, 땅이 후중(厚重)하고 튼튼한 것을 귀로 삼는다.

❖ **허성**(虛星) : 정(丁)방에 자리한다. 정(丁)봉이 기이하면 정승이 나고 몹시 높은 것은 무방하나 허하면 초상이 자주 난다. 때는 자년(子年)에 일어난다.

❖ **허수**(虛宿) : 24수(宿) 가운데 11번째 별 이름.

❖ **허약하여 푸석푸석한 땅을 피하라** : 토질이 허약하여 푸석푸석한 흙은 생기가 없을 뿐만 아니라 뱀이나 쥐, 벌레 등이 드나드는 연약한 땅이다. 생기가 융결하는 땅은 부드러우면서도 단단

하여 벌레나 짐승들이 구멍을 뚫고 드나들지 못한다. 그러나 허약한 땅은 개미, 벌레, 굼벵이, 뱀, 여우, 쥐 등이 드나들어 구멍이나 있는 땅으로 매우 불길하다. 이러한 곳에 장사지내면 자손이 다치고 재물이 없어진다.

❖ **허화**(虛花) : 산의 각이 혈을 환포하지 않고 밖으로 달아나는 모양. 가혈(假穴).

❖ **헌 건물에 개조·수리하여 살면 재물, 손재가 따른다** : 헌 건물에 살다가 구조가 마땅치 않아 개조 수리하여 살거나 헌 집을 매수하여 개조 수리하여 사는 것도 크게 흉하다.

❖ **헌관**(獻官) : 제사를 지낼 때에 헌배(獻盃)하는 관원.

❖ **헌화사**(獻花砂) : 좌우(左右) 산각(山脚)이 넓게 벌려 있고 그 중간 파이거나 구멍이 뚫려 있어 마치 여인이 아랫도리를 벌리고 있는 흉한 몰골의 형국. 이러한 사격이 보이면 아무리 혈이 귀하더라도 음란을 면할 수 없다.

❖ **험준한 산이나 바위돌 있는 곳은 흉한 땅이다** : 산이나 바위가 높고 험준하여 집을 위압하듯 있으면 흉하다. 살기가 뻗쳐 재앙이 끊이지 않는 터이다. 사람이 상하고 잦은 병 치례로 단명하며 재물 또한 파산한다.

❖ **험한 용(龍)의 경사가 급한 곳이라면 도둑을 만나 패가한다** : 험한 용에는 정신질환자가 나고 관재(官災)로 일조파산(一朝破産)하게 된다.

❖ **현공구성운행**(玄空九星運行) : 구성운행궤적(九星運行軌跡)으로 현공구성(玄空九星)은 낙서(洛書)에 나타난 수와 괘의 방위를 쫓아서 운행된다.

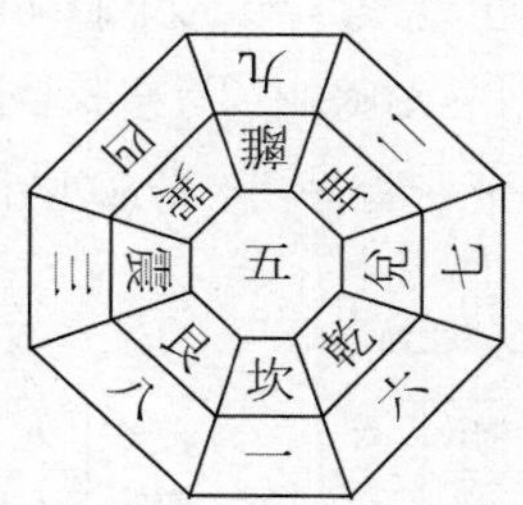

四	九	二
三	五	七
八	一	六

[紫白九星原圖]

구성의 원도로서 구성은 음양에 따라 순행(順行 : 順飛)도 되고 역행(逆行 : 逆飛)도 된다.

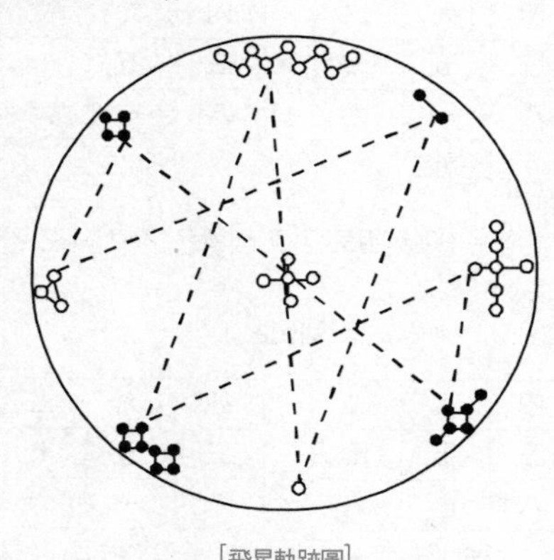

[飛星軌跡圖]

제1보

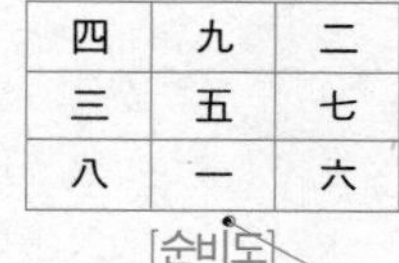

四	九	二
三	五	七
八	一	六

[순비도]

四	九	二
三	五	七
八	一	六

[역비도]

순행(順行 : 順飛)은 5궁에서 6궁으로 가고
역행(逆行 : 逆飛)은 5궁에서 4궁으로 간다.

제2보

四	九	二
三	五	七
八	一	六

[순비도]

四	九	二
三	五	七
八	一	六

[역비도]

순행은 6에서 7로 가고 역행은 4에서 3으로 간다.

제3보

四	九	二
三	五	七
八	一	六

[순비도]

四	九	二
三	五	七
八	一	六

[역비도]

순행은 7에서 8로 가고 역행은 3에서 2로 간다.

제4보

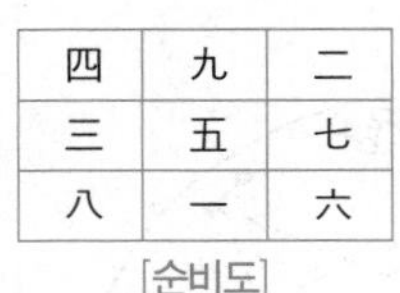

四	九	二
三	五	七
八	一	六

[순비도]

四	九	二
三	五	七
八	一	六

[역비도]

순행은 8에서 9로 가고 역행은 2에서 1로 간다.

제5보

四	九	二
三	五	七
八	一	六

[순비도]

四	九	二
三	五	七
八	一	六

[역비도]

순행은 9에서 1로 가고 역행은 1에서 9로 간다.

제6보

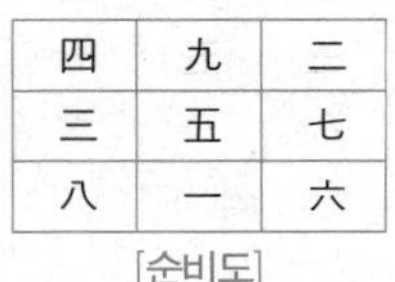

四	九	二
三	五	七
八	一	六

[순비도]

四	九	二
三	五	七
八	一	六

[역비도]

순행은 1에서 2로 가고 역행은 9에서 8로 간다.

제7보

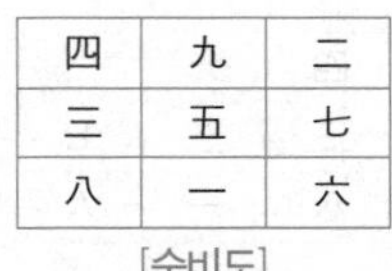

四	九	二
三	五	七
八	一	六

[순비도]

四	九	二
三	五	七
八	一	六

[역비도]

순행은 2에서 3으로 가고 역행은 8에서 7로 간다.

제8보

四	九	二
三	五	七
八	一	六

[순비도]

四	九	二
三	五	七
八	一	六

[역비도]

순행은 3에서 4로 가고 역행은 7에서 6으로 간다.

제9보

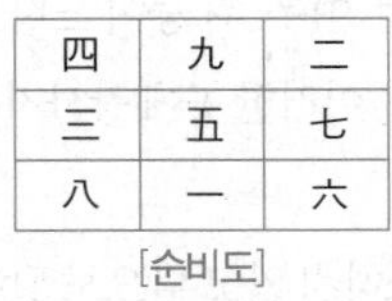

四	九	二
三	五	七
八	一	六

[순비도]

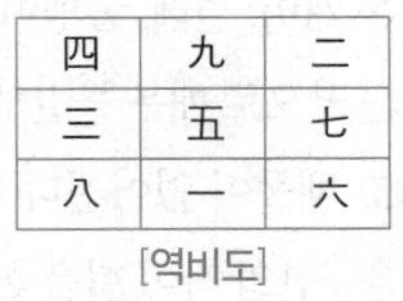

四	九	二
三	五	七
八	一	六

[역비도]

순행은 4에서 5로 가고 역행은 6에서 5로 간다.

이상의 9보(九步)는 매성(每星 : 每坐)마다 1보(一步)씩 옮겨가는 데 이를 비성(飛星)이라 하고, 구성(九星)은 각각 아홉 곳으로 옮겨가게 되므로(각비구성(各飛九星)) 도합 81보가 된다. 즉 순비(順飛)도 81보이고 역비(逆飛)도 81보가 되므로 감여학자(堪輿學者)들은 이를 팔십일보양천척(八十一步量天尺) 또는 강보(罡步)라고 부른다. 현공학자(玄空學者)들은 이 양천척(量天尺)을 가장 중요시한다. 이 팔십일보강보(八十一步罡步)는 무형(無形)의 기운으로 눈으로 볼 수도, 손으로 만질 수도 없지만, 다만 시절로서만이 수를 짐작할 수 있고, 성패(成敗)나 생멸(生滅), 희락(喜樂), 비애(悲哀), 득실(得失) 등 천변만화하는 실상을 알아낼 수 있는 것으로, 신비하고 불가사의한 동양의 인문과학으로서 최상의 평가를 받는 실용철학이다. 이 자백구성(紫白九星)은 특정된 궤적(軌跡)으로 일보씩 비행(飛行)하는데 이 때 반드시 중앙 5위로 진입되는 중심수를 천근(天根)이라 하고, 본래 중앙 5수인 중심을 월굴(月屈)이라고 한다. 즉 고정된 낙서의 지반중앙(地盤中央)을 월굴(月屈)이라 하고, 유동되는 천반중앙(天盤中央)을 천근(天根)이라 하는데, 이 천근과 월굴을 도합 천심(天心)이라 칭한다. 현공반(玄空盤 : 낙서구궁)에서 비행(飛行)되는 모든 구궁수는 이 천심수(天心數)가 정해진 후에야 진행되는 것이기 때문에 이 천심처(天心處)는 가장 중요한 위치다.

[一白星入中星盤圖]

順飛

九	五	七
八	一	三
四	六	二

逆飛

九	五	七
八	一	三
四	六	二

[二黑土星入中星盤圖]

ㅎ

	一	六	八		三	七	五
順飛	九	二	四	逆飛	四	二	九
	五	七	三		八	六	一

[三碧木星入中星盤圖]

	二	七	九		四	八	六
順飛	一	三	五	逆飛	五	三	一
	六	八	四		九	七	二

[四綠木星入中星盤圖]

	三	八	一		五	九	七
順飛	二	四	六	逆飛	六	四	二
	七	九	五		一	八	三

[五黃土星入中星盤圖]

	四	九	二		六	一	八
順飛	三	五	七	逆飛	七	五	三
	八	一	六		二	九	四

[六白金星入中星盤圖]

	五	一	三		七	二	九
順飛	四	六	八	逆飛	八	六	四
	九	二	七		三	一	五

[七赤金星入中星盤圖]

	六	二	四		八	三	一
順飛	五	七	九	逆飛	九	七	五
	一	三	八		四	二	六

[八白土星入中星盤圖]

	七	三	五		九	四	二
順飛	六	八	一	逆飛	一	八	六
	二	四	九		五	三	七

[九紫火星入中星盤圖]

	八	四	六		一	五	三
順飛	七	九	二	逆飛	二	九	七
	三	五	一		六	四	八

이상의 자백구성반(紫白九星盤) 즉 팔십일보양천척(八十一步量天尺)의 형식은 천지의 운행에서 형성되는 기장(氣場)이 지면(地面)에 분포되는 상태에 근거를 둔 자연방위의 표시다. 지면상의 자연기장(自然氣場)을 눈으로는 볼 수 없지만 사람들이 처해 있는 환경에서 오래 살다보면 자기도 모르게 기장의 지배를 체험하게 된다. 가령 어떤 사람이 갑(甲)이란 집에서 살 때는 건강하고 매사가 순조롭더니, 을(乙)이란 집으로 이사간 후부터는 만사가 여의하게 되는 체험을 해보지 않은 사람은 별로 없을 것이다. 기장의 작용이란 넓은 대지의 평원상태일 때는 대자연의 기가 고루 퍼져 통일된 기가 흐르고 있기 때문에 질적(質的) 구별도 없고 양적(量的) 구별도 없지만, 그 평원내에 주택을 건립하게 되면 통일적 기장에 바로 변화가 발생해서 주택의 중앙에는 천심(天心)이 형성되고 주택내에 방위가 생겨 통일적인 기장은 방위적인 기장으로 변화된다. 즉 평원의 상태로 있을 때는 질적이나 방위적 기장이 없던 것이 물체가 생기고 나면 질적이나 방위적 기장으로 바뀌게 된다.

❖ **현공대오행**(玄空大五行)**의 용법** : 대현공오행(大玄空五行)을 사경오행(四經五行)이라 한다. 그것은 24산을 4등분하여 금수목화(金水木火)로 구분하기 때문이며, 또 엄격히 말해서 대현공오행(大玄空五行)은 오행이 아닌 사행이기 때문에 사경오행(四經五行)이라 한다. 건병을자인진(乾丙乙子寅辰)의 6산은 1룡(一龍)이니 금(金)에 속하고, 간축정묘사경(艮丑丁卯巳庚)의 6산은 2룡(二龍)이니 수(水)에 속하고, 곤신임오신술(坤辛壬午辛戌)의 6산은 3룡(三龍)이니 목(木)에 속하고, 손갑계유해미(巽甲癸酉亥未)의 6산은 4룡(四龍)이니 화(火)에 속한다. 현공오행(玄空五行)은 용향(龍向)이나 수로(水路)가 동위오행(同位五行)의 6위(六位) 가운데서 왕래하면 이는 청순하여 주로 대귀한다. 예를 들면 가령 좌선(左旋)의 진룡(辰龍)이 건향(乾向)을 이루면 건진(乾辰)은 동속(同屬)이므로 대현공오행(大玄空五行)으로서는 금(金)에 속하니 이런 경우를 말하는 것이고, 이때에 내수(來水)가 자인진수(子寅辰水)면 청순대귀(清純大貴)하다. 그 용법을 대별하면 다음의 여섯 종류가 있다.

① 간유(干維)로서 영신(零神)을 삼고 지(支)로서 정신(正神)을 삼아, 정신(正神)은 행룡(行龍)에 의(宜)하고, 영신(零神)은 행수(行水)에 의한다. 만약 행룡(行龍)이 영신(零神)이거나 영

신(零神)이 작향(作向)을 하면 재록(財祿)은 발하여 포양(抱養)을 하지만, 반대로 정신(正神)이 작향(作向)이면 주로 집안에 간사(奸邪)가 일어난다. 즉 행룡(行龍)이 간유(干維:零神)가 되거나 향을 이루면 재록(財祿)은 발할 수가 있으나, 행룡이 지(支:正神)가 되거나 또 지(支)로서 향을 이루면 집안에 간사(奸邪)가 일어난다. 다시 말하면 행룡(行龍)이나 작향에는 영신보다 정신에 의하고, 행수(行水)에는 정신인 지(支)보다는 영신인 간유를 취해야 한다는 뜻이다.

② 정신(地支)은 인정을 관하고, 영신(干維)은 재록(財祿)을 관한다. 즉 자인진(子寅辰)이 무산(無山)이면 정신이 없으므로 장정(長丁)이 거무(居無)하여 인정이 무발(無發)하고, 건병을(乾丙乙)이 무수(無水)면 영신이 없으므로 장방(長房)이 무재(無財)가 된다.

③ 산향과 수로(水路)의 순서를 요하니, 1룡(乾丙乙子寅辰)은 용이요, 2룡(艮庚丁卯巳未)은 향(向)이므로 1룡(一龍)은 2룡(二龍)으로 행할 수가 있으나, 만약 3룡(三龍) 손신임오신술(巽辛壬午申戌)의 행룡(行龍)이 2룡수(二龍水)로 행하면 이때에는 역행(逆行)으로 재화입실(災禍立室)이라 한다.

④ 수로가 1룡 안에 있고 괘(卦)가 일룡지괘(一龍之卦)를 벗어나지 않으면 주로 귀발(貴發)이라 하지만 다른 괘룡(卦龍)과 막잡하면 불귀하다. 재일룡지내(在一龍之內)란 동일괘(同一卦)중의 용이 동일괘(同一卦)중의 향(向)과 수로(水路)를 만남을 말한다.

⑤ 방수(放水)는 회귀함을 요한다. 즉 1룡(一龍) 건병을자인진(乾丙乙子寅辰)의 행룡(行龍)이 그 방수(放水)를 넘어섰다가 다시 방전(放轉)한 1룡(一龍)이 회두(回頭)하는 것을 말하므로 그 방(方)에서 재정(財丁)을 얻으면 유구하다.

⑥ 기수(忌水)는 파수가 장생방(長生方)으로 나가는 것을 말한다. 일금룡(一金龍) 건병을자인진(乾丙乙子寅辰)이 손방(巽方)으로 나가면 을경합화(乙庚合化) 금(金)이므로 을경지년(乙庚之年)에 반드시 인구를 손(損)하는 참사가 뒤따르니, 사경주의(四經主義)가 이와 같은 것이다.

❖ **현관**(玄關) : 현관이나 은 그 집의 얼굴과 마찬가지로서 사람들이 출입하면서 외부의 기운이 가장 많이 전달되는 곳이면 또한 집주인의 이미지를 최초로 느낄 수 있는 곳이기도 하다 현관이 지저분하면 음(陰)의 기(氣)가 쌓여 집안 전체의 운이 떨어진다. 그러므로 현관을 통해 좋은 기가 많이 들어올 수 있게 하려면 밝고 깨끗하고 좋은 향이 풍기게 구미는 것은 당연한 이치이다. 특히 단독 주택의 경우 대문 앞에 계절에 맞는 화사한 꽃을 두면 방문객은 물론 귀가하는 사람의 마음도 한결 즐거워져서 화목한 생활을 할 수 있다. 아파트의 경우에도 현관 앞에 작고 밝은 예쁜 화분을 두면 같은 효과를 기대할 수 있으며 손님이 많이 드나드는 장소에도 이와 같은 화분을 두면 좋다는 것을 모르는 사람은 없을 것이다.

❖ **현관과 부엌이 마주보고 있으면 재물이나 가축의 손실이 있다** : 부엌의 가스레인지가 외부와의 문과 마주 보면 흉하고, 주방은 칸막이로 막아 주는 것이 좋다. 현관과 부엌이 마주보고 있으면 재물이나 가축의 손실이 있고, 부엌과 화장실이 마주보이면 좋지 않으며, 부엌이 침실 문을 마주보는 것도 흉하다.

❖ **현관문을 열고 바깥 대문을 열면** : 주택 대문과 현관문이 마주치고 또한 대문을 열면 거실 내부가 훤히 들여다보이는 일직선상의 구조는 불길 파괴형국으로 반드시 안쪽 현관문과 바깥 대문의 방향은 엇갈려서 놓여지도록 배치되어야 길하다.

❖ **현관문을 열었을 대 거울이 바로 보이면 흉하다** : 현관에 들어서자마자 거울이 눈앞에 있다거나 조금 떨어져 있어도 현관문을 열었을 때 바로 거울이 보이는 것은 좋지 않다. 거울은 기(氣)을 반사하기 때문에 나쁜 기운을 되돌려 보내는 경우에도 사용하지만 현관문을 열자마자 자신이 비쳐지는 것을 좋지 않은 것으로 본다. 현관은 우선 밝고 실내 쪽으로 전개되는 곳이 트여 있어야 기(氣)의 흐름이 좋다. 어둡고 침침한 상태로 방치 되어 있다면 밝고 온화한 느낌의 백열등으로 교체하라.

❖ **현관에 들어서자마자 신발장이 정면에 보이면 흉하다** : 공간의 여유가 없다고 해서 들어서자마자 신발장이 보이면 좋지 않다. 신발장 위에 화사한 화분을 올려놓거나 벽에 밝은 느낌을 주는 풍경화를 걸어 두면 좋다. 현관에는 사시사철 생화가 좋으나 조화라도 아담한 화분에 두세 개 들여 놓아도 좋다.

❖ **현관에 꽃을 장식할 경우** : 신선한 생기(生氣)를 발산 하는 생화가 더 좋다. 이왕이면 노란색 꽃을 두어 재물(財物) 운(運)이 좋아지도록 하는 것이 좋다. 노란색은 금전 운을 불러 오는 행운의 색이다.

❖ **현관은 돈과 행운의 출입구** : 현관 사람이 드나드는 것과 함께 집터의 기(氣)가 집안으로 들어오는 장소이기 때문이다. 풍수에서는 가장 중요하게 보는 장소다. 우리가 흔히 사람의 얼굴로 그 사람의 성격을 판단하는 것처럼 현관은 그 집 전체의 이미지를 좌우하는 가장 중요한 장소라고 해도 과언이 아니라 현관은 곧 그 주택의 얼굴이므로 늘 밝고 청결해야 돈도 들어온다.

❖ **현관을 열자마자 가스레인지가 보이면** : 주방은 재물 운의 근원이다. 그 중에서도 가스레인지는 양명(揚名)의 근원이라는 점에서 매우 중요한 부분이다. 옛날에는 부뚜막 신이라고 하여 조왕신을 모시고 부뚜막의 불이 꺼지는 일이 없도록 소중히 한 것도 다 그런 이유에서였다. 불은 사용하는 곳을 깨끗이 하는 것이 좋다. 일직선으로 마주보고 있으면 들어오는 생기가 불에서 나오는 화기(火氣)와 서로 부딪힐 뿐만 아니라 사람의 동선으로 인해 기(氣)의 흐름이 흩어지게 된다.

❖ **현관 배치** : 현관은 마당의 생기가 집안으로 들어오게 하는 통로 역할을 한다. 따라서 현관은 생기가 많은 곳에 위치하고 있어야 집안에 생기가 모이므로 집 중심축, 곧 건물 중심에 설치하는 것이 가장 이상적이다. 집 내부 기능에 따라 중심에 설치할 수 없는 경우에는 약간 벗어나도 무방하지만 건물 끝 부분이나 모서리에 설치하는 것은 바람직하지 않다. 현관문은 대부분 밖으로 열도록 되어 있다. 문이 안쪽으로 열리게 되면 현관 내부가 좁아져 불편하기 때문에 편리성을 추구한 것이다. 실제로 극장이나 경기장처럼 많은 사람이 한꺼번에 출입하는 곳에서는 만일의 사태가 일어났을 때 피난하기 쉽도록 바깥쪽으로 문을 열도록 규정되어 있기도 하지만 집 현관문은 안쪽으로 여는 것이 좋다. 문이 안쪽으로 열리면 문이 열림과 동시에 바람이 집안으로 들어오지만, 문을 밖으로 열면 동시에 집안 기운이 밖으로 빠져 나가기 때문이다. 바람은 곧 그 집의 기운과 재물에 영향을 미친다.

❖ **현관은 청결하고 깨끗해야 길(吉)하다** : 가정에 있어서 현관은 풍수상 각종 질병출입을 통제하는 예방 장소이기도 하다. 설사 불행을 당했다 하더라도 이곳에 인테리어를 철저하게 한다면 가족의 건강을 지켜주는데 특별히 질병을 사전에 예방할 수 있다. 첫째, 현관은 밝아야 한다. 둘째, 깨끗하고 청결해야만 한다. 셋째, 정리정돈을 잘해야 한다. 넷째, 인테리어로 철저하게 흉액을 미연에 방지해야만 한다. 현관이 어둡다고 하는 것은 음기가 강하고, 지저분하다고 하는 것은 흉기가 머문다는 뜻이다. 좋은 기는 청결하고 깨끗한 것을 주로 좋아한다. 흉액이 있다 하더라도 인테리어로 좋은 기로 바꾸어 예방하자는 것이다. 그러므로 겨울철 신발로는 굽 높은 것은 좋지 않으며, 현관에는 가족의 신발은 되도록 놓지 않는 것이 원칙이다. 그리고 현재 신는 신 이외는 모두 신발장 속에 넣어 가지런히 정리정돈해 놓도록 한다. 깨끗하게 정돈이 잘 되어 있다고 하더라도 어두우면 좋지 않으므로 어두울 때는 현관등을 항상 켜놓도록 하는 것이 좋을 것이다.

❖ **현관은 마당의 생기(生氣)가 집안으로 들어오게 해야** : 현관은 생기(生氣)가 많은 곳에 위치하고 있어야 집안에 생기(生氣)가 모인다. 그러므로 현관은 집 중심축(中心築) 즉 건물 중심에 설치하는 것이 가장 좋은데 집 내부의 기능에 따라 중심에 설치할 수 없는 경우에는 약간 벗어나도 무방하다. 그러나 건물 끝 부분이나 모서리에 설치하는 것은 바람직하지 않다. 현관문은 대부분 밖으로 열도록 되어 있다. 문이 안쪽으로 열리게 되면 현관 내부가 좁아져서 불편하기 때문에 편리성을 추구한 것이다. 그러나 현관문은 안쪽으로 여는 것이 좋다. 문이 안쪽으로 열리면 문이 열림과 동시에 바람이 집안으로 들어오지만 문을 밖으로 열면 동시에 집안 기운이 밖으로 빠져 나간다. 바람은 곧 그 집의 기운과 재물(財物)에 영향을 미친다.

❖ **현관은 복(福)이 들어오고 나가는 길목이다** : 현관과 신발은 함수 관계라고 할 수가 있다. 외출 할 때와 집에 들어올 때는 항상 현관을 통하게 되고 여기서 신발을 벗거나 신고 나가게 된다. 그러니 이곳이 복(福)이 들어오고 나가는 길목이라고 할 수 있다. 풍수에게는 이 현관을 가장 중요 시 한다. 현관이 깨끗하지

않고 어지럽거나 오염되어 있다면 금전 운도 좋지 않다. 금전 운은 불길하고 오염되어 있는 곳을 싫어한다. 현관을 가장 오염되기 쉽고 제때에 청소를 하지 않으면 어지럽게 될 수가 있다. 신발은 현관에 아무렇게나 벗어 던진 체 마루나 거실로 올라가는 것은 밖에서 묻어오는 흙먼지를 방치하는 것이므로 매우 나쁜 습관이다. 신발은 신발장에 넣거나 가지런히 모은 다음 마루로 올라가는 것이 좋다. 신발이 가지런히 모아져 있지 않거나 한 짝이 내동댕이쳐지고 또는 엎어지고 있는 경우도 있는데 그 모양새 따라 운이 달라진다면 어떨까 나쁜 습관은 하루 빨리 고치는 게 좋을 것이다. 현관에 있는 신발장은 기본적으로 옆으로 길게 운기가 흐른다. 그런데 대부분의 가정의 현관은 매우 비좁아서 압박감을 느끼게 한다. 이때 신발장은 정면보다는 좌우 양쪽에 놓이도록 한다. 신발장의 나무는 재질이 좋아야만 한다. 그 위에 꽃병이나 관엽식물 화분을 놓는다. 값비싼 장식품을 가지런히 놓아도 괜찮다. 8각시계 수석 옥돌 혹은 급식품 등을 놓으면 밖에서 들어온 기(氣)가 이귀중품을 반기기 때문에 매우 좋다. 또한 집주인의 인격을 돋보이게 격조를 한층 더 높일 수 있다.

❖ **현관을 8괘방위로 분류하면**: 현관을 현대가상학에서 중요시 하는 까닭은 대문이 울타리안 집 전체의 출입구로서 기(氣)의 출입구이듯 현관은 건물의 기(氣)출입구이기 때문이다. 현관의 방위를 8괘에 의해 분류하면 8방위가 되어 다음과 같이 그 길흉을 점칠 수 있다.

① **북의 현관**: 현관이 집의 중심에서 정북(正北)일 때 집안에 환자의 출입이 많고 나쁜 교우관계가 생긴다고 본다. 남녀간의 문제나 골치아픈 일이 자주 생긴다. 현관은 정북을 피해야 한다.

② **남서의 현관**: 북쪽과 마찬가지로 건강에 좋지 않다. 특히 내과계통의 질병이 예상되며 여성에게 그 증세가 심하게 나타난다고 해석하고 있다. 흔히 이귀문이라고 부른다. 동북쪽의 표귀문(表鬼門)과 같이 변화가 심한 곳이므로 출입구로는 적당치 않다고 본다.

③ **동의 현관**: 항상 신선한 기에 차 있고 운이 발전한다고 본다. 새로운 분야를 적극적으로 밀고 나갈 수 있는 힘과 의욕을 샘솟게 한다. 장남이 집에 붙어 있지 않고 부모와 따로 살게 된다고 해석한다.

④ **동남의 현관**: 많은 사람들로부터 신용과 신뢰를 얻고 사업도 번영 발전하는 상이다. 사람의 출입도 많고 먼 곳으로부터의 방문객도 많다.

⑤ **서북의 현관**: 현관은 융성해 보이지만 신분에 맞지 않게 행동한다고 본다. 그래서 항상 정신적으로 불안하다. 집의 방위상 이곳은 가장이 차지해야 할 안방의 위치인데 이곳에 개방(문)부위가 있어서 가장의 권위가 없어진다고 본다. 어쩔 수 없이 서북쪽에 현관을 내야 할 경우 약간 중심을 피해 서쪽이나 북쪽으로 치우치는 것이 좋다.

⑥ **서의 현관**: 재산이 흩어진다고 보는 곳이다. 물론 돈이 모이지 않을 뿐 아니라 수입 이상으로 쓰임새가 많다는 뜻이다. 또 남녀관계도 순탄치 않다고 본다.

⑦ **동북의 현관**: 표귀문의 방위로서 이 방위에 출입문이 있으면 사람이 싫을 정도로 방문객이 많거나 갑자기 뚝 끊어지는 등 기복이 심하다고 본다.

⑧ **남의 현관**: 기분이 안정되지 않고 항상 쫓기는 듯한 상태로 생활한다. 아이들도 공부가 안 되고 머리를 쓰는 직업의 사람에게 불리하다.

❖ **현관의 조명을 항상 밝아야**: 현관의 조명 등만으로 입구가 어둡다면 벽에 부착하는 보조전등으로 좋은 기(氣)가 그대로 지나치지 않도록 한다. 밝고 청결하며 꽃의 향기가 가득 찬 현관은 실내의 기(氣)의 흐름을 촉진시키거나 활성화시켜서 대인관계를 넓혀 준다. 또 한사람들과의 인연을 돈으로 연결시켜서 집안이 윤택해지게도 한다. 더구나 선(善)한 맑은 생기(生氣)가 집안에 가득하므로 가족들 모두 건강하고 화목 한 가정을 꾸릴 수 있게 도와준다.

❖ **현관은 항상 물걸레질을 해서 청결하게 한다**: 신발은 항상 가지런히 정리하고 신지 않는 신발은 신발장에 넣어두되 신발장은 덮개가 있어서 냄새가 집안으로 퍼지지 않도록 해야 한다. 모든 기(氣)는 현관으로 들어온다.

❖ **현관이 건물 중앙에 있으면** : 이기적이고 너무 작으면 비사교적이며 재물(財物)이 나가는 것은 적지만 대신 들어오지 않는다. 현관도 대문처럼 간곤(艮坤) 방위를 피해야하며 본 건물의 벽면보다 돌출(突出)해야 되며 절대로 함몰한 형태는 좋지 않다.

❖ **현군사**(賢君砂) : 1자문성(一字文星)과 비슷하지만 바위로 이루어진 1자문성이다. 1, 2, 3으로 나누는데 상격(上格)이면 왕후, 열사, 장상(將相) 같은 높은 벼슬이 배출된다. 중격(中格)이면 지방장관, 하격(下格)이면 부자가 난다.

❖ **현군사**(懸裙砂) : 여자의 치마를 벗어 걸어 놓은듯한 흉사격(凶砂格). 산곡(山谷)이 사방으로 패여나가 험하고 추하게 생긴 산으로 이러한 곳이 보이는 곳에 묘를 쓰면 후손 중에 불구자가 많이 나며, 하루아침에 횡액도 이런 현군사의 화(火)에서 비롯되며 후손 중에 음탕한 짓을 저질러 집안 망신을 시키는 경우가 흔하다. 현군사는 양택(陽宅)에서도 나쁜 사격으로 치고, 현군사가 띤 산이 있으면 몹쓸 동네로 본다.

❖ **현군형**(縣裙形) : 산에 골이 져서 그 모습이 여자의 치마주름과 같은 모습으로 굴곡이 많고 험난한 산을 말함.

❖ **현로**(顯露) : 훤히 보이도록 나타남.

❖ **현릉**(弦稜) : 지리법에 지형을 표현하는 술어. 현릉이란 양쪽에 활처럼 굽어 안은 모양으로 등성이 비슷하게 생긴 것.

❖ **현무**(玄武) : 현무는 혈을 중심으로 하여 주산(主山)에서 묘 바로 뒤쪽인 즉, 주(主)산쪽과 입수(入首) 뒤 자체를 말하는 것인데 향(向)으로는 북쪽을 말한다. 현무는 북쪽 기운을 맡은 신(神)으로써 다음으로는 생(生)·성(成)·사(死)·멸(滅) 중 멸기(滅氣)의 수(水)를 상징하고, 하늘로는 북쪽에 있는 일곱별 즉, 두(斗)·우(牛)·여(女)·허(虛)·위(危)·실(室)·벽(壁) 등을 말한다. 현무는 살아서 움직이듯 꿈틀꿈틀하여야 하며, 평퍼짐하고 소(牛) 잔등이처럼 밋밋하면 후손의 발복(發福)이 늦다. 내룡(來龍)이 입수(入首)와 같이 동일하게 현무가 되어도 불미(不美)하다. 현무는 위용(威容)이 있으면서도 순하여야 한다. 특히 현무에 부스럼 딱지 같은 것이 있으면 파격(破格)이다. 현무라 함은 위에 따라 온 산맥을 말하며, 현무는 머리가 곧고 얄게 굽어져서 관기정통한 형상을 필요로 한다. 이에 반하여 용공이 기복이 없는 형상이면 불가한 것이다. 만약 무현무(無玄武)라면 후맥이 풍부함을 필요로 하며 높이 쌓인 것이 혈에서 한층 더 넓으면 가히 좋다고 하겠다.

❖ **현무봉**(玄武峰) : 묘 뒤에 있는 작고 단아한 봉우리. 소조산(小祖山)은 양변으로 개장하여 청룡과 백호능선을 만든다. 그리고 중간으로는 중심맥을 출맥시켜 중출맥(中出脈)으로 주룡이 된다. 개장한 청룡과 백호능선은 중출맥을 보호하는 역할을 한다. 중심출맥한 주룡은 변화하며 보다 더 세밀한 탈살을 한다. 그리고 기를 모으기 위해서 단아한 봉우리를 일으키는데 이 봉우리가 현무봉(玄武峰)이다. 태조산(太祖山)에서 이곳까지 용맥이 오면서 험한 기운이 모두 탈살시켰기 때문에 험한 바위가 없는 깨끗한 산이다. 현무봉은 혈 바로 뒤에 있으면서 양 옆으로 개장하여 내청룡·내백호를 만든다. 그리고 중심으로는 중출맥이 나와 혈을 맺는다. 내청룡·내백호는 혈을 감싸주어야 한다. 현무봉에서 혈까지 이어지는 용맥은 어느 정도 탈살이 된 상태이기 때문에 큰 변화를 하지 않는다. 지각(枝脚)을 뻗거나 낮은 기복을 하고 무엇보다도 좌우로 굴곡하면서 위이(逶迤)한다. 작은 변화라 할지라도 활발해야 좋은 용맥이라 할 수 있다. 그러면서 얼마 남지 않은 살까지 모두 털어내고 마지막으로 깨끗한 생기만 모은다. 이 생기가 모인 곳이 혈 바로 뒤 입수(入首) 도두처다. 생기만 모인 곳이기 때문에 약간 볼록하면서 밝고 깨끗하며 단단하다. 여기서 양변으로 선익(蟬翼)을 뻗어 생기가 좌우로 흩어지지 않도록 한다. 음 중심으로는 생기를 혈에 공급해 준다.

❖ **현무수**(玄武水) : 혈 주위를 난간처럼 둘러싸는 물로서 자손장구하고 백복이 모여든다.

❖ **현무정**(玄武頂) : 혈 뒤로 가장 가까운 곳에 솟은 봉우리. 실제의 방위야 어떻든지 앞이 남, 뒤가 북, 왼쪽은 동, 오른쪽을 서로 본다. 그러므로 왼쪽(東)을 청룡, 오른쪽(西)을 백호, 앞(南)을 주작(朱雀), 뒤(北)를 현무(玄武)라 하여 붙여진 이름이다. 현무정(玄武頂)은 혈판에서 가장 가까운 취기(聚氣)된 산봉이고 내룡(來龍)의 정기가 결집된 저장처이며 혈장을 뒤에서 받쳐서 응해주는 사신중의 하나이다. 현무정(玄武頂)은 정기에 찬 주산이

경사를 이루면서 완만하게 국곡으로 진행하다가 머리를 들어 일돈(一頓)을 하고 엎드리며 입수로 이어지니, 이는 주산으로부터 내려받는 정기가 마지막으로 취기(聚氣)되는 형상이며, 내룡(來龍)의 마지막 봉이요 혈장에서 가장 가까운 봉이 되는 것이다. 현무정(玄武頂)의 형상은 마치 조용히 엎드린 거북이 등이나 고개 숙인 꿩의 등과 같아야만이 상격이다.

❖ **현무화복**(玄武禍福) : 주산봉(主山峰)이 아름답게 둥글면 복록(福祿)장수(長壽)한다. 태을봉(太乙峰)이 높이 솟아 바라보이는 혈은 높은 지위에 올라 명성이 나는 귀한 인물이 난다. 둥근 주산봉(主山峰)이 높고 높으면 수명 장수하고 부귀한다. 주산이 높이 솟아 양명한 혈이면 귀한 자손 배출한다. 뒤가 허하여 호수가 넘겨다 보이면 악질 간질병이 생긴다. 주산에 칼같은 돌이 있으면 목잘리는 자손이 생긴다. 주산봉이 북과 같은 암석이면 대대로 국왕이 태어난다.

❖ **현미**(玄微) : 지리의 깊은 이치가 현묘하고 미묘함.

❖ **현부사**(賢婦砂) : 용진혈적(龍眞穴的)한 곳에 백호가 단정 수려하고 안산과 조산이 공손한 형국. 현모양처가 나온다.

❖ **현응**(玄應) : 명당을 형성하고 있는 혈처(穴處:穴土)에 함축된 지기(地氣)가 체백의 정기(精氣)와 조화롭게 융합하여 응축된 오묘한 영기(靈氣)가 동질의 원소를 가진 그 후손들에게 감응되어 여러 가지 현상으로 나타나는[음우(陰佑)] 결과이다.

❖ **현인빙궤**(賢人憑几) : 현인(賢人)이 탁상에 앉아 있는 형국. 타원형의 봉우리(현인) 앞에 네모난 봉우리(탁상)가 있다. 혈은 탁상 위에 자리잡고 안산(案山)은 장막이다.

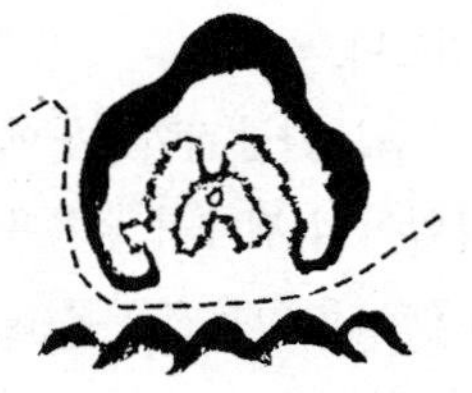

❖ **현좌**(賢佐) : 어질고 착한 사람이 임금을 보좌하다.

❖ **현침**(懸針) : 큰 용이 내려가서 끝부분에 달아맨 바늘처럼 가늘고 뾰족한 땅으로서 혈이 맺지 않는다. 모르고 묘를 쓰면 대가 끊긴다.

❖ **혈**(穴) : 생기(生氣)가 모여 있는 곳. 사람으로 비유하자면 침구(針灸)의 혈맥(穴脈)과 같은 곳으로 기(氣)가 머무는 곳이다.

① 한 자리로서 바꿀 수 없는 곳을 가리킴. 진룡으로 내려와 맥이 움직여서 기가 융회한 곳. 구(毬)를 이룬 아래에서 튼튼하고 평평함을 이룬 내에는 기가 응결하여 혈을 이룬다. 사람의 몸을 말하자면 침구(針灸)의 혈도로 맥기(脈氣)가 맺어진 곳.

② 혈의 정(情)을 나타낸 말로서 혈의 천광(穿鑛)을 말한 것은 아니다. 산의 기운이 한곳으로 응집된 작은 터(시신을 파고 묻는 곳)로 가장 핵심이 되는 지점이다. 모양에 따라서 와혈(窩穴), 겸혈(鉗穴), 유혈(乳穴), 돌혈(突穴)로 나눈다.

③ 혈이란 좋은 지기(地氣)가 모인 곳이다. 그렇기 때문에 묘지터, 집터, 마을터 등으로 적합한 데다.

④ 글자 풀이로 구멍이란 뜻이니, 사람에 비유하면 침구멍(針灸穴)이요, 지리법에는 시신을 안장(安葬)하는 땅구멍 즉 광중(壙中)을 말한다. 혈에는 두 가지 뜻이 있다. 하나는 진혈(眞穴)이건 가혈(假穴)이건 묘 쓰는 자리(壙中)를 혈이라 칭하고, 또 하나는 산의 정기가 응결되는 곳이라야 혈로 인정함이다. 대개 혈이라 칭함은 진혈(산의 정기가 응결되는 곳)을 말하지만, 경우에 따라서는 진가를 막론하고 묘 쓰는 자리를 혈이라 칭하기도 한다.

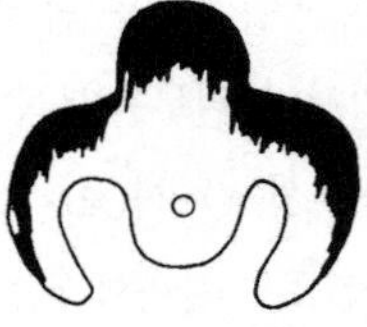

⑤ 용맥의 정기가 모인 곳의 신비(神秘) : 옛 산서(山書)에서 혈장(穴場)을 천리내룡입수결혈지유팔척승생기(千里來龍入首結穴地有八尺乘生氣)라 설명할 뿐 혈지융결(穴地融結)의 심오한 이치에 관한 학문적 추구와 설명은 별로 없었지만 혈지(穴地)의 생성원리와 그 내외구조는 참으로 신비하여 한 덩어리의 흙뭉치에 불과한 이 혈은 만물의 영장인 조상의 체백(體魄)의 안위와 자손의 부귀빈천이라는 생령(生靈)과 사령(死靈)의 안위성쇠(安危盛衰)를 주장하고 있다. 그러한 바 혈

이란 참으로 위대하고 신비한 것이다. 또한 주룡(主龍)의 외적 생동(外的生動)에 의한 입수작뇌(入首作腦: 혈 바로 뒤), 용의 내적 생기(內的生氣)에 의한 혈성(穴星)의 음양이법(陰陽理法)에 의한 길흉화복(吉凶禍福), 이 밖에도 음양요철(陰陽凹凸)의 기본혈체와 와겸유돌(窩鉗乳突)의 기본혈체와 와겸유돌(窩鉗乳突)의 사상혈형(四象穴形) 등은 자연의 조건에 따라 정연하게 조화생성하는 혈의 융결이란 과연 우주대자연의 신비지공(神秘之功)이라 아니할 수 없다. 또한 혈장생성의 바탕은 우주의 현상변화에 의한 내외이치(內外理致)와 음양오행이라는 우주이법(宇宙理法)에 의한 내적 원리(內的原理)에 두고 있다. 이 음양이법(陰陽理法)은 만유(萬有)의 생성이치이며 힘의 근원이다. 만상(萬象)은 음양양의(陰陽兩儀)와 사상(四象), 여기에 금목수화토(金木水火土)의 오기정령(五氣精靈)이 내재하여 이들의 충화소장작용(冲和消長作用)으로 조화된다. 용혈(龍穴) 역시 살아있는 태극(太極)의 하나인 바 외적 형상(外的形象)의 조화와 내적 생기(內的生氣)의 유행(流行)과 융결의 원리가 다른 태극(太極) 즉 모든 생물체와 다를 바 없다.

⑥ 혈이란 산천의 정기가 음양으로 배합이 되고 생기 있는 산수의 조화가 취기(聚會)되어 결혈된 곳을 말한다.

- **와혈상**(窩穴相) : 와혈(窩穴)은 가운데가 둥글게 요(凹)한 곳으로 오목하고 현능(弦稜)이 명백하고 전순(氈脣)이 형국에 맞도록 아름다워야 진혈이 될 수 있으며, 점혈은 약간 높은 곳을 취함이 타당하다.
- **겸혈상**(鉗穴相) : 겸혈(鉗穴)은 양지각(兩枝脚)이 분명하고 모양이 고르게 조화되고 가운데가 아름답게 취회(聚會)되고 전순(氈脣)이 아름답게 형성되어야 길격이 된다. 취혈은 겸(鉗)이 된 바로 위에 뾰족한 곳을 피하고 점혈함이 가하다.
- **유혈상**(乳穴相) : 유혈(乳穴)은 모양이 여자의 유방과 흡사하게 둥글고 아름다워야 하고 좌청룡·우백호가 아름답게 환포되어야 길격이다. 유혈(乳穴)의 재혈은 유돌(乳突)된 중앙에 취혈함이 합법이다.
- **돌혈상**(突穴相) : 돌혈(突穴)은 야산의 정상에 취기되는 혈을 말하며, 사신방위에 중사(衆砂)가 장막이 되어 장풍이 되어야 진혈이 된다. 정혈방법은 돌(突)한 중앙에 재혈함이 합법이다.
- **천심10도혈**(天心十道穴) : 천심10도혈(天心十道穴)은 혈을 중심으로 하여 전후좌우의 산이 +자로 4응(四應)이 되어 10자의 중앙에 정혈을 하는 재혈방법이다. 또한 혈을 중심하여 개산(蓋山)과 조산(照山), 좌우에 내이산(來耳山)을 증거로하여 +자로 그린 중앙에 정혈을 하는 취혈방법을 천심10도혈이라 한다.
- **태극혈**(太極穴) : 태극혈(太極穴)은 용맥을 타고 내려오면서 혈이 취결되는 지점이라고 생각되는 곳에 보일 듯 말 듯 은미한 원운이 있으면 이것이 바로 태극혈(太極穴)이 된다. 본래 태극(太極)은 둥구스름한 원운이 미미하며 막연하고 은은하게 보일 듯 말 듯한 것이 태극으로 참된 흔적의 태극혈(太極穴)은 그 원운 위에서 물이 양분되어 흐르다가 원운 아래에서 다시 합해진 안이 태극혈(太極穴)이 된다. 흐른다는 물은 흐르는 물이 아니요 또한 도랑처럼 완연한 물길이 생긴 것도 아니다. 몇 촌에서 23척 이내의 너비로 1치 2치정도 얕으면 물로 보는 것이니, 이 물이 나뉘었다 합해지는 원의 안에 사람이 옆으로 누울만한 정도의 넓이로 형성되고 음이든 양이든 1기로 원운이 이루어진 것이 태극혈(太極穴)이 된다.
- **양의혈**(兩儀穴) : 하나의 원운이라 함은 사람이 옆으로 누울만한 원의 테두리 안을 말하는 바, 그 안에 음과 양의 기가 조화되어 있으며 하나의 혈을 이룬 것을 양의혈(兩儀穴)이라 한다. 태극혈(太極穴)과 양의혈(兩儀穴)의 차이는 태극(太極)은 하나이니 기도 음이든 양이든 하나요, 양의혈(兩儀穴)은 하나가 둘이 되어 기가 2기로 되어 있으며 음과 양의 조화가 시작된 혈을 말하는 것이다.
- **삼정혈**(三停穴) : 삼정혈(三停穴)은 상정혈(上停穴), 중정혈(中停穴), 하정혈(下停穴)로 구분하며, 상정혈(上停穴)은 천혈(天穴)에 속하고, 중정혈(中停穴)은 인혈에 속하고, 하정

혈(下停穴)은 지혈(地穴)에 속하여 삼정혈(三停穴)과 천인지혈(天人地穴)은 같은 의미로 통한다. 다만 용의 형세와 형국의 형성에 따라 천혈(天穴)을 취하거나 인혈(人穴)을 취하거나 지혈(地穴)을 취하는 것이다. 만일 좌청룡·우백호가 높고 조산과 개산(蓋山), 현무정(玄武頂)이 높게 형국을 이루었으면 명당은 상정(上停)에 이루어졌을 것이니 천혈(天穴)을 취함이 마땅할 것이고, 반대로 조산과 개산(蓋山), 현무정(玄武停)이 낮게 형국이 이루어졌다면 명당은 하정(下停)에 이루어졌을 것이니 지혈(地穴)을 취함이 마땅할 것이고, 높지도 낮지도 않은 중간에 조산과 개산(蓋山), 현무정(玄武停)의 형국이 이루어졌으면 명당은 중정(中停)에 있을 것이니 인혈(人穴)을 취함이 마땅할 것이다. 만약에 형국이 지혈(地穴)을 취하여야 할 혈을 면산이 부봉(富峰)으로 아름답다하여 형국을 무시하고 천혈(天穴)이나 인혈(人穴)을 취하였다면 그 명혈은 파기되는 것이며, 아울러 그에 상응되는 패가 따를 것이다. 숨어 있는 혈을 찾기란 참으로 어려운 것이다. 그러한 경우 진혈을 찾으려면 중수(衆水)가 모이는 것을 살피고, 멀리서 물이 혈을 포옹하는 상태를 살피고, 조입되는 수세(水勢)를 살펴서 그 중수(衆水)로 하여금 취혈이 되는 숨은 혈을 찾는다. 경(經)에 이르기를, 산에서 점혈을 함에 있어 우선 수세(水勢)를 살펴볼 때 만일 수세(水勢)가 명당(明堂) 왼쪽에 모이거나 혹은 수성(水城)이 왼쪽을 활처럼 포위하면 혈은 왼쪽에 있다 하였다. 또한 수세(水勢)가 명당(明堂) 오른쪽에 모여 돌아가거나 혹은 오른쪽 갓을 궁포(弓抱)하면 혈은 오른쪽에 있다하였고, 만일 명당의 한복판으로 물이 들어오거나 정중(正中)으로 물이 쏠려 멈추거나 수성(水城)이 둥글게 포옹하면 혈은 정중(正中)에 있다 하였다. 산이 너무 고대하고 웅장 참엄하면 명당을 능멸하게 되고 억압하게 되니 낙산(樂山)으로 알고 의지하지 말 것이며, 왼쪽 산이 혈을 누르면 오른쪽에 혈을 정하고, 오른쪽에 있는 산이 혈을 누르면 혈은 왼쪽에 정하고, 4방의 산이 모두 고루 평평하면 혈은 중앙에 정하고, 뒤에 있는 산이 혈을 누르면 혈을 앞으로 정해야 하고, 보내는 산이 짧으면 혈은 안으로 세우고, 보내는 산이 길면 혈은 그 용이 다한 곳에 있는 것이다. 보내는 산이 편벽되면 혈도 편벽된 곳에 있고, 보내는 산이 궁진(窮盡)하면 혈이 그 다한 곳에 있다 하였다.

- **천풍혈**(天風穴) : 독봉(獨峰)과 같이 노출된 산의 정상에 그 안에서의 균형에 맞게 4신이 갖추어지고 취기가 되어 맺은 혈. 천풍혈(天風穴)의 특성은 혈장에 오르기 전에 정상을 바라보면, 팔풍(八風)이 팔방(八方)으로 통하여 취풍으로 취기가 되어 혈이 맺지 못할 것 같으나, 정상에 올라가 보면 나름대로 전후좌우에 형성된 형국이 장풍이 되어 명당이 보호되며 취혈되는 혈을 천풍혈(天風穴)이라 말하고 이러한 명당을 괴혈명당(怪穴明堂)이라고도 한다.
- **교혈**(巧穴) : 혈형(穴形)이 기이하고 오묘해서 자세히 살피지 않으면 혈답지 않게 보이나 실제로는 조화가 감추어진 혈.
- **괴혈**(怪穴) : 혈법상(穴法上)으로 이해가 되지 않으나 정기가 변태형(變態形)의 땅에 취기되어 혈이 이루어진 혈.
- **석중혈**(石中穴) : 내룡(來龍)의 기맥이 돌틈을 따라 흐르다 국세를 만나고 돌의 틈 사이에 관을 안치할 말한 자리가 있으면 혈로 잡는 혈. 지리의 혈법에 안산이 주산보다 높으면 객이 주인을 역한다 하여 불길로 보나 회룡고조혈(回龍顧祖穴)만은 달리하는 이치를 가지고 있다. 그 이유는 안산이 돌아가 보면 그 혈의 조산이기도 하기 때문이다.
- **편혈방혈**(偏穴傍穴) : 명혈대지(明穴大地)를 이루는 혈장의 정기는 혈을 맺고도 남은 기(氣)는 있어 편으로나 직방으로 다른 곳으로 가다가 다시 취기되어 맺는 혈. 혈형(穴形)은 무한이 많다고 생각되나 와겸유돌(窩鉗乳突)의 4형태를 벗어나지 못한다. 양혈(陽穴)로 되어 둥글면 와(窩)가 되고, 와혈(窩穴)이 길어지면 겸(鉗)이 되고, 음혈(陰穴)로 되어 길면 유(乳)가 되고, 음혈(陰穴)로 되어 짧으면 돌혈(突穴)이 된다. 혈의 모양을 갖춘다는 것은 입수양선익(入首兩蟬翼)과 당판전순(當坂氈脣)으로 갖추어지면 현무정룡백호주작(玄武頂龍白虎朱雀)이 응해주고 환포해주는 유

정한 사(砂)가 있어야 혈의 모양이 갖추어진다. 부혈(富穴)은 십중팔구가 와혈(窩穴)에 있고 혈장은 낮은 곳에 많으며 비만후덕(肥滿厚德)하다. 귀혈(貴穴)은 혈의 위치가 높은 곳에 취기되어 혈을 맺고 높은 혈은 사(砂)가 수려하여야 아름답다. 빈혈(貧穴)은 수구(水口)에 관쇄(關鎖)가 없고 나가는 물이 곧게 흘러가며 중사(衆砂)가 없거나 연이어 바람이 새고 풍취를 받는 혈이다. 천혈(賤穴)은 모든 사(砂)가 반궁(反弓)되어 무정하고 살수가 당형을 충사(沖射)한다.

- **정수혈**(正受穴) : 태조산(太祖山)으로부터 행룡(行龍)되는 세(勢)가 중출룡(中出龍)으로만 수백리를 이어지며 한 곳을 만나 정기가 모여 취혈되는 혈.
- **분수혈**(分受穴) : 중출정룡(中出正龍)에서 분리되어 떨어진 용에서 정기가 융결되어 맺는 혈.
- **방수혈**(傍受穴) : 지각(枝脚)으로 정룡(正龍)에서 벗어난 용맥이나 청룡·백호하의 용신(龍身)에서 취기되어 맺는 혈. 지리서에 이르기를, 3년심룡(三年尋龍)에 10년점혈(十年點穴)이라 했다. 이는 장대웅장(長大雄壯)한 내룡(來龍)은 활동의 자취가 크니 판별이 쉬우나 일장(一場)의 혈판은 사람이 누워 돌아누울 정도만이 합당한 것으로 용맥의 정기와 일합(一合)이 되는 곳을 찾기가 쉽지 않은 것이니 어렵다는 이치를 말한 것이다. 장사에 있어 혈의 적부(的否)의 차이는 호리지차(毫厘之差)가, 화(禍)와 복(福)의 차는 천리지차(千里之借)가 난다 하였다. 이는 혈의 격정을 가벼히 말라는 경고로 보아야 할 것이다.

⑦ 혈에서 백보 이내에 길쭉한 암석이 있으면 무과(武科)에 급제하는 자손이 출생한다.

❖ **혈**(穴) : 침술학에서 나온 말이다. 경락(經絡)에 침을 놓듯 생기(生氣)가 모여 있는 자리 또는 관(棺 : 체백(體魄))이 들어가는 곳이 혈이다. 혈 주위를 혈장(穴場)이라 한다.

❖ **혈**(穴), **각종 혈은 이러하다**

- 혈장(穴場) 상부위(上部位)가 튼튼하면 장자(長子)가 하부위(下部位)가 튼튼하면 차자(次子)가 왕성(旺成)하다.
- 혈을 사람에 비유하면 얼굴에는 코가 으뜸이요 배에는 배꼽이 중심이고 하체(下體)에는 남녀의 심복인 성기(性器)가 혈에는 비유 할 수 있다.
- 혈 앞뒤에 부봉사가 있으면 대대로 만석군(萬石君)이 난다.
- 혈장이 미묘(微妙)하게 고저(高低) 수비(瘦肥)하니 알기가 어렵다. 우편(右便)이 살찌고 좌편(左便)이 여위면 중간(中間)을 택하라.
- 혈판 좌우에 긴 골짜기가 되었다면 자손이 흩어져 달아나는 일이 있다.
- 혈판외의 팔방위(八方位)에 나타난 봉(峰)이 없으면 흉지(凶地)이다.
- 혈전에 긴 골짜기가 보이는 것은 여자에게 음란한 구설이 있게 된다.
- 작은 혈지당판(穴地堂坂)이라도 밝고 맑으면 고을의 작은 벼슬을 연하여 난다.
- 혈전이 평평한 명당이 없으면 귀(貴)를 하여도 록(祿)이 박(薄)하다.
- 혈판 입수(入首)에 길암석(吉巖石)은 장손(長孫)에 길(吉)하고, 중부위(中部位)는 중손(中孫)에 길(吉)하고, 전순(氈脣)에 암석(巖石)은 말손(末孫)이 부귀(富貴)하다.
- 묘지가 급경사(急傾斜)라면 자손(子孫)이 목메어 죽고 재물이 파산(破産)으로 본다. 절맥(絶脈)은 오사요수(誤死夭壽)로 본다.
- 혈판 밑에 넓은 암석이 깔리면 무관(武官)이 출생한다. 혈판 좌우에 귀암(貴巖)이 우루면 장군(將軍)이 태어날 대지(大地)이다.
- 혈후의 일절(一節)이 묶어 있으며 기(氣)가 왕성하고 묶어지지 않았으면 기(氣)가 약하다. 또한 맥(脈)의 굴곡은 속기(速氣)와 서로 같다.
- 혈이 맺힌 여기(餘氣)가 앞으로 나아가 전순이 되는데 평평하게 펼쳐져야 하며 속기(速氣)가 굴곡의 모양이 없어야 한다. 이러하기 때문에 용을 찾는 법은 단지 혈후의 기(氣)를 위주로 하고 후룡(後龍)의 기(氣)가 일절에 흘러 들어와 혈에 그친다.
- 혈이 낮고 사격(砂格)이 높으면 천(賤)한 사람은 자손(子孫)이 많고, 귀(貴)한 사람은 자손이 적다. 혈전을 단 한번이라도 돌

아주는 회룡(廻龍)이 있는 것은 천리대강(千里大江)이 돌아주는 것과 같다 하였다.

- 혈전에 악석(惡石)과 전암(纏巖) 보기가 흉한 바위나 수(水)나 도로가 곧게 충사(沖射)하고 폭포수가 흘러오거나 흘러가거나 물소리가 크거나 시끄럽게 들리면 이를 용(龍)이 부르짖는다 함이니 집안이 불안하여 단명(短命)하고 자손이 희소(稀少 - 자손이 드물다)며 울음소리가 나게 되는 재앙(災殃)이 많음이다.
- 혈상 가까이 청룡 백호가 작국(作局)하면 속발(速發)하고 효자 충신이 난다.
- 혈판과 안산(案山) 조산(朝山) 모든 사격이 건재하면 당대(當代) 발복(發福)이요 원재(遠在) 하면 발복이 늦어진다.
- 괴혈(怪穴)이 언덕바지에도 있다. 추한 가운데 홍황색(紅黃色) 혈토(穴土)가 있다.
- 혈전(穴前) 암석은 갑부귀(甲富貴)요, 혈후(穴後) 암석이 있으면 쌍둥이가 출생한다. 혈후가 가파르고 중간은 높고 양쪽은 아래로 늘어진 것 같이 처져 있으면 여자는 병들고 남자는 감옥에 간다.
- 혈상 좌에 귀암(貴巖)이면 차자손(次子孫)들에게 좌의정이 난다.
- 혈상에 주먹 같거나 공기 돌 크기에서 왕모래 같은 돌이 입수(入首)을 비롯한 형상(形相) 둘레에 흩어져 있으면 귀격(貴格)이다.
- 혈상에 사석(砂石)이 있으면 귀격 혈이 되어 부귀겸전(富貴兼全) 사석에 황색이 비치면 귀격이다.
- 혈판 밑에 샘물이 있으면 우물에 빠져죽고 백호 밑에 천정(泉井)이 있으면 여자가 음란하다. 전순(氈脣)밑에 샘물이 나면 부귀(富貴)한다.
- 혈지(穴地)를 보면 양명(陽明)하다. 암석의 선익(蟬翼)이 되어 모두 밝은 색상이다. 소지(小地)라도 암석의 선익이다. 사지지(砂之地)가 되면 2대 60년 발복(發福)하는 것이다.

❖ **혈(穴)과 용(龍) 4신사(四神砂) 발복 기간**

- 용 30미터마다 한 절(節)을 이루고 한 절의 발복 기간은 30년으로 본다.
- 절이 많을수록 발복 기간도 길어진다. - 10절이면 300년 발복한다.
- 사신사는 한 요소에 30(년으로 계산한다. - 3개만 있으면 90년 발복한다.
- 휴수(休囚) : 일정한 기간 지나면 효험이 끊어지는데 이를 휴수라 한다.

❖ **혈광중(穴壙中)에 해(害)**

- **수렴**(水廉) : 혈 자리에 물이 드는 것. 터 또는 묘지 조성에 문제 자손에 흉사가 있다.
- **목렴**(木廉) : 땅 힘이 없는 자리 나무뿌리가 혈속에 들어간다. 자손에 우환이 있다.
- **충렴**(蟲廉) : 개구리 쥐 뱀이 있다. 뱀은 희고 쥐는 생쥐 절대 죽이지 말 것.
- **화렴**(火廉) : 풍렴(風廉), 진흙땅 뼈 마디마디가 상한다. 물이 들어가서 생김
- **모렴**(毛廉) : 진흙땅 자연적으로 시신의 머리카락 손발톱이 자라 있다.

❖ **혈결가**(穴訣歌) : 산맥이 오른쪽으로 나가면 혈상(穴相)은 왼쪽으로 좌정(坐定)하고, 산맥이 왼쪽으로 나가면 혈상(穴相)은 오른쪽으로 좌정(坐定)한다. (左右旋으로 坐定되는 結穴의 이치.) 만일 이 진룡(眞龍)에 혈이 자리를 정하였다면 당을 이루니 하늘에서 낸 기이한 혈이라 한점이 중천에 떠 있더라.(높은 堂 위에 坐定된 明穴의 氣象이다.) 이몸의 혈 덩어리가 용상(龍上)에 있는 것을 보면 미리 전두(前頭)에는 혈의 형상이 정하였으리라. 금상옥인(金箱玉印)과 같은 일자문성(一字文星)의 당봉파격(當峯破格)이 전면에 드러나며 별의 모임이나 개미 둥우리처럼 금석(金石)이 쌓이더라(길한 사격(砂格)이 조립(照立)되면 광채나는 혈상(穴象)이 결응(結凝)된다는 뜻. 혈이 만약 용 위의 덩어리로 따르지 못하면 정녕 이것이 거짓이요 참됨이 아니다(穴象은 결응되지 않았으면 直穴이 아니라는 뜻.) 행룡(行龍)의 법은 특별한 이치가 없으니 살(殺)을 버리고 덩어리로써 머무를 따름이다. 결지(結地)의 대소(大小)는 줄기용으로써 분별하고 결지(結地)의 귀천(貴賤)은 사격(砂格)으로써 분별하라. 용을 찾는 데는 모

름지기 뿌리에 근본을 찾을지니 조종(祖宗)을 분별치 못하면 어찌 만족한 말을 하랴.

❖ 혈공망(穴空亡)

丁壬年 : 無忌	甲己年 : 坎穴
乙庚年 : 震穴	丙辛年 : 离穴
戊癸年 : 兌穴	土生人 : 木運山
木生人 : 金運山	火生人 : 水運山
金生人 : 火運山	水生人 : 土運山

用之則子孫 顚狂散亡

혈극망명은 고인의 납음(60甲子) 생년으로 본다. 가령 갑자(甲子), 을축(乙丑), 해중금(海中金), 금생인(金生人)은 오산년운표(五山年運表).

❖ 혈 근처 암석의 길흉은 이러하다

- 혈상 입수(入首) 주위에 검고 호랑이처럼 무섭게 생긴 암석이 있으면 장손이 요수(夭壽)하고 전좌우(前左右)에 암석이 있으면 있는 곳에 따라 자손이 요수(夭壽)하게 된다.
- 혈판 입수에 길(吉) 암석은 장자(長子)에게 중부위(中部位)에는 중손(中孫: 둘째)이 전순(氈脣)에 왕성(旺盛)은 말손(末孫)이 길(吉)하다. 혈상 좌우에 귀암(貴巖)이 있으면 차자손(次子孫)들에게 좌이정이 난다. 혈판 주위에 흉석은 관재구설(官災口舌)에 차자손이 많은 해(害)를 당하게 되고 심하면 죽게 되고 말자(末子)는 파산하게 된다.
- 혈 주위에 장군의 모습을 한 특이한 암석이 서 있다면 무과급제자가 많이 난다. 사람이나 동물형상의 암석은 흉석으로 보나 소나 개가 누워 있는 형상의 암석은 귀암으로 본다.
- 혈 주변이 바위로 널따랗게 둘러싸여 있으면 세도가(勢道家)가 난다.
- 혈판 밑에 넓은 암석이 깔려 있으면 무관이 나고 에 귀암이 둘려 있으면 장군이 날 이다.
- 혈장에 사석(잔잔한 돌)이 있으면 부귀겸전에 황색이 비치면 귀결이다.
- 뒤에 거북 형상의 바위는 높은 벼슬이 난다.
- 혈 뒤에 북과 같은 바위가 있으면 왕 재상 높은 관직이 난다.
- 혈 앞의 귀석은 로 보고 흉석은 흉사로 본다.
- 혈에서 100보 이내 길다란 암석이 있으면 무관이 난다.
- 혈 앞의 암석에서 샘물이 나는 것은 부(富)가 큰 것이고 혈 뒤의 암석에서 샘물이 나면 쌍둥이가 난다.
- 혈장 앞에나 뒤에 두 개 이상 포개져 있으면 흉석이고 나란히 있으면 귀석이다. 좌우에 입석이 있으면 장님이 난다. 괴석(怪石)·험석(險石)으로 파묻어야 한다.
- 혈 앞에 기이한 암석이 있으면 삭발승 또는 교통사고를 당하는 자손이 난다.
- 혈장 뒤 받쳐 주는 주산(主山)에 어덕터덕한 작은 암석이 듬성듬성 있으면 장자(長子)가 꼽추(곱사)가 출생한다.
- 묘지에 암맥(巖脈)이 횡(橫 - 가로로) 지나가면 음행(淫行)으로 축자가 태어난다. 측(側) 입수(入首) 암맥(巖脈)도 이와 같다.
- 혈장에 백색 왕사토에는 배속 장애인이 태어난다.

❖ 혈기에 대한 설명의 시(詩) : 지금 여기 한 조각의 금(金)이 있는데 분명하게 풍수를 논하네. 감춰진 목의 사슬에서 태어난 젖꼭지는 네 가지 상(像)을 가지고 생기종(生氣鐘)을 잃어 버렸네. 명안법(明眼法)으로 기(氣)를 좋게 살피면 보통인 것, 특별한 것을 한 모습으로 보네. 제자의 배움이 스승에게서 잘 되지 아니하면 스승은 제자를 깨우치지 말일이다. 만일 이 진짜 혈의 기를 잘 깨닫지 못한다면 신의 방법도 옳은 것은 없네. 지금 제목의 시가 진짜 혈을 설명하는 것을 단지 기(氣)한 글자네. 풍수의 법을 알맞은 것은 많지를 않고 단지 생기를 잡을 뿐이네. 천 가지의 모양과 만능은 변화가 있으며 형상은 괴상하고 또 다른 것이네. 명안법의 밝고 좋은 기(氣)는 화(禍)와 복(福)이 모두 여기에 있네. 이심전심이 눈과 눈으로 전해지니 신의 방법을 옳은 것에 비할 것이 없네. 형(形)의 설(說)이 필요없다는 설명은 다만 귀혈(貴穴)의 기가 좋을 때만이네. 사람을 돕는 자, 점치는 자는 나에게 동지기를 주네. 기나 수나 용이 오는 것은 백리가 되어도 한 자의 땅에 불과하네. 놀란 사람의 눈과 놀란 사람의 문(門)은 보통 사람은 하찮게 여겨 버리네. 누가 이 기(氣)가 진(眞)이라고 잘 상세히 설명해도 언명하지는 못할 것이네. 이심전심으로 눈은 눈으로 전해져서 그런 뒤에 아는 것은 묘한 이치네.

진짜인 기(氣)는 파묻혀서 감춰 있는 중에 조화의 뜻을 알아보게 되네.

❖ **혈길장흉**(穴吉葬凶) : 혈은 길하나 장법이 흉하면 시신을 버림과 같다. 혈유삼길(穴有三吉) 장유육흉(葬有六凶)의 중요성을 강조함이다. 아무리 길지라도 장사지냄에 장법이 정확하지 않으면 혈이 파괴되므로 시신을 버리는 것처럼 흉하다. 길지라 할지라도 조화를 이루도록 방향과 길일양시를 장법에 정확해야 완전한 진혈이 되어 길기를 받을 수 있다. 그러므로 지리적으로 아무리 좋은 혈이라도 조화를 이루어 천지인(天地人) 삼위일체를 이루어야 하는데 장법에 어긋나면 혈이 파괴되므로 사자를 매장하여도 좋은 결과를 구하지 못한다.

❖ **혈내공제**(穴內控際) : 내외 양향(兩向)의 방법. 예를 들어 음룡입수(陰龍入首)에 명당 수법이 음향(陰向)에 계합(契合)하면 음향(陰向)하여 배룡수수(配龍收水)한다. 즉 내외일향지법(內外一向之法)을 쓴다. 혹 음룡입수(陰龍入首)에 명당 수법이 양향에 계합하면 내립음향(內立陰向)하여 배룡하고 외작양향(外作陽向)하여 수수(收水)한다. 이는 즉 내외양향지법(內外兩向之法)을 쓰는 것이다. 그러므로 용진혈적(龍眞穴的)한데 수법이 맞지 않으면 임혈공제(臨穴控除)하여 소납(消納)하면 된다.

❖ **혈뇌기**(穴腦氣)**는 생기가 있으면 반드시 먼저 뇌**(腦)**가 있다** : 주산의 맥이 은은하게 내려와 장차 혈을 맺히는 곳이 된다. 다시 작은 돌(突)을 일으키는데 사람의 이마와 같다. 혈 중앙에 서서 돌아보면 치우치지도 않고 기울어지지도 않아야 하고 둥글어 가득차고 차서 넘치면 뇌이다. 맥(脈)에 기(氣)가 있으면 반드시 결혈이 된다. 이에 음양(陰陽)이 교구하고 태(胎)을 이룬다. 혈묘(穴妙)함은 모두 여기에 있다 그리고 조화(造化)는 하나가 아니다. 혹 뇌가 없어도 결혈이 되니 이에 구에 받아 정혈(正穴)을 버리면 안 된다. 그러므로 혈을 잘 찾는 자는 단지 생기를 잘 살필 따름이며 뇌의 유무(有無)는 논할 필요가 없다.

❖ **혈당판길흉**(穴當坂吉凶) : 혈판 외의 팔방에 산봉우리가 없으면 흉지이다. 묘 앞에 긴 골짜기가 보이면 여자에게 음난구설이 생긴다. 당판(當坂) 좌우에 긴 골짜기이면 흩어져 도망가는 자손이다. 작은 당판이 맑고 밝으면 남으로 가서 음의 벼슬이 연이은다. 명당이 높으면 장원하고 귀한 사격이 높으면 영웅이 난다.

❖ **혈 뒤에 입석**(立石)**과 광석**(廣石)**은** : 조산(祖山)에 입석(立石)이 있으면 혈에도 입석이 있고, 조산에 광석(廣石)이 있으면 혈장에 은석(隱石)이 있다. 간인맥(艮寅脈)에는 반드시 돌이 있고, 을신정계맥(乙辛丁癸脈)에는 지중석(地中石)이 많으며, 건술임해맥(乾戌壬亥脈) 아래에는 돌이 있다. 건해맥(乾亥脈) 위로 간인맥(艮寅脈)이 지나가면 겉이 돌이면 속은 흙이고, 간인맥(艮寅脈) 위로 건해맥(乾亥脈)이 지나가면 겉이 흙이면 속은 돌이다. 손사맥(巽巳脈) 위로 곤신맥(坤申脈)이 지나가면 겉이 돌이면 속은 흙이고, 속이 돌이면 겉은 흙이다. 곤신맥(坤申脈) 등 위로 손사맥(巽巳脈)이 지나가면 겉과 속이 모두 돌이다.

❖ **혈리**(穴裏) : 혈에서 가장 가까운 거리. 내사(內沙)의 안.

❖ **혈면사병**(穴面病) : 지리법에 요금정(寥金精)이 말한 혈면(穴面) 4가지 병통.

- 산 이마를 꿰는 맥이 뇌두로부터 뻗어와 혈에서 성신봉의 머리를 볼 수 없는 것.
- 발로 떨어진 맥이 다리 아래로 가서 영광이 안으로 모여있는 것.
- 혈의 면이 일그러져 얽은 채 횡으로 두어 가닥 맥이 뻗어간 것.
- 혈의 면이 툭 불거지고 거칠어 엎어진 키같이 생겼으면 취하지 못한다.

❖ **혈맥**(穴脈)**은 이렇게 찾는다** : 혈을 찾을 때는 정출맥(正出脈)을 찾고, 행도(行度)와 과협(過峽)을 보고, 도두성체(到頭星體)가 낙맥(落脈)하여 입혈하기까지의 지점은 마디마디 자세히 살핀다. 만약 특별히 맺어진 곳이면 내룡(來龍)이 마땅히 조산(祖山)에서 낙맥(落脈)할 것이고, 낙맥이 가지에서 맺어지면 내룡(來龍)도 당연히 분리된 맥이다. 기룡(騎龍)으로 붙어서 맺어진 곳이면 내룡(來龍)도 당연히 과협(過峽)에서 따라온 것이다.

❖ **혈**(穴) **묘**(墓) **명**(明) **당**(堂)

- 묘 자리는 평소 본인이 살아온 대로 얻게 된다. 선행을 쌓고 덕을 베풀어야 한다.
- 명당은 첫째, 망인이 생전에 적선(積善)과 덕망을 쌓아야 하고 둘째, 그 자손 또한 선덕과 효행을 쌓아야 하며 셋째, 마음씨

바른 명지관(名地官)을 만나 삼위일체(三位一體)가 갖출 때 얻을 수 있다.

- 혈이란 옛말에 산지화야(山之花也)요, 여수지실야(如樹之實也)라 이와 같이 의 정기(精氣)가 음양으로 배합되고 생기(生氣)있는 산수의 조화가 취회(聚會)되어 결혈된 곳을 혈이라 한다.
- 개진혈측(蓋眞穴則) 진혈은 덮여있어 쉽게 보이지 않고 천장지비(天藏地秘 - 하늘은 가려 있고 땅을 알 수가 없고) 이대유유덕지인(以待有有德之人) 덕(德)이 있는 사람을 기다리고 덕(德)이 있는 자(者)만이 찾을 수 있다.

득명당지유난(得明堂之有難) : 명당을 얻기가 어려움이 있다.
득명심정지란(得明堂心定之難) : 마음으로 정하기가 어렵다.
득명당지혈지란(得明堂知穴之難) : 혈 자리 알기가 어렵다.
득명당점혈지란(得明堂點穴之難) : 혈 자리를 정하기가 어렵다.
득명당재혈지란(得明堂載穴之難) : 묘를 재혈하기가 어렵다.
득명당안장지란(得明堂安葬之難) : 편안하게 좋은 자리에 묻기가 어렵다.

- 명당진혈은 구득하고자 하면 심성(心性)·용단(勇斷)·재력양사득인(財力良士得人)을 만날 수 있고 효성·적성·양사(良士)를 만나야 입향·재혈하여 안장(安葬)을 할 수 있다. 즉 후덕(厚德)한 양사를 만나야 명당을 얻을 수 있다.
- 풍수비법은 물을 얻어야 최상으로 친다고 하듯 예부터 강하류나 바닷가가 가장 번성한 것도 여기에 기인한다. 용혈의 전면에 물의 기(氣)가 놓여있고 열려 있으면 명당이라고 하여 중시하고 있으므로 길혈(吉穴)에는 가 불가결한 조건이 된다. 만일 수(水)가 없으면 정룡(正龍)이 되기 어렵고 그 외의 생기(生氣)를 살필 수가 없다. 바꾸어 말하면 정룡이나 진룡이라면 반드시 용혈(龍穴) 곁에 물을 수반하고 있다. 물은 용의 혈맥이다. 기(氣)가 물에 부딪쳐서 정지할 수 있다. 그러므로 대부분의 풍수사(風水士)들은 언제나 산을 보기 전에 먼저 수(水)를 본다. 산과 강에 들락날락하는 물이 분류되면 기가 약해진다. 또한 물은 소리가 나면 흉(凶)하고 소리가 나지 않으면 좋다고 한다. 물은 인공적인 것이 아닌 자연수가 좋은 것이다.
- 정혈(定穴)은 정심성의(正心誠意)로 반복하여 살핀다면 알 수 있다. 정심성의로 정신수양을 하여야 한다. 마음을 수양하지 않으면 수시로 여러 상황에 마음이 현옥되어 정확한 혈심을 찾을 수 없다. 뿐만 아니라 마음 수양이 되어 있지 않는 풍수사들은 저마다 빈 깡통마냥 자기가 제일이라고 법석을 떨며 자기 과시에 여념이 없다. 그런 사람이 강평을 잘한다고 해도 강평과 정렬이 별개라는 사실을 아는 사람은 그리 많지 않다. 평가는 잘한다 해도 좋은 명당자리 잡는 능력은 없는 경우도 있다. 사람마다 사람 만나는 인연이 각기 다르기 때문에 세상에는 그런 저런 사람들이 있게 마련이다. 일반 사람들은 어떤 사람이 좋은 풍수사 인가를 분별하기 어렵다 속이 찬 사람은 요란한 소리를 내지 않지만 아무런 말을 함부로 하지 않는다. 현장에 그의 자손이 없다고 해서 함부로 강평을 하지 말아야 한다.

❖ **혈법도**(穴法圖) : 지리법에서 혈에 대한 명칭은 헤아릴 수 없이 많아 이를 모두 그림으로 나타내기는 어렵다. 혈형(穴形) 가운데 기본인 와겸유돌(窩鉗乳突) 등 4대혈형(四大穴形)은 별도로 항목을 내어 설명한 바가 있고, 기타의 모든 알형(喝形)은 하나하나 술어로 독립적인 설명을 하지 않고 다음과 같이 그림으로 표시한다.

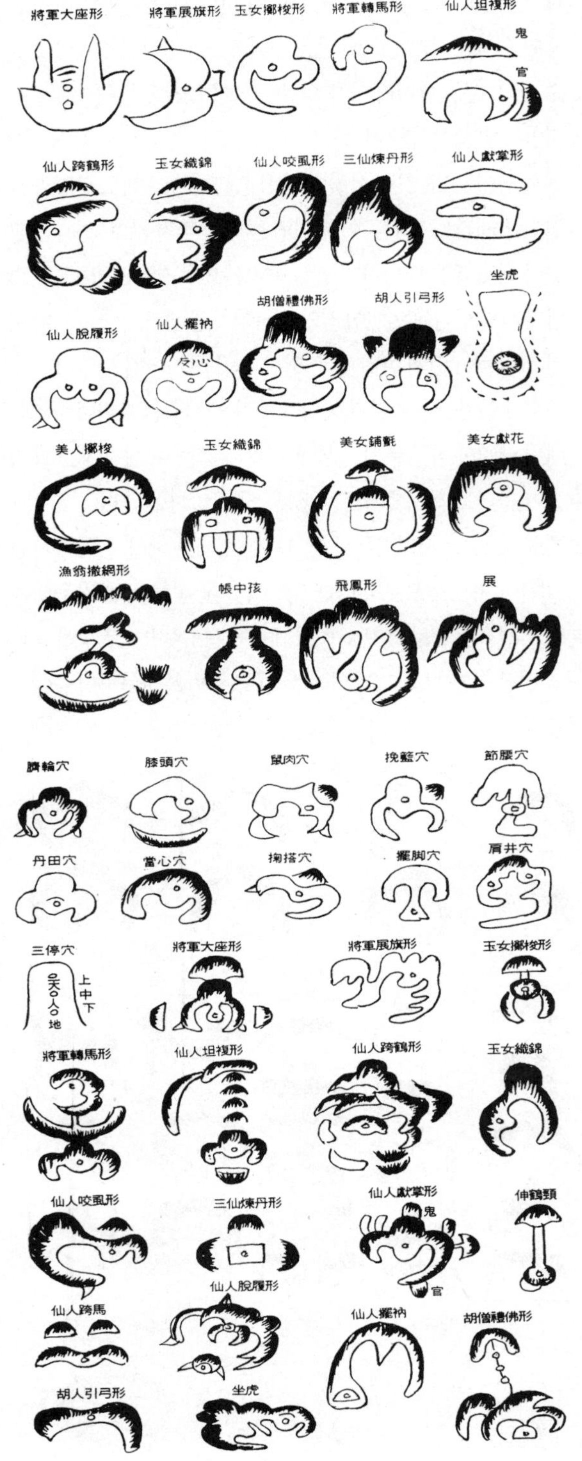
將軍大座形
將軍展旗形
玉女擲梭形
將軍轉馬形
仙人坦複形
鬼
官
仙人跨鶴形
玉女織錦
仙人咬風形
三仙煉丹形
仙人獻掌形
坐虎
胡僧禮佛形
胡人引弓形
仙人脫履形
仙人擺衲
美人擲梭
玉女織錦
美女鋪氈
美女獻花
漁翁撒網形
帳中孩
飛鳳形
展
臍輪穴
膝頭穴
鼠肉穴
挽籃穴
節膜穴
丹田穴
當心穴
掬搭穴
擺脚穴
肩井穴
三停穴
上
中
下
將軍大座形
將軍展旗形
玉女擲梭形
將軍轉馬形
仙人坦複形
仙人跨鶴形
玉女織錦
仙人咬風形
三仙煉丹形
仙人獻掌形
鬼
官
伸鶴頸
仙人跨馬
仙人脫履形
仙人擺衲
胡僧禮佛形
胡人引弓形
坐虎

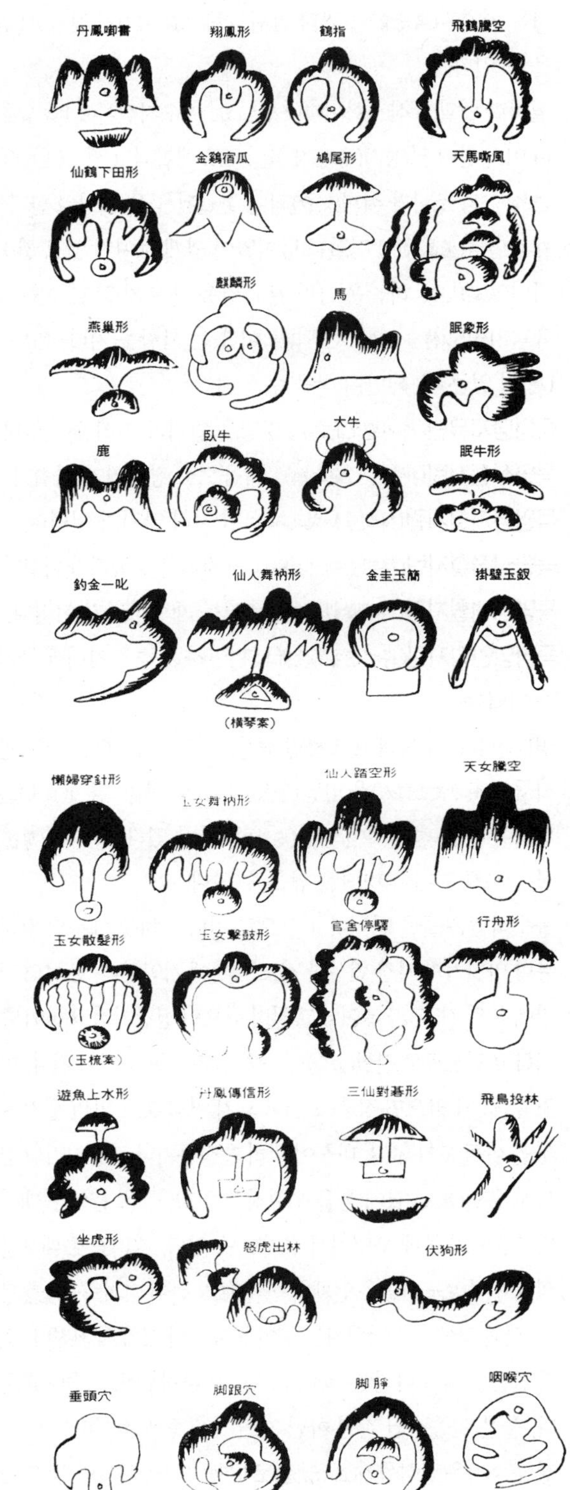
丹鳳啣書
翔鳳形
鶴指
飛鶴騰空
仙鶴下田形
金鷄宿瓜
鳩尾形
天馬嘶風
麒麟形
馬
燕巢形
眠象形
大牛
鹿
臥牛
眠牛形
釣金一叱
仙人舞衲形
金圭玉簡
掛壁玉釵
(橫琴案)
懶婦穿針形
仙人踏空形
天女騰空
玉女舞衲形
玉女散髮形
玉女擊鼓形
官舍停驛
行舟形
(玉梳案)
遊魚上水形
丹鳳傳信形
三仙對碁形
飛鳥投林
坐虎形
怒虎出林
伏狗形
垂頭穴
脚跟穴
脚脖
咽喉穴

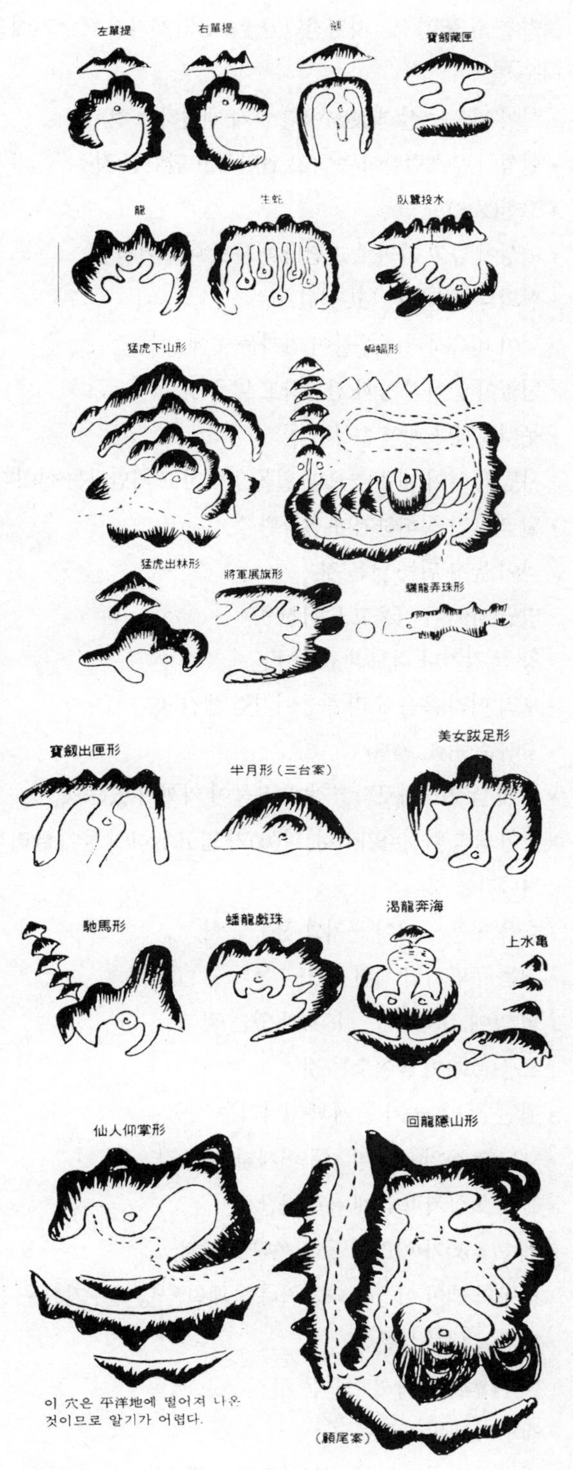
左單提
右單提
劍
寶劍藏匣
龍
生蛇
臥蠶投水
猛虎下山形
蝙蝠形
猛虎出林形
將軍展旗形
蟠龍弄珠形
寶劍出匣形
半月形(三台案)
美女跋足形
馳馬形
蟠龍戲珠
渴龍奔海
上水龜
仙人仰掌形
回龍隱山形
이 穴은 平洋地에 떨어져 나온
것이므로 알기가 어렵다.
(顧尾案)

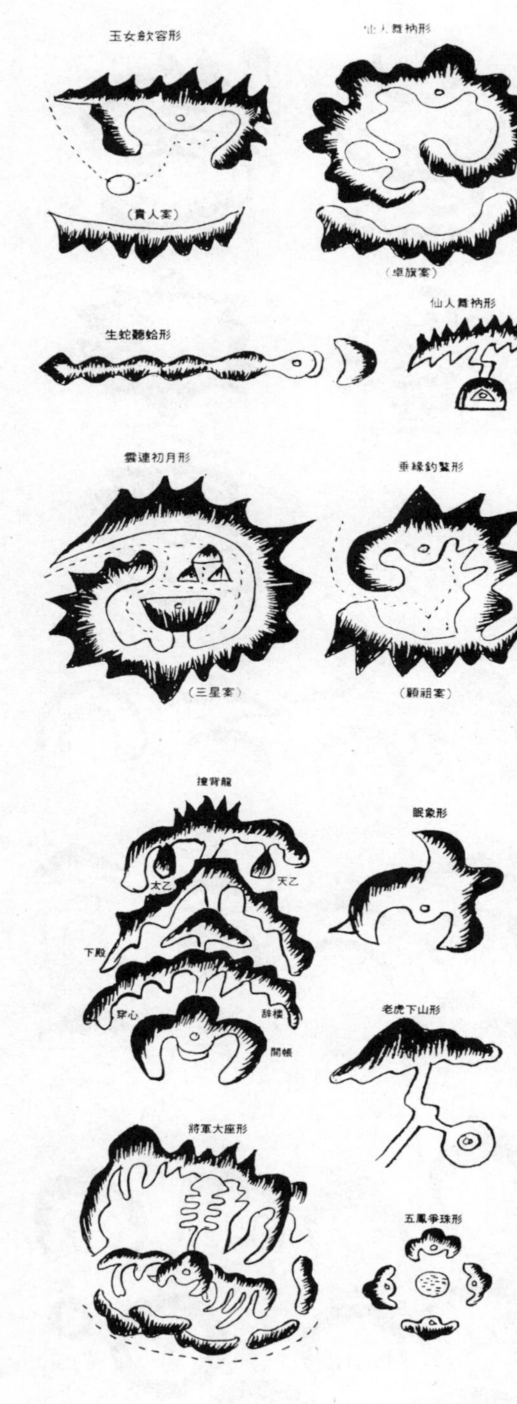
玉女斂容形
(貴人案)
仙人舞衲形
(卓旗案)
生蛇聽蛤形
仙人舞衲形
雲連初月形
(三星案)
垂緣釣鰲形
(顧祖案)
撞背龍
太乙
天乙
下殿
穿心
辭樓
開帳
眠象形
老虎下山形
將軍大座形
五鳳爭珠形

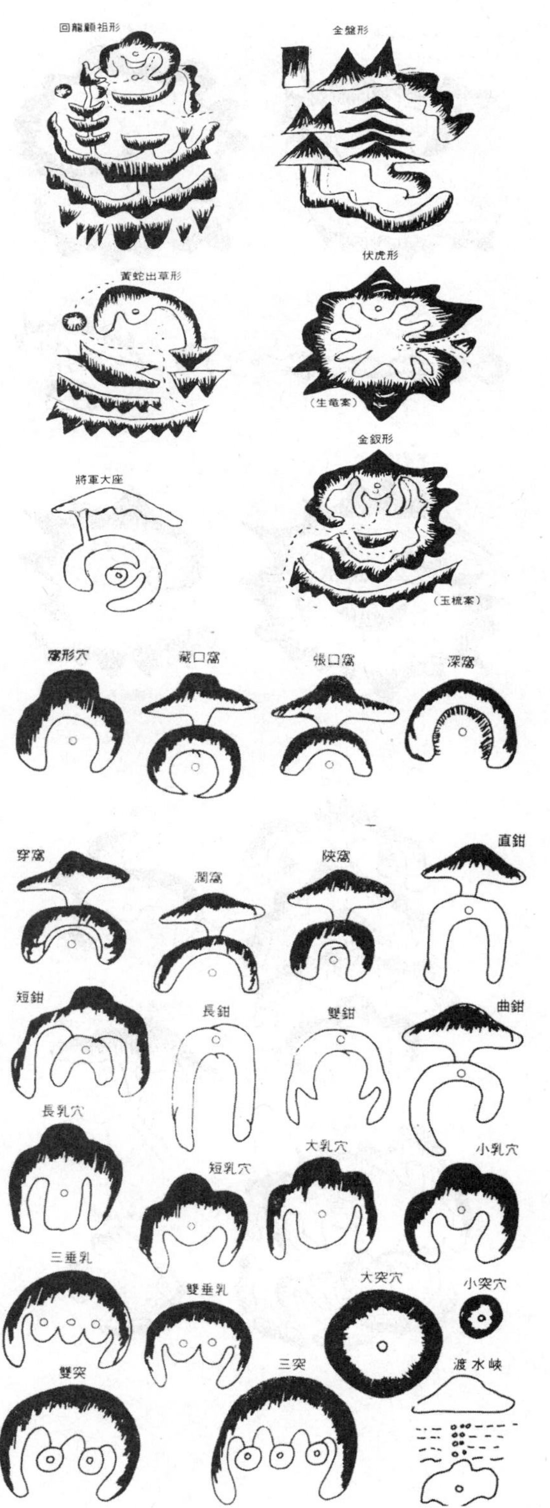

❖ **혈법**(穴法) **36파**(怕) : 자경진인(紫瓊眞人)의 36가지 묘 쓰기에 두려운 혈.

- 혈이 싸우는 살격(殺格)에다 곧게 재혈하는 것.
- 혈성이 부스럼같이 추하고 완만하고 단단한 것.
- 고한(孤寒)한 혈.
- 혈성이 높고 가파르고 험악한 돌로 이루어진 것.
- 혈의 왼쪽 밑이 낮고 험한 것.
- 혈이 비습하거나 우물이 가까운 곳에 있는 것.
- 힘없이 늘어진 땅과 판판하고 넓은 것.
- 무너지거나 패여 손상된 곳.
- 사방의 산이 매우 높으면 혈을 압박하고 기만하는 상이다.
- 혈 좌우가 공허하거나 결함된 것.
- 앞이 높고 뒤는 낮은 것.
- 명당(明堂)이 기울고 넘어진 곳.
- 창 끝 같거나 쥐꼬리 같은 곳.
- 오리 머리 혹은 오리 주둥이처럼 생긴 곳.
- 고산준령(孤山峻嶺).
- 앞에 담장이 가로막혔거나, 우물이 가까이 있는 곳.
- 물이 쭉쭉 빠져나가거나, 파(破)가 넓고 급하여 물이 빨리 빠져나가는 것.
- 숯을 구운 구덩이 근처와 산둑 근처.
- 거둔 주렴처럼 생긴 곳.
- 혈 앞에 겁(劫)하는 사(砂)가 있는 것.
- 요풍(凹風)이 불어오는 것.
- 원진수(元辰水)가 곧게 빠져나가는 것.
- 내당(內堂)의 기운이 거두어지지 않은 것.
- 물이 화살처럼 곧게 흘러나간 것.
- 계수(界水)가 머리를 돌려 쏘아오는 것.
- 사방의 맥이 이끌어 나가거나 움패인 구덩이가 가까운 곳.
- 명당이 너무 넓은 것.
- 계수(界水)가 막혀 어두운 것.
- 팔방의 바람이 닿는 곳.
- 칼같이 날카로운 물이 찔러오거나 꺾이는 것.

• 맥(脈)이 여기(餘氣)가 없는 것.

• 도로가 가로질러 가서 팔을 뚫는 것.

• 깊은 웅덩이가 가까운 곳에 있는 것.

• 나성(羅城)이 모두 반대방향으로 향해 둘러진 것.

• 혈 뒤가 앙와(仰瓦)처럼 생겨 허한 것.

• 혈 뒤가 괘등(掛燈)처럼 생긴 것.

❖ **혈상**(穴相) : 혈은 승금(乘金)·상수(相水)·혈토(穴土)·인목(印木)의 4요소로 이뤄진다. 혈상을 꽃송이에 비유하면 승금은 꽃꼭지에 해당하고 상수는 꽃잎과 씨방 사이 부분에 해당한다. 또 혈토는 꽃송이의 중심처리에 자리한 씨방에 해당하며 인목은 꽃잎이다. 꽃이 열매를 맺기 위해서는 암술과 수술의 가루가 수분작용을 한 후에 씨방에서 열매가 생긴다. 산의 이치도 이와 흡사하여 산수가 음양교합을 하면, 씨방에 해당하는 혈토[穴心]에 생기가 축적되어 시신의 기를 길러준다. 혈상을 사람의 얼굴에 비유하자면 부모산은 사람의 머리 정수리에 해당하고, 승금은 이마 부위이며, 인목은 눈 위의 미골(眉骨)에서 관골을 이은 선에 해당한다. 혈토는 코에 해당하며 상수는 코와 관골 사이의 선이다. 흡사 혈토가 승금과 상수와 인목의 보호를 받고 있는 것처럼 사람의 코도 이마와 미골과 관골의 보호를 받고 있는 것처럼 고로(孤露)하지 아니한 것이 길상인 것과 같다. 다시 말하면 머리 정수리는 부모산, 두 귀는 대팔자(大八字), 미관과 소팔자(小八字), 법령은 하수(蝦鬚), 인중(人中)은 장구(葬口), 하관은 순전(脣氈)이다.

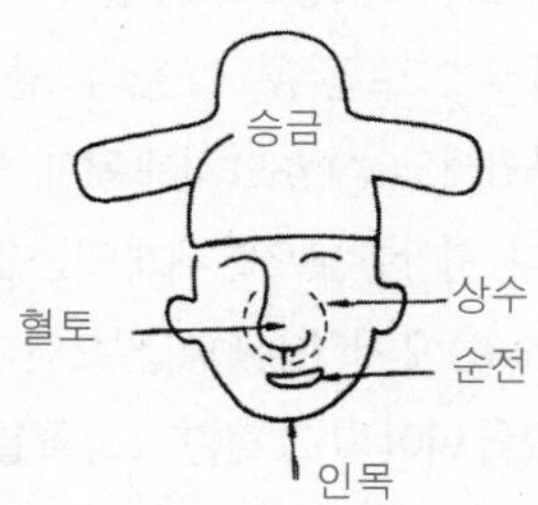

승금은 원정(圓正)하여야 하고, 상수는 혈토 주위의 약간 낮은 골에 비가 올 때면 미망수(微茫水)가 흘러 윗부분에서 혈토처로 흐르지 못하고 분수(分水)하였다가 혈토의 아랫부분에서 합하여 혈장 밖으로 흘러가는 것이나, 초학자로서는 육안으로 확인하기가 매우 어렵다. 상수는 그 흐르는 모양에 따라 해면수 또는 하수수(蝦鬚水)라고 말한다. 혈토는 상수로 둘러싸인 혈장 중심 부위의 매우 희미하게 높은 부분으로 분수척(分水脊)이 되며 태극운(太極暈)이라고 한다. 인목은 태극운을 감싸고 흐르는 상수가 흩어지지 않고 혈토의 아래에서 모일 수 있도록(이를 下合이라 한다) 상수의 바깥쪽을 감싸고 있는 희미한 구릉이다. 즉 상수는 약간 낮고 인목은 약간 높은 것이다. 인목은 그 모양에 따라 선익사(蟬翼砂) 또는 우각사(牛角砂)라고 말한다. 4상은 혈의 필수 요소이다. 그 중에서 어느 하나라도 빠져서는 진혈이 아니다. 대부분의 경우에 4상은 구비되어야 명당이라는 점을 강조해둔다. 만약 4상 중에서 세 개가 빼어나게 아름답다고 해도 어느 하나가 없다면 그 혈은 다시 살펴야 한다.

❖ **혈상가**(穴象歌)

• **소팔자분혈하합**(小八字分穴下合) **계종진기불루설**(界從眞氣不漏洩) : 적게 팔자(八字)를 나누어 혈 아래에서 합하여 혈경계(穴境界)는 진기(眞氣)를 좇아 설기(洩氣)를 아니한다. 상분하합(上分下合)으로 결혈(結穴)되어 혈상(穴象)의 윤곽이 생기면 그 안에 있는 정기(精氣)는 밖으로 새어 나가지 않는다는 뜻이다.

• **천생진혈자기이**(天生眞穴自奇異) **정유음양분굴돌**(定有陰陽分窟突) : 하늘에서 진혈(眞穴)을 생(生)하여 스스로 가이(奇異)하니 정해진 음양(陰陽)이 있음을 굴(窟)과 돌(突)로 나누었다. 굴(窟) = 요돌이명왈굴(凹突而明曰屈)이라 하고 돌(突) = 철고이현왈돌(凸高而顯曰突)이라 한다.

• **고무구첨위허**(高無毬簷爲虛) **겸무오각위허**(鉗無午角爲虛) : 와혈상(窩穴象)에는 와구(窩口)에 지붕처마 같은 밑에 공 같은 받침이 없으면 허화(虛花)가 된다. (非穴이라는 뜻). 겸혈상(鉗穴象)에는 소뿔 같이 생긴 지각(枝脚)이 없으면 허화(虛花)이다.

• **유무선익시위허**(乳無蟬翼是爲虛) **돌무장병시허화**(突無帳屛是虛花) : 유혈상(乳穴象)에는 선익(蟬翼)이 없으면 허화(虛花)가 된다. 와혈상(突穴象)에는 병풍을 두른 것 같은 응기(應氣)한 산이 없으면 허화(虛花)이다. 즉 와혈(窩穴)은 전순(氈脣)이 분명해야 하고, 겸혈(鉗穴)에는 선익(蟬翼)이 소뿔같이 생겨 길

게 나와 겸구(鉗口)에서 오구려야 하고, 유혈(乳穴)에는 선익(蟬翼)이 분명해야 하고, 와혈(窝穴)에는 혈상(穴象)이 4각(四角)에 지각(枝脚)이 있어야 하며, 보국(保局)의 응사(應砂)가 좋아야 한다는 뜻이다.

- **수정산취기환정**(水停山聚氣還停) **돈발정신일점명**(頓發精神一點明) : 물이 머무르고 산이 모여 기(氣)가 도로 그치면 문득 발한 정신의 일점이 밝는다.
- **앵아연익방신부**(鶯兒軟翼旁身付) **연자응감구생**(燕子凝斂口生) : 꾀꼬리새끼의 연한 날개는 몸 곁에 붙어있고 제비새끼 같이 엉긴 입술을 거두어 생(生)하여 있다.
- **기기입대약차**(氣己入俗若扯) **차대내기불설**(扯俗內氣不洩) : 정기(精氣)가 이미 포대에 들어가니(입수가 취기(聚氣)되었다는 뜻) 만약 찢겨 끌려도 비록 찢어진 포대 안의 정기(精氣)는 설기(洩氣)되지 않는다.
- **중유약중룡처경**(中乳若重龍處輕) **연차기유존**(然扯氣猶存) : 가운데 있는 유혈상(乳穴象)이 만약 후중(厚重)하다면 용호(龍虎)가 경(輕)하더라도 비록 그러나 설기하더라도 기(氣)는 오히려 보존되느니라.
- **대개팔자이차풍**(大開八字以遮風) **소개팔자이개혈**(小開八字以開穴) : 크게 팔자(八字)가 열림으로써 바람을 막고 적게 팔자(八字)가 열림으로써 개혈(開穴)된다.
- **대팔자분룡호합**(大八字分龍虎合) **계정룡맥무차설**(界定龍脈無扯洩) : 크게 팔자(八字)가 나뉘어 청룡과 백호가 팔자(八字)를 이루면 그 경계에서 용맥을 정하여 설기됨이 없느니라.
- **용혈단요유계합**(龍穴但要有界合) **설일불계기역설**(設一不界氣亦洩) : 용의 혈은 다만 계합(界合)(혈상의 윤곽)이 있는 것을 요하나 혈상(穴相)의 영계를 하나라도 설치 못하면 기(氣)는 역시 새어 나간다.
- **계룡계혈양상응**(界龍界穴兩相凝) **융융생기혈중거**(融融生氣穴中居) : 용을 경계로 하고 혈을 경계로 하여 둘이 서로 엉키면 융융(融融)한 생기(生氣)가 혈 가운데에 머무른다.

❖ **혈상론**(穴象論) : 혈이란 하나의 생체(生體)로써 형상이 있는 것이다. 옛말에도 이르기를, 혈자(穴者)는 산지화야(山之花也)니 여수지실야(如樹之實也)라 하였다. 또 혈상은 기맥(氣脈)으로 형성되어 그 자체에 산천정기(山川精氣)가 음양으로 순환되는 것이다. 혈판(穴坂)의 기상(氣象)은 윤기있는 토질로써 잡초가 안 나는 곳이니 서기(瑞氣)와 광채가 나는 것이다. 특히 관찰할 것은 잡초의 유무와 토질의 색상이다. 혈상(穴象)의 조직에는 반드시 다 갖추어야 할 오악(五嶽)의 요소가 있으니 그것은 즉 입수(入首), 선익(蟬翼), 당판(堂坂), 전순(氈脣)으로 혈상(穴象)이 구성되며 이에 한 가지라도 미비된 것은 비혈(非穴)로 간주한다. 보국사격(保局砂格)에 있어서는 혹 배반하는 사(砂)가 있다면 결혈(結穴)하는데 대소지(大小地)의 차이가 생길 뿐이다. 일사(一砂)에 배사(背砂)로써 결혈의 가부(可否)를 논하지 말고 혈상의 오악(五嶽)을 중시하고, 혈상(穴象)의 오악에는 일사라도 허(虛)한 곳이 있다면 결혈(結穴)에 가부를 해야 된다.

❖ **혈상(穴相)의 오악(五嶽)을 억지로 만들려 하지 말라** : 산을 바라보고 시야에 들어오는데서 혈상이 될 만한 곳이 발견되면 그곳에 가서 혈상의 오악(五嶽- 입수) 좌선익 우선익 혈 전순(氈脣)이 분명한가를 점검하는 것이다. 그 오악 중 하나라도 미(未) 분명한 것은 비혈(非穴)인 것이다. 혈상의 오악을 억지로 만들려 하지 말라. 심혈에는 냉정해야 한다. 록 엘로드 또 추를 흔들면 기(氣) 지나간다. 거나 수맥(水脈)이 흐른다거나 하는 학문은 혈과 무관한 풍수학맥이다. 혈을 원한다면 형기론(形氣論)의 풍수를 배워야 한다. 혈은 우선 혈상 결혈된 총 형상 즉 산 덩어리부터 보아야 한다. 진혈의 혈상에는 기(氣)가 강(强)하여 잡초가 나지 못한다. 토질이 부드럽고 보통 토질과 달라서 풀이나지 않는다.

❖ **혈상은 형제들의 부(富)로 간주(看做)한다** : 혈상이 양명(陽明)하다면 형제들이 부귀세도(富貴勢道) 하게 된다. 혈고·결혈은 부귀겸전(富貴兼全)한다. 혈상이 낮으면 대개 귀는 없고 부(富)의 발복(發福)이다. 양변(兩邊)에 지각(枝脚)이 있으면 자손을 많이 둔다.

❖ **혈상(穴相)이란 묘를 써야 할 그 혈판(穴坂)을 말한다** : 분명한 명혈(明穴)에는 정상으로 제 모습의 윤곽(輪廓) 즉 계란형 같은 둘레의 테두리가 분명해야 한다. 또 그 주위가 암반이 드러나도 그 혈상의 윤관에는 삽이 들어가도록 물렁한 것이다. 그러나 오악(五嶽- 입수 양선익 혈판 전순)이 분명해야 진혈이 될 수 있다.

❖ **혈성**(穴星)

① 혈(穴: 묘자리)이 맺는 곳. 즉 묘를 쓰는 땅의 대명사(代名詞).

② 혈이 있는 곳으로 사방 주위 환경의 땅 모양으로 별명을 붙여 부르는 것.

③ 혈성이란 입수에서 혈처까지의 내맥(來脈)을 말한다. 이 혈성이 깨끗하고 단정하며 힘있게 생겨야 혈에 좋은 기운이 크게 모인다. 또 혈성은 오행에 따라 화수목금토(火水木金土) 오성(五星)으로 나뉘기도 하고, 정체(正體), 측뇌(側腦), 평면의 삼격(三格)으로 나뉘기도 한다.

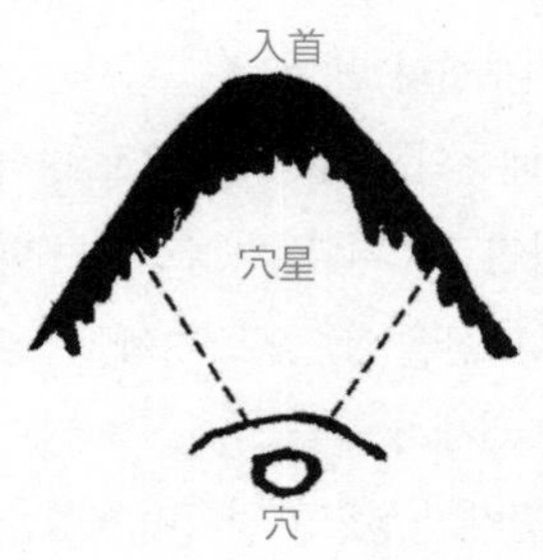

④ 혈을 맺은 산의 모양을 오성(五星) 또는 구성(九星)으로 나눈 것을 말한다. 여기서 성(星)이란 지상(地上)의 모든 산들은 하늘에 있는 별의 형이 그대로 옮겨진 것이라는 뜻에서 사용된다. 따라서 혈을 맺은 산의 모양 뿐만 아니라 부모산(父母山), 태조산(太祖山) 그리고 주위에 있는 산들도 각각 성(星)으로 분류할 수 있다. 오성(五星)은 금형산(金形山), 수형산(水形山), 목형산(木形山), 화형산(火形山), 토형산(土形山)으로 나누고 이를 더욱 세분화하여 구성으로 나누기도 한다. 즉 목성(木星)은 목형산(木形山)과 구성(九星)의 탐랑성(貪狼星)과 동일한 뜻으로 간주한다.

⑤ 산의 정기(精氣)를 살피고 내수(來水), 거수(去水) 등을 살피는 것은 모두가 혈성의 진기(珍氣)를 잡기 위한 것이다. 혈성은 사람의 몸에는 14경락(經絡)과 360의 경혈이 있어 환자에 따라 맥진(脈診)하여 침좌(鍼座) 또는 부항(附缸)의 자리를 정확히 찾아 자침(刺針)하는 것과 같다. 주산(主山)에서 오행성(五行星)중 비슷한 국(局)을 이루고 국(局) 가운데 혈이 뭉친 것을 혈성(穴星)이라고 한다. 한 가지 유의할 것은 주봉(主峯)이 화산(火山)이면 혈성(穴星)도 화형(火形)이요, 주봉(主峯)이 수산(水山)이면 혈성도 수형(水形)이어야 하며, 이 오행주봉(五行主峯)을 따라야 하는 것이다. 혈형(穴形)을 논하면 와(窩)·겸(鉗)·유(乳)·돌(突)의 네 가지 형(形)이 있다. 산수(山水)의 음양이 산은 음(陰)이 되고 물은 양(陽)이라고 하였듯이 와(窩)와 겸(鉗)은 약간 들어가 손바닥과 같은 것이니 양(陽)이요, 유(乳)와 돌(突)은 약간 도톰하며 손등과 같으니 음(陰)이라고 한다. 와형(窩形)은 손바닥에 물을 담그려고 하는 것처럼 약간 오목한 곳에 혈이 되는데 약간 원형(圓形)을 띠어 주봉(主峯)도 금형(金形)이며, 혈성(穴星) 또한 금형(金形)이어야 한다. 와혈(窩穴)은 가운데가 보일 듯 말 듯 도톰한 것을 양중생음(陽中生陰)이라 하고 토색(土色)이 맑고 깨끗하여 흰색에 가까워야 진혈(眞穴)이다. 겸형(鉗形)은 칼을 많이 쓴 도마와 같이 약간 모가 나고 중앙이 좀 들어가며, 사각이 나거나 장방형(長方形)과 같이 혈성(穴星)이 되어 있고, 와혈(窩穴)과 같이 약간 두툼한데가 있으면 이것 역시 양중생음(陽中生陰)이라고 하며, 솔잎 등이 잘 썩지 않고 깨끗하며 황색에 가까운 혈이 되어야 하고, 주산(主山)이 토산(土山)이면 혈형(穴形)도 토형(土形)이어야 한다. 유형(乳形)은 작은 젖무덤 모양으로 은근히 돌출된 곳이다. 작은 손등을 엎어 놓은 듯 하며, 작은 바가지를 엎어 놓은 듯 한 것이 곧 유형이다. 잘못 인식하여 객토가 모인 것을 유형으로 오인하는 수가 있으니 주의하여야 하며, 주산(主山)이 화형(火形)이어야 하며 혈성(穴星)도 화형(火形)이어야 하는 것이다. 산색은 붉은 빛이 나아만 제격이며, 유형(乳形)에 아주 미세한 요(凹)처가 있으며, 이것을 음중생양(陰中生陽)이라고 한다. 돌형(突形)은 주룡(主龍)이 옆으로 새는 듯 하다가 볼록 두툼하게 솟은 곳이다. 약간 넘칠 듯 약간 뱀머리(蛇頭)형으로 이루어지며, 주산(主山)이 물결치듯 구비쳐 이어져야 하는데 주산이 수형(水形)이면 혈성(穴星)도 수형(水形)이어야 한다. 수성혈(水星穴)의 토색(土色)은 약간 검으며 윤기(潤氣)가 있어야 제격이다. 오행의 기본은 금(金)·목(木)·수(水)·화(火)·토(土)

이지만 오행을 생(生)하고, 오행의 생을 받고 생을 주며, 서로가 배척하지 않을 때 곧 그 자리에 혈을 맺는 것이다. 혈은 명암이 뚜렷하니 유의하면 곧 얻을 수 있다. 다시 말하여 혈이라 하면 지기(地氣)가 뭉친 곳이니 인간의 가장 소중한 부분이라고 할 수 있을 것이다. 사람에 비유하면 얼굴에는 코가 으뜸이며, 배에는 배꼽이 중심이고, 하체에는 남녀의 심볼인 성기(性器)가 혈에 비유할 수 있다. 혈에도 바람이 밀어붙이는 곳은 안 되며 득수(得水 : 오는물)·득파(得破 : 가는 물)가 혈을 위협하여도 안 된다. 만약 와겸유돌(窩鉗乳突)의 4상(四象)이 어머니라면 혈은 그 자식이라고 할 수 있다. 어머니는 자식을 낳고 어머니를 봉양하는 이치와 같이 4상(四象)을 떠나서 혈이 있을 수 없고, 혈을 버리고 사상을 말할 수 없는 것이다. 혈에는 바람이 몰아치는 것은 좌청룡(左靑龍)·우백호(右白虎)가 막아주고, 수(水)의 득파(得破)를 잘 달래주어야 한다. 태양(太陽)·소양(小陽)과 태음(太陰)·소음(小陰)의 4상(四象)이 36격(格)으로 변하여 양변위음(陽變爲陰)하고 음변위양(陰變爲陽)하며, 골과 등이 높을수록 혈은 높은 곳에서 찾고 낮으면 낮은 곳에서 찾되 개(開)하여도 기(氣)가 새면 안 되고 폐(閉)하여도 기(氣)가 사(死)하면 안 된다. 자애스러운 여인이 두 팔을 벌려 부드럽게 아기를 받아 안으려는 듯하면 의심할 여지가 없으나 혈판(穴版)에서는 좌우의 가감(加減)이 있으니 좌락(左落)이면 우요(右繞)하고 우락(右落)이면 좌요(左繞)하여야 한다. 다시 말해서 왼쪽이 짧으면 오른쪽으로 당기고, 오른쪽이 짧으면 왼쪽으로 당기는 것이다. 용이 왼쪽으로 돌면 물은 오른쪽으로 돌아 용이 물을 버리지 않고, 물이 용을 거슬리지 말아야 음양이 조화되어 진룡(眞龍)·진혈(眞穴)이며, 용이 오른쪽으로 도는데 물도 또한 오른쪽으로 돌거나 물이 왼쪽으로 도는데 용이 또한 왼쪽으로 돌아 서로 등지면 아무리 좌청룡(左靑龍)·우백호(右白虎)와 현무(玄武)·주작(朱雀)이 좋아도 용수(龍水)가 화합(和合)이 안 되면 모두 가혈(假穴)인 것이니 주의하여야 한다.

❖ **혈성(穴星)을 모으는 데는**: 혈성을 모으는 데는 주산이 제일 중요하다. 주산은 혈 뒤에 가장 가까이 있는 산으로 그리 높을 필요가 없으며 그리 넓지 않아도 된다. 아무리 종가(宗家)가 명망(名望)이 높고 후덕(厚德)하여도 자신이 병(病)들고 약(弱)하면 부귀공명(富貴功名)도 다 부질없는 것이다. 설사 조산(祖山)이나 부모(父母) 산이 흉하더라도 이 아름답고 수려하면 자손의 덕이 부모가 안위되듯이 첫째 주산이 아름다워야 하는 것이다.

❖ **혈성별(穴星別) 혈의 위치** : 혈성이란 목성, 화성, 토성, 금성, 수성의 다섯 가지 성체에 비유한 혈의 모양을 말한다. 이 다섯 가지에는 각각 정체(正體), 측뇌(側腦), 평면(平面)의 3가지 격이 있다.

① 정체(正體) : 산세의 두면(頭面)이 단정하고 용모가 웅장하다. 산 모양이 청수한 것을 상격으로 치지만 산 모습이 혼탁하여도 소귀 거부한다.

② 측뇌(側腦) : 내룡의 두뇌가 한쪽으로 경사되고 형태가 치우친 측면을 가진 것이다. 기의 융결에는 변함이 없으나 분맥을 찾으려면 낙산을 기준으로 찾아야 한다. 산 모습이 청수하면 귀하고 권세가 있다.

③ 평면(平面) : 산세가 평평한 것이며 혈성은 고저가 같지 않아도 역량에는 변함이 없다. 산 모습이 청수하면 부귀하나 혼탁하면 부유하다.

- **금성혈**(金星穴) : 위는 둥글고 아래가 평평한 것으로 태양금성, 태음금성으로 나누나 이는 형태에 따른 분류에 불과하다.
  - ㉠ 정체금성은 모양이 둥글고 단정한 것으로서 혈은 중앙에 있다. 정체금성은 성신이 웅장하면 조화가 완전한 것이므로 가장 귀한 혈이다.
  - ㉡ 측뇌금성은 모양이 둥글고 측방에 낙산이 있는 것으로서 혈은 측방에 있다.
  - ㉢ 평면금성은 정면에서 올려다 보아서 몸이 둥글면 혈은 정상에 있다.
- **목성혈**(木星穴) : 목성혈은 몸이 곧고 끝이 둥글다. 혈성의 위쪽은 뾰족하고 둥글며 몸이 곧게 솟아 있다.
  - ㉠ 정체목성은 머리는 둥글고 몸은 솟아 있으면서 단정하면 혈은 중앙에 있다.
  - ㉡ 측뇌목성은 머리는 둥글고 몸은 솟아 있으나 한쪽으로

기울어진 것이면 혈은 측방에 있다.

㉢ 평면목성은 정면에서 우러러보아 몸이 평평하고 길고 곧은 것이면 혈은 감싸주는 곳에 있다.

- **수성혈**(水星穴) : 혈성의 머리가 둥글고 몸이 굽은 것이다. 성질은 동(動)이고 유약한 것이 금성과 다르다.

㉠ 정체수성은 머리는 둥글고 몸이 굽으며 단정한 것으로 혈은 그 가운데 있다.

㉡ 측뇌수성은 머리는 둥글고 몸은 굽으며 한쪽으로 기울어진 것으로서 혈은 측방에 있다.

㉢ 평면수성은 정면에서 보면 몸이 굽고 평평한 것으로서 혈은 좌우에 돌출한 것이다.

- **화성혈**(火星穴) : 혈은 모습이 뾰족하여 건조하면서 결혈이 되지 않아서 재혈로서는 쓰지 않는다.
- **토성혈**(土星穴) : 중후하며 네모진 것이 혈성의 특징이고 머리가 평평하고 단정한 것이 길지이다.

㉠ 정체토성은 머리가 네모지고 몸은 평평하고 단정하면 혈은 가운데 있다.

㉡ 측뇌토성은 평평하나 한쪽으로 기울어진 것이면 혈은 측방에 있다.

㉢ 평면토성은 정면에서 보면 몸이 네모지게 쓰러진 것으로서 혈은 꼭대기에 있다.

❖ **혈성사대격**(穴星四大格) : 사대혈성(四大穴星) 또는 사대혈형(四大穴形) 또는 혈형사대격(穴形四大格)이라 하는데, 와(窩)·겸(鉗)·유(乳)·돌형(突形)을 말한다.

❖ **혈성삼격**(穴星三格)

① **정체**(正體) : 정체는 모양이 반듯하게 생긴 것이다. 기운 데가 없이 좌우가 똑같이 생겼고, 단정하며 깨끗하다. 용이 훌륭한데다 혈성이 좋으면 아주 귀한 혈을 맺는다. 그런 혈에 묘를 쓰면, 자손들이 대부귀(大富貴)를 누린다. 용이 평범해도 혈성이 빼어나면 소귀(小貴), 소부(小富)를 얻는다.

② **측뇌**(側腦) : 측뇌는 혈성의 머리가 비스듬하게 한쪽으로 기울어진 것이다. 꼭대기가 기울었으면 기운 대로 수려하고 단아해야 좋은 혈을 맺는다. 그리고 측뇌혈은 뒤쪽에서 받쳐 주는 낙산(樂山)이 있어야 좋은 혈이다. 혈성이 수려하며 용이 훌륭하면 귀한 혈이 깃들인다. 여기에 묘를 쓰면, 자손들이 귀(貴)와 권세(權勢)를 얻게 된다. 반대로 혈성이 어지럽고, 용이 범상하면 구두쇠와 간사한 인물을 배출한다.

③ **평면**(平面) : 평면은 혈성이 땅바닥에 엎드린 것이다. 평지룡(平地龍)에 많은 혈성이다. 평면의 혈성은 그 높낮이에 따라서 역량에 차이가 난다. 평지에 있기 때문에 약간만 높아도 기운이 매우 커진다. 또 평면의 혈성은 모름지기 뚜렷하게 생겨야 귀한 혈을 맺는다. 평지와 산, 물과 산의 경계가 애매모호하면 귀인(貴人)이 나오지 않고, 부자만 나오게 된다. 혈성이 뚜렷하고 깨끗하며 용이 좋으면 부귀(富貴)가 오래 유지된다.

❖ **혈성의 판별법** : 성(星)이란 것은 천상(天象), 곧 지형을 말하는 것이다. 여기서 혈성이라고 하는 것은 행룡이 끝나고 혈을 맺으려는 산(혈장이 소속된 성진)의 형상에 따른 분별법이다. 심혈에 있어서 용신낙처(龍身落處)에 혈이 맺는 것은 성신의 형체에 따라 혈심처(穴心處)와 장법(葬法) 및 화복이 정하여지는 것이므로 성신파악이 곧 심혈의 관건이 된다. 혈성을 파악하는 요결은 첫째 진짜냐 가짜냐(眞與假)이니, 혈성이 참이면 산수가 조응하고 가짜면 곧장 가버리고 만다. 둘째는 생이나 사냐(生與死)이니, 장풍득수면 살아 있는 것이요, 기가 흩어지면 죽은 것이다. 셋째는 순이냐 역이냐(逆與順) 하는 것이니, 산각이 감싸면(廻抱) 역으로 살아 있는 것이고, 물을 따라가면 순으로 죽은 것이다. 넷째는 묵은 가지냐 새 가지냐(老與嫩)이니, 늙은 것은 죽은 것이요, 새싹은 꽃을 피우는 살이 있는 것이다. 또한 혈성에는 팔반(八般)의 병이 있으니 자세히 살펴야 하며 9개 성신의 형상 변화는 천태만상이나 9변으로 통할할 수 있다. 9변이란 정체(正體)·개구(開口)·현유(懸乳)·궁각(弓脚)·쌍비(雙臂)·단고(單股)·측뇌(側腦)·몰골(沒骨)·평면(平面)의 형상을 말한다.

❖ **혈성24살**(穴星二十四殺) : 홍오제(洪悟齊)가 논한 24살혈(殺穴).

- **장경**(長頸) : 현무정에서 맥이 길게 드려 마치 새끼줄같이 늘어진 것.
- **단경**(短頸) : 혈성의 체와 좌우 날개가 너무 짧아 혈성이라 할

수 없음.

- **앙와**(仰瓦) : 기왓장을 뒤집어 놓은 것 같은 땅이니 생기가 융결되지 않는다.
- **팽면**(錋面) : 땅의 면이 쭈그러지고 횡(橫)으로 두어 가닥 맥이 나온 것인데 생기가 없어진다.
- **추족**(墜足) : 사람이 한쪽 발을 길게 늘어뜨린 모양과 같은 땅인데 뒤는 가볍고 앞이 무겁다.
- **동두**(童頭) : 초목이 나지 않는 벌거벗은 산.
- **요권**(搖拳) : 사람이 주먹을 쥐고 흔드는 것같이 단단하고 곧고 외롭게 드러나서 바람이 닿는다.
- **죽호**(竹蒿) : 머리가 단단하게 뭉치고, 용맥이 곧게 뻗어 대통처럼 생긴 것.
- **사괴**(死塊) : 흙무더기를 긁어 모은 것 같은 땅으로 생기가 없다.
- **공과**(空窠) : 유(乳)와 포(泡)와 순전(脣氈)이 없고 용도 볼품이 없다.
- **복기**(伏箕) : 키를 엎어 놓은 형상과 같으니 지각과 용호가 없어 바람을 받는다.
- **초기**(筲箕) : 사람이 키를 잡고 서 있는 형상인데 용이 곧고 물이 곧으니 고궁(孤窮)한 땅이다.
- **대구**(大口) : 입을 크게 벌린 것이니 생기가 흩어져 소용이 없다.
- **앙기**(仰箕) : 허한 와형(窩形)이니 생기가 모이지 않는다.
- **토설**(吐舌) : 용호 밖으로 혀를 내민 것처럼 태(胎)가 드러나니 바람이 닿고 물이 겁한다.
- **현무벽립**(玄武壁立) : 현무정(玄武頂)이 벽처럼 가파르게 솟아 맥이 드리지 않은 땅인데 이를 거시(拒尸 : 시신을 막음)라고도 하여 대흉격이다.
- **호입명당**(虎入明堂) : 백호의 뾰족한 끝이 머리를 돌려 명당과 혈상을 핍박함이다. 대개 백호가 높이 들면 시신을 먹는 상이라 하고, 명당을 침입하면 눈물을 닦는 형상이라 하여 대흉격으로 친다.
- **우액**(牛軛) : 소의 멍에같이 생긴 것으로 마디(節)와 가지(枝)가 없고 양변의 물이 흩어져 순하게 나르고, 용이 딱딱하여 못 쓴다.
- **옹현**(甕弦) : 부스럼 딱지같이 보기 흉한 것이 동이를 엎어놓은 것도 같고, 활을 뉘어 놓은 것도 같다.
- **노자**(弩觜) : 면(面)이 단단하고 화(火)를 띠어 화살촉같이 뾰족해서 혈을 받지 못하는 땅이니, 모르고 장사를 지냈다가는 온역과 화재가 침입하고 인정(人丁)이 쇠한다.
- **반시**(反時) : 청룡·백호가 머리를 딴 곳으로 향하여 무정하다. 이러한 땅에 묘를 쓰면 주로 인륜을 어기고 불의불효한 자손이 나온다.
- **슬공**(膝珙) : 사람이 불꺼진 화로앞에서 무릎을 끼고 청승맞게 앉은 형상인데 흉격이다.
- **첨세**(尖細) : 혈성이 뾰족하고 가는 것이니 생기가 모이지 않는다.
- **파산**(破傘) : 부서진 우산같이 이리저리 맥이 흩어져 생기가 모이지 않는다.

❖ **혈세**(穴勢) : 혈세(穴勢)란 혈 뒤에 많은 조종산이 있어도 뇌두 뒤에 보이지 않아야 귀하고, 수구(水口)에 오히려 많고 많은 화표가 있어도 혈에서 보이지 않아야 귀하고, 뱀, 거북이가 문을 막

아도 보이지 않아야 귀하다. 미미한 운(暈)이 둥글게 혈을 열면 반드시 승금이 있고, 새우 수염 같은 것이 둘러 감싸 안으면 반드시 상수의 형상이 있고, 선익이 직접 연결되면 반드시 인목형(印木形)인 전순이 있다. 양명하고 윤택한 흙중엔 반드시 혈토형이 있고, 기(氣)가 증발하여 상승하면 반드시 따듯한 화기(火氣)형이 있고, 소명당인 혈판이 평평하고 바르면 반드시 머무르는 형이 있고, 뇌두인 구첨(毬簷)과 선익인 지붕이 혈판 뒤에 있으면 반드시 뒤로 의지하는 형이고, 혈판(穴坂) 아래에 교쇄하여 합하면 앞으로 친밀한 형이 있고, 이런 것이 있으면 참된 혈이고 이런 것이 없으면 거짓된 혈이다.

❖ **혈수고**(穴水高) : 혈이 높으면 충사는 논할 것이 없고, 물이 광활하면 어찌 살이 될 것이며, 맥이 크면 어찌 베일 것을 염려하며, 수구가 잘 교쇄되면 임의로 경사진 것을 끌어 당기고, 굴곡은 뚫릴 염려가 없고 혈이 높고 커서 우러러 보이면 등천함이다.

❖ **혈신**(穴信) : 지리법에 혈이 맺는 곳인지 아닌지 의심할 때 자세히 살펴 어떠한 분명한 증거가 있으면 이 증거를 보고 결혈(結穴)됨을 알 수 있은 것이니 이 분명한 증거가 바로 혈신(穴信)이다.

❖ **혈심**(穴深) : 혈장의 깊이.

❖ **혈심법**(穴心法) : 매장시 혈의 깊이에 관한 항목. 천광(穿壙)은 겉흙 부토(腐土)를 걷어 내고 새흙 생토(生土)를 찾아서 생토(生土)에서 혈토(穴土)의 진토(眞土)가 나올 때까지 파 내려가야 한다. 조장(造葬)은 진토(辰土)에다 한다. 이 때에 굴착이 미급하면 허장(虛葬)이 되고 지나치면 파혈(破穴)이 되므로 혈의 깊이를 미리 정할 수는 없다. 부토와 생토의 두께는 좌산에 따라 일정하게 정해져 있는 게 아니라 지형지세(地形地勢)와 수목의 성고(盛枯)에 따라 각기 다르게 층상구조(層狀構造)로 되어 있는 것이 지질의 원리이며 풍수지리의 원칙이다. 한편 진결지(眞結地)가 아니면 대개 겉흙 속에는 모래, 자갈 혹은 암석이 깔려 있어 땅 속이 이와 같이 일정하지 않고 복잡함에도 무조건 좌산에 따라 일정한 척촌(尺寸)으로 천광(穿壙)하고 매장해야 한다는 주장은 사리에 맞지 않다. 천광과 매장은 이법적(理法的) 혈심(穴深)에 구애받지 않고 우선 겉흙을 걷어내고 그 속에 있는 생토 또는 혈토를 과(過)하게 불급(不及)함이 없이 적당하게 파고 이곳에 하관복토(下棺覆土)해야 하는 것이 풍수지리의 정식이다. 참고로 도선국사(道詵國師)의 옥룡자혈심법(玉龍子穴心法)을 소개하면 다음과 같다.

壬山 : 六尺四寸	乙山 : 八尺七寸
坤山 : 九尺三寸	子山 : 五尺一寸
辰山 : 九尺三寸	甲山 : 七尺五寸
癸山 : 午尺一寸	巽山 : 九尺三寸
庚山 : 八尺一寸	丑山 : 八尺四寸
巳山 : 四尺八寸	酉山 : 七尺一寸
艮山 : 七尺五寸	丙山 : 七尺一寸
辛山 : 七尺八寸	寅山 : 七尺三寸
午山 : 六尺五寸	戌山 : 五尺五寸
甲山 : 九尺二寸	丁山 : 六尺八寸
乾山 : 五尺九寸	卯山 : 八尺三寸
未山 : 八尺九寸	亥山 : 四尺五寸

본항의 척촌(尺寸)은 토규척(土圭尺)으로 1척(一尺)은 현재 사용하는 목척(木尺)의 8촌(八寸)에 해당된다.

❖ **혈심은 이렇게 한다**

- 구성혈심은 옥룡자혈심등 여러 설이 있으나 설정에 맞지 않는다.
- 혈지의 지질구조에 따라 겉의 흙를 걷어내고 생토를 찾는다.
- 다시 혈토인 진토(眞土)가 나올 때가지 파낸다. 조장(造葬)은 진토에 해야 한다. 이때 미급(未及)하면 허장(虛葬)이 되고 지나치면 파혈(破穴)이 되니 신중해야 이때 첫 생토는 별도로 모아 관에 넣어 채워주면 좋다.

❖ **혈(穴)에서 안산 너머 관성이 보이면 당대에 고관이 난다** : 관성은 혈에서 보이지 않는 것이 대부분이나 간혹 보이는 것도 있다. 혈에서 안산 너머 관성이 보이면 이를 현세관(現世官) 또는 현면관(現面官)이라 하여 매우 귀한 것으로 속발하여 당대에 현관(顯官)이 기약된다. 관성은 크기나 모양에 상관 없이 모두 길한 것이지만 작은 것보다는 큰 것이 보이지 않는 것보다 보이는 것이 더욱 좋은 관성이다. 그렇다고 지나치게 크면 오히려 안산이나 조산의 기운을 빼앗아 가므로 적당한 크기여야 한다.

❖ **혈에서 좌향(坐向) 관계 없이 길사를 볼 때**

① **삼길사**(三吉砂) : 인(卯), 경(庚), 해(亥)의 3개 방위에 수려한 산봉이 솟으면 삼길봉이라 하여 길로 삼는다.

② **육수봉**(六秀峰) : 간(艮), 병(丙), 손(巽), 신(辛), 유(酉), 정(丁)의 6개 방위에 수려한 봉이 솟으면 육수사(六秀砂)라 하여 길로 삼는다.

③ **팔귀사**(八貴砂) : 육수봉(六秀峰)에 묘(卯), 경(庚) 2개 방위에 더하여 귀봉(貴峰)이 솟으면 팔귀봉(八貴峰) 또는 팔장성봉(八將星峰)이라 하여 부귀의 길사다.

④ **삼양사**(三陽砂) : 손(巽), 병(丙), 정(丁) 방위에 수려한 봉우리는 길하다.

⑤ **오성패원사**(五星覇元砂) : 혈은 중앙의 토성 밑에 있고, 북쪽의 현무(玄武)는 수성봉(水星峰), 앞은 남쪽의 화성봉(火星峰), 좌청룡은 동쪽의 목성봉(木星峰), 우백호는 서쪽의 금성봉(金星峰)으로 거대한 형국을 이루고 있으면 오기취합격(五氣聚合格)이라 하여 대길지이기 때문에 좀처럼 이런 형상은 보기 힘 드는 왕후지지(王侯之地)로 본다.

⑥ **문필봉**(文筆峰) : 붓의 끝처럼 생긴 화성봉(火星峰)이 손(巽), 신(辛) 방위에 있으면 더욱 귀하며 문필사는 문장을 주장한다. 또 병(丙), 정(丁), 경(庚), 신(辛)의 방위에 있으면 소사문성봉(小赦文星峰)이라고 하고, 건(乾), 곤(坤), 간(艮), 손(巽) 방위에 있으면 대사문성봉(大赦文星峰)이라고 하여 살을 멸한다는 사다.

⑦ **사원성**(四垣星) : 자미원(紫微垣)은 해(亥) 방위에, 천시원(天市垣)은 간(艮) 방위에 있으며, 태미원(太微垣)은 손(巽) 방위에, 소미원(小微垣)은 태(兌)유(酉), 방위에 있으니 이런 방위들에 수미귀사(秀美貴砂)가 있으면 대도시를 세울 수 있다고 한다.

❖ **혈유삼불장**(穴有三不葬)

① 용은 있어도 혈이 없으면 장사하지 말라(有龍無穴不葬).

② 혈은 있으나 유덕한 사람이 아니면 장사하지 말라(有穴無人不葬).

③ 덕(德)은 있어도 연월이 좋지 않으면 장사하지 말라(有人無時不葬).

❖ **혈유십불장**(穴有十不葬)

① 조완추석(粗頑醜石)이면 장사하지 못한다.

② 급수쟁류(急水爭流)면 장사하지 못한다.

③ 궁원절경(窮源絶境)이면 장사하지 못한다.

④ 단독룡두(單獨龍頭)면 장사하지 못한다.

⑤ 신전불후(神前佛後)면 장사하지 못한다.

⑥ 묘택휴수(墓宅休囚)면 장사하지 못한다.

⑦ 산강요란(山岡潦亂)하면 장사하지 못한다.

⑧ 풍수비수(風水悲愁)면 장사하지 못한다.

⑨ 좌하저연(坐下低軟)이면 장사하지 못한다.

⑩ 용호첨두(龍虎尖頭)면 장사하지 못한다.

❖ **혈유십불향**(穴有十不向)

① 유수직거(流水直去)면 입향(立向)하지 말라.

② 만장고산(萬丈高山)이면 입향하지 말라.

③ 청오적석(青烏赤石)이면 입향하지 말라.

④ 백호과당(白虎過堂)이면 입향하지 말라.

⑤ 사비파쇄(斜飛破碎)면 입향하지 말라.

⑥ 외산무안(外山無案)이면 입향하지 말라.

⑦ 면전핍착(面前逼窄)이면 입향하지 말라.

⑧ 산요붕결(山凹崩缺)이면 입향하지 말라.

⑨ 대산고압(大山高壓)이면 입향하지 말라.

⑩ 산비수주(山飛水走)면 입향하지 말라.

❖ **혈유육계**(穴有六戒)

① 물이 다 빠져나간 곳을 취하면 패가한다.

② 칼등 같은 용을 찾지 말라. 지사(地師)를 해친다.

③ 혈처에 바람이 닿는 곳을 취하면 인정(人丁)이 끊어진다.

④ 안산이 없는 땅을 취하면 반드시 의식(衣食)이 곤궁하다.

⑤ 명당이 결(缺)한 곳을 취하면 가업이 파패(破敗)된다.

⑥ 용호비주(龍虎飛走)한 곳을 취하면 가족이 이별한다.

❖ **혈(穴)은 사방 여덟자 정도이다. 조건만 잘 알면 정혈도 어렵지 않다** : 태조산(太祖山)을 출발하여 수백리 혹은 수십리를 행룡한 용이라도 생기가 뭉쳐있는 혈의 사방이 여덟자 정도 밖에 되

지 않는 작은 땅으로 불과 지름이 3m 미만에 불과하다. 이를 정확하게 찾아 쓰는 것은 여간 어려운 일이 아니다. 그래서 옛 사람들은 3년심룡 10년점혈(三年尋龍 十年點穴)이라고 하였다. 용을 찾는 공부는 3년 걸리고 혈을 찾는 공부는 10년 걸린다는 뜻이다. 이는 정혈(定穴)이 그만큼 어렵다는 것을 나타내는 말이다. 그러나 모든 자연에는 이치가 있는 법이다. 혈이 있을 만한 자리는 그만한 조건을 갖추고 있다. 그 조건만 잘 알면 정혈도 그리 어려운 문제만은 아니다. 정혈법은 주변의 산세와 수세를 살펴 점혈의 정확한 위치를 정하는 방법론이다. 좋은 혈을 맺으려면 다음과 같은 조건을 갖추어야 한다.

① 주룡이 기세 있게 변화하면서 살기를 모두 털어낸 곳에서만 가능하다. 이는 지기가 순수한 생기로만 가득하다는 증거다.

② 생기가 멈추고 혈판에 가두어지려면 물이 유정하게 감싸주고 있어야 한다.

③ 혈의 생기가 바람에 흩어지지 않으려면 청룡백호를 비롯한 주변 산들이 이중삼중으로 감싸고 있어야 한다.

④ 혈 앞의 명당은 평탄하고 원만해서 보국이 안정되어 있어야 한다.

❖ **혈(穴)은 온화(溫和) 해야 한다** : 용호산이 동편에 불을 뿜으면 서편산에 구름이 일어나니 혈이 길하고 온화하면 부귀가 끊임 없으며, 그러하지 못하면 자손이 외롭고 가난하다. 서편산에 구름의 기가 모이면 동편 산에서 연기와 불꽃을 뿜어 나옴이요, 살아 있는 사람으로 부귀가 길게 이어지는 자는 돌아가신 혼령이 길한 혈에 모시었기 때문이고, 그런 땅을 구하지 못하면 자손은 점점 쇠퇴하여 반드시 후손들이 고독과 빈천하게 될 것이다.

❖ **혈(穴)은 와중미돌(窩中微突) 부분에 있다** : 와혈(窩穴)은 평지에도 있지만 주로 높은 산에 많이 있다. 이는 바람을 피하기에 용이하기 때문이다. 주룡은 볼록한 음룡으로 입수한 다음 오목한 양혈을 맺는다. 혈이 오목한 곳에 있으므로 사방으로부터 불어오는 바람에도 지기가 흩어지지 않고 아늑하다. 와혈은 입수도두에서 비교적 크고 두꺼운 선익이 원형으로 뻗는다. 마치 양팔을 벌려 혈을 품안에 안는 듯한 형태다. 혈은 오목한 부분 중에서도 약간 돌출한 곳, 즉 와중미돌(窩中微突)한 부분에 있다. 와혈은 오목 들어간 부분의 깊고 낮고 넓고 좁음에 따라 심와(深窩), 천와(淺窩), 활와(闊窩), 협와(狹窩)로 나눈다. 또 혈을 둘러 안은 두 선익 끝 사이의 간격이 넓고 좁음에 따라 장구와(藏口窩), 장구와(長口窩)로 나눈다. 장구와(藏口窩)는 두 선익 끝 사이가 좁아 와혈 입구를 잘 가둔 형태인 반면에 장구와(長口窩)는 두 선익 사이의 간격이 넓어 앞이 터진 형태를 말한다. 와혈(窩穴)은 주산이 무곡(武曲) 금성체(金星體)이거나, 염정(廉貞) 화성체(火星體), 문곡(文曲) 수성체(水星體), 좌보(左輔) 복두산(幞頭山)에서 출맥한 용에서 주로 많이 결지한다. 와가 한쪽으로 기울거나 비탈지거나 깨지고 부서지면 진혈을 결지할 수 없으므로 잘 살펴보아야 한다.

❖ **혈(穴)은 향(向)을 존중** : 혈은 향을 존중하니 무릇 혈을 점정(點定)할 때에는 그 혈의 길흉은 향을 정한 향에 따라 일어나므로 결코 혈 그 자리로서 길흉이 정해지는 것은 아니다. 예를 들면 용향(龍向)이 박잡(駁雜)을 이루면 흉이 따르고, 용향(龍向)이 순정(純淨)을 이루면 길이 발출(拔出)함과 같다.

❖ **혈을 잘 찾는 사람은** : 혈을 잘 찾는 자는 단지 내려오는 맥(脈)의 움직임을 살피고 생기(生氣)가 머무는 곳에 점혈(點穴) 해야 한다. 그러나 정상적인 혈은 비록 시사라도 알지만 기이한 혈은 법안(法眼)이 아니면 알지 못한다.

❖ **혈을 주인으로 삼고 사는 시종으로 본다** : 풍수지리에서는 혈을 주인으로 삼고 사(砂)을 호위(護衛)하는 시종으로 삼기 때문에 사의 태도에서 길흉이 결정되는 것이다. 따라서 용혈이 좋아야 함은 물론이지만 사가 흉하면 아무리 혈이 좋아도 소용이 없게 되는 것이다. 양택에서도 마찬가지여서 산이 밝으면 사람이 현달하고 어두우면 사람도 어리석고 산이 수려하면 사람이 수복(壽福)하고 산이 첨악(尖惡)하면 살상을 좋아하고 산이 수(水)를 따라 달아나면 사람이 오랫동안 안정하고 살지 못하는 것이니 이 모두가 사(砂)의 작용하는 바인 것이다. 또 사의 미악(美惡)을 보면 바르고 둥글고 피부가 곱고 다정하며 광채(光彩)가 나는 것을 길사(吉砂)로 치고 깨지고 폐이면 기울러지고 추악하고 무정한 것을 흉사(凶砂)라 한다. 또 용혈은 좋은데 사가 따르지 못하면 사람은 똑똑하나 출세가 없고 혹 귀(貴)를 한다 해도 이름

을 내지 못한다.

❖ **혈을 찾고자 할 대는 산을 보지 말고 물을 보라**: 양수(兩水) 가운데는 반드시 산줄기인 용맥(龍脈)이 있다. 양수가 서로 만나 합수하면 곧 용의 행룡이 끝난다. 이를 용진처(龍盡處)라 한다. 혈은 용진처에 맺으며 용맥을 따라온 물이 분수하고 합수하는 곳에 있다.

❖ **혈을 찾는 10가지 방법**: 산에서 혈을 찾는 것이 산을 보는 궁극적 목표이다.

① 혈을 찾고자 할 때는 무엇보다 먼저 산의 앞과 뒤를 구분한다. 이는 산의 안쪽(앞쪽)에 혈이 존재하기 때문이다. 산의 등쪽이 어둡고 암석으로 울퉁불퉁한 반면에 산의 안쪽은 광채가 있어 등쪽보다는 밝은 기운을 발하며, 암석으로만 되어 있지 않고 많은 부분이 부드러운 흙으로 구성되어 있다는 사실을 명심해야 한다.

② 멀리서 보아 산봉우리가 부(富)한 상태의 산은 가마솥 엎어 놓은 것 같은 형상의 상태인가 빈약한가를 살피면서 산 전체를 보고 그 다음에 가까이 들어간다. 하나의 산을 볼 때에는 최소한 원칠근삼(遠七近三)하라는 말이 있는데, 이는 적어도 멀리서 일곱 번 이상 가까이에서 세 번 이상을 관찰하라는 뜻이기도 하다.

③ 용이라 부르는 산의 능선을 찾는다. 산에 있어서는 능선 위로 맥이 흐르고 있으며 기(氣)가 전달되고 있기 때문이다. 능선은 대체로 산 전체 면적 중에서는 아주 작은 면적이고 산의 윗부분에 해당되며, 혈은 능선을 따라 열매를 맺는다. 이처럼 중요한 능선을 무시하고 향(向)만을 중시하여 우기에는 휩쓸려 나갈 수도 있는 골짜기라도 남향이면 묘를 쓰는 일이 비일비재한 것은 참으로 크게 잘못된 것이다. 용을 관찰할 때는 용 중에서도 굵은 쪽으로 찾아간다.

④ 용의 변화를 찾는다. 상하·좌우로 변화를 하지 못하고 흐르는 용은 사룡(死龍)이며 일정한 변화를 갖고 굴곡과 기복의 움직임을 갖고 진행하는 용이 바로 살아 움직이는 생룡(生龍)이기 때문이다.

⑤ 4신사(四神砂)를 살핀다. 왼쪽의 청룡, 오른쪽의 백호는 유정(有情)하게 혈을 감싸고 있으며, 앞쪽에 산들이 등을 돌리고 배신하며 나가지는 않았는가, 앞에 있는 안산(案山) 뒤에 놓여 있는 산 현무(玄武: 뒷산) 등이 모습을 제대로 갖추고 있는가를 본다.

⑥ 입수(入首) 위로 3절(三節)이 살아서 변화하는가 최소한 1절(一節)만이라도 살아 움직이는가를 보며, 변화와 각도는 30℃가 되는가를 살핀다.

⑦ 주변의 흙과 초목 등의 기(氣)가 살아 있는가, 흙은 윤기가 있으며 그 색이 황색 또는 백색, 자황색, 적색 등으로 밝은 빛을 띠는가, 초목은 생동감이 있으며 연한 빛으로 어둡지 않는가, 초목의 색깔도 밝은 빛을 내야 하는 것 등을 살핀다.

⑧ 선익에 해당하는 좌우가 잡풀이 없고 토출하면서 밝은 빛을 띠는가, 선익(蟬翼)의 조건을 갖추었는가 살핀다.

⑨ 혈이 생각되는 부근에 노출되는 암석이 자황색 또는 백색으로 밝은 빛을 띠고 꺼풀을 벗고 있는 암석들은 길(吉)하고 추하면서 괴암석이나 각이 되어 거칠거칠 하면서 검은 암석들은 흉한 암석이다.

⑩ 당판(當坂)을 깊이 관찰한다. 혈을 찾는데 있어서 이상의 열 가지는 최소한으로 알아야 할 중요한 핵심 사항이므로 반드시 숙지해야 한다.

❖ **혈의 길흉은 이러하다**: 혈 뒤에 바람을 받으면 장손(長孫)이 요수(夭壽)하게 된다.

- 혈 앞에 강물이 적게 보이면 길사(吉砂)로, 많이 보이면 흉사(凶砂)로 본다.
- 혈처에서 물소리가 들리면 곡(哭)소리가 나게 된다. 북을 울리는 소리가 들려오면 자손이 위세가 당당하다.
- 혈 앞의 암석에서 샘물이 나는 것은 부(富)가 큰 것이고 혈 뒤의 암석에서 샘물이 나면 쌍둥이가 난다.
- 혈 앞에 물이 보이되 오는 물·가는 물이 보이지 아니하면 백만거부(百萬巨富)가 부럽지 아니하다고 하였다.
- 혈장에 환포(環抱)되어야 할 물이 없어도 조(朝)·안산(案山)이 중첩(重疊)되면 혈은 이루어진다 하였다. 명당 안의 마당을 물로 보기 때문이다.

- 혈 앞에 사협수(射協水)가 있으면 뜻밖의 재앙으로 사람이 죽거나 다른 사람을 살해하게 된다. 혹은 전사하거나 사형을 당하게 된다. 사협수는 충심수(沖心水)와 같이 이것이 보이는 곳에는 묘를 쓰거나 주택을 짓지 말아야 한다.
- 혈 앞이 터진 곳(청룡 백호가 감싸지 않고 풍이 들고 수(水)가 빠지는)은 절대 물[水]이 모이지 않는다.
- 혈전에 평평한 명당이 없으면 귀(貴)를 하여도 록(祿)이 약하게 된다.
- 혈처에 길상(吉相)의 암석이 비치는 것은 상적 입수가 되고 혈전에 작은 물이라도 감싸 안아 돌아주는 것이 명혈이 이루어지는 이치라고 하였다.
- 혈판 입수에 길(吉) 암석은 장자(長子)에게 중부위(中部位)에는 중손(中孫)이 전순에 왕성은 말손(末孫)이 길(吉)하다.
- 혈 주위가 잡석(雜石)이면 흉액(凶厄) 파산이 있고 진흙땅에는 정신질환자가 나고 편용(片龍)에는 불구자가 난다.
- 혈 뒤에 돌무더기가 있으면 목메어 죽는 자손이 나고 청룡사(青龍砂)에 흉암(凶巖)이 있고 규봉(窺峰)이 있으면 눈먼 자손이 난다. 혈 좌우에 깊은 못이 있으면 무후절손(無後絶孫) 되기 쉽다.
- 혈 주위에 산사태자국이 있으면 정신질환자 교통사고·칼 든 도적 자손이 난다.
- 혈 앞이 곧게 물 없는 빈 계곡이 달아나면 재물이 모이지 않는다.
- 혈 앞이 훤하게 열린 곳은 수입보다 지출이 많게 된다.
- 혈 앞 전순이 개어지고 함(빠지면)하여 낭떠러지가 되면 근심 걱정이 떠날 날이 없다.
- 혈의 좌측이 낮으면 홀아비가 많이 나고, 우측이 낮으면 과부가 많이 난다. 동쪽이 높고 서쪽이 낮으면 집에 노인이 없게 된다.
- 혈 주위에 땅 찔레나무(땅 까시)가 많으면 자손이 감옥 가는 일이 생긴다.
- 혈 주위에 멧돼지 때문에 철조망을 치면 자손이 감옥 가는 일이 생긴다.
- 혈 뒤쪽이 낮으면 장자에게 수명이 짧고 묘 앞쪽이 높으면 말자(末子)가 불효 불충 한다.
- 혈뒤에 도로가 있으면 딸만 많이 두게 된다.
- 혈 앞에 물이 나면 자손이 익사(溺死)하고 전순(氈脣) 밑에 용천수(湧泉水)가 있으면 부귀겸전(富貴兼全) 한다.

❖ **혈의 깊이**(穴深) : 지표면으로부터 관의 밑 부분이 닿는 곳까지의 깊이를 말함. 측정단위는 옥척(玉尺)을 쓴다. 옥척이란 소녀의 손가락으로 계측하여 만드는 것인데 22 33이라고 하며 음효의 수치인 2의 자승과 양호의 수치인 3의 자승으로서 (22+32) 전체 길이는 13이 된다. 즉 소녀의 인지와 중지 두 손가락을 붙인 폭으로 두 번(22)과 인지 중지·약지 세 손가락을 붙인 폭으로 세 번(32)을 재면, 그 손가락 13개의 폭이 된다. 이것이 옥척 1자의 길이이다(곡척 8寸정도). 13은 태극설에서 유래된 것이며 여자의 월경도 연간 13회인 점을 감안하면 짐작하는 바가 있을 것이다. 전문인은 산수를 관찰하면 정확한 혈심을 결정할 수 있지만, 초학자는 흙을 보면서 현장에서 정하는 것이 안전하다. 첫째층은 표토(表土)라 하여 지표면에 식물이 썩어서 된 부토이다. 둘째층은 단토(斷土)라 하여 표면과 지중을 차단하여 혈토를 보호하는 층이다. 보통은 단단하다. 셋째층은 진토(眞土)라 하여 계절에 따라 온도와 습도의 변화가 없이 생기를 보호하고 있는 층이다. 횡적으로 비유하면 선익(蟬翼)과 같은 것이다. 넷째층은 혈토(穴土)라고 한다. 생기가 모여 있는 층이니 매우 부드러우면서 불조불습(不燥不濕)하고 비석비토(非石非土)로서 온기가 있다. 수화기제(水火旣濟)의 상이니 관이 이 혈토층에 묻히도록 하면 적중한 것이다. 유의할 점은 혈심은 지나침보다는 모자라는 것이 오히려 실수가 적어 모자라면 기층(氣層)과 관의 거리가 멀기 때문에 발음(發蔭)이 늦고 지나치면 이미 기층을 지나 버린 꼴이 되어 승기(乘氣)를 못하게 된다. 장승생기(葬乘生氣)라 하였으니 시신은 생기의 상층에 있어야 하기 때문이다. 혈토층을 지나면 노저토(爐底土)라 하여 행기(行氣)의 아래층에 이르는데 이렇게 되면 파혈(破穴)이 된다.

❖ **혈의 발생** : 혈은 자연에 있는 음기와 양기가 결합해서 발생한다. 양기는 공기 중에 분포되어 있는 양전하고 음기는 땅에 분포되어 있는 음전하다. 음전하가 많이 모여 있는 곳에는 양전

하도 많이 모인다. 양전하와 음전하가 결합하는 과정에서 번개와 우레가 발생한다는 것은 잘 알려져 있는 사실이다. 풍수에서는 말하는 혈도 하늘의 양전하와 땅의 음전하가 결합하는 과정에서 이루어진다. 이러한 과정을 풍수지리에서는 양래음수(陽來陰水)라고도 하는데, '양이 오면 음이 붙잡는다'는 뜻으로, 양과 음이 결합하는 과정을 설명하는 말이다. 음전하와 양전하가 장기적 결합을 이루기 위해서는 첫째, 음전하가 모이는 산과 용이 있어야 하고, 공기 가운데 양전하를 만들어 주는 수분이 있어야 한다. 그리고 청룡·백호·주작·현무 같은 바람막이가 있어야 한다. 사신사가 바람을 막아 주는 내부에서 지표면의 음 기운과 공기 중의 양기운이 서로 장기적으로 결합해 밝은 기운이 발생한다. 주산에서 발생된 기운이 혈까지 전달되는 과정은 태조(太祖), 중조(中祖), 소조(小祖), 입수(入首), 혈판(穴板)의 5단계를 따르며, 각 단계 사이에는 용이 있어서 앞뒤 기운을 이어 준다. 혈을 이루기 위해서는 반드시 이 다섯 과정이 필요하다. 만일 단계 사이의 용이 끊어지면 혈이 이루어지지 않거나 있더라도 미약해진다. 요의 5단계 결혈 과정 가운데 태조는 주산에 있는 주봉, 곧 용이 연결된 가장 높은 산봉우리를 말한다. 중조는 태조로부터 내려오던 기운이 새롭게 뭉쳐서 이루어진 작은 봉우리를 말하고, 소조는 중조로부터 내려오던 기운이 다시 뭉쳐서 이루어진 작은 봉우리를 말한다. 또 입수는 소조로부터 용을 통해 내려오던 기운이 혈을 이루기 위해 기운을 접하지 못하고 혈토에서 발생되는 생기가 시신을 감싸므로 시신이 안전하게 보전된다. 혈에서 땅의 기운과 하늘의 기운이 동일한 지점에서 순환하며 조화를 이룸으로써 열과 빛을 발산한다. 그래서 다른 곳보다 따뜻하고 밝아 명당을 이루는 것이다.

❖ **혈의 복합적인 기운과 발복 기간** : 조상 중에는 명당에 모셔진 조상이 있는가 하면 좋지 못한 지세(地勢)에 모셔진 조상도 있다. 후손(後孫)에게는 좋은 기운과 나쁜 기운이 동시에 전해진다. 또 후손들 가운데서도 사람에 따라 그 영향은 특별히 많이 받는 자손과 그렇지 못한 자손이 있다. 조상 산소에는 부모·조부모·증조부모·고조부모 등 여러 기(氣)가 있는 만큼 후손들은 대부분 여러 기운을 함께 받게 되어 좋은 일과 나쁜 일이 동시에 일어나기도 하는 것이다. 아무리 좋은 자리라도 발복 기간이 무한(無限)한 것은 아니고 일정기간이 지난 후에는 그 효력이 조금씩 감소하게 된다. 혈자리의 발복 기간은 혈판 구성요소와 청룡 백호와 같은 4신사(神砂) 그리고 혈에 연결된 용맥(龍脈)의 길이에 따라 정해진다.

❖ **혈의 사상**(四象) : 용의 사상(四象)은 노양(老陽), 노음(老陰), 소양(小陽), 소음(小陰)이고, 협(峽)의 사상(四象)은 태강(太强), 태유(太柔), 소강(小剛), 소유(小柔), 혈(穴)중 바깥의 사상(四象)은 와(窩), 겸(鉗), 유(乳), 돌(突)이고, 안의 사상(四象)은 맥(脈), 식(息), 굴(窟), 돌(突)이다.

❖ **혈**(穴)**의 신비**(神秘) : 옛 산서(山書)에서 혈장(정기가 모인 곳)을 천리내룡입수결혈지유팔척승생기(千里來龍入首結穴地有八尺乘生氣)라 설명할 뿐 혈지융결(穴地融結)의 심오한 이치에 관한 학문적 추구와 설명은 별로 없었다. 한 덩어리의 흙뭉치에 불과한 이 혈은 만물의 영장인 조상의 체백(體魄)의 안위와 자손의 부귀빈천이라는 생령(生靈)과 사령(死靈)의 안위성쇠(安危盛衰)를 주장하고 있다. 또한 주룡(主龍)의 외적 생동(外的生動)에 의한 입수작뇌(入首作腦: 혈 바로 뒤), 용의 내적 생기(內的生氣)에 의한 혈성의 오행체성형(五行體成形), 용혈의 음양리법(陰陽理法)에 의한 길흉화복(吉凶禍福), 이밖에도 음양요철(陰陽凹凸)의 기본혈체와 와겸유돌(窩鉗乳突)의 사상혈형(四象穴形), 이와 같이 자연의 조건에 따라 정연하게 조화생성하는 혈의 융결이란 과연 우주대자연의 신비지공(神秘之功)이라 아니할 수 없다. 한편 혈장생성의 바탕은 우주의 현상변화에 의한 내외이치(內外理致)와 음양오행이라는 우주이법(宇宙理法)에 의한 내적 원리(內的原理)에 두고 있고 이 음양이법(陰陽理法)은 만유의 생성이치이며 힘의 근원이다. 만상(萬象)은 음양양의(陰陽兩儀)와 사상(四象) 여기에 금목수화토(金木水火土)의 오기정령(五氣精靈)이 내재하여 이들의 충화소장작용(沖和消長作用)으로 조화된다. 용혈 역시 살아있는 태극(太極)의 하나인 바 외적 형상(外的形象)의 조화와 내적 생기(內的生氣)의 유행과 융결의 원리가 다른 태극(太極) 즉 모든 생물체와 다를 바 없다. 그러한 바 용혈의 구조와 그 소임은 참으로 신비하고 위대한 것이라 아니할 수 없다.

❖ **혈의 융결과 혈증**: 혈이 맺어지는 방법과 그 혈증(穴證)에 대한 개념과 명칭에 대한 설명이 다양하다. 즉 혈의 융결은 기세가 생왕한 주룡에서 입수·뇌두·선익·상수·혈토·순전 등 결혈 4요건이 확실하면 자연히 상하가 분합하여 혈체(원운)가 은은하게 나타나게 된다. 이런 혈증에 대해서는 하수수(蝦鬚水)·해안수(蟹眼水)·금어수(金魚水) 등을 열거할 수 있다.

① **하수사와 선익사와 우각사**: 하수사는 혈상이 볼록한 유돌혈의 경우 순전과 혈밀 좌우에 새우수염 같은 미사가 있어 미망수가 회환(回環)하여 혈중생기를 보호해주는 혈장에 나타나는 혈증의 하나로 돌(突)바닥에 많이 나타난다. 인목과 선익사는 같은 것이라고 주장하는 사람과 별개의 것이라고 주장하는 사람이 있으나 선익사는 마치 매미 날개처럼 내선익과 외선익이 있는 곳도 있으나 인목과 선익사는 같은 것이다. 우각사는 선익사와는 전혀 다른 것으로 생각하는 사람이 많으나 유와 돌 바닥에서는 선익사라 하며 와겸혈장 속에 있는 미사(선익사)를 우각사라 한다. 그리고 돌혈에서는 혈하에 있는 새우수염 같은 미사를 하수사라 한다. 이러한 미사들은 없어서는 안 될 혈증이므로 이러한 혈증의 유무는 진혈의 여부를 결정하는 중요한 요인이 된다. 선익에는 크고 작은 것이 있어, 큰 것은 지각(枝脚)이라 하고, 중간 것은 연익(燕翼)이라 하며, 작은 것은 선익(蟬翼)이라 한다. 운형(暈形: 해나 달 언저리에 희미하게 생기는 둥근 고리)으로 선익이 되는 수도 많다.

② **구와 첨**: 구(毬)는 승금(뇌두)과 혈 사이에 있어 상수를 나누어주고 정기를 혈로 이어주는 중요한 역할을 한다면, 첨(簷)은 혈 앞에서 이루어지는 상수의 교합(交合)처 안에 생기므로 진혈을 구성하는 혈증으로서의 구와 첨이므로 혈장을 구첨이라 약칭하기도 한다. 옛말에도 '구첨지간(毬簷之間)에 필거혈토(必居穴土)'라 했으니 구와 첨은 혈의 위와 아래에 없어서는 안 될 진혈의 혈증으로 중요시해야 된다. 뇌두(승금)에서 태극운으로 용과 맥의 기를 이어주는 띠를 구(毬)라 하며, 구는 좌우로 나뉘는 동시에 뇌두에서 뭉친 정기가 혈에 이어짐으로써 진룡 진혈이 될 수 있으므로 뇌두에 참모습은 지평(地坪)에 반월(半月)과 같이 은연중 떠오르니 그것을 왕륜(王輪)이라고도 한다. 구(毬)는 왕륜(뇌두)에서 태극운(원운)에 이어지는 기맥으로 뇌두에 모인 생기는 구를 통해 혈로 이어진다. 천리내룡(千里來龍)에 도두일절을 가장 중요시하고 있는 것도 혈법의 참뜻이 바로 구와 뇌두의 중요성을 강조하는 말이다. 명산의 기가 뭉쳐서 내려오는 용을 찾기 어렵고, 그 용맥을 얻었다 해도 승금(뇌두) 찾기가 더욱 어려우며, 숨어 있는 구를 찾기는 더더욱 어려운 일이다. 진구(眞毬)의 참모습은 숨어 있는 미세한 진기(眞氣)이기 때문에 우리의 육안으로 식별하기는 어려운 일이다. 다만 활기차나 진룡에서는 뚜렷한 뇌두와 두툼한 진구가 나타나 그 모습을 쉽게 찾아볼 수 있는 곳도 없는 것은 아니니, 음양의 원리는 천지의 뜻이므로 그 신기함을 느낄 수 있다.

③ **상수(미망수)**: 태극운을 인목(선익사)이 감아주면 태극운과 인목 사이에는 은연중 낮은 곳이 생기게 되니 이것을 상수라 한다. 상수라 함은 오행상의 명칭이요 그 외에도 미망수·해안수·인두수·원진수 등 여러 명칭이 있으나 다 같은 것이다. 그리고 상수(相水)라 하니까 평소에 물이 흐르는 것이 아니라 우천시 혈장에 내리는 건수가 혈의 주변에서 인목 옆의 낮은 곳으로 모여서 혈 앞으로 흐르게 된다. 즉 상수는 둥글게 혈을 감아주는 양쪽 선익사를 따라 태극운 아래에서 다시 만나게 되니 진룡 진기는 자연히 태극운 안에 머물게 된다. 기나 용맥이 물을 만나면 멈추게 되기 때문이다. 상수 역시 혈의 증거로 주산에서 흐르는 생기를 기지맥지(氣止脈止)시켜 원운 안에 가두어놓는 역할을 하기 때문에 먼 곳의 대강수보다 중요하다. 혈에 있어서 물이나 사가 가까운 것보다 가장 가까운 것이 좋고 가장 가까운 것보다 혈장 본신(穴場本身)에 붙은 것이 가장 길하다.

❖ **혈의 위치와 후손**: 시신을 혈의 중심에 매장하면 머리에서 발끝까지 균일한 기운을 받을 수 있어 이상적이다. 만일 시신의 일부가 혈 바깥에 놓이면 그 부분만 기운을 덜 받아 시신이 서로 다르게 변화한다. 가령 시신이 혈의 아래 자리에 묻혀서 위 부분만 혈의 기운을 받고 아래 부분은 받지 못하면 위 부분은 깨끗

한 황골이 되지만, 아래 부분은 색이 검고 형태가 흉측해지기 쉽다. 시신을 혈보다 높은 위치에 매장했을 경우는 반대가 된다. 시신의 위 부분은 후손 가운데 장남에게 기운이 전달되고, 가운데 부분은 가운데 자손에게, 다리 쪽은 막내에게 영향을 준다. 또 시신의 어느 부위가 변하는지에 따라 자손들도 동일한 부위에 변화가 생긴다. 곧 머리 쪽에 나무 뿌리나 물의 피해를 입으면 후손들에게 머리나 눈에 병이 생기는 일이 많아진다. 시신의 허리 부분을 나무 뿌리가 칭칭 감고 있는 경우에는 허리 디스크 같은 병이 생겨 고생하는 자손이 생긴다. 시신의 다리 부분에 물이 차든가 바람이 들어와서 손상된 경우에는 다리가 아픈 후손이 생긴다.

❖ **혈(穴)의 진가(眞假)와 생사여부는 입수일절룡(入首一節龍)에 달려 있다** : 입수룡에서 제일 중요한 것은 입수일절룡(入首一節龍)이다. 입수일절룡은 용과 혈의 마지막 접속 부분이다. 현무봉(玄武峰)에서 혈에 이르는 행룡과정 중 혈에 제일 가까운 용맥이다. 혈장의 입수도두까지 연결되는 마지막 변화한 용맥이 입수일절룡이 된다. 혈의 진가와 생사여부는 이 입수일절룡에 달려 있다. 천리(千里)를 행룡하여 온 용도 마지막 입수일절룡이 부실하면 허사가 되고 마는 것이다.

❖ **혈의 형상과 취혈장법(取穴葬法)** : 와겸유돌(窩鉗乳突)은 혈의 형상의 설명이고 개점의당(蓋粘依撞)과 탄토요감(呑吐饒減)은 혈의 장법에 대한 설명이다. 와겸혈(窩鉗穴)의 형상은 양혈(陽穴)에 속하고 저한 곳에 있는 혈이고, 유돌혈(乳突穴)의 형상은 음혈(陰穴)에 속하고 높은 곳에 있는 혈이다. 개점의당(蓋粘依撞)의 장법은 음혈(陰穴)에 취혈장법(取穴葬法)이며 부(浮)한 곳에 취혈장사(取穴葬事)하는 법이고 탐토요감(貪吐饒減)의 장법은 양혈(陽穴)에 취혈장법(取穴葬法)이며 결(決:深)한 곳에 취혈장사(取穴葬事)하는 법이다. 만산(萬山)의 혈에 형상은 와겸유돌(窩鉗乳突)로 분별정리하여 취혈(取穴)에 임하고 만산(萬山)의 혈에 형태에서 취혈장사(取穴葬事)하는 법은 개점의당(蓋粘依撞)과 탄토요감(呑吐饒減)으로 분별정리하여 취혈장사(取穴葬事)에 임해야 할 것이다.

❖ **혈이나 내당(內堂)에 황천(黃泉)이란** : 직래(直來) 직거(直去) 및 배궁사수(背弓斜水) 등은 살수(殺水)로 패가(敗家)에 망신(亡身)까지 당하므로 황천수(黃泉水)와 같은 것이다. 또한 산과 용의 줄기도 첨이(尖利)하면 화사(火砂) 대살(帶殺)로 형이나 내당(內堂)을 직사(直射)·직충(直冲) 하면 패가 망신 함이 황천살과 같은 것이다.

❖ **혈이 이루어지는 조건** : 용호(龍虎)의 환포교쇄(環抱交鎖)가 아름다운가를 살피고, 아미(蛾眉)한 안산이 신수(伸手)한 거리에 눈높이로 알맞은가를 살피고, 궁포(弓抱)로 취회(聚會)하는 물이 명당에 모여 귀고(歸庫)로 나가는가를 살피고, 팔방의 중사(衆砂)가 혈장을 중심하여 합법으로 조응하나를 살피고, 입수룡과 향이 생왕(生旺)으로 배합되는 가를 살피고, 용상팔살피(龍上八殺避), 혈의 뒤에 있어야 할 현무정(玄武頂), 주산(主山), 귀산(鬼山), 낙산(樂山)이 사귀어 조응하고 있나를 살피고, 혈의 앞에서는 안산이 순종으로 조배하는가를 살피고, 혈의 좌우에서는 용호(龍虎)가 유정(有情)하고 전호사(纏護砂)가 얽어 보호하고 있는가를 살피고, 혈 앞 명당의 국세는 균형으로 아름다운가를 살피고, 혈 앞에 명당수세와 수구(水口)에 관쇄한문사(關鎖悍門砂)가 아름다워 당기가 새지 않게 거둘 수 있는가를 살피고, 혈의 위치가 10도혈법으로 중심이 바르며 상분하합(上分下合)이 명백한가를 살피고, 혈 밑에 전순(氈脣)이 반듯하며 선익(蟬翼)이 명혈의 기가 새지도 밖에서 바람이 들지도 못하게 아름다운가를 살펴보아, 위의 모든 것이 합법하다면 명혈대지가 되는 증거가 되는 것이다.

❖ **혈이 있는 곳은 기(氣)가 뭉쳐 있다** : 혈이 있는 곳은 생기가 견고하게 뭉쳐 있으므로 땅이 단단하다. 혈지의 흙들이 산만하게 흩어지지 않고 하나의 덩어리로 되어 있다. 완전히 정제된 흙들은 작은 입자로 되어있다. 만약 생기가 강하게 뭉쳐 있지 않으면 이들은 모두 흩어지고 말 것이다. 기가 한 곳에 뭉쳐 있는 혈의 흙은 그 결속력이 무척 강해 단단하다.

❖ **혈자유산(穴者有山) 화복재수(禍福在水)** : 묘자리는 산에 있고 화복은 물에 있다. 그러므로 부귀왕정(富貴王丁)을 구하는데는 우선 힘써 물을 다스려야 한다.

❖ **혈장(穴場)** : 혈이 있는 곳으로부터 전후좌우로 가장 가까운 땅.

즉 혈이 위치하는 지형, 장소.

❖ **혈장 뒤에 바람을 받으면 수명(壽命)을 오래하지 못한다**: 좌측 청룡쪽에 바람을 많이 받으면 장자 쪽이 패절하고 우측 백호쪽으로 바람을 많이 받으면 소방(小房 - 작은아들)이 재앙을 만난다. 앞쪽에 바람을 많이 받으면 빈한(貧寒)하여 고통을 받게 된다. 파패(破敗)된 혈에 탐두산(探頭山)이 있으면 도적질 하는 자손이 출생한다. 부귀혈(富貴穴)에 탐두산이 있으면 음탕(淫蕩)한 선비가 난다.

❖ **혈장 분방법**

- 명당이 대지(大地)냐 소지(小地)냐 하는 것은 모름지기 조종산(祖宗山)의 힘의 영향을 보고 귀천(貴賤)은 묘자리 본신(本身) 혈판의 맺은 곳을 보는 것이다.
- 산이 맑고 교묘(巧妙)한 것은 귀(貴)를 나타내고 완만(緩慢)하고 후부(厚富)한 것은 부(富)를 나타냄이다.
- 위가 살지고 아래가 청수(清秀)하면 장자(長子)가 부자(富者)가 되고 막내가 귀(貴)하게 된다.
- 위가 아름답고 아래가 추(醜)하면 장자(長子)는 좋은 일이 막내는 흉한 일이 생긴다.
- 혈장을 삼등분 하여 상부(上部)는 장자(長子)를 은 차자(次子)의 길흉(吉凶)발복(發福)을 판단한다.
- 안산은 의 발복을 판단한다. 좌우가 평형이 되어야 한다.
- 중간이 살찌고 넓으면 부자(富者)가 나고 혈이 단단하면 귀인(貴人)이 출생한다. 윗부분은 귀천(貴賤)을 아랫부분은 빈부(貧富)를 판단하는 기준이다.

❖ **혈장에서 수사(水砂)가 많이 보이면**: 혈장(0에서 향이 많은 수사가 많이 보이면 부(富)와 귀(貴)의 발복은 크나 반대로 손재(損財) 구설(口舌)도 많아진다. 명당의 형국(0에 따라 파구의 원근(遠近)은 이루어지고 용호(龍虎)의 중중(重重)으로 내파구와 외파구가 이루어지는 것이니 내파는 속발복을 의미하고 외파구는 대발복을 의미한다.

❖ **혈장을 측정 할 때는**

① 혈장의 중심에서

② 입수의 중심에서

③ 전순 중앙 전에다 가는 실을 띄우고 일직선 밑에 나경을 고정시키고

④ 나경 제4선을 보면 일직선의 실이 통과하는 방위를 보면 배합(配合)인가 불배합(不配合)인가를 측정 알게 된다. 청룡·백호·주작·현무봉의 길흉(吉凶)은 나경(羅經)으로 방위를 측정하는 방법과 혈을 중심으로 좌를 청룡 동방으로, 우를 백호 서방으로, 앞을 주작 남방으로, 뒤를 현무 주산 북방으로, 중앙은 혈 구진토성(句陳土星)이라 지칭 감정 할 수도 있다.

❖ **혈장좌(穴場坐)에서 보아 물이 흘러오는 곳을 득수(得水)라 하고 흘러나가는 곳을 파구(破口)라 한다**: 물이 길방(吉方)에서 흘러와 현자(玄字) 지자형(之字形)으로 구불구불 흘러가되 혈을 안고 돌아가면서 흐르는 물이 가장 좋다. 반대로 물이 혈을 등지고 흘러나가면 모두 불길하며 또는 흘러가다가 두 갈래 혹은 세 갈래로 갈라지거나 곧게 흐르는 물은 못쓴다. 파구수구(破口水口)는 좁을수록 좋으니 넓으면 인정(人丁) 흩어지는 형상(形象)으로 불가(不可)하다. 그러므로 좌(左)에는 수(水)가 제일이요 사(砂)가 그 다음이다. 경서(經書)에 이르기를 사(砂) 미인(美人)처럼 아름다워도 귀천(貴賤)이 파구에 달렸다 하였고 또 천산(千山)의 길(吉)함이 일수(一水)의 흉(凶)을 당해내지 못하고 일수의 흉(凶)이 백자손(百子孫)의 재앙이 된다.

❖ **혈장에 흙은 어떤 것이 좋은가**: 명당은 흙색이 맑고 밝으며 습기가 적으며 토질이 단단하여 사태가 나는 일이 없다. 또 양지바른 위치에 있고 잡초나 잡목이 없으며 잡다한 돌이 썩이지 않은 특징도 지니고 있다. 좋은 혈에는 땅의 생기가 모여 들게 되므로 그 속에 묻힌 유골이 잘 보전됨은 물론 황골이 되며, 면례(緬禮)나 이장을 하는 경우에는 유골이 황골이 되었으면 그 자리가 명당이므로 구태여 다른 자리에 옮겨 모실 이유가 없다. 그런 줄도 모르고 욕심만 내다가 오랜만에 만났던 명당자리를 버리는 사람도 더러 있다. 이런 경우에 백회를 많이 부어 다시 덮어 모시는 것이 좋다. 묘 자리가 될 만한 곳에서는 잡초가 별로 나지 않고 잔디만 무성하게 잘 자란다.

❖ **혈장의 요건**: 혈장은 다음과 같은 요건을 갖추고 있어야 된다.

①기세가 생왕한 용이 멈춰 머물고 기가 뭉친 곳이라야 된다.

② 밝고 양기(陽氣) 바르고 수려한 귀봉길사(貴峰吉砂)와 맑은 물이 감고 도는 곳이라야 된다.

③ 혈장은 음양이법이 맞아야 진혈이다. 오행이법이 맞지 않거나 혹은 충살(沖煞)이 있으면 안 된다. 옛 글에도 '혈재산룡(穴在山龍)이나 화복재리법(禍福在理法)' 이라 하여 음양이법의 중요성을 강조하였다. 그러나 용혈이 진(眞)이면 사수와 이법은 자연히 이에 부응하는 것이라고도 했다. 옛 글에도 용과 혈이 적실하면 사와 물은 자연히 이에 부응하게 되어 있다. 즉 청룡, 백호, 나성 수구들이 여러 가지로 상응하게 된다고 하였으니 진혈대지는 대자연의 오묘한 조화의 산물이라는 것을 알 수 있다. 그러나 생룡진혈 여부를 정확히 감별할 수 있는 개안된 지사가 아니면 그 정확성을 기하기 어렵기 때문에 아무리 기세가 생왕한 용혈이라 할지라도 사수(砂水) 역시 합법인가를 살핌과 동시에 살의 유무를 면밀히 확인해야 된다.

❖ **혈장의 4요건** : 혈장의 결혈을 위해서 없어서는 안 되는 네 가지 요건이 있다. 혈장은 단순한 흙덩어리가 아니라 다섯 가지 요건(오행)의 복합적 구조물이다. 그런즉 이들은 혈을 맺기 위한 필수적 요건으로 이 중에 하나만 빠져도 진혈이라 할 수 없는 것이다. 즉 혈장은 위에서는 뇌두, 좌우에서는 선익 및 상수(相水 : 원진수 또는 미망수), 아래에서는 순전, 중심에서는 혈토가 진(眞)이라야 이들의 복합상생으로 좋은 혈을 맺게 된다. 혈장 4요건과 승금·상수·인목·혈토는 그 내용이 대동소이하다. 다만 오행상의 개념적 해석일 뿐이다.

① **뇌두**(腦頭) : 혈의 맺음은 입수룡의 생기가 혈을 맺기 위해 뇌두(승금)에 뭉쳐져야 된다. 그러므로 뇌두는 산천정기의 취결지처이다. 인체에서도 두뇌가 모든 기관을 조정하듯 혈에서도 뇌두의 소임 또한 막중하다. 만약 뇌두가 무기산만(無氣散漫)하거나 조잡하면 결혈이 안 된다. 입수기장(入首氣壯) 하고 뇌두가 뚜렷하면 뇌두를 중심으로 그 위아래에서 계수포혈(癸水抱穴)하여 혈장의 기가 중심혈로 모이게 하며, 길격 뇌두는 자손이 성하고 부자가 되며, 흉격 되두는 자손이 희소(稀少)하고 가난하다. 특히 이 뇌두의 길흉은 주손(主孫)의 화복을 주관하는 곳이다. 따라서 뇌두는 진룡·진혈의 증거이므로 둥근 기상이 뚜렷하게 보여야 길격이다.

② **선익**(蟬翼) : 뇌두에서 벌린 좌우의 미사(微砂)를 선익사(蟬翼砂 : 印木이라고도 한다)라 하며 오행상의 명칭은 인목(印木)이라 하며 진혈을 보호하는 역할을 한다. 즉 혈 속의 진기를 이 선익사(인목) 안에 수장(收藏)하는 것이니 원운(圓暈 : 태극운)을 둥글게 감싸주게 된다. 둥글게 감아준 인목(印木) 안에 땅 속의 생기가 동(動)한 증거로 둥글게 기상이 떠오른 것이 태극운이다. 따라서 혈장의 참모습은 둥근 것이다. 이 태극운은 인목 내의 중앙에 위치하고 진혈과 혈토를 감추고 있기 때문에 오행으로는 토(土)에 속한다. 그리고 매미날개가 속날개와 겉날개가 있는 것처럼 내선익과 외선익이 뚜렷하게 나타나는 경우 내선익을 연익(軟翼), 외선익을 경익(硬翼)이라고 칭할 수 있다. 그리고 뇌두 양쪽에서 좌우로 뻗어내린 미사를 선익사라 하고 뇌두 직전 결인처에서 뻗어내린 미사를 연익사(燕翼砂)라 하며, 현무정(玄武頂) 또는 그 위에서 개장한 사를 청룡과 백호라 한다. 그러나 현무정에서 개장하지 않고 소조산에서 뻗어내린 사가 청룡과 백호의 구실을 하는 경우도 있고 외청룡·외백호의 역할을 하는 경우도 있으나, 선익, 연익, 내청룡, 내백호, 외청룡, 외백호가 거듭거듭 감싸줄수록 길하다. 그리고 용호보다 연익사가 길하며, 그보다 선익사가, 경익보다 연익사 즉 혈장본신에 붙은 부신사(扶身砂)가 더욱 소중함을 알아야 된다.

③ **혈토**(穴土) : 혈토란 혈의 뇌두(승금)와 선익(인목), 순전(脣氈)이 포장하고 있는 혈 가운데 흙을 말한다. 진혈에는 반드시 진토(眞土)가 있어야 하며, 토색에는 구애받지 않으나 제일 많은 것이 홍황색이고 흑·적·황·백 등 삼색토 또는 오색토도 있다. 견고 유연하며 비석비토(非石非土)로 광택이 나는 것을 말한다. 이와 같은 혈토는 생기를 보전하고 습도가 알맞고 과학적으로 설명하자면 약알칼리 또는 중성에 가깝고 뼈에 해로운 광물질이 없는 혈토를 말한다. 이러한 혈토의 길흉은 혈장의 사활과 직결된다. 그러므로 혈토가 퇴적잡토(堆積雜土), 또는 버슬버슬한 무기허토(無氣虛土), 습기

가 많은 점토, 석맥흉토(石脈凶土), 사력토(砂礫土)는 용혈의 생왕함과 국세여하에 관계없이 진혈이 될 수 없다. 백회(白灰 : 生石灰)를 쓰는 사람이 많아졌는데 백회를 쓰면 확실히 체백(體魄)에는 유리하지만 혈토가 진토가 아니면 진혈이 아니며 진혈이 아니면 생기가 모이지 않기 때문에 그런 곳에 백회를 쓴다 해도 체백에 좋을 뿐 진혈에서와 같은 효과를 나타낼 수는 없다. 진혈이라도 사방 옆에 백회를 쓰면 더욱 탁월한 효과가 있다.

④ **순전**(脣氈) : 순전은 진혈의 여기(餘氣)가 나타난 곳으로 사람의 얼굴에 비유하면 턱에 해당하는 곳이다. 입수를 거쳐 통맥한 생기가 뇌두와 구(毬)를 거쳐 혈심에서 뭉쳐지고 그 남은 기가 혈장 아래에 뭉친 곳을 말하며, 짧으면 순(脣), 길면 전(氈)이라 한다. 아무리 위에서 승금이나 구의 존재가 확실하고 선익이나 우각사(牛角砂)가 뚜렷하여 상분(上分 : 물이 위에서 나누어지는 것)이 확실하고 기맥이 이어져도 순전이 부실하면 진기(眞氣)가 아래로 흘러버리게 되어 혈이 맺기 어렵다. 옛 산서에서도 전과 순은 혈 밑에 남은 기의 발로이다. 큰 것은 전이요 작은 것은 순이라 한다. 순전의 소임은 좌우 선익사 안에서 흐르는 미망수(微茫水 : 상수 또는 해안수, 인두수, 원진수라고도 함)를 혈 아래로 합치게 하여 진기가 혈 아래로 흘러버리지 못하게 하는 데 있다. 때문에 순전은 진혈의 증거이므로 견고무결하고 두툼해야 한다. 만약 순전이 기울고 가파르며 파상요함(破傷凹陷)하면 진결이 안 되며 정재(丁財)가 손상한다.

❖ **혈장이 파이고 부서진 파면**(破面)**한 땅을 피하라** : 파면(破面)이란 혈장의 입수도두와 선익, 순전, 혈토가 공사로 인하여 굴착되었거나 토석(土石)의 채취로 파이고 부서진 것을 말한다. 혈장이 파손되면 혈에 융취된 생기가 누설되어 흩어져 버리기 때문에 화만 있고 복이 없는 매우 흉한 땅이 된다. 이런 땅은 아무리 용진혈적(龍眞穴的)하고 주변 산세가 잘 감싸주었어도 버려야 마땅하다. 그러나 용맥이 완전히 끊기지 않고 혈장이 완전히 파손되지 않아 상처만 입었다면 보수하여 쓸 수도 있다. 파면한 땅에서 제일 주의해야 할 곳은 파묘(破墓) 터와 작은 공간에 묘가 너무 많은 곳이다. 대체로 파묘 터는 이미 생기가 누출되었거나 파묘하면서 함부로 하여 혈장을 손상시킨 경우가 많다. 무덤이 좁은 공간에 산란하게 많은 곳은 묘를 쓰면서 파고 하면서 혈장을 짓이겨 놓았을 경우가 많다. 그러나 혈이 파손되지 않은 상태로 있다면 주변을 보수하여 사용하면 무방하다. 파묘터에도 얼마든지 명혈은 있을 수 있기 때문이다.

❖ **혈장이 있는 곳에 원근**(遠近)**은 이러하다**

군왕사(郡王砂)가 있는 곳에 제왕후(帝王候)가 나는 법이요
어병사(御屛砂)가 있는 곳에 제왕비(帝王妣)가 나는 것이요
토산사(土山砂) 있는 곳에 장관(長官)이라 하고
목봉사(木峰砂) 있으면 지방관장(地方官長) 나는 것이요
일자문성(一字文星) 있는 곳에 도지사(道知事)급 나는 것이다.
독봉사(獨峰砂) 있는 곳에 면장(面長)급이 나는 것이다.
문필사(文筆砂) 있으면 문장명필(文章名筆) 나는 것이요
부봉사(富峰砂)가 있으면 부자 자손 나는 것이다.
아미사(娥眉砂)가 있는 곳에 왕비여손(王妃女孫)이 나는 것이요

❖ **혈장이 환포**(環抱) **되어야** : 혈장이 환포 되어야 할 물이 없어도 조산·안산이 중첩 되면 혈은 이루어진다 하였다. 명당안의 마당을 물로 본다. 또 호수가 열려 넘겨다보이면 몹쓸 병 간질 있게 되고 청룡 너머로 물이 보이면 자손이 끊어진다.

❖ **혈장증혈**(穴場證穴) : 혈장을 보고 입수도두, 선익, 순전, 혈토, 혈운이 분명한지 살피는 것은 혈장의 기본요소이다. 입수도두(入首倒頭)는 혈 바로 뒤에 있는 것으로 용맥을 따라 전달된 생기를 저장하는 곳이다. 생기가 뭉쳐 있으므로 둥그렇고 볼록하게 생겼으며 땅이 깨끗하고 단단하다. 또한 밝으면서 부드러워 밝으면 감촉이 좋다. 사람 얼굴에 비유하면 이마와 같다. 선익(蟬翼)은 매미의 날개와 같은 모습으로 혈장 양 옆에서 혈을 지탱해 주며 생기를 보호해주는 역할을 한다. 땅이 단란하고 부드러워 사람 얼굴에 비유하면 양쪽 광대뼈와 같다. 순전(脣氈)은 혈 앞에 있는 것으로 혈의 남은 여기(餘氣)가 뭉친 것이다. 혈장을 앞에서 지탱해주며 생기가 앞으로 빠져나가지 않도록 보호해주는 역할을 한다. 땅이 단단하고 부드러워 사람 얼굴에 비유하면 턱과 같다. 혈토(穴土)는 미세한 흙입자로 단단하게 결합되

어 있다. 이는 생기가 뭉쳐 있기 때문에 그 단단함이 마치 돌과 같아 비석비토(非石非土)이며 흙의 색깔이 홍황자윤하다. 혈의 중심을 얼굴에 비유하면 코 끝으로 얼굴 중심에 해당된다.

❖ **혈전순론** : 혈에 생기(生氣)가 있으면 반드시 여기(餘氣)가 있다. 여기라는 것은 혈전의 전순(氈脣)이다. 진용(眞龍)의 혈은 반드시 생기(生氣)가 많다. 펼쳐(전순)순이 되고 전이 된다. 이는 진결에는 자연히 응한다. 만약에 전순이 없으면 반드시 가혈(假穴)이다. 진룡의 혈은 또한 전순이 짧을 수도 있다. 대개 진맥(眞脈)으로 결혈한 후에는 혈의 옆으로 다시 한 가지를 뽑아 내명당(內明堂)을 굽어 싸고 역수(逆水)하고 혈의 여기(餘氣)가 이를 따라 전(氈)이 비록 짧지만 이는 변격(變格)으로 전순이 있는 것보다 오히려 좋다. 평지(平地)에 돌혈(突穴)(0은 원훈(圓暈)이 분명하여 혈의 여기가 좌우전후로 펼쳐 있다. 전순이 부족하면 논할 바가 없다.

❖ **혈전 어느 곳에서나 뾰족한 산이 있으면** : 혈전 어느 곳에서나 뾰족하게 충(沖)하는 산이 있으면 자손이 끊긴다.

❖ **혈전에 금빛 같은 보국(保局)이 두른 것 보다 물이 두른 것이 좋다** : 옛말에 혈전(穴前) 에 금빛 같은 양명(陽明)한 보국이 두른 것보다 수(水)을 두른 것만 못하고 수(水)가 두른 것이 모인 것만 못하고 수(水)가 모이면 당(堂)(0을 하수사(下水砂)로서 거스른 것이요. 하수사로서 당혈(堂穴)(0을 거스리면 사물(事物)을 부름이다. 물이 혈전을 돌게 되면 기(氣)가 온전하게 되고 모인 즉 용이 모이고 용이 모인 즉 그 혈지는 큰 것이다.

❖ **혈전(穴前 : 묘앞)에 잡석이 있으면** : 묘 앞에 악석이 둘려진 암석(巖石)이나 잡석이 있으면 그의 자손들은 비천(卑賤)하게 살게 된다.

❖ **혈전 아래에 둥근 암석이 서있으면** : 둥근 암석이 묘 아래 섰으면 관록(官祿)은 당년(當年)에 얻는다.

❖ **혈전 사협수(射脇水)가 있으면 뜻밖의 재앙(災殃)이 있다** : 혈전(묘 앞)에 물이 치고 들어오면 뜻밖의 재앙으로 사람이 죽거나 다른 사람을 살해하는 범죄를 저지르게 된다. 혹은 전쟁터에 나가 전사하거나 사형(死刑)을 당하기도 한다. 사협수는 충심수와 마찬가지로 흉한 물이니 이것이 보이는 곳에는 집을 짓거나 묘을 쓰지 말아야 한다.

❖ **혈전에 암석 뾰족하면** : 묘앞에 암석(바위)이 뾰족하면 자주 살인이 나게 되고 교통사고가 나게 된다. 톱날 같은 험석(險石)이 엿보이면 외눈박이가 출생하고 화재가 연하여 나게 된다. 돌이 험난하게 있으면 흉패(凶敗)가 많고 평평하고 미끈한 것이 발현되고 후(厚)하고 귀(貴)하면 반듯이 해(害)가 없다.

❖ **혈정가**(穴情歌)

- 용은 알 수 있으나 진실로 혈을 아는 것은 어려우니 혈 속의 깊고 오묘한 것을 말로는 표현하기 어렵네.
- 음양과 오행의 정령스런 참된 조화는 하늘의 명령과 신공을 가히 개탈(改奪 : 고쳐 나에게 유리화함)할 수 있네.
- 내룡(內龍)이 길고 짧은 것은 논하지 말고 다만 도두(到頭 : 바로 혈 뒤에 있는 맥)의 일절(一節 : 入首龍)만을 잘 살펴보소.
- 오성(五星)중에서 유독 취할 것은 목토금성(木土金星)이니 그 명칭을 말할진대 삼길봉(三吉星) 또 목탐랑(木貪狼), 토거문(土巨門), 금무곡(金武曲)에서 작혈하네.
- 만두(巒頭)는 선명하게 맑고 몸체는 풍비하고 충만하고 정상(頂上)은 둥글고 자체의 몸이 반듯하여야 비로소 기특한 혈이 된다.
- 용 입수에서 중앙으로 뻗어내린 맥과 좌우로 청룡과 백호가 펴면 혈이 맺히니 입수룡과 더불어 그 외 여러산이 마땅히 분명하여야 한다.
- 위로 팔자(八字)를 벌려서 바람을 가리고 아래로 팔자(八字)를 벌리어 혈을 덮고 보호하고, 대(大)팔자로 나눠어 용호(龍虎)가 되어 배합하니 혈의 경계가 정하여지면 용맥이 흐트러짐이 없고(찢어지고 끌리어감), 소팔자(小八字)가 나눠어 혈하(穴下)에서 합생(合生)하니 혈의 경계를 이루면 진기(眞氣)가 새지 않는다.
- 대팔자(大八字) 중에서 소팔자(小八字)가 나오니 꼭 혈은 소팔자(小八字)에서 나온다.
- 위에서 나눔이 없으면 오는 것이 참답지 않고(헛것이고) 안에 생기(生氣)가 없으면 어찌 가히 혈을 맺을 것인가.
- 아래에 합함이 없으면 그치는 것이(혈이 되는 것이) 명확하

지 못할 것이요, 외부에 당기(堂氣)가 없으면(혈을 보호) 어찌 가히 기(氣)를 접하겠는가.

- 위에서는 나눠어지고 아래에서는 합하여짐이 있으니 이는 자웅(雌雄)이 교구(交媾)하여 바야흐로 혈이 이루어진다.
- 진혈(眞穴)은 천생적(天生的)으로 기특하고 특이하니 음양으로 정하여져 굴(窟), 양와(陽窩)와 돌(突), 음(陰)으로 나뉘어진다.
- 양래(陽來) 음수(陰受)하면 굴(窟) 와양(窩陽) 중에 돌(突), 음처(陰處)가 되고, 음래(陰來) 양수(陽受)하면 돌(突) 중에 굴(窟), 와처(窩處)가 된다.
- 돌음(突陰)중에서 다시 돌음(突陰)이 되면 음(陰)뿐인 것이고, 굴양(窟陽)중에서 다시 굴양(窟陽)으로 된 것은 양(陽)뿐인데 배합이 안 되므로 흉하다.
- 양(陽)없이 음(陰) 홀로 순음(純陰) 일을 이루지 못하는 것은 자연의 이치, 양(陽)만 가지고 불생한다는 이치가 어찌 헛된 말이냐
- 고음(孤陰)은 여자에게 남편이 없는 것이고, 고양(孤陽)은 남자가 부인이 없는 이치로다.
- 여자에게 남편이 없으면 어찌 잉태할 것이며, 남자가 부인이 없으면 끝내는 자손이 끊어진다.
- 양(陽)에서는 음(陰)으로, 음(陰)에서는 양(陽)으로 반드시 배합하니 음양이 배합해야만 비로소 좋아진다.
- 위가 낮고 아래가 높으면 아래의 높은 곳에 점혈하고, 위가 높고 아래가 낮으면 낮은 곳에 점혈하여야 한다.
- 음양이 반반이면 중간을 택하고, 혈면이 음쪽, 양쪽 절반일 때는 얕은 쪽 편편한 쪽으로 당기어서 점혈하라.
- 음이 성하고 양이 쇠하면 약한 곳을 취하고, 양이 성하고 음이 쇠하면 강한 곳을 취하라.
- 동(動)하면 생(生)이요, 정(靜)하면 죽은 것이니 사(死)는 버리고 생(生)한 곳으로 당겨서 용사(用事)하라.
- 용(龍)이 급하면 맥(脈)도 급하고 기운도 스스로 급할 것이다. 급처(急處)에 장사하면 투신 자살로 사람의 흔적이 끊어진다.
- 옛말에 솥에 불을 때면 연기는 사라져도 온기는 아직 떠 있고 빈 처마에 비가 지나갔어도 빗방울 소리는 아직까지 들리는 듯 하네. 경사진 곳에 장사하는 방법이다.

❖ 혈좌별 수구와 12포태법

12포태법 / 좌(坐)	生	浴	帶	冠	旺	衰	病	死	墓	絶	胎	養
壬, 子	艮寅	甲卯	乙辰	巽巳	丙午	丁未	坤申	庚酉	辛戌	乾亥	壬子	癸丑
癸, 丑	乾亥	壬子	癸丑	艮寅	甲卯	乙辰	巽巳	丙午	丁未	坤申	庚酉	辛戌
艮, 寅	坤申	庚酉	辛戌	乾亥	壬子	癸丑	艮寅	甲卯	乙辰	巽巳	丙午	丁未
甲, 卯	巽巳	丙午	丁未	坤辛	庚酉	辛戌	乾亥	壬子	癸丑	艮寅	甲卯	乙辰

[참고] 본 도표는 유명한 양균송의 구빈수법에 따른 것으로서 좌(坐)를 해당 수구와 대조하여 12포태법상의 구체적인 길흉을 판단하는 88향론이다.

① **임좌병향**(壬坐丙向) · **자좌오향**(子坐午向) : **화**(火) : 임좌병향과 자좌요향은 분묘의 방향을 정남으로 정했을 때이다. 향은 화국으로서 이때의 향별 12포태법은 다음과 같다.

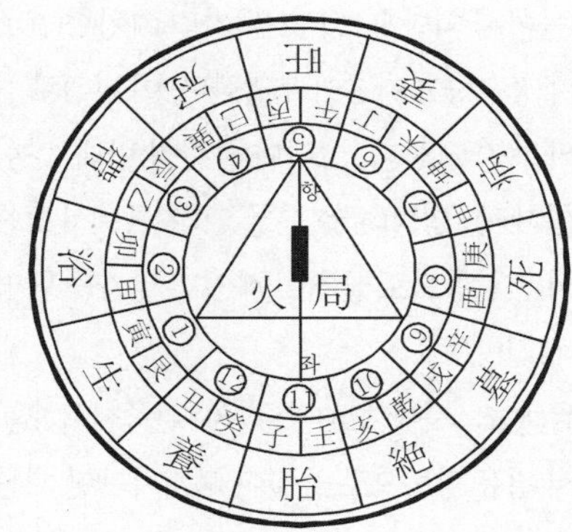

화국으로서 좌향은 정남북으로 12포태법상 간인방(艮寅方)이 생방(生方)이고, 병오방(丙午方)이 왕방(旺方)이며, 신술방(辛戌方)이 묘방(墓方)으로 인오술(寅午戌) 3합화국(艮丙辛도 같다)이 된다.

가. 간인(艮寅) : 생방(生方) 수구 ①: 간인생방(生方)으로 물길이 빠져나가면 재산은 있으되 아들을 기르기 어렵고 차남은 부부이별이 있는 등 불길하다.

나. 갑묘(甲卯) : 욕방(浴方) 수구 ②: 오른쪽에서 왼쪽방향으로 물길이 돌아 갑방으로 빠져나가면 목욕소수(沐浴消水)라 하여 부귀하게 되고 부부가 행복하다. 반대로 좌수

ㅎ

가 오른쪽으로 돌아도 같다. 단 생방인 인(寅)자를 범하여서는 아니된다.

다. 을진(乙辰) : 대방(帶方) 수구 ③ : 왼쪽에서 오른쪽으로 돌아서 을진방향으로 물길이 빠지면 총명한 아들이 사망하게 되고 재산도 파산하는 등 가문이 멸명한다.

라. 손사(巽巳) : 관방(冠方) 수구 ④ : 손사방은 황천살 방향인데 이 방향으로 물길이 빠져나가게 되면 질병으로 가정이 패망한다.

마. 병오(丙午) : 왕방(旺方) 수구 ⑤ : 오른쪽이나 왼쪽의 물이 향 앞인 병왕방으로 빠져나가게 되면 당문소수(當門消水)라 하여 진혈이면 부귀 장수하지만 진혈이 아니라면 재산이 없어 가난하게 된다. 특히 오(午)자를 범하지 말아야 하므로 신중을 기해야 하는 방위이다.

바. 정미(丁未) : 쇠방(衰方) 수구 ⑥ : 왼쪽의 물이 정미방향으로 돌아서 쇠방으로 빠져나가면 자왕향(自旺向)으로 남녀가 장수하고 자손이 부귀한다. 이 방위로 물이 들어오거나 나가도 좋다. 그러나 물길이 반대로 돌면 흉하다.

사. 곤신(坤申) : 병방(病方) 수구 ⑦ : 왼쪽에서 오른쪽으로 돌아서 곤신방으로 물길이 빠지면 남자는 단명하고 과부가 생긴다.

아. 경유(庚酉) : 사방(死方) 수구 ⑧ : 왼쪽에서 오른쪽으로 돌아서 경유 방향으로 물길이 빠져나가면 재산이 모이지 않고 자손도 망한다. 특히 단명하고 장정이 상한다.

자. 신술(辛戌) : 묘방(墓方) 수구 ⑨ : 왼쪽 물길이 오른쪽으로 돌아서 신술 방향으로 빠져나가면 정왕향(正旺向)으로 크게 길하여 자손이 창성하고 장수하며 충효현량한 자손이 나고 크게 발복한다.

차. 건해(乾亥) : 절방(絶方) 수구 ⑩ : 왼쪽의 후방인 임자방에 수구가 있어 물이 빠지면 자손이 장수하지만 재산이 없어 가정이 패가한다.

카. 임자(壬子) : 태방(胎方) 수구 ⑪ : 왼쪽의 후방인 임자방에 수구가 있어 물이 빠지면 자손이 장수하지만 재산이 없어 가정이 패가한다.

타. 계축(癸丑) : 양방(養方) 수구 ⑫ : 오른쪽에서 시작하여 향 앞으로 돌아 왼쪽인 양방으로 물길이 빠지면 흉하여 가산이 파산하며 소아가 사망한다.

② **계좌정향**(癸坐丁向) · **축좌미향**(丑坐未向) : **목**(木) : 계좌정향과 축좌미향은 분묘의 방향을 북북동에서 남남서로 정했을 때이다. 목국이므로 이 때의 향별 12포태법은 다음과 같다.

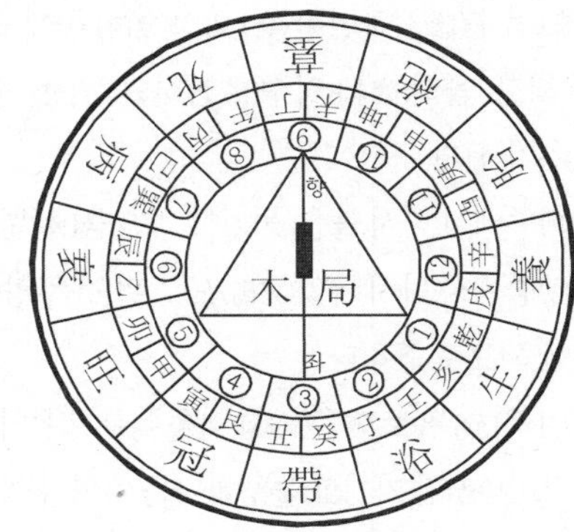

[참고] 계좌정향, 축좌미향은 북북동에서 가로지른 좌향이 된다. 목국으로 이때 생방(生方)은 건해방(乾亥方)이고 왕방(旺方)은 갑묘방(甲卯方)이며 묘방(墓方)은 정미방(丁未方)이 되며 해묘미(亥卯未) 3합목국(乾甲丁도 같다)이 된다.

가. 건해(乾亥) : 생방(生方) 수구 ① : 왼쪽에서 발생한 물길이 오른쪽으로 돌아서 생방으로 빠져 나가면 매사가 대흉하고 재산이 없게 된다. 반대로 오른쪽에서 왼쪽으로 빠져나가도 패망한다.

나. 임자(壬子) : 욕방(浴方) 수구 ② : 왼쪽에서 물길이 오른쪽으로 돌아 임방(壬方)으로 나가면 당문소수(當門消水)라 하여 진혈이면 자손이 창성하고 재산이 많으며 부귀하게 된다. 왼쪽에서 오른쪽으로 물길이 흘러서 욕방(浴方)으로 빠지면 반길반흉하다. 특히 자방(子方)을 침범해서는 아니 되므로 주의를 요한다.

다. 계축(癸丑) : 대방(帶方) 수구③ : 왼쪽에서 향 앞으로 물길이 돌아 계축방으로 빠지게 되면 대흉하여 패가망신한다. 우수가 왼쪽으로 흘러도 흉하다.

라. 간인(艮寅) : 관방(冠方) 수구④ : 오른쪽의 물길이 왼쪽으로 흘러서 간인방으로 나가면 장자는 사망하고 차자는 부부이별한다.

마. 갑묘(甲卯) : 왕방(旺方) 수구⑤ : 왼쪽이 물길이 오른쪽으로 돌아서 갑묘방에서 물이 빠지면 재산이 없고 단명하거나 말년에 고독해진다.

바. 을진(乙辰) : 쇠방(衰方) 수구⑥ : 오른쪽에서 시작한 물이 향으로 돌아서 을진방으로 빠지면 초년에는 길하나 말년에는 흉하게 된다.

사. 손사(巽巳) : 병방(病方) 수구⑦ : 오른쪽에서 흐르는 물길이 향 앞으로 돌아서 손방(巽方)으로 빠져나가면 정양향(正養向)으로 재산이 왕성하고 자손이 번창하며 만사가 대길하다. 좌수가 오른쪽으로 돌아도 사방(巳方)을 침범치 않으면 대길하다.

자. 병오(丙午) : 사방(死方) 수구⑧ : 오른쪽에서 왼쪽으로 물길이 흘러서 정남향인 병오향으로 빠져나가면 과부가 생기고 가난하며 형제가 서로 다툰다.

자. 정미(丁未) : 묘방(墓方) 수구⑨ : 우수가 흘러서 향 앞으로 빠지면 대흉하나 좌수가 오른쪽으로 흘러서 정방(丁方)으로 빠지면 길하다. 그러나 미방(未方)을 침범해서는 안 된다.

차. 곤신(坤申) : 절방(絶方) 수구⑩ : 물이 왼쪽에서 오른쪽으로 흘러서 곤신방으로 빠지면 정묘향(正墓向)으로 효도하는 자손이 나고 재산이 많으며 만사 대길하다. 그러나 물길이 반대로 돌아서 절태방의 수가 묘방으로 나가면 흉하다.

카. 경유(庚酉) : 태방(兌方) 수구⑪ : 왼쪽에서 오른쪽으로 흘러서 향 앞을 지나 경유절방으로 물이 빠져나가면 부자가 되거나 장수하는 자는 가난하다.

타. 신술(辛戌) : 양방(養方) 수구⑫ : 왼쪽에서 오른쪽으로 돌아서 신술방으로 물길이 빠지면 재산이 축적되지 않고 매사가 되는 일이 없다.

③ **간좌곤향**(艮坐坤向) · **인좌신향**(寅坐申向) : **수**(水) : 간좌곤향과 인좌신향은 동동북에서 서서남으로 방향을 잡았을 때를 말한다. 수국으로 이때도 12포태법상의 길흉방위가 변화하는 것인데 이를 도표로 표시하면 다음과 같다.

[참고] 간좌곤향은 인좌신향과 더불어 동동북에서 서서남으로 방향을 정했을 때이다. 수국으로 생방(生方)은 곤신(坤申)이고 왕방(旺方)은 임자(壬子)이며, 묘방(墓方)은 을진(乙辰)으로 신자진(申子辰)삼합수국이 된다.

가. 곤신(坤申) : 생방(生方) 수구① : 오른쪽에서 왼쪽으로 물길이 흘러서 신향(申向)을 침범치 않고 정면인 생방으로 빠져나가면 당문소수(當門消水)라 하여 진혈이면 대부대귀하나, 왼쪽의 물이 오른쪽 경방(庚方)으로 나가거나 향 앞으로 곧바로 빠져나가면 사람은 있으되 가난하다.

나. 경유(庚酉) : 욕방(浴方) 수구② : 왼쪽에서 향 앞을 지나 오른쪽 경유방향으로 물길이 빠져나가면 문고소수(文庫消水)라 하여 총명한 자손이 나오고 부귀창성한다. 반대로 오른쪽 물이 왼쪽으로 흘러 욕방(浴方)으로 빠져나가도 자손이 대성한다. 그러나 함부로 사용하지 못하므로 잘 살펴야 한다.

다. 신술(辛戌) : 대방(帶方) 수구③ : 오른쪽에서 왼쪽으로 흐르거나 왼쪽에서 오른쪽으로 물길이 흐르거나 상관없이 신술방으로 물이 빠져나가면 불구자가 생기고 총명한 자손이 사망하며 재산도 없어지게 된다.

라. 건해(乾亥) : 관방(冠方) 수구④ : 오른쪽이거나 왼쪽이거나 상관없이 물길이 건해방으로 빠지게 되면 총명한 자손이 사망하거나 급병자가 생긴다.

마. 임자(壬子) : 왕방(旺方) 수구⑤ : 왼쪽에서 오른쪽으로 흐르면 자손이 장수하지는 못해도 초년은 풍족하게 사나, 반대로 오른쪽에서 왼쪽으로 흘러 정북으로 물이 빠져

나가면 자손이 단절하거나 가난하다.

바. 계축(癸丑) : 쇠방(衰方) 수구 ⑥ : 왼쪽 물이 오른쪽으로 흘러서 계축방으로 빠지면 재산이 흩어지고 자손이 없게 된다. 반대로 오른쪽물이 왼쪽으로 돌아서 계축방으로 나가면 평생 가난하다.

사. 간인(艮寅) : 병방(病方) 수구⑦ : 왼쪽에서 오른쪽으로 돌아서 간인방의 왼쪽의 뒤쪽으로 물길이 빠져나가면 병이 많고 우환이 끊이지 않으며, 반대로 흐르면 우환은 없어도 빈하다.

아. 갑묘(甲卯) : 사방(死方) 수구⑧ : 왼쪽에서 오른쪽으로 흘러서 갑묘방으로 빠지면 단명하고 가난하다. 오른쪽에서 향 앞으로 흘러 갑묘방으로 물길이 빠져나가면 반흉반길하게 된다.

자. 을진(乙辰) : 묘방(墓方) 수구⑨ : 오른쪽에서 왼쪽으로 흘러 을진방에서 빠져나가면 정생향(正生向)으로서 가업이 창성하고 부귀공명하게 된다. 그러나 반대로 흘러나가면 흉하다.

차. 손사(巽巳) : 절방(絶方) 수구⑩ : 왼쪽의 물길이 오른쪽으로 흘러서 손사방으로 빠지면 초년은 부하나 말년은 망한다. 반대로 오른쪽물이 왼쪽으로 흘러 손사방으로 나가면 항상 가난하다.

카. 병오(丙午) : 태방(胎方) 수구⑪ : 왼쪽에서 오른쪽으로 흘러서 정남향인 병오방으로 빠지면 가난한 자는 오래 사나 재물이 많으면 단명하게 된다. 그 반대 방향인 오른쪽에서 왼쪽으로 흘러 병오향으로 빠지면 재산도 없고 단명한다.

타. 정미(丁未) : 양방(養方) 수구⑫ : 오른쪽에서 왼쪽으로 흘러서 정미방향으로 빠져나가면 자생향(自生向)으로 부귀공명하고 자손이 창성한다(차차가 미리 성공한다). 반대로 왼쪽에서 오른쪽으로 흘러서 정미향으로 빠져나가면 흉하다.

④ **갑좌경향**(甲坐庚向) · **묘좌유향**(卯坐酉向) : **금**(金) : 갑자경향과 묘좌유향을 12포태법상 같은 좌향으로 보아 이에 따른 해당 방향마다 다음과 같이 길흉방위가 변화한다. 좌향은 정동에서 정서로 바라보는 방향이 된다.

[참고] 갑좌경향과 묘좌유향은 금국으로 생(生)방이 손사(巽巳)이고 왕방(旺方)이 경유(庚酉)이며, 묘방(墓方)이 계축(癸丑)이므로 사유축(巳酉丑) 3합금국에 해당된다(巽庚癸도 같다).

가. 손사(巽巳) : 생방(生方) 수구① : 오른쪽의 물길이 왼쪽으로 흘러서 손사방향으로 빠져나가면 어린아이를 기르기 어렵고, 장손이 일찍 죽거나 차자는 부부이별하거나 자손이 없게 된다.

나. 병오(丙午) : 욕방(浴方) 수구② : 오른쪽 물길이 왼쪽으로 흘러서 병방(病方)으로 빠져나가면 목욕소수(沐浴消水)라 하여 진혈이면 부귀쌍전하고 가문이 번창한다. 그러나 오방(午方)을 침범하면 대흉하니 주의를 요한다.

다. 정미(丁未) : 대방(帶方) 수구③ : 오른쪽에서 향 앞으로 흘러서 왼쪽 정미방으로 물길이 빠져나가면 총명한 어린 자식이 해를 당하고 재산을 탕진하거나 부녀와 딸들이 상하게 된다.

라. 곤신(坤申) : 관방(冠方) 수구④ : 오른쪽의 물이 향 앞으로 흘러서 왼쪽 곤신방으로 빠지면 장자가 상하고 다 큰 아들이 죽거나 차자는 부부이별하고 피를 토하는 병이 생기며, 반대방향으로 흘러서 곤신방으로 빠져나가도 대흉하다.

마. 경유(庚酉) : 왕방(旺方) 수구⑤ : 물이 오른쪽에서 왼쪽으로 흘러서 경방(庚方)으로 나가되 유방(酉方)을 침범치 않으면 당문소수(當門消水)라 하여 진혈이면 자손은 창성

해도 진혈이 아니면 가난하다. 물길이 반대로 흐르면 평생 반흉반길하다.

바. 신술(辛戌) : 쇠방(衰方) 수구⑥ : 물이 왼쪽에서 오른쪽으로 흘러서 향 앞을 지나 신술방향으로 빠지면 자왕향(自旺向)으로 대길하여 재산이 많은 부자가 되며 자손은 총명하고 귀하게 된다. 반대로 오른쪽에서 왼쪽으로 흐르면 흉하다.

사. 건해(乾亥) : 병방(病方) 수구⑦ : 물이 오른쪽에서 왼쪽으로 흘러서 건해방으로 빠져나가면 남자는 수명이 짧고 과부가 집안에 많아진다. 좌수가 오른쪽으로 흘러 건해방으로 나가도 같다.

아. 임자(壬子) : 사방(死方) 수구⑧ : 물이 왼쪽에서 오른쪽으로 흘러서 향 앞을 돌아 임자(壬子) 북방으로 흐르면 자손이 급사하여 과부가 많이 생기고 멸망한다. 오른쪽에서 왼쪽으로 흘러가도 같다.

자. 계축(癸丑) : 묘방(墓方) 수구⑨ : 물이 왼쪽에서 오른쪽으로 흘러서 향 앞을 돌아 계축묘방으로 빠져나가면 자왕향(正旺向)으로서 삼합연주라 하여 대부대길하여 자손이 효출하고 장수한다. 반대로 오른쪽에서 왼쪽으로 흘러 계축으로 나가되, 축방(丑方)을 피하고 계방(癸方)으로 흐르면 길하다.

차. 간인(艮寅) : 절방(絶方) 수구⑩ : 오른쪽에서 왼쪽으로 물이 돌아서 간인방으로 빠져나가면 초년은 길하나 말년은 흉하다. 물길이 반대로 흘러 간인방으로 나가면 평생 가난하다.

카. 갑묘(甲卯) : 태방(胎方) 수구⑪ : 오른쪽에 흐르던 물이 왼쪽으로 돌아서 왼쪽의 뒤편인 갑묘방으로 빠져나가면 자손이 단명하고 재산이 파산하며 태아가 유산된다. 반대로 우수가 왼쪽으로 흘러 갑묘방으로 빠져 나가면 자손이 장수하나 가난하다.

타. 을진(乙辰) : 양방(養方) 수구⑫ : 오른쪽의 물이 좌로 돌아서 을진방으로 빠져나가면 어린아이가 상하고 재산이 파산한다. 물길이 반대로 흘러 을진방향으로 나가도 같다.

❖ **혈좌와 길한 바람** : 임자좌(壬子坐)는 경유방(庚酉方)의 물과 바람이 길하고, 계자좌(癸子坐)는 신유방(辛酉方)의 물과 바람이 길하고, 간인좌(艮寅坐)는 신술방(辛戌方)의 물과 바람이 길하고, 손사좌(巽巳坐)는 곤신방(坤申方)의 물과 바람이 길하고, 건해좌(乾亥坐)는 을진방(乙辰方)의 물과 바람이 길하다.

❖ **혈중토색**(穴中土色) **아는 법** : 혈중의 토색을 알려면 먼저 선천수(先天數)로 입수천산(入首穿散)을 놓고, 다음에 향(向)을 놓고 수구수(水口數)를 합산하여 5로 나누어 남은수로 혈의 토색을 보는 것인데, 그 다음은 조수수(朝水數)로 혈토 변화색을 보는 것이니 만약 조수수(朝水數)가 2~3조 혹은 4~5조가 되면 그 오는 방위수를 각각 원수(元數)에 더하고 5로 나누어 남은 수로 보는 것이다. 예컨대 자좌오향(子坐午向)에 진득신파 미파(辰得申破未破)인 경우 자(子)와 오(午)의 선천수를 합하면 9+9=18이고 진(辰)은 5이니 이를 합하면 18+5=23이 된다. 이 23을 5로 나누면 23÷5=4‥3이 된다(원수). 그러므로 3은 벽이 되는 것이며, 또 신(申)은 7이니 원수 3에 7을 더하면 10이 되고 이를 5로 나누면 10÷5=2가 되어 남은 수가 없으므로 그대로 5가 된다. 5는 황(黃)이요, 미(未) 8에 원수 3을 더하면 11이고 11을 5로 나누면 1이 남으니 1은 백(白)이 된다. 이렇게 하여 3색토가 나옴을 알 수 있으니 여타 모두 이 방법에 의한다.

[간지선천수표]

간지	甲乙子午	乙庚丑未	丙辛庚申	丁壬卯酉	戊癸辰戊	己亥
선천수	9	8	7	6	5	4

[궁위별 오행과 색상]

궁위별	1	2	3	4	5	6	7	8	9
색깔	白	黑	碧	綠	黃	白	赤	白	紫
오행	水	土	木	木	土	金	金	土	火

❖ **혈중토질**(穴中土質) : 토산(土山)에 돌로 혈이 되어 금(金)도 같고 옥(玉)도 같고 코끼리 이빨도 같은 것이 있다. 산호(珊瑚), 호박(琥珀), 마노(瑪瑙), 주사(珠砂), 자분(紫粉), 꽃비녀(花鈿), 석고(石膏), 수정(水晶), 운모(雲母), 우여량(禹餘量), 석중황자석영(石中黃紫石英) 같은 종류와 빈랑(檳榔) 무늬 등이 점점(點點) 잡출(雜

出)하고 오색이 광윤하고 연하고 부드러운 것이 돌 같으나 돌이 아닌 것이 나오면 좋은 것이다. 석산의 토혈(土穴)은 용의 간 붕어의 골, 승냥이의 피, 게의 고약, 산옥(散玉), 적금(適金), 사홍(絲紅), 비취(翡翠), 유금(柳金), 황추(黃秋), 다갈(茶褐) 같은 종류와 이상한 무늬와 층층 꽃무늬 같으며, 혹 이상한 색깔이 선명하여 비단수를 놓은 것 같고, 견실(堅實)하고 광윤하여 흙 같으나 흙은 아닌 것이 길(吉)하며, 혹 새우, 거북, 게 같이 형태가 생긴 것이 혈 뒤에 있으면 길(吉)하다. 또 토색(土色)이 푸르거나 검어도 혐오할 것 없고 적색, 백색, 황색은 흙의 정색(正色)이니 광중을 열어 파들어갈 때에 붉고 누렇고 단단하고 윤기 있게 빛나면 그만이고, 이상하게 윤기 있고 연한 돌이 있으면 생기(生氣)가 있는 법이고, 푸르고 검고 붉고 흰 땅에도 단단하고 빛이 나고 윤기가 밝게 있으면 족할 것이다. 살아있는 물건이나 신기롭고 특이한 징후만 믿을 것이 아니다.

❖ **혈증**(穴證) : 참된 혈(眞穴)이 되려면 여러 가지 구비 조건들이 참된 혈임을 증명해 준다. 이것을 혈증(穴證)이라 한다.

첫째, 진혈(眞穴)이 진룡(眞龍)에 깃들인다. 가룡(假龍)에는 진혈이 맺지 않는다.

둘째, 진혈의 앞에는 아름다운 조안(朝案)이 있다. 조안이란 혈의 앞쪽에 주산(主山)과 마주 보고 솟아오른 산이나 물이다. 조안이 수려하게 보이는 곳에 진혈이 숨어 있다.

셋째, 진혈은 혈 앞쪽의 명당이 평탄하고 바르다.

넷째, 진혈의 뒤에는 낙산(樂山)이 솟아 올랐고, 귀(鬼)가 뻗어 나갔다. 특히 횡룡(橫龍)의 경우, 진혈이 되려면 귀(鬼)와 낙산(樂山)이 있어야 한다.

다섯째, 진혈은 청룡(青龍)과 백호(白虎)가 아름답다. 그들이 서로 감싸 안 듯 다정한 모양으로 뻗어 있다. 청룡·백호가 달아나거나 무정(無情)하게 등을 돌리고 선 곳에는 진혈이 맺지 않는다. 여섯째, 물이 나눠지고 합쳐지는 경계가 분명해야 진혈이 된다. 또 물의 흐름이 아름다워야 한다. 이밖에도 전호(纏護), 순전(脣氈), 천심십도(天心十圖), 분합(分合)으로 진혈을 찾는다. 눈으로 볼 수 있는 이 여러 가지 구비조건들을 잘 안다 해도 실제 혈을 제대로 찾기는 어렵다. 누가 어느 혈을 찾는 것도 얻는 것도 크나 큰 인연이 있기 때문이다. 인연이 없으면 만날 수가 없다.

❖ **혈증사과**(穴證四科) : 구첨(毬簷 : 穴星), 장구(葬口 : 穴), 박구(薄口 : 小明堂), 합금(合襟 : 金魚界水).

❖ **혈지(穴地)는 항상 양기(陽氣) 바르고 수려하다** : 혈은 기세생왕(氣勢生旺)한 용이 행룡(行龍)을 멈춘 곳에 맺는다. 용이 변화해야 지기가 생동하고 용이 멈추어야 지기가 융결될 수 있기 때문이다. 즉 용진(龍盡)해야 혈적(穴的)함이 풍수지리의 원칙이다. 그러나 깨지고 절단된 사절룡(死節龍)에서 혈의 결지는 불가능하다. 혈지는 항상 양기 바르고 수려하며, 견고하면서 유연하다. 왜냐하면 혈지는 깨끗한 생기가 뭉쳐 있기 때문에 흙이 밝고 부드러우면서 단단하다. 그리고 맑은 여러 골짜기에서 나와 혈을 감싸고 돌아 환포해준다. 물이 생기를 가두고 보호해 주어야 하기 때문이다. 혈 주변의 산들인 사격(砂格)은 아름답고 귀한 형상으로 혈을 감싸 보호한다. 바람으로부터 혈의 생기가 흩어지지 않도록 하기 위해서다.

❖ **혈지(穴地)는 생기가 뭉쳐 있어 밝고 부드러우면서 단단하다** : 혈은 기세생왕(氣勢生旺)한 용이 행룡 멈춘 곳에 맺는다. 용이 변화해야 지기가 생동하고 용이 멈추어야 지기가 융결될 수 있기 때문이다. 즉 용진(龍盡)해야 혈적(穴的)함이 풍수지리의 원칙이다. 그러나 깨지고 절단된 사절룡(死絶龍)에서 혈의 결지는 불가능하다. 혈지는 항상 양지바르고 수려하다. 또 견고하면서 유연(柔軟)하다. 왜냐하면 혈지는 깨끗한 생기가 뭉쳐 있기 때문에 흙이 밝고 부드러우면서 단단하다. 그리고 맑은 물은 여러 골짜기에서 나와 혈을 감싸고돌아 환포(環抱) 해준다. 물이 생기를 가두고 보호해 주어야 하기 때문이다. 혈 주변의 산들인 사격(沙格)은 아름답고 귀한 형상으로 혈을 감싸 보호한다. 바람으로부터 혈의 생기가 흩어지지 않도록 하기 위해서다.

❖ **혈지우(穴知雨) 소지풍(巢知風)** : 굴에 사는 동물은 비오는 것을 알고 둥지에 사는 새는 바람 부는 것을 안다는 말. 굴에 사는 작은 개미도 장마가 지려면 낮은 곳에서 높은 곳으로 행렬을 지어 이동하고, 태풍이 크게 오는 해에는 나무 높게 둥지를 틀고 사는 새들도 낮은 나뭇가지에 둥지를 짓는 것을 볼 수 있다.

❖ **혈처는 어떠한 곳에서 찾는가** : 청룡 백호가 낮으면 혈처가 낮은

곳에 있고 산이 높으면 혈처가 높은 곳에 있다.

❖ **혈처의 4상혈**(象穴)

① **와혈**(窩穴) : 태양 : 상기처럼 오목한 혈로 부혈(富穴)이다. 가운데가 솟아야 물이 없다. 전순(氈脣)이 확실해야 명당이 된다.

② **겸혈**(鉗穴) : 소음(少陰) : 여자의 음부처럼 생긴 혈을 에워싼 양(兩)지각(枝却)이 안으로 굽어져 있어야 하고 전순이 확실해야 명당이 된다. 앞에 골이 지면 재물이 모이지 않는다.

③ **유혈**(乳穴) : 소양(少陽) 여자의 젖가슴처럼 또 임신한 배처럼 솟아 있는 혈. 왕릉은 인작(人作) 논개의 묘가 천작(天作) 유혈(乳穴) 좌우 선익이 뚜렷해야 명당이 된다.

④ **돌혈**(突穴) : 태음(太陰) : 야산에 솟아 있는 혈로 혈을 중심으로 병풍처럼 산들이 둘러 있어야 명당이 된다.

❖ **혈처로 꺼리는 곳**

- 혈처는 혈성이 우아하고 광채가 있으며 정교해야 길하나 반대로 조악하거나 추함을 꺼린다.
- 결혈된 곳이 평평하고 밋밋함을 귀하게 여기나 가파르거나 심하게 경사진 것은 꺼린다.
- 혈처가 허약하거나 뱀이나 쥐의 소굴이 되어 생기가 누설됨을 꺼린다.
- 혈처가 쓸쓸하고 으슥하며 한기나 냉기를 느끼거나 지하수맥이 지나가는 것을 크게 꺼린다.
- 혈처가 토양포행으로 땅이 가라앉거나 도시혈이 되어 관이 도망갈 수 있는 땅을 꺼린다.
- 혈처가 척박하거나 돌출하여 바람이 세게 몰아치는 곳을 꺼린다.
- 혈처의 좌우가 푹 꺼져서 허하거나 살풍이 넘나들고 각종 흉석이 직사하는 곳을 크게 꺼린다.

❖ **혈처**(穴處)**가 넓은 들이라면**(廣野) : 혈처가 평원이나 넓은 광야에 있을 때에는 작은 산 능선(稜線)과 지맥(地脈)이 거듭 둘러져진 형세를 하고 있거나 혹은 물이 감싸서 돌아 기(氣)가 그 가운데 모여야 하고 물을 관찰함에 있어서 그 정의를 찾는다는 말을 곧 그 혈처에 물이 모여들고 둘러싸고 멈추어 있는지 여부를 살펴보는 것을 말한다.

❖ **혈처**(穴處)**의 기상**(氣象) : 주산(主山)은 장엄하고 밝은 기상이 있어야 하고 용은 변화적 생기로서 움직이니 움직이는 것은 생기의 근본이요 생기는 정기(精氣)의 근본이다. 움직임 즉 운(暈)이 생기고 또는 입수(入首)가 정돌취기(正突聚氣)로 결응(結凝)하는 것은 광채가 나는 기상이 되는 것이다. 선익(蟬翼)은 입수(入首)에서 펴져 나와 우각(牛角)모양의 기상이라야 하고, 그 밑에 혈판(穴坂)은 정기(精氣)로서 크게 결응(結凝)되어 기(氣)가 멈추는 기상이 되어야 혈상에 따라 여기(餘氣)가 전(氈)이나 순(脣)이 밝은 기상으로 혈판을 받쳐 주어야 하나의 혈상이 결혈되며, 그 기상이 비석비토(非石非土)로 강하고 윤택하여 잡초가 없어야 밝은 기상이 된다.

❖ **혈처 용세**(龍勢)**에 오솔길은 해**(害)**가 없으나 자동차가 다니는 길은 흉**(凶)**하다** : 옛날 마차, 요즈음 자동차가 다니는 큰 길이라면 흉(凶)하고 그 묘지가 진동(振動)을 받기도 하고 팔요풍(八曜風)을 맞을 수도 있다. 묘지에 소음이나 괴음이 진동을 받으면 정신병이나 삭탈관직(削奪官職)의 해(害)를 보게 되고 묘지 앞에 도로가 있더라도 멀리 있어야 하고 낮은 산 구비를 돌아나간다면 수구(水口)가 교쇄(交鎖)된 것이어서 길(吉)이다.

❖ **혈처의 기상**(氣象)**은** : 주산(主山)이 장엄하고 밝은 기상이 있어야하고 용은 변화적 생기(生氣)로서 움직이는 것은 생기의 근본이요 생기는 정기(精氣)의 근본이다. 동(動)한 즉 운(運)이 생기고 입수(入首) 들어오는 맥(脈) 정돌취기(正突聚氣)로 결응하는 것은 광채(光彩)가 나는 기상이 되는 것이다.

❖ **혈처의 형상에 따른 길한 모습**

- **까치둥지 모습** : 공경이 난다.
- **신선이 한 다리로 서 있는 모습** : 관직을 얻어 조정에 들어간다.
- **봉황이 나래편 모습** : 가난을 벗어날 것이다.
- **호랑이가 산에서 내려오는 모습** : 부유하고 존귀해질 것이다.
- **하늘 한 가운데 반달 모습** : 남자는 귀해지고 여자는 왕비가 될 것이다.
- **웅크린 토끼 모양** : 부귀가 이어질 것이다.
- **금**(金)**자 모습** : 관직에 나갈 것이다.

- **방게가 옆걸음 하는 모습** : 후손이 관영 얻을 것이다.
- **잠자는 개 모습** : 대대로 명성이 이어질 것이다.
- **앉아서 모자 쓴 모습** : 명성이 자자해질 것이다.
- **나는 새 모습** : 후손이 등과할 것이다.
- **원숭이가 새끼 안은 모습** : 복이 가득 할 것이다.
- **귀인이 단정히 앉은 모습** : 방이 붙어 일찍이 이름을 날릴 것이다.
- **미인의 모습** : 후손에 공경이 나올 것이다.
- **미녀가 아이 안은 모습** : 가업을 크게 이룰 것이다.
- **코끼리 모습** : 부귀하여 금과 은이 풍족할 것이다.
- **홀을 잡은 모습** : 방이 붙고 이름이 떠들썩 할 것이다.
- **책상에 귀인이 앉은 모습** : 후대에 나는 봉황처럼 되는 사람이 있을 것이다.
- **용마가 샘물을 마시는 모습** : 사람이 빈궁함을 벗을 것이다.
- **장군이 말탄 모습** : 부귀하고 이름이 떨칠 것이다.
- **옆으로 금을 놓은 모습** : 귀해져서 명성을 얻을 것이다.
- **귀인이 말을 탄 모습** : 귀해지고 복록이 가득할 것이다.
- **말이 길을 오르는 모습** : 조정에 들 것이다.
- **나귀가 꼬리를 흔드는 모습** : 옥대에 금어를 찰 것이다.
- **봉황이 깃을 펴고 우는 모습** : 자손들에게 복이 가득할 것이다.
- **감 꽃받침 모습** : 복록이 이어질 것이다.
- **잠든 코끼리 모습** : 전답과 재산이 풍족할 것이다.

❖ **혈처화복론**(穴處禍福論) : 혈판 당처에 기용으로 설기되면 자손이 빈한함을 면치 못한다. 혈이 단단하고 작국이 양명하면 부귀가 운 중에 나타난다. 명당 앞의 암석에서 샘물이 나오면 부귀가 아주 크고 혈 뒤의 암석에서 샘물이 나오면 쌍둥이 출산한다. 집 앞에 용솟음치는 샘물은 남자가 적고 좌우에 깊은 연못은 주로 자손이 없다. 혈 앞 연못물이 황색이면 자손 모두에게 내장병이다. 혈 앞에 흰 차돌이 서 있으면 늙고 젊은 부인이 고독하다. 혈 앞의 물이 곧게 나가면 모든 재산이 하루아침에 흩어진다. 혈장 앞이 무너지고 깨진 낭떠러지면 입술이 일그러지고 이가 드러난다. 혈의 중심에 해목이 있으면 반드시 당대에 발복한다. 삼곡에서 바람이 들어오면 유골이 타고 혈처에 물이 충사하면 유골이 부서져 없어진다.

❖ **혈총삼정**(穴總三停) : 혈에는 삼정이 있다. 생기가 머무르는 곳을 말한 혈법이 여러 가지로 많기는 하나 모두가 삼정(三停)에 들어 있다. 삼정은 상하고저(上下高低)의 마땅한 곳을 분변하여 찾는 것이다. 입수와 성체(星體)가 우뚝 솟아나고 용호(龍虎)가 쭉 곧게 뻗어나면 사람이 서 있는 형상이 되므로 기는 위의 높은 곳에 머무르게 되니 천혈(天穴)을 잡아야 하고, 입수(入首)와 성체(星體)가 낮아서 사람이 잠자는 것과 같으면 기가 아래에 머물게 되니 지혈(地穴)을 잡아야 하고, 입수(入首)와 성체(星體)가 몸을 구부려 손으로 싸안은 듯하며 사람이 앉은 것 같으면 기가 가운데 감추어진 것이니 인혈(人穴)을 잡아야 한다. 혹 성체(星體)의 기가 왕(旺)하여 상중하(上中下)의 혈을 갖추었으면 혈의 높고 낮음을 따라서 정혈(正穴)을 잡아야 생기(生氣)를 받을 수 있다.

❖ **혈토**(穴土) : 혈의 흙은 가늘고 부드러우면서 단단하고 견실하고 윤택하면서 습하지 않아야 길하다. 흙은 가늘고 단단하고 윤택하나 습해선 안 된다.

❖ **혈토는 비석비토(非石非土)에 있다** : 비석비토란 마사로 썩비례 비슷하고 잔디가 잘 자라는 마사토를 말한다. 혈토에 가장 길(吉)한 것은 미세(微細)할수록 좋다. 색상이 밝은 곳에서 유골(遺骨)이 이상적(理想的)으로 속발(速發)하는 것은 모두 흙이 밝은 곳이다. 혈토는 비석비토가 거친 곳에서도 황골(黃骨)의 색상이 특이하게 좋은 것이다.

❖ **혈토(穴土)는 홍황자윤(紅黃紫潤)한 비석비토(非石非土)이다** : 혈토는 혈에 반드시 존재해야 하는 흙이다. 혈토는 흔히 홍황자윤에 비석비토(非石非土)라고 한다. 흙의 색깔은 붉은 황토색이면서 자색, 흑색, 백색 등 오색토를 띠고 있다. 땅은 분명 흙임에도 돌처럼 단단하게 결합되어 있어 돌도 아니고 흙도 아닌 것처럼 보인다. 혈토는 태조산의 험한 기운을 모두 탈살하고 깨끗하게 모아 놓은 흙이다. 그러므로 잡석하나 없이 깨끗하고 밝다. 또한 기가 강하게 뭉쳐 있으므로 돌처럼 단단하여 땅을 파면 삽이 잘 들어가지 않는다. 곡괭이와 같은 도구로 찍으면 흙덩어리로 떨어져 나와 단단하기가 마치 돌과 같다. 그러나 이

를 쪼개서 손가락으로 비비면 분가루처럼 미세하고 곱게 분해된다. 이때 흙의 색깔은 굉장히 밝으며 적당한 습기가 있어 촉감이 부드럽다.

❖ **혈토를 살펴라**: 흙과 모래가 굳고 조밀하면 우물이나 샘물이 맑고 차다. 이와 같은 곳이면 살만하다. 만약에 흙빛이 붉은 점토(粘土) 진흙 검은 사력(砂礫) 모래와 자갈 황토(黃土) 등이면 이는 죽은 흙이다.

❖ **혈판**(穴坂): 조산(朝山) 용호(龍虎) 등 명당을 구성하고 있는 주변의 형태를 말한다.

❖ **혈판 밑에 넓은 암석이 깔리면 무관**(武官)**이 출생한다**: 묘 자리 밑에 넓은 암석이 들러주면 무관이 출생하고 혈판·좌우·귀암(貴巖)이 두루면 장군이 날 대지(大地)이다.

❖ **혈판에는 이러한 것이 명혈이다**: 혈판에 원운이 있다. 초목이 썩은 토피(土皮)가 있고 풍한서습(風寒暑濕)을 막아주는 진토가 있고 그 밑에 있는 것이 혈토이다. 혈토는 곧 비석비토로서 습기도 없고 건조하고 훈기가 있고 윤기(潤氣)도 있다. 강한 혈판에는 부드럽고 나무뿌리가 침범하지 못한다. 혈토는 비석비토가 나올 때까지 파야한다. 그 천광(穿壙)의 깊이는 산형(山形)과 위치에 따라 심천(深淺)의 차(差)가 있다. 그리고 비석비토에 관(棺)이 묻히도록 하면 된다.

❖ **혈판은 높이 노출하여 바람이 닿으면**: 묘자리가 높아 바람이 닿으면 가정이 불화하고 자손이 천(賤)하고 가정이 빈한(貧寒)하며 질병(疾病)이 오고 화(禍)와 음살(陰殺)과 상충(相衝) 파산(破産)한다.

❖ **혈판**(穴坂) **중심**(中心)**이 해목형**(蟹目形)**이라면**: 게눈으로 윤곽(輪廓)을 둘렀다면 반드시 당대(當代)에 발복(發福)하게 된다. 혈상(穴相)이 해목형으로 생기면 금시발복(今時發福)에 부귀영화(富貴榮華)를 누리게 된다.

❖ **혈판이 있는 곳에 래룡산세는 이러하다**

래룡맥(來龍脈)이 왕성하면 기세자손(氣勢子孫) 나는 것이요.
래룡맥이 후부(厚富)하면 축재자손(蓄財子孫) 나는 것이요.
래룡맥이 다기(多岐)하면 다자다손(多子多孫) 출생하는 것이요.
내룡맥이 광채(光彩)나면 귀인자손(貴人子孫) 출생하고
내룡맥이 보룡(保龍)이면 후원자(後援者)가 나는 것이요.
내룡맥이 순룡(順龍)이면 충효자(忠孝子)가 나는 것이요.
내룡맥이 장룡(長龍)이면 장원발목(長遠撥木) 하는 것이요.
내룡맥이 용기(聳氣)하면 독존자(獨存者)가 나는 것이요.
내룡맥이 주왕(主旺)하면 장손(長孫)집이 대왕(大旺)하고
내룡맥이 지왕(枝旺)하면 지손(차손)집이 흥왕하고
내룡맥이 미약(微弱)하면 무세자손(無勢子孫)이 나는 것이요
내룡맥이 빈약(貧弱)하면 곤궁자손(困窮子孫)이 있게 되고
내룡맥이 고룡(孤龍)이면 고독자손(孤獨子孫) 있게 되고
내룡맥이 무기(無氣)하면 비천자손(卑賤子孫)이 출생하고
내룡맥이 파산(破散)이면 걸인자손(乞人子孫)이 나는 것이요
내룡맥이 산만(散漫)하면 축첩자손(蓄妾子孫) 나는 것이요
내룡맥이 험난(險難)하면 방탕자손(放蕩子孫) 나는 것이다.
내룡맥이 편룡(片龍)이면 불구자손(不具子孫) 출생하고
내룡맥이 병합(倂合)하면 골육상쟁(骨肉相爭) 하는 것이요
내룡맥이 끊어지면 양자자손(養子子孫) 생기는 것이다.

❖ **혈판**(穴坂)**이 있는 곳에 주산영기**(主山靈氣) **살펴보자**

주산봉(主山峰)이 신령(神靈)하면 성현군자(聖賢君子)가 출생하는 것이요
주산봉이 왕기(王氣)하면 제왕후(帝王候)가 나는 법이요
주산봉이 서기(瑞氣)하면 태평제상(太平帝想) 나는 것이요
주산봉이 수려(秀麗)하면 영웅호걸(英雄豪傑) 출생하는 것이요
주산봉이 고귀(高貴)하면 문관(文官)자손이 나는 것이요
주산봉이 장엄(莊嚴)하면 무관(武官)자손 나는 법이요
주산봉이 충천(衝天)하면 문장명필(文章名筆) 나는 것이요
주산봉이 후부(厚富)하면 거부(巨富)자손 나는 법이요
주산봉이 양명(陽明)하면 명인지사(名人智士) 나는 것이요
주산봉이 용기(氣)하면 용사(勇士)달사(達士) 나는 법이요
주산봉이 파산이면 첨조(僉朝)자손 나는 법이요
주산봉이 무기(氣)하면 약세(弱勢)자손 나는 것이요
주산봉이 산란(散亂)하면 불화(不和)자손(子孫) 나는 법이요
주산봉이 험악(險惡)하면 추악자(醜惡者)가 나는 것이요
주산봉이 천석(賤石)이면 천인자(賤人者)가 나는 법이요

주산봉이 미약(微弱)하면 무용자(無勇者)가 나는 것이요
주산봉이 원재(遠在)하면 후대(後代)자손(子孫) 번성 하는 것이요
주산봉이 근(近)좌(左)하면 당대(當代)자손(子孫) 발복 받고
주산봉이 음기(陰氣)하면 도적자(盜賊者)가 출생하고
주산봉이 전무(全無)하면 주관자손(主管者孫) 무후(無後)하다.

❖ **혈판이 있는 곳에 청룡 백호가 이러하다**

청룡 백호 왕성(旺盛)하면 본(本)외손(外孫) 구경(具慶)하고
청룡 백호가 포(抱)옹(擁)하면 일(一)문(門)단취(團聚) 형성하고
청룡산이 수려(秀麗)하면 본손(本孫)들이 기세(氣勢)한다.
백호산이 수려(秀麗)하면 외손(外孫)들이 기발(氣發)하고
청룡상부(上部)가 왕(旺)기(氣)하면 장자손(長子孫)이 흥왕(興旺)한다.
백호상부(上部)가 왕기(旺氣)하면 장외손이 흥왕하고
청룡중부(中部) 서기(瑞氣)(하면 중자손이 제일이요.
백호중부(中部) 서기(瑞氣)하면 중외(中外)손(孫)이 발복하고
청룡하부(下部)가 윤기(潤氣)하면 말자(末子)손(孫)이 발복한다.
백호룡하부(下部)가 윤기하면 말(末)외손(外孫)이 발복하고
청룡 백호가 희미(稀微)하면 본(本)외손(外孫)이 미약하다.
청룡산이 배반(背反)하면 본(本)손(孫)들이 배신하고
백호산이 배반하면 외손(外孫)들이 불응한다.
청룡 백호가 주(走)거(去)하면 본(本)외손(外孫)이 산(散)거(去) 흩어져 살고
청룡산이 역(逆)기(氣)하면 본(本)손(孫)들이 역리(逆理)한다.
백호산이 역(逆)기(氣)하면 외손(外孫)들이 역리하고
청룡 백호가 상충(相沖)하면 본(本)외손(外孫)이 상쟁(相爭)한다.
청룡 백호가 산(散)거(去)하면 본(本)외손(外孫)이 분주(奔走)하고
청룡가 현(縣)군(裙)하면 본(本)외손(外孫)이 음탕(淫蕩)하다.
청룡 백호가 파국(破局)이면 본(本)외손(外孫)이 빈곤(貧困)하다.

❖ **혈향존중**(穴向尊重) : 혈은 향을 존중하니 무릇 혈은 묘 터를 정할 때에는 길흉(吉凶)은 정(定) 향(向)에 따라 일어나므로 결코 혈 그 자리로써 길흉(吉凶)이 정해지는 것이 아니다. 예를 들어 용향(龍向)이 박잡(駁雜) 어긋나고 썩히면 흉(凶)이 따르고 용향(龍向)이 순정(順正)하면 길(吉)이 발복함과 같다.

❖ **혈형**(穴形)

① 혈이 맺는 땅의 형상을 알기 쉽게 무슨 형이니 하고 술어로 표시된 명칭.

② 혈이 있는 곳의 모양.

❖ **혈형사대격**(穴形四大格) : 혈형의 4대 기본원칙으로 이를 혈성사대격(穴星四大格) 사대혈형(四大穴形), 사대혈성(四大穴星)이라고도 한다. 산의 변화는 무궁한 것이므로 혈의 형상을 일일이 논한다면 헤아릴 수 없이 많지만 실상은 볼록한 음혈(陰穴)과 오목한 양혈(陽穴)의 음양 두 가지로 크게 나눌 수 있고, 이 음에서 양이 생기고 양에서 음이 생겨 태양(太陽)·소음(少陰)·소양(少陽)·태음(太陰)의 사상(四象)으로 나뉘고, 이 음양의 각기 다른 형체는 와(窩)·겸(鉗)·유(乳)·돌(突)의 사격(四格)으로 크게 구분된다. 와·겸·유·돌에는 또 여러 가지 다른 형이 있다.

- **와형혈**(窩形穴) : 깊은 양혈(陽穴)인데 앞이 트이고 좌우와 뒤가 도두룩하여 그 모양이 곡식이나 재(灰)를 나르는 삼태가 흡사하다. 그러나 장구와형(藏口窩形)만은 앞이 확 트이지 않고 입을 갖추어 모양이 제비집처럼 생겼다. 계와(鷄窩)·장심(掌心 : 손바닥)·선라(旋螺)·금분(金盆)등의 형이 장구와 혈에 속한다. 또는 장구와혈(藏口窩穴)의 반대로 입을 넓게 벌린 장구와혈(張口窩形)이 있으니 와형혈의 특별한 형체다. 그리고 와형에는 또 심와(深窩)·천와(淺窩)·협와(陜窩)·활와(濶窩)의 4격이 있는데 모두 좌우의 모양이 고르게 이루어져야만 진격(眞格)이다. 심와(深窩)는 굴(窟)이 깊은 와형이니, 깊어도 적당히 깊어야지 너무 깊어 함(陷)할 정도가 되면 불합격이요, 깊은 와 가운데 미미한 돌(突)이 있어야 한다. 천와(淺窩)는 와형 가운데 가장 얕은 와형인데 너무 얕으면 파격이며, 와 가운데 현릉(弦稜)이 명백하고 양쪽이 활처럼 둥글게 안은 것이 합격이다. 활와(濶窩)는 넓은 와형으로, 너무 넓으면 진기가 흩어져 좋지 않으나 넓더라도 와 가운데 미미한 돌(突)이 있으면 진혈(眞穴)이다. 협와(陜窩)는 좁은 와형이니, 너무 좁으면 역시 불가하다. 와 가운데가 둥그스럼하고 좁은 와형이니, 너무 좁으면 역시 불가하다. 와 가운데가 둥그스럼하고 깨끗하고 형상이 분명하면 합격이요, 너무 좁은 데다 둥글지 못하

고 형상이 애매하거나 좌우가 고르지 않으면 흉격이므로 이러한 곳에는 장사지내지 못한다.

• **겸형혈**(鉗形穴) : 개각혈(開脚穴 : 두 다리를 벌린 모습으로 오목한 것)인데, 이를 차겸(釵鉗)·호구(虎口)·합곡(合曲)·협혈(夾穴)·선궁(仙宮)·단제(單提)·쌍비(雙臂)·단고(單股)·궁각(弓脚) 등의 모든 혈형이 겸혈에 속한다. 이 혈형은 높은 산과 평지를 막론하고 모두 있는데 직겸(直鉗)·곡겸(曲鉗)·장겸(長鉗)·단겸(短鉗)·쌍겸(雙鉗)의 5격(五格)이 있다. 그런데 이 오격에는 또 두 가지 체(體)가 있으니, 하나는 겸 가운데 작은 유(乳)가 있는 것이고, 또 하나는 겸 가운데 작은 와(窩)가 있는 것이니, 유(乳)와 와(窩) 가운데 혈을 정하는 게 원칙이다. 직겸(直鉗)이란 겸을 이룬 좌우의 두 다리가 곧게 뻗은 것으로 다리가 너무 길거나 단단하면 불가하니 반드시 아름답고 너무 길지 않아야 진혈이 맺는다. 곡겸(曲鉗)은 겸의 다리가 내당(內堂)을 향하여 구부러진 것이니, 두 다리가 소뿔 모양으로 되어 활(弓)같이 싸 안되 좌우가 잘 사귀고 이마는 단정하게 둥글어야 하며, 겸(鉗)의 모양이 단정해야 길격이다. 장겸(長鉗)은 좌우 두 다리가 모두 긴 것인데, 곧고 단단하고 너무 길면 좋지 않다. 길더라도 안산(案山)이 가깝게 있어 횡(橫)으로 안으면 길어도 꺼리지 않는다. 그리고 장겸은 약간 굽은 것이 합격이며, 두 다리가 길기만 하고 원진수(元辰水)가 곧게 나가면 흉하다. 단겸(短鉗)은 두 다리가 모두 짧은 겸혈이다. 너무 짧으면 혈을 보호하지 못하여 불가하니 적당히 짧고 다른 성신(星辰)의 호위함이 있어야 합격이다. 너무 짧고 겸 밖으로 둘러 보호함이 없으면 고한(孤寒)하여 진혈이 아니며, 성신(星辰)의 머리가 준급하여 둥그스름하지 못한 것 등은 모두 흉격이다. 쌍겸은 양쪽 겸 다리가 모두 두 갈래로 갈라진 겸혈로서, 삼겸(三鉗)·사겸(四鉗)으로 된 것도 있으나 작용은 쌍겸이나 마찬가지다. 다만 다리가 많을수록 단정하고 아름다워야 길하고, 양쪽다리가 엉킨 듯 깨끗이 못하면 좋지 않다.

• **유형혈**(乳形穴) : 혈성의 모양이 마치 여인의 풍만한 유방(乳房)과 흡사하다고 하여 붙여진 이름으로, 수유(垂乳) 또는 유두혈(乳頭穴)이라고도 한다. 이 유형혈에는 6격이 있으니 장유(長乳)·단유(短乳)·대유(大乳)·소유(小乳)·쌍수유(雙垂乳)·삼수유(三垂乳)를 말한다. 장유(長乳)는 긴 유형으로 너무 길면 생맥(生脈)이 아니니 길되 적당히 길고, 유 모양이 단정하며 두 다리가 안으로 가지런하게 싸여야 합격이요, 준급하거나 곧고 단단하거나 부스럼같이 추하거나, 던진 죽통(竹筒)같은 것은 유(乳)같으나 진형(眞形)이 아니다. 대개 긴 유형에다 상중하 세 곳에 묘를 쓰는 예가 많은데 여러 군데에 혈을 정하기 위해 준급하거나 곧고 단단한 곳에 억지로 파내어 묘를 쓰거나, 기울고 함(陷)한 곳을 흙으로 돋구어 묘를 쓰는 일 따위는 좋지 않다. 길이가 짧은 유형을 단유(短乳)라 하는데, 짧더라도 적당히 짧아야지 너무 짧으면 힘이 미약하여 못 쓴다. 계수(界水)가 명백하고 좌우의 용호(龍虎)가 싸 안아야 하며, 모양이 순하고 단정해야 길격이다. 대유(大乳)는 큰 유형을 말하는데, 너무 크면 기운이 흩어지고 거칠고 완만하고 부스럼같아 불리하니 적당히 커야 진혈이다. 소유(小乳)는 작은 유혈(乳穴)이니, 너무 작으면 기운이 약하여 좋지 않고, 또 작은 유형에 양쪽이 높아 웅장하게 압박하는 듯하면 살(殺)이 겁하는 것이므로 흉하다. 두 개의 유형이 나란히 붙은 것을 쌍수유(雙垂乳) 또는 쌍유(雙乳)라 하는데, 성신이 아름답고 유가 모두 가지런하며 좌우에 용호가 유정하게 둘러 있어야 합격이다. 그리고 쌍유가 있더라도 모두 아름답지 못하고 한쪽 유가 결점이 있으면 그 아름다운 유형에만 혈을 정한다. 삼수유(三垂乳)는 삼유(三乳)라고도 하는데, 대소장단과 여위고 살찐 것 등이 서로 비슷해야만 길격이다. 이 삼유혈(三乳穴)은 반드시 뒤에서 받는 정기가 왕성해야만 모두 혈을 맺는 것이며, 세 개 유형의 모양이 같고 좌우로 청룡·백호가 유정하게 둘러 있으면 합격이다.

• **돌형혈**(突形穴) : 지형의 솟은 부분에 혈이 맺는 것으로 산과 평지를 막론하고 다 있다. 산곡(山谷)의 돌혈(突穴)은 바람이 닿는 것을 두려워하므로 좌우가 환포(環抱)하여 바람을 막아줌이 좋다. 평지의 돌혈은 사방이 평탄함이 좋으나 다만 계수(界水)가 명백하고, 물이 혈 앞에 모이거나 환포함이 아름답다. 이 돌혈에는 대돌(大突)·소돌(小突)·쌍돌(雙突)·삼돌(三突)

ㅎ

의 4격이 있는데, 대돌·소돌은 정격(正格)이고 쌍돌·삼돌은 변격이다. 대돌(大突)이란 돌형(突形)이 높고 큰 것인데, 너무 크면 거칠고 완만해지고 기운이 모이지 않아 불가하니 적당히 커서 돌의 면(面)이 빛나고 둥글고 형체가 분명해야 한다. 그리고 주의할 것은 수구(水口)의 나성(羅城)과 본 용신에서 새어 떨어져 내린 맥 끝에서 뭉친 것과 창고·금상자같은 사(砂)를 대돌혈(大突穴)이라 생각하기 쉬우니 이를 잘 살펴 구분해야 한다. 소돌혈(小突穴)은 돌형이 작은 것인데, 너무 작으면 진격이 아니다. 작더라도 적당히 작고 돌의 면이 윤택하고 살찌고 부드러우면 진격이요, 너무 작거나 고처가 분명치 않거나 계수(界水)가 너무 넓거나, 혹 물이 베고(割), 사방 언저리가 미약하여 의지가 없으면 진격이 아니다. 쌍돌(雙突)과 삼돌(三突)은 크기와 높고 낮음과 살찌고 마른 것 등의 모양이 같고, 면이 바르고 단정해야만 합격이며, 같지 않으면 그 가운데 가장 좋은 돌(突)만을 취하여 쓴다.

❖ **혈후(穴後)에 거북등 같으면** : 묘 뒤쪽의 형상(形象)이 거북 등 같고 비윤풍만(肥潤豊滿)하며 광채(光彩)가 있어 보이면 부귀(富貴)를 발복(發福)하는 곳이다. 또 부혈(富穴)에는 나지막한 사(砂)가 많으며 비만(肥滿)함을 요한다.

❖ **혈후(穴後)에 온전한 맥(脈) 없으면 가문(家門)은 오래 이어 갈 수 없다** : 가장 관계 할 것은 혈후에 한 마리가 오는 맥(脈)이 길고 짧음을 관찰하고 혈 아래 모든 사격은 당연히 훈기가 단단한지 안 단단하지 못한 자리를 살펴야 하고 혈후에 온전한 맥이 없으면 가문(家門)은 오래이어 갈 수 없다. 혈하(穴下)에 독산(獨山)이 있으면 다른 사람의 자식으로 대(代)를 잇는다.

❖ **혈후일절(穴後一節)** : 혈후일절(穴後一節)이란 결인(結咽)과 내맥(來脈)의 장단(長短)을 살피고, 혈의 좌하(坐下)에 모든 사각(砂角)을 마땅히 살펴 둘러싼 혈운(穴暈)의 각(角)이 긴요한지 흐트러졌는지 보아야 하고, 산이 끊어진 곳에서 가까이에 혈이 맺음을 귀(貴)하게 보는 것이지만, 첫 마디에 바로 혈이 맺으면 바람이 닿을까 크게 꺼리는 것. 반드시 맥(脈)을 묶은 듯이 사람 목이 잘쑥하게 좁아든 산이 졸라묶여 결인(結咽)한 다음 혈이 되어야 한다. 가장 아름다운 혈을 맺으려면 소조산(小祖山)에서 혹 크게 장막(帳幕)을 벌이고 나서 목체봉(木體峯) 세 개가 나란히 선 화개삼태(仙華蓋三台), 옥침(玉枕), 어병(御屛) 등 귀(貴)한 사각(砂角)이 있으면 주산(主山)이 멀리 가지 않으며, 혈(穴) 밑에 남은 여기(餘氣)가 자른 듯 줄어들면 자손이 없다 하나, 만약 좌우의 가까운 사각(砂角)이 좌하(坐下)를 둘러안거나 혹은 희미한 운각(暈角)이 있으면 오히려 힘이 있는 것으로 본다.

❖ **협(峽)**

① 협(峽)이 없어서 쫓음이 없는 것은 용이 외롭고 단순함이요(獨龍), 헤넓고 평평한 것을 용이 산줄기를 놓아버린 것이다(賤龍).

② 산맥이 달리고 멈출 때 세련되고 예쁘자면 학슬(鶴膝)과 봉요(蜂腰)와 은구슬 같은 유형(類形)으로써 잘록한 부분을 말한다. 용의 행도(行度)는 아니다.

③ 협이란 이 산에서 저 산으로 이어진 용맥(龍脈)인데 특히 협이라고 명백히 칭할 수 있는 것은 혈 뒤 몇 마디 즉 조산(祖山)에서 부모산, 부모산에서 주산, 주산(主山)에서 혈성(穴星)까지 얕고 작고 가는 맥이 이어지는 부분이다. 그리고 이 협은 반드시 눈으로 보아 나타나는 것만을 말하는 게 아니라 은밀하게 맥기(脈氣)가 이어진 흔적만 있어도 협이 될 수 있고, 아예 아무 흔적도 찾아보기 힘든 도수협(渡水峽)도 있다는 것을 알아야 한다. 그리고 이 협(峽)을 증거로 삼아 재혈(裁穴)하는 방법도 있다. 즉 협이 한가운데로 바르게 나가면 혈이 가운데에 있고, 협이 왼쪽으로 나가면 혈도 왼쪽에 있으며, 혈이 오른쪽으로 나가면 혈도 오른쪽에 맺게 된다.

④ 오목한 곳에서 맥(脈)이 이어진 것이 양협(陽峽), 산등성이로 높게 이어진 형이 음협(陰峽), 구불구불한 협이 곡협(曲峽)인데 귀격(貴格)이다. 곧은 협(峽)은 사맥(死脈)이라 하여 불길하나 중간에 거품(泡)같은 것이 있으면 길하고, 너무 길면(長峽) 바람을 받아 불길하니 좌우에 보호하는 산이 있으면 무방하고, 길고도 곧으면 역시 죽은 맥(死脈)이 되어 불가하다. 넓은 협(濶峽)은 기운이 흩어지기 쉬우니 중간에 가는 선(線 : 草線·灰線)이나 등마루 뼈(脊)같은 것이 있으면 길격이다. 높은 협(高峽)은 바람이 겁하기 쉬우니 이를 막아주는 산이

좌우에 있으면 무방하다. 짧은 협(短峽)은 맥이 중간에 결점(끊어지고 무너진 것 등)이 없어야 한다. 천전협(穿田峽)은 그 중간에 좌우보다 약간 높으면 길하고, 도수협(渡水峽)은 물 가운데 돌이나 자갈 등이 깔려 있어야 맥이 이어진 증거가 되어 길하다.

❖ **협구**(峽龜) : 과협에서 거북등의 둥그스름하게 나오는 혈장모양.

❖ **협산**(夾山) : 혈성(穴星)의 양쪽에 특이하게 봉우리가 솟아 혈성을 끼고 있는 산. 양쪽에 모두 있어야만 진격(眞格)이고, 한쪽에만 있으면 협산으로서의 길격은 상실된다. 본 용신(龍身)에 두 개의 봉우리가 기이하게 우뚝 솟아 있으면 이를 천을(天乙)·태을(太乙)이라 하고, 용신 곁에 두 봉우리가 솟아 끼고 있으면 이를 십도협(十道夾)이라 하는데, 오직 귀지(貴地)라야 이러한 협산이 있고 평상한 땅에는 없다고 한다.

❖ **협산**(峽山) : 야산을 말함.

❖ **협**(狹)**와**(窩) : 협와는 약쪽 지각의 입구가 좋은 것을 말한다. 양 지각이 소뿔 같이 후무하고 양명하여 안으로 굽어 들어야 하며 혈속이 밝고 평정해야 한다. 너무 좁거나 혈판이 기울면 가혈이다.

❖ **형**(形) : 혈성을 말함.

❖ **형**(刑) : 지형(支刑) 또는 삼형(三刑)의 준말로, 인사신(寅巳申)이 삼형이고, 축술미(丑戌未)가 삼형이고, 자묘(子卯)가 상형(相刑), 진오유해(辰午酉亥)가 자형(自刑)이다. 형이란 서로 싸우고 충돌하고 죽이는 관계로 충(沖)과 비슷한 작용력을 발휘하는데, 충보다 작용력이 더욱 강렬한 경우가 있고, 또 충보다 작용력이 약한 경우가 있다.

❖ **형국**(形局) : 풍수지리나 관상에서 사람의 얼굴이나 묏자리, 또는 집터의 생김새와 그 형각(形殼) 국소(局所) 등을 말함.

❖ **형국과 대응하는 사**(砂)**의 조화**

① 행주형국(行舟形局)은 삼로안(三櫓案), 대강안(大江案) 등이 맞는다.

② 목단(牧丹), 매화 형국은 미녀안(美女案), 봉접사(蜂蝶砂), 화분사(花盆砂)가 제격이다.

③ 상제봉조형국(上帝奉朝形局)과 군신조회형국(君臣朝會形局) 등은 군신도열안(君臣堵列案), 귀인봉서안(貴人奉書案), 면류관안(冕旒冠案) 등이 제격이다.

④ 장군형국(將軍形局)은 기고안(旗鼓案), 장막투구사(帳幕鬪具砂), 병마둔군사(兵馬屯軍砂), 패검사(佩劍砂) 등이 제격이다.

⑤ 옥녀형국(玉女形局)은 명경안(明鏡案), 장대사(粧臺砂), 옥소사(玉梳砂), 횡금사(橫琴砂), 화초사(花草砂) 등이 제격이다.

⑥ 어옹형국(漁翁形局)은 대강안(大江案), 인어안(鱗魚案), 어망사(漁網砂) 등이 제격이다.

⑦ 노승형국(老僧形局)은 불상안(佛像案), 목탁사(木鐸砂)가 제격이다.

⑧ 비룡형국(飛龍形局)은 상운안(祥雲案), 대해안(大海案), 대강안(大江案), 옥주안(玉珠案), 은하안(銀河案), 채운사(彩雲砂) 등이 제격이다.

⑨ 생사형국(生死形局)은 생와사(生蛙砂), 구인사(蚯蚓砂), 초지사(草地砂)가 제격이다.

⑩ 비봉형국(飛鳳形局)은 죽림안(竹林案), 오동안(梧桐案), 상운안(祥雲案), 옥란안(玉卵案) 등이 제격이다.

⑪ 맹호형국(猛虎形局)은 면구안(眠狗案), 수록안(睡鹿案) 등이 제격이다.

⑫ 와우형국(臥牛形局)은 적초안(積草案), 경전안(耕田案) 등이 제격이다.

⑬ 금계포란형국(金鷄抱卵形局)은 주란안(珠卵案), 회원사(回垣砂), 계사사(鷄舍砂), 효성안(曉星案) 등이 제격이다.

⑭ 천마형국(天馬形局)은 삼태안(三台案), 귀인안(貴人案), 금안사(金鞍砂), 상운사(祥雲砂) 등이 제격이다.

⑮ 복구형국(伏狗形局)은 밥통안, 복토안(伏兎案) 등이 제격이다.

⑯ 오공형국(蜈蚣形局)은 구인안(蚯蚓案), 게관사(揭冠砂) 등이 제격이다.

⑰ 금채형국(金釵形局)은 옥소안(玉梳案), 명경안(明鏡案), 미인사(美人砂)가 제격이다.

⑱ 반월형국(半月形局)은 삼태안(三台案), 은하안(銀河案) 등이 제격이다.

⑲ 복종형국(伏種形局)은 서운안(瑞雲案), 삼태안(三台案) 등이

좋다.

⑳ 연소형국(燕巢形局)은 횡량안(橫樑案), 초충사(草虫砂), 연작사(燕雀砂) 등이 제격이다.

❖ **형국(形局)론(論)** : 형국론이란 뾰족뾰족한 산봉우리를 곧 세어 날개를 상징한다. 내외(內外)산(山)이 하나같이 뾰족한 모양으로 에워싸야 제대로 새의 날개 형국을 갖추었다고 본다. 새가 알을 품는 형국에 명당자리는 당연히 알이 있는 것이다. 일반적으로 새의 알자리에 묘를 쓰면 발복(發福)이 빠르다. 그것은 금시발복 또는 당대(當代) 발복지라고 보는데 이러한 묘자리에는 돌이 없어야 한다. 돌이란 묘지 주변에 세우는 비석(碑石)·상석(床石) 또는 묘지를 에워싸는 둘레석이다. 새의 형국에 돌을 꺼리는 것은 단단한 돌은 새의 알을 다치게 할 수 있다는 것이다.

❖ **형국론(形局論)과 명당** : 풍수지리적인 요건이 다 충족된 좋은 땅이라도 그것을 일목요연하게 표현하고 설명하기란 그리 쉽지 않으므로 어떠한 형태의 명당인지를 물형으로 보아 사람이나 동물, 식물, 물체, 문자 등을 사물에 비유하여 길지를 찾아내고 길흉을 짚어 내어 쉽게 혈명(穴名)을 붙이는 것이 형국론이다. 형국론은 풍수의 마지막 단계로써 주로 지세의 외형을 보고 기의 반응 여부를 판단하고 지세를 전반적으로 개관하는 술법이다. 우주만물에는 이기가 있고 각기 제 형상을 갖췄기 때문에 사물에는 그 형상에 상응하는 기상과 기운이 내재해 있다고 본다. 관념의 소산으로서의 형국에는 동물형이 가장 많고, 다음으로 물체형, 인물형, 식물형, 문자형 순이다. 동물형 중에는 용이 가장 많고, 그 다음으로 소, 말, 개, 닭, 봉 등이다.

❖ **형국세(形局勢) 이렇게 본다** : 형국을 판별하는 주요 착안점은 용세(龍勢)와 겸구(鉗口)와 혈성이 된다.

- 용세가 날아가는 형세이고 굴곡과 기복이 있고 구름이 따르면 용유형(龍遊形)이 많다.
- 봉황이 춤을 추는 모양이면 날개를 펴고 꼬리는 길다. 상서로운 구름이 스스로 일어난다. 이는 봉황·금구(金龜)·선아형(仙娥形)이 많다.
- 호랑이가 앉아 있는 모습(虎踞之勢)은 다리가 약동하고 꼬리가 흔들리는 형세다. 앞은 고개를 들고 뒤는 구부리는 모습이다. 이런 판에는 사자·호랑이·장군·마형(馬形)이 많다.
- 천마지세(天馬之勢)는 뛰는 말이 나아가 앞에 물을 만나 마시고자 하거나 위로 올라가고자 하는 형세다. 천마·낙타·안장·장군·선인(仙人)형이 맺는다.
- 평강룡은 높낮이가 뚜렷하지 않은 것으로 개구리·기물·구름·별·무지개 등의 형이다.
- 고수지세(孤秀之勢)는 당(幢)·기·북·칼·창 등의 형이다.
- 형국을 알면 안(案)을 알게 되고 안을 알면 격(格)을 알게 된다. 격을 알게 되면 운(運)을 추산할 줄 알게 된다.
- 금성에는 날짐승의 형이 많고, 목·화성 아래에는 사람의 형이 많다.
- 수성에서는 용사(龍蛇)의 형이 많고, 토성 아래에서는 짐승의 형이 많다. 그런데 물형(物形)은 단편적으로 이루어지는 것이 아니고 전체적인 꾸밈새를 보아야 한다. 앞에 둔군(屯軍)·만마(萬馬)·기고(旗鼓)사가 벌여 있으면 장군 형국이다.
- 금(琴)·고(鼓)·적(笛)이 있으면 선인무수(仙人舞袖)형이다.
- 비녀·분통·보경(寶鏡)이 있다면 옥녀형이다.
- 죽순·오동을 나열했으면 비봉귀소(飛鳳歸巢)형이다.
- 화표(華表)가 드높으면 백학귀소(白鶴歸巢)형이다.
- 치화체(雉禾體)가 벌려 있으면 나는 새[飛鳥]형이다.
- 유어체(游魚體)가 있으면 백로형국이다.
- 지네(蜈蚣)체가 있으면 금계(金鷄)형이다. 험준하면 봉황이나 건장하면 황새가 된다.
- 퇴육사(堆肉砂)가 앞에 있으면 맹호형이다.
- 안장사(鞍裝砂)가 좌우에 있으면 마형이다.
- 달이 앞에 있으면 옥토나 망월형이다.
- 창고사와 규봉이 앞에 있으면 잠자는 개(眠狗)형이다.
- 그물이 앞에 있으면 노루[주장봉망(走獐逢網)] 형이다.
- 쥐 모양이 앞에 있으면 고양이가 쥐를 놀리는[영묘롱서(靈猫弄鼠)] 형이다.
- 산 위에 오르는 소[上山牛]는 혈이 뒷발에 있고, 내려오는 소[下田牛]는 혈이 앞 무릎에 있다.
- 강을 건너는 소[渡江牛]는 혈이 코사이에 있다. 거두노풍(擧頭

露風) 되었으면 천마시풍(天馬嘶風)형이요,

- 전저후고(前低後高) 하였으면 갈마음수(渴馬飮水)형이고, 전고후저(前高後低) 하였으면 천마입란(天馬入欄)형이다.
- 혈재이간(穴在耳間) 하였으니 출초사(出草蛇)형인데 혈재두상(穴在頭上) 하였으면 생사축와(生蛇逐蛙)형이다. 혈재족간(穴在足間) 하였으니 비금탁목(飛禽啄木)이고, 지두현렴(枝頭懸簾) 하였으면 꾀꼬리가 분명하고 부벽횡량(付壁橫樑) 하였으니 제비집[燕巢]형이다.
- 목성 아래에 연화장(蓮花帳) 벌였으니 연화출수(蓮花出水)형이요, 제좌장(帝坐帳) 벌였으면 상제봉조(上帝奉朝)형이다.
- 창천수장(漲天水帳) 벌였으면 상천하는 비룡이요, 어병장(御屛帳) 벌였으니 미인단좌(美人端坐)형이다.
- 수토장(水土帳) 벌여놓으면 하산하는 거북이요, 수성장(水星帳) 벌였으면 상탄(上灘)하는 유어(游魚)다.
- 운수장(雲水帳) 벌였으니 구름 속에 반월이고, 옥책장(玉冊帳)을 벌여놓았으면 독서하는 선인(仙人)이다.
- 화성장(火星帳) 벌였으면 불국(佛局)이 틀림없고 은하장(銀河帳) 둘렀으면 진주투지(眞珠投地) 형국이요, 포탕장(布蕩帳) 아래는 그물치는 어옹(漁翁)이다.

❖ **형국(形局)을 보고 혈을 찾기란 쉽지 않다** : 산을 어느 물체에 비유하여 그 물체가 기가 가장 많이 집중되는 부분에 혈이 있다고 보는 형국론은 자연현상을 꼭 어느 물형에 비유한다는 것은 무리가 따른다. 산수(山水)의 형태는 보는 사람의 주관에 따라 달리 보일 수 있기 때문에 형국론만 가지고 정확한 혈을 찾고 설명하기란 쉽지가 않다. 형국론을 전적으로 무시할 수는 없지만 용과 혈과 사격(砂格)과 물을 보고 혈을 찾는 정도를 먼저 공부하여 산의 이치를 깨닫는 것이 풍수지리를 제대로 이해하는 길이 될 것이다.

❖ **형국을 정하는 것은 이렇게** : 혈을 중심으로 하여 주위 전체의 형상과 기상(氣象)을 합하여 어떤 물체의 상(相)과 대비되는지 판별하며 안산에는 그 형국에 맞는 물형(物形)산(山)이 있어야 한다. 또 4방위(四方位)에도 각각 물형이 있다. 산에는 산상(山相)이 있고 사람에는 인상(人相)이 있다. 형국은 산의 총상을 말함이니 산상(山相)에는 양상(陽相)과 음상(陰相)이 있다. 양상은 주산·래용·혈판·보국을 말함이요. 음상은 영기(靈氣)·서기(瑞氣)·정기(精氣)·응기(應氣)를 말하는 것이다.

❖ **형기론**(形氣論) : 산세의 모양이나 형세상의 아름다움을 유추하여 생기가 응결된 혈을 찾는 풍수 이론.

❖ **형기론(形氣論)과 이기론(理氣論)** : 산과 물 등 자연의 외적인 모양을 보고 길지를 찾는 것이 형기론인 반면에 이기론(理氣論)은 방위와 시간 등의 음양오행 작용을 살펴 길흉화복을 논하는 이론이다. 형기론(形氣論)은 외적 형상인 체이고 이기는 작용인 용으로 별개일 수 없다. 형기는 용(龍), 혈(穴), 사(砂), 수(水)등 풍수지리의 외적 변화 현상을 우선으로 보는 방법이며, 이기는 용혈사수의 방위를 측정한 다음 음양오행법을 따져 그 적법 여부를 판단하는 방법이다.

❖ **형기살**(形氣殺) : 풍수지리에서는 자연의 산수 모습을 시각적으로 보아 위험하고 흉하다고 느껴지는 주변의 모든 물체를 보기에 흉하고 혐오감이 들고 공포심을 느끼게 되는 모든 물체들은 풍수적 흉살로 봄.

❖ **형기적 수법**(形氣的水法) : 물의 종류와 모양을 보고 길흉을 보는 방법.

① **지상수**

㉠ **호수**(湖水) : 여러 곳의 물이 한곳으로 모이고 또 솟아나는 물줄기가 있어 넓은 곳에 저장되어 있는 물로써 저수지와 연못과 더불어 늘 맑고 깨끗하며 가득 차서 넘쳐나는 물이 당전 또는 조전에 있으면 부귀왕정(富貴旺丁)이지만 만약 부패하여 탁하고 악취를 풍기며 고갈되어 있으면 질병이 자주 발생하고 집안이 점차 쇠진해지니 차라리 매립하는 것이 좋다.

㉡ **해수**(海水) : 당전에 해수는 용혈의 기세와 균형을 맞춰야 한다. 바다는 광활한데 용혈이 미약하면 재앙이 그칠 날이 없으며, 혈전명당을 용호가 환포하고 용혈의 기세 또한 왕성하면 큰 부자가 되는 귀인이 틀림없이 날 것이다.

㉢ **하천수**(河川水) : 풍수지리의 대표적인 물로서 맑고 깊으며, 혈을 환포하면 틀림없이 부귀하다.

㉣ **계곡수**(溪谷水) : 계곡의 물은 산골에 있기 때문에 충사(沖射), 직거(直去)를 피하고 천천히 꾸불꾸불 흐르는 것을 요하며 물 흐르는 소리 역시 아름다워야 한다.

㉤ **구혁수**(溝洫水) : 꾸불꾸불 천천히 흐르는 봇도랑의 물로서 혈을 회포하면 부농(富農)이 된다.

㉥ **저여수**(沮如水) : 혈 주위에 질편하게 물이 번져 있어 언뜻 봐서는 물이 없는 것같이 보이나 밟으면 질퍽질퍽하여 구덩이를 파면 물이 가득 고이는 이런 저습지(低濕地)의 물은 어디엔가 용맥의 기가 누설되어 발생한 냉습수(冷濕水)이니 패가절손(敗家絶孫)한다. 그러나 용세(龍勢)가 아주 왕성하여 결혈 후 남은 기운이 수기로 화한 혈 앞 또는 좌우의 물은 썩 좋은 길수다.

㉦ **천지수**(天地水) : 백두산 정상에 천지가 있다. 주역 64괘 중에 하괘(下卦)는 이괘(離(火)卦)요 상괘(上卦)는 감괘(坎(水)卦)로서 수화기제(水火旣濟)로 모든 것이 다 이루어졌다는 뜻이다. 마치 불 위에 가마솥을 올려놓고 물을 덮고 있는 모양이니 대류, 즉 순환하고 있는 형국이다. 이는 살아 있는 생명체를 말하는 것으로 백두산 정상에서는 어마어마한 생기를 만들어내고 있다.

② **지하수** : 흔히 평상시는 물이 없으나 비가 오면 빗물이 이곳으로 내려가고 지상으로 물이 흐르지 않을 때 파면 물이 나오는 곳이 있는데 깨끗하고, 맑으며 늘 마르지 않아 식수로 사용할 수 있으면 부귀를 기약하는 길지(吉地)로 보는 지하건수(地下乾水)와 땅 깊은 곳에서 흐르고 있는 지하암반수가 있다.

❖ **형동**(形動) : 형이 살아 움직이는 듯 해야함. 산형의 종류는 수백가지인데 그것이 활동하는 곳에 장사지냄은 모두 부당하다. 모든 산룡의 모양은 단정하고 조용히 머물면서 움직이지 말아야 정기가 흩어지지 않고 모이는 길한 혈을 이룬다. 혈을 이루는 산룡의 모양이 단정하게 조용히 머물지 않고 난동하면 정기가 모이지 않고 흩어지므로 이런 곳에 장사 지내지 말아야 하며, 산강(山岡)의 형이 같다면 모두 은복(隱伏)하여야 하고 활동하여 도망가서는 아니된다. 활동하여 도망가듯 하면 장사지내지 말아야 하며, 사방에서 응함이 앞에 있는 안산이 응하여 활동하여 도망가지 말아야 하며, 혈의 전후좌우에 있는 사신사가 난동하는 곳에 장사지내지 말아야 한다. 전후좌우의 산들이 모두 멈추어 엎드려야 길하고 활동하면 아니 된다. 활동하면 기(氣)가 모이지 않으니 장사지내는 법에 금기다. 산형은 매우 닮아 서로가 길고 짧으니 당연히 흉한 곳은 피하고 길함을 취해야 한다.

❖ **형륙수**(刑戮水) : 자룡(子龍)에 진손수(辰巽水), 곤룡(坤龍)에 묘수(卯水), 묘룡(卯龍)에 곤신수(坤申水), 오룡(午龍)에 해수(亥水), 건룡(乾龍)에 병오수(丙午水), 손룡(巽龍)에 유수(酉水), 간룡(艮龍)에 인갑수(寅甲水), 유룡(酉龍)에 사수(巳水)를 형륙수(刑戮水)라 일컫는다. 형륙수가 있으면 살인을 저지르기도 하고, 사형을 당하기도 한다. 온 집안 식구가 형벌을 받고 죽음을 당하는 흉사(凶事)도 생기고 전장에서 전사하는 사람도 생긴다. 아무리 좋은 명당혈(明堂穴)이라 해도 형륙수가 보이면 형벌을 면할 수 없다. 또한, 흉악한 도적에게 죽음을 당하기도 한다.

❖ **형살**(刑煞) : 형벌을 관장 : 형(刑)이란 질서를 어지럽히고 예절에 어긋나는 것을 말하고 무정하고 횡폭하여 불쾌감을 줄 수 있다. 자묘형(子卯刑), 인사형(寅巳刑), 사신형(巳申刑), 인신형(寅申刑), 축술형(丑戌刑), 축미형(丑未刑), 미술형(未戌刑)이 이에 속하고 이밖에 진진(辰辰), 오오(午午), 유유(酉酉), 해해(亥亥)는 자형(自刑)이다.

❖ **형살수**(刑殺水) : 혈 앞쪽에서 물줄기와 산줄기가 한데 어우러져 혈을 향해 쏘듯이 곧게 달려오는 것. 그 형상이 마치 화살이 날아오는 것이나 칼날이 뻗쳐 오는 것과 같다. 이 물은 흉수 중에서도 가장 흉해 흉흉한 살기(殺氣)를 품고 있어 무서운 재앙을 불러온다. 혈 앞에 형살수가 있으면 잔인무도한 사람이 나와 다른 사람을 죽이고, 끔직한 살인을 저지르고 자신도 형(刑)을 받아 죽거나, 다른 사람의 손에 참혹하게 죽는다. 또 전쟁터에 나가서 전사하는 사람도 나온다. 가벼운 재앙이라고 해야 재산을 탕진하고 고향을 떠나는 것이다. 물이 난리(亂離)하게 교류하는 흉수를 말함인데 이런 물이 가벼울 경우에는 패의(敗意)에 그치지만 무거우면 살륙(殺戮), 군배(軍配), 진망(陣亡), 악사(惡死)한다.

❖ **형상**(形象)**만 보고 길흉**(吉凶) **정하는 것은 불가하다** : 입수(入首)

가 조금만 틀려도 차질과 권리(權理)의 오착이 생겨 화복(禍福)을 바꾸어 놓는다. 이를 실증하려면 직접 찾아가 증험(證驗)해 보면 허실(虛實)을 알게 될지라도 권도(權度)가 맞으니 이치가 참되도다. 권(權)은 경중(輕重)은 정함이요 도(度)는 그 장단(長短)을 헤아릴 것이다.

❖ **형성압**(衡星壓) : 형성(衡星)은 묘봉(卯峯)이다. 묘방(卯方)의 봉우리가 우악스럽고 크면 혈을 짓누른다. 그래서 자손들이 윗사람의 도움과 사랑을 잘 못 받는다.

❖ **형세**(形勢) : 용이 혈을 맺을 때 내면적으로 생기(生氣)가 내려와 머물고 융결(融結)한 곳을 찾으려면 산국(山局)의 행세를 살피고 호위(護衛) 저사(諸砂)가 구비됨을 말한다.

❖ **형세**(形勢)**와 간혈법**(看穴法) : 용세를 보고 혈을 찾을 때는 용세의 선악길흉(善惡吉凶)을 볼 줄 아는 안목(眼目)이 열려야 한다. 기세가 웅장하고 기복굴곡이 힘찬 용이 좋은 용임은 틀림없으나 겁에 질린 용이 미친 듯이 날뛰고 겁먹은 것처럼 위축하면 광룡(狂龍)이라 혼탁하고 무겁게 압력을 주는 기(氣)와 세(勢)를 띠니, 세(勢)는 강한 것 같으나 실은 고독함을 면치 못하고, 국(局)을 연 듯 하나 실은 혈이 없는 것이니 점혈하면 크게 패를 당하기 쉬운 것이다.

❖ **형심수**(衡心水) : 급류가 곧게 찔러 당심으로 들어오는 흉수를 말함. 이를 수파천심(水破天心)이라고도 한다. 물이 당전으로 들어오는 것은 굴곡육완수(屈曲悠緩水)를 요함이지 준급직사수(峻急直射水)까지 좋다는 것이 아니다. 이런 곳에서는 틀림없이 도산하여 빈한(貧寒)해진다.

❖ **형제간에 자주 싸우는 경우는 이러하다** : 청룡 백호가 서로 경쟁하는 모양이면 형제간에 송사(訟事)가 나고 서로 싸우는 모양이면 자주 말다툼이 있다.

❖ **형충파해**(刑冲破害) : 삼형(三刑, 또는 支刑)·육충(六冲, 또는 支冲)·육파(六破, 또는 支破)·육해(六害, 또는 支害)를 합칭한 말로 아래와 같다.

- **삼형**(三刑) : 인사신(寅巳申)·축술미(丑戌未)·자묘(子卯)·진오유해(辰午酉亥:自刑) 인(寅)은 사(巳)를, 사(巳)는 신(申)을, 신(申)은 인(寅)을 형한다. 축(丑)은 술(戌)을, 술(戌)은 미(未)를, 미(未)는 축(丑)을 형(刑)한다. 자(子)는 묘(卯)를, 묘(卯)는 자(子)를 형(刑)한다. 진(辰)은 진(辰), 오(午)는 오(午), 유(酉)는 유(酉), 해(亥)는 해(亥)를 형한다.
- **육충**(六冲) : 자오(子午)·축미(丑未)·인신(寅申)·묘유(卯酉)·진술(辰戌)·사해(巳亥)
- **육파**(六破) : 자유(子酉)·축진(丑辰)·인해(寅亥)·묘오(卯午)·사신(巳申)·술미(戌未)
- **육해**(六害) : 자미(子未)·축오(丑午)·인사(寅巳)·묘진(卯辰)·신해(申亥)·유술(酉戌)

❖ **형·파·해·원진**(刑·破·害·怨嗔) : 지형(支刑)=인사신삼형(寅巳申三刑 : 寅刑巳 巳刑申 申刑寅) 축술미삼형(丑戌未三刑 : 丑刑戌 戌刑未 未刑丑) 자묘상형(子卯相刑 : 子刑卯 卯刑子) 진오유해자형(辰午酉亥自刑 : 辰辰 午午 酉酉 亥亥끼리 刑) 지파(支破)=자(子) : 유(酉), 축(丑) : 진(辰), 인(寅) : 해(亥), 묘(卯) : 오(午), 사(巳) : 신(申), 술(戌) : 미(未) 육해(六害)=자(子) : 미(未), 축(丑) : 오(午), 인(寅) : 사(巳), 묘(卯) : 진(辰), 신(申) : 해(亥), 유(酉) : 술(戌) 원진(怨嗔)=자(子) : 미(未), 축(丑) : 오(午), 인(寅) : 유(酉), 묘(卯) : 신(申), 진(辰) : 해(亥), 사(巳) : 술(戌).

❖ **형향**(馨香) : 향기로운 냄새가 멀리멀리 퍼져 간다는 말로써 향기로운 사료는 고기가 모여서 먹게 되니 고기가 모이는 곳을 혈장에 비유한 말.

❖ **혜천**(醯泉) : 물맛이 식혜와 같이 단 것을 말함. 덕(德)이 위로 하늘에 미치고 땅에 다달을 때 사람에게 혜천수(醯泉水)를 마시게 한다고 한다. 이는 양택에 더욱 좋다.

❖ **혜첨**(鞋尖) : 약간 솟았는데도 사방이 낮고 편편하므로 외롭게 드러나 바람이 닿고 물이 베어 못쓰는 곳.

❖ **호**(護) : 혈의 좌우에 있는 산.

❖ **호**(毫) : 작은 티끌.

❖ **호**(狐) : 여우.

❖ **호**(虎) : 몸집은 크고 머리는 작아서 한쪽 측면에서 솟아나고, 몸체는 토형(土形)을 만들고 머리는 둥글어서 금성체(金星體)를 만든 모양.

❖ **호단명당**(乎担明堂) : 명당 안이 개창평정(開暢平正)하고 고하(高

下) 등의 잡난함이 없이 극히 길(吉)한 명당으로 평면이 숫돌과 같으면 공후재상의 기지(基址)라 한다.

❖ **호로**(葫蘆) : 산의 형체가 호로와 같은 모양을 말함.

❖ **호로후**(葫蘆喉) : 호로병의 목. 배가 부른 모양. 둥그런 모양으로 넓은 곳에 물이 모이고 수구(水口)는 좁으니 물이 모였다가 좁은 수구로 조금씩 흘러나가는 모양을 비유한 말.

❖ **호로산**(葫蘆山) : 호로(葫蘆)와 같은 산. 이 산은 어슬렁거리는 술사(術士)나 의업(醫業)을 하는 자가 출현하고, 표주박 형태와 같은 모양이 3, 5봉우리가 서로 이어지면 주로 온황(瘟瘽)의 병으로 오랜 세월을 끌어갈 사람이 있게 되며 홀아비와 과부가 무리로 있게 된다. 표주박의 머리가 곧게 평평하면 부(富)하게 된다.

❖ **호룡수**(護龍水) : 물이 역류하여 결혈 앞에서 모여드는 물로써 이것 역시 여러 겹으로 둘러 쌀 수록 부귀와 충효가 겸전하다.

❖ **호빈혈**(湖濱穴) : 호숫가에 있는 괴혈. 땅을 깊이 파면 물이 스며들기 때문에, 땅을 파지 않고서 땅바닥에 시신을 안치한 다음 그 위에다 흙을 쌓아 묘를 만든다. 이렇게 매장하는 것을 배토장(培土葬)이라 한다.

❖ **호수**(湖水)

① 개울물이 모인 곳으로 수면이 평평하니 호수의 대소에 관계없이 길로 본다. 호수는 백하(百河)가 모인 물과 바다에서 용출(湧出)한 물이 합수저장(合水貯藏)된 귀한 물이다. 용혈진결지(龍穴眞結地)의 전조호수(前朝湖水)가 왕양만경(汪洋萬頃), 징청여경(澄清如鏡)이면 부귀왕정(富貴旺丁)이 기약되고, 호수의 대소를 불문하고 음양택(陰陽宅) 구별없이 전조만호(前朝滿湖)는 유길(有吉)하다.

② 호수는 모인 물과 용출(湧出)한 물이 합수(合水) 저장(貯藏)된 물로 앞에 있으면 대소(大小)를 막론하고 맑으면 부귀왕정(富貴旺丁)의 귀한 물이다.

❖ **호수가에서 과협**(過峽)**하면** : 혈도 지호수(池湖水)에서 맺고 고산(高山)에서 과협(過峽)하면 혈도 높은데서 결혈(結穴)하고 과협이 우측(右側) 사격(砂格)이 장(長 - 길면)하면 우측에서 결혈하고 좌측이면 좌측에서 결혈한다.

❖ **호수가 묘에 다보이면** : 호수의 물이나 연못의 물은 가두어진 물이라 죽은 물로 보는 것이다. 혈판에 비치는 것이 정면을 비켜서 일부분만 보이면 길사(吉砂)로 보고 호수가 혈지(穴地)에서 다 보이면 흉수(凶水)로 보는 것이다.

❖ **호수**(湖水)**나 큰 강물이 안산**(案山)**을 대신할 수 있다** : 안산(案山)이 없을 경우 호수나 큰강 같은 물이 안산을 대신할 수가 있다. 또 평야에서는 산이 없기 때문에 혈지 보다 약간 높은 밭 언덕이나 구릉이 안산을 대신하는 경우도 있다. 풍수지리에서는 한 치만 높아도 산이고 한 치만 낮아도 물이라고 한다. 비록 작은 언덕이나 구릉이지만 혈의 생기를 머물게 할 수 있다. 어떠한 안산이 되었든지 유정하고 아름답게 혈 앞에 있어야 한다. 생김새가 깨끗하고 안정되어 있어야 좋은 기운을 뿜어 준다.

❖ **호순신**(胡舜申) : 지리신법(地理新法)을 저술한 중국 명나라 때의 풍수가. 현재 이기론의 토대가 되는 오행의 생왕사절을 완성하였다.

❖ **호순신법 적용방법** : 호순신법은 산이 내려오는 방위를 기준으로 사국(四局)을 정한다. 이때 쓰는 오행은 홍범오행(洪範五行)이다. 그리고 물의 득수처와 파구처의 방위 살펴 각각 12포태법으로 어디에 해당되는가를 살핀다. 물이 득수하는 곳은 길한 방위어야 하고 파구되는 곳은 흉한 방위어야 한다. 만약 물이 흉방에서 들어오고 길방으로 나가면 그곳은 휴지가 된다. 예컨대 산이 건방(乾方)에서 왔으므로 홍범오행으로 금국(金局)에 해당된다. 금국은 간인(艮寅)에서 기포(起胞)를 하여 순행하면 손사(巽巳)는 생궁(生宮)에 해당된다. 생궁은 매우 길한 방위인데 이곳으로 물이 빠져 나가므로 쇠패(衰敗)가 닥치는 흉지라고 본 것이다. 홍범오행은 다음과 같다.

목(木) : 간(艮), 묘(卯), 사(巳)

화(火) : 임(壬), 을(乙), 병(丙), 오(午)

토(土) : 계(癸), 축(丑), 미(未), 곤(坤), 경(庚)

금(金) : 정(丁), 유(酉), 건(乾), 해(亥)

수(水) : 자(子), 인(寅), 갑(甲), 진(辰), 손(巽), 신(申), 신(辛), 술(戌)

이를 사국(四局)으로 분류할 때는 토(土)와 수(水)를 하나로 본다. 이는 내룡(來龍)의 방위를 가지고 분류하므로 입수일절을 기준한다.

❖ **호승**(胡僧) : 산 형세가 목성(木星)에 수성(水星)을 두르면 호승이라 하는데, 산이 좀 크고 마음이 편안하듯 편안한 느낌이 드는 산을 말함.

❖ **호승예불**(胡僧禮佛) : 외국의 스님이 부처님께 절을 올리는 형국. 주변에 스님들이 쓰는 물건처럼 생긴 산봉우리들이 있으며, 혈은 스님의 머리에 자리잡고 절을 하는 형국으로 머리는 아래쪽에 있다. 안산은 부처님이다.

❖ **호입명당**(虎入明堂) : 백호가 바늘같이 뾰족하여 혈을 찌를 듯한 땅으로 자손이 성하지 못하며 매우 흉하다.

❖ **호전**(護纏) : 호위하여서 감싸는 모양.

❖ **호지**(好地) : 훌륭한 혈장.

❖ **호충**(呼沖) : 일주(日柱)와 같은 천간(天干)에 지지(地支)가 충(沖)하거나, 간(干)이 간(干)을 극하고 지(支)가 지(支)를 충하는 해에 태어난 사람을 하관(下棺)할 때 잠시 피하라고 한다.

❖ **호화 분묘를 꾸미고 싶으면** : 아무리 명당자리라도 호화 분묘를 구미다가 자칫 잘못하다 보면 명당을 즉 명혈(明穴)을 패게 할 우려가 많다. 꼭 호화롭게 꾸미려면 명혈의 부위는 상하지 않도록 주의하고 묘소의 치산을 하면 된다. 가장 중요한 것은 혈심(穴心)에 조상의 유골을 편히 모시는 풍수적 기술이라 생각된다. 호화 분묘를 꾸미는 효심보다 땅속에 부모의 유골이 정말 황골이 되어 평안하신가를 생각하는 것이 더 큰 효심이라 생각된다.

❖ **호현**(湖弦) : 호수가 활장같이 휙 휘어져 있음. 호수를 에워싼 산강(山岡)을 위호(衛護)로 보지 아니한다는 뜻.

❖ **호회**(虎回) : 백호가 안으로 돌아 들어오는 모양.

❖ **혼유석**(魂遊石) : 돌상석(床石) 뒤 무덤 앞에 놓는 장방형(長方形)의 돌. 능원의 봉분 앞에 놓는 장방형(長方形)의 돌. 혼이 나와 놀게 설치한 것이라 함. 석상(席上).

❖ **혼혼**(混混) : 물이 솟아나 흐르는 모양.

❖ **홀도**(忽覩) : 갑자기 보게 되다.

❖ **홀두**(惚頭) : 혈성(穴星)의 흉격으로 사람의 머리가 헐면 머리털이 없이 보기 흉한 딱지만 있는 것같이, 산이 거무스레한 돌과 흙으로 되어 나무가 자라지 않고 오직 누른 띠풀과 거친 가시덤불만 우거진 산을 말하며, 대개 혈을 맺는 곳은 홀두됨을 꺼리는 바로서 자갈과 돌이 섞인 것을 싫어하는데 흙이 깨끗하고 부드럽고 윤기가 있는 것을 귀(貴)로 삼는다. 이러한 곳은 생기가 흩어져서 묘를 쓸 수 없다.

❖ **홀두**(惚頭)**와 허모**(虛耗)

① 홀두(惚頭)는 머리에 부스럼이나 종창이 생긴 모양과 같아 용신이 건조하고 호약하며, 허모(虛耗)는 구멍이 많아 벌레, 뱀, 쥐 등이 사는 땅이다. 진기(眞氣)와 윤기가 없으며 기맥이 손상된 죽은 땅으로 불길하다.

② 요결(凹缺)은 움푹 패여 기복이 많은 요지(凹地)로 속기(束氣)가 없는 쓸데 없는 땅이다. 파면(破面)은 홀두(惚頭)와 같이 나쁜 모래흙으로 이루어진 땅이다. 조악(粗惡)은 석산봉(石山峰)이 어수선하게 많아 수려하지 못하고, 크기만 한 쓸데없는 땅이다.

③ 단한(單寒)은 사방에 산이 없어 고독하고, 조응되지 못하여 땅도 차고 바람도 냉하다. 혈이 들어나 있으니 불길하다.

④ 옹종(臃腫)은 산세가 지나치게 넓으며 종창이 생긴 것 같고, 열리지 못한 와겸(窩鉗) 형체를 가진 땅으로 불길하다.

⑤ 유냉(幽冷)은 사방에 높은 산이 있으니 바람이 없다. 음한냉하여 시신이 썩지 않는 흉한 땅으로 불길하다.

⑥ 수삭(瘦削)은 깎인듯한 산으로 기력이 없으며 쇠퇴하여 약하다. 그러나 절이나 사당터로는 무방하다.

⑦ 준급(峻急)은 행룡(行龍)이 아래로 급히 떨어지며 능선이 험악하여 오르기 어렵다. 재산손실과 송사가 일어나는 땅으로 불길하다.

❖ **홀두형**(惚頭形) : 용맥이 혈처를 이루었으나 사람의 머리털이 드문드문 빠진 것 같은 곳으로 기혈(忌穴)이다. 검고 흰 모래와 돌이 섞인 땅에는 나무가 자라지 않고 풀도 잘 나지 않아 염병치른 사람의 머리와 같은 것을 말한다.

❖ **홀로 외롭게 있는 산은 피하라** : 홀로 있는 산이란 고산(孤山)이나 독룡(獨龍)을 말함이다. 주변에서 보호하는 산이 없이 외롭게 노출되어 있는 곳을 말하며, 용과 혈은 보호하는 산이 겹겹이 감싸 주어야 생기를 융결할 수 있다. 그러나 용이 홀로 있는 것은 외롭고 혈은 사방에서 바람을 받아 춥게 되므로 흉하다. 단단한

용과 혈의 발복은 주로 가난하고 고독하며 단신과 과부가 많이 난다. 후에는 자손이 끊기는 절사(絶嗣)지경에 이르기 쉽다. 그러나 외로운 용이라도 기세 변화가 활발한 큰 용이라면 홀로 입수하여 혈을 맺기도 한다. 이때는 혈장이 크고 넓으며 바람을 막아주기 좋은 와혈(窩穴)이나 겸혈(鉗穴)로 결지한다.

❖ **홀수로 주택의 생기**(生氣)**를 더한다** : 예로부터 짝수보다 홀수를 길(吉)하게 여겼다. 흔히 쓰는 삼세판이라는 말에도 홀수에 대한 선호 의식이 담겨 있다. 그런 의식적 배경 때문인지 몰라도 집을 지을 때 방(房)의 수(數)를 3~5개 식으로 홀수로 앉혔고 기둥이나 간사리도 홀수로 설계했다. 한편 주택의 생기(生氣)를 더해주는 방법으로 조상들에게서 대대(代代)로 전해져 온 몇 가지에 조언이 있는데 참고로 붙인다. 집안이 번성하기 위해서 가장(家長)방(房)은 외진 구석이나 어두운 곳을 피해서 가장 밝고 넓으면 주택의 중심이 되는 곳에 와야 한다. 예로부터 생기택(生氣宅)은 남향(南向)집에 동남간의 안방을 최고로 여겼으며 집 뒤쪽으로 출입구가 있는 것을 길(吉)하게 여겼다. 하지만 집과 담자아이 지나치게 바짝 붙어 있는 집 집안의 실내장식이 과도하게 요란하고 화려한 집은 발전 운이 막히거나 가풍(家風)이 문란해지고 환자가 생기므로 흉상(凶相)이라 하였다.

❖ **홀연히** : 홀연히 산이 찢어지게 되면 횡사(橫事)가 필생(必生)하고, 항상 물의 울음이 들리면 상화(喪禍)를 자주 본다. 묘택의 전후좌우의 산들이 갑자기 무너지거나 찢어지고 갈라지면 횡액(橫厄)의 재앙이 닥치게 된다. 항상 물 흐르는 소리가 사람이 슬퍼서 우는 소리처럼 들리면 사상(死喪)으로 인한 울음소리가 자주 생기게 된다.

❖ **홍국**(洪局) : 기문둔갑법(奇門遁甲法)으로 포국함에 있어 일진(日辰)을 위주로 하는 포국방법.

이 홍국은

① 연월일시 간지수(干支數)로 구궁(九宮)에 천반(天盤)과 지반(地盤)을 배치하는 것.

② 일진(日辰)과 일자(日字)를 기준하여 구궁(九宮)에 팔문(八門)을 배치하는 것.

③ 육의(六儀)·삼기(三奇)의 지반(地盤)을 배치하는 것.

④ 태을구성(太乙九星) 붙이는 것.

⑤ 팔괘(八卦 : 즉 生氣八神) 붙이는 것. 이상의 5가지를 포국하는 것을 홍국이라 한다.

❖ **홍기**(紅旗) : 높이 든 붉은 기(旗). 염정화성(廉貞火星)의 염염(炎焱)한 정상을 지칭한 말.

❖ **홍란**(紅鸞) : 묘(卯) 자리에 자(子)를 붙여 역행(逆行)으로 생년지(生年支)가 닿는 곳이 홍란성이다.

子生 : 卯	丑生 : 寅	寅生 : 丑
卯生 : 子	辰生 : 亥	巳生 : 戌
午生 : 酉	未生 : 申	申生 : 未
酉生 : 午	戌生 : 巳	亥生 : 辰

❖ **홍범오행**(洪範五行) : 방위의 길흉론은 잡된 것이니 홍범오행(洪範五行)으로 수법을 논한다면 사람에게 해로움이 없을 것이다. 그러나 오행을 사용하여 좌산(坐山)과 묘운(墓運)을 본다면, 생극길흉(生剋吉凶)의 이치가 표준이 있으므로 버릴 수 없다. 오경난(吳景鸞)은, 「홍범(洪範)과 정오행(正五行)은 많이 다르므로 산두(山頭)의 납음(納音)을 버릴 수 없다」라고 하였고, 전씨(田氏)는 주석을 고쳐 「종묘대오행(宗廟大五行)의 수법(水法)은 장서(葬書)에서 나온 것이니 주작(朱雀)에서 생기(生氣)가 발원(發源)하여 양생위(養生位)가 되고, 갈라지는 줄기에서 목욕(沐浴)과 관대위(冠帶位)가 되고, 조당(朝堂)의 태왕(太旺)한 곳은 임관(臨官)과 제왕위(帝旺位)가 되며, 묘에 이르러면 장차 쇠(衰)하는 곳이니 쇠(衰)와 병위(病位)가 되고, 갇혀버리면 사(死)와 묘위(墓位)가 되고, 다음은 절(絶)에 가까워지니 절태위(絶胎位)로써 녹존(祿存)이 되니, 이것이 종묘(宗廟)이다」라고 하였다. 생기(生氣)의 근원은 주작(朱雀)에 있으며, 기(氣)란 물의 흐름은 생기가 넘치는 근원이 되므로 생기의 근원은, 물이 시작되는 물갈래에서 생기가 시작되며, 물이 차츰 장세를 이루어가며 기는 성하여 지는 것이다. 조당(朝堂)에서 태왕(太旺)한 것은, 여러 갈래의 물줄기가 명당(明堂)의 조당(朝堂)에서 함께 모이니 그 기운은 태왕하여지며, 묘에 이르러 쇠(衰)하는 것은, 물이 흘러나가 못가에 이르게 되면 그 세(勢)는 장차 못에서 그치게 되므로 쇠(衰)하게 되는 것이다. 흐름이 사방에서 모여들고 물이 흘러나가는

곳에 양변(兩邊) 사(沙)의 머리가 교아관쇄(交牙關瑣)하면 모두가 갇혀서 나가지 못하게 된다. 그러면 기(氣)는 절멸치 않는다. 물이 갇혀서 가지 못하면 도리어 담기게 될 것이니 기(氣)는 길러지게 되는 것이다. 기(氣)인 물이 순환하면 기(氣)는 살아나며 단절되지 않는 것이다. 모두가 꺾여졌다가 한군데로 모이게 되어서 나가면 곡절(曲折)하여 정축(停畜)코자 하는 것이니 진정 속히 흘러나가고자 하지 않는 것이다. 그윽히 양양(洋洋)하게 나를 돌아보며 흘러가면 그것은 혈을 연모(戀慕)하는 정(情)이 있는 것이다. 그 흘러오는 곳은 모를 정도이고 흘러 나가는 곳은 없다면, 오는 곳은 멀어 근원을 알 수 없을 정도로 깊고 흘러 나가는 곳은 굽어서 보이지 않게 흐르는 것이 된다.

❖ **홍범**(洪法) : 은(殷)나라 말(末) 경에 왕과 기자(箕子)의 문답 가운데 있는 내용으로, 즉 홍법오행(洪法五行)은 일육수(一六水)·이칠화(二七火)·삼팔목(三八木)·사구금(四九金)·오십토(五十土)의 수리(數理)에 따른 오행인데, 후대까지 술사(術士)들이 많이 이 법을 쓰고 있다.

❖ **홍사일**(紅砂日) **황사일**(黃砂日) : 성조(成造)하게 되면, 화재(火災)를 보게 되고, 출행(出行)하면, 병을 얻어 죽게 된다.

- 正, 4, 7, 10월 : 유일(酉日) 홍사일(紅砂日) 오일(午日) 황사일(黃砂日)
- 2, 5, 8, 11월 : 사일(巳日) 홍사일(紅砂日) 인일(寅日) 황사일(黃砂日)
- 3, 6, 9, 12월 : 자일(子日) 홍사일(紅砂日) 축일(丑日) 황사일(黃砂日)

❖ **홍안천운**(鴻雁穿雲) : 기러기가 구름을 뚫고 하늘 높이 치솟아 오르는 형국. 머리를 들고 산봉우리가 우뚝 드높이 솟아올라서 혈은 기러기의 무릎뼈, 혹은 가슴 위에 있고 안산은 구름이다. 혹은 그물이 안산이 되기도 한다.

❖ **효모**(孝帽) : 산의 머리가 한쪽으로 치우치고 어깨가 기울어져서 양쪽을 끌어두른 모양.

❖ **효자사**(孝子砂) : 용진혈적(龍眞穴的)한 곳에 단정수려한 작은 귀인봉(貴人峰)이 간방(艮方)에 있는데 건방(乾方)에 있는 산이 높고 위엄 있는 사격을 배알하듯이 서 있다. 풍신과 효자가 나온다.

❖ **흉사**(凶砂)

- **양자사**(養子砂) : 청룡이 작은 봉을 안으면 양자하게 된다.
- **난양사**(難養砂) : 황천방에 입석(立石)이 이곳저곳에 있으면 자손을 기르기 어렵고 또 황천방에 와우석(臥牛石)이 있으면 소년이 횡사한다.
- **패륜사**(悖倫砂) : 백호가 뾰족하고 비껴 나가 머리가 일그러지면 인륜을 어기는 자손이 나온다.
- **쌍산사**(雙産砂) : 태정방(兌丁方)에 쌍정(雙井)이 쌍류(雙流)하거나 안산에 뿔 같은 봉이 있으면 쌍동아가 태어난다. 또, 간인(艮寅)·인갑(寅甲)·미신(未申)·술해룡(戌亥龍)이 쌍행(雙行)으로 나간 위에 혈이 있으면 쌍태(雙胎)한다.
- **산사사**(産死砂) : 곤방(坤方)의 바람이 간방(艮方)으로 들어오면 산망사(産亡死)한다.
- **익수사**(溺水砂) : 자오방(子午方)이 공결(空缺)하고 수구에 흐르는 시체 같은 것이 있으면 자손이 익사한다.
- **병사사**(兵死砂) : 경유신방(庚酉申方)에 칼 같은 사(砂)가 있어 혈을 충(冲)하면 전쟁터에서 사망한다.
- **객사사**(客死砂) : 수구에 유시사(流尸砂)나 관사(棺砂)가 있으면 객사한다. 또, 청룡 끝이 끊어지고 청룡(靑龍) 위에 뾰족한 봉이 있어도 객사한다.
- **도배사**(徒配砂) : 수구에 뒤집혀 가는 사가 있으면 귀양살이를 하고, 백호 끝이 갈라지면 참수형(斬首刑)을 당한다. 또 용호(龍虎)의 허리가 끊어지면 형장사(刑杖死)한다.
- **환관사**(宦官砂) : 녹존과 파군방에 흉암흉사(凶岩凶砂)가 있으면 고자가 나온다.
- **결항사**(結項砂) : 백호에 줄(線) 같은 것이 횡으로 돌려 혈 머리를 안고 을진수(乙辰水)가 상교(相交)하면 식구 중에 목을 메는 사람이 생긴다. 또, 을진방(乙辰方)에 교로(交路)가 있어도 결항의 액이 생기며, 손사방(巽巳方)에 뱀처럼 생긴 사가 있어도 결항한다.
- **배곡사**(背曲砂) : 주맥에 곡척(曲尺)이 있으면 곱사등이가 생긴다.
- **안맹사**(眼盲砂) : 명당에 나성(羅星)이 길게 굽어 있으면 소경이 생긴다. 또, 안산이 혈을 핍박해도 안맹자가 나오며, 손방(巽方)에 장곡(長谷), 백호방에 괴암이 있어도 안맹자가 나온다. 또한 손사방(巽巳方)에 규산이나 악석(惡石)이 있으면 애

ㅎ

꾸눈이 나온다.

- **백발사**(白髮砂) : 주산 뒤에 규봉이 보이면 소년백발이 생긴다.
- **화재사**(火災砂) : 사오방(巳午方)이 공허하거나, 또는 화성(火星)이 높아 혈을 누르면 화재로 사망한다.
- **건족사**(蹇足砂) : 을진방(乙辰方)의 물이 들어오고 을진방(乙辰方)에 흉암(凶岩)이 있으며 청룡에 다리를 베는 물이 있으면 절름발이가 생긴다. 또, 용호가 절단되어도 다리가 끊기는 일이 일어난다.
- **호교사**(虎咬砂) : 인방(寅方)에 복호암(伏虎岩)이 있으면 호환(虎患)이 생긴다.
- **사교사**(蛇咬砂) : 사방(巳方)에서 나오는 물이 계방(癸方)으로 나가면 뱀에게 물린다.
- **이롱사**(耳聾砂) : 주산에 건술풍(乾戌風)이 불어오면 귀머거리가 생긴다.
- **어눌사**(語訥砂) : 오미정방(午未丁方)이 공허하고 진손수(辰巽水)가 상련(相連)하면 말더듬이가 생긴다.
- **두풍사**(頭風砂) : 술건방(戌乾方)이 공허하여 혈에 바람이 들어오면 두풍이 생긴다.
- **풍창사**(風瘡砂) : 건방(乾方)에 저두석(猪頭石)이 있고 을진방(乙辰方)이 공허하여 10리의 들이 넘겨다보이면 풍창이 생긴다.
- **흉통고질사**(胸痛痼疾砂) : 미곤신방(未坤申方)이 공허하여 바닷물이 넘겨다보이면 가슴앓이가 생긴다.
- **도견사**(屠犬砂) : 안사에 도사(刀砂)가 교차되거나 혹은 안산의 허리가 끊기거나 무너지면 개잡는 사람이 나온다.
- **귀숭사**(鬼祟砂) : 인갑방(寅甲方) 골짜기의 물이 빠져 나갈 곳이 없으면 집안에 귀신이 장난친다. 또 인갑방에서 곡수(谷水)가 나와도 귀수가 침노한다.
- **우음사**(愚音砂) : 인묘방(寅卯方)에 험한 돌이 있으면 말더듬이가 나온다.
- **무사**(巫砂) : 오인방(午寅方)의 물이 유방(酉方)으로 흘러가면 무당이 나온다.
- **반적사**(叛賊砂) : 계축신방(癸丑申方)에 적기사(賊旗砂)가 있으면 반란자가 나온다.
- **적인사**(賊人砂) : 계축미신방(癸丑未申方)에 도기(盜氣)가 있거나 백호방의 규봉이 내당(內堂)을 넘겨다보면 도적이 나온다.
- **노복사**(奴僕砂) : 자오방(子午方)이 공허하고 주산이 낮고 안산이 높으면 노복이 나온다.
- **망신사**(亡身砂) : 백호가 역수와 상응하여 혈면을 등지고 있으면 망신사라 하는데, 가장이 노중객사(路中客死)하고 집에는 과부의 곡성(哭聲)이 들린다.
- **과부사**(寡婦砂) : 곤방(坤方)에 노인암(老人岩)이 있으면 과부가 생기거나 걸식하고, 경유방(庚酉方)이 공허하면 공방(空房)에서 탄식한다.
- **쌍장사**(雙長砂) : 주산이 단축하고 수구(水口)에 있는 독봉(獨峰)이 겨우 2~3척이 보이면 한 집에 두 호주가 생긴다.
- **음녀사**(淫女砂) : 수구에 있는 산이 계란모양 같으면 여자가 음란하고, 침망산(枕望山)이 안산 밖에서 명당을 넘겨다보아도 역시 음탕하며, 간해방(艮亥方)의 산이 안산 너머로 엿보면 남녀가 호색한다.
- **간부사**(奸夫砂) : 백호가 작은 산을 안으면 부녀자에게 간부가 생기고, 백호방에 양족사(兩足砂)가 있으면 한 이불 속에 두 간부가 생기며, 백호봉의 머리를 청룡이 충사(冲砂)하면 추부(醜婦)가 야간도주하고, 백호가 단독으로 원장(遠長)하면 부인이 본부(本夫)를 버리고 달아난다. 또, 백호 안에 객사(客砂)가 있으면 부녀자가 간부와 놀아난다.
- **음부사**(淫婦砂) : 천간방이 측방에 있고 안산에 경대(鏡臺)가 있으며 백호 안에 장사(長砂)가 독주(獨走)하면 부녀자가 음행을 범하고, 명당 밖에 백호, 측면에 산봉이 있으면 백주에 음행한다.
- **창녀사**(娼女砂) : 진술방(辰戌方)의 산이 버티어 서 있고 오인방(午寅方)에 사가 있으며 물이 유방(酉方)으로 흐르면 창녀가 나오며, 목욕좌에 목욕수를 띠면 화류계(花柳界)가 나온다.
- 어대사(魚袋砂)가 감계(坎癸)에 있거나 사묘위(四墓位)에 있으면 횡시견(橫屍見)이라 하는데 객사한다.
- 팔괘방(八卦方)이 요함(凹陷)하면 팔문결(八門缺)이라 하여 흉하다. 감(坎)은 노사(路死)나 수재내란(水災內亂)이 있고, 간

(艮)은 귀매호상(鬼魅虎傷)이 있고, 진(震)은 노비능주(奴婢凌主)하고, 손(巽)은 송옥사(訟獄事)가 있고, 이(離)는 화재병망(火災兵亡)이 있고, 곤(坤)은 절호주(絶戶主)하고, 태(兌)는 산사도상(產死刀傷)하고, 건(乾)은 거향퇴산(去鄕退產)한다.

- 진술축미방(辰戌丑未方)이 결함이면 사금요(四金凹)라 하는데 주로 관(棺)이 뒤집힌다.
- 태궁(兌宮)이 결함이면 양관함(陽關陷)이라 하는데 병사(兵死)한다.
- 진술고압(辰戌高壓)이면 괴강웅(魁罡雄)이라 하는데 도적이 나온다.
- 병오정(丙午丁)의 삼위(三位)가 모두 저함(低陷)하면 삼화저(三火低)라 하는데 불귀(不貴)하다.
- 건곤간손(乾坤艮巽)의 사(砂)에 돌점이 있으면 사신박(四神剝)이라 하는데 흉패(凶敗)한다.
- 간진감(艮震坎)의 삼위가 요결(凹缺)하면 자궁허(子宮虛)라 하는데 인정(人丁)이 불왕(不旺)하다.
- 손신(巽辛)이 함(陷)하면 문성저(文星低)라 하는데, 귀이불록(貴而不祿)이다.
- 건궁(乾宮)이 요(凹)하면 천주절(天柱折)이라 하는데 요망(夭亡)한다.
- 정산(丁山)이 저함(低陷)하면 수산경(壽山傾)이라 하는데 단명한다.
- 진술(辰戌)에 기산(旗山)이 있으면 적기현(賊旗現)이라 하는데 대도(大盜)가 나온다.
- 진술축미(辰戌丑未)의 사고산(四庫山)이 기울어지거나 파쇄(破碎)되면 창고도(倉庫倒)라 하는데 궁핍하다.
- 간산(艮山)이 산란(散亂)하면 재백산(財帛散)이라 하는데 빈궁하다.

❖ **화개**(華蓋) : 품자(品字)로 된 삼태봉(三台峰)을 말함.

❖ **화개삼태사**(華蓋三台射) : 3개의 봉우리가 청아하고 단정하게 생긴 귀사로서 조안(朝案)을 비추거나 길방에서 조안하면 삼형제가 등과한다.

❖ **화국룡수배합향론**(火局龍水配合向論) : 병(丙)은 양(陽)이니 부(夫)요, 을(乙)은 음(陰)이니 부(婦)이다. 병(丙)은 수(水)를 보며 순행하고, 을(乙)은 용(龍)을 보며 역행한다. 용(龍)의 생(生)이 수(水)의 왕(旺)이 되고, 수(水)의 왕(旺)이 용(龍)의 생(生)이 된다. 병룡(丙龍)이나 오룡(午龍)으로 입수되면 이것은 생룡(生龍)이 된다. 향(向)으로는 간향(艮向)이나 인향(寅向)을 하게 되면 생향(生向)이 된다. 간룡(艮龍)이나 인룡(寅龍)으로 입수가 되면 왕룡(旺龍)이 되니 향(向)으로는 병(丙)이나 오(午)의 왕향(旺向)을 해야 한다. 용(龍)을 보고 향(向)을 정하고, 용수(龍水)가 배합하는 것이니 부부(夫婦)가 배합된 것과 마찬가지이다. 그러므로 원관통규(元關通竅)하였고 만국생왕(滿局生旺)하였다. 원관통규(元關通竅)란 원(元)은 향(向)이요, 관(關)은 용(龍)이며, 규(竅)는 수구(水口)이다. 향(向)의 생왕(生旺)과 용(龍)의 생왕(生旺)과 수(水)의 생왕(生旺)이 함께 모여 묘고(墓庫)로 돌아나가면 통규(通竅)하였다고 한다. 이것은 음양(陰陽)의 대도(大道)이므로 안쪽인 용(龍)과 바깥쪽인 향(向)이, 수구(水口)가 묘고(墓庫)에 함께 돌아나가면 부귀가 면면(綿綿)하여 그치지 않게 된다.

① **旺去迎生正生向圖** : 왕방에서 오고 생방을 지나는 정생향

- **곤좌간향신좌인향**(坤坐艮向申坐寅向) : 오른쪽의 물이 왼쪽으로 흐른다. 오른쪽의 병오방(丙午方)의 제왕수(帝旺水)와 손사방(巽巳方)의 임관수(臨官水)와 을진방(乙辰方)의 관대수(冠帶水)가 향(向) 앞의 장생수(長生水)와 아울러 함께 신술방(辛戌方)의 정고(正庫)로 나가니 정생향(正生向)이 된다. 부자(父子)와 손(孫)이 자리를 함께 하는 것과 같으니 삼합(三合)이 연주(連珠)하면 귀(貴)함이 값을 칠 수 없을 정도로 중하다 하였다. 인정(人丁)이 대왕(大王)하고 부귀하여 부부가 함께 늙으면 복록이 광대해진다.

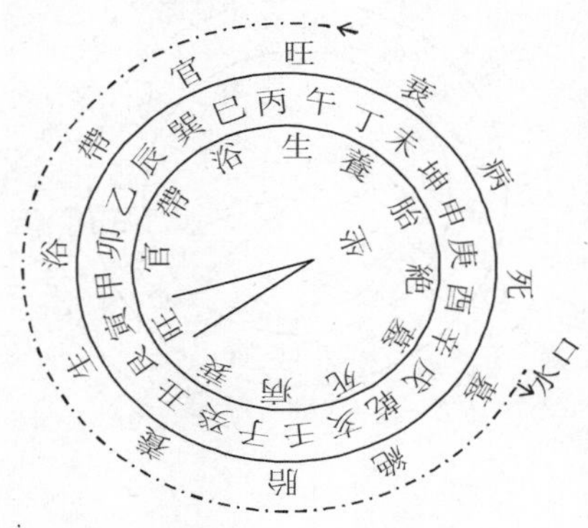

② **生來會旺正旺向圖** : 생방에서 와서 왕방에 모여 지나감

- **임좌병향 자좌오향**(壬坐丙向 子坐午向) : 왼쪽의 물이 오른쪽으로 흐른다. 국내(局內) 안쪽의 왼쪽 간인방(艮寅方)의 장생수(長生水)와 을진방(乙辰方)의 관대수(冠帶水)와 손사방(巽巳方)의 임관수(臨官水)가 향(向)의 제왕수(帝旺水)와 합해 신술(辛戌)의 정고(正庫)로 나가니 정왕향(正旺向)이 된다. 부와 귀를 누리고 인정(人丁)이 왕(旺)한다.

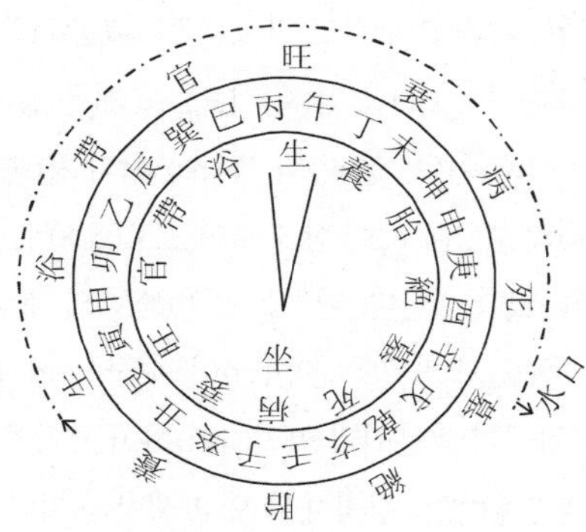

③ **兩水合出正墓向圖** : 양수가 합하는 정묘향

- **을좌신향 진좌술향**(乙坐辛向 辰坐戌向) : 왼쪽의 물이 오른쪽으로 흐른다. 국(局)의 안쪽에 있는 왼쪽 손사방(巽巳方)의 임관수(臨官水)와 병오방(丙午方)의 제왕수(帝旺水)와 정미방(丁未方)의 거문수(巨門水)와 함께 오른쪽의 간인 장생방수(艮寅長生方水)가 건해(乾亥)의 절방(絶方)에서 합쳐져서 나가면 정묘향(正墓向)이다.

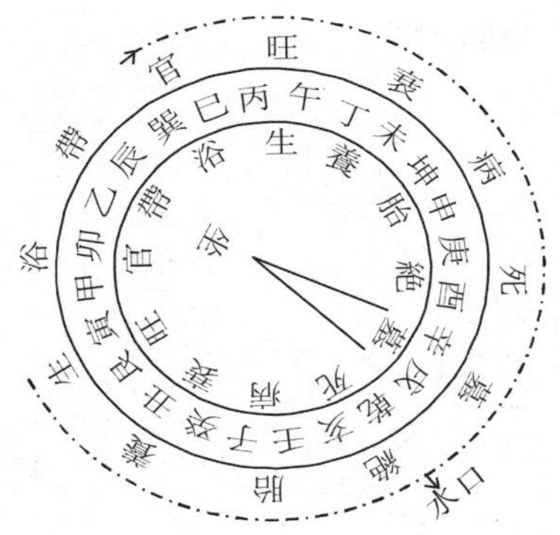

④ **貴人祿馬上御街正墓向圖** : 귀인록마가 어가에 오르는 정양향

- **정좌계향 미좌축향**(丁坐癸向 未坐丑向) : 오른쪽의 물이 왼쪽으로 흐른다. 병오방(丙午方)의 제왕수(帝旺水)와 손사방(巽巳方)의 임관수(臨官水)와 을진방(乙辰方)의 관대수(冠帶水)와 간인방(艮寅方)의 장생수(長生水)가 아울러 향(向) 앞의 계축방 양수(癸丑方 養水)와 함께 건해(乾亥)의 절방(絶方)으로 나가면 소신(小神)이 중신(中神)으로 흘러들고 중신(中神)이 대신(大神)으로 흘러들어가는 정양향(正養向)이다.

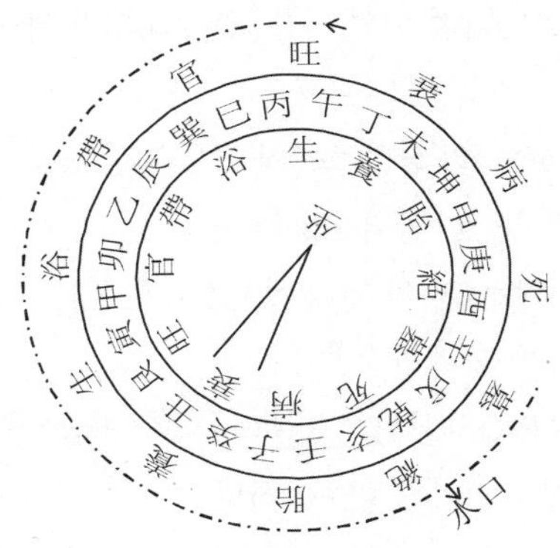

⑤ **借庫消水自生向圖** : 고를 빌려 소수하는 자생향

- **손좌건향 사좌해향**(巽坐乾向 巳坐亥向) : 오른쪽 물이 왼쪽으로 흐른다. 향상(向上)의 오른쪽 갑묘방(甲卯方)의 제왕수(帝旺水)와 간인방(艮寅方)의 임관수(臨官水)와 계축방(癸丑方)의 관대수(冠帶水)와 임방(壬方)의 자미귀인수(紫微貴人水)와 아울러 향상(向上)의 장생수(長生水)가 본국(本局)의 고(庫)인 신술(辛戌)을 빌려서 물이 나가니 자생(自生)의 장생향(長生向)이며 향상의 양위(養位)를 충파(沖波)한다고 논하지 않는다.

⑥ **借庫消水自旺向圖** : 차고하여 소수하는 자왕향

• **갑좌경향 묘좌유향**(甲坐庚向 卯坐酉向) : 왼쪽 물이 오른쪽으로 흐른다. 향상(向上)의 왼쪽인 손사방(巽巳方)의 장생수(長生水)와 병오방(丙午方)의 귀인수(貴人水)와 정미방(丁未方)의 관대수(冠帶水)와 곤신방(坤申方)의 임관수(臨官水)와 아울러 본위(本位)인 향(向) 앞의 제왕수(帝旺水)가 함께 신술(辛戌)의 쇠방(衰方)으로 나간다면 경유(庚酉)의 본위(本位)인 사(死)가 변화하여 왕(旺)이 되니 자왕향(自旺向)이 되는 것이다. 이상 여섯 개의 그림은 모두 12개의 향(向)으로 양공(楊公)의 구빈수법(救貧水法)에 합당하니 14진신(進神)이다. 원관통규(元關通竅)하니 만국생왕(滿局生旺)이다. 용(龍)과 수(水)가 배합된 법수이며, 상격룡(上格龍)은 부귀극품(富貴極品)하고, 중격룡(中格龍)은 소부소귀(小富小貴)하고, 하격룡(下格龍)은 의복성상(醫卜星霜)한다.

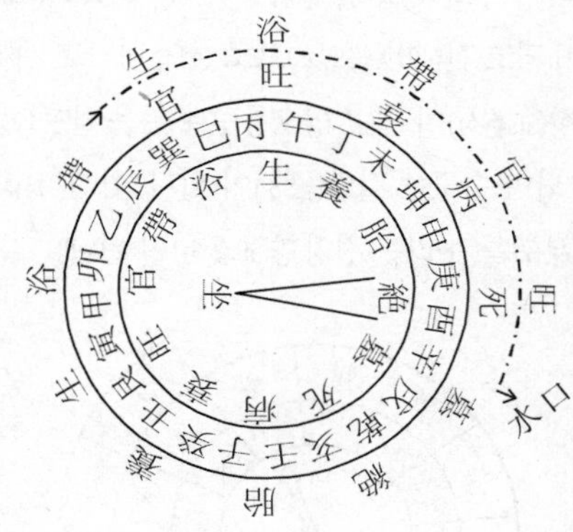

⑦ **不發之向** : 발달치 못하는 향

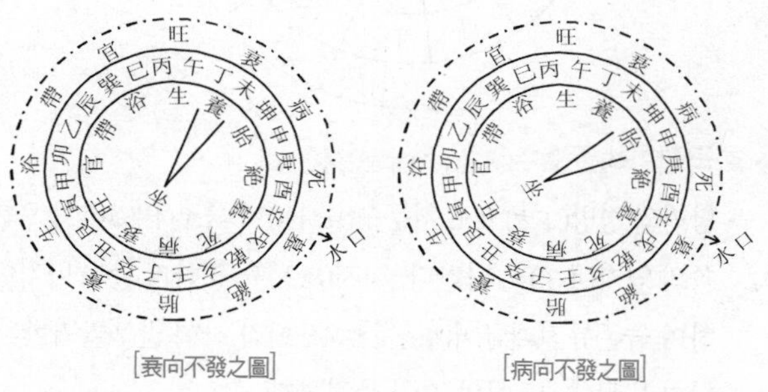

[衰向不發之圖] [病向不發之圖]

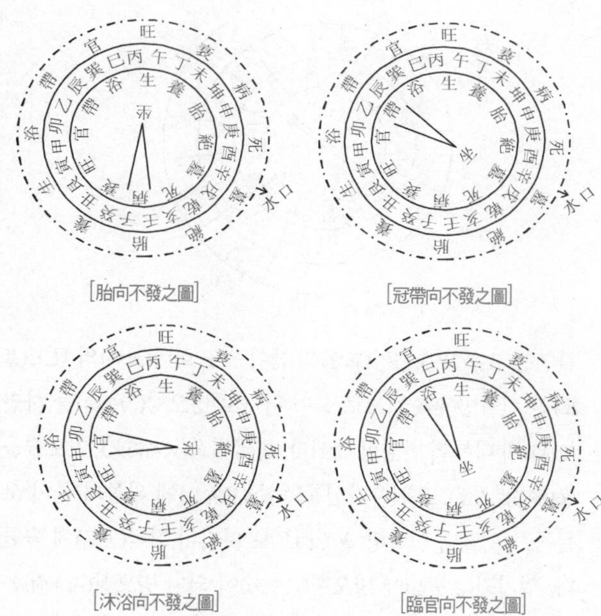

[胎向不發之圖] [冠帶向不發之圖]

[沐浴向不發之圖] [臨官向不發之圖]

이상 화국(火局) 12향은 모두 생왕묘양향(生旺墓養向)인 양공(楊公)의 구빈수법(救貧水法)에 합하지 않는다. 모두 향상(向上)으로 10퇴신(退神)이며 패절하게 된다. 용(龍)과 물이 통하지 않고 수구가 통하지 않으니 살(殺)이 되어 향(向)을 할 수 없다.

❖ **화국룡수생왕4혈**(火局龍水生旺四穴) : 병오룡(丙午龍)에 간인향(艮寅向)을 하고 물이 신술방(辛戌方)으로 나가고, 육수방(六秀方)에 손사방(巽巳方)의 문필봉(文筆峰)이 솟으면 청운의 꿈을 얻게 된다. 화국병화(火局丙火), 인오술을룡(寅午戌乙龍), 오인술병오룡(午寅戌丙午龍)에 오른쪽의 물이 왼쪽으로 흘러 신술방(辛戌方)으로 나가니 화국(火局)에 속한다. 곤신좌(坤申坐)에 간인향(艮寅向)이 되니 간인향(艮寅向)은 화국(火局)의 생향(生向)이요 병오룡(丙午龍)은 을룡(乙龍)의 생룡(生龍)이 된다. 즉 생룡(生龍)에 생향(生向)이 되며 손방(巽方)은 육수(六秀)의 한 방(方)이며 화국(火局)의 임관방(臨官方)이기도 하다. 이곳에 문필봉(文筆峰)이 솟았다면 금상첨화이니 청운의 꿈을 이룰 수 있는 왕거영생(旺去迎生)하는 정생향(正生向)이 된다.

간인룡(艮寅龍)에 손방(巽方)의 산이 솟고 화국(火局)의 묘고(墓庫)인 신술방(辛戌方)으로 물이 나가고 병오향(丙午向)을 하면 녹(祿)이 다투어 번영할 것이다. 화국병화(火局丙火), 인오술을룡(寅午戌乙龍), 오인술간인룡(午寅戌艮寅龍)에 왼쪽의 물이 오른쪽으로 흘러 신술방(辛戌方)으로 나가니 화국(火局)에 속한다. 임자좌(壬子坐)에 병오향(丙午向)이 되니 병오향(丙午向)은 화국(火局)의 왕향(旺向)이 된다. 간인(艮寅)의 생방수(生方水)가 병오향(丙午向)의 제왕수(帝旺水)와 모여 화국(火局)의 묘고(墓庫)로 나가니 생래회왕(生來會旺)하는 정왕향(正旺向)이 된다.

묘가 화국(火局)의 묘고(墓庫)인 신술향(辛戌向)을 만나고 을룡(乙龍)의 대방(帶方)도 되는 관대룡(冠帶龍)이 되며, 물이 결하여 향(向)이 되고 있는 묘방(墓方)을 지나 건해방(乾亥方)으로 흘러 나가면 복과 수가 같이 증진될 것이다. 화국병화(火局丙火), 인오술을룡(寅午戌乙龍), 오인술을진룡(午寅戌乙辰龍)에 왼쪽의 물이 오른쪽으로 흘러 건해방(乾亥方)으로 나가니 화국(火局)에 속한다. 을진좌(乙辰坐)에 신술향(辛戌向)이 되니 화국(火局)의 묘향(墓向)이 된다. 왼쪽의 왕방수(旺方水)가 향(向)이 되는 묘방(墓方)을 지나 오른쪽의 간인생방수(艮寅生方水)와 합하여 건해절방(乾亥絶方)으로 나가니 신입건궁백만장(辛入乾宮百萬庄)의 정묘향(正墓向)이 된다.

병오룡 정미좌(丙午龍 丁未坐)에 계축향(癸丑向)을 하고 건해문(乾亥門)으로 물이 나가게 되면 부와 귀와 녹을 크게 누릴 것이다. 화국병화(火局丙火), 인오술을룡(寅午戌乙龍), 오인술병오룡(午寅戌丙午龍)에 오른쪽의 물이 왼쪽으로 흘러 건해절방(乾亥絶方)으로 나가니 화국(火局)에 속한다. 정미좌(丁未坐)에 계축향(癸丑向)이 되고 건해방(乾亥方)으로 물이 나가면 계축향(癸丑向)은 정양향(正養向)이 되고 병오룡(丙午龍)은 을룡(乙龍)에 생룡(生龍)이 되며 수구는 절방(絶方)이 되니, 삼절녹마격(三絶祿馬格)으로 부귀를 누리는 정양향(正養向)이 된다.

❖ 화국쇄향녹존소수(火局衰向祿存消水)

- 당면의 정방(丁方)으로 거문수(巨門水)가 특조(特照)하여 오른쪽의 임자(壬子)로 나간다. 지지(地支)를 충하지 말고 나가야 하며 녹존류진패금어(祿存流盡佩金魚)라 하며 발부발귀한다. 나머지 국(局)도 이와 같이 추정한다.
- 신술향(辛戌向)을 하고 신수(辛水)가 특조하여 갑방(甲方)으로 나간다.

- 계축향(癸丑向)을 하고 계수(癸水)가 특조하여 병방(丙方)으로 나간다.
- 을진향(乙辰向)을 하고 을수(乙水)가 특조하여 경방(庚方)으로 나간다. 만약 지지(地支)를 충범하면 패절하며 용혈(龍穴)이 참되지 못하면 함부로 이향을 정하지 못한다.

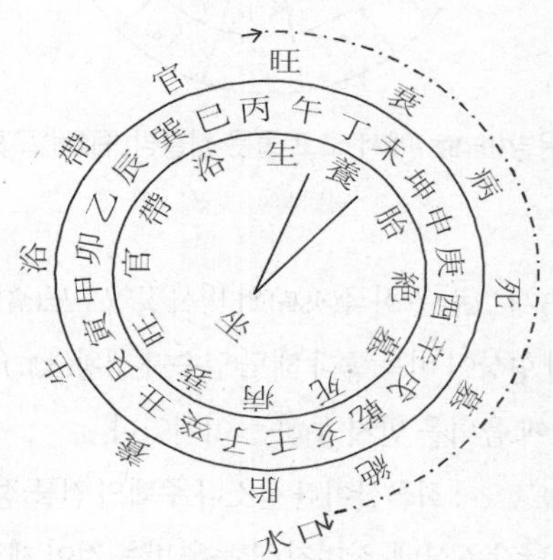

❖ **화국을룡생왕사절도**(火局乙龍生旺死絶圖 : 乙丙交而趨戌) : 산지에서 정혈을 함에 있어 취기(聚氣) 결혈처에 이르면 나경의 외반으로 수구를 먼저 본다. 만약 신술(辛戌), 건해(乾亥), 임자(壬子)의 여섯 글자상으로 수구가 되었다면 화국(火局)임을 알아야 하고 술파거수(戌破去水)에는 을병교이추술(乙丙交而趨戌)이란 수법의 원칙이 있으니 을포태(乙胞胎)와 병포태(丙胞胎)의 활용법을 알아야 할 것이다. 다음으로 나경내반(羅經內盤)을 써서 격룡을 하면 을포태(乙胞胎)의 장생(長生)이 병오(丙午)에 있으니 입수와 혈이 병오(丙午)라면 생입수생혈(生入首生穴)이고, 입수와 혈이 간인(艮寅)이라면 왕입수왕혈(旺入首旺穴)이고, 입수와 혈이 을진(乙辰)이라면 관대입수관대혈(冠帶入首冠帶穴)이요, 입수와 혈이 갑묘(甲卯)라면 임관입수임관혈(臨官入首臨官穴)이 되는 것이니, 이는 모두 이기상으로 생왕(生旺)이나 대관(帶官)의 좋은 입수와 혈을 얻는 것이다. 그리하여 다음으로 용의 형상적으로 생왕청진(生旺淸眞)하였다면 큰 음덕을 받을 것이다. 만약 임자(壬子)의 두 글자상으로 입수와 혈이 되었다면 병입수병혈(病入首病穴)이고, 건해(乾亥)로 입수와 혈이 되었다면 사입수사혈(死入首死穴)이고, 경유(庚酉)로 입수와 혈이 되었다면 절입수절혈(絶入首絶穴)이 되는 것이니, 이상의 6개 글자는 이기상으로 사절병(死絶病)을 범한 입수와 혈이니 형상적으로 그 용이 비록 생왕청진(生旺淸眞)하였다 해도 음덕을 받을 수 없다는 이치이다.

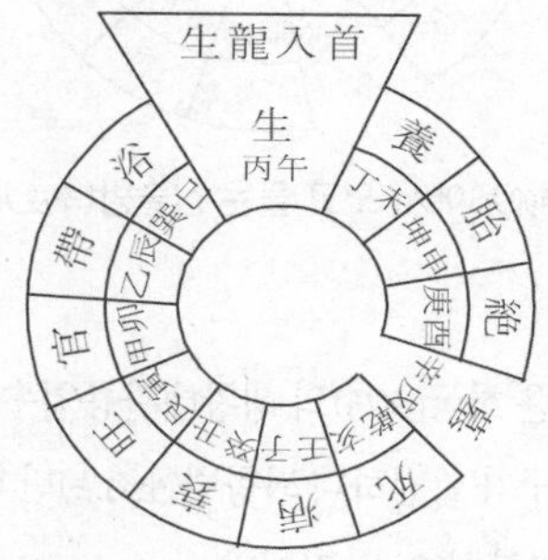

용은 병오방(丙午方)에서 오고 물은 신술방(辛戌方)으로 나간다.

[火局生龍入首圖]

용은 간인방(艮寅方)에서 오고 물은 신술방(辛戌方)으로 나간다.

[火局旺龍入首圖]

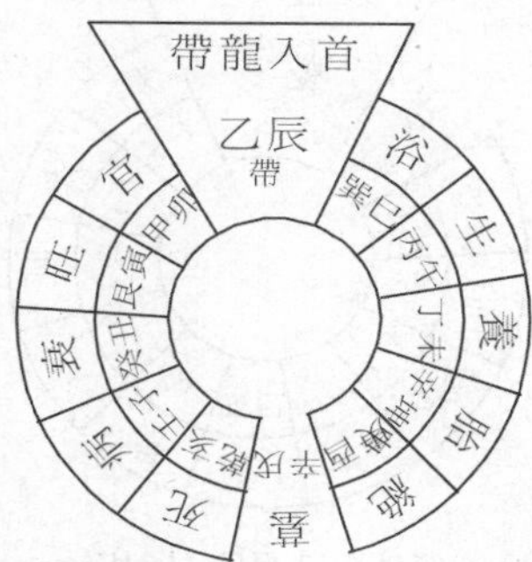

용은 을진방(乙辰方)에서 오고 물은 신술방(辛戌方)으로 나간다.

[火局帶龍入首圖]

용은 갑묘방(甲卯方)에서 오고 물은 신술방(辛戌方)으로 나간다.

[火局官龍入首圖]

이상 4개의 그림은 화국(火局)의 생왕대관룡입수도(生旺帶官龍入首圖)이다. 용과 수구가 합법하니 좌향법(坐向法)만 합법하다면 그 명당에 상응되는 발복이 있을 것이다.

용은 임자방(壬子方)에서 오고 물은 신술방(辛戌方)으로 나간다.

[火局病龍入首圖]

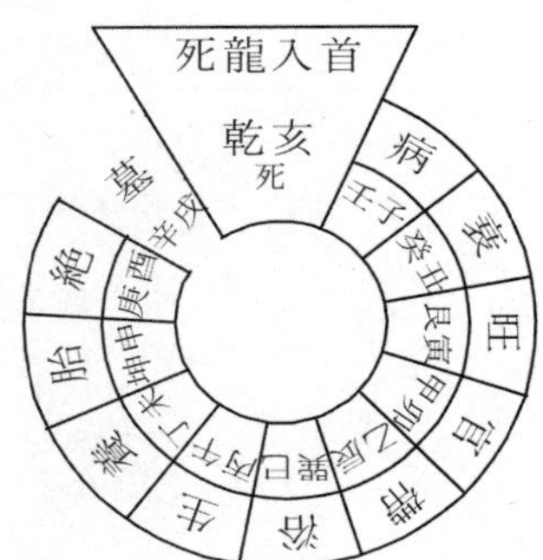

용은 건해방(乾亥方)에서 오고 물은 신술방(辛戌方)으로 나간다.

[火局死龍入首圖]

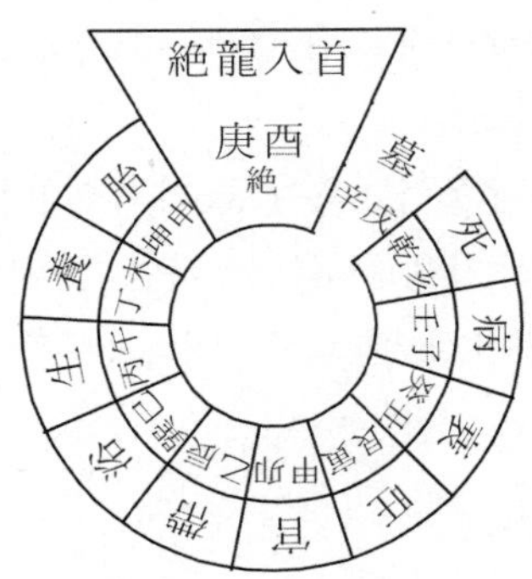

용은 경유방(庚酉方)에서 오고 물은 신술방(辛戌方)으로 나간다.

[火局生龍入首圖]

이상의 3개 그림은 화국(火局)의 병사절입수도(病死絶入首圖)이다. 용의 형상이 비록 좋다 해도 입수가 생왕(生旺)을 얻지 못했기 때문에 음덕을 받지 못하는 이치이다.

❖ **화금살**(火金殺) : 화금살이란 산소나 주택의 건물 정면에 도로나 계곡, 칼날같은 산맥, 잘려진 산 등을 받는 것이 제일 나쁘고, 다음이 옆면과 뒷면이다. 또한 화금살은 네거리 모퉁이 건물이 제일 많이 받고 있는데 자동차가 달릴 때 일어나는 바람이 주범이다. 이러한 곳은 재패, 관재, 구설, 교통사고 등이 많이 일어난다.

❖ **화기오행**(化氣五行)

① **天干合化 五行** : 甲己=土, 乙庚=金, 丙辛=水, 丁壬=木, 戊癸=火

② **地支六合 五行** : 子丑=土, 寅亥=木, 卯戌=火, 辰酉=金, 巳申=水, 午未=火土

③ **干支三合 五行** : 亥卯未 · 乾甲丁=木, 寅午戌 · 艮丙辛=火, 巳酉丑 · 巽庚癸=金, 申子辰 · 坤壬乙=水.

위 3합은 가장 많이 쓰이는 것으로 각 오행의 생(生), 왕(旺), 묘(墓), 지(地)가 합하여 강력한 국을 이루게 된 것이다. 이에서 꼭 3자가 다 모여야 3합국이 되는 것이나 이 중에서 어떤 한 자가 빠지고 두 자만 모여도 반합이라 하여 합이 되는 것임에 주의하여야 한다.

❖ **화리수**(花羅水) : 해향(亥向)에 사병수(巳丙水), 간병향(艮丙向)에 경수(庚水), 손향(巽向)에 정수(丁水), 유정향(酉丁向)에 신수(辛水), 경향(庚向)에 간병수(艮丙水), 묘향(卯向)에 병수(丙水), 오향(午向)에 을수(乙水), 곤향(坤向)에 임수(壬水)를 화리수라 한다.

화라수 역시 귀한 물이다.

❖ **화렴**(火廉)**과 풍렴**(風廉)

① 화렴은 백골이 흡사 불에 탄듯하고, 풍렴은 무덤 속에 바람이 들어 유골이 까맣게 변하는 현상이다. 둘 다 확인이 되면 이장을 서둘러야 한다. 원인을 들자면 묘자리가 돌밭이거나 선익이 허전하면 화렴이 들고, 묘 좌우가 어느 한쪽의 산세가 끊어지거나 끊어졌을 경우 풍렴이 생긴다.

② 혈지 광 중에 바람이 들어가 체백(體魄)이 까맣게 그슬려 퍼석퍼석한 것을 화렴이라 한다. 이와 같은 화렴은 혈장의 사방이 골짜기거나 팔요풍(八曜風 나경 1층)이 혈장을 직사하면 광 중에서 발염하여 화렴이 되며 또는 규봉(窺峰)이 인오술방(寅午戌方)에서 혈장을 비추면 역시 화렴이 든다. 광 중에 화렴이 들면 체백이 까맣게 그을리고 살상(殺傷)과 형옥(刑獄)이 우려되며 특히 질환자가 나오게 된다.

③ 화렴은 땅 위의 뒤가 단단한 반면 앞 부분이 무른 경우에 일어난다. 시체의 일부 또는 사체가 불에 탄 것처럼 되어 있는 현상이다. 부분적으로는 가슴, 팔, 다리 등의 살 부분은 물론 수의가 부분적으로 타 있고 일부는 그대로 남아 있는 경우도 있다.

❖ **화령양타**(火鈴羊陀) : 화성(火星)·영성(鈴星)·경양(擎羊)·타라(陀羅)의 4살(四殺)을 합칭해서 줄인 말.

❖ **화류수등**(樺榴垂鐙) : 말을 탈 때 발을 올려놓는 체구의 형국. 혈은 발을 올려놓는 곳에 있고, 안산은 채찍이다.

❖ **화렴**(火濂)**이 드는 곳은 이러하다** : 흙이 무기력하여 푸석푸석하거나 모래와 자갈 등이 많은 땅을 말한다. 흙과 흙 사이의 틈 즉 공극이 커서 그 사이로 바람의 왕래가 빈번하다. 광중(壙中)에 바람이 들어가면 유골이 타서 까맣게 그슬리고 뼈가 퍼석퍼석하게 삭아 없어진다. 이것을 화렴(火濂)이라고 한다. 화렴이 들면 재산을 잃고 관재(官災)와 살상(殺傷)과 형옥(刑獄)이 끊임없이 일어난다. 또 원인 모를 정신질환자가 종종 나온다. 집의 경우 빈번한 화재가 일어난다. 이와 같은 화렴은 혈장 주변이 골이 지거나 청룡과 백호 안산의 능선 한쪽이 요함(凹陷)하여 팔요풍이 혈을 직충(直沖)하는 곳에 든다. 또 삼합오행으로 화인 인오술(寅午戌) 방향에 불꽃같은 규산(窺山)이 혈을 엿보면 화렴이 든다고 한다.

❖ **화명칠살**(化命七殺) : 음택에 이 날을 범하여 장사를 지내면 사람이 사망한다는 흉살.

金亡命 : 乙未 乙酉 丙午 丁巳日

火亡命 : 庚申 壬戌 癸亥日

木亡命 : 甲寅 庚申 辛酉日

土亡命 : 壬寅 甲寅 癸卯日

水亡命 : 己酉 己丑 己未日

이상은 망인의 납음오행으로 기준한다.

❖ **화복론**(禍福論) **명언구절**(明言句節)

- 청룡과 백호의 능선이 돌로서 톱날 같으면 장님이 많이 난다(또 관재구설로 인하여 재패(財敗)와 인패(人敗) 등의 화를 급히 당하게 된다).
- 혈장이 기룡(騎龍)으로서 설기(泄氣)되면 자손이 나서 빈한을 면치 못하고 걸인도 많이 나게 된다.
- 청룡 허리에 사태가 나면 좌우 다리에 절름발이의 병신이 날 수 있다(또 남자들의 음란 일이 많이 나고 각종의 불구자가 나게 된다).
- 백호의 용이 크게 둘러 작국(作局)되면 복록(福祿)이 스스로 오게 된다(백호작국(白虎作局)으로 결혈(結穴)되면 부(富)의 혈장이 많고 외손발복(外孫發福)으로도 보는 것이다).
- 안산(案山) 규봉(窺峯)이 미형사(眉形砂)이면 재물을 잃어버리는 일이 가히 두렵다(규봉(窺峯)이 미사(眉砂)이면 도적맞고 화형사(火形砂)는 화재나고 귀봉사(貴峯砂)는 관재구화이다).
- 험한 용의 경사가 급한 곳이라면 도둑을 만나 패가한다(정신질환자가 나고 관재로 하루 아침에 파산하게 된다).

- 주산봉(主山峯)이 아름답게 둥글면 복록(福祿)을 겸하고 장수한다(큰 인물이 많이 나고 관직에 나가 세도하게 된다).
- 혈장이 강하고 작국(作局)이 분명하면 부귀(富貴)가 운수(運數) 가운데 나타난다(부판(富坂)이 강한 것은 귀(貴)와 속발(速發)로 보는 것이니 부귀속발(富貴速發)하게 된다).
- 내룡정상(來龍頂上)에서 샘물이 나면 자손에게 중풍병이 들고 묘 머리 위에서 샘물이 나면 과부가 난다(기형아의 출산도 많다).
- 당판(當坂) 밑에 샘물이 있으면 물에 빠져 죽고 백호 밑에 천정(泉井)이 있으면 여자가 음란하다.
- 곧은 골짜기에 샘물이 보이면 도둑놈이 나고 선익(蟬翼) 밑에 샘물이 나면 안질병이 연속한다(재패(財敗), 인패(人敗), 병패(病敗)가 많이 나게 된다).
- 덕수지점(德水地點)에 샘물이 보이면 성현(聖賢)이 나고 전순(氈脣) 밑에 샘물이 보이면 부귀(富貴)가 크게 발복(發福)한다.
- 패가 절손하는 것은 묘의 광중에서 샘물이 나는 것이고 질병이 많이 나는 것은 광중(壙中)에 물이 들어가는 것이다(광중(壙中)에 무른 재패(財敗), 인패(人敗), 병패(病敗)로 보는 것이다).
- 혈장 앞에 암석에서 샘물이 나는 것은 부귀(富貴)가 큰 것이고 혈 뒤 암석에서 샘물이 나면 쌍둥이를 출산한다.
- 집 앞에 솟는 샘물이 있으면 남자가 적게 나고 좌우에 깊은 연못이 있으면 주로 무후(無後)한다(또 자손이 모두에 내장 질환이 초년에 많이 생긴다).
- 묘지 앞에 물이 황색나는 연지(蓮池)라면 자손 모두에게 내장 질환이 난다.
- 입수(入首)가 정돌취기(正突聚氣)하고 아름답게 쭉 빠졌으면 자손에게 정승서열(政丞序列)의 인물이 있게 된다.
- 태을(太乙)로 높이 솟은 귀봉(貴峯)이 혈을 바라보면 높은 이름이 나타나 귀하게 된다.
- 안산방(案山方)의 허리가 가늘어 잘록하면 자손이 목매달아 죽는 수가 있다.
- 입수(入首)는 돌(突)하고 혈장 밑에 허(虛)하면 흥왕함이 속발(速發)하였다가 속패(速敗)하게 된다.
- 둥근 주산봉(主山峯)이 높으면 수명이 장수로 부귀(富貴)한다(주산이 높은 것은 귀(貴)로 보고, 둥근 것은 부(富)로 보며, 높은 것은 큰 인물이 나는 것이다).
- 주산은 수려하게 솟고 혈장이 밝으면 귀한 자손이 배출된다(당판(堂坂)이 밝은 것은 귀와 속발(速發)로 보는 것이다).
- 눈썹형의 규사(窺砂)가 있으면 도적을 당하는 것이고 화형(火形)의 규사(窺砂)인 즉 화재로 망한다.
- 규봉형(貴峯形)이 규사(窺砂)로 보이면 관재구설이고 도형(刀形)의 규사(窺砂)가 있으면 칼에 맞아 죽게 된다(요즈음은 교통사고로 보아야 한다).
- 묘지사방(墓地四方)으로 봉(峯)이 귀하게 서 있다면 이에 자손이 반드시 귀하게 된다(십도봉(十道峯)이 서로 대하면 대지의 결혈이 있다).
- 당판(堂坂)외의 8방위에 나타난 봉이 없으면 흉지이다.
- 백호가 배신(背身)해 가는데 장곡(長谷)이 되면 자손에 홀아비로 살게 되는 일이 있게 된다.
- 당판(堂坂)의 좌우에 긴 골짜기가 되었다면 자손이 흩어져 달아나는 일이 있다.
- 청룡·백호가 험하고 골짜기가 길면 자손 중에 상을 당하는 변이 있게 된다(험한 것을 관재구설로 보고 긴 골짜기는 음란한 것과 도적 자손이 나서 칼을 들게 된다).
- 묘지 앞에 긴 골짜기가 보이는 것은 여자에게 음난한 구설이 있게 된다.
- 백호가 배신(背身)해 가는데 깊은 골짜기라면 여자손(女子孫)이 달아나게 된다.
- 전순(氈脣)의 좌우가 장곡(長谷)이라면 집안에 재산이 이루어지지 않는다.
- 묘지 앞에 서 있는 돌이 차돌이라면 늙고 젊은 부인이 고독하게 살게 된다.
- 삼곡(三谷)에서 부는 바람이 긴 골짜기라면 벙어리 자식이 나는게 유전된다.
- 묘소 앞이 허(虛)하고 돌이 난잡하면 지내와 쥐 같은 염(廉)이 생겨 관속에 가득하다. 묘소 주변에 잡석이 있으면 파산으로

본다.

• 묘지 좌우에서 여울 소리가 나면 반드시 혈육간에 서로 다투게 된다(대개 벙어리 불구자가 난다).

• 묘 앞에 넓은 바위가 있으면 박수무당이 집안에 난다(또 대개는 광중(壙中)에 수렴(水廉)이 많이 들게 되어 재패(財敗), 인패(人敗), 내장병이 많다).

• 묘 앞에 괴이한 암석이 있으면 삭발승(削髮僧)이 많다. 즉 교통사고이다).

• 청룡·백호가 높고 험석(險石)이라면 음주로 망녕되어 객사한다(험석(險石)은 관재구설(官災口舌), 불구자 출산, 음난 등으로 보는 것이다).

• 앞에 보이는 산꼬리에 암석으로 되어 충(冲)한다면 자손에게 상처가 있다.

• 입수용맥(入首龍脈) 이 험한 돌이라면 심장병과 위장병의 아픔을 견디기 어렵다(입수용맥(入首龍脈)의 험석(險石)은 재산도패(財産倒敗)와 처궁(妻宮)이 불길하고 음난과 질병이 생긴다).

• 세 골짜기에 바람이 길게 충(冲)하면 벙어리 자손이 유전된다.

• 적은 혈지(穴地)의 당판(堂板)이라도 맑고 밝으면 골살이의 벼슬이 연하여 난다.

• 수구(水口) 하사(下砂)가 가까이 둘러주면 반드시 소년에 등과하게 된다(또 부귀속발(富貴速發)하며 자손은 모두 효도하게 된다).

• 물 흐르는 것이 곡성과 같은 소리가 그쳐지지 않으면 청상과부가 나게 된다(또 벙어리 자손이 유전하게 된다).

• 파구(破口)의 물이 두 번 나타나면 부부가 한날 한시에 같이 죽게 된다(또 도적을 당하는 것과 사기로 파산을 당한다).

• 묘지 앞에 물이 곧게 달아나는 것은 천석재산이 하루 아침에 흩어진다(형제간에 불화하고 인패(人敗)에 걸식자손 난다).

• 양득수(兩得水) 양파구(兩破口)라면 집안이 불화하고 생이별이 있게 된다(양수양파(兩水兩破)에 골육상쟁하게 된다).

• 엿보이는 물이 양쪽으로 보이면 여자 중에 눈뜨고 못 보는 장님이 난다(또 재물에 손해가 많다).

• 당판(堂板) 양변(兩邊)에 음침한 암석이 있으면 관중(棺中)에 거미가 가득히 있다(묘소 주변에 암석은 이금치사(以金致死)로 본다).

• 백호방(白虎方)에 물이 충(冲)하여 비치면 자손에게 위장병으로 복통이 있게 된다. 또 재패, 인패를 급히 당하게 된다.

• 산이 음습(陰濕)하여 사토(死土)이면 목렴(木廉)이 관속에 가득하니라(목렴(木廉), 수렴(水廉)에는 재패, 인패가 있음. 특히 내장질환이 생긴다).

• 묘지 앞에 깨지고 함(陷)하여 낭떠러지가 되면 이에 입술이 일그러지고 이가 드러나는 병신이 난다(재산도패하고 정신병자가 생긴다).

• 당판(堂坂) 뒤가 허(虛)하여 호수(湖水)가 열려 넘겨다 보이면 몹쓸 병과 더불어 간질병 환자까지 있게 된다.

• 파구(破口) 앞에 수답(水畓)이 많이 보이면 자손이 조회(朝會)하는 벼슬이 많이 난다(높은 벼슬에 오른다는 뜻이다).

• 파구(破口) 앞에 깊은 연못이 있으면 대대로 부자의 이름이 잇달아 난다(수구(水口) 심연(深淵)은 당대에 부귀속발(富貴速發)하게 된다).

• 파구(破口) 앞에 큰 봉우리가 있으면 대대로 과거에 이름이 나게 된다(수구 앞에 큰 봉우리가 있는 것은 혈의 국세(局勢)가 큰데 있는 것이니 크게 발복하는 것이다).

• 혈판(穴坂) 중심이 해목형(蟹目形)으로 윤확(輪廓)을 둘렀다면 반드시 당대에 발복하게 된다(혈상(穴相)이 해목형(蟹目形)으로 생기면 금시발복(今時發福)에 부귀영화를 누리게 된다).

• 안산(案山)과 조산(朝山)의 형이 아름다운 눈썹과 같다면 도장을 차는 자손이 많이 난다(미안(眉案)은 아미사(蛾眉砂)라 하여 미인자손이 나며 왕비도 난다).

• 소귀와 같은 봉우리에 광채가 나면 반드시 귀한 자손이 많고 많다(우이형(牛耳形)은 귀봉사격(貴峯砂格)이요 광채는 귀한 것으로 보아 관직에 나가면 세도하게 된다).

• 혈의 앞뒤에 부봉사(富峯砂)가 있으면 대대로 만석군이 난다.

• 안산(案山)의 정상이 일자문성(一字文星)이라면 장원급제가 분명하다(요즈음은 일자문성사격을 장관 봉우리라 한다).

• 파구(破口) 밖에 부봉사격(富峰砂格)이 서 있으면 자손이 잇달

아 결제하는 도장을 차게 된다(원봉(圓峯)은 당봉사격(當峯砂格)이나 수려하면 귀하게 보는 것이다).

• 수구(水口)에 산과 바위가 쌍으로 대하여 문을 막아주며 수구(水口)에 독봉(獨峯)까지 있다면 화려한 벼슬과 임명서를 받는다(수구를 막아주는 것은 재물이 모이는 것으로 보고 독봉사(獨峯砂)가 되는 것은 대국세(大局勢)에나 있는 형세이다).

• 비록 길지하더라도 첨사(尖砂)가 충(冲)하는 것은 흉한 것이고 비록 비혈(非穴)이라도 수려하고 귀한 즉 길한 것이다.

• 화형(火形)의 규봉(窺峯)이 묘를 충(冲)하면 매년 화재를 보게 된다.

• 안산사(案山砂)가 갈라지는 산에는 거의 찢겨서 수행함이 가히 서글프다.

• 청룡·백호의 산형이 톱날과 같으면 자손이 칼날에 죽게 된다(장사를 지낸 후에 가사불화(家事不和) 속패(速敗)로도 본다).

• 안산(案山) 넘어 규사(窺砂)가 화형봉(火形峯)이면 형벌을 입고 화재를 보게 된다.

• 쌍칼의 규봉(窺峯)이 있으면 능히 타인에게 살해하는 바를 입는다(쌍도형(雙刀形)은 이금치사(以金致死)로써 요즈음은 교통사고로 보는 것이다).

• 삼태봉(三台峯)이 쏘아서 엿보이면 무당이 나고 불구자가 나는 게 그치지 않는다(진혈(眞穴)이 삼태봉사격(三台峯砂格)은 삼공(三公)이 나는 것이다).

• 혈 앞에 암석이 뾰족하게 충(冲)하면 자주 살인이 나게 된다(요즈음 실습(實習)에는 상처를 당하는 것이 많았다).

• 용호(龍虎)의 꼬리가 배시해서 돌아가면 옥중에 갇혀서 죽게 된다(또 자식들의 불효로 본다).

• 밝은 당판(當坂)이 높으면 장원하고 귀한 사격(砂格)이 높으면 영웅이 난다(혈판이나 사격(砂格)이 높은 것은 귀한 것으로 본다).

• 묘지 좌우에 돌이 서 있으면 장님이 나고 좁은 골짜기의 바람머리는 벙어리가 난다.

• 칼날 같은 봉우리가 나타나 규사(窺砂)로 있으면 과거보는 마당 가운데서 도적에게 살해당한다.

• 톱날 같은 험석(險石)이 엿보이면 외눈박이 자식이 많이 난다(또 화재가 잇달아 나게 된다).

• 입수가 기울고 당판(堂坂)이 허(虛)하면 반드시 과부 홀아비가 나서 고독하게 된다(당판(堂坂)이 허(虛)한 것은 기형아 출산이 많다).

• 안산(案山)과 조산(朝山)이 가로놓인 시체형사(屍體形砂)라면 소년횡사(少年橫死)를 견디기 어렵다(또 재패(財敗), 병패(病敗), 질병이 많아진다).

• 돌이 험난하게 있으면 흉패가 많고 평평하고 미끈한 것이 발현되고 후(厚)하고 귀하면 반드시 해가 없다.

• 용 위가 험한 암석이라면 자손에게 해가 되는 것이고 묘 주변에 험한 돌이 산란하면 가세가 빈한하게 된다(또 하루 아침에 파산이 우려된다).

• 일자문성(一字文星)의 안산(案山)이 암석으로 서기(瑞氣)가 있다면 대대로 이어서 영의정, 좌의정의 벼슬이 나게 된다.

• 혈판(穴坂) 밑에 넓은 암석이 깔리면 무관(武官)이 태어나고 혈판(穴坂) 좌우를 귀암(貴岩)이 두르면 장군이 날 대지(大地)이다.

• 묘지가 당처가 낮은 곳에 험하고 높은 산이 안(案)이 되면 반드시 백골을 도적질하여 가게 된다(낮은 당판(當坂)은 비천자가 나고 험고안(險高案)은 관재구설로 본다).

• 묘지가 급경사가 되고 맥(脈)이 끊어졌다면 자손에게 목매여 죽는 일이 일어난다(묘지 급사처(急斜處)는 파산으로 보고 절맥(絶脈)은 오사(誤死)와 요수(夭壽)하는 것으로 본다).

• 청룡·백호의 암석에 푸른 이끼가 난다면 문둥병이 대대로 나게 된다.

• 양쪽으로 갈라지는 파구에 개모양의 두 암석이 있으면 초혼(혼인) 한 날 밤에 신랑과 이별한다. 또 동기간에 우애가 끊어져서 골육상쟁하게 된다.

• 청룡이 배신하고 물이 양쪽으로 갈라지면 부자(父子)가 서로 객지에서 이별하게 된다(양수양파(兩水兩破)는 골육상쟁(骨肉相爭)이요 청룡배신(青龍背身)은 자손들의 불효로 본다).

• 내룡(來龍)과 입수(入首)에 험석(險石)으로 줄을 있는다면 흉

복병(胸腹病 : 심장병, 위장병)을 견디기 어렵다(또 입수험석(入首險石)은 재산도패와 중풍질환이 많고 돌줄은 영맥(泠脈)이라 시체가 썩지 않는다).

- 청룡·백호의 허리에 치석 같은 것이 있으면 소년에 이가 다 빠져 나온다.(또 가사불화로 파산이 두렵다).
- 주산에 칼날은 돌이 있으면 자손에게 목을 자르는 참형이 두렵다. 또 화재와 관재구설이 잇달아 나고 교통사고가 두렵다.
- 검게 쌓인 돌이 많이 나타나면 많은 거미가 관속에 가득히 차게 된다(재패(財敗), 인패(人敗)나고 질병에 패하게 된다).
- 파구(破口) 안에 귀한 암석이 있으면 가문에 벼슬이 잇달아 끊어지지 않는다(높은 벼슬에 오르게 되어 세도하게 되며 부귀속발(富貴速發)로 본다).
- 장군 모습의 암석이 특이하게 서 있다면 무과급제가 많이 난다.
- 주산봉(主山峯)이 북과 같은 암석이라면 대대로 국왕이 태어나게 된다(암석으로 일자문성(一字文星)이 되었을 때 국왕이 태어나고 장상(將相)이 된다).
- 청룡 어깨가 귀한 암석이라면 자손에게 역사가 난다(요즈음은 장군이 많이 배출한다).
- 눈썹 모양의 산에 눈썹같은 돌이 거뭇거뭇하게 있으면 묘를 쓰고 백일 내에 파산하게 된다.
- 왼쪽이 낮으면 홀아비가 많이 나고 오른쪽이 낮으면 과부가 많이 난다. 동이 높고 서가 낮으면 집에 노인이 없다.
- 묘판(墓坂)이 공허(空虛)하면 관이 뒤집히고 전순(氈脣)이 공허(空虛)하면 수렴(水廉)·목렴(木廉)이 든다.
- 청룡·백호가 비면 충렴(虫廉)이 돌고 혈지당처(穴地當處)가 허(虛)하면 목렴(木廉)이 든다.
- 팔방위가 공허(空虛)하면 시신이 없어지고 사방위가 공허(空虛)하면 뱀이 든다.
- 선익(蟬翼)이 공허(空虛)하면 화렴(火廉)이 들고(백골이 까맣게 탄 것과 같음) 전순(氈脣)이 공허(空虛)하면 토렴(土廉)이 든다.
- 입수 부위가 공허하면 수렴(水廉)이 관속에 가득함을 볼 것이다.
- 입수에 바람을 맞으면 두골이 이동하고 세 방향이 팔요풍살(八曜風殺)은 백골이 소골(消骨)이 된다.
- 삼곡(三谷)에서 바람이 들어오면 그 백골이 타버리고 당처(當處)에서 물이 쏘는 것 같이 흐르면 백골이 부서져 무너진다.
- 안산(案山)에 굴곡(屈曲)이 있으면 묘나 집이나 다 흉하다.
- 청룡·백호가 겹치고 겹쳐서 배신(背身)해 돌아가면 가히 횡사(橫死)나 형독(刑獨)이 두렵다.

❖ **화복론**(禍福論) **부배합**(否配合) : 이기(理氣)로써 화복을 추리하는 방법은 묘소(혈)를 측정했을 때 좌우선(左右旋 : 양쪽산 능선)을 분별하여 그 기두(起頭)를 위주로 정음정양(靜陰靜陽)은 남녀를 분별하고 천간지지자(天干地支字)는 연상(年上) 연소자(年少者)를 분별하여 삼합오행(三合五行)으로 응용하여 추리한다면 만 가지의 화복을 알아낼 수 있을 것이다.

- 자계룡(子癸龍)은 순양(純陽)으로 성격이 난폭해지면서 사기, 도박, 음란으로 패하게 된다.
- 축간룡(丑艮龍)은 순음(純陰)으로 내장병으로 인하여 백병(百病)이 생기고 자식은 여아출산이 많다.
- 인갑룡(寅甲龍)은 남자에 사망이 많고 우선(右旋 : 우측으로 내려오는 산맥)은 인오술생(寅午戌生)이 화(火)로 인하여 당하게 되며, 좌선(左旋)은 해묘미생(亥卯未生)이 목(木)으로 인한 죽음을 당한다.
- 을묘룡(乙卯龍)은 우선(右旋)에는 내주장(內主張)과 음란으로 패하며 좌선(左旋)은 남자의 음란과 도박으로 패하게 된다.
- 진손룡(辰巽龍)은 반음반양(半陰半陽)이라 음행(淫行)이 많고 우선(右旋)이면 남자의 연소자(年少者)요 좌선(左旋)이면 연노자(年老者)에 여자가 음행하게 된다.
- 사병룡(巳丙龍)은 우선(右旋)이면 여인이 쇠붙이로 죽음을 당하게 되며 좌선(左旋)이면 인오술생(寅午戌生)이 화(火)로 인한 사망이다.
- 오정룡(午丁龍)은 우선(右旋)은 내주장(內主張)과 음행이 많고 좌선(左旋)은 연노자(年老者)의 여자가 음행으로 재패(財敗)한다.
- 미곤룡(未坤龍)은 미곤내맥(未坤來脈)은 절맥(絶脈)이 많아서 과거양자하고 병폐한다.
- 신경룡(申庚龍)은 우선(右旋)은 남자로서 신자진생(申子辰生)

이 익사하게 되고 좌선(左旋)은 여자 사유축생(巳酉丑生)이 이금치사(以金致死 : 돈 때문에 사람 죽는다)하게 된다.

- 유신룡(酉辛龍)은 순음이라 위장병이 많고 문둥병이 나는 수가 있다. 술건룡(戌乾龍)은 순양이라 홀아비가 많고 성격이 난폭해지고 호탕해지며 주색잡기로 파산하게 된다.
- 해임룡(亥壬龍)은 우선(右旋)이면 여자 중 해묘미생(亥卯未生)이 목(木)으로 인하여 해묘미(亥卯未) 연월일시에 사망하고 좌선(左旋)은 남자 신자진생(申子辰生) 물로 인해 사망한다.

❖ **화복응기설**(禍福應期說)**에 관하여**

① **충조법**(冲吊法) : 조(吊)은 지(至)의 뜻으로 쓰이므로 화복(禍福) 사이의 응기(應期)의 뜻으로 풀이한다. 고사(高砂)를 위주하여 대세(太歲)와 월건(月建)과 충(冲)하는 연월이 곧 그 응기(應期) 된다. 충(冲)은 사정(四正), 사유(四維), 사고(四庫)의 정오행(正五行)으로 보는 것이다. 사정충(四正沖)이란 자오묘유충(子午卯酉沖)을 말하고, 사유충(四維沖)이란 인신사해충(寅申巳亥沖)을 말하며, 사고충(四庫沖)이란 진술축미충(辰戌丑未沖)을 말한다. 삼합(三合)도, 신자진(申子辰) 삼합(三合)은 신자진년(申子辰年)에, 인오술(寅午戌) 삼합(三合)은 인오술년(寅午戌年)에, 해묘미(亥卯未) 삼합(三合)은 해묘미년(亥卯未年)에 사유축(巳酉丑) 삼합(三合)은 사유축년(巳酉丑年)에 각각 응한다. 그러나 삼합지년(三合之年)은 연(年)의 응기(應期)가 되고, 충조지년(冲吊支年)은 월(月)의 응기(應期)가 됨을 유념해야 한다. 예를 들어 손산(巽山)이 주산(主山)인데 고사(高砂)가 진봉(辰峯)이라면 손사(巽砂)는 목(木)인데 진봉(辰峯)은 금(金)으로서 주산(主山)을 극하니 충(冲)의 응기(應期)는 사고충(四庫冲)으로서 술월(戌月)이 되고, 삼합(三合)의 응기(應期)는 신자진(申子辰) 삼합(三合)이므로 신자진년(申子辰年)이 응기(應期)가 된다. 다시 말하면 주산(主山)이 진사(辰砂)에 극(剋)을 받으면 신자진년(申子辰年)의 술월(戌月)에 흉이 응하니 여타의 산사(山砂)도 여기에 준하여 그 응기(應期)를 잡아야 한다. 흉봉(凶峯) 삼합(三合)하는 해는 그 연(年)의 응기(應期)가 되고, 흉봉(凶峯)과 충(冲)하는 월(月)은 그 월(月)의 응기(應期)가 되니, 응년(應年) 응월(應月)이 이로서 정해진다. 이와 같이 응기(應期)가 되면 흉신(凶神)이 동하여 주산(主山)을 극(剋)하므로 이로소 주인이 상한다는 뜻이 된다.

② **전실법**(塡實法) : 이 법은 응년자체(應年自體)가 어느 방위에 해당하는가를 보아 해당력(解當力)의 자공(子公)에게 흉(凶)이 미치는 것을 알아내는 법이다. 가령 임산병향(壬山丙向)인데 좌향(坐向)이 모두 화성(火星)으로서 인방(寅方)에 고사(高砂)가 돌기했다면 이것은 수(水)이므로 곧 주산(主山)을 극(剋)하니 살신(殺神)이 되므로 이의 응기(應期)는 인오술년(寅午戌年), 즉 삼합지년(三合之年)이 된다. 그리고 인(寅)은 임산(壬山)의 좌편방(左便房)이 되고 왼쪽은 장방(長房)이므로 장남에게 화(禍)가 온다는 것이다. 즉 인봉(寅峯)의 인년(寅年)은 저실년(楮實年)이 된다.

③ **비등법**(飛騰法) : 이것은 삼합법(三合法)인데 삼합(三合)의 삼위(三位) 가운데 2위(二位)가 합하여 1위(一位)가 됨을 말하니, 곧 신자진년(申子辰年)이 삼합(三合)인데 진사(辰砂)가 흉신(凶神)이라면 신년(申年)과 자년(子年)이 되면 합하여 1위(一位)가 되므로 이를 비등년(飛騰年)이라 한다.

❖ **화봉**(花蜂) : 꽃꿀을 채집하는 벌.

❖ **화산**(火山) : 화형산(火形山). 항상 윗끝이 호동(好動)하므로 조종(祖宗)의 산체(山體)가 높이 솟아 하늘을 찌르는 듯 한 형세로 밑으로 곱게 깔렸고, 형국이 비겸지류(鈚鐮之類)와 같아야 결혈처가 있는 것이다. 체형이 수려하며 용혈득국(龍穴得局)은 극품지지(極品之地)다.

❖ **화살풍수**(化殺風水) : 창문을 통해 바라보이는 전신주는 흉이다. 이것들을 가제도구나 아니면 인테리어 장식등으로 막거나 없애는 방법을 취해야만 한다. 이것을 화살풍수라고 한다. 이러한 방법은 나쁜 기(氣) 죽이거나 돌려보내는 수단을 써야 한다.

❖ **화성**(火星) : 화성은 지나치게 열을 뿜고 있어 뾰족하여 혈을 맺을 수 없다. 혹은 혈을 맺으려면 예금전화(銳金剪火 : 금성)·수토극설(水土克泄 : 수성이나 토성처)·탈진화염처(脫盡火焰處 : 화성이 나아가 他星으로 바뀌진 곳) 등에서 찾는다. 대개의 화성은 기창(旗槍)·아도(牙刀)·비금(飛禽) 등이 많으며 화촉·등화형(燈

火形)도 있다.

① **맑은 것**(淸) : 화성이 깨끗하게 생기면 현성(顯星)이라 불린다. 현성에는 문필(文筆)의 기운, 권세의 기운이 서린다. 그 기운으로 문장에 출중한 사람, 글씨를 잘 쓰는 사람, 큰 권세를 누리는 사람들을 배출한다. 또 불은 붙기만 하면 순식간에 급히 타오른다. 그래서 화성의 명당혈은 발복(發福)이 빠르다. 화성의 좋은 혈에다 묘를 쓰거나 집을 짓고 살면, 속히 복을 받게 된다.

② **흐린 것**(濁) : 탁하게 생긴 화성을 조성(燥星)이라 부른다. 조성은 거칠고 강렬한 기운을 품고 있어 그 기운으로 광포(狂暴)한 사람, 간교한 사람, 요절하는 사람을 배출한다. 혹 복(福)을 받아도 얼마 못가 패가하니 속성속패(速成速敗)의 땅이다.

③ **흉한 것**(凶) : 화성(火星)의 흉한 것은 살성(殺星)이다. 살성은 그 이름처럼 살기(殺氣)를 가득 품고 있다. 이 살기가 살변(殺變)을 불러온다. 살성의 혈에 묘를 쓰거나 집을 짓고 살면, 흉포한 사람, 큰 도적이 나온다. 그들은 흉악한 범죄를 저지르고 자신들도 비참하게 죽는다. 그리하여 결국 자손이 끊기게 된다.

❖ **화성수**(火城水) : 화성수는 불꽃처럼 생긴 물줄기. 화성의 물에는 거칠고 흉흉한 기운이 서린다. 그 흉기(凶氣)가 뻗쳐 올 때 온갖 재앙을 입게 된다. 화성수 중에 하나의 물줄기가 뾰족한 모양을 만들며 흐르는 것을 단화격(單火格)이라 한다. 또, 두 물줄기가 교차하면서 뾰족한 모양이 양쪽에 생긴 것을 쌍화격(雙火格)이라 한다. 단화격·쌍화격 모두 나쁜데 쌍화격이 더욱 흉하다. 혈 앞에 쌍화격이 있으면 비명횡사하는 사람들이 계속 나온다. 자살하는 사람들도 생긴다.

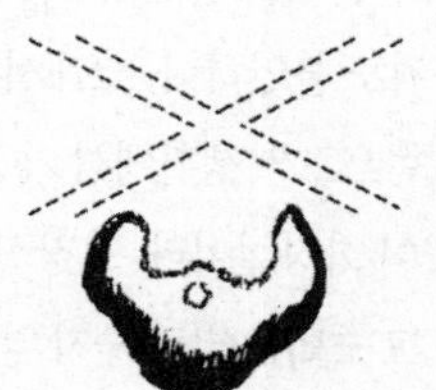

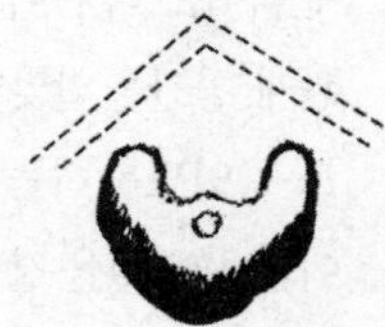

❖ **화수류형**(花樹類刑) : 산의 형상을 꽃이나 나무에 비유하여 혈을 찾는 것으로 주로 화심(花心)에 해당되는 곳에 혈을 결지한다. 꽃을 감상하는 미인과 벌, 나비, 화분, 꽃잎에 해당되는 사격이 있어야 한다.

❖ **화(火)의 형상인 산** : 화형(火形)으로 생긴 산은 불꽃처럼 뾰족뾰족하게 높고 날카로움이 있는 용이다. 사람의 형국이 여기에 속한다. 혈의 위치는 가슴, 배꼽, 음부에 있다.

❖ **화장실 공간은 어디에 두면 좋은가** : 현대에는 욕실에 화장실이 겸해진 형태의 가옥이 대부분이지만 전통적인 가상학에서는 우리의 전통가옥이 그랬듯이 화장실은 변소라고 하여 집에서 다소 멀리 떨어진 곳에 두었으므로 당연히 화장실의 방위를 따로 설정할 수 밖에 없었다. 화장실은 주거환경 중에서 가장 악취가 많은 곳이며 특히 예전의 재래식 화장실은 심했다. 따라서 화장실이야말로 배수와 환기가 철저하게 보장된 곳에 위치시켜야 했다. 또한 예로부터 화장실은 황천살방(黃泉殺方)에 설치하면 패가망신의 지름길이라고 하여 절대적으로 금하였다. 이와 같은 기본적인 주의사항을 참고하여 화장실의 위치로 어떤 방위가 좋은지 살펴보기로 한다.

- 화장실이 동쪽에 있으면 후계자에게 혜택이 있고 발전이 계속된다.
- 화장실이 남쪽에 있으면 문서상의 과실이 생기고 실패가 암시된다.
- 화장실이 서쪽에 있으면 자손에게 해로움이 미치고 가정에 불화와 반목이 계속된다.
- 화장실이 북쪽에 있으면 가정운과 자손운이 좋지 못하며 직장에서도 부하 직원으로 인해 곤란을 겪는다.
- 화장실이 남동쪽에 있으면 활동력이 감퇴되고 정신질환이나 우울증, 신경성 질환으로 시달리게 된다.
- 화장실이 집 중앙에 있으면 매우 흉하여 심신이 불안정해지고 가정에 횡액이 닥친다.
- 화장실이 북서쪽에 있으면 가정 운이 미약하고 심신이 불안정하며 뇌일혈에 걸릴 확률이 높다.
- 화장실이 남서쪽에 있으면 고독하고 과부가 될 우려가 높다.

또한 남자에게는 여난(女難)이 따르고 여자 문제로 인해 흉한 일을 당한다.

- 화장실이 북동쪽에 있으면 만사가 여의치 못한다.

❖ **화장실 대문 옆의 현관문 앞은 흉**: 대문 옆에 화장실이 있거나 현관문을 열자마자 곧바로 화장실이 바로 보이는 집은 대체로 그 집안에 건강이 안 좋은 사람이 생긴다. 화장실을 보는 순간 무의식중에 불결하다는 생각이 들게 되어 순간적으로 마음이 손상되어 비위가 약한 사람은 소화기가 위축되는 현상이 올 수 있기 때문이다. 이것이 여러 번 되풀이되다 보면 가족 중 비위가 약한 사람은 소화기 계통의 질병에 걸리게 된다. 화장실이란 우리가 먹었던 음식물이 배설되는 곳으로 항상 나쁜 기가 모인 곳이다. 이러한 곳은 입구를 칸막이로 막거나 발을 치거나 육각형 거울 등을 달아 놓아서 기 흐름을 나쁜 기에서 좋은 기로 바뀌도록 해야 한다.

❖ **화장실 문이 출입문과 일직선 불길**: 화장실 문이 대문이나 다른 문들과 일직선으로 놓여지는 것도 불길 파괴형 풍파와 재난이 들고 살림살이가 어수선해진다.

❖ **화장실은 구석에 설치해야 한다**: 처갓집과 화장실은 멀수록 좋다는 속담이 있는데 요즘은 이런 속담이 옛말이 되고 있다. 예전에는 주택 구조상 화장실을 멀리 떨어지게 설치할 수 밖에 없었다. 그러나 수세식 화장실이 대부분인 요즘은 화장실을 주택 내부에 설치하여 편리하게 이용하고 있다. 이 수세식 화장실에서는 오물이 물과 함께 순간적으로 하수구를 통해 빠져나가기 때문에 집안에는 아무런 영향이 없는 것으로 생각하기 쉽지만 화장실의 공기 중에는 오물 냄새와 독가스가 포함되어 있고 물이 많이 있어 공기가 습하다. 화장실 문이 열릴 때마다 독가스와 습기가 다른 방으로 전달된다. 화장실 기운은 음기(陰氣)이므로 집안의 다른 양기(陽氣)를 억제한다. 화장실 위치가 주택의 중심부분에 있을 경우에는 화장실 공기가 실내에 확산되는 힘이 더욱 크다. 주택의 중심은 항상 깨끗하고 따뜻한 기운이 모여 있어야 한다. 그런데 이런 곳에 화장실이 있다면 집안 전체의 기운이 불결하게 된다. 따라서 주택 내부의 수세식 화장실이라고 해도 가능한 가장자리에 설치하고 부득이한 경우에는 화장실 기운이 주택 내부에 퍼지지 않도록 각별히 주의해야 한다.

❖ **화장실은 귀문(鬼門)과 이귀문(裏鬼門)방위에는 흉**: 귀문(鬼門)은 축간인(丑艮寅)방위를 말하는데 간(艮)방위에 남자 귀신이 드나드는 방위이고, 이귀문(裏鬼門)은 미곤신(未坤申)방위를 말하는데 곤(坤)방위로 여자 귀신이 드나드는 방위이다. 이 방위에 화장실이 있다면 인테리어 등으로 이 부정을 차단해야 한다. 이런 화장실에서의 피해를 우리 선조들은 흔히 주당귀신이 노했다고 표현하고 있다. 또 외부에 나가 교통사고나 낙상해서 몸이 다치는 것은 이 귀신이 노한 탓이라 하였으니 반드시 표귀문과 이귀문 귀신의 노여움을 사는 일을 사전에 방지해야 한다.

❖ **화장실은 그 집의 문화수준을 알 수 있다**: 화장실은 욕실과 마찬가지로 건강에 밀착된 공간이기 때문에 쾌적함을 느낄 수 있는 곳이어야 하고 화장실 개념에서 벗어나 생활 공간과 근접되도록 설계해야 한다. 양변기를 사용하면 대 · 소변을 겸용할 수 있고 대변을 볼 때 자세가 편안하다는 점, 특히 고혈압이나 치질환자, 비만증환자, 노인 등에게는 적절하다. 또 악취도 고이지 않고 청소도 간단해서 항상 청결성을 유지할 수 있다. 화장실은 한 주택에 하나는 있어야 할 아주 중요한 곳이다. 그러나 막상 집을 지을 때는 그 배치가 제일 까다로운 존재이기도 하다. 옛날에는 화장실은 담장곁에나 대청마루에서 잘 보이지 않는 곳에 설치하였으며 측간(厠間), 뒷간, 통시라고 불렀다. 지금도 남의 집이나 집안 어른이 계실 때 마음대로 출입할 수 없는 곳이 화장실이다. 화장실은 편리하게 사용할 수 있고 가족 눈에 잘 뜨이지 않는 곳이 가장 좋은 배치 장소라 할 수 있다. 지금은 주택 한복판에 화장실을 배치해도 상관없다고 생각하겠지만 그렇지 않다. 화장실이 중앙에 있으면 방과 방을 직선으로 연결시킬 수가 없으므로 가급적이면 집의 중앙에 설치하지 말아야 한다. 그러나 공간이 너무 넓어도 불안하고, 작으면 답답하고, 너무 밝아도 너무 어두워도 불안하다. 그래서 창문의 크기, 조명관계, 공간을 알맞게 함으로써 생활에서 가장 안심하고 볼일을 볼 수 있도록 하는 곳이 화장실이다. 화장실과 대문이 마주 보이는 곳에 있을 경우 그 주택은 별로 좋지 않다. 대문을 열고 들어서자 마자 그곳에 화장실이 보이면 손님의 첫 인상에 좋지 않

을 것이다. 그런만큼 화장실의 위치를 어느 정도나 충족시켰는지 알아보는 것은 그 집 전체가 살기좋은 집인지 아닌지를 분별할 수 있는 것이다.

❖ **화장실은 서쪽이 기본방위다** : 화장실은 일반적으로 서쪽에 두는 것이 좋다고 하지만 자기에게 있어서 흉의 방향에 설치하는 것도 좋다. 예를 들면 화(火)의 사람은 수극화(水剋火)에서 수(水)의 방향이 흉이 되므로 수(水)의 방향인 북과 북서 중에서 서쪽에 가까운 북서에 화장실을 설치하는 것이 좋다.

❖ **화장실이 출입문 바로 옆에 있으면 흉** : 외부 화장실인 경우라도 항상 청결하게 관리해 주어야 하며, 다소 멀리 있는 것이 좋고 출입문 옆이나 정면에 있으면 흉하다. 기존 건물내에 입주할 경우에는 이러한 사항을 꼭 따져 보아야 하며, 단독으로 경영할 경우에는 설계 당시 출입문과 멀리 떨어지도록 배치해야 한다. 또한 이중문(문 하나를 열고 들어가되 남녀 화장실로 따로따로 문을 하나 더 설치한 것)으로 설치해야 하며, 열리는 방향은 내부로 열리도록 해야 하고 완벽하게 환기가 되는 구조가 되도록 해야 한다. 가장 신경을 많이 써야 할 부분은 문과 문틀의 틈새가 없도록 확실한 시공을 요하는 것이며, 사용 중에 틈이 벌어지거나 잘 닫히지 않을 경우에는 발견 즉시 수리해야 한다. 방치해 두면 발병의 원인이 되며 부의 보장은 물 건너 간 것으로 보아야 할 것이다. 화장실 방위는 동사택일 경우에는 서사택 방위로, 서사택일 경우에는 동사택 방위로 배치하면 된다.

❖ **화장실 지을 때 창문은 바깥쪽으로** : 화장실을 지을 때에는 창문을 많이 여러 곳으로 내는 것이 좋으며 그 창문은 바깥쪽으로 내는 것이 적합하다. 안방 쪽으로 창문이 있으면 악취의 냄새를 맞게 되기 때문이다. 만약 동쪽에 분비물을 떨어뜨린 변소가 있으면 해가 떠오르면서 냄새를 온 집안에 풍기므로 그러한 동쪽에 화장실이 있는 집은 불행하게 산다는 것이다. 이러한 현상은 우리의 건강을 해치는 것도 사실이다.

❖ **화장실 하나로 공동 사용은 불길** : 아래층 사람과 위층 사람들이 화장실 하나를 공동으로 사용하는 것 또는 각각 다른 집 식구들이 같은 변소를 사용하는 것은 불길 파괴격으로 재산이 잘 늘지 않으며 말썽이나 풍파가 자주 발생하는 형국이다.

❖ **화장실은 쇠병사묘방위(衰病砂墓方位)가 재격이고 건물은 생왕관(官)대방위(生旺帶方位)에 들어서야 좋은 주택이다** : 우물은 생방의가 이상적이고 화장실은 쇄병사묘방위 재격이다. 건물은 생왕관대방위에 들어서야 좋은 것이다. 절태사병묘방위(絶胎死病墓方位)에 부엌 큰방 집의 좌대문(大門)이 들어서면 오래 못가서 패망한다.

❖ **화장(火葬)을 하면 그 자손에게 영향력이 있는가** : 화장을 하면 자손에게는 영향력이 소멸된다. 조상의 시신을 화장한 집안은 그 묘에서 주는 운명, 풍수적으로 말하면 조상과 자손 사이에 전해지는 동조 파장이 사라진다. 또한 좋은 음택에 이장을 하면 좋은 에너지 파장이 오게 돼서 집을 나갔던 사람이 돌아오게 되며 실패한 집안이 다시 일어서고 묘로부터 왔던 병이 완치되기도 한다.

❖ **화장을 했을 때 체백은 어떻게 모시면 좋은가** : 예부터 사람은 죽으면 흙으로 돌아간다고 했다. 요즈음에는 납골당으로 모시는 분이 많으나 혹 보면 물에 뿌리기도 하고 산에 가서 뿌리기도 하는데 화장을 한 체백을 물에도 산에도 뿌리지 말고 산세가 수려하고 따뜻한 온양 양지 바른 곳 흙이 약간 붉고 황토색 마사토 성분이 있는 땅에 호미로 깊이 파고 묻어주면 그 체백에서 좋은 기가 약 3년간 정도 발생한다고 한다.

❖ **화재(火災)가 자주 발생할 경우**

① 화재가 이웃 때문에 발생하는 화재도 있지만 보통은 주택풍수문제로 발생한다고 봐야 한다. 한 번의 화재로 운세가 바뀌는 경우가 많다. 또한 이처럼 한 집안이 망하는 지경에 까지는 이루지 않지만 화재를 당한 후에는 가족에 건강상에 이상이 생긴다. 예를 들면 건강하던 사람이 갑자기 손발에 통증이 생긴다거나 신경통과 가래가 끓고 또는 결석방광염 각종 질환에 자주 발생한다. 화재가 일어난 후 석 달부터 일 년 이내에 활발하던 아이가 갑자기 집안에 틀어박히고 식욕도 감소하는 증세가 생기거나 위에 예로는 증상이 난다면 그것은 화재 후 그 사후 처리가 잘못 된 것이며 그로 인해 흉상이 초래된 것이다. 화재 후에는 현장을 빨리 정리하고 될 수 있는 한 최고 속도로 다시 집을 짓게 마련이다. 화재의 발생은 운세가

내리막길로 치달음을 뜻한다. 만약 초토화된 땅위에 새집을 짓는다면 운세의 쇠퇴를 더더욱 가중 시키는 것이다. 화재 후에 집 주위에 흙·돌을 모두 바꾸어 주어야 한다.

② 불에 탄 흙은 반드시 30cm 깊이로 파내어 새 흙으로 바꾼다. 그 다음 기초를 공고히 한 후에 집을 짓기 시작해야 한다. 이 과정을 모두 거친다. 다음에야 비로소 대지로부터 영기(靈氣)를 받아들여 길상의 집으로 될 수 있다. 만일 이 사실을 모르고 초토위에 새집을 지었다면 적어도 집 주위의 흙이라도 바꾸어야 한다. 그러면 운세가 조금 이나마 회복된다. 파낸 초토는 빨리 치워버려야 하며 집 주위에 그냥 놓아두어서는 절대 안 된다. 집주위의 흙은 바꾼 다음에는 그 자리에 나무를 심어야 한다. 나무에서 녹색의 영기를 얻기 위한 것이다. 그렇다면 오히려 잔디를 깔아 놓은 것이 더 효과적이라고 생각하는 사람도 있을 것이다. 그러나 잔디 대지로부터 영기를 취하여 그것을 인간에게 유익하도록 변화시키지 못한다. 일단 집 주위가 나무의 녹색으로 가득하면 운세는 자연히 잘 풀리게 된다.

❖ **화표**(華表) : 수구 사이에 있는 기이한 봉우리를 말하며 높고 우뚝한 것을 길로 친다.

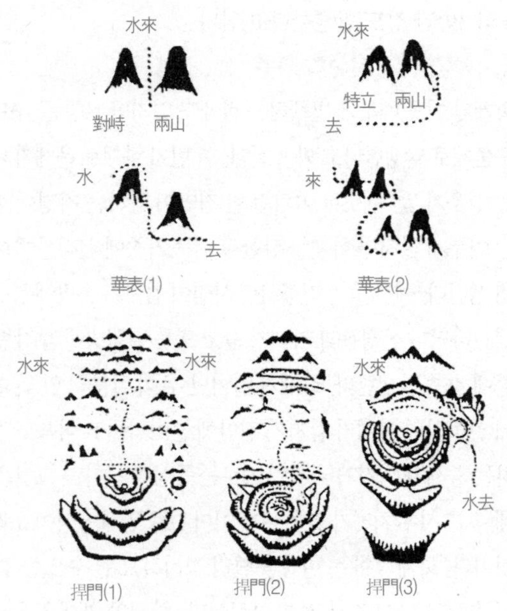

화표는 수구(水口)의 양쪽에 수려한 산봉우리 두 개가 불쑥 솟아올라 서로 마주 보고 서 있는 것으로, 수구에 화표가 있으면 자손들이 대부귀(大富貴)를 얻으며, 왕후장상(王侯將相)이 나온다. 수구 안쪽의 땅이 매우 드넓고, 주산이 웅장하면 나라의 도읍지가 될 수 있다.

❖ **화표산**(華表山) : 수구(水口) 사이에 산봉우리가 망주석 같이 높게 서 있는 것을 말함. 화표산은 두 개의 산봉우리가 대치하여 그 가운데로 물이 흐르는 것도 있고 혹은 옆으로 된 산이 물 가운데에 높게 서 있는 것을 말한다. 이 화표산은 높이 솟아야 화표라 할 수 있는 것이며, 화표가 수구내에 있으면 반드시 대지가 있는 것이라 하였다.

❖ **화표한문**(華表捍門) : 수구(水口)의 양 옆에 생긴 산봉우리 두 개가 마주 서 있는 것. 명당혈(明堂穴)에 보필이 있으면 고귀한 인물이 나온다.

❖ **화혈**(花穴) : 산끝이 혈 밖으로 향한 산세. 꽃잎 모양.

❖ **화혈**(花穴)**과 가혈**(假穴) : 가혈은 좌우에 용호가 단정하나 물이 처마에서 빗물이 흘러내리는 것같이 흐르고, 혈 가운데서 보면 청룡·백호는 분명하나 다른 곳에서 보면 산이 추하고 달아나(走) 쓰임이 못되므로 가혈(假穴)이라 하며, 화혈(花穴)은 가혈 앞에 진혈이 있는 것을 말하는데, 대개 팔뚝처럼 생긴 용맥이 뻗어 가혈의 안(案)이 되고, 안팎으로 자리를 펴 놓은 것 같은 땅이 바로 화혈인데, 이것을 알기가 매우 어렵다고 한다.

❖ **환결**(環玦) : 둥근 구슬을 차고 있는 형상.

❖ **환골**(換骨) : 용맥이 암석에서 흙으로 바뀜.

❖ **환과수**(鰥寡水) : 건수(乾水)와 곤수(坤水)가 파국(破局)이 된 것을 환과수(鰥寡水)라 한다. 건수(乾水)·곤수(坤水)는 모두 정양(淨陽)이니 정음(淨陰)의 향(向)을 만나면 파국(破局)이다. 건수(乾水) 파국이면 아내가 일찍 죽어 홀아비가 생기고, 곤수(坤水) 파국이면 남편이 일찍 죽어 과부가 생긴다. 또 과부가 음란하여 바람을 피운다. 그리고 곤수 파국에다 물이 미방(未方)에 걸쳐 흐르면, 과부가 성직자와 불륜의 관계를 맺는다.

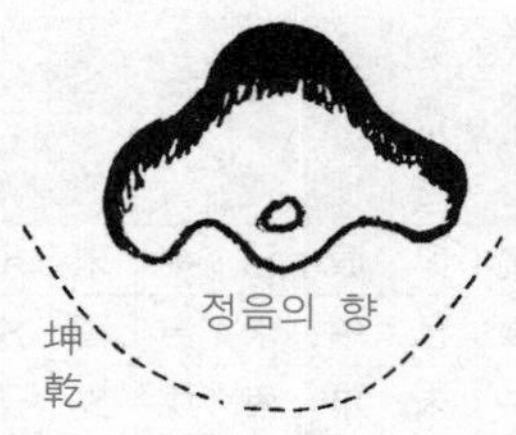

❖ **환류**(還流) : 물이 안고 돌아 흐르는 것을 말한다.

❖ **환원 에너지는 어떻게 작용하는가** : 사람은 죽음으로써 모든게 끝나는 것이 아니고 다른 세상의 문이 열리는 것이다. 자손에게 조상의 환원 에너지가 작용하기 시작해서 좋은 터에 묻혔으면 좋은 일들이, 나쁜 터에 묻혀 있으면 자손에게 재앙과 질병이 끊임없이 전달된다. 어찌보면 무서운 사후의 세계를 다루는 사람이 지관인 것이다. 그것은 미신도 점성술도 아닌 땅과 바람의 자연현상에서 오는 오묘한 조화이다.

❖ **환포**(環抱) : 둥글게 감아 주는 듯한 산세(山勢) · 수(水)세(勢)를 말한다.

❖ **환형**(換形) : 움직이는 자리에 따라서 바뀌어지는 형태.

❖ **활룡**(活龍) : 용이 마구 움직이며 활동하는 형국. 혈은 이마, 코 등에 있고, 안산은 구슬, 구름, 번개, 강, 호수, 바다 등이다.

❖ **활법**(活法) : 이치가 요연하여 모든 사물을 이 이치로써 구제할 수 있는 법칙.

❖ **활사피오공**(活蛇避蜈蚣) : 뱀이 지내를 보고 피하여 달아나는 형국. 출중한 인물들이 나오고, 시신이 되어 외국에서 활약하는 외교관도 생기며, 혈은 뱀의 머리에 있다. 안산은 풀섶이다.

❖ **활와**(闊窩) : 활와는 양쪽 지각이 넓은 것으로 오목하게 들어간 것으로 와중에 미미한 돌(突)이 있어야 한다. 양지각이 있어야 하며 너무 넓어 오목하게 들어간 것이 없으면 진혈(眞穴)이 아니다.

❖ **활협**(闊峽) : 아주 넓은 과협을 말함. 넓으면 기운이 흩어지기가 쉬우며 가운데에 구불거리며 달려가는 뱀의 형상과 같은 맥(脈)이 있어야 하는데, 이런 맥을 초사회선(草蛇灰線)이라 부른다. 초사회선이 뚜렷하면 생기가 왕성하고 초사회선이 없으면 죽은 용맥이라 할 수 있다.

❖ **황골**(黃骨)**과 백골**(白骨)**의 유골**(遺骨)**은 노소**(老少) **사**(死)**에 따라 달라진다** : 사망자가 몇 살에 돌아 가셨느냐에 따라서 명당에서 황골이 될 수 있고 백골이 된다는 사실을 확인 할 수 있다. 골격(骨格)이 단단하고 정수(精髓)가 넘치는 젊은 난이에 요절(夭折)하여 명당에 들어가면 황골로 변하게 되며 노년에 돌아가신 분 특히 70~80~90세 장수 하시고 돌아가신 분은 아무리 좋은 명당에 묻혀도 황골은 되지 않고 백골이 되는 것이다. 또한 과도한 파정(破情 - 정미한)으로 인하여 골수가 강건하지 못한 사람도 활골이 되지 않는다.

❖ **황구감식형**(黃狗甘食形) : 누런 개가 밥을 맛있게 먹고 있는 모습과 흡사한 형국. 혈은 개의 코나 이마 부분에 있고, 안산은 개 밥 그릇인 구유같이 생긴 사격이다.

❖ **황달간어**(黃獺趕魚) : 누런빛의 수달이 물고기를 쫓아가는 형국. 앞에 큰물이 흐르며, 혈은 수달의 입 위에 있고, 안산은 물고기다.

❖ **황도**(黃道) : 황도는 능히 흉신(凶神)의 악성(惡性)을 제화(制化)시키는 대길신(大吉神)으로 일이 급할 때는 다만이 황도일만 가려 쓰기도 한다. 황도에는 청룡황도(青龍黃道)·명당황도(明堂黃道)·금궤황도(金匱黃道)·대덕황도(大德黃道)·옥당황도(玉堂黃道)·사명황도(司命黃道)의 6가지가 있다. 이사·진인구(進人口 : 사람들이는 일, 사원 및 고용인 채용, 또는 입양 등)·결혼식·건축 및 가옥수리·장사지내는 일 등에 모두 대길하다.

❖ **황도시**(黃道時) : 청룡·명당·금궤·대덕·옥당·사명의 여섯 길신이 임하는 시간. 혼인·상량·개업·고사·하관 등에 있어 좋은 시간을 쓰는데는 이 황도시를 쓰면 길하다고 한다. 황도시간은 아래와 같다.

子午日 : 子丑卯午申酉時

丑未日 : 寅卯巳申戌亥時

寅申日 : 子丑辰巳未戌時

巳亥日 : 丑辰午未戌亥時

卯酉日 : 子寅卯午未酉時

辰戌日 : 寅辰巳申酉亥時

❖ **황도택일법**(黃道擇日法) : 황도(黃道) 택월일시법은 여러 택일시법 중 가장 많이 활용되는 법으로서 성조(成造), 안장(安葬), 결혼 등의 모든 행사에서 출살위길(出殺爲吉)로 황도 월일시는 대길하고, 흑도 월일시는 불길하다. 이 황도법은 월에서 일진(日辰)을 찾고 일진(日辰)으로는 시를 찾아보는 법인데, 모든 행사에서 길한 시간이 황도시를 택하여 활용한 것이 길격이다. 가령 자월(子月)이나 연월(年月)에는 신유묘자축오일시(申酉卯子丑午日時)가 황도일시가 되므로 길하고, 인월(申月)신월(寅月)은 자축진사미술일시(子丑辰巳未戌日時)가 황도일시가 되어 길하고, 축미월일(丑未月日)에는 인신사해술일시(寅申巳亥戌日時)가 길하고, 묘유월일(卯酉月日)에는 자오묘유미인시(子午卯酉未寅時)가 길하다. 여기서 주의할 것은 흑도일시는 피해야 한다.

區分 / 月日時	青龍黃道	明堂黃道	天刑黑道	朱雀黑道	金櫃黃道	天德黃道	白虎黑道	玉堂黃道	天牛黑道	玄武黑道	司命黃道	句陣黑道
寅申	子	丑	寅	卯	辰	巳	午	未	申	酉	戌	亥
卯酉	寅	卯	辰	巳	午	未	申	酉	戌	亥	子	丑
庚戌	辰	巳	午	未	申	酉	戌	亥	子	丑	寅	卯
巳亥	午	未	申	酉	戌	亥	子	丑	寅	卯	辰	巳
午子	申	酉	戌	亥	子	丑	寅	卯	辰	巳	午	未
未丑	戌	亥	子	丑	寅	卯	辰	巳	午	未	申	酉
吉凶	吉	吉	凶	凶	吉	吉	凶	吉	凶	凶	吉	凶

❖ **황룡농주형**(黃龍弄珠形) : 황룡이 여의주를 가지고 한가하게 희롱하면서 노니는 형국. 혈 앞 명당 가운데에 여의주 같은 작고 둥글게 생긴 독산(獨山)이 있어야 하며, 농주(弄珠)이므로 용의 기세는 크지만 느릿느릿하게 내려온다.

❖ **황룡분강**(黃龍奔江) : 용이 강으로 달려가는 형국. 산세가 매우 힘차서 생동감이 넘치고, 혈은 용의 이마나 코에 있으며, 큰 강물이나 냇물이 안(案)이 된다.

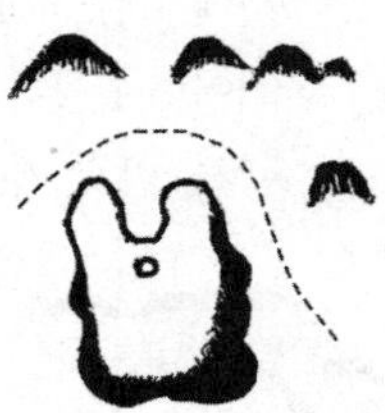

❖ **황룡희주**(黃龍戱珠) : 누런 황룡이 구슬을 가지고 노는 형국. 용의 입, 코, 이마에 혈이 있으며, 상서로 운 구름이 안산이 되고 바로 앞에 구슬이 보인다.

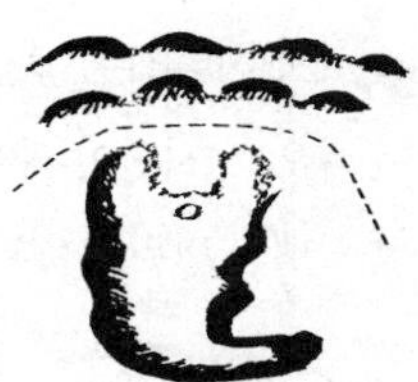

❖ **황마쟁구**(橫馬爭毬) : 옆으로 나란히 선 두 마리 말이 서로 공을 차지하려고 다투는 형국. 두 말의 크기와 생김새가 비슷하며,

혈은 말의 머리에 있고, 안산은 공과 지팡이다.

❖ **황번**(黃幡) : 연신흉살방(年神凶殺方)의 하나로 동토(動土) 등을 꺼리는데 아래와 같다.

申子辰年 : 辰方	巳酉丑年 : 丑方
寅午戌年 : 戌方	亥卯未年 : 未方

❖ **황사간합**(黃蛇趕蛤) : 누런 뱀이 조개를 쫓아가는 형국. 혈은 머리에 있고, 안산은 앞에 있는 물, 조개, 쥐 등이 있다. 이런 형국에 조상의 묘를 쓰면 3년 내에 횡재하고 지위가 높아진다.

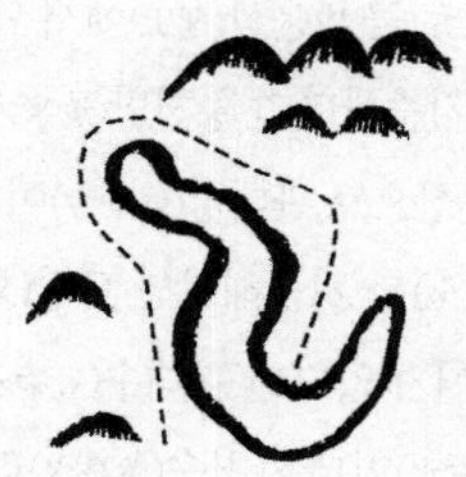

❖ **황사청합**(黃蛇聽蛤) : 뱀이 물가에서 조개 소리를 듣고 있는 형국. 물이 휘감고 돌며 혈은 뱀의 머리나 귀에 있고, 안산은 조개다.

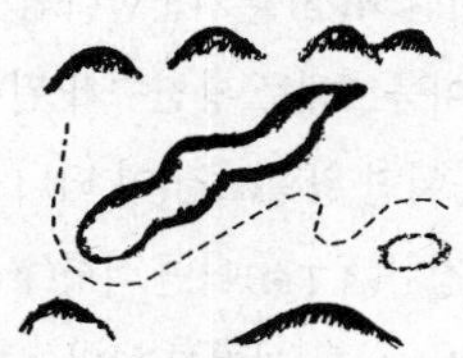

❖ **황사출동**(黃蛇出洞) : 누런 뱀이 골짜기에서 나오는 형국. 앞에 큰 물이 감돌아 흐르며 혈은 뱀의 머리에 있고, 안산은 앞에 있는 물, 개구리, 쥐, 두꺼비 등이다. 이런 형국에 조상의 묘를 쓰면 자손들이 빨리 부귀를 얻으며 그 부귀가 오래 유지된다.

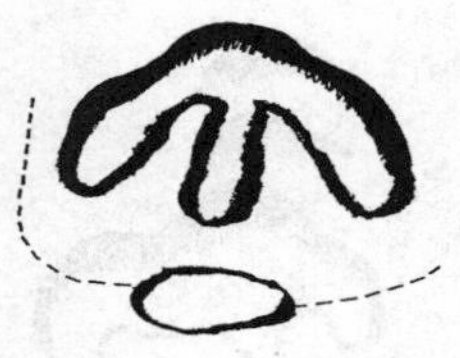

❖ **황사토기**(黃蛇吐氣) : 누런 뱀이 먹은 것을 토하는 형국. 혈은 뱀이 토한 것에 자리잡고, 안산은 풀섭이나 뱀이 잡아먹는 짐승이다.

❖ **황사포서**(黃蛇捕鼠) : 뱀이 쥐를 잡는 형국. 혈은 뱀의 머리에 있고, 안산은 쥐다.

❖ **황색의 커튼은 재운(財運)을 높이는 색이다** : 황색은 밝고 즐겁게 살 수 있는 기(氣)를 주기도 한다. 그러므로 황색 커튼은 건강을 지켜주고 재운을 부르며 식욕도 증진시킨다. 창문은 나쁜 기가 빠져 나가고 좋은 기가 들어오므로 이곳에 황색 커튼을 다는 것은 재운을 한층 더 높이고 좋은 기운(氣運)을 부른다.

❖ **황앵탁목형**(黃鶯啄木形) : 노랑 꾀꼬리가 나무를 쪼고 있는 모습과 흡사한 형국. 주산은 꾀꼬리에 해당되는 봉우리나 바위가 있어야 하고, 안산은 나무에 해당된다. 꾀꼬리가 나무를 쪼기 때문에 구멍이 뚫린 듯한 작은 골짜기가 있다.

❖ **황우두거**(黃牛兜車) : 누런 황소가 수레를 끄는 형국. 옆에(혹은 뒤에) 수레가 있으며, 혈은 소의 어깨에 자리잡고, 안산은 소를 모는 채찍이다.

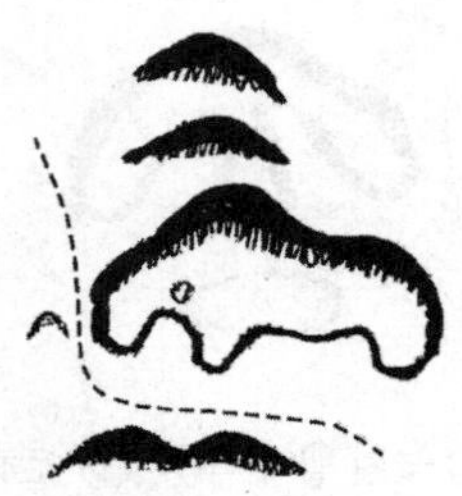

❖ **황응타사**(黃應打蛇) : 매가 뱀을 공격하는 것처럼 생긴 형국. 혈은 매의 머리 부분에 있고 안산(案山)은 뱀이다.

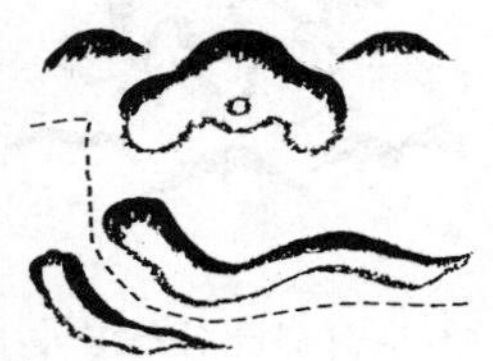

❖ **황천**(黃泉) : 평소에는 마른 샘이 비가 오면 고이는 샘. 몰천(沒泉)과 같이 밟으면 신발이 푸욱 들어가 자국을 남기는 흙이니 지력이 없어 물을 고이게 하지 못한다. 음양택간(陰陽宅間)에 다같이 불합하므로 이를 누천(漏泉)이라 한다.

❖ **황천구퇴**(皇天灸退) : 유년태세 흉신방(凶神方)의 하나로 이 구퇴방(灸退方)에 건물의 향(向)을 놓는데 꺼린다.

申子辰年 : 卯　　　巳酉丑年 : 子

寅午戌年 : 酉　　　亥卯未年 : 午

가령 태세가 신자진년(申子辰年)이면 묘방(卯方)이 구퇴방이다.

❖ **황천대살**(黃泉大殺)**이란**

병오향(丙午向) 손사파구(巽巳破口)

경유향(庚酉向) 곤신방파구(坤申方破口)

임자향(壬子向) 건해방파구(乾亥方破口)

갑묘향(甲卯向) 간인방파구(艮寅方破口)

장성한 아들이 일찍 죽게 된다. 집안에 과부 울음소리가 나게 된다.

❖ **황천방위**(黃泉方位)**에 입석**(立石)**이 이곳저곳 있으면** : 나경 제1선방위에 입석이 이곳저곳에 있으면 자손을 기르기가 어렵다. 또 황천방위에 와우석(臥牛石)이 있으면 소년(少年) 횡사(橫死)한다.

❖ **황천살**(黃泉殺)

① 묘를 쓸 때 특히 가려야 하는 흉성이 있는 방위로서 나경 1, 2층에 배당되어 있다. 이곳으로 물이나 바람이 드나드는 것을 특히 금기시 한다.

② 황천살(黃泉殺)은 청오경(青烏經)에서 황(黃)은 지성(地性)으로 지중(地中)에서 운행되는 기운을 말함이고, 샘(泉)은 천성(天性)으로 하늘과 바다의 무한한 공간기운을 이른다고 하였다. 이렇게 본다면 지구를 포함한 우주계를 하나의 샘으로 보아 황천(黃泉)이라 할 수 있다. 즉 경정향(庚丁向)에 있어서 곤상수(坤上水)를 보면 이것이 황천수(黃泉水)가 되고, 을병향(乙丙向)중에는 손수(巽水)가, 갑계향(甲癸向)에는 간상수(艮上水)가, 신임향(辛壬向)에는 건상수(乾上水)가 황천수(黃泉水)가 된다고 하나, 이것은 곧 향기준(向基準)이 아닌 좌기준(坐基準)에서 비롯된다고 하겠다. 황천(黃泉)이란 죽음을 뜻하는 것으로 곧 12운상(運上)에서 묘방(墓方)이 된다. 그런데 향(向)을 기준한다면 황천방(黃泉方)이라고 하는 곳들은 모두가 12운상으로 관대방(冠帶方)이나 제왕방(帝旺方)이 되며, 오직 좌(坐)를 기준해야만 묘방(墓方)이 되기 때문이다. 만약 그렇지가 않다면 관대수(冠帶水)나 제왕수(帝旺水)가 모두 길수(吉水)인데 황천수(黃泉水)라고 할 까닭이 없다. 무릇 입왕향(立旺向)일 경우에는 임관수를 기하고, 입쇠향(立衰向)일 때에는 제왕수를 기해야 하는 것이 황천수를 찾는 기준이 되지만 좌(坐)를 기준한다면 이 모두가 다 묘방(墓方)이 되므로 이름그대로 황천수가 된다.

③ 입경향(立庚向)이면 왕향(旺向)이 되니 곤신수(坤申水)를 꺼려야 한다. 입정향(立丁向)이면 쇠향(衰向)이 되니 이때에도 역시 곤신수(坤申水)를 꺼려야 한다.

④ 입병향(立丙向)은 왕향(旺向)이므로 관대수(冠帶水)인 손사수(巽巳水)를 꺼리고, 입을향(立乙向)은 쇠향(衰向)이므로 제왕수(帝旺水)인 손사수(巽巳水)를 역시 꺼려야 한다.

⑤ 입갑향(立甲向)은 왕향(旺向)이라 간인수(艮寅水)를 꺼려야 하니, 이도 역시 관대수요, 입계향(立癸向)은 쇠향(衰向)이라 제왕수(帝旺水)인 간인수를 꺼려야 한다.

⑥ 입임향(立壬向)은 왕향(旺向)이라 관대수(冠帶水)인 건해수(乾亥水)를 꺼려야 하고, 입신향(立辛向)은 쇠향(衰向)이니 제왕수(帝旺水)인 건해수(乾亥水)를 꺼려야 하니, 이는 모두가 향(向)에서는 관대(冠帶)와 제왕(帝旺)이 되고, 좌(坐)에서는 묘(墓)가 되므로 황천수(黃泉水)라 하는 것이다.

❖ **황천살**(黃泉殺)**과 노사살**(路死殺) : 화장실이 황천(黃泉) 및 노사(路死)의 방위에 해당될 경우는, 돌발 사고, 객사, 고질병, 불상사와 대수술, 요절, 비명횡사, 재산, 파탄 등 흉액이 닥친다 하여 우선적인 기피 대상이다.

집의 좌향	壬子癸	丑艮寅	甲卯乙	辰巽巳	丙午丁	未坤申	庚酉辛	戌乾亥
黃泉殺	乙辰	艮寅	坤申	庚酉	乾亥	甲卯	巽巳	丙午
路死殺	巽巳	甲卯	庚酉	申戌	壬子	乙辰	丙午	丁未

❖ **황천살**(黃泉殺) **대황천**(大黃泉) **소황천**(小黃泉) : 대황천과 소황천이란 손방파구(巽方破口)는 병오향(丙午向)이 대황천, 간방파구(艮方破口)는 갑묘향(甲卯向)이 대황천, 건방파구(乾方破口)는 임자향(壬子向)이 대황천, 곤방파구(坤方破口)는 경유향(庚酉向)이 대황천이고 병오파구(丙午破口)는 정미향(丁未向)이 소황천, 갑묘파구(甲卯破口)는 을진향(乙辰向)이 소황천, 임자파구(壬子破口)는 계축향(癸丑向)이 소황천, 경유파구(庚酉破口)는 신술향(辛戌向)이 소황천이다. 황천살을 범하면 대흉이 된다.

❖ **황천살룡**(黃泉殺龍) : 용과 입수가 서로 황천살이 되는 경우. 을묘룡(乙卯龍)이 손사(巽巳) 입수, 병오룡(丙午龍)이 손사(巽巳) 입수, 갑묘룡(甲卯龍)이 간인(艮寅) 입수, 계감룡(癸坎龍)이 간인(艮寅) 입수, 임감룡(壬坎龍)이 건해(乾亥) 입수, 신태룡(申兌龍)이 건해(乾亥) 입수, 경태룡(庚兌龍)이 곤신(坤申) 입수, 오정룡(午丁龍)이 곤신(坤申) 입수면 황천절원지공망(黃泉絕源之空亡)으로 10년 내에 인망패재(人亡敗財)한다.

❖ **황천살입도**(黃泉殺入圖)

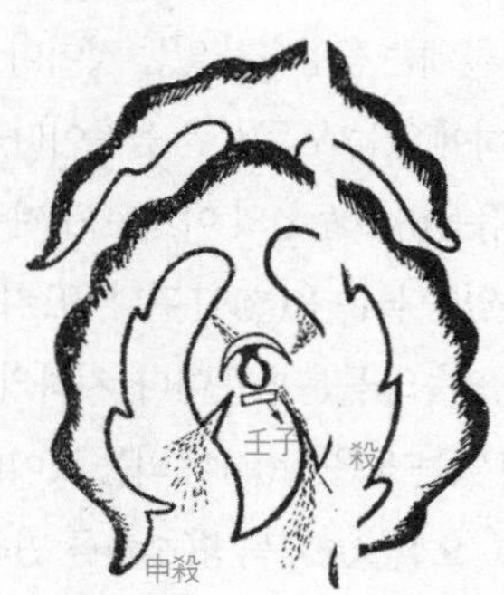

❖ **황천수**(黃泉水) : 땅속으로 스며드는 물을 말함. 비가 오면 물이 불어 오르고 비가 그치면 곧바로 스며 없어져서 사시절 말라있어 생기가 없는 곳으로 이러한 곳은 결혈지가 없는 곳이다. 진술축미방수(辰戌丑未方水)는 4살수(四殺水)이므로 원래 토(土)로서 재물과 관계가 있어 사방이 막혀야 하는데 물이 차게 되면 창고가 비게 되므로 살수가 되는 것임.

❖ **황천수**(黃泉水)

계좌(癸坐) 곤간수(坤艮水)

갑좌(甲坐) 곤간수(坤艮水)

손좌(巽坐) 신(辛)임건수(壬乾水)

정좌(丁坐) 간곤수(艮坤水)

건좌(乾坐) 을병손수(乙丙巽水)

간좌(艮坐) 정경곤수(丁庚坤水)

을좌(乙坐) 건곤손수(乾坤巽水)

병좌(丙坐) 건손수(乾巽水)

곤좌(坤坐) 계갑진수(癸甲辰水)

신좌(辛坐) 손건수(巽乾水)

임좌(壬坐) 손건수(巽乾水)

❖ **황천수살**(黃泉水殺)**의 해** : 묘소에 황천냉수(黃泉冷水)가 침입하면 유체(遺體)가 천천히 부패되는 오랜 기간을 재패(財敗), 인패(人敗), 병패(病敗) 등의 해를 당하게 되고, 우수(雨水)의 침입은 백골이 빨리 소골(消骨)되므로 자손에 대한 해는 크나 화(禍)가 빨리 지나간다. 황천살은 지하에 천수(泉水)나 우수(雨水)가 광내(壙內)에 침입되는 것을 말함이니, 황자(黃字)는 천지현황(天

地玄黃)으로 지(地)를 이름이요, 살자(殺者)는 광내(壙內)의 침입수를 말함이다. 물에는 음양수가 있는 것이니 지상에 있는 모든 물은 양수요 지하에 있는 모든 물은 음수이다. 또 음중유향(陰中有陽)이요 양중유음(陽中有陰)의 이치로써 지상의 흐르는 물은 양이 되고 괴어 있는 물은 음(陰)이 된다. 또 지상에 빗물이 침입된 것은 양수요 땅속의 물은 음수이다. 지하의 음양물을 막론하고 묘 속에 들어 있는 물은 살(殺)이 되는 것이니 그 자손에 대한 해는 손재(損財), 요절(夭絶), 백병(百病)을 면하기 어렵다.

❖ **황천수의 살**(殺)**이란** : 지하 광내(壙內)에 스며드는 음양(陰陽)을 말한다. 황자(黃字)는 천현지황(天玄地黃)으로 지(地)를 말하고 살(殺)이란 묘광(墓壙) 내에 침입되는 물을 말한다. 물[水]에도 음양수(陰陽水)가 있다. 지상(地上) 모든 수는 양수요 지하(地下)의 모든 수는 음수(陰水)이다. 지상수(地上水)는 우수(雨水)가 스며드는 것은 양수(陽水)요. 천수(泉水)는 음수(陰水)이다.

❖ **황천수 측정법**(黃泉水測定法) : 황천수 측정은 지하에 모든 음양수(陰陽水)를 측정하도록 되어 있다. 수법을 보는 1선(一線)에 8방위는 진인신유해묘사오(辰寅申酉亥卯巳午)로써 4선(線)의 지지자(地支字)와 연관성으로 보도록 지정된 방위이다. 측정방법은 혈의 당판(當坂)이 되었다 싶을 때 혹 천수(泉水)나 우수(雨水)가 스며들지 않았나를 측정하여보는 긴요한 방법으로서, 측정요령은 그 당판 중심에 나경을 고정한 다음 임자맥(壬子脈) 당판으로 측정이 되었다면 제1선에는 진자(辰字)가 쓰여 있으니 그 진자를 제4선에 삼합(三合)인 신자진자(申子辰字)를 찾아 그 방향을 2~3미터 이내를 내다보며 황천수 침입의 흔적을 알 수 있는 것이니, 물이 침입된 곳이라면 그 당판은 비혈(非穴)로 간주하는 것이다.

❖ **황천수향**(黃泉水向) : 묘 및 건물의 향(向)을 기준하여 이 황천수를 범하면 사람이 죽고 재물이 패한다고 한다.

庚丁向에 坤方水　坤向에 庚丁方水 (庚丁 : 坤)

甲癸向에 艮方水　艮向에 甲癸方水 (甲癸 : 艮)

乙丙向에 巽方水　巽向에 乙丙方水 (乙丙 : 巽)

辛壬向에 乾方水　乾向에 辛壬方水 (申壬 : 乾)

❖ **황천좌**(黃泉坐)**와 고리좌**(藁裡坐) : 황천좌와 고리좌는 사망의 액이 있다는 흉좌(凶坐)인데, 각각 아래와 같다.

亡命 / 區分	甲子辰生	巳酉丑生	寅午戌生	亥卯未生
黃泉坐	巽坐	艮坐	乾坐	坤坐
藁裡坐	甲卯坐	壬子坐	庚酉坐	丙午坐

이 좌(坐)는 망인의 출생년과 좌를 대조하여 운의 길흉을 참고하는 것으로 아래와 같다.

운의 길흉 / 망인의 생년	旺人丁	多權勢	憂患多侵	亡墳墓	長壽之命	子孫多	子孫有害	富貴多福
申子辰生	申子辰 坐坐坐	艮丙申 坐坐坐	丙午戌 坐坐坐	坤壬乙 坐坐坐	亥卯未 坐坐坐	巽庚癸 坐坐坐	巳酉丑 坐坐坐	乾甲丁 坐坐坐
巳酉丑生	巳酉丑 坐坐坐	乾甲丁 坐坐坐	坤壬乙 坐坐坐	巽庚癸 坐坐坐	甲子辰 坐坐坐	艮丙娠 坐坐坐	寅午戌 坐坐坐	亥卯未 坐坐坐
寅午戌生	寅午戌 坐坐坐	坤壬乙 坐坐坐	申子辰 坐坐坐	艮丙申 坐坐坐	巳酉丑 坐坐坐	乾甲丁 坐坐坐	亥卯未 坐坐坐	巽庚癸 坐坐坐
亥卯未生	亥卯未 坐坐坐	巽庚癸 坐坐坐	巳酉丑 坐坐坐	乾甲丁 坐坐坐	寅午戌 坐坐坐	坤乙壬 坐坐坐	申子辰 坐坐坐	艮丙辛 坐坐坐

❖ **황천침시수**(黃泉侵屍水) : 을진수(乙辰水), 곤신수(坤申水), 임자수(壬子水), 술건수(戌乾水), 인갑수(寅甲水)가 파국이 되면 묘지 안에 물이 가득 고여 시신이 물 속에 잠기는 경우가 있다. 용맥(龍脈)이 죽은 것이어서 힘이 없어도 그렇다. 시신이 물에 잠기면 잘 썩지 않으며, 썩어도 유골이 시커멓게 된다. 이렇게 되면 자손들이 온갖 풍파를 겪는다. 몸도 허약하여 병을 자주 앓는다.

❖ **황천팔요**(黃泉八曜) : 3산 1괘로 효(爻)가 본산을 극하면 요(曜)라 한다. 대현공오행으로 생출극출(生出克出)이 되면 황천이 된다.

❖ **황토**(黃土) **진흙으로 병을 치료한다** : 옛날에는 의술이 발달하기 전에 황토 흙으로 병을 치료하였다. 연탄가스에 질식했을 때 흙에다 코를 대고 있으면 치료가 되고 황토 물을 걸러서 마시면 위장이 튼튼해지고 바다 녹조가 되면 황토 흙을 뿌린다. 복어 알 먹고 중독되었을 때도 황토 물을 마시면 치료가 되고 독버섯 먹고 중독에도 치료가 되며 상처가 낫을 때도 흙을 바르면 치료가 되었으며 산후조리에도 황토방이 좋으며 독감이 걸렸을 때에도 황토 방에서 잠을 자고 나면 치료가 되고 피로가 겹칠 때도 황토 방에서 잠을 자고나면 피로회복이 된다. 옛날에는 의료 시설이 빈번치 못할 때는 흙을 이용하여 건강을 지켜왔다.

❖ **황토질**(荒土質) : 거칠은 땅이며 매립장 등 이른바 불모지를 불리는 극히 흉한 곳의 토질.

❖ **황흑도 길흉정국**(黃黑道 吉凶定局) : 황도·흑도의 정국과 그 길흉 구분으로 아래와 같다. 황도(黃道)는 길하고 흑도(黑道)는 흉하다. 혼인·이사·건축 및 가옥수리·진인구(進人口)·장사지내는 일 등에 황도일과 황도시(黃道時)를 가려 쓰면 대길하다. 특히 모든 중요한 행사의 시간을 정할 때 황도시를 사용하면 좋다.

月日 / 黃黑道	寅申	卯酉	辰戌	巳亥	午子	未丑	비고
靑龍黃道	子	寅	辰	午	申	戌	吉
明堂黃道	丑	卯	巳	未	酉	亥	吉
天刑黑道	寅	辰	午	申	戌	子	凶
朱雀黑道	卯	巳	未	酉	亥	丑	凶
金櫃黃道	辰	午	申	戌	子	寅	吉
大德黃道	巳	未	酉	亥	丑	卯	吉
白虎黑道	午	申	戌	子	寅	辰	凶
玉堂黃道	未	酉	亥	丑	卯	巳	吉
天牢黑道	申	戌	子	寅	辰	午	凶
玄武黑道	酉	亥	丑	卯	巳	未	凶
司命黃道	亥	子	寅	辰	午	申	吉
句陳黑道	亥	丑	卯	巳	未	酉	凶

월(月)로 일진(日辰)을 대조하고, 일진(日辰)으로 시(時)를 대조한다. 가령 인신월(寅申月)이면 자축진사미술일(子丑辰巳未戌日)이 황도일이고, 인신일(寅申日)이면 자축진사미술시(子丑辰巳未戌時)가 황도시이다.

① **황도**(黃道)

- **청룡황도**(靑龍黃道) : 천뢰(天雷)와 천마성(天魔星)이니 다른 길성을 겸하면 만사대길함.
- **명당황도**(明堂黃道) : 명성귀인(明星貴人)과 자미(紫微)의 길성인데 음택과 양택에 더욱 길.
- **금궤황도**(金匱黃道) : 천보(天寶)·명성(明星)·난여(鑾輿)·천측(天則)·천경(天慶)의 길성이다.
- **대덕황도**(大德黃道) : 천대(天隊)·명당(明堂)·상관(上官)·읍종(邑從)·지재(地財)의 길성이다.
- **옥당황도**(玉堂黃道) : 천왕(天王)·명성(明星)·천고(天庫)·소미(少微)·천성(天成)의 모든 길신과 합한다.
- **사명황도**(司命黃道) : 천부(天府)·명성(明星)·천관(天官)·봉연(鳳輦)·녹고(祿庫)의 길신과 합한다.

② **흑도**(黑道)

- **천형흑도**(天刑黑道) : 흉신으로 건축·가옥수리·공작(工作) 등을 특히 더욱 꺼린다.
- **주작흑도**(朱雀黑道) : 흉신으로 건축 및 수리, 공작(工作) 등을 더욱 꺼린다.
- **백호흑도**(白虎黑道) : 위와 같음
- **천뇌흑도**(天牢黑道) : 위와 같음.
- **현무흑도**(玄武黑道) : 매사 꺼리는데, 특히 산실(産室)을 수리하는 것을 삼가야 한다.
- **구진흑도**(句陳黑道) : 흉신으로 특히 장사지내는 일에 더욱 꺼린다.

❖ **황혹박풍**(黃鵠博風) : 누런색 고니가 바람을 맞으며 날개를 치는 형국. 앞에 큰물이 있으며 귀한 인물들을 배출하고 자손들의 성품이 고상하며 아름답고 용모도 수려하다. 지혜와 덕과 학식을 두루 갖춰 남들의 사람과 존경을 받으며 부귀를 누린다. 이 형국의 혈은 날개 위에 있고, 안산은 날개를 꽉 펴고 있는 난새이다.

❖ **회과**(回窠) : 혈을 둘려서 싸줌.

❖ **회(灰) 다지기** : 회 다지기는 원래의 본땅에 토질의 밀도를 유지하기 위한 것. 시신을 장사지내기 위해서 파낸 본땅이 밀도가 파괴되어서 지반이 연약하므로 물과 나무뿌리 등의 침입을 막기 위해서 토질의 밀도를 원상회복시키는 작업. 회와 막걸리로(반죽) 배합해서 두텁게 덮고 완전하게 다져서 피해를 막아야 한다.

❖ **회도살**(回到殺) : 하관하는 순간을 보면 산 사람이 화를 당한다고 하며, 일부에서는 호충을 피하라고 한다.

❖ **회두**(回頭) : 가던 방향에서 혈 쪽으로 머리를 돌림. 내려오던 곳

을 돌아보기 위해 머리를 돌리는 모양.

❖ **회두극좌**(回頭剋坐)

- 죽은 자(亡者)의 생년(生年)이 중궁(中宮)에서 갑자를 일으켜 순행하며 도궁(到宮)되는 좌향을 놓치 않는 것을 뜻함.
- 4록(四祿)인 임신(壬申), 신사(辛巳), 경인(庚寅), 기해(己亥), 무신(戊申), 정사(丁巳)년에 태어난 사람은 서북방인 진좌술향(辰坐戌向), 손좌건향(巽坐乾向), 사좌해향(巳坐亥向)을 피해야 한다.

❖ **회두극좌 조견표**

辰巽巳坐 四祿 巽 ④ 丁戊己庚辛壬 巳申亥寅己申	丙午丁坐 九紫 離 ⑨ 壬癸甲乙丙丁戊 戊丑辰未戌丑辰	未坤申坐 二黑 坤 ② 乙丙丁戊己庚 卯午酉子卯午
甲卯乙坐 三碧 震 ③ 丙丁戊己庚辛 辰未戌丑辰未	中 五黃 官 ⑤ 甲戊己庚辛壬癸 子午酉子卯午酉	庚酉辛坐 七赤 兌 ⑦ 庚辛壬癸甲乙丙 申亥寅巳申亥寅
丑艮寅坐 八白 艮 ⑧ 辛壬癸甲乙丙丁 酉子卯午酉子卯	壬子癸坐 一白 坎 ① 癸甲乙丙丁戊己 亥寅巳辛亥寅巳	戌乾亥坐 六白 乾 ⑥ 己庚辛壬癸甲乙 未戊丑辰未戌丑

❖ **회두극좌오행**(回頭剋坐五行) : 회두극좌법은 구묘옆에 합장이나 쌍분으로 모시고자 할 때 구묘의 생방과 왕방은 피하는 법.

五行	坐	陽干		陰干		忌坐
		生	旺	生	旺	
金	乾甲丁巽庚癸	巳	酉	子	申	巽巳庚酉
水	亥卯未巳酉丑	申	子	卯	亥	
木	艮丙辛坤乙壬	亥	卯	午	寅	艮寅丙午
火	申子辰寅午戌	寅	午	酉	巳	

❖ **회두살**(回頭殺) : 망인(亡人)의 생년(生年)을 가지고 본다. 중궁(中宮)에서 갑자(甲子)부터 세어서 건위(乾位) 을축(乙丑), 태위(兌位) 병인(丙寅), 간위(艮位) 정묘(丁卯)의 순서로 순행(順行) 구궁(九宮)에서 망인을 입장할 좌(坐)에 망인의 생년이 이른다면 회두살(回頭殺)이므로 구궁(九宮)에 의존해서 보는 것이다. 사유(四維)와 사정(四正)의 자리에서 괘(卦)가 주관하는 삼위(三位), 즉 건괘(乾卦)는 건(乾)과 술해(戌亥)를, 감괘(坎卦)는 감(坎)과 임계(壬癸)를 회두살(回頭殺)로 본다. 삼수회두살(三獸回頭殺)은 장례일을 중궁에 넣어 순행해서 그해 태세(太歲) 간지(干支)와 제주(祭主) 생명(生命) 간지(干支)가 망인을 매장할 좌에 이른다면 삼우제일(三虞祭日)에 제주 필사(必死)로 되어 있다. 과거나 현재를 막론하고 제주가 삼우일에 사망할 경우에 무슨 이유인지도 모르고 넘어가는 일이 있으나 이 법을 몰라서 일어나는 것이다. 지리를 아는 사람으로써는 회두살(回頭殺), 당명살(當命殺), 삼수회두살(三獸回頭殺) 법식은 반드시 연구하고 살펴서 실수 없도록 해야 한다.

❖ **회록래**(回祿來) : 인오술방(寅午戌方)이 움푹 들어가면 바람을 따라서 흉흉한 기운이 들어오며, 그로 인해 자손들이 온갖 고초를 겪게 되고 갖가지 흉화(凶禍)를 입는 것.

❖ **회록수**(回祿水) : 병수(丙水), 오수(午水), 인수(寅水), 술수(戌水), 을수(乙水), 진수(辰水)가 파국(破局)이 된 것을 말함. 회록수가 있으면 자손들이 화재(火災)를 당하며, 합국(合局)이라 해도 인오술(寅午戌) 세 방향에서 모두 물이 들어오면 화재를 입는 수가 있다.

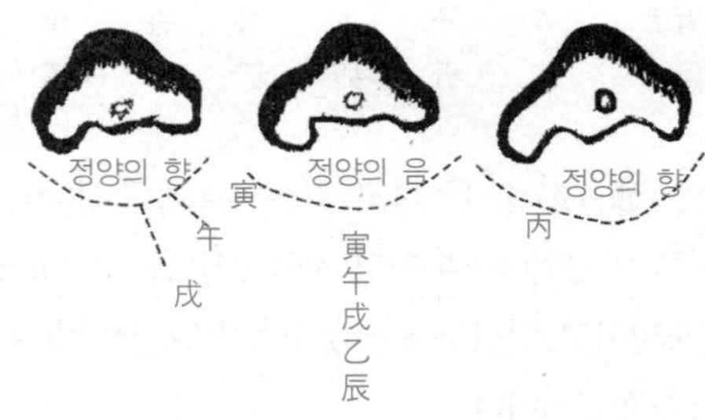

❖ **회룡**(回龍) : 주봉에서 출발한 용이 진행하는 동안, 조금씩 회전해서 주봉을 마주 보는 상태로 있는 것을 말함. '용이 회전해서 조상을 돌아본다' 는 뜻으로 '회룡고조(回龍顧祖)' 라고도 하며, 혈과 명당을 이룬다.

❖ **회룡결**(廻龍結) : 되돌아서 맺는 것. 이 혈에는 배조(拜祖)와 고조(顧祖)의 두 종류가 있으나 크게 다르지 않다. 배조형은 본산으로부터 낙맥한 후에 산봉우리가 없이 다만 마디가 약간 울룩불룩하고 좌·우 지각이 호송하다가 산진처에서 갑자기 산봉우리가 우뚝하여 역세로 판을 짠 것을 말하고, 고조형은 배조와 비슷하나 다만 용이 행도할 때에 지각의 호송이 없이 파자(巴字)

모양으로 돌아서 결혈처에 이르고 본조산이나 중조산을 향하여 혈이 생기는 것을 말한다.

❖ **회룡고조**(回龍顧祖) : 조산(祖山)을 돌아보는 용.

❖ **회룡고조혈**(廻龍顧祖穴) : 조종산(祖宗山)에서 멀리 뻗어오는 용이 청룡·백호를 이루어 다시 조종산을 바라보면서 혈이 맺는 것을 말함. 그러므로 이 격이 이루어지려면 진룡진혈(眞龍眞穴)이 반드시 조종산을 바라보고 있어야 한다. 회룡고조혈은 뻗어나오던 용이 청룡·백호를 만들어 결혈(結穴)되는 곳이 조산(祖山)을 돌아다보는 것을 말한다.

❖ **회룡고조혈**(回龍顧祖穴)**은 야산**(野山)**에서 결혈**(結穴)**한다** : 회룡고조혈은 당대 30년 발복지지이다. 속담에 빈한(貧寒)한 자손을 귀족(貴族)으로 가도록 안산(案山)을 조종산(祖宗山)이 도와주기 위하여 우선 부(富)만 일대(一代) 발복하는 자리를 주어 점차로 도와주는 회룡고조라 한다. 고산(高山)에 회룡고조의 결혈이라면 윗대 조상이 도와주는 한편 모든 인사들이 도와주는 명혈대지로서 높은 관직에 오르고 부귀겸전(富貴兼全)하게 된다.

❖ **회룡은산형**(回龍隱山形) **와룡은산형**(臥龍隱山形) : 힘차게 달려온 용이 옆으로 방향을 전환하고 개장한 청룡이나 백호를 혈 앞까지 완전하게 감싸고 있어 밖에서 아무리 보아도 보이지 않는 안쪽에 혈이 있는 경우. 대개 좁은 골짜기를 따라 올라 가다 보면 산 속에 넓고 평탄한 공간이 나타나는 곳에 있으며, 혈은 용의 이마나 코에 있다. 안산은 구름이나 안개와 같아야 하고 청룡, 백호, 안산 밖으로 다른 산이나 들판이 보이지 않는다. 대개 발복이 느려서 명성과 명예는 있으나 크게 현달(顯達)하지는 못한다.

❖ **회룡**(回龍)**의 회입수**(回入首) : 회룡(回龍)에 회입수(回入首)는 조산(祖山)을 떠난 용이 용신(龍身)을 180도로 돌려서 조산을 보고 결혈된 것. 엄밀히 보면 조산의 청룡이나 백호가 안산에 까지 이르며 봉만(峰巒)이 수려하고 융결이 되어서 작혈을 하게 되는데, 조산이 너무 높으면 혈처가 핍박을 받는 격이므로 불가하다. 그러므로 적당한 거리에서 어른에게 자식이 절하는 그러한 모양이 되어야 한다. 그런데 조산의 청룡이나 백호가 돌아서 협(峽)을 지나는 곳에다 점혈(點穴)된 묘소는 수풍(受風)이 되어 봉분(封墳)이 흩어져 흉하게 되어 있을 것이다. 그렇게 되면 재산은 흩어지고 정신질환이나 요사하는 자손이 끊이지 않는다. 그러므로 회룡(回龍)의 혈처는 장풍이나 안면(案面)에 장곡(長谷)을 가볍게 보면 크나큰 재화를 면하지 못한다.

❖ **회룡입수**(回龍入首) : 용맥(龍脈)이 둥글게 휘돌아 조산(祖山)을 바라보며 혈이 맺힌 것. 그 중에서 조종산(祖宗山)이 10리 이상 멀리 떨어진 것을 대회룡(大回龍), 가까이 있는 것을 소회룡(小回龍)이라 부른다. 회룡입수의 혈도 뒤에 귀락(鬼樂)이 있어야 좋다. 귀락이 없으면 기운이 약해 명당이 못 된다. 또 조종산(祖宗山)이 너무 높게 보이지 않아야 한다. 너무 높고 웅장하면, 혈을 압박하는 형국이 된다. 그러면 기운을 크게 떨치지 못한다.

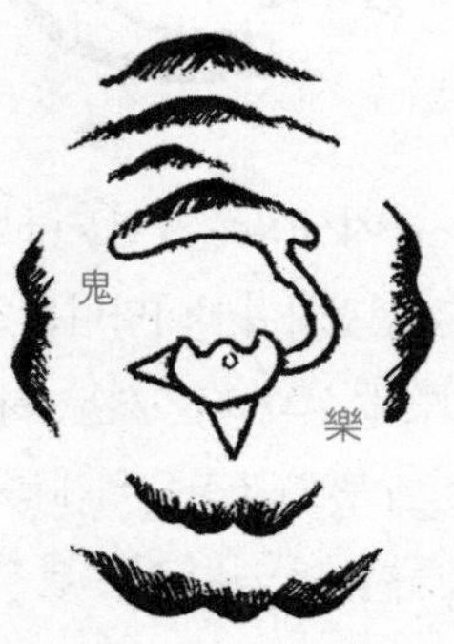

❖ **회류수**(廻流水) : 혈 앞에서 빙빙 돌다가 흘러 나가는 물. 마치 다른 곳으로 가기 싫어서 자꾸 한 곳에 맴도는 것처럼 보이며, 훌쩍 흘러가 버리지 않고 한 곳에 맴도니 거기에 큰 정기가 모이고 그로 인해 부귀를 얻게 되는 지극히 좋은 물이다.

혈
물이 간다
물이 온다

❖ **회포혈**(懷抱穴) : 사람의 가슴에 해당되는 혈. 배꼽혈의 위치보다는 훨씬 위쪽에 있으므로 청룡과 백호도 그만큼 높다. 혈이 가슴에 있는데 이것을 모르고 꼭대기에 묘를 쓰면, 자손들이 큰 흉화(凶禍)를 입게 된다. 또한 회포혈은 용호(龍虎)나 조응사(照應砂)가 주작(朱雀) 안산이 되는 것을 말한다. 이러한 혈처는 천혈(天穴)보다는 인혈(人穴)로 작혈(作穴)이 되는 것이 마땅하며, 원진수(元辰水)가 회포 하는 것이므로 대단히 아름다운 것이다.

❖ **획도헌지**(畫圖獻地) : 지사(地師)가 산도(山圖)를 그려 가지고 명당대지(明堂大地)라 선전하며 찾아다니는 일. 이는 지식도 없고 인품과 덕망도 없는 무식하고 간교한 지사만이 행하는 것이라 한다. 자손된 입장에 부모·조상을 위해 좋은 땅을 구하려면 자신이 지사를 맞아들여야 하거늘, 자손 된 사람은 집안에 편안히 거처하고, 자손도 아닌 지사가 거꾸로 발 벗고 나서 산을 찾아다니며 그림을 그려 '이곳이 명당이다'는 식으로 주인을 찾는 일은 마땅치 못한 일이다.

❖ **횡개장**(橫開帳) : 안산이 옆으로 둘려 놓은 모양이 장막(帳幕)과 같은 형국.

❖ **횡검**(橫劍) : 칼을 가로 놓은 형국. 혈은 칼자루에 있으며, 안산은 칼집은 또는 칼을 넣어 두는 궤짝이다.

❖ **횡결**(橫結) : 옆을 바라보며 맺힌 혈. 용맥은 바르게 흘러내렸으나 형국에 이르러서는 옆으로 휘어 떨어지고 혈은 90도 방향으로 옆을 바라보는 것이다.

❖ **횡금**(橫琴) : 가로놓인 거문고처럼 생긴 형국. 혈은 손가락으로 소리를 내는 곳에 있고, 안산은 사람이다.

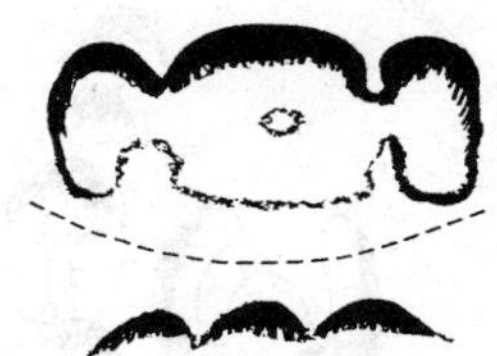

❖ **횡금사**(橫琴砂) : 거문고와 같이 생긴 작은 산이나 바위가 낮은 곳에 깨끗하고 반듯하게 있는 것을 말함. 만약 파쇄되어 있으면 도리어 흉하다.

❖ **횡대**(橫帶) : 관을 묻은 뒤에 광중(壙中)의 위를 소나무 생나무를 잘라서 관 위에 덮는 것. 오랜 옛날에는 사람이 죽으면 땅속에 묻으면 여우가 사람의 시체를 파먹기 때문에 이것을 방지하기 위해 횡대를 덮었다고도 함.

❖ **횡룡결혈(橫龍結穴)에 귀성(鬼星)이 없으면 혈이 아니다** : 횡룡결혈은 귀성이나 낙산(樂山)이나 어느 한 곳에 있어야 결혈의 근거가 되는 것이다. 첩신귀성(貼身鬼星)이란 혈체(穴體) 밑에 붙어서 생기는 귀성(鬼星)을 말한다. 덩어리가 잘생기면 귀한 혈도 생길 수 있다. 첩신귀성은 선익(蟬翼) 밑으로 생기는 귀성(鬼星)은 혈상(穴相)의 오악(五嶽)이 생기면 결혈 되기도 하고 안 되는 귀성도 있다.

❖ **횡룡귀요**(橫龍鬼樂) : 횡룡결혈(橫龍結穴)을 이루려면 귀성이 있고 요산도 있어야 한다. 혹 요산은 있으나 귀성이 없어도 가하고 귀성은 있으나 요산이 없어도 무방하다. 진혈(眞穴)은 하늘

이 감추고 땅이 비밀로 하니 덕 있는 사람을 기다린다. 대개 혈이 허하면 가까운 사를 몸에서 취하고 멀리 제산수의 사격을 취함에 모두 유정한 듯하나 자세히 관찰하면 배반하여 가버리니 다 무정하다.

❖ **횡룡**(橫龍)**뒤에는 반드시 귀성**(鬼星)**이 있다** : 혈에 대해 횡(橫)으로 쌓거나 혹 한쪽 변이 반대로 안거나 혹은 가운데로 반드시 버틴다. 이는 모두 혈증거(穴證據)가 된다. 횡혈은 귀(鬼)가 없으면 반드시 진결이 아니다. 진(眞)이면 자연적으로 귀(鬼)가 있다. 횡룡 결지에는 베게처럼 모양의 산이 막아주어야 진혈이다. 혹 점혈하는 법은 먼저 혈기(穴氣)을 살피고 가혈(假穴)에도 귀(鬼)가 있는 경우가 있으니 신중하지 않으면 안된다. 횡룡은 또한 귀성(鬼星)이 없어도 결혈이 된다. 혈후에서 하수사(下水砂)가 기를 반대로 막아주면 이것 또한 한쪽을 역(逆)으로 감싸는 귀성과 같다. 공용상적(功用相適) 같이 본다. 그 외산이 같이 붙어 있는 것과 같이 본다.

❖ **횡룡**(橫龍)**에 횡입수**(橫入首) : 횡룡은 용신(龍身)이 횡(橫)으로 하행(下行)하는 곳에 결혈(結穴)이 되어 입수한 곳인데 혈 뒤에는 낙산(樂山)이나 귀산(鬼山)이 있어야 한다. 요씨가 말하기를, 횡룡에는 혈 뒤에 반드시 유락유귀(有樂有鬼: 받쳐주는 산)하였으니 그가 말하는 귀락(鬼樂)은 후치(後峙: 우뚝한 산)가 있어야 마땅하다는 것이다. 그래서 횡룡의 혈은 귀락(鬼樂)이 없으면 진결(眞結)이 되지를 못한다 하였으며, 혈이 진(眞)이면 자연적으로 낙(樂)이나 귀(鬼)가 있는 법이라 하였다. 그런데 가룡(假龍: 四正이 橫龍時)의 혈에는 귀락이 있어도 진혈이라는 생각은 잘못이다. 사태룡(四胎龍)이 횡으로 하행시 사정룡(四正龍)의 입수에 좌(坐)가 가하다는 것은 건술룡(乾戌龍)이 하횡(下橫)하면 임감입수(壬坎入首) 임자좌(壬子坐)로 작혈(作穴)하고, 건해룡이 하횡하면 신태입수좌(辛兌入首坐)로 작혈하며, 망명(亡命)에 저촉이 없으면 부귀를 논하는 데는 의심할 필요가 없다. 만약에 경태룡(庚兌龍)이나 계감룡(癸坎龍)에 건좌(乾坐)로 작혈하면 절원지(絶源地)가 되어 3대 후에는 장자손에게 후사가 없다.

❖ **횡룡입수**(橫龍入首) : 횡룡입수는 용맥이 주산의 옆으로 비껴 나가 혈을 맺은 것. 횡룡입수의 혈이 좋은 혈이 되려면 낙산(樂山)과 귀(鬼: 혈의 너머에 뻗은 산줄기)가 있어야 한다. 낙귀(樂鬼)가 없으면 명당이 못되고, 혈 앞의 물이 곧고 길게 흘러 나가도 불길하다.

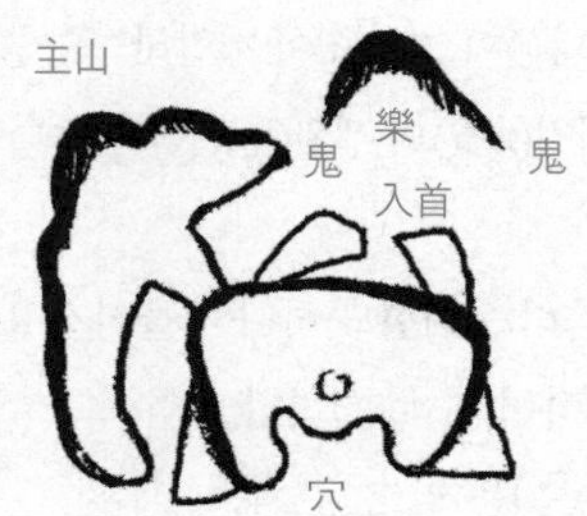

❖ **횡룡혈결**(橫龍穴訣) : 횡룡(橫龍)의 결혈(結穴)을 알 수 있는 방법은 혈장에 올라가 사방을 쭉 돌아보고 개수(開手)와 개구(開口)함을 잘 살피고 뇌두(腦頭)와 혈장(穴場)이 풍취(風吹)를 받지 않을까를 먼저 보아야 한다. 횡룡결혈(橫龍結穴)에서 꼭 필요한 것은 낙산(樂山)이다. 낙산(樂山)을 베개삼아 베고 혈장의 뒤에 귀요(鬼曜)를 의지하면 방정한 혈장이 된다. 이때 귀(鬼)가 너무 길거나 많으면 도리어 혈장의 진기(眞氣)를 빼앗아가는 꼴이 되므로 좋지 않다. 귀(鬼)가 여러 갈래로 찢어 늘어놓은 듯한 곳은 평안함을 얻을 수 없는 곳이 되니 진혈(眞穴)이 아니다.

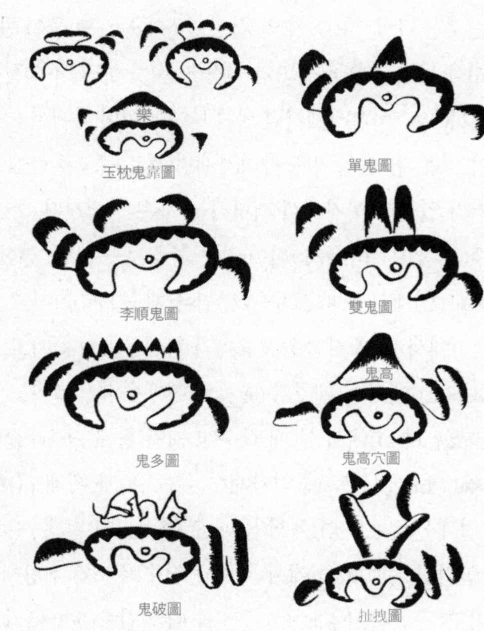

혈형도(穴形圖)는 횡룡결혈(橫龍結穴)로서, 귀(鬼)와 낙산(樂山)

을 의지하여 길흉을 분별하는 도형으로서 모든 횡룡결혈이 앞은 양명(陽明)하여야 하고, 뒤는 공허하지 않아야 하며, 낙산을 베개로 베어 유정하고, 파쇄(破碎)와 설기(泄氣)와 찢어 늘어놓은 듯한 형태와 낙산이 높이 솟아 제압하는 등등의 병패를 범하지 않고, 다시 이기(理氣)의 생왕(生旺)을 얻는다면 이런 곳은 대발함.

❖ **획필**(畫筆) : 뾰족히 수려한 듯하나 기울어지고 여러 갈래로 갈라진 모양을 말하며, 주로 천하다.

❖ **횡사**(橫事) : 잘못되는 일. 그르치는 일.

❖ **횡산**(橫山) : 횡으로 되어 있는 주룡(主龍)의 뒷산을 말함.

❖ **횡석**(橫石) : 돌들이 산란하게 깔려 있는 것.

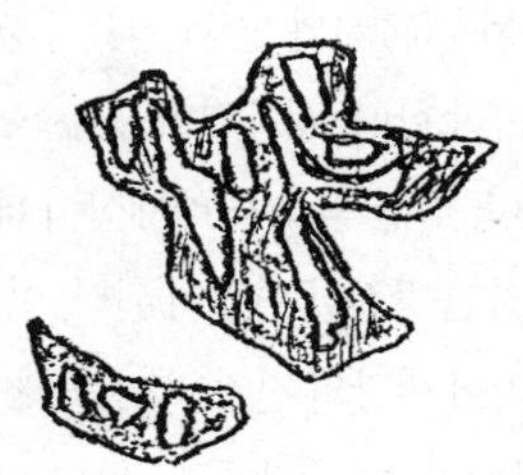

❖ **횡수국**(橫水局) : 묘 앞의 물이 오른쪽에서 왼쪽 또는 오른쪽으로 흐르는 것을 말함. 사(砂)가 역상(逆上)하여 두르고 물이 현무정(玄武頂)을 두르고 수구(水口)가 빗장 지른 듯 하면 더욱 길하다.

❖ **횡시견사**(橫屍見砂) : 시체처럼 생긴 산이 보이면 젊어서 죽는 자손들이 나온다. 만약 진술축미자계방(辰戌丑未子癸方)에 그런 봉우리가 있으면 객지에서 객사하는 자손이 생긴다.

❖ **횡재수**(橫財水) : 저수(貯水)되어 있는 물을 보는 것임. 경신해산(庚辛亥山(坐))에서 볼 때 묘수(卯水)가 횡재수(橫財水)이고, 묘산(卯山(坐))에서 볼 때 경신수(庚辛水)가 횡재수(橫財水)이고, 해간산(亥艮山(坐))에서 볼 때 손수(巽水)가 횡재수(橫財水)이고, 경유신산(庚酉辛山(坐))에서 볼 때 간수(艮水)가 횡재수(橫財水)이고, 이산(離山(坐))에서 볼 때 임자계수(壬子癸水)가 횡재수(橫財水)이고, 임계산(壬癸山(坐))에서 볼 때 오수(午水)가 횡재수(橫財水)이고, 인갑산(寅甲山(坐))에서 볼 때 곤신수(坤申水)가 횡재수(橫財水)이고, 곤신산(坤申山(坐))에서 볼 때 인갑수(寅甲水)가 횡재수(橫財水)이다.

❖ **횡적**(橫笛) : 가로놓인 피리 모양의 형국. 혈은 피리의 꼭대기, 입술을 대는 곳이고, 안산은 생황, 퉁소 등이다.

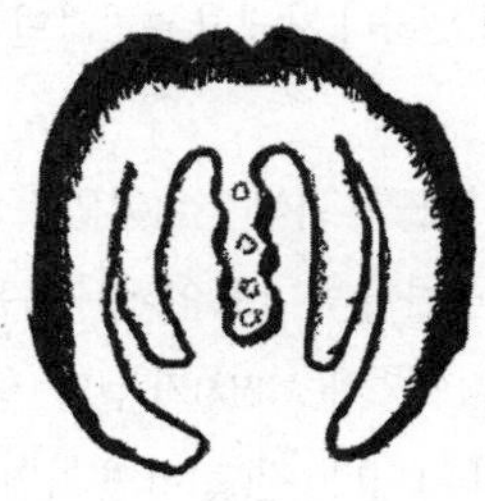

❖ **횡조사**(橫朝砂) : 횡조란 형태가 목성(木星)과 같아서 혈 앞에서 횡(橫)으로 놓였으니 오는 곳과 가는 곳이 분간이 없어서 있는 것도 같고 가는 것도 같은 것이다.

❖ **횡중취곡 수중취육**(橫中取曲 瘦中取肉) : 가로 비꼈으면 가운데가 굽어야 하고, 마른 것 중에 살이 통통하게 찐 것을 취함.

❖ **횡타**(橫拖) : 옆으로 이끎. 칼을 옆으로 찬 모양.

❖ **후**(後) : 출맥(出脈)한 산.

❖ **후롱**(厚壟) : 도톰한 언덕.

❖ **후룡**(後龍) : 입수도두를 만든 뒷편의 용맥. 도두한 성체를 이루도록 내려온 산.

❖ **후산**(後山) : 후산이 벽으로 세워지면 마땅치 못하고, 거수(去水)는 직류(直流)함이 가장 겁난다. 입혈(立穴)한 뒤의 산이 벽처럼 가파르면 현무(玄武)는 수두(垂頭)하지 못하므로 작지(作地)하기에는 가장 불리하다. 대체로 벽처럼 세워지면 강하(降下)하는 기세가 없으므로 참된 맥은 맺어지기 어렵다. 면전(面前)의 물이 귀하려면 좌회우전(左回右轉)하여 가는 것인데, 직류(直流)하여 무정(無情)함을 가장 두려워한다. 물을 끌고 나가면 내기(內氣)는 달아나니 퇴패(退敗)하는 흉함이 있게 된다.

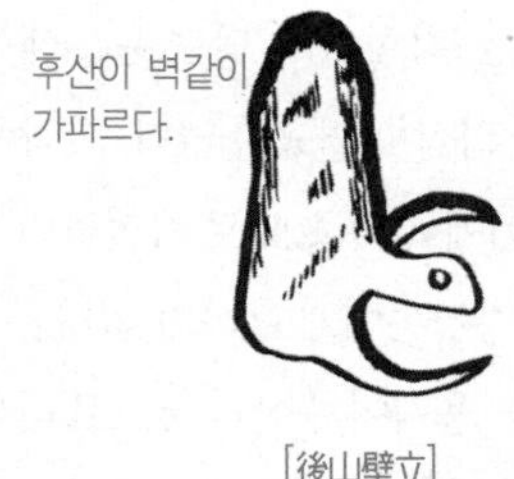

[後山壁立]

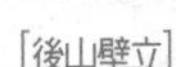

[去水直流]

❖ **후인**(後人) : 후세의 사람들.

❖ **후천괘배낙서지수도**(後天卦配洛書之數圖)

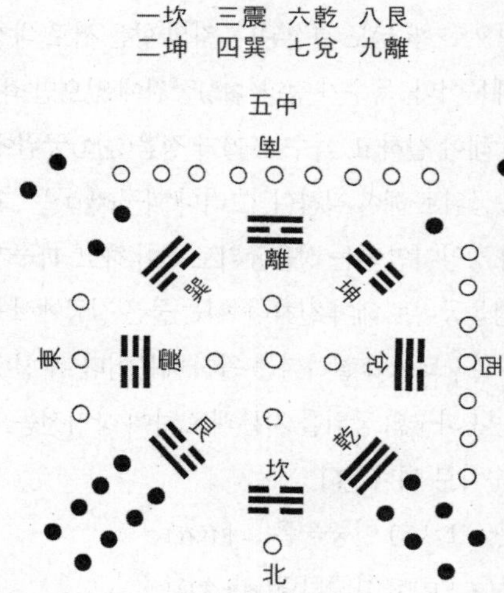

화상수하(火上水下)이기에 9수(九數)는 이(離)가 되고, 1수(一數)는 감(坎)이 되며, 9리(九離)라는 화(火)는 조토(燥土)를 생(生)케 하니 8수의 다음이 9수이니 9가 화(火)며 8은 간토(艮土)가 된다. 이 간(艮)의 조토(燥土)는 금(金)을 생(生)케 하게 되니 8다음은 7, 6이니 7은 태금(兌金), 6은 건금(乾金)이 된다. 그러니 9화(火), 8토(土), 7, 6금(金)은 연생(連生)하였다. 수하(水下)의 감(坎)은 1수(一水)가 감(坎)이니 수(水)는 습토(濕土)를 생(生)케 하니 토(土)는 곤(坤)의 습토(濕土)며 이 습토는 목(木)을 생(生)케 하니 2다음은 3진목(三震木), 4손목(四巽木)을 생(生)케 한다. 토(土)는 9, 8, 7, 6과 1, 2, 3, 4는 8괘와 상배(相配)하여 후천(後天)의 위합(位合)이 된다. 낙서(洛書)에 이 음양의 도(道)는 축미지위(丑未之位)에서 상교(相交)하게 되니 서남(西南)의 곤유(坤維)와 동북(東北)의 간유(艮維)가 또한 서로 바뀌는 것이다. 또 거슬러 올라가서 선천도(先天圖)의 왼쪽 곤손이태(坤巽離兌)와 오른쪽 건진감간(乾震坎艮)에서도 역시 손(巽)과 진(震)이 서로가 선천(先天)을 이루었으며, 후천도(後天圖)의 왼쪽 감곤진손(坎坤震巽)과 오른쪽 이간태건(離艮兌乾)에서도 간(艮)과 곤(坤)이 서로가 후천(後天)을 이루었다. 선유(先儒)께서 하도(河圖)와 낙서(洛書)가 선천(先天), 후천(後天)에서 따로 나왔다던가, 같은 복희지세(伏義之世)에 같이 나왔던 간에 그것을 심변(深辨)할 것이 아니라 선성(先聖)과 후성(後聖)의 법도는 동일한 것이다.

❖ **후천괘배하도지상도**(後天卦配河圖之象圖)

一六水는 北에 居하니 後天의 坎位

三八木은 東에 居하니 後天의 震巽位

二七火는 南에 居하니 後天의 離位

四九金은 西에 居하니 後天의 兌乾位

50의 토(土)는 거중(居中)하며 곤간(坤艮)이 4계(四季)를 주류하며 축미(丑未)의 교(交)에 편왕(偏旺)하니, 오행이 순포(順布)한다.

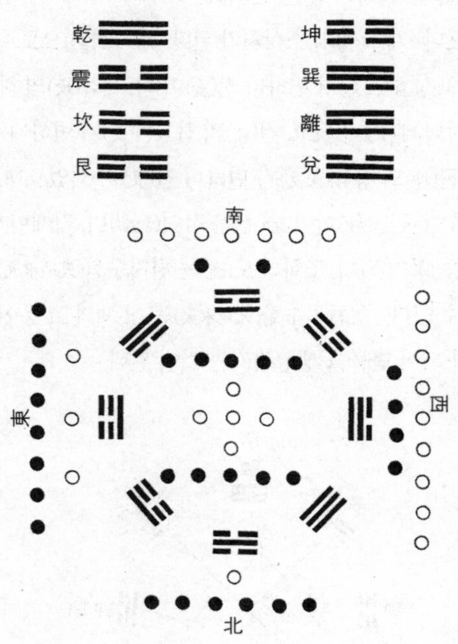

❖ **후천괘이천지수화위체용도**(後天卦以天地水火爲體用圖) : 조화는 음(陰)과 양(陽)의 생(生)과 극(剋)에서 이루어진다. 조화는 8괘가 주체며 8괘에서는 그의 용(用)이 있다. 그 실지의 용(用)은 천(天)과 지(地)와 수(水)와 화(火)가 주(主)가 된다. 풍(風)은 즉 천기(天氣)의 취허(吹噓)하며 하교어지(下交於地)하고, 산은 즉 지형의 융기(隆起)가 상교어천(上交於天)하고, 뇌(雷)는 즉 지중(地中)에서 화(火)의 울(鬱)이 포격분발(捕擊奮發)하는 것이고, 택(擇)은 즉 지상에서 수취(水聚)하며 포산자윤(布散滋潤)하는 것이다. 선천(先天)에 건남(乾南), 곤북(坤北), 이동(離東), 감서(坎西)가 건곤(乾坤)

의 경(經)은 체(體)가 되고, 동서(東西)의 수화(水火)는 위도(緯度)이며 용(用)이 된다. 1년 4계절에서 봄에 뇌(雷)가 발동하는 것이며, 여름에 그 뇌(雷)가 왕성하게 되고, 가을에는 수기(水氣)가 한산하며 백곡(百穀)이 결실하고, 겨울에 수기(水氣)가 왕성하며 물[水]이 그 뿌리로 돌아가게 된다. 수화(水火)의 위도(緯度)는 천지(天地)의 용(用)이며 4계(四季)의 사령(司令)이다. 건손(乾巽)이 상대하여 천강(天綱)이 되고, 곤간(坤艮)이 상대하고 지기가 된다. 천지는 수화(水火)의 체(體)가 되고 사유(四維)에 있으면 4계(四季)의 추축이 되니, 건(乾)은 추동의 중간, 간(艮)은 동춘의 중간, 손(巽)은 춘하의 중간, 곤(坤)은 하추의 중간, 사유방(四維方)에 있으니 4계(四季)의 소식처가 된다. 괘획(卦劃)으로 살펴보면 이(離)의 상효(上爻)가 변하니 진(震)이 되고, 감(坎)의 하효(下爻)가 변하니 태(兌)가 되고, 건(乾)의 하효(下爻)가 변하니 손(巽)이 되고, 곤(坤)의 상효(上爻)가 변하니 간(艮)이 되었으니, 64괘의 시(始)는 건곤(乾坤)이며 중(中)은 감이(坎離)며, 기제미제(旣濟未濟)는 종(終)이 되니, 조화의 도(道)는 천지수화(天地水火)라는 것을 알 수 있다. 즉 천지수화(天地水火)는 그 체와 그 용이 서로가 뿌리가 되어 만물을 생성시키는 것이 된다.

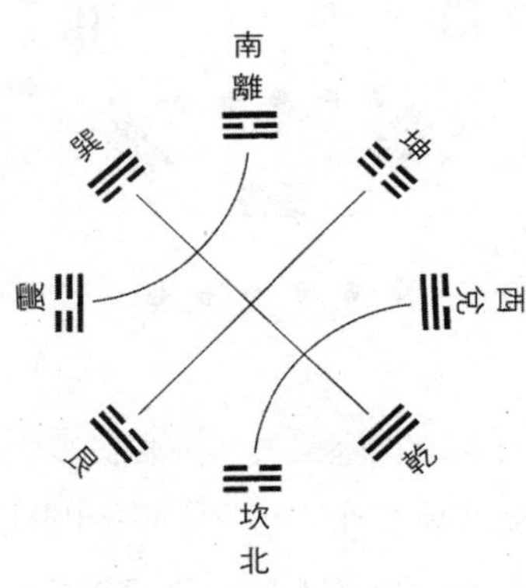

❖ **후천수**(後天數)

갑(甲) 인(寅)은 삼(三)	을(乙) 묘(卯)는 팔(八)
병(丙) 오(午)는 칠(七)	정(丁) 사(巳)는 이(二)
무(戊) 진(辰) 술(戌)은 오(五)	기(己) 축(丑) 미(未)는 십(十)
경(庚) 신(申)은 구(九)	신(辛) 유(酉)는 사(四)
임(壬) 자(子)는 일(一)	계(癸) 해(亥)는 육(六)

❖ **후천수법으로 좌(坐)를 결정하는 방법. 득수(得水)와 좌(坐)의 정음정양은 같고 좌와 파구는 달라야 길하다**: 득수(得水)와 파구(破口) 방위를 보고 좌(坐)를 결정하는 방법으로 좌가 결정되면 자동적으로 향(向)도 결정된다. 좌와 향은 서로 대칭으로 되어 있기 때문이다. 득수가 정양(淨陽)궁위에 있으면 좌(坐)도 정양궁위로 해야 길하고, 득수(得水)가 정음(淨陰)궁위에 있으면 좌도 정음궁위로 해야 길하다. 그러나 파구(破口)는 그 반대다. 즉 파구가 정양이면 좌는 정음궁위로 해야 하고, 파구가 정양이면 좌는 정음궁위로 해야 길하다. 이는 물은 길궁에서 득수하고 흉궁으로 파구되어야 길하다는 원칙 때문이다. 후천수법의 작괘는 득수나 파구의 궁위를 기본괘로 하여 상지선동으로 다음과 같은 순차로 해나간다.

일상파군(一上破軍) 이중녹존(二中祿存)
삼하거문(三下巨門) 사중탐랑(四中貪狼)
오상문곡(五上文曲) 육중염정(六中廉貞)
칠하무곡(七下武曲) 팔중보필(八中輔弼)

❖ **후천수법 조견표**

坐 \ 득수파구	乾甲	坤乙	坎(子)癸申辰	離午壬寅戌	艮丙	震卯庚亥未	巽辛	兌酉丁巳丑
乾甲	輔弼	巨門	貪狼	武曲	廉貞	祿存	文曲	破軍
坤乙	巨門	輔弼	武曲	貪狼	破軍	文曲	祿存	廉貞
坎(子)癸申辰	貪狼	武曲	輔弼	巨門	祿存	廉貞	破軍	文曲
離(午)壬寅戌	武曲	貪狼	巨門	輔弼	文曲	破軍	廉貞	祿存
艮丙	廉貞	破軍	祿存	文曲	輔弼	貪狼	武曲	巨門
震(卯)庚亥未	祿存	文曲	廉貞	破軍	貪狼	輔弼	巨門	武曲
巽辛	文曲	祿存	破軍	廉貞	武曲	巨門	輔弼	貪狼
兌(酉)丁巳丑	破軍	廉貞	文曲	祿存	巨門	武曲	貪狼	輔弼

❖ **후천팔괘**(後天八卦): 후천팔괘는 후천도, 문왕후천팔괘도(文王後天八卦圖), 혹은 문왕후천도(文王後天圖)라고도 하는데, 주(周)의 문왕(文王)이 낙서(洛書)의 원리를 풀이하여 그림으로 그린 팔괘도이다. 이를 소강절(邵康節 : 宋代)은 아래와 같이 풀이하였다. 감수(坎水) 1은 북방의 위치, 곤토(坤土) 2는 서남간방, 진목(震木) 3은 동방, 손목(巽木) 4는 동남간방, 토(土) 5는 중앙, 건금(乾金) 6은 서북간방, 태금(兌金) 7은 서방, 간토(艮土) 8은 동북간

방, 이화(離火) 9는 남방에 그 위치를 정하였다. 즉 일백(一白)이 자(子), 이흑(二黑)이 육백(六白)이 술해(戌亥)궁, 칠적(七赤)이 유(酉)궁, 팔백(八白)이 축인(丑寅)궁, 구자(九紫)가 오(午)궁에 거하니, 이에서 천간(天干)·지지(地支) 및 구성팔문(九星八門)의 위치가 완전히 정해졌다. 그런데 이 후천팔괘의 위치를 정한 것은 다음과 같은 원리에 의함이다. 하느님(帝)은 만물이 생성하는 봄에 동쪽 진방(震方)에서 나와 제출호진(帝出乎震), 봄과 여름이 교체되는 때에 동남간 손방(巽方)에서 이미 생성된 만물을 가지런히 정돈하고(齊乎巽), 만물이 한창 성장하는 여름에 남쪽인 이방(離方)에서 만물이 완성된 형체를 보게 된다(相見乎離). 여름과 가을이 교체되는 때 서남간인 곤방(坤方)에서 만물의 완성을 한층 더 다듬어 놓고(致役乎坤), 만물이 이미 성숙되는 가을에 서쪽 태방(兌方)에서 만물이 완성된 수확을 기뻐한다(說言乎兌). 그리고 가을과 겨울이 교체되는 때에 서북간 건방(乾方)에서 음기(陰氣)와 양기(陽氣) 두 기온이 교전(交戰)토록 조화시키고(戰乎乾), 만물이 수장(囚藏)되는 추운 겨울 북쪽 감방(坎方)에서 수고함을 겪고(勞乎坎), 겨울과 봄이 교체되는 때에 동북간 간방(艮方)에서 이미 사멸(死滅)된 만물이 다시 새 생명의 싹이 이루어진다는(成言乎艮) 천도(天道)의 순환의 이치를 표시한 것이다.

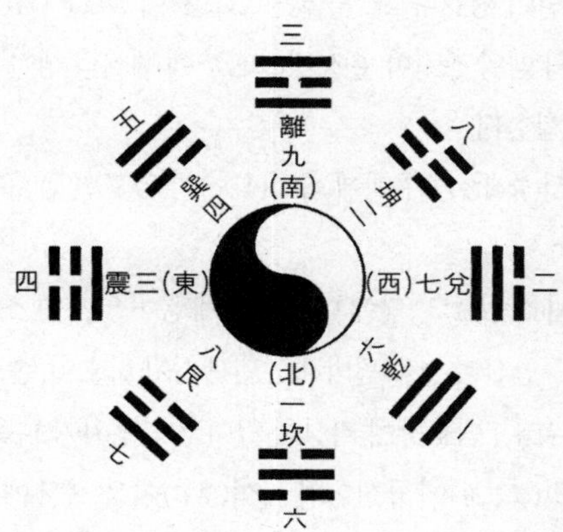

❖ **후철**(後哲) : 후세에 지리에 밝은 명사(明師).

❖ **후토지신**(后土地神) : 절차는 개영역(開塋域)할 때와 같으며, 제사는 묘 왼쪽에서 하는데 개영역은 묫자리를 만들기 위해 산을 파헤치는 것을 말한다.

❖ **휴**(休) : 물이 흘러 나가는 곳.

❖ **흉가를 명당으로 바꾸는 방법** : 집안에 오랫동안 병으로 고생하는 사람이 있다든가, 사업이 부진한 경우, 집안에 불상사가 끊이지 않는 경우, 자녀들 학업에 문제가 있는 경우 등에는 우선 자신이 살고 있는 집 구조를 점검해 볼 필요가 있다. 그래서 구조나 방위가 잘못되어 있다면 완전히 새로 지을 수도 있겠지만, 그러기에는 비용이 많이 드는 등 적지 않은 문제가 발생한다. 이러한 경우에는 잘못된 부분만 수리해서 명당을 만들 수 있다. 집이 자리잡은 지세를 바꿀 수는 없어도, 건물 형태나 방위라도 제대로 맞춰 부분적으로 수리하는 것이다. 그러나 증축을 잘못하면 오히려 명당이 흉가로 변할 수 있으므로 주의해야 한다.

❖ **흉가의 조건은 어떤 것인가** : 흉가의 조건은 우선 배산임수를 어긴 집이고, 골을 메워서 지은 집, 큰 건물의 모서리에 지은 집, 골짜기에 지은 집, 기울어진 터에 지은 집 등이다.

❖ **흉구**(凶具) : 흉하게 쓰이는 기구들. 뾰족한 창은 흉한 기구.

❖ **흉가를 피하는 요령**

- 묘의 부근이나 구묘가 있던 곳은 피해야 한다.
- 물소리가 요란하고 바람소리가 심한 곳을 피해야 한다.
- 땅이 거칠고 푸석푸석하거나 습기가 많은 땅은 피해야 한다.
- 주변에 감싸주는 것 없이 외롭게 노출된 곳은 피하여야 한다.
- 언덕 밑이나 절벽 가까이 있는 곳은 피해야 한다.
- 초목이 잘 자라지 않는 곳은 피해야 한다.
- 길이나 물이 집 쪽으로 정면으로 파고들거나 정면으로 빠져나가는 곳은 피해야 한다.
- 패망 했거나 사람이 죽고 무서워서 기분 안 맞는 집은 피해야 한다.
- 대장간이나 물레방아 터는 피한다.
- 앞이 높은 집이나 언덕이 있는 곳은 피한다.
- 집 뒤에서 내려오는 산맥을 잘라 도로를 내거나 또는 수로(水路)가 나면 후손 중에 사상자가 나오니 피해야 한다.
- 도로가 집의 좌우편으로 개설된 곳은 피한다.
- 도시주택의 경우 좌측 도로가 나면 남자손(男子孫)이 불리하고 우측으로 도로가 있으면 여자손(女子孫)이 불리하다.

- 집터의 동남쪽에 높은 산이 있으면 피한다.
- 집터의 북서쪽이 낮으면 피해야 한다.
- 일반 가정집 정남향(正南向) 집에 정남(正南) 대문(大門)은 피한다.
- 눈에 보이는 것은 피할 수 있으나 눈에 보이지 않은 것이 피해를 주는 것은 우리 인간이 부지부식 간에 재해를 입게 된다. 예방이 필요하다.

❖ **흉도**(凶徒) : 흉악한 무리들.

❖ **흉룡**(凶龍) : 흉한 용들.

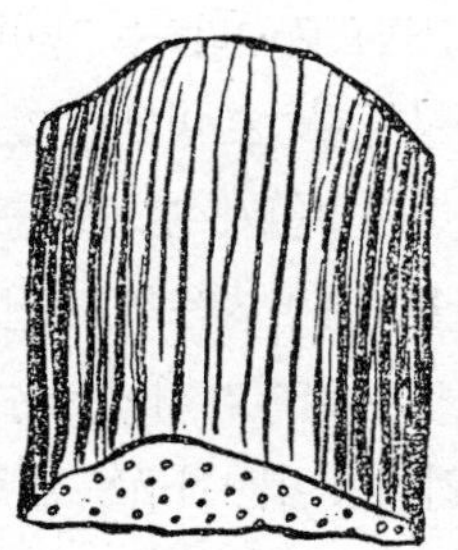

- **완룡**(頑龍) : 용이 준조(蠢粗 : 흉칙한 벌레가 죽어 있는 것같이 보기 흉한 용)하고 경직(마른 나무토막을 잘라놓은 것같이 생기가 없어 보이는 용)하고, 옹종(臃腫 : 종기딱지같이 보기 흉한 용) 완돈(頑頓 : 평퍼짐한 모양)하며, 전혀 기복이 없는 것은 모두 불길한 용이니 잘못 이런 용에다 장사하면 반드시 패한다.
- **번화룡**(翻花龍) : 용의 지각(枝脚)이 뒤로 향해서 전혀 고련(顧戀 : 서로 그리워하는 듯 돌아봄) 않고 등을 진 모습을 함이 폭역(暴逆)하고 어긋난 것으로 장사지낸 뒤에 큰 흉화가 이른다.
- **겁살룡**(劫殺龍) : 용이 조산(祖山)을 떠난 뒤에 정맥(正脈)이 보이지 않고 겁맥(劫脈)이 기를 벗어났으니 대흉격(大凶格)이다.

❖ **흉사**(凶砂) : 정상만 뾰족하거나 부러져 있는 모양의 산, 산의 정상이 깨어진 듯한 형태, 기타 이형(異形)의 산은 악사(惡砂)이다.

- **양자사**(養子砂) : 청룡이 작은 봉을 안으면 양자하게 된다.
- **난양사**(難養砂) : 황천방에 입석이 이곳저곳에 있으면 자손을 기르기 어렵고 또 황천방에 와우석(臥牛石)이 있으면 소년이 횡사한다.
- **패륜사**(悖倫砂) : 백호가 뾰족하고 비껴 나가 머리가 일그러지면 인륜을 어기는 자손이 나온다.
- **쌍산사**(雙産砂) : 태정방(兌丁方)에 쌍정(雙井)이 쌍류(雙流)하거나 안산에 뿔같은 봉이 있으면 쌍동아가 태어난다. 또, 간인(艮寅) · 인갑(寅甲) · 미갑(未申) · 술해룡(戌亥龍)이 쌍행(雙行)으로 나간 위에 혈이 있으면 쌍태(雙胎)한다.
- **산사사**(産死砂) : 곤방(坤方)의 바람이 간방(艮方)으로 들어오면 산망사(産亡死)한다.
- **익수사**(溺水砂) : 자오방(子午方)이 공결(空缺)하고 수구에 흐르는 시체 같은 것이 있으면 자손이 익사한다.
- **병사사**(兵死砂) : 경유신방(庚酉申方)에 칼같은 사(砂)가 있어 혈을 충(沖)하면 전쟁터에서 사망한다.
- **객사사**(客死砂) : 수구에 유시사(流尸砂)나 관사(棺砂)가 있으면 객사한다. 또, 청룡 끝이 끊어지고 청룡 위에 뾰족한 봉이 있어도 객사한다.
- **도배사**(徒配砂) : 수구에 뒤집혀 가는 사가 있으면 귀양살이를 하고, 백호끝이 갈라지면 참수형을 당한다. 또 용호(龍虎)의 허리가 끊어지며 형장사(形杖死)가 있으면 고자가 나온다.
- **결항사**(結項砂) : 백호에 선(線)같은 것이 횡으로 돌려 혈 머리를 안고 을진수(乙辰水)가 상교(相交)하면 식구 중에 목을 매는 사람이 생긴다. 또, 을진방(乙辰方)에 교로(交路)가 있어도 결항의 액이 생기며, 손사방(巽巳方)에 뱀처럼 생긴 사가 있어도 결항한다.
- **배곡사**(背曲砂) : 주맥에 곡척(曲尺)이 있으면 곱사등이가 생긴다.
- **안맹사**(眼盲砂) : 명당에 나성이 길게 굽어 있으면 소경이 생긴다. 또, 안산이 혈을 핍박해도 안맹자가 나오며, 손방(巽方)에 장곡(長谷), 백호방에 괴암이 있어도 안맹자가 나온다. 또한 손사방(巽巳方)에 규산이나 악석(惡石)이 있으면 애꾸눈이 나온다.
- **백발사**(白髮砂) : 주산 뒤에 규봉이 보이면 소년백발이 생긴다.
- **화재사**(火災砂) : 사오방(巳午方)이 공허하거나, 또는 화성(火星)이 높아 혈을 누르면 화재로 사망한다.
- **건족사**(蹇足砂) : 을진방(乙辰方)의 물이 들어오고 을진방(乙辰

方)에 흉암(凶岩)이 있으며 청룡에 다리를 베는 물이 있으면 절름발이가 생긴다. 또, 용호가 절단되어도 다리가 끊기는 일이 일어난다.

- **호교사**(虎咬砂) : 인방(寅方)에 복호암(伏虎岩)이 있으면 호환(虎患)이 생긴다.
- **사교사**(蛇咬砂) : 사방(巳方)에서 나오는 물이 계방(癸方)으로 나가면 뱀에게 물린다.
- **이롱사**(耳聾砂) : 주산에 건술풍(乾戌風)이 불어오면 귀머거리가 생긴다.
- **어눌사**(語訥砂) : 오미정방(午未丁方)이 공허하고 진손수(辰巽水)가 상련(相連)하면 말더듬이가 생긴다.
- **두풍사**(頭風砂) : 술건방(戌乾方)이 공허하여 혈에 바람이 들어오면 두풍이 생긴다.
- **풍창사**(風瘡砂) : 건방(乾方)에 저두석(猪頭石)이 있고 을진방(乙辰方)이 공허하여 10리의 들이 넘겨다보이면 풍창이 생긴다.
- **흉통고질사**(胸痛痼疾砂) : 미곤신방(未坤申方)이 공허하여 바닷물이 넘겨다보이면 가슴앓이가 생긴다.
- **도견사**(屠犬砂) : 안산에 도사(刀砂)가 교차되거나 혹은 안산의 허리가 끊기거나 무너지면 개잡는 사람이 나온다.
- **귀수사**(鬼祟砂) : 인갑방(寅甲方) 골짜기의 물이 빠져 나갈 곳이 없으면 집안에 귀신이 장난친다. 또 인갑방(寅甲方)에서 곡수(谷水)가 나와도 귀수가 침노한다.
- **우음사**(愚音砂) : 인묘방(寅卯方)에 험한 돌이 있으면 말더듬이가 나온다.
- **무사**(巫砂) : 오인방(午寅方)의 물이 유방(酉方)으로 흘러 가면 무당이 나온다.
- **반적사**(叛賊砂) : 계축신방(癸丑申方)에 적기사(賊旗砂)가 있으면 반란자가 나온다.
- **적인사**(賊人砂) : 계축미신방(癸丑未申方)에 도기(盜氣)가 있거나 백호방의 규봉이 내당(內堂)을 넘겨다보면 도적이 나온다.
- **노복사**(奴僕砂) : 자오방(子午方)이 공허하고 주산이 낮고 안산이 높으면 노복이 나온다.
- **망신사**(亡身砂) : 백호가 역수와 상응하여 혈면을 등지고 있으면 망신사라 하는데, 가장이 노중객사(路中客死)하고 집에는 과부의 곡성이 들린다.
- **과부사**(寡婦砂) : 곤방(坤方)에 노인암(老人岩)이 있으면 과부가 생기거나 걸식하고, 경유방(庚酉方)이 공허하면 공방(空方)에서 탄식한다.
- **쌍장사**(雙長砂) : 주산이 단축하고 수구(水口)에 있는 독봉(獨峰)이 겨우 2~3척이 보이면 한 집에 두 호주가 생긴다.
- **음녀사**(淫女砂) : 수구에 있는 산이 계란모양 같으면 여자가 음란하고, 침망산(枕望山)이 안산 밖에서 명당을 넘겨다보아도 역시 음탕하며, 간해방(艮亥方)의 산이 안산 너머로 엿보면 남녀가 호색한다.
- **간부사**(奸夫砂) : 백호가 작은 산을 안으면 부녀자에게 간부가 생기고, 백호방에 양족사(兩足砂)가 있으면 한 이불 속에 두 간부가 생기며, 백호봉의 머리를 청룡이 충사(沖砂)하면 추부(醜婦)가 야간도주하고, 백호가 단독으로 멀고 길면 부인이 본부(本夫)를 버리고 달아난다. 또, 백호안에 객사(客砂)가 있으면 부녀자가 간부와 놀아난다.
- **음부사**(淫婦砂) : 천간방이 측방에 있고 안산에 경대(鏡臺)가 있으며 백호안에 장사(長砂)가 독주하면 부녀자가 음행을 범하고, 명당 외에 백호 측면에 산봉이 있으면 백주에 음행한다.
- **창녀사**(娼女砂) : 진술방(辰戌方)의 산이 버티어 서 있고 오인방(午寅方)에 사가 있으면 물이 유방(酉方)으로 흐르면 창녀가 나오며, 목욕좌에 목욕수를 띠면 화류계가 나온다.
- 어대사(魚袋砂)가 감계(坎癸)에 있거나 사묘위(四墓位)에 있으면 횡시견(橫屍見)이라 하는데 객사한다.
- 팔괘방(八卦方)이 요함(凹陷)하면 팔문결(八門缺)이라 하여 흉하다. 감(坎)은 노사(路死)나 수재내란(水災內亂)이 있고, 간(艮)은 귀매호상(鬼魅虎傷)이 있고, 진(震)은 노비능주(奴婢凌主)하고, 손(巽)은 송옥사(訟獄事)가 있고, 이(離)는 화재병망(火災兵亡)이 있고, 곤(坤)은 절호주(絶戶主)하고, 태(兌)는 산사도상(産死刀傷)하고, 건(乾)은 거향퇴산(去鄕退産)한다.
- 태궁(兌宮)이 결함이면 양관함(陽關陷)이라 하는데, 병사한다.
- 진술고압(辰戌高壓)이면 괴강웅(魁罡雄)이라 하는데, 도적이

나온다.

- 병오정(丙午丁)의 삼위가 모두 저함(低陷)하면 삼화저(三火低)라 하는데, 불귀하다.
- 건곤간손(乾坤艮巽)의 사(砂)에 돌점이 있으면 사신박(四神剝)이라 하는데, 인정이 불왕하다.
- 손신(巽辛)이 함(陷)하면 문성저(文星低)라 하는데, 귀이불록(貴而不祿)이다.
- 건궁(乾宮)이 요(凹)하면 천주절(天柱折)이라 하는데, 요망(夭亡)한다.
- 정산(丁山)이 저함(低陷)하면 수산경(壽山傾)이라 하는데, 단명한다.
- 진술(辰戌)에 기산(旗山)이 있으면 적기현(賊旗現)이라 하는데, 대도(大盜)가 나온다.
- 진술축미(辰戌丑未)의 사고산(四庫山)이 기울어지거나 파쇄(破碎)되면 창고도(倉庫倒)라 하는데, 궁핍하다.
- 간산(艮山)이 산란하면 재백산(財帛散)이라 하는데, 빈궁하다.

[翻花龍]

❖ **흉사 8가지**

① **흉사**(凶砂) : 혈전 어느 곳에서나 뾰족하게 충하는 것으로 특히 자손이 끊긴다.

② **규봉사**(窺峰砂) : 넘어 보이는 산으로 도적자손 도난의 피해가 있게 된다.

③ 혈전·후에 나타난 이상한 암석(동물형상)이 보이면 흉사이다.

④ 양(兩) 쪽에서 찌르는 형상 전후좌우의 암석이 충(沖)해도 흉사이다.

⑤ 압사(壓砂) 혈전 없이 큰 산이 막혀있는 것으로 천옥(天獄)의 흉사이다.

⑥ 반(反砂)사 산이 감싸지 않고 배반하여 가는 것으로 흉사이다. 백호사가 길게 배반하면 홀아비가 생긴다.

⑦ 주(走砂)사 혈전의 물이 곧 바로 흘러가 버리면 흉사이다.

⑧ 단(斷砂)사 용맥(龍脈)이 끊어진 것으로 특히 주맥(主脈)이 끊어지면 흉사이다. (절손)

❖ **흉사격**(凶砂格)

- **규봉사**(窺峰砂) : 규봉사는 살(殺)이 되는 것이나 그 모습이 아름답고 담너머로 구경하는 격으로 악이 되지 않는다. 흉국에 귀형(貴形) 규봉은 관재구설로 손재가 있고, 미형(美形) 규봉은 도난, 사기 등의 손재, 화형(火形)의 규봉은 화재로 인한 재패, 인패가 난다.
- **산산사**(散山砂) : 산산이란 내룡의 지룡 지맥이 좌우로 흩어진 형상을 말하며, 가산이 도산되며 불효, 불충, 산거하게 되고 가환(家患)으로 한빈하게 된다.
- **역리형**(逆理形) : 역리형은 청룡·백호가 혈장으로 옹기하지 않고 배역주(背逆走)의 모습을 말하며, 청룡이 배역하면 자손이 불효, 불충, 배반하고 불목한다. 백호가 배역하면 딸과 며느리가 불효, 부정, 배신하며 재물이 파산된다.
- **결항형**(結項形) : 결항형은 혈장의 내룡맥이 자루를 묶어 동여맨 모습의 용맥이 있으면 결항형으로 목을 매 죽거나 교수형을 받는 자손이 나게 된다.
- **무연독산형**(無蓮獨山形) : 무연독산이란 절손지지이나 독산에도 사유(四維) 건곤간손(乾坤艮巽)에 지맥이 있으면 작은 독산이라도 결혈된다.
- **현군형**(懸裙形) : 현군이란 산에 골이 져서 그 모습이 여자의 치마주름과 같은 모습으로 굴곡이 많고 험난한 산을 말하며, 주로 여자로 인한 패가망신, 불구횡액으로 일조에 파산된다.
- **검사형**(劍砂形) : 검사형은 비혈일 때 용호가 겹산으로 마치 칼날이나 작두와 같은 형이 협곡이 되어 질풍, 살풍으로 이금치사를 당하게 된다.
- **양수양파형**(兩水兩破形) : 양수양파사에는 혈의 진부를 막론하고 동기간 골육상쟁과 이혼을 하게 되고 산거불목(散居不睦)하며 우의가 끊어진다.
- **첨사형**(尖射形) : 조안산(朝案山) 끝이 뾰족하여 첨사하게 되면

상처나 손재, 관재, 구설이 있게 되고 첨사가 둘이면 상처를 두 번 당하게 된다. 특히 첨사지점에 암석이 비치면 상처당하는 것이고, 암석이 없는 첨사는 질병·손재다.

- **급류충수사형**(急流沖水砂形) : 급류충수사형에는 남자가 요절하고 남녀 모두에게 불구의 질병이 따른다.
- 잡석(雜石)에는 횡액파산이 있고, 조토산(燥土山)에 정신질환자가 나고, 편룡에는 불구자손이 나온다.
- 계곡풍이 닿으면 여인이 음란하고 구설과 도산질병이 따른다.
- 명혈이라도 안산이 높으면 천옥(天獄)이라 하여 식복은 있으나 세를 누리기는 어렵다.
- 입수처 토질이 무력산기(無力散氣)되면 불구자손이나 비천자를 두게 되고, 입수가 넓고 전순이 좋으면 다처(多妻)하고, 입수 정기가 우선익으로 왕하면 장자손은 절손하여 양자를 두게 되고 서자가 발복을 하게 된다.
- 묘 봉분의 뒷변에 흙이나 돌무덤이 있으면 목매 죽을 자손이 난다.
- 청룡에 흉암이 있고 규봉이 있으면 맹인손이 나온다.
- 청룡배반은 본손이 불효하고 백호배반은 딸과 외손며느리가 불효하다. 백호내에 작은 객산이 붙어 있으면 간부를 두는 여인이 난다.
- 청룡·백호에 지엽이 많으면 취첩으로 처장궁이 불리하고 작은봉이 붙어 있으면 양자를 두게 된다.
- 용호의 상충은 관재가 따르고 충을 받는 쪽의 손은 요수하게 된다.
- 입수 부위의 좌우선익이 비석비토의 백왕사가 불규칙하게 붙어 있으면 곱추가 난다.
- 남녀 구분은 정음정양과 좌우선(左右旋)으로 구분한다. 가령 진손사(辰巽巳)에 우선 삼자 불배합룡이면 진(辰)이 기두자로서 신자진생 중 진(辰)은 양이므로 남자가 곱추가 되거나 아니면 곱추 자녀를 낳게 된다.
- 진사방(辰巳方)의 흉암석은 차량사고를 조심하고 검사봉(劍砂峰)은 액사(厄死)의 손이 난다.
- 안산의 흉암석은 도병(刀兵)으로 패망하고, 미방(未方)의 흉석은 장녀가 음란하고, 태방(兌方)의 흉석은 말녀(末女)가 음탕하다.
- 주산이 첨사질수하면 형옥이 두렵고 주산봉이 파쇄되면 절사가 두렵다.
- 고총에 중장하면 종노릇하기 쉽고 부녀자가 해를 본다.
- 백호가 넘어질 듯 보기 흉하게 달아나면 구걸하는 손이 난다.
- 청룡이 허리가 사태나거나 잘리면 남자가 음란하고 불구손이 난다.
- 청백산형이 칼날 같으면 칼맞아 도병으로 죽는 손이 난다.
- 청백암석에 푸른 이끼가 끼면 불치병의 손이 난다. 혈 주위의 흉암첨사는 살인이 나게 되고 손은 한빈하다.
- 입수맥후방이 풍살을 받으면 자손이 단명하다.
- 광중물은 인패, 재패, 병패의 우환이 따른다.
- 묘의 좌우에 깊은 연못은 무후절사되기 쉽다.
- 안산이 결항봉요와 같고 묘지가 급경사가 되고 맥이 끊기면 목매 죽는 손이 난다.
- 입수가 돌기하고 당판이 허하면 흥망이 속발속패한다.
- 당판 좌우의 장곡(長谷)은 자손이 산거한다.
- 묘지 좌우에서 여울소리가 나면 혈육간 분쟁하고 불구손이 난다.
- 묘지 앞 흉암석은 교통사고가 많고, 묘 앞 넓은 암석은 수렴과 인패, 재패가 따른다.
- 조안산(朝案山)이 와시형(臥屍形)이면 소년 횡사자가 난다.
- 당판이 왼쪽이 낮으면 과부가 나고 오른쪽이 낮으면 홀아비가 난다.
- 경유신방(庚酉申方)에 검사가 혈을 충하면 도병사손(刀兵死孫)이 나온다.
- 곤신풍(坤申風)이 간인방으로 질주하면 분만 중 산액(産厄)의 부(婦)가 나온다.
- 자축방(子丑方)의 흉사(凶砂)는 도적손이 나온다.
- 안산의 입석이 칼끝같이 날카로우면 살상의 변을 당한다.
- 용호봉이 단절되면 다리 불구의 손이 난다.
- 백호원봉이 혈판을 충하면 과부가 나고 무후하게 된다.

- 백호가 세천(細淺)하면 기사손(飢死孫)을 두게 된다.
- 묘지 전방이 빈약하여 전방풍(前方風)의 내침을 받으면 자손이 한빈하다.
- 청룡이 허하여 살풍을 받으면 장자가 요사하고 부부가 사별한다. 묘혈(墓穴) 두 어깨쪽이 허하면 명예와 재산을 잃게 된다.
- 청백충사수는 한빈음란하고 과부손이 나온다.

❖ **흉사도**(凶砂圖)

- **규봉사**(窺峯砂) : 도적자손이 난다.
- **현군사**(縣裙砂) : 불구 · 음탕자손이 난다.
- **산산사**(散山砂) : 가산도 패하고 불효자손이 난다.
- **비주사**(飛走砂) : 야밤도주자가 난다.
- **천옥사**(天獄砂) : 옥사 · 압사 · 차사고.
- **절산사**(絶山砂) : 무후절손(無後節孫)한다.
- **검살사**(劍殺砂) : 이금치사(以金致死 : 교통사고가 많다).
- **낙봉사**(落峯砂) : 낙사자(落死者)가 난다.

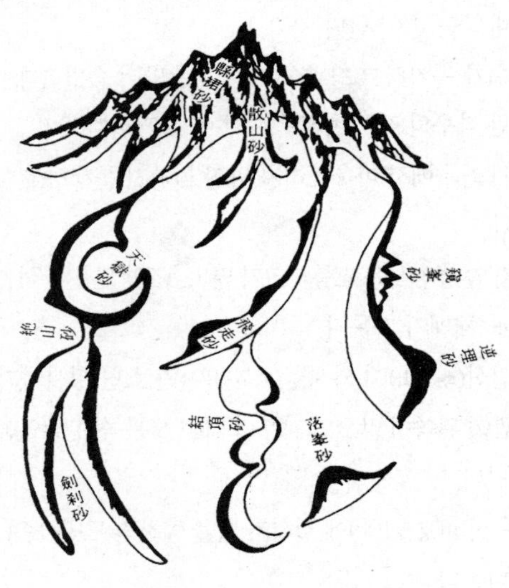

[凶砂圖 砂格]

❖ **흉산십사**(凶山十砂)

① 산산형(散山形)은 흩어져 있는 산 파산하는 형이다.

② 절산형(絶山形)은 산줄기가 토막토막 끊겨 있는 것같이 보이는 산이다. 절사형(絶嗣形).

③ 도주형(逃走形)은 산이 급히 달아나는 것 같은 형. 득죄(得罪)하여 도망다니는 자손이 있다.

④ 역리형(逆理形)은 다른 산맥에 비하여 다른 방향으로 뻗어가면서 봉우리가 위로 불거진 산. 불효, 불충 자손이 난다.

⑤ 결항형(結項形)은 산 중간 중간이 목처럼 좁아져서 창자처럼 꼬여있는 산. 목맥 자손이 난다.

⑥ 압사형(壓死形)은 흐르는 산줄기가 갑자기 꺾여서 반대편으로 오르는 산. 교통사고 및 압사하는 자손이 난다.

⑦ 검파형(劍破形)은 산이 마치 칼날같이 가늘고 길게 뻗어있는 산 총칼 맞아 비명에 횡사하는 자손이 난다.

⑧ 낙파형(落破形)은 집어던져서 퍼져있는 듯한 산. 떨어져서 사망하는 자손이 난다.

⑨ 규봉사(窺峰砂)는 청룡 · 백호 및 안산 너머로 뾰족하게 넘보는 산이 있으면 도둑을 맞게 된다. 술자좌(戌子坐)에 길하다.

⑩ 흔군사(掀裙砂)는 치마 폭처럼 흡사하게 주름져 있는 산으로 음탕한 자손이 난다.

❖ **흉산(凶山)이라 함은 대개 이러하다** : 토석의 색상과 산(山) · 수(水) · 풍(風)이 서로 상충상극(相冲相剋)하여 흉하게 보이는 산을 모두 흉산이라 하고 산세(山勢)가 끊어지면 무후멸망(無後滅亡)하게 되고 산세가 산산(散山 - 흩어지고)되어 보국(保局)이 흩어지면 파산(破產)이 되고 산세가 험악하고 음습(陰濕)하면 백병(百病) 나는 곳이다. 이것이 흉산에 대한 자연의 이치이다.

❖ **흉살론**(凶殺論)

- **5맥무후지지**(五脈無后之地) : 경태룡(庚兌龍)에 자좌(子坐), 감계룡(坎癸龍)에 묘좌(卯坐), 을진룡(乙辰龍)에 경좌(庚坐), 오정룡(午丁龍)에 곤좌(坤坐), 갑묘룡(甲卯龍)에 오좌(午坐).
- **사좌무후지지**(死坐無后之地) : 건룡(乾龍)에 정좌(丁坐), 손룡(巽龍)에 계좌(癸坐), 곤룡(坤龍)에 인좌(寅坐), 간룡(艮龍)에 신좌(申坐).
- **무기살 자손절사**(戊己殺子孫絶嗣) : 신술곤신룡(辛戌坤申龍)에 경태좌(庚兌坐), 을진간인룡(乙辰艮寅龍)에 갑묘좌(甲卯坐), 건해손사룡(乾亥巽巳龍)에 병오좌(丙午坐), 계축건해룡(癸丑乾亥龍)에 임감좌(壬坎坐).
- **절망8후지지**(絶望八后之地) : 간인(艮寅)맥이 짧을 때, 손사(巽

巳)맥이 짧을 때, 곤신(坤申)맥이 짧을 때, 건해(乾亥)맥이 짧을 때, 간인(艮寅)맥이 짧을 때.

- **환자지지**(宦子之地·絕嗣之地) : 간인계축룡(艮寅癸丑龍)에 간인좌(艮寅坐) 정미파(丁未破), 건해신술룡(乾亥辛戌龍)에 건해좌(乾亥坐) 을진파(乙辰破), 곤신정미룡(坤申丁未龍)에 곤신좌(坤申坐) 경태파(庚兌破), 손사을진룡(巽巳乙辰龍)에 손사좌(巽巳坐) 신술파(辛戌破).
- **양자부귀지지**(養子富貴之地) : 간인룡(艮寅龍)에 묘좌곤파(卯坐坤破), 곤니룡(坤泥龍)에 유좌간파(酉坐艮破), 건해룡(乾亥龍)에 자좌손파(子坐巽破).
- **8좌8파무후지지**(八坐八破無后之地)(절손지지) : 건곤간손좌(乾坤艮巽坐)에 인신사해파(寅申巳亥破), 인신사해좌(寅申巳亥坐)에 진술축미파(辰戌丑未破).
- **좌3살**(坐三殺) : 신자진생(申子辰生)은 사유축좌(巳酉丑坐), 사유축생(巳酉丑生)은 인오술좌(寅午戌坐), 인오술생(寅午戌生)은 해묘미좌(亥卯未坐), 해묘미생(亥卯未生)은 신자진좌(申子辰坐).
- **만년불입지지**(萬年不入之地) : 해묘미생(亥卯未生)은 미곤신좌(未坤申坐), 신자진생(申子辰生)은 진손사좌(辰巽巳坐), 인오술생(寅午戌生)은 술건해좌(戌乾亥坐), 사유축생(巳酉丑生)은 축간인좌(丑艮寅坐).

❖ **흉상**(凶相)**과 길상**(吉相)**의 주택과 대지**

- 경사가 심한 곳을 깎아 집을 지으면 재물에 구설수(口舌數) 불상사(不祥事)가 있다.
- 집 앞이 급경사에 골이 지면 투신자살자가 생길 수 있다.
- 삼재화금풍살(三災火金風殺)은 건물에도 삼재가 있고 그것을 보는 방법이 바로 안산(案山)의 용맥이 잘려지거나 끊기거나 혹은 일그러지거나 하는 것으로 판단하는 것이다. 묘나 주택이 이것을 받게 되면 이것을 삼재화금풍살이라고 한다.
- 재물을 모으려면 기(氣)가 빠지지 않아야 한다. 앞이 경사진 집 뒤 담장이 도로와 붙은 집 좌나 우로 경사진 곳 묘지가 대각선으로 골이 빠지거나 경사진 곳 이러한 곳은 모으는 재물보다 나가는 것이 더 많고 심한 곳은 질병에 죽음까지 이른다.
- 높은 건물에 둘러 쌓여있는 집은 흉하다. 일조량이 적고 기(氣)의 균형이 무너진다. 사방(四方)이 감싸여 있는 것은 사면초가(四面楚歌) 형태로 고립되어 있는 것이다. 또 낮은 건물 사이에 홀로 높이 솟아 있는 것도 흉(凶)이 된다. 독불장군(獨不將軍) 형으로 노력을 해도 결실을 맺지 못하고 피곤하기만 하다.
- 집의 우측에 높은 건물, 좌측 에 낮은 건물이 있으면 흉(凶)하다. 매우 강한 운기(運氣)가 집으로 들어오며 재물 운도 있다. 반대로 우측이 낮고 좌측에 높은 건물이 있으면 길(吉)이다.
- 원형의 건물 가까이 있으면 길(吉)하다. 풍수학적으로 둥근 것은 행복과 평화의 상징으로 마음의 안정과 기력을 충실하게 한다. 팔각형의 건물도 대길(大吉)하다.
- 큰 나무를 없애거나 바다나 계곡을 매립해 조성한 토지는 자연의 이치(理致)에 반(反)한 것이므로 풍수적으로 좋지 않다.
- 3각형의 변형된 대지는 재액(災厄)을 부르고 전반적으로 좋지 않다.
- 도로를 등지고 있는 대지는 근심 걱정이 떠나지를 않는다.
- T자형 도로에 있는 집은 현관에 기(氣)가 직사(直射)하는 곳으로 자동차 사고가 일어나기 쉽다. 또 도로가 4면을 감싸고 있는 주택지는 운기(運氣)이 막혀 있어서 운기(運氣)가 정체된다.
- 동쪽과 남쪽에 도로가 있는 집은 일조량이 많아서 가장 좋은 길상(吉相)의 주택지로 본다. 동쪽은 아침 해가 솟아오르는 성장과 발전의 방위이므로 사람에게 활력을 불어 넣어준다.
- 도로의 곡선 안쪽에 있는 집은 도로가 보호하는 효과가 있어 재물 운의 혜택을 받을 수 있다.

❖ **흉수**(凶水) : 황천수와 여러 가지 흉수를 열거한다.

① **살인대황천수법도**(殺人大黃泉水法圖) : 아래의 네 그림은 살인대황천(殺人大黃泉)의 물로서 가장 흉한 것은 이보다 더 흉한 것은 없다. 병사묘절수(丙死墓絶水)가 향(向) 앞으로 들어와서 향상(向上)의 관록방(官祿方)을 충파(沖破)하여 나간다. 구성가(九星歌)에 이 방향으로 산과 물이 나감을 가장 꺼리니, 다 큰 자식이 일찍 저승으로 돌아가고 집안에는 과부가 항상 통곡을 하게 된다. 재물과 곡식은 비게 되고 자손은 없어지고 가난하리라고 하였다. 사람은 상하고 재물은 패하

여 관재구설과 질병도 여러 가지로 해수(咳嗽), 토담(吐痰), 토혈(吐血), 풍질의 풍과 젊은이의 낙태와 인명이 흉사하고 병사의 총탄과 독약의 화환(禍患)이 닥치고, 군대로 외지에 파병되는 등등의 흉한 일이 생긴다. 자오묘유(子午卯酉)는 중간의 아들이니, 둘째 아들이 먼저 화(禍)를 받을 것이요, 다음으로 장자와 셋째가 잇달아 패절(敗絶)하게 된다. 만약 좌수사(左手沙)가 아름답게 있다면 물이 길고 크다 해도 약간 구제됨이 있으나 또한 발달은 하지 못한다. 다시 용상팔살(龍上八殺)을 범하게 되면 재화는 더욱 강렬하여 남녀노소를 막론하고 방탕자가 있게 되며, 학자가 이러한 묘를 지나볼 때 용혈(龍穴)이 옳지 못하거든 급히 택지(擇地)하여 개장(改葬)함이 마땅하다. 침(針)을 돌려 한번 쓰는 것이 생법(生法)을 따라야 하고, 장차 묘지를 개상(開上)하면 외반(外盤)을 사용해서 향(向)을 정하여야 한다. 을신정계(乙辛丁癸)의 물과 삼절녹마상어가(三節祿馬上御街)는 양공구빈(楊公救貧)의 제일가는 법수(法數)이다.

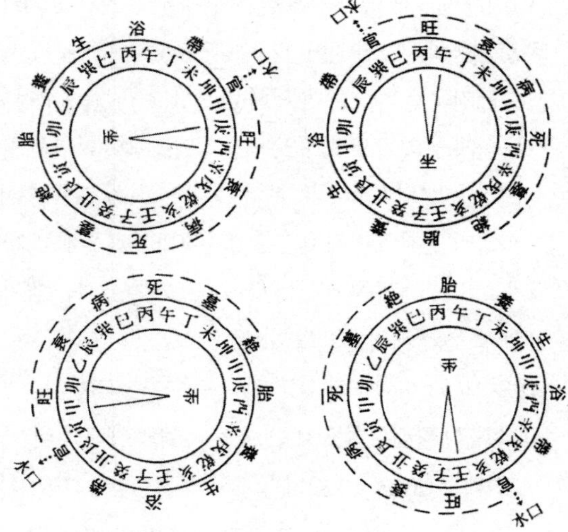

② **도충묘고살인황천도**(倒沖墓庫殺人黃泉圖) : 아래의 네 그림은 살인대황천(殺人大黃泉)의 다음으로 절수도충묘고(節水倒沖墓庫)라 한다. 서(書)에 이르기를, 절태수(絶胎水)가 이르면 아이를 생산할 수 없을 것고 아이를 배면 죽고 휴수(休囚)가 되니 후사가 끊어진다고 했다. 사람은 상하고 재물은 패하며 크게 흉하여 그 화(禍)가 가장 빠르게 나타난다. 혹시 용혈(龍穴)이 쓸 수 있다면 향(向)을 건곤간손(乾坤艮巽)으로 한다면 자생향차고소수(自生向借庫消水)에 합당하게 되고 왕거영생(旺去迎生)이니 부귀를 기약할 수 있다.

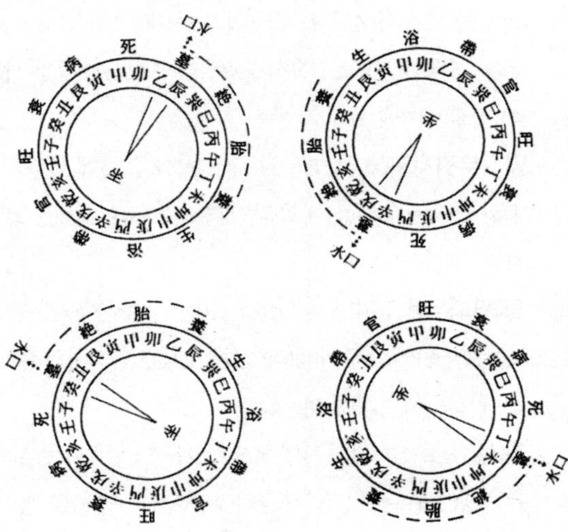

③ **충록소황천지도**(沖祿小黃泉之圖) : 아래의 네 그림은 충록소황천(沖祿小黃泉)이다. 정록(丁祿)은 오(午), 신록(辛祿)은 유(酉), 계록(癸祿)은 자(子), 을록(乙祿)은 묘(卯)이다. 녹(祿)은 곧 재물이므로 충(沖)하면 궁(窮)하여진다. 또한 식구가 상하고 자손이 없어진다. 정향(丁向)은 수성(壽星)이니 수를 할 수는 있으나 가난하여지고 자손이 없어진다. 또 진술축미방(辰戌丑未方)에 역사악선(力沙惡石)이 있으면 인물이 흉악강폭(凶惡强暴)하여지고, 면전에 사수(砂水)나 또는 횡사(橫斜)된 큰길이 있으면 도적이 나고 과부를 범해 살고 수명이 짧은 등 불길해진다.

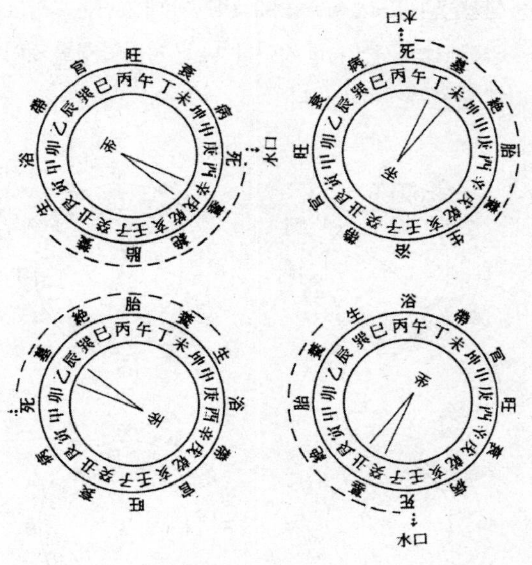

④ **생수파왕도**(生水破旺圖) : 아래의 네 그림은 생방수가 들어와 왕방으로 나간다(生來破旺). 서(書)에 이르기를, 비록 아들이 있으나 어떻게 발달하리요, 인정과 재물이 끊어지리라고 했다.

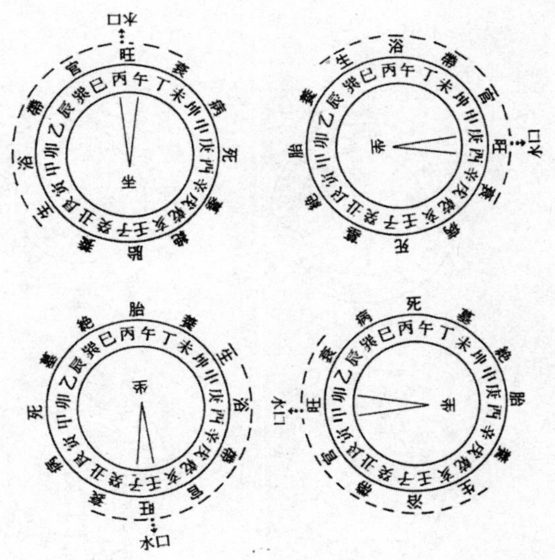

⑤ **왕수충생도**(旺水沖生圖) : 아래의 그림은 왕거충생(旺去沖生)이 된다. 어린아이를 키우기 어려우니 10에 9는 후사가 끊어진다.

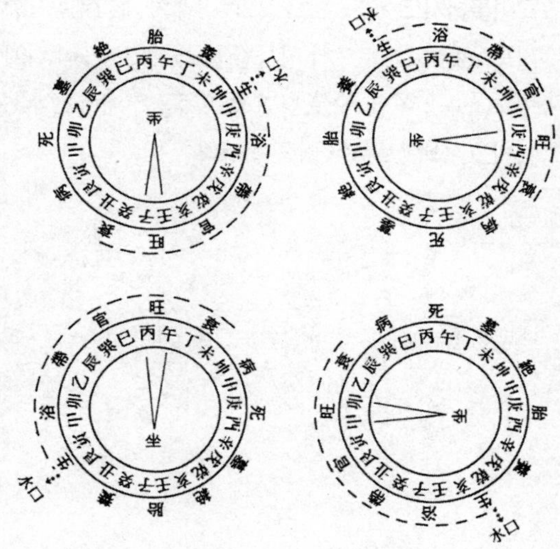

⑥ **교여불급지도 1**(交如不及之圖 1) : 아래의 네 그림은 교여불급(交如不及)이라 하며 수구가 제자리(묘고)까지 가지 못한 것이다. 안회삼십편망신(顔回三十便亡身)이라 하며 노질(癆疾)과 잡증(雜症)으로 수가 짧으니 과부가 한 집안에 세 명꼴은 된다. 이러한 곳이 오래 되면 제일 먼저 셋째가, 다음은 장남이 후사가 끊어진다. 생방(生方)의 물이 길고 크면 장남은 후사가 이어지고 조금의 이익도 있을 것이나 발달치 못하는 자가 많을 것이니 사람이 패절하고 서서히 망하게 됨을 경험하게 된다.

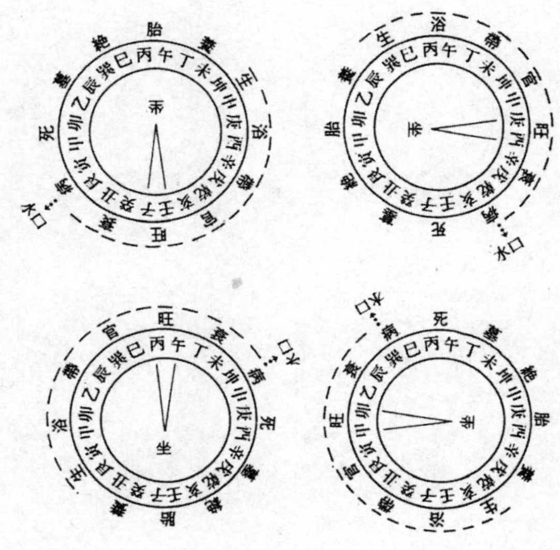

⑦ **교여불급지도 2**(交如不及之圖 2) : 아래의 네 그림은 교여불급지도(交如不及之圖)로서 병사방(病死方)으로 물이 나가니 단명수(短命水)이다. 주로 단명하고 재물을 패하고 후사가 끊어지고, 삼방(三房)이 더욱 흉하다.

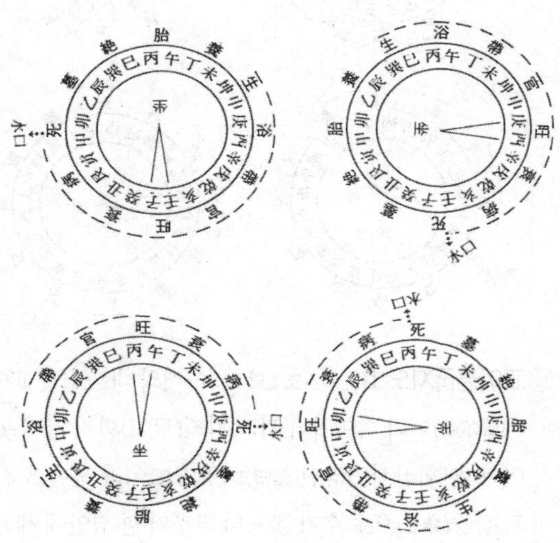

⑧ **생향충관대도**(生向沖冠帶圖) : 다음의 네 그림은 생방수(生方水)가 관대방(冠帶方)을 충(沖)하는 것이다. 총명하고 영리한 아이가 상하게 되고, 요조숙녀가 하문(下門)이 불리해진다. 오래 되면 패하게 되어 집안에 하나도 일어설 자가 없게 된다.

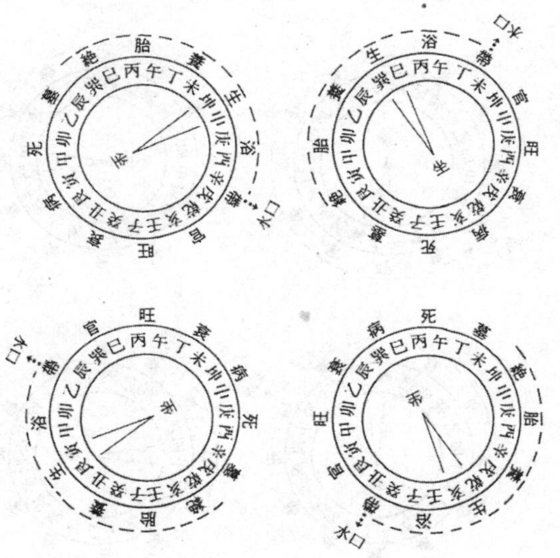

⑨ **생향충임관도**(生向沖臨官圖) : 아래의 네 그림은 생향(生向)에 임관(臨官)을 충(沖)한 것이다. 다 큰 자식이 상할 것이며 오래 되면 패절하게 된다.

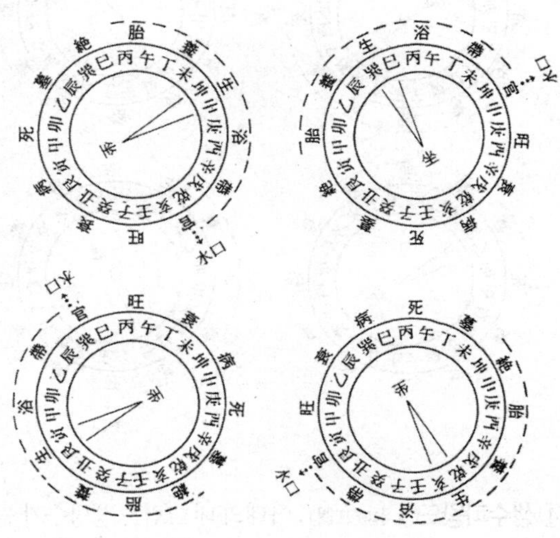

⑩ **왕향충관대도**(旺向沖冠帶圖) : 아래의 네 그림은 왕향(旺向)에 관대(冠帶)를 충(沖)한 것이다. 반드시 총명한 아이가 상할 것이며 요수(夭壽)한다. 후사가 끊어지고 재물을 패하게 되니 불기하다.

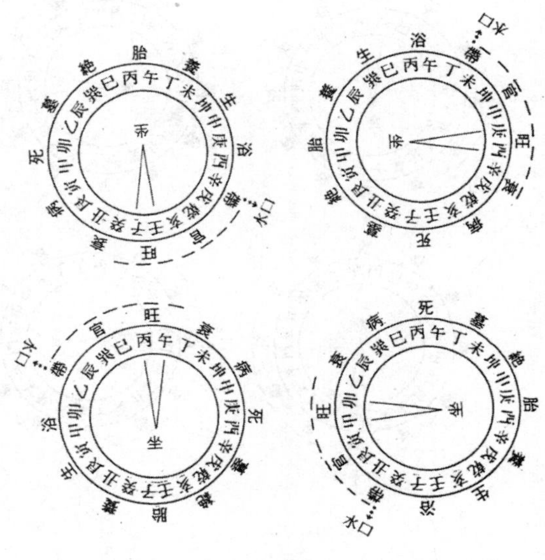

이상의 40도(圖)는 모두 진신수법(進神水法)에 합하지 아니하고, 아울러 고(庫)로 수구가 된 것이 하나도 없다. 위의 모든 흉

조도(凶照圖)는 단연코 하나도 없이 평탄치 못한 것이다.

❖ **흉수**(凶水) **80향의 퇴신수법**(退神水法) : 파구를 기준하여 향에 대해서 길흉을 판단하는 것으로써 물이 묘(墓) · 절(絶)로 나갈 때는 쇠향(衰向) · 병향(病向) · 태향(胎向) · 대향(帶向:冠帶), 욕향(浴向:沐浴), 관향(官向:臨官)은 용 · 수 불배합으로 살이 되어 향상(向上)으로 십퇴신수(十退神水)에 해당되는데, 퇴신수법(退神水法)은 향을 기준으로 한다. 스스로 향을 정할 때 을진(乙辰), 정미(丁未), 신술(辛戌), 계축(癸丑) 향은 스스로 묘향(墓向)이 되고, 손사(巽巳), 곤신(坤申), 건해(乾亥), 간인(艮寅) 향은 스스로 생향(生向)이라 부르며, 갑묘(甲卯), 병오(丙午), 경유(庚酉), 임자(壬子) 향을 왕향(旺向)이라 한다.

❖ **흉지**(凶地)**도 주택 설계를 잘하면 길상**(吉相) : 자연 환경적인 택지 위에 축조되는 주택건축물도 자연과 얼마나 조화를 잘 하느냐에 따라서 길상(吉相)이 되기도 하고 흉상이 되기도 한다. 그러므로 건축물은 애초부터 잘 설계하면 집터의 부족함도 보완하고 풍수상 좋은 가상(假象)을 만들 수 있다.

❖ **흉**(凶)**한 지질**(地質)**은 이러하다**

- 검푸른 빛을 띠고 찰기가 있는 지질에서 살면 건강을 해칠 뿐만 아니라 번영은 전혀 기대 할 수 없다.
- 재와 같이 먼지가 일어나는 토지는 사업에 가장 마이너스가 된다.
- 돌이 많아 흙을 보기 어려운 토지는 주거지로써도 사업장으로써도 부적당하다.
- 흙이 그냥 무너지는 단단하지 못한 지질은 모든 것이 불안정하게 된다.
- 검붉은 색상을 띄고 마치 초토와 같은 지질은 뜻밖의 난을 다하는 쇠퇴의 지상이다.
- 토질에 전혀 습기가 없고 희어 보이는 토질은 정신적 안정이 없어지게 된다.
- 초목이 전혀 나지 않거나 난다해도 적은 토지는 주거지로써 사용할 경우 건강이 나빠지고 사업은 파탄을 초래한다. 물론 이것만으로는 풍수의 모든 것을 판단 할 수 없지만 지상을 보는 데는 중요한 것이다.

❖ **흔군사**(掀裙砂) : 여인이 치맛자락을 위로 치켜 올린 모습과 같은 형국. 치마를 위로 치켜 올리니 음란하기 그지 없으며 거기다 여러 산줄기가 뒤엉켜 난무하는 형상이다. 상격룡(上格龍)은 부귀하나 음란하며, 중격룡(中格龍)은 음란하고 탁부(濁富)하고, 천격룡(賤格龍)은 여인이 음란하여 창녀가 되며 남자는 방탕한다.

❖ **흘두지**(疙頭地) : 흘두란 머리가 헌다는 뜻으로 모래와 돌이 섞여 잔디나 나무가 자라지 못하고 오직 거친 풀과 가시 관목만 우거져 마치 머리에 종기가 난 것과 같은 형상의 혈장이다. 흙과 돌이 섞여 푸석푸석하므로 생기가 흐르지 못한다. 생기(生氣)가 없으므로 잘 무너져 내린다. 이런 곳에 장사 지내면 용렬하고 우둔한 자손이 나온다. 결국은 절손(絶孫)도 하게 된다.

❖ **흘러나가는 물이 보이면 재산**(財産)**의 손재**(損財)**가 있다** : 흘러가는 물이 보이면 재산의 손재가 있고 직수(直水) 쏘는 물이 보이면 여자 쪽이 더 많이 죽는다. 흘러드는 물은 반드시 산맥(山脈)의 좌향(坐向)과 음양(陰陽)의 이치(理致)에 합치 되어야 한다. 또 꾸불꾸불하게 길고 멀게 흘러 들어올 것이고 일직선으로 활을 쏘듯 한 곳은 좋지 못하다.

❖ **흙** : '흙이 여유(餘有)가 있어서 파내야 마땅하면 흙을 버려야 하고, 산이 부족하여 돋구어야 마땅하면 배토(培土)하여 보충하여야 한다.'는 말과 같이 산곡(山谷)과 평양(平洋)에서의 거주함을 말하였다. 본산(本山)이 호사(護沙)와 더불어 흙이 여유가 있어 높이 돌출하였거나 또는 높은 모양이 길죽하면 파내고 잘라서 둥글게 만들어야 한다. 만약 부족하거나 혹은 저함(低陷)하고 단축(短縮)하면 흠결처(欠缺處)에 흙을 보충하여 전후좌우에 합법하게 맞춘 후에 거주하면 편안하게 된다.

❖ **흙에 대한 지혜** : 예부터 풍수학은 터의 흙에 지기(地氣)가 감응해서 충만해야 한다고 했다. 이것은 우리나라 터가 금수강산이었기에 이렇게 말할 수 있었고 흙을 이용한 조상들의 지혜 또한 훌륭한 유산이었다. 고려청자도 흙으로 굽고 집을 지을 때도 흙으로 방바닥과 벽을 처리했다. 연탄가스에 질식되면 흙에다 코를 대고 있으면 해독이 되고, 독버섯이나, 복어알 먹고 중독되면 진흙 물을 가라앉혀 먹으면 해독이 되고, 심지어는 새들도

흙으로 상처를 치유한다. 황토물을 걸러 마시면 위장이 튼튼해지고, 물고기도 상처가 나면 황토물을 찾고, 녹조가 된 바닷가에 어부들은 황토를 뿌려 새 생명을 살린다. 장독대 역시 초과학적으로 활용함을 엿볼 수 있다. 장독 속에 참나무 숯을 넣으면 독성이 제거되고, 장독 밑에 자갈을 까는 것은 숨을 쉬게 하는 역할이 된다. 오랜 세월에 장맛(된장, 고추장, 간장)을 변하지 않고 유지할 수 있는 것은 조상들의 숨은 과학적 지혜일 것이다. 이처럼 조상들도 흙 속에서 살다가 흙 속으로 돌아간 것이다. 흙은 모든 미생물의 근원지로 잘 활용만 하면 건강에도 도움이 된다. 실제로 의료시설이 변변치 못했을 때에 흙을 이용하여 건강을 누리면서 살아왔다. 옛날에는 여성들이 자궁암이란 극히 드문 병이었으나 요즈음은 많은 여성들이 자궁암으로 고생을 하고 있다. 그 이유는 당시에는 여성들이 밭에서 김을 메고 흙을 가까이 접했기 때문에 병을 잊고 살았던 것이다. 조상들은 농약과 비료를 쓰지 않고 순수한 흙을 활용하여 퇴비로 농사를 짓는 무기농법 역시 우리의 삶 속에 풍수를 생활화한 것도 흙을 활용하기 위한 지혜인 것이다. 그러나 요즈음 우리는 흙과 호흡을 할 수 없다. 도로와 도시의 건물은 아스팔트와 시멘트로 지기(地氣)와 호흡을 하지 못하도록 차단해 버리고 있는 것이다.

❖ **흙을 보면서 천광(穿壙)은 이렇게 판다** : 첫째층 표토(表土)는 나무뿌리, 식물뿌리, 썩은 부토이다. 둘째층 단토(斷土)는 표면과 땅속을 차단하여 혈토(穴土)를 보호하는 것이다. 셋째층은 진토(眞土)라 하여 계절에 따라 온도와 습도의 변화가 없이 생기(生氣)를 보호하고 있는 층이다. 횡적으로 비유하면 선익(蟬翼)과 같은 것이다. 넷째층은 혈토 혈사상(穴四相)에서의 생기가 모여 있는 층이며, 매우 부드러우면서 불조불습(不燥不濕)하고 비석비토(非石非土)로서 온기가 있다. 수화기제(水火旣濟)의 상이니 관이 혈토층에 묻히도록 하면 적중한 것이다. 그런데 유의할 점은 혈심을 지나침 보다는 모자라는 것이 오히려 실수가 적다는 것이다. 모자라면 기층과 관의 거리가 멀기 때문에 발음(發蔭)이 늦고 지나치면 이미 기층(氣層)을 지나 버린 꼴이 되어 승기(乘氣)를 못하게 된다. 장승생기(葬乘生氣)라 하였으니 시신은 생기의 상층에 있어야 하기 때문이다.

❖ **흙의 색** : 흙의 색은 여러 가지 색상으로 되어 있다. 진술축미(辰戌丑未)의 사금(四金)은 황토색이다. 태감(兌坎)은 백비석(白批石)이다. 을신정계(乙辛丁癸)의 4강(四强)은 호석(虎石)이 많다. 임병경갑(壬丙庚甲)의 4순(四順)은 백석(白石)이다. 4금국(四金局), 4포(四胞)의 운포(暈抱)의 아래 있는 땅은 오색토(五色土)로 단단하고 윤택하다. 술맥(戌脈)에서 온 건맥(乾脈)은 황색이고, 해맥(亥脈)에서 오면 백사(白沙)이다. 미맥(未脈)에서 온 곤맥(坤脈)은 청비석이고, 신맥(申脈)에서 오면 백사(白沙)이다. 진맥(辰脈)에서 온 손맥(巽脈)은 황색토이고, 미맥(未脈)에서 오면 자색토이다. 축맥(丑脈)에서 온 간맥(艮脈)은 흑색이고, 인맥(寅脈)에서 오면 청색이다.

❖ **흙이 부드러우면** : 천광(광중)을 팔 때 부드러운 흙이라면 자손들이 부(富)하게 살고 물이 나지 않는다. 이러한 곳에는 묘지를 조성 할 때 빗물이 들어가지 않게 철저히 잘 해야 한다. 또한 이러한 곳에 물이 들어가면 빠지지 않는다.

추록

추록

❖ **단**(斷) : 묘 뒤쪽이 끊어져 비가 오면 그리로 물이 흐르는 것 묘에서 끊어진 산이 보이면 살해 당하 거나 행방불명 되는 사람이나 아니면 자손이 끊어진다.

❖ **가운데 유혈**(流血) : 가운데 있는 유혈상(流血像)이 두텁고 큰데 청룡 백호가 조금 약하더라도 그 혈장은 기(氣)가 빠져 나가지 않는다. 이러한 혈장을 버려서는 안 된다.

❖ **간부사**(奸夫砂) : 백호(白虎)산이 작은 산을 안으면 부녀자에게 간부가 생기고 백호방위에 양족사(兩足砂) 있으면 백호봉 머리를 청룡이 충사(冲砂) 하면 추부(醜婦)가 야간도주하고 백호가 단독으로 원장(遠長) 하면 부인이 본부를 버리고 달아난다.

❖ **간용**(幹龍) : 간용이란 태조산(太祖山)으로부터 발맥(發脈) 되는 용이 개장(開場) 되며 지엽적(枝葉的)으로 분지 되어 나가는 용(龍)의 총 기운(總旗運)을 받는 주가 된 용(龍)을 말한다.

❖ **간판은 사장의 생일**(生日) **일진을 보고 색을 정한다** : 간판의 색을 정할 때에는 사장의 생일(生日) 일진(日辰)의 납음 오행을 찾아 그 색으로 결정한다. 이것을 기본 색으로 하면 이미지 향상은 틀림없다. 이유는 납음(納音) 오행(五行)에 맞는 색은 다른 사람의 눈에 위화감 없이 마음에 쏙 들어 보이기 때문이다. 생일(生日)의 납음 오행은 어떻게 정하는가? 예를 들어보면 수(水)의 색은 흑(검정색)이다. 그리고 수(水)는 금(金)과 상생(相生)이 좋으므로 금의 색(흰색)도 수(水)에게는 좋은 색이다. 그러므로 수(水)인 사람은 흑과 백이 좋다 이것을 간판의 색에만 한하지 말고 회사 안의 장식물이나 벽의 색 제복의 색상 등에 이용하면 회사에 좋은 영향을 가져 올 것이다.

- **목**(木) : 청색 : 흑색이 좋다.
- **화**(火) : 적색 : 청색이 좋다
- **토**(土) : 황색 : 적색이 좋다.
- **금**(金) : 백색 : 황색이 좋다.
- **수**(水) : 흑색 : 백색이 좋다.

❖ **갈룡음수혈**(渴龍飮水趐) : 현무봉(玄武峰)에서 길고 활기차게 뻗어 내려온 주룡이 끝이 고개를 숙이고 물속으로 들어가는 모습이다. 혈 앞에는 냇가나 강물 또는 논이 있어야 한다. 안산과 주변에는 여의주나 구름 같은 사격이 있어야 한다.

❖ **감천**(甘泉) = **예천**(醴泉) : 감천(甘泉) 또는 예천(醴泉) 이라고도 한다. 물맛이 달고 식혜와 같이 사시사철 일정하게 물이 마르지 않고 겨울이면 물이 따뜻하고 여름이면 물이 시원하게 차갑다. 이러한 물이 전순(轉瞬) 밑에 퐁퐁 솟는 감천(용천)수가 있으면 그의 후손들은 부귀(富貴)가 계속 이어 질 것이다.

❖ **갑좌경향**(甲坐庚向) **묘좌유향**(卯坐酉向) : 생방(生方)의 좌수(左水)가 오른쪽으로 흘러 왕방인 향 앞을 돌아서 계축(癸丑) 묘방으로 나감으로 귀격(貴格)인 정왕향이 된다.

❖ **강곡사류부귀격**(强曲斜流富貴格) : 빠른 물살이 좌충우돌의 곡선을 그리며 흐르면 풍족한 살림의 안정과 명예의 흥왕 등 부귀(富貴)를 누리게 된다.

❖ **개구** : 형국(形局)은 귀인단좌형(貴人端坐形)이다.

❖ **개금정**(開金井) : 개금정이란 묘(墓) 자리를 파는 것을 말하고 이때에 일어날 일기의 변화를 미리 판단하여 적절한 조치를 취한다. 갑을(甲乙)은 바람을 관장(管掌) 그 방위의 산이 당권(當權)하면 바람이 크게 일어나니 백호(甲) 나 전송(甲)으로 제압한다. 병정(丙丁)은 불을 담당하며 번개가 친다. 신후(子) 또는 등명(亥)으로 제지한다. 무기(戊己)는 운무(雲霧)를 담당 운무가 매우 깔리면 공조(寅)나 태풍(仰)으로 제압한다. 경신(慶新)은 병호(浜虎)를 관장 표범이나 호랑이가 장난한다. 주작(午)이나 태을(巳)로 제압한다. 임계(壬癸)는 비와 눈이 많이 온

다. 태상(未)이나 귀인(丑)으로 제지 한다.

❖ **객사사**(客舍吏) : 수구(파구)에 유시사(流尸砂)나 관사(棺砂)가 있으면 객사한다. 또 청룡 끝이 끊어지고 청룡 위에 뾰족한 봉(峰)이 있어도 객사 한다.

❖ **개장법**(開葬法) : 개장이란 낙맥(落脈)이 곧고 단단한데 정중(正中)도 이와 같이 궁고 단단하면 정혈(正穴)을 구할 수는 없으므로 마땅히 당내(堂內)의 기(氣)를 살려서 기(氣)가 어떤 곳에 있는가를 간별 한 후에 기가 모인 곳을 중심으로 하여 양변으로 비스듬히 향을 잡아 혈을 점(點)한다. 이때에 맥이 높은 맥이면 측수맥(側受脈 한쪽 곁으로)라고 하고 하맥(下脈)이면 정조당기(正朝當氣)라 하니 개장(開杖)이 역장(逆葬)과 다른 점은 당내(堂內)의 기(氣)로서 판별 할 수가 있다. 즉, 당기(當氣)가 정(正)이면 당용역장(當用(逆杖) 편(偏: 한 쪽으로 치우친 것)이면 당용(當用) 개장해야 한다.

❖ **개자삼의**(介字三義) : 용이 정상에 삼의(三儀)가 있고 좌우의 이름은 청룡 백호가 되고 맥은 기복(起伏)이 되어 흘러야 타당하고 형은 개자(介字)가 바르게 침하여야 함.

❖ **객관사**(客棺沙) **관처럼 생긴 산**(山) **암석** : 작은 산이나 바위가 관(棺: 널)처럼 생겼다. 이와 같은 사격이 보이면 객지(客地)에서 비명횡사함을 뜻한다. 만약 물이 기울고 순수(順水)하면 객사하여 시신조차 돌아오지 못한다. 역수(逆水)하면 객사(客使)하여도 시신은 고향으로 돌아온다고 한다. 객관사가 파구(破口)에 있으면 익사자(溺死者)가 난다. 길쭉하게 생긴 산이나 바위가 한쪽은 높고 한쪽이 낮으면 관으로 본다. 그러나 양쪽이 모두 평등하면 관으로 보지 않는다.

❖ **거수**(去水) : 명당(明堂)에 취수(聚水)한 물이 보국(保局)을 빠져나가는 것을 거수(去水)라 한다. 거수처(去水處)를 수구(水口) 파구(破口)라 한다. 명당에 모인 물이 청룡백호에 수기(水氣)를 공급해 주었으면 더 이상 머무르지 않고 빠져나가야 한다. 그래야 새로운 물이 또 나와서 수기를 공급해 줄 수 있다. 만약 물이 나가지 않으면 썩어 악기를 가져다준다. 내청룡 내백호가 감싸준 내보국 안의 명당수가 빠져나가는 곳을 내(內(水口) 내파구(內破口) 또는 내파(內破)라 한다. 외청룡 외백호가 감싸준 외보국의 명당수가 빠져나가는 곳을 외수구 외파구 외파라 한다. 거수(去水) 물이 혈 앞으로 곧장 급류(急流)로 흘러가면 흉하다. 혈(묘)을 감싸주면서 천천히 흘러나가야 길하다. 물이 급류직거(急流直去) 하면 혈의 생기(生氣)를 뽑아서 달아나는 것과 같다. 물은 혈의 생기를 보존하기 때문이다. 물이 급류직거 하지 않으려면 청룡백호가 잘 감싸주어야 하고 안산이 정면(正面)에 있어야 한다. 청룡백호가 감싸주지 못하고 안산이 없으면 물이 빠져나가는 모습이 훤히 보인다. 이는 혈(묘)의 정기(正氣) 흩어지는 것이니 매우 흉하다. 주변의 산들이 감싸고 있으면 물은 곧장 흘러갈 수 없다. 뿐만 아니라 나가는 물도 보이지 않아야 된다.

❖ **거구망해형**(巨龜望海形) : 큰 거북이가 바다를 멀리 바라보고 있는 형상(形狀)이다. 바닷가에 있되 바다가 보일 듯 말 듯해야 한다. 혈(묘자리)은 거북의 등에 있다.

❖ **거실의 빛** : 거실의 빛은 음침하고 어두워 서는 안 된다. 가장에게 생기가 없어지고 집안에는 구설과 시비가 많아지며 모든 일이 순조롭지 못하며 또한 질병이 많아진다.

❖ **건족사**(蹇足砂: **절음발**) : 을진방(乙辰方)의 물이 들어오고 을진방에 흉암(凶岩)이 있으며 청룡에 다리를 베는 물이 있으면 절음발이가 생긴다. 또 용호가 절단되어도 다리가 끊기는 일이 일어난다.

❖ **건좌손향**(乾坐巽向) **해좌사향**(亥坐巳向) : 왕방인 우수가 왼쪽으로 흘러 돌아 생방인 향 앞을 지나 정고(丁庫)인 묘방으로 나간다. 그럼으로 정생향이다.

❖ **건축물 모퉁이가 치고 들어오는 형국** : 주택의 건축물의 모퉁이를 주변의 건축물이 치고 들어오는 형국이면 의외의 돌발사고라든가 흉험한 재난이 가정이나 식구들에게 닿게 된다. 늘 우울하고 일이 순탄하게 풀리지 않아 어려운 살림 형태를 탈피하기가 어려운 형상의 주택 구조다.

❖ **건축설계 하시는 분에게** : 건축설계사나 건축업자 분들은 양택(陽宅) 아파트 주택은 남향을 해야 햇빛이 잘 든다는 것만 알고 무조건 남향만을 고집하여 건물을 짓다보니 용맥龍脈)이 들어오는 곳을 향하여 건물을 세우는 경우가 허다하다. 이런

경우 좋은 땅에 많은 돈을 투자하여 건축 하면서 고생하는 것 만으로도 괴로운 일인데 인상손재를 보는 흉가(凶家)로 돌변 하니 얼마나 안타까운 일이라 하겠는가? 그러나 건축 설계하는 사람은 기본적으로 풍수지리의 근본 원리를 이해하고 적어도 풍수지리 법칙에 의한 향(向)이라도 제대로 알고 설계를 해야 재앙을 미리 방지 할 수 있다. 양택(아파트 주택)이든 음택(묘)이든 향(向)은 아주 중요하다. 향은 하늘의 법칙이며 땅의 법칙을 능가 할 수 있고 세월이 흘러 갈수록 위력이 강해진다. 따라서 우리나라 국토의 효율적인 이용계획을 세우기 전에 친환경적인 길흉(吉凶) 판단이 명확한 풍수 지리적 고찰이 선정되어야 마땅하다.

❖ **겁살룡이란 조산**(祖山) : 겁살룡(劫殺龍)을 떠난 후에 정맥(正脈)으로 내려오지 않고 맥이 겁탈되어 기를 벗어나서 풍취 하여 탈기(脫氣)하였으나 크게 흉하다. 흉룡(凶龍)이 여러 가지로 많아 모두 그리기 어려우나 벌레처럼 뭉툭하여 변화 없이 곧게 굳어 있고 산만하여 거두어들임이 없는 것이니 기복(起伏)과 전호(纏護)와 향포(向抱) 함이 없으면 이러한 곳에서는 나경(羅經)을 놓아 볼 필요조차 없다.

❖ **견 도살자**(犬殺者) : 안산(案山)에 도사(刀砂) 山이나 암석이 큰 칼 같이 생긴 모양이나 교차되거나 혹은 안산의 허리가 끊기거나 무너지면 개잡는 사람이 나온다.

❖ **견상록토낙서저유형**(犬象鹿兎駱閭獺類形) :

- **복구혈**(伏拘穴) : 개가 엎드려 있거나 개가 졸고 있는 모습을 연상 시킨다. 개가 엎드려 있기 때문에 산세가 낮고 부드럽다. 묘 자리는 개의 젖가슴이나 코 위에 있다. 안산은 개의 밥그릇인 구유가 된다.
- **황구감식형**(黃狗甘食形) : 누런 개가 밥을 맛있게 먹고 있는 모습과 흡사하다. 묘 자리는 코나 이마 부분에 있고 안산은 개 밥그릇 구유같이 생긴 사격이 있어야 한다.
- **면견유아형**(眠犬乳兒形) : 졸고 있는 개가 어린 새끼에게 젖을 먹이고 있는 형국이다. 묘 자리는 개의 젖가슴 부분에 있고 안산은 강아지다.
- **상두혈**(象頭穴) : 산세가 마치 코끼리의 모습을 연상시키는데 묘 자리는 코끼리 이마나 코 젖가슴 부분에 있고 안산은 풀 더미다. 코끼리 형국의 명당은 성품이 후덕하고 고상하며 지혜롭고 학문과 문장에 뛰어나 부귀(富貴)를 얻는다. 또 많은 사람들에게 덕을 베풀어 존경과 사랑을 받는다.
- **상아형**(象牙形) : 상아형은 코끼리가 어금니를 밖으로 쭉 내밀고 있는 형상이명 매아형은 어금니를 감추고 있는 형상이다. 앞에 큰 호수나 냇물이 있고 묘 자리는 어금니 부분에 있다. 안산은 코끼리 먹이인 풀 더미가 있어야 한다.
- **갈록음수형**(渴鹿飮水形) : 목마른 사슴이 물을 마시려는 형국이다. 묘 자리 뒤에는 사슴을 상징하는 사격(砂格)이 있고 앞에는 냇가나 샘물 같은 물이 있어야 하고 묘 자리는 사슴의 이마나 코 부분에 있고 안사나운 풀 더미나 사슴 형국의 명당은 성품이 고고하고 깨끗한 인물을 배출한다. 용모가 수려하고 학문을 좋아하며 부귀쌍전(富貴双全)한다.
- **옥토망월형**(玉兎望月形) : 토끼가 달을 바라보고 있는 모습을 연상시키는데 이러한 산세는 낮고 부드러운 야산 숲속에 있다. 혈(묘 자리)은 토끼의 이마나 복부에 있으며 안산은 달 같은 사격(砂格)이나 반월성(반달) 같은 지명이 있어야 하고 토끼 형국의 명당은 마음이 온순하고 온화하면서 지혜로운 사람을 배출한다. 성품이 양순하고 지혜로우나 주변에서 도와주는 사람이 많아 그 덕으로 부귀(富貴)를 얻는다.
- **낙타음수형**(駱駝飮水形) : 산세가 목마른 낙타가 물을 마시고 있는 모습을 연상시킨다. 주산은 낙타처럼 생겼고 앞에는 물이 있어야하고 묘 자리는 낙타의 봉우리나 배 머리 부분에 있고 안산은 풀 더미다. 주변에 낙타가 싣고 가야 할 보물 상자 같은 사격이 있어야 한다. 낙타 형국의 명당은 꿋꿋하고 인내심이 강한사람을 배출하며 어떤 고난도 극복한다. 자수성가(自手成家)하여 부귀를 다하나 특히 거상(巨商)으로 성공 한다.
- **노서하전형**(老鼠下田形) : 늙은 쥐가 먹을 것을 구하기 위해서 밭에 내려오는 형상이다. 야트막한 산줄기가 밭이나 논둥 들판으로 내려와 혈 (묘)자리를 맺는다. 안산은 쥐의 먹이가 있는 노적가리나 창고 같은 사격이 있어야 쥐가 노리고

있으면 쥐가 긴장하므로 더욱 발복이 많다. 그러나 가까이 있으면 위험하다. 혈은 부지런하며 지모가 뛰어난 사람을 배출하여 부귀쌍전한다.

- **영서투창형**(靈鼠投倉形) : 신령스러운 쥐가 먹을 것을 찾으려고 창고로 들어가는 형상이다. 혈(묘)은 쥐의 머리나 배에 있고 안산은 창고에 해당한다. 멀리 고양이 사격(砂格)이 있어야 한다. 그렇지 않으면 도둑 등으로 큰 손실을 볼 수도 있다.
- **야저하전형**(野猪下田形) : 야생 멧돼지가 먹을 것을 구하려고 밭으로 내려오는 모습과 흡사하다. 혈(묘)은 멧돼지 이마나 코 등에 있고 안산은 노적가리나 고구마처럼 생긴 산이 있어야 한다.
- **견정혈**(肩定穴) : 견정혈 이란 인체의 어깨 아래에 비유되는 오목한 곳에 융결된 혈로써 혈지가 안정되고 용호 (청룡백호)가 회포 하여 생기(生氣)가 어깨의 오목한 곳에 뭉쳐 맺어진 혈이다. 혈상(穴相)은 와혈(窩穴)이 정격이다.

❖ **경어수**(傾御水:**기울어 나가는 물**) : 물(水)이 기울어지듯 층층으로 흘러 나가는 물(水)이 나가면 이런 곳은 당기(當氣)가 뭉치지 않는다. 젊은이가 요수(夭壽)하여 외로운 과부가 홀로 시름하며 집안의 재물도 지키지 못하게 된다.

❖ **고과살**(孤寡殺) : 고과살이란 해자축생(該子丑生) 인술(寅戌) 인묘진생(寅卯辰生) 사축(巳丑) 사오미생(巳午未)生) 신진(申辰) 신유술생(申酉戌生) 해미(咳未)

❖ **고관등귀향수격**(高官登享受格) : 집터 주위를 살짝 감싸고 돌아나가 본류와 합쳐지는 물길이 있으면 장차 입신양명하고 귀한 신분에 오르는 자제가 배출되어 부귀(富貴)를 누린다.

❖ **고단용두**(高短龍頭) : 높은 산 정상(頂上)에 묘(墓)를 못 쓴다.

❖ **고무첨위허**(高無添爲虛) : 와혈상(窩穴象)에는 와구(窩口)에 지붕처마 같은 밑에 공 같은 받침이 없으면 허화(虛花)가 된다. (非穴)이라는 뜻. 겸혈상(鉗穴象)에는 소뿔 같이 생긴 지각(枝脚)이 없으면 허화(虛花)이다.

❖ **고인**(故人)**이 살아생전에 덕**(德)**을 많이 쌓아야** : 음덕(陰德)이란 선대(先代)의 후광(後光)이다. 화복론(禍福論)을 주장하는 사람들의 말을 빌린다면 명당에다 묘지(墓地)를 쓰게 되면 그 후손에게 돌아오는 복(福)을 음덕이라 한다. 음덕이란 아무에게나 풍수지관이 명당을 찾아 준다고 해서 그 자손들에게 발복되는 덕(德)이 아니라 고인(故人)이 살아생전에 남모르게 쌓였던 음덕(陰德)이 고인이 영면(永眠)에 들고 난 후(後) 즉, 금잔디를 이불로 덮고 나서야 천지(天地)가 이를 밝혀내어 축복으로 후손들에게 그 덕을 되돌려 주는 것이 올바른 해석이다.

❖ **고전적**(古典的)**의 의미**(意味) : 청오경(靑烏經)과 함께 풍수지리 최고의 고전(古典)이라 할 수 있는 금낭경(錦囊經)은 진(晉)나라 사람 곽박(郭璞)이 쓴 책이다. 곽박은 천문(天文) 오행(五行) 점서(占筮)에 능한 사람으로 진나라 사마예(司馬睿)가 황제가 되었을 때 복지(卜地)와 점택(占宅)을 담당한 고위 관리였다. 그의 점서(占筮)는 대단히 영험하였으며 도(道)를 이루어 죽은 후에 신선(神仙)이 되었다고 한다. 그는 생전에 풍수에 대한 구체적인 해석은 내려 충수지리의 기초를 확립한 인물로 오늘날까지 풍수의 비조(鼻祖)로 불리고 있다.

❖ **고총에 묘를 쓰면** : 고총(묵은 묘)에 중장하면 종노릇하기 쉽고 부녀자가 해를 본다.

❖ **곤문**(坤門) **진주**(震主) : 곤문 진주(진좌곤문)에서는 사람이 용위에 있는 격이니 어머니에게 산망이 따른다. 화해택(禍害宅)으로 목토상극(木土相剋)하니 모자간에 불화하고 재산을 잃으며 황달 비장 위장 질환이 따른다. 재산이 있으면 건강하지 못하고 건강하면 재산이 없다.

❖ **곱사등이 나는 곳** : 곱사등이는 4정(四正) 자오묘유(子午卯酉) 용(龍)을 말 하는데 허리가 없는 것을 말하며 4태(四胎)는 건곤간손(乾坤艮巽)이 험석이 더덕한 곳이 많이 있으면 곱사등이 나오는 곳도 있다.

❖ **골짜기가 깊어 음침하고 유랭한 땅은 피하라** : 골짜기는 용맥과 혈이 결지할 수 없이 생기가 있을 수 없는 땅이다. 주변 산들이 높이 솟아 사방이 막혀 있다. 햇볕을 차단하므로 항상 어둡고 추운 곳이다. 여기에 묘를 쓰면 대개 시신이 썩지 않는다. 시신을 냉동실에 가두어 둔 것과 같기 때문이다. 혹 시신이 썩지 않고 있으면 매우 흉한 것이다 묘 자리에서는 생기(生氣)를 받아 음양조화(陰陽造化)를 이루는 것은 유골(遺骨)이다. 유골

이 생기를 받으면 좋은 기를 발산한다. 그 기는 같은 동기(同氣)의 자손들에게 전달된다. 그 기운에 의해서 자손들은 조상의 음덕(陰德)을 받아 부귀왕정(富貴旺丁)하게 된다. 흔히 뼈대 있는 자손이란 여기서 유래한 것이다. 그러나 춥고 음랭(陰冷)한 곳에 있어서 육탈이 되지 않으면 자손들에게 피해를 준다.

❖ **공덕(功德)을 많이 쌓아야** : 문정공(文正公)이 말하기를 돌이켜 보면 대개 어떤 사람은 길지(吉地)를 얻었으나 발복(發福)을 받지 못하고 도리어 앙화(殃禍)를 당하는데 예 가 있는데 그 이유는 대개 재혈(묘지주택 아파트 공사잘못)의 잘못이거나 향법(向法 : 묘 좌(坐))의 틀림이요 또 혈(묘) 자리를 팔 때 용 과 혈을 상하여 길(吉)한 것이 흉(凶)으로 변한 것이며 길지(吉地)를 얻고도 자기 고집을 세우고 양사(良士 : 공부 많이 한 風水) 얻고도 양사(良士 : 공부 경험 많은 지관)의 말을 듣지 않는 것이다. 또는 길지(吉地)를 얻어 분명한 혈(묘 자리)에 장사(葬事)를 하였으나 자손이 타인(他人)의 말을 듣고 이장(移葬) 하는 일로 발복이 되지 않는 바이니 이것이 곧 덕(德)을 쌓지 않은 사람이면 길지(吉地)를 얻고도 저절로 이장하게 되는 복이 없는 사람이며 복이 있는 사람은 길지(吉地)를 제대로 얻어 보전하는 것이니 이는 반드시 적덕(積德)한 집안이다. 라고 하였다.

❖ **공동주택(共同住宅)** : 아파트 연립주택 다세대주택 다가구주택등과 같이 하나의 건물 내에 구분된 가구가 별도로 살 수 있게 만들어진 주택을 말하는데 세대별로 현관문을 들어서면서 그 세대가 사용하고 있는 구분 건물 전부를 보아 그 중심점에 나경을 놓고 현관문 주방 큰방의 방위를 보고 또 각방의 위치나 화장실 등의 위치를 측정하여 방위를 정한다.

❖ **공부방의 8방위별 길흉(吉凶) 자욕**

- **동(東)쪽에 있는 공부방** : 동(東)쪽은 해가 뜨는 방위이고 오행상(五行相) 목(木)이다. 색상(色相) 청색(青色)이다. 동쪽 방위의 공부방은 신선한 생기(生氣)를 불어 넣어 준다는 측면에서 어린 자녀들의 방으로 이로움이 많다. 출생 직후부터 유치원초등학교 중학교 때까지의 성장기에는 이 동(東)쪽 방위(防衛)의 공부방이 무난하다. 건강과 진취적인 기상과 발전의 의미를 내포하는 동(東)쪽 방위의 생기(生氣)는 어린 자녀들에게 밝고 씩씩한 성격을 갖게 할 것이다. 이 동쪽 공부방은 최상(最上)의 길상(吉相)이라고 간주 된다.
- **서(西)쪽에 있는 공부방** : 서(西)쪽은 오행상(五行相) 금(金)의 방위(方位)이고 색상(色相)은 흰색이다. 서(西)쪽 방위의 공부방은 방위적 특성을 놓고 볼 때 성장기(成長期)의 학생들에게 매우 좋지 않은 방위이므로 가능한 공부방을 배정하지 않도록 한다. 이 서쪽 방위의 영향력으로 인해 아이가 어린 아이답지 않게 조숙하여 애늙은이처럼 되거나 신체적인 운동이나 움직임은 극도로 싫어하되 생각만 많아서 굉장히 내성적이고 소심한 사람이 될 가능성이 크다. 한편 해가 지는 방위라는 자연적 특성상 이방을 사용하게 되면 의지력도 약해지고 쉽게 포기하는 경향이 강해진다. 이 서쪽 방위는 해가 저물어 간다는 상징성을 생각했을 때도 신체적으로 허약해 질 수 있다. 풍수적 견해로서 이 서쪽 방위에 서쪽으로 나 큰 창문이 있는 집은 자식들 중에서 서쪽 방위의 공부방은 흉상(凶相)에 속한다고 하겠다.
- **남(南)쪽에 있는 공부방** : 남(南)쪽은 오행상(五行相) 화(火)이고 색상은 붉은 색상(色相)이다. 공부방도 초등학생은 남쪽 고등학생은 북(北)쪽 공부방이 최고다. 이러한 방위는 화려하고 왕성한 활기 창조성 예술성을 상징하는 남쪽 방위는 건강상으로 식은땀을 흘리거나 시력이 약한 근시나 난시의 어린이가 나타 날 수도 있으며 코코아, 아이스크림, 초콜릿, 인스턴트 식품류를 즐겨 먹게 하고 안색이 붉어지며 심장 활동을 항진시켜 심장질환을 유발하기도 한다. 선천적으로 심장이 약한 학생에게는 이 남(南)쪽 방위의 공부방은 상극(相剋)의 작용을 한다고 하겠다. 예술계통에 능력을 나타내는 학생에게는 창작 의욕을 드높여 더욱 이로운 결과를 안겨 주겠으나 간혹 자신의 실제 능력보다 지나치게 높은 목표를 설정하여 그 목표를 이루지 못해 좌절감에 빠지는 학생도 있을 수 있으므로 이 남쪽 방위는 유년기 때 까지나 무난한 방위라고 하겠다.
- **북(北)쪽에 있는 공부방** : 북(北)쪽 방위는 오행상(五行相) 수(水)이고 색상(色相)은 검정색이다. 이 북쪽의 방위는 특히 여

자 아이들의 건강에 신경을 써야한다. 사춘기가 지난 경우에는 생리불순이나 생리통을 불러 올 수도 있고 그 외에도 자라나는 아이들에게 급성 신우신염, 난청, 요통을 가져 올 수도 있다. 북쪽 방위는 특성상 내성적이 되거나 침체되기 쉬운 방위이므로 벽지색이나 가구 색상을 홍 황색 계열이나 녹색 계열로 바꿔 주고 공부하는 친구들과 어울리도록 부모님들의 배려가 있어야 한다.

- **북동(北東)쪽에 있는 공부방** : 북동은 간(艮) 귀문방위(鬼門方位) 이므로 공부방 뿐만 아니라 어떤 주거(住居)공간을 설치한다고 해도 까다로운 방위에 속한다. 북동쪽은 변화와 시종(始終), 고립, 축적 등의 철학적 의미가 크므로 자녀들의 성장 환경으로서는 좋은 방위가 아니다. 이 방위의 공부방을 사용한 학생들은 자신의 노력으로 우수한 성적을 거두게 되고 성격적으로도 사색적이고 철학적인 경향을 띠게 된다. 이 북동(北東)쪽 방위는 기(氣)가 미치는 신체적 영향력으로 자녀와 부모 간에 의사소통이 단절되기 쉽고 왕성한 지적 용구와 감정적인 변화 및 기복이 심해서 심신이 복잡다단한 타입이 된다. 이와 같은 여러 가지의 이유로 인해 이 방위의 공부방은 학생에게 좋지 않다고 하겠다.
- **남서(南西)쪽에 있는 공부방** : 남서(南西)쪽 8괘 방위상 곤(坤) 방위로써 상징 의미가 노모(老母) 이므로 가정주부나 할머니의 방위이다. 따라서 성장기의 학생에게는 좋지 않다. 남서(南西)쪽의 방(房)에서 자라난 아이들은 생활력이 강한 타입이 많아서 성장한 다음에도 가장(家長)의 역할을 하거나 어머니 대신 가정 살림을 맡는 수가 많다고 본다. 딸이라면 여장부 타입으로 강하고 드센 기질이 되기 쉽고 아들이라면 여성적인 성격을 갖게 되어 취직을 하더라도 경리나 기획 부분 등으로 나아간다. 자녀의 공부방으로서 남서(南西)쪽 방위는 흉상(凶相)이 될 뿐만 아니라 건강상으로도 습기의 영향을 받아 피부염이나 습진, 발진 등으로 시달릴 수 있다.
- **남동(南東)쪽에 있는 공부방** : 남동(南東)쪽 방위에 있는 공부방의 영향력은 여자 아이들에게 크게 미친다고 한다. 따라서 자녀들 가운데 딸이 이 남동쪽의 방에 거주(居住)하면 훌륭하게 성장할 것이라고 판단한다. 남동쪽은 방위적(方位的) 특성상 정리, 출입, 먼 곳, 결혼, 활력, 연애, 왕래, 여행의 의미를 나타내므로 딸은 성장하여 훌륭한 남편을 맞아들이게 되고 깔끔하고 단아한 성품과 용모로 현모양처가 된다. 자식들은 성장한 후에 대부분 부모와 멀리 떨어져 생활하게 되며 일찍 결혼하는 사람도 많다. 연애와 결혼을 비교적 이른 나이에 하게 된다고 하지만 성격적으로 온화하고 부드러워 사회생활은 원만하며 공부와 인생(人生)의 즐거움을 다각도로 즐길 줄 아는 사람으로 성장하므로 어떤 의미에서는 오히려 최길방(最吉方)의 공부방 이라고 할 수 있다. 남자 아이가 이 방을 쓰면 다소 여성적인 타입이 되기 쉽다.
- **북서(北西)쪽에 있는 공부방** : 북서(北西)쪽은 권위와 우두머리 가부장의 상징 의의를 지닌 방위이다. 자녀들이 쓰는 공부방으로 배정하기에는 부적당한 방향이라고 하겠다. 북서(北西)쪽의 방(房)을 공부방으로 쓰게 되면 방위적 영향력이 미쳐서 매사에 자기 본위로 생각하고 고집이 강하며 무슨 일이든지 참견하고 주도하려는 기질을 갖게 되므로 지속적으로 공부에 몰두하기 힘들어지며 학습 능률은 떨어진다. 주변에 대해 이것저것 참견하고 베풀어 주는 성격 탓에 어려서부터 주변 사람들에게 지도자감 이라고 칭찬받으며 도움과 협조를 많이 받는 경우도 있어서 그 길흉(吉凶)이 상반(相半) 된다. 아버지의 방위에 자녀들이 거주하게 된 까닭에 가장(家長)의 건강에 해로움을 주거나 집안의 위계질서가 무너져 말썽 많은 집으로 전락하는 수도 있으므로 이런 경우에는 필히 학생 공부방을 바꾸어줘야 한다.

❖ **공장대지(工場垈地)는 이러한 곳이 좋다.** : 공장 터는 넓고 밝고 맑고 평탄 하고 배수가 잘 되는 토질에 가장 좋다. 대게 부도가 나고 사업실패 하는 사람들은 공장 터가 경사가 심하거나 산을 깍아 공장을 짓거나 파묘(破墓)한 자리이거나 당이 기울어져 있거나 주변 산세가 험악하거나 공장 가까이 학교나, 관공서나 관공서 터였거나, 사찰(寺刹) 근처나 터였거나, 교도소 터였거나, 동물 도살장터였거나, 대지(垈地)가 사각형이거나 공장 터가 들쭉날쭉 하거나, 공장 주변에 구묘(묵 묘) 자손 있는

묘(墓)나, 근처에 물 없이 비어있는 계곡을 등(뒤)졌거나, 앞 쪽에 얕은 빈 곡처럼 보이는 곳은 공장 터로서는 부적합하다. 그리고 습기가 있는 곳, 땅을 돋은 터, 도로(道路)를 충(冲)을 받거나 타(他) 건물이 충을 받는 것도 흉(凶)하고 옛날 공장 터에 다시 공장을 세울 때도 옛 건물 터보다 한 치라도 뒤로 물러가면 사업 실패한다. 산(山) 능선에 충(冲)을 받아도 공장 에 인사사고 등이 있을 수 있다. 공장에서 가깝게 보이는 곳에 산(山)을 절개한 곳이 보이거나 돌, 광산 등도 보이면 이것을 화금풍살(火金風殺) 이라 한다. 또, 공장 정면에 전봇대(전주)가 서있어도 충(冲)으로 본다. 땅을 절개(切開)하지 않은 땅을 찾아 밝고 맑은 땅, 비가와도 진창이 되지 않고 가뭄이 들어도 먼지가 나지 않고 비가와도 땅이 단단한 땅을 찾아 공장(工場)을 짓고 사업하면 성공 할 것이다.

❖ **과부사**(寡婦砂) : 곤방위(坤方位)에 노인암(老人岩)이 있거나 입수(入首)가 좌측으로 기울어지거나 청룡이 약하고 힘없이 쭉 뻗어 있으면 과부가 문전걸식 하며 탄식한다.

❖ **과학적**(科學的) **생기론**(生氣論) : 과학적 생기론과 현대 과학적 생기론의 근원은 다 같이 궁극적으로는 우주의 모든 천체 운동에서 발원하는 음양 기운에 관한 추구론 이다. 즉, 양에 속하는 천기(天氣)는 태양에서 나오는 기운이고 음(陰)에 속하는 지기(地氣)는 지구에서 발생하는 기운이다. 첫째, 양기의 발생 처인 태양은 그 중심부에서 계속되는 핵반응에 의한 무한량의 열을 방출하고 있다. 즉, 태양의 대부분을 차지하고 있는 수소가 헬륨으로 변하는 핵융합 과정에서 엄청난 열에너지를 방출한다. 이 많은 에너지는 지구를 비롯한 태양계 안에 있는 모든 성신(星辰)에게 고루 방사하여 천체와 그 안에 있는 풍수지리(風水地理)에서 말 하는 양의 기(氣)도 이러한 맥락에서 추구해야 할 것이다. 둘째, 음기(陰氣)의 발생지(發生地)인 지구는 인간가 만물이 직접 생존하는 곳이며 죽으면 다시 돌아가는 곳도 역시 지구이다. 이 지구는 계속되는 지각의 변동, 기후의 변화, 공기 중 산소의 증감 등 지구운동에 의해 자신의 존속과 모든 생물의 성장을 위한 지기(地氣)를 발(發)하고 있다. 이와 같은 지구의 힘을 현대과학에서는 지구 에너지라 하고 풍수지리학에서는 지기(地氣)라고 한다. 지상(地上)의 모든 생물은 지기(陰)와 천기(陽)를 받아들여 음양배합(陰陽配合)으로 생육하고 있다.

❖ **과협심혈법**(過峽尋穴法) : 과협(過峽)은 행룡(行龍)의 생기(生氣)를 모아 묶은 용의 허리부분이다. 지표(地表)면으로 노출이 심하여 용의 성질을 파악하기가 용이한 곳이다. 과협을 보고 혈(묘)을 맺을 수 있는 용맥 인지의 여부와 위치를 판단하는 것이 과협심혈법(過峽尋穴法)이다. 용의 생왕사절生旺死絶)과 길흉화복을 판단하기도 한다. 과협이 튼튼하고 아름다우면 반드시 좋은 혈을 맺는다. 깨지고 추악하면 혈을 결지 하지 못한다. 과협이 바르게 나가면 혈도 바르게 맺는다. 과협이 좌나 우로 곡선으로 나가면 혈도 좌나 우측으로 결지한다. 과협이 짧으면 혈은 가까운 곳에 있고 과협이 길면 혈은 먼 곳에 있다. 만약 과협처에서 홍황자윤(紅黃慈潤)한 혈토(穴吐)가 나올 수 있다. 혈토 있으면 증거이다. 혈의 진가(眞假) 여부도 과협을 보고 판단한다.

❖ **과협**(過峽) **파손**(破損) **되었으면** : 과협의 형태와 종류는 다양하고 그 방법 역시 가지각색이다. 그 중에서 대표적 과협은 벌의 가는 허리와 같은 봉요협(奉邀峽)과 학의 부드러운 무릎과 같은 학슬형(鶴膝形)이 있다. 또한, 과협의 형상에 따라 직협(直峽) 곡협曲峽) 장협(長峽) 단협(短峽) 세협(細峽) 고협高峽) 천전협(穿田峽峽) 십자협(十字峽) 왕자협(王字峽) 도수협(道水峽) 등이 있다. 이와 같은 각종 과협은 밝고 부드러우면서 단단하다. 또, 바람이나 물의 침범을 말을 수 있어야 한다. 과협처는 노출이 심한 관계로 바람이나 물의 피해가 크게 우려 된다. 때문에 과협 앞뒤- 기(起) 한 곳에서 마치 양팔을 벌린 것 같은 작은 능선이 뻗어 과협처를 감싸고 보호해 준다. 이 능선의 형태가 용을 보낸 쪽이나 받는 쪽에서 보면 여덟팔자(八字) 모양으로 생겼다. 그래서 거팔래팔(去八來八) 이라 불린다. 과협을 중심으로 용의 생기를 보낸다하여 송(送) 반대편에서는 받는다 하여 영(迎)이라 한다. 이 둘은 동시에 일어남으로 흔히 영송사(迎送砂)라 한다. 과협처 에서는 반드시 있어야 용의 생기(生氣)가 보호 받는다. 만약, 과협이 깨지고 부서져 파손되거나 과협에

금이 갈라져 있다면 용맥은 절맥 되었다고 보아야 한다. 이와 같으면 묘를 쓸 수 없다.

❖ **관산심혈**(觀山尋)穴) : 관산 심혈에는 기(氣)라는 한 글자는 참으로 형용하지 어렵지만 주산(主山)에서 산이 나오는데 지각(枝脚)이 많이 나와서 왼쪽으로 가리 우고 오른쪽으로 옹위하고 혹 천을태을(川乙太乙)을 짓고 주인봉(主印峰)이나 금상봉(金箱峰)이 되고 좌우(左右)에 기쟁봉(旗錚峰)을 세우고 영접하는 사(砂)와 전송하는 사(砂)가 있고 가운데로 한 맥이 있어서 슬그머니 가니 고관(高官)이 말을 타고 옹위 하는 자가 많아 위엄이 있는 것과 같으나 이것이 용의 형세이며 그 결혈처(結穴處)에 미쳐서 후(後)에서 오는 시종이 도로 안대가 되어서 수구(水口)를 지어 문을 막고 모든 산과 모든 물이 천리(千里)를 멀다 않고 내조(來朝)하여 조금도 배반하는 형상이 없으니 모든 용을 길(吉)한 형세가 되는 것이다.

❖ **관왕조당**(官旺趙堂) : 관왕조당이란 사대국오행(四大局五行)에 생왕관대방(生旺官帶方)의 사(砂)와 水(水)가 명당을 조화하고 각기 진술축미묘고(辰戌丑未墓庫)로 회집유거(會集流去)하여야 한다.

❖ **관주형**(貫珠形) : 혈이 마치 구슬을 실에 꿰어 놓은 것처럼 생긴 형상이다. 한 능선에 여러 혈(묘 자리)이 연달아 있다. 혈은 각 구슬의 중앙에 있고 주변에 옥녀봉 구슬상자, 실, 바늘과 같은 사격이 있으면 더욱 좋다. 온갖 부귀영화를 다 누린다.

❖ **괴 강**(魁罡) : 경진(庚辰) 경술(庚戌) 생일(生日)이나 생시(生時)에 타고난 사람은 되면 크게 되고 잘못되면 쫄딱 망한다고 하였다. 필자가 生, 日, 時 에 괴강 을 타고 출생하였다.

❖ **괘등혈**(掛燈穴) : 괘등혈 이란 높은 봉우리에서 급하게 내려오다가 산중턱에 급작스럽게 멈추어 혈을 맺는다. 혈이 맺는 곳은 평평하다. 가파른 산중턱에 혈이 있으니 그 모습이 마치 등잔에 호롱불이 걸려 있는 거와 같아 괘등혈(掛燈穴)이라 한다. 도는, 처마 밑에 있는 제비집 같다 하여 연소혈(燕巢穴)이라고도 한다. 주룡(主龍)이 가파르게 내려와 작은 평지를 만들고 그곳에 혈을 맺기 때문에 바람을 타기 쉽다. 그래서 혈(묘 자리)은 보통 오목하게 들어간 반와혈(半窩穴)이다.

❖ **괘사축조형**(掛蛇逐鳥形) : 나뭇가지에 올라간 뱀이 나무에 매달려 새나 새의 알을 잡아먹는 형상이다. 약간 높은 곳에 혈을 결지(結地) 하며 나무나 새 새알과 같은 사격(砂格)이 안산이 되거나 주변에 있어야 한다.

❖ **교여불급수**(交如不及水) : 곤(坤), 신향(申向)에 간인(間寅), 갑묘방(甲卯方), 수출(水出)

간(艮), 인(寅向)에 곤신(坤申) 경유방(庚酉方) 수출(水出)

건(乾), 해향(亥向)에 손사(巽巳) 병오방(丙午方) 수출(水出)

손(巽), 사향(巳向)에 건해(乾亥) 임자방(壬子方) 수출(水出)

이상은 모두 관향(官向)에 절, 태방(胎方)으로 물이 나가는 것이니 단명(短命)하고 재물이 없으며 발복되지 않는 흉향흉수(凶向凶水)라 한다.

* 병(丙), 오향(午向)에 경유방수출(庚酉方水出) 임(壬), 자향(子向)에 갑묘방수출(甲卯方水出)
* 경(庚), 유향(酉向)에 임자방수출(壬子方水出)
* 갑(甲), 묘향(卯向)에 병오방수출(丙午方水出)

이상은 사향(巳向)에 태방(胎方)으로 물이 나가는 것이니 자손이 있으면 재물이 없고 재물이 있으면 자손이 없으며 혹, 공명(功名)을 얻더라도 단명하고 병약하여 장수를 못하는 흉상이다.

❖ **교통이 좋아야** : 아파트 주택은 교통이 편리해야 한다. 막다른 골목에 위치한 양택(陽宅)은 가장 흉지이다. 이는 화재(火災)나 비상시에는 치명적인 재화(災禍)를 막고 바람이 들어오고 수재(水災) 때는 수로(水路)가 되어 지기(地氣)가 흩어진다. 그리고 주변 환경이 좋아야 한다.

❖ **교혈**(巧穴) : 혈형(穴形)이 기이하고 오묘해서 자세히 살피지 않으면 혈답지 않게 보이니 실제로는 조화가 감추어진 혈(묘자리)이다.

❖ **구**(枸) : 구(枸)란 갈고리처럼 처음에는 곧게 물이 오다가 혈처(穴處 : 묘(墓) 당처(當處))에 서는 물이 감아 주는 것을 말한다. 구는 혈(묘)앞 명당으로 유입되는 물이 마치 갈고리처럼 생긴 것을 말하는데 처음에는 직류 또는 반대로 무정하게 들어오다가 혈(穴) 근처에 다다라서는 우정하게 감싸주면서 흐른다. 그 형세가 갈고랑이처럼 활처럼 생겼다 그 길흉화복은 처음

에는 흉 했다가 나중에 길(吉) 해진다. 이를 선흉후길(先凶後吉)이라 한다.

❖ **구**(枸) : 구란 묘 앞을 지나가는 횡수(橫水)나 직거(直去水)가 다시 갈고리처럼 굽어 혈을 돌아다보는 수세(水勢)를 말한다. 절지화생(絶地禍生) 하는 격이어서 선흉(先凶) 후길(後吉)이다.

❖ **구곡수**(九曲水) : 구곡수란 물(水)이 구불구불 굽이굽이 오는 물로써 벼슬의 향기가 새롭고 단정한 용모에 조정에 들어가게 된다. 재물도 많이 모인다.

❖ **구성길흉궁위론**(九星吉凶宮位論) : 구성길흉궁위론 이란 생기속목(生氣屬木)하여 손감리득위(巽坎離得位)하며 부귀번영하고 다섯 아들을 두게 되고 갑을해묘미년(甲乙亥卯未年)에 응성의 응험이 있으며 장 자손에게 크게 이롭다. 천(天醫屬土) 하여 간건태궁득위(艮乾兌宮得位) 하며 풍부한 복록과 선량의 덕망을 얻으며 아들 셋을 두게 되고 기진술축미년 에 발복의 응험이 있으며 중간 아들에게 크게 이롭다.

❖ **구성심혈법**(九星尋穴法) : 구성심혈법은 주산(主山)의 모양(貌樣)을 보고 혈의 위치와 형태를 파악하는 방법이다. 주룡은 태조산을 출발하여 수 백리 혹은 수 십리를 행룡(行龍)한다. 이러한 주룡을 따라 태조산에서 부터 혈까지 답사하여 혈을 찾는 것은 사실상 불가능하다. 높고 험한 태조산(太祖山) 정상(頂上)에 올랐다 하더라도 그 중심 맥을 찾기란 그리 쉬운 문제가 아니다. 큰 산에는 수 많은 봉우리와 능선이 존재한다 뿐만 아니라 산 정상에서는 능선이 출맥 하는 것이 보이지 않는다. 설사 중심맥(中心脈)을 찾았다 하더라도 수백리(數百里)나 되는 원거리(遠去里)를 직접 답사(踏查) 한다는 것은 더더욱 어려운 일이다. 주산은 태조산(太祖山)의 정신(精神)을 계승한 산이다. 따라서 주산을 보고 태조 산에서부터 달려온 주룡의 근본정신을 파악할 수 있다. 또, 주산에서 내려가는 주룡의 근본정신도 파악할 수 있다. 그 이유를 간단히 요약하면 다음과 같다. 주룡은 태조 산에서 낙맥(落脈)한 다음 다시 기봉(峰起)하여 제일 성봉을 이룬다. 여기서 구성과 오행의 기본정신을 부여받고 먼 거리를 행룡 해 나간다. 행룡 하면서 태조 산의 험한 기운을 탈살하기 위해서 개장천심(開帳穿心) 기복(起伏) 과협(過峽) 박환(剝(換) 등 여러 변화 를 한다. 그리고 중조산(中祖山)을 비롯한 여러 주필산駐蹕山)을 거쳐 행동을 계속한다. 이 주룡이 혈을 맺고자 할 때는 제일성봉과 똑같은 형태의 주산을 만드는 것이다. 소조산인 주산은 출발한 주룡의 정신과 형태를 그대로 나타내는 응성(應星)이다. 때문에 주산을 살피면 태조 산에서부터 소조 산까지 이어진 용의 기본 정신과 형태를 짐작할 수 있다. 또, 주산에서 혈(묘)까지 이어지는 용 맥과 혈의 형태도 예측할 수 있다.

❖ **구와 첨** : 구(毬)는 승금(뇌두)과 혈 사이에 있어 상수를 나누어 주고 정기를 혈로 이어주는 중요한 역할을 한다면 첨(簷)은 혈 앞에서 이루어지는 상수의 교합(交合)처 안에 생김으로 진 혈을 구성하는 혈 중으로서의 구와 첨이므로 혈장을 구첨이라 약 칭하기도 한다.

❖ **궁강** : 형국은 미녀포아형(美女抱兒形) 이다.

❖ **군 왕사**(君旺使) : 군왕사란 제왕후(帝王后)가 나다. 극귀사(極貴砂)

❖ **궁원절경**(窮源絶境) : 궁원은 궁 벽진 언덕이니 진룡(眞龍)이 있을 수 없다. 절경 또한 용맥과 산이 끊겨 괴암석으로 날카롭게 서 있는 땅이다. 이러한 곳은 혈을 결지結地) 하지 못한다.

❖ **귀성**(鬼星) **은 입수룡 반대쪽에서 밀어주는 역할** : 귀성(鬼星)은 주룡(主龍)에서 뻗어나가 생긴 산이든 외부에서 온 산이든 상관없다. 어떤 산이든 혈(묘) 뒤의 바람을 막아주기만 하면 된다. 그러나 귀성은 반드시 주룡의 반대쪽 측면에 붙어 있어야 한다. 그래서 입수룡을 지탱해 주고 밀어주는 역할을 한다. 따라서 귀성의 위치를 보고 혈의 위치를 가늠할 수 있다. 귀성이 가운데 있으면 혈도 귀성이 지탱해 주고 밀어주는 쪽인 가운데에 위치한다. 귀성이 왼쪽에 있으면 혈도 왼쪽에 있고 오른쪽에 있으면 혈 도 오른쪽에 있다. 또 귀성이 높은 곳에 붙어 있으면 혈도 높은 곳에 위치하고 낮은 곳에 붙어 있음면 혈도 낮은 곳에 위치한다. 귀성이 나란히 두 개가 있으면 효순귀(孝順鬼)라 하여 혈은 두 귀 사이 반대 측면에 있다. 귀성은 주룡을 지탱해 주고 입수룡을 반대쪽으로 밀어주는 역할을 한다. 때문에 작고 단단한 것이 길하다. 지나치게 길게 뻗거나 힘 있게

변화하면 오히려 입수룡의 생기를 빼앗게 된다. 주룡을 타고 내려온 생기가 횡룡 입수룡으로 모두 들어가야지 귀성으로 설기(洩氣) 되면 흉하다.

❖ **귀성정혈**(鬼星定(穴)) : 귀한 혈성 뒤에서 뻗은 맥이 다시 기봉(起峰)하였거나 혈 뒤에 벋은 지각(枝脚)으로 직룡 에서는 별로 볼 수 없고 횡룡(橫龍)이라야 이 귀성이 있다. 낙산과 혼동하기 쉬우나 낙산은 본신이니 객산 으로도 이루어지는 것이지만 귀산은 반드시 직접 혈성 뒤에 붙어 있어야만 된다. 기봉 하지 않고 지각(枝脚)으로 이루어진 것이 낙산과 다른 점이다. 특히 귀성은 횡룡의 경우 심하게 기울어진 땅에 한하여 필요로 하기 때문에 직룡으로 곧게 뻗어 내린 경우는 이 귀성을 요하지 않는다. 그러므로 요공(寥公)이 횡룡에 맺는 혈이라야 귀성이 필요하다 하였다. 대개 횡룡으로 내려오며 치우친 요에 맺는 혈은 뒤에 귀산이 없으면 허하여 진기가 모이지 못하므로 반드시 귀를 의지하고 귀가 없으면 결혈 되지 않는다. 귀가 있어도 혈장이 바르지 못하고 기울어지면 귀가 도리어 혈의 기운을 탈출 하므로 결혈 되지 못한다. 따라서 귀성이 높으면 혈도 높은 곳에 정하고 귀가 낮으면 혈도 낮은 고셍 정하며 귀가 왼쪽에 있으면 혈도 왼쪽에 있고 귀가 오른쪽에 있으면 혈도 오른쪽에 정해야 한다. 이러한 점들은 낙산과 같으며 그 뿐만 아니라 귀성이 너무 크거나 너무 높거나 너무 길면 혈을 압박하여 불길하니 이러한 점을 감안해야 할 것이다.

❖ **귀신**(鬼神)**이 장난친다** : 인갑방위(寅甲方位)에 골짜기의 물이 빠져 나갈 곳이 없으면 집안에 귀신(鬼神)이 장난친다고 하며 또, 인갑방위(寅甲方位)에서 곡수(谷水)가 나와도 귀신이 침노한다고 한다.

❖ **귀인사**(貴人砂) **산 정상이 원형이면** : 귀인사는 탐랑(貪狼) 목성(木星)이 높이 솟아 존엄하고 수려한 것이다. 산 정상이 원형이며 산신(山身)에는 지각(枝脚)이 없다. 산신에 지각이 없다는 것은 능선에 골짜기가 없다는 뜻이다. 이를 원탐랑(圓貪狼) 이라 하며 산의 형태가 사방 어디에서 보나 똑같은 모습이다. 깨지고 부서지고 기울어 진 것은 아주 나쁜 것이다. 귀인사의 상격룡(上格龍)은 문장이 출중하여 대과급제(大科及第) 하고 높은 벼슬길에 오른다. 중격룡(中格龍)은 군수, 결찰서장, 교장정도 인물이 많이 나온다. 하격룡(下格龍)은 자손은 많이 날 수 있으나 재물이 크게 얻지 못한다.

❖ **귀장역**(歸葬易) : 귀장역이란 은나라 때에 축월(丑月)을 세수로 하고 만물의 모체가 땅이라는 생각으로 중지곤괘(重地坤卦)를 첫 괘로 하였다고 한다. 지원지통 이라고 하나 이 또한 정확한 고증이 불가능하다.

❖ **귀한 기운이 모여 있는 곳** : 본래 용 맥으로 부터 이탈 하지 않고 전후(前後)를 호위하듯이 잘 감싸주는 곳으로 주룡이 있고 사격(砂格)이 있는 곳이다. 물은 흐르나 흐르지 않는 것처럼 보이고 파구(破口)는 관쇄되고 명당은 넓으며 평평하여 아늑하고 진룡의 행룡은 멈추어 있고 물이 감싸준 안쪽에서 혈(묘)을 찾아야 하고 밖에서 찾는 일은 없어야 한다. 형세가 감싸 주는 곳을 취하면 오복을 누리게 된다.

❖ **귀혼일**(歸魂日) : 귀혼일은 소흉(小凶)하다. 그러므로 일진이 대길 하면 사용 하여도 무방하다.

❖ **금고**(金庫)

* 금고를 들어오는 문이 밝게 드러나는 곳에 두어서는 안 된다.
* 금고의 입구는 물을 거슬러 향하게 해야 한다.
* 금고의 입구는 사람의 기운이왕성한 구역을 향하게 해야 한다.
* 금고의 입구는 물 흐름을 따라서는 안 된다. 재물의 낭비가 많다.
* 금고의 입구가 화장실을 향해서는 안 된다.
* 금고의 입구가 냉장고를 향해 있어서는 안 된다.

❖ **금구몰니형**(金龜沒泥形) : 산세가 신령스러운 거북이 진흙 속에 빠져지는 모습과 흡사하다. 혈은 거북의 등에 있고 앞에는 논이나 연못이나 대강(大江)이 있어야 하고 안산은 소라, 개구리, 물고기 등의 형상(形狀)이 있어야 한다.

❖ **금구예미형**(金龜曳尾形) : 신령스러운 거북이 꼬리를 끌고 다니는 모습과 흡사하다. 혈은 거북의 등에 있고 꼬리는 입수룡(入首龍) 이다. 앞에는 물이 있어야 하고 안산은 소라, 개구리, 물고기 형상과 같은 산이 있어야 제격이다.

❖ **금구출수형**(金龜출(出水形) : 신령스러운 거북이 물 밖으로 나

오는 형국이다. 꼬리가 물가에 잇고 머리는 산을 향하고 있다. 혈은 거북의 등에 있다.

❖ **금성귀인**(金星貴人) : 금성귀인이란 생(生)을 받음이 마당하고 극(剋)을 받음이 마땅하지 않다. 혹, 건태(乾兌)나 곤간방(坤艮方)에 위치하면 득위得位)요 또는, 향상귀인(向上貴人)과 용상귀인(龍上貴人) 그리고 3길(三吉) 6수귀인(六秀貴人) 옥당귀인(玉堂貴人) 등과 입향(入向)이 합법하면크게 발복하고 입향(入向)에 차질이 있으면 발복이 불균하다. 금성(金星)이 건해방위(乾亥方位) 있어도 득위(得位)라 한다.

❖ **금국정룡**(金局丁龍) : 금국정룡은 지지 사유축(巳酉丑)과 천간 손경계손(巽庚癸)의 3합인 금국을 이루는 것으로서 바깥 경금(金)의 장생은 손사(巽巳)에 있고 시계방향으로 순행하면서 수(水)의 12 포태법을 관장하고 안쪽 정화(丁火)의 장생은 경유(庚酉)에 있고 반시계 방향으로 역행 하면서 용(龍)의 12 포태법을 관장한다. 묘는 용과 수의 방위가 같고 생왕(生旺)이 자리는 용과 수가 바뀌어 있다. 이하 6개좌만 합국이고 다른 향은 맞지 않는다.

❖ **금린출소형**(錦鱗出沼形) : 비단결 같은 비늘을 가진 물고기가 늪이나 연못에서 나오는 형국이다. 물가 옆에 혈은 있고 안산은 물고기의 등지느러미 같은 작은 아미사(蛾眉砂)나 작은 와혈(窩穴)이 있어야 제격이다.

❖ **금반형**(金盤形) : 금 소반 모양의 형상(形狀)으로 야트막하고 둥글고 넓적하게 생긴 산이 소반이며 주변에 술병(옥병사) 술잔(옥잔)을 비롯해서 밥그릇, 국그릇, 기타 음식을 담는 그릇 같이 생긴 사격(砂格)이 있어야 하고 소반 위에는 사람이 먹고 마시는 여러 가지 음식을 차려 놓는다. 금반형(金盤形)은 소반 위에 그릇마다 혈(묘 자리)이 될 수 있으므로 한 장소에 혈이 많은 것이 특징이다. 부귀(富貴)를 다하나 특히 거부(巨富)가 난다. 주로 야트막한 평야나 야산 지대에 있다.

❖ **금성**(金星) : 고산(高山)의 금(金)은 쇠북(錦) 같고 가마(窯)도 같고 머리가 둥글어 기울어지지 않고 광채가 나고 살찌고 윤택함이 길하고 평강(平岡)의 금은 삿갓(笠) 같고 두(斗) 곡식 되는 말 같고 둥글고 구슬이 달린 듯 함이 길하고 평지의금은 둥그런 사탕과 같고 살찌고 충만하여 현(絃) 활이 있고 능(稜) 논두렁도 있는 것이다.

❖ **금성수**(金星水) : 금성수란 허리띠를 두른 것처럼 원만(圓滿)하게 감싸주면서 흐르는 물을 말한다. 이를 금성요대(金城腰帶) 또는, 금성환포金城環抱)라 하고 그 모양이 활처럼 굽었다 하여 궁포(弓抱) 한다라고 하고, 혈을 앞쪽을 감아주면 길하다. 그러나 용혈(龍穴)과 반대로 둘러 주면 반궁수라 하여 흉하다.

* **금성수**(金星水) : 금성수(金星水)의 물로서 가장 귀하다. 부귀쌍전富貴雙全)하고 세상의 존경을 받고 충효현량(忠孝賢良) 하며 의(義) 로운 인물(人物)과 호남아가 난다.

❖ **금남경에 말하는 금수정혈법**(禽獸定穴法) : 산(山)의 형상(形狀)을 새나 동물(動物)에 비유하여 짐승의 기(氣)가 가장 많이 모이는 부분에 묘 자리를 정하는 것을 금수정혈법 이라고 한다. 대개 봉황(鳳凰), 학(鶴), 꿩(雉),기러기(雁), 까마귀(烏), 닭(鷄) 등 날짐승은 생기(生氣)가 벼슬(冠), 날개(翼), 꼬리(尾) 부분에 있다. 호랑이(虎) ,사자(獅), 소(牛), 말(馬),개(狗),쥐(鼠) 등 들짐승은 생기가 코, 배, 젖가슴 등에 있다. 금남경에서 다음과 같이 설명하고 있다. 용세(龍勢)가 그치고 혈장이 둥그렇게 쳐 들어 있으면 진룡(眞龍)의 머리 부분이다. 앞에는 물(水)이 흐르고 뒤에 산이 있으면 장사를 지낼 수 있는 혈이다. 용의 코와 이마에 해당되는 곳에 장사 지내면 길(吉)하다. 뿔과 눈에 해당되는 곳에 장사 지내면 망한다. 귀에 해당 되는 곳은 왕후(王侯)가 난다. 용이 구불구불 기복(起伏)으로 내려오면 혈(묘)은 중앙에 만들어지고 기(氣)를 응축하면 이를 용의 배라고 하는데 배꼽은 깊고 움푹 들어가 있는 곳에 묘를 쓰면 필시 후세(後世)에 복을 받아 부귀(富貴) 하게 되고 가슴이나 갈비뼈 부분에 묘(墓)를 쓰면 흉하다. 그러나 묘(墓) 바로 뒤가 조금 둥글고 받쳐주는 산이 있으면 묘(墓)를 쓸 수 있다. 그리고 맹호출림형(猛虎出(林形) 금계포란형(金鷄抱卵形) 영구입수형(靈龜入水形) 갈마음수형(渴馬飮水形) 금오탁시형(金烏啄屍形) 등 물형론(物形論)으로 묘 자리를 찾는 방법을 설명 하자면 금수정혈법이다. 그러나 산의 형상을 동물에 정확하게 비유하기가 어렵다. 호랑이나 사자, 표범, 개, 노루, 등이 서로 비슷하여 구분이 어렵다.

또, 기러기 , 봉황, 닭과 비슷하다. 지렁이, 뱀이라 할 수 있고 사슴을 말이라 할 수 있다. 금수정혈을 찾는데 참고하면 된다.

❖ **금수물형정혈법** : 풍수지리의 물형론에서 말하는 금수(禽獸)는 주로 새와 짐승이 그 대상이 된다. 새의 종류에 는 봉황, 학, 꿩, 기러기, 까마귀 등의 비금류(飛禽類)의 산형(山形)이 그 대상이 되며 짐승에 서는 호랑이, 사자, 코끼리, 말, 소, 개, 돼지 등 사지수류(四枝獸類) 네발짐승이 주로 그 대 상이 된다. 이 밖에도 수종어류로 거북, 잉어, 자라 등이 거론 된다. 다만, 조류 산형(山形) 결혈지는 주로 벼슬(冠) 날개 안쪽 익(翼) 꼬리(尾) 부분이 되고, 수류산형의 심혈시(尋穴詩) 산형이 어떤 금수(禽獸)의 모양과 같을 때에 한해서 참고할 뿐, 너무 남용하여 근본적인 정혈법을 무시해서는 안 된다.

❖ **금어**(金魚) : 날개가 거의 보이지 않을 정도로 날개가 희미하게 보인 경우.

❖ **금치수**(金致水) : 금치수란 갈로 비슷하게 물이 흐르고 흐르는 물이 교차하며 흐른다. 초년(初年)에 발복하기가 어려우나 외방(外方)의 사(砂)가 역사(逆砂)로 되어 혈을 감싸 주면 부귀(富貴) 할 수 있다.

❖ **금형산**(金形山) : 금형 산 이란 맑고 둥글고 지룡(枝龍)이 많은 용 맥으로 철모를 엎어 놓은 모습과 같다. 둥글고 기울지 않고 윤택하고 광채가 나면 길하고 결혈(묘 자리)의 위치는 중간쯤에 있고 경사가 두 번째 진 곳에 묘 자리가 있다. 날개, 머리, 배꼽 등 맑고 수려(秀麗) 하면 귀한 것으로 높은 벼슬이 나고 만일 탁(濁) 하면 대도(大盜)가 난다. 水木土化 금형 산의 성체(星體)에 따라 길흉(吉凶)이 다르게 나타난다. 너무 살찐 거, 야윈 것은 좋지 않다.

❖ **금환형**(金環形) : 혈장(穴(場 : 묘)이 금가락지(반지)나 옥가가지(옥 반지), 금팔찌, 옥팔찌처럼 생긴 형국이다. 가락지는 여성들의 대표적인 장신구로써 보물이고 재산이며 여성 자체를 뜻한다. 금은 악귀를 물리치고 재운을 불러들인다고 한다. 금환낙지형은 금가락지가 땅에 떨어진 형국이므로 낮은 곳에 있다, 혈은 가락지 중앙에서 찾는다. 부귀영화(富貴榮華)가 기약 되고 주로 야산에 있으며 여자의 발복지 이다.

❖ **급수쟁류**(急水(爭流) : 골짜기가 경사가 심하여 물이 급하게 소용돌이치면서 내려오면 매우 흉하니 피해야 한다.

❖ **급즉용요**(急(則用饒) : 급한 즉, 두터운 곳을 쓴 것으로 용이 급하게 오면 제일 두꺼운 곳에 재혈 한다. 구첨에서 5~6치에 재혈 함 완즉용급(緩則用急) 급처(急處)가 이롭다. 완만한 곳에서는 꼬챙이 꽂혀진 곳과 같은 곳을 찾음.

❖ **기기입대약차**(氣己入帶若扯) : 정기(精氣)가 이미 포대에 들어가니 (입수가 취기(聚氣)되었다는뜻) 만약 찢겨 끌려도 비록 찢어진 포대안의 정기(精氣)는 설기(洩氣) 되지 않는다.

❖ **기룡혈**(騎龍穴)**은 대대로 부귀하나 잘못되면 절손의 화를 당한다** : 기룡혈(묘자리)은 용진처(龍盡處)가 아닌 용의 등에 결지(結地)하기 때문에 그 역량이 매우 크다. 용진혈적 하면 백자천손(白子千孫)에 부귀(富貴) 한다고 한다. 그러나 기룡혈은 신선이 아니면 감히 구별하기 어렵다고 옛 사람들은 강조하였다. 그만큼 찾기가 어렵다는 뜻이다. 잘못하여 비혈지에 장사지내면 과룡지장(過龍之藏)은 삼대내절향화(三代內節香火)라 하여 즉시 패가하고 절손의 화를 당한다고 하였다.

❖ **기사애생**(棄死埃生) : 내룡의 강약이 분명하가고 혈이 된 것이 후정하고 혈처가 풍후하고 사(砂)의 명암과 물이 긴요하면(포위하고) 애생기사(埃生棄死)한 혈에도 정(精)이 있다. 죽음을 포기 하지 않으면 모든 것이 생하게 된다.

❖ **기장토윤**(氣壯土潤) : 기장토윤 이란 내룡은 눈용(嫩龍)으로 웅장한 기상을 하고 토비(土肥) 후부하면 토색은 기왕(氣旺)하고 조윤하면 길토(吉土) 이다.

❖ **기장토비**(氣壯土肥) : 기장토비란 용의 기맥(氣脈)이 젊은 용사(勇士)의 기상(氣象)과 같이 웅장하고 혹은 살찐 말 궁둥이와 같이 풍성하며 윤자(潤)滋) 하여야 명혈(明穴)의 기(氣)가 왕성하다는 말이다.

❖ **기형혈**(奇形穴) : 기형혈은 교혈(巧穴)과 괴혈(怪穴)에 비장(秘藏)한 명혈(明穴) 이며 정법국세(正法局勢)가 아닌 충형지대(沖(形地帶)에 진룡(眞龍)이 결혈된 것을 말한다. 이 혈은 기묘하여 도안(道眼)이나 신안(神眼) 만이 볼 수 있으며 선행선덕(善行善德) 해한 사람만이 얻을 수 있다. 만일 악하고 선을 행하지 않은

사람이 혈을 얻게 되면 천지가 대노하여 자손에게 까지 무서운 재앙을 받게 된다는 혈로 혈 법을 논할 수 없다.

❖ **길(吉)한 물의 종류**

- **해만수**(海灣水) : 바닷가가 마치 활의 등처럼 육지로 쑥 굽어 들어온 곳이다. 혈(묘) 앞 명당에 바닷물이 가득 차 있다. 좌우의 청룡 백호가 감싸고 있어 아늑하다. 파도는 혈 앞 까지 멀리 들어와 철썩 거리고 나간다. 이러한 곳이 조진명당(朝進明堂)에 해만수 있으면 역량이 매우 커서 대부(大富) 대귀(大貴) 한다. 그리고 육지의 물까지 이곳으로 모여 들면 왕후지지라 할 수 있다. 만약, 바다는 광활한데 용혈이 미약하면 흉하다. 산수(山水) 서로 조화를 이루지 못하기 때문에 기운이 불안하다. 온갖 재앙이 끊임없이 일어난다.
- **강하수**(江河水) : 강하수는 강 또는 하천 물로 풍수지리 수세론의 대표적인 것이다. 광과 하천 물은 주룡의 행룡을 보좌하면서 생기를 보호하는 역할을 한다. 맑고 깊은 물이 용혈을 감싸주면서 대부대귀(大富大貴) 한다.
- **호수**(湖水) : 호수는 여러 강과 하천(河川)에서 흘러나온 물이 모여 이루어졌다. 또는 샘이 용출(湧出) 하여 저장된 호수도 있다. 용진혈적(龍眞穴的)한 곳에 깨끗하고 맑은 호수가 거울처럼 비추면 부귀왕정(富貴旺丁) 한다.
- **계간수**(溪澗水) : 계간수는 산골짜기 계곡 물이다. 용혈(산맥 : 묘 자리)과 매우 가깝게 있으므로 풍수지리에서는 매우 중요시 한다. 계곡 물이 구불구불하여 느릿느릿하게 흘러야 길(吉)한 형상이다. 중간 중간에 물웅덩이가 있으면 더욱 좋다. 작은 개울물이 비록 물은 적어도 사시사철 마르지 않으면 큰 부귀(富貴)를 가져다준다. 만약 산골짜기 계곡물이 곧게 묘자리를 쏘듯이 흐르면 흉하다. 또, 졸졸 소리를 내며 흐르면 인상손재(人傷損財)가 우려된다.
- **구혁수**(溝洫水) : 구혁수는 평야지 논밭의 봇도랑 물이다. 평야지 혈(묘)을 굴곡으로 휘감아주면 호농치부(豪農致富) 하는 귀한 물이다. 이에 반해 작은 봇도랑 물이라도 직류(直流)하면 흉하다. 만약, 혈을 충사(冲射) 하면 사람이 상(傷) 하고 재산(財産)이 망한다. 한편, 봇도랑 물이 자연적(自然的)으로는 구불구불 하였는데 농지정리를 하면서 직류(直流) 시켰다면 직거(直去) 되어 흉하다.
- **지당수**(地塘水) : 지당수는 혈(묘) 앞에 고여 있는 물로 작은 연못이나 물웅덩이다. 물이 맑고 깨끗하면 길(吉)하나 오염되어 더러 우면 흉하다. 지당수의 형성(形成)은 혈 주변의 모든 물이 이곳으로 모여들기 때문이다. 또는, 용맥의 생기(生氣)를 보호하면서 땅속으로 따라온 물이 혈(묘) 앞에서 지상으로 용출된 것도 있다. 혈 앞에 지당수가 맑고 가뭄에도 마르지 않으면 부귀왕정(富貴旺丁) 한다. 그러나 이 물이 오염되어 냄새가 나고 더러워지면 흉함을 가져다준다. 최근에는 묘지를 가꾸기 위해서 앞에 인공(人工)으로 연못을 파는 경우가 있다. 이는 용혈(龍穴)의 생기를 누설(漏泄) 시키는 결과를 초래하여 화(禍)를 자초한다. 자생적(自生的)인 지당수가 아니라면 인공적인 연못을 파서는 안 된다. 반대로 지당수를 매몰하는 경우도 있다. 이것도물의 흐름을 변화시켜 재앙(災殃)을 초래한다. 지당수가 오염되어 있다면 그 원인을 파악하여 오염원을 제거(除去) 해 주어야 한다.
- **천지수**(天池(水)) : 천지수는 높은 산(山) 정상(頂上)에 자연적(自然的)으로 있는 연못이나 호수다. 이는 지극히 귀한 물로 사계절 마르지도 넘치지도 않는다. 산 정상분지에 맺는 혈(묘 자리)은 왕후장상이 난다는 천교혈(天巧穴)이다. 이 혈 앞에 사시사철 마르지 않는 맑고 깊은 지호수가 있으니 부귀가 심대하다. 천지수는 귀한 물중에서도 백미 극귀국부(極貴國富)를 상징한다. 역량이 대단히 커서 상격룡(上格龍) 일 경우는 군왕지지다. 중격룡 에서는 장상지지(將相之地)가 된다.
- **평전수**(平田水) : 혈(묘 자리) 앞 명당(明堂)이 평평한 논으로 되어 있다. 그 논에 가득 고여 있는 물이 평전수(平田水) 옛글에 평지수전(平地水田) 이면 승어강호(勝於江湖) 라 하였다. 즉, 논밭에 가득 차 있는 물은 강이나 호수보다 더 좋다는 뜻이다. 논에 가득한 물이 바람을 타고 찰랑거리거나 햇볕을 받아 반짝이면 더욱 양기(陽氣)가 성해져 최고의 부귀가 기약(期約) 된다.

• **녹저수**(淥儲水) : 물웅덩이 즉, 소(沼) 담(潭)을 녹저라고 한다. 혈(묘)의 전후좌우(前後左右) 물길에 혹은 수구(水口) 담이 군데군데 이어 맑은 물이 가득 차 있다. 항상 일정한 수량을 유지하므로 길(吉) 하다. 담수(潭水)는 물이 깊고 수량이 풍부하여 사시사철 고갈 되지 않아야 한다. 용진혈적(龍眞穴的)에 녹지수가 있으면 득재치부(得財致富) 한다. 복록이 오랫동안 유지된다.

• **진응수**(眞應水) : 혈(묘) 앞이나 옆에 있는 샘물을 진응수라 한다, 용의 기세(起勢)가 강하면 생기(生氣)를 보호하면서 따라오는 수기(水氣) 역시 강하다. 혈의 생기를 보호하고도 남은 기운이 지상으로 분출(噴出)한 물이다. 진응수가 있으면 진혈이라는 증거다. 필시 대부대귀(大富大貴)가 기약(期約)된다. 진응수는 맑고 깨끗하다. 또, 사시사철 마르지도 넘치지도 않는다. 항상 물맛이 감미롭다.

• **송룡수**(送龍水) : 송룡수는 주룡을 좌우(左右) 양쪽에서 인도하며 따라온 물줄기가 명당에서 합수하여 혈의 생기(生氣)를 보호한다. 송룡수의 장단(長短)과 깊이에 따라 용맥의 역량과 크기를 가늠한다.

• **합금수**(合襟水) : 용맥을 보호하면서 따라온 수기가 혈장(묘자리)의 입수도두(入首倒頭)에서 나누어졌다가 순전(脣氈) 앞에서 다시 합수하는 물을 합금수라 한다. 마치 옷깃을 여미는 것과 같다하여 붙여진 이름이다. 혈(묘)을 결지(結地)하려면 물의 상분(上分下合)이 반드시 이루어져야 한다. 그래야 맥이 그친다. 밑에서 합쳐지는 곳이 합금처(合襟處)다.

• **극운수**(極暈水) : 입수도두(入首倒頭) 선익(蟬翼) 순전(脣氈)이 감싸고 있는 혈장(穴裝 : 묘) 가운데 미세한 원을 그리고 있는 물이다. 혈의 생기가 융취 되면 이를 보호하기 위해서 혈장에는 미세하게 작은 수기(水氣)가 원형(圓形)을 이루고 있으므로 극운수(極暈水) 또는 태극운太極暈) 혈운(穴暈) 이라 한다. 운(暈) 이란 해나 달의 주위를 감싸고 있는 둥근 모양의 무리를 말한다. 혈에도 이와 같은 운이 있어야 진혈(眞穴)이 분명하다. 그러나 혈운은 매우 미미하므로 육안으로 분간하기 쉽지 않다. 혈장의 4요건이 뚜렷하고 물 자국 같은 흔적이 원형으로 있으면 혈운의 증거다. 장사(葬事) 지낼 때는 실수로 태극운을 손상시키지 않도록 각별히 조심해야 한다. 그렇지 않으면 내광(內壙)에 수침(水針)이 든다.

• **공배수**(珙背水) : 물이 현무봉(玄武峰) 뒤를 감싸고 있는 것이다. 혈(穴) 뒤에 있는 물로 수전현무(水纏玄武) 라고도 한다. 공배수가 있으면 주룡의 생기가 조금도 다른 곳으로 빠지지 않는다. 모든 기가 혈장으로 집중되기 때문에 대혈을 결지한다. 수전현무하는 공배수가 있으면 부귀(富貴)가 유장(流長) 하다.

• **암공수**(暗珙水) : 암공수란 보이지 않는 곳에서 혈을 감싸주고 있는 큰물을 암공수라 한다. 보통 청룡백호와 안산 밖에 있는 대강수(大江水)나 호수(湖水)를 말한다. 암공수가 있으면 보국의 기운이 밖으로 빠져나갈 수 없다. 모두 혈(묘)에 집중되므로 더욱 역량을 크게 한다. 혈(묘)에서 보이지 않는 암공수가 보이는 물보다 더 좋다고 한다. 그래서 명조불여암공(明朝不如暗珙)이라는 옛말도 있다.

• **회류수**(廻流水) : 회류수는 명당으로 흘러온 물이 혈(묘) 앞에서 빙빙 돌다가 나가는 물이다. 물이 회류하려면 파구사(破口砂)가 물길을 막고 있어야 한다. 혈을 감싸고 도는 회류수가 깊고 완만하면 큰 정기가 모여 부귀왕정(富貴旺丁) 한다.

• **조회수**(朝懷水) : 조회수는 혈(묘) 앞쪽에서 혈을 향해 구불구불하게 들어오는 물을 말한다. 앞에서 물이 굴곡하면서 천천히 명당으로 유입되면 당대(當代) 재상(宰相)이 난다 할 만큼 귀하다. 이때 물길은 혈을 감싸듯 들어와야 한다. 용진혈적(龍眞穴的)에 조회수(朝懷水)가 명당으로 유입하면 아침에 가난한 자가 저녁에 부자(富者)가 된다고 한다. 부귀도크지만 속발(速發) 한다. 이를 가리켜 양균송(楊筠松)이 말하기를 대수(大水)가 양양(洋洋)히 혈(묘) 앞으로 들어오면 전답(田畓)과 모옥(茅屋 : 초가집)을 넓힌다고 하였다. 청오경에 대수양조(大水洋朝)는 무상지귀無上之貴)라 하여 매우 귀한 물이라고 하였다.

• **위신수**(衛身水) : 위신수는 물이 사방에서 혈(묘)을 감싸고 있는 것을 말한다. 대개 바다나 호수(湖水) 가운데 섬에 혈을

맺는다. 용맥이 물밑으로 행룡(行龍) 하여 물 가운데에 혈을 맺었다. 수중에도 혈처가 있을 수 있다. 그러나 이를 사용할 수 없기 때문에 섬에 있는 혈(묘 자리)만 따진다. 사방에 있는 물이 혈의 생기(生氣)를 보호하므로 주변에 산이 없어도 무방하다. 이러한 모습이 마치 달이 강이나 호수에 잠겨 있는 거와 같다 하여 고월침강형(孤月沈江形) 이라 한다. 또, 연꽃이 물 위에 떠 있는 모습이라 하여 연화부수형(蓮花浮水形) 이라고도 한다. 위신수(衛身水)는 항상 맑고 고요해야 하며 넘치지도 마르지도 않아야 부귀왕정(富貴旺丁) 한다. 만약, 물이 빠르게 휘몰아치거나 큰 소리를 내면 흉하다.

- **취면수**(聚面水) : 혈(묘) 주변의 모든 물이 혈 앞 명당에 모이는 것을 취면수라 한다. 취면수는 최고의 상격으로 대부(大富) 대귀(大貴) 한다. 옛 글에서 수취천심(水聚天心) 이면 수지기부귀(水知期富貴) 하였다. 물이 명당 가운데에 모이면 누가 그 부귀를 알 것인가 라고 감탄할 것이다. 명당이 평탄하고 고요하여 물이 들어오는지 나가는지를 가늠하기 어려우면 최고(最高)로 길(吉) 한 것이다.
- **탕흉수**(湯胸水) : 탕흉수는 취면수(聚面水)와 비슷하나 물이 모이는 모습이 마치 주머니 속에 물이 채워지는 것과 같다. 주머니 속에 재물(財物)을 모우는 형상(形狀) 이므로 거부가 된다. 탕흉수가 좌(左)에 있으면 남자와 장손(長孫)이 부자(富者)가 된다. 우(右)에 있으면 여자(女子)와 차손(次孫)이 거부(巨富)가 된다.
- **입구수**(入口水) : 입구수는 앞에서 들어온 물이 혈전(穴前 : 묘 앞)에서 머물다 나가는 것을 말한다. 청룡이나 백호 한 변이 길어서 곧 바로 나가지 못하고 역류(逆流) 된다. 역관사가 있어서 명당으로 유입 된 물을 거둬 주면 부귀왕정(富貴旺丁) 하고 속발 한다. 이때 나가는 물이 반배하는 것처럼 보여도 반배수라 하지 않는다.
- **구곡수**(九曲水) : 구곡수란 물이 갈지(之)나 현(玄)자 모양으로 구불구불하게 흐르는 것을 말한다. 이를 어가수(御街水) 라고도 하며 매우 귀한 물이다. 구곡수가 앞에서 명당으로 들어오면 즉, 조입당전(租入當前)하면 당대에 재상(宰相)이 난다. 구곡수가 앞으로 흘러나가면 즉, 굴곡유거하면 글재주 있는 인물이 나오나 겨우 한림(翰林)학사가 된다. 이는 들어오거나 나가는 물이 모두 길(吉)하나 들어오는 물이 더 좋다는 뜻이다. 굴곡 하는 구곡수는 길흉방위를 불문하고 무조건길(吉)하다.
- **요대수**(腰帶水) : 요대수는 맑고 고요한 물이 혈(묘)을 감싸고 흐르는 것으로 마치 허리띠와 같은 모습이다. 금성수(金城水)에 해당된다. 용진혈적(龍眞穴的)에 금성 요대수가 혈을 감싸고 흐르면 현귀치부(顯貴致富)한다.
- **창판수**(倉板水) : 전원수(田原水) 라고도 한다. 혈 앞 명당이 평평한 논이나 밭으로 되어 있고 이곳에 물이 가득 차 있다. 혈 앞에 창판수가 가득 고여 있으면 해조수(海潮水) 보다 좋다고 한다. 평전수(平田水)와 비슷하며 용진혈적하면 고을에서 으뜸가는 부자가 된다. 또 귀도 크다. 이러한 부귀(富貴)가 오래 지속된다.
- **융저수**(融貯水) : 융저수는 혈(묘) 앞 명당이나 청룡 백호 사이에 연못이나 호수가 있는 것을 말한다. 혈 주변 모든 물들이 이곳으로 모인다. 큰 부귀(富貴)를 하며 물이 깊은 만큼 발복이 오래간다. 용진혈적에 융저수가 있으면 비록 안산이 난잡하여 흉살이 있어도 해가 되지 않는다.
- **건류수**(乾流水) : 건수(乾水) 라고도 한다. 풍수지리에서는 물이 내려가는 개천만을 물이라 하지 않는다. 평상시에는 물이 없다가 비가 오면 물이 내려가는 개천도 물로 본다. 고일촌산(高一寸山) 이고 저일촌수(低一寸水) 라는 말이 있듯이 산 능선과 능선 사이 계곡은 모두 물로 본다. 이러한 건수도 묘 자리를 감싸주면 길(吉) 하다.

❖ **길지(吉地)란 용과 혈 사격이 좋아야 한다.** : 용과 혈이 고귀(告歸)하면 귀한 사격(砂格)이 있기 마련이며 용과 혈이 천박(賤薄)하면 천한 사격이 있는 것이 지리의 원칙이다. 왕이나 대통령이 있으면 그 주변에는 귀한사람들만 모인다, 그러나 조직폭력배나 사기꾼들과 같이 천한 사람들에게 둘러싸여 있는 사람 즉, 그들의 우두머리는 결코 귀인이 되지 못한다. 따라서 깨끗하고 아름다운 사격들이 있어야 길(吉)한 혈이 된다. 그런데

아무리 주변에 길한 사격이 있다 하더라도 용과 혈(묘)이 부실하면 무익한 것이 되고 만다. 좋은 기운을 취할 수 있는 능력이 없기 때문이다. 사람에게도 친인척을 비롯한 주변 배경이 좋더라도 자신이 똑똑하지 못하면 그 배경은 무용지물이나 마찬가지다. 혈(묘)도 용진혈적(龍眞穴的) 하지 못하면 주변의 귀한 사격의 길기를 받아들이지 못하는 것이다. 비록 주변의 사격은 부실해도 용과 혈이 좋으면 생기는 융취 할 수 있다. 사람도 똑똑하면 주변의 도움 없이 자수성가할 수 있는 거와 마찬가지다. 풍수지리의 기본은 용혈이 위주(僞主)하고 사수(砂水)는 차지(次之)다. 용과 혈(묘 자리) 먼저이고 사(砂格)과 물은 그 다음이라는 뜻이다. 다라서 길지를 얻고자 하면 먼저 용진혈적한 곳을 찾아야 한다. 그리고 난 다음 사격이 좋은지의 여부를 판단해야 한다.

❖ **길(吉)한 샘물** : 길(吉)한 샘물이란 물빛이 밝고 달며 물에서 향기가 느껴지는 실로 아름다운 샘물이다. 사시사철 수량이 일정하다. 여름같이 더울 때에는 물이 차고 겨울처럼 추울 때에는 물이 따뜻하다. 약수 물이 이에 해당 된다. 이것이 진응수(眞應水)가 되면 대부대귀(大富大貴)가 기약 된다. 특히, 집터에 이러한 샘물이 있으면 부귀장수(富貴長壽) 하고 경사(慶事)가 많이 있게 되는데 항상 이 물을 먹기 때문이다.

❖ **감천**(甘泉) : 예천(醴泉) 이라고도 한다. 물맛이 식혜와 같이 단 샘물은 말한다. 혈 근처에 감천수甘泉水)가 있으면 대부대귀(大富大貴)와 무병장수(無病長壽)가 기약된다. 특히, 양택에 있으면 가족 모두가 건강하다. 또한, 경사스러운 일이 많다.

❖ **길(吉)한 사격砂格)은 형태(形態)가 아름답다.** : 길(吉)한 사격이 혈(묘) 주변에 적당한 거리에 있으면 크게 발복한다. 특히, 주산(主山) 현무봉(玄武峰) 으로 있거나 안산(案山)이 되면 더욱 좋다. 수려(秀麗)한 산이 뽐내듯 우뚝 솟아 있거나 단아하게 있으면 귀(貴)함을 가져다준다. 깨끗한 산이 살이 찐 듯 풍만하게 생겼으면 부(富)를 가져다준다. 기이하고 특이한 산이 있으면 부귀(富貴)와 장수(長壽)를 가져다준다. 상격(上格) 용이면 대발(大發) 하고 중격(中格)룡 이면 소발(小發) 하고 천격(賤格)룡 이면 발복 하지 않는다.

❖ **길쭉한 암석**(岩石) : 혈(묘(墓))에서 백보(百步) 이내에 보기 좋은 암석(바위)이 길쭉한 것이 있으면 무과(武科)에 급제하는 자손이 출생한다.

❖ **길흉상교전이격**(吉凶相交移格) : 돌아나가는 물길의 발원지 부위가 약간 꺾어져서 가옥의 중심부의를 향해 직사(直射)한 경우 흉험과 파괴 등 재난과 장해가 발생된다.

❖ **길흉추년법**(吉凶推年法) : 산운의 길흉은 장년(葬年)을 가지고 국(局)을 정한 후 입수(入首) 득(得) 파(破) 좌(坐)에 붙은 연한으로 돌아오는 길흉을 추정하는 것인데 축미(丑未)는 10년 진술辰戌)은 5년 계해(癸亥)는 6년 추리하여 좌향 득파 입수(坐向得破入首)의 괘에 따라 장래의 길흉을 추리한다.

* 1 수는 임(壬) 자(子)년으로 1년 내 징조가 있고

* 2 수는 정(丁) 사(巳)년으로 2년 내

* 3 수는 갑(甲) 인(寅) 묘(卯)년으로 3년 내

* 4 수는 신(申) 유(酉)년으로 4년 내

* 5 수는 무(戊) 술(戌)년으로 5년 내

* 6 수는 계(癸) 해(亥)년으로 6년 내

* 7 수는 병(丙) 오(午)년으로 7년 내

* 8 수는 을(乙) 묘(卯)년으로 8년 내

* 9 수는 경(慶) 신(申)년으로 9년 내

* 10 수는 기(己) 축(丑) 기미(己未)이고 10년 내 각 수리에 따라 각각 징조가 있다.

* 손(巽) 목(木)은 3년 또는8년 내

* 건(乾) 금(金)은 4년 또는 9년 내

* 간(艮) 토(土)는 5년 또는 10년 내

* 곤(坤) 토(土)는 5년 또는 10년 내

❖ **나무와 잡초도 기(氣)를 알려준다.** : 나무와 잡초도 땅에 뿌리를 내리고 있으므로 기(氣)의 흐름에 민감하다. 나무와 잡초는 좋은 기가 흐르고 있는지 아닌지를 알 수가 있다. 돌과 바위도 자연을 알려 준다.

❖ **나문**(羅紋) : 결혈된 성신(星辰)이 굴래통을 엎어 놓은 것 같으며 복와(覆窩)가 입을 벌리고 있는 것과 같거나 와(窩)처럼 생긴 추녀 끝에 공처럼 둥근 훈각으로 되어 있다. 복와는 굴래통

이 엎어져 있는 것 같다. 언뜻 보기엔 혼각이 복와 처럼 생김.

❖ **나성**(羅星) : 나성(羅星)은 혈이 자리한 보국의 안정과 기운을 감싸주고 보호하는 역할을 한다. 둘러싸고 있는 모든 산들이 빈틈없이 겹겹이 있어야 길하다. 나성이 감싸주고 있는 안쪽 국세(局勢)는 넓고 광활하면서 평탄 원만하여야 한다. 풍수지리에서 사격의 길흉화복은 가까이 있는 것이 우선이고 먼 것은 그 다음이다. 나성은 혈(묘)에서 멀리 떨어져 있기 때문에 혈의 길흉화복이 직접적인 영향은 끼치지 않은 것으로 본다.

❖ **나성주밀**(羅城周密) : 나성주밀이란 혈판(穴坂)을 중심으로 사방팔방으로 아름답게 환포되어 있는 미(美)가 명당을 응기하고 공읍하며 중수가 구회 하여야 한다.

❖ **나성**(羅星) **멀리서 혈을 둘러싸고 있는 산** : 멀리서 혈(묘 자리)을 둘러싸고 있는 산을 나성(羅星) 이라고 한다. 파구(破口)에 암석이나 작은 흙 섬은 나성으로 보지 않는다. 여기서 말하는 나성은 도읍 성(城)을 말하고 파구에 있는 작은 산은 별 성(星) 자로 본다. 그래서 성봉(星峰)이라 한다. 멀리 있는 산들은 그 모습이 마치 성곽을 두른 것처럼 둥글게 이어져 있다 하여 붙여진 이름이다. 본래 나성은 하늘의 지존성 (至尊星)을 수 많은 별들이 둘러싸고 있는 것을 말한다. 이를 나성원국(羅城垣局) 또는 원국(垣局) 이라고도 한다. 흔히 천상(天上) 해방(亥方)에 있는 자미원국(紫薇垣局) 간방(艮方) 있는 천시원국(天市垣局) 손방(巽方)에 있는 태미원국(太微垣局) 태방(兌方)에 있는 소미원국(少微垣局)등을 가리키는 말이다. 천상지존을 향해 모든 별들이 둘러싸고 있듯이 지상(地上)에는 혈(묘)을 향해 모든 산들이 둘러싸고 있다. 그 중 가장 멀리 외곽에서 둘러싸고 있는 산을 나성이라고 한다. 이를 도읍에 비교하자면 청룡 백호는 내성(內城)을 말하고 나성은 외곽(外廓城)을 말한다. 나성은 혈(묘)에서 멀리 떨어져 있기 문에 길흉(吉凶禍福)에 직접적인 영향을 끼치지 않는다. 나성은 혈이 자리한 보국의 안정과 기운을 감싸고 보호하는 역할을 한다. 둘러싸고 있는 모든 산들이 빈틈없이 겹겹이 있어야 길다. 나성이 감싸주고 있는 안쪽 국세는 넓고 광활하면서 평탄 원만하여야 한다. 풍수지리에서 사격의 길흉화복은 가까이 있는 것이 우선이고 먼 것은 그 다음이다. 나성은 혈에서 멀리 떨어져 있기 때문에 혈의 길흉화복에 직접적인 영향을 끼치지 않는 것으로 본다.

❖ **나성**(羅星) **수구처**(水口處) **작은산** : 나성(羅星)은 수구처(水口處) 앞에 작은 산이 물의 직류나 급류를 막아 물의 흐름을 완만하게 해주는 역할을 한다. 나성의 형태가 용이나 뱀, 거북 등 동물의 형상을 하고 있으면 부귀(富貴)가 기약 된다.

❖ **나이가 많아서 죽음의 관**(棺) **수의**(壽衣) **무덤** : 나이가 많아 세상을 떠날 날이 멀지 않다고 생각되면 사람에 따라서는 죽어서 들어갈 관이나 무덤(가묘(假墓, 生墳) 을 미리 마련해 두는 경우가 있는데 아무 해 아무 날이나 만드는 게 아니라 법에 의하여 해와 날짜를 가리게 된다. 아래의 길일을 가리되 반드시 최시살(催屍殺)과 유혼년(遊魂年)을 피해야 한다. 천덕(天德) 월덕(月德) 월공(月空) 주인공, 본명납음상생일(本命納音相生日) 사패일(四패日) 공망일(工亡日) 복단일(伏斷日) 생분(生墳)에 통천규(通川竅) 주마육임(走馬六任) 기(忌) 최시살(催屍殺) 유혼년(遊魂年) 천강(천(川罡) 하괴(下魁) 건(建) 파일(破日) 생분(生墳)에만 토온(土瘟) 전살

❖ **최시살 정국**(催屍殺定局)

* 40,43,46,49,52,55,58,61,64,67,70,73,76,79,82,85,88,91세에 최시살이 닿는다.
* 갑자(甲子) 갑 술 순 중 생 갑(甲戌旬中生) 남녀(男女) : 40세를 진궁(辰宮)에 갑신(甲申)
* 갑 오 순 중 생 (甲午旬中生) 남녀(男女) : 40세를 축궁(丑宮)에
* 갑 진 순 중 생(甲辰旬中生) 남녀(男女) : 40세를 술궁(戌宮)에
* 갑 인 순 중 생 (甲寅旬中生) 남녀(男女) : 40세를 미궁(未宮)에 붙여 * 각각 나이를 돌려 짚다가 나이가 진술 丑未의 토궁(土宮)에 이르면 최시살 이니 나이를 피해야 한다.

❖ **유혼년정국**(遊魂年定局) : 묘행진인(妙行眞人)의 비법

* 子午卯四生 : 子午卯四生日을 꺼린다.
* 長戌丑未生 : 長戌丑未生日을 꺼린다.
* 寅申巳亥生 : 寅申巳亥生日을 꺼린다.

❖ **수목안치길방**(壽木安置吉方) : 천덕(天德), 월덕(月德), 월공방(月空方) 이다.

❖ **낙산(樂山)은 횡룡입수(橫龍入首)** : 뒤를 받쳐 주는 산을 말하며 낙산(樂山)은 횡룡(橫龍) 입수(入首) 용의 뒤를 받쳐 주면서 서(立) 있는 산이다. 혈(묘) 뒤에서 불어오는 바람을 막아주고 혈의 허(虛) 함을 막아 준다. 횡룡입수는 혈(묘)의 베개와 같은 것이다. 낙산(樂山)과 귀성(鬼星)은 반드시 주룡(主龍)의 본신(本身)에 붙어 있어야 한다. 그렇지만 낙산은 주룡의 본신에서 나온 산이든 외부(外部)에선 온 객산(客山) 이든 상관없다. 어느 것이든 혈 후면(後面)을 가깝고 단정하게 잘 보호해 주면 된다. 낙산은 혈에서 가깝고 적절하게 높아야 길(吉)하다. 너무 멀고 낮으면 뒤를 충분히 받쳐 주지 못한다. 그렇다고 너무 높은 산이 가깝게 있으면 위압을 하여 화(禍)를 부른다. 낙산(樂山)은 혈에서 뒤를 돌아보았을 때 보이는 것이 최고다. 혈에서는 보이지 않더라도 내명당(內明堂)에서 조차 보이지 않으면 낙산이라고 말할 수 없으므로 흉하다. 만약, 낙산에서 득수(得水)한 물이 혈(묘) 후면을 감아주고 돌아 나와 다시 혈 앞으로 가로질러 흘러가면 매우 귀한 것이다.

❖ **남(南)쪽 부엌** : 남쪽의 부엌은 오행상(五行相) 불(火)을 나타내므로 부엌의 요리기구인 화기(火器)의 기운이 겹쳐서 화재의 위험성이 커진다. 음식도 쉽게 상한다. 남쪽의 화려하고 강렬한 상징성이 투사되어 주부의 씀씀이가 커지고 가족들이 사치스러운 경향이 있지만 어느 정도의 재력(財力)이 뒷받침되는 집이라면 햇볕을 잘 차단하여 화재 예방에 만전을 기하고 냉장고 등의 음식보관기구를 잘 활용하면 대체로 무난한 부엌이 된다. 여유가 있는 집은특히, 주부의 예술적 감각이 뛰어나 집안단장을 아기자기하게 하여 사람들에게 칭찬을 받기도 한다.

❖ **날씨가 가뭄이 들어 저수지 땜 같은데 물이 없어 바닥이 갈라진 곳이 보이면** : 명당의 물이 고갈되어 바닥이 거북 등처럼 갈라진 것을 말한다. 혈처는 용맥을 호종하면서 따라오는 물이 있기 때문에 아무리 가물어도 물이 마르지 않는다. 그런데 명당은 물로 호수나 연못물까지 메말라 바닥이 갈라진다면 이는 매우 흉한 것이다. 주로 정신질환자와 재물이 손실된다.

❖ **남동(南東)쪽 방위가 좋은 집, 나쁜 집**

- **남동(南東)쪽이 길상(吉相)인 집**

* 남동(南東)쪽으로 타원형(楕圓形) 있는 집
* 남동(南東)쪽으로 본채보다 작은 별채가 있는 집
* 남동(南東)쪽이 낮고 북서(北署)쪽이 높은 지세(地勢)로 된 집.
* 남동(南東)쪽이 1층이고 북서(北署)쪽이 2층으로 된 집
* 남동(南東)쪽으로 강(江) 호수(湖水)가 근접한 집
* 남동(南東)쪽으로 조금 떨어진 곳에 용천수(龍泉水)가 있는 집

- **남동(南東)쪽이 흉상(凶相) 인 집** :

* 남동(南東)쪽으로 오목하게 들어간 장원형(長圓形) 구조인 집
* 남동(南東)쪽과 가까운 거리에 고층 빌딩이나 높은 건물이 있는 집
* 남동(南東)쪽으로 구멍이나 주택의 벽에 금이 나 있는 집
* 남동(南東)쪽이 높고 북서(北署)쪽이 낮은 지세(地勢)로 된 집
* 남동(南東)쪽에 불결한 화장실이 있거나 하수구(下水口)가 흐르는 집

❖ **남동(南東)쪽 부엌** : 남동(南東)쪽은 오행상(五行相) 목(木)이고 부엌이 불(火)의 상징이므로 목(木)이 화(火)를 상생하는 관계에 있는바 남동쪽 방위의 부엌도 길(吉)하다. 동(東)쪽이나 남동(南東)쪽 방위에 부엌이 있는 집은 아이들의 성격이 밝고 대인관계나 교우관계가 원만하여 성적도 우수하며 특히 음악분야에 상당한 재능을 나타내는 것으로 해석된다. 주의할 것은 간(肝) 질환에 걸리기 쉬우므로 각별히 신경 써야 하겠다. 양택 풍수적인 이치로 보아 동쪽에 결함이 있는 경우에는 주부가 가사를 소홀히 하여 살림이 엄망이 되거나 장남의 성격이 삐뚤어질 수 있다고 본다. 동쪽 부엌에 나타나는 결함이란 못이 많이 박혀 있거나 내벽이 갈라져 있는 경우 건물의 돌출된 기둥이 두드러져 보이는 경우 부엌의 창문이 전자제품이나 가스렌지 등으로 막혀 있는 경우 동쪽 벽에 주방 기구나 그릇 등이 어지럽게 걸려 있거나 지저분한 경우 등을 가리킨다.

❖ **남동(南東)쪽에 화장실이 있으면** : 남동(南東)쪽 화장실은 동쪽 화장실 다음으로 무난한 방위로 여겨지는데 원래는 가족들의 공동 공간인 거실 등과 같이 화려한 생활공간이 되거나 침실

로 쓰여야 할 방위이므로 여기에 화장실을 배정한 경우에는 최대한도로 욕실용품이나 타일 변기를 밝고 화려하게 꾸미고 청결에 유념해야 그 이로운 작용을 받을 수 있다. 남동(南東)쪽의 화장실을 사용하는 경우 화장실이 불결하거나 환풍 시설이 원활하지 않거나 창문이 없는 화장실이라면 자녀들의 결혼이 늦어지고 장녀나 부모님 가운데 다리와 허리가 약해서 고생할 수 있다. 남동(南東)쪽 화장실을 사용하면서 청결과 화사한 분위기가 유지되면 주택의 가장(家長)이 무역회사나 사업장 거래에서 탁월한 능력을 발휘하여 회사나 단체로부터 크게 인정받는 위치에 오르게 되는 행운도 누릴 수 있다.

❖ **남서(南西)쪽 방위가 좋은 집, 나쁜 집**

• **남서(南西)쪽이 길상(吉相)인 집**

* 남서(南西)쪽으로 나오거나 들어간 부분이 없이 네모반듯한 집
* 남서(南西)쪽이 1층이고 북동(北東)쪽이 2층으로 된 집
* 남서(南西)쪽과 가까운 거리에 고층 건물이 없고 전망이 넓은 집
* 남서(南西)쪽이 낮고 북동(北東)쪽이 높은 지세(地勢)로 된 집

• **남서(南西)쪽이 흉상(凶相)인 집**

* 남서(南西)쪽이 2층이고 북동(北東)쪽이 1층인 집
* 남서(南西)쪽이 타원형으로 나타난 집
* 남서(南西)쪽이 높고 북동(北東)쪽이 낮은 지세(地勢)로 된 집
* 남서(南西)쪽에 우물, 연못 등이 있는 집
* 남서(南西)쪽에 화장실이 있거나 이 방위로 하수구(下水口)가 설치되어 있는 집
* 남서(南西)쪽에 난간이나 복도가 있는 집

❖ **남서(南西)쪽 부엌** : 남서(南西)쪽의 부엌은 오후(午後)에 햇볕이 오래 들게 되므로 좋지 않다. 더구나 남서(南西)쪽은 이귀문 곤방(坤方) 에 해당되므로 가정 내에 좋지 않은 변화가 심하고 열기가 극왕 해지므로 흉상(凶相)으로 간주하는데 특히 청결에 신경을 써야 한다. 남서(南西)쪽 부엌이면서 지저분하고 기(氣)가 막혀 있는 구조라면 주부의 몸에 신체적인 질환이 따르게 된다.

❖ **남서(南西)쪽에 화장실이 있으면** : 남서(南西)쪽은 곤방위(坤方位) 이귀문(裏鬼門) 이자 여귀문(女鬼門) 이라고 부르는 곳으로서 이 방위의 화장실은 가족들 중에서 주부에게 매우 불리한 작용을 한다. 주부뿐만 아니라 나이든 시어머니나 딸들에게도 해롭고 집안에도 흉한 일이 자주 발생한다. 방위적인 까다로움 즉, 귀문에 속하는 문제점은 여성들에게 심한 생리통이나 임신시의 입덧, 만성 피로, 비만, 당뇨를 가져 온다고 보며 어린여자 아이들 중에는 이 남서(南西)쪽 화장실 방위의 영향으로 평소 자주 놀라거나 겁이 많고 안색이 창백한 경우도 생긴다고 해석한다. 이 방위에서 주의할 계절은 여름인데 남서(南西)쪽이라는 방향 자체가 오후의 햇빛이 오래 들어오는데다가 여름의 강렬한 열기가 화장실 안의 온도를 급상승시켜 매우 악취가 심해지고 더워서 사용하기에 불편하기 때문이다.

❖ **남서향(南西向) 동대문(東大門)** : 남서향(南西向)에 동대문(東大門)에는 모자간에 화목하지 못하며 재산을 잃은 후 건강도 잃는다. 황달, 비장, 위장질환이 따른다. 재산이 있으면 건강하지 못하고 건강하면 재산이 없다.

❖ **남(南)쪽 방위가 좋은 집, 나쁜 집**

• **남(南)쪽이 길상(吉相) 인 집**

* 집의 남쪽이 볼록한 타원형의 구조로 된 집
* 남(南)쪽에 별채가 있는 집
* 남(南)쪽이 타원형(楕圓形)으로 볼록하면서 북서(北西)쪽 역시 볼록한 타원형 구조로 되어 있는 집
* 남(南)쪽과 앞쪽에 고층 건물이 없는 집
* 남(南)쪽이 1층이고 북(北)쪽이 2층인 집
* 집터의 남(南)쪽이 낮고 북(北)쪽이 높은 지세(地勢)로 된 집

• **남(南)쪽이 흉상(凶相)인 집**

* 집의 남(南)쪽이 오목하게 들어가서 요형(凹形) 구조로 된 집
* 남(南)쪽이 2층 집이고 북(北)쪽이 1층인 집
* 남(南)쪽이 벽이나 높은 건물로 전부 막혀 있는 집
* 남(南)쪽의 지세(地勢)가 높고 북(北)쪽의 지세(地勢)가 낮은 집
* 남(南)쪽과 동(東)쪽에 높은 산(山)이 있는 가까운 곳에 사는 아파트, 주택은 건강이 나빠지고 재물이 모이지 않는다.
* 남(南)쪽에 부엌이 배정되거나 화장실이 있는 집
* 남(南)쪽에 하수(河水)가 있는 집

* 남(南)쪽으로 복도나 난간이 있는 집

❖ **남(南)쪽에 화장실이 있으면** : 남(南)쪽에 위치한 화장실은 오행상(五行相) 불(火)의 기운의 영향을 강하게 받아 양기(陽氣)가 극왕(剋旺)한 화장실이 된다. 화장실은 물기와 불(火)의 기운(氣運)은 상극(相剋)이 되므로 이 방위도 화장실이 놓이면 약간의 결함(변기의 누수나 낡음, 불결함 등)만 나타나도 가족들이 심장질환을 앓거나 부상을 당하기 쉽고 고혈압이 될 가능성이 높으며 여성들은 갑상선 질환이나 심장질환을 앓을 확률이 높아진다. 남(南)쪽 방위의 화장실은 가급적 피하는 것이 좋고 기왕에 지어진 건물이라면 창문에 작은 화분을 놓아두거나 짙은 색 커튼이나 블라인드를 잘 활용하여 화기(火氣)를 억제하는 것이 좋다. 화장실의 변기를 북(北)쪽 구석에 놓도록 하는 것도 하나의 방법이다. 남(南)쪽 방위의 화장실을 쓰면서 고열로 인한 상기(上氣)나 허열(虛熱), 갱년기장애, 백내장 등을 앓게 되면 화장실의 물기 습기를 잘 제거하고 환풍기 시설이 원활하도록 주의를 기울이도록 한다.

❖ **논밭 가운데 혈이 맺힌 곳** : 낮은 밭이나 논 가운데에 혈이 맺혀있는 것은 산이 끝나고 들판으로 된 곳에는 용(龍)이 당속으로 행(行)하여 보이지 않다가 간간히 등허리만 나타나다가 석(石)줄이 되기도 하고 언덕이 되기도 하는데 결혈 할 곳에 이르러서는 높고 얕음이 분명하고 수제가 분명하게 되어있는 것으로 비유컨대 큰 뱀이 진흙 속에서 쳐 박혀 있다가 때때로 등허리만 보이는 것과 같다하고 도 그 보이지 않는 곳을 취하게 되는 것이 몰니혈의 오묘한 섭리가 있는 것이니 한번이나 두어번 용신을 나타내는 것을 보고 뱀이 숨어 있는 것을 알아야 하고 몰리격은 순전히 수세를 보고 찾는 것이다.

❖ **내룡**(來龍) : 내룡(來龍)이란 주로 혈통 관계를 본다. 화복(禍福)의 근본이 된다. 왕룡(旺龍)이면 자손의 수가 많다. 청룡 쪽의 지각(地角)이 왕성하면 적자(嫡子)가 복을 받고 남자들이 많이 태어나며 백호 쪽이 왕성한 기운을 지녔으면 서손(庶孫)이 복을 받고 여자들이 많이 배출 된다. 공협(供夾)에 문필봉 등이 솟아 있으면 문관이 나고 창고사(倉庫砂)가 있으면 부호가 난다. 내룡이 혈성보다 빼어나고 아름답거나 대등하면 적손(嫡孫)이 뒤를 잇지만 혈성은 아름다운데 내룡이 쇠하면 서손(庶孫)으로 승계 된다. 내룡이 후덕하면 부자가 나고 청수하면 귀(貴)를 얻는다.

❖ **너무 깨끗하게 살아도 재물이 모이지 않는다** : 옛말에 너무 맑은 물에 물고기가 없다고 전하는 말은 맑으면 먹을 것이 없기 때문에 물고기가 살수가 없다. 사람도 너무 깨끗하게 하는 사람 치고 잘 사는 사람 보았느냐는 말도 있다. 사람이란 항상 둥글둥글하게 살다보면 친구도 얻을 수 있고 재물도 넉넉해 질 수 있다. 깨끗하게 살아간다고 돈이 많이 생기는 것도 아니다. 더불어 살다보면 우연히 재물이 모인다. 무엇이든 그저 얻어 지는 것은 없다. 항상 준비하고 남과 어울리다보면 언제 집을 항상 깨끗하게 할 시간이 없다. 이렇게 살다보면 저절로 얻게 되는 일이 생긴다. 너무 깨끗하게 하다보면 사업을 해도 성공할 수가 없다. 돈이란 여러 사람이 벌어 주어야 돈이 모인다. 항상 작은 것이라도 베풀어 살아가면 이것이 행복이다. 행복은 남이 주지 않는다. 본인이 찾아야 한다.

❖ **노복사**(奴僕砂) : 자오방(子午方)이 공허하고 주산이 낮고 안산이 높으면 노복이 나온다.

❖ **노승예불형**(老僧禮佛形) : 늙은 스님이나 떠돌이 스님이 부처님께 목탁을 치며 절을 하는 형상이다. 부처님, 절, 목탁과 같은 사격(砂格)이 있어야 한다. 부처님은 부처 형상의 산이나 바위 혹은 불암산(佛巖山)과 같은 지명이 있으면 길(吉)하고 일자문성(一字文星)처럼 생긴 산이나 목탁처럼 생긴 산형이다. 혈은 대개 목탁에 해당되는 곳에 있다. 자손이 빼어나고 지혜로운 인물(人物)이 배출되고 학문과 문장이 뛰어난 자손이 많이 출생한다.

❖ **녹마사**(綠馬砂) : 녹의 방위에 마형태(馬形態)의 사(砂)가 있으면 속발부귀(速發富貴) 한다.

❖ **논들에 명당**(明堂) : 들(畓) 가운데 우뚝 솟아 가마솥을 엎어놓은 듯한 곳에는 흙이 반드시 마사토 이어야 하고 사방위(四方位)가 균형이 맞아야 하고 들판이 너무 넓어도 명당 이라고 볼 수 없다. 큰 태풍 이 불어와도 큰 바람이 맞지 않을 정도이어야 명당이 될 수 있다. 어느 한쪽으로 기울어져서도 안 된다.

반듯하면서 마사토로 흙으로 우뚝 솟아야 명혈이다. 이러한 곳이 명당대지(明堂大地)이다. 많은 인물이 날 것이다.

❖ **녹존소치혈**(梳齒穴) : 녹존성(祿存星)은 주산의 형태가 거문성과 같이 일자 모양으로 생겼다. 그러나 거문성은 정상이 반듯한 일자 모양인 반면 녹존성은 약간 미원체(微圓體)로 되어 있다. 거문성은 일자 모양으로 끝이 반듯한 각으로 이루어져 있으나 녹존성은 그렇지 않다. 거문성은 지각이 없이 깨끗한 반면에 녹존성은 지각이 많아 지저분한 편이다. 지각이 많다는 것은 골짜기도 많다는 뜻이다.

❖ **농아자**(聾兒者) **출생** : 농아자출생(聾兒者出生)은 손사룡(巽巳龍)에 경오혈(庚午穴 : 묘 자리)에 곤신(坤申)이 없는곳에서 출생하고 곤신(聾兒者)이 교차 해 입수하면 반벙어리가 출생한다. 율려로 생왕이 아닌 국에 해건사신간손곤(亥乾巳申艮巽坤) 지각이 없는 경우 다른 좌(左)에도 같은 일이 일어난다.

❖ **뇌지예**(雷之豫) **진방**(震方) **부엌 곤문**(坤門) : 진방위 부엌을 곤문(坤門)에 배정하면 진목(震木)이 곤토坤土)를 극하니 노모(老母)가 상하고 장손이 병에 걸린다. 모자(母子)에게 불리하며 혈육(穴育)이 원수 같다. 관재구설 , 파재 등이 다르며 가축에게도 해롭다. 예괘(豫卦)는 집안이 망하며 음인(陰人)에게 질병이 많다.

❖ **뇌풍항**(雷風恒) : 동쪽을 진방(雷方)이라 하고 진방(동쪽)의 부엌 손문(巽門)에 배정하면 목(木)이 숲을 이루니 이름을 떨치며 재산이 늘어난다. 장남과 장녀가 정배(正配)하여 순조 로우니 자손이 번창 한다. 형제간에 우애가 좋고 연달아 과거에 급제하니 부귀쌍전 한다.

❖ **누시수**(漏顋水) **비가 오면 틈 사이 솟는 물** : 누시수란 비가 오면 틈 사이로 물이 나는 샘물이다. 이러한 곳이 가깝게 있는 곳은 묘 자리가 아니다. 장사후(葬死後) 자손들에게 건강이 나빠지고 재물이 쇠퇴 한다.

❖ **눈썹형 규사**(窺砂) : 눈썹 형(形)의 규사(窺砂)가 있으면 도적(盜賊)을 당하는 것이고 화형(火刑)의 규사(窺砂)는 화재(火災)로 망한다.

❖ **눈의 영력**(靈力) **으로 사람을 움직인다**. : 이야기할 때에 눈은 상대의 눈 또는 상대의 가슴보다 약간 윗부분을 응시하는 것을 원칙으로 한다. 눈을 사용하는 일은 대단히 중요하며 눈을 사용하는 방법에는 많은 비전(秘傳)이 있다. 이 비전을 사용하는 방법에 따라서 상대를 자유자재로 조종할 수 있는데 기본적인 사용방법은 우선 상대의 눈을 응시하는 것이다. 응시할 때에는 쏘아보지 않고 힘을 주지 말고 느긋하고 온화하며 애정에 찬 눈길로 상대에게 즐거움을 주는 눈과 얼굴 표정을 하는 것이 중요하다. 따뜻한 친애감(親愛感)에 넘친 표정 이것이 눈을 사용하는 방법의 첫 번째 단계이다. 다음에 팔방목(八方目)이라는 비전(秘傳)이 있다. 이 팔방목(八方目)이란 원래 중국 무술에서 나온 말이다. 상대의 눈을 응시하고 있는 것이지만 사실을 말하면 상대의 눈을 응시한 채로 눈동자를 움직이지 않고 상대의 머리 혹은 눈썹, 코, 입, 귀 더 넓게는 손이나 발 더욱 극단적으로 말하면 상대의 l 옷차림 , 배경 ,뒤, 좌우, 사방팔방(四方八方)을 자유자재로 보는 방법이다. 이것을 훈련하는 방법으로는 가령 당신이 지하철이나 버스 안 전차 안에서 독서를 하고 있을 때 책을 보면서 사람들을 관찰하는 것이다. 그럴 경우 전혀 눈동자를 움직이지 않고 옆 사람 혹은 맞은편 사람의 복장이나 눈의 움직임, 행동, 몸짓 모든 것을 관찰하는 연습을 한다. 이것을 반복하고 있는 동안에 점점 시계(視界)가 열릴 것이다. 팔방목이 뛰어난 사람이 되면 상대가 신고 있는 신발이라든지 신발 바닥에 묻은 흙의 양까지 이내 알 수 있다. 극단적으로 말하자면 가방 속에 들어있는 서류까지 간파할 수 있는 그런 정도의 능력이 곧 생기게 된다. 이렇게 되면 신기(神技)와도 같은 것이다. 이 팔방목의 훈련이라는 것은 상대를 눈여겨보면서 그 사람의 전체를 보고 그 사람의 좌우의 사람 뒤의 사람 혹은 그 곳 전체 온갖 장소에 마음을 도루 쓰고 사방을 주의하여 살피는 훈련을 함으로써 당신 자신의 마음에 여유와 침착성이 생겨 냉정한 판단, 지시 그리고 대응 할 수 있게 된다. 다음은 상대에게 눈을 사용해서 자기의 매력을 강렬하게 어필해서 상대를 뜻대로 조종하는 방법을 소개한다. 이것만은 꼭 상대에게 나를 충분히 납득 시키도록 해야겠다고 마음먹은 경우에 눈을 사용하는 방법으로 반드시 콧마루와 두

눈썹 사이, 인상학으로는 산근(山根)이라고 말하고 있는 이곳을 가만히 응시한다. 그렇게 하면 이상하게 상대는 자신의 마음속까지 꿰뚫어 보고 있는 듯 한 느낌을 받고 피암시력(被暗示力)이 강해져 바라본 쪽의 암시력이 강해진다. 자기가 말하고 싶은 것들 중 꼭 이것만은 납득시키고 싶다고 하는 것을 이야기 할 때에는 이 산근(山根)을 지켜보면서 이야기를 하면 신기하게도 자기의 의사가 상대에게 통하다. 이것도 비전이다. 눈이라는 것은 대단한 암시력이 있는 것이다. 눈에서는 강력한 영력(靈力) 텔레파시 같은 것이 나온다. 안력(眼力)이 강한 사람은 역사상의 대인물, 위인, 대정치가, 장군, 혁명가, 국가적인 리더가 되었다. 이 눈의 힘 영력(靈力)이 사람을 움직이는 것이다. 눈의 사용방법은 우선 상대를 자유자재로 움직인다. 맞은편에 있는 사람을 눈으로 혹운 영력(靈力)으로 움직인다라고 자기 암력을 걸면서 눈에 힘을 넣는다. 힘을 넣는다는 것은 안구에 힘을 주는 것이 아니라 영혼의 밑바닥에서 나오는 정신파워를 눈으로 발산함으로써 상대를 자유자재로 움직이는 것이다. 그 경우 눈과 눈 사이에는 시선을 강렬하게 보내는 방법도 있지만 고도로 숙련되면 당신 자신의 눈의 움직임에 의해서 상대의 행동을 자유롭게 조종할 수도 있게 된다. 이것은 훈련에 의해서 누구든지 가능하다. 그러나 이것을 악용하면 천지자연(天地自然)의 인과에 의해서 응보가 온다. 절대로 악의 삐뚤어진 생각을 갖고 염력을 사용하지 않고 반드시 선한 자비심을 갖고 좋은 안력(眼力) 영력(靈力)을 상대에게 보내는 것이 중요하다. 상대화 이야기를 할 때에 상대를 약간 동요시키고 싶은 경우 시선을 비키거나 시선을 왼쪽으로 움직인다. 지금까지 쭉 응시하고 있던 눈이 약간 움직이면 상대의 마음에 불안감이 생긴다, 불안감이 생기는 것은 인간의 약한 면이다, 그 불안이 생긴 부분에서 피 암시성이 더욱 강해진다. 그러므로 상대에게 불안을 일으켜서 피 암시성이 강해진 그 사이에 당신 자신의 강한 목적을 강조하면 상대는 금방 당신의 의도대로 따르게 된다. 불안을 낳게 만드는 것은 영력(靈力)을 상대에게 사용하는데 매우 효과적인 방법이다.

❖ **능상**(陵上) : 봉토와 사토로 조성된 반구형으로서 민간 묘제에서는 봉분, 산소, 분상, 무덤이라 함.

❖ **단고** : 형국은 상비(象鼻形)이다.

❖ **단고(한쪽 발 다리)** : 단고란 머리와 몸은 크고 둥글다. 다만, 한쪽에만 다리가 있다. 혈(묘 자리)을 머리 아래 맺는다. 반드시 한쪽 다리가 몸을 감싸야 한다. 바람이 혈(묘)을 침범하거나 물이 면전에서 나가면 흉이다. 큰 시냇가의 용이 다한 곳에 혈을 맺기 좋아한다. 형국은 행상형(行象形)이 많다.

❖ **단독룡두**(丹毒龍讀) : 단독룡은 주변에 보호하는 산이 없다. 외롭게 홀로 돌출하는 곳은 바람의 피해를 많이 받아 결지 불능이다.

❖ **단독주택**(單獨住宅) : 단독 주택의 경우 정원이나 마당이 있고 층수도 높지 않는 한국의 전형적인 주택을 말하는데 대지(垈地) 전체의 넓이 중심점에서 나경(패철)을 놓고 모든 방위를 측정한다. 즉, 대문(大門), 부엌, 큰 방은 주택의 3요소로써 반드시 측정하고 각방들의 위치, 화장실, 차고, 창고, 헛간 등 필요한 전부 측정 한다.

❖ **단두사**(斷頭砂) : 단두사란 사(산)가 끊어 진 것. 이러한 안산이나 주산(主山) 뒤쪽이 끊어지면 절손이 된다.

❖ **단명과숙수**(短命寡宿水) : 병(丙), 오향(午向)에 곤신방수출(坤申方水出), 임(壬), 자향(子向)에 간인방수출(艮寅方水出), 경(庚), 유향(酉向)에 건해방수출(乾亥方水出), 갑(甲), 묘향(卯向)에 손사방수출(巽巳方水出) 이상은 모두 사향(巳向)에 절방(絶方)으로 물이 빠져나가는 것인데 재산이 없어지고 남정(男丁)이 일찍 죽어 과부가 많이 생겨나며 종래는 대가 끊기는 흉살이다.

❖ **단봉함서형**(丹鳳(銜書形) : 붉은 봉황이 책을 입에 물고 있는 형상인데 쌍봉함서형은 두 마리 봉황이 함께 책을 물고 있는 형상이다. 이때 두 마리 봉황의 크기와 생김새가 비슷하다. 혈(묘 자리)은 봉황의 입 가까이에 있고 안산은 책과 같은 사격이다. 쌍봉의 경우는 상대편 봉황이 될 수 있다. 단봉전서형은 봉황이 책을 물고 와 전해주는 형상이므로 주산은 봉황처럼 생겼고 안산은 책과 같은 사격이나 책을 전달받는 귀인이 있어야 한다.

❖ **단유혈**(短乳穴) : 유혈이 짧은 것으로 너무 짧으면 힘이 적고

기운이 약하여 쓸모가 없다. 약간 짧더라도 계수(界水)가 갈라져 나간 물들이 분명하면 무방하다. 유(乳)가 너무 짧거나 경사가 심하거나 단단하거나 부스럼 딱지 같거나 계수(界水)가 분명치 않으면 유(乳)의 형상을 갖추었더라도 진혈(眞穴)이 아니다.

❖ **단전혈**(丹田穴) : 단전혈이란 인체의 중심부인 배꼽 아래 단전에 비유되는 곳에 맺어지며 부귀복록(富貴福祿)이 기약되는 혈이다. 다만, 너무 높거나 낮으면 가짜 단전혈(丹田穴)이다.

❖ **담장과 대문**

* 담장은 주택을 편안하게 감아 도는 것이 길(吉)하다.
* 담장은 곡척(曲尺)과 같이 구부러진 것도 길(吉) 하다.
* 담장의 길(吉) 방위에 작은 규모의 편문(便門)을 두는 것은 무방하다.
* 담장의 높이가 기운을 모아주는 역할을 하니 너무 높으면 흉하다.
* 담장이 없는 주택이나 건물은 정원이 없는 것으로 간주 한다.
* 대문(大門)은 생기(生氣)가 모이는 곳에 좌우(左右) 균형을 유지하여 두어야 길(吉)하다.
* 대문(大門)의 크기는 주택과 건물의 크기와 어울리는 것이 좋다.
* 대문(大門)은 안쪽으로 열리게끔 설치하여야 좋다.
* 대문(大門)은 담장과 더불어 주택의 규모에 비해 적당해야만 길(吉) 상이다.
* 대문(大門)이 주택에 비하여 약간 작으면 부자(富者)가 된다.
* 대문(大門)이 이중 대문이면 공기의 순환이 더 잘 되어 좋다.
* 대문(大門)은 도로보다 약간이라도 높아야 길(吉)하다.
* 대문(大門)의 규모와 높이는 자유롭게 드나들 수 있어야 좋다.
* 대문(大門)의 색상은 밝고 청결해야 집안에 귀(貴)한 기운을 불러들인다.

❖ **당나라 시대 풍수지리** : 우리나라의 통일신라시대에 해당되는 당나라 때는 모든 문화가 찬란하게 꽃피웠다. 풍수지리학도 마찬가지로 크게 발전하였다. 이때는 간단한 나경패철(羅經佩鐵)을 이용하여 방위(方位)와 좌향(坐向)을 측정하기 시작하였다. 양균송(楊筠松), 장설(張設),홍사(弘師), 장일행(張一行), 증문적(曾文迪), 요금정(寥金精), 복응천(卜應天) 등 풍수지리학 방면에 많은 인제가 배출 되었다. 별호가 구빈선생(救貧先生)인 양균송(楊筠松), 청낭경(靑囊經), 감용경(撼龍經), 의용경(疑龍經), 사대혈법(四大穴法), 도장법(倒杖法) 등을 지어 그때까지만 해도 한낱 술법으로 전해 내려오던 풍수지리설을 체계적인 학문으로 정립 하였다. 특히, 팔십팔향법(八十八向法)을 정리한 것으로 알려져 있다. 그의 이론은 묘나 주택의 좌향(坐向)을 결정하는데 사용해 왔는데 오늘 날의 풍수지리학에도 많은 영향을 미치고 있다. 우리나라 풍수지리학의 시조인 도선국사의 스승이라고 알려진 일행선사(一行禪師), 장일행(張一行)은 곽박의 장경을 해석하면서 나라의 땅을 화식지지(貨殖之地 : 문사가 많이 나오는 땅) 등으로 나누어 자연환경(自然環境)을 관찰 하였다. 또, 대연역분도(大衍歷分度)를 저술하였다. 소문(昭文官學士)를 지낸 복칙외(卜則嵬)는 설심부(雪心賦)를 저술하였는데 문장이 간결한 형기학(形氣學) 위주의 책이다. 이를 청나라 사람 맹천기(孟天其) 등이 주석을 달아 설명하였다.

❖ **당심혈**(堂心穴) : 이혈은 인체의 앞가슴 중심에 비유되는 곳에 맺어진 혈로써 혈지는 사방(四方) 산세(山勢)가 고루 단정하여 요감(饒減)이 필요없는 길지(吉地)로 이른바 인시하관(寅時下棺)에 묘시 발복 속발(速發之穴) 이다. 와혈이 정격(定格)이다.

❖ **당혈**(撞穴) **장살혈**(藏殺穴) : 당혈(撞穴)이란 중간의 중심에 있는 혈. 다른 혈은 모두 살(殺)이 있으나 이 혈은 4세(四勢)가 균등하니 혈이 있어 당혈 이라 하며 장살혈(藏殺穴) 이라고도 한다. 이상의 혈형(穴形)은 비록 많다고 하나 와겸유돌(窩鉗乳突)의 네가지 형태에 불과하다. 또한, 실상은 음양(陰陽)의 두 가지에 있다는 것이다. 양혈(陽穴)로서 둥글면 와(窩)가 되고 와혈이 길어지면 겸(鉗)이 되고 음혈(陰穴)로서 길면 유(乳)가 되고 짧으면 돌혈(突穴)이 된다. 혈 정하는 묘법(妙法)은 탄토요감(呑吐饒減)과 개점의당蓋粘依撞)은 음혈의 장법이다. 그러나 실로 이 여덟 가지의 법을 쓰는 것이 번잡하여 그리 쉽지 않다. 그러나 만약, 본 지리오결(地理五訣))의 이치를 깨달아 먼저 수구(파구)를 보아 국(局)을 정하고 영생취왕迎生就旺) 하는 법을

훌륭히 응용한다면 어디를 간다 해도 하나라도 잃음이 없다.

❖ **당판**(堂坂) **좌우**(左右)**에 긴 골짜기가 있으면** : 당판(堂坂)의 좌우(左右)에 골 바닥이 보이면 자손이 흩어지고 재물이 모이지 않는다.

❖ **당판**(堂板) **양변**(兩邊) **음침한 암석** : 묘 자리 양변(兩邊)에 음침한 암석이 있으면 관중(棺中) 에 거미가 가득히 있고 주변에 암석은 이금치사(以金致死)로 본다. 교통사고를 당하거나 재물이 모이지 않는다.

❖ **대길지**(大吉地) **집터** : 대길지는 경사 조금 있는 토지(土地)이고 남쪽이 낮고 북쪽이 높은 완만한 경사지가 대길지(大吉地)의 토지이다. 이에 더하여 뒤쪽이 산이나 언덕이 있으면 최고의 주택지이다. 풍수에서 이상적이라고 하는 용혈(龍穴)의 지형(地形)이다. 반대로 남쪽이 높고 북쪽이 낮으면 대흉지이다. 이러한 곳에 살면 건강이 나빠지고 제명대로 살지 못하고 재물도 모이지 않는다.

❖ **대돌**(大突) : 대돌(大突) 이란 돌이 높고 큰 것이 너무 크면 거칠고 완만해지기 쉬우므로 좋지 않고 크더라도 적당히 커서 면(面)이 윤택하고 둥글고 형세가 분명해야 길격 이다. 대개 대돌(大突)은 수구(파구)의 나성(羅城) 수성 용신이 떨어져 내린 것과 창고 금상자 같은 성신으로 되는 것이 많다.

❖ **대명당지**(大明當地)**를 구하려 하지마라** : 대명당(大明當)에는 함정(陷井)의 가혈(假穴)이 많으니 잘못 점혈 하면 절사되기 쉽다. 소명당(小明堂)도 자손과 망인의 덕(德)이 없이는 얻기가 어려우며 비록 소명당 이라도 진혈(眞穴)만 얻으면 부귀(富貴)는 따를 것이다.

❖ **대문**(大門)**을 열고 나오면** : 대문을 열고 나오면서 집 앞 왼쪽 폭이 오른쪽 보다 상대적으로 크고 넓은데 왼쪽에서 오른쪽으로 오그라드는 형태는 그런대로 재물은 홍성하여 풍족할 수도 있으나 사람에게 흉함과 액운이 따르는 형상이다.

❖ **대문**(大門)**앞이 기울어지면** : 대문 앞이 오른쪽으로 기울어지면 여자가 만성질환이 있게 되고 남편은 건강하게 되고 대문 앞이 왼쪽으로 기울어지면 남편은 만성질환이 있어 고생하는데 부인인 여자는 건강하게 살아간다. 그러나 대체적으로 15~6년 정도 되면 사망한다.

❖ **대문**(大門)**을 열어 놓으면** : 대문을 열어 놓으면 뒤에까지 직통으로 훤히 들여다보이는 형태는 재물(財物)이 한 번에 나가버리는 형국으로써 재물이 오래 머물러 있지 않게 되고 외관상의 겉모양에 비해 실재 내적인 성취가 쌓여지지 않으며 남보다 앞서는 노력을 기울인다 하더라도 뜻하는바 목적을 달성하기가 힘들다.

❖ **대문**(大門)**과 현관은** : 대문은 깨끗하고 넓고 평평해야 하며 어둡고 복잡해서는 안 된다. 정향(正向)에는 남의 집 용마루와 상충하거나 처마나 짐승의 머리장식, 도로(道路) 등 불길한 사물과 상충 되어서는 안 된다.

❖ **대문**(大門)**이 집의 좌**(坐)**를 극**(剋)**하면 망한다.** : 대문이 주택의 좌(坐)를 극(剋)하면 그 집에 사는 사람은 아무리 노력해도 하는 것 마다 모든 일이 풀리지 않는다. 요즘 주택의 아파트 업자들이 집터만 있으면 생긴 데로 무작정 건축을 한다. 이러한 일이 비일비재 한데 한 순간의 실수로 엄청난 흉함을 당하게 한다.

❖ **대소팔자**(大小八字) : 대소팔자(大小八字)의 적(蹟)이 분명하면 길지(吉地)가 되고 각(脚)이 짧은 것보다는 길어야 함.

❖ **대유혈**(大乳穴) : 유(乳)가 특별히 큰 것인데 너무 크면 자연(自然)이 거칠거나 완만(경사가 덜 진 것)하거나 단정하지 못 하여 불가하다.

❖ **대장법**(對杖法) : 대장법이란 상(上)은 강급(剛急)한데 하(下)는 저삭(低削 : 낮게 깎이고) 이때에는 순역(順逆) 이장(二杖) 이 모두 사용하지 아니하고 다만 대장법(對杖法: 나무토막 같은 것)이 가능하다. 정방(正方)의 대위방(對位方)에 기울어진 중정(中停 : 가운데 멈춘 듯)을 찾아서 점혈(點穴)을 하여 옆으로 다져나가면 대체로 급한 것을 면하게 되니 결코 천장법(穿杖法)까지야 불필요 하고 다만 맥(脈)의 기(氣)가 중정(中停)에 모였다가 아래로 흩어지므로 함부로 무육지지(無肉之地)가 되기 쉬우니 또한 철장(綴杖 : 흙 없이 막은 듯)도 불가하다. 그러므로 이때에는 오직 대장법(對杖法 : 나무토막 같은 것)을 사용한다.

❖ **초등학생은 남**(南)**쪽 고등학생은 북**(北)**쪽 공부방이 좋다** : 초

등학생에서 대학생까지 다양하게 있는 주택 아파트의 공부방은 학년별, 수준별로 나누어 쓰기도 하고 최근처럼1~2명의 자녀만 있을 때는 부모들이 입주할 때 임의적으로 선택해서 공부방을 배정하는 경우도 있다. 그런데 중요한 것은 자녀들의 성장 속도에 걸 맞는 방위를 선택하여 공부방으로 배정하는 일이다. 양택 풍수에 쓰이는 8방위별(八方位別) 특성을 고려하여 자녀들의 연령층에 걸 맞는 방향의 방을 선택해 주는 것이 중요하다. 햇볕이 잘 드는 남(南)쪽에 위치한 공부방은 활기와 생기를 공급하여 초등학생이나 유치원생 등의 어린 자녀들에게 가장 이롭다. 말이나 행동 면에서 호기심이 왕성해지고 사교적이 됨으로 교우관계를 넓게 하고 성격을 밝게 하며 창조적인 사고력을 길러준다. 중학생이 되면서부터는 이 남(南)쪽 방위의 공부방은 그다지 바람직하지 못하다. 활기가 지나쳐서 공부에 집중하거나 힘들어지고 공부보다는 이성교제에 관심을 두기가 쉬워지기 때문이다. 어린 학생이라도 주위가 산만하고 과잉 행동으로 말썽의 소지가 많은 학생에게는 이롭지 못하다. 이 경우에는 차라리 사고력을 깊게 하는 북(北)쪽의 공부방으로 배정하거나 어쩔 수 없이 남(南)쪽 방위의 공부방을 써야 한다면 커튼이나 블라인드로 햇볕을 차단하고 방의 벽지 색상은 다소 어두운 색상으로 해주거나 가구 색이나 침대, 시트 등도 진한 청색 계열로 바꿔 주는 것이 좋다. 대학 입시를 치러야 하는 고등학생이 되었을 때에는 필히 북(北)쪽의 공부방을 쓰도록 해야 한다. 북(北)쪽은 성격적으로 차분하고 주의력이 깊어지며 성숙한 가치관의 함양을 유도한다고 보기 때문이다. 8괘팔(八卦) 방위상 물로는 숨은 사람 중간의 아들 등을 뜻하고 상징 의미로는 숨어 있는 것, 은밀한 곳 등을 나타낸다. 따라서 외부에 대한 관심을 끊고 오직 수험 공부에만 열중해야 할 학생들에게는 이 북(北)쪽의 공부방이 일종의 비밀 아지트 구실을 한다고 하겠다. 이 북(北)쪽 방위에 공부방을 배정한 경우에는 북서(北西) 계절풍의 한랭한 바람과 습기를 적절히 방어할 수 있도록 냉난방에 신경을 써야 할 것이다. 어린 학생들 중에서도 정신집중이 안되고 주의력이 산만하다면 얼마간 북(北)쪽 방위의 공부방을 쓰도록 한다. 성격이 차분하게 가라앉고 학습 능률도 향상 되리라고 여겨진다.

❖ **도로변이나 길이 교차되는 곳은 좋지 않다** : 온 가족이 하루의 일과를 끝내고 주택으로 돌아와 휴식을 취해야 할 주택이 도로 옆이나 사방의 도로가 교차되는 지점의 부근에 있으면 아침저녁으로 오가는 차량 및 행인들의 소음과 먼지 등으로 주택으로서의 제 기능을 발휘 할 수 없게 된다. 이를 풍수학상의 이치로 해석한다면 주택의 양기(陽氣)가 너무 강해져서 음양의 조화를 해치고 그에 따라 인체에 해로운 흉기(凶氣)가 집안에 가득 하다고 하겠다. 교차 도로는 사거리뿐만 아니라 삼거리도 마찬가지이다. 삼거리 교차로는 T자형이나 Y자형이 많은데 이런 도로 부근에 있는 주택에는 자동차 돌풍이나 피해를 받기 쉽고 항시 위험도 크다. 더구나 도로나 골목에 자리한 주택은 살풍을 계속 받게 되므로 더욱 좋지 않다. 음택풍수에서 말하는 깊은 산 계곡의 곡풍(谷風)과 비슷한 냉한 바람으로 집안에 생기(生氣)가 고일 틈도 없이 사기(使氣)만 가득하게 만드는 것이 골목의 살풍이다. 집터와 도로 관계를 살펴보면 집터의 동쪽이나 북쪽으로 대로(大路)가 나서 차량의 소음이 가득하다면 집터의 기가 쇠해지고 경제적으로도 점차 곤궁해지지만 만약 남쪽으로 작은 도로가 나 있다면 윤택한 생활을 하게 된다고 한다.

❖ **귀향살이 도배사**(徒配砂) : 수구(파구)에 배가 뒤집혀 진 것 같이 보이는 산이 있으면 귀향살이를 하고 백호 끝이 갈라지면 참수형(斬首刑)을 당하고, 용호의 허리가 끊어지면 형장사(刑杖砂) 한다고 하였다.

❖ **도배는 이렇게 함이 좋다.** : 건축을 하면 반드시 벽이나 방, 바닥 등 도배를 하게 되는데 가급적이면 오행(五行)의 색상을 맞추어 하게 되면 서로가 상생이 되게 하고 집은 항상 밝고 맑고 깨끗하며 사람의 마음이 포근하고 본인이 할 수 있는 좋은 생각이 따른다. 그 생각대로 사업을 하면 남들 보다 한 발짝 더 나아가면서 그 때부터 성공의 길이 열릴 것이다.

❖ **5행의 색상** : 木- 청색 火- 홍색 土- 황색 金- 흰색 水- 흑색 상생 : 木 火 土 金 水 이다.

❖ **도장방관**(倒杖放)棺) : 10도가 머물러야 하고 장구(葬口)가 편안한 곳 , 크고 곧은 장(杖)이 거꾸러진 사이이며 10도 중심에서 장구 까지가 작대기 하나가 놓여 진 정도의 4*9자 구첨의 하합금(呀呷襟)의 위에 방관하다. 10도가 이루어져야 하고 장구가 분명해야 하며 구첨과 합금되는 곳에 방관 하여야 한다.

❖ **도적**(盜賊) **사**(砂) : 계축미신방위(癸丑未申方位)에 백호(白虎) 방위(方位)에 규봉(窺峰)이 내당(內堂)을 넘겨다보면 큰 도적을 맞거나 도적자손이 출생(出生)하여 평소에 잘 알고 있는 사람의 소(牛)나 물건을 훔쳐 항상 다니는 시장에 가서 판매 한다.

❖ **돈장법**(頓杖法) : 돈장법(頓杖法) 이란 살이 있어 흉하며 도두(到頭)가 높고 급하면 자연히 역(逆) 개(開) 천(穿) 철(綴) 등의 장법을 쓸 수가 있으나 양각(兩脚)이 파헤쳐진 채 전진하고 있는 상태의 안장법(安葬法)으로서는 개장이나 역장 등의 방법을 피해야 하며 또한 철장법도 쓸 수가 없다. 그러므로 각이 나간 채 끝부분만이 풍요한 곳에서는 돈장법을 써야 한다. 양쪽 산의 형상이 마치 칼날이 맞부딪혀서 싸우는 형국이므로 이른바 봉문살(鋒門殺 : 서로 싸우는 것) 이라 하니 이 살을 마주보거나 비치면 흉하므로 피해야하기에 돈장법을 쓴다.

❖ **돌담** : 돌담은 돌을 쌓아 만든 담이다. 지금은 제주도나 문화재 마을에서나 볼 수 있다. 경비는 많이 드나 그 지방에서 나는 돌을 쌓아 만든 담이다. 외관이 미려하고 마모 및 풍화에 강해서 옛날부터 상류 주택에서 많이 사용 하였다. 돌담은 막돌을 골라 쌓아 만든 담이다. 막돌로 쌓ㅎ은 돌담과 일정한 크기의 네모반듯한 돌로 쌓았다.

❖ **돌무더기가 있으면** : 묘 자리 뒤나 앞에 돌무더기가 있어서 앞이 트지 않고 막혀 옹색한 것을 말한다. 이는 둔하고 미련하며 기량이 협소한 자손이 나온다. 특히, 앞을 가로 막는 둔덕이 있으면 여자들의 난산(難産)과 질병(疾病)이 우려된다. 청룡과 백호가 마주보고 그 중간에 돌무더기가 있으면 형제간에 재산 싸움으로 우애가 없다.

❖ **동성동본 주택** : 동성동본 간에 결혼한 부부일 경우엔 거주하는 집을 잘 선택하여 주택을 확실 한데서 살아야 한다. 운명 상 대체로 장남이나 장녀에게 액운이나 재난이 닿아서 속 썩게 되기가 십중팔구이기 때문이다.

❖ **동양철학 생기론**(生氣論) : 동양철학적인 면에서 추구되는 생기론(生氣論)에서는 기(氣)는 우주의 본원으로 어느 곳에나 없는 곳이 없고 불생불멸(不生不滅)하여 무시무종(無始無終)에 불변형질(不變形質)의 한 우주주의 기운이라고 설명하고 있다. 그러므로 인간을 비롯한 우주만물을 비롯한 우주만물은 이와 같은 기(氣)의 작용에 의해 생멸하고 존재하다고 하였다. 한편, 풍수지리도 기(氣)의 이치에서 이루어지는 것으로 생각되기 때문에 묘 자리 되는 곳의 원리도 생기(生氣)와 직결시켜 생각해야 될 것이다. 따라서 진혈(眞穴 : 좋은 묘 자리)은 생기가 땅속을 마치 수맥처럼 기맥(氣脈)을 따라 흐르다가 어느 한 지점에서 멈추고 뭉쳐진 것으로 추정되는 것이다. 그러한바 풍수지리의 동양철학적 추구는 이와 같이 용혈에 모인 우주의 기와 체백의 기를 융합시켜 더욱 강한 생기(좋은 에너지)로 동화시키는 방법을 연구하는 학문이라고 할 수 있다.

❖ **동(東)에서 남(南)으로 물이 흐르고 북(北)쪽에 산이 있으면** : 동(東)에서 남(南)으로 물이 흐르고 북(北)쪽에 야트막한 언덕이 있는 곳에 있는 주택이나 아파트에 살면 부자가 되고 창고에 언제나 금은보화가 가득하게 된다. 자손은 총명하고 가족은 건강하며 장수하게 된다. 지위도 스스로 높아진다.

❖ **동(東)쪽 방위가 좋은 집, 나쁜 집** :

•동쪽이 길상(吉相)인 집

* 집의 동(東)쪽 부분이 볼록하게 만(滿) 철(凸)로 된 집
* 동쪽과 북서(北西)쪽에 별채가 있거나 철형(凸形) 구조인 집
* 동쪽에 본채의 ⅓이하 정도의 규모로 된 별채가 있는 집
* 동쪽 부분에 인접한 높은 건물이 없고 넓은 공터가 있는 집
* 동쪽이 낮고 서쪽이 높은 동저서고(東低西高)의 지형인 집
* 동쪽이 1층이고 서(西)쪽이 2층인 집

• 동쪽이 흉상(凶相)인 집

* 집이 동(東)쪽 부분이 오목하여 요형(凹形)인 집
* 동(東)쪽이 높은 건물이나 외벽 등으로 막혀 있는 집
* 서(西)쪽이 낮고 동(東)쪽이 높은 서저동고(西低東高)인 집
* 동(東)쪽으로 복도나 베란다 큰 출입구가 난 집

＊동(東)쪽으로 하수(下水)가 흐르는 집

❖ **동(東)쪽의 부엌** : 동(東)쪽의 부엌은 가족에게 신선한 식탁을 제공한다. 부엌은 옛날의 한옥 구조와 달리 음식을 만드는 공간뿐만 아니라 대부분 음식을 섭취하는 공간으로써 현대인들에게는 일종의 문화공간의 구실도 하고 있다. 따라서 온 가족들이 생활하는데 필요한 신체적 에너지원을 섭취하는 공간이자 가족들끼리 얼굴을 마주하고 웃음꽃을 피우는 공동교류의 장소이기도 하는 부엌은 현대에 들어와서 그 기능과 역할이 더욱 중요해졌다. 결론적으로 얘기해서 음식을 만들었을 때 그 신선한 영양분이 오랫동안 부패하지 않고 생기를 감 돌게 하면서 화기(火氣) 가스레인지로 인한 화재의 위험성을 감소시키되 적절한 햇볕이 들어오는 가장 이상적인 부엌은 어떤 방위에 있어야 하는가하면 동(東)쪽의 부엌은 항시 밝은 햇볕과 양기(陽氣)의 영향력 그리고 신선한 공기가 흘러 다니므로 양생(養生)의 면에서 최상의 방위로 간주되는 것이다.

❖ **동(東)쪽에 화장실 있으면** : 동(東)쪽은 항상 신선한 공기가 유입되는 방위라는 특성상 화장실이 놓이는 방향(方向) 중에서 가장 무난한 방위로 여겨진다. 심신이 쾌적하고 의욕과 기운이 넘치는 역할을 하게 된다. 남동(南東)쪽 방위도 동(東)쪽 방위의 화장실과 같이 길상(吉相)으로 간주하는데 집안에 악취를 풍기지 않고 늘 상쾌한 기분을 유지시켜 준다고 본다. 우선 동(東)쪽 화장실은 태양이 막 떠오르는 방위로써 신선한공기의 유입과 새로운 에너지 흡수를 돕는다. 따라서 일과를 마치고 돌아와 샤워를 하거나 세수를 하면 어느 방위보다 피로회복을 바르게 하고 심신을 편안하게 해 준다. 이 동(東)쪽 방위의 화장실이면서 정리정돈이 안 되고 변기가 오래되어 낡고 불결하다거나 배수가 원만하지 않는 주택은 오히려 해(害)가 미쳐서 장남에게 신체적인 질병이 따르거나 가족들에게 좋지 않은 영향을 미친다.

❖ **두 집의 담을 털어 한집을 만들 경우** : 두 집을 한 집으로 만들어 사용하는 집들을 볼 수 있는데 이러한 집들은 흉가가 될 수 있다. 옛말에 작은 집에 식구들이 많은 것은 좋은 집의 발복으로 보고 집은 큰데 식구들이 작은 것은 점점 생활이 어려워지게 되는 것을 볼 수 있다.

❖ **두풍사(頭風砂)** : 술건방(戌乾方)이 공허하여 혈에 바람이 들어오면 두풍이 생긴다.

❖ **두 호주가 생긴다** : 주산이 단축하고 수구(파구)에 독봉(獨峰)이 2~3척 정도 낮은 봉우리가 보이면 한 집에 두 호주가 생길 수도 있고 장애인 난쟁이가 출생할 수도 있다.

❖ **득수(得水) 용과 혈이 물을 얻는 것** : 득수(得水)란 용(龍)과 혈(穴:묘)이 물을 얻는 것을 말한다. 음정(陰靜)한 용혈이 양동(陽動)하는 물을 얻어야 하는 것은 풍수지리의 가장 기본적 요소다.

득수 하는 방법은

첫째 주룡(主龍)의 생기(生氣)를 보호하면서 인도해 온 골육수(骨肉水)다. 이 물은 용맥 내에 있는 것으로 육안으로 분별이 어렵다. 즉, 용맥 양편지표면 아래에 형성된 수맥(水脈)이다. 이 물로 인하여 용맥의 지기(地氣)가 흩어지지 않고 먼 거리를 행룡 할 수 있는 것이다. 혈(墓)에 이르러서는 입수도두(入首倒頭) 뒤에서 선익을 따라 양쪽으로 갈라진 다음 순전(脣顫) 앞에서 다시 합쳐진다. 골육수가 혈장(穴場) 옆과 앞을 원을 그리듯 감아 줌으로 생기는 더 이상 나가지 못하고 그곳에 모이게 된다. 그래서 혈(묘)을 맺는 것이다. 위에서 갈라지는 것을 분수(分水)라 하고 아래에서 합해지는 것을 합수(合水)라 한다. 이 분합이 분명해야 좋은 혈을 맺는다. 합수된 물은 명당으로 흘러간다. 둘째로는 주룡 능선과 내청룡 내백호 사이의 골짜기를 따라온 물이다. 좌우(左右) 양쪽 골짜기에서 득수한 물이 혈(묘) 앞 명당에서 합해진다. 이 물을 내 득수(內得水)라고 한다. 실제로 용혈과 음양교합을 하는 물이며 이기론적(理氣論的)인 득수 처이기도 하다. 물이 모이는 혈 앞마당을 내 명당 이라고 한다. 셋째로 외청룡과 외백호 사이와 여러 골짜기에서 나오는 물을 외득수(外得水)라 한다. 이 물이 모여드는 곳은 외명당(外明堂)이다. 용맥의 생기를 외곽에서 보호한다. 이처럼 용의 생기를 보호 하면서 흘러 들어오는 물은 구불구불하면서 천천히 들어와야 길(吉)하다. 또 용과 혈을 유정하게 감아 주면서 흘러와야 한다. 만약, 용과 혈(묘)을 향해 화살을 쏘듯이 직선으로 날카롭게 들어오면 흉하다. 또 용혈을 배반하듯 등을 돌리거나 급하게 소리 내며 흘러와도 흉하다.

❖ **등명**(登明) : 등명은 주로 음성(陰星)의 수덕(水德)이며 이 주택은 어미가 선망(先亡)하며 장자손(長子孫)에 재해(災害)나 손재(損財) 또는 관재(官災)가 있을 수 있으며 인신사해(寅申巳亥)년에 병재(病災)가 있을 수 있고 특히, 묘유(卯酉)년이나 진축미(辰丑未)년에 관재(官災)가 있을 수도 있다.

❖ **땅을 보면 알 수 있다.** : 좋은 땅이란 부드럽고 배수가 잘 되고 잡돌들이 적다. 그리고 잡초가 나지 않고 잡목나무도 없다. 땅의 경사도가 완만하다. 맑고 깊은 물이 조금 멀리 있고 조금 보이면 아주 좋은 물이다.

❖ **땅이 단단한 곳에 생기(生氣)가 있다.** : 땅이 견고(堅固)한 곳에 생기가 뭉쳐 있으므로 흙들이 산만하게 흩어지지 않으고 하나의 덩어리로 되어 있다. 완전히 정제된 흙들은 작은 입지로 되어 있다. 만약 생기가 강하게 뭉쳐 있지 않으면 이들은 모두 흩어지고 말 것이다. 기(氣)가 한 곳에 뭉쳐 있는 혈 자리의 흙은 그 결속력이 무척 강해 단단하다. 좋은 생기가 가득하므로 부드럽다. 또한 감촉이 좋은 땅에서 혈 자리를 찾아야 한다.

❖ **땅에 좋은 기가 있는 땅** : 땅이 좋으면 흙에 다라 기(氣)가 일어나는 장소가 있으며 산(山)이 길한 기운이 있으면 방위상으로 인하여 거기에 맞는 주인을 기다리고 있다. 글과 문장(文章)이 나는 땅이 붓처럼 뾰족하면 모든 복이 따르고 재주 있는 자손이 출생하고 큰 부자가 나는 땅은 둥글게 생긴 봉우리와 금궤 같은 사격(砂格)이 있는 것으로 패물 보물이 넘치도록 들어오는 것이 마치 냇물이 흘러 들어오는 것과 같다.

❖ **땅을 선택(選擇)하는 술법**(術法) : 산세(山勢)가 마치 용마가 일어나 뛰어 오르는 듯하고 혈(묘) 앞에는 옥규사(玉珪砂 : 부봉)가 있으며 앞이 날카롭게 위치하고 끝이 뾰족한 문필봉(文筆峰)이 앞에 있고 본 방위(本方位)를 제대로 만나면 배움이 업어도 존경받는 사람이 나오고 맑은 물(水)이 비추어 주고 바다와 같이 보이면 대명당지(大明當地)이다. 높은 벼슬이 나는 땅은 파구(破口 : 水口) 처에 있는 문설주 같은 바위가 높이 솟아 있고 주변 산들은 군사가 둔을 치고 배치되어 있는 듯해야 한다. 주변 가까운 곳에 필봉들이 서 있고 서까래처럼 연결되어 있으면 부귀영화(富貴榮華)를 누리는 땅이다.

❖ **마당의 모양은 사각형이나 원이 좋다.** : 마당의 모양이나 문 앞에 심어져 있는 나무도 기의 흐름에 큰 영향을 미치기 때문이다. 먼저 마당의 모양은 대개 주택의 사각으로 되어 있다고 여겨지므로 이것은 전혀 문제가 없다. 그러나 때로는 집을 짓는 방향의 위치에서 변형하거나 각이 날카롭게 되어버리는 일이 있을지도 모른다. 이것은 매우 나쁜 모양으로써 무언가의 돌발적인 사고로 사자(死者)의 방문을 받을지도 모른다. 그러므로 이러한 때는 날카로운 부분을 둥글게 하거나 밋밋하게 해서 모양을 다듬도록 한다.

❖ **마당의 사방이 반듯하지 못하면** : 마당의 사방이 반듯하지 않으면 주인이 어그러진 행동을 하거나 상식을 벗어난 행동을 자주 하게 되며 십중팔구는 장자(長子)가 그 집에서 떠나게 되고 사람이 부실하다든지 제 구실을 못한 일들이 발생하고 식구들 중에 신병을 가진 사람이 생기게 되며 심할 경우 불구자가 나오기도 한다.

❖ **만구두전**(灣鉤兜轉)

(1) **만**(灣) : 만이란 물굽이를 뜻한다. 본래 육지로 활 등처럼 쑥 들어온 바다를 말한다. 물이 활처럼 용혈(龍穴)을 휘둘러 감아 주는 것을 만곡수(彎曲水) 라 한다. 이러한 물이 있으면 길흉(吉凶) 방위(方位)를 불문하고 길(吉)하다. 용혈(龍穴)이 좋은 곳에 만곡수가 있으면 부귀(富貴)하고 자손이 번창 한다.

(2) **구**(鉤) : 갈고랑이나 낫 모양처럼 처음에는 직류 하다가 혈처에서는 감아주는 것을 말한다. 구(鉤)는 혈 명당으로 유입되는 물이 마치 낫이나 갈고랑이처럼 생긴 것을 말한다. 처음에는 직류 또는 반대로 무정하게 들어오다가 혈 근처에 다다라서는 유정하게 감아주면서 흐른다. 그 형세가 갈고랑이나 낫처럼 생겼다하여 그 길흉화복은 처음에는 흉했다가 나중에 길(吉)해 진다. 이를 선흉후길(先凶後吉)이라 표현한다.

(3) **두**(兜) : 투구나 머리쓰개 모양으로 직거(直去)수가 횡으로 흐르는 대강수(大江水)나 호수(湖水)를 만나 유속이 느려지

는 것을 말한다. 두(兜)는 물의 형세가 마치 투구나 머리쓰개처럼 생긴 것을 말하는데 혈(묘) 앞에서 빠져나가는 물이 곧게 흐르다가 곧 대강수(大江水)나 호수(큰 연못) 같은 물을 만나 유속이 느려져 좋아지는 것을 말한다. 물(水)이 직거(直去) 하면 혈의 생기를 뽑아 나가기 때문에 흉하다. 그러나 곧 옆으로 가로지르는 강이나 큰 호수(湖水) 만나면 더 이상 빠르게 흐를 수 없다. 때에 따라서는 물이 역류(逆流) 하기도 하고 뒤늦게 생기가 보존된다. 이와 같은 곳은 처음은 흉했다가 나중에 길(吉)해 진다.

(4) **전**(轉) : 작은 길한 물과 큰 흉한 물이 서로 합류하므로 흉함이 없다. 전(轉)은 물의 형세가 바뀐다는 뜻이다. 명당으로 유입되는 물이 처음에는 무정하게 등을 돌리고 오다가 혈 앞에서 갑자기 방향을 전환하여 감싸주는 형세다. 주로 수성(水城)의 형세에 있다. 길흉화복(吉凶禍福) 선흉후길(先凶後吉) 이다.

❖ **노중객사**(路中客死) : 백호(白湖)가 역수(逆水)와 상응하여 혈면을 등지고 있으면 망신사(亡身砂) 하는데 가장이 노중객사(路中客死)하고 집에는 과부의 곡성(哭聲)이 들린다.

❖ **말더듬이 출생**(出生) : 인묘방위(寅卯方位)에 험한 괴석(怪石)이나 큰 암석이 있으면 말더듬이가 출생(出生) 할 수도 있다. 또 오미정방위(午未丁方位)가 공허(空虛)하고 진손수(辰巽水) 상련(相連) 하면 말더듬이가 나올 수도 있다.

❖ **망명회두살**(亡命回頭殺) : 망명(亡命)의 병자망명(丙子亡命)을 건좌(乾坐)로 작혈(作穴)하되 갑자(甲子)를 입중궁(入中宮)하여 상주들의 나이가 을축(乙丑) 갑술(甲戌) 계미(癸未) 임진(壬辰) 신축(辛丑) 경술(庚戌) 기미생(己未生)이 모두 건궁(乾宮)에 떨어지는 생갑(生甲)이 저촉되면 반드시 죽는다. 원당명살(源撞命殺) 갑신년(甲申年) 병인월(丙寅月)에 운명한 병자(丙子) 망명(亡命)을 건좌(乾坐) 작혈(作穴 : 묘 쓰면)하는데 병인(丙寅) 입중궁(入中宮) 하면 정묘(丁卯) 병자(丙子) 을유(乙酉) 갑오(甲午) 계묘(癸卯) 임자(壬子) 신유(辛酉)의 상주(喪主)가 있는데 건좌(乾坐)로 묘를 쓰면 저촉이 되어 백일(100일) 내에 반드시 죽는다 하고 중궁(中宮)에 떨어지는 병인(丙寅) 을해(乙亥) 갑신(甲申) 계사(癸巳) 임인(壬寅) 신해(辛亥) 경신생(庚申生) 상주(喪主)가 저촉되면 3년 내에 반드시 죽는다.

❖ **맑은 물**(水) : 맑은 물이 깊고 천천히 흘러 모이면 총명한 사람 수재(秀才)를 배출하기 때문에 맑은 수성(水星)이라 부른다. 수성(水星)의 기운을 받으면 문자에 뛰어나고 지혜가 밝으며 성품이 온화하고 깨끗하다. 여자 중에 수성(水星)의 좋은 기운을 크게 받아 귀하게 되는 이가 많다.

❖ **매화락지혈** : 전라북도 남원시 성춘향 묘가 있다. 이 묘는 꽃잎처럼 생긴 산봉이 여섯 개가 있다. 이곳을 매화락지혈 이라 한다. 꽃이 땅에 떨어지면 꽃잎 2개가 땅에 떨어지고 3개가 땅위에 있다. 매화락지혈은 낮은 야산에 대개 있다.

❖ **맹수류형**(猛獸類形) : 산의 형상을 호랑이나 사자, 코끼리, 여우, 고양이, 늑대 등에 비유하여 혈을 찾는 것이다. 주로 이마, 귀, 코, 젖가슴, 복부 등에 해당되는 위치에 결지 한다. 맹수들에게는 반드시 먹이가 되는 개, 사슴, 닭, 쥐, 노루 등의 사격(砂格)이 있어야 한다. 그렇지 않으면 사람이 다친다.

❖ **맹호노호형**(猛虎老虎形) : 늙은 호랑이가 꼬리를 끌면서 어슬렁어슬렁 걸어 다니는 모습과 흡사하다. 늙은 호랑이는 기세(起勢)가 약해 크고 빠른 동물은 잡지 못한다. 주로 힘이 약한 동물을 잡아 먹기 위해 민가로 내려오는 형상(形狀)이다. 안산은 개나 닭, 돼지 등과 같은 산이 있어야 한다. 혈은 머리 부분이나 앞가슴 쪽에 있다. 자손들은 큰 부자나 큰 인물이 아니지만 고을의 수장(首長)은 계속 배출된다.

❖ **맹호가 먹이를 구하기 위해 나오는 모습** : 호랑이가 산속 깊이 있지 않고 들판으로 나오는 모습을 연상 시킨다. 마을 뒷산이나 근처에 엎드려 있는 모습이다. 기상이 넘치고 생동감이 있으며 혈(묘)은 호라이 이마부분이나 앞가슴부분에 있다. 안산은 호랑이 먹이인 소, 말, 개, 돼지, 토끼 등 짐승의 형상이어야 좋은 혈(묘) 자리가 나온다. 후손은 부귀쌍전(富貴雙全)에 장수(長壽)한다.

❖ **맹호수유형**(猛虎授乳形) : 호랑이가 새끼에게 젖을 주고 있는 모습을 연상 시킨다. 산세가 힘차고 혈이 있는 곳은 호랑이 배와 젖꼭지에 있다. 용맥은 호랑이 등과 비슷하다. 산세가 편안

해 보이고 주변에 호랑이 새끼에 해당되는 사격(砂格)이 있어야 대명지(大名地)가 된다. 이러한 곳은 칠세아동 등과지지(七世兒童 登科之地) 이다. 부귀(富貴)가 겸전(兼全)한다.

❖ **복호형**(伏虎形) : 호랑이가 엎드려 있는 모습과 흡사하다. 주산 현무봉이 호랑이 머리로 작고 둥글며 뒤로는 호랑이 등에 해당되는 산이 있다. 내 청룡 내 백호는 앞다리로 짧고 두텁다. 외 청룡 외 백호는 뒷다리 또는 꼬리에 해당된다. 혈(묘)은 호랑이 머리나 젖가슴에 있고 안산은 호랑이 먹이인 개, 소, 말, 사슴, 돼지, 노루, 토끼 같은 사격(砂格)이 있어야 한다. 먹이가 없으면 사람이 다친다. 호랑이 형국은 용맹스럽고 강건한 인물을 배출하여 큰일을 도모한다. 무인(武人)으로서 나라에 큰 공을 세워 부귀쌍전(富貴雙全) 한다.

❖ **와호형**(臥虎形) : 복호형이 짐승을 잡아먹기 위해 엎드려 있다면 와호형이나 수호형은 짐승을 노리지 않고 누워 있거나 꾸벅꾸벅 졸고 있는 형상이다, 산세가 온화하면서 편안하다. 혈(묘)은 호랑이 머리나 젖가슴, 배에 있고 안산은 짐승들이 한가롭게 노니는 형상이다. 용맹스럽고 강건하면서도 융유가 있는 사람을 배출한다. 살생을 하지 않기 때문에 덕장(德將))이 난다.

❖ **좌호형**(左虎形) : 산세가 마치 호랑이가 고개를 들고 웅크리고 앉아 있는 모습처럼 기세가 당당하다. 헐(묘 자리)은 호랑이 젖가슴 부분에 있고 안산은 먹이인 개, 소, 말, 사슴, 돼지, 노루, 토끼 같은 사격(砂格)이 있어야 한다.

❖ **맹호출림형**(猛虎出林形) : 호랑이가 먹이를 구하기 위해서 숲속에서 들판으로 나오는 모습을 연상시킨다. 산속 깊이 있지 않고 마을 뒷산이나 근처에 있다. 기상이 넘치고 생동감이 있으며 혈은 호랑이 이마 부분에 있다. 안산은 호랑이 먹이인 개, 소, 말, 사슴, 돼지, 노루, 토끼 같은 사격(砂格)이 있어야 한다.

❖ **기호축록형**(饑虎逐鹿形) : 배고픈 호랑이가 사슴을 잡아먹기 위해서 쫓아다니는 모습과 흡사하다. 산세(山勢)가 힘차고 혈은 호랑이 머리에 해당되며 안산은 사슴이나 노루와 같은 사격(砂格)이다.

❖ **양호상교형**(兩虎相交形) : 호랑이 두 마리가 나란히 붙어 서 있는 모습을 연상 시킨다. 두 산의 크기와 생김새가 서로 비슷하다. 혈(묘)은 두 호랑이 중간에 있고 안산은 먹이인 개, 소, 말, 사슴, 돼지, 노루, 토끼 같은 사격(砂格)이 있어야 한다.

❖ **노호예미형**(老虎曳尾形) : 늙은 호랑이가 꼬리를 끌면서 어슬렁어슬렁 걸어 다니는 모습과 흡사하다. 늙은 호랑이는 기세가 약해 크고 빠른 짐승은 잡지 못한다. 주로 힘이 약한 짐승을 잡아먹기 위해 민가로 내려오므로 개나 닭 등과 같은 사격(砂格)이 있어야 한다. 대개 집 뒤에 힘이 있다.

❖ **면세지혈**(眠勢地穴) : 산들의 높이가 낮으면 낮은 곳에서 묘자리를 찾는다. 주산과 주변의 산들이 모두 낮아 마치 산이 누워 있는 모습이라 하여 면세(眠勢)라 한다. 천지인(天地人) 중 가장 낮은 의미로 지혈(地穴) 이라고도 한다. 지혈은 생기가 낮은 곳에 모여 융결 되므로 혈도 낮은 곳에 결지(結志)한다. 청룡과 백호를 비롯해서 안산, 조산 등 주변의 산들이 모두 낮아야 한다. 만약 혈 주변의 산들이 높아 혈을 위압하면 결지(結志) 할 수 없다. 설사 혈을 맺는다 하더라도 위압을 당해 흉함이 따른다. 지혈에는 현유혈(縣乳穴)과 장구혈(裝具穴)이 있다.

❖ **명나라 시대 풍수지리** : 우리나라의 고려 말과 조선 중기에 해당되는 명나라 때의 풍수지리학은 오늘날의 풍수지리학계에 깊은 영향을 끼쳤다. 이 시기에는 협소한 고정관념에서 탈피하여 폭 넓게 수용하는 등 연구가 활발하였다. 그 중에서도 구성법의 응용으로 풍수지리학 분야에 새로운 학설이 개척 되었다. 또 나경 학설의 발전으로 더욱 세밀한 부분까지 묘 자리와 집터 자리와 건축물을 측정하여 공간을 서로 연관성 있게 다루었다. 이때 저술된 책으로는 다음과 같다.

* 호순신(胡舜申)의 지리신법(地理新法)
* 북암노인(北巖老人) 채성우(蔡成禹)의 명산론(明山論)
* 서선(徐善述) 서선계(徐善繼) 쌍둥이 형제의 인자수지(人子須地)
* 추정유(鄒廷猷)의 지리대전(地利大典)
* 조정동(趙廷棟)의 지리오결(地利五訣)

❖ **명당경사**(明堂傾斜)) **심한 곳** : 명당이 급하게 앞으로 기울어진 것을 말하나. 묘 앞이 경사가 심하면 물이 쏟아지듯 급히 흘러나간다. 물 따라 묘(墓) 자리의 생기(生氣)도 휩쓸려 나간다. 지

극히 흉한 명당이다. 먼저 사람이 상하고 후에 재산이 망한다. 재산이 망할 때에는 순식간에 뜻밖의 흉사로 화를 입는 경우가 빈발한다. 혹 용혈(龍穴)이 참되더라도 일단 망한 후에 한탄한다.

❖ **명당수(明堂水)가 가까이 있으면 발복이 빠르다.** : 명당수(明堂水)가 멀리 있으면 발복이 늦다. 산 따라 흐르는 물들은 모두 혈(묘) 앞 명당에 모이게 된다. 이를 명당수(明堂水)라 한다. 음(陰)인 용혈(龍穴)과 음양교배(陰陽交配)를 하는 양(陽)의 기운이다. 혈은 상승하는 지기(地氣)와 하강하는 천기(天氣)가 만나 결지(結地) 한다. 천기(天氣)가 만나 결지(結地) 한다. 지기(地氣)는 주룡 따라 흐르고 천기(天氣)는 물과 바람을 따라 흐른다. 명당수(明堂水)는 천기이다. 명당의 모양에 따라 물의 형태가 달라진다. 명당이 좋으면 물도 아름답고 길(吉) 하다. 명당이 나쁘면 물 역시 흉하다. 명당은 평탄하고 원만한 것이 길한 형상이다. 또 넓이와 거리가 적당하고 주변 산들과 조화를 이루어야 한다. 명당을 둘러싼 산들이 빈틈없이 겹겹으로 있으면 혈의 생기(生氣)가 오랫동안 보존 된다. 청룡, 백호, 안산이 너무 멀리 떨어져 있으면 명당이 지나치게 넓어진다. 혈이 바람을 타면 생기(生氣)가 흩어지므로 흉하다. 산들이 너무 가까우면 혈(묘)을 압박할 뿐만 아니라 명당이 비좁다. 혈의 생기가 제재로 피어나질 못한다. 명당이 가깝고 아늑하면 빨리 발복하나 멀리 있으면 발복이 늦다. 내명당만 있고 외명당이 없으면 발복은 빠르나 오래가지 못한다. 속발속패(速發速敗)가 특징이다. 청룡 백호가 원만하고 다정하면 명당의 형태도 자연히 완만하고 다정하다. 그 안에 있는 기 역시 순하고 부드럽다. 그러나 청룡백호를 비롯한 주변의 산들이 파열되어 험악하면 명당도 험상하다. 산들이 경사지면 명당도 기울고 경도(傾倒) 된다. 이러한 곳의 기(氣)는 사납고 거칠어 아늑함을 줄 수 없다. 명당에 모인 물은 반드시 흘러나가야 한다. 그렇지 못하면 물이 썩어 보국안의 기를 혼탁하게 한다. 내명당의 물이 빠져나가는 곳을 내수구, 내파구라 한다.

❖ **명당(明堂)을 구해놓고도 이장(移葬) 못하는 경우** : 명당(明堂)을 구(求) 해 놓고도 용사(用事)를 하지 못함은 삼재(三災)가 들었으니 회갑(回甲)이니 결혼이니 자녀들의 출산이니 또는 점(占)을 치니 어떤 재앙(災殃)이 닥친다는 등의 이유로 왕왕 이장하는 날짜를 미루는 집안을 많이 보는데 이러한 사항들은 하나의 미신에 불과한 것이다. 이장(移葬)이란 체백(體魄)을 새로운 장소에 편안하게 모셔드리는 데에 그 목적이 있으되 자손에게 어떠한 복택(福澤)을 기대하는 것은 큰 잘못으로 길일(吉日)을 택하여 안장(安葬)해야 함은 자손에게 복이 자연히 돌아오게 되어 있다. 효(孝)를 행함에 자신의 희생을 감수하는 미덕(美德)없이는 효를 행할 수 없는 것이다. 조상을 편하게 모시는데 자손들이 조금 고초를 받는 것은 자손으로서 감수해야 하는 것이 당연한 도리이며 도한 이것이 효행인 것임을 명심해야 할 것이다.

❖ **명당(明堂)과 명당수(明堂水)** : 명당이란 좋은 땅을 지칭하는 말이다. 그러나 풍수지리에서 명당은 혈(묘) 앞에 펼쳐진 평평한 땅을 말한다. 청룡과 백호 그리고 안산이 감싸준 공간에 펼쳐진 것이다. 본래 명당이란 왕이 만조백관(滿朝百官)을 모아놓고 조회할 때 신하들이 도열하는 마당이다. 왕이 앉아 있는 자리가 혈(묘)이라면 신하들이 왕을 배알하기 위해서 모여드는 자리는 명당이다. 주택으로 보자면 주 건물이 들어선 곳이 혈(穴)이고 마당은 명당에 해당된다. 청룡, 백호, 안산, 조산 등이 감싸준 공간 안의 땅은 평탄하고 원만하여 마치 궁전이나 주택마당과 같기 때문에 명당이라고 한다. 명당에는 내명당과 외명당이 있다. 내청룡 내백호와 안산이 감싸준 공간은 외명당이다. 내명당 으로는 용맥을 호종(扈從)해 온 골육수(骨肉水)와 혈(묘) 근처의 물이 취합(聚合) 한다. 외명당으로는 넓은 들판과 여려 산골짜기에서 나온 물들이 모인다. 그래서 내명당 도는 내당(內堂)이라 하고 외명당은 대명당 또는 외당 이라고 한다.

❖ **명당(明堂)에 의한 정혈법(正穴法)** : 진혈(眞穴 : 좋은 묘) 맺는 땅에는 명당(明堂)의 길(吉)함이 증거가 된다. 대개 묘 자리를 찾는 법은 제일 먼저 생기(生氣)가 뭉쳐 있는가 보고 주룡주맥을 찾아야 하고 혈(묘자리)을 찾는 법은 먼저 명당(明堂)의 형세를 살피는 것이 정혈법(正穴法) 중의 하나이다. (明堂)은 소명당

(小明當)과 대명당(大明當)의 두 가지로 나누는 것이 보통이나 소(小) 중(中) 대(大)의 세가지로 나누어 설명하는 경우도 있다. 소명당은 혈장(穴場)내 원진수(元辰水 : 물이 곧게 나가는 것)의 만나는 곳을 말하며 중명당은 용호 내의 평평한 곳을 말하며 대명당은 총룡 백호 밖 안산 안을 말함인데 묘 앞에서 내수구(內水口)에 이르는 청룡 백호 내(內)의 마당을 합쳐서 소명당이라 하며 소중(小中)을 합쳐서 설명하는 경우도 있다. 양공이 말하기를 명당(明堂) 방정(方正:반듯한 것)하면 묘 자리를 맺는다 하였다. 특히 명당은 생기(生氣)가 흩어지지 않도록 주위의 산(山)이나 수(水)가 주밀하게 감싸주고 배반하지 않고 다정하며 평탄해야 최길(最吉)이니 그 길흉(吉凶) 여부는 곧 정혈(正穴)의 기준이 된다.

❖ **명당(明堂)의 균형이 알맞고 유정해야 귀한 인물이 나온다** : 명당(明堂)이 평탄 원만하고 깨끗하고 균형이 맞아야 재산(財産)도 모이고 인물(人物)도 얻는 다. 명당의 발복은 수관재물(水管財物)이라 하여 재산을 관장한다. 물이 모이는 곳이므로 주로 부(富)와 관련이 깊다 . 명당(明堂)이 평탄하면 물이 모여들어오므로 재산이 모인다. 명당이 경사가 심하면 물이 빠르게 흘러감으로 재산도 빠르게 빠져 나간다. 명당(明堂)이 원만(圓滿)하면 발복(發福)도 자손 모두에게 있다. 명당(明堂)이 산만(散漫)하면 기(氣)도 흩어지므로 흉하다. 명당(明堂)이 맑고 깨끗하면 자손이 깨끗하게 재산을 모은다. 명당(明堂)이 지저분하면 부정하게 재산을 모은다. 혈(묘)이 낮고 명당이 가까우면 기(氣)가 발리 도달하므로 발복이 빠르디. 혈(묘)이 높고 명당(明堂)이 멀면 자손이 객지에 나가 살고 발복을 빨리 받는다. 용진혈적(龍津穴的)하고 안산(案山)이 좋고 멀면 발복은 늦으나 발복 받기 시작하면 끝이 없다. 또 명당이 밝고 맑고 잡초가 없고 가시덩굴이나 잡목나무가 없고 잔디만 잘 살고 일 년에 한번 벌초를 해도 금방 끝나는 곳은 지방장관이나 교장 정도는 자주 나오고 자손들이 생활하는 데는 항상 넉넉하게 살아갈 것이다.

❖ **명당(明堂)이 원만한가를 보고 혈을 찾는다.** : 명당(明堂)은 혈 앞의 마당인 명당(明堂)을 보고 혈(묘)을 찾는 방법을 말한다. 주산과 현무봉의 양변이 개장하여 청룡과 백호를 만든다. 이 두 능선이 혈을 감싸 안아주면 그 안은 원만하고 완만한 공간이 생긴다. 이곳이 명당(明堂)이다. 보국 안의 모든 기운은 명당(明堂)에서 취합한다. 명당(明堂)의 형태에 따라 보국 내의 기운이 결정된다. 명당(明堂)이 평탄하고 완만하면 기(氣)도 안정되고 편안하다. 명당(明堂)이 기울어져 경사가 심하면 기는 불안정하게 된다. 혈을 맺을 수 있는 곳은 기가 안정된 곳이다. 다라서 혈(묘 자리)을 찾고자 할 때에는 명당(明堂)이 평탄하고 완만한지를 꼭 살핀다. 그리고 여러 골짜기에서 흘러나온 물들이 모두 명당으로 모이고 있는지도 살펴야 한다. 명당(明堂)으로 모이고 있는지도 살펴야 한다. 물들이 명당(明堂)으로 모이지 않고 제 각각 흩어져 흘러가면 기가 취합되지 않는 곳이다.

❖ **명당(明堂)인 큰 땅을 얻으려면** : 큰 명당(明堂)을 얻으려면 첫째, 망인(亡人)의 덕망(德望)과 적선(積善)이 있어야 하고 둘째, 그 자손이 덕을 쌓아야 하며 셋째는 명지관(名地官)을 만나야 한다. 대지(大地)에 묘(墓)를 쓰는 것은 위에서 밝힌 삼위일체(三位一體)가 전제 조건이지만 그중에서도 지관(地官)만이라도 잘 선택하여 묘를 조성하면 최소의 길지(吉地)에 안장(安葬)할 수 있을 것이다.

❖ **명산론(明山論)** : 조선조 과거 음양과(陰陽科) 지리학(地理學) 중에서 청오경(青烏經) 금남경(錦南經) 다음으로 나오는 책으로 임문(臨文)의 1위에 놓여 져 있는 책이다. 북암노인(北巖老人) 채성우(蔡成禹)가 지리에 통달했던 어느 선인(先人)의 저작인 명산록(明山錄)을 출판하고 또 뒤에 보충해서 개정한 것이다. 책 내용은 서문 본론 발췌문 등 3부로 되어 있는데 서문과 발췌문은 채성우 선생이 쓴 것이고 본문은 전해져 온 명산록(明山錄)의 내용이다. 본문은 모두 13장으로 나누어 져 있다고 한다.

❖ **명당(明堂)이 보약이다.** : 사람이 좋은 기(氣)를 받아들이는 방법은 좋은 명당(明堂)의 터와 좋은 명당(明堂) 주택에서 거주(居住)하는 것이 최선이다. 그러면 우선 집의 터가 좋아야 좋은 기(氣)가 감 돌면서 집터로 모이게 된다. 아울러 주택의 양택

3요결 법으로 설계가 되어야 모든 기(氣)가 이어지고 그 주택에 사는 사람들이 보약을 먹지 않아도 건강 장수 할 수 있고 자녀들은 총명하고 모든 사업들이 번창 할 것이다.

❖ **명당(明堂)의 사(砂)가 가까우면 발복이 빠르다** : 명당(明堂)이란 주변 모든 산들이 혈(묘)을 감싸고 있다. 때문에 산 따라 흐르는 물들은 모두 혈(묘) 앞에 물과 산이 모이게 된다. 이를 명당수(明堂水) 명당사((明堂砂)라 한다. 혈(穴)은 상승하는 지기(地氣)와 하강하는 천기(天氣)가 결지(結地)한다. 지기는 주룡(主龍)을 따라 유통(有通)되고 천기는 물과 바람을 따라 유통된다. 명당(明堂)의 생김새에 따라 물의 형태가 달라진다. 명당(明堂)이 좋으면 물도 아름답고 길(吉)하다. 명당(明堂)이 나쁘면 물 역시 흉하다. 명당(明堂)은 평탄하고 원만한 것이 길(吉)한 형상(形相)이다. 또 넓이와 거리가 적당한고 주변 산들과 조화(造化)를 이루어야 한다. 명당(明堂)을 둘러 싼 산들이 빈틈없이 겹겹으로 있으면 혈의 생기가 오랫동안 보존 된다. 청룡과 백호 안산(案山)이 너무 멀리 떨어져 있으면 명당(明堂)이 지나치게 넓어진다. 혈 바람을 타면 생기(生氣)가 흩어지므로 흉하다. 산들이 너무 가까우면 혈(묘)을 압박할 뿐만 아니라 명당(明堂)이 비좁으면 혈(穴)의 생기가 제대로 피어나질 못한다. 명당(明堂)이 가깝고 아늑하면 빨리 발복하나 명당(明堂)이 멀리 있으면 발복이 늦다. 내명당만 있고 외명당이 없으면 발복은 빠르나 오래가지 못한다. 속발속패(速發速敗)가 있게 될지도 모른다. 청룡 백호가 원만하고 다정하면 명당(明堂)의 형태(形態)도 자연(自然)히 원만(圓滿)하고 다정하면 그 안에 있는 기(氣) 역시 순하고 부드럽다. 그러나 청룡 백호를 비롯한 주변의 산들이 파열(破裂)되어 험악하면 명당(明堂)도 험상하다. 산들이 경사가 심하면 명당(明堂)도 기울고 경도(傾倒) 된다. 이러한 곳의 기(氣)는 사납고 거칠어 아늑함을 줄 수 없다. 명당(明堂)에 모인 물은 반드시 흘러나가야 하고 그렇지 못하면 물이 썩어 보국 안의 기(氣)를 혼탁하게 한다. 내명당의 물이 빠져나가는 곳을 파구(破口)라 한다.

❖ **명당(明堂)은 보국(保局) 크기에 따라 구분된다.** : 명당(明堂)은 보국(保局)의 크기에 따라 도읍, 시, 읍, 마을, 집터, 묘 터 등을 구분한다. 내명당(內明堂)의 넓이는 내청룡 내백호가 주밀(周密)하게 감싸주는 범위 내에서 그 내부가 평탄하고 원만 또는, 완만하여 용과 무리 서로 음양교합(陰陽交合) 하는 데 지장이 없을 정도면 족 하다. 내명당이 너무 넓고 기가 넓게 흩어져 장풍(藏風)이 안 된다. 그렇다고 너무 협소하면기가 부족하여 보국을 이루지 못한다. 외명당(外明堂)의 넓이는 천군만마를 수용할 수 있을 정도로 넓어야 한다. 그러나 용혈과 균형이 알맞아야 한다. 천리내룡(千里來龍)에는 천리의 기상에 맞아야 한다. 백리내룡(百里來龍)에는 백리의 규모가 되어야 한다, 소소하게 작은 용은 명당도 소소하여야 한다. 용의 기세는 생각하지 않고 넓은 명당만 탐하면 혈(묘 자리)의 부실은 물론 진혈(眞穴)처가 아닐 수 있다. 산세(山勢)와 명당보국이 크면 물도 크게 모여 도읍지가 된다. 산세와 명당보국이 중간이면 도시(都市)나 읍(邑)을 이루며 작으면 마을이 되고 더 작으며 집터가 되면 더 작으면 묘 자리가 된다.

❖ **명당(明堂)은 원만 평탄해야** : 명당(明堂)이란 청룡 백호가 포옹 하듯 둥글게 혈지를 감싸주면 안쪽은 평탄하고 원만한 명당이 생긴다. 명당이 원만하고 평탄해야 보국이 안정되고 혈을 맺을 수 있다. 만약, 명당이 한쪽으로 기울거나 치우쳐 있으면 혈을 결지할 수 없다. 또 경사가 심하거나 밝지 못하면 역시 혈을 맺지 못한다. 명당이 원만 평탄하고 배반하지 않으며 기울지 않았는지를 살펴 혈의 진가 여부를 가늠할 수 있다.

❖ **명당(明堂)은 크기에 따라 도읍지(都邑地)도 될 수 있고 아주 작으면 묘(墓)리도 될 수 있다** : 명당(明堂)은 천리내룡(千里來龍)에는 천리(千里)의 기상에 맞아야하고 백리내룡(百里來龍)에는 백리의 규모가 되어야하고 소소하게 작은 용은 명당도 소소(小小)하여야 한다. 용의 기세(起歲)는 생각하지 않고 넓은 명당만 탐하면 혈의 부실은 물론 진혈처(眞穴處)가 아닐 수 있다. 산세와 명당보국이 크면 물도 크게 모여 도읍지가 되고 산세와 명당보국이 중간이면 시(市)나 물을 이루며 작으면 마을이 되고 이보다 더 작으면 개인 집터가 되고 아주 작으면 음택(陰宅) 묘(墓) 자리가 된다. 명당은 항상 평탄하고 원만하여야 한다. 만약, 경사도(傾斜倒)가 심하여 기울어 있으면 바람과 물

이 기를 보존하지 못하고 흩어진다. 그리고 명당(明堂)의 넓이는 용혈(龍穴)의 크기와 균형이 맞아야 하고 용혈에 비해 지나치게 크거나 작으면 좋지 않다.

❖ **명당**(明堂)**이 평탄**(平坦)**하고 깨끗해야** : 명당(明堂)의 발복은 수관재물(水管財物)이라 하여 재산을 관장한다. 물이 모이는 곳이므로 주로 부와 관련이 깊다. 명당이 평탄하면 물이 모여 드므로 재산이 모인다. 명당이 경사지면 물이 빠르게 흘러가므로 재산도 빠르게 빠져 나간다. 명당(明堂)이 원만하고 완만하면 기(氣)들도 원만하므로 혈(묘)의 발복도 편안하게 나타난다. 명당이 산만(散漫) 해지므로 흉하다. 명당이 깨끗하면 기도 깨끗하므로 깨끗한 자손이 나와 깨끗하게 재산을 모은다. 명당이 지저분하면 부정하게 재산을 축적한다. 혈(묘)이 낮고 명당이 가까우면 기가 빨리 도달하므로 발복이 빠르다. 혈이 높고 명당이 멀면 기가 늦게 오므로 발복이 늦다. 이는 용진혈적(龍眞穴的)한 곳이라도 마찬가지다. 또 명당으로 귀(貴)도 본다. 명당이 옹색하게 좁으면 사람의 기량이 좁아 어리석다. 명당이 황량할 정도로 크면 허망지상(虛妄之象)이다. 명당의 균형이 알맞고 유정해야 귀한 인물도 나오는 것이다. 그리고 명당은 항상 평탄하고 원만 완만하여야 한다. 만약 경도(傾倒)되어 기울어 있으면 바람과 물이 기를 보존하지 못하고 흩어진다. 또 명당이 요함(凹陷)하거나 흉살(凶殺)이 많으면 바람과 물이 광란하고 흉폭하다. 이러한 곳은 음양교합(陰陽交合)이 불가능 하므로 혈(묘 자리)을 결지(結地)하지 않는다.

❖ **목국계룡**(木局癸龍) : 목국은 해묘미(亥卯未)와 건갑정(乾甲丁)의 3합 목국 으로서 바깥 갑목(甲木)의 장생은 건해(乾亥)애 있으므로 시계방향으로 순행하여 수(水)의 12 포태법을 보고 안쪽 계수(癸水)의 장생은 갑묘(甲卯)에 있으므로 반 시계방향으로 역행하여 용(龍)의 12 포태법을 본다.

❖ **목단반개형**(牧丹半開形) : 모란꽃처럼 생긴 형국으로 반개 형은 모란꽃이 반쯤 핀 것이고 만개 형은 활짝 핀 것이다. 혈 주변에 꽃봉오리처럼 생긴 작은 산이 여러 개 둘러싸여 있다. 혈은 꽃의 중심에 있고 안산은 꽃잎이나 화분이다. 매화낙지 형이나 연화부수형은 낮게 있어야 하는 반면에 모란 형은 당에 떨어진 것이 아니기 때문에 약간 높이 있을 수도 있다. 반개 형은 앞으로 발전할 여지가 많은 반면에 안개형은 현재가 절정기이고 곧 지기 때문에 속발속패(速發速敗) 할 수도 있다.

❖ **목성사격**(木星砂格) : 목성(木星)에는 주로 총명 문필 관직 등 귀(貴)를 관장하고 산 정상이 원통형으로 우뚝 솟았다. 산신(山身)에 지각(枝脚)이 없는 형태의 산을 말한다. 구성으로는 탐랑성貪狼星)이며 생기(生氣) 기운이 가득하다. 총명 문필 관직 등 주로 귀(貴)한 교수가 배출 된다.

❖ **목성체**(木星體) : 목성체란 곧고 모나지 않고 성질이 순하고 번창하다. 산체가 곧고 딱딱하고 청수 하거나 광채가 있어 윤택하고 맑고 굳세거나 산이마가 곧고 깍은 듯 하고 둥글고 고요한 것 등은 모두 길하며 산세가 기울어지고 경사지고 흩어져 지저분하거나 산면(山面)이 무너지고 부서지거나 산(山) 다리가 부스럼 같고 기울어져 있는 곳 등 모두 흉하다.

❖ **목성수**(木星水) : 물이 성문처럼 되어 있다. 나무토막을 앞에 가로로 놓은 것처럼 곧게 길게 흐른다. 진룡(眞龍)하면 귀(貴)함은 있으나 부함은 말하기 어렵다. 성품이 곧고 강한 자손이 대대로 이어진다.

❖ **목성**(木星) : 고산(高山)의 목성(木星)은 높이 솟아 정연하게 우뚝 솟아 기울어지지 않음이 길(吉)하고 평강의 목(木)은 가지가 완전하여 향하고, 안고 뻗혀 지자(之子)와 같은 것이 길하고 평지의 목(木)은 우아하여 아름답고 윤택함이 길(吉)하다.

❖ **목형산**(木形山) : 목 형산 이란 곧게 높이 솟은 용맥을 우뚝 솟아 기울지 않아야 하고 윤택함이 길하다. 묘 자리는 가슴, 배꼽, 음부 부분이며 방위(方位)는 동(東)쪽이며 봄이기 때문에 맑고 깨끗하면 발전한다. 인물은 기대하지만 재물(財物)은 약하다. 목 산이 둥글고 귀 봉이 있으면 군수(郡守) 급자손이 나온다. 또 대학 교수도 나온다.

❖ **몰골** : 형국(形局)은 선인 측와형(仙人側臥形) 이다.

❖ **몸에 부스럼이 많이 나는 것은** : 건방위(乾方位)에 저두석(猪頭石:돼지)이 있고 을진(乙辰) 방위(方位)가 공허(空虛)하면 10 리의 논들이 넘겨다보이면 풍창이고 부스럼이 있는 자손이 난다고 한다. 또한 묘 주변에 더덕더덕한 너럭바위가 있거나 온 머

리에 부스럼으로 고생 하신 사람은 큰 인물이 된다고 하였다.

❖ **몰장법**(沒杖法) : 몰장법 이란 모두가 비대(肥大)하고 맥기(脈氣)가 모호(模糊:분명하지 않음)한데 아울러 무요무돌(無요凹無突) 하면 가히 이의 증거가 된다. 이는 진기(眞氣)가 땅에 내축(內畜) 된 것이다. 이때에는 모름지기 크게 열어서 물이 보이게 해야 마당하고 깊은 곳의 내기(內氣)를 휘하여 팽팽하고 가득한 기(氣)로 하여금 양동지처(陽動之處)를 쫓게 하면 발복을 할 것이다. 이 법은 완금부복법(頑金部腹法) 이라 하는데 이 경우에 모두 이 법을 쓰게 된다.

❖ **묘(墓)나 주택, 아파트, 별장, 공장 등 용 맥이 잘린 것** : 주택,아파트,별장, 공장, 묘(墓) 등 바로 뒤가 잘린 것을 말 하는데 생기(生氣)를 전달하는 용이나 땅이 잘 이어졌으면 기(氣)가 있을 수 없다. 특히, 목에 해당되는 결인속기처(結咽束氣處)나 이마에 해당 되는 입수도두(入首倒頭)가 잘리면 그 피해는 더욱 크다. 이 밖에도 청룡 백호 안산 등이 잘린 것도 이에 해당된다. 주변 산들이 꺼져 있어 골바람이 불어오면 주택 묘(墓) 등의 생기(生氣)를 흩어지게 하므로 흉하다. 오늘날 도로(道路)나 터널을 내기 위해서 산을 뚫고 자르는 경우 잘 살펴보아야 한다. 그러나 완전히 파손되지 않았으면 보수를 하거나 비보를 하여 그 화를 면 할 수도 있겠지만 이것으로 완벽하지는 않다.

❖ **묘(墓) 뒤쪽 산은 밝고 장엄해야** : 주산(主山)은 장엄하고 밝은 기상이 있어야하고 용은 변화적 생기(生氣)로서 움직이나 움직이는 것은 생기의 근본이요 생기는 정기(精氣)의 근본이다. 즉, 운(暈)이 생기고 또는 입수(入首)가 정돌취기(正突聚氣)로 결응(決凝)하는 것은 광채가 나는 기상이 되는 것이다.

❖ **묘(墓) 뒤에 돌무더기가 있으면** : 묘 봉분의 뒷면에 흙, 돌무더기가 있으면 목메어 죽는 자손이 생기기도 한다.

❖ **묘(墓) 안에 물이 잘 드는 좌(坐)** : 묘 안에 물(水)이 잘 드는 좌(坐)는 진(辰) 술(戌) 축(丑) 미(未) 자(子) 오(午) 묘(卯) 유(酉)의 경우 정면으로 물(水)이 충(沖) 하거나 산사태(山沙汰)가 보이면 묘를 쓴지 3년 안에 침수가 된다고 하며 묘의 봉분 좌우(左右)에 청 태가 끼어 있으면 침수가 된 것으로 보며 묘지 조성할 때 잘못으로 물(水)이 들어가는 일이 더 많다. 항상 한눈 팔지 말고 감독을 잘해야 한다.

❖ **묘(墓) 앞 도로(道路)** : 묘지 앞에 도로가 있더라도 멀리 있어야 하고 낮은 산(山) 구비를 돌아 나간다면 파구(破口)가 교쇄(交鎖) 된 것이어서 길(吉)하다.

❖ **묘(墓) 앞 명당(明堂)이 급경사 된 곳은** : 묘(墓) 앞이 급경사 축대로 계단식으로 축대를 쌓고 위는 폭이 좁고 아래로 내려갈수록 폭이 넓고 마치 멍석을 둘둘 마는 형상이면 그 곳으로 무릉 급하게 쏟아져 내려가면 묘(墓)의 생기도 한 번에 휩쓸려 빠져 나간다. 이러한 곳은 재물이 한꺼번에 빠져 나간다.

❖ **묘(墓)자리 감정이나 선정** : 풍수지관 이라면 묘 자리 선정이나 감정을 하고 나면 본인들에게 상세한 설명을 해 드려야 한다. 여기는 좋네요, 여기는 아니요 이러한 대답을 하게 되면 자신도 모르는 사이 큰 죄를 짓는다. 옛말에 본인(本人)이 알고 짓는 죄는 본인이 다 받고 모르면서 아는 척 하여 지은 죄는 자손에게 넘어 간다고 하였다.

❖ **묘(墓) 앞에 논에 가득 고여 있는 물** : 묘(墓) 앞에 평평한 논으로 되어 있는 논에 가득 있는 물이 있으면 옛 부터 승어강호(勝於江湖)라 하여 논에 가득 차 있는 물은 강(江)이나 호수(湖水)보다 더 좋다는 듯이다. 논에 가득한 물이 바람을 타고 찰랑 거리거나 햇볕을 받아 반짝이면 더욱 양기가 성해서 최고의 물이라고 보고 자손들이 부귀(富貴) 한다.

❖ **묘(墓) 앞에 작은 연못이 있으면** : 산곡에 작은 연못이나 웅덩이 물이 깨끗하면 길수(吉水)이나 오염 되었거나 흙탕물이라면 흉수(凶水) 이다. 이러한 곳은 혈(묘) 주변의 모든 물이 이곳으로 모여든다. 그리고 용 맥의 생기(生氣)를 보호하면서 땅속으로 따라온 물이 혈 앞에서 지상으로 용출된 것도 있다. 혈 앞에 웅덩이 물이 가뭄에도 마르지 않으면 부귀(富貴)와 자손이 큰 인물이 나고 이 물이 오염되어 더러워지면 흉한 물이다. 또 어떤 가문은 인공적으로 물웅덩이를 만드는 사람도 있다. 이러한 행위는 잘못하는 것이다.

❖ **묘좌(卯坐)에 간대문(艮大門) 이면** : 묘좌(卯坐)에 간(艮) 대문이면 산뢰(山雷)가 서로 보니 어린아이가 죽는다. 육살입택(六殺入宅)이니 문주궁성(門主宮星)이 서로 싸워 재산이 흩어지며 가정

이 불안하고 황달과 비장질환이 따른다. 초기에는 비록 가난해도 가족이 있지만 오래 살면 아내를 극하여 집안이 망한다.

❖ **묘좌(卯坐)에 건대문(乾大門)이면** : 묘좌(卯坐)에서 건방위(乾方位) 대문(大門)이면 금극목(金剋木) 하니 장자, 장손, 노부(老父), 장부가 상한다. 해소 천식과 관절통, 자해, 화재, 도난, 관대 등이 연속되니 흉하다. 대장괘(大壯卦)는 자손이 불효하며 어린 아이에게 불리하다. 장자와 노부에게 연달아 화액이 따르고 가축에도 흉하다.

❖ **묘(墓) 앞에 우뚝한 암석(岩石)** : 묘(墓) 앞에 우뚝한 입석(立石)이 서 있으면 당년에 발복하여 관직에 오르고 신방위申方位)나 남서(南西)간 방위나 둥글둥글하고 보기 좋은 암석(岩石)이라면 높은 관직에 오른다.

❖ **묘지(墓地)가 경사(傾斜)가 심하면** : 묘지(墓地) 앞이 경사(傾斜)가 심하면 총명한 자손을 얻을 수도 없고 재물도 없으며 양자(養子) 자손을 두게 된다.

❖ **묘 좌(卯坐)에 부엌이 묘방위(卯方位)면** : 묘 좌(卯坐)에 부엌을 묘 방위(卯方位)에 배정하면 목(木) 두 개가 연달아 있으니 장남은 공명이 순조 로우나 작은 방에는 여자가 일찍 죽고 어린이를 키우기 어렵다. 초기에는 대길(大吉)하나 오래 살면 아들이 없다.

❖ **묘(墓) 앞에 큰 산이 막혀 있으면** : 묘(墓) 앞에 큰 산이 막혀 있으면 압사(壓砂)라 하기 도 하고 천옥(天獄)이라고도 하는데 큰 산 앞에 묘(墓) 자손은 천한 직업을 가지게 되고 항상 남의 지배를 받아 가며 살아가는 자손이 있게 된다.

❖ **묘(墓) 자리 근처에 험한 바위돌이 있으면** : 묘 자리 근처에 험한 돌이나 자갈 무더기가 널려 있거나 주변의 산들이 깨지고 이지러진 것이 여기저기에 지저분하게 흐트러지고 움푹움푹 파여 있으면 이는 백사불성(百事不成)으로 온갖 재앙이 빈발한다. 또 도적의 피해가 심하다. 가정이 편안하지 못하며 비명에 횡사하는 경우가 생긴다. 젊어서 요절하는 자손이 있을 수도 있고 사업의 실패가 있을 수 있다.

❖ **묘(墓) 자리에 오래 된 나무가 있었던 곳** : 묘(墓) 자리에 오래된 고목(古木)이 있었던 곳에는 묘(墓)를 쓸 수 없다. 이러한 곳에는 목신(木神)이 있으며 목신(木神)이 후손들에게 괴롭힘을 준다고 한다. 고목을 제거하고 싶으면 국사(國事)라고 한문으로 글을 써서 붙이면 재앙을 면 한다고 한다.

❖ **묘(墓) 자리의 모습 모양** : 까치둥지 모습이면 공경(公卿) 삼공(三公) 육경(六卿) 대부(大夫)가 난다.

❖ **묘(墓) 자리의 형상(形狀)** : 신선(神仙)이 한 다리로 서(立) 있는 모습을 말한다. 이 형상은 관직을 얻어 정부(正府)에 들어간다.

❖ **묘(墓) 자리 주위에 둥근 암석(岩石)은** : 묘(墓) 자리 주변에 보기 좋고 둥글고 흙이 마사토로 되어 있는 곳은 좋은 자리라 생각한다. 바람만 피하면 좋은 자리이니 자손들이 재물과 벼슬 걱정은 하지 않아도 될 것으로 생각된다. 그러나 산세가 완만해야 된다는 것은 명심 하여라.

❖ **묘지(卯地)나 주택을 구입 시 첫 느낌이 좋아야** : 묘지(卯地)나 주택을 사려는 사람은 첫 대면에 느낌으로 의사결정을 내린다고 한다. 이것저것 따질 것 없이 보고서 가장 처음 정서적인 반응인 첫 인상이 구매에 결정을 좌우 한다는 것이다. 따라서 부동산 매입을 고려하는 대상에게 긍정적인 첫인상을 주려면 매각하려고 매물로 내놓기 전에 풍수적인 조언과 교정을 참고하여 매각대상 부동산에 대한 조치와 배치에 개선을 시도함이 현명할 것이다. 명당은 햇살이 드는 밝고 따뜻하여 기운이 온화한 곳이어야 한다는 뜻이다. 자연은 한 치도 거짓이 없다. 자연이 보여 주는 만물을 보면 알 수 있다. 만물을 보고 결정함이 정확할 것이다.

❖ **묘(墓) 자리가 급하게 경사가 지면** : 명당이 급하게 앞으로 경사가 져 물이 쏟아지듯 급히 흘러나간다. 물 따라 혈의 생기(生氣)도 휩쓸려 나간다. 지극히 흉한 묘 자리이다. 먼저 사람이 상하고 후에 재산이 망한다. 재산이 망할 때는 순식간이다. 뜻밖의 흉사로 화를 입는 경우가 빈발한다. 혹 용혈이 참되더라도 일단 망한 후에 비로소 재기 할 수 있다.

❖ **묘(墓) 자리에 생기(生氣)를 모으려면** : 생기(生氣)를 모으려면 용맥 양쪽에서 나란히 따라온 물이 묘 자리 뒤에서는 갈라지고 앞에서는 다시 합수(合水)하는 것을 말한다. 지기(地氣)는 물에 의해서 가두어지고 보호를 받는다. 혈(묘)의 생기(生氣)

가 흩어지지 않기 위해서는 물(水)이 감싸주고 있어야 한다. 이를 물(水)의 상분하합(上分呀呷) 계합(界合) 이라고도 한다. 물의 분합이 중첩되게 모이면 생기(生氣)가 잘 보전 된다. 물(水)이 전순(氈脣)을 은은하게 혈을 감싸준 후 아래에서 생기(生氣)를 보호하는 물(水)은 양변으로 개장한 청룡 백호를 따라 혈장 전체를 감싸 명당(明堂)을 형성 한다.

❖ **묘(墓) 자리 정면으로 가까이 단아한 산이 안산이다** : 묘(墓) 자리 정면으로 가장 가까이 있는 산이 가슴높이나 눈높이 정도 있는 산이 가장 알 맞는다. 마치 귀인 앞에 있는 책상과 같다. 묘(墓) 자리 뒤에 있는 주산(主山)을 현무봉(玄武峰)이 남편이라면 안산은 아내와 같다. 이들 부부가 서로 다정하게 마주 보고 있는 형상(形狀)이다. 안산에는 본신 안산과 조산이 있다. 본신 안산은 주산(主山)에서 뻗어 나온 청룡 백호가 안산이 되어 주면 재물은 태산 같이 모이고 청룡이 안산이 되면 고관대작이 나오고 외부에서 온 산이 조산(朝山)이 묘(墓) 자리 정면으로 조응(照應)하여 이루어지면 조회(朝會)를 받는 큰 벼슬할 자손이 출생한다.

❖ **묘(墓) 자리에 흙은 어떤 것이 좋은가** : 묘(墓) 자리에 흙은 홍황자윤(紅黃紫潤)에 비석비토(非石非土) 라야 좋다. 흙의 색깔은 붉은 황토(黃土)색이면서 자색, 흑색, 백색 등 오색토(五色土)를 띠고 있다. 땅은 분명 흙임에도 돌처럼 단단하게 결합되어 있어 돌도 아니고 흙도 아닌 것처럼 보인다. 혈토는 태조 산의 험한 기운의 모두 탈살 하고 깨끗한 생기(生氣)만 모아 놓은 흙이다. 그러므로 잡석 하나 없이 깨끗하고 밝다. 또한 기(氣)가 강하게 뭉쳐 있으므로 돌처럼 단단하다. 땅을 파면 단단하여 삽이 잘 들어가지를 않는다. 곡괭이와 같은 도구로 찍으면 흙덩어리로 떨어져 나온다. 단단하기가 마치 돌과 같다. 그러나 이를 쪼개서 손가락으로 비비면 분가루처럼 미세하고 곱게 분해된다. 이때 흙의 색깔은 굉장히 밝으며 적당한 습기가 있어 촉감이 부드럽다.

❖ **묘좌(卯坐)에 남대문(南大門)** : 주택의 좌가 묘 좌(卯坐)이고 대문은 남쪽 대문이면 발복하며 여자가 어질다. 생기주(生氣主)로 목화(木火) 통명(通明)하니 공명 현달하며 대부대귀(大富大貴) 하다. 아내는 현명하며 자식은 효도하고 남자는 충성하며 여자는 수려(秀麗)하다. 8년 안에 경사가 일어나니 정원 급제 한다.

❖ **묘(墓) 자리와 안산이 가까우면** : 묘(墓) 자리와 마주하는 안산(案山)이 너무 가깝게 높이 솟아 있어 묘 자리가 지나치게 좁은 것은 안산이 묘 자리를 압박하므로 답답한 느낌이 든다. 이러한 곳은 자손이 천한 직업을 가지거나 아니면 사장이 사원이 시키는대로 회사 운영을 하게 된다. 만약 묘 자리 땅이 좋고 안산이 낮으면 금세 발복도 받을 수 있다.

❖ **묘지(墓地) 앞이 옆으로 기울 면** : 묘지(墓地) 앞쪽이 우측으로 기울 면 남자(男子)가 만성질환이 오고 재물이 모이지 않으면 제 명대로 살지 못하고 죽는다. 묘지(墓地) 앞이 좌측(左側)으로 기울 면 여자(女子)가 만성질환이 있게 되고 제 명대로 살지 못한다. 이러한 곳에는 장비로 앞을 반듯하게 만들어 주면 일찍 죽는 일은 면 할 수가 있다.

❖ **묘지(墓地) 왼쪽이 낮으면** : 묘지(墓地) 왼쪽이 낮으면 과부가 나고 만성질환이 있게 되고, 오른쪽이 낮으면 홀아비가 나고 만성질환이 있게 된다.

❖ **묘지조성(墓地造成)을 잘못하면** : 묘지(墓地) 조성을 잘못하면 많은 비가 오고 묘(墓) 안에 물이 들어가면 집안이 망한다. 묘지(墓地)에는 소낙비가 많이 오면 연잎에 떨어진 물방울처럼 빨리 내려가도록 경사를 지어 주어라.

❖ **묘지(墓地)가 허허벌판인 곳** : 광야명당(廣野明堂)은 혈(묘 자리) 앞이 막히거나 걸리는 것 없이 텅 비어 있는 것을 말한다. 앞에 보이는 것이라고는 아득하게 넓은 허허벌판뿐이다. 심하면 지평선과 수평선이 보인다. 이는 명당을 둘러싼 산이 없다는 것을 뜻한다. 산이 없으면 혈(묘)의 생기(生氣)는 보호 받을 수 없다. 바람을 많이 타므로 생기는 곧 흩어지고 만다. 이것은 극히 흉한 것이다. 이러한 곳은 크고 작은 재앙이 닥쳐 올 수 있다.

❖ **묘지(墓地) 앞에 황색의 연못이 있으면** : 묘지(墓地) 앞에 작은 연못에 물이 황색으로 흙탕물이면 자손이 만성질환이 있게 되고 재물도 모이지 않는다.

❖ **묘지**(墓地) **조성은 이렇게 한다** : 아무리 소낙비가 많이 와도 물이 고이지 않고 바로 물이 다 내려가야 하고 땅 바닥을 발로 밟아도 땅이 꺼지지 아니해야 하고 묘지 앞쪽과 양옆이 경사지게 해야 즉, 3면이 낮게 조성하라는 뜻이다 묘(墓) 뒤쪽은 경사가 완만하게 조성하면 묘(墓) 안에 물이 들어가지 않는다. 묘(墓) 상석 앞쪽 가운데는 조금 높게 하고 양 옆은 낮게 하면 물이 양 옆으로 빠지게 하라.

❖ **무당사**(巫堂砂) : 오인방위(午寅方位)의 물(水)이 유방위(酉方位)로 흘러가면 무당이 나온다고 한다.

❖ **무수국**(無水局) : 묘(墓) 앞에 물이 없음을 말함. 다시 말하여 혈(穴)이 맺은 건파(乾破:언덕고개)에 산세가 서리고 막히어 명당수(明堂水)를 보지 못하는 것이 무수국(無水局)이다. 건룡(乾龍) 묘 자리는 대부분 좌우의 산이 횡(橫)으로 묘 자리를 막아 물이 보이지 않거나 혹은 혈(묘 자리)이 높이 있어 물을 볼 수 없는 것인데 원래 산곡(山谷) 산골짜기 장풍향양(장(藏風向陽)이 바람을 감추고 양지 바른 곳이 귀한 묘(墓) 자리이다. 이러한 곳에서 자손들 중에 큰 인물이 대개 많이 출생(出生) 한다.

❖ **문곡속수**(文曲屬水) : 문곡속수(文曲屬水)란 재물이 흩어지고 장애와 고난을 치르며 음란, 방탕 및 말썽, 투쟁에 연관된 풍파와 단명, 요절, 사상의 불행 사를 겪게 되며 아들 하나가 생긴다.

❖ **문에서 떨어진 곳에 앉는 것이 좋다** : 소음을 피하고 누군가가 들여다보는 것을 피하기 위해서다. 또 문에서는 생기(生氣) 사기(死氣)모두 구별 없이 파고들어 오므로 어느 정도의 거리를 유지하여 사기가 직접 신체에 부딪치는 것을 피한다.

❖ **문**(門)**은 기**(氣)**가 통하는 길**(道) : 문(門)은 인간(人間)으로 비유하면 얼굴과 목이라고 할 수 있다. 집은 안을 흐르는 기가 통하는 길과 주택 밖에 흐르는 기(氣)의 통로를 연결하는 중요한 역할을 하고 있는 것이다. 만약 문이 반듯하게 서 있지 않으면 기의 통로가 그 곳에 투절되어 버린다. 그래서 집안으로 기가 흘러 들어오지 못하게 된다. 여기서 말하는 문(門)이란 단독주택이면 도로와 마당을 구분 짓는 문(門), 다세대 주택이라면 자기 집의 현관을 말하고 아파트에 사는 사람은 아파트 현관이 문이라고 생각하면 된다.

❖ **문**(門)**을 등지고 앉지 않는다.** : 문(門)을 등지고 앉는 것은 흉하다. 등에 아무것도 기댈 것이 없는 상황은 정신적인 불안감을 일으킨다. 더욱이 풍수학적 입장에서 보아도 문에서 흘러 들어오는 기가 무방비 상태인 등에 직접적 맞닿음으로써 앉아 있는 사람은 신경은 항상 긴장하게 된다. 이런 상태로는 일도 잘 될 수가 없다.

❖ **문**(門)**의 정면, 창문의 정면에 나무가 있으면** : 문(門) 주위나 창문 정면에 큰 나무나 전봇대가 서 있으면 가족 중에서 갑자기 아픈 사람이 나올 염려가 있다. 그대로 놔두면 만성화가 될지도 모른다. 자연적인 것이 아닌 기묘한 모양을 하고 있는 나무가 있으면 불륜에 관계된 소동이 일어날지도 모른다.

❖ **문장재사 양명격**(文章才士楊明格) : 문장(文章)과 재사(才士)가 배출되어 입신양명하고 부귀(富貴)를 누리게 된다. 물길이 왼쪽으로 감아 돌면 지위와 명예 쪽에 귀함이 더하고 오른쪽으로 감아 돌면 재물 쪽에 더 유족한 이로움을 누린다.

❖ **문필고축**(文筆誥軸) : 수려(秀麗)한 문필봉(文筆峰)과 고축사(誥軸砂)가 연달아 있으면 장원급제 하여 문명을 높인다. 용진혈적한 곳에 수려하게 우뚝 솟은 문필봉과 고축사가 연달아 있는 것을 말한다. 이는 일기에 장원등조(壯元登朝)하는 길(吉)한 사격이다. 여기에 관모봉과 어병사가 가까이 있으면 문명 높은 학자가 나온다. 주로 동궁(東宮)에서 세자(世子)를 가르치는 시독관(試讀官)이 된다.

❖ **문필봉**(文筆峰) : 붓의 끝처럼 생긴 화성봉(火星峰)이 손(巽) 신(辛) 방위(方位)에 있으면 더욱 귀하며 문필사는 문장을 주장한다. 또 병(丙) 정(丁) 경(慶) 신(辛)의 방위(方位)에 있으면 소사문성봉(小赦門星峰)이라고 하고 건(乾) 곤(坤) 간(艮) 손(巽) 방위(方位)에 있으면 대사문성봉(大赦門星峰)이라고 하여 살을 멸한다는 사(砂)다.

❖ **문필봉**(文筆峰)**이 정면**(正面)**에 있다면** : 문필봉(文筆峰)이 성수오행(星宿五行)으로 상생(相生)되는 방위에 있으면 대문장(大文章)가가 나오고 귀인봉(貴人峰)이 있으면 대귀인(大貴人)이 나온다. 그리고 조산(朝山)은 묘 자리에 길흉화복(吉凶禍福)에 중요한 역할을 한다. 즉, 혈이 어떻게 발복 할 것인가 판단은 안산

과 조산에 달려 있다. 발복의 크기는 용과 혈(묘)의 역량에 따라 결정되지만 구체적으로 무엇으로 발복 할 것인가는 안산과 조산에 따라서다. 예를 들어 기세(起勢)가 장엄한 용이 대혈(大穴)을 맺었다면 큰 인물이 배출 된다. 그런데 그 인물이 어떤 분야로 유명해지느냐는 안산과 조산에 달려 있다. 문필봉은 대문장(大文章)가가 나오고 귀인봉(貴人峰)이 있다면 귀인이 출생(出生)하고 부봉(富峰)이 있으면 당대에 큰 부자가 나올 수 있고 출생한다. 보통(묘 자리)이라면 중진(重鎭) 인물이 나오고 소혈(小穴:작은 묘 자리) 그 분야의 인사가 배출된다. 그러나 경우에 따라서는 혈(묘)의 발복을 더욱 크게 나올 수도 있고 작게 나올 수도 있다. 그러나 열심히 노력하는 자손에게는 있다. 묘자리가 깨끗하고 단정하며 서기를 뿜으면 자손도 건강하고 수명장수 한다.

❖ **문필사**(文筆砂) : 문필사(文筆砂)는 붓 또는 죽순과 같이 뾰족하고 수려(秀麗)하게 생긴 산으로 산신(山身)에는 지각(地脚)이 없고 이를 첨탐랑(尖貪浪)이라 하며 바르고 맑고 밝고 기이한 것이 좋다. 산이 험상 궂거나 깨지거나 한쪽으로 기울 면 좋지 않다. 귀인사(貴人砂)는 목성(木星)으로 문필 사는 화성으로 본다. 상격룡(上格龍)이면 대문장(大文章)가가 나오고 명예가 널리 알려진다. 중격룡(中格龍) 이면 지방 장관이 많이 나오고 자손들의 생활이 넉넉해 질 것이다. 하격룡(下格龍)이면 자손이 어리석은 비천자(卑賤者)나 천한 직업을 가지게 된다.

❖ **문필봉**(文筆峰)**과 토산**(土山) : 문필봉(文筆峰)은 급제하여 벼슬이 높아짐을 뜻하고 토산(土山)은 덕망(德望)이 있고 부귀(富貴)함을 뜻하니 우리 조상들은 정자(亭子)와 주변 산천만을 이용해서도 왕후장상이 부럽지 않은 부귀영화(富貴榮華)를 누리는 재능을 지녔던 셈이다. 즉, 이러함은 자연(自然)의 순리에 순응하고 나아가 자연과의 조화를 먼저 생각한 풍수적 산물이었던 것이다.

❖ **문필의 산봉**(山峰)**과 고탑**(高塔) : 문필산봉의 고탑은 통상 학문의 재지와 출세, 입신을 돕는 산봉우리나 평지라 하더라도 드 높은 탑이나 고층 건물이 갑손병정(甲巽丙丁)의 4자상에 있을 경우 이것을 문필봉(文筆峰)이라 칭한다.

❖ **물은 명당**(明堂)**을 감싸 주었는지 살핀다.** : 명당(明堂)에는 물이 흐르는 형세를 보고 혈의 진가(眞假) 여부를 가늠하는 방법이다. 용진혈적(龍眞穴的)에는 반드시 여러 골짜기에서 나온 물들이 묘 자리를 활처럼 감아주면서 명당에 모인다. 이를 육곡구수(六谷九水)가 당전취합((堂前聚合) 한다고 표현한다. 만약 물이 반궁(半弓)하거나 직선으로 곧게 쏘면서 오거나 혈 앞에서 직선으로 길고 곧게 나가면 직거수(直去水)라 하여 흉하다. 이들은 혈결지(穴結志)하지 못하게 하는 물이다. 물은 항상 구불구불하게 지현자(之玄字) 모양으로 흘러야 한다. 또 득수처(得水處)는 많고 멀어야 길(吉)하다. 파구처破口處)는 하나뿐이면서 가까워야 좋다. 만약 득수처가 멀고 명당이 넓으면서 크면 혈은 높은 곳에 결지한다. 득수처가 가깝고 명당이 작고 국세가 순하면 혈은 낮은 곳에 결지한다. 또 물이 좌측에 모이고 혈지 좌측을 활처럼 감아주면 혈은 좌측에 위치한다. 물이 우측에 모이고 혈지 우측을 감아주면 혈은 우측에 맺는다.

❖ **물**(水)**은 풍수에서 산지**(山地)**의 정기**(正氣) : 옛날부터 풍수지리에서 물은 산지의 정기(正氣) 혈맥(穴脈)이라 하여 대단히 중시한다. 특히, 이르기를 먼저 물이 오고 감을 살피고 다음에 산을 보라 비록 입수(入首) 용맥이 수려하고 정혈이 되어도 물과 배합이 되지 못하면 크게 발복 할 수 없으며 천만산(千萬山)이 다 좋아도 일수(一水) 흉한 것을 당해내지 못하고 일수 흉한 것은 백자손(白子孫)의 재앙이 된다라고 한다. 또 부귀빈천(富貴貧賤)은 혈(묘)에 있으니 길흉화복(吉凶禍福)은 물에 달려 있다고 여기고 물은 내수(內水)와 외수(外水) 조수(潮水)로 대별 하는데 안수(案水)는 혈전(穴:묘 앞)의 정면 앞에 물은 안수라 말하고 조수는 청룡 백호 안산 밖에 있는 모든 물을 조수(潮水:보이는 물)라고 한다. 안수는 주산(主山)에서 물이 흘러 자연적(自然的)으로 웅덩이나 늪을 이루며 안수가 되는 곳도 있고 또한 외내수(外內水)가 흘러 안수가 되기도 하는데 이 안수는 혈(묘 앞에) 모이는 것이 좋고 모이는 물은 깊고 맑을수록 좋으며 오는 래수(來水)는 득수(得水) 거수(去水) 파구수(破口水)는 고요하게 천천히 멀리서 오고 가깝게 가는 물이 좋은 물이다.

❖ **물**(水)**도 오행**(五行)**에 분류한다.** : 산을 오행(五行)으로 분류한

것처럼 물도 오행(五行)에 분류한다. 물이 흐르는 모양은 매우 다양하여 한마디로 표현할 수 없다. 옛 사람들은 모양을 크게 목화토금수(木火土金水) 다섯 가지로 분류하였다. 산봉을 오행(五行)으로 분류한 것이다. 이를 오성(五星) 또는 오성(五城) 이라 한다. 목성(木星)은 물줄기가 곧게 일직선으로 흐른다. 화성(火星)은 뾰족하게 흐르고 토성(土星)은 직각으로 흐른다. 금성(金星)은 둥글게 흐르고 수성(水星)은 구불구불 굽이쳐 흐른다. 이처럼 물줄기를 오행으로 분류한 형태(形態)를 수성(水星)이라 한다. 물이 성곽처럼 용혈(龍穴)을 감싸준다는 뜻에서다. 수성(水星)의 분류는 강, 하천, 계곡, 호수, 연지 못 등 불문하고 모두 해당된다. 오성중 금성과 수성은 길(吉)하다. 토성은 반쯤 길하며 목성과 화성은 대체로 흉하다. 금성과 수성은 둥글고 굽이굽이 흐르기 때문에 길(吉)한 것이다. 토성과 목성, 화성은 직선으로 곧바로 흐르기 때문에 흉하다. 그러나 길한 수성, 금성 수라도 용혈(묘 자리) 유정하게 감싸 주어야 한다.

❖ **물(水)을 바라볼 수 있으면 좋은 주택 아파트** : 주택 아파트 묘(墓)에서 물은 생명원천이자 풍수에는 돈과 재물을 의미한다. 통상적으로 주택과 건물, 아파트, 묘(墓)에서 바라 볼 수 있는 위치에 있다면 거주자와 후손에게 번창하게 된다고 옛 부터 전하고 있다. 묘지 풍수나 주택풍수의 모두에서 중요한 것이다. 옛 부터 물이라고 모두가 재물이 들어오는 중요한 물이 아니다. 맑고 깨끗하고 깊고 천천히 들어오는 곳, 나가는 물, 알지 못하는 물이 가장 좋은 물이다. 주택이나 묘(墓)에서 보이는 물이 곧 명당수(明堂水)이다. 사람들에게서 물은 없어서는 안 될 중요한 수단이다.

❖ **물은 상분하합수(水上分下合) 해야** : 한 치가 높으면 산이요 한 치가 낮으면 물로 본다. 용(龍)과 혈(穴)의 생기(生氣)는 물이 보호해 준다. 생기가 흩어지지 않고 한 곳에 뭉치도록 하는 것은 물이다. 용 맥의 생기는 양변으로 물이 따라오면서 보호한다. 이렇게 용맥을 보호하면서 따라온 물은 혈(묘 자리)까지 곧장 들어가지 못한다. 물이 생기를 침범해서는 안 된다. 혈 위에서는 물이 양쪽으로 나누어졌다가 다시 혈(묘) 아래에서 합수(合水)하여야 혈(묘)의 생기(生氣)르르 완벽하게 보호해 준다. 이를 물의 상분하합(上分下合) 또는 분합(分合) 계합(界合) 이라고도 한다. 보통 혈(穴: 묘지)은 1차 2차 3차에 걸쳐 분합이 이루어지는 곳도 있다.

❖ **물(水)은 상문하합(上分下合)이 분명해야** : 물의 분합(分合)은 입수도두(入首倒)頭) 선익(蟬翼) 전순(氈脣) 혈토(穴吐)가 있는 혈장(穴場:묘 자리) 안에서 이루어진다. 태극(太極)운이라 불리는 혈운(穴運)은 혈의 생기(生氣)를 가장 가까이서 보호하는 물(水)이다. 혈(묘) 바로 위족에서 분수(分水) 했다가 혈운 아래쪽에서 합수(合水)한다. 혈운의 흔적은 매우 미세하여 마치 새우수염처럼 생겼다하여 하수수(蝦鬚水)라고도 한다. 게의 눈처럼 은은하면서도 둥그렇다 하여 해안수(解眼水)라 하기 도 한다. 물의 분합은 용 맥을 호종하면서 따라온 水가 입수도두(入首倒)頭) 뒤(後)에서 분수했다가 선익(蟬翼)을 따라 갈라진 다음 다시 전순(氈脣) 아래에서 합수(合水)한다. 혈의 생기를 보호하는 물이 육안으로 구분이 어렵다. 물의 분합은 주산(主山)인 소조산(小祖山) 출맥(出脈)처에서 물이 갈라졌다가 청룡 백호의 끝이 만나는 지점에서 합수하는 것을 말하며 합수지점 안에는 평타하고 원만한 명당이 형성 되어야하고 상분하합이 분명해야 진혈(眞穴)을 맺을 수 있으므로 묘 자리의 진가(眞假) 여부를 확인하는데 중요한 것이다.

❖ **물이 보이지 않은 강(江), 호수(湖水)** : 보이지 않는 곳에서 혈(묘 자리)을 감싸주고 있는 큰물을 암공수(暗供水)라 한다. 보통 청룡 백호와 안산(案山) 밖에 있는 대강수(大江水)나 호수(湖水)를 말하고 암공수가 있으면 보국(保國)의 기운이 밖으로 빠져 나갈 수 없다. 모두 혈(묘)에 집중되므로 더욱 역량을 크게 한다. 혈(穴)에서 보이지 않는 암공수(暗供水)가 보이는 물 보다 더 좋다고 한다. 그래서 명조불여암공(明朝不如暗供) 이라는 옛말도 있다.

❖ **물이 좌우(左右)에 있으면** : 좌우 양쪽에 맑고 깨끗한 연못이나 천천히 흐르는 물이 있으면 주택과 아파트는 전부 다가 부자가 되는 것이 아니고 열심히 노력하는 가정에는 대대로 영화(榮華)를 누리게 되고 가족이 건강하고 재물도 모이고 스스로 지위가 높아져 존경을 받을 것이다.

❖ **물(水)이 구불구불 들어오는 물** : 물이 혈(묘) 앞쪽에 구불구불 하게 들어오는 물을 말한다. 묘(墓) 앞에서 물이 굴곡하면서 명당으로 유입되면 당대(唐代)에 재상(宰相)이 난다 할 만큼 귀하다. 이때 물길은 혈(묘)을 감싸듯 들어와야 한다. 용진혈적(龍眞穴的)에 굴곡한 물이 유입되는 곳에 아침에 묘를 쓰면 저녁에 부자(富者)가 된다고 한다. 부귀(富貴)도 크지만 속발한다. 이를 가리켜 양균송이 말하기를 대수(大水)가 양양(洋洋)히 묘 앞으로 들어오면 전답(田畓)과 큰 주택을 넓힌다고 전한다. 또 청오경에 대수양조(大水洋朝)는 무상지귀(無上之貴)라 하여 매우 귀한 물이라고 하였다.

❖ **물(水) 흐르는 소리** : 물 흐르는 것이 곡성과 같은 소리가 그치지 않으면 청상과부가 나게 된다. 또 벙어리 자손이 날까 걱정된다.

❖ **물(水)이 맑고 깊고 천천히 흐르며 조금 보이는 물이 재산(財産)을 관장(管掌)한다.** : 풍수지리에서 수관재물(水管財物) 이라 하여 물(水)은 재산(財産)을 관장(管掌) 한다. 물은 깊고 맑은 물이 조금 보이는 곳에서 부자(富者)가 많이 난다. 물이 얕거나 급하게 흐르는 곳에서는 가난을 면하기가 어렵다. 사람은 물길 따라 생활하기 때문이다. 물이 천천히 흐르고 양기 바른 곳에 사람이 모인다. 재화(財貨)는 사람을 따라 다니기 때문에 그 곳에 재물(財物)이 풍부하다. 반대로 물이 흩어지고 얕은 곳에 사는 사람은 흩어지기 마련이다. 사람이 모이지 않으며 돈이 모일 수 없다. 그러나 땅이 나쁘고 물이 없는 곳에는 사람이 살 수 없다. 이것은 당연한 이치이다. 그래서 옛 풍수지리서(地理書)에는 산관인정(山管人丁) 수관재물(水管財物) 이라 하였다. 산(山)은 사람의 성정(性情)을 관리하고 물은 재물을 관장한다 하였다. 이러한 물에는 여러 종류가 있다. 바닷물, 큰 강물, 호수물, 급하게 흐르는 물, 천천히 흐르는 물이 있는가 하면 멀리 있는 물, 가까이 있는 물 등 깊은 물, 감싸 주는 물, 배반 하는 물, 다정하게 생긴 물, 여름 장마에 홍수 물 등 많이 있다. 또한 길(吉)한 방위의 물이 있는가 하면 흉한 방위의 물이 있다. 이와 같은 물의 형세 적 모양과 오행(五行)의 이치에 따른 길흉관계를 살피는 것이 수세론(水勢論) 이다. 물의 외관(外觀)을 살펴 좋고 나쁨을 판단하는 것은 형세 론이다. 방위의 오행(五行)에 따라 길흉화복을 따지는 것은 대현공오행(大玄空五行) 이다. 물에는 지표면 위의 지상수(地上水)는 덕수(德水)가 멀리서 오고 들어오는 물이 여러 곳에서 물이 한 곳으로 나가는 물을 파구(破口)라 하는데 나가는 물은 천천히 흘러가야 하고 짧게 흘러가는 것이 보이지 않아야 길수(吉水)이다

❖ **물(水)이 흉한 것** : 물이 흉하게 생기면 탕 성(蕩星) 이라 부른다. 탕 성은 이름 그대로 방탕하고 음란한 기운을 품고 있다. 탕 성에 묘(墓)를 쓰거나 집을 짓고 살면 음란한 사람, 방탕한 사람, 간사한 사람 , 남을 잘 속이는 사람, 장병(長病)을 앓는 사람, 빈궁한 사람, 객지에서 죽는 사람, 물에 빠져 죽는 사람, 요절하는 사람 등이 나오게 된다.

❖ **물(水)이 탁한 물 (구정물)** : 물이 흐린 것(구정물) 수성(水星)의 흐린 것은 유성(柔星) 이다. 유성은 유약(柔弱)한 사람을 배출하지만 사람은 총명해도 잠재력을 발휘하지 못한다. 유서에 묘를 쓰거나 집을 짓고 살면 자손 중에 병고에 시달리는 사람과 덕이 없는 소인배(小人輩)도 나온다. 재승박덕(才勝薄德)하여 다른 이들로부터 비난 받는 사람도 배출된다.

❖ **미라** : 미라는 시신이 썩지 않고 있는 송장을 말한다. 이러한 곳은 청룡백호가 높고 음달 진 곳이며 흙의 진 흙 성분이 많이 있다. 대개 장손이 제명대로 못 살고 50대에 주로 졸(卒)한다. 가정형편이 잘 풀리지 않는다.

❖ **미망수(未亡水)** : 미망수란 태극 운을 인목(선익사)이 감아주면 태극 운과 인목 사이에는 은연중 낮은 곳이 생기게 되니 이것을 상수(相水)라 한다. 상수라 함은 오행상의 명칭이요 그 외에도 미망 수. 해안 수, 원진 수 등 여러 명칭이 있으나 다 같은 것이다. 그리고 상수라 하니까 평소에 물이 흐르는 것이 아니라 우천 시(雨天時) 혈장에 내리는 건수(乾水)가 혈의 주변에서 인목 옆의 낮은 곳으로 모여서 혈 앞으로 흐르게 된다. 즉 상수는 둥글게 혈을 감아주는 양쪽 선익사를 따라 태극 운 아래에서 다시 만나게 되니 진룡(眞龍) 진기는 자연히 태극 운안에 머물게 된다.

❖ **미인 단좌 형(美人端坐形)** : 미인 단좌 형 앞에는 깊은 맑은 물이

있어야하고 화장대가 일자문성처럼 경대가 있어야 한다. 경상남도 거창군 가 북지(加北地) 도로 뒤 밀양 박 씨 입향조 산소가 미인 단좌 형이다. 대대로 인물이 끊어지지 아니 하였다.

❖ **밑에서 보면 높고 험하게 보이는 산이라도 올라가 보면** : 밑에서 가파르게 된 산을 올라 가보면 아담하고 순한 산들이 성곽을 두른 것처럼 바람을 막아주고 있다. 높은 곳에 있으면서도 마치 평지에 있는 거와 같은 느낌을 준다. 묘 자리는 청룡 백호가 잘 감싸 준 것처럼 아늑하고 포근하고 바람이 없이 잔잔하다. 이러한 곳은 덕수덕파가 어디에 있는 것 같지 않다. 이러한 곳을 명당이다 라고도 한다. 흙도 비서비토 이다. 이러한 곳을 천교혈(天巧穴)이라 한다. 천교 혈에 묘를 쓰면 신동(神童)이라 불리는 똑똑한 자손이 나와 나라에 큰 인재가 된다. 자자손손(字字孫孫) 벼슬이 끊어지지 않는다.

❖ **바닷물**(水)**이 육지**(陸地)**로 쑥 굽어 들어오는 곳** : 바닷물이 마치 활 등처럼 육지(陸地)로 쑥 굽어 들어오는 곳이 혈(묘 자리) 앞 명당에 바닷물이 가득 차 있다면 좌우(左右) 청룡 백호가 주고 아늑하면서 파도가 묘(墓) 앞쪽 까지 밀려들어 오고 앞쪽에 작은 섬이나 바위돌이 있어 파도가 부딪치면 부딪친 파도물이 안산이 되어 조진명당(朝眞明堂)이라 하고 용혈(龍穴)과 균형이 맞아야 용진혈적(龍眞穴的)이 되며 매우 역량이 커서 대부대귀(大富大貴) 한다. 상격용(相格龍)이 되고 육지의 물까지 이곳으로 모여 들면 자손들이 부귀(富貴)하게 살아간다.

❖ **바람을 피할 수 있는 낮은 땅에 혈을 맺는다.** : 혈(묘 자리)은 바람의 침해를 받는 곳에서는 맺지 않는다. 생기(生氣)가 흩어지기 때문이다. 바람을 피할 수 있는 주변 산보다 적당히 낮은 땅에 혈을 맺는다. 그러므로 산은 높고 골짜기가 깊은 산고곡심(山高谷深) 한 곳에서는 혈을 찾지 않는다. 또 홀로 돌출되어 바람을 많이 받는 돌로취풍(突露吹風) 한 곳도 피해야 한다. 장풍(長風)이 잘 되도록 적당히 낮은 안정된 땅에 혈을 찾아야한다. 이와 같은 조건이 갖추어진 혈지에서 혈을 찾아 재혈(裁穴) 하는 방법과 절차를 설명한 것이 정혈법(定穴法)이다.

❖ **박면수**(樸面水) : 박면수(樸面水)란 큰물이 도도히 면전(面前)으로 치고 들어오며 대개 사(砂)가 없고 형세(形勢)는 될듯하나 쓸 수 없는 곳이다. 주인보다 찾아오는 손님의 위세가 더 당당하나 주약빈강(主弱賓强) 흉패(凶敗)하고 황음(荒淫) 하여 슬픔이 끊이지 않는다.

❖ **반**(反) : 반(反)이란 산줄기가 뒤쪽으로 달아난 것. 혈에서 반(反)이 보이면 집을 떠나 떠돌아다니는 사람이 생긴다.

❖ **반궁수**(反弓水) : 반궁 수(反弓水)란 물이 앞을 활 반대처럼 흘러가는 곳을 말한다. 이러한 곳은 객지(客地)로 떠나고 음란하고 군병으로 멀리가고 도적이 생기고 하는 것이 명당을 외면하여 오는 물(反弓水) 때문이다. 수법의 유래가 이런 곳을 가장 꺼린다. 반궁수가 되면 문맹자와 빈궁 자가 나온다.

❖ **밭**(田) **가운데 묘**(墓)**를 많이 쓰는데** : 밭(田)에 묘(墓)를 쓸 때에는 반드시 흙이 마사 토 흙이어야 하고 뒤쪽에 산(山)이 받쳐주어야 한다. 어느 한쪽에 구덩이가 있거나 한쪽에 농사 짓기 위해 작은 연못이 있으면 묘(墓)를 쓸 수 없다. 외야 하면 물이 모이는 곳은 반듯이 진흙성분이 있기 때문에 물이 고인다. 밭에 묘 자리를 구할 때는 양기 발라야 하고 배수가 잘 되어야 하고 완만한 경사가 있어야 묘를 쓸 수 있다.

❖ **발사결**(撥砂訣) : 인반중침(中針)의 주산(主山)을 기준하여 생극제화(生剋制和)로서 육친을 부(賦)한다. 극아살(剋我殺)은 관귀(官鬼)가 되어 주산(主山)을 극(剋) 함을 말하고 살사(殺砂)를 보게 되면 화절(禍絶)을 면할 수 없으니 크게 흉(凶)하다. 아생설기(我生洩氣)는 모정(耗精)이라 하나 주산(主山)이 생(生)하는 사(砂)로서 이 또한 주산(主山)의 기(氣)를 태진(胎津)시키므로 가도(家道)가 점차 표령(飄零) 해짐을 면하지 못하므로 역시 크게 흉(凶)하다. 아극노사(我剋奴砂)는 정편재성(正偏財星)을 말하는 것으로서 즉 재백(財帛)에 해당되므로 길사(吉砂)라 한다. 비화(比火)란 주산(主山)의 동기지사(同氣之砂)로서 왕(旺) 할 수 밖에 없으므로 왕사(旺砂)라 하니 길(吉)하다.

❖ **방광혈** : 인체의 방광위에 비유되는 곳에 융결 되는 혈로써 혈지에 기(氣)가 모이고 용호(청룡 백호)가 회포(回抱)하며 수세가 합법이면 진격이다.

❖ **방수혈**(傍受穴) : 지각(枝脚)으로 정룡(正龍)에서 벗어난 용 맥이나 청룡 백호의 용신(龍身)에서 취기 되어 맺는 혈 자리에 이

르기를 3년 심룡(三年尋龍)에 10년 점혈(十年點穴)이라 했다. 이는 장대웅장(長大雄壯)한 내룡(來龍)은 활동의 자취가 크니 판별이 쉬우나 일장(一場)의 혈판은 사람이 누워 돌아 누울 정도만이 합당한 것으로 용맥의 정기와 일합(一合) 되는 곳을 찾기가 쉽지 않은 것이니 어렵다는 이치를 말한 것이다. 장사에 있어 혈의 적부(的否)의 차이는 호리지차(豪厘之差)가 화(禍)와 복(福)의 차는 천리지차(千里(之借)가 난다 하였다. 이는 혈의 격정을 가벼이 말라는 경고로 보아야 할 것이다.

❖ **방수혈**(傍受穴) : 방수혈(傍受穴)이란 산 능선 곁에 붙어 있는 작은 혈로써 대개 정룡(正龍)의 왕성한 과협(過峽)이 된 곳에 지각(枝脚) 요도(橈棹) : 다시 맥이 생기기 위하여 준비하는 모습 사이로 쫓아 나오거나 혹은 전탁(纏托)하여 용의 우(右)로 쫓아온 것이거나 혹은 청룡백호(青龍白虎)의 남은 여기(餘氣)에 행한 곳에 작은 혈을 맺는 것이거나 혹은 결성(結城)에서 세(勢)를 빌어 따로 문호(門戶)를 세우던 그 대소에 따라 형혈(形穴)을 맺는 것인바 사방위(四方位)의 형세가 큰 것이나 다만 발복도 쉽고 패하기도 쉽다.

❖ **방지등귀장권격**(方地登貴掌權格) : 모양이 단정하며 모서리가 각이 진 연못이나 방죽은 높은 지위를 차지하고 권력을 행사하는 귀한 신분에 오를 걸출한 인물이 나오나 형체가 훼손되어 기울고 일그러질 경우는 인명과 재물의 파괴, 불상사, 고객사 신병, 우환, 장해 등 풍파와 험난함이 닥친다.

❖ **방향**(方向)**이 좋지 않을 때** : 혹 방향이 좋지 않을 때 집의 방향을 바꾸는 것은 쉽지 않다. 홍콩의 링이라는 풍수지리학자가 말한 것이다. 주택의 현관의 바깥쪽에 큼지막한 원형오목 거울을 걸어두면 좋다. 거울의 반사 작용으로 집의 방향이 거꾸로 되고 더욱이 기의 흐름이 거울에 부딪쳐 변화되기 때문이다. 옆집의 주택 모서리가 내 집을 치는 듯 하거나 용마루 옆집 옆면이나 흉한 물체가 있거나 집 내부에 방향이 좋지 않을 때에도 그 입구에 걸어두면 좋을 것이다. 옛 부터 거울은 이상한 힘을 지니고 있다고 전해져 오고 있다. 그 힘을 자신의 속으로 잡아 두는 것이다.

❖ **방해반호형**(蚌蟹盤湖形) : 방해반호형(蚌蟹盤湖形) 방개가 호수(湖水)에 앉아 있는 형상(形狀)이고 야유방해형은 방개가 밤에 놀고 있는 형상이다. 혈은 방개의 눈이나 등 부분에 있고 안산은 물고기나 소라 조개와 비슷한 산이 있어야 제격이다.

❖ **밭**(田)**과 논**(沓)**에 묘**(墓)**를 쓸 경우** : 밭(田)은 양지바르고 흙이 배수가 잘되는 흙이라야 좋은 흙이다. 흙의 색상이 밝고 맑아야 하며 곡식이 잘 안 되는 밭이라야 한다. 곡식이 잘되는 땅은 대개 부식 토가 많다. 밭이라도 경사가 조금 져야 배수가 잘된다. 배수가 잘 안 되는 곳은 물이 고일 수 있다. 이러한 곳은 자손들이 건강이 나빠지고 재물도 모이지 않는다. 논(沓)이라면 경지 정리가 되지 않은 곳에 논두렁이 고불고불 한 곳의 땅이 밝고 맑으며 비가 많이 와야 모를 심을 수 있는 곳이라야 묘(墓)를 쓸 수 있는 곳이다. 경지 정리가 잘 되어 있는 곳은 무맥지(無脈地)이다. 가급적이면 논은 피하는 것이 좋을 듯하다.

❖ **배곡사**(背曲砂) : 주맥(主脈)에 곡척(曲尺)이 있거나 뒷산에 거뭇거뭇하고 염소가 웅크리고 앉은 듯 하면 곱사 가 출생한다. 이병철 선생 생가 집 뒷산에 거뭇거뭇한 돌이 있어 장남이 장애인이 출생하였고 경북 경산시 용성면 옛날 용성 면 사무소 뒷산에 가면 거뭇거뭇하고 어득어득한 돌이 있다. 여기에도 장남이 곱사가 출생하였다.

❖ **배아수**(拜衙水) : 배아수란 청룡 백호가 감싸고 물(水)이 곳곳에서 흘러 들어온다. 혈장(穴場:자리가 좋으면)이 적실(的實)하면 부귀(富貴)함을 모든 사람이 부러워하고 외관(外觀)이 수려(秀麗)하면 형제 모두 발복 받는다.

❖ **배토장**(培土葬)**이란** : 배토장(培土葬)을 할 경우 땅을 깊이 파면 안 되는 묘 자리를 말한다. 대개 당속의 생기(生氣)는 흙과 암반 사이로 흐른다. 그리고 땅속에 물이 나거나 고일 염려가 있을 때에도 배토장을 한다. 또 땅을 깊이 파면 파혈(破穴) 될 염려가 있을 때 땅을 얕게 파거나 그냥 땅위에다 흙을 약간 긁어내고 객토(客土)로 봉분을 아주 크게 하는 것을 배토장이라 한다. 배토장(培土葬)은 봉분을 크고 높게 만들어야 한다. 그래야 바람이나 물의 침입을 방지 할 수 있다. 외부로부터 들어오는 각종 충해(沖害)를 막는데 유리하다. 배토장(培土葬)에는 발복은 속발속패가 되는 경우도 있다.

❖ **백년을 살면** : 사람이 백년을 살면 죽게 되니 형체(形體)를 떠나 돌아가면 벼와 유골은 땅속 깊이로 되돌아 가는데 길(吉)한 기운(氣運)이 감응하면 자손에게 많은 복을 가져다준다. 동(東)쪽 산이 화기(火氣)를 토하면 서(西)쪽 산에서 구름이 일어나는 것이니 혈(묘 자리)이 온화하여 좋으면 부귀(富貴)가 오랫동안 이어질 것이다. 묘 자리가 좋지 못하면 자손이 외롭고 가난 할 것이다.

❖ **백발사**(白髮砂) : 주산(主山)에 뒤(後)에 규봉(窺峰)이 있으면 소년에 백발 생기고 묘(墓) 광중에 백색 차돌이 머리 닿는 부분에 있어도 닿는 부분에 후손들 머리가 하얗게 점박이 있게 된다.

❖ **백호**(白虎) : 백호방(白虎方)이 머리를 쳐 들거나 돌리고 있는 것은 아랫사람이 길을 막아 주인을 자주 속임을 표시한다. 그리고 집안에 어린 아이가 말을 듣지 않으며 성질이 사납고 조급하며 흉악하고 비뚤어져 예상하기 어려운 나쁜 행동을 하게 된다.

❖ **백호방**(白虎方)**이 높이 솟아 있으면** : 악의 무리가 많이 출현한다. 만약 공공기관에 백호방이 머리를 쳐들고 있으면 많은 손님들이 주인을 속이고 관료의 비리가 끊어지지 않는다.

❖ **벽에 금이 가거나 물이 세는 곳이 있으면** : 주택의 벽에 금이 가는 곳이 있으면 수맥(水脈)이 있다. 수맥이 있으면 중풍 환자가 있게 되고 항상 잠을 자도 잠을 잔 것 같지 않고 피곤하다. 그 집에 사는 사람들이 건강이 나빠지고 재물도 모이지 않는다.

❖ **범장법**(犯杖法) : 범장이란 후룡(後龍)이 웅급(雄急)한데 도두(到頭)가 유두(乳頭)처럼 뛰어나와서 첨장(尖長)하면 축장(縮長)이라야 마땅하고 높은 곳의 하수(下手)가 혈의 살기(殺氣)를 억누르듯 하면 소위 현무비장(玄武備藏:갖추어진 것) 이라 하여 높은 곳의 점혈이 옳다. 만약 높은 곳에 평평하며 안은 듯 바람이 가리어진 곳이면 직범살기(直犯殺氣)해도 안장(安葬)을 얻었으므로 흉이 아니라 한다.

❖ **법안**(法眼) : 법안(法眼)이란 학문적인 이론과 과학적인 해석의 바탕위에 실재와 자신의 경험을 더하여 땅의 이치를 터득한 지관을 말한다.

❖ **벽 가까이에 앉는다** : 벽에 등을 대고 있으면 기대는 것이 있어서 안정감이 생기고 밖의 소음에 정신이 산란해지는 일이 없다. 밖에서 들여다 볼 염려도 없어서 일에 집중 할 수가 있다.

❖ **변국향**(變局向) : 절향절파(絶向絶破) 태향태파(胎向胎破) 목욕소수(沐浴消水) 문고소수(文庫消水) 쇠향(衰向)의5가지 향으로써 쌍산동궁(雙山同宮) 각 그 향이 일국에 10향씩 4대국이니 40향은 양공구빈(陽公救貧)의 진신수법 변국향이다. 변국 향은 입향(立向)을 함에 있어 합국이면 발복하지만 출수 할 때 지지자(支地字)를 범하던가 하는 약간의 오차가 있어도 그 피해가 대단하니 사용함에 있어서 신중해야 한다.

❖ **병사사**(兵死砂) : 경유신(庚酉申) 방(方)에 칼 같은 사(砂)가 있어 혈을 충(沖)하면 전쟁터에서 사망한다.

❖ **복성귀인**(福星貴人) : 복성귀인(福星貴人)이란 무릇 귀(貴)를 취함에 있어 몇 개의 귀인(貴人)이 한 곳에 모이면 이것이 복성귀인(福星貴人)의 진(眞)이다. 이 법으로 대지를 살펴본다면 그 강령(綱領)을 자연히 연결 될 것이다. 그러므로 구묘(舊墓)를 살펴보면 한원(漢苑)의 대가들이 모두 이 귀인성(貴人星)과 합하는 것을 알 수 있다. 음귀(陰貴)와 양귀(陽貴)가 또한 복성귀인(福星貴人)이다. 복성은 사람들이 모두 흠앙(欽仰)하는 것으로 다만 그 가운데 진기(眞氣)를 분별하여 항상의 임관(旺官)을 용에서 찾고 용상(龍上)의 귀인을 향(向)에서 찾으며 3길삼(三吉) 6수(六秀)와 일마(馹馬)와 최관귀인사(催官貴人砂)는 그 효력이 신통하고 문필(文筆) 금인(金人) 기고(旗鼓) 석모(席帽) 3태(三台)와 어병(御屛)은 광작(光勺)하고 수려(秀麗)하고 유정하면 과갑(科甲)이 면면하여 대과(大科) 급제(及第)가 나온다.

❖ **복부형국**(伏釜形局) : 산세(山勢)가 마치 가마솥을 엎어놓은 모습과 흡사하다. 솥은 살림살이의 대표적인 용구다. 집을 새로 짓거나 이사할 때는 부뚜막에 솥부터 걸어서 살림살이를 시작했다. 솥은 만족과 새로운 희망을 상징한다. 부귀영화(富貴榮華)를 누린다. 주산이나 혈장이 태을금성(太乙金星)으로 높이가 낮고 옆이 길다. 혈(묘 자리)은 엎어 놓은 가마솥의 꼭지에 있다. 3개의 지각이 솥 받침대 역할을 해주어야하고 안산은 나무를 쌓아 놓은 듯해야 제격이다.

❖ **복종혈**(伏鐘穴) : 산세가 종을 엎어놓은 것처럼 생겼다. 주산

(主山)이나 혈장(穴場)이 높이 솟은 금성체(金星體)로 혈은 종의 꼭대기나 종을 치는 종체에 있다. 안산은 종을 걸어 놓은 종두 또는 종각이다.

❖ **복호형(伏虎形)이 엎드려 있는 형국** : 호랑이가 엎드려 있는 모습과 흡사하다. 주산 현무봉(主山玄武峰)이 호랑이 머리로 작고 둥글며 뒤로는 호랑이 등에 해당되는 산이 있다. 내청룡 내복호는 앞다리로 짧고 두텁다. 외청룡 외백호는 뒷다리 또는 꼬리에 해당된다. 혈(묘)은 호랑이 먹이인 머리나 젖가슴에 있고 안산은 호랑이 먹이인 개, 소, 돼지, 노루, 사슴, 토끼 같은 사격(砂格)이 있어야 한다. 먹이가 없으면 사람이 다친다. 호랑이 형국은 용맹스럽고 강건한 인물을 배출하여 큰일을 도모한다. 무인(武人 : 군인)으로써 나라에 큰 공을 세워 부귀쌍전(富貴雙全) 한다.

❖ **본신용호(本身龍虎)와 외산용호(外山龍虎)** : 주룡(主龍)은 본신에서 나온 청룡백호를 본신용호(本身龍虎)라 하고 다른 외부 산에서 내려온 것을 외산용호라 하며 청룡 백소는 대개 주산 또는 현무봉(玄武峰)이 양변으로 개장하여 이루어진 것이 대부분이다. 이들 가운데 중심으로 나온 주룡을 보호하면서 따라온다. 혈처에 이르러서는 양팔을 벌려 안아주듯 혈을 감싸준다. 이처럼 주룡 본신에서 나온 청룡백호를 본신용호(本身龍虎)라 한다. 반면에 주룡이 아닌 다른 외부 산에서 내려와 청룡백호가 된 것도 있다. 이를 외산룡호(外山龍虎)라 한다. 또 한쪽은 본신에서 나오고 다른 쪽은 외산에서 나와 청룡백호가 된 것을 혼합용호(混合龍虎)라고 한다. 청룡백호는 원칙적으로 본신에서 나온 것을 상격으로 치고 외산용호나 혼합용호는 그 다음이라고 한다. 그러나 어느 경우든 수려한 모습으로 혈을 유정하게 잘 감싸주는 것이 으뜸이다.

❖ **본인(本人)의 생기(生氣)에 맞는 주택 아파트는 이러하다.** : 팔괘오행(八卦五行) 으로 본다. 일반적으로 남향(南向) 주택 아파트가 좋지만 그것보다도 사는 사람의 팔괘오행(八卦五行)에 맞는 장소가 보다 좋은 주택 아파트이다. 예를 들어 임자계좌(壬子癸坐) 병오정향(丙午丁向)에는 쥐띠 생이 생기(生氣)에 맞는 주택 아파트이다. 축간인좌(丑艮寅坐) 미곤신향(美坤申向) 주택 아파트가 소띠 생, 범띠 생이 생기(生氣)에 맞는 주택 아파트이다.

- 진손사좌(眞巽巳坐) 술건해향(戌乾亥向)에는 용띠 생, 뱀띠 생이 주택 아파트가 좋다.
- 병오정좌(丙午丁坐) 임자계향(壬子癸向)에는 말띠 생이 생기(生氣)에 맞는 주택 아파트이다.
- 갑묘을좌(甲卯乙坐) 경유신향(庚酉申向)에는 토끼띠 생이 생기(牲器)에 맞는 주택 아파트이다.
- 미곤신좌(未坤申坐) 축간인향(丑艮寅)向)에는 염소 띠, 원숭이 띠 생이 생기(生氣)에 맞는 주택 아파트이다.
- 경유신좌(庚酉申坐) 갑묘을향(甲卯乙向)에는 닭띠 생이 생기(生氣)에 맞는 주택 아파트이다.
- 술건해좌(戌乾亥坐) 진손사향(眞巽巳向)에는 개띠 생, 돼지 띠 생이 생기(生氣)에 맞는 주택 아파트이다.

이러한 주택 아파트가 본인(本人)의 생기(生氣)이다. 본인이 할 수 있는 좋은 생각이 떠오르고 이를 시행 하면 성공 할 수 있고 가족이 건강하고 신혼부부라면 총명한 자손을 얻고 재물도 모이며 건강하게 수명장수 한다.

❖ **봇 도랑물이 묘(墓) 주변에 있으면** : 평야지 논밭의 보도랑 물이 휘감아주면 호농치부(豪農致富)하는 귀한 물이다. 이에 반해 작은 보도랑 물이라도 직류하면 흉하다. 만약 혈을 충사(沖射)하면 사람이 상하고 재산(財産)이 모이지 않고 한편 보도랑 물이 자연적(自然的)으로 감싸 돌아 주면 길수(吉水)이다.

❖ **부부(夫婦)가의 애정(哀情)을 북돋우고 싶으면** : 침실의 동남(東南)쪽의 벽면에 부부의 행복한 모습이 담긴 부부 사진이나 화려한 꽃 그림을 걸어두게 되면 부부간의 애정(愛情)의 기운이 상승하게 된다. 집안 형편이 넉넉하지 않아서 집안의 재물(財物)의 기운을 가득 불러오고 싶을 경우에는 거실과 안방의 서(西)쪽 벽면에 노란 꽃, 노란 장미, 해바라기, 황금색이 들어간 그림액자, 황금 들녁 사진, 보리밭 사진 등을 걸어두면 재물의 기운이 상승하여 불러들이는 방위(方位)이다. 노란 꽃 그림이 액자에 3분의 2이상 이어야 효험이 있다.

❖ **부귀영화(富貴榮華)를 불러오는 그림** : 모란꽃이나 목단화는

부귀영화(富貴榮華)의 뜻을 담고 있어서 부엌, 거실, 큰방에 걸어두게 되면 부녀자에게 특히 좋은 기운이 강화되므로 길(吉)하다고 한다. 그림에 관심이 있는 사람이라면 누구나 어떤 그림이 복을 불러오는 그림이고 입신양명을 불러오는 그림 이라고 한다.

❖ **부엌과 주방** : 부엌과 주방에는 햇빛과 신선한공기가 잘 들어오도록 해야 하며 항상 창문을 열어서 환기가 잘 되도록 해야 좋다. 부엌과 주방의 생명은 채광, 통풍이기에 밝은 창문과 환기창이 매우 중요한 요소이다. 부엌은 화기(火氣)를 생조(生朝)해서 북돋아 주는 목(木)의 방위(方位)에 설치 하는 것이 좋다고 한다. 부엌과 주방은 음식을 조리하는 장소이며 침실과 가까우면 좋지 않다. 부엌과 주방은 집안의 금전 운과 가족의 건강을 책임지는 장소이다. 주방은 주부의 기운이 영향을 미치기 때문에 주부의 건강을 좌우한다. 옛날 풍수학에서 논한 부엌의 방향이 현대와 같지 않기 때문에 옛날의 학설은 이미 현대에서 사용하기에 적합하지 않으니 여러분 각자가 특별히 조심해야 한다. 옛날의 부엌은 아궁이가 있어서 부엌안의 기운이 아궁이를 통해 뿜어져 나가기 때문에 부엌의 방향에 대한 길흉(吉凶)이 있었다. 그런데 지금의 가스화덕은 본래부터 아궁이가 없이 오직 위로만 불이 탄다. 여러분이 만약 지혜롭게 사고(思考)하고 판단하지 않고 계속해서 옛날 방법을 사용하는 것은 큰 착오이다. 지금의 가스 부엌에서 설치와 위치는 논할 수 있지만 아궁이의 방향을 논할 필요는 없다는 것을 독자 여러분은 반드시 알아야 한다. 그렇지 않다면 옛날 방법을 무작정 따라하는 것이다. 풍수학 전문가라는 사람들은 꼭 알아야 하는데 그렇지 못하면 남을 해치고 자신을 해치는 용렬하고 어리석은 지관이 될 것이다. 부엌 입구가 문과 부딪치거나 도로와 부딪쳐서는 안 된다. 구설과 시비가 많아진다. 부뚜막이 대들보에 눌려서는 안 된다. 온 가정이 평안하지 못한다. 부뚜막이 냉장고와 맞부딪쳐서는 안 된다. 냉기와 열기는 화합하지 못한다. 부뚜막이 화장실과 맞부딪쳐서는 안 된다. 약병이 떠나지 않는다. 부뚜막은 담장의 모서리와 부딪쳐서는 안 된다. 질병이 올 수도 있다. 부뚜막 뒤의 밖이 다른 사람의 집 모서리와 부딪쳐서는 안 된다. 내장 질환이 올 수도 있다. 부뚜막 양측이 출입문과 부딪쳐서도 안 된다. 부뚜막이 베란다 가에 놓여서도 안 된다. 부뚜막이 물 항아리 곁에 놓여서도 안 된다. 부뚜막이 하수구나 배수구 위쪽에 놓여서도 안 된다. 부뚜막이 화장실을 등지고 있어서도 안 된다. 부뚜막이 보이지 않는 화장실 변기와도 마주 보아서도 안 된다. 부뚜막이 제사 모시는 신위와 마주쳐서도 안 된다. 부뚜막은 바람을 갈무리하고 기운이 모이는 곳에 안치해야 하고 양택 요결 법에 맞는 장소에 설치하면 가족이 건강하고 부귀 장수 한다. 부뚜막이 방과 서로 등지고 있어서는 안 된다. 부뚜막 쪽이 방안을 향해야 한다. 가족이 한마음으로 화합 한다. 부뚜막은 조앙신이 있어서 항상 청결해야 한다. 부뚜막의 위치는 가능한 한 집의 정 중앙에 놓지 않는다. 호주의 자리를 태우는 형국이다.

❖ **부엌이 중심에 배치하는 것은 불가하다.** : 부엌이 어느 한쪽으로 치우치지 않고 한가운데를 점유하고 화기를 양쪽에 놓고 불을 양쪽으로 갈라질 때는 영업장소든 가정주방이든 구설수가 많고 산란한 살림살이를 하게 되며 부담이 많고 번거로운 상황에서 벗어나기 힘들다.

❖ **북극성**(北極星) : 북극성(北極星)은 천추(天樞)이니 무리 별들은 중심으로 운행하되 동(東)에 서(西)로 오직 북극성만은 제자리에서 위치를 바꾸지 않는다. 그러므로 공자(孔子)는 북신(北辰)이 그 자리에 있고 무리 별들이 북극성을 향하여 조공(朝貢) 하니라 하였다.

❖ **북동**(北東)**쪽 방위**(方位)**가 좋은 집, 나쁜 집**

- **북동**(北東)**이 길상**(吉相)**인 집**

* 북동(北東)쪽이 오목하게 들어가지 않은 집
* 북동(北東)쪽이 높고 남서(南西)쪽이 낮은 지세(地勢)로 된 집
* 북동(北東)쪽이 2층이고 남서(南西)쪽이 1층인 집
* 북동(北東)쪽이 부엌이나 하수도(下水道)가 없는 집
* 북동(北東)쪽에 화장실이나 우물이 없는 집

- **북동**(北東)**쪽이 흉상**(凶相)**인 집**

* 북동(北東)쪽이 지나치게 원형(圓形) 구조로 튀어 나온 집
* 북동(北東)쪽에 큰 구멍이 있는 집

* 북동(北東)쪽에 지하실이 있는 집
* 북동(北東)쪽에 부엌이 있거나 욕실이 있는 집
* 북동(北東)쪽에 연못이 있는 집
* 북동(北東)쪽이 낮고 남서쪽이 높은 집
* 북동(北東)쪽에 현관문이나 출입구가 있는 집
* 북동(北東)쪽으로 하수도(下水道)가 흐르게 되거나 복도가 있는 집

❖ **북동(北東)쪽 부엌** : 북동(北東)쪽 방위(方位)는 간(艮)방위 자체의 까다로운 귀문방위(鬼門方位)이다. 북쪽 부엌과 비슷한 작용을 받게 된다고 해석하는데 이 북동(北東)쪽에 부엌을 배치하려면 창문이 없이 벽으로만 이루어져 있어야 한다. 북동(北東)쪽 부엌은 후손(後孫)이 귀해서 상속의 문제가 발생하게 되고 가족들도 여러 가지의 질환으로 시달리기 십상인 방위라 하겠다.

❖ **북동(北東)쪽 화장실 있으면** : 북동(北東)쪽에 위치한 화장실은 항상 기(氣)의 변화가 심해서 가족 간에 화합이 어려워 가정적으로 따스함을 느끼기 어렵고 가족들도 변덕이 심한 성품이 되기 쉽다고 여긴다. 북동(北東)쪽은 귀문(鬼門:艮) 방위에 해당하므로 어느 방위보다 화장실을 청결하게 쓰고 환기에 주의를 기울여야 한다는 부담감이 따르게 된다. 따라서 배수시설에 만전을 기하되 침실처럼 화사하고 깨끗하게 화장실을 사용한다면 북동쪽 귀문 방이 주는 악 영향을 최소한도로 감소시킬 수 있을 것이다. 이 방위의 화장실을 사용하는 주택에 나타나는 결함은 막내아들의 사회적 인정이나 행운의 미비 등을 나타낼 수 있으므로 자세히 살펴보도록 한다.

❖ **북서(北西)쪽 부엌** : 북서(北西)쪽 부엌은 좋지 않다. 이 방위 자체가 아버지나 호주(戶主:家長)을 뜻하므로 여기에 주부 전용 공간이나 마찬가지인 부엌이 놓이게 되면 가장이 자주 집을 비우게 되거나 아예 집안에 들어 앉아 부인대신 살림을 하는 경우도 발생한다.

❖ **북서(北西)쪽의 좋은 집, 나쁜 집** :

• **북서(北西)쪽이 길상(吉相)인 집**

* 북서(北西)쪽에 본채의 ⅓ 이하의 별채가 있는 집
* 북서(北西)쪽이 2층이고 남동(南東)쪽이 1층으로 된 집
* 북서(北西)쪽으로 타원형 구조가 있는 집
* 북서(北西)쪽이 높고 남동(南東)쪽이 낮은 지세(地勢)로 된 집
* 북서(北西)쪽으로 산을 등지고 있는 지형의 집

• **북서(北西)쪽이 흉상(凶相)인 집**

* 북서(北西)쪽이 오목하게 들어간 집
* 북서(北西)쪽이 낮고 남동(南東)쪽이 지세(地勢)로 된 집

❖ **북서(北西)쪽 화장실이 있으면** : 북서(北西)쪽 화장실은 흉상(凶相)에 속한다. 권위와 우두머리, 호주의 의미를 가지는 이 건방위(乾方位)는 꺼려지는 가상(家相)중의 하나인 화장실을 배치시키는 것은 좋지 않다고 하겠다. 북서(北西)쪽 건방위(乾方位) 화장실 놓이면 가운(家運)이 쇠퇴하고 가족끼리의 화합도 어려워진다. 자식들이 매사에 부모의 의견에 반발하고 성격적으로 삐뚤어질 수도 있다고 여긴다. 건방위(乾方位) 화장실에 어떤 결함의 누수 시설의 미비나 불결함이 나타나는 경우에는 가족들이 질병에 고생 할 수도 있으며 좋지 않은 작용을 받게 된다고 본다. 아버지의 방위에 화장실이 있음으로 해서 가장이 과로로 인한 신체적 질환이나 신경쇠약 장애를 겪을 수 있으므로 주의해야 하겠다. 기왕에 배치 된 주택이라면 건방위의 화장실이 주는 좋지 않은 영향력을 최소화하기 위해서 화장실 자체의 분위기를 화려한 분위기 계열로 꾸며서 밝고 상쾌한 느낌을 연출하는 것이 좋다.

❖ **북방위(北方位)가 좋은 집, 나쁜 집**

• **북(北)쪽이 길상(吉相)인 집**

* 북(北)쪽이 본채의 ⅓이하 정도 규모의 볼록한 철형(凸形) 구조로 된 집.
* 북(北)쪽이나 남동(南東)쪽이 낮은 북고남저(北高南低)이 지형인 집
* 북(北)쪽이 2층이고 남(南)쪽이 1층으로 된 집
* 북(北)쪽이 벽이나 옹벽으로 잘 단속되어 갈무리 된 집

• **북(北)쪽이 흉상(凶相)인 집**

* 북(北)쪽이 오목한 요형(凹形) 구조로 된 집
* 북(北)쪽에 현관이나 복도 난간이 있는 집

* 집의 중심에서 보았을 때 우물이나 연못이 북(北)쪽에 있는 집
* 집의 북(北)쪽 공간에만 지하실이 있는 경우
* 북(北)쪽에 화장실이 있는 집
* 북(北)쪽에 욕실이 있는 집

❖ **분류수**(分流水: **양쪽으로 갈라져 나가는 물**) : 물(水)이 8자 모양으로 나누어져 나가는 물(水)이 있으면 부자(父子)가 각각 동서(東西)로 돌아보아 주지 않으며 노령에 굶주림으로 날마다 동분서주 하게 된다.

❖ **북**(北)**쪽에 있는 화장실** : 북(北)쪽 화장실은 보통의 가정집이나 사무실 등에서 가장 많이 볼 수 있다. 북(北)쪽 방위(方位)는 오행상(五行相)으로 물(水)을 뜻하며 물의 개념인 화장실(욕실)과 겹쳐지므로 지나친 수기(水氣)의 영향력을 주의해야 한다. 햇볕이 들지 않는 방위인데다가 항상 물기가 있으므로 해서 북(北)쪽 화장실은 어둡고 습기 찬 공간이 되기 십상이다. 가상천백년안(家相千百年眼)에 이르기를 북(北)쪽에 화장실이 있는 주택은 갑작스러운 재난을 계속 당하고 북동(北東)쪽 귀문(鬼門 : 艮方) 과 남서(南西)쪽 곤(坤) 방 이귀문(裏鬼門) 역시 좋지 않다고 하여 3개 방향(方向)을 특히 금기시하고 있다. 북(北)쪽에 화장실은 하루를 두고 생각했을 때도 햇볕이 들기 어려운 데다가 절기(節期)상으로도 후분(後分)에서 춘분(春分) 때까지는 햇볕을 받기 어렵기 때문에 차가운 냉기와 습기의 영향력을 받아 신체에 해로움을 미치는 까닭이다. 북(北)쪽에 화장실이 있는 주택이라면 특히 난방과 배수시설에 주의를 기울여 한겨울에 시설 등이 얼 거나 파열되지 않도록 해야 한다.

❖ **분수혈**(分受穴) : 분수혈(分受穴)은 용신위에서 나뉘어 하가지(枝) 성신(星辰)을 일으켜 지각(枳脚) 전호(纏護 : 얽히고 보호받는 것)의 변화가 있어 모두 호위되고 스스로 문호(門戶)를 세우고 스스로 당국(當局)을 열어 형혈(形穴)을 맺고 다른 곳의 용신(龍身)이 되지 않은 것이다. 담나 분수혈(分受穴)은 바른 가지가 아니고 나뉘어 떨어진 용으로 융결(融結)된 것이므로 분수혈(分受穴)이라 하는데 그 역량은 용 장단(長短)을 따라 능히 발복하나 정수혈(正受穴)의 길격(吉格)만은 못하다. 중출정룡(重出正龍)에서 분리되어 떨어진 용에서 정기가 융결(融結) 되어 맺는 혈을 말한다.

❖ **붓 또는 죽순 같이 뾰족한 산** : 죽순처럼 뾰족하고 수려(秀麗)하게 생긴 산을 문필산(文筆山)이라 하고 산신(山身)에는 지각(地脚)이 없다. 이를 첨탐랑(尖貪狼)이라 하며 바르고 맑고 기이한 것이 좋다. 비스듬히 기울거나 깨진 것은 나쁘다. 이를 귀인사 또는 목성(木星)으로 문필(文筆) 화성(火星)으로 분류하기도 한다. 이러한 곳에 혈(묘 자리)이 있다면 문장(文章)이 출중하여 과거급제자가 나오고 명예가 널리 알려 진다.

❖ **비가 오고나면 질퍽질퍽한 땅을 찾지 말라** : 공장, 아파트, 주택, 별장, 묘 자리 땅이 낮아서 비가오고 나면 물이 들어올 염려가 있거나 비만 오면 땅이 질퍽거리는 땅에는 생기(生氣)가 뭉치지 않고 날씨가 가물 면 땅이 단단한 곳이나 흙이 거무튀튀하게 죽은 색이므로 생기(生氣)가 없다. 이러한 땅은 비가 오면 물이 쉽게 빠지지 않아 물의 침범을 받는다. 이러한 곳에 사람이 살거나 묘(墓)를 쓰면 재산이 없어지고 자손이 끊어질 수도 있다. 그러나 평지나 논이라도 두드러지게 자연적(自然的)으로 솟은 당이라면 무리 침범하지 않는다. 이러한 땅은 매우 귀한 땅이다.

❖ **비룡등공형**(飛龍登公形) : 현무봉(玄武峰)에서 길고 힘차게 벋어 내려온 용이 결인속기(結咽速起) 후 고개를 쳐들고 하늘로 향하는 모습이다. 입수룡(入首龍)이어야 하며 주변의 산세가 매우 수려하고 경치가 아름답다. 안산과 주변에는 여의주 같은 둥그렇게 생긴 산이거나 신비한 구름인 상운사(祥雲砂)가 있어야 한다. 혈 앞에는 대강수(大江水) 넓은 평야가 있어 시야가 환하게 탁 트였다. 혈은 용의 이마, 코, 입 등에 해당되는 곳에서 찾아야 한다. 용과 관련된 혈은 발복이 매우 크며 부귀쌍전(富貴雙全) 한다.

❖ **비금류형**(飛禽類形)**산의 형태를 새 종류로 보고 혈을 찾는 법** : 산의 형태를 학이나 닭, 기러기 등 새 종류로 보고 혈을 찾는 방법이다. 비금류(飛禽類)는 날개 안쪽인 익와처(翼窩處) 벼슬인 관성처(冠星處) 둥지인 소(巢)에 결지(結地)한다. 주로 생의 포란형(抱卵形)은 둥지에서 찾고 평사낙안형(平沙落雁形) 등 기러기 종류는 입이나 부리에서 찾는다. 봉황형국의 경우 오동

나무, 대나무, 밭 등이 있어야 하며 알과 같은 사격(砂格)이 있어야 한다. 연소 혈과 같은 경우는 대들보, 풀벌레, 빨랫줄 등이 있어야 하고 황앵탁목혈의 경우는 나무가 누워 있는 형상(形狀)의 산이 있어야 한다.

- **봉황포란형**(鳳凰抱卵形) : 봉황(鳳凰)은 상상(想像)속의 상서로운 새로 봉(鳳)은 수컷 황(凰)은 암컷을 말한다. 봉황은 닭의 머리, 뱀의 목, 제비의 턱, 거북의 턱 등 물고기의 꼬리 모양을 하였고 오색(五色)빛에 오음(五音)의 소리를 낸다고 한다. 봉황은 매우 상서로운 새인 만큼 제왕(帝王)이나 대통령이 아니면 봉황 문양(紋樣)을 할 수가 없다. 풍수지리에서도 봉황과 관련된 혈(穴 : 묘)은 재왕지지(宰王之地)라는 뜻이다. 따라서 용혈(龍穴)도 상격(相格)이고 국세(局勢)가 커야만 봉황과 관련된 혈의 발복은 매우 커서 성인(聖人) 귀인(貴人)을 비롯해서 제왕(帝王) 왕후(王侯) 장상(將相)이 배출된다. 학문과 문장이 출중하여 인품(人品)이 훌륭하여 따르는 사람이 많다. 부(富)와 귀(貴)는 저절로 들어온다. 봉황포란형과 비봉포란형은 하늘을 나는 봉황이 알을 품고 있는 형상이다. 주산(主山)은 산세가 매우 수려하고 경치가 빼어난 봉황산으로 개장한 청룡백호는 날개로서 잘 감싸주어 아늑하기 그지없어야 한다. 보국(保國)안에는 봉황 알에 해당되는 둥글게 생긴 산이 있어야 한다. 대개 봉황의 가슴 움푹 들어간 곳이나 날개 안쪽에 혈이 있다. 안산(案山)은 알이 있어야 하고 주변에 오동나무 , 대나무, 구름과 같은 사격(砂格)이 있어야 한다. 봉황은 오동나무에만 앉고 대나무, 죽순만 먹는다고 한다.
- **봉황귀소형**(鳳凰歸巢形) : 비봉포란형(飛鳳抱卵形)은 주산(主山)이 봉황(鳳凰)산이 되어야 하지만 봉황귀소형(鳳凰歸巢形)은 안산(案山)이나 조산(朝山)이 되어야 마치 봉황이 둥지로 날아 들어오는 형상이다. 용혈(龍穴)이 상격(上格)이고 봉황 둥치처럼 와혈(窩穴)이거나 청룡 백호가 잘 감싸주고 있어야 한다. 주변에 봉황 알과 같은 사격(砂格)을 비롯해서 오동나무, 대나무와 같은 사격(砂格)이 있어야 한다.
- **비봉형**(飛鳳形) : 봉황이 성급하게 날개를 펴고 시렁으로 힘껏 활개 쳐서 날아오르는 형상이다. 혈은 봉황의 벼슬부분으로 약간 높게 있고 안산(案山)은 높고 뾰족한 산봉우리가 있어야 한다.
- **청학포란형**(靑鶴抱卵形) : 봉황포란형과 비슷하여 봉황에 비해 용혈이 다소 약하고 국세도 다소 작은 것을 말한다. 주산(主山)이 빼어난 청학 가슴 부분이나 날개 안쪽이다. 안산(案山)은 청학의 알이다. 학과 관련된 명당(明堂)은 학처럼 아름답고 수려(秀麗)해야 성격이 고고하고 인품이 훌륭하며 학문과 문장이 출중한 자손을 배출한다. 관직에 나가 지위가 매우 높아지더라도 성품이 맑고 밝아서 사람들의 사랑과 존경을 받는다. 귀인(貴人)을 배출하며 부귀쌍전(富貴雙全)한다.
- **학슬형**(鶴膝形) : 혈(묘)이 마치 학의 무릎처럼 생긴 곳에 있거나 내룡(來龍)의 결인속기처(結咽速起處)가 학 의 무릎처럼 생겼다.
- **단봉함서형**(丹鳳銜書形) : 붉은 봉황이 책을 입에 물고 있는 형상인데 쌍봉함서형은 두 마리 봉황이 함께 책을 물고 있는 형상이다. 이때 두 마리 봉황의 크기와 생김새가 비슷하다. 혈은 봉황의 입 가까이에 있고 안산(案山)은 책과 같은 사격(砂格)이다. 쌍봉의 경우는 상대편 봉황이 될 수 있다. 단봉전서형은 봉황이 책을 물고 와 전해주는 형상이므로 주산은 봉황처럼 생겼고 안산(案山)은 책과 같은 사격(砂格)이나 책을 전달 받는 귀인이 있어야 한다.
- **청학하전형**(靑鶴下田形) : 청학이 구슬을 찾아 밭에 내려온 형상으로 주룡(主龍)은 부리이며 혈은 부리 끝이나 이마에 해당되는 곳에 있다. 안산(案山)은 구슬과 같이 둥근 산이다.
- **강호백학형**(降湖白鶴形) : 호수로 내려오는 청학의 모습과 흡사하며 혈(묘) 앞에는 큰 호수나 강이 있어야 한다.
- **비학등공공형**(飛鶴騰空形) : 학이 하늘로 날아오르는 모습을 연상 시키며 혈(묘)이 높은 곳에 있고 비룡입수(飛龍入首) 한다. 혈(묘) 아래에 있는 산들이 마치 구름 같아야 한다.
- **금오탁시형**(金烏啄屍形) : 까마귀가 시체를 뜯어 먹는 모습을 연상 시킨다. 주산(主山)은 까마귀와 같은 산이고 안산(案山)

이나 주변에 시체와 같은 약간 지저분한 사격(砂格)이 있어야 한다. 자손들이 부귀(富貴)한다.

- **웅계권시형**(雄鷄倦翅形) : 장 닭이 날개를 크게 치며 위엄을 뽐내는 모습과 흡사하다. 이는 내나 여우 등 적이 가까이 있기 때문이다. 혈은 부리에 해당되는 곳에 있으며 청룡백호 기세가 있다. 주변 매나 여우와 같은 사격(砂格)이 있어서 서로를 견제해야 한다.
- **노자쇄시형**(鷺鷥晒翅形) : 백로가 해를 향해 하늘 높이 날아 오르는 모습과 흡사하다. 백로가 해를 향해 나는 이유는 물에 젖은 날개를 말리기 위해서다. 혈(묘 자리)은 백로 머리 부분에 있고 안산(案山)은 태양과 같이 둥글게 생겼다. 혈 앞에는 냇물이 있어야 한다. 자손들의 성품이 고상하고 깨끗하며 부귀(富貴)를 누린다.
- **황앵탁목형**(黃鶯啄木(形) : 노랑 꾀꼬리가 나무를 쪼고 있는 모습과 흡사하다. 주산(主山)은 꾀꼬리에 해당되는 봉우리나 바위가 있어야 하고 안산(案山)은 나무에 해당된다. 꾀꼬리가 나무를 쪼기 때문에 구멍이 뚫린 듯 한 작은 골짜기가 있다.
- **평사낙안형**(平沙落雁形) : 하늘을 날던 기러기가 먹이를 찾아 강가의 모래사장에 앉거나 물속으로 들어가는 형상이다. 큰 가이나 호수가 혈을 감싸주고 있는 안쪽에 모래사장이 있어야 한다. 혈은 기러기 부리에 있다. 안산(安山)은 물고기 같은 사격(砂格)이다. 부귀쌍전(富貴雙全)한다.
- **앵소유지형**(鶯巢柳枝形) : 꾀꼬리 둥지가 버드나무가지에 걸려 있는 모습을 연상 시킨다. 가늘고 긴 용 맥 끝이 와혈(窩穴)로 되어 있다. 주산(主山)이나 안산(案山)에 꾀꼬리 같은 사격(砂格)이 있다.
- **복치혈**(伏雉穴) : 산의 모습이 마치 숲 속에 숨어 엎드려 있는 꿩의 모습을 연상 시킨다. 주변에 나무가 우거져 있고 꿩을 노리는 매봉이 근처에 있다. 또 매가 꿩을 잡아먹으면 큰일이므로 매를 노리는 사냥개 같은 산이 있어야 한다. 꿩이 자신을 노리는 매가 있으면 바짝 긴장하므로 기가 모아져 혈을 결지한다.
- **연소혈**(燕巢穴) : 제비집과 같은 형상이다. 제비는 처마나 절벽 끝에 집을 짓는다. 산중턱이 있고 내룡은 가파르며 앞은 절벽이다. 안산(案山)은 빨랫줄 같은 일자문성(一字文星)이 있어야 하고 먹이인 잠자리, 풀벌레 같은 사격(砂格)이 주변에 있다. 주로 암자 터에 많다.
- **금계상투형**(錦鷄相鬪形) : 금계 두 마리가 마치 마주보고 겨루고 있는 듯 한 모습을 하고 있다. 혈은 닭의 벼슬 또는 부리에 해당되는 곳에 있고 안산(案山)은 상대방 닭 모양의 산이다.
- **금계보호형**(錦鷄報護形) : 계가 홰를 치며 새벽이 왔음을 알리고 있는 모습과 흡사하다. 날개인 청룡 백호가 생동감이 있고 혈은 닭의 부리에 해당 되는 곳에 있다. 안산(案山)은 새벽 달과 같이 생긴 사격인 아미사(蛾眉砂)가 있어야한다
- **금계 포란형**(錦鷄抱卵形) : 닭이 알을 품고 있는 모습과 흡사하다. 형국은 봉황 포란 형과 청학 포란 형과 비슷하나 용혈과 국세가 다소 작다. 주산은 닭과 같은 산이 있어야 하고 청룡 백호는 안쪽으로 잘 감싸주고 알과 같은 작고 둥근 봉우리들이 여러 개 있어야한다. 주변에 닭장이나 병아리. 닭이 집 밖으로 나가지 않도록 낮은 담장 같은 사격이 있어야 한다. 혈은 와혈(窩穴)로 결지(結地)한다. 금계형 명당(明堂)은 닭이 이삼십 마리의 병아리를 한꺼번에 부화하기 때문에 다산(多産)과 자손들의 번창을 의미한다. 총명하고 학문에 뛰어난 자손이 나와 부귀쌍전(富貴雙全) 한다.

❖ **비룡입수**(飛龍入首) : 비룡(飛龍) 입수(入首)란 용(산)의 정기(精氣)되어 혈(묘 자리)로 맺어지는 혈로써 전후좌우(前後左右)에서 응(應)하는 산사(山砂)가 모두 높음으로 인하여 세(勢)가 상정(上停)에 모여 혈(穴)이 형성 되는 것을 말한다.

❖ **사(砂)가 보국(保國)을 이루면 좋은 명당** : 좋은 보국이란 혈을 중심으로 청룡 백호 안산 조산 명당 물 등 주변의 모든 것들이 취합한 것을 말한다. 혈을 찾고자 할 때는 주변의 모든 산과 물이 어느 산 능선을 향해 있는지를 살펴야 한다. 멀리서 그 산을 바라보면 용 맥이 기세 왕성하게 변화하는 것을 볼 수 있다. 대부분 용 맥의 끝이 용진처(龍眞處)에 혈이 있다.

❖ **사격(砂格)은 다양하다** : 사격은 매우 다양하게 생겨서 그 모

양에 따라 산의 정기가 달라진다. 산들은 각기 사람형상, 동물형상, 날 짐승형상 등 가지각색이다. 모양에 따라 혈(墓)의 발복도 다양하게 나타나다. 예를 들어 묘 앞에 귀인봉(貴人峰)이 있으면 귀인(貴人)이 나고 문필봉(文筆峰)이 있으면 대문장(大文章)가가 나고 반면에 여자 치마를 걸어 놓은 듯 하면 남녀가 모두 음탕해 진다. 한 가지 주의 할 것은 똑같이 생긴 사격이라도 용과 혈(묘)이 어떤 가에 따라 그 가운데 마치 영향이 달라진다. 같은 사격이 있어도 묘 자리가 좋으면 좋은 일이 생기고 묘 자리가 나쁜 자리면 발복이 전혀 없다. 그리고 용(龍;山)과 혈(묘)이 귀하면 (좋으면) 주변 사격도 좋아야 되지만 용혈이 천하면 (나쁘면) 아무리 좋은 사격도 발복이 없다. 사격(砂格)의 길흉화복(吉凶禍福)은 대개 이러하다. 묘 자리에서 보이는 것이 중요하다. 보이지 않는 것은 크게 따지지 않는다. 혈(墓)에서 가까운 것이 우선이고 먼 것은 그 다음이다. 그리고 산의 형태를 물형(物形)에 비교하여 화복을 논 한다. 예를 들어 묘 앞에 아름다운 사격이 있으면 등과 급제를 하여 귀함이 기약되지만 파산사(破散砂)가 있으면 사람이 상하고 재산이 망하는 등 재앙이 있을 수 있다.

❖ **사격**(砂格)**의 형태**(形態) : 사격의 형태는 매우 다양하다. 그 수룰 헤아릴 수 없을 정도로 많다. 모양이 깨끗하고 아름답고 풍만하고 기이하게 생긴 산은 길하다. 이러한 사격이 안산이나 조산이 되면 더욱 좋다. 그러나 깨지고 부서지고 추악하고 뾰족한 산들은 흉한 형태다. 이러한 산들이 혈(묘) 앞에 있거나 주변에 있으면 흉하다. 또 아름다운 산이라도 혈을 배반하고 달아나면 흉상이 된다.

❖ **사격**(砂格)**은 묘**(墓)**에서 보이는 것만 따진다.** : 사격(砂格)은 묘 자리에서 보이는 것만 가지고 따진다. 흉(凶)한 사격(砂格)이라도 묘(墓)에서 보이지 않으면 피해를 주지 않는다. 또 멀리 떨어져 있으면 그 영향력은 떨어진다. 그러나 흉한 사격이 묘(墓) 가까이 있거나 직접 충(沖) 하는 형상이면 흉(凶)하다. 이러한 곳은 피하거나 안 보이도록 보완 해 주면 흉(凶)한 것은 피할 수 있다.

❖ **사격**(砂格)**으로 혈의 성정**(性情)**을 알 수 있다.** : 사격(砂格)이 단정하고 똑 바르면 충(忠)을 알고 옆으로 비틀어져 있으면 간사함을 안다. 산이 후하면 재산이 늘고 산이 마르면 사람이 가난해진다. 산이 깨끗하면 사람이 귀(貴)하게 되고 산이 깨져있으면 비애(悲哀)가 따른다. 산이 순하면서도 어지러우면 음란(淫亂)이 있고 산세가 천박(賤薄)하면 사람도 천(賤) 해 진다. 산이 거칠고 사나우면 악자(惡子)가 나오고 파리하게 야위면 빈천(貧賤)한 자가 나온다. 산이 h이면 사람도 모이고 산이 달아나면 사람도 흩어진다. 산이 순(順)하면 효자가 나고 산이 역(逆)하면 오역자(忤逆者)가 난다.

❖ **사교사**(蛇交砂) : 사방(巳方)에서 나오는 물이 계방(癸方)으로 나가면 뱀에게 물린다.

❖ **사람은 죽어도 뼈**(유골)**는 살아 있다.** : 사람의 뼈는 천년(千年)이 가도 살아 있다. 이러해서 옛 부터 뼈대 있는 집안이란 말이 나온 것이다. 사람의 뼈(유골)가 명당(明堂)에 묻히면 후손(後孫)들이 부귀영화(富貴榮華)를 누리게 되어 뼈대 있는 집안이란 말이 나온 것이다.

❖ **사람의 마음을 움직이는 풍수응대술**(風水應對術) : 풍수응대술(風水應對術) 이란 옛날 중국의 전쟁(戰爭)에서 적군과 아군의 장군이 외교적 수단에 의한 해결을 보려 할 때에 이 풍수응대술(風水應對術)로 상대를 내 마음대로 움직임으로서 자국의 이익을 취하려고 했던 것이 시초이다. 중국에서는 일단 전쟁이 시작되면 전쟁에 가담한 모든 사람들, 병사, 가족과 무리들 모두 죽였다. 전쟁이 참혹한 결말을 맺게 됨으로 가능한 평화적 교섭에 의해서 무사하기를 바라는 소망이 목적이었던 것이다. 이 풍수응대술(風水應對術)은 그 때 그 때 어떻게 그 교섭 상대를 자국의 이익이 되도록 뜻대로 움직이는 가 또 어떻게 그 상대들을 납득 시키는가 하는 것이 목적이었던 것이 있으므로 이 비전(秘傳)을 마음에 두고 있는 사람에게 사용하면 열렬한 생각이 상대에게 효과적으로 전해져 상대의 심장을 강렬하게 묶어놓을 수가 있을 것이다.

❖ **사람이 건강하게 살려면** : 아파트는 양택 3요결 법으로 설계된 주택에 살면 따듯하고 깨끗하며 자연(自然)의 생기(生氣)를 저절로 받을 수 있는 주택이나 아파트에서 살아야 하는 것이

가장 좋은 방법이다. 주택 내부의 구조에 따라서 길(吉)하고 흉(凶)하고 천차만별로 나타나게 되는 것이므로 연구와 경험과 세밀하게 이루어 놓은 전문가를 초빙하여 자문을 받아 결정하는 것이 좋을 듯합니다.

❖ **사랑을 결실하는 풍수색**(風水色) : 풍수와 색채(色彩)는 일련 관계가 없다고 여겨지는 이 두 개의 사항이 실은 깊은 관계가 있다. 중국적 사상에서는 색이라는 것이 대단히 중요한 의미를 갖는다. 풍수에서 대자연은 모두 7색으로 통일하여 구성되어 있고 각각 특유의 활동과 운명이 결정되어져 있다고 여긴다. 그 중에는 애정을 얻는 색과 애정을 잃는 색이 있다. 당신이 매일 무심히 입는 옷 중에 그것이 분명히 표현되고 있다. 그것은 적색을 중심으로 하는 난색계통(暖色系統)의 색깔이다. 생리학의 실험에서는 적색을 입는 것만으로도 약간 체온이 올라간다고 하는데 패션에서의 색깔의 사용방법은 마음이나 몸 뿐 만이 아니라 운명까지도 좌우한다고 한다. 원색의 적색은 상대에게 매우 강렬한 인상을 심어 줄 뿐 만이 아니라 상대에게 무의식적으로 본능적인 행동을 일으키게 하는데 도움이 된다. 당신이 대단히 색시하게 여겨지는 것이다. 풍수에서는 적(赤)을 태(兌)라고 부르고 모든 색상의 기쁨을 담당한다. 연애 운(戀愛運)과 레저 운, 놀이 운과 금전 운 모두 욕망의 색깔이다. 이색 중에서 약간 황색을 띈 오렌지색이나 주홍색은 금전운을 나타내고 약간 자색을 띈 보랏빛 홍색은 연애 운을 나타내며 연한 적색이나 분홍색은 연애, 놀이, 금전 운 모두를 나타낸다. 이것들을 효과적으로 의사에 활용하면 남녀 모두 사랑의 찬스가 반드시 찾아온다. 이미 사랑을 하고 있는 사람도 애인과의 사이가 더욱 고조되어 즐거운 한 때를 보낼 수 있다. 결혼 운을 좋게 하는 색도 있다. 녹색(綠色)은 풍수에서 손(巽)이라고 부르며 사회적인 신용과 혼담 운(婚談運)을 부른다. 녹색을 의상에 효과적으로 사용하면 누구에게나 사랑을 받고 존경을 받아 교제가 뛰어나게 되며 사회적으로 신용을 얻게 된다. 그 결과 좋은 혼담을 접하게 되고 행복한 결혼을 할 수 있다. 이 경우 원색의 녹색보다는 오히려 진하지 않고 연한 녹색이 주위에 좋은 인상을 준다. 어쨌든 애정 운을 좋게 하는 색깔의 사용은 마치 봄의 화초처럼 밝고 상쾌한 자연스러운 중간색이 행운을 부른다.

❖ **사람의 혼백과 생기**(生氣) : 우리는 흔히 귀신, 영혼, 신령, 혼백 등의 용어를 똑같은 개념으로 쓰고 있다. 우리는 생명을 유지하는 동안 하늘로부터는 양에 해당되는 천기를 흡수하여 혼(魂)이 길러져 우리의 정신을 관장하고 땅으로 부터는 음에 해당되는 지기(地氣)를 흡수하여 넋(魄)을 길러 육신을 관장하면서 정신과 육체를 조화롭게 발육 시켜간다고 했다. 평생을 끝마치고 죽게 되면 우리의 혼은 양기의 근원인 하늘로 올라가 소멸되며 육신을 관장해오던 넋(魄)은 음기의 근원지인 땅속으로 육신과 함께 되돌아간다. 다라서 시신에 붙어 있는 넋은 혼(이성 또는 정식)을 잃은 음기만으로 존재하게 된다. 지기가 왕성한 길지에 들어가면 체백의 기(氣)도 왕성하여 같은 인자를 가진 자손들에게 동기 감응을 일으키게 된다. 우리의 시체를 체혼 이라 하지 않고 체백 유골에서 기가 나온다. 사람의 뼈 유골은 천년이 가도 명당(明堂)에 묻히면 손가락, 발가락, 뼈 까지 썩지 않고 기름이 찰찰 흐른다. 이러한 유골의 후손들은 부귀영화(富貴榮華) 하게 된다.

❖ **사류수**(射流水) : 사류수(射流水)란 모든 물이 묘 자리를 돌아보지 않고 오는 듯싶다 가도 모두 달아난다. 옛 사람들이 말하기를 사비수(斜飛水)가 되면 재앙(災殃)이 있다고 하였다.

❖ **사무실은 빌딩의 어떤 곳을 선택해야 하는가** : 빌딩 (아파트, 오피스텔 등)에서 자신의 사무실 위치를 결정하려면 어떤 기준을 갖고 선택해야 할까? 빌딩 전체의 외부 윤곽이 사각형상(四角形狀)으로 깔끔한지 아닌지를 살핀다. 즉, 요철(凹凸)이 심한 건물은 좋지 않으므로 그런 빌딩의 어느 공간을 사무실로 쓰려고 한다면 재고(再考) 할 필요가 있다. 빌딩의 대지(垈地)도 요철이 심한 것은 좋지 않다. 아울러 빌딩이 온통 창문으로 둘러싸인 건물도 그다지 좋지 않다. 자기가 사무실고 쓰려는 빌딩의 남(南)쪽이나 동(東)쪽에 더 높은 빌딩이 있거나 거리가 가까운 경우에는 좋지 않다. 따라서 있더라도 멀리 떨어져 있거나 해당 건물보다 높지 않아야 유리하다. 화장실 관리가 철저히 잘 되지 않고 지저분하거나 환기가 되지 않는다면

이는 건물 전체에 독기(毒氣)가 미치므로 이런 건물을 사무실로 써서는 안 된다. 서(西)쪽의 벽와 북(北)쪽의 벽에 난 창문의 크기가 외벽면의 반절이하인 1/3빌딩을 길상(吉相)으로 간주한다. 만일 이에 해당되는 건물이 없다면 여러 빌딩 가운데 서(西)쪽과 북(北)쪽 벽에 창문이 가장 적은 빌딩을 찾아 선택하는 것이 바람직하다. 사업장이나 회사 등의 영리업체 일수록 이점에 유의해야 한다.

❖ **사무실, 서재, 가정에 화초가 시든 것이 없도록 하라** : 사무실이나 서재, 가정에 화초가 시든 화분이 있다거나 지저분한 물이 담긴 수족관을 그대로 방치한다면 관운이나 재운(財運)에 손상을 입히기 때문에 즉시 치워야 할 것이다. 그리고 책장 안에 두는 책들은 꼭 필요한 책들만 엄선해 꽂아두되 둥근 잎의 화분을 책장 위에 두면 책에서 나오는 기운을 부드럽게 순화시켜 주어 길(吉)하다.

❖ **사법론**(砂法論) : 사법론(砂法論)이란 방위(方位)를 가지고 주변 산들의 길흉화복(吉凶禍福)을 따지는 것이다. 사법(砂法)은 사격(砂格)의 방위(方位)를 성수오행(星宿五行)에 의해서 길흉화복을 판단하는 법칙이다. 사격(砂格)의 좋고 나쁨은 산(山)의 모양과 형세를 보고 판단하는 것과 성수오행(星宿五行)에 의해서 판단하는 방법이다. 사격의 외적(外的) 형상(形狀)을 보고 판단하는 것을 형세적(形勢的) 사격 론이라 하고 방위(方位)를 가지고 길흉화복(吉凶禍福)을 3합오행(三合五行) 또는 성수오행(星宿五行)으로 혈(묘) 주변 산들의 방위를 측정(測定)하여 길흉관계를 따져 보는 것이다. 사격(砂格)은 길(吉)한 방위(方位)에 있어야 한다. 사격(砂格)은 형세적(形勢的) 으로 단정(端正)하고 수려(秀麗) 해야 길(吉)한 것이다. 그러나 그 위치(位置)가 성수오행(星宿五行)의 이치에 맞지 않으면 크게 발복하지 않는다. 예컨대 어느 사람의 친인척 중에 귀인이나 큰 부자가 있더라도 그 사람을 직접적으로 도와주지 않으면 있으나마나 한 존재다. 마찬가지로 아무리 좋은 사격도 혈(穴 : 墓)에 도움이 되지 않는 방위에 있으면 효과가 없다. 반대로 험악하고 잡목, 잡초가 많은 사격이 있으면 형세 적으로 흉(凶)한 것이다. 그러나 그 위치(位置)가 성수오행(星宿五行) 법칙(法則)으로 흉(凶)한 방위만 아니라면 큰 피해는 없을 것이다. 어느 사람의 주변에 흉악범(凶惡犯)이 흉기를 들고 설치고 다닌다면 일단 불안하다. 그러나 본인(本人)을 해치지만 않는다면 직접적인 피해는 없는 거와 마찬가지이다. 그렇지만 흉(凶)한 사격(砂格)이 흉(凶)한 방위(方位)에 있으면 흉악범(凶惡犯)이 본인을 직접 겨냥하고 해치는 거와 같다. 그러므로 길(吉)한 형상(形狀)의 사격은 길(吉) 방위(方位)에 있어야 더욱 좋은 기운을 혈(穴:墓)에 줄 수 있고 발복(發福)이 확실하다. 반대로 흉한 사격이 성수오행(星宿五行)으로 흉(凶)한 방위(方位)에 있으면 그 흉함이 커진다. 이것이 사법론(砂法論)이다. 지관(地官) 여러분 성수오행(星宿五行)으로 흉한 사격은 꼭 피하도록 해야 합니다. 의사에겐 한 사람의 생사(生死)만 달려 있지만 풍수지리 지관(地官)은 한번 실수하면 한 가문의 흥망성세(興亡盛世)가 달려 있습니다. 사람이 본인이 알고 지은 죄는 본인이 받는다고 하고 알지 못하면서 아는 척 하여 지은 죄는 더 크고 2세3세(二世三世)까지 넘어 간다 하였습니다. 풍수지관(風水地官)은 확실하게 알기 전 까지는 자제(自制)해야 합니다. 노년(老年)을 생각 하십시오.

❖ **사살을 피하는 정혈법** : 사살(四殺)이란 장살(藏殺) 압살(壓殺) 탈살(脫殺) 섬살(閃殺)을 말한다. 일반적으로 살(殺)이란 그 형체가 뾰족하고 날카롭고 준급하고 곧거나 단단하고 억센 것 등을 살이라 칭하여 내맥(來脈)이 입수결혈(入首結穴)에 살을 띤 것과 혈성 좌우 용호 산에 살을 띤 것으로 구분한다.

❖ **사**(射) **수**(水) : 사(射)란 물이 깊고 급하게 흐르는 직래수(直來水)가 묘(墓) 앞을 향해 직사(곧게)하는 흉한 형세(形勢)의 물이다. 자손이 상하고 손재(損財)한다. 특히 묘 앞에서 물이 찌르는 듯 하면 자손이 상하고 청룡 쪽에서 물이 찌르는 듯하면 장손(長孫) 집 자손 백호 쪽에서 찌르는 듯 하면 차손 외손이 피해를 보게 된다.

❖ **사업이 부진**(不振) **하면 공장, 아파트, 주택** : 하는 일들이 잘 풀리지 않으면 공장 , 아파트, 주택 등을 양택 요결 법으로 감정을 받아 보아라. 받아 보면 알 수가 있을 것이다

❖ **사원성**(四垣星) : 사원성(四垣星)은 해(亥) 방위(方位)에 천시원

(天市垣)은 간(艮) 방위(方位)에 있으며 태미원(太微垣)은 손(巽) 방위(方位)에 소미원(少微垣)은 태(兌) 유(酉) 방위(方位)에 있으니 이런 방위 들에 수미귀사(秀美貴社)가 있으면 대도시를 세울 수 있다고 한다.

❖ **사(砂)의 모양** : 사(砂)의 모양에 해당하는 부위의 분방(分防:해당하는 자손을 말함)에 해당 길흉(吉凶)이 생긴다. 천마사(天馬砂)가 귀(貴)하게 되어 해외(海外) 근무자가 많고 필봉사(筆峰砂)면 글재주가 타인(他人)의 추종을 불허 한다. 여자 치마를 걸어 놓은 모습이나 머리를 풀고 있는 모양이면 옷 벗기를 좋아하고 포옹하기를 즐긴다. 음탕한 후손이 난다. 또 검사(劍砂:칼 같은 암석)이 있으면 도검(盜劍)으로 인해 죽거나 남을 죽이거나 하는 자손이 나온다.

❖ **사모포효형**(邪貌咆哮形) : 사자가 얼굴을 내밀고 큰 소리로 으르렁거리며 표호 하는 모습과 흡사하나 사자와 오랑이가 다른 점은 몸이 크고 머리가 작으면 호랑이 이고 몸이 작고 머리가 크면 사자로 본다. 주산(主山)에 현무봉(玄武峰)이 내모지고 산세가 매우 위세 당당하다. 혈은 사자의 얼굴 부분에 있고 안산(案山)은 사자의 먹이인 사슴, 소, 돼지, 개, 노루 등과 비슷한 사격(砂格)이어야 한다. 사자형국은 호랑이 형국처럼 용맹스러운 인물(人物)을 배출하여 무인(武人:장군)으로서 출세하여 부귀(富貴)를 얻는다.

❖ **사장의 본명**(本名) **오행색상으로 사무실을 꾸민다.** : 양택(陽宅) 풍수에서는 가택(家宅), 회사, 사무실, 상점 등의 모든 생활 공간에 대하여 방위(方位)나 구조, 배치, 관계, 색상 면에서 일정한 이론을 세우고 이에 따르는 것이 가족 및 자신 회사의 경영 상태를 유리한 방향으로 이 끈다고 하겠다. 가령 1959년생의 A씨가 사업을 벌여ㅛ서 사무실을 만들 경우에 관하여 살펴보자. 1059년은 기해년(己亥年) 이므로 기해년의 납음오행은 목(木)이며 목(木)이 상징하는 색(色) 오행(五行)색은 청색이다. 목(木)의 오행과 상생(相生)관계에 있는 오행과 색채는 수(水:흑색)과 청색이 A씨의 본명성(本命星)에 따른 오행 색과 상생(相生)의 색을 살펴보면 흑색, 청색, 홍색 3가지이다. A씨가 사무실 인테리어를 하기 위해 사무실 칸막이나 벽의 페인트 색을 고를 경우 청색계열, 홍색계열, 홍 황색등의 책상들이나 접대용 응접실의 소파들 역시 홍 황색 계열과 혼합색인 갈색 계열로 선택하면 유리하다. 또 회사의 규모가 커서 직원들에게 제복을 입히게 될 경우에도 사장인 A씨의 오행 색과 상생의 청색, 흑색, 홍색 계열을 고려하여 선택하면 회사에 생기(生氣)를 더하여 사업은 번창하게 되고 직원들의 사기도 높아진다. 경화 관련 용역회사나 대형 음식점, 항공사, 은행 등에서는 제복이나 단체 유니폼을 입고 일하게 되므로 특히 참고할 가치가 있다. A씨가 자가용의 색상을 선택한다면 검정색이 좋고 만약 간판을 만들어 올린다면 홍색계열 바탕에 흑색 글자로 상호를 쓰게 하거나 일반 사무실처럼 금속을 쓰는 경우에는 홍색계열이나 청색계열의 색판에 흑색 글씨도 무난하다고 하겠다. 대문(大門)이 주택의 출구로서 사람의 얼굴에 비유된다면 간판은 회사의 얼굴이다. 간판이 경영주의 본명성(本命星)에 의한 오행 색으로 되었거나 오행(五行)색과 상생된다면 외부적인 시각 효과는 물론 생기(生氣)를 끌어 모아서 사업을 번성하게 될 것이다. 간판 색상은 특히 유흥업이나 식료품 관계 상점들에서 신경을 부분이다. 왜냐하면 오행 상으로 이로움을 주는 색상이야말로 이곳을 수시로 찾는 사람들에게 위화감을 줄 수도 있다.

❖ **사장 집무실의 그림액자가 좋은 방위**(方位) : 사장 집무실과 서재의 벽면에 그림액자를 걸 경우에는 대체적으로 풍경화가 길(吉)하다. 특히 동(東)쪽이면 일출(日出)그림, 남(南)쪽이면 여름풍경, 서(西)쪽이면 해바라기나 황금들판의 풍경화, 북(北)쪽이면 눈 덮인 겨울풍경화를 거는 것이 길(吉)하다. 그리고 사무실 책상 위에 밝은 화분을 놓아두면 좋은 생각이 떠올라 크게 발전할 것이다.

❖ **산강요란**(山岡遼亂) : 산세가 흩어지고 제 각각으로 비주(飛走)하여 달아나 무정한 곳은 결지 불능이다.

❖ **산골짜기 물**(水) : 산골짜기 물이 용혈(龍穴)과 가깝게 흐르면 풍수지리에서는 매우 중요시 한다. 골짜기 물이 천천히 구불구불하여 흘러야 길(吉)한 형상이다. 중간 중간에 물이 모인 곳(웅덩이) 이 있으면 더욱 좋다. 작은 개울물이 비록 물은 작아도

사시사철 마르지 않으면 큰 부자는 아니라도 일상생활은 넉넉하게 살아진다. 만약 산골짜기 시냇물이 곧게 용혈을 쏘듯이 흐르면 흉하다. 또 졸졸 소리내명 흐르면 인상손재(人象損財)가 우려되고 물이 소리 내며 흐른다면 울음소리가 난다고 하고 명당이 경사가 심하면 매우 흉하다고 본다.

❖ **산(山)이 흩어져 달아나면** : 모든 산들이 용(龍)과 혈(穴 : 묘)을 보호하지 않고 사방(四方)으로 흩어져 달아나는 것을 말한다. 이것은 배신(背信)과 파산(破産)을 당하여 결국 고향을 떠나게 된다. 산과 물(水)이 비주(飛走)하면 유탕(遊蕩)하여 자손들이 이혼(移婚) 할 수도 있다.

❖ **산(山)모양이 아름답지만 상처(傷處)** : 산(山)의 형태가 아름다워 보이나 상처와 하자가 많은 산이다. 자연적인 상처와 인위적인 경우가 있다. 자연적인 경우는 한쪽은 아름다워 보이나 다른 한쪽은 무너지고 꺼져서 추하다. 한쪽은 유정하고 힘이 있어 보이는데 다른 한쪽은 짧거나 없으며 상처가 있어 나약하다. 기세 생동한 용처럼 보이나 과협에서 암석의 절리해서 맥이 단절 되어 있다. 이러한 현상은 자연적인 것으로 결지 할 수 없다. 인위적인 경우는 기세(起勢) 생동(生動)한 용과 혈에 다 길은 내거나 집을 짓기 위한 공사로 맥이 절단되거나 파손되는 경우다. 산 밑까지 완전히 절단된 용혈이라면 절대로 사용할 수 없다. 그러나 다소 손상된 경우라면 비록 상룡(傷龍) 되었지만 완전히 절단 룡은 아니다. 이러한 용은 보토(補土)하여 사용 할 수 있다. 세월이 지나면 자연의 복원력으로 상처가 저절로 치유되기도 한다.

❖ **산은 뒤쪽을 감아주고 그 중심 맥 첫 시작지점에** : 산(山) 뒤쪽이 잘 감싸주고 하였는데 중심(中心)에 맥 시발 지점에 좌측(청룡쪽)으로 당겨 묘를 썼는데 남자 손 자손들은 가난을 못 면하고 여자 손(딸)은 100억 이상 재산을 가지고 땅땅거리며 잘 사는 것은 중심 시발 맥이 복호가 되어 있고 안산이 백산 끝자락과 같이 붙어 있는 것으로 보여 백호가 안산 된 것처럼 보였는데 딸들은 모두가 약100억 이상의 재산을 가지고 살아가는데 아들네 집안 들은 재물이 많은 자손이 아무도 없다, 이것은 묘자리가 청룡 쪽으로 치우쳐 있는데 철룡이 멀고 좌측 앞쪽이 언덕이고 계곡이 있어 남자 자손들이 (재물이 다 빠져 논밭전지를 다 팔고) 객지에서 고생을 하고 있다.

❖ **산(山)에 작은 골이 많이 져 있는 곳** : 산에 골이 많이 진 것을 현군사(懸裙砂)라 하며 여자의 치마 주름과 같은 모습으로 굴곡이 많고 험난한 산을 말하며 주로 여자로 인한 폐가 망신 불구횡액으로 일조파산(日朝破産) 하게 된다.

❖ **산(山) 한 쪽에 묘(墓)를 쓸 수 없다.** : 묘를 쓸 때에는 반듯이 좌우(左右)가 균형(均衡)이 맞아야 하는데 한쪽에 산(山)이고 한쪽에 넓은 평지이면 평지 쪽이 왼쪽이라면 장자는 가난을 면하기 어렵고 차자는 넉넉하게 살아가는 형국이 도고 반대로 왼쪽이 산에 붙어 있고 오른 쪽에 넓은 평지 또는 공간이 넓으면 차자는 빈곤을 면하기 어렵고 장자는 넉넉하게 살아 갈 것이다.

❖ **산(山)에 혈(묘 자리) 정하는 법** : 좋은 땅이 있는 산은 엎드린 듯 이어진 듯 하는데 근원은 하늘로부터 햇볕이 양기(陽氣) 바르고 빛이 나는 물결과 같고 달리는 말과 같으며 용맥이 멈추는 것은 혈(묘 자리) 자리가 뭉쳤다는 것이다. 마치 만개의 보물을 안고 편히 쉬는 듯 하고 깨끗하고 단정하며 가득 찬 전대 자루를 두드리는 것과 같으며 곡식을 쌓아 놓은 것 같고 보지 못한 용 같고 난세를 상징하는 봉황 같아서 높은 곳으로 오르고 뱀이 꽈리를 트는 것처럼 밑바닥에 서려 있기도 하고 날 짐승은 엎드리고 짐승들은 웅크리는 모습이다.

❖ **산(山)이 반달모습** : 하늘에 떠 있는 반달 모습이면 남자는 귀(貴) 해지고 여자는 왕비가 될 것이다.

❖ **산(山)의 방향이 제 각각으로 흩어진 산** : 산맥이 단단하게 뭉치어 오는 것이 아니라 질서 없이 퍼져서 오는 것을 말하고 기(氣)가 한 곳으로 모이지 않으므로 허약해 보인다. 주변 산수(山水)는 묘 자리 중심으로 잘 감아 감싸주는 것이 아니라 각기 다른 방향으로 흩어져 달아난다. 청룡 백호를 비롯한 주변 산들이 감싸 주어야 생기를 보호 할 수 있다. 뿐만 아니라 산 따라 흐르는 물도 자연히 묘 자리를 보호하게 된다. 생기가 전혀 보호를 받지 못하고 흩어지고 마는 것이다. 이러한 곳에 묘를 쓰면 재물이 모이지 않고 하는 일이 어려워진다.

❖ **산(山) 홀로 있는 산은 묘를 쓸 수 없다.** : 산(山)은 홀로 있는 것은 외롭고 묘 자리는 사방에서 바람을 받아 춥게 되므로 흉하다. 이러한 곳에 묘(墓)를 쓰면 자손들이 가난하고 고독하게 되고 자손이 끊어질 수도 있다. 그러나 홀로 있는 산이라도 골짜기가 있고 산의 능선이 있으면 외로운 산이라고 볼 수 없다.

❖ **산(山)이 거칠고 흉하고 조악(粗惡)한 곳을 피하라** : 조악(粗惡)이란 산세가 거칠고 웅대하고 추악하고 흉한 암석이 많고 산봉우리가 너무 커서 우악스러우며 아름답지 못한 모습을 말한다. 기(氣)는 산세(山勢)를 보고 살핀다고 하였다. 예를 들어 사람도 얼굴 인상을 보고 그 사람의 마음까지도 짐작할 수 있듯이 용모가 추악하고 험하게 생겼으면 마음도 역시 흉하고 불량 하며 얼굴이 깨끗하고 반듯하여 안정되어 보이면 마음도 역시 착하고 선량하다. 산도 이와 같이 외부 형태를 보고 판단하는 것이다. 산수(山水)가 수려(秀麗)하고 양명(亮明)하며 안정되어 있으면 그곳에서 사는 사람과 그 곳에 장사지낸 사람의 후손들은 청수하고 선량한 사람이 많이 나온다. 그러나 산수가 추악하고 험하여 불안정한 곳에서 사는 사람과 거기에 묘를 쓴 사람의 후손은 극악무도한 사람이 출생한다.

❖ **산(山)이 끊어져 있으면** : 주룡(主龍)이 끊기면 생기를 혈(묘)에 공급할 수 없어 흉하다. 청룡이 끊기면 장손 집에 절손되고 백호가 끊기면 차손(次孫) 집에 자손이 끊기고 재물이 모이지 않으며 그곳으로 물과 바람이 침범 할 수도 있다. 주룡이 끊기면 자손이 절손(絶孫)이 되고 차자 여자 쪽에 상해가 있게 된다.

❖ **산(山)이 기울어 산과 물이 같은 방향으로 흐르면** : 산이 한쪽으로 기울어져 산과 물이 같은 방향으로 흘러가는 것을 말한다. 청룡 백호가 혈(묘)을 감싸주지 못하고 물도 급하게 달아난다. 용진혈적(龍眞穴的)하기 어렵다. 비록 청룡 백호가 있는 것처럼 보이나 쓸 수 없는 것이다. 옛 말에 명당이 기울어 경도(傾倒)되면 혈(묘 자리)이 좋다고 자랑 마라 하였다. 묘 자리가 되더라도 버려라 하였다. 그 만큼 재산(財產)이 모이지 않고 달아난다는 뜻이다. 묘 자리 앞이 기울어지고 골이 지면 전답(논밭 주택) 다 팔아먹고 타향으로 도망가거나 곤궁하게 한평생을 살아가다가 단명(短命)이나 요절(夭折)하는 자손이 있을 수도 있다.

❖ **산(山)이 경사가 급하고 준급(峻急)한 곳을 피하라** : 산(山)이 높고 산세(山勢)가 험하고 급하여 경사가 매우 심한 곳으로 사람이 오르기가 어려운 땅을 말한다. 묘(墓) 자리는 땅이 평탄하고 부드럽고 맑고 밝고 잡초가 없어야 하고 잡목 나무 덩굴이 없어야하고 산세(山勢)가 완만하여 안정되고 평온한 곳에서 묘 자리가 맺어진다. 산이 높고 경사가 급한 곳에는 생기(生氣)를 받지 못하고 묘를 쓸 수 없다. 혹 자(者)는 산을 깎아 내리고 쌓고 파낸다 하여 좋아지지 않는다. 억지로 묘(墓)자리를 만들거나 또 집을 짓거나 하면 패가망신(敗家亡身)하는 경우가 생긴다. 관재 구설이 생기고 사는 사람이나 자손들이 건강이 나빠지고 재물도 모이지 않는다.

❖ **산(山)이 높은데 아래쪽에 혈을 취하면 산이 능압(陵壓) 한다.** : 청룡 백호 안산 조산 등이 다 같이 높고 가까이 있는데 산중턱이나 아래쪽에서 혈을 취한다면 산이 혈(묘)을 능압(陵壓)한다. 이때는 혈을 결지(結志)할 수 없을 뿐만 아니라 발복도 무기력하다. 산들이 높지도 낮지도 않은 중간 정도인데 높은 곳에서 혈(묘)을 취한다면 혈을 감싸주는 산이 없다. 이때는 바람의 피해를 많이 받게 되어 흉하다. 또 낮은 곳에서 혈을 취한다면 주변 산들의 고압(高壓)을 당해 무기력 해진다. 주변 산들이 낮고 멀리 있는데 상정천혈(上定天穴)이나 중정인혈(中定人穴)을 취하게 되면 혈을 감싸 주는 것이 없게 된다. 혈이 홀로 높게 있으므로 바람의 피해를 많이 받아 결지 불능이다. 따라서 혈을 찾을 때 주산과 주룡에서 주변 산의 원근고저(遠近高低)를 살피는 것이 중요하다.

❖ **산(山) 봉(峰)이 한쪽은 높고 한쪽은 낮으면** : 산 봉(峰)이 한쪽은 높고 한쪽은 조금 낮다. 이 모습이 마치 말의 등과 같다하여 천마사(天馬砂)라 한다. 청수(淸秀)한 천마사가 건방위(乾方位)이나 손방위(巽方位)에 있으면 더욱 귀하다. 천마는 속발부귀(速發富貴)가 특징이다. 이러한 곳에 명당(明堂) 길지(吉地)가 있다면 장군을 배출한다.

❖ **산(山)이 추악한 곳에는 명당(明堂)이 없다.** : 산이 추악하고 험한 곳에서는 명당(明堂)이 맺지 않는다. 산세가 깨지고 급하

고 기울고 달아나고 배반(背叛)한 형태의 산을 말한다. 옛 산서(山書)에는 천룡흉지(賤龍凶地)에는 길사(吉砂)가 비추지 아니하고 명당은 흉한 사격(砂格)이 주변에 없다고 하였다. 그러나 세상에 완전무결한 명당은 없는 법이다. 아무리 천하대길지(天下大吉地)라도 완벽한 명당을 필자는 보지 못했다. 한두 군데 부족한 사(砂)가 있어도 보완 할 수 있는 곳이라면 버려서는 안 된다.

❖ **산 정상**(山頂上)**이 일자문성**(一字文星)**이면** : 산 정상이 일자모양으로 평평하면 산신(山身)에 지각(枳脚)이 없는 토성과 와목형(臥木形)히 평탄하다. 짧으면 상격(上格)이다. 일자문성이 바르게 맑고 밝고 단정하면 길(吉)하다. 이러한 곳에 묘 자리가 있으면 신동장원(神童狀元)하고 재상(宰相)이 되어 일품의 귀(貴)를 하며 자손모두가 발복 받는다.

❖ **산 정상**(山頂上)**이 원형**(圓形)**이면** : 산 정상이 원형이면 산신(山身)에 지각(枝脚)이 없다. 산신에 지각이 없다는 것은 능선이나 골짜기가 없으며 사방 어디서 보아도 똑 같은 모습이다. 이러한 곳에 혈(묘) 자리가 있다면 문장이 출중하여 대과급제(大科及第) 한다.

❖ **산이 험하고 경사가 급한 곳을 피하라** : 준급(峻急)이란 산이 높고 산세가 험하고 급하여 경사가 매우 심한 곳으로 사람이 오르기가 어려운 땅을 말한다. 혈(묘)은 땅이 평탄하고 부드럽고 산세가 완만하여 안정되고 평온한 곳에서 결지(結志)한다. 준급한 산은 생기(生氣)를 받지 못하고 융결이 불가능하며 혈을 결지하지 못한다. 이러한 땅을 인공으로 깎아 내리고 쌓고 파낸다 하여 좋아지지 않는다. 억지로 혈지를 만들어 집을 짓거나 장사 지내면 성급한 자손이 나와 패가망신(敗家亡身)하는 경우가 생긴다. 또 관재송사(官災訟事) 및 험한 일이 많이 일어난다. 그러나 산이 준급하게 내려오다가 홀연히 평탄해지는데 주변 산세도 순하고 안정되어 있으면 혈을 결지하기도 한다. 이러한 곳은 처음에는 흉하다가 나중에 발복 받기도 한다고 하였다.

❖ **삼각**(三角) **모양의 땅은 재앙이 따른다.** : 집터의 모양이 삼각형(三角形)의 주택지(住宅地)에 집을 지어서 살거나 사무실이 삼각형이라도 하는 일이 제대로 되는 것이 없다. 주로 도회지에서 볼 수 있는 삼각형이나 사다리꼴의 집터에 관하여 살펴보고자 한다. 도시에 이런 택지(宅地) 집터들이 많은 까닭은 주택난이 계속 되는 도로공사 및 개발 때문이다. 이리저리 길을 내고 텃밭이었던 땅이나 경계선의 땅 등 자투리의 택지들까지 모조리 편입시켜 집터로 삼다보니 전통적으로 내려오던 사각형 모양의 택지들 외에 이렇게 삼각형이나 사다리꼴 모양의 택지들이 조성된 것이다. 양택 풍수에서는 이러한 삼가지형의 택지(宅地)는 기기에 사는 사람들에게 신경쇠약이나 노이로제를 불러일으키거나 변태성격자나 자살하는 사람이 가끔 나오기도 한다. 재물도 보이지 않고 일시에 재산을 탕진할 수도 있다.

❖ **산이 거칠고 암석이 많고 잡목이 많은 산은 피하라** : 산세(山勢)가 거칠고 웅대하고 추악하고 흉한 암석이 많고 산봉우리가 너무 커서 우악스러워 아름답지 못한 모습을 말하며 산세(山勢)를 보고 기(氣)를 살핀다. 예를 들어 사람도 얼굴 인상을 보고 그 사람의 마음까지도 짐작 할 수 있듯이 용모가 추악하고 험하게 생겼으면 마음도 역시 흉하고 불량스러우며 얼굴이 깨끗하고 반듯해 보이면 마음도 역시 착하고 선량하다. 산도 이와 같이 외부 모습을 보고 묘지로서 주택지로서 적합 여부를 판단하는 것이다. 산수수려(山水秀麗)하고 양명(亮明)하며 안정되어 있으면 그 곳에 사는 사람과 그 곳에 묘(墓)를 쓴 사람의 후손들은 청수(清秀)하고 선량한 사람이 많이 출생 또는 나온다. 그러나 산수가 험하고 잡목이 많으면 사는 사람과 묘(墓)를 쓴 사람의 후손은 훌륭한 사람이 태어나지 않는다. 그래서 죽은 사람이나 살아있는 사람은 주변의 환경에 지배 받는다고 하였다.

❖ **삼기**(三奇) : 갑술경전(甲戌庚全) 을병전을(乙丙全) 임계신전(壬癸辛全)

❖ **삼길사**(吉士砂) : 묘(卯) 경(庚) 해(亥)의 3개 방위에 수려한 산봉(山峰)이 솟으면 삼길봉(三吉峰)이라 하여 길(吉)로 삼는다.

❖ **삼돌**(三突) : 돌이 3개가 나라니 있는 것인데 역시 고르게 아름다우면 모두 점혈(點穴) 할 수 있고 크기와 높이가 아름답고 아

름답지 못한 것 등이 고르지 못하면 그 가운데 좋은 돌만 취하여 점혈 한다. 이 돌혈도 5성(五星)의 변체가 있다. 둥근 것은 금성돌혈(金星突穴)이니 출금(出金)이라 하고 곧은 것은 목돌성(木星突)이니 이를 출목(出木)이라 하고 굽은 것은 수성돌(水星突)이니 이를 출수(出水)라 하고 뾰족한 것은 화성돌(火星突)이니 이를 출화(出火)하고 모난 것을 토성돌(土星突)이니 이를 출토(出土)라 한다.

❖ **삼우살**(三虞殺) : 건좌(乾坐) 작혈시(作穴時)에 장일(葬日) 입중궁하여 태세(太歲:당년)가 건궁(乾宮) 일 때와 갑자(甲子)를 입중궁(入中宮)하여 주상(主喪)의 나이가 건궁(乾宮)이 되면 3년(三年) 내에 반드시 죽는다.

❖ **삼재살**(三災殺) **세간**(世間)**에 운운하는데** : 작금(昨今) 세간(世間)에 운운(云云)하는데 가정사에 혼란을 야기하고 있으니 역학의 본산이 중국에서도 불용하고 있으니 그 참뜻을 숙지하고 현옥되지 않기를 거듭 당부한다. 국난에 처하여 나라를 구하신 성웅 이순신 장군도 삼재였었고 국가와 민족을 위하여 대업을 성취하신 분들 중에도 삼재 중에 대성한 분들이 많았다고 한다.

❖ **상류삼분**(上有三分) : 입수(入首)가 초임으로 자(字)의 산등이고 철변(凸邊)이 두 번째요 구첨(毬詹)의 반(畔: 발둑)이 처마 끝에서 동그랗게 나누어짐이 세 번째이다. 혈판 내에서 혈 위는 반드시 3등분하여 물이 합쳐진다.

❖ **상점과 식당 입구 쪽 전망이 넓은 장소를 택하라** : 상점이나 식당을 고를 때에는 가급적 가게의 앞쪽으로 막힌 건물들이 없는 것이 좋다. 즉, 전망이 넓게 트인 장소가 유리하다. 넓은 장소라고 해서 건물 자체의 규모가 넓을 곳을 의미하는 것이 아니라는 사실을 먼저 인지 할 필요가 있다. 전망이 툭 트인 곳은 비록 건물(가게)의 대지(垈地) 자체는 좁더라도 가게의 앞이 높은 건물들 없이 넓거나 큰 도로가 지나가고 있는 경우를 가리킨다. 다라서 가게의 앞쪽이 넓으면 사방에서 모여드는 재물운고 생기(生氣)를 바탕으로 하여 가게가 번창 하고 발전하여 마침내 성공하게 된다고 판단하는 것이 가상학적 견해다. 쉽게 말해서 이런 장소의 가게는 많은 사람을 모이게 한다. 장사는 사람과 사람의 왕래에서 비롯된다. 사람의 흐름이 빈번한 곳에 생기(生氣)와 행운이 놓여 있다는 사실은 자영업자들 모두가 귀담아 들을 만한 얘기다. 자기의 가게(상점)가 놓여 진 앞쪽으로 다른 가게의 간판이나 전주(전봇대)가 설치되어 있거나 원활한 기의 흐름이 방해받아서 생기가 고이지 않게 됨으로써 탁한 기운은 손님의 왕래를 뜸하게 할 것이다. 가격도 단돈 100원이라도 적게 받아야 한다. 장사가 잘 되게 하는 방법은 가게의 앞쪽 마당이 넓어야 손님의 자동차도 주차 시킬 수 있고 겨울에 계절풍을 막을 수 있어야 한다. 따뜻한 햇볕을 잘 받을 수 있어 가게 안에 생기(生氣)를 모이게 하여 사람들을 끌어들이는 역할을 함으로 장사를 번창 하게 한다. 양택 풍수나 가상학(家相學)에서 기본적으로 제시하는 조건들은 주변 환경에 대해 자신이 거주할 곳을 조화롭게 찾아내는 효과적인 방법을 제시하는 것이지 모든 상황에 있어서 반드시 그렇게 해야 한다는 것은 아니다. 주변 환경과의 조화와 적응이야 말로 양택 풍수 이론의 핵심이다. 따라서 북쪽으로 인파가 몰린다면 그런 환경에 적응한다는 차원에서 당연히 북향 점포가 바람직한 것이다.

❖ **상점**(商店)**의 위치**(位置) : 풍수에서는 사람이 있으면 그곳에 반드시 생기(生氣)라는 것이 있기 마련이다. 사람이 많이 다닐수록 생기(生氣)는 강하다. 번화한 장소라고 해서 반드시 번화가를 의미하는 것은 아니다. 사람이 빈번하게 다니는 곳이면 장사가 잘 될 요소는 충분히 있다. 이런 곳에 가게(상점)를 차리면 장사에 적극적인 자세가 계속 좋은 쪽으로 향 할 것이다. 그러나 사람이 그다지 다니지 않는 장소에 가게를 차리면 생기(生氣)와 반대의 음기(陰氣)가 가게를 둘러싸게 되면 장사는 잘 되지 않으며 주인의 건강에도 영향을 미칠 것이다. 요즘 젊은 세대들은 자기 생각나는 대로 아무 날이라도 상관 하지 않는다. 세상에는 이루 헤아릴 수 없을 정도로 여러 가지 사업이 있다. 그 중에서도 손님을 상대로 하는 장사는 민감하므로 상점(가게) 안의 디자인에서부터 상점 이름, 개업일시 등 될 수 있는 대로 택일을 좋은 날, 좋은 장소, 좋은 이름으로 가게를 열었다고 하는 사실은 반드시 장사를 하는 자신과 연결되는

일이다. 풍수 이론과 자기의 의식이 잘 맞으면 성공 할 것이다. 상점의 출입구는 중앙에 위치하지 않도록 한다. 상점 앞에 꽃이나 꽃나무를 심어 놓는다. 꽃나무는 밖에서 날아 들어오는 먼지를 막아줌과 동시에 장사에 있어서 나쁜 기(氣)도 빨아들인다. 그리고 상점의 부지(敷地)를 고를 때 가급적 넓은 장소를 찾는다. 여기서 넓다는 것은 부지(상점 터)가 넓다는 것만이 아니라 땅은 조금 좁더라도 상점 앞이 될 장소가 넓거나 도로가 지나고 있는 것을 의미한다. 앞면이 넓으면 사방팔방에서 재기(財氣)를 모을 수가 있다. 가게도 깊고 길게 하면 사람이 모여드는 것이다. 사람의 흐름과 함께 생기(生氣)가 행운을 가져온다. 상점의 앞에 가로수나 전봇대가 설치되지 않도록 주의를 기울인다. 정면에 쓸데없는 것은 놓지 말고 맑고 밝고 화려한 생생한 에너지가 흘러 들어오도록 한다. 출입구나 창문은 남동방향(南東方向)이 좋다. 하루 내내 밝은 햇빛이 들고 여름에는 시원한 바람이 불어오며 겨울에는 따뜻한 햇빛이 들어온다.

❖ **상정천혈**(上頂天穴) : 주변의 산들이 높고 가까이 있으면 혈은 높은 곳에 결지(結志) 함을 뜻한다. 귀(貴)를 관장한다.

❖ **상제봉조형**(上帝奉朝形) **임금을 알현하는 것을 말함** : 임금이 여러 신하를 모아 놓고 조회(朝會)를 여는 모습이다. 봉조(奉朝)란 궁궐에서 신하들이 임금을 알현하는 것을 말하며 주산(主山)이 기세(氣勢)가 장엄해야 하고 임금 바로 뒤 좌우(左右)에는 호위하는 무장(武將)이 있듯이 주산 뒤에 천을 태을(천(天乙太乙)의 산봉우리가 버티고 있어야 한다. 청룡 백호를 비롯해서 전후좌우(前後左右)에는 귀한 여러 산봉우리들이 혈(묘)을 공경하는 모습으로 둘이 감싸는 형태(形態)를 취해야 상제봉의 형국이라 할 수 있다. 주변에 어병사(御兵砂)와 옥인봉(玉印峰 : 옥쇄의 모습) 등과 같은 산이나 바위가 있으며 안산은 짧은 일자문성(一字文星)이 있으면 상제봉조 형이라 할 수 있다. 상제봉제 형은 대지중((大地中) 에서도 천하대지(天下大地)를 말하므로 무엇보다 용맥과 묘 자리가 상격(上格) 이어야 한다.

❖ **쌍돌**(雙突) : 쌍 돌이란 양변에 어금니 같이 생긴 뿔이 있으면 이를 기린이라 하여 두 곳이 모두 귀하다. 쌍 돌은 크기와 높이와 모양이 고르고 면이 단정하고 형세가 수려하면 길격(吉格)이다. 그러나 크기와 높이가 다르거나 모든 형상이 고르지 못하면 둘 중에서 좋은 것만 취용한다.

❖ **생기**(生氣)**는 흙으로만 흐른다.** : 석산(石山)에는 불가장(不可藏)이라 하였다. 돌에는 물이 나오므로 흉한 법이다. 그러한 돌 중에 혈을 맺으려면 반드시 토맥(土脈)과 혈토가 있어야 한다. 흙이 있어야 진혈(眞穴)이 되기 때문이다. 석산으로 덮은 곳에서는 돌무더기를 들춰내고 토맥을 찾아 점혈 한다. 또 천광을 파다가 암반이 나오면 이것을 들춰내야 한다. 어떤 경우는 돌이나 바위는 생기가 없으므로 혈을 맺을 수 없다. 반드시 혈토(穴吐)가 나올 때까지 천광을 파야 한다. 혹자는 암반이 나오면 두드려보면 그만 두어야 할지 파서 들어내야 할지 알 수가 있을 것이다. 소리를 듣고 판단하라 암반을 파고 깨뜨리면 석기(石氣)가 누설 된다고 보았기 때문이다. 그러나 암반에는 생기(生氣)가 없으므로 이 주장은 이치에 맞지 않는다. 혈은 돌 사이에 있더라도 반드시 생기(生氣)가 있는 흙이 나와야 한다. 석중혈(石中穴)은 말로써 밝히기 어려운 것으로 명사(名師)라야 얻을 수 있다. 발복이 매우 커서 대귀(大貴)가 기약 된다.

❖ **생룡**(生龍)**과 사절룡**(死絶龍) : 생룡과 사절룡의 형태의 변화 모습을 보고 생왕룡(生旺龍)과 사절룡(死絶龍)을 구분한다. 단정하고 수려(秀麗)하면서 개장천심하고 기복, 박환, 이이, 결인, 속기 등 기세(氣勢) 있고 활발하게 변화하는 용을 생왕룡 이라 한다. 생왕룡은 청룡 백호를 비롯해서 주변의 호종보호사와 여러 골짜기에서 나온 청정한 물이 이중사중으로 보호한 가운데 행룡 이라 한다. 또 이기적으로 용법(龍法)이 생왕합국(生旺合局)하면 더욱 확실한 생왕룡 이다. 이러한 용은 혈을 결지(結志)하여 부귀발복(富貴發福)을 가능하게 한다. 사절룡(死絶龍)은 용의 기세가 나약하고 험상궂고 경직되고 단정하지 못하고 복잡하며 깨지고 찢어지고 추악한 것을 말한다. 생기를 취결하지 못하여 혈을 결지 할 순 없는 용을 말한다.

❖ **생토**(生土)**가 아닌 매립지는 흉하다.** : 생토가 아닌 매립지는 흙과 암반 바로 윗 층으로 흐르며 생토로 이어지기 마련이다. 따라서 풍수지리 이론은 땅의 기(氣)는 생토에만 있는 것으로

간주하여 기가 없는 매립도 위의 주택은 기를 받지 못한다고 생각하여 좋지 않게 여긴다. 이것은 양택의 원칙론일 뿐 그 길흉은 알 수 없지만 현재에도 도시계획상 매립지는 얼마든지 있으며 그 집에서 사는 사람들이 좋지 않다고 보는 것은 타당성이 있다. 그러나 기초를 생토에 세우도록 노력해야하며 여건이 맞지 않아 땅의 운기를 받지 못 할 때에는 방위상(方位上)의 운기 감응이라도 얻어야 한다는 것은 주택의 형태는 물론이고 위치, 방향에 따라 기를 얻을 수 있다고 보는 이론이다.

❖ **서(西)쪽 바위가 좋은 집, 나쁜 집** :

• **서(西)쪽이 길상(吉相)인 집**

* 서(西)쪽에 본채의 ⅓ 이하의 만(滿) 즉, 철(凸)이 있는 집
* 서(西)쪽과 남동(南東)쪽이 동시에 철형(凸形) 구조로 된 집
* 서(西)쪽에 별채가 있는 집
* 서(西)쪽에 2층이 있고 동(東)쪽은 1층인 집
* 정서(正西)쪽이 벽으로 막힌 집
* 서(西)쪽에 창고나 토굴이 있는 집
* 서(西)쪽에 산(山)이 있어 지세가 높게 나타난 집

• **서(西)쪽이 흉상(凶相)인 집**

* 정서(正西)쪽에 지나치게 큰 창문이 있는 집
* 서(西)쪽이 1층이고 동(東)쪽이 2층인 집
* 서(西)쪽이 낮고 동(東)쪽이 높은 집
* 서(西)쪽에 우물(샘)이 있거나 작은 연못이 있는 집
* 서(西)쪽에 화장실이 있거나 하수구가 있는 집
* 서(西)쪽에 복도가 있는 집

❖ **서(西)쪽에 화장실이 있으면** : 서(西)쪽의 화장실도 가족들에게는 해롭다. 해가 지는 방위인 까닭에 가족들에게 퇴폐적인 성향을 갖게 하여 과도한 지출, 향락적인 생활을 하게하고 가족들은 자신들도 모르게 불온한 일에 연루되어 곤욕을 겪기도 한다. 주부나 딸에게 영향력이 커서 주부의 경우에는 바람기로 딸의 경우에는 복잡한 이성관계로 주변 사람들의 구설에 오르내리는 수도 생긴다. 건강상으로는 질환에 주의해야 하는바 이 서(西)쪽 방위의 화장실이 미치는 흉작용을 최소화하려면 화장실을 깨끗하게 사용하고 배수 시설을 수시로 점검하여 누수를 막아야 할 것이며 바닥 등에 있는 물기를 말끔히 없애서 다시 건조한 상태로 관리한다. 화장실 인테리어 색조를 전체적으로 약간 차분하고 어둡게 하는 것도 서(西)쪽 방위의 흉작용을 다스리는 비결이 된다. 아울러 오후에는 햇빛이 계속 들게 되므로 창문에 녹색 계열의 커튼이나 블라인드를 설치하여 빛을 차단하고 열기로 인해 악취가 풍기지 않도록 환기에 신경을 써야 한다.

❖ **선궁단제 정혈법(仙宮單提定穴法)** : 선궁 단제란 양비(兩臂 : 양팔 청룡 백호)가 갖춰져 포혈(砲穴) 보기(保氣) 함이 원칙이지만 한쪽만으로도 기타 요건만ㅇ 충족되면 결지(結志)에는 큰 지장은 없다. 한편 선궁(仙宮)과 단제(單提)으 다른 점은 선궁은 한 쪽 팔이 현저히 짧은 경우를 말하며 단제는 한 쪽 팔은 길고 한 쪽 팔은 아주 없는 것을 말한다. 따라서 선궁이 단제에 비해 결지 율이 높다. 좌우선종과 좌우 단제로 나눈다. 좌 선궁은 청룡이 길어 우선수(右旋水)를 거두어 수기하고 우선궁은 선도한 백호가 좌선수를 거두어 수기한다. 좌 단제는 왼쪽(청룡)에만 있고 백호가 없는바 청룡으로 오른쪽에서 오는 우선수를 거두어 수기(水氣)하고 우단제는 오른쪽 팔(백호)만 있고 왼팔이 없는 바 그 오른쪽 팔로 왼쪽에서도 오는 좌선수를 거두어 들여 한쪽이 허한 혈장을 물로 대하여 수기(水氣) 성혈(成穴) 하는 것이다. 따라서 선궁이나 단제 에서는 반드시 물이 공허한 쪽을 대신 감아주어야 포혈(抱穴) 적격이며 그렇지 않으면 가 선궁이요 가단제인 것이다. 즉, 물이 수청룡(水淸龍) 또는 수백호(水百號) 역할을 해야 된다는 것이다.

❖ **선익(蟬翼)은 매미의 날개모양** : 선익은 마치 매미의 날개와 같이 생겼다하여 붙여진 이름으로 혈장(묘 자리)을 좌우에서 지탱해 주는 역할을 한다. 혈에 응취된 생기가 옆으로 빠지지 않도록 보호해 준다. 선익(蟬翼)은 사람 얼굴의 광대뼈에 비유된다. 광대뼈가 없으면 얼굴 형상이 나타날 수 없다. 이와 마찬가지로 혈도 선익이 없으면 결지(結志) 할 수 없다. 선익은 입수도두(入首到頭)에서 아래로 뻗은 작은 능선으로 쉽게 보이지 않는다. 혈장의 양 옆을 자세히 살펴보면 작은 지각(枝脚)이 붙어 있다. 마치 매미의 날개 모양이다. 때에 따라서는 소의 뿔처

럼 보이기도 한다. 매미의 날개에 속 날개가 있듯이 혈장에도 내선)익(內蟬翼)과 외선익(外蟬翼)이 있다. 내선익은 선익이라 부르고 내선익은 제비 날개와 비슷하다 하여 연익(燕翼)이라고 한다.

❖ **선인 독서형**(仙人讀書形) : 주산(主山) 현무봉(玄武峰)이 귀인봉(貴人峰)이어야 하고 안산(案山)은 책상 모양의 일자문성(一字文星)과 서대사(西臺砂)가 있어야 한다. 주산 뒤에는 병풍을 두른 것과 같은 금병사(錦屛砂)가 있거나 마치 신선(神仙)이 다니는 구름다리 모양의 선교사(仙橋砂)가 있으면 더욱 좋다. 또 안산 넘어 조산(朝山)은 신비로운 구름이 뭉게뭉게 있는 것과 같은 상운사(祥雲砂)가 있어야 한다. 혈(묘 자리)은 선인의 배꼽 또는 단전 부분에 위치한다. 선인독서형은 고상하고 준수한 인물을 배출하여 부귀(富貴)는 물론이거니와 학문과 문장(文章)이 당대에 많이 배출 된다고 한다.

❖ **선인 무수형**(仙人舞袖形) : 선인이 무수(舞袖)하는 옷소매를 들우고 춤을 추는 형상(形狀)이다. 주산(主山)은 귀인(貴人)의 청룡이나 백소가 소맷자락에 해당 된다. 아주 수려(秀麗)하고 우아한 청룡 백호 끝이 살짝 솟아 있어야 한다. 안산은 동자(童子)에 해당되는 귀인봉 이다. 주변에 거문고에 해당되는 횡금사(橫琴砂)가 있으면 더욱 좋다. 청빈(清貧)한 자손이 나와 음악과 문학을 좋아하며 사교술이 뛰어나다. 용진혈적(龍眞穴的)하면 부귀쌍전(富貴雙全)하고 장수(長壽)한다.

❖ **선인창가형**(仙人唱歌形) : 주산(主山)은 신선(神仙)에 해당되는 산가 안산(案山)이 거문고나 가야금에 해당되는 횡금사(橫琴砂)가 청수(清秀)하고 방정하게 있어야 한다. 멀리서는 폭포수가 비경처럼 보이거나 물소리가 노래 소리처럼 들린 듯 하여야 한다. 폭포수가 너무 가까이 있어 굉음처럼 들리면 오히려 안 좋다. 청빈(清貧)한 자손이 나와 문학(文學)과 음악을 좋아하며 용진혈적(龍眞穴的) 하면 부귀(富貴) 쌍전(雙全)하면서 주변으로부터 존경 받는다.

❖ **선인취와형**(仙人醉臥形) : 신선이 술을 마시고 취할 정도면 잔칫날이다. 주룡은 길게 뻗어 내려온 와목(臥木) 평강룡(平剛龍)으로 마치 신선이 누워 있는 모습이어야 한다. 안산은 호리병인 옥병사(玉瓶砂)나 술잔인 은배사(銀杯砂)가 있어야 한다. 주변에는 잔칫날 치는 천막과 같은 일자문성(一字文星) 바둑판 심부름하는 어린동자 손님들이 타고 온 가마나 말 등이 있고 조산(朝山)에는 신비스러운 구름에 해당되는 산들이 있어야 한다. 선인취와 형은 속발부귀(速發富貴) 하고 사교성이 좋아 이로 인해 더욱 출세한다.

❖ **선저수**(旋渚水) : 선저수(旋渚水 : 물이 굽어 흐르는 곳) 근처 혈(묘자리) 앞에 못이 있어 물이 고인 곳이 있다면 당(當)의 왕기(旺氣)가 전장(田庄)에 발(發) 한다. 일당왕기발전장(一堂旺氣發田庄:기가 왕성한 평평한 방) 하여 열 개의 무덤 중에 아홉 갱는 부귀하고 곡식이 썩을 정도로 남고 이재(利財)에도 넉넉하다.

❖ **선호**(選好) **주택**(住宅) : 자연환경(自然環境)에 대기(大氣) 일광(日光) 통풍의 조건이 좋은 주택 아파트를 말한다.

- 주변 환경이 좋고 주택들이 촘촘히 가지런히 있는 동네
- 도로 교통의 접근성이 편리하고 여름은 시원하고 겨울은 따뜻한 주택 아파트
- 주거(住居)생활이 편리하고 가족의 수에 비해 규모가 적당한 주택 아파트
- 주간 시간이 낮에는 조명이 필요 없는 주택 아파트
- 동네가 소음 없이 조용하고 아늑하고 산뜻해서 들어가 보고 오래 머물고 싶은 주택
- 거주(居住)자의 첫 느낌상 포근하고 안정감 , 편안함의 느낌이 드는 주택 아파트
- 주택의 위쪽에 받쳐 주는 작은 산이라도 있는 마을의 주택
- 밝고 맑고 깨끗한 마을의 주택 아파트

❖ **섬살혈** : 섬살혈 이란 청룡 백호의 좌우 한편이 뾰족하거나 직경 또는 준급하면 이는 살이 한쪽으로 노출함이니 살이 있는 쪽을 피하여 부드럽고 둥글고 순한 쪽에 혈을 정함이 곧 섬살혈 이다. 또 혈성이 아래로 뻗은 맥이 곧고 딱딱하고 뾰족하고 날카로워도 사방의 형세가 가운데로 모여 들면 이는 섬살혈 이니 혈을 가운데 인혈(人穴)로 정한다.

❖ **성묫길 편리함** : 성묘(省墓)길의 편리함만 생각하고 조상(祖上)의 체백(體魄)은 황천살(黃泉殺)에 모셔 있는지 물속에 잠겨

있는지 등은 생각지도 않는 불효 된 행위는 참으로 개탄 할 일이다. 자기위주의 생각이나 겉치레한 행위인 호화판 묘소(墓所)의 장식등이 누구를 위함이며 누구에게 보이기 위한 묘소인가 말이다. 오로지 조상(祖上)을 안장(安葬)해 드림이 효행(孝行)이거늘 자기편의 주의적 그릇된 생각으로 흉지(凶地)에 모셔놓고 편한 성묘(省墓)길만 모색하는 잘못을 빨리 시정 되어야 한다.

❖ **세찬 물이 용혈**(龍穴)**을 할퀴는 현상** : 기세(氣勢)가 허약(虛弱)한 용혈(龍穴)을 세찬물이 할퀴고 깎아 버리는 것처럼 보이는 형상을 말한다. 이러한 곳에서는 불치의 병이 생긴다. 또한 사람이 상하고 가난해진다. 외형적으로 물이 잘 감아 주었다 하더라도 내부적으로 용혈이 약하면 매우 흉하다.

❖ **세파살**(歲破殺)**이 닿으면 합장불가** : 합장년(合葬年)과 신산좌(新山坐)와 상충관계 즉, 자년(子年)에는 오일(午日) 오좌(午坐)가 세파살에 해닫당하며 자생(子生) 오일(午日) 오방(午方) 오좌(午坐)가 세파살에 해당된다.

❖ **소길**(小吉) : 소길은 주로 음성(陰性)의 토덕(土德)이며 이 좌향은 재물이 손산(損散) 되든가 손명(損命)하기도 하는 것이며 인오술(寅午戌)은 특히 인정(人丁)이 불의의 손실이 생기든가 사유축(巳酉丑)년에 전택(田宅)의 손실이 있든가 혹은 신자진(申子辰)년에 대패(大敗) 할 수도 있다.

❖ **소돌**(小突) : 소 돌은 돌이 작은 것이니 돌의 둘레가 작고 약간 솟아 있음을 말한다. 너무 작으면 진혈이 아니므로 적당히 작고 돌의 면(面)이 윤택하고 살찌고 부드러 우면 길격(吉格)이며 너무 작거나 고저가 분명치 않거나 계수가 허하게 넓거나 물이 쏘고 사방의 형세가 미약하고 의지가 없으면 쓰지 못한다.

❖ **소유혈**(少乳穴) : 유(乳)가 특히 작은 것을 말한다. 유가 너무 작으면 역량이 부족하고 기운이 약하여 불길하다. 유가 작은 데다가 좌우(左右)의 형세(形勢)가 웅장하여 혈(묘 자리)를 누르는 듯 하면 더욱 불가 하다.

❖ **소팔자분혈하합**(小八字分穴下合) : 적개 팔자(八字)를 나누어 혈(墓) 아래에서 합하여 혈경계(穴境界)는 진기(眞氣)를 쫓아 설기 (洩氣)를 아니한다. 상분)하합(上分下合)으로 결혈(結穴)) 되어 혈상의 윤곽이 생기면 그 안에 있는 정기(精氣)는 밖으로 새어 나가지 않는다는 뜻이다.

❖ **손좌건향**(巽坐乾向) **사좌향해**(巳坐亥向) : 왕방우수가 왼쪽으로 흘러 생방을 지나 정미(丁未) 묘고(墓庫)로 나간다. 그러므로 귀격(貴格)인 정생향이 된다.

❖ **송나라 시대 풍수지리** : 우리나라의 고려시대에 해당되는 송나라 때의 풍수지리학은 이기론(理氣論) 방면에 크게 발전 하였다. 소강절(邵康節) 하도와 낙서의 도수를 응용한 방원육십사괘도진(方圓六十四卦圖陳)을 만들어 산수(山水)의 방향을 측정하여 길흉(吉凶)의 연도를 계산하였다. 이는 이기(理氣) 분야를 하나의 독립된 계통으로 만들었다고 볼 수 있다. 소강절은 도가사사의 영향을 받아 유교의 역철학(易哲學)을 발전시켜 특이한 수리철학(數理哲學)을 만들었다. 즉, 주역(周易)이 우주의 모든 현상을 음(陰)과 양(陽)의 2원(二元)으로 설명하고 있는 반면 그는 음(陰), 양(陽), 강(剛), 유(柔)의 4원을 근본으로 하여 4의 배수로 모든 것을 설명하였다. 성리학(性理學)을 집대성하여 조선의 유학과 정치에 결정적인 영향을 끼친 주자(宋子) 풍수지리에 많은 관심을 가졌다. 특히 송나라 황제 효종이 죽자 능(陵) 선정과 관련하여 후일 황제 영종(寧宗)에게 산릉의장(山陵議狀)을 보냈다. 주자는 풍수의 핵심은 산세의 아름답고 추함에 있다고 주장하였다. 주자의 산릉의장은 조선 풍수지리에 일종의 지침서가 되었는데 조정(朝庭)에서 풍수를 논할 때 그 내용이 자주 언급되었다. 이밖에 남송국사(南宋國師) 덕흥(德興) 전백통(傳伯通)은 감여요약(堪輿要約)을 저술 하였고 역시 남송국사이며 전백통의 제자인 추중용(鄒仲容)은 대리가(大理歌)를 지었다.

❖ **수구기준사국법**(水口基準四局法) : 본항 4국법은 포태수법(胞胎水法)의 대종(大宗)이며 또한 기본으로 작국방법(作局方法)은 24위 12 배합 궁위를 금 수 목 화(金水木火) 4국으로 분정(分定)한다. 그 분정 기준과 방법은 다음과 같다.

* 계축(癸丑) 간인(艮寅) 갑묘(甲卯) 위상(位上) 나가는 물은 금국(金局)
* 을진(乙辰) 손사(巽巳) 병오(丙午) 위상(位上) 거수(去水)는 수

국(水局)

* 정미(丁未) 곤신(坤申) 경유(庚酉) 위상(位上) 나가는 물은 목국(木局)
* 신술(辛戌) 건해(乾亥) 임자(壬子) 위상(位上) 나가는 물은 화국(火局) 이다.

수구위(水口位)는 원칙적으로 진(眞) 술(戌) 축(丑) 미(未) 사고장위(四庫藏位)가 장법이다. 그러나 사국분국(四局分局)의 원칙상 고장위(庫藏位)에 연계되는 절태(絶胎) 2궁위(二宮位)의 유거(流去)도 역시 동국(同局)으로 인정한다. 다음은 각국 12위에 12포태를 배정부궁(配定附)宮)하는 일이다.

첫째 기포점(起胞點)을 찾는다. 각국마다 각기 다른 기포점이 있다. 금국(金局)의 기포는 간인위(艮寅位)에 하고 수국(水局)의 기포는 손사위(巽巳位)에서 한다. 목국(木局)의 기포는 곤신위(坤申位)에서 하고 화국(火局)의 기포는 건해(乾亥)에서 한다.

그 다음은 각국의 기포위(起胞位)에서 12포태를 순서대로 12배합위에다 하나하나 붙여 나가면 최후 궁위(宮位)가 묘궁(墓宮)으로 귀착된다. 예컨대 명당수(明堂水)가 계축(癸丑) 혹은 간인갑묘위(艮寅甲卯(位) 중에서 어느 궁위의 유파(流破)도 이는 금국(金局) 이다. 금국은 간인위(艮寅位)에서 기포(起胞) 하므로 간인위(艮寅位)는 절궁((絶宮) 갑묘위(甲卯位)는 태궁(胎宮) 을진위(乙辰位)는 양궁(養宮) 손사위(巽巳位)는 생궁(生宮) 병오위(丙午位)는 욕궁(浴宮) 정미위(丁未位)는 대궁(帶宮) 곤신위(坤申位)는 관궁(官宮) 경유위(庚酉位)는 왕궁(旺宮) 신술위(辛戌位)는 쇠궁(衰宮) 건해위(乾亥位) 병궁(丙宮) 임자위(壬子位)는 사궁(四宮) 계축위(契軸位)는 묘궁(墓宮)이다.

❖ **수구사**(水口砂)**가 파구**(破口)**에 작은 산이나 큰 바위** : 수구사(水口砂)란 물이 흘러나가는 파구(破口)에 있는 작은 산이나 바위다. 명당(明堂)의 기운을 보전하여 생기를 보호하는 역할을 한다. 수구사가 있으면 명당의 기운을 보전하여 생기를 보호하는 역할을 한다. 수구사가 있으면 명당 안에 있는 무리 곧장 흘러나가지 못한다. 수구사가 물길을 막아 유속(流速)을 느리게 하기 때문이다. 물은 움직이는 기운이므로 양(陽)이고 산능선과 용혈은 움직이지 않으므로 음(陰)이다. 용과 물이 충분하게 음양조화(陰陽造化)를 이루어야만 좋은 혈(묘)을 맺을 수 있다. 그러기 위해서는 유속(流速)이 느려야 한다. 물이 나가는 수구가 좁게 관쇄(關鎖)되면 물의 속도는 자연히 느려진다. 또 가뭄에도 일정한 수량을 항상 유지하게 된다. 그 역할을 해주는 것이 바로 수구사(水口砂)다. 수구는 청룡과 백호 끝에 물이 있는 작은 산이나 큰 바위이거나 물 가운데 있는 암석을 말한다. 내청룡 내백호가 서로 교차하여 만나는 내수(內水口)구에 있는 것을 내수(內水口砂)구사라 하고 외청룡 외백호가 서로 교차하는 외수구(外水口)에 있는 것을 말한다. 청룡백호 끝이 서로 가깝게 감싸주면 수구는 매우 좁아진다. 이를 쪽배 하나 통과 할 수 없다하여 불능통주(不能通舟)라고도 한다. 수구는 보국(保局)의 입구(入口)다. 수구가 좁으면 자물쇠로 출입문(出入門)을 잠근 것 같다하여 관쇄(關鎖)라고 한다.

❖ **수구**(水口) **하사**(下砂)**가 가까우면** : 수구(水口) 하사(下砂)가 가까이 둘러 주면 반드시 소년(少年)에 등과(登科)하게 된다. 또, 부귀속발(富貴速發)하며 자손은 모두 효도하게 된다.

❖ **수국신룡**(水局辛龍) : 수국신룡은 신자진(申子辰)과 곤임을(坤壬乙) 의 3합 수국으로서 용과 수의 배합을 나타낸다. 바깥선인 임수(壬水)의 장생이 곤신(坤申)에 있으므로 시계방향으로 순행하면서 수(水)의 12 포태법을 나타내고 안쪽 신금(辛金)의 장생은 임자(壬子)에 있으므로 반시계방향으로 역행하면서 용(龍)의 12포태법을 표시한다. 안과 밖의 12포태법 중 묘는 같고 생(生)과 왕(旺)은 서로 다르다.

❖ **수두혈** : 수두혈 이란 이는 현무정(玄武頂)에서 용이 급강하다가 급즉완(急則緩)으로 평지에 이르러 융결 되는 재록(財祿)이 많은 결혈(結穴)이다.

❖ **수려한 산이 풍만하게 생겼으면** : 좋은 산의 사격은 형태가 아름답고 다정한 산을 말한다. 길(吉)한 사격이 묘 주변에 있으면 크게 발복한다. 특히 주산(主山) 현무봉(玄武峰)으로 있거나 안산이 되면 더욱 좋다. 수려(秀麗)한 산이 뽐내듯 우뚝 솟아 있거나 단아(端雅)하게 있으면 귀함을 가져다준다. 깨끗한 산이 살이 찐 듯 풍만(豐滿)하게 생겼으면 부(富)를 가져다준다. 이이하고 특이한 산이 있으면 부귀(富貴)와 장수(長壽)를

한다. 똑 같은 사격이라도 용의 등급에 따라 발복이 달라진다. 상격(上格)용이면 대살(大殺)하고 중격(中格)용이면 소발(小發)하며 천격(賤格)용이면 발복하지 않는다.

❖ **수룡**(水龍)**의 판별법** : 산맥이 가까이를 감싸고 있는 평원지대에 있어서도 용혈(龍穴)을 찾아 낼 수가 있다. 기복(起伏)없는 평지에서는 태조산, 소조산은 말 할 것도 없디 조산이나 안산이 있느냐 없느냐를 논하여도 소용없다. 이와 같은 경우에 전적으로 수(水)의 유무(有無)를 논한다. 고서(古書)에 이런 기록이 있다. 평원(平原)에 도달하면 산맥(山脈)을 묻지 마라. 다만 물이 도는 것을 보면 이것이 진룡(眞龍)이다. 원문에는 지간수요시진룡(只看水繞是眞龍)으로 되어 있지만 이 수요의 요(繞)는 감긴다. 두른다. 의 뜻이므로 구불구불 길게 이어져 흐르고 있는 하천(河川)의 흐름을 용으로 보고 풍수가들은 이것을 수룡(水龍)이라고 칭하며 매우 중시하고 있다. 풍수학(風水學)의 원서 중에 수룡경(水龍經)d라는 것이 있다. 수룡심맥(水龍尋脈)의 요점과 법칙을 전문적으로 논한 것으로 중요한 문헌의 하나로 여겨진다. 여기서는 수룡 경에서 요점의 몇 개를 들어본다.

(1) 물은 만환(彎環)이어야지 직류(直流)여서는 안 된다. 수룡도 산룡과 같은 모양으로 직선형을 싫어한다. 구불구불하고 길게 이어져 흐르는 모습이 마치 용을 생각나게 하는 것 같은 곡선을 한 하천이 원하는 바이다.

(2) 원무(元武:후방)의 물은 이것이 용신(龍身)으로 정해진 묘자리는 명당 이어야 한다. 물이 쌓이면 필연적으로 용은 혈(묘)을 유하고 물이 흘러 기가 흩어지면 얼어붙는 것을 참을 수 없다. 수룡(水龍)을 더듬어 용혈을 찾아내려고 하면 하천의 흐름이 구불구불하고 에워싼 땅에 용혈을 발견 할 수가 있다.

(3) 포신(抱身)의 수세(水勢)가 묘(墓)를 에워싸면 혈(묘)은 좋고 용신(龍身)의 기맥(氣脈)은 순수하다. 장사(葬事) 후(後)에 그 집은 부귀(富貴)를 누리는 일이 많고 자손은 뛰어나게 높은 벼슬을 얻는다. 용혈에 해당되는 장소에 분묘(墳墓)를 세울 때 그 땅을 하천(河川)이 둘러싸듯이 흐르고 있으면 수룡환포(水龍環抱)로 그 집의 자손은 사회적으로 높은 지위가 약속되며 금전적으로도 혜택을 받고 가문이 번창한다는 의미이다.

(4) 흘러오는 수세(水勢)가 도창(刀槍)과 비슷해서 중심을 위협하듯 쏜다 해도 맞지 않아야 한다. 그 땅의 제방을 뾰족하고 날카로운 상태로 하는 것은 대지(垈地)의 생기(生氣)가 끊는 땅을 만들어 살상(殺傷)이나 공송(公誦)으로 전장(田莊)이 줄어 드는 것이다. 만일 수룡(水龍)이 혈지(穴地:墓地)를 쏘고 있는 것 같은 곳에 장사(葬事)를 지내면 그 집에 사는 사람들은 살상 상태나 소송사건에 휩쓸려 전답, 부동산을 잃는 처지에 빠진다는 의미이다.

(5) 뒤에서 온 수룡이 반궁(反弓)을 닮아 출입이 각각 서동(西洞)으로 패역(悖逆)하고 둘러서 반궁수(反弓水)를 만나면 전원을 달아나게 하고 곤궁에 처한다. 만일 수룡반궁(水龍反弓)의 혈지(穴地)에 장사지내면 전지나 부동산을 모두 팔게 되어 일평생 빈곤한 날들을 보내게 된다.

❖ **수법론**(水法論) : 수법론(水法論)이란 각종(各種) 물(水)이 있는 위치(位置)를 소현공오행(小玄公五行)으로 측정(測定)하여 길흉화복(吉凶禍福)을 판단하는 것을 말한다. 즉, 용혈(龍穴) 주변에 있는 물의 득수(得水) 파구(破口) 방위(方位)를 나경(羅經) 8층으로 측정하여 득수(得水)는 생방위(生方位)가 길(吉)하고 파구(破口)는 극방위(剋方位)가 길(吉)하다. 오행(五行) 목생(木生) 화생(火生) 토생(土生) 금생(金生) 수생(水生) 목생(木生) 이 상생(相生)이다. 상극(相剋)은 목극토(木剋土) 토극수(土剋水) 수극화(水剋火) 화극금(火剋金) 금극목(金剋木)이다.

❖ **소현공오행**(小玄公五行)

오행 24 방위의 향(向)

- 木 : 癸亥艮甲
- 火 : 丙丁乙酉
- 土 : 庚戌丑未
- 金 : 乾坤卯午
- 水 : 子寅辰巽辛巳申壬

분명한 것은 우주자연은 일정한 법칙과 질서에 의해 운행되고 있다는 사실이다. 인간(人間)이 아직 그 이치를 제대로 알지 못할 뿐이다. 앞으로 이 문제를 해결하기 위해서는 끊임없는 연구가 필요하다 하겠다.

❖ **수산출살**(收山出殺) : 순정배합(純淨配合) 한 것을 수산(收山)이라 하고 물이 그 방위를 얻음에 있어서 적법함을 출살(出殺)이라 한다. 즉, 득수(得水)는 길처방(吉處方)에서 오고 파구수(破口水)는 흉처방(凶處方)으로 나감을 출살(出殺)이라 한다. 용의 배향(配向)이 순(純)하냐 박(駁)하냐에 따라서 화복(禍福)의 차이가 생긴다. 음양상견(陰陽相見)이란 음룡(陰龍)이 음향(陰向)을 배(配)라 하고 음룡(陰龍)이 양향(陽向)을 배(配)하고 양룡이 음룡을 배함이 즉, 향배(向配)가 순정(純淨)한 용은 상견(相見)되고 향배가 박잡(駁雜)한 용은 상괴(相乖)가 된다. 그러므로 음양이 상견(相見)하면 복이 이르게 되고 음양이 상괴(相乖)하면 화를 초래하게 되니 음양이 산(山)의 수불수(收不收) 용향의 순정박잡(純淨駁雜)에 달려 있다.

❖ **수성수**(水星水) : 수성수란 지현자(之玄子)로 굴곡하면서 구불구불하게 흐르는 모양이다. 구곡육수(九曲六水)가 굽이굽이 휘 돌면서 명당에 들어오면 당대(當代)에 재상(宰相)이 난다고 한다. 묘 자리 앞을 둘러 주면 길하고 반대로 둘러주면 흉(凶)한 물이다.

❖ **수성체**(水星體) : 수성체란 산(山)이 물결처럼 기복(起伏)이 많고 바람 부는 날 물이 움직이고 고요하지 않으며 성질은 나직한 산 아래로 향한다. 산세(山勢)가 가로로 겹친 물결처럼 중첩되거나 산면(山面)이 포(泡:거품) 모양 같고 평평히 펴고 흘러 쏟아지는 듯 한 것 등은 길(吉)하며 산세가 미끄러져 나가고 넓게 흩어지거나 산면이 평탄하게 흩어져 지저분하게 보이거나 기울어져 경사가 심하고 험한 산이면 흉하다.

❖ **수성수**(水星水) : 수성수에는 총명수려(聰明秀麗)하며 물에 얽히어서 성을 이루고 곡곡(曲曲)으로 굽어서 지나가면 돈이 남아돌고 의식(衣食)이 넉넉해진다. 진룡(眞龍) 하면 권세를 잡고 벼슬한다.

❖ **수성**(水星) : 고산(高山)의 수(水)는 포(泡:거품) 같고 구부러지고 세(勢)가 펼친 장막 같고 종횡(縱橫)으로 펴 벌린 것이 길하고 평강의 수(水)는 다리가 평평히 펴고 세(勢)가 떠다니는 구름과 같이 위유(逶遊) 구불구불하고 굽은 듯한 것이 길하며 평지의 水는 전(纏:얽히고)을 펴고 물결 진 것이 계수(계(界水)를 둥그렇게 두르고 나직함도 앙(昻:오를) 하는 것도 같은 것이 길하다.

❖ **수세에 의한 정혈법** : 정혈법이란 물이 흐르는 형세(形勢)를 증거삼아 혈(묘 자리)의 위치를 정하는 법이다. 장경(옛날 서책)에는 혈은 물(水)의 길(吉)함을 얻는 것이 제일이다 하였고 양공(옛날 풍수학자)은 산을 보기 전에 먼저 물을 보라 하였고 또 무릇 진룡(眞龍)과 정혈(正穴)은 여려 속의 물이 모인 곳에 있다 하였다. 그러므로 물을 알지 못하면 혈(묘 자리)을 논할 수 없다. 어떤 이는 혈(묘 자리)을 찾을 때 물의 형세부터 살피고 수구(水口)에 따른 용(山)의 생왕사절(生旺死絶)을 가늠한 뒤(後) 용을 찾아 올라가면서 혈을 찾으나 이는 너무 단순한 심혈법(찾는 법)이닌 물을 잘 살피기 위해서도 먼저 혈(장穴場)이 될 만한 곳에 올라가 사방(四方)을 용혈사수(龍穴砂水)를 고루 둘러보고 물의 형세를 포함한 여러 가지 혈 증을 살피고 나서 점혈(點穴)을 해야 한다. 수세(水勢)를 살핌에 있어서 세(勢)가 좌당(左堂)에 모이고 수성(水城)이 활처럼 왼쪽을 안고 감아주면 혈(묘 자리)이 왼쪽에 있다는 증거이고 물이 명당 오른쪽으로 모여서 감고 돌아가면 혈이 오른쪽에 있다는 증거이다. 또 수세가 정중(正中)으로 조입(朝入)하고 현(玄)자 모양으로 구불거리고 들어와 멈추거나 좌우(左右) 수세가 고르게 회포(回포(泡)하면 혈은 한가운데에 있다. 물이 만일 먼 곳에서 들어오면 대게 혈은 높은 곳에 있고 원진수가 길게 흘러 나가고 국세가 순(順)하면 혈은 얕은 곳에 있다. 물이 곧게 쏘아오면 충수(沖水)라 하여 불길(不吉)하며 물이 곧고 길게 거(去)하면 직거수(直去水)라 하여 불길(不吉)하다.

❖ **수족을 못 쓰는 경우** : 수족을 못 쓰는 경우는 4포 상천국(相穿局)이나 4포 사룡(死龍)에서 나는데 상천은 인사(寅巳) 인갑(寅甲) 해신(亥申)을 말 하고 4포는 건곤간손(乾坤艮巽)이 없는 인신사해(寅申巳亥) 뿐인 용을 말한다.

❖ **수정취기환정**(水停山聚氣還停) : 물이 머무르고 산이 모여 기(氣)가 도로 그치면 문득 발한 정신의 일점이 밝아진다.

❖ **수재**(水災) **화재**(火災)**가 한 번 있었던 집 터** : 옛날부터 전하는 설화가 있다. 언젠가 후(後)에 똑같은 재해(災害)가 오게 되는 곳이므로 주의가 필요하다. 그런데 물(水)은 낮은 곳으로 흘러 고이게 되므로 인기(人氣)가 모여 상공업 등이 복유번창(福有繁昌) 한다고 하나 대비가 필요하고 화재는 한번 났던 자리에 또 다시 일어나는 경우가 있다. 대구시 서문시장은 화재(火災)가 10여년 사이로 계속 일어나고 있다.

❖ **수형산**(水刑山) : 수형 산이란 산이 부드러워 구불구불하게 흐르는 용맥(龍脈)을 물결이 종횡으로 층층이 중첩 된 듯 떠다니는 구름 같이 구불구불하고 굽은 듯 하면 길(吉)한 것이고 힘없이 늘어지면 흉 한 것이다. 혈(묘)을 코, 귀, 머리, 꼬리이며 수형 산에서 안산 중심에 귀봉(貴峰)이 보이면 과급(科及) 부귀(富貴) 금시발복이다.

❖ **순룡횡결**(順龍橫結) : 순룡 이란 산세(山勢)가 은은하고 순하게 내려와서 결혈은 가로로 맺었다. 용의 형상(形狀)이 변화막측 하니 그림으로 다 표현하기 어렵고 글로서 말 하노라. 모두가 횡룡(橫龍) 순룡(順龍) 회룡(會龍) 에 길흉(吉凶)이 있는 것은 아니다. 필요한 것은 속기(束氣)하고 입수처(入首處)가 참됨이 간절하다. 이기상(理氣上)으로 생왕(生旺)하며 대발(大發)한다.

❖ **순장법**(順杖法) : 순장이란 산세(山勢)가 연평(軟平)한데 낙맥(落脈)이 굴곡(屈曲)하면 이를 완래맥(緩來脈:느리게 내려온 맥)이라 하고 혈이 맥을 맞이하는 곳이 정점(正點)이므로 이때에 기대는 것이 없으면 불가하다. 만약 기대는 것은 무기(無氣)하므로 순장을 쓴다. 순(順)이라는 것은 산세(山勢)의 내맥(來脈)이 순조롭다는 뜻이므로 순(장順杖)을 씀은 이기(理氣)와 승기지법(乘氣之法)이요 또한 무엇보다도 기충뇌산(氣沖腦産) 함을 피해야하므로 이를 크게 꺼린다. 또한 기종뇌인氣從腦人)이란 입향승기(入向乘氣) 함을 말하고 이는 또 점혈(點穴)을 말하는 것이나 혈은 대개 만두(巒頭)를 점정(點定) 한 연후에 이기(理氣)가 혈 중에서 작용을 하게 되므로 순장 가운데에 이(而乘之法)이니 천격(遷格)이라 한다.

❖ **순전**(脣氈) **혈을 맺고 뭉쳐 있는 상태** : 순전(脣氈)은 묘 자리 앞에 약간 두툼하게 생긴 흙덩어리가 반달 모양이면 좋은 전(氈)이다. 순전은 혈의 생기가 밖으로 새나가지 않도록 하며 혈장을 아래에서 지탱해 주는 역할을 한다. 입수도두 뒤에서 분수(分水)하여 이 선익을 따라온 원진 수는 순전 밑에서 다시 합수(合水)하게 된다. 물이 혈장을 한 바퀴 환포하여 생기가 융취 되도록 하는 것이다. 순전은 두툼하면서 견고해야 한다. 기울고 깨지고 오목하게 파여 있으면 혈의 생기를 보호하지 못한다. 생기가 난 부위로 빠져나가기 때문이다. 전순(氈脣)이 묘 자리에 비해 지나치게 큰 것은 흉하다. 묘 자리의 기운이 설기(洩氣) 되었다는 증거가 되기 때문이다.

❖ **순전 정혈법**(脣氈定穴法) : 순전(脣氈)이란 혈(묘 자리)의 생기(生氣)가 왕성하여 남은 기운이 위로 노출한 것인데 큰 것은 전(氈)이라 하고 작은 것은 순(脣)이라 하지만 합칭 하여 순전이라 한다. 순은 사람의 입술에 비유되고 전은 사람의 턱에 비유되지만 자리를 표 놓은 것 같다하여 전이라 한다. 진룡(眞龍)의 혈이 맺는 곳에는 반드시 남은 기운을 받아(吐氣) 순전을 이루나 이는 천지자연의 이치기 때문에 이러한 순전이 없으면 진혈이라 할 수 없다. 특히 횡룡의 혈 에서는 혈의 증거로 반드시 순전과 낙산이 있어야 된다. 양공(옛날 유명한 풍수학자) 귀룡(貴龍)으로 떨어진 아래에는 순전이 있고 순전위에 맺는 혈은 부귀(富貴)의 국(局)이라 했으니 참으로 긴요한 혈 중의 하나임에 틀림이 없다. 순전은 귀인(貴人)의 배석(拜席) 같고 승도(僧道)의 불단(佛壇) 과도 같으니 순전이 확실하면 진룡에 진혈 임을 알 수 있다. 순전은 알아내기 쉬운 곳도 있지만 우리 법안으로는 분별하기 어려운 곳이 많다. 순전과 첨(簷)을 동일하게 설명하기도 하나 첨은 혈 아래 상수(相水)의 교합처럼 안에 나타나는 집의 처마와 같으며 순이나 전은 그 아래에 나타나는 여기(餘氣)의 발로이기 때문에 여러 가지 형태로 나타나니 주의 깊게 살펴야 한다.

❖ **승광**(勝光) : 승광은 주로 양성(陽星)의 화덕(火德)이며 이 좌향(坐向)에 먼저 등마(登)馬) 금옥(金玉)의 영광을 누리는 관계로 자연 그 이름이 사방에 떨칠 것이며 인오술(寅午戌)은 더욱 빛이 나며 횡재 하든가 우마(牛馬)가 증식된다.

❖ **시신**(屍身)**의 변화**(變化) : 시신(屍身)이 바람을 맞으면 화염(火

焰)이 들어 흑색으로 타고 물이 관을 침범하면 수렴(水炎)이 들고 토질이 매우 약하고 버석버석 하면 목염(木廉)이 든다. 임두수(淋頭水)이면 수염(水廉)이 들며 이 때 위는 강하고 아래가 허약하면 습기가 없어서 해골이 바짝 마른다. 반면 위가 허약하고 아래는 토질이 강해 흘러드는 물이 빠지지 못하면 광중에 물이 가득 차게 되어 시신이 엎어지고 토질이 허한 곳에 괴상한 벌레가 들고 점토질이고 음달 진 곳이면 시신(屍身)이 썩지 않고 미라로 되어 있어 자손 중에 주로 장남이 요절(要節)자가 난다.

❖ **신당**(神堂) **불당**(佛堂) : 제단(祭壇)은 간단하고 장엄하며 소박하게 해야 한다. 제단 위는 매일 마른 수건으로 깨끗하게 닦아야 한다. 향로는 매월 초하루와 보름에 각각 한 번씩 청소해야 한다. 향로를 청소할 때 옮기지 않는다.

* 신위(神位)는 물길을 거슬러서 모신다. 신위는 물길을 따라 줄을 맞춰서는 안 된다.
* 신위와 금존은 높이에 구애되지 않고 성심을 원칙으로 삼는다.
* 신위의 앞쪽이 기둥에 부딪치는 것을 피한다.
* 신위(神位) 앞쪽이 다른 사람의 집 모서리와 부딪치는 것을 피한다.
* 신위의 앞쪽이 다른 사람의 급수탑과 부딪치는 것을 피한다.
* 신위의 앞쪽이 전신주와 부딪치는 것을 피한다. 신위의 아래쪽에 텔레비전을 두는 것을 피한다.
* 신위에는 조명이 밝아야 한다.
* 신위의 신등(神燈)은 일 년 내내 밝아야 한다. 조상(祖上)의 신등은 꺼지지 않게 해야 한다.
* 신위는 사람과 접촉이 많은 것이 가장 좋다. 신탁(神卓) 너무 화려하고 사치스러울 필요는 없다.
* 신탁은 청결을 수시로 유지해야 하지만 호화롭게 할 필요는 없다.
* 신위를 가장 높은 층에 반드시 안치하지 않아도 된다.
* 신명(神明) 앞에서는 내의를 입고 들락거리지 말아야 한다.
* 신위는 붉은 종이에 받들어 모시는 분의 이름을 쓰는 것이 길하다. 정성스런 마음을 으뜸으로 삼는다.

❖ **신안**(神眼) : 신안은 신(神: 雜神)의 계시를 받아서 순간적으로 땅속을 들여다 볼 수는 있으나 이는 접신(接神)으로 인한 신통력에 의지한 것으로 명당(明堂)을 가려잡을 수 있는 능력은 없다.

❖ **산이 단정하면 벼슬하고 산이 험하면 비천 자가 난다.** : 사격(砂格)으로 묘 자리의 성정(性情)을 알 수 있는 것이다. 사격이 단정하고 아름다우면 충신, 효자가 나오고 산이 옆으로 비틀어지고 기울고 험악하면 간사한 자손이나 비천 자(卑賤者)가 나오고 산이 후덕(厚德)하면 재산이 모이고 사람이 귀(貴)하게 되고 산이 깨지면 재앙이 있게 되고 산이 순하면서 잡목나무와 잡초, 가시덩굴이 많으면 음란하고 가난하게 살아간다. 산이 모이면 사람도 모이고 존경받으며 산이 달아나면 사람도 흩어지고 재물도 흩어진다. 산(山)이 역(逆)하면 오역 자(忤逆者)가 난다.

❖ **신혼**(新婚) **신방**(新方) : 두 연인이 마침내 가족이 된다는 것은 인생의 중대사이고 또한 하늘로부터 인간에 이르기까지 인류 생명의 연속이기도 하므로 천지와 인간에게 크나큰 기쁨이다. 그리하여 사람과 사람이 한 마음으로 함께 붉은 카펫의 저 끝까지 걸어서 하나의 따뜻한 새로운 가정을 꾸린다. 집안의 신방은 정신과 체력을 이어 주는 계획이니 참으로 한 쌍의 반려자가 마음이 안정되는 곳이다. 그러나 갑자기 결혼해서 함께 생활한지 얼마 지나지 않아 곧바로 이유도 없는 말다툼이 발생하고 뜨거운 사랑이 차가운 전쟁으로 변해 가정의 비극이 시작되는 경우도 종종 있다. 인간의 많은 비극과 고통에 대해 몇 사람이 냉정하게 해결 방법을 찾기도 한다. 신방의 위치는 햇빛이 충분한 방향에 두는 것이 가장 좋다. 만약 빛이 너무 어두우면 두 사람의 마음이 눌리고 답답해지기 쉽다. 신방의 공기는 시원하게 통해야 한다. 새로운 가구나 장식의 재료, 페인트 냄새 등이 사람의 호흡기 계통을 막아서 머리에 영향을 끼치는 것을 방지한다. 신혼부부는 총명한 아들 자손을 얻으려면 서쪽과 북쪽에 나지막한 산이 받쳐주고 양 옆과 앞이 넓게 평탄한 곳에 살면 가족 건강과 본인이 할 수 있는 좋은 생각이 떠오르고 총명한 아들 자손을 얻는다. 신방의 벽지와 가구

와 커튼은 최대한 분홍색을 쓰지 말아야 한다. 신방의 침대 위치가 백호방에 너무 가까이 붙어서도 안 된다. 부부가 화목을 잃게 된다. 신방의 침대 머리 양 쪽이 화장실과 욕실 문에 부딪쳐서는 안 된다. 신랑의 신체가 불편해지고 명치가 때때로 뒤틀리는 통증이 생기고 질병이 낫기 어려운 이상한 증세가 생길 수도 있다. 신방의 침대 앞과 좌우에는 큰 거울이 비추지 않게 하는 것이 가장 좋다. 신방의 침대 머릿장 위에는 절대 음향기기를 두어서는 안 된다. 신방의 침대 머리 위쪽에 신혼의 큰 사진을 걸지 않는 것이 가장 좋다. 압박감이 과중되어 부부가 때때로 악몽을 꾸게 한다. 신방의 침대 머리와 베게 머리 양쪽이 진열장 모서리와 책장 모서리, 화장대 모서리와 상충(相沖) 되어서는 안 된다. 두통이 쉽게 생길 수도 있다. 신방의 입구에 출입문과 맞부딪치는 거울이 있어서는 안 된다. 구설과 시비의 말다툼이 자주 있으니 조심해야 한다. 신방의 천장을 오색찬란하거나 기기괴괴한 모양의 장식으로 꾸며서는 안 된다. 신혼 초에 아파트는 넓게 평탄하고 5층에서 10층 아래가 가장 좋은 아파트 층이다. 신방의 침대 위치가 통 유리 창가에 가까이 있어서는 안 된다. 신방 안에 거는 그림은 소박하고 고상한 것을 구하여 배치해야 한다. 예술 사진과 괘도 같은 것도 가능한 줄인다. 깊은 인연을 맺고 아름다운 인생을 창조한다. 이것은 몇 천년동안의 아름다운 인연이고 누가 누구를 해치거나 누가누구를 이길 수 없다. 만약 여러분에게 이런 생각이 들면 여러분의 마음에 이미 마귀가 침범한 것이다. 마귀가 침범하는 원인은 바로 여러분의 마음이 너무 자신의 사사로운 이익을 좇아 마음의 눈이 너무 작아졌기 때문이다. 근본원인은 오직 다른 사람이 당신에게 잘 대해주기를 바라는 마음이 있어서 오히려 사람의 기본적인 본분을 망각하게 된다. 게다가 평소의 사납고 조급한 개성과 불량한 습관과 행동이 나타나게 되면 마귀가 마음속에 침범하는 것을 막기가 어려워서 당신의 인생은 지옥과 같은 고달픈 인생이 되고 말 것이다. 여러분 각자가 사람과 사람의 심령과 감정을 보배처럼 아껴라. 부처가 말하기를 너의 또 다른 반쪽을 사랑하는 것이 공덕이며 너의 또 다른 반쪽의 사람을 받아들이는 것이 자비의 표현이라고 하였다.

❖ **신후지지**(身後之地) **사망하기 전 미리 만들어 놓은 묘** : 신후지지(身後之地)에 대해서 구체적으로 살펴보면 신후지지는 부모(父母)나 자신이 살이 있을 때에 사후(死後)에 들어갈 만한 명당(明堂)을 미리 잡아 두는 묏자리 이다. 신후지지란 이렇게 자기가 죽어서 들어갈 자리를 미리 잡아서 묘(墓)를 만들어 놓은 것인데 이를 치표(置標)라고 한다. 이렇게 신후지지는 수의(壽衣)와 같은 개념으로 생전(生前)의 삶의 안정을 추구하면서 동시에 죽음에 대한 점진적인 화해의 과정이라고도 할 것이다. 신후지지를 명당(明堂)에 해당하는 곳에 가묘(假墓)를 정하였을 시에는 수명(壽命)이 연장되고 행복한 삶을 누린다고 전해진다. 신후지지의 좋은 기운이 살아생전에도 미리 발복(發福)을 하여 영향을 미친다는 점이다.

❖ **신후지지**(身後之地) **태조**(太祖) **이성계 건원릉 이야기** : 경기도 구리시 인창동에 있는 건원릉 무학 대사가 잡아준 묘 터로 알려져 있다. 망우리(忘憂里) 지명에 얽인 설화가 있다. 태조 이성계(李成桂)가 무학 대사에게 자기가 묻힐 묘지 치표(置標)를 해 달라고 부탁을 하였다고 한다. 그래서 무학 대사께서 인창동으로 넘어가는 고개에 신후지지를 정해 주었는데 태조 이성계는 자신의 치표 자리를 보고 돌아오는 길에 이제야 모든 근심을 잊겠노라 했다하여 이 고개를 근심을 잊음을 뜻하는 망우(忘憂)고개 망우리 고개라 불렀다고 전한다.

❖ **실내풍수**(室內風水)

* 실내 풍수는 기본 채광, 통풍, 청결, 정돈, 질서, 조화이다.
* 건축 자재로 문설주가 굽은 것을 사용하면 흉(凶)하다.
* 실내의 중앙에 계단을 만들면 흉(凶)하다.
* 실내에 장식이 잡다하게 많으면 기운이 엉켜서 흉(凶)하다.
* 실내에 시들고 죽은 화초들을 두면 음기를 불러 들여 흉(凶)하다.
* 실내의 장롱위의 빈공간은 기(氣)의 굴절과 손실을 초래하여 흉(凶)하다.
* 실내의 구조는 가구나 물건들이 자연의 질서와 조화를 이루면 길(吉)하다.

* 실내가 밝고 온화하며 신선한 기운이 돌아야 길(吉)하다.
* 실내 천장의 채광차이 너무 크면 흉(凶)하다.
* 실내를 부분적으로 개조하거나 개축을 하면 흉(凶)하다.
* 주택 지붕의위나 옥상에 빨래 등의 건조대를 두면 흉(凶)하다.
* 침실에 딸린 욕실의 문은 있어야 하고 항상 닫고 살아야 길(吉)하다.
* 실내의 대형거울은 기(氣)를 반사굴절 시키므로 흉(凶)하다.
* 실내의 테이블은 의사소통을 촉진시키는 둥근 원형이 길(吉)하다.
* 실내의 화분은 공기정화 능력이 뛰어난 관엽 식물과 난이 길(吉)하다.
* 화장실 변기뚜껑을 열어두면 변기에서 나오는 냄새가 흉(凶)하다.
* 실내의 현관에서 바라보이는 지점에 가족사진을 걸어 두면 길(吉)하다.
* 식탁을 벽면에 고정시키면 기(氣)의 흐름을 방해하여 흉(凶)하다.
* 실내 침실의 그림은 인물화보다 풍경화, 정물화 등을 걸어 둠이 길(吉)하다.
* 식칼을 아무렇게나 놓으면 돈이 모이지 않아 흉(凶)하다.
* 쌀통은 생기가 충분히 스며드는 주방의 동(東)쪽에 두면 길(吉)하다.
* 두꺼운 소재의 커튼을 사용하면 재물이 늘어나지 않아 흉(凶)하다.
* 소파가 지나치게 크면 하는 일이 꼬이게 되어 흉(凶)하다.
* 침대머리는 둥근 산모양의 완만한 곡선이 길(吉)하다.
* 지하 주차장이나 지하차고 위에 방을 두는 것을 흉(凶)하다.
* 가족이 임신 중에는 신축과 개축 및 침대를 옮기지 마라 흉(凶)하다.

❖ **심혈**(尋穴) **찾는 요령** : 심혈이란 혈(묘 자리)이 있을 만한 곳을 찾는 방법이다. 끝없이 넓은 산을 살펴 묘 자리를 찾는 것은 매우 어려운 일이다. 혈의 결지 요건 등 풍수지리 이론 실무를 잘 알고 있다 하더라도 실제로 산야에 나가면 어디서부터 어떻게 묘 자리를 찾아야 할지 막연할 때가 있을 것이다. 무조건 아무 산이나 헤집고 돌아 다닌다하여 혈을 찾을 수 있는 것도 아니다. 자연(自然)은 한 치도 거짓이 없다. 생기(生氣)는 흙에 모인 곳에 있다. 땅이란 거짓이 없으니 맑고 밝고 잡초, 잡목도 없는 곳을 찾아라. 또 잡초가 있다 해도 듬성듬성 땅이 꺼진데 없이 도도록 한곳이나 나무가 곧게 크고 있는 곳이 있을 수 있고 옛부터 소나무는 묘 자리를 찾는 중매자라고 했다. 소나무가 곧게 모인 곳을 찾아보아라.

❖ **12포태**(十二胞胎) **득파수**(得破水) **길흉화복**(吉凶禍福) : 12 포태궁위의 득수와 파구처에 대한 기본적인 길흉화복은 다음과 같다. 이를 구성법과 비교하기도 한다. 12 포태에서 절(絶)과 태(胎)는 녹존송 양(養)과 생(生)은 탐랑성 욕(浴)은 문곡성 대(帶)는 보필성 관(官)과 왕(旺)은 무곡성 쇠(衰)는 거문성 병(丙)과 사(死)는 염정성 묘(墓)는 파군성에 해당된다. 물(水)은 길한 궁위에서 득수(得水)하여 혈(묘) 앞으로 들어오고 흉한 궁위로 빠져 나가야 길(吉)하다.

(1) **절태수**(絶胎水) **득수**(得水) **하면** : 절궁(絶宮)과 태궁(胎宮)을 말한다. 절은 포(胞)라고도 하며 모든 형체(形體)가 절멸된 상태에서 이제 시작하려고 하는 단계다. 태(胎)는 내부적으로는 생명을 향해 나가려는 기운이나 외부적으로는 아무런 형상(形狀)도 이루지 못한 단계다. 절궁 이나 태궁에서 득수한 물이 혈 앞 명당으로 들어오면 아이가 생기지 않아 자손이 끊긴다. 아이가 있다 해도 기르기 힘들다. 부자(父子)간에는 불목(不睦)하고 부부간에는 불화(不和)하여 헤어진다. 절태수(絶胎水)가 크면 여인(女人)이 음란하여 도망가고 작으면 소리 소문 없이 음란하다. 반대로 절태궁으로 물이 파구(破口) 되면 이른바 녹존유전패금어(祿存流電佩金漁)라 모든 자손이 발복하여 높은 벼슬을 한다.

(2) **양생수**養生水) **득수**(得水) **하면** : 양궁과 생궁을 말하는데 양궁은 내부에서 생명이 자라 태어나기만을 기다리는 단계다. 생궁은 장생(長生)이라고도 하며 드디어 생명이 태어나는 과정으로 최고로 귀한 것이다. 양궁(養宮)이나 생궁(生宮)에서 득수(得水)한 물이 혈(묘) 앞 명당으로 들어오

면 모든 자손이 균등하게 발복(發福)한다. 문명(文名) 높은 자손과 부귀가 기약된다. 양생 궁에서 흘러 들어오는 물(水)이 크면 높은 관직에 오르며 작아도 건강장수하며 복되게 살아간다. 반대로 양궁이나 생궁으로 물(水)이 파구(破口) 되면 자손이 끊겨 절손(絶孫) 될 우려가 있다. 또 도박과 사치로 집안이 망하게 된다. 특히 청상과부가 애처롭게 빈방을 지키거나 명이 짧은 자손이 나온다.

(3) **목욕수**(沐浴水) **득수**(得水) **하면** : 아이가 태어나 목욕하는 단계로 아픔과 괴로움이 있다. 세사에 태어났다 하여 모두 좋은 것만은 아니다. 세상의 쓴 맛을 처음 경험한다. 욕궁(浴宮)에서 득수(得水)한 물이 혈(穴 : 묘) 앞 명당으로 들어오면 재주는 뛰어나나 사치와 음란으로 패가망신 한다. 속임수에 쉽게 넘어가 사업에 실패하고 가산(家産)을 탕진(蕩盡) 한다. 반대로 목욕궁(沐浴宮)으로 파구(破口) 되면 문장(文章)과 그림에 뛰어나 풍류를 즐긴다. 작은 부자가 되기도 하지만 음란(淫亂)함은 면할 수 없다. 만약 용진혈적(龍眞穴的) 한 곳이라면 부와 귀를 얻을 수 있다. 예컨대 연애를 하여 부잣집이나 높은 벼슬 한 집에 결혼 할 수 있다.

(4) **관대수**(冠帶水) **가 득수**(得水) **하면** : 성년(成年)이 되기까지의 청소년(靑少年)기로 공부하는 단계다. 대궁(帶宮)에서 득수(得水)한 물이 혈 앞 명당으로 들어오면 칠세아동능작시(七世兒童能作時)라 한다. 일곱 살의 어린아이가 능히 시를 지을 정도면 똑똑하고 총명한 자손이 나와 문장(文章)으로 이름과 가문을 빛낸다. 반대로 관대궁(冠帶宮)으로 파구(破口)가 되면 똑똑한 어린 자손이 죽거나 큰 화(大禍)를 당한다. 과부와 고아가 나오고 재물(財物)이 없어 빈천(貧賤)하게 살아간다..

(5) **임관수**(臨官水)**가 득수**(得水)**하면** : 공부를 마치고 과거에 급제(及第)하여 관직(官職)에 나가는 단계다. 관궁(官宮)에서 득수(得水)한 물이 혈(墓) 앞 명당으로 들어오면 소년등과(少年登科)에 관로(官路)가 양양(揚揚)하다. 임금을 가까이서 보필하고 어진 재상(宰相)이 된다. 반대로 임관수(臨官水)로 파구수(破口水)가 되면 성재자조귀음(成才子早歸陰)이라 한다. 즉, 집안의 대들보가 될 만한 똑똑한 자손이 빨리 죽는다는 뜻이다. 집안에는 과부의 곡소리가 끊이지 않고 재물이 넉넉지 못하다.

(6) **제왕수**(帝旺水)**가 득수**(得水)**가 되면** : 일생에서가장 왕성(旺盛)한 시기다. 벼슬은 최고까지 올라갔고 재물(財物)은 풍성(豊盛)하게 쌓인다. 왕궁에서 들어오면 부귀쌍전(富貴雙全)하고 대대장상(代代將相)이 기약 된다. 반대로 제왕궁(帝旺宮)으로 파구수(破口水)가 되면 석숭(石崇) 같은 거부(巨富)도 하루아침에 망하고 살림이 뿌리 채 뽑혀 먹을 식량조차 없게 된다. 하늘을 우러러 가난만 원망한다. 또 무곡궁을 물(水)이 치고 나감으로 전사자가 나올 수도 있다.

(7) **쇠방수**(衰方水)**가 득수**(得水) **되면** : 나이가 들어 관직(官職) 생활을 통해서 명예와 부(富)가 축적(蓄積) 되었으나 가장 안정된 시기다. 그러나 앞으로 더 이상 발전은 없다. 점차 쇠퇴해질 따름이다. 쇠궁에서 득수(得水)한 물(水)이 혈(묘) 앞 명당으로 들어오면 총명한 자손이 나와 어린 나이에 급제(及第)하고 문장(文章)가가 나온다. 건강장수(健康長壽)하고 재물(財物)도 넉넉하다. 관직을 물러나서도 국가 원로로 예우를 받는다. 그리고 쇠궁 으로 파구수(破口水)가 되어도 좋다. 물이 천천히 구불구불 나가면 좋다.

(8) **병사수**(丙死水)**가 득수**(得水)**가 되면** : 병궁(丙宮)과 사궁(死宮)을 말한다. 늙고 병들어 죽어가는 과정이다. 득수(得水) 하면 아주 흉하다. 반대로 파구수(破口水)가 되면 길(吉) 수로 본다.

(9) **묘수**(墓水)**가 득수**(得水)**하면** : 묘궁(墓宮)을 고장궁(庫藏宮)이라고도 한다. 일생(一生)을 마치고 죽어서 땅속에 묻힌 단계다. 득수(得水)한물이 혈(묘) 앞 명당에 들어오면 모든 자손이 발전이 없다. 사람이 상하고 집안이 망하고 재산(財産)이 모이지 않고 부채만 눈덩이처럼 불어난다. 반대로 묘궁(墓宮)으로 파구수가 되면 자손은 건강장수 하고 부귀(富貴)하고 자손이 번창 한다.

❖ **쌍비** : 형국은 선인무수형(仙人舞袖形)을 말한다.

❖ **쌍수유혈**(雙수垂乳穴) : 쌍수유란 한 혈장(穴場 : 묘 자리)에 유

(乳)가 두 개 있는 것인데 크기와 길이가 고르면 모두 진혈(眞穴)이다. 만일 하나는 크고 하나는 작거나 하나는 긴데 하나는 짧거나 하나는 살찌고 하나는 여위고 하나는 경사지고 하나는 단정한 것 등을 그 두 개의 유(乳) 가운데서 바르고 아름다운 것으로만 취해야 한다.

❖ **아파트 묘좌(卯坐)에 서(西)쪽 현관문** : 아파트에는 범이 용의 집에 들어가는 격이니 허세가 심하며 복부 질병이 따른다. 금극목(金剋木)의 극을 받으니 장남이나 장녀가 제명대로 살지 못 할 수도 있고 가정이 화목하지 못하고 아내를 일찍 잃으며 아들을 극하니 질병이 따른다.

❖ **아파트 묘좌(卯坐)에 북(北)쪽 현관문** : 아파트 현관문이 천을택天乙宅)이라 발복하나 오래 살면 아들을 두지 못한다. 가난을 구제 하는 데는 제일이다. 초기에 가족이 많으며 공명 현달하여 연달아 과거 급제하면 좋은 주택이나 아파트로 이사를 하라. 이사하지 않고 오래 살면 자손이 줄어 둘 수도 있다.

❖ **아파트 묘좌(卯坐)에 건방위(乾方位) 현관문** : 아파트 묘좌유향(卯坐酉向) 현관문이 서북간 건방위(乾方位) 이는 오귀택(五鬼宅)으로 외(外) 내(內)를 극하니 빠르게 진행된다. 4,5 수에 관재구설, 화재, 도난 등이 일어난다. 남녀 보두 일찍 제명대로 살지 못하는 사람이 나온다.

❖ **아파트 묘좌(卯坐)에 오방위(午方位) 현관문** : 아파트 생기택(生氣宅)이라 발복하며 여자가 어질다. 목화(木火) 통명(通明)하니 공명 현달하며 대부대귀(大富大貴)하다. 아내는 현명하며 자식은 효도하고 남자는 충성하며 여자는 수려하다. 8년 안에 경사가 일어나니 장원 급제 한다.

❖ **아파트 묘좌(卯坐)에 간방위(艮方位) 현관문** : 아파트 현관문이 간방위(艮方位)이므로 육살입택(六殺入宅)이니 문주궁성이 서로 싸워 재산이 흩어지며 가정이 불안하고 질병이 따른다. 초기에 비록 가난하고 가족이 있지만 오래 살면 아내를 극하여 집안이 망한다.

❖ **아파트 묘좌(卯坐)에 곤문방위(坤門方位) 현관문** : 아파트는 현관문이 대문 역할을 한다. 사람이 용 위에 있는 격이니 어머니에게 산망이 따른다. 화해택(禍害宅)으로 목토상극(木土相剋) 하니 모자간에 불화하고 재산을 잃으며 질병이 따른다. 재산이 있으면 건강하지 못하고 건강하면 재산이 없다.

❖ **아파트 묘좌(卯坐)에 손방위(巽方位) 현관문** : 아파트 현관문이 대문(大門) 역할을 한다. 손방위(巽方位) 현관문은 공명이 불같이 일어난다. 연년택(延年宅)으로 2목(二木)이 숲을 이루어 이름을 떨치며 목(木)이 왕성하니 금(金)을 만나면 큰 재목이 된다. 이런 아파트는 평지일성뢰(平地一聲雷)라 하여 장원 급제하며 처음에는 궁핍하나 나중에는 부자가 된다.

❖ **아기 부모가 많은 공덕을 쌓아서 그 보답으로 아기의 장수를 기원하는 습속** : 맑은 날 백일치성과 불공을 드리며 바닷가 사람은 용왕님께 치성을 드린다.

❖ **아기 부모가 여러 사람에게 은혜를 베풀어 줌으로써 아기의 수명을 기원하는 습속** : 백일, 돌에 음식을 장만하여 길가는 사람에게 나누어 주는 습속이 있는데 경상남도 지방의 예를 들면 망둥 떡, 만개 떡 등을 나누어 주는 습속이 있다.

❖ **아기가 연상되는 행위를 하는 습속** : 이 습속 가운데에는 다음과 같은 것이 있다. 장수한 노인의 속옷을 얻어다가 아기의 옷을 만들어 입히면 장수하고 실을 걸어 주어도 장수한다.

❖ **아기 출생(出生) 두 칠 습속**

* 두 칠은 아기가 태어난 지 14일 째 되는 날이다.
* 새 옷을 갈아입히고 두 손을 자유롭게 한다.
* 삼신상을 차리지 않는다.(강원도)
* 새벽에 산신에게 흰밥, 미역국을 올리고 나서 산모가 먹는다. (서울, 경기도, 충남, 충북, 경북)

❖ **아기 출생(出生) 삼칠 습속**

* 삼칠일 이라고 부르기도 하는데 태어 난지 21일 째 되는 날이다.
* 수수경단을 만들어 먹는다.(서울)
* 일가친척과 손님을 청하여 대접한다.(서울)
* 새벽에 산신께 밥과 미역국을 올리고 잠시 후 산모가 먹는다.(서울, 경기, 충북, 충남)
* 금줄을 내린다.(서울, 경기, 경남)
* 이 날까지는 식구들이 부정한 곳에 가지 않는다. (충남, 경남)
* 백설기를 해 먹는다.(전남)

* 첫 아기의 경우에는 외가에서 포대기, 아기 옷, 띠, 미역, 실, 복돈 등을 가져온다.(전남. 경남)
* 삼신상을 걷는다.(전남, 경남)

삼칠일까지의 행사라야 주로 집안일로 끝나는 것이 상례이고 집안 할머니나 이웃의 할머니가 찾아오는 정도이며 경제적인 여유가 있는 집은 산모의 조리 기간이 길어질 뿐이다. 이 동안에 금기하는 음식은 닭고기, 개고기, 돼지고기 등이고 상갓집 음식은 부정 탄 음식으로 보고 먹지 않는다. 이 기간에는 가족은물론 이웃 주민도 출입을 삼가고 특히 부정한 곳에 다녀온 사람은 출입을 절대 금한다.

❖ **아기 출생(出生) 초이레 습속 지방마다 다르다**

* 새 옷 새 포대기를 갈아 준다. (서울)
* 시아버지가 아기를 첫 대면한다.(강원)
* 새벽에 산신에게 흰밥, 미역국을 올리고 잠시 후에 산모가 먹는다. (서울, 경기)
* 새 저고리를 입히되 한 쪽 손을 자유롭게 해 준다.(서울)
* 미역국을 산신에게 바친다. (강원)
* 금줄을 걷고 외인(外人)의 출입을 처음으로 허용한다.(충북, 강원)
* 삼신(三神)상을 걷는다. (경남)
* 삼신상에 쌀을 놓고 빈다. (경남, 경북)
* 가까운 친척과 이웃 사람들을 초대하여 음식을 함께 먹는다.(서울, 경남)
* 석양에 빨래를 하지 않는다.(전남)

❖ **아기 특정한 상징적인 물건, 부적 등을 몸에 지님으로써 장수를 기원하는 습속** : 아기에게 자물통을 채워 주거나 고두쇠를 채워주는 습속이라든가 돌 때 돌 주머니에 달아 주는 노리개 장식품 가운데에도 장수를 기원하는 물건이 있다.

❖ **아미수(蛾眉水)** : 아미수란 함지수(咸池水)라고도 하고 묘유(卯酉)는 태음이 출입하는 문호(門戶)로써 상현(上弦)과 하현(下弦)에는 곱기가 눈썹과 같으므로 음란을 상징하며 자오(子午)는 묘유(卯酉)로 더불어 동서남북(東西南北) 4정(四正)이기 때문에 자오묘유(子午卯酉) 물이 도화수가 된다. 그런데 양국(陽國)에는 음인 묘유수(卯酉水)를 꺼린다. 그러나 임룡(壬龍)이 오수(午水) 경룡(庚龍)이 묘수(卯水) 등과 같이 간괘상납(干卦相納) 하면 오히려 길(吉)이 된다.

❖ **아파트, 주택, 연립주택 어떠한 곳이 좋은가** : 무조건 따뜻해야 한다. 남향이면 따뜻하고 북향이면 따뜻하지 못하다지만 근본은 주위사격이 어떻게 환포(안아주었는가) 되었는가에 있다. 즉, 동서남북의 향(向)을 볼 것 없이 지형(地形) 지세(地勢)에 따라 산을 뒤로 하고 야지(野地)를 향(向)한 것이 택지(宅地)의 길상(吉相)이다.

❖ **아파트 단지 내 하천(下川)이 있으면** : 아파트 내에 도랑이나 물이 흐르고 있다면 감아 도는 쪽의 아파트를 선택해야 한다. 물을 등지고 있는 아파트에서 발전을 기대 할 수 없다. 풍수에서는 도로를 물로 간주하기 때문에 큰 도로든 작은 도로든 감싸 도는 안쪽의 아파트가 좋다.

❖ **아파트 단지, 주택단지 뒤에 산(山)이 감싸 안은 듯 하면** : 아파트 단지, 주택 단지의 왼쪽에는 물(水:맑고 깨끗함)이 흐르고 오른쪽이 도로(道路)가 있으며 배후(背後)에 산(山)이 감싸진 곳은 집안 가족들이 건강하고 아이들은 공부 잘하고 가문이 번성하고 부귀영화(富貴榮華)를 누리는 가문이 많을 것이다.

❖ **아파트 단지, 주택단지 도로가** : 아파트 단지, 주택 단지 왼쪽의 전(左則前方位)에서부터 후방위(後方位)에까지 이어져 통화는 도로(道路)가 있는 곳은 시일(時日)이 오래 경과 할수록 곤궁(困窮)과 옹색(壅塞)이 더해지고 우환과 장해를 겪는 사람이 있을 수도 있다.

❖ **아파트 두 집을 털어 한 집으로 만들어 사는 곳** : 아파트가 작은 평수에 살고 있는 사람이 가족이 늘어나니 따로 분가할 형편이 되지 않았는데 마침 옆집이 이사를 간다고 하여 그 집을 사서 우리가 한집으로 살면 경제적이나 모든 편리함이 좋을 것 같아 그렇게 살고 있는 사람이라면 좋지 않다. 이것은 출입문이 두 개임을 뜻한다. 그런데 문은 바로 모든 기(氣)가 들어와 쌓이지 않고 나가 벌릴 우려가 있으며 문(門)이 두 개면 주인이 둘이 되어서 집안 꼴이 안 된다. 합리적으로 불편하다는 뜻도 있지만 두 집을 가졌다는 것은 그만큼 재력이 있다는

실증이며 재산이 많이 있다 보면 주인의 외방출입이 잦을 수 있고 그러다 보면 안주인이 둘이 될 수도 있다는 해석도 된다.

❖ **아파트 주택 동남방위(東南方位)에 연못이 있으면** : 동남(東南) 쪽 방위에 방죽이나 연못이 맑고 깨끗한 물이 있는 터는 가업이 번성, 발전하고 자손이 준수(俊秀) 총명하며 부귀영화(富貴榮華)를 누리게 된다.

❖ **아파트 동(棟) 배치의 이상적 기준** : 아파트에 들어가 사는 경우에는 기존의 설계도가 이미 작성 되어진 후에 추첨되므로 사실 아파트 단지 배치에 개인이 관여하기 힘들다. 따라서 이 항목은 양택 풍수에 관심이 있는 독자들뿐만 아니라 주택 건설업에 종사하는 사람들이 아파트 단지를 설계 할 때 참고 자료로 활용하게 하는데 목적이 있다. 아파트 동(棟)배치와 내부설계에도 양택 요결법 적용을 유념해야 할 사항들이다.

* 아파트 동(棟) 사이의 길(도로)이 아파트 한 동을 향해 직접 오는 구조는 좋지 않다. 아파트를 향해 길이 찌르듯이 나 있는 경우는 양택 풍수에서 길(도로)을 물(水)과 같이 보기 때문에 직사수(直射水)의 형국이 되므로 거주자들에게 해로움을 주고 생기의 융결을 막는다.
* 아파트의 동과 동 사이를 나란히 배열하여 그 사이의 도로가 십자 상으로 교차 되게 하는 것이 좋다.
* 아파트 부지(敷地)가 다소 넉넉하다면 사람들이 왕래하는 길을 아파트 단지의 전면부에 오게 하여 일조량 확보를 유리하게 하고 다소 탁 트인 느낌을 주어 촘촘한 주변 환경을 극복할 수 있도록 해야 한다.
* 아파트 단지의 배치 역시 지역적 특성이나 방위를 감안해서 결정해야 하므로 부득이한 경우에는 원칙에서 다소 벗어나도 감안을 해야 할 것이다. 가령 정남향(正南向)이 햇볕을 잘 받는 다고 하여 바로 앞의 집 남쪽에 큰 산이나 건물이 있는데도 이론에 얽매어 남향집을 고집하는 것은 어리석다고 하겠다. 어느 쪽의 방향이 더 전망이 좋은가를 살핀 후에 그 쪽으로 향하게 하는 것이 바람직하다고 하겠다.

❖ **아파트는 무조건 넓은 평수가 좋은 것은 아니다.** : 아파트는 우리나라에서 1970년대 이후 본격적으로 보급되기 시작했고 90년대에 들어와서 소위 신도시라고 해서 대규모 아파트 단지 자체가 하나의 행정구역을 이룰 정도로 도시 생활권이 되고 특히, 서울을 비롯한 근교의 도시에서는 주택난을 해소하는 차원과 생활의 편리함을 도모하는 차원으로 아파트가 각광을 받게 되었다. 그런데 이런 실용적인 목적뿐만 아니라 아파트 평수가 사람들의 가치를 상징한다고 오도(誤導) 될 만큼 그저 넓은 평수가 최고로 여겨지고 있는 것이 현실이다. 물로 넓은 집에서 살면 탁 트인 느낌과 함께 여유로 움이 느껴질 수도 있다. 그러나 식구 수에 비해 지나치게 넓은 집은 풍수지리학적인 분석으로는 결코 이롭지 않다. 우선 양택풍수(陽宅風水)에서 이상적으로 간주하는 아파트의 평수는 어느 정도일까? 풍수 지리적으로나 과학적으로 보았을 때 1인당 약 6평이 가장 쾌적한 환경조건이 된다고 여기므로 아파트의 평수는 5인 가족을 기준으로 했을 때 약 30평이 가장 이상적이라고 하겠다. 이런 기준에 비해 요즘 사람들이 선호하는 아파트 평수는 지나치게 넓은 편이고 생기(生氣)를 해칠 만큼 호화장식을 하는 경향이 있다. 양택 풍수에서는 평수가 지나치게 작아도 좋지 않게 여기지만 지나치게 커도 좋지 않게 여긴다. 식구 수에 비해 규모가 큰 집을 가리켜서 빈 방에 귀신이 있다고 꺼려했던 것도 풍수지리적인 고찰과 일맥상통하고 있는 것이다. 한동안 사람이 쓰지 않은 방문을 열거나 그런 집을 들어설 때 바로 느껴지는 어떤 서늘한 한기(寒氣) 따위는 그런 좋지 않은 기운이 집안이나 방안에 머물러 있었음을 의미한다. 물론 이런 풍수지리적인 평수의 기준을 심리적으로 잘 활용하는 방법도 있을 것이다. 심리학자들의 지적도 이와 유사하다. 사람들의 일반적인 심리는 사생활이 완전히 유지되는 공간에 혼자 있게 되면 긴장이 풀리고 스트레스가 해소되어 당분간은 정신건강에 좋지만 이런 기간이 길어지면 심리적으로 너무 깊게 이완되어 해이해지고 삶의 의욕이 상실되며 권태감에 사로잡히게 된다고 한다.

❖ **아파트의 부지로 좋지 않은 곳은 어떤 곳인가** : 아파트의 대지(垈地) 집터를 고르는 조건과 동일하다. 대단지 아파트가 세워지게 되므로 일반적인 집터의 조건과 완벽하게 부합되는 곳을

고르기는 어려울 것이다. 따라서 집터 조건에 어는 정도는 부합이 되면서 아파트 구조의 특성을 감안한 대지(垈地)를 선정해야 할 것이다.

* 지하(地下)에 수맥(水脈)이 흐르는 곳은 피해야 한다. 지하에 수맥이 흐르는 곳은 수맥대의 영향으로 지자기(地磁氣)의 흐름이 교란되어 올바로 영향을 받지 못할 뿐만 아니라 땅을 파는 공사 등으로 균열이 생긴 틈에 물이 고여 썩게 되므로 썩은 물에서 발생하는 독서의 가스는 인체에 해악을 미칠 수 밖에 없는 것이다. 지하 수맥의 영향은 그 외에도 지반의 침하를 가져와 아파트를 균열시킬 수 있고 지반의 불안정을 가속화한다. 사찰, 교회, 성당, 종합병원, 교도소가 있었던 곳의 땅도 좋지 않다.
* 아파트가 들어 선 곳이 풍수지리 이론상으로 거론 되는 용(龍) 혈(穴) 사(砂) 수(水)의 조건에 어느 정도 부합되지 않는 곳은 아파트의 입지로 좋은 땅이라고 볼 수 없다. 공동묘지(共同墓地)였던 곳은 연쇄 추락 사고나 투신자살 및 살인사건 등 정신질환자나 만성질환자도 발생한다.
* 쓰레기 매립지였던 곳에 들어선 아파트는 땅속에 스며든 악성(惡性)의 독기가 세월이 흐르면서 아파트 전체에 스며들 수 있으므로 가능한 피해야 한다.
* 아파트가 세워진 땅 자체가 사토(死土)인 곳은 좋지 않다. 죽은 땅이란 토색(土色)이 거무튀튀하고 땅 자체가 힘이 없이 부슬부슬하고 꺼지는 느낌을 주는 땅을 말한다.
* 화재(火災)가 났던 곳의 땅도 좋지 않다. 이런 땅은 흙을 바꾸는 것 즉, 환토(換土)를 해주면 무방하다. 아파트를 보는 기준에 적용 될 경우, 아파트가 들어선 곳의 뒤쪽으로 외형이 수려(秀麗)하고 생기(生氣)가 느껴지는 알맞은 산이 있는가를 살피면 된다. 지나치게 높은 산은 원활한 대기의 흐름을 가로막고 아파트에 고이는 생기맥(生氣脈)을 압박하므로 좋지 않다.
* 자신이 살고 있는 아파트 주변에 있는 산이나 건물들이 전후좌우(前後左右)의 사방위(四方位)를 둘러싸고 있다면 살고 있는 아파트에 융결 된 생기가 주변 산세나 건물들에 의해 순조롭게 간직되고 보호된다고 할 수 있다.
* 아파트뿐만 아니라 도시의 주택들이 풍수지리적인 조건으로 물(水)을 얻기는 어렵다. 다만 보다 나은 조건이 되려면 아파트 부지의 서쪽에서 시작된 물길이 동남(東南)쪽으로 빠져 나가면서 흐르거나 부지의 앞 쪽으로 호수나 강이 있다면 물을 얻는다는 개념 즉, 득수(得水)의 좋은 개념이 부합 된다고 볼 수 있다.

❖ **아파트 주택 뒤(後)쪽과 북(北)쪽에 작은 산(山)이 있으면** : 아파트 주택 뒤(後)쪽의 정북(正北)쪽에 산이 받쳐주고 접해 있는 아파트 주택에 생활 하시는 분은 다 얻는 것은 아니지만 건강이 왕성하고 재운이 있으며 가정은 관록(官祿)과 재물(財物)이 번창하며 군자(君者)는 명예와 지위를 획득하고 평민은 재물의 흥왕(興旺)을 누린다.

❖ **아파트 주택 서(西)쪽 방위(方位)에 연못이 있으면** : 서(西)쪽 방위(方位) 부근에 방죽이나 연못이 있는 아파트 주택에 생활하시는 분들 모두 다 그런 것은 아니지만 시운이 닿는 사람이나 건강이 나쁜 사람들에게 대체로 재물이 흩어지거나 집안에 풍파, 손실, 장해가 있을 수도 있다.

❖ **아파트 주택 서북(西北) 방위(方位)에 연못이 있으면** : 아파트 주택 서북(西北) 방위(方位)에 연못이 있으면 다 그런 것은 아니지만 사람들의 운에 따라 재물(財物)과 인명(人命)의 낭패, 손상 및 재난과 우환, 사고 등이 있을 수도 있다.

❖ **아파트 주택 앞쪽에 맑은 물이 보이면** : 아파트 단지나 주택단지 앞쪽에 맑은 물이 깊고 천천히 흐르는 물이 있으면 다는 아니지만 집안이 부귀번성(富貴繁盛)하며 출세 양명하고 남자는 호협(豪俠) 준수(俊秀) 하고 여자는 현명(賢明) 양순(良順)한 인재들이 배출(輩出) 된다.

❖ **아파트에도 묘지의 풍수 원리가 적용되어야 한다.** : 아파트 풍수에 응용되는 풍수지리 이론 중에서 음택(陰宅 : 묘지) 풍수에 관한 이론이 적용되는 부분은 바로 청룡 백호 현무와 주작이라는 사신사(四神砂)의 개념이다. 사신사는 음택(묘지) 풍수에서 혈장(穴場 : 무덤)을 보호해 주는 보호 국세(局勢)로서 좋지 않은 외풍(外風)을 차단하고 주변에 감도는 이로운 기운을 유

지 시키는 기능을 한다. 이런 보호의 기능을 아파트에 적용한다면 자신이 살고 있는 아파트 동(棟)이나 빌딩을 둘러 싼 건물들이 바로 사신사가 되는 것이다. 물론 아파트가 밀집된 곳에서는 다른 동(棟)이 주변에 있으면 그것이 바로 사신사의 개념이 된다. 따라서 묘지풍수에서와 같이 북쪽의 현무(玄武) 남쪽의 주작(朱雀) 동쪽(왼쪽)의 청룡(青龍) 서쪽(오른쪽)의 백호(白虎) 구실을 하는 건물(아파트)들은 거주자가 살거나 집무하는 공간을 중심으로 하여 중심건물을 다정하게 감싸 주면서 한 겨울의 북서풍을 차단하고 사람들에게 이로운 생기(生氣)를 잘 갈무리하여 전달 해주면서 햇볕을 막지 않아야 보호 국세로서의 기능을 다 할 수 있는 것이다. 갈수록 고층 빌딩이나 아파트가 늘어날 추세에 있으므로 아파트를 건축하는 업자 측에서는 이러한 양택 풍수의 원리를 참고하여 설계도를 작성한다면 보다 나은 휴식 공간인 삶의 터전이 되리라고 본다.

❖ **아파트 주택 앞쪽의 왼쪽 모서리가 약간 들어가면** : 아파트 주택 앞의 전면(前面) 좌측(左側) 모서리가 약간 들어간 듯 하면서 반듯하고 단정하면 의식과 복록이 흥왕하고 재물이 풍성해진다.

❖ **아파트 주택 부근에 인접한 종교 시설이 있으면** : 아파트 주택 부근 백보 이내에 접해 있는 사찰(寺刹) 묘당(廟堂) 교회 등의 건물은 동서남북(東西南北)을 불문하고 어디에 위치하든 흉험과 재난, 파괴, 불운 등 액화를 발생 할 수도 있다.

❖ **아파트 주택의 서북(西北) 방위(方位)가 높게 받쳐주면** : 집터의 배후에 서북(西北) 방위(方位)가 받쳐 주는 산(山)이 접해 있는 터는 부귀(富貴) 번창(繁昌) 하고 가문이 흥왕(興旺) 하며 후손들이 출세(出世) 양명(揚名)하여 고관대작의 귀한 신분으로 오른다.

❖ **아파트 주택의 전면(前面) 동남(東南) 방위(方位)가 부족하면** : 아파트 주택의 앞쪽 동남(東南) 방위(方位)가 약간 부족한 곳은 집안 살림이 융성하고 번창하여 부귀(富貴)와 안정을 누린다.

❖ **아파트 층수를 선택할 때** : 아파트 층수를 선택 할 때는 주변 산의 높낮이를 보고 따져 보아야 한다. 주변 산이 높으면 그 높이만큼의 층수는 무난하다. 그러나 주변 산이 낮으면 낮은 층이 유리하다. 어떠한 경우라도 주변 산보다 높은 층은 피하는 것이 좋다.

❖ **아파트 주택의 서북(西北)쪽 방향을 감아 돌아 주는 곳** : 아파트 단지나 주택단지의 서북(西北)쪽 방위(方位)를 도로가 감아 돌아 빠지는 곳은 초반기는 융성하고 번창을 유지하나 대개 길게 유지 되지 않고 낭패와 손실, 장해 등 불운과 풍파를 치르게 될 수도 있다.

❖ **안산의 모양이 단정해야** : 안산(案山)의 모양이 단정하여 기(氣)가 머물러야 하며 모양은 서로 마주 대하여 절하듯 읍(揖)하는 듯 공수(拱手) 하는 듯 하면 길(吉)한 것이고 심히 긴 것과 짧은 것은 모두 불길하며 안산과 혈처가 높은 즉, 마땅히 안산의 위치가 먼 것이요 혈처(묘)가 얕은 즉, 가까운 것이 당연한 것이라 하였다.

❖ **안맹사(眼盲砂)** : 명당(明堂)에 나성(羅星)이 길게 굽어 있으면 소경이 생긴다. 또 안산이 혈을 핍박해도 안맹 자가 나오며 손방(巽方)에 장곡(長谷) 백호방에 괴암이 있어도 안맹 자가 나온다. 또한 손사방(巽巳方)에 규산(窺山)이나 악석(惡石)이 있으면 애꾸눈이 나온다.

❖ **안산이 계곡이면** : 안산 즉, 향이 계곡이면 쏟아지는 눈물이 흘러서 상서롭지 못하다

❖ **안산(案山)과 조산(朝山)이 단정하고 아름다워야 한다.** : 안산과 조산이 혈(묘 자리) 앞에서 불어오는 바람을 막아 생기(生氣)를 보존하여야 한다. 또 자신이 품고 있는 기운을 묘 자리에 보내 주어야 하고 안산과 조산이 단정하고 아름다우면 좋은 묘 자리라 한다. 그리고 명당(明堂)을 주밀(周密)하여 혈(묘 자리)의 생기가 흩어지지 않게 보호해 주어야 하고 중요한 것은 안산과 조산이 아무리 좋아도 용과 묘 자리가 부실하면 아무런 쓸모가 없다 청룡 백호가 수려(秀麗)하고 안아주고 안산과 조산이 묘 자리를 향해 양명(亮明)하게 있으면 매우 좋은 묘 자리이다. 그러나 용진혈적(龍眞穴的)하지 않은 곳에 안산과 조산을 비롯한 사(砂)가 좋다면 허화(虛華)에 불가하다. 묘 자리가 좋지 못하면 아무런 도움이 되지 않는다. 그리고 묘 자리의 대혈(大穴)과 소혈(小穴)의 구분은 용과 묘 자리의 역량으로 판단

하는 것이지 묘 자리 주위에 있는 사격(砂格)이나 수세(水勢)로 판단하는 것이 아니다. 청룡 백호가 둘러 싼 보국(保局)이 묘 자리가 크다고 하여 대명당(大明當)이 되는 것은 아니다. 천리내룡(千里來龍)에서는 천리의 국세가 나의 것 이라는 말이 있다. 이는 용혈(묘)의 중요성을 강조하여 하는 말이다.

❖ **안산(案山) 넘어 관성(官星)이 보이면** : 관성(官星)은 혈(묘)에서 보이면 이를 현세관(現世官)이라 하여 매우 귀한 것이다. 속발하여 당대에 높은 벼슬을 얻는다. 관성은 크거나 모양에 상관없이 모두 길(吉)한 것이다. 그러나 작은 것보다는 큰 것이 더욱 좋은 관성이다. 그렇다고 지나치게 크면 오히려 안산이나 조산의 기운(氣運)을 빼앗아 감으로 적당한 크기여야 한다.

❖ **안산과 조산이 혈(묘) 앞에** : 안산과 조산은 사(砂)로써 주작봉(朱雀峰) 이라고도 하며 혈장(穴場)을 허(虛)하지 않게 하며 기(氣)가 새지 않게 감싸 안아 보호하며 안산 밖의 멀리서 곧게 충해 오는 물을 감당해주는 역할도 한다. 조산은 손을 잡아주는 것 같아야 하고 읍하는 것 같아야 하고 절하는 것 같아야 그 으뜸으로 치며 또한 조산은 뾰족하거나 모난 형상이 상격(上格)이라 했다.

❖ **안산심혈심법(案山尋穴法) 안산을 보고 묘 자리를 찾는다.** : 깨끗하고 아름다운 안산을 보고 그 맞은편에서 혈을 찾는 것을 안산심혈법이라 한다. 기세 장엄한 태조 산을 출발한 용은 수 백리 혹은 수 십리를 행룡 하면서 많은 변화의 박환(剝換) 과정을 거친다, 이런 과정을 통해서 험준하고 거친 살기(殺氣)를 모두 제거하고 순수한 생기만 모은다. 따라서 혈(묘) 결지(結志) 할 만한 곳은 주변 산들이 모두 수려(秀麗)하고 유정하다. 특히 혈 앞의 안산은 어느 산보다도 깨끗하고 아름답다. 또 혈을 향해 공손하고 정답게 서 있다. 혈은 이러한 안산을 똑바로 바라보고 맺는다. 따라서 안산 맞은편에 있는 용맥 에서 혈은 찾아야 한다. 안산이 반듯하지 못하고 비틀어지게 보이거나 험하게 보이면 혈을 맺을 수 없다. 안산이 높거나 가까우면 혈은 높은 곳에 있다. 안산이 낮거나 멀리 있으면 혈은 낮은 곳에 있다.

❖ **안산(案山)은 재산과 부인 관계를 관장한다.** : 안산이 가까이 있으면 발복이 빠르고 멀리 있으면 자손이 타향에 나가 살면 발복이 빠르고 자손이 가까이 살면 발복이 늦게 나타나고 발복이 끝이 없이 오래 간다. 그리고 가까이 있는 안산을 취하되 지나치게 높지 않아야 한다. 너무 안산이 높으면 타인에게 위압을 받게 디고 안산이 너무 낮으면 재물이 모이지 않는다. 안산의 길흉화복(吉凶禍福)은 주로 부인궁과 재산궁, 대인관계를 관장한다. 용진혈적(龍眞穴的)지에 수려(秀麗)하고 반듯한 안산이 묘 자리 정면(正面)에 조응(照應)하고 있으면 아내는 어질고 자식은 효도한다. 또 재물과 곡식이 창고에 가득하게 쌓일 정도로 부자가 된다고 하였다.

❖ **안산(案山)은 혈장 전면(前面)에** : 안산은 혈(묘) 앞에 가까이 있어야 하고 선비의 책상이나 인간의 밥상과 같이 서로가 무리 없이 필요로 하는 높낮이로 형성 되어야하니 안산이 높으면 묘(墓)를 억압하는 형상이 되니 불복하는 것으로 불리하게 보는 것이다. 반면에 조산은 전면에 꼭 있어야 되는 것은 아니다. 전후(前後) 좌우(左右) 어느 방위에서나 멀리 솟아 있으면 조산으로 보는 것이다. 많은 묘 자리에서 안산은 있고 조산은 없는 경우도 있고 조산은 있고 안산이 없는 경우도 있으며 안산과 조산이 균형을 이루며 갖추어 있는가 하면 안산과 조산이 모두 없는 경우도 있다. 안산은 낮아야 좋고 둥글고 단정하여야 하고 유정을 하고 옥패와도 같고 궁형(弓形)과 같아야 상격(上格)이다.

❖ **안산이 높으면 눈썹정도** : 안산이 높으면 눈썹 정도이고 낮으면 심장정도인데 수려(秀麗)하고 열려있는 모습이면 귀(貴)하며, 멀리 있는 것은 가까운 것 보다 못하나 반드시 품안에 있을 정도면 좋다. 앞에 안산이 수려하고 개면(開面) 한 것은 묘의 증거이니 없으면 안 된다. 그러나 진룡(眞龍: 좋은 묘 자리) 혈적(穴的)이면 빼어나게 응하는 안산이 없는 경우도 또한 많이 있다.

❖ **안산이 암석 일자문성(岩石一字文星)** : 암석으로 일자문성(一字文星)으로 서기(瑞氣)가 있다면 대대로 삼공(三公)의 벼슬에 연(連)하여 오르고 안산이 독봉이라면 옥토(沃土) 망월(望月)의 형상은 귀격(貴格)의 안산이다. 옛말에 얕은 곳의 암석은 태산(泰山) 같이 간주 하라했다. 장사, 장군이 많이 난다.

❖ **안사(案砂)** : 안(案)은 공안이니 높아도 눈썹에 닿고 낮아도 가

슴에 닿아야 한다. 안(案)은 왼쪽을 등지거나 오른쪽을 등져도 불가한데 안(案)은 왼쪽을 등져 청룡이 먼저 궁포(弓抱)해도 안이 아니다. 안은 반드시 가운데 있어야 하니 공당(公堂)의 돛대와 같다. 대소관원(大小官員)은 모두 난각(煖閣) 상단에 있으므로 좌안(左案)의 안에 방치하면 관(關)이 심중하고 모착(摸着)된 안은 재물을 천만관(千萬貫)이나 쌓는다. 글에 이르기를 안산 밖이 천리(千里)가 수려(秀麗) 해도 면궁(眠弓)의 하나의 안산 하나만 못하다 하였으니 면궁안(眠弓案)이 있으면 부귀과 갑(富貴科甲)을 얻는데 가장 유리하다. 안산은 문인(文人)과 관원이 나오는 사(砂)가 된다.

❖ **안산**(案山) **정혈법**(正穴法) : 안산정향(案山正向)이란 안산이 수려(秀麗)하고 산(山)과 봉(峰)이 왼쪽(좌측)에 있으면 묘 자리도 왼쪽에 있고 수려한 봉우리가 오른쪽에 있으면 묘 자리도 오른쪽에 있다. 먼 곳의 조산(朝山)이 비록 수려해도 가까운 안산이 중요하니 먼 조산을 취하지 말고 가까운 안산의 수려함과 유정하을 쫓아 묘 자리를 정해야 된다. 요는 가까운 안산과 수산(水山)과 묘 자리 바로 뒤의 주산(主山) 및 현무정과 횡룡입수(橫龍入首)의 경우는 특히 낙산(樂山)과 청룡 백호가 아름답고 사방으로 살기(殺氣)가 없으면 유정함이니 길격(吉格)이다. 용맥이 멀고 국(局)이 안으로 들어와서는 평평(平平)한 넓은 들에 이르러 결인과협(結咽過峽) 한 후(後) 고산(高山)이 우뚝 솟아 그 웅장한 기세(氣勢)가 한 지방의 으뜸이 된다. 조산의 장막(帳幕)이 크게 벌려 수 십리를 펼치고 중심맥이 왕자맥(王子脈)을 이루었으며 입수목(入首目)에서 갑자기 높은 금체(金體)의 현무(玄武)를 이루고 그 아래에 혈(묘) 맺으니 귀혈이 틀림없다. 묘 자리는 유혈(乳穴)이며 곁으로 양요(兩曜)가 있고 청룡 백호가 유정(有情)하며 특히 복두(幞頭) 모양의 안산이 묘(墓) 앞에 유정하게 조응(照應)하고 기(旗) 고(鼓) 검(劍) 인(印) 등 길사(吉砂)가 벌려 있으며 안산너머로 큰 강물이 둘렀으면 이 묘 자리는 경맥으로 입수(入首)하여 유좌묘향(酉坐卯向)을 이루었으니 정음 정양법(淨音淨陽法) 으로도 음입수 음향이기에 적법이며 장법에 맞으니 장군대좌혈이 분명하다.

❖ **안산**(案山)**의 정상**(頂上)**이 일자문성**(一字文星)**이면** : 안산의 정상이 일자문성(一字文星) 이라면 장원 급제가 분명하고 요즘은 장관(長官) 봉(峰)이라고 한다.

❖ **안산과 조산이 단정하고 아름다우면** : 안산과 조산(朝山)의 역할은 묘 자리 앞에서 불어오는 바람을 막아 묘 자리의 생기를 보존 하는데 있다. 또 자신이 품고 있는 기운을 혈(묘)에 뿜어 보낸다. 안산과 조산이 단정하고 아름답게 묘를 향해 있으면 좋은 보국(保局)을 이룬다. 장풍(藏風)은 물론 물의 직거(直去)를 막는다. 명당을 주밀하게 하여 혈(묘지)의 생기를 흩어지지 않게 보호 해준다. 안산과 조산이 허(虛)하고 산만하면 생기가 흩어져 묘의 결지를 불가능하게 한다. 중요한 것은 안산과 조산이 아무리 좋아도 용과 혈이 부실하면 아무런 쓸모가 없다. 용진혈적 하고 청룡 백호를 비롯해서 안산과 조산이 묘(墓)를 향해 수려(秀麗) 양명(亮明)하게 있으면 매우 길(吉)한 묘 자리 이다. 그러나 용진혈적 하지 않은 곳에 안산과 조산을 비롯한 주변 산세만 좋다면 알맹이 없는 허화(虛花)에 불과하다. 혈의 결지(結地)에 아무런 도움이 되지 못한다. 혈의 대혈(大穴)과 소혈(小穴)의 구분은 산(山)과 혈(穴:墓)의 역량으로 판단하는 것이지 혈 주위에 있는 사격(砂格)이나 수세(水勢)로 판단하는 것이 아니다. 사격으로 둘러 싼 보국이 크다고 하여 대지(大地)가 되는 것은 아니다. 옛말에 백리내룡(百里來龍)에서는 백리의 국세가 나의 것이고 천리내룡(千里來龍)에서는 천리의 국세가 나의 것이라는 말이 있다. 이는 용혈의 중요성을 강조하여 표현한 것이다.

❖ **안산**(案山) **조산증혈**(朝山證穴) : 혈 앞에는 안산과 조산이 있다. 안산은 혈(묘)의 정면(正面)에 있는 것으로 수려(秀麗)한 산이다. 조산(朝山)은 안산 뒤에 있는 크고 작은 모든 산들이다. 안산과 조산 모두 수려, 양명하게 생겨야 하며 묘 자리는 유정하게 바라보아야 진혈(眞穴)을 결지(結地)한다. 안산과 조산이 높으면 혈도 높은 곳에 있고 낮으면 낮은 곳에 있다. 우측에 있으면 혈도 우측에서 살핀다. 비록 수려, 양명하지만 산이 멀리 있으면 혈과 조응하기 어렵다. 때문에 있는 산만 못 하더라도 가까이 있는 유정한 산이 중요하다.

❖ **안우수**(案牛水) : 안우수란 청룡 백호는 있으나 무정하여 물이

곧게 흘러 나간다. 옛날 사람들이 이런 곳을 안우수(案牛水:앞에 소가 누워 있는 듯 한 물)라 하였으나 물이 빠져 나갈 때 곧게 빠져 나가니 인정(人丁:자손)과 재물(財物)을 모두 패(敗) 함을 알지 못한다. 제주(祭主)는 이어진다.

❖ **안장길일**(案葬吉日)

* **정월** : 丙寅, 癸酉, 壬午, 乙酉, 丁酉, 丙午, 乙酉, 辛酉日
* **2월** : 병인丙寅, 壬申, 甲申, 庚寅, 丙申, 壬寅, 己未, 庚申日
* **3월** : 京五, 壬申, 癸酉, 壬午, 甲申, 乙酉, 丙申, 丁酉, 丙午, 庚申, 辛酉日
* **4월** : 乙丑, 壬午, 癸酉, 丁丑, 壬午, 乙酉, 己丑, 甲午, 丁酉, 己酉, 辛酉日
* **5월** : 辛未, 壬申, 甲戌, 庚戌, 甲申, 壬寅, 甲辰, 甲寅, 庚申日
* **6월** : 壬申, 癸酉, 乙亥, 癸未, 甲申, 乙酉, 庚寅, 辛卯, 乙未, 丙申, 壬寅, 丙午, 戌申, 甲寅, 庚申, 辛酉日
* **7월** : 壬申, 癸酉, 丙子, 壬午, 甲申, 乙酉, 壬辰, 丙申, 丁酉, 丙午, 己酉, 壬子, 丙辰日
* **8월** : 壬申, 癸酉, 甲申, 乙酉, 庚寅, 壬辰, 丙申, 壬寅, 丙辰, 庚申, 辛酉日
* **9월** : 丙寅, 庚午, 辛未, 癸酉, 丙子, 壬辰, 甲戌, 壬午, 庚寅, 壬寅, 丙午, 辛亥, 戌午日
* **10월** : 己卯, 乙酉, 壬辰, 癸巳, 癸卯, 甲午, 壬子, 己酉, 甲申, 乙丑
* **11월** : 壬申, 甲申, 庚寅, 壬辰, 丙申, 壬寅, 甲辰, 壬子, 甲寅, 庚申日
* **12월** : 丙寅, 壬申, 癸酉, 戌寅, 甲申, 乙酉, 庚寅, 丙申, 壬寅, 甲寅, 庚申日

❖ **암공수**(暗供水) : 암공수(暗供水) : 출수혈중불견(出水穴中不見) : 암공(暗供) 된 대강(大江)의 물 앞의 작은 안산(案山)으로 곤(困)하여 혈에서는 보이지 않는다. 강직한 성품에 부왕(富旺) 해 진다. 식록과 오복을 갖추고 벼슬이 정승에 이르며 오래도록 번창한다.

❖ **압**(壓) : 묘 앞쪽의 산이 너무 높아 묘를 짓누르는 것. 묘에서 압(누르는 산)이 보이면 남들에게 억눌림을 당하며 거느리는 사람들이 주인을 업신여기고 배반하기도 한다.

❖ **앞쪽이 좁고 뒤쪽이 넓으면 좋다.** : 앞쪽이 좁고 점포의 뒤쪽이 넓은 지형(地形)의 대지(垈地)나 점포, 사무실, 가정집은 날로 번창하여 가는 특징을 보인다는 것이 일반 풍수학자들의 지적이다. 반대로 앞쪽이 넓고 뒤쪽이 좁은 집터나 가정집, 점포, 사무실 등은 재물이 빠져 나가고 곤궁하며 재능을 갖기 어려워 사회적인 출세가 어렵다. 양택 풍수에서는 이런 택지를 매우 흉하게 여긴다. 택지(宅地)로서 길상(吉相)인 것은 네모반듯한 사각형의 지형(地形)이되 정사각형 보다는 직사각형의 지형이 좋고 직사각형 중에서도 택지의 한 변의 길이가 이웃하고 있는 다른 변의 길이와 비교 했을 때 2:3 정도의 비율인 것을 가장 좋게 여긴다.

❖ **야산**(野山)**에 보기 좋은 암석**(岩石) : 야산이나 완만(緩慢)한 산에 보기 좋은 암석은 태산(泰山) 같이 간주 하라 했다. 이러한 곳에는 본인(本人)의 경험에는 질병이 위독한 사람도 신후지지(身後之地)를 결정하고 상세한 설명을 본인에게 직접 전하고 나니 건강이 회복이 되는 것을 보았습니다. 주로 장사나 장군이 배출 된다고 하였다.

❖ **앵아연익방신부**(鶯兒軟翼傍身付) : 꾀꼬리 새끼의 연한 날개는 몸 곁에 붙어 있고 제비새끼 같이 엉킨 입술을 거두어 생(生)하여 있다.

❖ **애정**(愛情)**을 잃는 색**(色) : 여자들은 흑색을 중심으로 한 모든 색상을 말한다. 흑색은 사색(死色)이라고 부르며 애도의 색채로 운기가 반드시 정체(停滯)한다. 성격도 내성적이 되고 행동력도 떨어진다. 실연색(失戀色), 과부색이라고도 부른다. 이상하게도 여성이 검은 옷을 즐겨 입게 되면 애정을 잃고 실연하거나 이혼 이야기가 나오거나 생이별하게 된다. 확실히 흑색은 여성을 아름답게 보이게 하는 점에서 멋 부리기에 더 없이 좋을지 몰라도 운명은 대단히 나빠진다. 탤런트나 연예인들이 검은 옷을 입기 시작하면 반드시 인기가 떨어져 스캔들에 휘말리거나 빚을 지거나 해서 TV나 주간지로부터 모습을 감추게 된다. 여인들은 이상하게도 모두 온통 검은 색상으로 통일된 의상을 평소부터 즐겨 입는다고 하면 특히 연인과 사이가 나빠지기 전에 거의 검은색, 회색 등의 복장이었다는 것이다. 부디 연애 중에는 검은 복장을 피하고 밝은 중간색의 의상을 즐겨 입도록 하라.

❖ **야자형**(也字形) **용자형**(用字形) **물자형**(勿字形) : 야자형(也字形)은 야자(也字) 형국에 묘(墓)를 써 놓은 곳이 경북 영천시 북안면에 영천 이씨(李氏) 시조 묘가 야자(也字) 형국에 있다. 여기

는 청룡이 조금 짧고 백호가 잘 감아준 중앙에 모셔져 있다. 야자는 문장(文章)을 말하며 후손 중에 대문장(大文章)가를 배출하여 후세(後世)에 이름을 남긴다. 물자형(勿字形)은 경주시 강동면 양동리 손씨(孫氏) 세거지(世居地) 마을에 있다. 또 일자형(日字形)은 날일(日)자 모양으로 된 형국이다. 해처럼 밝힐 위대한 인물이 태어난다고 한다. 그리고 용(用)자형은 쓸용(用)자 모양으로 된 형세다. 용(用)자에는 해와 달이 다 들어 있으므로 천지의 정기가 함께 뭉친다. 위대한 인물을 배출하고 물자형(勿字形)과 내자형(乃字形) 품자형(品字形) 역시 한문 글자 형상으로 된 곳을 말하며 대문장(大文章)와 큰 인물을 배출한다.

❖ **양균송**(楊筠松) **선생**(先生)**의 산결**(山訣) : 당나라 시대의 인물인 구빈(救貧) 양균송의 산결로 전해지는 내용이다. 산의 형세에 따라 사람의 인격, 품성, 길흉화복(吉凶禍福)등의 이론이다.

* 산이 살찌면 사람은 배부르다. 부자가 된다는 뜻이다.
* 산이 야위고 마르면 사람은 배고프고 가난하다.
* 산이 아름다우면 사람이 빼어나다. 준수(俊秀)하다.
* 산이 탁하면 사람이 더러워진다. 즉, 용렬(庸劣) 하다.
* 산이 완벽하게 보국(保局)을 이루면 사람에게 기쁜 일만 있다.
* 산이 깨지고 파손되면 사람에게 슬픈 일만 있다.
* 산이 모이면 사람이 모여든다. 산이 넓게 펴서 감아주면 사람이 장수한다.
* 산이 좁게 쪼그라 들어 감아주지 못하면 요절한다.
* 산이 밝으면 사람이 현달한다. 즉, 재주가 뛰어나다.
* 산이 어두우면 사람이 미흡하다. 어리석다.
* 산이 앞을 향해 있으면 사람이 순하다. 즉, 정직하다.
* 산이 등을 돌리고 있으면 기만한다. 즉, 정직하지 못하다.

❖ **양락유와**(陽落有窩) : 지맥이 앙장(仰掌)과 같으며 간략한 와(窩)가 생김. 양(陽)으로 떨어졌으면 손바닥을 쳐들고 있는 모습으로 자리에서는 일반적인 관행과는 반대로 되는 것이다.

❖ **양비**(**양 팔**) : 머리나 몸의 정체와 비슷하나 두겹 이상의 팔을 벌리고 있는 점이 다르다. 사살(四殺)을 피해야 한다. 팔이 곧게 뻗거나 원진수(元辰水)가 곧게 빠져 나가면 흉하다. 큰 시냇가를 좋아하며 여러 산들 사이에서 혈을 맺는다. 형국은 봉황전상형이 많다.

❖ **양의혈**(兩儀穴) : 하나의 원운이라 함은 사람이 옆으로 누울만한 원의 테두리 안을 말하는바 그 안에 음과 양의 기(氣)가 조화되어 있으며 하나의 혈을 이룬 것을 양의혈(兩儀穴) 이라 한다. 태극혈(太極穴)과 양의혈의 차이는 태극은 하나이니 기(氣)도 음이든 양이든 하나요. 양의혈은 하나가 둘이 되어 기가 그 기로 되어 있으며 음과 양의 조화가 시작된 혈을 말 하는 것이다.

❖ **양택**(陽宅)**에서 좋은 집과 나쁜 집** : 양택에서 말하는 좋은 집의 구분은 다양하다. 가족 구성원 모두를 잘 되게 하는 길성(吉性)의 좋은 기(氣)가 잘 융결(隆結) 된 곳이 좋은 집이다. 풍수가에 따라서는 좋은 집의 개념을 선성(善性)의 기(氣)를 잘 담고 있는 상자에 비유하기도 한다. 좋은 기가 잘 융결 되었다는 것은 음택 풍수에서 말하는 장풍(藏風)의 개념과 같다. 장풍이란 그저 외부의 거친 바람을 차단한다는 차원이 아니라 좋고 길(吉)한 기는 잘 간직하여 기(氣)를 갈무리한다는 뜻으로 이해하는 것이 옳다. 가족을 이롭게 하는 좋은 기가 취합되어 있고 순조롭게 순환되고 있는 집이라면 특히 잠을 고르게 잘 자고 나면 활기에 넘치게 되므로 자연적으로 생활에 윤기가 흐르고 좋은 일들이 겹치게 될 것이다. 명당길지에 자리한 주택으로서 좋은 기가 흐르면 운명을 개운(開運)하는데 이롭게 작용하고 흉기(凶氣)가 흐르는 주택이라면 그에 따른 흉작용(凶作用)은 불을 보듯 뻔한 이치이다. 사람이 활동하고 있을 때라도 나쁜 기를 계속해서 받게 되면 그에 따른 결과는 몹시 좋지 않게 되겠지만 더군다나 무의식상태로 장시간 잠을 취할 때 받게 되는 흉기(凶氣)의 작용 결과는 뇌신경을 자극함으로써 자고 일어나도 몸이 개운치 않고 머리도 맑지 않아 사고능력이 저하되는 등으로 신체와 정신계통의 질환으로 나타난다. 이러한 집에서 몇 년을 살다 보면 제아무리 좋은 사주와 관상을 타고 태어났다고 해도 흉기와 좋지 않은 영향력으로 인해 신체적인 허약, 도모하는 일의 실패 등의 불운이 닥치게 될 수 있으므로 그 사람의 행로(行路) 자체가 달라질 정도로 궁극적인 변화가 나타난다고 하겠다.

❖ **양택 풍수요지**(陽宅風水要旨) : 사주(四柱)가 아무리 좋아도 명

당(明堂) 길지(吉地) 길택(吉宅)이 아닌 곳에서 생활한다면 자신의 사주 상 운세는 영향력이 양화된다. 양택 풍수는 지자기(地磁氣), 바람, 햇볕, 불, 물 등의 제반 자연현상(自然現象)과의 조화(造化)를 도모하는데 궁극적 목적이 있다.

* 어린 아이 일수록 생가(生家) 터와 유년시절 1세부터 9세까지 살았던 집은 평생을 어디 가서 살아도 영향을 미친다.
* 장기간(長期間) 같은 집에서 오래 살수록 주택 아파트의 길흉상(吉凶相)의 영향을 받는다.
* 집터는 사가형상으로 네모반듯한 지형이 좋고 주택의 외관상으로도 들고 남이 심한 집, 복잡한 주택은 좋지 않다.
* 외관상으로 보았을 때 아파트는 요철(凹凸)이 거의 없는 사각형이면서 단순하고 실내도 비교적 청결하다는 면에서 단독주택보다 유리하다.
* 단독주택은 지기(地氣)를 가깝게 받을 수 있어서 좋다. 이런 주택에서 고층 아파트는 단독주택에 비해 불리하다.
* 재물이나 건강, 부부간의 문제는 기본적으로 사주에 나타나는 사항이지만 주거 공간에서 발생되는 길흉의 영향이 작용하여 그 운세가 발현되는 속도와 강도가 조금씩 달라진다.
* 주택 안이 불결하고 복잡하며 주택의 외관마저 복잡하다면 가족들의 품행도 방정 하지 못하고 사고방식도 명료하지 않다. 양택 풍수의 이치로 보아 좋은 집의 담장은 적당한 높이로 있을수록 그 좋은 운세가 크게 미친다. 또한 흉상(凶相)인 주택일지라도 담장이 낮거나 바람과 외부의 기(氣)가 잘 통하는 형태이거나 혹은 아예 담장이 없는 경우에는 그 흉작용도 다소는 감소된다. 겨울에는 약간 차가운 듯 한 집이 너무 따뜻한 집보다 풍수지리학적으로 보아 길상이다.
* 주택의 어느 부분이든지 수리 할 곳이 생기면 즉각 고치는 것이 좋다.
* 주택의 정북(正北)이나 정남(正南)에는 일체의 잡다한 물건이 없어야 좋다. 화장실이나 하수구 등은 주의해야 한다.
* 협소하고 저층의 주택일수록 물, 불, 햇볕, 청결 여부가 가사의 길흉에 더 크게 비중을 나타내고 넓고 큰 주택일수록 집터가 앉는 위치나 주택의 방향, 대문의 방향 위치에 따른 영향력이 큰 비중을 차지한다.
* 주택의 크기는 빈방이 남지 않을 정도가 적당하되 아파트나 다세대 주택의 경우 일인당 약 6평의 공간이 적당하다.
* 문짝이 문틀과 아귀가 잘 맞지 않은 주택은 가족들이 실족(失足)하여 다리를 다치거나 손을 잘못 짚어 다치기 쉽고 가정 내에 불화도 심해진다.
* 창문이나 출입문이 너무 많은 집이나 서쪽에 창문이나 출입문이 많거나 지나치게 큰 창문이 있는 집은 말썽이 많은 집이 된다. 또한 여자 쪽의 내 주장이 강해서 재물운도 약화되는 것으로 본다.
* 각종 문(방문, 창문, 현관문)은 너무 많아도 좋지 않고 너무 적어도 좋지 않다. 좌우(左右)나 남북(南北)쪽의 창문이 일직선상으로 마주하여 바람이 바로 통하는 구조도 겨울에는 좋지 않다.

❖ **양혈**(陽穴)**에 음혈**(陰穴), **음혈**(陰穴)**에 양혈**(陽穴) : 오목하게 생긴 혈장(묘 자리)을 양혈(陽穴)이라 하는 와혈(窩穴)과 겸혈(鉗穴)을 말하고 볼록하게 생긴 혈장(묘 자리)을 음혈(陰穴)이라고 말한다. 오목한 것은 와혈이나 겸혈이다. 볼록한 모양의 묘 자리는 음혈이라고 하는데 돌혈(突穴)이 약간 볼록한 것은 유혈(乳穴)이다. 그런데 정확한 혈장은 와나 겸의 혈장(묘 자리)에서는 약간 미돌(微突)한 부분에 있다. 유나 돌의 묘 자리에서는 약간 오목하게 미와(微窩)한 부분에 있다. 이는 음중양하고 양중음 하는 자연의 이치이다. 용을 분류할 때도 마찬가지이다. 볼록하여 혈장보다 높은 곳을 음룡(陰龍)이라하고 평평하여 약간 낮은 곳을 양룡(陽龍)이라 한다. 양룡 에서는 음혈(陰穴)을 음룡 에서는 양혈(陽穴)을 맺는 것이 지리의 이치이다.

❖ **어린이 침실** : 아들이 용이 되길 바라고 딸이 봉황이 되길 바라는 것은 모든 부모의 대자대비(大慈大悲)한 마음의 발로이다. 하지만 지나치게 자녀를 총애하고 또한 자녀가 안정되고 편안한 독서 공간을 갖도록 바라기 때문에 침실이나 공부방의 배치와 같은 경우에는 가능한 한 좋고 아름답도록 강구하지 않는 이가 없다.

* 어린이의 침실 벽에 너무 어지러운 벽지를 발라서는 안 된다.

* 어린이의 침실 벽에 괴상한 동물 그림을 붙여서는 안 된다.
* 어린이의 침실 벽에 무사가 전투하는 그림을 붙여서는 안 된다.
* 어린이의 심성에 호전적이고 사나운 심리 상태를 방지 한다.
* 어린이의 침실 벽에 분홍색을 칠해서는 안 된다. 개성이 사납고 조급해져 불안해 진다.
* 어린이의 침실 바닥에 짙은 홍색의 카펫을 깔아 서는 안 된다.
* 어린이의 침실 바닥에 털이 긴 카펫을 깔아 서는 안 된다. 기관지염에 걸리기 쉽다. 어린이의 침실은 가능한 청결하게 정리해야 한다. 그렇지 않으면 산만한 습성이 길러지기 쉽다.
* 어린이의 책상 등 뒤나 좌우가 문에 부딪치게 해서는 안 된다.
* 어린이의 책상은 창문 앞에 놓아서는 안 된다.
* 어린이의 책상 앞에 마음을 압박할 수 있는 물건을 놓아서는 안 된다.
* 어린이의 책상에 앉아서 바깥쪽이 훤히 보여서는 안 된다.
* 어린이의 침대가 대들보 밑에 있어서는 안 된다.
* 어린이의 침대가 베란다 방에 있어서는 안 된다.
* 어린이의 침대가 주방 부뚜막 가까이에 있어서는 안 된다.
* 어린이의 침대와 책상의 오른쪽에 모니터가 있어서는 안 된다.
* 어린이의 침실의 천장은 유백색으로 해야 좋고 어두운 색은 흉하다.
* 어린이 침실의 천장에는 가로세로 장식을 해서는 안 된다.
* 어린이의 침실 천장에 괴상한 모양의 장식을 매달아 서는 안 된다.
* 어린이의 침실로 들어가는 곳에 거울을 두어 문에 부딪치게 해서는 안 된다. 구설과 시비가 많다.
* 어린이 침실은 밝고 깨끗하고 빛이 나야하고 어둡고 흐려서는 안 된다.
* 어린이의 침실은 서(西)쪽에 두어서는 안 된다.
* 어린이의 침실은 동(東)쪽 방이 좋다. 저절로 총명해진다.

❖ **언뜻 보기에는 명당자리가 아닌 것 같은데** : 언뜻 보기에는 묘(墓) 자리 같지 않은데 이것을 괴혈(怪穴)이라 하는데 혈토(穴土)가 나오는데 진혈(眞穴)이다. 생기(生氣)가 응결 된 묘 자리에는 반드시 비석비토(非石非土:흙도 아니고 돌도 아닌 것)의 홍황자윤(紅黃慈潤) 한 흙이 나와야 한다. 일반적으로 혈은 수려(秀麗)하고 단정한 주산(主山)에서 나온 용맥이 행룡(行龍)으로 멈춘 용진처(龍盡處)에 묘 자리가 있다. 주룡은 기세(氣勢)가 있고 변화해야 하며 청룡 백호를 비롯한 주변 산세는 모두 유정하게 감싸고 있는 곳이다. 보국(保局)은 안정 되어 있고 명당은 평탄 원만한 곳이다. 이러한 골짜기에서 나오는 물들은 모두 명당에 모여 묘 자리를 감싸주고 있는데 하나의 파구(破口)처에 물이 모여 빠져 나간다.

❖ **어병금대형**(御屛錦帶形) : 뒤에는 병풍을 치고 허리에는 금대(錦帶)를 두른 벼슬아치들의 형상(形相)이다. 혈(묘)은 허리띠에 있다. 벼슬이 높고 부귀공명(富貴功名)을 다 얻는다.

❖ **어옹수조형**(漁翁垂釣形) : 늙은 어부나 낚시꾼이 낚싯대를 물가에 드리우고 물고기를 낚는 형상으로 혈(묘) 앞에 큰물이 흘러야 한다. 안산과 주변에는 물고기와 낚싯대 낚시 바늘 어마에 해당되는 사격이 있어야 한다. 낚싯대는 길쭉한 산 능선이, 낚시 바늘은 작은 암석이다. 주로 거부(巨富)가 나고 자손이 벼슬길에 오른다.

❖ **언덕과 하천이 있는 주택** : 서(西)쪽에서 하천이 동(東)쪽으로 천천히 흐르는 하천이 있으면 서출동규라 최고의 동네이고 최적의 주택 아파트이다. 이러한 곳에 살면 신혼부부이면 총명한 자손을 얻고 온 가족이 건강하고 재물도 모일 것이다.

❖ **언청이 나는 곳** : 언청이는 을진룡(乙辰龍)이나 묘입수(卯入首)와 순전(脣氈)이 찢어진 곳이 있으면 언청이가 나온다고 한다.

❖ **영리역수형**(靈鯉逆水形) : 신령스러운 잉어가 물을 거슬러 올라가는 모습을 연상시킨다. 혈은 잉어의 입이나 아가미에 있고 안산은 작은 물고기 같은 사격이나 호수, 연못 또는 물결처럼 생긴 작은 야산이다.

❖ **역마사**(驛馬砂) : 삼합(三合) 또는 4대국(四代局)과 12신살(十二神殺) 법으로 봐서 역마살방위(驛馬殺方位)에 마형(馬亨)의 산봉(山峰)이 있으면 부귀속발(富貴速發)하고 마(馬)위에 귀인이 앉아 있으면 더욱 좋다.

❖ **역적**(逆賊) **반란자**(叛亂者) : 계축신방위(癸丑申方位)에 적기사(賊旗砂)가 있으면 역적, 반란자(逆賊, 叛亂者)가 나와서 국가를

시끄럽게 한다.

❖ **연못이 마당에 있으면 좋지 않다** : 집의 터가 넓다고 마당에 연못을 만들거나 원래 작은 연못이 있었다면 그 집터는 바로 수맥(水脈)이 지나는 집이나 물이 고일 수 있는 습지이므로 좋지 않다. 시골에 가면 아무리 넓은 마당을 가졌다 해도 우물을 집 앞에 파지 않고 동네 우물을 길어다 먹는 것을 종종 볼 수 있는데 이것 또한 이러한 논리에 입각한 것이다. 도시에서도 마당에 연못이 있을 경우 조금만 관리를 소홀히 하면 물은 썩게 마련이고 썩은 물이 마당에 있으면 질병을 유도하기 쉽다. 이런 집들을 방문해보면 식솔들이 거의 다 신경통을 앓고 있는 것을 흔히 볼 수 있다.

❖ **영라 앙천형**(靈螺仰天刑) : 신령스러운 소라나 다슬기가 하늘을 바라보고 있는 형상(形狀) 이다. 혈(묘)은 소라나 다슬기의 입 중앙에 있고 안산은 하늘의 구름이나 해 달과 같이 산이 있어야 제격이다.

❖ **옛날 조상님들은** : 옛날 우리 조상님들은 집을 짓는 택지 선정을 비산비야(非山非野)로 선택하였듯이 도시 계획을 입안 할 때 풍수 지리학상으로 간단한 원리에 따라 시도하면 아무런 문제가 없을 터인데 상극(相剋)의 힘만 믿고 겁 없이 자연(自然)을 망가뜨리다가 스스로 모순에 빠져 재앙을 당하는 것이다.

❖ **옛날 주택과 아파트** : 옛날의 주택들은 과학적이었다. 가족의 현재와 미래를 볼 수 있는 중요한 잣대 중의 하나였다. 집터인 지상(地上)과 주택 3요결법의 길흉(吉凶)에 따라서 가족들의 운명(運命)도 영향을 받는다는 것이 수천 년의 역사를 지닌 주택풍수학(住宅風水學)에서 전해 온 것이다. 지금은 현대인들이 맞벌이를 하다 보니 아파트를 선호함에 분명한 근거와 합리적인 이유가 있다. 아파트가 현대인들 앞에 등장한 이유는 여성들의 사회진출이 증가했고 가부장적인 가족체계로 인해서 사회구성원들의 공간적인 이동의 속도가 매우 활발하고 그리고 인구의 도시화로 인한 인구 도시집중, 도시 토지 이용의 한계에 부닥친 국가들은 도시지역의 영토를 수평적으로 늘릴 수가 없기에 토지(土地)를 수직(垂直)적으로 활용하여 초고층 아파트를 짓기 시작 하였던 것이다.

❖ **옛날부터 장맛 보고 딸 준다는 말** : 옛날부터 장맛보고 딸 준다는 속담도 있고 아기 서고 담근 장으로 그 아기 시집 갈 때 국수를 만다는 말도 있다. 그래서 집집마다 대를 물려서 먹는 장맛은 그 집안의 문화 수준을 알 수 있다고 하였다. 그 가문의 전통은 술맛으로 알고 그 가문의 아낙네들의 음식 솜씨는 장맛으로 안다고 하였다. 그래서 아낙들은 장을 담글 때 정성을 다하여 장독대에 검은 줄을 두르고 신경을 써왔다. 장은 모든 맛의 으뜸이므로 장맛이 잘못되면 집안에 재앙(災殃)이 있다고 믿었다.

❖ **옛날의 주택**(住宅)**과 건축물**(建築物) : 옛날에 집을 지을 때 일(日)자, 월(月)자형 같이 좋은 글자 모양의 형상으로 집을 지었다. 일(日)자형과 월(月)자형을 합(合)하면 밝을 명(明)자로 하지 않고 쓸 용(用)자로 한 것은 명(明)자는 日, 月이 나란히 합체가 되어 이를 분할 할 수 없는 독립된 문자가 되기 때문이다. 그리고 또 길(吉)자 공(工)자 품(品)자도 주택으로 지어 살아왔다.

❖ **옛날부터 묘 자리가 좋고 나쁨은 먼저 하수사**(下手砂)**를 보라** : 용이 혈(묘)을 결지(結地)하고 남은 여기(餘氣)가 하수사(下手砂)를 만든다. 때문에 옛날부터 묘 자리가 좋고 나쁨은 먼저 하수사를 보고 판단하라고 하였다. 또 하수사의 중요성을 강조하여 혈을 찾을 때 용맥 보다 하수사가 혈(묘) 앞을 감아 주었는지의 여부를 먼저 보라고 하였다. 혈(묘)의 결지(結地)가 온전한 가 아닌가의 판단은 하수사(下手砂)가 단단하고 촘촘하게 있는지를 살피면 알 수 있다. 혈의 결지는 하수사와 밀접한 관계가 있다. 하수사가 있으면 혈이 결지 할 수 있으나 하수사가 없으면 혈의 결지가 힘들다. 하수사가 크고 여러 개가 많이 중첩되어 있으면 대혈(大穴)의 증거다. 하수사가 주첩 되지 않고 작으면 소혈이다.

❖ **오귀속화**(五鬼屬火) : 오귀속화란 흉험과 환란이 닥치고 병정인오술년(丙丁寅午戌年)에 불상사와 손재, 구설, 관액(官厄), 시비, 말썽, 회재, 도적 등의 피해가 발생되며 아들 둘이 생기고 장 자손에게 불행이 닥친다.

❖ **오역사**(忤逆砂) : 청룡이나 백호 끝자락이 지나치게 크면 역모자가 난다. 용진혈적(龍眞穴的)한 곳이라도 청룡 백호가 비주

(飛走)하거나 그 끝이 우뚝 솟아 혈을 능압(陵壓) 하듯이 있다. 또 도적봉인 규산봉(窺山峰)이 혈(묘)에서 보이면 신하는 역모하고 자손은 불효하다.

❖ **옥녀단좌형**(玉女端坐形) : 옥녀(玉女)는 주산(主山)이 금성체(金星體)로 산봉우리가 마치 여자의 머리처럼 둥글게 생기고 머리카락처럼 여러 개의 지각(枝脚)이 있는 것을 말한다. 옥녀(玉女)가 단장(丹粧) 한다는 것은 여자가 화장하는 것을 의미하므로 안산이 거울처럼 생긴 명경안(明鏡案)이나 머리빗 닮은 산이나 바위가 있으면 더욱 좋다. 옥녀 형국은 자손들이 용모가 준수(俊秀)하고 아리따워 다른 사람들로부터 사랑을 받는다. 주로 여자가 똑똑하고 아름다워 크게 발복하거나 여자로 인해서 남자가 출세(出世)한다. 용과 혈(묘)이 상격(上格)이면 성품이 고상하고 깨끗한 빼어난 인물을 배출한다. 또 남녀가 모두 높은 지위에 오르며 왕비가 나와 부귀쌍전(富貴雙全)한다.

❖ **옥계수**(玉階水) : 옥계수란 계단처럼 된 물처럼 뒤에 옥계수가 안산(案山)으로 보전 되어야 계단을 타고 걸음을 걷는다. 옥계수에는 재물이 산처럼 보인다.

❖ **온천수**(溫泉水) : 우리나라에는 어느 곳이나 지하(地下) 팔십미터(80m) 땅을 파면 온천수가 나온다고 한다. 온천수란 땅속에서 뜨거운 물이 솟아나는 샘을 말한다. 유황(流黃)이 물 밑에 있어 물이 위로 올라오면서 끓어서 더워지는 물이라 한다. 오늘날 온천수는 땅속의 생기(生氣)를 발산시켜 흩어지게 하므로 결혈(結穴)이 맺지 않는다. 따라서 온천에서는 묘(墓) 자리를 찾지 말아야 한다.

❖ **와혈상**(窩穴相) : 와혈은 가운데가 둥글게 요(凹)한 곳으로 오목하고 현능(弦稜)이 명백하고 전순(氈脣)이 형국에 맞도록 아름다워야 진혈(眞穴)이 될 수 있으며 점혈은 약간 높은 곳에 취함이 타당하다.

❖ **와호수호형**(臥虎睡虎形) : 복호형이 짐승을 잡아먹기 위해 엎드려 있다면 와호 형이나 수호 형은 짐승을 노리지 않고 누워있거나 꾸벅꾸벅 졸고 있는 형상이다. 산세가 온화하면서 편안하다. 혈(묘)은 호랑이 머리나 젖가슴, 배꼽 부분에 있고 안산은 짐승들이 한가롭게 노니는 형상이 있어야 하고 용맹스럽게 건강하면서도 여유가 있는 사람을 많이 배출한다.

❖ **왕비사**(王妃砂) **어병사**(御屛砂) : 혈 뒤에 어병사가 있고 아미사가 안산이 되면 왕비가 난다. 용진혈적(龍眞穴的)한 곳에 병풍을 친 것 같은 어병사(御屛砂)가 혈(묘) 뒤에 있고 미인의 눈썹 같은 아미사(蛾眉砂)가 안산(案山)이 되면 왕비가 나다. 또 족두리 같은 화관사(花冠砂)가 손방위(巽方位)나 건방위(乾方位)에 있으면 여자가 또는 남자도 귀하게 된다. 곤방위는 여자를 뜻하고 건방위는 남자를 뜻 한다.

❖ **외눈박이 출생** : 외눈(目)박이 출생은 해임룡亥壬龍) 임자국(壬子局)이나 인갑룡(寅甲龍)에 갑묘국(甲卯局)이고 안흠(眼欠)은 자오방(子午方)에 악석(惡石)이 있는 경우 맹인은 계축룡(癸丑龍) 갑묘좌(甲卯坐) 4장국에 직장사가 있는 경우.

❖ **요감정혈법**(繇減定穴法) : 요감이란 넉넉한 것을 덜고 부족한 것은 보태는 것인데 용혈사수(龍穴砂水)의 형세를 요감 조정하여(음양의 조정) 기가 혈로 모이도록 하는데 있다. 쉽게 말 한다면 용혈사수등의 형세가 좌우로 고르지 못한 경우 산의 정기도 한쪽으로 치우치게 되므로 양쪽의 형세를 고르게 하여 정혈 하는 방법이다. 구체적 방법은 청룡이 장대하면 혈을 왼쪽 청룡 쪽으로 당겨서 정혈하고 청룡에서물이 역관토록 해야 오른쪽 물이 도좌(倒左)하여 역수하므로 혈지(묘 자리)가 보강되고 수법(水法)도 또한 합법이다. 백호가 청룡보다 장대하면 혈을 오른쪽 백호 쪽으로 당겨 세워야 한다. 백호가 역관(逆關)이 되어야 왼쪽 물이 도우(倒右)하여 역수하므로 혈지가 보강되고 수법 역시 합법인 것이다.

❖ **요금**(寥金精)**의 6계론**(六戒論) : 당나라 사람 요금정(寥金精) 선생이 여섯 가지를 삼가라고 경계하였다.

(1) 물이 배반하고 달아나는 거수지(去水地)에는 묘를 쓰지 마라. 당대에 집안사람이 망하리라 하였다.

(2) 칼등같이 마르고 곧고 딱딱하고 날카로운 산의 능선을 찾지 말라 하시었고 그러한 곳에 묘를 써주면 지관이 죽는다 하였다.

(3) 청룡 백호의 허리가 끊겨 그 곳으로 살풍이 불어오는 요풍혈(凹風穴)에 묘를 쓰지 말라 하시었고 묘를 쓰면 사람이 상

할 수도 있고 집안이 어려울 수도 있다.

(4) 안산(案山)이 없으면 재물이 없다 하시었고 하는 일마다 되는 것이 없다 하였다.

(5) 명당이 울 먹진 곳에 묘를 쓰게 되면 자손이 고칠 수 없는 만성 질환자가 있게 되고 자손이 가난을 면하기가 어렵다 하였다.

(6) 청룡이 한쪽으로 치우치면 형제간에 원수지는 일이 있게 되고 백호가 한쪽으로 치우쳐 달아나면 자손들이 이혼하는 일이 있게 되고 아무리 많은 재산을 가졌다 해도 차차 재물의 손실이 있다 하였다.

❖ **요성(曜星) 혈(묘)을 맺고도 남은 여기(餘氣)가 혈장을 보호하기 위해 붙어 있는 산** : 요성(曜星)이란 주룡(主龍)의 기운(氣運)이 왕성(旺成)하여 혈(묘 자리)을 맺고도 남은 것으로 생긴 작은 사격이다. 용이나 혈장(穴場 : 묘 자리) 혹은 명당 좌우에 붙어 있는 산이나 암석이 있다. 용혈의 정기가 왕성하여 밖으로 뿜어져 생긴 것으로 보면 된다. 따라서 요성이 있는 혈은 그만큼 기세가 크다는 것을 증명한다. 요성은 흙이나 암석으로 되어 있으며 위치는 정해져 있지 않다. 용이나 혈장 명당(明堂) 파구(破口) 청룡(青龍) 백호(白虎) 등 어느 곳에서나 있을 수 있다. 요성은 혈과 가까이 있으면서 잘 감싸주어야 좋다. 또 혈에 비해 지나치게 크지 않아야 한다. 칼 같은 요성이 혈지(穴地 : 묘 자리)에 있으면 보검이 되지만 비 혈지에 붙어 있으면 흉기(凶器)가 된다. 요성의 생김새는 다양하나 창이나 화살 같이 뾰족한 것도 있다. 대개 사격이 뾰족하고 날카로운 것은 흉성(凶星)이 많으므로 요성의 구분은 쉽지 않다. 이를 구분하는 기준은 용과 혈에서 찾아야 한다. 똑같이 뾰족한 것이라도 용진혈적한 곳에서는 길한 요성이 된다. 반면 비 혈지에서는 흉한 살성이 된다. 이를 사람에 비유하면 다음과 같다. 장군이나 높은 관직에 있는 사람이 칼을 차고 있으면 귀인을 상징하는 보검이 되고 강도나 깡패가 칼을 가지고 있으면 흉측한 흉기고 보이고 똑같은 칼이라도 높은 관직에 있는 사람이 칼을 차고 있으면 보검으로 보이지만 비천(飛天)한 사람이 차고 있으면 흉악범으로 보인다. 그리고 묘(墓) 좌측이 칼 같이 보이거나 손가락 같이 보이면 남자 자손의 손가락이 절단되기도 한다. 우측이면 여자 자손의 손가락이 절단되기도 한다.

❖ **요대수**(腰帶水) : 요대수는 맑고 고요한 물이 혈(묘)을 감싸고 흐르는 것으로 마치 허리띠와 같은 모습이다. 금성수(金城水)에 해당된다. 용진혈적에 금성수 , 요대수가 혈을 감싸고 흐르면 현귀치부(顯貴致富) 한다.

❖ **요성**(曜星) : 요성이란 주룡(主龍)의 기운(氣運)이 왕성(旺成)하여 혈 자리를 맺고도 남은 것으로 생긴 작은 사격(砂格)이다. 용이나 혈장(穴場) 혹은 명당(明堂) 좌우에 붙어 있다. 용혈(龍穴)의 정기가 왕성하여 밖으로 뿜어져 생긴 것이라고 보면 된다. 따라서 요성이 있는 혈은 그만큼 기세가 크다는 것을 증명한다. 요성은 흙이나 바위로 되어 있으며 위치는 정해져 있지 않다. 용이나 혈장, 명당, 파구, 청룡, 백호 등 어느 곳에서나 있을 수 있다. 요성은 혈(묘)과 가까이 있으면서 잘 감싸주어야 좋다. 또 혈에 비해 지나치게 크지 않아야 한다.

❖ **요절혈** : 인체의 허리에 비유되는 곳에 융결 되는 혈로써 혈지는 봉요(奉邀)와 학슬(鶴膝)처럼 결인된 용의 허리에 해당되는 곳이며 혈상은 와(窩)가 정격이다. 여기 혈지에 생기(生氣)가 뭉치고 용호가 회포하고 수세가 감이 돌면 대길지에 해당된다.

❖ **요포명당(澆佨明堂) 어병사가 감싸준 곳** : 좌우(左右)에서 어병사(御兵砂)가 활 모양으로 둘러 싸주니 물도 수성(水城)처럼 둘러 감싸 주는 곳을 말한다. 요포명당은 발복이 매우 빠르다. 이러한 곳은 부귀(富貴)가 유장(有長)하게 간다.

❖ **용세가 멈추고 혈형(穴形)이 우뚝하면** : 앞에는 계곡물이 천천히 흐르고 뒤에는 산이 받쳐주면 그 자손은 장수하고 지위가 높을 것이다. 산형이 멈추면 혈(묘 자리)을 맺고 용세가 바르고 앞으로 안산이 휘어 돌아서 감싸주고 있으면 금과 곡식과 아름다운 보물이 가득 할 것이다. 산 따라 물이 나타나 멀리서부터 와서 서로 주시하면 혈은 반드시 돌아서 바라 볼 것이다. 하늘의 기운이 땅에 비우고 모든 하천(河川)이 하나로 모여 있으면 진룡(眞龍)은 자리를 잡아 행룡은 멈추는 것이다. 누가 깊고 미묘한 이치를 분별할 수 있겠는가.

❖ **용의 면배**(面拜) : 우주 만물에는 반드시 음과 양이 있고 앞면

과 뒷면이 있다. 면(面)은 양에 속하며 밝고 아름답고 유정한 앞쪽을 말한다. 배(背)는 음에 속하며 어둡고 험하고 무정한 뒤쪽을 말한다. 사람에게도 얼굴의 눈, 코, 입과 가슴, 배 등 중요 기관은 앞면에 있다. 뒷면 등은 앞면을 보호하고 지탱하는 역할을 한다. 용도 마찬가지다. 앞쪽 면은 용세가 밝고 수려하다. 또 청룡 백호 등 여러 산이 유정하게 감싸주어 혈(묘 자리)을 결지 할 수 있다. 반면에 뒤쪽 배는 사람의 등처럼 깍아 지른 듯 절벽이다. 또한 험하고 어둡고 무정하여 앞면을 지탱하여 줄 뿐 혈을 결지 할 수 없다. 따라서 혈을 찾으려 할 때에는 먼저 주룡의 면과 배를 확인하고 면 쪽에서 찾아야 한다.

❖ **용(龍)이나 뱀의 형상에 혈을 찾는다.** : 산이 기복(起伏)이 없으며 구불구불하여 용(龍)이나 뱀으로 보이는 형상을 말하며 용의 머리나 뱀의 머리 ,복부, 이마 등에 해당되는 곳에서 혈(묘 자리)을 찾는다. 용의 경우 여의주 대해수(大海水) 대강수(大江水) 같은 안산이나 사격이 있어야 하고 뱀의 경우 개구리 같은 안산이나 있어야 재격이다. 용과 뱀의 구분은 쉽지 않으나 용의 기세가 크면 용으로 보고 작으면 뱀으로 본다. 한편, 뱀의 입에 해당되는 곳은 독이 있어 사람이 다치기 쉽고 절손(絶孫) 될 확률이 높다.

❖ **용천팔혈**(龍天八穴) : 용천팔혈은 좌(坐)와 망인의 생년(生年)이 연운으로 용천지인혈(龍天地人穴)에 맞으면 길(吉)이 되고 패절귀(혈敗絶鬼穴)에 맞으면 불길(不吉)로 되는 법이다. 5산년운(五山年運)은 목화토금수(木(土金水)이다. 5산에 각각 속하여 있는 산좌(山座)는 홍범오행(洪範五行)으로 이루어져 있으며 그 산운(山運)은 행사년(行事年)에 의하여 달라지는 바 그 달라진 산운의 오행이 행사년의 납음5행의 생(生)을 받으면 길(吉)이요 극(剋)을 받으면 불길(不吉)이 되는 법이다. 이외에도 유사한 법이 많이 있으나 이 많은 법이 다 필요한 것이 아니다. 또 이모든 법은 택일법이나 할 때 두 가지 모두라고 대답할 수 밖에 없을 것 같다. 왜냐하면 혈길장흉(穴吉葬凶)이면 여엽시동(與葉屍同)이라 했으니 택일과 택좌(宅坐)는 따로 할 수 없는 이치이기 때문이다. 즉, 좌(坐)를 정하자면 행사하는 연월일시외에 운이 맞아야 유골이 혈의 생기(生氣)를 받아 유골은 안식을 누리고 자손은 음덕(陰德)을 받는 것이니 좌(坐)를 정하고 행사 년과 운을 보아 운이 맞지 않을 경우 좌를 고수하자면 행사년을 변경해야 할 것이요 행사 년이 불가피 했을 경우 좌(坐)가 변경 되는 수밖에 없는 것이며 모든 법의 활용이다. 물론 용천팔혈과 같이 좌와 망명(亡命)에 생년 태세의 연운(年運)으로 좌를 택하는 방법도 있다. 그러나 법은 구묘(舊墓)와 망명(亡命) 태세(太歲)가 몇 년에서 수십 년, 수백 년이 될 수도 있으니 망명의 생년태세를 알 수 있음은 그리 쉬운 일이 아니며 확실성도 부족할 것이며 합당한 방법으로 볼 수만은 없을 것이다.

❖ **용호**(龍虎) **상충**(相沖) : 청룡 백호의 상충은 혈육(血肉)간에 상쟁이 있고 관재가 따르고 충(沖)을 받는 쪽의 자손은 요수(夭壽)하게 된다.

❖ **용호증혈**(龍虎證穴) **유정하게 감싸주어야 한다.** : 청룡 백호가 양팔을 벌려 혈을 다정하게 감싸 안아주었는지 살핀다. 청룡 백호는 바람을 막아주고 물을 다스려 보국을 안정시키는 역할을 한다. 혈의 생기는 안정된 곳에서만 융결이 가능하다. 청룡 백호의 양능선이 혈(穴)쪽을 향하여 감아주어야 한다. 그래야 산 따라 흐르는 물도 혈을 향해 유정하게 감싸주게 되어 생기가 융결 할 수 있다. 만약 청룡 백호가 등을 돌려 혈을 배반하면 물 역시 배반하여 묘 자리를 감싸주지 못한다. 이때는 생기가 융결 하지 못하므로 혈을 맺을 수 없다. 청룡 백호가 모두 높으면 혈도 높은 곳에 맺고 낮으면 혈도 낮은 곳에 있다. 청룡이 길고 강하면 청룡 쪽으로 치우쳐 혈을 맺는다. 백호가 길고 강하면 백호 쪽으로 향하여 맺는다. 청룡은 높은데 백호가 낮거나 백호는 높은데 청룡이 낮으면 혈은 중간 높이인 인혈(人穴)에 결지(結志) 한다. 청룡 백호가 모두 유정하고 둘 다 높지도 낮지도 않은 중간 높이면 혈도 중간 높이에 있다. 또 청룡은 있으나 백호가 없고 백호는 있으나 청룡이 없으면 없는 쪽을 물이 대신 감싸주어 청룡 백호 역할을 한다. 이를 수이대지(水而代之)한다고 하며 수청룡(水青龍) 수백호(水白虎) 라 한다.

❖ **용호첨두**(龍虎尖頭) : 청룡이나 백호의 끝이 날카롭고 뾰족하여 혈을 향해서 찌르는 형상이거나 청룡 백호 두 끝이 서로 마주보고 싸우고 다투는 모습이면 흉하다.

❖ **용호환포**(龍虎環抱) : 용호환포란 청룡과 백호가 좌우에서 겹겹으로 유정하게 관쇄하면서 환포되어 있어야 길(吉)하다.

❖ **우리나라 풍수지리의 역사** : 우리나라에서는 언제부터 풍수사상이 전개 되었는지 분명하지 않다. 우리 고유의 자생적 풍수와 관련해서 삼국유사에는 신라 4대 왕인 석탈해 왕이 집터를 잘 잡아 왕이 되었다는 기록이 있다. 고구려의 고분 벽화에는 청룡(東)쪽 백호(西)쪽 주작(朱雀) 남(南)쪽 현무(玄武) 북(北)쪽의 사신도(四神圖)가 그려져 있다. 현존하는 사찰(절) 등의 지형지세(地形地勢)를 미루어 보면 삼국 초기부터 국가경영과 국민의 생활 편리에 풍수가 적용되면서 실용화 된 것으로 추정된다. 한국의 자생풍수가 중국의 영향을 받은 것은 통일신라 말기로 짐작된다. 왜냐하면 당시 선종 계통의 승려들이 당나라에 유학을 하고 돌아오면서 풍수설을 배워왔기 때문이다. 그들은 일반 대중을 포교하는 방법으로 풍수설을 활용했다. 그 중에서도 도선이 이를 우리의 자생풍수와 접목하여 풍수지리를 집대성한 것으로 여겨진다. 고려시대에는 불교와 풍수설 그리고 도참사상이 사회를 이끈 주도적 사상이었다. 태조의 훈요 10조에는 풍수적 사고관념이 잘 나타나 있다. 그 가운데 대표적인 것은 2훈, 5훈, 8훈 이다. 고려시대의 풍수설은 주로 승려들이 담당하였다. 이들은 대부분 도선의 후계자를 자처하며 도선의 저술로 알려진 비기(秘記)에 따라 자신의 주장을 내세웠다. 묘청은 서경 천도 설을 주장하였고 공민왕 때 승려 보우는 한양 천도 설을 주장하였다. 신돈은 충주 천도 설을 주장했으며 훗날 나옹선사와 그의 제자 무학 대사는 조선 개국을 도왔다. 조선시대에는 불가에서 뿐만 아니고 유가에서도 많은 풍수명사들이 나왔다. 이성계는 역성혁명에 성공하자 정권찬탈의 당위성과 민심수습을 위하여 풍수지리설을 이용하였다. 유학을 정치이념으로 내세웠던 조선조에도 풍수에 대한관심은 더욱 높아졌다. 이에 음양과(陰陽科)를 설치하여 과거시험을 통하여 지관을 뽑았다. 또한 사대부가에서 풍수지리학을 모르고 행세할 수가 없었다. 선비나 승려들 사이에서도 기인이나 도사들이 많이 나왔다. 민간에서는 풍수설이 신앙화 되어 음택(陰宅)이 널리 유행되기도 하였다. 그러나 풍수지리에 대한 의존도가 너무 지나쳐 사회문제가 되기도 했다. 명당을 찾아 부모를 묻어 부귀영달(富貴榮達) 하려는 이기적인 방법이 팽배했기 때문에 묘지(墓地)를 둘러싼 폐단이 심해졌다. 그리하여 정약용, 박제가 등의 실학자들은 그들의 저서를 통해 풍수의 폐단을 지적하기에 이르렀다. 근대 개화기들의 계몽 파들은 풍수지리설을 크게 비난하였으며 일제 강점기에는 미신으로 까지 규정되었다. 일제는 풍수지리가 미신이라고 주장하면서도 그들의 식민지 통치에 철저하게 풍수를 이용하였다. 총독부가 중심이 되어 전국의 풍수자료를 수집하여 명혈의 지맥을 자르고 정기 맺힌 명산에 쇠말뚝을 박는 등 조선 민중들로 하여금 패배의식에 젖도록 하였다. 현대에 와서는 환경문제가 대두되면서 다시 풍수지리가 활발하게 연구되고 도시계획 등에 응용되고 있다. 우리나라에서 발간된 풍수 서적 중에는 학문적으로 체제가 정립된 것은 없고 산서나 비기 등이 많이 있다. 실제로 산천(山川)을 돌아보고 전국 각지의 풍수적 길흉을 기술한 책들이 많이 있다.

❖ **우뚝 솟은 봉우리 정상에 있는 묘 자리** : 우뚝 솟은 산봉우리 정상에 있는 혈은 멀리서 보면 홀로 노출되어 있어 춥고 외롭게 보인다. 사방에서 불어오는 바람을 받으므로 그 피해가 심각할 것 같다. 그러나 혈처에 오르면 주변의 산들이 둘러싸고 있다. 밑에서 보는 것과는 전혀 다르게 바람을 타지 않으며 아늑하고 따뜻하다. 혈(묘)이 있으면 높은 가운데에서도 평평한 곳에서 구한다. 정혈처(定穴處)는 돌중미와(突中微窩) 한 곳으로 약간 오목하다. 혈 좌우에는 선 익이 두툼하게 있어 바람을 막아준다. 옛 사람이 말하기를 팔풍을 타는 땅은 보기에는 추운 것 같으나 혈에 당도하여 보면 따뜻하다. 혈(묘) 옆에서 바라보면 드러난 것 같으나 올라보면 감추어졌다. 속안으로는 알아보지 못하고 대개 노한(露寒) 함만을 험으로 삼는 곳이라 하였다.

❖ **우마류형**(牛馬類形) : 산의 형상을 소나 말에 비유하여 혈(묘)을 찾는 것으로 주로 이마, 귀, 코, 젖 등으로 추정되는 곳에 결지한다. 이때는 풀 더미를 상징하는 적초안산(積草案山)이나 풀밭을 상징하는 경전안(耕田案 : 실제 논밭, 농기구 등을 상징하

는 보습 사) 여벽(犁), 안장, 멍에 등과 같은 사격(砂格)이 있어야 한다.

- **와우형**(臥牛形) : 소가 누워 있거나 잠을 자는 모습과 흡사하며 산세(山勢)가 풍후(豐厚)하고 유순한 것이 특징이다. 주산은 소의 등이나 머리처럼 생겼다. 안산(案山)은 풀 더미 같은 적초안(積草案)이 있어야 한다. 주변에는 외양간, 고삐, 농기구, 질매 같은 사격이 있어야 하고 소가 일을 해야 할 논밭이 있어야 한다. 묘 자리는 소의 이마, 입, 젖 부분에 있다. 소형국은 주로 야산에서 찾아야 한다. 이러한 장소에는 부귀(富貴)가 있다.
- **면우유자형**(眠牛乳子形) : 누워 있는 어미 소가 송아지에게 젖을 먹이는 모습을 연상시킨다. 묘 자리는 소의 젖가슴에 있고 안산은 송아지처럼 생긴 산이 있으면 부귀(富貴)겸전(兼全)한다.
- **웅우간자형**(雄牛趕刺刑) : 수소가 암소를 쫓아가는 모습과 흡사한데 주산은 암소이고 주산 뒤에 수소가 있다. 묘 자리는 암소의 가슴에 있고 안산은 풀 더미다.
- **서우망월형**(犀牛望月形) : 서방에서 온 코뿔소가 서쪽의 달을 바라보며 고향 생각을 하는 형국이다. 아주 좋은 형국(形局)으로 훌륭한 인물(人物)과 큰 부자를 배출한다. 묘 자리는 소 이마에 있고 안산은 풀 더미 같은 산이 있어야 자손이 번창 한다.
- **산상와우형**(山上臥牛形) : 높은 산 정상에 분지가 형성되고 그 안에 소가 누워 있는 형국이다. 혈(묘 자리)은 소의 젖가슴 부분에 있고 안산은 논밭이 있어야 한다.
- **갈마음수형**(渴磨飮水形) : 산의 모습이 마치 목마른 말이나 천리마가 물을 마시고 있는 모습을 연상시킨다. 주산(主山)은 천마사(天馬砂)나 말 머리와 같이 둥글게 생겼다. 앞에 냇물이나 못, 호수 등이 있고 혈(묘 자리)은 말의 입 부분이나 말안장 부분이 있다. 마구간이나 풀 더미 같은 청룡 백호가 있어야 하고 말 형국의 산에 혈이 있으면 문무겸전(文武兼全)한 자손이 배출 된다.
- **용마등공형**(龍馬登空形) : 머리는 용이고 몸은 말과 같이 생긴 용마가 하늘로 힘차게 올라가는 모습이다. 용 맥은 비룡입수(飛龍入首:주변 산들은 낮고 한 가운데 있는 산이 높이 솟아 있으면 비룡입수 또는 비룡상천 혈)라 한다.
- **천마시풍형**(天馬嘶風形) : 하늘을 나는 말이 바람을 가르며 길게 우는 모습과 흡사하다. 말이 울 때는 힘차게 달리기 위해서인데 주산(主山)은 천마사(天馬砂)나 용마산이 있고 용맥이 힘차게 내려온다. 혈은 이마나 말안장 아래 있으나 잘못 점혈 하면 패가망신 할 수도 있다. 안산이 망아지 같은 모습이 있어야 부귀겸전(富貴兼全)한다.
- **약마부적형**(躍馬赴敵形) : 말을 타고 힘차게 달려 나가 적과 맞서 싸우는 형상이다. 주산도 천마사이고 안산은 말안장이나 풀 더미 같은 적초안(積草案)이 있어야 한다. 주변에 말 주인인 귀인봉(貴人峰)도 있어야한다.
- **천마입구형**(天馬入寇形) : 말이 마구간에 들어가는 모습을 연상시키며 주산은 천마산이다. 주변에 마구간과 말구유, 풀 더미 같은 사격이 있어야 한다.

❖ **우비**(于鼻) : 우비란 소뿔 모양의 높고 외롭게 드러나고 막아 보호해 주는 것이 없는 혈인데 바람이 닿아 못쓴다. 이러한 곳에 장사 지냈다가는 토지를 다 팔아먹는다.

❖ **울타리와 담장** : 아파트나 연립주택 등은 개인적인 단독주택의 울타리나 담장의 구분과 같이 경계가 되는 기준이 없지만 전통적으로 양택 풍수에서는 가상(家相)의 길흉(吉凶)을 따질 때 이 담장의 문제까지 포함시켜 보았다. 양택 풍수에서 울타리담장에 대해서 높은 것보다 낮은 것이 좋다고 한다. 사람의 보통 키 정도가 자기 집과 남의 집을 구분하는 경계선이자 외부로부터 들어오는 먼지나 바람을 막고 도둑의 침입을 막고 통풍 환기의 면에서는 높은 담이 결코 이롭지 못하기 때문이다. 예전에는 우리나라의 서민 가정에서 돌담 등을 볼 수 있지만 요즘에는 대부분 시멘트나 벽돌로 만들어진 담장 형태가 대부분이다. 담장의 높낮이, 통풍의 차단형의 담장보다 전래의 울타리와 같이 통풍이 원활한 담장이 좋다. 전래의 울타리는 주택의 생기(生氣)를 모으는데 훨씬 이롭다. 하지만 현대의 주택에서는 불가능한 경우가 많아서 현대식 벽돌 담장이면서

도 통풍이 가능한 담장으로 만들어야 할 것이다. 벽돌 중에서 작은 구명이 뚫린 벽돌을 이용하여 쌓되 담장의 상층부나 절반이상의 높이를 통풍 형으로 만드는 것이 좋을 것 같다. 집터 자체가 넓고 사각형상으로 방정한 경우에는 담장 밖에서 있을 때 그 키 보다 약간 높아서 시선을 가릴까 말까한 정도의 높이를 가리키고 높은 담장이란 단층 주택일 때 집의 처마 높이까지의 담장을 말한다. 만약 2층 이상의 양옥 식 구조라면 2층의 방바닥 높이 그 이상으로 솟은 담장을 가리킨다. 담장은 요철(凹凸)이 심한 집터일수록 낮은 담장을 더 유리한 길상(吉相)으로 여긴다. 담장의 높낮이와 도둑의 침입과는 그다지 관계가 없다. 도난사건을 취조한 범죄수사 전문가들의 얘기로는 오히려 담장이 높은 주택이 외부 시선을 차단해 주어서 도난을 손쉽게 맞는다고 한다.

❖ **유골**(遺骨) : 유체(遺體)가 황골(黃骨)이 되어 있으면 길지(吉地)로 굳이 이장(移葬)을 할 필요가 없다. 백회(생석회)를 다시 붓고 덮어 봉분(封墳)을 지어 모시는 것이 좋다.

❖ **유냉**(幽冷) : 유냉은 사방에 높은 산이 있으니 바람이 없다. 음하고 냉하여 시신이 썩지 않은 흉한 땅으로 불길하다.

❖ **유년기의 주거 환경은 평생 영향을 미친다** : 양택 풍수에서는 유년기 즉, 어린 시절의 주거(住居)환경을 매우 중요시 한다. 왜냐하면 태어난 집의 풍수적인 영향력은 그 사람의 건강이나 성격 등에 광범위하게 영향을 미친다고 보기 때문이다. 풍수가들의 견해로는 같은 주거환경의 영향에 기인하는 것으로 판단한다. 예를 들어 동쪽에 결함이 있었던 집에서 함께 자란 형제는 성인이 되어 동쪽 방위가 상징하는 간(肝)기능이 좋지 않아 간 질환으로 시달릴 수 있으므로 우리 집은 유전적으로 간(肝)이 좋지 않다. 라고 생각할 수 있다. 물론 유전적인 요인도 있을 것이다. 하지만 풍수학자들은 동쪽 흉상(凶相)의 신체에 미친 영향력이라고 판단한다. 유년기의 주택의 구조나 환경적 특성은 당시뿐만 아니라 성인이 되어서까지도 한 사람의 성격이나 건강에 직접적으로 개입하게 된다고 여긴다. 이런 점에서 주거 환경의 중요성이 부각되는 것이다. 주택의 어떤 방위(方位)에 결함이 있거나 외형요철(外形凹凸) 상의 결함이 있는 주택, 흉상(凶相)인 주택에서 1~10여년 자라난 어린 아이는 평생 동안 그 좋지 않은 영향력을 받는다고 여긴다. 이런 까닭에 유년시의 방은 그 길흉(吉凶)의 영향력을 주의 깊게 관찰하고 살펴 볼 필요성이 있다. 주택 전체 방위상의 결함도 영향을 미치지만 어린 아이 당사자가 사용하는 공부방은 자녀의 성격이나 건강뿐만 아니라 학습능률을 향상시키는 문제에까지 관여하게 되므로 매우 중요하다 하겠다.

❖ **유무선익시위허**(乳無選翼是爲虛) : 유혈상(乳穴象)에는 선익(選翼)이 없으면 허화(虛花)가 된다. 와혈 상에는 병풍을 두른 것 같은 응기(應氣)한 산이 없으면 허화(虛花)이다. 즉, 와혈(窩穴)은 전순(氈脣)이 분명해야하고 겸혈(鉗穴)에는 선익(選翼)이 소뿔 같이 생겨 길게 나와 겸구(鉗口)에서 오그려야하고 유혈에는 선익이 분명해야하고 와혈에는 혈상이 4각(四角)에 지각(枝脚)이 있어야 하며 보국(保局)의 응사(應砂)가 좋아야 한다는 뜻이다.

❖ **유수환포**(有水環抱) : 유수환포란 혈(묘) 앞에 흐르는 물이 묘자리를 에워싸고 있는 형세를 말한다. 흔히 수포(水泡)라고 말하며 풍수가들은 천천히 흐르는 물이나 물 없는 빈 계곡이라도 경사가 심하지 않고 완만한 골짜기들이 있는 가, 없는 가를 중요시한다. 덧붙여서 말하면 풍수서(風水書)인 장서(葬書)에서는 풍수는 물이 있어야 좋은 것으로 본다. 라고 기술하고 있고 양구빈(楊救貧)도 아직 산을 보지 않았더라도 먼저 물을 보라 유산무수(有山無水)의 땅은 찾지 마라 하였으며 료금정(廖金晴)은 또한 심룡(尋龍) 점혈(点穴)은 모름지기 자세히 하여야 한다. 우선수세(水勢)를 보아야 함이 마땅하다. 라고 말씀하시었다고 전하고 이처럼 풍수가의 설에서도 수기(水氣)의 존재가 용혈(龍穴)에 대해서 얼마나 중요한가를 엿볼 수 있다. 하지만 수(水)의 형태(形態)에 따라서는 길흉의 작용이 달라진다. 구곡수(九曲水) 혈(묘) 앞에 흐르는 물이 구불구불하면 용처럼 흐르고 요대수(腰帶水) 용혈의 전면(前面)을 에워싸듯이 흐르는 하천의 흐름을 말하고 고관대작들이 허리에 두르고 있는 옥대(玉帶)를 상기시키는데서 이 명칭이 붙어졌다.

* **공배수**(供背水) : 혈의 뒤쪽의 산을 구불구불 흘러 혈(묘) 앞에

서 다시 굴곡을 끝없이 반복하다가 우회해서 사라져 보이지 않는 물을 말한다.

* **충심수**(冲心水) : 혈(묘)의 전방위(前方位)에서 흘러 들어오거나 곧게 흘러 나가는 것이 보이는 것을 말하는데 매우 흉한 물이다.
* **유니수**(流泥水) : 혈지(穴地) 부근에서 발하여 다시 혈지로부터 떠나가듯이 흘러가 버리는 하천의 흐름을 말한다. 명당에 결함이 있는 땅이다.
* **사협수**(射脅水) : 혈의 전방(前方) 좌우(左右)로부터 명당을 향해 곧장 흘러 들어오는 하천의 흐름을 말하고 충심수와 같은 물이다.
* **반도수**(反跳水) : 명당 근처에서 하천의 흐름이 혈에 대해서 뒤로 젖혀진 상태의 것을 말한다. 요대수(腰帶水)와 반대의 형세(形勢)의 물이다.

❖ **유아를 천하게 대우하는 습속** : 일반 민간 생활에서 부잣집아이는 귀하게 키워도 병이 많고 요사(夭死)하는 경우가 많음에 비하여 가난한 집 아이는 아이를 위해 특별히 행사를 해 주지 않아도 병이 없이 잘 자란다는 통념이 있다. 이에 따라 생긴 습속 가운데 첫째로 아이 이름을 천하게 짓는 경우, 둘째로 아기를 판다는 습속으로 무당 또는 중에게 아기를 파는 행사를 하는 경우가 있고 그밖에 수양엄마를 정하여 주기도 하며 용왕에게 파는 행위도 있는데 이때 음식, 떡, 밥을 차려 놓고 해마다 햇곡식을 올리며 빈다.

❖ **유어농파형**(遊漁弄波形) : 물고기가 파도를 타며 한가롭게 즐기고 있는 모습과 흡사하다. 혈(묘)은 물고기의 눈이나 입 부분에 있고 안산은 작은 물고기나 그물 물결처럼 생긴 야산이다. 혈 앞에는 냇가나 파도가 치는 모습이어야 하고 물 맑은 연못이 있어야 제격이다.

❖ **유혼일**(遊魂日) : 유혼이란 정신적 불안의 의가 있어 소흉이나, 역시 일진이 길하며 사용하여도 무방하다. 혼이 노는 날이다.

❖ **육수봉**(六秀峰) : 간(艮) 병(丙) 손(巽) 신(辛) 유(酉) 정(丁)의 6개 방위에 수려(秀麗)한 산봉(山峰)이 솟으면 육수사(六秀砂)하여 길(吉)로 삼는다.

❖ **육충**(六冲) : 자오(子午) 축미(丑未) 인신(寅申) 묘유(卯酉) 진술(辰戌) 사해(巳亥)

❖ **육파**(六破) : 자유(子酉) 축진(丑辰) 인해(寅亥) 묘오(卯午) 사신(巳申) 술미(戌未)

❖ **음탕사**(淫蕩砂) **포견사**(泡肩砂) : 간부사가 있으면 부녀자가 음탕하며 패가망신한다. 용과 혈이 음습하다. 뒤에 있는 큰 산이 앞에 있는 작은 산을 감싸고 있는 포견사(泡肩砂)나 백호 내에 작은 산이 누워 있는 간부사(奸婦砂)가 있다. 이는 그 집안의 부녀자가 음탕하여 패가망신하기 쉽다. 또 남의 자식을 키울 수 있다.

❖ **음낭혈** : 인체의 음낭 국부에 비유되는 곳에 융결 되는 혈로써 혈의 융결은 용진혈적에 혈하(穴下)에 순(脣)이 분명하고 용처(龍處) 및 안산과 조산 수세가 서로 다정하고 이법에 합당하면 자손이 왕성하고 부귀를 이루는 귀혈 이다.

❖ **음달지고 싸늘한 곳 찾지 마라** : 아파트 주택 묘 자리 주변 산들이 높이 솟아 사방위(四方位)가 막혀 있는 곳은 햇볕이 차단하므로 항상 어둡고 겨울이면 추운 곳이다. 여기에 묘를 쓰거나 공장을 짓거나 별장 아파트 주택 등 집을 짓고 살면 매우 흉하다. 특히 묘 자리라면 시신이 썩지 않고 미라로 있게 되면 장자손이 조졸(早卒)하는 자손이 있게 되고 재물이 아무리 벌어 모아도 쓸 곳이 더 많아진다.

❖ **융저수**(融貯水) : 융저수 란 혈(묘) 앞 명당이나 청룡 백호 사이에 연못이 있는 것을 말한다. 혈(묘) 주변 모든 물들이 이곳으로 모인다. 혈(묘) 주변 모든 물들이 이곳으로 모인다. 그리고 물이 깊고 맑으면 발복이 오래간다. 용진혈적(龍眞穴的)에 융저수가 있으면 비록 안산이 난잡하여 흉살이 있어도 해가 되지 않는다.

❖ **음래양작**(陰來陽作) : 복장(覆掌)이 음룡(陰龍)이므로 음극양생(陰極陽生) 하는 이치에 따라 혈에 이르면 와(窩)가 되고 용구(龍口)가 있어야 된다. 음은 받아들이고 양은 발산하는 것이기에 만들었다. 복장하고 있는 속에서 앙장하고 있어야 하며 서로 마주치는 부분이 혈이다. 복장하고 있는 부분을 장구로 잘못 판단하기 쉽다.

❖ **음양오행**(陰陽五行)**의 원리**(原理) : 기(氣)는 우주(宇宙)를 형성하고 있는 근원이다. 무극과 태극의 상태에 있는 기가 만물(萬物)을 형성(形成)하려면 먼저 반드시 양(陽) 일(—)과 음(陰) 일(--)로 분리 된다. 일성에 의하면 음양의 표시는 문자가 없었을 당시 남녀(男女) 생식기의 모양을 보고 표시했다고 한다. 남자인 양은 — 로 여자인 음은 -- 로 표시한 것에서 시작되었다. 이를 효(爻)라고 부른다. 모든 만물은 음양으로 구분된다. 하늘이 있으면 땅이 있고 낮이 있으면 밤이 있다. 여름이 있으면 겨울이 있고 오르막이 있으면 내리막이 있다. 움직여 동하는 것이 있으면 움직이지 않고 정지 된 것이 있다. 삶이 있으면 죽음이 있는 등 우주의 모든 현상은 음양으로 구분되지 않는 것이 없다.

❖ **음택**(陰宅) **양택**(陽宅)**과 천명**(天命) : 음택과 양택은 천명을 바꿀 수 있고 신령의 공덕을 빼앗을 수 있으나 천명이 어찌 주관할 수 있으랴 무덤 자리가 길(吉)하지 않는 자는 아무리 천명(天命)이 좋아도 그 어떤 후회를 면할 수 없다. 이것이 옛날 성현이 음택양택(陰宅陽宅)의 지극한 이치를 천양해서 불완전한 천지를 보좌한 까닭이다. 따라서 천하에는 본래 절대적인 이치는 없으니 만약 모두가 먼저 길지(吉地)를 선택 할 수 있고 아울러 계획하고 설계할 때 이 세계 최초 대사전에서 나열한 각각의 결점을 골고루 피해서 길법(吉法)에 의거하여 설계한다면 어떠한 운명을 지닌 사람이 살더라도 또한 평안 할 수 있다.

❖ **의혈**(依穴) : 의혈이란 중간에서 옆으로 나간 혈 유(乳)로 내려온 맥이 살(殺)이 있어 쓰지 못하면 맥의 중간에서 옆으로 의지하여서 의혈이 된 것이다.

❖ **이로운 기**(氣)**가 결집된 좋은 주택** : 자신이 살고 있는 주택 뒤쪽으로 산이 있거나 알맞은 언덕이 있으면 거칠게 불어오는 바람이나 찬바람 북서풍(北西風)으로부터 안전한 차단막이 형성 되는 것과 같아 주택의 생기(生氣)를 이롭게 한다. 따라서 주택 뒤의 산은 든든한 버팀목 혹은 보호자의 구실을 하게 된다. 주택 앞에는 호수(湖水)나 연못, 용천수(龍泉水) 등의 물이 있어야 땅속을 흘러 다니는 지기(地氣)가 그 곳에 취기(聚氣) 될 수 있어야 좋다. 연못이나 호수가 주택(住宅) 앞에 있으면 길성(吉性)의 기가 그 곳에 융결 됨으로써 궁극적으로 자신이 살고 있는 주택 아파트에 생기(生氣)와 왕기(旺氣)를 축적(蓄積)시킴으로 가족 구성원에게 좋은 영향력을 미치게 된다. 주택 앞에 있는 물은 가급적 맑고 깊어야 이로 움이 큰데 수심(水深)이 얕은 물일 경우에 오히려 지기를 해침으로 없는 것만 못하다.

❖ **이벽**(犂壁) : 높고 가파르고 아래는 뾰족하여 바람이 사귀어 불고 감추는 태도가 없는 곳이다.

❖ **이사**(移徙)**는 멀리해야한다.** : 이사는 멀리 할수록 길흉화복(吉凶禍福)의 정도가 강력하게 영향을 미쳐서 확실한 결과로 나타난다.

❖ **이사**(移徙)**를 잘 했을 경우** :

* 부동산으로 치부를 하게 된다.
* 친척 간에 화목해지고 도움 받을 일이 생긴다.
* 저축을 많이 하여 재산이 모이게 된다.
* 잘 안되던 일이 순조롭게 풀려 나간다.
* 가정이 더욱 화목 해진다.
* 재산상속자가 생겨난다.
* 혈액순환이 잘 되어 건강이 좋아진다.
* 새로운 일은 시작하게 된다.
* 활동 무대가 넓어진다.
* 중개를 잘하여 이득을 본다.
* 소규모의 영업이 대규모의 상업으로 된다.
* 자녀가 태어날 가능성이 높아진다.
* 정력이 왕성해지고 젊어진다.

❖ **이웃집 출입문과 마주보면** : 이웃집 출입문과 마주보는 대문이나 창문은 상대보다 많이 닫아두는 것이 이롭다. 특히 화장실의 위치가 그러하면 재물분산, 우환, 파탄조장 형 구조이다.

❖ **이장**(移葬) **신묘**(新墓) : 새로 쓸 묘의 자리가 결정되면 일을 착수하기 전 산신제(山神祭)를 올리고 선영(先塋)이 부근에 있으면 먼저 선영(先塋) 중 가장 웃어른에게 제를 드려야 한다. 새 묘를 쓸 자리가 합묘(合墓)이면 먼저 쓴 묘에도 고하는 제를 드린다. 성분(成墳) 후는 평토제를 지내고 초우(初虞)를 일몰 전

에 지내야 한다.

❖ **이장시**(移葬時) : 이장 시에는 이장을 하기 위해 묘 봉분을 파묘 후 유골은 후손들이 이물질을 제거하기 위한 솔과 탈지면, 소독수로 깨끗이 닦아서 모시되 유골의 위치와 순서에 오류가 범하지 않도록 세심한 주의와 정성을 다하여 정돈된 유골은 세상 바람을 다시 맞는다는 뜻에서 하룻밤을 후손과 같이 보내고 다음날 모시는 관행이 바람직하나 근래에 와서는 시간적인 이유와 변모하는 시류에 따라 파묘 당일에 옮겨 모시는 것이 당연한 것으로 되어 있다. 이 모두는 각자의 사정에 따라 진행하되 유골을 깨끗이 닦아서 모시는 것은 정성을 다해야 할 것이다.

❖ **이향사**(離鄕砂) : 이향사는 산과 물이 순수비(順주水攢走) 한 것이다. 산과 물이 혈(묘)을 보호하지 못하니 생기가 머무르지 않고 흩어진다. 이러한 곳에서는 사람도 고향에서 살지를 못하고 멀리 떠나게 된다. 대개 고향에서 인심을 못 얻어 버림받고 타처에 나가 살게 된다.

❖ **인목**(印木) : 인목(印木)은 혈상(穴象) 앞에 순(盾)이 있고 전(氈)이 있어서 순형(脣形)이나 둥그스름한 원형(圓形) 같은 모양을 토하는 듯 나온 것이 있어야 혈상(穴相)에 정기(精氣)가 통하였다는 것으로 결혈에 증거가 된다.

❖ **인반중침**(人盤中針) :

* 자묘오유 양화(字午卯酉 陽火)
* 갑경병임 음화(甲庚丙壬 陰火)
* 건곤간손 (乾坤艮巽 木)
* 을신정계 (乙辛丁癸 土)
* 진술축미 (辰戌丑未 金)
* 인신사해 (寅申巳亥 水)

❖ **익수사**(溺水砂) : 자오방(子午方)이 공결(空缺)하고 수구(水口)에 흐르는 시체 같은 것이 있으면 자손이 익사한다.

❖ **이장(移葬)할 때 개토제(開土祭)를 지내야 한다.** : 옛날 중국에 있던 전설상의 다섯 황제 사기(史記)와 오제기(五帝記)에 나오는 (1) 태호(太皞) (2) 염제(炎帝) (3) 황제(黃帝) (4) 소호(少昊) (5) 전욱(顓頊) 또는 (1) 복희(伏義) (2) 신농(神農) (3) 황제(黃帝) (4) 요(堯) (5) 순(舜) 하늘에 있으면서 사방 및 중앙을 주제(主帝)한다고 하는 오신(五神) 청제(靑帝) 동방(東方) 적제(赤帝) 남방(南方) 황제(黃帝) 중앙(中央) 백제(白帝) 서방(西方) 흑제(黑帝) 북방(北方)에 싸리꼬지나 작은 곧은 나뭇가지에 동서남북 기를 꽂고 중앙에는 황제기를 꽂아 놓고 개토제를 지낸다. 다섯 기는 치우지 않고 그대로 두고 동쪽으로부터 괭이로 쪼면서 개토야, 개토야 하면서 동서남북 4방위를 파면 개토제가 다 끝난 것인데 이것은 오방신(五方神)에게 고하는 것이다. 요즘은 오방제를 잘 하지 않는다. 오방기에는 한문으로 동방청제장군, 남방적제 장군, 서방에 백제장군, 북방에 흑제 장군, 중앙에 황제 장군이라 붓으로 글씨를 쓴다.

❖ **이장(移葬)을 합장(合葬)하려면** : 이장(移葬)을 목적 하거나 합장(合葬) 하려면 이미 쓴 무덤을 해쳐야 하는데 이를 꺼리는 일시(日時)

- 갑을일(甲乙日) = 신술건해좌(辛戌乾亥坐) 또는 신유시(辛酉時)
- 병정일(丙丁日) = 곤신경유좌 축오신술시
- 무기일(戊己日) = 진술유좌(辰戌酉坐) 또는 진술유시(辰戌酉時)
- 경신일(庚辛日 = 간인갑묘좌(艮寅甲卯坐) 또는 축진사시(丑辰巳時)
- 임계일(壬癸日) = 을진손사좌(乙辰巽巳坐) 또는 축미시(丑未時)

예를 들어 이장(移葬) 합장(合葬) 하려는 무덤이 신술건해좌(辛戌乾亥坐)에 해당하면 갑을일(甲乙日)이나 신유시(辛酉時)에 무덤을 허물 지 못한다.

❖ **이장법**(離杖法) : 이장법(離杖法) 이란 허점토(虛粘土) 장법(葬法)으로 입수룡(入首龍)의 도두(到頭)가 준급(峻急)하여 맥이 아래로 뻗어나가 기(氣)가 어려워 다하게 된 상태로 토출(吐出)한 채 평파활대(平坡濶大) 하면 진기(眞氣)가 있지 아니하여 위로부터 기(氣)가 점점 벗어나서 아래로 몰리게 된다. 이때는 평상(平上)을 보아서 미요(微凹)하거나 미돌(미微突)한 곳은 혈점(穴點)하면 얼핏 보기에는 탈맥무기(脫脈無氣)한 것처럼 보이지만 자세히 관찰해보면 참으로 살기(殺氣)가 탈거(脫去)하고 생기(生氣)를 탈 수 있는 곳이라는 것을 알 수가 있을 것이다.

❖ **이장(移葬)하는 데는 명(名지관地官)을 찾아야 한다.** : 조상(祖

上)을 이장하는데 지관도 마찬가지이지만 남의 손을 빌려 조상님을 이장 한다는 것은 보통의 어려움이 아니니다. 때문에 양식 있는 명 지관(名地官)을 찾아 용사해야 한다는 것을 명심해야 할 것이다. 근래에 풍수지리학을 제대로 연구하지도 않은 사람들이 어쩌다가 한번 자기 부모를 모셔본 후에 패철(나경) 하나 구해가지고 지관 행세를 하는 분이 부지기수다. 이분들이 묘 자리의 원리를 알지도 못하면서 말 못하는 체백(體魄)에게 죄를 지음은 곧 큰 죄인이 되는 것이니 크게 깨달음이 있어야 할 것이다.

❖ **인혈**(人穴) : 인혈이란 당혈(撞穴) 좌(세坐勢) 중간 곳으로 장살혈, 천강혈, 이수혈이 있으며 관(官) 재(財) 자손이 다 좋은 곳이다.

❖ **인혈정혈법**(人穴正穴法) : 인혈정혈법은 요금정(寥金精) 선생의 정혈법 중 하나다. 산의 모양과 위치를 인체(人體)에 비유해서 혈을 정하는 방법이다. 이 때 사람의 두 팔과 같은 청룡 백호가 있으면 인혈 정혈법을 사용하고 청룡 백호가 없으면 손에 비유한 지장정혈법(指掌定穴法)을 사용하라 하시었다.

(1) **정문백회혈**(頂門百會穴) : 정문백회혈은 산 정상 꼭대기의 약간 오목한 지점이다. 어린 아이의 머리를 만져보면 말랑말랑 하면서 약간 오목하게 들어간 부분이 혈(묘 자리)이다. 묘 자리는 산 정상(頂上)에 묘 자리가 맺는다. 평평한 가운데 볼록하게 튀어 나온 부분에 와혈(窩穴)로 바람이 없다. 밝고 맑을 흙으로 윤기가 있다.

(2) **수두혈**垂頭穴) : 수두혈이란 사람의 한가운데 있는 것이 수두혈이다. 산 정상 부분에 혈이 있다. 산 정상에서 약간 내려와 평평한 곳에 묘 자리가 있다. 이때 산 정상은 머리를 약간 숙이듯 혈을 굽어보고 있어야 한다. 재(록財祿)과 귀(貴)가 겸하는 묘 자리이다.

(3) **인중혈**(人中穴) : 인중혈은 코 밑과 입술 사이에 있는 약간 오목하게 들어간 부분이 인중혈이다. 인중혈은 산 정상아래 중턱에 맺는다. 즉, 정상과 중간 사이인 중상(中上) 부분에 있다. 주산 현무봉에서 급하게 내려온 용이 산 중턱에서 갑자기 주저앉아 혈을 결지(結地)한다. 주로 괘등혈(掛燈穴)이나 연소혈(燕巢穴)에 해당 된다.

(4) **견정혈**(肩井穴) : 견정혈이란 사람의 어깨와 늑골 사이의 오목하게 들어간 곳이 견정혈 이다. 오목한 부분이 생기가 뭉친 혈이므로 와혈(窩穴)을 결지(結地)한다. 쌍 와가 있으면 제대로 견정혈 이다. 비교적 높은 곳에 있음으로 장풍(藏風)이 잘 이루어 져 정감이 있어야 한다.

(5) **내유혈**(奶乳穴) : 내유혈이란 풍만한 두 유방에 비유되는 혈이다. 주로 유혈을 맺으며 두 개가 나란히 있는 것이 특징이다. 평지나 높은 산 모두에 있으며 묘 자리는 약간 볼록하게 돌출되어 있다. 그러므로 혈 주변의 청룡 백호를 비롯하여 안산, 조산 등이 주밀하게 감싸주어야 한다.

(6) **당심혈**(當心穴) : 당심혈은 산의 한 가운데 있으며 인체의 앞가슴 중심의 오목하게 들어간 부분이 혈(묘 자리)이다. 산의 한가운데 있으며 주로 와혈을 맺는다. 보국의 중심에 주로 있으며 산세(山勢)가 단정하고 유정하여 감싸 안은 듯하다. 이러한 자리를 금시발보지라 칭하기도 한다.

(7) **제륜혈**(臍輪穴) : 제륜혈이란 사람의 가장 중심에 있는 배꼽에 비유되는 혈이다. 용혈의 주변 산세가 고르고 원만하며 묘 자리는 평탄 하다.

(8) **단전혈**(丹田穴) : 단전혈은 배꼽 밑에 있는 혈이다. 주변산세가 원만하고 평탄하며 다정하다. 청룡 백호가 잘 감싸주고 높지도 낮지도 않은 곳에 주로 있다.

(9) **음낭혈**(淫囊)穴) : 음낭혈은 여자의 음부에 해당되는 혈이다. 주변 산세가 마치 여자가 다리를 벌리고 누워 있는 형국이다. 청룡 백호가 다정하고 아늑하게 감아 주었다. 물(水)은 유정하게 묘 자리를 환포 해주어야 한다. 혈 밑에는 전순이 있어야 한다.

(10) **장심혈**(掌心)穴) : 장심혈은 혈(穴) 자리가 손바닥을 젖혀놓은 모양과 같이 생겼다. 이를 앙장혈(仰掌穴)이라고도 한다. 이대는 손바닥 가운데 오목한 부분이 묘 자리이다. 와혈에 해당된다. 손바닥 가의 도톰한 부분은 청룡 백호 역할을 하여 바람과 물의 침범을 막아 준다.

❖ **일간 음양별 장생법** :

* 甲木長生亥 : 장생을 亥 에 붙여 12지를 순행한다.

* 乙木長生午 : 장생을 午 에 붙여 12지를 순행한다.
* 丙火長生寅 : 장생을 寅 에 붙여 12지를 순행한다.
* 丁火長生酉 : 장생을 酉 에 붙여 12지를 순행한다.
* 戊土長生寅 : 장생을 人 에 붙여 12지를 순행한다.
* 己土長生酉 : 장생을 酉 에 붙여 12지를 순행한다.
* 庚金長生己 : 장생을 己 에 붙여 12지를 순행한다.
* 辛金長生子 : 장생을 子 에 붙여 12지를 순행한다.
* 壬水長生子 : 장생을 子 에 붙여 12지를 순행한다.
* 癸水長生卯 : 장생을 卯 에 붙여 12지를 역행한다.

❖ **일기시생**(一氣始生) : 일기 시생이란 무극(無極)에서 비로소 일기(一氣)가 생(生)하니 역시 우주 삼라만상의 모체(母體)이며 역시 체도 질도 색도 없는 오직 하나의 기(氣) 뿐인 상태이다. 무극에서 훨씬 진화된 상태의 음양(陰陽)을 대이원(大二元)으로 나눠기 전의 상태이며 아직 동(動)하기 전의 정적인 상태이나 즉, 이때는 이미 유(有)에 속한다.

❖ **일자문성**(一字文星) : 산(山) 정상(頂上)의 일자(一字) 모양으로 짤막하게 평평한 것을 말한다. 산신(山身)에 지각(枝脚)이 없는 것 와목형(臥木型)인 평탐랑(平貪狼)형이 상길(上吉)이다. 지각이 있는 토성(土星)은 차길(次吉)이다. 일자문성의 암석이 바르게 맑고 단정하면 제왕이 나온다고 하고 흙으로 된 일자 문성은 장관 봉이라고 하고 길면 발복이 없다고 하였다.

❖ **임관귀인**(臨官貴人) : 임관귀인이란 건생(乾生)과 갑왕(甲旺)의 귀(貴)는 인(寅)에 있고 간병(艮丙)에는 손(巽)이 진(眞)이며 곤임(坤壬)은 건해방(乾亥方)이고 손사경유(巽巳庚酉)는 곤신방(坤申方)이니 이것이 임관귀인(臨官貴人)이다. 특별히 솟은 봉이 이에 해당하고 또 입향(立向)이 생왕이면 그 집은 대대로 공경(公卿)이 나온다.

❖ **임두수**(壬頭水:**장마지면 물이 있는 곳**) : 날씨가 가물 때에는 물이 없고 장마가 질 때 산소에 가보면 묘(墓) 벌 안에서 솟는 물을 말한다. 가장 두려운 곳은 자오묘유(子午卯酉) 방위에서 가운데로 도랑이 나 있으면 그 흉함이 들을까봐 말하기 어렵다.

❖ **일자문성**(一字文星)**이 안산**(案山)**이 되면** : 일자문성이 안산이 되어 혈(묘)을 향해 절하고 있는 모습이면 용진혈적한곳에 서광(曙光)이 빛나는 우뚝 솟은 주산이 되고 고축이나 일자문성은 안산이나 조산이 되어 주산과 정면 대응하고 있다. 이러한 혈(묘)의 청룡에 귀인봉(貴人峰)이 수려(秀麗)하고 단아(端雅)하게 솟아 있는 것을 말한다. 이때는 공경대부(公卿大夫)의 큰 벼슬이 기약된다.

❖ **입구나 창문은 남향**(南向)**이 좋다** : . 입구(入口)나 창문은 남향이 특히 좋다. 하루 내내 밝은 햇빛이 들고 여름에는 남동(南東)의 따뜻한 바람이 불어오며 겨울에는 북서(北西)의 찬바람이 불어오는 것을 막아 주기 때문이다. 만일 출입구나 창문을 향해 있으면 오전 중에 서를 향해 있으면 오후(午後) 동안 계속해서 직사일광을 받는다. 여름 햇빛은 너무 강해서 기(氣)의 힘을 꺽어 버린다. 극도의 열기를 풍수지리학에서는 흉기(凶氣)라고 부르며 이것은 꼭 피하지 않으면 안 되는 것으로 규정하고 있다. 만일 출입구가 북쪽 방향이라면 한 겨울에는 얼어붙은 것 같은 바람이 집안으로 불어 닥칠 것이다. 한기가 파고들어오면 애써 얻은 생기(生氣)가 나가 버린다.

❖ **입구수**(入口水) : 입구(入口)의 물은 묘(妙)하여 말로 표현하기가 어렵다. 역사(逆砂)가 가로막아 물이 관란(關欄)하여 돌아가면 이런 무덤은 발복이 가장 신속하다.

❖ **입수**(入首)**에 따른 혈처**(穴處) **옛말 위치**

* 입수가 곤(坤)이면 혈처(묘 자리)는 입수 아래 4~6 보에 있다.
* 입수가 건(乾)이면 혈처는 입수아래 2~3 보나 20보 이내에 있다.
* 입수가 이(離)이면 혈처는 입수아래 2~3 보에 있다.
* 입수가 간(艮)이면 혈처는 입수아래 1~6 보에 있다.
* 입수가 손(巽)이면 혈처는 입수아래 5~8 보에 있다.
* 입수가 진(眞)이면 혈처는 입수아래 8~9 보에 있다.
* 입수가 태(兌)이면 혈처는 입수아래 1~4 보에 있다.

❖ **입수도두**(入首到頭) : 입수도두는 완전하게 정제된 생기(生氣)가 단단하게 뭉쳐 있는 기(氣) 덩어리이다. 용맥을 좌우 양쪽에서 호위하며 따라온 원진수가 스며들지 못하나. 물은 자연스럽게 입수도두하며 뒤에서 갈라진다. 이렇게 분리된 물은 선익(蟬翼)을 따라 흐르면서 생기(生氣)가 흩어지지 않도록 보호

해준다. 그리고 순전(脣氈) 앞에서는 다시 합수하여 혈을 완전하게 환포한다. 생기(生氣)는 주룡(主龍)을 따라 흐른다. 용맥의 생기가 흩어지지 않고 혈까지 전달 될 수 있는 것은 물의 보호를 받기 때문이다. 주룡의 생기를 보호하면서 따라온 입수도두에서는 생기만 혈(묘 자리)에 보내고 다시 혈 앞 순전 아래에서 만나 혈의 생기가 융결 되도록 한다. 이렇게 좌우로 계수(界水) 되는 것은 입수도두가 있기 때문이다.

❖ **입수룡**(入首龍) : 입수룡이란 태조산 으로부터 행룡 해온 용이 최종적으로 혈장(묘 자리)의 입수도두와 접맥하여 생기를 혈에 연결해 주는 부분을 말한다. 혈장의 입수도두 바로 뒤 용맥이 입수다. 그러나 입수에 대한 견해는 학자에 따라 여러 학설이 있다. 소조산 주산에서 혈 까지를 입룡이라고 주장하는 학설이 있는가하면 부모산인 현무봉에서 혈 까지를 입수룡이라고 주장하기도 한다. 또 혈에서 제일 가까운 변화 처까지만 입수룡이라고 주장하는 학설도 있다. 이세 대한 필자의 생각은 부모산인 현무봉에서 혈까지 이어지는 용맥을 입수룡이라 하고 싶다. 왜냐하면 혈에서 현무봉까지 이어지는 용맥의 변호하는 절수를 따져 입수 1절을 입수라 한다.

❖ **입지공망일**(入地空亡日) : 연월을 막론하고 일진(日辰)이 경오일(庚午日)이면 갑기생(甲己生) (甲子 甲戌 己丑 己卯) 등의 망인(亡人)을 장사지내지 않는다. 경오일(庚午日) (甲生 己生 亡命 죽은 사람) 불장(不葬) 장사 지내지 않는다.

❖ **자동차 다니는 길** : 자동차가 다니는 큰 길이라면 흉(凶)하고 묘지(墓地)가 진동(振動) 받기도 하고 팔요풍(八曜風)을 맞을 수도 있다. 묘지에 소음(騷音)이나 굉(轟)음(音)이 진동을 받으면 정신병이나 삭탈관직(削奪官職)의 해(害)를 보게 된다.

❖ **자기 소유 주택 남의 화장실 사용** : 자기 소유의 주택이라도 남의 화장실이나 주택밖에 화장실을 사용하게 되면 두서없는 산란한 살림살이를 영위하게 되고 무질서하고 엉뚱한 일들이 생겨서 재물의 유출과 소모가 발생하게 되고 남보다 애써 노력을 많이 기울인다 하더라도 자잘한 푼돈 일지라도 들어오자마자 금세 빠져나가고 목돈이나 큰 재물이 따르지 않는다.

❖ **입수에 정돌취기**(政突聚氣) : 입수가 정돌취기하고 아름답게 쭉 빠졌으면 자손에게 정승 서열의 인물이 나고 자손 모두에게 발복이 있게 된다.

❖ **입수일절**(入首一節)**이 묘**(墓)**를 극**(剋)**하면 그 가문은 망한다.** : 입수일절이 가장 중요하다. 입수를 잘못 하였거나 망인(亡人)의 생기(生氣)를 보지 못하고 좌(坐)를 놓는다면 모든 것이 허사이다. 요즘은 장례식장에 단골 지관이라며 생기가 무엇인지 분금이 무엇인지 모르면서 분금 놓아 준다고 한다. 그 묘의 가장 중요한 기술인데 이것을 모르고 함부로 지관 행세를 하고 있다. 자기 한순간 잘못으로 그 후손이 망(亡)한다는 것을 알지 못한다. 본인이 알고 지은 죄는 본인이 받지만 모르고 지은 죄는 자손들 이 받는 다는 것을 모르고 있다. 아무리 돈도 좋지만 배우지 않고 이런 일을 할 수는 없는 것이다.

❖ **자봉포란형**(紫鳳抱卵形) : 봉황(鳳凰)은 상상(想像) 속의 상서(祥瑞)로운 새로 봉(鳳)은 수컷, 황(凰)은 암컷을 말한다. 봉황은 닭의 머리 , 뱀의 고, 제비의 턱, 거북의 등, 물고기의 꼬리 모양을 하였고 오색(五色)빛에 오음(五音)의 소리를 낸다고 한다. 봉황(鳳凰)은 매우 상서로운 새인 만큼 제왕(帝王)이나 대통령이 아니면 봉황 문양(紋樣)을 할 수가 없다. 풍수지리에서도 봉황과 관련된 혈(묘)은 제왕지지(帝王之地) 라는 뜻이다. 따라서 용혈(龍穴)도 상격(上格)이고 국세(局勢)가 커야만 봉황과 관련된 혈의 발복은 매우 커서 성인(聖人) 현인(賢人)을 비롯해서 제왕(帝王) 왕후(王侯) 장상(將相)이 배출된다. 학문(學文)과 문장(文章)이 출중하며 인품이 훌륭하여 따르는 사람이 많다. 부(富)와 귀(貴)는 저절로 들어온다. 봉황포란형과 자봉포란형은 하늘을 나는 봉황이 알을 품고 있는 형상(形狀)이다. 주산(主山)은 산세가 매우 수려(秀麗)하고 경치가 빼어난 봉황산으로 개장한 청룡 백호는 날개로서 잘 감싸주어 아늑하기 그지없어야 한다. 보국(保局)안에는 봉황 알에 해당되는 둥글게 생긴 산이 있어야 한다. 대개 봉황의 가슴 움푹 들어간 곳이나 날개 안쪽에 혈이 있다. 안산은 알이 있어야 하고 주변에 오동나무, 대나무, 구름과 같은 사격이 있어야 한다. 봉황은 오동나무에만 앉고 죽순만 먹는다고 한다.

❖ **자연**(自然)**의 이치**(理致)**를 거역**(拒逆) **할 수 없다** : 세상의 그

무엇도 자연의 이치를 거역 할 수 없다. 그러나 풍수만은 천지의 조화(造化)를 벗어나 하늘이 이미 정해놓은 명운(命運)도 바꿀 수가 있다. 명당풍수의 이론이다. 그러나 천지조화가 이루어 놓은 천하 명당도 완벽한 곳이 없다. 결함(缺陷)과 허결(虛結)함이 있는 곳을 찾아서 부족한 곳을 보완하는 방법이 비보풍수(裨補風水)이다.

❖ **자연**(自然)**은 한 치도 거짓이 없다** : 소나무가 울창하고 무성하면 길(吉)한 기운이 새로 따르고 산의 기(氣)가 온전하면 팔방에서날짐승들이 모여들고 앞산은 막아주고 뒷산이 끌어 안아주면 모든 상서로운 것들이 전부 모여든다. 땅이 귀한 것은 평탄하고 온화한 것이고 흙이 귀하면 혈은 안정되게 멈춘 곳에서 취할 것이며 물은 멀리서 흘러 보내온 것을 취해야 한다. 음양오행(陰陽五行)으로 향(向)을 정함에 있어서 절대로 이치에 어긋나도록 정하지 말라. 그 차이가 털끝만큼만 생겨도 그 어그러짐은 영향이 천리지간이다.

❖ **자청진인**(紫清眞人) **선생의** 36**파**(三六怕) : 역사상 이름이 크게 알려지지 않은 자경진인(紫瓊眞人) 선생은 36가지 두려움을 말씀하시었다.

(1) 묘(墓) 자리가 싸우듯 사나운 살이 많은 곳에 바로 땅을 파고 묘를 쓰지 말라 하시었다.

(2) 묘(墓) 자리가 땅이 부스럼같이 지저분하고 느리고 단단하고 대추나무 넝쿨이 있는 곳에 묘를 쓰지 마라 하시었다.

(3) 묘(墓) 자리를 독산(獨山)에 장사 하지 말라 하시는 것은 산이 홀로 있으면 바람을 많이 탄다는 뜻이다. 이러한 곳에 묘를 쓰면 자손이 외롭고 고독하다고 하시었다.

(4) 묘(墓)나 주택(住宅)은 흉한 암석이 있는 가까운 곳에는 묘도 집도 짓지 마라 하시었다.

(5) 땅이 얕고 밑에 암석이 깔려있는 곳에 집도 짓지 말고 묘도 쓰지 마라 하시고 축축하고 비습한 땅위에 아파트, 주택, 별장, 공장 등을 짓지 마라 하신 것은 사람이나 자손들이 건강이 나빠지면 모든 것을 다 잃는다는 뜻이다.

(6) 집터나 묘 터가 낮고 연약하여 푹 꺼져서 비만 오면 질퍽거리는 땅을 피하라 하시었다.

(7) 묘(墓) 자리가 너무 넓고 평탄한 땅은 기(氣)가 없으니 묘를 쓰지 마라 하시었다.

(8) 집터 묘 리가 붕괴되고 파손되고 구멍이 뚫리고 상처가 난 곳을 두려워하라 하시었다.

(9) 집터나 묘 터가 앞이 높고 뒤가 낮은 곳을 두려워하라 하시었다.

(10) 묘(墓) 자리나 주택의 사방에 가까이 높은 빌딩이나 높은 산이 있는 곳은 두려워하라 하시었다.

(11) 주택지나 묘 자리 한쪽이 허(虛)한 곳은 두려워하라 하시었다.

(12) 묘(墓) 자리나 집터나 아파트 터 자리가 경사(傾斜)가 심한 곳(급경사)에 주택이나 아파트, 묘 자리를 짓지 도 쓰지도 마라 하시었다.

(13) 혈판(묘 자리)이 창끝처럼 뾰족하거나 쥐꼬리처럼 생긴 곳을 두려워한다.

(14) 혈은 거위 머리나 오리 꼬리처럼 생긴 것을 두려워한다.

(15) 산이 높고 험준한 산을 두려워한다.

(16) 혈 앞에 담장과 같은 산이나 높은 산이 억누르거나 묘 자리 앞에 가까운 물이 있으면 두려워한다.

(17) 묘 자리에는 물이 유정하게 감싸주지 못하고 달아나고 산이 날아가듯이 등지고 배반하는 것을 두려워한다.

(18) 혈(묘)은 새둥지가 불에 타 지저분하고 제방이 무너진 것과 같이 파손된 것을 두려워한다.

(19) 묘 자리는 바깥에서 묘로 들어오는 것을 두려워한다.

(20) 혈(묘) 가까이 험한 암석이 있는 것을 두려워한다.

(21) 혈(묘) 어느 한쪽이 꺼져 그 쪽에서 강한 바람이 불어오는 것을 두려워한다.

(22) 혈의 용맥을 보호하면서 주름을 따라 온 물이 혈을 환포하지 않고 혈장 밑에서 바로 일직선으로 곧장 나가는 것을 두려워한다.

(23) 묘 자리가 작고 허약하여 명당의 기운을 거두어 얻지 못함을 두려워한다.

(24) 혈은 곧게 들어오고 나가는 것을 두려워한다.

(25) 혈은 물의 상분하합(上分下合) 하여야 하는데 계수(界水)를 못하여 혈의 머리 부분을 적시어 물이 침범하는 것을 두려워한다.

(26) 혈은 전순(氈脣)과 하수사가 없이 밑이 급경사하여 혈의 생기가 빠져나가는 것을 두려워한다.

(27) 묘 자리에 감싸준 산이 없거나 물이 감아 돌아 준 물이 없으면 묘를 쓸 수 없다.

(28) 혈(묘)은 물이 위에서 계수(界水)하고 아래에서 합수하지 않는 것을 두려워한다.

(29) 혈은 주변 산이 감싸주지 않아 홀로 외롭게 돌출하여 사방팔방으로부터 불어와 서로 교차하는 바람을 받는 것을 두려워한다.

(30) 혈장에 칼같이 예리하고 빠른 물이 곧게 나가는 것을 두려워한다.

(31) 묘 자리를 정하고 남은 여기가 전순을 만들어 생기가 새나가지 않도록 타원형으로 만들어져야 하는데 전순이 없으면 총명한 자손도 태어나지 않고 자손들이 가난하게 살아간다. 절손이 될까 두려워한다.

(32) 혈(묘) 양팔인 청룡 백호가 잘려 도로(道路)가 생기면 곧 바람을 받게 되는 것을 두려워한다.

(33) 혈(穴:묘) 앞에 깊은 웅덩이나 터널이 뚫려 생기가 새어 나가는 것을 두려워한다.

(34) 혈(묘) 앞의 안산이나 조산 또는 청룡 백호 끝이 배반하여 뒤로 향하여 가는 것을 두려워한다. 형제간에 잦은 싸움이 있게 되고 부부의 이혼이 있게 된다.

(35) 주택, 아파트, 별장, 공장, 목장 등 묘 뒤쪽에 골이 지거나 물없는 계곡이 있거나 앞쪽에 곧게 나가는 도로가 있거나 물 없는 얕은 계곡이라도 있으면 재물이 빠져 나간다. 계곡이 얕으면 소리 소문 없이 재물이 빠지고 물 없는 계곡이 깊게 되어 있으면 손 쓸 사이도 없이 온 동네 사람이 알도록 재물이 빠져 나간다. 묘(墓)라면 자손이 4형제라면 앞쪽이 계곡인 경우 셋째 아들부터 재물의 손해, 이혼 등이 있게 되고 장남과 4남은 몇 년 후에 재물이 빠져 나간다. 그래서 예부터 시골에서 초상이 나면 아이들보고 '느그 할아버지 골로 갔제?' 하는 말을 한 것이다. 이러한 곳은 축대를 쌓고 흙으로 골이 보이지 않게 탄탄하게 보완하면 면할 수도 있다.

(36) 묘(墓) 앞 주택 뒤가 마치 괘도를 걸어 놓은 것처럼 높은 절벽의 바위나 산이 있는 것을 두려워한다.

❖ **자좌(子坐)에 오충사(五冲砂)** : 오충사에는 벙어리, 애꾸눈, 절름발이가 나고 유(酉)방위 충사(冲砂)도 수족 불구자가 나오고 유룡(酉龍)에 자충사방위 충사 (子方位冲砂)도 벙어리가 나다.

❖ **작은 길(吉)한 물(水)과 큰 흉한 물이 합쳐지는 곳은** : 길(吉)한 물과 흉한 물이 서로 합류하는 것은 대개 길수(吉水)로 물은 적고 흉한 물이 커서 길한 물이 흉술 변하는 경우다. 흉한 큰 충수(冲水)가 길한 작은 굴곡수와 부딪치면 흉해진다. 또 작은 물은 혈(묘)을 감싸주고 있는데 큰물이 배반(背叛)하고 있으면 흉하다. 길한 방위에서 오는 물은 작고 흉한 방위에서 오는 물이 크면 역시 흉하다. 주로 재물이 흩어진다.

❖ **잔디와 나무가 살지 않은 땅은 흉한 땅** : 산(山)에 자갈과 흙과 섞여 있는 땅으로 사람의 얼굴에 부스럼이 나 것처럼 지저분한 것을 말한다. 이런 땅에는 잔디나 나무가 살지 못한다. 흙과 돌이 섞여 푸석푸석하므로 생기가 흐르지 못한다. 생기가 없으므로 잘 무너져 내리는 땅이다. 이러한 곳에 장사지내면 용렬하고 우둔한 자손이 나온다. 만약 괴혈(怪穴)로써 혈을 맺는 경우가 있더라도 험한 일을 당하게 되고 혹 부자가 된다면 부정한 방법으로 축재한다. 그러나 대개는 자식 낳기가 힘들며 결국 절손 될 땅이다.

❖ **잔디가 알맞게 자라야 명당** : 명당이란 천기와 지기가 교합(交合) 되어야하고 수기와 풍기를 고르게 받을 수 있어야만 명당이 되는 것이다. 풍기는 살벌하지 않고 온화해야 하며 수기는 한조(寒燥)하지 않으며 청량(清涼)하고 잔디가 해마다 깎지 않아도 지장이 없이 자랄 수 있는 정도의 수분은 지니고 있어야 하며 건수(乾水)가 광중(壙中)에 드나들지 않아야 한다. 날씨가 추울 때마다 서릿발이 크게 서는 곳이며 건수가 많은 곳이다. 잔디의 뿌리가 들뜨게 되므로 행동하면 잔디를 잘 밟아주어

뿌리가 안정되게 해 주어야만 잔디가 자란다. 또한 이러한 곳에서는 용미를 높이고 앞이 약간 낮아지도록 손질하여 배수가 잘 되도록 해 주어야 한다.

❖ **잠룡입수**(潛龍入首) : 잠룡입수란 용맥이 땅속으로 숨어 은맥으로 입수하는 형태이다. 주산이나 현무봉에서 출맥한 용이 급하게 평지로 내려와 땅속으로 숨어 은맥으로 행룡한 다음 혈(묘 자리)을 맺는 형태를 말한다. 주로 구성의 마지막별인 우 필성(右弼星)의 기운을 받은 용맥에서 일어난다. 용맥이 논밭을 뚫고 지난다 하여 천전과협(穿田過)(峽)이라는 표현을 쓴다. 땅 밑으로 맥이 지나기 때문에 육안으로 확인 할 수 없다. 그러나 용맥이 지나는 흔적은 곳곳에서 발견할 수 있다. 아무리 땅속으로 맥이 흐른다 하더라도 용맥은 평지보다 약간 높게 보인다. 풍수지리학에서는 이를 가리켜 조금만 높아도 산(山)이 조금만 낮아도 물로 본다. 즉, 고촌일위산(高一寸爲山)이고 저일촌위수(低一寸爲山)다.

❖ **잠룡입수**(潛龍入首) : 잠룡입수란 고산준령(高山峻嶺)이 평지로 잠룡(潛龍)되며 혈을 맺는 평양지혈(平洋止穴)을 말한다.

❖ **잠자는 꽃게 모습** : 산이 잠자는 꽃게 모습이면 대대(代代)로 명성이 높은 부자(富者)가 될 것이다.

❖ **장군단좌형**(將軍端坐形) : 장군(將軍)이 진영(陣營)에 단정하게 앉아 있는 형세(形勢)를 말하고 주산(主山)은 장군을 뜻하는 군막과 같은 산이 있어야하며 주산 뒤에는 장군을 호위하는 장졸(將卒)인 천을태을(天乙太乙)의 산봉이 있으면 더욱 좋다. 장군이 앉아 있는 형상(形狀)의 혈(穴)은 배꼽 부분에 해당되는 곳에 있다. 그리고 주변에 칼처럼 생긴 암석이나 깃발과 같거나 북처럼 생기거나 철모 같은 투구 봉 탁자처럼 생긴 산이나 천막처럼 생긴 산이나 병사들처럼 수많은 봉우리들이 있어야 하고 병졸들이 없으면 송시열 선생 묘나 암행어사 박문수 선생처럼 묘 앞쪽에 어병사에 해당되는 시장(市場)을 만들어 살아있는 사람으로 하여금 병사를 삼았다고 전한다.

❖ **장사가 잘되는 가게의 위치와 방향** : 인파가 유난히 붐비는 가게에는 생기가 흐른다. 시내의 음식점이나 옷가게 등을 다니다보면 똑같은 업종인데도 장사가 잘되는 것은 음식점이라면 장사하기 나름이지만 똑같은 음식이라도 가격이 단돈 천원이라도 덜 받고 음식은 첫째로 눈으로 먹고 두 번째 코로 먹고 세 번째 입으로 먹는다고 한다. 이것은 좁은 길 하나를 사이에 두고 마주하고 있는 등으로 가깝게 있는 가게들일지라도 거기에 드나드는 사람들의 수가 확연히 다르다는 것을 알 수 있다. 이와 같은 골목들은 시간이나 요일을 불문하고 항상 젊은이들로 넘치는 거리인데 같은 음식점들이 연달아 있는 골목에 들어서면 이와 같은 차이를 확연히 느낄 수 있다. 물론 독특한 요리비법과 실내장식 등의 차이에 의해서도 단골 고객수가 달라질 것이다. 그러나 외형적으로 보아 엇비슷하고 거의 같은 시기에 가게를 개업한 경우인데도 이상하게 드나드는 손님들의 수가 다른 것을 볼 수 있다. 이러한 차이는 풍수지리적으로 보았을 때 어떤 이유에 근거를 두고 있을까? 이는 풍수 지리적인 의미로 생기(生氣)의 유무(有無)에 의한 길흉(吉凶)의 영향력에서 비롯된다. 따라서 사람이 많이 드나들고 북적대는 가게가 위치한 곳은 생기가 강하게 융결 되는 장소라고 한다. 단순히 땅값이 비싸고 번화한 거리에 있는 상점(가게)이라고 해서 좋은 장소가 아니며 또 생기가 모이는 것도 아니다. 유난히 사람들이 모여들고 북적대는 가게라면 음식 값이 다른 가게보다 단돈 1000원이나 500원을 덜 받는 가게가 바로 생기(生氣)가 유인되고 융결 되는 곳이라 할 수 있으며 아무리 시내에서 떨어진 변두리라고 해도 장사를 한다면 날로 발전하여 곧 성공하게 될 것은 확연한 이치이다. 사람들은 심리적으로 소주 한 병에 남들은 3000원 받는 집도 있는데 3500원 또는 4000원, 5000원을 받는다면 장사가 잘 되지 않는다. 아무리 돈 많고 잘사는 사람들 일수록 눈으로 맛있어 보이고 코로 향기가 좋고 입으로 음식 맛이 있어야 날로 발전하여 곧 성공하게 될 것은 확연한 이치이다. 장사가 잘 되는 곳의 위치를 고르려면 사람들의 왕래 빈도를 살펴보아야 할 것이다.

❖ **장애인 나오는 곳은** : 묘(錨)앞에 낭떠러지가 있거나 어는 한쪽에 칼로 두부 자른 형태나 정충(正冲) 산맥이 있거나 칼날 같은 험석이 있거나 묘 주변에 보기 흉한 암석이 있으면 장애인이 나온다.

❖ **재물**(財物)**을 관장하는 물이 소리 내어 흘러가면** : 보국(保局) 명당에 있는 물이 소리 내며 빠져 나가면 명당수(明堂水) 직거(直去)하며 음양조화(陰陽造化)가 불가능하여 혈(묘 자리)을 결지 할 수 없다. 물은 재물(財物)을 관장하므로 재물이 빠르게 빠져나가게 되며 결국 도산(倒産)하여 패가(敗家)한다는 것이 풍수지리의 길흉화복(吉凶禍福)론이다. 수구처(水口處)는 청룡 백호 양변 끝이 서로 엇갈리게 교쇄 되거나 물 가운데에 암석이 있어 물의 급속한 흐름을 막아야 한다. 물이 느리게 천천히 흘러가면 혈(묘)을 맺을 수 있다. 묘 자리의 발복도 오랫동안 지속된다. 파구(破口)가 좁고 작은 산이나 암석이 있으면 귀한 혈이 된다.

❖ **재물**(財物)**이 모이게 묘지를 조성하려면** : 묘지 조성을 할 때 장비가 깊게 파는 곳이 없어야 하고 앞쪽에 작은 골이라도 없어야하며 상석 앞쪽은 조금 도도록하게 하고 양 옆은 조금 낮게 하여 물이 빠지도록 하고 묘 봉분의 3면(三面)이 낮아야 물이 묘에 들어가지 않는다. 묘 축대 앞에 타원형의 전을 만들어 주어라.

❖ **재백족**(財帛足) : 재백족이란 간(艮)은 재화지부(財貨之府)가 되니 그 위 산봉(山峰)이높고 수려(秀麗)하면 재백족이 된다.

❖ **적은 혈지**(穴地) **당판**(堂板) : 작은 혈(묘 자리)이라도 묘 자리가 맑고 밝으면 고을의 벼슬은 계속 이어진다.

❖ **명당을 얻으려면 적선적덕을 한 명 지관을 만나면 명당을 얻을 수 있다.** : 큰 명당을 얻고 싶으면 적선(積善) 적덕(積德)을 많이 한 명 지관(明志官)을 만나면 얻을 수 있다. 안산(案山)이 아름답고 좋으면 나를 도와주는 사람들이 모여들게 되고 반면 안산이 흉하고 거칠 다면 흉한 사람이 내 주변에 모이게 된다. 조상을 명다에 모시고 그 발복을 아무리 바라더라도 덕이 없는 자손의 조상은 그 명당을 차지하지 못하고 다시 나오게 된다. 그러므로 자손이 덕(德)이 없으면 그런 부류의 대인관계를 갖게 되고 자신도 그런 생각을 갖게 되어 또다시 이장을 하게 되는데 결국은 명당자리도 외면을 하게 되는 것이다.

❖ **전**(轉) : 전(轉)이란 과혈직거(過穴直去) 하다가 회전하여 만궁(彎弓)하는 수세이다. 그러나 정답게 회포하면 길하나 묘(墓)를 배반하고 역(포逆抱)하면 반궁수가 되어 흉하다.

❖ **전**(轉) **구불구불하게 흐르는 물**(水) : 전이란 물의 형세(形勢)가 구불구불하게 흐르다가 명당(묘)으로 유입되는 물(水)이 처음에는 무정하게 등을 돌리고 오다가 혈(묘) 앞에서 갑자기 방향을 전환하여 감싸주는 형세다. 주로 수성(水城)의 형세에 있다. 선흉후길(先凶後吉)이다.

❖ **전송**(傳送) : 전송은 주로 양성(陽星)의 금덕(金德)이며 좌향(坐向)에 살면 전택(田宅)의 증식은 물론이며 특히 사유축(巳酉丑)년에 진재(進財) 또는 등과하기도 하며 조가(造家: 집을 짓는 것)하는 사람은 인정(人丁: 자손)이 많아지며 자오묘유(子午卯酉)년에 크게 발응(발복)한다.

❖ **전순 좌우 장곡**(長谷)**이 있으면** : 전순(轉脣)의 좌우(左右)가 장곡(長谷)이라면 집안에 재산(財産)이 모이지 않는다.

❖ **아파트 전착후관 법칙** : 아파트는 현관에서 전착(前窄) 후관(候寬)의 법칙을 찾아야 하고 대개 넓은 평수의 아파트에는 이중문이 설치되어 있으나 평수가 작은 아파트는 거의가 현관문 하나만 있다. 서로 성질이 다른 내외(內外) 기운이 급속하게 썩히는 것을 방지하는 것이 완충공간의 역할이듯이 현관문이 하나만 있다면 건강상에도 불이익이 되며 가상의 3대 요소 중에 하나가 미비 된 모양으로 재산이 불어나기엔 다소 어려움이 뒤따른다. 전착 우관에 부귀여산(富貴如山)이라 했다. 아파트 평수의 크기를 설치된 완충공간으로 만들 필요가 있다.

❖ **전통 한옥**(傳統韓屋) : 옛날 전통 한옥의 경우를 선대(先代)의 조상(祖上)으로부터 상속(相續)을 받고 물려받아 구옥(舊屋)을 소유하고 있으면서 객지에서 생활하다가 은퇴(隱退)후 생활을 즐긴답시고 자기가 손수 수리하여 들어가게 될 때에는 보은제(報恩祭)라고 문(門) 위에 간판을 붙이고 이사 들어가는 날 제사(祭祀)를 올리고 그 후(後) 부터는 1년에 한두 번 조상(祖上)의 제사(祭祀)를 모시고 생활하면 한옥주택과 호흡하면서 집을 느끼고 삶의 영욕을 함께하며 손때 묻은 집의 기둥이나 마루에 앉아서 시간과 공간의 사이를 왕래하는 인간을 발견하고 미래를 설계하고 죽음을 준비하며 여유를 즐길 수 있는 시절들을 맞이할 수 있으며 최고의 행복한 삶을 마무리할 수가

있을 것이다.

❖ **전친영접**(前親迎接) : 합금과 하대(下對)는 유정하여야하고 전대와 합금은 가까이 맞아야 한다. 단정하여야 하고 편기는 없다. 분수되어 합쳐지는 부분(옷섶)과 혈처와는 정면으로 되어 다정하게 보여야 하고 한쪽으로 기울어져 있으면 안 되며 장구는 옆으로도 올 수 있다.

❖ **전후**(前後)**에 산**(山)**이 안은 듯 하면** : 전후(前後)에 산이 밝고 맑고 깨끗한 산이 동서남북을 불문하고 안아 주는 듯한 산이 앞뒤에 적당한 높이의 산이 있으면 안정된 주거지(住居地)라고 볼 수 있다. 이러한 집터 주택 아파트는 재산이 늘고 사람은 활동적이고 육체적으로 건강한 사람이 된다. 자손은 총명하고 스스로 존경을 받는다.

❖ **절름발이 나는 곳** : 절름발이가 나는 곳은 사병룡(巳丙龍)이나 곤(坤)이 없는 정미(丁未) 국(局)에 서나 사태가 없이 국(局)을 이루는 경우에는 절름발이가 나는데 4태는 용의 각이 어느 곳에 있어도 되나 해임(亥壬)에 간계축(艮癸丑)이고 각이 없는 경우 갑경(甲庚)에 건신술(乾辛戌)이며 각이 없는 경우 인신(寅申)에 손을진(巽乙辰) 각이 없는 국에서도 불구가 난다.

❖ **절명속금**(絶命屬金) : 절명속금이란 험악한 질병, 요절, 불행한 사고 및 죽음, 무사(無嗣), 과부, 홀아비, 재산파탄, 이별, 분산 등 흉액과 낭패를 치르게 된다.

❖ **절명일**(絶命日) : 절명일은 크게 흉하다. 역시 일진의 길함을 얻을 지라도 절대 사용해서는 안 된다.

❖ **절장법**(截杖法) : 절장법이란 80세 노인이 지팡이 짚고 서 있는 것처럼 보이는데 깊고도 곧은 성신(星辰 : 봉우리)이 단단하게 보이는데 상위부분은 천강(天罡 : 북두칠성 별)을 범하고 하위(下位) 부분도 역시 살(殺)을 범했을 때는 마땅히 퇴처(退處)의 중점부위에 연(軟 : 부드럽게)하게 생긴 등마루 하부(下部)에 있는 마치 달리는 말 모양 같은 곳에다 혈을 맺고 있으므로 마침내 살(殺)을 범하지 않음으로 생기(生氣)를 타게 된다. 그러므로 그 중간지점은 판단하여 정함이 마땅하다.

❖ **절체일**(絶體日) : 절체(絶體)란 건강에 불리하다는 의가 있어 소흉(小凶)이나 일진이 길(吉)하면 사용하여도 무방하다.

❖ **점혈**(點穴)**은 정확하게 해야** : 점혈이란 뜸을 뜰 자리에 먹으로 점을 치는 것과 같다. 마치 활로 화살을 쏘아 표적을 맞추는 것처럼 신중을 기하도록 훈계되어 왔다. 만일 점혈을 잘못 맞추면 그때까지의 노고는 물거품이 되어 버린다. 보통 풍수가 점혈 하면 그 후 즉시 그 자리를 파본다. 파 보아서 그 토질의 색깔에 태극운(太極暈)이 나타나는 가 등에 의해서 그 땅의 길혈(吉穴) 자리인가 아닌가가 증명된다. 태극운(太極暈)이라는 것은 진짜 용혈(龍穴)을 파면 나타나는 무늬라고 할까? 문양과 같은 것으로 일종의 몽롱한 토기(土氣)라고 말할 수 있다. 필자도 실제로 목격한 적이 있지만 지표상에 나타나는 원형을 한 오색토가 띈 흙이 마치 그 형상이 태극도(太極圖)를 상기시키는 데서 이름이 붙여진 것이다.

❖ **정구가절**(正求架折) : 정구(正求)가 가절(折)이 되면 기(氣)가 흘러 가버리고 성신(星辰)이 정출(正出)하여 정구가 된다. 혈처 위에 정구(실가래 같은 것)가 있어 가로세로 놓여 져 있어야 하는데 정구가 끊어지거나 바르지 못하면 좋지 않으며 대표적으로 종(鐘) 형상에서 뚜렷이 나타난다.

❖ **정국향**(正局向) : 정생향(正生向) 자생향(自生向) 정왕향(正旺向) 자왕향(自旺向) 정양향(正養向) 정묘향(正墓)向)의 6가지로써 각향에 천간일향 1국에 12향씩 4대국이니 48향은 양구빈의 진신수법(進伸水法) 정국향(正局向)이다. 파구에서 물이 출수할 때도 천간자(天干子) 방위로 물이 나가는 것이 원칙이지만 정국향(正局向)은 최고 좋은 향이기 때문에 지지자를 범하는 등 사용함에 있어 약간의 오류가 있어도 무방하며 팔발부귀왕정(八發富貴旺丁) 한다.

❖ **정록**(正祿) : 정록은 향상(向上)으로 녹방위에 귀봉이 솟으면 부귀왕정(富貴旺丁)하는 사(砂)다.

* 임(壬)의 녹은 해(亥)에 있고 계(癸)의 녹은 자(子)에 있다.
* 병(丙)의 녹(祿)은 사(巳)에 있고 정(丁)의 녹은 오(午)에 있다.
* 경(庚)의 녹은 갑(甲)에 있고 신(辛)의 녹은 유(酉)에 있다.
* 갑(甲)의 녹은 인(寅)에 있고 을(乙)의 녹은 묘(卯)에 있다.

❖ **정문백회혈** : 산 정상(山頂上)의 평탄한 요지 중에 돌이 있어 맺어진 혈로써 사방이 혈을 옹위해 주어야 진격이며 그렇지

않으면 팔방 살풍이 취혈(吹穴)하여 흉한 혈지가 되기도 한다.

❖ **정방형**(正方形) **장방형**(長方形)**이 좋다.** : 토지(土地)가 정방형(正方形)이나 장방형(長方形) 토지가 부지(敷地)로써 변형되지 않은 곳은 행운을 부르는 토지의 조건은 변형되지 않은 곳이다. 하천(河川)이 가까이에 있으면 맑은 물은 사람의 마음을 치료하고 운을 불러들이는 파워가 있지만 하천의 물이 오염되어 있는 경우에는 흉작용이 강해진다. 하천과 너무 가까이 있는 경우도 홍수를 당할 우려가 있으므로 피해야 한다.

❖ **정수혈**(正受穴) : 정수혈은 용세(龍勢)가 멀고도 멀어 비록 어금니와 발톱을 폈으나 일만 고개(만협 : 萬峽)와 천산(千山)이 나의 소용(所用)되고 천리백리(千里百里)의 정기가 다 여기에 모여 특별히 정수혈(正受穴 : 맥을 바르게 받은 혈)을 맺은 것이다. 그 역량이 가장 크고 발복이 가장 장구하다.

❖ **정원수**(庭園樹) **선택은 잘해야 한다.** : 주택(住宅)을 짓는 사람들은 자신의 부(富)를 과시하기 위해서 넓은 마당에 고가(高價)의 관상목을 사들여 심는 경우가 많다. 그러나 단정적으로 말해서 정원수는 있어도 고민이고 없어도 고민이라고 얘기할 정도로 양택 풍수에서는 매우 어려운 사항으로 여긴다. 정원수는 높이로 최고 3미터까지가 인체에 이로움을 주고 주택이나 건물에서 멀리 떨어져 있어야 이상적이라고 여긴다. 지나치게 큰 나무는 집안에 들어오는 햇볕을 가리므로 흉하고 너무 가까운 곳에 위치한 나무는 그 뿌리가 주택의 구들장까지 파고 들어가 주택의 생기(生氣)를 빼앗아 감으로 좋지 않다. 더구나 침실과 가까운 곳에 위치한 정원서는 밤에는 인체에 해로운 탄산가스를 배출하므로 특히 멀리 떨어져 있어야 좋다. 사람의 신체에도 머리카락과 눈썹 등의 털이 있어서 보온과 미적(美的) 기능과 같은 역할을 하듯이 양택 풍수에서도 집안에 생명력이 느껴지는 식물을 심어 줌으로써 낮 동안의 산소를 흡입하는데 도움을 받고 외관상으로 아름다움도 얻을 수 있다. 이런 정원수의 기본적인 길흉(吉凶)의 배치 구조와 지형(地形)의 특서에 따른 정원수 선택은 화초목(花草木)이 좋고 1년 내내 꽃이 계속 피도록 화목(花木)을 심는 것이 좋다.

❖ **정원수**(庭園樹)**로 적합한 수목**(樹木) : 정원수로 적합한 수목은 뿌리나 잎줄기가 너무 억세거나 크지 않은 종류로서 창송(蒼松), 청죽(青竹), 매화(梅花), 향목(香木), 매화성류 목, 대추나무 등은 좋은 나무이나 나쁜 나무는 오동나무, 버드나무, 뽕나무, 배나무, 복숭아나무, 키가 크고 등치가 큰 나무 등은 심지 않는 것이 좋다. 옛날에는 정원에 심는 나무는 화초 목을 심어라 하였다. 고서(古書)에 사신방(四神方)이 허(虛)하면 나무(木)를 심어서 보완하라고 했는데 북(北)쪽이 비어있으면 은행나무, 남(南)쪽이 허(虛)하면 매화나무, 동(東)쪽에 송죽(松竹)나무, 서(西)쪽이 허(虛)하면 석류나무를 심으라고 했다. 또한 지붕을 덮는 거목(巨木)은 집안에 환란을 가져오며 과수나무 등으로 정원이 울창하게 숲을 이루면 질병으로 우환이 끊어지지 않는다고 했다. 과일 나무는 고루고루 1~2그루 정도 심는 것이 좋다. 그리고 100년 이상 된 나무는 함부로 베지 말고 동사무소에 연락하여 나무를 베도록 하는 것이 좋다. 오래된 나무는 신(神)이 있기 때문이다. 어려운 생남(生男)을 했다고 나무로 기념식수는 하지마라. 그 나무가 제거 되면 그 아이가 같이 세상을 떠난다. 대문(大門) 앞이나 건물 곁에는 가급적이면 나무를 심지 않는 것이 좋으며 집안 마당에 1년 내내 꽃이 끊이지 않도록 화초(花草)를 심으면 가정이 발전 할 것이다.

❖ **정원**(庭園) **화초목**(花草木)**은 어떤 것이 좋은가** : 옛 조상들은 정원에 사시사찰 꽃이 떨어지지 않게 화초목(花草木)을 심었다.

* **국화**(菊花) : 군자와 열사를 상징
* **연**(蓮)**꽃** : 애연설(愛蓮說)에서 꽃에 종자가 많이 달려 다산을 칭함.
* **송**(松) : 소나무를 스쳐가는 바람소리를 송풍(松風)이라 하여 인간의 머리를 세척해주는 종교적 경지의 음률로 받아들이는데 군자의 절개를 상징
* **매화**(梅花) : 눈 속이 꽃과 향을 즐기는 데 절개를 상징함.
* **배롱나무** : 하절기에 백일간 피는 꽃으로 장구한 부귀영화를 상징함.
* **벽오동** : 봉황을 연상하게 해 임금의 덕이나 태평성대를 상징하고 문(門)의 가까이에 심어서 집안 전체의 품위를 높여 줌.
* **사계화**(四季化) : 지성스럽고 순결한 성인의 기품과 착한 부

덕 그리고 정성스런 마음을 상징함.

* **작약**(芍藥) : 머리를 결코 숙이지 않는다 하여 귀우(貴友)라 칭함.
* **목단**(牧丹) : 일명 모란 충실하고 화려함이 화왕(花王)에 해당하며 꽃이 크고 아름다워 부귀(富貴)를 상징함.
* **동백**(冬栢) : 화목 중에서 상록성이 뛰어나고 복을 상징함.
* **석류나무** : 선비정신을 상징하며 자손과 번영을 상징함.
* **진달래** : 시우(詩友)라 하여 봄을 상징함.
* **대나무**(竹) : 봉황새가 열매를 먹어 벽오동과 함께 봉황을 연상케 하는데 곧은 절개와 군자를 상징했던 의미를 잘 파악하여 적합한 공간에 식재 처음은 가정이 번창하나 울창하면 주택에 해(害)가 된다.
* **연산홍** : 한 달 동안 꽃이 지지 않고 있어 부(富)를 상징

❖ **정체**(正體) : 뇌는 원룡(圓龍)하고 몸은 직(直)하며 면(面)은 평평(平平)하다. 형국(形局)은 신홀형(紳笏形)이다.

❖ **정체**(正體) **혈의 위치**

* 정체(正體) 금성(金星)은 모양이 둥글고 단정한 것으로서 혈은 중앙에 있다. 정체 금성은 성신이 웅장하면 조화가 완전한 것이므로 가장 귀한 혈이다.
* 정체(正體) 목성(木星)은 머리는 둥글고 몸은 솟아 있으면서 단정하면 혈은 중앙에 있다.
* 정체(正體) 수성(水星)은 머리는 둥글고 몸이 굽으면 단정한 것으로 혈은 그 가운데 있다.
* 정체(正體) 화성(火星)의 혈은 모습이 뾰족하여 건조하면서 결혈 되지 않아서 재혈로써는 쓰지 않는다.
* 정체(正體) 토성(土星)은 머리가 네모지고 몸은 평평하고 단정하면 혈은 가운데 있다.

❖ **정혈생기**(正穴生氣)

* 일상문곡육살(一上文曲六殺)
* 이중록존화해(二中祿存禍害)
* 삼하거문천을(三下巨門天乙)
* 사중탐랑생기(四中貪狼生氣)
* 오상염정오귀(五上廉貞五鬼)
* 육중파군 절명(六中破軍 絶命)
* 칠하무곡 연년(七下武曲 延年)
* 팔중복음 평평(八中伏吟 平平)

❖ **조상묘**(祖上墓)**를 가까이 모시지 마라** : 조상 묘 가까이에 최근에는 가족묘를 한곳으로 모시는 예가 많으나 여러 기(基)를 한 군데 모시게 되면 지기(地氣)의 발복은 한기에서 밖에 발복을 받는다.

❖ **조상**(祖上)**을 명당에 모시면 금상첨화**(錦上添花) : 조상(祖上)의 체백(體魄)을 명당(明堂)에 모시게 되면 지기(地氣)를 받아 안장(安葬)이 됨으로 이것이 효행(孝行)의 최상이요 이로 인하여 자손들이 자연히 복을 받는다면 금상첨화격(錦上添花格)으로 그 이상의 다행이 없을 것이다. 인걸(人傑)은 지령(地靈)이라 하듯 조상을 길지(吉地)에 용사함으로써 자손에게도 영향이 미침은 주지하는 사실인데도 성묘하기에 편한 곳만 치중하여 길지(吉地)도 아닌 흉(지凶地)에 모신다는 것은 효행과는 엄청남 괴리가 있음을 숙지해야 할 것이다. 또한 조상의 이장(移葬) 여부를 놓고 형제간에 타협을 많이 하게 되는데 그 중에서도 근면과 성실로 생활이 조금 더 넉넉한 자손이 반대하는 예가 거의 많은 것은 현재 그 자리의 위치로 봐서 자기에게 해가 없으니 나쁘지 않다고 생각하기 때문이다. 그러나 명당(明堂)에 용사(이장) 하면 더욱 생활이 나아지는 정도가 아니라 가문에 재벌가나 인물(人物)이 나오는 등 인정(人丁:자손)이 흥왕(興旺) 해 지는 것을 모르는 소치이다.

❖ **조수국**(朝水局) : 조수국이란 물이 앞으로 향하여 조향(朝向)하는 형국(形局) 즉, 몸을 뒤쳐 역으로 결혈(結穴) 해서 당면(當面)에 조향하는 물을 받는 것으로 중요한 것은 묘 자리가 높고 그 가운데 남은 기(氣)가 있고 청룡 백호 산이 가로 막아 물로 하여금 묘(墓)쪽으로 질러오지 않게 함이 길하다. 또 물이 지(之)자나 현(玄)자로 굽어 흐르거나 혹은 한쪽에서 물이 묘(墓)를 감아 흘러가면 길(吉)하고 만일 급히 흘러 묘를 충사하면 대흉(大凶)하다. 오직 천혈(天穴 : 높은데 묘)과 먼 곳의 물이 특히 조래(朝來) 함이 두렵지 않으나 만일 혈장(穴場)이 얕고 산이 낮아서 산과 물이 만나지 않으면 흉한 것이니 역국(逆局물이 뒤돌아

오는 모습)이라 하여 모두 길한 것은 아니다. 대개 이 혈은 수구(水口:破口) 사이에 많이 있는 묘 자리니 물이 얽어 두르는 것이 길하다.

❖ **조수**(照水) : 조수란 묘 앞에 지당수(池塘水)가 있으나 항상 물이 말라서 없으면 묘(墓) 속에 개미가 침범한다. 항상 만수된 지당(池塘)이 묘 앞에 있으면 길(吉)하여 치부하나 건수(乾水) 고갈(枯渴)된 연못이 있으면 많은 개미가 묘 체백 안에 침입하여 혼백이 편치 못하여 자손의 불왕(不旺)이 우려되는 흉수(凶水)이다.

❖ **조수성형국**(朝水城形局) : 조수성형국은 수조(水朝)가 내도좌(來到左) 하는 것과 수조가 내도우(內道右) 하는 것이 두 가지가 있는데 좌국(左局)은 양국(陽局)이니 양향(陽向)을 쓰고 우국(右局)은 음국(陰局) 이라 하여 음향(陰向)을 쓴다. 조수성형국은 수(水)가 조안(朝案)의 좌우일변(左右一邊)방이 된다.

❖ **조완추석**(祖頑醜石) : 묘 자리를 찾을 때 첫 번째로 피해야 할 것은 용혈과 청룡 백호 등 주변 산세가 거칠고 딱딱하여 무디고 더럽고 추잡한 흉석이 많이 있는 곳은 피해야 한다.

❖ **조종산**(祖宗山) : 조종산이란 집안의 내력과 배경, 자손의 유기(有氣) 무기(無氣) 판단한다. 조종산에 서기가 어려 있으면 재상이 배출 된 명문대가임을 알 수 있다. 수려하고 단아하면 문인(文人)이요 장엄하면 무인(武人)과 관련 있다.

❖ **종괴**(從魁) : 종괴는 주로 음성(陰星)의 금덕(金德)이며 집에는 관재(官災)가 발생한다든가 가모(家母)에 대하여서는 불순 하는 일이 생긴다든가 사유축(四酉丑)년은 소자(小子)에 유해(有害) 한다든가 쟁송(爭訟)이 생기든가 하면서 자오묘유(子午卯酉)년은 대패(大敗)의 염려가 있다.

❖ **좋은 집을 구체적으로 볼 경우** : 거리를 걷다보면 주택의 모양은 다양하다. 이런 모양이 좋다고 한마디로 말 할 수는 없지만 여기서 좋다고 말하는 집의 모양을 들어보기로 하겠다. 자신의 집 모양이 이중에 속한다면 건물 위에서 보라. 주택을 선택할 때에 좀처럼 자기가 생각하는 양식의 주거(住居)로 결정하기는 어려운 경우가 많은 것 같다. 분양 주택을 선택할 때에 경제적인 조건이 가장 우선이고 통 큰 조건에 따라 장소가 정해지는 경우가 많기 때문이다. 그래도 집을 구입할 때에는 수많은 매몰 주택을 지상(地上)에서 보거나 현장에 직접 보는 것이 좋다. 집을 임차(賃借)할 때도 마찬가지이다. 같은 조건으로 갈등할 때에는 다음과 같은 집을 선택하는 것도 하나의 방법이다. 현재 살고 있는 자기 집이 좋은 조건인가 아닌가를 보아둔다. 또 입지조건에 대해서도 토지와 건물 두 개가 다 좋으면 당연히 최상이지만 토지(土地)가 좋지 않더라도 건물이 좋으면 도움을 받을 수 없다. 이 집은 남(南)쪽을 향해서 원 쪽의 벽이 짧게 결여(缺如) 되어 있다면 군자(君子)가 살기에 알맞고 집안이 안전하다. 재물(財物)과 저축이 늘어 풍족하게 된다. 다만 당시의 주거지(住居地)에는 매우 좋지만 그 자손은 윗대만큼 번영하지 못한다. 또 북동(北東) 방위에 결여(缺如) 된 집으로 부잣집의 형태이다. 재산과 지위에 혜택을 받아서 오래도록 안정된다. 본래 유명한 왕자나 귀인의 주거에 보여 졌던 형식으로 무엇인가 곤란한 일이 생겼을 때 도와줄 사람이 나타날 가능성이 있다. 남(南)쪽을 향해 오른쪽이 짧고 왼쪽이 길다. 훗날까지 집안에 원만하며 일반적인 사람의 주거에 가장 좋은 조건이다. 분양 주택의 가장 흔한 모델이기도 하다. 반대로 왼쪽이 짧은 경우도 괜찮다. 아무 방해도 없다. 사각형의 집은 가장 보편적인 집 모양이다. 많은 주택이 이 형식을 취하고 있으며 어디나 존재한다. 현인(賢人)이 자랄 가능성이 있으며 이러한 곳에서 자란 아이들은 곧 취지의 덕을 보고 더욱 출세가 기대된다. 일반 사람의 주거에 이상적이며 경제적으로도 안정된다.

❖ **좋은 토지**(土地)**를 선택하기 위한 6항** : 택서(宅書)에서는 주택(住宅)을 인간에 비유하고 있다. 지형(地形)이나 지세(地勢)는 신체(身體)의 물은 혈관, 토지는 가축이나 살 초목은 모발, 문과 외벽은 모자와 의복이라는 것이다. 그러므로 집을 짓는 데는 모든 요소를 전부 고려하지 않으면 안 된다. 그렇다면 여기서는 신체 그 자체가 되어야할 집의 장소를 결정할 때에 풍수사가 고려하는 기본적인 6개 항목을 본다.

- **배산임수**(背山臨水) **면수**(面水) : 배후에 산이나 언덕이 있으면 등 뒤에서 불어오는 바람으로부터 집을 지켜준다. 거기

서 두터운 신뢰감이 생겨난다. 풍수에서는 등 뒤 무엇인가 잡을 것이 없으면 인간의 정신이 안정되지 않는다고 생각한다. 그러므로 집 뒤에 산이나 언덕이 있으면 인간은 안심하고 집안에서 편안히 쉴 수가 있는 것이다. 만일 주위에 아무것도 없기 때문에 바람이 불어 빠져나가 버리는 장소는 바람이 지날 때마다 애써 모은 기(氣)의 에너지가 흩어져 버리므로 좋은 장소가 아니다. 또 정면에 연못이나 호수 등의 물이 모이는 곳이 있으면 지면(地面)을 흘러들어온 기가 그곳에 뭉친 후 정지해서 기가 쌓이는 장소가 된다. 좋은 기가 쌓이면 사는 사람의 인생에 길(吉)을 가져다준다. 다만 주의할 점은 발목이 겨우 닿을 정도의 얕은 물은 오히려 좋지 않으므로 없는 편이 더 낫다. 물이 고인 곳을 찾는다면 가급적으로 깊은 연못이나 호수를 찾아야 한다.

- **좌북조남**(坐北朝南) : 남향의 햇빛이 잘 드는 장소가 좋다. 겨울은 북쪽에서 덮쳐오는 한기를 피할 수 있고 여름은 남에서 뭉쳐오는 생기를 잡아넣을 수가 있다. 집이나 아파트나 별장도 공장도 인간과 마찬가지로 자연(自然)의 기후에 아주 민감해서 인간이 괴롭다 고 생각하는 천후(天候)나 장소는 주택에도 좋지 않다. 생기(生氣)라 함은 인간이 지니고 있는 좋은 에너지이다. 생기가 가득 찬 장소에는 자연히 사람이 모이로 그 덕택으로 점점 생기가 증가한다. 그 반대로 사(기死氣)라고 하는 것이 있다. 그것은 인간을 흉으로 끌고 가는 나쁜 것이다. 사기가 있는 장소에는 사람은 가까이 가려고 하지 않는다. 그래서 사기는 더욱 증가한다.
- **전저후고**(前低後高) : 앞이 낮고 뒤가 높은 토지는 기가 쌓이는 좋은 장소이다. 다만 산의 옆면처럼 극단적으로 경사가 진 장소는 좋지 않다. 주위보다 조금 높은 곳에 있으며 등 뒤 지반이 두터운 장소가 좋다. 왜냐하면 지반이 두터 우면 두터 울 수록 많은 기가 흐르고 그 집 밑에 쌓여가기 때문이다. 이 같은 지형의 토지는 우주에서 방출되어 오는 기(氣)를 모으는데도 적합하다.
- **지면이 건조하고 배수의 편리가 좋다** : 배수(排水)가 잘 되어야 좋은 장소이다. 습지나 질퍽질퍽한 토지에는 여러 가지 나쁜 기가 머물러 있고 만성적으로 흉(凶)한 기(氣)를 발산한다. 이 기는 인간의 생활에 악 영향이 미치고 건강도 나빠진다.
- **수목**(樹木) **왕성**(旺盛) **해야** : 주변에 수목이 잘 자라는 곳은 좋은 집터이다. 이러한 곳은 좋은 기(氣)가 발산 하는 곳에 살면 본인이 할 수 있는 좋은 생각이 떠오르고 가족이 건강하고 자녀들이 총명한 자손이 출생하고 건강 장수 한다.
- **팔괘오행**(八卦五行)**에 사는 사람의 생기**(生氣)**가 맞아야 한다** : 일반적으로 남향(南向) 주택 아파트가 좋지만 그것보다도 사는 사람의 팔괘오행에 맞는 장소가 보다 좋은 주택 아파트이다.

(예)

* 임자계좌(壬子癸坐) 병오정향(丙午丁向)에는 쥐띠생(子生)이 생기(生氣)에 맞는 주택이다.
* 축간인좌(丑艮寅坐) 미곤신향(未坤申向) 주택 아파트에는 소띠 생, 범띠 생이 살면 본인이 건강하고 좋은 생각이 떠오르고 재물도 모이고 건강 장수한다.
* 갑을묘좌(甲卯乙坐) 경유신향(庚酉申向)에는 토끼띠 생이 본인의 생기에 맞는 주택 아파트이다.
* 진손사좌(辰巽巳坐) 술건해향(戌乾亥向)에는 용띠 생, 뱀띠 생
* 병오정좌(丙午丁坐) 임자계향(壬子癸向)에는 주택 아파트에는 말띠 생이 생기에 맞는 주택이다.
* 미곤신좌(未坤申坐) 축간인향(丑艮寅向) 에는 염소 띠 생, 원숭이띠 생이 본인의 생기의 맞는 주택 아파트이다.
* 경유신좌(庚酉辛坐) 갑묘을향(甲卯乙向) 에는 닭 띠 생이 주택 아파트에 살면 본인의 생기(生氣)택 이다.
* 술건해좌(戌乾亥坐) 진사손향(辰巽巳向) 에는 개 띠 생, 돼지때 생이 주택 아파트에 살면 본인의 생기(生氣)가 맞는 주택이다. 이러한 주택 아파트에 살면 본인이 할 수 있는 좋은 생각이 떠오르고 시행하면 성공할 수 있다. 그리고 가족이 건강하고 신혼부부라면 총명한 자손을 얻을 수 있고 재물이 모이고 건강 장수 한다.

❖ **주**(走) : 주(走)란 산줄기가 옆으로 달아 난 것. 이것이 묘에서

보이면 집에 들어오기 싫어하며 밖에서 노니는 사람이 생기거나 형제간에 다투는 일이 자주 생길 수도 있다.

❖ **주밀 명당 청룡 백호가 중첩으로 감싸준 곳** : 청룡 백호가 중첩으로 담장을 두른 것처럼 빈 곳이 없는 것을 말한다. 안산(案山)을 비롯한 묘(墓) 자리의 주변의 모든 산이 낮거나 빠진 곳이 없이 중첩으로 감싸주는 형세(形勢)다. 명당이 주밀(周密)하면 보국(保局) 안의 기(氣)가 새어 나가지 않는다. 생기(生氣)의 취결(取結)이 용이하여 양명(亮明)한 묘 자리이다. 장손들은 큰 인물은 없어도 지방장관은 자주 할 수 있다.

❖ **주방의 위치** : 주방은 정화조 위에 두는 것을 피한다. 배수구 물이 빠져나가는 곳에 배치하는 것을 피한다. 또 통로나 정면으로 부딪치는 것을 피한다. 질병이 생길 수도 있다. 좌우(左右)가 외향(外向)인 것을 피한다. 시비가 생기고 재물이 달아난다. 그리고 건물의 들보가 주방 솥의 천심(天心)을 누르는 것을 피한다.

❖ **주변 산들은 모두 낮은데 집터 묘 자리가 높으면** : 주변 산들은 모두 얕은데 오직 묘(墓)자리 주택, 아파트, 별장, 공장, 목장 등이 높은 곳에 있다면 사방팔방위(四方八方位)에서 불어오는 바람을 받아 팔풍이 취혈(吹穴) 하는 땅이다. 이러한 곳은 택지(宅地)나 묘지(墓地)로 사용하면 재물이 망하고 남자 자손도 얻기가 어렵다. 과부나 고아가 생길 염려가 있다.

❖ **주변 산들이 혈을 등지고 달아나면** : 청룡과 백호, 안산, 조산 등 주변의 산들이 혈(묘)을 등지고 달아나는 형세다. 주변 산들이 다정하게 혈을 감싸고 안아 주어야 생기가 보존되는데 모두 달아나면 기(氣)가 모일 수 없다. 이는 무정과 배신을 뜻하고 주변 사람들과 반목하여 큰 손해를 입는다. 결국 어떤 조직에서도 정착하지 못하고 영구히 떠돌아다니는 신세가 된다.

❖ **주변 산수(山水)가 겹겹이 감싸고 보호하는지 살핀다.** : 혈 자리는 전후좌우(前後左右)에서 산과 물이 겹겹이 감싸주어야 한다. 비유하자면 왕의 외부에 행차하다가 숙박을 위해 호텔에 머물면 군사들이 주변을 이중 삼중으로 겹겹이 보호하게 된다. 묘 자리도 이와 똑같은 이치이다. 묘 자리가 주변 사과물이 겹겹이 감싸주고 주밀하게 보호해 준다. 그러나 혈(穴 : 묘)을 너무 높은 산이 가깝게 감싸고 있으면 오히려 압박을 하게 된다. 주변이 답답하지 않도록 모든 것이 균형이 맞게 감싸야 한다.

❖ **주방풍수** : 주방은 널찍하고 조명이 밝고 공기가 잘 통해야 한다. 주방 풍수는 풍수 효과를 가장 빠르게 느낄 수 있다. 주방 풍수 흉함은 이러하다.

* 주방에서 현관의 출입구가 보이는 것도 불리하고 흉하다.
* 주방 안에 식사를 하는 식탁이 함께 있으면 좋지 않다.
* 주방이 욕실문과 마주보는 구조도 불리하다.
* 주방의 조명은 부드럽고 따뜻하며 온화해야 한다.
* 주방은 주택 중심선의 북방에 두면 수화(水火)가 상극이 되어 좋지 않다.
* 주방의 가스렌지와 화장실이 마주 보이면 좋지 않다.
* 주방의 가스렌지와 침대가 가까이 있으면 나쁘다.
* 주방에 오후 늦은 시간에 지는 석양이 들면 나쁘다.
* 부엌과 주방에 있는 화구(火口)의 불이 외부에서 보이면 나쁘다.

❖ **주방의 그릇, 식탁 풍수** : 주방의 용품, 기구로서 흰색계통의 도자기 제품들은 청결을 나타내므로 무난하다. 오행(五行)으로 보자면 부엌과 주방에서 사용하는 용기들은 수(水)와 화(火)의 다툼을 막고 조화시키는 나무 그릇, 나무 색상 등이 대체적으로 길하다. 금속성으로 된 그릇, 수저 등을 정리 정돈 해두지 않으면 가족 간에 화목과 유대관계에 금이 갈 수도 있다. 예를 들어 식탁위에 지갑을 두는 주부는 대부분 사치와 허영이 심한 경우가 많다. 깨끗이 설거지한 그릇들은 바로 물기를 닦아 정리해 똑바로 놓아두는 것이 좋다. 그릇은 음식물도 담지만 주방으로 들어온 좋은 기운들도 담아내기 때문이다. 설거지가 끝난 후에 행주로 그릇을 덮어두는 경우도 있는데 이는 집안의 금전 운을 방해하는 요인이 되므로 피해야 한다. 주방의 식탁의 형태는 정사가형, 둥근형, 타원형, 팔각형 등이 좋고 사용하지 않는 주방 그릇들을 쌓아두는 행위는 주방의 기운을 머물러 정체시키는 것과 같음이니 흉하다. 협소한 공간이라도 식탁을 벽에 붙이는 좋지 않다. 주방에 꽃, 난, 풍경화, 황색 노란꽃 그림 등을 놓아두면 재운(財運)을 불러온다. 그리고 씽

크대를 사용하지 않을 때에는 마개로 막아 놓는다. 수도꼭지와 냉장고가 함께 있으면 좋지 않다.

❖ **주산수려**(主山秀麗) : 주산은 수려하게 솟고 혈장이 밝으면 귀한 자손이 배출되고 당판이 밝은 것은 귀와 속발로 보는 것이다.

❖ **주역**(周易) : 주역이란 주나라 때 완성한 것으로 삼라만상(森羅萬象)을 천(天)의 도가 거느린다고 하여 중천건괘(重천天乾卦)를 첫 괘로 한다. 세수를 자월(子月)로 삼아 인원천통(人元天統)이라고 한다. 이렇게 볼 때 세역의 세수와 역명의 이치가 상통한다는 점을 알 수 있다. 그런데 세역의 시대순서는 인통, 지통, 천통으로서 천지인(天地人) 삼재(三災)의 역순(逆順)임을 알 수 있다. 나경(羅經)도 이 삼역의 이치를 따라 구성되었음을 알 수 있다.

❖ **주택의 가구는 어떤 형상이 좋은가** : 주택에 가구는 형상이나 모서리 부분이 둥글게 된 것이 좋다. 둥근 것은 모가 없고 계속해서 회전하는데 거리낌 없이 잘 돌아간다는 뜻이다. 그래서 모든 사업이 잘 된다는 뜻이다. 회사나 가정에서 모난 것보다 둥근 것이 좋으며 또 밝고 맑은 것을 택하라. 맑고 깨끗하면 자신들의 마음가짐부터 밝고 맑은 좋은 생각이 떠오를 것이다. 본인 할 수 있는 생각대로 사업하면 크게 성공할 것이다. 모든 것을 다 둥글게 하라는 것은 아니다. 그러나 가급적이면 택하라. 그리고 색상도 황금색 계열이 좋다는 것은 금(金)색이 황색이다. 즉, 돈이다. 모든 것이 끼리끼리 모인다는 뜻이다. 마른 땅에 물을 부으보자 습기가 있는 땅에 물아 다 채워지고 나면 마른 땅으로 물이 들어간다. 그리고 둥근 것을 권장하는 것이 자동차도 바퀴가 둥글게 때문에 거침없이 잘 굴러가는 것이다. 세상 이치가 이렇다는 것이다. 사람도 많은 사람을 거느리는 사람도 모난데 없이 둥글게 지도하는 사람이 성공이 빠르다.

❖ **주택을 고르는 방법** : 주택(住宅)이나 연립 건물이 특별히 높은 것은 외롭고 음침하여 (사각 빌딩은 무관함) 초기에는 실패하고 말년에는 후손이 끊어지게 된다. 풍살(風殺)이 큰 방위는 좋지 않으니 집안의 모든 일이 순조롭지 않다. 바람이 주택을 갈무리하여 기운을 모아 재물(財物) 사람(丁) 귀인(貴人) 골고루 뜻대로 이루어진다. 사방(四方) 주변으로 고층 건물이 압박해서는 안 되니 온갖 일이 순조롭지 못하다. 양측 좌우의 주태기 특히 높으면 손님과 하인이 주인을 기만하고 압박한다. 높은 산과 험준한 고개는 수도하는 도량의 장소이니 사람이 사는 집으로는 마땅한 곳이 아니고 재물도 지켜 낼 수 없다. 집 뒤가 텅 비어서 정면으로 산을 가까이 보게 해서는 안 되니 앞길이 겹겹이 가로 막힌다. 집 뒤에 고목 혹은 집 좌우에는 모두 큰 나무를 심어서는 안 되니 흉하게 된다. 정원에는 큰 나무를 많이 심지 말아야 한다. 나무가 크면 집이 시들어 가정 형편이 점점 쇠퇴해 진다. 주택 모양이 호랑이 꼬리와 같은 집은 대흉하다. 집 지붕모양을 멋있게 보이게 한다고 들쭉날쭉 보기 좋게 만들어 놓은 주택에는 질병이 있다. 그리고 주택, 아파트 전면 또는 후면에 연못이 있으면 반드시 길한 집이라고 볼 수 없다. 주택 근처에 진동소리가 들리면 좋지 않다. 연못 자리나 공동묘지 자리나 높은 곳이나 경사가 심한 곳은 흉한 주택, 아파트, 공장, 목장, 별장, 빌딩은 흉한 터이다.

❖ **주택 근처에 분묘나 작은 나무숲이 있으면** : 주택 근처에 분묘(墓)나 작은 나무숲이 있으면 쓸쓸하고 고독한 생활이나 신병이나 손실 등이 있을 수 있다.

❖ **주택 건방위**(乾方位)**에 수림**(樹林)**이 있으면** : 주택의 서북간(西北間) 방위(方位)에 수림(樹林 : 숲이) 무성하면 여자 식솔들이 음란 불량하고 개천 내지 도랑이 있으면 젊은 사람이 제명대로 못사는 불행이 따르고 곤방위(坤方位 : 남서간)로 흐르는 물길은 모친(母親)이나 부녀자에 흉험한 낭패를 겪게 되며 후대(後代)의 자손들은 게으름으로 빈궁하게 살게 될 수도 있다.

❖ **주택의 동쪽 계곡물이 서쪽으로 흐르면** : 집의 동쪽에 내(川)가 있어 힘 있게 흘러가며 서쪽으로 흐르면 그 집의 부인(여자)이 제명대로 살지 못하고 죽는다. 그러나 남편은 대개 건강하게 살아간다.

❖ **주택의 뒤뜰**

* 주택 뒤뜰은 수시로 청결을 유지해야 한다. 자녀의 지혜가 총명해질 수 있다.
* 주택 뒤뜰의 청룡방에 정화조를 두어서는 안 된다.
* 주택 뒤뜰의 정 중앙에 정화조를 두어서는 안 된다.

* 주택 뒤뜰의 백호방에 산모양이나 연못을 만들지 말라.
* 주택 뒤뜰의 정 중앙에는 연못을 만들지 않는 것이 가장 좋다.
* 주택 뒤뜰의 청룡방에 연못을 만들려면 반드시 기운을 왕성하게 하는데 적합해야 한다. 그렇지 않으면 만들지 않는 것이 좋다.
* 주택 뒤뜰에 돌로 만든 기물(器物),절구, 맷돌, 엉킨 실, 벽돌 등을 놓아두지 말라.
* 주택 뒤뜰의 정 중앙에 보일러를 놓아서는 안 된다.
* 주택 뒤뜰에 보일러를 두어서는 안 된다.
* 주택의 뒤쪽에 우물을 파서는 안 된다.
* 주택의 뒤뜰에 세탁기를 놓아서는 안 된다.
* 주택의 뒤쪽에 소방도로가 바로 부딪쳐서도 안 된다. 근심 걱정이 생길 수도 있다.
* 주택 뒤쪽 다른 사람 집의 담과 벽이 바로 부딪치게 해서는 안 된다. 허리와 등이 이상하게 아플 수도 있다.
* 주택 뒤쪽에 과일 나무를 심지 말라. 기운이 쇠약해 진다.
* 주택 뒤쪽에 동물의 집을 지어서 기르지 말라.
* 주택 뒤쪽 담장은 튼튼하게 쌓아 두어라. 재물 운이 좋아진다.
* 주택 뒤뜰이 방안보다 높아서는 안 된다.
* 주택의 뒤쪽에 배수구가 양쪽가로 나가도록 하라.
* 주택 뒤쪽은 공기가 마주 흐를 수 있게 해야 한다. 그래야 가정이 비교적 따뜻하고 화목해진다.

❖ **주택 뒤에 있는 주택** : 서북 방위에 언덕이 있으면 길(吉)하다. 이와 같은 집터에는 기(氣)가 있어서 모든 일이 서서히 일어나기 시작하면 끝이 없다. 집터로서는 최적의 장소로서 크게 부귀영화(富貴榮華)하고 건강 장수 할 주택 아파트이다.

❖ **주택 아파트 동북(東北)쪽에 산(山)이 있으면** : 주택 아파트 동북간(東北間) 방위(方位)에 산(山) 자락을 접하고 남(南)쪽이 차츰 낮아지는 집터는 재물(財物)이 모이고 자손이 건강하고 총명하여 장차(將差) 높은 지위에 오르게 된다.

❖ **주택, 아파트, 묘지에 명당 길지를 얻으려면** : 내가 살고 있는 아파트, 주택, 조상 묘지(墓地)에 대명(당大明當)을 얻으려면 채문절공(蔡文節工)이 말하기를 적덕(積德)을 하는 것만이 좋은 땅을 구하는 근본이니 무릇 사람이 자손만대(子孫萬代)의 경영(經營)을 하고자 하면 마땅히 공손하고 겸손 된 마음으로 처세(處世)하고 남의 편리를 도모하고 조금이라도 도리에 합당하지 않은 일은 행하지 말아야 백신(百神)이 감응하는 것이니 길지(吉地)를 가리는 일은 다음의 일이다. 그러므로 패역부도(悖逆不道)하고 불효불제(不孝不悌) 하는 인간(人間)은 조물주에게 벌을 받을 것이니 무슨 소용이 있으랴 하였다.

❖ **주택 배후(住宅背後)에 산이 감싸는 듯하면** : 주택 배후(住宅背後)에 산(山)이 감싸 안은듯하면 재물과 식솔이 번성하고 풍부한 복록과 안정을 누리게 되며 자손 중에 만석(萬石) 거부가 나온다.

❖ **주택(住宅) 앞에 전봇대** : 주택 앞에 전봇대나 아주큰 나무가 건물 정면에 마주 있거나 주택의 중심부위에 위치하는 것은 나누어 먹기 형국이다.

❖ **주택(住宅)의 대문 앞과 옆** : 주택의 앞이나 옆 건물에 사찰(寺刹) 및 교회(敎會) 사당(祠堂) 등의 건축물이 있으면 불길(不吉)산란 형국의 장해가 조장(助長) 된다. 그리고 집안의 살림살이가 지지부진하고 성취를 향한 발전 및 향상이 느리며 가정사가 어수선해지고 부녀자들이 신병을 앓거나 우환을 겪게 되는 등 좋지 않은 일들이 발생하게 된다.

❖ **주택의 마당** : 집의 앞마당과 뒷마당이 넓으면서 동시에 토형(土型)이면 효자와 충신이 나오고 가산(家産)도 풍족해 진다.

❖ **주택(住宅) 아파트에도 증개축(增改築)** : 주택, 아파트의 증개축(增改築)은 두루 살펴보고 하라. 집의 증개축을 생각하고 있는 사람도 많을 것이다. 반드시 다음 포인트를 지켜야 한다. 증개축은 신축과는 달라서 헌것과 새것이 맞아야 하므로 그것이 잘 조화되도록 손질을 해야 한다. 집의 중앙을 먼저 개축을 해야 한다. 사람도 병이 나면 속병부터 고쳐야 하듯이 아파트, 주택도 속부터 고쳐야 한다. 집의 중앙이 새것이고 바깥쪽이 헌 건물이라면 좋다. 오래된 것이 살고 있는 사람을 보호해 준다. 집의 바깥쪽을 먼저 증개축하면 흉가가 된다. 집의 한가운데가 헌것이고 바깥쪽이 새것인 집은 그다지 좋지 않다. 오래되고 역사가 있는 것은 그 자체가 기(氣)를 발하게 된다. 만일

새것이 그것을 덮어 감추어 버리면 기는 머물다가 더 깊숙이 들어가 버린다. 집의 한쪽은 새것이고 다른 한쪽이 헌집은 가난을 경험 할 것이다. 어떤 집은 한쪽을 부수어서 마당을 만들거나 대문 방위가 흉하다고 한쪽을 부수는 것은 가족 중 불의의 사고를 당하는 가족이 생길 수도 있다. 집에 살다가 증축 개축은 하지 않아야 한다. 헌집을 사가지고 들어 올 때는 이사 들어오기 전에 증개축은 다소 괜찮다고 할 수 있으나 하지 않은 것만 못하다.

❖ **주택 오른쪽 모서리 부분이 조금 더 들어가면** : 주택의 오른쪽 모서리 전면 동남(東南) 방위가 부족하고 뒤쪽이 단정하고 반듯한 곳은 집안이 융성하고 부귀영화를 누리며 식솔들 중에 뛰어난 점술객(占術客)이 생긴다.

❖ **주택의 좌우측 가까이 분묘가 있으면** : 주택의 좌우측에 분묘가 있거나 큰 나무가 말라 죽어 있으면 크게 흉험하다. 그곳에 거주하는 사람들의 신변에 재난과 파탄이 발생하게 되는 불길 형국이다.

❖ **주택 주변에 울창한 숲** : 주택 주변에 높고 울창한 수림(樹林) 내지는 큰 나무가 있어서 지붕 용마루를 내리 덮는 그림자가 만들어 진다든가 썩지 않는 괴 목이나 커다란 나무의 뿌리 또는 옛 묘지 자리여서 시신의 유골 일부분이 남아 있으면 흉험이 자주 발생한다.

❖ **주택이 넓다고 키가 큰 나무나 뽕나무, 단풍나무** : 주택 마당이 넓다고 키가 큰 나무나 뽕나무를 여러 그루 심는 것은 흉험, 사고, 신병, 재난 및 재물(齋物)의 낭패손실이 있을 수도 있다. 하지만 다 그런 것은 아니다.

❖ **주택 앞에 큰 산(山)이 있으면** : 주택 아파트 앞에 큰 산이 높아 전방에 갑갑할 정도에 가로막은 산이 있으면 재물(財物)이 흩어지고 사람이 손상 되는 장해 및 우환이나 궂은 일이 생길 수도 있다.

❖ **주택이나 아파트는 호주의 생기(生氣)에 맞게 건축되어야 좋다** : 아파트, 주택 건축물위 좌(坐)의 생기(生氣)가 호주(戶主)의 팔괘오행(八卦五行)과 주택조성운(住宅造成運)에 맞는 건축물에 살면(거주) 금상첨화(錦上添花)하며 우연히 또 좋은 일이 있게 된다.

❖ **주택의 전후방위(前後方位)에 둥근 산(山)이 있으면** : 주택(住宅)의 전후방위에 둥근 산(山)이 있으면서 서로 호응하고 왼쪽의 물과 오른쪽의 자갈밭 내지는 모래사장이 있거나 혹은 오른쪽에서 사구(砂口)가 있고 왼쪽에 맑은 물, 연못이나 방죽이 있는 곳은 부귀장수(富貴長壽)하고 입신영달(立身榮達)하고 번성(繁盛)을 누린다.

❖ **주택의 앞과 뒤에 산이 가까이 있으면** : 주택의 앞뒤로 산이나 산줄기(맥)가 근접해 있는 주택은 사람이 빈궁과 옹색함을 면키 힘들고 불량과 범죄를 저지르고 형벌을 받는 사람이 생기며 파괴, 우환, 분산과 장해 및 풍파가 따른다.

❖ **주택의 정원**

* 정원은 청결해야하며 호화로운 미관을 중시하지 않는다.
* 정원에는 적당량이 꽃과 나무가 있어야 한다.
* 정원에 꽃과 나무가 너무 많거나 잡다해서는 안 되는데 이는 음기가 너무 축축해진다.
* 정원에는 배수가 잘 통해야 한다.
* 정원의 지표면에는 이끼나 습기가 차지 말아야 한다.
* 정원 백호방에 너무 높거나 큰 나무를 심어서는 안 된다.
* 정원의 백호방에 화분대를 두지 말라.
* 정원의 정중앙에 큰 돌을 두지 말라 .
* 정원에 잡다하고 더러운 폐기물을 줄여라.
* 정원에 자갈이나 모래를 줄여라.
* 정원에 맷돌과 돌절구와 같은 도구를 두지 말라.
* 정원의 오른쪽에 모터나 진동 기계를 설치해서는 안 된다.
* 정원의 오른쪽에 화장실이나 창고를 지어서는 안 된다.
* 정원의 오른쪽에 연못을 두어서는 안 된다.
* 정원의 오른쪽에 큰 바위나 물 항아리를 두어서는 안 된다.
* 정원의 오른쪽에 산 모양의 조경을 해서는 안 된다.
* 정원의 오른쪽에 차고를 지어서는 안 된다.
* 정원의 오른쪽에 목재 부엌을 두어서는 안 된다.
* 정원의 오른쪽에 고압전류가 흐르는 전신주가 있어서는 안 된다.

* 정원의 대문에 바깥쪽에 전신주가 있어서는 안 된다. 눈을 다치게 하거나 혈압을 높게 한다.
* 정원 대문의 바깥쪽에 집 모서리가 부딪쳐서는 안 된다. 구설이 생기고 파산을 당하거나 고혈압이 생긴다.
* 정원 대문의 바깥쪽의 바로 오른쪽이 전방(前方)보다 지나치게 높아서는 안 된다.
* 정원 대문의 바깥쪽 앞에 담 모서리가 부딪쳐서는 안 된다. 좋지 못한 재앙이 생긴다.
* 정원 대문의 바깥쪽이 물의 흐름을 따라 나가서는 안 된다. 파산하거나니 평안하지 못하다.
* 정원 대문의 바깥쪽이 큰 고목에 부딪쳐서는 안 된다.
* 정원의 바깥쪽이 화장실과 정면으로 마주해서는 안 된다.
* 정원 대문의 바깥쪽이 남의 집 주방의 배기구와 정면으로 마주 해서는 안 된다.
* 정원 대문의 바깥쪽이 어지러운 돌이나 정화조와 정면으로 마주해서는 안 된다.
* 정원 대문의 바깥쪽이 다른 또는 자신의 정화조와 정면으로 마주해서는 안 된다.
* 정원 대문의 바깥쪽이 도로와 마주쳐서는 안 된다.
* 정원 대문의 바깥쪽이 반궁형(反弓形)의 길과 마주 향해서는 안 된다.
* 정원 대문의 바깥쪽이 다른 사람의 기둥에 정면으로 부딪쳐서는 안 된다.
* 정원대문의 바깥쪽이 다른 사람의 기둥에 정면으로 부딪쳐서는 안 된다.
* 정원 대문의 바깥쪽이 다른 사람 집의 계단 입구에 부딪쳐서는 안 된다.
* 정원 대문의 바깥쪽이 다른 사람의 양수모터나 진동 기기에 부딪쳐서는 안 된다.
* 정원 대문의 바깥 오른쪽에 공장의 모터나 진동기기가 있어서는 안 된다.
* 정원 대문의 앞쪽에 자기 집 창고 문과 맞부딪치면 재물 손실이 있게 된다.
* 정원대문의 바깥쪽이 다른 사람의 골목이나 소방도로 골목에 비스듬히 부딪쳐서는 안 된다.
* 정원 대문의 바깥 오른쪽에 차고나 요방(療方), 초라한 집을 증축해서는 안 된다.
* 정원 안에 가시가 있는 꽃이나 선인장을 심어서는 안 된다. 피부에 괴이한 병이 생길 수 있다.
* 정원 안에는 고철, 강철, 부서진 가구 및 폐목재 등을 쌓아 두어서는 안 된다.
* 정원 안에 닭이나 오리 종류를 기르지 말라. 환경과 위생이 좋지 않고 집안이 평안하지 않다.
* 정원에는 사시사철 꽃이 피도록 여러 화초 목을 심으면 좋은 일이 생기고 본인이 할 수 있는 좋은 생각이 떠오른다.

❖ **주택 주위(周圍) 조건(條件)** : 도시의 주택은 한정된 조건으로 인해 자연(自然)의 환경(環境)을 선택할 수 없지만 지방에서는 언덕 내(川) 토지의 고저(高低) 등 자연의 혜택을 받을 숭 있다. 주택 주위란 반드시 집 옆이 아니더라도 가까이에 보이는 주변 환경 모두 포함 된다. 거기에 기(氣)의 흐름의 조건이 더해져서 길흉(吉凶)이 결정 된다. 주택이 잘 갖추어지면 금상첨화(錦上添花)라고 할 수 있다.

❖ **주택지(住宅地) 찾는 요령** : 길(吉)한 주택지 집터는 이러한 곳을 찾아야 한다. 겨울이면 따뜻하고 여름이면 시원하고 아무리 비가 많이 오고 장마가 져도 신발에 흙이 묻지 않고 단단하고 비가 그치면 지상에 물이 고이지 않고 깨끗하고 밝은 땅이 아무리 날씨가 가뭄이 들어도 먼지가 나지 않는 땅이 좋은 땅이다. 집터 아파트 터도 서북(西北)이 높고 동남(東南)이 낮은 터. 서북(西北)이 높고 동남(東南)이 평탄한 터가 가장 좋고 집터 모양이 직사각형 즉, 5분의 3의 모양이 가장 좋으나 앞이 좁고 뒤가 길게 배치하는 것이 좋다. 산 사람이나 죽은 사람도 환경의 지배를 받는다. 자연(自然)은 한 치의 거짓이 없다. 있으면 있는 데로 보여주고 없으면 없는 데로 보여주는데 우리네 사람들은 이것을 모르고 살아간다. 우리가 생활하는 곳이 밝고 맑으면 기분이 좋고 들어오는 복도 밝고 맑고 정리정돈 되어 있는 주택에 많이 들어 올 것이다. 우리가 의복도 깨끗하게

단장하고 남의 앞에 서면 무시당하지 않는다. 그러나 우리가 부자로 잘 산다는 것이 별거 아니다. 부자 같이 살아가고 남에게 돈 빌리지 않고 내 돈으로 맛있는 것 마음대로 사 먹을 수 있고 좋은 옷 입고 싶으면 사 입을 수 있고 내 가정에 필요한 것 있으면 구입 할 수 있고 남에게 돈 빌리러 가지 않으면 필자는 부자로 잘 사는 거라고 생각한다. 우리 세상이 모든 것을 마음만 먹으면 상상하는 것이라면 다 만들 수 있다고 한다. 이와 같은 세상에 살아가는 것은 행복하다고 생각하지만 일자리가 없어 생활하기도 점점 어려워지는 세상이 온다. 이래서 우리는 저절로 잘 되는 곳을 찾아야 한다. 풍수지리 자연과학은 미래 준비 학이다. 우리는 미리 준비하지 않으면 안 된다. 그래서 자연은 한 치도 거짓 없이 우리들에게 알려주고 있다. 이러한 것을 우리는 배우고 연구하고 찾아야 한다. 이것을 찾는 곳은 풍수지리 자연 과학 뿐이다. 우리도 남부럽지 않게 잘 살아 봅시다.

❖ **주택풍수** : 살아있는 사람이 생활하는 생자(生者)의 터전으로서 주택구조의 변화에 따라서 수개월 수년 이내로 그 영향이 나타나 천태만상으로 형상(刑象)에 따라서 길(吉)하고 흉(凶)함이 다르게 나타나게 되는 것이다.

❖ **주택(住宅)의 형세(形勢), 방향(方向)** : 주택의 형세(形勢)와 방향(方向)에 따라서 그 길흉(吉凶)이 달라진다. 주택 풍수는 택거(宅居)란 서책에서도 나타나 있다. 주택 풍수에서 길지(吉地)를 선택하는 요령은 첫째 주택지의 지형(地形)이 집터보다 약간 높아야 여름 장마에 큰물(홍수)이 들어와도 침몰 되지 않는다. 그리고 채광(採光) 통풍(痛風) 배수(排水)에 이점이 있다. 둘째 대지(垈地)의 앞이 평평(平平)하고 뒤(後)가 높은 전저후고(前低後高)라야 한기(寒氣)의 북풍을 차단하고 온기(溫氣)의 남풍을 받기가 유리하다. 남향(南向) 주택일 경우에 집터의 동남(東南)쪽이 낮고 서북(西北)쪽이 높아야 하고 동(東)쪽이 낮고 서(西)쪽이 높으면 건강이 나빠지고 재물이 모이지 않고 성장 발육 발전에 지장을 초래한다.

❖ **중정인혈(中停人穴)** : 주변 산들이 적당한 높이면 혈도 산 중턱에 결지(結地) 하는 것을 말한다. 부(富)와 귀(貴)를 다 같이 관장한다.

❖ **중출맥(中出脈)** : 중출맥이란 혈을 받은 용이 조산(祖山)을 떠난 뒤에 출신낙맥(出身落脈)과 과협(過峽) 및 혈장으로 떨어진 맥 중간으로 나와 좌우가 고르고 선익(蟬翼)과 신선(神仙) 띠 모양이 끼어들어 보호함이 정제(整齊)하다. 혹 장막을 편 가운데서 출맥(出脈)한 것을 곧 천심맥(穿心脈)으로 병풍과 일산 등의 격을 만들고 맥이 중앙으로 좇아 떨어져 혹 좌우에 펼쳐나가는 보호산(保護山)이 주밀하여 바람을 받지 않고 겁(怯:급한 것)하지 않으면 반드시 진기(眞氣)가 융결 하여 주로 대부대귀(大富大貴) 하고 현인군자와 광명정대한 선비를 배출(倍出)한다.

❖ **지기(地氣)는 감(感)이 온화해야** : 지기의 흐름은 기감을 아는 사람이면 그 흐름이 당판(堂板) 심부(深部)로부터 솟아오르는 것인지 주산(主山)에서 흘러 내려오는 것인지를 구분 할 수가 있다 지기는 그 감(感)이 온화하고 맑아야 좋은 것이다. 그래서 기감이 탁(濁)하면 아무리 좋은 조건을 갖추었어도 명당이 될 수 없는 것이다.

❖ **지리인자수지(地理人子須知)** : 명나라 세종 43년(1564년) 서선술(徐善述) 서선계(徐善繼) 쌍둥이 형제는 예부터 전해 내려오는 250여 종에 달하는 풍수 관련 책을 모아서 이를 집대성한 다음 한권의 책으로 엮었다. 오늘날 모든 풍수지리서의 지침서가 되고 있는 지리인자수지(地理人子須知)다. 이들 형제는 어려서 부모를 잃고 장사(葬事)를 잘못 치른 것을 후회하였다. 그들은 부모의 유체(遺體)를 타인의 손에 맡기지 않고 자기 손으로 직접 하기 위해 20세 전에 지리학 공부를 시작하였다. 그리고 60세 후에야 책으로 엮어 낼 수 있었다고 한다. 이 책은 지리를 형상(形狀)과 이기고 분류하여 조화 있게 설명하였다. 내용은 용(龍) 혈(穴) 사(砂) 수(水) 명당으로 세분하였고 각 내용마다 그림을 그려 넣었다고 하고 각 책마다 유명한 사람들의 조상묘를 답사한 예를 부가해 이론과 실제 상황이 일치하고 있음을 확인시켜 주고 있다. 모두 8집 39책으로 되어 있다고 한다. 당시 중국에서 목판(木版)으로 간행되었다.

❖ **지주형** : 지주 형은 거미처럼 생긴 형상(形狀)을 말한다. 혈(묘)은 거미 등 부분에 있고 안산은 거미가 잡아먹는 벌레와 같은

사격(砂格)이 있어야 하고 거미줄처럼 생긴 형사에 물방울처럼 생긴 산이 있어야 한다.

❖ **지하수**(地下水) : 흔히 평상시는 물이 없으나 비가 오면 빗물이 이곳으로 내려가고 지상으로 물이 흐르지 않을 때 땅을 파면 물이 나오는 곳이 있는데 깨끗하고 맑으며 늘 마르지 않아 식수로 사용할 수 있으면 부귀를 기약하는 명당으로 본다.

❖ **지체장애**(肢體障碍) : 지체장애와 정신부진아의 출산은 그 원인을 분석한 자료에 의하면 부모유전 또는 환경영향에 의한 확률이 40%이고 그 원인이 밝혀지지 않은 부분이 60%라고 한다. 이 60%는 현대과학으로도 입증 할 수 없는 미지의 부분으로 이는 영적(靈的) 차원의 부분으로 볼 수 있고 따라서 이는 조상(祖上)의 묘지(墓地) 관계에서 오는 영향이 아닌가 생각 된다. 그리고 피해 영향은 삼합오행(三合五行)에 의하면 3년 또는 6년 12년 등 주기적으로 영향을 받는다.

❖ **지혈**(地穴) **점혈**(點穴) : 지혈 점혈은 면세(眠勢) 낮은 곳으로 유두혈, 탈살혈, 장구혈이 있으며 자손(子孫)과 부(富)는 있으나 관직(官職)은 귀(貴)하다.

❖ **주택, 아파트 주변의 지세**(地勢) **서고동저**(西高東低) : 아파트, 주택 주변의 산(山)이 서고동저(西高東低)이면 건강이 좋아지고 공장이라면 흥왕하고 사는 살마도 재물이 번성하고 후대(後代)에는 큰 부호(富豪)가 나온다.

❖ **인재파괴재화격**(人財破壞災禍格) : 창극(蒼戟)의 모양을 닮은 연못이나 호수로 흐르는 물이 되짚어 올라 유입되었다가 빠져나오는 형태는 재물과 사람의 손상, 낭패와 파괴, 우환, 사고, 불행 등 흉 격을 겪는다.

❖ **직거성형국**(直去成形局) : 직거성형국이란 물(水)이 면전(面前)을 따라 바로 나가는 형국으로 수(水)가 면전을 따라 발 나가면서 도좌(到坐)하는 형국과 도우(到右)하는 형국의 두 종류가 있다. 도좌하는 형국은 양국(陽局)이므로 양향(陽向)을 쓰고 도우하는 형국은 음국(陰局)이므로 음향(陰向)을 써야 한다. 이때의 내원(來源)은 좌우혈전이 되고 거수(去水)는 좌우조안(左右朝案)이 된다.

❖ **직룡입수**(直龍入首) : 직룡입수란 현무봉(玄武峰) 중심으로 출맥(出脈)한 용이 위이와 굴곡 등 변화하면서 내려오다가 입수할 때에는 입수도두 한가운데로 직선(直線)으로 들어오는 형태다. 마치 당구공을 당구대로 밀어 치면 앞으로 똑바로 나가는 모습과 같다. 이때 당구대는 입수룡이고 공은 혈이다. 입수(入首)룡이 혈을 똑바로 밀고 있는 것과 같다하여 당입수(撞入首)라고도 한다. 용의 기세가 강성하고 웅대하여 발복이 크고 빠르다.

❖ **진나라 시대 금낭경**(錦囊經) : 우리나라 삼국시대에 즈음하는 중국의 진(晉)나라 때 사람 곽박(郭璞)이 청오경(靑烏經)을 인용하여 금낭경(錦囊經)을 저술하였다. 그는 책 곳곳에 경왈(經曰)하면서 청오경을 인용하였다. 이 때문에 청오경을 장경이라 하고 금낭경은 장서(葬書)라고 부른다. 금낭경은 상하(上下) 2권 8편으로 되어 있다. 전체 내용이 간략하고 짧아 모두 2천여 자에 불과한데 간결하면서도 군더더기가 없다. 또 다루고 있는 범위가 매우 넓어 풍수고전 중에서 최고로 친다. 상하권의 내용은 다음과 같이 구상되어 있다. 이 책은 풍수지리에 대한 구체적인 해석을 내린 풍수의 이론과 실천을 전체적으로 기술함으로써 풍수지리학 발전에 크게 공인 하였다. 이 장서를 금낭경 이라고 하는 어원의 유래는 다음과 같다. 당나라 황제 현종이 풍수지리를 잘 아는 홍사(弘師)라는 신하를 자주 불러서 산천(山川)의 형세(形勢)를 물어 보았다. 그대마다 홍사는 장서를 인용하여 설명하였다. 어느 날 현종이 홍사에게 그 책을 요구하였다. 홍사는 책을 바치면서 이 책은 세상에서 귀한 책으로 함부로 다른 사람에게 보여서는 안 되는 비보서(秘寶書)라고 말하였다. 이 말을 들은 현종은 이 책을 비단으로 만든 보자기 즉, 금낭경에 넣고 다시 장롱깊이 넣어 보관했다. 이때부터 금낭경이란 이름이 유래 되었다. 금낭경은 당나라 연국공(燕國公) 장설(張設)과 승려인 홍사(弘師) 역시 승려인 일행(一行) 선사 등이 주석을 달아 설명한 판본(板本)이 전해지고 있다.

❖ **진흙으로 된 땅은 찾지 말라** : 주택과 묘지로는 적합하지 못하다. 진흙이나 찰흙으로 되어 있으면 물이 빠지지 않고 시신이 진흙땅 속에 묻히게 되면 무기력한 흙으로 되어 있으면 비가 오면 물이 들어 빠지지 않고 유골의 머리가 발끝에 가라앉는

다. 그러면서 유골이 뒤집혀지고 엎어지고 유골이 온전한 상태로 되어 있지 않다. 이러한 관정을 반복하면서 유골이 결국은 녹아 없어지게 된다. 이를 소골(銷骨)이라고 하는데 극히 해로운 것이다. 자손들에게 우환이나 재물(財物)의 손재(損財)와 음란망신을 가져올 수도 있고 자손 중에 익사자(溺死者)가 나올 수도 있다. 주택지라면 거주자(居住者)의 건강이 나빠지고 재물도 모이지 않는다.

❖ **집이 높아 가파른 계단** : 집이 높아 지나치게 가파른 계단이 있거나 너무 깊이 파서 축조한 지하실이나 아주 낮은 천장 및 신분에 어울리지 않는 지나친 절약형 건물이나 호화사치 형 건물은 어느 쪽도 운세의 호전, 향상에 도움이 되지 않고 침체와 장해를 불러 어려움을 초래하게 된다.

❖ **집안에 지붕보다 높은 나무 흉**(凶) : 집안에 나무가 크다는 것은 나무뿌리가 상대적으로 크다는 것을 의미하며 이는 집의 생기를 나무가 받아 거주자들에게 무익하다는 뜻이다. 실제로도 집안에 큰 나무가 있으면 번개와 낙뢰를 맞을 가능성이 크며 벌레들이 들끓어 병을 옮겨 올 수도 있다. 뿐만 아니라 집이 나무 그늘에 가려져서 항상 습한 음지(陰地)가 되어 집안을 침울하게 만들 우려가 많다. 풍수지리에서는 나뭇가지가 집 바깥쪽으로 뻗어나가면 조상의 음덕(陰德)을 받는 집이라고 풀이하기도 한다. 그러한 반면에 간교한 종이 나온다고 보기도 한다.

❖ **집 뒤에 차고가 있으면** : 집 뒤에 차고가 있다는 것은 도둑이 들 것을 시사하고 있다. 집 뒤는 등과 같아서 사각(死角)이기 때문이다. 당연히 재산은 생각만큼 모아지지 않을 것이다.

❖ **집 뒤 산의 모양 길흉**(吉凶) : 집 뒤에는 산이 있는 것이 좋다고 했다. 그러나 어떤 산이나 다 좋은 것은 아니다. 통통하고 뿌리를 내리고 있는 듯 한 산은 좋지만 집안을 들여다보는 것 같은 기묘한 모양의 산은 좋지 않다. 풍수에서는 조금만 높은 언덕도 산에 포함한다. 집 뒤의 산이 뾰족한 것은 좋지 않다. 그 산(山)에서 물이 흐르고 아침부터 밤까지 그 물소리가 들려온다면 사람은 불안감에 휩싸이게 된다. 그리고 집 뒤에 경사가 심하지 않는 산이 있는 것은 좋은 산이다. 순조롭게 재산(財産)이 늘어나고 생활이 풍요롭게 된다. 여기서 좋은 집과 좋지 않은 집을 구분하는 간단한 방법을 소개하기로 한다. 이 방법은 많은 요소를 간략히 정리해 좋은 것이므로 특별한 공부나 교육을 전혀 받지 않아도 된다. 지금 살고 있는 집이나 방을 생각하며 이제부터 말하는 포인트를 하나하나 맞추어 보자. 좋은 집인지 그다지 좋지 않은 집인지 알게 될 것이다. 집 앞이란 현관이 향하고 있는 방향을 말하는 것이지 현관이 있는 방향을 가리키는 것이 아니다. 따라서 문짝이 집의 동(東)쪽에 있어도 남(南)쪽을 향해 있으면 집의 앞은 남쪽이 된다. 집의 후방(後方)이란 물론 그 반대를 말하며 집의 우측(右側) 집의 좌측(左側) 이라는 것은 집의 중심에서 현관이 향하고 있는 방향을 말한다. 집의 앞이 낮고 뒤가 높으면 사는 사람의 인생(人生)은 발전하고 번성한다. 가족의 누구인가가 유명해지거나 신분이 높은 사람이 되기도 함으로써 풍족한 생활을 누릴 것이다. 여기서 높다, 낮다. 라는 것은 토지만 가리키는 것이 아니다. 집의 모양도 후방이 높은 편이 좋다. 집 앞이 높고 뒤가 낮으면 기(氣)가 역방향으로 흘러가 버린다. 때문에 사는 사람은 언제나 흐릿한 판단만 내리게 되어 인생이 쇠퇴해 간다. 그리고 왼쪽이 낮고 오른쪽이 높은 집은 안정되고 유복한 인생(人生)을 불러온다. 특히 장남이 출세하고 장래에는 부모의 노고에 대한 보답을 할 것이다. 청룡(青龍)과 백호(白虎)의 이야기가 여기에 관계 된다. 청룡은 힘이 세고 백호는 약한 것의 상징이다. 백호보다도 청룡이 믿음직스럽게 자기를 고수하는 것이 보기에도 자연스럽다. 집도 그것에 맞춰 세우도록 한다. 집이 왼쪽이 높고 오른쪽이 낮은 집이면 사는 사람의 번영이 정체하고 차차 몰락해간다. 주인이 집을 나가버릴 가능성이 있다. 백호가 청룡보다도 힘을 가지게 되므로 청룡이 시기를 해서 전체의 균형이 깨져 버린다. 집의 한가운데가 높고 전후가 낮으면 부부간에 싸움이 그치지 않는다. 이것은 집의 중심이 들고 일어나서 기초가 불안정한 탓이다.

❖ **집의 사방구조는 반듯해야** : 집의 사방구조가 전체적으로 반듯하지만 어느 한쪽에 이 빠진 것처럼 패이거나 몰록 튀어나오면 재난이 갑작스런 사고 등의 위험이 따르게 된다. 제반

사 유두무미 산란지격으로 신병의 액화와 재난이 발생하며 자손에게도 좋지 못한 일이 생긴다.

❖ **집은 모양(貌樣)과 방위(方位)를 보라** : 풍수학은 방향(方向) 모양으로 사람의 운세를 보다 좋은 방향으로 이끌기 위한 학문이다. 특히 집은 우리들에게 있으서 매우 밀접한 문제이므로 대부분의 사람이 많건 적건 간에 흥미를 갖고 있다고 생각된다. 사람이 살고 있는 집에 대해서 알아보기로 하자.

집이란 우리에게 무엇일까? 살기 위한 장소이기도 하다. 집에 생기(生氣)가 넘쳐 있으면 가정은 번영한다. 그러므로 집이 좋은 장소 좋은 방향으로 위치하지 않으면 좋은 기(氣)를 받아들일 수가 없다. 기(氣)를 얻기 위해서는 우선 지하(地下)로 흘러오는 생기(生氣)와 지상(地上)으로 흘러오는 기(氣) 두 가지 모두를 모으는 것이 기본이다. 음양오행(陰陽五行)에 상생(相生)과 상극(相剋)이 있듯이 기에도 생(生)과 극(剋)이 있어서 행복(幸福)을 추구(追求) 하려면 극의 기를 피해서 생(生)의 기(氣)를 모아야 한다. 때문에 집에 대해서는 토지(土地)의 지형(地形)이나 방향이 중요하다. 흔히 위인(偉人)이라고 불리는 사람들이 태어나는 곳은 그 사람의 집이 생기(生氣)에 차 있기 때문이다. 이것은 숙련된 풍수사 밖에 발견할 수 없지만 토지(土地)의 선별을 부탁받은 풍수사는 먼저 그 집이 서있는 토지의 모양이나 주위의 모양을 본다. 기가 땅 밑을 어떤 모양으로 흐르고 또 어떻게 주거인(住居人)에게 영향을 미치게 될 것인가를 알기 위해서이다. 만일 좋은 기를 모으는데 최량의 지형에 위치하고 있다면 거기에 사는 사람의 인생(人生)은 길(吉)로 향해서 비약(飛躍) 해 나갈 것이고 역(逆)으로 기가 확산 해 버리고 있으면 인생은 계속 흉(凶)을 향해 나아갈 것이다.

❖ **집을 새로 건축 또는 이사(移徙)** : 집을 새로 건축하거나 이사를 하려고 할 때는 가장 먼저 토지(土地)의 길흉(吉凶)부터 살펴보도록 하라. 원칙적으로 토지는 일조량이 많고 통풍이 좋으며 배수가 잘 되어야 한다. 이 세 가지 원칙에 더하여 길상(吉相)과 흉상(凶相)을 잘 살펴보고 이사를 가도록 하라.

❖ **집을 지을 때 상량문** : 집을 건축할 때 성조운(成造運)을 보고 상량문(上樑文)을 쓰지 않으면 살액(殺厄)이 가지 않는다. 고천(告天 : 기도나 고사 포함)만 하지 않으면 길흉 간 화복이 생기지 않는다. 찬물이라도 떠 놓고 의식(儀式)을 갖추는 데서 좋고 나쁜 문제가 발단되는 것이다. 이사하는 것도 거의 비슷하다.

❖ **집의 동(東)쪽에 큰 산이 있다면** : 집의 동(東)쪽에 큰 산(山)이 접해 있으면 재난과 손실, 말썽, 장해 등 궂은 일이 많이 생기고 고독과 빈궁을 면키 어렵다.

❖ **집의 뒤(後) 산(山)이 둥글고 단정하면** : 집의 뒤(後) 산이 둥글게 솟아 오른 언덕바지나 중심(中心) 부위에 크게 높게 지어진 타원형 건축물은 재물(財物)과 복록(福祿)이 흥왕(興旺)하고 사람이 귀하게 되어 입신출세(立身出世) 번영한다.

❖ **집을 지을 때 좋은 토지** : 집을 짓는데 최량(最良)의 토지(土地)는 어떤 곳인가? 고금도서(古今圖書)집성에는 다음과 같은 장소라 씌어져 있다. 왼쪽에 흐르는 물(流水)이 있다. 이것이 바로 청룡(青龍)이다. 오른쪽에 도로가 있으니 이것이 바로 백호(白虎)이다. 앞쪽의 맑고 밝은 연못이 주작(朱雀)이고 뒤의 구릉(丘陵)은 현무(玄武)이다. 이것이야 말로 최량의 집터이다. 왼쪽에 강(江) 오른쪽에 도로 정면(正面)에 연못 뒤에는 언덕이나 산이 있는 곳이야 말로 집을 짓는 좋은 장소라 하겠다.

❖ **집의 바깥쪽을 먼저 개축하면 흉(凶)** : 집의 한가운데에는 헌것이고 바깥쪽이 새것인 집은 그다지 좋지 않다. 오래 되고 역사가 있는 것은 그 자체가 기(氣)를 발하게 된다. 만일 새것이 그것을 덮어 감추어버리면 기는 머물다가 더 깊숙이 들어가 버린다.

❖ **집의 증개축(增改築)은 이렇게 하라** : 집의 증개축을 할 때는 내부(內部)부터 먼저 하라. 예로 사람이 병이 나면 속병을 먼저 고쳐야 건강해 지듯이 주택 또한 마찬가지이다. 겉은 멀쩡한데 속은 다 썩어 있으면 죽은 것과 같다. 건물도 사람과 같으니 사람에 비유해서 개축을 하는 것이 좋을 것이다. 집의 중앙을 먼저 개축하고 바깥쪽은 뒤에 개축하면 좋을 것이다.

❖ **집이 어두우면 조명등으로 보완하라** : 집이 어둡다는 것은 방향의 잘못도 있지만 건축 설계사의 잘못이 많다. 이러한 곳은 조명등을 보완하라. 구석진 곳은 항상 밝혀 두는 것이 좋다. 집에 들어가면 여자들은 전기요금 아끼려고 어둡게 사는 사

람들이 많은데 이것은 잘못된 생각이다. 집이 밝아야 나가서도 무엇이든 밝게 이루어진다. 꼭 명심하세요.

❖ **집 주변의 조건** : 도시의 집은 한정된 조건으로 인해 자연(自然)의 환경을 선택할 수 없지만 시골에서는 언덕, 계곡, 토지의 고저(高低) 등 자연의 혜택을 받을 수 있다. 집 주위란 반드시 주택 옆이 아니더라도 가까이에 보이는 범위가 모두 포함된다. 거기에 기의 흐름의 조건이 더해져서 길흉이 결정된다. 좋은 집이 잘 갖추어지면 금상첨화(錦上添花)라고 할 수 있다. 그리고 남서방위(南西方位)에 언덕이 있으면 길(吉)하다. 이와 같은 집은 기가 흘러와서 서서히 일어난다. 집을 짓는 데는 치적의 장소로써 크게 일어날 가능성이 많다. 남서(南西)의 각 방향으로 시내(川)가 흐르고 뒤의 북 방향에 언덕을 끼고 있는 장소는 두뇌가 우수한 사람이 사는데 알맞고 엘리트업종에 몸담을 가능성이 있다. 일반사람이 살아도 발복을 받는다. 건조한 토지(土地)에 뒤 북쪽에 구름이 있는 경우 안정된 생활이 보장되고 여성은 매우 복 받은 결혼을 할 것이다. 옛날에는 보통 사람이 왕비(王妃)가 된다고 했다. 자손은 높은 지위로 올라간다. 서(西)쪽이 높고 동(東)쪽을 향해 완만한 비탈의 집터에 세워진 주택은 조건에 가장 적합한 장소이다. 자손까지 번영하여 가족은 대가족이 되고 농가라면 가축을 키우는데 아주 적합하다. 사방위(四方位)가 평평(平平)한 집 둘레의 모든 방위가 좋고 사업을 하는 공장이나 별장이나 목장 등에는 번성하며 모든 일에 풍족해지고 사람은 활동적인 의욕이 넘치고 지위도 자연스럽게 높아진다. 북서(北西)쪽에 얕으막한 산이 있고 동남(東南)향의 주택이 있으면 안정된 주거(住居)라고 볼 수 있다. 재산(財産)이 증가하고 풍족해지며 사람은 활동적이고 육체적으로도 건강한 사람이 된다. 자손은 장수 할 수 있는 주택이다. 집의 동(東)쪽에 강(江)이 있고 서(西)쪽에 도로가 있으면 좋은 주택이다. 부(富)와 지위가 높아진다. 주택 앞쪽에 적당한 거리에 물이 맑고 깨끗한 강(江)이나 연못이 있고 뒤쪽에 언덕처럼 얕은 산이 있으면 최고의 주택지 조건이다. 남성이면 재물과 지위가 올라가고 여성이라면 현명해진다. 북(北)쪽으로 치우친 동북(東北)쪽에 산이 있는 것은 이상적인 주택이다. 이 집안의 사람이 계획을 세우면 실현될 것이다. 생활이 풍족해지고 건강하고 장수를 누릴 수 있다. 동(東)쪽에 맑은 물이 천천히 남쪽으로 흐르고 있고 북(北)쪽에 얕은 산이 있고 땅이 단단한 집터라면 부자(富者)가 되고 창고에는 언제나 재물과 보화가 가득하게 된다. 남서(南西)방향에 맑은 물이 흐르고 북동(北東)쪽에 언덕이 있으면 대부호(大富豪)가 되며 지위도 높은 사람이 된다. 자기 대에서 자손까지 영화를 부리는 생활을 하게 된다.

❖ **집을 짓는데 좋지 않은 토지**

- **길가나 도로가 교차되는 곳** : 길가에 맞대고 있으면 오고가는 차량이나 통행인이 너무 많아서 소음이나 먼지에 시달리게 되고 그렇게 되면 양기(陽氣)가 너무 많아서 악영향을 가져온다. 삼거리도 마찬가지로 주택에는 적합하지 않다. T자 길이나 Y자 길의 교차점에 직면하고 있으면 강풍에 휩싸여서 피해를 보거나 화재가 일어나기 쉽다. 이것은 사기(死氣)가 있는 장소이다. 단순하게 도로의 모양만 보아도 자동차가 집으로 밀고 들어오는 형상(形狀)임을 알 수 있다. 만일 동쪽이나 북쪽에 도로가 있으면 차차 가정의 재정이 기울어진다. 도로가 남쪽으로 나 있으면 여유 있는 생활을 누릴 수 있다. 그러나 사찰, 교회, 관청, 군부대, 점집, 금속공장 등이 있으면 좋지 않다.
- **가로수나 식물이 잘 자라지 않는 장소** : 가로수가 말라 있거나 잘 자라지 못하는 장소에는 나쁜 기(氣)가 흐르고 있다는 증거이다. 이것은 생기(生氣)를 죽여 버렸기 때문이다. 마당에 나무를 심어도 좀처럼 자라지 않는 곳에는 좋은 기가 흐르지 않는다는 뜻이다.
- **주택 앞의 연못이 두 개이거나 하천의 합류** : 집의 앞에 연못이 두 개이거나 하천(河川)이 합류(合流) 하거나 하면 가족에게 비극적인 일이 생길수도 있고 서쪽에 연못이 있으면 좋지 않고 동쪽에 내(川)가 있는 곳은 좋은 기가 모인다.
- **집의 정면에 경사가 심한 물이 흐르면** : 집의 정면에 옆으로 기울어져 흐르는 물이 있으면 기의 흐름이 흩어져 버린다. 이것은 물의 흐름이 너무 심한 탓이다. 흩어진 기의 영향을

받아 가족 중에서도 음란한 사람이 태어날지도 모른다. 물소리가 들리면 눈물 흘리는 가족이 있게 되고 가족 중에 만성질환으로 고생하는 사람이 있을 것이다.

- **정면에 타인의 주택 옆면과 마주치면** : 우리 집의 정면(正面)이 타인의 집의 옆면이 마주보거나 타인 집 용마루가 마주 보거나 타인 집 모서리가 마주 보거나 타인의 집이나 아파트와 아파트 사이가 내 집의 정면으로 가깝게 보이면 아이는 제멋대로 되고 부모에게 효도하지 않는ㄴ다. 이와 같은 장소는 될 수 있는 한 피해서 조금이라도 길(吉)의 요소가 있는 장소를 찾도록 하라

❖ **집터나 묘지를 구입하는 것은 배우자를 얻는 만큼** : 집터, 주택, 아파트를 구입하는 것은 배우자를 얻는 만큼 중요하다. 아무리 좋고 경제적 능력이 있고 학벌이 좋다 하더라도 당사자인 본인에게 흠결(欠缺)이나 문제점(問題點)이 있다면 가장 큰 문제이다. 집터, 주택, 아파트, 묘지도 마찬가지로 주변의 사신사(四神砂), 청룡, 백호, 현무, 주작이 아무리 아름답다고 하더라도 당처(當處)인 집터 , 주택, 아파트, 묘지(墓地) 자체가 문제가 있다면 길지(吉地) 좋은 곳이 아니다.

❖ **집터가 앞쪽이 넓고 뒤쪽이 좁은 터는** : 집터의 앞쪽이 넓고 점차 좁아지는 곳은 재물(財物)과 인명의 손실, 파괴 및 재난과 풍파가 발생되어 우환과 불행을 겪는다.

❖ **집터가 앞쪽이 좁고 뒤쪽이 넓은 터는** : 집터의 앞쪽에서부터 후면(後面)으로 차츰 좌우(左右)폭이 벌어지며 넓어지는 곳은 부귀(富貴)의 번창이 따르고 재물복록과 자손이 흥왕(興旺)하고 입신양명(立身揚名)한 융성을 누린다.

❖ **집터로 쓰지 말아야 할 땅** : 옛날에 늪이었거나 물 없는 비어있는 계곡을 매립한 땅이나 공장이 있었던 땅은 생기가 없는 죽은 땅이라고 하여 양택 풍수에서는 경계하고 있다. 옛날에 쓰레기 매립지였거나 퇴비(거름자리) 등의 악취가 나는 것들이 쌓여 있던 땅 역시 택지(宅地)로서는 좋지 않다. 이런 것을 택지로 써야 한다면 이 땅 역시 환토(換土) 작업을 해줘야 한다. 표토(表土:표면의 흙)를 석자 정도 파내어 없앤 후 객토를 가져야 객토 다지기를 해 주도록 한다. 먼지가 잘 일어나는 것이나 비가와도 잘 스며들지 않은 곳은 좋지 않다. 비가 며칠 안 오면 뿌옇게 먼지가 일어나다 가도 비가 조금 오면 안으로 스며들지 못하고 질퍽하게 고여 있는 땅들은 집터로서는 흉지이다. 풍화가 덜 된 땅이나 뾰족뾰족한 자갈이 많이 섞여 있는 땅은 좋지 않다. 날카로운 외형이 아직 남아 있는 미숙토양에서는 돌덩어리들이 모두 예리하게 쪼개지고 부스러져 있어서 좋지 않은 지질(地質)의 대표 토양으로 여겨진다. 자갈이 조금 섞여 있는 경우에는 무방하겠지만 이렇게 날카로운 외형이 그대로 남아 있는 자갈이 많이 섞여 있는 땅에 살게 되면 작업적으로도 굴곡이 많고 심력만 허비되는 일에 종사하며 운세도 불리하다고 보겠다. 공장을 허물었을 경우에는 이때 이미 지반(地盤)이 흔들려 죽은 흙이 되었거나 기타의 잡물이 섞여 들어갈 수 있으므로 좋지 않게 여긴다. 불가피하게 이런 땅에 집을 지어야 한다면 객토(客土) 다지기를 해주면 어느 정도의 흉함을 상쇄 시킬 수 있다고 한다. 지반(地盤: 表土)을 최소한 두자정도 파내서 없앤 후(後)에 생기(生氣)가 고인 다른 흙 객토(客土)를 석자 정도 깔아서 객토 다지기를 해주면 본래 택지의 사기(死氣)나 음기(陰氣)가 억제되어 무방하다고 하겠다. 과거에 침수지 였던 천변(川邊)을 매립한 곳이나 큰 호수(大湖水)였던 곳을 매립한 곳이나 대단위 매립지인 경우에는 대부분 표토(表土)를 파서 없애지 않고 그대로 그 위에 객토를 덮어 버리는 경우가 많다고 하므로 신중한 주의가 필요하다. 이렇게 사기(死氣)와 흉기의 음기(陰氣)가 머무는 땅 위에 집을 지어서 오래 살면 독성의 가스가 지표(地表)로 방출되므로 오랜 시일에 걸쳐 영향을 받은 가족들 가운데서 병자나 고질적인 신체 허약자가 나올 수도 있다. 재래식 화장실이 있었던 곳이나 우물이 있었던 자리는 집터로서 좋지 않다. 그런 것들이 있던 자리에 그대로 흙을 메꿔 만든 지반은 독성 가스를 방출하게 되므로 최 흉지로 본다. 만약 불가피하게 이런 땅이 택지로 쓰여 져야 한다면 택지(宅地)의 최소한도로 편입하여 쓰되 화장실로 쓸 때 생긴 오물이 배어 흙이나 우물 벽의 토석(土石)을 파내어 버린 후(後)에 생기가 고여 있는 외부의 객토(客土)를 갖다가 객토 다지기를 한 후에 기초 공사를 하는 것이 좋다. 습도가 땅에 알맞게

보존되지 않는 땅은 피해야 한다. 양택에서 좋은 지질이란 습도를 알맞게 보존할 수 있는 흙을 말한다. 따라서 지나치게 건조한 조기(燥氣) 토질도 좋지 않고 너무 습기가 많은 수기(水氣) 토질도 좋지 않다. 암(석岩石) 과다의 토질의 습도 조절이 어려운 대표적인 지질이라 하겠다. 가장 좋은 흙은 점토와 사토가 알맞게 섞인 토양 마사토라 하겠다. 좋은 집터란 배수도 잘되고 먼지도 심하지 않은 땅이다. 비가와도 진창이 되지 않고 아무리 날씨가 가물어도 먼지가 없고 흙이 단단하고 일반 잡초가 나지 않는 땅이 좋은 땅이다.

❖ **집터의 4면(四面)이 평평(平平)하면** : 집터의 전후좌우(前後左右) 사면(四面)이 평평하고 단정하고 반듯하며 주변이 원만한 터는 집안이 번성 안정되고 부귀영화(富貴榮華)를 누린다.

❖ **집터의 지질(地質)이 윤기(潤氣)가 있고 배수가 잘 되어야** : 집터에 대한 상식적인 차원의 얘기일 것이나 주택을 지을 때 하는 기초 공사는 건물의 지반을 다지는 것은 동시에 물이 잘 빠지도록 하기 위한 작업이기도 하다. 배수가 잘되고 튼튼해야 땅속의 기(氣)가 계속 축적(蓄積)되므로 그 주택에서 거주(居住)하는 가족들에게 좋은 영향력을 미치게 하는 것이다.

❖ **집터의 후면부위는 높다랗게 돌기한 터는** : 집터의 후면부위는 높다랗게 돌기(突起) 하였으나 좌우로 내려오면서 양측면이 낮아지며 내리막이 되는 곳은 고독, 이별, 신병 및 재물 파탄과 풍파, 장해 등 불상사가 발행한다. 옛 사람들이 집을 지을 때는 모든 것을 살펴보고 집을 지으라고 했습니다.

❖ **집터 좌우가 둥글게 맑은 물이 감아주면** : 집터의 좌우(左右)측 방향을 둥글게 굽어도는 물길이 있는 터에서는 풍요로운 재물(財物)의 번성과 더불어 높은 지위에 올라 입신출세(立身出世)하는 인재(人才)가 배출(輩出) 된다.

❖ **집 앞에 가로놓인 도로가 있다면** : 집 앞에 가로 놓인 도로(道路)가 있으면 풍부한 가업의 융성과 안정 및 부귀영달의 복록이 따르게 된다.

❖ **집터(대지(垈地) 주택, 아파트를 고르는 요령**

* 주택지의 사방이 낮고 중앙이 높으면 아들 자손을 얻기가 어렵고 가난하게 생활하게 된다.
* 주택지의 사방위(四方位)가 높고 중앙이 낮으면 처음은 부하나 오래 되면 가난하다.
* 주택지가 남(南)쪽이 높고 북(北)쪽이 낮으면 건강이 나빠지고 생활이 차차 어려워진다.
* 주택지가 북(北)쪽이 높고 남(南)쪽이 낮으면 건강 장수하고 재물이 모인다.
* 대지(垈地)는 전후(前後)가 약간 길고 좌우(左右)가 반듯한 집터가 좋다.
* 집터가 뒤가 높고 이웃보다 약간 높으면 햇볕이 잘 든다. 좋다.
* 집터가 배수가 잘되고 장마에도 진창이 되지 않고 신발에 흙이 묻지 않는 집터는 좋은 주택지이다.
* 집터의 흙이 밝고 맑고 윤기가 있어 잡초가 없고 잔디가 잘 살 정도면 좋은 주택지이다.
* 집터가 삼각형 집터에는 뾰족한 부분을 잘라 원형으로 만들고 화초나 나무를 심어 삼각형 표시가 나지 않도록 하면 좋은 주택지가 될 수 있다.
* 집터에 외풍(外風)이 강하게 들어오는 곳은 아파트, 주택 등 흉한 집터이다.
* 집터에 습기가 있으면 그 곳에 사는 사람은 건강이 나빠지고 재물도 모이지 않는다. 다 그런 것은 아니지만 사람에 따라 다르다.
* 집터 정원에 자연석 돌이 많은 것은 좋지 않다.
* 집터 동(東)쪽, 남(南)쪽에 공터가 있으면 좋다. 건강 장수하고 재물이 모일 것이다.
* 집터는 도로보다 약간 높아야 좋다.
* 집터의 앞쪽에 적당히 떨어진 도로, 개천, 하천, 강, 저수지 등이 있으면 좋다. 거리는 위험을 느끼지 않는 거리가 좋다.
* 집터의 뒤나 옆에 도로, 하천, 강이 있으면 근심 걱정이 떠날 날이 없다.
* 집터가 움푹 들어가듯 꺼져있고 음습하면 건강이 나빠질 수도 있다.
* 집터가 한 쪽 옆으로만 길쭉하면 흉하다.
* 집터가 마을에서 가장 높고 윗 쪽이면 흉한 집터이다.

* 집터 중앙이 높으면 남자 자손을 얻기가 어렵고 재물(財物) 손실이 있다.
* 집터가 동(東)쪽이 높고 서(西)쪽이 낮은 집터 주택에서는 여자가 주장한다.
* 집터 뒤쪽이나 앞쪽에 작은 골(좁게)과 낮음이 있으면 재산이 있는 데로 나간다. 골이 얕으면 소리 소문 없이 나가고 골이 깊으면 큰 소문이 나며 재물이 나간다.
* 집터의 사방위(四方位)에 도로가 있으면 감옥에 있는 것과 다를 바 없다.
* 주택이 작은데 대문이 크면 재물이 모이지 않는다.
* 집터 서(西)쪽에 개울물이 있으면 남자가 건강이 나빠지고 여자는 구설수에 오른다.
* 주택의 뒤쪽으로 흐르는 물이 있으면 근심 걱정과 재물이 모이지 않는다.
* 주택의 남(南)쪽으로 위험성이 없는 물이 깊고 천천히 흐르면 재물이 모인다.
* 주택지의 서북(西北)쪽이 높고 서(西)쪽에서 물이 흘러 동(東)쪽으로 천천히 흐르는 물이 사시사철 마르지 않고 흐르는 곳은 건강하고 재물이 풍족하게 살아간다.
* 주택의 앞쪽에 본인의 창고 출입문이 주택을 미주보면 재물이 빠져 나간다.
* 주택 아파트에 실내장식이 너무 화려하고 많으면 기복(起伏)이 심하고 질병유발로 흉하다.
* 도로는 경사가 급하게 흐르는 모습이면 좋지 않다. 완만한 도로가 좋다.
* 집터 앞쪽에 감싸 안아 주는듯한 도로는 좋다.
* 매립지의 주택은 흉하다.
* 집안에 지붕보다 높이 큰 나무는 흉하다.
* 주택 아파트, 빌라, 별장, 목장 등 절벽동굴 및 하류출구 도로에 절맥한 곳이 보이고 돌 광산 등이 보이면 교통사고가 있을까 걱정되고 건강도 나빠질 수도 있다.
* 주택, 아파트 있는 곳이 비슷하게 전신주, 건물 모서리, 건물 옆 철탑, 사당, 사찰, 교회, 성당, 법원, 경찰서 등은 좋지 않다.
* 주택의 용마루나 모서리가 많으면 재물이 모이지 않고 건강이 나빠질 수도 있다. 모서리를 합판이나 함석으로 둥글게 감아주면 흉함을 면할 수 있다.
* 이사를 가려고 주택을 고를 때는 오전에 햇빛이 잘 드는 주택을 택하라.
* 겨울에 오전 일찍부터 햇빛이 잘 드는 주택은 좋은 주택, 아파트이다.

❖ **집터의 후(後)면 왼쪽모서리가 조금 부족하면** : 집터의 뒤쪽 왼쪽 모서리가 조금 부족한 집에는 재물(財物)이 번성하고 명예와 지위가 높아지며 오랫동안 부귀와 풍요로운 번영 및 안정을 누린다.

❖ **차고 문이 귀문방위를 향하면** : 차고의 문이 귀문(남서와 동북)과 남북에 있으면 가족의 누군가가 불의의 사고로 사망할지도 모른다. 귀문은 앞서 말한바와 같이 귀신이 드나드는 문이므로 피하지 않으면 안 되고 남과 북은 자오(子午)라고 해서 천지(天地)의 마음이 쉬는 곳이다. 여기에 문을 달면 천지의 기를 받을 수가 없다.

❖ **차록(車錄)** : 갑의 차록은 간(艮)에 있고 경(庚)의 차록은 곤(坤)에 있다. 병(丙)의 차록은 손(巽)에 있고 임(壬)의 차록은 건(乾)에 있다.

❖ **책상을 놓아서는 안 될 조건** : 직급별로 유리한 좌석배치의 책상을 놓는 장소로 부적당한 곳에 대하여 살펴보기로 한다. 물론 책상을 놓는 장소에 대한 부적합한 위치 즉 금기사항은 양택 풍수의 이론 중의 하나이므로 업무용 공간뿐만 아니라 자기 집에서 학생의 책상을 놓거나 서재를 꾸밀 때 등의 경우에도 참고하면 좋을 것이다. 책상을 놓는 장소고 부적당한 곳을 풍수에서는 보통 문의 정면을 향한 경우, 문을 등지고 앉게 된 경우, 창문을 등지고 앉게 된 경우, 문과 너무 가까운 경우가 그것이다.

• **책상이 문의 정면을 향하고 있는 경우는 좋지 않다** : 문의 정면은 풍수에서 문충(門冲)이라고 해서 좋지 않게 여긴다. 우리가 상식적으로 알고 있는 침실(침대)의 위치와 비슷한 경우이다. 안방 문을 열었을 때 부부의 침대가 바로 보이는

구조는 좋지 않다고 여기는데 이는 미관상도 그렇지만 풍수적인 사고방식인 셈이다. 간혹 자신의 지위를 과시하기 위해서 문을 정면으로 향하게 자신의 책상을 놓아두는 고위(高位) 간부지기이나 중역이 있는데 이는 양택 풍수에서 매우 꺼려하는 위치이므로 피하는 것ㅇ디 유리하다. 사무실에서 문이란 외기(外氣)가 들어오는 입구로서 그 기가 길함을 더하는 생기(生氣)일 수도 있기에 문충의 위치에다가 책상을 배치해서는 안 된다. 더구나 그 문이 투명한 유리문이라면 그 문 앞을 지나가는 사람들이 안을 들여다보고 다니게 될 것이므로 사람들의 시선에 의해 자신의 일은 방해 받게 되어 더욱 좋지 않다.

- **책상이 문을 등지고 있도록 배치된 경우도 좋지 않다** : 책상이 문을 등지도록 을울 어렵게 하고 일의 능률을 저하시키므로 좋지 않게 여긴다. 자신의 등 뒤쪽에 아무것도 없어서 심리적으로 불안한 가운데 외부에서 손님이 들어오더라도 바로 살필 수 없으므로 늘 긴장하고 있게 된다. 이런 무방비 상태의 좌석은 말단사원일지라도 피해야 한다. 그리고 좌우(左右)의 어느 한 쪽이 벽에 닿도록 하는 것이 좋다고 한다. 사방에 공간이 있도록 하면 심리적인 불앉감과 허기(虛氣)의 영향으로 숙면을 취하기 어려워진다.
- **창문을 등지고 있도록 놓여 진 좌석도 불리해 진다** : 창문 역시 문과 마찬가지로 외기(外氣)가 유입되는 출구이므로 등 뒤에 놓여 진 창문을 무방비 상태의 느낌을 갖게 하여 그 책상에 앉은 사람의 생기를 교란 시키는 결과를 가져오므로 좋지 않다. 더구나 창문을 통해 바로 전달되는 거칠고 순화되지 않은 기(氣)의 영향은 등이나 목 근육에 스며들어 해로운 영향을 미친다고 여긴다. 아울러서 햇볕이나 밖의 빛을 등지고 있는 형국에서 역광을 받게 되어 상대적으로 어둡고 음산한 모습으로 비춰질 것이므로 이미지 관리상으로도 손해를 보게 된다. 사무실 내에서도 조명이 지나치게 어둡다거나 조명에 대해 등을 지고 앉아 있는 사람은 어두운 이미지로 비춰진다. 창문을 통해 들어오는 햇빛이 지나치게 직사광선인 경우는 엷은 색의 커튼이나 블라인드를 설치하여 햇빛을 알맞게 조절 하도록 한다.
- **문과 가까운 곳에 책상을 배치하는 것도 불리하다** : 문과 거리상으로 너무 가까운 곳에 책상을 놓게 되면 마치 문을 정면으로 향하게 놓여 진 책상에서와 같이 외기(外氣)로부터의 영향을 바로 받게 되어 있어서 좋지 않다. 문은 사람의 출입이 빈번한 장소로서 자신에게 모여져야 할 생기를 흩어지게 하고 정신집중을 방해하므로 일의 능률면에서나 풍수지리적 판단에서나 좋지 않은 위치인 것이다.
- **어떤 자리에 책상을 놓아야 하는가** : 사무실에서 자신이 주로 앉아 업무를 보는 책상의 위치는 크게 보아 앉은 장소를 참고하여 그것과 반대되는 장소를 선택하면 무난할 것이다. 문을 정면으로 향하고 있지 않은 책상이면서 문에서 떨어져 있고 창문이나 문을 등지고 있지 않은 경우 대인관계를 원만하게 하여 승진 운이나 기타의 모든 면에서 매우 유리해진다고 하겠다. 벽을 등지고 앉도록 배치된 책상은 마치 벽을 기대고 있는 것과 같아서 심리적인 안정을 가져다 줌으로 좋고 책상의 왼쪽 옆이 창문가에 가도록 배치하면 역광을 받지 않게 될 뿐만 아니라 사무를 보는데 있어서도 편리하여 여러 가지로 이롭다. 책상에 앉았을 때 마음이 차분하게 가라앉고 쾌적한 느낌이 든다면 그 장소가 길(방吉方)이지만 이와 반대로 업무에 집중이 안 되고 심리적으로 과민해진다거나 하면 자신과 맞지 않는 방향이므로 책상을 다른 위치로 바꿔 보는 것이 현명하다.

❖ **천룡**(賤龍) : 천한 용은 번화(飜花 : 거꾸로 된 용)와 겁살(劫殺 : 음기의 살룡)과 반궁형(反弓形)의 산이 있으며 좌우 양변에 부축하고 보호함이 없으면 좌우 양변에 부축하고 보호함이 없으면 아미사(蛾尾砂)와 사모사(紗帽砂)가 가사(假沙 : 거짓 룡)로 된 것을 말하는 것이다.

❖ **천비수**(穿臂水) : 청룡 백호가 모두 멀고 물만 양 옆으로 흘러 앞쪽에 모여 유유히 흘러간다. 그러나 비가 올 때만 물이 흐르는 곳도 있다. 이곳은 흉 지이다. 왼쪽의 물이 크고 오른쪽의 물이 짧다면 재화(災禍)가 남자 쪽으로 나누어지나 외로운 과부가 궁핍하게 병마와 싸우거나 음란하여 진다.

❖ **천사**(天赦) : 천사 춘(春) 무인일(戊寅日) 하(夏) 갑자일(甲子日)

❖ **천생진혈**(千生眞穴) : 하늘에서 진혈(眞穴)을 생(生)하여 스스로 기이(奇異)하니 정해진 음양(陰陽)이 있음을 굴(窟) 돌(突)로 나누었다. 굴(瀶) = 요돌이 명왈돌(凹突而明曰突)이라 하고 돌(突) = 철고이 현왈돌(凸高而顯曰突) 이라 한다.

❖ **천원무수**(天元武水) : 천운 무수란 부귀(富貴)와 벼슬이 족하며 이물은 현무정(玄武頂)에서 감돌아 나오는 만큼 귀고(鬼古)가 분명하여야 하며 혈장(穴場)이 좋으며 재물이 산처럼 쌓인다.

❖ **천심십도정혈법**(天心十道定穴法) : 천심십도정혈법이란 혈(묘자리)을 중심으로 전후좌우(前後左右)로 사응지산(四應之山) 있으면 천심십도(天心十道) 혈이라 한다. 즉 뒤에는 주산(主山) 또는 현무봉(玄武峰) 앞에 조안(朝案山) 좌우에는 협이봉(夾耳峰)이 수려하고 대등하게 용립(聳立)하여 혈장의 현무, 주작, 청룡, 백호의 사신(방四神方)을 옹위하는 것을 말한다. 무릇 용진혈적하고 천심십도가 정확하면 반드시 진혈(眞穴 : 좋은 묘 자리)이며 발복이 유구하지만 천심십도도 사봉(四峰)의 대소 원근이 비슷해야 정격(正格)이며 서로 어긋나면 이는 가격(價格)이다. 다만 산봉의 용모나 형상이 상이함은 구애받지 않지만 네 산의 중심이 정확히 십도를 이루지 못하여도 진룡(眞龍)이면 나름대로 발복이 되고 십도혈이 아무리 정확하다해도 용이 진(眞)이 아니면 허화(虛花)에 불과 한 것이다.

❖ **천연적**(天然的) **용혈사수**(龍穴砂水) : 천연적으로 용혈사수가 합법으로 어우러져 명당(明堂)이 이루어지고 합리적으로 국세(局勢)와 입향(立向)이 섭리(攝理)한대로 사람이 찾아 향(向)을 세우는 방법 즉, 천장지비(天藏地秘) 된 명혈대지(明穴大地)를 자연(自然)이 섭리한대로 지사(地師)가 자리를 찾고 향(向)을 세움을 말하는 것이다.

❖ **천장법**(穿杖法) : 천장법이란 입체성진(중立體星辰)中)의 정혈법(停穴法)으로써 함시장법(含柴葬法)이라 한다. 하(下)는 급(急)하고 상(上)은 강경(剛硬 : 벼랑)한데 맥이 한 쪽이 크면 횡(혈橫穴)이라 쓸 수가 없고 경사(傾斜)가 되면 개장법(開杖法)을 쓸 수가 없다. 이러한 때는 낙(맥落脈)이 중정(中停)에 평연(平軟)한 곳을 골라서 그 관(棺)을 횡(橫)으로 놓으면 횡방기(관橫防其棺) 요수기(腰(腧受氣)를 타게 된다. 강(급剛急)한 기(氣)가 뇌(腦)를 직(충直冲)하지 않게 하는 것이 가장 미묘한 법이다.

❖ **천제수**(天제梯水) : 천제수란 하늘로 타고 오를 수 있는 사다리처럼 생긴 물의 모양으로 청운(靑雲)의 꿈을 하늘의 사다리를 타고 편안히 걸어올라 갈수 있다. 단지 용진혈적 해야 발복 받는다.

❖ **천풍혈**(天風穴) : 독봉(獨峰)과 같이 노출된 산(山)의 정상에 그 안에서의 균형에 맞게 4신이 갖추어지고 취기(聚氣)가 되어 맺은 혈(묘 자리) 천풍혈(天風穴)의 특성은 혈장(穴場)에 오르기 전에 정상(頂上)을 바라보면 팔풍(八風)으로 통하여 취풍으로 취기가 되어 혈이 맺지 못할 것 같으나 정상에 올라가 보면 나름대로 전후좌우에 형성된 형국이 장풍이 되어 명당이 보호되며 취(혈聚穴)되는 혈을 천풍혈(天風穴)이라 말하고 이러한 명당을 괴혈명당(怪穴明堂)이라고도 한다.

❖ **천풍혈 높이 솟은 산 정상 있는 묘 자리** : 천풍혈(天風穴)이란 높이 솟은 산 정상에 올라가면 옛 사람들이 화전(火田)을 일구어 농사를 짓고 있는 곳도 있다. 이러한 곳에 오르면 주변의 산들이 둘러싸고 있다. 밑에서 보는 것과는 전혀 다르게 바람을 타지 않으며 아늑하고 따뜻하다. 옛 사람이 말하기를 팔풍을 타는 땅은 보기에는 추운 것 같으나 묘 자리에 올라보면 바람이 감추어졌다.

❖ **천혈**(天穴) **개혈**(蓋穴) : 천혈(天穴)이란 입세(立勢) 높은 곳으로 앙고혈, 기형혈, 빙고혈이 있으며 관직(官職)은 있으나 재물(財物)과 자손은 귀(貴)하다. 좌우(左右)의 산과 안산(案山)이 높고 크면 천혈을 취해야 하고 만약에 인혈(人穴)이나 지혈(地穴)을 취하게 되면 자손이 복록(福祿)이 박(薄)하고 또 지혈을 취하면 자손이 쇠하게 된다.

❖ **천혈**(天穴)**이란** : 천혈은 높은 곳에 묘 자리가 있다. 천혈에는 바람을 받지 아니해야 하고 후손들이 귀(貴)한 벼슬이 많이 나오지만 재물은 약하나 벼슬이 높으면 높은 만큼 먹고 사는 데는 걱정 없이 살아간다.

❖ **철장법**(綴杖法) : 철장법이란 식점법(寔粘法)으로서 후룡(後龍)이 곧고 굳세며 도두(到頭)가 급급(急急)한데 정처(停處)가 없으

면 역장(逆杖)이나 개장(開杖) 천장(穿杖)등이 모두 불가(不可)하다. 이 때에는 맥(脈)이 다한 곳에다(맥이 없는 곳) 점혈(點穴)을 한 다음에 관(棺)을 놓아야 한다. 즉, 객토(客土)를 써서 누장(壘杖)을 하므로 점맥을 하는 법이다. 대개 다하게 되면 강기(罡氣)가 생기게 되고 강기(罡氣)가 다시 다하게 된 연후에 화기(和氣)가 자생하므로 점맥을 하는 법으로 점토가 깨어지거나 흩어지지 않게 한다. 객토(客土)를 순용(純用)하면 살기(殺氣)가 화(化)하여 생기(生氣)를 이루게 되니 맥진처(맥이 다한 곳)도 자연육지(自然肉地)가 되므로 이 법을 쓸 수 없다.

❖ **첩신**(貼身) **선익**(蟬翼) : 몸에 붙어 있는 선익으로 십전도를 볼 때 절대적인 기준이 된다.

❖ **청룡 백호가 양다리 편 것 같이도 감싸주면** : 청룡 백호가 길게 뻗어도 끝이 안쪽으로 감싸주고 이마 위가 단정하게 둥글고 혈을 감추어 모인 듯 한 것이라야 내당(內堂)의 기운이 새어 나가지 않으므로 길지(吉地)가 된다.

❖ **청룡 백호가 양쪽 다리를 편 것 같으면** : 청룡 백호가 양다리를 곧게 뻗은 것 같이 보이면 묘를 쓸 수가 없다. 천석(天石)재산도 하루 아침에 다 빠져 나간다.

❖ **청룡 백호가 짧아 혈을 감싸 주지 못한 것** : 청룡 백호가 지나치게 짧아 혈을 감싸주지 못했다. 그래서 혈이 청룡 백호 바깥쪽에 있는 것이다. 이를 누태(漏胎)라고도 하는데 매우 흉한 것이다. 고아나 과부가 많이 생기고 가난해 진다.

❖ **청룡 쪽이 가깝고 백호 쪽이 멀면** : 청룡 쪽이 가깝고 백호 쪽이 멀면 묘 자리가 균형을 이루지 못하고 높은 곳이 있는 가하면 낮은 곳이 있고 왼쪽(철룡)이 좁으면 차자(次子)가 재물이 약하고 백호 쪽이 넓고 평탄하면 장자(長子)쪽이 재물이 넉넉하게 살아가고 한 쪽이 추하면 명당이 고르지 못하고 가정이 화목하지 못하다.

❖ **청룡에 흉암**(凶岩) : 청룡에 흉암이 있고 규봉이 있으면 맹인 자손이 나올 수도 있다.

❖ **청백암석**(淸白岩石)**에 이끼** : 청백 암석에 푸른 이끼가 끼면 불치병의 자손이 나오고 흉암(凶岩) 첨사(뾰족함)는 살인이 나게 되며 자손은 가난을 면치 못한다.

❖ **최고 경영자는 건물의 좌**(坐)**와 생기가 맞는 건물에** : 최고 책임자는 회사 운영에 가장 중요한 부분을 감당하고 있으며 이런 업무를 효과적으로 수행하기 위해서는 가능한 많은 생기(生氣)를 받아야하기 때문에 생기가 제일 많은 곳에 집무를 해야 한다. 이러한 곳의 건물은 팔괘오행(八卦五行)에 맞아야 하고 출입문(出入門)이 정오행(正五行)으로 상생하기 좋은 자리에 책상은 놓아야 한다.

❖ **총명**(聰明)**한 자손**(子孫)**을 얻으려면** : 묘(墓) 자리 뒤쪽 산이 높이 받쳐 주어야 총명(聰明)한 자손이 출생(出生)한다. 은룡(묘 뒤쪽 산 완만한 것)은 대개 금계포란형(金鷄抱卵形)이 정기(精氣)가 많아서 부(富)의 발복이 크다. 장자손가(長子孫家)에 큰 벼슬을 얻지 못하고 차자(次子) 말자(末子) 거부가 나오고 부귀 발복(富貴發福)은 크지만 시작이 늦다. 그러나 발복은 끝나는 줄 모른다.

❖ **축대**(築臺) **어떻게 하면 좋은가** : 축대는 흙으로 쌓아서 잔디를 심어서 튼튼하게 만드는 것이 이상적이다. 축대가 높으면 경사가 심하게 질 때는 축대 밑쪽을 흙으로 돋우면 경사가 완만해져서 돌로 축대를 쌓지 않아도 경사가 완만해지면 무너질 염려가 없다. 아래쪽 양 옆에 흙을 긁거나 받쳐 주면 된다. 30년 후에는 본 땅이 된다. 전순 역할도 된다.

❖ **축장법**(縮杖法) : 축장이란 이는 상취(上聚 : 윗쪽에 모인 혈)한 혈을 말하니 이는 산세가 짧고 약할 뿐만 아니라 출맥(出脈)도 길지 아니하다. 낙맥이 천천히 내려오고 단단하지 않으며 혈후(穴後)가 염선(恬善 : 편안하고 부드럽다)하고 묘 자리 앞에 험준한 절벽이 나 있으면 이때에는 축입(縮入)으로서 천장점혈(天葬點穴)을 하는 것이 제일 길하다. 만약 용맥이 아래로 탈락된 채 점혈 하게 되면 반대로 직국(直局)하는 살기(殺氣)에 극을 받으므로 흉하다. 이때에 마치 제비집 모양과도 같은 사(砂)가 있어서 압살을 하게 되면 이것을 혈기형법(穴騎刑法)이라 하며 현무(玄武) 부리와도 같이 길고 높은 곳에다 점혈을 하려면 모두다 축장법을 써야 한다.

❖ **출입문과 책상방위** : 출입문과 팀장의 책상 방위는 정오행(正五行)으로 출입문 오행이 팀장의 책상 방위를 상생하도록 배

치해야 한다.

❖ **출행생기**(出行生氣) :
* 일상생기(一上生氣) 이중천의(二中天醫)
* 삼하절체(三下絶體) 사중유혼(四中遊魂)
* 오상화해(五上禍害) 육중복덕(六中福德)
* 칠하절명(七下絶命) 팔중귀혼(八中歸魂)

❖ **충**(冲) : 충(冲)이란 물이 깊고 급하게 흘러와 용혈(龍穴)을 앞에서 충사(冲射) 하거나 옆에서 횡격(橫擊) 하면 흉한 형세다. 전후좌우(前後左右) 혹은 길흉방을 불문하고 충에 해당되면 흉하며 패가 한다.

❖ **충**(冲) : 충이란 산(山) 끝이 뾰족하고 산줄기가 앞이 아니라 옆에서 혈(묘)을 향해 달려드는 것이다. 혈에서 충이 보이면 남의 일로 화(禍)를 입으며 살해당하는 사람이 나올 수도 있다.

❖ **충수**(冲水) : 충수(冲水)가 묘(墓) 앞에 아주 낮게 들어와서 나가는 것(去)이 보이지 않거나 보이지 않는 대강수(大江水) 또는 바다로 들어 충수(冲水) 직수(直水)가 있으면 차자(次子)나 삼자(三子)가 크게 부귀(富貴)한다.

❖ **충심수**(冲心水) : 충심수란 혈장(穴場)의 앞 중심(中心)을 충(冲)하니 불량하다. 당면(當面:묘 앞)에서 곧고 길게 들어오는 물은 재물의 여유는 있을지라도 위장이나 복부의 병을 유발하고 이성간의 문제가 생기고 음란해 진다.

❖ **충심수**(冲心水) : 혈(묘) 앞에서 들오는 물이 마치 긴 창으로 혈장(穴場)을 찌르듯 직선으로 곧게 들어오는 것을 말한다. 이를 수파천심(水破天心)이라 하기도 하는데 매우 흉하다. 사람이 상하거나 가난해진다. 그러나 들어오는 물이 구불구불하게 곡선으로 들어오면 조회수(朝懷水)가 되어 매우 길(吉)하다.

❖ **충사해조**(衝射解照) : 사(射) 물길이 용과 혈을 쏘는 것으로 직선으로 된 물길이 마치 화살처럼 똑바로 혈(묘)을 향해 있다. 이러한 물은 급하게 흐르는 물이라 흉하다. 주로 사람이 상하고 재산이 망한다. 만약 좌청룡 측을 직사하면 남자나 장손이 큰 화를 당한다. 우 백호 측을 직사하면 여자와 차손(次孫)이 화를 당한다. 혈(묘) 정면을 직사하면 가족 모두가 화를 당한다.

❖ **해**(解) : 길한 물과 흉한 물이 서로 합류 하는 것은 대개 길(吉)한 물은 작고 흉한 물이 커서 길함이 흉으로 변하는 경우다. 흉한 큰 직충수(直冲水)가 길한 작은 굴곡수와 부딪치면 흉하다. 또 작은 물은 혈을 감싸주고 있는데 큰물이 배반하고 있으면 흉하다. 길한 방위에서 오는 물은 작고 흉한 방위에서 오는 물이 크면 역시 흉하다. 주로 재물이 빠져 나간다.

❖ **조**(照) : 흉한 것이 혈에 비친다는 뜻이다. 명당의 물이 고갈되어 바닥이 거북 등처럼 갈라진 것을 말한다. 혈(묘)처는 용맥을 호종하면서 따라오는 물이 있기 때문에 아무리 가물어도 물이 마르지 않는다. 명당은 물론 호수나 연못 물까지 메말라 바닥이 갈라진다면 이는 매우 흉한 것이다. 주로 나병에 걸린 자손이 나온다. 또 개미가 묘에 침입하여 유골을 괴롭힌다고 한다. 질병으로 재산을 탕진한다.

❖ **취수**(聚水) : 취수란 득수한 물이 혈(묘) 앞 명당으로 모여드는 것을 말한다. 이를 명당수(明堂水)라고도 한다. 용혈과 음양교합(陰陽交合)을 하는 물로 양기(陽氣)를 혈에 공급해 준다. 산은 음이고 물은 양이기 때문에 취수를 해야만 용이 혈을 맺을 수 있다. 혈(묘) 앞 명당에 맑은 물이 잔잔하게 고여 있어야 길(吉)하다. 그러기위해서는 명당이 평탄해야 한다. 명당이 경사가 심하게 기울어져있으면 물은 급하게 흘러감으로 취수를 제대로 할 수 없다. 물은 수관재물(水管財物)로 재산과 관련이 깊다. 명당에 많은 물이 고여 있으면 큰 부(富)를 이룬다. 물이 마르면 재물도 없으므로 가난해진다. 명당에 연못이나 저수지, 호수 등 항상 깊고 그득한 물은 매우 좋은 것이다. 취수의 원천(原泉)은 용맥을 따라온 골육수(骨肉水)와 내득수(內得水) 외득수(外得水) 한 물이다. 용이 장원하고 득수처(得水處)가 멀면 물이 풍부하다. 또 지하에서 물이 솟아나면 더욱 좋다. 사시사철 마르지 않는 물은 오랜 발복을 뜻한다. 인자수지에서는 천년동안 마르지 않는 물이 있으면 재물(돈)도 천년동안 마르지 않는다고 하였다. 그리고 물이 흙탕물이거나 오염된 물이 있으면 흉하다. 이러한 물은 나쁜 기운이 서린다. 자연히 혈에도 나쁜 영향을 주게 된다. 아무리 많은 물(水)이라도 오염되면 오히려 재앙을 불러오므로 주의해야 한다. 물은 모름지기 맑고 깊

고 그득해야 길(吉)한 것이다.

❖ **측뇌** : 형국은 낙타사주형(駱駝卸主形)이다.

❖ **취천심수**(取天心水) : 모든 물이 한 곳으로 모여 들어온다. 수기(水氣)가 있으면 재물(財物)이 가득 차고 형상이 다시 입수래용(入首來龍)이 생왕(生旺)하면 자손의 부귀가 천추(千秋)에 만대(萬代)에 부(富) 하리라.

❖ **치묘생기**(治墓生氣)

* 일상생기(一上生氣) 이중오귀(二中五鬼)
* 삼하연년(三下延年) 사중육팔(四中六殺)
* 오상화해(五上禍害) 육중천록(六中天祿)
* 칠하절명(七下絶命) 팔중복위(八中伏位)

❖ **칠성신**(七星神) **안령을 축원하였다** : 멀리 있는 가족의 건강과 외지로 떠난 자식의 출세를 위해 치성을 드렸다. 칠성신은 북쪽 하늘의 북두칠성을 신명으로 삼는 신앙이다. 장독대의 간장독이나 된장독에 깃든 신을 철륭신이라고도 불렀다. 본래 철륭은 마을의 수호신이 깃들어 있는 곳을 일컫는 명호인데 집안에서의 철륭은 가족들을 보호하는 수호신이 깃들어 있는 뜻이라 할 수 있다. 대체적으로 가족의 무병장수와 입신양명을 빌었다.

❖ **침실의 빛** : 침실과 방의 빛도 또한 음침하고 어두워 서는 안 된다. 속어(俗語)에서 말하는 거실은 빛이 밝게 들게 하고 방은 어둡게 하는 것이 결코 아니다. 실내 빛이 어두우면 반드시 공기도 시원하게 통하지 않아 마음과 신체 건강에 영향을 줄 수 있다.

❖ **탈살혈**(脫殺穴) : 산의 기맥(起脈)이 직(급直急)하고 우뚝하게 높아 살을 띠어도 혈맥이 아래로 낮게 내려가면 사방의 산세가 낮게 응하니 혈을 정해도 무방하다. 그리고 혈상의 형체가 준급하고 좌우가 얕으면 살이 좌우 얕은 곳으로 기운을 흘러 버리게 되지만 그 곳에서 훨씬 아래로 벗어나면 이도 역시 탈살 혈이다.

❖ **탐**(撢) : 탐(撢)이란 규봉(窺峰)을 가리키는데 그 중에서도 머리가 삐뚜름한 것이다. 혈(穴)에서 탐이 보이면 집에 도적이 자주 든다.

❖ **태산**(泰山) **하**(下)**에 잡목심산**(雜木深山) : 우리나라 유명 모 종합4년제 풍수지리학 교수 한분이 충북충주에 태산 하 잡목심산을 큰 명당이라며 묘 터를 잡아주었는데 필자가 현장에 가서 보니 주산은 아주 가파르고 매우 높고 혈 자리가 뭉친 곳이 없으며 혈 정 젖에 빈 계곡이 있고 가깝게 서쪽에서 동쪽으로 대각선으로 빈 계곡이 있고 안산은 계곡이었다. 이러한 곳을 대 명당 이라며 묘 터를 찾아 주었는데 필자가 볼 때는 잠시도 쉬어 갈 곳이 못되는데 좋다고 하였다. 이러한 곳에는 천한 자손이 출생하면 천한 직업을 가지게 되고 장자가 제명대로 살지 못 할 수도 있고 자손들이 재물이 모이지 않는다. 아무리 풍수 공부를 해서 박사학위를 받았지만 풍수는 자연과학입니다. 자연은 한 치도 거짓 없이 알려 주는데 이것을 알지도 못하시니 매우 걱정 됩니다.

❖ **택서남유구**(宅西南有丘) **부귀융창**(富貴隆昌) : 자손(子孫), 득(得), 명망(名望), 영달(榮達), 입신(立身) 주택의 서남(西南)쪽 곤방(坤方)이 구릉지(丘陵地)에 접해 있는 집터는 부귀 영달하여 입신출세하고 자손 중에 널리 명망(名望)을 떨치는 인재가 나온다.

❖ **택동측**(宅東側) **고분 산재병상**(散財病傷) : 주택의 동쪽 부위나 왼쪽 옆으로 분묘(墳墓)가 있는 주택 터는 집안이 산란하고 재물(財物)이 흩어지며 우환, 말썽, 신병, 사고 등 궂은 일이 발생하게 된다.

❖ **택동북유구**(宅東北有丘) **번영부귀**(繁榮富貴) : 주택의 동북(東北)쪽 간방위(艮方位) 구릉지에 접해 있는 집터는 유성 발전하여 부귀영화를 누리고 많은 재물과 높은 명예를 지니는 출세자가 생긴다.

❖ **터줏대감이란** : 터줏대감이란 집터 뒤란에 집을 관장하는 신(神)이 장독대에 계신다고 여겼는데 이를 터줏 대감이라고 전한다. 장독대에 가족의 건강을 돌보는 칠성신(七星神)이 계신다고 하였다. 그리고 그 마을에 몇 대고 오래 생활 해온 집 호주를 터줏대감이라고 부른다.

❖ **토끼가 웅크린 모양** : 토기가 앉아 있는 모양에는 부귀(富貴)가 이어질 것이다.

❖ **토색생물**(土色生物) : 토색생물이란 각성(角星) 두성(斗星) 규성(奎星) 정성(井星) 목국(木局)이라. 이는 혈(묘 자리)의 징조가 열리는 것이니 입술 같네. 각두규정목국(角斗奎井木局) 혈조개이순여(穴兆開而盾如) 황청(색黃青色)의 이사(泥砂) 속에는 단단한 옥석(玉石)이었네. 이황벽지이사여경견지옥석(伊黃碧之泥砂與硬堅之玉石) 사반석중(四畔石中)의 혈토(穴土)에 작혈(作穴)하니 부귀쌍전(富貴雙全)이네. 사반석지중토작양혈이부귀(四畔石之中土作兩穴而富貴) 삼오척(三五尺)에 생기 넘치니 혹 고기(古器)나 기왓장 나오네. 삼오척이생기혹고기이와목(三五尺而生氣或古器而瓦木) 오색토(五色土)가 상간(相間)하니 벽홍색(碧紅色)이 많으면 더욱 기묘(奇妙)하리. 오색토이상간 벽홍다칙견기(五色土易相間 碧紅多則犬奇) 항성(亢星) 누성(누累星) 귀성(鬼星) 우성(牛星)은 금국(金局)이니 황벽색(黃碧色)의 진흙이네. 항루귀우금국(亢婁鬼牛金局) 출황벽지토이(出黃碧之土泥) 먼저 건조한 흙에 후에 윤택한 흙이라 청황백색(青黃白色) 더욱 진토(眞土)네. 선간조이후윤 청황백자견진 (先看燥易後潤 清黃白者犬眞) 삼오척(三五尺)에 고기(古器)가 나오고 혹은 생물의 집도 있네. 삼오척고기혹소혈지생물(三五尺古器 或 巢穴之生物) 육칠척(六七尺)에 금(金) 도깨비 방망이 나오니 그 벼슬이 가히 경상(卿相)에 이르네. 육칠척이금귀위가지어경상(六七尺泥金鬼位可至於卿相) 자황토(雌黃土)도 역시 길하니 귀자(貴子)를 얻고 부귀누리네. 자황토지역길생귀자이부귀(雌黃土之亦吉)生貴子而富貴) 혹 물이 보여도 바로 흘러 버릴 것이고 후에 돌이 나오니 이게 바로 진혈(眞穴)이네. 혹견천이즉사 후우석이진혈 (或見泉而卽瀉 後遇石而眞穴) 저성(氐星) 여성(女星) 위성(胃星)은 토국(土局)이니 먼저 황토가 섞여 나온 후에 돌이 나오네. 저여위유토국선혼황이후석(低女胃柳土局先混黃而後石) 혹 정자색이나 분석나오고 혹은 회탄(灰炭)이나 와기(瓦器)가 나오네. 혹청자이분석 혹회탄이와기(或青紫而紛石 或灰炭而瓦器) 삼오척(三五尺)에 오색토(五色土)요 육칠척(六七尺)에 생물(生物)이네. 삼오척이오색 육칠척이생물 (三五尺(而五色 六七尺而生物) 금은 그릇과 목근(木根)이요 혹은 충렴(虫廉)과 의혈(蟻穴)이네 금은기여목근 혹충렴이의혈 (金銀器與木根) 或虫廉而蟻穴) 청자황(青紫黃)의 삼맥(三脈)은 한결 같이 부귀(쌍전富貴雙全) 하겠네. 청자황지삼맥(青紫黃之三脈) 일부귀이쌍전(一富貴而雙全) 방성(房星) 허성(虛星) 성성(星星)은 일국(日局)이니 청황적(青黃赤)의 사토(砂土) 나오네. 방허앙성일국 청황적지사토 (房虛昴星日局 青黃赤之砂土) 일변(一邊)은 돌이요 일변은 흙이고 사석(四石) 중에 토혈(土穴)이네. 일변석이일토(一邊石而一土 혹사석이중토(或四石而中土) 아래에 샘이 있으니 진혈(眞穴)이고 흑색이 많으니 가장 귀(貴)하네. 하유천이진혈(下有泉而眞穴) 흑색다자취귀(黑色多者冣貴) 사오척(四五尺)에 생기(生氣) 있고 금옥기(金玉器)와 석와(石瓦) 나오네. 사오척이생기 금옥기여석와(四五尺而生氣 金玉器與石瓦) 적백색이 광원(光圓)하고 혈후에는 돌이요 혈전에는 물길이네. 적백모지광원(赤白毛之光圓) 혈후석이전파(穴後石而前波) 심성(心星) 위성(危星) 필성(畢星) 장성(長星)은 월국(月局)이니 청자백색(青紫白色)의 이사(尼沙)로서 심위필장월국 청자백지이사 (心危畢張月局 青紫白之泥沙) 형중에는 이활토((膩滑土)요 오색토(五色土) 나오니 극(길極吉)하네. 혈중다어생이 오색토자극길(穴中多於生膩 五色土者極吉) 신룡(神龍)은 장원이 나오고 형체는 청아(清雅)하기 달인 나오니. 신용출어장원(神龍出於壯元 현달인어청아(賢達人於)清雅) 사오척(四五尺)에 황토가 썩이고 혹은 생물이나 고기(古器)도 나오네. 사오척이혼황 혹생물이고기 (四五尺而混黃 或生物而古器) 흙이 완만치 않으니 돌이 썩이고 혹은 목근(木根)이나 회탄(灰炭) 나오네. 비토원칙석합 혹목근여회탄(非土圓則石合 或木根與灰炭) 모성(毛星) 실성(室星) 자성(紫星) 익성(翼星)은 화국(火局)이니 처음에는 굳고 단단한 초토(焦土) 나오네. 미실자익화국(尾實紫翼火局) 초차견다초완(初此見多焦頑) 삼오척(三五尺)후에 자윤(滋潤)하고 오척하(五尺下)에 굳고 단단하네 삼오후이자윤유오이경견(三五後而滋潤有五而硬堅) 오척하(五尺下)에 생물이 나고 고기(古器)도 나오네. 오척하이생물 급이상지고기(五尺下而生物 及異常之古器) 적흑백색(赤黑白色) 이 상간(相間)하고 흑색이 많으니 더욱 귀하네. 적흑백혜상상간 흑색다자견귀(赤黑白兮常상相間 黑色多者犬貴) 천맥(泉脈)은 나오다가 그치고 일변(一邊)은 흙이오 일변(一邊)은 돌로서 유천맥득지일변토이

일석(有泉脈得止一邊土異一石) 기성(箕星) 벽성(壁星) 삼성(參星) 진성(軫星) 수구(水局)이니라.

❖ **토성**(土星) : 고산(高山)의 토(土)는 창고(倉庫) 같고 병풍(屛風) 같고 후중(厚重)하고 웅장하고 단정하고 모지고 평평한 것이 길하고 평강의 토(土)는 궤(机)도 같고 구슬도 같고 무겁고 두껍고 탁하고 살쪄 기울어지지 않은 것이 길하며 평지의 토(土)는 깍은 듯하고 모지고 두텁고 평평하고 가지런하고 높기도 하고 얕기도 한 것이 길하다.

❖ **토성사격**(土星砂格) : 토성사격이란 산 정상이 일자(一字) 모양으로 평평하다. 구성으로는 거문성(巨門星) 녹존성(祿存星)에 해당된다. 거문성의 경우 산신(山身)에 지각(枝脚)이 없다. 토성(土星)은 어느 방위(方位)에 있어도 발복을 받으며 주로 부귀(장수富貴長壽)하고 길(吉)한 기운이 가득하고 바위(암석) 일자문성이라면 왕이 나오고 흙의 일자문성이라면 장관 봉이라 한다.

❖ **토성체**(土星體) : 토성체란 일자(문성一字文星)을 말하고 일자문성은 짧아야 하고 길면 일자문성 또는 토성(土星)이라 볼 수 없다. 토성체라도 앉은 듯해야 길하고 바깥쪽으로 나가는 길한 모습은 좋은 산이 아니다. 토성 산을 장관 봉이라 칭하고 암석으로 된 산이면 왕(대통령)이 나온다고 본다. 토성산은 어느 방위에 있어도 발복 받는다.

❖ **토지**(土地)**의 모양을 보라** : 풍수학은 집이나 묘(墓)의 방향, 형세(形勢)로 사람의 운세를 보다 좋은 방향으로 이끌기 위한 학문이다. 집은 우리들에게 있어서 밀접한 문제이므로 대부분의 사람이 많건 적건 간에 살기위한 장소이다. 집이란 생기(生氣)가 넘쳐 있으면 가정은 번영한다. 집이 좋은 장소, 좋은 방향으로 위치하지 않으면 좋은 기(氣)를 받을 수 없다. 기를 얻기 위해서는 지하로 흐르는 생기와 지상으로 흘러오는 기(氣) 두 가지의 모두를 모으는 것이 기본이다. 주택에서는 토지의 지형이나 방향이 중요하다. 풍수사는 먼저 주변 형세나 토지(흙)의 형세를 상세히 보고 사람의 인생길로 향해서 설명해 주어야 한다.

❖ **토축**(土縮) : 결혈된 성신이 구개하고 있는 순하(脣下)에 생퇴(흙덩이)되며 양극음생(陽極陰生)한 곳에 흙이 오그라진 곳 복배(覆杯)가 생긴 것 같다. 순전 밑에는 흙덩어리처럼 두두룩하게 생겨야 하고 복배는 퇴가 술잔을 엎어 놓은 것 같다.

❖ **토형산**(土型山) : 토형산이란 산의 상부(위上部位)가 평평하고 묵직한 일자문성(一字文星)의 용맥으로 창고 같고 병풍 같고 후중하면 길(吉)하다. 기울어지면 좋지 않고 짧게 평평하면 장관 봉이라 하고 암석(岩石)으로 일자(一字)가 되면 대통령이 나온다고 하였고 너무 길면 좋은 토형 산이 아니며 토형산은 어느 방위에 있어도 발복을 받는다.

❖ **퇴육사**(堆肉)砂) : 산이나 바위, 흙무더기가 고깃덩어리 형태와 같은 것을 말한다. 산과 암석이 중중첩첩으로 있으나 모두 파쇄 되고 질서가 없다. 보기에 험하고 지저분하여 보기에 흉하다. 깨지지 않고 반듯한 모양이면 혈(묘)을 쓸 수가 없다.

❖ **퇴전필사**(退田筆砂) : 청룡 백호가 끝이 날카롭게 생겼으며 혈(묘)을 감싸주지 못하고 비주(飛走)하여 산이 달아나면 물도 혈(묘)을 감싸지 않고 달아나는 형국(形局)이다. 퇴전필사는 전답을 팔아 없애는 형세(形勢)라 하여 붙여진 이름이다. 한 치의 땅도 소유하지 못 한다. 대개 이향(離鄕)하여 걸식(乞食)한다.

❖ **퇴재인사파패격**(退材人死)破敗格) : 재물이 흩어지고 집안에 흉험한 사고 및 재난과 손실이 발생되는 왼쪽에 물길이 있으면 주로 가장에게 파괴, 신병 등 낭패가 생기고 오른쪽에 물길이 있으면 자손에게 돌발 사고나 실족추락사의 흉액이 닿는다.

❖ **특락은 부귀왕정**(富貴)旺丁) **하는 최고의 낙산이다.** : 낙산의 종류에는 특락(特樂) 차락(借樂) 허락(虛樂)이 있다. 특락은 멀리서부터 온 객 산이 혈 후면을 겹겹이 중첩되게 감싸 준 것이다, 이는 부귀 왕정 하는 최고로 길(吉)한 낙산이다. 차락(借樂)은 본신에서 나온 산이든 객 산이든 상관없이 혈(묘) 후면에 횡으로 서(立) 있는 산이다. 마치 병풍을 두른 것처럼 보인다. 특락 보다는 못하지만 부귀와 왕정 하는 길한 낙산이다. 허락(虛樂)은 낙산이 작고 낮으며 산만(散漫)하게 흩어져 있는 것을 말한다. 혈 후면을 보호해 주지 못하므로 흉하다. 후면이 낮으면 바람이 혈을 충사한다. 이를 음곡살풍(陰谷殺風) 이라 하여 인망손재(人亡損財)를 당한다.

❖ **파**(破) : 파(破) 산이 깨지고 부서진 것. 파가 생기(生氣) 물이 흐르는 흔적이 보이면 주색으로 망하는 사람이 나온다.

❖ **파진수**(葩進水) : 파진수란 쌀 까부는 치처럼 된 형태에 둥그런 흙덩이처럼 안사(案砂)가 있다. 귀인천마(貴人天馬)가 득(위得位)하면 고관(高官)의 녹을 받는다.

❖ **파천심**(破天心) : 파천심이란 십자(十字)뇌 형태로 물이 머무르지 않고 모두 흘러 나가는 물이다. 사(砂)는 뾰족하여 앞으로 뻗었다. 천심(天心)을 깬 것이다. 재물은 패하고 사람이 상(傷)하며 횡사가 있다.

❖ **팔괘방위**(八卦方位)**의 마**(馬)**사**(砂) :

* 건(乾) 방위(方位)의 마(馬)는 어사마(御使馬)
* 이(離) 방위(方位)의 마(馬)는 연지마(烟指馬)
* 곤(坤) 방위(方位)의 마(馬)는 재상마(宰相馬)
* 손(巽) 방위(方位)의 마(馬)는 무안마(撫按馬)
* 진(震) 방위(方位)의 마(馬)는 청총마(青驄馬)
* 간(艮) 방위(方位)의 마(馬)는 장원마(壯元馬)
* 태(兌) 방위(方位)의 마(馬)는 백마(白馬)
* 감(坎) 방위(方位)의 마(馬)는 오치마(烏鵲馬)

위의 팔괘방위에 마형(馬形)의 사(砂)는 모두 길(吉)로 보지만 건(乾) 방위와 이(離) 방위의 마(馬)를 더욱 귀사(貴砂)로 친다.

❖ **팔방위**(八方位)**의 침실의 길흉**(吉凶)

• **건방위**(乾方位) **침실**(寢室) : 호주 방위이므로 권위와 집권의 의미를 나타낸다. 북서(北西)쪽 방위의 침실 또한 동(東)쪽이나 남동(南東)쪽의 침실처럼 의욕을 샘솟게 하는 침실로 간주 할 수 있다. 가장의 방(서재 등)이 따로 있는 주택이라면 이 북서쪽에 배치하여 항시 기거하게 하는 것이 좋다. 북서(北西)쪽을 부부의 안방 겸 침실로 사용하는 주택의 남편은 다분히 가부장적이고 권위적이면서 사회적으로도 지도자격인 사람이 많다. 따라서 자유분방한 기질에 집을 자주 비우고 과로하여 건강을 해치는 경우도 있으므로 주의해야 한다.

• **남서**(南西)**쪽 곤방위**(坤方位) **침실** : 곤방위(坤方位) 침실은 하숙생이나 임시적으로 셋방살이를 하는 사람에게는 무방하다. 이 남서쪽 방위에 침실을 배치하여 사용한다면 지나치게 침착하고 냉정하며 성실하여 저축 제일주의로서 구두쇠라는 소리를 듣게 된다고 한다. 공무원이나 교사, 은행원들 가운데 남서쪽 방위의 침실을 사용하는 사람들이 많다고 하는데 이 침실을 오랫동안 사용하게 되면 만성질환에 고생하기 쉬우므로 주의해야 한다.

• **동**(東)**쪽 진방위**(震方位) : 동(東)쪽은 해가 떠오르는 방위로서 신선하고 생동감이 넘치는 방위이다. 이렇게 활기가 가득한 방위에 침실을 두면 매사에 의욕이 넘치고 생활에 적극성을 가질 수 있다. 특히 동쪽은 8괘 방위상 장남의 방위라고도 하는데 가족 가운데 어린아이부터 젊은 사람에게 가장 좋은 방위라고 할 수 있다. 동쪽은 신선한 공기와 햇볕이 들어오는 방위이므로 늘 새로운 모습을 선보이는 인기 연예인이나 방송인, 음악가, 디자이너에게는 생기방(生氣方) 중의 생기방이다. 학교에 다니는 자녀를 두었다면 두뇌활동을 왕성하게 하고 신체적으로도 활력을 불어 넣어 주는 동쪽이 좋다. 다만 에너지가 과잉되어 산만해지거나 행동장애를 겪을 수도 있으므로 외향적(外向的)인 성격에 자녀보다는 내성적이고 허약한 체질의 자녀에게 더 많은 이로움을 줄 수 있다고 하겠다.

• **남동**(南東)**쪽에 있는 침실** : 침실이 놓이는 방향 가운데 가장 길상의 좋은 위치라고 할 수 있다. 모든 일을 순조롭게 발전시킬 수 있는 성공과 행운의 침실 방위이므로 이 방위의 침실을 사용하는 독자라면 매사에 자신감이 가득하고 진취적인 기상이 넘칠 것이다. 부부가 이 방을 침실로 쓰면 항상 신혼부부처럼 부부애가 깊어지고 독신자라면 배우자를 만나게 될 가능성이 높아진다. 아울러 대인관계가 원만해지고 교우관계가 넓어지므로 사교의 방위이기도 하다. 특히 이 남동쪽 침실은 남성보다 여성에게 영향력을 크게 미치므로 결혼 적령기의 여성들이 이 방위의 방을 침실로 사용하면 훌륭한 배우자를 만날 가능성이 더욱 높아진다고 하겠다. 남동쪽 방위의 상징 의미에는 거만과 나태의 의미도 있으므로 경영주라면 다소 거만해지고 여성이라면 하체에 유난히

살이 찌거나 주변 사람들에게 질시를 당하기 쉬운 단점도 있다.

• **남(南)쪽에 있는 침실** : 남(南)쪽 방위의 침실은 숙면(熟眠)을 취할 수 없는 곳으로 판단한다. 침실로는 적당하지 않다고 여긴다. 지나치게 밝고 강렬한 이미지로 인해 수면 상태가 고루지 않게 되므로 만성질환자가 생길 수도 있으며 건강에 항상 조심해야 한다.

• **북(北)쪽에 있는 침실** : 북(北)쪽은 아침은 물론 저녁에도 햇볕이 들지 않아 다소 한랭하고 어두운 경향은 있으나 그야말로 수면만을 생각한다면 가장 숙면을 취할 수 있는 방위의 침실이 된다. 냉난방 설비와 배수관계의 시설을 철저히 하여 습기와 냉기, 겨울 북서풍에 효과적으로 대응할 수 있는 집이라면 북쪽 침실도 무난하다.

• **북동(北東)쪽에 있는 침실** : 북동(北東)쪽 방위는 귀문(鬼門) 방위라고 하여 변화와 기복이 심하므로 침실로는 가장 까다로운 방위가 된다. 이 북동쪽 방위를 침실로 사용하면 감정의 변화가 다분하여 기분의 기복이 심해지므로 성장기의 자녀들에게는 매우 흉한 방위가 된다. 부부가 이 방위의 침실을 사용하면 상호간의 애정은 있다고 하나 감정 절제가 어려워 자주 다투게 된다. 다만 기질적으로 복잡다단한 성격과 혼자 사색하는 경향이 강한방위의 특성상 철학자나 종교가, 심리상담가 등에게는 이로운 영향을 미친다고 하겠다.

• **서(西)쪽에 있는 침실** : 서(西)쪽 방위의 침실은 다소 향락적이고 사치스런 생활을 유도한다고 하여 단점으로 지적되는 면도 있으나 태양이 지는 방위의 의미로서 하루의 일과를 끝내고 휴식을 취하기에는 제격인 침실 방위로도 판단한다. 특히 개인 사업이나 자영업, 작가, 프리랜서와 같이 독자적으로 일을 하는 사람들에게는 유리한 방위라고 하는데 현금거래가 빈번해지고 추진하는 사업이나 기획한 일들을 목적한 바대로 이루게 된다고 여긴다. 미용의 면에서 상반신에 살이 찌기 쉬운 체질이 될 가능성이 커서 주의해야하며 어린 자녀들에게는 백일해나 모세 기관지염을 일으킬 수 있으므로 각별히 신경 써야 하겠다. 성인 가족들에게는 향락적 분위기를 조장하는 기운이 있어서 자녀들 중에서 이성문제로 말썽을 일으키는 이도 나타난다고 본다. 서쪽 침실에서 서쪽방향으로 머리를 향하게 하고 자는 경우에는 극왕한 서쪽의 금(金) 기운이 영향을 미쳐서 성격적으로 거칠어지거나 과로하기 쉬우므로 주의해야 하겠다. 잠자는 방위를 바꾸도록 하라.

❖ **패가(敗家)한 주택, 아파트** : 패가한 집터와 주택, 아파트, 감옥, 관공서 자리는 비록 길혈(吉穴)일지라도 기운이 쇠토 했기 때문에 발복하지 못한다. 이러한 곳은 다시 들어가는 사람도 그와 같은 처지가 될 수도 있다.

❖ **편혈방혈(偏穴傍穴)** : 명혈대지(名穴大地)를 이루는 혈장(穴場)의 정기(精氣)는 혈을 맺고도 남은 기(氣)는 있어 편으로나 직방으로 다른 곳으로 가다가 다시 취기 되어 맺는 혈형(穴形)은 무한히 많다고 생각되나 와겸유돌(窩鉗乳突)의 4형태를 벗어나지 못한다. 양혈(陽穴)로 되어 둥글게 되면 와(窩)가 되고 와혈(窩穴)이 길어지면 겸(鉗)이 되고 음혈(陰穴)로 되어 길면 유(乳)가 되고 음혈로 되어 짧으면 돌혈(突穴)이 된다. 혈의 모양을 갖춘다는 것은 입수(入首) 양선익(兩蟬翼)과 당판전순(堂坂氈脣)으로 갖추어지면 현무정(玄武頂) 청룡 백호(青龍白虎) 주작(朱雀)이 응해주고 환포해주는 유정한 사(砂)가 있어야 십중팔구가 와혈(窩穴)에 있고 혈장은 낮은 곳에 많으며 비만후덕(肥滿厚德)하다. 귀혈(貴穴)은 혈의 위치가 높은 곳에 취기 되어 혈을 맺고 높은 혈을 사(砂)가 수려해야 아름답다. 빈혈(貧穴)은 수구(水口)에 관쇄(關鎖)없고 나가는 물이 곧게 흘러가면 중사(衆砂)가 없거나 연이어 바람이 새고 풍취를 받는 혈이다. 천혈(天穴)은 모든 사(砂)가 반궁(反弓)되어 무정하고 살 수가 당형을 충사(冲射)한다.

❖ **평면** : 용척에 혈을 맺는다. 형국은 횡적(橫的) 또는 횡금형(橫琴形)이다.

❖ **평지(平地)에 돌(突) 한 곳을 찾아라** : 넓은 평지에는 바람과 물을 피해야 한다. 주택지로서는 적합 하지만 묘지로서는 부적당(不適當) 하다. 묘지를 찾으려면 조금 넓게 두두룩한 곳을 찾아야 한다. 그리고 묘(墓)를 써야 할 경우는 양 옆의 흙을 긁

어모아 두두룩하게 만든 다음 묘 봉분 뒤가 조금 낮게 봉분을 만들어야 묘에 물이 들어가지 않는다.

❖ **평지 주변 산세가 없어도 돌출 된 곳에서 혈 결지 할 수 있다** : 산에 있는 혈이 골짜기에서 부는 바람을 받거나 한 쪽이 꺼져 요풍(凹風)을 받으면 매우 흉하다. 그러나 평지에서는 골짜기나 요함(凹陷)한 곳이 없다. 비록 혈을 감싸주는 주변 산세가 없더라도 평지의 돌출한 곳에서 혈을 결지할 수 있는 것이다. 평양지(平洋地)에서 혈은 돌기한 땅에 있다. 평지에 기가 뭉치면 땅은 이를 따라 기(起)하기 때문이다.

❖ **평지지세**(平地地勢) : 평지지세란 야트막한 구릉지대의 용이며 이를 평지룡이라고 부르기도 한다. 평지룡이 평강용이나 고산(高山) 용보다 훨씬 낮다고 해서 그 안에 담겨 있는 정기까지 약한 것은 아니다. 형상이 생기발랄하고 아름다우면 큰 정기가 깃들인다.

❖ **폭면수 거대한 수세가 억누르는 형상** : 용과 혈(묘)은 기세(기起勢)가 작고 보잘 것 없는데 물은 웅대한 것을 말한다. 거대한 수세(水勢)가 작은 용혈을 억누르는 형상(形狀)이다. 자손이 왕성하제 못하고 결국 절멸할 수 있다. 큰 강가나 주변의 용혈(龍穴)이 부실한 곳에서 볼 수 있다. 그러나 혈 뒤 주산 또는 현무봉(玄武峰)의 기세가 장엄하여 수세와 서로 비슷하다면 재앙이 반감된다. 물은 양이고 용혈은 음이다. 커다란 양 기운이 작은 음 기운을 억누르므로 사람이 상하는 것이다. 오늘날 큰 대로변의 작은집들도 이에 해당된다. 도로는 움직이는 기운으로 양이고 건물도 고정되어 있어 음이다.

❖ **표주박이나 바가지같이 생긴 산** : 작은 산이나 암석이 바가지와 비슷한 것이 보이거나 이와 같은 형상에 묘를 쓰면 자손들이 가난하게 살아간다. 바가지가 자루가 달려 있어 보이면 선인(仙人)들이 가지고 다니는 것으로 부귀(富貴) 할 수 있다. 그러나 자루가 짧아 보이면 흉하다.

❖ **풍수공부**(風水工夫)**는 현장부터 시작** : 옛날부터 풍수공부는 현장공부에서 시작하여 현장에서 공부를 마쳐야 한다고 전하고 있다. 학원에서 공부하는 것이 거의 없다. 그래서 서자서 산자산 이란 말이 나온 듯하다.

❖ **풍수비수**(風水悲愁) : 산이 거칠고 웅장하여 다정한 것이 없으며 물이 험하고 급하여 요동치는 소리가 심하게 나고 바람이 맞붙어서 울부짖는 소리가 나는 땅은 흉지 이다.

❖ **풍수지관**(風水地官) **잘 되는 집 보았나** : 옛날부터 풍수지관 잘 되는 집 보았나? 라고 전해오는 말은 의사에게는 잘못 하면 한사람의 생사(生死)만 달려 있지만 풍수 잘못 하면 한 가문이 멸망 한다는 말은 틀리는 말이 아니다. 현장에 가서 감정 선정을 하고 나면 또 생각하고 기억도 더듬고 해서 상세한 생각을 한 후에 결정을 하는 것이 좋을 듯하다. 땅이 요것뿐이면 나쁜 것은 좋은 것을 말해주고 비보 법을 사실대로 이것은 이렇고 저것은 이렇다고 말씀을 드리면 다소나마 죄를 적게 받을 수 있을 것이란 생각이 듭니다. 이 세상 돈 없이 살아가기 힘들지만 그래도 국가를 위하고 자손들의 후세를 생각해서라도 자제(自制) 하는 것이 옳을 듯합니다.

❖ **풍수지리를 공부하는 목적은 혈토 찾는데 있다.** : 산이 먼 거리를 행룡(行龍)하면서 온갖 변화를 다하는 것은 순수한 생기(生氣)를 얻기 위한 것이다. 혈토는 바로 순수한 생기의 표현이라 할 수 있다. 즉, 태조산(太祖山)을 출발한 용이 수 백리 혹은 수 십리를 각종변화를 하면서 행룡 하는 목적은 혈토가 있는 혈 하나를 결지(結志)하기 위해서다. 혈토는 혈장에서도 가장 핵심에 위치한다. 뒤로는 입수도두, 양 옆으로는 선익, 앞에는 순전이 있으면 그 가운데 둥근 테두리 모양의 혈운(穴運)이 있다. 마치 해 무리나 달무리처럼 생겼다 하여 태극운(太極運)이라고도 하는데 혈토는 그 안에서 나온다. 사람에 비유하면 얼굴중심인 코 끝 부분에 해당되는 최종적으로 혈의 진가(眞假) 여부를 가리는 중요한 흙이다. 외견상 아무리 용진혈적 해 보이더라도 땅을 하서 혈토가 나오지 않으면 가혈(假穴)이다. 땅을 팠는데 혈토가 나오지 않고 퇴적된 잡(토雜土)나 버석버석해서 무기(無氣)한 허토(虛土)가 나오면 진혈처가 아니다. 또 질퍽질퍽한 점토(粘土)나 모래나 자갈이 나오는 땅도 마찬가지다. 어떤 경우든 묘 자리에는 반드시 혈토가 나와야 한다. 혈토가 나오지 않으면 혈 자리가 아니다. 풍수지리를 공부하는 목적은 이 혈토를 찾는데 있다.

❖ **풍수지리 역사** : 예로부터 인간은 생존을 위해서 또는 생활의 편리를 위해서 자기가 생활할 터전을 찾아왔다. 원시사회에서의 거주지(좋은 자리)는 먹고 쉬고 자는 데 편리했다. 뿐만 아니라 적으로부터 자신과 동족을 보존하고 번창시키는데 용이 했다. 이렇게 풍수지리는 안전하고 편리하면서 발전 가능한 땅을 찾는 데서 발생하였다. 풍수지리학의 기원은 상고시대까지 소급해 가지만 이는 초기의 형성과정에 지나지 않는다. 때문에 어른이나 응용 면에서 체계를 갖추지는 못했다. 그러다가 지금으로부터 약 2천 년 전 중국 후한(後漢)시대에 음양 이치에 통달한 청오자(青烏子)라는 사람이 풍수지리의 원전(元典) 격인 청오경(青烏經)을 저술하여 반포한 것이 풍수지리학의 역사적 기원이 되었다.

❖ **풍수지리 원리** : 풍수지리는 음양오행(陰陽五行)을 기초로 하여 정리된 학문이다. 산과 물, 방위 등의 자연현상(自然現象)은 일정한 법칙을 가지고 인간생활에 영향을 끼쳐 왔다. 사람들은 오랜 세월 자연(自然)과 더불어 살아오면서 얻은 자연이치(自然理致)를 터득 했으니 이것이 바로 풍수지리다. 풍수지리는 자연과학(自然科學)이라 할 수 있다. 풍수(風水)라는 말에서 볼 수 있듯이 풍수지리의 원리는 산(山)과 물(水)이기본이다. 산은 움직이지 않고 정지(停止) 해 있으므로 음(陰)이라 한다. 물은 흐르는 것으로 움직이므로 양(陽)이라 한다. 우주의 모든 만물(萬物)은 음양의 조화(造化)로 이루어진다. 사람의 경우 음에 해당하는 여자와 양(陽)에 해당하는 남자가 서로 만나야 자식을 낳을 수 있다. 마찬가지로 음에 해당하는 산과 양에 해당하는 물이 서로 어울려 배합되는 곳에서 묘 자리가 이루어진다. 이것이 풍수지리의 원리이다.

❖ **풍수지리는 현장공부로 시작하여 현장공부로 졸업해야** : 풍수란 천권의 책을 읽고 학원에서 공부를 해도 한번 등산하여 직접 보는 현장답사 공부가 더 중요하다. 풍수는 자연과학이며 자연은 한 치도 거짓이 없다. 옛 부터 풍수 공부는 현장공부로 시작해서 현장에서 공부를 끝마쳐야 한다. 의사는 한번 실수로 한 사람의 생사가 달려 있지만 풍수는 한 가문의 운명이 달려 있다. 이러한 것을 모르고 장례식장 사장이 풍수공부를 전혀 하지 않고 나경도 볼 줄 모르면서 풍수 행세를 하고 있다. 옛 부터 전해 오는 말에 본인이 알고 지은 죄는 본인 당대에 죄를 받고, 모르면서 아는 척하며 지은 죄는 본인 자신도 모르게 받는다고 했다. 본인이 다 받지 못하면 자손에게 죄를 받게 된다고 전한다.

❖ **파구터(묘 파낸 곳)에 모시지 말라** : 묘(墓)를 모셨다가 옮겨 간 자리는 아무리 길지(吉地)라도 시신을 모시지 마라. 한번 묘를 모셨다가 파 낸 것은 산기(散氣)가 되어 화는 받아도 복을 받기는 어렵다.

❖ **피패재손흉액격**(破敗財遜凶厄格) : 가옥의 측면 부위에 위치한 연못이나 호수, 창극(蒼戟)의 모양을 닮은 것은 집안에 손재 신병과 말썽, 장해 및 자손들에게 돌발 사고나 불행, 낭패 등 궂은 일이 닥친다.

❖ **편측명당**(偏側明堂) : 편측이란 명당이 균형을 이루지 못한 것을 말한다. 높은 곳이 있는가 하면 낮은 곳이 있다. 한 쪽은 길면 한 쪽이 짧거나 한 쪽은 넓고 한 쪽은 좁다. 한 쪽이 아름다우면 한 쪽이 추하다. 명당이 고르지 못하니 기도 없다. 주로 가정이 화목하지 못하여 불화를 초래한다.

❖ **필통형**(筆筒形) : 붓, 필통, 연적은 종이와 더불어 문방사우(文房四友)로 선비들의 필수품이다. 형국이 붓이나 필통, 연적과 같이 생겼다. 학문이 높은 선비나 높은 벼슬에 오른다.

❖ **하괴**(河魁) : 하괴란 주로 양성(陽星)의 토덕(土德)이며 이 주택은 단 시일에 스스로 우마의 증식이나 재물을 얻게 되며 연내에 귀동자(貴童子)를 출산(出産)하기도 하며 120일 이내에 큰 도움이 스스로 받을 수도 있으며 신자진(申子辰)년에 더욱 큰 발복을 받을 수도 있다.

❖ **하수도**(下水道) **마당 중심 관통 흉** : 하수도가 마당의 가운데를 관통하여 지나가는 것은 집안에 재난과 우환, 실패 등 낭패가 많을 흉상(凶相)의 구조이다.

❖ **하유삼합**(下有三合) : 용두삼분(龍頭三分)이고 하두(下頭)는 삼합(三合)으로 하두류(下頭流)하고 선익에서 합금(合襟)하고 청룡 백호에 호거(好去)하여 모(墓)에 탐한다. 혈 아래에서 흐르는 물, 입수에서 흐르는 물을 말한다.

❖ **하정지혈**(下停地穴) : 주변 산들이 낮고 멀리 있으면 혈도 산 아래 낮은 곳에 결지(結志) 한다는 것이다. 부(富)를 관장한다.

❖ **하천수**(河川水) : 풍수지리의 대표적인 물로써 맑고 깊으며 혈(묘)을 환포(감싸)하면 틀림없이 부귀(富貴) 한다.

❖ **한나라 시대의 청오경**(青鳥經) : 중국 한(漢)나라 시대에는 조상의 묘지(墓地)가 후손에게 영향을 준다고 믿어 왔다. 또한 후한 장사(葬事) 효도하는 길이라고 생각했다. 이는 우리나라 부조사회에서도 마찬가지였다. 특히 부족 연맹체 중 가장 고도의 문화수준을 가진 부여(夫餘)는 조상숭배와 영혼 불멸을 믿어 장례식을 후하게 지내는 풍습이 있었다. 그들은 여러 달에 걸친 장례식을 영광으로 알았고 많은 부장품(副葬品)을 묻었으며 심지어는 순장(殉葬)까지도 행하였다. 주몽(朱夢)이 이끄는 부여의 일족이 건국한 고구려(高句麗) 역시 후장(厚葬)을 행했고 금과 은 동 보배를 부장(副將)하여 적석총(積石冢)을 만들었다. 옥저(沃沮)에서는 온 가족을 한 곽(槨)에 매장하고 곽 주위에다 미곡(米穀)을 두어 사자(死者)의 식량으로 하는 등 영혼불멸의 사상에 근거한 가족공동 묘지가 행해졌다. 청오경은 작자미상의 책으로 후한 때 저술된 것으로 알려져 있으나 후대의 위작(僞作)이라는 설도 있다. 청오경 이라는 책이름에서 따와 편의상 작자를 청오자(青鳥子)라고 부른다. 청오자는 백살을 넘게 살다 신선이 되었다고 하는 반인반신(半人半神)의 선인(仙人)이라고 전해진다. 청오경의 내용은 음양 이법과 생기 그리고 산의 형상(形狀)에 대해서 매우 간결하게 기술하였다. 문장 한 구 한 구를 비결이나 격언처럼 열거해 놓아 읽는 것만으로는 뜻을 이해하기 어렵다. 이런 난해함으로 인하여 후세의 학자들에게 자유로운 해석의 처지를 제공하였는데 가장 오래된 책이므로 장경(葬經)으로 존중되었다. 그 후 당나라 사람 양균송(楊筠松)이 주석을 달아 해석을 하였다. 원문은 편(篇)이나 장절(章節) 구분 없이 사자일구(四字一句)의 한 문장으로 연속 되어 있다.

❖ **할각수**(割脚水) : 할각수란 비가 올 때만 샘물이 솟아나 흘러가면 용의 기운이 설기(洩氣)하나 결혈지(結穴地)가 아니다. 장후(葬後)에 인정과 재물이 쇠퇴하여지고 전순내(氈脣內)에서 물이 솟으면 바닷물에 빠져 죽는 자손들을 가끔 볼 수가 있다.

❖ **한쪽은 도장, 한쪽은 홀 같은 사격이 있으면** : 청룡 백호 끝이 한쪽은 도장과 같은 작고 둥근 능선이나 둥근 산이나 둥근 바위가 붙어 있고 다른 한쪽은 홀과 같이 네모반듯한 작은 능선 또는 바위가 붙어 있는 것을 말한다. 인(印)과 홀(笏)은 대귀(大貴)를 나타낸다. 재주 있는 자손이 출생하여 권세를 잡고 만인을 압도한 영웅이 된다.

❖ **해수**(解水) : 해(解)란 장대수(長大水)와 소수 또는 길수와 흉수 및 길방수와 흉방수가 합류하여 길수(吉水)가 흉수(凶水)로 변하거나 반대로 흉수가 길수로 변하는 것을 해(解)라 한다. 즉, 적은 흉수 또는 흉방소수가 많은 길수나 길방위(吉方位) 대수(大水)와 합류하면 흉수가 길수로 변하며 이에 반하여 적은 길수 혹은 길방소수가 많은 흉수 또는 흉방 대수와 합류하면 길수가 흉수로 변하여 흉하다.

❖ **해수**(海水) : 묘 자리 앞쪽에 바닷물은 청룡 백호의 기세와 균형을 맞춰주어야 하고 바다는 광활한데 청룡 백호가 미약하면 재앙이 그칠 날이 없으며 묘 자리를 청룡 백호가 감싸주고 용혈의 기세(氣勢) 또한 왕성하면 큰 부자가 되는 귀인이 될 것이다.

❖ **행주형**(行舟形) : 배가 강이나 바다를 항해하는 형상(形狀)이다. 사람과 식량, 금은보화(金銀寶貨)를 가득 실은 배가 가이나 바다를 항해하는 모습이다. 배가 무역 하러 떠나는 형상(形狀)이니 큰 부자를 의미한다. 주변에 바다나 강이 있거나 물을 대신하는 넓은 평야가 있다. 배는 물을 거슬러 올라가야 제대로 발복(發福)이 된다. 행주형은 대개 분지(盆地)로 형성되고 도읍이나 도시, 촌락처럼 양기지(陽氣地)가 많다. 혈은 배의 갑판, 선실, 화물칸 등 여러 군데에 있다. 주변에 돛대 닻, 화물과 같은 사격이 있어야 한다. 그러나 배는 물에 떠다니는 까닭에 언제나 위험이 뒤따른다. 특히 무거운 짐을 뜻하는 빌딩, 아파트를 짓거나 배의 구멍을 뚫은 우물을 파면 배가 침몰하여 하루아침에 망한다.

❖ **험한 조종산**(祖宗山)**을 안산**(案山)**으로** : 주룡(主龍)이 돌아 조종산(祖宗山)을 안산으로 취하고 맺는 혈(묘)이다. 일반적인

혈은 조종산을 뒤에 두고 맺는다. 이때 안산을 작고 단정하다. 그러나 회룡고조혈(回龍顧祖穴)은 기세(氣勢)가 웅장한 태조산(太祖山) 중조산(中祖山) 소조산(小祖山) 등을 바라보기 때문에 안산이 높고 험해도 무방하다. 안산이 바로 나의 부모나 할아버지가 되기 때문이다. 아무리 엄한 아버지나 할아버지라도 자식이나 손자에게만은 자상한 법이다.

❖ **허허들판에 묘(墓)를 쓰면** : 묘(墓) 앞이 텅 비어 있는 것을 말한다. 앞이 보이는 것이라고 아득하게 넓은 허허 벌판 뿐이다. 심하면 지평선과 수평선이 보인다. 이는 명당을 둘러 싼 보국(保局)이 없다는 것을 말한다. 보국이 없으면 혈(묘)의 생기는 보호 받을 수 없다. 바람을 많이 타므로 생기는 곧 흩어지고 만다. 이것은 극히 흉한 것인데 천군마마(千軍萬馬)를 수용 할 수 있다는 설에는 경우가 많다. 명당이 공허(空虛) 하면 크고 작은 재앙이 끊임없이 닥쳐온다. 하루도 편안한 날이 없이 불안하다. 명당이 비어 있으니 가계가 기울 수밖에 없다.

❖ **현관문 방위가 맞지 않을 때는** : 아파트, 주택 현관문 양택 요결 법으로 맞지 않을 때는 이중현관을 설치하여 방위를 맞추도록 하라. 가리개로 조절하여도 된다. 이렇게 하면 생활 형편이 나아 질 것이다.

❖ **현관문을 열고 들어섰을 때** : 현관문을 열고 들어설 때 곧 바로 창문이 보이면 재물이 나가는 형국이니 창문에 커튼으로 가려주고 창문을 닫아 놓으면 다소 방지가 될 수 있다.

❖ **현관문과 방문이 주택, 아파트 중앙에 위치하면 흉** : 현관 방문이 주택, 아파트 중앙에 위치하면 흉(凶)한 주택, 아파트가 되고 방문과 방문이 일직선상(一直線上)에 마주하는 것도 좋지 않다. 한쪽에 해(害)가 있다.

❖ **현관이 아파트 건물의 좌(坐)를 극(剋)하면 대흉하다.** : 아파트 현관문이 아파트 건물의 좌(坐)를 극(剋)하면 그 아파트 사는 사람 모두가 다 재앙을 받는다는 것은 아니지만 운이 나쁘거나 건강이 좋지 않은 사람들은 하는 일 마다 제대로 되는 것이 없으며 건강도 나빠질 수 있다.

❖ **현명(賢明)한 풍수지관을 만나라** : 인품(人品)을 갖춘 지사(地師:풍수지관)을 만나라. 금전에 현혹된 지관은 눈이 멀어 명당이 보이지 않는다.

❖ **현유** : 형국(形局)은 미녀포경형(美女抱鏡形)이다.

❖ **현유혈** : 용이 평지에 다다라 맥이 끝나는 지점에 결지(結地)한다. 이 모습이 마치 용 끝에 매달려 있는 것처럼 보이므로 이름 한 것이다.

❖ **혈(묘 자리) 아래에 붙어 있는 작은 산들이 지탱해 주는 역할** : 혈(묘 자리) 아래에 붙어 있는 작은 산 능선이 혈장(묘)을 지탱해 주는 역할을 한다. 또 용맥을 보호하면서 따라온 물들이 직류(直流)하지 않도록 해주는 역할도 한다. 물이 곧장 빠져나가면 원진수(元辰水)가 되어 매우 흉하다. 혈(묘)의 생기(生氣)를 뽑아 나가기 때문이다. 원진수의 직거(直去)를 막아주고 혈의 생기를 보호하는 것이 하수사(下手砂)다. 하수사는 작은 능선이 혈장(묘) 아래를 감아준 것으로 보통 여러 개로 구성되어 있다. 하나가 좌측에서 나와 우측으로 감아주었으면 다음 것은 우측에서 나와 좌측으로 감아준다. 마치 팔을 안쪽으로 감아주는 형상이다. 그러므로 원진수는 곧장 나가지 못한다. 하수사(下手砂) 가 능선 따라 좌로 흘렀다가 다시 우로 흐르기를 반복하면서 천천히 흘러나가는 것이다. 하수사는 팔을 뻗은 듯 한 모습이라 하여 하수사(下手砂) 하비사(下臂砂)라고도 한다. 또 원진수를 역류 시킨다하여 역관사(逆關砂)라고도 한다. 하수사가 있는 혈은 대개 부자가 된다하여 재사(財砂)라 부른다.

❖ **혈을 등지고 반대방향으로 흐르는 물** : 혈(穴) 앞을 흐르는 물이 묘 자리를 감싸주지 않고 반대로 등을 돌리고 흐르는 것을 말한다. 물이 교합(交合)을 하여 생기(生氣)를 융결 시킬 수 없으므로 가치도 없는 물이다. 극히 흉하여 가난하고 배신을 잘한다. 부모형제간에 생이별 하건 부부간 이혼이 있게 되고 많은 재산을 탕진한다.

❖ **혈(穴)을 찾는데 증좌(證佐) 없으면** : 혈을 찾는데 만약 증좌(證佐)가 없으면 혈이 참되지 못하다. 묘 자리를 앞에서 구하는 증좌(證佐) 인즉 안산(案山)과 조산(朝山)들이 아름다워야 하고 명당(明堂)이 평정하고 수세(水勢)가 모여야 하는 것이요 뒤를 구한즉 낙산(樂山)이 뚜렷하고 귀성(鬼星) 후장(後掌)의 뜻 받들어 좌우를 구한 즉 청룡 백호가 얽히어 보호되어야 하고 혈 밑에

서 구한즉 순전(脣氈)이 바른 것이어야 하고 사방에서 구한즉 십도(十道)가 안전하고 계수(界水)에서 구한즉 나누어지고 합쳐짐이 분명한 것이어야 이와 같은 것이 이혈이 되는데 증거가 되는 것이다. 이 여러 가지에 혹 한 두 가지가 없어도 될 수 있지만 그 중에 가히 없어서는 아니 될 것은 순(脣)과 구와 첨의 분합인 것이다. 즉 입수선익당판(入首蟬翼當板) 전순은 빠짐없이 있어야 한다.

❖ **혈장분방별**(穴場分房別) : 혈장(穴場) 분방별(分房別)이란 해당하는 자손을 가리킨다. 화복을 판단하는 기준이다. 위쪽이 살찌고 아래쪽이 청수하면 장자(長子)가 부자(富者)가 되고 막내아들이 귀하게 된다. 위는 아름답고 아래가 못생겼으면 장자에게 좋은 일이 막내에게는 흉한 일이 생긴다. 혈장을 3등분하여 중앙부위는 가운데 자식의 길흉(吉凶)을 판단한다. 중앙이 살찌고 넓으면 부자가 나는 격이고 적고 단단하면 귀인(貴人)이 난다. 윗부분은 귀천(貴賤)을 아래쪽은 빈부(貧富)를 판단하는 것이다.

❖ **혈장 옆구리를 찌르는 물** : 물이 직선으로 혈장(穴場) 옆구리를 찌르는 형상이다. 사협수가 있으면 주로 비명횡사나 살상의 화를 당한다. 사협수가 좌측을 찌르면 장손이 화를 입고 우측을 따르면 어린 자손이 화를 당한다. 그러나 혈장 밑에 큰 암반석이 있어 물을 막아주어 반사시키면 오히려 속발 부귀 하는 수충사협혈(水冲射脇穴)이 된다. 이때에 혈(묘)에서 들어오는 물이 모여서는 안 된다.

❖ **혈정천심**(穴精淺深) : 고산(高山)에서는 명당과 같이 (명당의 깊이까지) 할 수도 있고 평지에서는 깊지 않는 1척도 편안하다.

❖ **혈좌**(穴坐)**와 사**(砂) : 혈좌의 전후좌우(前後左右)에 있는 산(山) 물(水) 암석(岩石) 흙(土) 언덕, 도로 등을 총칭함. 만일 사(砂)가 흉방위(凶方位)에 있다 해도 여러 사가 길(吉)하면 바유하건데 귀인이 임좌(臨座)하면 비록 흉함이 있다 해도 귀인의 위업에 눌려 꼼짝 못하는 것 같이 흉변위길(凶變爲吉) 되어 무방하다. 또는 사(砂)가 미인(美人) 같아도 귀천이 종부(從夫) 시수라 하니 사보다 수(水)가 제일로서 이 사수(砂水)로 자손 장래의 길흉을 알 수 있다. 사(砂)의 위치는 혈(묘 자리)에서 생왕(生旺)과 녹존(祿存)과 임관방(臨官方)이 길방(吉方)이 된다.

❖ **협두수**(脅頭水) : 협두수란 한 줄기의 물이 빙 돌아감이 이두수(裏頭水)이다 혈장(묘)이 순음(純陰) 으로 도움을 받을 곳이 없으니 실로 근심으로 인정(人丁)과 재물이 머물러 있지 아니한다. 이러한 곳을 금성수(金星水)라고 오인하지 말아야 한다.

❖ **형과 동생이 이웃해서 나란히 집을 가지고 살면** : 풍수지리에 보면 한 혈장에 둘을 넣지 말라는 격언이 있다. 이것은 음택(陰宅)에서 합장을 하지 말라는 뜻인데 하나의 기(氣)를 둘이서 받으면 그만큼 양이 반분되기 때문이다. 그러나 필자가 경험으로 보았을 때 형님의 집 마당을 보았는데 동생이 먼저 부인이 43세쯤 되어 사망하고 그 뒤로 아들이 3형제를 두었는데 차자와 삼자가 조졸하는 것을 보았다. 이러한 것은 한 집터에 형제가 나란히 집을 가지고 살면 두 집중 한집은 망한다는 것은 밥 한 그릇 가지고 두 사람이 나누어 먹으면 두 사람 다 항상 배가 고픈 것과 같다.

❖ **형국론**(形局論)**으로 명혈 찾기란 쉽지 않아** : 산(山)을 형국(形局)에 비유하여 그 물체의 핵심 부분에 묘(墓) 자리가 있다고 보는 형국론은 글을 모르던 시대에 사람들이 이해가 쉬어 일반인에 널리 보급되었던 것으로 생각된다. 옛날에는 풍수지리 하면 형구구이 풍수의 모든 것으로 생각하는 사람도 있다. 전혀 근거 없는 이론은 아니지만 자연현상을 어느 물형에 비유한다는 것은 무리가 따른다. 산수(山水)의 형태는 보는 사람의 주관에 따라 달리 보일 수 있기 때문이다. 똑같은 산이나 용맥을 어느 사람은 산을 보았을 때 호랑이로 보았는데 어느 사람은 개와 돼지로 볼 수 있다. 그렇기 때문에 형국론만 가지고 정확한 혈(묘)을 찾고 설명하기란 쉽지 않다. 형국론을 전적으로 무시할 수는 없지만 산(山)과 사격(砂格)과 물(水)을 보고 혈을 찾는 정도를 먼저 공부하여 산의 이치를 깨닫는 것이 풍수지리를 제대로 이해 할 수 있다고 생각한다.

❖ **형상으로 보아 명당인데 수맥이 있으면** : 수맥(水脈)이 지나가면 당판(堂坂)에서 수맥과의 거리가 다섯 자 이상 떨어지도록 천광(穿壙)을 해야 한다. 그러나 수맥이 입수전(入首前)에 있거나 전순(氈脣)에 있는 것은 무관하며 오히려 지기의 흐름을 조

절하여 더욱 좋은 명당으로의 조건이 될 수 있는 것이다.

❖ **호화분묘**(豪華墳墓) **공동묘지** : 호화 분묘에서부터 공동묘지에 이르기까지 묘지 문제를 둘러싼 사회적 논쟁이 있다 보니 풍수이론까지 죄 없이 지탄을 받고 있다. 그것이 시대적이며 또한 그동안 잘못된 풍수이론으로 인해 끼친 사회적 해목 역시 적지 않은 것도 사실이다.

❖ **화국을룡**(火局乙龍) : 인오술(寅午戌)과 간병신(艮丙辛)의 3합은 화국(火局)이므로 12포태법의 바깥은 병(丙)의 장생(長生)인 간인(艮寅)에서 시작하여 시계 방향으로 돌아가는 수(水)의 장생법을 보고 안쪽은 을(乙)의 장생(長生)인 오(午)에서 시작하여 반시계 방향으로 역행하는 용의 장생법이다.

❖ **화성사격**(火星砂格) : 화성 사격이란 불꽃이 타오르듯 뾰족한 암석들이 날카롭게 서 있는 산이다. 구성으로는 염정성(廉貞星)이며 화해(禍害)를 가져다주는 살벌한 기운(氣運)이 가득하다. 주로 형살과 반역, 패망을 관장하고 조산(朝山)으로는 적합하다.

❖ **화수류형**

• **매화낙지형**(梅花落枝形) : 매화나 복숭아꽃이 땅에 떨어진 모습을 연상시킨다. 매화꽃이 땅에 떨어졌기 때문에 주변 산봉우리가 낮다. 혈처를 중심으로 둥글게 생긴 작은 봉우리가 다섯 개 이상 있다. 매화 꽃잎은 다섯 개 이기 때문이다. 혈은 화심(花心)에 있고 안산은 매화 가지나 화분, 나비, 별 같은 사격이 있으면 좋으나 꽃잎을 취해도 된다. 꽃 형국은 고매한 성품과 용모가 수려한 사람을 배출하여 부귀쌍전(富貴雙全)한다. 주로 학자나 예술가 귀인이 나와 주변 사람들로부터 사랑과 존경을 많이 받는다.

• **목단반개형**(牧丹半開形) : 모란꽃처럼 생긴 형국으로 반개형은 모란꽃이 반쯤 핀 것이고 만개형은 활짝 핀 것이다. 혈(묘) 주변에 꽃봉오리처럼 생긴 작은 산이 여러 개 둘러싸여 있다. 혈(묘)은 꽃의 중심에 있고 안산은 꽃잎이나 화분이다. 매화낙지형이나 연화부수형은 낮게 있어야 하는 반면에 모란형은 땅에 떨어진 것이 아니기 때문에 약간 높이 있을 수도 있다. 반개형은 앞으로 발전할 여지가 많은 반면에 만개형은 현재가 절정기이고 곧 지기 때문에 속발속패(速發速敗)한다.

• **작약미발형**(芍藥未發形) : 작약꽃이나 장미꽃이 이제 피어나고 꽃봉오리를 맺는 형상이다. 혈(묘)은 꽃 중심인 화심(花心)에 있고 안산은 꽃잎이다. 주변에 작약 또는 장미 줄기 같은 사격이 있다. 미발형은 비록 발복은 늦으나 오랫동안 유지된다.

• **연화부수형**(蓮花浮水形) : 연꽃이 물위에 떠 있는 모습을 연상 시킨다. 냇물이나 강물이 용과 혈을 휘감고 돌아가서 삼면이 물로 감싸주었다. 혈은 꽃의 중심인 화심(花心)에 있고 안산은 꽃잎, 꽃병, 화분 등이다. 주로 낮은 야산에 있다. 연화형(蓮花形) 명당은 귀인(貴人) 현인군자(賢人君子) 학자(學者)나 뛰어난 사업가 등 자손들이 다방면에서 능력을 발휘하여 부귀(富貴)를 얻는다. 용모가 수려하여 남들의 사랑을 많이 받게 된다.

❖ **화성체**(火星體) : 화성체란 암석산(岩石山)은 안산(案山)으로는 아주 흉(凶)하고 조(산朝山 : 안산너머 있는 산)으로는 가(可)하나 조금 멀리 있어야 하고 멀리서 보아도 꽃송이처럼 보이면 길(吉)하나 뾰족뾰족하면 흉하다.

❖ **화성수**(火星水) : 화성수란 양옆에서 작은 물줄기들이 치고 들어오는 모습을 말한다. 이러한 곳에는 인성(人性)이 오만하고 강폭하다. 혈(묘 자리)은 토실토실 하여 둥글면 번개같이 성공하나 한번 패하면 잿더미 같이 산다.

❖ **화장실 냄새가 나면** : 화장실 냄새가 방안에까지 퍼져 들어오는 구조물은 재물이 불어나지 않아 늘 어려운 상태의 살림을 면할 수 없게 되고 신병이나 손재 등의 낭패수가 자주 닿는다.

❖ **화장실 위 장독대** : 화장실 위에 장독대가 위치하게 되면 부인이나 집안 식구에게 우환이 들어 속을 썩이게 되고 집안에 산란한 재난이나 음험한 일이 생기게 되어 구설수가 많을 형국이다.

❖ **화장실 안방보다 뒤쪽 흉** : 아파트나 주택에 안방보다 뒤쪽에 가족 공용으로 사용하는 화장실을 배치하면 비밀 누설과 구설수, 잡음 등이 생기고 산란한 살림살이를 하게 된다.

❖ **화해속토**(禍害屬土) : 화해속토란 집안에 낭패와 손실, 곤궁 및 파탄, 장해 등 궂은일이 자주 닥치고 불구자, 귀머거리, 벙어리, 맹인, 신체이상 및 부전, 과부 , 홀아비 등 역경과 불행을 겪는 사람이 생기고 장수하는 사람도 나오기는 하나 소실(小室)을 얻거나 첩을 두는 해로움이 따른다.

❖ **화해일** : 화해일이란 택일(擇日) 할 때 보는 것이다. 크게 흉(凶)하며 비록 일진이 길하여도 사용하지 않는다.

❖ **화형산**(火刑山) : 화형산은 불꽃처럼 뾰족 솟은 용맥으로 활활 타오르는 격이면 길하고 너무 크면 좋지 않다. 혈의 위치는 가슴, 배꼽, 음부, 속성 속패학 바른 곳이 없으면 판단력이 예리하다.

❖ **환경과 풍수 지리적 판단** : 현대의 양택 풍수(陽宅風水)에서는 주택의 방위뿐만 아니라 집안의 배치구조, 가구, 실내장식 등에 의해 영향력이 다르게 나타나고 점포와 사무실(빌딩)의 구조적인 특징과 위치, 좌석 배치 등에 따라서 개인의 건강과 승진 운, 능력과 재물 운, 대인관계 등이 차이점을 나타낸다고 여긴다. 이런 실용적인 목적 때문에 전통적으로 음택 풍수 묘지(墓地)에 관한 풍수가 강세를 보여 온 우리나라에서도 근래에 들어와 주택과 사무실 풍수가 많은 반향을 일으키고 있다. 그리고 개인이 자신의 노력에 의해 한 사람의 사주 상 길흉 운도 어느 정도까지는 달라질 수 있다고 보는 동양역학의 기본 이념과도 일맥상통하고 있기 때문이다. 최근에 붐을 일으키며 관심을 끌고 있는 양택 풍수의 이론들에는 과거 농경사회 때부터 있었으나 현대 도시환경을 판별하는 기준으로도 적합한 개념이 포함되어 있다. 본인의 거주하는 곳의 가까운 주변에 놓인 산지(山地) 고지대, 언덕, 구릉, 고층 빌딩 등이 자기 주택의 방위를 기준으로 했을 때 어떤 방향에 있는가에 따라 그 길흉이 나타난다. 다만 대도시 환경이란 주제에 접근하여 판단하자면 자기가 살고 있는 주택과 아주 가까운 곳에 고층 빌딩이 있는 경우는 불길하다. 일조관계나 생기(生氣)의 측면에서 나쁜 영향력을 미치고 특히 고층 빌딩이 남쪽이나 남동쪽에 있다면 그 해로움이 더욱 커진다고 하겠다. 대도시 주변 환경을 보면 하류(下流)와 하천(下川)이 발달되고 도로 역시 잘 정비되어 있는데 산이나 고지대 구릉이 없는 수가 많다. 한편 예전의 풍수지리 서적을 보면 국(局)이 있으나 기(氣)가 없으면 인정(人丁)이 왕성하지 않고 기(氣)가 있으나 국(局)이 없으면 재록(財祿)이 풍부하지 않다고 하였다. 이때의 국(局)은 하천이나 도로가 건물(주택)과 어떤 관계에 있고 어떤 영향을 미치는지를 일컬을 때 쓰는 용어이고 기(氣)는 산이나 언덕 등이 집에 미치는 영향력을 관찰할 때 쓰는 용어이다. 따라서 도시 환경상 도로나 하천은 잘 정비되었으나 산과 언덕이 없는 경우에는 인정이 왕성할 수 없다고 하겠다. 여기서 말하는 인정(人丁)이란 자손을 뜻한다. 도시에서도 산세가 발달한 경우에 국(局:하천도로)이 없으면 재물이 모이지 않는다고 하였다. 이는 도시 환경보다는 농촌이나 소읍 정도의 규모에서 많이 볼 수 있는데 가족수는 되에 비해 많지만 유통경제가 활성화되기 어려운 만큼 큰 규모의 화폐가 거래되는 일은 드문 것이 사실이다.

❖ **황천수**(黃泉水) : 황천수란 비가 많이 오면 물이 솟고 비가 그치면 물이 땅속으로 금방 스며들어 없어지는 샘물이다. 비가 올 때를 제외하고 사시사철 물이 없다. 이러한 곳은 물을 먹음을 수 있는 진흙기가 있고 대체로 음달 진 곳에 많이 있다. 이러한 곳에 묘(墓)를 쓰게 디면 자손들이 생활이 어려워지고 질병이 있게 된다.

❖ **회룡고조혈**(回龍顧祖穴) **용이 자기가 출발한 조종산을 바라보는 형상** : 태조산(太祖山) 중조산(中祖山) 소조산(小祖山)을 거쳐 앞으로 행룡(行龍)하던 용이 혈(묘 자리)이 결지(結地)하기 위해서 방향(方向)을 한 바퀴 회전하여 자기가 출발한 조종산(祖宗山)을 바라보는 형상(形狀)이다. 안산은 소조산이나 중조산, 태조산이 된다. 대개 안산은 작고 깨끗해야 되지만 회룡 고조혈에서는 높고 험하다 할지라도 문제가 되지 않는다. 손자가 할아버지를 바라보는 형태이기 때문에 아무리 엄한 할아버지라도 친손자에게만은 다정한 법이다. 회룡입수(會龍入首)하려면 용의 기세가 강해야 하므로 발복이 크고 오래 간다.

❖ **회룡입수**(會龍入首) : 회룡입수란 주룡(主龍)이 혈(묘 자리)을 맺기 위해 방향을 한 바퀴 회전하여 자기가 출발한 태조산(太祖山)이나 중조산(中祖山) 소조산(小祖山) 등 조종산(祖宗山)을

바라보고 입수(入首)하는 형태(形態)다. 즉 조종산이 안산(案山)이 된다. 용이 한 바퀴 회전한다는 것은 그만큼 기세가 있다는 뜻이다. 변화가 활발하지 못한 용맥에서는 회룡 입수혈을 맺기 힘들다. 일반적인 혈(묘 자리)은 안산이 낮고 순해야 한다. 그렇지만 회룡(回龍) 입수에서는 안산(案山)이 크고 험하다 할지라도 문제가 안 된다. 안산이 혈 자신을 있도록 한 조종산이기 때문이다. 마치 손자(孫子)가 할아버지를 바라보고 있는 형상이다. 아무리 엄한 할아버지라도 친손자에게만은 자상한 법이다. 이와 같이 회룡입수하여 혈을 결지(結地) 하는 것은 회룡고조혈(回龍顧祖穴)이라 한다. 발복이 크고 오래 지속되는 것이 특징이다.

❖ **흉살이 보이면 흙으로 덮거나 나무를 심어 비보한다** : 흉한 것 중에는 혈지에서 보아 청룡이나 백호 쪽의 능선이 화살이나 창을 혈을 향해 직선으로 쏘아 들어오는 것처럼 보이면 매우 흉하다. 또 깨지고 부서지고 무너지거나 혈을 배반하고 등을 돌리고 있으면 흉한 것이다. 그러나 분명히 용진혈적(龍眞穴的)한 진혈에도 흉살이 보일 수 있다. 이때는 살이 보이지 않도록 흙으로 덮거나 주위에 나무나 상록수를 심어 가려준다. 혈에서 흉살이 보이지 않도록 하는 것을 비보(裨補) 한다고 한다.

❖ **흉살을 피해 혈을 정하는 법** : 날카롭고 뾰족한 산의 능선이 혈장(穴場 : 묘 자리)이 찌르듯이 있으면 능침살이다. 또 물이 혈장을 곧바로 치고 들어오면 수침살이다. 깨지고 부서진 흉한 바위와 산이 혈장에서 보이면 모두 살(殺)이다. 이러한 흉살을 피해 혈을 정하는 법을 말한다.

❖ **횡수국**(橫水局) : 묘(墓) 자리 앞에서 물이 왼쪽으로 흘러가거나 혹은 오른쪽으로 와서 왼쪽으로 흘러가거나 혹은 수세(水勢)가 혈을 둥글게 싸안아 띠를 두르듯 되는 것을 말함. 또한 사(砂)가 역상(逆上)하여 두르고 물이 현무정(玄武頂:묘 뒤의 산)을 두르고 파구(破口)가 빗장 지른듯하면 더욱 길(吉)하다.

❖ **횡수성형국**(橫水城形局) : 혈 앞의 왼쪽에서 오른쪽으로 흐르거나 또는 오른쪽에서 왼쪽으로 흐르는 형국으로서 우수도좌(右水到左)의 음국(陰局)과 좌수우도(左水右到)의 양국(陽局)으로 나눌 수 있다.

❖ **후의방송**(後倚放送) : 후침(後枕) 또는 구첨(球簷)이 고아 보낸 것 같으면 불가하고 구첨 뒤에 의지하면 편안하다. 불편 불의는 단정해야 앞에는 구첨이 있어야 하고 뒤에는 목침이 있어야 한다.

❖ **횡룡입수**(橫龍入首) : 횡룡입수란 맥(脈)은 뒤가 허하므로 혈장 반대편 주룡(主龍) 측면에 귀성(鬼星)이 받쳐주고 있어야 한다. 또 그 뒤로는 낙산(樂山)이 있어야 허(虛)함을 막아 주어야 한다. 귀성과 낙산은 횡룡입수혈(橫龍入首穴)의 필수 조건이다. 다른 혈과 마찬가지로 혈장에는 입수도두 선익(蟬翼) 순전(脣氈) 혈토(穴土) 등 4요건이 분명해야 진혈이라 할 수 있다. 한편 주룡은 계속 행룡(行龍)하여 나간 다음 또 다른 혈을 결지 하는 경우도 있다. 그렇지만 대부분은 횡룡입수의 청룡 또는 백호가 되어 혈을 보호해주는 역할을 한다.

❖ **흉(凶)한 물(水)의 종류**(種類)

• **취예수**(臭穢水) : 취예수는 소, 돼지의 오줌과 같이 탁하고 냄새나는 더러운 물이다. 오염되어서 더럽고 냄새나는 물이 용혈(龍穴 : 묘, 산) 주변 웅덩이에 고이거나 개천으로 흘러 들어오면 흉하다. 괴질과 염병 등의 질병에 걸리기 쉽다. 음탕하고 사업실패로 가세(家勢)가 쇠락한다.

• **니장수**(泥漿水) : 니장수란 진흙 진탕 속의 물이다. 마치 풀이나 미음같이 곤죽이 되어 있는 진 수렁을 말한다. 비만 오면 물이 차 수렁으로 변하여 정강이까지 푹푹 빠진다. 날이 개면 물이 말라 먼지가 휘날리는 땅이다. 이와 같은 것은 지맥이 허약하여 생긴 것으로 물을 저축하지 못한다. 주로 패산과 질병, 객사의 화를 당한다.

• **폭포수**(暴布水) : 높은 산악의 석벽(石壁)에서 사납고 무섭게 쏟아지는 물이다. 그 소리가 우레와 같거나 북을 두들기는 소리가 나 흉하다. 또 읍(泣 : 울음소리) 곡(哭 : 곡소리) 소(訴:하소연소리) 비(悲 : 슬픈 울음소리)와 폭포수 소리가 들리면 집안이 망하고 사람이 상한다. 그러므로 폭포수 근처에서 혈(묘)을 구하지 말라. 다만 용진혈적(龍眞穴的 : 산과 묘 자리가 좋으면)에 기이한 비경(秘境)처럼 폭포수가 멀리 있으면 청고(淸高)한 인물이 난다. 대개 선인창가형(仙人唱歌形) 같은

형국(形局)으로 폭포수가 들릴 듯 말듯 해야 한다.

- **월견수**(越見水) : 월견수는 청룡 백호가 감싸준 보국 밖의 물이 혈(묘)을 넘겨다보는 흉수다. 청룡이나 백호 한쪽이 요함(凹陷)하므로 그 사이로 물이 보이거나 비추는 것이다. 햇빛에 더욱 반짝반짝 빛난다. 혈지(묘)에서 월견수가 비추면 사람이 상하고 재산은 망한다. 또 가도(家道)가 혼란하여 집안에 어른 아이의 질서가 없다. 또 음탕하여 패가망신한다. 혈(묘)에서 월견수가 보이지 않도록 비보(裨補)한다면 그 피해는 반감 될 수 있다.
- **일수재견**(一水再見) : 혈지(묘에서)를 감싸준 청룡 백호가 곳곳이 요함(凹陷 : 낮은 곳)하여 보국 밖으로 흐르는 강하수(江河水)가 두 번 세 번 보이거나 비추는 것이다. 하나의 물이 여러 차례 원견조살(猿見照殺) 하므로 일수재견이라 하였다. 매우 흉한 물이다. 월견수가 여러 번 보이면 가패(家敗) 관재(官災)와 음란망신, 화가 있다. 혈에서 월견수가 보이지 않도록 비보한다면 그 피해를 반감할 수 있다.
- **형살수**(刑殺水) : 혈(묘) 앞으로 흐르는 물들이 복잡하고 난잡하게 교류하는 것을 말한다. 혈 주변의 산들이 뾰족하게 파열되어 있다. 물 역시 날카롭고 난잡하게 흐르면서 혈을 쏘아 대는 지극히 흉한 물이다. 형살수(刑殺水)가 경미한 경우에는 패가(敗家) 이향(離鄕)에 그치지만 클 경우에는 자손이 줄지어 망한다. 악사(惡死)로 인하여 결국에는 집안이 망한다.
- **폭면수**(瀑面水) : 용과 혈은 기세가 작고 보잘 것 없는데 물은 웅대한 것을 말한다. 거대(巨大)한 수세(水勢)가 작은 용혈을 억누르는 형상(形狀)이다. 자손이 왕성하지 못하고 결국에는 절멸(絶滅)한다. 큰 강가나 바닷가 주변의 용혈이 부실한 곳에서 많이 볼 수 있다. 그러나 혈 뒤 주산(主山) 현무봉(玄武峰)의 기세(氣勢)가 장엄(莊嚴)하여 수세와 서로 비슷하다면 재앙(災殃)이 반감 된다. 물은 양(陽)이고 산은 음(陰)이다. 커다란 양의 기운이 작은 음 기운을 억누르므로 사람이 상하는 것이다. 오늘날 큰 대로변의 작은 집들도 이에 해당된다. 도로는 움직이는 기운으로 양이고 건물은 고정되어 있어 음이다.
- **충심수**(衝心水) : 혈(묘) 앞에서 들어오는 물이 마치 긴 창으로 혈장(묘 자리)을 찌르듯 직선으로 곧게 들어오는 것을 말한다. 이를 수파천심(水破穿心)이라고도 하는데 매우 흉하다. 사람이 상하거나 가난해 진다. 그러나 들어오는 물이 구불구불 천천히 곡선으로 들어오는 물은 조회수(朝懷水)가 되어 매우 길(吉)하다.
- **사협수**(射脇水) : 직선으로 곧은 물이 혈장 좌우(左右) 옆구리를 찌르는 형상이다. 사협수가 있으면 주 비명횡사(非命橫死)나 살상의 화(禍)를 한다. 사협수가 좌측을 찌르면 장손이 화를 입고 우측을 찌르면 어린 자손이 화를 당한다. 그러나 혈장 밑에 큰 암반인 석요(石曜)가 있어 물을 막아주고 반사시키면 오히려 속발부귀(速發富貴)하는 수충사협(水冲射脇)이 된다. 이때 혈(묘)에서 직선(直線)으로 들어오는 물이 보이지 않아야 한다.
- **이두수**(裏頭水) : 기세가 허약한 용(龍)을 세찬 물이 감아 돌면서 할퀴고 깎아 버리는 것을 말한다. 이러한 곳에서는 불치의 병이 생긴다. 또한 사람이 상하고 빈곤해진다. 외형적으로 물이 잘 감아주었다 하더라도 내부적으로 용혈이 약하면 이두수가 된다.
- **견비수**(牽鼻水) : 견동토우(牽動土牛) 또는 원진직거(元辰直去)라고도 한다. 주룡(主龍)을 호종(扈從) 하면서 따라온 원진수가 혈 앞에서 직선으로 나가는 것을 말한다. 혈장(묘)의 생기(生氣)를 쭉 뽑아 나가므로 생기를 융취 하지 못하여 혈을 결지 할 수 없다. 견비수른 주로 패전(敗田) 패산(敗産) 산재(散) 한다.
- **할각수**(割脚水) : 혈(묘) 앞의 물이 합수하지 않고 사방으로 흩어져 나가는 것을 말한다. 진혈(眞穴)은 입수도두(入首倒頭) 뒤에서 계수한 물이 선익(蟬翼)을 따라 나누어졌다가 혈 앞 순전(脣氈)에서 다시 합수한다. 그래야 생기를 가두어 혈을 맺는 것이다. 할각수(割脚水)가있는 곳은 혈(묘)의 순전(脣氈)이 없다는 뜻이다. 따라서 생기가 사방으로 흩어져 나가버린다. 기가 허약하여 혈 앞 흙이 물에 씻겨 파이거나 허

물어진다. 매우 가난하고 병약하여 일찍 죽게 된다. 결국 대가 끊겨 집안이 망한다. 임두수가 침범하는 곳은 할각수가 되기 마련이다. 그래서 임두할각이라 한다.

- **누조수**(漏槽水) : 앞이 푹 꺼져서 마치 말 구유통 같은 물웅덩이가 있는 것이다. 용의 생기가 이곳으로 누설된다. 혈 양쪽 또는 한쪽에 웅덩이가 있기 때문에 진응수(眞應水)로 착각할 수 있다. 진응수는 혈(묘)에 생기를 융결 후 나오는 물이고 누조수는 생기(生氣)를 융결하지 못하고 오히려 기(氣)를 누설시키는 물이다. 주택이나 묘 앞에 인공적(人工的)으로 연못을 파면 누조수가 된다. 누조수가 있으면 가업이 퇴락하고 재산(財産)을 탕진한다. 일찍 요절하는 자가 있고 고아와 청상과부가 난다. 또 음탕하여 패가망신한다.
- **교검수**(交劍水) : 양쪽에서 일직선(一直線)으로 흘러온 물이 혈(묘) 앞에서 서로 싸우듯 급하게 부딪치는 것을 말한다. 대개 혈은 양수가 합류하는 것이지만 굴곡지현(屈曲之玄)으로 유정(幽靜)하게 감싸주어야 한다. 교검은 빠르게 직선으로 충돌하기 때문에 생기를 가두지 못한다. 교검수가 있으면 주로 불의의 사고로 사람이 상한다. 전상(戰傷) 호투(好鬪) 관재(官災)가 빈발한다. 자연적인 교검수는 물론이거니와 인공적(人工的)인 것도 흉하다. 예컨대 경리정리나 도로를 건설하면서 물줄기가 나쁘게 바뀐다.
- **분류수**(分流水) : 혈(묘) 앞에서 물이 팔자(八字)로 나뉘어 흐르는 것을 말한다. 물이 나뉘어 흐르면 용의 생기가 머무르지 않아 혈의 결지가 불가능하다. 가족끼리 불화가 심하여 패가한다. 재산을 탕진하고 고향을 떠나 유리걸식한다.
- **권렴수**(捲簾水) : 권렴수란 명당이 한쪽으로 급하게 기울어진 것을 말한다. 대개 혈 앞 명당이 급경사 계단으로 된 것이다. 폭이 좁고 아래로 내려갈수록 폭이 넓다. 마치 멍석을 둘둘 만 형상이다. 그곳으로 물이 급하게 쏟아져 내려간다. 혈의 생기도 한 번에 휩쓸려 빠져 나간다. 가산(家産)을 한 번에 털어 없앤다. 일찍 요절하므로 고아와 과부가 많다. 권렴수가 있으면 타인이 안방을 차지한다고 한다. 과부가 안방으로 외간남자를 불러들이니 불미스러운 일이 일어난다. 이러한 재앙이 끊임이 없으니 결국 후손이 끊기고 망한다.
- **유니수**(流泥水) : 혈 앞 명당이 기울어 물이 급하게 흘러나간다. 청룡 백소가 비주(飛走)하므로 물도 비주(飛走)하여 달아난다. 권렴수는 명당이 층층으로 기울어진 반면에 유니수는 층이 없다. 산과 물이 혈을 향해 머리를 돌리니 무정하기 그지없다. 재산을 모두 탕진하고 고향을 떠나 온갖 고생을 다 한다. 가난은 구제할 방법이 없다.
- **사별수**(斜撇水) : 물이 명당에 이르지 않고 옆으로 빗겨 흘러가는 것을 말한다. 청룡 백호가 비주(달아나니)하니 물도 따라 비주한 것이다. 혈(묘)의 생기도 전혀 모이지 못하고 뿔뿔이 흩어지고 만다. 재산을 탕진하고 지위와 직장을 잃는다. 혈에서 한쪽 물만 빗겨 흘러가는 것이 보여도 그 흉함은 변함이 없다.

❖ **흉한 샘물** : 니수천(泥水泉)이라고도 한다. 더럽고 썩은 진흙에서 솟아나는 물이다. 마치 미음을 끓여 놓은 것과 같다. 색은 흐리고 물맛은 비린내가 난다. 양치나 세수도 못하는 일이다.

- **동천**(銅泉) : 샘물의 색깔이 동물의 쓸개액과 같으므로 담천(膽泉)이라고도 한다. 용의 생기가 샘물로 모두 빠지므로 혈을 결지(맺지) 않는다.
- **음천**(淫泉) : 음천이란 구멍 속에서 쏘듯이 나오는 샘물을 말한다. 마치 여자가 소변보는 것과 같이 구멍 속에서 쏘듯이 나오는 샘물을 말하는 것인데 음극(陰極)의 보살기(甫殺氣)가 발살(發殺)되는 것이므로 가장 흉하다. 이 근처에서 묘자리를 찾지 말라.
- **온천**(溫泉) : 뜨거운 물이 솟아나는 샘물을 말하는데 우리나라에서는 지하(地下) 80m이상 파면 온천수가 나온다고 한다. 80m이하 밑에 유황(流黃)이 있어 물위로 올라오면서 끓어서 더워지는 것이다. 오늘날 온천수는 경제적인 가치가 크다. 그러나 온천수는 용(龍:山)의 생기를 발산시켜 흩어지게 하므로 결혈(結穴)이 안 된다. 따라서 온천에서는 찾지 말아야 한다.
- **몰천**(沒泉) : 물이 혈장(穴場 : 묘) 아래로 스며나가는 것을 말하는데 혈장 밑에 빈 구멍이 있고 이것은 또 다른 곳으로

연결되어 있다. 이곳으로 원진수가 빠지므로 생기를 모을 수 없다.

- **광천**(鑛泉) : 광천이란 땅 밑에 광물(鑛物)이 있고 그 위로 물이 거슬러 땅 위로 올라 온 것이다. 대개 그 빛이 붉으므로 홍천(紅泉)이라고도 한다. 철분이 많이 함유된 오색약수터가 이에 해당 된다. 용의 생기가 광맥에 모이기 때문에 결혈할 수 없다. 음택이나 양택지로는 부적합하다. 설사 이러한 곳에 묘 자리가 있다하더라도 어느 날 광물을 캐내게 되면 손상된다. 좋은 곳이 있더라도 묘 자리를 찾지 말라
- **황천**(黃泉) : 황천이란 비가 많이 오면 물이 불어 넘치다가 비가 그치면 물이 땅속으로 금방 스며들어 없어지는 샘물이다. 비가 올 때를 제외하고 사시사철 말라 있다. 용맥의 기가 허약하여 혈을 맺을 수 없다. 이러한 곳은 비가 온 뒤 바로 밟아 보면 신발이 푹푹 빠져 자국이 남는다. 구덩이는 깊은데 물이 없으니 수락황천(水落黃泉) 이라고도 하며 매우 흉하다.
- **냉천**(冷泉) : 물이 맑고 차가운 샘물을 말한다. 비록 깨끗하기는 하나 음기가 너무 강하다. 지기(地氣)가 발설되어 빼앗긴다. 냉천이 있는 곳은 춥고 음습하다. 따뜻한 기운이 없기 때문에 결코 혈 자리를 결지 할 수가 없다. 온갖 질병에 시달린다.

❖ **흙담** : 흙담은 진흙에 지푸라기, 석회 등을 섞어서 쌓는데 중간 중간 잔돌을 넣어 가며 쌓는다. 담장의 맨 위에 짚으로 엮어서 만든 지붕이나 기와지붕을 덮는다. 그러나 현재는 잘 사용이 되지 않는 담이다. 농촌 문화재 마을에서 가장 보편적인 담장의 형태이다.

❖ **흙이 푸석푸석하거나 무기력한 땅을 찾지 말라** : 흙이 푸석푸석하거나 흙이 힘이 없으면 모래와 자갈 등이 많이 섞인 땅이다. 이러한 땅의 사이의 틈이 커서 그 사이로 바람이 들어가게 되고 바람이 들어가면 유골이 퍼석퍼석하게 그슬리고 뼈가 가루가 된다. 이것을 풍렴 이라고 한다. 유골에 풍렴이 들면 재산을 탕진하고 관재 구설이 있을 수도 있고 원인 모를 우환도 있을 수 있다.

❖ **흙의 길**(吉)

(1) 흙의 색상이 황색이고 약간 흰 부분을 함유하고 있는 윤기 있는 지질(地質)은 사는 사람에게 건강과 재복(財福)을 준다.
(2) 흙의 색상은 황색과 흑색을 겸한 윤기 있는 지질은 사는 사람에게 행운(幸運)을 준다.
(3) 흙의 색상이 자색(赭色)을 띈 윤기 있는 지질은 명예와 재복을 부른다.
(4) 흙이 단단하고 자연히 윤기 있는 지질은 번창(繁昌)할 지상(地相)으로 그 곳에 사는 사람은 건강해진다.
(5) 흙이 단단하고 윤기가 적어도 지질은 주거지(住居地)로써 사용하는데 변영 할 지상이다.
(6) 아침저녁으로 적절한 습기가 생기는 지질은 흙이 좀 단단하지 않아도 변영을 부르는 지상이다.
(7) 모래땅은 번영할 지상이라고는 말할 수 없으나 초목이 잘 자라는 지질이라면 지장이 없다.

❖ **흙의 흉**(凶)

(1) 검푸른 빛을 띠고 찰기가 있는 지질(地質)에서 살면 건강을 해칠 뿐만 아니라 번영은 전혀 기대 할 수 없다.
(2) 재와 같이 먼지가 일어나는 토지는 사업에 가장 마이너스가 된다.
(3) 돌이 많아 흙을 보기 어려운 토지는 주거지로써도 사업장으로써도 부적당하다.
(4) 흙이 그냥 무너지는 단단하지 못한 지질은 모든 것이 불안정하게 된다.
(5) 검붉은 색상을 띄고 마치 초토와 같은 지질은 뜻밖의 재난을 당하는 쇠퇴의 지상이다.
(6) 지질에 전혀 습기는 없고 희어 보이는 토지는 정신적 안정이 없어지게 된다.
(7) 초목이 전혀 나지 않거나 난다 하더라도 적은 토지는 주거지로써 사용할 경우 건강이 나빠지고 사업은 파탄을 초래한다.